Baumbach/Lauterbach/Albers/Hartmann
Zivilprozeßordnung

Beck'sche Kurz-Kommentare

Band 1

Zivilprozeßordnung

mit Gerichtsverfassungsgesetz
und anderen Nebengesetzen

begründet von

Dr. Adolf Baumbach
weiland Senatspräsident beim Kammergericht

fortgeführt von

Professor Dr. Wolfgang Lauterbach
weiland Senatspräsident beim Hanseatischen Oberlandesgericht

nunmehr verfaßt von

Dr. Jan Albers
Vorsitzender Richter am
Oberlandesgericht Hamburg

Dr. Dr. Peter Hartmann
Richter am Amtsgericht Lübeck

42., neubearbeitete Auflage

C. H. BECK'SCHE VERLAGSBUCHHANDLUNG
MÜNCHEN 1984

ISBN 3 406 09786 3
Druck der C. H. Beck'schen Buchdruckerei Nördlingen

> Wenn die Gerechtigkeit untergeht, so hat es keinen
> Wert mehr, daß Menschen auf Erden leben.   Kant

> Une circonstance essentielle à la justice, c'est de la
> faire promptement et sans différer; la faire attendre, c'est
> injustice.   La Bruyère

Vorwort

Diese Auflage enthält gründliche Überarbeitungen der Anmerkungen zu erheblichen Teilen des Verfahrens im ersten Rechtszug, zur Wiederaufnahme, zum Urkunden- und Wechselprozeß, zum Mahnverfahren, zum Arrest, zur einstweiligen Verfügung, zum Aufgebotsverfahren und zu Teilen des Gerichtsverfassungsgesetzes und der Schlußanhänge. Unter anderem wurden dabei die Folgen von Verfahrensverstößen und die jeweilige Rechtsbehelfsregelung auch optisch verdeutlicht. Dem rascheren Auffinden dienen nun auch beim Verfahren in Familiensachen und beim schiedsrichterlichen Verfahren sowie beim GVG Gliederungsübersichten.

Aus der Rechtsprechung und Lehre waren im Vergleich zur Vorauflage erheblich mehr Veröffentlichungen zu berücksichtigen. Die Neuauflage bietet hier den Stand von Anfang September 1983. Aus der Gesetzgebung sind die jetzt in den Haupttext eingearbeitete Wertgrenzennovelle 1982 und das Gesetz zur Erhöhung des Angebots an Mietwohnungen zu erwähnen. Insofern bietet die Neuauflage den Stand vom 1. November 1983.

Bei Drucklegung war das geplante Fünfte Gesetz zur Änderung der Pfändungsfreigrenzen, das möglicherweise zum 1. Januar 1984 in Kraft treten wird, noch nicht verabschiedet. Sollte diese Novelle zustandekommen, wird der Verlag einen kostenlosen Nachtrag mit der Kommentierung des neuen Textes anbieten.

Den vielfältigen Vertiefungen und Erweiterungen der Anmerkungen stehen auch Straffungen gegenüber, etwa bei den Angaben zu etwas älteren Monografien. Dadurch konnten wir den unvermeidbaren Umfangszuwachs in Grenzen halten.

Wir möchten wiederum allen Lesern, die uns mit Kritik und Hinweisen helfen, herzlich danken!

Hamburg, Lübeck, am 15. Oktober 1983

Die Verfasser

Verfasserverzeichnis

Titelei	Hartmann
Einleitung I–III	Hartmann
Einleitung IV	Albers
§§ 1–510b	Hartmann
§§ 511–577	Albers
§§ 578–605a	Hartmann
§§ 606–687	Albers
§§ 688–1024	Hartmann
§§ 1025–Schlußanhang I	Albers
Schlußanhang II–IV	Hartmann
Schlußanhang V, VI	Albers
Schlußanhang VII	Hartmann
Sachregister	Hartmann
VwGO – Anmerkungen	Albers

Inhaltsverzeichnis

	Seite
Verfasserverzeichnis	VI
Hinweise	XII
Gesetzesnachweis	XIII
Abkürzungsverzeichnis	XVII
Übergangsrecht nach der Eherechts- und Vereinfachungsnovelle	XXVII

Einleitung
Bearbeiter: I–III Dr. Dr. Hartmann
IV Dr. Albers

I. Geschichte und Rechtspolitik	1
II. Rechtsquellen und Schrifttum	6
III. Anwendungshilfen	11
IV. Zwischenstaatliches Zivilprozeßrecht	20

Zivilprozeßordnung
Erstes Buch
Bearbeiter: Dr. Dr. Hartmann

	§§	Seite
Allgemeine Vorschriften		27
1. Abschnitt. **Gerichte**		27
1. Titel. Sachliche Zuständigkeit der Gerichte und Wertvorschriften	1–11	27
Anhang nach § 3. Wertschlüssel		34
2. Titel. Gerichtsstand	12–37	69
Anhang nach § 29. Gerichtsstand bei Abzahlungsgeschäften		90
3. Titel. Vereinbarung über die Zuständigkeit der Gerichte	38–40	104
4. Titel. Ausschließung und Ablehnung der Gerichtspersonen	41–49	113
2. Abschnitt. **Parteien**		132
1. Titel. Parteifähigkeit. Prozeßfähigkeit	50–58	137
Anhang nach § 52. Prozeßführungsrecht und Güterstand		145
2. Titel. Streitgenossenschaft	59–63	154
3. Titel. Beteiligung Dritter am Rechtsstreit	64–77	162
4. Titel. Prozeßbevollmächtigte und Beistände	78–90	180
5. Titel. Prozeßkosten	91–107	207
Anhang nach § 95. Verzögerungsgebühr		263
6. Titel. Sicherheitsleistung	108–113	294
Anhang nach § 110. Zwischenstaatliche Vorschriften über Sicherheitsleistung der Ausländer		302
7. Titel. Prozeßkostenhilfe und Prozeßkostenvorschuß	114–127a	308
Anhang nach § 114. Zwischenstaatliche Vorschriften über die Prozeßkostenhilfe		319
Anhang nach § 127. Beratungshilfegesetz		374
3. Abschnitt. **Verfahren**		377
1. Titel. Mündliche Verhandlung	128–165	386
2. Titel. Verfahren bei Zustellungen		458
I. Zustellungen auf Betreiben der Parteien	166–207	460
Anhang nach § 202. Zwischenstaatliches Zustellungsrecht		491
II. Zustellung von Amts wegen	208–213a	506
3. Titel. Ladungen, Termine und Fristen	214–229	512
4. Titel. Folgen der Versäumung. Wiedereinsetzung in den vorigen Stand	230–238	532
5. Titel. Unterbrechung und Aussetzung des Verfahrens	239–252	572

Inhaltsverzeichnis

Zweites Buch
Bearbeiter: Dr. Dr. Hartmann §§ Seite

Verfahren im ersten Rechtszuge 598
1. Abschnitt. **Verfahren vor den Landgerichten** 598
   1. Titel. Verfahren bis zum Urteil 253–299a 605
      Anhang nach § 253. Widerklage 615
      Anhang nach § 271. Die Vorwegleistungspflicht des Klägers 667
      Anhang nach § 281. I. Abgabe in Hausratssachen 698
      II. Abgabe nach dem Wohnungseigentumsgesetz 699
      III. Abgabe nach dem Verfahrensgesetz in Landwirtschaftssachen 700
      Anhang nach § 286. Die Beweislast 719
   2. Titel. Urteil 300–329 772
      Anhang nach § 307. Vergleich 794
      Anhang nach § 328. Übersicht über die Verbürgung der Gegenseitigkeit für vermögensrechtliche Ansprüche nach § 328 Z 5 875
   3. Titel. Versäumnisurteil 330–347 882
   4. Titel. Verfahren vor dem Einzelrichter 348–354 906
   5. Titel. Allgemeine Vorschriften über die Beweisaufnahme ... 355–370 915
      Anhang nach § 363. Haager Beweisaufnahmeübereinkommen 926
   6. Titel. Beweis durch Augenschein 371–372a 939
   7. Titel. Zeugenbeweis 373–401 947
   8. Titel. Beweis durch Sachverständige 402–414 986
   9. Titel. Beweis durch Urkunden 415–444 1003
   10. Titel. Beweis durch Parteivernehmung 445–477 1025
   11. Titel. Abnahme von Eiden und Bekräftigungen 478–484 1035
   12. Titel. Sicherung des Beweises 485–494 1039

2. Abschnitt. **Verfahren vor den Amtsgerichten** 495–510b 1046

Drittes Buch
Bearbeiter: Dr. Albers

Rechtsmittel 1053
1. Abschnitt. **Berufung** 511–544 1057
   Anhang nach § 544. Rechtsentscheid in Wohnraummietsachen 1116
2. Abschnitt. **Revision** 545–566a 1118
   Übersicht vor § 545. Anhang. Überleitungsbestimmungen der Revisionsrechtsnovelle 75 1118
   Anhang nach § 546. Erweiterung der Revisions- und Vorlegungsgründe 1125
3. Abschnitt. **Beschwerde** 567–577 1157

Viertes Buch
Bearbeiter: Dr. Dr. Hartmann

Wiederaufnahme des Verfahrens 578–591 1176

Fünftes Buch
Bearbeiter: Dr. Dr. Hartmann

Urkunden- und Wechselprozeß 592–605a 1198

Sechstes Buch
Bearbeiter: Dr. Albers

Familiensachen. Kindschaftssachen. Unterhaltssachen. Entmündigungssachen 1213

1. Abschnitt. **Verfahren in Familiensachen** 1213
   1. Titel. Allgemeine Vorschriften für Ehesachen 606–620g 1214
      Anhang nach § 606b
      I. AHKG 23 über die Rechtsverhältnisse verschleppter Personen und Flüchtlinge 1225

Inhaltsverzeichnis

	§§	Seite
II. Rechtsstellung heimatloser Ausländer im Bundesgebiet		1225
III. Genfer Flüchtlingskonvention		1226
IV. Asylberechtigte		1226
V. Gesetz über Maßnahmen für im Rahmen humanitärer Hilfsaktionen aufgenommene Flüchtlinge		1226
2. Titel. Verfahren in anderen Familiensachen	621–621f	1255
3. Titel. Scheidungs- und Folgesachen	622–630	1272
Anhang nach § 629a. Rechtskraft von Verbundurteilen aus der Zeit vor dem 22. 6. 1980		1288
4. Titel. Verfahren auf Nichtigerklärung und auf Feststellung des Bestehens oder Nichtbestehens einer Ehe	631–639	1294
2. Abschnitt. **Verfahren in Kindschaftssachen**	640–641k	1297
3. Abschnitt. **Verfahren über den Unterhalt Minderjähriger**		1311
1. Titel. Vereinfachtes Verfahren zur Abänderung von Unterhaltstiteln	641l–641t	1311
2. Titel. Verfahren über den Regelunterhalt nichtehelicher Kinder	642–644	1320
4. Abschnitt. **Verfahren in Entmündigungssachen**	645–687	1330
Anhang nach § 645. Zwischenstaatliches Entmündigungsrecht		1331

Siebentes Buch
Bearbeiter: Dr. Dr. Hartmann

Mahnverfahren	688–703d	1353

Achtes Buch
Bearbeiter: Dr. Dr. Hartmann

	§§	Seite
Zwangsvollstreckung		1389
1. Abschnitt. **Allgemeine Vorschriften**	704–802	1389
Grundzüge 9 vor § 704. Vollstreckungsschlüssel		1399
Anhang nach § 736. Zwangsvollstreckungstitel bei Offener Handelsgesellschaft, Kommanditgesellschaft, Reederei		1460
2. Abschnitt. **Zwangsvollstreckung wegen Geldforderungen**		1560
1. Titel. Zwangsvollstreckung in das bewegliche Vermögen		1561
I. Allgemeine Vorschriften	803–807	1563
II. Zwangsvollstreckung in körperliche Sachen	808–827	1577
III. Zwangsvollstreckung in Forderungen und andere Vermögensrechte	828–863	1615
Anhang nach § 859. Zwangsvollstreckung gegen Handelsgesellschaften		1724
2. Titel. Zwangsvollstreckung in das unbewegliche Vermögen	864–871	1726
3. Titel. Verteilungsverfahren	872–882	1737
4. Titel. Zwangsvollstreckung gegen juristische Personen des öffentlichen Rechts	882a	1746
3. Abschnitt. **Zwangsvollstreckung zur Erwirkung der Herausgabe von Sachen und zur Erwirkung von Handlungen oder Unterlassungen**	883–898	1748
4. Abschnitt. **Eidesstattliche Versicherung und Haft**	899–915	1783
5. Abschnitt. **Arrest und einstweilige Verfügung**	916–945	1802
Anhang nach § 918. Persönlicher Arrest nach zwischenstaatlichem Recht		1810

Neuntes Buch
Bearbeiter: Dr. Dr. Hartmann

Aufgebotsverfahren	946–1024	1871
Anhang nach § 1024. Kraftloserklärung von Hypotheken-, Grundschuld- und Rentenschuldbriefen in besonderen Fällen		1897

Inhaltsverzeichnis

Zehntes Buch
Bearbeiter: Dr. Albers §§ Seite

Schiedsrichterliches Verfahren 1025–1048 1899
  Anhang nach § 1028. Der Schiedsrichtervertrag....................... 1914

Gesetz betreffend die Einführung der Zivilprozeßordnung 1955
Bearbeiter: Dr. Albers

Gerichtsverfassungsgesetz 1961
Bearbeiter: Dr. Albers

1. Titel. Gerichtsbarkeit 1–21 1961
  Anhang nach § 21. I. Justizverwaltung und Rechtspflege 1998
  II. Aufbau der Justizverwaltung 1998
2. Titel. Allgemeine Vorschriften über das Präsidium und die Geschäftsverteilung 21a–21i 1999
  Anhang nach § 21b. Wahlordnung für die Präsidien der Gerichte.......... 2003
3. Titel. Amtsgerichte 22–27 2017
4. Titel. Schöffengerichte (nicht abgedruckt) 28–58 2025
5. Titel. Landgerichte 59–78b 2026
  Anhang nach § 78b. I. Zuständigkeit in Patent-, Gebrauchsmuster- und Warenzeichenstreitsachen 2030
  II. Zuständigkeit in Arbeitnehmererfindungssachen 2031
  III. Zuständigkeit in Sachen nach dem AGB-Gesetz 2031
6. Titel. Schwurgerichte (aufgehoben) 79–92 2032
7. Titel. Kammern für Handelssachen 93–114 2032
8. Titel. Oberlandesgerichte 115–122 2042
9. Titel. Bundesgerichtshof 123–140 2046
  Anhang nach § 140. Wahrung der Einheitlichkeit der Rechtsprechung der obersten Gerichtshöfe des Bundes................................ 2051
9a. Titel. Zuständigkeit für Wiederaufnahmeverfahren in Strafsachen (nicht abgedruckt) 140a 2054
10. Titel. Staatsanwaltschaft (nicht abgedruckt) 141–152 2054
11. Titel. Geschäftsstelle 153 2055
  Anhang nach § 153. Rechtspfleger (Rechtspflegergesetz) 2056
12. Titel. Zustellungs- und Vollstreckungsbeamte............... 154, 155 2065
  Anhang nach § 155. Andere Organe der Rechtspflege................ 2067
    I. Rechtsanwälte 2067
    II. Andere Prozeßvertreter 2072
    III. Unterbeamte 2072
13. Titel. Rechtshilfe 156–168 2073
  Anhang nach § 168. Zwischenstaatliche Rechtshilfe 2079
    I. Haager Zivilprozeßübereinkommen 2079
    II. Rechtshilfe nach dem UN-Übereinkommen über die Geltendmachung von Unterhaltsansprüchen im Ausland 2081
14. Titel. Öffentlichkeit und Sitzungspolizei 169–183 2085
  Anhang nach § 172. Strafvorschriften wegen Verletzung von Privatgeheimnissen 2090
15. Titel. Gerichtssprache 184–191 2098
16. Titel. Beratung und Abstimmung 192–198 2102
17. Titel. Gerichtsferien 199–202 2105

Einführungsgesetz zum Gerichtsverfassungsgesetz 2109
Bearbeiter: Dr. Albers

Inhaltsverzeichnis

Schlußanhang

Bearbeiter: I, V, VI Dr. Albers
II–IV, VII Dr. Dr. Hartmann

	§§	Seite

I. A. Deutsches Richtergesetz 1–84, 105–126   2122
   B. Bayerisches Gesetz zur Ausführung des Gerichtsverfassungsgesetzes und von Verfahrensgesetzen des Bundes (AGGVG) 2168
II. Erlaß über Zustellung, Ladungen, Vorführungen und Zwangsvollstreckungen in der Bundeswehr 2169
III. Zusatzabkommen zum Nato-Truppenstatut nebst Gesetz zum Nato-Truppenstatut und zu den Zusatzvereinbarungen (Auszug) 2172
IV. Wirtschaftsrechtliche Beschränkungen 2179
   A. Außenwirtschaftsgesetz 2179
   B. Vermögenssperre im Verhältnis zur DDR 2180
      1) MRG 52 (Einzelbestimmung) 2180
      2) MRG 53 (VO 235 für die frühere französische Besatzungszone) 2181
      3) Berlin (West) 2184
      4) DDR und Berlin (Ost) 2185
V. Zwischenstaatliche Anerkennungs- und Vollstreckungsabkommen 2185
   A. Kollektivverträge 2186
      1) Vollstreckbarerklärung nach dem Haager Zivilprozeßübereinkommen .. 2186
      2) Haager Übereinkommen über die Anerkennung und Vollstreckung von Entscheidungen auf dem Gebiet der Unterhaltspflicht gegenüber Kindern 2188
   B. Bilaterale Anerkennungs- und Vollstreckungsabkommen 2194
      1) Das deutsch-schweizerische Abkomen über die gegenseitige Anerkennung und Vollstreckung von gerichtlichen Entscheidungen und Schiedssprüchen 2194
      2) Das deutsch-italienische Abkommen über die gegenseitige Anerkennung und Vollstreckung gerichtlicher Entscheidungen 2196
      3) Der deutsch-österreichische Vertrag über die gegenseitige Anerkennung und Vollstreckung von gerichtlichen Entscheidungen, Vergleichen und öffentlichen Urkunden 2198
      4) Das deutsch-belgische Abkommen über die gegenseitige Anerkennung und Vollstreckung von gerichtlichen Entscheidungen, Schiedssprüchen und öffentlichen Urkunden 2203
      5) Das deutsch-britische Abkommen über die gegenseitige Anerkennung und Vollstreckung von gerichtlichen Entscheidungen in Zivil- und Handelssachen 2205
      6) Der deutsch-griechische Vertrag über die gegenseitige Anerkennung und Vollstreckung von gerichtlichen Entscheidungen, Vergleichen und öffentlichen Urkunden in Zivil- und Handelssachen 2213
      7) Der deutsch-niederländische Vertrag über die gegenseitige Anerkennung und Vollstreckung gerichtlicher Entscheidungen und anderer Schuldtitel in Zivil- und Handelssachen 2215
      8) Der deutsch-tunesische Vertrag über Rechtsschutz und Rechtshilfe, die Anerkennung und Vollstreckung gerichtlicher Entscheidungen in Zivil- und Handelssachen sowie über die Handelsschiedsgerichtsbarkeit 2216
      9) Der deutsch-israelische Vertrag über die gegenseitige Anerkennung und Vollstreckung gerichtlicher Entscheidungen in Zivil- und Handelssachen 2218
      10) Der deutsch-norwegische Vertrag über die gegenseitige Anerkennung und Vollstreckung gerichtlicher Entscheidungen und anderer Schuldtitel in Zivil- und Handelssachen 2219
   C. Übereinkommen der Europäischen Gemeinschaft vom 27. 9. 1968 über die gerichtliche Zuständigkeit und die Vollstreckung gerichtlicher Entscheidungen in Zivil- und Handelssachen 2220
      1) Übereinkommen 2220
      2) Ausführungsgesetz vom 29. 7. 1972 2234
      3) Protokoll vom 3. 6. 71 betr die Auslegung 2240

Inhaltsverzeichnis

	§§	Seite
VI. Internationale Schiedsgerichtsbarkeit		2242
A. Kollektivverträge		2242
1) UN-Übereinkommen über die Anerkennung und Vollstreckung ausländischer Schiedssprüche		2242
2) Europäisches Übereinkommen über die internationale Handelsschiedsgerichtsbarkeit		2246
B. Bilaterale Verträge über das Schiedsgerichtswesen		2253
1) Deutsch-amerikanisches Freundschafts-, Handels- und Schiffahrtsabkommen		2253
2) Deutsch-sowjetisches Handels- und Schiffahrtsabkommen		2253
VII. Ausländische Rechtsanwälte		2254
Sachverzeichnis		2257

Bearbeiter: Dr. Dr. Hartmann

Hinweise

Inhalts- und Sachverzeichnis erleichtern die Benutzung. Wo die Nebengesetze im einzelnen behandelt sind, zeigt der **Gesetzesnachweis**. **ABC-Stichwortverzeichnisse** befinden sich an vielen einschlägigen Stellen.

Die Überschriften über den Vorschriften der ZPO und des GVG sind nicht amtlich.

Die **Entscheidungen** tragen im allgemeinen die Bezeichnung ihres Gerichts. Entscheidungen von Oberlandesgerichten werden nur unter dem Ortsnamen angeführt. Landgerichtsentscheidungen sind zusätzlich mit LG, Amtsgerichtsentscheidungen sind zusätzlich mit AG gekennzeichnet usw.

Gesetzesnachweis

Abzahlungsgesetz: §§ 6a, b im Anhang nach § 29
Allgemeine Geschäftsbedingungen: § 14 Gesetz zur Regelung der allgemeinen Geschäftsbedingungen im Anhang III nach § 78 b GVG
Arbeitnehmererfindung: § 39 Gesetz über Arbeitnehmererfindungen im Anhang II nach § 78 b GVG
Arbeitsgerichtsgesetz: §§ 2–3 bei § 14 GVG; § 6a in Übersicht 1 vor § 21a GVG; § 48 I bei § 281; § 48a bei § 17 GVG
Asylverfahrensgesetz: § 3 im Anhang IV nach § 606 b
Ausländischer Rechtsanwalt: Gesetz zur Durchführung der Richtlinie des Rates der Europäischen Gemeinschaften vom 22. 3. 77 zur Erleichterung der tatsächlichen Ausübung des freien Dienstleistungsverkehrs der Rechtsanwälte (Auszug) im Schlußanhang VII
Außenwirtschaftsgesetz: § 32 im Schlußanhang IV A
Bayerisches Ausführungsgesetz zum Gerichtsverfassungsgesetz: Art 10, 11 im Schlußanhang I B
Beratungshilfegesetz: §§ 1–9 im Anhang nach § 127
Berufung und Revision: **Art 5 Z 3 Satz 1** Gesetz vom 13. 6. 80 in Vorbemerkung A bei § 516; Berufungssumme (Übergangsrecht): **Art 5 Z 2** Gesetz vom 8. 12. 82 bei § 511 a Vorbemerkung A
Bundesbeamtengesetz: §§ 61, 62 bei § 376
Bürgerliches Gesetzbuch: § 127a im Anhang nach § 307: Anm 4 E a; § 156 bei § 817; §§ 187 bis 189 bei § 222; §§ 234, 235 bei § 108; § 399 bei § 851; § 407 II bei § 325 Anm 6 „Abtretung"; § 810 bei § 422; § 1239 bei § 816; § 1362 bei § 739; § 1612a bei § 641 I
Bundesrechtsanwaltgebührenordnung: § 122 bei § 119
Bundesrechtsanwaltsordnung: §§ 1–3, 30, 43–59 im Anhang nach § 155 GVG
Bundessozialhilfegesetz: §§ 76 II, 88 bei § 115; **Verordnung zu § 88 II Ziffer 8** bei § 115
Deutsch-amerikanisches Freundschafts-, Handels- und Schiffahrtsabkommen: Art VI 2 im Schlußanhang VI B 1
Deutsch-belgisches Abkommen über die gegenseitige Anerkennung und Vollstreckung von gerichtlichen Entscheidungen, Schiedssprüchen und öffentlichen Urkunden: **Art 4, 13–15** im Schlußanhang V B 4
Deutsch-britisches Abkommen über die gegenseitige Anerkennung und Vollstreckung von gerichtlichen Entscheidungen in Zivil- und Handelssachen: **Art 1–9 und Unterzeichnungsprotokoll** im Schlußanhang V B 5, dazu **Ausführungsgesetz §§ 1–9**
Deutsch-griechischer Vertrag über die gegenseitige Anerkennung und Vollstreckung von gerichtlichen Entscheidungen, Vergleichen und öffentlichen Urkunden in Zivil- und Handelssachen: **Art 2, 4 II** im Schlußanhang V B 6
Deutsch-israelischer Vertrag über die gegenseitige Anerkennung und Vollstreckung gerichtlicher Entscheidungen in Zivil- und Handelssachen: **Art 1, 2, 4, 22** im Schlußanhang V B 9
Deutsch-italienisches Abkommen über die gegenseitige Anerkennung und Vollstreckung gerichtlicher Entscheidungen: **Art 3, 4, 11, 13** im Schlußanhang V B 2
Deutsch-niederländischer Vertrag über die gegenseitige Anerkennung und Vollstreckung gerichtlicher Entscheidungen und anderer Schuldtitel in Zivil- und Handelssachen: **Art 7** im Schlußanhang V B 7
Deutsch-norwegischer Vertrag über die gegenseitige Anerkennung und Vollstreckung gerichtlicher Entscheidungen und anderer Schuldtitel in Zivil- und Handelssachen: Übersicht im Schlußanhang V B 10
Deutsch-österreichischer Vertrag über die gegenseitige Anerkennung und Vollstreckung von gerichtlichen Entscheidungen, Vergleichen und öffentlichen Urkunden: **Art 1–20,** dazu **Ausführungsgesetz §§ 1–9** im Schlußanhang V B 3
Deutsch-schweizerisches Abkommen über die gegenseitige Anerkennung und Vollstreckung von gerichtlichen Entscheidungen und Schiedssprüchen: **Art 1–9,** dazu **Ausführungsverordnung Art 1–4** im Schlußanhang V B 1
Deutsch-sowjetisches Handels- und Schiffahrtsabkommen: Art 8 im Schlußanhang VI B 2
Deutsch-tunesischer Vertrag über Rechtsschutz und Rechtshilfe, die Anerkennung und Vollstreckung gerichtlicher Entscheidungen in Zivil- und Handelssachen sowie über die Handelsschiedsgerichtsbarkeit: **Art 32, 47–53** im Schlußanhang V B 8
Deutsches Richtergesetz: abgedruckt und zum Teil erläutert im Schlußanhang I A
Ehegesetz: 1. Durchführungsverordnung: § 18 bei § 610; **6. Durchführungsverordnung** (Hausratsverordnung): §§ **11, 18** im Anhang I nach § 281; § **14** bei § 621 e Anm 2 B
Eherechtsnovelle: Art 12 (Übergangsrecht) Seite XXVII

Gesetzesnachweis

Eheurteil: Gesetz vom 13. 6. 80 **Art 5 Ziffer 3, 4** im Anhang nach § 629a
Einführungsgesetz zum Gerichtsverfassungsgesetz: Kommentar (für Zivilsachen vollständig)
Einführungsgesetz zum Strafgesetzbuch: Art 6–9 in der Vorbemerkung B bei § 380
Einführungsgesetz zur Zivilprozeßordnung: Kommentar (vollständig)
Einheitlichkeit der Rechtsprechung der Obersten Gerichtshöfe des Bundes: Gesetz vom 19. 6. 68 §§ 1–17 im Anhang nach § 140 GVG; § 18 im Anhang nach § 546
Europäische Gemeinschaft: Übereinkommen über die gerichtliche Zuständigkeit und die Vollstreckung gerichtlicher Entscheidungen in Zivil- und Handelssachen: Text mit Anmerkungen im Schlußanhang V C 1, dazu **Ausführungsgesetz** im Schlußanhang V C 2, **Auslegungsprotokoll** im Schlußanhang V C 3
Europäisches Übereinkommen über die internationale Handelsschiedsgerichtsbarkeit: Text mit Anmerkungen im Schlußanhang VI A 2
Familienrechtsänderungsgesetz: Art 7 § 1 in § 328 Anm 7 B
Finanzgerichtsordnung: § 139 III bei § 91 Anm 5 ,,Steuerberater"
Flüchtling: Übersicht über die Genfer Flüchtlingskonvention im Anhang III nach § 606 b; Übersicht über das Gesetz vom 22. 7. 80 im Anhang V nach § 606b
Gerichtskostengesetz: § 19 III im Anhang nach § 3 ,,Aufrechnung"; **§ 34** im Anhang nach § 95; **§ 65** im Anhang nach § 271
Gerichtsverfassungsgesetz: Kommentar (für Zivilsachen vollständig)
Gerichtsverfassungsverordnung: § 1 bei § 12 GVG; **§ 3** bei § 22 GVG; **§ 7** in der Übersicht vor § 59 GVG; **§ 8** in der Übersicht vor § 115 GVG; **§ 9** in der Einführung vor § 141 GVG; **§§ 13–18** im Anhang nach § 21 GVG
Gesetz über die Angelegenheiten der freiwilligen Gerichtsbarkeit: § 20 bei § 621e Anm 1 B; **§ 64k I** bei § 23b GVG, **II** bei § 621, **III 1** bei § 621a, **III 2** bei § 621e
Grundgesetz: Art 35 I in der Übersicht vor § 156 GVG; **Art 47** bei § 383; **Art 92** bei § 12 GVG; **Art 97 I** in der Vorbemerkung bei § 1 GVG; **Art 97 I, II** in der Vorbemerkung 1 bei § 25 GVG; **Art 100** bei § 1 GVG Anm 3 C; **Art 101** bei § 16 GVG; **Art 124, 125** bei § 549 Anm 3
Haager Anerkennungs- und Vollstreckungsübereinkommen wegen Unterhaltsentscheidungen gegenüber Kindern: **Art 1–11**, dazu **Ausführungsgesetz §§ 1–11** im Schlußanhang V A 2
Haager Beweisaufnahmeübereinkommen: Art 1–42, dazu **Ausführungsgesetz** und Bekanntmachung im Anhang nach § 363
Haager Entmündigungsabkommen: im Anhang nach § 645
Haager Zivilprozeßübereinkommen: Art 1–7 im Anhang nach § 202 Anm 2; **Art 8–16** im Anhang I nach § 168 GVG; **Art 17 I** im Anhang nach § 110 Anm 2; **Art 18, 19 I** im Schlußanhang V A 1; **Art 20–24** im Anhang nach § 114 Anm 1; **Art 26** im Anhang nach § 918; **Ausführungsgesetz: §§ 1–3** im Anhang nach § 202 Anm 2; **§§ 4–8** im Schlußanhang V A 1; **§§ 9, 10** im Anhang nach § 114 Anm 2
Haager Zustellungsübereinkommen: Art 1–20, 23, 24, dazu **Ausführungsgesetz** und Bekanntmachung im Anhang nach § 202
Handelsgesetzbuch: §§ 1–6 in § 38 Anm 3 Ba; **§§ 124 II, 129 IV** im Anhang nach § 736
Hausratsverordnung s Ehegesetz
Heimarbeitsgesetz: § 27 bei § 850i
Heimatloser Ausländer: Übersicht über das Gesetz vom 25. 4. 51 im Anhang II nach § 606b
Konkursordnung: §§ 48, 49 bei § 804 Anm 4 A
Kostenänderungsgesetz: Art IX in § 91 Anm 5 ,,Rechtsbeistand"
Kraftloserklärung: Gesetz über die Kraftloserklärung von Hypothekenbriefen usw im Anhang nach § 1024
Landwirtschaftssache: Gesetz über das gerichtliche Verfahren in Landwirtschaftssachen: **Art 12** im Anhang III nach § 281
3. Mietrechtsänderungsgesetz: Art III im Anhang nach § 544
Nato-Truppenstatut: Art I 1 im Schlußanhang III; **Zusatzabkommen: Art 31–39** im Schlußanhang III
Nichtehelichengesetz: Art 12 §§ 2, 12, 13 in der Übersicht 2 vor § 640; **§§ 18–21** in der Übersicht 3 vor § 642; **§§ 14, 16** in § 642 Anm 5
Ostsperre: Militärregierungsgesetz 52 Art I Absatz 1 f, Gesetz 53 sowie 3. Durchführungsverordnung im Schlußanhang IV B
Patentgesetz: § 143 im Anhang I nach § 78b GVG
4. Pfändungsfreigrenzengesetz: (Übergangsrecht) in der Vorbemerkung zu § 850c
Prozeßkostenhilfegesetz: (Übergangsrecht) **Art 5 Ziffer 1** bei § 114; **Ziffer 3–5** im Anhang nach § 629a; **Ziffer 3 Satz 1** bei der Vorbemerkung zu § 516
Prüfung: Gesetz vom 16. 8. 80 **Art 2a** in der Vorbemerkung zu § 5d DRiG
Rechtspflegergesetz: §§ 1–14, 20, 21, 25–29 im Anhang nach § 153 GVG Anm 8
Seerechtliche Verteilungsordnung: §§ 2, 3 bei § 872

Gesetzesnachweis

Soldat: Erlaß über Zustellungen, Ladungen, Vorführungen und Zwangsvollstreckungen in der Bundeswehr: im Schlußanhang II
Strafgesetzbuch: § 203 im Anhang nach § 172 GVG Anm 1
UN-Übereinkommen über die Anerkennung und Vollstreckung ausländischer Schiedssprüche: Art 1–7 im Schlußanhang VI A 1
UN-Übereinkommen über die Geltendmachung von Unterhaltsansprüchen im Ausland: Art 1–10, dazu **Ausführungsgesetz Art 1–3** im Anhang II nach § 168 GVG
Vereinfachungsnovelle: Art 10 (Übergangsrecht) Seite XXVIII
Vereinheitlichungsgesetz: Art 8 Ziffer 88 II in § 133 GVG Anm 1 B
Vergleichsordnung: § 49 in § 93 Anm 1 B
Verschlepper, Flüchtling: Gesetz 23 der Alliierten Hohen Kommission: **Art 3, 10** im Anhang I nach § 606 b
Verwaltungsgerichtsordnung: § 40 bei § 13 GVG; § 41 bei § 17 GVG
Vordruck: Verordnung vom 24. 11. 80: § 1 bei § 117 Anm 5
Wahlordnung für die Präsidien der Gerichte: im Anhang nach § 21 b GVG
Wertgrenzennovelle 1982: Art 5 Z 1 bei § 23 GVG Vorbemerkung; **Art 5 Z 2** bei § 511a Vorbemerkung A
Wohnungseigentumsgesetz: § 46 im Anhang II nach § 281
Zivilprozeßordnung: Kommentar (vollständig)
Zusatzabkommen: s Nato-Truppenstatut
Zuständigkeitsbestimmung: Gesetz vom 22. 5. 10: **Art V** in § 9 EGZPO Anm 1

Abkürzungsverzeichnis

aaO	am angeführten Ort	ArbEG	Gesetz über Arbeitnehmererfindungen
abgedr	abgedruckt	ArbG	Arbeitsgericht
AO	Abgabenordnung 1977	ArbGeb	Arbeitgeber
Abk	Abkommen	ArbGG	Arbeitsgerichtsgesetz
ABl	Amtsblatt	ArbGVerf	Arbeitsgerichtsverfahren
Abl, abl	Ablehnung, ablehnend	ArbN	Arbeitnehmer
Abs	Absatz	Arens	Zivilprozeßrecht (Grundriß), 2. Aufl 1982
Abschr	Abschrift	arg	argumentum aus
abw	teilweise abweichend	ARi	Amtsrichter
AcP	Archiv für die civilistische Praxis (Band und Seite)	Art(t)	Artikel (mehrere Artikel)
ADSp	Allgemeine Deutsche Spediteurbedingungen	AS	Amtliche Sammlung, vor allem der OVG u VGH (Band und Seite)
aE	am Ende		
aF	alte Fassung	AsylVfG	Asylverfahrensgesetz
AFG	Arbeitsförderungsgesetz	Aufl	Auflage
AG	Amtsgericht	Auftr(G)	Auftrag(geber)
AGB	Allgemeine Geschäftsbedingungen	AuR	Arbeit und Recht (Jahr und Seite)
AGBG	Gesetz zur Regelung des Rechts der Allgemeinen Geschäftsbedingungen	Ausdr, ausdr	Ausdruck, ausdrücklich
		ausf	ausführlich
aGrd	auf Grund	Ausf(-G)	Ausfertigung, Ausführung (-sgesetz)
AHKABl	Amtsblatt der Alliierten Hohen Kommission (Jahr und Seite)	AusfVO	Ausführungsverordnung
		Ausld, Auslder	Ausland, Ausländer
AKB	Allgemeine Bedingungen für die Kraftverkehrsversicherung	ausld	ausländisch
		AuslG	Ausländergesetz
AktG	Aktiengesetz	AV	Allgemeine Verfügung
allgM	allgemeine Meinung	AVB	Allgemeine Versicherungsbedingungen
aM	anderer Meinung		
Ambrock	Ehe u -scheidung, Kommentar 1977	AVG	Angestelltenversicherungsgesetz
AmtlBegr	Amtliche Begründung	AVO	Ausführungsverordnung
AmtlMitt	Amtliche Mitteilungen	AWD	Außenwirtschaftsdienst des Betriebsberaters (Jahr und Seite); s auch RIW
Anerk(-Urt)	Anerkenntnis(-urteil), Anerkennung		
AnfG	Anfechtungsgesetz	AWG	Außenwirtschaftsgesetz
Anh	Anhang	B	Bundes-
Anl	Anlage	-b	bar
Anm	Anmerkung	BABl	Bundesarbeitsblatt
AnO	Anordnung	Bad	Baden
AnschBew	Anscheinsbeweis	BAFöG	Bundesausbildungsförderungsgesetz
Anspr	Anspruch		
Antr(-St,-Gg)	Antrag(-steller, -sgegner)	BAG	Bundesarbeitsgericht
AnwBl	Anwaltsblatt (Jahr und Seite)	BAnz	Bundesanzeiger
		Baur	Studien zum einstweiligen Rechtsschutz, 1967
anwendb	anwendbar		
Anw(-Zw)	Anwalt(-szwang)	Baur ZwV	Zwangsvollstreckungs-, Konkurs- und Vergleichsrecht, 10. Aufl 1978
AöR	Archiv des öffentlichen Rechts (Band und Seite)		
AP	Arbeitsrechtliche Praxis, Nachschlagewerk des BAG (Gesetz, § und Nr der Entscheidung)	BaWü	Baden-Württemberg
		BaWüVPraxis	Baden-Württembergische

Abkürzungsverzeichnis

	Verwaltungspraxis (Jahr und Seite)	BewPfl, bewpfl	Beweispflicht, -pflichtig
Bay.	Bayern	BewSichVerf	Beweissicherungsverfahren
BayBS.	Bereinigte Sammlung des bayerischen Landesrechts	Bfg	Berufung
		BfgGer	Berufungsgericht
BayJMBl ...	Bayerisches Justizministerialblatt (Jahr und Seite)	BFH	Bundesfinanzhof (auch Entscheidungen des BFH, Band und Seite)
BayObLG ..	Bayerisches Oberstes Landesgericht (auch Sammlung seiner Entscheidungen in Zivilsachen, Jahr und Seite)	BFHEntlG ..	Gesetz zur Entlastung des Bundesfinanzhofs
		BGB	Bürgerliches Gesetzbuch
BayVBl ...	Bayerische Verwaltungsblätter (Jahr und Seite)	BGBl	Bundesgesetzblatt (Teil, Jahr und Seite; soweit nicht hervorgehoben: Teil I)
BayVerfGH	Bayerischer Verfassungsgerichtshof	BGesundhBl	Bundesgesundheitsblatt (Band und Seite)
BayVGH ...	Bayerischer Verwaltungsgerichtshof	BGH	Bundesgerichtshof (auch Entscheidungen des BGH in Zivilsachen, Band und Seite)
BB	Betriebsberater (Jahr und Seite)		
BBauG	Bundesbaugesetz	BGH GrZs ..	Bundesgerichtshof, Großer Senat in Zivilsachen
BBauBl	Bundesbaublatt (Jahr und Seite)	BGHSt	Bundesgerichtshof, Entscheidungen in Strafsachen (Band und Seite)
BBesG	Bundesbesoldungsgesetz		
BBG	Bundesbeamtengesetz		
Bbg	Bamberg	BGH VGrS .	Bundesgerichtshof, Vereinigte Große Senate
Bd	Band		
BDSG.....	Bundesdatenschutzgesetz	BinnSch-	
BeamtVG ..	Beamtenversorgungsgesetz	VerfG	Gesetz über das gerichtliche Verfahren in Binnenschiffahrtssachen
beauftr Ri ..	beauftragter Richter		
BEG	Bundesgesetz zur Entschädigung für Opfer der nationalsozialistischen Verfolgung		
		Birkl	Prozeßkosten- und Beratungshilfe, Kommentar, 2. Aufl 1981 (zitiert nach den §§ der bearbeiteten Gesetze und ihren Anmerkungen)
begl	beglaubigt		
Begr, begr ..	Begründung, begründet		
BeiO.	Beiordnung		
Bek	Bekanntmachung		
Bekl, bekl ..	Beklagter, beklagt	BJM	Bundesjustizminister
Bem	Bemerkung	BKGG	Bundeskindergeldgesetz
Bender-Röder-Nack ...	Tatsachenfeststellung vor Gericht, 1981, Bd I: Glaubwürdigkeits- und Beweislehre, Bd II: Verrechnungslehre (Randziffer)	BLG	Bundesleistungsgesetz
		Bl	Blatt
		Bln	Berlin
		Blomeyer ZPR	A. Blomeyer, Zivilprozeßrecht (Erkenntnisverfahren, 1963; Vollstreckungsverfahren 1975 mit Nachtrag 1979)
Bergerfurth .	Der Ehescheidungsprozeß und die anderen Eheverfahren, 5. Aufl 1982		
		BMinG	Bundesministergesetz
Bergerfurth AnwZwang .	Der Anwaltszwang und seine Ausnahmen, 1981	BNotO	Bundesnotarordnung
		BPersVG ...	Bundespersonalvertretungsgesetz
bes	besonders, besondere(-r, -s)	BR	Bundesrat
Beschl.....	Beschluß	BRAGO ...	Bundesrechtsanwaltsgebührenordnung
Beschw(-W)	Beschwerde(-wert)		
Bespr	Besprechung von	BRAO	Bundesrechtsanwaltsordnung
Best	Bestimmung		
bestr......	bestritten	Bre	Bremen
betr	betreffend	BRep	Bundesrepublik Deutschland
BetrVG	Betriebsverfassungsgesetz		
BeurkG	Beurkundungsgesetz	BRRG.....	Beamtenrechtsrahmengesetz
Bew, bew .	Beweis, beweisen		

Abkürzungsverzeichnis

Brschw	Braunschweig
Bruns ZPR	Zivilprozeßrecht, 2. Aufl 1979
Bruns-Peters	Zwangsvollstreckungsrecht, 2. Aufl 1976
BSG	Bundessozialgericht
BSHG	Bundessozialhilfegesetz
Bsp	Beispiel
BStBl	Bundessteuerblatt (Jahr, Teil und Seite)
BT	Bundestag
Buchholz	Sammel- und Nachschlagewerk der Rechtsprechung des BVerwG (Ordnungsnummer)
Büdenbender	Der vorläufige Rechtsschutz usw im Nichtehelichenrecht, 1974
Bülow-Böckstiegel	Internationaler Rechtsverkehr (Loseblattausgabe)
BVerfG	Bundesverfassungsgericht (auch Entscheidungen des BVerfG, Band und Seite)
BVerfGG	Gesetz über das Bundesverfassungsgericht
BVerwG	Bundesverwaltungsgericht (auch Entscheidungen des BVerwG, Band und Seite)
BVFG	Gesetz über die Angelegenheiten der Vertriebenen und Flüchtlinge (BundesvertriebenenG)
BVG	Bundesversorgungsgesetz
BZRG	Bundeszentralregistergesetz
bzw	beziehungsweise
CIM	Internationales Übereinkommen über den Eisenbahnfrachtverkehr
CIV	Internationales Übereinkommen über den Eisenbahn-Personen- und Gepäckverkehr
CMR	Internationales Übereinkommen über den Beförderungsvertrag im internationalen Straßenverkehr
dagg	dagegen
Darmst	Darmstadt
DAVorm	Der Amtsvormund (Jahr und Seite)
DB	Der Betrieb (Jahr und Seite)
dch	durch
DDR	Deutsche Demokratische Republik
ders	derselbe
dh	das heißt
Diss	Dissertation
DJT	Verhandlungen des Deutschen Juristentages (Band, Teil und Seite)
DNotZ	Deutsche Notar-Zeitschrift (Jahr und Seite)
DÖD	Der öffentliche Dienst (Jahr und Seite)
DÖV	Die öffentliche Verwaltung (Jahr und Seite)
Dortm	Dortmund
DRiG	Deutsches Richtergesetz
DRiZ	Deutsche Richterzeitung (Jahr und Seite)
DRpflZ	Deutsche Rechtspflegerzeitschrift (Jahr und Seite)
Drs	Drucksache
DStR	Deutsches Steuerrecht (Jahr und Seite)
dt	deutsch
Düss	Düsseldorf
DVBl	Deutsches Verwaltungsblatt (Jahr und Seite)
DVO	Durchführungsverordnung
DWW	Deutsche Wohnungswirtschaft (Jahr und Seite)
ebso	ebenso
EF	Eyermann-Fröhler, Verwaltungsgerichtsordnung (Komm), 8. Aufl 1980
EFG	Entscheidungen der Finanzgerichte (Jahr und Seite)
EG	Einführungsgesetz
EGKSV	Vertrag über die Europäische Gemeinschaft für Kohle und Stahl
EheG	Ehegesetz
EheNÄndG	Ehenamensänderungsgesetz
EhelAnfKl	Ehelichkeitsanfechtungsklage
EheS	Ehesachen
eidesst (Vers)	eidesstattlich(e Versicherung)
Einf	Einführung
eingef	eingefügt, eingeführt
Einl	Einleitung (ohne Zusatz: am Anfang dieses Buches)
einschl	einschließlich
Einspr	Einspruch
einstw	einstweilig
einstwAnO	einstweilige Anordnung
einstwVfg	einstweilige Verfügung
einz	einzeln
EKMR	Europäische Menschenrechtskommission
Empf	Empfang, Empfänger
entgg	entgegen
EntlG	Gesetz zur Entlastung der Gerichte in der Verwal-

Abkürzungsverzeichnis

	tungs- und Finanzgerichtsbarkeit	GBO	Grundbuchordnung
Entsch	Entscheidung	Geb	Gebühr(en)
entspr	entsprechend, entspricht	GebrMG ...	Gebrauchsmustergesetz
Entw......	Entwurf	gem	gemäß
ErbbRVO ..	Verordnung über das Erbbaurecht	GenG	Gesetz betr die Erwerbs- und Wirtschaftsgenossenschaften
Erkl	Erklärung	Ger(-Std), ger	Ger(-stand), gerichtlich
Erl	Erlaß	ges, Ges ...	gesetzlich; Gesetz
EStG	Einkommensteuergesetz	GeschO	Geschäftsordnung
EuG	Europäische Gemeinschaft	GeschSt ...	Geschäftsstelle
EuGH.....	Gerichtshof der Europäischen Gemeinschaften	GewO.....	Gewerbeordnung
		GFG	Graduiertenförderungsgesetz
EuGRZ	Europäische Grundrechte (Jahr und Seite)	gg, Gg	gegen, Gegner
EuGÜbk ...	EuG-Übereinkommen über die gerichtliche Zuständigkeit u die Vollstreckung gerichtlicher Entscheidungen in Zivil- und Handelssachen	GG......	Grundgesetz für die Bundesrepublik Deutschland
		ggf......	gegebenenfalls
		ggü	gegenüber
		GKG	Gerichtskostengesetz
eV	eingetragener Verein	Gläub	Gläubiger
EVO	Eisenbahnverkehrsordnung	GmbHG ...	Gesetz betr die Gesellschaften mit beschränkter Haftung
evtl	eventuell		
EWGV	Vertrag zur Gründung der Europäischen Wirtschaftsgemeinschaft	GmS.....	Gemeinsamer Senat der obersten Gerichtshöfe des Bundes
f, -f	für; -fach, -falls	Gött	Göttingen
Fam	Familie	Grd	Grund
FamGer	Familiengericht	Grds, grds ..	Grundsatz, grundsätzlich
FamRÄndG .	Familienrechtsänderungsgesetz	Grdz	Grundzüge
		Gr-Rochl ..	Grimm-Rochlitz-Glossner, Das Schiedsgericht in der Praxis, 2. Aufl 1978
FamRi	Familienrichter		
FamRZ	Zeitschrift für das gesamte Familienrecht (Jahr und Seite)	Grunsky ...	Grundlagen des Verfahrensrechts, 2. Aufl 1974
FamS	Familiensache, Familiensenat	Grunsky ArbGG	Kommentar, 3. Aufl 1980
Festst	Feststellung	GRUR	Gewerblicher Rechtsschutz und Urheberrecht (Jahr und Seite)
FEVS	Fürsorgerechtliche Entscheidungen der Verwaltungs- und Sozialgerichte (Jahr und Seite)		
		GrZS, GSZ..	Großer Zivilsenat
		GSchm ...	Gerold-Schmidt, Bundesgebührenordnung für Rechtsanwälte, 7. Aufl 1981
ff	folgende		
Ffm	Frankfurt am Main		
FG	Finanzgericht	GüKG	Güterkraftverkehrsgesetz
FGG	Reichsgesetz über die freiwillige Gerichtsbarkeit	GV......	Gebührenverzeichnis gemäß Anlage zu § 12 I ArbGG (Nr)
FGO.....	Finanzgerichtsordnung		
FinA	Finanzamt	GVBl	Gesetz- und Verordnungsblatt
Finkelnburg .	Finkelnburg, Vorläufiger Rechtsschutz im Verwaltungsstreitverfahren, 2. Aufl 1979		
		GVG	Gerichtsverfassungsgesetz
		GVGA	Geschäftsanweisung für Gerichtsvollzieher
FN	Fußnote	GVKostG ..	GerichtsvollzieherkostenG
fr	früher	GVVO	Verordnung über die einheitliche Regelung der Gerichtsverfassung
freiw	freiwillig		
FRweg	Finanzrechtsweg		
		GVz	Gerichtsvollzieher
G	Gesetz	GWB	Gesetz gegen Wettbewerbsbeschränkungen
GBl	Gesetzblatt		

Abkürzungsverzeichnis

h	haben, hat	iRv	im Rahmen von
-h	-haft, -heit, -hen	iSv	im Sinne von
Hann	Hannover	iü	im übrigen
HansJVBl	Hanseatisches Justizverwaltungsblatt (Jahr und Seite)	iVm	in Verbindung mit
Hartmann	Kostengesetze, 21. Aufl 1983	JA	Juristische Arbeitsblätter (Jahr und Seite)
HBewÜbk	Haager Übereinkommen über die Beweisaufnahme im Ausland usw	Jaeger	Kommentar zur Konkursordnung, bearbeitet von Henckel, Weber, Jahr, 9. Aufl ab 1977
Hbg	Hamburg		
Hdb	Handbuch	Jauernig	
Hdlg	Handlung	ZPR	Zivilprozeßrecht, 19. Aufl 1981 (Kurzlehrbuch)
Henckel	Prozeßrecht u materielles Recht, 1970		
HEntmAbk	Haager Abkommen über die Entmündigung usw	Jauernig	
		ZwV	Zwangsvollstreckungs- u Konkursrecht, 16. Aufl 1983 (Kurzlehrbuch)
Herausg	Herausgabe		
Hess	Hessen		
HEZ	Höchstrichterliche Entscheidungen in Zivilsachen (Band und Seite)	JB	Das juristische Büro (Jahr und Spalte)
		JBeitrO	Justizbeitreibungsordnung
		JBl	Justizblatt
HGB	Handelsgesetzbuch	Jessnitzer	Der gerichtliche Sachverständige, 8. Aufl 1980
HHG	Häftlingshilfegesetz		
Hinw	Hinweis	JFG	Jahrbücher für Rechtsprechung in der freiwilligen Gerichtsbarkeit, herausgegeben von Ring (Band und Seite)
hM	herrschende Meinung		
HReg	Handelsregister		
Hs	Halbsatz		
HUnterhÜbk	Haager Unterhaltsübereinkommen		
		JGG	Jugendgerichtsgesetz
HZPrAbk	Haager Abkommen über den Zivilprozeß v 17. 7. 1905	JM	Justizminister
		JMBl	Justizministerialblatt
		JR	Juristische Rundschau (Jahr und Seite)
HZPrÜbk	Haager Übereinkommen über den Zivilprozeß v 1. 3. 1954	Jug	Jugend
		jur	juristisch
		JuS	Juristische Schulung (Jahr und Seite)
HZustlÜbk	Haager Übereinkommen über die Zustellung gerichtlicher und außergerichtlicher Schriftstücke usw	Just	Die Justiz, Amtsblatt des Justizministeriums Baden-Württemberg (Jahr und Seite)
idF	in der Fassung		
idR	in der Regel	JustVA	Justizverwaltungsabkommen
Inh	Inhaber		
Inkrafttr	Inkrafttreten	JVBl	Justizverwaltungsblatt
Inld, Inldr	Inland, Inländer	JW	Juristische Wochenschrift (Jahr und Seite)
inld	inländlich		
innerh	innerhalb	JWG	Gesetz für Jugendwohlfahrt
insbes	insbesondere	JZ	Juristenzeitung (Jahr und Seite)
internat	international		
IPG	Gutachten zum internationalen und ausländischen Privatrecht (Jahr und Seite)	-k	-keit
		KAGG	Gesetz über Kapitalanlagegesellschaften
IPR	Internationales Privatrecht	Kap	Kapitel
IPRax	Praxis des Internationalen Privat- und Verfahrensrechts (Jahr und Seite)	Karlsr	Karlsruhe
		Kblz	Koblenz
		Kern-Wolf	Gerichtsverfassungsrecht, (Kurzlehrbuch), 5. Aufl 1975
IPRspr	Makarov ua, Die deutsche Rechtsprechung auf dem Gebiete des Internationalen Privatrechts (Jahr und Seite)		
		KfBaul	Kammer für Baulandsachen

Abkürzungsverzeichnis

KfH	Kammer für Handelssachen
KG	Kammergericht, Kommanditgesellschaft
KGaA	Kommanditgesellschaft auf Aktien
KgfEG	Kriegsgefangenenentschädigungsgesetz
KGJ	Jahrbuch für Entscheidungen des Kammergerichts (Band und Seite)
Kissel	Gerichtsverfassungsgesetz (Kommentar), 1981
Kl	Kläger, Klage
Kleinknecht	Kommentar zur StPO, 35. Aufl 1981
KO	Konkursordnung
Koehler	Verwaltungsgerichtsordnung (Kommentar), 1960
Komm	Kommentar, Kommission
Konk(Verw)	Konkurs(verwalter)
Kopp	VerwGO (Kommentar), 5. Aufl 1981
KostÄndG	Gesetz zur Änderung und Ergänzung kostenrechtlicher Vorschriften vom 26. 7. 1957
KostErst-Anspr	Kostenerstattungsanspruch
KostFests (-Beschl, -Verf)	Kostenfestsetzung(-sbeschl, -verfahren)
KostO	Kostenordnung
KR	Kostenrechtsprechung, bearbeitet von Tschischgale und anderen (Gesetz, § u Nr)
krit	kritisch
Kröller	Vollstreckungsschutz im Verwaltungszwangsverfahren, 1970
KTS	Konkurs-, Treuhand- und Schiedsgerichtswesen (Jahr u Seite)
KV	Kostenverzeichnis gemäß Anlage zu § 11 I GKG (Nr)
KWG	Gesetz über das Kreditwesen
L	Landes-
-l	-lich, -los
LAG	Landesarbeitsgericht; Lastenausgleichsgesetz
LandbeschG	Landbeschaffungsgesetz
Lappe	Gerichtskostengesetz, Kommentar, 1976
-ld, Ld	-land; Land
Lehrb	Lehrbuch
lfd	laufend
LFG	Lohnfortzahlungsgesetz
LG	Landgericht
LGEntlG	Gesetz zur Entlastung der Landgerichte und zur Vereinfachung des gerichtlichen Protokolls
LitUG	Gesetz über das literarische Urheberrecht
LM	Das Nachschlagewerk des Bundesgerichtshofs in Zivilsachen, herausgegeben von Lindenmaier und Möhring (Gesetzesstelle und Entscheidungsnummer; Nr ohne Gesetzesstelle bezieht sich auf den kommentierten Paragraphen)
LS	Leitsatz
LSG	Landessozialgericht
Lüb	Lübeck
LuftfzRG	Gesetz über Rechte an Luftfahrzeugen
LuftVG	Luftverkehrsgesetz
LwG	Landwirtschaftsgericht
LwVG	Gesetz über das gerichtliche Verfahren in Landwirtschaftssachen
m	mit
Maier	Handbuch der Schiedsgerichtsbarkeit, 1979
Mannh	Mannheim
Mat	Hahn, Materialien zu den Reichsjustizgesetzen
MBescheid	Mahnbescheid
mdl (Verh)	mündlich (-e Verhandlung)
MDR	Monatsschrift für Deutsches Recht (Jahr und Seite)
Meyer-Ladewig	Sozialgerichtsgesetz (Komm), 2. Aufl 1981
MHG	Gesetz zur Regelung der Miethöhe
Mitt	Mitteilung
MRG	Militärregierungsgesetz
MRK	Europäische Menschenrechtskonvention
MRVO	Verordnung der Militärregierung
mtl	monatlich
Mü	München
MünchKomm	Münchner Kommentar zum BGB (folgt Name des Bearbeiters)
Münst	Münster
MVerf	Mahnverfahren
mwN	mit weiteren Nachweisen
MWSt	Mehrwertsteuer
mWv	mit Wirkung vom
Nds	Niedersachsen
NdsRpfl	Niedersächsische Rechtspflege (Jahr und Seite)

Abkürzungsverzeichnis

NichtehelG	Gesetz über die rechtliche Stellung der nichtehelichen Kinder
nF	neue Fassung, neue Folge
NJW	Neue Juristische Wochenschrift (Jahr und Seite)
notw	notwendig
Nov	Novelle
NRW	Nordrhein-Westfalen
NTS	Nato-Truppenstatut
Nürnb	Nürnberg
NVwZ	Neue Zeitschrift für Verwaltungsrecht (Jahr und Seite)
obj	objektiv
od	oder
Odersky	Nichtehelichengesetz (Kommentar), 4. Aufl 1979
öff	öffentlich
OGB	Oberste Gerichtshöfe des Bundes (gemeinsamer Senat)
OGH	Entscheidungen des Obersten Gerichtshofs für die Britische Zone in Zivilsachen (Band und Seite)
OHG	Offene Handelsgesellschaft
oJ	ohne Jahresangabe
Oldb	Oldenburg
OLG	Oberlandesgericht (mit Ortsnamen)
OLGZ	Entscheidungen der Oberlandesgerichte in Zivilsachen (Jahr und Seite)
ord	ordentlich
OVG	Oberverwaltungsgericht
OWiG	Gesetz über Ordnungswidrigkeiten
Pal	Kurzkommentar zum BGB, 42. Aufl 1983 (es folgt der Name des Bearbeiters)
PatG	Patentgericht, Patentgesetz
pfb	pfändbar
Pfdg	Pfändung
PfdR	Pfandrecht
PfdS	Pfandsache
Pfl, pfl	Pflicht, pflichtig
pp	und andere Verfasser
Prot	Protokoll; Protokolle der Kommission für die II. Lesung des Entwurfs des BGB
Proz, proz	Prozeß(-), prozessual, prozeßrechtlich
ProzBev	Prozeßbevollmächtigter
ProzGer	Prozeßgericht
Prozkost	Prozeßkosten
ProzVgl	Prozeßvergleich
ProzVorauss	Prozeßvoraussetzung
Prütting	Die Zulassung der Revision, 1977
PStG	Personenstandsgesetz
Pt	Partei
R, -r	Recht(-s), -rechtlich
RA	Rechtsanwalt
RabelsZ	Zeitschrift für ausländisches und internationales Privatrecht, begründet von Ernst Rabel (Jahr und Seite)
RAGeb	Rechtsanwaltsgebühren
Rahm	Handbuch des Familiengerichtsverfahrens (Loseblattausgabe), jetzt herausgegeben von Liermann
RBerG	Rechtsberatungsgesetz
RdA	Recht der Arbeit (Jahr und Seite)
RdErl	Runderlaß
RdL	Recht der Landwirtschaft (Jahr und Seite)
Rdz	Randziffer
RedOe	Redeker-von Oertzen, Verwaltungsgerichtsordnung (Kommentar), 7. Aufl 1981
Ref	Referat, Referent, Referendar
RegBl	Regierungsblatt
Rev	Revision
RG	Reichsgericht
RGBl	Reichsgesetzblatt, ohne Ziffer = Teil I; mit II = Teil II
RGSt	Entscheidungen des Reichsgerichts in Strafsachen (Band und Seite)
RhPf	Rheinland-Pfalz
RhSchiffG	Rheinschiffahrtsgericht
Ri	Richter
RiA	Recht im Amt (Jahr und Seite)
Rimmelspacher	Materiellrechtlicher Anspruch u Streitgegenstandsprobleme im Zivilprozeß, 1970
RIW	Recht der Internationalen Wirtschaft (Jahr und Seite)
RJM	Reichsminister der Justiz; Verfügung des ...
Rolland	Das neue Ehe- u Familienrecht, Kommentar, 2. Aufl 1982
Ro, Rosenberg	Lehrbuch des deutschen Zivilprozeßrechts, 9. Aufl 1961

Abkürzungsverzeichnis

RoS	Rosenberg-Schwab, Zivilprozeßrecht, 13. Aufl 1981
Roth-Stielow	Der Abstammungsprozeß, 1974
ROW	Recht in Ost u West (Jahr und Seite)
Rpfl	Rechtspfleger
Rpfleger	Der Deutsche Rechtspfleger (Jahr und Seite)
RPflG	Rechtspflegergesetz
RSchutzbed	Rechtsschutzbedürfnis
Rspr	Rechtsprechung
Rückn	Rücknahme
RzW	Rechtsprechung zum Wiedergutmachungsrecht (NJW) (Jahr und Seite)
S	Satz, Seite, Sache(n)
s	siehe
Saarbr	Saarbrücken
SaBl	Sammelblatt für Rechtsvorschriften des Bundes und der Länder (Jahr und Seite)
Sachv	Sachverständiger
SAE	Sammlung arbeitsrechtlicher Entscheidungen (Jahr und Nr)
Säumn	Säumnis
SchCl	Schunck-De Clerck, Verwaltungsgerichtsordnung (Kommentar), 3. Aufl 1977
SchiffG	Schiffahrtsgericht
-schl	-schluß, -schließen
SchlAnh	Schlußanhang
Schlesw	Schleswig
SchlHA	Schleswig-Holsteinische Anzeigen (Jahr und Seite)
Schmidt-Räntsch	Deutsches Richtergesetz (Kommentar), 3. Aufl 1983
Schu	Schuldner
Schwab	Schwab, Schiedsgerichtsbarkeit, 3. Aufl. 1979 (Kapitel, Ziffer und Buchstabe)
SchwbG	Schwerbehindertengesetz
sd	siehe dort
SeemO	Seemannsordnung
SeeVertO	Seerechtliche Verteilungsordnung
SG	Sozialgericht
SGB	Sozialgesetzbuch
SGb	Die Sozialgerichtsbarkeit (Jahr und Seite)
SGG	Sozialgerichtsgesetz
sof	sofortig
sog	sogenannt
SRweg	Sozialrechtsweg
StA	Staatsanwalt(schaft)
StAZ	Das Standesamt (Jahr und Seite)
-std	-stand
StFG	Städtebauförderungsgesetz
StGB	Strafgesetzbuch
StGH	Staatsgerichtshof
Stgt	Stuttgart
stillschw	stillschweigend
StJ	Stein-Jonas, bearbeitet von Pohle, Grunsky, Leipold, Münzberg, Schlosser und Schumann (die Namen der Bearbeiter werden abgekürzt, zum Beispiel StJP), Kommentar zur ZPO, 19. Aufl 1964–75, 20. Aufl ab 1977
Stöber	Forderungspfändung, 6. Aufl 1981 (Randziffer)
StPO	Strafprozeßordnung
Str, str	Streit, streitig
StrEG	Gesetz über die Entschädigung für Strafverfolgungsmaßnahmen
stRspr	ständige Rechtsprechung
StrVerf	streitiges, Streitverfahren
StrWert	Streitwert
StVG	Straßenverkehrsgesetz
StVO	Straßenverkehrs-Ordnung
StVollzG	Strafvollzugsgesetz
StVZO	Straßenverkehrs-Zulassungs-Ordnung
subj	subjektiv
SVG	Soldatenversorgungsgesetz
teilw	teilweise
TermBest	Terminsbestimmung
ThP	Thomas-Putzo, ZPO-Erläuterungen, 12. Aufl 1982
Tüb	Tübingen
TÜV	Technischer Überwachungsverein
Tz	Textziffer
u	und
ua	unter anderem
uä	und ähnliche
UdG	Urkundsbeamter der Geschäftsstelle
Üb, üb	Überblick, Übersicht, über
überw	überwiegend
Übk	Übereinkommen
Ule	Verwaltungsgerichtsbarkeit (Kommentar zur VwGO) 2. Aufl 1962
Ule VPrR	Verwaltungsprozeßrecht (Studienbuch) 7. Aufl 1983
UmstG	Umstellungsgesetz
umstr	umstritten
UmwG	Umwandlungsgesetz
unbek	unbekannt
unbest	unbestimmt
unpfb	unpfändbar

Abkürzungsverzeichnis

UNÜbkSchG	UNO-Übereinkommen zur Schiedsgerichtsbarkeit	Vollstr	Vollstreckung
unzul.	unzulässig	Vorauss	Voraussetzung
unzustd	unzuständig	Vorbem	Vorbemerkung
UrhRG	Urheberrechtsgesetz	Vors	Vorsitzender
Urk	Urkunde	Vorschr	Vorschrift
Urt	Urteil	VRS	Verkehrsrechtssammlung (Band und Seite)
UrtVerk	Urteilsverkündung	VRweg	Verwaltungsrechtsweg
USG	Unterhaltssicherungsgesetz	VVaG	Versicherungsverein auf Gegenseitigkeit
UStG	Umsatzsteuergesetz (Mehrwertsteuer)	VVG	Gesetz über den Versicherungsvertrag
uU	unter Umständen	VwGO	Verwaltungsgerichtsordnung
UWG	Gesetz über den unlauteren Wettbewerb	VwVfG	Verwaltungsverfahrensgesetz
v	von	VwVG	Verwaltungsvollstreckungsgesetz
vAw	von Amts wegen	VwZG	Verwaltungszustellungsgesetz
VBescheid	Vollstreckungsbescheid		
VBlBW	Verwaltungsblätter für Baden-Württemberg (Jahr und Seite)	w	werden, wird, worden
VereinfNov	Vereinfachungsnovelle	WährG	Währungsgesetz
VereinhG	Gesetz zur Wiederherstellung der Rechtseinheit	WAG	Wertausgleichsgesetz
Verf	Verfahren	Walter	Neuer Prozeß in Familiensachen, 1980
Verh	Verhandlung		
Verk	Verkündung	Warn	Warneyer, Rechtsprechung des RG bzw BGH (Jahr und Nummer)
Veröff	Veröffentlichung		
Vers	Versicherung	WEG	Wohnungseigentumsgesetz
VerschG	Verschollenheitsgesetz	WertpMitt	Wertpapiermitteilungen (Jahr und Seite)
Verschu	Verschulden		
VersN	Versicherungsnehmer	WG	Wechselgesetz
VersR	Versicherungsrecht (Jahr und Seite)	wg	wegen
		WGG	Wohngeldgesetz
VersUrt	Versäumnisurteil	Wiecz	Wieczorek, Kommentar zur ZPO (auch GVG) 1957/58 mit Nachtrag 1963, 2. Aufl ab 1975
Verw	Verwaltung		
VerwAkt	Verwaltungsakt		
VerwArch	Verwaltungsarchiv (Band und Seite)		
VerwRspr	Verwaltungsrechtsprechung in Deutschland (Band und Seite, auch Nr)	WiedAufn	Wiederaufnahme
		WiedEins	Wiedereinsetzung
		WM	Wohnungswirtschaft und Mietrecht (Jahr und Seite)
Verz	Verzicht	WoBauG	Wohnungsbaugesetz
Vfg	Verfügung	WoKSchG	Gesetz über den Kündigungsschutz für Mietverhältnisse über Wohnraum
VG	Verwaltungsgericht		
VGH	Verwaltungsgerichtshof		
vgl, Vgl	vergleiche, Vergleich	WRP	Wettbewerb in Recht und Praxis (Jahr und Seite)
VglO	Vergleichsordnung		
VGrS	Vereinigte Große Senate	WSG	Wehrsoldgesetz
VGH	Vertragshilfegesetz	Wü	Württemberg
VMBl	Ministerialblatt des Bundesministers der Verteidigung (Jahr und Seite)	WuV	Wirtschaft und Wettbewerb (Jahr und Seite)
		WZG	Warenzeichengesetz
VO	Verordnung		
VOB	Verdingungsordnung für Bauleistungen	z	zur, zum
		zB	zum Beispiel
VOBl	Verordnungsblatt	ZBlJugR	Zentralblatt für Jugendrecht (Jahr und Seite)
VOBlBrZ	Verordnungsblatt für die britische Zone		
Vollkommer	Formenstrenge und prozessuale Billigkeit, 1973	ZBR	Zeitschrift für Beamtenrecht (Jahr und Seite)

Abkürzungsverzeichnis

ZDG . . . . . Zivildienstgesetz
Zeiss . . . . . Zivilprozeßrecht, 4. Aufl 1980
ZfSH,
ZfSH/SGB . . Zeitschrift für Sozialhilfe (Jahr und Seite)
Zg . . . . Zeuge
Zgn . . . . . . Zeugnis
ZHR . . . . . Zeitschrift für das gesamte Handels- und Wirtschaftsrecht (Band und Seite)
ZIP . . . . . . Zeitschrift für Wirtschaftsrecht und Insolvenzpraxis (Jahr und Seite)
ZivK . . . . . Zivilkammer
ZivProz, zivproz . . Zivilprozeß, zivilprozessual
ZK . . . . Zivilkammer
ZMR . . . . . Zeitschrift für Miet- und Raumrecht (Jahr und Seite)
Zö . . . . Zöller, bearbeitet von Geimer, Gummer, Mühlbauer, Philippi, Scherübl, Schneider, Stephan, Vollkommer (die Namen der Bearbeiter werden abgekürzt, zB ZöGei), Kommentar zur ZPO, 13. Aufl 1981
ZPO . . . . . Zivilprozeßordnung
ZRP . . . . . . Zeitschrift für Rechtspolitik (Jahr und Seite)
ZRHO . . . . Rechtshilfeordnung in Zivilsachen
ZRweg . . . . Zivilrechtsweg
ZS . . . . Zivilsenat
ZSEG . . . . . Gesetz über die Entschädigung von Zeugen und Sachverständigen
ZSW . . . . . . Zeitschrift für das gesamte Sachverständigenwesen (Jahr und Seite)
zT . . . . zum Teil
zul . . . . zulässig
ZustBev . . . Zustellungsbevollmächtigter
zustd . . . . . zuständig
ZustErgG . . Zuständigkeitsergänzungsgesetz
zustm . . . . . zustimmend
ZustUrk . . . Zustellungsurkunde
ZVG . . . . . Zwangsversteigerungsgesetz
Zweibr . . . . Zweibrücken
ZwV . . . . . . Zwangsvollstreckung
ZwVerw . . . Zwangsverwaltung
ZwVMaßnG Gesetz über Maßnahmen auf dem Gebiete der Zwangsvollstreckung
zZt . . . . zur Zeit
ZZP . . . . . . Zeitschrift für Zivilprozeß (Band und Seite)

Übergangsrecht

A. Nach der Eherechtsnovelle

Schrifttum: Sedemund-Treiber DRiZ 77, 103.

Die Eherechtsnovelle bestimmt in
Art. 12
1. Für die persönlichen Rechtsbeziehungen der Ehegatten zueinander gelten, soweit im folgenden nichts anderes bestimmt ist, die Vorschriften dieses Gesetzes, auch wenn die Ehe vor seinem Inkrafttreten geschlossen worden ist.
2. Der Anwendung des § 1355 Abs. 3 des Bürgerlichen Gesetzbuchs steht nicht entgegen, daß die Ehefrau nach den bisher geltenden Vorschriften dem Ehemann ihren Mädchennamen hinzugefügt hat.
3. Für die Scheidung der Ehe und die Folgen der Scheidung gelten die Vorschriften dieses Gesetzes auch dann, wenn die Ehe vor seinem Inkrafttreten geschlossen worden ist.
   Der Unterhaltsanspruch eines Ehegatten, dessen Ehe nach den bisher geltenden Vorschriften geschieden worden ist, bestimmt sich auch künftig nach bisherigem Recht. Unterhaltsvereinbarungen bleiben unberührt.
   Die §§ 1587 bis 1587p des Bürgerlichen Gesetzbuchs in der Fassung von Artikel 1 Nr. 20 sind auf Ehen, die nach den bisher geltenden Vorschriften geschieden worden sind, nicht anzuwenden. Das gleiche gilt für Ehen, die nach dem Inkrafttreten dieses Gesetzes geschieden werden, wenn der Ehegatte, der nach den Vorschriften dieses Gesetzes einen Ausgleichsanspruch hätte, von dem anderen vor Inkrafttreten dieses Gesetzes durch Übertragung von Vermögensgegenständen für künftige Unterhaltsansprüche endgültig abgefunden worden ist oder wenn die nach den Vorschriften dieses Gesetzes auszugleichenden Anwartschaften oder Aussichten auf eine Versorgung Gegenstand eines vor Inkrafttreten dieses Gesetzes abgeschlossenen Vertrages sind. Soweit die Vorschriften über den Versorgungsausgleich auch für Ehen gelten, die vor dem Inkrafttreten dieses Gesetzes geschlossen worden sind, kann das Familiengericht auf Antrag des Ausgleichsverpflichteten den Ausgleichsanspruch herabsetzen, wenn die Ehe allein wegen des Widerspruchs des anderen Ehegatten (§ 48 Abs. 2 des Ehegesetzes) nicht geschieden werden durfte und die uneingeschränkte Durchführung des Ausgleichs für ihn auch unter Berücksichtigung der Interessen des anderen Ehegatten grob unbillig wäre. Der Ausgleichsanspruch darf um nicht mehr als die Hälfte des auf die Trennungszeit entfallenden gesetzlichen Anspruchs herabgesetzt werden.
4. Artikel 1 Nr. 17 ist auf Ehen, die nach den bisher geltenden Vorschriften geschieden worden sind, nicht anzuwenden.
5. Artikel 3 Nr. 5, 6, 7 gilt nicht für Ehen, die nach den bisher geltenden Vorschriften für nichtig erklärt oder aufgehoben worden sind; auf solche Ehen sind die bisher geltenden Bestimmungen anzuwenden.
6. § 592 Abs. 1 Satz 3 der Reichsversicherungsordnung gilt auch, wenn der Arbeitsunfall nach dem 30. Juni 1963 eingetreten und die Ehe nach dem 30. Juni 1977 geschieden, für nichtig erklärt oder aufgehoben ist.
7. Für einen Rechtsstreit in Ehesachen, der vor Inkrafttreten dieses Gesetzes anhängig geworden ist, gelten die folgenden besonderen Vorschriften:
   a) Eine mündliche Verhandlung, die vor dem Inkrafttreten dieses Gesetzes in einem Verfahren auf Scheidung, Aufhebung oder Nichtigerklärung einer Ehe oder auf Herstellung des ehelichen Lebens geschlossen worden ist, ist wieder zu eröffnen. Ist eine Scheidungssache noch im ersten Rechtszug anhängig, so ist die Sache durch Beschluß zur Fortsetzung oder Wiedereröffnung der mündlichen Verhandlung an das für sie zuständige Familiengericht zu verweisen.
   b) Tatsachen, die erst durch dieses Gesetz erheblich geworden sind, können noch in der Revisionsinstanz vorgebracht werden. Das Revisionsgericht verweist die Sache an das Berufungsgericht zurück, wenn bezüglich der neuen Tatsachen eine Beweisaufnahme erforderlich wird.
   c) Ist ein Verfahren auf Scheidung, Aufhebung oder Nichtigerklärung einer Ehe bei Inkrafttreten dieses Gesetzes in der Rechtsmittelinstanz anhängig, so ist, wenn die Ehe aufgelöst wird, in der ersten Entscheidung, die nach dem Inkrafttreten dieses Gesetzes ergeht, über die Kosten des gesamten Verfahrens nach Maßgabe des § 93a Abs. 1, 3, 4 der Zivilprozeßordnung zu entscheiden.

Übergangsrecht

d) Werden innerhalb eines Monats nach Inkrafttreten dieses Gesetzes Folgesachen der in § 621 Abs. 1 der Zivilprozeßordnung bezeichneten Art anhängig, während die Scheidungssache in der Rechtsmittelinstanz anhängig ist, so wird der Scheidungsausspruch nicht wirksam, bevor nicht über die Folgesachen erstinstanzlich entschieden ist; das Familiengericht kann den Scheidungsausspruch vorher für wirksam erklären, wenn die Voraussetzungen des § 628 Abs. 1 Satz 1 der Zivilprozeßordnung gegeben sind.

e) Ein Verfahren auf Nichtigerklärung einer Ehe auf Grund des § 19 oder des § 22 des Ehegesetzes ist als in der Hauptsache erledigt anzusehen. § 91a der Zivilprozeßordnung ist entsprechend anzuwenden.

8. Ein Urteil in einer Ehesache, das auf Grund der bisher geltenden Vorschriften ergangen ist, steht der Berufung auf solche Tatsachen nicht entgegen, die erst durch dieses Gesetz erheblich geworden sind.

9. Ist eine Ehe nach den bisher geltenden Vorschriften für nichtig erklärt, aufgehoben oder geschieden worden, so ist § 850d Abs. 2 Buchstabe a der Zivilprozeßordnung in der bisher geltenden Fassung anzuwenden.

10. Verfahren nach § 57 des Ehegesetzes und nach § 44b des Gesetzes über die Angelegenheiten der freiwilligen Gerichtsbarkeit, die sich erledigen, sind gerichtsgebührenfrei.

11. Wo auf Vorschriften verwiesen wird, die durch dieses Gesetz aufgehoben oder geändert werden, erhält die Verweisung ihren Inhalt aus den entsprechenden neuen Vorschriften. Einer Verweisung steht es gleich, wenn die Anwendbarkeit der in Satz 1 bezeichneten Vorschriften stillschweigend vorausgesetzt wird.

12. Dieses Gesetz gilt nach Maßgabe des § 13 Abs. 1 des Dritten Überleitungsgesetzes vom 4. Januar 1952 (Bundesgesetzbl. I S. 1) auch im Land Berlin. Rechtsverordnungen, die auf Grund dieses Gesetzes erlassen werden, gelten im Land Berlin nach § 14 des Dritten Überleitungsgesetzes.

13. a) Dieses Gesetz tritt vorbehaltlich der Buchstaben b und c am 1. Juli 1977 in Kraft.
    b) Folgende Vorschriften treten am 1. Juli 1976 in Kraft:
    Artikel 1 Nr. 2, Nr. 23 bis 25, Nr. 35 bis 41, Artikel 3 Nr. 4, Artikel 7 Nr. 1, Nr. 7 und 8, Artikel 8 Nr. 2 Buchstabe c, Artikel 9; Artikel 3 Nr. 1, soweit die §§ 54 bis 57 des Ehegesetzes ihre Wirksamkeit verlieren;
    Artikel 12 Nr. 2 und Artikel 12 Nr. 10, soweit die Vorschrift Verfahren nach § 57 des Ehegesetzes betrifft.
    c) Folgende Vorschriften treten am Tage nach der Verkündung des Gesetzes in Kraft:
    1. § 1587a Abs. 3 Nr. 2 letzter Satz des Bürgerlichen Gesetzbuchs in der Fassung von Artikel 1 Nr. 20;
    2. Artikel 3 Nr. 1, soweit § 4 Abs. 2, § 6 Abs. 1 und § 19 des Ehegesetzes ihre Wirksamkeit verlieren, und Artikel 3 Nr. 2;
    3. § 1304c Abs. 3 der Reichsversicherungsordnung in der Fassung von Artikel 4 Nr. 1 Buchstabe e;
    4. § 83c Abs. 3 des Angestelltenversicherungsgesetzes in der Fassung von Artikel 4 Nr. 2 Buchstabe d;
    5. § 96b des Reichsknappschaftsgesetzes in der Fassung von Artikel 4 Nr. 3 Buchstabe d;
    6. § 23c des Gerichtsverfassungsgesetzes in der Fassung von Artikel 5 Nr. 2;
    7. Artikel 7 Nr. 2 und 3;
    8. Artikel 8 Nr. 2 Buchstabe f;
    9. Artikel 12 Nr. 10, soweit die Vorschrift Verfahren nach § 44b des Gesetzes über die Angelegenheiten der freiwilligen Gerichtsbarkeit betrifft.

B. Nach der Vereinfachungsnovelle

Die VereinfNov v 3. 12. 76, BGBl 3281, bestimmt in ihren

Art. 10

1. Die Vorschriften des neuen Rechts über die Aufforderung an den Beklagten, es dem Gericht anzuzeigen, wenn er sich gegen die Klage verteidigen wolle, über die Fristen zur schriftlichen Klageerwiderung, zur schriftlichen Berufungserwiderung und zur schriftlichen Stellungnahme auf diese, über die Begründung des Einspruchs gegen ein Versäumnisurteil sowie über die Folgen einer Verletzung dieser Vorschriften durch die Parteien sind nur anzuwenden, wenn nach Inkrafttreten dieses Gesetzes die Klage oder das Versäumnisurteil zugestellt oder die Berufung eingelegt wird.

2. Die sonstigen Vorschriften des neuen Rechts über die Nichtzulassung nicht rechtzeitig vorgebrachter Angriffs- und Verteidigungsmittel sind nur anzuwenden, wenn das

Übergangsrecht

Angriffs- oder Verteidigungsmittel in einer nach dem Inkrafttreten dieses Gesetzes abgehaltenen mündlichen Verhandlung vorzubringen ist.
3. Die Vorschriften des neuen Rechts über die Nichtzulassung neuer Angriffs- und Verteidigungsmittel im Berufungsrechtszug, die bereits in der ersten Instanz vorzubringen waren, sind nur anzuwenden, wenn die mündliche Verhandlung im ersten Rechtszug nach dem Inkrafttreten dieses Gesetzes geschlossen worden ist.
4. Die Vorschriften des neuen Rechts über das Urteil sind nur anzuwenden, wenn der Termin, in dem die mündliche Verhandlung geschlossen wird, nach dem Inkrafttreten dieses Gesetzes stattfindet.
5. Die Vorschriften des neuen Rechts über die Zustellung und Ausfertigung der Urteile sind nur anzuwenden, wenn das Urteil nach dem Inkrafttreten dieses Gesetzes verkündet worden ist oder, wenn es ohne mündliche Verhandlung ergangen ist, der Geschäftsstelle übergeben ist.
6. Die Vorschriften des neuen Rechts über die Fristen zur Einlegung von Rechtsmitteln und des Einspruchs sind nur anzuwenden, wenn die anzufechtende Entscheidung nach dem Inkrafttreten dieses Gesetzes verkündet oder statt einer Verkündung zugestellt worden ist.
7. Die Vorschriften des neuen Rechts über das Mahnverfahren sind nur anzuwenden, wenn der Mahnantrag nach Inkrafttreten dieses Gesetzes gestellt wird.

Art. 12

I Dieses Gesetz tritt am 1. Juli 1977 in Kraft, soweit im folgenden nichts anderes bestimmt ist.

II Folgende Vorschriften treten am Tage nach der Verkündung in Kraft:
1. § 689 Abs. 3 der Zivilprozeßordnung in der Fassung des Artikels 1 Nr. 95;
2. § 703b Abs. 2 der Zivilprozeßordnung in der Fassung des Artikels 1 Nr. 95;
3. § 703c Abs. 1, 3 der Zivilprozeßordnung in der Fassung des Artikels 1 Nr. 95;
4. § 703d Abs. 2 Satz 2 der Zivilprozeßordnung in der Fassung des Artikels 1 Nr. 95;
5. § 46a Abs. 7 des Arbeitsgerichtsgesetzes in der Fassung des Artikels 3 Nr. 2.

Bem. Inkrafttreten gemäß I um 0^{00} Uhr, Jauernig MDR 77, 368.

Einleitung

Bearbeiter: I–III Dr. Dr. Hartmann
IV Dr. Albers

I. Geschichte und Rechtspolitik
A. Rechtsgeschichte

Schrifttum: Conrad, Deutsche Rechtsgeschichte Bd II, 1966; Döhring, Geschichte der deutschen Rechtspflege seit 1500, 1953; Ebel, 200 Jahre preußischer Zivilprozeß, 1982 (Bespr Ebel ZZP **96**, 270); Henckel, Gedanken zur Entstehung und Geschichte der Zivilprozeßordnung, Gedächtnisschrift für Bruns (1980), 111; Landau, Die Reichsjustizgesetze von 1879 und die deutsche Rechtseinheit, in: Vom Reichsjustizamt zum Bundesministerium der Justiz (1977), 161; Laufs, Rechtsentwicklungen in Deutschland, 2. Aufl 1978; Nörr, Naturrecht und Zivilprozeß, 1976; Schubert, Die deutsche Gerichtsverfassung (1869–1877), 1981.

Bis zum Tag des Inkrafttretens der sog. Reichsjustizgesetze, dem 1. 10. 1879, war das bürgerliche Streitverfahren in Deutschland einzelstaatlich geregelt. Meist herrschte ein sehr förmliches, schriftliches Verfahren. Die linksrheinischen Gebiete erfreuten sich seit der Zeit der Franzosenherrschaft eines freieren, auf Mündlichkeit und Öffentlichkeit aufgebauten Verfahrens, das im wesentlichen dem napoleonischen Code de Procédure Civile entsprach. Es wurde vorbildlich für die hannöversche Allgemeine Prozeßordnung von 1850 sowie für die oldenburgische Prozeßgesetzgebung von 1857, die badische von 1864, die württembergische von 1868, die bayerische von 1869.

Die seit 1848 auch auf diesem Gebiet regen Einheitsbestrebungen hatten zu mehreren Entwürfen geführt, einem preußischen von 1864 u einem bundestaglichen, dem sog. Hannöverschen, von demselben Jahr. Nachdem die Verfassung des Norddeutschen Bundes in Art. 4 auch das „gerichtliche Verfahren" zum Gegenstand der Bundesgesetzgebung gemacht hatte, wurde im Jahre 1870 der sog. Norddeutsche Entwurf fertiggestellt, der sich in der Hauptsache an den Hannöverschen anlehnte. Die Reichsgründung veranlaßte die Bearbeitung des umgestalteten Entwurfs durch eine Kommission, die auch den Entwurf eines GVG ausarbeitete, danach die erneute Bearbeitung durch den als Reichsjustizkommission gekennzeichneten Reichstagsausschuß. Am 30. 1. 1877 wurde schließlich die neue ZPO zusammen mit dem GVG als Reichsgesetz verkündet. Gleichzeitig mit diesen Gesetzen, am 1. 10. 1879, traten das GKG, die RAGebO, die ZuSGebO u die GVollzGebO in Kraft.

Die wesentlichen Merkmale dieses Verfahrens waren der fast uneingeschränkte Parteibetrieb, eine rücksichtslos durchgeführte Mündlichkeit, Unmittelbarkeit und Öffentlichkeit der Verhandlung und die Parteiherrschaft. Zweifellos war die ZPO von 1877 ein Gesetz, das eine Fülle fortschrittlicher Gedanken folgerichtig und sorgfältig verarbeitete, das auch gegenüber dem im größten Teil Deutschlands herrschenden Rechtszustand einen Fortschritt bedeutete. Indessen erweckte es auf die Dauer doch mehr Begeisterung bei den Rechtsgelehrten als bei den „Nächsten dazu", dem rechtsuchenden Publikum.

Die ZPO von 1877 war ein geradezu ideales Werkzeug der Prozeßverschleppung; eine förmelnde Handhabung im Geist der Begriffsjurisprudenz machte ihre Mängel unerträglich. Schon früh setzten daher Bestrebungen ein, das Verfahren, wenigstens dasjenige vor den Amtsgerichten, den Lebensbedürfnissen besser anzupassen. Die ZPO erfuhr bedeutendere Abänderungen durch Gesetz vom 17. 5. 1898, RGBl 189 (neue Fassung des ganzen Gesetzes RGBl 410), durch das Gesetz vom 1. 6. 1909, RGBl 475, durch eine Anzahl von Entlastungsbestimmungen, die teils während des ersten Weltkrieges, teils später ergingen und mehrfach abgeändert namentlich durch mancherlei Vereinfachungen eine Entlastung der Gerichte erstrebten.

Schon die Entlastungsverordnungen hatten Breschen in die Grundlagen des Prozesses gelegt, namentlich den Grundsatz der Mündlichkeit durch Zulassung der schriftlichen Entscheidung durchbrochen. Die VO über das Verfahren in bürgerlichen Rechtsstreitigkeiten vom 13. 2. 1924 schritt auf diesem Weg fort, brachte aber auch sonstige grundlegende Neuerungen in der Richtung der Beschleunigung des Prozesses. War doch das Bedürfnis nach einer solchen immer stärker hervorgetreten. Das hastende, ringende Deutschland von 1924 war nicht mehr das geruhsame, gemütliche Land von 1877. Jede Verfahrensordnung entfließt dem staatlichen, wirtschaftlichen und sozialen Gefüge ihrer Zeit. Darum konnte die ZPO von 1877 den Bedürfnissen der späteren Entwicklung nicht mehr genügen.

Die Novelle 24 brach mit dem Grundsatz des unbedingten Parteibetriebs. Sie wollte das Verfahren vereinfachen, indem sie es in weitem Umfang zunächst vor einen Einzelrichter verwies. Sie führte das Güteverfahren ein, das viele Kreise seit Jahren verlangten. Bei sachgemäßer Handhabung hätte sie eine erhebliche Beschleunigung des Verfahrens ermöglicht. Aber Richter und Anwälte, befangen in überkommenen Vorurteilen, meinten das Ziel einer richtigen Entscheidung zu fördern, indem sie sich möglichst ablehnend verhielten. Es begegnet nun einmal im Rechtsleben kaum etwas zäherem Widerstand als eine neue Verfahrensordnung. So ist es kein Wunder, daß der Ruf nach Erneuerung des Zivilprozesses lauter als je erschallte, auch umfangreiche Vorarbeit in dem großen Zivilprozeßentwurf von 1931 geleistet wurde.

Um die schlimmsten Übelstände abzustellen, schuf man unter Benutzung dieses Entwurfs die Novelle vom 27. 10. 1933, die die Gedanken der Novelle 24 fortführte. Sie trat erneut der Prozeßverschleppung entgegen. Sie versuchte erneut der ersten Instanz zu der ihr gebührenden überragenden Stellung zu verhelfen. Sie wollte durch scharfe Betonung des Grundsatzes der Unmittelbarkeit des Beweisverfahrens der Beschleunigung und Richtigkeit der Entscheidung dienen. Sie verminderte die Eide. Sie ersetzte den Parteieid durch die eidliche Parteivernehmung. Sie beseitigte die Beweisregel für den Eid der Partei.

Man darf sagen, daß sich die Novelle im Rahmen der damals gesteckten Ziele – mögen diese auch heute nicht mehr ausreichen – bewährt hat. So hat ganz besonders die ausdrückliche Anerkennung der Wahrheitspflicht wohltätig gewirkt. Der Leerlauf der Gerichte wurde herabgesetzt. Die Allgemeinheit sah ein, daß man staatliche Behörden nicht mit sinnloser Arbeit belasten oder gar an der Nase herumführen darf.

Der RJM veröffentlichte den Wortlaut der ZPO gemäß der ihm durch Art 10 der Novelle 33 erteilten Ermächtigung in der Bekanntmachung vom 8. 11. 1933 neu. Dabei wurden alle kleineren Änderungen berücksichtigt, die zwischen 1924 und 1933 vorgenommen waren. Die Paragraphenfolge tastete man nicht an, um die Benutzung des bisherigen Schrifttums und der bisherigen Entscheidungen nicht zu erschweren.

Die Novellen 1934 und 1935 haben nicht unbedeutende Änderungen des Vollstreckungsrechts gebracht. Beamtengesetzgebung und Verreichlichung der Justiz haben namentlich die Gerichtsverfassung stark berührt. Das EheG vom 6. 7. 1938, an dessen Stelle 1946 das KRG 16 trat, und die 1. DVO EheG vom 27. 7. 1938 haben das Ehe- u Familienstandsverfahrensrecht stark abgeändert und beeinflußt. Die Jahre seit 1939 brachten eine Anzahl tiefgreifender Kriegsvorschriften, so Änderungen des Zustellungs- und des Lohnpfändungsrechtes (LohnpfVO vom 30. 10. 1940), das Staatsanwaltsmitwirkungsrecht, Änderungen des Verfahrens in Ehesachen und vor allem die immer stärkere Einschränkung der Rechtsmittel, bis schließlich die 2. KrMaßnVO Berufung und Beschwerde völlig beseitigte.

Nach dem Zusammenbruch, mit dem zunächst eine Schließung der Gerichte verbunden war, hatte jedes Land, in der britischen Zone das Zentral-Justizamt, Gesetzgebungsbefugnis. Sie bemühten sich zwar, den Notwendigkeiten des Tages Rechnung zu tragen und die im Kriege ergangenen Bestimmungen, soweit sie lediglich durch den Krieg bedingt waren, aufzuheben. Da hierüber aber die Meinungen geteilt waren, die Arbeiten auch nicht immer mit der erforderlichen Schnelligkeit vorwärtskamen, entstand eine heillose Rechtszersplitterung. Sie wurde zum Teil auch durch die Anordnungen der Besatzungsmächte herbeigeführt; so, wenn eine Zeitlang in der amerikanischen Zone die Oberlandesgerichte Revisionsinstanz wurden und die zweite Tatsacheninstanz für landgerichtliche Sachen in Fortfall kam. Eine Übersicht über den so herbeigeführten Rechtszustand gibt Einl II 2, 3 der 19. Aufl; vgl auch Horn, Zivilverfahren in Nachkriegsdeutschland (interzonales Zivilprozeßrecht), Diss Mü 1949. Störend machte sich auch das Fehlen eines obersten Gerichtshofes – der 1948 errichtete Oberste Gerichtshof in Köln bestand nur für die britische Zone – bemerkbar.

Es war das Verdienst des Bundesjustizministeriums und des im September 1949 erstmalig zusammengetretenen Bundestages, daß er durch das Gesetz zur Wiederherstellung der Rechtseinheit auf dem Gebiete der Gerichtsverfassung, der bürgerlichen Rechtspflege, des Strafverfahrens und des Kostenrechts vom 12. 9. 1950 eine Gesamtbereinigung und Vereinheitlichung für das GVG grundsätzlich auf Grund der Fassung vom 22. 3. 1924, der ZPO der Fassung der Bekanntmachung vom 8. 11. 1933 (RGBl I 821) herbeiführte. Brauchbares aus der Kriegs- und Vorkriegsgesetzgebung wurde eingearbeitet, so daß 87 Gesetze und Verordnungen des Reichs und der Länder aufgehoben werden konnten. Grundsätzlich Neues erstrebte das Gesetz nicht. Als höchstes Gericht für das Bundesgebiet wurde der Bundes-

I. Geschichte und Rechtspolitik

gerichtshof mit derselben Zuständigkeit wie das Reichsgericht errichtet. Bei den Gerichten wurde wieder die Präsidialverfassung eingeführt. Die Landgerichte verhandelten und entschieden grundsätzlich in einer Besetzung mit drei Richtern. Die amtsgerichtliche Zuständigkeit wurde von 2000 DM auf 1000 DM herabgesetzt, der frühere Instanzenzug ist wiederhergestellt. Auf dem Gebiet des Zivilprozesses wurde vor allem im Zustellungswesen der Amtsbetrieb, den die 4. VereinfachungsVO vom 12. 1. 1943 eingeführt hatte, beibehalten. Vgl auch Geiger und Bülow SJZ **50**, 707 u 715.

Einen ähnlichen Zweck verfolgte das Gesetz über Maßnahmen auf dem Gebiete der Zwangsvollstreckung vom 20. 8. 1953, BGBl 952, das am 1. 10. 1953 in Kraft trat. Westberlin hatte sich dieser Regelung durch Gesetz vom 9. 1. 1951 (VOBl I 99) angeschlossen.

Die schon seit dem 1. 4. 1953 geltende Gleichberechtigung von Mann u Frau, die zunächst durch Richterrecht im einzelnen durchgeführt wurde, hat ihren Niederschlag im GleichberechtigungsG vom 18. 6. 1957, BGBl 609, gefunden (in Kraft seit 1. 7. 1958), durch das auch einige Bestimmungen der ZPO der neuen Rechtslage angepaßt wurden, zB §§ 609, 739 ff. Durch das RPflG vom 8. 2. 1957, BGBl 18, ist der Rechtspfleger durch gesetzliche Übertragung bestimmter Aufgaben, so zB fast aller des Vollstreckungsgerichts, unter gleichzeitiger Entlastung der Richter als Rechtspflegeorgan in der Gerichtsverfassung verankert worden. Sein Tätigkeitsgebiet wurde durch Gesetz vom 5. 11. 1969, BGBl 2065 (in Kraft seit 1. 7. 70), auch für das Prozeßrecht erweitert. Weitere Änderungen brachte, veranlaßt durch die gestiegenen Lebenshaltungskosten, das Gesetz über die Änderung der Pfändungsfreigrenzen vom 26. 2. 1959, BGBl 149, nachdem das ZwVMaßnahmengesetz vom 20. 8. 1953 die Lohnpfändungsverordnung bereits wieder in die ZPO eingearbeitet hatte (§§ 850 ff–850 i).

Die Bundesrechtsanwaltsordnung vom 1. 8. 1959, BGBl 565, ordnete das Recht der Rechtsanwälte bundeseinheitlich und gliederte Bestimmungen der bisherigen Rechtsanwaltsordnung, die systematisch in die ZPO gehören, hier ein (§§ 78 a, 116 bis 116 b). Die Verwaltungsgerichtsordnung vom 21. 1. 1960, BGBl 17, grenzte nunmehr die Verwaltungsgerichtsbarkeit von der ordentlichen schärfer ab, als es bisher der ausgedehnten Rechtsprechung zu § 13 GVG gelungen war, ordnete die Verweisungsmöglichkeiten von einem Gerichtszweig zum anderen neu und wies die gemäß Art 19 IV GG mögliche richterliche Kontrolle gewisser Justizverwaltungsakte, die bisher die Verwaltungsgerichte für sich in Anspruch genommen hatten, den ordentlichen Gerichten in einem verwaltungsgerichtsähnlichen Verfahren zu, §§ 23 ff EGGVG, soweit sie nicht durch das FamRÄndG vom 11. 8. 61, BGBl 1221, das auch §§ 547, 640 ff änderte, dem Verfahren der freiwilligen Gerichtsbarkeit zugewiesen wurden. Die Stellung des Richters wurde durch das DRiG vom 8. 9. 1961, BGBl 1665, umfassend geregelt und damit auch das GVG geändert, dessen 1. Titel zum größten Teil aufgehoben.

Der Abbau der Wohnungszwangswirtschaft, der mit dem Gesetz vom 23. 6. 60, BGBl 389, begann, sich aber über fast 10 Jahre hinzog – Berlin war als letztes Land seit 31. 12. 69 frei –, brachte entsprechend seinem Bestreben der Umwandlung des bisherigen Mietrechts in ein soziales Mietwohnrecht auch Änderungen der ZPO (Einführung von §§ 29 a, 93 b, 308 a, 794 a, 1025 a, Neufassung von §§ 257, 709 Z 1, 721, 795), die im wesentlichen eine Vermeidung von Streit durch Einigung mit Kostennachteil bei nicht versuchter Einigung (§ 93 b) und eine bessere Stellung des Mieters (§§ 29 a, 257, 1025 a), insbesondere auch hinsichtlich der Räumungsfristen (§§ 308 a, 721, 794 a) zum Gegenstand hatten.

Das dauernde Anschwellen der Revisionssachen machte eine Entlastung des BGH erforderlich, da eine weitere Vermehrung der Senate nicht zweckmäßig erschien, andererseits die Dauer solcher Rechtsstreitigkeiten infolge der Häufung sich immer mehr einer Rechtsverweigerung näherte. Demgemäß wurde unter Beibehaltung der Wertrevision neben der Zulassungsrevision die Revisionssumme durch Gesetz vom 27. 11. 1964 auf 15 000 DM (gleichzeitig die amtsgerichtliche Zuständigkeit von 1000 DM auf 1500 DM), durch Gesetz vom 15. 8. 1969, BGBl 1141, weiterhin auf 25 000 DM heraufgesetzt. Außerdem wurden bis 15. 9. 1972 zeitgebundene Verfahrenserleichterungen für den BGH geschaffen.

Art 95 I GG aF sah im Interesse der einheitlichen Rechtsauslegung ein Oberstes Bundesgericht vor. Mit Rücksicht auf die geringe Zahl der verschiedenartigen Entscheidungen derselben Rechtsfrage durch oberste Gerichtshöfe wurde unter Änderung des GG durch Gesetz vom 19. 6. 1968, BGBl 661, ein gemeinsamer Senat der obersten Gerichtshöfe eingesetzt.

Das Gesetz über die rechtliche Stellung der nichtehelichen Kinder vom 19. 8. 1969, BGBl 1243 (in Kraft seit 1. 7. 70), gestaltete den 2. Abschnitt des 6. Buches unter dem Titel Kindschaftssachen völlig um und paßte ihn den Erfordernissen des neuen materiellen Rechts an. Im 3. Abschnitt wurde – nicht ganz dem bisherigen System der ZPO entsprechend – das Verfahren über den Unterhalt des nichtehelichen Kindes geregelt, gleichzeitig die Kindschaftssachen wegen des engen tatsächlichen Zusammenhangs mit den Unterhaltssachen dem Amtsgericht, in der Berufungsinstanz dem Oberlandesgericht zugewiesen.

Durch Gesetz vom 1. 3. 72, BGBl 221, wurden die Pfändungsfreigrenzen erneut erheblich erhöht.

Nachdem das DRiG unter dem 19. 4. 72, BGBl 713, neugefaßt bekanntgemacht worden war, wurde durch Gesetz vom 26. 5. 72, BGBl 841, nicht nur das DRiG, sondern vor allem das GVG hinsichtlich der Amtsbezeichnungen und der Präsidialverfassung erheblich geändert und nach weiteren Änderungen unter dem 9. 5. 75 neugefaßt bekanntgemacht.

Die am 1. 4. 74 in Kraft getretene sog. Gerichtsstandsnovelle hat die Vereinbarung des Gerichtsstands erheblich eingeschränkt.

Zum 1. 1. 75 traten infolge EGStGB Änderungen durch Ablösung der früheren Ordnungsstrafen und Einführung von Ordnungs- und Zwangsmitteln ein, durch die unter anderem ein langjähriger Streit um § 890 erledigt wurde. Ebenfalls zum 1. 1. 75 wurden die Vorschriften zum Protokoll modernisiert, der vorbereitende Einzelrichter erster Instanz abgeschafft, dafür in zweiter Instanz geschaffen, ein streitentscheidender Einzelrichter erster Instanz eingeführt, die Befugnis des Vorsitzenden der Kammer für Handelssachen erweitert und die Wertgrenzen der sachlichen Zuständigkeit der Amtsgerichte auf 3000 DM, der Beschwerdesumme auf 100 DM, der Berufungssumme auf 500 DM angehoben; vgl dazu Schuster BB **75**, 539. Schließlich wurden zum 1. 1. 75 die Vorschriften zur Eidesabnahme umgestaltet.

Durch Gesetz v 8. 7. 75, BGBl 1863, wurde das Revisionsrecht erheblich geändert und neben der Zulassungs- eine sog. Annahmerevision geschaffen, dazu Vogel NJW **75**, 1297. Weitere Änderungen der ZPO brachte das Gesetz über das Zeugenverweigerungsrecht der Mitarbeiter von Funk und Fernsehen v 25. 7. 75, BGBl 1973; umfangreiche Änderungen vornehmlich bei den Anmerkungen ergaben sich aus der großen Kostenrechtsnovelle vom 20. 8. 75, BGBl 2189, und der anschließenden Neubekanntmachung des GKG vom 15. 12. 75, BGBl 3047. Die ZPO wurde ferner durch Art II § 15 Gesetz vom 13. 12. 75, BGBl 3015, geändert. Kleinere Änderungen brachte unter anderem das StVollzG vom 16. 3. 76, BGBl 581.

Das 1. EheRG vom 14. 6. 76, BGBl 1421 (Ehenovelle 76, zur Entstehung Vogel FamRZ **76**, 481) in Kraft durchweg ab 1. 7. 77, gestaltete vor allem das Verfahren in Ehesachen weitgehend neu, wies Scheidung und die Regelung von deren Folgen dem AG zu und führte die Begriffe Familienschutz und Familiengericht (beim AG) ein, Übersicht bei Diederichsen NJW **77**, 601, 649. Sodann brachte das Adoptionsgesetz vom 2. 7. 76, BGBl 1749, vielfache Änderungen von ZPO und GVG. Das Gesetz zur vereinfachten Abänderung vom Unterhaltsrenten vom 29. 7. 76, BGBl 2029, führte für eheliche Minderjährige in §§ 641l–t ZPO ein Anpassungsverfahren aufgrund jeweils von der Bundesregierung erlassener VO ein. Weitere Änderungen ergaben sich aus dem Beamtenversorgungsgesetz vom 24. 8. 76, BGBl 2485.

Den seit vielen Jahren erheblichsten Eingriff brachte mit Wirkung vom 1. 7. 77 die Vereinfachungsnovelle vom 3. 12. 76, BGBl 3281 (zur Entstehung Franzki DRiZ **77**, 161). Einige ihrer Schwerpunkte waren der Zwang des Gerichts, entweder ein schriftliches Vorverfahren mit nachfolgendem sog. Haupttermin oder einen sog. frühen ersten Termin zu veranlassen und auf beiden Wegen mit Hilfe zum Teil sehr harter Fristen und Ausschlußmöglichkeiten zur Ahndung von Versäumnis aller Art um ebenso rasche wie umfassende Klärung bemüht zu sein. Ferner wurde die Abfassung des Urteils erleichtert, das Schiedsverfahren abgeschafft, das Mahnverfahren weitgehend umgestaltet und seine maschinelle Bearbeitung ermöglicht und die vorläufige Vollstreckbarkeit tiefgreifend geändert. Übersichten bei Franzki zuletzt NJW **79**, 9, Grunsky JZ **77**, 201, Hartmann AnwBl **77**, 90, JR **77**, 181, NJW **78**, 1457 und Rpfleger **77**, 1, Mümmler JB **77**, 753, Putzo AnwBl **77**, 429, NJW **77**, 1, Schneider MDR **77**, 1 und 89. Wegen des dazu vorangegangenen Schrifttums vgl 34. Aufl.

Weitere Änderungen wurden infolge des AGBG, des EGAO 1977, des Gesetzes zur Änderung sachen-, grundbuchrechtlicher und anderer Vorschriften vom 22. 6. 77, BGBl 998, notwendig. Die Verordnung vom 6. 5. 77, BGBl 683, brachte amtliche Vordrucke für das Mahnverfahren in Verbindung mit § 703c II deren Benutzungszwang. Durch das Gesetz über die Erhöhung der Pfändungsfreigrenzen vom 28. 2. 78, BGBl 333, wurden ab 1. 4. 78 die Freibeträge erheblich erhöht und ein verbesserter Kontenschutz eingeführt. Schneider DRiZ **80**, 220 beklagt mit Recht Mängel bei der dogmatischen Bewältigung der Vereinfachungsnovelle.

I. Geschichte und Rechtspolitik **Einl I A, B**

Das Recht des Urkundsbeamten ist neugeregelt worden.

Durch das Gesetz über die Prozeßkostenhilfe vom 13. 6. 80, BGBl 677, wurde mit Wirkung vom 1. 1. 1981 der Begriff Armenrecht abgeschafft und das bisherige Armenrecht zeitgemäßen Vorstellungen und Zielrichtungen angepaßt. Außerdem brachte diese Novelle die Wiedereinführung der Ausschluß-Fünfmonatsfristen bei der Einlegung der Berufung und der Revision. Die Befugnis gewisser Rechtsbeistände zum Auftreten in der mündlichen Verhandlung wurde durch das 5. Gesetz zur Änderung der BRAGO vom 18. 8. 80, BGBl 1503, erweitert.

Durch das Gesetz zur Erhöhung von Wertgrenzen in der Gerichtsbarkeit vom 8. 12. 82, BGBl 1615, dazu zB Schaich NJW **83**, 554, wurden mit Wirkung vom 1. 1. 1983 unter anderem die Streitwertgrenze des AG von 3 000 auf 5 000 DM, die Berufungssumme von 500 auf 700 DM angehoben. Das Gesetz zur Erhöhung des Angebots an Mietwohnungen vom 20. 12. 82, BGBl 1912, brachte Änderungen mehrerer Vorschriften des Räumungsschutzes mit sich.

Außerhalb der ZPO und deren Vorschriften insofern abändernd enthalten vor allem das GWB, weiterhin aber auch die mannigfachen multi- und bilateralen internationalen Abkommen, die zum Teil wieder in Kraft getreten, zum Teil neu abgeschlossen worden sind, Einl IV, zivilprozessuale Regeln. Zum EuGÜbk Einl IV 2 und Schlußanhang V C, s auch Arnold NJW **72**, 977, Bauer DB **73**, 2333, Grunsky JZ **73**, 641, Schlosser FamRZ **73**, 424, Wolf NJW **73**, 397.

Andererseits sind Vorschriften der ZPO vielfach nach anderen Verfahrensordnungen entsprechend anzuwenden, so besonders nach ArbGG, VwGO und FGO.

Zum geschichtlichen Einfluß von Ideologien Leipold JZ **82**, 441, abw Bender JZ **82**, 709.

B. Rechtspolitik

Ob und wann eine über die ZPO hinausgreifende Verfahrensordnung, etwa unter Einbeziehung von ArbGG, FGO, SGG oder VwGO (zur geplanten VwPO Vogel AnwBl **77**, 291) geschaffen werden kann, bleibt abzuwarten. – Vgl auch Rödig, Die Theorie des gerichtlichen Erkenntnisverfahrens, 1973 (Bespr Adomeit AcP **174**, 407); Grunsky, Grundlagen des Verfahrensrechts, 2. Aufl 1974; Hagen, Allgemeine Verfahrenslehre 1971 (Bespr Kollhosser JZ **74**, 143, Schwab ZZP **87**, 108); derselbe, Elemente einer allgemeinen Prozeßlehre, 1972 (Bespr Bruns ZZP **87**, 104); Knoll, Die Angleichung der deutschen Verfahrensgesetze usw, Diss Erlangen 1959; Kolb, Das rechtliche Gehör als verfassungsmäßiges Recht, Diss Mü 1963; Kollhosser JZ **73**, 8; de With, Möglichkeiten und Grenzen der Vereinheitlichung der deutschen Verfahrensgesetze usw, Diss Erlangen 1959; Rall, Die Vereinheitlichung der Vorschriften der verschiedenen Verfahrensordnungen über Zeugen und Sachverständige, Diss Tüb 1960; Wild, Die Angleichung der deutschen Verfahrensgesetze usw, Diss Erlangen 1961.

Neuerdings wird die Notwendigkeit stärkerer Orientierung auch des Zivilprozeßrechts an den übrigen Sozialwissenschaften behauptet, vgl zB Wittkämper, Theorie der Interdependenz, 1971. Man fordert die Abkehr vom „bürgerlichen" Zivilprozeß zu einem „sozialen", zB Wassermann, Der soziale Zivilprozeß usw, 1978; krit (allgemein) Henke JZ **80**, 369, Jauernig ZPR § 14 II (ihm zustm Walter FamRZ **81**, 927), Leipold ZZP **93**, 264, vgl Grdz 3 D vor § 128. S auch Kiminger, Theorie und Soziologie des zivilgerichtlichen Verfahrens, 1980. Der Gedanke, den Richter als einen „Sozialingenieur" aufzufassen, hat sich allerdings bisher nicht durchgesetzt, Müller DB **81**, 102.

Im übrigen diskutiert man Alternativen zum Zivilprozeß, vgl Blankenburg/Gottwald/Strempel, Alternativen in der Ziviljustiz (1982), derselbe JZ **82**, 596 (rechtsvergleichend), de With DRiZ **82**, 34, Franzen NJW **82**, 1855, Frommel ZRP **83**, 31, Schmude DRiZ **81**, 463. Es ist ein Friedensrichter zur kostenlosen Schlichtung kleinerer Streitigkeiten vorgeschlagen worden, vgl Wolf ZRP **79**, 179 mwN. In diesen Gedankenkreis gehören auch Überlegungen zur sog Ressourcenknappheit (einem Modewort) im Zivilprozeß, Hendel DRiZ **80**, 376, zur Erweiterung von Vergleichsaufgaben, vgl Müller-Webers DRiZ **83**, 179, und zur Einführung eines Zivil-Ombudsmanns, Herr DRiZ **81**, 465, sowie zur Ausweitung der Zuständigkeit der schon vorhandenen Schiedsmänner, Seetzen ZRP **82**, 99.

Die Diskussion über eine Reform der Zwangsvollstreckung hat erneut begonnen, vgl Alisch DGVZ **82**, 33, Arnold MDR **79**, 358 mwN, Brehm Rpfleger **82**, 125. Bender DRiZ **76**, 193 erörtert die Bildung staatlicher Schiedsgerichte (teils zwangsweise, teils freiwillig). Zur internationalen Situation Habscheid ZZP **86**, 20.

Die Bundesregierung plant ein Gesetz zur Ergänzung von Regelungen über den Versorgungsausgleich, zur Regelung über die Benutzung der Ehewohnung vor der Anhängigkeit eines Scheidungsverfahrens und zur Änderung des Eheverfahrensrechts (sog Reparaturgesetz), dazu krit Klauser DRiZ **82**, 102; wegen des 5. Gesetzes zur Änderung der Pfändungsfreigrenzen vgl das Vorwort. Geplant sind ferner eine einheitliche Verfahrensordnung für das mit erweiterten Aufgaben auszustattende Familiengericht, DRiZ **82**, 233, sowie die Einführung der Rechtsmittelbelehrungspflicht, DRiZ **77**, 284, dazu befürwortend Kniffka DRiZ **80**, 105, kritisch Bischof ZRP **78**, 104, ferner zur Entlastung des BVerfG die Einführung einer ,,Anhörungsbeschwerde", dazu Haack DRiZ **80**, 262, Hübsch DRiZ **80**, 140, Seetzen NJW **82**, 2337. Man diskutiert die Abschaffung des Beratungsgeheimnisses, Holtfort, zitiert bei Bietz DRiZ **80**, 227 (dort auch zum sonstigen Stand vieler Reformbestrebungen). Der Bund der deutschen Rechtspfleger fordert eine umfassende Reform des gesamten Rechts der Zwangsvollstreckung, vgl zB RpflBl **80**, 10, 60, Behr Rpfleger **81**, 417, Gilleßen DGVZ **81**, 161. Braun NJW **81**, 427 erwägt eine Erweiterung des Instanzenzuges für den Fall, daß ein Verstoß gegen Art 103 I GG gerügt wird. Es sind Pläne zur Änderung des RPflG vorhanden, vgl DRpflZ **81**, 50. Zur Situation der Justiz im Jahre 1981 Blankenburg ZRP **82**, 6, Kissel DRiZ **81**, 219. Man hört die Forderung nach einem ,,bürgernahen" Verfahren, Kniffka DRiZ **82**, 13, ein schwammiger Begriff.

Man will die Möglichkeit schaffen, die tragenden Entscheidungsgründe eines rechtskräftigen Urteils lediglich im Protokoll festzustellen, vgl Meinardus DRiZ **81**, 388. Man beginnt die Notwendigkeit einer vom Streitwert unabhängigen Grundsatzberufung zu diskutieren, Kahlke ZRP **81**, 268. Doms NJW **81**, 2489 regt an, bei einem medizinischen Problem vor dem Zivilprozeß das Vermittlungsverfahren vor der Vermittlungsstelle der Ärztekammer durchzuführen. Übersicht zum Stand der Reformvorhaben bei Rabe AnwBl **82**, 269.

Auf dem 54. Deutschen Juristentag 1982 ist als Fernziel eine Vereinheitlichung des gesamten Prozeßrechts mit der ZPO, aber ohne die StPO, genannt worden, NJW **82**, 2541. Die Bundesregierung plant nunmehr ein Gesetz zur Entlastung der Gerichte in Zivilsachen. Es enthält unter anderem umfangreiche Änderungen der ZPO zur Einschränkung der Notwendigkeit einer mündlichen Verhandlung in bestimmten Fällen, zur Protokollierung, zum Beweisrecht, insbesondere beim Sachverständigen, zur Verweisung, und führt die Möglichkeit der Zurückweisung einer offensichtlich unbegründeten Berufung durch Beschluß ohne mündliche Verhandlung ein. Sie will auch die Gerichtsferien abschaffen. Vgl Kotsch DRiZ **83**, 173, Winters AnwBl **83**, 289. Zeidler DRiZ **83**, 254 erwägt die Einführung des Zulassungsprinzips bei jedem Rechtsmittel.

II. Rechtsquellen und Schrifttum

A. Rechtsquellen

1) Bundesgebiet. GVG und ZPO gehören zur konkurrierenden Gesetzgebung, Art 74 Z 1 GG. In dem in Art 125 GG angegebenen Umfang ist dieses Recht **Bundesrecht**.

Rechtsquellen: GVG in der Fassung v 9. 5. 75, zuletzt geändert durch das Gesetz v 8. 12. 82, BGBl 1615, **ZPO** in den inzwischen vielfach geänderten Fassungen des Gesetzes zur Wiederherstellung der Rechtseinheit auf dem Gebiete der Gerichtsverfassung, der bürgerlichen Rechtspflege, des Strafverfahrens und des Kostenrechts v 12. 9. 50, BGBl 455, und des Gesetzes über Maßnahmen auf dem Gebiete der Zwangsvollstreckung v 20. 8. 53, BGBl 952, ferner das **RPflG** v 5. 11. 69, BGBl 2065, zuletzt geändert durch das Gesetz v 25. 10. 82, BGBl 1425, das DRiG in der Fassung v 19. 4. 72, BGBl 713, zuletzt geändert durch das Gesetz v 16. 8. 80 , BGBl 1451, sowie die zu I genannten weiteren Gesetze, vgl auch die Überschriften des 1. Buches und des GVG.

Die Gerichtsbarkeit der deutschen Gerichte in nichtstrafrechtlichen Angelegenheiten besteht seit dem 5. 5. 55 auch gegenüber den Mitgliedern der ausländischen Streitkräfte unbeschränkt, SchlAnh III.

2) Saarland. Das Saarland hat, kurz bevor es in den Geltungsbereich des GG als weiteres Bundesland eingegliedert wurde, seine Gerichtsverfassung und sein Verfahrensrecht durch das saarländische Gesetz 555 v 22. 12. 56 (RAngleichsG), ABl 1667, der in der BRD geltenden Fassung angepaßt. Die bundesrechtliche Fassung der ZPO und des GVG gilt also auch im Saarland. Art 9 G 555 enthält eine umfangreiche Übergangsregelung. Auch im übrigen gilt dort verfahrensrechtlich das Recht der BRD mit geringfügigen Ausnahmen, §§ 1, 2 I Gesetz v 30. 6. 59, BGBl 313. Der Gerichtshof der französisch-saarländischen Union, der auf Grund des Justizvertrages v 20. 5. 53 bestand, ist beseitigt, Art 9 Z 7 G 555.

3) Berlin-West. Es gelten ZPO und GVG in den inzwischen vielfach geänderten Fassungen des Gesetzes zur Wiederherstellung der Rechtseinheit auf dem Gebiete der Gerichtsver-

II. Rechtsquellen und Schrifttum **Einl II A, B 1, 2**

fassung, der bürgerlichen Rechtspflege, des Strafverfahrens und des Kostenrechts vom 9. 1. 51, VOBl I 99. Das bundesrechtliche ZwVMaßnG ist von Berlin durch Gesetz v 2. 9. 53, GVBl 1016, das RPflG durch das Gesetz v 11. 11. 69, GVBl 2434, 2436, das GleichberG durch das Gesetz v 24. 6. 57, GVBl 697, das DRiG durch das Gesetz v 29. 9. 61, GVBl 1407, iVm Bek v 8. 5. 72, GVBl 892, übernommen worden. Auch die weiteren Neuerungen gelten auf Grund der Berlinklausel in West-Berlin.

Anders als in der BRD besteht aber keine deutsche Gerichtsbarkeit in Sachen, an denen Vertreter der alliierten Streitkräfte, deren Familienangehörige u nichtdeutsche Angestellte beteiligt sind, Berlin-Erklärung v 5. 5. 55, SaBl 586.

B. Schrifttum zu ZPO, GVG, RPflG und DRiG (Auswahl)

Umfassende Nachweise bei Wieser, Bibliographie des Zivilverfahrensrechts in der BRD von 1945–1975; 1976
S auch die Schrifttumsangaben vor der jeweiligen Kommentierung und das Abkürzungsverzeichnis

1) Erläuterungsbücher

Arnold/Meyer-Stolte, RPflG, 3. Aufl 1978.
Bassenge-Herbst, FGG/RPflG, 3. Aufl 1981.
Haegele-Eickmann-Riedel, RPflG, 3. Aufl (bis 6. Lieferung 1975).
Kissel, GVG, 1981.
Schmidt-Räntsch, DRiG, 3. Aufl 1983.
Stein-Jonas, bearbeitet seit 1953 von Pohle, seit 1967 fortgeführt von Grunsky, Leipold, Münzberg, Schlosser, Schumann, 19. Aufl 1964 – 75; 20. Aufl: Band III (§§ 511–703a) 1977; Lieferung 3 (§§ 38–127a) 1978; Lieferung 4 (vor §§ 704–763) 1978; Lieferung 5 (Einleitung, §§ 1–37) 1980; Lieferung 6 (§§ 916–1043) 1981; Lieferung 7 (§§ 764–827) 1981; Lieferung 8 (vor § 128–147) 1983.
Thomas-Putzo, 12. Aufl 1982.*
Wieczorek, 6 Bände 1957/58, Nachtrag 1963.* Auch Kurzausgabe, 2. Aufl 1966. 2. Aufl ab 1975: Band I (§§ 1–252), II (§§ 253–510c), IV (§§ 704–1048), V (EGZPO, GVG, EGGVG, IZPR), Lieferung 8 (§§ 567–604), 10 (§§ 605–703a), 15 (§§ 511–544, bearbeitet von Rössler).
Zöller, bearbeitet von Geimer, Gummer, Karch, Mühlbauer, Philippi, Scherübl, Schneider, Stephan, Vollkommer, Wolfsteiner, 13. Aufl 1981.

2) Gesamtdarstellungen, Lehrbücher, Grundrisse

Arens, Zivilprozeßrecht (Grundriß), 2. Aufl 1982.
Baumann-Brehm, Zwangsvollstreckung, 2. Aufl 1982.
Baumfalk, ZPO: Erkenntnisverfahren, Vollstreckungsverfahren usw, 1982.
Baur, Zivilprozeßrecht, 4. Aufl 1982.
Baur, Zwangsvollstreckungs-, Konkurs- und Vergleichsrecht, 10. Aufl 1978.
Bergerfurth, Der Zivilprozeß, 4. Aufl 1981.
Bernhardt, Das Zivilprozeßrecht, 3. Aufl 1968.
Bischof, Der Zivilprozeß nach der Vereinfachungsnovelle, 1978.
Blomeyer, Zivilprozeßrecht: Erkenntnisverfahren, 1963; Vollstreckungsverfahren, 1975, mit Nachtrag 1979.
Bruns, Zivilprozeßrecht, 2. Aufl 1979.
Bruns-Peters, Zwangsvollstreckungsrecht, 2. Aufl 1976.
Bülow-Böckstiegel, Internationaler Rechtsverkehr (enthält einen Kommentar zum EuGÜbk), seit 1973.
Bussert, Prozeß- und Zwangsvollstreckungsrecht, 2. Aufl 1980.
Costede, Studien zum Gerichtsschutz, Grundlagen des Rechtsschutzes usw, 1978.
von Craushaar, Zivilprozeßrecht und Zwangsvollstreckung, 1978.
Erlemeier, Rechtskunde: ZPO, 1969.
Fricke-Wiefels, Zivilprozeß, Band I (GVG, 1.–2. Buch), II (3.–10. Buch) 1977 (Schaeffers Grundrisse).
Gerhardt, Vollstreckungsrecht, 1974.
Grunsky, Grundlagen des Verfahrensrechts, eine vergleichende Darstellung, 2. Aufl 1974.

* Erläutern auch das GVG.

Grunsky, Grundzüge des Zwangsvollstreckungs- und Konkursrechts, 3. Aufl 1983.
Handbuch des Internationalen Zivilverfahrensrechts, Bd. I: Supranationale und internationale Gerichte (Herrmann); Europäisches Zivilprozeßrecht – Generalia (Basedow); Internationale Zuständigkeit (Kropholler) 1982.
Hausen, Zivilprozeßrecht, 2. Zwangsvollstreckung (ASSEX-Lehrgang) 1977.
Hoche-Haas, Zivilprozeßrecht, 3. Aufl 1980.
Henze-Hagemann, Zwangsvollstreckungsrecht, 1975.
Jauernig, Zivilprozeßrecht (Kurzlehrbuch), 20. Aufl 1983.
Jauernig, Zwangsvollstreckungs- und Konkursrecht (Kurzlehrbuch), 16. Aufl 1983.
Kern-Wolf, Gerichtsverfassungsrecht (Kurzlehrbuch), 5. Aufl 1975.
Ksoll, Zivilprozeßrecht, ein Studienbuch, 2. Aufl 1971.
Kuchinke, Zivilprozeßrecht, 9. Aufl 1969.
Lappe, Justizkostenrecht, 1981.
Louven, Zivilprozeßrecht, 1967.
Menne, Der Zivilprozeß (Leitfaden), 1977, Nachdruck 1980.
Mohrbutter, Handbuch des gesamten Zwangsvollstreckungs- und Insolventsrechts, 2. Aufl 1974.
Mohrbutter-Drischler, Die Zwangsversteigerungs- und Zwangsverwaltungspraxis, 6. Aufl: Band 1: 1977, Band 2: 1978.
Nagel, Internationales Zivilprozeßrecht, 1980.
Peters, Zivilprozeßrecht einschließlich Zwangsvollstreckung und Konkurs, 3. Aufl 1981.
Rahm ua, Handbuch des Familiengerichtsverfahrens, 1. Lieferung 1978.
Renkl, Zwangsvollstreckungs-, Konkurs- und Vergleichsrecht (Studienbuch), 1982.
Rödig, Die Theorie des gerichtlichen Erkenntnisverfahrens, 1973.
Rosenberg-Schwab, Zivilprozeßrecht, Erkenntnisverfahren, 13. Aufl 1981.
Schellhammer, Zivilprozeß, 1982.
Schlosser, Zivilprozeßrecht, Bd. I: Erkenntnisverfahren, 1983.
Schmidt, ZPO, Grundzüge, Erkenntnisverfahren, Zwangsvollstreckungsrecht usw, 1978.
Schramm, Zivilprozeßrecht, 1. Erkenntnisverfahren (ASSEX-Lehrgang), 1977.
Schuschke, Vollstreckungsrecht, 1979.
Schwab, Handbuch des Scheidungsrechts, 1977.
Walter, Neuer Prozeß in Familiensachen, 1980.
Wolf, Gerichtliches Verfahrensrecht, 1978.
Zeiss, Zivilprozeßrecht, 5. Aufl 1982.

3) Einzeldarstellungen

Adams, Ökonomische Analyse des Zivilprozesses, 1981.
Arens, Willensmängel bei Parteihandlungen im Zivilprozeß, 1968.
Baumgärtel, Handbuch der Beweislast im Privatrecht, 1982.
Baumgärtel, Wesen und Begriff der Prozeßhandlungen einer Partei im Zivilprozeßrecht, 2. Aufl 1972.
Baur, Studien zum einstweiligen Rechtsschutz, 1967.
Baur, Der schiedsrichterliche Vergleich, 1971.
Behrens, Die Nachprüfbarkeit zivilrichterlicher Ermessensentscheidungen, 1979.
Bender-Belz-Wax, Das Verfahren nach der Vereinfachungsnovelle und vor dem Familiengericht, 1977.
Bender-Schumacher, Erfolgsbarrieren vor Gericht usw, 1979.
Bergerfurth, Der Anwaltszwang und seine Ausnahmen, 1981.
Bergerfurth, Der Ehescheidungsprozeß und die anderen Eheverfahren, 5. Aufl 1982.
Bremer, Der Sachverständige, 2. Aufl 1973.
Brill-Matthes-Oehmann, Insolvenz- und Zwangsvollstreckungsrecht, 1976.
Brüggemann, Gesetz zur vereinfachten Abänderung von Unterhaltsrenten (Kommentar), 1976.
Brühl-Göppinger-Mutschler, Unterhaltsrecht, Band 2: Verfahrensrecht, 1976.
Büdenbender, Der vorläufige Rechtsschutz durch einstweilige Verfügung und einstweilige Anordnung im Nichtehelichenrecht, 1975.
Bülow-Böckstiegel, Der internationale Verkehr in Zivil- und Handelssachen (Loseblattausgabe), 2. Aufl seit 1973.
Döhring, Die Erforschung des Sachverhalts im Prozeß, 1964.
Ernemann, Zur Anerkennung und Vollstreckung ausländischer Schiedssprüche nach § 1044 ZPO, 1980.

II. Rechtsquellen und Schrifttum **Einl II B 3**

Gaul, Die Grundlagen des Wiederaufnahmerechts und die Ausdehnung der Wiederaufnahmegründe, 1956.
Geimer-Schütze, Internationale Urteilsanerkennung, Band I (Das EWG-Übereinkommen über die gerichtliche Zuständigkeit und die Vollstreckung gerichtlicher Entscheidungen in Zivil- und Handelssachen) 1983; Band II (Grundlagen der Anerkennung und Vollstreckung ausländischer Zivilurteile und Darstellung des autonomen deutschen Rechts) 1971.
Gilles, Rechtsmittel im Zivilprozeß, 1972.
Göppinger, Vereinbarungen anläßlich der Ehescheidung, 2. Aufl 1977.
Habscheid, Der Streitgegenstand im Zivilprozeß und im Streitverfahren der freiwilligen Gerichtsbarkeit, 1956.
Hattenhauer, Die Kritik des Zivilurteils, 1970.
Heintzmann, Die Prozeßführungsbefugnis, 1970.
Heldrich, Internationale Zuständigkeit und anwendbares Recht, 1969.
Henckel, Parteilehre und Streitgegenstand im Zivilprozeß, 1961.
Henckel, Prozeßrecht und materielles Recht, 1970.
Herbst, Neuregelung des gerichtlichen Mahnverfahrens, 1976.
Hesselberger, Die Lehre vom Streitgegenstand, 1970.
Hillach-Rohs, Handbuch des Streitwerts usw, 4. Aufl 1974.
Internationales Institut für Rechts- und Verwaltungssprache (Herausgeber), Zivilprozeß, Deutsch/Französisch, Handbuch, 1982.
Jauernig, Verhandlungsmaxime, Inquisitionsmaxime und Streitgegenstand, 1967 (Heft 339/340 Recht und Staat).
Jessnitzer, Der gerichtliche Sachverständige, 8. Aufl 1980.
Kaissis, Die Verwertbarkeit materiell-rechtswidrig erlangter Beweismittel im Zivilprozeß, 1978.
Kierdorf, Die Legalisation von Urkunden, 1975.
Klamaris, Das Rechtsmittel der Anschlußberufung, 1975.
Klußmann, Das Kind im Rechtsstreit des Erwachsenen, 1981.
Kunz, Erinnerung und Beschwerde, 1980.
Leipold, Grundlagen des einstweiligen Rechtsschutzes usw, 1971.
Maaßen, Beweismaßprobleme im Schadensersatzprozeß, 1976.
Meyer, Einlegung und Begründung von Revision und Rechtsbeschwerde, 1979.
Miebach, Der gemeinsame Senat der Obersten Gerichtshöfe des Bundes, 1971.
Mittenzwei, Die Aussetzung des Prozesses zur Klärung von Vorfragen, 1971.
Müller, Der Sachverständige ichtliches Verfahren, 2. Aufl 1978.
Musielak, Die Grundlagen der Beweislast im Zivilprozeß, 1975.
Nagel, Nationale und internationale Rechtshilfe im Zivilprozeß, 1971.
Nagel, Entwicklungslinien des gerichtlichen Eids usw, 1974.
Otto, Die Präklusion, 1970.
Pastor, Der Wettbewerbsprozeß, Verwarnung, Einstweilige Verfügung, Unterlassungsklage, 3. Aufl 1980.
Pastor, Die Unterlassungsvollstreckung nach § 890 ZPO, 3. Aufl 1982.
Prütting, Die Zulassung der Revision, 1977.
Ratte, Wiederholung der Beschwerde und Gegendarstellung, 1975.
Rimmelspacher, Materiellrechtlicher Anspruch und Streitgegenstandsprobleme im Zivilprozeß, 1970.
Rosenberg, Die Beweislast usw, 5. Aufl 1965.
Saure, Die Rechtswegverweisung, 1971.
Schlosser, Gestaltungsklagen und Gestaltungsurteile, 1966.
Schlosser, Das Recht der internationalen privaten Schiedsgerichtsbarkeit, 1975.
Schlüter, Das obiter dictum. Die Grenzen höchstrichterlicher Entscheidungsbegründungen usw, 1973.
Schneider, Beweis und Beweiswürdigung, 3. Aufl 1978.
Schneider, Kostenentscheidung im Zivilurteil, 2. Aufl 1977.
Schneider, Streitwert-Kommentar, 6. Aufl 1983.
Schumann, Die Berufung in Zivilsachen, 2. Aufl 1980.
Schuster, Prozeßkostenhilfe, 1980.
Schwab, Schiedsgerichtsbarkeit, 3. Aufl 1979.
Sell, Probleme der Rechtsmittelbegründung im Zivilprozeß, 1974.
Stahlmann, Zur Theorie des Zivilprozesses, 1979.
Steiner-Riedel, Zwangsversteigerung und Zwangsverwaltung, 8. Aufl, Band 1: 1973, Band 2–3. 1975.

Stöber, Forderungspfändung, 6. Aufl 1981.
Stollenwerk, Die Antragsschrift in Scheidungs- und Folgesachen, 1977.
Stürner, Die Aufklärungspflicht der Parteien im Zivilprozeß, 1976.
Stürner, Die richterliche Aufklärungspflicht im Zivilprozeß, 1982.
Vollkommer, Formenstrenge und prozessuale Billigkeit, 1973.
Wassermann, Der soziale Zivilprozeß, 1978.
Wellmann-Schneider-Hüttemann-Weidhaas, Der Sachverständige in der Praxis, 4. Aufl 1981.
Weyreuther, Revisionszulassung und Nichtzulassungsbeschwerde in der Rechtsprechung der obersten Bundesgerichte, 1971.
Wolf, Das Anerkenntnis im Prozeßrecht, 1969.
Zeiss, Die arglistige Prozeßpartei, 1967.
Zeuner, Objektive Grenzen der Rechtskraft im Rahmen rechtlicher Sinnzusammenhänge, 1959.
Zeuner, Rechtliches Gehör, materielles Recht und Urteilswirkungen, 1974.

4) Hilfsmittel

Baumann, Grundbegriffe und Verfahrensprinzipien des Zivilprozeßrechts an Hand von Fällen, 2. Aufl 1979.
Baumgärtel, Zivilprozeßrecht, Grundlegende Entscheidungen usw, 2. Aufl 1977.
Baumgärtel, Der Zivilprozeßrechtsfall, 6. Aufl 1979.
Baumgärtel-Mes, Einführung in das Zivilprozeßrecht mit Examinatorium, 6. Aufl 1982.
Bauer, Das neue gerichtliche Mahnverfahren, Einführung, 1977.
Baur, Entscheidungssammlung Zivilverfahrensrecht für junge Juristen, 1971.
Baur, Fälle und Lösungen zum Zwangsvollstreckungs-, Konkurs- und Vergleichsrecht, 4. Aufl 1980.
Bender (Herausgeber), Tatsachenforschung in der Justiz, 1972.
Bender-Röder-Nack, Tatsachenfeststellung vor Gericht, Band I: Glaubwürdigkeits- und Beweislehre, 1981; Band II: Vernehmungslehre, 1981.
Berg, Gutachten und Urteil, 12. Aufl 1983.
Berg, Zivilrechtliche und zivilverfahrensrechtliche Fälle usw, 2. Aufl 1973.
Bischof, Der Zivilprozeß nach der Vereinfachungsnovelle, 1979.
Bull-Puls, Prozeßhilfen, 4. Aufl 1981.
Bull, Prozeßkunst, 2. Aufl 1975.
Förschler, Praktische Einführung in den Zivilprozeß, 4. Aufl 1983.
Furtner, Urteil im Zivilprozeß, 4. Aufl 1978.
Gerhardt, Fälle und Lösungen nach höchstrichterlichen Entscheidungen, Zivilprozeßrecht, 2. Aufl 1978.
Gilles, Optisches Zivilprozeßrecht, 1977.
Gross, Gerichtsverfahren, Grundlagen und Grundsätze des Zivilprozeßrechts, 1973.
Grunsky, Taktik im Zivilprozeß, 2. Aufl 1983.
Henze, Zwangsvollstreckung und Konkurs (Klausurenkurs für Rechtspfleger), 1981.
Holch, Das gerichtliche Mahnverfahren usw, 1977.
Lippros, Vollstreckungsrecht (anhand von Fällen), 3. Aufl 1981.
Locher/Mes, Prozeßformularbuch, 1980.
Lüke, Zivilprozeßrecht (Schönfelder, Prüfe dein Wissen), Erkenntnisverfahren: 5. Aufl 1977.
Lüke, Zwangsvollstreckungs- und Konkursrecht (Schönfelder, Prüfe dein Wissen), 3. Aufl 1977.
Lüke, Fälle zum Zivilverfahrensrecht, Band I: Erkenntnisverfahren und Vollstreckungsrecht der ZPO, 1979.
Meyer-Duveneck, Außergerichtliches und gerichtliches Mahnverfahren, Zivilprozeß, 2. Aufl 1974.
Pukall, Der Zivilprozeß in der gerichtlichen Praxis, 2. Aufl 1980.
Ricker-Ohr-Graef, Das Prozeßformular, 1977.
Rottleuthner, Richterliches Handeln, 1973.
Sattelmacher-Sirp-Daubenspeck, Bericht, Gutachten und Urteil, 29. Aufl 1983.
Schellhammer, Die Arbeitsmethode des Zivilrichters, 6. Aufl 1982.
Schiffhauer, Außergerichtliches und gerichtliches Mahnverfahren; Zivilprozeß, 3. Aufl 1976.
Schiffhauer, Zwangsvollstreckung in das unbewegliche Vermögen, 4. Aufl 1976.
Schlichting, Praktikum des Zivilprozeßrechts, 1981.
Schmidt/Raddatz, Vollstreckungsrecht (Lehrgang), 1982.
Schneider, Richterliche Arbeitstechnik, 2. Aufl 1975.
Schneider, Der Zivilrechtsfall in Prüfung und Praxis, 6. Aufl 1974.

III. Anwendungshilfen

Schopp/Spies, Aktenstücke zur Ausbildung I/II: Zivilprozeß, 1972; III: Zwangsvollstreckung, 1974.
Schoreit, Gerichte und Justizbehörden der Bundesrepublik Deutschland usw, 2. Aufl 1980.
Schrader/Steinert, Handbuch der Rechtspraxis Band 1a: Zivilprozeß, 6. Aufl 1979; Band 1b: Zwangsvollstreckung in das bewegliche Vermögen, 6. Aufl 1981.
Schulin, Der Aufbau von Tatbestand, Gutachten und Entscheidungsgründen, 4. Aufl 1972.
Schüller-Hempel, Formularbuch der Prozeßpraxis, 5. Aufl 1981.
Schumann, Die ZPO-Klausur, 1981.
Siegburg, Einführung in die Urteils- und Relationstechnik, 1976.
Stöber-Zeller, Handbuch der Rechtspraxis, Band 2: Zwangsvollstreckung in das unbewegliche Vermögen, 4. Aufl 1979.
Tempel, Mustertexte zum Zivilprozeß, I. Erkenntnisverfahren 1. Instanz, 2. Aufl 1981; II. Arrest, einstweilige Verfügung, Zwangsvollstreckung, Rechtsmittel und Prozeßvergleich, 2. Aufl 1981.
Wagner-Zartmann, Das Prozeßformularbuch, 5. Aufl 1981.
Weimar, Zivilprozeß und Einzelzwangsvollstreckung, 500 Fragen mit Antworten, 1978.
Wieser, Bibliographie des Zivilverfahrensrechts usw, 1976.
Zysk, Zivilprozeß (Lexikon), 3. Aufl 1975.

5) Zeitschriften
Außer den allgemeinen:
Zeitschrift für den Zivilprozeß (ZZP), begründet von Busch 1879, herausgegeben von Baur und Schwab.

6) Reformarbeiten
Baumann-Fezer, Beschleunigung des Zivilprozesses, 1970.
Baumgärtel-Mes/Hohmann, Rechtstatsachen zur Dauer des Zivilprozesses, 1. Instanz, 2. Aufl 1972, 2. Instanz 1972.
Berichte der Kommission zur Vorbereitung einer Reform für das Zivilprozeßrecht.
Bericht der Kommission für das Gerichtsverfassungsrecht und das Rechtspflegerecht, 1975.
,,recht''- laufende Information des Bundesminister der Justiz.

III. Anwendungshilfen

Hinweis: Die Grundbegriffe des Prozeßrechts wie Parteiherrschaft, Prozeßhandlung sind bei der im Sachverzeichnis zu ermittelnden Stelle der Erläuterungen erörtert.

Gliederung

1) **Abgrenzung des Zivilprozesses**
   A. Grundsatz
   B. Ausnahmen
   C. Zivilprozessuale Verfahrensarten
      a) Erkenntnisverfahren
      b) Vollstreckungsverfahren
      c) Vorläufiges Verfahren

2) **Ziel und Rechtsnatur des Zivilprozesses**
   A. Verwirklichung des sachlichen Rechts
   B. Formelle Eingruppierung

3) **Leitgedanken des Zivilprozeßrechts**
   A. Überblick
   B. Fürsorgepflicht

4) **Verbindlichkeit der Zivilprozeßvorschriften**
   A. Zwingende Vorschriften
   B. Nachgiebige Vorschriften
      a) Sollvorschriften
      b) Kannvorschriften
         aa) Ermessen beim Ob
         bb) Ermessen beim Wie

5) **Auslegung der Zivilprozeßvorschriften**
   A. Gerechtigkeit
   B. Zweckmäßigkeit
      a) Keine Förmelei
      b) Gesetzesbindung
      c) Sinnermittlung
      d) Entstehungsgeschichte
   C. Rechtssicherheit
   D. Sinnähnlichkeit
      a) Vorhandensein ähnlicher Vorschriften
      b) Gesetzeslücke
         aa) Keine Rechtsverweigerung
         bb) Rechtsfortbildung
   E. Einfluß anderer Gesetze

6) **Treu und Glauben**
   A. Grundsatz
      a) Rechtsmißbrauch
      b) Keine prozessuale Verwirkung
   B. Querulantentum

7) **Einige Begriffe des Zivilprozeßrechts**
   A. Verschulden
   B. Angriffs- und Verteidigungsmittel
   C. Verordneter Richter
      a) Beauftragter Richter
      b) Ersuchter Richter
   D. Anspruch
   E. Prozeßrechtsverhältnis

8) **Örtliche Geltung des Zivilprozeßrechts**
   A. Bundesrepublik Deutschland
   B. Deutsche Demokratische Republik

9) **Zeitliche Geltung des Zivilprozeßrechts**

1) Abgrenzung des Zivilprozesses. A. Grundsatz. Man darf einen bürgerlich-rechtlichen Anspruch, dh ein Recht gegenüber einem anderen auf ein Tun oder Unterlassen, § 194 BGB, nur vereinzelt durch Selbsthilfe verwirklichen, nämlich in den Fällen der §§ 229, 561, 859, 904, 962 BGB. Darum muß der Staat der Durchführung und Sicherung bürgerlich-rechtlicher Ansprüche seinen Arm leihen; er tut es im Zivilprozeß (dem ,,bürgerlichen Rechtsstreit"). Ein Seitenstück zum Zivilprozeß ist das Schiedsverfahren, das die Durchsetzung von Ansprüchen auf Grund eines Schiedsvertrags und einer staatlichen Vollstreckbarerklärung zuläßt.

Gegensätze sind die freiwillige Gerichtsbarkeit, der Strafprozeß, die Verwaltungsgerichtsbarkeit, Verwaltungsmaßnahmen. Die Verwaltungsgerichtsbarkeit schützt gegen unberechtigte Eingriffe der Staatshoheit. Die freiwillige Gerichtsbarkeit gewährt Hilfe in bürgerlich-rechtlichen Angelegenheiten, bei denen es sich meist nicht um die zwangsweise Durchführung eines bürgerlich-rechtlichen Anspruchs handelt; nach diesem Verfahren werden aber auch echte Streitsachen behandelt, zB die Verteilung nach der HausratsVO, das Vertragshilfeverfahren; s dazu auch Lent ZZP **66**, 267 und Bötticher, Festschrift für Lent 89 (Regelungsstreitigkeiten).

B. Ausnahmen. Die geltende Gesetzgebung verwischt die Grenzen. Sie verweist gelegentlich den durch Hoheitshandlungen Geschädigten auf den Zivilprozeß (den ,,Rechtsweg"); so den Enteigneten wegen der Höhe seines Entschädigungsanspruchs, Art 14 III GG, und vermögensrechtlicher Ansprüche aus Aufopferung, § 40 II VwGO. Ein anderes Mal läßt sie die Entscheidung über bürgerlich-rechtliche Ansprüche durch die Verwaltungsgerichte zu, § 13 GVG, wenn auch § 40 VwGO die Unklarheit zwischen dem Rechtsweg zur ordentlichen und zur Verwaltungsgerichtsbarkeit im wesentlichen beseitigt hat. Dann wieder findet die Erledigung bürgerlich-rechtlicher Ansprüche im Strafverfahren statt, vgl §§ 403ff StPO. Schließlich gehört nach geltendem Recht zur freiwilligen Gerichtsbarkeit jeder Anspruch, den das Gesetz nicht der streitigen Gerichtsbarkeit (dem Zivil- oder Strafprozeß) unterwirft; andererseits sind einzelne Angelegenheiten der freiwilligen Gerichtsbarkeit, wie die Entmündigungssachen, ins Zivilprozeßverfahren verwiesen, während zB § 621e zum Teil auf das FGG verweist. Die neuere Gesetzgebung entzieht dem Zivilprozeß auch immer weitere Gebiete zugunsten der freiwilligen Gerichtsbarkeit; so namentlich durch das Vertragshilfeverfahren, Verfahren nach der HausratsVO.

Unklar ist auch die Zugehörigkeit einzelner Rechtseinrichtungen zum Prozeßrecht oder zum sachlichen Recht; zu den Querverbindungen Berges KTS **76**, 165 (materielles Prozeßrecht), Konzen, Rechtsverhältnisse zwischen Prozeßparteien usw, 1976 (Bespr Rimmelspacher ZZP **90**, 321). So bei der Beweislast, der Rechtskraft, dem Prozeßvergleich. Auch diese Unklarheit ist nicht ohne nachteilige Bedeutung.

C. Zivilprozessuale Verfahrensarten. Nach den verschiedenen Zielen des Verfahrens unterscheidet man zwischen folgenden Verfahrensarten:

a) Erkenntnisverfahren. Dieses Verfahren, auch Entscheidungsverfahren, Urteilsverfahren, Streitverfahren genannt, hat das Ziel, durch Urteil den Anspruch festzustellen, ihn in einen erzwingbaren Leistungsanspruch zu verwandeln oder ihn zu gestalten. Das Erkenntnisverfahren kann sein **aa)** das ordentliche (gewöhnliche), oder **bb)** ein besonderes, auf bestimmte Arten von Ansprüchen zugeschnittenes und besonders geordnetes, wie der Urkunden- u Wechselprozeß, das Eheverfahren, das Entmündigungsverfahren.

b) Vollstreckungsverfahren. Dieses Verfahren hat das Ziel der Erzwingung des zugesprochenen Anspruchs, Dempewolf MDR **77**, 801.

c) Vorläufiges Verfahren. Das summarische Verfahren hat das Ziel einer einstweiligen Sicherung durch einen Arrest oder eine einstweilige Verfügung.

2) Ziel und Rechtsnatur des Zivilprozesses

Schrifttum: Baur, Funktionswandel des Zivilprozesses? Festschrift Tübinger Juristenfakultät (1977) 159; derselbe, Der materiellrechtliche Anspruch und der Zivilprozeß, Festschrift für Ekelöf (1972) 161; Bruns, Verfahren und Verfahrensrechtssatz, Festschrift für Weber (1975) 113; Dütz, Rechtsstaatlicher Gerichtsschutz im Privatrecht; zum sachlichen Umfang der Zivilgerichtsbarkeit, 1970; Gilles, Festschrift für Schiedermair (1976) 202; Habscheid, Zur Aufgabe der Gerichte im sozialen Rechtsstaat, Festschrift für Ekelöf (1972) 283; Hagen, Elemente einer allgemeinen Prozeßlehre, 1972; Henckel, Vom Gerechtigkeitswert verfahrensrechtlicher Normen, 1966; derselbe, Prozeßrecht und materielles Recht, 1970; Pieck, Der Anspruch auf ein rechtsstaatliches Gerichtsverfahren usw, 1966; Rödig, Die Theorie des gerichtlichen Erkenntnisverfahrens usw, 1966; Simshäuser, Zur Entwick-

III. Anwendungshilfen **Einl III 2, 3**

lung des Verhältnisses von materiellem Recht und Prozeßrecht seit Savigny usw, 1965; Vollkommer, Der Anspruch der Parteien auf ein faires Verfahren im Zivilprozeß, Gedächtnisschrift für Bruns (1980) 195.

A. Verwirklichung des sachlichen Rechts. Ziel des Zivilprozesses ist die Verwirklichung (teilweise freilich auch die Gestaltung) des sachlichen (materiellen) Rechts, insbesondere der Grundrechte, BVerfG **49**, 257 und NJW **79**, 2607, auf der Grundlage der Wahrheit, aber auch des Rechtsfriedens, ohne daß letzteres Ziel überbetont werden darf. Immerhin geht das Ziel damit weiter als Rödig meint (Die Theorie des gerichtlichen Erkenntnisverfahrens, 1973, 3: Der Prozeß werde zum Zweck der maßgeblichen Bestätigung oder Widerlegung einer bestimmten Behauptung geführt; krit Adomeit AcP **174**, 407). Das Prozeßrecht darf nicht derart gehandhabt werden, daß sachlichrechtliche Ansprüche schlechterdings undurchsetzbar werden, vgl BVerfG **49**, 257 mwN, BGH **73**, 91 und **86**, 224, BFH NJW **74**, 1583, BSG NJW **75**, 1383. Dasselbe Ziel hat jedes staatliche Verfahren, so das der freiwilligen Gerichtsbarkeit, der Strafprozeß und die Verwaltungsverfahren. Vgl auch Grdz 1 A vor § 253.

Trotzdem besteht ein erheblicher Unterschied. Über einen privatrechtlichen Anspruch können die Beteiligten regelmäßig frei verfügen; sie können auf ihn verzichten, sich über ihn vergleichen usw. Diese Verfügung will und darf ihnen auch der Zivilprozeß nicht nehmen. Auch im Prozeß behält die Partei, von den nicht wenigen Fällen des Hineinspielens gewisser öffentlicher Belange abgesehen, die Verfügung über ihren Anspruch, kann zB anerkennen oder verzichten.

Das geltende Prozeßrecht räumt der Partei aber auch die Verfügung über das Verfahren in weitem Umfang ein, erlaubt zB Geständnis, Verfügung über Beweismittel, Herbeiführung eines Versäumnisurteils, auch sind Prozeßverträge mit verpflichtendem oder unmittelbar gestaltendem Inhalt vielfältig zulässig, sofern nicht gesetz- oder sittenwidrig, BGH FamRZ **82**, 784 mwN, Baumgärtel AcP **169**, 186 u ZZP **87**, 133, zB auf Rücknahme von Klage oder Rechtsmittel, BGH **20**, 205, Nichteinlegung eines Rechtsmittels, BGH **28**, 49, Unterlassung der Vollstreckung, BGH NJW **68**, 700, Grdz 3 E b cc vor § 704, Verzicht auf Urkundenprozeß, Beschränkung von Beweismitteln, Verzicht auf Aufrechnung, BGH **38**, 258, ebenso Parteivereinbarungen über vorgreifliche Rechtsverhältnisse, sogar uU im Bereich zwingenden Rechts, solange kein Verstoß gegen Grundsätze des ordre public, Baur Festschrift für Bötticher (1969) 10, s aber auch einschränkend Häsemeyer ZZP **85**, 207. So können die Parteien die Erforschung der wirklichen, sachlichen Wahrheit häufig praktisch unmöglich machen; die Wahrheitspflicht des § 138 schützt dagegen nicht ausreichend.

Regelmäßig erreicht der Zivilprozeß also nur die Ermittlung der äußeren (formellen) Wahrheit. Anders, wo öffentliche Belange berührt sind, wie im Ehe- und Entmündigungsverfahren. Dort entfällt das Verfügungsrecht der Parteien oder tritt zurück; entsprechend ermittelt das Gericht die sachliche Wahrheit von Amts wegen. Im Strafprozeß oder Verwaltungsgerichtsverfahren ist der Streitstoff der Verfügung der Beteiligten entzogen; kein Parteiwille, keine Parteihandlung kann dort die Erforschung der sachlichen Wahrheit beeinträchtigen; die geschieht immer von Amts wegen.

B. Formelle Eingruppierung. Der Zivilprozeß gilt als Zweig des öffentlichen Rechts. Ganz abgesehen von der Fragwürdigkeit des Werts der Unterscheidung zwischen öffentlichem und Privatrecht läßt sich der Zivilprozeß aus den in A angegebenen Gründen dem sonstigen öffentlichen Recht nicht zur Seite stellen. Es bedarf bei ihm, von wenigen Ausnahmefällen des Ehe-, Kindschafts- u Entmündigungsrechts abgesehen, immer des Parteiantriebs; der Staat scheidet nicht einmal eine Ehe von Amts wegen.

3) Leitgedanken des Zivilprozeßrechts. A. Überblick. Die Leitgedanken ergeben sich teils unmittelbar aus dem Gesetz, teils aus der Natur des Zivilprozesses als einer Regelung menschlicher Lebensbeziehungen im Rahmen der staatlichen Gemeinschaft.

Im Gesetz verankert sind zB das Gebot der Rechtsstaatlichkeit des Verfahrens, Art 6 MRK, dazu Guillen, Einige prozessuale Probleme im Zusammenhang mit Art 6 MRK, Festschrift für Baur (1981) 365, Pieck, Der Anspruch auf ein rechtsstaatliches Gerichtsverfahren, Art 6 Abs 1 MRK usw, 1966, mit seinen Ausflüssen etwa auf die Notwendigkeit einer effektiven Verfahrensförderung durch das Gericht, vgl § 216 Anm 2 A (Fragwürdigkeit der sog Warteliste), ferner zB der Grundsatz der Öffentlichkeit des Verfahrens, deren Bedeutung hier freilich nicht an die im Strafprozeß heranreicht, ferner die Unmittelbarkeit, die Mündlichkeit (abgeschwächt), die Gewährung rechtlichen Gehörs, dh der Gelegenheit, sich sachlich zu äußern, Art 103 I GG, zB BVerfG **60**, 5, 99, 122, 249, 252, 310, 317, **61**, 17, 121, **62**, 254, 322, 336, 396, NJW **82**, 1635 (krit Schumann), 1636, 1691 je mwN, BVerfG MDR **81**, 470, vom BVerfG auch als „Prozeßgrundrecht" bezeichnet. Freilich muß die

Partei ihre prozessualen Rechte auch ausschöpfen. Kritisch zur Rechtsprechung des BVerfG hat sich der Deutsche Richterbund geäußert, vgl Marqua DRiZ **80**, 436. Doehring NJW **83**, 851, von Stackelberg MDR **83**, 364 halten die persönliche Kenntnisnahme jedes Mitglieds eines Kollegiums vom gesamten Akteninhalt durch unmittelbares Lesen mit Recht für grundsätzlich unverzichtbar; dagegen Herr MDR **83**, 635 und NJW **83**, 2131, Schultz MDR **83**, 633. Braun NJW **81**, 428 schlägt wegen einer – inzwischen schon wieder zurückgetretenen, vgl Köln MDR **83**, 761 – Tendenz des BVerfG, Verfassungsbeschwerden nach Art 103 I GG bei kleinen Beschwerdewerten abzulehnen, die entsprechende Anwendung des § 579 I Z 4 vor; dagegen im Ergebnis Brschw OLGZ **74**, 53).

Zur Notwendigkeit der Beachtung des Art 103 I GG ferner zB BGH **86**, 222, BAG DB **82**, 1172, BFH DB **83**, 1584, BayVGH Rpfleger **76**, 350 (zustm Kirberger), Deubner NJW **80**, 263, Geiger NJW **76**, 1393. Das rechtliche Gehör ist grundsätzlich auch im Verfahren vor dem Rpfl erforderlich, Eickmann Rpfleger **82**, 449.

Hier sind ferner zu erwähnen: Das Willkürverbot, also das Verbot einer objektiven Unangemessenheit einer Maßnahme, die nicht mehr verständlich ist und den Schluß aufdrängt, daß sie auf sachfremden Erwägungen beruht, Art 3 GG, BVerfG **62**, 192, NJW **80**, 278 und DRiZ **82**, 32, Köln MDR **83**, 761 je mwN; das Übermaßverbot, BGH **86**, 224 mwN; weiter der Beibringungsgrundsatz (die Verhandlungsmaxime, Grdz 3 vor § 128) und der Zusammenfassungsgrundsatz (die Konzentrationsmaxime, Üb 2 vor § 253). Zur Einwirkung des GG auf den Zivilprozeß BVerfG **52**, 219; Benda/Weber ZZP **96**, 285; Kenneweg, Darstellung und kritische Würdigung der Rechtsprechung zum Grundsatz des rechtlichen Gehörs usw, Diss Münster 1967; Kurth, Das rechtliche Gehör im Verfahren nach der Zivilprozeßordnung, Diss Bonn 1964; Schneider MDR **79**, 617; Schumann ZZP **96**, 137 (Üb); Stürner NJW **79**, 2334; Zeuner, Rechtliches Gehör materielles Recht und Urteilswirkungen, 1974. Art 103 I GG begründet aber keine allgemeine Aufklärungs- und Fragepflicht des Gerichts, BVerfG **42**, 64, 85 (abw Geiger), BGH **85**, 291.

Die geltende Auffassung des Zivilprozesses als keines rein privaten Vorgangs führt zu einer neuen Anwendung des Begriffs des Prozeßrechtsverhältnisses. Diesem entfließen die Mitwirkungspflicht (Verstoß führt zum Versäumnisverfahren), die Förderungspflicht (Verstoß führt zu Kostenfolgen u Zurückweisung von Vorbringen), die Lauterkeitspflicht mit der Wahrheitspflicht (Verstoß evtl auch strafbar), schließlich die Pflicht zur Prozeßwirtschaftlichkeit, dh zur möglichst zweckmäßigen Handhabung des Verfahrens. S Grdz 2 vor § 128. Vgl auch Damrau, Die Entwicklung einzelner Prozeßmaximen usw, 1975.

B. Fürsorgepflicht. Das Gericht darf nie vergessen, daß es Helfer und Schützer der Rechtsuchenden ist, besonders der sozial Schwachen, nicht ihr Feind oder ihr Hemmschuh, vgl BVerfG **42**, 76 (insof krit Geiger). Es hat eine prozessuale Fürsorgepflicht, Art 19 IV GG, BVerfG NJW **79**, 1927, BAG DB **77**, 920. Es verstößt gegen seine richtig verstandenen Pflichten, wenn es aus förmlichen Gründen abweist oder zurückverweist, wo es sachlich entscheiden könnte. Namentlich die in ihrer Tragweite so wenig gewürdigte Verweisung auf einen zweiten Prozeß darf nur im äußersten Notfall geschehen. Schadensersatzansprüche des Unterlegenen gegen den Staat betr den Richter, zB wegen allzu massiver ,,Sammeltermine", Arndt DRiZ **79**, 143, gg Sachverständige, Zeugen wegen deren Fehlverhaltens sind denkbar, Blomeyer, Prozeßrechtliche Abhandlungen Heft 32 (Bespr Weitnauer ZZP **88**, 455), Köndgen JZ **79**, 249, vgl freilich Üb 3 B vor § 402. Auch eine verzögerte Bearbeitung kann eine Staatshaftung und bei einem Verschulden des Richters dessen Haftung, Blomeyer NJW **77**, 560, ferner eine Verfassungsbeschwerde begründen, Kloepfer JZ **79**, 215.

4) Verbindlichkeit der Zivilprozeßvorschriften. A. Zwingende Vorschriften. Die sog Mußvorschriften, weil meist durch ,,muß" gekennzeichnet, sind unbedingt verbindlich. Das Gericht muß sie von Amts wegen beachten. Die Folgen der Verletzung sind verschieden: **a)** völlige Unwirksamkeit der betroffenen Rechtshandlung. Das gilt nur selten, meist bei Prozeßhandlungen der Parteien, ausnahmsweise auch bei behördlichen Maßnahmen; **b)** bloße Anfechtbarkeit; die Wirksamkeit ist auflösend bedingt durch behördliche Abänderung. So der Regelfall, der namentlich beim Urteil zu beachten ist, aber auch bei allen Entscheidungen und rechtsbegründenden oder -vernichtenden Maßnahmen einer Behörde, Grdz 8 C b vor § 704.

Eine Heilung des Mangels ist in weitem Umfang zulässig (s bei § 295). Die Rechtsprechung schreitet bewußt zu immer milderer Anwendung auch zwingender Vorschriften fort. Das liegt im Geist der Zeit; das gute Recht darf möglichst nicht an Formvorschriften scheitern. Die ZPO ist eine Zweckmäßigkeitsnorm, nicht Selbstzweck, KG FamRZ **77**, 819, Karlsr FamRZ **75**, 508. Andererseits dürfen freilich Billigkeitserwägungen nicht zur Mißachtung ausdrücklicher Vorschriften führen; der Richter steht nicht über dem Gesetzgeber.

III. Anwendungshilfen   Einl III 4, 5

B. Nachgiebige Vorschriften. Das sind solche, die nur mangels anderweiter Bestimmung der Beteiligten gelten. Bei den für das Gericht geltenden Vorschriften finden sich folgende Unterarten:
   a) **Sollvorschriften.** Es gibt anweisende (Sollvorschriften, weil regelmäßig durch das Wort ,,soll" gekennzeichnet). Sie binden das Gericht genau wie Mußvorschriften, BayObLG Rpfleger **81**, 76 mwN; indessen bleibt ihre Verletzung durch Gericht oder Partei im allgemeinen ohne prozessuale Folgen; vgl aber zB § 118 Anm 2 A.
   b) **Kannvorschriften.** Es gibt ferner Ermessensvorschriften (Kannvorschriften, weil oft durch ,,kann" kenntlich gemacht). Sie stellen die Maßnahmen ins pflichtmäßige Ermessen des Gerichts. Sie zerfallen in zweierlei Arten:
   aa) **Ermessen beim Ob.** Es gibt Vorschriften, die eine Prozeßhandlung ins Belieben des Gerichts stellen, je nachdem sie ihm zweckmäßig scheint. Beispiele: Die Vorabentscheidung über den Grund des Anspruchs nach § 304. Hier ist die Nachprüfung der Anwendung des Ermessens in höherer Instanz weitgehend ausgeschlossen; freigestellte mündliche Verhandlung; dann grundsätzlich wegen Art 103 I GG wenigstens Anhörung des Betroffenen nötig, BVerfG **34**, 7 mwN, und stets wegen Art 3 GG Verbot objektiver Willkür, BVerfG **42**, 74 (im Ergebn zustm Geiger).
   bb) **Ermessen beim Wie.** Es gibt Vorschriften, die das Gericht zu einer Prozeßhandlung nötigen, ihm aber in der Art der Ausführung Spielraum lassen. Beispiel: Das Gericht entscheidet nach freier Überzeugung darüber, ob und in welcher Höhe einer Partei ein Schaden entstanden ist. Es muß den Schaden feststellen, die einzelnen Erwägungen stehen in seinem Ermessen. Hier sind die sachgemäße Anwendung und die Grenzen des Ermessens in höherer Instanz eher nachzuprüfen, weil unsachgemäße Anwendung oder Überschreitung der Grenzen bei objektiver Willkür verfassungswidrig wäre, BVerfG **34**, 7 und **62**, 192 je mwN.
   Zum Ermessen auch Behrens, Die Nachprüfbarkeit zivilrichterlicher Ermessensentscheidungen, 1979; Rupp NJW **69**, 1273; Schiffczyk, Das ,,freie Ermessen" des Richters im Zivilprozeßrecht, Diss Erlangen/Nürnb 1979.
   Die Fassung der Vorschrift gibt immer nur einen Anhalt. Manche Mußvorschrift kleidet sich in Sollform und umgekehrt; es entscheiden stets Inhalt und Zweck der Vorschrift.

5) Auslegung der Zivilprozeßvorschriften
Schrifttum: Engisch, Einführung in das juristische Denken, 7. Aufl 1977; Fenge, Juristische Methodenlehre und Prozeßrechtswissenschaft, Festschrift für Weber (1975) 135; Larenz, Methodenlehre der Rechtswissenschaft, 4. Aufl 1979; Schumann, Die materiellrechtsfreundliche Auslegung des Prozeßgesetzes, Festschrift für Larenz (1983); Stürner, Verfahrensgrundsätze des Zivilprozesses und Verfassung, Festschrift für Baur (1981) 647; Zippelius, Einführung in die juristische Methodenlehre, 3. Aufl 1980.
   A. Gerechtigkeit. Für die Auslegung von Prozeßvorschriften gelten die allgemeinen Regeln, Dütz DB **77**, 2218, vgl auch Anm 4 A. Oberster Grundsatz ist die Gerechtigkeit durch eine Gleichheit aller vor dem Gesetz, Art 3 GG. Überhaupt ist die Verfassungsmäßigkeit auch so mancher Verfahrensvorschrift zweifelhaft und daher prüfenswert. Die Auslegung durch das BVerfG ist teilweise nicht überzeugend, vgl zB § 128 Anm 5 B, Bettermann JZ **64**, 602, Schumann NJW **82**, 1613 und Lappe Rpfleger **83**, 85, § 890 Anm 3 Eb aa. Zum grundsätzlichen Verhältnis von GG und ZPO Lorenz NJW **77**, 865 mwN.
   B. Zweckmäßigkeit. a) Keine Förmelei. Prozeßrecht ist Zweckmäßigkeitsrecht, BGH **10**, 359, BayObLG **80**, 80, Hamm FamRZ **80**, 65; Begriffsjurisprudenz und Förmelei sind im Prozeß besonders unangebracht; vgl Vollkommer, Formenstrenge und prozessuale Billigkeit, 1973. Selbst der Wert von ,,blockierendem" System (Viehweg, Topik und Jurisprudenz, 3. Aufl 1965, 45) und (normativer) ,,spitziger" Dogmatik (Zweigert Festschrift für Bötticher [1969] 447; Berges KTS **76**, 165: ,,Trampelpfad rein begrifflicher Subsumtionstechnik") läßt sich bezweifeln, wenn man Rechtswissenschaft nicht als Wahrheitssuche (Geisteswissenschaft), sondern als ein von Lebenssituationen bestimmtes Problemdenken rein sozialwissenschaftlicher Zielsetzung sieht, Zweigert Festschrift für Bötticher (1969) 449, vgl Hagen ZZP **84**, 385, zum Problem auch Raiser DRiZ **78**, 161 mwN. Verfahrensrecht darf nie Selbstzweck werden und unter dogmatischer Kruste erstarren, mag ,,Pragmatik statt Dogmatik" (Meyer-Cording, Kann der Jurist heute noch Dogmatiker sein?, 1973; krit Stuck JZ **75**, 84 mwN) auch ein seinerseits wieder verfängliches Dogma sein, vgl Redeker NJW **74**, 1548; es gebt nicht nur um das, was gilt, sondern auch um das, was vernünftig, sinnvoll, zweckmäßig und in diesem Sinne richtig ist, vgl Dempewolf MDR **77**, 803, Peters ZZP **91**, 342. Dabei fließen stets auch irrationale Elemente in die Urteilsbildung

Einl III 5 B–D Einleitung

ein, KG NJW **76**, 1357. „Ein sicheres Judiz und ein empfindliches Gerechtigkeitsgefühl können mehr wert sein als die scharfsinnigste Gesetzesinterpretation und -subsumtion", Bachof Festschrift für Baur (1981) 174.

b) Gesetzesbindung. Gesetzesbindung als eine Basis richterlicher Wertung hat, wenn nicht als mechanische mißverstanden, dabei um so zentralere Bedeutung, je mehr Bestrebungen der Politisierung des Richters und Tendenzen einer trotz Art 19 IV GG dem Gerichtsschutz entgleitenden Steuerung weiter Lebensbereiche die Dritte Gewalt bedrängen, Rupp NJW **73**, 1769. Zur Wirkung einer Regierungserklärung im Prozeß vgl Friederich, Auswärtige Angelegenheiten in der deutschen Gerichtspraxis usw, Diss Heidelb 1970. Zum Einfluß von Soziologie und Psychologie zB Bietz DRiZ **76**, 178, Schneider DRiZ **75**, 265, Weber DRiZ **78**, 166, Wimmer DRiZ **76**, 176.

c) Sinnermittlung. Letztlich entscheidet nicht der Wortlaut, zumal die ZPO kaum einen Fachausdruck eindeutig gebraucht, die Auslegung also nicht so wie beim BGB davon ausgehen kann, daß das Gesetz die Begriffe einheitlich verwendet; entscheidend sind vielmehr der Zusammenhang und der Zweck, Gaul AcP **168**, 37, Leipold ZZP **84**, 160.

Maßgeblich ist also statt des damaligen subjektiven Willens des Gesetzgebers der aus jetziger Sicht zu ermittelnde „objektivierte Wille", der Sinn, BVerfG **50**, 194, BGH **46**, 76, Hamm NJW **73**, 1333 und FamRZ **80**, 386, Mü VersR **80**, 1078 (dort auch zur grammatischen, systematischen, teleologischen und historischen Auslegung). Zur Beseitigung einer Vorschrift darf aber die Auslegung nicht führen.

d) Entstehungsgeschichte. Mit der Entstehungsgeschichte, vgl zB Ebel VersR **78**, 205, freilich auch zB BGH NJW **78**, 427 links, LG Hbg Rpfleger **80**, 485, od gar mit Äußerungen irgendwelcher Abgeordneter oder Regierungsvertreter, vgl zB LG Köln NJW **78**, 1866, Vollkommer Rpfleger **75**, 118, läßt sich selten etwas Ersprießliches anfangen. Besseren Aufschluß geben amtliche Begründungen (früher Motive genannt), s auch das Parlamentsarchiv des Deutschen Bundestags. Freilich sind amtliche Begründungen weder zur bindenden Auslegung noch zur Ausfüllung einer Gesetzesbestimmung geeignet, BGH **52**, 390. Was bei Erlaß des Gesetzes zweckmäßig war und der damaligen Überzeugung entsprach, braucht es später nicht mehr zu sein. Eine veränderte Zeit kann dem Gesetz einen veränderten Inhalt geben.

C. Rechtssicherheit. Vor gewissen Formvorschriften muß die mildeste Handhabung haltmachen. Freilich soll die Form dem Schutz des sachlichen Rechts dienen und nicht seiner Vereitelung. Indessen sind hier zwei Gesichtspunkte sorgfältig abzuwägen: es stehen sich gegenüber das sachliche Recht der einen Partei und die Belange der Gegenpartei, darüber hinaus aber die der Allgemeinheit. Rechtssicherheit ist ein wesentlicher Bestandteil des Rechtsstaats, BVerfG **49**, 164, und ein unschätzbares Gut; es verschmerzt sich leichter ein sachliches Unrecht als eine Rechtsanwendung, die man wegen ihrer Unberechenbarkeit als Willkür empfindet.

Darum ist bei Formvorschriften immer zu fragen: Wie wirkt eine milde Handhabung auf die Rechtssicherheit? So darf man keinen Finger breit von strengster Einhaltung der Rechtsmittelfristen abweichen. Es ist unerträglich, wenn der Obsiegende trotz Erteilung eines Rechtskraftzeugnisses nicht wissen kann, ob sein Urteil rechtskräftig ist. Zum Problem BVerfG **35**, 46, abw v Schlabrendorff BVerfG **35**, 51 mwN; Vollkommer, Formenstrenge und prozessuale Billigkeit, 1973.

D. Sinnähnlichkeit. a) Vorhandensein ähnlicher Vorschriften. Von besonderer Bedeutung ist die Anwendung der Sinnähnlichkeit (Analogie, die „sinngemäße Anwendung" einer Vorschrift). Auch Sondervorschriften (Ausnahmevorschriften) sind der sinngemäßen Anwendung zugänglich, BGH **26**, 83. Der Umkehrschluß, sog. argumentum e contrario, ist eines der gefährlichsten Auslegungsmittel und enthält oft einen logischen Fehlschluß. Weil ein Rechtssatz nur für einen bestimmten Fall ausgesprochen ist, ist er keineswegs notwendig auf alle übrigen Fälle unanwendbar. Auch hier entscheidet der Zweck des Gesetzes. Sind mehrere Auslegungen möglich, so ist die falsch, die zu einem unbilligen und unzweckmäßigen Ergebnis führt. Es spricht eine Vermutung für die Vernunft des Gesetzes.

Nicht nur bei Auslegung, sondern bei jeder Rechtsprechung gilt angesichts der Flut veröffentlichter Entscheidungen und sonstiger juristischer Literatur das Wort Wieackers in Festschrift für Böttcher (1969) 395: „Der deutsche Richter ist ... nicht nur nicht verpflichtet, sondern vielleicht nicht einmal unbeschränkt berechtigt, sich durchweg von höchst- oder instanzgerichtlichen Entscheidungen oder gar von wissenschaftlichen Autoritäten leiten zu lassen." Abgesehen von der Bindungswirkung, vgl § 538 Anm 1, bleibt der Richter schon wegen Art 97 I GG zur kritischen Überprüfung auch sog Grundsatzurteile verpflich-

III. Anwendungshilfen   **Einl III 5, 6**

tet, die gegen Art 20 II 2 GG verstoßen können, vgl Schlüter, Das obiter dictum usw, 1973 (Bespr Kötz AcP **175**, 361), § 313 Anm 7 A. Eine Änderung der Rechtsprechung kann freilich gegenüber dem, der sich auf sie beruft, uU zur Arglisteinrede führen, vgl Arndt, Probleme rückwirkender Rechtsprechungsänderung, 1974 (Bespr Berkemann JZ **75**, 70).

b) Gesetzeslücke. aa) Keine Rechtsverweigerung. „Lücken des Gesetzes" in dem Sinn, daß der Wortlaut den Einzelfall nicht voll deckt, sind äußerst zahlreich. In dem Sinn, daß eine Handhabe für eine vernünftige und zweckmäßige Entscheidung fehle, sind sie nicht oder kaum vorhanden.

Der Richter muß solche Lücken rechtsschöpferisch ausfüllen, denn er ist gemäß Art 20 III GG an Gesetz und Recht gebunden, und Recht kann mehr sein als das Gesetz. Richten heißt nicht nur den Willen des Gesetzgebers aussprechen, sondern dort, wo er schweigt (dazu Köln MDR **75**, 498), die verfassungsgemäßen Rechtswerte erkennen und auch willenhaft verwirklichen, BVerfG **34**, 287. Es gibt insbesondere auch keine Entscheidung „non liquet". Der Richter darf nicht Recht verweigern; s dazu Schumann ZZP **81**, 79. Nicht das Gesetz versagt, sondern die Rechtsprechung, wenn man ein unbilliges Ergebnis mit einer Lücke des Gesetzes begründet.

bb) Rechtsfortbildung. Zwar darf der Gesetzgeber den Richter keineswegs in die Rolle eines generellen Normsetzers drängen, Dütz ZZP **87**, 403; wohl aber ist richterliche Rechtsfortbildung zur Lückenausfüllung zulässig, BVerfG **34**, 287, **37**, 81, und hat Vorrang vor einer früheren Rechtsauffassg, OGB BGH **60**, 398, freilich nicht mehr, wenn eine gesetzliche Regelung dicht bevorsteht, BAG DB **74**, 436, vgl auch Kloepfer, Vorwirkung von Gesetzen 1974. Zu ihren Grenzen beim rechtlichen Gehör Brschw OLGZ **74**, 53; zur allgemeinen Problematik unter anderem LG Hbg Rpfleger **80**, 485; Dütz DB **77**, 2222; Fischer, Die Weiterbildung des Rechts durch die Rechtsprechung, 1971; Göldner, Verfassung, Rechtsfortbildung und Lücke, Festschrift für Larenz (1983); Hattenhauer ZRP **78**, 83, Haverkate ZRP **78**, 88, Herschel DB **73**, 2298; Hilger, Überlegungen zum Richterrecht, Festschrift für Larenz (1973) 109; Ipsen, Richterrecht und Verfassung, 1975; Krey JZ **78**, 361, 428; Larenz NJW **65**, 1; Lieb-Westhoff DB **73**, 72 (Arbeitsrecht); Müller DB **81**, 93; Müller-Guntrum/Plugge NJW **77**, 1810; Rath ZZP **89**, 453; Redeker NJW **72**, 409; Seiter, Beweisrechtliche Probleme ... bei Rechtsfortbildung, Festschrift für Baur (1981) 573; Wagner NJW **81**, 316. Zur Methodik der Argumentation vgl auch Gottwald ZZP **93**, 1.

E. Einfluß anderer Gesetze. Aus anderen Prozeßarten, etwa dem Strafprozeß, ist für den Zivilprozeß wegen der wesentlich anderen Voraussetzungen im Weg sinngemäßer Anwendung kaum etwas zu gewinnen. Mit dieser Einschränkung ist aber zu beachten, daß die Reichsjustizgesetze als Einheit aufzufassen sind, so daß eine gewisse Ergänzung möglich ist. Die Übertragung bürgerlich-rechtlicher Vorschriften auf den Prozeßweg ist ganz unstatthaft. Das Zivilprozeßrecht ist aus sich selbst heraus auszulegen und fortzubilden. Gerade gegen diese Grundregel wird sehr häufig verstoßen. Insbesondere gilt das von der Übertragung der zivilrechtlichen Haftung für Verschulden. Im Zivilprozeß kommt lediglich prozessuales Verschulden in Frage, Anm 7 A. Das Einstehen für Handlungen Dritter ist von Fall zu Fall und ohne jede Bindung an die Vorschriften des BGB zu prüfen.

6) Treu und Glauben

Schrifttum: Klamaris, Der Rechtsmißbrauch im griechischen Zivilprozeßrecht, Festschrift für Baur (1981) 483 (rechtsvergleichend); Zeiss, Die arglistige Prozeßpartei usw, 1967.

A. Grundsatz. a) Rechtsmißbrauch. Treu und Glauben beherrschen das gesamte Recht, also auch das Zivilprozeßrecht, BVerfG **46**, 334 (Anspruch auf faire Verfahrensführung), BGH **31**, 83, NJW **75**, 872 u DB **78**, 1494, BAG NJW **83**, 1693, Düss FamRZ **80**, 1050 und FamRZ **82**, 1230, Ffm NJW **80**, 2758, KG MDR **76**, 847, Karlsr OLGZ **77**, 486 und FamRZ **83**, 755, Mü zB DB **78**, 2021, LG Ffm NJW **82**, 1056, Baumgärtel ZZP **86**, 353, ein Rechtsgrundsatz, der leider noch in zu geringem Maße zur Anerkennung gelangt ist, der aber fruchtbare Ergebnisse für den Prozeß verspricht. Es ist nicht Zweck einer staatlichen Einrichtung, der ungerechten oder gewissenlos geführten Sache zum Sieg zu verhelfen, Hbg VersR **82**, 341.

Jeder Rechtsmißbrauch verstößt gegen Treu und Glauben und ist von Amts wegen zu beachten, Hamm FamRZ **79**, 849, vgl grds Roth-Stielow FamRZ **77**, 766; s ferner Grdz 6 D d vor § 704. „Die Qualifikation eines rechtlich gebotenen Verhaltens als erste Rechtspflicht wird nicht durch den Umstand berührt, daß es nicht Gegenstand eines konkreten gerichtlichen Befehls und einer entsprechenden Zwangsvollstreckung ist", Dölle Festschrift für Riese (1964) 291, vgl auch § 138 Anm 1 D. Was sachlichrechtlich gegen Treu und

Glauben verstößt, kann auch mit prozessualen Mitteln nicht erreicht werden; darum ist Erschleichung des Gerichtsstands verboten, zB § 2 Anm 3, Üb 4 A vor § 12, Köln MDR **74**, 310, AG Ffm VersR **78**, 878, Kogel NJW **75**, 2063. Deshalb ist auch eine solche Rüge unzulässig, die nur der Verschleppung dient.

Jeder Mißbrauch des Prozeßrechts zu verfahrensfremden Zwecken ist unstatthaft, Ffm OLGZ **77**, 402, Kblz GRUR **79**, 497, Mü OLGZ **77**, 483, grds auch AG Köln VersR **80**, 272, und kann Schadensersatzpflichten auslösen, zB gemäß §§ 138, 823 BGB in Verbindung mit 263 StGB, vgl KG MDR **76**, 847, Henckel 423 (dazu Böttcher ZZP **85**, 26), Hopt, Schadensersatz aus unberechtigter Verfahrenseinleitung (1968) 236, Weitnauer AcP **170**, 449. Die Einrede der Arglist, dazu Zeiss, Die arglistige Prozeßpartei usw, 1967, Baumgärtel AcP **169**, 181, ist auch gegenüber Prozeßhandlungen der Partei gegeben. So, wenn der Kläger sich verpflichtet, aus Kostenersparnisgründen nicht zu klagen und das Ergebnis des Musterprozesses abzuwarten, insbesondere, wenn die Gegenseite auf die Einrede der Verjährung in diesem Zusammenhang verzichtet, vgl Zweibr OLGZ **65**, 141. Jede Partei hat auch an den ihr ungünstigen Erklärungen festzuhalten, sofern kein Irrtum vorlag, so daß zB Bestreiten wegen vorprozessualen Verhaltens unbeachtlich sein kann, Bbg VersR **73**, 548, krit Baumgärtel ZZP **86**, 365 (im Verhältnis der Parteien zueinander kein Verbot widersprechenden Verhaltens). Eine Grenze zieht das Bedürfnis der Rechtssicherheit, BGH NJW **75**, 828 u **78**, 427 links (zustm Zeiss JR **78**, 159), KG MDR **76**, 847, Mü VersR **74**, 675.

Rechtsmißbrauch verdient und erhält keinen Rechtsschutz, auch nicht im Zivilprozeß, BGH **LM** § 37 PatG aF Nr 17, also zB nicht ein Sich-Verstecken unter einem falschen Namen oder in einer „anonymen" Hausbesetzergruppe, Raeschke-Kessler NJW **81**, 663, vgl § 253 Anm 3 A, oder ein Scheidungsbegehren, dem das AG stattgegeben hat, gegen dessen Urteil aber Berufung eingelegt ist, die dann nach langem weiteren Zusammenleben plötzlich zurückgenommen wird, wenn das Scheidungsurteil des AG dann willkürlich als wirksam betrachtet wird, BGH **20**, 207, oder eine Klage eines Anwalts wegen eines Wettbewerbsverstoßes, deren wahrer Grund die Erzielung von Anwaltsgebühren ist, Düss DB **83**, 766, oder die Benennung eines Zeugen, der im Gespräch heimlich abgehört hat, Üb 4 A vor § 371. Rechtsmißbrauch kann zB eine Nichtigkeitsklage wegen Doppelehe sein, wenn sie erst nach langer Zeit erhoben wird, BGH **64**, 9 mwN, Rechtsmißbrauch wäre auch ein so spätes Einlegen eines nicht befristeten Rechtsbehelfs, daß der Gegner mit ihr nicht mehr zu rechnen brauchte, § 567 Anm 2 B, Celle GRUR **80**, 946, evtl auch eine Berufung auf einen Formmangel lange nach dem Abschluß des gerichtlichen Vergleichs, BAG NJW **70**, 349, aM Reinicke NJW **70**, 306, RoS § 132 IV 1, oder auf eine offensichtlich irrige Rechtsmittelrücknahme, BGH VersR **77**, 574. Wegen Massenklagen Stürner JZ **78**, 500.

b) Keine prozessuale Verwirkung. Von Verwirkung in solchen Fällen zu reden, vgl Celle GRUR **80**, 946, Baumgärtel ZZP **67**, 425ff, 442, Griebeling, Die Verwirkung prozessualer Befugnisse, Diss Ffm 1966, ist bedenklich und außerdem unnötig. Allerdings nimmt BAG **AP** § 242 BGB Nr 8 vor allem unter Berufung auf Baumgärtel sogar eine Verwirkung der Klagebefugnis an, wenn neben einem Zeitablauf besondere Umstände vorliegen, aus denen sich für den Gegner ein selbständiger prozessualer, sich also gerade auf die Klageerhebung erstreckender Vertrauensschutz ergibt, und das Interesse des Vertrauensschutzes für den Gegner derart überwiegt, daß das Interesse des Berechtigten an der sachlichen Prüfung seines Anspruchs zurücktreten muß; Folge: Abweisung der Klage als unzulässig, BGH **44**, 372, auch ohne Rücksicht auf eine etwaige reformatio in peius, da eine Prozeßbedingung fehlt.

Tatsächlich bedurfte es auch hier keiner Verwirkung, da die erhobene Feststellungsklage unzulässig war; zudem kann eine solche Abschneidung der Klagebefugnis gegen Art 19 IV GG (vgl allerdings BVerfG NJW **72**, 675) verstoßen, worauf Böttcher **AP** § 242 BGB zu Nr 8 hinweist. Ablehnend zu einer „Verwirkung" der Klagebefugnis Baumgärtel ZZP **86**, 370, Dütz NJW **72**, 1028, Mittenzwei NJW **74**, 1885 (dazu krit betr den Verwaltungsprozeß Viefhues NJW **75**, 626); vgl auch Arens AcP **173**, 257, Dütz, Rechtsstaatlicher Gerichtsschutz im Zivilrecht, 1970.

B. Querulantentum. Das Verfahrensrecht mißbrauchen auch Quengler (Querulanten), dh unbelehrbare Personen, die hartnäckig immer wieder dieselben sinnlosen Eingaben machen. Sie sind wohl jedem Gericht bekannt. Sie vermehren durch ihr unsoziales Verhalten unnütz die Arbeitslast und tragen zu einer Vergeudung wertvoller Arbeitskraft bei. § 157 II gibt gegen sie keine Hilfe, weil er sich nicht auf schriftliche Eingaben bezieht. Im einzelnen ist manches noch ungeklärt, Baumgärtel ZZP **86**, 369; eine vernünftige Rechtsauffassung verlangt aber, daß der Richter derartige Eingaben nach vorheriger sachlicher Bescheidung und Verwarnung künftig unbeachtet zu den Akten nimmt; vgl auch BVerfG **11**, 5, BGH

III. Anwendungshilfen **Einl III 6–8**

NJW **74**, 55, BFH BB **72**, 865, Brschw NJW **76**, 2024, Hamm NJW **76**, 978, Köln MDR **64**, 423. Freilich bleibt stets zu prüfen, ob hinter einer ehrverletzenden Form ein ernstzunehmender Antrag steht, dessen Nichtbearbeitung gegen Art 103 I GG und den Rechtsschutzanspruch verstoßen könnte, Walchshöfer MDR **75**, 12. Stgt NJW **77**, 112 unterscheidet (beim Ablehnungsgesuch) zwischen Bösgläubigkeit und schuldlos unsachlichen Vortrag. Vgl im übrigen § 42 Anm 1 C.

7) Einige Begriffe des Zivilprozeßrechts. A. Verschulden. Die ZPO knüpft oft Rechtsfolgen an ein Verschulden. Sie meint damit immer rein prozeßrechtliches, das Verabsäumen der für einen gewissenhaften Prozeßführenden gebotenen Sorgfalt; der allgemeine bürgerlich-rechtliche Maßstab scheidet aus; vgl Henn NJW **69**, 1375. „Grobes Verschulden" ist die Versäumung jeder prozessualen Sorgfalt, etwa beim Rechtsanwalt das Unterlassen einer auf der Hand liegenden Rüge. Verschulden des gesetzlichen Vertreters oder Prozeßbevollmächtigten ist solches der Partei, §§ 51 II, 85 II, Schrader DRiZ **74**, 291. Da aber Bildungsgrad und Rechtskunde des Schuldigen von Bedeutung sind, ist bei der Partei ein niedrigerer Maßstab anzulegen als beim Rechtsanwalt. Rechtsirrtum steht dem gewöhnlichen Irrtum gleich; auch hier kann bei Rechtskundigen unentschuldbar sein, was sonst entschuldbar ist.

B. Angriffs- und Verteidigungsmittel, §§ 146, 282, 527 ff, 615. Letztere sind alles, was der Abwehr des Prozeßangriffs dient, wie Bestreiten, Köln NJW **73**, 1847, oder Einwendungen. Gegensatz: Angriffsmittel, dh Mittel, die dem Prozeßangriff dienen, sofern sie einen Tatbestand betreffen, der für sich allein rechtsbegründend ist, BGH NJW **80**, 1794 mwN. Zu den (nicht selbständigen, BGH **LM** § 41 p PatG aF Nr 26) Angriffs- und Verteidigungsmitteln gehören auch Beweismittel und Beweiseinreden. Klage, Widerklage, Knöringer NJW **77**, 2336, Schneider MDR **77**, 796. Rechtsbehelfe gehören ebensowenig hierhin wie neue im Wege der Klageänderung vorgebrachte Ansprüche, BGH **LM** § 264 aF Nr 6, vgl Deubner NJW **77**, 291, wohl aber Klagegründe, neugefaßte Patentansprüche, BGH **LM** § 41 p PatG aF Nr 25, s aber auch BGH NJW **80**, 1794 sowie § 146 Anm 2 A a.

C. Verordneter Richter. Unter diesem Namen kann man folgende Begriffe zusammenfassen:
a) Beauftragter Richter. Er erledigt als Mitglied eines Kollegiums (nicht also der gemäß § 10 GVG tätige Referendar, Hahn NJW **73**, 1783) einen ihm von diesem Kollegium erteilten Auftrag.
b) Ersuchter Richter. Er erledigt als außerhalb des ersuchenden Gerichts stehender Richter ein Ersuchen des Gerichts.
Gebräuchlich ist für den verordneten Richter der Ausdruck Richterkommissar; das Gesetz kennt beide Ausdrücke nicht.

D. Anspruch im Sinne der ZPO ist der prozeßrechtliche, dh der begehrte Rechtsausspruch, BGH VersR **78**, 59 mwN, der Sreitgegenstand, § 2 Anm 2 A, von einer anderen Seite, also nicht der nach § 194 BGB. Derselbe bürgerlichrechtliche Anspruch kann im Gegenteil Gegenstand verschiedener prozessualer Ansprüche sein, prozessual sind eine Leistungs-, Feststellungs- und Gestaltungsklage denkbar, Grdz 2 vor § 253.

E. Prozeßrechtsverhältnis, vgl Grdz 2 vor § 128.

8) Örtliche Geltung des Zivilprozeßrechts. A. Bundesrepublik Deutschland. Die ZPO gilt in der BRep. Vor deren Gerichten ist grundsätzlich nach deutschem Prozeßrecht zu verhandeln (lex fori), vgl BGH KTS **81**, 198 mwN, gleichgültig, welcher Staatsangehörigkeit die Parteien sind und welches sachliche Recht anzuwenden ist, Frey NJW **72**, 1602 mwN betr ausländische Beweismittelvorschriften (s aber § 364 II), krit Grunsky ZZP **89**, 254 mwN (stellt auf Zumutbarkeit ab), Kropkoller Festschrift für Bosch (1976) 525 (maßgeblich sei, welche Aufgabe die fragliche Vorschrift habe – zustm Grunsky ZZP **91**, 85 –). Jedoch ist zB fremdstaatliches Recht zu beachten nach §§ 110, 114 ZPO, 24 EGZPO. Nach deutschem Recht wird auch seitens der Gerichte Rechtshilfe gewährt. Zum Stand des internationalen Zivilprozeßrechts zB Grunsky ZZP **89**, 246, Roggemann NJW **72**, 1609.

In Westberlin gilt die ZPO infolge des Rechtseinheitsgesetzes vom 9. 1. 51, VOBl 99, KG NJW **77**, 1694, und infolge der Übernahmegesetze, zB betr VereinfNov G v 16. 12. 76, GVBl 2779, als Bundesrecht; daher ist das Gesetz über die Vollstreckung von Entscheidungen auswärtiger Gerichte vom 26. 2. 53, GVBl 152, jedenfalls zum Teil nichtig, KG NJW **77**, 1694 und **79**, 881, vgl § 723 Anm 3 B. Vgl auch Einl II A 3.

B. Deutsche Demokratische Republik. Im Verhältnis zur BRep ist sie kein Ausland, sind ihre Bewohner keine Ausländer, sondern Deutsche, Art 16, 116 I GG, und wie Bürger der

BRep zu behandeln, (zumindest) soweit sie in den Schutzbereich der BRep und des GG geraten, BVerfG **57**, 64, BGH **84**, 18, Schlesw SchlHA 83, 13 je mwN, vgl OVG Münst JZ **79**, 136. Soweit Prozeßrecht zwischen der BRep und der DDR verschieden ist (interlokales Recht), gilt ebenfalls der Grundsatz der lex fori, BGH **20**, 334 und **84**, 19, AG Bln-Schönebg FamRZ **74**, 203. Zur DDR-ZPO Brunner NJW **77**, 177 (Üb), Kellner und andere, Zivilprozeßrecht der DDR, 1980.

9) Zeitliche Geltung des Zivilprozeßrechts
Schrifttum: Sieg ZZP **65**, 249 (Rückwirkung).

Neue Prozeßgesetze werden mit Inkrafttreten auch für anhängige Verfahren wirksam, soweit nichts Abweichendes bestimmen, BVerfG **39**, 167, BGH FamRZ **78**, 499, JZ **78**, 34 je mwN, NJW **78**, 427 (abl Jauernig JZ **78**, 103) und 1260 (Ausnahmen unter Umständen, wenn sonst eine Rechtsmittelinstanz entzogen würde), VersR **78**, 941, BayObLG FamRZ **78**, 65 und 145 sowie Rpfleger **80**, 289 mwN, vgl Brschw NJW **78**, 56, ferner zB Düss FamRZ **77**, 723, Hamm Rpfleger **77**, 415, KG FamRZ **77**, 818 je mwN, KG Rpfleger **77**, 450 und FamRZ **77**, 733, AG Lübeck WM **83**, 51 mwN. Abgeschlossene prozessuale Tatbestände, wie ein Anerkenntnis, erfaßt das neue Gesetz nicht, Sedemund-Treiber DRiZ **77**, 104. Meist enthalten neue Prozeßgesetze Übergangsvorschriften; zu deren Vereinbarkeit mit dem GG grundsätzlich BVerfG **47**, 93. Bürgerlichrechtliche Vorschriften der Prozeßgesetze sind nach dem neuen Prozeßgesetz zu beurteilen, wenn es zur Zeit der Verwirklichung ihres Tatbestands gilt, vorausgesetzt, daß das Recht der BRep anwendbar ist.

IV. Zwischenstaatliches Zivilprozeßrecht

Schrifttum: Bülow-Böckstiegel, Der internationale Rechtsverkehr in Zivil- und Handelssachen, 1973 ff; Geimer-Schütze, Internationale Urteilsanerkennung, Bd II, 1971; Nagel, Internationales Zivilprozeßrecht für deutsche Praktiker, 1980; Schütze, Anerkennung und Vollstreckung deutscher Urteile im Ausland, 1973.

1) Nach ZPO. Einige einschlägige Vorschriften finden sich in der ZPO (§ 110: Sicherheitspflicht, §§ 199 ff: Zustellung, § 328: Anerkennung ausländischer Urteile, §§ 363, 364: Beweisaufnahme, §§ 722, 723: Zwangsvollstreckung aus ausländischen Urteilen, § 791: Zwangsvollstreckung im Ausland). Doch sind damit die zivilprozeßrechtlichen Rechtsbeziehungen zum Ausland nicht annähernd erschöpft. Staatsverträge enthalten vielfach besondere Vorschriften, die der ZPO als Sonderrecht vorgehen.

2) EuG-Übereinkommen. Von großer Bedeutung für den Bereich der EWG ist das am 27. 9. 68 geschlossene **Übereinkommen über die gerichtliche Zuständigkeit und die Vollstreckung gerichtlicher Entscheidungen in Zivil- und Handelssachen,** das am 1. 2. 73 in Kraft getreten ist. Das Übereinkommen gilt im Verhältnis der Bundesrepublik zu Belgien, Frankreich, Italien, Luxemburg und den Niederlanden (einschließlich Suriname mit Zusatzerklärungen, Bek v 13. 2. 75, BGBl II 243). Das EuG-Übk, BGBl **72** II 774, das durch Gesetz v 24. 7. 72, BGBl II 773, ratifiziert worden ist, sowie das AusfG. v 29. 7. 72, BGBl 1328, und das Prot v 3. 6. 71 betr die Auslegung des Übk v 17. 8. 72, BGBl II 845, sind im **Schlußanhang V** abgedruckt. Die wesentlichen Bestimmungen sind iü bei der Erläuterung der von ihnen betroffenen Vorschriften berücksichtigt.

3) Weitere Staatsverträge. A. Rechtsschutz und Rechtshilfe. a) Hierhin gehörte vor allem das **Haager Abk über den Zivilprozeß** vom 17. 7. 05, RGBl **09**, 409, mit AusfG v 5. 4. 09, RGBl 430. Es gilt nur noch im Verhältnis der Bundesrepublik zu Island (Bek v 5. 6. 26, RGBl II 553). Im Verhältnis zur DDR ist es nicht anzuwenden (Bek v 11. 8. 75, BGBl II 1263).

An die Stelle dieses Abk ist im Verhältnis zu allen anderen Vertragsstaaten das **Haager Übk über den Zivilprozeß** v 1. 3. 54, BGBl **58** II 577, getreten, Art 29, in der Bundesrepublik in Kraft seit 1. 1. 60, Bek v 2. 12. 59, BGBl II 1388. Es gilt nur für die europäischen Gebiete der Vertragsstaaten; die Ausdehnung auf außereuropäische Gebiete ist in Art 30 II vorgesehen. Maßgeblicher Text ist der französische; Teile der amtlichen Übersetzung sind an folgenden Stellen dieses Werks abgedruckt: Die Vorschriften über das Zustellungswesen Anh § 202 ZPO Anm 5, Rechtshilfeersuchen Anh I § 168 GVG, Sicherheitsleistung für Prozeßkosten Anh § 110 ZPO, Vollstreckbarerklärung von Kostenentscheidungen Schlußanh V A 1, Prozeßkostenhilfe (Armenrecht) Anh § 114, Personenhaft Anh § 918 ZPO. Das zum Vertrag erlassene AusfG vom 18. 12. 58, BGBl I 939, ist in seinen betreffenden Teilen an den angegebenen Stellen abgedruckt.

IV. Zwischenstaatliches Zivilprozeßrecht **Einl IV 3**

Das **Haager Übk über die Zustellung gerichtlicher und außergerichtlicher Schriftstücke im Ausland in Zivil- oder Handelssachen v 15. 11. 65,** BGBl 77 II 1453, und das **Haager Übk über die Beweisaufnahme im Ausland in Zivil- oder Handelssachen v 18. 3. 1970,** BGBl 77 II 1472, die im Verhältnis zu den ihnen beitretenden Staaten die entsprechenden Vorschriften der Konvention von 1954 (Art 1–7 u 8–16) ersetzen, Böckstiegel/Schlafen NJW **78,** 1073 (ZustimmungsG v 22. 12. 77, BGBl II 1452, u AusfG v 22. 12. 77, BGBl I 3105), sind seit dem 26. 6. 79 für die BRep in Kraft, Bek v 21. 6. 79, BGBl II 779/780. Wegen des Abdrucks vgl Anh § 202, Anh § 363 u Anh § 168 GVG. **Geltungsbereich** des Zustellungs-Übk gemäß Bek v 23. 6. 80, BGBl II 907, und weiteren Bek (dort ist auch der Wortlaut der von den Vertragsstaaten notifizierten Erklärungen und Erstreckungen veröffentlicht): Ägypten, Anguilla (Bek v 29. 11. 82, BGBl II 1055), Barbados, Belgien, Botsuana, Dänemark, Finnland, Frankreich, Griechenland (Bek v 1. 9. 83, BGBl II 575), Israel, Italien (Bek v 22. 4. 82, BGBl II 522), Japan, Luxemburg, Malawi, Niederlande (für das Königreich in Europa), Norwegen, Portugal, Schweden, Seschellen (Bek v 6. 11. 81, BGBl II 1029), Tschechoslowakei (Bek v 5. 7. 82, BGBl II 722), Türkei, Vereinigtes Königreich (Bek v 29. 8. 80, BGBl II 1281) einschl St. Christoph-Nevis (Bek v 22. 4. 83, BGBl II 321) sowie Vereinigte Staaten. Das Beweisaufnahme-Übk ist in Kraft, vgl Bek v 5. 9. 80, BGBl II 1290 (dort ist auch der Wortlaut der von den Vertragsstaaten notifizierten Erklärungen und Vorbehalte veröffentlicht) im Verhältnis zu: Dänemark (Zusatzerklärung, Bek v 12. 11. 80, BGBl II 1440), Finnland (Zusatzerklärungen, Bek v 19. 2. 81, BGBl II 123, v 5. 7. 82, BGBl II 682), Frankreich, Israel (Zusatzerklärung, Bek v 5. 6. 81, BGBl II 374), Italien (Zusatzerklärung, Bek v 9. 11. 82, BGBl II 998), Luxemburg, Niederlande – für das Königreich in Europa – (Zusatzerklärung, Bek v 17. 7. 81, BGBl II 573), Norwegen (Zusatzerklärung, Bek v 12. 11. 80, BGBl II 1440), Portugal, Schweden (Zusatzerklärung, Bek v 12. 11. 80, BGBl II 1440), Singapur (Zusatzerklärung, Bek v 21. 10. 81, BGBl II 962), Tschechoslowakei, Vereinigtes Königreich (dazu Bek v 29. 8. 80, BGBl II 1281, u Bek v 12. 11. 80, BGBl II 1440) und Vereinigte Staaten.

Das **HZPrÜbk von 1954** ist im Verhältnis zu folgenden Staaten in Kraft (soweit diese den neuen Übk beigetreten sind, hinsichtlich der nicht durch die neuen Übk ersetzten Teile): Ägypten (Bek v 6. 11. 81, BGBl II 1028), Belgien, Dänemark, Finnland, Frankreich und einigen außereuropäischen Gebieten, Israel, Italien, Japan, Jugoslawien, Libanon, Luxemburg, Marokko, den Niederlanden, Norwegen, Österreich, Polen, Portugal und den portugiesischen überseeischen Gebieten, Rumänien, Schweden, der Schweiz, Sowjetunion, Spanien, Suriname, Tschechoslowakei, Türkei, Ungarn, Vatikanstadt.

Zusatzvereinbarungen zur weiteren Erleichterung des Rechtsverkehrs bestanden zuletzt (und bestehen hinsichtlich der nicht durch die neuen Übk ersetzten Teile) mit Belgien v 25. 4. 59, BGBl II 1525, Dänemark v 1. 6. 10, RGBl 873, idFass v 6. 1. 32, RGBl II 20, u 1. 6. 14, RGBl 205, Frankreich v 6. 5. 61, BGBl II 1040, Luxemburg v 1. 8. 09, RGBl 910, den Niederlanden v 30. 8. 62, BGBl 64 II 469 (seit 3. 5. 64 an Stelle des bisherigen Vertrages v 31. 7. 09) nebst den niederländischen Antillen v 5. 2. 68, BGBl II 95, Norwegen v 2. 8. 09, RGBl 912, BGBl 53 II 257, und v 17. 6. 77, BGBl 79 II 1292, Österreich v 6. 6. 59, BGBl II 1523, Schweden v 1. 2. 10, RGBl 456, der Schweiz v 30. 4. 10, RGBl 674; im Verhältnis zur Schweiz gilt ferner das Abk über das Verfahren bei Anträgen auf Vollstreckbarerklärung der im Art 18 HZPrAbk v 17. 7. 05 bezeichneten Kostenentscheidungen v 24. 12. 29, RGBl **30** II 1, weiter.

b) Ferner bestehen mit mehreren Staaten **Sonderverträge ähnlichen Inhalts,** nämlich im Verhältnis zu: **Griechenland,** Abk vom 11. 5. 38, RGBl **39** II 849, wieder in Kraft seit 1. 2. 52 (Bek v 26. 6. 52, BGBl II 634), nebst AusfVO vom 31. 5. 39, RGBl II 847; **Großbritannien mit Nordirland** Abk v 20. 3. 28, RGBl II 624, wieder in Kraft seit 1. 1. 53 (Bek v 13. 3. 53, BGBl II 116), nebst AusfVO v 5. 3. 29, RGBl II 135; gilt ebenso für Barbados, Bek vom 14. 5. 71, BGBl II 467, für Fidschi, Bek v 7. 8. 72, BGBl II 904, für Gambia, Bek v 27. 10. 69, BGBl II 2177, für Kanada, Bek vom 29. 11. 35, RGBl II 848, wieder in Kraft seit 1. 11. 53, Bek vom 14. 12. 53, BGBl **54** II 15; für Neuseeland, Bek vom 31. 8. 29, RGBl II 637, wieder in Kraft seit 1. 1. 53 (Bek vom 13. 3. 53, BGBl II 118); für Australien, Bek vom 17. 12. 32, RGBl II 307, wieder in Kraft seit 1. 7. 54 (Bek vom 6. 6. 55, BGBl II 699, Bek vom 24. 10. 55, BGBl II 918, Bek v 24. 7. 56, BGBl II 890, Bek v 18. 7. 57, BGBl II 744); für die Föderation von Rhodesien u Nyassaland, Bek v 30. 7. 57, BGBl II 1276, wieder in Kraft seit 20. 8. 55, für weitere britische Gebiete, darunter Hongkong, Bek v 13. 4. 60, BGBl II 1518, Malaysia, Bek v 29. 4. 75, BGBl II 576, Malta, Bek v 6. 2. 68, BGBl II 95, und Mauritius, Bek v 26. 7. 71, BGBl II 1108, Singapur, Bek v 29. 4. 76, BGBl II 576, Swasiland, Bek v 30. 3. 71, BGBl II 224, Trinidad, BGBl **61** II 1681, und Tobago, Bek v 25. 11. 66, BGBl II 1564, Jamaica, Bek v 18. 8. 66, BGBl II 835, Nigeria, Bek v 30. 1. 67, BGBl II

Einl IV 3 A, B Einleitung

827, Malawi, Bek v 18. 5. 67, BGBl II 1748, Lesotho, Bek v 26. 6. 74, BGBl II 987, Zypern, Bek v 23. 4. 75, BGBl II 1129, Seschellen, Bek v 5. 12. 77, BGBl II 1271, Bahamas, Bek v 15. 6. 78, BGBl II 915. Sierra Leone betrachtet sich als an das Abkommen gebunden, Bek v 23. 9. 67, BGBl II 2366, ebenso Grenada, Bek v 12. 3. 75, BGBl II 366, und die Salomonen, Bek v 23. 9. 80, BGBl II 1346. Das Abkommen gilt ferner im Verhältnis zu Nauru, Bek v 22. 7. 82, BGBl II 750, dagegen **nicht** mehr im Verhältnis zu Ghana, Jordanien, Kamerun, Sri Lanka und Uganda. Weitere Rechtshilfeverträge: **Türkei,** Abk v 28. 5. 29, RGBl **30** II 7, wieder in Kraft seit 1. 3. 52 (Bek v 29. 5. 52, BGBl II 608), nebst AusfVO v 26. 8. 31, RGBl II 537. **USA** Freundschafts-, Handels- und Schiffahrtsvertrag v 29. 10. 54, BGBl **56** II 488, in Kraft seit 14. 7. 56, Bek v 28. 6. 56, BGBl II 763 (enthält auch Bestimmungen über die Anerkennung von Schiedsverträgen sowie die Anerkennung und Vollstreckung von Schiedssprüchen). Mit **Liechtenstein** besteht eine Verständigung, daß der unmittelbare Geschäftsverkehr zwischen den beiderseitigen Justizbehörden zugelassen wird, Bek v 25. 3. 59, BAnz Nr 73 S 1. Bestimmungen über Rechtsschutz und Rechtshilfe enthält auch der Vertrag mit **Tunesien** v 19. 7. 66, BGBl **69** II 889, vgl Schlußanh V B 8.

 B. Anerkennung und Vollstreckung. a) Das **Haager Übereinkommen über die Anerkennung und Vollstreckung von Entscheidungen auf dem Gebiet der Unterhaltspflicht gegenüber Kindern** v 15. 4. 58, BGBl **61** II 1005, u AusfG v 18. 7. 61, BGBl I 1033, in Kraft für die Bundesrepublik seit 1. 1. 62, Bek v 15. 12. 61, BGBl **62** II 15, ist im **Schlußanh V** abgedruckt. Vertragsstaaten: Belgien (1. 1. 62), Dänemark (1. 1. 66), Finnland (24. 8. 67), Frankreich (25. 7. 66, Geltung in den überseeischen Hoheitsgebieten seit 18. 10. 69, BGBl 69 II 2124), Italien (1. 1. 62), Liechtenstein (7. 12. 72), Niederlande (28. 4. 64, auch für die niederländischen Antillen), Norwegen (1. 1. 65), Österreich (1. 1. 62), Portugal (24. 2. 74), Schweden (1. 1. 66), Schweiz (17. 1. 65), Spanien (9. 11. 73), Suriname (25. 11. 75, weitere Bek BGBl 80 II 1416), Tschechoslowakei (6. 5. 71), Türkei (25. 6. 73) und Ungarn (19. 12. 64). Wegen des **UN-Übk über die Geltendmachung von Unterhaltsansprüchen im Ausland** s Anh II § 168 GVG.

 b) Im übrigen gelten **Sonderverträge,** die im **Schlußanh V** abgedruckt sind: Das **deutsch-schweizerische Abkommen über Anerkennung und Vollstreckung von gerichtlichen Entscheidungen und Schiedssprüchen** v 2. 11. 29, RGBl **30** II 1065, in Kraft seit 1. 12. 30, Bek v 5. 11. 30, RGBl II 1270, mit AusfVO v 23. 8. 30, RGBl II 1209. – Ähnlich das **deutsch-italienische Abkommen über Anerkennung und Vollstreckung gerichtlichen Entscheidungen** in Zivil- und Handelssachen v 9. 3. 36, RGBl **37** II 145, wieder in Kraft seit 1. 10. 52 (Bek v 23. 12. 52, BGBl 986), nebst AusfVO dazu v 18. 5. 37, RGBl II 143. Es enthält auch Bestimmungen über die Anerkennung und Vollstreckung von Schiedssprüchen, Art. 8. Wirksam ist es nur noch auf Gebieten, für die das EuGÜbk nicht gilt. – **Der deutsch-österreichische Vertrag über die gegenseitige Anerkennung und Vollstreckung von gerichtlichen Entscheidungen, Vergleichen und öffentlichen Urkunden** in Zivil- und Handelssachen v 6. 6. 59, BGBl **60** II 1246, in Kraft seit 29. 5. 60, Bek v 4. 5. 60, BGBl II 1523, nebst AusfG v 8. 3. 60, BGBl I 169. – Das **deutsch-belgische Abkommen über die gegenseitige Anerkennung und Vollstreckung von gerichtlichen Entscheidungen, Schiedssprüchen und öffentlichen Urkunden** in Handels- und Zivilsachen v 30. 8. 58, BGBl 59 II 766, in Kraft seit 27. 1. 61, Bek v 23. 11. 60, BGBl II 2408; dazu G v 26. 6. 59, BGBl II 765. Wirksam ist es nur noch auf Gebieten, für die das EuGÜbk nicht gilt. – Das **deutsch-britische Abkommen über die gegenseitige Anerkennung und Vollstreckung von gerichtlichen Entscheidungen in Zivil- und Handelssachen** v **14. 7. 60,** BGBl **61** II 302, in Kraft seit 15. 7. 61, Bek v 28. 6. 61, BGBl II 1025; dazu G v 28. 3. 61, BGBl I 301. Gilt auch für Hongkong, Bek v 13. 8. 73, BGBl II 1306, u 23. 11. 73, BGBl II 1667. – Der **deutsch-griechische Vertrag über die gegenseitige Anerkennung und Vollstreckung von gerichtlichen Entscheidungen, Vergleichen und öffentlichen Urkunden** in Zivil- und Handelssachen v 4. 11. 61, BGBl **63** II 109, in Kraft seit 18. 9. 63, Bek v 12. 9. 63, BGBl II 1278; dazu AusfG v 5. 2. 63, BGBl I 129, in Kraft seit 18. 9. 63, Bek v 12. 9. 63, BGBl I 766. – Der **deutsch-niederländische Vertrag über die gegenseitige Anerkennung und Vollstreckung gerichtlicher Entscheidungen und anderer Schuldtitel** in Zivil- und Handelssachen v 30. 8. 1962, BGBl **65** II 27, nebst AusfG v 15. 1. 65, BGBl I 17, beide in Kraft seit 15. 9. 65, Bek v 11. 8. 65, BGBl I 1040, seit dem 1. 2. 71 auch für die Niederländischen Antillen, Bek v 14. 1. 71, BGBl II 11. Wirksam ist er nur noch auf Gebieten, für die das EuGÜbk nicht gilt. – Der **deutsch-tunesische Vertrag über Rechtsschutz und Rechtshilfe, die Anerkennung und Vollstreckung gerichtlicher Entscheidungen in Zivil- und Handelssachen sowie über die Handelsschiedsgerichtsbarkeit** v 19. 7. 66, G v 29. 4. 69, BGBl II 889, in Kraft seit 13. 3. 70, Bek v 2. 3. 70, BGBl I 307. – Der **deutsch-israelische**

IV. Zwischenstaatliches Zivilprozeßrecht   **Einl IV 3 B–D**

Vertrag über die gegenseitige Anerkennung und Vollstreckung gerichtlicher Entscheidungen in Zivil- und Handelssachen v 20. 7. 77, G v 13. 8. 80, BGBl II 925, nebst AusfG v 13. 8. 80, BGBl 1301, in Kraft seit 1. 1. 81, Bek v 19. 12. 80, BGBl II 2354. – Der **deutschnorwegische Vertrag über die gegenseitige Anerkennung und Vollstreckung gerichtlicher Entscheidungen und anderer Schuldtitel in Zivil- und Handelssachen** v 17. 6. 77, G v 10. 6. 81, BGBl II 341, in Kraft seit 3. 10. 81, Bek v 14. 9. 81, BGBl II 901, nebst AusfG v 10. 6. 81, BGBl 514, in Kraft seit 3. 10. 81, Bek v 8. 9. 81, BGBl 947.

C. **Entmündigungssachen.** Das **Haager Abkommen über die Entmündigung** usw v 17. 7. 05, RGBl **12**, 463, ist französisch abgefaßt; eine amtliche Übersetzung ist Anh § 645 ZPO abgedruckt. Es gilt heute nur noch im Verhältnis zu Italien, Bek v 14. 2. 55, BGBl II 188.

D. **Schiedsgerichtswesen.** a) **Das UN-Übereinkommen über die Anerkennung und Vollstreckung ausländischer Schiedssprüche** v 10. 6. 58, BGBl **61** II 122; Zustimmung der Bundesrepublik durch Gesetz v 15. 3. 61, BGBl II 121. Für die Bundesrepublik in Kraft seit 28. 9. 61, Bek v 23. 3. 62, BGBl II 102. Es gilt ferner für folgende Länder, von denen einige bei ihrem Beitritt Vorbehalte gemacht haben; Ägypten (7. 6. 59), Australien (24. 6. 75), Belgien (16. 11. 75), Benin (14. 8. 74), Bermuda (12. 2. 80), Botsuana (19. 3. 72), Bulgarien (8. 1. 62), Chile (3. 12. 75), Dänemark (22. 3. 73), auch für Färöer u Grönland, DDR (21. 5. 75), Ecuador (3. 4. 62), Finnland (19. 4. 62), Frankreich (24. 9. 59), Ghana (8. 7. 68), Griechenland (14. 10. 62) mit Zusatzerklärung, Bek v 12. 11. 80, BGBl II 1439, Heiliger Stuhl (12. 8. 75), Indien (11. 10. 60), Indonesien (5. 1. 82), Irland (10. 8. 81), Israel (7. 6. 59), Italien (1. 5. 69), Japan (18. 9. 61), Jordanien (13. 2. 80), Jugoslawien (27. 5. 82), Kamputschea (4. 4. 60), Kolumbien (24. 12. 79), Korea (9. 5. 73), Kuba (30. 3. 75), Kuwait (27. 7. 78), Madagaskar (14. 10. 62), Marokko (7. 6. 59), Mexiko (13. 7. 71), Monaco (31. 8. 82), Neuseeland (6. 4. 83), Niederlande (23. 7. 64), Niger (12. 1. 65), Nigeria (15. 6. 70), Norwegen (12. 6. 61), Österreich (31. 7. 61), Philippinen (4. 10. 67), Polen (1. 1. 62), Rumänien (12. 12. 61), San Marino (15. 8. 79), Schweden (27. 4. 72), Schweiz (30. 8. 65), Sowjetunion (22. 11. 60), Spanien (10. 8. 77), Sri Lanka (8. 7. 62), Südafrika (1. 8. 76), Syrien (7. 6. 59), Tansania (11. 1. 65), Thailand (20. 3. 60), Tobago und Trinidad (15. 6. 66), Tschechoslowakei (8. 10. 59), Tunesien (15. 10. 67), Ukraine (8. 1. 61), Ungarn (3. 6. 62), Uruguay (28. 6. 83), Vereinigtes Königreich (23. 12. 75) unter Erstreckung auf Hongkong (21. 4. 77) sowie Belize und die Kaimaninsel (24. 2. 81), wegen der Zusatzerklärung s Bek v 12. 11. 80, BGBl II 1439, Vereinigte Staaten von Amerika (29. 12. 70) und Gebiete, deren Beziehungen die USA wahrnehmen (1. 2. 71), Weißrußland (13. 2. 61), Zentralafrikanische Republik (13. 1. 64), Zypern (29. 3. 81); viele Staaten haben Vorbehalte gemacht. Die amtliche Übersetzung des Übereinkommens ist im **Schlußanh VI** abgedruckt.

b) Das **Genfer Protokoll über Schiedsklauseln im Handelsverkehr** v 24. 9. 23, RGBl **25** II 47, und das **Genfer Abkommen zur Vollstreckung ausländischer Schiedssprüche** v 26. 9. 27, RGBl **30** II 1067. Soweit Vertragsstaaten dem UN-Übk beigetreten sind, sind GenfProt und GenfAbk für diese außer Kraft getreten, Art 7 II Übk. Beide Verträge gelten noch im Verhältnis der Bundesrepublik zu: Albanien GenfProt RGBl **25** II 47. – Bahamas GenfProt, GenfAbk, Bek 28. 4. 77, BGBl II 443. – Bangladesch GenfProt, GenfAbk Bek 10. 8. 79, BGBl II 963, seit 9. 8. bzw. 27. 9. 79. – Birma GenfProt, GenfAbk RGBl **38** II 879. – Brasilien GenfProt Bek 14. 11. 53, BGBl II 593; seit 1. 9. 53. – Grenada GenfProt, GenfAbk Bek v 12. 3. 75, BGBl II 366, seit 7. 2. 74. – Irak GenfProt RGBl **26** II 791. – Luxemburg GenfProt, GenfAbk Bek 30. 6. 59, BGBl II 718. – Malta GenfProt, GenfAbk seit 16. 8. 66, BGBl II 1525. – Mauritius GenfProt u GenfAbk seit 12. 3. 68, Bek 13. 2. 73, BGBl II 95. – Pakistan GenfProt, GenfAbk Bek vom 13. 2. 54, BGBl II 465; seit 13. 2. 54. – Portugal GenfProt, GenfAbk RGBl **31** II 12, 27.

c) **Das Europäische Übereinkommen über die internationale Handelsschiedsgerichtsbarkeit** v 21. 4. 61, BGBl **64** II 427; Zustimmung der Bundesrepublik v 17. 4. 64, BGBl II 425. Für die Bundesrepublik in Kraft getreten am 25. 1. 65, Bek v 21. 1. 65, BGBl II 107. Das Übereinkommen gilt im Verhältnis zu Belgien (7. 1. 76), Bulgarien (11. 8. 64), Dänemark (22. 3. 73) einschließlich Färöer und Grönland (1. 1. 76), DDR (21. 5. 75), Frankreich (16. 3. 67), Italien (1. 11. 70), Jugoslawien (7. 1. 64), Kuba (30. 11. 65), Luxemburg (24. 6. 82), Obervolta (26. 4. 65), Österreich (4. 6. 64), Polen (14. 12. 64), Rumänien (7. 1. 64), Sowjetunion (7. 1. 64), auch für Ukraine (7. 1. 64) und Weißrußland (12. 1. 64), Spanien (10. 8. 75), Tschechoslowakei (11. 2. 64), Ungarn (7. 1. 64). Dazu besteht die Vereinbarung über die Anwendung dieses Übereinkommens v 17. 12. 62, BGBl **64** II 449; Zustimmung der Bundesrepublik v 17. 4. 64, BGBl II 448. Diese Vereinbarung gilt aber nur für die Bundesrepublik und Österreich ab 25. 1. 65, Bek v 15. 3. 65, BGBl II 271, Frankreich, Bek

Einl IV 3, 4 Einleitung

v 28. 8. 67, BGBl II 2329, ab 16. 3. 67, Dänemark, Bek v 2. 3. 73, BGBl II 171, ab 22. 3. 73, und Luxemburg, Bek v 28. 6. 82, BGBl II 671. Übereinkommen und Vereinbarung sind abgedruckt im **Schlußanh VI**.

d) **Besondere Verträge** über die Anerkennung von Schiedsverträgen und die Vollstreckung von Schiedssprüchen bestehen mit den **UdSSR,** Abk v 25. 4. 58, BGBl **59** II 222, Art 8, in Kraft seit 24. 4. 59, Bek v 30. 4. 59, BGBl II 469, verlängert durch Protokoll v 31. 12. 60, BGBl **61** II 1086, dazu Gesetz v 2. 8. 61, BGBl II 1085 u BGBl 62 II 1477, sowie den **USA,** dazu oben A gegen Ende (beide sind abgedruckt im **Schlußanh VI),** ferner mit verschiedenen anderen Staaten, vgl **Üb Schlußanh VI.**

E. **Sonstiges.** Schließlich enthalten einzelne Vorschriften prozessualen Inhalts die Internationalen Übereinkommen über den Eisenbahnfrachtverkehr (CIV) sowie über den Eisenbahn-Personen- und Gepäckverkehr (CIM) v 7. 2. 70, BGBl **74** II 381 (beide in Art 56 [Vollstreckbarkeit der Urteile]), die für die Bundesrepublik gemäß Art 4 II G v 26. 4. 74, BGBl II 357, am 1. 1. 75 in Kraft getreten sind, Bek v 7. 7. 75, BGBl II 1130, mit Liste der Vertragsstaaten (weitere Listen BGBl **76** II 586, **78** II 399, ferner **80** II 183). Sie ersetzen das Übereinkommen v 25. 2. 61, BGBl **64** II 1519.

4) **Übersicht.** Es ergibt sich also folgende **Übersicht über die zur Zeit für die Bundesrepublik geltenden zivilprozessualen Staatsverträge** (ohne Rechtshilfeabkommen, s dazu Anh zu § 168 GVG, und ohne die Abkommen über die Befreiung ausländischer Urkunden von der Legalisation, s § 438 Anm 2 B–F):

Ägypten HZPrÜbk, Haager ZustlÜbk, UN-ÜbkSchdG;
Albanien GenfProt;
Anguilla Haager ZustlÜbk;
Australien Sondervertrag (A), UN-ÜbkSchdG;
Bahamas Sondervertrag (A), GenfAbk;
Bangladesch GenfProt, GenfAbk;
Barbados Sondervertrag (A), Haager ZustlÜbk;
Belgien EuGÜbk, HZPrÜbk (m Zusatzvereinbarung), Haager ZustlÜbk, VollstrAbk (B), HUnterhVollstrÜbk (B), UN-ÜbkSchdG, EuÜbkHsch;
Benin UN-ÜbkSchdG;
Bermuda UN-ÜbkSchdG;
Birma GenfProt, GenfAbk;
Botsuana Haager ZustlÜbk, UN-ÜbkSchdG;
Brasilien GenfProt;
Bulgarien UN-Übk-SchdG, EuÜbkHSch;
Ceylon (siehe Sri Lanka);
Chile UN-ÜbkSchdG;
Dänemark HZPrÜbk (m Zusatzvereinbarungen), Haager BewAufn- u ZustlÜbk, HUnterhVollstrÜbk (B), UN-ÜbkSchdG, EuÜbkHSch (m Zusatzvereinbarg);
DDR UN-ÜbkSchdG, EuÜbkHSch;
Ecuador UN-ÜbkSchdG;
Fidschi Sondervertrag (A);
Finnland HZPrÜbk, Haager BewAufn- u ZustlÜbk, UN-ÜbkSchdG, HUnterhVollstrÜbk (B);
Frankreich EuGÜbk, HZPrÜb (m Zusatzvereinbarung), Haager BewAufn- u ZustlÜbk, HUnterhVollstrÜbk (B), UN-ÜbkSchdG, EuÜbkSch (m Zusatzvereinbarung);
Gambia Sondervertrag (A);
Ghana UN-ÜbkSchdG;
Grenada Sondervertrag (A), GenfProt, GenfAbk;
Griechenland Sondervertrag (A), Haager ZustlÜbk, VollstrAbk (B), UN-ÜbkSchdG;
Großbritannien Haager BewAufn- u ZustlÜbk, Sondervertrag (A), VollstrAbk (B), UN-ÜbkSchdG;
Heiliger Stuhl HZPrÜbk, UN-ÜbkSchdG;
Indonesien UN-ÜbkSchdG;
Indien UN-ÜbkSchdG;
Irak GenfProt;
Irland UN-ÜbkSchdG (vorher GenfProt, GenfAbk);
Island HZPrAbk;
Israel HZPrÜbk, Haager BewAufn- u ZustlÜbk, VollstrAbk (B), UN-ÜbkSchdG;

IV. Zwischenstaatliches Zivilprozeßrecht **Einl IV 4**

Italien EuGÜbk, HZPrÜbk (m Zusatzvereinbarung), Haager BewAufn- u ZustlÜbk, HEntmAbk (C), UN-ÜbkSchdG, VollstrAbk (B), HUnterhVollstrÜbk (B);
Jamaika Sondervertrag (A);
Japan HZPrÜbk, Haager ZustlÜbk, UN-ÜbkSchdG;
Jordanien UN-ÜbkSchdG;
Jugoslawien HZPrÜbk, UN-ÜbkSchdG (vorher GenfProt, GenfAbk), EuÜbkHSch;
Kamputschea UN-ÜbkSchdG;
Kanada Sondervertrag (A);
Kolumbien UN-ÜbkSchdG;
Korea UN-ÜbkSchdG;
Kuba EuÜbkSch, UN-ÜbkSchdG;
Kuwait UN-ÜbkSchdG;
Lesotho Sondervertrag (A);
Libanon HZPrÜbk;
Liechtenstein Sondervereinbarung (A), HUnterhVollstrÜbk (B);
Luxemburg EuGÜbk, HZPrÜbk (m Zusatzvereinbarung), Haager BewAufn- u Zustl-Übk, GenfProt, GenfAbk, EuÜbkHSch;
Madagaskar UN-ÜbkSchdG;
Malawi Sondervertrag (A), Haager ZustlÜbk;
Malaysia Sondervertrag (A);
Malta Sondervertrag (A), GenfProt, GenfAbk;
Marokko HZPrÜbk, UN-ÜbkSchdG;
Mauritius Sondervertrag (A), GenfProt, GenfAbk;
Mexiko UN-ÜbkSchdG;
Monaco UN-ÜbkSchdG (vorher GenfProt);
Nauru Sondervertrag (A);
Neuseeland Sondervertrag (A), UN-ÜbkSchdG (vorher GenfProt, GenfAbk);
Niederlande EuGÜbk, HRPrÜbk (in Zusatzvereinbarung), Haager BewAufn- und ZustlÜbk, VollstrAbk (B), HUnterhVollstrÜbk (B), UN-ÜbkSchdG;
Niger UN-ÜbkSchdG;
Nigeria Sondervertrag (A), UN-ÜbkSchdG;
Norwegen HZPrÜbk, Haager BewAufn- u ZustlÜbk, HUnterhVollstrÜbk (B), VollstrAbk (B), UN-ÜbkSchdG;
Obervolta EuÜbkHSch;
Österreich HZPrÜbk (mit Zusatzvereinbarung), VollstrAbk (B), HUnterhVollstrÜbk (B), UN-ÜbkSchdG, EuÜbkHSch (mit Zusatzvereinbarung);
Pakistan GenfProt, GenfAbk;
Philippinen UN-ÜbkSchdG;
Polen HZPrÜbk, UN-ÜbkSchdG, EuÜbkHSch;
Portugal HZPrÜbk, Haager BewAufn- u ZustlÜbk, HUnterhVollstrÜbk (B), Genf-Prot, GenfAbk;
Rhodesien (siehe Simbabwe);
Rumänien HZPrÜbk, UN-ÜbkSchdG, EuÜbkHSch;
Salomonen Sondervertrag (A);
San Marino UN-ÜbkSchdG;
Schweden HZPrÜbk (mit Zusatzvereinbarung), Haager BewAufn- u ZustlÜbk, HUnterhVollstrÜbk (B), UN-ÜbkSchdG;
Schweiz HZPrÜbk (mit Zusatzvereinbarung), HUnterhVollstrÜbk (B), VollstrAbk (B), UN-ÜbkSchdG;
Seschellen Haager ZustlÜbk, Sondervertrag (A);
Sierra Leone Sondervertrag (A);
Simbabwe Sondervertrag (A), Weitergeltung fraglich;
Singapur Haager BewAufnÜbk, Sondervertrag (A);
Sowjetunion (siehe UdSSR);
Spanien HZPrÜbk, HUnterhVollstrÜbk (B), UN-ÜbkSchdG, EuÜbkHSch;
Sri Lanka UN-ÜbkSchdG;
Südafrika UN-ÜbkSchdG;
Suriname EuGÜbk, HZPrÜbk, HUnterhVollstrÜbk (B);
Syrien UN-ÜbkSchdG;
Swasiland Sondervertrag (A);
Tansania UN-ÜbkSchdG;

Albers

Thailand UN-ÜbkSchdG;
Trinidad und Tobago Sondervertrag (A), UN-ÜbkSchdG;
Tschechoslowakei HZPrÜbk, Haager BewAufn- u ZustlÜbk, HUnterhVollstrÜbk (B), UN-ÜbkSchdG, EuÜbkHSch;
Türkei HZPrÜbk, Haager ZustlÜbk, Sondervertrag (A), HUnterhVollstrÜbk (B);
Tunesien VollstrAbk (B), UN-ÜbkSchdG, SchdGVertrag (D)
UdSSR HZPrÜbk, UN-ÜbkSchdG, EuÜbkHSch, SchdGVertrag (D);
Ukrainische Sowjetrepublik UN-ÜbkSchdG, EuÜbkHSch;
Ungarn HZPrÜbk, UnterhVollstrÜbk (B), UN-ÜbkSchdG, EuÜbkHSch;
Uruguay UN-ÜbkSchdG;
USA Haager BewAufn- u ZustlÜbk, UN-ÜbkSchdG, SchdGVertrag (D);
Vatikanstaat (siehe Heiliger Stuhl);
Vereinigtes Königreich s Groß-Britannien
Weißrussische Sowjetrepublik UN-ÜbkSchdG, EuÜbkHSch;
Zentralafrikanische Republik UN-ÜbkSchdG;
Zypern Sondervertrag (A), UN-ÜbkSchdG.

Zivilprozeßordnung*

v 30. Januar 1877

idF der Bek v 12. 9. 50, BGBl 533, nebst Änderungen v 20. 8. 53, BGBl 952, 18. 6. 57, BGBl 609, 26. 7. 57, BGBl 861, 26. 2. 59, BGBl 49, 26. 2. 59, BGBl 57, 1. 8. 59, BGBl 565, 18. 7. 61, BGBl 1033, 11. 8. 61, BGBl 1221, 15. 12. 61, BGBl 62 II 15, 20. 12. 63, BGBl 986, 14. 7. 64, BGBl 457, 27. 11. 64, BGBl 933, 30. 6. 65, BGBl 577, 9. 8. 65, BGBl 729, 10. 8. 65, BGBl 753, 15. 9. 65, BGBl 1356, 21. 12. 67, BGBl 1248, 24. 5. 68, BGBl 503, 25. 6. 69, BGBl 645, 15. 8. 69, BGBl 1141, 19. 8. 69, BGBl 1243, 28. 8. 69, BGBl 1513, 27. 6. 70, BGBl 911, 4. 11. 71, BGBl 1745, 1. 3. 72, BGBl 221, 21. 6. 72, BGBl 966, 2. 3. 74, BGBl 469, 21. 3. 74, BGBl 753, 20. 12. 74, BGBl 3651, 20. 12. 74, BGBl 3686, 8. 7. 75, BGBl 1863, 25. 7. 75, BGBl 1973, berichtigt 2164, 11. 12. 75, BGBl 3015, 16. 3. 76, BGBl 581, berichtigt 2088, 14. 6. 76, BGBl 1421, 2. 7. 76, BGBl 1749, 29. 7. 76, BGBl 2029, berichtigt 3314, 3. 12. 76, BGBl 3281, 9. 12. 76, BGBl 3317, 14. 12. 76, BGBl 3341, 22. 6. 77, BGBl 998, 28. 2. 78, BGBl 333, 1. 2. 79, BGBl 127, 18. 7. 79, BGBl 1061, 13. 6. 80, BGBl 677, 18. 8. 80, BGBl 1503, 8. 12. 82, BGBl 1615, 20. 12. 82, BGBl 1912. Wegen des 5. Gesetzes zur Änderung der Pfändungsfreigrenzen vgl das Vorwort.

Erstes Buch. Allgemeine Vorschriften

Bearbeiter: Dr. Dr. Hartmann

Erster Abschnitt. Gerichte

Grundzüge

1) Geltungsbereich. Der Abschnitt I enthält Ergänzungen des GVG für den Zivilprozeß. Das zur Entscheidung berufene Gericht einschließlich der Personen der Richter läßt sich nur so bestimmen, daß man die einschlägigen Vorschriften sowohl der ZPO als auch des GVG berücksichtigt. Titel 1 enthält Ergänzungen zur sachlichen Zuständigkeit und Wertvorschriften. Die Titel 2 und 3 regeln die örtliche Zuständigkeit, vereinzelt auch die sachliche Zuständigkeit. Titel 4 ergänzt den Titel 1 des GVG, soweit es um die Frage geht, wer im Einzelfall zum Richteramt geeignet ist.

Erster Titel. Sachliche Zuständigkeit der Gerichte und Wertvorschriften

Übersicht

1) Bedeutung. Unter dem Begriff Zuständigkeit versteht man die Befugnis und die Verpflichtung zu einer Tätigkeit. Im Bereich der Gerichtsbarkeit bedeutet das: Die Zuständigkeitsregeln legen fest, welches Gericht und welches Rechtspflegeorgan im einzelnen Fall zur Tätigkeit befugt und verpflichtet ist. Demgegenüber ergibt die Regelung der Zulässigkeit des ordentlichen Rechtswegs, welche Fälle vor die ordentlichen Gerichte gehören und welche vor die Gerichte anderer Gerichtsbarkeiten, zB vor ein Finanzgericht oder ein Verwaltungsgericht.

2) Zuständigkeitsarten. Die Zuständigkeit läßt sich nach verschiedenen Gesichtspunkten ordnen:

A. Örtliche Zuständigkeit. Sie klärt die räumlichen Grenzen, innerhalb derer ein Gericht tätig sein darf und muß. Maßgebend ist der landesrechtlich geregelte jeweilige Gerichtsbezirk, in dem das Gericht seinen Sitz hat.

---

* *Außer einer Reihe von besonderen Verweisungen der VwGO auf Vorschriften der ZPO in §§ 54, 98, 123 III-V, 153, 166 I, 167 I 1 sind gemäß § 173 VwGO GVG und ZPO entsprechend anzuwenden, soweit die VwGO keine Bestimmungen über das Verfahren enthält und die grundsätzlichen Unterschiede der beiden VerfArten das nicht ausschließen (entsprechendes gilt nach § 155 FGO und § 202 SGG). In erster Linie sind allerdings Lücken des verwaltungsgerichtlichen Verfahrens mit Hilfe der VwGO zu schließen, erst in zweiter Linie mit Hilfe der ZPO (dazu Falk, Die Anwendung der ZPO und des GVG nach § 173 VwGO, Diss Mainz 1975). Im folgenden wird (jeweils in den letzten Anmerkungen in Kursivdruck) dargestellt, ob und inwieweit eine Anwendung für das verwaltungsgerichtliche Verfahren möglich und geboten ist. Das Fehlen eines solchen Hinweises bedeutet Unanwendbarkeit.*

B. Sachliche Zuständigkeit. Sie klärt die Frage, welches erstinstanzliche Gericht nach der Art der Angelegenheit tätig sein darf und muß. Im Bereich bürgerlicher Rechtsstreitigkeiten, § 13 GVG, gehört die Abgrenzung zwischen dem AG oder LG einerseits und dem ArbG andererseits zum Bereich der sachlichen Zuständigkeit und nicht zu demjenigen der Zulässigkeit des Rechtswegs. Das ergibt sich aus § 17 GVG und aus den §§ 48 I, 48 a IV ArbGG.

C. Geschäftliche Zuständigkeit, auch funktionelle Zuständigkeit genannt. Sie klärt die Frage, welcher unmittelbar im Gesetz genannte Spruchkörper eine im Gesetz allgemein genannte rechtliche Angelegenheit zu betreuen hat.

Hierher gehört zB: Die Abgrenzung zwischen dem Prozeßgericht und dem Vollstreckungsgericht, zwischen dem Kollegium und dem Einzelrichter, zwischen dem entscheidenden und dem ersuchten bzw beauftragten Richter, zwischem dem Richter und dem Rpfl, zwischen dem Rpfl und dem Urkundsbeamten, zwischen dem Gericht und dem Gerichtsvollzieher, zwischen dem Prozeßgericht und dem Familiengericht, zwischen dem Prozeßgericht und dem Arrestgericht oder dem Gericht der einstweiligen Verfügung.

D. Geschäftsverteilung auf die einzelnen gleichartigen Abteilungen, Kammern oder Senate desselben Gerichts. Sie klärt die Frage, welcher einzelner Spruchkörper im konkreten Einzelfall und zum fraglichen Zeitpunkt entscheiden darf bzw muß. Diese zwar auf gesetzlichen Regeln des GVG beruhende, aber im einzelnen für jedes Geschäftsjahr vom Präsidium bzw vom Vorsitzenden zu beschließende und nur in Ausnahmefällen abänderbare Regelung hat nach der Systematik des Gesetzes zunächst eine innerdienstliche Bedeutung. Freilich sind die praktischen Auswirkungen gleichwohl erheblich, schon wegen Art 101 I 2 GG (Gebot des gesetzlichen Richters).

Deshalb ergibt auch erst die Klärung sämtlicher vorgenannter Fragen eine Antwort darauf, welche Gerichtsperson die gewünschte oder erforderliche Handlung jeweils vornehmen darf und muß.

E. Gewöhnliche und ausschließliche Zuständigkeit. a) Grundsatz. Eine weitere Unterscheidungsmöglichkeit besteht darin, daß das Gesetz die Zuständigkeit teils zwingend vorschreibt, teils nur hilfsweise regelt und den Parteien im letzteren Fall die Möglichkeit beläßt, eine abweichende Vereinbarung zu treffen. Die örtliche und die sachliche Zuständigkeit ist nur in denjenigen Fällen ausschließlich, in denen das Gesetz dies ausdrücklich bestimmt. Die geschäftliche Zuständigkeit ist immer dem Parteiwillen entzogen. Die Geschäftsverteilung ist ohnehin schon deshalb nicht der Parteivereinbarung eröffnet, weil es sich nicht um eine Zuständigkeitsfrage handelt, D. Die Frage, ob die Zivilkammer des LG oder seine Kammer für Handelssachen tätig werden sollen und müssen, ist nach den Regeln der sachlichen Zuständigkeit zu beurteilen, sofern nicht §§ 97 ff GVG etwas anderes bestimmen. Sondergesetze geben Spezialregeln.

b) Ausschließliche sachliche Zuständigkeit. Sie besteht in folgenden Fällen: Bei einem nichtvermögensrechtlichen Prozeß; bei § 71 III GVG; in einigen Fällen des sachlichen Zusammenhangs (Anhangsprozesse), zB bei einer Einmischungsklage (Hauptintervention), § 64; dann, wenn das Gesetz sie ausdrücklich angeordnet hat, § 71 GVG Anm 5.

Eine ausschließliche Zuständigkeit kann insbesondere bei einer Widerklage bestehen, vgl zB § 33 II.

F. Die Zuständigkeit ist eine Prozeßvoraussetzung, Grdz 3 E a vor § 253. Sie ist von Amts wegen zu prüfen; vgl aber §§ 38, 512a. Die ZPO nennt den Vorgang, daß man sich auf eine Unzuständigkeit beruft, eine Zulässigkeitsrüge, § 282 III.

3) Vermögensrechtlicher Anspruch. A. Grundsatz. Wegen der sachlichen Zuständigkeit kommt es oft auf die Abgrenzung zwischen einem vermögensrechtlichen und einem nichtvermögensrechtlichen Anspruch an. Als vermögensrechtlich ist jeder Anspruch anzusehen, der entweder auf einer vermögensrechtlichen Beziehung beruht oder auf Geld oder Geldeswert geht, ohne Rücksicht auf seinen Ursprung und Zweck. Es entscheidet die Natur des Rechts, dessen Schutz der Kläger verlangt. Der Anspruch kann sich also zwar auf ein nichtvermögensrechtliches Verhältnis gründen, ist aber gleichwohl dann vermögensrechtlich, wenn er eine vermögenswerte Leistung zum Gegenstand hat, BGH **14**, 74.

B. Beispiele. a) Vermögensrechtlich. Hierher gehören: Ein Unterlassungsanspruch des gewerblichen Rechtsschutzes; ein Anspruch auf eine Ausschließung aus einer Körperschaft, soweit mit der Mitgliedschaft im wesentlichen wirtschaftliche Zwecke verfolgt werden, BGH **13**, 8, und soweit der Anspruch nicht die Ehre und die allgemeine Achtung betrifft; ein Firmenrecht; ein Namensrecht (nur), soweit der Name eine wirtschaftliche Bedeutung hat, BGH **LM** § 16 UWG Nr 6; ein Unterlassungsanspruch auf Grund eines

1. Titel. Sachl. Zuständigkeit d. Gerichte u. Wertvorschriften **Übers § 1, §§ 1, 2 1, 2**

Urheberrechts, soweit es sich neben ideellen Belangen auch um die wirtschaftliche Auswertung des Werks handelt, BGH JZ **53**, 643; der Auskunftsanspruch nach §§ 1605, 1361 IV 4 BGB, BGH NJW **82**, 1651; ein Anspruch auf Hausbesichtigung nach §§ 2038, 745 BGB, BGH NJW **82**, 1765; eine mit Kündigungsdrohung erfolgende Abrechnung, BAG MDR **82**, 694.

b) Nichtvermögensrechtlich. Hierher gehören: Ein nur körperloses Standes- oder Familienrecht; das allgemeine Persönlichkeitsrecht; das Recht auf die Veröffentlichung einer Gegendarstellung, BGH NJW **63**, 151, Diederichsen BB **74**, 382; ein Ehrenrecht, auch wenn es die Vermögensinteressen des Gegners mitberührt, BGH VersR **83**, 832. Dieses ist aber zB dann vermögensrechtlich, wenn der Anspruch auf einen Widerruf allein oder jedenfalls auch wegen der Beeinträchtigung des wirtschaftlichen Fortkommens verfolgt wird, BGH **14**, 74 und MDR **83**, 655 mwN. Ein nichtvermögensrechtlicher Anspruch wird nicht dadurch zu einem vermögensrechtlichen, daß der Kläger einseitig die Erledigung der Hauptsache erklärt, BGH NJW **82**, 767.

Bei einer Mitgliedschaft in einem Verein entscheidet dessen Rechtsnatur, Diederichsen BB **74**, 382. S auch § 71 GVG Anm 2.

4) Geltung für Kosten. Titel 1 betrifft diejenigen Fälle, in denen es für die Zulässigkeit der Klage oder des Rechtsmittels oder für die vorläufige Vollstreckbarkeit auf den Wert ankommt. Doch ist eine Wertfestsetzung nach dem Titel 1 vorbehaltlich der §§ 14–20 GKG auch für die Berechnung der Gerichtsgebühren und der Anwaltsgebühren maßgeblich, §§ 24 GKG, 9 BRAGO.

5) *VwGO:* *Wegen der Sondervorschriften über die sachliche Zuständigkeit, §§ 45–51 VwGO, und über die Bemessung des Streitwerts, § 13 GKG, ist der 1. Titel nur zT entsprechend anwendbar, nämlich §§ 10, 11 sowie §§ 4–7 für die Festsetzung der Berufungssumme, Art 2 § 4 EntlG, und der Beschwerdesumme, § 146 III VwGO, sowie in Ergänzung von § 13 GKG für den Gebührenwert.*

1 **Hinweis auf das GVG. Die sachliche Zuständigkeit der Gerichte wird durch das Gesetz über die Gerichtsverfassung bestimmt.**

1) Geltungsbereich. Zum Begriff der sachlichen Zuständigkeit vgl Üb 2 B vor § 1. Das GVG regelt die sachliche Zuständigkeit allerdings nicht abschließend. Die sachliche Zuständigkeit des AG wird in den §§ 23–23c GVG geregelt, die sachliche Zuständigkeit der Zivilkammer wird in den §§ 71, 72 GVG geregelt, diejenige der Kammer für Handelssachen in den §§ 94, 95, 72 GVG, diejenige des OLG in § 119 GVG und diejenige des BGH in § 133 GVG. Wenn das Prozeßgericht der ersten Instanz zuständig ist, wie zB nach § 767, dann ist entweder das AG oder das LG als solches zuständig, nicht etwa ist diejenige Abteilung oder Kammer zuständig, die zuvor entschieden hatte; wegen der Kammer für Handelssachen § 767 Anm 3 D.

2 **Wert.** Kommt es nach den Vorschriften dieses Gesetzes oder des Gerichtsverfassungsgesetzes auf den Wert des Streitgegenstandes, des Beschwerdegegenstandes, der Beschwer oder der Verurteilung an, so gelten die nachfolgenden Vorschriften.

1) Allgemeines. Wenn es nach der ZPO oder nach dem GVG auf den Wert ankommt, sind die §§ 3–9 anwendbar. Das gilt zB: Für die Zuständigkeit; für den Streitgegenstand; für den Beschwerdegegenstand, § 511a Anm 3A; für die Beschwer, § 546 Anm 2 A b; für die Verurteilung, § 708 Anm 2 L. Unerheblich ist die Frage, ob es sich um einen vermögensrechtlichen oder um einen nichtvermögensrechtlichen Anspruch handelt. Die Wertvorschriften gelten auch in einem nichtstreitigen Verfahren, etwa im Aufgebotsverfahren. Im Fall des § 866 III gelten nur die §§ 4 und 5.

Für den Kostenstreitwert sind die §§ 3–9 nur im Rahmen des GKG bzw der BRAGO usw anwendbar. Auch das gilt für jede Art von Anspruch und Verfahren.

2) Streitgegenstand

Schrifttum (Auswahl): Bruns, Der materiellrechtliche Anspruch und der Zivilprozeß, Festschrift für Ekelöf (1972) 161; Henckel, Parteilehre und Streitgegenstand im Zivilprozeß, 1961; Hesselberger, Die Lehre vom Streitgegenstand, 1970; Jauernig, Verhandlungsmaxime, Inquisitionsmaxime, Streitgegenstand, 1967; Lenze, Von der actio im Privatrechtssystem Savignys zum Streitgegenstand im Zivilprozeßrecht, Diss Münster 1970; Rimmelspacher, Materiellrechtlicher Anspruch und Streitgegenstandsprobleme im Zivilprozeß, 1970; Rödig, Die Theorie des gerichtlichen Erkenntnisverfahrens usw (1973), 163 ff.

A. Prozessualer Anspruch. Die ZPO gebraucht den Begriff Streitgegenstand mehrdeutig. In § 2 bezeichnet er den prozessualen Anspruch, BGH FamRZ **83**, 28 mwN. Das ist die vom Kläger und vom Widerkläger auf Grund eines bestimmten tatsächlichen Vorgangs, eines bestimmten Sachverhalts, aufgestellte Forderung, über deren Berechtigung ein Ausspruch des Gerichts begehrt wird, vgl BGH VersR **78**, 59 und FamRZ **83**, 28 je mwN, Zweibr MDR **81**, 586, und auch ihr kontradiktorisches Gegenteil, Köln MDR **83**, 411 (bitte den dortigen Fall lesen). In diesem Zusammenhang ist es unerheblich, ob sich aus einem und demselben tatsächlichen Sachverhalt mehrere sachlichrechtliche Ansprüche ergeben und ob auf Grund jenes Sachverhalts auch mehrere Anträge gestellt werden; es reicht aus, daß sich die Ansprüche und Anträge auf dasselbe Ziel richten, BGH NJW **81**, 979 und 2306 sowie FamRZ **83**, 28, 156, Düss NJW **75**, 2106. Trotz gleicher Ziele und Anträge können allerdings verschiedene Ansprüche vorliegen, BGH **LM** 2. WoBauG Nr 18 und NJW **81**, 2306 mwN, Düss NJW **75**, 2106, Zweibr MDR **81**, 586.

Bruns ZRP Rdz 139c bezeichnet als Streitgegenstand ,,das Rechtsverhältnis der Parteien im Rahmen der vom Kläger (dh willentlich fixierten) Rechtsfolge". Unter Rechtsverhältnis versteht er Rdz 139 g ,,das in den Tatsachen des Sachverhalts ruhende Element des Streitgestandes". Schwab JuS **76**, 71 mwN mißt unter Ablehnung der sachlichrechtlichen Theorien dem Antrag die entscheidende Bedeutung zu, ähnlich zB OVG Münster NJW **76**, 2037 (beiläufig). Jauernig aaO betont stärker die Bedeutung des Sachverhalts und weist daraufhin, daß der Streitgegenstand wesentlich davon abhängt, ob im Prozeß der Beibringungsgrundsatz oder die Amtsermittlung herrscht, Grdz 3 D b vor § 128. BGH NJW **81**, 2306 läßt ausdrücklich offen, in welchem dieser Elemente der Schwerpunkt zu sehen ist. Rödig 224 bezeichnet als Streitgegenstand eine ,,Menge von vermittels gewisser Kriterien charakterisierter sowie bezüglich ihrer gegenseitigen Verhältnisse und jeweils ihrer Wahrheit problematischer Aussagen"; dazu krit Grunsky JZ **74**, 753, vgl auch Röhl ZZP **88**, 350. Henckel aaO erfaßt den Anspruch als einen Verfügungsgegenstand, so daß ein sachlichrechtliches Abtretungsrecht den Streitgegenstand festlege. Vgl dazu und auch im übrigen Blomeyer ZPR §§ 40, 89 III. Eine Übersicht über den derzeitigen Meinungsstand zur Streitgegenstandslehre findet sich bei Schwab JuS **76**, 71.

Der Streitgegenstand hat unter anderem in folgenden Fällen eine Bedeutung: Es geht um die Frage, ob eine Rechtshängigkeit eingetreten ist, § 261; es geht um die Frage, ob eine Klagenhäufung vorliegt, § 260, oder ob eine Klagänderung anzunehmen ist, § 263; es ist zu prüfen, ob die Streitfrage bereits rechtskräftig entschieden wurde, § 322; es geht um die Verjährung, BGH FamRZ **83**, 28 mwN.

B. Einzelheiten. Maßgebend ist der wirklich gestellte Antrag unter einer Berücksichtigung seiner tatsächlichen Begründung, BGH NJW **81**, 2306 mwN, Kblz JB **78**, 554, insofern auch Köln FamRZ **79**, 923 mwN. Dabei ist ein offensichtlicher Schreib- oder Rechenfehler zu berichtigen.

Unbeachtet bleiben folgende Umstände: Grundsätzlich eine Einwendung des Bekl, vgl BAG BB **73**, 91, aber auch BGH **48**, 179. Etwas anderes gilt nur dann, wenn man das wahre Streitverhältnis erst aus der Einlassung des Bekl erkennen kann, wie es zB bei einer verneinenden Feststellungsklage der Fall ist. Unbeachtet bleiben ferner: Die Belange des Widersprechenden im vorläufigen Verfahren; die Frage, ob der Anspruch begründet ist oder ob der Gegner ihn gar anerkennt; eine etwaige Gegenleistung, selbst im Fall einer Wandlung; eine Aufrechnung, BGH **60**, 87 und **LM** § 38 Nr 18; ein Zurückbehaltungsrecht, § 6 Anm 1 B, Waldner NJW **80**, 217; Umstände, die im Antrag eine selbständige Bedeutung haben, etwa im Fall einer Klage auf die Zahlung des Kaufpreises die Abnahme der Kaufsache oder im Fall einer Klage auf Grund des Eigentums ein Anerkenntnis des Eigentums.

C. Mehrheit von Ansprüchen. Mehrere Ansprüche müssen zusammengerechnet werden, wenn sie selbständig sind. Wenn ein Hauptanspruch und ein Hilfsanspruch vorliegen, dann entscheidet der höhere Wert, vgl jedoch auch § 5 Anm 2 B a. Bei einem Wahlanspruch mit einem Wahlrecht des Klägers entscheidet die höhere Leistung. Bei einem Wahlanspruch mit einem Wahlrecht des Bekl ist der Wert nach § 3 zu schätzen. Dabei muß man von der geringeren Leistung ausgehen. Eine Klage mit dem Ziel einer Aufhebung des Mietverhältnisses und ein auf §§ 985 ff BGB (Eigentum) gestütztes Räumungsverlangen sieht BGH **9**, 27 als ein einheitliches Klagebegehren an.

3) Erschleichung der Zuständigkeit

Schrifttum: Gravenhorst, Die Aufspaltung der Gerichtszuständigkeit nach Anspruchsgrundlagen, 1972.

1. Titel. Sachl. Zuständigkeit d. Gerichte u. Wertvorschriften § 2, Einf §§ 3–9 1

Der Gläubiger darf einen sachlichrechtlichen Anspruch grundsätzlich in zwei oder mehr Teilansprüchen zerlegen und diese zB nacheinander geltend machen, etwa um das Kostenrisiko gering zu halten. Er darf eine solche Zerlegung aber nicht vornehmen, soweit er nur durch sie das AG zuständig machen kann. Wenn er etwa statt einer an sich mögliche Klage auf eine Zahlung von 5200 DM vor dem LG im Anwaltszwang nun zwei Klagen mit Anträgen auf die Zahlung von je 2600 DM vor dem AG (kein Anwaltszwang) erhebt, dann handelt es sich um eine Erschleichung der Zuständigkeit. Diese ist als ein Verstoß gegen Treu und Glauben unzulässig, Einl III 6 A a, Üb 4 A vor § 12, Köln MDR **74**, 310, AG Ffm VersR **78**, 878, Kogel NJW **75**, 2063.

Bei einem Verstoß dieser Art muß das AG beide Klagen in Ausübung seiner Befugnis nach § 147 verbinden. Sein grundsätzliches pflichtgemäßes Ermessen nach § 147 ist insofern eingeschränkt. Nach der Verbindung erfolgt ein Hinweis gemäß § 504 und auf Grund eines etwaigen Verweisungsantrags (Hilfsantrags) eine Verweisung gemäß §§ 506, 281 an das LG, andernfalls und dann, wenn der Bekl die jetzt vorhandene Unzuständigkeit rügt, eine Abweisung als unzulässig (Prozeßabweisung).

4) *VwGO: Nach VwGO, §§ 45–51, hängt die (erstinstanzliche) Zuständigkeit in keinem Fall vom Streitwert ab. Dagegen ist in bestimmten Berufungssachen, Art 2 § 4 EntlG, und in Kostensachen eine Beschwerdesumme, § 146 III VwGO, vorgesehen. Maßgeblich ist insoweit der Beschwerdewert, § 511a Anm 3, nicht die Beschwer; so in der Sache auch VGH Kassel MDR **83**, 609 (zur Klagenhäufung).*

Einführung vor §§ 3–9
Wertfestsetzung

1) Voraussetzungen. A. Wertarten. Der Streitwert hat vielfache Bedeutung, Schumann NJW **82**, 1257. Das Gericht setzt den Wert in folgenden Fällen fest:

a) Zuständigkeitswert. Die Wertfestsetzung erfolgt nach den §§ 3–9, wenn der Wert eine Bedeutung für die sachliche Zuständigkeit oder für die Zulässigkeit eines Rechtsmittels oder für die vorläufige Vollstreckbarkeit hat.

b) Kostenwert. Die Wertfestsetzung erfolgt nach § 25 GKG, wenn der Wert eine Grundlage für die Berechnung der Gerichtsgebühren und der Anwaltsgebühren bilden soll (§ 7 BRAGO nennt den Wert Gegenstandswert). Trotz einer Festsetzung nach § 25 GKG können die Parteien den Wert zB in einem Prozeßvergleich abweichend vereinbaren. Eine solche Regelung ist dann allerdings nur für die Berechnung und Verrechnung der außergerichtlichen Gebühren beachtlich, dagegen für die entsprechende Behandlung der Gerichtskosten unbeachtlich, Hamm AnwBl **75**, 96.

Wenn das Gericht den Wert nach §§ 3–9 festgesetzt hat, ist diese Festsetzung auch für die Gebührenberechnung maßgeblich, § 24 GKG; zum Problem KG VersR **80**, 873 mwN. Das gilt mit Ausnahme vor allem eines Miet- oder Pachtanspruchs, eines Unterhaltsanspruchs, einer Stufenklage, einer Widerklage, eines Arrests und einer einstweiligen Verfügung, §§ 14–20 GKG.

c) Beschwerdewert. Vgl § 511a Anm 3 A, BGH NJW **82**, 1765.

B. Auf Antrag oder von Amts wegen. Die Voraussetzungen einer Wertfestsetzung sind davon abhängig, ob die Wertfestsetzung für die Zuständigkeit oder für die Kostenberechnung erfolgen soll, vgl BGH **59**, 20.

a) Zuständigkeitswert. Eine Festsetzung für die sachliche Zuständigkeit erfolgt regelmäßig nur dann, wenn die Parteien über die Zuständigkeit oder über die Zulässigkeit des Rechtsmittels streiten. Das Gericht darf in einem solchen Fall bereits zu Beginn des Rechtsstreits oder in dessen Verlauf durch einen Beschluß entscheiden, braucht seine Entscheidung aber erst im Urteil zu treffen.

Das Gericht darf und muß den Zuständigkeitswert aber auch von Amts wegen festsetzen, zB wenn seine sachliche Zuständigkeit nach dem Tatsachenvortrag des Klägers fehlt und daher eine Verweisung in Betracht kommt.

b) Kostenwert. Demgegenüber erfolgt eine Festsetzung für die Kosten in folgenden Fällen, und zwar stets durch einen Beschluß:

aa) Antrag. Eine Partei, ihr ProzBev oder die Staatskasse stellen einen Antrag. Er wird zurückgewiesen, wenn das Rechtsschutzbedürfnis fehlt, das auch hier erforderlich ist, vgl BFH BB **75**, 545, wenn zB der Wert unzweideutig feststeht, wie im Fall einer Forderung auf die Zahlung einer bestimmten Geldsumme.

bb) Von Amts wegen. Das Gericht hält eine Wertfestsetzung für angemessen, etwa um Zweifel des Kostenbeamten zu beheben.

C. Höhere Instanz. Sowohl bei einer Wertfestsetzung für die Zuständigkeit oder für die Zulässigkeit eines Rechtsmittels als auch bei einer Wertfestsetzung für die Kosten setzt die höhere Instanz den Wert grundsätzlich nach ihrem eigenen pflichtgemäßen Ermessen fest, vgl Wenzel DB **81**, 162 (für das arbeitsgerichtliche Verfahren). Wenn das für die sachliche Zuständigkeit geschehen ist, dann muß die untere Instanz den Wert bei einer etwa zeitlich nachfolgenden gleichartigen Entscheidung mindestens so hoch festsetzen, daß die Zuständigkeitsgrenze und die Grenze des Beschwerdewerts erreicht werden. Wegen der Festsetzung des Werts der Beschwer durch das OLG vgl § 546 II.

Das höhere Gericht kann den Kostenwert für die untere Instanz bindend festsetzen. Wenn eine solche Festsetzung nicht erfolgt ist, ist die untere Instanz insoweit nicht gebunden. Wenn das untere Gericht seine sachliche Zuständigkeit mit Recht oder zu Unrecht bejaht, dann ist das Beschwerdegericht an diese Entscheidung gebunden; der Wert liegt nicht unterhalb jener Grenze, Köln Rpfleger **74**, 22 und JB **75**, 1355.

2) Verfahren. A. Beschluß. Das Gericht muß den Wertfestsetzungsbeschluß grundsätzlich begründen, KG Rpfleger **75**, 109, Schneider MDR **74**, 802, § 329 Anm 1 A b. Der Beschluß wird allen Beteiligten, also allen denjenigen, deren Gebührenschuld oder Gebührenanspruch berührt wird, KG Rpfleger **75**, 109, grundsätzlich von Amts wegen formlos mitgeteilt, § 329 II 1. Im Fall des § 107 II wird der Beschluß allerdings förmlich zugestellt, § 329 II 2.

Das Gericht darf und muß seine Wertfestsetzung von Amts wegen ändern, sobald die Rechtslage die Änderung verlangt, und zwar auch dann, wenn die Sache inzwischen beim Rechtsmittelgericht anhängig ist, vgl BGH **KR** § 23 GKG (aF) Nr 80, Schneider MDR **72**, 100 mwN. Eine solche Änderung ist allerdings nur innerhalb von sechs Monaten seit der Rechtskraft der Entscheidung in der Hauptsache oder seit einer anderweitigen Erledigung des Verfahrens zulässig, § 25 I 3 und 4 GKG.

Gebühren: Das Verfahren ist gerichtsgebührenfrei; der RA erhält ebenfalls keine Gebühr, § 37 Z 3 BRAGO.

B. Rechtsbehelfe. Die Regelung hat sich wie folgt entwickelt:

a) Zuständigkeitswert. Wenn das Gericht den Wert für die sachliche Zuständigkeit festgesetzt hat, ist gegen einen etwaigen bloßen Wertfestsetzungsbeschluß kein Rechtsmittel statthaft. Denn die Wertfestsetzung für die sachliche Zuständigkeit stellt nur eine vorläufige Kundgebung dar, KG MDR **55**, 177. Ein Verweisungsbeschluß ist unanfechtbar, § 281. Im übrigen ist nur diejenige Entscheidung anfechtbar, durch die das Gericht über seine Zuständigkeit entschieden hat, unabhängig davon, ob das in einem Urteil oder in einem Beschluß geschehen ist.

b) Kostenwert. Wenn das Gericht den Kostenstreitwert festgesetzt hat, ist die Beschwerde nach § 25 II GKG unter folgenden Voraussetzungen statthaft: **aa)** Die Staatskasse hält den Streitwert für zu niedrig; **bb)** der RA hält den Streitwert für zu niedrig, § 9 II BRAGO; **cc)** eine Partei hält den Streitwert für zu hoch. In anderen Fällen fehlt die Beschwer, vgl Hbg MDR **77**, 407, aM OVG Hbg DÖV **65**, 781, falls die von der Gegenseite zu erstattenden Anwaltsgebühren hinter denjenigen zurückbleiben, die man nach der eigenen Honorarvereinbarung zahlen muß. Die andere Partei ist im Beschwerdeverfahren kein Gegner, selbst wenn sie widerspricht, aM Stgt NJW **59**, 890 (aber es handelt sich nicht um einen Parteienstreit, sondern um eine Festsetzung zum Zweck der Berechnung der Gerichts- und Anwaltskosten, vgl auch Hartmann § 25 GKG Anm 4 A b).

Die Beschwerdesumme muß 100 DM übersteigen, § 567 II. Dieser Betrag wird nach dem Unterschiedsbetrag derjenigen Gebühren berechnet, derentwegen eine Festsetzung des Kostenstreitwerts beantragt worden ist.

Eine weitere Beschwerde ist unzulässig, § 568 III. Wenn das LG den Kostenstreitwert erstmalig als Berufungsgericht festsetzt, dann ist eine Beschwerde gegen den für das Verfahren vor dem AG festgesetzten Wert nicht als weitere Beschwerde, sondern als erste Beschwerde anzusehen, Ffm Rpfleger **53**, 88. Durch die Festsetzung des Kostenstreitwerts werden grundsätzlich weder Gerichtsgebühren noch Rechtsanwaltsgebühren ausgelöst. Im Beschwerdeverfahren ergeht eine Kostenentscheidung nur dann, wenn die Beschwerde zurückgewiesen wird, § 97 I. Wenn die Beschwerde nämlich Erfolg hat, fehlt ein Gegner, so daß § 91 nicht anwendbar ist.

Im Beschwerdeverfahren nach § 25 II GKG entsteht keine Gerichtsgebühr, § 25 III GKG; vgl im übrigen KV 1181. Das Beschwerdeverfahren kann auch noch dann fortgesetzt werden, wenn das Urteil in der Sache selbst bereits rechtskräftig ist. Wenn sich dann ein Wert ergibt, der zur Folge hat, daß die Kostenentscheidung unrichtig geworden ist, dann gilt das in § 319 Anm 1 Ausgeführte.

c) Rechtsmittelwert. Wenn das LG den Wert als Berufungsgericht zur Vorbereitung eines Verwerfungsbeschlusses festgesetzt hat, um darauf hinzuweisen, daß die Berufungssumme des § 511 a nicht erreicht sei, ist keine Beschwerde statthaft, vgl Hamm MDR **47**, 257. Denn andernfalls müßte das OLG über die Zulässigkeit der Berufung entscheiden.

C. Arbeitsgerichtsverfahren. In diesem Verfahren erfolgt die Wertfestsetzung im Urteil, § 61 I ArbGG, und zwar entweder im Tenor oder in den Entscheidungsgründen, Wenzel DB **81**, 166. Es handelt sich dabei nicht mehr um einen Rechtsmittelstreitwert, sondern um den Gebührenstreitwert, LAG Hamm AnwBl **81**, 502 mwN, abw zB LAG Bln AnwBl **82**, 393 mwN, aM LAG Baden-Württemberg BB **82**, 620. Der Gebührenstreitwert richtet sich nicht nach dem zuletzt gestellten Antrag, sondern nach dem höchsten Wert der Instanz, der eine Gebühr ausgelöst hat, Wenzel DB **81**, 166. Das Rechtsmittelgericht, das mit der Hauptsache befaßt ist, kann die Streitwertfestsetzung von Amts wegen oder auf Grund eines Antrags ändern, § 25 I 3 GKG, Wenzel DB **81**, 166.

Gegen die mit dem Urteil verbundene Wertfestsetzung findet unabhängig von einem etwaigen Rechtsmittel in der Hauptsache die Beschwerde statt, § 25 II GKG, Wenzel DB **81**, 166. Das ArbG kann die im Urteil vorgenommene Wertfestsetzung auf Grund der Beschwerde, aber auch von Amts wegen, berichtigen, § 25 I 3 GKG, Wenzel DB **81**, 166. Gegen die Streitwertfestsetzung durch das LAG ist die Gegenvorstellung zulässig; das LAG kann den Urteilsstreitwert durch einen Beschluß berichtigen, § 25 I 3 GKG, Wenzel DB **81**, 166. Wegen der Bedeutung des Werts für die Revisionsinstanz vgl § 546 Anm 4. Wenn das Urteil keine Wertfestsetzung enthält, sind die §§ 319, 321 anwendbar.

D. Finanzgerichtsverfahren. In diesem Verfahren ist gegen die Wertfestsetzung des Gerichts keine Beschwerde statthaft; Art 1 Z 4 BFHEntlG hat den Vorrang vor § 5 II 3 GKG, BFH NJW **76**, 648.

E. Baulandsache. In diesem Verfahren entscheidet über eine Streitwertbeschwerde der Zivilsenat des OLG in der Besetzung mit drei Berufsrichtern, Köln NJW **65**, 2404, Oldb NJW **65**, 1768, vgl aber auch BGH **41**, 262, Bbg NJW **66**, 60, Kblz NJW **68**, 899, Mü NJW **66**, 893, Zinkahn-Bielenberg § 158 BBauG Rdz 15–18 mwN (diese Gerichte halten eine Besetzung mit fünf Richtern für erforderlich).

3) VwGO: *Die Festsetzung für die Zulässigkeit eines Rechtsmittels, § 2 Anm 4, erfolgt in der Entscheidung über das Rechtsmittel. Wegen der Wertfestsetzung für die Berechnung der Gebühren s § 25 GKG.*

3 **Wertfestsetzung nach Ermessen.** Der Wert wird von dem Gericht nach freiem Ermessen festgesetzt; es kann eine beantragte Beweisaufnahme sowie von Amts wegen die Einnahme des Augenscheins und die Begutachtung durch Sachverständige anordnen.

Schrifttum: Hillach-Rohs, Handbuch des Streitwerts, 4. Aufl 1974; Rauer (Herausgeber), Kostenerstattung und Streitwert, Festschrift für Schmidt, 1981; Rohs, Der Streitwert in nichtvermögensrechtlichen Streitigkeiten usw, Diss Münster 1975; Schmidt-Schmidt, Der Gegenstandswert in bürgerlichen Rechtsangelegenheiten, 2. Aufl 1978; Schneider, Streitwert-Kommentar, 6. Aufl 1983; derselbe, MDR **83**, 274, 353.

1) Voraussetzungen. Vgl zunächst die Einf vor § 3. Das Gericht setzt den Wert nach seinem pflichtgemäßen Ermessen fest, soweit die §§ 4–9 ZPO, 14–20 GKG unanwendbar sind oder soweit der Streitgegenstand, der Beschwerdegegenstand, die Beschwer oder die Verurteilung nicht schon in einer bestimmten Geldsumme bestehen.

Eine etwaige Uneinbringlichkeit ist nur bei § 148 KO zu beachten. Ein Zwischenzins ist nicht abzuziehen.

2) Ermessen. A. Verkehrswert. Der Ausdruck „freies Ermessen" in § 3 befreit das Gericht nicht von der Pflicht, den vollen Wert zu ermitteln und festzusetzen, vgl Ffm NJW **73**, 1888. Das Gericht hat nur insofern eine Freiheit, als es darum geht, ob es überhaupt eine Wertfestsetzung vornehmen will. Wenn es sich zu einer Wertfestsetzung entschließt, muß es ein pflichtgemäßes Ermessen ausüben. Von der Notwendigkeit, den vollen Streitwert festzusetzen, gelten bei den §§ 23a UWG, 144 PatG, 31a WZG, 247, 249 I, 256 VII, 275 IV AktG Ausnahmen.

Maßgebend sind zunächst etwaige gesetzliche Sonderregeln, jedoch stets auf der Grundlage des Antrags des Klägers, Ffm AnwBl **82**, 198, Schumann NJW **82**, 1263, unabhängig von dessen Zulässigkeit und Begründetheit, Düss AnwBl **82**, 435. Soweit sie fehlen, ist das wahre Interesse, der objektive Verkehrswert maßgeblich, BayObLG AnwBl **83**, 30, nicht der Liebhaberwert oder der Wert nur für den Kläger. Es kommt also nicht nur auf diejenige wirtschaftliche Bedeutung an, die gerade der Kläger seinen Anträgen beimißt, insofern richtig Schönbach NJW **77**, 857, insofern aM zB Bbg JB **77**, 851. Freilich sind die Wertangaben des Klägers ein wichtiger Anhaltspunkt für den wahren Streitwert, Ffm AnwBl **83**, 89, Köln MDR **77**, 584 mwN.

Die Belange des Bekl sind grundsätzlich unerheblich, § 2 Anm 2 B. Das Gericht muß die Ausführungen des Bekl aber mitberücksichtigen, um die Eigenart und die wirtschaftliche Bedeutung der Klage richtig zu erkennen, Schneider MDR **72**, 277.

Wenn der Kläger dazu übergegangen ist, das Interesse zu fordern, § 264 Z 3, dann entscheidet das Interesse. Wenn der Anspruch für jede Partei einen anderen Wert hat, dann entscheidet grundsätzlich der Verkehrswert für den Kläger, Schmidt AnwBl **76**, 123. Die Klagebegründung dient als ein Auslegungsmittel. Offenbare Schreibfehler oder Rechenfehler der Klageschrift sind zu berichten. Sie verändern den Streitwert nicht. In der höheren Instanz entscheidet das wahre Interesse, wie es sich aus dem Antrag des Rechtsmittelführers ergibt, § 14 I GKG, LG Mannh ZMR **76**, 90.

Für die Frage, ob der Streitwert in DM West oder in Ostmark festzusetzen ist, kommt es auf die im Gerichtsort geltende Währung an, aM KG JR **49**, 477 (maßgeblich sei der Sitz des zur Entscheidung stehenden Rechtsverhältnisses. Aber ein Gericht im Gebiet der BRD kann nicht in Ostmark festsetzen und umgekehrt; das Gericht der BRD kann nur den Wert des anderen Währungsgebiets bei seiner eigenen Festsetzung berücksichtigen).

B. Umfang der Prüfung. Das „freie Ermessen" darf nicht zu einer Willkür des Gerichts führen. Freilich fehlen oft die notwendigen Unterlagen. In einem solchen Fall muß die Schätzung oft ziemlich willkürlich sein. Das Gericht braucht keinen Beweis zu erheben. Das er gibt sich aus dem Wort „kann" im Gesetzestext. Das Gericht darf und muß das Verhalten der Parteien berücksichtigen. So spricht zB die Hinzuziehung eines Privatgutachters für einen höheren Wert. Die schon wegen Art 103 I GG stets gebotene Anhörung der Parteien ist unter Umständen zusätzlich nach § 278 III erforderlich.

Die Parteien sollen den Wert bei jedem Antrag angeben, der nicht auf die Zahlung einer bestimmten Geldsumme hinausläuft oder dessen Wert sich nicht aus früheren Anträgen ergibt, § 23 I GKG, § 253 III. Wenn das Gericht Beweise erhebt, dann geschieht das auch zum Nutzen der Staatskasse. Brschw JB **77**, 403 wendet hilfsweise § 13 I 2 GKG entsprechend an. Ein erstinstanzliches Ermessen ist auch für das Beschwerdegericht maßgeblich, solange keine neuen Tatsachen zu beurteilen sind, Teubner DRiZ **73**, 389. Wenn das Gericht lediglich den Kostenstreitwert festsetzt, entstehen für die Partei Kosten nur nach § 26 GKG. Wenn das Gericht den Wert für die sachliche Zuständigkeit festsetzt, entstehen allenfalls Auslagen, jedenfalls keine Gerichtsgebühren.

Die Rechtsprechung ist unübersehbar umfangreich. Die Tendenzen schwanken. Man kann daher Entscheidungen nur zurückhaltend als Anhaltspunkte benutzen. Vor allem die vor der Kostennovelle 1975 veröffentlichte Rechtsprechung und Lehre ist zum Teil nur noch bedingt verwertbar.

Wenn nichts anderes gesagt ist, sollte man den Wert nach § 3 an Hand der Fingerzeige schätzen.

3) VwGO: *Unanwendbar, weil dort, wo die Zulässigkeit eines Rechtsmittels von einem Mindestwert abhängt, § 2 Anm 4, stets ein bestimmter Betrag maßgeblich ist (anders nach FGO, BFH BStBl* **77** *II 843 u* **82** *II 705). Wegen des Gebührenwerts s § 13 GKG.*

Anhang nach § 3

Wertschlüssel

Abänderungsklage: Maßgeblich ist § 9, und zwar auf der Basis der Differenz zwischen dem abzuändernden Vollstreckungstitel und dem jetzt geforderten Betrag, Hbg FamRZ **82**, 322.

Ablehnung des Richters: Grundsätzlich ist der Wert der Hauptsache maßgeblich, es sei denn, daß die Befangenheit nur im Hinblick auf einen einzelnen Anspruch besteht, zB BGH NJW **68**, 796, Ffm MDR **62**, 226, Hamm MDR **78**, 582 mwN, aM zB BFH BStBl **76** II 691 (je abgelehnten Richter seien 10% des Werts der Hauptsache anzusetzen), Nürnb BayJMBl **59**, 191, Gerold Streitwert „Ablehnungsverfahren". Bbg MDR **82**, 589 mwN

1. Titel. Sachl. Zuständigkeit d. Gerichte u. Wertvorschriften **Anh § 3**

hält eine Bewertung nach § 12 II GKG für richtig, da es sich um eine nichtvermögensrechtliche Sache handle. Lange MDR **74**, 276 wendet je nach der Art des Hauptverfahrens § 3 ZPO oder § 12 II GKG an. S auch „Ablehnung des Schiedsrichters".

Ablehnung des Sachverständigen: Der Wert liegt meist unter dem Wert der Hauptsache, OVG Lünebg NJW **67**, 269. Es entscheidet das Interesse daran, daß dieser Sachverständige nicht mitwirke, Bre JB **76**, 1357 mwN. Daraus ergibt sich, daß als Wert im allgemeinen das Interesse an der Wichtigkeit des Beweispunkts angesetzt werden muß, vgl Schneider ABC „Ablehnung" Nr 3, aM Nürnb JB **66**, 876, im Ergebnis auch Mü JB **80**, 1055 (diese Gerichte wenden den Wert der Hauptsache an). Ffm MDR **80**, 145 mwN begrenzt den Beschwerdewert des Zwischenstreits über die Ablehnung des Sachverständigen auf ein Drittel des Werts der Hauptsache; Hbg NJW **70**, 1239 wendet hier § 3 an. Köln MDR **76**, 322 mwN wendet § 12 II GKG an, da es sich auch hier um eine nichtvermögensrechtliche Sache handle.

Ablehnung des Schiedsrichters. Maßgeblich ist grundsätzlich der Wert der Hauptsache. Vgl im übrigen „Ablehnung des Richters", „Schiedsgerichtsverfahren: a) Beschlußverfahren".

Abnahme der Kaufsache: Maßgeblich ist das Interesse des Klägers an der Abnahme. § 6 ist unanwendbar. Stgt Rpfleger **64**, 162. Der Anspruch auf die Kaufpreisforderung und derjenige auf die Abnahme der Kaufsache werden nicht zusammengerechnet, § 5 Anm 2 B b, ThP § 5 Anm 5 3c.

Abrechnung: Maßgeblich ist das wirtschaftliche und evtl auch das ideelle Interesse an ihrer Erteilung. S auch „Stufenklage: a) Rechnungslegung"; „Zwangsvollstreckung: a) Erwirkung von Handlungen und Unterlassungen".

Absonderungsrecht: Maßgeblich ist § 6, dort Anm 3 A.

Abstammung: Gemäß § 12 II 3 GKG ist von 4000 DM auszugehen.

Abtretung: Maßgeblich ist zunächst § 6, bei der Abtretung eines wiederkehrenden Rechts jedoch § 9.

Allgemeine Geschäftsbedingungen: Maßgeblich ist das Interesse des Klägers an der Durchsetzung seines Unterlassungsanspruchs, Bunte DB **80**, 486 mwN. Es ist wie beim Widerrufsanspruch, § 13 I AGBG, nach § 3 zu schätzen. Unter Umständen ist das Interesse der Allgemeinheit an der Ausschaltung der umstrittenen Klausel maßgeblich, vgl BGH GRUR **68**, 106. Der Höchstwert beträgt 500000 DM, § 22 AGBG, dazu Löwe-von Westphalen-Trinkner, § 22 AGBG Rdz 2. Je angegriffene Klausel können 3000–5000 DM festgesetzt werden, Bunte DB **80**, 485 mwN. S auch „Unterlassung".

Anfechtung: S § 6 Anm 4.

Anmeldung zum Handelsregister: Der Wert einer Mitwirkung wird nach § 3 geschätzt. Dabei ist die Höhe der Einlage oder des Gesellschaftsanteils ein bloßer Anhaltspunkt, vgl BGH BB **79**, 647.

Antragsüberschreitung: Für die Fälle des § 308 vgl Schneider MDR **71**, 437.

Arbeitsverhältnis, dazu Tschischgale/Satzky, Das Kostenrecht in Arbeitssachen, 3. Aufl 1982: Die Dreimonatsgrenze nach § 12 VII ArbGG ist nur der Höchstwert. Innerhalb der so gegebenen Grenze muß das Gericht den wahren Streitwert nach § 3 schätzen, LAG Bln BB **80**, 45 und AnwBl **83**, 35, LAG Düss AnwBl **82**, 316, LAG Kiel AnwBl **82**, 206 mwN, insofern grds auch LAG Ffm BB **82**, 53, LAG Hann AnwBl **82**, 316, LAG Mainz AnwBl **82**, 314 mwN, LAG Rheinland-Pfalz DB **82**, 654, LAG Stgt AnwBl **82**, 313, Kopp AnwBl **80**, 451. Nach einer Verweisung vom ArbG an das ordentliche Gericht gilt nicht mehr § 12 VII ArbGG, sondern § 3 ZPO, Ffm JB **79**, 369. Vgl auch Einf 2 C vor § 3. Wenn der Kläger nur die Feststellung der Unwirksamkeit einer Kündigung als einer außerordentlichen Kündigung begehrt, ist nur der Zeitraum von ihrem angeblichen Wirksamwerden bis zum Ablauf der ordentlichen Kündigungsfrist maßgeblich, die infolge einer Umdeutung begonnen haben kann, BAG DB **80**, 312. Wenn der Arbeitnehmer neben der Kündigungsfeststellungsklage Gehalt für einen Zeitraum einklagt, für den der Bestand des Arbeitsverhältnisses streitig war, dann muß man die Streitwerte zusammenrechnen, LAG Bln AnwBl **83**, 35, LAG Hamm AnwBl **78**, 143, BB **80**, 212, BB **82**, 2188, LAG Mannh AnwBl **82**, 75, Krekeler AnwBl **74**, 242, aM Düss **KR** Nr 1, LAG Bre AnwBl **83**, 38 (für die ersten 3 Monate seit der Kündigung).

Dasselbe gilt, soweit der Arbeitnehmer neben der Kündigungsschutzklage eine Entlassungsentschädigung verlangt, LAG Hamm MDR **82**, 259. Der Wert des Beschäftigungsanspruchs läßt sich mit dem doppelten Betrag eines Monatsentgelts bewerten, LAG Hamm DB **81**, 2440, abw LAG Mainz AnwBl **83**, 36 (das Gericht setzt die Hälfte des Werts des Kündigungsschutzantrags an). Der Antrag auf die Zahlung eines nicht beziffertenten Bruttolohns „gemäß BAT II (bestehend aus Grundvergütung, Ortszuschlag, Zulage)" für vier kalendermäßig bestimmte Monate liegt unter dem Viermonatsbetrag, LAG Hamm DB **81**, 2548. Wegen mehrerer Kündigungen LAG Hamm DB **82**, 1472.

Arrest: Der Kostenstreitwert ist gemäß § 20 GKG nach § 3 ZPO zu schätzen. Man muß von dem Wert des zu sichernden Anspruchs ausgehen. Da das Arrestverfahren aber nur eine vorläufige Klärung bringen kann, ist der Wert grundsätzlich geringer als derjenige des Hauptanspruchs, KG NJW **65**, 1029 (es nimmt je nach der Sachlage ein Drittel oder die Hälfte des Werts des Hauptanspruchs an; Schneider MDR **74**, 273 mwN setzt bei einem ausländischen Schuldner die Hälfte des Werts des Hauptanspruchs an). Der Wert im vorläufigen Verfahren kann aber den Wert des Hauptanspruchs dann erreichen, wenn andernfalls die Vollstreckung ganz vereitelt werden würde, Bre NJW **58**, 2023, Köln MDR **62**, 60, LG Darmst JB **76**, 1090.

Im Widerspruchs- und Aufhebungsverfahren ist derselbe Wert wie im Antragsverfahren anzusetzen, Köln VersR **73**, 1032. Denn auch in diesem Verfahrensabschnitt ist das Interesse des Antragstellers maßgeblich, weil der Widerspruch kein Rechtsmittel ist. Nur bei einem auf die Kostenfrage beschränkten Widerspruch, § 924 Anm 2 A, ist das bloße Kosteninteresse maßgeblich, KG MDR **82**, 853. Das Interesse des Antragstellers entscheidet unter Umständen auch dann, wenn es um die Einstellung der Zwangsvollstreckung auf Grund eines Urteils geht, das einen Arrestbeschluß aufgehoben hat, Köln VersR **73**, 1032. Bei § 927 ist Obergrenze der Wert, den der aufzuhebende Titel bei der Klagerhebung noch für den Kläger hat, Celle Rpfleger **69**, 96. Das Interesse des Schuldners entscheidet dann, wenn es um die Aufhebung der Arrestvollziehung geht, § 934. Wenn es sich nur um die formelle Beseitigung des Arrests handelt, dann ist ein geringerer Wert anzusetzen, Mü Rpfleger **63**, 388.

In einer Unterhaltssache wird der Wert nach § 17 I GKG berechnet. Das gilt grundsätzlich auch für einen Arrest, Bbg Rpfleger **83**, 127, oder für eine einstweilige Verfügung nach § 1615o BGB. Das Kostenpauschquantum ist zu berücksichtigen, Köln MDR **62**, 60, aM zB KG NJW **65**, 1029. Das Gericht darf keinen höheren Wert als denjenigen der Hauptsache annehmen, Bbg Rpfleger **83**, 127. Eine Forderungspfändung, § 930, wird nicht berücksichtigt.

Aufgebot: Maßgebend ist das Interesse des Antragstellers, § 3. Im Aufgebotsverfahren wegen eines Hypothekenbriefs, eines Grundschuldbriefs oder eines Rentenbriefs ist als Streitwert daher nicht der Betrag der Hypothekenforderung anzusetzen, denn es handelt sich nicht um diese. Maßgeblich sind dann vielmehr 10–20% des Nennwerts der Hypothek, LG Hildesheim NJW **64**, 1232, vgl auch Wagner JR **52**, 234. Wenn es um ein Aufgebotsverfahren nach dem G v 18. 4. 50, BGBl 88, geht, sind die §§ 3 und 6 ZPO nicht anwendbar, weil die Hypothek nicht der Gegenstand der Verfügung ist, LG Hildesheim Rpfleger **65**, 241, aM Gerold Streitwert III 8 Rdz 6.

Auflassung: § 6 Anm 1 A a. Entgegennahme s „Abnahme der Kaufsache", aM Waltinger Rpfleger **72**, 87 (in beiden Fällen sei § 3 anwendbar).

Aufopferung: Die Entschädigung wegen eines Impfschadens ist nach § 17 II GKG zu berechnen, BGH **53**, 172, aM BGH **7**, 335 (diese Entscheidung geht von § 9 ZPO aus).

Aufrechnung: A. Kostenstreitwert. Für den Kostenstreitwert ist folgende Unterscheidung zu treffen:

    a) Hauptaufrechnung. Hier sind folgende Unterscheidungen notwendig:

        aa) Unstreitigkeit der Gegenforderung. Im Fall einer unbedingten Hauptaufrechnung oder dann, wenn der Bekl eine unstreitige Gegenforderung im Weg der Haupt- oder Hilfsaufrechnung geltend macht, ist die Klageforderung maßgeblich, abw Pfennig NJW **76**, 1074.

        bb) Streitigkeit der Gegenforderung. Auch soweit der Bekl mit einer oder mehreren Gegenforderungen aufrechnet, die der Kläger bestreitet, ist nur die Klageforderung maßgeblich, abw Hbg AnwBl **82**, 487.

    b) Hilfsaufrechnung mit streitiger Gegenforderung. Vgl dazu

§ 19 III GKG: Macht der Beklagte hilfsweise die Aufrechnung mit einer bestrittenen Gegenforderung geltend, so erhöht sich der Streitwert um den Wert der Gegenforderung, soweit eine der Rechtskraft fähige Entscheidung über sie ergeht. Bei einer Erledigung des Rechtsstreits durch Vergleich gilt Satz 1 entsprechend.

Zur Entstehungsgeschichte zB Schneider NJW **75**, 2106 mwN. Zur Systematik Madert Festschrift für Schmidt (1981) 67. Die Erhöhung des Streitwerts um den Wert der zur Aufrechnung gestellten Forderung erfolgt also nur dann, wenn folgende Bedingungen zusammentreffen, Schlesw SchlHA **81**, 189:

1. Titel. Sachl. Zuständigkeit d. Gerichte u. Wertvorschriften **Anh § 3**

aa) Hilfsantrag. Die Aufrechnung ist nur hilfsweise erfolgt. Die Erklärungen der Partei werden wie sonst ausgelegt.

bb) Streitigkeit. Die zur Aufrechnung gestellte Forderung muß entweder von vornherein streitig gewesen sein (in diesem Fall ist § 15 I GKG zu beachten) oder doch im Laufe des Rechtsstreits streitig geworden sein, sei es wegen einer angeblichen Unzulässigkeit, sei es wegen einer angeblichen Unbegründetheit der Hilfsaufrechnung, insofern aM Lappe § 19 GKG Anm 11 (aber das Gesetz will die Mehrarbeit des Gerichts infolge einer Hilfsaufrechnung berücksichtigen, Begr Rechtsausschuß BTDrs 7/3243, und eine solche Mehrarbeit kann auch schon durch eine Prüfung der Zulässigkeit der Hilfsaufrechnung notwendig werden).

cc) Rechtskraftfähigkeit. Über die streitige Hilfsaufrechnung muß eine der Rechtskraft fähige Entscheidung ergangen sein. Es darf zB nicht in Wahrheit bloß zu klären sein, ob die Klageforderung entstanden ist, KG VersR **81**, 860, Köln MDR **79**, 413. Nach § 322 II ist die Entscheidung, daß die Gegenforderung nicht bestehe, bis zur Höhe desjenigen Betrags der Rechtskraft fähig, für den die Aufrechnung geltend gemacht wird, § 322 Anm 3, vgl Bbg JB **77**, 380, LG Bayreuth JB **78**, 893.

Damit ist eine endgültige Abkehr von der früher einhelligen Rechtsprechung erfolgt. Deshalb ist unter anderem BGH (GSZ) **59**, 17 insoweit überholt. Vielmehr muß man jetzt an BGH **48**, 212 und an die dieser Entscheidung folgende Rechtsprechung und Lehre anknüpfen; vgl zB Schmidt Rpfleger **72**, 164, Schneider MDR **74**, 182, ferner zB Bettermann NJW **72**, 2287.

Schlesw SchlHA **81**, 189 läßt die zur Hilfsaufrechnung gestellte Forderung auch dann bis zur vollen Höhe der ursprünglichen Klageforderung zu, wenn der Kläger im Prozeß im Konkursverfahren zu einer Feststellungsklage übergegangen ist und wenn das Prozeßgericht den Wert dieses Feststellungsantrags mit 10% der Ursprungsforderung festgesetzt hat.

Wegen der Feststellung der Beschwer vgl auch BGH LM § 546 Nr 80, BAG DB **76**, 444. In der Rechtsmittelinstanz ist maßgeblich, ob das Vordergericht über die Hilfsaufrechnung entschieden hat, BGH Rpfleger **78**, 440, aM Schlesw SchlHA **83**, 61 mwN.

B. Zuständigkeitswert. Maßgeblich ist die Klageforderung.

Ausgleichsanspruch: S „Erbrechtlicher Anspruch", „Handelsvertreter".
Auskunft: Der Wert hängt von dem Interesse an der Auskunftserteilung ab, § 3, vgl BGH NJW **60**, 1252. Er beträgt in der Regel einen Bruchteil desjenigen Anspruchs, dessen Geltendmachung die Auskunft erleichtern soll. Er beträgt zB nur einen geringen Bruchteil, etwa 1/10, wenn die fraglichen Verhältnisse fast bekannt sind, etwa wenn es um den Lohn des Gegners geht, Schlesw SchlHA **78**, 22. Er kann auch ¼ betragen. Es ist auch ein höheres Interesse möglich, BGH NJW **73**, 369, Köln Rpfleger **76**, 140 mwN, Mü MDR **72**, 247, AG Hbg FamRZ **77**, 816. Das gilt etwa dann, wenn der Kläger einen Zahlungsanspruch ohne die Auskunft voraussichtlich nicht weiter verfolgen kann. In einem solchen Fall kann der Wert der Auskunft fast den Wert des Zahlungsanspruchs erreichen, BGH MDR **62**, 564. Das Interesse des Bekl, die Auskunft zu erschweren, ist unerheblich, BGH Rpfleger **78**, 53.

Andererseits darf das Gericht nicht außer Acht lassen, ob eine Ungewißheit über bestimmte Geschäfte beseitigt wird, selbst wenn das nicht in der gehörigen Form geschieht, BGH NJW **64**, 2061. Wenn es um ein Rechtsmittel des Bekl geht, dann ist als Wert das Interesse des Bekl daran maßgeblich, die Auskunft nicht weiter leisten zu müssen, BGH MDR **78**, 213. Dasselbe gilt dann, wenn das LG einen Auskunftsanspruch und einen entsprechenden Zahlungsanspruch abgewiesen hat, das OLG den Bekl aber zur Auskunft verurteilt hat und wenn das OLG den sich daraus ergebenden Zahlungsanspruch abgewiesen hat, BGH NJW **70**, 1083.

Maßgeblich ist der Zeitpunkt der Einreichung der Klage. Der Wert ermäßigt sich also nicht, wenn sich auf Grund der Auskunftserteilung herausstellt, daß der Leistungsanspruch weniger wert ist. Man muß schätzen, von welchem Betrag auszugehen ist. Dabei kann die Angabe des erhofften Betrags nur einen Anhaltspunkt bieten, vgl Köln NJW **60**, 2295. Eine Zusammenfassung mit dem Wert der Rechnungslegung ist zulässig. Die Feststellung einer Schadensersatzpflicht ist neben der Auskunftserteilung besonders zu bewerten, Ffm GRUR **55**, 450. Für die Gerichts- und Anwaltskosten entscheidet im Fall der Stufenklage der höchste Wert, § 18 GKG. Vgl ferner § 132 V 5, 6 AktG, dazu Düss DB **74**, 770. S auch „Mietverhältnis. Klage auf Auskunft".

Auslandswährung: Maßgeblich ist der Umrechnungsbetrag in DM im Zeitpunkt der Klagerhebung. Beim Kostenstreitwert ist § 15 I GKG zu beachten. S auch „Geldforderung".

Ausscheiden und Ausschließung: Maßgeblich ist sowohl beim wirtschaftlichen Verein als auch bei der Gesellschaft § 3. Der Wert der Kapitalanteile der Kläger ist zu berücksichtigen, BGH **19**, 175, aM Hamm Rpfleger **62**, 222 (maßgeblich sei der wirtschaftliche Wert des Interesses am Ausscheiden). Beim Idealverein ist § 12 II 1 GKG maßgeblich, vgl auch Ffm Rpfleger **66**, 25. S auch „Gesellschaft".

Aussetzungsantrag: Maßgeblich ist das Interesse der Parteien an der Aussetzung, nicht der Wert des Hauptverfahrens, BGH **22**, 283, Bbg JB **78**, 1243, Düss FamRZ **74**, 312, Hamm NJW **71**, 2318, Kblz FamRZ **73**, 377, Schneider MDR **73**, 542 mwN (grundsätzlich ⅕). ThP § 3 Anm 2 „Aussetzung" setzen den Wert keineswegs höher als ⅓ des Werts des Hauptverfahrens an; indessen kann gerade an einer Aussetzung zB zur „Vorklärung" im Strafverfahren ein derartiges Interesse bestehen, daß ⅓ keineswegs ausreichen. Im Abgabenprozeß sind 5% des streitigen Betrags maßgeblich, BFH BB **71**, 598. Im Beschwerdeverfahren sind grundsätzlich 20% des Hauptsachewerts anzusetzen, Köln MDR **73**, 683.

Bauhandwerkerhypothek: Bei der Eintragung einer Vormerkung ist ⅓–¼ des Hypothekenrechts anzusetzen, Bbg JB **75**, 649, abw zB ThP § 3 Anm 2 „Bauhandwerkerhypothek (⅓–½). Bei der Klage auf die Bewilligung der Bauhandwerkerhypothek ist der Wert der zu sichernden Forderung maßgeblich, § 6 Anm 3 B. S auch „Einstweilige Verfügung".

Baulandsache: Im Fall einer vorzeitigen Besitzeinweisung nach § 116 BBauG ist das Interesse an der Aufhebung grundsätzlich mit 20% des Grundstückswerts anzusetzen, BGH **61**, 252, Köln Rpfleger **76**, 140, aM Hbg NJW **65**, 2404 (es nimmt ein Drittel des Grundstückswerts an), Steffen DVBl **69**, 178 (er stellt auf eine „richtige" Entschädigung wegen der Besitzeinweisung ab. Aber wer weiß die in jenem Zeitpunkt?). In einem Verfahren nach § 164 BBauG beträgt der Wert ⅙ des Grundstückswerts. Bei einer unbezifferten Leistungsklage liegt der angemessene Entschädigungsbetrag im Rahmen der etwa genannten Mindest- und Höchstbeträge, Mü NJW **68**, 1937.

Wenn es um die Anfechtung der Einleitung eines Umlegungsverfahrens geht, beträgt der Wert ebenso wie bei einer Zuweisung von Ersatzland statt einer Geldentschädigung und umgekehrt 20% des Werts der einzuziehenden Fläche und etwaige Aufbauten, BGH **48**, 200 und **49**, 317, abw Mü WertpMitt **67**, 885. Dasselbe gilt im Fall der Anfechtung des Umlegungsplans nach § 66 BBauG, BGH **51**, 341. Wenn es um eine Grenzregulierung geht, ist der Wert der abzugebenden Teilfläche maßgeblich, BGH **50**, 291. Im Fall der Aufhebung des Umlegungsplans zur Schaffung einer besseren Zufahrt sind 10% der in die Umlegung einbezogenen Fläche als Streitwert anzusetzen, Karlsr AnwBl **74**, 353.

S auch „Enteignung".

Bedingter Anspruch: Man muß den Grad der Wahrscheinlichkeit des Bedingungseintritts schätzen.

Befreiung: Wenn es um die Befreiung von der persönlichen Haftung für eine Hypothek geht, ist der Betrag der Schuld maßgeblich. Die persönliche und die dingliche Haftung werden nicht zusammengezählt. Wenn es um die Befreiung von der Bürgschaftsverpflichtung geht, ist ebenfalls der Betrag der Schuld maßgeblich. Wenn es um die Befreiung von der gesetzlichen Unterhaltspflicht geht, ist § 3 anzuwenden, nicht § 9, auch nicht etwa § 17 III GKG, BGH NJW **74**, 2128. Wenn es um die Befreiung eines Gesamtschuldners im Innenverhältnis geht, ist der Wert des übernommenen Anteils maßgeblich, Hbg JB **80**, 279. Zinsen des Anspruchs, von dem der Kläger die Befreiung verlangt, sind Nebenforderungen, § 4, BGH NJW **60**, 2336. Anders verhält es sich mit den Kosten des Vorprozesses, BGH MDR **76**, 649.

Befristeter Anspruch: Man muß den Wert nach § 3 schätzen, und zwar im Zeitpunkt der Geltendmachung des Anspruchs, § 4, und dabei die Fälligkeit oder den Zeitpunkt des Wegfalls des Anspruches berücksichtigen, ThP § 3 Anm 2 „Befristete Rechte".

Bereicherung: Bei einer Sache ist § 6 maßgeblich; sonst ist grundsätzlich der Betrag der Forderung anzusetzen, § 3.

Berufung: Wegen des Ausspruchs auf den Verlust der Berufung vgl „Verlustigkeitsbeschluß".

Beschwerde: Maßgeblich ist das Interesse des Beschwerdeführers an einer Änderung der angefochtenen Entscheidung. Die Wertfestsetzung gehört zur Prüfung der Zulässigkeit der Beschwerde. Eine etwaige Gegenleistung bleibt unberücksichtigt, auch wenn sie von vornherein angeboten wurde. Wenn eine Zug um Zug zu erbringende Gegenleistung der alleinige Gegenstand der Beschwerde ist, dann ist der Wert dieser Gegenleistung maßgeb-

1. Titel. Sachl. Zuständigkeit d. Gerichte u. Wertvorschriften **Anh § 3**

lich. Er wird nach oben durch den Wert des Klaganspruchs begrenzt, BGH NJW **73**, 654 (zustm Kuntze JR **73**, 423). Bei einer Zinsforderung mit einem ungewissen Erfüllungszeitpunkt erfolgt eine Schätzung nach § 3, BGH BB **81**, 1491. S auch „Sicherheitsleistung".

Besitzstreit: Der Wert richtet sich nach § 6, dort Anm 1 Aa.

Betagter Anspruch: Ein Zwischenzins darf nicht abgezogen werden.

Beweisaufnahme: Der Wert richtet sich nach dem Gegenstand des Beweises. Falls sich die Beweisaufnahme nur auf einen Teil der Klageforderung ersteckt, ist also nur dieser Teil maßgeblich.

Beweissicherung: Maßgeblich ist der Wert des zu sichernden Anspruchs. Die geringere Gebühr trägt dem Umstand Rechnung, daß die Hauptsache nicht im Streit ist, zB KG JB **66**, 607, Köln JB **78**, 1676, Nürnb JB **64**, 616, LG Bayreuth JB **78**, 739, LG Kblz AnwBl **82**, 198, LG Köln (11. ZK) AnwBl **78**, 312, LG Köln (13. ZK) JB **77**, 250 (zustm Mümmler), LG Mü AnwBl **83**, 175, LG Nürnb-Fürth AnwBl **82**, 437, LG Verden AnwBl **83**, 90, ähnlich LG Bln AnwBl **81**, 195 (es stellt darauf ab, ob die Durchsetzbarkeit des Hauptanspruchs vom Beweissicherungsverfahren abhängt), aM zB Ffm NJW **76**, 1325, LG Freibg MDR **80**, 852, LG Köln (19. ZK) MDR **78**, 231 je mwN (maßgeblich sei das Interesse an der Maßnahme, also nur ein Bruchteil des Werts des Hauptanspruchs), diesem ähnlich LG Kaisersl Rpfleger **81**, 317 (das Interesse sei maßgeblich, wenn ein bestimmter Anspruch für das Gericht noch nicht erkennbar sei). Wenn ein Teil des Anspruchs unstreitig ist, scheidet er für die Wertberechnung aus. Wenn mehrere Rechtsstreitigkeiten vorliegen, findet eine Aufteilung im Verhältnis des Streitwerts statt, Hbg MDR **82**, 326 mwN, Köln NJW **72**, 953, aM Ffm AnwBl **79**, 431 (die Kosten seien in derjenigen Höhe zu erstatten, in der sie bei Zugrundelegung des Streitwerts der Hauptsache angefallen wären). Wegen der Zuständigkeit bei der Festsetzung Hamm NJW **76**, 116.

Bezugsverpflichtung: Der Wert orientiert sich nicht am Umsatz, sondern am Gewinn und ist nach § 3 zu schätzen, Bbg MDR **77**, 935.

Bucheinsicht: S „Auskunft".

Bürgschaft: Maßgeblich ist der Betrag der gesicherten oder zu sichernden Forderung ohne Rücksicht auf eine etwaige Betagung oder Bedingung, § 6 Anm 2. Bei der Klage gegen den Hauptschuldner und den Bürgen erfolgt keine Zusammenrechnung nach § 5. Bei der Klage gegen den Bürgen ist für Zinsen und Kosten § 4 I anwendbar, BGH MDR **58**, 765. Bei der Klage des Bürgen gegen den Hauptschuldner zählen die vom Bürgen gezahlten Zinsen und Kosten als Teil der Hauptforderung.

S auch „Herausgabe: b) Herausgabe einer Urkunde".

Dauervertrag: Der Wert wird nach § 3 und nicht nach § 9 berechnet. Denn ein Dauervertrag läuft regelmäßig kürzer als ein Vertrag der in § 9 genannten Art, KG NJW **56**, 1206 (wegen eines Fernsprechanschlusses). Der Umsatz ist bei einem langfristigen Liefervertrag nur ein Anhaltspunkt. Daneben ist der Gewinn maßgeblich, Bbg MDR **77**, 935. Ein Automatenaufstellvertrag der üblichen Art ist nicht nach § 16 GKG zu bewerten, sondern nach § 3, Kblz VersR **80**, 1123. Beim Miet- und Pachtvertrag usw ist § 16 GKG anwendbar. Beim Arbeitsvertrag ist zunächst § 12 VII ArbGG zu beachten, im übrigen gilt § 17 III GKG.

Dauerwohnrecht: Der Wert der Inhaberschaft richtet sich nach § 9. Im übrigen gilt § 16 GKG, vgl Ffm MDR **63**, 937 (zum alten Recht). Der Wert seiner Löschung wird nach § 3 berechnet. Maßgeblich ist dabei die Wertminderung des Grundstücks durch das Wohnrecht, Ffm Rpfleger **58**, 19.

Deckungsprozeß: S „Versicherung: a) Deckungsprozeß".

Dienstvertrag: Maßgeblich ist § 3, soweit es um die Anstellung, die Beendigung usw geht; jedoch gelten für die Zuständigkeit § 9 und für die Kosten § 17 III GKG, soweit das Entgelt umstritten ist. Beim Arbeitsvertrag gilt § 12 VII ArbGG.

Drittwiderspruchsklage: S „Widerspruchsklage: a) Widerspruchsklage des Dritten, § 771".

Duldung der Zwangsvollstreckung: Die Duldung hat neben einem Anspruch auf eine Verurteilung zu einer Leistung keinen besonderen Wert, § 5. Wenn der Anspruch auf eine Duldung selbständig geltend gemacht wird, ist er dem vollen Wert der Forderung oder der Haftungsmasse gleichzusetzen, je nachdem, ob die Forderung oder die Haftungsmasse kleiner ist, KG AnwBl **79**, 229.

Ehesache: Der Wert ist nach den §§ 12 II, III, 17a, 19a GKG zu berechnen. Man muß eine Gesamtabwägung der dort genannten Faktoren vornehmen, Bbg JB **76**, 217, 799, Ffm JB **76**, 798, Karlsr NJW **73**, 1003, aM Ffm NJW **72**, 589. Die Einkommensverhältnisse sind nur *ein*, wenn auch wichtiger, Faktor, Celle JB **76**, 797. Rechtsprechungs-Übersicht bei Hartmann § 12 GKG Anm 2, vgl auch Nierhaus AnwBl **76**, 375, Rohs Festschrift für Schmidt (1981) 183, Schmidt AnwBl **77**, 442 je mwN. Im Beschwerdeverfahren wegen einer Aussetzung ist der Wert nach den zum Stichwort „Aussetzungsantrag" genannten Gesichtspunkten zu bemessen.

Der Wert einer einstweiligen Anordnung wird nach § 20 II GKG berechnet. Ein Verbot des Betretens der Wohnung hat neben einer Entscheidung über das Recht zum Getrenntleben keinen besonderen Wert. Im Fall des § 1389 BGB ist grundsätzlich die Höhe der verlangten Sicherheitsleistung maßgeblich, Mü Rpfleger **77**, 176. Das Getrenntleben und der Unterhalt sind gesondert zu bewerten, Saarbr NJW **75**, 1791. Bei der Regelung wegen der Ehewohnung ist vom Jahresmietwert auszugehen, Karlsr MDR **81**, 681, aM Saarbr AnwBl **81**, 405 für das Verbundverfahren (das OLG setzt dann den halben Hausratwert an). Vgl ferner zur Bewertung von Scheidungsvereinbarungen Mümmler JB **70**, 109. Vgl ferner „Gemeinschaft", „Unterhalt".

Ehre: Der Wert ist nach § 12 II, III GKG zu berechnen, Mü JB **77**, 852 mwN. S auch „Veröffentlichungsbefugnis".

Eidesstattliche Versicherung: Wegen der Festgebühr von 20 DM nach KV 1152 ist keine Wertfestsetzung für die Gerichtskosten notwendig. Etwas anderes gilt für die Anwaltsgebühr, § 58 III Z 11 BRAGO. Im Fall des § 883 II gilt § 6, LG Köln JB **77**, 404.

Soweit im Beschwerdeverfahren keine Änderung des Streitgegenstands erfolgt, gilt wiederum nur die Festgebühr, Lappe § 14 GKG Anm 8, aM Köln MDR **76**, 56 (das Gericht meint, § 58 III Z 11 BRAGO gelte entsprechend), LG Köln JB **77**, 405 (das Gericht geht davon aus, daß bei § 883 II § 6 anwendbar sei, anders als bei § 807), Schneider MDR **76**, 789.

Eigentum: Im Fall einer Störung, § 1004 BGB, ist § 3 maßgeblich. Im übrigen gilt § 6, dort Anm 1 A a, auch wegen eines Eigentumsvorbehalts.

Einheitswert: Auch beim Einheitswert zum Stichtag 1. 1. 1964 sind als Streitwert 40% des streitigen Unterschiedsbetrags anzusetzen, BFH BB **72**, 206.

Einstweilige Anordnung: Der Wert wird nach § 20 II, III GKG berechnet. Ein gemäß § 620 I Z 4 unzulässiger Anspruch auf einen Unterhalt für die Vergangenheit erhöht gleichwohl den Streitwert, Düss AnwBl **82**, 435.

Einstweilige Verfügung: Der Wert ist für die Gebührenberechnung nach § 20 I GKG nach dem Interesse des Antragstellers an der begehrten Sicherstellung zu schätzen, § 3, Schlesw SchlHA **78**, 22. Er liegt meist unter dem Wert der Hauptsache. Denn das Verfahren auf den Erlaß einer einstweiligen Verfügung kann nur eine vorläufige Regelung herbeiführen. Im allgemeinen beträgt der Wert ⅓–½ des Werts der Hauptsache, KG NJW **65**, 1029, Schlesw JB **71**, 538, Schneider ZMR **76**, 194. Wenn die einstweilige Verfügung nur einen bestimmten Gegenstand erfaßt, zB das Bankdepot eines Ausländers im Inland, dann liegt der Wert nicht höher als derjenige dieses Gegenstands.

Der Wert kann sich jedoch demjenigen der Hauptsache nähern, Bbg JB **75**, 793. Das gilt zB dann, wenn der Streit durch die einstweilige Verfügung praktisch auch bereits zur Hauptsache entschieden worden ist, Ffm AnwBl **83**, 89, Köln JB **77**, 1118, Schlesw SchlHA **78**, 22, LG Bayreuth JB **77**, 1269, LAG Hamm AnwBl **81**, 107, zB dann, wenn es um die Unterlassung eines Ausverkaufs oder einer Ausverkaufswerbung geht. Ähnliches gilt bei einer einstweiligen Verfügung, die allein eine Vollstreckungsmöglichkeit schafft und genügend pfändbare Gegenstände in die Hände des Gläubigers bringt, Bre NJW **58**, 2023, Köln MDR **62**, 60, vgl LG Darmst JB **76**, 1090, und überhaupt bei der Leistungsverfügung, Grdz 2 C vor § 916.

Auch im Fall einer drohenden Zwangsversteigerung oder dann, wenn es um den Verkauf eines Grundstücks geht, kann die Eintragung einer Vormerkung zur Sicherung für die Bestellung einer Hypothek dem Hypothekenbetrag annähernd gleichgesetzt werden, Bbg JB **78**, 1552, Nürnb Rpfleger **63**, 179, dazu Schneider MDR **72**, 371 mwN. Denn hier wäre die Zwangsversteigerung oder der Verkauf dem völligen Rechtsverlust gleichzusetzen. Wenn es um eine Vormerkung wegen einer Bauhandwerkerhypothek geht, beträgt der Wert etwa ⅓–½ der Forderung des Handwerkers, Düss JB **75**, 649, Ffm JB **77**, 719, abw Bre AnwBl **76**, 441, LG Saarbr AnwBl **81**, 70 (diese Gerichte setzen ⁹⁄₁₀ des Werts der Handwerkerforderung an). Das Kostenpauschquantum ist zu berücksichtigen, Köln MDR **62**, 60. Der Wert der Hauptsache darf aber nicht überschritten werden.

In einem nichtvermögensrechtlichen Streit ist von § 12 II GKG auszugehen. Geht es um die Herausgabe eines Kindes, so gilt der gesetzliche Mindestwert, KG Rpfleger **62**, 120. Wenn es um die Einräumung eines Nießbrauchs oder um die Eintragung eines

1. Titel. Sachl. Zuständigkeit d. Gerichte u. Wertvorschriften **Anh § 3**

Wohnrechts geht, dann muß man die voraussichtliche Lebensdauer des Berechtigten schätzen und dann etwa ¼ des sich ergebenden Werts ansetzen, Neustadt Rpfleger **63**, 35. Bei einer Unterhaltsrente ist von § 17 GKG auszugehen, vor allem also davon, ob der Hauptprozeß bereits oder noch anhängig ist (dann gilt § 17 I GKG) oder ob nur eine Regelung bis zur Entscheidung des Hauptprozesses erstrebt wird, vgl § 20 II GKG; der Wert liegt aber jedenfalls niedriger als derjenige des Hauptprozesses, Ffm MDR **71**, 145.

Im Widerspruchsverfahren und im Aufhebungsverfahren gelten die Bewertungsregeln ebenso wie im Verfahren auf den Erlaß einer einstweiligen Verfügung, Köln VersR **73**, 1032. Dasselbe gilt beim Vollzug der einstweiligen Verfügung, LG Darmst JB **76**, 1091. Maßgeblich ist also nicht das Interesse des Gegners, dessen Bestreiten ja auch im übrigen grundsätzlich nicht bewertet wird; es kommt vielmehr auf das Interesse des Antragstellers an, und zwar unter Umständen auch dann, wenn es um die Einstellung der Zwangsvollstreckung auf Grund eines Urteils geht, das eine einstweilige Verfügung aufgehoben hat, vgl Köln VersR **73**, 1032. Entsprechend ist die Situation im Fall einer Klage gegen den Gläubiger mit dem Ziel der Erteilung einer Löschungsbewilligung zu beurteilen, Köln MDR **77**, 495.

Im Verfahren vor den Arbeitsgerichten ist § 3 anwendbar, etwa wegen eines Anspruchs nach § 102 V 2 BetrVG, ArbG Bln DB **73**, 192.

Im Verfahren vor den Finanzgerichten wird der Wert meist um die Hälfte unterschritten, und zwar bei einer einstweiligen Verfügung in bestimmte Gegenstände begrenzt durch ihren Wert, Tipke-Kruse Tz 93 und 103, BFH BStBl **66** II 653 (der Wert beträgt die Hälfte der Hinterlegungssumme). Wegen der §§ 69 III, IV, 114 FGO bzw 80 V–VII VwGO vgl §§ 20 III, 13 I GKG.

S auch „Gewerblicher Rechtsschutz".

Eintragungsbewilligung: Man muß von dem Anspruch ausgehen, auf dem die Eintragung beruhen soll, also gilt zB beim Eigentum § 6, bei einer Grunddienstbarkeit § 7, bei einer Reallast § 9, ThP § 3 Anm 2 „Eintragungsbewilligung". Das gilt auch beim Berichtigungsanspruch.
Elterliche Sorge: Maßgeblich ist § 12 II 3 GKG.
Enteignung: Maßgeblich ist der Sachwert, der objektive Verkehrswert, der nach § 6 berechnet wird, Hamm RdL **71**, 109, und zwar auch bei einer Teilfläche, BGH NJW **63**, 2173. Danach bemißt sich sowohl der Wert des Antrags auf die Einleitung des Enteignungsverfahrens als auch der Wert eines Antrags auf den Erlaß einer gerichtlichen Entscheidung, der sich gegen die Enteignung richtet, BGH NJW **68**, 153. Zinsen auf den Entschädigungsbetrag sind unbeachtlich, BGH MDR **70**, 994. Beim Streit nur um die Höhe der Entschädigung ist der Unterschied zwischen dem festgesetzten und dem begehrten Betrag maßgeblich, § 3. Eine etwaige Wertminderung des Restgrundstücks ist unerheblich, vgl BGH NJW **63**, 2173. S auch „Baulandsache".
Entmündigung: Maßgeblich sind § 12 II 1, 4 GKG.
Erbbaurecht: Wenn es um eine Erhöhung des Erbbauzinses geht, gilt § 9. Der Wert beträgt also das 25fache des Erhöhungsbetrags, vgl § 9 Anm 3 B.
Erbrechtlicher Anspruch, dazu Schneider JB **77**, 433 (Übersicht), derselbe Rpfleger **82**, 268 (zu Miterbenklagen): Wenn es um die Nichtigkeit eines Testaments geht, ist das Interesse an dieser Feststellung maßgeblich, BGH **LM** § 9 BRAGO Nr 2. Bei einer Klage auf die Zustimmung zu einer Erbauseinandersetzung ist das Interesse des Klägers an seinem Auseinandersetzungsplan maßgeblich, BGH **LM** § 9 BRAGO Nr 2 mwN, aM zB Celle Rpfleger **61**, 211, Schmidt NJW **75**, 1417 (der volle Nachlaßwert sei maßgeblich). Wenn es um die Klage auf die Feststellung der Unzulässigkeit einer Auseinandersetzungsversteigerung geht, ist das Interesse des Klägers am Fortbestand der Erbengemeinschaft maßgeblich, Hamm JB **77**, 1616. Wenn bei einer Erbauseinandersetzung über mehrere Grundstücke nur die Verteilung einiger dieser Grundstücke streitig ist, dann ist nur der Wert der streitigen Grundstücke maßgeblich, BGH NJW **69**, 1350.

Bei einer Klage des Miterben gegen einen Nachlaßschuldner auf eine Leistung an alle Erben nach § 2039 BGB ist der Wert der ganzen eingeklagten Leistung und nicht nur das anteilige Interesse des klagenden Miterben maßgeblich, BGH **LM** § 3 Nr 9. Wenn aber ein Miterbe von einem anderen Miterben eine Hinterlegung zu Gunsten des Nachlasses verlangt, dann ist die eingeklagte Forderung um denjenigen Betrag zu kürzen, der auf den beklagten Miterben entfällt, BGH NJW **67**, 443. Wenn ein Miterbe die Berichtigung des Grundbuchs dahin verlangt, daß anstelle des beklagten Miterben alle Erben in Erbengemeinschaft eingetragen werden sollen, dann entscheidet der Grundstückswert abzüglich desjenigen Anteils, der dem Erbteil des bereits eingetragenen Erben entspricht, BGH

MDR **58**, 676, Köln JB **75**, 939. Dasselbe gilt bei einer Klage eines Miterben gegen einen anderen Miterben auf eine Mitwirkung bei der Auflassung eines Nachlaßgrundstücks, BGH **LM** § 3 Nr 44, Stgt NJW **75**, 394. Denn dem beklagten Miterben verbleibt sein Anteil, aM StJ I a (der ganze Wert sei maßgeblich).

Bei einem Streit um die Auflassung des Grundstücks an einen Dritten ist der ganze Wert maßgeblich, soweit der beklagte Erbe bei der Auflassung mitwirken soll, BGH **LM** § 6 Nr 4. Dasselbe gilt dann, wenn der ganze Nachlaß an einen Dritten zwecks Versteigerung herausgegeben werden soll, Hbg Rpfleger **51**, 633. Wenn ein Miterbe zugleich ein Nachlaßgläubiger ist und wenn er eine gegen den Nachlaß gerichtete Forderung anderen Miterben gegenüber geltend macht, dann muß man berücksichtigen, daß diese Forderung den Kläger als Miterben in Höhe seines Anteils belastet. Deshalb muß man den Teil der Forderung, der seinem Anteil entspricht, als außer Streit befindlich ansehen und daher von der Gesamtforderung abziehen, BGH **LM** § 6 Nr 5.

Wenn ein Miterbe eine Klage dahingehend erhebt, daß eine Forderung gegen den Nachlaß nicht bestehe, dann ist der Wert lediglich nach dem Interesse des Klägers an der Befreiung von der Verbindlichkeit anzunehmen, BGH Rpfleger **55**, 101. Dasselbe gilt im Fall einer positiven Feststellungsklage dahin, daß ein von der Erbengemeinschaft mit einem Dritten abgeschlossener Vertrag wirksam bestehe, BGH **LM** § 10 GKG aF Nr 10.

Das Interesse des Miterben, also sein Anteil, seine Besserstellung, ist dann maßgeblich, wenn es sich um die Klage auf die Feststellung seines Erbrechts handelt, Bbg JB **75**, 1367, oder wenn es um eine Feststellung der gesetzlichen Erbfolge geht, Schlesw SchlHA **58**, 83. Freilich muß man in diesen Fällen unstreitige Pflichtteilsansprüche abziehen, BGH **LM** § 3 Nr 50. Wenn es sich um eine Erbunwürdigkeitsklage handelt, dann ist nur derjenige Vorteil maßgeblich, den der Kläger erstrebt, Speckmann MDR **72**, 908, aM BGH **LM** § 3 Nr 41, Schneider MDR **72**, 278. Bei einer Klage auf die Feststellung einer Ausgleichspflicht ist das Interesse des Klägers an der Ausgleichung maßgeblich, BGH **LM** § 3 Nr 9.

Wenn es sich um die Klage auf die Vorlegung eines Nachlaßverzeichnisses und um eine Auskunft über den Verbleib von Erbschaftsgegenständen handelt, dann kommt es auf das Interesse des Klägers an, Schwierigkeiten bei der Ermittlung des Erbschaftsbestandes zu überwinden. Der Wert der Gegenstände hat also nur eine mittelbare Bedeutung, Köln MDR **59**, 223. Eine Haftungsbeschränkung des Erben ist erst bei einer Zwangsvollstreckung erheblich und daher im Streitverfahren noch nicht beachtlich.

Im Erbschein-Einziehungsverfahren ist der Wert des beanspruchten Erbteils maßgeblich, BGH JZ **77**, 137.

Bei der Klage des Vorerben auf eine Zustimmung ist § 3 anwendbar, vgl Schlesw Rpfleger **68**, 325.

S auch „Gemeinschaft", „Testamentsvollsteckung".

Erfüllung: S „Gegenseitiger Vertrag".

Erledigungserklärung: Hier sind folgende Situationen zu unterscheiden:

a) Erledigung streitig; Beklagter säumig. Der Kläger beantragt, die Hauptsache für erledigt zu erklären, der Bekl beantragt, die Klage abzuweisen, oder der Bekl ist säumig. In diesen beiden Fällen muß das Gericht eine Entscheidung in der Hauptsache treffen, § 91a Anm 2 D. Daher ist als Wert der Betrag der Klageforderung anzunehmen, zB Celle AnwBl **80**, 254, jetzt auch Düss AnwBl **81**, 444, ferner Ffm JB **75**, 513, Hamm (20. ZS) VersR **76**, 1073, (23. ZS) AnwBl **82**, 75 mwN, KG NJW **65**, 2405, Karlsr AnwBl **83**, 192 mwN, Stgt JB **75**, 1500, LG Aachen AnwBl **83**, 176, LG Konstanz AnwBl **78**, 261, LG Wuppertal AnwBl **80**, 73, Beuermann DRiZ **78**, 311, Göppinger JB **75**, 1411 mwN, abw BGH NJW **82**, 768 (der Streitwert könne ausnahmsweise den Wert der Hauptsache erreichen), Hamm (4. ZS) JB **76**, 1684 (der Wert sei durchweg geringer), Schlesw SchlHA **83**, 58 (es komme darauf an, ob der Bekl ein über die Kosten hinausgehendes wirtschaftliches Interesse verfolge), LG Mü AnwBl **81**, 112 (es sei ein Abschlag von 50% gegenüber dem Wert der Hauptsache angemessen; abl Chemnitz), aM zB BGH NJW **69**, 1173, BGH **LM** § 91a Nr 11 und 13, Bbg JB **78**, 1393, Hbg MDR **73**, 417 und MDR **82**, 64, Schlesw SchlHA **78**, 44, LG Essen NJW **72**, 294, grds auch LG Düss ZMR **78**, 96, LG Nürnb-Fürth NJW **74**, 2008 je mwN (maßgeblich sei nur die Summe derjenigen Kosten, die bis zum Zeitpunkt der Erledigungserklärung des Klägers entstanden seien, ebenso Köln AnwBl **82**, 199 bei einer Erledigungserklärung alsbald nach der Zustellung des Mahnbescheids vor der Abgabe der Akten an das Streitgericht, Hbg MDR **71**, 768 für den Wert des Rechtsmittels des Bekl gegen ein Urteil, das die Erledigung der Hauptsache ausspricht; dagegen Köln DB **73**, 1399, Schneider MDR **73**, 626 mwN, die auch dann den

1. Titel. Sachl. Zuständigkeit d. Gerichte u. Wertvorschriften **Anh § 3**

Wert der Hauptsache als maßgeblich ansehen). Der Kostenstreitwert und der Beschwerdewert sind evtl auch in diesen Fällen unterschiedlich hoch, vgl Schneider MDR **77**, 967. S auch ,,Nichtvermögensrechtlicher Anspruch".

b) Vor Rechtshängigkeit. Wird eine ,,Erledigungserklärung" vor oder zugleich mit der Klage zugestellt, so liegt in Wahrheit keine Erledigung der Hauptsache vor, da vor dem Eintritt der Rechtshängigkeit kein Prozeßrechtsverhältnis entstanden ist, § 91a Anm 2Ab. Das übersieht Hamm MDR **73**, 941.

c) Beiderseitige Erledigung. Bei beiderseitigen Erledigungserklärungen ist als Wert der Betrag der bisher entstandenen Kosten anzusetzen, Beuermann DRiZ **78**, 311. Das gilt auch dann, wenn die Parteien die Hauptsache durch einen Vergleich erledigen, Köln DB **72**, 436, oder wenn die Parteien über eine deren beiderseitigen Erledigungserklärungen zugrunde liegende Zahlung irrten, Köln VersR **74**, 605.

d) Beiderseitige Teilerledigung. Bei beiderseitigen Teilerledigungserklärungen ist als Wert der Betrag der restlichen Hauptforderung nebst den Kosten des erledigten Teils anzusetzen, § 22 III GKG, Hamm Rpfleger **73**, 101, aM BGH **26**, 174 und **LM** § 91a Nr 15, LG Wuppertal AnwBl **78**, 108 (maßgeblich sei die restliche Hauptforderung nebst Zinsen, § 4), Köln VersR **74**, 605 (maßgeblich sei die restliche Hauptforderung nebst Zinsen und Kosten), KG MDR **77**, 940 mwN (maßgeblich sei nur die restliche Hauptforderung).

e) Einseitige Teilerledigung. Bei einer einseitigen Teilerledigungserklärung ist der Wert der gesamten Hauptsache maßgeblich, Stgt JB **75**, 1500, Schneider MDR **73**, 627, aM Düss MDR **79**, 676, Hbg MDR **82**, 64 (maßgeblich seien die restliche Hauptforderung und der Betrag der Kosten des für erledigt erklärten Teils).

f) Sonstige Fragen. Wegen eines Verfahrens vor den Finanzgerichten BFH BB **71**, 1039. Wegen des Beschwerdewerts in der Rechtsmittelinstanz vgl auch § 511a Anm 3 A.

Ermessensantrag: § 3 Anm 2. S auch ,,Schmerzensgeld".

Erwirkung einer Handlung: S ,,Vornahme einer Handlung", ,,Zwangsvollstreckung: a) Erwirkung einer Handlung oder Unterlassung".

Fälligkeit: Maßgebend ist der Wert der geltendgemachten Leistung, Schmidt AnwBl **80**, 257, aM LG Bielefeld AnwBl **80**, 256 (maßgeblich sei nur das Interesse des Bekl an der Hinauszögerung der Fälligkeit).

Familiensache: S ,,Ehesache", ,,Hausrat", ,,Unterhalt", ,,Versorgungsausgleich".

Feststellungsklage: Hier sind folgende Fälle zu unterscheiden:

a) Behauptende Feststellungsklage. Bei ihr gilt im allgemeinen als ein etwas geringerer Wert als derjenige des Leistungsanspruchs. Es sind etwa 20% abzuziehen, BGH NJW **65**, 2298 und JB **75**, 1598, KG JB **75**, 509, LAG Hamm MDR **72**, 723, vgl § 9 Anm 3A. Ausnahmsweise können 50% des Werts des Leistungsanspruchs genügen, Celle JB **69**, 978, oder sogar nur 40%, Ffm AnwBl **82**, 436. Wenn sicher ist, daß der Bekl auf Grund eines Feststellungsurteils zahlen wird, dann kann der Wert der Feststellungsklage den Wert einer Leistungsklage erreichen, Köln NJW **60**, 2248, aM BGH Rpfleger **66**, 46. Der Wert der Feststellungsklage ist aber unter keinen Umständen höher als der Wert der Leistungsklage. Ideelle Belange des Klägers bleiben unberücksichtigt. Wenn es um die Feststellung eines bestimmten ziffernmäßig unbestimmten Anspruchs geht, erfolgt eine Schätzung nach dem wahren Interesse des Klägers. Der Wert wird in diesem Fall nach oben durch die Höhe des Anspruchs begrenzt. Wenn der Eintritt eines Schadens unwahrscheinlich ist, gilt evtl nur ein ,,Erinnerungswert", Düss JB **75**, 232.

b) Leugnende Feststellungsklage. Es gilt der volle Wert. Denn die Klage will die Möglichkeit einer Leistungsklage des Gegners ausschließen, BGH NJW **70**, 2025, BAG JZ **61**, 666, Brschw MDR **75**, 848, Düss VersR **74**, 1034, Saarbr JB **78**, 1719, Schlesw SchlHA **82**, 75, aM zB Karlsr MDR **59**, 401 (es gelte derselbe Wert wie bei einer behauptenden Feststellungsklage, da sich das Interesse des Klägers einer leugnenden Feststellungsklage mit dem Interesse des Gegners an einer Leistungsklage decke. Aber das Interesse des Klägers besteht darin, daß er überhaupt nicht zu leisten braucht; deshalb liegt ein negatives Spiegelbild der Leistungsklage vor, vgl Köln DB **71**, 1155. Deshalb ist auch Hamm MDR **72**, 335 unrichtig, wonach bei einer leugnenden Feststellungsklage betreffend die Fälligkeit auf alle Umstände abzustellen sei, insbesondere auf die Zeit bis zur Fälligkeit). Das gilt auch im Fall wiederkehrender Leistungen. Ein schwebendes Vergleichsverfahren ändert den Wert nicht, zumal eine Vollstreckung noch nach 30 Jahren zulässig ist, Ffm NJW **63**, 354. Ebensowenig mindern eine Zug-um-Zug-Leistung, Nürnb JB **66**, 876, oder ein Zweifel an der Zahlungsfähigkeit des Klägers den Wert, ThP

§ 3 Anm 2 ,,Feststellungsklage". Wenn die Höhe auf einer Schätzung beruht, dann ist eine zahlenmäßige Angabe des Bekl nicht unbedingt maßgebend. S auch § 9 Anm 3 A.
  c) **Häufung einer Feststellungs- und einer Leistungsklage.** In diesem Fall ist zu prüfen, ob die Feststellung eine selbständige Bedeutung hat, § 5. Der Wert einer Zwischenklage nach § 280 ist für die Kosten nicht durch den Wert des ursprünglichen Streitgegenstands begrenzt. Etwas anderes gilt für den Beschwerdewert, BGH **LM** § 280 Nr 18.
  d) **Konkursfeststellungsklage.** Der Wert richtet sich nach der voraussichtlichen Konkursdividende, und zwar ohne Rücksicht auf sonstige Sicherungsrechte, BGH NJW **64**, 1229, s auch Hartmann § 12 GKG Anh VIII (§ 148 KO) Anm 2, Schneider MDR **74**, 101 und unten ,,Konkursverfahren", ,,Vorrecht".
Firma: S ,,Name" und Üb 3 B vor § 1.
Fischereirecht: Man muß den Wert schätzen. Als Anhaltspunkte dienen: Der im gewöhnlichen Geschäftsverkehr erzielbare Kaufpreis; eine Wertminderung des an den Fischgrund angrenzenden Grundstücks und ein 20facher Jahresbetrag, der sich bei einer Verpachtung erzielen läßt, die ja nur auf eine vorübergehende Zeit erfolgen würde, BGH **LM** § 3 Nr 40.
Forderung: Maßgeblich ist der Nennbetrag. Bei der Klage auf die Erfüllung ist der Wert der Sachforderung entscheidend. Wenn ihre Fälligkeit streitig ist, gilt ihr voller Betrag. Wenn der Schuldner eine leugnende Feststellungsklage dahin erhoben hat, die Forderung sei noch nicht fällig, dann gilt sein Interesse an dieser Feststellung als der Wert, Hbg MDR **72**, 335. S auch ,,Geldforderung".
Freigabe eines Bankguthabens: Maßgeblich ist der volle Betrag und nicht nur das Interesse an der sofortigen Verfügungsmöglichkeit, Kiel SchlHA **47**, 205.
Freistellung: S ,,Befreiung".
Gegendarstellung: Maßgeblich ist § 12 II GKG.
Gegenseitiger Vertrag: Bei einem Anspruch auf die Erfüllung des Vertrags gilt der Wert der verlangten Leistung ohne einen Abzug der Gegenleistung. Das gilt auch bei einer Leistung Zug um Zug. Eine Gegenleistung ist überhaupt nicht zu beachten. Andernfalls würde ja bei einer Gleichwertigkeit der Leistung und der Gegenleistung ein Wert völlig fehlen. Wenn es um einen Anspruch auf eine Nichtigerklärung geht, dann ist das Interesse des Klägers am Nichtbestehen maßgeblich, Ffm AnwBl **82**, 247, und zwar selbst dann, wenn der Anspruch auf die Nichtigerklärung eine selbständige Bedeutung hat, § 2 Anm 2. Dabei muß man die Vorteile und Nachteile miteinander abwägen. Es sind nicht etwa die weiteren Folgen der Aufrechterhaltung zu berücksichtigen.
Gehalt: Maßgeblich sind § 12 VII ArbGG, § 17 III, IV GKG. Bei der Forderung des Vertretungsorgans einer Handelsgesellschaft ist § 9 anwendbar, dort Anm 1 B.
Geldforderung: Maßgeblich ist der Betrag der Klageforderung. Das gilt auch dann, wenn es um die Freigabe eines Guthabens geht. In einem solchen Fall kommt es also nicht auf das Interesse an der Freigabe an, Kiel SchlHA **47**, 205. Bei einem unbezifferten Antrag gilt unter Umständen der zugesprochene Betrag als maßgeblich, Köln BB **73**, 729. Wenn die Fälligkeit streitig ist, dann ist der volle Betrag der Forderung maßgeblich. Hat der Schuldner eine leugnende Feststellungsklage dahin erhoben, die Forderung sei noch nicht fällig, dann ist das Interesse an dieser Feststellung maßgeblich, Hbg MDR **72**, 335. S auch ,,Auslandswährung", ,,Forderung".
Gemeinschaft: Bei der Klage auf ihre Aufhebung ist das Interesse des Klägers maßgeblich, § 3. Wenn es um ihre Teilung geht, ist der volle Wert des zu Verteilenden maßgeblich, aM ThP § 3 Anm 2 ,,Gemeinschaft" (der Anteil des Klägers bleibe außer Betracht). Etwas anderes gilt nur bei einem Streit um die Art oder den Zeitpunkt der Teilung. Unter Umständen gilt aber der Wert des einzelnen Gegenstands, um den es zB bei einer Scheidungsvereinbarung ausschließlich geht, Stgt JB **76**, 371. Bei einer Klage auf die Vornahme eines vorzeitigen Zugewinnausgleichs ist grundsätzlich ¼ des zu erwartenden Ausgleichs maßgeblich; kurz vor der Scheidung ist ein geringerer Wert anzusetzen, BGH **LM** § 3 Nr 46, ähnlich Schlesw SchlHA **79**, 180. Im Fall einer Klage mit dem Ziel der Aufhebung einer fortgesetzten Gütergemeinschaft ist die Hälfte des Anteils des Klägers maßgeblich, BGH **LM** § 3 Nr 45, vgl auch ,,Erbrechtlicher Anspruch".
Genossenschaft: Wenn es um die Feststellung der Unwirksamkeit einer Ausschließung geht und soweit der Anspruch vermögensrechtlich ist, gelten nicht der Mietwert der Genossenschaftswohnung oder das Vorstandsgehalt, sondern der Wert des Anteils unter einer Berücksichtigung aller Vorteile der Mitgliedschaft, OGH Rpfleger **49**, 469.
Gesamtschuldner: § 5 Anm 2 B b.
Geschäftsbedingungen: S ,,Allgemeine Geschäftsbedingungen".

1. Titel. Sachl. Zuständigkeit d. Gerichte u. Wertvorschriften **Anh § 3**

Gesellschaft: Im Fall der Anfechtung eines Beschlusses der Hauptversammlung einer Aktiengesellschaft setzt das Gericht den Wert auf Grund der gesamten Verhältnisse unter einer Berücksichtigung des Interesses der Gesellschaft an der Aufrechterhaltung des Beschlusses fest, § 247 I AktG (diese Lösung ist allerdings bei der Gesellschaft mit beschränkter Haftung nicht entsprechend anwendbar, Celle Rpfleger **74**, 233 mwN). Das Gericht hat die Möglichkeit, den Kostenstreitwert der wirtschaftlichen Lage einer Partei anzupassen, § 247 II AktG. Dasselbe gilt im Fall einer Nichtigkeitsklage nach den §§ 249, 256 VII, 275 IV AktG. Der Kläger kann sich nicht darauf berufen, er sei an der Gesellschaft nur in geringem Umfang beteiligt, KG GmbHRdsch **56**, 92.

Bei der Auflösung einer Offenen Handelsgesellschaft ist das Interesse des Klägers maßgeblich, Köln BB **82**, 1384. Bei der Auflösung einer Gesellschaft mit beschränkter Haftung gelten dieselben Grundsätze, Hamm GmbHRdsch **55**, 226, abw Mü GmbHRdsch **57**, 43 (maßgeblich sei der Wert der Beteiligung des Klägers ohne Berücksichtigung des weiteren Interesses an der Auflösung). Wenn es um die Klage eines Gesellschafters gegen einen Mitgesellschafter mit dem Ziel einer Leistung an die Gesellschaft geht, dann ist der volle Betrag der Forderung ohne einen Abzug des Anteils des Klägers maßgeblich.

Im Fall der Ausschließung eines Gesellschafters ist § 3 unter einer Berücksichtigung des Werts der Anteile des Klägers anzuwenden, BGH **19**, 175. Dasselbe gilt beim Ausscheiden des Gesellschafters, Köln MDR **71**, 768, aM Hamm Rpfleger **62**, 222 (maßgeblich sei der wirtschaftliche Wert des Interesses am Ausscheiden), oder bei einer Klage mit dem Ziel der Eintragung des Ausscheidens, BGH Rpfleger **79**, 194 (der Wert beträgt dann etwa ¼ des Anteils des Klägers), oder bei einer Eintragung einer Gesamtprokura, Köln MDR **74**, 53 (das Gericht legt jeweils nur ¹⁄₁₀ der Einlage zugrunde). Vgl auch § 9 Anm 3 A. S auch ,,Ausscheiden und Ausschließung".

Gewerblicher Rechtsschutz: Maßgeblich sind Art und der Umfang der Verletzungshandlung, aber auch die Bedeutung und der Umsatz des Geschädigten, Karlsr BB **75**, 108. Das Gericht muß die Schädigung schätzen. In diesem Zusammenhang muß das Gericht eine Umsatzschmälerung berücksichtigen, Karlsr MDR **80**, 59, unter Umständen auch den Umstand, daß die Produktionsfähigkeit nicht voll ausgenutzt werden kann, Ffm JB **76**, 368 und 1249, Karlsr NJW **53**, 512. Das Gericht darf aber die Umsatzentwicklung nicht als die alleinige Berechnungsgrundlage verwerten, BGH NJW **82**, 2775. Wenn es um einen Verstoß gegen die Karenzzeit vor dem Beginn eines Schlußverkaufs geht, dann liegt der Wert selten unter 10000 DM, Hbg GRUR **75**, 40. Wegen einer Verbandsklage, etwa nach § 13 UWG, s ,,Unterlassung: a) Allgemeine Geschäftsbedingungen".

Wenn es sich um eine einstweilige Verfügung handelt, dann erledigt ein gerichtliches Verbot oft den ganzen Streit. In einem solchen Fall ist der Wert des vorläufigen Verfahrens demjenigen der Hauptsache anzunähern. Etwas ähnliches gilt auch bei einer Warenzeichenverletzung, bei der die Schädigung des guten Rufs infolge schlechter Qualität und die Verwässerungsgefahr besonders wesentlich sein können, Celle DB **62**, 1565. Das Interesse an einer Befugnis zur Bekanntmachung der Entscheidung geht oft im Interesse am Unterlassungsanspruch auf und ist daher grundsätzlich nicht besonders zu bewerten, aM ThP § 3 Anm 2 ,,Gewerblicher Rechtsschutz". Das Bekanntmachungsinteresse kann aber auch insbesondere im Fall einer schädigenden Äußerung erheblich über den Unterlassungsanspruch hinausgehen. Vgl ferner die Vorschriften, die eine Herabsetzung des Streitwerts zugunsten des wirtschaftlich Unterlegenen ermöglichen: §§ 17a GebrMG, 144 PatG, 23a UWG, 31a WZG. S auch ,,Unterlassung: e) Gewerblicher Rechtsschutz". Vgl auch Kur, Streitwert und Kosten im Verfahren wegen unlauteren Wettbewerbs usw, 1980 (Bespr Henkels GRUR **82**, 639).

Grundbucheintragung: S ,,Eintragungsbewilligung".
Grund des Anspruchs: Bei einer Entscheidung nach § 304 ist der gesamte Anspruch des Klägers maßgeblich, und zwar selbst dann, wenn das Gericht später im Betragsverfahren eine geringere Forderung als die begehrte zuerkannt hat, BGH VersR **76**, 988 mwN.
Grunddienstbarkeit: Der Wert ist nach § 7 zu berechnen.
Grundpfandrecht: S § 6 Anm 3.
Handelsregister: S ,,Anmeldung zum Handelsregister".
Handelsvertreter: Vgl Mü AnwBl **77**, 468, Schneider BB **76**, 1298 mwN: zB gilt bei einem unbezifferten Antrag diejenige Summe, die nach dem Tatsachenvortrag des Klägers schlüssig wäre.
Handlung: S ,,Zwangsvollstreckung: a) Vornahme einer Handlung oder Unterlassung".
Hauptversammlung: Bei der Anfechtungsklage ist § 247 AktG zu beachten.
Herausgabe: S zunächst § 6. Es sind folgende Fälle zu unterscheiden:

a) Herausgabe einer Sache. Es gilt der Wert der Sache, § 6, zB der Vorbehaltsware, selbst wenn nur noch ein Restbetrag der Kaufpreisforderung aussteht. Wenn der Wert jedoch infolge einer Rücknahme nachhaltig gesunken ist, muß dieser Umstand wertmindernd berücksichtigt werden. Das gilt zB dann, wenn gelieferte Einbauten beschädigt wurden, Ffm NJW **70**, 334, Schneider MDR **72**, 277. Im übrigen ist nicht der Kaufpreis maßgeblich, sondern der wahre Verkehrswert, Köln MDR **73**, 147.

b) Herausgabe einer Urkunde. Wenn es sich um ein Wertpapier handelt, dann ist der Wert des verbrieften Rechts maßgeblich, zB der Kurswert, § 15 GKG. Andernfalls, etwa bei der Herausgabe eines Hypothekenbriefs, ist der Wert zu schätzen, der dem Interesse des Klägers an dem Besitz der Urkunde entspricht. Wenn es um eine Unveräußerlichkeit geht, gilt § 12 II GKG, Köln BB **73**, 67. Wenn beide Parteien den Hypothekenbrief jeweils als angeblicher Gläubiger herausverlangen, dann ist der Wert der Hypothek maßgeblich. Bei einem Sparkassenbuch mit Sicherungskarte ist das eingetragene Guthaben maßgeblich, KG Rpfleger **70**, 96, aM Schneider ABC.

Der Wert einer Klage auf die Herausgabe einer Bürgschaftsurkunde entspricht jedenfalls dann, wenn der Kläger die Inanspruchnahme des Bürgen durch den Bekl verhindern will, dem Wert der durch die Bürgschaft gesicherten Forderung und nicht (nur) dem Kostenaufwand der Erlangung oder des Fortbestands der Bürgschaft, Ffm AnwBl **80**, 460 mwN, aM zB Hamm JB **81**, 434, Stgt JB **80**, 896, LG Köln AnwBl **82**, 437 (diese Gerichte setzen mangels besonderer Umstände einen Bruchteil des Werts der Forderung an, etwa 20–30%).

Beim Kraftfahrzeugbrief gilt weder der Gebührenbetrag für eine Neuanschaffung noch der Wert des Wagens, da der Wert des Fahrzeugs nicht geschmälert wird. Die letzteren Gesichtspunkte können aber eine mitentscheidende Bedeutung haben, Hbg MDR **57**, 495, ähnlich Köln JMBl NRW **62**, 17. Wenn es um die Vorlegung einer Urkunde geht, dann ist das Interesse des Klägers an der Vorlegung maßgeblich. Dieses Interesse kann erheblich sein, wenn erst eine Vorlegung weitere Maßnahmen ermöglicht, etwa eine Schadensberechnung, s „Zwischenstreit".

Hausrat: Beim Streit um seine Benutzung, § 620 Z 7, ist § 3 ZPO anwendbar, § 20 II 2 GKG.

Hilfsantrag: Vgl § 5 Anm 2 B, wegen der Gebühren aber § 19 IV GKG. Danach ist der höhere Wert des Hilfsanspruchs dann maßgeblich, wenn das Gericht über den Hilfsanspruch entscheidet. Eine Entscheidung über den Hilfsanspruch fehlt dann, wenn der Hilfsanspruch nur im Rahmen einer Klagänderung erhoben worden ist und wenn das PGericht diese Klagänderung nicht zugelassen hat, Nürnb MDR **80**, 238. In den sonstigen Fällen ist ein höherer Wert unerheblich, ein gleich hoher oder ein niedrigerer Wert sind ohnehin unerheblich. Es findet also nach dem Wortlaut des § 19 IV GKG im Gegensatz zu § 19 III GKG keinerlei Zusammenrechnung statt, Nürnb AnwBl **78**, 425.

Ffm MDR **79**, 411, Schneider NJW **75**, 2107 mwN zur früheren Rechtsprechung, Schneider MDR **75**, 883 fordern im Anschluß an Düss NJW **75**, 2105 (jene Entscheidung erging noch zum alten Recht) eine Zusammenrechnung, wenn der Streitgegenstand des beschiedenen Hauptanspruchs und des beschiedenen Hilfsanspruchs verschieden hoch sind, da das Gesetz in § 19 III–IV GKG eine unlogische Regelung getroffen habe, weil es die Zusammenrechnung der Werte nur bei einer Hilfsaufrechnung zugelassen habe, nicht im Fall eines Hilfsanspruchs. Es müsse daher eine „Interpretationskorrektur" vorgenommen werden, damit sachlich gleichartige Gebührentatbestände auch wirklich gleich behandelt würden; aM Lappe § 19 GKG Rdz 19. Ffm JB **77**, 706 und MDR **80**, 65, Mü MDR **79**, 412 wenden § 19 III 2 GKG im Fall eines Vergleichs über den Hauptanspruch und den Hilfsanspruch entsprechend an; abw Ffm MDR **80**, 587 (abl Schneider), Köln MDR **79**, 412.

Hilfsaufrechnung: S „Aufrechnung: A. Kostenstreitwert. b) Hilfsaufrechnung usw".

Hinterlegung: Beim Streit um ihre Vornahme ist der Wert nach § 3 zu schätzen. Bei einer Klage nach § 13 II Z 2 HO ist der Wert der Sache maßgeblich. Wenn es um die Einwilligung zur Herausgabe des Hinterlegten geht, ist § 6 anwendbar, KG JB **78**, 427. Die Zinsen zählen nicht zu den Nebenforderungen nach § 4, BGH NJW **67**, 930.

Hypothek: S § 6 Anm 3 B.

Immission: Maßgeblich ist diejenige Wertminderung, die man angesichts der voraussichtlichen Dauer der Störung befürchten muß, aM Schlesw SchlHA **73**, 88 mwN, Schneider ABC (maßgeblich sei eine unbestimmte Dauer der Störung).

Jagdrecht: Es ist § 3 anzuwenden. Bei einer Klage über das Bestehen oder die Beendigung der Jagdpacht ist § 16 GKG anwendbar.

1. Titel. Sachl. Zuständigkeit d. Gerichte u. Wertvorschriften **Anh § 3**

Kindschaftssache: Es ist vom Regelstreitwert nach § 12 II 3 GKG (4000 DM) auszugehen. Abweichungen sind im Rahmen des § 12 II 4 GKG möglich. S auch ,,Vaterschaftsanerkenntnis".
Klagenhäufung: S § 5.
Klagerücknahme: Beim Antrag nach § 269 III 3 ist § 3 anwendbar, aM zB ThP § 3 Anm 2 ,,Klagerücknahme" (maßgeblich seien nur die bis zur Klagerücknahme erwachsenen Kosten). Beim Streit um die Wirksamkeit der Klagerücknahme ist der Wert der Hauptsache maßgeblich.
Konkursverfahren: Grundsätzlich ist die Aktivmasse maßgeblich. Im Streit über die Richtigkeit oder das Vorrecht einer Forderung ist mit Rücksicht auf das Verhältnis der Teilungs- zur Schuldenmasse der Wert nach freiem Ermessen festzusetzen, § 148 KO. Maßgeblich ist dann also die voraussichtliche Konkursdividende, BGH **LM** § 148 KO Nr 2, Ffm NJW **73**, 1888, Schneider MDR **74**, 102, aM Karlsr MDR **58**, 251 (der Wert sei durch die voraussichtliche Dividende nicht unbedingt nach oben oder unten begrenzt). Maßgebend ist der Zeitpunkt der Klagerhebung, Ffm KTS **80**, 66, bzw der Aufnahme des Verfahrens gegenüber dem Konkursverwalter, BGH KTS **80**, 247, Schlesw SchlHA **81**, 119.

Da der Vollstreckungstitel immer noch einen Wert für den Fall eines Neuerwerbs durch den Gemeinschuldner hat, ist der Wert bei der Feststellung einer Forderung zur Tabelle selbst bei einer voraussichtlichen Quote von 0 auf 10% anzusetzen, Ffm NJW **70**, 868, aM ZB Bbg JB **78**, 724 mwN, KG Rpfleger **74**, 222 (maßgeblich sei die niedrigste Gebührenstufe). Bei einer höheren Dividende ist dann, wenn sie zum Zeitpunkt der Beendigung der Instanz feststeht, § 15 I GKG anwendbar.

Für eine Klage eines Massegläubigers ist der Steitwert nicht nach § 148 KO, sondern nach § 3 ZPO zu bestimmen. Bei einer Klage auf Grund eines Absonderungs- oder Aussonderungsrechts ist § 6 anwendbar. S auch Hartmann, KostG, Anh nach § 12 GKG VIII.

S auch ,,Feststellungsklage: d) Konkursfestellungsklage", ,,Vorrecht".
Kosten: S § 4 I ZPO, § 22 I–III GKG.
Kraftloserklärung: S ,,Aufgebot".
Leasing: Es gelten dieselben Grundsätze wie bei der Miete, Ffm MDR **78**, 145 (bei einem Streit um den Bestand gelten evtl §§ 16 GKG, 6 ZPO).
Leibrente: S § 9 Anm 1 B.
Löschung: Es sind folgende Fälle zu unterscheiden:
   a) Löschung einer Auflassungsvormerkung. Vgl § 6 Anm 3 B.
   b) Löschung einer Hypothek. Es ist § 6 anzuwenden.
   c) Löschung eines Warenzeichens oder Gebrauchsmusters. Maßgeblich ist das Interesse des Klägers an der Löschung. Im Fall einer Volksklage (Popularklage), zB nach § 10 II 2 WZG, ist das Interesse der Allgemeinheit an der Beseitigung des Wettbewerbs maßgeblich. Dasselbe gilt bei der Löschung eines Patents, BPatG GRUR **78**, 535.
Lohn: S ,,Gehalt".
Mietverhältnis: Maßgeblich sind für die Zuständigkeit § 8, bei Wohnraum § 29a; für den Kostenstreitwert gilt jedoch § 16 GKG. Im übrigen gilt im einzelnen folgendes:
   a) Klage auf den Abschluß eines Mietvertrags. Es gilt § 3, Hamm Rpfleger **49**, 570.
   b) Klage auf Auskunft über die Miete. Der Wert einer Klage, gemäß § 29 NMVO Auskunft über die Ermittlung und Zusammensetzung der zulässigen Miete zu geben und durch eine Wirtschaftlichkeitsberechnung sowie durch die Vorlage der zugehörigen Unterlagen zu belegen, läßt sich mit 1000 DM festsetzen, AG Köln WM **81**, 283.
   c) Klage wegen des Bestehens oder der Dauer des Vertrags. S zunächst § 8. Zu dem Zins im Sinn von § 16 GKG zählen nicht nur der eigentliche Mietzins, wie LG Hann WM **79**, 39 jetzt meint, sondern auch vertragliche Gegenleistungen anderer Art, zB die Übernahme öffentlicher Abgaben, etwa der Grundsteuer, Hamm Rpfleger **76**, 435, und sonstige Leistungen, Feuerversicherungsprämien, Instandsetzungskosten, Baukostenzuschüsse usw, aber nicht Leistungen nebensächlicher Art und sonstige Leistungen, die im Verkehr nicht als Entgelt für die Gebrauchsüberlassung angesehen werden, also nicht das Entgelt für Heizung und Warmwasser, BGH **18**, 168, LG Augsb WM **80**, 205, AG Hann MDR **74**, 412, abw LG Bielef ZMR **73**, 18, LG Ffm WM **76**, 270, LG Heilbr AnwBl **81**, 69 je mwN, LG Mainz Rpfleger **76**, 69, LG Ulm MDR **79**, 768, AG Brschw MDR **74**, 758. Der Mietzins bestimmt sich nach dem Vertrag, soweit nicht der gesetzliche Mietzins zugrunde zu legen ist.
   d) Klage auf eine Zustimmung zur Mieterhöhung nach §§ 2ff MHG. Als Wert ist

höchstens der Jahresbetrag des zusätzlich geforderten Mietzinses maßgebend, § 16 V GKG, LG Hbg MDR **82**, 148, LG Hamm MDR **81**, 232. Dadurch ist der frühere diesbezügliche Streit erledigt, vgl Art 7 II Z 5 des G über die Prozeßkostenhilfe v 13. 6. 80, BGBl 677. Wegen der früheren Rechtslage vgl 38. Aufl mwN. Die Zahlung eines Teils des Erhöhungsbetrags bereits vor der Rechtshängigkeit oder gar nach ihrem Eintritt hat auf die Streitwerthöhe grundsätzlich keinen Einfluß, aM LG Bre WM **82**, 131. Denn diese richtet sich nur nach dem Klagevorbringen und einer etwaigen Klageerhöhung.

e) Feststellungsklage wegen künftiger Mietzinsen. Hier gilt bei einer unbestimmten Mietdauer § 3, BGH NJW **58**, 1967; § 8 ZPO und § 16 GKG sind unanwendbar, da weder das Bestehen noch die Dauer streitig sind und da § 16 GKG ohnehin nur eine Regelung für unbestimmte Verhältnisse trifft, während der Kläger bei einem Anspruch auf die Feststellung der Verpflichtung des Bekl zu einer erhöhten Mietzahlung einen bestimmten Anspruch geltend macht. Es entscheidet das Interesse des Klägers an der Feststellung und an dem mutmaßlichen Eintritt der Erhöhung. Es liegt nahe, § 16 V GKG entsprechend anzuwenden. Insofern dürften Hbg MDR **63**, 422, LG Hbg MDR **75**, 1024 (es gelte der 3fache Jahreszins) überholt sein. Dasselbe gilt bei der Feststellung des Vertragsinhalts, sofern die Wirksamkeit des Vertrags unstreitig ist, Kblz ZMR **78**, 64.
KG NJW **64**, 1480 will auch bei einem langen Mietvertrag nur den vollen Jahresbetrag anwenden, da § 16 I GKG die Obergrenze bilde und da der Streitwert für einen einzelnen vertraglichen Anspruch auch über § 3 nicht höher festgesetzt werden könne als für den Bestand des ganzen Vertrags; ähnlich LG Bln ZMR **75**, 218 für eine Klage auf die Vornahme einer Vermieterreparatur.

Demgegenüber gilt § 9, wenn künftige Miet- oder Pachtzinsen auf Grund eines auf bestimmte Zeit abgeschlossenen Vertrags streitig sind, BGH NJW **66**, 778, Düss Rpfleger **73**, 145, aM zB Ffm Rpfleger **80**, 299, Hamm Rpfleger **76**, 435, Karlsr MDR **77**, 407 (diese Gerichte wenden § 3 an).

f) Klage auf Duldung einer Modernisierung. In einem solchen Fall ist der 12fache Monatsbetrag der voraussichtlichen Mieterhöhung maßgeblich, § 16 V GKG entsprechend, vgl (zum alten Recht) LG Mannh MDR **76**, 1025.

Vgl auch ,,Räumung'', ,,Unterlassung''.

Minderung: Maßgeblich ist derjenige Betrag, um den der Kläger den Preis herabsetzen lassen will. § 19 III GKG ist unanwendbar, Köln MDR **79**, 413.
Miterbe: S ,,Erbrechtlicher Anspruch''.
Nacherbe: S ,,Erbrechtlicher Anspruch''.
Nachforderung: Bei der Klage nach § 324 ist wegen der verlangten Sicherstellung § 6 anwendbar, dort Anm 2.
Nachverfahren: Maßgeblich ist derjenige Betrag, dessentwegen das Gericht dem Bekl die Ausführung seiner Rechte vorbehalten hat.
Name: Der Streit ist in der Regel nichtvermögensrechtlich, § 12 II GKG; vgl aber auch Üb 3 B a vor § 1. Der geschäftliche Name ist vermögensrechtlich. Das gilt insbesondere für die Firma.
Nebenforderung: Der Wert ist nach § 4 und für die Kosten nach § 22 GKG zu berechnen.
Nebenintervention: S ,,Streithilfe''.
Nichtigkeitsklage: Es gilt der Wert der Verurteilung, deren Aufhebung der Kläger begehrt, BGH AnwBl **78**, 260 mwN.
Nichtvermögensrechtlicher Anspruch: Maßgeblich ist § 12 II GKG, vgl § 2 Anm 1. Ein nichtvermögensrechtlicher Anspruch wird nicht dadurch zu einem vermögensrechtlichen, daß der Kläger einseitig die Hauptsache für erledigt erklärt, BGH VersR **82**, 296.
Nießbrauch: Bei der Einräumung gilt § 6, bei der Erfüllung, Aufhebung und Löschung gilt § 6, ThP § 3 Anm 2 ,,Nießbrauch''. Maßgeblich ist der Wert nach dem Reinertrag abzüglich der Unkosten für die voraussichtliche Dauer des Nießbrauchs. Der Wert einer Vormerkung ist niedriger; evtl ist § 24 III KostO entsprechend anwendbar, Bbg JB **75**, 649.
Notanwalt, §§ 78b, c: Maßgeblich ist der Wert der Hauptsache, Bre JB **77**, 91, Zweibr JB **77**, 1001.
Notweg: § 7 Anm 1 A.
Nutzung: Sofern sie als eine Nebenforderung geltend gemacht wird, gilt § 4. Bei einer als Hauptsache geltend gemachten wiederkehrenden Nutzung gilt § 9.
Nutzungsverhältnis: § 16 I GKG gilt auch für ein der Miete oder Pacht ähnliches Nutzungsverhältnis. S daher ,,Mietverhältnis''.

Offenbarung: S „Eidesstattliche Versicherung".
Ordnungs- und Zwangsmittel: Bei der Verhängung gegen eine Partei, § 141, gegen einen Zeugen, § 380, gegen einen Sachverständigen, §§ 409, 411, oder im Weg der Anordnung nach §§ 177, 178 GVG ist der verhängte Betrag ausschlaggebend. Bei einer Festsetzung nach den §§ 888, 890 ist nicht die Schwere der Maßnahme maßgeblich (von ihr geht Mü MDR **55**, 306 im Fall der Beschwerde des Schuldners aus), auch nicht der Wert der Hauptsache, sondern es gilt das Interesse des Gläubigers an der Abwehr eines weiteren Verstoßes, KG Rpfleger **70**, 97. Dieses Interesse kann sich im Fall einer Fortsetzung der Verletzungen oder angesichts einer sehr groben Verletzung dem Wert der Hauptsache nähern, Ffm Rpfleger **74**, 73, vgl auch Celle NdsRpfl **62**, 281. Auch im Fall der Androhung eines Zwangsmittels oder Ordnungsmittels ist das Interesse an der Durchsetzung des vollstreckbaren Anspruchs maßgeblich, Celle NJW **63**, 2031.

Wenn es um derartige Maßnahmen in einem Verfahren auf den Erlaß eines Arrests oder einer einstweiligen Verfügung geht, sind von dem Wert der zugehörigen Hauptsache in der Regel ⅓–¼ anzusetzen.

Im Beschwerdeverfahren liegt die untere Wertgrenze bei dem angefochtenen Betrag, Düss MDR **77**, 676.

Pachtverhältnis: Es gilt § 8 und für den Kostenstreitwert § 16 GKG. Bei einem Streit nur über die Höhe des Pachtzinses ist § 3 und nicht § 9 anwendbar, Ffm JB **75**, 372, Karlsr AnwBl **83**, 174, aM Brschw AnwBl **82**, 487.

Patent: Im Nichtigkeitsverfahren ist das Interesse der Allgemeinheit an der Patentvernichtung maßgeblich. Dieses Interesse entspricht meist dem gemeinen Wert des Patents im Zeitpunkt der Klagerhebung oder im Zeitpunkt der Berufungseinlegung zuzüglich der etwa aufgelaufenen Schadensersatzansprüche, BGH NJW **57**, 144. Bei einem Streit um eine Unterlassung, eine Auskunft, eine Schadensersatzpflicht sind die Art und der Umfang der Verletzung maßgeblich, aber auch der Umsatz des Geschädigten, Karlsr BB **75**, 109.

Gebührenrechtlich besteht die Möglichkeit, im Patentverfahren bei einer Gefährdung der wirtschaftlichen Lage einer Partei den Wert niedriger anzusetzen, § 144 PatG. Zur zeitlichen Grenze des Antrags BPatG GRUR **82**, 363.

Persönlichkeitsrecht: S § 12 II GKG. S auch „Schmerzensgeld".
Pfandrecht: Es ist § 6 anzuwenden.
Pfändung: Bei der Pfändung einer Forderung oder eines sonstigen Rechts ist der Betrag der zu vollstreckenden Forderung maßgeblich. Wenn der Wert des gepfändeten Rechts niedriger ist, dann gilt dieser geringere Wert, § 6 Anm 3 B, Köln Rpfleger **74**, 165 mwN. Wenn es um ein künftig fällig werdendes Arbeitseinkommen geht, § 850d III, dann gilt nur der Wert der zu vollstreckenden Forderung. Wegen des Werts eines Unterhaltsanspruchs vgl § 6 Anm 4.

Pflichtteilsanspruch: S „Erbrechtlicher Anspruch", „Feststellungsklage", „Geldforderung".
Preisbindung: S „Gewerblicher Rechtsschutz".
Prozeßkostenhilfe: Maßgeblich sind für die Gerichtskosten § 3 und im Fall einer Beschwerde, § 127, das Kosteninteresse des Beschwerdeführers, BFH BB **73**, 1153, Schlesw SchlHA **58**, 231.

Für die Anwaltskosten ist im Geltungsbereich des § 51 BRAGO der Hauptsachewert maßgeblich, § 51 II BRAGO.

Prozeßvoraussetzung: Maßgeblich ist stets der Wert der Hauptsache.
Ratenzahlung: Der Wert einer Vereinbarung ist nach § 3 zu schätzen.
Räumung: Es gilt § 16 II GKG, vgl dazu auch BGH **48**, 178, LG Bayreuth JB **77**, 1424. Maßgebend ist also ohne Rücksicht darauf, ob über das Bestehen des Nutzungsverhältnisses Streit besteht, der für die Dauer eines Jahres zu entrichtende Zins, wenn sich nicht nach § 16 I GKG ein geringerer Wert ergibt. Verlangt der Kläger die Räumung oder Herausgabe auch aus einem anderen Rechtsgrund, dann ist der Wert der Nutzung eines Jahres maßgebend. Werden der Anspruch auf eine Räumung von Wohnraum und der Anspruch nach den §§ 556a, 556b BGB auf eine Fortsetzung des Mietverhältnisses über diesen Wohnraum in demselben Prozeß verhandelt, so werden die Werte nach § 16 III GKG nicht zusammengerechnet.

Zum Mietzins zählen grundsätzlich die gleichbleibenden Umlagen, zB für Grundsteuer, Hamm Rpfleger **76**, 435, Feuerversicherungsprämien, nicht aber die Leistungen nebensächlicher Art und nicht sonstige Nebenkosten, die im Verkehr nicht als ein Entgelt für die eigentliche Gebrauchsüberlassung angesehen werden. Nicht einzurechnen sind zB:

Heizkosten, zB BGH **18**, 173, LG Augsb WM **80**, 205, AG Hann MDR **74**, 412, Gelhaar ZMR **82**, 359, aM LG Bielefeld ZMR **73**, 18, LG Ffm WM **76**, 270, LG Heilbronn AnwBl **81**, 69 je mwN, LG Köln AnwBl **81**, 286, LG Mainz Rpfleger **76**, 69, LG Ulm MDR **79**, 768, AG Bergheim ZMR **82**, 190, AG Brschw MDR **74**, 758, abw LG Ffm Rpfleger **82**, 121 (man dürfe neben der Nettomiete überhaupt keine gesondert vereinbarten Nebenleistungen ansetzen).

Räumungsfrist: Im Verfahren nach §§ 721, 794a muß man den Wert nach § 3 schätzen. Er beträgt also die Miete bzw Nutzungsentschädigung für die begehrte Frist, jedoch höchstens für 1 Jahr, errechnet gemäß §§ 721 V 2 bzw 794a III.
   Wegen eines Verfahrens nach § 765a s ,,Vollstreckungsschutz".

Rangfolge: Man muß den Wert nach § 3 schätzen.

Reallast: Maßgeblich ist § 9. Bei der Forderung nach einer Rente und deren Absicherung durch eine Reallast erfolgt keine Zusammenrechnung, Nürnb JB **64**, 684.

Rechnungslegung: Maßgeblich ist das Interesse des Klägers an der Erleichterung der Begründung des Zahlungsanspruchs, BGH Rpfleger **59**, 110. In der Regel ist ¼ des mutmaßlichen Zahlungsanspruchs anzusetzen, Köln VersR **76**, 1154. Das Gericht muß auch den etwaigen Umstand berücksichtigen, daß der Bekl die Unklarheit über die Höhe des Hauptanspruchs vielleicht schon weitgehend beseitigt hat. Der Wert kann denjenigen der Hauptsache fast erreichen, wenn der Kläger für die Geltendmachung des Hauptanspruchs auf die Rechnungslegung angewiesen ist, BGH MDR **62**, 564. Durch einen Streit über den Grund wird der Wert nicht erhöht, BGH NJW **64**, 2061. Bei einem Rechtsmittel gilt das Interesse des Beschwerdeführers an der Nichteinlegung (vgl aber ,,Zwangsvollstreckung"). Dasselbe gilt bei einem Streit wegen der Erteilung eines Buchauszugs nach § 87c HGB. Gebührenrechtlich gilt bei der Stufenklage § 18 GKG. S auch ,,Stufenklage".

Rechtshängigkeit: Bei einem Streit über die Rechtshängigkeit ist der volle Wert des Anspruchs maßgebend.

Rechtsmittel: Maßgeblich ist § 14 GKG. Beim Anschlußrechtsmittel ist § 19 II GKG zu beachten. Vgl auch Märten, Die Streitwertbemessung bei nachträglicher Rechtsmittelbeschränkung, 1981.

Regelunterhalt: Maßgeblich ist der Jahresbetrag auf der Grundlage des Regelbedarfs, den das Gericht nach freiem Ermessen bestimmt, § 17 I 2 GKG. S auch ,,Abänderungsklage".

Rente: Der Wert ist nach § 9 zu berechnen, der Kostenwert nach § 17 II GKG, vgl auch ,,Aufopferung".

Rückerstattung: Bei einer Rückerstattung nach § 717 ist der Wert nicht höher als derjenige des vorangegangenen Rechtsstreits. Zinsen und Kosten werden nicht hinzugerechnet. S auch ,,Urteilsänderung".

Rücknahme einer Sache: Maßgeblich ist § 3, Karlsr Just **70**, 12.

Schadensersatz: Bei einer bezifferten Summe ist sie maßgeblich, § 3. Bei einer unbezifferten Summe kann eine Schätzung nach §§ 3, 287 in Betracht kommen; s im übrigen ,,Schmerzensgeld". Bei einer Wiederherstellung des früheren Zustands in natura kommen §§ 3, 6 als Ausgangspunkte in Betracht.

Schätzung: Wenn der Kläger den fraglichen Betrag in das Ermessen des Gerichts gestellt hat, dann bleibt im allgemeinen eine etwaige eigene Schätzung des Klägers außer Betracht. Sein tatsächliches Vorbringen ist aber zu beachten. S auch ,,Schmerzensgeld".

Scheidung: S ,,Ehesache".

Scheidungsfolgen: S ,,Ehesache".

Schiedsgerichtsverfahren: Hier sind folgende Fälle zu unterscheiden:
   a) Beschlußverfahren. Im Verfahren nach § 1045 ist das Interesse des Antragstellers an der Maßnahme maßgeblich. Die Ernennung und die Ablehnung eines Schiedsrichters betreffen den ganzen Anspruch. Da es sich um einen vorbereitenden Akt handelt, ist die Gebühr schon durch KV 1145–1148, § 46 II BRAGO ermäßigt, aM zB Düss NJW **54**, 1492 (der Wert liege erheblich niedriger als der Anspruch), Hbg Rpfleger **63**, 314 (der Wert betrage etwa ¼ des Anspruchs). S auch ,,Ablehnung des Schiedsrichters".
   b) Vollstreckbarerklärung. In diesem Verfahren ist der volle Wert des Schiedsspruchs oder des Schiedsvergleichs maßgeblich. Denn erst die Vollstreckbarerklärung stellt den Vollstreckungstitel als rechtswirksam fest. Das gilt grundsätzlich auch dann, wenn nur ein Teil des Titels vollstreckbar ist, Hbg NJW **58**, 1046. Die Partei kann aber ihren Antrag auf einen Teil des Schiedsspruchs beschränken. Das kann auch stillschweigend geschehen, Düss Rpfleger **75**, 257, aM Ffm NJW **61**, 735. Dann ist als Wert nur dieser Teilbetrag anzusetzen, Düss Rpfleger **75**, 257 mwN, aM Ffm JB **75**, 229, LG Bonn NJW **76**, 1981 mwN (es gelte stets nur derjenige Teil des Vergleichs, der dem Antragsteller günstig sei).

1. Titel. Sachl. Zuständigkeit d. Gerichte u. Wertvorschriften   Anh § 3

Dasselbe gilt bei zwei Ansprüchen, von denen einer abgewiesen wurde und darum nicht vollstreckbar ist, Schwab NJW **61**, 735.

c) Niederlegung. In diesem Verfahren ist der Wert desjenigen Gegenstands maßgeblich, über den der Schiesspruch erkannt hat oder den der Schiedsspruch ausgeräumt hat.

d) Aufhebungsklage. In diesem Verfahren ist der Wert der Abweisung maßgeblich. Dasjenige, was schon durch den Schiedsspruch abgewiesen wurde, ist nicht hinzuzurechnen. Kosten und Zinsen sind nicht mitzurechnen, BGH MDR **57**, 95.

Schmerzensgeld: Maßgeblich ist diejenige Summe, die sich auf Grund des Tatsachenvortrags des Klägers bei dessen objektiver Würdigung als angemessen ergibt, Bbg zB VersR **78**, 1116, Düss Rpfleger **81**, 317 (abl Schmidt), Kblz JB **77**, 718 je mwN, Nürnb VersR **77**, 262, Zweibr JB **78**, 1550, LG Saarbr AnwBl **80**, 358, Schneider MDR **72**, 370 mwN, aM LG Karlsr AnwBl **81**, 445 (maßgeblich sei die erkennbare Vorstellung des Klägers vom Streitwert). Eine vom Kläger genannte Mindestsumme ist im allgemeinen nicht maßgeblich, Ffm VersR **79**, 265, aM insofern Bbg VersR **78**, 1116, ferner Celle NJW **77**, 343 (diese Entscheidung ist zum Teil durch die Vereinfachungsnovelle überholt), Hamm VersR **77**, 935, Nürnb MDR **76**, 411 rechte Spalte, Schlesw SchlHA **80**, 118.

In der Regel ist der Wert aber nicht geringer als der Betrag, den der Kläger mindestens begehrt, Mü Rpfleger **67**, 166, Nürnb MDR **76**, 411 linke Spalte, LG Bochum VersR **78**, 1150. Wenn der Kläger einen höheren Betrag als denjenigen nennt, den das Gericht an sich für angemessen hält, dann sollte dieser Umstand in der Regel mitberücksichtigt werden, Bre Rpfleger **65**, 98, vgl Zweibr JZ **78**, 109. Ein bloßer Wertvorschlag beim unbezifferten Antrag läßt eine Abweichung von 20% bei der Wertfestsetzung zu, Ffm MDR **82**, 674.

Die im Urteil zugesprochene Summe ist nur dann für die Wertfestsetzung maßgeblich, wenn die nach dem Tatsachenvortrag des Klägers bei seiner objektiven Bewertung maßgeblichen Bemessungsumstände auch der Entscheidung zugrunde lagen, Mü VersR **74**, 347. Dieser Fall liegt nicht vor, wenn zB die Klagebehauptungen zum Teil unbewiesen geblieben sind. Dann ist als Wert wiederum derjenige Betrag anzusetzen, der nach dem Tatsachenvortrag des Klägers angemessen gewesen wäre, wenn seine Behauptungen voll bewiesen worden wären, KG MDR **73**, 146, vgl Karlsr MDR **67**, 773 mwN. Wegen einer Wertänderung in der Berufungsinstanz Zweibr JZ **78**, 244.

Seerechtliches Verteilungsverfahren: Es ist § 3 anwendbar, vgl § 35 GKG.

Sicherheitsleistung: Wenn es um eine Einrede der mangelnden Sicherheitsleistung geht, entspricht der Wert demjenigen der Klage, BGH **37**, 268, vgl auch § 511a Anm 3 C, § 718 Anm 2. Im Fall des § 713 ist ebenfalls der Wert der Hauptsache maßgeblich, Hbg MDR **74**, 53. Im Fall des § 718 ist das Interesse des Antragstellers maßgeblich, KG MDR **74**, 323. Im Fall einer Beschwerde gegen die Unterlassung der Anordnung einer Sicherheitsleistung nach § 769 ist grundsätzlich ¹⁄₁₀ des Werts der Hauptsache anzusetzen, Mü Rpfleger **81**, 371. S auch „Eheverfahren".

Sicherstellung: Es ist § 6 anwendbar.

Sicherungsübereignung: Vgl § 6 Anm 2.

Sorgerecht: Bei seiner Regelung ist § 12 II, III GKG anwendbar. S auch „Ehesache".

Stationierungsschaden: Wenn er im Weg eines Vergleichs vor der Erhebung der Klage abgegolten wurde, ist der Berechnung der Anwaltsgebühr der zuerkannte Ersatzbetrag zugrunde zu legen. Dieser Betrag ist auch dann maßgeblich, wenn es um ein Schmerzensgeld und einen merkantilen Minderwert geht, BGH **39**, 60, vgl auch BGH NJW **64**, 1523.

Streithilfe: Maßgeblich ist derjenige Teil des Anspruchs der Hauptpartei, auf den sich das Interesse des Streithelfers erstreckt, also die Auswirkung des Urteils auf ihn, Hbg MDR **77**, 1026, niemals aber ein höherer Wert als derjenige des Hauptanspruchs, Kblz Rpfleger **77**, 175, Mü MDR **58**, 112, sowohl auch (jetzt) Stgt AnwBl **79**, 431. Wenn der Streithelfer dieselben Anträge wie die Hauptpartei stellt, dann ist der Wert der Hauptsache maßgeblich, BGH **31**, 144, Hbg (8. ZS) JB **69**, 555, Nürnb JB **68**, 240, Schneider MDR **79**, 266 mwN, aM Hbg (10. ZS) MDR **77**, 1026, Kblz MDR **83**, 59 je mwN (auch in dieser Situation sei nur das Interesse des Streithelfers maßgeblich, jedenfalls in der ersten Instanz, Kblz MDR **83**, 59). Bei einem Streit um die Zulassung des Streithelfers ist sein Interesse am Beitritt maßgeblich. Der Wert kann unter dem Wert des Hauptprozesses liegen, BGH LM § 71 Nr 2. Einzelheiten Schneider JB **74**, 273.

Streitwertbeschwerde: Maßgeblich ist der Unterschiedsbetrag zwischen dem festgesetzten und dem angestrebten Wert.

Stufenklage: Vgl zunächst „Rechnungslegung" und „Offenbarung", ferner § 5 Anm 2 B a und Schneider Rpfleger **77**, 92. Da nur der höchste Anspruch maßgebend ist, § 18 GKG,

Hamm AnwBl **81**, 69, ist jeder der verbundenen Ansprüche nach § 3 zu schätzen, LG Bayreuth JB **75**, 792. Im einzelnen gilt folgendes:

   a) **Rechnungslegung.** Ihr Wert richtet sich nach dem Interesse des Klägers daran, sich die Begründung des Zahlungsanspruchs zu erleichtern, Köln VersR **76**, 1154. Dieses Interesse kann im Einzelfall so hoch wie der Herausgabeanspruch zu bewerten sein, nämlich dann, wenn der Kläger ohne eine Rechnungslegung keinerlei Anhaltspunkte hätte. Im allgemeinen ist das Interesse an der Rechnungslegung aber niedriger anzusetzen, zB auf ¼ des mutmaßlichen Zahlungsanspruchs, Köln VersR **76**, 1154. Maßgeblich ist der Zeitpunkt der Klagerhebung. Wenn die Berufung nur die eidesstattliche Versicherung zur Offenbarung betrifft, kann zB ½ des Auskunftsanspruchs anzusetzen sein, Köln Rpfleger **77**, 116.

   Auch der Antrag auf die Ermittlung des Werts eines zum Nachlaß gehörenden Grundstücks ist nach dem Grundsatz zu behandeln, daß der höchste der verbundenen Ansprüche maßgebend ist, Hamm AnwBl **81**, 69.

   b) **Eidesstattliche Versicherung.** Das Interesse an ihrer Abnahme bestimmt sich nach demjenigen Mehrbetrag, den sich der Kläger von diesem Verfahren verspricht.

   c) **Herausgabeanspruch.** Sein Wert ist ebenso hoch wie der Wert desjenigen anzusetzen, das herausgegeben werden muß.

   d) **Wertänderung.** Es ergibt sich meist, daß für die Verfahrensgebühr praktisch im allgemeinen der Wert des Herausgabeanspruchs allein maßgeblich ist. Für spätere Gebühren kann der Herausgabeanspruch niedriger sein. Höher ist er auch dann praktisch nicht. Denn wenn der Kläger auf Grund der erhaltenen Rechnungslegung einen höher bezifferten Antrag auf eine Herausgabe stellt, dann ist der Streitwert auch für das übrige Verfahren nach § 15 GKG zu erhöhen. Etwas anderes gilt nur dann, wenn sich der Herausgabeanspruch nach der Rechnungslegung infolge einer Teilleistung ermäßigt. Wenn die Klage nur auf eine Auskunftserteilung und auf die Leistung der eidesstattlichen Versicherung abzielt, dann ist für die Wertfestsetzung die Vorstellung des Klägers davon maßgebend, was er durch dieses Verfahren erlangen könnte. Unter Umständen kann dann der nachgeschobene Zahlungsanspruch niedriger sein, Düss MDR **63**, 937.

   e) **Teilabweisung.** Wenn das Gericht bereits den Auskunftsanspruch als unbegründet abweisen mußte, ist die Vorstellung des Klägers davon maßgeblich, was er durch die Auskunft und die Leistung der eidesstattlichen Versicherung seitens des Bekl erhalten konnte, Düss NJW **61**, 2021. Anders ausgedrückt: Wenn der Kläger die Anträge aller Stufen gestellt hatte und bereits der erste Antrag abgewiesen wird, ist der Wert aller Stufen maßgeblich, Düss NJW **64**, 2164, aM Düss NJW **73**, 2034 (aber die Antragstellung war einerseits zum Teil unnötig, andererseits zulässig, Köln NJW **73**, 1848).

   f) **Leistungs- und Stufenklage.** Die Werte sind zusammenzurechnen, KG Rpfleger **73**, 226, LG Bayreuth JB **77**, 1734.

Teilklage: Maßgeblich ist der geforderte (Teil-)Anspruch.

Teilstreitwert: Maßgeblich ist § 21 GKG.

Testamentsvollstrecker: Maßgeblich ist § 3. Bei der Klage des Testamentsvollstreckers auf seine Einsetzung wenden Schneider ABC, ThP § 3 Anm 2 „Testamentsvollstrecker" § 9 als Ausgangsvorschrift an.

Trennung: Vom Zeitpunkt der Trennung in mehrere Prozesse an ist eine Aufspaltung in die Einzelwerte vorzunehmen, zB Schneider MDR **74**, 9.

Überbau: S § 7 Anm 1 A.

Übereignung: Maßgeblich ist, wie bei einer Herausgabe, § 6, dort Anm 1 A a, B.

Übergabe einer Sache: Maßgeblich ist, wie bei einer Herausgabe, § 6.

Überweisung einer Forderung: Maßgeblich ist § 6, also ist der Wert des Pfandrechts die Obergrenze.

Umlegungsverfahren: Der Streit um die Einbeziehung eines Grundstücks in das Umlegungsverfahren ist kein Eigentumsstreit. Daher ist § 6 unanwendbar. Als Wert sind vielmehr 20% des Werts von Grund und Boden anzunehmen. Dabei sind die etwa vorhandenen Aufbauten, Anpflanzungen und sonstigen Einrichtungen einzubeziehen, BGH **49**, 317 (krit Mü Rpfleger **71**, 366). Derselbe Grundsatz gilt dann, wenn ein Umlegungsplan nach § 66 BBauG angefochten wird, BGH **51**, 341, oder wenn es sich um einen Streit um die Zustellung eines Auszugs aus dem Umlegungsplan handelt, BGH Rpfleger **78**, 95.

Umweltschutz: Maßgeblich ist das Interesse des Klägers und nicht das Interesse des Bekl, Roth NJW **72**, 925. Je nach der Begründung der Klage ist entweder § 3 anzuwenden, wenn nämlich eine Störung des Eigentums oder des Besitzes behauptet wird, oder § 12 II GKG maßgeblich, wenn eine Beeinträchtigung des Persönlichkeitsrechts behauptet wird.

Unbezifferter Antrag: § 3 Anm 2. S auch „Schmerzensgeld".
Unfall: Verschiedenartige Ansprüche sind zusammenzuzählen, vgl § 9 Anm 1. Wenn der Kläger einen Anspruch mit der Einschränkung stellt, er verlange die Leistung nur, „soweit die Ansprüche nicht auf den Sozialversicherungsträger übergegangen sind", dann muß man die übergegangenen Ansprüche abziehen, BGH VersR **61**, 887.
Unlauterer Wettbewerb: S „Gewerblicher Rechtsschutz".
Unterhalt: Maßgeblich ist § 9, vgl § 4 Anm 2 B. Für den Kostenstreitwert gilt § 17 GKG, Ffm AnwBl **82**, 198. S auch „Abänderungsklage", „Einstweilige Anordnung".
Unterlassung: Hier sind folgende Fälle zu unterscheiden:

a) Allgemeine Geschäftsbedingungen. Bei einer Verbandsklage wegen eines Verstoßes gegen das AGBG ist der Wert mit höchstens 500 000 DM anzusetzen, § 22 AGBG. Maßgeblich ist im übrigen das Interesse des Klägers, Bunte DB **80**, 486. Je angegriffene Klausel können 3000–5000 DM angesetzt werden, vgl Bunte DB **80**, 485 mwN.

b) Beleidigung. Es ist von § 12 II GKG auszugehen. Das Ausmaß der Rufbeeinträchtigung kann den Streitwert natürlich erheblich beeinflussen, Ffm AnwBl **83**, 89. Man muß unter Umständen die wirtschaftliche Auswirkung mitberücksichtigen, Mü JB **77**, 852 mwN. Die Streitwerte eines Widerrufs- und eines Unterlassungsanspruchs sind zusammenzurechnen, Düss AnwBl **80**, 358.

c) Besitz- und Eigentumsstörung. Die Schuldform muß evtl mitbeachtet werden, Köln VersR **76**, 740.

d) Dienstbarkeit. Im Fall der Abwehrklage gegen eine Dienstbarkeit vgl § 7 Anm 1.

e) Gewerblicher Rechtsschutz. Maßgeblich ist die Beeinträchtigung des Rechts des Klägers, also seine voraussichtliche Umsatzschmälerung, Ffm JB **76**, 368, Karlsr MDR **80**, 59, Saarbr AnwBl **78**, 467. Bei der Klage eines Anwalts auf die Unterlassung der Ankündigung einer unerlaubten Rechtsberatung kann sein Interesse maßgeblich sein, LG Ffm AnwBl **82**, 83. Man muß aber auch die Verwirrung des Verkehrs und die Verwässerung des Zeichens infolge des Verhaltens des Bekl nach § 3 mitberücksichtigen, Ffm Rpfleger **74**, 117. Es ist ferner zu berücksichtigen, daß jedes Unterlassungsurteil auch eine Entscheidung mit einer der Rechtskraft fähigen Feststellungswirkung enthält. Diese Wirkung muß mitbewertet werden, BGH **52**, 2 (Anm Rietschl **LM** Nr 37) und Einf 3 B vor §§ 322–327.

Wenn entweder mehrere natürliche oder juristische Personen oder eine wirtschaftliche Interessenvereinigung klagen, dann ist die Summe der Interessen aller Kläger maßgeblich, also zB die Summe derjenigen Beträge, die durch eine Abwerbung jährlich hätten verloren gehen können, Karlsr MDR **80**, 59. Unter Umständen muß man einen höheren Wert ansetzen, wenn die Kläger auch Belange von Nichtmitgliedern wahrnehmen. Im Fall einer Verbandsklage nach § 13 UWG gilt das Interesse der Allgemeinheit als der Wert, also nicht das Interesse der gesamten Mitglieder oder der jeweils betroffenen Mitglieder. Es entscheiden also in einem solchen Fall folgende Faktoren: Die allgemeine Bedeutung der beanstandeten Handlung; die Gefahr der Nachahmung; die Größe der Verletzungen; der Umfang der in Erscheinung tretenden Handlungen, BGH **LM** Nr 52, Düss JB **75**, 229, aM Karlsr BB **68**, 642.

Als Beschwerdegegenstand ist das Ziel des Rechtsmittelklägers an der Aufhebung des Verbots für den Zeitraum nach der Entscheidung über das Rechtsmittel anzusehen. Außerdem muß man das Interesse des Rechtsmittelklägers an der Beseitigung der Feststellungswirkung des Unterlassungsurteils berücksichtigen, also das Interesse daran, daß über die Unterlassung nicht anders entschieden werden kann, und zwar auch nicht als Vorfrage, BGH **52**, 5.

Wenn es um die Unterlassung einer Kritik an einem wirtschaftlichen Unternehmen durch eine einstweilige Verfügung geht, dann ist die Höhe der Gefahr eines Schadens bis zum Erlaß des Urteils in der Hauptsache maßgeblich, Celle NJW **64**, 1527. Bei einer wirtschaftlich schwachen Partei kann der Wert für die Gebührenberechnung niedriger festgesetzt werden, § 23a UWG, vgl aber Düss DB **77**, 1598 (es kann nämlich unter Umständen ein Rechtsmißbrauch vorliegen), KG AnwBl **78**, 142 (man muß ein gewisses Verhältnis zu dem an sich angemessenen Wert herstellen). Zur erheblichen Problematik des § 23a UWG Deutsch GRUR **78**, 19 (auch rechtspolitisch).

Wenn es um die Unterlassung einer Einwirkung (Immission) geht, muß man den Wert nach der Wertminderung schätzen. § 7 kann einen Anhalt geben, ist aber nicht direkt anwendbar.

S auch das Hauptstichwort „Gewerblicher Rechtsschutz".

f) Mietvertrag. Eine Unterlassungsklage auf Grund eines Mietvertrags ist nicht nach § 16 GKG zu bewerten, sondern nach § 3 ZPO.

g) Zwangsvollstreckung. Im Fall einer Klage auf eine Unterlassung der Zwangsvollstreckung aus einem angeblich erschlichenen Urteil bleiben die nach diesem Urteil zu zahlenden Kosten außer Betracht, BGH NJW **68**, 1275.

Urkunde: Beim Streit um ihre Feststellung gilt § 3, ebenso beim Streit um ihre Vorlegung zur Einsichtnahme, Köln MDR **83**, 321 (¼ des Hauptsachewerts). S im übrigen „Herausgabe: b) Herausgabe einer Urkunde", „Zwischenstreit".

Urteilsänderung: Wenn es um einen Anspruch nach § 717 geht, dann findet keine Erhöhung des Werts statt, falls dieser Anspruch in demselben Verfahren geltend gemacht wird, ohne daß der Antragsteller einen weitergehenden Schaden ersetzt verlangt. Das gilt auch bei einem einfachen Antrag nach § 717 II, BGH **38**, 237, aM zB LAG Bln MDR **78**, 346 mwN. Man darf auch weder Zinsen noch Kosten hinzurechnen, und zwar unabhängig davon, in welcher Klageform der Schadensersatz verlangt wird, § 717 Anm 3 B, Stgt AnwBl **76**, 133. Entsprechendes gilt in den Fällen der §§ 302 IV, 600 II.

Valuta: Im Fall einer Klage auf eine Zahlung in einer ausländischen Währung ist der Kurswert im Zeitpunkt der Klagerhebung oder im Zeitpunkt der Einlegung des Rechtsmittels maßgeblich, § 4.

Vaterschaftsanerkenntnis: In den Fällen der §§ 1600f BGB in Verbindung mit § 640 II Z 1 Hs 2 ZPO, §§ 1600l und 1600n BGB, § 640 II Z 3 ZPO ist jeweils nach § 12 II 3 GKG von einem Regelstreitwert von 4000 DM auszugehen. S auch „Kindschaftssache".

Verbindung: Vgl § 5 Anm 2 A.

Verein: Bei der Zugehörigkeit zum Verein entscheidet seine Natur; nichtvermögensrechtlich, § 12 II GKG, ist der Streit beim Idealverein, vgl auch Ffm Rpfleger **66**, 25, oder der Streit über die Auflösung des Landesvorstandes einer politischen Partei, KG JB **70**, 309. S auch „Ausscheiden und Ausschließung".

Vergleich: Maßgeblich ist der Wert sämtlicher streitigen Ansprüche, die in den Vergleich einbezogen worden sind, BGH NJW **64**, 1523, also nicht der Betrag oder Wert, auf den sich die Parteien einigen. Das gilt auch zB bei einem Totalschaden, LG Freibg AnwBl **71**, 361. S auch „Stationierungsschaden". Wenn ein bisher unstreitiges Rechtsverhältnis in den Vergleich einbezogen worden ist, dann ist zwar von § 779 BGB auszugehen; man muß aber den dortigen Begriff „Unsicherheit" weit auslegen, Schmidt MDR **75**, 27, ähnlich Zweibr MDR **78**, 496 (dieses Gericht hält das Interesse an der Titulierung für maßgeblich), Markl, Festschrift für Schmidt (1981) 87 mwN, aM zB KG NJW **69**, 434. Man muß also zB unterscheiden, ob nur ein deklaratorischer Vergleich vorliegt oder ob auch für das bisher unstreitige Rechtsverhältnis ein besonderer Vollstreckungstitel geschaffen werden sollte, Ffm MDR **62**, 662, aM zB Köln MDR **63**, 690. S auch „Aufrechnung", „Ratenzahlung". Wegen einer vergleichsweisen Verpflichtung zur Rücknahme einer Klage vgl Köln MDR **71**, 58. Die Übernahme der Verpflichtung zur Rücknahme eines in einem anderen Verfahren gegen einen Dritten eingelegten Rechtsmittels braucht den Vergleichswert nicht zu erhöhen, Köln MDR **71**, 58, LAG Hamm MDR **80**, 613.

Wenn eine Partei im Vergleich auf einen Teil des bisher nicht eingeklagten Anspruchs verzichtet, weil dessen Durchsetzbarkeit zweifelhaft ist, dann erhöht sich der Vergleichswert nur um einen angemessenen Teilbetrag, LAG Hamm MDR **80**, 613.

Wenn ein zur Aufrechnung gestellter Anspruch auch nur evtl nicht durchsetzbar ist, zB wegen seiner Verjährung, will Karlsr MDR **81**, 57 das beim Streitwert berücksichtigen. Diese Auffassung verkennt, daß es zum Wesen des Vergleichs gehört, gerade eine Ungewißheit zu beseitigen, § 779 I BGB.

Beim Vergleich nur über die Kosten des Rechtsstreits ist der Betrag aller bisher entstandenen Kosten maßgeblich.

Beim Streit um die Wirksamkeit des Vergleichs ist der Wert des ursprünglichen Klagantrags maßgeblich.

Verlustigkeitsbeschluß: Im Fall des § 515 III, auch in Verbindung mit § 346, sind diejenigen gerichtlichen und außergerichtlichen Kosten maßgeblich, die bis zum Antrag auf den Erlaß der Verlustigkeitserklärung und der Kostenentscheidung entstanden sind, BGH **15**, 394, Bbg JB **75**, 771 und **76**, 335, Schlesw SchlHA **76**, 142.

Veröffentlichung: Ihr Wert ist neben demjenigen einer Unterlassungs- oder Schadensersatzklage besonders zu bewerten, Hbg MDR **77**, 142 mwN, aM zB Stgt NJW **59**, 890.

Versicherung: Hier sind folgende Situationen zu unterscheiden:

a) Deckungsprozeß. Die §§ 3 und 9 sind anwendbar, und zwar wegen § 17 II 2 GKG auch für den Kostenstreitwert, BGH NJW **74**, 2128 und NJW **82**, 1399 mwN, aM zB

1. Titel. Sachl. Zuständigkeit d. Gerichte u. Wertvorschriften **Anh § 3**

Saarbr JBl Saar **67**, 107, Schneider MDR **73**, 181 mwN, abw Hamm NJW **74**, 1387 (die Leistung des Versicherers sei mit höchstens 5000 DM anzusetzen, dazu offen BGH VersR **82**, 591, krit Imendörfer NJW **74**, 2137), ähnlich Düss VersR **74**, 1034 (die Begrenzung gelte nur insofern, als die Versicherung schon gezahlt habe), Schlesw VersR **76**, 333 (die Begrenzung gelte nur dann, wenn man ausschließlich dem Rückgriffsanspruch vorbeuge).

  b) Krankenhaustagegeld. Bei dieser Versicherung ist § 3 anwendbar, Köln JB **77**, 1131 (das Gericht geht von einer Fünfjahresprämie aus).

  c) Todesfallrisiko. Bei einer Versicherung auf dieses Risiko ist § 3 anwendbar. Man kann § 6 mit heranziehen, Brschw JB **75**, 1099.

Versorgungsausgleich: Maßgeblich ist § 17a GKG.

Verteilungsverfahren: Maßgeblich ist die Verteilungsmasse ohne einen Abzug der Kosten und ohne eine Hinzurechnung von Zinsen. Wenn ein Überschuß für den Schuldner verbleibt, dann ist nach § 6 der verteilte und für die Kosten verwendete Betrag maßgeblich.

Vertragsabschluß: Maßgeblich ist § 3, § 16 GKG ist nicht anwendbar.

Verzugszinsen: Wenn sie selbständig eingeklagt werden, ist § 3 und nicht etwa § 9 anwendbar, BGH **36**, 147.

Vollstreckbarerklärung: Maßgeblich ist § 3. S auch ,,Schiedsgerichtsverfahren: b) Vollstreckbarerklärung", ,,Zwangsvollstreckung".

Vollstreckungsabwehrklage: Maßgeblich ist der Umfang der Ausschließung der Zwangsvollstreckung, auch im Fall des § 768, Köln MDR **80**, 852 mwN. Dasselbe gilt auch dann, wenn die Zwangsvollstreckung auf Grund einer notariellen Urkunde stattfindet. Falls der Kläger allerdings nur die Unzulässigkeitserklärung eines Teils jener Urkunde erreichen will, dann ist nur jener Teil der Urkunde maßgeblich, BGH NJW **62**, 806, Köln Rpfleger **76**, 139. Wenn auf Grund des streitigen Vollstreckungstitels Kosten festgesetzt wurden, dann sind diese nach § 4 eine Nebenforderung und werden daher dem Wert nicht hinzugerechnet, BGH NJW **68**, 1275, aM LG Köln NJW **64**, 2165.

Wenn der Kläger gleichzeitig beantragt, bereits durchgeführte Zwangsvollstreckungsmaßnahmen rückgängig zu machen, dann erhöht sich der Wert durch diesen Zusatzantrag nicht, Schlesw SchlHA **58**, 113. Falls nur die Fälligkeit streitig ist, gilt nur der Wert der einstweiligen Ausschließung. In der Beschwerdeinstanz gegenüber einer Maßnahme nach § 769 ist nur ein nach § 3 bemessener Bruchteil des Werts der Hauptsache anzusetzen, KG Rpfleger **82**, 308 mwN.

S auch ,,Zwangsvollstreckung".

Vollstreckungsklausel. Im Fall einer Klage auf die Erteilung der Klausel nach § 731 ist der Wert desjenigen Anspruchs maßgeblich, der beigetrieben wird, Köln Rpfleger **69**, 247, LG Hildesheim NJW **64**, 1232. Im Fall des § 768 ist der Umfang der Ausschließung der Zwangsvollstreckung maßgeblich, Köln MDR **80**, 852 mwN.

S auch ,,Zwangsvollstreckung".

Vollstreckungsschutz: Während des Rechtsstreits zur Hauptsache gilt kein besonderer Wert. Im Verfahren nach § 765a ist der Wert, soweit erforderlich, nach § 3 auf Grund des Interesses an der begehrten Maßnahme zu schätzen. Im Verfahren nach § 813a ist der Unterschiedsbetrag zwischen dem gewöhnlichen Verkaufswert und dem geschätzten Versteigerungserlös maßgeblich, § 3, AG Hann NdsRpfl **70**, 177.

Vorbereitender Anspruch: S ,,Herausgabe", ,,Rechnungslegung", ,,Stufenklage".

Vorkaufsrecht: Wenn es um den Antrag auf die Herausgabe eines Gegenstands geht, der einem Vorkaufsrecht unterliegt, dann ist § 6 anwendbar. Im Fall einer Klage auf die Feststellung des Bestehens oder Nichtbestehens des Vorkaufsrechts oder der Feststellung, ob das Vorkaufsrecht rechtzeitig ausgeübt worden sei, ist § 3 anwendbar. Daher ist das Interesse an der Feststellung maßgeblich, BGH **LM** Nr 13. Im Fall der Aufhebung bzw Löschung ist § 3 anwendbar.

Vorlegung einer Urkunde: S ,,Herausgabe, b) Herausgabe einer Urkunde", ,,Zwischenstreit".

Vormerkung: Vgl § 6 Anm 3 B.

Vornahme einer Handlung: Bei der Klage ist § 3 anwendbar, also das (volle) Interesse des Klägers ohne die erforderlichen Kosten. S auch ,,Zwangsvollstreckung: a) Erwirkung einer Handlung oder Unterlassung".

Vorrecht: Bei einem Vorrecht im Konkurs ist der Wert nach § 148 KO zu bestimmen, s auch ,,Konkursverfahren". Im Fall einer Vollstreckungsklage ist der Wert der niedrigeren Forderung ohne Zinsen und Kosten anzusetzen.

Hartmann

Vorschußzahlung: Eine unter einem Vorbehalt erfolgte Vorschußzahlung wird von der Klageforderung nicht abgezogen, ThP § 3 Anm 2 ,,Vorschußzahlungen".
Vorzugsklage: Maßgeblich ist der Wert der geringeren vollstreckbaren Forderung ohne Zinsen und Kosten.
Wahlschuld: Es sind folgende Fälle zu unterscheiden:
    a) Wahlrecht des Klägers. Maßgebend ist die höhere Leistung, soweit der Kläger nicht die niedrigere Leistung wählt. Beim Streit nur um die Person des Wahlberechtigten ist § 3 maßgeblich, also der etwaige Unterschiedsbetrag.
    b) Wahlrecht des Beklagten. In diesem Fall ist die niedrigere Leistung maßgeblich.
Währung: S ,,Auslandswährung".
Wandlung: Im Fall des § 465 BGB gilt § 3. Im Fall des § 467 BGB gilt der Wert der Forderung oder der Sache. Bei der Klage auf die Rücknahme der Sache ist § 3 anwendbar, vgl Karlsr Just **70**, 12.
Wechselanspruch: S zunächst ,,Geldforderung". Für die Nebenforderungen gilt § 4 II. Im Streit um die Herausgabe des Wechsels vgl § 6 Anm 1.
Wegnahme: S ,,Duldung der Zwangsvollstreckung".
Wertpapier: S ,,Herausgabe: b) Herausgabe einer Urkunde".
Widerklage: Es ist § 5 anzuwenden. Für den Kostenstreitwert gilt § 19 GKG.
Widerruf: Maßgeblich ist § 3, vgl Celle NdsRpfl **70**, 207.
Widerspruchsklage: Es sind folgende Fälle zu unterscheiden:
    a) Widerspruchsklage des Dritten, § 771. Maßgeblich ist die Höhe derjenigen Forderung, für die gepfändet wurde, und zwar ohne Zinsen und Kosten. Der Wert beträgt jedoch höchstens den Wert des Pfändungsgegenstands, § 6, Düss Rpfleger **78**, 426, Mü Rpfleger **77**, 336 (und zwar für jeden Gläubiger besonders). Ausnahmsweise kann § 3 anwendbar sein, LG Ffm Rpfleger **75**, 322.
    b) Widerspruchsklage des Nacherben, § 773. Im Fall einer solchen Widerspruchsklage ist der Gesamtwert der Leistung maßgeblich, s ,,Erbrechtlicher Anspruch".
    c) Teilungsversteigerung, § 180 ZVG. Maßgeblich ist die Höhe der Forderung ohne Zinsen und Kosten, jedoch begrenzt durch den Wert des zu versteigernden Objekts, aM LG Ffm Rpfleger **75**, 322 (das Gericht wendet § 3 an).
Wiederaufnahme: S zunächst § 4 Anm 3 A. Maßgeblich ist § 3, nach oben begrenzt durch den Wert des aufzunehmenden Verfahrens, ohne Zinsen und Kosten, Hbg MDR **69**, 228.
Willenserklärung: Beim Streit um ihre Abgabe muß man das Interesse des Klägers nach § 3 schätzen und dabei berücksichtigen, ob durch die Willenserklärung ein vermögensrechtlicher, nichtvermögensrechtlicher oder kombinierter Erfolg eintritt.
Wohnrecht: Der Wert ist nach § 7 zu bestimmen.
Wohnungseigentum: Wenn es um die Entziehung des Wohnungseigentums geht, §§ 18, 19 WEG, dann ist das Interesse der Kläger am Eigentumswechsel maßgeblich, in der Regel also der objektive Verkehrswert, Karlsr AnwBl **80**, 255 mwN, LG Mü Rpfleger **70**, 93. Zum Geschäftswert bei der Anfechtung eines Eigentümerbeschlusses über die Jahresabrechnung und den Wirtschaftsplan BayObLG **79**, 312. Bei der Klage auf die Herausgabe einer gekauften Eigentumswohnung ist § 6 anwendbar, BGH WertpMitt **67**, 662.
Zeugnis: Wenn es um die Ausstellung eines Zeugnisses geht, ist § 3 anzuwenden, LAG Hamm **KR** § 12 ArbGG Nr 27. LAG Saarbr AnwBl **77**, 253 mwN geht von einem Monatslohn aus.
Zeugnisverweigerungsrecht: Maßgeblich ist entweder § 3 ZPO oder (im nichtvermögensrechtlich begründeten Verweigerungsfall) § 12 II GKG. Man muß den Wert der Hauptsache im Zwischenstreit nach § 387 mitberücksichtigen, KG NJW **68**, 1937.
Zinsen: Es ist § 4 anwendbar. Für den Kostenstreitwert gilt § 22 GKG. Soweit Zinsen zur Hauptforderung werden, gilt § 3, nicht § 9, auch in der Beschwerdeinstanz, BGH BB **81**, 1491.
Zug-um-Zug-Leistung: Vgl § 6 Anm 1 B.
Zurückbehaltungsrecht: Vgl § 6 Anm 1 B.
Zurückverweisung: Wegen der Einheitlichkeit der Instanz ist der alte Wert maßgeblich.
Zuständigkeit: Im Fall einer abgesonderten Verhandlung über die Zuständigkeit ist der Wert der Hauptsache maßgeblich, Düss Rpfleger **72**, 463, Hamm NJW **69**, 243. In der Berufungsinstanz ist bei einem Hilfsantrag auf eine Verweisung ⅓ des Werts der Hauptsache anzusetzen, LG Brschw NJW **73**, 1846.
Zustimmung: S ,,Willenserklärung".
Zwangsvollstreckung: Es sind folgende Fälle zu unterscheiden:
    a) Erwirkung einer Handlung oder Unterlassung. Maßgeblich ist der Wert einer

Durchführung der Zwangsvollstreckung für den Gläubiger. Dieser Wert ist in der Regel ebenso hoch wie der Wert der Hauptsache anzusetzen, abw Nürnb AnwBl **79**, 390 (es handle sich um eine Frage, die nur von Fall zu Fall entschieden werden könne; mitbeachtlich sei die Art des Verstoßes). Die Höhe eines Zwangsmittels oder Ordnungsmittels ist unerheblich, KG MDR **73**, 507, VGH Mannh NJW **73**, 1898. Der Betrag eines Zwangsmittels oder Ordnungsmittels muß aber im Beschwerdeverfahren bei einer Zwangsvollstreckung nach den §§ 888, 890 beachtet werden, Stgt Rpfleger **73**, 314 mwN, aM Brschw JB **77**, 1148, LAG Bln DB **79**, 1404. Der Wert ist allerdings unter Umständen höher, nämlich dann, wenn zusätzlich Streit darüber besteht, ob der Schuldner das zugrundeliegende Verhalten wiederholen darf, Düss MDR **77**, 676.

Bei einer Klage auf die Beschaffung einer Genehmigung des Vormundschaftsgerichts zum Abschluß eines Kaufvertrags über ein Grundstück ist der Wert des Grundstücks maßgeblich, Ffm Rpfleger **59**, 137.

b) Einstellung, Beschränkung, Aufhebung. In diesen Fällen gilt der Rest der Schuld auf Grund des Vollstreckungstitels ohne Zinsen und Kosten. Wenn es um einen bloßen Aufschub geht, ist ein nach § 3 bemessener Bruchteil der Restforderung maßgeblich, KG Rpfleger **82**, 308 mwN, LG Bayreuth JB **76**, 803. Wenn die Zwangsvollstreckung nur wegen der Kosten möglich ist, dann sind nur die Kosten maßgeblich, BGH **10**, 249.

c) Vollstreckungsklage. In dieser Situation ist der Wert desjenigen Anspruchs maßgeblich, der vollstreckt werden soll.

d) Unzulässigkeit. Im Fall einer Klage auf die Unzulässigkeit der Zwangsvollstreckung ist die Höhe des gesamten Zahlungsanspruchs maßgeblich. Falls der Kläger die Zwangsvollstreckung nur wegen eines Teils der Ansprüche für unzulässig hält, dann ist nur der umstrittene Teil maßgeblich, BGH NJW **62**, 806.

e) Zinsen. Sie sind auch in der Zwangsvollstreckung wie sonst zu behandeln, § 4 ZPO, § 22 GKG, abw Köln MDR **76**, 323 (wegen KV 1149, 1181, § 57 II 1 BRAGO seien die Zinsen im Beschwerdeverfahren hinzuzurechnen). Prozeßkosten sind hinzuzurechnen. Die Kosten der Zwangsvollstreckung sind nicht hinzuzurechnen, vgl „Vollstreckungsabwehrklage" und § 6.

S auch „Vollstreckbarerklärung", „Vollsteckungsabwehrklage", „Vollstreckungsschutz".

Zwischenfeststellungsklage: S „Feststellungsklage".

Zwischenstreit: Der Wert ist nach dem Wert der Aussage des Zeugen für die Hauptsache zu schätzen, § 3, KG NJW **68**, 1937, Köln MDR **83**, 321 (¼ des Hauptsachewerts), aM Köln VersR **73**, 832 (unabhängig von dem Wert der Hauptsache gelte § 12 II GKG. Aber die vermögensrechtliche Beziehung ist oft auch für den Zwischenstreit die Grundlage). Wenn es um den ausschlaggebenden, evtl den einzigen Zeugen geht, dann kann der Wert des Zwischenstreits den Wert der Hauptsache erreichen. Vgl auch Schneider JB **78**, 26 und MDR **73**, 272. S auch „Urkunde", „Zuständigkeit".

4 *Wertberechnung. Nebenforderungen.* [I] **Für die Wertberechnung ist der Zeitpunkt der Einreichung der Klage, in der Rechtsmittelinstanz der Zeitpunkt der Einlegung des Rechtsmittels, bei der Verurteilung der Zeitpunkt des Schlusses der mündlichen Verhandlung, auf die das Urteil ergeht, entscheidend; Früchte, Nutzungen, Zinsen und Kosten bleiben unberücksichtigt, wenn sie als Nebenforderungen geltend gemacht werden.**

[II] **Bei Ansprüchen aus Wechseln im Sinne des Wechselgesetzes sind Zinsen, Kosten und Provision, die außer der Wechselsumme gefordert werden, als Nebenforderungen anzusehen.**

1) Allgemeines. Bei der Kostenberechnung muß man außer dem § 4 auch die §§ 14, 15, 22 GKG, 8ff BRAGO beachten. Nach § 14 I GKG ist der Wert zur Zeit der Beendigung der Instanz maßgebend, falls er im Verlauf des Verfahrens gestiegen ist, etwa infolge des Ansteigens des Börsenkurses. Eine Wertverminderung im Verlauf der Instanz bleibt unbeachtet, Düss AnwBl **81**, 444. Vgl aber auch § 14 II GKG. Die Fälligkeit der Gebühr richtet sich nach § 61 GKG.

2) Zeitpunkt für die Wertberechnung, I. A. Grundsätze. Für die Wertberechnung sind folgende Zeitpunkte maßgeblich:

a) Klageeinreichung. Zunächst kommt der Zeitpunkt der Einreichung der Klage in Betracht, also der Zeitpunkt ihres Eingangs beim Gericht, nicht etwa der Zeitpunkt der

Klagerhebung, also nicht etwa der Zeitpunkt der Zustellung an den Bekl, aM Zeiss 29 (abl Schumann NJW **81**, 1718). Es ist unerheblich, ob die Klage bei ihrer Einreichung mangelhaft oder ordnungsgemäß war, vgl Köln VersR **74**, 605.

b) Berufung. Ferner kommt der Zeitpunkt der Einlegung der Berufung in Betracht. Wegen der Gebührenberechnung gilt dann allerdings § 15 I GKG. Der Zeitpunkt der Einlegung der Berufung hat aber nur dann eine Bedeutung, wenn sich der Wert zwischen der Einreichung der Klage und der Einlegung des Rechtsmittels verändert hat. Vgl dazu § 511a. Der Beschwerdewert kann den Wert der ersten Instanz übersteigen. Man muß beide Werte im Zeitpunkt der Einlegung der Berufung miteinander vergleichen. Wenn der Berufungskläger die Berufung freiwillig unter die Rechtsmittelgrenze ermäßigt, dann wird sein Rechtsmittel unzulässig, BGH NJW **51**, 274, Düss FamRZ **82**, 498. Etwas anderes gilt dann, wenn die Ermäßigung unfreiwillig erfolgte, BGH **LM** § 546 Nr 8, 54 (etwa zur Abwendung der Zwangsvollstreckung, was ausdrücklich erklärt werden muß, Hamm NJW **75**, 1843), oder wenn der Berufungsbekl seinen Abweisungsantrag aufrecht erhält und nur hilfsweise die Hauptsache für erledigt erklärt, BGH NJW **67**, 564.

c) Revision. Wegen § 546 II ist ferner der Zeitpunkt des Erlasses des Berufungsurteils maßgeblich, soweit es um den Wert der Beschwer geht und soweit die Zulässigkeit der Revision von diesem Wert abhängig ist. Im übrigen ist der Zeitpunkt der Einlegung der Revision maßgeblich, vgl BGH VersR **82**, 591.

d) Sonstiges Rechtsmittel. Maßgeblich ist der Zeitpunkt seiner Einlegung.

e) Verurteilung. Maßgeblich ist die letzte mündliche Verhandlung. Wenn keine mündliche Verhandlung stattgefunden hat, ist derjenige Zeitpunkt maßgeblich, der dem Schluß einer mündlichen Verhandlung nach § 128 II 2, III 2 gleichsteht.

f) Sonstige Fälle: Maßgeblich ist der Zeitpunkt des Eingangs des Antrags.

B. Einzelheiten. Nach A sind bei einer Unterhaltsklage die Rückstände aus der Zeit vor der Klageinreichung dem Streitwert hinzuzurechnen, § 17 IV GKG; die nach der Klageinreichung fällig gewordenen Beträge bleiben außer Betracht, vgl BGH **LM** § 9 Nr 12 (zum alten Recht), Oldb FamRZ **79**, 64. Wenn der Kläger zunächst eine Feststellungsklage eingereicht hatte und nun wegen der inzwischen fällig gewordenen Beträge zur Leistungsklage übergegangen ist, dann werden die Werte zusammengerechnet, BGH **2**, 74, vgl auch § 9 Anm 3.

Eine Verbindung oder eine Trennung der Prozesse hat auf die sachliche Zuständigkeit des Gerichts keinen Einfluß. Eine solche Maßnahme wirkt wegen des Kostenstreitwerts nur für die Zukunft. Eine Minderung des Verkehrswerts der Streitsache während des Verfahrens in derselben Instanz ist unerheblich; s § 511a Anm 4 ,,zu § 4" (für die Kostenberechnung vgl oben Anm 1). Eine Erweiterung der Klage oder eine Widerklage können eine Verweisung vom AG an das LG notwendig machen, § 506. § 4 gilt nicht, wenn die Sondervorschrift des § 8 anwendbar ist, BGH **LM** § 5 Nr 12. Bei einem Verstoß gegen § 308 bleibt der Antrag maßgeblich, BGH **LM** § 5 Nr 12.

3) Nebenforderung, I. A. Allgemeines. Eine Nebenforderung ist ein Anspruch, den dieselbe Partei neben dem Hauptanspruch erhebt und der sachlichrechtlich vom Hauptanspruch abhängig ist, BGH **LM** § 5 VVG Nr 2, Bbg JB **76**, 344, Schlesw Rpfleger **82**, 301. Die Höhe der Nebenforderung ist für ihre Einordnung unerheblich. Eine Forderung bleibt bei der Wertberechnung dann unberücksichtigt, wenn sie als bloße Nebenforderung geltend gemacht wird. Wenn der Kläger die fragliche Forderung jedoch als Hauptforderung geltend macht oder wenn das vorerwähnte Abhängigkeitsverhältnis fehlt, dann muß die Nebenforderung der Hauptforderung hinzugerechnet werden.

Hinzuzurechnen sind zB: Zinsen aus einem nicht miteingeklagten Kapital, vgl auch B; unter Umständen rückständige Bezüge neben wiederkehrenden Leistungen, vgl Anm 2 B; Kosten oder Zinsen eines Dritten, die man im Wege eines Rückgriffs geltend macht; Kosten oder Zinsen in einem Anfechtungsprozeß außerhalb eines Konkursverfahrens, denn sie erhöhen die Forderung; das Bezugsrecht auf junge Aktien neben dem Anspruch auf die Herausgabe der Aktien; Kosten eines früheren Prozesses bei einer Maßnahme der Zwangsvollstreckung; Kosten, die ziffernmäßig genannt sind, BGH Rpfleger **59**, 111; bei einer Klage auf eine Einwilligung in die Auszahlung eines hinterlegten Betrags diejenigen Zinsen, die bis zur Einlegung des Rechtsmittels aufgelaufen sind, denn es liegt ein einheitliches Verlangen vor, also keine Nebenforderung gegenüber dem Bekl, vielmehr muß der Staat den Betrag verzinsen, BGH MDR **67**, 280.

Nicht hinzuzurechnen sind zB: Zinsen desjenigen Anspruchs, von dem eine Befreiung begehrt wird, BGH **LM** Nr 14 (wohl aber Kosten, BGH **LM** § 5 VVG Nr 2); Zinsen, die

1. Titel. Sachl. Zuständigkeit d. Gerichte u. Wertvorschriften **§ 4 3**

man im Weg einer Anschlußberufung fordert, Schlesw SchlHA **76**, 14; eine Enteignungsentschädigung nach § 99 III BBauG, BGH NJW **70**, 1083; ein Steuersäumniszuschlag, BGH Rpfleger **79**, 111; Kosten einer Vollstreckungsklage nach § 722.

Eine Nebenforderung wird nicht schon durch ihre getrennte Berechnung zum Hauptanspruch. Im übrigen ist die Rechtsnatur der Klage unerheblich. § 4 gilt auch zB: Bei einer Wiederaufnahmeklage; wenn der Kläger einen Vollstreckungsschaden infolge einer Änderung des Urteils geltend macht, § 717 Anm 3 B; bei einer Vollstreckungsabwehrklage, § 767 (die Kosten des Vorprozesses sind als Nebenforderung anzusehen, BGH NJW **68**, 1275); bei einer Klage auf die Aufhebung eines Schiedsspruchs, BGH MDR **57**, 95 (im Schiedsspruch zuerkannte Zinsen und Kosten).

B. Zu Hauptansprüchen werden folgende Forderungen:
a) Nebenforderungen nach der Erledigung des Hauptanspruchs, Schlesw Rpfleger **82**, 301. Wird nur ein Teilbetrag des Hauptanspruchs erledigt, so werden auch die zu diesem Teilbetrag gehörenden Zinsen neben dem in derselben Instanz weiterhin geltend gemachten Rest des Hauptanspruchs zu einem weiteren Hauptanspruch, BGH **26**, 175, Ffm JB **78**, 591, vgl auch Lappe Rpfleger **55**, 121.

b) Kosten unter Umständen erst nach der Erledigung aller anderen Hauptansprüche. Die Kosten einer nur teilweise erledigten Hauptsache werden nicht zum Hauptanspruch, BGH Rpfleger **55**, 12. Dasselbe gilt dann, wenn gegen ein Teilurteil die Berufung und gegen die Kostenentscheidung des Schlußurteils ebenfalls die Berufung eingelegt wird, vgl § 99 Anm 2 B. Man darf auch in diesem Fall die Kosten auf Grund des Schlußurteils nicht dem Wert der Beschwer aus dem Teilurteil hinzufügen, Köln MDR **57**, 173. Wenn der Kläger ein Rechtsmittel gegenüber mehreren Bekl eingelegt hat, einem der Bekl gegenüber aber nur deshalb, weil er den Rechtsstreit in der Hauptsache ihm gegenüber nicht für erledigt erklärt hat, dann ist der Wert einheitlich festzusetzen. Das Gericht muß das insoweit bestehende Kosteninteresse des Klägers mitberücksichtigen, BGH **LM** Nr 9.

C. Sonderfälle. Nicht hinzuzurechnen sind folgende Beträge:
a) Früchte vgl § 99 BGB.
b) Nutzungen, vgl § 100 BGB.
c) Zinsen. Hierher gehören vertragliche und gesetzliche Zinsen, und zwar auch solche Zinsen, die ein ausländisches Gericht in seinem Urteil zuerkannt hat, wenn es jetzt um eine Klage mit dem Ziel einer Vollstreckbarerklärung jenes Urteils geht, BGH **LM** Nr 7. Die Zinsen gehören auch dann hierher, wenn nunmehr ein Bürge, BGH MDR **58**, 765, oder eine Versicherung für die Zinsen in Anspruch genommen werden, Nürnb VersR **78**, 854.

Schäden, die der Kläger in der Form von Zinsen geltend macht, etwa Verzugszinsen, sind als Zinsen nicht hinzuzurechnen, wenn sie neben dem Hauptanspruch geltend gemacht werden und vom Hauptanspruch abhängig sind. Denn in solchem Fall liegt keine Hauptforderung vor, sondern eine Nebenforderung, Bbg JB **78**, 1549. Bei einer Enteignung nach § 17 IV LandbeschG oder nach § 99 III BBauG darf man neben der Hauptsumme für die Enteignung keine Zinsforderung hinzurechnen, BGH **LM** Nr 17. Die Beschwerdesumme läßt sich nicht dadurch künstlich herstellen, daß man die Zinsen hinzurechnet.

Die Zusammenfassung von Zinsen mit dem Kapital und etwaigen Zinseszinsen zu einer Summe macht die Zinsen nicht zur Hauptforderung, BGH **LM** Nr 5, Bbg JB **78**, 1549, auch nicht bei einem deklaratorischen Schuldanerkenntnis, Köln BB **80**, 344. Etwas anderes gilt dann, wenn die Zinsen kontokorrentmäßig oder vertraglich zum Kapital zugeschlagen werden dürfen, Bbg JB **76**, 344, Mü JB **76**, 238 je mwN. Wenn Zinsen Nebenforderungen sind, ist auch die auf die Zinsen etwa entfallende Mehrwertsteuer eine Nebenforderung, BGH **LM** Nr 19, vgl freilich auch KG OLGZ **80**, 246. Die Zinsen eines nicht mehr im Streit befindlichen Hauptanspruchs sind allerdings nun eine Hauptforderung, Celle MDR **71**, 404, Ffm FamRZ **82**, 806 mwN, selbst wenn noch ein anderer Teil des Hauptanspruchs in derselben Instanz anhängig ist, BGH **26**, 175, aM Köln VersR **74**, 605.

Wegen der Widerspruchsklage und wegen eines Vorrechtsstreits in der Zwangsvollstreckung vgl Anh nach § 3 „Vorrecht", „Widerspruchsklage".
d) Kosten, also alle im Prozeß und außerhalb des Prozesses entstandenen Aufwendungen zur Durchsetzung des Anspruchs, Bbg JB **76**, 344 (also auch eine Kreditgebühr, selbst wenn man sie mit dem Darlehen zu einem Betrag zusammengefaßt hat).

Hierher zählen zB folgende Fälle: Die Kosten eines früher wegen desselben Anspruchs geführten Prozesses; die Kosten der Befriedigung aus einem Grundstück bei einer dinglichen Klage, BGH **LM** § 3 Nr 6; die Kosten, die bei der Vornahme des der Klage zugrunde liegenden Rechtsgeschäfts entstanden sind, etwa die Kosten einer Versendung, einer Hinterlegung, einer vertraglichen Wandlung; die Kosten eines vorangegangenen Schiedsverfahrens, aM Hbg Rpfleger **56**, 169; außergerichtliche Kosten, etwa Inkassokosten, Saarbr JB **77**, 1277 mwN, selbst wenn sich diese Unkosten auf Teile des Hauptanspruchs bezogen, die nicht mehr im Streit befindlich sind, oder Unfallfinanzierungskosten, Köln VersR **74**, 605, oder Protokollierungskosten; die Kosten einer Mahnung oder eines Selbsthilfeverkaufs; bei einer Klage auf die Unterlassung der Zwangsvollstreckung aus einem erschlichenen Urteil und dem zugehörigen Kostenfestsetzungsbeschluß die festgesetzten Kosten, BGH NJW **68**, 1275.

Nicht hierher zählen zB: Kosten, die in einem ausländischen Urteil ziffernmäßig allein oder neben der Hauptforderung genannt worden sind. Denn in diesem Fall liegt keine Nebenforderung vor, BGH **LM** Nr 7.

D. Andere Unkosten. Nur die in § 4 aufgeführten Nebenforderungen bleiben unberücksichtigt. Alle anderen Nebenforderungen sind hinzuzurechnen. Hierhin gehören zB: Ein Zuwachs; ein Schaden; Aufwendungen, die man im Prozeß auf die Hauptsache gemacht hat, etwa ein Lagergeld, Frachtkosten, Futterkosten; ein Verzugsschaden. Nicht hierher gehören zB Steuersäumniszuschläge, BGH **LM** Nr 6.

4) Wechselanspruch, II. Bei ihm sind die Zinsen, die Kosten und die Provisionen Nebenforderungen, und zwar sowohl im Wechselprozeß als auch im ordentlichen Verfahren. Etwas anderes gilt bei einer Klage aus dem Grundgeschäft, StJ IV. Zum Begriff des Wechselanspruchs vgl bei § 602.

5) Scheckanspruch. II gilt im Scheckprozeß entsprechend.

6) VwGO: I ist entsprechend anwendbar in den § 2 Anm 4 genannten Fällen, *VGH Mannh VBlBW* **80**, *55 mwN, EF § 146 Rdz 16. Für die Festsetzung des Gebührenwerts gilt I ebenfalls entsprechend, soweit nicht Sondervorschriften eingreifen, §§ 14, 15 und 22 GKG, Hartmann § 13 GKG Anm 2 C.*

5 *Mehrere Ansprüche.* **Mehrere in einer Klage geltend gemachten Ansprüche werden zusammengerechnet; dies gilt nicht für den Gegenstand der Klage und der Widerklage.**

Schrifttum: Mattern NJW **69**, 1087, Schumann NJW **82**, 2800, Speckmann MDR **71**, 529.

1) Allgemeines. Der erste Halbsatz der Vorschrift ist auch für die Gebührenberechnung anwendbar. Demgegenüber darf man die Klage und die Widerklage nur für den Kostenstreitwert zusammenrechnen, und zwar nur dann, wenn die Klage und die Widerklage nicht denselben Streitgegenstand betreffen, §§ 19 I 2 GKG, 8 BRAGO. Dasselbe gilt im Verfahren vor dem Arbeitsgericht. Denn die Wertfestsetzung ist sachlichrechtlich zugleich eine Festsetzung des Beschwerdewerts der höheren Instanz, vgl BGH VersR **81**, 157, BAG BB **75**, 885. Für die Anwaltsgebühren erfolgt unter Umständen abweichend von § 5 keine Zusammenrechnung, Mü MDR **73**, 771.

2) Mehrere Ansprüche. A. Grundsatz. Mehrere in derselben Klage geltend gemachte Ansprüche sind zusammenzurechnen. Das betrifft sowohl die Klägerhäufung als auch die Anspruchshäufung (s subjektive oder objektive Klagenhäufung), §§ 59, 60, 260, BGH VersR **81**, 157. Die Klagebegründung ist unerheblich. Der Grundsatz der Zusammenrechnung gilt auch dann, wenn eine Verbindung erfolgt, zB Schneider MDR **74**, 9. Die Ansprüche müssen aber einen selbständigen Wert, also verschiedene Streitgegenstände haben, BGH AnwBl **76**, 339 und VersR **81**, 157, Ffm JB **77**, 1136.

Die Verbindung läßt die vor ihrer Vornahme entstandenen Werte (und Kosten) unberührt, vgl Mü AnwBl **81**, 155.

B. Beispiele:

a) Zusammenzurechnen sind: Die Ansprüche der Stufenklage, § 254, und der Leistungsklage, KG Rpfleger **73**, 226, vgl aber auch § 18 GKG. Etwas anderes gilt auch dann, wenn man von dem zunächst erhobenen Auskunftsanspruch zum Schadensersatzanspruch übergeht, Celle DB **71**, 865; die Gestattung des Getrenntlebens und die Übertragung der elterlichen Sorge, § 620; eine Ehelichkeitsanfechtungsklage gegenüber Geschwistern, KG Rpfleger **65**, 280; ein Hauptantrag und ein Hilfsantrag, falls der Hilfsantrag von dem Hauptantrag unabhängig ist und falls der Hauptantrag abgewiesen wird, LG Münster MDR **66**, 340, Schneider Streitwert ABC, ebenso wegen § 322 II, wenn die Klage zwar begründet ist, wenn das Gericht aber feststellt, daß eine Gegenforderung nicht bestehe, oder wenn die

1. Titel. Sachl. Zuständigkeit d. Gerichte u. Wertvorschriften §5 2–4

letztere Feststellung in einem Vergleich getroffen wird, Düss MDR **70**, 1021. Wegen der Kosten des Hilfsantrags § 19 IV GKG. Wegen der Aufrechnung s Anh nach § 3 „Aufrechnung".

b) Nicht zusammenzurechnen sind: Wahlanträge, vgl Anh nach § 3 „Wahlschuld"; ein Sicherungsanspruch, etwa eine Pfandklage, und eine persönliche Forderung, Ffm JB **77**, 1136; eine Vollstreckungsabwehrklage und die Rückgewähr der Zahlung, BGH **LM** Nr 13; ein Hauptanspruch und ein Hilfsanspruch (der höhere entscheidet, BFH BB **73**, 827, VGH Mü ZMR **77**, 112. Jedoch ist nur der Hauptantrag zu berücksichtigen, falls das Gericht über den höheren Hilfsantrag nicht entschieden hat, Köln MDR **63**, 1021, Mü MDR **63**, 854, OVG Münster NJW **73**, 1899 mwN, Schneider MDR **72**, 278, aM Brschw JB **71**, 971. Eine Zusammenrechnung erfolgt aber dann, wenn das Gericht über beide Anträge entschieden hat oder wenn das Gericht den Bekl auf Grund des Hilfsantrags verurteilt oder die Klage auf Grund des Hilfsantrags der Bekl abgewiesen hat, LG Münster MDR **66**, 340, Schneider ABC „Hilfsantrag" Nr 13 vgl auch Ffm JB **70**, 687); Anträge, von denen einer in dem anderen steckt.

Ferner sind nicht zusammenzurechnen: Die Feststellung des gesamten Rechtsverhältnisses und eine Klage auf die Leistung eines Teilbetrags, BGH **LM** Nr 8 (wenn das Teilurteil angefochten wird, dann gilt in der Rechtsmittelinstanz der Wert des gesamten Rechtsverhältnisses); ein Anspruch des Gesamtgläubigers und ein Anspruch des Gesamtschuldners, wenn jeweils das Ganze im Streit ist, vgl LAG Hamm BB **82**, 374 mwN (wenn man gegen einen Streitgenossen ein Rechtsmittel eingelegt hat, wird der Wert zusammengerechnet, soweit die Ansprüche gegenüber diesem Streitgenossen identisch sind, BGH **23**, 339); der Anspruch, der vor der Klagänderung und im Anschluß an sie geltend gemacht wird, da die Ansprüche unter diesen Umständen nicht nebeneinander geltend gemacht worden sind, KG Rpfleger **68**, 289; die Kaufpreisforderung und der Anspruch auf die Abnahme der Kaufsache; der Anspruch auf die Herausgabe einer Ware, die man unter einem Eigentumsvorbehalt geliefert hat, und der Anspruch auf die Zahlung des Restkaufpreises, Hbg MDR **65**, 394; der Anspruch auf die Vornahme einer Handlung und der Anspruch auf die Zahlung einer Entschädigung nach § 510 b.

Ferner sind nicht zusammenzurechnen: Der Anspruch auf die Herausgabe der Sache und der Anspruch auf die Zahlung einer Geldsumme als eines Wertersatzes für den Fall der Unmöglichkeit der Herausgabe; der Anspruch auf die Leistung gegenüber dem einen Schuldner und der Anspruch auf die Duldung der Zwangsvollstreckung gegenüber dem anderen Schuldner, denn derselbe Anspruch geht hier in zwei verschiedene Richtungen. Das gilt zB bei einem Anspruch des Anfechtungsgläubigers nach dem AnfG auf die Zahlung eines Wertersatzes und auf die Duldung der Zwangsvollstreckung über den Rechtsnachfolger, Ffm MDR **55**, 496; der Anspruch auf eine unteilbare Leistung gegenüber mehreren Schuldnern; eine Klage auf die Feststellung der Unzulässigkeit der Zwangsvollstreckung und auf die Aushändigung einer löschungsfähigen Quittung; die Beschwerdewerte von verschiedenen Parteien, BGH VersR **81**, 158.

C. Nebenforderung. Eine solche bleibt unberücksichtigt, § 4. Eine nachträgliche Prozeßverbindung oder Prozeßtrennung ist für die Gebühren bedeutungslos, muß allerdings bei der Beurteilung der weiteren sachlichen Zuständigkeit beachtet werden. Wenn für den einen der Ansprüche eine ausschließliche Zuständigkeit besteht, für den anderen nur eine gewöhnliche Zuständigkeit, dann darf man die Ansprüche zur Beurteilung der Zuständigkeit nicht zusammenrechnen. Man kann zB eine vor das AG gehörende Vollstreckungsabwehrklage nach § 767 nicht mit einer anderen Klage zusammenrechnen, um das LG zuständig zu machen. Wegen des Kostenstreitwerts s § 22 GKG. Wenn das AG ohne Rücksicht auf den Streitwert zuständig ist, § 23 Z 2 GVG, dann darf man einen derartigen Anspruch nicht mit einem anderen zusammen beim LG erheben, § 206. Eine Zusammenrechnung erfolgt also auch in diesem Fall nur für den Kostenstreitwert. Für den Beschwerdewert gilt bei allen Rechtsmitteln § 5 entsprechende.

3) Klage und Widerklage. Sie dürfen zur Beurteilung der Zuständigkeit in keinem Fall zusammengerechnet werden. Für den Kostenstreitwert vgl Anm 1; wegen des Beschwerdewerts vgl § 511a Anm 4. Zeitlich getrennte Ansprüche der Widerklage können einzeln und zusammengerechnet eine Verweisung nach § 506 erforderlich machen. Wegen eines Ersatzanspruchs auf Grund einer Änderung des Urteils vgl Anh nach § 3 „Urteilsänderung".

4) VwGO: *Entsprechend anwendbar unter den bei § 2 Anm 4 genannten Voraussetzungen auf die Festsetzung der Berufungs- und Beschwerdesumme, ferner bei der Ermittlung des Gebührenwertes,* BVerwG DÖV **82**, 410, *nach Maßgabe der Anm 1. Wegen der Einzelheiten vgl insoweit Hartmann Anh I § 13 GKG „Klagenhäufung".*

6 Besitz. Sicherstellung. Pfandrecht. Der Wert wird bestimmt: durch den Wert einer Sache, wenn es auf deren Besitz, und durch den Betrag einer Forderung, wenn es auf deren Sicherstellung oder ein Pfandrecht ankommt. Hat der Gegenstand des Pfandrechts einen geringeren Wert, so ist dieser maßgebend.

1) Besitzstreit, Eigentumsstreit. A. Allgemeines. Bei solchen Streitigkeiten, dazu Köln MDR **73**, 147, ist der Wert der Sache maßgeblich. Im einzelnen gilt folgendes:

a) Hierher gehören: Eine Klage auf die Feststellung des Eigentums, KG MDR **70**, 152; eine Klage mit dem Ziel der Bestellung eines Erbbaurechts, Saarbr AnwBl **78**, 107; der Anspruch auf die Erteilung der Auflassung, vgl auch B, Celle MDR **77**, 672 mwN, Karlsr AnwBl **82**, 375, aM Vollkommer Rpfleger **73**, 63, Waltinger Rpfleger **72**, 87 (sie wenden § 3 an); eine Besitzklage jeder Art, also auf Grund eines mittelbaren Besitzes, eines unmittelbaren Besitzes, eines Eigenbesitzes, eines Fremdbesitzes (demgegenüber ist § 16 II GKG dann anwendbar, wenn der Kläger seinen Anspruch auf ein Mietverhältnis und gleichzeitig auf einen anderen Rechtsgrund stützt, etwa auf ein Eigentum oder auf eine verbotene Eigenmacht, BGH **LM** § 10 GKG aF Nr 6); der Besitz des Testamentsvollstreckers; eine persönliche Klage aus dem Besitz, etwa auf die Herausgabe gemäß einem Verwahrungsvertrag; ein Anspruch des Käufers auf die Übergabe der Kaufsache (wegen des Anspruchs des Verkäufers auf die Abnahme der Sache ist § 6 unanwendbar, Stgt Rpfleger **64**, 162); ein Anspruch auf die Herausgabe einer Sache, die der Kläger unter einem Eigentumsvorbehalt geliefert hat, Ffm NJW **70**, 334; eine Klage auf die Erteilung einer Einwilligung zur Herausgabe einer hinterlegten Sache, KG AnwBl **78**, 107, s auch Anh nach § 3 „Herausgabe"; ein Anspruch auf eine Rückgewähr wegen einer Nichterfüllung, Köln MDR **73**, 147, LG Bayreuth JB **77**, 1116, LG Ffm AnwBl **77**, 252; ein Anspruch auf eine Rückgewähr wegen der Nichtigkeit des Vertrags. Wegen eines Vorkaufsrechts und einer Enteignung s Anh nach § 3.

b) Nicht hierher gehören: Eine Abwehrklage (negatorische Klage); ein Streit darüber, ob ein Grundstück in ein Umlegungsverfahren einbezogen werden soll, BGH **49**, 319; eine vorbereitende Klage, vgl Anh nach § 3; eine vorläufige Regelung im Weg eines Arrests oder einer einstweiligen Verfügung, § 20 GKG, dazu Köln VersR **76**, 740; eine vorzeitige Besitzeinweisung nach § 116 BBauG (es gilt § 20 GKG entsprechend); es entscheidet das Interesse des Klägers, meist etwa ⅓ des Werts der Fläche, Hbg NJW **65**, 2404, vgl aber auch § 13 GKG; ein Anspruch auf die Herausgabe einer Beweisurkunde oder einer anderen Urkunde, die keine Wertträger sind, Anh nach § 3 „Herausgabe". Bei einem Wertpapier entscheidet sein Kurswert.

B. Verkehrswert. Maßgebend ist der Wert der Sache, also der objektive Verkehrswert, § 3 Anm 2, bei einem Grundstück und bei der Klage auf die Feststellung des Eigentums, KG NJW **70**, 334, also nicht der Einheitswert, Hbg Rpfleger **49**, 419. Der Verkehrswert gilt auch dann, wenn es um ein Mietwohngrundstück geht, Ffm Rpfleger **61**, 23 (also entscheidet hier nicht der Ertragswert). Der Kaufpreis ist nicht maßgeblich, Köln MDR **73**, 147. Er erbringt aber meist einen Anscheinsbeweis für die Höhe des Verkehrswerts.

Lasten, zB valutierende Grundpfandrechte, Bbg JB **77**, 1278, mindern den Wert auf das wirtschaftliche Interesse des Klägers an der Herausgabe usw herab, so im Ergebnis auch Ffm MDR **81**, 590, ferner zB Karlsr NJW **68**, 110, LG Köln NJW **77**, 255 mwN (abl Schönbach NJW **77**, 856), aM zB BGH **LM** Nr 1, 5, KG Rpfleger **74**, 439, insofern auch Mü MDR **81**, 501 je mwN. Das Gesetz nennt zwar keinen Mindestbetrag, Schlesw Rpfleger **80**, 239; eine völlige Wertlosigkeit liegt aber keineswegs vor, soweit man um die Sache streitet, LG Köln NJW **77**, 256. Selbst bei einem zur Zeit nicht einlösbaren Wechsel kann ein gewisses Interesse an der Herausgabe durchaus bestehen, Köln MDR **75**, 60.

Eine Gegenleistung bleibt grundsätzlich außer Betracht, Stgt AnwBl **82**, 529 mwN. Das gilt zB für das Angebot der geschuldeten Gegenleistung (etwas anderes gilt natürlich dann, wenn ein aufgerechneter Betrag abgezogen werden muß) oder für den Einwand, der Schuldner brauche nur Zug um Zug zu erfüllen, oder für ein behauptetes Zurückbehaltungsrecht, Bbg JB **78**, 428. Wenn der Kläger auf eine Auflassung oder auf eine Herausgabe klagt und wenn nur ein Zurückbehaltungsrecht des Bekl streitig ist, dann ist das Zurückbehaltungsrecht für die Wertberechnung unerheblich, insofern auch Mü MDR **81**, 501 mwN, und zwar unabhängig davon, ob der Anspruch, der das Zurückbehaltungsrecht begründet, gegenüber dem Klaganspruch höher oder geringer ist, Celle MDR **77**, 672, Waldner NJW **80**, 217 je mwN, aM zB Neustadt Rpfleger **63**, 66, Schneider NJW **74**, 1692. Wenn der Kläger vom Bekl eine Zahlung Zug um Zug gegen die Lieferung des verkauften Kraftfahrzeugs fordert, dann ist der Preis des Fahrzeugs maßgeblich, auch wenn die Parteien (nur) über den Wert eines in Zahlung gegebenen Altwagens streiten, Nürnb Rpfleger **70**, 249, aM Brschw NJW **73**, 1982, Böhmer JZ **74**, 656 (sie gehen nur von der Gegenleistung aus).

Wenn es um eine Mietersache geht, die in das Mietgrundstück eingebaut war und getrennt wurde, dann ist ihr Wert maßgeblich, KG Rpfleger **71**, 227; wenn die Herausgabe der eingebauten Sache verlangt wird, dann muß man den durch die Herausgabe verminderten Wert berücksichtigen, Ffm Rpfleger **70**, 69. Wenn der Bekl nur eine kurzfristige Räumungsfrist beantragt, muß man den Wert nach § 3 in Verbindung mit § 16 II GKG schätzen, KG Rpfleger **68**, 193.

Wenn der Kläger nur einen Teil der Sache beansprucht, dann ist der Wert dieses Teils maßgeblich; das gilt auch bei einem Hinterlegungsgläubiger, KG AnwBl **78**, 107, Schlesw JB **76**, 239. Wenn der Kläger gegen diejenigen Gesamthandeigentümer vorgeht, die eine Herausgabe verweigern, während die übrigen Gesamthandeigentümer die Herausgabe bewilligen, dann ist der Verkaufswert der Rechtsfolge maßgeblich, also der Wert des gesamten Grundstücks, BGH **LM** Nr 4.

Wenn in der höheren Instanz nur noch streitig ist, ob der Bekl auf Grund seines Zurückbehaltungsrechts nur Zug um Zug leisten muß, dann ist der Wert des Zurückbehaltungsrechts maßgeblich, KG OLGZ **79**, 348 mwN, Saarbr AnwBl **79**, 154.

Vgl auch Anh nach § 3 ,,Baulandsache" und ,,Erbrechtlicher Anspruch".

2) Sicherstellung einer Forderung. Wenn man um eine beliebige bestehende oder erst noch zu bestellende Sicherheit streitet, etwa um eine Bürgschaft, dann entscheidet der Betrag der gesicherten oder zu sichernden Forderung ohne Rücksicht auf eine etwaige Betagung oder Bedingung. Wegen des Streits um ein Pfandrecht vgl Anm 3. Im Fall der Eintragung eines Widerspruchs ist immer § 3 anwendbar. Wenn es um die Herausgabe einer zur Sicherung übereigneten Sache geht, dann ist der Wert der Forderung maßgeblich, falls dieser Wert unter demjenigen der Sache selbst liegt. Denn man muß das Sicherungseigentum eher wie ein Pfandrecht behandeln, BGH MDR **59**, 385, Mü NJW **53**, 1870, im Ergebnis ebenso LG Stgt MDR **77**, 676. Wenn dagegen eine unter einem Eigentumsvorbehalt verkaufte Sache zurückverlangt wird, dann ist der volle Sachwert maßgeblich, Stgt AnwBl **59**, 41.

3) Pfandrecht. A. Geltungsbereich. § 6 betrifft das Fahrnispfandrecht und das Grundstückspfandrecht. Das Gesetz verwendet also den Ausdruck ,,Pfandrecht" nicht in dem beschränkten Sinn des BGB. Die Art der Klage ist unerheblich. Es ist auch unerheblich, ob das Pfandrecht vertraglich oder gesetzlich begründet wurde.

Beispiele: Die Widerspruchsklage nach § 771, vgl auch Anh § 3; eine Klage auf die Löschung einer Hypothek; ein Absonderungsanspruch im Konkursverfahren; eine Erinnerung gegen eine Pfändung und Überweisung (der Wert beträgt dann höchstens die gepfändete Forderung); ein Streit über die Art und Weise der Verwertung eines Pfandrechts.

B. Wertberechnung. Sie erfolgt nach dem Betrag der Forderung, Köln DB **74**, 429. Wenn der Gegenstand des Pfandrechts aber einen geringeren Wert als den Betrag der Forderung hat, dann ist dieser geringere Wert maßgeblich. Diese Regelung gilt für ein bestehendes Pfandrecht. Wenn das Pfandrecht erst noch zu bestellen ist, dann gilt sie auch für dieses Pfandrecht, falls für die Sicherung der Forderung ein bestimmter Gegenstand bezeichnet worden ist, Gerold Streitwert III 61 ,,Pfandrecht" 2, 3, aM Mü NJW **58**, 1687. Die Forderung ist nach § 4 zu berechnen. Gegenstand des Pfandrechts ist die Pfandsache. Ein Vorpfandrecht ist nicht zu berücksichtigen. Denn jede Pfändung ergreift den ganzen Gegenstand. Andernfalls müßte man im Fall der Erschöpfung des Werts durch vorangegangene Vorpfandrechte das nachfolgende Vorpfandrecht mit 0 DM bewerten, BGH NJW **52**, 1335, Berg NJW **52**, 548, aM StJ II 2b (er legt nur den Überschuß zugrunde). Dasselbe gilt im Fall einer Widerspruchsklage, BGH Rpfleger **59**, 112. Wenn es sich um eine Zwangsüberweisung nach § 825 handelt, ist der Wert der Pfandsache maßgeblich, falls dieser geringer ist, vgl auch Lappe Rpfleger **59**, 88.

In einem Rangstreit erfolgt die Berechnung nach der kleineren Forderung, Celle NdsRpfl **64**, 107. Ffm AnwBl **82**, 111 wendet beim Anspruch auf die Einräumung des Vorrangs § 23 III 1 KostO entsprechend an. Bei einer Klage auf die Herausgabe der Pfandsache ist deren höherer Wert unerheblich. Wenn ein Dritter die Pfandsache herausverlangt und wenn der Besitzer die Sache wegen eines Pfandrechts zurückhält, dann gilt § 6. Denn der Dritte kann die Sache ja auslösen.

Im Fall der Löschung einer Hypothek ist ihr Nennbetrag maßgeblich, Celle MDR **77**, 935, Ffm JB **77**, 720 mwN, aM Hbg MDR **75**, 847 (dieses Gericht geht von dem jeweiligen Restbetrag der Hypothek aus), Köln MDR **80**, 1025 (dieses Gericht berechnet den Streitwert nach § 6, soweit die zu sichernde Forderung noch besteht, im übrigen aber nach dem Interesse des Klägers an der Löschung, § 3). Im Fall der Löschung einer Höchstbetragshypothek ist derjenige Höchstbetrag der Forderung maßgeblich, der sich aus dem Grundbuch ergibt. Denn das Grundstück haftet gegebenenfalls bis zu dieser Höhe, Hbg Rpfleger **51**, 570. Wenn es um die Abtretung einer Hypothek geht, dann ist ihr Nennwert und nicht ihre Valutierung maßgeblich, Köln JMBl NRW **69**, 274. Ist die Hypothek vor einem Währungsstichtag zurückbezahlt worden, Hbg Rpfleger **51**, 571, Schlesw SchlHA **64**, 262, oder behauptet der Grundstückseigentümer, die Hypothek sei nicht entstanden und ihm stehe deshalb eine Eigentümergrundschuld zu, so ist der Wert des 1:1 umgestellten Betrags maßgeblich, BGH NJW **54**, 877.

Bei einer einstweiligen Verfügung mit dem Ziel der Eintragung einer Vormerkung zur Sicherung einer Forderung ist von dieser Forderung auszugehen und das Interesse des Antragstellers an der Sicherung nach § 3 zu schätzen, also ein Bruchteil festzustellen, Bre AnwBl **76**, 441 (das Gericht legt ⁹⁄₁₀ zugrunde), vgl Düss NJW **53**, 424 Nr 8. Dasselbe gilt im Fall einer Auflassungsvormerkung, Bbg JB **76**, 1094 mwN, aM zB Zweibr Rpfleger **67**, 2 (dieses Gericht wendet § 6 an).

Wenn es um die Löschung einer Auflassungsvormerkung geht, dann ist die Höhe derjenigen Nachteile maßgeblich, die durch die Löschung wirtschaftlich verursacht werden, BGH **LM** § 3 Nr 47 (er geht von 25% des Verkehrswerts aus, nimmt aber nach einer Zwangsversteigerung nur 5% des Verkehrswerts als Wert an), ähnlich Ffm AnwBl **83**, 174, ferner Bbg JB **76**, 1247, Köln JB **78**, 1054 und MDR **83**, 495 (diese Gerichte legen je ¹⁄₁₀ zugrunde), Mü JB **78**, 1564 mwN (dieses Gericht legt ¼ zugrunde), Celle Rpfleger **70**, 248 (es geht jetzt auch von ¹⁄₁₀ des Kaufpreises aus), Nürnb NJW **77**, 857), Schneider MDR **83**, 639 (sie gehen von keinem allgemeinen Prozentsatz aus). Bbg JB **75**, 649 nimmt bei der Eintragung der Vormerkung wegen einer Bauhandwerkerhypothek ⅓–¼ des Hypothekenwerts an. Bbg JB **75**, 940 geht bei einer Löschung einer solchen Vormerkung von demselben Wert aus. Ffm JB **75**, 514 geht bei der Löschung von einer Vormerkung von ¼ des Hypothekenwerts aus.

4) Sinngemäße Anwendung. § 6 ist bei einer Anfechtung außerhalb und innerhalb eines Konkursverfahrens entsprechend anwendbar, BGH KTS **82**, 449. Man muß dann von dem Wert des Zurückzugewährenden abzüglich der Belastungen ausgehen, soweit nicht diejenige Forderung geringer ist, derentwegen die Anfechtung erfolgt ist, im Ergebnis ebenso BGH KTS **82**, 449. Entsprechend und nicht nach § 17 GKG ist der Wert auch im Fall eines Unterhaltsanspruchs anzusetzen. Zinsen und Kosten gehören als ein Teil des Hauptanspruchs zur Forderung, BGH KTS **82**, 449. Wenn die Anfechtung ein Grundstück der Zwangsvollstreckung unterwerfen soll, dann gilt der Grundstückswert abzüglich der Lasten als maßgeblich. In diesem Zusammenhang kommt es darauf an, inwieweit der Kläger mit einer Befriedigung rechnen kann (Versteigerungswert). S auch Anh nach § 3 ,,Duldung'' und ,,Erbrechtlicher Anspruch''.

Köln VersR **82**, 50 hält § 6 für den Kostenstreitwert überhaupt nur für entsprechend anwendbar und fordert eine einschränkende Auslegung.

5) VwGO: Entsprechend anzuwenden für den Gebührenwert soweit Streitigkeiten dieser Art vor die VerwGerichte kommen können, § 40 VwGO, zB aus öffentlichen Eigentum, § 4 HbgWegeG; zur Gültigkeit dieser Vorschrift BVerwG **27**, 131.

7 *Grunddienstbarkeit.* **Der Wert einer Grunddienstbarkeit wird durch den Wert, den sie für das herrschende Grundstück hat, und wenn der Betrag, um den sich der Wert des dienenden Grundstücks durch die Dienstbarkeit mindert, größer ist, durch diesen Betrag bestimmt.**

1) Geltungsbereich. A. Allgemeines. § 7 bezieht sich auf Grunddienstbarkeiten im Sinn des § 1018 BGB, nicht auf persönliche Dienstbarkeiten oder auf Reallasten. Denn bei den letzteren handelt es sich nicht um Beziehungen zwischen Grundstücken. § 7 ist auf Nachbarrechtsbeschränkungen nach §§ 906 ff BGB entsprechend anzuwenden, wenn diese Beschränkungen ähnlich wie eine Dienstbarkeit wirken. Das ist zB bei einem Notwegrecht der Fall, Stgt Rpfleger **64**, 163, Schneider ZMR **76**, 193 mwN, aM ThP § 3 Anm 2 ,,Notweg'' (maßgeblich sei § 3). Wenn es um die Beseitigung eines Überbaus geht, muß man den Wert nach dem Interesse des Klägers schätzen; § 7 ist dann nicht entsprechend anwendbar, LG Düss NJW **63**, 2178, aM LG Bonn NJW **61**, 1823, vgl auch BGH NJW **72**, 201 (er geht vom Verkehrswert der überbauten Fläche aus), LG Bayreuth JB **79**, 437 (es legt die durch den Überbau bewirkte Wertminderung zugrunde).

§ 7 gilt ferner bei einem Streit über das Bestehen oder über den Umfang einer Dienstbarkeit oder bei einem Streit um die Einräumung oder die Beseitigung einer Dienstbarkeit. Wenn es um einen Abwehranspruch geht, dann ist die Vorschrift nur dann anwendbar, wenn die Störung gerade in der Ausübung einer Dienstbarkeit besteht oder sich gegen eine Dienstbarkeit richtet; andernfalls ist § 3 anzuwenden. In einem bloßen Streit über eine Wiederholungsgefahr ist § 3 anwendbar.

B. Wertberechnung. Man muß den Wert für das herrschende Grundstück und die Wertminderung beim dienenden Grundstück miteinander vergleichen und beide Werte nach § 3 einschätzen. Der höhere Wert entscheidet. Die Kosten der Beseitigung der als unerlaubt bekämpften Anlage sind zu berücksichtigen. In der Revisionsinstanz ist nur das Interesse des Revisionsklägers maßgebend. In diesem Abschnitt findet kein Wertvergleich nach § 7 statt, BGH **23**, 205.

2) VwGO: *Entsprechend anwendbar für den Gebührenwert, soweit Streitigkeiten dieser Art, Anm 1 A, vor die VerwGerichte kommen können, § 40 VwGO, zB aus öffentlichem Eigentum, § 4 HbgWegeG (vgl § 6 Anm 5).*

8 *Pacht- oder Mietverhältnis.* Ist das Bestehen oder die Dauer eines Pacht- oder Mietverhältnisses streitig, so ist der Betrag des auf die gesamte streitige Zeit fallenden Zinses und, wenn der fünfundzwanzigfache Betrag des einjährigen Zinses geringer ist, dieser Betrag für die Wertberechnung entscheidend.

1) Allgemeines. § 8 gilt nur für die Feststellung der sachlichen Zuständigkeit, soweit nicht § 23 Z 2a GVG oder § 7 eingreifen. Für die Kosten gilt bei einer mehr als einjährigen Dauer des Miet- oder Pachtverhältnisses § 16 I GKG; das übersieht LG Zweibr JB **78**, 255. Bei einer Räumung ist § 16 II GKG für die Kosten maßgeblich.

2) Voraussetzungen. A. Streit um Miet- oder Pachtverhältnis. § 8 betrifft nur einen Streit über das Bestehen oder über die Dauer eines Miet- oder Pachtverhältnisses, also nicht einen Streit wegen eines Anspruchs auf die Zahlung von Geld oder auf sonstige Leistungen. Das Miet- oder Pachtverhältnis muß die Grundlage des Anspruchs bilden. § 8 ist eine Sondervorschrift gegenüber § 6.

B. Beispiele der Anwendbarkeit: Es geht um die Feststellung, daß das Mietverhältnis seit einem bestimmten Tage infolge einer fristlosen Kündigung nicht mehr bestehe, BGH **LM** § 3 Nr 14 (für die Gebührenberechnung gilt auch hier § 16 GKG); es geht um eine Klage auf Grund einer Untermiete oder Unterpacht; es geht um eine Überlassung, Benutzung oder Räumung, wenn nach dem Tatsachenvortrag des Klägers irgendwie streitig ist, ob ein Mietverhältnis oder ein Pachtverhältnis besteht, BGH **LM** Nr 1.

C. Beispiele der Unanwendbarkeit: Es geht um ein Nutzungsrecht, das dem Mietrecht oder Pachtrecht nur ähnlich ist. Es handelt sich um eine Klage, die allein auf das Eigentum gestützt wird, § 6 Anm 1 A a. Es handelt sich um eine Klage auf die Herausgabe des Rentenguts, dann gilt § 6; unstreitig ist der Vertrag erloschen oder wird innerhalb eines bestimmten Zeitraums erlöschen. Dann betrifft nämlich die Klage auf die Feststellung der Nichtigkeit des Vertrags nur die Abwehr der Schadensfolgen. Deshalb gilt in einem solchen Fall § 3; es geht um die Klage eines Dritten mit dem Ziel der Feststellung der Nichtigkeit des Pachtvertrags, BGH **LM** § 256 Nr 25 (das Gericht hält das Interesse des Dritten für maßgeblich).

3) Wertberechnung. Hier sind folgende Fälle zu unterscheiden:

A. Gesamte streitige Zeit. Grundsätzlich ist derjenige Zins maßgeblich, der in der gesamten streitigen Zeit anfällt. Zins ist nicht nur der eigentliche Miet- oder Pachtzins, mag er in bar oder in Naturalien zu leisten sein, sondern auch eine vertragliche Gegenleistung anderer Art, zB: Die Übernahme öffentlicher Abgaben und sonstiger Lasten; die Übernahme der Feuerversicherungsprämie; die Übernahme von Instandhaltungskosten; die Zahlung eines Baukostenzuschusses, BGH **18**, 168.

Nicht zum Zins zählen zB: Das Entgelt für zusätzliche Leistungen außerhalb der Überlassung des Raumes, etwa Heizkosten; Warmwasserkosten; Leistungen unbedeutender Art, die im Verkehr im allgemeinen nicht als ein Teil des Entgelts der Gebrauchsüberlassung angesehen werden.

Der Beginn des maßgebenden Zeitraums liegt im allgemeinen im Zeitpunkt der Klagerhebung, nicht früher. Wenn der Kläger die Feststellung begehrt, daß eine fristlose Kündigung wirksam sei, dann liegt der Beginn im Zeitpunkt der behaupteten Beendigung des

Mietverhältnisses, BGH **LM** § 3 Nr 14. Es kommt nicht auf den Zeitpunkt der Einlegung eines Rechtsmittels an. Denn § 4 gilt gegenüber der Sondervorschrift des § 8 nicht, BGH **LM** § 4 Nr 12.

Das Ende des maßgeblichen Zeitraums liegt im Fall einer bestimmten Mietdauer im Zeitpunkt des Ablaufs der Mietzeit. Bei einer unbestimmten Mietdauer handelt es sich regelmäßig um den nächsten zulässigen Kündigungstag. Soweit also kein Mieterschutz besteht, ergibt sich der Wert aus dem Unterschied der beiderseitigen Berechnung bis zu diesem Tag. Das gilt auch dann, wenn der Gegner den Widerruf der Kündigung einredeweise geltend macht, BGH **LM** Nr 4. Wenn das Mietverhältnis nur durch eine Klage aufgehoben werden kann, dann muß man die Dauer schätzen.

Nebenleistungen bleiben unberücksichtigt. Das gilt etwa für die vertragsmäßige Übernahme von Wildschäden, BGH NJW **62**, 446. Naturalleistungen des Pächters sind nach § 3 zu schätzen. Der Anspruch auf den Mietzins ist ebenso wie der Anspruch auf die Räumung ein Hauptanspruch. Man darf nicht schon deswegen einen Wertabzug vornehmen, weil eine Feststellungsklage vorliegt. Denn § 8 bezieht sich ja in erster Linie auf eine solche Klageart, BGH **LM** § 3 Nr 14.

B. 25facher Jahresbetrag. Wenn der 25fache Betrag des einjährigen Zinses geringer als die gesamte Streitsumme ist, dann entscheidet der 25fache Betrag.

4) *VwGO:* Unanwendbar, weil die Vorschrift nur für die sachliche Zuständigkeit bedeutsam ist, Anm 1, und diese in vergleichbaren Streitigkeiten vor den *VerwGerichten*, zB bei Wohnungssachen, nicht vom Streitwert abhängt. Für die Gebührenberechnung gilt § 13 GKG.

9 *Wiederkehrende Nutzungen und Leistungen.* **Der Wert des Rechts auf wiederkehrende Nutzungen oder Leistungen wird nach dem Wert des einjährigen Bezugs berechnet, und zwar:**

auf den zwölfundeinhalbfachen Betrag, wenn der künftige Wegfall des Bezugsrechts gewiß, die Zeit des Wegfalls aber ungewiß ist;

auf den fünfundzwanzigfachen Betrag, bei unbeschränkter oder bestimmter Dauer des Bezugsrechts. Bei bestimmter Dauer des Bezugsrechts ist der Gesamtbetrag der künftigen Bezüge maßgebend, wenn er der geringere ist.

1) Allgemeines. Das Gericht sollte bei einer Streitwertfestsetzung erkennen und zum Ausdruck bringen, daß § 9 grundsätzlich nur für die Zuständigkeit und die Zulässigkeit eines Rechtsmittels gilt, § 17 GKG demgegenüber nur für die Gebühren. § 9 gilt insbesondere nicht für die Gebühren, wenn es um folgende Fälle geht:

A. Unterhalt. Es handelt sich um einen gesetzlichen Unterhaltsanspruch. In einem solchen Fall gilt der einjährige Betrag. Wenn streitig ist, ob eine vertragliche Verpflichtung vorliegt, die über eine gesetzliche Verpflichtung hinausgeht, dann gilt § 9 nur für denjenigen Betrag, der über die gesetzliche Verpflichtung hinausgeht. Im übrigen ist dann § 17 GKG anzuwenden, Hbg FamRZ **82**, 322. Bei einem Streit um die Befreiung von der gesetzlichen Unterhaltpflicht gilt § 3 und nicht etwa § 17 II GKG entsprechend, vgl BGH NJW **74**, 2128.

Der Anspruch der Eltern auf den Ersatz ihrer Unterhaltsaufwendungen für ein wegen fehlgeschlagener Sterilisation entgegen der Familienplanung geborenes gesundes Kind ist auch für die Kosten entsprechend § 9 zu bewerten, § 17 I, II GKG ist insoweit unanwendbar, BGH NJW **81**, 1318.

B. Rente. Es geht um einen gesetzlichen Rentenzahlungsanspruch wegen einer Körperverletzung oder einer Haftpflichtverletzung sowie um einen wiederkehrenden Anspruch aus einem Beamtenverhältnis oder einem Arbeitsverhältnis oder um den Anspruch eines Dritten wegen des Wegfalls eines Dienstes nach § 845 BGB (dann ist höchstens der 5jährige bzw 3jährige Bezug maßgeblich). Denn in diesen Fällen ist § 17 II, III GKG anwendbar; es geht um den Anspruch des Organmitglieds einer Gesellschaft aus seinem Anstellungsvertrag, so jetzt auch BGH NJW **81**, 2466, ferner Bbg JB **75**, 65, Ffm NJW **61**, 517, KG NJW **68**, 756, aM Ffm NJW **68**, 2112, Kblz Rpfleger **80**, 68 mwN, Köln MDR **68**, 593, Schlesw SchlHA **80**, 151; es handelt sich um einen Rentenzahlungsanspruch auf Grund einer Aufopferung.

§ 9 ist bei einem Anspruch eines Handelsvertreters anwendbar, Ffm MDR **74**, 1028, Schneider BB **76**, 1300.

2) Voraussetzungen. A. Recht auf wiederkehrende Nutzungen oder Leistungen. Vgl § 100 BGB. Nach dem Sinn und Zweck des § 9 wird auch ein solches Recht erfaßt, das seiner Natur nach erfahrungsgemäß wenigstens 12½ Jahre andauern wird oder jedenfalls solange dauern kann, das also auf Dauer angelegt ist, so daß Verzugszinsen für eine nicht eingeklagte Forderung hier ausscheiden, BGH **36**, 147. Auch die in Anm 1 genannten Ansprüche werden erfaßt, ferner zB: Eine Überbaurente, Celle JR **51**, 26; eine Notwegrente; eine Reallast; ein Altenteils- oder Leibgedingevertrag, Bbg BayJBMl **51**, 230. Über Mietzinsen s Anh nach § 3 „Mietverhältnis".

Das Recht muß wiederkehrend sein. Es muß sich also in einem gleichen oder nahezu gleichen Zwischenraum aus demselben Rechtsgrund wiederholen. Der Zwischenraum braucht nicht ein Jahr zu umfassen. Wenn das Recht bedingt ist, dann muß man es im Weg einer Schätzung nach § 3 bewerten. Wenn eine Feststellungsklage vorliegt, sind die Regeln Anm 3 zu beachten. Dasselbe gilt im Fall einer Anfechtungsklage wegen einer wiederkehrenden Leistung oder bei einem Anspruch gegenüber einem Dritten auf eine Befreiung von einer gesetzlichen Unterhaltspflicht, ferner bei einem Anspruch nach § 826 BGB, weil sich der Bekl durch die Erschleichung eines Scheidungsurteils der gesetzlichen Unterhaltspflicht entzogen habe, BGH NJW **60**, 1460. Demgegenüber muß man eine Unterhaltssumme, die auf Grund eines Vergleichs auch im Weg der Scheidung wegen der Schuld des Berechtigten gezahlt wird, als auf Grund des bisherigen familienrechtlichen Verhältnisses vereinbart ansehen; deshalb gilt in einem solchen Fall § 17 I GKG, KG NJW **62**, 1683.

B. Keine Dauernutzung. Die Nutzung darf nicht dauernd sein, wie der Nießbrauch oder ein Wohnrecht; das letztere ist unter Beachtung des § 24 KostO nach § 3 zu schätzen, Schlesw SchlHA **50**, 261, berichtigt 292.

3) Wertberechnung. Es sind folgende Fälle zu unterscheiden:

A. 12½facher Betrag. Diese Berechnung ist dann anzuwenden, wenn gewiß ist, daß das Recht wegfallen wird, und wenn lediglich ungewiß ist, wann der Wegfall eintreten wird. Ob der Wegfall ungewiß ist, das bestimmt sich nach dem Zeitpunkt der Einreichung der Klage oder der Einlegung des Rechtsmittels, § 4. Die Beträge, die seit der Einreichung der Klage oder seit dem Erlaß des Urteils aufgelaufen sind, dürfen nicht hinzugerechnet werden, BGH NJW **60**, 1459. Wohl aber muß man die vor diesen Zeitpunkten rückständig gewordenen Beträge hinzurechnen, § 4 Anm 2 B, vgl aber auch BGH **2**, 74; in diesem Zusammenhang ist dann der Zeitpunkt der Einlegung einer Berufung unerheblich. Das Feststellungsinteresse ist bei einer behaupteten Feststellungsklage in bezug auf eine Rente im allgemeinen mit einem Abschlag zu bewerten; der 10fache Betrag mag dann angemessen sein, BGH NJW **51**, 194, insofern auch Hamm AnwBl **77**, 111.

Der 12½fache Betrag ist auch dann anzusetzen, wenn zweifelhaft ist, ob die Nutzung 12½ Jahre hindurch andauern wird, BGH **3**, 362 (das Gericht erörtert die Rente einer 75jährigen Frau). BGH **19**, 176 bewertet aber die Klage auf die Zahlung einer Vergütung an einen hochbetagten Geschäftsführer niedriger, ähnlich BGH NJW **62**, 1248 (es geht um einen 87½ Jahre alten Mann). Ffm JB **76**, 1097, Schneider MDR **76**, 273 mwN wenden in solchen Fällen § 3 an. Wenn es um eine leugnende Feststellungsklage geht, dann muß man den Wert voll ansetzen. Denn diese Klage schließt die Möglichkeit einer Leistungsklage aus, BGH NJW **51**, 801.

B. 25facher Betrag. Dieser Wert ist dann anzusetzen, wenn die Dauer des Bezugsrechts unbeschränkt oder bestimmt ist. Wenn ein geringerer Höchstbetrag feststeht, dann ist dieser geringere Betrag in allen Fällen maßgebend. Das gilt etwa dann, wenn ein Rentenanspruch nur noch zwei Jahre andauern wird. Etwas anderes gilt dann, wenn der frühere Wegfall nur wahrscheinlich ist. Wenn es um unregelmäßige Bezüge geht, etwa eine Baulast usw, dann muß man die Berechnung nach dem jährlichen Durchschnitt vornehmen.

C. Schwankende Beträge usw. Bei schwankenden Beträgen, dazu LG Essen MDR **76**, 676 mwN, erfolgt eine Berechnung nach den 12½ bzw 25 höchsten Jahressätzen. Denn sonst würde der höhere Anspruch niedriger bewertet werden, BGH MDR **66**, 321. Voraussetzung für diese Berechnung ist aber, daß überhaupt so viele Beträge streitig sind. Andernfalls darf man nur die Zahl der streitigen Höchstjahresbeträge ansetzen, und zwar im Höchstfall insgesamt 25 Jahresbeträge, BGH NJW **53**, 104. Das gilt auch bei einem Streit um die Erhöhung des Erbbauzinses, Ffm JB **77**, 1132, Mü JB **77**, 1003 je mwN. Wenn die noch nicht fälligen Abgaben nach dem LAG insgesamt im Streit sind, dann ist nicht der 25fache Betrag anzusetzen, sondern der Zeitwert, § 77 LAG, BGH **LM** § 60 LAG Nr 3, aM Schlesw SchlHA **55**, 278 (dieses Gericht legt die Ablösungssumme nach § 119 LAG zugrunde).

4) VwGO: Unanwendbar, weil die Vorschrift für die in § 2 Anm 4 genannten Fälle ohne Bedeutung ist. Für den Gebührenwert gelten §§ 13, 17 I u III GKG.

§§ 10, 11 1   1. Buch. 1. Abschnitt. Gerichte

10 *Verstoß gegen sachliche Zuständigkeit.* **Das Urteil eines Landgerichts kann nicht aus dem Grunde angefochten werden, weil die Zuständigkeit des Amtsgerichts begründet gewesen sei.**

1) Geltungsbereich. A. Allgemeines. § 10 bezieht sich auf jede sachliche Zuständigkeit. Die Vorschrift entzieht ein Urteil, das die sachliche Zuständigkeit des LG bejaht, jeder Anfechtung wegen einer angeblichen Unzuständigkeit. Der Grund dieser Regelung ist die Vermutung, daß das Kollegialgericht eine bessere Rechtsprechung ausübe, vgl dazu aber auch StJ I. Es ist unerheblich, ob das LG die Rüge der Unzuständigkeit ausdrücklich oder nur stillschweigend verworfen hat, etwa dadurch, daß es zur Hauptsache entschieden hat, oder ob die Entscheidung wegen des Streitwerts oder aus einem anderen Grunde ergangen ist. § 10 bezieht sich an sich nur auf ein Urteil. Die Vorschrift ist aber auch in den in §§ 23–23c GVG genannten Fällen anwendbar. § 10 ist auf einen Beschluß sinngemäß anwendbar.

Die Vorschrift ist aber nicht anwendbar, wenn ein ganz anderers Verfahren stattfindet, etwa wenn der Antragsteller statt einer Erinnerung nach § 766 den Klageweg wählt, StJ II 3, oder wenn es um einen Widerspruch gegen einen Arrest oder eine einstweilige Verfügung geht. Denn in dieser Situation ist die Entscheidungsbefugnis wegen des inneren Zusammenhangs dem Arrestgericht zugewiesen, § 924 Anm 2 B. Wenn statt des 7 Rpfl der Richter entschieden hat, ist die Entscheidung rechtlich wirksam, § 7 I RPflG, Anh nach § 153 GVG. Dasselbe gilt dann, wenn statt des Urkundsbeamten der Geschäftsstelle der Richter entschieden hat, Arndt § 7 RPflG Anm 5 ff.

§ 10 betrifft nicht die örtliche Zuständigkeit, auch nicht das Verhältnis des LG zum ArbG sowie zum Rheinschiffahrtsgericht und zu den anderen Schiffahrtsgerichten, Bre MDR **52**, 364. Denn hier handelt es sich um Sondergerichte in einer fachmännischen Besetzung. Auf sie trifft die gesetzgeberische Vermutung der besseren Rechtsprechung des LG nicht zu, Celle MDR **62**, 223. § 10 ist auch bei einer funktionalen Unzuständigkeit unanwendbar, etwa dann, wenn im Erinnerungsverfahren nach § 766 statt des AG das LG entschieden hat, Hamm MDR **74**, 239, vgl aber auch Hamm Rpfleger **76**, 220, offen Kblz NJW **76**, 2082.

B. Unanfechtbarkeit. Das Gesetz meint mit den Worten „kann nicht angefochten werden" nur, daß ein Rechtsmittel unzulässig ist. Ein anderer Rechtsbehelf ist zulässig, insbesondere der Einspruch.

2) *VwGO:* *Entsprechend anzuwenden, § 173, wenn an Stelle des zuständigen VG das OVG entschieden hat, BVerwG **11**, 128 (aM Ule VPrR § 17 III, weil es keine dem AG entsprechenden Gerichte gebe: Aber der gesetzgeberische Grund, Anm 1 A, gilt auch im Verhältnis zwischen VG und OVG).*

11 *Bindender Ausspruch über die Unzuständigkeit.* **Ist die Unzuständigkeit eines Gerichts auf Grund der Vorschriften über die sachliche Zuständigkeit der Gerichte rechtskräftig ausgesprochen, so ist diese Entscheidung für das Gericht bindend, bei dem die Sache später anhängig wird.**

1) Geltungsbereich. § 11 räumt einen Fall der allseitigen Zuständigkeitsleugnung, des negativen Kompetenzkonflikts, aus. Die Vorschrift bezieht sich nicht nur auf die sachliche und auf die geschäftliche Zuständigkeit, nicht auf die örtliche Zuständigkeit. Wegen des Verhältnisses zwischen der Zivilkammer und der Kammer für Handelssachen vgl § 102 GVG. Wenn das AG oder das LG den Rechtsstreit an das zuständige Gericht verweist oder ihn dorthin abgibt, dann bindet diese Entscheidung dasjenige Gericht, an das die Sache verwiesen bzw abgegeben worden ist, §§ 281, 506, 696, 700. Wenn ein ordentliches Gericht oder ein ArbG die Klage wegen sachlicher Unzuständigkeit abweist, dann gilt dieselbe Wirkung ohne Rücksicht auf die Begründung der Entscheidung und daher sogar dann, wenn das entscheidende Gericht eine etwa objektiv bestehende ausschließliche Zuständigkeit verkannt hatte.

Die Frage der sachlichen Zuständigkeit läßt sich auch aus einem anderen Grund nicht wieder aufrollen. Demgegenüber bindet die Bezeichnung eines bestimmten Gerichts oder ArbG nicht. Im Verhältnis zu dem Gericht eines anderen Rechtszweigs gilt Entsprechendes, § 17 GVG Anm 2.

§ 11 setzt voraus, daß die Entscheidung rechtskräftig geworden ist. Das gilt auch bei einem Beschluß, der einem Urteil gleichsteht, wie es im Vollstreckungsverfahren oft der Fall ist, Mü NJW **56**, 187. Bei einem Beschluß im Erkenntnisverfahren, etwa einem Be-

2. Titel. Gerichtsstand § 11, Übers § 12 1

schluß, durch den der Antrag auf die Bewilligung einer Prozeßkostenhilfe zurückgewiesen wurde, gilt § 11 nicht.

2) VwGO: Im Verhältnis der erstinstanzlich zuständigen Gerichte der VerwGerichtsbarkeit, §§ 45–51 u 52 VwGO, ist eine Verweisung wegen sachlicher Unzuständigkeit ebenfalls bindend, § 83 II 2 VwGO.

Zweiter Titel. Gerichtsstand
Übersicht

Schrifttum: Baur, Zuständigkeit aus dem Sachzusammenhang, Festschrift für von Hippel (1967) 1; Gravenhorst, Die Aufspaltung der Gerichtszuständigkeiten nach Anspruchsgrundlagen, 1972; Heinz, Begriff und Tragweite der „Zuständigkeit" im Rechtsleben, Diss Würzb 1968.

Gliederung

1) **Begriff**
   A. Grundsatz
   B. Gerichtsstand und Gerichtsbarkeit
   C. Internationale Zuständigkeit
      a) Allgemeines
      b) Anwendbarkeit der Gerichtsstandsregeln
      c) Prüfungsreihenfolge
      d) Sonderfälle

2) **Einteilung der Gerichtsstände**
   A. Gesetzlicher Gerichtsstand
   B. Vereinbarter Gerichtsstand
   C. Gerichtlich bestimmter Gerichtsstand

   D. Ausschließlicher Gerichtsstand
   E. Wahlfreier Gerichtsstand

3) **Bedeutung im Prozeß**
   A. Prüfungspflicht des Gerichts
   B. Gerichtsstand des Beklagten
   C. Beweislast
   D. Folgen der Unzuständigkeit
   E. Abhängiger Anspruch

4) **Erschleichung des Gerichtsstands**
   A. Verstoß des Klägers
   B. Verstoß des Beklagten

5) **VwGO**

1) Begriff. A. Grundsatz. Unter dem Gerichtsstand ist an sich die Verpflichtung zu verstehen, sein Recht vor einem bestimmten Gericht zu nehmen. Insofern würde der Begriff Gerichtsstand die örtliche, sachliche und alle anderen Arten der Zuständigkeit umfassen. Die Prozeßgesetze unterscheiden aber zwischen der sachlichen Zuständigkeit und dem Gerichtsstand als der örtlichen Zuständigkeit, Üb 2 A, B vor § 1. So verstanden bedeutet Gerichtsstand die Pflicht, die Streitsache vor das Gericht eines bestimmten Bezirks, eines bestimmten Gerichtssprengels, zu bringen.

Allerdings ist die Fachsprache der ZPO nicht einheitlich. In den §§ 34, 40 II, 802 versteht die ZPO unter dem Begriff Gerichtsstand die örtliche und die sachliche Zuständigkeit; die §§ 12 ff regeln nur die örtliche Zuständigkeit für die erste Instanz; die örtliche Zuständigkeit der höheren Instanzen folgt ohne weiteres aus derjenigen der ersten Instanz. Wegen des Verhältnisses zwischen der Zivilkammer und der Kammer für Handelssachen Üb vor § 93 GVG.

B. Gerichtsstand und Gerichtsbarkeit. Über das Verhältnis dieser beiden Begriffe Kblz OLGZ **75**, 380, Geimer NJW **74**, 2189, Üb vor § 1 GVG. Über die Exterritorialität vgl auch § 18 GVG. Soweit in der BRD ein Gerichtsstand fehlt, darf kein Gericht der BRD tätig werden. Gesetze der BRD können keinen ausländischen Gerichtsstand begründen. Ob ein ausländischer Gerichtsstand vertraglich begründet ist, muß man durch eine Auslegung ermitteln. Wenn keinerlei Anhaltspunkt für eine andere Regelung vorhanden ist, dann gilt nach dem internationalen Recht der Gerichtsstand des Erfüllungsorts, vgl BVerwG NJW **78**, 1761.

C. Internationale Zuständigkeit

Schrifttum: Heldrich, Internationale Zuständigkeit und anwendbares Recht, 1969; Kropholler, Internationale Zuständigkeit, in: Handbuch des Internationalen Zivilprozeßrechts Bd I (1982); Lunz, Internationaler Zivilprozeß, 1968; Milleker, Der Negative Internationale Kompetenzkonflikt, 1975; Müller, in Deutsche Landesreferate zum VII. Internationalen Kongreß für Rechtsvergleichung, Uppsala (1966) 181; Nagel, Durchsetzung von Vertragsansprüchen im Auslandsgeschäft, 1978; derselbe, Internationales Zivilprozeßrecht, 1980 (Bespr Gottwald ZZP **94**, 354, Vollkommer Rpfleger **82**, 124); Schwimann, Internationales Zivilverfahrensrecht, Wien 1979 (Bespr Firsching NJW **81**, 2625); Stöcklin, Prozessuale Kollisionsnormen usw, JZ **79**, 219; Wahl, Die verfehlte Internationale Zuständigkeit usw, 1974 (Bespr Cohn AcP **175**, 372, Schütze ZZP **88**, 478); Weigel, Gerichtsbarkeit, Internationale Zuständigkeit und Territorialprinzip im deutschen gewerblichen Rechtsschutz, 1973 (Bespr Müller-Graff ZZP **88**, 115).

a) Allgemeines. Die Regeln zur internationalen Zuständigkeit beantworten die Frage, ob eine Streitsache von einem Gericht der BRep oder von einem ausländischen Gericht zu entscheiden ist, BGH VersR **83**, 282. Diese Frage ist nach deutschem Recht zu prüfen, BGH NJW **76**, 1581 und 1583, LAG Hbg BB **74**, 1441. Die internationale Zuständigkeit ist nach ihrem Wesen und nach ihrer Funktion von der örtlichen Zuständigkeit zu unterscheiden, BGH NJW **79**, 1104 mwN (im Ergebnis zustm Geimer NJW **79**, 1784), BGH VersR **83**, 282, Schütze ZZP **90**, 73. Die Notwendigkeit einer solchen Unterscheidung folgt auch daraus, daß die Verletzung der internationalen Zuständigkeit zur Folge hat, daß die ausländische Entscheidung nicht in der BRep anerkannt werden kann, jedenfalls dann nicht, wenn eine ausschließliche internationale Zuständigkeit verletzt wurde.

Wenn ein ausländisches Gericht die Regeln der internationalen Zuständigkeit verletzt hat, dann wird seine Entscheidung nicht von einem Gericht der BRep aufgehoben; der ausländischen Entscheidung wird nur die Wirksamkeit in der BRep versagt. Wenn eine Klage vom Standpunkt des Rechts der BRep aus nicht von einem inländischen, sondern von einem ausländischen Gericht entschieden werden müßte, dann darf das Gericht der BRep den Prozeß nicht an das ausländische Gericht verweisen, sondern muß die Klage abweisen.

Im Recht der BRep gibt es nur einige wenige ausdrückliche Regelungen zur internationalen Zuständigkeit, zB in den §§ 23a, 328 I Z 1, 606b. In internationalen Verträgen findet man solche Regeln häufiger. Insofern gilt vor allem das EuGÜbk, SchlAnh V C 1 Art 2ff, dazu zB Geimer NJW **76**, 441, Thümmel/Schütze JZ **77**, 788 mwN; vgl im übrigen zB Art 3 des deutsch-schweizerischen Abkommens, SchlAnh V B 1. Man muß freilich stets beachten, daß der Richter des Urteilsstaats seine Zuständigkeit auch dann auf Grund der heimischen ZPO prüft, wenn ein internationaler Anerkennungs- und Vollstreckungsvertrag gilt. Der internationale Vertrag wendet sich vielmehr erst an den Richter des Anerkennungsstaats, BGH DB **77**, 719. Es handelt sich insofern um eine bloße Beurteilungsregelung.

b) Anwendbarkeit der Gerichtsstandsregeln. Die Vorschriften über die örtliche Zuständigkeit geben immerhin Fingerzeige dafür, ob die Angelegenheit vom Standpunkt des Rechts der BRep aus der inländischen Gerichtsbarkeit unterliegt, BGH **69**, 44 und **80**, 3, ferner BGH NJW **79**, 1104 je mwN (im Ergebnis zustm Geimer NJW **79**, 1784) sowie BGH zB NJW **82**, 525, NJW **83**, 1976 und VersR **83**, 282 je mwN, vgl Düss MDR **78**, 930, KG FamRZ **74**, 198 und VersR **81**, 66, Karlsr FamRZ **80**, 383, Mü NJW **75**, 504 (Anm Geimer NJW **75**, 1086), Nürnb OLGZ **81**, 115, Schlesw OLGZ **80**, 50, LG Zweibr NJW **74**, 1061, Thümmel/Schütze JZ **77**, 788 je mwN.

Soweit Regeln zur Zuständigkeit herangezogen werden, muß man beachten, welche Funktion sie jeweils haben, Geimer NJW **74**, 1045. Sie können sowohl die örtliche inländische Zuständigkeit als auch die internationale Zuständigkeit zum Gegenstand haben, BGH **LM** § 632 Nr 1 und DB **77**, 719, vgl auch BGH MDR **71**, 11 (das Gericht erörtert Fragen zur Verbreitung deutschsprachiger schweizerischer Zeitungen mit Werbeanzeigen innerhalb der BRD). Im übrigen muß die Interessenlage bei der örtlichen und bei der internationalen Zuständigkeit gleich oder doch vergleichbar sein, um die Anwendbarkeit der Regeln zur ersteren auf die letztere zu ermöglichen, BGH NJW **81**, 2643.

Soweit es sich nur um die örtliche Zuständigkeit handelt, gilt zB § 512a. Soweit es sich dagegen um die internationale Zuständigkeit handelt, gilt diese Vorschrift nicht. Vielmehr ist diese Prozeßvoraussetzung eigener Art, BGH DB **77**, 719, in jedem Verfahrensabschnitt von Amts wegen zu prüfen, BGH **69**, 44 und **84**, 18 je mwN. Daher kann man die Berufung und die Revision darauf stützen, der Vorderrichter habe die Zuständigkeit zu Unrecht angenommen, BGH DB **77**, 719; vgl § 512a Anm 2, § 549 Anm 6.

c) Prüfungsreihenfolge. Wegen der vorherigen Erwägungen muß man auch die internationale Zuständigkeit grundsätzlich vor der örtlichen Zuständigkeit prüfen, BGH VersR **83**, 282, BayObLG NJW **66**, 356, Cohn NJW **69**, 992, aM Hamm NJW **69**, 385 (vgl auch Hamm FamRZ **77**, 133), Pohle ZZP **82**, 171. Jedoch ist eine Rüge der internationalen Unzuständigkeit des angerufenen ArbG in der Berufungsinstanz nicht mehr zu beachten, falls ein anderes ArbG der BRD örtlich und damit international zuständig ist, BAG NJW **71**, 2143 (Anm Geimer NJW **72**, 407).

Von der Prüfung der internationalen Zuständigkeit hängt unter anderem die Frage ab, ob eine ausländische Entscheidung anerkannt werden kann, § 328 Anm 2. Anders liegt es insofern bei einer solchen Entscheidung der Freiwilligen Gerichtsbarkeit, BayObLG FamRZ **59**, 364, dazu Schwimann FamRZ **59**, 325.

d) Sonderfälle. Wegen der internationalen Zuständigkeit in Ehesachen § 606b Anm 2; in Kindschaftssachen §§ 640 Anm 2, 641a; in Entmündigungssachen § 648 Anm 2, 3; in Eisenbahnsachen Art 44, 52 CIM, 40, 48 CIV, dazu Art 15 G v 26. 4. 74, BGBl II 357, vgl Einl IV 3 E. Wegen CMR vgl zB Saarbr VersR **76**, 267. Wegen einer Vereinbarung, die die internationale Zuständigkeit zum Gegenstand hat, vgl § 38 Anm 4.

2) Einteilung der Gerichtsstände. Man teilt die Gerichtsstände nach verschiedenen Gesichtspunkten ein:

A. Gesetzlicher Gerichtsstand. Er ist in einem Gesetz angeordnet. Man findet solche Gerichtsstände in der ZPO nicht nur im 2. Titel, sondern vielfach, aber auch in anderen Gesetzen, zB in den §§ 488, 508 HGB, dazu Basedow VersR **78**, 497; in § 6 BinnenSchiffVerfG; in § 2 SeeVertO (vgl bei § 872); in den §§ 246, 249, 275 AktG; in den §§ 61, 69 GmbHG; in § 14 AGBG; jeweils in § 34 der VOen über die Allgemeinen Bedingungen für die Versorgung mit elektrischen Strom, mit Gas, mit Fernwärme, mit Wasser. Zu dieser Gruppe zählen auch diejenigen Gerichtsstände, die sich in einer Rechtsverordnung befinden, die auf Grund eines Gesetzes erlassen wurde, zB die Gerichtsstände von Energieversorgungsunternehmen auf Grund der AVB, Schulz-Jander BB **74**, 571 mwN.

Diese gesetzlichen Gerichtsstände lassen sich wiederum einteilen in: **aa)** allgemeine Gerichtsstände. Sie gelten für alle Streitsachen, für die ein besonderer ausschließlicher Gerichtsstand fehlt, §§ 12–18; **bb)** besondere Gerichtsstände. Sie gelten nur für bestimmte Streitsachen oder Gattungen solcher. Zur Zuständigkeit kraft Sachzusammenhangs Spellenberg ZZP **95**, 17.

B. Vereinbarter Gerichtsstand. Er wird vertraglich begründet, §§ 38–40.

C. Gerichtlich bestimmter Gerichtsstand. Er wird durch eine gerichtliche Anordnung begründet, § 36.

D. Ausschließlicher Gerichtsstand. Er verbietet jeden anderen gesetzlichen, vereinbarten oder besonderen Gerichtsstand. Er besteht immer für die geschäftliche Zuständigkeit und für nichtvermögensrechtliche Sachen. Im übrigen besteht er nur dann, wenn das Gesetz ausdrücklich eine ausschließliche Zuständigkeit festlegt, zB in § 14 AGBG, § 78b GVG Anh III. Unter zwei konkurrierenden ausschließlichen Gerichtsständen gilt der etwa als vorrangig bestimmte, § 689 II 3. Andernfalls gilt derjenige Gerichtsstand, den das später erlassene Gesetz bestimmt.

E. Wahlfreier Gerichtsstand. Unter mehreren solchen Gerichtsständen kann der Kläger frei wählen. Man darf diese Wahl keineswegs aus Kostenerwägungen einschränken, Köln MDR **76**, 496.

3) Bedeutung im Prozeß. A. Prüfungspflicht des Gerichts. Das Gericht muß den Gerichtsstand ebenso wie seine sachliche Zuständigkeit als eine weitere Prozeßvoraussetzung von Amts wegen prüfen. Von diesem Grundsatz gelten nach § 39 und in den höheren Instanzen nach den §§ 512a, 529 II, 566 Einschränkungen. Soweit eine Gerichtsstandsvereinbarung zulässig ist und soweit beide Parteien im Termin trotz der nach § 504 gebotenen Belehrung rügelos verhandeln, erübrigt sich nach § 39 eine weitere Prüfung. Eine Ausnahme von dieser Regel gilt nach § 40 II 2. Wenn der Bekl säumig ist, gilt die vom Kläger behauptete örtliche Zuständigkeit nur noch eingeschränkt als zugestanden, § 331 I 2. Treffen mehrere Klagegründe zusammen, so muß man die örtliche Zuständigkeit für jeden dieser Gründe prüfen.

Das Gericht darf sich nicht auf eine Nachprüfung der rechtlichen Ausführungen in der Klagebegründung beschränken; es muß vielmehr prüfen, ob nach den vorgebrachten tatsächlichen Behauptungen irgendein Gerichtsstand bei ihm begründet ist. Dabei ist zunächst die Klageschrift maßgeblich, vgl freilich § 331 Anm 2 B b bb. Es genügt aber auch, daß die örtliche Zuständigkeit entweder im Zeitpunkt der Klagerhebung, § 261 III Z 2, oder jedenfalls einmal bis zum Schluß der letzten Tatsachenverhandlung vorlag, § 300 Anm 3 A.

B. Gerichtsstand des Beklagten. In der Regel entscheidet der Gerichtsstand des Bekl. Etwas anderes gilt zB bei einer Klage auf Grund eines kaufmännischen Zurückbehaltungsrechts, § 371 IV HGB. Eine Duldungsklage ist ein Anhängsel der Klage gegen den Leistungspflichtigen. Deshalb gilt bei einer Verbindung der Gerichtsstand des letzteren.

Im Mahnverfahren entscheidet der Gerichtsstand des Antragstellers.

C. Beweislast. Der Kläger muß die örtliche Zuständigkeit des angerufenen Gerichts beweisen, wenn der Bekl diesen Gerichtsstand bestreitet. Nun fallen aber diejenigen Tatsachen, die die örtliche Zuständigkeit begründen, häufig mit solchen Tatsachen zusammen, die auch den sachlichrechtlichen Anspruch begründen. In einem solchen Fall braucht der Kläger die örtliche Zuständigkeit nicht besonders zu beweisen, soweit die zur örtlichen

Zuständigkeit maßgeblichen Tatsachen zugleich zur Begründung des sachlichrechtlichen Anspruchs bewiesen werden müssen, BAG MDR **61**, 1046, Saarbr FamRZ **79**, 797 mwN. Wenn der Bekl den sachlichrechtlichen Anspruch bestreitet, dann bestreitet er noch nicht stets auch die örtliche Zuständigkeit des vom Kläger angerufenen Gerichts.

D. Folgen der Unzuständigkeit. Sobald die örtliche Unzuständigkeit des angerufenen Gerichts feststeht, muß zunächst geklärt werden, ob entweder von Amts wegen eine Verweisung oder eine Abgabe erfolgen muß, §§ 696, 700, oder ob der Kläger einen Antrag stellt, das Verfahren an das zuständige ordentliche Gericht oder ArbG zu verweisen, §§ 281 ZPO, 48 ArbGG. Wenn eine derartige Verweisung oder Abgabe nicht von Amts wegen erfolgen darf oder muß und wenn der unter diesen Umständen erforderliche Antrag fehlt oder falls schließlich eine Verweisung aus anderen Gründen nicht möglich ist, dann muß das Gericht die Klage durch ein Prozeßurteil als unzulässig abweisen, Üb 2 A vor § 300. Eine solche Prozeßabweisung hat sachlichrechtlich keine Rechtskraftwirkung gegenüber dem Kläger.

Eine Klage, die bei dem örtlich unzuständigen Gericht erhoben wird, unterbricht die Verjährung dann nicht, wenn das Gericht die Klage wegen seiner Unzuständigkeit rechtskräftig als unzulässig abweist und wenn die Klage nicht binnen 6 Monaten neu erhoben wird, § 212 BGB. Die Einreichung einer Klage bei einem örtlich unzuständigen Gericht wahrt eine Ausschlußfrist, falls dieses Gericht den Rechtsstreit an das zuständige Gericht verweist. Das gilt selbst dann, wenn der Kläger eine ausschließliche Zuständigkeit übersehen hatte, BGH **35**, 374.

E. Abhängiger Anspruch. Für einen solchen Anspruch gilt der Gerichtsstand des Hauptanspruchs, wenn der abhängige Anspruch im Prozeß gegen den Hauptschuldner erhoben wird. Das kommt zB für einen Anspruch auf eine Duldung der Zwangsvollstreckung in Betracht.

4) Erschleichung des Gerichtsstands. A. Verstoß des Klägers. Treu und Glauben beherrschen auch das Prozeßrecht, Einl III 6 A a. Niemand darf seinem gesetzlichen Richter gegen seinen Willen entzogen werden, Art 101 I GG. Es ist durchaus nicht unerheblich, welcher Richter urteilt. Das gilt schon deshalb, weil die Verteidigung aus der Sicht des Bekl bei dem einen Richter leichter sein mag als beim anderen. Aus diesen Gründen begründet jede Erschleichung des Gerichtsstands die Einrede der Arglist, § 2 Anm 3, Köln MDR **74**, 310, AG Ffm VersR **78**, 878, Kogel NJW **75**, 2063. Das Gericht muß den erschlichenen Gerichtsstand aber auch von Amts wegen verneinen. Denn Treu und Glauben sind in jeder Lage des Verfahrens auch von Amts wegen zu beachten, Hamm FamRZ **79**, 849, vgl grds Roth-Stielow FamRZ **77**, 766. Wegen der Problematik der Allgemeinen Geschäftsbedingungen § 38 Anm 2 B.

B. Verstoß des Beklagten. Solange der Kläger lauter und nicht vorwerfbar handelt, wäre es arglistig, wenn sich der Bekl hinter einer an sich feststehenden Unzuständigkeit verschanzen dürfte, ohne sachliche Einwände vortragen zu können. Dann würde das Verhalten des Bekl nämlich lediglich einer Verschleppung dienen. Dabei sind scharfe Anforderungen zu stellen, insofern richtig Ffm MDR **80**, 318. In einem solchen Fall muß das Gericht trotz seiner örtlichen Unzuständigkeit und trotz ihrer etwaigen Rüge zur Sache verhandeln und den Bekl verurteilen, ähnlich StJ IV 2 vor § 12.

Diese Möglichkeit besteht allerdings nicht, soweit ein anderes Gericht örtlich ausschließlich zuständig ist.

5) *VwGO: Die Vorschriften des 2. Titels sind unanwendbar, weil Sonderbestimmungen gelten, §§ 52 u 53 VwGO. Wegen Einzelfragen s bei §§ 33–37.*

12 Begriff des allgemeinen Gerichtsstands. Das Gericht, bei dem eine Person ihren allgemeinen Gerichtsstand hat, ist für alle gegen sie zu erhebenden Klagen zuständig, sofern nicht für eine Klage ein ausschließlicher Gerichtsstand begründet ist.

1) Allgemeines. Der allgemeine Gerichtsstand einer natürlichen Person wird in folgender Reihenfolge geprüft: **a)** Nach dem Wohnsitz; **b)** nach dem Aufenthaltsort im Inland; **c)** nach dem letzten Wohnsitz; **d)** nach einem etwaigen besonderen Gerichtsstand. Wenn nach keiner dieser Möglichkeiten ein Gerichtsstand besteht, muß man die Klage im Ausland erheben.

2) Verhältnis zu besonderen Gerichtsständen. A. Grundsatz. § 12 gilt auch dann, wenn ein besonderer Gerichtsstand besteht. Dieser kann durch ein Gesetz oder für bestimmte

Arten von Geschäften durch die Satzung einer öffentlichrechtlichen Körperschaft anders bestimmt werden, soweit ein Gesetz oder eine gesetzliche Ermächtigung für eine solche Satzung vorliegen, BGH MDR **60**, 31. Das gilt auch gegenüber dem Konkursverwalter, Grdz 2 C vor § 50, Celle KTS **74**, 238, LG Hildesheim BB **74**, 904.

B. Beispiele. Ein ausschließlicher Gerichtsstand besteht vor allem in folgenden Fällen: Nach § 24; im Wohnraumprozeß nach § 29a; im Beweissicherungsverfahren nach § 486; im Eheverfahren, § 606; im Familienverfahren, § 621; im Kindschaftsverfahren, § 641a; im Entmündigungsverfahren, § 648; im Mahnverfahren, § 689 II; in der Zwangsvollstreckung; im Konkursverfahren; bei Abzahlungsgeschäften, § 6a AbzG, Anh nach § 29; ferner zB nach den §§ 246, 249 AktG (bei der Anfechtung des Beschlusses einer Hauptversammlung der Aktiengesellschaft und bei der Nichtigkeitsklage gegen einen solchen Beschluß); bei den §§ 51, 109, 112 GenG; in den Fällen der §§ 61, 62 GmbHG; bei § 24 UWG (es handelt sich um eine unvollständige Aufzählung); nach § 48 VVG (die Vorschrift gilt nicht für eine Klage des Geschädigten gegen die Versicherung, LG Mü VersR **74**, 738); bei einer Verbandsklage nach § 14 AGBG, § 78b GVG Anh III, dazu in Bayern VO v 5. 5. 77, GVBl 197, in Nordrhein-Westfalen VO v 18. 3. 77, GVBl 133.

Ausschließlich zuständig sind auch die Patentgerichte, BGH **8**, 19. Auch der allgemeine Gerichtsstand kann ausschließlich sein, zB in den Fällen der §§ 802, 828 sowie bei § 26 FernUSG.

Der Gerichtsstand des Klägers ist ausnahmsweise im Fall des § 371 IV HGB maßgeblich.

13 *Allgemeiner Gerichtsstand des Wohnsitzes.* **Der allgemeine Gerichtsstand einer Person wird durch den Wohnsitz bestimmt.**

1) Geltungsbereich. Der Wohnsitz einer natürlichen Person bildet ihren allgemeinen Gerichtsstand. Der Wohnsitz ist nach den §§ 7–11 BGB zu beurteilen; vgl aber § 15. Die Ehefrau kann einen eigenen Wohnsitz begründen. Wegen des abgeleiteten Wohnsitzes der Kinder vgl § 11 BGB. Wenn ein Wohnsitz im Inland fehlt und wenn auch § 16 nicht anwendbar ist, dann fehlt ein inländischer allgemeiner Gerichtsstand. Ein Wohnsitz im Ausland hat nur eine ausschließende Bedeutung, § 16 Anm 1.

Wo jemand innerhalb der BRep seinen Wohnsitz hat, das richtet sich auch bei einem Ausländer nach dem Recht der BRep. § 13 macht die §§ 7 ff BGB für die Beurteilung des Gerichtsstands zu seinem Bestandteil, BGH DB **75**, 2081, offen wegen eines Minderjährigen BGH FamRZ **82**, 263. Wegen der deutschen Gerichtsbarkeit über Angehörige der fremden Streitkräfte vgl SchlAnh III. Wenn eine politische Gemeinde in mehrere Gerichtssprengel zerfällt, dann entscheidet die ständige Niederlassung innerhalb der Gemeinde, BVerfG NJW **80**, 1619 mwN.

Mehrere Wohnsitze können mehrere Gerichtsstände begründen.

14 *Allgemeiner Gerichtsstand der Wehrmachtsangehörigen.* (weggefallen)

15 *Allgemeiner Gerichtsstand für im Ausland beschäftigte deutsche Angehörige des öffentlichen Dienstes.* **I Deutsche, die das Recht der Exterritorialität genießen, sowie die im Ausland beschäftigten deutschen Angehörigen des öffentlichen Dienstes behalten den Gerichtsstand ihres letzten inländischen Wohnsitzes. Wenn sie einen solchen Wohnsitz nicht hatten, haben sie ihren allgemeinen Gerichtsstand am Sitz der Bundesregierung.**

II Auf Honorarkonsuln ist diese Vorschrift nicht anzuwenden.

1) Geltungsbereich. § 15 ist eine prozessuale Sondervorschrift. Sie ergänzt die §§ 7 ff BGB. § 15 läßt die besonderen Gerichtsstände und einen etwa bestehenden ausländischen Gerichtsstand unberührt. Die Vorschrift gilt für folgende Personen: **a)** Für einen exterritorialen Deutschen, also für einen im Ausland nach dem Völkerrecht Exterritorialen; **b)** für einen im Ausland dauernd beschäftigten, dort aber nicht exterritorialen deutschen Angehörigen des öffentlichen Dienstes, sei er ein Beamter, Angestellter oder ein Arbeiter, auch für einen Berufskonsul, nicht aber für einen Honorarkonsul, II; **c)** für ein Kind einer solchen Person, soweit das Kind einen abgeleiteten Gerichtsstand hat; **d)** hilfsweise nach I 2 auch als ein besonderer Gerichtsstand der Erbschaft, § 27 II.

Eine in a–c genannte Person behält den Gerichtsstand ihres letzten Wohnsitzes im Inland auch dann, wenn sie sich im Ausland befindet, und ferner auch dann, wenn sie den Wohnsitz im Inland aufgegeben hatte. Wenn sie überhaupt keinen inländischen letzten Wohnsitz hatte, dann hat sie ihren allgemeinen Gerichtsstand am Sitz der Bundesregierung.

In einer Ehesache geht § 606 vor, zumal jene Vorschrift auch einen Ersatzgerichtsstand zur Verfügung stellt, Düss FamRZ **68**, 467 (zustm Beitzke).

16 *Allgemeiner Gerichtsstand des Aufenthalts und des letzten Wohnsitzes.* Der allgemeine Gerichtsstand einer Person, die keinen Wohnsitz hat, wird durch den Aufenthaltsort im Inland und, wenn ein solcher nicht bekannt ist, durch den letzten Wohnsitz bestimmt.

1) Allgemeines. § 16 ist dann anwendbar, wenn jemand überhaupt keinen Wohnsitz hat. Wenn er einen Wohnsitz im Ausland hat, dann muß man die Klage gegen ihn dort erheben, falls ein besonderer inländischer Gerichtsstand fehlt. Ob ein Deutscher einen Wohnsitz im Ausland hat, richtet sich nach dem Recht der BRep, vgl § 13 Anm 1. Ob ein Ausländer einen Wohnsitz im Ausland hat, richtet sich nach dem ausländischen Recht. § 16 gilt nur für denjenigen, der persönlich keinen Wohnsitz hat. Eine Sonderregelung gilt nach § 14 I 2 AGBG, § 78b GVG Anh III. Wegen des EuGÜbk SchlAnh V C 1, besonders Art 4.

2) Einzelfragen. A. Aufenthalt. Für denjenigen, der überhaupt keinen Wohnsitz hat, enthält § 16 den allgemeinen Gerichtsstand des Aufenthalts. Aufenthalt ist das tatsächliche gewollte oder ungewollte, dauernde oder vorübergehende körperliche Sein an einem Ort. Eine Durchfahrt kann ausreichen, vgl KG OLGZ **73**, 151, freilich auch § 606 Anm 3 A. Eine vorübergehende Unterbrechung beseitigt den auf eine längere Zeit berechneten Aufenthalt nicht. Wenn kein Aufenthalt bekannt ist, dann bestimmt der letzte Wohnsitz den allgemeinen Gerichtsstand. Das gilt auch dann, wenn ein Aufenthalt im Ausland bekannt ist, aber nicht dann, wenn im Ausland ein Wohnsitz besteht, StJ II 2.

Unter dem Begriff „Inland" ist bei § 16 ganz Deutschland zu verstehen, unabhängig davon, ob es sich um die BRep oder um die DDR handelt, Einl III 8 B.

B. Beweislast. Der Kläger muß folgende Tatsachen beweisen:

a) Für den Gerichtsstand des Aufenthalts: Es fehlt ein Wohnsitz des Bekl im Inland wie im Ausland, und der Bekl hält sich im Bezirk des Gerichts auf. Der Bekl kann dann den Gerichtsstand des § 16 dadurch ausschließen, daß er einen Wohnsitz nachweist.

b) Für den Gerichtsstand des letzten Wohnsitzes: Es fehlt ein Wohnsitz des Bekl im Inland wie im Ausland, und es ist auch kein deutscher Aufenthaltsort bekannt, Düss OLGZ **66**, 303. Der Bekl kann dann die Anwendbarkeit des § 16 entweder wie bei a oder durch den Gegenbeweis ausschließen, daß ein Aufenthaltsort bekannt und nicht bloß vorhanden ist.

Es ist stets ausreichend, wenn der Kläger nachweist, daß er seine Ermittlungen mit aller Sorgfalt angestellt hat.

17 *Allgemeiner Gerichtsstand der juristischen Personen usw.* **I** Der allgemeine Gerichtsstand der Gemeinden, der Korporationen sowie derjenigen Gesellschaften, Genossenschaften oder anderen Vereine und derjenigen Stiftungen, Anstalten und Vermögensmassen, die als solche verklagt werden können, wird durch ihren Sitz bestimmt. Als Sitz gilt, wenn sich nichts anderes ergibt, der Ort, wo die Verwaltung geführt wird.

II Gewerkschaften haben den allgemeinen Gerichtsstand bei dem Gericht, in dessen Bezirk das Bergwerk liegt, Behörden, wenn sie als solche verklagt werden können, bei dem Gericht ihres Amtssitzes.

III Neben dem durch die Vorschriften dieses Paragraphen bestimmten Gerichtsstand ist ein durch Statut oder in anderer Weise besonders geregelter Gerichtsstand zulässig.

1) Allgemeines. § 17 enthält einen allgemeinen Gerichtsstand für jede Prozeßpartei, die parteifähig ist, ohne eine natürliche Person zu sein. Die Vorschrift betrifft also die juristische Person, Hbg MDR **77**, 759, mit Ausnahme des Fiskus, § 18; sie betrifft ferner die Offene Handelsgesellschaft sowie die Kommanditgesellschaft. Auch hier ist ein ausschließlicher Gerichtsstand möglich, zB in den „Contergan"-Fällen nach § 20 II 3 des G v 17. 12. 71, BGBl 2018, in Kraft seit 31. 10. 72, BGBl 2045 (die Regelung ist mit dem GG vereinbar,

2. Titel. Gerichtsstand §§ 17, 18 1

BGH **64**, 38). Der Gerichtsstand des § 17 endet erst mit dem Verlust der Parteifähigkeit und nicht schon mit dem Eintritt in das Stadium der Abwicklung.

2) Gemeinden usw, I. Die in I Genannten haben einen allgemeinen Gerichtsstand an ihrem Sitz. Das ist im Zweifel der Ort, an dem sich die Verwaltung befindet, also die geschäftliche Leitung durch den oder die gesetzlichen Vertreter, Dütz DB **77**, 2217. Daher bestimmen den Sitz: **a)** in erster Linie das Gesetz, die Satzung oder die Verleihung, §§ 24, 80, 22 BGB, Dütz DB **77**, 2217. Wegen der Vertretungsorgane der Gemeinden § 51 Anm 2 D; **b)** hilfsweise der Mittelpunkt der Oberleitung. Die Offene Handelsgesellschaft hat ihren Sitz am Betriebsmittelpunkt, Baumbach-Duden-Hopt HGB § 105 Anm 6.

Die Regelung gilt auch für: Den nicht rechtfähigen Verein, Dütz DB **77**, 2217 mwN; die arbeitsrechtliche Gewerkschaft, BGH NJW **80**, 343 mwN, insofern aM Schrader MDR **76**, 726; die Konkursmasse im Bezirk des Konkursgerichts; die Genossenschaft. Hier gelten die §§ 6, 12, 87 GenG; die Aktiengesellschaft. Hier gilt in erster Linie die Satzung sowie die Eintragung, OGH DRZ **49**, 469. § 5 AktG schränkt nur die Wahlmöglichkeit des Sitzes ein; die Gesellschaft mit beschränkter Haftung, § 3 I Z 1, § 7 GmbHG. Der Sitz ist auch dann maßgeblich, wenn die Verwaltung, vgl Stgt BB **77**, 414, oder die Zweigniederlassung an einem anderen Ort besteht, BGH NJW **78**, 321, vgl Schlemmer Rpfleger **78**, 202.

Für ein privates Versicherungsunternehmen gilt das VAG, LG Ffm VersR **75**, 994. Eine juristische Person kann mehrere Sitze haben. Innerhalb derselben Gemeinde ist dasjenige Gericht zuständig, in dessen Bezirk die Verwaltung geführt wird. Wegen der Vertretung der Gemeinde vgl § 51 Anm 2 D. Wegen der Vertretung der evangelisch-lutherischen Kirche Scheffler NJW **77**, 740 (Übersicht).

3) Bergrechtliche Gewerkschaft, II. Die Vorschrift erfaßt nur eine solche Gewerkschaft, die die Parteifähigkeit besitzt. Es entscheidet die Lage des Grubenfelds. Unter Umständen sind also mehrere Gerichte örtlich zuständig. Der Sitz der Verwaltung ist bei II unerheblich.

4) Behörden, II. Es ist sehr zweifelhaft, ob es eine Behörde gibt, die nicht als eine selbständige juristische Person unter I fällt, gleichwohl „als solche verklagt werden kann". Richtig ist es wohl, auch eine solche Behörde als einen Vertreter des Fiskus aufzufassen. II ergibt insofern einen Gerichtsstand des Fiskus.

5) Besondere Regelung, III. Eine Satzung, ein Statut oder eine behördliche Genehmigung usw können für die in § 17 genannte Person einen weiteren allgemeinen Gerichtsstand schaffen. Dieser weitere Gerichtsstand besteht aber immer nur neben demjenigen aus § 17 und schließt den letzteren keineswegs aus. Die Anordnung braucht nicht nur verbandsintern erfolgt zu sein, BGH MDR **60**, 31. Eine derartige Anordnung für bestimmte Rechtsverhältnisse kann aus § 38 wirken.

18 *Allgemeiner Gerichtsstand des Fiskus.* **Der allgemeine Gerichtsstand des Fiskus wird durch den Sitz der Behörde bestimmt, die berufen ist, den Fiskus in dem Rechtsstreit zu vertreten.**

Schrifttum: Keil, Die Vertretung des Fiskus im Prozeß, Diss Tüb 1959; Leiss, Die Vertretung des Reichs, des Bundes und der Länder vor den ordentlichen Gerichten, 1957; Piller-Hermann, Justizverwaltungsvorschriften (Loseblattausgabe) Nr 5 c.

1) Geltungsbereich. § 18 betrifft den allgemeinen Gerichtsstand des Fiskus, also des Staates als eines Trägers von Vermögensrechten, nicht von Hoheitsrechten. Die Vorschrift gilt für den Fiskus der Länder (ein solcher bestand auch früher trotz des Verlusts der Hoheitsrechte weiter) sowie für den Fiskus der sonstigen Gebietsteile. Wegen des Deutschen Reichs vgl Anm 2. Die gesetzliche Vertretung eines ausländischen Fiskus bestimmt sich nach dem ausländischen Recht, BGH **40**, 199 (zustm Dölle Festschrift für Riese, 1964, 282). Wenn sich der ausländische Fiskus auf einen gesetzlichen Mangel seiner Vertretung beruft, kann dieser Mangel infolge einer Anscheinvollmacht behoben sein, BGH **40**, 199.

Man muß den Vorschriften des Verwaltungsrechts entnehmen, welche Behörde den Fiskus im Prozeß zu vertreten hat. Nach dem Verwaltungsrecht richtet sich auch das Recht der Übertragung des Vertretungsrechts auf nachgeordnete Stellen (Delegation) sowie das Eintrittsrecht der vorgesetzten Dienststelle. Das Gericht darf nur einen solchen diesbezüglichen Verwaltungsakt beachten, der vor der Klagerhebung vorgenommen worden ist. Wenn sich ein Minister durch seine Einlassung auf einen Prozeß zum gesetzlichen Vertreter bestellt hat, dann bindet ihn dieses Verhalten. Soweit die Vertretung nicht ausdrücklich geregelt worden ist, muß man vermuten, daß diejenige Stelle zur Vertretung berufen ist, die dasjenige Vermögen verwaltet, das durch den Rechtsstreit betroffen wird, vgl BGH **8**, 197 (für den Bund).

Das Gericht prüft zunächst, ob die gesetzliche Vertretung geklärt ist, und erst anschließend die Frage, ob es örtlich zuständig ist. Die Vertretung ist im Einzelfall manchmal unsicher. Wenn die Klage auf mehrere Gründe gestützt wird, muß man prüfen, ob die Vertretung für jeden dieser Gründe zutrifft. Unter Umständen sind also mehrere Stellen nebeneinander die Vertreter.

2) Einige Einzelfälle. Man muß jeweils beachten, daß die rechtsgeschäftliche und die prozessuale Vertretung unter Umständen verschieden zu beurteilen sind.

Bund: Er wird durch den Bundesminister für seinen Geschäftsbereich vertreten, und zwar für die aktive wie passive Seite und für sämtliche Rechtsgründe, aus denen ein Anspruch geltend gemacht wird, BGH NJW **67**, 1755. Falls der Rechtsstreit dem Geschäftsbereich keines einzigen Einzelministers zugeordnet werden kann, wird der Bund durch den Bundesfinanzminister vertreten, StJ II. Im Geschäftsbereich des Bundesfinanzministers ist die Vertretungsbefugnis im gerichtlichen Verfahren nach deren Art aufgeteilt, zB auf den Minister, den Präsidenten des deutschen Patentamts, den Amtskassenleiter usw, Anordnung v 25. 4. 58, BAnz Nr 82 mit Änderung v 10. 10. 58, BAnz Nr 201 (Vertretungsordnung des Bundesjustizministers). Diese Anordnung enthält auch Ausführungsvorschriften für das Verfahren.

Bei einer Klage aus dem Beamtenverhältnis ist die AnO v 6. 10. 80, BGBl 1954, zu beachten. Im Geschäftsbereich des Bundesministers für Verteidigung sind die einzelnen Wehrbereichsverwaltungen mit gewissen Vorbehalten zur Vertretung befugt, VerwAnO v 21. 3. 69, VMBl 185. Als Drittschuldner darf der Kommandeur des für den Soldaten zuständigen Truppenteils auftreten, VerwAnO VertMin v 29. 3. 60, BAnz Nr 73 idF v 9. 7. 64, bzw das Wehrgebührnisamt auftreten, evtl auch die Standortkasse, Kreutzer AnwBl **74**, 173. Im Geschäftsbereich des Bundesinnenministers sind bei einer Klage aus dem Beamtenverhältnis ab 1. 3. 68 die Präsidenten des jeweiligen Amtsbereichs zuständig, AnO v 26. 1. 68, BGBl 121.

Bundesautobahn: Sie steht zwar im Eigentum des Bundes, wird aber im Auftrag des Bundes von den Ländern verwaltet, Art 90 GG, G v 2. 3. 51, BGBl 157; vgl auch BGH **4**, 253 sowie das BundesfernstraßenG idF v 1. 10. 74, BGBl 2414.

Bundesbahn: Sie steht in bundeseigener Verwaltung, Art 87 GG; vgl auch G v 2. 3. 51, BGBl 155. Ihr allgemeiner Gerichtsstand ist durch den Sitz derjenigen Behörde bestimmt, die nach der VerwAnO zur Vertretung berufen ist, §§ 2, 9 BBahnG v 13. 12. 51, BGBl 955. Bei einer Klage aus dem Beamtenverhältnis richtet sich die Vertretungsbefugnis nach der Allgemeinen AnO v 2. 11. 67, BGBl 1160.

Bundespost: Sie kann unter ihrem Namen klagen und verklagt werden, § 4 G v 24. 7. 53, BGBl 767. Die Vertretungsberechtigung ist im einzelnen geregelt in der VO v 1. 8. 53, BGBl 715, geändert durch VO v 5. 5. 60, BGBl 304, und VO v 24. 10. 68, BGBl 1133. Das gilt auch in Westberlin, KG VersR **74**, 36.

Gemeinde: S § 51 Anm 2 D.

Landesfiskus: Hier gilt folgende Regelung:

Baden-Württemberg: Die Vertretung erfolgt durch die oberste Landesbehörde innerhalb ihres Geschäftsbereichs, AnO v 17. 1. 55, GBl 8. Die Vertretungsbefugnis ist zum Teil auf nachgeordnete Behörden übertragen worden, Bek v 17. 1. 55, GBl 9. Vgl ferner für den Geschäftsbereich des Landesjustizministers Bek v 17. 11. 61, GBl 344, geändert durch Bek v 26. 9. 73, GBl 384.

Bayern: Die Vertretung erfolgt grundsätzlich durch den Landesfinanzminister und die Finanzmittelstellen des Landes Bayern in Ansbach, Augsburg, München, Regensburg, Würzburg. In einigen Fällen ist der Landesjustizminister zuständig. Die Vertretung des Landes als eines Drittschuldners ist Sache des Leiters derjenigen Kasse, die die Auszahlung vorzunehmen hat. Wenn das Land als ein Drittschuldner auf die Herausgabe oder auf die Leistung einer körperlichen Sache in Anspruch genommen wird, dann ist die Hinterlegungsstelle oder die Verwahrungsstelle zuständig. Im übrigen ist diejenige Behörde zuständig, aus deren Verhalten ein Anspruch hergeleitet wird, §§ 2, 4–6 der VertretungsVO v 24. 3. 60, GVBl 33, 242, geändert durch VO v 5. 3. 63, GVBl 35, Art 35 G v 8. 2. 77, GVBl 88.

Berlin: S AV v 26. 9. 52, ABl 865, geändert durch AV v 10. 7. 61, ABl 834.

Bremen: S Art 120 Verfassung, DVO v 7. 10. 58, GVBl 947, 974, 1020, 1028.

2. Titel. Gerichtsstand §§ 18–20 1

Hamburg: S AnO v 2. 2. 54, HambAnz 111 (die Anordnung enthält eine Regelung im einzelnen).
Hessen: Das Land wird durch den Ministerpräsidenten vertreten. Er kann die Vertretungsbefugnis auf einen Fachminister und auf die diesem unmittelbar unterstellten Behörden übertragen, Art 103 der Hessischen Verfassung, Erl v 15. 12. 60, StAnz 1502.
Niedersachsen: Der Justizminister ist gemäß AV v 9. 10. 62, NdsRpfl 242, zuständig.
Nordrhein-Westfalen: Bei einer Klage aus dem Richterverhältnis oder aus einem Beamtenverhältnis im Geschäftsbereich des Justizministers sind der zuständige Präsident des Oberlandesgerichts, der Generalstaatsanwalt, das Landes amt für Besoldung und Versorgung zur Vertretung berufen, VO v 24. 1. 67, GVBl 22. Im übrigen ist im Zweifel der Regierungspräsident zur Vertretung berufen, soweit die Vertretungsbefugnis nicht auf eine andere Behörde übertragen worden ist, § 8 OrgG v 10. 7. 62, GVBl 421.
Rheinland-Pfalz: Vgl MBl **51**, 687, 691, JBl **52**, 71.
Saarland: S G Nr 739 v 15. 11. 60, ABl 920. Im Bereich der Justizverwaltung vgl Bek v 27. 4. 62, ABl 348, vgl StJ III 10.
Schleswig-Holstein: Das Land wird grundsätzlich durch den zuständigen Fachminister vertreten. Er kann die Vertretungsbefugnis allgemein oder im Einzelfall weiterübertragen, Erl des Ministerpräsidenten idF v 26. 4. 66, ABl 219. Im Geschäftsbereich der Landesjustizverwaltung ist der Generalstaatsanwalt in einigen Ausnahmen zur Vertretung berufen, AV v 16. 1. 67, SchlHA 77. S auch Art 25 der Landessatzung v 15. 3. 62, GVBl 123.
Preußen: S Reich.
Reich: Das Deutsche Reich kann weiterhin klagen und verklagt werden. Es wird durch die Bundesvermögensverwaltung und durch die Bauabteilung der Oberfinanzdirektion vertreten. Zur Vertretung sind auch die Länder oder die sonst nach dem Landesrecht zuständigen Aufgabenvertreten befugt, denen die Verwaltung des jeweils in Frage stehenden Vermögensrechts zukommt, G v 6. 9. 50, BGBl 448, und v 21. 7. 51, BGBl 467, ferner DVO v 26. 7. 51, BGBl 471. Das gilt auch, soweit das Reichsvermögen auf den Bund übergegangen ist, BGH MDR **53**, 162. Vgl aber auch BGH **8**, 169. Wenn man keinen zur Vertretung befugten örtlich zuständigen Oberfinanzpräsidenten bestimmen kann, dann ist der Bundesfinanzminister zur Vertretung berufen, BGH BB **56**, 62. Vgl im übrigen § 50 Anm 2 E.

19 *Mehrere Gerichtsbezirke am Sitz einer Behörde.* Ist der Ort, an dem eine Behörde ihren Sitz hat, in mehrere Gerichtsbezirke geteilt, so wird der Bezirk, der im Sinne der §§ 17, 18 als Sitz der Behörde gilt, für die Bundesbehörden von dem Bundesminister der Justiz, im übrigen von der Landesjustizverwaltung durch allgemeine Anordnung bestimmt.

1) Geltungsbereich. Die Vorschrift gilt nur für Behörden, nicht für die Gemeinden oder für Körperschaften; insofern ist der tatsächliche Sitz entscheidend. Falls erforderlich, muß das zuständige Gericht nach § 36 Z 2 bestimmt werden. § 19 betrifft nur den allgemeinen Gerichtsstand, nicht einen besonderen Gerichtsstand.

20 *Besonderer Gerichtsstand der Beschäftigung.* Wenn Personen an einem Ort unter Verhältnissen, die ihrer Natur nach auf einen Aufenthalt von längerer Dauer hinweisen, insbesondere als Hausgehilfen, Arbeiter, Gewerbegehilfen, Studierende, Schüler oder Lehrlinge sich aufhalten, so ist das Gericht des Aufenthaltsortes für alle Klagen zuständig, die gegen diese Personen wegen vermögensrechtlicher Ansprüche erhoben werden.

1) Gerichtsstand der Beschäftigung. § 20 gibt einen Wahlgerichtsstand der Beschäftigung für einen vermögensrechtlichen Anspruch, Begriff Üb 3 A vor § 1. Die Vorschrift gilt für einen Inländer wie für einen Ausländer. § 20 verlangt Verhältnisse, die: **a)** keinen Wohnsitz begründen; **b)** aber einen längeren, wenn auch gelegentlich unterbrochenen Aufenthalt bedingen. I gibt für solche Verhältnisse nur einige Beispiele. Andere Beispiele sind: Der Abgeordnete während der Tagung; ein Kranker im Krankenhaus; der Insasse einer Justizvollzugsanstalt; ein Referendar im Vorbereitungsdienst; ein minderjähriger Soldat, LG Verden MDR **64**, 766.

Der Aufenthalt muß nach der Natur der Verhältnisse auf eine längere Dauer hinweisen.

Wenn das der Fall ist, dann bleibt die tatsächliche Dauer des Aufenthalts unerheblich, ebenso wie eine etwaige vorübergehende Abwesenheit oder eine Abwesenheit im Zeitpunkt der Zustellung der Klage. Ein bloßer Aufenthalt an der Arbeitsstätte während der Arbeitsstunden genügt nicht, StJ II. Ebensowenig genügt ein Aufenthalt, der von vornherein nur vorübergehend ist, wie derjenige eines Geschäftsreisenden. Kblz NJW 79, 1309 mwN läßt sehr seitgehend einen wiederholten Aufenthalt im Zweithaus ausreichen.

21 *Besonderer Gerichtsstand der Niederlassung.* [I] Hat jemand zum Betriebe einer Fabrik, einer Handlung oder eines anderen Gewerbes eine Niederlassung, von der aus unmittelbar Geschäfte geschlossen werden, so können gegen ihn alle Klagen, die auf den Geschäftsbetrieb der Niederlassung Bezug haben, bei dem Gericht des Ortes erhoben werden, wo die Niederlassung sich befindet.

[II] Der Gerichtsstand der Niederlassung ist auch für Klagen gegen Personen begründet, die ein mit Wohn- und Wirtschaftsgebäuden versehenes Gut als Eigentümer, Nutznießer oder Pächter bewirtschaften, soweit diese Klagen die auf die Bewirtschaftung des Gutes sich beziehenden Rechtsverhältnisse betreffen.

1) Allgemeines. § 21 gibt den besonderen Gerichtsstand der Niederlassung für eine natürliche wie für eine juristische Person. Dieser Gerichtsstand ist demjenigen des Wohnsitzes nachgebildet worden. Doch begründet die Niederlassung weder einen Wohnsitz noch einen Nebenwohnsitz, vgl auch Hbg MDR 77, 759. Dieser Gerichtsstand ist für eine reine Wettbewerbsklage ausschließlich, § 24 UWG, ebenso für eine Verbandsklage nach § 14 AGB (es gilt dann nur hilfsweise der Gerichtsstand des Wohnsitzes usw), § 78b GVG Anh III. Im Konkursverfahren geht der Gerichtsstand des § 21 dem allgemeinen Gerichtsstand vor, § 71 KO. Die §§ 17 und 22 haben keineswegs immer den Vorrang vor § 21, BGH NJW 75, 2142. Wegen des EuGÜbk SchlAnh V C 1, besonders Art 5 Z 5. Zur „Paramountklausel" Hbg VersR 73, 1023.

2) Gewerbliche Niederlassung, I. A. Niederlassung. I verlangt eine Niederlassung zum Betrieb eines beliebigen Gewerbes, also eines Erwerbsunternehmens im weitesten Sinn. Eine Lehranstalt oder eine Berufsgenossenschaft zählt nicht hierher.

Es sind folgende Voraussetzungen erforderlich:

a) Gewerbemittelpunkt. Das Gewerbe muß an dem Ort der Niederlassung seinen Mittelpunkt haben, wenn auch nur für einen Teil.

b) Zeitdauer. Die Niederlassung muß für eine gewisse Zeitdauer bestehen, BayObLG Rpfleger 80, 486, Ffm MDR 79, 1027, sie darf also nicht nur während einer Messe bestehen, aM StJ II 1.

c) Äußere Einrichtungen. Es müssen äußere Einrichtungen vorhanden sein, die auf eine Niederlassung hindeuten, BayObLG Rpfleger 80, 486, Ffm MDR 79, 1027.

d) Selbständige Leitung. Die Niederlassung muß eine im wesentlichen selbständige Leitung mit dem Recht haben, aus eigener Entschließung Geschäfte abzuschließen, deren Abschluß der Niederlassung auch übertragen worden ist. Es reicht also nicht aus, daß die Leitung nur in Ausführung von Weisungen handeln darf, die sie von der Hauptstelle erhält.

e) Einzelfragen. Es ist nicht erforderlich, daß sich der Bekl am Ort der Niederlassung aufhält. Es ist unerheblich, welcher Art das Recht des Bekl an der Niederlassung ist, solange die Niederlassung nur auf seinen Namen betrieben wird. Es entscheidet vielmehr, ob der Bekl nach außen den Anschein einer selbständigen Handelsniederlassung erweckt, Ffm MDR 79, 1027. Wenn dieser Anschein besteht, dann ist es unerheblich, ob tatsächlich eine innere Abhängigkeit vorhanden ist, solange sie eben nicht nach außen hervortritt, Düss MDR 78, 930, AG Freibg NJW 77, 2319. Wenn der Bekl eine Niederlassung arglistig vorgespiegelt hat, dann muß er den Gerichtsstand der Niederlassung auf Grund von Treu und Glauben gegen sich gelten lassen, Einl III 6 A.

Eine Zweigniederlassung genügt grundsätzlich, jedoch nicht im Fall des § 689 II, BGH NJW 78, 321. Eine Ausnahme gilt bei einer Versicherungsgesellschaft, BGH NJW 79, 1785 und VersR 79, 561. Eine Eintragung im Handelsregister ist nicht erforderlich, Ffm MDR 79, 1027. Eine solche Eintragung wirkt aber immer gegen den Eingetragenen.

Die Niederlassung muß im Zeitpunkt der Zustellung der Klage bestehen. § 21 ist auf eine Klage aus einem solchen Mietverhältnis unanwendbar, das den Betrieb der Niederlassung erst ermöglichen soll, vgl insofern LG Hbg MDR 76, 760 (das Gericht lehnt aber die Anwendbarkeit des § 21 zu Unrecht auch dann ab, wenn die Niederlassung schon besteht). Eine Agentur ist keine Niederlassung, und zwar selbst dann nicht, wenn der Agent eine

2. Titel. Gerichtsstand §§ 21, 22 1

Abschlußvollmacht hat; vgl aber für eine Klage gegen den Versicherer § 48 VVG. Die Annahmestelle einer Färberei ist als solche keine Niederlassung.

B. Geschäftsbetrieb. Der Gerichtsstand besteht für eine Klage, die sich auf den Geschäftsbetrieb der Niederlassung bezieht, BGH NJW **75**, 2142. Hierzu gehört auch eine unlautere Werbung der Niederlassung oder eine Anstellung für den Geschäftsbetrieb der Niederlassung. Es ist unerheblich, wo der Vertrag abgeschlossen wurde und wo er erfüllt werden muß, StJ II 3. Es reicht nicht aus, daß sich eine herausverlangte Sache in dem Bereich der Niederlassung befindet; das Geschäft muß von der Niederlassung ausgegangen sein, BGH **4**, 62.

3) Landwirtschaftliche Niederlassung, II. Voraussetzung dieses Gerichtsstands ist: **a)** Ein Gut, das mit Wohn- und Wirtschaftsgebäuden versehen ist; **b)** ein Streit über eine Frage wegen der Bewirtschaftung durch den Eigentümer, den Nutznießer oder den Pächter, selbst wenn die Bewirtschaftung tatsächlich durch andere Personen im Namen und auf Rechnung des Bekl erfolgt. Der Verpächter nimmt keine solche Bewirtschaftung vor.

4) Beförderungsbedingungen. Gerichtsstand für alle Streitigkeiten aus dem Beförderungsverkehr mit Straßenbahnen, Omnibussen, Kraftfahrzeugen im Linienverkehr ist der Sitz des jeweiligen Unternehmens, § 17 VO v 27. 2. 70, BGBl 230.

22 *Besonderer Gerichtsstand der Mitgliedschaft.* **Das Gericht, bei dem Gemeinden, Korporationen, Gesellschaften, Genossenschaften oder andere Vereine den allgemeinen Gerichtsstand haben, ist für die Klagen zuständig, die von ihnen gegen ihre Mitglieder als solche oder von den Mitgliedern in dieser Eigenschaft gegeneinander erhoben werden.**

1) Geltungsbereich. A. Allgemeines. Der Zweck der Vorschrift besteht darin, Streitigkeiten, die die inneren Rechtsbeziehungen einer Gesellschaft betreffen, am Gesellschaftssitz zu konzentrieren, BGH **76**, 235. § 22 macht den allgemeinen Gerichtsstand des § 13 als einen besonderen Gerichtsstand für eine Klage aus der Mitgliedschaft anwendbar. Deshalb ist der Kreis der Personengesamtheit durch § 17 begrenzt, Dütz DB **77**, 2217. Die Vorschrift erfaßt also nicht eine Gesellschaft des BGB oder eine stille Gesellschaft. Für die Aktiengesellschaft, die Gesellschaft mit beschränkter Haftung, die Genossenschaft gelten die jeweiligen Sondervorschriften der §§ 246, 249, 275 AktG, 75 GmbHG, 51 GenG. Eine arbeitsrechtliche Gewerkschaft gehört nur dann hierher, wenn sie als ein Verein eingerichtet worden ist, § 17 Anm 2b, insofern ebenso Schrader MDR **76**, 726. Unter dieser Voraussetzung ist aber die Größe der arbeitsrechtlichen Gewerkschaft unerheblich, BGH NJW **80**, 343, Dütz DB **77**, 2223, Müller-Guntrum/Plugge NJW **77**, 1811 je mwN, insofern aM zB LG Ffm NJW **77**, 539.

B. Einzelfragen. Der Gerichtsstand gilt für eine Klage jeder Art, Dütz DB **77**, 2217, unter folgenden Voraussetzungen:

a) Personengesamtheit gegen Mitglied. Es muß sich um eine Klage handeln, die die Personengesamtheit gegen ihre Mitglieder als solche erhebt, also auf Grund der Mitgliedschaft. Eine solche Klage liegt beispielsweise dann vor, wenn ein Versicherungsverein auf Gegenseitigkeit gegen einen Versicherten auf die Zahlung einer rückständigen Prämie klagt, Celle VersR **75**, 993, Voosen VersR **75**, 500 (beide meinen, die Berufung auf § 22 könne rechtsmißbräuchlich sein; gegen diese Ansicht wendet sich LG Karlsr VersR **76**, 1029 mwN; LG Hann VersR **79**, 341 stellt auf die Größe des Versicherungsvereins auf Gegenseitigkeit ab).

Wenn die Klage aber wegen eines Regreßanspruchs nach § 158c VVG wegen einer unerlaubten Handlung eines Mitglieds erhoben wird, ist § 22 unanwendbar, LG Karlsr NJW **65**, 1607, aM LG Hann NJW **65**, 1607. § 22 ist ferner dann unanwendbar, wenn ein Vorstandsmitglied oder ein Mitglied des Aufsichtsrats eine unerlaubte Handlung begangen haben. Der geschäftsführende Gesellschafter der Offenen Handelsgesellschaft haftet aus der Mitgliedschaft.

b) Mitglieder gegeneinander. Der Gerichtsstand gilt für eine solche Klage, die von einem Mitglied gegen ein anderes erhoben wird, etwa auf Grund der Auflösung einer Offenen Handelsgesellschaft. Der Gerichtsstand besteht auch unter Umständen schon während des Gründungsstadiums, BGH **76**, 235, BayObLG BB **78**, 1685. Er besteht ebenso lange fort wie derjenige des § 17, also auch noch während des Stadiums der Abwicklung. Er besteht auch gegenüber einem ausgeschiedenen Mitglied, Celle VersR **75**, 993, und ferner gegenüber einem Rechtsnachfolger eines Mitglieds, Dütz DB **77**, 2217 mwN.

Wegen des EuGÜbk SchlAnh V C 1, besonders Art 16 Z 2.

Hartmann 79

23 *Besonderer Gerichtsstand des Vermögens und des Streitgegenstands.* **Für Klagen wegen vermögensrechtlicher Ansprüche gegen eine Person, die im Inland keinen Wohnsitz hat, ist das Gericht zuständig, in dessen Bezirk sich Vermögen derselben oder der mit der Klage in Anspruch genommene Gegenstand befindet. Bei Forderungen gilt als der Ort, wo das Vermögen sich befindet, der Wohnsitz des Schuldners und, wenn für die Forderungen eine Sache zur Sicherheit haftet, auch der Ort, wo die Sache sich befindet.**

Schrifttum: Schumann, Der internationale Gerichtsstand des Vermögens und seine Einschränkungen, Festschrift für Liebman (1979) II 839.

1) Geltungsbereich. A. Allgemeines. § 23 gibt zwei besondere Gerichtsstände für einen vermögensrechtlichen Anspruch, Begriff Üb 3 A vor § 1. Die Vorschrift gilt für und gegen einen Inländer ebenso wie für und gegen einen Ausländer, vgl BGH NJW **81**, 2642, LG Ffm NJW **76**, 1046. Sie ermöglicht den Gerichtsstand des Vermögens und denjenigen des Streitgegenstands. Sie setzt also nicht etwa voraus, daß sich entweder nur Vermögen oder nur der Streitgegenstand im Bezirk des Gerichts befinden dürfen, so daß bei einer Identität des Vermögens mit dem Streitgegenstand überhaupt kein inländischer Gerichtsstand begründet wäre. Vielmehr ergänzt der Gerichtsstand des Streitgegenstands denjenigen des Vermögens, Ffm MDR **81**, 323. Die Vorschrift ist auch in einem Verfahren auf den Erlaß eines Arrests oder einer einstweiligen Verfügung anwendbar, Mü MDR **60**, 146, LG Ffm NJW **76**, 1046 mwN, Schütze BB **79**, 349.

Der Zweck der Regelung besteht darin, innerhalb der BRep eine Rechtsverfolgung zu ermöglichen. Diese Regelung ist allerdings unanwendbar, soweit ein ausschließlicher Gerichtsstand besteht. Der Bekl kann eine juristische Person sein, Hbg MDR **77**, 759, LG Ffm NJW **76**, 1046. Er kann auch eine parteifähige Personenmehrheit sein. An die Stelle des fehlenden inländischen Wohnsitzes, der Voraussetzung des § 23, tritt in einem solchen Fall das Fehlen eines Sitzes im Inland, § 17, Hbg MDR **77**, 759, LG Ffm VersR **75**, 994.

Im Verhältnis zur DDR ist § 23 entsprechend anwendbar, obwohl das Gebiet der DDR kein Ausland ist, Einl III 8 B. Denn die Rechte in beiden Gebieten haben unterschiedliche Entwicklungen genommen, und es besteht für einen Angehörigen der BRep im Gebiet der DDR eine erhebliche Erschwerung der Rechtsdurchsetzung, BGH NJW **52**, 182, Schlesw SchlHA **83**, 14, aM Pernutz NJW **68**, 235 (er wendet § 23a an, obwohl sich dann Vollstreckungsschwierigkeiten ergeben); vgl auch für einen umgekehrten Fall LG Gera JR **50**, 247, LG Leipzig NJ **51**, 426 (falls die Vollstreckung innerhalb der BRep nicht zugelassen wird). Die Bek der ZPO idF v 12. 9. 50, BGBl 533, hat zwar statt des Begriffes „Deutsches Reich" den Begriff „Inland" gesetzt. Es handelt sich aber insofern nur um eine redaktionelle Änderung, nicht um eine inhaltliche.

Eine Eröffnung des Konkursverfahrens im Ausland ist unbeachtlich, § 237 I KO. Ein Wohnsitz im Ausland, ein Gerichtsstand nach § 16 oder nach § 17 III sind unschädlich. Wegen der Beweislast vgl Üb 3 C vor § 12.

Der Gerichtsstand ist bei einer Wettbewerbsklage nach § 24 UWG unanwendbar. Er ist ferner insoweit unanwendbar, als das EuGÜbk, SchlAnh V C 1 Art 3, Vorrang hat, dazu Kblz NJW **76**, 2082 (abl Schlafen), ferner Tetzner GRUR **76**, 672 (wegen einer Patentverletzung).

B. Erschleichung. Eine Erschleichung des Gerichtsstands ist arglistig und führt dazu, daß das Gericht die örtliche Zuständigkeit verneinen und notfalls die Klage durch ein Prozeßurteil als unzulässig abweisen muß, Üb 4 A vor § 12. Dieser Fall kann etwa dann eintreten, wenn der Kläger dem Bekl durch die Erhebung einer Klage bei einem örtlich unzuständigen Gericht einen Anspruch auf eine Kostenerstattung verschaffen würde oder wenn ein Vermögensstück geflissentlich herbeigeschafft würde.

Schumann ZZP **93**, 442 befürwortet eine einschränkende Auslegung und die Abschaffung des Gerichtsstands des Vermögens.

2) Gerichtsstand des Vermögens. A. Allgemeines. Zuständig ist dasjenige Gericht, in dessen Bezirk sich ein Vermögen des Bekl befindet. Grundsätzlich reicht jedes Vermögensstück aus, mag es sich um eine Sache oder um ein Recht handeln, BGH DB **77**, 720, zB um ein dingliches Verwertungsrecht, wie etwa eine Grundschuld, Ffm MDR **81**, 323, oder um eine Forderung, BGH NJW **81**, 2642. Das gilt unabhängig davon, ob dieses Vermögensstück eine Befriedigung ermöglicht oder nicht, BGH DB **77**, 720.

Ausreichend sind auch: Ein unpfändbares Vermögensstück, etwa ein bedingtes oder ein betagtes; ein Anspruch auf eine Schuldbefreiung, Hbg VersR **75**, 830; ein zunächst beschränkt wirksames Vermögensstück, etwa der Anteil des Abkömmlings am Gesamtgut der fortgesetzten Gütergemeinschaft; ein Anspruch auf die Erstattung von Prozeßkosten auf Grund eines Vorprozesses, soweit keine Erschleichung vorliegt, Anm 1 B, BGH DB 77, 720.

Nicht ausreichend sind: Eine bloße Anwartschaft; ein Anspruch, der erst in der Zukunft entsteht (der Anspruch auf die Erstattung der Kosten eines schwebenden Prozesses ist keine Anwartschaft, sondern ein aufschiebend bedingter und darum grundsätzlich ausreichender Anspruch. Man muß jedoch einen selbständigen Vermögenswert verlangen); Kleider, die jemand am Leib trägt (sonst würde jeder Aufenthalt im Inland den Gerichtsstand begründen. Etwas anderes mag bei einem Reisenden mit erheblichem Gepäck gelten); Handakten; ein Anspruch auf die Erteilung einer Rechnungslegung, einer Quittung, einer Auskunft.

Ein benutztes Handelsbuch mag ausreichen, ebenso eine Forderung des Bekl gegen den Kläger, sofern sie der Kläger nicht selbst bestreitet und sofern sie sich nicht mit dem Anspruch des Klägers gegenseitig ausschließt.

Es ist unerheblich, ob die Fälligkeit streitig ist und wo die Verbindlichkeit zu erfüllen ist. Eine etwaige Aufrechenbarkeit oder eine nach der Klagerhebung erfolgte Aufrechnung schaden nicht. Ob das Vermögensstück dem Bekl im Zeitpunkt der Klagerhebung zusteht, beurteilt sich nach dem maßgebenden sachlichen Recht.

B. Einzelheiten. Das Vermögensstück muß sich im Zeitpunkt der Klagerhebung im Gerichtsbezirk befinden. Seine spätere Fortschaffung ist unerheblich. Im Mahnverfahren ist keine Rückbeziehung möglich. Das Recht an einer Sache befindet sich dort, wo die Sache ist. Bei einem Recht an einem Grundstück entscheidet dessen Lage, Ffm MDR 81, 323. Bei einer Forderung entscheidet nach § 23 der Wohnsitz. Bei einer Personengesamtheit ist der Sitz, § 17, des Schuldners der Forderungen maßgeblich, also der Sitz des Drittschuldners, BGH DB 77, 719, nicht der Erfüllungsort. Das gilt auch für die Forderung eines im Ausland wohnenden Ausländers gegenüber einem im Inland wohnenden Deutschen, selbst wenn das ausländische Recht, dem die Forderung untersteht, eine dem § 23 entsprechende Vorschrift nicht kennt.

Wenn der in der BRep wohnende Gesellschafter einer in der DDR ansässigen Offenen Handelsgesellschaft von einem Gläubiger der Gesellschaft in Anspruch genommen wird, dann ist die Forderung in der BRep belegen, BGH **5**, 35. Der Geschäftsanteil an einer Gesellschaft mit beschränkter Haftung befindet sich sowohl am Sitz der Gesellschaft wie am Wohnsitz des Gesellschafters, Ffm MDR **58**, 108. Bei einer Forderung aus einem Inhaberpapier ist entscheidend, wo sich das Papier befindet. Wegen eines gewerblichen Schutzrechts vgl §§ 25 PatG, 20 GebrMG, 35 WZG. Wenn es um die Herausgabe eines Grundschuldbriefs geht, dann ist die Zuständigkeit jedenfalls auch dort begründet, wo das Grundstück liegt, BGH DB **77**, 719. Bei einer inländischen Zweigniederlassung bleibt der (evtl ausländische) Gesellschaftssitz maßgeblich, Hbg MDR **77**, 759 (vgl freilich § 21). Wenn es um eine gesicherte Forderung geht, ist außerdem derjenige Ort maßgeblich, an dem sich die Sache befindet, und zwar unabhängig davon, wem sie gehört. Es kann also auch der Ort ausreichen, an dem die Sache nach § 923 hinterlegt worden ist, Ffm OLGZ **83**, 100 mwN.

3) Gerichtsstand des Streitgegenstands. Zuständig ist dasjenige Gericht, in dessen Bezirk sich der in Anspruch genommene Gegenstand befindet, also jedes Vermögensrecht, nicht nur eine Sache. Bei einer Sache ist unerheblich, wer ihr Besitzer ist. Eine Inanspruchnahme liegt sowohl bei einer bejahenden Feststellungsklage, Blomeyer ZPR 5 IV 3a, als auch bei einer verneinenden Feststellungsklage vor, BGH JZ **79**, 231 mwN (abl Maier). Auch der Streit mehrerer Beansprucher enthält eine Inanspruchnahme des Streitgegenstands.

23 a *Hilfsgerichtsstand in Unterhaltssachen.* **Für Klagen in Unterhaltssachen gegen eine Person, die im Inland keinen Gerichtsstand hat, ist das Gericht zuständig, bei dem der Kläger im Inland seinen allgemeinen Gerichtsstand hat.**

1) Geltungsbereich. Die Vorschrift wurde aus Anlaß des Inkrafttretens des Haager Übereinkommens über die Unterhaltspflicht gegenüber Kindern eingefügt. Ihre allgemeine Fassung ergibt aber, daß der Gerichtsstand für jede Klage in einer Unterhaltssache gilt, also auch für eine Klage der Ehefrau oder der geschiedenen Ehefrau gegen ihren (früheren) Ehemann oder für eine Klage der Eltern gegen ein Kind oder für eine Klage eines ehelichen oder nichtehelichen Kindes. Die Vorschrift ist also nicht auf Angehörige der Vertragsstaaten des Haager Übereinkommens oder auf solche Parteien beschränkt, die ihren Aufenthalt im Bereich eines solchen Vertragsstaats haben.

Der Rechtsgrund ist unerheblich. § 23a gilt also auch für einen Hinterbliebenen mit einem Anspruch nach §§ 843, 844 BGB, oder für die Entbindungs- und Unterhaltskosten der nichtehelichen Mutter während der Geburt, §§ 1615k und 1 BGB. Eine Klage in einer Unterhaltssache liegt auch dann vor, wenn der Kläger eine Abänderung nach § 323, Schumann FamRZ **77**, 158, oder nach den §§ 641l–t, 642b, 642f, 643a erstrebt. Das gilt sowohl für eine Abänderungsklage des bisher Berechtigten als auch für eine solche des bisher Verpflichteten als schließlich auch für eine Klage eines Dritten, § 644.

2) Hilfsregelung. Der Gerichtsstand des § 23a gilt nur hilfsweise, wenn kein anderer Gerichtsstand gegeben ist, auch nicht derjenige nach § 23. Man kann dann entsprechend Art 3 Z 2 HÜbk im allgemeinen Gerichtsstand des Klägers nach §§ 13 und 16 klagen. Das ist freilich nur dann zweckmäßig, wenn das Urteil voraussichtlich im Staat des Verpflichteten anerkannt wird und vollstreckt werden kann. Diese Wirkungen sind dann zweifelhaft, wenn es sich nicht um einen Vertragsstaat oder um einen solchen Staat handelt, bei dem eine Anerkennung und Vollstreckungsmöglichkeit durch einen anderen Staatsvertrag gesichert worden ist.

Wegen des EuGÜbk SchlAnh V C 1, besonders Art 5 Z 2, dazu Schumann FamRZ **77**, 158 mwN.

Einführung vor §§ 24–26
Dinglicher Gerichtsstand

1) Allgemeines. Der dingliche Gerichtsstand, auch der Gerichtsstand der belegenen Sache genannt, forum rei sitae, betrifft nur eine solche Klage, die sich auf ein Grundstück oder auf ein grundstücksgleiches Recht bezieht. Er besteht nur für bestimmte Arten von Klagen, außer den in §§ 24–26 genannten für eine Klage nach § 800 III, für die Grundstückszwangsvollstreckung, § 1 ZVG, und in einigen anderen Fällen. Der Gerichtsstand wirkt nicht über die Grenzen des Gerichtsbezirks hinaus. Wenn ein Grundstück in mehreren Bezirken liegt, dann muß man § 36 Z 4 anwenden.

2) Ausschließlichkeit. Der dingliche Gerichtsstand ist: **a)** Ein ausschließlicher Gerichtsstand im Fall des § 24 (auch im Fall des § 800 III sowie im Fall des § 1 ZVG), und zwar auch für einen Exterritorialen, § 20 GVG; **b)** ein nicht ausschließlicher Gerichtsstand in den Fällen der §§ 25, 26, s aber § 26 Anm 2 C. In diesen Fällen wirkt der Gerichtsstand deshalb auch nicht gegen einen Exterritorialen.

Wegen des EuGÜbk SchlAnh V C 1, besonders Art 16 Z 1.

24 *Ausschließlicher dinglicher Gerichtsstand.* ^I Für Klagen, durch die das Eigentum, eine dingliche Belastung oder die Freiheit von einer solchen geltend gemacht wird, für Grenzscheidungs-, Teilungs- und Besitzklagen ist, sofern es sich um unbewegliche Sachen handelt, das Gericht ausschließlich zuständig, in dessen Bezirk die Sache belegen ist.

^{II} Bei den eine Grunddienstbarkeit, eine Reallast oder ein Vorkaufsrecht betreffenden Klagen ist die Lage des dienenden oder belasteten Grundstücks entscheidend.

1) Allgemeines. Vgl zunächst Einf vor § 24. In § 24 entscheidet der Gegenstand der Klage, und zwar unabhängig davon, ob es sich um eine Leistungsklage oder eine Feststellungsklage handelt.

2) Geltungsbereich. A. Klage aus Eigentum. Es handelt sich um eine Klage, deren Begründung das Eigentum ist. Hierin gehören: Eine Klage auf Grund eines bestehenden Eigentums, zB auf eine Herausgabe; die Klage auf die Unterlassung einer Störung, Celle VersR **78**, 570; die Klage auf Grund eines Miteigentums; die Klage auf die Erteilung einer Zustimmung zu einer Berichtigung des Grundbuchs, § 894 BGB; die Klage auf Grund einer Vorschrift des Nachbarrechts nach §§ 906ff BGB.

Nicht hierher gehören zB: Die Erbschaftsklage nach §§ 2018ff BGB. Denn mit dieser Klage wird das Grundstück als ein Bestandteil des Nachlasses herausverlangt; die Klage auf Grund einer Anwartschaft des Nacherben; die persönliche Klage mit dem Ziel einer Übertragung des Eigentums, also eine Auflassung; eine Anfechtungsklage, die ein Grundstück betrifft, zB Hbg BB **57**, 274, aM LG Itzehoe MDR **83**, 674 mwN.

B. Klage aus dinglicher Belastung. Hier mag die Klage gegen den Eigentümer oder gegen einen Dritten gehen. Es handelt sich um eine behauptende, konfessorische Klage.

2. Titel. Gerichtsstand § 24 2–4

Beispiele: Es wird eine gesetzliche Eigentumsbeschränkung geltend gemacht; es handelt sich um eine Dienstbarkeit; es geht um eine Reallast; es handelt sich um ein dingliches Vorkaufsrecht, auch um ein gesetzliches Vorkaufsrecht, allerdings nicht um ein solches am Anteil des Miterben, § 2034 BGB; es geht um eine Hypothek, eine Grundschuld oder eine Rentenschuld; der Streit behandelt ein Erbbaurecht; es geht um eine öffentlichrechtliche Last (in einem solchen Fall muß das Gericht die Zulässigkeit des Rechtswegs prüfen); die Klage beruht auf einer Vormerkung zur Sicherung eines persönlichen Anspruchs oder zielt auf die Zustimmung zur Löschung einer solchen Vormerkung ab, soweit eine Wirkung gegenüber einem Dritten in Frage steht, § 883 BGB, vgl auch BGH **39**, 25. Wenn es um eine Klage gegen den persönlich Verpflichteten geht, ist allerdings § 26 anwendbar; es geht um eine Grundbuchberichtigung nach § 894 BGB; es handelt sich um ein Pfändungspfandrecht an einer Hypothek, wenn der Eigentümer Partei ist, oder umgekehrt im Weg einer leugnenden Feststellungsklage (nicht aber sonst); es geht um die Duldung der Zwangsvollstreckung in das Grundstück.

Nicht hierher gehört eine Klage gegen einen anderen Gläubiger mit dem Ziel der Umschreibung einer eingetragenen Hypothek. Denn dann liegt kein Streit um die Belastung vor.

C. Klage auf Freiheit von einer dinglichen Belastung (negatorische Klage). Beispiele: Eine Löschungsklage; die Klage auf die Befreiung von einer Belastung, auch von einer Vormerkung; die Klage auf Grund einer Anfechtung, auch einer Konkursanfechtung wegen einer Hypothek; es geht um die Umschreibung einer Hypothek in eine Eigentümergrundschuld; es handelt sich um die Klage auf die Aushändigung einer Urkunde, die zu einer Löschung notwendig ist.

Hierher gehören nicht zB: Eine Klage des Grundstückseigentümers gegen einen Grundschuldgläubiger auf die Übertragung einer Grundschuld wegen des Wegfalls des Sicherungsgrundes, BGH **54**, 201 (da nur ein Wechsel in der Person eintrete, nicht eine Freiheit von einer Belastung eintrete. Die Entscheidung ist allerdings wenig überzeugend); die Klage gegen einen Dritten wegen seiner Verpflichtung, die Hypothek zur Löschung zu bringen; die Klage auf die Feststellung der Unwirksamkeit einer Kündigung.

D. Grenzscheidungsklage. Vgl §§ 919, 920 BGB.

E. Teilungsklage. Hierher gehören nur Klagen mit dem Ziel der Teilung eines einzelnen Grundstücks und grundstücksgleicher Rechte, zB nach den §§ 749, 1008 ff BGB. Eine Klage mit dem Ziel der Teilung einer Vermögensmasse oder der Teilung von Erträgnissen zählt ebensowenig hierher wie eine Klage im Zusammenhang mit der Auseinandersetzung einer Gesamthandgemeinschaft, also etwa zwischen Gesellschaftern oder zwischen Miterben, und zwar selbst dann nicht, wenn das Eigentum der Gesamthandgesellschaft nur aus dem Grundstück besteht. In einer Familiensache ist das Familiengericht zuständig, Mü FamRZ **78**, 604.

F. Besitzklage. Hierher zählen Klagen wegen der Entziehung des Besitzes oder der Störung im Besitz, §§ 854 ff BGB. Ferner zählt eine Klage auf Grund eines Dienstbarkeitsbesitzes nach §§ 1029, 1090 BGB hierher.

Nicht hierher gehört eine Klage mit dem Ziel der Einräumung des Besitzes oder eine Klage gegen einen Erbschaftsbesitzer.

3) Streit um unbewegliche Sachen, I. Der Begriff der unbeweglichen Sache ist nicht derjenige des „unbeweglichen Vermögens" in § 864. Er ist vielmehr dem sachlichen Recht zu entnehmen. Er umfaßt ein Grundstück und ein solches Recht, das nach dem Bundesrecht oder Landesrecht einem Grundstück gleichsteht.

Hierher zählen folgende Fälle: **a)** Das Grundstück; **b)** ein wesentlicher Bestandteil des Grundstücks, § 94 BGB, dagegen nicht das Zubehör des Grundstücks; **c)** ein Recht, das mit dem Eigentum an einem Grundstück gebunden ist, § 96 BGB, zB: Eine Grunddienstbarkeit, eine Reallast im Fall des § 1105 II BGB, ein subjektiv dingliches Vorkaufsrecht nach § 1094 II BGB, ferner ein landesrechtliches Erbpachtrecht usw, vgl Art 65 ff, 196 EG BGB. **d)** das Erbbaurecht, § 11 ErbbVO; **e)** ein Recht nach den §§ 51, 52 WEG.

Nicht hierher zählen: Die Hypothek; eine Grundschuld; eine Rentenschuld. Der dingliche Gerichtsstand ist ausnahmsweise für eine Klage mit dem Ziel der Herausgabe des Briefs im Fall der Besitzverhinderung gegeben, Einf 2 vor § 1003, § 12 G v 18. 4. 50, Anh § 1024.

4) Ausschließlichkeit, I. Der Gerichtsstand des § 24 schließt jeden allgemeinen und besonderen oder vereinbarten Gerichtsstand aus. § 24 gilt sogar gegenüber einem Exterritorialen, auch gegenüber einem Ausländer. Er gilt auch für die Widerklage und für die Zwischenklage nach § 256 II. Über die Vorfrage des Eigentums kann jedes Gericht ohne eine Rechtskraftwirkung beiläufig entscheiden. Zuständig ist dasjenige Gericht, in dessen Bezirk die Sache belegen ist, Celle VersR **78**, 570. Der Ort der Störung ist unerheblich. Er kann namentlich den § 36 Z 4 nicht entbehrlich machen.

5) Grunddienstbarkeit, II. Bei ihr sowie bei einer Reallast oder einem Vorkaufsrecht bestimmt die Lage des belasteten Grundstücks den Gerichtsstand. Das gilt unabhängig davon, wer klagt. Dasselbe gilt auch bei einem Nachbarrecht.

25 *Dinglicher Gerichtsstand des Sachzusammenhangs.* In dem dinglichen Gerichtsstand kann mit der Klage aus einer Hypothek, Grundschuld oder Rentenschuld die Schuldklage, mit der Klage auf Umschreibung oder Löschung einer Hypothek, Grundschuld oder Rentenschuld die Klage auf Befreiung von der persönlichen Verbindlichkeit, mit der Klage auf Anerkennung einer Reallast die Klage auf rückständige Leistungen erhoben werden, wenn die verbundenen Klagen gegen denselben Beklagten gerichtet sind.

1) Geltungsbereich. Vgl zunächst Einf vor § 24. § 25 läßt eine Klagenverbindung wegen eines sachlichen Zusammenhangs nur unter der Voraussetzung zu, daß alle Erfordernisse einer Verbindung bis auf dasjenige der örtlichen Zuständigkeit für die persönliche Klage vorliegen, daß also namentlich die sachliche Zuständigkeit gegeben ist. Die Vorschrift begründet keinen selbständigen Gerichtsstand. Es muß aber in allen Verfahren derselbe Bekl vorhanden sein. Wenn verschiedene Bekl vorhanden sind, ist § 36 Z 3 anwendbar. Wenn die dingliche Klage unbegründet ist, dann bleibt die Zuständigkeit für die persönliche Klage bestehen. „Schuldklage" ist die Klage gegen den persönlichen Schuldner mit dem Ziel einer Leistung oder einer Feststellung. „Klage auf Umschreibung" meint eine Umschreibung in eine Eigentümergrundschuld. Denn andernfalls würde der dingliche Gerichtsstand fehlen, § 24 Anm 2 B.

26 *Dinglicher Gerichtsstand für persönliche Klagen.* In dem dinglichen Gerichtsstand können persönliche Klagen, die gegen den Eigentümer oder Besitzer einer unbeweglichen Sache als solche gerichtet werden, sowie Klagen wegen Beschädigung eines Grundstücks oder hinsichtlich der Entschädigung wegen Enteignung eines Grundstücks erhoben werden.

1) Allgemeines. Vgl zunächst Einf vor § 24. § 26 gibt einen dinglichen Wahlgerichtsstand für gewisse persönliche Klagen. Wenn eine Klage sowohl unter § 26 als auch unter § 24 fällt, dann geht § 24 als eine ausschließliche Gerichtsstandsregelung vor.

2) Fälle. A. Klage gegen den Eigentümer oder Besitzer einer unbeweglichen Sache (Begriff § 24 Anm 3) als solchen. Der Bekl muß wegen seines Eigentums oder seines Besitzes im Zeitpunkt der Klagerhebung der richtige Bekl sein.

Hierher zählen zB: Eine Klage aus einer Verwendung nach §§ 994 ff BGB; eine Klage auf Grund eines Überbaus, § 915 BGB; eine Klage mit dem Ziel der Gestattung einer Besichtigung nach § 809 BGB; eine Klage mit dem Ziel der Gestattung einer Wegschaffung nach §§ 867, 1005 BGB.

Nicht hierher zählen zB: Eine Klage auf Grund des Einsturzes eines Gebäudes. Denn sie richtet sich nicht notwendigerweise gegen den Besitzer des Gebäudes als solchen, § 908 BGB; eine Klage auf Grund einer Haftpflicht; die Klage auf Grund einer Bauhandwerkerhypothek nach § 648 BGB, StJ II, ZÖV 1, aM Brschw OLGZ **74**, 211, Wiecz B I; eine Anfechtungsklage.

B. Klage wegen Beschädigung eines Grundstücks. Es ist unerheblich, aus welchem Rechtsgrund die Klage erhoben wird. Es ist ebenfalls unerheblich, ob der Kläger noch Eigentümer oder Besitzer ist.

Beispiele: Eine Klage auf Grund einer unerlaubten Handlung nach §§ 823, 826 BGB; eine Klage auf Grund des Einsturzes eines benachbarten Gebäudes; eine Klage nach § 867 S 2 BGB; eine Klage auf die Zahlung einer Vergütung nach § 904 BGB; eine Klage auf den Ersatz eines Wild- oder Jagdschadens nach §§ 29 ff BJagdG.

C. Klage auf eine Entschädigung wegen einer Enteignung. Hierher zählen zB die Klagen nach § 59 III LandbeschaffungsG, § 25 III SchutzbereichsG. Außerdem erklären die meisten Landesgesetze den Gerichtsstand für solche Klagen als einen ausschließlichen; vgl aber auch § 13 GVG Anm 7 „Enteignung".

27 *Besonderer Gerichtsstand der Erbschaft.* [I] Klagen, welche die Feststellung des Erbrechts, Ansprüche des Erben gegen einen Erbschaftsbesitzer, Ansprüche aus Vermächtnissen oder sonstigen Verfügungen von Todes wegen, Pflichtteilsansprüche oder die Teilung der Erbschaft zum Gegenstand haben, können vor dem Gericht erhoben werden, bei dem der Erblasser zur Zeit seines Todes den allgemeinen Gerichtsstand gehabt hat.

[II] Ist der Erblasser ein Deutscher und hatte er zur Zeit seines Todes im Inland keinen allgemeinen Gerichtsstand, so können die im Absatz 1 bezeichneten Klagen vor dem Gericht erhoben werden, in dessen Bezirk der Erblasser seinen letzten inländischen Wohnsitz hatte; wenn er einen solchen Wohnsitz nicht hatte, so gilt die Vorschrift des § 15 Abs. 1 Satz 2 entsprechend.

1) Allgemeines, I. § 27 gibt für eine erbrechtliche Streitigkeit den besonderen Wahlgerichtsstand der Erbschaft im allgemeinen Gerichtsstand des Erblassers, §§ 12–16. Der Kläger darf unter mehreren solchen Gerichtsständen frei wählen. Maßgeblich ist der Zeitpunkt des Todes, und zwar auch dann, wenn dieser Zeitpunkt in einer Todeserklärung amtlich festgestellt worden ist. Es ist nicht erforderlich, daß sich jemals ein Nachlaßgegenstand im Bezirk dieses Gerichts befunden hatte, BayObLG NJW **50**, 310; insofern weicht § 27 von § 28 ab.

2) Fälle. A. Klage auf die Feststellung des Erbrechts nach dem Eintritt des Erbfalls. Die Art der Klage ist unerheblich. Es kommt also nicht darauf an, ob es sich um eine Feststellungsklage, um eine Klage auf Grund einer angeblichen Erbunwürdigkeit, um die Geltendmachung eines Erbverzichts oder um eine Anfechtung usw handelt.

Hierher zählen zB: Eine Klage wegen des Erbrechts des Fiskus nach § 1936 BGB; eine Klage wegen des Rechts eines Nacherben nach § 2100 BGB; eine Klage wegen der Fortsetzung der allgemeinen Gütergemeinschaft nach § 1483 BGB, denn § 27 ist auf jede Gesamtrechtsnachfolge von Todes wegen sinngemäß anwendbar.

Nicht hierher zählen zB: Das Recht des Erbschaftskäufers. Denn es ist rein schuldrechtlich, § 2374 BGB; eine Klage wegen eines Rechts an einem einzelnen Nachlaßgegenstand; eine Klage wegen des Rechts auf den Widerruf einer in einem Erbvertrag vorgenommenen Erbeinsetzung, Celle MDR **62**, 992.

B. Klage des Erben gegen einen Erbschaftsbesitzer, § 2018 BGB. Es muß sich um einen Herausgabeanspruch handeln.

Hierin zählen zB: Die Klage auf die Erteilung einer Auskunft nach § 2027 I oder II BGB, Nürnb OLGZ **81**, 116 mwN, nicht aber nach § 2028 BGB; die Klage gegen einen Erbschaftskäufer, § 2030 BGB; eine Klage des Testamentsvollstreckers oder des Nachlaßpflegers.

Nicht hierher gehören zB: Eine Klage auf die Herausgabe des Erbscheins oder des Testamentsvollstreckerzeugnisses; eine Einzelklage nach § 985 BGB gegen den Erbschaftsbesitzer.

C. Klage wegen eines Anspruchs aus einem Vermächtnis, Mü Rpfleger **78**, 185, **oder auf Grund einer sonstigen Verfügung von Todes wegen.** Solche Klage richtet sich gegen den Belasteten, mag er der Erbe oder ein Dritter sein, und gegen seinen Rechtsnachfolger, auch gegen einen Testamentsvollstrecker, Mü Rpfleger **78**, 185.

Hierher zählen zB: Eine Klage auf den Voraus nach § 1932 BGB; eine Klage auf Grund eines Vermächtnisses oder einer Auflage nach den §§ 1939ff BGB; eine Klage auf Grund eines Erbvertrags nach § 1941 BGB; eine Klage auf Grund eines Vorausvermächtnisses nach § 2150 BGB; eine Klage auf Grund einer vertragsmäßigen Zuwendung oder Auflage nach § 2279 BGB; eine Klage auf Grund einer Schenkung von Todes wegen, § 2301 BGB; eine Klage auf eine Gewährung von Unterhalt an einen Angehörigen des Erblassers nach § 1969 BGB.

D. Klage wegen eines Pflichtteilsanspruchs. Er ist ein persönlicher Anspruch an den Erben auf eine Barzahlung, § 2303 BGB. Hierher zählt auch der Anspruch auf die Ergänzung des Pflichtteils nach § 2329 BGB und der Anspruch gegenüber einem Pflichtteilsberechtigten wegen dessen Erbunwürdigkeit nach § 2345 II BGB.

E. Klage auf eine Teilung der Erbschaft, §§ 2042ff BGB; vgl auch §§ 86ff FGG. Hierhin zählt auch der Fall des § 1483 II BGB, aM StJ III 4 (er wendet § 27 nur im Fall des § 1482 BGB an).

Nicht hierher zählt eine Klage auf die Vornahme einer Auseinandersetzung einer fortgesetzten Gütergemeinschaft.

3) Gerichtsstand, II. II beruht darauf, daß ein Deutscher nach Art 24 EG BGB nach deutschem Recht beerbt wird, wenn er seinen Wohnsitz im Ausland hatte. Gerichtsstand ist dann das Gericht des letzten inländischen Wohnsitzes. Hilfsweise gilt dieselbe Regelung wie bei § 15 I 2.

28 *Erweiterter Gerichtsstand der Erbschaft.* In dem Gerichtsstand der Erbschaft können auch Klagen wegen anderer Nachlaßverbindlichkeiten erhoben werden, solange sich der Nachlaß noch ganz oder teilweise im Bezirk des Gerichts befindet oder die vorhandenen mehreren Erben noch als Gesamtschuldner haften.

1) Allgemeines. A. Geltungsbereich. § 28 gibt den besonderen Wahlgerichtsstand der Erbschaft für eine Klage wegen einer Nachlaßschuld. Insofern geht die Regelung über diejenige des § 27 hinaus. Es ist unerheblich, wer klagt und wer verklagt wird, ob es sich also um den Erben handelt, den Testamentsvollstrecker, den Nachlaßverwalter, den Erbschaftskäufer oder den Lebensgefährten des Erblassers, Saarbr FamRZ 79, 797.
Hierher zählen zB: Eine Klage wegen einer vom Erblasser herrührenden Schuld nach § 1967 BGB; eine Klage wegen der Beerdigungskosten nach § 1968 BGB; eine Klage wegen des Unterhaltsanspruchs der schwangeren Witwe nach § 1963 BGB; eine Klage wegen derjenigen Kosten, die infolge einer Verwaltung der Erbschaft und der Ausschlagung der Erbschaft entstanden sind; eine leugnende Feststellungsklage eines Belangten gegen den Belangenden.
Nicht hierher zählt zB eine Klage wegen eines Anspruchs des Nachlasses.
B. Arglist. Eine arglistige Begründung oder Beseitigung des Gerichtsstands verstößt gegen Treu und Glauben. Sie kann daher nicht die erstrebte Rechtsfolge haben. Denn es handelt sich um eine Erschleichung des Gerichtsstands, Üb 4 A vor § 12. Wenn der Nachlaß gutgläubig aus dem Bezirk des Gerichts entfernt wurde, entfällt dieser Gerichtsstand.
2) Voraussetzungen im einzelnen. Der Gerichtsstand nach § 28 ist begründet, wenn entweder die eine oder die andere der folgenden Voraussetzungen vorliegen:
A. Verbleib im Bezirk. Im Bezirk des Gerichts befindet sich der Nachlaß ganz oder teilweise, also wenigstens mit irgendeinem Nachlaßstück. Wenn es um eine Forderung geht, ist § 23 S 2 anwendbar.
B. Gesamtschuldnerische Haftung. Es besteht noch eine gesamtschuldnerische Haftung der Miterben, und zwar gerade wegen der eingeklagten Nachlaßverbindlichkeit. In diesem Fall ist es unerheblich, ob sich im Gerichtsbezirk ein Nachlaßstück befindet.
3) Beweislast. Die Beweislast liegt grundsätzlich beim Kläger, Üb 3 C vor § 12. Wenn es aber um den Wegfall einer Gesamthaftung geht, ist insofern der Bekl beweispflichtig, weil er die Aufhebung eines Rechts geltend macht.

29 *Besonderer Gerichtsstand des Erfüllungsorts.* [I] Für Streitigkeiten aus einem Vertragsverhältnis und über dessen Bestehen ist das Gericht des Ortes zuständig, an dem die streitige Verpflichtung zu erfüllen ist.
[II] **Eine Vereinbarung über den Erfüllungsort begründet die Zuständigkeit nur, wenn die Vertragsparteien Kaufleute, die nicht zu den in § 4 des Handelsgesetzbuchs bezeichneten Gewerbetreibenden gehören, juristische Personen des öffentlichen Rechts oder öffentlich-rechtliche Sondervermögen sind.**

Schrifttum: Lüderitz, Fremdbestimmte internationale Zuständigkeit? Versuch einer Neubestimmung von § 29 ZPO usw, Festschrift für Zweigert (1981).

1) Allgemeines. A. Geltungsbereich. Der Gerichtsstand des Erfüllungsorts, des Vertrags, das forum contractus, ist im Geschäftsverkehr der wichtigste besondere Gerichtsstand. Er gilt für jede Art von Klage auf Grund eines schuldrechtlichen Vertrags, unabhängig von der Art der Verpflichtung. Die Vorschrift ist deshalb auch im Fall einer schuldrechtlichen Klage auf Grund eines öffentlichrechtlichen oder eines familienrechtlichen Vertrags anwendbar, etwa bei einer Klage nach § 1298 BGB, Celle MDR 49, 368, aM RoS § 36 II 1. § 28 gilt auch bei einem Vertrag zugunsten eines Dritten, § 328 BGB, oder bei einem Vertrag auf Grund eines indossablen Papiers. Denn dessen Begebung steht einem Vertragsabschluß gleich.
Die Vorschrift ist nicht anwendbar: Bei einer Klage wegen eines Anspruchs aus einem

dinglichen Vertrag; bei einer Klage auf Grund eines Erbvertrags; bei einer Forderung auf Grund einer gesetzlichen Vorschrift, etwa einer Geschäftsführung ohne Auftrag, BayObLG MDR **81**, 234 mwN, oder auf die Erteilung einer Quittung; bei einer Klage nach einer Anfechtung des Vertrags oder dann, wenn der Vertrag als nichtig erachtet wird, Anm 2; bei einer Klage auf Grund eines vertragsähnlichen Verhältnisses, etwa einer Geschäftsführung ohne Auftrag; bei einer Klage auf Grund einer ungerechtfertigten Bereicherung, und zwar auch dann nicht, wenn der Kläger seinen Anspruch in erster Linie auf eine Rückgewähr infolge einer vertraglichen Wandlung stützt oder wenn er in erster Linie eine Vertragsanfechtung geltend macht und einen Anspruch aus einer ungerechtfertigten Bereicherung nur hilfsweise geltend macht, BGH NJW **62**, 739; bei einer Klage aus einem Inhaberpapier wegen § 794 BGB; bei einer Klage auf Grund eines Beamtenverhältnisses.

Wenn am Erfüllungsort eine unerlaubte Handlung begangen worden ist, dann kann man eine Klage mit einem Anspruch, der auf eine vertragliche Wandlung gestützt wird, im Gerichtsstand des § 29 erheben. Das Gericht darf den Sachverhalt dann auch unter dem Gesichtspunkt der unerlaubten Handlung prüfen, BGH NJW **62**, 739. Etwas anderes gilt aber dann, wenn neben einer unerlaubten Handlung ein Verschulden bei bloßen Vertragsverhandlungen in Frage kommt, BGH NJW **80**, 846. Wegen der Beweislast vgl Üb 3 C vor § 12. Wegen des EuGÜbk vgl SchlAnh V C 1, besonders Art 5 Z 1, dazu EuGH NJW **77**, 490, 491 (Anm Geimer) und NJW **77**, 493, LG Köln NJW **77**, 1018, Piltz NJW **81**, 1876, Samtleben NJW **74**, 1591, Schlosser NJW **77**, 459, je mwN. Bernstein Festschrift für Ferid (1978) 94 läßt internationalrechtlich bei einem gesetzlichen Erfüllungsort dessen Recht entscheiden, bei einem vertraglichen Erfüllungsort dasjenige Recht, das auf die Gerichtsstandsvereinbarung anwendbar ist.

B. Mißbrauch. Wegen des vielfachen Mißbrauchs ist eine Vereinbarung des Erfüllungsorts nur noch beschränkt zulässig, II. Auch in den verbleibenden erlaubten Fällen ist stets zu prüfen, ob es sich nicht um eine Erschleichung des Gerichtsstands handelt, so daß die Vereinbarung unwirksam wäre, Üb 4 vor § 12. Wegen der Problematik der Allgemeinen Geschäftsbedingungen § 38 Anm 2 B.

2) Fälle, I. Unter § 29 fallen Klagen aller Art aus einem Vertragsverhältnis. In Betracht kommen besonders folgende Möglichkeiten:

A. Feststellung des Bestehens oder Nichtbestehens eines Vertrags. In solchem Fall geht es um eine Vertragswirkung oder um einen Anspruch auf Grund des Vertrags. Eine bloße Feststellung der Tatsache des Vertragsabschlusses ist prozessual unzulässig, § 256.

B. Erfüllung eines Vertrags. In solchem Fall geht es um einen Anspruch auf eine Haupt- oder Nebenleistung, etwa eine Vertragsstrafe, eine Unterlassung, insbesondere dann, wenn andernfalls eine Schlechterfüllung vorliegen würde, BGH VersR **74**, 199. Ferner zählen hierher: Ein vertragsmäßiger Rücktritt; ein Anspruch auf eine Rückgewähr wegen einer Wandlung oder Minderung; eine Klage gegen den Gesellschafter einer Offenen Handelsgesellschaft aus Gesellschaftsschulden; eine Klage gegen den Kommanditisten einer Kommanditgesellschaft, auch gegen einen vollmachtlosen Vertreter, da er ebenso haftet, als ob seine Vertretungsmacht wirksam gewesen wäre, Hbg MDR **75**, 227; eine Klage auf Grund eines Anwaltsvertrags, Celle NJW **66**, 1975, Düss AnwBl **66**, 268.

C. Vertragsaufhebung durch Richterspruch, etwa auf Grund der §§ 133, 140 HGB. Hierher zählen auch: Die Bestimmung des Inhalts der Leistung, etwa nach § 315 III BGB; die Herabsetzung einer Vertragsstrafe nach § 343 BGB; die Herabsetzung einer Anwaltsgebühr nach § 3 III BRAGO.

Nicht hierher zählen zB: Eine Anfechtung. Denn in einem solchen Fall liegt ein gesetzlicher Bereicherungsanspruch vor, LG Essen NJW **73**, 1704, aM Blomeyer ZPR 5 IV 3 c; eine Klage auf Grund einer ungerechtfertigten Bereicherung, weil eine Anfechtung erfolgt sei, Karlsr MDR **79**, 681, und zwar auch dann nicht, wenn der Bereicherungsanspruch nur hilfsweise neben dem Hauptanspruch auf eine Wandlung geltend gemacht wird, BGH **LM** Nr 1. Wegen eines Schadensersatzanspruchs auf Grund einer unerlaubten Handlung, die am Erfüllungsort begangen wurde, vgl BGH **LM** § 32 Nr 5; eine Klage auf Grund eines Rücktritts, sofern der Anspruch nicht auf die Verletzung einer besonderen Vertragspflicht gestützt wird, LG Essen NJW **73**, 1704.

D. Nichterfüllung oder nicht gehörige Erfüllung. Hierher zählen zB: Eine Klage auf den Ersatz eines Schadens wegen eines Verschuldens während der Vertragsverhandlungen, Mü NJW **80**, 1531 mwN, aM LG Essen NJW **73**, 1704 (aber es liegt ein vertragsähnliches Verhältnis vor, Pal-Heinr § 276 BGB Anm 6a. Dieses Verhältnis läßt zumindest eine entsprechende Anwendung des § 29 zu); eine Klage wegen des Bruchs eines Verlöbnisses; eine Klage auf eine Wandlung oder Minderung.

3) Gericht des Erfüllungsorts, I. A. „Streitige Verpflichtung". Gemeint ist entweder diejenige Verpflichtung des Bekl, die der Kläger in der Klage behauptet, oder diejenige Verpflichtung des Klägers, die er mit seiner Klage leugnet. Es kommen im einzelnen folgende Erfüllungsorte in Betracht:

a) Erfüllungsort des Beklagten. Er ist in aller Regel maßgeblich. Wenn es um eine Wandlung geht, dann ist als Erfüllungsort für beide Parteien derjenige Ort anzusehen, an dem sich die Ware vertragsgemäß befindet, also der Austauschort. Er bleibt das auch, wenn der Käufer die Ware zurückgesandt hat, bevor er die Klage erhebt. Denn der Verkäufer muß dem Gläubiger den Kaufpreis an dessen Wohnsitz übermitteln, und der Käufer kann nicht wegen einer vorzeitigen Rücksendung schlechter gestellt werden, Celle SJZ **48**, 764, aM zB StJ § 29 IV 3 (er fordert eine selbständige Bestimmung des Erfüllungsorts, da keine Leistung Zug um Zug mehr vorliege). Böttcher SJZ **48**, 738, 766 betont, daß es sich bei der Wandlungsklage in erster Linie um die Befreiung des Käufers von seiner Zahlungspflicht handelt, so daß der Ort dieser Zahlungspflicht maßgeblich sein muß; zum Problem LG Krefeld MDR **77**, 1018 mwN.

Der Gerichtsstand des Austauschortes gilt auch dann, wenn die Ware untergegangen ist oder versteigert wurde. Eine Verpflichtung zur Zahlung von Frachtkosten Zug um Zug ist eine Nebenleistung. Es entscheidet immer die Hauptverpflichtung, auch wenn der Kläger eine Vertragsstrafe geltend macht. Von mehreren Hauptansprüchen ist im übrigen jeder selbständig zu prüfen. Wenn es sich um eine Klage auf die Zahlung des Kaufpreises und zugleich auf die Abnahme der verkauften Sache handelt, dann entscheidet der Ort, an dem die Zahlungsverpflichtung zu erfüllen ist. Wenn es sich um eine Klage auf die Zahlung einer Entschädigung wegen einer Nichterfüllung oder einer Schlechterfüllung handelt, dann ist nicht der einzelne Anspruch im Streit, sondern es geht um die Verletzung des Vertrags insgesamt. Daher liegt der Erfüllungsort dort, wo die vertragliche Hauptpflicht zu erfüllen ist. Ein rechtlich entbehrlicher Nebenantrag bleibt unberücksichtigt.

b) Erfüllungsort des Klägers. Er ist zB in folgenden Fällen maßgeblich: Bei einer Klage mit dem Ziel einer Aufhebung des Vertrags; bei einer verneinenden Feststellungsklage; bei einer Klage auf die Feststellung des Bestehens einer begrenzteren Vertragspflicht.

B. Bestimmung; Natur des Schuldverhältnisses. Wo zu erfüllen ist, das ergibt sich aus dem bürgerlichen Recht. Vgl in diesem Zusammenhang Pal-Heinr § 269 BGB Anm 2ff, Rewolle BB **79**, 170. Hier sind insofern nur Andeutungen möglich. Es entscheidet in erster Linie die Bestimmung. Sie kann auf dem Gesetz beruhen, etwa bei § 374 BGB, oder auf einer rechtsgeschäftlichen Vereinbarung. Die Vereinbarung des Erfüllungsorts ist jedoch für die Zuständigkeit nur noch unter den Voraussetzungen II beachtlich, vgl freilich auch § 39. Mangels einer Bestimmung entscheiden die Umstände, insbesondere die Natur des Schuldverhältnisses. Ganz hilfsweise entscheidet der Wohnsitz oder die gewerbliche Niederlassung des Schuldners im Zeitpunkt des Vertragsschlusses. Etwas anderes gilt bei einer Vereinbarung, §§ 697, 700 BGB.

C. Beispiele

Anwaltsvertrag: Bei einem Streit um die Zahlung des Honorars oder um dessen Höhe ist der Ort der Kanzlei des Rechtsanwalts maßgeblich, BayObLG MDR **81**, 234, Celle MDR **80**, 673 mwN, Stgt AnwBl **76**, 439, LG Osnabr AnwBl **77**, 217, AG Köln AnwBl **78**, 63, AG Lübeck MDR **81**, 233. Auch wegen des Honorars für die Vertretung in einer Familiensache ist das Prozeßgericht zuständig, BayObLG NJW **82**, 587. Es kann auch § 34 anwendbar sein, vgl BayObLG NJW **82**, 587.

Arbeitsrecht: Wegen einer Kündigungsschutzklage des Arbeitnehmers vgl Brehm/John/Preusche NJW **75**, 26. Bei einem Streit um eine Arbeitnehmererfindung entscheidet der wirtschaftliche Mittelpunkt des Arbeitsverhältnisses, LG Brschw GRUR **76**, 587.

Architektenvertrag: S „Werkvertrag".

Bürgschaft: Es ist nicht immer derjenige Ort maßgeblich, an dem der Hauptschuldner seine Verbindlichkeit zu erfüllen hat.

Darlehen: Für die Klage auf die Rückzahlung des Darlehens ist der Wohnsitz des Darlehensnehmers maßgeblich, Vollkommer BB **74**, 1317, aM AG Hbg BB **74**, 1316 (dieses Gericht hält den Sitz der Bank für maßgeblich). Der Übergabeort ist unerheblich.

Dienstvertrag: Maßgeblich ist derjenige Ort, an dem die vertragliche Dienstleistung zu erbringen ist, LG Hbg NJW **76**, 199 mwN. Für Dienstbezüge gilt § 269 BGB, Pal-Heinr 7, Tappermann NJW **73**, 2096.

2. Titel. Gerichtsstand § 29 3, 4

Frachtvertrag: Für einen Streit zwischen dem Verfrachter und dem Empfänger ist beim Fehlen einer Gerichtsstandsvereinbarung international das Gericht desjenigen Orts zuständig, an dem die Ablieferung zu erfolgen hat, Hbg VersR **82**, 894.
Gartenarchitektenvertrag: S ,,Werkvertrag".
Handelsvertretervertrag: Bei einem Streit um einen Buchauszug ist der Sitz des Unternehmens maßgeblich, Düss NJW **74**, 2187.
Kaufvertrag: Bei der Klage auf die Zahlung des Kaufpreises handelt es sich um eine Schickschuld, wie meist bei einer Geldschuld, LG Brschw DB **74**, 571. Infolgedessen ist der Wohnort des Käufers maßgeblich. Der Übergabeort ist unerheblich. Wenn es um einen Rücktritt geht, ist für die Rückgabepflicht der Wohnort des Käufers maßgeblich, Nürnb NJW **74**, 2237.
Kraftfahrzeugreparatur: S ,,Werkvertrag".
Mietvertrag: Maßgeblich ist grundsätzlich derjenige Ort, an dem der Mieter die Mietsache gebrauchen darf. Wenn der Mieter aber an einem anderen Ort wohnt, mag sein Wohnsitz maßgeblich sein. Jedenfalls ist der Wohnsitz des Vermieters grundsätzlich auch dann nicht maßgeblich, wenn der Mieter die Miete auf ein im Vertrag angegebenes Konto des Vermieters überweisen soll, LG Trier NJW **82**, 287. Bei einem Beherbergungsvertrag ist die Bezahlung keineswegs immer am Ort der Beherbergung zu erbringen, zumal viele Mieter etwa von Ferienhäusern usw ihre Verpflichtung längst vor dem Antritt des Urlaubs oder nach dessen Beendigung vom Wohnsitz aus durch eine Überweisung erfüllen. Der Beherbergungsort ist jedenfalls dann nicht maßgeblich, wenn ihn der Gast überhaupt nicht aufsucht, AG Freyung MDR **79**, 850, aM AG St Blasien MDR **82**, 1017.
Nebenpflicht: Maßgeblich ist der Ort, an dem die Hauptpflicht zu erfüllen ist.
Schuldbeitritt: Bei einer kumulativen Schuldmitübernahme übernimmt der neue Schuldner die Schuld als eine eigene. Daraus folgt, daß sie nicht notwendig an demselben Ort zu erfüllen ist wie die ursprüngliche Schuld, Schlesw SchlHA **81**, 189, PalH § 269 BGB Anm 5.
Übergabe: Als Erfüllungsort für die Übergabe einer beweglichen Sache ist derjenige Ort anzusehen, an dem sich die Sache befindet.
Werkvertrag: Bei einer Kraftfahrzeugreparatur ist der Sitz der Werkstatt maßgeblich, Ffm DB **78**, 2217 mwN. Beim Bauvertrag ist der Ort des Bauwerks maßgeblich, BayObLG MDR **83**, 583 mwN, abw Nürnb BauR **77**, 70, Völker BauR **81**, 522. Beim Architekten- oder Gartenarchitektenvertrag ist für das Honorar der Büroort maßgeblich, AG Lübeck MDR **81**, 233; insofern sind die beim Anwaltsvertrag, s oben, geltenden Grundsätze entsprechend anwendbar.
Zug-um-Zug-Leistung: Als Erfüllungsort gilt derjenige Ort, wo diejenige Pflicht zu erfüllen ist, die nach dem Vertrag die größere Bedeutung hat und ihm das wesentliche Gepräge gibt, Stgt NJW **82**, 529. Ergänzend gilt derjenige Ort, an dem sich die Sache befindet, die herauszugeben ist, Stgt NJW **82**, 529. Ein Zurückbehaltungsrecht ändert bei einer Vorleistungspflicht des Gegners an diesem Erfüllungsort nichts.

4) Vereinbarung, II. A. Willenseinigung. Sie ist erforderlich. Ob sie vorliegt, muß man nach dem bürgerlichen Recht feststellen. Wenn die Parteien einen ,,Erfüllungsort" vereinbaren, der vom tatsächlichen Leistungsort abweicht, dann müssen sie dazu Tatsachen vortragen, LG Mü NJW **73**, 59. In einem solchen Fall liegt oft nur eine Gerichtsstandsvereinbarung oder eine Vereinbarung darüber vor, welches Recht angewendet werden soll. Die Erfüllung darf keineswegs deshalb scheitern, weil es keinen Erfüllungsort gebe. Deshalb kann sich der Erfüllungsort auch anhand eines nur schwachen Anknüpfungspunkts ergeben, OGH DRZ **49**, 469. Eine Vereinbarung wegen des Erfüllungsorts gilt im Zweifel für alle Vertragspartner. Aus der Natur der Sache oder des Vertrags kann sich aber eine Abweichung von dieser Regel ergeben.

Ein einseitiger Vermerk über einen Erfüllungsort auf einer Rechnung (Faktur) kann den Erfüllungsort nur dann begründen, wenn dieser Vermerk ein Teil eines Bestätigungsschreibens ist und wenn dieses Bestätigungsschreiben ausreicht. Dieser Vorbehalt ist selbst dann zu beachten, wenn die Parteien in ständiger Geschäftsbeziehung standen und wenn der Empfänger die Rechnung vorbehaltlos angenommen hat. Vgl im übrigen zu Allgemeinen Geschäftsbedingungen § 38 Anm 2 B.

B. Grenzen der Vereinbarkeit. II erlaubt nur bestimmten Partnern eine Vereinbarung. Beide müssen im Zeitpunkt der Vereinbarung einer der in II genannten Gruppen angehört haben. Vgl im übrigen zu den Einzelgruppen § 38 Anm 3 A a–c. Eine Form ist nicht erforderlich, soweit sie nicht zur Wirksamkeit des sachlichrechtlichen Vertrags vorgeschrieben ist.

Anhang nach § 29
Gerichtsstand bei Abzahlungsgeschäften

§§ 6a, b AbzG

§ 6a ^{I} Für Klagen aus Abzahlungsgeschäften ist das Gericht ausschließlich zuständig, in dessen Bezirk der Käufer zur Zeit der Klageerhebung seinen Wohnsitz, in Ermangelung eines solchen seinen gewöhnlichen Aufenthaltsort hat.

^{II} Eine abweichende Vereinbarung ist jedoch zulässig für den Fall, daß der Käufer nach Vertragsschluß seinen Wohnsitz oder gewöhnlichen Aufenthaltsort aus dem Geltungsbereich dieses Gesetzes verlegt oder sein Wohnsitz oder gewöhnlicher Aufenthaltsort im Zeitpunkt der Klageerhebung nicht bekannt ist.

§ 6b § 6a gilt entsprechend für Klagen aus Geschäften im Sinne des § 1c.

Schrifttum: Ostler-Weidner 6. Aufl 1971; Palandt-Putzo 43. Aufl 1984.

1) Allgemeines. Das AbzG schützt den Abzahlungskäufer. §§ 6a, b AbzG dehnen diese Schutzfunktion auf solche Gerichtsstandsvereinbarungen aus, die sich oft in Vertragsformularen befinden. Die Vorschriften wollen grundsätzlich verhindern, daß der Abzahlungsverkäufer den Abzahlungskäufer an einem für den Verkäufer günstigen, für den Käufer aber ungünstigen Gericht verklagen kann und daß dadurch der Abzahlungskäufer darin behindert werden kann, seine Einwendungen vorzubringen. § 6a AbzG aF galt rückwirkend auch für solche Geschäfte, die vor dem 1. 1. 70 abgeschlossen waren, jedoch nicht für eine Klage, die vor diesem Tag rechtshängig geworden war, § 261 III Z 2. Scholz BB **74**, 571 fordert die Aufhebung des § 6a AbzG nF wegen des § 38. § 6b AbzG gilt nicht rückwirkend, Art 2 G v 15. 5. 74, BGBl 1169, BGH NJW **76**, 1355.

2) Abzahlungsgeschäft. I. A. Grundsatz. Unter § 6a AbzG fallen sämtliche Ansprüche des Abzahlungsverkäufers wie des Abzahlungskäufers, die mit einem Abzahlungsgeschäft zusammenhängen. Es entscheidet eine wirtschaftliche Betrachtungsweise, Hamm BB **83**, 213.

B. Anwendbarkeit. Hierher zählen folgende Fälle: Ein Anspruch auf Grund eines Wechsels, BGH **62**, 111, aM Evans-von Krbek NJW **75**, 862 mwN, zumindest dann, wenn sich der Wechsel im Besitz des Abzahlungsverkäufers befindet, Stgt MDR **73**, 321; ein Anspruch der Finanzierungsbank; ein Anspruch eines nach Art 17 WG bösgläubigen Dritten, Pal-Putzo 2c, Löwe NJW **71**, 1825; ein Anspruch auf Grund eines Schecks, den der Abzahlungskäufer für die Kaufpreisforderung gegeben hat; ein Anspruch beim finanzierten Abzahlungsgeschäft, zB LG Mannh NJW **70**, 2112, Pal-Putzo 2a, Scholz MDR **73**, 452 mwN. In diesem Fall muß die Kaufsache an den Kreditgeber zur Sicherung übereignet worden sein, BGH NJW **70**, 701 und NJW **71**, 2303. § 6a I AbzG ist auch bei einer Klage auf die Rückzahlung des Kapitals auf Grund eines wegen Sittenwidrigkeit nichtigen Darlehensvertrags anwendbar, soweit die Valuta überwiegend dem Erwerb eines Gegenstandes im Rahmen eines finanzierten Abzahlungsgeschäfts diente, Hamm BB **83**, 213. Hierher zählt also keineswegs jeder Darlehnsvertrag zum Zweck von Anschaffungen, Scholz MDR **73**, 454.

Weitere Fälle der Anwendbarkeit: Ein Anspruch auf die Rückgabe der Abzahlungssache, selbst wenn der Kläger den Anspruch nur auf § 985 BGB stützen will, LG Düss NJW **73**, 1047; überhaupt jeder andere Anspruch, der aus einem Abzahlungsgeschäft erwachsen kann, etwa wegen einer Unmöglichkeit, wegen eines Verzugs oder wegen einer ungerechtfertigten Bereicherung. § 6a AbzG ist auch dann anwendbar, wenn der Abzahlungskäufer die Sache bereits besitzt.

Eine Übergabe der verkauften Sache ist nicht erforderlich. Denn § 6a AbzG verweist nicht auf § 1 AbzG. § 6a AbzG ist deshalb auch dann anwendbar, wenn der Abzahlungsverkäufer den Anspruch ohne eine Übergabe oder vor der Übergabe geltend macht, Pal-Putzo 2. Wegen eines Mietkaufs BGH **62**, 44.

C. Unanwendbarkeit. Nicht hierher zählen solche Ansprüche, die nur bei der Gelegenheit eines Abzahlungsgeschäfts entstehen, etwa auf Grund einer unerlaubten Handlung, Scholz MDR **73**, 454, aus einer Bürgschaft oder gegenüber einem anderen mithaftenden Nichtkäufer, Vollkommer Rpfleger **74**, 365 mwN, Weidner NJW **70**, 1870, aM LG Ffm Rpfleger **74**, 364.

Bei einem Abonnement auf eine Buchreihe, deren selbständiger Einzelband jeweils zu bezahlen ist, ist § 6a AbzG auch nicht entsprechend anwendbar (wohl aber evtl § 6b AbzG), BGH NJW **76**, 1354. Die Vorschrift ist unanwendbar, wenn es zwischen dem Veranstalter eines Fernunterrichts und dem Teilnehmer Streit gibt, § 9 FernUSG v 24. 8 .76, BGBl 2525.

2. Titel. Gerichtsstand   **Anh § 29, § 29a**

3) Zuständigkeit, I. Für Klagen jeder Art auf Grund des AbzG ist dasjenige Gericht ausschließlich zuständig, in dessen Bezirk der Käufer auch als Kläger, BGH **LM** Nr 1, Löwe NJW **73**, 1162, im Zeitpunkt der Klagerhebung, § 253 I, seinen Wohnsitz hat, §§ 7–11 BGB. Wenn ein Wohnsitz fehlt, kommt es auf einen gewöhnlichen Aufenthalt an, § 16 Anm 2. Ein späterer Wechsel des Wohnsitzes oder des Aufenthaltsorts ist unerheblich, § 261 III Z 2, soweit nicht ein Fall des § 6a II AbzG vorliegt. Wenn mehrere Abzahlungskäufer verschiedene Wohnsitze haben, muß die Zuständigkeit nach § 36 Z 3 bestimmt werden, BGH **LM** Nr 1. Wegen des EuGÜbk SchlAnh V C 1, bes Art 13 ff.

4) Abweichende Vereinbarung. Solche Abweichungen vom Grundsatz sind nur im Fall des § 6a II AbzG zulässig, § 40 II. Das gilt nur dann nicht, wenn der Käufer ein eingetragener Kaufmann ist, § 8 AbzG, Scholz MDR **73**, 454. Die Möglichkeit abweichender Vereinbarungen ist also unter Umständen selbst dann beschränkt, wenn § 38 I anwendbar wäre, Scholz BB **74**, 571 und MDR **74**, 973. Eine abweichende Vereinbarung muß sich auf ein bestimmtes Einzelgeschäft beziehen. Eine solche Vereinbarung ist also nur für denjenigen Fall zulässig, daß der Käufer seinen Wohnsitz oder seinen gewöhnlichen Aufenthaltsort nach dem Vertragsabschluß in das Ausland verlegt. Denn dann kann man dem Abzahlungsverkäufer die Durchführung des Prozesses im Ausland wegen der erfahrungsgemäß in solcher Situation auftretenden Schwierigkeiten nicht zumuten.

5) Mahnverfahren. Es wurde früher in § 6a III AbzG geregelt. Vgl jetzt § 689 II.

29a *Ausschließlicher Gerichtsstand bei Wohnraumprozessen.* **I** Für Klagen auf Feststellung des Bestehens oder Nichtbestehens eines Mietvertrages oder Untermietvertrages über Wohnraum, auf Erfüllung, auf Entschädigung wegen Nichterfüllung oder nicht gehöriger Erfüllung eines solchen Vertrages ist das Amtsgericht ausschließlich zuständig, in dessen Bezirk sich der Wohnraum befindet. Das gleiche gilt für Klagen auf Räumung des Wohnraums oder auf Fortsetzung des Mietverhältnisses auf Grund der §§ 556a, 556b des Bürgerlichen Gesetzbuchs.
II Absatz 1 ist nicht anzuwenden, wenn es sich um Wohnraum der in § 556a Abs. 8 des Bürgerlichen Gesetzbuchs genannten Art handelt.

1) Geltungsbereich. S 1 ist dem § 29 nachgebildet, vgl § 29 Anm 2. Der Begriff des Wohnraums entspricht demjenigen im Sinne des BGB, insofern grundsätzlich richtig BGH NJW **81**, 1377. Ein Wohnraum liegt vor, wenn der strittige Raum zur Zeit der letzten mündlichen Verhandlung zumindest überwiegend als Wohnraum genutzt wird, LG Duisb WM **81**, 213. Die Vorschrift ist weit auszulegen, abw LG Flensb MDR **81**, 57. Sie soll vor allem den vom Gesetzgeber als sozial schwächer angesehenen Mieter schützen und die Entscheidung demjenigen AG vorbehalten, das die Situation am Ort kennt, LG Flensb MDR **81**, 57, ThP 2b.
Hierher gehören auch: Die Klage auf eine Zustimmung zu einer Mieterhöhung nach § 2 MHG, vgl LG Mannh ZMR **77**, 31, Fehl NJW **74**, 928 mwN; eine Schadensersatzklage, etwa wegen einer unvollständigen Gebrauchsüberlassung oder einer nicht rechtzeitigen Herausgabe der Mietsache. S 2 erfaßt die Räumungsforderungen. Hierher fällt auch eine Herausgabeklage auf Grund des § 985 BGB, also unabhängig davon, ob ein Mietverhältnis bestand. Denn S 2 nennt nur die Räumung von Wohnraum", zB LG Duisb (8. ZK) WM **81**, 213, ThP 1b, ZöV II 1d, aM Mü MDR **77**, 497, LG Duisb (9. ZK) WM **81**, 213, AG Bln-Charlottenb WM **83**, 210 mwN. Hierher zählt ferner: Eine Klage auf die Fortsetzung auf Grund der Sozialklausel der §§ 556a–b BGB, LG Mannh ZMR **77**, 31; die Klage auf die Rückgewähr einer Mietkaution; die Klage auf die Zahlung eines Vorschusses für die Wohnungsausstattung, Mü NJW **70**, 955; die Klage auf eine Rückzahlung zu unrecht geleisteter Beträge, aM LG Karlsr WM **82**, 132.
Hierher gehört nicht: Eine Klage gegenüber dem vollmachtlosen Vertreter. Denn zu ihrer Begründung gehört die Behauptung, es sei gerade kein Mietvertrag zustandegekommen.
Nach § 29a sind, anders als bei § 23 Z 2a GVG, auch solche Fälle zu beurteilen, deren Streitwert 5000 DM übersteigt, sofern es sich zB um eine Forderung auf die Zahlung rückständiger Miete, um eine Renovierungsforderung oder um einen mit der Miete zusammenhängenden Schadensersatzanspruch handelt, Düss WM **73**, 225, LG Mannh NJW **69**, 1071. Der Gerichtsstand ist anwendbar, wenn der Kläger Tatsachen vorträgt, deren rechtliche Beurteilung ergibt, daß ein Mietvertrag oder ein Untermietvertrag über einen Wohnraum vorliegt, Mü MDR **79**, 940. Die Vorschrift ist an sich auf solchen Wohnraum anwendbar, der im Zusammenhang mit einem Arbeitsverhältnis genutzt wird; vgl freilich § 2

I Z 4a ArbGG. Die Vorschrift ist ferner auf jede Art von Mischmiete anwendbar, LG Kiel WM **76**, 238, abw LG Flensb MDR **81**, 58 (das Gericht wendet § 29a jedenfalls dann an, wenn der Gewerberaum für die wirtschaftliche Existenz des Mieters ausschlaggebende Bedeutung hat), aM Hbg MDR **69**, 846, ThP 1a, ZöV II 1b (diese halten § 29a für unanwendbar, wenn der Anteil des Geschäftsraums an dem gesamten Mietobjekt überwiege). Es liegt auch dann ein Wohnraum-Mietvertrag vor, wenn der Raum an Bedienstete des Mieters untervermietet werden soll, zB LG Mü ZMR **74**, 51, aM zB BGH NJW **81**, 1377 mwN.

Auch ein Altenheimvertrag kann zumindest dann unter § 29a fallen, wenn der Insasse zB nur eine Teilverpflegung beanspruchen kann, LG Gött ZMR **81**, 274.

II ist enger gefaßt als § 23 Z 2a GVG. Die Vorschrift gilt für solchen Wohnraum, der nur zu einem vorübergehenden Gebrauch vermietet wird. Hierher zählen zB: Eine Ferienwohnung; die Überlassung des heimischen Wohnraums während einer Ferienreise des Inhabers; eine vorübergehende Vermietung eines vollmöblierten oder teilmöblierten Zimmers, etwa an einen Studenten oder während eines vorübergehenden auswärtigen Arbeitsverhältnisses des bisherigen Benutzers, §§ 556a VIII, 565 III BGB.

Die Vorschrift ist nicht anwendbar, wenn ein Dritter klagt, der aus Anlaß einer Abwicklung eines Mietvertrags begünstigt wurde und nun einen Schadensersatz geltend macht, Mü ZMR **73**, 84.

2) Ausschließliche Zuständigkeit. Dasjenige AG, in dessen Bezirk sich der Wohnraum befindet, ist sowohl sachlich als auch örtlich ausschließlich zuständig. Denn dieses Gericht hat die besten Möglichkeiten, in die örtlichen Verhältnisse Einblick zu nehmen. Aus diesem Grund ist eine Zuständigkeitsvereinbarung unzulässig, Ffm MDR **79**, 851. Die ausschließliche Zuständigkeit soll auch verhindern, daß der sozial unter Umständen schwächere Mieter an einem entfernten Gericht klagen muß. § 1025a hat einen ähnlichen Schutzzweck.

Wenn es sich um einen ausländischen Wohnraum handelt, sind die §§ 12ff anwendbar, LG Bonn NJW **74**, 428 (im Ergebnis zustm Geimer NJW **74**, 2189). Man muß den Rechtsstreit unter Umständen an das AG des § 29a zurückverweisen, und zwar auch bei einem Rechtsstreit um einen inländischen Wohnraum, vgl § 696 V 1. § 530 geht dem § 29a vor, LG Mannh ZMR **77**, 31. Wegen des EuGÜbk SchlAnh V C 1, besonders des vorrangigen Art 16 Z 1, dazu LG Aachen MDR **76**, 322, AG Offenbach NJW **82**, 2735, Trenk-Hinterberger ZMR **78**, 165, derselbe, Internationales Wohnungsmietrecht (1977) 71.

30 *Besonderer Gerichtsstand des Meß- und Marktorts.* Für Klagen aus den auf Messen und Märkten, mit Ausnahme der Jahr- und der Wochenmärkte, geschlossenen Handelsgeschäften (Meß- und Marktsachen) ist das Gericht des Meß- oder Marktortes zuständig, wenn die Klage erhoben wird, während der Beklagte oder sein zur Prozeßführung berechtigter Vertreter sich am Ort oder im Bezirk des Gerichts aufhält.

1) Voraussetzungen. § 30 setzt folgendes voraus:

A. Messe; Markt. Es muß eine dem kaufmännischen Großverkehr dienende Messen oder ein entsprechender Markt veranstaltet werden, etwa die Frankfurter Buchmesse oder die Messe in Hannover.

B. Handelsgeschäft. Auf der Messe oder dem Markt müssen die Parteien ein Handelsgeschäft im Sinne der §§ 343ff HGB abgeschlossen haben.

C. Aufenthalt. Der Kläger muß die Klage erheben, solange sich der Bekl oder sein prozeßführungsbemächtigter Vertreter noch oder bereits wieder im Bezirk des Gerichts aufhalten, in dem die Messe oder der Markt stattfinden oder stattgefunden haben.

Die Zustellung erfolgt nur an den anwesenden Bekl oder seinen Vertreter. Diese Lösung entspricht allein dem Sinn des § 30.

31 *Besonderer Gerichtsstand der Vermögensverwaltung.* Für Klagen, die aus einer Vermögensverwaltung von dem Geschäftsherrn gegen den Verwalter oder von dem Verwalter gegen den Geschäftsherrn erhoben werden, ist das Gericht des Ortes zuständig, wo die Verwaltung geführt ist.

1) Geltungsbereich. A. Geschützte Anspruchsarten. Der besondere Wahlgerichtsstand der Vermögensverwaltung ist nur für einen Anspruch des Geschäftsherrn gegen den Vermögensverwalter oder umgekehrt zulässig, nicht für einen Dritten. § 31 erfaßt zB: Den

Anspruch auf eine Rechnungslegung; den Anspruch auf eine Herausgabe; den Anspruch auf eine Entlastung. Die Vorschrift setzt einen Kreis von Geschäften voraus, etwa die Geschäfte des Generalagenten einer Versicherungsgesellschaft. Ein einfaches Geschäft, zB dasjenige eines gewöhnlichen Agenten, reicht nicht aus.

Die Verwaltung kann auf folgenden Grundlagen beruhen: Auf einem Vertrag, auf einer gesetzlichen Vorschrift, etwa beim Vormund; auf einer letztwilligen Verfügung, etwa beim Vorerben; auf einer auftragslosen Tätigkeit. Hierher zählt auch eine Verwaltung von Wohnungseigentum, BAG NJW **74**, 1016.

B. Zuständigkeit. Es ist das Gericht desjenigen Orts zuständig, an dem die Verwaltung geführt worden ist oder geführt wird. Ihr geschäftlicher Mittelpunkt, der Sitz, entscheidet ohne eine Rücksicht darauf, wo das Vermögen liegt oder wo die Aufsicht geführt wird.

32 *Besonderer Gerichtsstand des Tatorts.* **Für Klagen aus unerlaubten Handlungen ist das Gericht zuständig, in dessen Bezirk die Handlung begangen ist.**

Schrifttum: Kollar, Der Gerichtsstand der unerlaubten Handlung usw (rechtsvergleichend), Diss Köln 1963.

1) Allgemeines. § 32 gibt den besonderen Wahlgerichtsstand des Tatorts der unerlaubten Handlung, das forum delicti commissi. Die Vorschrift gilt gegenüber einem Inländer ebenso wie gegenüber einem Ausländer, vgl BGH **LM** Nr 9. Es handelt sich nicht um einen ausschließlichen Gerichtsstand, BayObLG VersR **78**, 1011. Man muß nach den Umständen des einzelnen Falls ermitteln, ob ein Gerichtsstand, der für den Fall einer Vertragsverletzung vereinbart worden ist, auch für den Fall einer unerlaubten Handlung gilt, soweit eine solche Auslegung überhaupt zulässig ist, vgl § 40 Anm 1 und 2, OGH NJW **50**, 385 (dieses Gericht bejaht in vielen Fällen eine solche Auslegungsmöglichkeit), Stgt BB **74**, 1270, Hbg MDR **49**, 368 (hier wird eine solche Auslegungsmöglichkeit grundsätzlich verneint).

Wenn der Kläger seinen Anspruch sowohl auf den Gesichtspunkt einer unerlaubten Handlung als auch auf denjenigen eines unlauteren Wettbewerbs stützt, gilt § 32 wahlweise neben § 24 UWG, BGH **LM** § 249 (D) BGB Nr 14 mwN, Mü GRUR **75**, 151, Stgt NJW **62**, 400, ThP 2 b, aM Sack NJW **75**, 1308 (er wendet in einem solchen Fall nur § 24 UWG an). Wenn die vom Kläger behaupteten Tatsachen allenfalls einen Verstoß gegen das UWG ergeben, ist formell lediglich § 24 II UWG anwendbar, Köln NJW **70**, 477. Freilich stimmt diese Vorschrift inhaltlich mit § 32 überein und ist ebenso auszulegen, Köln NJW **70**, 477, ThP 2 c.

Vgl ferner Üb 1 C vor § 12 (wegen der internationalen Zuständigkeit), dazu zB BGH NJW **80**, 1224 (abl Schlosser). § 32 ist auch dann anwendbar, wenn ein Wirtschaftsverband wegen einer angeblich unzulässigen Zugabe, § 2 ZugabeVO, eine Unterlassungsklage erhebt, BGH NJW **56**, 911. Denn die ZugabeVO enthält keine dem § 24 UWG entsprechende Vorschrift.

Die Ausführungsvorschriften der Länder zum BJagdG enthalten Sondervorschriften für die Fälle von Wildschäden oder Jagdschäden, vgl § 23 GVG Anm 8. Vgl ferner § 14 HaftpflG idF v 4. 1. 78, BGBl 145. Wegen des EuGÜbk SchlAnh V C 1, besonders Art 5 Z 3, 4.

2) Unerlaubte Handlung. A. Sachlicher Geltungsbereich. Es ist nach den §§ 823ff BGB zu prüfen, ob eine unerlaubte Handlung vorliegt. Dabei ist eine weite Auslegung geboten, Baumgärtel/Laumen JA **81**, 215. § 32 gilt sowohl im Fall einer Straftat als auch dann, wenn eine bürgerlichrechtliche Haftung in Betracht kommt. In diesem Fall kommt es nicht darauf an, ob die Haftung von einem Verschulden abhängig ist oder nicht, ob es sich um eine Haftung nach dem BGB oder nach einer ähnlichen gesetzlichen Vorschrift handelt.

B. Beispiele. a) Anwendbarkeit. Unter § 32 fallen: Eine Tierhalterhaftung nach § 833 BGB; eine Haftung für einen Verrichtungsgehilfen nach § 831 BGB; eine Gefährdungshaftung, Baumgärtel/Laumen JA **81**, 215, zB nach den §§ 7 ff StVG; eine Haftung auf Grund eines Schiffszusammenstoßes nach den §§ 735–739 HGB, 92 BinnenSchiffG; eine Haftung des Organs einer juristischen Person nach den §§ 31, 89 BGB; die Haftung des Staats für ein Verhalten eines Beamten; der Direktanspruch des Geschädigten nach § 3 Z 1 PflVG, BGH NJW **83**, 1799 mwN; die Rückgriffsklage des Kraftfahrzeughaftpflichtversicherers gegenüber dem Versicherten, Mü NJW **67**, 55; eine Anfechtungsklage innerhalb und außerhalb eines Konkursverfahrens, insofern aM Karlsr MDR **79**, 681 mwN; eine Klage wegen einer verbotenen Eigenmacht nach den §§ 858 ff BGB, Baumgärtel/Laumen JA **81**, 215, StJ II 2;

eine Schadensersatzklage auf Grund einer unberechtigten Zwangsvollstreckung nach den §§ 717 II (nicht III), 945; ein Schadensersatzanspruch wegen der Verletzung des Persönlichkeitsrechts, BGH **LM** Nr 9, oder eines Urheberrechts, BGH GRUR 80, 230; eine Schadensersatzforderung wegen der Verletzung eines gewerblichen Schutzrechts oder wegen eines unlauteren Wettbewerbs, Baumgärtel/Laumen JA 81, 215; eine Klage wegen eines Verstoßes im Sinne des § 35 GWB, BGH, NJW 80, 1225 (abl Schlosser), Stgt BB **79**, 391, Winkler BB **79**, 402 je mwN; eine Klage mit dem Ziel der Herausgabe einer Bereicherung, soweit dieser Anspruch an die Stelle eines Schadensersatzanspruchs getreten ist, etwa im Fall des § 852 II BGB.

b) Unanwendbarkeit. Nicht unter § 32 fallen zB: Die Geltendmachung eines Aufopferungsanspruchs, LG Flensb SchlHA **58**, 204; ein gewöhnlicher dinglicher Anspruch, wie derjenige aus dem Eigentum bei einem fehlerhaften Besitz; ein Anspruch auf Grund eines bestehenden Schuldverhältnisses, der nicht gleichzeitig auf eine unerlaubte Handlung gestützt wird. Wenn er doch zugleich auf einer solchen beruht, etwa im Fall der Unterschlagung einer verwahrten Sache, dann ist für den Vertragsanspruch etwa der Gerichtsstand des § 29 gegeben, für den Anspruch auf Grund der unerlaubten Handlung der Gerichtsstand des § 32, BGH GRUR 80, 230; der eine Gerichtsstand zieht nicht etwa den anderen Gerichtsstand nach sich, BGH VersR **80**, 846 mwN, Düss NJW **74**, 2186, vgl aber auch § 29 Anm 1 A (unerlaubte Handlung am Erfüllungsort).

Wenn die Klage auf eine unerlaubte Handlung gestützt wird, unterliegen die mit der Klage geltend gemachten vertraglichen Klagegründe der Zuständigkeit nach § 32 nicht, BGH VersR **80**, 846, Ffm MDR **82**, 1023 mwN, und zwar auch dann nicht, wenn das OLG für beide Ansprüche identisch wäre, BGH **LM** § 276 aF Nr 26, Baumgärtel/Laumen JA **81**, 215 mwN, aM zB LG Köln NJW **78**, 329, Zeiss ZZP **93**, 483 je mwN (sie gehen von einem Sachzusammenhang aus; krit Flieger NJW **79**, 2603; zum Problem des Sachzusammenhangs auch grundsätzlich Spellenberg ZZP **95**, 17), Ritter NJW **71**, 1217, ZöV § 12 III 3 (sie wollen eine Teilverweisung vornehmen). Wenn der Kläger einen Anspruch aus einer unerlaubten Handlung und daneben einen Anspruch wegen eines Verschuldens bei den Vertragsverhandlungen oder wegen einer vertraglichen Schlechterfüllung geltend macht, dann ist für die vertraglichen Klagegründe ebenfalls keine Zuständigkeit nach § 32 gegeben, BGH **LM** § 269 BGB Nr 3 (krit Geimer NJW **74**, 1045). In diesen Fällen ist es unerheblich, welche rechtliche Ansicht der Kläger vertritt; maßgeblich ist vielmehr, welche rechtliche Beurteilung das Gericht auf Grund der vom Kläger behaupteten Tatsachen vornehmen muß. Wegen eines vereinbarten Gerichtsstands vgl allerdings Anm 1.

Soweit das Gericht danach unzuständig ist, muß es die Klage als unzulässig abweisen, BGH NJW **71**, 564, Baumgärtel/Laumen JA **81**, 215 mwN.

Nicht unter § 32 fällt auch ein Anspruch einer Verwertungsgesellschaft wegen der Verletzung eines von ihr wahrgenommenen Nutzungsrechts oder Einwilligungsrechts. Denn dann besteht ein ausschließlicher Gerichtsstand nach § 17 WahrnehmgsG v 9. 9. 65, BGBl 1294. Das gilt auch dann, wenn der Verletzer keine Einwilligung der Verwertungsgesellschaft eingeholt hat, BGH **52**, 108.

C. Persönlicher Geltungsbereich. § 32 gilt für: Den Täter; den Teilnehmer; den Anstifter; den Gehilfen; einen Mittäter; einen haftenden Dritten, etwa den Komplementär einer Kommanditgesellschaft, BayObLG Rpfleger **80**, 156 mwN; einen Rechtsnachfolger; einen Vermögensübernehmer nach § 419 BGB, Bbg JR **52**, 248. Es ist unerheblich, wer klagt. Die Vorschrift ist auch im Fall einer Rückgriffsklage wegen einer unerlaubten Handlung anwendbar, zB bei der Klage des Fiskus gegen einen Beamten oder im Fall einer Gefährdungshaftung des Kraftfahrzeughaftpflichtversicherers für seine Klage gegenüber dem Versicherten, § 158f VVG, Mü NJW **67**, 55.

3) Begehungsort. Zuständig ist dasjenige Gericht, in dessen Bezirk die unerlaubte Handlung begangen worden ist. Es genügt, daß irgendein Tatbestandsmerkmal verwirklicht wurde. Eine bloße Vorbereitungshandlung reicht nicht aus. Unter Umständen sind also mehrere Tatorte vorhanden. Das gilt zB bei einer Pressestraftat; hier kommt jeder Ort in Betracht, an dem das Presseexemplar normalerweise verbreitet wird, BGH **LM** Nr 9, Köln MDR **73**, 143 je mwN (§ 7 II StPO ist in diesem Fall unanwendbar), Thümmel/Schütze JZ **77**, 788, abw jetzt Düss BB **81**, 387 (eine tatsächliche Verbreitung genüge nicht; vielmehr komme es darauf an, ob zur regelmäßigen Verbreitung im Gerichtsbezirk eine Eignung zur Beeinflussung des dortigen Wettbewerbs zu Gunsten des Werbenden unter einer Berücksichtigung der Attraktivität des Angebots, der Entfernung und der Zahl der regelmäßigen Bezieher hinzutrete und ob man außerdem die Verbreitung und die wettbewerbliche Wirkung im Gerichtsbezirk vorhersehen könne. Damit überspannt das OLG indes die Anforderungen; man kann im übrigen schon aus der tatsächlichen Verbreitung jedenfalls bei einem nicht ganz untergeordneten Absatz nach den Regeln des Anscheinsbeweises genug für die von ihm weiter genannten Faktoren unterstellen). Wenn es um einen Brief geht, ist sowohl der Absendungsort als auch der Ankunftsort Tatort. Bei einem Wettbewerbsverstoß steht einer Anwendung des § 32 die ausschließliche Zuständigkeit des § 24 UWG dann nicht entgegen, wenn die Klage auch auf einen Verstoß gegen die §§ 823 ff BGB gestützt ist, Köln MDR **73**, 143. Bei einem Verstoß gegen eine Preisbindung besteht ein Gerichtsstand auch am Sitz des preisbindenden Unternehmens. Denn der Verstoß stellt einen Eingriff in den eingerichteten und ausgeübten Gewerbebetrieb dieses Unternehmens dar, Köln NJW **61**, 835, Stgt MDR **61**, 1020, Ohl GRUR **61**, 524.

Ein Tatort fehlt, wenn der Erfolg einer Verletzungshandlung bereits an einem anderen Ort vollendet wurde und wenn die Auswirkung auf den Betrieb des Geschädigten nur eine weitere Schadensfolge ist, BGH GRUR **64**, 568 und NJW **80**, 1225, Düss GRUR **64**, 45, Ffm NJW **61**, 412, RoS § 36 II 7, StJ IV, aM Baumbach-Hefermehl § 24 UWG Anm 2. Etwas ähnliches gilt bei einem Wettbewerbsverstoß eines Inländers im Ausland, BGH **35**, 329 und JZ **64**, 369, und im umgekehrten Fall, BGH **LM** Nr 9. Wegen eines Verstoßes anläßlich eines Transitverkehrs und wegen eines Verstoßes gegen ein ausländisches Zeichenrecht eines inländischen Unternehmens vgl BGH **LM** § 12 BGB Nr 18e. In einem solchen Fall kann der Kläger wählen; § 36 Z 2 ist wegen einer tatsächlichen Ungewißheit unanwendbar.

Wenn die vom Kläger vorgetragenen Tatsachen bei ihrer rechtlichen Beurteilung ergeben, daß eine unerlaubte Handlung vorliegt, dann ist es für den Gerichtsstand des § 32 unerheblich, ob der Kläger mit seiner Klage auch im Ergebnis Erfolg haben kann, Hbg MDR **49**, 368. Im Fall einer Unterlassungsklage kommt es darauf an, wo der Bekl hätte handeln müssen. Wenn es um ein lizenziertes Werk geht, ist ein Gerichtsstand daher auch an demjenigen Ort begründet, an dem der Bekl die Lizenz hätte einholen müssen, Bötticher bei Schulze, Recht und Unrecht, 225 (GEMA), aM BGH **52**, 108, StJ IV (diese halten einen solchen Fall nicht für ein Unterlassungsdelikt).

Wenn es sich um einen Verstoß gegen das UWG und gegen das WZG handelt, dann ist der Gerichtsstand des § 32 auch an demjenigen Ort gegeben, an dem die bloße Gefahr oder die Wiederholungsgefahr einer solchen Verletzung droht. Denn dort sind die Voraussetzungen für eine vorbeugende Unterlassungsklage erfüllt, LG Düss GRUR **50**, 381, LG Hbg GRUR **51**, 39.

An demjenigen Ort, an dem lediglich Schadensfolgen eingetreten sind, ist kein Gerichtsstand nach § 32 gegeben, Karlsr MDR **60**, 56, vgl auch Neumann-Duesberg NJW **55**, 696. Es reicht auch nicht schon aus, daß der Betroffene an dem fraglichen Ort wohnt, BGH **LM** Nr 9 (betr das internationale Recht). Wenn mehrere Personen haften, muß man den Gerichtsstand für jeden selbständig bestimmen. Wegen der Beweislast vgl Üb 3 C vor § 12. Im Fall einer leugnenden Feststellungsklage ist dasjenige Gericht zuständig, das für eine Leistungsklage des Bekl gegen den Kläger zuständig wäre, Köln GRUR **78**, 658 mwN.

33 **Besonderer Gerichtsstand der Widerklage.** I **Bei dem Gericht der Klage kann eine Widerklage erhoben werden, wenn der Gegenanspruch mit dem in der Klage geltend gemachten Anspruch oder mit den gegen ihn vorgebrachten Verteidigungsmitteln in Zusammenhang steht.**

II **Dies gilt nicht, wenn für eine Klage wegen des Gegenanspruchs die Vereinbarung der Zuständigkeit des Gerichts nach § 40 Abs. 2 unzulässig ist.**

1) *Allgemeines.* Über den Begriff und das Recht der Widerklage vgl Anh nach § 253. § 33 ordnet nur den besonderen Gerichtsstand der Widerklage, StJ II, aM BGH NJW **75**, 1228 mwN, RoS § 99 II 2c (sie meinen, § 33 ordne auch die Voraussetzungen einer Widerklage). Es folgt nicht nur aus § 33, daß eine Widerklage zulässig ist. Es ergibt sich schon aus dem Begriff der Widerklage, daß sie nur im Gerichtsstand der Klage möglich ist. Es ist kein Zusammenhang zwischen der Klage und der Widerklage notwendig; es genügt völlig, daß der Kläger den Widerkläger in irgendeinem Gerichtsstand belangt hat. Das Wort „Zusammenhang" in § 33 meint nur die Zuständigkeit. Wenn ein Zusammenhang in diesem Sinn fehlt, dann ist eine Widerklage zwar zulässig, aber sie ist bei einem örtlich unzuständigen Gericht erhoben worden. Man muß die Widerklage dann abtrennen und als eine selbständige Klage behandeln, § 145 II; diese Vorschrift geht ja von der Zulässigkeit einer solchen Widerklage aus, die ohne einen rechtlichen Zusammenhang erhoben worden ist, Blomeyer

§ 61 II 2. Ein Streithelfer hat nicht die Stellung einer Partei. Er ist also auch nicht zu einer Widerklage berechtigt, § 66 Anm 1.

Wenn der Widerkläger einen Verweisungsantrag stellt, dann muß das Gericht die Widerklage an das für die Widerklage zuständige Gericht verweisen. Wenn kein derartiger Antrag erfolgt, ist die Widerklage wegen der Unzuständigkeit des Gerichts durch ein Prozeßurteil abzuweisen, nicht etwa wegen einer sonstigen Unzulässigkeit. Wenn die Gegenmeinung richtig wäre, dann wäre die Regelung der Voraussetzungen des § 33 unverständlich. Außerdem betrifft II unstreitig nur die Zuständigkeit. Schließlich ergänzt die Gegenmeinung den Gesetzestext in I bei dem Wort „Widerklage" durch das Wort „nur". Das ist unzulässig.

Eine Widerklage ist nicht schon deshalb unzulässig, weil sie nur zu dem Zweck erhoben wurde, einen revisionsfähigen Streitwert zu erreichen, BAG BB **57**, 885. Wegen des EuGÜbk vgl SchlAnh V C 1, besonders Art 6 Z 3.

Auch eine internationale Zuständigkeit kann sich aus § 33 ergeben, BGH NJW **81**, 2642.

2) Zulässigkeit des Gerichtsstands, I. A. Grundsatz. Man darf die Widerklage im Gerichtsstand der Klage erheben, wenn der Widerklageanspruch folgende Voraussetzungen erfüllt:

a) Zusammenhang mit Klaganspruch. Es besteht entweder ein Zusammenhang mit dem Klaganspruch, BGH MDR **83**, 554 mwN. Zum Begriff des Anspruchs Einl III 7 D. Eine Gerichtsstandsklausel des Inhalts, daß ein Gericht am Wohnsitz usw des Verkäufers allein zuständig sein soll, daß der Verkäufer aber auch am Wohnsitz usw des Käufers klagen kann, kann allerdings bewirken, daß der Gerichtsstand der Widerklage ausgeschlossen ist, BGH **52**, 31, vgl freilich BGH **59**, 116.

b) Zusammenhang mit Verteidigungsmitteln. Oder: Der Widerklageanspruch steht mit einem gegen den Klaganspruch vorgebrachten Verteidigungsmittel in einem Zusammenhang. Zum Begriff des Verteidigungsmittels Einl III 7 D. Das Verteidigungsmittel braucht nicht rechtlich begründet zu sein.

B. Zusammenhang. a) Begriff. Mit dem Begriff Zusammenhang ist in § 33 ein rechtlicher Zusammenhang gemeint, ebenso wie in den §§ 145, 147, 302, vgl BGH **53**, 168. Ein rein tatsächlicher Zusammenhang genügt also nicht. Das bedeutet: Die Klage oder ein Verteidigungsmittel und die Widerklage müssen auf demselben Rechtsverhältnis beruhen oder sich auf Grund desselben Rechtsverhältnisses gegenseitig bedingen, BGH LM § 302 Nr 1. Ein unmittelbarer wirtschaftlicher Zusammenhang, vgl § 2 I Z 4a ArbGG, also ein Wurzeln in demselben wirtschaftlichen Verhältnis, enthält regelmäßig auch einen rechtlichen Zusammenhang, § 256 Anm 3B, im Ergebnis ebenso Zweibr Rpfleger **77**, 142, LG Mü NJW **78**, 953. Das Verteidigungsmittel muß überhaupt in Betracht kommen. Es muß also prozessual und sachlichrechtlich zulässig sein. Es ist unerheblich, ob es auch unbegründet ist.

b) Beispiele

aa) Zusammenhang: Es geht um eine Forderung und um eine aufrechenbare Gegenforderung; es handelt sich um eine Eigentumsklage und um eine Besitzwiderklage und umgekehrt, BGH **73**, 357 mwN (abl Spiess JZ **79**, 718), StJ III 3, abw RoS § 99 II 2c; es geht um den Anspruch auf die Übergabe der Ware einerseits, den Anspruch auf die Zahlung des Kaufpreises andererseits; es handelt sich um eine Klage auf Grund einer Verletzung eines Warenzeichens und um eine Widerklage mit dem Ziel der Löschung des Zeichens.

bb) Fehlender Zusammenhang: Es geht um eine Forderung und eine nicht aufrechenbare Gegenforderung; es handelt sich um eine Klage aus dem Kauf der einen Sache und um eine Widerklage aus dem Kauf einer anderen Sache; die Klage beruht auf einem Mietvertrag, die Widerklage auf einem Kaufvertrag; die Klage wird mit der Verletzung des einen Warenzeichens begründet, die Widerklage mit der Verletzung des anderen Warenzeichens; eine Übereinstimmung zwischen der Klage und der Widerklage besteht nur insofern, als für beide dieselben Rechtssätze anwendbar sind.

C. Rügelose Einlassung. Wenn der rechtliche Zusammenhang fehlt, dann enthält eine rügelose Einlassung des Klägers auf die Widerklage eine stillschweigende Vereinbarung des Gerichtsstands der Widerklage. Eine solche Vereinbarung ist im Rahmen der Zulässigkeit, II, wirksam. Die hier nicht vertretene Meinung Anm 1 kommt zu demselben Ergebnis, in dem sie in einem solchen Fall § 295 anwendet, BGH **LM** § 1025 Nr 7.

3) Unzulässigkeit der Widerklage, II. Wenn eine Vereinbarung der örtlichen Zuständigkeit oder der sachlichen Zuständigkeit für den Gegenanspruch nach § 40 II unzulässig ist, dann ist § 33 unanwendbar. In einem solchen Fall muß man die Widerklage nach § 145 abtrennen und den Rechtsstreit insofern an das zuständige Gericht verweisen oder die

2. Titel. Gerichtsstand §§ 33–35

Widerklage als unzulässig abweisen, Anm 1. Wegen des Verhältnisses zwischen der Zivilkammer und der Kammer für Handelssachen vgl §§ 97–99 GVG.

4) VwGO: *Für die Widerklage gelten besondere Bestimmungen, § 89 VwGO.*

34 *Besonderer Gerichtsstand des Hauptprozesses.* **Für Klagen der Prozeßbevollmächtigten, der Beistände, der Zustellungsbevollmächtigten und der Gerichtsvollzieher wegen Gebühren und Auslagen ist das Gericht des Hauptprozesses zuständig.**

1) Geltungsbereich. A. Allgemeines. § 34 gibt den besonderen Wahlgerichtsstand des Hauptprozesses für folgende Personen: **a)** Für den ProzBev. Hier zählt zu diesem Begriff jeder, der auf Grund einer prozessualen Vollmacht für eine Partei ein prozessuales Geschäft besorgt hat, zB: Der Verkehrsanwalt; der Unterbevollmächtigte, und zwar auch im Fall einer Klage gegen den ProzBev, der ihm die Untervollmacht gab. Vgl aber auch § 19 BRAGO (Festsetzungsverfahren); **b)** für den Beistand nach § 90; **c)** für den Zustellungsbevollmächtigten, § 174 Anm 1; **d)** für den Gerichtsvollzieher. Insofern ist allerdings § 34 gegenstandslos. Denn der Gerichtsvollzieher ist ein Beamter, Üb 2 B vor § 154 GVG, und die durch seine Tätigkeit entstandenen Kosten sind solche des Staats; sie werden nach § 1 I Z 7 JBeitrO beigetrieben, GVKostGrds Nr 8 II.

Bei einem Notar entsteht wegen seiner Forderung auf Grund eines Notargeschäfts kein ordentlicher Rechtsweg, § 155 KostO.

Richtiger Bekl sind stets nur der Vollmachtgeber und seine Rechtsnachfolger sowie sonstige Personen, die für ihn haften, nicht aber der Prozeßgegner und keineswegs ein Dritter.

B. Einzelheiten. Der Gerichtsstand besteht nur für gesetzliche oder vereinbarte Gebühren und Auslagen, die infolge des Prozesses entstanden sind. Er besteht bei dem Gericht des Hauptprozesses, also bei dem erstinstanzlich mit dem Prozeß befaßten Gericht, etwa bei einem Familiengericht, KG FamRZ **81**, 1090, Zweibr FamRZ **82**, 85, offen BayObLG NJW **82**, 587, aM Hamm FamRZ **81**, 1089 je mwN. Dieses erstinstanzliche Gericht ist auch wegen derjenigen Kosten zuständig, die im Hauptprozeß während der höheren Instanz entstanden sind. Es muß sich um ein ordentliches Gericht handeln. § 34 eröffnet also nicht eine Zuständigkeit des ArbG. Denn diesem fehlt grundsätzlich die sachliche Zuständigkeit, insofern auch Zweibr FamRZ **82**, 86, aM StJSch Rdz 18 (er hält das ArbG auf Grund der Verweisung in § 46 II ArbGG für zuständig). § 34 regelt auch die sachliche Zuständigkeit.

Es ist nicht notwendig dieselbe Abteilung oder Kammer wie im Hauptprozeß zuständig. Wohl aber muß je nachdem, wer im Hauptprozeß entschieden hat, entweder die Zivilkammer oder die Kammer für Handelssachen auch nach § 34 tätig werden, KG FamRZ **81**, 1090, StJSch Rdz 16. Unter Hauptprozeß ist jedes zivilprozessuale Verfahren zu verstehen.

Hierher zählen also auch: Die Zwangsvollstreckung; das Aufgebotsverfahren, ein Konkursverfahren; ein Zwangsversteigerungsverfahren.

Nicht hierher zählt ein Strafverfahren.

2) VwGO: *Unanwendbar, weil den VerwGerichten ebenso wie den Arbeitsgerichten, Anm 1 B, die sachliche Zuständigkeit für diese Klagen fehlt, vgl FG Mü LS EFG **82**, 315.*

35 *Mehrere Gerichtsstände.* **Unter mehreren zuständigen Gerichten hat der Kläger die Wahl.**

Schrifttum: Gravenhorst, Die Aufspaltung der Gerichtszuständigkeit nach Anspruchsgrundlagen, 1972; Hoffmeyer, Die Gerichtswahlklausel im Konnossement usw, 1962.

1) Wahlrecht. § 35 bezieht sich auf den Fall, daß mehrere Gerichte eines allgemeinen oder besonderen Gerichtsstands zuständig sind. Die Vorschrift erfaßt auch den Fall, daß mehrere solche Gerichte ausschließlich zuständig sind. Der Kläger trifft seine Wahl durch die Klagerhebung, Köln MDR **80**, 763. Wegen des Mahnantrags vgl § 696 Anm 5 Cb. Ein Arrestgesuch stellt keine derartige Wahl dar, Karlsr NJW **73**, 1509. Die einmal getroffene Wahl ist für diesen Prozeß endgültig, Köln MDR **80**, 763. Nach einer Klagrücknahme entsteht allerdings ein neues Wahlrecht. § 35 bezieht sich auch auf eine Wahl zwischen einem Staatsgericht und einem Schiedsgericht. Wenn der Kläger eine Verweisung an das zuständige Gericht beantragen kann, §§ 281 ZPO, 48 ArbGG, dann hat er ein neues Wahlrecht. Dieses Wahlrecht erlischt aber mit der Verweisung. Das Wahlrecht darf nicht durch das Kostenfestsetzungsverfahren nachträglich beeinträchtigt werden, Ffm AnwBl **83**, 186, Mü JB **78**, 1875 mwN.

2) VwGO: *Unanwendbar, weil ein Wahlrecht des Klägers durch § 53 I Nr 3 VwGO ausgeschlossen wird.*

35a Gerichtsstand der Unterhaltsklage des Kindes.
Das Kind kann die Klage, durch die beide Eltern auf Erfüllung der Unterhaltspflicht in Anspruch genommen werden, vor dem Gericht erheben, bei dem der Vater oder die Mutter einen Gerichtsstand hat.

1) Geltungsbereich. Die Ehefrau hat infolge ihrer Gleichberechtigung keinen abgeleiteten Wohnsitz mehr. Beide Eltern sind nebeneinander unterhaltspflichtig, vgl § 1606 III BGB. Es ist also möglich, daß die verheiratete Frau einen anderen Gerichtsstand als der Mann hat. Das ist insbesondere nach einer Scheidung oft der Fall. Die Situation ist auch bei einer nichtehelichen Mutter häufig so. Wenn das Kind nun beide Eltern auf die Gewährung von Unterhalt in Anspruch nehmen will, dann hat es ein Wahlrecht, § 35 Anm 1. Es kann im Gerichtsstand des Vaters oder in demjenigen der Mutter klagen.

Der andere Elternteil kann sich also nicht darauf berufen, daß am Klageort für ihn kein Gerichtsstand begründet sei. Diese Rüge ist auch dann nicht möglich, wenn die Klage gegen den einen Elternteil in der Hauptsache erledigt ist und wenn das Kind nun nur noch den anderen Elternteil weiterhin in dem bisherigen Gerichtsstand in Anspruch nimmt. Das Kind kann die Klage im allgemeinen Gerichtsstand nach den §§ 12 ff wie in dem besonderen Gerichtsstand der Beschäftigung nach § 20 erheben. Das ergibt sich aus den Worten des Gesetzes „... einen Gerichtsstand hat".

Sachlich ist das AG zuständig, § 23a Z 2 GVG, vgl dort Anm 3, auch wegen des Unterhaltsbegriffs. § 35a gilt für Unterhaltsklagen jeder Art, auch für eine Feststellungsklage.

Wenn das Kind nur einen Elternteil verklagt, ist § 35a unanwendbar. Eine solche Klage muß an dem Gerichtsstand des beklagten Elternteils erhoben werden.

36 Gerichtlich bestimmter Gerichtsstand.
Das zuständige Gericht wird durch das im Rechtszuge zunächst höhere Gericht bestimmt:
1. wenn das an sich zuständige Gericht in einem einzelnen Falle an der Ausübung des Richteramtes rechtlich oder tatsächlich verhindert ist;
2. wenn es mit Rücksicht auf die Grenzen verschiedener Gerichtsbezirke ungewiß ist, welches Gericht für den Rechtsstreit zuständig sei;
3. wenn mehrere Personen, die bei verschiedenen Gerichten ihren allgemeinen Gerichtsstand haben, als Streitgenossen im allgemeinen Gerichtsstand verklagt werden sollen und für den Rechtsstreit ein gemeinschaftlicher besonderer Gerichtsstand nicht begründet ist;
4. wenn die Klage in dem dinglichen Gerichtsstand erhoben werden soll und die Sache in den Bezirken verschiedener Gerichte belegen ist;
5. wenn in einem Rechtsstreit verschiedene Gerichte sich rechtskräftig für zuständig erklärt haben;
6. wenn verschiedene Gerichte, von denen eines für den Rechtsstreit zuständig ist, sich rechtskräftig für unzuständig erklärt haben.

Gliederung

1) **Allgemeines**
 A. Sinn der Regelung
 B. Geltungsbereich
 C. Antragszwang
2) **Bestimmendes Gericht**
3) **Anwendungsfälle**
 A. Verhinderung des zuständigen Gerichts, Z 1
 B. Ungewißheit über die Zuständigkeit, Z 2
 C. Streitgenossen, Z 3
  a) Verschiedene inländische Gerichtsstände
  b) Kein gemeinsamer besonderer Gerichtsstand
 c) Streitgenossenschaft
 D. Dinglicher Gerichtsstand, Z 4
 E. Zuständigkeitsstreit, Z 5, 6
  a) Konfliktsarten
   aa) Zuständigkeitsbejahung
   bb) Zuständigkeitsleugnung
  b) Zuständigkeitsarten
   aa) Familiengericht gegen Familiengericht
   bb) Familiengericht gegen Gericht der (allgemeinen) freiwilligen Gerichtsbarkeit
   cc) Prozeßgericht gegen Familiengericht

2. Titel. Gerichtsstand § 36 1, 2

dd) Prozeßgericht gegen Gericht der freiwilligen Gerichtsbarkeit
ee) Prozeßgericht gegen Vollstreckungsgericht
ff) Zivilkammer gegen Kammer für Baulandsachen
gg) Zivilkammer gegen Kammer für Handelssachen
c) Weitere Einzelheiten
4) *VwGO*

1) Allgemeines. A. Sinn der Regelung. Die Bestimmung des zuständigen Gerichts ist kein Akt der Justizverwaltung, sondern ein Akt der Rechtspflege, RoS § 38 I, aM zB StJ I. Diese Bestimmung ist den Gerichten zugewiesen, Anh I nach § 21 GVG. Die Justizverwaltung hat schon wegen § 16 S 2 GVG keine Möglichkeit, auf die Bestimmung des im Einzelfall zuständigen Gerichts Einfluß zu nehmen. Im Fall des § 14 GVG liegt eine allgemeine gesetzliche Bestimmung vor.
Der Zweck des § 36 besteht darin, eine Abhilfe zu schaffen, wenn die anderen Vorschriften über die Zuständigkeiten zur Lösung des Konflikts nicht ausreichen, Oldb NJW **73**, 810. Eine Bestimmung des zuständigen Gerichts nach § 36 wird ohne weiteres hinfällig, wenn die tatsächlichen Voraussetzungen, unter denen die Bestimmung erfolgte, im Zeitpunkt der Klagerhebung nicht mehr vorliegen. Im übrigen darf das nach § 36 bestimmte Gericht seine örtliche Zuständigkeit keineswegs mehr nachprüfen.

B. Geltungsbereich. § 36 gilt in allen Prozeßarten, also auch: Im Verfahren auf die Bewilligung einer Prozeßkostenhilfe, BGH FamRZ **82**, 43, BayObLG FamRZ **80**, 1035 mwN, Schlesw SchlHA **82**, 137, im Mahnverfahren, auch schon vor der Abgabe an das Streitgericht, BGH VersR **82**, 371, und im übrigen nach der Abgabe, zB § 696 Anm 5; im Verfahren auf den Erlaß eines Arrests oder einer einstweiligen Verfügung; im Vollstreckungsverfahren, BGH NJW **83**, 1859, BayObLG Rpfleger **83**, 288 mwN, vgl auch § 2 ZVG; im Aufgebotsverfahren; überhaupt für alle gerichtlichen Entscheidungen nach der ZPO. In der Zwangsvollstreckung ist eine Bestimmung denkbar, wenn die zu pfändende Forderung mehreren Schuldnern gemeinsam zusteht, BayObLG MDR **60**, 37, Anm 3 C c. § 36 gilt im arbeitsgerichtlichen Verfahren entsprechend.
Natürlich muß überhaupt ein gerichtliches Verfahren vorliegen, also zumindest eine Mitteilung der das Verfahren in Gang setzenden Antragsschrift an den Prozeßgegener, BGH FamRZ **82**, 43.

C. Antragszwang. Die Bestimmung des zuständigen Gerichts erfolgt nur auf Grund eines Antrags einer Partei. Es erfolgt also keine Vorlegung von Amts wegen, Mü NJW **75**, 505 (Anm Geimer NJW **75**, 1086), Oldb FamRZ **78**, 347, ThP 1 b, aM BGH NJW **76**, 676 (zustm Vollkommer Rpfleger **76**, 176) und BGH FamRZ **78**, zB 331, jetzt auch BayObLG FamRZ **83**, 199 mwN, Düss Rpfleger **78**, 102 mwN und FamRZ **78**, 125, 127 und 128, Ffm Rpfleger **78**, 260, Hamm FamRZ **80**, 66, Mü FamRZ **78**, 348 und 704 mwN, Saarbr FamRZ **78**, 521 und 522, jetzt auch Schlesw SchlHA **79**, 129, ferner Stgt FamRZ **80**, 607, Zweibr FamRZ **79**, 839, Bischof MDR **78**, 717, Flieger MDR **78**, 884.
Die Entscheidung ist kein Teil desjenigen Verfahrens, für das sie stattfindet, RoS § 38 I, vgl BayObLG NJW **74**, 1204 mwN. Wegen eines besonderen Falls der Bestimmung des Gerichts in einer Ehesache § 606 II 4. Gegen einen Beschluß nach § 36 ist unter Umständen die Verfassungsbeschwerde zulässig, BVerfG **29**, 50.
Gebühren: Des Gerichts keine; des RA: Sie sind grundsätzlich durch die sonstigen Gebühren abgegolten, §§ 13, 37, 33 BRAGO. Falls er die Partei aber nicht mehr weiter vertritt, halbe Gebühr, § 56 I Z 1 BRAGO.

2) Bestimmendes Gericht. Die Bestimmung des zuständigen Gerichts steht demjenigen Gericht zu, das im Instanzenzug im Rang nächsthöher ist. In den Fällen der Z 2–6 steht die Bestimmung dem gemeinschaftlichen übergeordneten Gericht zu. Wenn das LG die Bestimmung vorzunehmen hat, ist in einer Handelssache seine Kammer für Handelssachen für die Bestimmung zuständig.
Bei einem Zuständigkeitsstreit zwischen mehreren Gerichten verschiedener OLG-Bezirke innerhalb der BRD ist der BGH zur Bestimmung des zuständigen Gerichts berufen, § 9 EG ZPO, BGH Rpfleger **74**, 147. Bei einem Streit zwischen einem Westberliner Gericht und einem Gericht in der BRD ist ebenfalls der BGH zur Bestimmung berufen, Art 1, 7 Nr 42 des Berliner RechtseinhG v 9. 1. 51. Bei einem Zuständigkeitsstreit zwischen mehreren Gerichten, die in verschiedenen bayerischen OLG-Bezirken liegen, oder bei einem Zuständigkeitsstreit zwischen einem bayerischen AG als Familiengericht und einem LG oder dem OLG München ist das BayObLG zur Bestimmung berufen, zB BayObLG FamRZ **80**, 1035 und **81**, 63 sowie VersR **82**, 371 je mwN. Das BayObLG entscheidet auch

bei einem Streit zwischen einem Zivilsenat und einem Familiensenat eines bayerischen OLG, BayObLG FamRZ **83**, 199 mwN. Von der Möglichkeit, in einem Bundesland mit mehreren Oberlandesgerichten, aber keinem Obersten Landesgericht, einem dieser OLG die Zuständigkeit des BGH zu übertragen, Art V G v 22. 5. 10, RGBl 767 (abgedr § 9 EG ZPO Anm 1), ist bisher kein Gebrauch gemacht worden.

Das bestimmende Gericht darf nur ein ihm nachgeordnetes Gericht für zuständig erklären. In einem Streit zwischen zwei Familiengerichten darf allerdings auch ein Vormundschaftsgericht als zuständig erklärt werden, Hamm FamRZ **79**, 314.

3) Anwendungsfälle. A. Verhinderung des zuständigen Gerichts, Z 1. Das an sich zuständige Gericht muß an der Ausübung des Richteramts im Einzelfall verhindert sein. Die Verhinderung kann aus Rechtsgründen bestehen, etwa infolge einer erfolgreichen Ablehnung; sie kann auch aus tatsächlichen Gründen bestehen, etwa infolge eines Aufruhrs. Wenn ein Einzelrichter erkrankt ist, besteht die Verhinderung dieses Gerichts nur für den Fall, daß auch der geschäftsplanmäßige Vertreter dieses Richters verhindert ist. Eine Verhinderung kann auch dann bestehen, wenn noch ein anderes Gericht zuständig wäre. Das bestimmende Gericht muß die sachliche Zuständigkeit und die örtliche Zuständigkeit prüfen. Das bestimmte Gericht darf die Zuständigkeit grundsätzlich nicht mehr prüfen, § 37 Anm 3. Die Bestimmung ist vor und nach der Anhängigkeit des Rechtsstreits zulässig. Wenn die Bestimmung erst nach der Anhängigkeit erfolgt, geht die Wirkung der Anhängigkeit auf das bestimmte Gericht über.

B. Ungewißheit über die Zuständigkeit, Z 2. Die Ungewißheit muß in bezug auf die Grenzen des Gerichtsbezirks bestehen. Sie muß auf Grund tatsächlicher Ungewißheit entstehen; eine bloß rechtliche Ungewißheit genügt nicht. Es reicht zB aus, daß eine Grenze ein Grundstück schneidet. Die Ungewißheit mag vor oder nach der Anhängigkeit des Rechtsstreits entstanden sein. § 3 I 2 BinnSchVerfG enthält eine Sondervorschrift.

C. Streitgenossen, Z 3. Es muß sich objektiv um Streitgenossen im Sinn der §§ 59ff handeln, also nicht nur nach der Rechtsansicht des Klägers, Köln MDR **83**, 495. Das bestimmende Gericht muß prüfen, ob eine Streitgenossenschaft vorliegt, BGH VersR **82**, 371, BayObLG **17**, 168, vgl BayObLG VersR **78**, 1011 und MDR **81**, 233. Im einzelnen sind folgende Voraussetzungen erforderlich:

a) Verschiedene inländische Gerichtsstände. Die als Streitgenossen zu Verklagenden müssen verschiedene inländische allgemeine Gerichtsstände haben, Ffm Rpfleger **78**, 223. Z 3 ist daher bei einer Wechselklage nach § 603 II unanwendbar.

b) Kein gemeinsamer besonderer Gerichtsstand. In der BRD darf kein gemeinsamer inländischer besonderer Gerichtsstand vorliegen, BGH NJW **80**, 189, BayObLG MDR **80**, 145, Ffm Rpfleger **78**, 223. Wenn mehrere Erben in verschiedenen OLG-Bezirken wohnen, könnte der besondere Gerichtsstand des § 27, Mü Rpfleger **78**, 185 mwN, oder des § 28 gegeben sein, BayObLG **48/51**, 128.

c) Streitgenossenschaft. Der Kläger muß die Bekl als Streitgenossen im allgemeinen Gerichtsstand verklagen wollen, BayObLG VersR **78**, 1011, Ffm Rpfleger **78**, 223, Mü NJW **75**, 505 (Anm Geimer NJW **75**, 1086). Es ist unerheblich, ob der allgemeine Gerichtsstand ausgeschlossen ist.

Für die Zuständigkeit einschließlich des Verfahrens über die Bestimmung des zuständigen Gerichts ist auch in einem Fall mit einer Auslandsberührung das deutsche Recht als lex fori maßgebend, sofern das deutsche Gericht in der Sache nach dem deutschen Recht international zuständig ist, BGH NJW **80**, 2646.

Z 3 ist sinngemäß anwendbar, wenn der allgemeine Gerichtsstand eines Bekl im Ausland liegt, wenn aber ein inländischer besonderer Gerichtsstand für ihn besteht, etwa nach § 23, BGH NJW **71**, 196. Trotz des Wortlauts der Vorschrift ist eine Bestimmung des zuständigen Gerichts wegen eines praktischen Bedürfnisses auch nach der Anhängigkeit des Rechtsstreits zulässig, ja selbst nach dem Zeitpunkt, in dem der Bekl die Unzuständigkeit des bisherigen Gerichts gerügt hat, BGH NJW **80**, 189. Die Bestimmung ist auch im Beweissicherungsverfahren zulässig. Wegen des Mahnverfahrens vgl § 696 Anm 5 A und C b. Z 3 ist entsprechend auch auf die sachliche Zuständigkeit anwendbar, StJP III 3f, aM Düss OLGZ **75**, 351 mwN.

Z 3 ist in folgenden Fällen unanwendbar: Das Gericht hat den Rechtsstreit bereits nach § 281 an ein anderes Gericht verwiesen, RoS § 38 II, StJP I 2, aM Vollkommer Rpfleger **74**, 366; es hat bereits eine Beweisaufnahme zur Hauptsache stattgefunden. Allerdings hindert sie die Bestimmung nicht, wenn das bisher mit der Klage befaßte Gericht zuständig bleibt, Düss Rpfleger **80**, 299; es liegt objektiv keinerlei Streitgenossenschaft vor, Köln MDR **83**,

2. Titel. Gerichtsstand § 36 3

495; es ist bereits gegen einen Streitgenossen ein Urteil ergangen, BGH NJW **80**, 189 mwN, Ffm Rpfleger **78**, 223, sei es auch nur ein Vorbehaltsurteil nach § 599, BayObLG **80**, 225; der Kläger hat durch eine Vereinbarung mit dem Bekl einen an sich bestehenden gesetzlichen allgemeinen Gerichtsstand ausgeschlossen, BayObLG BB **78**, 1685; der Kläger hat wirksam auf einen an sich gesetzlich bestehenden allgemeinen Gerichtsstand verzichtet, BGH **LM** § 6a AbzG Nr 1 (freilich ist in einem solchen Fall jetzt kein wirksamer derartiger Verzicht mehr möglich, § 6a AbzG, Anh nach § 29 Anm 4). Streitgenossen, die durch eine solche Vereinbarung gebunden sind, haben dann kein Antragsrecht nach Z 3, OGH NJW **50**, 385. Auch der durch eine solche Vereinbarung gebundene Kläger hat dann kein derartiges Antragsrecht mehr, GBGH **LM** Z 3 Nr 6; die unterschiedliche Zuständigkeit beruht nur auf der Verbindung des Kläganspruchs mit einem Anspruch nur eines der Streitgenossen, Oldb NJW **63**, 1626.

Bestimmbar ist nur eines der für einen Streitgenossen zuständigen Gerichte. Die Klage nimmt keinem Bekl das Recht, die Vereinbarung eines ausschließlichen Gerichtsstands einzuwenden.

D. Dinglicher Gerichtsstand, Z 4. Hier geht es um den Fall, daß das Grundstück im Bezirk verschiedener Gerichte liegt. Es muß sich um ein einheitliches Grundstück handeln. Das ist auch dann der Fall, wenn mehrere Grundstücke rechtlich zu einer Einheit verbunden, also auf demselben Grundbuchblatt als dasselbe Grundstück eingetragen worden sind. Z 4 gilt aber sinngemäß auch dann, wenn andere Grundstücke gesamtschuldnerisch mithaften, BayObLG Rpfleger **77**, 448 mwN. Z 4 gilt auch im Fall der Kraftloserklärung eines Hypothekenbriefs im Aufgebotsverfahren, falls die belasteten Grundstücke in verschiedenen Bezirken liegen. Man muß den Zeitpunkt der Bestimmung und das bestimmbare Gericht wie bei C ermitteln.

E. Zuständigkeitsstreit, Z 5, 6. In diesem Zusammenhang gelten folgende Einzelheiten:
a) Konfliktarten. Mehrere ordentliche Gerichte müssen über ihre Zuständigkeit unterschiedlicher Meinung sein. Es darf weder ein Sondergericht noch ein Verwaltungsgericht beteiligt sein, vgl bei § 17 GVG. Es kann aber auch ein Streit mehrerer Berufungsgerichte vorliegen, BGH NJW **72**, 111. Die mehreren Gerichte müssen jeweils rechtskräftige Entscheidungen über ihre Zuständigkeit getroffen haben, vgl BGH NJW **80**, 1281 und FamRZ **81**, 139. Diese Entscheidungen können im einzelnen wie folgt lauten:

aa) Zuständigkeitsbejahung. Jedes Gericht mag sich durch ein rechtskräftiges Zwischenurteil nach § 280 für zuständig erklärt haben (positiver Kompetenzkonflikt). Wenn eines dieser Gerichte auch in der Sache selbst bereits rechtskräftig entschieden hat, dann ist Z 5 unanwendbar.

bb) Zuständigkeitsleugnung. Jedes der Gerichte mag sich rechtskräftig für unzuständig erklärt haben (negativer Kompetenzkonflikt), BGH NJW **80**, 290 und FamRZ **83**, 794, BayObLG FamRZ **83**, 199, abw Ffm BB **80**, 552 (zwei gegenläufige formlose Abgaben seien ausreichend). Diese Entscheidung mag sogar durch dasjenige Gericht erfolgt sein, an das der Rechtsstreit verwiesen wurde, BGH FamRZ **78**, 232 mwN, selbst wenn diese Entscheidung unzulässig war, § 281 Anm 3 A, B, BayObLG MDR **83**, 322. Es mag auch folgender Fall vorliegen: Das ArbG hat den Rechtsstreit an das ordentliche Gericht verwiesen, das ordentliche Gericht hat in unzulässiger Weise an das ArbG zurückverwiesen, BGH **17**, 170. Das ArbG mag auch eine Zurückverweisung an das ordentliche Gericht vorgenommen haben, und dieses mag die Sache dem BGH vorgelegt haben, BGH NJW **64**, 1416.

Die Situationen aa oder bb können auch durch unanfechtbare Entscheidungen im Verfahren auf die Bewilligung einer Prozeßkostenhilfe nach § 127 S 2 entstanden sein, BGH NJW **82**, 1000, BayObLG FamRZ **80**, 1035, Schlesw SchlHA **78**, 116 und **82**, 137. Denn andernfalls wäre diejenige Partei, die die Prozeßkostenhilfe beantragt, ohne einen Rechtsschutz, vgl Hbg NJW **73**, 814. Der Zuständigkeitsstreit kann auch dann entstanden sein, wenn der gesetzliche Rechtsweg nicht beschritten werden kann, BGH NJW **72**, 111. Der Zuständigkeitsstreit mag auch im Mahnverfahren entstanden sein, BGH Rpfleger **78**, 13, BAG Rpfleger **75**, 127.

Bei aa ist die wahre Zuständigkeit unerheblich. Bei bb muß eines der Gerichte bei objektiver Betrachtung zuständig gewesen sein, BGH **78**, 112, NJW **80**, 290 und NJW **82**, 1000, BAG BB **74**, 1123 (dieses Gericht setzt außerdem voraus, daß die Klage zugestellt wurde und daß eine Verhandlung stattgefunden hat; vgl aber Üb 3 D vor § 300). Es ist in diesem Fall unerheblich, daß außerdem etwa noch ein anderes Gericht zuständig wäre. Bei einer allseitigen Zuständigkeitsleugnung zwischen dem ordentlichen und dem ArbG entscheidet das zuerst angegangene oberste Bundesgericht, BGH **44**, 14, BAG BB **73**, 754.

§ 36 3 E

b) Zuständigkeitsarten. Z 5 und 6 betreffen die sachliche, die örtliche und die geschäftliche Zuständigkeit, soweit die Entscheidung nicht auf Grund einer gesetzlichen Regelung im Weg einer Geschäftsverteilung vorzunehmen ist, BGH **79**, 724, Oldb MDR **77**, 497. Es kann sich im einzelnen um folgende Streitigkeiten handeln:

aa) Familiengericht gegen Familiengericht, BGH **71**, 17, BayObLG FamRZ **79**, 940 und 1042 je mwN, Schlesw SchlHA **78**, 21. Das gilt auch bei einem Streit in der höheren Instanz, BGH FamRZ **78**, 330 und NJW **79**, 2517, BayObLG **79**, 47, nicht aber bei einem Streit zwischen dem Erinnerungsgericht und dem Beschwerdegericht, BGH NJW **79**, 719.

bb) Familiengericht gegen Gericht der (allgemeinen) freiwilligen Gerichtsbarkeit, zB gegen das Vormundschaftsgericht, BGH FamRZ **82**, 785 mwN, Düss FamRZ **83**, 938, Köln FamRZ **78**, 535, aM zB BayObLG **68**, 89 (§ 5 FGG sei entsprechend anwendbar). Zum Problem betreffend Familiensachen im übrigen Diederichsen ZZP **91**, 404.

cc) Prozeßgericht gegen Familiengericht, zB BGH NJW **80**, 1283, NJW **81**, 2418 und NJW **83**, 47, Bbg FamRZ **80**, 66, BayObLG FamRZ **80**, 469 und **81**, 688 je mwN, Celle FamRZ **78**, 49, Düss Rpfleger **78**, 327, insofern auch Düss FamRZ **78**, 126, 127 und 128, ferner Ffm FamRZ **81**, 184, KG FamRZ **78**, 351, Karlsr FamRZ **80**, 383, Kblz FamRZ **82**, 507, Köln FamRZ **77**, 797, Mü FamRZ **78**, 601, insofern auch Oldb FamRZ **78**, 344 und 347, ferner Schlesw FamRZ **78**, 714 und JB **78**, 429, Stgt NJW **78**, 57 und FamRZ **80**, 607, Zweibr FamRZ **79**, 724, LG Bln FamRZ **77**, 820 je mwN, Bergerfurth DRiZ **78**, 232, wohl auch Brschw NJW **78**, 56. Dabei entscheidet im höheren Gericht dessen Familiengericht, vgl BGH NJW **83**, 47, ferner BayObLG MDR **83**, 583, Mü FamRZ **78**, 704 mwN, Schlesw SchlHA **79**, 129, abw BGH NJW **79**, 2249 und NJW **80**, 1282.

dd) Prozeßgericht gegen Gericht der freiwilligen Gerichtsbarkeit, Ffm FamRZ **74**, 197 mwN.

ee) Prozeßgericht gegen Vollstreckungsgericht, Ffm FamRZ **74**, 197 mwN.

ff) Zivilkammer gegen Kammer für Baulandsachen, Oldb MDR **77**, 498.

gg) Zivilkammer gegen Kammer für Handelssachen, Brschw NJW **79**, 223 mwN, Ffm BB **80**, 552.

c) Weitere Einzelheiten. Es müssen stets wirksame Erklärungen der Unzuständigkeit durch echte Entscheidungen vorliegen, BGH NJW **79**, 2614, Schlesw SchlHA **82**, 137, Stgt FamRZ **77**, 721, Zweibr FamRZ **79**, 724. Eine solche Erklärung liegt nicht vor, wenn das Gericht seine Auffassung zur Zuständigkeit nur in einem Vermerk niedergelegt hat, den es den Parteien nicht bekannt gegeben hat, BGH NJW **82**, 1001, Schlesw SchlHA **80**, 212, oder wenn das Gericht die Akten lediglich formlos an das andere Gericht abgegeben hat, Schlesw SchlHA **82**, 137, ohne zumindest die Parteien zu verständigen, BGH NJW **81**, 126 mwN, BayObLG FamRZ **81**, 63 mwN, es sei denn, die Anhörung wäre verboten, zB bei § 834, BGH NJW **83**, 1859. Bei einer im übrigen ordnungsgemäßen formlosen Abgabe vor der Rechtshängigkeit ist allerdings Z 6 entspr anwendbar, BGH Rpfleger **83**, 160. Die Partei muß die Rechtsbehelfe erschöpft haben, Brschw NJW **79**, 223. Sie muß also eine etwa zulässige Beschwerde erfolglos eingelegt haben, aM zB BGH **17**, 170, BAG NJW **72**, 1216, insofern auch Oldb MDR **77**, 498 mwN (aber Z 6 setzt eine rechtskräftige Entscheidung voraus).

Das bestimmende Gericht muß grundsätzlich beachten, daß das eher spezialisierte der in Frage kommenden Gerichte zuständig wird. Wenn zB der Kläger den einheitlichen prozessualen Anspruch, § 2 Anm 2 A, mit mehreren sachlichrechtlichen Begründungen versieht oder wenn mehrere derartige Begründungen in Frage kommen, von denen die eine vom allgemeinen Prozeßgericht, die andere vom Familiengericht zu prüfen wäre, sollte grundsätzlich das letztere zuständig werden, BGH FamRZ **83**, 156 – auch zur Unzulässigkeit einer Prozeßtrennung in einem solchen Fall, § 145 Anm 2 A – (zustm Walter FamRZ **83**, 363).

Das bestimmende Gericht kann eines der beteiligten Gerichte oder ein drittes Gericht, das etwa wirklich zuständig ist, zum zuständigen Gericht bestimmen, BGH **71**, 74 und **LM** § 263 aF Nr 10, Nürnb MDR **82**, 235. Wenn dasjenige Gericht, an das die Sache nach § 281 oder nach § 48 ArbGG verwiesen worden war, eine unzulässige Rückverweisung oder Weiterverweisung vorgenommen hatte, dann stellt das bestimmende Gericht den ersten Verweisungsbeschluß wieder her, selbst wenn dieser erste Verweisungsbeschluß sachlich unrichtig war, BGH **17**, 171, BayObLG MDR **83**, 322. Wenn mit einer Kindschaftssache nach § 640 II ein Antrag nach § 643 verbunden worden war, ist das OLG als Berufungsgericht zuständig, §§ 119 Z 1 GVG, falls sich das Rechtsmittel nur auf diesen Antrag bezieht, BGH NJW **72**, 111.

Ein Fehler in einem Verweisungsbeschluß hindert ein Verfahren nach Z 6 erst dann, wenn der Verweisungsbeschluß wegen des Fehlers offensichtlich gesetzeswidrig geworden ist. Das kann der Fall sein: Wenn das rechtliche Gehör verletzt wurde, BGH NJW **82**, 1001, BAG BB **79**, 274; wenn das ordentliche Gericht im Nachverfahren nach einem Urkundenprozeß eine Verweisung an das ArbG vorgenommen hat, BAG BB **73**, 754, Düss OLGZ **73**, 245. In solchen Fällen ist die Akte an das verweisende Gericht zurückzugeben.

Eine Bestimmung nach Z 6 findet nicht statt, wenn sich überhaupt nur ein Gericht für unzuständig erklärt hat, weil die Sache bereits bei einem anderen Gericht rechtshängig sei, und die Sache deshalb an dieses andere Gericht verwiesen hat, BGH NJW **80**, 290.

Eine Entscheidung liegt nicht vor, wenn das Familiengericht lediglich seine Abteilung, nicht aber auch die Prozeßabteilung für unzuständig erklärt hat, BayObLG FamRZ **80**, 1035. Bei einem Streit zwischen verschiedenen Familienabteilungen des AG entscheidet das Präsidium, und zwar auch dann, wenn im Geschäftsverteilungsplan kein solcher Entscheidungsvorbehalt vorhanden ist, Schlesw SchlHA **80**, 212.

Eine Zuständigkeitsbestimmung für die erste Instanz ist für die zweite Instanz nicht bindend, BGH FamRZ **79**, 1005 und NJW **80**, 1282, Schlesw SchlHA **81**, 68.

4) *VwGO: An Stelle des § 36 gilt § 53 VwGO. Zu der Frage, ob im Rahmen dieser Vorschrift in entsprechender Anwendung des § 36 Nr 3 ein Gericht auch im Beweissicherungsverfahren bestimmt werden kann, Anm 1 B, vgl BVerwG* **12**, *363.*

37 **Verfahren bei der Bestimmung des Gerichts.** **I Die Entscheidung über das Gesuch um Bestimmung des zuständigen Gerichts kann ohne mündliche Verhandlung ergehen.**

II Der Beschluß, der das zuständige Gericht bestimmt, ist nicht anfechtbar.

1) Bestimmung, I. A. Verfahren. Der Antrag kann formlos gestellt werden. Es handelt sich um einen Akt der Rechtspflege ohne einen Gegner. Das Gericht braucht also den Prozeßgegner des Antragstellers nicht anzuhören, Pohle **AP** § 36 Nr 5. Es herrscht kein Anwaltszwang. Der Antrag kann auch zum gerichtlichen Protokoll gestellt werden. Als Antragsteller sind der Kläger oder ein Streithelfer zugelassen, in den Fällen des § 36 Z 1, 5 auch der Bekl oder sein Streithelfer.

Das Gericht darf eine mündliche Verhandlung ansetzen, ist dazu aber nicht verpflichtet, § 128 Anm 3. Eine Rüge der Unzuständigkeit, die einem früheren Hilfsantrag entgegensteht, ist unbeachtlich, BAG BB **73**, 801. Das Gericht darf und muß von Amts wegen Ermittlungen anstellen. Denn es liegt kein Erkenntnisverfahren vor. Das Gericht braucht die Prozeßvoraussetzungen außer derjenigen der Zuständigkeit nicht zu prüfen, BayObLG MDR **75**, 407, RoS § 38 I, StJP I, aM zB BAG **AP** § 36 Nr 5, ThP 2b (sie wollen auch die Prozeßfähigkeit prüfen). Natürlich muß das Gericht die Voraussetzungen der Anwendbarkeit des § 36 prüfen.

B. Entscheidung. Die Entscheidung erfolgt durch einen Beschluß. Wenn eine mündliche Verhandlung stattfand, ist der Beschluß zu verkünden oder schriftlich mitzuteilen. Wenn der Rechtsstreit noch nicht anhängig ist, wird der Beschluß nur dem Antragsteller bekanntgegeben. Nach der Anhängigkeit wird er beiden Parteien bekanntgegeben. Eine formlose Mitteilung genügt, § 329 II 1. Wenn der Beschluß vor dem Zeitpunkt der Klagzustellung usw ergangen ist, dann muß ihn der Kläger der nachfolgenden Klage bzw seinem nachfolgenden Antrag beifügen.

2) Rechtsbehelfe, II. Gegen einen zurückweisenden Beschluß ist die Beschwerde nach § 567 zulässig. Gegen einen Beschluß, durch den ein Gericht als zuständig bestimmt worden ist, ist kein Rechtsbehelf statthaft. Die Prozeßparteien können wegen der ausdrücklichen Unanfechtbarkeit des bestimmenden Beschlusses die daraus folgende Zuständigkeit weder im Prozeß noch sonstwie bemängeln. Das gilt selbst dann, wenn das bestimmende Gericht einen Verfahrensfehler begangen, BGH NJW **80**, 671, etwa den Grundsatz des rechtlichen Gehörs verletzt haben sollte, BAG BB **74**, 188.

3) Bindung. § 37 enthält keine ausdrückliche Bindungswirkung, anders als § 281 II 2, AG Lübeck NJW **78**, 649. Trotzdem ist die Bestimmung des zuständigen Gerichts grundsätzlich für das bestimmte Gericht bindend, BGH FamRZ **80**, 671, Mü FamRZ **78**, 350. Diese Bindungswirkung tritt freilich nur insoweit ein, als ein Bindungswille des bestimmenden Gerichts erkennbar geworden ist, AG Lübeck NJW **78**, 649. Das bestimmte Gericht muß auch prüfen, ob das bestimmende Gericht überhaupt denselben Sachverhalt geprüft hat, der auch der Klage zugrunde liegt. Freilich bleibt die Bestimmung bindend, wenn das bestimmende Gericht den Sachverhalt nicht ganz vollständig berücksichtigt hat, BGH FamRZ **80**,

671. Die Zuständigkeitsbestimmung bleibt ferner dann wirksam, wenn die Klage auf ein Weniger hinausläuft, wenn die Klage also etwa nur eine Feststellung statt einer Leistung begehrt.

Etwas anderes gilt dann, wenn die Klage auf ein Mehr hinausläuft oder wenn der Kläger gegen denjenigen Streitgenossen, dessentwegen die Zuständigkeitsbestimmung nach § 36 Z 3 gerade erfolgen mußte, nun keine Klage erhebt.

4) VwGO: I *entspricht § 53 III 2 VwGO. Die Unanfechtbarkeit des Beschlusses,* **II,** *ergibt sich aus § 152 VwGO.*

Dritter Titel. Vereinbarung über die Zuständigkeit der Gerichte

Übersicht

Schrifttum: Baumgärtel, Wert und Unwert der Prorogationsnovelle, Festschrift für Weber (1975) 23; derselbe, Die Vereinbarung der internationalen Zuständigkeit usw, Festschrift für Kegel (1977) 285; Habscheid, Parteivereinbarungen über die internationale Zuständigkeit usw, Festschrift für Schima (1969) 175; Reithmann, Internationales Vertragsrecht, 3. Aufl 1980; Samtleben NJW **74**, 1590 (internationalrechtlich); Scheele, Die innerstaatliche Prorogation, Diss Bielefeld 1978; Seegers, Das neue Recht der Gerichtsstandsvereinbarung usw, 1977.

1) Allgemeines. A. Zweck der Regelung. Die Novelle 74, Vorbem § 38, hat den früheren Grundsatz der freien Vereinbarkeit der sachlichen und örtlichen Zuständigkeit (Prorogation) fast ins Gegenteil verkehrt, LG Trier NJW **82**, 287, und eine erhebliche Einschränkung der Parteiherrschaft bewirkt. Nun soll zwar niemand gegen seinen Willen dem gesetzlichen Richter entzogen werden, Art 101 I 2 GG; besonders in Allgemeinen Geschäftsbedingungen ist enormer Mißbrauch getrieben worden. Trotzdem besteht oft ein ganz erhebliches Bedürfnis beider Partner nach der Möglichkeit einer freien Zuständigkeitswahl. Die Neuregelung würgt solche Möglichkeiten zu sehr ab. Freilich bleibt ein Schiedsvertrag zulässig, durch den der staatliche Richter (inkonsequent) überhaupt ausgeschaltet werden kann; insofern kritisch Bettermann ZZP **91**, 392, Wolf ZZP **88**, 345. Falls vor allem Allgemeine Geschäftsbedingungen auf ihn ausweichen, bleibt doch nur eine Fortsetzung der (dann schieds)richterlichen Inhaltskontrolle. Die bisherige Rechtsprechung bleibt außerdem für die vor dem 1. 4. 74 anhängig gewordenen Fälle bedeutsam.

B. Geltungsbereich. §§ 38–40 gelten für die sachliche, KG VersR **80**, 874, aM LG Bre VersR **78**, 978, örtliche und internationale Zuständigkeit, BGH NJW **79**, 1104 mwN (im Ergebnis zustm Geimer NJW **79**, 1784) und NJW **81**, 2644, dazu krit Pfaff, ZZP **96**, 306, ferner Mü MDR **75**, 494, nicht für die funktionale, BGH VersR **77**, 430. Die Zuständigkeit ist von Amts wegen zu prüfen, BGH **LM** Nr 6. Beim AG besteht eine Belehrungspflicht über die sachliche wie jetzt auch über die örtliche Unzuständigkeit, § 504. Ein Versäumnisurteil aufgrund einer bloßen Behauptung der Zuständigkeitsvereinbarung ist unzulässig, selbst wenn die letztere mit Tatsachen belegt wird, § 331 I 2, Ffm MDR **75**, 232. Eine rügelose Einlassung heilt nur bedingt, §§ 39, 40 II.

Im Mahnverfahren gilt § 689 II, III; es ist also keine Zuständigkeitsvereinbarung mehr möglich. Für das anschließende streitige Verfahren ist eine Zuständigkeitsvereinbarung jedenfalls dann nicht mehr zulässig, wenn inzwischen die Rechtshängigkeit eingetreten ist, §§ 261 III Z 2, 696 III, aM Müller-Lerch AnwBl **82**, 46. Für Abzahlungsgeschäfte gelten §§ 6a, b AbzG, § 29 Anh. Im Patentverfahren gilt § 78b GVG Anh I; weitere Sondervorschriften enthalten zB §§ 109, 147 III VAG, 26 FernUSG (dessen II Z 1, 2 entspricht etwa dem § 38 III Z 1, 2 ZPO; vgl aber auch Anh § 29 Anm 2). §§ 38–40 sind auf Verfahren gemäß LVO unanwendbar, BGH **LM** § 1 LVO Nr 6.

Die geschäftsplanmäßige Zuständigkeit, etwa einer bestimmten Kammer, läßt sich nicht vereinbaren (Ausnahmen gelten für die Kammer für Handelssachen). Die Wahl des Rechtswegs unterliegt keiner Vereinbarung, § 13 GVG. Statthaft ist eine Zuständigkeitsvereinbarung nur im Urteilsverfahren, nicht im Beschlußverfahren. Eine Zuständigkeitsvereinbarung wegen eines bloßen Teilanspruchs ist unzulässig. Das vereinbarte Gericht wird ohne seinen Willen zuständig. Nach dem Eintritt der Rechtshängigkeit fällt die Zuständigkeit nicht mehr weg, § 261 III 2, vgl auch BGH JZ **63**, 754 (Anm Zeuner), § 281 Anm 3 E. Wegen der Auswirkung einer Zuständigkeitsvereinbarung auf eine Aufrechnungsmöglichkeit § 145 Anm 4 E. Besteht am Ort der vereinbarten Zuständigkeit keine deutsche Gerichtsbarkeit mehr, ist die Vereinbarung erledigt. Eine Vereinbarung der Zuständigkeit durch die Tarifpartner, § 48 II ArbGG, ist möglich geblieben, auch noch im Gütetermin, BAG BB **74**, 1124.

3. Titel. Vereinbarung über Zuständigkeit   **Übers § 38, § 38**

   C. Internationales Recht. Die Vereinbarung der nationalen Zuständigkeit ist zulässig, soweit sie nicht bürgerlichrechtlich unwirksam ist; daher ist sie auch formularmäßig grundsätzlich statthaft, BAG NJW 73, 727 (Anm Geimer NJW 73, 1151), LG Hbg VersR 82, 140 (wegen eines Konnossements); diejenige der internationalen Zuständigkeit ist zulässig, BAG DB 78, 698, soweit nicht die Schutzbedürftigkeit des Arbeitnehmers vorrangig ist, BAG NJW 73, 963; in der Revisionsinstanz ist die Vereinbarung einer internationalen Zuständigkeit von Amts wegen zu prüfen, BAG NJW 73, 963.
   Wegen des EuGÜbk (es ist vorrangig, Mü MDR 81, 592 mwN, Baumgärtel Festschrift für Kegel [1978] 287, auch für Vollkaufleute, Karlsr NJW 82, 1950), dazu Kropholler, Europäisches Zivilprozeßrecht (Komm), 1982, s SchlAnh V C 1, bes Art 5, dazu EuGH DB 82, 951, sowie Art 17, dazu EuGH NJW 79, 1100 mwN und NJW 82, 507, BGH DB 76, 864, MDR 77, 1013, NJW 76, 1600 und 78, 1128 (Vorlegungsbeschluß), Bbg OLGZ 78, 341, Ffm NJW 77, 507, LG Siegen NJW 78, 2456, Diederichsen BB 74, 379, Fuhlrott VersR 73, 1106 und NJW 73, 1532, Geimer NJW 76, 441, Grüter DB 78, 381, Hübner NJW 80, 2607, Piltz NJW 79, 1071, Richter VersR 78, 801, Roth ZZP 93, 156, Samtleben NJW 74, 1590, Schlosser NJW 77, 457, Wirth NJW 78, 460 je mwN. Zum Warschauer Abkommen Wegner VersR 82, 423.
   2) *VwGO*: *Der 3. Titel ist unanwendbar,* hM, vgl EF § 52 Rdnr 35, 36, auch in sog Parteistreitigkeiten, RedOe § 52 Anm 2 mwN, VG Stgt NJW 67, 411 mwN, aM Grunsky § 36 III 2. Die Regelung der sachlichen und örtlichen Zuständigkeit, §§ 45–53 VwGO, läßt keinen Raum für Vereinbarungen, da der Kläger nicht einmal das Wahlrecht zwischen mehreren zuständigen Gerichten hat, § 35 Anm 2. Außerdem ist nach § 40 II ZPO gerade in Fällen, bei denen eine ähnliche Lage wie im VerwProzeß besteht, eine Vereinbarung ausgeschlossen, vgl Peters DÖV 67, 407, und das gleiche gilt allgemein nach § 59 SGG (krit dazu Meyer-Ladewig Anm 1).

38 *Grundsätze.* [I] Ein an sich unzuständiges Gericht des ersten Rechtszuges wird durch ausdrückliche oder stillschweigende Vereinbarung der Parteien zuständig, wenn die Vertragsparteien Kaufleute, die nicht zu den in § 4 des Handelsgesetzbuchs bezeichneten Gewerbetreibenden gehören, juristische Personen des öffentlichen Rechts oder öffentlich-rechtliche Sondervermögen sind.

[II] Die Zuständigkeit eines Gerichts des ersten Rechtszuges kann ferner vereinbart werden, wenn mindestens eine der Vertragsparteien keinen allgemeinen Gerichtsstand im Inland hat. Die Vereinbarung muß schriftlich abgeschlossen oder, falls sie mündlich getroffen wird, schriftlich bestätigt werden. Hat eine der Parteien einen inländischen allgemeinen Gerichtsstand, so kann für das Inland nur ein Gericht gewählt werden, bei dem diese Partei ihren allgemeinen Gerichtsstand hat oder ein besonderer Gerichtsstand begründet ist.

[III] Im übrigen ist eine Gerichtsstandsvereinbarung nur zulässig, wenn sie ausdrücklich und schriftlich

1. nach dem Entstehen der Streitigkeit oder
2. für den Fall geschlossen wird, daß die im Klageweg in Anspruch zu nehmende Partei nach Vertragsschluß ihren Wohnsitz oder gewöhnlichen Aufenthaltsort aus dem Geltungsbereich dieses Gesetzes verlegt oder ihr Wohnsitz oder gewöhnlicher Aufenthalt im Zeitpunkt der Klageerhebung nicht bekannt ist.

Vorbem. Zur Verfassungsmäßigkeit vgl AG Köln Rpfleger 74, 271, auch BVerfG NJW 71, 1449 (betr § 6a AbzG).

                                    Gliederung

1) **An sich unzuständig, I**   3) **Partner, Form, I**
2) **Vereinbarung, I**   A. Grundsatz
   A. Einigung   B. Fälle
   B. Allgemeine Geschäftsbedingungen (AGB)   a) Kaufmann
      a) Grundsatz   b) Juristische Person des öffentlichen Rechts
      b) Einzelfragen   c) Öffentlichrechtliches Sondervermögen
         aa) Unterwerfung   C. Form, I
         bb) Inhaltskontrolle   4) **Auslandsberührung, II**
         cc) Ungewöhnliche Klausel   A. Grundsatz
   C. Weitere Prüfung

B. Fälle
   a) Ein Partner im Inland
   b) Alle Partner im Inland
C. Form, II
D. Einzelfragen
5) **Vereinbarung, III**
  A. Grundsatz

B. Fälle
   a) Nach dem Entstehen der Streitigkeit, Z 1
   b) Wohnsitzverlegung usw, Z 2
   c) Mahnverfahren
6) **Rügelose Einlassung, I–III**

1) An sich unzuständig, I. Gemeint ist allein ein ordentliches Gericht I. Instanz, also ein AG oder LG. Die Zuständigkeit höherer Gerichte folgt zwangsläufig aus deren Tätigkeit. Bei der Zuständigkeit eines ordentlichen wie eines ArbG, § 3 ArbGG, ist die Vereinbarung auf das eine oder andere zulässig. Eine Vereinbarung eines Verwaltungsorgans oder dgl gilt höchstens als ein Schiedsvertrag; s aber § 1025. I ist als Ausnahmevorschrift gegenüber dem grundsätzlichen Verbot der Vereinbarkeit der Zuständigkeit, Üb 1 A vor § 38, eng auszulegen, LG Trier NJW **82**, 287.

2) Vereinbarung, I. A. Einigung. Erforderlich ist eine Willenseinigung. Dies gilt auch für eine Widerklage, für die das Gericht ohne § 33 unzuständig wäre. Sie ist, wenn sie vor der Klagerhebung vereinbart worden war, ein bürgerlichrechtlicher Vertrag über prozessuale Beziehungen; folglich sind ihre Voraussetzungen nach sachlichem Recht zu prüfen, BGH **57**, 75, **49**, 387, Karlsr OLGZ **73**, 480, Mü NJW **74**, 2181, LG Zweibr NJW **74**, 1061, Wirth NJW **78**, 461 mwN, aM (die Zuständigkeitsvereinbarung sei stets eine Prozeßhandlung, sie sei also nur von einem ProzBev vereinbar) BGH **59**, 26, **LM** Nr 6 und 8, wohl auch Mü NJW **74**, 195, ferner zB Vollkommer NJW **74**, 196 mwN. Ob die Vereinbarung bei einem Streit über die Wirksamkeit des übrigen Vertrags maßgeblich ist, ist eine Auslegungsfrage, KG BB **83**, 213. In der Regel soll das vereinbarte Gericht auch dazu entscheiden, so daß die Vereinbarung dann auch nicht der Form des Hauptvertrags unterworfen ist, vgl BGH **LM** Nr 4, KG BB **83**, 213.

Keine Vereinbarung liegt vor, wenn ein Anspruch aus Verschulden bei Vertragsverhandlungen geltend gemacht wird (Ausnahme: Es besteht schon ein Rahmenvertrag) oder wenn es um einen Anspruch aus einem vertragsähnlichen Vertrauensverhältnis geht, LG Brschw BB **74**, 571. Wer Partner sein muß und welche Form nötig ist, ergibt sich aus Anm 3–5. Die Vereinbarung wirkt für den Konkursverwalter und den Rechtsnachfolger wie jeder Vertrag, BGH NJW **80**, 2023, nicht ohne weiteres für einen Bürgen, nicht für einen Streitgenossen, soweit nicht § 62 gilt.

Die Vereinbarung kann grds jeden gesetzlich zulässigen Inhalt haben, auch zB ein Wahlrecht des etwaigen Bekl, BGH NJW **83**, 996.

B. Allgemeine Geschäftsbedingungen (AGB). a) Grundsatz. Solche Bedingungen sind beachtlich, soweit eine Vereinbarung zulässig ist. Auch dann sind sie nur gültig, soweit sie wirklich vereinbart wurden, A, und soweit kein Verstoß gegen das AGBG v 9. 12. 76, BGBl 3317, vgl § 78b GVG Anh III, vorliegt. Die bisherige umfangreiche Rechtsprechung und Literatur bleibt bedeutsam, soweit die Anhängigkeit vor dem 1. 4. 74 eingetreten ist, Löwe NJW **74**, 478, oder soweit auch nach § 38 nF auch nach dem AGBG eine Vereinbarung zulässig ist. Zum Grundsätzlichen zB Brandtner JZ **73**, 613, Koch NJW **73**, 1126, Löwe NJW **73**, 17, ders Festschrift für Larenz (1973) 373, Ott NJW **73**, 297, Schmidt-Salzer AGB 1971, Vollkommer NJW **73**, 1591, rechtspolitisch zB Becker NJW **73**, 1918, Bürck DB **75**, 1829, Löwe BB **74**, 1033, Möhring NJW **74**, 1689, Schmidt-Salzer BB **75**, 680, Trinkner BB **73**, 1501, sowie 50. DJT 1974 (Beschl NJW **74**, 1988).

Keine Vereinbarungen sind die als Rechtsverordnung erlassenen Allgemeinen Versorgungsbedingungen (AVB) zB von Energieunternehmen, LG Bochum BB **75**, 937, Schulz-Jander BB **74**, 571 (sie enthalten, freilich nur für Tarifkunden, Edelmann NJW **75**, 1923, einen gesetzlichen Gerichtsstand, was zulässig ist, Üb 2 A vor § 12), aM Diederichsen BB **74**, 378; vgl auch § 23 II Z 2 AGBGB.

b) Einzelfragen. Im einzelnen gilt folgendes:

aa) Unterwerfung. Eine Vereinbarung ist auch durch eine (selbst stillschweigende, soweit I gilt, bei telefonischer Bestellung zweifelhafte, Ffm NJW **74**, 63, bei ungewöhnlichen Klauseln unwahrscheinliche, § 3 AGBG) Unterwerfung möglich, BGH **LM** Allg BeschBd Nr 47, Mü NJW **73**, 1560 (betr die internationale Geltung der ADSp), einmal wegen der gerade auch im Interesse der Rechtssicherheit zu achtenden Vertragsfreiheit, Mü NJW **73**, 1621, zum anderen wegen der meist vorhandenen völligen Gleichgültigkeit gegenüber AGB, Ffm NJW **74**, 194, und weil mit ihnen bisher besonders bei Großfirmen in weitem Umfang zu rechnen ist, Mü NJW **73**, 1620 (abl Trinkner BB **73**, 1413); so auch zB BAG

3. Titel. Vereinbarung über Zuständigkeit § 38 2, 3

NJW **73**, 727, Karlsr MDR **74**, 236, Nürnb MDR **74**, 406, LG Limbg NJW **73**, 333, LG Mü NJW **73**, 1617, offen AG Köln Rpfleger **74**, 270 betr Versicherungsbedingungen; die Vereinbarung ist also nicht nur bei einem schutzwürdigen Interesse möglich, wie zB LG Nürnb-Fürth NJW **73**, 1618 meint.

Es ist also trotz des AGBG keineswegs die Wirksamkeit aus allgemeinen sozialen Erwägungen abzuleiten, vgl schon Mü NJW **73**, 1620, selbst wenn man mit zB Vollkommer NJW **73**, 1592, vgl Mü NJW **73**, 1885 und **74**, 195, Karlsr NJW **74**, 1060, aM zB Mü OLGZ **73**, 360, §§ 12ff schon nach aF als Schutzgesetz zugunsten des Beklagten sähe. Im Zweifel ist eine Auslegung zu Lasten des Verwenders notwendig, § 5 AGBGB.

bb) Inhaltskontrolle. Bei einer Unterwerfung unter einseitig vorformulierte (auch kurze, Köln NJW **73**, 1882) Vertragsklauseln (diese sind zu Lasten desjenigen auszulegen, der von der ZPO abweicht, vgl § 5 AGBG, Karlsr NJW **73**, 1931, Stgt BB **74**, 1270) ist die Vereinbarung besonders sorgfältig auf Verstoß gegen Treu und Glauben und gegen § 138 BGB zu prüfen, also auch auf eine etwaige Erschleichung und etwaigen Rechtsmißbrauch, Vollkommer NJW **73**, 1593, Üb 4 vor § 12: es ist eine Inhaltskontrolle notwendig, §§ 3, 8ff AGBG, vgl schon BGH **52**, 171, BGH **LM** § 652 BGB Nr 23, Karlsr BB **73**, 816, Mü NJW **73**, 1620, LG Nürnb-Fürth BB **73**, 960, Schiller NJW **79**, 636, aM zB ThP 3e. Maßgeblich ist, ob der Partner des Verwenders der AGB gegen Treu und Glauben unangemessen benachteiligt wird, § 9 AGBG. Bedenklich ist es zB, wenn die Klausel nicht in einer der Verhandlungssprachen abgefaßt ist, Düss DB **73**, 2390.

cc) Ungewöhnliche Klausel. Daher kann zB eine aus der Sicht nicht nur des Unterworfenen, sondern jedes vernünftigen Dritten, LG Ravensb NJW **73**, 2303, völlig ungewöhnliche Klausel (sie ist bei einem Kaufmann als Kunde selten, LG Hbg BB **73**, 1370) zumindest mangels eines rechtzeitigen Hinweises auf sie, LG Mü BB **73**, 167, unwirksam sein, § 3 AGBG, vgl schon BB **73**, 354 und NJW **74**, 195 (betr Vollmacht), LG Kblz BB **73**, 444, LG Mü NJW **73**, 59 und BB **73**, 355 und 679, vgl auch BGH VersR **73**, 744. Eine Vereinbarung auf das Gericht des Zessionars ist denkbar, Ffm MDR **65**, 582, aM LG Nürnb-Fürth NJW **64**, 1138 (zu unbestimmt), denn § 40 fordert keinen genauen Ort, sondern nur eine Bestimmbarkeit, LG Bielef MDR **77**, 672; freilich sind scharfe Anforderungen zu stellen, insbesondere bei einer Inkassozession.

Zu unbestimmt ist die Klausel, wenn der jeweilige Kläger das Gericht frei bestimmen dürfte, Karlsr DB **74**, 184, LG Bielef MDR **77**, 672. S ferner § 29. Die etwaige Befugnis höherer Gerichte, dem vereinbarten Gericht die Sache zu entziehen, oder eine Kassationsmöglichkeit sind grundsätzlich unschädlich, Hbg MDR **73**, 940. Gegenüber einem Kaufmann (wenn der Vertrag zu seinem Handelsgewerbe zählt) und gegenüber einer juristischen Person des öffentlichen Rechts bzw einem öffentlichrechtlichen Sondervermögen sind AGB nur eingeschränkt anwendbar, § 24 AGBG.

C. Weitere Prüfung. Neben A bzw B ist zu prüfen, ob eine der Fallgruppen I–III vorliegt. Diese sind Musterbeispiele eines übersteigerten Gerechtigkeitsstrebens auf Kosten der Rechtssicherheit; es gibt allein drei Formvarianten, die außerdem zum Teil sprachlich unklar abgefaßt sind. Wegen der Einschränkung der Parteiherrschaft, Üb 1 A vor § 38, ist keine ausdehnende Auslegung zulässig. Übergangsrecht s Vorbem.

3) Partner, Form, I. A. Grundsatz. I erlaubt nur bestimmten Partnern eine Zuständigkeitsvereinbarung. Seine sprachliche Fassung ist unklar: ,,Parteien" – ,,Vertragsparteien" Gemeint ist: die Zuständigkeitsvereinbarung muß zwischen den Parteien, §§ 50ff, dieses Prozesses geschlossen worden sein, LG Trier NJW **82**, 287, und jede Partei muß zZ der Zuständigkeitsvereinbarung der einen oder anderen der in I genannten Gruppen angehört haben, BayObLG BB **78**, 1685 (eine Zugehörigkeit zu derselben Gruppe ist nicht erforderlich, Diederichsen BB **74**, 379, ausreichend ist zB ein Vertrag zwischen einem Kaufmann und einer juristischen Person), LG Trier NJW **82**, 287. Sonst könnte zB durch eine Abtretung doch wieder der gerade bekämpfte frühere Zwang zur Einlassung vor dem auswärtigen Gericht eintreten.

Nicht ausreichend ist also zB, daß der dem Prozeß zugrundeliegende Kaufvertrag zwischen Kaufleuten geschlossen worden war, wenn eine der Prozeßparteien kein Kaufmann war und kein Fall von II oder III vorliegt, LG Trier NJW **82**, 287 (abl Ackmann ZIP **82**, 462), ZöV 4b, aM zB Meyer-Lindemann JZ **82**, 595 mwN (aber auch ein ,,sprachlicher Mißgriff" des Gesetzgebers kann zu einer eindeutigen Regelung führen).

B. Fälle. Im einzelnen gilt folgendes:
a) Kaufmann. Gemeint ist im Sinn von §§ 1ff HGB:

§ 1 HGB. ⁱ Kaufmann im Sinne dieses Gesetzbuchs ist, wer ein Handelsgewerbe betreibt.

ⁱⁱ Als Handelsgewerbe gilt jeder Gewerbebetrieb, der eine der nachstehend bezeichneten Arten von Geschäften zum Gegenstande hat:
1. die Anschaffung und Weiterveräußerung von beweglichen Sachen (Waren) oder Wertpapieren, ohne Unterschied, ob die Waren unverändert oder nach einer Bearbeitung oder Verarbeitung weiter veräußert werden;
2. die Übernahme der Bearbeitung oder Verarbeitung von Waren für andere, sofern das Gewerbe nicht handwerksmäßig betrieben wird;
3. die Übernahme von Versicherungen gegen Prämie;
4. die Bankier- und Geldwechslergeschäfte;
5. die Übernahme der Beförderung von Gütern oder Reisenden zur See, die Geschäfte der Frachtführer oder der zur Beförderung von Personen zu Lande oder auf Binnengewässern bestimmten Anstalten sowie die Geschäfte der Schleppschiffahrtsunternehmer;
6. die Geschäfte der Kommissionäre, der Spediteure oder der Lagerhalter;
7. die Geschäfte der Handelsvertreter oder der Handelsmakler;
8. die Verlagsgeschäfte sowie die sonstigen Geschäfte des Buch- oder Kunsthandels;
9. die Geschäfte der Druckereien, sofern das Gewerbe nicht handwerksmäßig betrieben wird.

§ 2 HGB. ⁱ¹ Ein handwerkliches oder ein sonstiges gewerbliches Unternehmen, dessen Gewerbebetrieb nicht schon nach § 1 Abs. 2 als Handelsgewerbe gilt, das jedoch nach Art und Umfang einen in kaufmännischer Weise eingerichteten Geschäftsbetrieb erfordert, gilt als Handelsgewerbe im Sinne dieses Gesetzbuchs, sofern die Firma des Unternehmens in das Handelsregister eingetragen worden ist.² ...
ⁱⁱ ...

§ 3 HGB. ⁱ Auf den Betrieb der Land- und Forstwirtschaft finden die Vorschriften der §§ 1 und 2 keine Anwendung.

ⁱⁱ¹ Ist mit dem Betriebe der Land- oder Forstwirtschaft ein Unternehmen verbunden, das nur ein Nebengewerbe des land- oder forstwirtschaftlichen Betriebs darstellt, so findet auf dieses der § 2 mit der Maßgabe Anwendung, daß der Unternehmer berechtigt, aber nicht verpflichtet ist, die Eintragung in das Handelsregister herbeizuführen; werden in dem Nebengewerbe Geschäfte der in § 1 bezeichneten Art geschlossen, so gilt der Betrieb dessenungeachtet nur dann als Handelsgewerbe, wenn der Unternehmer von der Befugnis, seine Firma gemäß § 2 in das Handelsregister eintragen zu lassen, Gebrauch gemacht hat.² ...

§ 4 HGB. ⁱ Die Vorschriften über die Firmen, die Handelsbücher und die Prokura finden keine Anwendung auf Personen, deren Gewerbebetrieb nach Art oder Umfang einen in kaufmännischer Weise eingerichteten Geschäftsbetrieb nicht erfordert.
ⁱⁱ ...

§ 5 HGB. Ist eine Firma im Handelsregister eingetragen, so kann gegenüber demjenigen, welcher sich auf die Eintragung beruft, nicht geltend gemacht werden, daß das unter der Firma betriebene Gewerbe kein Handelsgewerbe sei oder daß es zu den in § 4 Abs 1 bezeichneten Betrieben gehöre.

§ 6 HGB. ⁱ Die in betreff der Kaufleute gegebenen Vorschriften finden auch auf die Handelsgesellschaften Anwendung.

ⁱⁱ Die Rechte und Pflichten eines Vereins, dem das Gesetz ohne Rücksicht auf den Gegenstand des Unternehmens die Eigenschaft eines Kaufmanns beilegt, werden durch die Vorschrift des § 4 Abs. 1 nicht berührt.

Vgl die Kommentare zum HGB, zB Baumbach-Duden-Hopt. Ein Minderkaufmann, § 4 HGB, ist also kein Kaufmann im Sinn von I, Diederichsen BB **74**, 379. Die Registereintragung ist nicht allein maßgeblich, Reinelt NJW **74**, 2312. Unerheblich ist, ob die Kaufmannseigenschaft bzw deren tatsächliche Grundlage dem Partner bekannt war; Ffm MDR **75**, 233 versagt freilich dem, der sich als Vollkaufmann ausgab, gegenüber dem entsprechend gutgläubigen Partner eine Berufung auf I iVm § 4 HGB. Freilich ist insofern evtl eine Anfechtung möglich und nach BGB zu beurteilen. Unerheblich ist auch, ob ein Handelsgeschäft iSv § 343 HGB vorliegt, Löwe NJW **74**, 475, Scholz BB **74**, 570, Vollkommer Rpfleger **74**, 131, aM Diederichsen BB **74**, 379 (aber I stellt eindeutig nur auf die Person ab). Der

3. Titel. Vereinbarung über Zuständigkeit § 38 3, 4

persönlich haftende Gesellschafter einer Offenen Handelsgesellschaft oder Kommanditgesellschaft ist Kaufmann im Sinn von I, Häuser JZ **80**, 761, StJL Rdz 4.

Der Betrieb eines Handelsgewerbes im Sinn von § 1 HGB ist kein Anscheinsbeweis dafür, daß ein Kaufmann im Sinn von I anzunehmen ist, da trotzdem § 4 HGB anwendbar sein kann, aM Unruh NJW **74**, 1114. Die Parteifähigkeit ist wie sonst zu beurteilen, §§ 50 ff. Eine BGB-Gesellschaft kann als solche kein Kaufmann sein, Ffm MDR **79**, 1027.

b) Juristische Person des öffentlichen Rechts. Hierher gehören Körperschaften (verbandsförmig organisiert, dh wesentlich auf der Mitgliedschaft aufgebaut, zB Hochschulen, Berufskammern, Innungen, auch Gebietskörperschaften, wie die Gemeinde, Kreise), Anstalten (Verwaltungseinrichtungen, die bestimmten Nutzungszwecken dienen, soweit auch vollrechtsfähig sind, zB BfA, Rundfunkanstalten), Stiftungen (mit eigener Rechtspersönlichkeit ausgestattete Vermögensbestände, die bestimmten Stifungszwecken gewidmet sind, unabhängig davon, ob diese gemeinnützig sind – „öffentliche Stiftung" – oder nicht. Gegensatz: Stiftungen des Privatrechts. Maßgeblich ist das Landesrecht; wesentlich ist die Einfügung in einen öffentlichrechtlichen Verband, vgl Pal-Heinrichs Vorb 1 a vor § 80 BGB mwN). Vgl §§ 17, 18.

c) Öffentlichrechtliches Sondervermögen. Hierher gehören zB: Die Bundesbahn, G v 2. 3. 51, BGBl 155, u v 13. 12. 51, BGBl 955 mit späteren Änderungen, Bundespost, G v 21. 5. 53, BGBl 225, VO v 1. 8. 53, BGBl 715 mit späteren Änderungen, ERPSondervermögen, LAG-Ausgleichsfonds, Diederichsen BB **74**, 379 mwN. Maßgeblich ist, daß keine juristische Person vorliegt (dann gilt freilich b).

C. Form, I. Die Vereinbarung (auch mehrerer bestimmter Gerichtsstände oder desjenigen, an dem kein Beteiligter eine Niederlassung oder einen Wohnsitz hat, LG Bielef MDR **77**, 672 (vgl freilich das AGB, zB bei einer überraschenden Klausel, LG Konstanz BB **83**, 1372), oder der internationalen Zuständigkeit, Samtleben NJW **75**, 1606 mwN, abw Putzo NJW **75**, 502, beide gg AG Bln-Charlottenb NJW **75**, 502; I ist also nicht durch II verdrängt) ist formlos möglich, auch telefonisch oder stillschweigend (anders II, III), wozu eine Auslegung gem §§ 133, 157 BGB, Diederichsen BB **74**, 381, nötig ist. Ein Verstoß gegen die Form von II, III ist unschädlich, soweit I erfüllt ist.

4) Auslandsberührung. II. A. Grundsatz. II erlaubt ferner, dh zusätzlich, nicht etwa anstelle von I, Anm 3 B, eine Zuständigkeitsvereinbarung, falls mindestens einer der Partner und damit eine der Prozeßparteien, Anm 3 A, im Inland (die DDR ist kein Ausland, Einl III 8 B) keinen allgemeinen Gerichtsstand hat, § 12 Anm 1. Ein besonderer inländischer Gerichtsstand, §§ 20 ff, ist also grundsätzlich unschädlich, Katholnigg BB **74**, 396, vgl aber II 3. Maßgebliche Zeitpunkte sind sowohl die Zuständigkeitsvereinbarung als auch die Klagerhebung, Anm 3 A; zwischenzeitliche Veränderungen sind unbeachtlich, sofern die Lage bei der Klagerhebung wieder so wie bei der Zuständigkeitsvereinbarung ist. Vgl aber auch III Z 2. Eine Veränderung nach dem Eintritt der Rechtshängigkeit ist unbeachtlich, § 261 III Z 2, s III Z 1. Die Staatsangehörigkeit ist unbeachtlich, Löwe NJW **74**, 475, Ausnahme § 15.

Das EuGÜbk, Üb 1 v § 38, ist vorrangig, BGH NJW **80**, 2023, Mü MDR **81**, 592 mwN, Baumgärtel Festschrift für Weber (1975) 31, Grüter DB **78**, 381, Hübner NJW **80**, 2607, RoS § 20 VI 3e (zustm Grunsky AcP **181**, 344), Wirth NJW **78**, 461 mwN (es ist aber nur anwendbar, wenn die Klage nach seinem Inkrafttreten erhoben oder aufgenommen worden war, Mü NJW **74**, 2182), II gilt also nur, wenn mindestens einer der Partner außerhalb des Geltungsbereichs des EuGÜbk wohnt, Wirth NJW **78**, 461 mwN, aM Diederichsen BB **74**, 380 (das EuGÜbk gelte nur für die Angehörigen der 6 ursprünglichen EWG-Staaten), Piltz NJW **78**, 1094.

B. Fälle. Eine freie Wahl des Gerichtsstands ist zulässig, wenn überhaupt kein Partner der Zuständigkeitsvereinbarung einen allgemeinen Gerichtsstand im Inland hat. Andernfalls gilt folgendes:

a) Ein Partner im Inland. Entweder ein Partner hat einen allgemeinen inländischen Gerichtsstand. Dann ist bei Anwendbarkeit des EuGÜbk jeder Gerichtsstand vereinbar, Samtleben NJW **74**, 1596, aM Katholnigg BB **74**, 396, sonst unter den inländischen Gerichtsständen (nur des Bekl, Katholnigg BB **74**, 397) nur ein beliebiger gesetzlicher allgemeiner oder besonderer Gerichtsstand, zB der des Wohnsitzes, § 12, oder der der Belegenheit, § 24; freilich ist grundsätzlich auch eine Vereinbarung eines ausschließlichen ausländischen Gerichtsstands zulässig (s allerdings § 40 II), Samtleben NJW **74**, 1596. Innerhalb des allgemeinen Gerichtsstands gilt die Rangfolge § 12 Anm 1 (II 3 sagt „ihren", nicht „einen" allgemeinen Gerichtsstand), jedoch hat der allgemeine keinen Vorrang vor einem besonderen

§ 38 4, 5 1. Buch. 1. Abschnitt. Gerichte

Gerichtsstand; innerhalb der besonderen Gerichtsstände besteht keine besondere Reihenfolge.

b) Alle Partner im Inland. Oder sämtliche Partner haben einen allgemeinen inländischen Gerichtsstand. Dann ist II unanwendbar. Dies gilt aber nicht, wenn zB nur ein Streitgenosse im Inland wohnt; Streithelfer sind dagegen unbeachtlich. Ob die Wahl des falschen Gerichts in eine Vereinbarung des zulässigen umdeutbar ist, das ist eine Auslegungsfrage; im Zweifel ist keine wirksame Vereinbarung nach II entstanden.

C. Form, II. Trotz der Stellung von S 2 vor S 3 gilt bei sämtlichen Fällen II mindestens die Notwendigkeit einer nachträglichen schriftlichen Bestätigung; eine vorherige Vereinbarung (sie ist dann nötig, Katholnigg BB **74**, 397) ist auch stillschweigend möglich. Ab Rechtshängigkeit ist wegen § 261 III Z 2 eine Bestätigung nicht mehr möglich.

D. Einzelfragen. Unter den Voraussetzungen A–C sowie für die nach bisherigem Recht, Vorbem, zu prüfenden Fälle gilt: Die Vereinbarung entzieht der inländischen Partei nicht den gesetzlichen Richter, ArbG Hbg BB **80**, 1695. Aus einer (auch stillschweigenden, BGH DB **76**, 1009) Rechtswahl (zu deren Zulässigkeit § 10 Z 8, 12 AGBG) ist nicht stets eine Gerichtswahl ableitbar, vgl freilich BGH DB **76**, 1009; aber meist gilt das umgekehrte, BAG NJW **75**, 408, Hbg MDR **73**, 1025. Die Vereinbarung auf ein ausländisches ordentliches Gericht wirkt meist nach ausländischem Recht zuständigkeitsbegründend, wenn dieses sie zuläßt, zumindest in der Regel für einen Anspruch gegen diejenige Partei, deren Heimatgericht zuständig sein soll, BGH **LM** Nr 18 (Anm Geimer NJW **73**, 951, Walchshöfer ZZP **86**, 333) und zuständigkeitsaufhebend nach deutschem Recht, Schütze DB **74**, 1418. Die Zulässigkeit und Wirkung der Vereinbarung der internationalen Zuständigkeit ist nach deutschem Recht zu beurteilen, BGH NJW **76**, 1581, BAG NJW **79**, 1120; ist die Rechtsverfolgung im Ausland nicht möglich, bleibt die internationale Zuständigkeit des deutschen Gerichts bestehen, BAG NJW **79**, 1120.

Die Vereinbarung einer ausschließlichen Zuständigkeit ist zulässig, wenn nicht etwa das deutsche Gericht ausschließlich zuständig ist, vgl BGH MDR **69**, 479, Samtleben NJW **74**, 1596; die Verbürgung der Gegenseitigkeit ist ohne Bedeutung, BGH **49**, 124 (Anm Walchshöfer ZZP **82**, 304), BGH VersR **74**, 471, Schütze DB **74**, 1420. Sie beseitigt jede deutsche Zuständigkeit. Die etwaige Nichtanerkennung des ausländischen Urteils in der BRD steht also nicht entgegen, BGH NJW **61**, 1061; dies gilt auch bei einem Streit aus einem Seefrachtvertrag, insbesondere wegen Konnossementen, BGH VersR **74**, 471 (abl Walchshöfer ZZP **88**, 323), Hbg VersR **73**, 1023 betr Beförderung nach einem deutschen Hafen, wobei die Vereinbarung gültig ist, solange vor dem ausländischen Gericht wesentliche rechtsstaatliche Garantien erfüllbar sind, BGH VersR **74**, 471 betr Thailand, Hbg MDR **73**, 940 betr UdSSR; sie wirkt auch gegen den deutschen Empfänger, BGH NJW **71**, 325, falls im Ausland genug Vermögen vorhanden ist, in das vollstreckt werden könnte, und nicht etwa durch die Vereinbarung die Vollstreckung für die deutsche Partei unmöglich gemacht werden soll, BGH VersR **74**, 471, Mü OLGZ **66**, 38, und wenn das betreffende ausländische Seefrachtrecht bei Geltung der Haager Regeln die Höchsthaftung des Verfrachters beschränkt, Hbg VersR **82**, 1097.

Ist im Land des vereinbarten Gerichtsstand, dessen Urteil mangels Gegenseitigkeit nicht anerkannt wird, kein vollstreckungsfähiges Vermögen vorhanden, so bleibt es trotz einer in der BRD hinterlegten Sicherheit bei der Vereinbarung der ausschließlichen Zuständigkeit für den Ersatzanspruch, § 40 II, im Ausland, BGH MDR **71**, 376. Die schlichte Vereinbarung eines deutschen Gerichtsstands bei einem Liefergeschäft ins Ausland bewirkt nicht, daß damit der Gerichtsstand der Widerklage des ausländischen Käufers ausgeschlossen wird, wenn der deutsche Verkäufer den Käufer vor dessen Heimatgericht verklagt, BGH **59**, 116 (Anm Geimer NJW **72**, 2179). Ob AGB des deutschen Importeurs Vertragsinhalt sind, ist unter Umständen nach dem ausländischen Recht zu beurteilen, LG Zweibr NJW **74**, 1061. Eine Umgehung von § 38 durch eine scheininternationale Fallgestaltung ist unzulässig, Samtleben NJW **74**, 1596, Üb 4 vor § 12; Schütze DB **74**, 1419 fordert eine Wertbewegung, die den Bereich einer Rechtsordnung überschreite.

Die Anwendung der CMR-Bestimmungen über die internationale Zuständigkeit schließt eine innerstaatliche Gerichtsstandsabrede nach den Allgemeinen Deutschen Spediteurbedingungen nicht aus, LG Hbg VersR **81**, 475.

5) Vereinbarung, III. A. Grundsatz. III erlaubt eine Zuständigkeitsvereinbarung ferner unter zwei höchst unterschiedlichen Voraussetzungen, von denen nur eine vorliegen muß. Die Form muß jeweils von vornherein ausdrücklich, dh inhaltlich bestimmt sein, AG Köln Rpfleger **74**, 270, und außerdem schriftlich (aber nicht nach § 126 BGB, vgl BVerfG **15**,

3. Titel. Vereinbarung über Zuständigkeit   §§ 38, 39   1

292, BFH DB **74**, 708, Samtleben NJW **74**, 1595, vgl Vollkommer Rpfleger **74**, 134 – will nur einen Schriftwechsel zulassen) aM zB Diederichsen BB **74**, 381, wobei freilich eine „Bestätigung" oft in eine anfängliche Vereinbarung umdeutbar ist.

B. Fälle. Im einzelnen muß eine der Voraussetzungen a–b vorliegen:

a) Nach dem Entstehen der Streitigkeit, Z 1. Irgendeine Unsicherheit iSv § 256 Anm 3 B genügt, aM Gottwald NJW **74**, 1315, Löwe NJW **74**, 475, Marburger NJW **74**, 1925 mwN (gegensätzliche Ansichten über die Rechtsfolgen), Vollkommer Rpfleger **74**, 132, Wolf ZZP **88**, 346 (ein gerichtliches Verfahren müsse unmittelbar oder in Kürze bevorstehen); freilich ist wegen der Umgehungsgefahr keine (schon gar nicht formularmäßige) Klausel bei einem Vertrag zulässig, man streite sich bereits oä, Diederichsen BB **74**, 380.

Ab Rechtshängigkeit ist beim zuständigen Gericht dessen Abwahl unzulässig, § 261 III Z 2, beim unzuständigen Gericht eine Vereinbarung auf dessen oder eines anderen Gerichts Zuständigkeit zulässig, BGH **LM** § 39 Nr 6.

b) Wohnsitzverlegung usw, Z 2. Sie kann genügen. Das betrifft nur die örtliche Zuständigkeit, Diederichsen BB **74**, 380. Die Vereinbarung ist nur beachtlich, falls sie von vornherein oder später, Diederichsen BB **74**, 380, für derartige Ereignisse beim zukünftigen Beklagten getroffen worden ist (das kann der Gläubiger wie Schuldner oder Bürge usw sein), vgl AG Köln Rpfleger **74**, 270, Diederichsen BB **74**, 383, aM zB Mü MDR **76**, 764 mwN betr eine andersartige Gerichtsstandsvereinbarung nach altem Recht. Eine Verlegung in die DDR ist ausreichend, da die ZPO dort nicht gilt, obwohl die DDR kein Ausland ist, Einl III 8 B. Freilich kann dann die Geschäftsgrundlage entfallen usw. Der Wohnsitz ist nach §§ 13, 15, der Aufenthaltsort nach § 16, bei juristischen Personen usw nach §§ 17, 18 entsprechend zu beurteilen, soweit nicht I gilt. Verlegung: Zumindest ernsthaft und auf unbestimmte Zeit; die maßgeblichen Zeitpunkte sind wie Anm 4 A zu beurteilen. Die Unbekanntheit des Wohnsitzes oder Aufenthaltsorts muß bei der gerichtlichen Zuständigkeitsprüfung fortbestehen, dazu § 203 Anm 1 entsprechend. Vgl § 6a II AbzG, § 29 Anh.

c) Mahnverfahren. In diesem Verfahren ist eine Zuständigkeitsvereinbarung nicht mehr zulässig; der frühere III Z 2b ist entfallen, Vorbem. Vgl § 689 II, III.

6) Rügelose Einlassung, I–III. In allen Fällen I–III heilt eine rügelose Einlassung. § 39 S 1, aber nur, wenn vor dem AG eine Belehrung über die örtliche und sachliche etwaige Unzuständigkeit erfolgt, § 504, ebenso vor dem ArbG, § 46 II 1 ArbGG, und wenn auch kein Fall von § 40 II vorliegt, dort S 2.

Wenn die Parteien durch die Vereinbarung eines alleinigen ausländischen Gerichtsstands auch den Gerichtsstand der Widerklage abbedungen haben, wird dieser nicht ohne weiteres dadurch wiederhergestellt, daß der ausländische Vertragspartner vor einem deutschen Gericht klagt und daß sich der Bekl rügelos auf die Klage einläßt, BGH NJW **81**, 2644, dazu krit Pfaff ZZP **96**, 306.

39 *Rügelose Einlassung.* **Die Zuständigkeit eines Gerichts des ersten Rechtszuges wird ferner dadurch begründet, daß der Beklagte, ohne die Unzuständigkeit geltend zu machen, zur Hauptsache mündlich verhandelt. Dies gilt nicht, wenn die Belehrung nach § 504 unterblieben ist.**

1) Rügeloses Verhandeln. § 39 ergänzt und erweitert die Regeln der §§ 230, 281, 282 III. Nach den letzteren Vorschriften bleibt es grundsätzlich dem Bekl überlassen, ob er die etwaige Unzuständigkeit des Gerichts rügen will. Er muß seine Rüge der Unzuständigkeit gleichzeitig und vor seiner Verhandlung zur Hauptsache vorbringen, im schriftlichen Vorverfahren sogar schon innerhalb der ihm gesetzten Frist, Grunsky JZ **77**, 205, aM Ffm OLGZ **83**, 102. Die Versäumung hat allgemein zur Folge, daß er mit der Prozeßhandlung ausgeschlossen wird. Demgemäß enthält § 39 S 1 den Grundsatz, daß ein an sich örtlich und/oder sachlich unzuständiges Gericht auch dann zuständig wird, wenn der Bekl mündlich zur Hauptsache verhandelt, ohne die Zuständigkeit geltend zu machen. Von diesem Grundsatz enthält erst S 2 eine Ausnahme beim AG: Nur dort besteht gemäß § 504 eine Belehrungspflicht des Vorsitzenden, Stürner, die richterliche Aufklärungspflicht im Zivilprozeß (1982) 66.

In diesem System zeigt sich, daß weder beim LG noch bei einem anderen Gericht eine entsprechende Belehrungspflicht besteht. Trotz § 139 I 1 mit seiner Pflicht des Vorsitzenden, sachdienliche Parteianträge herbeizuführen, ist es zweifelhaft, ob ein anderes Gericht als das AG überhaupt auf seine etwaige Unzuständigkeit von Amts wegen hinweisen darf, solange der Bekl die Unzuständigkeit nicht gerügt hat. Aus einem voreiligen Hinweis könnte ein Ablehnungsrecht abgeleitet werden.

Solange die Belehrung nach § 504 nicht korrekt durchgeführt wurde, bleibt dem Bekl die Möglichkeit der Rüge der Unzuständigkeit erhalten, unter Umständen also bis zum Schluß der letzten mündlichen Verhandlung, Vollkommer Rpfleger **74**, 137. Der Bekl kann allerdings auf die Möglichkeit der Rüge verzichten. Ein solcher Verzicht ist freilich erst nach dem Entstehen der Streitigkeit, § 38 Anm 5 B a, und nur dann wirksam, wenn er in der Form des § 38 III Z 1 erfolgt, Bülow VersR **76**, 416, Diederichsen BB **74**, 383, Löwe NJW **74**, 477; s aber auch § 40 II 2.

Nach einem wirksamen Rügeverzicht oder nach einem wirksamen rügelosen Verhandeln des Bekl zur Hauptsache gilt das bisher unzuständige Gericht als seit Beginn des Rechtsstreits zuständig. Es tritt also mehr ein als eine bloße unwiderlegbare Vermutung der Gerichtsstandsvereinbarung, aM Zeiss 38, 335 (abl Schumann NJW **81**, 1718).

§ 39 gilt auch für die internationale Zuständigkeit, BGH NJW **79**, 1104 mwN (im Ergebnis zustm Geimer NJW **79**, 1784), Ffm OLGZ **83**, 101 mwN, Köln BB **73**, 405, Schütze ZZP **90**, 68 mwN. Wegen des EuGÜbk SchlAnh V C 1, vgl auch Ffm OLGZ **83**, 101, besonders Art 18 ff, dazu Schütze ZZP **90**, 75 mwN.

2) Verhandeln zur Hauptsache. Die ZPO gebraucht diesen Begriff nicht einheitlich. In § 39 meint er die Sacherörterung mit den Parteien, die mit den Anträgen beginnt, § 137, nicht aber: Eine Verhandlung über eine Prozeßfrage, etwa über ein Ablehnungsgesuch; eine Verhandlung über eine Rüge der Unzulässigkeit, denn eine solche Rüge betrifft zwar die Verhandlung zur Sache, aber nicht die Verhandlung zur Hauptsache.

Im schriftlichen Verfahren nach § 128 II, III steht eine vorbehaltlose schriftliche Einlassung der Verhandlung zur Hauptsache gleich. Dasselbe gilt dann, wenn das Gericht eine Entscheidung nach Lage der Akten angekündigt hat. Im Versäumnisverfahren gegen den Bekl nach § 331 ist § 39 natürlich unanwendbar. Bei einer Säumnis des Klägers, § 330, liegt eine Verhandlung des Bekl zur Hauptsache in seinem Antrag auf den Erlaß eines Versäumnisurteils oder auf den Erlaß einer Entscheidung nach Lage der Akten. Wenn der Bekl nur die örtliche Unzuständigkeit rügt, dann kann das außerdem bisher sachlich unzuständige Gericht unter Umständen nach § 39 zuständig werden, und umgekehrt.

Die Rüge der Unzuständigkeit kann wegen Rechtsmißbrauchs unbeachtlich sein, etwa dann, wenn der Bekl eine Gerichtsstandsklausel angreift, die er selbst aufgestellt hatte, Bülow VersR **76**, 416.

3) Belehrung. Die nach § 504 dem Amtsrichter vorgeschriebene Belehrung ist von Amts wegen zu erteilen. Sie umfaßt eine anfängliche örtliche wie auch sachliche Unzuständigkeit. Die Belehrung ist spätestens dann notwendig, wenn der Bekl mit seiner Verhandlung zur Hauptsache ansetzt. Solange die Belehrung nach § 504 unterbleibt, kann das Gericht nicht nach § 39 zuständig werden. Etwas anderes gilt bei § 506, LG Hbg MDR **78**, 940, Zeiss § 15 VI 1, ZöV 2c, aM Müller MDR **81**, 11. Eine unvollständige Belehrung ist so zu beurteilen, als ob überhaupt keine Belehrung erfolgt wäre. Zu einer vollständigen Belehrung gehört auch ein Hinweis auf die Rechtsfolgen einer rügelosen Einlassung. Nun ist allerdings eine Mitteilung des in Wahrheit zuständigen Gerichts nicht immer sogleich möglich. In einem solchen Fall genügt eine Belehrung dahin, daß jedenfalls dieses AG unzuständig sei.

Es ist ratsam, die Belehrung in das Protokoll aufzunehmen. Für ihre Wirksamkeit ist die Aufnahme in das Protokoll aber keine Bedingung. Ein Hinweis oder eine „Belehrung" des Bekl durch den Kläger oder durch andere Beteiligte ist solange unbeachtlich, bis auch der Amtsrichter den Bekl eindeutig belehrt hat.

Wenn der Amtsrichter die Belehrung verspätet oder erst zu einem verspäteten Zeitpunkt vollständig erteilt hat, wird das AG erst dann zuständig, wenn der Bekl seine Verhandlung zur Hauptsache nunmehr fortsetzt. Eine solche Fortsetzung liegt nicht nur dann vor, wenn der Bekl seinen Antrag zur Hauptsache jetzt ausdrücklich wiederholt. Trotzdem sollte der Amtsrichter stets Klarheit darüber schaffen, ob wirklich eine rügelose Verhandlung zur Hauptsache vorliegt, § 139.

Der Amtsrichter muß den Bekl auch dann nach § 504 belehren, wenn der Bekl durch einen Anwalt vertreten wird, Vollkommer Rpfleger **74**, 137. Vgl im übrigen bei § 504.

40 *Unzulässigkeit der Vereinbarung.* ^I **Die Vereinbarung hat keine rechtliche Wirkung, wenn sie nicht auf ein bestimmtes Rechtsverhältnis und die aus ihm entspringenden Rechtsstreitigkeiten sich bezieht.**

4. Titel. Ausschließung und Ablehnung der Gerichtspersonen § 40, Übers § 41

II Eine Vereinbarung ist unzulässig, wenn der Rechtsstreit andere als vermögensrechtliche Ansprüche betrifft oder wenn für die Klage ein ausschließlicher Gerichtsstand begründet ist. In diesen Fällen wird die Zuständigkeit eines Gerichts auch nicht durch rügeloses Verhandeln zur Hauptsache begründet.

1) Unbestimmtes Rechtsverhältnis, I. Die Vereinbarung der Zuständigkeit eines Gerichts ist nur dann wirksam, wenn sie ein bestimmtes Rechtsverhältnis betrifft, Diederichsen BB **74**, 382. Ausreichend ist zB eine Vereinbarung für „alle Klagen aus demselben Rechtsverhältnis". Nicht ausreichend ist zB eine Vereinbarung für „alle Klagen aus dem ganzen Geschäftsverkehr" oder „alle künftigen Klagen". Die Zuständigkeit kann auch für eine Klage wegen einer bereits begangenen unerlaubten Handlung vereinbart werden. Zu der Frage, ob ein Gerichtsstand, der für den Fall einer Vertragsverletzung vereinbart worden war, auch für eine künftige unerlaubte Handlung gilt, vgl § 32 Anm 1. Die Wirksamkeit der Zuständigkeitsvereinbarung ist wie bei § 38 Anm 2 zu beurteilen. Das Gericht muß die etwaige Unwirksamkeit der Zuständigkeitsvereinbarung von Amts wegen beachten; vgl aber auch §§ 512a, 549 II.

2) Unzulässigkeit, II. Bei genauer Prüfung ergibt sich, daß eine Zuständigkeitsvereinbarung in folgenden drei Fällen unzulässig ist:
A. Nichtvermögensrechtlicher Anspruch. Die Vereinbarung ist unwirksam, wenn sie einen nichtvermögensrechtlichen Anspruch betrifft, Üb 3 A b vor § 1.
B. Ausschließlicher Gerichtsstand. Eine Zuständigkeitsvereinbarung ist dann unzulässig, wenn bereits ein ausschließlicher Gerichtsstand besteht, Üb 2 D vor § 12, Fälle § 12 Anm 2. Dieser ausschließliche Gerichtsstand mag örtlich, sachlich oder international bestehen, KG OLGZ **76**, 40, Diederichsen BB **74**, 382, Katholnigg BB **74**, 396; wegen des EuGÜbk Samtleben NJW **74**, 1595. Wenn nur ein örtlich ausschließlicher Gerichtsstand vorliegt, dann ist eine Vereinbarung der sachlichen Zuständigkeit zulässig, und umgekehrt. Wegen § 2 III ArbGG BAG NJW **75**, 1944.
C. Rechtsmißbrauch. Eine Zuständigkeitsvereinbarung ist über den Wortlaut von II hinaus auch dann unzulässig, wenn sie rechtsmißbräuchlich oder sittenwidrig ist. Eine solche Situation liegt aber nicht schon dann vor, wenn die Zuständigkeit eines staatlichen Gerichts vereinbart wurde. Wer allerdings einen wirtschaftlich Schwachen durch eine Knebelung vor ein Gericht zwingt, das für den Gegner unbequem und teuer ist, um den Gegner die Rechtsverfolgung zu erschweren, kann sittenwidrig handeln. Freilich ist eine solche Vereinbarung meist nach § 38 ohnehin unwirksam. ArbG Heilbronn BB **71**, 173 hält den Ausschluß der Gerichtsstände der Niederlassung und des Erfüllungsorts in einem Arbeitsvertrag für unzulässig, aM ArbG Kassel DB **71**, 1775.

3) Beachtung von Amts wegen, I, II. Das Gericht muß die etwaige Unzulässigkeit von Amts wegen beachten. Aus II 2 ergibt sich, daß diese Pflicht auch dann fortbesteht, wenn der Bekl die Zuständigkeit nach den Regeln der §§ 282 III, 296 III an sich verspätet gerügt hat. Sogar eine etwaige Belehrung wäre in einem solchen Fall unerheblich. In der höheren Instanz greifen aber im Bereich der sachlichen Unzuständigkeit die §§ 529, 566 und im Bereich der örtlichen Zuständigkeit die §§ 512a, 549 II ein.

Vierter Titel. Ausschließung und Ablehnung der Gerichtspersonen

Übersicht

Schrifttum: Overhoff, Ausschluß und Ablehnung des Richters in den deutschen Verfahrensordnungen usw, Diss Münster 1975; Riedel, Das Postulat der Unparteilichkeit des Richters usw, 1980 (Bespr Arzt ZZP **94**, 482); Stemmler, Befangenheit im Richteramt. Eine systematische Darstellung der Ausschließungs- und Ablehnungsgründe usw, Diss Tüb 1974.

1) Allgemeines. Ein Richter muß zunächst die allgemeinen staatlichen Voraussetzungen zur Ausübung des Richteramts erfüllen, Üb 1, 2 vor § 1. Trotzdem kann er aus prozessualen Gründen zur Ausübung des Richteramts im Einzelfall unfähig sein. Als gesetzlicher Richter im Sinn von Art 101 I 2 GG ist nur derjenige Richter anzusehen, der auch wirklich unparteilich ist und nicht einmal parteilich scheint, BVerfG **21**, 139, Stemmler NJW **74**, 1545.

Die ZPO unterscheidet zwischen zwei Fällen der Unfähigkeit zum Richteramt, dem Ausschluß kraft Gesetzes und der Ablehnbarkeit wegen einer Besorgnis der Befangenheit. Beide Arten der Unfähigkeit können immer nur einen bestimmten einzelnen Richter persönlich betreffen. Ein Gericht kann nicht als solches, also als allgemeines Rechtspflegeorgan, unfähig sein, Brschw NJW **76**, 2025. Das gilt selbst dann nicht, wenn sämtliche Richter dieses Gerichts entweder ausgeschlossen sind oder als befangen anzusehen sind, BGH **LM** § 42 Nr 5. Man kann auch nicht sämtliche Mitglieder eines Kollegiums als unfähig bezeichnen, solange sie nicht namentlich genannt werden, vgl BVerfG **46**, 200, freilich auch VG Stgt JZ **76**, 278 (diese Entscheidung betrifft den gesamten Spruchkörper).

Ein derartiges Gesuch ist allerdings stets darauf zu prüfen, ob die Begründung zur Ablehnung des gesamten Gerichts ergibt, daß in Wahrheit jedes individuelle Mitglied abgelehnt wird. In diesem Fall liegt nämlich eine zulässige Häufung von Ablehnungen einzelner Richter vor. Deshalb ist ein Gesuch, daß das gesamte Gericht abgelehnt wird, auch nur dann als mißbräuchlich anzusehen, wenn eine Befangenheit unter keinem denkbaren Gesichtspunkt gerechtfertigt ist, BVerwG NJW **77**, 312.

Wenn ein ausgeschlossener oder zu Recht abgelehnter Richter trotzdem im Verfahren weiterhin mitwirkt, sind die gewöhnlichen Rechtsbehelfe zulässig. Die Entscheidung beruht insofern grundsätzlich auf einer Verletzung des Gesetzes, vgl BayObLG **80**, 311. Außerdem ist dann die Nichtigkeitsklage des § 579 I Z 2, 3 zulässig. Zu den Richtern gehören auch die ehrenamtlichen, zB diejenigen eines Arbeitsgerichts, vgl BAG BB **78**, 100, oder diejenigen der Kammer für Handelssachen, § 112 GVG, BayObLG Rpfleger **78**, 18 mwN, Ffm NJW **76**, 1545, nicht aber für die Beisitzer eines Verfahrens vor der Einigungsstelle, LAG Düss/Köln BB **81**, 733 mwN.

Titel 4 gilt im wesentlichen auch für den Urkundsbeamten der Geschäftsstelle, § 49. Für den Sachverständigen gilt § 406. Für den Gerichtsvollzieher gilt § 155 GVG. Für den Dolmetscher gilt § 191 GVG. Für den Schiedsrichter gilt § 1032. Für den Rechtspfleger gilt § 10 RPflG, § 153 GVG Anh, vgl auch § 49 Anm 3.

§§ 41 ff gelten auch in einem streitigen Verfahren der Freiwilligen Gerichtsbarkeit, da § 6 II 2 FGG durch das GG überholt ist, BVerfG **21**, 144, BGH **46**, 197, BayObLG MDR **77**, 763 und Rpfleger **78**, 18 sowie **80**, 193, vgl auch BayObLG Rpfleger **79**, 423, ferner Bre FamRZ **76**, 111 und 112, Köln OLGZ **74**, 421, Mü FamRZ **78**, 353 je mwN, Zweibr MDR **83**, 414, LG Frankenthal FamRZ **77**, 562. §§ 41 ff gelten im Verfahren vor den Finanzgerichten entsprechend, § 51 I 1 FGO, BFH BB **82**, 605.

Man kann auf die Einhaltung der öffentlichrechtlichen Vorschriften über die Ausschließung nicht wirksam verzichten, Ffm NJW **76**, 1545.

2) *VwGO*: Nach § 54 I VwGO gelten die §§ 41–49 entsprechend mit einigen Ergänzungen, die sich aus § 54 II und III VwGO ergeben, für die Gerichtspersonen, dh Richter und ehrenamtliche Richter, §§ 19–34 VwGO, sowie den Urkundsbeamten der Geschäftsstelle, § 13 VwGO.

41 *Ausschließung.* Ein Richter ist von der Ausübung des Richteramtes kraft Gesetzes ausgeschlossen:

1. in Sachen, in denen er selbst Partei ist oder bei denen er zu einer Partei in dem Verhältnis eines Mitberechtigten, Mitverpflichteten oder Regreßpflichtigen steht;
2. in Sachen seines Ehegatten, auch wenn die Ehe nicht mehr besteht;
3. in Sachen einer Person, mit der er in gerader Linie verwandt oder verschwägert, in der Seitenlinie bis zum dritten Grad verwandt oder bis zum zweiten Grad verschwägert ist oder war;
4. in Sachen, in denen er als Prozeßbevollmächtigter oder Beistand einer Partei bestellt oder als gesetzlicher Vertreter einer Partei aufzutreten berechtigt ist oder gewesen ist;
5. in Sachen, in denen er als Zeuge oder Sachverständiger vernommen ist;
6. in Sachen, in denen er in einem früheren Rechtszuge oder im schiedsrichterlichen Verfahren bei dem Erlaß der angefochtenen Entscheidung mitgewirkt hat, sofern es sich nicht um die Tätigkeit eines beauftragten oder ersuchten Richters handelt.

1) Allgemeines. A. Geltungsbereich. Man kann die Ausschließungsgründe in zwei Gruppen einteilen:

a) Unbedingte, absolute Ausschließungsgründe. Sie sind immer beachtlich. Hierhin gehören zB: Eine Geisteskrankheit; das Fehlen der staatlichen Voraussetzungen der Ausübung des Richteramts nach §§ 8 ff DRiG, SchlAnh I A.

b) Fallweise, relative Ausschließungsgründe. Sie ergeben sich aus einer Beziehung des Richters zu einem bestimmten Prozeß.

§ 41 behandelt nur die letztere Gruppe. In seinem gesamten Bereich wirkt eine Ausschließung kraft zwingenden öffentlichen Rechts, Ffm NJW **76**, 1545. Es ist daher unerheblich, ob der Ausgeschlossene den Ausschließungsgrund kannte. § 41 enthält eine abschließende gesetzliche Aufzählung, BGH **LM** Art 101 GG Nr 19 mwN (wegen Art 101 GG findet keine ausdehnende Auslegung statt) und NJW **81**, 1273 mwN, vgl BFH DB **74**, 904, BVerwG NJW **75**, 1242 und NJW **80**, 2722. § 51 III FGO erweitert den Katalog des § 41 ZPO nicht, BFH DB **74**, 2140. Zum Problem eines unter Umständen unwirksamen Geschäftsverteilungsplans BVerwG DRiZ **76**, 181. Bei einem Zweifel über das Vorliegen eines Ausschließungsgrundes ist § 48 anwendbar.

B. Keine Ausübung des Richteramts. Jeder Ausschließungsgrund verbietet kraft Gesetzes die Ausübung des Richteramts. Hierunter ist jede rechtsordnende Tätigkeit zu verstehen, und zwar auch ein bloß rechtspflegerisches Geschäft, Begriff Üb § 21 GVG Anh. Eine bloße Mitwirkung bei einer Urteilsverkündung schadet nicht, §§ 551 Z 2, 579 I Z 2 („bei der Entscheidung"). Das Urteil beruht auch nicht auf dieser Mitwirkung).

C. Verstoß. Ein Verstoß begründet den sonst zulässigen Rechtsbehelf. Die Amtshandlung bleibt also zunächst bedingt wirksam, Einl III 4 A, § 551 Z 2. Nach der Rechtskraft der Entscheidung ist eine Nichtigkeitsklage nach § 579 I Z 2 zulässig. Eine Amtshandlung, die der Ausgeschlossene vor der Entscheidung vorgenommen hat, ist nur zusammen mit der Entscheidung anfechtbar. Eine Parteihandlung vor dem ausgeschlossenen Richter bleibt voll wirksam.

2) Ausschließungsfälle. A. Mitwirkung der Partei oder des Mitberechtigten usw als Richter, Z 1. Der Begriff „Partei" ist hier ganz weit zu verstehen. Partei ist jeder, für oder gegen den die Entscheidung wirkt. Hierher zählt also namentlich auch der Streitgehilfe. Der Streitverkündungsgegner ist vor seinem Beitritt nicht als Partei anzusehen. Die Begriffe „Mitberechtigte" usw verlangen eine unmittelbare Beteiligung, zB: Als Bürge; als ein Mitglied des beklagten, nicht rechtsfähigen Vereins, weil der Verein die Gesamtheit der Mitglieder ist. Anders verhält es sich beim rechtsfähigen Verein; als Gesamtschuldner; als Gesellschafter einer Offenen Handelsgesellschaft.

Nicht hierher zählen: Eine Beteiligung als Aktionär; als ein Mitglied einer öffentlichen Körperschaft; eine nur mittelbare Beteiligung (in diesen Fällen besteht aber unter Umständen ein Ablehnungsrecht). Ein Arbeitsrichter nach § 46 II 1 ArbGG kann nicht schon wegen seiner Zugehörigkeit zu einem Arbeitgeber- oder Arbeitnehmerverband abgelehnt werden, BAG MDR **68**, 529.

B. Ehegatten und frühere Gatten, Z 2. Ein solcher Richter ist dann ausgeschlossen, wenn er im Sinn von Z 1 als Partei anzusehen ist. Das gilt auch dann, wenn die Ehe nichtig ist. Etwas anderes gilt bei einer bloßen Nichtehe. Bei einem Verlöbnis kommt nur eine Ablehnbarkeit in Betracht.

C. Verwandte und Verschwägerte, Z 3. Ein solcher Richter ist ausgeschlossen, wenn er als Partei im Sinn von Z 1 anzusehen ist. Die Verwandtschaft usw ist nach dem bürgerlichen Recht zu beurteilen, §§ 1589 ff, 1754 BGB, Art 33 EG BGB. Hierher zählt also auch die durch eine nichteheliche Vaterschaft oder durch eine Annahme als Kind vermittelte Verwandtschaft. Nicht ausreichend ist eine Verwandtschaft usw mit einem ProzBev, mit einem Beistand oder mit einem gesetzlichen Vertreter. Bei einer Partei kraft Amtes entscheidet ihre Verwandtschaft usw mit der Amtsperson, etwa mit dem Konkursverwalter, und mit dem durch sie Dargestellten, etwa dem Gemeinschuldner. Die Ausschließung besteht auch nach einer Auflösung der Annahme als Kind oder nach einer Anfechtung der Ehelichkeit fort.

D. Vertretungsbefugnis, Z 4. Die Vertretungsbefugnis mag jetzt bestehen oder früher bestanden haben. Beispiele: Der prozessual Bevollmächtigte; der Prozeßbevollmächtigte; der Beistand; der gesetzliche Vertreter; einer von mehreren solchen Personen, und zwar ohne Rücksicht darauf, ob er selbst auch tätig geworden ist. Die Vertretungsbefugnis muß in derselben Rechtsangelegenheit und nicht nur in demselben Prozeß bestanden haben. Eine Tätigkeit in einer früheren Sache als ein bloßer Zustellungsbevollmächtigter oder als ein Referendar beim Geschäftsabschluß schadet nicht.

E. Stattgefundene Vernehmung als Zeuge oder Sachverständiger, Z 5. Die Vernehmung muß in derselben Angelegenheit stattgefunden haben. Sie braucht nicht in demselben Prozeß erfolgt zu sein. Es muß aber ein prozeßrechtlicher Zusammenhang bestehen, etwa bei einer Vollstreckungsabwehrklage. Es reicht nicht aus, daß die Vernehmung in einem anderen Prozeß mit demselben Sachverhalt stattfand. In diesem letzteren Fall mag der

Richter allerdings ablehnbar sein. Die bloße Benennung des Richters als Zeuge oder Sachverständiger reicht zum Ausschluß nicht aus, BVerwG MDR **80**, 168 mwN. Eine dienstliche Äußerung ist kein Zeugnis, BVerwG MDR **80**, 168 mwN; vgl auch Mü NJW **64**, 1377.

F. Mitwirkung bei der angefochtenen Entscheidung, Z 6. Die Mitwirkung muß in der Vorinstanz oder in einem Schiedsverfahren stattgefunden haben. Sie muß gerade bei der angefochtenen Entscheidung erfolgt sein, nicht bei einer anderen, BGH NJW **81**, 1273, BVerwG NJW **75**, 1241 mwN und NJW **80**, 2722. Der Richter muß als erkennender Richter oder als ein Schiedsrichter gerade über das Streitverhältnis mitentschieden haben. Es reicht aus, daß es sich um eine Vorentscheidung oder um eine Zwischenentscheidung handelt, die der höheren Instanz nach §§ 512, 548 unterbreitet worden ist, etwa bei einem Zwischenurteil oder bei einem inzwischen bestätigten Versäumnisurteil. Die Mitwirkung an einem inzwischen aufgehobenen Versäumnisurteil hat für die jetzt fragliche Entscheidung ja keine Bedeutung mehr. Ausreichend ist auch eine Mitwirkung an einem Versäumnisurteil der Vorinstanz gegen den Bekl. Denn dort mußte ja auch die Schlüssigkeit der Klage nach § 331 II geprüft werden, BAG NJW **68**, 814 (abl Baumgärtel **AP** Nr 3).

Nicht ausreichend sind zB folgende Fälle: Der Richter hat nur an einem Beweisbeschluß oder an einer Beweisaufnahme mitgewirkt; er war als ein nicht erkennender Einzelrichter tätig; er hat nur im Mahnverfahren mitgewirkt; seine Mitwirkung beschränkte sich auf einen Vorbescheid, BFH DB **74**, 409; er hat nur bei der Verkündung einer Entscheidung mitgewirkt; er hat lediglich an einer Entscheidung derselben Instanz mitgewirkt, Schmid NJW **74**, 729, Stemmler NJW **74**, 1546, etwa an einem Versäumnisurteil; er hat auch im Nachverfahren, etwa eines Urkundenprozesses, oder in einem Betragsverfahren mitgewirkt, wenn er auch schon im Grundverfahren mitgewirkt hatte, BGH NJW **60**, 1762.

Weitere Fälle der Unanwendbarkeit: Der Richter soll über Einwendungen gegen die Zulässigkeit der von ihm erteilten Vollstreckungsklausel entscheiden; er soll bei einer anschließenden Vollstreckungsabwehrklage entscheiden, BGH **LM** Art 101 GG Nr 19 mwN; er wird jetzt in einem anderen, formell ganz selbständigen weiteren Prozeß tätig. Denn dann liegt kein „früherer Rechtszug" vor, selbst wenn der frühere Prozeß für den jetzigen erheblich sein mag, offen Baur Festschrift für Larenz (1973) 1073.

Weitere Fälle der Unanwendbarkeit: Es geht jetzt um ein Wiederaufnahmeverfahren, BGH NJW **81**, 1274 mwN; es geht jetzt um eine Abänderungsklage; es handelt sich nunmehr um eine Vollstreckungsabwehrklage; der Richter wirkt jetzt in einem gleichliegenden weiteren Prozeß mit; er wirkt nach einer Zurückverweisung des Rechtsstreits mit. Dabei ist es unerheblich, ob nunmehr dasselbe Kollegium tätig wird, vor dem der Rechtsstreit schon einmal schwebte, oder ein anderes, BVerfG DRiZ **68**, 141. Wegen eines Beraters Düss BB **76**, 252. Wegen der Patentabteilung BPatG GRUR **82**, 359; wegen des Patentgerichts BGH MDR **76**, 574.

3) Verordneter Richter. Ein Richter, der in der Vorinstanz an der Entscheidung mitwirkte, ist als verordneter Richter der höheren Instanz nicht ausgeschlossen. Auch das ergibt sich aus Z 6. Zum Begriff des verordneten Richters Einl III 7 C. Eine Tätigkeit als verordneter Richter in der früheren Instanz ist ohnehin unschädlich. Wer als verordneter Richter tätig war, darf auch bei einer Entscheidung nach § 576 I mitwirken.

4) *VwGO:* *Gilt entsprechend, § 54 I VwGO, für Richter und ehrenamtliche VerwRichter. Sie sind auch ausgeschlossen, § 54 II, wenn sie im vorausgegangenen VerwVerfahren mitgewirkt haben, dazu BVerwG **52**, 47 u DÖV **83**, 552, Kopp § 54 Rdz 8. Z 4 greift ein, wenn der Richter in derselben Sache früher als Landesanwalt tätig war, VGH Mü BayVBl **81**, 368. Nicht unter Z 6 fällt, Anm 2 F, die Mitwirkung an einem Vorbescheid, § 84 VwGO, oder an einer Vorlage an den EuGH, BFH BStBl **80** II 158, oder an das BVerfG, Offerhaus NJW **80**, 2290. Eine Erweiterung der Ausschließungsgründe im Wege der Auslegung ist ausgeschlossen, BVerwG NJW **80**, 2722.*

42 *Fälle der Ablehnung.* I Ein Richter kann sowohl in den Fällen, in denen er von der Ausübung des Richteramts kraft Gesetzes ausgeschlossen ist, als auch wegen Besorgnis der Befangenheit abgelehnt werden.

II Wegen Besorgnis der Befangenheit findet die Ablehnung statt, wenn ein Grund vorliegt, der geeignet ist, Mißtrauen gegen die Unparteilichkeit eines Richters zu rechtfertigen.

III Das Ablehnungsrecht steht in jedem Falle beiden Parteien zu.

4. Titel. Ausschließung und Ablehnung der Gerichtspersonen §42 1, 2

Schrifttum: Ernst, Die Ablehnung eines Richters usw, Diss Kiel 1974; Horn, Der befangene Richter usw (Rechtstatsachen), 1977 (Bespr Arzt ZZP **91**, 88, Rasehorn NJW **77**, 1911, Teplitzky MDR **77**, 700); Stemmler, Befangenheit usw, Diss Tüb 1974.

1) Allgemeines. A. Geltungsbereich. § 42 regelt die Ablehnung eines Richters. Die Vorschrift gilt für alle Verfahrensabschnitte und -arten, auch für eine Familiensache, Ffm FamRZ **83**, 630, oder für das Tatbestandsberichtigungsverfahren, BGH NJW **63**, 46. Einen Ablehnungsgrund darf vorbringen: **a)** Jede Partei. Das gilt trotz § 6 II 2 FGG auch im streitigen Verfahren der freiwilligen Gerichtsbarkeit, Üb 1 vor § 41; **b)** ein Richter, der sich selbst für befangen hält. Die Möglichkeit a ist zeitlich beschränkt, die Möglichkeit b ist jederzeit gegeben, §§ 48, 45 II, auch wenn eine Selbstablehnung durch ein zeitlich nicht mehr zulässiges Ablehnungsgesuch ausgelöst worden ist, BGH NJW **63**, 46. Sobald die Möglichkeit a versäumt worden ist, kann die Entscheidung nicht mehr wegen des damaligen Ablehnungsgrunds angefochten werden; vgl aber § 44 IV. Wenn ein Ablehnungsgesuch für begründet erklärt worden ist, finden die §§ 551 Z 3, 579 I Z 3 Anwendung.

B. Antrag. Es ist ein Ablehnungsantrag erforderlich. Es gibt kein Ablehnungsverfahren von Amts wegen, vgl BVerfG **46**, 37, BGH NJW **81**, 1274. Man kann nicht ein ganzes Gericht als solches ablehnen, Üb 1 vor § 41. Man kann einen Richter auch nicht ein für allemal ablehnen, vgl BayObLG Rpfleger **80**, 194. Der Ablehnungsantrag ist bis zum Zeitpunkt der Entscheidung über das Gesuch widerruflich.

C. Rechtsmißbrauch. Wenn feststeht, daß ein Ablehnungsgesuch nur einer Verschleppung dienen soll, oder wenn das Gesuch sonst ersichtlich lediglich rechtsmißbräuchlich eingelegt wurde, darf und muß das Gericht den Antrag in seiner bisherigen Besetzung zurückweisen, Zweibr MDR **80**, 1026 mwN, vgl auch BVerwG Buchholz 310 § 54 VwGO Nr 30, ferner Engel Rpfleger **81**, 84, vgl auch § 45 Anm 1, zweifelnd Gloede NJW **72**, 2067 wegen Art 101 I 2 GG. Das gilt insbesondere dann, wenn der Antragsteller das Gesuch nicht ernst meint, BPatG GRUR **82**, 359, oder ein bereits einmal abgelehntes Gesuch einfach erneut einreicht, ohne neue tatsächliche Behauptungen aufzustellen. Natürlich soll man mit solcher Art von Zurückweisung eines Ablehnungsgesuchs vorsichtig sein, Zweibr MDR **80**, 1026. Bei einem völlig eindeutigen Rechtsmißbrauch kann es sogar gerechtfertigt sein, das Ablehnungsgesuch nicht weiter zu bearbeiten, Einl III 6 B, vgl auch BVerfG **11**, 5, BFH BB **72**, 865, Brschw NJW **76**, 2024, Hamm NJW **76**, 978, Köln MDR **64**, 423. In einem solchen Fall ist ein Aktenvermerk nicht nur natürlich zulässig, sondern auch ratsam, Engel Rpfleger **81**, 84; das Gericht sollte durch die Form des Vermerks klarstellen, daß es sich dabei nicht etwa um eine mitteilungsbedürftige und beschwerdefähige Entscheidung handelt, Engel Rpfleger **81**, 85. Auch bei dieser Form der Bewältigung des Rechtsmißbrauchs ist Zurückhaltung geboten, Engel Rpfleger **81**, 84.

2) Ablehnungsgründe, I, II. A. Grundsatz. Zur Ablehnung des Richters berechtigen zwei Gruppen von Gründen:

a) Ausschlußgrund. Es mag ein Grund zu einer Ausschließung nach § 41 vorliegen. § 41 ist also auch im Rahmen des § 42 beachtlich, dazu krit Mü MDR **75**, 584. Ein Verstoß gegen § 21 g II GVG reicht aber insofern nicht zur Ablehnung aus, Mü MDR **75**, 584. Wenn das Ablehnungsgesuch auf § 41 gestützt wird, ist § 43 unanwendbar. Wenn das Ablehnungsgesuch für unbegründet erklärt worden ist, entfällt die Möglichkeit einer Nichtigkeitsklage, § 579 Z 2.

b) Besorgnis der Befangenheit. Hier ist folgendes zu beachten:
aa) Objektiver Maßstab. Eine Besorgnis der Befangenheit liegt nur dann vor, wenn ein objektiv vernünftiger Grund gegeben ist, der die Partei von ihrem Standpunkt aus befürchten lassen kann, der Richter werde nicht unparteiisch sachlich entscheiden, vgl BVerfG **35**, 253, **43**, 127, **46**, 38, BFH DB **80**, 480, BayObLG Rpfleger **80**, 193 mwN, Ffm FamRZ **78**, 800, Köln VersR **80**, 93, Mü FamRZ **78**, 353, LG Gött Rpfleger **76**, 55 (betr den Rpfl). Zum Begriff eines objektiv vernünftigen Grundes ferner krit VG Stgt JZ **76**, 277 (abw Horn 125, zustm Arzt ZZP **91**, 88: Man müsse auf die persönlichen Verhältnisse des Antragstellers abstellen), Schneider DRiZ **78**, 44.

Eine rein subjektive, unvernünftige Vorstellung ist also unerheblich, BayObLG DRiZ **77**, 245, Köln VersR **80**, 93. Eine dienstliche Äußerung nach § 44 III dahingehend, man fühle sich befangen oder nicht befangen, ist jedenfalls nicht allein maßgeblich, BFH DB **77**, 1124, BayObLG DRiZ **77**, 245.

Wer über ein Ablehnungsgesuch entscheiden muß, der muß sich also in die Rolle der ablehnenden Partei zu versetzen versuchen und ihre persönlichen Befürchtungen zwar zugrundelegen, aber zugleich vom Standpunkt eines außenstehenden Dritten auf ihre Stichhaltigkeit überprüfen. Erst wenn auch aus der Sicht eines solchen unparteiischen Dritten subjektive Befürchtungen der ablehnenden Partei immerhin verständlich und nicht ziemlich grundlos zu sein scheinen, ist die Besorgnis der Befangenheit gegeben.

bb) Auslegungsregeln. Die §§ 42 ff müssen im Zusammenhang mit Art 101 I 2 GG ausgelegt werden. Danach darf niemand seinem gesetzlichen Richter entzogen werden. Von dieser Regel stellen §§ 42 ff Ausnahmen dar. Als Ausnahmevorschriften sind sie eng auszulegen. Sie betreffen ohnehin nur eine subjektiv ernst gemeinte und objektiv auch ernst zu nehmende Ablehnung. Sie wollen den Parteien keineswegs Möglichkeiten an die Hand geben, den Prozeß zu verschleppen oder sich eines unliebsamen Richters zu entledigen.

Die Zahl von Ablehnungsanträgen steigt erheblich. Das ergibt sich schon aus der zunehmenden Fülle einschlägiger im Fachzeitschrifttum veröffentlichter Entscheidungen. Diese Tendenz ist eine Folge des überall zu beobachtenden Verfalls jeglicher Autorität, auch staatlicher. Man sieht im Richter den unvollkommenen Menschen. Er ist unvollkommen. Trotzdem hat der Gesetzgeber ihn nicht zu einem beliebig austauschbaren Verwaltungsbeamten gemacht, sondern im Rahmen des Geschäftsverteilungsplans zum allein berufenen gesetzlichen Richter bestimmt.

Natürlich darf man in der Tendenz zu mehr Ablehnungsanträgen auch die richtige Erkenntnis sehen, daß alle staatliche Autorität und Gewalt einer schärferen Selbstkontrolle bedarf, als man sie früher für notwendig hielt. Diese Erkenntnis berechtigt aber nicht zu einer gar nicht selten zu beobachtenden Neigung, den Richter allzu rasch für befangen zu halten. Eine solche Tendenz ist unvermeidbar mit einer Schwächung der Unabhängigkeit des Richteramts verbunden. Sie dient niemandem. Die seit jeher vorhandenen Grauzonen des Bereichs einer oft unbewußten Befangenheit, der sich rechtlich nicht aufdecken läßt, lassen sich durch keine noch so ablehnungsfreudige Tendenz beseitigen. Der allzu oft angegriffene Richter wird nur zu einer Einstellung gedrängt, die gerade den Angreifern auf die Dauer am wenigsten nützt. Das sollten insbesondere ablehnungsfreudige Anwälte bedenken.

Man muß im übrigen bedenken, daß der Richter schon wegen § 278 III zu einem Rechtsgespräch verpflichtet ist. Insgesamt sollten Befangenheitsanträge nur zurückhaltend für begründet erklärt werden, Rasehorn NJW **73**, 288, vgl Schneider DRiZ **78**, 42 mwN. Gegen die erkennbare Meinung des betroffenen Richters sollte seine Befangenheit keineswegs voreilig bejaht werden. Bei einem echten Zweifel darüber, ob er noch als unbefangen angesehen werden kann, muß man aber schon wegen Art 2 und 5 GG zugunsten des Antragstellers entscheiden, Schneider DRiZ **78**, 44, insofern aM BayObLG DRiZ **77**, 245 mwN.

Das BVerfG prüft im Verfahren nach § 44 nur, ob objektiv eine Willkür des Gerichts vorliegt, BVerfG NJW **80**, 1379. Im Verfahren nach § 48 mag seine Prüfungspflicht weitergehen.

B. Beispiele. Es bedeuten: „Ja": Es besteht eine Besorgnis der Befangenheit; „nein": Es besteht keine Besorgnis der Befangenheit. Vgl auch Schneider DRiZ **78**, 44 mwN (Üb).

Allgemeine Auffassungen: Nein, soweit der Richter lediglich allgemeine Werteinschätzungen und Grundhaltungen äußert oder zugrunde legt oder erkennbar hat, vgl BVerfG **46**, 36, Zweibr MDR **82**, 940, vgl auch Michael JZ **80**, 421.

Vgl auch „Festhalten an Ansichten", „Parteizugehörigkeit", „Politische Äußerungen", „Rechtsansicht", „Wissenschaftliche Äußerung".

Allgemeine geschäftliche Beziehungen: Nein, Schneider DRiZ **78**, 45, soweit nicht konkrete wirtschaftliche Interessen hinzukommen.

Vgl auch „Wirtschaftliches Interesse".

Anfrage: Nein, wenn der Richter telefonisch im Büro eines ProzBev anruft und fragt, ob man noch mit dem Erscheinen des Anwalts im Termin rechnen könne, LG Bln AnwBl **78**, 419 mwN; nein bei einer Anfrage des Richters, ob der Kläger seine Klage im Hinblick auf eine bereits ergangene höchstrichterliche Grundsatzentscheidung zurücknehmen wolle, vgl BFH BStBl **71**, 527; nein für eine anregende Frage, ob ein Antrag geändert werden solle, soweit diese Anregung wegen einer geänderten rechtlichen Beurteilung durch das Gericht geboten ist, vgl Teplitzky MDR **75**, 149; nein bei einer Anfrage wegen eines weiteren Beweisantrags, Ffm NJW **76**, 2026; nein schon wegen der bloßen Vorsprache nur der einen Partei beim Richter, vgl Bachof Festschrift für Baur (1981) 175.

Vgl auch „Ratschlag", „Rechtsansicht".

Angriff: Nein bei einem schriftlichen persönlichen Angriff gegen den Richter, BAG BB **73**, 754. Ob die Befangenheit dann eintritt, wenn der angegriffene Richter nicht nur äußert, er halte den Angriff für rechtswidrig und evtl auch für strafbar, sondern wenn er dem

4. Titel. Ausschließung und Ablehnung der Gerichtspersonen §42 2B

Angreifer außerdem eine Frist zur Abgabe einer Ehrenerklärung setzt und sich weitere Schritte vorbehält, ist eine Fallfrage, LG Ulm MDR **79**, 1028 mwN, strenger zB LG Aachen MDR **65**, 667 (in einem solchen Fall sei meist die Besorgnis der Befangenheit anzunehmen), großzügiger zB BAG **AP** Nr 2, Mü NJW **71**, 384.

Vgl auch „Beleidigung".

Anordnung: Nein bei der Anordnung einer Verzögerungsgebühr, BFH DB **77**, 1124, erst recht nein bei ihrer bloßen Androhung. Nein überhaupt bei einer solchen Anordnung, die sich im Rahmen der Sitzungsgewalt hält und sachlich zumindest zu rechtfertigen ist, LG Bln MDR **82**, 154 (Ausweiskontrolle usw), selbst wenn sie im Umfang und/oder in ihrer Art und Weise unzweckmäßig sein mag oder als fragwürdig erscheint. Nein bei einer prozeßleitenden Verfügung im Anfangsstadium ohne vorherige Anhörung des Betroffenen, BVerfG NJW **80**, 1379. Die Grenze liegt dort, wo die Anordnung weder sachlich noch nach dem Tonfall des Richters zu rechtfertigen ist.

Arbeitgebervereinigung: Nein bei einer Zugehörigkeit des Richters zu ihr, BAG MDR **62**, 529, selbst wenn der Hauptverband der Vereinigung am Prozeß beteiligt ist, BAG BB **78**, 100.

Vgl auch „Gewerkschaft".

Aufrechnung: Nein, wenn der Vorsitzende des Berufungsgerichts den Kläger vor dem Haupttermin dazu auffordert, binnen einer Frist zu erklären, ob er in die erstmals im Berufungsrechtszug erfolgte Aufrechnung des Bekl einwillige, Düss MDR **82**, 940.

Ausdrucksweise: Nein, solange sich die Ausdrucksweise des Richters innerhalb seines Verhaltensspielraums bewegt. Dieser Spielraum ist sehr erheblich und viel weiter, als manche übrigen Prozeßbeteiligten wahrhaben wollen. Es ist die Aufgabe des Richters, zB eine nach seinem Eindruck krankheitsbedingte Prozeßunfähigkeit mit ihren Folgen ungeschminkt zu beschreiben, vgl auch BGH **77**, 73 (dort zur dienstrechtlichen Problematik). Er hat ferner die Aufgabe, als Vorsitzender die Sitzungsgewalt gegenüber jedermann im Saal auszuüben und dafür zu sorgen, daß bei aller gebotenen sachlichen Auseinandersetzung doch stets Ruhe und Ordnung und eine von Würde getragene Atmosphäre erhalten bleiben. Es ist die Pflicht aller übrigen Prozeßbeteiligten, den Richter in dieser Aufgabe zu unterstützen. Im Zweifel müssen sie sich ihm beugen. Wenn er zur Wahrung dieser Aufgabe zu Ausdrücken greift, die sich sachlich auch nur irgendwie halten lassen, dann ist sein Verhalten nicht als befangen anzusehen. Er darf zB eine offensichtlich abwegige Ausführung als solche bezeichnen, Ffm FamRZ **83**, 631.

Im übrigen ist stets zu prüfen, in welchem Grad der Richter zu seiner Ausdrucksweise von anderen Prozeßbeteiligten veranlaßt wurde, in welchem Maße sie ihn zB vielleicht gereizt hatten. Der Richter ist zwar zur Besonnenheit und Unparteilichkeit verpflichtet. Er ist aber Mensch und darf menschlich reagieren. Die sattsam bekannte, aus großen Strafprozessen berüchtigte Taktik, einen Richter bis zu einem Punkt anzustacheln, an dem er eine unbedachte Äußerung macht, um ihn ablehnen zu können, darf unter keinen Umständen durch großzügige Bejahung der Befangenheit begünstigt werden. Der in § 193 StGB zum Ausdruck kommende Grundgedanke der Berechtigung tadelnder Äußerungen ist auch im Bereich des Zivilprozesses zu Gunsten des Richters zu berücksichtigen.

Vgl auch „Beleidigung", „Feindschaft, Freundschaft", „Gestik, Mimik", „Wortentzug".

Auskunft: Nein, wenn der Richter über seine persönlichen Verhältnisse keine Auskunft erteilt, soweit diese persönlichen Verhältnisse nicht bei einer objektiven Betrachtung eine Ablehnung rechtfertigen könnten, BayObLG Rpfleger **78**, 18.

Beleidigung: Ja, wenn der Richter im Prozeß gegenüber einem Parteivertreter eindeutig gehässig ist, etwa wenn er den Kopf auf den Tisch legt und sich mit den Fingern an die Stirn tippt, Ffm FamRZ **83**, 631. Solange seine Verhaltensweise aber auch nur irgendwie sachlich bei der Zubilligung eines weiten Verhaltensspielraums zu rechtfertigen ist, vgl „Ausdrucksweise", ist das Verhalten des Richters zumindest durch den entsprechend anwendbaren § 193 StGB gedeckt, vgl auch BGH **77**, 72 (dort zur dienstrechtlichen Problematik).

Nein, wenn der Richter die Beziehungen zwischen einer Ehefrau und einem anderen Mann als „Bratkartoffelverhältnis" bezeichnet, Schlesw SchlHA **79**, 51.

Bewirtung: Ja, wenn eine Partei den Richter mit einem nicht ganz unerheblichen Aufwand bewirtet hat, auch aus Anlaß eines Lokaltermins auf dem Lande, Schlesw SchlHA **56**, 186.

Nein, wenn die Bewirtung nur in einer kleinen Aufmerksamkeit bestand, etwa in einer Tasse Kaffee, Schneider DRiZ **78**, 44. Nein, wenn der Richter im Pkw einer Partei aus

Anlaß eines Ortstermins mitgefahren ist, Ffm NJW **60**, 1623 (so jedenfalls wegen des Richters, abw wegen eines Sachverständigen), Schneider DRiZ **78**, 44, aM LG Kassel NJW **56**, 1761.

Dienstherrnschutz: Nein, wenn der Dienstvorgesetzte des angegriffenen Richters den letzteren nur zurückhaltend in Schutz genommen hat und nunmehr jetzt auch in der Sache entscheidet, LG Bonn NJW **73**, 2069.

Feindschaft, Freundschaft: Ja bei fortdauernden Verhältnissen dieser Art zu einer Partei, vgl Celle NdsRpfl **71**, 231, LG Bonn NJW **66**, 160, Schneider DRiZ **78**, 45, Teplitzky NJW **62**, 2044, abw Rasehorn NJW **66**, 666.

Vgl auch ,,Kollegialität", ,,Spannung".

Festhalten an einer Ansicht: Ja, wenn der Richter sich stur zeigt. Dies kann der Fall sein, wenn er sich in eine Kette von Ungeschicklichkeiten verrannt hat, vgl Köln NJW **72**, 953. Wenn der Richter an einer Rechtsansicht festhält, die vom Berufungsgericht in einer zurückweisenden Entscheidung verworfen wurde, dann ist zu prüfen, ob sich dieses Festhalten auf die Art und Weise der neuen Verhandlungsleitung auswirkt, LG Kiel AnwBl **75**, 208. Selbst dann ist eine Befangenheit aber nur anzunehmen, falls der Richter wirklich keinen sachlichen Grund mehr für solche Sturheit hat.

Nein, wenn der Richter an einer Rechtsansicht festhält, die das Berufungsgericht bei der Zurückverweisung verworfen hatte, falls der Richter sein Verhalten auf einen offensichtlichen, erst dem Berufungsgericht unterlaufenen weiteren Fehler gründet. Er mag zB die Rechtsansicht des Berufungsgerichts aus sachlich diskutablen Gründen für nicht bindend halten, falls zB das Berufungsgericht eine höchstrichterliche Rechtsprechung übersehen hat. Es kommt im übrigen darauf an, ob er eine Bereitschaft zu erkennen gibt, seine bisherige Meinung selbstkritisch zu überprüfen, BPatG GRUR **82**, 360, insofern auch Schmid NJW **74**, 731. Nein beim Aufrechterhalten eines objektiv fehlerhaften Beweisbeschlusses, solange nicht daraus eine unsachliche Einstellung ableitbar ist, Kblz VersR **77**, 1110, Zweibr MDR **82**, 940. Nein bei einem Verfahrensfehler oder einer unrichtigen Ansicht, solange sie nicht auf einer unsachlichen Einstellung beruht, BayObLG MDR **80**, 945.

Vgl auch ,,Irrtum", ,,Rechtsansicht", ,,Wissenschaftliche Äußerung".

Frühere Ablehnung: Ja, wenn der Richter schon in drei anderen Prozessen erfolgreich abgelehnt worden war, Nürnb MDR **65**, 667.

Nein, soweit nur eben bereits ein anderes Ablehnungsverfahren vorliegt oder vorlag, BayObLG Rpfleger **80**, 194.

Frühere Mitwirkung: Ja, wenn der Richter in einem vorangegangenen Strafverfahren einen dort entscheidenden Punkt beurteilt hatte, der im jetzt vorliegenden Zivilprozeß nunmehr für dieses Verfahren wiederum entscheidend ist, Hamm NJW **70**, 568, Kblz NJW **67**, 2213, Stemmler NJW **74**, 1546, vgl auch Ffm Rpfleger **80**, 300, aM Karlsr OLGZ **75**, 243, Schmid NJW **74**, 730, zumindest wenn der Richter zu erkennen gibt, daß er nicht bereit sei, seine damalige Auffassung jetzt erneut selbstkritisch zu überprüfen, insofern auch Schmid NJW **74**, 731.

Stemmler NJW **74**, 1545 stellt im übrigen darauf ab, ob die frühere Entscheidung eine Instanz beendete. Auch Baur Festschrift für Larenz (1973) 1072 befürwortet zumindest dann, wenn im Strafverfahren eine Sachentscheidung ergangen war, unter Hinweis auf § 354 II StPO die Ablehnbarkeit. Entsprechendes gilt auch im Fall des § 580 Z 5, Zweibr NJW **74**, 956. Zum Problem Brandt-Janczyk, Richterliche Befangenheit durch Vorbefassung im Wiederaufnahmeverfahren, 1978.

Nein: Abgesehen von den unter ,,Ja" genannten Situationen für eine Mitwirkung bei einer früheren Entscheidung für oder gegen die Partei in einer gleichliegenden Sache, vgl BFH DB **80**, 480, BVerwG NJW **77**, 313, BayObLG Rpfleger **80**, 193 mwN, Ffm Rpfleger **80**, 300, Nürnb AnwBl **64**, 177, etwa in einem Verfahren auf die Bewilligung einer Prozeßkostenhilfe, Hamm NJW **76**, 1459 mwN, oder in einem Verfahren auf den Erlaß eines Arrests oder einer einstweiligen Verfügung, Saarbr NJW **76**, 1459 (zT krit). Freilich ist diese Auffassung wegen § 23 II StPO ohnehin nur von Fall zu Fall richtig, Düss NJW **71**, 1221. Nein, wenn ein Richter am Berufungsgericht angegriffen wird, der schon an einem erstinstanzlichen Beweisbeschluß mitgewirkt hatte, ähnlich BFH DB **74**, 904 und **78**, 1260.

Fürsorgepflicht: Nein, soweit der Richter trotz seiner sozialstaatlich gebotenen Fürsorgepflicht die ebenfalls gebotene Unparteilichkeit beachtet, Bre NJW **79**, 2215.

Vgl auch ,,Ratschlag".

Geschlecht: Grundsätzlich nein, BayObLG DRiZ **80**, 432 mwN.

4. Titel. Ausschließung und Ablehnung der Gerichtspersonen   § 42   2 B

Gestik, Mimik: Ja bei einseitigen Gebärden usw, die über typbezogene Persönlichkeitsmerkmale hinausgehen, etwa bei einem ,,fernsehreifen" Augenverdrehen, OVG Lüneb AnwBl **74**, 132 (krit Koch DRiZ **74**, 293), oder bei einem Ausdruck wie ,,weichkochen", KG NJW **75**, 1843, oder dann, wenn der Richter den Kopf auf den Tisch legt und sich mit den Fingern an die Stirn tippt, Ffm FamRZ **83**, 631.
  Auch hier muß aber der weite Verhaltensspielraum des Gerichts berücksichtigt werden.
  Vgl auch ,,Ausdrucksweise", ,,Beleidigung".
Hinweis: Vgl ,,Ratschlag".
Identität: Vgl ,,Auskunft".
Gewerkschaft: Nein, wenn der Richter einer Gewerkschaft angehört, BAG MDR **62**, 529, selbst wenn der Hauptverband prozeßbeteiligt ist, BAG BB **78**, 100.
  Vgl auch ,,Arbeitgeberverband".
Irrtum: Ja, wenn eine Kette erheblicher Irrtümer vorliegt, Ffm Rpfleger **78**, 100, durch die sich der Richter verrannt hat, vgl Köln NJW **72**, 953.
  Nein, wenn der Richter eine irrige Rechtsauffassung äußert, solange weder eine unsachliche, noch eine willkürliche, noch eine beleidigende, noch eine völlig uneinsichtige Haltung zugrunde liegt, sondern eine eben unveränderte, sorgfältig erarbeitete Rechtsauffassung. Das gilt auch dann, wenn das nächsthöhere Gericht bereits in ständiger Rechtsprechung anders entscheidet. Zur irrigen Rechtsauffassung BayObLG MDR **80**, 945 und Rpfleger **80**, 193, Bre AnwBl **77**, 75 (betr StPO), Ffm FamRZ **78**, 800, Köln VersR **80**, 93, Schlesw SchlHA **78**, 211, VG Stgt JZ **76**, 277, vgl auch Ffm MDR **77**, 849.
  Vgl auch ,,Festhalten an einer Ansicht", ,,Rechtsansicht".
Kollegialität: Ja, soweit aus der bloßen Kollegialität eine Feindschaft oder Freundschaft geworden ist, vgl ,,Feindschaft, Freundschaft".
  Nein schon wegen der Zugehörigkeit zu demselben Gericht wie derjenige Richter, dessen Fall nun vor dem Gericht schwebt, BGH **LM** Nr 2, Celle NdsRpfl **71**, 231. Die Fragen lassen sich nur von Fall zu Fall klären, wobei die örtlichen Verhältnisse eine erhebliche Rolle spielen.
Konfession: Nein schon wegen der bloßen Zugehörigkeit zu einer Glaubensgemeinschaft.
Ortstermin: Ja, wenn der Richter die Ortsbesichtigung nur mit dem Zeugen bzw der Ehefrau des Klägers vorgenommen hat, LG Bln MDR **52**, 558, auch Düss MDR **56**, 557.
  Vgl auch ,,Bewirtung".
Parteizugehörigkeit: Nein, solange nicht weitere Umstände hinzukommen, etwa die Festlegung auf eine bestimmte Meinung, so schon BVerfG **11**, 3, vgl ferner Gilles DRiZ **83**, 48 mwN, Wipfelder ZRP **82**, 123, abw Hamm MDR **78**, 583 wegen eines Richters der Kammer für Handelssachen.
  Vgl auch ,,Politische Äußerung".
Politische Äußerung: Ja, wenn eine politische Äußerung mit den Rechtsfragen eines anhängigen Verfahrens eng zusammenhängt, BVerfG **35**, 253, aM Seuffert, Rupp, Hirsch BVerfG **35**, 257. Gerade der angeblich unpolitische, vorsichtige, im Weltbild einer ,,Crew" lebende, nicht aneckende Richter kann im übrigen befangen sein, Krause ZRP **83**, 55.
  Nein, sofern es sich lediglich um allgemeine Auffassungen, Werteinschätzungen und Grundhaltungen handelt, vgl BVerfG **46**, 36. Auch der unbequeme Richter kann unbefangen sein, Krause ZRP **83**, 55.
  Vgl auch ,,Allgemeine Auffassungen", ,,Parteizugehörigkeit", ,,Wissenschaftliche Äußerung".
Privatgutachten: Ja nach der Erstattung eines Privatgutachtens in derselben Sache für eine Partei.
  Vgl auch ,,Wissenschaftliche Äußerung".
Randbemerkung: Ja für unsachliche Randbemerkungen zu Schriftsätzen einer Partei.
Ratschlag: Ja, soweit der Richter seine Unparteilichkeit aufgibt. Ob dies geschehen ist, darf nur unter einer Berücksichtigung der Pflicht des Gerichts zum Rechtsgespräch nach §§ 139, 278 III entschieden werden. Ja, wenn der Richter einer Partei eine ihr günstige tatsächliche Begründung oder Verhaltensweise an die Hand gibt, BayObLG **74**, 136, § 139 Anm 2 B. Ja, wenn der Gegner den Einwand einer mangelnden Aktivlegitimation erhoben hat und der Richter nun dazu rät, sich den Anspruch abtreten zu lassen, Ffm NJW **70**, 1884 (abl Schneider: Das sei ein sachgemäßer Hinweis zwecks Ergänzung der Aktivlegitimation); ja wegen des Rats an eine Partei, sich auf eine mögliche Verjährung zu berufen, Bre NJW **79**, 2215 mwN (abl Wacke/Seelig NJW **80**, 1170), Schneider MDR

79, 977. Das Erfordernis der Erklärung dieser Einrede ist entgegen Schneider MDR **81**, 525 gerade nicht zugunsten des Einredeberechtigten, sondern zugunsten des Einredegegners geschaffen: Das Gericht soll die Verjährung eben nicht von Amts wegen beachten, sondern zugunsten des Gegners abwarten, ob der Einredeberechtigte die Einrede erhebt.

Ein bloßer Hinweis auf eine solche Möglichkeit ohne einen entsprechenden Ratschlag rechtfertigt aber die Besorgnis der Befangenheit nicht, LG Ffm MDR **80**, 145, Schneider MDR **79**, 977, aM Köln MDR **79**, 1027 zumindest dann nicht, wenn die Partei erkennbar auch wegen des Zeitablaufs Bedenken gegen den Anspruch erhebt, Bergerfurth, Der Anwaltszwang usw (1981) Rdz 189, LG Ffm MDR **80**, 145, nur insofern auch Schneider MDR **79**, 977, vgl auch denselben DRiZ **80**, 221, nur insofern ferner Seelig, Die prozessuale Behandlung materiellrechtlicher Einreden usw, 1980 (Bespr Damrau ZZP **95**, 371, Heidland KTS **81**, 466, Schneider MDR **81**, 525), aM Köln MDR **79**, 1027, Prütting NJW **80**, 365 mwN. Zumindest ist die Ablehnung dann nicht gerechtfertigt, wenn sich der Richter beim bloßen Hinweis auf diejenige Rechtsprechung und Lehre stützt, die den Hinweis für zulässig hält. LG Darmst MDR **82**, 236 (zustm Schneider).

Eine Erörterung der Frage, ob der Vermieter das Erhöhungsverlangen nach § 2 III 2 MHG im Prozeß nachholen soll, ist ebenso wie eine Erörterung der Verjährungsfragen zu beurteilen. Denn auch ein nachträgliches Erhöhungsverlangen ist, hier als rechtsgeschäftliche Willenserklärung des Vermieters, durchaus in seine Entscheidung zu stellen. Nein also beim bloßen Hinweis auf eine solche Möglichkeit ohne einen entsprechenden Ratschlag, ja beim direkten Ratschlag.

Ja für den Rat an eine Partei, eine Anschlußberufung einzulegen, aM RoS § 25 II 2a. Evtl ja nach einem Rat des Richters, statt der richtig bezeichneten, aber objektiv falschen Partei die objektiv richtige Partei zu verklagen, Hamm MDR **77**, 944, vgl freilich § 263 Anm 4 B. Ja, wenn der Richter „bittet", die Hauptsache für erledigt zu erklären, obwohl es prozessual noch andere, von ihm nicht miterläuterte Möglichkeiten gibt, VGH Kassel NJW **83**, 901.

Nein, wenn der Richter von einem Versäumnisurteil gegen einen anwaltlich vertretenen Gegner abrät. Nein wegen eines bloßen Hinweises auf § 93 (wegen eines entsprechenden Rats s „ja"). Nein wegen einer Anregung zu einer Änderung des Antrags, soweit diese wegen der geänderten Beurteilung des Gerichts geboten ist, vgl Teplitzky MDR **75**, 149, oder wegen einer Anregung, einen weiteren Beweisantrag zu stellen, Ffm NJW **76**, 2026.

Vgl. auch „Anfrage", „Auskunft", „Privatgutachten", „Rechtsansicht".

Rechtsansicht: Ja, soweit sich der Richter durch eine Kette von Verstößen und Ungeschicklichkeiten verrannt hat, vgl Köln NJW **72**, 953; ja, soweit der Richter nach der Zurückverweisung an ihn an der verworfenen Rechtsansicht festhält, soweit sich das auf die Art und Weise der neuen Verhandlungsleitung auswirkt, LG Kiel AnwBl **75**, 208, und sofern kein sachlicher Grund mehr für solche „Sturheit" erkennbar ist, vgl auch „Festhalten an einer Ansicht".

Nein, soweit eine allgemeine Auffassung, Werteinschätzung und Grundhaltung zum Ausdruck kommt, vgl BVerfG **46**, 36; nein, soweit der Richter im Rahmen der ihm nicht nur erlaubten, sondern sogar oft gebotenen rechtlichen Erörterung, §§ 139, 278 I 1 und III, KG FamRZ **79**, 322, Karlsr DRiZ **82**, 33, eine vorläufige Äußerung zu den Erfolgsaussichten von sich gibt, BayObLG DRiZ **80**, 432 mwN, Brschw NJW **79**, 2025, Karlsr OLGZ **78**, 226, Mü FamRZ **78**, 353, Franzki DRiZ **77**, 165, Nagel DRiZ **77**, 323, Schneider MDR **77**, 355 und 882, oder eine prozeßleitende Verfügung ohne eine Anhörung des Betroffenen erläßt, BVerfG NJW **80**, 1379.

Nein insbesondere im Rahmen von rechtlichen Erörterungen aus Anlaß des Versuchs einer gütlichen Beilegung, Karlsr OLGZ **78**, 226 mwN, LG Hbg MDR **66**, 421; nein, solange lediglich eine richtige oder falsche Rechtsauffassung geäußert wird, Bre AnwBl **77**, 75 (StPO), Ffm FamRZ **78**, 800, Köln VersR **80**, 93, Schlesw SchlHA **78**, 211, VG Stgt JZ **76**, 277, vgl Ffm MDR **77**, 849, insbesondere eben im Rahmen von § 278 III, Schneider JB **77**, 306.

Nein, sofern der Richter eine zwar eigenwillige, aber immerhin objektiv noch vertretbare Ansicht äußert, Waldner NJW **80**, 218, auch wenn er objektiv eine verfahrensrechtliche Bestimmung verletzt, solange er nicht unsachlich vorgeht, BayObLG DRiZ **77**, 245 mwN, Zweibr MDR **82**, 940.

Nein, wenn sich der Richter zu Rechtsfragen in einem Leserbrief an eine Tageszeitung äußert, vgl BVerfG **37**, 268, strenger LG Bln DRiZ **78**, 57 (betr die StPO und eine Äußerung zu einem Dezernatsfall).

4. Titel. Ausschließung und Ablehnung der Gerichtspersonen § 42 2 B

Vgl auch ,,Allgemeine Auffassungen", ,,Festhalten an einer Ansicht", ,,Ratschlag", ,,Wissenschaftliche Äußerung".
Religion: Ja, wenn der Richter eine diesbezügliche Äußerung von vornherein als völlig unerheblich abtut, ohne sie igendwie abzuwägen, Ffm FamRZ **83**, 631.
Sitzungspolizei: Vgl ,,Anordnung".
Spannung: Ja, soweit sich eine Spannung zwischen dem Prozeßvertreter und dem Richter zum Nachteil der Partei auswirken kann, BayObLG NJW **75**, 699 mwN, Mü FamRZ **78**, 353, Schneider DRiZ **78**, 45. Hier ist aber vor der Annahme einer Befangenheit eine äußerste Zurückhaltung am Platz. Es gehört zum Beruf des Richters, über Rechtsfragen, über die Glaubwürdigkeit eines Zeugen usw unter Umständen ganz anderer Ansicht zu sein als etwa ein ProzBev und diese auch mit dem eigenen Temperament und mit allen rechtlich zulässigen Mitteln zu äußern, ohne daß darin schon eine grundsätzliche Befangenheit zum Ausdruck käme.

Ebenso gehört es angesichts einer Verrohung der Umgangsformen, die vielfach zu beobachten ist, zu den Pflichten des Richters, das Verhalten so mancher Prozeßbeteiligter auch nach deren Form und Wortwahl, mag sie schriftlich oder mündlich geschehen, einer Kritik zu unterziehen. Dies kann schon zur Aufrechterhaltung von Ruhe und Ordnung im Sitzungssaal notwendig sein, aber es mag auch zur Eindämmung sich zeigender Auswüchse, Nachlässigkeiten, Unpünktlichkeiten und ähnlicher Unkorrektheiten notwendig, zweckmäßig, ratsam oder jedenfalls objektiv vertretbar sein. In allen diesen Fällen hat der Richter einen weiten Verhaltensspielraum, der ihm nicht entzogen werden darf.

Vgl auch ,,Angriff", ,,Ausdrucksweise", ,,Beleidigung", ,,Feindschaft, Freundschaft", ,,Rechtsansicht".
Staatsanwalt: Ja, wenn der Richter in einem Strafverfahren, in dem dieselbe Tatsache zu beurteilen war, als Staatsanwalt aufgetreten war, Nürnb AnwBl **64**, 22.

Vgl auch ,,Frühere Mitwirkung".
Terminsverlegung: Nein, wenn das Gericht einen Antrag auf eine Terminsverlegung mit der Begründung ablehnt, es handle sich nicht um einen Anwaltsprozeß, aM LG Verden AnwBl **80**, 152 (diese Entscheidung ist überhaupt nicht überzeugend).
Ungeschicklichkeit: Ja, soweit sich der Richter durch eine Kette von erheblichen Irrtümern, Ungeschicklichkeiten und dergleichen regelrecht verrannt hat, vgl Köln NJW **72**, 953. Daß das geschehen ist, sollte man nur mit größter Zurückhaltung feststellen.
Unsachlichkeit: Ja, sofern das Verhalten des Richters unter keinem denkbaren Gesichtspunkt mehr als sachbezogen bewertet werden kann oder soweit sein sachlich vielleicht vertretbares Verhalten eine Form annimmt, die unzumutbar ist. Auch in diesem Bereich hat der Richter einen erheblichen Verhaltensspielraum, der respektiert werden muß. Ja unter diesen Voraussetzungen, wenn der Richter sich gegenüber einem Parteivertreter unsachlich verhält, wenn er ihm etwa schon deshalb das Wort entzieht, weil der Parteivertreter Bedenken gegen eine Formulierung geäußert hat, die der Richter beim Diktat einer vorher angehörten Zeugenaussage in die vorläufige Niederschrift des Urkundsbeamten gewählt hat, Nürnb AnwBl **62**, 282. Natürlich braucht aber der Vorsitzende insofern keine anhaltende Mäkelei zu dulden, zumal ja zunächst noch kein endgültiges Protokoll vorliegen dürfte.

Vgl auch ,,Angriff", ,,Anordnung", ,,Ausdrucksweise", ,,Beleidigung", ,,Gestik und Mimik", ,,Randbemerkung", ,,Wortentzug".
Unterschiedliche Darstellung: Nein, wenn der Richter und ein RA über den Ablauf der Verhandlung eine unterschiedliche Darstellung geben, ohne daß andere Gesichtspunkte hinzutreten, aM LG Bochum AnwBl **78**, 102 (aber dann wäre eine Ablehnung allzu bequem möglich; man brauchte nur eine von der dienstlichen Äußerung des Richters abweichende Darstellung zu geben).
Verjährung: Vgl ,,Ratschlag".
Weigerung: Ja, soweit der Richter nicht bereit ist, den Parteivortrag ganz anzuhören und zu würdigen, so grds (aber nicht im dortigen Fall!) richtig Hamm VersR **78**, 647; ja, wenn der Richter es ablehnt, während der Verhandlung einen Befangenheitsantrag entgegenzunehmen, Ffm MDR **79**, 762.

Nein, wenn der Richter sich weigert, über seine persönlichen Verhältnisse Auskunft zu geben, soweit diese persönlichen Verhältnisse nicht verständlicherweise eine Ablehnung rechtfertigen könnten, BayObLG Rpfleger **78**, 18. Nein, soweit der Richter ein mögliches Zitat einer wissenschaftlichen Äußerung ohne eine erkennbare Boykottabsicht unterläßt, OVG Münster DRiZ **82**, 232.
Wirtschaftliches Interesse: Ja, soweit echte wirtschaftliche Belange des Richters auf dem

Spiel stehen; dieser Bereich ist weit zu fassen. Deshalb zB ja, wenn ein Handwerker am Prozeß als Partei, Sachverständiger oder Zeuge beteiligt ist, mit dem der Richter in einigermaßen ständiger Geschäftsbeziehung steht, weil er dessen Hilfe am eigenen Haus usw benötigt. Ja, wenn der Richter als Großaktionär am Prozeß der Aktiengesellschaft beteiligt ist oder wenn er zwar nur einen kleineren Aktienbesitz hat, der aber für die Gesellschaft einige Bedeutung hat.

Nein, sofern nur eine schlichte Mitgliedschaft an der prozeßbeteiligten Aktiengesellschaft besteht, KG NJW **63**, 451. Bei § 306 IV 2 AktG haben ohnehin die Antragsteller nach § 304 IV oder § 305 V 4 AktG kein Ablehnungsrecht, BayObLG DB **80**, 76. Vgl auch KG NJW **63**, 451.

Wissenschaftliche Äußerung: Nein, Dürholt ZRP **77**, 218, und zwar auch dann nicht, wenn sich etwa ein wissenschaftlicher Aufsatz des Richters mit dem Fall ablehnend auseinandersetzt, Köln NJW **71**, 569. Freilich sind auch in solchen Fällen Grenzen gezogen, jenseits derer ein Ablehnungsantrag begründet sein mag, vgl auch Redeker NJW **83**, 1035.

Vgl ferner ,,Allgemeine Auffassungen", ,,Festhalten an einer Ansicht", ,,Politische Äußerung", ,,Privatgutachten", ,,Rechtsansicht".

Wortentzug: Ja, sofern ein unsachliches, gehässiges Verhalten erkennbar ist, vgl ,,Beleidigung", ,,Unsachlichkeit".

Nein, wenn der Richter nach einer langen Anhörung das Wort entzieht oder sich weigert, die mündliche Verhandlung ohne neuen Tatsachenvortrag wieder zu eröffnen, Köln NJW **75**, 788, oder wenn er die Drohung ausspricht, beide ProzBev nunmehr ,,vor die Tür zu setzen", Mü FamRZ **78**, 353.

Zeuge: Ja, sobald und soweit die Vernehmung eines Zeugen in Betracht kommt, zu dem der Richter in einem besonderen Verhältnis steht, etwa als ständiger Geschäftspartner, als Freund oder Feind, als Nachbar usw. Keineswegs liegt eine Befangenheit erst dann vor, wenn die Glaubwürdigkeit vor oder gar nach der Aussage des Zeugen geprüft werden muß. Schon die Art und Weise der Terminsvorbereitung, die Behandlung etwaiger Terminsänderungswünsche des Zeugen usw, die Art und Weise seiner Befragung bringen bei Verhältnissen der genannten Art Schwierigkeiten mit sich, die eine Besorgnis der Befangenheit auch aus der Sicht eines objektiven Dritten vom Standpunkt der Partei aus sehr wohl begründen können.

Nein, nur weil der Richter in einem zurückliegenden Fall Bedenken gegen die Glaubwürdigkeit oder Äußerungen über eine besonders starke Glaubwürdigkeit des Zeugen usw gemacht hatte, die damals immerhin sachlich zu rechtfertigen waren. Nein, wenn der Richter einen Zeugen telefonisch lädt, LG Verden AnwBl **80**, 290.

Vgl auch ,,Frühere Mitwirkung".

3) Parteien, III. Das Ablehnungsrecht steht beiden Parteien unabhängig von einander zu. Der Begriff Partei ist im weitesten Sinn zu verstehen. Als Partei gilt jeder an einem Verfahren nach der ZPO parteiartig Beteiligte, also auch zB der zu Entmündigende. Eine möglicherweise prozeßunfähige Partei gilt für das Ablehnungsverfahren als prozeßfähig, damit nicht die Prozeßfähigkeit in diesem Nebenverfahren geklärt werden muß, Schlesw SchlHA **80**, 213. Der Streithelfer hat zunächst ein selbständiges Ablehnungsrecht. Denn III ist eine Sondervorschrift gegenüber § 67. Vgl aber § 67 Anm 2 D.

Ein Dritter hat nur in einem Zwischenstreit mit den Prozeßparteien ein Ablehnungsrecht. Der ProzBev hat ein Ablehnungsrecht grundsätzlich nur für die Partei und nicht für seine eigene Person, vgl BayObLG NJW **75**, 699, s aber auch Anm 2 A b aa.

Man muß die Erklärung der Partei zur Klärung der Frage, ob sie ein Ablehnungsgesuch stellt, auslegen, Schneider MDR **83**, 188, und zwar als Gericht selbstkritisch, aber nicht übertrieben ängstlich.

4) VwGO: Gilt entsprechend, § 54 I VwGO, für Richter und ehrenamtliche VerwRichter. Sie können auch dann abgelehnt werden, § 54 III, wenn sie der Vertretung einer Körperschaft angehören, deren Interessen durch das Verfahren berührt werden, zB einer Gemeindevertretung. Wegen eines Hinweises auf Art 2 § 5 I EntlG ist keine Ablehnung gerechtfertigt, BVerwG DVBl **79**, 560. Zum rechtsmißbräuchlichen Gesuch, Anm 1 C, vgl BVerwG Buchholz 310 § 54 VwGO Nr 30.

43 *Verlust des Ablehnungsrechts.* Eine Partei kann einen Richter wegen Besorgnis der Befangenheit nicht mehr ablehnen, wenn sie sich bei ihm, ohne den ihr bekannten Ablehnungsgrund geltend zu machen, in eine Verhandlung eingelassen oder Anträge gestellt hat.

4. Titel. Ausschließung und Ablehnung der Gerichtspersonen   §§ 43, 44

1) Allgemeines. § 43 vernichtet das versäumte Ablehnungsrecht. Trotz der Versäumung muß der Abgelehnte aber prüfen, ob er sich nicht von Amts wegen für befangen erklären soll. Für Ausschlußgründe gilt § 43 nicht, vgl § 42 Anm 2 A a. Ein Verzicht auf das Ablehnungsrecht kann wirksam erklärt werden. Er stellt klar, was § 43 nur vermutet.

Die Vorschrift gilt entsprechend auch im Verfahren der freiwilligen Gerichtsbarkeit, und zwar auch im dortigen streitigen Verfahren, zB BayObLG MDR **77**, 763 mwN und Rpfleger **78**, 18, Zweibr MDR **83**, 414, abw zB Keidel Rpfleger **69**, 183.

2) Rechtsverlust. A. Grundsatz. § 43 stellt eine unwiderlegliche Vermutung dafür auf, daß eine Partei mit der Person desjenigen Richters einverstanden sei, vor dem sie sich trotz eines ihr bekannten Ablehnungsgrunds in eine Verhandlung einläßt oder Anträge stellt, LG Mannh WM **74**, 62. Ein gesetzlicher Vertreter oder ein ProzBev und deren Kenntnis von einem Ablehnungsgrund stehen der Partei und deren Kenntnis gleich, Hbg MDR **76**, 845. Schädlich ist nur eine Kenntnis. Ein bloßes Kennenmüssen führt nicht zum Verlust des Ablehnungsrechts.

B. Einlassung. Die Worte des Gesetzes „. . . in eine Verhandlung eingelassen" bedeuten nicht etwa nur: In eine Verhandlung zur Hauptsache eingelassen. Es muß aber eine Verhandlung in derselben Sache vorliegen. Denn eine Partei braucht die etwaige Befangenheit eines Richters nur nach den besonderen Umständen des konkreten Einzelfalls zu prüfen, nicht im Hinblick auf eine vielleicht mögliche, von ihr aber noch nicht übersehbare andersartige Befangenheit, Düss NJW **55**, 553, Teplitzky DRiZ **74**, 24 mwN, aM zB Hamm NJW **67**, 1864. Wer den Richter in einem vorangegangenen ähnlichen Verfahren nicht abgelehnt hatte, muß damit rechnen, daß auf Grund seines jetzigen Ablehnungsgesuchs geprüft wird, warum die Ablehnung früher nicht geltend gemacht wurde, § 42 Anm 2 B „Frühere Mitwirkung". Schneider MDR **77**, 443 mwN meint, ein Verlust des Ablehnungsrechts trete nur dann ein, wenn zwischen dem Vorprozeß und dem jetzigen Verfahren ein rechtlicher oder tatsächlicher Zusammenhang bestehe.

Eine Einlassung in eine Verhandlung liegt vor, sobald irgendeine sachliche Betätigung im Termin erfolgt ist, Köln OLGZ **74**, 424, LG Tüb MDR **82**, 412, oder sobald eine Erklärung im schriftlichen Verfahren abgegeben wurde, LG Mannh WM **74**, 62. Ein bloßer Vertagungsantrag ist keine Einlassung. Denn eine Verhandlung über einen Vertagungsantrag stellt keine Kundgebung des Vertrauens gegenüber gerade dem bisherigen Richter dar, BVerwG NJW **64**, 1870, ThP 2d, ZöV II 3, aM BPatG GRUR **82**, 360 mwN, StJ III. Das Ablehnungsrecht wird nicht verwirkt, wenn die Partei nur deshalb verhandelt, weil der Richter gegen § 47 verstößt und weil die Partei zB ein Versäumnisurteil vermeiden möchte, KG NJW **75**, 1842.

C. Antragstellung. Die Partei hat im Sinn des § 43 einen Antrag gestellt, sobald sie sich mündlich oder schriftlich mit einem Antrag gemeldet hat. Der Antrag wird in der mündlichen Verhandlung in der Regel dadurch wirksam, daß die Partei ihn vorträgt, im schriftlichen Verfahren dadurch, daß sie ihn schriftlich einreicht. Eine Zustimmungserklärung nach § 128 II steht einem Antrag gleich, Mü MDR **80**, 146. Ein Antrag führt nur dann zum Verlust des Ablehnungsrechts, wenn die Partei die Person des Richters kannte, BayObLG Rpfleger **78**, 18. Ein Gesuch um eine Terminsbestimmung genügt ebensowenig wie ein Vertagungsantrag, B, oder eine bloße Anzeige zur Akte. Einzelheiten bei Schneider MDR **77**, 441 mwN. Bei einem staatlichen Richter gehen nur die Ablehnungsgründe nach § 42 verloren, beim Schiedsrichter auch diejenigen nach § 41. Denn beim Schiedsrichter gibt es keine Ausschließung.

Wenn der Ablehnungsgrund erst nach dem Zeitpunkt der Antragstellung eintritt, kann er natürlich auch jetzt noch geltend gemacht werden, Ffm MDR **79**, 762.

3) VwGO: *Gilt entsprechend, § 54 I VwGO. Einlassen in eine Verhandlung, Anm 2 B, liegt schon in Erklärungen zur Sache während des einleitenden Vortrags, § 103 II VwGO, oder sonstigen Erörterungen vor Stellung der Anträge, § 103 III VwGO. Beim GerBescheid, Art 2 § 1 EntlG, muß die Ablehnung bei der vorgeschriebenen Anhörung erklärt werden, RedOe § 54 Anm 13.*

44 **Ablehnungsgesuch.** **I Das Ablehnungsgesuch ist bei dem Gericht, dem der Richter angehört, anzubringen; es kann vor der Geschäftsstelle zu Protokoll erklärt werden.**

II Der Ablehnungsgrund ist glaubhaft zu machen; zur Versicherung an Eides Statt darf die Partei nicht zugelassen werden. Zur Glaubhaftmachung kann auf das Zeugnis des abgelehnten Richters Bezug genommen werden.

III Der abgelehnte Richter hat sich über den Ablehnungsgrund dienstlich zu äußern.

IV Wird ein Richter, bei dem die Partei sich in eine Verhandlung eingelassen oder Anträge gestellt hat, wegen Besorgnis der Befangenheit abgelehnt, so ist glaubhaft zu machen, daß der Ablehnungsgrund erst später entstanden oder der Partei bekanntgeworden sei.

1) Ablehnungsgesuch, I. Das Ablehnungsgesuch ist bei dem Gericht des abgelehnten Richters mündlich, schriftlich oder zum Protokoll der Geschäftsstelle anzubringen. Deshalb besteht kein Anwaltszwang, § 78 II. Wenn ein Amtsrichter abgelehnt wird, ist das Gesuch beim AG anzubringen. Wegen des Schiedsverfahrens vgl bei § 1032. Der Richter muß namentlich benannt werden; andernfalls ist das Gesuch unzulässig, BVerfG MDR **61**, 26, es sei denn, daß über die Person des Richters kein Zweifel besteht, BGH **LM** § 42 Nr 5 mwN, BAG **20**, 271, BFH NJW **73**, 536, vgl Üb 1 vor § 41.

Der Gegner des Ablehnenden ist im Ablehnungsverfahren grundsätzlich nicht Partei, § 91 Anm 5 „Ablehnung". Ausnahmen gelten nach § 46 Anm 2B.

2) Glaubhaftmachung, II. Eine Tatsache, die die Ablehnung begründen soll, ist glaubhaft zu machen, § 294. Eine eidesstattliche Versicherung ist aber unzulässig. Eine Glaubhaftmachung ist dann entbehrlich, wenn die Tatsache offenkundig ist, § 291 Anm 1, oder wenn der Ablehnungsgrund in tatsächlicher Hinsicht unterstellt werden kann, VGH Mannh NJW **75**, 1048. Das Gesetz versteht unter dem Begriff „Zeugnis des abgelehnten Richters" die in III vorgesehene dienstliche Äußerung. Wenn ein Anwalt ein Ablehnungsgesuch stellt, darf man nicht unterstellen, daß er stillschweigend auf das Zeugnis des abgelehnten Richters Bezug nimmt. Denn man muß berücksichtigen, daß ein Anwalt unter Umständen gerade diesen Weg der Glaubhaftmachung nicht wählen will, Ffm NJW **77**, 768, aM Wiecz C II a.

Ein Ablehnungsgesuch, das lediglich unflätige oder hemmungslose Beschimpfungen usw enthält, braucht nicht bearbeitet zu werden, vgl Einl III 6 B, Karlsr NJW **73**, 1658 (betr Strafrechtsfragen). Freilich muß das Gericht selbst in einem solchen Fall prüfen, ob hinter den Schimpfereien ein ernstzunehmender Antrag steckt, vgl Walchshöfer MDR **75**, 12. Stgt NJW **77**, 112 unterscheidet zwischen einem böswilligen und deshalb unbeachtlichen Vortrag und einem solchen, der zwar objektiv unsachlich ist, den man aber dem Absender nicht vorwerfen kann und der deswegen beschieden werden muß.

Die Grenze zwischen den danach beachtlichen und unbeachtlichen Eingaben ist zwar fließend; auch sollte im Zweifel eine Entscheidung ergehen. Andererseits ist die ängstliche Bearbeitung auch einer offensichtlich von Unbeherrschtheit und Polemik bestimmten Eingabe, die durch keine sachlichen Gründe getragen wird, des Gerichts unwürdig und fördert nur einen Querulanten. Die Gründe der Nichtbearbeitung eines solchen Gesuchs sollten in einem Aktenvermerk skizziert werden.

3) Dienstliche Äußerung, III. Wie sich aus II 2 ergibt, kann der Ablehnende auf ein „Zeugnis" des Abgelehnten Bezug nehmen. Gemeint ist nicht etwa eine Bescheinigung, sondern eine Zeugenaussage. Die in III vorgeschriebene dienstliche Äußerung hat denselben Sinn. Sie muß unabhängig davon abgegeben werden, ob eine Bezugnahme nach II 2 erfolgt ist oder ob der Ablehnende beantragt, der Abgelehnte möge sich dienstlich äußern. Der Abgelehnte hat also das Recht und die Pflicht zur dienstlichen Äußerung, auch wenn sie ihm nicht unaufschiebbar erscheint, § 47.

Die dienstliche Äußerung soll dem nunmehr über das Ablehnungsgesuch entscheidenden Gericht seine Meinungsbildung erleichtern, vgl auch BGH DRiZ **80**, 391. Sie dient aber keineswegs dazu, ihm die Ermittlungsarbeit usw abzunehmen. Deshalb liegen Art und Umfang der dienstlichen Äußerung auch im pflichtgemäßen Ermessen des Abgelehnten. Will das zur Entscheidung berufene Gericht mehr von ihm wissen und verweigert er eine Ergänzung der schriftlichen Äußerung, so mag er als Zeuge vernommen werden.

Der Abgelehnte soll sich über die für das Ablehnungsgesuch entscheidungserheblichen Tatsachen äußern, soweit ihm das notwendig oder zweckmäßig erscheint. Zu Rechtsausführungen oder zu einer Beurteilung des Ablehnungsgesuchs ist der Abgelehnte berechtigt, soweit ihm das zum Verständnis seines beanstandeten Verhaltens sinnvoll erscheint, so wohl auch ThP 3, aM ZöV III. Er ist zu solchen Ausführungen aber nicht verpflichtet, insofern ebenso ThP 3, ZöV III, und zwar auch nicht auf ein Verlangen des entscheidenden Gerichts.

Die dienstliche Äußerung ist unter Umständen zumindest den Ablehnenden zur Wahrung des rechtlichen Gehörs zur Kenntnis zu bringen, vgl BVerfG **24**, 56, Kblz JB **76**, 1624, außer wenn sie nur dahin geht, daß man befangen sei oder nicht, Köln MDR **73**, 57, insofern aM

4. Titel. Ausschließung und Ablehnung der Gerichtspersonen   §§ 44, 45   1, 2

Brschw NJW **76**, 2025. Sie sollte deshalb durchweg schriftlich erfolgen; eine mündliche Äußerung ist vom entscheidenden Gericht aktenkundig zu machen. Das gilt auch bei einer Selbstablehnung, Ffm NJW **75**, 1545.

Eine dienstliche Äußerung ist angesichts eines querulatorischen Ablehnungsgesuchs unnötig, BVerfG **11**, 3, BVerwG Buchholz § 54 VwGO Nr 30, § 42 Anm 1 C.

Eine allzu mangelhafte Stellungnahme kann sich auf die Beurteilung der Befangenheit auswirken. Indessen ist zB eine bloße Bezugnahme auf die Akten eines zu demselben Vorgang anhängigen oder anhängig gewesenen Dienstaufsichtsverfahrens zulässig. Der Abgelehnte ist weder verpflichtet noch grundsätzlich überhaupt berechtigt, solche Beiakten von sich aus beizuziehen und mit vorzulegen. Das entscheidende Gericht darf sie dem Ablehnenden nicht ohne die Genehmigung aller von ihnen Betroffenen zur Einsicht geben.

Die dienstliche Äußerung gehört zum engeren Bereich der richterlichen Entscheidungstätigkeit und ist daher der Dienstaufsicht nur in engen Grenzen, keineswegs also unbeschränkt, unterworfen, BGH **77**, 72 mwN.

4) Einlassung oder Antragstellung, IV. Wenn der Ablehnungsgrund erst nach dem Zeitpunkt einer Einlassung oder Antragstellung im Sinn von § 43 entstanden ist, besteht natürlich ein Ablehnungsrecht. Es ist glaubhaft zu machen, daß der Ablehnungsgrund entweder erst später entstanden oder der Partei erst später bekannt geworden ist. Die Partei hat keine besondere Erkundigungspflicht. Sie muß das Ablehnungsgesuch aber vor der nächsten Einlassung oder Antragstellung seit dem Entstehen oder der Kenntnis des Ablehnungsgrunds stellen. Andernfalls gilt wieder § 43.

IV gilt nicht, wenn der Richter wegen eines Ausschließungsgrundes abgelehnt wird. Denn dieser Ablehnungsgrund muß in jeder Lage des Verfahrens von Amts wegen geprüft werden. Die Partei kann auf dieses Recht nicht wirksam verzichten.

5) VwGO: Gilt entsprechend, § 54 I VwGO; daher besteht auch beim BVerwG kein Anwaltszwang. Zum rechtsmißbräuchlichen Gesuch vgl BVerwG Buchholz 310 § 54 VwGO Nr 30.

45 *Entscheidung über die Ablehnung.* **I** Über das Ablehnungsgesuch entscheidet das Gericht, dem der Abgelehnte angehört; wenn dieses Gericht durch Ausscheiden des abgelehnten Mitglieds beschlußunfähig wird, das im Rechtszuge zunächst höhere Gericht.

II Wird ein Amtsrichter abgelehnt, so entscheidet das Landgericht. Einer Entscheidung bedarf es nicht, wenn der Amtsrichter das Ablehnungsgesuch für begründet hält.

Vorbem. Die frühere Bezeichnung „Amtsrichter" ist abgeschafft, aber in Art XIII § 2 I G v 26. 5. 72, BGBl 841, infolge eines offensichtlichen Redaktionsversehens nur für § 761 geändert worden, vgl dort Vorbem. Es heißt jetzt: „Richter beim Amtsgericht".

1) Entscheidung, I. Über das Ablehnungsgesuch entscheidet das Gericht des Abgelehnten, § 44 Anm 1. Über die Ablehnung eines Einzelrichters entscheidet sein Kollegium, Karlsr OLGZ **78**, 256. Der Abgelehnte wirkt in der Sache vom Eingang des Ablehnungsgesuchs an bis zur Entscheidung über die Ablehnung nicht mehr mit, § 47. Er kann also dann, wenn mehrere Richter abgelehnt werden, auch nicht über die Ablehnungsgesuche gegenüber den anderen Kollegen entscheiden. Sein geschäftsplanmäßiger Vertreter tritt im Ablehnungsverfahren an seine Stelle. Das Gericht entscheidet also in voller Besetzung, BAG BB **73**, 754, s auch § 21 e GVG Anm 2.

Das höhere Gericht darf erst dann über das Ablehnungsgesuch entscheiden, wenn das ganze untere Gericht durch das Ablehnungsgesuch beschlußunfähig wird. Es darf keine Ergänzung durch einen zu diesem Zweck herangezogenen Hilfsrichter stattfinden. Wenn die Abgelehnten selbst über das Ablehnungsgesuch befinden dürfen und müssen, weil sie das Gesuch als rechtsmißbräuchlich ansehen, darf das höhere Gericht nicht tätig werden, § 42 Anm 1 C, BVerfG MDR **61**, 26, BGH **LM** § 42 Nr 5, BFH **88**, 194 und BB **74**, 1103, VGH Mannh NJW **75**, 1048. Das untere Gericht bleibt auch dann zur Entscheidung über das Ablehnungsgesuch zuständig, wenn der Antragsteller ohne Zweifel prozeßunfähig ist, aM StJ I. Allerdings darf das höhere Gericht im letzteren Fall ebenfalls entscheiden, BGH **LM** § 42 Nr 5.

Im Fall einer Selbstablehnung ist § 48 anwendbar.

2) Ablehnung eines Richters beim Amtsgericht, II. A. Prüfungspflicht des Abgelehnten. Wenn ein Amtsrichter abgelehnt wird, darf und muß er zunächst selbst im Rahmen eines pflichtgemäßen Ermessens prüfen, ob er das Ablehnungsgesuch für zulässig und begründet hält. In diesem Rahmen darf und muß er das Gesuch mit dem Antragsteller und/ oder mit der Gegenpartei des Antragstellers erörtern, ja sogar Ermittlungen usw anstellen, soweit solche Handlungen keinen Aufschub gestatten, § 47, oder zu seiner Entscheidungsbildung über die Zulässigkeit und Begründetheit des Antrags unverzüglich sind. Bei solchen Handlungen sollte der abgelehnte Richter besondere Zurückhaltung üben. Bis zu seiner Meinungsbildung darüber, ob das Gesuch zulässig und begründet ist, bleibt er in jeder Beziehung zuständig; seine Handlungen sind auch in der Sache wirksam, selbst insofern, als sie gegen § 47 verstoßen mögen.

B. Unzulässiges Gesuch. Wenn der Amtsrichter das Ablehnungsgesuch nach den Grundsätzen A für unzulässig, weil rechtsmißbräuchlich, hält, darf und muß er selbst das Gesuch zurückweisen, BVerfG **11**, 3, BGH NJW **74**, 55, KG MDR **82**, 60 mwN.

C. Unbegründetes Gesuch. Wenn der Amtsrichter das Ablehnungsgesuch für zulässig, aber für unbegründet hält, darf er nur noch solche Handlungen vornehmen, die keinen Aufschub gestatten, § 47. Im übrigen muß er die Akten unverzüglich dem vorgeordneten LG vorlegen. Denn in diesem Fall entscheidet über das Gesuch nicht sein geschäftsplanmäßiger Vertreter, sondern das LG, Karlsr OLGZ **78**, 256.

Das gilt auch dann, wenn ein Familienrichter abgelehnt wird, BGH NJW **79**, 551, BayObLG FamRZ **78**, 802 mwN, Bre FamRZ **78**, 800, Ffm FamRZ **78**, 799, Schlesw FamRZ **78**, 714 mwN, LG Kblz FamRZ **78**, 713, LG Regensb FamRZ **79**, 525, aM Mü FamRZ **78**, 353, Oldb FamRZ **77**, 726 (diese Gerichte halten das OLG zur Entscheidung über ein Ablehnungsgesuch gegen einen Familienrichter für berufen). In einer Handelssache entscheidet im LG dessen Kammer für Handelssachen, BayObLG MDR **80**, 237. Über ein Ablehnungsgesuch gegenüber einem ersuchten Amtsrichter entscheidet dasjenige LG, zu dessen Bezirk das ersuchte AG gehört, LG Düss Rpfleger **80**, 114. Wenn der Amtsrichter der Vorsitzende einer auswärtigen Kammer für Handelssachen ist, dann ist nicht II, sondern I anwendbar.

Birmanns ZRP **82**, 269 schlägt vor, II dahin zu ändern, daß statt des LG ein anderer Amtsrichter entscheidet.

D. Zulässiges und begründetes Gesuch. Wenn der Amtsrichter im Verfahren nach A zu dem Ergebnis kommt, das Ablehnungsgesuch sei zulässig und begründet, hat er in der Hauptakte einen entsprechenden kurzen Aktenvermerk zu machen. Er braucht seine Ansicht nicht näher zu begründen. Wenn das Ablehnungsgesuch allerdings nur für ihn voll verständlich ist, nicht für einen Dritten, ist eine jedenfalls stichwortartige Begründung der Ansicht des Amtsrichters ratsam und zur Vermeidung unliebsamer Vorwürfe auch je nach der Sachlage notwendig.

Der abgelehnte Amtsrichter scheidet mit diesem Aktenvermerk aus der Zuständigkeit aus. Die Geschäftsstelle hat die Akte dem geschäftsplanmäßigen Vertreter vorzulegen. Dieser ist an die Ansicht des ausgeschiedenen Amtsrichters grundsätzlich ohne eine eigene Nachprüfungsmöglichkeit gebunden.

Wenn sich weder aus dem Ablehnungsgesuch noch aus dem Aktenvermerk des ausgeschiedenen Amtsrichters irgendeine auch nur halbwegs erkennbare sachliche Begründetheit des Gesuchs ergibt, darf der Vertreter den ausgeschiedenen Amtsrichter um eine ergänzende Stellungnahme ersuchen. Denn auch der Vertreter muß in jeder Lage des Verfahrens prüfen, ob er überhaupt tätig werden darf. Notfalls muß der Vertreter nach § 36 Z 1 eine Bestimmung des nunmehr zuständigen Amtsrichters herbeiführen.

3) *VwGO:* **I** *gilt entsprechend, § 54 I VwGO; die ehrenamtlichen Richter wirken nur bei einer Entscheidung in der mündlichen Verhandlung mit, RedOe § 54 Anm 17. **II** ist unanwendbar, weil die VerwGerichte stets Kollegialgerichte sind.*

46 *Rechtsmittel.* [I] Die Entscheidung über das Ablehnungsgesuch kann ohne mündliche Verhandlung ergehen.

[II] Gegen den Beschluß, durch den das Gesuch für begründet erklärt wird, findet kein Rechtsmittel, gegen den Beschluß, durch den das Gesuch für unbegründet erklärt wird, findet sofortige Beschwerde statt.

1) Entscheidung, I. Die Entscheidung über das Ablehnungsgesuch erfolgt auf Grund einer freigestellten mündlichen Verhandlung, § 128 Anm 3. Das Gericht muß den Sachverhalt von Amts wegen ermitteln, Ffm OLGZ **80**, 110 mwN. Denn das Verfahren hat eine öffentliche Bedeutung. Die Entscheidung ergeht in der Form eines Beschlusses. Er ist grundsätzlich zu begründen, § 329 Anm 1 A b aa, und zwar auch im Fall der Stattgabe. Eine formelhafte Wiederholung des Gesetzestextes ist keine Begründung, vgl Düss FamRZ **78**, 919. Nach einer mündlichen Verhandlung wird der Beschluß verkündet oder schriftlich übermittelt. Im Verfahren ohne eine mündliche Verhandlung findet eine schriftliche Mitteilung statt. Soweit das Gericht dem Ablehnungsantrag stattgibt, teilt es die Entscheidung beiden Parteien formlos mit. Ein ablehnender Beschluß wird dem Antragsteller förmlich zugestellt, § 329 III. Im Fall einer Selbstablehnung des Richters ist § 48 anwendbar.

Die Entscheidung wirkt nur für das in ihr bezeichnete einzelne Verfahren, BayObLG Rpfleger **80**, 194.

2) Rechtsbehelfe, II. Hier gilt folgende Regelung:
A. Stattgebender Beschluß. Es gibt grundsätzlich keinen Rechtsbehelf. Wenn das Gericht jedoch das rechtliche Gehör verletzt hat, Art 103 I GG, ist die sofortige Beschwerde zulässig, Ffm MDR **79**, 940.
B. Zurückweisung. Die sofortige Beschwerde ist zulässig, soweit das Gericht ein Ablehnungsgesuch als unzulässig, KG MDR **83**, 60 mwN, oder als unbegründet zurückgewiesen hat. Wenn ein bayerischer Familienrichter erfolglos abgelehnt wurde, ist die Beschwerde an das OLG zu richten, BayObLG FamRZ **78**, 354. Ein Anwaltszwang besteht (mit der Einschränkung der §§ 569 II, 78 II, KG MDR **83**, 60 mwN, aM zB Nürnb NJW **67**, 1329) in der Regel nur für den Antragsteller, Hamm Rpfleger **74**, 404. Ein Anwaltszwang besteht freilich auch für die Gegenpartei, soweit sie sich den Ablehnungsgrund zu eigen macht und soweit sie ein eigenes Ablehnungsrecht nicht verloren hat. Denn es wäre sinnlos, die Gegenpartei auf ein neues Ablehnungsgesuch zu verweisen. Das gilt auch dann, wenn der Abgelehnte selbst entschieden hat. Ein neuer Ablehnungsgrund ist im Beschwerdeverfahren grundsätzlich unbeachtlich, Zweibr MDR **82**, 412.

Das Rechtsmittel hat grundsätzlich eine aufschiebende Wirkung, § 47. Das gilt aber nicht im Fall des Rechtsmißbrauchs, § 42 Anm 1 C, Engel Rpfleger **81**, 85. Schon deshalb muß das Rechtsmittelgericht in der Begründung einen Rechtsmißbrauch als solchen bezeichnen, Engel Rpfleger **81**, 84. Soweit im übrigen der abgelehnte Richter ein streitmäßiges Endurteil gefällt hat, wird die sofortige Beschwerde vorbehaltlich des Rechtsmittels gegen das Urteil gegenstandslos, zB BayObLG Rpfleger **78**, 18, ThP 3b, offen BGH NJW **77**, 1198 mwN, Ffm MDR **79**, 762, aM zB Brschw NJW **76**, 2025, Düss MDR **56**, 234, Hbg HmbJVBl **75**, 108, insofern auch Karlsr OLGZ **78**, 225. Der abgelehnte Richter sollte außer im Fall einer offensichtlichen Verschleppung keineswegs noch ein solches streitmäßiges Endurteil fällen. Die Mitwirkung des abgelehnten Richters an einem solchen Urteil begründet weder eine Revision noch eine Nichtigkeitsklage. Denn das Ablehnungsgesuch war nicht im Zeitpunkt der Entscheidung „für begründet erklärt worden", vgl auch § 47 Anm 2 B.

Dagegen ist die sofortige Beschwerde nicht gegenstandslos, soweit der abgelehnte Richter über denjenigen Rechtsbehelf entschieden hat, der zu einer Fortsetzung des Verfahrens vor demselben Richter führen kann wie der Einspruch, KG MDR **54**, 750, oder soweit der abgelehnte Richter im Urkundenprozeß ein Vorbehaltsurteil erlassen hat, Ffm MDR **79**, 762.

Der Betroffene muß vor einer ihm nachteiligen Entscheidung angehört werden, Art 103 I GG, vgl BVerfG **34**, 346, Ffm MDR **79**, 940. Der Rechtsmittelzug bleibt unverändert, wenn der Amtsrichter das Ablehnungsgesuch als unzulässig zurückgewiesen hat, Köln MDR **79**, 850, ZöV § 45 Anm II 2 b, aM KG MDR **83**, 60. Eine rechtskräftige Entscheidung über das Ablehnungsgesuch bindet die Beteiligten in diesem Verfahren. Eine Wiederholung des Gesuchs lediglich mit derselben tatsächlichen Begründung ist unzulässig. Eine zurückweisende Entscheidung des OLG ist in der Revisionsinstanz wegen der §§ 548, 567 III nicht nachprüfbar, BGH NJW **64**, 659.

Gebühren: Des Gerichts: KV 1181 (Beschwerdeinstanz); des Anwalts: §§ 37 Z 3, 61 BRAGO. Wegen der Erstattungsfähigkeit § 91 Anm 5 „Ablehnung".

3) VwGO: I ist entsprechend anwendbar, *§ 54 I VwGO,* **II** *mit der Maßgabe, daß an Stelle der sofortigen Beschwerde die Beschwerde, §§ 146 ff VwGO, tritt, RedOe § 54 Anm 19 (entsprechendes gilt nach § 51 FGO, BFH – GrS – BStBl* **82** *II 217 mwN). Keine Beschwerde findet statt in Sachen nach LAG, BVerwG NJW* **64**, *1870, WehrpflichtG, KriegsdienstverwG, ZivildienstG und KgfEG, Bach NJW* **65**, *1263 mwN, OVG Münst NJW* **65**, *2419.*

47 **Unaufschiebbare Amtshandlungen. Ein abgelehnter Richter hat vor Erledigung des Ablehnungsgesuchs nur solche Handlungen vorzunehmen, die keinen Aufschub gestatten.**

1) Unaufschiebbarkeit. § 47 betrifft den Zeitraum vom Eingang des Ablehnungsgesuchs an bis zur rechtskräftigen Erledigung des Gesuchs, BFH BB **75**, 259, Hbg HmbJVBl **75**, 108, Karlsr OLGZ **78**, 225, Schneider JB **77**, 614, Teplitzky DRiZ **74**, 24 je mwN, abw BFH DB **78**, 1260 und BFH (GrS) BStBl **82** II 217 je mwN. Ein ausgeschlossener Richter darf ohnehin keine Amtshandlung mehr vornehmen. Ein abgelehnter Richter darf dagegen solche Handlungen vornehmen, die keinen Aufschub dulden. Der Amtsrichter, der das Gesuch für begründet hält, steht an sich einem ausgeschlossenen Richter gleich, § 45 II 2, kann aber unter Umständen ebenfalls noch unaufschiebbare Handlungen vornehmen.

„Keinen Aufschub gestatten" solche Handlungen, die einer Partei wesentliche Nachteile ersparen. Hierher zählen zB: Ein Arrest; ein Ordnungsmittel wegen einer fortdauernden Ungebühr oder einer solchen Ungebühr, die nach dem Eingang des Ablehnungsgesuchs eingetreten ist, LSG Essen NJW **73**, 2224; in einem besonderen Fall auch ein Endurteil, etwa dann, wenn die Gegenpartei die Entscheidung dringend benötigt. Wegen eines Mißbrauchs des Ablehnungsrechts vgl § 42 Anm 1 C.

2) Verstoß. Bei einem Verstoß gegen § 47 gilt folgendes:
A. Zurückweisung des Gesuchs. Wenn das Ablehnungsgesuch von den dazu berufenen Richtern zurückgewiesen wird, bleibt ein Verstoß des abgelehnten Richters unbeachtet, KG MDR **77**, 673 mwN, Karlsr OLGZ **78**, 225.
B. Stattgeben. Soweit das Gericht das Ablehnungsgesuch in einem Urteil für begründet erklärt, sind gegen das Urteil nur die gewöhnlichen Rechtsbehelfe zulässig, nicht die Revision nach § 551 Z 3 oder die Nichtigkeitsklage. Das Rechtsmittelgericht muß das Verfahren evtl zurückverweisen, Karlsr OLGZ **78**, 225. Eine nicht selbständig anfechtbare Amtshandlung ist dann zu wiederholen. Dringende, stattgefundene Amtshandlungen bleiben jedoch wirksam, vgl BayObLG **80**, 312 mwN.

3) VwGO: Gilt entsprechend, § 54 I VwGO; nach der Rspr des BVerwG, vgl Buchholz 312 EntlG Nr 16 mwN, braucht die Rechtskraft der Zurückweisung, Anm 1, nicht abgewartet zu werden, ebenso BFH – GrS – BStBl **82** II 217 mwN. In Verfahren ohne mündliche Verhandlung hat ein Gesuch die Wirkung des § 47, wenn es eingeht, bevor das Urteil das Gericht verläßt, BVerwG **58**, 146.

48 Selbstablehnung des Richters.
I Das für die Erledigung eines Ablehnungsgesuchs zuständige Gericht hat auch dann zu entscheiden, wenn ein solches Gesuch nicht angebracht ist, ein Richter aber von einem Verhältnis Anzeige macht, das seine Ablehnung rechtfertigen könnte, oder wenn aus anderer Veranlassung Zweifel darüber entstehen, ob ein Richter kraft Gesetzes ausgeschlossen sei.
II Die Entscheidung ergeht ohne Gehör der Parteien.

1) Selbstablehnung usw, I. § 48 enthält zwei verschiedene Fälle: Zunächst denjenigen der Selbstablehnung eines Richters, wenn er einen Ablehnungsgrund nach § 42 für vorliegend oder für zweifelhaft hält; ferner denjenigen, daß aus einem anderen Grund Zweifel daran bestehen, ob der Richter nicht kraft Gesetzes ausgeschlossen ist, § 43, etwa auf Grund einer Anregung eines anderen Richters. In allen anderen Fällen ist eine Entscheidung erforderlich, es sei denn, daß ein Ausschließungsgrund eindeutig vorliegt. Ein Verlust des Ablehnungsrechts einer Partei ist unerheblich.

Der Richter hat den fraglichen Sachverhalt gegebenenfalls von Amts wegen mitzuteilen. Er darf außerhalb der Fälle nach I keineswegs eine Amtstätigkeit nur deshalb unterlassen, weil irgendeine andere Person seine Tätigkeit für das Handeln eines befangenen Richters hält, BayObLG **18**, 108.

§ 45 II 2 ist unanwendbar. Der Amtsrichter darf also die Bearbeitung keineswegs ohne weiteres seinem Vertreter übergeben.

2) Verfahren, I, II. Das ganze Verfahren nach § 48 betrifft nur den inneren Dienst. Deshalb wird es auch grundsätzlich nicht in der Prozeßakte abgewickelt, sondern in den anzulegenden Sonderakten für die Fälle einer Selbstablehnung. Sie stehen der Einsichtnahme der Parteien und ihrer ProzBev grundsätzlich nicht offen. Vor ihrer Einsichtnahme durch solche Personen und erst recht durch einen Dritten muß der Dienstvorgesetzte den sich selbst ablehnenden Richter schützen. Er darf diese Sonderakten grundsätzlich auch keineswegs ohne eine vorherige Einwilligung des Richters zB der Staatsanwaltschaft zuleiten oder auf deren Anforderung zur Verfügung stellen.

Der sich selbst ablehnende Richter legt diese Sonderakten zusammen mit den Prozeßakten und einer dienstlichen Äußerung im Sinn des § 44 III vor. Er sollte seine Selbstablehnung so begründen, daß das zur Entscheidung berufene Gericht ohne weiteres eine Entscheidung treffen kann. Er braucht seine Gründe aber nicht so ausführlich darzustellen, daß er etwa Einzelheiten seiner Privatsphäre usw bekanntgeben müßte, soweit das nicht zur Verständlichkeit seiner Haltung unerläßlich ist.

Die Parteien des Rechtsstreits werden in diesem Verfahren nicht angehört. Dadurch wird ihr Anspruch auf das rechtliche Gehör nicht verletzt, BGH NJW **70**, 1644. Das Verfahren kennt keine mündliche Verhandlung.

3) Entscheidung, II. Die Entscheidung ergeht durch einen Beschluß. Er bedarf zwar wie jeder Beschluß grundsätzlich einer gewissen Begründung, § 329 Anm 1 A b aa. Dabei muß das Gericht aber die Geheimhaltungspflicht innerdienstlicher Vorgänge und die Persönlichkeit des sich selbst ablehnenden Richters strikt beachten. Der Beschluß ist ja auch unanfechtbar. Deshalb darf er sich, anders als bei § 46, auch ausnahmsweise auf eine Wiedergabe des Wortlauts des § 48 nebst evtl einiger weniger zusätzlicher Stichworte beschränken, sofern dem Selbstablehnungsgesuch stattgegeben wird. Soweit das Gericht das Gesuch zurückweist, ist zwar eine etwas ausführlichere Begründung, jedoch ebenfalls diejenige Zurückhaltung erforderlich, die es dem nach § 48 vorlegenden Richter ermöglicht, ohne eine jetzt erst recht eingetretene Voreingenommenheit weiter unparteiisch in der Sache zu entscheiden.

In keinem Fall darf die Zurückweisung einer Selbstablehnung dazu führen, daß der Richter in Wahrheit gegen eine objektiv anzuerkennende Überzeugung von der eigenen Befangenheit zu einer weiteren richterlichen Tätigkeit gezwungen ist. Deshalb muß das Selbstablehnungsgesuch im Zweifel für begründet erachtet werden. Freilich darf das nicht etwa in Wahrheit aus Gründen geschehen, die mit den vom Richter vorgetragenen gar nicht übereinstimmen, selbst wenn sie bei objektiver Betrachtung von dem Richter erst recht hätten vorgebracht werden müssen. Denn § 48 gibt dem entscheidenden Gericht keineswegs eine umfassende Überprüfungsbefugnis ohne einen auch insofern erkennbaren Vorlagewillen des Richters. Insofern herrscht auch keine Amtsermittlung. Das ganze Verfahren erfordert erhebliches Fingerspitzengefühl des entscheidenden Gerichts.

Ein Ablehnungsgesuch einer Partei darf im Verfahren nach § 48 weder unmittelbar noch mittelbar beachtet werden. Das gilt selbst dann, wenn dasselbe Gericht zur Entscheidung über die Fremdablehnung und über das Selbstablehnungsgesuch zuständig ist. Eine Anfechtung eines Urteils mit der Begründung, der erkennende Richter habe nicht von einem Sachverhalt Anzeige gemacht, der seine Selbstablehnung gerechtfertigt hätte, ist unzulässig, BGH **LM** § 302 Nr 4.

4) Rechtsbehelfe. Die ablehnende Entscheidung wie die stattgebende Entscheidung sind für den vorlegenden Richter grundsätzlich unanfechtbar, Bre FamRZ **76**, 112 mwN, StJP II, ThP 2a, ZöV, abw Wiecz B II a, III a (er hält nur die Entscheidung über eine auch wirklich objektiv begründete Selbstablehnung für unanfechtbar), aM zB Schneider JR **77**, 272, Teplitzky JuS **69**, 325. Der Richter, dessen Selbstablehnungsgesuch zurückgewiesen wurde, hat aber mindestens das Recht der Gegenvorstellung unter den Voraussetzungen Üb 1 C vor § 567. Er mag auch eine neue Selbstablehnung unter einer Anführung weiterer, bisher als unerheblich gehaltener tatsächlicher oder rechtlicher Erwägungen betreiben und hat in diesem Fall einen Anspruch auf eine erneute Entscheidung über sein Gesuch.

5) VwGO: Gilt entsprechend, § 54 I VwGO.

49 **Urkundsbeamte. Die Vorschriften dieses Titels sind auf den Urkundsbeamten der Geschäftsstelle entsprechend anzuwenden; die Entscheidung ergeht durch das Gericht, bei dem er angestellt ist.**

1) Geltungsbereich. Die Ausschließung oder die Ablehnung eines Urkundsbeamten der Geschäftsstelle unterliegt denselben Vorschriften wie diejenige eines Richters. Es entscheidet allerdings immer das Gericht, zu dem der Urkundsbeamte der Geschäftsstelle gehört. § 41 Z 6 ist anwendbar, soweit der Urkundsbeamte der Geschäftsstelle in einer früheren Instanz als ein Rpfl tätig war, etwa beim Erlaß eines Mahnbescheids, §§ 19 Z 1, 26 I RPflG, § 153 GVG Anh. Eine frühere Tätigkeit in den eigentlichen Geschäften der Geschäftsstelle schadet dagegen nicht. Eine Verwandtschaft oder eine Verschwägerung mit dem Richter ist unerheblich. Ein Referendar, der als Urkundsbeamte der Geschäftsstelle handelt, fällt unter § 49. Da die Parteien keinen Anspruch auf die Mitwirkung eines bestimmten Urkundsbeamten haben, erübrigt sich jede Entscheidung, wenn ein anderer Urkundsbeamter in den inneren Dienst eintritt.

2) Verstoß. Soweit gegen § 49 verstoßen wurde, ist nach einem Vollstreckungsbescheid eine Wiederaufnahme des Verfahrens möglich, § 584 II. Im übrigen ist kein Rechtsbehelf zulässig.

3) Rechtspfleger. Nach § 10 RPflG, § 153 GVG Anh, sind die §§ 41–48 entsprechend auf den Rpfl anwendbar. Über ein Ablehnungsgesuch gegenüber einem Rpfl entscheiden derjenige Richter, in dessen Dezernat der Rpfl tätig geworden ist, Ffm Rpfleger **82**, 190 mwN, und über eine Beschwerde in einer Familiensache das OLG, Ffm Rpfleger **82**, 190.

4) VwGO: Gilt entsprechend, § 54 I VwGO, für den Urkundsbeamten der Geschäftsstelle, § 13 VwGO.

Zweiter Abschnitt. Parteien
Grundzüge
Gliederung

1) Zweiparteiensystem
2) Parteibegriff
   A. Partei
   B. Vertreter
   C. Partei kraft Amts
   D. Fiskus
   E. Partei kraft Ladung usw
   F. Kampfstellung
3) Falsche und nichtbestehende Partei
   A. Falsche Partei
   B. Nichtbestehende Partei

4) Prozeßführungsrecht und Sachbefugnis (Sachlegitimation)
   A. Begriff
   B. Prozeßstandschaft
   C. Prozeßgeschäftsführung
      a) Grundsatz
      b) Fälle
         aa) Anwendbarkeit
         bb) Unanwendbarkeit

5) VwGO

1) Zweiparteiensystem

Schrifttum: Henckel, Parteilehre und Streitgegenstand im Zivilprozeß, 1961.

Der geltende Zivilprozeß baut sich auf dem Zweiparteiensystem auf. Partei ist, von wem und gegen wen im Zivilprozeß Rechtsschutz begehrt wird. Man darf nicht die prozessuale Partei mit der sachlichrechtlichen, der Vertragspartei, dem Vertragsgenossen verwechseln. Die ZPO verwendet den Ausdruck wenig sorgfältig. Bisweilen versteht sie unter der Partei auch den Streithelfer, zB in § 41 Z 1, bisweilen selbst andere Personen, vgl § 42 Anm 3. Die Parteien heißen im Erkenntnisverfahren auf Grund einer Klage Kläger und Beklagter, bei der Scheidung, auf Grund eines Antrags und im Mahnverfahren Antragsteller und Antragsgegner, im Zwangsvollstreckungsverfahren Gläubiger und Schuldner (anders BGB), im vorläufigen Verfahren Arrest-(Verfügungs-)kläger und -beklagter.

Die Parteieigenschaft hat die größte prozessuale Bedeutung. Das gilt: Für die Rechtshängigkeit; für den Gerichtsstand; für die Partei- oder Zeugenvernehmung; für den Anspruch auf die Bewilligung einer Prozeßkostenhilfe; für eine Sicherheitsleistung; für die Kostenpflicht. Auf die Partei lautet das Urteil, gegen sie geht die Zwangsvollstreckung. Größere Sorgfalt bei der Ermittlung und Bezeichnung der Partei ist darum geboten.

2) Parteibegriff

Schrifttum: Baumgärtel, Die Kriterien zur Abgrenzung von Parteiberichtigung und Parteiwechsel, Festschrift für Schnorr von Carolsfeld (1972) 19; Bücking, Die öffentliche Hand als Partei in zivil- und arbeitsgerichtlichen Prozessen, Diss Köln 1964.

A. Partei. Partei ist, wer tatsächlich klagt oder verklagt ist, auf wen sich die prozeßbegründenden Erklärungen wirklich beziehen, BGH MDR **78**, 307 und MDR **81**, 1454 je mwN, Ffm Rpfleger **80**, 396 mwN, Hamm MDR **77**, 940, Kblz VersR **83**, 671, nicht, wenn der Klagkopf als Partei bezeichnet oder wer klagen will oder wer hinterm Proz steckt, ihn etwa bezahlt. Wer Partei ist, ist durch Auslegung zu ermitteln, BGH MDR **81**, 1454, Mü OLGZ **81**, 90 je mwN. Gibt die Klagschrift zweifelsfrei einen falschen Namen an, ist er zu berichtigen, Ffm MDR **77**, 410. Maßgeblich ist die objektive Erkennbarkeit, BGH NJW **77**, 1686 und MDR **81**, 1454, Mü OLGZ **81**, 90, ArbG Hagen BB **82**, 1800 je mwN, zur Zeit der Klagezustellung, Baumgärtel Festschrift für Schnorr von Carolsfeld (1972) 33. Unerheblich bleibt eine falsche rechtliche Bezeichnung, etwa des Konkursverwalters oder einer Fabrik als Beklagter. Solche Irrtümer berichtigt, wenn sie einwandfrei feststehen, das Gericht sogar von Amts wegen; so bezeichnet es zB die letzten Gesellschafter einer Offenen Handelsgesellschaft als Beklagte, wenn irrig die erloschene Gesellschaft verklagt wurde.

Sehr weitgehend wollen BGH MDR **81**, 1454 mwN, BAG BB **75**, 842, Hamm MDR **77**, 940 Unklarheiten der Parteibezeichnung jederzeit richtigstellen. Die Bezeichnung mit einem Decknamen (Pseudonym) genügt und ist notfalls in den bürgerlichen Namen zu berichtigen. Da die Klage regelmäßig durch eine Zustellung erhoben wird, müssen der in der Klage genannte Beklagte und der Empfänger der Zustellung dieselbe Person sein. Eine falsche Zustellung schadet aber nicht, wenn die in der Klageschrift bezeichnete Person auftritt.

Im Lauf des Prozesses können die Parteien durch Rechtsnachfolge wechseln; wegen einer Klagänderung und eines Parteiwechsels vgl § 263 Anm 2 C.

B. Vertreter. Er ist nicht Partei, weder der gewillkürte (Bevollmächtigte) noch der gesetzliche, dh der durch Gesetz oder Verwaltungsanordnung einer natürlichen oder juristischen Person oder einer Reihe solcher Personen zur Wahrung ihrer Rechte bestellte. Beispiele und Näheres s § 51 Anm 2 D. Der gesetzliche Vertreter kann freilich einen eigenen Anspruch neben dem des Vertretenen verfolgen, zB die Eltern bei einer gegen den Sohn begangenen unerlaubten Handlung; dann sind sie neben dem Vertretenen Partei, vgl KG Rpfleger **78**, 105. Der gesetzliche Vertreter soll in den vorbereitenden Schriftsätzen, also insbesondere der Klageschrift, angegeben werden, §§ 130 Z 1, 253 IV.

C. Partei kraft Amts. Handelt es sich bei mehreren Vertretenen nicht um die Wahrung gleichlaufender Rechte, sondern um den behördlichen Auftrag, nach eigenem Befinden ohne Rücksicht auf die Belange bestimmter Beteiligter zu handeln, also die widerstreitenden Belange zu wahren, so kann man im Gegensatz zur sog Vertretungstheorie (Bernhardt § 19 I 3, Wiecz § 50 G III) nicht von einer gesetzlichen Vertretung sprechen. So vertritt der Nachlaßpfleger den einen oder die mehreren Erben mit ihren gleichlaufenden Belangen, ist also ein gesetzlicher Vertreter, BGH **LM** § 1914 BGB Nr 1; der Nachlaßverwalter vertritt die Belange der Erben und außerdem die möglicherweise widerstreitenden der Nachlaßgläubiger, § 1985 BGB. Bei ihm liegt ein amtliches Treuhandverhältnis vor (sog Amtstheorie, zB RoS § 40 III mwN). Er und nicht der Vertretene ist Partei. § 114 III nennt solche Parteien Partei kraft Amts; besser wäre Partei kraft gesetzlicher Treuhand, denn ein „Amt" hat auch der gesetzliche Vertreter.

Partei kraft Amts sind auch: Der Testamentsvollstrecker, Hbg MDR **78**, 1031, vgl auch BGH **41**, 23 (natürlich kann er Prozeßstandschafter sein, wenn er zB ein Recht geltend macht, das nicht in den Nachlaß fällt, vgl Tiedtke JZ **81**, 432); der Konkursverwalter, BGH **49**, 16, LG Hildesheim BB **74**, 904 (Jaeger-Weber Vorbem § 6, StJ II 3a vor § 50 halten ihn für den Vertreter des Gemeinschuldners, während Bötticher ZZP **77**, 55 ihn als ein Organ der Masse ansieht, das als solches nur die Stellung eines gesetzlichen Vertreters hat, vgl auch denselben JZ **63**, 582), auch wegen des ausländischen Vermögens des Gemeinschuldners, BGH **68**, 17; der Sequester gemäß § 106 KO, jedenfalls sofern das Gericht ein allgemeines Verfügungsverbot gegen den Schuldner erläßt, Fricke MDR **78**, 103; der Zwangsverwalter; der Pfleger des Sammelvermögens, § 1914 BGB, BGH **LM** § 1914 BGB Nr 1.

Der Kreis der Parteien kraft Amts ist auf die vom Gesetz bestimmten Fälle beschränkt; es kann also nicht durch einen Verwaltungsakt ein Treuhänder ohne eine gesetzliche Grundlage eingesetzt werden, BGH **20**, 211.

D. Fiskus. Er ist ein einheitlicher Rechtsträger, den nur verschiedene Amtsstellen, stationes fisci, vertreten. Deshalb kann trotz § 395 BGB keine Stelle mit der anderen prozessieren. Bezeichnet die Klageschrift die vertretende Amtsstelle unrichtig, so darf die richtige ohne weiteres an die Stelle treten. Tut sie das nicht und berichtigt der Kläger nicht (gegebenenfalls nach einem Hinweis durch das Gericht), vgl auch § 56 Anm 1 E, so ist die Klage wegen mangelnder gesetzlicher Vertretung abzuweisen. Vgl auch § 18 Anm 2 und § 50 Anm 2 D.

E. Partei kraft Ladung usw. Eine bloße Zustellung schafft keine Partei, Anm 1. Ist aber jemand in der Klageschrift als Partei bezeichnet und geladen, so muß er das Recht haben, im Prozeß als Partei aufzutreten, BGH **24**, 94, vgl Kblz VersR **83**, 671, LG Bln Rpfleger **83**, 369 mwN. Er hätte ja sonst durch eine Verurteilung und die Zwangsvollstreckung Nachteile zu befürchten. Darum darf er stets eine Kostenentscheidung zu seinen Gunsten verlangen, BGH **4**, 332. Das gilt selbst dann, wenn der Kläger seinen Irrtum berichtigt und keine Anträge stellt. Freilich ergeht eine Entscheidung nur wegen der bis dann entstandenen Kosten, Düss MDR **57**, 238, und zwar durch einen Beschluß. Das Rechtsmittel des unrichtigerweise Verklagten, also des sachlich nicht Legitimierten, ist nicht als unzulässig zu verwerfen, sondern die Klage ist als unzulässig abzuweisen, BGH **24**, 94.

F. Kampfstellung. Jeder Zivilprozeß verlangt zwei verschiedene Parteien, vgl auch BVerwG NJW **74**, 1836, in Kampfstellung gegenüber, von denen jede einen Rechtsschutz gegen die andere verlangt und die prozessual gleichberechtigt sind. Niemand kann mit sich selbst prozessieren, und zwar in gar keiner Weise, auch nicht als ein gesetzlicher Vertreter, BGH DB **83**, 1971 mwN, KG Rpfleger **78**, 106, oder als ein Streitgenosse oder Streithelfer. Zum Beispiel kann ein Kaufmann nicht gegen sich selbst als Korrespondentreeder auf Ersatz klagen. Wohl aber ist ein Prozeß zwischen dem Konkursverwalter und dem Gemeinschuldner oder einem Konkursgläubiger möglich, weil der Konkursverwalter Partei kraft Amts ist, C.

Wird eine Partei Rechtsnachfolgerin der anderen, ist kein Prozeß mehr möglich. Gegen eine unbestimmte, nicht greifbar bezeichnete Person ist kein Prozeß statthaft. Davon gibt es nur ganz wenige Ausnahmen, zB beim Beweissicherungsverfahren. Eine Personengesamtheit kann gegen ihre Mitglieder prozessieren oder umgekehrt; so eine Gemeinde, eine Offene Handelsgesellschaft, eine Aktiengesellschaft; zu diesen Fragen Lewerenz, Leistungsklagen zwischen Organen und Organmitgliedern der Aktiengesellschaft, 1977; Schmidt ZZP **92**, 212. Auf jeder Seite können mehrere als Partei stehen (Streitgenossen).

Dritte, die sich am Verfahren beteiligten (Streithelfer), werden nicht Partei; sie Nebenpartei zu nennen im Gegensatz zur Hauptpartei, fördert nicht. Die ZPO bringt mehrfach Rechtsverfolgungen ins Gewand des Zivilprozesses, die damit eigentlich nichts gemein haben; auch da verlangt sie außer beim Aufgebots- und amtsgerichtlichen Entmündigungsverfahren zwei Parteien und stellt das Parteiverhältnis notfalls künstlich her.

3) Falsche und nichtbestehende Partei

Schrifttum: Abend, Prozesse nicht parteifähiger und nicht existenter Parteien, Diss Erlangen 1953.

A. Falsche Partei. Tritt eine falsche Partei namens der richtigen auf, so ist sie entsprechend § 56 durch einen Beschluß aus dem Prozeß zu verweisen oder auf ihren Antrag zu entlassen, vgl § 75. Das gilt auch dann, wenn eine falsche Partei den Prozeßbevollmächtigten bestellt hatte. Rechtsbehelf für den Beschwerten ist die Beschwerde, § 567, bei einem Urteil die Berufung. Prozeßhandlungen der falschen Partei berühren die richtige nicht. Sie werden aber durch eine Genehmigung wirksam. Das folgt schon daraus, daß ein die falsche Partei bezeichnendes Urteil, wenn nur die richtige Partei gemeint ist, für und gegen die richtige wirkt und nur mit Rechtsbehelfen, notfalls Nichtigkeitsklage, § 579 I Z 4, zu beseitigen ist.

Das Urteil wird mit dem Ablauf der Rechtsmittelfrist rechtskräftig. Im Parteiprozeß ist die Parteinämlichkeit in jeder Lage des Verfahrens von Amts wegen zu prüfen, sobald der Verdacht einer Unstimmigkeit auftaucht. Tritt ein Rechtsanwalt als Bevollmächtigter auf, steht § 88 einer solchen Nachprüfung entgegen.

B. Nichtbestehende Partei. Besteht der Kläger in Wahrheit nicht, so ist die Klage abzuweisen. Wer sein Bestehen behauptet hat, ist in die Kosten zu verurteilen. Stellt sich später heraus, daß der Kläger doch besteht, so ist er dadurch beschwert, falls die Kostenentscheidung zwischen den Parteien noch nicht ergangen ist, BGH **LM** § 99 Nr 6. Besteht der Beklagte nicht, so hat der Kläger die Kosten des als gesetzlicher Vertreter oder Partei kraft Amts Geladenen zu tragen, Hbg MDR **76**, 846. Ein etwa ergehendes Sachurteil ist wirkungslos, aber nicht nichtig. Hbg MDR **76**, 846. Freilich liegt meist nur eine falsche Bezeichnung vor, die zu berichtigen ist, Anm 2 A („OHG" bei einem Einzelkaufmann).

Zu beachten ist auch, daß Handelsgesellschaften und Genossenschaften mit ihrem Erlöschen auch nicht unbedingt aus dem Rechtsleben verschwinden, § 239 Anm 2 A, Baumbach-Duden-Hopt § 124 HGB Anm 5 E. Trotzdem ist der Wille des Klägers maßgebend, wenn er (nur) die Geschäftsführer einer gelöschten Gesellschaft verklagt, Kblz VersR **83**, 671. Ist ein Verein aufgelöst und gelöscht, so kann auch ein Zwangsmittel, § 888, gegen ihn nicht mehr ergehen, er hat auch keine Beschwerdemöglichkeit, da nichts von ihm übriggeblieben ist, Düss NJW **66**, 1034. Klagt der Prozeßbevollmächtigte nach dem Tod seiner Partei, so liegt nur eine falsche Bezeichnung der Partei vor, § 86. Wegen des Urteils gegen einen nicht Parteifähigen § 50 Anm 2 F.

4) Prozeßführungsrecht und Sachbefugnis (Sachlegitimation)

Schrifttum: Bernstein, Gesetzlicher Forderungsübergang und Prozeßführungsbefugnis im Internationalen Privatrecht usw, Festschrift für Sieg (1976) 49; Bötticher, Rechtsnachfolge in die Prozeßführungsbefugnis? Festschrift für Laun (1968) 295; Brühl, Die Rolle der Prozeßführungsbefugnis im Zivilprozeß, Diss Ffm 1970; Diederichsen ZZP **76**, 400; Ernst, Inwieweit kann derjenige, der gemäß den §§ 1058, 1148, 1248 BGB als Eigentümer gilt, durch sein Handeln, insbesondere durch seine Prozeßführung, den wahren Eigentümer binden? Diss Hbg 1960; Heintzmann, Die Prozeßführungsbefugnis, 1970; Henckel, Parteilehre und Streitgegenstand, 1961; derselbe, Einziehungsermächtigung und Inkassozession,

Festschrift für Larenz (1973) 643; Kass, Prozeßstandschaft und Rechtskraftwirkung usw, Diss Ffm 1971; Liedtke, Der partei- und streitgegenstandsbezogene Inhalt des Vermögensrechtsstreits. (Das Verhältnis von Parteibegriff und Prozeßführungsbefugnis usw), Diss Ffm 1971; Lippok, Die Grenzen der Verwaltungs- und Verfügungsbefugnis des Konkursverwalters, Diss Heidelb 1972; Michaelis, Der materielle Gehalt des rechtlichen Interesses bei . . . der gewillkürten Prozeßstandschaft, Festschrift für Larenz (1983); Stathopoulos, Die Einziehungsermächtigung, 1968; Wunderlich, Zur Prozeßstandschaft im internationalen Recht usw (auch rechtsvergleichend), Diss Tüb 1970.

A. Begriff. Prozeßführungsrecht ist das Recht, einen bestimmten Prozeß als richtige Partei zu führen; so ist der Deutsche Anwaltverein als ermächtigt anzusehen, Unterlassungsansprüche nach dem Rechtsberatungsgesetz für die in ihm zusammengeschlossenen Rechtsanwälte im eigenen Namen gerichtlich geltend zu machen, BGH **48**, 14; ein Verein zur Bekämpfung unlauteren Wettbewerbs kann nach § 13 I UWG befugt sein, einen wettbewerbsrechtlichen Anspruch geltend zu machen, zB Kblz GRUR **81**, 91. Oft spricht man statt von Prozeßführungsrecht von Sachbefugnis (Aktivlegitimation = Klagebefugnis, Passivlegitimation = Stellung als richtiger Beklagter).

Die Sachbefugnis bezeichnet indessen richtig die sachlichrechtliche Seite, nämlich das Zustehen eines Rechts, hat somit eine Beziehung zur sachlichen Klageberechtigung (der Klagebegründetheit), nicht zur prozessualen. Die Sachbefugnis ist ein Teil der Sachbegründung; fehlt sie, so ist sachlich, mit einer Rechtskraftwirkung in der Sache selbst, abzuweisen. Fehlt das Prozeßführungsrecht, so ist die Klage prozessual unzulässig, es fehlt eine Prozeßvoraussetzung (Begriff Grdz 3 A a vor § 253); das Gericht muß die Klage daher durch ein Prozeßurteil abweisen, BGH NJW **83**, 685 mwN, Schwab Gedächtnisschrift für Bruns (1980) 191 mwN, ohne eine Rechtskraftwirkung in der Sache, vgl LG Kiel WM **82**, 217.

Meist treffen das Prozeßführungsrecht und die Sachbefugnis zusammen, vgl BayObLG DB **79**, 936; notwendig ist das nicht. Zum Beispiel ist ein Gesellschafter als Kläger unter Umständen prozeßberechtigt, indem er die Leistung an alle Gesellschafter verlangen kann, vgl auch BGH JZ **75**, 178, krit Hadding JZ **75**, 164 mwN; sachlich befugt ist er nicht, denn ihm fehlt der sachlichrechtliche Anspruch. Das Prozeßführungsrecht muß beim Schluß der letzten Tatsachenverhandlung vorliegen, vgl BGH ZZP **91**, 315.

Klagt der aus dem Rechtsverhältnis sachlich Berechtigte, ist es, soweit nicht gesetzliche Vorschriften entgegenstehen, der Lebenserfahrung nach anzunehmen; bei einem Streit hat es der Kläger für sich und den Beklagten zu beweisen. Als eine Prozeßvoraussetzung ist das Prozeßführungsrecht in jeder Lage des Verfahrens, auch in der Revisionsinstanz, BGH ZZP **91**, 315, von Amts wegen vor der Sachbefugnis zu prüfen. Daß auch diese zu prüfen ist, folgt aus ihrer Natur als Teil der rechtlichen Klagebegründung.

B. Prozeßstandschaft. Nicht selten darf man ein fremdes sachliches Recht in eigenem Namen im Prozeß verfolgen. Geschieht das aus eigenem Recht, so liegt eine sog Prozeßstandschaft vor (so zuerst Kohler), Eickmann Rpfleger **81**, 214.

Beispiele: Der allein verwaltende Ehegatte darf die Rechte des anderen am Gesamtgut kraft eigenen Rechts geltend machen, § 1422 BGB; der Überweisungsgläubiger macht die Rechte des Schuldners im eigenen Namen geltend, § 841; der hierzu vom Lande ermächtigte Bund hinsichtlich privatrechtlicher Forderungen des Versorgungsträgers wegen Ersatzes gezahlter Renten gegen Dritte, BGH **30**, 162; der Zwangsverwalter klagt nach der Aufhebung des Verfahrens noch Nutzungen aus der Zeit der Zwangsverwaltung ein, Stgt NJW **75**, 266; ein Elternteil kann bei § 1629 II 2, III BGB den Unterhaltsanspruch des Kindes gegen den anderen Elternteil im eigenen Namen geltend machen, vgl § 323 Anm 5 A b, § 794 Anm 2 C b bb, BGH NJW **83**, 2085 mwN.

Die Mutter kann aber nicht den Unterhaltsanspruch des volljährigen Kindes im eigenen Namen geltend machen, selbst wenn es im Haushalt lebt, Ffm FamRZ **79**, 175; ebensowenig kann der Vater einen Schmerzensgeldanspruch der volljährigen Tochter im eigenen Namen geltend machen, BGH **LM** § 847 Nr 3, ebensowenig der Ehemann im gesetzlichen Güterstand, BGH FamRZ **59**, 55.

C. Prozeßgeschäftsführung. a) Grundsatz. Eine Prozeßgeschäftsführung liegt vor, wenn jemand aus fremdem Recht ein fremdes sachliches Recht im Prozeß verfolgt (meist nennt man auch das Prozeßstandschaft).

Wenn die Berechtigung nach außen fehlt, nicht auch eine sachlichrechtliche Übertragung stattgefunden hat, ist das Prozeßführungsrecht grundsätzlich zu verneinen, so zB wenn der Kläger stillschweigend ermächtigt ist, Ansprüche eines Dritten im eigenen Namen geltend zu machen, vgl BGH **4**, 165, **LM** § 50 Nr 28, NJW **65**, 1962, Pal-Heinr § 398 BGB Anm 7 mwN.

Grundz § 50 4 C

Man gewährt es zweckmäßig, wenn der Kläger einen berechtigten eigenen Grund zur Geltendmachung des fremden Rechts hat, BGH **78**, 4 sowie ZZP **91**, 315, NJW **81**, 2640, GRUR **83**, 372 und NJW **83**, 1561 (krit Jacobs GRUR **83**, 382) je mwN, BAG NJW **83**, 1751, BFH DB **78**, 2060, BSG VersR **74**, 882, BayObLG **75**, 318 je mwN, Hbg GRUR **79**, 739, KG FamRZ **82**, 427 mwN, grds auch Köln MDR **79**, 935, ferner Schlesw SchlHA **78**, 160, AG Ffm VersR **78**, 879. Ein eigenes rechtsschutzwürdiges Interesse liegt nur insoweit vor, als die Entscheidung des Prozesses die eigene Rechtslage des Prozeßführenden beeinflußt, KG FamRZ **82**, 427 mwN. Diese Situation tritt selten ein. Sie liegt vor zB bei einem sicherungshalber abgetretenen Anspruch, LG Kassel VersR **79**, 616. Bei einer bloßen Inkassozession verlangt BGH NJW **80**, 991 mwN allerdings kein eigenes rechtliches Interesse des Abtretungsnehmers.

b) Fälle. aa) Anwendbarkeit. Hierher gehören besonders der Fall § 350 AktG, ferner jeder Fall, in dem dem Kläger ein Recht treuhänderisch zusteht, weiter die Fälle, in denen der Kläger nur zur Prozeßführung befugt ist, ihm also eine Ermächtigung zum Auftreten erteilt ist, BGH **LM** § 325 Nr 4.

Weitere Beispiele: Der Inkassozessionar, dazu BGH NJW **80**, 991 mwN, Henckel Festschrift für Larenz (1973) 643; der Vollmachtsindossatar, Art 18 WG, jeder Einziehungsindossatar, dazu Henckel Festschrift für Larenz (1973) 643, vgl auch StJ II 4 vor § 50; der Herausgeber oder Verleger, der die Rechte des namenlosen Urhebers wahrt, § 10 II UrhG; der Volkskläger, §§ 7 GebrMG, 11 WZG; der Veräußerer des Streitgegenstands, der den Prozeß weiterführt, §§ 265, 266; der Verband nach § 13 I UWG, der satzungsgemäß die Förderung der geschäftlichen Interessen der Mitglieder betreibt, BGH NJW **83**, 1559 (krit Jacobs GRUR **83**, 382).

Weitere Beispiele: Der Abtretende klagt mit einer Ermächtigung des Abtretungsnehmers (das Urteil schafft eine Rechtskraft für und gegen diesen), BGH **LM** § 325 Nr 2, 9, BGH ZZP **91**, 315 mwN, KG MDR **75**, 756; der Sicherungsgeber klagt mit einer Ermächtigung des Sicherungseigentümers, Nürnb NJW **77**, 1543; die Zustimmung kann stillschweigend erteilt werden, BGH NJW **79**, 925; evtl der Sicherungsabtretende, vgl auch BGH NJW **78**, 699; der Kommissionär klagt im Einverständnis der Kommittenten im eigenen Namen gegen einen Dritten auf Ersatz; der annähernd sämtliche GmbHAnteile besitzende Gesellschafter klagt im Auftrag der Gesellschaft, BGH NJW **65**, 1962; die übrigen Gesellschafter klagen auch für den rechtskräftig zur Zustimmung Verurteilten, BGH **64**, 259.

Weitere Beispiele: Der Gläubiger einer Aktiengesellschaft klagt gemäß § 93 V 1 AktG, Habscheid Festschrift für Weber (1975) 202; der Geschädigte, des vertraglich wegen des Schadens vom Berechtigten ermächtigt ist und dem die Schadensersatzleistung zugute kommt (Berechtigung aus Drittschaden), BGH **25**, 258; der Konkursverwalter im Konkurs einer KG klagt in dieser Eigenschaft Forderungen gegen mithaftende Gesellschafter ein, wozu ihn der Konkursgläubiger ermächtigt hat, um den Erlös allen Konkursgläubigern zugute kommen zu lassen, BGH **LM** § 185 BGB Nr 1; der Erbe klagt bei bestehender Nachlaßverwaltung mit Ermächtigung des Nachlaßverwalters im eigenen Namen und Interesse auf Auflassung eines Grundstücks, das dann der Nachlaßverwaltung unterliegen soll, BGH **38**, 281, dazu kritisch Bötticher JZ **63**, 582; der Verwalter klagt auf Grund eines Mehrheitsbeschlusses der Wohnungseigentümer einen Nachbesserungsanspruch wegen eines Mangels am gemeinschaftlichen Eigentum im eigenen Namen ein, BGH Rpfleger **81**, 346 mwN; der vom Vermieter eigens hierzu ermächtigte Hausverwalter macht einen Anspruch des Vermieters gegen den Mieter geltend, Scholzen ZMR **81**, 3. Freilich sind gerade in diesem Fall an das Vorliegen des berechtigten eigenen Grunds scharfe Anforderungen zu stellen.

bb) Unanwendbarkeit. Hierher gehören zB folgende Fälle: Es geht um ein höchstpersönliches Recht, BGH NJW **83**, 1561 mwN; der Konkursverwalter gibt eine Forderung frei, um die Konkursmasse vom Prozeßrisiko zu befreien, läßt sich aber vom Gemeinschuldner sofort wieder Zahlungsansprüche oder den Erlös zur Konkursmasse abtreten oder vereinbart, daß ein erstrittener Erlös zur Konkursmasse abzuführen ist und der Gemeinschuldner kein eigenes rechtsschutzwürdiges Interesse an der Klage hat, BGH **35**, 180, Nürnb MDR **57**, 683; der Zessionar, wenn eine Abtretung ausgeschlossen ist, Ffm NJW **54**, 1040, insofern aM Köln MDR **79**, 935; der Berechtigte aus einer beschränkten persönlichen Dienstbarkeit, der einen Dritten zur Klage gegen den Eigentümer des belasteten Grundstücks ermächtigt, wenn die Überlassung des Rechts der Ausübung nach nicht gestattet ist, BGH NJW **64**, 2298; wenn das Kostenrisiko zu Lasten des Prozeßgegners vermindert oder ausgeschlossen werden soll, BGH **38**, 287, KG MDR **83**, 752 mwN; wenn ein unübertragbares Recht geltend gemacht wird, BGH GRUR **78**, 585, BFH DB **78**, 2060.

1. Titel. Parteifähigkeit, Prozeßfähigkeit **Grundz § 50, § 50**

Der Zwangsverwalter wickelt ab, so daß er das Prozeßführungsrecht unter Umständen sogar nach der Aufhebung der Zwangsverwaltung behält, BGH **71**, 220. Es ist bedenklich, wenn ein Unterhalt trotz einer vor der Rechtshängigkeit erfolgten Überleitung gemäß §§ 90, 91 BSHG noch vom Empfänger der Sozialhilfe gefordert wird, KG FamRZ **82**, 427 mwN, aM Hamm FamRZ **79**, 1059; zur Problematik der §§ 90, 91 BSHG vgl auch Bbg FamRZ **81**, 1098 mwN, Düss FamRZ **79**, 1010. Eine unzulässige Rechtsausübung (Mißbrauch der Prozeßführungsbefugnis) liegt auch vor, wenn ein Miterbe allein einen zum Nachlaß gehörigen Anspruch arglistig geltend macht, § 2039 S 1 BGB, und die anderen Miterben der Klagerhebung widersprechen, BGH **44**, 370. Nicht hierher zählt schließlich eine Einzelklage gemäß AGBGB für den Verband, Sieg VersR **77**, 494. Zum (eingeschränkten) Prozeßführungsrecht des nach § 106 KO bestellten Sequesters Hbg ZIP **82**, 860 (krit Paulus ZZP **96**, 356 mwN).

5) VwGO: *An die Stelle des Begriffs der Partei tritt im VerwRechtsstreit der Begriff des Beteiligten, § 63 VwGO, das sind außer dem Kläger und dem Beklagten auch der Beigeladene, § 65 VwGO, und der Oberbundesanwalt sowie (falls landesrechtlich vorgesehen) der Vertreter des öffentlichen Interesses, §§ 35–37 VwGO. Beteiligungsfähig sind nach Landesrecht auch Behörden, § 61 Nr 3 VwGO. Mit dieser Maßgabe gelten die vorstehend dargelegten Grundsätze auch im Verfahren der VerwGerichte. Das Prozeßverhältnis, Anm 1, besteht auch hier zwischen dem Kläger (Antragsteller) und dem Beklagten (Antragsgegner). Die Partei kraft Amtes, Anm 2 C, ist an Stelle des Vertretenen Beteiligter. Das Verfahren der VerwGerichte kennt keine allgemeine Prozeßstandschaft, Anm 4 B, der Organisationen und Vereinigungen, die diese zur prozessualen Wahrnehmung der Rechte ihrer Mitglieder im eigenen Namen ermächtigt, BVerwG NJW **80**, 1911, EF § 42 Rdz 85a mwN. Prozeßgeschäftsführung, Anm 4 C, ist insoweit zulässig, als über den geltend gemachten Anspruch verfügt werden kann (nicht bei Anfechtungs- und Verpflichtungsklagen, RedOe § 42 Anm 27), falls der Kläger ein berechtigtes eigenes Interesse verfolgt, OVG Münst ZMR **70**, 29 mwN, Bettermann ZZP **85**, 134.*

Erster Titel. Parteifähigkeit. Prozeßfähigkeit
Übersicht

1) Abgrenzung der Begriffe. Parteifähig ist, wer Prozeßpartei sein kann, dh prozessual rechtsfähig ist. Die ZPO verknüpft die prozessuale Rechtsfähigkeit, von § 50 II abgesehen, mit der sachlichrechtlichen. Prozeßfähig ist, wer wirksame Prozeßhandlungen vornehmen und einen Prozeßbevollmächtigten bestellen kann. Die Prozeßfähigkeit hängt von der sachlichrechtlichen Fähigkeit ab, sich durch Verträge zu verpflichten, trifft also wesentlich mit der Geschäftsfähigkeit zusammen. Sie befähigt zu allen prozessualen Handlungen; eine Beschränkung auf gewisse Prozeßgattungen, nicht aber auf einzelne Prozeßhandlungen, ist dem Gesetz bekannt.

Parteifähigkeit und Prozeßfähigkeit sind Prozeßvoraussetzungen; ihr Mangel führt zur Prozeßabweisung ohne Rechtskraft für die Sache selbst. Die gerichtliche Bestellung eines Vertreters für Prozeßunfähige sieht § 57 vor.

Prozeßführungsrecht und Verfügungsbefugnis, Grdz 4 vor § 50, haben mit der Prozeßfähigkeit nichts zu tun.

2) VwGO: *Aus den in Grdz 5 § 50 genannten Gründen kennt das Verfahren der VerwGerichte statt der Parteifähigkeit die Fähigkeit, am Verfahren beteiligt zu sein, § 61 VwGO; der Sache nach ist auch das prozessuale Rechtsfähigkeit. Die Prozeßfähigkeit, § 62 VwGO, ist entsprechend dem Zivilprozeß geregelt.*

50   Parteifähigkeit.[1] **Parteifähig ist, wer rechtsfähig ist.**
[II] Ein Verein, der nicht rechtsfähig ist, kann verklagt werden; in dem Rechtsstreit hat der Verein die Stellung eines rechtsfähigen Vereins.

Schrifttum: Abend, Prozesse nicht parteifähiger und nicht existenter Parteien, Diss Erlangen 1953; Fabricius, Relativität der Rechtsfähigkeit (1963) 186; Landgrebe, Der Rechtsgedanke der actio pro socio im Recht der GmbH, Diss Bonn 1966; Maino, Die actio pro socio in materiellrechtlicher und verfahrensrechtlicher Sicht, Diss Mainz 1966; Schiller, Die Rechtsstellung der offenen Handelsgesellschaft im Zivilprozeß, Diss Ffm 1967.

Gliederung
1) Begriff, I
2) Geltungsbereich, I, II
   A. Rechtsfähigkeit
   B. Natürliche Person
   C. Juristische Person
   D. Parteifähige Personengesamtheit

            a) Offene Handelsgesellschaft
            b) Kommanditgesellschaft
            c) Reederei
            d) Nicht rechtsfähiger Verein als Beklagter
       E. Behörde als Partei
       F. Fehlen der Parteifähigkeit
            a) Firma des Einzelkaufmanns
            b) Gesellschaft des BGB
            c) Stille Gesellschaft
            d) Nicht rechtsfähiger Verein als Kläger
            e) Politische Partei
            f) Gewerkschaft
            g) Zweigniederlassung
            h) Wohnungseigentümerschaft

       G. Erlöschen der Parteifähigkeit
            a) Gesamtnachfolge
            b) Abwicklung
            c) Vermögensverteilung
   3) **Sonderregeln beim nicht rechtsfähigen Verein, II**
       A. Passive Parteifähigkeit
       B. Aktive Parteifähigkeit
       C. Arbeitsrecht
   4) **Tragweite der Parteifähigkeit**
       A. Während des Prozesses
       B. Nach dem Urteil
       C. Streit über die Parteifähigkeit
   5) **VwGO**

1) Begriff, I. Parteifähigkeit ist die Fähigkeit, Partei zu sein, also im eigenen Namen eine Rechtsverfolgung als Kläger oder Bekl zu betreiben, sei es auch in einer Wahrnehmung eines fremden Rechts, Grdz 4 B, C vor § 50.

2) Geltungsbereich, I, II. A. Rechtsfähigkeit. Parteifähig ist derjenige, der rechtsfähig ist. Dieser Satz gilt aber nicht umgekehrt; das ergibt sich aus II. Das sachliche Recht gibt darüber Auskunft, wer rechtsfähig ist. Ein eingetragener Verein ist nach I parteifähig, Ffm Rpfleger **78**, 134. Ein nicht eingetragener Verein ist nach II parteifähig. Ein Ausländer kann Partei sein, wenn er nach seinem Recht parteifähig (rechtsfähig) ist, selbst wenn er nach dem Recht der BRD nicht parteifähig (rechtsfähig) ist, Art 7 EG BGB, aM Pagenstecher ZZP **64**, 262, 272 (es komme lediglich darauf an, ob die Parteifähigkeit nach dem Heimatrecht vorhanden sei. Ob nach diesem Heimatrecht eine Rechtsfähigkeit vorliege, sei nur dann erheblich, wenn das Heimatrecht die Parteifähigkeit von der Rechtshängigkeit abhängig mache, denn I gelte für einen Ausländer nicht). Wegen eines ausländischen Vereins vgl § 23 BGB.

Nach § 13 AGB gelten für eine Unterlassungsklage oder für eine Widerklage eines rechtsfähigen Verbands oder einer Industrie- und Handelskammer Sonderregeln. Viele Handelsverträge enthalten für ausländische Handelsgesellschaften Vorschriften. Wenn eine ausländische Vereinigung wie eine juristische Person auftritt, dann kann sie verklagt werden, soweit ein redlicher Geschäftsverkehr dies erfordert, BGH **LM** Nr 10, selbst wenn ihre Rechtspersönlichkeit fraglich ist.

B. Natürliche Person. Sie ist parteifähig, auch als Verschollener, § 1 BGB. Die Leibesfrucht ist auflösend parteifähig, soweit sie einen Pfleger nach § 1912 BGB hat. Er ist ihr gesetzlicher Vertreter. Dasselbe gilt bei einer noch nicht erzeugten, jedoch bereits in einer letztwilligen Verfügung bedachten Person, §§ 1913, 2101, 2162, 2178 BGB.

C. Juristische Person. Jede juristische Person des öffentlichen oder privaten Rechts ist parteifähig. Auch ihre Vorform kann jedenfalls verklagt werden, soweit sie bereits einen körperschaftlichen Charakter hat und deshalb nicht als eine bürgerlich-rechtliche Gesellschaft aufzufassen ist, BAG NJW **63**, 680, Hbg BB **73**, 1505 (betr eine im Gründungsstadium befindliche Gesellschaft mit beschränkter Haftung). Unter Umständen besteht die Parteifähigkeit der juristischen Person noch nach ihrer Löschung fort, Ffm Rpfleger **78**, 28, LG Mü Rpfleger **74**, 371. Wegen der Amtsstellen des Fiskus s Grdz 2 D vor § 50 und § 18 Anm 2, wegen der Parteifähigkeit einer Behörde vgl § 17 Anm 4 und unten E, wegen der Parteifähigkeit der evangelisch-lutherischen Kirche vgl § 17 Anm 2.

D. Parteifähige Personengesamtheit. Hier sind folgende Fälle zu unterscheiden:

a) Offene Handelsgesellschaft. Vgl zu ihr auch Huber ZZP **82**, 224. Ihre Rechtsnatur ist umstritten. Man muß aus § 124 I HGB jedenfalls die Parteifähigkeit der OHG ablesen. Was würde es sonst bedeuten, daß die Gesellschaft „unter ihrer Firma vor Gericht klagen und verklagt werden kann"? Außerdem lassen auch die §§ 124 II, 129 HGB keine andere Auffassung zu. Es läßt sich nur so erklären, daß ein Prozeß zwischen der Gesellschaft und ihren Gesellschaftern möglich ist. Die Gesellschafter sind gesetzliche Vertreter der Gesellschaft, soweit sie nicht sachlichrechtlich von der Vertretung ausgeschlossen worden sind.

Im Rechtsstreit muß die Gesellschaft durch die erforderliche Zahl von vertretungsberechtigten Gesellschaftern vertreten werden. Auch § 744 II BGB begründet nicht etwa ein Recht eines Gesellschafters, im Namen der Gesellschaft eine Klage ohne eine Zustimmung der vertretungsberechtigten Gesellschafter zu erheben, BGH **17**, 181. Die gesetzlichen Vertreter sind namhaft zu machen. Die Formulierung, die Offene Handelsgesellschaft sei „durch die Gesellschafter vertreten", reicht nicht aus.

1. Titel. Parteifähigkeit, Prozeßfähigkeit § 50 2

Ein Wechsel der Gesellschafter während des Rechtsstreits ist unerheblich, BGH **62**, 132. Ein Wegfall eines Gesellschafters unterbricht den Prozeß nur, falls die gesetzliche Vertretung infolge des Wegfalls nicht mehr vorhanden ist.

b) Kommanditgesellschaft, §§ 161, 164 HGB, vgl BGH NJW **65**, 2253. Für sie gelten dieselben Grundsätze wie bei der Offenen Handelsgesellschaft.

c) Reederei. Ihr gesetzlicher Vertreter ist der Korrespondentreeder, § 493 III HGB. Wenn er fehlt, sind die Mitreeder die gesetzlichen Vertreter.

d) Nicht rechtsfähiger Verein als Beklagter. Der nicht rechtsfähige Verein ist nur als Bekl parteifähig, II. Wegen der Verbände Grdz 4 vor § 253. Wegen einer Bürgerinitiative LG Aachen NJW **77**, 255 mwN.

E. Behörde als Partei. Der Staatsanwalt ist im Ehenichtigkeitsverfahren und im Entmündigungsverfahren Partei, §§ 24 EheG, 632, 646, 666, 679 II, 686 III ZPO, obwohl eigentlich nur der Staat als Partei auftreten kann. In diesen Fällen hat das Gesetz eine künstliche Partei geschaffen. Demgegenüber vertritt die Behörde bei §§ 525 II, 2194 BGB, 62 GmbHG den Fiskus. Auch das Deutsche Reich kann noch als Partei auftreten, BGH **8**, 197 und NJW **54**, 31. Das gilt zB für den Fall, daß das Deutsche Reich noch der Inhaber einer bestimmten Forderung ist, BGH **3**, 321, Kegel JZ **51**, 387, Féaux de la Croix NJW **51**, 406, vgl auch § 18 Anm 2.

Die BRD und die Bundesländer sind keine Nachfolger des Deutschen Reiches, BGH **4**, 266. Man muß allerdings die Deutsche Bundesbahn mit der Deutschen Reichsbahn wegen des im Bundesgebiet belegenen Teils des Sondervermögens als identisch ansehen, BGH JZ **51**, 78. Dasselbe gilt für die Deutsche Bundespost, BGH **9**, 16. Ein Regierungspräsident ist nicht parteifähig, BGH **LM** Preuß EnteignG Nr 16. Eine nach § 162 BBauG beteiligte Stelle ist in einer Baulandsache parteifähig, BGH NJW **75**, 1658.

F. Fehlen der Parteifähigkeit. Hier kommen folgende Fälle in Betracht:

a) Firma des Einzelkaufmanns. Sie bezeichnet nur den Kaufmann selbst, § 17 II HGB. Wenn der Firmeninhaber wechselt, dann wechselt damit die Partei. Wenn die Firma wechselt, dann kann die Partei bestehen bleiben. Das Gericht braucht den Firmeninhaber nur insoweit festzustellen, als es auf seine Nämlichkeit ankommt, etwa im Fall einer Parteivernehmung. Man kann den Einzelkaufmann und seine Firma weder als Streitgenossen noch nacheinander verklagen.

b) Gesellschaft des BGB. Sie ist nicht parteifähig, BGH **80**, 227 mwN, Hamm JB **76**, 365, Köln OLGZ **73**, 469, vgl auch BFH BB **80**, 823. Sie ist die Summe der Gesellschafter, vgl LG Bln Rpfleger **73**, 104. Deshalb müssen sämtliche Gesellschafter zusammen klagen, vgl aber auch Grdz 4 A vor § 50. Sämtliche Gesellschafter müssen auch gegebenenfalls zusammen verklagt werden. Wenn die Forderung zum Gesellschaftsvermögen gehört, § 718 BGB, dann darf das Gericht die Gesellschafter aber nicht einzeln abweisen. Die geschäftsführenden Gesellschafter sind keine gesetzlichen Vertreter, sondern nur Prozeßbevollmächtigte. Zulässig ist aber eine Klage eines einzelnen, berechtigt interessierten Gesellschafters gegen einen Dritten wegen eines gesellschaftswidrigen Verhaltens der anderen Gesellschafter und wegen eines Zusammenspiels mit einem Schuldner der Gesellschaft, BGH **39**, 14, vgl Hadding JZ **75**, 162 (Notgeschäftsführer). Wegen einer Bürgerinitiative Seitz/Schmidt/Schoener NJW **80**, 1557.

c) Stille Gesellschaft.

d) Nicht rechtsfähiger Verein als Kläger. Der nicht rechtsfähige Verein ist nur als Kläger nicht parteifähig. Vgl auch Canditt, Der nicht rechtsfähige Verein im Aktivprozeß, Diss Gött 1958.

e) Politische Partei. Hier muß man allerdings unterscheiden: Soweit sie als nichtrechtsfähiger Verein organisiert ist oder soweit ihr Gebietsverband der jeweils höchsten Stufe auftritt, ist sie aktiv und passiv prozeßfähig, § 3 ParteienG v 24. 7. 67, BGBl 773, BGH **73**, 277, Karlsr OLGZ **78**, 227, Köln NJW **78**, 227, LG Bonn NJW **76**, 810. Die Bezirksverwaltung der politischen Partei ist nicht parteifähig, weil ihr eine Tariffähigkeit fehlt. Dasselbe gilt für einen Ortsverband oder Kreisverband, Hamm DB **70**, 1972, LG Bonn NJW **76**, 810, abw LG Ffm NJW **79**, 1661, vgl im übrigen Anm 3 B, es sei denn, auch der Bezirksvorstand wäre als ein nichtrechtsfähiger Verein organisiert und dadurch passiv prozeßfähig, Bbg NJW **82**, 895.

f) Gewerkschaft. Die Bezirksverwaltung der Deutschen Postgewerkschaft ist nicht parteifähig, da sie nicht tariffähig ist, vgl BGH **LM** Nr 25, aM Fenn ZZP **86**, 177.

g) Zweigniederlassung. Sie ist als solche nicht parteifähig, BGH **4**, 62. Allerdings ist die Rechtsperson unter der Firma ihrer Zweigniederlassung parteifähig.

h) Wohnungseigentümergemeinschaft. Auch sie ist nicht parteifähig, BGH **LM** § 253 Nr 58, Kblz NJW **77**, 56 (auch II ist nicht anwendbar).

G. Erlöschen der Parteifähigkeit. Die Parteifähigkeit erlischt mit dem Verlust der Rechtsfähigkeit. Man muß im einzelnen bei einer juristischen Person, einer parteifähigen Handelsgesellschaft, vgl BAG JZ **82**, 373 mwN, Huber ZZP **82**, 224, und bei einem rechtsfähigen Verein, vgl (nur grds) BGH **74**, 213, wie folgt unterscheiden:

a) Gesamtnachfolge. Sie kommt zB in Betracht, wenn Aktiengesellschaften usw ohne eine Abwicklung miteinander verschmolzen werden, §§ 339ff AktG. Der Prozeß wird mit dem Rechtsnachfolger fortgesetzt.

b) Abwicklung. Sie findet im Fall einer Auflösung in aller Regel statt. Die Abwicklungsgesellschaft setzt die Gesellschaft in einer anderen Form fort. Sie ist daher dieselbe Rechtsperson. Die Parteifähigkeit bleibt selbst nach dem Abschluß der Abwicklung zumindest solange bestehen, wie ein verteilbares Vermögen vorhanden ist, vgl BGH NJW **82**, 238 mwN (zustm Grundmann JR **82**, 104), BayObLG **79**, 398 mwN. Das gilt auch dann, wenn eine ausländische Gesellschaft, der die Erlaubnis zum Betreiben von Bankgeschäften vom Aufsichtsamt entzogen wurde, durch ihren deutschen Abwickler handelt, der auf eine Veranlassung des Aufsichtsamts hin bestellt worden war, BGH NJW **70**, 1187.

c) Vermögensverteilung. Die Gesellschaft erlischt grundsätzlich, wenn ihr Vermögen völlig verteilt worden ist. Wenn also die Liquidation abgeschlossen wurde und die Löschung im Handelsregister eingetragen worden ist, dann kann man in einem Vollstreckungsverfahren kein Rechtsmittel mehr einlegen, Düss OLGZ **66**, 129. Allerdings dauert die Parteifähigkeit in einem noch anhängigen Prozeß fort. Denn niemand kann ohne einen gesetzlichen Grund eigenmächig aus dem Prozeßrechtsverhältnis ausscheiden, BAG NJW **82**, 1831 mwN (zustm Theil JZ **82**, 373), aM BGH NJW **82**, 238. Wegen der Rechtslage für und gegen eine Gesellschaft mit beschränkter Haftung, die entweder auf Grund eines Antrags oder von Amts wegen gelöscht worden ist, vgl ferner Ffm Rpfleger **82**, 290, Kblz VersR **83**, 671, Köln MDR **76**, 937, Bokelmann NJW **77**, 1130 mwN; vgl auch § 239 Anm 2 A.

Über eine Unterbrechung im Stadium der Abwicklung vgl § 241 Anm 1 und 2.

3) Sonderregeln beim nicht rechtsfähigen Verein, II. A. Passive Parteifähigkeit. Der nicht rechtsfähige Verein ist nur als Bekl parteifähig, nicht als Kläger. Dies ergibt sich aus dem klaren Wortlaut von II. Die Vorschrift widerspricht dem praktischen Bedürfnis. Da das Gesetz aber unzweideutig lautet, muß sich der Richter ihm beugen. Im Prozeß hat der beklagte nicht rechtsfähige Verein die Stellung eines rechtsfähigen. Infolgedessen ist der Vereinsvorstand der gesetzliche Vertreter. Die Mitglieder des Vereins sind nicht Partei. Der Verein kann im Prozeß alles das tun oder lassen, was eine juristische Person tun oder unterlassen dürfte.

Er kann zB: Eine Aufrechnung erklären und das abgetrennte Verfahren betreiben, § 145; eine Widerklage erheben, Nieder MDR **79**, 10 mwN (allerdings nicht, wenn der Verein erst als ein Dritter eine Widerklage erhebt, Nieder MDR **79**, 11); einen Schadensersatz wegen einer unberechtigten Zwangsvollstreckung nach § 717 fordern, freilich nicht in einem bereits abgetrennten Prozeß; die Wiederaufnahme des Verfahrens beantragen, denn der Antrag ist ein Rechtsbehelf; ein Rechtsmittel einlegen, also Rechtsmittelkläger sein; aus einem Urteil die Zwangsvollstreckung betreiben.

Er kann zB nicht: Eine Forderungsüberweisung erlangen, denn er kann nicht Gläubiger werden und nicht klagen; als ein Streithelfer einer Partei auftreten, auch nicht als ein Streithelfer eines Bekl; sich eine Zwangshypothek eintragen lassen; auf eine Freigabe einer Sicherheit, eine Duldung der Zwangsvollstreckung oder die Erteilung einer Vollstreckungsklausel klagen.

In den letzteren Fällen müssen sämtliche Vereinsmitglieder auftreten. Die Vereinsmitglieder können als Zeugen auftreten. Eine Parteivernehmung kommt nur beim Vereinsvorstand in Frage.

II ist entsprechend auf eine Verwaltungsorganisation von Miteigentümern mit einer körperschaftsähnlichen Verfassung und einem eigenen Namen anwendbar, BGH **25**, 313 (betr eine Waldinteressentenschaft). Eine örtliche oder bezirkliche Untergliederung einer Gewerkschaft oder einer parteiähnlichen Korporation kann ein nicht rechtsfähiger Verein sein, Karlsr OLGZ **78**, 227.

B. Aktive Parteifähigkeit. Wenn ein nicht rechtsfähiger Verein klagen will, dann müssen sämtliche Mitglieder als Kläger auftreten. Es reicht eine Bezeichnung etwa mit folgendem Text: Verein Eintracht, bestehend aus folgenden Mitgliedern (es folgen sämtliche Namen, Berufsangaben, Anschriften usw). Sämtliche Vereinsmitglieder sind notwendige

1. Titel. Parteifähigkeit, Prozeßfähigkeit § 50 3–5

Streitgenossen. Wenn auch nur ein Vereinsmitglied in der Aufzählung fehlt, dann fehlt das Prozeßführungsrecht. Maßgeblich ist der Zeitpunkt der Klagerhebung, § 253. Infolgedessen muß ein Wechsel im Bestand der Mitglieder zwischen dem Zeitpunkt der Klageinreichung und demjenigen der Klagzustellung unverzüglich dem Gericht mitgeteilt werden. Denn erst mit der Klagerhebung beginnt das Prozeßrechtsverhältnis.

Der Eintritt oder der Austritt eines Mitglieds nach der Klagerhebung hat auf den Fortgang des Prozesses keinen Einfluß. Denn insofern tritt eine Rechtsnachfolge in das Vereinsvermögen ein, § 738 BGB. Infolgedessen ist § 265 I anwendbar. Die nachträgliche Angabe vergessener Mitglieder ist allerdings eine zulässige Klagberichtigung. Ein ausscheidendes Mitglied kann trotz der bisher notwendigen Streitgenossenschaft für seine Person die Klage zurücknehmen. Die Klage bleibt dann für die anderen Vereinsmitglieder anhängig. Der Vorstand hat nur die Stellung eines ProzBev. Je nach der Satzung kann er auch seinerseits eine Prozeßvollmacht erteilen.

Wegen der großen und wechselnden Mitgliederzahl ergeben sich oft Schwierigkeiten. Deshalb pflegen die Vorstandsmitglieder eines nicht rechtsfähigen Vereins als Treuhänder des auf sie übertragenen Vermögens oder im Weg einer Prozeßstandsschaft der Mitglieder im eigenen Namen zu klagen, Ffm NJW **52**, 792, Hbg NJW **59**, 1927. Dieser Weg ist zulässig. BGH **50**, 325 billigt einer Gewerkschaft die aktive Prozeßfähigkeit zu. Für den Verein Deutscher Studenten (VDS) verneint Mü NJW **69**, 618 die aktive Prozeßfähigkeit. Die Parteifähigkeit bejaht zB Habscheid ZZP **78**, 236; zum Problem Lindacher ZZP **90**, 140 mwN.

Das Mitglied eines klagenden nicht rechtsfähigen Vereins kann nicht als Zeuge auftreten. Seine Parteivernehmung ist zulässig.

C. Arbeitsrecht. Im Verfahren vor den Arbeitsgerichten ist die Parteifähigkeit auch auf die meist als nicht rechtsfähige Vereine organisierten Gewerkschaften sowie auf die Vereinigungen von Arbeitgebern und auf die Zusammenschlüsse solcher Verbände zu Spitzenverbänden ausgedehnt, § 10 ArbGG, soweit solche Zusammenschlüsse nicht schon nach § 50 parteifähig sind. BAG DB **75**, 1272 hält den Sprecherausschuß der leitenden Angestellten zumindest in einem Rechtsstreit über seine Zulässigkeit für parteifähig. Wegen der arbeitsrechtlichen Einigungsstellen Lepke BB **77**, 54.

4) Tragweite der Parteifähigkeit. A. Während des Prozesses. Die Parteifähigkeit muß während der ganzen Dauer des Rechtsstreits von der Klage bis zum Urteil vorliegen. Denn ohne die Parteifähigkeit wäre jede Prozeßhandlung wirkungslos, BGH **LM** Preuß EnteignungsG Nr 16. Wenn ein Parteiunfähiger während des Rechtsstreits parteifähig wird und nunmehr die bisherige Prozeßführung genehmigt, dann wird dadurch eine bisher mangelhafte Prozeßhandlung, die nach dem Recht des Prozeßgerichts zu beurteilen ist, sogar noch in der Revisionsinstanz geheilt, BGH **51**, 27, vgl auch BayObLG MDR **75**, 408, §§ 51 Anm 2 A, 52 Anm 1 B. Die Parteifähigkeit ist eine Prozeßvoraussetzung. Das Gericht muß sie daher in jeder Lage des Verfahrens von Amts wegen prüfen, § 56 Anm 1.

Das Gericht braucht aber nicht das Verfahren bei der Schaffung der Grundlagen der Parteifähigkeit nachzuprüfen, also zB nicht zu kontrollieren, ob die Voraussetzungen einer erfolgten Eintragung ins Handelsregister vorlagen.

B. Nach dem Urteil. Wenn gegen einen nicht Parteifähigen ein Urteil ergangen ist, dann darf er das zulässige Rechtsmittel einlegen. Er ist also für die höhere Instanz parteifähig, Düss MDR **77**, 759. Denn ein rechtskräftiges Urteil wäre wirksam und vollstreckbar. Etwas anderes gilt nur dann, wenn die Partei in Wahrheit überhaupt nicht besteht, Grdz 3 B vor § 50.

C. Streit über die Parteifähigkeit. In einem Rechtsstreit über die Parteifähigkeit wird der angeblich Parteiunfähige als parteifähig behandelt, BGH **24**, 94, BayObLG MDR **75**, 408, vgl Hbg MDR **76**, 846, Schlesw SchlHA **78**, 178 (auch wegen der Kostenfestsetzung). Das gilt zB dann, wenn streitig ist, ob nicht doch noch ein Vermögen einer an sich bereits aufgelösten Erwerbsgesellschaft vorhanden ist, vgl Anm 2 G b, c.

5) VwGO: *Es gilt § 61 VwGO. Danach sind fähig, am Verfahren beteiligt zu sein, (rechtsfähige) natürliche und jur Personen (Nr 1) sowie Vereinigungen, soweit ihnen ein Recht zustehen kann (Nr 2), also abweichend von II auch der nichtrechtsfähige Verein als Kläger, nicht aber eine Bruchteilsgemeinschaft, VGH Mü BayVBl* **79**, *20, und schließlich, ähnlich wie der Staatsanwalt in den Fällen der Anm 2 E, Behörden, sofern das Landesrecht dies bestimmt (Nr 3). Dem Vertreter, der für eine nicht beteiligungsfähige Partei ein Rechtsmittel eingelegt hat, sind die Kosten aufzuerlegen,* OVG Münst NJW **81**, *2373.*

51 *Prozeßfähigkeit. Gesetzliche Vertretung. Prozeßführung.* ^I Die Fähigkeit einer Partei, vor Gericht zu stehen, die Vertretung nicht prozeßfähiger Parteien durch andere Personen (gesetzliche Vertreter) und die Notwendigkeit einer besonderen Ermächtigung zur Prozeßführung bestimmt sich nach den Vorschriften des bürgerlichen Rechts, soweit nicht die nachfolgenden Paragraphen abweichende Vorschriften enthalten.

^{II} Das Verschulden eines gesetzlichen Vertreters steht dem Verschulden der Partei gleich.

Schrifttum: Dehmer, Probleme des Minderjährigenschutzes im Zivilprozeß, Diss Freiburg 1977; Engisch, Prozeßfähigkeit und Verhandlungsfähigkeit, Festgabe für Rosenberg (1949) 101; Grundmann, Der Minderjährige im Zivilprozeß, 1980 (Bespr Walter FamRZ **81**, 1021); Heintzmann, Die Prozeßführungsbefugnis, 1970; Kühl, Geistig Behinderte im Zivilprozeß, 1972; von Kühlmann, Die Prozeßführung des Prozeßunfähigen, Diss Erlangen 1950.

1) Begriff, I. Die ,,Fähigkeit, vor Gericht zu stehen", also die Prozeßfähigkeit, ist die Fähigkeit, einen Prozeß selbst oder mit Hilfe eines ProzBev zu führen. Es handelt sich also um die prozessuale Geschäftsfähigkeit. Nach I soll sie sich nach dem bürgerlichen Recht richten. Dieses enthält aber keine derartige Vorschrift. Solche Vorschriften sind auch nicht erforderlich. Denn § 52 bestimmt die Prozeßfähigkeit durch die Geschäftsfähigkeit. Beispiele einer Prozeßunfähigkeit vgl § 52 Anm 1 B. Ein beschränkt Geschäftsfähiger ist grundsätzlich voll prozeßunfähig, LG Bonn NJW **74**, 1387, LG Nürnb-Fürth NJW **76**, 633. Es ist auch zulässig, die Geschäftsfähigkeit und Prozeßfähigkeit, etwa wegen einer geistigen Störung, für einen beschränkten Kreis von Angelegenheiten (partielle Geschäfts- und Prozeßunfähigkeit) auszuschließen, etwa für die Führung eines Eheverfahrens, BGH **18**, 187. Eine Beschränkung der Prozeßfähigkeit kann auch bei einem Anwalt vorliegen, BVerfG **37**, 76, BGH **30**, 117, vgl §§ 78 Anm 1 C, 244 Anm 1 B. Die teilweise Geschäfts- und Prozeßunfähigkeit erstreckt sich dann allgemein auf dieses gesamte Sachgebiet, also auf den ganzen Prozeß. Es gibt allerdings keine Geschäftsunfähigkeit, die nur auf einen Kreis besonders schwieriger Geschäfte beschränkt wäre, BGH NJW **53**, 1342.

Kein Prozeßunfähiger kann schon deshalb prozessieren, weil sein gesetzlicher Vertreter zustimmt. Wohl aber kann man der vollen Prozeßfähigkeit eine beschränkte insoweit gegenüberstellen, als eine Person, die nur in gewisser Beziehung geschäftsfähig ist, auch nur insoweit die (volle) Prozeßfähigkeit besitzt, § 52 Anm 1 C. Ein Zweifel an der Geschäftsfähigkeit eines Anwalts schließt in einem Verfahren mit dem Ziel der Rücknahme seiner Zulassung zur Anwaltschaft eine Prozeßfähigkeit nicht aus, anders als evtl etwa im Prozeß des Auftraggebers, BGH **52**, 1.

Für Ehesachen, Kindschafts- und Entmündigungssachen geben die §§ 607, 640b, 664, 679 III Sondervorschriften. Über den Fall eines Streits über die Prozeßfähigkeit vgl § 56 Anm 1 D.

Die Prozeßfähigkeit ist eine Prozeßvoraussetzung. Das Gericht muß sie daher in jeder Lage des Verfahrens von Amts wegen prüfen, zumindest bei irgendeinem Zweifel, BVerwG Buchholz 310 § 138 Z 4 VwGO Nr 3. Das Revisionsgericht kann allerdings eine insoweit etwa erforderliche Beweisaufnahme dem Berufungsgericht überlassen, BAG BB **78**, 158. Weiteres vgl bei § 52.

Von der Prozeßfähigkeit ist die Verhandlungsfähigkeit (Postulationsfähigkeit) als eine sog Prozeßhandlungsvoraussetzung, Grdz 3 B vor § 253, zu unterscheiden, vgl Üb 1 vor § 78.

2) Vertretung Prozeßunfähiger, I. A. Allgemeines. Einen Prozeßunfähigen vertritt derjenige, der nach dem sachlichen (nicht nur nach dem bürgerlichen) Recht sein gesetzlicher Vertreter ist (Begriff Grdz 2 B vor § 50), vgl BayVGH Rpfleger **76**, 350 (zustm Kirberger). Der gesetzliche Vertreter handelt im Prozeß an Stelle der Partei. Das sachliche Recht ergibt den Umfang seiner Vertretungsmacht. Soweit die Vertretungsmacht auf dem Willen des Vertretenen beruht, liegt keine gesetzliche Vertretung vor. Der Prozeßunfähige kann nur mit Hilfe seines gesetzlichen Vertreters prozessieren. Soweit ein gesetzlicher Vertreter fehlt oder rechtlich verhindert ist, kann der Prozeßunfähige keine Klage erheben. Er hat aber als ein zu Unrecht in Anspruch Genommener die prozessualen Rechte einer Partei, Köln MDR **76**, 937. Das gilt auch beim Streit gerade um die Prozeßfähigkeit, BGH **86**, 188, Hamm AnwBl **82**, 70, vgl auch zB § 675 Anm 2a. Eine mangelhafte Vertretung bleibt unschädlich, soweit der berufene gesetzliche Vertreter bzw der prozeßfähig Gewordene, § 50 Anm 4, oder sein Erbe, § 52 Anm 1 B b, die Prozeßführung später genehmigen.

Ein Prozeßunfähiger kann vorläufig zugelassen werden, § 56 II. Ein gesetzlicher Vertreter kann nicht mit sich selbst prozessieren, Grdz 2 F vor § 50. Wenn der Prozeßunfähige seinen

1. Titel. Parteifähigkeit, Prozeßfähigkeit **§ 51** 2

gesetzlichen Vertreter verklagen will oder wenn der gesetzliche Vertreter den Prozeßunfähigen verklagen will, dann muß zunächst ein anderer Vertreter bestellt werden. Im Verhältnis zwischen einem Kind und einem Elternteil darf ein Pfleger wegen §§ 1629 II, 3, 1976 II BGB nur dann bestellt werden, wenn ein erheblicher Interessengegensatz besteht, BGH **LM** § 1976 BGB Nr 1 mwN.

Wenn mehrere gesetzliche Vertreter vorhanden sind, dann ergibt sich aus dem sachlichen Recht, ob jeder für sich oder nur alle zusammen vertreten (Einzel- oder Gesamtvertretung) und wie man widersprüchliche Erklärungen mehrerer Einzelvertreter würdigen muß. Der Vertreter muß seinerseits prozeßfähig sein, aM StJ IV 2 (die Frage sei nach dem sachlichen Recht zu beantworten, vgl auch StJ § 79 I. Aber es wäre ein innerer Widerspruch, jemanden zu einer Prozeßführung für einen anderen zuzulassen, der nicht einmal einen eigenen Prozeß führen kann; vgl auch die Bedenken gegen eine derartige Bevollmächtigung bei Müller-Freienfels, Die Vertretung beim Rechtsgeschäft, 30 Anm 78).

B. Prozessuale Gleichstellung. Der gesetzliche Vertreter ist nicht selbst Partei. Er steht aber prozessual der Partei gleich. Wegen seines prozessualen Verschuldens Anm 5. Über den gesetzlichen Vertreter als Partei neben dem Vertretenen vgl Grdz 2 B vor § 50.

C. Gerichtliche Bestellung. In gewissen Fällen kann das Gericht einen gesetzlichen Vertreter bestellen, § 29 BGB (die Vorschrift gilt auch für die Gesellschaft mit beschränkter Haftung), § 76 AktG. Ein solcher gesetzlicher Vertreter darf die Partei auch im Prozeß vertreten.

D. Beispiele einer gesetzlichen Vertretung. Hier sind folgende Fallgruppen zu unterscheiden:
Erbe: Als gesetzlicher Vertreter kommt der Nachlaßpfleger in Betracht.
Fiskus: Der Fiskus wird durch die zuständige Behörde gesetzlich vertreten, vgl bei § 17.
Gemeinschaft: Bei der Gemeinschaft der Wohnungseigentümer ist der Verwalter im Rahmen des § 27 II WEG als gesetzlicher Vertreter zu behandeln, BGH **78**, 171 mwN. Das hat unter anderem zur Folge, daß er mehr als ein bloßer Zustellungsbevollmächtigter ist, BGH DB **81**, 209.
Gesellschaft: Hier sind folgende Fälle zu unterscheiden:
Aktiengesellschaft: Sie wird durch den Vorstand vertreten. Im Anfechtungsprozeß sind der Vorstand und der Aufsichtsrat, aber auch der Aufsichtsrat allein die gesetzlichen Vertreter, § 246 III AktG. Vgl ferner § 278 III AktG. In Betracht kommt ferner der Abwickler für eine inländische Zweigstelle eines ausländischen Kreditinstituts in der Form einer Aktiengesellschaft, und zwar ohne Rücksicht auf das rechtliche Schicksal der ausländischen Gesellschaft, BGH **53**, 383.
Genossenschaft: Eine Erwerbs- und Wirtschaftsgenossenschaft wird durch den Vorstand vertreten, der durch eine Bescheinigung ausgewiesen ist, §§ 24, 26 II GenG. Im Stadium der Abwicklung ist der Abwickler der gesetzliche Vertreter.
Gesellschaft mit beschränkter Haftung: Sie wird durch den oder die Geschäftsführer vertreten, § 35 GmbHG. Wegen der Lage in einem Rechtsstreit für oder gegen eine auf Grund einer Anmeldung oder von Amts wegen gelöschte GmbH Kblz VersR **83**, 671, Bokelmann NJW **77**, 1130 mwN. Im Stadium der Abwicklung ist der Abwickler der gesetzliche Vertreter. Bei einem Streit über die Wirksamkeit der Bestellung eines Geschäftsführers vertritt derjenige die Gesellschaft, der im Fall ihres Sieges als ihr Geschäftsführer anzusehen ist, also nicht der bloße Notgeschäftsführer, BGH DB **81**, 368.
Kommanditgesellschaft: Sie wird durch den persönlich haftenden Gesellschafter, unter Umständen durch den Aufsichtsrat vertreten. Das gilt auch für die Kommanditgesellschaft auf Aktien, §§ 161 II, 170 HGB, 278 III AktG. Im Stadium der Abwicklung wird sie durch den Abwickler vertreten.
Juristische Person: Eine juristische Person des öffentlichen Rechts wird durch das staatsrechtlich berufene Organ gesetzlich vertreten.
Kind: Hier sind folgende Fälle zu unterscheiden:
Eheliches Kind: Gesetzliche Vertreter sind beide Eltern. Vgl freilich für den Fall des Getrenntlebens oder der Scheidung § 1629 II 2, III BGB.
Leibesfrucht: Sie wird durch den Pfleger nach 1913 BGB vertreten, Hamm NJW **74**, 505. Ferner kommt ein vor der Geburt des nichtehelichen Kindes bestellter Pfleger vom Zeitpunkt der Geburt an als gesetzlicher Vertreter in Betracht, § 1708 BGB.
Minderjähriger schlechthin: Als gesetzlicher Vertreter kommen in den gesetzlich vorgeschriebenen Fällen der Vormund, der Pfleger, im Fall des § 1706 BGB nur in dem dort genannten Wirkungskreis, in Betracht.
Nichteheliches Kind: Es wird durch seine Mutter gesetzlich vertreten, § 1705 BGB.

Verein: Er wird durch den Vorstand vertreten, § 26 II BGB. Im Stadium der Abwicklung ist der Abwickler sein gesetzlicher Vertreter.

Volljähriger: Er kann durch einen Vormund oder einen Pfleger gesetzlich vertreten werden, soweit hierfür besondere gesetzliche Grundlagen gegeben sind, etwa für den Fall der Geschäftsunfähigkeit. In einer persönlichen Angelegenheit ist der Abwesenheitspfleger kein gesetzlicher Vertreter, Kblz FamRZ **74**, 223 (freilich ist entgegen dieser Entscheidung die Bestellung eines Pflegers ohne eine gesetzliche Grundlage nicht nichtig, sondern lediglich aufhebbar; im übrigen gilt § 53, BGH FamRZ **74**, 302).

3) Ermächtigung der Partei zur Prozeßführung, I. Eine solche Ermächtigung im Sinn des § 51 gibt es nicht. Wohl aber gibt es eine Ermächtigung des gesetzlichen Vertreters. § 51 meint nur eine Ermächtigung im Außenverhältnis. Eine Beschränkung im Innenverhältnis ist prozessual bedeutungslos.

Bundesrechtliche Ermächtigungen sind zB in den folgenden Vorschriften enthalten: §§ 607 II, 640b ZPO, 1595 II, 1597 BGB (Scheidungsklage, Eheaufhebungsklage, Ehelichkeitsanfechtungsklage, Anerkennung der Vaterschaft durch den gesetzlichen Vertreter nur mit einer Genehmigung des Vormundschaftsgerichts).

4) Tragweite der Prozeßfähigkeit, I. Die Prozeßfähigkeit ist eine Prozeßvoraussetzung. Das Gericht muß daher die Vertretungsbefugnis in jeder Lage des Verfahrens von Amts wegen prüfen, § 56. Das Gericht muß ebenfalls prüfen, ob die sachlich zuständige Stelle den Vertreter in der vorgeschriebenen Form bestellt hat. Der Nachweis der Bestellung erfolgt durch die Vorlage einer Bestallungsurkunde, durch die Vorlage eines Handelsregisterauszugs, einer Bescheinigung der vorgesetzten Behörde usw. Vgl auch bei § 56. Eine nachträgliche Aufhebung der Bestellung berührt die Wirksamkeit früherer Prozeßhandlungen selbst dann nicht, wenn die frühere Bestellung dem sachlichen Recht widersprach.

Das Gericht braucht nicht zu prüfen, ob die sachlichrechtlichen Voraussetzungen einer erfolgten Vertreterbestellung vorlagen, BGH **24**, 51 und **33**, 201. Wenn die Prozeßfähigkeit im Zeitpunkt des Erlasses des Urteils fehlt, muß das Gericht die Klage durch ein Prozeßurteil als unzulässig abweisen.

5) Verschulden des gesetzlichen Vertreters, II. Ein Verschulden des gesetzlichen Vertreters kann sowohl in der Form einer Fahrlässigkeit als auch in der Form eines Vorsatzes vorliegen. Die Fahrlässigkeit ist auch dann zu bejahen, wenn man dem gesetzlichen Vertreter nur einen leichten Vorwurf machen kann. Ein Vorsatz liegt schon dann vor, wenn der Vertreter nur aus völliger Gleichgültigkeit über den als möglich erkannten Folgen seines Tuns handelte (bedingter Vorsatz). Eine Absicht unredlichen Verhaltens ist nicht erforderlich.

II stellt ein Verschulden des gesetzlichen Vertreters demjenigen der Partei gleich. Das gilt in jeder Lage des Verfahrens und in jeder Prozeßart. Das gilt auch unabhängig davon, ob die Partei im Innenverhältnis gegenüber dem gesetzlichen Vertreter wegen seines Verhaltens einen Rückgriff nehmen kann.

Vgl im übrigen § 85 Anm 3 sowie § 233.

6) VwGO: *Die Sonderregelung in § 62 VwGO faßt §§ 51 I und 52 zusammen. Danach sind fähig zur Vornahme von Verfahrenshandlungen die nach bürgerlichem Recht Geschäftsfähigen (I Nr 1) und die nach bürgerlichem Recht in der Geschäftsfähigkeit Beschränkten, soweit sie durch Vorschriften des bürgerlichen oder öffentlichen Rechts für den Gegenstand des Verfahrens als geschäftsfähig anerkannt sind (I Nr 2), zB nach WehrpflG, BVerwG **7**, 66 u 358, oder nach § 7 I StVZO, BVerwG Buchholz 442.16 § 7 Nr 1, oder nach § 6 AsylVfG, nicht aber allgemein nach AuslG, BVerwG DÖV **82**, 452, aM KG NJW **78**, 2454 u 2455. Wegen der Handlungsfähigkeit in Verf vor VerwBehörden si §§ 12 VwVfG, 79 AO u 11 SGB X. Dazu und zur Bestellung eines RA durch einen minderjährigen Verfahrensfähigen vgl Lappe Rpfleger **82**, 10. – Entsprechend anwendbar ist II, der einen allgemeinen Rechtsgedanken enthält.*

52

Prozeßfähigkeit. Eine Person ist insoweit prozeßfähig, als sie sich durch Verträge verpflichten kann.

1) Begrenzung der Prozeßfähigkeit. A. Allgemeines. Prozeßfähigkeit ist die prozessuale Geschäftsfähigkeit, s § 51 Anm 1. Für einen Prozeßunfähigen muß der gesetzliche Vertreter handeln, § 51 Anm 2. Wegen der Vollmacht § 86 Anm 2 B b. Die Prozeßfähigkeit erstreckt sich auf alle Prozeßhandlungen. Sie erstreckt sich auf eine Widerklage nur insoweit, als die Prozeßfähigkeit für die Prozeßhandlung im Rahmen einer Klage bestehen

1. Titel. Parteifähigkeit, Prozeßfähigkeit § 52, Anh § 52

würde. Sie erstreckt sich auch auf eine Prozeßhandlung während der Zwangsvollstreckung und auf eine solche Klage, die aus einer Zwangsvollstreckung erwachsen kann.

Eine erweiterte Prozeßfähigkeit gilt im Eheverfahren, § 607, im Entmündigungsverfahren, § 664, und im Kindschaftsverfahren, § 640b.

B. Beispiele der Prozeßunfähigkeit. Hier sind folgende Fallgruppen zu unterscheiden:

a) Geschäftsunfähigkeit. Hierher zählen: Die juristische Person; eine Handelsgesellschaft; der parteifähige Verein. Alle diese Personen können nur durch ihre gesetzlichen Vertreter handeln, zB Barfuß NJW **77**, 1274; ein Kind unter 7 Jahren, § 104 Z 1 BGB; derjenige, der nicht nur vorübergehend geistesgestört ist, § 104 Z 2 BGB; derjenige, der wegen einer Geisteskrankheit entmündigt worden ist, § 104 Z 3 BGB.

b) Beschränkte Geschäftsfähigkeit. Der nur beschränkt Geschäftsfähige ist unfähig, sich allein durch einen Vertrag zu verpflichten. Hierher zählen: Der Minderjährige über 7 Jahren, § 106 BGB; derjenige, der wegen einer Geistesschwäche, Verschwendung oder wegen Trunksucht oder Rauschgiftsucht, vgl § 6 I BGB, entmündigt worden ist, § 114 BGB; derjenige, der unter einer vorläufigen Vormundschaft steht, § 114 BGB. In diesen Fällen fehlt die Prozeßfähigkeit allerdings nicht, soweit es sich um die Verteidigung gegen die Entmündigung handelt.

Wenn ein Prozeßunfähiger für prozeßfähig gehalten worden ist, dann kann ein gegen ihn ergangenes Urteil rechtskräftig werden. Ein von ihm erklärter Rechtsmittelverzicht oder eine von ihm erklärte Rechtsmittelrücknahme können wirksam sein. In einem solchen Fall kommt nur eine Nichtigkeitsklage nach § 579 I Z 4 in Betracht, BGH FamRZ **58**, 58, LG Bonn NJW **74**, 1387. Das Prozeßgericht muß von Amts wegen feststellen, ob eine Geisteskrankheit vorhanden ist. Es kann die Geisteskrankheit auch dann als erwiesen ansehen, wenn eine Entmündigung von dem dafür zuständigen Gericht abgelehnt worden war. Der Erbe eines Geschäftsunfähigen kann den Mangel der Prozeßfähigkeit dadurch beseitigen, daß er den Rechtsstreit seinerseits aufnimmt und die Handlungen des Geschäftsunfähigen genehmigt, BGH **23**, 212. Der Gemeinschuldner ist zwar prozeßfähig; ihm fehlt aber die Sachbefugnis, Düss DB **74**, 2001. In diesem Fall ist der Konkursverwalter die Partei, und zwar eine Partei kraft Amts.

C. Beispiele einer beschränkten Geschäftsfähigkeit. Hier sind folgende Gruppen zu unterscheiden:

a) Erwerbsgeschäft. Wer als Minderjähriger zum selbständigen Betrieb eines Erwerbsgeschäfts ermächtigt worden ist, ist im Umfang aller derjenigen Geschäfte prozeßfähig, die der Betrieb des Erwerbsgeschäfts mit sich bringt, § 112 BGB.

b) Dienst- oder Arbeitsübernahme usw. Wer als Minderjähriger ermächtigt worden ist, einen Dienst oder eine Arbeit zu übernehmen, ist für diejenigen Geschäfte prozeßfähig, die sich aus der Eingehung, der Erfüllung oder der Aufhebung solcher Verträge ergeben, § 113 BGB, LG Bonn NJW **74**, 1387. Wer wegen einer Geistesschwäche, Verschwendung, Trunksucht oder Rauschgiftsucht, vgl § 6 I BGB, entmündigt worden ist, ist ebenfalls im Umfang des § 113 BGB beschränkt prozeßfähig, § 114 BGB.

c) Sonstige Fälle. Eine beschränkte Prozeßfähigkeit ist auch in anderen Fällen in gewissem Umfang notwendig und anerkannt, vgl § 51 Anm 1, zB: Für den Jugendvertreter nach §§ 60ff BetrVG, wegen eigener Rechte, ArbG Bielefeld DB **73**, 1754. Auch darf ein krankhafter Querulant nach der Abweisung seiner Klage als unbegründet die Berufung einlegen. Wenn er das aber selbst tut, dann muß das Gericht die Klage wegen seiner Prozeßunfähigkeit als unzulässig abweisen.

2) VwGO: S § 51 Anm 6.

Anhang nach § 52
Prozeßführungsrecht und Güterstand

1) Allgemeines. Sachlichrechtlich hat sich die Lage durch die Gleichberechtigung von Mann und Frau grundlegend geändert. Der vorher geltende gesetzliche Güterstand der Verwaltung und Nutznießung des Ehemannes trat als solcher außer Kraft, BGH NJW **53**, 1345. Es galt die Gütertrennung. Das GleichberG führte vom 1. 7. 1958 ab die Zugewinngemeinschaft als den gesetzlichen Güterstand ein, §§ 1363ff BGB. Als vertragliche Güterstände kennt das BGB idF des GleichberG nur noch die Gütertrennung, § 1414 BGB, und die Gütergemeinschaft, §§ 1415ff BGB. Errungenschafts- u Fahrnisgemeinschaft, §§ 1519ff aF, 1549 aF BGB, bestehen nur noch, wenn die Ehegatten bereits am 1. 7. 58 in diesen Güterständen lebten, Art 8 I Z 7 GleichberG.

2) Zugewinngemeinschaft. Die Vermögen der Ehegatten werden nicht gemeinschaftliches Vermögen, vielmehr behält jeder Ehegatte ein volles Verfügungs- und das alleinige Verwaltungsrecht mit den sich aus §§ 1365 ff BGB ergebenden Einschränkungen. Erst bei der Beendigung der Zugewinngemeinschaft wird der in der Ehe erzielte Zugewinn ausgeglichen, § 1363 II BGB. Jeder Ehegatte hat also auch das alleinige Recht zur Führung von Rechtsstreitigkeiten hinsichtlich seines Vermögens; der andere Ehegatte ist an ihnen nicht beteiligt. Das ist auch dann der Fall, wenn der Ehegatte nicht ohne eine Zustimmung des anderen verfügen darf, §§ 1365, 1369 BGB (Vermögen im ganzen, Haushaltsgegenstände). Werden aber solche Verfügungen eines Ehegatten ohne eine Zustimmung des anderen getroffen, so kann dieser die sich aus der Unwirksamkeit eines solchen Vertrages ergebenden Rechte gegen Dritte im eigenen Namen geltend machen, § 1368 BGB.

Der Antrag geht auf die Herausgabe oder Zahlung an den Ehegatten, zu dessen Vermögen sie gehören, aber auch an den klagenden Ehegatten, der sie seinerseits seinem Ehegatten herausgeben muß. Denn an dessen Eigentums- und Verwaltungsrecht wird dadurch nichts geändert. Für die Vollstreckung in das Vermögen eines Ehegatten gilt die allgemeine Regel des § 739. Daher ist es auch wegen des möglichen Gewahrsams oder Besitzes des anderen Ehegatten im Passivprozeß gegen einen Ehegatten nicht erforderlich, den anderen auf eine Duldung mitzuverklagen, § 739 Anm 1 A, aber auch Anm 4, vgl ferner Grdz 4 B vor § 50.

3) Gütertrennung. Jeder Ehegatte verwaltet sein Vermögen allein, führt demgemäß auch die Rechtsstreitigkeiten allein. Auch hier gilt § 739 für die Vollstreckung.

4) Gütergemeinschaft. A. Allgemeines. Hier ist im wesentlichen folgendes zu beachten:

a) Gesamtgutsverwaltung. Die Ehegatten können im Ehevertrag vereinbaren, daß nur ein Ehegatte – entweder der Mann oder die Frau – oder beide gemeinschaftlich das Gesamtgut verwalten, § 1421 BGB. Sein Sondergut verwaltet jeder Ehegatte selbständig. Insofern kann also jeder Ehegatte für sich klagen und verklagt werden. Da es aber für die Rechnung des Gesamtgutes verwaltet wird, fallen diesem die Nutzungen zu, § 1417 III BGB. Werden Nutzungen eingeklagt, so ist die Leistung an den für das Gesamtgut verwaltungsberechtigten Ehegatten, gegebenenfalls also auch an beide, zu verlangen. Das Vorbehaltsgut verwaltet jeder Ehegatte selbständig für eigene Rechnung, § 1418 III BGB. Er führt also auch die das Vorbehaltsgut betreffenden Rechtsstreitigkeiten allein.

b) Gütergemeinschaft. Lebten die Ehegatten am 1. 7. 58 in Gütergemeinschaft, so gelten die Vorschriften des GleichberG über die Gütergemeinschaft. Hatten sie die Gütergemeinschaft vor dem 1. 4. 53 vereinbart, so verwaltet weiterhin der Mann das Gesamtgut. Haben sie die Gütergemeinschaft später vereinbart, so bleibt die Vereinbarung über die Verwaltung bestehen, Art 8 I Z 6 GleichberG.

B. Gesamtgut. Hier sind folgende Fälle zu unterscheiden:

a) Einzelverwaltung. Wenn ein Ehegatte allein verwaltungsberechtigt ist, dann kommt es auf seine prozessuale Stellung wie folgt an:

aa) Kläger. Falls der allein verwaltungsberechtigte Ehegatte der Kläger ist, dann ist er allein prozeßführungsberechtigt und führt die Rechtsstreitigkeiten im eigenen Namen, § 1422 BGB. Der Antrag lautet auf eine Leistung an ihn persönlich. Eine Zustimmung des anderen Ehegatten ist nicht erforderlich. Eine Prozeßführungsbefugnis des nicht verwaltungsberechtigten Ehegatten besteht nur in den Fällen der §§ 1428, 1429, 1431, 1433 BGB, aber auch, wenn der verwaltungsberechtigte Ehegatte zustimmt, vgl § 1438 I BGB. Der Antrag kann auch auf eine Leistung an den verwaltungsberechtigten Ehegatten lauten, im Fall des § 1428 (Geltendmachung der Rechte gegen Dritte durch denjenigen Ehegatten, der hätte zustimmen müssen, aber nicht zugestimmt hat) auch auf eine Leistung an sich selbst.

bb) Beklagter. Falls der allein verwaltungsberechtigte Ehegatte der Beklagte ist, dann ist er prozeßführungsberechtigt. Aus einem Urteil gegen ihn erfolgt die Vollstreckung ins Gesamtgut. Der andere Ehegatte ist zwar in seinem Prozeßführungsrecht nicht beschränkt; ein Urteil gegen ihn wirken aber nicht gegen das Gesamtgut, § 740 I.

Etwas anderes gilt nur immer wegen der Kosten, § 1438 II BGB, ferner, wenn der verwaltungsberechtigte Ehegatte der Prozeßführung zugestimmt hat, § 1438 I BGB, oder wenn der nicht verwaltungsberechtigte Ehegatte allein klagen darf (oben bei aa). Es können aber auch beide Ehegatten verklagt werden, wenn es sich um persönliche Schulden des nicht verwaltungsberechtigten Ehegatten handelt. Auch eine Klage gegen beide Ehegatten in der Form, daß der verwaltende Ehegatte auf eine Leistung, der andere auf eine Duldung verklagt wird, muß als zulässig angesehen werden; eine derartige Verurteilung ist im Fall des § 743 sogar erforderlich, aM StJ IV 3a. Bei Gesamtgutsverbindlichkeiten sind die Ehegatten notwendige, sonst einfache Streitgenossen.

1. Titel. Parteifähigkeit, Prozeßfähigkeit   Anh § 52, § 53   1–3

b) Gemeinsame Verwaltung. Wenn beide Ehegatten zusammen verwaltungsberechtigt sind, §§ 1421, 1450 ff BGB, dann kommt es auf ihre prozessuale Stellung wie folgt an:

aa) Kläger. Sie sind als Kläger notwendige Streitgenossen; klagt nur ein Ehegatte, ist die Klage, da er allein nicht verfügungsberechtigt ist, wegen mangelnder Sachbefugnis, Grdz 4 A vor § 50, abzuweisen, so offenbar auch BGH FamRZ **75**, 406 mwN, aM BGH **36**, 191 (mangels Prozeßführungsbefugnis, § 62 Anm 3 A). Ausnahmen bestehen für die Fälle, in denen ein Ehegatte allein handeln kann, §§ 1454, 1455 Z 6 ff, 1456 BGB. Der Antrag lautet auch dann auf eine Leistung an beide; jedoch muß auch eine Leistung an den Kläger zulässig sein, wenn auch der andere Ehegatte die Sache sodann sofort wieder in Mitbesitz nehmen kann, § 1450 I 2 BGB.

bb) Beklagte. Als Beklagte sind die Ehegatten notwendige Streitgenossen, wenn es sich um Gesamtgutsschulden handelt, BGH FamRZ **75**, 406. Zur Vollstreckung ins Gesamtgut ist grundsätzlich ein Leistungstitel gegen beide erforderlich, § 740 II. Ausnahmen wie oben. Vgl aber auch § 740 Anm 1 B und 2 B.

c) Beendigung der Gütergemeinschaft. Ist die Gütergemeinschaft beendet, die Auseinandersetzung aber noch nicht erfolgt, so erfolgt im Fall a wie b eine gemeinschaftliche Verwaltung, § 1472 I BGB. Beide Ehegatten sind nur zusammen klageberechtigt; beide sind auch zusammen zu verklagen. Zur Vollstreckung in das noch nicht auseinandergesetzte Gesamtgut ist ein Leistungsurt gegen beide erforderlich. Genügend ist aber auch ein Urteil, in dem ein Ehegatte zur Leistung, der andere zur Duldung verurteilt ist, § 743.

53 *Unterstellte Prozeßunfähigkeit.* Wird in einem Rechtsstreit eine prozeßfähige Person durch einen Pfleger vertreten, so steht sie für den Rechtsstreit einer nicht prozeßfähigen Person gleich.

1) Gesetzlicher Vertreter des Prozeßfähigen. Eine prozeßfähige Person hat unter Umständen für gewisse Rechtsbeziehungen einen gesetzlichen Vertreter. Er beschränkt ihre Verfügungsmacht zum Teil rechtlich, etwa dann, wenn er als ein Pfleger des abwesenden Beschuldigten eingesetzt worden ist, § 292 StPO, teils ist der Vertreter nur wegen einer tatsächlichen Verhinderung bestellt, wie der Abwesenheitspfleger des § 1911 BGB (er ist im Eheverfahren unzulässig) oder der Gebrechlichkeitspfleger des § 1910 BGB, dazu BFH DB **83**, 320. In allen diesen Fällen unterstellt § 53 eine Prozeßunfähigkeit des Vertretenen. Daher kann der Vertretene auch nicht im Namen eines Dritten auftreten, Stgt JB **76**, 1098.

Im Eheverfahren gilt § 53 nicht, Hbg MDR **63**, 762, aM BGH **41**, 307, StJ III 1.

Der Vertretene bleibt solange prozeßfähig, bis sein Vertreter in den Prozeß eintritt, BFH DB **83**, 320. Der Vertretene kann also zunächst selbst klagen, BFH DB **83**, 320, und selbst verklagt werden. Im Fall einer nur rechtlichen Beschränkung seiner Verfügungsmacht fehlt dem Vertretenen nicht das Prozeßführungsrecht, sondern nur die Verfügungsbefugnis. Der Vertreter kann aber jederzeit in den Prozeß eintreten, selbst gegen den Widerspruch des Vertretenen, Düss OLGZ **83**, 121 mwN, und zwar an Stelle des Vertretenen, nicht etwa nur als dessen Streithelfer. Bei seinem Eintritt sind Zustellungen als Vorlage nur an ihn zu richten, BFH BStBl **83** II 239. Der Vertretene hat gegenüber dem Eintritt des Vertreters in den Prozeß kein Widerspruchsrecht. Einer weiteren Klage würde die Rüge der Rechtshängigkeit entgegenstehen.

Freilich kann der rechtsgeschäftliche Wille des geschäftsfähigen Vertretenen auch in Bezug auf den eingeklagten Anspruch beachtlich bleiben und zB zu einem sachlichrechtlich wirksamen Erlaßvertrag mit der Folge führen, daß das Gericht die Klage als unbegründet abweisen muß, Düss OLGZ **83**, 120 mwN.

Im Fall eines Verschuldens des gesetzlichen Vertreters ist § 51 II anwendbar.

2) Sinngemäße Anwendbarkeit. Trotz seines engen Wortlauts ist § 53 immer dann anwendbar, wenn zwar nicht ein Pfleger bestellt wurde, wenn aber ein Vertreter eine einem Pfleger sachlich entsprechende Stellung hat.

Das ist zB in folgenden Fällen der Fall: Beim Vertreter des unbekannten Gegners in einem Beweissicherungsverfahren, § 494 II; bei einem Vertreter im Rahmen einer Zwangsvollstreckung in den Nachlaß, § 797 II.

Die Klage des Herausgebers oder des Verlegers für den namenlosen Urheber nach § 10 II UrhRG ist ein Fall der Prozeßgeschäftsführung, Grdz 4 C vor § 50. Sie gehört daher nicht hierher.

3) VwGO: *Gilt entsprechend, § 62 III VwGO.*

54 *Besondere Ermächtigung zu Prozeßhandlungen.* Einzelne Prozeßhandlungen, zu denen nach den Vorschriften des bürgerlichen Rechts eine besondere Ermächtigung erforderlich ist, sind ohne sie gültig, wenn die Ermächtigung zur Prozeßführung im allgemeinen erteilt oder die Prozeßführung auch ohne eine solche Ermächtigung im allgemeinen statthaft ist.

1) Allgemeines. § 54 gibt in einer Abweichung vom bürgerlichen Recht dem gesetzlichen Vertreter einer Prozeßpartei dieselbe unbeschränkte und unbeschränkbare Vertretungsmacht, die die §§ 81, 83 dem ProzBev verleihen. § 54 enthält aber nicht eine dem § 83 entsprechende Einschränkung. § 54 betrifft nur die Berechtigung im Außenverhältnis. Eine Überschreitung einer Befugnis kann im Innenverhältnis ersatzpflichtig machen.

2) Besondere Ermächtigung zur Prozeßführung. Sie ist nach dem bürgerlichen Recht zB in folgenden Fällen notwendig: Nach den §§ 1821, 1822 BGB für den Vormund, ferner für die Eltern im Umfang des § 1643 iVm §§ 1821, 1822 BGB, etwa im Fall eines Vergleichsabschlusses über mehr als 300 DM; bei einem Vergleichsabschluß über einen Unterhalt, § 1615e BGB. Eine vormundschaftsgerichtliche Genehmigung wird durch § 54 nicht überflüssig gemacht. Es ist unerheblich, ob die Prozeßhandlung gleichzeitig einen sachlichrechtlichen Inhalt hat. Deshalb ist § 54 auch im Fall eines Anerkenntnisses oder eines Verzichts, BGH **LM** § 306 Nr 1, oder bei einem Vergleich beachtlich, Anh nach § 307 Anm 5 A.

3) *VwGO:* Gilt entsprechend, § 62 III VwGO.

55 *Ausländer.* Ein Ausländer, dem nach dem Recht seines Landes die Prozeßfähigkeit mangelt, gilt als prozeßfähig, wenn ihm nach dem Recht des Prozeßgerichts die Prozeßfähigkeit zusteht.

1) Geltungsbereich. Ein Ausländer (wegen der DDR Einl III 8 B) ist im allgemeinen prozeßfähig, soweit er in seinem Heimatstaat geschäftsfähig ist, Art 7 I EG BGB, § 52, abw Pagenstecher ZZP **64**, 278 (er nimmt eine Kollisionsnorm an, wonach sich die Prozeßfähigkeit nach dem Heimatrecht richte. Daher komme es in erster Linie auf das Heimatrecht an, ohne daß man § 52 heranziehen müsse). Darüber hinaus gibt § 55 dem Ausländer die Prozeßfähigkeit, soweit sie nach dem inländischen Recht bestünde. Ein in der BRD entmündigter Ausländer ist trotzdem stets prozeßunfähig, Art 8 EG BGB.

Eine gesetzliche Vertretung ist bei § 55 ausgeschlossen. Der Zweck der Vorschrift besteht in einer Vereinfachung. Ein Fall des § 13 liegt nicht vor. Ein ausländischer gesetzlicher Vertreter kann nur als ein Beistand nach § 90 auftreten. Seine Vernehmung als Zeuge ist zulässig. Die gesetzliche Vertretung eines prozeßunfähigen Ausländers richtet sich nach seinem Heimatrecht, Art 7 EG BGB, Art 1–3 HaagVormschAbk v 12. 6. 02, RGBl **04**, 240.

Unter § 55 können zB fallen: Die Ehefrau; ein Minderjähriger über 18 Jahre; der Gemeinschuldner. Die Vorschrift gilt auch für eine einzelne Prozeßhandlung, selbst wenn sie im Heimatland des Ausländers vorzunehmen ist.

2) *VwGO:* Gilt entsprechend, § 62 III VwGO. Zur Teilmündigkeit von Ausländern, § 51 Anm 6, vgl BVerwG DÖV **82**, 452.

56 *Gerichtliche Prüfung. Vorläufige Zulassung.* ¹ Das Gericht hat den Mangel der Parteifähigkeit, der Prozeßfähigkeit, der Legitimation eines gesetzlichen Vertreters und der erforderlichen Ermächtigung zur Prozeßführung von Amts wegen zu berücksichtigen.

II Die Partei oder deren gesetzlicher Vertreter kann zur Prozeßführung mit Vorbehalt der Beseitigung des Mangels zugelassen werden, wenn mit dem Verzuge Gefahr für die Partei verbunden ist. Das Endurteil darf erst erlassen werden, nachdem die für die Beseitigung des Mangels zu bestimmende Frist abgelaufen ist.

1) Amtsprüfung, I. A. Allgemeines. § 56 schreibt eine Amtsprüfung, Grdz 3 H vor § 128, für vier Punkte vor: **a)** Die Parteifähigkeit, § 50 Anm 4 A; **b)** die Prozeßfähigkeit, § 52; **c)** den Nachweis der gesetzlichen Vertretung, § 51; **d)** die etwa notwendige Ermächtigung zur Prozeßführung, §§ 51, 54.

Diese vier Punkte sind Prozeßvoraussetzungen. Sie sind einer Parteiverfügung entzogen. Mängel können nicht geheilt werden. Ein diesbezügliches Anerkenntnis oder Geständnis ist

1. Titel. Parteifähigkeit, Prozeßfähigkeit § 56 1

nicht wirksam. Das gilt auch für dasjenige Anerkenntnis, das an sich vom Gesetz im Fall einer Säumnis unterstellt wird. Da aber ein Mangel grundsätzlich nicht zu vermuten ist, braucht das Gericht einen Punkt nur dann zu prüfen, wenn es aus eigener Erkenntnis oder auf Grund einer Anregung oder eines Antrags diesbezügliche Bedenken hat oder haben muß.

Die Prüfung muß jeder Sachprüfung und selbst der Prüfung der Zulässigkeit des Rechtswegs vorangehen, Kblz NJW **77**, 57. Sie ist in jeder Lage des Verfahrens geboten, BGH **86**, 188, Kblz NJW **77**, 56, vgl aber auch § 51 Anm 2 D. Die Prüfung ist auch in der Revisionsinstanz erforderlich, BGH **86**, 178 und 188, BAG DB **74**, 1244. Das Revisionsgericht muß auch prüfen, ob die Prozeßfähigkeit in der letzten mündlichen Verhandlung der Berufungsinstanz vorhanden gewesen war, BGH NJW **70**, 1683. Falls der Rechtsstreit in die Berufungsinstanz zurückverwiesen wurde, muß das Berufungsgericht die Prüfung vornehmen, soweit die Frage nicht bereits in der Revisionsinstanz abschließend erörtert werden konnte, BGH **LM** § 50 Nr 10.

B. Keine Amtsermittlung. Die Notwendigkeit einer Prüfung der Parteifähigkeit usw von Amts wegen bedeutet nicht, daß das Gericht insofern auch zu einer Ermittlung von Amts wegen, Grdz 3 G vor § 128, gezwungen wäre. Die Amtsprüfung zwingt das Gericht nur dazu, den etwaigen Mangel von Amts wegen zu berücksichtigen, dh ihn auch dann zu beachten, wenn er von keinem Beteiligten im Weg einer Zulässigkeitsrüge beanstandet wurde, BAG NJW **58**, 1699. Die Beweislast liegt bei demjenigen, der auf Grund der umstrittenen Prozeßvoraussetzung ein Recht für sich herleitet. Für das Vorliegen der Parteifähigkeit und Prozeßfähigkeit beider Parteien ist also im allgemeinen der Kläger beweispflichtig. Eine diesbezügliche Unklarheit geht zu seinen Lasten und führt zu einer Abweisung der Klage als unzulässig, BGH NJW **62**, 1510 (er erwägt, ob ein Vertreter nach § 57 in Betracht kommt), BGH NJW **69**, 1574, Rosenberg Beweislast § 32 III.

Nach BAG **AP** Nr 2, wohl auch nach BAG DB **74**, 1244 muß jede Partei, deren Prozeßfähigkeit bezweifelt wird, die Prozeßfähigkeit nachweisen. Der Richter kann aber im allgemeinen davon ausgehen, daß eine Partei prozeßfähig ist, solange ihm keine sachlichen Bedenken vorliegen, BAG NJW **58**, 1699. Ein Vertreter muß die Tatsachen beweisen, aus denen sich die Notwendigkeit einer gesetzlichen Vertretung und seine wirksame Bestellung ergeben, vgl aber auch § 51 Anm 4.

Das Gericht darf Beweise zu allen diesen Fragen in demselben Umfang erheben und würdigen, wie es sonst bei der Feststellung von Prozeßvoraussetzungen geschieht, vgl Einf 3 A c vor § 284. Es braucht die strengen Vorschriften über das Beweisverfahren nicht einzuhalten. Es ist zB eine Verwertung von Erhebungen in einem Beweissicherungsverfahren für einen anderen Rechtsstreit im Weg des Urkundenbeweises auch ohne eine Zustimmung der Parteien zulässig, BGH NJW **51**, 441 (krit Schneider AcP **164**, 554). Die Prüfung der Parteifähigkeit usw erfolgt auch im Versäumnisverfahren, BAG DB **74**, 1244, im Verfahren auf eine Entscheidung nach Lage der Akten und im schriftlichen Verfahren. Es genügt, daß die Prozeßvoraussetzungen am Schluß der letzten mündlichen Verhandlung oder in dem diesem Schluß gleichstehenden Zeitpunkt des schriftlichen Verfahrens vorliegen. Das gilt selbst für die Revisionsinstanz. Einzelne Prozeßhandlungen sind aber wirksam, wenn im Zeitpunkt ihrer Vornahme eine Prozeßvoraussetzung fehlte. Das Gericht muß eine solche Unwirksamkeit von Amts wegen beachten.

Wenn das Gericht einen Mangel dieser Art im Urteil übersehen hat, dann ist das Urteil bis zu seiner Aufhebung auf Grund eines statthaften Rechtsmittels oder Einspruchs auflösend bedingt wirksam, Einl III 4 A, Üb 3 D vor § 300. Eine Nichtigkeitsklage nach § 579 I Z 4 ist sinngemäß auch dann zulässig, wenn es um die Parteifähigkeit geht, BGH NJW **59**, 291, Kblz NJW **77**, 57.

C. Mängelheilung. Ein Mangel kann stets rückwirkend durch eine Genehmigung des bisherigen Verfahrens nach der Beseitigung des Mangels und in Kenntnis der Umstände geheilt werden, vgl BayObLG Rpfleger **80**, 289, aM Urbanczyk ZZP **95**, 361. Es genügt auch eine spätere Ermächtigung. Die Genehmigung kann in einer Fortsetzung des vom angeblichen Vertreter betriebenen Verfahrens liegen. Der Miterbe kann die Prozeßführung des verstorbenen Geschäftsunfähigen genehmigen, BGH **LM** § 355 Nr 1. Die Genehmigung muß die ganze Prozeßführung erfassen und darf sich nicht nur auf einzelne Prozeßhandlungen erstrecken. Denn man darf nicht aus einem Prozeß willkürlich einzelne Handlungen oder Abschnitte herausreißen.

Eine Genehmigung ist von Amts wegen zu beachten, vgl BGH **86**, 189. Das gilt auch dann, wenn die Genehmigung erst in der Revisionsinstanz erklärt worden ist. Eine unwirksame Zustellung der Klage an einen Prozeßunfähigen wird durch den Eintritt seines gesetzlichen Vertreters oderdurch eine Genehmigung des inzwischen Volljährigen zumindest stillschweigend geheilt, Karlsr FamRZ **73**, 273, aM LG Paderborn NJW **75**, 1748. Eine Zustimmung des Gegners ist in keinem Fall erforderlich.

Ein Urteil kann selbst dann rechtskräftig werden, wenn die Partei nicht ordnungsgemäß vertreten war und wenn das Urteil einem falschen Vertreter zugestellt wurde. Das ergibt sich aus §§ 579 I Z 4, 578 I, 586 III, vgl BGH FamRZ **58**, 68, Düss MDR **80**, 853 mwN, Hamm Rpfleger **78**, 423, StJ I 2. Die Rechtskraft tritt deshalb auch dann ein, wenn eine prozeßunfähige, gesetzlich vertretene Partei das Rechtsmittel zurückgenommen hat, BGH **LM** § 52 Nr 3, BVerwG NJW **70**, 983. LG Ffm NJW **76**, 757 mwN, Mager DGVZ **70**, 35, Niemeyer NJW **76**, 742 mwN gehen davon aus, daß eine Zustellung an einen Prozeßunfähigen unwirksam sei, § 171 I; vgl aber demgegenüber § 586 Anm 2.

D. Vorläufige Zulassung. Im Verfahren zur Prüfung der in Anm 1 A genannten Prozeßvoraussetzungen ist die betroffene Partei oder ihr angeblicher Vertreter zuzulassen, BGH **24**, 91 und **LM** § 331 Nr 1, Karlsr FamRZ **77**, 563, Kblz JB **77**, 113. Diese Zulassung ist aber nicht mit derjenigen nach II zu verwechseln, wo die Sachprüfung gemeint ist. Wer als ein Vertreter zu einem Termin geladen wurde, kann im Termin auftreten und vortragen, er sei kein Vertreter. Er kann zur Klärung dieser Frage sogar das zulässige Rechtsmittel einlegen. Andererseits darf der wahre gesetzliche Vertreter jederzeit in den Prozeß eintreten und die bisherige falsche Vertretung rügen, und zwar auch dadurch, daß er das zulässige Rechtsmittel einlegt.

E. Mängelfolgen. Wenn das Gericht einen der vier in Anm 1 A genannten Mängel feststellt, dann muß es zunächst prüfen, ob der Mangel behebbar ist. Wenn dies bejaht werden kann, muß das Gericht dem Betroffenen eine ausreichende Gelegenheit zur Mängelbeseitigung geben, etwa durch eine Vertagung oder durch einen Auflagenbeschluß, Schneider Rpfleger **76**, 231. Das Gericht kann auch von der Möglichkeit nach II Gebrauch machen. Eine Aussetzung ist nur im Rahmen der §§ 148, 241 ff zulässig.

Wenn das Gericht nach dem Ablauf dieses Zwischenverfahrens oder von Anfang an zu dem Ergebnis kommt, daß der Mangel endgültig vorliegt, dann muß man folgende Situationen unterscheiden:

a) Ordnungsgemäße Klage. Die Klage ist ordnungsmäßig, also durch einen Berechtigten, erhoben. In diesem Fall muß das Gericht die auftretende nichtberechtigte Person durch einen Beschluß zurückweisen. Gegen den Beschluß ist die einfache Beschwerde nach § 567 zulässig. Gegen eine folglich nicht vertretene Partei kann eine Versäumnisentscheidung ergehen, KG NJW **68**, 1635. Wenn der Mangel erst während des Rechtsstreits eintritt, mag das Verfahren nach §§ 239 ff, 246 zu unterbrechen sein. Wenn gegen eine prozeßunfähige Partei ein Sachurteil ergangen ist, darf sich die Partei im Rechtsmittelzug ebenso wehren, wie es einer prozeßfähigen Partei erlaubt wäre, BGH **86**, 186 mwN und FamRZ **72**, 35.

b) Anfängliche Mängel. Hier ist die folgende Unterscheidung zu treffen:

aa) Erste Instanz. Schon die Klage mag mangelhaft sein. Dann muß das Gericht die Klage durch ein Prozeßurteil als unzulässig abweisen, Kblz NJW **77**, 56, und zwar gegenüber der unbefugt vertretenen Partei, § 88 Anm 2 B, Schneider Rpfleger **76**, 231. Das gilt auch in der höheren Instanz. Hier wird das Rechtsmittel nicht etwa als unzulässig verworfen. Gleichzeitig wird in der höheren Instanz ein etwa in der Vorinstanz ergangenes, stattgegebenes Urteil aufgehoben, BGH **40**, 199.

Im Versäumnisverfahren gilt folgendes: Das Gericht muß eine Versäumnisentscheidung ablehnen, wenn nur ein Nachweis fehlt, § 335 I Z 1; die Klage muß durch ein streitiges Prozeßurteil (ein unechtes Versäumnisurteil) als unzulässig abgewiesen werden, wenn die Unheilbarkeit feststeht oder wenn keine Heilung erfolgt ist, BAG DB **74**, 1244, §§ 330 ff.

Es ist unerheblich, ob der Kläger oder der Bekl betroffen sind. Wenn schon die Klage mangelhaft war, dann ist von vornherein zweifelhaft, wer Partei ist, der Vertretene oder der falsche Vertreter. Je nach dem Ergebnis der Prüfung dieser Frage sind das Urteil und die Kostenentscheidung auf den einen oder den anderen zu stellen. Das Gericht darf die Kosten dem falschen Vertreter aber nur dann auferlegen, wenn er die Partei die Klage nicht veranlaßt hatte, BGH VersR **75**, 344 mwN, vgl Köln MDR **82**, 239 (zum FGG), vgl § 179 BGB, VGH Mannh NJW **82**, 842 mwN, selbst wenn die Klagabweisung gegenüber der unbefugt vertretenen Partei ergangen ist, Ffm Rpfleger **52**, 432, Blomeyer ZPR § 9 IV 2, Schneider Rpfleger **76**, 229 mwN, aM zB Renner MDR **74**, 356 mwN, im Ergebnis auch Köln

Rpfleger **76**, 102 (die Kostenentscheidung sei stets auf den Vertretenen abzustellen. Aber er hat keine Genehmigung erklärt; es handelt sich nur formell um seinen Prozeß).

bb) Rechtsmittel. Der Vertreter kann im Umfang von D Rechtsmittel einlegen.

F. Bejahung der Prozeßvoraussetzung. Wenn das Gericht eine zunächst zweifelhaft gewesene Prozeßvoraussetzung bejaht, dann geschieht das entweder in den Entscheidungsgründen des Endurteils oder im Weg eines Zwischenurteils nach § 280 II. Wenn es um das Fehlen einer Ermächtigung zu einer Prozeßführung ging, dann ist die Klärung nur im Endurteil oder allenfalls in einem unselbständigen Zwischenurteil nach § 303 zulässig.

2) Vorläufige Zulassung, II. A. Grundsatz. II ermöglicht dem Gericht eine Entscheidung im Rahmen seines auch hier pflichtgemäßen Ermessens, das allerdings jeder Nachprüfung entzogen ist, vgl Einl III 4 B b aa. Das Gericht kann nämlich die Partei oder ihren gesetzlichen Vertreter unter dem Vorbehalt der Beseitigung des Mangels einstweilen zulassen. Das Gericht sollte auch in geeigneten Fällen so vorgehen. Es ist zB ratsam, die Einlegung eines Rechtsmittels im Namen eines Toten so anzusehen, als ob das Rechtsmittel für seine Erben eingelegt worden wäre.

B. Voraussetzungen im einzelnen. Die einstweilige Zulassung hängt von folgenden Voraussetzungen ab:

a) Behebbarkeit. Der Mangel muß bereits feststehen. Er muß aber behebbar sein. Hierher gehört auch der Fall, daß der Nachweis des Vorliegens der Prozeßvoraussetzungen nicht sogleich erbracht werden kann.

b) Gefahr im Verzug. Es muß für diejenige Partei, die einstweilen zugelassen werden soll, eine Gefahr im Verzug für den Fall bestehen, daß die Zulassung nicht erfolgen würde. Für ihren Gegner braucht keine Gefahr im Verzug vorzuliegen. Eine derartige Gefahr kann etwa dann vorliegen, wenn der Ablauf einer Verjährungsfrist bevorsteht.

c) Baldige Behebung. Man muß damit rechnen können, daß der Mangel in einer angemessenen Zeit beseitigt werden wird oder daß ein fehlender Nachweis innerhalb desselben Zeitraums nachgereicht werden wird.

C. Verfahren. Die einstweilige Zulassung der Partei erfolgt für die Sache selbst. Das Gericht muß zur Sache verhandeln. Die einstweilige Zulassung erfolgt grundsätzlich formlos. Wenn die Parteien über die Zulässigkeit der einstweiligen Zulassung streiten, ist ein Beschluß erforderlich. Er bedarf wie jeder Beschluß grundsätzlich einer Begründung, § 329 Anm 1 A b. Er ist unanfechtbar. In jedem Fall muß das Gericht eine Frist zur Mängelbehebung setzen, wenn es eine solche Fristsetzung vorher versäumt hatte. Die Frist kann nach § 224 II verlängert werden. Vor dem Ablauf der Frist ist nur eine Verhandlung zulässig, nicht eine Entscheidung. Nach dem Ablauf der Frist und vor einer Entscheidung muß in jedem Fall nochmals mündlich verhandelt werden.

Nach einem ergebnislosen Ablauf der Frist ist alles bisher Geschehene einschließlich eines etwaigen unselbständigen Zwischenurteils unwirksam. Eine Nachholung ist bis zum Schluß der letzten mündlichen Verhandlung zulässig, § 231. Über eine Heilung infolge einer Genehmigung vgl Anm 1 C.

3) VwGO: I u II sind entsprechend anwendbar, § 62 III VwGO, jedoch greift bei Bedenken die Amtsermittlung ein, § 86 VwGO. Unklarheiten hinsichtlich der Beteiligten- und Prozeßfähigkeit gehen auch im VerwProzeß zu Lasten des Klägers, Anm 1 B.

Einführung vor §§ 57, 58

Gerichtliche Vertreterbestellung

1) Allgemeines. Das Recht kennt verschiedene Fälle, in denen das Gericht einer Partei einen Vertreter für den Prozeß bestellt. Zwei solche Fälle behandeln §§ 57, 58. Hierher gehört auch die Bestellung zur Führung eines Ersatzprozesses der Aktiengesellschaft aus der Gründung, § 147 III AktG. In allen diesen Fällen ist der Bestellte gesetzlicher Vertreter mit einer Beschränkung auf diesen Prozeß. Zweck der Vorschrift ist, dem Kläger einen prozeßfähigen Gegner gegenüberzustellen, damit er seinen Anspruch geltend machen kann; andererseits dürfen aber auch die prozessualen Rechte des Beklagten nicht zu kurz kommen, Dunz NJW **61**, 441.

Eine entsprechende Vorschrift für den Kläger gibt es nicht.

2) Verfahren. Den Vertreter bestellt der Vorsitzende des Prozeßgerichts durch eine Handlung der freiwilligen Gerichtsbarkeit. Für die Nachprüfung der Bestellung § 51 Anm 4, § 57 Anm 1 B. Der bestellte Vertreter braucht die Vertretung nicht zu übernehmen.

Da er ablehnen kann, hat er kein Beschwerderecht. Einen Anspruch auf eine Vergütung hat er gegen den Kläger nicht, gegen den Beklagten aus dem vorliegenden Zwangsdienstvertrag (die gerichtliche Bestellung zwingt zum Abschluß). Bei der Kostenfestsetzung ist das zu berücksichtigen.

Gebühren bei §§ 57, 58: Des Gerichts keine; des Rechtsanwalts: Gehört zum Rechtszug, § 37 Z 3 BRAGO. § 19 BRAGO ist auf den zum Vertreter bestellten Rechtsanwalt unanwendbar, Düss VersR **80**, 389, Mü MDR **74**, 413 mwN, aM Schneider MDR **72**, 155.

3) VwGO: §§ 57 und 58 gelten entsprechend, § 62 III VwGO.

57 *Gerichtliche Vertreter für Prozeßunfähige.* ¹ Soll eine nicht prozeßfähige Partei verklagt werden, die ohne gesetzlichen Vertreter ist, so hat ihr der Vorsitzende des Prozeßgerichts, falls mit dem Verzuge Gefahr verbunden ist, auf Antrag bis zu dem Eintritt des gesetzlichen Vertreters einen besonderen Vertreter zu bestellen.

ᴵᴵ Der Vorsitzende kann einen solchen Vertreter auch bestellen, wenn in den Fällen des § 20 eine nicht prozeßfähige Person bei dem Gericht ihres Aufenthaltsortes verklagt werden soll.

1) Gefahr im Verzug, I. A. Voraussetzungen. Die Voraussetzungen der Bestellung eines besonderen Vertreters nach I müssen entsprechend dem Zweck der Vorschrift, Einf 1 vor §§ 57, 58, vom Standpunkt des Klägers her gesehen werden:

a) Beabsichtigte Klage. Der Kläger muß eine Klage beabsichtigen. Es genügt aber, daß er ein Mahnverfahren oder ein Verfahren auf den Erlaß eines Arrests oder einer einstweiligen Verfügung betreiben will. Die Bestellung ist auch dann zulässig, wenn sich eine Prozeßunfähigkeit oder ein Mangel der Vertretungsmacht erst in einem solchen Verfahren herausstellt.

b) Gegner prozeßunfähig usw. Die Klage bzw das Verfahren müssen sich gegen einen Prozeßunfähigen richten, der keinen gesetzlichen Vertreter hat. Ein bloßes Bedenken gegenüber der Prozeßfähigkeit genügt nicht. Man kann immerhin auch keinen vollen Beweis der Prozeßunfähigkeit fordern, zumal dann nicht, wenn eben eine Gefahr im Verzug ist. Die behauptete Prozeßunfähigkeit muß jedoch glaubhaft gemacht werden, § 294. I ist aber dann entsprechend anwendbar, wenn sich nicht klären läßt, ob der Gegner prozeßfähig ist, BGH NJW **62**, 1510.

Die Bestellung erfolgt erst dann, wenn das Vormundschaftsgericht die Bestellung eines gesetzlichen Vertreters abgelehnt hat, es sei denn, daß eine Gefahr für die Rechtsverfolgung besteht, Saarbr OLGZ **67**, 423. Wenn ein Vertreter bestellt worden ist, aber nicht tätig wird, dann kann die Partei das Rechtsmittel selbst einlegen; § 53 ist dann nicht anwendbar, BGH NJW **66**, 2210. In diese Gruppe gehört auch eine juristische Person, etwa eine Aktiengesellschaft, wenn zB weder ihr Vorstand noch der Aufsichtsrat als Vertreter tätig werden können; § 76 AktG steht nicht entgegen. Wegen eines Prozeßpflegers für eine gelöschte, aber rechtlich fortbestehende Gesellschaft mit beschränkter Haftung BFH DB **80**, 2068 mwN. Bei einem prozeßfähigen Anwesenden ist § 57 unanwendbar. Der gesetzliche Vertreter muß entweder fehlen oder rechtlich verhindert sein. Eine nur tatsächliche Verhinderung reicht nicht aus. Beim Wegfall der gesetzlichen Vertretung während des Rechtsstreits ist § 241 anwendbar.

c) Gefahr für Kläger. Die Gefahr im Verzug muß für den Kläger bestehen. Eine Gefahr für den Gegner ist unerheblich. Ob für den Kläger eine Gefahr im Verzug besteht, steht im pflichtgemäßen, aber nicht nachprüfbaren Ermessen des Vorsitzenden.

d) Antrag. Es ist ein Antrag erforderlich. Er kann schriftlich oder zum Protokoll der Geschäftsstelle erklärt werden. Für den Antrag besteht grundsätzlich kein Anwaltszwang. Der Anwaltszwang ist nur dann zu beachten, wenn der Antrag ausnahmsweise erst während eines Anwaltprozesses zulässig wird, a. Eine Glaubhaftmachung der tatsächlichen Angaben reicht aus.

B. Verfahren. Der Antrag wird dem Vorsitzenden des Prozeßgerichts vorgelegt, also dem Richter derjenigen Abteilung oder Kammer, die der Kläger im eigentlichen Rechtsstreit anrufen will. Der Vorsitzende prüft die Voraussetzungen des § 57. Er braucht aber grundsätzlich nicht zu prüfen, ob dieses Gericht auch für den beabsichtigten Rechtsstreit zuständig sein würde. Denn jene Zuständigkeitsprüfung erfolgt erst im beabsichtigten Rechtsstreit, und die Zuständigkeit mag einer Parteivereinbarung unterliegen. Wenn allerdings jene Zuständigkeit ganz offenbar nicht gegeben ist und wenn auch eine Zuständig-

1. Titel. Parteifähigkeit, Prozeßfähigkeit §§ 57, 58 1

keitsvereinbarung offenbar unzulässig wäre oder wenn die Klage aus anderen Gründen offensichtlich völlig aussichtslos wäre, muß der Vorsitzende den Antrag zurückweisen. Bei der Prüfung dieser Aussichtslosigkeit ist eine besondere Vorsicht erforderlich.

Andernfalls bestellt der Vorsitzende den besonderen Vertreter ohne eine mündliche Verhandlung durch eine Verfügung. Eine Zurückweisung erfolgt durch einen Beschluß. Er bedarf grundsätzlich einer Begründung, § 329 Anm 1 A b. Der Beschluß wird dem Antragsteller formlos mitgeteilt, § 329 II 1.

C. Rechtsbehelfe. Gegen die stattgebende Verfügung ist kein Rechtsbehelf zulässig. Gegen den zurückweisenden Beschluß ist die einfache Beschwerde nach § 567 zulässig.

2) Gerichtsstand des Beschäftigungsortes, II. In den Fällen II ist die Bestellung eines besonderen Vertreters auch ohne eine Gefahr im Verzug und selbst dann zulässig, wenn zwar ein gesetzlicher Vertreter vorhanden ist, wenn dieser aber nicht am Aufenthaltsort wohnt. Der Vorsitzende des Prozeßgerichts hat insofern ein pflichtgemäßes Ermessen. Vgl im übrigen Anm 1 B sowie Einf 2 vor §§ 57, 58.

3) Stellung des Bestellten, I, II. Der besondere Vertreter ist ein gesetzlicher Vertreter, allerdings nur für den beabsichtigten Prozeß. Nach einer anderen Meinung ist er ein Pfleger; vgl aber zB § 147 III AktG. Die Bestellung gilt allerdings auch für die Vertretung im Verfahren über eine Widerklage oder für einen Zwischenstreit. Der besondere Vertreter kann die bisherige Prozeßführung genehmigen oder die Prozeßunfähigkeit geltend machen. Trotz der Bestellung muß das Gericht grundsätzlich Zustellungen und Ladungen auch an den Bekl richten. Denn er könnte sonst um das rechtliche Gehör gebracht werden. Etwas anderes gilt natürlich, wenn das Gericht von der Prozeßunfähigkeit des Bekl überzeugt ist, Dunz **61**, 443.

Das Amt des besonderen Vertreters endet: **a)** Mit dem Eintritt des ordentlichen gesetzlichen Vertreters, der dem Gegner anzuzeigen ist, § 241 entsprechend, also nicht schon mit der Bestellung; **b)** mit dem Eintritt der Prozeßfähigkeit; **c)** mit dem Widerruf der Bestellung. Der Widerruf ist nur aus einem wichtigen Grund zulässig und berührt die Wirksamkeit des Geschehenen nicht.

4) VwGO: Gilt entsprechend, § 62 III VwGO, OVG Lüneb AS *17, 354*; zulässig ist auch die Bestellung eines Prozeßvertreters für eine aufgelöste Gemeinde, BVerwG Buchholz 415.1 Allg KommR Nr 31. An die Stelle von § 20, II, tritt § 52 Nr 5 VwGO. Auch dem prozeßunfähigen Kläger ist notfalls entsprechend § 57 ein Vertreter zu bestellen a) in Anfechtungssachen, BVerwG **23**, 15, b) in Sozialhilfesachen, wenn die Hilfsbedürftigkeit durch die geistige Behinderung hervorgerufen ist, BVerwG **25**, 36 und **30**, 24 (aber nicht für aussichtslose Klagen von Querulanten, EF **62** Rdz 10a). Ein Antrag ist hier entbehrlich; vgl auch § 72 SGG und dazu Brennert NJW **75**, 1491. Die Bestellung wirkt stets für den ganzen Rechtsstreit, nicht nur für die Instanz, BVerwG **39**, 261. Rechtsmittel: Beschwerde nach §§ 146ff VwGO.

58 *Gerichtlicher Vertreter bei herrenlosem Grundstück und Schiff.* **I** Soll ein Recht an einem Grundstück, das von dem bisherigen Eigentümer nach § 928 des Bürgerlichen Gesetzbuchs aufgegeben und von dem Aneignungsberechtigten noch nicht erworben worden ist, im Wege der Klage geltend gemacht werden, so hat der Vorsitzende des Prozeßgerichts auf Antrag einen Vertreter zu bestellen, dem bis zur Eintragung eines neuen Eigentümers die Wahrnehmung der sich aus dem Eigentum ergebenden Rechte und Verpflichtungen im Rechtsstreit obliegt.

II Absatz 1 gilt entsprechend, wenn im Wege der Klage ein Recht an einem eingetragenen Schiff oder Schiffsbauwerk geltend gemacht werden soll, das von dem bisherigen Eigentümer nach § 7 des Gesetzes über Rechte an eingetragenen Schiffen und Schiffsbauwerken vom 15. November 1940 (Reichsgesetzbl. I S. 1499) aufgegeben und von dem Aneignungsberechtigten noch nicht erworben worden ist.

1) Allgemeines. Vgl zunächst Einf 1 vor §§ 57, 58. Nach § 928 BGB erlischt das Eigentum an einem Grundstück durch den Verzicht des eingetragenen Eigentümers gegenüber dem Grundbuchamt und durch die Eintragung in das Grundbuch. Durch diese Vorgänge wird das Grundstück herrenlos. Ähnliches gilt für ein eingetragenes Schiff oder Schiffsbauwerk nach § 7 SchiffsG, ebenso für ein Luftfahrzeug nach § 99 I LuftfzRG. § 58 versteht unter dem Begriff Grundstück dasselbe wie § 928 BGB.

2) Voraussetzungen. Zur Bestellung eines Vertreters sind folgende Voraussetzungen erforderlich:

A. Herrenlosigkeit. Das Grundstück, das Schiff oder das Schiffsbauwerk sowie das in Luftfahrzeugrolle eingetragene Luftfahrzeug müssen noch herrenlos sein.

B. Klageabsicht. Jemand muß ein Recht an dem Grundstück im Sinn des § 24 am Schiff oder Schiffsbauwerk im Sinn des SchiffsG, am Luftfahrzeug im Sinn des LuftfzRG, durch eine Klage geltend machen wollen.

C. Antrag. Es muß ein Antrag vorliegen. Er muß stets vor dem Zeitpunkt der Rechtshängigkeit gestellt werden. Denn von der Rechtshängigkeit an bleibt der Eigentümer der richtige Bekl, § 265. Für den Antrag besteht kein Anwaltszwang.

Eine Gefahr im Verzug ist nicht erforderlich. Die Voraussetzungen A–C sind glaubhaft zu machen, § 294. Der Antragsteller muß auch die Zuständigkeit glaubhaft machen. Denn es handelt sich um eine ausschließliche Zuständigkeit.

Wenn die Voraussetzungen der Bestellung des Vertreters vorliegen, besteht eine Amtspflicht zur Bestellung. Als Vorsitzender des Prozeßgerichts ist bei einem Grundstück nur der Vorsitzende des nach § 4 zuständigen Gerichts anzusehen.

3) Stellung des Bestellten. Der Vertreter ist ein gesetzlicher Vertreter des künftigen Eigentümers. Er muß wie ein sorgsamer Eigentümer handeln. Er darf das Grundstück an denjenigen auflassen, der auf Grund einer Auflassungsvormerkung im Grundbuch als Berechtigter eingetragen ist. Für die Kosten der Vertretung haften das Grundstück, das Schiff oder Schiffsbauwerk usw wie die Konkursmasse für die Kosten des Konkursverwalters, vgl auch § 1118 BGB, ferner §§ 10 II und 162 ZVG (Kosten der Rechtsverfolgung).

Das Amt des Vertreters endet: **a)** Mit der Eintragung des neuen Eigentümers, auch ohne daß dieser in den Prozeß eintritt; **b)** mit dem Ende der Herrenlosigkeit des Grundstücks usw; **c)** dann, wenn der Vorsitzende die Bestellung widerruft.

Vgl im übrigen § 57 Anm 3.

4) *VwGO: Gilt entsprechend, § 62 III VwGO, für die Geltendmachung von Rechten des öffentlichen Rechts an Grundstücken, zB für den Streit um öffentliche Lasten.*

Zweiter Titel. Streitgenossenschaft
Übersicht

Schrifttum: Holzhammer, Parteienhäufung und einheitliche Streitpartei, 1966; Naendrup ZZP **86**, 223; Vohrmann, Streitgenossenschaft und Rechtskrafterstreckung bei Klagen aus dem Gesellschaftsverhältnis, Diss Bonn 1971.

1) Begriff. Streitgenossenschaft liegt vor, wenn in einem Prozeß in derselben Parteistellung mehrere Personen auftreten, entweder als Kläger (Klaggenossen, aktive Streitgenossen) oder Beklagte (Verteidigungsgenossen, passive Streitgenossen). Die Streitgenossenschaft ist nichts anderes als die Vereinigung mehrerer Einzelprozesse zu einem einzigen Prozeß aus Zweckmäßigkeitsgründen, vgl Schumann NJW **81**, 1718; jeder etwa bisher selbständige Prozeß behält dabei seine Selbständigkeit ganz oder eingeschränkt bei.

Streitgenossenschaft liegt vor: **a)** Bei einer Parteienhäufung (subjektiver Klaghäufung), § 59; **b)** bei einer Gleichartigkeit der Ansprüche, § 60. Regelmäßig ist sie freiwillig, in bestimmten Fällen notwendig, § 62.

Keine Streitgenossenschaft liegt vor, wenn eine nur eine Partei bildende Personenmehrheit auf einer Seite steht, etwa eine Offene Handelsgesellschaft, oder wenn mehrere gesetzliche Vertreter für eine Partei auftreten. Anders ist es, wenn derselbe gesetzliche Vertreter mehrere vertritt, wenn er sowohl für sich als für einen Vertretenen prozessiert oder wenn die Gesellschaft und die Gesellschafter klagen, vgl BGH **62**, 132.

2) Dauer der Streitgenossenschaft. A. Beginn. Die Streitgenossenschaft entsteht: **a)** Durch die Einleitung eines Verfahrens, zB durch eine Klagerhebung, unabhängig davon, ob die Klage gemeinsam zugestellt wird, oder durch den Antrag auf den Erlaß eines Arrests oder einer einstweiligen Verfügung. Über die Bestimmung eines gemeinsamen zuständigen Gerichts s § 36 Z 3; **b)** infolge des späteren Eintritts anderer als Partei durch eine Rechtsnachfolge, einen Beitritt, eine Prozeßverbindung, Köln VersR **73**, 285.

B. Ende. Die Streitgenossenschaft endet: **a)** Durch den Wegfall von Streitgenossen wegen Rechtsnachfolge oder Prozeßtrennung; **b)** durch das Ausscheiden infolge der Erledigung des Prozesses für diesen Streitgenossen durch eine Klagerücknahme, ein Teilurteil usw. Solange ein Streitgenosse noch irgendwie am Prozeß beteiligt ist, sei es nur wegen der Kosten oder in höherer Instanz, bleibt er Partei.

2. Titel. Streitgenossenschaft

3) Selbständigkeit der Prozesse. Aus der Selbständigkeit der durch eine Streitgenossenschaft verbundenen Prozesse folgt:
  A. **Prozeßart.** Dieselbe Prozeßart muß für alle Streitgenossen zulässig und gewählt sein.
  B. **Prozeßvoraussetzungen.** Die Prozeßvoraussetzungen sind für jeden der einzelnen Prozesse gesondert zu prüfen und müssen für jeden Streitgenossen vorliegen. Es darf zB keiner exterritorial sein, die Zuständigkeit muß für jeden begründet sein; zu beachten ist § 603. Für die sachliche Zuständigkeit erfolgt eine Zusammenrechnung der Ansprüche, § 5.
  Fehlt A, so ist der Prozeß abzutrennen, § 145. Fehlt B, erfolgt ein Teilurteil oder eine Teilverweisung mit Abtrennung, § 281. Fehlt ein Erfordernis der §§ 59, 60, so muß das Gericht auf Grund einer Rüge oder darf von Amts wegen abtrennen.

4) VwGO: Nach § 64 VwGO gelten §§ 59 bis 63 entsprechend.

59 *Parteienhäufung.* **Mehrere Personen können als Streitgenossen gemeinschaftlich klagen oder verklagt werden, wenn sie hinsichtlich des Streitgegenstandes in Rechtsgemeinschaft stehen oder wenn sie aus demselben tatsächlichen und rechtlichen Grunde berechtigt oder verpflichtet sind.**

1) Streitgenossen. § 59 betrifft den Fall, daß mehrere Personen entweder als Kläger oder als Bekl auftreten. Man spricht dann auch von einer subjektiven Klaghäufung. Wenn dieselbe Person mehrere Ansprüche geltend macht, liegt demgegenüber eine objektive Klaghäufung vor, vgl dazu § 60. Es steht den mehreren Klägern frei, als Streitgenossen aufzutreten. Vgl allerdings auch § 147. Der Bekl kann den Kläger nicht dazu zwingen, sich mit einem anderen als Streitgenossen zu verbünden. Freilich können solche Mehrkosten, die infolge einer unzweckmäßigen Folge selbständiger Einzelprozesse entstehen, trotz eines Siegs erstattungsunfähig sein, vgl bei § 91.
  Sogar notwendige Streitgenossen können an sich prozessual getrennt vorgehen. Soweit das sachliche Recht eine gemeinsame Klage fordert, haben getrennte Prozesse nur zur Folge, daß jeweils die Sachbefugnis fehlt und die jeweilige Klage daher als unbegründet abgewiesen werden muß, Grdz 4 A vor § 50, StJ I, aM BGH **LM** UStG 1967 Nr 6 mwW (der BGH meint, in einem solchen Fall fehle das Prozeßführungsrecht; er weist eine Klage deshalb dann als unzulässig ab). Wegen der weitgehenden Verbindungsbefugnis des § 60 hat die aufzählende Abgrenzung des § 59 keine große praktische Bedeutung.
  Eine Klage gegen den Bekl zu 2 für den Fall, daß die Klage gegen den Bekl zu 1 abgewiesen werde, ist unzulässig. Denn sie würde eine bedingte Klagerhebung bedeuten, LG Bln NJW **58**, 833 (zustm Habscheid), StJ I 2 vor § 59, aM RoS § 65 IV 3b.

2) Rechtsgemeinschaft. § 59 betrifft auch den Fall einer Rechtsgemeinschaft wegen desselben Streitgegenstands, Zweibr MDR **83**, 495. In Frage kommen zB: Eine Gemeinschaft zur gesamten Hand; eine Bruchteilsgemeinschaft; eine Gesamtschuld; das Verhältnis zwischen dem Hauptschuldner und dem Bürgen; das Verhältnis zwischen dem Grundstückseigentümer und dem persönlichen Schuldner desjenigen Betrags, dessentwegen im Grundbuch eine Hypothek eingetragen worden ist.

3) Berechtigung oder Verpflichtung aus demselben Grund. § 59 erfaßt schließlich die Fälle einer Berechtigung oder Verpflichtung mehrerer Personen aus demselben rechtlichen und zugleich aus demselben tatsächlichen Grund.
  Hierher zählen zB folgende Fälle: Ein gemeinsamer Vertrag; eine gemeinsame unerlaubte Handlung; eine gemeinsame Gefährdungshaftung, BGH MDR **78**, 130. Eine etwaige Rechtsnachfolge bei der Person des einen oder anderen Berechtigten oder Verpflichteten ist unerheblich.
  Nicht hierher zählt eine gemeinsame Berechtigung oder Verpflichtung lediglich auf Grund derselben Tatsachen, jedoch aus verschiedenen Rechtsgründen.

4) VwGO: Entsprechend anwendbar, § 64 VwGO.

60 *Gleichartigkeit der Ansprüche.* **Mehrere Personen können auch dann als Streitgenossen gemeinschaftlich klagen oder verklagt werden, wenn gleichartige und auf einem im wesentlichen gleichartigen tatsächlichen und rechtlichen Grunde beruhende Ansprüche oder Verpflichtungen den Gegenstand des Rechtsstreits bilden.**

1) Gleichartigkeit. § 60 läßt eine Streitgenossenschaft zu, wenn der rechtliche und der tatsächliche Grund ganz oder doch zu einem wesentlichen Teil gleichartig sind, BGH NJW

75, 1228, vgl Hbg JB **77**, 199. Die Vorschrift ist sehr dehnbar. Da es sich um eine Zweckmäßigkeitsregel handelt, darf man § 60 weit auslegen, BGH NJW **75**, 1228, Köln MDR **83**, 495. Die Ansprüche müssen aber in einem inneren Zusammenhang stehen, Köln MDR **83**, 495.

Hierher zählen zB: Die Anfechtung der Anerkennung einer nichtehelichen Vaterschaft, § 640e; die Klage des Inhabers eines Wechsels gegenüber mehreren aus dem Wechsel verpflichteten Schuldnern; die Klage gegen den einen Bekl auf eine Leistung, gegen den anderen Bekl auf eine Duldung der Zwangsvollstreckung; eine Klage des Versicherers gegenüber mehreren gleichmäßig Versicherten.

Nicht hierher zählt zB folgender Fall: Eine Klage gegenüber mehreren Personen, die auf Grund selbständiger unerlaubter Handlungen haften, etwa gegenüber einem Kraftfahrer, der einen Fußgänger angefahren hat, und gegenüber dem Fahrgast, der den Kraftfahrer daraufhin mißhandelt hat; eine Klage eines Maklers gegen den Käufer und den Verkäufer auf Courtagezahlung, Köln MDR **83**, 495.

Vgl auch Üb 1 vor § 59.

2) VwGO: Entsprechend anwendbar, § 64 VwGO. Einfache Streitgenossenschaft auf der Beklagtenseite besteht zB bei der sog Verbundklage eines Asylbewerbers, § 62 Anm 5.

61 *Prozessuale Stellung der Streitgenossen.* Streitgenossen stehen, soweit nicht aus den Vorschriften des bürgerlichen Rechts oder dieses Gesetzes sich ein anderes ergibt, dem Gegner dergestalt als einzelne gegenüber, daß die Handlungen des einen Streitgenossen dem anderen weder zum Vorteil noch zum Nachteil gereichen.

Schrifttum: Brückner, Das Verhalten der Streitgenossen im Prozeß, Diss Ffm 1971.

1) Allgemeines. § 61 umreißt die prozeßrechtliche Stellung der Streitgenossen. Sie sind grundsätzlich selbständig, Üb 1 und 3 vor § 59. Von diesem Grundsatz gelten zwei Ausnahmen: **a)** Auf Grund anderweitiger Vorschriften des sachlichen Rechts. Hierin mag man zB die §§ 422ff, 429 BGB rechnen; **b)** auf Grund von Sonderregeln der ZPO, etwa auf Grund der §§ 62, 63, 426, 449.

Eine Streitgenossenschaft hat auf die rechtlichen Beziehungen der Streitgenossen im Innenverhältnis untereinander keinen Einfluß. Kein Streitgenosse kann gegen den anderen Streitgenossen ein Urteil erwirken oder gegen ein solches Urteil einen Rechtsbehelf einlegen.

2) Selbständigkeit jedes Streitgenossen. Jeder Streitgenosse steht in der Regel rechtlich ebenso da, als ob nur er allein mit dem Gegner prozessieren würde. Das hat eine Reihe von Folgen:

A. Prozeßvoraussetzungen. Man muß bei jedem Streitgenossen selbständig prüfen, ob die Prozeßvoraussetzungen vorliegen, Üb 3 vor § 59.

B. Prozeßbevollmächtigter. Jeder Streitgenosse darf einen eigenen ProzBev bestellen. Die Kosten sind jeweils erstattungsfähig, vgl § 91 Anm 5 „Mehrheit von Prozeßbevollmächtigten. B". Von diesem Grundsatz gilt nur nach § 69 AktG eine Ausnahme (Mitberechtigung an Aktien).

C. Streithilfe. Jeder Streitgenosse kann unter Umständen dem anderen Streitgenossen als Streithelfer beitreten. Daher ist auch eine Streitverkündung an ihn zulässig.

D. Selbständiges Verfahren. Jeder Streitgenosse betreibt sein Verfahren besonders. Er darf Angriffs- und Verteidigungsmittel gebrauchen, selbst wenn sie solchen des Streitgenossen widersprechen. Er darf auch selbständig über den Prozeßgegenstand verfügen, soweit der Prozeßgegenstand diesen Streitgenossen betrifft, BFH BB **77**, 1493. Jeder Streitgenosse darf ein Anerkenntnis oder einen Verzicht aussprechen. Jeder Streitgenosse darf einen Prozeßvergleich schließen. Jeder darf selbständig die zulässigen Rechtsbehelfe einlegen. Das Urteil kann für jeden Streitgenossen anders lauten. Dieselbe Tatsache kann wegen einer ausdrücklichen gesetzlichen Vorschrift im Verhältnis zu dem einen Streitgenossen als wahr, im Verhältnis zum anderen Streitgenossen als unwahr zu behandeln sein. Dies mag zB im Fall der Säumnis eines Streitgenossen gelten.

Die Fristen laufen für jeden Streitgenossen getrennt, KG VersR **75**, 350. Eine Unterbrechung und eine Aussetzung wirken nur für und gegen den betreffenden Streitgenossen. Der Rechtsbehelf des einen Streitgenossen läßt die diesbezüglichen Möglichkeiten des anderen Streitgenossen grundsätzlich unberührt. Wenn zB ein Streitgenosse rechtskräftig ausgeschieden ist und wenn ein anderer Streitgenosse ein Rechtsmittel eingelegt hat, dann kann sich der Gegner nicht wegen des Ausgeschiedenen anschließen.

E. Zeuge. Ein Streitgenosse kann nur insoweit als Zeuge auftreten, als er an diesem Teil des Verfahrens rechtlich ganz unbeteiligt ist, KG OLGZ **77**, 245, oder soweit eine Verfahrenstrennung oder ein rechtskräftiges Ausscheiden erfolgt sind.

F. Schriftliches Verfahren. Eine schriftliche Entscheidung nach § 128 II, III ist im Verhältnis zu einem Streitgenossen zulässig, soweit er und der Gegner das schriftliche Verfahren beantragen, aM StJ III (er hält die schriftliche Entscheidung nur nach einer Trennung der Verfahren für zulässig) oder soweit das Gericht das schriftliche Verfahren von Amts wegen nach § 128 III angeordnet hat.

3) Gemeinsame Wirkungen. Aus dem gemeinsamen Verfahren ergeben sich eine Reihe gemeinsamer Wirkungen:

A. Gemeinsame Verhandlung. Die mündliche Verhandlung und die zugehörige Vorbereitung können, müssen aber nicht gemeinsam sein. Zustellungen erfolgen an jeden Streitgenossen besonders. Wenn mehrere Streitgenossen einen gemeinsamen gesetzlichen Vertreter oder ProzBev haben, genügt allerdings eine einzige Zustellung an ihn.

B. Zustimmungsbedürftigkeit. Soweit das Verfahren nur einheitlich betrieben und entschieden werden kann, müssen ihm sämtliche Streitgenossen zustimmen. Etwas anderes gilt nur beim schriftlichen Verfahren, Anm 2 F.

C. Beweiswürdigung. Das Gericht muß alle Tatsachen für sämtliche Streitgenossen im Fall einer gleichzeitigen Entscheidung in derselben Weise auf ihre Beweiskraft würdigen. Das Gericht darf eine Tatsache nicht für den einen Streitgenossen als wahr ansehen, für den anderen als unwahr. Etwas anderes gilt nur in den Fällen Anm 2 D. Denn dort findet keine freie Beweiswürdigung statt. Eine Beweisaufnahme ist im Verhältnis zu sämtlichen Streitgenossen auswertbar, soweit sie am Verfahren beteiligt sind. Die Beweisaufnahme ist also nicht verwertbar, soweit das Verfahren gegen einen Streitgenossen ruhte.

D. Erklärungen. Jeder Streitgenosse muß zwar seine Erklärungen selbst abgeben; bei einer gemeinsamen Tatsache ist aber häufig anzunehmen, daß sich der eine Streitgenosse der Erklärung des anderen Streitgenossen zu eigen macht. Das gilt zB für einen Beweisantritt, BGH **LM** Nr 1. Ein Urteil, das den Prozeß für den einen Streitgenossen voll erledigt, ist ein Teilurteil, § 301 Anm 3, Schlesw SchlHA **80**, 187.

4) VwGO: Entsprechend anwendbar, § 64 VwGO.

62 *Notwendige Streitgenossenschaft.* [I] Kann das streitige Rechtsverhältnis allen Streitgenossen gegenüber nur einheitlich festgestellt werden oder ist die Streitgenossenschaft aus einem sonstigen Grunde eine notwendige, so werden, wenn ein Termin oder eine Frist nur von einzelnen Streitgenossen versäumt wird, die säumigen Streitgenossen als durch die nicht säumigen vertreten angesehen.

[II] **Die säumigen Streitgenossen sind auch in dem späteren Verfahren zuzuziehen.**

Schrifttum: Hassold, Die Voraussetzungen der besonderen Streitgenossenschaft usw, 1970; Holzhammer, Parteienhäufung und einheitliche Streitpartei, 1966; Mitsopoulos, Die notwendige Streitgenossenschaft nach dem griechischen Zivilprozeßrecht, Festschrift für Baur (1981) 503 (rechtsvergleichend); Müller, Die Probleme der notwendigen Streitgenossenschaft im deutschen und französischen Recht, Diss Gött 1964; Selle, Die Verfahrensbeteiligung des notwendigen Streitgenossen usw, Diss Münst 1976; Ulmer, Gestaltungsklagen im Personengesellschaftsrecht und notwendige Streitgenossenschaft, Festschrift für Geßler (1971) 269.

Gliederung

1) Allgemeines
  A. Notwendigkeit einheitlicher Feststellung
  B. Sonstige Notwendigkeit

2) Notwendigkeit einheitlicher Feststellung, I
  A. Rechtskrafterstreckung
  B. Nämlichkeit des Streitgegenstands
  C. Beispiele des Fehlens einer notwendigen Streitgenossenschaft

3) Notwendigkeit gemeinsamer Rechtsverfolgung, I
  A. Grundsatz
  B. Anwendbarkeit
    a) Gesamthandverhältnis
    b) Gestaltungsklage
    c) Verbindung nach sachlichem Recht
  C. Unanwendbarkeit

4) Verfahren
  A. Grundsatz
  B. Beispiele der Selbständigkeit
    a) Angriffs- und Verteidigungsmittel
    b) Frist
    c) Anerkenntnis, Verzicht, Vergleich
    d) Vertretungsbefugnis
  e) Zustellung
  C. Säumnis
  D. Weitere Bindungen
    a) Gemeinsame Sachentscheidung
    b) Rechtsmittelfragen
    c) Unterbrechung, Aussetzung

5) VwGO

1) Allgemeines. § 62, ein Kreuz der Rechtsprechung, faßt unter der Bezeichnung notwendige Streitgenossenschaft zwei Fälle zusammen, die sich greifbar unterscheiden:

A. Notwendigkeit einheitlicher Feststellung. Es gibt zunächst eine notwendige Streitgenossenschaft, wenn das fragliche Rechtsverhältnis nur einheitlich festgestellt werden kann, BGH GRUR **80**, 795. Das notwendig Gemeinsame liegt dann nicht in der Rechtsverfolgung, sondern in der prozessualen Feststellung, in der Urteilswirkung. Es handelt sich in diesem Fall um eine „zufällige", „uneigentliche" Streitgenossenschaft, BayObLG BB **73**, 959, um eine „solidarische" Streitgenossenschaft, Bettermann ZZP **90**, 122.

B. Sonstige Notwendigkeit. Es gibt ferner eine Streitgenossenschaft, die aus einem sonstigen Grund bei der Rechtsverfolgung notwendig ist. In diesen Fällen müssen mehrere Personen gemeinsam klagen, oder es muß eine einzelne Person notwendigerweise mehrere andere gemeinsam verklagen.

Streng genommen ist der „Streit" nur im Fall b notwendig gemeinsam, Bettermann ZZP **90**, 122. Das Gesetz beschränkt sich leider auf eine ganz dürftige Regelung. § 62 betrifft nur die Versäumung eines Termins oder einer Frist. Für eine Parteivernehmung gilt auch hier § 449. Die gesetzliche Regelung führt zu mancherlei Unlogik. Das tritt etwa bei der Rechtskraftwirkung unerwünscht zutage, § 325 Anm 1. Was unlogisch ist, sollte nicht Recht sein können. Aber die verfehlte gesetzliche Regelung, die keine amtliche Hinzuziehung eines Dritten zum Zivilprozeß kennt, zwingt zu solchen eigenartigen Ergebnissen.

2) Notwendigkeit einheitlicher Feststellung, I. A. Rechtskrafterstreckung. Eine einheitliche Feststellung ist dann notwendig, wenn sich die Rechtskraft der Entscheidung auf alle Streitgenossen erstreckt, falls auch nur einer klagt oder verklagt worden ist, Köln VersR **74**, 64 mwN. Es genügt, daß die Rechtskrafterstreckung nur im Fall eines Siegs oder nur im Fall einer Niederlage eintritt.

Hierher zählen zB folgende Fälle: Der Vorerbe und der Nacherbe im Prozeß nach den §§ 326 ff, 728; die Klage mehrerer Abkömmlinge mit dem Ziel der Aufhebung einer fortgesetzten Gütergemeinschaft nach § 1495 BGB; die Klage gegenüber dem gütergemeinschaftlichen Ehegatten im Fall einer Gesamtgutsverbindlichkeit, Anh § 52 Anm 4 B auch wegen der Ausnahmen; die Gestaltungsklage in einer Ehesache oder Kindschaftssache; in der Regel eine Mehrheit von Anwälten, die in einem Sozietätsverhältnis stehen, bei der Geltendmachung einer Forderung, und zwar selbst dann, wenn ein inzwischen verstorbener Sozius durch seine übrigen Sozien vertreten wird, I, BAG NJW **72**, 1388; die Position mehrerer Patentinhaber in einem Verfahren mit dem Ziel der Festsetzung einer angemessenen Benutzungsvergütung nach § 23 IV PatG, BGH MDR **67**, 819; die Klage auf die Nichtigkeitserklärung des Beschlusses der Hauptversammlung einer Aktiengesellschaft nach § 200 AktG; die Klage auf die Nichtigkeit einer Gesellschaft, §§ 201 AktG, 75 GmbHG, 51, 96 GenG.

Hierher zählt ferner in der Regel die Klage gegenüber der Versicherungsgesellschaft und gegenüber dem Versicherungsnehmer, Ffm NJW **74**, 1473, Köln VersR **74**, 64, LG Saarbr VersR **73**, 515, RoS § 50 II 2 b, Zeiss ZZP **93**, 483, insofern aM BGH NJW **78**, 2155 mwN und VersR **81**, 1159, ferner Düss VersR **74**, 229, KG VersR **75**, 350, Köln VersR **75**, 1128 und VersR **82**, 383 (die notwendige Streitgenossenschaft fehle bei der Klage gegen den Versicherer und den Versicherungsnehmer und sei nur bei deren gemeinsamer Klage gegeben).

Bei einer Klage wegen einer Gesellschaftsschuld gegenüber der Offenen Handelsgesellschaft und gegenüber deren Gesellschaftern, die keine persönlichen Einwendungen erheben, § 129 I HGB, verneint BGH **54**, 251 (Anm Braxmater **LM** Nr 13), vgl auch BGH **63**, 54, Mü NJW **75**, 505 (Anm Geimer NJW **75**, 1086), StJ II 2, Baumbach-Duden-Hopt § 129 HGB Anm 8 A, eine notwendige Streitgenossenschaft, aM Blomeyer § 109 III 2. Nicht hierher zählt eine Klage gegenüber der Versicherungsgesellschaft und gegenüber einem Mitversicherten im Sinn von § 10 Z 2 AKB, Ffm VersR **78**, 260.

B. Nämlichkeit des Streitgegenstands. Eine notwendige Streitgenossenschaft liegt vor, sofern eine Nämlichkeit des Streitgegenstands anzunehmen ist.

2. Titel. Streitgenossenschaft § 62 2, 3

Hierher zählen zB folgende Fälle: Die Klage auf eine Feststellung zur Konkurstabelle gegenüber mehreren Widersprechenden; die Klage gegenüber mehreren Pfändungsgläubigern einer Pfandsache, Schlesw Rpfleger **52**, 138; die Klage mehrerer Gesellschafter gegen mehrere andere Gesellschafter mit dem Ziel einer Auflösung der Offenen Handelsgesellschaft, § 133 HGB (allerdings brauchen sich die Gesellschafter nicht zu beteiligen, sofern sie sich in einer verbindlichen Weise mit der Auflösung der Gesellschaft einverstanden erklärt haben, BGH **LM** § 133 HGB Nr 3), oder auf die Auflösung einer Gesellschaft des BGB, BVerfG NJW **82**, 1636 (das Gericht muß daher auch die am Verfahren nicht direkt beteiligten Gesellschafter anhören); die Klage des in Gütergemeinschaft lebenden Ehegatten im Fall einer gemeinsamen Verwaltung, Anh § 52 Anm 4 B b; die Klage mehrerer Gesamthandberechtigter, sofern einer von ihnen klagen könnte, etwa die Klage mehrerer Miteigentümer mit dem Ziel einer Herausgabe einer Sache oder einer Löschung der Hypothek.

C. Beispiele des Fehlens einer notwendigen Streitgenossenschaft. Hierher zählen etwa folgende Fälle: Eine Gesamtschuld, §§ 425 II, 429 II, 431, 432 II, 2058 BGB ausdrücklich, s auch BGH JZ **64**, 722 (Anm Bötticher), BayObLG DB **79**, 936; der Fall, daß mehrere Gesamthandgläubiger unabhängig voneinander klagen, etwa der Miteigentümer auf die Herausgabe an die Gesamtheit der Mitberechtigten; eine Klage gegenüber einem Miterben mit dem Ziel der Feststellung eines Pflichtteils; eine Erbschaftsklage gegenüber einem Miterben; die Klage wegen eines zum Nachlaß gehörigen Anspruchs nach § 2039 BGB, BGH **23**, 212 und **LM** § 189 BEG 1956 Nr 48 (dagegen liegt eine notwendige Streitgenossenschaft vor, wenn die Berechtigten gemeinsam klagen, OGH NJW **50**, 597).

Weitere Fälle: Die Klage auf die Nichtigkeit eines Testaments, BGH **23**, 75; die Klage eines Nachlaßgläubigers gegenüber einem Miterben, und zwar auch dann, wenn der Nachlaß noch nicht geteilt ist; die Klage gegenüber mehreren Unterhaltspflichtigen; die Klage gegen den Hauptschuldner und gegen den Bürgen; die Klage des Abtretenden gegen den Abtretungsnehmer und gegen den Schuldner; eine Streitigkeit zwischen den Gesellschaftern einer Offenen Handelsgesellschaft über ihre Beteiligung; eine Feststellungsklage des einen Gesellschafters darüber, daß ein anderer Gesellschafter ausgeschieden sei, BGH **30**, 195; ein Verband von Briefmarkenhändlern und ein Bund von Sammlern, BGH GRUR **80**, 795.

Es bleibt grundsätzlich unbeachtlich, ob logische Erwägungen oder ein praktisches Bedürfnis eine einheitliche Feststellung verlangen würden, BGH **30**, 199. Das zeigt die Behandlung der Gesamtschuld durch das Gesetz, s oben.

3) Notwendigkeit gemeinsamer Rechtsverfolgung, I. A. Grundsatz. Eine solche Notwendigkeit, ein „sonstiger Grund", liegt vor, wenn die Klage eines einzelnen Streitgenossen oder gegenüber einem einzelnen Streitgenossen wegen des Fehlens einer Sachbefugnis als unbegründet abzuweisen wäre. BGH **LM** UStG 1967 Nr 6 mwN meint irrig, in einem solchen Fall müsse die Klage durch ein Prozeßurteil als unzulässig abgewiesen werden; demgegenüber wie hier BGH **30**, 195. Hier kommt also der Fall in Betracht, daß nur alle Streitgenossen gemeinsam sachlichrechtlich befugt sind, § 59 Anm 1. Oft muß man die Sachbefugnis beim Kläger anders beurteilen als beim Bekl.

B. Anwendbarkeit. Es lassen sich drei Fallgruppen bilden:

a) Gesamthandverhältnis. Hierher zählt zunächst ein Gesamthandverhältnis für den Kläger, nicht für den Bekl. Es liegt etwa vor: Bei der Klage von Gesellschaftern einer Gesellschaft des BGB, Hbg JB **78**, 1806; bei der Klage von Mitgliedern eines nicht rechtsfähigen Vereins; bei Ansprüchen von Miterben in ungeteilter Erbengemeinschaft, außer wegen eines Anspruchs nach § 2039 BGB. Denn jeder Miterbe kann die Leistung an die Miterbengemeinschaft verlangen, Anm 2 C. Wenn allerdings derjenige Miterbe, der gegenüber den Nachlaßschuldnern arglistig handelte, allein trotz des Widerspruchs der anderen Miterben einen auf sein Verhalten gestützten Anspruch geltend macht, kann dieses Vorgehen als unzulässige Rechtsausübung angesehen werden, BGH **44**, 372.

b) Gestaltungsklage. Hierher zählt ferner die Gruppe derjenigen Klagen, die ein Gestaltungsrecht geltend machen und mehrere Personen betreffen. Dazu gehören: Die Klage mehrerer Gesellschafter auf die Entziehung der Geschäftsführungsbefugnis oder der Vertretungsmacht, allerdings nicht die Klage auf die Feststellung der Wirksamkeit eines Ausschließungsbeschlusses, BGH **LM** § 140 HGB Nr 6; ein Prozeß der Gesellschafter über das Gesellschaftsvermögen, s aber auch § 50 Anm 3 B; ein Anspruch mehrerer auf eine Wandlung und Minderung oder ein derartiger Anspruch gegenüber mehreren Personen; eine Anfechtungsklage im Entmündigungsverfahren nach § 684 III.

c) Verbindung nach sachlichem Recht. Hierher zählen schließlich die Fälle, in denen das sachliche Recht mehrere Berechtigte oder mehrere Verpflichtete zusammenkoppelt, BGH

LM UStG 1967 Nr 6. Dazu gehören etwa: Die Klage wegen einer Grunddienstbarkeit oder wegen eines Notwegs auf einem Grundstück, das mehreren Personen zu ideellen Bruchteilen gehört, zB BGH **36**, 187, Pal-Bass § 917 BGB Anm 3 c, RoS § 50 III 1 b, StJL Rdz 14, 20, ThP 2 c, aM LG Nürnb-Fürth NJW **80**, 2478, Waldner JR **81**, 184 je mwN; die Auflassungsklage, die man nur gegen die Miteigentümer gemeinsam erheben kann, BGH NJW **62**, 1722; die Klage mehrerer Pfandgläubiger und Miteigentümer der Pfandsache nach § 1258 II BGB; die Klage mehrerer Testamentsvollstrecker nach § 2224 BGB, Hbg MDR **78**, 1031.

Einer sachlichrechtlich etwa zulässigen Klage des einen auf die Leistung an alle steht nichts im Weg.

C. Unanwendbarkeit. Die Notwendigkeit gemeinsamer Rechtsverfolgung fehlt zB, wenn einer der folgenden Fälle vorliegt: Ein Rücktritt, weil er durch seine Erklärung vollzogen wird, § 356 BGB; die Anfechtung; Gesamthandverhältnisse für den Bekl (§§ 743, 745 ua besagen nichts dagegen, weil sie keinen einheitlichen Titel vorschreiben); die nach Art 50 § 2 CIV zu verbindenden Rückgriffsklagen; Klagen mehrerer aus gemeinsam erlittenem Schaden; die Gesellschafter einer Offenen Handelsgesellschaft; Gesamtschuldner, Anm 2 C; der Erbschaftsanspruch eines Miterben gegen den anderen. Überhaupt begründen Schwierigkeiten und unerwünschte Ergebnisse keine notwendige Streitgenossenschaft; s auch Anm 2 C am Ende.

4) Verfahren. A. Grundsatz. Vgl auch Schumann ZZP **6**, 381. Grundsätzlich ist jeder notwendige Streitgenosse in seinen Entscheidungen ebenso frei wie ein gewöhnlicher Streitgenosse nach § 61. Andererseits darf nur das Gericht nur alle notwendige Streitgenossen erfassende einheitliche Entscheidung treffen. Daraus ergeben sich Schwierigkeiten. Sie sind teilweise kaum im Einklang mit den sonstigen Vorschriften zu lösen, Anm 1. § 62 nennt in einer unzureichenden Aufzählung einige Abweichungen von der gewöhnlichen Streitgenossenschaft. II ist eine Ausnahmevorschrift. Sie erlaubt deshalb nur eine enge Auslegung.

B. Beispiele der Selbständigkeit. Die Selbständigkeit eines jeden notwendigen Streitgenossen ergibt sich etwa in folgender Weise:

a) Angriffs- und Verteidigungsmittel. Jeder notwendige Streitgenosse kann unabhängig vom anderen Angriffs- und Verteidigungsmittel wählen, soweit nicht eine einheitliche Entscheidung gefährdet würde. Deshalb bindet ein Geständnis des einen Streitgenossen nur diesen. Das Gericht muß dieses Geständnis aber auch im Hinblick auf die übrigen Streitgenossen frei würdigen, soweit diese übrigen Streitgenossen nicht etwa ebenfalls ein Geständnis ablegen. Eine Versäumung einer einzelnen Prozeßhandlung, etwa der Erklärung über eine Tatsache, bleibt unschädlich, wenn die Prozeßhandlungen der übrigen Streitgenossen ausreichen.

b) Frist. Eine Frist läuft für und gegen jeden notwendigen Streitgenossen getrennt. Das gilt auch für die Rechtsmittelfrist. Ein nicht säumiger Streitgenosse vertritt die säumigen nur, wenn die Frist für die säumigen Streitgenossen noch nicht verstrichen ist.

c) Anerkenntnis, Verzicht, Vergleich. Die Verfügung eines notwendigen Streitgenossen über den Streitgegenstand im Weg eines Anerkenntnisses, eines Verzichts oder eines Vergleichs bindet die anderen Streitgenossen nur insoweit, als der Verfügende ein Verfügungsrecht besaß. Darüber hinaus ist eine solche Verfügung bedeutungslos. Man muß die von einem Streitgenossen erklärte Klagerücknahme in den in Anm 3 B genannten Fällen als unzulässig ansehen, Blomeyer ZPR 109 IV 3 b, RoS § 134 I 4, ThP § 794 Anm 3 a, aM StJ V 5 (er weist die Klage ab, soweit ein Zwang zu einer gemeinschaftlichen Klage oder zu einer Klage gegen mehrere Streitgenossen bestand, da dann die Sachbefugnis entfallen sei), vgl auch BFH BB **77**, 1493.

d) Vertretungsbefugnis. Jeder notwendige Streitgenosse darf sich selbständig vertreten lassen.

e) Zustellung. Die Zustellung erfolgt an jeden notwendigen Streitgenossen besonders.

C. Säumnis. Nach I vertreten die nicht säumigen notwendigen Streitgenossen die säumigen im Hinblick auf Termine und Fristen. § 62 ergibt darüber hinaus keine Vertretungsbefugnis. I enthält eine unwiderlegliche Vermutung. Deshalb kommt es nicht darauf an, welchen Willen die Beteiligten haben. Das Gericht darf also gegen den säumigen notwendigen Streitgenossen kein Versäumnisurteil erlassen, solange ein anderer notwendiger Streitgenosse verhandelt oder aus einem sonstigen Grund nicht säumig ist. Die Vertretungsbefugnis deckt sämtliche Prozeßhandlungen, vgl aber B a und c.

Ein Urteil, das auf Grund der mündlichen Verhandlung auch nur eines notwendigen Streitgenossen ergeht, muß stets ein streitmäßiges Urteil sein. Wenn das Gericht trotzdem ein Versäumnisurteil erlassen hat, das obendrein noch ein unzulässiges Teilurteil ist, dann ist

2. Titel. Streitgenossenschaft § 62 4, 5

allerdings nur der Einspruch statthaft. Ein solches Versäumnisurteil kann aber im Hinblick auf den Zweck des § 62, die Einheitlichkeit der Entscheidung, nicht rechtskräftig werden. Es müßte auch allen notwendigen Streitgenossen zugestellt werden, wenn es gegenüber allen wirken sollte. Ein Säumiger kann aber die anderen Streitgenossen nicht um deren Rechte bringen.

Wenn ein notwendiger Streitgenosse die Gebühren eingezahlt hat oder ein Rechtsmittel begründet hat, dann wirkt dieser Vorgang zugunsten aller anderen Streitgenossen. Eine Fristverlängerung zugunsten des einen Streitgenossen wirkt ebenfalls zugunsten aller übrigen. Wenn ein notwendiger Streitgenosse prozessual ausscheidet, kann er sich trotzdem im Rahmen des sonst Zulässigen an dem Verfahren der übrigen Streitgenossen beteiligen und ist insofern auch hinzuzuziehen. Der vorher vertretene Streitgenosse kann andere Erklärungen abgeben, soweit das nach den allgemeinen prozessualen Grundsätzen zulässig ist.

D. Weitere Bindungen. Wegen der Notwendigkeit einer einheitlichen Entscheidung ergeben sich folgende weitere Bindungen:

a) Gemeinsame Sachentscheidung. Grundsätzlich darf das Gericht nur eine gemeinsame Sachentscheidung treffen, BGH **63**, 53, Köln VersR **74**, 64. Ganz ausnahmsweise ist dann ein Teilurteil zulässig, wenn die übrigen Streitgenossen zur eingeklagten Leistung bereit sind, BGH NJW **62**, 1722.

b) Rechtsmittelfragen. Man muß ein Rechtsmittel gegenüber jedem Streitgenossen einlegen. Wenn das nicht geschieht, ist das Rechtsmittel unzulässig, BGH **23**, 74 und FamRZ **75**, 406. Wenn nur einzelne Streitgenossen ein Rechtsmittel eingelegt haben, dann hat ein jetzt ergehendes Urteil eine Wirkung auch gegenüber denjenigen weiteren Streitgenossen, die sich am Rechtsmittelverfahren nicht beteiligt oder ihrerseits zu spät ein Rechtsmittel eingelegt haben. Das ergibt sich aus II. Die Rechtskraft einer angefochtenen Entscheidung bleibt also solange in der Schwebe, als noch einer der Streitgenossen anfechten kann. So liegt es auch bei einem Einspruch und im Wiederaufnahmeverfahren. Soweit ein Rechtsmittel verspätet eingelegt wird, muß das Gericht dieses Rechtsmittel gegenüber diesem Streitgenossen im Endurteil mit der Kostenfolge § 100 Anm 6 B–D verwerfen, aM Schumann ZZP **76**, 395 (er will auf Grund dieses Rechtsmittels eine Entscheidung entspr BGH **24**, 180, vgl § 518 Anm 1, nur dann ergehen lassen, wenn der Nichtsäumige mit seinem Rechtsmittel nicht durchdringt. Für diese Lösung ist aber keine Notwendigkeit gegeben. Sie würde den Säumigen unberechtigterweise von der Kostenlast befreien).

Wenn ein für den Säumigen ungünstiges Berufungsurteil ergeht, dann kann er sich wieder am Prozeß dadurch beteiligen, daß er Revision einlegt, eine der Ungereimtheiten des § 62, vgl Anm 1. Wenn ein Sachurteil versehentlich nur wegen eines Streitgenossen erlassen worden ist, muß das Revisionsgericht diesen Umstand von Amts wegen berücksichtigen, OGH NJW **50**, 597.

c) Unterbrechung, Aussetzung. Die Unterbrechung des Rechtsstreits wegen des einen notwendigen Streitgenossen wirkt zugleich im Hinblick auf alle übrigen Streitgenossen. Eine Aussetzung im Verhältnis nur zu dem einen Streitgenossen ist unzulässig. Denn dieser Streitgenosse wäre im folgenden Verfahren der übrigen Streitgenossen nicht vertreten; ohne die Mitwirkung aller Streitgenossen würde aber die Sachbefugnis fehlen.

5) *VwGO:* *Entsprechend anzuwenden, § 64 VwGO, auf alle Klagearten der VwGO, obwohl die Versäumung eines Termins, I, im VerwProzeß ohne Bedeutung ist. Beispiele: Notwendigkeit einheitlicher Entscheidung bei Klagen auf oder gegen die Genehmigung eines Vertrages, an dem auf einer Seite mehrere beteiligt sind, oder bei einer Verpflichtungsklage, mit der mehrere gemeinsam die Erteilung einer Genehmigung, BVerwG VerwRspr **31**, 580, oder Eheleute die Änderung des Ehenamens erstreben, BVerwG NJW **83**, 1133 (abw für die Klage gegen eine Namensfeststellung BVerwG VerwRspr **32**, 534), oder wenn verschiedene Personen eine Allgemeinverfügung anfechten, Anm 3 B a; Notwendigkeit gemeinsamer Rechtsverfolgung, wenn Eltern aufgrund ihres Elternrechts klagen, Maetzel DVBl **75**, 734, OVG Münst FamRZ **75**, 44, oder mehrere Kläger in einem Gesamthandverhältnis stehen, BVerwG **3**, 208 (abl Rupp DÖV **57**, 144); vgl dazu Martens VerwArch **60**, 213, Grunsky § 29 II 2, eingehend Stettner, Das Verhältnis der notwendigen Beiladung zur notwendigen Streitgenossenschaft im VerwProzeß, 1974 (Bespr Bettermann ZZP **90**, 121). Wegen der Wirkungen vgl Anm 4; das Fehlen eines Streitgenossen kann bei notwendiger gemeinsamer Rechtsverfolgung nicht durch Beiladung ersetzt werden, VGH Mü BayVBl **80**, 596 mwN. Die Einlegung eines Rechtsmittels durch einen Streitgenossen kommt im Ergebnis auch den anderen zugute, BVerwG Buchholz 310 § 173 VwGO Anh: § 62 Nr 1. – Keine notwendige Streitgenossenschaft der Behörden besteht bei der sog Verbundklage eines Asylbewerbers nach § 30 AsylVfG, Fischer NJW **81**, 486, Gerhardt/Jacob DÖV **80**, 752 (zu § 7 II 2 G v 16. 8. 80, BGBl 1437).*

63 *Prozeßbetrieb durch einen Streitgenossen.* Das Recht zur Betreibung des Prozesses steht jedem Streitgenossen zu; zu allen Terminen sind sämtliche Streitgenossen zu laden.

1) Geltungsbereich. § 63 gilt für alle Fälle der Streitgenossenschaft. Ein Streitgenosse braucht beim Prozeßbetrieb auf den anderen keine Rücksicht zu nehmen. Er ist mit seinem Vorbringen und mit seinen Anträgen ganz selbständig und kann sich seinen eigenen Anwalt nehmen, § 91 Anm 5 „Mehrheit von Prozeßbevollmächtigten. B".

2) Ladung. A. Von Amts wegen. Die Ladung sämtlicher Streitgenossen erfolgt von Amts wegen durch das Gericht, § 214. Es muß die Streitgenossen mitladen, wenn auf Grund des Antrags nur eines Streitgenossen oder auf Grund der Prozeßhandlung auch nur eines Streitgenossen ein Termin anberaumt wird. Die Ladung ist nur gegenüber einem völlig ausgeschiedenen Streitgenossen unnötig. Das alles gilt auch im Wiederaufnahmeverfahren. Es ist unerheblich, ob die Streitgenossen bisher säumig waren. Die Rechtsmittelschrift und die Rechtsmittelbegründung sind allen Streitgenossen zuzustellen, soweit sie nicht ersichtlich am Rechtsmittel unbeteiligt sind. Im Fall einer notwendigen Streitgenossenschaft stellt die Geschäftsstelle vorsorglich allen Streitgenossen zu. Eine Terminsbekanntmachung nach den §§ 340a, 520, 555 erfolgt ebenfalls an alle Streitgenossen. Vgl wegen der Berufungsschrift und der Revisionsschrift auch §§ 519a, 553a II.
B. Verstoß. Bei einem Verstoß gegen § 63 darf kein Versäumnisurteil gegen den nicht geladenen Streitgenossen ergehen. Im Fall der notwendigen Streitgenossenschaft vertritt ein erschienener Streitgenosse die geladenen, aber nicht erschienenen anderen Streitgenossen. Es findet aber keine Verhandlung statt, wenn ein notwendiger Streitgenosse nicht geladen wurde und entweder nicht erschienen ist oder erscheint, aber das Fehlen der ordnungsmäßigen Ladung rügt.

3) *VwGO: Entsprechend anwendbar, § 64 VwGO. Die Ladung, Anm 2, erfolgt durch das Gericht, §§ 102, 56 VwGO.*

Dritter Titel. Beteiligung Dritter am Rechtsstreit
Übersicht

Schrifttum: Bruns, Erweiterung der Streitverkündung, Festschrift für Schima (1969) 111; Lammenett, Nebenintervention, Streitverkündung und Beiladung usw, Diss Köln 1976; Picker, Hauptintervention, Forderungsprätendentenstreit und Urheberbenennung usw, Festschrift für Flume (1978) I 649 (Bespr Henckel ZZP **94**, 349).

1) Streithilfe. Ein Dritter beteiligt sich am Prozeß durch eine Streithilfe (Nebenintervention), §§ 66–71, dh indem er einer Partei zu deren Unterstützung beitritt, ohne regelmäßig zum Streitgenossen zu werden. Man kann die Streithilfe durch eine Streitverkündung verbreiten, §§ 72–74; sie zeigt einem Dritten das Schweben des Prozesses an, um ihm eine Gelegenheit zur Beteiligung, vereinzelt, §§ 75–77, auch zur Übernahme des Prozesses, zu geben. Streithilfe und Streitverkündung sind im geltenden Prozeß das einzige Mittel, die sonst auf die Parteien beschränkte Rechtskraftwirkung auf Dritte auszudehnen, s § 68.

2) Einmischungsklage, weiterer Geltungsbereich. Darüber hinaus gibt Titel 3 Vorschriften für die Einmischungsklage (Hauptintervention), §§ 64 ff; durch sie beansprucht ein Dritter den Streitgegenstand mit einer gegen beide Parteien als Streitgenossen gerichteten Klage. Eine Abart dieser Prozeßfigur ist der Eintritt eines Anspruchsforderers an Stelle des Beklagten, § 75. Weiter kann ein Dritter als benannter Urheber in den Prozeß eintreten, §§ 76, 77. Zu zahlreichen Einzelfragen gegenüber der hier vertretenen Meinung jeweils aM Picker Festschrift für Flume (1978) 649 (wenig überzeugend). Eine amtliche Beiladung kennt der eigentliche Zivilprozeß nicht. Eine solche sehen §§ 666 II, 856 III mit jeweils anderen Wirkungen vor.

3) Stellung des Staatsanwalts. Der Staatsanwalt ist nie Streithelfer. In gewissen, besonders geordneten Fällen ist er Prozeßpartei, dann also kein Dritter. Er wirkt stets nicht als Person mit, sondern als Vertreter des Staates.

4) *VwGO:* An die Stelle der Streithilfe und Streitverkündung tritt die Beiladung, §§ 65 u 66 *VwGO*, Grunsky § 31 I 4 u II 4. Dagegen sind die sonstigen Vorschriften des 3. Titels, §§ 64, 65, 75–77, entsprechend anzuwenden, § 173 *VwGO*, EF § 65 Rdz 8. Da es sich um besondere Klageverfahren und nicht um den Hinzutritt Dritter handelt, stehen weder die Aufzählung in § 63 *VwGO* noch das Fehlen einer Verweisung in § 64 *VwGO* entgegen (aM Koehler § 65 VII). Die praktische

Bedeutung dieser besonderen Verfahren, die nur für sog Parteistreitigkeiten in Betracht kommen (vgl Bettermann MDR **67,** 950), wird stets gering sein. Eingehende Darstellung bei Stahl, Beiladung und Nebenintervention, 1972 (Bespr Habscheid ZZP **86,** 101).

64 *Einmischungsklage.* Wer die Sache oder das Recht, worüber zwischen anderen Personen ein Rechtsstreit anhängig geworden ist, ganz oder teilweise für sich in Anspruch nimmt, ist bis zur rechtskräftigen Entscheidung dieses Rechtsstreits berechtigt, seinen Anspruch durch eine gegen beide Parteien gerichtete Klage bei dem Gericht geltend zu machen, vor dem der Rechtsstreit im ersten Rechtszuge anhängig wurde.

Schrifttum: Schäfer, Interventionswirkung und materielle Rechtskraft, Diss Tüb 1960.

1) Einmischungsklage. Die Einmischungsklage, auch Hauptintervention genannt, ist eine gegen beide Prozeßparteien gerichtete Klage eines Dritten, der den Streitgegenstand für sich beansprucht. Sie ist nicht mit der Widerspruchsklage nach § 771 zu verwechseln. Die Einmischungsklage ist eine seltene Prozeßfigur. Das ist entgegen der Unterstellung von Picker Festschrift für Flume (1978) 651 keineswegs eine abwertende Beurteilung. Die Einmischungsklage hat den Zweck, unnötige Prozesse und einander widersprechende Urteile zu verhindern.

Sie leitet einen neuen Prozeß ein. Er verläuft neben dem anderen, dem Erstprozeß, den § 65 irreführend als den Hauptprozeß bezeichnet. Die Einmischungsklage gehört zur Streitgenossenschaft. Denn sie macht die Erstparteien zu Streitgenossen. Das Gericht kann den Erstprozeß aussetzen oder mit dem Einmischungsprozeß verbinden, § 65. Im Fall der Veräußerung der Streitsache gilt § 265 II.

Der Dritte ist zwar zur Einmischungsklage berechtigt, aber keineswegs verpflichtet. Er kann sein Recht auch durch mehrere Einzelklagen geltend machen.

2) Voraussetzungen. A. Beanspruchung des Streitgegenstands. Jemand muß den Streitgegenstand ganz oder teilweise für sich beanspruchen. In Betracht kommen:

a) Eine Sache, genauer ein Recht an einer Sache oder ein Recht auf eine Sache einschließlich der unbeweglichen Sachen. Es ist die Nämlichkeit der Sache notwendig, nicht die Nämlichkeit des Rechts.

b) Ein Recht, genauer ein anderes Recht, etwa die Übertragung von Besitz oder Eigentum, die Herausgabe eines Kindes, eine Forderung oder ein Urheberrecht. Es ist die Nämlichkeit des Rechts notwendig.

Der Einmischungskläger kann seinen Anspruch auf ein ausschließliches Recht stützen, etwa auf das Eigentum, oder auf ein jedenfalls stärkeres Recht, etwa auf eine Überweisung zur Einziehung im Streit zwischen dem Schuldner und dem Drittschuldner.

B. Rechtshängigkeit. Über die Sache oder das Recht muß bei einem ordentlichen Gericht ein Prozeß anhängig, richtiger rechtshängig sein, BGH NJW **75,** 929. Ein Urkunden- oder Wechselprozeß genügen. Ein Mahnverfahren oder ein vorläufiges Verfahren genügen nicht. Wegen des Schiedsverfahrens vgl § 1034 Anm 5. Der Streithelfer des Erstprozesses ist zur Klage befugt. Der Erstprozeß darf noch nicht rechtskräftig entschieden sein. Er darf also nicht in Wahrheit irgendwie endgültig und unbedingt erledigt sein, auch nicht durch einen Vergleich. Die Einmischungsklage ist auch in der höheren Instanz zulässig, ferner auch im Nachverfahren nach § 302 IV oder im Verfahren nach einer Klagerücknahme, die sich als unwirksam erweist.

3) Klage. A. Verfahren. Die Einmischungsklage ist gegen beide Parteien des Erstprozesses zu erheben. Es ist unerheblich, wie die Einmischungsklage diese Parteien bezeichnet. Die Einmischungsklage braucht nicht in derselben Prozeßart des Erstprozesses erhoben zu werden. Eine Prozeßvollmacht für den Erstprozeß gilt auch im Einmischungsprozeß, § 82. Deshalb ist eine Zustellung der Klage auch an die ProzBev des Erstprozesses wirksam. Die Parteien des Erstprozesses werden Streitgenossen, und zwar je nach der Rechtslage gewöhnliche oder notwendige. Da der Kläger stets beide Parteien des Erstprozesses verklagen muß, muß er zwei verschiedene Anträge stellen. Die Rechtslage ergibt, wie diese Anträge jeweils lauten müssen.

Beispiel: Die Einmischungsklage geht gegen den einen auf eine Feststellung, gegen den anderen auf eine Herausgabe.

Das Rechtsschutzbedürfnis für die Einmischungsklage ist bereits im Gesetz bejaht. Das Gericht braucht diesen Punkt daher nicht zu prüfen. Der Erstprozeß und der Einmischungsprozeß laufen völlig unabhängig voneinander fort. Eine Aussetzung richtet sich nach § 65, eine Verbindung nach § 147. Die Entscheidung braucht nur dann für sämtliche Streitgenossen einheitlich zu sein, wenn es sich um eine notwendige Streitgenossenschaft handelt.

Der Erstprozeß und der Einmischungsprozeß lassen im übrigen verschiedene Entscheidungen zu. Das Urteil im einen Prozeß hat im anderen Prozeß grundsätzlich keine Rechtskraftwirkung. Diese Folge ist sehr unbefriedigend, ergibt sich aber aus dem Gesetz. Etwas anderes gilt nur dann, wenn ausnahmsweise besondere Umstände hinzutreten, etwa dann, wenn der Einmischungskläger der Streitverkündungsgegner des Erstbeklagten war, §§ 68, 74.

B. Zuständigkeit. Für die Einmischungsklage ist das Gericht der ersten Instanz des Erstprozesses örtlich und sachlich ausschließlich zuständig. Es handelt sich um einen besonderen Gerichtsstand. Es braucht aber nicht notwendig innerhalb dieses Gerichts dieselbe Abteilung oder Kammer wie im Erstprozeß tätig zu werden. Wegen der Zuständigkeit der Kammer für Handelssachen vgl § 103 GVG. Wegen des EuGÜbk SchlAnh V C 1, besonders Art 6 Z 2.

4) VwGO: *Entsprechend anwendbar, § 173 VwGO, in Parteistreitigkeiten, Üb 4 § 64.*

65 *Aussetzung des Hauptprozesses.* **Der Hauptprozeß kann auf Antrag einer Partei bis zur rechtskräftigen Entscheidung über die Hauptintervention ausgesetzt werden.**

1) Ermessen. Das Gericht darf den Erstprozeß nach seinem pflichtgemäßen, aber nicht nachprüfbaren Ermessen aussetzen, sofern eine Partei des Erstprozesses die Aussetzung beantragt. Ein Antrag des Einmischungsklägers reicht nicht aus. Neben § 65 bleiben alle anderen Aussetzungsfälle anwendbar. Die Aussetzung ist bis zur Rechtskraft des Urteils zulässig, also auch in der höheren Instanz. Das Gericht braucht über die Aussetzungsfrage keine mündliche Verhandlung durchzuführen, § 148 Anm 2 A. Die Wirkung einer Aussetzung und eine Aufnahme des Verfahrens richten sich nach den §§ 249, 250.

Eine Einstellung der Zwangsvollstreckung wegen der Einmischungsklage ist nicht vorgesehen und daher unzulässig. Notfalls ist ein Verfahren auf einen Arrest oder eine einstweilige Verfügung zu empfehlen.

2) VwGO: *Vgl § 64 Anm 4.*

66 *Streithilfe, Zulässigkeit.* **¹ Wer ein rechtliches Interesse daran hat, daß in einem zwischen anderen Personen anhängigen Rechtsstreit die eine Partei obsiege, kann dieser Partei zum Zwecke ihrer Unterstützung beitreten.**

II Die Nebenintervention kann in jeder Lage des Rechtsstreits bis zur rechtskräftigen Entscheidung, auch in Verbindung mit der Einlegung eines Rechtsmittels, erfolgen.

Schrifttum: Lammenett, Nebenintervention, Streitverkündung und Beiladung usw, Diss Köln 1976; Schwanecke, Nebenintervention und Rechtskraftwirkung, Diss Heidelb 1975.

1) Allgemeines zu den §§ 66–71. Die Streithilfe, Nebenintervention, ist die Beteiligung eines Dritten an einem rechtshängigen Prozeß zum Zweck der Wahrung eigener Interessen. Manche nennen den Streithelfer auch eine Nebenpartei und die unterstützte Partei auch den Hauptpartei. § 66 enthält die Voraussetzungen, den Streithilfegrund. Das Gericht prüft nicht von Amts wegen, ob diese Voraussetzungen vorliegen. Die allgemeinen Prozeßvoraussetzungen, die sich mit der Person befassen, müssen auch beim Streithelfer vorliegen, also: Die Parteifähigkeit; die Prozeßfähigkeit; eine gesetzliche Vertretung; eine prozessuale Vollmacht. Ein nicht rechtsfähiger Verein kann nicht beitreten. Andere Prozeßvoraussetzungen sind für den Streithelfer unerheblich.

Die Einmischungsklage nach § 64 und eine Streithilfe schließen sich nicht gegenseitig aus. Jedoch ergibt sich aus einem Beitritt auf der Seite des Bekl nicht ein Recht zur Erhebung der Widerklage, BGH NJW **75**, 1228. Es handelt sich vielmehr um selbständige Rechtsstreitigkeiten, die unter den Voraussetzungen des § 147 miteinander verbunden werden können. Eine solche Verbindung steht im pflichtgemäßen Ermessen des Gerichts, BGH **LM** § 33 Nr 12.

Im Verfahren wegen der Nichtigkeit des Beschlusses einer Patentanwaltskammer sind §§ 66ff unanwendbar, BGH **70**, 346.

3. Titel. Beteiligung Dritter am Rechtsstreit § 66 2

2) Streithilfegrund, I. A. Rechtshängigkeit. Zwischen anderen Personen muß ein Rechtsstreit anhängig, richtiger rechtshängig sein, BGH NJW **75**, 929. Es genügt auch ein Verfahren mit dem Ziel der Vollstreckbarerklärung eines Schiedsspruchs, Schlesw SchlHA **60**, 343. Der Streithelfer darf nicht ohnehin eine Partei oder ein gesetzlicher Vertreter einer der Parteien sein, Grdz 2 B vor § 50. Der Prozeß muß schon oder noch rechtshängig sein. Eine Rechtshängigkeit reicht auch aus: Im Eheverfahren; im Kindschaftsverfahren, unten E a; im vorläufigen Verfahren; im Zwangsversteigerungsverfahren, Ffm Rpfleger **78**, 417; im Verfahren nach Art 18 ff HZPrÜbk, SchlAnh V A 1; im Beschlußverfahren nach §§ 1042 ff. Über das Schiedsverfahren vgl § 1034.

Es reichen nicht aus: Eine Anhängigkeit im Mahnverfahren; im amtsgerichtlichen Entmündigungs- oder Aufgebotsverfahren; im Verfahren auf Grund einer Erinnerung; im Konkursverfahren.

B. Beitritt. Der Streithelfer muß einer Partei zu deren Unterstützung beitreten, § 67 Anm 2. Er darf keinesfalls beiden Parteien beitreten. Beitreten dürfen zB: Der Gemeinschuldner oder der Konkursgläubiger im Prozeß des Konkursverwalters. Denn der Konkursverwalter ist eine Partei kraft Amts, vgl aber E; der Gesellschafter im Prozeß der Offenen Handelsgesellschaft oder der Kommanditgesellschaft, BGH **62**, 132; ein Streitgenosse der Gegenpartei, BGH **8**, 72, Neustadt MDR **58**, 342 mwN, abw BGH **LM** Nr 1 (er läßt den Beitritt erst zu, sobald rechtskräftig entschieden worden sei), und erst recht dem eigenen Streitgenossen, BGH **8**, 86.

Der Streitverkündungsgegner darf der Gegenpartei beitreten, geeignetenfalls nach einer Aufgabe eines früheren Beitritts, BGH **18**, 112. Zum Beitritt besteht zwar unter Umständen ein Recht, nie aber eine Pflicht. Deshalb kann der Streithelfer auch ohne eine Einwilligung der Prozeßparteien eine Rücknahme des Beitritts erklären. Er muß dazu dieselbe Form wie bei einer Klagerücknahme wählen.

Das Unterlassen des Beitritts zieht die Streithilfewirkung des § 68 nicht nach sich, abgesehen vom Fall der Streitverkündung.

C. Rechtliches Interesse. Der Streithelfer muß ein rechtliches Interesse an einem Sieg der unterstützten Partei haben. Die Entscheidung oder ihre Vollstreckung müssen den Streithelfer in bestimmten Rechtsbeziehungen zur Partei oder zum Streitgegenstand gefährden, also seine Rechtslage verändern, Mü GRUR **76**, 388, LG Osnabr VersR **79**, 92. Das Interesse ist ein prozeßrechtliches. Eine Rechtskraftwirkung des Urteils für den Streithelfer ist nicht erforderlich, Mü GRUR **76**, 388. Der Streithelfer muß immer ein eigenes Interesse haben.

Nicht ausreichend sind also: Ein rechtliches Interesse der Allgemeinheit; ein ausschließlich wirtschaftliches, sittliches, berufliches Interesse des Streithelfers, Mü GRUR **76**, 388 und VersR **76**, 73, also etwa das Interesse des Aktionärs am Sieg der Aktiengesellschaft in einem bedeutenden Prozeß oder das Interesse des Sozialversicherers in einem Schadensersatzprozeß des Geschädigten, sofern nur derjenige Teil des Anspruchs geltend gemacht wird, der nicht auf den Sozialversicherer übergegangen ist. Denn dann liegt nur ein wirtschaftliches oder tatsächliches Interesse vor, das dem Sozialversicherer die Geltendmachung der eigenen Klagansprüche erleichtern soll, Köln MDR **71**, 849.

Im übrigen spricht alles gegen eine enge und für eine weite Auslegung, LG Osnabr VersR **79**, 92. Für die Voraussetzungen der Streithilfe sind die Behauptungen der unterstützten Partei maßgeblich. Denn man kann ihren Einfluß auf die Entscheidung nicht berechnen. Wegen des auf eine Zustimmung zur Ausschließung eines Gesellschafters verklagten anderen Gesellschafters BGH **68**, 85 mwN (krit Haarmann, Holtkamp NJW **77**, 1396).

D. Beitrittsgründe. Hier sind folgende Fälle zu unterscheiden:

a) Ausreichend sind zB: Ein öffentlichrechtliches Interesse, etwa die Gefahr einer strafgerichtlichen Verfolgung oder eines sozialen Ehrenverfahrens; eine förmliche Berechtigung, etwa infolge der Eintragung in der Warenzeichenrolle; ein sittliches Interesse, sofern es sich um ein privatrechtlich geschütztes Gut handelt, etwa um die Ehre; die Rechtskraft- oder Vollstreckungswirkung; die Besorgnis eines Rückgriffs der Partei; der Umstand, daß sich eine Partei eines entsprechenden Anspruchs berühmt, LG Osnabr VersR **79**, 92; die Befürchtung, statt der Partei belangt zu werden; die Gefahr eines nachteiligen Beweisergebnisses, etwa deshalb, weil sich ein Zeuge auf seine Aussage oder ein Sachverständiger auf sein Gutachten festlegen könnten, Baumgärtel Gedächtnisschrift für Rödig (1978) 316; überhaupt jede Beeinträchtigung der Rechtslage, wenn auch nur durch eine Erschwerung ihrer Durchsetzung. Das Gericht braucht nicht festzustellen, daß der angedrohte Rückgriff zur Zeit nicht mit Sicherheit als aussichtslos bezeichnet werden kann, Ffm NJW **70**, 817.

b) Nicht ausreichend sind zB: Ein gleichartiger Prozeß desselben Klägers gegen den

Streithelfer, Mü GRUR **76**, 388; ein gleichartiges Verfahren eines anderen Wohnungseigentümers, Kellmann DB **79**, 2264.

E. Beitrittsberechtigte Personen. Hier sind folgende Gruppen zu unterscheiden:

a) Beitrittsberechtigt sind zB: Der Testamentsvollstrecker im Prozeß des Erben; der Ehegatte, der nicht verfügt und zugestimmt hat, im Prozeß gegen den anderen Ehegatten wegen dessen Verfügung über das Vermögen im ganzen oder über Haushaltsgegenstände, §§ 1365, 1369 BGB, Baur FamRZ **58**, 257; der Bürge im Prozeß des Hauptschuldners; der Eigentümer der Pfandsache im Prozeß zwischen dem Verpfänder und dem Gläubiger; der Treugeber im Prozeß des Treuhänders um Treugut; der Gesellschafter im Prozeß der Offenen Handelsgesellschaft; der Gesellschafter der Gesellschaft mit beschränkter Haftung bei einer Anfechtung eines Gesellschafterbeschlusses; derjenige, der von einem Patentinhaber bereits verwarnt wurde oder gegen den bereits die Verletzungsklage erhoben worden ist, BGH **4**, 5.

Weiter sind beitrittsberechtigt zB: Derjenige, der eine Zwangsvollstreckung dulden muß; der Arrestgläubiger des später vollzogenen Arrests beim Zusammentreffen mehrerer Arreste; das Versorgungsamt, das dem Kläger bei einem Unterliegen des unterhaltspflichtigen Bekl die Rente kürzen könnte, LG Flensb FamRZ **74**, 534; im Vaterschaftsanfechtungsprozeß der Dritte, der als Vater in Betracht kommt, BGH NJW **76**, 301, Hamm FamRZ **80**, 392 je mwN, § 641b Anm 2, aM Hamm NJW **79**, 1256. Es ist unerheblich, ob der Streithelfer durch den Versicherer gedeckt ist.

b) Nicht beitrittsberechtigt sind zB: Derjenige, der in einen gleichliegenden Prozeß verwickelt ist; derjenige, den ein Sieg der Partei nur wirtschaftlich stärken würde, Mü VersR **76**, 73; derjenige, den nur solche Punkte berühren würden, über die im Prozeß keine der Rechtskraft fähige Entscheidung eintreten wird; derjenige, der ein ganz selbständiges Interesse an der Vernichtung des Streitpatents hat, BGH **4**, 5; der Gemeinschuldner im Prozeß gegen den Konkursverwalter mit dem Ziel der Feststellung einer Forderung zur Konkurstabelle; der Anwalt wegen eines Kostenerstattungsanspruchs, der erst durch den Prozeß entstehen kann.

3) Zeitpunkt des Beitritts, II. Der Streithelfer kann dem Prozeß in jeder Lage beitreten, also auch in Verbindung mit der Einlegung eines Rechtsmittels oder des Einspruchs oder in der Revisionsinstanz, solange das Gerücht den Beitritt nicht rechtskräftig zurückgewiesen hat, BGH MDR **82**, 650. Der Beitritt geschieht in einem solchen Fall durch die Einreichung eines Schriftsatzes bei dem Rechtsmittelgericht. Das spricht § 70 ausdrücklich aus. Der Streithelfer ist auch zur Einlegung einer Wiederaufnahmeklage befugt. Denn sie ist einem Rechtsmittel vergleichbar, BayObLG NJW **74**, 1147 mwN, s aber auch Anm 2 B.

Nach einer rechtskräftigen Beendigung des Prozesses ist kein Beitritt mehr möglich. Der Streithelfer kann auch nicht auf Grund seiner eigenen Position einen Antrag auf eine Wiedereinsetzung in den vorigen Stand stellen, vgl BVerfG NJW **82**, 1636.

67 *Unselbständiger Streithelfer.* Der Nebenintervenient muß den Rechtsstreit in der Lage annehmen, in der er sich zur Zeit seines Beitritts befindet; er ist berechtigt, Angriffs- und Verteidigungsmittel geltend zu machen und alle Prozeßhandlungen wirksam vorzunehmen, insoweit nicht seine Erklärungen und Handlungen mit Erklärungen und Handlungen der Hauptpartei in Widerspruch stehen.

1) Allgemeines. Vgl zunächst § 66 Anm 1. Die Stellung des Streithelfers ist wie folgt zu beurteilen:

A. Gewöhnlicher Streithelfer. In der Regel ist der Streithelfer lediglich der Helfer der unterstützten Partei kraft eigenen Rechts, nicht etwa als deren gesetzlicher Vertreter. Diesen Fall einer gewöhnlichen Streithilfe regelt § 67. Der gewöhnliche Streithelfer wird nicht Partei, BGH NJW **81**, 2062, und zwar auch dann nicht, wenn die Partei ihm die volle Prozeßführung überläßt. Daher kann auch der Prozeßgegner ihm gegenüber keine Sachanträge stellen, Köln JR **55**, 186. Die Stellung des gewöhnlichen Streithelfers bewirkt, daß er alles für die unterstützte Partei, aber nichts gegen deren erklärten Willen tun kann. Die Belange des gewöhnlichen Streithelfers treten also hinter denjenigen der Partei zurück.

B. Streitgenössischer Streithelfer. Vereinzelt gilt der Streithelfer als ein Streitgenosse der unterstützten Partei. Diesen Fall der streitgenössischen Streithilfe regelt § 69. Eine solche Situation liegt vor, wenn sich eine Rechtskraftwirkung auf den Streithelfer erstreckt.

2) Bindung des unselbständigen Streithelfers. A. Bloßer Helfer. Der unselbständige Streithelfer ist nur ein Hilfsgenosse der Partei, nicht selbst Partei. Deshalb steht er im

3. Titel. Beteiligung Dritter am Rechtsstreit § 67 2, 3

Prozeß hinter der Partei zurück. Seine Beteiligung kann die Natur des Rechtsstreits nicht beeinflussen, BGH NJW **81**, 2062. Freilich handelt er aus eigenem Recht und in eigenem Namen. Soweit er seine Rechte überschreitet, sind seine Handlungen wirkungslos. Heilen kann nur eine Genehmigung der Partei, keineswegs ein Rügeverzicht nach § 295, der begrifflich ohnehin nicht möglich ist, abw StJ II 6 (er hält eine Heilung stets für unzulässig). Eine Handlung des Streithelfers macht nur dann eine Entscheidung erforderlich, wenn eine Entscheidung auf Grund einer entsprechenden Handlung der Partei notwendig wäre. Das Gericht muß zB ein unzulässiges Rechtsmittel des Streithelfers verwerfen, vgl BGH **76**, 301.

B. Hinnahme der Prozeßlage. Der gewöhnliche Streithelfer muß die Prozeßlage im Zeitpunkt seines Beitritts hinnehmen. Das gilt etwa für ein Geständnis, einen Verzicht, eine Versäumung, BGH VersR **82**, 976, den Beginn oder den Ablauf einer Frist. Er kann Zeuge sein. Er darf nicht für sich persönlich Anträge stellen. Sein Vorbringen gilt grundsätzlich als für die unterstützte Partei vorgetragen. Anträge, Widerklagen, Rechtsbehelfe gegen ihn als Partei sind nicht möglich. Das Urteil darf ihm nichts zusprechen.

Unterbrechungsgründe aus seiner Person wirken zwar unmittelbar als solche weder für ihn noch für die Partei; sie verhindern aber seine nach § 71 vorgeschriebene Hinzuziehung und damit die gesamte Prozeßführung wie eine Unterbrechung. Die Aufnahme erfolgt entsprechend den §§ 239ff. Eine Unterbrechung und eine Aussetzung des Verfahrens aus der Person der Partei wirken auch im Hinblick auf den Streithelfer.

C. Grenzen der Befugnisse. Der Streithelfer kann nichts tun, was ihm nicht nach § 67 erlaubt ist. Er kann also namentlich nicht: Die Klage ändern, BAG BB **74**, 372; eine Widerklage erheben; eine Einrede oder eine Aufrechnung aus eigenem Recht geltend machen; das von der unterstützten Partei verfolgte Recht wie ein Einmischungskläger nach § 64 für sich beanspruchen. Der Streithelfer muß alle nach dem Zeitpunkt seines Eintritts von der unterstützten Partei geschaffenen prozessualen Tatsachen gelten lassen. Eine bereits eingetretene Versäumung der Partei wirkt gegen ihn, Fuhrmann NJW **82**, 978 mwN. Eine noch nicht eingetretene Versäumung der Partei kann der Streithelfer verhindern. Die Folgen der Versäumung kann der Streithelfer nur aus solchen Gründen beseitigen, die in der Person der Partei liegen.

Der Streithelfer darf einen Rechtsbehelf nur in der für die Partei laufenden Frist einlegen, BAG DB **74**, 49. Der Streithelfer kann Erklärungen der Partei nur mit den eigenen Beschränkungen und nur unter einer Beachtung derjenigen Beschränkungen widerrufen, die auch der Partei insofern auferlegt sein mögen.

D. Vorrang der Parteihandlungen. Eine Erklärung oder Handlung des Streithelfers ist unwirksam, soweit sie derjenigen der unterstützten Partei zuwiderlaufen würde, BGH **LM** § 73 Nr 1. Denn der Streithelfer ist ja gerade nur „zum Zweck ihrer Unterstützung" beigetreten, § 66. Der Sinn der Vorschrift besteht darin, den Erklärungen und Handlungen der Partei den Vorrang zu lassen, Köln NJW **75**, 2109 (insofern zustm Gorski NJW **76**, 811). Der Streithelfer darf also nicht anders handeln und keine anderen Erklärungen abgeben, als sie schon von der Partei abgegeben wurden, sofern sich nicht die Umstände geändert haben.

Soweit die Partei bestreitet, darf der Streithelfer nicht gestehen, abw StJ II 5 (das Gericht müsse das Geständnis des Streithelfers in einem solchen Fall frei würdigen. Aber das widerspricht dem § 67. Das Gericht darf nach § 139 anregen, den Streithelfer als Zeugen zu vernehmen). Der Streithelfer kann eine Klagerücknahme der Partei nicht verhindern. Er darf seinerseits weder die Klage noch ein Rechtsmittel zurücknehmen noch den von der Partei benannten Sachverständigen ablehnen.

Der Streithelfer kann die grundsätzlich zulässige Ablehnung des Richters, Anm 3 A, nicht mehr wirksam geltend machen, sobald die Partei die Fortsetzung der Sachverständigentätigkeit usw wünscht, Ffm MDR **83**, 233.

Der Streithelfer kann auch nicht gegen den Willen der Partei die Verjährung einwenden oder im Weg einer Anschlußberufung den Patentschutz voll aufrechterhalten wollen, obwohl der Patentinhaber ihn vielleicht nur eingeschränkt in Anspruch nimmt, BGH **LM** Nr 4. Wenn die Partei ein Rechtsmittel zurücknimmt, dann hindert das den Streithelfer nicht an der Durchführung des eigenen Rechtsmittels, es sei denn, daß die Partei auf den Klaganspruch verzichtet hat. Denn die bloße Rücknahme beseitigt nur die Einlegung des Rechtsmittels.

Jede Erklärung des Streithelfers in der mündlichen Verhandlung verliert ihre Wirkung, falls die Partei diese Erklärung sofort widerruft. Im schriftlichen Verfahren genügt ein unverzüglicher schriftlicher Widerruf, vgl Mü JB **77**, 94.

3) Befugnisse des Streithelfers. A. Angriffs- und Verteidigungsmittel usw. Der Streithelfer darf Angriffs- und Verteidigungsmittel, Begriff Einl III 7 B, geltend machen und Prozeßhandlungen vornehmen. Er darf in dieser Weise neben der unterstützten Partei oder auch an ihrer Stelle vorgehen. Im letzteren Fall hat sein Verhalten dieselbe Wirkung, als wenn die Partei gehandelt hätte. Mü AnwBl **79,** 432 mwN.

Der Streithelfer kann zB folgendes unternehmen: Er kann einen Antrag stellen, der über denjenigen der Hauptpartei hinausgeht; er kann alle Beweismittel geltend machen; er darf den Richter ablehnen, Ffm MDR **82,** 232 (vgl aber Anm 2 D); er kann jemandem den Streit verkünden; er darf ein Geständnis der Partei im Rahmen von § 290 widerrufen, BGH **LM** § 73 Nr 1 mwN, aM zB Wieser ZZP **79,** 265; er darf einen Antrag auf die Festsetzung des Streitwerts stellen; er darf eine Entscheidung im schriftlichen Verfahren beantragen; er kann für die Partei einen Rechtsbehelf einlegen, BGH JZ **82,** 429, Mü JB **77,** 94, und zwar selbst dann, wenn die Partei persönlich von dem Rechtsbehelf keinen Gebrauch machen will. Für die Zulässigkeit ist die Höhe der Beschwer der Partei maßgebend, BGH NJW **81,** 2062 mwN, BAG **AP** § 511 Nr 1, Köln NJW **75,** 2108 (insofern zustm Gorski NJW **76,** 811). Wegen der Kostenfrage vgl § 101 Anm 1; er darf ein Rechtsmittel begründen und darf auch eine Verlängerung der Rechtsmittelbegründungsfrist beantragen, BGH JZ **82,** 429; er darf sich dem Rechtsmittel des Gegners anschließen, selbst wenn die Partei nur die Zurückweisung beantragt; er darf ein Rechtsmittel beschränken, falls die Partei den Anspruch nicht weiter verfolgt.

Der Streithelfer ist aber auf den Rest einer schon laufenden Rechtsmittelfrist angewiesen. Der Gegner muß sein Rechtsmittel gegenüber der Partei einlegen. Der Gegner darf sich dem Rechtsmittel anschließen, selbst wenn sich die Partei dem Verfahren fernhält. Überhaupt stört ein Fernbleiben der Partei weder den Streithelfer noch den Gegner. Der Streithelfer darf in der mündlichen Verhandlung alle Erklärungen und Handlungen entgegennehmen. Er steht insofern der abwesenden Partei gleich.

B. Sachlichrechtliche Erklärung. Der Streithelfer kann nicht solche Prozeßhandlungen vornehmen, die gleichzeitig einen sachlichrechtlichen Inhalt haben. Denn er darf keine Verfügungen über den Streitgegenstand treffen. Sofern es sich um einen Verzicht und ein Anerkenntnis handelt, also nicht um sachlichrechtliche Verfügungen, handelt es sich auch nicht um Unterstützungshandlungen, Düss MDR **74,** 406 (es billigt die Geltendmachung solcher sachlichrechtlichen Rechte zu, die eine Hauptpartei bereits im Prozeß ausgeübt hat, sei es auch in der Vorinstanz), Blomeyer ZPR 112 III 2, StJ II 4. Der Verzicht auf die Geltendmachung einer das Verfahren betreffenden Rüge nach § 295 kann nicht für die gegenteilige Meinung angeführt werden. Denn er hat einen ganz anderen Charakter. Wenn der Streithelfer mit einer Forderung aufrechnet, die ihm nicht zusteht, dann ist zwar seine prozessuale Erklärung zulässig; da aber sachlichrechtlich der Gegenstand fehlt, ist die Aufrechnung im Ergebnis trotzdem wirkungslos, § 145 Anm 4 C, ähnl BGH NJW **66,** 930 (er hält die Aufrechnung für unzulässig).

68 *Streithilfewirkung.* **Der Nebenintervenient wird im Verhältnis zu der Hauptpartei mit der Behauptung nicht gehört, daß der Rechtsstreit, wie er dem Richter vorgelegen habe, unrichtig entschieden sei; er wird mit der Behauptung, daß die Hauptpartei den Rechtsstreit mangelhaft geführt habe, nur insoweit gehört, als er durch die Lage des Rechtsstreits zur Zeit seines Beitritts oder durch Erklärungen und Handlungen der Hauptpartei verhindert worden ist, Angriffs- oder Verteidigungsmittel geltend zu machen, oder als Angriffs- oder Verteidigungsmittel, die ihm unbekannt waren, von der Hauptpartei absichtlich oder durch grobes Verschulden nicht geltend gemacht sind.**

1) Allgemeines. A. Streithilfewirkung. Die Interventionswirkung besteht darin, daß der Streithelfer die Richtigkeit des Urteils nicht bestreiten darf und daß er auf die praktisch wenig bedeutsame Einrede einer schlechten Prozeßführung angewiesen ist. Es handelt sich insofern nicht um eine Ausdehnung der Rechtskraftwirkung auf den Streitgenossen. Eine Interventionswirkung tritt nicht ein, wenn die Parteien nach der Einlegung eines Rechtsmittels einen Prozeßvergleich schließen. Die Interventionswirkung tritt aber ein, wenn das erstinstanzliche Urteil dadurch bestehen bleibt, daß die Parteien ihre Rechtsmittel im Weg eines Prozeßvergleichs zurücknehmen, BGH NJW **69,** 1481. Im Fall einer Teilklage entsteht auch die Interventionswirkung (nicht eine Rechtskraftwirkung). Also entsteht eine Bindung auch wegen der vorgreiflichen Rechtsverhältnisse und der tatsächlichen Feststellungen des Vorprozeßurteils, soweit die Entscheidung auf ihnen beruht, BGH **85,** 255, Ffm MDR **76,**

3. Titel. Beteiligung Dritter am Rechtsstreit § 68 1–3

937. Der im ersten Prozeß Streitverkündete muß im zweiten Prozeß die früheren Ergebnisse insoweit gegen sie gelten lassen, Ffm MDR **76**, 937.

Das Gericht muß die Streithilfewirkung von Amts wegen beachten, und zwar auch in der Revisionsinstanz; eine Rüge nach § 559 ist nicht erforderlich, BGH **16**, 228. Eine falsche Würdigung ist ein sachlicher Mangel.

B. Fehlen einer Streithilfewirkung. Eine Streithilfewirkung tritt nicht ein: Gegen die unterstützte Partei. Sie kann das Urteil gelten lassen oder verzichten, § 74 Anm 3; wenn ein Dritter den Prozeß geführt hatte, sei es auch für eine Rechnung der Partei oder als ihr gesetzlicher Vertreter; im Verhältnis zwischen dem Streithelfer und dem Gegner der Partei, außer im Fall des § 69; über den Streitgegenstand hinaus, etwa für den Rest der eingeklagten Teilsumme, insofern aM zB BGH NJW **69**, 1481 mwN, ZöV II 2; durch eine Streitverkündung im Schiedsgerichtsverfahren, wenn der Streitverkündete nicht beitritt oder wenn er das Verfahren nicht gegen sich gelten lassen will, BGH **LM** § 1025 Nr 23.

2) Einwand unrichtiger Entscheidung. Der Streithelfer darf im Verhältnis zur unterstützten Partei nicht einwenden, das Gericht habe den Prozeß so, wie er ihm vorgelegen habe, unrichtig entschieden. Das bedeutet: Die Streithilfewirkung ergreift, anders als sonst die Rechtskraftwirkung, Anm 1 A, alle notwendigen tatsächlichen und rechtlichen Grundlagen des Urteils, also die sogenannten Urteilselemente, BGH **85**, 255, und zwar ohne Rücksicht auf den Umfang der Anhängigkeit im Vorprozeß. Es tritt also eine Bindung des Richters an die gesamten tatsächlichen und rechtlichen Umstände und nicht nur an einzelne solcher Umstände ein, auf denen das erste Urteil beruhte, BGH **8**, 72 und **36**, 215, vgl BayObLG Rpfleger **80**, 154, Ffm MDR **76**, 937. Das gilt zB für die Nichtigkeit eines Vertrags im Rückgriffsprozeß. Andernfalls hätte eine Streithilfe eine nur geringe praktische Bedeutung.

Diese Wirkungen treten auch in folgenden Fällen ein: Das Urteil des Vorprozesses betraf eine andersartige Haftung; der Vorprozeß führte nur zu einem Grundurteil, BGH **65**, 135; im Vorprozeß wurde ein Prozeßvergleich geschlossen, aM BGH DB **67**, 814, Feiber NJW **83**, 1103, ThP 2 c; der Nachprozeß ist ein Rückgriffsprozeß, in dem das Gericht erstmalig über ein Verschulden zu entscheiden hat; im Vorprozeß war eine Verjährung verneint worden, Ffm MDR **76**, 937.

Die Streithilfewirkung darf nicht zu einer Veränderung der sonst im Folgeprozeß geltenden Beweislast führen, BGH **85**, 260. Daher erstreckt sich die Streithilfewirkung zB nur darauf, daß die betreffende Tatfrage nicht zu klären ist, nicht etwa darauf, daß sie mangels Feststellbarkeit nun überhaupt nicht bestehe, BGH **85**, 258. Folglich kann die Hauptpartei als Beweispflichtige auch gegenüber dem Streitverkündeten im Folgeprozeß wiederum aus Beweislastgründen unterliegen, BGH **85**, 260 mwN (abl Baumgärtel JZ **83**, 353).

3) Einwand schlechter Prozeßführung. A. Grundsatz. Der Einwand einer schlechten Prozeßführung macht eine mangelhafte Beibringung des Prozeßstoffes und das Unterlassen von Prozeßhandlungen geltend, wie etwa von Einreden, Rechtsbehelfen usw. Der Streithelfer müßte beweisen, daß durch die Beibringung solcher Teile des Prozeßstoffes und durch die Vornahme solcher Prozeßhandlungen im Vorprozeß ein günstigeres Ergebnis herbeigeführt worden wäre.

B. Voraussetzungen im einzelnen. Diese Einrede ist nur unter folgenden Voraussetzungen zulässig:

a) Beeinträchtigung im Beitrittszeitpunkt. Die Prozeßlage muß den Streithelfer im Zeitpunkt seines tatsächlichen oder ihm möglichen Beitritts, § 74 III, in der Wahrung seines Rechts beeinträchtigt haben, vgl BGH NJW **82**, 282 mwN. Das wäre etwa dann der Fall, wenn die Partei inzwischen ein Anerkenntnis abgegeben hatte oder wenn sie eine ungeeignete Klage erhoben hatte. Es wäre nicht der Fall, soweit der Streithelfer imstande gewesen war, die Prozeßlage zu verbessern, und sei es auch nur durch die Einlegung eines Rechtsmittels, BGH **LM** § 73 Nr 1. Der Streithelfer darf sich nicht auf ein mitwirkendes Verschulden berufen, § 254 BGB.

b) Beeinträchtigung nach dem Beitritt. Eine Prozeßhandlung der Partei muß den Streithelfer nach seinem Beitritt beeinträchtigt haben. Dies wäre etwa dann der Fall, wenn die Partei sein zweckmäßiges Vorbringen durch einen eigenen Widerspruch ausschaltete oder wenn sie mit dem Prozeßgegner ohne eine Mitwirkung des Streithelfers einen Prozeßvergleich schloß, LG Bln JR **54**, 384.

c) Unterlassung von Prozeßhandlungen. Die Partei muß absichtlich oder zumindest grob fahrlässig eine Prozeßhandlung unterlassen haben, die der Streithelfer nicht vornehmen konnte, etwa deshalb nicht, weil ihm die Lage unverschuldet unbekannt war. Soweit er die Prozeßhandlung selbst vornehmen konnte, vgl auch § 67 Anm 2 D und 3 B, kann sich der Streithelfer auch in diesem Zusammenhang nicht auf ein mitwirkendes Verschulden der Partei berufen, § 254 BGB. Der Ausdruck „absichtlich" im Gesetz läßt im Gegensatz zu dem Begriff „vorsätzlich" jedes bewußte Handeln genügen, selbst wenn es auf einer durchaus sittlichen Erwägung beruhte, etwa den Fall, daß die Hauptpartei sich nicht auf eine Verjährung berufen wollte.

Soweit der Streithelfer die ihm nachteiligen Folgen selbst abwenden konnte, etwa durch die Einlegung eines geeigneten Rechtsmittels, kann er sich auf diese Einrede nicht berufen. Über den Begriff des Verschuldens im übrigen Einl III 7 A.

69 *Streitgenössische Streithilfe.* **Insofern nach den Vorschriften des bürgerlichen Rechts die Rechtskraft der in dem Hauptprozeß erlassenen Entscheidung auf das Rechtsverhältnis des Nebenintervenienten zu dem Gegner von Wirksamkeit ist, gilt der Nebenintervenient im Sinne des § 61 als Streitgenosse der Hauptpartei.**

1) Allgemeines. A. Voraussetzungen. Die streitgenössische, selbständige Streithilfe, Nebenintervention, ist dann zulässig, wenn nach dem sachlichen Recht, nicht nur nach dem „bürgerlichen", die Rechtskraft oder die Vollstreckungswirkung einer Entscheidung im Vorprozeß ein Rechtsverhältnis zwischen dem Streithelfer und dem Gegner ergreift. Es handelt sich um solche Fälle, in denen das Urteil nicht nur zwischen den Parteien, sondern darüber hinaus für und gegen den Streithelfer wirkt, sei es auch nur für die Zwangsvollstreckung, LG Saarbr JB **77**, 1146.

Beispiele: Eine Anfechtung der Ehelichkeit hat auch für einen nicht beteiligten, aber zugeladenen Elternteil oder für den als Vater in Betracht kommenden Dritten eine Bedeutung, Celle FamRZ **76**, 159; bei der Anfechtung oder Anerkennung der Vaterschaft durch die Mutter ergeben sich auch für das zugeladene Kind Rechtswirkungen, § 640e; ein Pensions-Sicherungs-Verein kann durch die Feststellung beschwert sein, daß die Einstellung von Versorgungsleistungen des Arbeitgebers wegen dessen wirtschaftlicher Notlage zulässig ist, LAG Saarl BB **81**, 304. Der Gesetzestext ist zu eng gefaßt. Es genügt zur Zulässigkeit einer streitgenössischen Streithilfe auch die bloße Wirkung der Kostenentscheidung eines Urteils.

Allerdings reicht eine etwa entstehende bloße Ersatzpflicht des Streithelfers nicht aus, um die streitgenössische Streithilfe zuzulassen. Zur Stellung des gemeinsamen Vertreters nach §§ 306 IV AktG und 33 UmwG BayObLG BB **73**, 958, Düss DB **72**, 1820, Kley-Lehmann BB **73**, 1096, aM Meilicke DB 72, 663 (er wendet § 62 an). Der Konkursgläubiger als Streithelfer im Anfechtungsprozeß des Konkursverwalters gehört nicht zu den Fällen des § 69. Wenn während des Prozesses infolge der Veräußerung der Streitsache eine Rechtsnachfolge eintritt, ist § 69 nach § 265 II 3 unanwendbar. Etwas anderes gilt im Fall der Rechtsnachfolge in ein Warenzeichen, § 11 III WZG.

B. Zulassung. Die Rechte und Pflichten des streitgenössischen Streithelfers sind zwar von einer Zulassung nach § 71 abhängig, ergeben sich aber in ihrem Umfang nicht aus jener Vorschrift, sondern aus den übrigen gesetzlichen Bestimmungen. Wenn der Streithelfer die erweiterten Befugnisse des § 69 zu Unrecht beansprucht, bleiben seine Prozeßhandlungen insoweit unbeachtet, vgl § 67 Anm 2 A.

2) Stellung. A. Streitgenossenschaft. Der streitgenössische Streithelfer gilt als ein Streitgenosse der unterstützten Partei. Er gilt als solcher; er ist kein solcher. Denn er müßte als Partei eintreten, um Streitgenossen zu sein. Dies tut er aber gerade nicht. Die Fiktion der Streitgenossenschaft betrifft den Prozeßbetrieb, nicht die selbständige Rechtsverfolgung. Sie tritt „im Sinne des § 61" ein. Der streitgenössische Streithelfer gilt also als gewöhnlicher Streitgenosse nur, soweit nicht (wie meist) eine notwendige Streitgenossenschaft nach § 62 eintritt. Der letzte Fall liegt zB vor: Bei einem Aktionär, der einem Anfechtungskläger nach § 245 AktG beitritt; bei einem Gesellschafter der Gesellschaft mit beschränkter Haftung im Fall einer Anfechtung eines Gesellschafterbeschlusses.

B. Folgen. Die Erstreckung der Rechtskraftwirkung oder der Vollstreckungswirkung auf den Streithelfer befreit ihn notwendig von den Beschränkungen des § 67, soweit diese Beschränkungen nicht begrifflich bedingt sind. Der streitgenössische Streithelfer kann zB eine Prozeßhandlung oder eine Erklärung auch gegen den Widerspruch der unterstützten Partei wirksam vornehmen. Gesteht er, während die Partei leugnet, so muß das Gericht sein Geständnis frei würdigen. Er kann auch einer Prozeßhandlung oder einer Erklärung der

3. Titel. Beteiligung Dritter am Rechtsstreit **§§ 69, 70** 1

Partei widersprechen, die seinem Beitritt vorangegangen ist, Celle FamRZ **76**, 159, LAG Saarl BB **81**, 304, soweit der Stand des Prozesses das zuläßt; er kann zB einem Anerkenntnis, einem Bestreiten mit Nichtwissen oder einem Geständnis durch die Berufung widersprechen, LAG Saarl BB **81**, 304.

Er kann nicht Zeuge sein. Denn er gilt als Partei. Deshalb kann er aber auch als Partei vernommen werden, Hamm FamRZ **78**, 205. Für eine Zustellung, auch für diejenige des Urteils, gilt er grundsätzlich als Partei. Eine Rechtsbehelfsfrist läuft gegen ihn erst seit der Zustellung an ihn, soweit für die Frist eine Zustellung erforderlich ist, vgl BGH **LM** § 321 Nr 6. Wenn er erst nach dem Beginn einer Frist beitritt, ist er auf deren Rest angewiesen. Eine Unterbrechung des Verfahrens aus einem in seiner Person entstandenen Grund wirkt sich auch auf die Partei aus. Wegen der Kosten vgl § 101 II.

C. Abhängigkeit. Von den Folgen nach B abgesehen gilt § 67. Der Streithelfer muß den Prozeß so hinnehmen, wie er ihn im Zeitpunkt seines Beitritts vorfindet. Er kann also endgültige Entscheidungen usw nicht ändern. Er kann keine Widerklage erheben, keine Anträge für sich stellen, keine Rechtsbehelfe aus eigenem Recht einlegen, § 67 Anm 2.

3) **Streithilfewirkung.** Die Interventionswirkung ist hier grundsätzlich dieselbe wie bei § 68. Es besteht allerdings insofern eine Abweichung, als eine Einwendung nach § 68 nur in Betracht kommt, wenn die Rechtskraft den Streithelfer nicht ganz ergreift.

70 *Beitritt des Streithelfers.* ^I **Der Beitritt des Nebenintervenienten erfolgt durch Einreichung eines Schriftsatzes bei dem Prozeßgericht und, wenn er mit der Einlegung eines Rechtsmittels verbunden wird, durch Einreichung eines Schriftsatzes bei dem Rechtsmittelgericht. Der Schriftsatz ist beiden Parteien zuzustellen und muß enthalten:**
1. **die Bezeichnung der Parteien und des Rechtsstreits;**
2. **die bestimmte Angabe des Interesses, das der Nebenintervenient hat;**
3. **die Erklärung des Beitritts.**

^{II} **Außerdem gelten die allgemeinen Vorschriften über die vorbereitenden Schriftsätze.**

1) **Beitritt. A. Form.** Der Streithelfer tritt dadurch bei, daß er einen Schriftsatz beim Gericht einreicht. Eine bloße Anzeige zu den Akten genügt nicht. Anwaltszwang herrscht wie sonst. Wenn der Streithelfer gleichzeitig ein Rechtsmittel einlegt, erfolgt sein Beitritt dadurch, daß er seinen Beitrittsschriftsatz bei dem Rechtsmittelgericht einreicht. Dasselbe gilt für den Fall, daß er zugleich mit dem Beitritt einen Einspruch einlegt. Der Schriftsatz ist ein bestimmender Schriftsatz nach § 129. Er unterliegt auch den Vorschriften der §§ 130–133 über vorbereitende Schriftsätze. Beim AG erfolgt der Beitritt durch schriftliche Einreichung oder durch eine Erklärung zum Protokoll der Geschäftsstelle nach § 496.

Der Urkundsbeamte der Geschäftsstelle muß den Beitrittsschriftsatz beiden Parteien von Amts wegen zustellen, § 270 I.

B. Inhalt. Der Beitrittsschriftsatz muß im wesentlichen folgenden Inhalt haben:

a) **Parteien und Prozeß.** Er muß den Prozeß bezeichnen, zu dem der Beitritt erfolgen soll. Die Angabe des Aktenzeichens der Instanz genügt. Er muß außerdem die Parteien jenes Prozesses jedenfalls so angeben, daß keine Verwechslungen möglich sind.

b) **Rechtliches Interesse.** Der Beitrittsschriftsatz muß diejenigen Tatsachen angeben, die das rechtliche Interesse an dem Beitritt begründen sollen. Der Zweck dieser Angabe liegt darin, den Parteien den Beitrittsgrund klar zu machen. Deshalb genügt jede über diesen Grund unterrichtende Angabe, etwa ein Hinweis auf die Streitverkündung oder auf ein anderes Schriftstück, das sich bereits im Besitz beider Parteien befindet. Immerhin sollte der Schriftsatz auch so klar gefaßt sein, daß auch das Gericht erkennen kann, ob das rechtliche Interesse für den Beitritt vorhanden ist.

c) **Beitrittserklärung.** Der Schriftsatz muß jedenfalls dem Sinne nach unzweideutig den Willen zum Ausdruck bringen, als Streithelfer in den Prozeß einzutreten. Die Beitrittserklärung kann sich auf einen von mehreren Streitgegenständen oder Streitgenossen beschränken. Sie liegt auch in der Einlegung eines Rechtsmittels unter der Bezeichnung ,,Streithelfer", ,,Streitgehilfe" oder ,,Nebenintervenient".

C. Rücknahme des Beitritts. Der Streithelfer kann seine Beitrittserklärung jederzeit zurücknehmen, § 66 Anm 2 B. Eine Rücknahme steht einem anschließenden erneuten Beitritt nicht entgegen. § 269 IV ist aber sinngemäß anwendbar. Ein erneuter Beitritt zur Gegenpartei ist allerdings ohne weiteres statthaft. Der Rücktritt macht eine schon eingetretene Streithilfe nach § 68 nicht hinfällig.

2) Mängel des Beitritts. Solche Mängel sind ebenso heilbar wie Mängel einer Klageschrift, namentlich nach § 295. Daher finden sie keine Beachtung von Amts wegen. Der Streithelfer ist bis zu einer Bemängelung zuzuziehen. Im Fall einer Bemängelung gilt § 71. Ein Leugnen der rechtlichen Voraussetzungen des Beitritts bemängelt noch nicht die Form des Beitritts. Mängel der Zustellung kann die Partei nur für sich selbst rügen, nicht für die Gegenpartei. Ein Verstoß gegen I Z 1–3 ist jederzeit heilbar, soweit nicht ein endgültiger Rechtsverlust eingetreten ist.

71 *Zulassung und Zurückweisung des Streithelfers.* [I] Über den Antrag auf Zurückweisung einer Nebenintervention wird nach mündlicher Verhandlung unter den Parteien und dem Nebenintervenienten entschieden. Der Nebenintervenient ist zuzulassen, wenn er sein Interesse glaubhaft macht.

[II] Gegen das Zwischenurteil findet sofortige Beschwerde statt.

[III] Solange nicht die Unzulässigkeit der Intervention rechtskräftig ausgesprochen ist, wird der Intervenient im Hauptverfahren zugezogen.

1) Streit über die Zulassung, I. A. Allgemeines. Das Gericht läßt den Streithelfer grundsätzlich stillschweigend zu. Eine förmliche Entscheidung über seine Zulassung ist nur dann erforderlich, wenn entweder eine der Parteien der Zulassung widerspricht oder dem Streithelfer eine persönliche Prozeßvoraussetzung nach § 66 Anm 1 fehlt. In diesen beiden Fällen erfolgt die Entscheidung grundsätzlich wegen III durch ein Zwischenurteil, BGH **76**, 301. Nur im Patentnichtigkeitsverfahren erfolgt die Zulassung durch einen Beschluß, BGH NJW **52**, 381. Eine Zulassung liegt aber auch dann vor, wenn das Gericht die Zulassung nicht zurückgewiesen hatte, sondern vielmehr dem Streithelfer im Endurteil die Kosten der Nebenintervention auferlegt hat.

Die Zulassung wird rechtskräftig, wenn sie nicht angefochten wird. Eine Zulassung im Endurteil unterliegt der sofortigen Beschwerde, BGH NJW **63**, 2027 (er läßt allerdings die Möglichkeit einer Berufung offen). Falls das Gericht im Fall b durch ein Urteil entschieden hatte, ist die Zulassung nur zusammen mit dem Urteil anfechtbar. Im übrigen erfolgt die Zurückweisung des Zulassungsantrags durch einen Beschluß. Gegen ihn ist die einfache Beschwerde zulässig.

B. Zurückweisungsantrag. Jede Partei und jeder Streitgenosse darf einen Zurückweisungsantrag stellen. Die Form des § 297 braucht nicht eingehalten zu werden. Denn es handelt sich um einen rein leugnenden Antrag, aM StJ I 2. Der Verlust des Antragsrechts tritt dadurch ein, daß man entweder auf die Einhaltung der Beitrittsvoraussetzungen des § 66 verzichtet oder daß man angesichts eines förmlichen Mangels, § 270, einen Verzicht nach § 295 ausspricht. Das gilt auch dann, wenn man der Zulassung aus einem sachlichen Grund widerspricht. Ein Verzicht erstreckt sich aber nicht auf solche Tatsachen, die erst nach der Verzichtserklärung eingetreten oder bekannt geworden sind.

Der Antrag auf die Zurückweisung eines Rechtsbehelfs, den ein Streithelfer eingelegt hat, richtet sich gegen die Partei. Deshalb genügt ein solcher Antrag selbst dann nicht, wenn er damit begründet wird, die Streithilfe sei unwirksam, BGH LM § 66 Nr 1, StJ I 2, aM Wiecz A III a. Der Streitverkünder darf einem Beitritt nur dann widersprechen, wenn der Streithelfer der Gegenpartei beitritt.

C. Zwischenstreit. Durch den Antrag entsteht ein Zwischenstreit zwischen dem Streithelfer und der widersprechenden Partei, also unter Umständen beiden Parteien. Eine Partei, die dem Beitritt etwa ausdrücklich zugestimmt hat, steht auf der Seite des Streithelfers. Eine Partei, die dem Beitritt weder zugestimmt hat noch widersprochen hat, bleibt im Zwischenstreit unbeteiligt. Ein Anwaltszwang herrscht wie sonst. Das Gericht muß eine mündliche Verhandlung anberaumen. Ein Termin zur Verhandlung in der Hauptsache ist im Zweifel auch zur Verhandlung im Zwischenstreit angesetzt worden. Der Streithelfer muß diejenigen Tatsachen beweisen, aus denen sich die Zulässigkeit seines Beitritts ergibt. Er braucht aber diejenigen Tatsachen, aus denen sich sein rechtliches Interesse ergibt, lediglich nach § 294 glaubhaft zu machen.

D. Säumnis. Im Fall einer Säumnis ist zu unterscheiden:

a) Säumnis des Streithelfers. Wenn der Streithelfer säumig ist, entscheidet das Gericht auf Grund des einseitigen Parteivortrags und auf Grund der Beitrittsschrift.

3. Titel. Beteiligung Dritter am Rechtsstreit § 71, Einf §§ 72–74 1

b) Säumnis des Zustimmenden. Eine Säumnis der zustimmenden Partei ist unerheblich.
c) Säumnis des Widersprechenden. Im Fall der Säumnis der widersprechenden Partei entscheidet das Gericht auf Grund des einseitigen Parteivortrags und der Beitrittsschrift.
d) Säumnis des Streithelfers. Im Fall der Säumnis des Streithelfers und des Widersprechenden entscheidet das Gericht nach der Aktenlage oder ordnet eine Vertagung an.

2) Zwischenurteil und Beschwerde, II. Das Zwischenurteil muß auf die Zulassung des Streithelfers oder auf seine Zurückweisung lauten. Der Unterliegende muß die Kosten tragen. Für die Beurteilung ist der Schluß der mündlichen Verhandlung maßgeblich. Gegen das Zwischenurteil ist die sofortige Beschwerde zulässig, BGH MDR **82**, 650. Sie kann im Fall einer Zurückweisung des Streithelfers von ihm und von der unterstützten Partei eingelegt werden. Denn auch die letztere hat wegen § 68 ein Interesse am Beitritt des Streithelfers, aM insofern StJ I 5. Gegen eine Zulassung können beide Parteien die sofortige Beschwerde einlegen. Dieses Recht steht auch derjenigen Partei zu, die sich am Zwischenstreit nicht beteiligt hat. Die sofortige Beschwerde ist auch dann statthaft, wenn das Gericht die Entscheidung über die Zulassung des Streithelfers in ein Endurteil aufgenommen hatte. Denn es liegt insofern nur eine äußerliche Verbindung vor. Eine rechtskräftige Entscheidung zur Hauptsache macht die sofortige Beschwerde gegenstandslos. Das Patentamt entscheidet über die Zulassung im Nichtigkeitsverfahren durch einen Beschluß, BGH **4**, 5.

Gebühren: Des Gerichts KV 1150, GV 2300 (Beschwerdeverfahren); des Anwalts: §§ 37 Z 3, 61 I Z 1 BRAGO.

3) Zuziehung des Streithelfers, III. Auf Grund des Beitritts muß das Gericht den Streithelfer zum Verfahren hinzuziehen, bis er durch ein Zwischenurteil rechtskräftig zurückgewiesen worden ist, also bis zur Erledigung eines Beschwerdeverfahrens nach II. Deshalb darf das Gericht bis zu diesem Zeitpunkt keine Versäumnisentscheidung gegen die Partei erlassen, solange der Streithelfer für die Partei auftritt. Das Gericht muß dem Streithelfer alle Termine, Ladungen und Schriftsätze zustellen bzw bekanntgeben. Wenn er nicht geladen wurde, gilt auch seine Partei als nicht geladen. Das Gericht muß in diesem Fall selbst dann eine Vertagung anordnen, wenn beide Parteien zur Sache verhandeln wollen. Eine Verhandlung ist aber insoweit zulässig, als dem Streithelfer dadurch kein Rechtsnachteil erwachsen kann. Dieser Fall ist etwa dann denkbar, wenn eine Revision der von ihm unterstützten Partei Erfolg hat.

Das Urteil und andere gerichtliche Entscheidungen brauchen dem Streithelfer an sich nicht zugestellt zu werden. Denn der Streithelfer ist an diejenigen Fristen gebunden, die gegenüber der von ihm unterstützten Partei laufen, BGH **LM** § 320 Nr 5 (Frist für eine Berichtigung des Tatbestands). Eine Zustellung der Entscheidung ist aber insoweit nötig, als der Streithelfer einen Antrag nach § 321 II wegen der Übergehung des Kostenpunkts nach § 100 I stellen kann, BGH **LM** § 321 Nr 6 mwN. Wenn das Gericht den Beitritt deswegen zurückgewiesen hatte, weil beim Streithelfer persönliche Prozeßvoraussetzungen nach § 66 Anm 1 fehlten, dann sind seine Prozeßhandlungen wirkungslos, Anm 1 A.

Die Rechtskraftwirkung erfaßt alle bisher geltend gemachten Gründe. Infolgedessen hat der Streithelfer kein Recht, nun noch Prozeßhandlungen vorzunehmen, etwa ein Rechtsmittel einzulegen. Neue Streithilfegründe lassen natürlich einen neuen Beitritt zu.

Einführung vor §§ 72–74
Streitverkündung

Schrifttum: Bruns, Die Erweiterung der Streitverkündung in den Gesetzgebungsarbeiten zur Novelle der deutschen Zivilprozeßordnung, Festschrift für Schima (1969) 111, dazu Baumgärtel Gedenkrede auf Bruns (1980) 18.

1) Allgemeines. Die Streitverkündung, Litisdenunziation, besteht darin, daß eine Partei einen anderen förmlich davon benachrichtigt, daß ein Prozeß schwebt. Mehr ist die Streitverkündung zunächst nicht, Köln NJW **81**, 2263. Sie erhebt also keinen sachlichrechtlichen oder prozessualen Anspruch. Sie steht daher grundsätzlich einer Klagerhebung nicht gleich, soweit nicht ausnahmsweise das Gegenteil gilt, zB bei § 209 BGB. Die Streitverkündung steht ebensowenig einer gesetzlich notwendigen Mitteilung von der Erhebung eines eigenen Anspruchs gleich.

Der Zweck der gewöhnlichen Streitverkündung besteht darin, dem Dritten, dem Verkündungsgegner, die Gelegenheit zur Unterstützung des Verkünders im Prozeß zu geben und sich außerdem gegen den etwaigen Einwand zu schützen, man habe den Prozeß schlecht geführt und eine unrichtige Entscheidung herbeigeführt, § 68. Außerdem soll die Streitverkündung einem weiteren Prozeß und widersprechende Ergebnisse der verschiedenen Prozesse verhindern, BGH **LM** § 485 HGB Nr 13, Bernstein Festschrift für Ferid (1978) 85.

Eine Streitverkündung liegt auch dann vor, wenn der Verkünder eine Gelegenheit zu einer Einmischungsklage gegen einen Forderungsbeanspruchter oder zum Eintritt in einen Besitzstreit usw als Partei geben will, §§ 75–77. Zur Streitverkündung besteht prozessual nach § 841 eine Pflicht (Klage des Pfändungspfandgläubigers gegen den Drittschuldner).

Im Grundbuchverfahren ist keine Streitverkündung statthaft, BayObLG Rpfleger **80**, 153.

2) Wirkung. Der Dritte kann frei entscheiden, ob er sich an dem ihm bekanntgegebenen Prozeß beteiligen will. Er sollte seinen Entschluß sorgfältig abwägen. Denn die Streithilfewirkung tritt bei einer gewöhnlichen Streitverkündung auch ohne die Streithilfe ein, § 74 III. In den Fällen der §§ 75–77 gelten besondere Wirkungen. Die Streitverkündung hat auch eine sachlichrechtliche Wirkung, BGH **70**, 189 mwN, soweit sie zulässig ist, BGH NJW **79**, 264 und NJW **82**, 282. Sie erhält ein Recht zB in folgenden Fällen: § 209 II Z 4 BGB (Verjährung), § 941 BGB (Ersitzung), §§ 487, 485 BGB (Mängelrügen), §§ 414, 423, 439 HGB (Verjährung im Speditionsgeschäft, im Lagergeschäft, im Frachtgeschäft). Ein Beitritt nach dem Schluß der letzten Tatsachenverhandlung in einer nicht revisiblen Sache ist unzumutbar, Köln MDR **83**, 409.

Für das Prozeßgericht ist eine Streitverkündung bis zu demjenigen Zeitpunkt unbeachtlich, in dem der Streitverkündete dem Rechtsstreit wirksam beitritt, Köln NJW **81**, 2264.

3) VwGO: Vgl Üb 4 § 64.

72 Streitverkündung. Zulässigkeit.
^I Eine Partei, die für den Fall des ihr ungünstigen Ausganges des Rechtsstreits einen Anspruch auf Gewährleistung oder Schadloshaltung gegen einen Dritten erheben zu können glaubt oder den Anspruch eines Dritten besorgt, kann bis zur rechtskräftigen Entscheidung des Rechtsstreits dem Dritten gerichtlich den Streit verkünden.

^{II} Der Dritte ist zu einer weiteren Streitverkündung berechtigt.

1) Voraussetzungen, I. A. Allgemeines. Eine Streitverkündung ist unter folgenden Voraussetzungen zulässig:

a) Rechtshängigkeit. Es muß ein Prozeß rechtshängig sein. Eine bloße Anhängigkeit genügt nicht, auch nicht im Mahnverfahren. Es tritt auch keine Rückbeziehung nach den §§ 696 III, 700 für eine Streitverkündung ein. Das gilt auch in der zweiten Instanz und in der Revisionsinstanz. Für das Schiedsverfahren vgl § 1034 Anm 5.

b) Rückgriffsanspruch. Eine der Parteien des Prozesses muß im Zeitpunkt der Streitverkündung, BGH **65**, 131, entweder einen Rückgriffsanspruch gegenüber dem Verkündungsgegner haben oder einen solchen Anspruch befürchten. Dabei ist unerheblich, ob der Prozeß in seinen tatsächlichen oder rechtlichen Grundlagen für den Streitverkünder einen ungünstigen Ausgang nimmt, BGH **70**, 189 mwN (Anm Häsemeyer NJW **78**, 1165, Schubert JR **78**, 331). Es ist also eine weite Auslegung zulässig und geboten, Bbg OLGZ **79**, 210 mwN. Wegen der Streitverkündungswirkung vgl § 74 III, § 68 Anm 1 A und Anm 2. Nach dem Umfang der Interventionswirkung muß sich die Zulässigkeit der Streitverkündung richten.

B. Beispiele. Eine Streitverkündung ist zB in folgenden Situationen denkbar:

a) Behaupteter Anspruch. Hier kommen etwa folgende Fälle in Betracht: Ein Anspruch auf eine Gewährleistung wegen eines Mangels, etwa nach § 365 BGB (Hingabe an Erfüllungs Statt), §§ 433 ff BGB (Kauf), §§ 537 ff BGB (Miete), §§ 1624 ff BGB (Ausstattung), §§ 2182 f BGB (Vermächtnis); ein Anspruch auf eine Schadloshaltung, also ein Rückgriffsanspruch auf Grund eines Vertrags oder einer gesetzlichen Bestimmung, auch in den Fällen einer wahlweisen Haftung des Bekl und des Verkündungsgegners, BGH **85**, 254 mwN, Mü VersR **76**, 72 je mwN, etwa dann, wenn streitig ist, wer von ihnen als Versicherer haftet.

b) Befürchteter Anspruch. Hier kommen etwa folgende Fälle in Betracht: Wenn die Partei einem Dritten haftet, wie es zB oft im Handelsrecht der Fall sein kann, wenn ein Prozeß für eine Rechnung und auf die Gefahr eines Dritten läuft, etwa bei einer Kommission, einer Spedition, einem Frachtrecht, einem Versicherungsrecht; wenn ein Dritter die Forderung für sich beansprucht.

Hierhin zählt nicht der Fall, daß die Partei und der Dritte von Anfang an nebeneinander haften, BGH **65**, 131 mwN, LG Hbg VersR **78**, 716.

C. **Verfahren.** Wenn der Verkündungsgegner dem Prozeß nicht beitritt, dann prüft das Gericht die Frage, ob die prozessualen Voraussetzungen einer Streitverkündung vorlagen, erst im Prozeß zwischen dem Verkünder und dem Verkündungsgegner, BGH **70**, 189 mwN, Bbg OLGZ **79**, 210. Wenn der Verkündungsgegner dem Prozeß beitritt, muß das Gericht die Voraussetzungen der Streithilfe prüfen. Wenn die Voraussetzungen des § 72 fehlen, kann keine Streithilfewirkung eintreten, §§ 68, 74, BGH **8**, 77 und **LM** § 485 HGB Nr 13, Bbg OLGZ **79**, 210, Mü VersR **76**, 72, LG Hbg VersR **78**, 716.

Der Verkünder trägt die Kosten der Streitverkündung vorbehaltlich seines Rechts, diese Kosten als eine Nebenforderung im Prozeß gegen den Verkündungsgegner geltend zu machen. Diese Kosten können nicht ohne einen zugrundeliegenden sachlichrechtlichen Anspruch festgesetzt werden. Die Gebühren des Anwalts sind durch die Prozeßgebühr abgegolten.

2) **Verkündung, I, II.** Die Verkündung ist bis zum Zeitpunkt der Rechtskraft der Entscheidung zulässig. Als ,,Dritter" kommt derjenige in Betracht, der Streithelfer sein kann, auch ein Streitgenosse des Verkünders oder des Gegners, § 66 Anm 2 B, BGH **8**, 77. Die Gegenpartei kann nicht ein ,,Dritter" sein. Der Verkündungsgegner darf seinerseits weiter verkünden, auch wenn er nicht beitritt. Er darf aber nicht im eigenen Interesse verkünden, und zwar auch nicht als ein streitgenössischer Streitgehilfe nach § 69.

73 *Form der Streitverkündung.* **Zum Zwecke der Streitverkündung hat die Partei einen Schriftsatz einzureichen, in dem der Grund der Streitverkündung und die Lage des Rechtsstreits anzugeben ist. Der Schriftsatz ist dem Dritten zuzustellen und dem Gegner des Streitverkünders in Abschrift mitzuteilen. Die Streitverkündung wird erst mit der Zustellung an den Dritten wirksam.**

1) **Voraussetzungen.** Die Vorschrift enthält die gesetzlichen Mindestvoraussetzungen für eine wirksame Form der Streitverkündung. Im einzelnen ist folgendes erforderlich:

A. **Schriftsatz.** Die Partei muß beim Gericht einen Schriftsatz einreichen. Beim AG kann sie auch eine Erklärung zum Protokoll der Geschäftsstelle jedes AG abgeben, § 129a. Die Streitverkündung wird erst in demjenigen Zeitpunkt wirksam, in dem der Urkundsbeamte den Schriftsatz oder die Erklärung zum Protokoll der Geschäftsstelle von Amts wegen dem Dritten zustellt. Die Einreichung des Schriftsatzes beim Gericht reicht also zur Wirksamkeit der Streitverkündung noch nicht aus. Das ist wegen § 74 III wichtig. Die Zustellung erfolgt formlos, § 270 II, Köln NJW **81**, 2264. Das Gericht teilt außerdem eine Abschrift des Schriftsatzes dem Gegner des Streitverkünders mit. Diese Mitteilung ist freilich für die Wirksamkeit der Streitverkündung unerheblich. Es herrscht kein Anwaltszwang, denn der Verkündungsgegner befindet sich noch nicht im Prozeß.

B. **Grund der Streitverkündung.** Die Partei muß den Grund der Streitverkündung angeben. Sie muß also diejenige Rechtsbeziehung zum Verkündungsgegner darlegen, aus der sich ergibt, daß die Voraussetzungen des § 72 erfüllt sind.

C. **Lage des Rechtsstreits.** Die Partei muß den Rechtsstreit in seiner derzeitigen Lage umreißen. Sie muß eine so genaue Bezeichnung von dem Prozeß und dem Streitgegenstand geben, daß der Verkündungsgegner unzweideutig ersehen kann, um was es sich handelt. Die Partei muß auch den gegenseitigen Streitstand mitteilen. Sie muß also zB mitteilen, daß das Gericht einen Beweisbeschluß erlassen hat oder daß dann und dann Termin ansteht. Eine Mitteilung von Abschriften der Klage und der Schriftsätze ist nicht vorgesehen. Der Verkündungsgegner ist insoweit auf eine Akteneinsicht angewiesen, § 299, Düss VersR **79**, 870.

Mängel der Streitverkündungsschrift können infolge eines Verzichts des Verkündungsgegners oder nach § 295 heilen, BGH **LM** Nr 1 mwN. Die Wirkung des § 295 tritt mit dem Schluß der ersten mündlichen Verhandlung des Verkündungsgegners oder dann, wenn er dem Termin fernblieb, mit dem Schluß der ersten mündlichen Verhandlung im Prozeß über den Rückgriff oder über den Anspruch des Dritten an den Verkünder ein.

Wegen der Kosten vgl § 91 Anm 5 ,,Streitverkündung".

74 *Wirkung der Streitverkündung.* [1] **Wenn der Dritte dem Streitverkünder beitritt, so bestimmt sich sein Verhältnis zu den Parteien nach den Grundsätzen über die Nebenintervention.**

II Lehnt der Dritte den Beitritt ab oder erklärt er sich nicht, so wird der Rechtsstreit ohne Rücksicht auf ihn fortgesetzt.

III In allen Fällen dieses Paragraphen sind gegen den Dritten die Vorschriften des § 68 mit der Abweichung anzuwenden, daß statt der Zeit des Beitritts die Zeit entscheidet, zu welcher der Beitritt infolge der Streitverkündung möglich war.

1) Beitritt, I. Er erfolgt nach § 70. Eine bloße Meldung zu den Akten ist kein Beitritt. Das Gericht muß den Verkündungsgegner von seinem Beitritt an als einen Streithelfer hinzuziehen, § 71. Der Beitritt ist auch gegenüber dem Gegner des Streitverkünders zulässig, BGH **85**, 255. In diesem Fall steht der Beigetretene im Verhältnis zum Streitverkünder einem Ferngebliebenen gleich. Die Streitverkündung ist ein Beitrittsgrund; vgl jedoch auch § 66 Anm 2 D b. Der Beitritt enthält keine Anerkennung einer Haftung. Es hängt vom Sachverhalt ab, ob der Beitretende zum gewöhnlichen Streithelfer oder zum streitgenössischen Streithelfer wird, §§ 67, 69. Das Gericht entscheidet nach § 71 über die Zulässigkeit des Beitritts.

2) Fernbleiben, II. Wenn der Verkündungsgegner dem Rechtsstreit nicht beitritt, läßt das Gericht die Streitverkündung unbeachtet. Der Verkündungsgegner behält seine Stellung außerhalb des Prozesses.

3) Streithilfewirkung, III. Die bloße Streitverkündung hat in jedem Fall die Wirkung des § 68 bzw § 69 Anm 3 (Interventionswirkung). Das gilt unabhängig davon, ob der Verkündungsgegner beitritt oder nicht. Etwas anderes gilt nur dann, wenn die Streitverkündung nach dem Schluß der letzten Tatsachenverhandlung in einer nicht revisiblen Sache erfolgte, Köln MDR **83**, 409, oder wenn sein Beitritt zum Verkünder rechtskräftig zurückgewiesen wurde, § 71. Insofern unterscheidet sich die Streithilfewirkung von der französischen assignation en garantie (Freistellungsanspruch), BGH **LM** § 723 Nr 6, Karlsr NJW **74**, 1059, und vom amerikanischen Impleader (Third-Party-Complaint), Bernstein Festschrift für Ferid (1978), 85.

Beim Verkündungsgegner entscheidet allerdings nicht der Zeitpunkt des Beitritts, sondern derjenige Zeitpunkt, zu dem die Verkündung den Beitritt ermöglichte. Eine Streitverkündung in der Revisionsinstanz schneidet die tatsächlichen Einreden nicht ab. Etwas anderes gilt nur dann, wenn der Verkündungsgegner die Verspätung verschuldet hat. Das Urteil im Prozeß bindet nur den Verkündungsgegner, auch seine Erben, Schlesw SchlHA **51**, 110, gegenüber dem Verkünder. Es bleibt dem Verkünder überlassen, ob er das Urteil gelten lassen will. Er hat aber nur die Wahl, ob er es ganz oder gar nicht gelten lassen will.

Im Verhältnis vom Verkündungsgegner zu irgendeinem Dritten, etwa einem sachlich Berechtigten, ist das Urteil unerheblich, BGH **70**, 192 mwN. Entsprechend III treten auch die sachlichrechtlichen Wirkungen ein, vgl § 68 Anm 2 und BGH **8**, 72. Eine Streitverkündung in einem ausländischen Prozeß kann auch im Inland prozessual wirken, Bernstein Festschrift für Ferid (1978) 90 mwN, vgl § 328 Anm 1 A. Man muß nach dem sachlichen Recht urteilen, ob auch sachlichrechtliche Wirkungen einer solchen Streitverkündung eintreten. Die Streithilfewirkung erzielt auch die vertragliche Verpflichtung, das Urteil nach den §§ 74 III, 68 gegen sich gelten zu lassen.

75 *Beanspruchestreit.* Wird von dem verklagten Schuldner einem Dritten, der die geltend gemachte Forderung für sich in Anspruch nimmt, der Streit verkündet und tritt der Dritte in den Streit ein, so ist der Beklagte, wenn er den Betrag der Forderung zugunsten der streitenden Gläubiger unter Verzicht auf das Recht zur Rücknahme hinterlegt, auf seinen Antrag aus dem Rechtsstreit unter Verurteilung in die durch seinen unbegründeten Widerspruch veranlaßten Kosten zu entlassen und der Rechtsstreit über die Berechtigung an der Forderung zwischen den streitenden Gläubigern allein fortzusetzen. Dem Obsiegenden ist der hinterlegte Betrag zuzusprechen und der Unterliegende auch zur Erstattung der dem Beklagten entstandenen, nicht durch dessen unbegründeten Widerspruch veranlaßten Kosten, einschließlich der Kosten der Hinterlegung, zu verurteilen.

1) Allgemeines. § 372 BGB regelt den Fall, daß mehrere Personen ein Recht für sich beanspruchen. Der Schuldner darf dann eine hinterlegungsfähige Sache hinterlegen. Er ist befreit, wenn die Rücknahme ausgeschlossen ist, vor allem dann, wenn der Schuldner auf das Recht der Rücknahme verzichtet hat, § 378 BGB. Der vor einer Hinterlegung verklagte Schuldner darf dem nicht klagenden Gläubiger, dem anderen Beanspruchenden (Prätendenten), den Streit verkünden, § 72, BGH KTS **81**, 218. Der Verkündungsgegner kann als Streithelfer beitreten, § 66.

Der Schuldner kann aber auch nach der Erhebung der Klage unter einem Verzicht auf das Recht der Rücknahme hinterlegen. Dann wäre der klagende Forderer abzuweisen und auf einen Prozeß mit dem anderen Fordernden verwiesen. Diese Wirkung soll § 75 vermeiden. Er ist allerdings unklar gefaßt.

§ 75 sieht für diesen Fall eine Einmischung vor. Sie weicht freilich von derjenigen des § 74 ab. Denn sie schafft keinen neuen Prozeß neben dem alten, sondern nimmt denjenigen, der sich einmischt, anstelle des Schuldners in den Prozeß hinein. Ein Dritter kann statt dieses Verfahrens auch die gewöhnliche Einmischungsklage des § 64 wählen. In einem solchen Fall beginnt ein neuer Prozeß neben dem alten.

2) Voraussetzungen. Der Beanspruchstreit ist unter folgenden Voraussetzungen zulässig:

A. Forderung. Ein Schuldner muß wegen einer Forderung verklagt oder widerbeklagt sein. Die Forderung muß auf eine Leistung lauten. Denn eine Hinterlegung entspricht der Leistung. Eine Aufrechnung genügt nicht. Denn eine aufgerechnete Forderung ist nicht rechtshängig. Die Forderung kann auf Geld oder auf eine hinterlegungsfähige Sache lauten, selbst wenn die Sache unvertretbar ist. Da eine Einmischung vorliegt, Anm 1, muß die vom Einmischer beanspruchte Forderung genau mit der eingeklagten Forderung übereinstimmen.

B. Beanspruchung durch Dritten. Der Dritte muß die Forderung ganz oder teilweise für sich beanspruchen. Dieses Erfordernis entspricht demjenigen in § 64.

C. Streitverkündung. Der Bekl muß dem Dritten den Streit verkünden, § 73, sofern nicht beide Parteien auf dieses Erfordernis verzichten.

D. Hinterlegung. Der Bekl muß den Betrag der Forderung, richtiger ihren Gegenstand im Sinn des § 372 BGB und der HO, hinterlegen. Die Hinterlegung muß den Bekl nach dem sachlichen Recht befreien. Sie muß also rechtmäßig sein und die ganze Schuld einschließlich der Zinsen und Nebenleistungen umfassen. Sie braucht aber nicht auch diejenigen Prozeßkosten zu umfassen, die dem Kläger entstanden sind. Wenn der Dritte nur einen Teil der Forderung beansprucht, ist entsprechend zu hinterlegen.

3) Entlassung des Beklagten. In diesem Zusammenhang kommt es darauf an, ob der Bekl seine Entlassung beantragt. Im einzelnen gilt die folgende Regelung:

A. Kein Antrag. Wenn der Bekl nicht seine Entlassung aus dem Prozeß beantragt, dann ist der Eingetretene als ein Streithelfer des Bekl anzusehen, § 74. Er muß seinen Antrag ändern. Wenn er diese Änderung ablehnt, muß das Gericht ihn als eine unberufene Partei aus dem Prozeß verweisen, vgl Grdz 3 A vor § 50.

B. Antrag. Wenn der Bekl seine Entlassung beantragt, dann muß zwischen dem Kläger einerseits, dem Bekl und dem Eintretenden als dem Streitgenossen andererseits mündlich verhandelt werden. Der Entlassungsantrag ist ein Sachantrag, § 297.

Die Entscheidung kann auf eine Zurückweisung des Eintritts lauten. Diese Entscheidung erfolgt durch einen Beschluß, aM StJ III (er schlägt ein Zwischenurteil vor. Aber wie soll es angefochten werden?). Gegen den Beschluß ist die einfache Beschwerde nach § 567 zulässig. Die Entscheidung kann auch dahin lauten, daß dem Antrag stattgegeben wird. Diese Entscheidung erfolgt durch ein Endurteil. Das Urteil muß dem Bekl die ,,durch seinen unbegründeten Widerspruch" gegen die Forderung verursachten Kosten auferlegen. Das schreibt jedenfalls der Gesetzestext vor. Da der Bekl aber mit dem ganzen Prozeß überhaupt nichts mehr zu schaffen hat, muß das Gericht über seine gesamten Kosten endgültig entscheiden. Es ist unhaltbar, den Bekl bis zur Beendigung des Prozesses (als dritte Partei?) im Prozeß festzuhalten, aM Köln NJW **54**, 238, StJ IV 3, Wiecz A IV c 2.

Da der Kläger jedenfalls gegenüber dem Bekl unterliegt, muß er die dem Bekl bis jetzt erwachsenen Kosten erstatten. Dazu gehören die Kosten der Hinterlegung. § 75 letzter Satz, der diese Folge ausspricht, betrifft freilich im übrigen nur das Verhältnis zwischen dem Kläger und dem Eintretenden.

4) Fortgang des Prozesses. Parteien sind nunmehr der Kläger und der Eintretende als Bekl. Der Entlassene scheidet ganz aus dem Prozeß aus, vgl allerdings Anm 3. Der Prozeß ist als ein ganz neuer Rechtsstreit anzusehen. Dasjenige, was bisher geschah, kommt weder dem Kläger noch dem Bekl zugute. Der Antrag des Klägers lautet zweckmäßigerweise, ,,ihm den hinterlegten Betrag zuzusprechen". Der Ausgeschiedene hat ja anerkannt, daß nur einer der Beanspruchter der wahre Gläubiger sein kann. Das Urteil weist den Sieger bei der Hinterlegungsstelle aus.

Wenn sich der Prozeß ohne ein Urteil erledigt, dann muß der Ausgeschiedene gegen die Beansprucher auf eine Einwilligung in die Rückgabe klagen.

Der Schlußsatz des § 75 ist schwer zu verstehen. Er kann nur meinen, daß der Unterliegende alle im alten und neuen Prozeß erwachsenen Kosten trägt und daß davon nur die Kosten des unbegründeten Widerspruchs des Ausgeschiedenen ausgenommen sein sollen. Da das Gericht nun über dessen Kosten bereits entscheiden mußte, Anm 3, und da die Widerspruchskosten den siegenden Kläger nichts angehen, ist der Text so zu verstehen, daß der unterliegende Eingetretene die dem Kläger früher auferlegten Kosten des Ausgeschiedenen zu erstatten hat. Diese Kosten sind zu beziffern und werden zum Hauptanspruch.

5) Rechtsmittel. Gegen die Sachentscheidung kann nur der Beanspruchende das jeweilige Rechtsmittel einlegen. Der Ausgeschiedene hat lediglich die sofortige Beschwerde entsprechend § 91a II. Denn er ist nur im Kostenpunkt beteiligt.

6) *VwGO:* Entsprechend anwendbar, *§ 173 VwGO*, in Parteistreitigkeiten, vgl Üb 4 § 64.

76 *Urheberbenennung des Besitzers.* **I Wer als Besitzer einer Sache verklagt ist, die er auf Grund eines Rechtsverhältnisses der im § 868 des Bürgerlichen Gesetzbuchs bezeichneten Art zu besitzen behauptet, kann vor der Verhandlung zur Hauptsache unter Einreichung eines Schriftsatzes, in dem er den mittelbaren Besitzer benennt, und einer Streitverkündungsschrift die Ladung des mittelbaren Besitzers zur Erklärung beantragen. Bis zu dieser Erklärung oder bis zum Schluß des Termins, in dem sich der Benannte zu erklären hat, kann der Beklagte die Verhandlung zur Hauptsache verweigern.**

II Bestreitet der Benannte die Behauptung des Beklagten oder erklärt er sich nicht, so ist der Beklagte berechtigt, dem Klageantrage zu genügen.

III Wird die Behauptung des Beklagten von dem Benannten als richtig anerkannt, so ist dieser berechtigt, mit Zustimmung des Beklagten an dessen Stelle den Prozeß zu übernehmen. Die Zustimmung des Klägers ist nur insoweit erforderlich, als er Ansprüche geltend macht, die unabhängig davon sind, daß der Beklagte auf Grund eines Rechtsverhältnisses der im Absatz 1 bezeichneten Art besitzt.

IV Hat der Benannte den Prozeß übernommen, so ist der Beklagte auf seinen Antrag von der Klage zu entbinden. Die Entscheidung ist in Ansehung der Sache selbst auch gegen den Beklagten wirksam und vollstreckbar.

1) Allgemeines zu den §§ 76, 77. Die Urheberbenennung, nominatio oder laudatio auctoris, gibt demjenigen, der als unmittelbarer Besitzer oder als ein Drittberechtigter verklagt wurde, das Recht, sich dem Prozeß durch die Benennung des besser Berechtigten und durch eine Streitverkündung an ihn zu entziehen. Der Benannte kann den Prozeß anstelle des Bekl übernehmen. Diese Prozeßfigur ist ebenso wie der Beanspruchterstreit mehr ein juristisches Gedankenspiel als eine Erscheinung der Praxis. Über ihre Anwendbarkeit in Warenzeichensachen s § 11 III WZG.

2) Voraussetzungen und Verfahren, I. A. Voraussetzungen. Die Urheberbenennung ist unter folgenden Umständen zulässig:

a) Sachlich befugter Besitz. Der Bekl muß als ein sachlich befugter Besitzer einer beweglichen Sache oder eines Grundstücks beklagt sein. Hierher gehören zB: Der dingliche Anspruch auf eine Herausgabe, §§ 985, 1065, 1227 BGB, 11 ErbbauVO; der Anspruch auf eine Aufsuchung, § 867 BGB; der Anspruch auf eine Vorlegung, §§ 809, 810 BGB; die Klage des früheren Besitzers, § 1007 BGB. Der Umstand, daß der Benennende und der Urheber als Streitgenossen verklagt worden sind, ist unerheblich.

Nicht hierher gehört eine Herausgabeklage auf Grund eines Schuldverhältnisses.

b) Unmittelbarer Besitz. Der Streit muß sich auf ein Rechtsverhältnis des § 868 BGB stützen. Es muß sich also um den unmittelbaren Besitz des Nießbrauchers, des Pfandgläubigers, des Pächters, des Mieters, des Verwahrers usw handeln. Es genügt, daß eine solche Art von Besitz behauptet wird. Zum Ausscheiden des Bekl ist aber der entsprechende Beweis erforderlich.

c) Rechtshängigkeit. Der Prozeß muß rechtshängig sein. Eine bloße Anhängigkeit genügt nicht. Eine Verhandlung zur Hauptsache, § 39 Anm 2, muß noch bevorstehen. Eine spätere Benennung ist dann zulässig, wenn beide Parteien zustimmen.

3. Titel. Beteiligung Dritter am Rechtsstreit §§ 76, 77

B. Verfahren. Der Bekl muß dem unmittelbaren Besitzer nach § 73 den Streit verkünden, ihn dem Kläger benennen und seine Ladung zur Erklärung veranlassen. Das Gericht bestimmt einen Verhandlungstermin und stellt die Ladung und die Streitverkündung beiden Parteien von Amts wegen zu, §§ 214, 497, vgl aber auch § 215. Eine rügelose Verhandlung aller Beteiligten heilt etwaige Mängel nach § 295.

Der Bekl darf die Verhandlung zur Hauptsache bis zur Erklärung des Verkündungsgegners oder bis zum Schluß des Erklärungstermins verweigern. Er hat eine rein aufschiebende Prozeßeinrede, keine Zulässigkeitsrüge. Es besteht keine prozessuale Pflicht. Ob eine sachlichrechtliche Pflicht besteht, richtet sich nach dem sachlichen Recht. Das Weigerungsrecht entsteht mit der Einreichung des Schriftsatzes zwecks Ladung. Es erlischt mit dem Schluß des daraufhin bestimmten Verhandlungstermins.

3) Bestreiten oder Schweigen, II. Wenn der Benannte schweigt oder bestreitet, entsteht folgende Rechtslage:

A. Entweder Befriedigung. Der Bekl kann den Kläger befriedigen. Er darf das ohne die Gefahr einer Haftung tun. Dann ist die Hauptsache erledigt. Das Gericht muß allenfalls noch über die Kosten entscheiden.

B. Oder Fortgang. Der Bekl mag auch entscheiden, den Kläger nicht zu befriedigen. Dann geht der Prozeß weiter.

4) Übernahme des Prozesses, III. Der Benannte darf den Prozeß anstelle des Bekl übernehmen, falls er das behauptete Rechtsverhältnis zugesteht und falls der Bekl zustimmt. Der Bekl ist zur Übernahme keineswegs verpflichtet. Eine Zustimmung des Klägers ist nicht erforderlich, soweit er nicht einen Anspruch darüberhinaus verfolgt, etwa auch einen persönlichen Anspruch. Die Übernahme kann nur in der mündlichen Verhandlung erfolgen. Die Übernahme macht den Benannten zum Rechtsnachfolger des Bekl im Prozeß. Das im Prozeß bisher Geschehene ist verwertbar, anders als bei § 75.

Der Benannte kann auch die Einmischungsklage erheben oder dem Bekl als ein Streithelfer beitreten, statt in den Prozeß einzutreten. Wenn er nicht eintritt, obwohl er das Rechtsverhältnis zugesteht, dann ist II unanwendbar. Man muß nach dem bürgerlichen Recht entscheiden, ob der Bekl den Kläger ohne die Gefahr eines Rücktritts befriedigen darf. Er darf den Kläger jedenfalls dann befriedigen, wenn der Dritte den Prozeß trotz einer Androhung der Befriedigung nicht beitritt.

5) Ausscheiden des Beklagten, IV. A. Verfahren. Hat der Benannte den Prozeß übernommen, so ist der Bekl auf seinen Antrag von der Klage zu entbinden. Ohne einen solchen Antrag bleibt der Bekl im Prozeß und gilt als ein Streitgenosse des Benannten. Über die Wirksamkeit der Übernahme entscheidet dann das Endurteil. Es findet eine mündliche Verhandlung über den Antrag statt. Die Entscheidung ergeht wie bei § 75 Anm 3. Das Gericht muß über die Kosten des ausscheidenden Bekl schon jetzt erkennen, § 75 Anm 3 B, aM StJ VII (aber der Kläger unterliegt dem Bekl gegenüber im Sinn des § 91 so, als wäre zB seine Parteifähigkeit weggefallen). Der Ausgeschiedene ist nicht mehr Partei. Er kann als Zeuge vernommen werden.

B. Wirkung. Das Endurteil erstreckt seine Rechtskraft und seine Vollstreckungswirkung unmittelbar auf den ausgeschiedenen Bekl. Die Zwangsvollstreckung verlangt eine namentliche Bezeichnung des Bekl in der Vollstreckungsklausel, § 750.

Die Erweiterung gilt nicht: **a)** Für die Kosten. Die bereits dem Kläger auferlegten Kosten bleiben unberührt; **b)** für einen Anspruch, der nicht übergegangen ist.

Wegen der Vollstreckungswirkung empfiehlt sich die Feststellung der Haftung des Bekl wenigstens in den Urteilsgründen. Der Bekl kann auch seine persönlichen Einwendungen gegen die Vollstreckung nicht geltend machen.

6) VwGO: *Entsprechend anwendbar, § 173 VwGO, in Parteistreitigkeiten, Üb 4 § 64.*

77 *Urheberbenennung bei Unterlassungsklagen usw.* Ist von dem Eigentümer einer Sache oder von demjenigen, dem ein Recht an einer Sache zusteht, wegen einer Beeinträchtigung des Eigentums oder seines Rechtes Klage auf Beseitigung der Beeinträchtigung oder auf Unterlassung weiterer Beeinträchtigungen erhoben, so sind die Vorschriften des § 76 entsprechend anzuwenden, sofern der Beklagte die Beeinträchtigung in Ausübung des Rechtes eines Dritten vorgenommen zu haben behauptet.

1) Geltungsbereich. § 77 betrifft diejenigen Fälle, in denen das Eigentum oder ein anderes dingliches Recht auf eine andere Weise als durch eine Entziehung des Besitzes beeinträchtigt ist. Hierher gehören namentlich die Fälle der Abwehrklage, § 1004 BGB.

Als Rechte kommen zB in Frage: Das Erbbaurecht; eine Grunddienstbarkeit; ein Nießbrauch; ein anderes durch § 1004 BGB geschütztes Ausschlußrecht, etwa ein Patentrecht, ein Namensrecht, ein Urheberrecht, ein Zeichenrecht.

Nicht hierher gehören zB: Eine Klage wegen einer Besitzstörung, denn der Besitz ist kein Recht an der Sache, mag er auch gelegentlich so behandelt werden, § 823 I BGB; eine Klage auf Schadensersatz; eine Feststellungsklage.

§ 76 ist sinngemäß anwendbar, wenn der Bekl die Ausübung des Rechts eines Dritten behauptet, etwa dann, wenn der Nießbraucher eine Grunddienstbarkeit ausübt. In diesem Fall begründet auch eine Besitzdienerschaft die Sachbefugnis des Bekl.

2) VwGO: Entsprechend anwendbar, § 173 VwGO, Üb 4 § 64, sofern der VerwRechtsweg gegeben ist.

Vierter Titel. Prozeßbevollmächtigte und Beistände
Übersicht

1) Verhandlungsfähigkeit. Man muß zwischen der Prozeßfähigkeit und der Prozeßhandlungsvoraussetzung der Verhandlungsfähigkeit, der Postulationsfähigkeit unterscheiden, Stgt FamRZ **81**, 789, also der Fähigkeit, in eigener Person wirksam mit dem Gegner und dem Gericht im Prozeß zu verhandeln. Die Verhandlungsfähigkeit ist auch bei einem Prozeßfähigen vor dem Landgericht, vor dem Oberlandesgericht, vor dem Bayerischen Obersten Landesgericht und vor dem Bundesgerichtshof beschränkt, vor dem Amtsgericht in den Fällen des § 78 I 2 Z 1–3. In diesen Fällen handelt es sich um einen sog Anwaltsprozeß. In den übrigen Verfahren vor dem Amtsgericht ist die Verhandlungsfähigkeit lediglich im Rahmen des § 157 I 2, II eingeschränkt; in allen diesen Fällen handelt es sich um einen sog Parteiprozeß.

Ein Verhandlungsunfähiger braucht einen Rechtsanwalt als seinen Prozeßbevollmächtigten. Der Rechtsanwalt verhandelt für ihn. Die Zuziehung einer anderen Person als Prozeßbevollmächtigten oder Beistand genügt nicht.

Die Verhandlungsfähigkeit und eine wirksame Prozeßvollmacht sind Prozeßhandlungsvoraussetzungen, Grdz 3 B vor § 253.

2) Arten der Stellvertretung im Prozeß. Der Zivilprozeß kennt drei Arten der Stellvertretung:

A. Gesetzliche Vertretung. Zunächst kommt die gesetzliche Vertretung in Betracht, § 51. Bei ihr ist die Vertretungsmacht von einem Parteiwillen unabhängig.

B. Prozeßvollmacht. Der Prozeßbevollmächtigte leitet seine Vertretungsmacht unmittelbar oder mittelbar aus einer „Vollmacht" her, die der Vertretene ihm erteilt hat. Das gilt selbst dann, wenn er der Partei amtlich beigeordnet ist.

Man muß streng zwischen dem bürgerlichrechtlichen Rechtsgeschäft unterscheiden, das das Innenverhältnis zwischen dem Prozeßbevollmächtigten und der Partei regelt, meist in der Form eines Geschäftsbesorgungsvertrags, und der prozeßrechtlichen Prozeßvollmacht, die nach außen wirkt und die die ZPO ganz allein regelt, Köln MDR **74**, 310, vgl § 155 V BRAO. Nach außen ist die Prozeßvollmacht nur in einem geringen Umfang beschränkbar. Sie erlischt nicht ganz übereinstimmend mit dem bürgerlichen Recht und hat noch nach ihrem Erlöschen gewisse prozessuale Wirkungen. Die ZPO kennt auch eine vermutete Prozeßvollmacht, indem sie es zuläßt, daß ein Vertreter eine wirksame Prozeßhandlung vornimmt, ohne daß seine Vollmacht geprüft wird, vgl auch bei §§ 176, 87. Der Prozeßbevollmächtigte kann gelegentlich auch im eigenen Namen handeln, zB nach § 9 II BRAGO; wann er das tut, ist eine Auslegungsfrage. In aller Regel handelt er aber für die Partei.

Im Anwaltsprozeß kann nur ein beim Prozeßgericht zugelassener Rechtsanwalt Prozeßbevollmächtigter sein, nicht eine sonstige Person, selbst wenn sie zB als Rechtsbeistand nach § 209 BRAO zum Mitglied einer Anwaltskammer geworden ist, § 157 Anm 1. Im Parteiprozeß kann jede prozeßfähige Person Prozeßbevollmächtigter sein. Über die Stellung des Rechtsanwalts und über den Aufbau der Anwaltschaft s die BRAO, zT Anh § 155 GVG.

C. Beistandschaft. Im Parteiprozeß ist auch eine Beistandschaft zulässig. Der Beistand ist ein bloßer Wortführer der Partei.

4. Titel. Prozeßbevollmächtigte und Beistände   **Übers § 78, § 78**

3) Rechtsberatung. Der Rechtsanwalt besorgt von Berufs wegen fremde Rechtsangelegenheiten. Dasselbe tut der Rechtsbeistand (Prozeßagent). S Anh § 155 GVG. Ein ausländischer Rechtsanwalt ist grundsätzlich kein Rechtsanwalt im Sinn der ZPO; vgl aber wegen der Mitglieder der Europäischen Gemeinschaft Winkel NJW **76**, 451. Die geschäftsmäßige Besorgung fremder Rechtsangelegenheiten bedarf der Erlaubnis nach dem RBerG. Vgl aber wegen eines Auszubildenden des Anwalts LG Oldb AnwBl **82**, 374.

4) VwGO: *Die Verhandlungsfähigkeit, Anm 1, ist vor dem BVerwG beschränkt, § 67 I VwGO, sonst nur, wenn die Bestellung eines Bevollmächtigten vom Gericht angeordnet wird, § 67 II 2 VwGO. Für die Vollmacht und die Stellung des Bevollmächtigten im Verfahren gelten §§ 81ff entsprechend, § 173 VwGO.*

78 *Anwaltsprozeß.* [I] Vor den Landgerichten und vor allen Gerichten des höheren Rechtszuges müssen die Parteien sich durch einen bei dem Prozeßgericht zugelassenen Rechtsanwalt als Bevollmächtigten vertreten lassen (Anwaltsprozeß). Das gleiche gilt vor den Familiengerichten
1. für Ehesachen,
2. für Folgesachen von Scheidungssachen,
3. für solche Familiensachen des § 621 Abs. 1 Nr. 8, die nicht als Folgesachen von Scheidungssachen anhängig sind, wenn in diesen der Gegenstand an Geld oder Geldeswert die Summe von fünftausend Deutsche Mark übersteigt;

die Parteien können sich im ersten Rechtszug auch durch einen beim übergeordneten Landgericht zugelassenen Rechtsanwalt vertreten lassen.

[II] Diese Vorschrift ist auf das Verfahren vor einem beauftragten oder ersuchten Richter sowie auf Prozeßhandlungen, die vor dem Urkundsbeamten der Geschäftsstelle vorgenommen werden können, nicht anzuwenden.

[III] Ein Rechtsanwalt, der nach Maßgabe des Absatzes 1 zur Vertretung berechtigt ist, kann sich selbst vertreten.

Vorbem. I, III idF Art 6 Z 7 G v 14. 6. 76, BGBl 1421, in Kraft seit 1. 7. 77, Art 12 Z 13 a. I 2 Z 3 idF Art 2 Z 1 G v 8. 12. 82, BGBl 1615, in Kraft seit 1. 1. 83, Art 7.

Schrifttum: Bergerfurth, Der Anwaltszwang und seine Ausnahmen, 1981 (Bespr Chemnitz NJW **82**, 272, Nöcker Rpfleger **81**, 331, Schneider ZZP **95**, 88); Bücker, Anwaltszwang und Prozeßvergleich, Diss Bochum 1982; Hertel, Der Anwaltszwang, Diss Gött 1978.

Gliederung

1) Anwaltszwang, I
  A. Allgemeines
    a) Begriffe
    b) Gerichte mit Anwaltszwang
    c) Verfahren mit Anwaltszwang
    d) Verfassungsmäßigkeit
  B. Parteistellung
    a) Rechte
    b) Pflichten
    c) Beiordnung
  C. Zulassung beim Prozeßgericht
    a) Grundsatz
    b) Prozeßgericht
    c) Weitere Einzelfragen
  D. Ausnahmen vom Zulassungszwang
    a) Amtlich bestellter Vertreter
    b) Verhandlungsvertreter
    c) Überlassung des Vortrags
  E. Verstoß

2) Ausnahmen vom Anwaltszwang, II
  A. Fälle
    a) Amtsgericht
    b) Verordneter Richter
    c) Rechtspfleger
    d) Urkundsbeamter
    e) Zustellung
    f) Justizverwaltung
    g) Erklärung eines Dritten usw
    h) Gütversuch
    i) Baulandsache
    j) Arbeitsgericht
    k) Entschädigungssache
    l) Rechtsmittelverzicht
    m) Klagerücknahme
    n) Berufungsrücknahme
    o) Zeuge
  B. Parteistellung

3) Selbstvertretung des Rechtsanwalts, III

4) VwGO

1) Anwaltszwang, I. A. Allgemeines. a) Begriffe. Soweit sich eine Partei im ordentlichen Verfahren durch einen Anwalt vertreten lassen muß, der beim Prozeßgericht zugelassen ist, liegt ein Anwaltszwang vor. Der Prozeß im Anwaltszwang heißt Anwaltsprozeß, BVerfG **53**, 207. Ein Prozeß ohne Anwaltszwang heißt Parteiprozeß. Die ZPO verwendet

§ 78 1   1. Buch. 2. Abschnitt. Parteien

diese Ausdrücke nicht. Chemnitz NJW **82**, 272 schlägt statt des Ausdrucks Anwaltszwang den Begriff Anwaltserfordernis vor.

b) Gerichte mit Anwaltszwang. Es herrscht eine erhebliche Rechtszersplitterung, Schneider ZZP **95**, 90. Der Anwaltszwang besteht nach I grundsätzlich (Ausnahmen II) vor folgenden Gerichten:

aa) Vor dem Amtsgericht als Familiengericht, dazu Friederici AnwBl **77**, 393 (Übersicht), jedoch nur in den in I 2 Z 1–3 genannten Fällen, also in folgenden Situationen:

Z 1: In einer Ehesache, §§ 606–620g. Wegen einer einstweiligen Anordnung Ffm FamRZ **83**, 516 mwN, Mü FamRZ **81**, 382 (abl Bergerfurth FamRZ **81**, 582), Zweibr FamRZ **81**, 187. Wegen des Anwaltszwangs nur für den Antragsteller im Fall einer offenen Konventionalscheidung Jost NJW **80**, 332 mwN.

Z 2: Für die Folgesache einer Scheidungssache, §§ 623 I 1 in Verbindung mit 621 I Z 1–4, 6–7, 9, dazu BGH VersR **80**, 262 mwN. Das gilt auch dann, wenn es sich um eine isolierte Anfechtung der Folgesache handelt, Karlsr FamRZ **80**, 811, Oldb FamRZ **79**, 1050, Schlesw SchlHA **80**, 187, Zweibr FamRZ **80**, 1052 je mwN, aM Bbg FamRZ **80**, 811, Hamm FamRZ **79**, 46, oder wenn es sich zB um einen Auskunftsanspruch handelt, der der Vorbereitung der Folgesache Versorgungsausgleich dient und mit ihr verbunden wird, Hbg FamRZ **81**, 179, oder der der Vorbereitung des mit dem Scheidungsantrag verbundenen Unterhaltsklage dient, Schlesw SchlHA **82**, 71. Wegen einer abgetrennten „quasi Verbundsache" Ffm FamRZ **79**, 1049. In diesen Fällen kommt es nicht auf den Streitwert an.

Z 2 gilt nicht für eine aus der Feststellung der Ehenichtigkeit folgende Sache, BGH NJW **82**, 2386.

Z 3: Für einen Anspruch aus dem ehelichen Güterrecht, § 621 I Z 8, soweit es sich nicht um eine Scheidungsfolgesache handelt und soweit außerdem sein Wert 5000 DM übersteigt. Vgl allerdings auch § 922 Anm 4 B b.

bb) Vor dem Landgericht.
cc) Vor dem Oberlandesgericht.
dd) Vor dem Bayerischen Obersten Landesgericht.
ee) Vor dem Bundesgerichtshof.
ff) Vor dem Landesarbeitsgericht. Hier ist die Vertretung durch jeden bei einem deutschen Gericht zugelassenen Anwalt oder durch eine andere nach § 11 II ArbGG zugelassene Person zulässig.
gg) Vor dem Bundesarbeitsgericht. Auch hier ist die Vertretung durch jeden bei einem deutschen Gericht zugelassenen Anwalt oder durch eine andere nach § 11 II ArbGG zugelassene Person zulässig.
hh) Vor dem Bundesfinanzhof. Hier ist auch eine Vertretung durch eine in Art 1 Z 1 BFHEntlG genannte Person zulässig, auch für einen Antrag auf eine Wiedereinsetzung in den vorigen Stand, BFH NJW **78**, 1992.

c) Verfahren mit Anwaltszwang. Soweit ein Anwaltszwang herrscht, unterliegt grundsätzlich das gesamte Verfahren vor dem Prozeßgericht diesem Anwaltszwang. Das gilt auch: Für das Verfahren vor dem Einzelrichter; für das Verfahren vor dem Vorsitzenden der Kammer für Handelssachen, Bergerfurth NJW **75**, 335; für eine Verweisung oder Weiterverweisung, auch wenn dazu keine mündliche Verhandlung stattfindet, Ffm AnwBl **80**, 198, Deubner JuS **81**, 54, aM LG Darmst NJW **81**, 2709, LG Hof Rpfleger **79**, 390, Bergerfurth Rpfleger **79**, 365, ThP § 696 Anm 6c, ZöV § 696 Anm 2; für einen gerichtlichen Vergleich, Anh § 307 Anm 4 F; für das Verfahren nach den §§ 887ff, Ffm JB **77**, 1766, Mü NJW **77**, 909 je mwN, § 891 Anm 1 A; für das Ordnungsmittelverfahren, Celle MDR **60**, 1019.

Der Anwaltszwang gilt allerdings ohne Einschränkung nur für eine Vertretung beim Handeln, etwa für die Unterzeichnung eines Schriftsatzes, vgl auch BGH MDR **76**, 570. Für die Entgegennahme der Prozeßhandlung des Gegners besteht der Anwaltszwang nur innerhalb der mündlichen Verhandlung. Wegen der Zustellung vgl § 176.

d) Verfassungsmäßigkeit. Der Anwaltszwang ist mit dem GG vereinbar, auch soweit er eine Einschränkung der Handlungsfreiheit vorsieht, KG DB **71**, 1056.

B. Parteistellung. Soweit ein Anwaltszwang herrscht, gilt für die Partei folgendes:
a) Rechte. Die Partei kann stets neben ihrem Anwalt vor dem Gericht erscheinen und neben ihm das Wort verlangen, § 137 IV. Die Partei kann eine tatsächliche Erklärung selbst abgeben. Sie kann eine tatsächliche Erklärung ihres Anwalts sofort widerrufen oder berichtigen, § 85. Das Gericht muß eine solche Erklärung berücksichtigen, namentlich ein Geständnis, vgl § 288 Anm 1 C.

4. Titel. Prozeßbevollmächtigte und Beistände **§ 78** 1

b) Pflichten. Die Partei muß dann erscheinen, wenn das Gericht ihr persönliches Erscheinen angeordnet hat, §§ 141, 273 II Z 3, 279 II, 613, 640.
c) Beiordnung. Der Partei kann unter den Voraussetzungen der §§ 78b, 78c, 625 ein Anwalt beigeordnet werden, vgl zum letzteren Fall AG Ettlingen FamRZ **78**, 340.
Für a–c gilt: Der Begriff „Partei" in I ist im weitesten Sinn zu verstehen. Er umfaßt: Den Streithelfer; einen Dritten, der in den Prozeß eintreten will, etwa als ein benannter Urheber oder als ein Forderungsbeanspruchter, §§ 75–77; einen Dritten, den die Parteien in einen Vergleich hineingezogen haben. Denn nur dann entsteht auch für ihn ein vollstreckbarer Titel, vgl auch § 794 I Z 1, der den Vergleich zwischen der Partei und einem Dritten ausdrücklich erwähnt, vgl Schlesw JR **61**, 222. Auch eine rechtskundige Person und der Staat unterliegen grundsätzlich demselben Anwaltszwang wie andere Personen.
Die alleinigen Ausnahmen von dieser Regel ergeben sich in folgenden Fällen: Der Anwalt kann sich unter Umständen gemäß III selbst vertreten; der Staatsanwalt benötigt keinen Anwalt, wenn er als Partei oder als der Vertreter des Staates auftritt.

C. Zulassung beim Prozeßgericht. a) Grundsatz. Grundsätzlich kann nur ein solcher Anwalt die Partei vertreten, der bei diesem Prozeßgericht allgemein zugelassen worden ist. Eine Ausnahme gilt im Fall I 2 Hs 2, ferner in beschränktem Umfang in folgenden Fällen: § 143 III PatG; § 16 PatG (Inlandsvertreter), BGH **57**, 269; § 19 III GebrMG; § 32 III WZG. Zu allen diesen Fällen Anh I § 78b GVG. Ein weiterer Ausnahmefall ergibt sich aus § 224 II 2 BEG, dazu BVerfG **34**, 330, BGH MDR **78**, 573.
b) Prozeßgericht. Als Prozeßgericht ist dasjenige Gericht anzusehen, an das sich die Prozeßhandlung wendet. Unter Umständen ist also eine auswärtige Kammer für Handelssachen als Prozeßgericht anzusehen, vgl § 93 GVG. Im Zeitraum zwischen der Zustellung des Urteils und der Einlegung des Rechtsmittels ist das niedrigere Gericht als Prozeßgericht anzusehen. Während der Rechtshängigkeit in der höheren Instanz ist grundsätzlich das höhere Gericht das Prozeßgericht. Trotzdem läßt BGH **14**, 210 aus prozeßwirtschaftlichen Erwägungen zu, daß der Berufungsanwalt die Klage des Revisionsbeklagten, der noch keinen Revisionsanwalt hat, zurücknimmt. Dann aber muß auch der erstinstanzliche Anwalt die Klage des Berufungsbeklagten zurücknehmen dürfen, Kblz Rpfleger **74**, 117, Vollkommer Rpfleger **74**, 90 mwN, vgl § 269 Anm 3 B.
Ferner ist der Bekl persönlich befugt, im Anwaltsprozeß eine etwa notwendige Einwilligung zur Klagrücknahme zu erklären, Karlsr OLGZ **77**, 479 (vgl freilich wegen der fehlenden Notwendigkeit einer solchen Einwilligung in einer Ehesache § 269 Anm 3 A a). Der erstinstanzliche Anwalt des Berufungsbekl kann im Fall der Rücknahme der Berufung beantragen, den Berufungskläger der Berufung für verlustig zu erklären und ihm die Kosten der Berufung aufzuerlegen, Köln MDR **76**, 1025 mwN, aM zB BGH NJW **78**, 1262 mwN – abl Vollkommer Rpfleger **78**, 112 – (auch wegen Bayern), Albers § 515 Anm 4 C je mwN.
Wenn eine Beschwerdeschrift bei dem niedrigeren Gericht eingereicht wird, kann der Anwaltszwang fehlen. Wird sie bei dem höheren Gericht eingereicht, besteht der Anwaltszwang, Stgt NJW **74**, 273. Wegen der Einwilligung in eine Sprungrevision vgl § 566 a II 2, BGH NJW **75**, 831.
Über die Zulassung des Anwalts Anh I 3 § 155 GVG. Zur Zulassung reicht eine Aushändigung der Zulassungsurkunde aus, BVerfG **34**, 328. Es ist nach außen unerheblich, ob der Anwalt dadurch standeswidrig handelt, daß er diese Vertretung übernimmt. Eine rein formelle Beiordnung des Anwalts genügt nicht, soweit es um eine Prozeßhandlung von besonderer Bedeutung geht, etwa um einen Rechtsmittelverzicht.
c) Weitere Einzelfragen. Der Anwalt muß geschäftsfähig und damit prozeßfähig sein, BVerfG **37**, 76 und 82 (es verlangt eine Prüfung der Geschäftsfähigkeit und der Prozeßfähigkeit von Amts wegen. Schon wegen Art 103 I GG ist ein Zwischenurteil entsprechend §§ 71, 387 erforderlich. Eine sofortige Beschwerde gegen dieses Zwischenurteil ist auch dann zulässig, wenn das OLG entschieden hat. Rechtspolitisch krit Rath ZZP **89**, 450), BGH **30**, 112 (wegen einer beschränkten Geschäftsfähigkeit § 51 Anm 1), StJ V 3, vgl auch § 244 Anm 1 A, §§ 7 Z 7, 14 Z 4 BRAO, aM RoS § 28 V 2b (er geht davon aus, daß die Vertretungsfähigkeit erst mit der Zurücknahme der Zulassung ende. Das führt aber zu unannehmbaren Ergebnissen). Ein Vertretungsverbot nach den §§ 150ff BRAO zwingt das Gericht zu einer Zurückweisung dieses Anwalts, § 156 II BRAO. Seine bisherigen Prozeßhandlungen bleiben aber wirksam, § 155 V BRAO.

D. Ausnahmen vom Zulassungszwang. Sie bestehen in folgenden Fällen:
a) Amtlich bestellter Vertreter. Der amtlich bestellte Vertreter des Anwalts, sein Vollvertreter, Generalsubstitut, steht ihm völlig gleich, § 53 III, IV, VII BRAO, BGH NJW **81**,

1741 mwN, und zwar ohne Rücksicht darauf, ob der Anwalt die nach § 53 VI BRAO vorgeschriebene Anzeige erstattet hat, BGH NJW **75**, 542. Dasselbe gilt für einen Praxisabwickler, § 55 BRAO. Der amtlich bestellte Vertreter hat also grundsätzlich alle Befugnisse desjenigen Anwalts, den er vertritt, kann ebenso wie der Vertretene tätig werden und wirksam alle Prozeßhandlungen bei einem Gericht vornehmen, bei dem der vertretene Anwalt zugelassen ist, BGH NJW **81**, 1741 mwN. Der amtlich bestellte Vertreter kann also auch eine Handlung vornehmen, die der vertretene Anwalt seinerseits als Vertreter eines anderen Anwalts wirksam vornehmen könnte, BGH NJW **81**, 1741 mwN.

Sowohl der amtlich bestellte Vertreter als auch der Abwickler sind natürlich nur insofern befugt, als sie gerade in diesen Eigenschaften und nicht etwa für die eigene Praxis tätig werden, BGH NJW **81**, 1741 mwN. In einem Schriftsatz braucht die Vertretung nicht besonders betont zu werden, § 130 Anm 1 A.

b) Verhandlungsvertreter. Der für die mündliche Verhandlung bestellte Vertreter des Anwalts, der Verhandlungsvertreter, Substitut, kann in der mündlichen Verhandlung als ein Untervertreter auftreten, § 81. Als ein solcher Vertreter darf aber nur ein Anwalt auftreten, der bei diesem Prozeßgericht zugelassen ist, § 52 I BRAO.

c) Überlassung des Vortrags. Ein zugelassener Anwalt kann in der mündlichen Verhandlung die Ausübung der Parteirechte bis auf die Antragstellung, vgl auch BGH MDR **76**, 570, einem dort nicht zugelassenen Anwalt überlassen, § 52 II BRAO. Einem Mitglied der Anwaltskammer nach § 209 BRAO kann der zugelassene Anwalt den Vortrag nicht wirksam überlassen, § 157 Anm 1 A. Beides gilt auch in der mündlichen Verhandlung vor dem BGH.

E. Verstoß. Ein Verstoß gegen I macht eine vorgenommene Prozeßhandlung unwirksam, BFH DB **78**, 238, Köln MDR **82**, 1024 mwN, Schmidt NJW **82**, 811, Urbanczyk ZZP **95**, 352 mwN. Wenn der Verstoß die Klagerhebung betrifft, darf das Gericht unter Umständen weder eine Klagezustellung veranlassen noch einen Termin bestimmen, § 78 a II. Im übrigen muß die Klage dann durch ein Prozeßurteil als unzulässig abgewiesen werden, BVerwG MDR **76**, 781. Ein Verzicht der Partei persönlich nach § 295 ist nicht wirksam. Denn es handelt sich um einen Verstoß gegen eine öffentlichrechtliche, zwingende Vorschrift, Köln MDR **82**, 1024. Allerdings kann nunmehr ein zugelassener Anwalt als Proz-Bev in den Prozeß eintreten und die gesamte bisherige Prozeßführung genehmigen. In einem solchen Fall kann eine Heilung der bisherigen Mängel eintreten, vgl § 551 Z 5, Karlsr AnwBl **79**, 430, aM insofern BVerfG **8**, 95, Köln MDR **82**, 1024 mwN. Freilich kann man die Versäumung nicht rückwirkend durch eine erst nach dem Fristablauf abgegebene Genehmigung heilen, BVerfG **8**, 94, BFH BB **77**, 436, Bre OLGZ **65**, 41, Bergerfurth Rdz 210 mwN.

Soweit eine unwirksame Prozeßhandlung zugleich ein sachlichrechtliches Rechtsgeschäft enthält, kann das letztere wirksam sein und sogar zu der Vornahme der Prozeßhandlung verpflichten.

2) Ausnahmen vom Anwaltszwang, II. A. Fälle. Eine Ausnahme vom Anwaltszwang besteht nur in folgenden Fällen:

a) Amtsgericht. Das gesamte Verfahren vor dem AG ist vom Anwaltszwang befreit, jedoch vor dem Familiengericht nur, soweit keine der Fälle I 2 Z 1–3 vorliegt.

b) Verordneter Richter. Hier sind folgende Situationen zu unterscheiden:

aa) Grundsatz. Grundsätzlich herrscht hier kein Anwaltszwang, Karlsr JB **76**, 372 mwN. Das gilt sowohl vor dem beauftragten Richter, (nur) insoweit richtig BGH NJW **80**, 2309, ferner Bbg JB **75**, 517, Schneider DRiZ **77**, 14, als auch vor dem ersuchten Richter.

bb) Ausnahme. Ausnahmsweise besteht ein Anwaltszwang vor dem verordneten Richter: In der Beschwerdeinstanz, § 269, vgl freilich dort II 2, ferner § 573; vor dem Vorsitzenden der Kammer für Handelssachen, Bergerfurth NJW **75**, 335; vor dem Einzelrichter der §§ 348, 524, Karlsr JB **76**, 372 mwN.

c) Rechtspfleger. Das gesamte Verfahren vor dem Rpfl unterliegt keinem Anwaltszwang, § 13 RPflG, Anh § 153 GVG, so grundsätzlich richtig Bergerfurth Rpfleger **78**, 205, vgl aber § 700 Anm 3 C.

d) Urkundsbeamter. Das Verfahren ist vom Anwaltszwang frei, soweit eine Prozeßhandlung zum Protokoll des Urkundsbeamten der Geschäftsstelle erfolgen kann. Es kommt in solchem Fall nicht darauf an, ob die Prozeßhandlung auch tatsächlich zu jenem Protokoll vorgenommen wurde oder anders erfolgt ist, LG Ffm Rpfleger **79**, 429. Das Gesetz bestimmt im Einzelfall, ob eine Prozeßhandlung zum Protokoll des Urkundsbeamten vorgenommen werden kann.

4. Titel. Prozeßbevollmächtigte und Beistände § 78 2, 3

Beispiele: Die Ablehnung eines Richters, § 44; der Antrag auf eine Bewilligung der Prozeßkostenhilfe, § 117 I 1; ein Arrestantrag, § 920; eine Schutzschrift gegenüber einem Arrestantrag, und zwar auch eine solche, die vor dem Arrestantrag beim Gericht eingeht, Hbg Rpfleger **79**, 28; eine Erinnerung gegenüber der Entscheidung des Urkundsbeamten der Geschäftsstelle. Sie ergreift die zugehörigen Nebenhandlungen, etwa ein Gesuch um eine öffentliche Zustellung des beantragten Arrestbefehls.

Nicht hierher gehört eine Beschwerde, vgl b. Wegen § 621 I vgl BGH NJW **81**, 234 mwN; wegen § 621e vgl dort Anm 4 A, BGH NJW **80**, 1958 mwN, Celle FamRZ **78**, 139, wohl auch Celle FamRZ **78**, 527, ferner v Hornhardt FamRZ **78**, 170 mwN, aM Bbg JB **75**, 1498 mwN, Oldb NJW **79**, 113. Wegen des weiteren Verfahrens vgl § 104 Anm 4 A b, § 569 Anm 2 A, § 573 II, dort Anm 2 D.

e) Zustellung. Im Zustellungsverfahren für den Auftrag besteht kein Anwaltszwang. Denn hier liegt keine eigentliche Prozeßhandlung vor.

f) Justizverwaltung. In einer Angelegenheit der Justizverwaltung oder der gerichtlichen Verwaltung besteht kein Anwaltszwang.

g) Erklärung eines Dritten usw. Für eine Erklärung oder einen Antrag eines Dritten oder gegen einen Dritten, etwa für eine Streitverkündung, besteht kein Anwaltszwang. Denn der Dritte ist keine Partei.

Etwas anderes gilt dann, wenn der Dritte eine Parteipflicht übernimmt oder Partei werden will, etwa der beim Prozeßvergleich hinzugezogene Dritte oder der benannte Urheber.

h) Güteversuch. Für den Güteversuch nach § 279 gilt grundsätzlich kein Anwaltszwang, vgl freilich dort Anm 2 B.

i) Baulandsache. In einer Baulandsache herrscht kein Anwaltszwang, § 162 III 2 BBauG, soweit der Beteiligte im Verfahren vor dem LG oder dem OLG keinen Antrag in der Hauptsache stellt, BGH NJW **75**, 831. Es gilt also kein Anwaltszwang für die Einreichung des Antrags auf eine gerichtliche Entscheidung bei derjenigen Stelle, die den Verwaltungsakt erlassen hat, BGH **41**, 183, Mü NJW **68**, 2065, oder für die Einwilligung in eine Sprungrevision, BGH NJW **75**, 831.

Ein Anwaltszwang gilt aber im weiteren Besitzeinweisungsverfahren. Denn insofern wird ein Antrag zur Hauptsache gestellt, Bre OLGZ **68**, 252.

j) Arbeitsgericht. Im Verfahren vor dem ArbG herrscht kein Anwaltszwang, § 11 I ArbGG, vgl Anm 1 A.

k) Entschädigungssache. Im Verfahren nach § 224 I BEG herrscht kein Anwaltszwang, BVerfG **34**, 330.

l) Rechtsmittelverzicht. Für einen Rechtsmittelverzicht herrscht kein Anwaltszwang, soweit er nur gegenüber dem Gegner erklärt wird (dieser kann ihn durch eine Rüge einführen), BGH NJW **75**, 831 mwN. Soweit der Rechtsmittelverzicht in einem Anwaltsprozeß gegenüber dem Gericht erklärt wird, herrscht der Anwaltszwang, zB in einer Ehesache, Düss FamRZ **80**, 709.

m) Klagerücknahme. Vgl dazu Anm 1 C b.

n) Berufungsrücknahme. Sie kann ohne einen Anwaltszwang erfolgen, wenn die Berufung zum LG eingelegt worden war, vgl Anm 1 C b.

o) Zeuge. Er kann stets ohne einen eigenen Anwalt erscheinen und aussagen, § 387 II.

B. Parteistellung. Soweit kein Anwaltszwang herrscht, kann die Partei selbst oder durch einen beliebigen ProzBev handeln, § 79. Die Partei darf auch während des Prozesses ein privatrechtliches Rechtsgeschäft frei vornehmen, etwa einen außergerichtlichen Vergleich abschließen. Ein solches Geschäft wirkt aber als eine Prozeßhandlung nur insoweit, als es in einem Anwaltsprozeß vom zugelassenen Anwalt vorgetragen wird. Wenn die Parteien also einen Vergleich über den Streitgegenstand hinaus abschließen, Anh § 307 Anm 2 B, dann muß der Anwalt auch insofern auftreten, wenn die Wirkung des § 794 I Z 1 erzielt werden soll, StJ IV 2, aM Blomeyer ZPR § 8 III Anm 4, Bötticher MDR **50**, 294, RoS § 132 III 2g.

3) Selbstvertretung des Rechtsanwalts, III. Der Anwalt kann sich in einer eigenen Angelegenheit selbst vertreten. Er kann sich auch zB als Partei kraft Amts oder als gesetzlicher Vertreter vertreten, BSG MDR **74**, 348. In allen diesen Fällen ist der Anwalt auch sitzungspolizeilich als Anwalt zu behandeln, KG NJW **55**, 593. § 246 ist unanwendbar. Das gilt entsprechend vor dem BFH, BFH BB **76**, 728.

III ist nicht ausdehnend auslegbar. Die Vorschrift gilt also zB nicht: Für einen anderen Rechtskundigen; für eine Behörde; für einen nicht zugelassenen Anwalt. Er kann also zB eine Beschwerdeschrift nur beim erstinstanzlichen AG als Prozeßgericht wirksam einlegen, nicht bei einem solchen LG als Beschwerdegericht, bei dem er nicht zugelassen ist.

4) VwGO: An Stelle von *I* tritt § 67 I u II *VwGO;* eine Vertretung durch einen bei einem deutschen Gericht zugelassenen *RA* oder einen Hochschullehrer ist nur vor dem *BVerwG* notwendig. Dabei sind **II** u **III** entsprechend anwendbar, *BVerwG (GrS) DVBl* **61**, 738. Beispiele für II: *Prozeßkostenhilfe,* § 117 iVm § 166 *VwGO, Kostenfestsetzung,* § 164 *VwGO, BVerwG NJW* **60**, 1973, *Erinnerung,* § 5 *GKG, BVerwG VerwRspr* **15**, 372, Antrag eines Beigeladenen auf Urteilsergänzung wegen der Kosten, *BVerwG NJW* **65**, 125, usw, *vgl Müller DVBl* **61**, 440.

78a Besonderheiten in Familiensachen.

¹ In Familiensachen des § 621 Abs. 1 Nr. 8, die nicht als Folgesachen von Scheidungssachen anhängig gemacht werden, geht das Gericht für den Anwaltsprozeß von den Streitwertangaben in der Klageschrift aus, soweit es nicht anderweitig entscheidet.

ⁱⁱ Reicht eine Partei im Anwaltsprozeß die Klage ein, ohne ordnungsgemäß vertreten zu sein, so lehnt das Gericht die Terminsbestimmung und die Zustellung der Klage ab.

ⁱⁱⁱ Ist die Terminsbestimmung nicht abzulehnen, so kann das Gericht bis zum Beginn der mündlichen Verhandlung in der Hauptsache eine von den Angaben in der Klageschrift abweichende Entscheidung zum Anwaltsprozeß treffen. Auf Antrag des Beklagten hat das Gericht hierüber zu entscheiden. Der Antrag kann nur binnen zwei Wochen nach dem Hinweis gemäß § 621b Abs. 2 gestellt werden; er kann vor der Geschäftsstelle zu Protokoll erklärt werden.

ⁱⱽ Der Beschluß nach Absatz 3 kann ohne mündliche Verhandlung ergehen. Er ist unanfechtbar und kann durch das Gericht nicht geändert werden. Rechtshandlungen, welche die nicht vertretene Partei vorher vorgenommen hat, bleiben wirksam.

ⱽ Stellt das Gericht durch Beschluß in der mündlichen Verhandlung fest, daß im Anwaltsprozeß zu verhandeln ist, so hat es zugleich einen neuen Termin zur mündlichen Verhandlung zu bestimmen, wenn eine der Parteien nicht durch einen Rechtsanwalt vertreten, aber in der Verhandlung anwesend oder durch einen anderen Bevollmächtigten vertreten ist.

ⱽⁱ Erhöht sich der Wert des Streitgegenstandes infolge einer Änderung oder Erweiterung des Klageantrages auf mehr als fünftausend Deutsche Mark, so gelten die Absätze 3 bis 5 entsprechend. Vermindert sich der Wert des Streitgegenstandes auf einen Betrag von fünftausend Deutsche Mark oder weniger, so wird das Gebot, sich durch Rechtsanwälte vertreten zu lassen, nicht berührt.

ⱽⁱⁱ Für das Verfahren, das sich an ein Mahnverfahren nach Erhebung des Widerspruchs oder Einlegung des Einspruchs anschließt, gelten die Absätze 1 bis 5 entsprechend.

Vorbem. VI 1 idF Art 2 Z 1 G v 8. 12. 82, BGBl 1615, in Kraft seit 1. 1. 83, Art 7.
Schrifttum: S bei § 78.

1) Geltungsbereich. I–VII gelten nur in denjenigen Fällen, die in § 78 I Z 3 aufgezählt sind. Es handelt sich also nur um solche Fälle, bei denen der Wert mehr als 5000 DM beträgt, denn nur dann liegt ein Anwaltsprozeß vor. Auch II ist nur in diesen Fällen anwendbar, also nicht, wenn zB der Scheidungsantrag ohne einen Anwalt eingereicht wird.

Die Vorschrift ist unanwendbar, wenn es sich um einen vermögensrechtlichen Anspruch eines Ehegatten gegen den anderen handelt, der nicht aus dem ehelichen Güterrecht entsteht, etwa um einen Anspruch auf die Rückzahlung eines gewährten Darlehens oder um einen Schadensersatzanspruch auf Grund einer unerlaubten Handlung des anderen Ehegatten.

2) Wert über 5000 DM, I–VII. A. Klärung von Amts wegen. Das Gericht muß von Amts wegen feststellen, ob der Streitwert den Betrag von 5000 DM übersteigt. Diese Aufgabe führt aber nicht zu einem Amtsermittlungsverfahren. Das Gericht geht vom Klagantrag oder von der Wertangabe in der Klageschrift aus, § 621b I, vgl § 23 GKG. Das Gericht kann aber eine anderweitige Entscheidung treffen, I, III. Entgegen dem Wortlaut des IV, der nur auf III verweist, nicht auf I, richten sich das Verfahren und die Anfechtbarkeit eines etwaigen Beschlusses gemäß I ebenfalls nach IV.

B. Verfahren. Wenn sich ein Wert von mehr als 5000 DM ergibt, dann muß das Gericht von Amts wegen prüfen, ob eine ordnungsgemäße Vertretung durch einen zugelassenen

4. Titel. Prozeßbevollmächtigte und Beistände §§ 78a, 78b 1, 2

Anwalt vorliegt, § 78. Wenn das nicht der Fall ist, muß das Gericht die Terminsbestimmung und die Zustellung der Klage ablehnen, II, Urbanczyk ZZP **95**, 352 mwN. Eine mündliche Verhandlung ist nicht erforderlich. Die Entscheidung erfolgt durch einen Beschluß. Er ist grundsätzlich zu begründen, § 329 Anm 1 A b, und wird formlos mitgeteilt. Gegen ihn ist die unbefristete Beschwerde zulässig, § 567 I letzter Hs. Denn man muß in der Klage ein stillschweigendes Gesuch um eine Terminsbestimmung und damit ein solches Gesuch sehen, daß das Verfahren betrifft, Urbanczyk ZZP **95**, 352 mwN. Außerdem kommt die Ablehnung der Terminsbestimmung einer Aussetzung gleich, Wiecz § 216 C IV.

C. Abweichende Entscheidung, III. Das Gericht entscheidet von Amts wegen oder auf Grund eines Antrags. Man kann den Antrag zum Protokoll des Urkundsbeamten jeder Geschäftsstelle einreichen, § 129a I. Das Gericht muß nach III sowohl dann entscheiden, wenn eine Terminsbestimmung nicht abgelehnt wurde, als auch dann, wenn das Zwischenverfahren nach II beendet ist. Der Beschluß ist trotz seiner Unanfechtbarkeit, IV, grundsätzlich kurz zu begründen, § 329 Anm 1 A b. Er wird formlos mitgeteilt.

D. Wertänderung, VI. Eine Wertänderung wird sowohl von Amts wegen als auch auf Grund eines Antrags berücksichtigt, VI.

E. Mahnverfahren, VII. Nach einem Mahnverfahren gelten I–V entsprechend und VI direkt vom Zeitpunkt des Eingangs des Widerspruchs bzw Einspruchs an, §§ 694, 696, 700 III. Mit der ersten Ladung ist ein Hinweis nach § 621b II notwendig, auch wegen eines Verstoßes.

78b *Notanwalt.* [I] Insoweit eine Vertretung durch Anwälte geboten ist, hat das Prozeßgericht einer Partei auf ihren Antrag für den Rechtszug einen Rechtsanwalt zur Wahrnehmung ihrer Rechte beizuordnen, wenn sie einen zu ihrer Vertretung bereiten Rechtsanwalt nicht findet und die Rechtsverfolgung oder Rechtsverteidigung nicht mutwillig oder aussichtslos erscheint. Über den Antrag kann ohne mündliche Verhandlung entschieden werden.

[II] Gegen den Beschluß, durch den die Beiordnung eines Rechtsanwalts abgelehnt wird, findet die Beschwerde statt.

Vorbem. III entfallen, Art 1 Z 1 G v 13. 6. 80, BGBl 677, in Kraft seit 1. 1. 81, Art 7 I, vgl jetzt § 78c II.

Schrifttum: S bei § 78.

1) Allgemeines. Die Vorschrift betrifft nur den Anwaltsprozeß. Im Parteiprozeß besteht keine Notwendigkeit zur Beiordnung eines Anwalts. § 78b regelt die Voraussetzungen und das Verfahren zu der Frage, ob der Partei überhaupt ein Anwalt beigeordnet werden kann. § 78c regelt die anschließende Frage, welcher Anwalt nun im Einzelfall beigeordnet werden soll und unter welchen Voraussetzungen er tätig werden muß. Wegen des Scheidungsverfahrens vgl § 625.

Vor dem BFH ist § 78b seit dem BFHEntlastG entsprechend anwendbar, BFH NJW **78**, 448. Die Vorschrift ist im Anklageerzwingungsverfahren ebenfalls entsprechend anwendbar, Kblz NJW **82**, 61, aM zB Ffm NJW **65**, 599.

2) Voraussetzungen, I. Die Beiordnung erfolgt nur auf Grund eines Antrags der Partei. Die Partei muß folgendes darlegen:

A. Kein Anwalt bereit. Die Partei hat unter den beim Prozeßgericht zugelassenen Anwälten keinen solchen Anwalt gefunden, der zu ihrer Vertretung bereit ist, BFH NJW **78**, 448. Die Anforderungen an die Partei dürfen nicht überspannt werden. Die Partei braucht nicht an sämtliche bei dem Gericht zugelassenen Anwälte herangetreten zu sein. Sie muß allerdings jedenfalls in einer Großstadt zumindest eine gewisse Anzahl von Anwälten nachweisbar vergeblich um eine Übernahme ihrer Vertretung gebeten haben, KG OLGZ **77**, 247, vgl auch Kblz NJW **82**, 61 (StPO).

B. Keine Mutwilligkeit oder Aussichtslosigkeit. Die Rechtsverfolgung oder die Rechtsverteidigung dürfen weder mutwillig noch aussichtslos erscheinen. Die Partei braucht also nicht etwa darzulegen oder sogar glaubhaft zu machen, daß eine hinreichende Erfolgsaussicht bestehe. Aus ihrem Tatsachenvortrag darf lediglich nicht zwingend abzuleiten sein, daß entweder überhaupt keine Erfolgsaussicht besteht oder daß Mutwille vorliegt. Die Beiordnung muß also unter Umständen selbst dann erfolgen, wenn der Partei eine Prozeßkostenhilfe nach den §§ 114ff nicht bewilligt werden dürfte. Denn § 114 verbietet eine Prozeßkostenhilfe schon dann, wenn keine „hinreichende Aussicht auf Erfolg" besteht, während I 1 eine Beiordnung erst dann verbietet, wenn die Sache schlechthin „aussichtslos" erscheint. Freilich ist dem Kern nach mit den beiden unterschiedlichen Begriffen nahezu dasselbe gemeint. Soweit eine Mutwilligkeit zu beurteilen ist, sind die Voraussetzungen von I 1 und von § 114 S 1 dieselben.

Der Sinn der Regelung des I 1 liegt nicht etwa darin, eine unnötige Ausgabe von Staatsgeldern zu verhindern. Es geht vielmehr nur darum, daß ein Anwalt zur Vertretung einer unzumutbaren Sache bestellt wird.

Eine Beiordnung darf in folgenden Fällen nicht erfolgen: Der Schaden muß erst noch ermittelt und errechnet werden, KG OLGZ **77**, 247; es ist bereits ein bei dem Prozeßgericht zugelassener Anwalt als Pfleger zur Prozeßführung bestellt worden, BVerwG NJW **79**, 2117.

3) Beiordnung. Das Prozeßgericht muß die Voraussetzungen einer Beiordnung prüfen. Eine mündliche Verhandlung ist nicht erforderlich. Zuständig ist das Prozeßgericht in voller Besetzung, nicht etwa nur sein Vorsitzender; er ist nur für die anschließenden Maßnahmen nach § 78c zuständig. Die Entscheidung ergeht durch einen Beschluß. Der Beschluß bedarf grundsätzlich einer Begründung, § 329 Anm 1 A b. Er wird beiden Parteien formlos mitgeteilt, § 329 II 1. Wenn in demselben Beschluß nicht nur die Beiordnung nach I, II, sondern auch die Auswahl des beizuordnenden Anwalts nach § 78c enthalten ist, gilt die letztere Entscheidung als nur vom Vorsitzenden gefällt.

Der Anwaltsvertrag entsteht nicht schon durch die Beiordnung, vgl LG Arnsb AnwBl **83**, 180, wohl aber dann, wenn der Notanwalt der Partei die Beiordnung mitteilt und wenn die Partei daraufhin schweigt, LG Traunstein AnwBl **76**, 345.

Wert: S § 3 Anh „Notanwalt".

4) Rechtsbehelfe, II. Hier sind folgende Situationen zu unterscheiden:

A. Ablehnung der Beiordnung. Gegen die Ablehnung einer Beiordnung ist die einfache Beschwerde nach § 567 zulässig, II. Das gilt auch dann, wenn das LG als Berufungsinstanz entschieden, ähnl Schlesw SchlHA **61**, 143, vgl auch § 567 Anm 5. Wenn das OLG entschieden hat, ist keine Beschwerde zulässig, § 567 III 1. Ein Anwaltszwang gilt wie sonst.

Wert: S § 3 Anh „Notanwalt".

B. Beiordnung. Gegen den Beiordnungsbeschluß ist kein Rechtsbehelf statthaft, § 567 I Hs 1. Soweit der Beiordnungsbeschluß auch die Person des beizuordnenden Anwalts bestimmt, ist dieser Teil der Entscheidung nach § 78c III anfechtbar, dort Anm 4 A.

Wert: S § 3 Anh „Notanwalt".

5) *VwGO: I ist entsprechend anwendbar, § 173 VwGO, im Verfahren vor dem BVerwG, BVerwG NJW **64**, 1043, nicht vor VG und OVG, § 67 II VwGO; II (Beschwerde) ist deshalb unanwendbar. Die Entscheidung ergeht durch das BVerwG, auch im Verfahren über eine Nichtzulassungsbeschwerde, § 132 III VwGO. Eine Beiordnung entfällt, wenn dem Beteiligten in der Person seines Pflegers bereits ein RA als Bevollmächtigter staatlich bestellt worden ist, BVerwG NJW **79**, 2117.*

78c
Auswahl. **I** Der nach § 78b beizuordnende Rechtsanwalt wird durch den Vorsitzenden des Gerichts aus der Zahl der bei dem Prozeßgericht zugelassenen Rechtsanwälte ausgewählt; § 78 Abs. 1 Satz 2 zweiter Halbsatz gilt entsprechend.

II Der beigeordnete Rechtsanwalt kann die Übernahme der Vertretung davon abhängig machen, daß die Partei ihm einen Vorschuß zahlt, der nach der Bundesgebührenordnung für Rechtsanwälte zu bemessen ist.

III Gegen eine Verfügung, die nach Absatz 1 getroffen wird, steht der Partei und dem Rechtsanwalt die Beschwerde zu. Dem Rechtsanwalt steht die Beschwerde auch zu, wenn der Vorsitzende des Gerichts den Antrag, die Beiordnung aufzuheben (§ 48 Abs. 2 der Bundesrechtsanwaltsordnung), ablehnt. Die Beschwerde ist jedoch nicht zulässig, wenn der Vorsitzende des Berufungsgerichts die Verfügung erlassen hat. Eine weitere Beschwerde ist ausgeschlossen.

Vorbem. Eingefügt dch Art 1 Z 2 G v 13. 6. 80, BGBl 677, in kraft seit 1. 1. 81, Art 7 I.

1) Allgemeines. Vgl zunächst § 78b Anm 1. Während § 78b die Voraussetzungen und das Verfahren zu der Frage regelt, ob einer Partei überhaupt ein Notanwalt beizuordnen ist, regelt § 78c die Auswahl des in Betracht kommenden Anwalts auf Grund des Beiordnungsbeschlusses, die Voraussetzungen seiner Pflicht zum Tätigwerden und die zugehörigen Rechtsbehelfe.

2) Auswahl. I. A. Zeitpunkt. Sobald das Prozeßgericht in voller Besetzung beschlossen hat, der Partei einen Notanwalt beizuordnen, § 78 b, muß der Vorsitzende dieses Gerichts gemäß I einen bestimmten Anwalt auswählen und damit die Beiordnung vollziehen. Die Pflicht zur unverzüglichen Tätigkeit (§ 216 II enthält einen allgemeinen Rechtsgedanken) ergibt sich aus der Fürsorgepflicht des Gerichts. Eine verzögerte Tätigkeit des Vorsitzenden kann mit der Dienstaufsichtsbeschwerde gerügt werden.

B. Person des Auszuwählenden. Der Vorsitzende ist an den Kreis derjenigen Anwälte gebunden, die bei dem Prozeßgericht zugelassen sind, I Hs 1, oder die dann, wenn das Prozeßgericht ein AG ist, bei dem diesem AG übergeordneten LG zugelassen sind, I Hs 2 in Verbindung mit § 78 I 2 Hs 2. Die Auswahl eines danach nicht Zugelassenen ist unwirksam. Der Auszuwählende muß schon und noch zugelassen sein. Es kommt nicht darauf an, ob er grundsätzlich oder für diesen Fall bereits sein Einverständnis erklärt hat. Ebensowenig kommt es darauf an, ob die Partei bereits ihr Einverständnis erklärt hat.

C. Auswahlverfahren. Mit den Einschränkungen B hat der Vorsitzende ein pflichtgemäßes Ermessen. Dieses zwingt ihn zur Berücksichtigung etwaiger Wünsche oder Bedenken sowohl der Partei als auch des Notanwalts, unter Umständen sogar des Gegners oder eines sonstigen Prozeßbeteiligten. In allen diesen Fällen kommt es darauf an, ob vom Standpunkt der Partei aus, objektiv betrachtet, Hindernisgründe oder besondere Motive für oder gegen die Beiordnung eines bestimmten Anwalts gegeben sind, vgl Brschw NJW **62**, 256.

Der Vorsitzende darf alle Beteiligten mündlich oder schriftlich anhören. Er sollte von dieser Möglichkeit insoweit Gebrauch machen, als Wünsche oder Bedenken erkennbar sind oder geäußert wurden. Die Partei hat allerdings grundsätzlich kein Recht auf die Auswahl eines von ihr bestimmten Anwalts, Celle NJW **54**, 721, Schlesw SchlHA **78**, 84 mwN. Ihr darf aber kein solcher Anwalt aufgezwungen werden, zu dem kein Vertrauen entstehen kann oder gegen den sonst sachliche Bedenken bestehen, BGH **60**, 258, Schlesw SchlHA **78**, 84 mwN. Wenn der Anwalt zum Pfleger bestellt wurde, kommt im allgemeinen auch seine Auswahl als Notanwalt in Betracht, vgl (für den früheren Armenanwalt) Ffm NJW **51**, 276, aM Schlesw SchlHA **76**, 140.

D. Entscheidung. Der Vorsitzende entscheidet durch eine Verfügung, wie sich aus III 1 ergibt. Eine Entscheidung in der Form eines Beschlusses ist ebenfalls zulässig. Die Entscheidung bedarf grundsätzlich einer Begründung, § 329 Anm 1 A b. Sie wird den Parteien und dem ausgewählten Anwalt formlos mitgeteilt, § 329 II 1. Sie wird nicht vor demjenigen Zeitpunkt wirksam, in dem der grundsätzliche Beiordnungsbeschluß nach § 78 b wirksam ist. Eine vorher mitgeteilte Auswahlentscheidung ist höchstens aufschiebend bedingt wirksam. Die Begründung darf in der Regel auf wenige Stichworte beschränkt bleiben. Fehlt sie, so ist die Auswahl nicht schon deshalb unwirksam.

Der Vorsitzende darf seine Entscheidung jederzeit ändern, sofern alle Beteiligten zustimmen. Andernfalls bedarf es zu einer Änderung wichtiger Gründe, §§ 45, 48 II BRAO. Das Änderungsverfahren verläuft im übrigen nach den Regeln des Auswahlverfahrens, C.

3) Folgen der Auswahl. A. Übernahmepflicht. Der ausgewählte Anwalt ist unter der Voraussetzung einer ordnungsgemäßen Auswahl grundsätzlich zur Übernahme der Vertretung der Partei verpflichtet, § 48 I Z 1, 2 BRAO, Brangsch AnwBl **82**, 99. Die Übernahme ist eine Berufspflicht, BGH **60**, 258. Sie ist mit der Menschenrechtskonvention vereinbar, EKMR AnwBl **75**, 137. Die Auswahlverfügung verpflichtet daher den Anwalt zum unverzüglichen Abschluß des Anwaltsvertrags mit der Partei. Dieser Anwaltsvertrag wird weder durch die Beiordnungsentscheidung des Prozeßgerichts noch durch die Auswahlverfügung seines Vorsitzenden ersetzt.

Der Anwalt muß aber auf Grund der wirksamen Auswahl an die Partei herantreten und ihr seine Bereitschaft zur Übernahme der Vertretung mitteilen. Er darf diese Bereitschaft nicht von anderen Bedingungen als einer Vorschußzahlung nach II, B, abhängig machen. Der Anwalt muß prüfen, ob er vielleicht nach § 45 BRAO nicht tätig werden darf. In diesem Fall darf er die Übernahme der Vertretung ohne weiteres ablehnen.

B. Vorschuß, II. Der ausgewählte Anwalt darf die Übernahme der Vertretung stets davon abhängig machen, daß die Partei ihm einen Vorschuß zahlt. Er kann diese Bedingung ohne eine Angabe von Gründen stellen. Erforderlich und ausreichend ist die Mitteilung seiner Bedingung gegenüber der Partei. Wenn die Partei nicht zahlen will, aber zahlen muß, hat das Gericht wie auch beim Vorliegen sonstiger wichtiger Gründe, § 45 BRAO, die Beiordnung wieder aufzuheben, § 48 II BRAO.

Der Anwaltsvertrag kommt auch dann zustande, wenn die Partei auf die Mitteilung der Beiordnung und Auswahl schweigt, LG Traunstein AnwBl **76**, 345.

Der Vorschuß bemißt sich nach § 17 BRAGO. Der Anwalt kann also sowohl für die entstandenen als auch für die voraussichtlich entstehenden Gebühren und Auslagen einen angemessenen Vorschuß fordern.

4) Rechtsbehelfe, III. A. Auswahlverfügung. Gegen die Auswahlverfügung oder den Auswahlbeschluß des Vorsitzenden hat sowohl die Partei als auch der ausgewählte Anwalt die Beschwerde nach § 567, III 1. Das vom auswählenden Vorsitzenden geübte Ermessen ist also nachprüfbar.

B. Ablehnung der Aufhebung. Der Anwalt kann die einmal pflichtgemäß übernommene Vertretung der Partei grundsätzlich nicht von sich aus auflösen. Denn er hat unter öffentlichem Zwang abgeschlossen. Er kann aber beantragen, die Beiordnung aus einem wichtigen Grund aufzuheben, § 48 II, 45 BRAO, BGH **60**, 258. Dieser Antrag ist an den Vorsitzenden des Prozeßgerichts zu richten, III 2. Gegen eine ablehnende Entscheidung des Vorsitzenden hat der Anwalt die Beschwerde nach § 567, wie sich aus 3 II ergibt.

Der Anwalt kann die Vertretung nicht niederlegen, weil die Partei ihn nicht unterrichtet, BGH **27**, 166.

C. Kein Beschwerderecht. Eine Beschwerde ist trotz A, B nicht zulässig, wenn folgende Fälle vorliegen:

a) Verfügung des Vorsitzenden des Berufungsgerichts. Wenn der Vorsitzende des Berufungsgerichts die Entscheidung erlassen hat, ist eine Beschwerde unzulässig, III 3. Das gilt sowohl dann, wenn der Vorsitzende einer Berufungskammer tätig wurde, als auch dann, wenn der Vorsitzende eines Senats des OLG entschieden hat.

b) Weitere Beschwerde. Eine weitere Beschwerde gegen die Beschwerdeentscheidung des LG ist ausgeschlossen, III 4.

5) Wert. Wegen des Streitwerts s § 3 Anh ,,Notanwalt''.

6) VwGO: Wegen der entsprechenden Anwendung von I und II, § 173 VwGO, im Verfahren vor dem BVerwG vgl § 78 b Anm 5. Der Vorschuß, II, ist nach § 114 BRAGO zu bemessen, vgl *Hartmann* X.

79 *Parteiprozeß.* Insoweit eine Vertretung durch Anwälte nicht geboten ist, können die Parteien den Rechtsstreit selbst oder durch jede prozeßfähige Person als Bevollmächtigten führen.

1) Geltungsbereich. Im Parteiprozeß, § 78 Anm 1, kann sich jede Partei selbst vertreten oder sich durch eine beliebige prozeßfähige Person vertreten lassen. Der bevollmächtigte Anwalt braucht in solchem Fall nicht beim Prozeßgericht zugelassen zu sein. Er hat grundsätzlich dasselbe Recht wie jeder andere ProzBev. Vgl allerdings §§ 104 II, 135, 157 II, 170, 198, 212a, 397 II. Ein nicht zulässiger Vertreter ist zurückzuweisen. Das gilt vor allem dann, wenn dem Vertreter eine Erlaubnis nach dem RBerG fehlt, Üb 3 vor § 78. Die Prozeßhandlungen eines zurückgewiesenen Vertreters sind aber insofern nicht wirkungslos, als sie vor dem Zeitpunkt erfolgt sind, in dem die Zurückweisung wirksam wurde, Köln MDR **74**, 310. Die Entscheidung über solche Handlung ergeht an die Partei selbst.

Die Vollmacht auf einen Prozeßunfähigen ist unwirksam, vgl auch § 51 Anm 2 A. Die Partei kann aber je nach der Lage des Falls den gesetzlichen Vertreter des Prozeßunfähigen oder eine Person meinen, die sonst für den Prozeßunfähigen handelt. Das ist vor allem dann anzunehmen, wenn die Partei eine Handelsgesellschaft bevollmächtigt. Meist meint sie dann den gesetzlichen Vertreter dieser Gesellschaft.

2) VwGO: Statt § 79 gilt vor dem VG und OVG § 67 II 1 u 3 VwGO. Aus § 67 II 3 folgt, daß der Bevollmächtigte nicht prozeßfähig zu sein braucht, aM EF § 67 Rdz 10, RedOe § 67 Anm 13; danach darf in der mündlichen Verhandlung jede Person auftreten, die zum sachgemäßen Vortrag fähig ist. Da diese Voraussetzung nur bei natürlichen Personen erfüllt ist, können jur Personen und Behörden als solche auch keine Prozeßvollmacht, die zum mündlichen Verhandeln berechtigt, § 83, erhalten, OVG Bln NJW **74**, 2254, aM VGH Kassel VerwRspr **21**, 884 u BFH (GrS) BStBl **69** II 435, dazu Rüggeberg NJW **70**, 309. Zur Vertretung durch Verbände RedOe § 67 Anm 13 mwN.

80 *Prozeßrechtliche Vollmacht.*[1] Der Bevollmächtigte hat die Bevollmächtigung durch eine schriftliche Vollmacht nachzuweisen und diese zu den Gerichtsakten abzugeben.

4. Titel. Prozeßbevollmächtigte und Beistände § 80 1

^II^ Das Gericht kann auf Antrag des Gegners die öffentliche Beglaubigung einer Privaturkunde anordnen. Wird der Antrag zurückgewiesen, so ist dagegen kein Rechtsmittel zulässig. Bei der Beglaubigung bedarf es weder der Zuziehung von Zeugen noch der Aufnahme eines Protokolls.

1) Allgemeines. A. Begriffe. Unter einer sachlichrechtlichen Vollmacht versteht man die sachliche Vertretungsmacht nach § 166 II BGB. Unter einer prozeßrechtlichen Vollmacht ist die prozessuale Vertretungsmacht zu verstehen. Die ZPO gebraucht den Begriff Vollmacht auch für die Vollmachtsurkunde, § 80 I. Die prozessuale Vollmacht kann eine Vollmacht für den gesamten Prozeß sein. Dann spricht man von der Prozeßvollmacht. Sie kann auch eine Sondervollmacht nur für eine einzelne Prozeßhandlung darstellen. Eine solche Sondervollmacht ist im Parteiprozeß stets statthaft, im Anwaltsprozeß nur in der Form einer Untervollmacht oder bei solchen Handlungen, die außerhalb des Anwaltszwangs vorgenommen werden können.

B. Außen- und Innenverhältnis. Jede prozessuale Vollmacht geht neben einer sachlichrechtlichen Vollmacht her. Deshalb muß man streng zwischen der Vertretungsmacht nach außen und derjenigen im Verhältnis zwischen dem Vollmachtgeber und dem Vollmachtnehmer unterscheiden. Der Umfang der beiden Vollmachtsarten kann sehr unterschiedlich sein. Die sachlichrechtliche Vollmacht kann erloschen sein, wenn die prozessuale Vollmacht noch fortdauert. Die sachlichrechtliche Vollmacht richtet sich ganz nach dem BGB, BAG AnwBl **80**, 149, auch dann, wenn es um die Folgen eines Willensmangels geht.

C. Erteilung. Man erteilt die prozessuale Vollmacht durch eine Prozeßhandlung, nach Blomeyer ZPR § 9 III 1 durch eine rechtsgeschäftliche Erklärung, so daß die Geschäftsfähigkeit ausreicht, vgl die Zusammenstellung der Meinungen bei Baumgärtel Prozeßhandlungen 173, Urbanczyk ZZP **95**, 344. Deshalb bleibt ein etwaiger Willensmangel bei der Erteilung der prozessualen Vollmacht unbeachtlich, Grdz 5 E vor § 128. Es ist die Erteilung der prozessualen Vollmacht auch dann eine Prozeßhandlung, wenn sie der Erhebung der Klage vorangeht. Denn das Ziel der Vollmachtserteilung ist in der Regel unmittelbar auf eine Tätigkeit im Prozeß gerichtet. Die Vollmachtserteilung leitet also in einem weiteren Sinn den Prozeß ein. Deshalb muß der Vollmachtgeber im Zeitpunkt der Vollmachtserteilung prozeßfähig sein. Die prozessuale Vollmacht ist in ihrer Gültigkeit nach dem Recht der BRD zu beurteilen, selbst wenn sie im Ausland erteilt wurde, BGH **40**, 203. Wegen der Prozeßfähigkeit des Bevollmächtigten s § 78 Anm 1 C c, § 79 Anm 1.

D. Erklärungsempfänger. Man erteilt die prozessuale Vollmacht durch eine einseitige Erklärung gegenüber dem zu Bevollmächtigenden, dem Gegner oder dem Gericht. Die Vollmacht wird mit dem Zugang der Erklärung wirksam, und zwar auch dann, wenn der Erklärungsempfänger von dem Zugang keine Kenntnis nimmt. Mit diesem Zugang ist die Erklärung auch anderen gegenüber wirksam. Wenn die Vollmacht zB gegenüber dem Gericht erklärt wird, dann wird sie in diesem Zeitpunkt auch gegenüber dem Bevollmächtigten wirksam, unabhängig davon, ob er von der Erklärung gegenüber dem Gericht sogleich Kenntnis erhält, BGH VersR **74**, 548.

Die Erklärung kann formlos erfolgen. Auch eine stillschweigende Erklärung ist ausreichend, BGH FamRZ **81**, 866, LAG Mü AnwBl **74**, 26. Die Schriftform dient nur dem Nachweis. Wenn die Partei aber im Verfahren auf die Bewilligung einer Prozeßkostenhilfe lediglich um die „Beiordnung eines Anwalts" bittet, dann ist der Beigeordnete noch nicht durch diese Bitte der Partei als bevollmächtigt anzusehen, BGH **2**, 227. Auf einem ganz anderen Gebiet liegt die Frage der Verhandlungsfähigkeit, Üb 1 vor § 78.

Im Anwaltsprozeß ist auch eine solche Prozeßvollmacht wirksam, die die Partei einem bei dem Prozeßgericht nicht zugelassenen Anwalt erteilt hat. Der Bevollmächtigte kann im Rahmen seiner Verhandlungsfähigkeit selbst verhandeln. Im übrigen kann er nur durch einen Vertreter handeln und muß notfalls selbst einen ProzBev bestellen. Die dem Anwalt erteilte Prozeßvollmacht ermächtigt kraft Gesetzes auch seinen Allgemeinvertreter, § 53 III BRAO.

Der bevollmächtigte Anwalt ist an eine Weisung der Partei nur im Innenverhältnis gebunden.

E. Prozessuale Folgen einer sachlichrechtlichen Vollmacht. Manche umfassende sachlichrechtliche Vollmacht schließt als gesetzliche Folge eine Ermächtigung zur Prozeßführung ein. Das gilt zB in folgenden Fällen:

a) Generalvollmacht. Sie ermächtigt zur Prozeßführung in allen Vermögensangelegenheiten oder in einem Kreis derartiger Angelegenheiten.

b) Prokura. Die Prokura, § 49 HGB, ermächtigt für alle Prozesse aus dem Betrieb irgendeines Handelsgewerbes, auch wegen eines Grundstücks. § 49 II HGB betrifft die Prozeßführung nicht.

c) Handlungsvollmacht. Die Handlungsvollmacht ermächtigt im Fall ihrer allgemeinen Erteilung auch allgemein zur Führung der zugehörigen Prozesse, § 54 HGB.

d) Schutzrecht. Eine Vertretung des ausländischen Inhabers eines gewerblichen Schutzrechts ermächtigt zur Prozeßführung, §§ 16 PatG, 20 GebrMG, 35 WZG.

e) Gesellschafter usw. Zur Prozeßführung ermächtigt auch eine Anstellung als geschäftsführender Gesellschafter, § 714 BGB, oder die Funktion des Vorstands eines nicht rechtsfähigen Vereins, § 54 BGB.

In allen Fällen a–e muß man prüfen, ob die umfassende sachlichrechtliche Vollmacht wirksam erteilt worden ist. Wenn das geschehen war, dann liegt auch eine wirksame prozessuale Vollmacht vor. Eine Bestellung zum Sachwalter, §§ 91 ff VglO, umfaßt nicht stets eine prozessuale Vollmacht, BGH MDR 79, 120.

Soweit sich ein Prozeßführungsrecht ausschließlich auf eine gesetzliche Bestimmung stützt, liegt lediglich eine gesetzliche Vertretung vor, zB: Bei einem Schiffer außerhalb des Heimathafens, § 527 II HGB; bei der Gütergemeinschaft im Fall der Verhinderung des anderen Ehegatten, §§ 1429, 1454 BGB.

2) Nachweis der Vollmacht, I. A. Notwendigkeit des Nachweises. Der Bevollmächtigte muß seine Vollmacht dem Gegner immer dann nachweisen, wenn der Gegner es verlangt. Dem Gericht gegenüber ist der Vollmachtsnachweis nur dann erforderlich, wenn der Bevollmächtigte kein Anwalt ist oder wenn die Vollmacht bemängelt wurde, § 88. Die Berufung ist also dann unzulässig, wenn der Anwalt des Rechtsmittelklägers trotz einer Rüge des Gegners bis zum Schluß der letzten Tatsachenverhandlung keine schriftliche Vollmacht zu den Akten gegeben hat, BGH MDR 71, 483. Auch der Pflichtanwalt muß seine Vollmacht nach den vorgenannten Regeln nachweisen. Zu diesem Nachweis ist also auch ein im Verfahren auf die Bewilligung einer Prozeßkostenhilfe beigeordneter Anwalt oder der Notanwalt nach den §§ 78b, c verpflichtet. Im Mahnverfahren ist kein Vollmachtsnachweis erforderlich, § 703; anstelle des Nachweises ist allerdings unter Umständen eine Versicherung der Bevollmächtigung erforderlich.

Der Nachweis betrifft nur die Tatsache der Bevollmächtigung. Ein Nachweis der Befugnis des Vollmachtgebers, etwa eines gesetzlichen Vertreters, fällt unter § 56, ist also stets zu führen.

B. Art des Nachweises. Der Bevollmächtigte kann den Nachweis seiner Vollmacht wie folgt führen:

a) Vorlage der Vollmacht. In der Regel ist eine Vollmachtsurkunde vorzulegen. Sie muß von der Partei, zulässigerweise mit ihrer Firma, handschriftlich unterschrieben worden sein. Diese Urkunde ist unabhängig von § 88 II grundsätzlich zu den Akten abzugeben, Putzo AnwBl 77, 430. Ein Datum ist entbehrlich. Denn der Nachweis hat nur für die Zukunft eine Bedeutung. Eine Erklärung der Bevollmächtigung kann auch zum Protokoll des Gerichts erfolgen.

b) Registerauszug usw. Bei den nach Anm 1 E zur Prozeßführung Ermächtigten genügt eine Vorlage der entsprechenden Urkunde, zB eines Auszugs aus dem Handelsregister im Rahmen von § 88, wenn es um eine Prokura geht. Wenn ein Prokurist eine Vollmachtsurkunde unterschrieben hat, ist die Bevollmächtigung im Weg einer freien Beweiswürdigung nachzuprüfen und ist § 80 unanwendbar.

Der Bezug auf eine Generalvollmacht, die zu einer anderen Akte eingereicht wurde, etwa zu den Generalakten des Gerichts, genügt nur dann, wenn sich diese Generalakten sofort beschaffen lassen. Eine solche Bezugnahme reicht also zB nicht während einer Sitzung in einem Saal aus, der von der Verwaltungsgeschäftsstelle ziemlich weit entfernt ist, wenn es zwischen den Räumen weder eine Telefonverbindung noch einen Wachtmeister als Boten gibt und wenn nach dem Terminsfahrplan auch keine Zeit zu einer Unterbrechung der Sitzung vorhanden ist.

Eine Vollmachtsurkunde ist zu den Prozeßakten zum dauernden Nachweis einzureichen. Daher wird sie grundsätzlich auch nach dem Ende des Prozesses weder von Amts wegen noch auf Antrag zurückgegeben.

C. Mangel. Soweit die Prozeßvollmacht nicht einwandfrei nachgewiesen wurde, ist § 89 anwendbar. Allerdings genügt eine Prozeßvollmacht auch für die anschließende Zwangsvollstreckung auf Grund des in diesem Verfahren ergangenen Vollstreckungstitels, § 81. Daher muß sich das Vollstreckungsgericht in der Regel damit begnügen, daß der ProzBev

4. Titel. Prozeßbevollmächtigte und Beistände §§ 80, 81 1, 2

im Urteil als solcher erwähnt wurde, selbst wenn das Vollstreckungsgericht nicht in derselben Besetzung wie das Prozeßgericht tätig wird.

3) Beglaubigung, II. Das Gericht darf die öffentliche Beglaubigung einer privaten Vollmachtsurkunde nur auf Grund eines Antrags des Gegners anordnen, also nicht von Amts wegen. Das Verfahren erfordert keine mündliche Verhandlung. Das Gericht entscheidet auf Grund seines pflichtgemäßen, aber nicht nachprüfbaren Ermessens. Es entscheidet durch eine Verfügung oder durch einen Beschluß. Er ist grundsätzlich kurz zu begründen, § 329 Anm 1 A b.

Der Antrag des Gegners wird zurückgewiesen, wenn der Gegner zur Begründung keine sachlich haltbaren Bedenken gegen die behauptete Bevollmächtigung vortragen kann oder will. Das Gericht setzt im übrigen eine Frist zur Beibringung der Beglaubigung. Es entscheidet nicht vor dem Ablauf der Frist.

Das Gericht kann allerdings in geeigneten Fällen eine vorläufige Zulassung nach § 89 aussprechen. Es kann auch eine mündliche Verhandlung anordnen und zu ihr von Amts wegen das persönliche Erscheinen der Partei anordnen, § 141 I. Praktisch verlangt der Gegner in solchem Fall meist die Beglaubigung.

Die öffentliche Beglaubigung erfolgt nach § 129 BGB. Eine Hinzuziehung von Zeugen oder eine Protokollierung sind unnötig, II. Der Vollmachtgeber trägt die Kosten der Beglaubigung. Sie sind im Rahmen des § 91 erstattungsfähig.

Ein Rechtsbehelf ist weder gegen die Anordnung der Beglaubigung, § 567, noch gegen die Zurückweisung einer solchen Anordnung statthaft, II.

4) VwGO: Statt I gilt § 67 III 1 u 2 VwGO; die Schriftform ist hier Wirksamkeitsvoraussetzung, EF § 67 Anm 13 (vgl aber § 88 Anm 3). II ist entsprechend anwendbar, § 173 VwGO.

81 *Umfang der Prozeßvollmacht.* **Die Prozeßvollmacht ermächtigt zu allen den Rechtsstreit betreffenden Prozeßhandlungen, einschließlich derjenigen, die durch eine Widerklage, eine Wiederaufnahme des Verfahrens und die Zwangsvollstreckung veranlaßt werden; zur Bestellung eines Vertreters sowie eines Bevollmächtigten für die höheren Instanzen; zur Beseitigung des Rechtsstreits durch Vergleich, Verzichtleistung auf den Streitgegenstand oder Anerkennung des von dem Gegner geltend gemachten Anspruchs; zur Empfangnahme der von dem Gegner zu erstattenden Kosten.**

1) Allgemeines. Die Prozeßvollmacht ist eine Vollmacht für den Prozeß als Ganzes, BGH MDR **81**, 126. Man kann sie erweitern, BAG DB **78**, 167. Man kann sie aber im Außenverhältnis grundsätzlich nicht beschränken. Eine etwa doch im Außenverhältnis erfolgte Beschränkung wirkt dem Gegner gegenüber nur im Rahmen von § 83 I. Im Innenverhältnis zwischen dem Auftraggeber und dem ProzeßBev sind Beschränkungen beliebig zulässig, vgl BGH **LM** § 665 BGB Nr 11, Düss AnwBl **78**, 233. Eine Beschränkung kann aber für einen RA standesunwürdig sein oder seine sachgemäße Prozeßführung verhindern. Sie verpflichtet ihn dann zur Niederlegung des Auftrags. Eine Überschreitung der Prozeßvollmacht berührt die Wirksamkeit einer Prozeßhandlung nicht, macht aber schadensersatzpflichtig. § 81 ist zwingendes Recht.

Die Vorschrift ist entsprechend anwendbar, wenn die Prozeßvollmacht nur ein besonderes Verfahren betrifft, etwa nur eine Instanz oder die zugehörige Zwangsvollstreckung. Man spricht in diesen Fällen von einer Instanzvollmacht.

2) Umfang der Ermächtigung. A. Prozeßhandlung. Die Prozeßvollmacht ermächtigt zu allen den Prozeß betreffenden Prozeßhandlungen. Sie umfaßt zB auch: Das Verfahren nach einer Klagänderung; das Verfahren nach einer Klagerweiterung; eine Zwischenklage; das Verfahren nach dem Eintritt eines anderen Gegners oder eines Rechtsnachfolgers (nicht eines sonstigen Wechsels) des Vollmachtgebers. Wenn die Klage auf einen Streitgehilfen erstreckt wird, umfaßt eine dem Streitgehilfen als solchem erteilte Vollmacht auch seine Vertretung als Bekl, BGH **57**, 105.

Der Begriff Prozeßhandlung ist ganz weit zu verstehen. Er meint jede Handlung, die das Betreiben des Verfahrens einschließlich der Entscheidung und ihrer Durchführung oder die Beendigung des Verfahrens betrifft, BAG DB **78**, 167. Beispiele: Ein Zustellungsauftrag, vgl BGH VersR **74**, 548; ein Rechtsmittelverzicht; ein Antrag auf den Erlaß einer Entscheidung im schriftlichen Verfahren; eine Klagrücknahme; ein Geständnis; eine Erklärung gegenüber einem gegnerischen Antrag auf die Vernehmung einer Partei; die Vereinbarung einer Zuständigkeit; die Rückforderung einer Sicherheit.

Nicht zu den Prozeßhandlungen gehören zB: Ein Geldempfang, abgesehen von dem Empfang der Prozeßkosten, AG Speyer VersR **78**, 930 (erst auf Grund einer Einziehungsermächtigung); der Abschluß eines Schiedsvertrags; ein Verfahren nach § 19 BRAGO im Anschluß an einen früheren anderen Prozeß, KG Rpfleger **79**, 275 mwN; die Vertretung eines Gesellschafters in der Gesellschafterversammlung, Düss Rpfleger **79**, 312.

B. Einzelnes. § 81 nennt eine Reihe von Prozeßhandlungen, auf die sich eine Prozeßvollmacht erstreckt. Die Aufzählung ist keineswegs abschließend. Die Prozeßvollmacht ermächtigt also zu folgenden Prozeßhandlungen:

a) **Widerklage.** Der ProzBev darf eine Widerklage erheben.

b) **Wiederaufnahme.** Der ProzBev darf ein Wiederaufnahmeverfahren betreiben und in ihm tätig werden, auch als Gegner des Antragstellers. Allerdings muß der frühere ProzBev in der Regel neu beauftragt werden, um zum Vertreter im Sinne des § 85 II zu werden, BGH **31**, 354, s § 586 Anm 1 B.

c) **Zwangsvollstreckung.** Der ProzBev ist zu allen Prozeßhandlungen in der Zwangsvollstreckung befugt. Das gilt auch für einen Prozeß, der aus einer Zwangsvollstreckung erwächst, etwa für eine Vollstreckungsabwehrklage nach § 767 oder für eine Drittwiderspruchsklage nach § 771, und zwar auch dann, wenn ein Dritter eine solche Klage erhebt. Auch ein aus der Zwangsvollstreckung entstehendes Konkursverfahren gehört zur Zwangsvollstreckung, aM Jaeger-Weber § 139 Anm 6c, StJ II 4.

d) **Vertreter usw in höherer Instanz.** Die Bestellung eines Vertreters und eines Bevollmächtigten für die höheren Instanzen ist nach § 81 auf Grund der Prozeßvollmacht erlaubt, BGH MDR **78**, 573. An sich ist die Vollmacht unübertragbar und ergreift auch die höheren Instanzen, vgl auch BayObLG ZMR **79**, 57 mwN (betreffend einen Verwalter nach dem WEG), selbst wenn der bisher bevollmächtigte Anwalt in der höheren Instanz nicht zugelassen ist, § 80 Anm 1 D. Wenn er aber aus diesem oder einem anderen Grund verhindert ist, dann darf er die Vollmacht auf einen Geeigneten übertragen.

Wer nur für eine einzelne Prozeßhandlung oder für einen einzelnen Termin bestellt wurde, heißt Vertreter, Substitut, Ersatzmann, BGH NJW **81**, 1728 mwN. Wer für die ganze Instanz, aber nur für diese Instanz bestellt wurde, heißt Prozeßbevollmächtigter, Bevollmächtigter. Die Vollmacht erlischt in dem Zeitpunkt, in dem die Entscheidung über das Rechtsmittel rechtskräftig wird.

Der ProzBev darf nicht schon auf Grund der allgemeinen Prozeßvollmacht für den Prozeß als Ganzes einen anderen zum Vertreter bestellen, BGH NJW **81**, 1728 mwN. Das ergibt sich schon aus der Gegenüberstellung der Begriffe Vertreter und Bevollmächtigter im Gesetz. Der ProzBev kann aber eine Vollmacht oder Anscheinsvollmacht zu einer umfassenden Weiterbevollmächtigung haben, BGH NJW **81**, 1728. Die Vertretung ändert auch an der Prozeßvollmacht des ProzBev nichts; wegen der Zustellung § 176 Anm 2 A.

Der Vertreter hat im Rahmen seiner Bestellung dieselben Rechte wie der ProzBev, falls er nicht etwa für ein besonderes Geschäft bestellt worden ist, etwa nur zur Wahrnehmung eines Beweistermins. Der Vertreter hat im Zweifel keinen unmittelbaren Gebührenanspruch gegen die Partei, BGH NJW **81**, 1728, Seltmann VersR **74**, 98, StJ V 3, aM LG Ffm NJW **53**, 1834 (das Gericht läßt die unmittelbare Haftung der Partei von der Interessenlage abhängen und hält die Partei dann für unmittelbar zahlungspflichtig, wenn ein RA an einem auswärtigen Gerichtsort beauftragt wurde. Das ist aber eine sehr unsichere Unterscheidung. Sie bürdet dem beauftragten Anwalt das Prozeßrisiko wegen des richtigen Bekl auf. Das zeigt sich auch im dort entschiedenen Fall).

Die Vertretungsmacht des Substituten erlischt infolge eines Widerrufs oder dann, wenn die Prozeßvollmacht erlischt. Die Bestellung eines Untervertreters ist grundsätzlich zulässig, BGH NJW **80**, 999 mwN (Anwaltssozien sind als gegenseitig vertretungsberechtigt anzusehen). Der Untervertreter muß jedoch unter anderem die Möglichkeit haben, sich von dem Streitstoff ein eigenes Bild zu machen und zB seine etwaige Befangenheit zu prüfen. Daher ist die Bestellung eines bloßen „Kartellanwalts" unzulässig, soweit derartige Möglichkeiten nicht anerkannt wurden, Düss NJW **76**, 1324.

e) **Verzicht, Anerkenntnis, Vergleich.** Die Prozeßvollmacht berechtigt zu solchen Maßnahmen, die reine Prozeßhandlungen sind, soweit sie im Prozeß erklärt wurden, vgl Anh § 307 Anm 2 A. Der ProzBev darf auch mit einem hinzugezogenen Dritten einen Vergleich abschließen.

f) **Empfang erstatteter Kosten.** Die Prozeßvollmacht ermächtigt zur Empfangnahme derjenigen Kosten, die der Gegner erstattet. Der ProzBev darf diese Beträge annehmen und darüber eine Quittung erteilen. Die Vorschrift darf aber nicht auf irgendwelche anderen

Leistungen ausgedehnt werden. Der ProzBev darf also nicht den Streitgegenstand selbst empfangen, selbst nicht in der Zwangsvollstreckung oder im Konkursverfahren, Uhlenbruck MDR **78**, 9. Der Schuldner, der an den ProzBev außerhalb der vorgenannten Vollmacht leistet, tut das auf eigene Gefahr und Kosten. Der Auftraggeber kann eine Vollmacht zum Empfang zB des Streitgegenstands aber je nach der Lage des Falls stillschweigend erteilt haben.

Der Anwalt darf nicht wegen der Kosten seiner Partei aufrechnen oder eine Aufrechnung entgegennehmen. LG Nürnb-Fürth AnwBl **76**, 166 hält eine formularmäßige Abtretung des Kostenerstattungsanspruchs für unwirksam.

g) Kostenfestsetzungsverfahren. Der ProzBev darf die Partei auch in diesem Verfahren vertreten, Hamm Rpfleger **78**, 422, Kblz Rpfleger **78**, 261.

h) Nachverfahren. Die Prozeßvollmacht ermächtigt zur Vertretung im Nachverfahren nach den §§ 302, 323, 324, 599, 600, 717, 945, Hamm JB **76**, 1644, aM StJP II 1 (es liege ein selbständiger Prozeß vor).

i) Nebenverfahren. Die Prozeßvollmacht ermächtigt zur Vertretung in folgenden Nebenverfahren: Bei der Streitverkündung; bei einer Beweisführung; im Verfahren auf die Bewilligung der Prozeßkostenhilfe, und zwar jeweils auch in der nächsthöheren Instanz, BGH NJW **78**, 1919.

j) Einmischungsklage. Auch die Einmischungsklage nach § 64 darf im Rahmen der Prozeßvollmacht erhoben werden.

k) Vorläufiges Verfahren. Die Prozeßvollmacht berechtigt auch zur Tätigkeit im Rahmen eines Verfahrens auf den Erlaß eines Arrests oder einer einstweiligen Verfügung, das mit dem Hauptprozeß zusammenhängt, § 82.

l) Folgesache. Im Rahmen eines Scheidungsverfahrens, § 609, erstreckt sich eine Prozeßvollmacht auch auf die Folgesachen, § 624.

m) Zuständigkeitsstreit. Die Prozeßvollmacht erstreckt sich auf die Vertretung im Rahmen eines Verfahrens nach § 36.

n) Entgegennahme. Die Prozeßvollmacht ermächtigt natürlich zur Entgegennahme fremder Prozeßhandlungen.

C. Grenzen der Prozeßvollmacht. Eine Prozeßvollmacht ermächtigt nicht zu folgenden Handlungen: Zu einem Prozeß über das Interesse nach § 893; zu einer Klage auf die Vorlage einer Urkunde nach § 429. Eine Verweisung an ein anderes Gericht, §§ 281, 506, oder eine Abgabe, §§ 696, 700, ist unerheblich.

3) Sachlichrechtliche Willenserklärung. Die Prozeßvollmacht ermächtigt insoweit zur Abgabe einer sachlichrechtlichen Willenserklärung, als diese Erklärung im Prozeß im Rahmen der Rechtsverfolgung abgegeben wird. Denn insoweit ist eine solche Willenserklärung zugleich auch eine Prozeßhandlung, BAG DB **78**, 167. So liegt es zB in folgenden Fällen: Bei einer Aufrechnung; bei einer Anfechtung wegen eines Willensmangels; bei einer Kündigung oder bei einem Rücktritt; bei einer Auflassung, Saarbr OLGZ **69**, 210.

Es ist unerheblich, ob die Willenserklärung in der mündlichen Verhandlung oder in einem Schriftsatz abgegeben wird. Soweit sie außerhalb des Prozesses abgegeben wird, hängt ihre Wirksamkeit von dem sachlichrechtlichen Inhalt der Vollmacht ab, BAG DB **78**, 167; vgl auch BGH **31**, 206 (er hält den ProzBev nicht für dazu befugt, eine sachlichrechtliche Erklärung gegenüber einer Behörde abzugeben, wenn deren Wirksamkeit davon abhängt, daß man eine öffentlich beglaubigte Vollmacht vorlegt).

Die Prozeßvollmacht für eine Räumungsklage ermächtigt den ProzBev im allgemeinen auch dazu, im Namen des Auftraggebers eine vorprozessuale Kündigung auszusprechen, LG Hbg ZMR **73**, 14.

Die Prozeßvollmacht ermächtigt als solche nicht dazu, außerhalb des Prozesses einen Verzicht oder ein Anerkenntnis auszusprechen, aM StJ III 3 (aber nicht die Prozeßvollmacht kann ermächtigen, sondern nur der ihr zugrundeliegende Dienstvertrag oder Werkvertrag; ähnlich BAG NJW **63**, 1469, da § 81 nur von einem Vergleich als solchem spreche, die Prozeßvollmacht auch eine sachlichrechtliche Vollmacht zum Vergleichsabschluß verkörpere).

Im Eheverfahren und im Kindschaftsverfahren schränken die §§ 609, 640 I den Umfang der Prozeßvollmacht ein.

4) VwGO: *Entsprechend anwendbar, § 173 VwGO, VGH Kassel GemT* **74**, *281. Die Vollmacht für das VerwVerfahren ermächtigt nicht zu Prozeßhandlungen, v. Mutius VerwArch* **64**, *445 gegen OVG Münster NJW* **72**, *1910, aM auch EF § 67 Rdz 12.*

82 *Nebenverfahren.* ¹ Die Vollmacht für den Hauptprozeß umfaßt die Vollmacht für das eine Hauptintervention, einen Arrest oder eine einstweilige Verfügung betreffende Verfahren.

1) Geltungsbereich. § 82 erstreckt die Prozeßvollmacht auf die Einmischungsklage (Hauptintervention), § 64, sowie auf ein vorläufiges Verfahren zur Erwirkung eines Arrests oder einer einstweiligen Verfügung nach den §§ 916ff. Es gilt nicht etwa die umgekehrte Ermächtigung. In beiden Fällen können, nicht müssen, Zustellungen an den ProzBev des Hauptprozesses (Erstprozesses) ergehen. Im vorläufigen Verfahren ist es unerheblich, ob das dortige Gericht das nämliche wie dasjenige des Hauptprozesses ist und ob das vorläufige Verfahren dem Hauptprozeß vorangeht.

2) VwGO: Entsprechend anwendbar, § 173 VwGO. Dabei treten an die Stelle des Arrests und der einstw Vfg die vorläufigen Verfahren des VerwProzesses: Wiederherstellung der aufschiebenden Wirkung, § 80 VwGO, und einstwAnO, § 123 VwGO, VGH Mü Bay VBl **78**, 190. Darauf, ob das Verfahren der einstwAnO bei einem anderen Gericht betrieben werden muß, kommt es nicht an, RedOe § 67 Anm 5.

83 *Beschränkung der Vollmacht.* ¹ Eine Beschränkung des gesetzlichen Umfanges der Vollmacht hat dem Gegner gegenüber nur insoweit rechtliche Wirkung, als diese Beschränkung die Beseitigung des Rechtsstreits durch Vergleich, Verzichtleistung auf den Streitgegenstand oder Anerkennung des von dem Gegner geltend gemachten Anspruchs betrifft.
ⁱⁱ Insoweit eine Vertretung durch Anwälte nicht geboten ist, kann eine Vollmacht für einzelne Prozeßhandlungen erteilt werden.

1) Beschränkung der Prozeßvollmacht, I. Die Vertretungsbefugnis ist beliebig beschränkbar. Die Beschränkung wirkt aber nur im Innenverhältnis, § 81 Anm 1. Die Prozeßvollmacht ist mit Rücksicht auf das Gebot der Rechtssicherheit im Außenverhältnis grundsätzlich nicht beschränkbar. Das gilt selbst dann, wenn der Gegner die im Innenverhältnis vorgenommene Beschränkung kennt oder wenn die Vollmachtsurkunde eine solche Beschränkung enthält. § 83 ist zwingendes öffentliches Recht. Unzulässig ist namentlich eine Beschränkung auf einzelne Anträge oder etwa auf die „Wahrung der Nichteinlassung", BGH NJW **76**, 1581. Eine Verletzung der im Innenverhältnis bestehenden Beschränkung ist zwar im Außenverhältnis prozessual unerheblich; sie kann den Bevollmächtigten aber dem Auftraggeber gegenüber ersatzpflichtig machen.

Zulässig ist eine Beschränkung der Prozeßvollmacht, auch beim Pflichtanwalt, für folgende Fälle: Abschluß eines Prozeßvergleichs; Verzicht; Anerkenntnis. Insoweit kann der Auftraggeber die Vollmacht einschränken oder ausschließen. Die Beschränkung wird mit einer eindeutigen Erklärung gegenüber dem Gegner, BGH **16**, 170, oder dadurch wirksam, daß sie der Auftraggeber in die Vollmachtsurkunde aufnimmt, die dem Gericht eingereicht wird. Ein Verstoß gegen diese Beschränkung macht die fragliche Handlung vollmachtslos.

Die Befugnis zur Abgabe eines Geständnisses läßt sich nicht ausschließen.

2) Parteiprozeß, II. Im Anwaltsprozeß ist nur eine Prozeßvollmacht zulässig. Eine Vollmacht lediglich für einzelne Handlungen kann im Anwaltsprozeß nur in der Form einer Untervollmacht oder für solche Handlungen erteilt werden, die auch dort keinem Anwaltszwang unterliegen. Im Parteiprozeß ist demgegenüber auch eine Vollmacht nur für einzelne Prozeßhandlungen, § 81 Anm 2 A, zulässig. Eine Terminsvollmacht ermächtigt zu allen im Termin seinem Zweck nach vorkommenden Prozeßhandlungen. Eine Verhandlungsterminsvollmacht ermächtigt auch zum Abschluß eines Vergleichs, zur Erklärung eines Verzichts oder zur Abgabe eines Anerkenntnisses.

Eine solche Vollmacht wirkt aber nicht über den Termin hinaus, etwa für eine Zustellung.

3) VwGO: I ist entsprechend anwendbar, § 173 VwGO, ebenso II im Verfahren vor dem VG und OVG, § 67 II VwGO, vgl RedOe § 67 Anm 5.

84 *Mehrere Bevollmächtigte.* Mehrere Bevollmächtigte sind berechtigt, sowohl gemeinschaftlich als einzeln die Partei zu vertreten. Eine abweichende Bestimmung der Vollmacht hat dem Gegner gegenüber keine rechtliche Wirkung.

4. Titel. Prozeßbevollmächtigte und Beistände §§ **84, 85** **1, 2**

1) Geltungsbereich. A. Allgemeines. § 84 umfaßt zum einen die Bevollmächtigung mehrerer Bevollmächtigter gemeinsam, vgl § 5 BRAGO, zum anderen die wahlweise Bevollmächtigung mehrerer Bevollmächtigter, wie sie bei einer Sozietät von Anwälten die Regel ist, BGH **56**, 355, **LM** § 232 (Cb) Nr 14, Kornblum BB **73**, 227 je mwN. BGH **LM** § 611 BGB Nr 22 geht davon aus, daß allerdings regelmäßig nur ein Mitglied der Sozietät beauftragt worden sei und daß der Auftraggeber gleichzeitig damit einverstanden sei, daß ein anderer Sozius den Beauftragten vertrete. Im Fall der wahlweisen Bevollmächtigung mehrerer Anwälte kann man eine stillschweigende Bevollmächtigung auch eines solchen Teilhabers annehmen, der erst nach der Vollmachterteilung in die Sozietät eingetreten ist. Dieser nachträgliche Teilhaber tritt dann nach dem Wegfall des früheren Teilhabers an dessen Stelle.
B. Bindungswirkung. Jeder der mehreren Bevollmächtigten hat kraft zwingenden Rechts eine Vollmacht. Sie ist nur nach § 83 beschränkbar. Die Erklärung eines jeden Bevollmächtigten bindet den anderen Bevollmächtigten wie dessen eigene Erklärung. Widersprechende gleichzeitige Erklärungen müssen frei gewürdigt werden. Im übrigen gilt die spätere Erklärung, soweit die Partei ein Widerrufsrecht hätte. Eine Zustellung kann an jeden der mehreren Bevollmächtigten gehen, BGH NJW **69**, 1486, BVerwG NJW **75**, 1796, Ffm Rpfleger **77**, 418. Für den Beginn einer Frist ist die zeitlich erste wirksame Zustellung maßgeblich, BVerwG NJW **80**, 2269 mwN. Wenn die prozessuale Vollmacht einem sachlichrechtlichen Rechtsverhältnis entfließt, § 80 Anm 1 E, dann richtet sich die Stellung mehrerer Bevollmächtigter nach diesem sachlichrechtlichen Rechtsverhältnis. Das gilt zB: Bei einer Gesamtprokura, § 48 II HGB; bei einem mehrgliedrigen Vereinsvorstand, § 28 I BGB.

2) *VwGO*: *Entsprechend anwendbar, § 173 VwGO, BVerwG NJW **80**, 2269 (für den Beginn der Rechtsmittelfrist ist die zeitlich erste Zustellung maßgeblich) und NJW **75**, 1796 (vgl Anm 1 B).*

85 ***Unmittelbare Stellvertretung.*** **I Die von dem Bevollmächtigten vorgenommenen Prozeßhandlungen sind für die Partei in gleicher Art verpflichtend, als wenn sie von der Partei selbst vorgenommen wären. Dies gilt von Geständnissen und anderen tatsächlichen Erklärungen, insoweit sie nicht von der miterschienenen Partei sofort widerrufen oder berichtigt werden.**
II Das Verschulden des Bevollmächtigten steht dem Verschulden der Partei gleich.

Schrifttum: Haug, Anwaltspflichten und Anwaltshaftung usw, 1978.

1) Unmittelbare Stellvertretung, I. Der Bevollmächtigte handelt in einer unmittelbaren Stellvertretung. I sagt insofern ungenau dasselbe wie § 164 I BGB. Das Handeln verpflichtet nicht nur, sondern berechtigt auch. Ein Verschulden des ProzBev im Prozeß ist ein Verschulden der Partei, II. Das gilt auch für Handlungen und Unterlassungen.
Der Begriff „Prozeßhandlungen" ist in I wie bei § 81 Anm 2 A zu verstehen, vgl Karlsr NJW **75**, 1933 (die Entscheidung betrifft die Einlegung einer Berufung). Er umfaßt Unterlassungen, die Kenntnisnahme und die Entgegennahme von Erklärungen.
§ 85 betrifft allerdings nur die prozessualen Wirkungen, vgl auch zB LAG Hamm MDR **83**, 349 mwN, abw LAG Mü BB **81**, 915. Die sachlichrechtlichen Wirkungen richten sich nach dem bürgerlichen Recht. So haftet der Vollmachtgeber für die Handlung eines ProzBev sachlichrechtlich nur nach § 831 BGB.

2) Geständnis usw, I. A. Tatsachenerklärung. Bei allen Tatsachenerklärungen einschließlich der Geständnisse gilt im Anwalts- wie im Parteiprozeß eine unmittelbare Stellvertretung nur, soweit die in der mündlichen Verhandlung miterschienene und zum Wort zugelassene Partei die Erklärung nicht sofort widerruft oder berichtigt. Wenn sie sofort widerruft oder berichtigt, gilt nur die Parteierklärung. Die Parteierklärung ist auch dann allein maßgeblich, wenn die Partei sich bereits vorher erklärt hat. Der ProzBev kann nämlich der Partei nicht wirksam widersprechen, BGH **8**, 237, aM Wiecz B I a 1 und § 288 Anm 2. Abgesehen davon ist eine tatsächliche Erklärung der Partei selbst einer Erklärung ihres ProzBev in aller Regel vorzuziehen, BGH **LM** § 141 Nr 2. Ein späterer Widerruf der Erklärung des ProzBev durch die Partei ist in demselben Umfang zulässig wie ein Widerruf einer eigenen Erklärung.
Nicht unter I 2 fällt eine Prozeßhandlung des ProzBev, und zwar auch nicht, soweit in ihr eine Verfügung über den Streitgegenstand liegt, wie etwa bei einem Vergleich, einem Anerkenntnis oder einem Verzicht. Wiecz B II sieht in einem solchen Vorgang einen teil-

§ 85 2, 3   1. Buch. 2. Abschnitt. Parteien

weisen Widerruf der Vollmacht, Blomeyer § 9 III 5 wendet S 2 im Parteiprozeß mit Recht auch dann an, da sich die Partei selbst vertreten kann.

Eine Rechtsausführung fällt in keinem Fall unter I 2 und bindet niemanden.

B. Andere Erklärung. Eine andere Erklärung als die unter A genannte bindet die Partei unwiderruflich. Das gilt auch für einen Verzicht oder ein Anerkenntnis. Das Gesetz trennt solche Erklärungen ja scharf von Tatsachenerklärungen, vgl § 307 Anm 1. Der Vergleich ist eine rechtliche Erklärung und bezieht sich auf den Anspruch selbst.

3) Verschulden des Bevollmächtigten, II. A. Allgemeines. a) Geltungsbereich. II ist eine ganz allgemein anwendbare Vorschrift, BGH **66**, 125, Celle JB **76**, 826, BFH DB **83**, 1132, BVerwG NJW **82**, 2458 und NVwZ **82**, 35, LAG Hamm NJW **81**, 1231, vgl allerdings auch LAG Hamm MDR **82**, 172. Die Partei, die ihren Prozeß durch einen von ihr bestellten Vertreter führt, soll in jeder Weise ebenso dastehen, als wenn sie den Prozeß selbst führen würde; die Heranziehung des ProzBev soll nicht zu einer Verschiebung des Prozeßrisikos zu Lasten des Gegners führen, BVerwG NVwZ **82**, 35. Es handelt sich nicht etwa um eine Untervorschrift zu I, VGH Mannh NJW **78**, 122. II bezieht sich auf jedes Verschulden des Anwalts, abw VG Stade NJW **83**, 1509 (nicht auf einen Vorsatz), im Rahmen der Prozeßführung, BPatG GRUR **78**, 559, LAG Hamm NJW **81**, 1231. Die Vorschrift verstößt auch nicht gegen das GG, BVerfG BGBl **73**, 762 (allgemein, Gesetzeskraft) = BVerfG **35**, 41 und FamRZ **72**, 201, BGH VersR **81**, 78 (Kindschaftssachen), vgl BGH FamRZ **73**, 27 und 91, BGH VersR **75**, 571. Dagegen wendet sich mit schwerwiegenden Gründen v Schlabrendorff BVerfG **35**, 51 (Berkemann FamRZ **74**, 295, Bosch FamRZ **73**, 449 fordern für Kindschafts- und andere Statussachen eine Gesetzesänderung, vgl auch Peters FamRZ **75**, 122); vgl aber Einl III 5 C. Stgt FamRZ **73**, 604 hält II bei einem schwerwiegenden Versagen des Anwalts des Bekl und des Gerichts evtl wegen Art 20 III GG für verfassungswidrig und widerspricht in DAVorm **74**, 187 dem BVerfG, vgl auch Ostler AnwBl **73**, 375, Roth-Stielow VersR **73**, 956, Schultz MDR **74**, 196; krit ferner Leipold ZZP **93**, 255. II ist auch im verwaltungsgerichtlichen Verfahren verfassungsmäßig, soweit eine Frist nicht eingehalten wurde, BVerfG **60**, 266 = BGBl **82**, 1169.

b) Verschuldensunterstellung. Ein Verschulden des Bevollmächtigten ist als Verschulden der Partei anzusehen. Das gilt auch dann, wenn das Gericht die Nachteile der verschuldeten Fehlhandlung des Bevollmächtigten noch hätte abwenden können, BGH VersR **81**, 63. Es gilt dies alles selbst dann, wenn die Partei eine Freiheitsstrafe verbüßt, BGH NJW **57**, 989. Es gilt auch im Kündigungsschutzprozeß, LAG Düss VersR **73**, 135, LAG Ffm BB **76**, 139, LAG Mü BB **81**, 915 mwN, Grundstein BB **75**, 522 mwN, abw LAG Hamm MDR **82**, 172, aM zB BAG MDR **74**, 698, LAG Hbg NJW **78**, 446 mwN, aber nicht vor dem Beginn des Kündigungsschutzprozesses, so grds richtig LAG Hamm NJW **81**, 1231, insofern aM LAG Mainz NJW **82**, 2461. Es gilt auch im Strafprozeß, BGHSt **26**, 127. Es gilt ferner bei einem Anspruch nach dem StrEG, BGH **66**, 123, sowie im Privatrecht, BGH NJW **77**, 1198, BGH **17**, 205 für den Fall der Verjährung. Es gilt schließlich in Patentsachen, BPatG GRUR **78**, 559; im Sortenschutzverfahren, § 40 V SortSchG.

Der Anwalt muß den Prozeß so führen, daß er innerhalb der kürzestmöglichen Zeit mit dem geringstmöglichen Aufwand das günstigste mögliche Ergebnis für den Auftraggeber erzielt, Oldb VersR **81**, 341. Wenn mehrere Maßnahmen in Betracht kommen, dann muß der Anwalt diejenige ergreifen, die die sicherste und gefahrloseste ist, BGH NJW **74**, 1866, Oldb VersR **81**, 341 mwN. Freilich darf er nicht schon deshalb einen wesentlichen Tatsachenvortrag zurückhalten oder bewußt verschweigen, BGH VersR **83**, 562. Der Anwalt muß den Auftraggeber auf einen etwaigen Schadensersatzanspruch gegen sich selbst hinweisen, BGH VersR **68**, 1042 und NJW **75**, 1655. Das gilt jedenfalls solange und soweit, wie der Auftraggeber von dieser etwaigen Anwaltshaftung noch nichts weiß, Celle VersR **81**, 237.

Formularmäßige Mandatsbedingungen unterliegen dem AGBG und können die Anwaltshaftung keineswegs beliebig einschränken, Bunte NJW **81**, 2657.

Nicht der Anwalt, sondern sein Auftraggeber ist der „Arbeitgeber" des Gerichts; der Anwalt ist nur der Beauftragte desjenigen, für den das Gericht tätig wird. Das verkennt Kroppen AnwBl **80**, 129.

II ist nicht anwendbar, wenn ein Fall nach Art 9 VI FinanzVertr vorliegt („triftiger Grund"), BGH **33**, 357 und NJW **63**, 1776.

B. Bevollmächtigter. Bevollmächtigter, vor allem Prozeßbevollmächtigter, ist man, sobald man den Auftrag angenommen hat, BGH VersR **82**, 950 mwN, und solange, bis dasjenige Rechtsverhältnis beendet ist, das der Vollmachtserteilung zugrunde liegt (insofern handelt es sich um eine Abweichung von § 87), BGH VersR **83**, 540 mwN, BAG MDR **79**,

965. Denn nur insofern besteht dasjenige Vertrauensverhältnis, das eine Haftung des Auftraggebers rechtfertigt, BGH NJW 82, 2325.

Bei einem Anwalt ergeben sich folgende Regeln: Auch der Sozius ist bevollmächtigt, BGH VersR 78, 522. Auch der für Behinderungsfälle oder uneingeschränkt amtlich bestellte Vertreter ist bevollmächtigt, BGH VersR 75, 1029 und 1150 je mwN sowie VersR 82, 770. Das gilt selbst dann, wenn der amtlich bestellte Vertreter noch ein Referendar ist, BGH VersR 76, 92 und JB 76, 1048, BAG NJW 73, 343 (krit Vollkommer Anm zu AP § 233 Nr 62), aber nicht mehr nach dem Tod des Anwalts, selbst wenn der bestellte Vertreter noch gemäß § 54 BRAO, Anh § 155 GVG, tätig wird, BGH VersR 82, 191 und 365.

Wenn der von der Partei beauftragte Anwalt einen anderen Anwalt bittet, die weitere Bearbeitung zu übernehmen, dann gilt dieser weitere Anwalt ebenfalls als bevollmächtigt. Diese Regel gilt im einzelnen in folgenden Situationen: Der weitere Anwalt ist bei dem ersteren tätig, BGH **LM** § 232 aF Nr 27; der weitere Anwalt wird für den ersteren in einer „Nachbarschaftshilfe" tätig, BGH VersR 75, 1150, abw BGH VersR 79, 160 (betr eine Bürogemeinschaft); der weitere Anwalt bearbeitet die Sache innerhalb der gemeinsam betriebenen Anwaltspraxis selbständig als angestellter Hilfsarbeiter des ersteren Anwalts, Hbg MDR 76, 230, LAG Ffm VersR 73, 190. Es kommt in diesem Fall nicht darauf an, ob der weitere Anwalt beim Berufungsgericht zugelassen ist, BGH VersR 82, 71 und VersR 82, 848 je mwN. Es reicht auch aus, daß der weitere Anwalt in der Kanzlei des ersteren Anwalt grundsätzlich als Hilfsarbeiter angestellt ist, wenn er nur die Sache nunmehr selbständig bearbeitet, BGH VersR 81, 553, VersR 82, 770 und 848 je mwN. Für die letztere Art der Bearbeitung kommt es nicht darauf an, ob er eine Unterschriftsbefugnis hat, BGH VersR 73, 39 und VersR 83, 84; es kommt auch nicht allein darauf an, ob er im Termin als ProzBev auftritt, BGH VersR 83, 84; vielmehr reicht im allgemeinen die Aktenvorlage gerade bei diesem letzteren Anwalt aus, BGH VersR 77, 720, Mü NJW 74, 755. Als Bevollmächtigter ist auch derjenige Anwalt anzusehen, der als Entgelt für die Benutzung der Kanzlei des ersteren Anwalt dessen einzelne Sachen mitbearbeitet, BGH **LM** § 233 Nr 72. Die Einhaltung eines sog Anwaltskartells ist unzulässig, Düss NJW 82, 1889.

Ein Anwalt, der in einem Verfahren auf die Bewilligung einer Prozeßkostenhilfe beigeordnet wurde, ist nicht schon vom Zeitpunkt der Kenntnis der Vollmacht der Partei auf ihn als Bevollmächtigter anzusehen, sondern erst von demjenigen Zeitpunkt an, in dem er den Auftrag annimmt, vgl BGH VersR 73, 446 (zum alten Recht).

Als Bevollmächtigter ist ferner anzusehen: Der Zustellungsbevollmächtigte; der Verkehrsanwalt, BGH NJW 82, 2447, Bauer/Fröhlich FamRZ 83, 123; derjenige Anwalt, der den Verkehr mit dem ProzBev führt, vgl BGH VersR 81, 80 mwN; derjenige Nichtanwalt, der diese Tätigkeit ausübt, BGH VersR 81, 79.

Ob die Partei den Anwalt „beaufsichtigen konnte", bleibt außer Betracht. Denn es handelt sich hier um einen zu unsicheren Maßstab. Er würde die Rechtssicherheit gefährden. In einem solchen Fall ist die Partei lediglich auf einen Ersatzanspruch gegen den Anwalt angewiesen. Wegen der Angestellten des Anwalts § 233 Anm 4.

C. Unanwendbarkeit. Nicht unter II fallen folgende Personen: Der Zustellungsbeamte, mag es sich um einen Gerichtsvollzieher oder um einen Postbediensteten handeln; der Urkundsbeamte der Geschäftsstelle, der die Zustellung vermittelt. Denn die Partei kann ihm keine Weisungen erteilen, § 168; der Pflichtanwalt, insbesondere der Notanwalt, bevor er den Auftrag angenommen hat, mag ihm auch gleichzeitig mit dem Auftrag bereits die Vollmacht erteilt worden sein. Der Zugang des Auftrags entscheidet trotz § 44 BRAO nicht, BGH **47**, 320, und zwar auch dann, wenn er auf Grund eines ausdrücklichen Wunsches der Partei beigeordnet wird (ab Annahme vgl oben); ein nur zur Terminwahrnehmung unterbevollmächtigter Anwalt, BGH VersR 79, 255; ein beim Anwalt vorläufig beschäftigter Assessor, dem eine Vertretungsmacht nicht übertragen worden ist, BGH **LM** § 232 aF Nr 15, vgl BVerwG NJW 77, 773; ein Anwalt im Angestelltenverhältnis, der unselbständiger Hilfsarbeiter ist, BGH VersR 76, 885 und VersR 83, 84, 641 je mwN, BGH **LM** § 233 Nr 7, insbesondere solange er nicht mit der Sache befaßt ist und zB eine Beratung der mit der Fristenkontrolle beauftragten Büroangestellten ablehnt, BGH VersR 74, 972. Vgl allerdings B.

Weitere Fälle: Der Anwalt, dem ein Schreiben vorgelegt wird, das an einen früheren Sozius gerichtet ist und sich mit einer Berufungseinlegung befaßt und das der frühere Sozius dem jetzigen Empfänger ohne eine besondere Rücksprache vorlegen läßt, BGH NJW 63, 296; der Anwalt, dessen Auftrag beendet ist, BGH MDR 80, 299 mwN, Düss MDR 75 234, selbst wenn er noch um einen Rechtsrat befragt worden ist, BGH **LM** Nr 9, und selbst dann, wenn eine Zustellung noch nach den §§ 87, 176 an ihn erfolgen muß, BGH 43, 138, vgl aber auch BGH 7, 286. Der Anwalt muß allerdings die Beendigung seiner Tätigkeit unzweideutig erklären. Für diese Erklärung ist der früheste Zugang maßgeblich, BGH VersR **73**, 185. Wenn die Frist läuft, muß der Anwalt auf die Beendigung seiner Tätigkeit hinweisen, falls er die Frist nicht noch selbst wahren will. Wegen des amtlich bestellten Vertreters nach dem Tod des Anwalts vgl B.

Der Verkehrsanwalt ist Bevollmächtigter der Partei, aber nicht Erfüllungsgehilfe des ProzBev der Partei. Der ProzBev hat daher ein Verschulden des Verkehrsanwalts nicht gegenüber der Partei zu vertreten, LG Regensb AnwBl **82**, 109.

4) *VwGO: I 1 ist entsprechend anwendbar, § 173 VwGO; I 2 ist unanwendbar, weil Tatsachenerklärungen der Beteiligten wegen des Ermittlungsgrundsatzes, § 86 VwGO, ohnehin nicht bindend sind. Auch im VerwProzeß ist das Verschulden des Bevollmächtigten bei Versäumung Verschulden des Beteiligten, Anm 2, da II entsprechend anzuwenden ist, § 173 VwGO, ganz hM, Kopp § 60 Rdz 15 mwN, BVerwG VerwRspr **32**, 502, VGH Mannh VBlBW **81**, 321 mwN; das gilt auch im KriegsdienstverweigerungsVerf, BVerwG NVwZ **82**, 35, und im AsylVerf, BVerwG Bay VBl **78**, 474, VGH Mü Bay VBl **82**, 250 (kein Verstoß gegen Art 19 IV GG, BVerfG **60**, 253 = NJW **82**, 2425 zu VG Stgt NJW **82**, 541 m Anm Scharnhorst; zum Einzelfall eines nicht zurechenbaren Anwaltsverschuldens VG Stade NJW **83**, 1509 (s aber auch Anm 3). Bevollmächtigter ist auch der RA, der in abhängiger Stellung von dem Prozeßbevollmächtigten mit der selbständigen Prozeßführung beauftragt worden ist, BVerwG DÖV **63**, 483, sowie überhaupt jeder gewillkürte Vertreter, VGH Mannh NJW **78**, 122, Anm 3 B, nicht aber deren Büropersonal und sonstige Beauftragte.*

86 **Tod usw. des Vollmachtgebers.** Die Vollmacht wird weder durch den Tod des Vollmachtgebers noch durch eine Veränderung in seiner Prozeßfähigkeit oder seiner gesetzlichen Vertretung aufgehoben; der Bevollmächtigte hat jedoch, wenn er nach Aussetzung des Rechtsstreits für den Nachfolger im Rechtsstreit auftritt, dessen Vollmacht beizubringen.

1) Allgemeines. Die Vorschriften der ZPO über das Erlöschen der Vollmacht, §§ 86, 87, sind unvollständig. Die sachlichrechtliche Vollmacht erlischt immer nach den Vorschriften des sachlichen Rechts. Die prozessuale Vollmacht und die sachlichrechtliche Vollmacht erlöschen nicht stets gleichzeitig. Prozessual wird die Rechtssicherheit stärker beachtet als sachlichrechtlich.

2) Fälle. A. Erlöschen der Vollmacht. Die prozessuale Vollmacht erlischt in folgenden Fällen:

a) Prozeßbeendigung. Sie erlischt dann, wenn der Rechtsstreit endgültig beendigt ist, vorbehaltlich einiger Nachwirkungen in der Zwangsvollstreckung, einer etwaigen Wiederaufnahme des Verfahrens usw, § 81 Anm 3 A. Eine bloße Prozeßabweisung, etwa wegen einer Unzuständigkeit, führt nicht zum Erlöschen der Prozeßvollmacht. Die bloße Beendigung dieser Instanz führt ebenfalls nicht zum Erlöschen der Vollmacht. Der Anwalt der unteren Instanz bleibt in diesem Fall zu folgenden Handlungen bevollmächtigt: Zum Empfang von Zustellungen, vgl bei § 176; zu einem Rechtsmittelverzicht; zu einer parteiprozeßmäßigen Vertretung; zu einer vollen Vertretung der Partei nach einer Zurückweisung. Wenn der Anwalt der höheren Instanz wegfällt, sind alle Zustellungen wieder an den ProzBev der niedrigeren Instanz zu richten.

b) Kündigung. Die prozessuale Vollmacht erlischt ferner durch eine Kündigung der Partei, § 87.

c) Tod des Prozeßbevollmächtigten. Die prozessuale Vollmacht erlischt ferner durch den Tod des ProzBev. Eine Vertretungsbefugnis des bestellten Vertreters eines Anwalts, § 53 BRAO, erlischt zwar mit dem Tod des vertretenen Anwalts; wenn der Vertreter Rechtshandlungen vor der Löschung des verstorbenen Anwalts in der Anwaltsliste vorgenommen hatte, dann sind solche Handlungen jedoch wirksam, soweit der Anwalt im Zeitpunkt ihrer Vornahme schon verstorben war, § 54 BRAO. Dasselbe gilt dann, wenn der Vertreter etwa erst nach dem Tod des Anwalts von der Landesjustizverwaltung bestellt worden war. Die Landesjustizverwaltung kann aber für den verstorbenen Anwalt auch einen Abwickler bestellen. Er gilt ohne weiteres für schwebende Angelegenheiten als von der Partei bevollmächtigt, sofern die Partei nicht selbst schon für die Wahrnehmung ihrer Rechte gesorgt hat, § 55 II BRAO. Vgl ferner § 244 Anm 1.

d) Vertretungsunfähigkeit. Die Prozeßvollmacht endet dann, wenn der ProzBev vertretungsunfähig wird. Hierhin gehören: Der Wegfall der Prozeßfähigkeit, § 78 Anm 1 C; eine völlige Löschung; der Wegfall der Zulassung beim Prozeßgericht.

e) Wegfall der sachlichrechtlichen Vollmacht. Die Prozeßvollmacht erlischt schließlich,

4. Titel. Prozeßbevollmächtigte und Beistände §§ **86, 87** 1, 2

sobald eine umfassende sachlichrechtliche Vollmacht endet, der die Prozeßvollmacht entflossen war, § 80 Anm 1 E.

B. Kein Erlöschen der Vollmacht. Die prozessuale Vollmacht erlischt in folgenden Fällen nicht:

a) Tod des Vollmachtgebers. Trotz des Todes des Vollmachtgebers bleibt die prozessuale Vollmacht selbst dann bestehen, wenn die Klage im Todeszeitpunkt noch nicht erhoben worden war. Dann sind die Erben Kläger. Der Klagekopf ist einfach zu berichtigen, Saarbr NJW **73**, 857, abw AG Ellwangen AnwBl **76**, 345 (es hält mindestens die Unterschrift des Klägers usw vor dem Tod des Auftraggebers für notwendig). Das gilt auch dann, wenn der ProzBev im Namen der unbekannten Erben klagt, BGH **LM** § 325 Nr 10. Eine Handlung des ProzBev wirkt für und gegen die Erben. Das erstreckt sich auch auf die Einlegung eines Rechtsmittels. Ein Urteil gegenüber einer verstorbenen Partei ist ein Urteil gegenüber den Erben. Nach diesen Grundsätzen ist auch der Wegfall einer Partei kraft Amts, Grdz 2 vor § 50, zu behandeln, StJP II 3.

b) Erlöschen der Prozeßfähigkeit der Partei. Die Prozeßvollmacht erlischt nicht schon deshalb, weil die Partei inzwischen prozeßunfähig geworden ist. Das gilt zB für den Fall, daß die Partei nach der Bevollmächtigung geisteskrank geworden ist, BGH **LM** § 52 Nr 6, oder daß sie im Handelsregister gelöscht wurde, Köln OLGZ **75**, 350.

c) Wegfall des gesetzlichen Vertreters. Der Wegfall des gesetzlichen Vertreters der Partei hat auf die vorher wirksam erteilte prozessuale Vollmacht keinen Einfluß. Das gilt unabhängig davon, aus welchem Grund der gesetzliche Vertreter weggefallen ist.

d) Wegfall der Prozeßkostenhilfe. Eine Aufhebung der Bewilligung einer Prozeßkostenhilfe, § 124, hat auf eine einmal wirksam erteilte Vollmacht keinen Einfluß.

e) Konkurs. Die wirksam erteilte prozessuale Vollmacht erlischt nicht schon dann, wenn über das Vermögen des Vollmachtgebers das Konkursverfahren eröffnet wird, BFH DB **78**, 776.

Über die sonstige prozessuale Bedeutung von a–c vgl §§ 239 ff.

3) Auftreten nach einer Aussetzung. Wenn der ProzBev nach einer Aussetzung des Verfahrens, § 246, oder nach einer Unterbrechung des Verfahrens, §§ 239–241, 244, für den Rechtsnachfolger auftritt, dann muß er eine neue Prozeßvollmacht dieses Rechtsnachfolgers beibringen. Die Vorschrift betrifft nur den Nachweis der Vollmacht, nicht deren Fortdauer. Eine einstweilige Zulassung erfolgt nach § 89.

4) VwGO: *Entsprechend anwendbar, § 173 VwGO, EF § 67 Rdz 16.*

87 **Kündigung der Vollmacht.** I **Dem Gegner gegenüber erlangt die Kündigung des Vollmachtvertrags erst durch die Anzeige des Erlöschens der Vollmacht, in Anwaltsprozessen erst durch die Anzeige der Bestellung eines anderen Anwalts rechtliche Wirksamkeit.**

II **Der Bevollmächtigte wird durch die von seiner Seite erfolgte Kündigung nicht gehindert, für den Vollmachtgeber so lange zu handeln, bis dieser für Wahrnehmung seiner Rechte in anderer Weise gesorgt hat.**

1) Allgemeines. Der Vollmachtgeber und der Bevollmächtigte können den sachlichrechtlichen Geschäftsbesorgungsvertrag (das Gesetz spricht ungenau von einem Vollmachtsvertrag) jederzeit aufkündigen. Während eine solche Kündigung im Innenverhältnis sofort wirkt, freilich im Fall unzeitiger Erklärung die Schadensersatzpflicht auslösen kann, trifft § 87 für die prozessuale Wirkung einer Kündigung eine besondere Regelung. Der Fortgang des Prozesses soll insbesondere für den Gegner ohne Schwierigkeiten möglich bleiben, BGH **LM** Nr 6 mwN, BFH NJW **79**, 888.

StJ I entnimmt dem § 87 den allgemeinen Gedanken, daß ein sachlichrechtlicher Endigungsgrund der Vollmacht schlechthin auch für die prozessuale Vollmacht gelten solle, da prozessual wie sachlichrechtlich, § 170 BGB, eine Anzeige des Erlöschens erforderlich sei. Mit einer solchen Lösung verwischt man aber die Grenze zwischen dem Außen- und Innenverhältnis. Der Abbruch des Kontakts zwischen dem Auftraggeber und dem Bevollmächtigten bedeutet nicht ohne weiteres eine Kündigung, BGH VersR **77**, 334.

I gilt entsprechend vor dem ArbG, vgl LAG Ffm BB **80**, 891, und vor dem BFH, BFH DB **78**, 428 und NJW **79**, 888.

2) Wirksamwerden der Kündigung, I. Der Vollmachtgeber kann durch eine formlose Erklärung gegenüber dem Bevollmächtigten kündigen; dasselbe gilt umgekehrt, BGH VersR **77**, 334. Mit einer solchen Erklärung wird die Kündigung im Innenverhältnis gegenüber dem Vertragspartner wirksam. Das gilt auch für § 85 II, BGH VersR **83**, 540 mwN. Der Prozeßgegner braucht die Kündigung aber im Außenverhältnis erst dann zu beachten, wenn ihm im Parteiprozeß von der Kündigung eine Anzeige gemacht wurde und wenn im Anwaltsprozeß außerdem die Bestellung eines neuen Anwalts angezeigt worden ist, BGH NJW **80**, 999 mwN. Entsprechendes muß auch für die Wirkung gegenüber dem Gericht gelten, BGH NJW **80**, 999 und VersR **81**, 1056, BAG NJW **82**, 2520 (zustm Stephan **AP** Nr 1) je mwN, aM zB Hamm JMBlNRW **78**, 88. Wenn die Anzeige der Kündigung fehlt, dann gelten der alte und der neue Anwalt als bevollmächtigt, Hamm Rpfleger **78**, 422.

Bis zum Eintritt der Wirkung ist der alte Bevollmächtigte befugt. Daher muß das Gericht entsprechend § 176 Zustellungen noch an ihn richten. Das gilt auch für die Zustellung desjenigen Urteils, das den Rechtszug abschließt, BGH NJW **80**, 999 mwN. Wenn ein Abwickler bestellt wurde, gilt er solange als bevollmächtigt, bis die Bestellung eines anderen Anwalts angezeigt worden ist, BGH MDR **63**, 397.

Eine gerichtliche Beiordnung des Anwalts ändert an I nichts. Als Anzeige genügt eine schlüssige Handlung, etwa die Zustellung eines Schriftsatzes, in dem der neue Anwalt als ProzBev anstelle des alten und nicht etwa nur neben diesem auftritt, BGH NJW **80**, 2310. Wenn der Rechtsstreit vom AG an das LG verwiesen worden ist, dann ist die Kündigung der Vollmacht des beim AG zugelassenen Anwalts sofort wirksam. In diesem Fall braucht man keine Anzeige von der Bestellung eines anderen Anwalts zu machen.

Für das Kostenfestsetzungsverfahren ist derjenige Anwalt, der den Auftrag niedergelegt hat, nicht mehr als ProzBev anzusehen. Denn das Kostenfestsetzungsverfahren unterliegt nicht dem Anwaltszwang, und zwar selbst dann nicht, wenn der Hauptprozeß dem Anwaltszwang unterlag, Kblz Rpfleger **78**, 261, Mü Rpfleger **79**, 465 je mwN, aM zB Celle NdsRpfl **77**, 21, LAG Hamm BB **68**, 1385. Dasselbe gilt für ein anderes, dem Anwaltszwang des Hauptprozesses nicht unterliegendes Nebenverfahren, LG Ansbach DGVZ **83**, 78.

3) Fortwirken der Vollmacht, II. Der Bevollmächtigte darf bis zum Wirksamwerden der Kündigung nach I wie ein Bevollmächtigter weiter für die Partei sorgen. Er ist zu einer solchen Tätigkeit zwar keineswegs prozessual verpflichtet, BGH NJW **80**, 999 mwN, wohl aber unter Umständen sachlichrechtlich verpflichtet, vgl § 671 II BGB. Er muß zB den früheren Auftraggeber von einer noch an ihn erfolgten Zustellung unterrichten, BGH NJW **80**, 999 mwN. Eine Zustellung darf bis zum Wirksamwerden der Kündigung an ihn erfolgen, Hamm NJW **82**, 1887, StJSchL Rdz 8, offen BGH NJW **80**, 999 mwN, und kann von ihm wirksam vorgenommen werden, BGH **31**, 32.

4) VwGO: Entsprechend anzuwenden, § 173 *VwGO*, sind **I**, BVerwG **55**, 193, und **II**, so daß eine Anzeige gegenüber dem Gericht nötig ist, BVerwG MDR **83**, 783, OVG Bln NJW **77**, 1167 (für die Anzeige genügt ausnahmsweise ein schlüssiges Handeln, das aber nicht schon in der eigenen Abgabe prozessualer Erklärungen liegt, VGH Mü BayVBl **76**, 220). ,,Anwaltsprozesse", I, sind nur die Verfahren vor dem BVerwG, § 67 I *VwGO*.

88 Mangel der Vollmacht.
I Der Mangel der Vollmacht kann von dem Gegner in jeder Lage des Rechtsstreits gerügt werden.

II Das Gericht hat den Mangel der Vollmacht von Amts wegen zu berücksichtigen, wenn nicht als Bevollmächtigter ein Rechtsanwalt auftritt.

1) Mangel der Vollmacht, I, II. A. Allgemeines. Ein Mangel der Vollmacht liegt vor, wenn die Vollmacht: **a)** In keinem Zeitpunkt erteilt worden ist; **b)** erloschen ist; **c)** zulässig beschränkt worden ist, § 83; **d)** nicht nachgewiesen worden ist, § 80. Das gilt auch für eine Untervollmacht. Alle vier Fälle stehen gleich. Nicht § 88, sondern § 56 ist anwendbar, wenn ein falscher gesetzlicher Vertreter den ProzBev bestellt hat. Wirksam ist aber auch der Abschluß eines Prozeßvergleichs durch einen Anwalt, den ein Angestellter der Partei bevollmächtigt hatte, der nach den Regeln einer Anscheinsvollmacht als ein vertretungsberechtigter Mitarbeiter der Partei anzusehen war, BGH MDR **70**, 41.

Nach zB BVerwG Buchholz 310 § 67 VwGO Nr 42 ist die Vollmacht eine Prozeßvoraussetzung. Nach BFH DB **78**, 238 (der BFH hat den gemeinsamen Senat der Obersten Gerichtshöfe des Bundes angerufen), BSG SozR § 166 SGG Nr 22, Schneider MDR **83**, 187 ist die Prozeßvollmacht nur eine ,,Prozeßhandlungsvoraussetzung". Die Frage, ob der Bevollmächtigte befugt ist, gerade vor diesem Gericht aufzutreten, § 78 Anm 1 C, hat nichts mit der Wirksamkeit oder Mangelhaftigkeit der Vollmacht zu tun.

I, II sind im arbeitsgerichtlichen Urteilsverfahren wie im Beschlußverfahren anwendbar,

4. Titel. Prozeßbevollmächtigte und Beistände § 88 1, 2

Lorenz BB **77**, 1003, Philippsen pp NJW **77**, 1133. II ist im finanzgerichtlichen Verfahren unanwendbar, BFH BB **81**, 1568 (das Finanzamt prüft das Vorliegen einer Vollmacht stets von Amts wegen).

Unabhängig von der Vollmachtsfrage hat ein ausländischer Anwalt aus einem Land der EG dem Gericht auf Verlangen seine Berechtigung nachzuweisen, § 2 II G v 16. 8. 80, BGBl 1453.

B. Fehlen der Vollmacht im Anwaltsprozeß. Das Gericht prüft erst dann nach, ob die Vollmacht im Anwaltsprozeß ordnungsgemäß erteilt wurde, wenn der Gegner diese Frage vor Gericht rügt, BGH VersR **80**, 90, Ffm Rpfleger **74**, 227, Hbg VersR **82**, 969. Die Prüfung findet nach einer solchen Rüge allerdings auch dann statt, wenn der Gegner im Verhandlungstermin nunmehr säumig ist. Die Prüfung findet nach einer Rüge selbst dann statt, wenn für den gegenwärtigen Verfahrensabschnitt kein Anwaltszwang mehr besteht, etwa im Eheverfahren, § 609, Hamm NJW **79**, 2316 mwN, aM zB StJSchl § 609 Rz 5; in einer Familiensache, soweit sie überhaupt im Anwaltsprozeß verhandelt wird, § 621 b III; in einer Kindschaftssache, § 640; im Fall des § 78 a II; dann, wenn ein nicht prozeßbevollmächtigter Anwalt außerhalb des Anwaltszwangs auftritt, etwa im Kostenfestsetzungsverfahren.

Die Rüge ist in jeder Lage des Verfahrens zulässig, vgl BGH **LM** Nr 3, Hbg VersR **82**, 969, auch: Im Kostenfestsetzungsverfahren, Bbg JB **77**, 1440, Uhlenbruck MDR **78**, 9; in der Revisionsinstanz; im Zwangsvollstreckungsverfahren. Die Rüge kann allerdings nicht schon im Zeitpunkt der Einreichung der Klage wirksam erhoben werden. Denn in jenem Zeitpunkt darf das Gericht noch nicht prüfen, ob die Prozeßvoraussetzungen vorliegen, weil noch kein Prozeßrechtsverhältnis entstanden ist. Es tritt ja erst mit der Rechtshängigkeit ein.

Andererseits muß der Grundgedanke des § 282 auch hier gelten. Eine Rüge kann daher wegen Verspätung unbeachtlich sein. LG Münster MDR **80**, 854.

C. Fehlen der Vollmacht im Parteiprozeß. Wenn ein Anwalt als ProzBev oder als Unterbevollmächtigter auftritt, dann ist das Fehlen der Vollmacht im Parteiprozeß nach denselben Grundsätzen wie das Fehlen der Vollmacht im Anwaltsprozeß zu prüfen, B. Wenn ein anderer als ProzBev oder als ein Unterbevollmächtigter auftritt, vgl Uhlenbruck MDR **78**, 9, etwa ein Referendar, ein Assessor oder ein Bürovorsteher, dann muß das Gericht den Mangel der Vollmacht von Amts wegen beachten. Denn in diesem letzteren Fall ist eine Rüge nur eine zusätzliche Anregung. Das Gericht muß die Einreichung der Vollmachtsurkunde verlangen, Köln Rpfleger **76**, 103. Eine Terminsbestimmung darf nur dann verweigert werden, wenn feststeht, daß der Mangel nicht behoben werden kann (§ 78 a II gilt nur im Anwaltsprozeß). Der Mangel der Vollmacht muß in jeder Lage des Verfahrens berücksichtigt werden.

Es handelt sich um eine zwingende Vorschrift. Daher kann kein wirksamer Verzicht auf die Einhaltung dieser Prüfung erfolgen. Das Berufungsgericht muß von Amts wegen die Vollmacht des erstinstanzlichen ProzBev nachprüfen. Das Vollstreckungsgericht braucht an sich die Vollmacht nicht von Amts wegen nachzuprüfen, wenn ein Anwaltsprozeß vorausgegangen war. Wenn sich der Auftretende auf eine Untervollmacht seitens seines Anwalts beruft, muß das Gericht von Amts wegen nur überprüfen, ob die Untervollmacht vorliegt, nicht auch, ob der Anwalt seinerseits eine Hauptvollmacht hat.

2) Mängelprüfung im einzelnen. A. Verfahren. Das Gericht muß zunächst prüfen, ob ein Mangel der Vollmacht behoben werden kann. Wenn das nicht der Fall ist, muß das Gericht sofort eine abschließende Entscheidung zur Vollmachtsfrage treffen. Wenn die Behebung des Mangels möglich ist, darf das Gericht zwar grundsätzlich ebenfalls sofort zur Vollmachtsfrage entscheiden, sollte das aber nicht tun, soweit kein nennenswerter Nachteil aus der Verzögerung droht, auch wegen seiner Fürsorgepflicht. Das Gericht sollte vielmehr eine Frist zur Behebung des Mangels setzen und das weitere Verfahren bis zum Fristablauf vertagen. Die Fristsetzung erfordert eine volle Unterschrift; ein Handzeichen genügt nicht, § 329 Anm 1 A c, B, vgl auch BFH BB **82**, 2034 und BB **83**, 1335.

Keineswegs darf das Gericht etwa auf Grund der telefonischen Bitte des ProzBev diesem erst im Sitzungssaal einen „Fluranwalt" als Unterbevollmächtigten bestellen, schon gar nicht gegen den Willen des Prozeßgegners, Schneider MDR **83**, 187.

Das Gericht muß so vorgehen, wenn die Rüge der mangelhaften Vollmacht erst nach einer Verhandlung zur Sache erfolgt war, BGH **LM** Nr 3. Das Gericht darf den Vertreter nach § 89 vorläufig zulassen, also in eine Sachverhandlung eintreten. Zur Verhandlung über den Mangel ist der Vertreter unbedingt zuzulassen. Das Gericht ermittelt den Sachverhalt nicht von Amts wegen. Der Vertreter muß seine Vollmacht vielmehr nachweisen.

Maßgebender Zeitpunkt für den Nachweis ist der Schluß der mündlichen Verhandlung; auf Grund eines schriftlichen Verfahrens ist der maßgebende Zeitpunkt derjenige der Hinausgabe der Entscheidung zur Zustellung. Das gilt auch bei einer Beschwerde. Ein Mangel der Vollmachtserteilung im Zeitpunkt einer früheren Prozeßhandlung bleibt außer Betracht, wenn die Partei später eine wirksame Prozeßvollmacht erteilt hat. Denn durch diese spätere Erteilung sind frühere Mängel kraft Genehmigung geheilt, § 89 Anm 3.

B. Entscheidung. Wenn die Klage von einem Berechtigten erhoben worden war, wird der vollmachtlose Vertreter durch einen Beschluß zurückgewiesen. Gegen die nunmehr nicht mehr wirksam vertretene Partei ergeht auf Grund eines Antrags des Gegners eine Versäumnisentscheidung. Wegen der Kosten vgl § 89 Anm 2. Ein vom vollmachtlosen Vertreter eingelegter Rechtsbehelf wird als unzulässig verworfen.

Wenn bereits die Klage von einem nicht Berechtigten erhoben wurde, lehnt das Gericht unter Umständen die Zustellung der Klage bzw eine Terminsbestimmung ab, § 78 a II. Es weist im übrigen die Klage durch ein Prozeßurteil als unzulässig ab, Ffm VersR **82**, 969.

In der höheren Instanz wird das Rechtsmittel als unzulässig verworfen, Ffm VersR **82**, 969, insofern richtig auch Köln MDR **82**, 239. Das Gericht weist aber die Klage unter einer Aufhebung des früheren Urteils ab, wenn die erste Instanz den Mangel übersehen hatte, Köln Rpfleger **76**, 102. Das Urteil lautet auf den Namen des Vertretenen, BFH BB **74**, 449, Renner MDR **74**, 354 je mwN. Denn der Vertretene konnte den Mangel genehmigen, BGH VersR **80**, 90. Wegen der Kosten vgl § 56 Anm 1 E b aa.

Gegen das Urteil kann die Partei stets das zulässige Rechtsmittel einlegen. Der Vertreter kann wegen der Kosten kein Rechtsmittel einlegen, § 99 ist unanwendbar, BGH NJW **83**, 884 mwN, abw 41. Aufl.

Das Gericht darf trotz eines Antrags kein Versäumnisurteil fällen, wenn lediglich der Nachweis der Vollmacht fehlt, § 335 I Z 1. Wenn endgültig feststeht, daß die Vollmacht des Klägervertreters fehlt, muß das Gericht die Klage vielmehr durch ein unechtes Versäumnisurteil als unzulässig abweisen, vgl § 331 Anm 3 C.

C. Unerheblichkeit der Parteistellung. Es ist unerheblich, ob der Mangel der Vollmacht den Kläger oder den Bekl betrifft. Wenn die Vollmacht zwar tatsächlich erteilt wurde, die Erteilung aber nichtig ist, etwa wegen einer Prozeßunfähigkeit des Vollmachtgebers, dann muß der Vollmachtgeber die Kosten tragen. Über die Heilung durch eine Genehmigung vgl § 89 Anm 3.

3) *VwGO*: Entsprechend anzuwenden, § 173 VwGO, sind **I**, BVerwG NJW **66**, 1378, und **II**; wegen § 67 I und II VwGO gilt das in Anm 1 C Gesagte für die Verfahren vor VG und OVG, während Anm 1 B für die Verfahren vor dem BVerwG gilt (entsprechend II findet keine Prüfung vAw statt, wenn dort ein Rechtslehrer auftritt, § 67 I VwGO). § 67 III VwGO und der Untersuchungsgrundsatz hindern die Anwendung von II 2. Halbsatz nicht, wie auch dessen Geltung in FamS, § 609, zeigt; ebenso OVG Kblz NJW **78**, 1455, abw die hM, BFH BStBl **81** II 678, VGH Mü BayVBl **83**, 29 mwN; doch wird der Mangel dann vAw zu berücksichtigen sein, wenn das Gericht ihn kennt, OVG Kblz aaO, oder sich Zweifel an einer ordnungsmäßigen Bevollmächtigung ergeben, OVG Lüneb DÖV **79**, 835. Wegen der Kostentragungspflicht des vollmachtlosen Vertreters s § 89 Anm 4.

89 *Vertretung ohne Vollmacht.* **I** Handelt jemand für eine Partei als Geschäftsführer ohne Auftrag oder als Bevollmächtigter ohne Beibringung einer Vollmacht, so kann er gegen oder ohne Sicherheitsleistung für Kosten und Schäden zur Prozeßführung einstweilen zugelassen werden. Das Endurteil darf erst erlassen werden, nachdem die für die Beibringung der Genehmigung zu bestimmende Frist abgelaufen ist. Ist zu der Zeit, zu der das Endurteil erlassen wird, die Genehmigung nicht beigebracht, so ist der einstweilen zur Prozeßführung Zugelassene zum Ersatz der dem Gegner infolge der Zulassung erwachsenen Kosten zu verurteilen; auch hat er dem Gegner die infolge der Zulassung entstandenen Schäden zu ersetzen.

II Die Partei muß die Prozeßführung gegen sich gelten lassen, wenn sie auch nur mündlich Vollmacht erteilt oder wenn sie die Prozeßführung ausdrücklich oder stillschweigend genehmigt hat.

Schrifttum: Christmann, Der vollmachtlose Stellvertreter im Zivilprozeß, Diss Marbg 1971.

1) Zulassung zur Prozeßführung, I. A. Allgemeines. I behandelt nicht das vollmachtlose Auftreten für eine Prozeßpartei schlechthin, sondern das einstweilig zugelassene vollmachtlose Auftreten. Wer entweder überhaupt keine Vollmacht hat, also lediglich ein „Geschäftsführer ohne Auftrag" ist, oder zwar eine Vollmacht hat, sie aber nicht nachweisen kann, obwohl er sie nachweisen muß, § 88 Anm 1, den kann das Gericht nach seinem pflichtgemäßen, aber nicht nachprüfbaren Ermessen, BAG NJW **65**, 1041, ThP 2a, aM LAG Hamm MDR **76**, 699, und jederzeit widerruflich einstweilen zulassen. Eine Gefahr im Verzug braucht nicht vorzuliegen, anders als bei § 56 II.

Die Zulassung kann auch stillschweigend erfolgen, soweit der Gegner nicht widerspricht. Wenn er widerspricht, ist über die Frage der Zulassung eine mündliche Verhandlung erforderlich. Das Gericht entscheidet dann durch einen Beschluß. Er ist unanfechtbar, § 567. I gilt auch dann, wenn das Gericht nach § 80 II eine öffentliche Beglaubigung anordnet, wenn der Bevollmächtigte also zwar eine Vollmachtsurkunde vorgelegt hat, wenn diese aber nicht ausreicht.

Die Zulassung darf nicht erfolgen, wenn bereits feststeht, daß der Mangel der Vollmacht nicht behebbar ist, oder wenn die Partei die Behebung des Mangels ablehnt. In diesem Fall muß das Gericht eine Prozeßabweisung vornehmen. Das Gericht kann, nicht muß, eine Sicherheitsleistung wegen der Kosten und der Schäden anordnen. Es darf aber keine Sicherheitsleistung wegen des Streitgegenstands festgesetzt werden. Im Fall einer Sicherheitsleistung vertagt das Gericht die Verhandlung zur Sache und läßt den Bevollmächtigten erst nach der Sicherheitsleistung zu. Die Sicherheitsleistung erfolgt nach § 108.

B. Folgen der Zulassung. Die vorläufige Zulassung gibt dem Zugelassenen vorläufig alle Rechte und Pflichten eines ProzBev. Sie berechtigt und verpflichtet den Gegner zu einer entsprechenden Behandlung des Zugelassenen für die Dauer der Zulassung. Vor der endgültigen Klärung der Vollmachtsfrage darf das Gericht den Rechtsstreit nicht an ein anderes Gericht verweisen und kein Endurteil erlassen, auch kein Versäumnisurteil, es sei denn, daß der Zugelassene säumig wäre. Es dürfen ferner folgende Entscheidungen zunächst nicht ergehen: Ein Vollstreckungsbescheid; ein Vorbehaltsurteil; ein selbständiges Zwischenurteil. Auch ein unbedingter Vergleich im Streitverfahren ist unzulässig. Denn es muß verhindert werden, daß das Verfahren einen auch nur vorläufigen Abschluß erhält, bevor die Vollmachtsfrage endgültig geklärt ist.

C. Fristsetzung. Das Gericht muß zur Beibringung der Vollmacht oder zur Beibringung der Genehmigung der Partei eine Frist setzen. Wegen der Unterschrift § 88 Anm 2 A. Die Frist kann zugleich mit der vorläufigen Zulassung oder später gesetzt werden. Eine allzu kurze Bemessung der Frist kann den Anspruch auf die Gewährung des rechtlichen Gehörs verletzen, vgl BFH DB **80**, 2020. Sie kann nach § 224 verlängert werden. Die Vollmacht oder die Genehmigung kann auch noch nach dem Fristablauf bis zum Schluß der letzten mündlichen Verhandlung beigebracht werden, § 231 II.

Der Fristablauf ist erfolglos, wenn die beigebrachte Vollmacht oder Genehmigung nicht das ganze bisherige Verfahren deckt. Denn dieses bildet eine Einheit. Die Vollmacht muß vorbehaltlos sein und darf nicht über das nach § 83 zulässige Maß hinaus Einschränkungen enthalten. Die Vollmacht enthält eine Genehmigung. Eine Genehmigung bevollmächtigt nicht für die Zukunft.

2) Verfahren nach erfolglosem Fristablauf, I. A. Verhandlung. Wenn das Gericht zu dem Ergebnis kommt, daß die gesetzte Frist erfolglos abgelaufen sei, muß eine neue mündliche Verhandlung über die Folgen anberaumt werden. Der vorläufig Zugelassene ist zu dieser Verhandlung zu laden.

B. Entscheidung. Das Endurteil ergeht entsprechend § 88 Anm 2 B. Soweit der vorläufig Zugelassene nicht schon danach die gesamten Prozeßkosten trägt, VGH Mannh NJW **82**, 842, ist er nach I in diejenigen Kosten zu verurteilen, die durch seine vorläufige Zulassung verursacht wurden, also nur in die Kosten der Einmischung. In diesem Zusammenhang kommt es nicht darauf an, ob den vorläufig Zugelassenen ein Verschulden trifft. Das Gericht entscheidet von Amts wegen durch einen Beschluß. Der angeblich Vertretene haftet nicht neben dem Vertreter. Die Kosten der vorläufigen Zulassung des Vertreters gehen den angeblich Vertretenen ja gar nichts an. Etwas anderes gilt nur dann, wenn lediglich die Formgültigkeit des Nachweises der Vollmacht fehlte.

Gegen den Beschluß hat der angebliche Vertreter die sofortige Beschwerde, vgl auch FG Stgt MDR **76**, 84 (Anm der Redaktion).

C. Schadensersatzpflicht. Der vorläufig Zugelassene hat neben der Kostenpflicht, B, die Pflicht, dem Gegner denjenigen Schaden zu ersetzen, der diesem durch die vorläufige Zulassung entstanden ist. Der vorläufig Zugelassene muß den Gegner also so stellen, als wäre er selbst nicht zugelassen worden. Das ist eine rein sachlichrechtliche Vorschrift. Der Gegner muß den Ersatz in einem besonderen Prozeß verlangen. Er kann seinen Anspruch grundsätzlich nicht im bisherigen Prozeß stellen. Denn der vorläufig Zugelassene ist dort ja nicht Partei. Etwas anderes mag gelten, wenn der Schadensersatzanspruch im Weg einer Widerklage geltend gemacht wird und der vorläufig Zugelassene auf diese Weise zulässig in den Prozeß hineingezogen werden kann, Anh § 253 Anm 1 A, 2.

3) Wirksamkeit gegen die Partei, II. Die Prozeßführung des nicht Bevollmächtigten wirkt für und gegen, also nicht nur gegen die Partei, soweit diese entweder eine schriftliche oder mündliche Vollmacht erteilt oder die Prozeßführung ausdrücklich oder stillschweigend genehmigt, zB durch eine Vollmachtserteilung. Die Erklärung erfolgt wie bei der prozessualen Vollmacht formlos gegenüber dem Vertreter, dem Gegner oder dem Gericht, unter Umständen auch schon dadurch, daß die Partei im Termin erscheint. Die Genehmigung wirkt in der Regel zurück, BGH VersR **80**, 90 mwN, aM BFH BB **77**, 436. Durch eine Genehmigung kann auch eine Unterbrechung der Verjährung bereits im Zeitpunkt der Klagerhebung eingetreten sein, BGH **LM** § 209 BGB Nr 10. Das gilt aber nicht, wenn ein Unberechtigter Klage erhoben hat, selbst wenn der Berechtigte auch die Forderung während des Rechtsstreits mit einer Genehmigung des wirklichen Gläubigers erworben haben mag, BGH **LM** § 185 BGB Nr 8.

Wenn der Vertreter nicht zugelassen worden ist, Anm 1, dann bleibt die Genehmigung der Prozeßführung für diesen Rechtsstreit wirkungslos, BGH NJW **65**, 1041. II gilt allgemein bei einer Zulassung nach I, und zwar noch im Vollstreckungsverfahren, aber auch dann, wenn der Mangel übersehen worden war. Ist das Urteil dann rechtskräftig geworden, dann läßt es sich nur im Weg einer Nichtigkeitsklage nach § 579 I Z 4 beseitigen. Wenn die Partei diese Möglichkeit versäumt hat, ist das Urteil für sie endgültig bindend. Ein Verstoß gegen die nach § 83 zulässig vorgenommene Beschränkung der Vollmacht macht die Erklärung schlechthin unwirksam. Ein auf Grund dieser Erklärung ergangenes Urteil, etwa ein Anerkenntnisurteil, ist durch die Aufhebung auf Grund eines Rechtsmittels auflösend bedingt. Eine Verletzung einer sachlichrechtlichen Beschränkung der Vollmacht ist prozessual unerheblich.

Die Genehmigung macht die Partei im Prozeß zur Rechtsnachfolgerin des Vertreters, auch im Sinn des § 727. Die Vollstreckungsklausel ist daher auf die Partei umzuschreiben, soweit das Urteil noch auf den Vertreter lautete. Die prozessuale Genehmigung läßt auch die sachlichrechtlichen Wirkungen der Prozeßhandlungen eintreten, zB diejenige der Rechtshängigkeit (Rückwirkung) oder diejenige der Zustellung, zB der Klageschrift an einen nicht bevollmächtigten Anwalt. Jedoch kann keine Rückwirkung für einen Rechtsmittelverzicht eintreten, von dem die Partei im Zeitpunkt der nachträglichen Erteilung der Vollmacht nichts wußte, BGH **10**, 147.

4) VwGO: *Entsprechend anwendbar, § 173 VwGO, in Ergänzung von § 67 III 2 VwGO, vgl VGH Kassel NJW* **67**, *2130, VG Schlesw SchlHA* **82**, *63, Renner MDR* **74**, *353, RedOe § 67 Anm 25; zu II vgl BVerwG ZBR* **78**, *376 mwN, OVG Münst DÖV* **73**, *649 (rückwirkende Genehmigung in der Berufungsinstanz), VGH Mannh VBlBW* **74**, *133 (Genehmigung nach Ablauf der Frist). Dem vollmachtlosen Vertreter sind die Kosten aufzuerlegen, BVerwG NVwZ* **82**, *499 mwN, VGH Mannh NJW* **82**, *842, RedOe § 67 Anm 26 mwN.*

90 **Beistand.** ¹ Insoweit eine Vertretung durch Anwälte nicht geboten ist, kann eine Partei mit jeder prozeßfähigen Person als Beistand erscheinen.

^{II} Das von dem Beistand Vorgetragene gilt als von der Partei vorgebracht, insoweit es nicht von dieser sofort widerrufen oder berichtigt wird.

1) Beistand, I. Beistand ist derjenige, der neben der Partei im Sinne des § 78 Anm 1 B c zu ihrer Unterstützung beim mündlichen Vortrag auftritt. Dieser Auftritt ist zulässig, soweit kein Anwaltszwang besteht, § 78 Anm 2. Der Partei steht der gesetzliche Vertreter gleich, aber nicht der ProzBev. Der Beistand, vgl auch Anh § 155 GVG, wird auf Grund einer Einführung durch die Partei tätig. Er muß prozeßfähig sein, § 52. Wegen seiner Zurückweisung vgl § 157 II. Es erfolgt keine gerichtliche Beiordnung. Über einen technischen Beistand vgl § 137 Anm 4.

2) Mündlicher Vortrag, II. Der Vortrag des Beistands gilt als Vortrag der Partei, soweit sie den Vortrag des Beistands nicht sofort widerruft oder berichtigt. Eine Einschränkung geht weiter als beim ProzBev, § 85, weil sie nicht nur die tatsächlichen Erklärungen ergreift, also zB den Widerruf eines Anerkenntnisses zuläßt.

5. Titel. Prozeßkosten   Übers § 91   1, 2

3) VwGO: *Das Auftreten eines Beistandes in der mündlichen Verhandlung ist bei VG und OVG zulässig, § 67 II 1 VwGO. Er muß zum sachgemäßen Vortrag fähig sein, § 67 II 3 VwGO, sonst ist er entsprechend § 157 II zurückzuweisen. Für das Vorbringen des Beistandes ist II entsprechend anwendbar, § 173 VwGO, so daß die Partei auch andere Prozeßhandlungen als tatsächliche Erklärungen, § 81 Anm 2 A, sofort widerrufen darf.*

Fünfter Titel. Prozeßkosten
Übersicht

Schrifttum: Baier, Kostenrisiko und Grundgesetz, Diss Erlangen 1974; Herrmann, Probleme des Prozeßkostenrisikos usw, Diss Kiel 1973; Kur, Streitwert und Kosten in Verfahren wegen unlauteren Wettbewerbs, 1980 (Bespr Henkels GRUR **82**, 639); Lappe, Justizkostenrecht, 1981; derselbe, Kosten in Familiensachen, 4. Aufl 1983; Schneider, Die Kostenentscheidung im Zivilurteil, 2. Aufl 1977 (Bespr Baur ZZP **91**, 111, Knippel VersR **78**, 704); Sonnen, Kostenentscheidung und materielles Recht, Diss Bln 1971; Tschischgale-Satzky, Das Kostenrecht in Arbeitssachen, 3. Aufl 1982 (Bespr Tschöpe NJW **83**, 158).

Gliederung

1) Prozeßkosten
  A. Allgemeines
  B. Zahlungspflicht des Verlierers
2) Kostenarten
  A. Gerichtskosten
  B. Parteikosten
    a) Gerichtliche Kosten
    b) Außergerichtliche Kosten
      aa) Partei selbst
      bb) Prozeßbevollmächtigter
      cc) Beistand
      dd) Gerichtsvollzieher
3) Prozessuale Kostenpflicht
  A. Grundsatz
  B. Entstehung des Anspruchs
  C. Kostenentscheidung
  D. Bindungswirkung
  E. Gliederung des Kostenabschnitts
  F. Weitere Kostenbestimmungen
4) Sachlichrechtliche Kostenpflicht
  A. Unabhängigkeit
  B. Haftung eines Dritten
5) Überschneidung des prozessualen und des sachlichrechtlichen Kostenanspruchs
6) Vorschußpflicht für fremde Prozeßkosten
7) VwGO

1) Prozeßkosten. A. Allgemeines. Grundsätzlich tragen die Parteien die Prozeßkosten. Zu den Prozeßkosten zählen die Gerichtskosten, das sind diejenigen Kosten, die die Parteien dem Land als dem Träger der Justizhoheit zu entrichten haben, und die Parteikosten, die Prozeßkosten im engeren Sinn, die der Prozeß den Parteien an Aufwendungen verschiedener Art verursacht. Man muß hierher nicht nur diejenigen Aufwendungen rechnen, die der Partei im Prozeß selbst entstanden sind, sondern auch diejenigen Aufwendungen, die die Partei zur Vorbereitung des Prozesses machen mußte, sofern diese Aufwendungen in einem unmittelbaren Zusammenhang mit dem Prozeß stehen, etwa die Kosten eines zur Beurteilung der Prozeßaussichten unentbehrlichen Gutachtens.

B. Zahlungspflicht des Verlierers. Nach der ZPO muß der Verlierer dem Sieger die notwendigen Parteikosten schadensersatzähnlich erstatten. Die ZPO behandelt nur diese Erstattungspflicht, vgl Schlesw SchlHA **77**, 208, LG Bln Rpfleger **82**, 391. Soweit nach § 15 EGZPO das Landesrecht das Verfahren regeln kann, ist es auch für die Kostenfrage maßgeblich.

Das Prinzip, nach dem der Verlierer zahlen muß, und zwar unabhängig von einem Verschulden, vgl Hbg GRUR **83**, 201, bürdet beiden Parteien ein erhebliches Kostenrisiko auf. Dieses Kostenrisiko ist rechtspolitisch lebhaft umstritten. Baur JZ **72**, 75 regt zur Beseitigung des Kostenrisikos eine Pflichtrechtsschutzversicherung an; kritisch André ZRP **76**, 177, Bauer VersR **73**, 110, Baumgärtel JZ **75**, 430. Der letztere fordert eine ,,Prozeßhilfe". Rechtspolitisch ferner Baumgärtel BB **75**, 678, derselbe, Festschrift für Lange (1976) 943; derselbe, Gleicher Zugang zum Recht für alle, 1976 (Besprechung André VersR **76**, 617, Grunsky ZZP **90**, 303), Baur NJW **76**, 1380, Kissel Festschrift für Schiedermair (1973) 329, Pawlowski JZ **75**, 197 je mwN.

2) Kostenarten. A. Gerichtskosten. Der Anspruch des Landes auf die Erstattung der Gerichtskosten richtet sich ausschließlich nach dem GKG. Er geht davon aus, daß die staatliche Rechtspflege nicht unentgeltlich ist. Die Zivilrechtspflege soll ihre Kosten hauptsächlich selbst aufbringen. Die Gerichtskosten zerfallen in Auslagen, also entstandene oder bevorstehende Unkosten, und Gebühren, also öffentlichrechtliche Abgaben, Justizsteuern, die ohne Rücksicht auf den Einzelfall nach dem Streitwert pauschmäßig bestimmt werden. Die Gerichtskosten werden wie öffentliche Abgaben beigetrieben. Für die Kostenerstattung kommen sie nur als Parteikosten in Frage, also insoweit, als die Partei sie verausgabt hat.

Schuldner der Gerichtskosten ist: **a)** Der Antragsteller, Kläger, Rechtsmittelkläger nach § 49 I GKG; **b)** der Entscheidungsschuldner, den eine Entscheidung nach der ZPO in die Kosten verurteilt hat, § 54 Z 1 GKG; **c)** der Übernehmer, der die Kosten dem Gericht gegenüber übernommen hat, § 54 Z 2 GKG; **d)** derjenige, der für eine fremde Kostenschuld kraft Gesetzes haftet, § 54 Z 3 GKG; **e)** der Vollstreckungsschuldner für die notwendigen Kosten der Zwangsvollstreckung, § 54 Z 4 GKG.

Der Entscheidungsschuldner ist Erstschuldner, § 58 II GKG. Eine Ergänzung des GKG, vor allem für den Kostenbeamten, gibt die Kostenverfügung. S auch Hartmann VII.

B. Parteikosten. Die Parteikosten zerfallen in:
a) Gerichtliche Kosten. Das sind die dem Staat geschuldeten Kosten.
b) Außergerichtliche Kosten. Das sind Aufwendungen der Partei. Man kann sie wie folgt untergliedern:

aa) Partei selbst. Dazu zählen Aufwendungen etwa für Reisen oder Porto, ferner unter Umständen für die Beschaffung von Gutachten, für die Vertretung durch einen technischen Beistand (s dazu aber auch § 91 Anm 5 „Patentanwalt") und dgl.

bb) Prozeßbevollmächtigter. Dessen Kostenansprüche sind ganz überwiegend im Prozeß erwachsen. Sie werden dann, wenn er im Rechtsanwalt ist, nach der BRAGO vergütet. Die BRAGO unterscheidet ähnlich dem GKG zwischen Gebühren und Auslagen und gilt die Gebühren nach dem Streitwert pauschmäßig ab. Die Ansprüche können aber auch vor dem Prozeß erwachsen sein, namentlich für ein Mahnschreiben oder ein Kündigungsschreiben. Solche Ansprüche muß die Partei dem Rechtsanwalt aus der BRAGO vergüten. Sie sind aber je nach den Umständen auf die Gebühr für das anschließende gerichtliche Verfahren anzurechnen, vgl §§ 120, 118 II, 37 Z 1 BRAGO. Kosten „des Rechtsstreits" sind diese Kosten im allgemeinen nicht (eine Ausnahme gilt zB bei einer Übernahmeverpflichtung durch einen Vergleich, Hamm MDR 73, 770 mwN, vgl Jäckle JZ 73, 679. Ein Anspruch auf ihre Erstattung besteht nur im Rahmen der Vorbereitungskosten, § 91 Anm 5.

cc) Beistand. Dessen Gebühren und Auslagen regelt Art IX KostÄndG, Hartmann XII.

dd) Gerichtsvollzieher, LG Karlsr VersR 77, 1121. Die Höhe richtet sich nach dem GVKostG, das zwischen Gebühren und Auslagen unterscheidet.

Jede Partei trägt ihre Kosten zunächst selbst. Ein Erstattungsanspruch kann der Partei prozeßrechtlich oder sachlichrechtlich zustehen, Anm 3, 4.

3) Prozessuale Kostenpflicht. A. Grundsatz. Die prozessuale Kostenpflicht beruht ausschließlich auf der ZPO. Sie darf keineswegs aus dem sachlichen Recht ergänzt werden. Sie entspricht dem Prozeßrechtsverhältnis, Grdz 2 vor § 128, Hbg GRUR 83, 201, Schlesw SchlHA 79, 44 und 225. Sie ist in der ZPO abschließend geregelt. Das bürgerliche Recht ist also in diesem Zusammenhang unanwendbar, Schlesw JB 78, 1568. Die prozessuale Kostenpflicht ist der Ausgleich dafür, daß die Partei unbeschränkt eine Klage erheben kann.

Deshalb macht bereits die bloße Tatsache des Unterliegens kostenpflichtig. Das gilt ohne Rücksicht darauf, aus welchem Grund die Partei unterlegen ist, ob sie ein Verschulden trifft, ob sie geschäftsfähig oder prozeßfähig war (Ausnahmen § 91 Anm 1 A). Deshalb umfaßt auch eine Haftungsbeschränkung in der Hauptsache die Kostenpflicht nicht. Soweit Kosten allerdings schon in der Person des Erblassers entstanden sind, haftet der Erbe beschränkt, Köln NJW 52, 1145.

Dem Verlierer steht gleich, wer sich freiwillig und unnötig durch eine Klagrücknahme, durch ein Anerkenntnis usw in dessen Rolle begibt; Ausnahmen bestehen in den §§ 93, 93a–d, 95, 97 usw. Nur die Parteien und ihre Streithelfer können kostenpflichtig werden. Ein Dritter kann nur ausnahmsweise kostenpflichtig werden, etwa in einem Zwischenstreit mit einer Partei oder einem Streithelfer oder wenn der Dritte für einen nicht Parteifähigen den Prozeß veranlaßt hatte, Düss MDR 77, 759 mwN.

Eine Partei kraft Amts, Grdz 2 C vor § 50, vertritt fremde Belange und haftet daher nicht persönlich. Jedoch ist ein Testamentsvollstrecker, den die Erben auf die Erteilung einer Auskunft verklagt haben, keine Partei kraft Amts.

Über außergerichtliche Kosten kann in einem Erinnerungs- und Beschwerdeverfahren des Gläubigers gegen den Gerichtsvollzieher wegen der Zwangsvollstreckung dann nicht entschieden werden, wenn der Schuldner am Verfahren nicht beteiligt ist, LG Bochum Rpfleger 70, 357.

B. Entstehung des Anspruchs. Der Kostenerstattungsanspruch entsteht nicht erst im Zeitpunkt der Entscheidung, sondern aufschiebend bedingt schon im Zeitpunkt der Begründung des Prozeßrechtsverhältnisses, BGH **LM** § 419 BGB Nr 29 und § 91 Nr 22 (zustm Kuntze JR **76**, 334) je mwN, Hbg GRUR **83**, 201, Nürnb MDR **77**, 936 (betr die einstweilige Verfügung), Schlesw SchlHA **78**, 178, LG Hbg MDR **78**, 50 mwN, Grdz 2 vor § 128, vgl auch § 788 Anm 4. Dieser aufschiebend bedingte Anspruch ist der Höhe nach noch ungewiß, aber nicht unbestimmbar.

Die Entscheidung selbst bestimmt den Anspruch nicht der Höhe nach, sondern überläßt diese Bestimmung dem Kostenfestsetzungsverfahren. Wenn eine Partei während des Rechtsstreits prozeßunfähig war, ergibt sich ihr Erstattungsanspruch dann, wenn der Pfleger die Prozeßhandlungen nachträglich genehmigt, Mü Rpfleger **70**, 290. Der Erstattungsanspruch ist abtretbar. Man kann ihn zum Konkurs anmelden. Er ist pfändbar. Über ihn kann ein Arrest verhängt werden. Nach dem Eintritt der Bedingung ist der Anspruch aufrechenbar, vorher aber nicht, § 387 BGB.

Den aufschiebend bedingten Anspruch verwandelt eine nicht rechtskräftige, in die Kosten verurteilende Entscheidung in einen auflösend bedingten, BGH **LM** § 91 Nr 22, vgl BGH NJW **83**, 284 mwN, aM zB Stgt MDR **61**, 1013 (dieses Gericht geht davon aus, daß der Kostenerstattungsanspruch erst mit dem Kostenfestsetzungsbeschluß wirksam werde). Erst im Zeitpunkt der Rechtskraft der Kostengrundentscheidung entfällt jede Bedingung. Der Vergleich steht dem Urteil gleich.

Ohne ein Urteil oder einen Vergleich läßt sich der Kostenerstattungsanspruch nicht herbeiführen. Er läßt keinen besonderen Prozeß und keine Geltendmachung im Weg einer Widerklage zu. Er ist der Höhe nach an die Kostenfestsetzung gebunden. Der Erstattungsanspruch verjährt in 30 Jahren, Ffm MDR **77**, 665 mwN. Der Erstattungsschuldner kann eine Verjährung der Forderung des Anwalts, § 196 Z 15 BGB, nur dann einwenden, wenn schon der Schuldner des Anwalts diese Verjährung geltend gemacht hatte. Sonst läge nämlich eine Einwendung aus einem fremden Recht vor.

C. Kostenentscheidung. Jede gerichtliche Entscheidung, die einen selbständigen Verfahrensabschnitt abschließt, muß über die prozessuale Kostenpflicht befinden, und zwar von Amts wegen, § 308 II. Das gilt auch dann, wenn das Gericht die Härteklausel des § 765a anwendet, vgl § 788 III. Über das Verfahren nach den §§ 620 ff vgl § 620g. Die Entscheidung spricht nur die allgemeine Pflicht zur Kostenerstattung dem Grunde nach aus. Das Gericht muß diese Erstattungspflicht aber so genau und vollständig umreißen, daß im Kostenfestsetzungsverfahren nur noch die Feststellung der Höhe des Betrags notwendig bleibt. Unzulässig ist eine Berechnung nach Zeitabschnitten. Dagegen ist es zulässig, eine bestimmte Gebühr aus der Kostenpflicht herauszunehmen. Das muß zB dann geschehen, wenn eine Beweisaufnahme unnötig erfolgte, § 95. Das Gericht darf auch einer Partei einen bezifferten Betrag als ihren Beitrag zur gesamten Kostenpflicht auferlegen, § 92 Anm 1 C b zu bb.

D. Bindungswirkung. Die Kostenvorschriften sind öffentlichrechtlicher Natur. Sie binden das Gericht. Eine Parteivereinbarung über die Kosten darf nur im gesetzlich zugelassenen Rahmen erfolgen, also bei einer auf § 98 fußenden Entscheidung. Andere außergerichtliche Vereinbarungen dürfen das Gericht nicht veranlassen, entsprechend zu entscheiden und dabei die §§ 91 ff außer acht zu lassen, BGH **5**, 258, aM Hamm SJZ **50**, 588.

Es ist eine Sache der durch die Kostenentscheidung begünstigten Partei, die Kosten entsprechend einer Vereinbarung zwischen den Parteien vom Gegner erstattet zu verlangen, notfalls im Wege der Fortsetzung des Rechtsstreits. Die dem Gericht mitgeteilte Kostenübernahme, § 54 Z 2 GKG, macht zwar den Übernehmer zum Kostenschuldner der Staatskasse gegenüber, ändert aber im übrigen an Vorstehendem nichts.

E. Gliederung des Kostenabschnitts. Der 5. Titel über die Prozeßkosten enthält zunächst den Grundsatz, daß die unterliegende Partei die Kosten des Rechtsstreits zu tragen hat, § 91 Anm 1 A. Die weiteren Bestimmungen des § 91 über den Umfang der Kostenpflicht gehören in das Verfahren der Kostenfestsetzung, §§ 103 ff.

Von dem Grundsatz des § 91 gibt es eine Reihe von Ausnahmen, nämlich bei § 93a (hier wird eine Kostenteilung im Fall der Scheidung oder Aufhebung der Ehe geregelt); bei § 93b (die Vorschrift regelt die Kosten einer Räumungsklage in besonderen Fällen); bei § 93c (die Vorschrift sieht vor, daß eine Kostenteilung selbst dann erfolgt, wenn der Kläger in einem Ehelichkeits- und Vaterschaftsanerkenntnis-Anfechtungsverfahren siegt); bei § 93d (die Vorschrift berücksichtigt eine Stundung oder einen Erlaß im Unterhaltsrechtsstreit kostenmäßig nicht); ferner bei gewissen Nachlässigkeiten des Klägers, so bei § 93 (hier wird das sofortige Anerkenntnis des Beklagten geregelt, der zur Klage keinen Anlaß gegeben hat); bei § 94 (die Vorschrift regelt die Kosten eines auf den Kläger übergegangenen Anspruchs ohne eine Mitteilung an den Beklagten); bei § 97 II, III (die Vorschrift regelt das Obsiegen der Partei in der Rechtsmittelinstanz auf Grund von Tatsachen, die sie früher nicht vorgebracht hatte). In diesen Fällen weicht also die Kostenentscheidung von der Sachentscheidung ab.

Wenn eine Partei teilweise siegt, teilweise verliert, sind die Kosten entsprechend zu teilen. Das ergibt sich schon aus dem Grundgedanken, daß die unterliegende Partei die Kosten des Rechtsstreits zu tragen hat. Diese Kostenteilung wird mit Einschränkungen wegen Kleinigkeiten oder Unübersehbarkeiten in § 92 ausdrücklich zur Vorschrift gemacht. Wenn eine Partei säumig war, § 95, oder wenn sie durch ein erfolgloses Angriffsmittel oder Verteidigungsmittel Kosten verursacht hat, § 96, insbesondere durch eine Beweisaufnahme, dann kann das Gericht die diesbezüglichen Kosten dieser Partei auferlegen, selbst wenn die Partei im Endergebnis siegt (Kostentrennung). Dasselbe gilt im Fall eines erfolglosen Rechtsmittels, § 97 I.

Über die Kosten im Fall der Erledigung der Hauptsache und über die nicht mitverglichenen Kosten treffen die §§ 91a, 98 jeweils besondere Bestimmungen. § 101 regelt die Kosten einer Nebenintervention. Eine ausdrückliche Bestimmung über die Kosten, wenn auf der einen Seite oder auf beiden Seiten mehrere Streitgenossen beteiligt sind oder wenn ein Fall der streitgenössischen Streithilfe vorliegt, § 69, fehlt im Gesetz. Grundsätzlich gelten aber auch in diesen Fällen die §§ 91 I 1, 92 entsprechend. Wenn allerdings zB ein Streitgenosse siegt, die anderen jedoch unterliegen, dann führt diese entsprechende Anwendung zu Schwierigkeiten, vgl § 100 Anm 6 B, C.

§ 99 I enthält den Grundsatz, daß eine Kostenentscheidung als solche unanfechtbar ist. Nur bei einer Erledigung der Hauptsache im Weg eines Anerkenntnisses ist das Rechtsmittel der sofortigen Beschwerde zulässig, § 99 II. Nicht geregelt sind aber diejenigen Fälle, in denen nicht nur ein Teil der Hauptsache durch das Anerkenntnis erledigt wird, vgl dazu § 99 Anm 4.

F. Weitere Kostenbestimmungen. Der 5. Titel enthält keineswegs sämtliche Kostenbestimmungen. Er wird durch folgende Vorschriften ergänzt: Beim Eintritt eines Dritten, der die eingeklagte Forderung für sich in Anspruch nimmt, § 75; gegenüber dem vollmachtlosen Vertreter, § 89; im Fall der Klagrücknahme, § 269 III; im Fall einer Rücknahme der Berufung, § 515 III; im Fall der Rücknahme der Revision, § 566; im Fall eines Vorbehaltsurteils, § 302 IV; bei den Kosten der Wiedereinsetzung in den vorigen Stand, § 238 IV; im Fall einer Verweisung des Rechtsstreits nach den §§ 281 III, 696 V; beim Versäumnisurteil, § 344.

Für gewisse Verfahrensarten sind die Kosten von vornherein besonders geregelt. Das gilt: Für das Ehenichtigkeitsverfahren beim Unterliegen des Staatsanwalts, § 637; bei Entmündigungssachen, §§ 673, 677, 682, 684 IV, 685, 686 IV; für die Kosten der Zwangsvollstreckung, § 788, KG MDR **79**, 408, oder bei § 887 II (Verurteilung zur Kostenvorauszahlung).

Besondere Entscheidungen über diejenigen Kosten, die durch das Ausbleiben oder durch eine Eidesverweigerung entstanden sind, können ergehen: Gegenüber einem Zeugen, §§ 380, 390; gegenüber einem Sachverständigen, hier auch für den Fall einer Verweigerung des Gutachtens oder für den Fall, daß er nicht erscheint, nach § 409.

4) Sachlichrechtliche Kostenpflicht

Schrifttum: Loritz, Die Konkurrenz materiellrechtlicher und prozessualer Kostenerstattung, 1981.

A. Unabhängigkeit. Die sachlichrechtliche Kostenpflicht ist von der prozessualen Kostenpflicht grundsätzlich unabhängig, BayObLG **79**, 20 mwN, vgl Schneider MDR **81**, 353 mwN (ausf). Das deutsche bürgerliche Recht kennt eine allgemeine Kostenerstattungspflicht nicht. Eine solche Pflicht kann im Einzelfall zB auf folgenden Umständen beruhen: Auf einem Verzug, § 286 BGB, Köln Rpfleger **81**, 318; auf einem Verschulden beim Vertragsschluß, AG Geißlingen AnwBl **80**, 80; auf einem Vertrag, BGH **45**, 257 und LM § 252 BGB Nr 18, Ulrich MDR **73**, 559; auf einer unerlaubten Handlung, § 826 BGB. Aufwendungen für ein Mahnschreiben oder für ein Kündigungsschreiben können Teil eines Verzugsschadens sein.

Ferner können hierher folgende Kosten zählen: Kosten eines Kredits oder einer Finanzierung, BGH VersR **74**, 90, Klimke VersR **73**, 881; ein Verdienstausfall wegen eines Zeitverlusts für die Vorbereitung oder die Abwehr eines schwierigen Prozesses, vgl BGH **66**, 115, Ffm JZ **77**, 97; ein Verlust infolge eines Notverkaufs zwecks Beschaffung des Gelds für die

Prozeßführung; Inkassogebühren, soweit keine Erstattungsfähigkeit nach Art IX Kost-ÄndG in Betracht kommt, § 91 Anm 5 ,,Inkasso", ,,Rechtsbeistand", und soweit die Partei mit einer außergerichtlichen Beitreibung rechnen konnte, Düss MDR **74**, 226 mwN, LG Detmold JB **76**, 244, Jäckle JZ **78**, 679 mwN, zum Umfang Finke NJW **73**, 1310, also nicht solche Inkassogebühren, die auf Grund einer Forderung entstanden, die der Bekl ernsthaft bestritten hatte, Nürnb MDR **73**, 671. S auch § 91 Anm 5 ,,Inkasso".

Der Anspruch kann gegen den Prozeßgegner oder gegen einen Dritten gehen. Er bedarf zu seiner Durchsetzung einer besonderen Klage mit einem bezifferten Antrag. Wenn eine Entscheidung die prozessuale Kostenlast verneint, kann der sachlichrechtliche Kostenerstattungsanspruch bestehen bleiben, vgl BGH **66**, 114. So verhält es sich: Beim Anspruch auf den Ersatz besonderer Abmahnungskosten, vgl aber LG Düss NJW **64**, 504; beim Anspruch desjenigen Klägers, den der Bekl nach dem Zeitpunkt der Klageinreichung, aber vor demjenigen der Klagezustellung befriedigt hatte, Bücking ZZP **88**, 314, Mohr NJW **74**, 935 (in diesen Fällen ist also nicht etwa § 91a entsprechend anwendbar, vgl § 91a Anm 2 A b); bei Arrestkosten, über die fälschlicherweise im Beschluß nicht entschieden wurde; bei Kosten des Beweissicherungsverfahrens, dem keine Klage gefolgt ist, § 91 Anm 5 ,,Beweissicherung: B. Es kommt nicht zum Prozeß".

Wenn die Klage zugestellt worden war, kann und sollte das Gericht freilich den Ersatzanspruch in demselben Prozeß im Weg der Klagänderung zulassen, Mü NJW **66**, 161, vgl auch § 840 Anm 3, Schneider JB **67**, 347. War die Klage freilich noch nicht zugestellt worden, so ist kein Prozeß anhängig.

Vor der Anhängigkeit entstandene Kosten, etwa solche der Beweissicherung, kann der Kläger neben dem Hauptanspruch verlangen, soweit sie nicht ohne weiteres zum Prozeß gehören, § 91 Anm 3. Läßt das Gesetz eine Erstattung, zB der Anwaltskosten, nicht zu, vgl BAG DB **78**, 896 mwN, wird damit nicht ein Schadensersatzanspruch nach § 839 BGB verneint, Schlesw NJW **58**, 2019.

B. Haftung eines Dritten. Ein Dritter haftet sachlichrechtlich für die Kosten: **a)** Als verwaltender Ehegatte für die Kostenschuld des anderen gesamtschuldnerisch kraft Güterrechts, §§ 1437 II, 1438 II BGB, vgl auch Anh § 52 Anm 4 Ba; **b)** als Vermögensübernehmer, § 419 BGB; **c)** als Erwerber eines Handelsgeschäfts im Fall der Fortführung der Firma, § 25 HGB; **d)** als ein Gesellschafter der Offenen Handelsgesellschaft oder als der persönlich haftende Gesellschafter einer Kommanditgesellschaft für die Kosten der Gesellschaft, §§ 128, 161 HGB.

Zur Durchführung ist immer ein besonderer Titel gegenüber dem Dritten notwendig. Dieser Vollstreckungstitel läßt sich erst dann beschaffen, wenn ein Vollstreckungstitel gegenüber der Partei vorliegt. Der Titel gegenüber dem Dritten kann nicht gleichzeitig mit demjenigen gegenüber der Partei erwirkt werden. Denn eine Klage gegen den Dritten auf die Kosten allein ist wegen der Unbestimmtheit des Anspruchs unzulässig.

5) Überschneidung des prozessualen und des sachlichrechtlichen Kostenanspruchs. Eine solche Überschneidung kann durchaus eintreten, BayObLG **79**, 20, von Eicken Festschrift für Schmidt (1981) 12 ff je mwN. Natürlich kann man die Kostenerstattung insgesamt nur einmal fordern, Mü MDR **76**, 846. Wenn ein rechtskräftiger Kostenfestsetzungsbeschluß über den geltendgemachten Anspruch vorliegt, dann hat das Gericht über die zugesprochenen und die abgesprochenen Kosten endgültig entschieden. Solange sich der zugrundeliegende Sachverhalt nicht ändert, kann man nicht abweichend von der Kostenfestsetzung einen sachlichrechtlichen Ersatz verlangen, BGH **LM** § 252 BGB Nr 18. Demgemäß kann man die im Prozeß erwachsenen Kosten nur im Kostenfestsetzungsverfahren fordern, ArbG Gelsenkirchen BB **74**, 1443, Anm 3, aM anscheinend Schneider ZZP **63**, 447.

Handelt es sich dagegen um entstandene Kosten, die im Kostenfestsetzungsverfahren nicht geltend gemacht werden konnten, Anm 4 A, oder um solche Kosten, die mit dem eigentlichen Prozeß nichts zu tun hatten, dann ist ihre Geltendmachung im Weg einer Klage ebensowenig wie ein Kostenfestsetzungsverfahren schon wegen eines abweisenden Urteils über dieselben Kosten ausgeschlossen, Mü MDR **76**, 846, vgl BayObLG **79**, 20. Man muß aber beachten, daß die Gerichte ,,Vorbereitungskosten" für den Rechtsstreit weitgehend zulassen, § 91 Anm 5, Köln Rpfleger **81**, 318.

6) Vorschußpflicht für fremde Prozeßkosten. Eine solche Vorschußpflicht besteht insofern, als die Eltern, regelmäßig also der Vater, dem Kind die Prozeßkosten in einer persönlichen Angelegenheit vorschießen müssen, BGH NJW **64**, 2151. Ein Ehegatte ist für Rechtsstreitigkeiten des anderen Ehegatten vorschußpflichtig, soweit es sich um dessen höchstpersönliche Angelegenheiten handelt, die also weder durch einen Dritten erfüllbar sind noch auf einen Dritten übertragen werden können, Koch NJW **74**, 89. Voraussetzung für eine Vorschußpflicht ist ferner, daß der andere Ehegatte diese Kosten nicht tragen kann und daß eine Vorschußleistung der Billigkeit entspricht, § 1360a IV BGB. Bei der Gütergemeinschaft ergibt sich die Vorschußpflicht des verwaltenden Ehegatten gegenüber dem anderen, jedoch ohne diese Einschränkung, auch aus §§ 1437 II, 1438 II BGB. Bei einer gemeinschaftlichen Verwaltung muß der andere Ehegatte demgemäß die Entnahme dulden, §§ 1459 II, 1460 II BGB. Die Kostenpflicht im Innenverhältnis zwischen dem Ehemann und der Ehefrau oder den Eltern und dem Kind ist hier unerheblich.

Wegen einer einstweiligen Anordnung vgl § 127a. Wegen der Festsetzung vgl § 103 Anm 1 B. Vgl auch § 114 Anm 2 A c.

7) VwGO: *Die Kostenvorschriften, §§ 154–165 VwGO, sind den §§ 91ff nachgebildet und durch Sonderbestimmungen ergänzt, die dem Verfahren vor den VerwGerichten Rechnung tragen, zB hinsichtlich der Beiladung und des Vorverfahrens. Der Umfang der Kostenpflicht ergibt sich aus § 162 VwGO. Gerichtskosten, Anm 2 A, werden nach GKG erhoben (Sondervorschriften in §§ 13, 20 III); Anwaltskosten, Anm 2 B, richten sich einheitlich nach §§ 114ff BRAGO, vgl Hartmann X. Die Grundsätze über die prozessuale Kostenpflicht, Anm 3, gelten auch im Verfahren der VGe; auch hier hat das Gericht stets über die Kosten zu entscheiden, Anm 3 C, und zwar von Amts wegen, § 161 I VwGO. Ferner gelten die Grundsätze über die sachlichrechtliche Kostenpflicht und ihr Verhältnis zur prozessualen Kostenpflicht, Anm 4 u 5, sowie über die Vorschußpflicht, Anm 6, entsprechend auch für die Verfahren der Verwaltungsgerichtsbarkeit.*

91 *Grundsatz, Umfang der Kostenpflicht.* **I** Die unterliegende Partei hat die Kosten des Rechtsstreits zu tragen, insbesondere die dem Gegner erwachsenen Kosten zu erstatten, soweit sie zur zweckentsprechenden Rechtsverfolgung oder Rechtsverteidigung notwendig waren. Die Kostenerstattung umfaßt auch die Entschädigung des Gegners für die durch notwendige Reisen oder durch die notwendige Wahrnehmung von Terminen entstandene Zeitversäumnis; die für die Entschädigung von Zeugen geltenden Vorschriften sind entsprechend anzuwenden.

II Die gesetzlichen Gebühren und Auslagen des Rechtsanwalts der obsiegenden Partei sind in allen Prozessen zu erstatten, Reisekosten eines Rechtsanwalts, der nicht bei dem Prozeßgericht zugelassen ist und am Ort des Prozeßgerichts auch nicht wohnt, jedoch nur insoweit, als die Zuziehung zur zweckentsprechenden Rechtsverfolgung oder Rechtsverteidigung notwendig war. Der obsiegenden Partei sind die Mehrkosten nicht zu erstatten, die dadurch entstehen, daß der bei dem Prozeßgericht zugelassene Rechtsanwalt seinen Wohnsitz oder seine Kanzlei nicht an dem Ort hat, an dem sich das Prozeßgericht oder eine auswärtige Abteilung dieses Gerichts befindet. Die Kosten mehrerer Rechtsanwälte sind nur insoweit zu erstatten, als sie die Kosten eines Rechtsanwalts nicht übersteigen oder als in der Person des Rechtsanwalts ein Wechsel eintreten mußte. In eigener Sache sind dem Rechtsanwalt die Gebühren und Auslagen zu erstatten, die er als Gebühren und Auslagen eines bevollmächtigten Rechtsanwalts erstattet verlangen könnte.

III Zu den Kosten des Rechtsstreits im Sinne der Absätze 1, 2 gehören auch die Gebühren, die durch ein Güteverfahren vor einer durch die Landesjustizverwaltung eingerichteten oder anerkannten Gütestelle entstanden sind; dies gilt nicht, wenn zwischen der Beendigung des Güteverfahrens und der Klageerhebung mehr als ein Jahr verstrichen ist.

1) Kostenpflicht des Unterlegenen, I. A. Bloßer Verlust entscheidet. Die Tatsache des Unterliegens reicht zum Entstehen der Kostenpflicht aus. Das gilt unabhängig davon, ob man freiwillig oder trotz seines Sträubens unterliegt, Üb 3 A vor § 91. Die Kosten trägt derjenige, der unrecht behält. Angesichts des starren Verluststandpunkts des Gesetzes ist für Billigkeitserwägungen kein Raum, vgl auch BayObLG DB **75**, 2079. Deshalb muß der Bekl die Kosten aller Rechtszüge tragen, wenn der Kläger nur deshalb siegt, weil im Anschluß an das Berufungsurteil eine Gesetzesänderung in Kraft getreten ist, BGH **37**, 233. Wenn der Bekl schuldhaft handelte, ist der Kläger auf einen etwaigen sachlichrechtlichen Ersatzanspruch verwiesen, Üb 4 A vor § 91.

Bei einem teilweisen Unterliegen gilt § 92. Wegen der Ausnahmen vom Grundsatz des § 91 vgl Üb 3 E vor § 91. Eine Ausnahme liegt nur scheinbar vor, wenn der Bekl und Revisionskläger, dessen Berufung als unbegründet zurückgewiesen worden war, mit der

5. Titel. Prozeßkosten § 91 1

Revision erreicht hat, daß die Berufung als unzulässig verworfen wurde. Denn damit hat er nur dasjenige erreicht, was auch der Gegner von vornherein wollte, BGH LM § 545 Nr 1.

Es ist unerheblich, ob die Klage schon von Anfang an unbegründet war. Der Bekl muß die gesamten Kosten tragen, wenn die Klage im Laufe des Rechtsstreits begründet wurde und wenn der Bekl nicht etwa in derjenigen Verhandlung, die auf den Zeitpunkt der Begründetheit folgte, den Anspruch anerkannt hat, § 93 Anm 2, 3. Das gilt auch dann, wenn die Klage ohne eine Parteiänderung oder eine Streitwertminderung geändert wird, BGH MDR **62**, 387. Der Grund des Unterliegens ist unerheblich, KG MDR **76**, 846. Eine Parteivereinbarung über die Kostentragung bleibt unberücksichtigt, BGH **5**, 251, Üb 3 D vor § 91.

Die Kostenentscheidung darf nicht davon abhängig gemacht werden, ob das Urteil mit einer Restitutionsklage angegriffen werden könnte, BGH **76**, 54.

B. Umfang der Kostenpflicht. Der Unterliegende trägt die Kosten des gesamten Prozesses. Es darf kein Prozeßabschnitt und keine Instanz ausgenommen werden, vgl auch LG Freibg VersR **80**, 728 (abl Schneider VersR **80**, 953). Von diesem Grundsatz gilt nur dann eine Ausnahme, wenn sich zwischen einem Berufungsurteil und dem zugehörigen Revisionsurteil eine Gesetzesänderung ergibt und wenn die davon betroffene Partei sofort davon Abstand nimmt, ihren bisherigen Antrag weiter zu verfolgen, BGH **37**, 247. Eine verschiedene Bemessung der Kosten, je nach dem Unterliegen der einen oder der anderen Partei, lassen im übrigen § 144 PatG für Patentstreitsachen und ferner die §§ 31a WZG, 17a GebrMG, 23a UWG, 247 II und III AktG zu. Eine Rechtsnachfolge im Prozeß erstreckt sich auf die Kostenpflicht. Die Entscheidung muß einheitlich sein.

C. Aufrechnung im Prozeß. Bei einer Aufrechnung im Prozeß entscheidet nicht der Zeitpunkt der Aufrechnungserklärung, sondern der Zeitpunkt des Eintritts der Aufrechenbarkeit. Wenn die Forderung schon vor dem Zeitpunkt der Anhängigkeit aufrechenbar geworden war, muß der Kläger die Kosten tragen. Denn die Aufrechnung wirkt zurück. Wenn die Forderung erst nach dem Zeitpunkt der Anhängigkeit aufrechenbar geworden ist, muß der Bekl die Kosten für den Fall tragen, daß der Kläger die Hauptsache sofort für erledigt erklärt. Ebenso ist die Hilfsaufrechnung zu beurteilen. Wenn sie trotz eines Bestreitens durchgreift, dann unterliegt der Kläger voll, Schlesw SchlHA **79**, 126. Daran ändert auch § 19 III GKG nichts, aM Köln MDR **82**, 941 mwN. Wenn der Kläger die Gegenforderung nicht bestreitet, dann war seine Klage unbegründet, weil er selbst vorher aufrechnen konnte und mußte, vgl zB KG MDR **76**, 846 mwN, Förste NJW **74**, 222, aM (§ 92 sei anwendbar) zB Celle VersR **76**, 51 mwN, LG Kiel SchlHA **77**, 117, Böhmer JZ **74**, 656, Speckmann MDR **73**, 892 (aber gerade seine Konsequenzen zeigen die Unhaltbarkeit der aM).

D. Entscheidung von Amts wegen. Das Gericht muß über die Kostenpflicht von Amts wegen entscheiden, § 308. Wenn es eine solche Entscheidung versäumt hat, ist das Urteil nach § 321 zu ergänzen. Der Urkundsbeamte der Geschäftsstelle darf die Kostengrundentscheidung nicht im Kostenfestsetzungsverfahren nachholen, ergänzen oder gar abändern. Die Zuständigkeiten sind also scharf abgegrenzt. Eine Kostenentscheidung ist geboten, sobald die Kostenpflicht endgültig feststeht. Sie steht in der Regel erst dann endgültig fest, wenn die Instanz für die Partei voll erledigt ist. Der Ausspruch, die Partei trage ,,die Kosten des Rechtsstreits" oder ,,die Kosten", bezieht sich im Zweifel auf sämtliche Prozeßkosten, auch auf die Kosten eines früheren Urteils. Wenn daher eine Kostenentscheidung vorausgegangen war, etwa in einem Versäumnisurteil, dann muß unter Umständen in der Kostenentscheidung des Schlußurteils eine Einschränkung vorgenommen werden. Notfalls ist eine Berichtigung nach § 319 zulässig.

E. Klärung zwischen den Parteien. Die Kostenentscheidung ordnet die Kostenpflicht nur im Verhältnis der Parteien zueinander, nicht im Verhältnis der Parteien zum Staat. Die Klärung erfolgt auch nicht im Verhältnis von Streitgenossen untereinander. Die Rechtsbeziehungen zwischen Streitgenossen bestimmen sich auch im Kostenpunkt nach dem sachlichen Recht.

Als Partei ist aber auch derjenige anzusehen, der in einer Prozeßstandschaft oder im Weg einer Prozeßgeschäftsführung prozessiert, Grdz 4 vor § 50, oder der vollmachtlose Vertreter, Mü MDR **55**, 176, s auch § 88 Anm 2 B. Auch die Partei kraft Amts ist als Partei anzusehen, Grdz 2 C vor § 50. Die Partei kraft Amts ähnelt allerdings eher dem gesetzlichen Vertreter. Sie ist daher zwar dazu zu verurteilen, die Kosten zu tragen; sie haftet aber nicht mit ihrem persönlichen Vermögen. Einzufordern sind die Kosten von der jeweiligen Amtspartei ohne Rücksicht auf die Benennung im Urteil. Etwas anderes gilt natürlich dann, wenn die Partei kraft Amts einen eigenen Anspruch wahrnimmt.

Wenn der Kostenpflichtige einen Erlaß, eine Stundung oder einen Vergleich geltend macht, sind ihm die Kosten trotzdem mit dem Zusatz aufzuerlegen, daß die Kostenfestsetzung diese Umstände zu berücksichtigen habe.

2) Kostentitel. Über die Kosten können folgende Entscheidungen eine Bestimmung treffen: **A. Endurteil.** In Betracht kommt zunächst ein beliebiges Endurteil. Ein Teilurteil reicht grundsätzlich nicht aus, wenn sich der Umfang des Unterliegens noch nicht übersehen läßt, abw BGH JZ **60**, 375, StJ IV 3 (es reiche nur dann aus, wenn der Kostenanspruch des siegenden Streitgenossen ohne eine Kostenentscheidung gefährdet wäre und wenn die Schwierigkeiten einer alsbaldigen Entscheidung gering seien). Wenn sich der Umfang des Unterliegens ausnahmsweise doch schon einigermaßen übersehen läßt und wenn eine Fortführung des Prozesses unwahrscheinlich ist, dann kann eine Kostenentscheidung im Teilurteil haltbar sein. Man darf aber bei einer Stufenklage nach § 254 nicht schon stets bei der Verurteilung zur Rechnungslegung über einen Teil der Kosten entscheiden, KG FamRZ **73**, 608.

Wenn ein Streitgenosse ausscheidet, muß das Gericht über seine Kostenpflicht entscheiden. Denn es darf diesen Streitgenossen nicht noch unter Umständen jahrelang bloß wegen der Kosten im Prozeß festhalten. In einem solchen Fall hilft meist nur eine Quotierung oder eine sonstige Trennung nach Verfahrensabschnitten, vgl dazu Schneider MDR **61**, 645 für den Fall der Klagerücknahme, vgl auch § 269 Anm 4 C.

Die Kostenentscheidung darf jedenfalls nicht mehr durch eine spätere weitere Entscheidung berührt werden, § 301 Anm 2 A, Schlesw SchlHA **78**, 172. Den Ausscheidenden betreffen nur die bis zu seinem Ausscheiden entstandenen Kosten, ähnlich BGH **LM** § 301 Nr 11, Düss NJW **70**, 568, Mü NJW **69**, 1123, vgl § 97 Anm 1 B, ähnlich Schneider JR **62**, 130, StJ IV 3. Furtner JZ **61**, 626 hält eine Entscheidung über die außergerichtlichen Kosten des ausscheidenden beklagten Streitgenossen im Fall einer Klagabweisung (so auch BayObLG **73**, 292), einer Klagrücknahme und einer Anerkennung durch ihn nach § 93 für zulässig. Bei einem Vorbehaltsurteil ist die Kostenentscheidung förmlich und sachlich bedingt.

B. Zwischenurteil. Eine Kostenentscheidung bei einem Zwischenteil kommt nur dann in Betracht, wenn es sich um einen Zwischenstreit mit einem Dritten handelt. In anderen Fällen enthält das Zwischenurteil auch dann keine Kostenentscheidung, wenn es selbständig anfechtbar ist, BGH NJW **81**, 2647.

C. Beschluß. Ein Beschluß, der einen selbständigen Streitpunkt erledigt, kommt als Kostentitel in Betracht. Das gilt auch im Entmündigungsverfahren. Im Verfahren auf die Bewilligung einer Prozeßkostenhilfe ergeht keine Kostenentscheidung.

D. Arrest und einstweilige Verfügung. Im einstweiligen Verfahren werden die Kosten dem Antragsteller auferlegt, soweit sein Antrag zurückgewiesen wird. Soweit der Arrest oder die einstweilige Verfügung angeordnet werden, muß das Gericht den Antragsgegner in die Kosten verurteilen, BGH **45**, 255, Hamm NJW **76**, 1460. Der Einwand, man dürfe den Antragsgegner nicht schon auf Grund einer bloß vorläufigen Prüfung und eines nur einseitigen Vorbringens des Antragstellers mit den Kosten belasten, übersieht den Umstand, daß man dann auch nicht in der Sache gegen ihn entscheiden dürfte. Außerdem ist eine Einstellung der Zwangsvollstreckung zulässig, § 924 III. Zunächst einmal unterliegt der Gegner jedenfalls. Außerdem sollte man den Antragsteller nicht bloß wegen der Kosten auf einen sonst oft unnötig werdenden Prozeß verweisen.

Auch im Fall einer Antragsrücknahme muß das Gericht über die Kosten entscheiden. Wenn der Antragsgegner nach dem Eingang des Antrags, aber vor der Zustellung des Arrests oder der einstweiligen Verfügung Aufwendungen zu seiner Rechtsverteidigung gemacht hatte, dann sind auch diese Aufwendungen als Kosten des Verfahrens anzusehen, Hbg MDR **65**, 755, Nürnb MDR **77**, 936 mwN, aM zB Pastor WettbewerbsProz[2] 83. Bei einer einstweiligen Anordnung nach §§ 620 ff ergeht keine Kostenentscheidung. Das ergibt sich aus § 620 g.

Die Kostenentscheidung des Hauptprozesses deckt im Zweifel nicht das Fehlen einer Kostenentscheidung des einstweiligen Verfahrens. Mangels jeglicher Kostenentscheidung muß man die Arrestkosten gesondert einklagen.

3) Kosten des Rechtsstreits, I, III. A. Rechtsstreit. Als Rechtsstreit im Sinn des § 91, vgl auch § 569 II, ist jedes Verfahren vor dem erkennenden Gericht anzusehen. Eine Kostenentscheidung kommt nicht in Betracht, wenn die Hauptsache nicht gleichzeitig durch die Entscheidung erledigt wird oder vorher irgendwie erledigt worden ist, s auch § 91 a, aM KG AnwBl **77**, 109 für den Fall, daß zB der Anwalt erst nach der objektiv bereits eingetretenen Beendigung beauftragt worden war.

5. Titel. Prozeßkosten § 91 3, 4

B. Umfang des Rechtsstreits. Hierher gehören:

a) Das Klageverfahren, also das gesamte Verfahren zwischen der Einreichung der Klage und der Zustellung des Urteils, BGH VersR **79**, 444.

b) Ein vorangegangenes Mahnverfahren.

c) Das Güteverfahren. Ebenso gehört hierher das Verfahren vor einer landesgesetzlich anerkannten Gütestelle, III, vgl § 794 I Z 1. Es ist eine Beschränkung auf den Zeitraum eines Jahres seit der Beendigung des Güteverfahrens zu beachten. Hierher zählen nicht die Kosten vor anderen Einigungsstellen, zB vor derjenigen für Wettbewerbsstreitigkeiten, § 27a UWG, Mü NJW **65**, 2112.

Die Anwaltskosten zählen nicht hierher. Denn III erfaßt nur die Kosten der amtlichen Gütestelle. Vgl Hartmann § 65 BRAGO Anm 4.

d) Die Bestimmung des zuständigen Gerichts nach § 36.

e) Das Zuständigkeitsstreitverfahren (Kompetenzkonflikt). Die Kosten einer notwendigen Vorentscheidung der Verwaltungsbehörde, Mü NJW **76**, 429, wie man daraus folgern muß, daß auch § 162 I VwGO die Kosten des Vorverfahrens für erstattungsfähig hält, vgl auch BGH **28**, 307. Im Urteil ist jedoch nur auszusprechen, daß die Kosten des Vorverfahrens erstattungsfähig sind. Über die Höhe dieser Kosten wird dann im Kostenfestsetzungsverfahren entschieden, BGH **28**, 307. Vgl auch Anm 5 ,,Vorbereitungskosten''.

f) Ein Beweissicherungsverfahren, vgl auch Anm 5.

g) Ein Verweisungsverfahren nach § 281 usw, jedoch nur kraft besonderer Vorschrift. Hierher zählen also nicht die Kosten vor einem amerikanischen Militärgericht, das den Rechtsstreit verwiesen hat, KG MDR **57**, 110.

h) Das Rechtsmittelverfahren. Im Fall einer Beschwerde gilt das aber nur, soweit nicht über die Kosten entschieden worden ist, BGH VersR **79**, 444.

i) Eine Berichtigung oder Ergänzung des Urteils.

j) Eine einstweilige Anordnung über die Einstellung der Zwangsvollstreckung, etwa bei § 771, oder im Eheverfahren nach den §§ 620 ff, vgl § 620 g.

k) Das Verfahren über die Anordnung eines Arrests oder eine einstweilige Verfügung, Nürnb MDR **77**, 936, soweit dabei zu Unrecht (s Anm 2 B) nicht über die Kosten entschieden worden ist. Der im Hauptverfahren verurteilte Bekl trägt aber nicht die Kosten des abgelehnten Arrests und ebensowenig der im Hauptverfahren unterliegende Kläger die Kosten des erfolgreichen Arrests. Vgl auch § 924 Anm 2 A.

C. Nicht zum Rechtsstreit gehören: Die Zwangsvollstreckung, Ffm Rpfleger **79**, 429, Hamm JB **77**, 1457 je mwN, KG MDR **79**, 408, Stgt Rpfleger **78**, 455, und der Vollzug eines Arrests. Für diese Verfahren gilt § 788; das Verfahren vor dem Richter der freiwilligen Gerichtsbarkeit. Über die Prozeßkostenhilfe vgl Anm 5 ,,Prozeßkostenhilfe''.

4) Kostenerstattung, II, III. A. Umfang der Erstattungspflicht. Der Verlierer muß dem Sieger sämtliche gesetzlichen Kosten des Prozesses erstatten. Hierzu gehören die Kosten aller Instanzen, aller Angriffs- und Verteidigungsmittel, aller in den Prozeß eingetretenen Rechtsnachfolger der Siegerseite. Vgl Anm 3. Nicht hierher gehören solche Kosten, die eine hinter der Partei stehende Stelle für ihre Belange aufgewandt hat, wohl aber solche Kosten, die ein Dritter für die Partei aufgewendet hat und die die Partei dem Dritten ersetzen muß, Anm 5 ,,Versicherungsgesellschaft''.

Zu erstatten sind nur die gesetzlichen Kosten, keine höher vereinbarten, Kblz Rpfleger **76**, 218, § 3 BRAGO, auch wenn ohne eine Sondervergütung kein diesem Fall gewachsener Anwalt zu haben war, Mü Rpfleger **61**, 311. Jedoch ist eine Parteivereinbarung dahin zulässig, daß mehr als die gesetzlichen Gebühren erstattet werden sollen, Hamm Rpfleger **74**, 271. Eine solche Parteivereinbarung liegt in der Regel nur dann eindeutig vor, wenn sich der Erstattungsbereite völlig darüber klar ist, daß der zu erstattende Betrag über die gesetzlichen Gebühren hinausgeht. Evtl ist also ein entsprechender Hinweis notwendig, Hbg MDR **65**, 253, aM Hamm MDR **73**, 770. In einem solchen Fall darf das Gericht auch die über die gesetzlichen Kosten hinausgehenden Kosten aus prozeßwirtschaftlichen Gründen festsetzen, Hamm MDR **63**, 770. Wenn ,,die Kosten des Rechtsstreits'' oder ,,die Kosten'' übernommen worden sind, dann sind im Zweifel nur die gesetzlichen Kosten gemeint. Darüber, was zu den Kosten gehört, vgl Üb 2 vor § 91.

B. Notwendigkeit der Kosten. Die gesetzlichen Gebühren des RA der siegenden Partei sind stets ohne weiteres und auch vor der Geltendmachung gegenüber seinem Auftraggeber vom Verlierer zu erstatten, II, Hbg JB **78**, 442. Das Gesetz geht davon aus, daß die Beauftragung eines RA einer Partei stets als zweckmäßig anzusehen ist, Anm 5 ,,Rechtsanwalt''. Dasselbe gilt für seine Auslagen. Von diesem Grundsatz gilt in Entschädigungssachen eine

Ausnahme; dort erfolgt keine Erstattung der Anwaltskosten des Landes vor dem LG und OLG, § 227 II BEG.

Im übrigen braucht der Verlierer nur diejenigen Kosten zu erstatten, die zur zweckentsprechenden Rechtsverfolgung oder Rechtsverteidigung notwendig waren. Das gilt auch dann, wenn die Parteien einen Vergleich geschlossen haben, und zwar selbst dann, wenn dieser Vergleich erst während der zweiten Instanz außergerichtlich abgeschlossen worden war, Hamm MDR **74**, 942. Als zweckentsprechend ist eine solche Maßnahme anzusehen, die bei einer objektiven Betrachtung in dem Stadium, in dem sich die Sache befindet, vgl Brehm JZ **78**, 262, als sachdienlich angesehen werden muß, insofern grundsätzlich richtig Karlsr VersR **79**, 945. Notwendig sind solche Kosten, die zur Durchführung dieser Maßnahme erforderlich sind, vgl Ffm DGVZ **82**, 58 mwN, Hamm Rpfleger **78**, 427, ähnlich Schneider MDR **65**, 215. Über die Zweckdienlichkeit und die Notwendigkeit entscheidet der Rpfl und auf Grund einer Erinnerung der Richter, § 11 II RPflG, Anh § 153 GVG.

Die Notwendigkeit einer Maßnahme hängt nicht davon ab, ob sie später auch Erfolg gehabt hat, BPatG GRUR **76**, 609 und GRUR **81**, 815. Denn die Partei kann nicht wissen, nach welchen Erwägungen das Gericht urteilen wird. Das übersehen Ffm VersR **83**, 465, Hamm MDR **73**, 59, LG Mannh MDR **73**, 236. Aus dem Prozeßrechtsverhältnis, Grdz 2 vor § 128, ergibt sich aber eine Pflicht jeder Partei, die Kosten im Rahmen des Verständigen möglichst niedrig zu halten, zB Bbg JB **75**, 39, Düss NJW **76**, 1753, Ffm Rpfleger **79**, 111, Hbg AnwBl **80**, 372, Hamm JB **77**, 551, Kblz AnwBl **77**, 253, Schneider MDR **74**, 887. Erstattbar sind auch die Kosten der Erwirkung eines Beschlusses nach § 515 III, KG JB **76**, 628.

Aus einer ungewöhnlichen oder zwecklosen Maßnahme entsteht kein Erstattungsanspruch. Dieser Fall kann zB dann vorliegen, wenn der Kläger seinen Anspruch grundlos in mehrere Teilklagen zerlegt hat, Kblz Rpfleger **83**, 38 mwN, aM (jetzt) Hamm JB **81**, 448. Wenn der Kläger freilich schrittweise Teilklagen erhoben hat, dann können die Mehrkosten erstattungsfähig sein, soweit ein vertretbarer Grund für die Zerlegung vorlag, Kblz Rpfleger **83**, 38, soweit zB der Kläger damit rechnen konnte, der Bekl werde bereits nach einem Sieg des Klägers auf Grund der ersten Teilklage auch den restlichen Anspruch erfüllen. Im übrigen sind nur diejenigen Kosten erstattungsfähig, die der Kläger wirklich als solche aufgewendet hat, VG Schlesw AnwBl **78**, 144. Der Kläger kann also für eigene Schreibereien üblicher Art keinen Ersatz fordern. Wegen des gesetzlichen Ausschlusses der Erstattung von Anwaltskosten vgl Üb 2 B vor § 91.

5) Übersicht zur Kostenerstattung. Schrifttum: von Eicken, Erstattungsfähige Kosten, 3. Aufl 1978; Gerold-Schmidt, BRAGO, 6. Aufl 1977; Hartmann, Kostengesetze, 21. Aufl 1983; Rauer (Herausgeber), Kostenerstattung und Streitwert, Festschrift für Schmidt, 1981; Riedel-Sußbauer, BRAGO, 4. Aufl 1977 (Anm „Kostenerstattung" zu §§ 21 ff BRAGO), Schneider, Kostenentscheidung im Zivilurteil, 2. Aufl 1977.

Ablehnung: Der Gegner des Ablehnenden kann seine Kosten nicht erstattet verlangen. Denn er ist im Ablehnungsverfahren nicht Partei, auch wenn er am Ausgang des Ablehnungsverfahrens ein Interesse haben mag. Deshalb sind seine Kosten auch dann nicht erstattungsfähig, wenn das Gericht dem Ablehnenden die Kosten auferlegt, zB Celle Rpfleger **83**, 173 mwN, Hamm MDR **75**, 235, Stgt AnwBl **79**, 22, Schneider JB **77**, 1183, aM zB Ffm Rpfleger **81**, 408 mwN, Nürnb MDR **80**, 1026. Eine Erstattungsfähigkeit kommt erst dann in Betracht, wenn der Gegner des Ablehnenden nun seinerseits eine Ablehnung ausspricht, § 46 Anm 2 B.

Ablichtung: S „Schreibauslagen: A. Schreibauslagen des Rechtsanwalts", „Unterrichtung: C. Unterrichtung des Versicherers".

Abmahnschreiben: S „Vorbereitungskosten: B. Einzelfragen: Mahnung".

Abtretung: Die Kosten einer Abtretung der späteren Klageforderung sind keine notwendigen Prozeßkosten des Klägers, Kblz VersR **81**, 87.

Arrest, einstweilige Verfügung: Kosten der Gestellung eines Zeugen können erstattungsfähig sein, soweit seine Vernehmung ernsthaft in Betracht kam und eine eidesstattliche Versicherung des Zeugen nicht auszureichen schien, Schlesw SchlHA **82**, 60. Man sollte insofern großzügig sein. Die Möglichkeit der Befragung eines Zeugen ist gegenüber seiner nur schriftlichen Erklärung auch dann höher einzuschätzen, wenn es nur um eine Glaubhaftmachung geht.

Eine Partei muß im allgemeinen damit rechnen, daß der Gegner gegen eine ohne mündliche Verhandlung erlassene einstweilige Verfügung Widerspruch einlegt, Kblz Rpfleger **81**, 494.

S auch „Schutzschrift".

5. Titel. Prozeßkosten § 91 5

Bearbeitung des Prozesses: Die im üblichen Rahmen entstehenden Aufwendungen zur Bearbeitung des Prozesses einschließlich der dabei erforderlichen Zeitaufwendungen, auch durch Angestellte, sind grundsätzlich nicht erstattungsfähig, BGH **66**, 114, nur grundsätzlich auch Düss Rpfleger **82**, 352, ferner Kblz Rpfleger **76**, 408, Schlesw SchlHA **80**, 166, VG Schlesw AnwBl **78**, 144, vgl auch Spengler VersR **73**, 115. Das gilt auch dann, wenn das Organ einer juristischen Person den Prozeß bearbeitet, Hbg MDR **74**, 590, Hamm Rpfleger **73**, 408 (eingeschränkt), LG Krefeld VersR **74**, 556, und zwar auch für den Liquidator, Hamm Rpfleger **82**, 80.

S aber auch ,,Terminswahrnehmung", ,,Zeitversäumnis".

Beweissicherung: Hier sind folgende Fallgruppen zu unterscheiden:

A. Ein Prozeß folgt nach oder schwebt bereits. In diesem Fall sind die Kosten des Beweissicherungsverfahrens als Kosten des Prozesses anzusehen. Sie werden auf Grund der im Prozeß ergehenden Kostenentscheidung wie bei § 91 erstattet, BGH NJW **83**, 284, Düss MDR **74**, 54, Hbg JB **78**, 239, Hamm JB **75**, 1215, Mü Rpfleger **81**, 204 mwN, soweit die Beweissicherung zu einer zweckentsprechenden Rechtsverfolgung notwendig war, KG Rpfleger **80**, 393, nur im Ergebnis ebenso Nürnb MDR **82**, 941, ferner Schlesw SchlHA **82**, 173, LG Itzehoe WM **83**, 119. Das gilt auch im Fall des § 269 III 2, aM offenbar Ffm DB **82**, 1771 (LS). Die zu einer Rechnung zählende Umsatzsteuer ist nicht erstattungsfähig, Schlesw SchlHA **80**, 222, vgl auch unten ,,Rechtsanwalt. C". Das Gericht hatte im übrigen die Notwendigkeit der Beweissicherung jedenfalls dann, wenn der Gegner ihr nicht zugestimmt hatte, bereits im Beweissicherungsverfahren nach § 485 zu prüfen. Deshalb findet im Kostenfestsetzungsverfahren nur noch eine Prüfung darauf statt, ob die Kosten im einzelnen notwendig waren, Hamm Rpfleger **73**, 370. Es ist unerheblich, ob die Ergebnisse des Beweissicherungsverfahrens im Prozeß benutzt worden sind. Eine Klage auf die Erstattung der Kosten des Beweissicherungsverfahrens würde wegen eines Fehlens des Rechtsschutzbedürfnisses abzuweisen sein, s Grdz 5 vor § 253.

Erstattungsfähig sind auch die Beweissicherungskosten des Erstgläubigers im Prozeß des Abtretungsnehmers mit dem Schuldner, jedenfalls auch unter dem Gesichtspunkt von Vorbereitungskosten, Celle NJW **63**, 54. Daher sind auch die Kosten eines zurückgewiesenen Antrags auf die Durchführung eines Beweissicherungsverfahrens Kosten des Rechtsstreits, soweit man später zu dem Ergebnis kommen muß, daß ein Beweissicherungsverfahren zweckmäßig gewesen wäre, Düss NJW **72**, 295, Nürnb NJW **72**, 771, aM Schlesw SchlHA **75**, 88 (dieses Gericht hält solche Kosten für nicht erstattungsfähig).

Wird das Ergebnis des Beweissicherungsverfahrens im Prozeß verwertet, dann sind die Kosten des Beweissicherungsverfahrens im Verhältnis der Streitwerte der verschiedenen Verfahren zu verteilen, Köln NJW **72**, 953. Wenn der Wert des Beweissicherungsverfahrens den Wert des nachfolgenden Prozesses übersteigt, dann erfolgt eine Verteilung und Quotelung, Ffm AnwBl **79**, 431, Hamm Rpfleger **80**, 69 je mwN.

Die Kosten eines Beweissicherungsverfahrens für eine im Hauptprozeß zur Aufrechnung gestellte Forderung sind nur insoweit erstattungsfähig, als das Gericht über die Aufrechnung mit einer Rechtskraftwirkung entschieden hat, Mü Rpfleger **82**, 196.

Die unterlegene Partei muß aber bereits am Beweissicherungsverfahren teilgenommen haben, Schlesw SchlHA **80**, 202.

Ob ein Versäumnisurteil die erforderliche Sachentscheidung enthält, ist notfalls anhand der Klagebegründung zu prüfen, KG Rpfleger **82**, 195. Soweit die Kosten des nachfolgenden Hauptprozesses gegeneinander aufgehoben werden, hat keine Partei einen Erstattungsanspruch wegen der Gerichtskosten des vorangegangenen Beweissicherungsverfahrens. Denn sie sind außergerichtliche Kosten des Hauptprozesses, § 92 Anm 1 C a, Hamm Rpfleger **82**, 80, aM Stgt Rpfleger **82**, 195.

B. Es kommt nicht zum Prozeß. In diesem Fall und dann, wenn der Kläger die Klage zurücknimmt, KG Rpfleger **79**, 143, muß er die Kosten des Beweissicherungsverfahrens notfalls im Weg einer weiteren Klage geltend machen, insofern unklar BGH NJW **83**, 284. Denn das Beweissicherungsverfahren kennt keine Kostenentscheidung, BGH **20**, 15, Düss NJW **72**, 296, Hamm Rpfleger **82**, 80, vgl Hbg JB **78**, 239, Ausnahmen Üb 2 vor § 485. Die Kosten des isolierten Beweissicherungsverfahrens sind nicht erstattungsfähig, insofern auch BGH DB **83**, 225, ferner Düss AnwBl **82**, 118. Kosten eines Beweissicherungsverfahrens sind ferner nicht erstattungsfähig, wenn eine Besorgnis im Sinn von § 485 objektiv fehlte, selbst wenn das Beweissicherungsverfahren dennoch durchgeführt wurde, Köln VersR **73**, 91.

C. Keine Passivlegitimation. Wenn die Klage mangels Passivlegitimation abgewiesen worden ist, entscheidet das Gericht über die übrigen Kosten erst im Prozeß gegen den richtigen Schuldner, BGH **20**, 4.

Beweistermin: Die Kosten der Wahrnehmung eines Beweistermins sind grundsätzlich erstattungsfähig. Jede Partei hat das unbedingte Recht der Wahrnehmung eines solchen Termins. Denn ihre Mitwirkung in diesem Termin kann das ganze Ergebnis ändern. Die Partei darf den Beweistermin grundsätzlich durch einen RA wahrnehmen lassen, Schlesw SchlHA **80**, 78, insbesondere wenn es sich um einen schwierigen Stoff handelt und wenn die Partei nicht absehen kann, wie sich ein Zeuge verhalten wird, Düss MDR **62**, 416. Die Partei darf aber auch persönlich neben ihrem Anwalt am Beweistermin teilnehmen und diese Kosten erstattet fordern, sofern eine solche Forderung nicht offenbar unbillig ist, Ffm Rpfleger **80**, 157, Kblz MDR **73**, 673 je mwN, StJ VII 1, vgl Mü NJW **64**, 1480, abw zB Bre JB **76**, 93 mwN (dieses OLG bejaht die Erstattungsfähigkeit nur dann, wenn es sich um einen sehr verwickelten Sachverhalt handle, der eine Mitwirkung der Partei bei der Beweisaufnahme unentbehrlich mache).

Ob der ProzBev den Beweistermin persönlich wahrnehmen muß, hängt unter anderem von seiner Person und von der Art und dem Umfang seiner Tätigkeit, der Entfernung des Beweisortes vom dem Sitz seiner Kanzlei und der voraussichtlichen Länge des Beweistermins ab, Ffm Rpfleger **59**, 63, Hamm NJW **49**, 429, vgl auch Celle NJW **57**, 189. Die Kosten eines Vertreters des ProzBev sind grundsätzlich im Rahmen des § 4 BRAGO bis zu derjenigen Höhe erstattungsfähig, die dann entstanden wäre, wenn der ProzBev den Beweistermin persönlich wahrgenommen hätte, Kblz AnwBl **74**, 354. Ein darüber hinausgehender Betrag ist nach § 54 BRAGO nur dann erstattungsfähig, wenn zB gleichzeitig ein anderer Termin stattgefunden hat und wenn das Gericht einem in beiden Fällen gestellten Vertagungsantrag in keinem dieser beiden Fälle stattgegeben hat, Bbg JB **75**, 380 mwN, oder wenn es dem ProzBev aus einem anderen Grund nicht zuzumuten war, den Beweistermin persönlich wahrzunehmen, Hamm JB **78**, 1346. Zur Erstattung der Kosten eines ausländischen Beweisanwalts LG Köln AnwBl **82**, 532.

Erstattungsfähig sind Abschleppkosten eines zur Beweisaufnahme probegefahrenen und dabei liegengebliebenen Fahrzeugs, Ffm Rpfleger **83**, 123.

S auch „Verkehrsanwalt".

Devisengenehmigung: Soweit die Devisengenehmigung für den Rechtsstreit erforderlich ist, sind die Kosten ihrer Beschaffung, auch diejenigen nach § 118 I Z 1 BRAGO, erstattungsfähig, Köln NJW **53**, 271.

Nicht erstattungsfähig sind die Kosten der Beschaffung der Devisengenehmigung zur Transferierung des gezahlten Urteilsbetrages, Ffm NJW **53**, 671. StJP VI 1 hält die Kosten einer Devisengenehmigung generell für nicht erstattungsfähig.

Einstweilige Verfügung: S „Arrest, einstweilige Verfügung".

Ermittlungen der Partei: A. Vor dem Prozeß. Vgl wegen solcher Kosten „Vorbereitungskosten".

B. Im Prozeß. Die Erstattungsfähigkeit hängt von den Umständen des Einzelfalls ab. Erstattungsfähig sind zB die Kosten eines Detektivs, soweit seine Einschaltung im Zeitpunkt seiner Beauftragung auch aus der Sicht eines vernünftigen Dritten als notwendig oder zumindest sachdienlich erschien, Hamm VersR **83**, 498 mwN, Kblz JB **75**, 373, Schlesw JB **78**, 435, Zweibr JB **78**, 1875, abw Brschw MDR **74**, 1022. Dieser Fall kann etwa dann vorliegen, wenn in einem Scheidungsverfahren ein Beweis bisher fehlte, Bbg JB **76**, 1251, Hbg MDR **64**, 158 (allerdings ist die Einschaltung des Detektivs nicht erforderlich, wenn die Partei nicht damit rechnen muß, daß der Gegner die von ihr behaupteten ehewidrigen Beziehungen bestreiten wird, Schlesw SchlHA **75**, 66, sofern es überhaupt auf solche ehewidrigen Beziehungen ankommt, oder wenn das Ermittlungsziel bereits erreicht worden ist, Schlesw JB **78**, 436).

Die Notwendigkeit ist von Fall zu Fall streng zu prüfen, Ffm NJW **71**, 1183, Hamm VersR **83**, 498. Eine Ausforschung ist im allgemeinen nicht notwendig, vielmehr muß zunächst ein bestimmter Verdacht bestehen, bevor die Partei damit rechnen kann, Ermittlungskosten erstattet zu bekommen, Hamm VersR **83**, 498 mwN, Zweibr JB **78**, 1875. Selbst in einem solchen Fall müssen die Ermittlungskosten in einem klaren Zusammenhang mit dem Prozeß stehen, Düss JB **75**, 233.

Sie müssen außerdem in einem vernünftigen Verhältnis zur Sache stehen, Brschw MDR **74**, 1022, Düss JB **76**, 1552, Kblz NJW **75**, 174 mwN. Daher kommen neben den vereinbarten oder üblichen Kosten besondere Kosten, etwa wegen eines Verzehrs oder wegen der Benutzung eines Pkw, unter Umständen nicht in Betracht, Hamm JMBl

5. Titel. Prozeßkosten § 91 5

NRW 70, 121. Nicht erstattungsfähig sind auch die Kosten der Aufnahme eines Darlehens zur Bezahlung eines an sich notwendigen Detektivs, Düss JB 77, 1005.
S auch ,,Versicherungsgesellschaft'', ,,Zeuge''.

Fahrtkosten der Partei: Die Kosten sind erstattungsfähig, falls das Gericht das persönliche Erscheinen der Partei zum Termin angeordnet hat (dann sind auch unter Umständen die Kosten eines Vertreters der Partei erstattungsfähig, Kblz Rpfleger 76, 325), oder falls das Erscheinen der Partei notwendig ist, etwa zum Zweck der Information ihres ProzBev, falls eine schriftliche Information nicht möglich war, LG Köln NJW 59, 1135. Die Erstattungsfähigkeit sollte nicht zu streng beurteilt werden. Zu großzügig billigt allerdings Kblz MDR 83, 234 die Erstattung zu, solange keine offenbare Unbilligkeit vorliege.

Die Fahrtkosten sind der Höhe nach wie die Fahrtkosten eines Zeugen zu erstatten, I 2 Hs 2, vgl das ZSEG, Düss Rpfleger 74, 232, Hbg MDR 75, 500. Kosten des Pkw sind erstattungsfähig, soweit Eisenbahnkosten annähernd gleich hoch gewesen wären, Mü AnwBl 82, 201. Zum Arbeitsgerichtsprozeß Wenzel MDR 80, 540.

S auch ,,Beweistermin'', ,,Zeitversäumnis''.

Fernsprechkosten: Sie sind grundsätzlich erstattungsfähig, Düss Rpfleger 74, 230. Das gilt insbesondere für ein Telefonat, das erforderlich wird, um Zeit zu gewinnen, oder das eine schnellere und genauere Information ermöglicht, LAG Kiel AnwBl 61, 315.

Foto: Seine Kosten sind insoweit erstattungsfähig, als das Foto zur Vermittlung des Streitstoffes und zur Verminderung von sonstigen Beweiskosten geeignet ist, Hbg JB 77, 1444, selbst wenn es dann im Termin nicht ausgewertet wird.

Fotokopie: S ,,Schreibauslagen: A. Schreibauslagen des Rechtsanwalts'', ,,Unterrichtung: C. Unterrichtung des Versicherers''.

Geld: Die Kosten der Erhebung und der Ablieferung von Geld sind grundsätzlich erstattungsfähig. Das Gericht muß aber an die Notwendigkeit solcher Kosten einen strengen Maßstab anlegen. Erstattungsfähig ist zB eine Hebegebühr nach § 22 BRAGO, falls eine besondere Eile geboten ist, Ffm Rpfleger 52, 445, oder wenn eine schwierige Rechtslage vorliegt, zB dann, wenn ein RA eine Hinterlegung vornimmt. Wenn der Gegner freiwillig an den RA der Partei zahlt, muß der Gegner die Hebegebühr erstatten. Wenn der RA den Gegner zur Zahlung an den RA aufgefordert hatte, ohne zugleich auf die Entstehung einer Hebegebühr im Fall dieses Zahlungswegs hinzuweisen, und der Gegner nur durch eine Zahlung der Zwangsvollstreckung entgehen konnte, entsteht keine Erstattungsfähigkeit, vgl Hartmann § 22 BRAGO Anm 4 B b. Die Hebegebühr ist ferner dann erstattungsfähig, wenn der RA unregelmäßige Teilzahlungen zu überwachen hat, von deren Eingang abhängig ist, ob Vollstreckungsmaßnahmen eingeleitet werden müssen.

S auch ,,Inkasso''.

Glaubhaftmachung: Ihre Kosten sind nicht erstattungsfähig, soweit voraussichtlich eine billigere Art der Glaubhaftmachung genügen würde.

Gutachten: A. Vor dem Prozeß. Vgl ,,Vorbereitungskosten''.

B. Im Prozeß. Die Kosten eines vom Gericht angeordneten bzw eingeholten Gutachtens sind stets erstattungsfähig. Die Kosten eines im Prozeß von der Partei eingeholten Privatgutachtens sind insoweit erstattungsfähig, als die Partei ihre Behauptungen nur mit Hilfe eines solchen Gutachtens ausreichend darlegen bzw unter Beweis stellen kann, BPatG GRUR 81, 815, Ffm Rpfleger 78, 385, Hamm JB 78, 1080, KG AnwBl 81, 452 mwN, Kblz Rpfleger 78, 328 und 80, 194 sowie VersR 81, 1162, Nürnb MDR 74, 936 (Schriftgutachten), LG Itzehoe WM 83, 120, LG Köln ZMR 77, 109, LG Mannh MDR 73, 236 (Baumängel). Soweit diese Voraussetzungen vorliegen, hängt die Erstattungsfähigkeit nicht davon ab, ob und welchen Einfluß dies Privatgutachten auf die Entscheidung des Gerichts hat, Anm 4 B, BPatG GRUR 76, 609 und GRUR 81, 815, KG AnwBl 81, 453 mwN, insofern offenbar aM Bbg JB 77, 1004, Düss JB 77, 813, LG Hann WM 80, 14 mwN, LG Wiesb WM 80, 13. Freilich ist die Einführung des Privatgutachtens in den Prozeß notwendig, Schlesw SchlHA 78, 108.

Bei schwierigen technischen Fragen sind die Kosten des Privatgutachtens fast immer erstattungsfähig. Das gilt zB dann, wenn der Gutachter einen anderen Gutachter widerlegen soll, Bbg JB 76, 1688, Ffm MDR 55, 305, Kblz JB 76, 1686. Die Erstattungsfähigkeit ist auch bei einer ungewöhnlichen Klage im allgemeinen zu bejahen, vgl Hbg JB 75, 783 und 76, 97, aber auch JB 75, 377 sowie Hamm Rpfleger 76, 141. Die Erstattungsfähigkeit ist ferner dann zu bejahen, wenn es um schwierige Rechtsfragen geht, Nürnb AnwBl 80, 252, oder wenn es sich um einen Musterprozeß mit schwierigen wirtschaftlichen Überlegungen und einer großen rechtlichen oder wirtschaftlichen Tragweite handelt, Celle

NdsRpfl **62**, 112. Die Rechtsprechung ist oft zu engherzig, vgl zB Mü GRUR **57**, 147. Eine Verweisung auf § 293 ist oft nur ein Ausdruck einer Selbsttäuschung des Gerichts.

Die Erstattungsfähigkeit ist insbesondere für ein Privatgutachten zu bejahen, das in einem vorläufigen Verfahren eingeholt wurde, Ffm MDR **55**, 684, Mü GRUR **77**, 562. Das gilt auch für die Kosten eines Sachverständigen, den die Partei zB in der Verhandlung über einen Antrag auf den Erlaß eines Arrests oder einer einstweiligen Verfügung wegen der Notwendigkeit einer sofortigen Glaubhaftmachung, §§ 920 II, 936, 294 II, gestellt hat, Düss DB **81**, 785 (das OLG billigt mit Recht in einem solchen Fall einen frei vereinbarten Stundensatz im Rahmen des Üblichen zu). Die Kosten eines privaten Schiedsgutachtens sind nur ausnahmsweise erstattungsfähig, Ffm JB **78**, 1875.

S auch ,,Schaden", ,,Schiedsgutachten".
Güteverfahren: S Anm 3 B b.
Information: S ,,Unterrichtung".
Inkasso: Die Inkassokosten können als Teil der Prozeßkosten erstattungsfähig sein, sofern der Inkassounternehmer nur Erlaubnisträger nach dem RBerG ist, vgl ,,Rechtsbeistand", ferner Hartmann XII Art IX KostÄndG. Soweit eine Erstattungsfähigkeit ausscheidet, stellen die Inkassokosten allenfalls einen sachlichrechtlichen Verzugsschaden dar, Üb 4 A vor § 91, Jäckle JZ **78**, 679, derselbe, Die Erstattungsfähigkeit der Kosten eines Inkassobüros, 1978, je mwN (je zum alten Recht). S auch Üb 4 A vor § 91.
Mahnverfahren: A. Allgemeines. Zum Problem Schneider MDR **79**, 441. Die Erstattungsfähigkeit ist seit dem Inkrafttreten der VereinfNov nur scheinbar anders als früher zu beurteilen. Denn der Gläubiger hat ein Wahlrecht, ob er den Anspruch zunächst im Mahnverfahren geltend machen will und dann riskiert, daß das streitige Verfahren von einem anderen Gericht entschieden werden muß, §§ 696ff, oder ob er sogleich im Klageweg vorgehen und damit ein solches Gericht anrufen will, das für den gesamten Rechtsstreit zuständig bleibt. Dieser Umstand wird bei der Auseinandersetzung über die Erstattungsfähigkeit von Mahnkosten vielfach zu Unrecht übersehen, zB von Düss AnwBl **82**, 24. Konsequent angewandt, führt er dazu, daß eine Verweisung nach § 696 in manchem Fall überhaupt nicht zulässig ist, § 696 Anm 5 C b mwN. Selbst wenn eine Verweisung notwendig ist, ändert das nichts daran, daß zuvor ein Wahlrecht bestand und nicht kostenmäßig auf dem Rücken des Antragsgegners bzw Bekl ausgeübt werden durfte. Das übersehen zB Celle Rpfleger **83**, 123, Hamm AnwBl **81**, 242 mwN, KG Rpfleger **82**, 38 und MDR **82**, 854. Der allgemein anerkannte Grundsatz, daß man die Prozeßkosten so gering wie möglich halten muß, vgl auch die sachlichrechtliche Schadensminderungspflicht, muß auch in diesem Zusammenhang beachtet werden und schränkt das Wahlrecht des Gläubigers ein.

Denn unabhängig von einem solchen prozessualen Wahlrecht besteht die sachlichrechtliche Schadensminderungspflicht des Gläubigers. Sie nötigt ihn dazu, bei der Ausübung seiner prozessualen Rechte auf die Interessen des Gegners im zumutbaren Maße Rücksicht zu nehmen.

B. Einzelfälle. Die Kosten mehrerer Anwälte, s auch ,,Mehrheit von Prozeßbevollmächtigten", sind nur insoweit erstattungsfähig, als sie die Kosten eines einzelnen Anwalts nicht übersteigen oder als in der Person des Anwalts ein Wechsel eintreten mußte, II 3, insofern richtig Hamm Rpfleger **78**, 385, ferner zB Kblz JB **78**, 1032, Schlesw JB **75**, 1373, Stgt NJW **78**, 767, Zweibr JB **78**, 717, grds Lappe NJW **78**, 2380, abw Bre Rpfleger **79**, 221. Im einzelnen gilt folgende Regelung:

a) Erstattungsfähigkeit. Erstattungsfähig sind die Mahnkosten, soweit der Antragsteller nicht mit einem Widerspruch des Antragsgegners zu rechnen braucht, etwa deshalb, weil der Anspruch ersichtlich unbestreitbar ist, insofern aM Düss BB **77**, 268 (abl Schmidt). Unter dieser Voraussetzung können auch die Kosten eines solchen Anwalts erstattungsfähig sein, der im Mahnverfahren tätig wird und beim dortigen Gericht zugelassen ist, nicht jedoch beim Gericht des streitigen Verfahrens zugelassen ist, zB Bbg JB **78**, 121, Bre AnwBl **82**, 200, Düss VersR **79**, 871, Ffm AnwBl **77**, 313 mwN und AnwBl **80**, 292, Hamm zB AnwBl **81**, 209, Karlsr AnwBl **83**, 192 mwN, Kblz AnwBl **80**, 165 und VersR **82**, 1206, Mü Rpfleger **79**, 387 und AnwBl **80**, 78, Nürnb AnwBl **77**, 417, Stgt AnwBl **82**, 25, Schmidt Rpfleger **75**, 80 je mwN, abw zB Bre Rpfleger **78**, 262, Celle MDR **78**, 1026, aM zB Düss MDR **81**, 323 mwN.

Zwei an verschiedenen Orten wohnende Antragsgegner können je einen an ihrem Wohnsitz residierenden Anwalt beauftragen und dessen Kosten auch dann erstattet fordern, wenn zB der BGH das Prozeßgericht am anderen Ort als das zuständige bestimmt, Düss AnwBl **81**, 506.

5. Titel. Prozeßkosten **§ 91** 5

Erstattungsfähig können auch die Kosten eines auswärtigen, ständigen Vertrauensanwalts sein, Mümmler JB **76**, 201, Schmidt NJW **70**, 52, aM Bbg JB **76**, 201. Freilich müssen auch solche Kosten unvermeidbar sein, vgl zB Bbg JB **76**, 1548, KG Rpfleger **79**, 68, Kblz Rpfleger **79**, 69, 70. Erstattungsfähig können zB die Kosten einer notwendigen Reise zum RA des Prozeßgerichts werden, KG JB **77**, 1732. Erstattungsfähig können die Kosten sein, die dadurch entstehen, daß der ProzBev einen Vollstreckungsbescheid beantragt, weil die Widerspruchsfrist abgelaufen ist und das Gericht ihn von einem inzwischen dort eingegangenen Widerspruch noch nicht benachrichtigt hatte.

b) Keine Erstattungsfähigkeit. Nicht erstattungsfähig sind die Kosten des Mahnverfahrens insoweit, als der Antragsteller mit einem Widerspruch des Antragsgegners gegen den Mahnbescheid rechnen muß, Düss AnwBl **82**, 251 mwN, vgl Hbg MDR **81**, 58 (der Senat entscheidet nur dann so, wenn der „Mahnanwalt" seinen Sitz weder beim Mahngericht, noch beim Prozeßgericht hat) und MDR **82**, 1024, Hamm AnwBl **82**, 80 (abl Schmidt), Kblz AnwBl **80**, 165, Mü Rpfleger **78**, 224 und AnwBl **82**, 119 (das OLG gibt dem Gläubiger die Beweislast für die Unvorhersehbarkeit eines Widerspruchs, insofern aM Schlesw SchlHA **83**, 60 mwN), Mü AnwBl **82**, 440, Stgt AnwBl **80**, 359. Das gilt selbst dann, wenn mit einem Widerspruch nur zu dem Zweck der Hinauszögerung einer Zahlung zu rechnen ist, Düss BB **77**, 268 (krit Schmidt), Hamm JB **78**, 385, aM Bbg JB **78**, 237, Düss AnwBl **82**, 24 (vgl aber A). Eine Verweisung nach § 696 V ist dann unerheblich, A.

Der Antragsteller braucht aber nicht schon deshalb mit einem Widerspruch des Gegners zu rechnen, wenn der letztere schweigt, Kblz JB **78**, 238, Nürnb MDR **76**, 147, Schlesw SchlHA **83**, 59, LG Bochum AnwBl **77**, 255, oder wenn der Antragsteller damit rechnen muß, daß der Gegner um eine Stundung bitten wird, KG NJW **75**, 934. Das gilt selbst dann, wenn es sich um einen Wechselmahnbescheid handelt, Hamm Rpfleger **79**, 268, Mü MDR **77**, 320.

Es ist in diesem Zusammenhang unerheblich, ob ein bereits geltend gemachter außergerichtlicher Einwand des Antragsgegners begründet erscheint. Der Antragsteller muß gleichwohl mit einem Widerspruch des Antragsgegners rechnen, sofern der außergerichtliche Einwand nicht einen Rechtsmißbrauch darstellt, Bbg JB **76**, 61.

Nicht erstattungsfähig sind die Kosten des Mahnverfahrens ferner dann, wenn der Antragsgegner einen unbedingten Prozeßauftrag erteilt, bevor er bzw der Antragsteller des Mahnverfahrens einen Antrag auf die Durchführung des streitigen Verfahrens nach § 696 I 1 gestellt haben, vgl (zum alten Recht) KG NJW **73**, 909, (zum neuen Recht) Schlesw SchlHA **81**, 72, aM (zum alten Recht) Mü NJW **74**, 2098, (zum neuen Recht) Hbg MDR **83**, 233. Etwas anderes gilt nur dann, wenn das Gericht trotz des Fehlens eines Antrags auf die Durchführung des streitigen Verfahrens fälschlich einen Verhandlungstermin anberaumt, Schlesw SchlHA **55**, 223.

Mehrheit von Prozeßbevollmächtigten: Die Kosten mehrerer RAe sind insoweit erstattungsfähig, als sie die Kosten eines RA nicht übersteigen oder als in der Person des RA ein Wechsel eintreten mußte, II 3. Im übrigen sind folgende beiden Fallgruppen zu unterscheiden:

A. Anwaltswechsel. a) Erstattungsfähigkeit. Die Kosten beider Anwälte sind insoweit erstattungsfähig, als die Partei und der erste Anwalt am Wechsel schuldlos sind, Ffm AnwBl **80**, 72 mwN, Hbg MDR **78**, 849, KG JR **75**, 476, Schlesw SchlHA **82**, 60, OVG Münster Rpfleger **73**, 145 mwN, krit Schneider MDR **81**, 451 (das Veranlassungsprinzip dürfe nicht in eine Verschuldenshaftung übergeführt werden). Die Partei muß im Zweifel beweisen, daß sie am Wechsel schuldlos ist. Dieser Fall kann zB vorliegen, wenn ihr Anwalt die Vertretung zulässigerweise aufgegeben hat, ohne daß die Partei ihm durch das eigene Verhalten dazu einen Anlaß gegeben hätte.

Die Erstattungsfähigkeit kann bejaht werden, wenn der Anwalt jetzt wegen seines hohen Alters ausscheidet. Sie kann auch dann vorliegen, wenn der ProzBev stirbt. Das gilt selbst dann, wenn der Verstorbene Sozien hatte, aber persönlich das besondere Vertrauen der Partei genoß, Karlsr BB **77**, 870 mwN, strenger Ffm Rpfleger **77**, 259, oder wenn ein Abwickler bestellt worden ist, Düss NJW **63**, 660, Ffm VersR **80**, 933, Hamm AnwBl **76**, 215, die Partei aber nun einen anderen als den Abwickler zu ihrem ProzBev bestellt.

Erstattungsfähig können auch die Mehrkosten infolge eines Anwaltswechsels sein, der durch eine Zuständigkeitsrüge notwendig wurde, Ffm AnwBl **82**, 384, Schlesw SchlHA **81**, 118.

Keine Partei ist verpflichtet, zur Ersparung sonst anfallender Kosten eines Verkehrsanwalts den Anwalt des Vorprozesses stets erneut zu ihrem ProzBev zu bestellen, Hbg AnwBl **80**, 372.

Wenn ein Teilhaber des Wahlanwalts eintritt, liegt kein Anwaltswechsel vor, Hbg JB **75**, 773. Das gilt im allgemeinen auch dann, wenn der neue Anwalt erst nach der Bevollmächtigung zum Teilhaber geworden ist, § 84 Anm 1 A. Anders liegt es beim Pflichtanwalt. Denn dort begründet die Ausstellung der Vollmacht auf den Teilhaber keinen Anwaltsvertrag. Vgl auch § 100 Anm 6.

II 3 gilt auch im Fall einer Zurückverweisung, Hbg MDR **75**, 852.

b) Keine Erstattungsfähigkeit. Die Erstattungsfähigkeit fehlt zB, wenn der bisherige Anwalt die Vertretung vorwerfbar aufgibt, vgl Hartmann § 125 BRAGO Anm 2. Denn dann ist die Partei nach § 628 BGB von ihrer Leistungspflicht frei, Hbg MDR **81**, 768. Sie kann einen bereits gezahlten Vorschuß zurückverlangen, notfalls sogar im Klageweg, Mü NJW **58**, 2069. Die Erstattungsfähigkeit muß im allgemeinen auch dann verneint werden, wenn der Anwalt seine Zulassung freiwillig aufgibt. Das gilt besonders dann, wenn der Anwalt seine Absicht, sich alsbald löschen zu lassen, der Partei verschwiegen hat oder wenn er nach seiner Ernennung zum Beamten keinen Praxisabwickler bei der Landesjustizverwaltung verlangt, Neustadt MDR **61**, 946, vgl auch Hbg MDR **81**, 767. Es kommt jedoch auf die Umstände des Einzelfalls an, vgl Düss MDR **79**, 147, Kblz JB **78**, 1068.

Die Erstattungsfähigkeit ist ferner in folgenden Fällen zu verneinen: Der RA wird zum Pfleger eines Streitgenossen usw, Hbg MDR **75**, 323; die Partei beauftragt nach dem Ausscheiden eines Sozius nicht einen anderen Sozius, Schlesw JB **78**, 921; die Partei stirbt, ohne das bestimmte weitere Umstände dem Erben einen Anwaltswechsel als dringlich erscheinen lassen, Hbg MDR **79**, 762; die Partei kündigt, Schlesw SchlHA **76**, 16; der RA kündigt, weil die Partei den angeforderten, berechtigten Vorschuß nicht bezahlt hat, Mü JB **78**, 437 (in diesem Fall hilft auch eine Abtretung des Ersatzanspruchs für den Fall eines Verschuldens nichts); ein zum Nachlaßverwalter bestellter Anwalt kündigt gegenüber dem vom Erblasser bevollmächtigten Anwalt, Ffm Rpfleger **78**, 419; die Partei befürchtet zu Unrecht einen Interessengegensatz, Kblz MDR **79**, 407; die Partei muß überhaupt die Notwendigkeit des Wechsels eines Anwalts voraussehen, Bbg JB **77**, 553, Düss MDR **74**, 1027, Hbg JB **75**, 1250, Kblz Rpfleger **81**, 494, Nürnb AnwBl **77**, 256 mwN (je betr §§ 935, 940).

Die Mehrkosten eines Anwaltswechsels des Bekl sind im allgemeinen dann nicht erstattungsfähig, wenn mehrere Gegner miteinander oder nebeneinander auftreten, KG NJW **72**, 960. Die Erstattungsfähigkeit ist ferner zu verneinen, wenn zu erwarten ist, daß das ProzBev vom Gegner benannt werden wird, Hamm MDR **77**, 143, LG Bonn AnwBl **75**, 161.

S auch „Arrest, einstweilige Verfügung", „Mahnverfahren".

B. Häufung von Prozeßbevollmächtigten. a) Erstattungsfähigkeit. Die Mehrkosten eines Verkehrsanwalts können erstattungsfähig sein, s „Verkehrsanwalt". Die Kosten des Anwalts im Beweistermin können erstattungsfähig sein, s „Beweistermin". Die Kosten mehrerer Anwälte können dann erstattungsfähig sein, wenn Streitgenossen vorliegen. Jeder Streitgenosse darf grundsätzlich zunächst einen eigenen ProzBev beauftragen und unterrichten, zB Düss KTS **77**, 121, Hamm Rpfleger **81**, 29, Mü AnwBl **78**, 428, Schlesw SchlHA **82**, 59, LG Ffm AnwBl **78**, 102, LG Köln AnwBl **77**, 30 mwN. Das gilt auch dann, wenn erstmals in der zweiten Instanz mehrere Anwälte beauftragt werden, KG VersR **78**, 544. Freilich kann ein Rechtsmißbrauch vorliegen, so grundsätzlich richtig Hamm MDR **78**, 849 (streng betr GmbH und Co KG sowie deren GmbH) und Hamm MDR **79**, 676. Vgl zur Erstattungsfähigkeit bei Streitgenossen auch § 100 Anm 6.

b) Keine Erstattungsfähigkeit. Von den vorgenannten Fällen abgesehen sind die Mehrkosten mehrerer ProzBev grundsätzlich nicht erstattungsfähig, Düss BB **81**, 1733, Köln VersR **77**, 951, Schlesw SchlHA **81**, 71. Das gilt auch dann, wenn es sich um Spezialfragen handelt, Ffm JZ **77**, 405, abw Hamm JB **77**, 68 je mwN, oder wenn der bisherige Anwalt für längere Zeit erkrankt ist, Mü MDR **70**, 428. Nicht erstattungsfähig sind auch diejenigen Mehrkosten, die dadurch entstehen, daß die BRD im Prozeß durch mehrere Ressortminister vertreten wird und daß jeder Minister einen eigenen Anwalt hat, Köln JMBl NRW **69**, 159. Das gilt selbst dann, wenn die Ressortminister unterschiedliche Interessen vertreten, Köln Rpfleger **80**, 157 mwN.

Die Mehrkosten sind ferner nicht erstattungsfähig, wenn eine Versicherung für die Klage und für die Widerklage je einen Anwalt beauftragt, KG MDR **75**, 499, oder wenn sie für alle Bekl einen gemeinsamen Anwalt beauftragt und wenn der Fahrer oder Halter einen (weiteren) eigenen Anwalt ohne einen besonderen sachlichen Grund beauftragen,

5. Titel. Prozeßkosten § 91 5

Schlesw SchlHA **80**, 202. Ein derartiger besonderer Grund liegt aber vor, soweit der Versicherungsnehmer auch einen eigenen Anspruch geltend machen will, etwa durch eine Widerklage, Nürnb AnwBl **82**, 74. Die Erstattungsfähigkeit bleibt auch grds insoweit bestehen, als der Versicherungsnehmer den eigenen Anwalt zeitlich zuerst beauftragt hat, LG Bln VersR **83**, 471. Hat die Partei die Auswahl des ProzBev einem Dritten überlassen und muß ein weiterer Anwalt dem Dritten den Streit verkünden, dann sind die dadurch entstehenden Kosten nicht zur Rechtsverfolgung oder Rechtsverteidigung notwendig, Ffm VersR **80**, 584.

§ 139 II 1 FGO ist keine Sonderregel, BFH NJW **76**, 1264.

Mehrheit von Prozessen: Die Kosten mehrerer Prozesse können grundsätzlich erstattungsfähig sein. Denn keine Partei braucht grundsätzlich mehrere sachlichrechtliche Ansprüche in derselben Klage zu häufen, Mü MDR **65**, 998. Wenn dieselben Auslagen, etwa Reisekosten, mehrere Prozesse betreffen, sind sie gegenüber jedem Unterlegenen als Gesamtschuldner erstattungsfähig. Denn kein Verlierer hat einen Anspruch auf eine Vergünstigung.

Die Erstattungsfähigkeit fehlt, soweit für eine Trennung in mehrere Prozesse jeder sachliche Grund fehlt. Dieser Fall kann zB dann vorliegen, wenn der Gläubiger mehrere rechtlich selbständige gleichartige, einem einheitlichen Lebensverhältnis entspringende Ansprüche (zB Mieten, Wechsel) gegenüber demselben Schuldner in gesonderten Rechtsstreiten geltend macht, Düss VersR **82**, 706, Köln JMBl NRW **70**, 147. Die Erstattungsfähigkeit kann fehlen, wenn der Kläger mehrere Bekl ohne einen sachlichen Grund in getrennten Prozessen statt in einer Streitgenossenschaft desselben Prozesses belangt oder wenn er eine sonstige willkürliche Zerlegung in mehrere Prozesse vorgenommen hat.

In den vorgenannten Fällen fehlt die Erstattungsfähigkeit aber nur für die Mehrkosten einer Mehrheit von Prozessen.

Mieterverein: Die Kosten sind insoweit erstattungsfähig, als der Mieterverein außerhalb der mündlichen Verhandlung eingeschaltet wird. In diesem Fall richtet sich die Erstattungsfähigkeit im einzelnen nach derjenigen der Kosten eines Rechtsbeistands, s ,,Rechtsbeistand", so wohl auch LG Siegen WM **79**, 38, ähnlich AG Leverkusen WM **80**, 204.

Die Kosten sind nicht erstattungsfähig, soweit es sich um eine Terminswahrnehmung handelt, § 157 Anm 1, insofern aM AG Miesbach WM **77**, 132. Eine Pauschalsumme ist nicht erstattungsfähig, AG Tostedt WM **80**, 61.

Normenkontrollverfahren: Die Kosten dieses Verfahrens sind nicht erstattungsfähig. Denn es handelt sich um ein abgeschlossenes besonderes Verfahren, Kblz NJW **54**, 1490.

Patentanwalt: Seine Kosten sind erstattungsfähig, § 143 V PatG, Anh § 78b GVG, dazu LG Düss BB **75**, 328, und zwar auch beim Streit über ein ausländisches Patent, Ffm GRUR **83**, 435, und auch im Zwangsversteigerungsverfahren, vgl Ffm Rpfleger **79**, 148 mwN. Die Erstattungsfähigkeit besteht bis zur Höhe einer Anwaltsgebühr nach § 11 I 1, 2, II BRAGO, vgl Ffm JB **78**, 371, Mü GRUR **79**, 339 und 530, Mü JB **78**, 751. § 11 I 3 BRAGO (Revisionsverfahren) findet allerdings keine Anwendung, zB Mü GRUR **79**, 339, aM zB Karlsr GRUR **80**, 332 mwN. Erstattungsfähig sind die notwendigen Auslagen, Celle NJW **69**, 328. § 6 BRAGO ist anwendbar, Düss GRUR **79**, 192.

Bei mehreren Streitgenossen kann auch für ihren gemeinsamen Patentanwalt eine nach § 6 I 2 BRAGO erhöhte Gebühr erstattungsfähig sein, Düss BB **81**, 1546, Ffm Rpfleger **81**, 123.

Die vorgenannten Grundsätze gelten auch nach § 19 V GebrMG, vgl auch BGH **LM** § 9 GebrMG Nr 4, Düss GRUR **80**, 136 mwN, ferner nach § 32 V WZG, Stgt Rpfleger **83**, 173, und nach § 48 V SortenschutzG.

Das Gericht muß stets prüfen, ob der Patentanwalt mitwirken mußte, Düss BB **81**, 1546, Ffm Rpfleger **80**, 301, KG Rpfleger **75**, 100, Mü NJW **58**, 1690, insofern großzügiger Düss GRUR **80**, 136, Ffm GRUR **83**, 435. Die Notwendigkeit seiner Mitwirkung ist aber im allgemeinen zu bejahen, abw Kblz VersR **83**, 466 (nur bei schwierigen technischen oder rechtlichen Fragen). Das gilt zB: Bei einer technischen Streitfrage, etwa einer angeblich sklavischen Nachahmung; bei einer vergleichenden oder irreführenden Werbung; in Bezug auf technische Einzelheiten, vgl Düss GRUR **77**, 277, Hamm JB **77**, 1007 je mwN.

Auch soweit eine Mitwirkung des Patentanwalts notwendig ist, kann die Erstattungsfähigkeit seiner Kosten aber nicht über diejenige in den gesetzlich angeordneten Fällen hinausgehen, also nicht über eine Anwaltsgebühr, Mü AnwBl **76**, 168. Im übrigen ist die Partei nicht verpflichtet, gerade einen Patentanwalt am Gerichtsort auszuwählen. Denn Patentanwälte sind allgemein zugelassen. Wegen der Spezialisierung der meisten Patentanwälte muß die Partei auch oft einen Patentanwalt wählen, der nicht am Gerichtsort ansässig ist.

Die Kosten eines in eigener Sache mitwirkenden Patentanwalts sind nicht erstattungsfähig. Denn II 4 ist nicht ausdehnend anwendbar, und § 143 V PatG enthält keine entsprechende Regelung, Ffm Rpfleger **74**, 321 und **75**, 323, aM BPatG GRUR **82**, 293.

Ein Patentingenieur ist kein Patentanwalt. Bei ihm ist die Erstattungsfähigkeit immer besonders zu prüfen. Dasselbe gilt bei einem anderen erlaubten technischen Berater.

Patentnichtigkeitsverfahren: Trotz einer Vertretung durch einen Patentanwalt können erhebliche rechtliche Schwierigkeiten die Zuziehung eines RA notwendig machen, BGH GRUR **58**, 305.

Portokosten: Sie sind grundsätzlich erstattungsfähig, Düss Rpfleger **74**, 230, jedenfalls soweit sie zur Vorbereitung nötig waren, Schlesw VersR **74**, 890.

Prozeßagent: S ,,Rechtsbeistand".

Prozeßkostenhilfe: Das Verfahren zu ihrer Bewilligung ist kein Prozeß. Es läßt für eine Kostenentscheidung keinen Raum, auch nicht in der Beschwerdeinstanz, Bre OLGZ **66**, 167, Köln NJW **75**, 1286, Mü (5. ZS) MDR **82**, 761 mwN, ThP § 97 Anm 4, ZöSchn § 97 II 4, aM Mü (25. ZS) MDR **82**, 414 und MDR **83**, 496. Wenn sich aber ein Prozeß anschließt, sind die Kosten des Verfahrens zur Bewilligung der Prozeßkostenhilfe ein Teil der Prozeßkosten, Ffm Rpfleger **79**, 111, Karlsr AnwBl **78**, 462 mwN, Schlesw SchlHA **80**, 165 und 166, aM zB Kblz Rpfleger **75**, 99.

S auch ,,Rechtsanwalt", ,,Verkehrsanwalt", ,,Vorbereitungskosten".

Prozeßstandschaft. Erstattungsfähig sind allenfalls Kosten der auftretenden Partei, nicht solche der durch sie ,,vertretenen", Mü Rpfleger **80**, 232.

Rechtsanwalt. A. Allgemeines. Die Gebühren und Auslagen des prozeßbevollmächtigten RA sind nach II grundsätzlich stets zu erstatten, soweit die Mitwirkung des RA zulässig ist, Bre AnwBl **77**, 74. Das gilt auch dann, wenn sich die Partei nur für die eigene Prozeßführung beraten ließ, ohne den RA zum ProzBev zu bestellen, LG Bln MDR **82**, 499. Die Erstattungsfähigkeit besteht also auch im Parteiprozeß sowie im Mahnverfahren und dann, wenn der Kläger nach einem Übergang in das streitige Verfahren erklärt, er werde den Prozeß nicht weiter betreiben, andererseits aber auch die Klage nicht zurücknimmt, Saarbr JB **77**, 253.

Wer mit einem Prozeß oder einem Rechtsmittel überzogen worden ist, der darf grundsätzlich ohne weiteres und sofort einen RA mit der Wahrnehmung seiner Interessen beauftragen, BGH VersR **74**, 194, Ffm JB **78**, 371. Das gilt auch dann, wenn die Klage nicht wirksam erhoben worden ist oder wenn das Rechtsmittel nur zur Wahrung der Rechtsmittelfrist eingelegt worden ist. Denn es besteht bereits die Gefahr des Erlasses eines vollstreckbaren Urteils oder einer Zwangsvollstreckung aus einem bereits ergangenen vollstreckbaren Urteil, Bbg AnwBl **83**, 181, Düss VersR **82**, 980 mwN, Ffm Rpfleger **80**, 195 und MDR **80**, 940, Hbg AnwBl **80**, 462, Hamm Rpfleger **72**, 560, KG AnwBl **82**, 112, Kblz JB **78**, 229, so wohl auch Nürnb VersR **83**, 499, ferner Schlesw SchlHA **83**, 59, aM zB Bbg JB **78**, 365, Ffm VersR **83**, 465, Hamm AnwBl **82**, 530, KG JB **76**, 671, Köln AnwBl **79**, 360 mwN, Nürnb MDR **79**, 498 und NJW **82**, 1056, Saarbr JB **78**, 709 mwN, LG Krefeld AnwBl **79**, 395 je mwN, LG Zweibr MDR **79**, 851. Man muß allerdings ein Stillhalteabkommen der Parteien berücksichtigen, Nürnb NJW **82**, 1056. Die Erstattungsfähigkeit besteht im übrigen unabhängig davon, in welchem Zeitpunkt der RA beauftragt worden ist, also unabhängig davon, ob infolge eines früheren oder späteren Auftrags höhere oder geringere Gebühren entstanden wären, Hamm AnwBl **76**, 444. Sie ist auch unabhängig davon, ob der Anwalt vor dem Rechtsmittelgericht wirksam Anträge stellen kann; es reicht aus, daß er dennoch eine sinnvolle Tätigkeit ausüben kann, etwa durch einen Vortrag im Amtsermittlungsverfahren vor dem Rechtsmittelgericht, Zweibr FamRZ **82**, 187.

Wenn mehrere Personen in denselben Prozeß verwickelt werden, kann sich zunächst jede einen besonderen Anwalt nehmen, Düss MDR **74**, 583, Hamm Rpfleger **81**, 29, Mü MDR **74**, 1022 mwN.

Die Hebegebühr ist erstattungsfähig, falls der Gläubiger im Ausland wohnt, Mü AnwBl **63**, 339, oder wenn der Schuldner freiwillig an den ProzBev statt an den Gläubiger zahlt, Düss AnwBl **80**, 264 mwN, jetzt auch Ffm Rpfleger **81**, 367 mwN, ferner KG Rpfleger **81**, 410 (betr einen entsprechenden Vergleich), AG Memmingen AnwBl **75**, 443 mwN, AG Speyer VersR **78**, 930. Die Erstattungsfähigkeit ist unabhängig davon, ob der RA gegenüber seinem Auftraggeber unterhaltspflichtig ist, LG Bln JB **77**, 1447.

Reisekosten des prozeßbevollmächtigten RA zu einem auswärtigen Termin sind regelmäßig bis zur Höhe der Kosten eines auswärtigen Anwalts erstattungsfähig, KG NJW **65**, 1442. Wenn der auswärtige Beweistermin wegen seiner Wichtigkeit persönlich wahrzunehmen ist, AG Aichach AnwBl 77, 314, was man großzügig bejahen sollte, vgl LG Hagen AnwBl 74, 165, dann sind die vollen Reisekosten des Anwalts erstattungsfähig. Dasselbe gilt für eine Reise zu einem Termin, der dem Abschluß eines Prozeßvergleichs dienen soll. Im übrigen ist stets zu prüfen, ob die Hinzuziehung gerade dieses RA erforderlich war, vgl ArbG Bochum MDR 77, 963. Wegen der Höhe der Reisekosten vgl § 28 BRAGO.

Erstattungsfähig sind auch die Anwaltskosten aus Anlaß der Teilnahme an einem Termin, den ein Sachverständiger anberaumt hatte, Üb 4 vor § 402, Düss JMBl NRW 56, 139, Karlsr MDR 61, 1021.

Keine Erstattungsfähigkeit liegt vor, wenn die Partei eine von ihrem ProzBev vorzunehmende, ihm ohnehin zu vergütende Tätigkeit durch einen anderen Anwalt vornehmen läßt, oder soweit der RA gegen das RBerG verstößt, AG Freibg VersR 73, 974. Eine Hebegebühr ist nicht erstattungsfähig, wenn der Schuldner die Zahlung erst auf Grund einer Aufforderung des ProzBev leistete, Hamm JB 75, 1609, oder soweit es um einen Antrag auf die Auszahlung eines hinterlegten Betrags gegenüber der Bank des Hinterlegers geht, aM Mü AnwBl 68, 184.

Im Verfahren zur Bewilligung eines Prozeßkostenhilfe hat der Antragsgegner grundsätzlich keinen Erstattungsanspruch.

B. Kosten des auswärtigen Rechtsanwalts. Es kommen nur die Kosten eines solchen RA in Betracht, der weder beim Prozeßgericht bzw nach § 78 I beim übergeordneten LG zugelassen ist, noch am Ort des Prozeßgerichts wohnt. Solche Kosten sind erstattungsfähig, soweit die Hinzuziehung dieses RA zu einer zweckentsprechenden Rechtsverfolgung oder Rechtsverteidigung notwendig ist. Die Erstattungsfähigkeit ist also hier gegenüber der grundsätzlichen Erstattungsfähigkeit, A, eingeschränkt. Wenn der beim Prozeßgericht zugelassene RA seinen Wohnsitz oder seine Kanzlei an einem anderen Ort als dem Prozeßgericht oder einer auswärtigen Abteilung dieses Gerichts hat (Simultananwalt), dann muß man die Kosten einschließlich der Reisekosten des tatsächlich hinzugezogenen Anwalts denjenigen Kosten gegenüberstellen, die dann entstanden wären, wenn die Partei einen am Ort des Prozeßgerichts wohnenden RA beauftragt hätte, Schlesw SchlHA 73, 229, LG Itzehoe Rpfleger 82, 442.

Dabei muß man auch die Kosten mindestens einer notwendigen Informationsreise der Partei zu diesem RA berücksichtigen, Karlsr AnwBl 82, 203, Köln AnwBl 75, 164, in einem nicht ganz einfachen Fall auch die Kosten einer weiteren Reise, Ffm AnwBl 82, 489. Ebenso muß man die Kosten für etwaige Beweistermine berücksichtigen, die von dem auswärtigen RA ohne Reisekosten wahrgenommen werden konnten, während sonst ein anderer RA hätte beauftragt werden müssen oder während sonst für den RA vom Ort des LG Reisekosten entstanden wären.

Dabei kann sich ergeben, daß die Beauftragung des auswärtigen RA sogar billiger sein kann. In diesem Fall sind seine Reisekosten erstattungsfähig, ähnl Hamm JB 78, 1035. Dem steht nicht entgegen, daß nicht wirklich entstandene Kosten grundsätzlich auch nicht ersetzt werden können. Denn das „Mehr" kann durch die Einsetzung der genannten Rechnungsposten berechnet werden. Man darf aber nicht die fiktiven Reisekosten der Partei zum Gericht mit den Kosten des auswärtigen Anwalts vergleichen, Karlsr MDR 82, 1025.

Im übrigen werden solche Mehrkosten nicht ersetzt, II 2. Das gilt auch bei einer Verweisung vom AG ans LG, Schlesw SchlHA 60, 59. Allerdings sind eben nur die Mehrkosten nicht erstattungsfähig, Celle MDR 51, 112.

Zur Erstattung der Kosten eines ausländischen Beweisanwalts LG Köln AnwBl 82, 532.

Im Arbeitsgerichtsverfahren ist Großzügigkeit geboten, vgl LAG Stgt BB 79, 1352, vgl freilich auch § 12a I 1 ArbGG; zur Hinweispflicht des RA Rewolle BB 79, 1353. Im Verwaltungsgerichtsverfahren gilt § 162 II VwGO; die Vorschrift enthält nicht die Einschränkung des § 91 II ZPO, VG Karlsr AnwBl 82, 208.

C. Vertretung in eigener Sache, II 4. Die Vorschrift zieht die Folgerungen aus § 78 II, BVerfG 53, 207. Der RA muß selbst tätig geworden sein, und zwar als: Partei; Streithelfer; gesetzlicher Vertreter eines Beteiligten; Vorstandsmitglied; Partei kraft Amts, Grdz 2 C vor § 50, Kblz VersR 82, 197. Es reicht also nicht aus, daß der RA in einer dieser Eigenschaften nur einen anderen RA unterrichtet, § 1 II BRAGO, Schlesw SchlHA 79, 60, Stgt JB 76, 192. Ebensowenig reicht es aus, daß ein RA nur in seiner weiteren Eigenschaft als Notar tätig wird, AG Friedberg DGVZ 81, 47.

Der RA hat unter dieser Voraussetzung (hinsichtlich des Verfahrens der freiwilligen Gerichtsbarkeit EGH Hamm AnwBl **77**, 323 mwN) einen Anspruch auf die Vergütung eines bevollmächtigten RA. Diese Regelung ist in allen Verfahrensverordnungen im Prinzip anwendbar und mit dem GG vereinbar, BVerfG **53**, 213 und NJW **80**, 1677 je mwN, abw LG Zweibr Rpfleger **83**, 330 (für den Strafprozeß). Sie gilt, soweit nicht eine bloße Bagatelle mit einem klaren Sachverhalt vorliegt. Die Erstattungsfähigkeit besteht mit dieser Einschränkung auch für den Fall einer außergerichtlichen Geltendmachung, LG Bln VersR **74**, 868, LG Darmstadt MDR **72**, 779, LG Mannh AnwBl **75**, 68 mwN, LG Mü NJW **72**, 162, AG Bielefeld AnwBl **76**, 50, AG Neunkirchen AnwBl **78**, 185 mwN, aM LG Hbg AnwBl **80**, 82 mwN, LG Heidenheim VersR **76**, 501.

Erstattungsfähig sind auch die Reisekosten, wenn der RA nicht am Prozeßort wohnt, dort aber zugelassen ist, Ffm Rpfleger **72**, 180, Hamm MDR **75**, 762, aM Mü Rpfleger **70**, 291. Erstattungsfähig ist auch eine Verkehrsgebühr, soweit der RA als ProzBev seiner Ehefrau eine Unterrichtung eines auswärtigen Kollegen vornimmt, § 1364 BGB, BFH NJW **70**, 912.

Wenn mehrere Anwälte Partei sind, kann sich jeder Anwalt selbst vertreten. Jeder kann also seine eigenen Kosten erstattet verlangen, es sei denn, er habe einen der anderen Anwälte bevollmächtigt, Düss AnwBl **78**, 261, Ffm AnwBl **81**, 155, KG Rpfleger **79**, 70 mwN und AnwBl **78**, 64, Mü Rpfleger **81**, 71, Nürnb AnwBl **81**, 194, LG Köln JB **78**, 1397, vgl Decker NJW **78**, 409, aM Lappe NJW **76**, 166. Dem steht weder entgegen, daß die getrennt eingereichten Schriftsätze inhaltlich übereinstimmten, noch, daß nicht alle Anwälte im Termin anwesend waren, Ffm AnwBl **81**, 155. Wegen eines Simultananwalts in eigener Sache vgl B.

Wegen des Einspruchsverfahrens vor dem Finanzamt BFH NJW **73**, 1720. Wegen einer Verfassungsbeschwerde BVerfG AnwBl **76**, 164.

Die Grenzen der Erstattungsfähigkeit liegen dort, wo Treu und Glauben verletzt würden, Düss Rpfleger **76**, 256, Hbg MDR **80**, 501, großzügiger Mü Rpfleger **81**, 71, strenger Stgt Rpfleger **80**, 194 (das OLG stellt darauf ab, ob für die Aufspaltung der Mandate sachliche Gründe vorlagen).

Die Verkehrsgebühr ist im übrigen grundsätzlich nicht erstattungsfähig, Kblz VersR **81**, 865. Denn der RA hat im allgemeinen die Fähigkeit, selbst einen anderen RA zu unterrichten, Ffm Rpfleger **78**, 69, Schlesw SchlHA **77**, 70 je mwN. Das gilt auch dann, wenn der RA als Testamentsvollstrecker einen anderen Anwalt unterrichtet oder wenn er eine solche Tätigkeit als Konkursverwalter vornimmt, Ffm Rpfleger **77**, 459, so wohl auch Kblz VersR **82**, 197, ferner Schlesw SchlHA **77**, 70, LG Mönchengladbach JB **77**, 1736 je mwN, aM zB Karlsr KTS **78**, 260. Mit der oben genannten Ausnahme sind auch die Kosten des Verkehrsanwalts der Ehefrau nicht erstattungsfähig, Hbg MDR **68**, 678.

Die rechnerisch auf die Gebühren und Auslagen entfallende Umsatzsteuer ist grundsätzlich nicht erstattungsfähig, BFH **120**, 133, KG Rpfleger **81**, 411, Schlesw SchlHA **80**, 222, ArbG Würzb AnwBl **78**, 239, aM LG Bln Rpfleger **77**, 220. Allerdings ist die durch eine Besteuerung des Eigenverbrauches ausgelöste Umsatzsteuer erstattungsfähig, sofern der Anwalt überhaupt umsatzsteuerpflichtig ist, Lehwald BB **82**, 520. S auch „Umsatzsteuer".

D. Anwaltsvertreter. Die Erstattungsfähigkeit der Gebühren und Auslagen eines Anwaltsvertreters ist dann, wenn es sich um einen Assessor handelt, von Fall zu Fall zu prüfen, da § 4 BRAGO unanwendbar ist, LG Freibg AnwBl **74**, 284, AG Hagen NJW **75**, 940 mwN. Wenn es sich um einen Referendar handelt, gelten die §§ 4, 28 II BRAGO. Wegen der Vertretung durch den Bürovorsteher vgl Hartmann § 4 BRAGO Anm 2 „Bürovorsteher".

Rechtsbeistand: Die Kosten eines solchen Rechtsbeistands, der auf Grund des RBerG erlaubtermaßen tätig ist, sind selbst dann erstattungsfähig, wenn er nicht als Prozeßagent zugelassen ist. Das ergibt sich aus

Art. IX KostÄndG. [I] **Die Bundesgebührenordnung für Rechtsanwälte gilt für die Vergütung von Personen, denen die Erlaubnis zur geschäftsmäßigen Besorgung fremder Rechtsangelegenheiten erteilt worden ist, sinngemäß. Eine Vereinbarung, durch die die Höhe der Vergütung vom Ausgang der Sache oder sonst vom Erfolg der Tätigkeit abhängig gemacht wird, ist nichtig. Für die Erstattung der Vergütung gelten die Vorschriften der Verfahrensordnungen über die Erstattung der Vergütung eines Rechtsanwalts sinngemäß.**

[II] **Absatz 1 Satz 1 und 2 gilt nicht für Frachtprüfer und Inkassobüros.**

5. Titel. Prozeßkosten § 91 5

Vgl also zunächst „Rechtsanwalt". Vgl ferner § 157 Anm 1 B. Die Erstattungsfähigkeit fehlt zB dann, wenn der RA nicht auftreten darf, OVG Münster Rpfleger **73**, 145, vgl auch „Mieterverein".

Die Erstattungsfähigkeit ist jetzt auch der Höhe nach ebenso wie beim RA zu beurteilen.

Nicht erstattungsfähig sind solche Kosten, die für die Vertretung einer genossenschaftlichen Treuhandstelle aufgewendet wurden, einschließlich der zugehörigen Auslagen, Celle NJW **62**, 811.

Reisekosten: S „Beweistermin", „Fahrtkosten der Partei", „Patentanwalt", „Rechtsanwalt. B. Kosten des auswärtigen Rechtsanwalts", „Unterrichtung", „Verkehrsanwalt. B. Einzelfragen", „Zeitversäumnis".

Schaden: Er ist erstattungsfähig, soweit ihn ein gerichtlicher Sachverständiger nicht vermeiden kann, Kblz JB **78**, 120.

Er ist nicht erstattungsfähig, soweit es sich nicht um Aufwendungen für die Prozeßführung handelt. Das gilt zB für: Einen Zinsverlust; Finanzierungskosten; eine Entwertung; einen entgangenen Gewinn. In diesen Fällen besteht allenfalls ein sachlichrechtlicher Anspruch auf Grund einer unerlaubten Handlung.

Wegen der Zwangsvollstreckung vgl § 788 Anm 5.

S auch „Vorschuß".

Schiedsgutachten: Seine Kosten sind nicht erstattungsfähig, Düss MDR **82**, 674.

Schreibauslagen: A. Schreibauslagen des Rechtsanwalts. Während die Frage, ob und in welchem Umfang der RA vom Auftraggeber den Ersatz von Schreibauslagen usw fordern kann, nach den §§ 25 III, 27 BRAGO abschließend zu beantworten ist, richtet sich die Erstattungsfähigkeit im Verhältnis zwischen dem Auftraggeber und dessen Prozeßgegner nach den Grundsätzen des § 91, vgl auch (allgemein) BVerfG **61**, 209 (zu § 34 IV BVerfGG). Dabei ist ein nicht zu großzügiger Maßstab geboten, vgl Mü Rpfleger **83**, 86. Die Schreibauslagen sind erstattungsfähig, soweit der Auftraggeber dazu berechtigt war, eine Abschrift eines Schriftsatzes oder eines Protokolls usw vom Anwalt zu fordern. Die Erstattungsfähigkeit fehlt, soweit der RA nach dem Vertrag mit dem Auftraggeber ohnehin zur kostenfreien Erteilung einer Abschrift verpflichtet ist oder eine Abschrift gemäß KV 1900 Z 2a kostenfrei beziehen kann, Mü Rpfleger **83**, 86. Den ersten Durchschlag eines eigenen Schriftsatzes muß der RA auslagenfrei geben. Zusätzlich geforderte Durchschläge braucht er nur gegen ein Entgelt zu liefern. Insofern ist § 27 BRAGO auch hier beachtlich.

Eine Fotokopie ist im allgemeinen wie eine Abschrift zu behandeln, Schlesw SchlHA **73**, 176. Ihre Notwendigkeit ist also grundsätzlich unabhängig von § 27 BRAGO zu prüfen, Bbg JB **78**, 1188, Schlesw SchlHA **73**, 229.

Die Erstattungsfähigkeit ist zB in folgenden Fällen zu bejahen: Die Anlage ist nach § 133 erforderlich, Mü Rpfleger **82**, 439; die Abschrift oder Kopie kann zur Beschleunigung des Prozesses eher beitragen als das Original, LG Mannh ZMR **74**, 177; das Gericht nimmt in einer Entscheidung auf eine Antragsanlage Bezug, Ffm Rpfleger **75**, 31; die Akten eines Vorprozesses sind schwer erreichbar, vgl Hbg MDR **75**, 935; für das Verhalten der Partei im Prozeß sind Kopien wichtig, Ffm MDR **78**, 498; der ProzBev benötige das Gutachten ständig, LG Bln MDR **82**, 327; es handelt sich um ein Arrestverfahren, LG Ffm JB **76**, 471; das Gesamtbild einer Urkunde ist wichtig, Schlesw SchlHA **79**, 43.

Reichlich engherzig versagt LAG Hamm MDR **81**, 789 die Erstattung der Kosten von Fotokopien unveröffentlichter Entscheidungen schlechthin.

B. Schreibauslagen der Partei. Sie sind insoweit erstattungsfähig, als sie notwendig sind, vgl auch (allgemein) BVerfG **61**, 209. Das kann zB nach § 169 I der Fall sein, AG Darmstadt JB **78**, 750. Schreibauslagen einer Behörde sind als soche der Partei, nicht als solche eines Anwalts zu behandeln, Hamm Rpfleger **82**, 439.

C. Schreibauslagen des Gerichts. Sie sind nicht erstattungsfähig, soweit es sich um eine Abschrift handelt, die zum Zweck einer von Amts wegen notwendigen Zustellung angefertigt werden muß. In einer Schiffahrtssache ist eine großzügige Bejahung geboten, KG Rpfleger **74**, 25.

S auch „Mehrheit von Prozeßbevollmächtigten".

Schutzschrift: Die Kosten einer (trotz der dogmatischen Probleme besonders in Wettbewerbssachen eingebürgerten) sog Schutzvorschrift, Grdz 2 C vor § 128, § 920 Anm 1 B, können erstattungsfähig sein, Ffm (20. ZS) BB **80**, 1720 und (6. ZS) Rpfleger **82**, 234, KG MDR **80**, 942 je mwN.

Sicherheitsleistung: Erstattungsfähig sind: Die Kosten für eine Sicherheitsleistung nach

§ 110, Hamm NJW **56**, 1642; die Kosten der Rücknahme der Sicherheitsleistung; die Kosten einer Bankbürgschaft, Ffm MDR **78**, 233, KG MDR **83**, 495 mwN.

Vgl auch § 788 Anm 5 ,,Sicherheitsleistung".

Steuerberater: Seine Kosten sind grundsätzlich erstattungsfähig. Dies ergibt sich aus

§ 139 III 1 FGO: Gesetzlich vorgesehene Gebühren und Auslagen eines Bevollmächtigten oder Beistandes, der nach den Vorschriften des Steuerberatungsgesetzes zur geschäftsmäßigen Hilfeleistung in Steuersachen befugt ist, sind stets erstattungsfähig.

Vgl für den Zivilprozeß ferner Mü Rpfleger **77**, 327, für die Zwangsvollstreckung § 788 Anm 5 ,,Steuerberater".

Streitgenossen: S ,,Mehrheit von Prozeßbevollmächtigten. B. Häufung von Prozeßbevollmächtigten" sowie § 100 Anm 6.

Streitverkündung: Ihre Kosten sind nicht erstattungsfähig. Denn die Streitverkündung wahrt nur die Interessen gegenüber einem Dritten und nicht gegenüber dem Prozeßgegner, Hbg JB **78**, 1243 mwN, nicht so weitgehend Düss VersR **78**, 64. Wenn der Verkündungsgegner dem Rechtsstreit beitritt, gilt für ihn § 101 I und II.

Terminswahrnehmung: Die Kosten eines Verhandlungstermins sind erstattungsfähig, VGH Mü BayVBl **76**, 317 mwN, vgl BVerfG **36**, 308. Auch die Kosten der Wahrnehmung eines bloßen Verkündungstermins sind grundsätzlich erstattungsfähig. Denn in einem solchen Termin kann zB eine Entscheidung verkündet werden, die eine Frist bereits durch die Verkündung in Lauf setzt. Die Partei muß imstande sein, den Fristbeginn unverzüglich zu erfahren.

S auch ,,Beweistermin", ,,Zeitversäumnis".

Übersetzungskosten, dazu Jessnitzer, Dolmetscher (1982) 7. Abschnitt P: Sie sind grundsätzlich erstattungsfähig, Ffm VersR **80**, 1123, Hbg MDR **62**, 580, Schneider JB **67**, 690. Das gilt auch für den Schriftwechsel der Partei mit ihrem Anwalt, wenn er die Sprache der Partei nicht beherrscht, KG NJW **61**, 737, soweit die Übersetzung zur zweckmäßigen Rechtsverfolgung erforderlich ist. Das letztere muß regelmäßig bejaht werden. Bei einem sprachkundigen Anwalt genügt unter Umständen eine mündliche Information, LG Waldshut VersR **74**, 70. Bei einer schriftlichen Übersetzung kommt es also darauf an, ob gerade die Schriftform notwendig ist, LG Waldshut VersR **74**, 70. Die Kosten der Übersetzertätigkeit des RA sind insoweit erstattungsfähig, als er eine Urkunde, ein Urteil usw genau übersetzen muß. Denn insofern liegt nicht eine typische Anwaltstätigkeit vor, Ffm NJW **62**, 1577, Karlsr MDR **78**, 674, Stgt Rpfleger **81**, 834 (abl Ott AnwBl **81**, 175) je mwN.

S auch ,,Verkehrsanwalt. B. Einzelfragen: Auslandsberührung: a, aa".

Umsatzsteuer (Mehrwertsteuer), dazu Otto AnwBl **83**, 150: Sie ist erstattungsfähig, soweit die Partei gerade in diesem Fall entstandene Umsatzsteuer nicht als Vorsteuer abziehen kann, zB Bre NJW **70**, 253, Mü NJW **69**, 56, AG Minden VersR **74**, 1011, OFD Düss BB **82**, 850 (wegen des Eigenverbrauchs eines Anwalts, der sich selbst vertritt), Schaumburg NJW **74**, 1738 mwN, abw Beise DB **82**, 1797 (die Erstattungsfähigkeit fehle, soweit die Entstehung der Umsatzsteuer rechtlich oder wirtschaftlich ohne Nachteil vermeidbar sei oder gewesen sei), aM zB BFH NJW **70**, 1343, Ffm BB **83**, 21 mwN (diese Gerichte bejahen die Erstattungsfähigkeit stets. Aber ein bloß durchlaufender Posten, vgl BGH NJW **72**, 678, Düss MDR **74**, 590, ist keine Aufwendung; anders ist ein etwaiger Zinsverlust wegen einer zunächst zu zahlenden Mehrwertsteuer zu beurteilen. Gegen den BFH kritisch auch Späth VersR **74**, 309 mwN). Das alles gilt auch bei einer vom Rechtsanwalt oder Patentanwalt berechneten Mehrwertsteuer, LG Krefeld VersR **82**, 1047, aM Düss AnwBl **83**, 334 mwN, Ffm BB **83**, 21 (die Erstattungsfähigkeit bestehe auch, wenn der Sieger zum Vorsteuerabzug berechtigt sei).

Eine ausländische Partei, die ein Unternehmer ist und ihren Sitz im Ausland hat, kann zu dem Kostenanspruch ihres inländischen Anwalts, der durch seine Tätigkeit als ProzBev oder Verkehrsanwalt vor einem inländischen Gericht entstanden ist, nicht die Erstattung von Umsatzsteuer fordern, Ffm DB **83**, 43.

S auch ,,Rechtsanwalt. C".

Unterrichtung (Information): **A. Unterrichtung des Gerichts.** Die Kosten sind ausnahmsweise in einem Patentverletzungsstreit erstattungsfähig, Düss GRUR **79**, 191.

B. Unterrichtung des Prozeßbevollmächtigten. In aller Regel darf eine Partei wenigstens eine Unterrichtungsreise in jeder Instanz zu ihrem ProzBev unternehmen, LG Traunstein AnwBl **77**, 115. Das gilt auch dann, wenn die Partei ein Handelsunternehmen ist, Celle AnwBl **61**, 266, Stgt AnwBl **83**, 191. Die Informationsreise ist insbesondere zur Besprechung eines nicht ganz einfachen Vergleichsvorschlags oder zur Wahrnehmung eines wichtigen Beweistermins erlaubt, an den anschließend verhandelt werden soll und

5. Titel. Prozeßkosten § 91 5

an dessen Ende ein Urteil zu erwarten ist, Mü NJW **64**, 1480. Es ist grundsätzlich unerheblich, ob die Informationskosten im rechten Verhältnis zum Streitwert stehen. Es kommt vielmehr darauf an, wie wichtig die Information des ProzBev für die Partei ist, vgl auch Mü NJW **64**, 1480. Die Rechtsprechung legt oft ein zu hohes Gewicht auf die Bildung und Gewandtheit der Partei, zB Kblz Rpfleger **75**, 100. Auch ein Rechtskundiger urteilt in eigener Sache meist schlecht.

In der Berufungsinstanz ist die Prozeßgebühr erstattungsfähig, selbst wenn die Unterrichtung vor der Anberaumung eines Verhandlungstermins stattfindet. In der Revisionsinstanz sind die Informationskosten des ProzBev nur ausnahmsweise erstattungsfähig.

Bei einer ganz einfachen Sachlage kann die Erstattungsfähigkeit überhaupt fehlen, Kblz JB **77**, 66, Schlesw SchlHA **80**, 218.

S auch ,,Verkehrsanwalt".

C. Unterrichtung des Versicherers. Die Kosten der Unterrichtung des Pflichtversicherers können erstattungsfähig sein, diejenigen eines anderen Haftpflichtversicherers meist nicht, Stgt Rpfleger **82**, 233 mwN, aM zB Düss Rpfleger **73**, 316 und AnwBl **80**, 78.

S auch ,,Versicherungsgesellschaft".

Urteil: Die Kosten der Ausfertigung und Zustellung sind erstattungsfähig. Eine Festsetzung ist unnötig, § 788.

Verkehrsanwalt: A. Allgemeines. Die Erstattungsfähigkeit richtet sich nicht nach II 1. Denn diese Vorschrift regelt die Kosten desjenigen Anwalt, der die Partei vor dem Prozeßgericht vertritt. Die Erstattungsfähigkeit richtet sich vielmehr nach I. Es kommt also darauf an, ob die Kosten des Verkehrsanwalts zu einer zweckentsprechenden Rechtsverfolgung oder Rechtsverteidigung notwendig sind. In diesem Zusammenhang ist die allgemeine Pflicht jeder Partei zu beachten, die Kosten im Rahmen des Verständigen möglichst niedrig zu halten, Anm 4 B. Man muß sämtliche Umstände des Einzelfalls beachten, Kblz VersR **82**, 1151 und Rpfleger **83**, 367.

Die Gerichte stellen darauf ab, ob man es der Partei zumuten kann, den auswärtigen ProzBev persönlich zu unterrichten, zB Bbg JB **78**, 1086, Hamm Rpfleger **76**, 105, Mü AnwBl **82**, 440. In diesem Zusammenhang prüfen die Gerichte sowohl die Persönlichkeit der Partei als auch die Art, Schwierigkeit und den Umfang des Prozeßstoffes. Eine gebildete Partei ist zu einer schriftlichen Unterrichtung des ProzBev eher in der Lage als eine ungebildete, zB Ffm JB **76**, 805, Kblz JB **76**, 96 und **78**, 1068. Das gilt erst recht für eine von einem Volljuristen vertretene Partei, Kblz VersR **83**, 644. Soweit eine schriftliche oder mündliche Unterrichtung ausreicht, sind die Kosten des Verkehrsanwalts nicht erstattungsfähig. Unabhängig davon, ob eine schriftliche Information des ProzBev möglich wäre, hat eine Partei aber grundsätzlich ein schutzwürdiges Interesse daran, den ProzBev persönlich kennenzulernen, Schlesw SchlHA **82**, 158, LG Kblz AnwBl **82**, 24. Deshalb sind die Reisekosten des Verkehrsanwalts bis zur Höhe von ersparten Reisekosten der Partei zum ProzBev grundsätzlich erstattungsfähig.

Mehrkosten wegen eines auswärtigen Verkehrsanwalts sind grds nicht erstattungsfähig, Ffm AnwBl **83**, 186 linke Spalte.

Die Erstattungsfähigkeit sollte weder zu streng noch zu großzügig beurteilt werden.

B. Einzelfragen. Im Rahmen der grundsätzlichen Regeln A läßt sich die Erstattungsfähigkeit im einzelnen etwa wie folgt beurteilen:

Arrest, einstweilige Verfügung: Die Kosten sind regelmäßig erstattungsfähig, Hbg JB **76**, 513. Das gilt auch für die Kosten der Verteidigung gegenüber einem Antrag im vorläufigen Verfahren, Mü NJW **64**, 257 (vgl freilich Stgt JB **76**, 812). Erstattungsfähig sind insbesondere die Verteidigungskosten gegenüber einer solchen einstweiligen Verfügung, die während der Gerichtsferien erlassen wird, Karlsr JB **75**, 1470, enger Hbg JB **75**, 657. Erstattungsfähig sind auch die Kosten in der Beschwerdeinstanz, Karlsr JB **75**, 1471, und in der Berufungsinstanz, Mü NJW **64**, 257. Das gilt auch für die Kosten einer Tätigkeit vor dem Eingang der gegnerischen Berufungsbegründung, aM Düss NJW **74**, 245, Ffm Rpfleger **71**, 187. Zumindest kommt im vorläufigen Verfahren die Erstattungsfähigkeit einer Ratsgebühr nach § 20 BRAGO in Betracht, Hamm NJW **66**, 111.

S auch ,,Spezialrecht".

Auslandsberührung: Hier sind folgende Fallgruppen zu unterscheiden:

a) Ausländer im Ausland. Bei dieser Gruppe muß man wiederum folgende Unterscheidung machen:

aa) Ausländischer Verkehrsanwalt. Seine Kosten sind grundsätzlich erstattungsfähig, soweit seine Hinzuziehung erforderlich ist, Mü Rpfleger **79**, 466 linke Spalte mwN, Stgt AnwBl **82**, 25. Das gilt insbesondere dann, wenn er das deutsche Recht kennt und deutsch spricht, Schlesw SchlHA **74**, 88. Das Ob der Erstattung ist nach dem deutschen Recht zu prüfen, die Höhe der erstattungsfähigen Anwaltskosten ist nach dem ausländischen Recht zu prüfen, Ffm AnwBl **77**, 28. Eine Honorarvereinbarung zwischen dem ausländischen Verkehrsanwalt und dem Auftraggeber ist für die Kostenerstattungspflicht nicht stets maßgeblich, Hbg MDR **80**, 589.

Die Kosten der Übersetzung in die Sprache der ausländischen Partei sind evtl nicht erstattungsfähig, soweit die Partei neben einem deutschen ProzBev einen ausländischen Verkehrsanwalt hat, BPatG GRUR **83**, 265.

bb) Inländischer Verkehrsanwalt. Auch seine Kosten sind grundsätzlich erstattungsfähig, Bbg AnwBl **76**, 400 mwN, Ffm AnwBl **78**, 314, Hbg JB **76**, 97, Hamm AnwBl **79**, 184 und Rpfleger **79**, 354, Stgt AnwBl **82**, 25, zu eng Düss Rpfleger **83**, 368. Freilich setzt die Erstattungsfähigkeit auch hier die Notwendigkeit seiner Hinzuziehung voraus, KG Rpfleger **81**, 160, Mü Rpfleger **79**, 466 linke Spalte je mwN. Diese Notwendigkeit besteht zumindest dann, wenn mehr als ein bloßes Bestreiten erforderlich ist, Hbg JB **76**, 97, Hamm Rpfleger **73**, 257, abw Bbg JB **78**, 857 (in diesem Fall sei unter Umständen nur eine Ratsgebühr erstattbar), aM Celle JB **76**, 1667, insofern auch Düss Rpfleger **83**, 368, ferner KG MDR **67**, 411 (dieses Gericht billigt die Erstattungsfähigkeit nur unter besonderen Umständen zu, etwa bei Sprachproblemen). Auch hier ist das Ob der Erstattung nach dem deutschen Recht zu beurteilen, die Höhe der erstattungsfähigen Kosten nach dem ausländischen Recht zu prüfen, Ffm AnwBl **77**, 28.

Die Kosten des inländischen Verkehrsanwalts sind insoweit nicht erstattungsfähig, als er nur die Schriftsätze der ausländischen Partei übersetzt, Celle NJW **66**, 2278, im Ergebnis aM Düss Rpfleger **83**, 368, oder als die ausländische Partei sprachkundig, geschäfts- oder sogar prozeßerfahren ist und außerdem eine inländische Niederlassung hat, die eine schriftliche Information des ProzBev hätte vornehmen können, LG Freibg AnwBl **81**, 162.

Vgl auch das Hauptstichwort „Umsatzsteuer".

b) Ausländer im Inland. Ein Ausländer, der sich regelmäßig in der BRD geschäftlich aufhält, ist wie ein Inländer zu behandeln, Ffm MDR **78**, 233 mwN, Hbg JB **77**, 1566, Hamm AnwBl **79**, 185, Kblz NJW **78**, 1751, Mü Rpfleger **79**, 466 linke Spalte je mwN, vgl LG Freibg AnwBl **81** 162.

c) Inländerprobleme. Die Erstattungsfähigkeit der Kosten eines inländischen oder ausländischen Verkehrsanwalts kann dann bejaht werden, wenn es sich um Spezialfragen eines ausländischen Rechtsgebiets handelt. Freilich darf die Erstattungsfähigkeit auch in solchen Fällen keineswegs schematisch bejaht werden. Ein vorübergehender Auslandsaufenthalt gibt nicht stets einen Erstattungsanspruch, Ffm Rpfleger **82**, 311.

S auch „DDR", „Hausanwalt", „Spezialrecht", „Unternehmen".

Berufung: Im Berufungsverfahren gelten strengere Maßstäbe als in der ersten Instanz, Ffm Rpfleger **78**, 28 (großzügiger Ffm AnwBl **81**, 449), Kblz VersR **75**, 742 und JB **77**, 66, Mü AnwBl **80**, 373 (krit Chemnitz), Schlesw SchlHA **80**, 218 und **81**, 55, abw Ffm AnwBl **81**, 506 (dieser Grundsatz gelte nur, falls derselbe Anwalt wie in der ersten Instanz tätig werde). Denn es liegt schon eine tatsächliche und rechtliche Würdigung durch ein Urteil vor, Düss MDR **76**, 406 und VersR **78**, 949, Mü JB **70**, 407. Trotzdem können die Kosten des Verkehrsanwalts ausnahmsweise erstattungsfähig sein. Das gilt etwa in folgenden Fällen: Es handelt sich um einen neuen Tatsachenvortrag, Ffm JB **78**, 1342; es handelt sich um eine umfangreiche und schwierige Sache, Karlsr AnwBl **77**, 168, Stgt AnwBl **83**, 191, und zwar auch dann, wenn es sich um eine geschäftsgewandte Partei handelt und wenn kein neuer Tatsachenvortrag erfolgt; die Partei kann den Berufungsanwalt nicht oder nur schlechter selbst informieren, Karlsr AnwBl **77**, 168, Zweibr VersR **76**, 475, LG Duisb AnwBl **81**, 75.

Unter diesen Voraussetzungen können sogar diejenigen Kosten des Verkehrsanwalts des Berufungsbekl erstattungsfähig sein, die durch seine Tätigkeit vor dem Eingang der Berufungsbegründung entstehen, Bbg JB **73**, 473, vgl auch Ffm AnwBl **80**, 462, aM Düss NJW **74**, 245 und Rpfleger **74**, 203, Ffm Rpfleger **71**, 187.

Freilich muß der Berufungsanwalt selbst bei einer starken beruflichen Belastung grundsätzlich zB ein auswärtiges Grundbuch selbst einsehen, Schlesw SchlHA **80**, 218.

Beschwerde: Wenn gegen einen Kostenfestsetzungsbeschluß eine nur teilweise Beschwerde eingelegt worden ist, tritt auch wegen des Rests unter Umständen keine Bindung im Hinblick auf die Frage der Erstattungsfähigkeit der Verkehrsanwaltskosten ein, KG MDR **77**, 937.

5. Titel. Prozeßkosten § 91 5

DDR: Die Erstattungsfähigkeit eines in der DDR ansässigen Verkehrsanwalts ist grundsätzlich ebenso wie diejenige eines in der BRD ansässigen zu beurteilen. Soweit seine Kosten erstattungsfähig sind, verläuft das Verfahren wie bei § 104 Anm 3 A a. Für die Höhe der Gebühren ist das Recht der DDR maßgeblich. Der Gegenstandswert wird in DM West festgesetzt, BGH NJW **54**, 1200. Man muß darauf achten, daß der in der DDR ansässige Anwalt nach den dort geltenden Devisenvorschriften auch wirklich in den Besitz seiner Gebühren und Auslagen kommt, BGH NJW **54**, 1200, KG MDR **53**, 690, aM Hamm NJW **53**, 750, Brschw MDR **54**, 560. Es kann eine Einzahlung auf ein Sperrkonto notwendig werden. Vgl SchlAnh IV B.

Ehesache: Soweit eine Beiordnung erfolgt ist, zB nach § 121 III, sind die Kosten des Verkehrsanwalts erstattungsfähig. Sie können darüber hinaus erstattungsfähig sein, zB KG FamRZ **82**, 1227 mwN.

S auch „Prozeßkostenhilfe".

Eigene Sache: Hier sind folgende Fallgruppen zu unterscheiden:

   a) Gesetzliche Vertretung. Der Anwalt, der als ein gesetzlicher Vertreter auftritt, kann die Kosten eines Verkehrsanwalts insoweit erstattet fordern, als ein nicht rechtskundiger Vertreter einen Anwalt hinzuziehen dürfte, zB Düss BB **77**, 1575, KG Rpfleger **76**, 248 je mwN. Im übrigen besteht keine Erstattungsfähigkeit, zB Düss MDR **80**, 320.

   Nach diesen Grundsätzen ist die Erstattungsfähigkeit zu beurteilen, wenn der Anwalt in einer der folgenden Eigenschaften auftritt:

   aa) Als Pfleger, zB Düss BB **77**, 1575, KG Rpfleger **76**, 248 je mwN, aM zB Stgt JB **76**, 192;

   bb) als Vereinsvorstand, vgl zB Düss MDR **80**, 320, Ffm zB MDR **78**, 62;

   cc) als Vormund, zB Schlesw SchlHA **79**, 60, aM zB Köln MDR **73**, 1031. Soweit die Tätigkeit des Anwalts über diejenige hinausgeht, die er als gesetzlicher Vertreter wahrzunehmen hat, kann die Erstattungsfähigkeit vorliegen, Düss BB **77**, 1575.

   b) Partei kraft Amts. Der Anwalt, der als eine Partei kraft Amts handelt, kann grundsätzlich keine Kosten eines Verkehrsanwalts erstattet fordern. Denn die Rechtslage ist in diesem Fall nicht anders als dann zu beurteilen, wenn er in einer eigenen Sache handelt. Es gehört ja zu den Amtspflichten, die nun einmal vorhandenen Kenntnisse und daher eben auch Rechtskenntnisse im Interesse des Vertretenen und im Rahmen der für die Amtsführung als Partei kraft Amts erhaltenen generellen Vergütung wahrzunehmen.

   Demgemäß fehlt eine Erstattungsfähigkeit zB dann, wenn der Anwalt in folgenden Eigenschaften auftritt:

   aa) Als Konkursverwalter, Düss MDR **80**, 320, KG Rpfleger **81**, 411 mwN Schlesw SchlHA **79**, 60, LG Mönchengladbach JB **77**, 1736, aM zB Karlsr KTS **78**, 260, Stgt JB **76**, 192;

   bb) als Liquidator, Köln JB **78**, 71 mwN;

   cc) als Nachlaßverwalter, Ffm Rpfleger **80**, 69, Schlesw SchlHA **62**, 271;

   dd) als Testamentsvollstrecker, Stgt AnwBl **80**, 360;

   ee) als sonstiger Vermögensverwalter.

   c) Persönliche Angelegenheit. Der Anwalt, der sich in einer persönlichen Angelegenheit selbst vertritt, II 4, kann grundsätzlich nicht die Kosten eines Verkehrsanwalts erstattet fordern, Düss BB **77**, 1575, Kblz VersR **81**, 865, Mü NJW **72**, 1058. Denn er könnte einen auswärtigen ProzBev mündlich oder schriftlich informieren.

Fischereirecht: S „Spezialrecht".

Gewerblicher Rechtsschutz: S „Spezialrecht".

Hausanwalt: S „Unternehmen".

Informationsreise: Die Kosten eines Verkehrsanwalts sind grundsätzlich jedenfalls bis zur Höhe derjenigen Kosten erstattungsfähig, die für eine Informationsreise der Partei zu dem beim Prozeßgericht zugelassenen ProzBev notwendig sind, zB Bbg JB **76**, 660, Bre Rpfleger **76**, 436, Düss VersR **82**, 102, Mü Rpfleger **79**, 387 und AnwBl **82**, 440, Schlesw SchlHA **82**, 158, Stgt AnwBl **83**, 191. Es kann auch ein geringer Betrag darüber hinaus erstattungsfähig sein, Bbg JB **77**, 1734, Hamm Rpfleger **76**, 105 und VersR **81**, 69, Karlsr AnwBl **82**, 248, Köln AnwBl **80**, 76 und **83**, 189, Schlesw SchlHA **74**, 171. Das gilt insbesondere dann, wenn die Information des ProzBev durch die Partei nur deshalb ausreicht, weil der Verkehrsanwalt vor dem Prozeßbeginn bereits eingeschaltet war, Düss MDR **74**, 1027, KG Rpfleger **73**, 180 und JB **76**, 204, vgl Bbg JB **77**, 1140.

   In einer durchschnittlich schwierigen oder in einer sehr schwierigen Angelegenheit ist also zumindest so viel erstattungsfähig, wie die Partei für eine Reise in jeder Instanz aufwenden muß, Schlesw AnwBl **83**, 92, LG Traunstein AnwBl **77**, 115. Bei einem tatsächlich oder rechtlich schwierigen Fall kann die Erstattungsfähigkeit auch in Höhe derjenigen Beträge bejaht werden, die für mehrere Informationsreisen der Partei zum ProzBev notwendig würden.

Die Erstattungsfähigkeit darf allerdings keineswegs schematisch bejaht werden, sobald die Partei zur Unterrichtung des ProzBev mehr als einen halben Arbeitstag brauchen würde, Kblz MDR **77**, 319, Mü AnwBl **80**, 78 je mwN, vgl Bbg JB **75**, 626 und **76**, 660, freilich auch Bbg JB **75**, 1369, aM Ffm zB JB **78**, 1085 mwN (die Erstattungsfähigkeit sei in einem solchen Fall stets zu bejahen. Diese Auffassung ist von demselben Gericht in Rpfleger **80**, 26 abgeschwächt worden), Ffm AnwBl **83**, 186 (die Erstattungsfähigkeit sei ab ca 40km Entfernung zu bejahen).

In einer einfachen Sache mag nicht einmal ein Betrag in Höhe einer Informationsreise erstattungsfähig sein, Ffm AnwBl **83**, 185, Schlesw SchlHA **78**, 23. Es kommt eben darauf an, ob eine telefonische oder schriftliche Information des ProzBev ausreichen würde, Kblz JB **76**, 96.

Konkursverwalter: S „Eigene Sache. Partei kraft Amts".
Mahnverfahren: S das obige Hauptstichwort „Mahnverfahren".
Milchwirtschaft: S „Spezialrecht".
Nachlaßverwalter: S „Eigene Sache. Partei kraft Amts".
Patent: S „Spezialrecht".
Prozeßkostenhilfe: Soweit eine Beiordnung nach § 121 III erfolgt ist, sind die Kosten des Verkehrsanwalts grds erstattungsfähig, abw Ffm AnwBl **82**, 381, Hamm MDR **83**, 584 mwN. Sie können darüber hinaus erstattungsfähig sein.

S auch „Ehesache".
Ratsgebühr: Stgt AnwBl **82**, 439 hält sie neben den gedachten Kosten einer Informationsreise für erstattungsfähig.
Rechtskundige Partei: S „Eigene Sache", „Unternehmen".
Revision: Die Kosten eines Anwalts, der für die Partei mit dem beim Revisionsgericht zugelassenen ProzBev korrespondiert, sind grundsätzlich nicht erstattungsfähig. Denn ein neues tatsächliches Vorbringen ist grundsätzlich unzulässig, und der beim Revisionsgericht zugelassene ProzBev ist zu einer rechtlichen Beurteilung durchweg ausreichend geeignet, BGH zB Rpfleger **59**, 110, Hbg JB **76**, 472.

Die Erstattungsfähigkeit kann nur ausnahmsweise bejaht werden, etwa in folgenden Fällen: Es ist eine tatsächliche Aufklärung erforderlich, Düss VersR **79**, 86, Hbg JB **76**, 99, LG Hanau AnwBl **80**, 166; es geht um einen schwierigen Briefwechsel des bisherigen Anwalts mit dem Revisionsanwalt über die Aussichten der Revision; es handelt sich um eine außergewöhnlich schwierige Rechtslage, LG Hbg MDR **56**, 559, vgl auch Hbg MDR **54**, 751 (Konkurseröffnung); das Revisionsgericht knüpft an frühere Vergleichsverhandlungen an, KG NJW **72**, 114; bei einem schwierigen Sachverhalt rügt die Revision die Verletzung des § 139, Ffm AnwBl **76**, 219, Mü AnwBl **63**, 339, Zweibr VersR **76**, 475.

Die Kosten einer Stellungnahme des Berufungsanwalts des Revisionsbekl gegenüber dem BGH, zB im Zusammenhang mit einem Verfahren nach § 554b, § 566a, sind grundsätzlich nicht erstattungsfähig, KG MDR **81**, 324, Mü AnwBl **77**, 256 (abl Behnke AnwBl **77**, 309), es sei denn, der Berufungsanwalt hätte die Stellungnahme auf eine Veranlassung des BGH hin abgegeben, vgl (noch zu dem insofern vergleichbaren Verfahren nach dem BGHEntlG) Hamm MDR **72**, 790 und 960, Mü NJW **71**, 149, aM MDR **74**, 441 sowie zum jetzigen Recht Hbg AnwBl **80**, 35, Mü AnwBl **78**, 471; wegen Bayern Mü AnwBl **77**, 309.

Spezialrecht: Selbst ein Allgemeinjurist kann heute oft einen Spezialisten nicht mehr entbehren. Deshalb muß die Erstattungsfähigkeit in einem Fall mit ausgefallenen Rechtsfragen großzügig bejaht werden, vgl Hbg JB **76**, 513, KG GRUR **57**, 398, Kblz VersR **82**, 1173, Mü NJW **66**, 2069 (das Gericht hält eine Beweisgebühr für erstattungsfähig). Freilich darf die Erstattungsfähigkeit auch bei rechtlichen Spezialfragen keineswegs schematisch bejaht werden, Düss BB **76**, 1198, Ffm AnwBl **78**, 314 und Rpfleger **80**, 26, Kblz JB **78**, 1345, Mü AnwBl **82**, 250, Schlesw SchlHA **82**, 60 je mwN, jetzt auch Stgt AnwBl **81**, 196.

Diese Grundsätze sind zB auf folgende Rechtsgebiete anzuwenden: Allgemeine Bedingungen für die Kraftverkehrsversicherung, Kblz VersR **75**, 742; Fischereirecht, Bbg JB **77**, 552, Stgt AnwBl **81**, 196; Betriebsrentenrecht, LAG Düss AnwBl **81**, 505, und zugehöriges Insolvenzrecht, LAG Düss AnwBl **80**, 267; internationales Privat- und Prozeßrecht, Kblz VersR **82**, 1173; Milchwirtschaftsrecht, Nürnb Rpfleger **59**, 29; Patentrecht,

5. Titel. Prozeßkosten § 91 5

vgl zB (allgemein) Hbg JB **76**, 513, Mü AnwBl **64**, 718; spanisches Recht, Kblz VersR **82**, 1173; Waldrecht, aM Stgt AnwBl **81**, 505 (abl Schmidt); Wettbewerbsrecht, vgl zB (allgemein) Hbg JB **76**, 513, Mü AnwBl **64**, 178, abw Kblz Rpfleger **83**, 367.

Streitgenosse: Die Kosten des Verkehrsanwalts eines Streitgenossen können durchaus erstattungsfähig sein, Düss AnwBl **83**, 190 mwN. Es kommt aber auch hier selbst bei einem gemeinsamen Verkehrsanwalt von Fall zu Fall auf die Notwendigkeit seiner Einschaltung an, Celle JB **77**, 66, Hbg JB **77**, 1006, Hamm NJW **71**, 2079, KG JB **78**, 1207, Schlesw SchlHA **79**, 181, großzügiger Mü AnwBl **78**, 237 mwN und Rpfleger **79**, 387. Die Kosten des Verkehrsanwalts sind insoweit erstattungsfähig, als sie nicht diejenigen Kosten übersteigen, die dann angefallen wären, wenn jeder Streitgenosse einen eigenen ProzBev bestellt hätte, Düss AnwBl **82**, 120 mwN, aM Kblz VersR **82**, 657.

Die Erstattungsfähigkeit ist jedenfalls dann zu bejahen, wenn die Bestellung eines gemeinsamen ProzBev durch die Einschaltung des Verkehrsanwalts erleichtert wird, Celle JB **77**, 66, Düss AnwBl **83**, 190 mwN, KG MDR **73**, 324, Mü MDR **76**, 55, ähnlich Schlesw SchlHA **79**, 181, aM zB Hbg JB **77**, 1005 mwN.

Unternehmen: Auch hier kommt es von Fall zu Fall darauf an, ob eine fernmündliche oder schriftliche Unterrichtung des ProzBev zumutbar ist. Dabei müssen unter anderem die Bedeutung des Rechtsstreits und seine tatsächliche oder rechtliche Problematik beachtet werden, ferner die Größe des Unternehmens und damit unter Umständen die Tatsache, daß es über juristisch geschulte Mitarbeiter verfügt, Nürnb AnwBl **80**, 166, Schlesw AnwBl **83**, 92.

Ein größeres Unternehmen kann die Kosten eines Verkehrsanwalts im allgemeinen nicht erstattet fordern, zB Bbg JB **78**, 1336, Düss Rpfleger **77**, 259 (die Entscheidung erging gegenüber einer Allgemeinen Ortskrankenkasse). Auch ein kleineres Unternehmen kann nicht in jeder Alltagsfrage die Erstattung der Kosten eines Verkehrsanwalts fordern, Bbg JB **78**, 73 und 1030, Schlesw SchlHA **74**, 195, Stgt JB **76**, 632.

Die Kosten eines „Hausanwalts" sind keineswegs stets erstattungsfähig, zB Bbg JB **78**, 1022, vgl Celle JB **75**, 775, Hamm AnwBl **79**, 184, Kblz MDR **76**, 761 und JB **78**, 1068 sowie 1343, Mü MDR **78**, 409, Stgt JB **78**, 1205. Andernfalls würde jeder, der ein Unternehmen zum Gegner hat, mit doppelten Kosten rechnen müssen, Schlesw SchlHA **74**, 195, LG Aachen MDR **74**, 240, LG Bayreuth JB **76**, 1379. Auch ein Prozeß von existentieller Bedeutung rechtfertigt nicht automatisch die Hinzuziehung eines „Hausanwalts," Kblz VersR **83**, 44. Auch eine Bank muß im allgemeinen jedenfalls bei einem Rechtsstreit über eine Alltagsfrage ihres Arbeitsgebiets ohne Verkehrsanwalt auskommen, Bbg JB **77**, 1006. Ähnliches gilt zB für ein Versicherungsunternehmen, Kblz Rpfleger **75**, 99, abw Ffm VersR **77**, 921, oder für eine Versorgungskasse, Kblz VersR **75**, 958. Freilich kann ein tatsächlich oder rechtlich schwieriger Prozeß zur Erstattungsfähigkeit der Verkehrsanwaltskosten auch eines solchen Unternehmens führen, Düss BB **76**, 1198, Ffm AnwBl **80**, 263.

Wenn die Zweigniederlassung eines Unternehmens am Prozeßort klagt, sind die Kosten eines Verkehrsanwalts mit dem Sitz am Ort der Hauptverwaltung auch dann nicht erstattungsfähig, wenn der Prozeß in Wahrheit von der Hauptverwaltung geführt wird, Ffm Rpfleger **80**, 157, vgl auch Schlesw SchlHA **80**, 167.

S auch „Auslandsberührung", „Informationsreise", „Spezialrecht" sowie das Hauptstichwort „Umsatzsteuer".

Vergleich: Die Vergleichsgebühr eines Verkehrsanwalts ist in demjenigen Umfang erstattungsfähig, in dem er am Vergleich mitwirken muß, Bbg AnwBl **80**, 298, Ffm AnwBl **82**, 248, Hamm AnwBl **75**, 97 und MDR **82**, 855, KG JB **78**, 1659, vgl LG Hanau AnwBl **80**, 298, abw Kblz MDR **82**, 854, aM Mü MDR **81**, 681.

Vermögensverwalter: S „Eigene Sache. Partei kraft Amts".

Versicherungsgesellschaft: Wenn eine auswärtige Versicherungsgesellschaft für die am Gerichtsort wohnende Partei einen auswärtigen Anwalt benannt hat, sind seine Kosten grundsätzlich nicht erstattungsfähig, Schlesw SchlHA **60**, 25; von diesem Grundsatz kann in einem tatsächlich oder rechtlich schwierigen Fall eine Ausnahme gelten, vgl Ffm AnwBl **80**, 263.

S auch „Mehrheit von Prozeßbevollmächtigten. B".

Vorprozeß: Keine Partei ist verpflichtet, zur Ersparung sonst anfallender Kosten eines Verkehrsanwalts den Anwalt des Vorprozesses stets erneut zum ProzBev zu bestellen, Hbg AnwBl **80**, 372. Die Kosten des Verkehrsanwalts sind erstattungsfähig, wenn er den ProzBev über einen schwierigen Vorprozeß informiert, etwa bei einer Erbauseinandersetzungsfrage, die eine nicht juristisch geschulte Partei nicht übersehen kann, Celle AnwBl

62, 100. Die Erstattungsfähigkeit ist auch dann zu bejahen, wenn der Verkehrsanwalt wegen seiner Beschäftigung mit dem Streitstoff vor dem Prozeß oder in einem anderen Prozeß eine umfassendere Auskunft geben kann als die Partei selbst, Düss MDR **74**, 1027, Kblz VersR **82**, 1173, Stgt AnwBl **76**, 399, vgl auch KG Rpfleger **73**, 180 und JB **76**, 204, insbesondere wenn er aus Anlaß eines Vorprozesses den nachfolgenden Prozeß maßgeblich vorbereitet hat, zB ein Scheidungsverfahren, Düss NJW **76**, 2065 (im letzteren Fall ist die Erstattungsfähigkeit der Verkehrsanwaltskosten ohnehin eher zu bejahen, weil eine oft schwer abschätzbare Zahl notwendiger Rücksprachen vorliegt, KG Rpfleger **75**, 143, insofern aM Hamm Rpfleger **76**, 106 je mwN).

Die Erstattungsfähigkeit ist auch dann zu bejahen, wenn die Bestellung eines gemeinsamen ProzBev durch den Verkehrsanwalt erleichtert wird, Celle JB **77**, 66, Düss Rpfleger **76**, 105 mwN, KG MDR **73**, 324, Mü MDR **76**, 55, ähnlich Schlesw SchlHA **79**, 181, aM zB Hbg JB **77**, 1105 mwN, Hamm NJW **71**, 2079.

Die Erstattungsfähigkeit ist ferner zu bejahen, wenn der Verkehrsanwalt seine Kenntnis durch die Einsicht in Strafakten erworben hat, die der Partei selbst nicht zugänglich waren. Die Erstattungsfähigkeit ist zu bejahen, soweit vorprozessuale Kosten der Partei nahezu ebenso hoch gewesen wären wie die Einschaltung eines Verkehrsanwalts, Bbg JB **77**, 1140.

Natürlich dürfen auch solche Kosten nicht schematisch, sondern nur von Fall zu Fall als erstattungsfähig anerkannt werden, vgl Düss JB **75**, 627. Das gilt insbesondere bei einem einfacheren Sachverhalt, Hamm AnwBl **82**, 378.

Wasserrecht: S „Spezialrecht".

Widerklage: Man darf die Erstattungsfähigkeit von Kosten des Verkehrsanwalts nicht für die Klage und die Widerklage unterschiedlich beurteilen, sofern beide Klagen denselben Sachverhalt betreffen, Stgt JB **76**, 1075.

Zeitaufwand: S „Informationsreise".

Vermiedene Kosten: Soweit durch nicht erstattungsfähige Kosten erstattungsfähige vermieden wurden, ist nur der Mehrbetrag abzusetzen.

Versicherungsgesellschaft: Wenn sie kraft vertraglicher Bindung in Wahrheit den Prozeß führt, dann sind auch ihre Kosten Prozeßkosten, soweit die Partei die Beträge verständigerweise selbst aufgewendet hätte. Das gilt auch für Detektivkosten, soweit sie im eigenen Interesse der Gesellschaft oder im wohlverstandenen (objektiven) Interesse des Versicherungsnehmers aufgewendet wurden, Ffm VersR **78**, 1146 mwN, so im Grunde auch Nürnb VersR **73**, 830. Die Erstattungsfähigkeit ist erst recht für notwendige Aufwendungen der Gesellschaft zu bejahen, etwa wegen eines Gutachtens oder eines Aktenauszugs, Bbg VersR **81**, 74, Ffm Rpfleger **80**, 393 mwN, KG VersR **75**, 51, LG Essen AnwBl **75**, 441, abw Karlsr VersR **80**, 337 mwN.

S auch „Mehrheit von Prozeßbevollmächtigten. B", „Unterrichtung. C. Unterrichtung des Versicherers", „Verkehrsanwalt", „Vorbereitungskosten".

Vorbereitungskosten, vgl auch Üb 2 B b bb, 4 A, 5 vor § 91:
A. Allgemeines. Die Vorbereitungskosten sind in demjenigen Umfang erstattungsfähig, der gerade der Vorbereitung dieses bestimmten Prozesses mit seinen Anträgen dient, Düss JB **76**, 1552, Ffm MDR **58**, 932, LG Mainz WM **79**, 251 mwN, vgl auch BSG AnwBl **77**, 249 mwN, Bachmann NJW **78**, 867, aM Hamm JB **78**, 386. Eine solche Sachdienlichkeit ist aus Gründen der Prozeßwirtschaftlichkeit, Einl III 3 A, Grdz 2 F vor § 128, großzügig zu bejahen, BPatG GRUR **80**, 987, KG MDR **74**, 938, grundsätzlich ebenso LG Bückebg ZMR **79**, 19, von Eicken Festschrift für Schmidt (1981) 32, einschränkend Ffm BB **80**, 602 (viel zu eng), Karlsr VersR **80**, 337, Kblz MDR **74**, 1028, Schlesw SchlHA **80**, 219, LG Mainz WM **79**, 251, kritisch Schneider MDR **75**, 325. Die Maßnahme muß natürlich im Einzelfall zur Rechtsverfolgung erforderlich sein, zB BPatG GRUR **80**, 987, KG MDR **76**, 670, Mü MDR **76**, 670 und 846 (Testkauf), LG Mannh WM **73**, 211, und in einem vernünftigen Verhältnis zur Sache stehen, insofern in Wahrheit ebenso BPatG GRUR **80**, 987 (es stellt auf die Angemessenheit ab). Denn II bezieht sich nur auf das eigentliche Prozeßverfahren, Ulrich MDR **73**, 560.

B. Einzelfragen. Nach den Regeln A lassen sich im Einzelfall etwa folgende Feststellungen treffen:

Aktenauszug: Die Kosten der Beschaffung eines Auszugs aus einer Akte, LG Ffm VersR **82**, 809, AG Mainz VersR **77**, 263, oder aus einem Register sind grundsätzlich erstattungsfähig.

Arrest, einstweilige Verfügung: Wegen der Erstattungsfähigkeit der Kosten einer Schutzschrift, die vor dem Beginn eines Verfahrens auf den Erlaß einer einstweiligen

Verfügung angefertigt bzw beim Gericht eingereicht wurde, vgl Ffm MDR **78**, 675, Hbg Rpfleger **79**, 28.

S auch „Gutachten".

Beratung: Die Kosten der Beratung durch einen Anwalt dazu, welches auswärtige Gericht zuständig und welcher dort zugelassene Anwalt auszuwählen ist, sind zumindest in der Höhe einer Beratungsgebühr erstattungsfähig, Düss MDR **83**, 760 mwN. Die Kosten der Beratung durch einen Anwalt dazu, ob sich der Bekl auf den bevorstehenden Prozeß einlassen soll, sind erstattungsfähig, Mü AnwBl **58**, 97, LG Mannh MDR **73**, 676 (betr eine Rechtsschutzversicherung), AG Marbg VersR **74**, 71 (betr eine Kaskoversicherung), allerdings nur insoweit, als der zugrunde liegende Anspruch auch begründet ist, BGH NJW **70**, 1122, LG Duisb VersR **73**, 866. Anwaltskosten für vorprozessuale Verhandlungen sind aber nicht automatisch erstattungsfähig, Kblz MDR **74**, 1028, Schneider MDR **75**, 325, aM Karlsr **KR** § 52 BRAGO Nr 17.

Besichtigung: Die Kosten einer Reise zum Unfallort zum Zweck der Besichtigung der Unfallstelle sind grundsätzlich erstattungsfähig.

Detektiv: Die Kosten eines Detektivs sind auch im Rahmen der Vorbereitung eines Rechtsstreits grundsätzlich erstattungsfähig, ArbG Gelsenkirchen BB **74**, 1443.

S auch „Ermittlungen der Partei".

Fahndungsanzeige: Die Kosten einer Fahndungsanzeige nebst einer Auslobung in einer Zeitung sind grundsätzlich nicht erstattungsfähig, KG MDR **78**, 762.

Foto: Wegen der Erstattungsfähigkeit von Fotokosten zur Vorbereitung des Prozesses Crämer AnwBl **77**, 50 (Übersicht).

Gutachten: Die Kosten von Arbeiten der Partei zur Vorbereitung einer Begutachtung, etwa von Arbeiten zur Freilegung eines Mauerwerks, sind grundsätzlich erstattungsfähig, KG Rpfleger **81**, 203, und zwar auch in Höhe der üblichen Vergütung, soweit sie zum Geschäftsbereich der Partei zählen und deren gewöhnlichen, zumutbaren Prozeßaufwand übersteigen, Schlesw JB **79**, 1589, insofern aM KG Rpfleger **81**, 203.

Die Kosten eines vor dem Prozeß erstatteten Privatgutachtens können durchaus erstattungsfähig sein. In diesem Zusammenhang muß der Grundsatz der Waffengleichheit für beide Parteien beachtet werden. Er kann es erforderlich machen, die Erstattungsfähigkeit dann zu bejahen, wenn der Gegner auf dem betreffenden Sachgebiet kundig ist, Mü NJW **72**, 2273.

Erstattungsfähig können also die Kosten eines Privatgutachtens sein, das man zur Beurteilung der Prozeßaussichten einholt, BGH **28**, 308, Bre VersR **82**, 362, Düss VersR **77**, 746, Hamm MDR **79**, 234 (das Gericht bejaht die Erstattungsfähigkeit im Verfahren auf den Erlaß eines Arrests oder einer einstweiligen Verfügung großzügig), Schiffahrtsobergericht Karlsr MDR **76**, 670, Kblz VersR **76**, 1051, Schlesw MDR **73**, 1030, Stgt JB **76**, 1695 und VersR **79**, 849, vgl Mü NJW **72**, 2273 und Rpfleger **76**, 218 mwN, krit Hamm JB **76**, 94.

Soweit nach den vorstehenden Regeln eine Erstattungsfähigkeit zu bejahen ist, besteht sie auch dann, wenn das Gutachten den Ausgang des nachfolgenden Prozesses nicht beeinflußt, aM Hamm NJW **73**, 289, LG Baden-Baden ZMR **80**, 153, LG Brschw MDR **79**, 320, LG Bre ZMR **79**, 20, LG Heidelb WM **80**, 32.

Die Kosten eines Privatgutachtens können erstattungsfähig sein, wenn es von einer Versicherungsgesellschaft vor dem Prozeß eingeholt worden ist, Bre VersR **82**, 362. Düss VersR **73**, 863, Ffm VersR **81**, 69 mwN, LG Baden-Baden VersR **77**, 66, abw Karlsr VersR **80**, 337 (abl Hoenicke VersR **83**, 104), aM KG VersR **80**, 387. Eine Erstattungsfähigkeit besteht auch dann, wenn die Versicherungsgesellschaft das Gutachten während eines Strafverfahrens mit Rücksicht auf einen bestimmt gegen den Versicherten zu erwartenden Schadensersatzprozeß eingeholt hat, Brschw VersR **63**, 393. In diesem Fall sind auf die Höhe des erstattungsfähigen Betrags die Regeln des ZSEG als Richtsätze anwendbar, vgl Düss NJW **59**, 2314, Kblz VersR **76**, 1051, LG Mainz VersR **74**, 916.

Wenn man im Zeitpunkt der Einholung des Privatgutachtens noch keineswegs an einen Prozeß denken konnte, kann man die Kosten dieses Gutachtens unter Umständen zusammen mit der Klageforderung geltend machen, Celle NJW **62**, 1778; vgl auch Schneider MDR **65**, 963 (er hält grundsätzlich nur diesen Weg für gangbar, wenn es um die Kosten eines Privatgutachtens geht, das man vor der Erhebung der Klage eingeholt hat, und er hält diesen Weg auch für zweckmäßig).

Nicht erstattungsfähig sind: Die Kosten eines nach § 2 MHG vor einer Mieterhöhungsforderung eingeholten Privatgutachtens, LG Bln MDR **80**, 497, LG Bielefeld Rpfleger **81**, 70, LG Ellwangen MDR **81**, 232, Wiek WM **81**, 170 je mwN, aM zB LG Mü MDR **79**, 403; die Kosten eines Privatgutachtens bei § 93 c, Hamm Rpfleger **79**, 142.

Konkursverfahren: Die Kosten eines dem Rechtsstreit vorangegangenen Konkursverfahrens sind in der Regel nicht erstattungsfähig, KG JB **76**, 1103.

Kündigung: Die Kosten einer vorprozessualen Kündigung sind regelmäßig nicht erstattungsfähig. Denn die Kündigung macht den Klaganspruch meist erst fällig, vgl LG Bückebg ZMR **79**, 20.

Mahnung: Die Kosten einer vorprozessualen Mahnung, Abmahnung usw, etwa auf Grund eines Testkaufs einschließlich seiner Kosten wegen eines unlauteren Wettbewerbs, sind erstattungsfähig, BGH **52**, 393, KG MDR **76**, 670, Kblz VersR **80**, 433, grds auch LG Nürnb-Fürth AnwBl **83**, 237, abw Düss VersR **83**, 1148, Loritz GRUR **81**, 891, aM Düss Rpfleger **82**, 352, Hamm Rpfleger **74**, 202, Kblz Rpfleger **81**, 865, vgl aber auch oben „Bearbeitung des Prozesses", § 93 Anm 5 „Wettbewerbssache".

Patentrecherchen: Ob Ermittlungen nach dem vorveröffentlichten Stand der Technik notwendig waren, ist nach einem großzügigen Maßstab anhand des Angemessenen aus der Sicht des Zeitpunkts der Einleitung der Ermittlungen zu beurteilen, BPatG GRUR **80**, 986.

Prozeßkostenhilfe: Die Kosten des Anwalts derjenigen Partei, die einen Antrag auf die Bewilligung einer Prozeßkostenhilfe gestellt hat, sind erstattungsfähig, wenn sich ein Prozeß anschließt, Karlsr AnwBl **80**, 198, Schlesw SchlHA **80**, 166 je mwN. Vgl aber zunächst die §§ 37 Z 3, 13 I, II, 51 BRAGO.

Schiedsgerichtsverfahren: Die Kosten eines Schiedsgerichtsverfahrens sind grundsätzlich nicht erstattungsfähig. Das gilt auch für die Kosten eines vorprozessualen Schiedsgutachtens, Mü JB **78**, 1074 mwN. Erstattungsfähig sind allenfalls die Kosten des während eines Schiedsgerichtsverfahrens eingeholten und im anschließenden Prozeß verwerteten Gutachtens, Hamm Rpfleger **73**, 369.

Verwaltungsverfahren: Die Kosten eines notwendigerweise vorgeschalteten Verwaltungsverfahrens sind erstattungsfähig, BGH **28**, 307, Mü NJW **76**, 429, falls man sie als Kosten des Rechtsstreits ansehen kann, Anm 3 B d, aM Ffm AnwBl **77**, 311 mwN.

Mit Rücksicht auf die Entstehungsgeschichte sind aber in einer Baulandsache die Kosten eines vorangegangenen Enteignungsverfahrens nicht erstattungsfähig, BGH **31**, 233. Nicht erstattungsfähig sind auch die Kosten eines Bevollmächtigten bei einem Sieg im steuerrechtlichen Vorverfahren, BVerfG **35**, 283, und zwar auch dann nicht, wenn man nur den Kostenteil der Einspruchsentscheidung des Finanzamts angefochten hat, BFH BB **73**, 1153.

Vorschuß einer Partei an die andere: S § 103 Anm 1 B.

Zeitversäumnis: Erstattungsfähig sind die Kosten notwendiger Reisen (zum Begriff Köln Rpfleger **76**, 141 mwN), vgl Ffm JZ **77**, 97, auch einer notwendigen Informationsreise, so grundsätzlich richtig Kblz MDR **82**, 590, und die Kosten einer notwendigen Terminswahrnehmung, Düss Rpfleger **74**, 232, und zwar auch dann, wenn ein Mitarbeiter der Partei den Termin wahrnimmt, Hbg MDR **74**, 590, Kblz JB **77**, 1004, Mü NJW **73**, 1375, aM Hamm Rpfleger **78**, 420, LG Essen MDR **77**, 320 mwN, wohl auch OVG Kblz NJW **82**, 1115. Dabei sind aus dem ZSEG dessen § 2, KG Rpfleger **83**, 172 mwN (evtl nur dessen III), auch zugunsten eines „Hausmanns", LG Mannh MDR **77**, 1026, LG Weiden Rpfleger **77**, 339, ferner die §§ 8, 11 und 13 anwendbar, vgl § 91 I ZPO. Der Ausfall im Betrieb rechtfertigt freilich nicht stets die Annahme eines Verdienstausfalls, im Ergebnis aM Kblz MDR **82**, 590. Mit einer Vertagung braucht im allgemeinen keine Partei im voraus zu rechnen.

Die einer mittellosen Partei im Fall der Anordnung ihres persönlichen Erscheinens gewährten Reisekosten sind erstattungsfähige Gerichtskosten, KV 1907. Der Bundesbahn als Partei ist ein Betrag zu erstatten, den einer ihrer Beamten für eine notwendige Reise hätte aufwenden müssen, wenn er keinen Freifahrschein erhalten hätte, Mü Rpfleger **57**, 423. Der Partei ist unter Umständen auch der Aufwand einer Reise im Kraftfahrzeug oder Flugzeug zu erstatten. Erstattungsfähig sind auch die Kosten der Bereitstellung eines Beweisgegenstands, etwa der Kosten der Vorführung eines Lastzugs.

Über die vorgenannten Fälle hinaus ist keine Erstattung möglich. Nicht erstattet werden also zB: Die Kosten der Bearbeitung des Prozesses, LG Düss VersR **79**, 193, Wollschläger NJW **76**, 15, vgl BGH **66**, 114 und **75**, 235; die Kosten zur sonstigen Vorbereitung eines Ortstermins, KG JB **78**, 1248; die Reisekosten eines Vertreters von einem anderen Ort her, sofern die Firma an einem ihrer Gerichtsstände nach den §§ 17, 19, 21 verklagt worden ist, Bbg JB **76**, 90, Mü NJW **69**, 1036.

S auch „Terminswahrnehmung", „Unterrichtung".

Zeuge und Sachverständiger: Wegen seiner Ermittlung s „Ermittlungskosten". Die Kosten einer Belohnung oder Auslobung für die Benennung eines Zeugen sind erstattungsfähig, falls die Partei diese Maßnahme zB wegen des Verhaltens des Gegners für nötig halten darf, Kblz NJW **75**, 173. Im übrigen sind die Kosten insoweit erstattungsfähig, als die Gestellung des Zeugen oder Sachverständigen zu einer zweckentsprechenden Rechtsverfolgung oder Rechtsverteidigung notwendig ist, etwa im Verfahren auf den Erlaß einer einstweiligen Verfügung, Hamm JB **75**, 75, abw Ffm JB **77**, 555 (nach der Ansicht dieses Gerichts handelt es sich auch dann um eine nur von Fall zu Fall zu entscheidende Frage), Ffm VersR **83**, 841 (erstattungsfähig sei auch dann nur der nach dem ZSEG gezahlte Betrag). Erstattungsfähig sind die einem Zeugen von der Partei im Rahmen des ZSEG gezahlten Auslagen und Entschädigungen (also nicht höhere, Hbg MDR **75**, 500, KG NJW **75**, 1423), durch die ein Gebührenverzicht des Zeugen erwirkt wurde, KG NJW **75**, 1423 mwN, aM zB Bbg JZ **77**, 1619 mwN. Wegen der Kosten eines ausgebliebenen Zeugen vgl § 380 Anm 1 C b.

Nicht erstattungsfähig sind die Kosten einer privaten Zeugenanhörung. Denn ein solches Vorgehen ist nicht zweckmäßig, weil eine Zeugenvernehmung grundsätzlich allein dem Gericht vorbehalten ist, Ffm MDR **55**, 305.

Zustellung: Die Mehrkosten der Zustellung durch einen Gerichtsvollzieher sind erstattungsfähig, soweit die Zustellung andernfalls von Anwalt zu Anwalt erfolgt wäre und soweit die zustellende Partei ein berechtigtes sachliches Interesse an einer schnellen und sicheren Zustellung hat, etwa bei der Zustellung einer einstweiligen Verfügung, KG Rpfleger **81**, 121 mwN, oder bei einem berechtigten Zweifel an der Zuverlässigkeit desjenigen gegnerischen Anwalts, der das Empfangsbekenntnis einer Zustellung von Anwalt zu Anwalt ausstellen müßte, KG Rpfleger **81**, 121.

Die Mehrkosten der Zustellung durch einen Gerichtsvollzieher sind nicht erstattungsfähig, soweit die Zustellung andernfalls durch die Post erfolgt wäre, § 197, vgl auch LG Mosbach AnwBl **63**, 146.

Zwangsvollstreckung: S § 788 Anm 5.

6) *VwGO:* *I 1 und II 1 (1. Halbsatz) sind in § 154 I, § 162 I und II VwGO übernommen; zu erstatten sind nur notwendige Kosten, OVG Münst **KR** § 162 VwGO Nr 51, VGH Mü RiA **81**, 138. Ergänzend anwendbar, § 173 VwGO, sind I 2, OVG Münster NJW **64**, 2128, VGH Mü BayVBl **75**, 29, und die weiteren Bestimmungen in II, die auf den allgemein geltenden Grundsatz beruhen, daß Kosten niedrig zu halten sind, Anm 4 B, vgl Ule § 162 Anm I 2. Zur Erstattung von Reisekosten des auswärtigen RA, Anm 5 „Rechtsanwalt", vgl Hartmann § 28 BRAGO Anm 6 E, RedOe § 162 Anm 11 mwN; zur Erstattung der Kosten mehrerer RAe, II 3, vgl RedOe § 162 Anm 12 und VGH Kassel NJW **69**, 1640. Auch II 4 (RA in eigener Sache) ist entsprechend anwendbar, SchCl S 513 (vgl auch BFH NJW **69**, 951 u BStBl **72** II 94), auch für die Kosten des Vorverfahrens, Kopp § 162 Rdz 19; Hartmann § 119 BRAGO Anm 5 D, beide mwN, str, aM ua RedOe § 162 Anm 13a, OVG Münst JB **78**, 1334 mwN, VGH Mü NJW **78**, 2414 mwN m abl Anm Czermak BayVBl **78**, 704; II 4 gilt nicht für Hochschullehrer, OVG Münst NJW **76**, 1333. Kosten, Anm 4, sind auch im VerwProzeß die gesetzlichen Gebühren und Auslagen, OVG Münst NJW **69**, 709; die Notwendigkeit der Zuziehung eines RA ist nicht zu prüfen, RedOe § 162 Anm 10.*

91 a *Erledigung der Hauptsache.*

[I] Haben die Parteien den Rechtsstreit in der Hauptsache für erledigt erklärt, so entscheidet das Gericht über die Kosten unter Berücksichtigung des bisherigen Sach- und Streitstandes nach billigem Ermessen. Die Entscheidung ergeht durch Beschluß.

[II] Gegen die Entscheidung findet sofortige Beschwerde statt. Vor der Entscheidung über die Beschwerde ist der Gegner zu hören.

Schrifttum: Ansorge, Die einseitige Erledigungserklärung im Zivilprozeß, Diss Köln 1973; Baur, Bemerkungen zu einigen atypischen Prozeßlagen, Festschrift für Liebmann (1979) 109; Buhl, Die Kostenentscheidung bei gemeinsamer Anzeige einer Erledigung der Hauptsache, Diss Regensb 1970; Kannengießer, Der Antrag, die Hauptsache für erledigt zu erklären, Diss Würzb 1973; Lüke, Zur Erledigung der Hauptsache, Festschrift für Weber (1975) 323; Schiller, Klageerneuerung nach Erledigung des Rechtsstreits in der Hauptsache im Zivilprozeß, Diss Bonn 1979; Temming, Der Einfluß der Erledigungserklärung auf die Rechtshängigkeit, Diss Ffm 1971; Ulmer, Die einseitige Erklärung der Hauptsache und der Erledigungsantrag, Diss Heidelb 1961.

Gliederung

1) **Allgemeines**
2) **Erledigung der Hauptsache**
   A. Grundsatz
      a) Vor einer Anhängigkeit
      b) Anhängigkeit
      c) Rechtshängigkeit
   B. Erledigungserklärung
   C. Beiderseitige Erledigungserklärungen
   D. Einseitige Erledigungserklärung des Klägers
      a) Allgemeines
      b) Feststellung der Erledigung
      c) Unzulässigkeit oder Unbegründetheit der Klage
   E. Einseitige Erledigungserklärung des Beklagten
3) **Kostenentscheidung, I**
   A. Ermessen
      a) Allgemeines
      b) Prüfung der Erfolgsaussichten
      c) Bisheriger Sach- und Streitstand
      d) Teilerledigung
   B. Entscheidung
4) **Erledigung während einer höheren Instanz**
5) **Rechtsmittel, II**
   A. Allgemeines
   B. Weitere Einzelheiten
6) *VwGO*

1) **Allgemeines.** Die ZPO enthält für den Fall einer Erledigung der Hauptsache keine besondere Regelung der Kostenfrage, wenn man von § 99 absieht, der nur die Anfechtbarkeit der Kostenentscheidung betrifft. § 91a soll denjenigen Kläger, dessen Klage zunächst begründet war, dann vor unerwarteten Kostenfolgen schützen, wenn die Klage durch ein Ereignis ihre Grundlage verliert, das erst nach der Klagerhebung eingetreten ist, Mü JB **76**, 969. Das Gesetz regelt aber nur den Fall der übereinstimmenden Erledigungserklärungen beider Parteien. Der andere Fall, nach dem nur eine Partei die Hauptsache für erledigt erklärt, ist ungeregelt geblieben.

Rechtslehre und Rechtsprechung haben diese Lücke ausgefüllt. Allerdings gibt es zu den vielen auftretenden Fragen die unterschiedlichsten Meinungen. Auch in der Praxis hat sich keine einheitliche Meinung durchgesetzt, Beuermann DRiZ **78**, 312.

§ 91a ist auch in folgenden Fällen anwendbar: Wenn die Parteien in einem Vergleich keine Kostenregelung getroffen und überdies die Anwendbarkeit des § 98 ausgeschlossen haben, § 98 Anm 2 A; im Verfahren auf den Erlaß eines Arrests oder einer einstweiligen Verfügung, Ffm NJW **60**, 251, vgl auch grundsätzlich Hamm MDR **79**, 407; im Beschwerdeverfahren, Ulrich GRUR **82**, 15; im Erinnerungsverfahren nach § 766, Hamm JZ **57**, 23; in einem Vollstreckungsverfahren nach § 888, Mü MDR **64**, 769, oder nach § 890, Ffm MDR **78**, 411 mwN. Zum Wettbewerbsprozeß Ulrich GRUR **82**, 14 (ausf).

§ 91a ist nicht anwendbar, wenn nur der Kostenpunkt „in der Hauptsache" für erledigt erklärt werden soll, Köln NJW **66**, 601. Wenn die Parteien übereinstimmend auf Grund eines außergerichtlichen Vergleichs erklären, sie hätten sich auch über die Kosten außergerichtlich geeinigt, ist § 91a ebenfalls unanwendbar. Denn in diesem Fall haben die Parteien den Kostenstreit schon selbst erledigt, § 98, BGH MDR **70**, 46, Hamm AnwBl **82**, 73 mwN, Wiecz C I a 2, aM Bre MDR **79**, 500, StJL Rdz 30. Wegen der Kosten eines erledigten Beweissicherungsverfahrens Üb 2 vor § 485. § 93 ist vorrangig, BGH FamRZ **83**, 683.

Die §§ 619, 640 enthalten jeweils eine besondere Regelung. Stgt FamRZ **73**, 466 nimmt eine Erledigung des Antrags auf die Zahlung eines Regelunterhalts von Amts wegen an, wenn ein Abstammungsantrag erledigt ist, zB infolge eines Todesfalls.

§ 91a ist entsprechend in folgenden Fällen anwendbar: Im Verfahren nach § 111 BNotO, BGH DNotZ **73**, 438; im Verfahren nach den §§ 90, 91 BRAO, BGH **66**, 299; im Verfahren nach § 40 II PatG, BPatG BRUR **78**, 40; im Verfahren zur Eröffnung des Konkurses, LG Bln Rpfleger **78**, 379; in einer Baulandsache, Kblz NJW **83**, 2036. In einem Verfahren der freiwilligen Gerichtsbarkeit gilt § 13a I 1 FGG, Bbg FamRZ **82**, 398, Schlesw SchlHA **78**, 57. Wegen des arbeitsgerichtlichen Beschlußverfahrens vgl LAG Bln BB **76**, 420, Lepke DB **75**, 1938 und 1988.

2) **Erledigung der Hauptsache. A. Grundsatz.** Die Erledigung der Hauptsache tritt durch ein Ereignis ein, das den Kläger daran hindert, die bisher begründete Klageforderung weiter geltend zu machen, BGH NJW **81**, 686. Diese Situation kann auch zB durch den Verlust der Rechtsfähigkeit eintreten, BGH NJW **82**, 238 (zustm Grundmann JR **82**, 104), nicht aber zB dadurch, daß der Bekl dem gemäß, § 2 III 2 Hs 1 MHG im Prozeß nachgeholten Mieterhöhungsverlangen in der Frist des § 2 III 2 Hs 2 MHG zustimmt. Denn dann war die Klage zu keinem Zeitpunkt begründet.

Es muß also bereits eine Hauptsache bestehen. Es muß bereits ein „Sach- und Streitstand" vorliegen. Das erledigende Ereignis darf sich erst nach dem Beginn dieses Stadiums ereignen.

5. Titel. Prozeßkosten § 91a 2 A

Aus diesem Grunde sind folgende drei Stadien zu unterscheiden:
a) Vor einer Anhängigkeit. Wenn die Klage noch nicht beim Gericht eingereicht wurde, ist der Rechtsstreit noch nicht anhängig, geschweigedenn rechtshängig. Dabei ist zwischen der Klageschrift und der Klagebegründung zu unterscheiden. Solange die Klageschrift fehlt, besteht keine Anhängigkeit. Wenn nur die Klagebegründung fehlt, kann wenigstens eine Anhängigkeit, darüber hinaus aber auch eine Rechtshängigkeit bestehen.

Im Stadium vor der Anhängigkeit liegt weder ein Sach- und Streitstand noch eine Hauptsache vor. Ein Ereignis, das den Kläger daran hindert, seine Forderung weiterhin gerichtlich zu verfolgen, ist daher keineswegs ein erledigendes Ereignis nach § 91a. Es fehlt noch das Prozeßrechtsverhältnis. Prozeßwirtschaftliche Erwägungen können an diesem Ergebnis nichts ändern. Sie würden nur tragende prozessuale Grundsätze verwischen.

Deshalb ist § 91a in diesem Stadium weder direkt anwendbar, aM Nürnb NJW **75**, 2206, noch entsprechend anwendbar, Bücking ZZP **88**, 317 mwN, aM Reinelt NJW **74**, 344. Ebensowenig ist in diesem Stadium § 93 entsprechend anwendbar, aM Haubelt ZZP **89**, 196.

Freilich mag der Kläger einen sachlichrechtlichen Schadensersatzanspruch haben, etwa aus dem Gesichtspunkt eines Verzugsschadens. Er mag diesen Anspruch im Weg einer besonderen Klage geltend machen können. Für eine Entscheidung nach § 91a in einem in Wahrheit ja erst bevorstehenden Prozeß ist aber kein Raum.

Ein solcher Fall kann zB dann eintreten, wenn der Antragsteller die Bewilligung einer Prozeßkostenhilfe begehrt und einen ausdrücklich als bloßen Klagentwurf bezeichneten Schriftsatz beilegt, dessen Bearbeitung er ausdrücklich oder erkennbar erst nach einer ihm günstigen Entscheidung über die Prozeßkostenhilfe begehrt. Wenn das Gericht den Entwurf freilich gleichwohl bereits als eine Klageschrift behandelt und ihn dem Gegner als eine solche und nicht nur im Rahmen des Antrags auf die Bewilligung der Prozeßkostenhilfe übersandt hat, mag bereits das Stadium der Anhängigkeit und sogar der Rechtshängigkeit eingetreten sein, b, c.

b) Anhängigkeit. Von dem Augenblick der Einreichung einer Klageschrift an bis zum Zeitpunkt der Klagerhebung, § 261 I, also bis zum Zeitpunkt der Zustellung der Klageschrift, § 253 I, ist die Sache zwar anhängig, aber noch nicht rechtshängig. Auch in diesem Stadium besteht deshalb noch kein Prozeßrechtsverhältnis und deshalb weder ein ,,Sach- und Streitstand" noch eine Hauptsache. Ein Ereignis, das eine Partei daran hindert, die Sachentscheidung des Gerichts herbeizuführen, ist daher kein erledigendes Ereignis. Auch für dieses Stadium müssen prozeßwirtschaftliche Erwägungen außer Betracht bleiben, weil sie auch hier tragende prozessuale Grundsätze übergehen würden, vgl Üb 4 A vor § 91. Wie hier zB BGH (5. ZS) **83**, 14 mwN, BFH NJW **77**, 80, KG Rpfleger **82**, 353, Köln (5. ZS) VersR **82**, 808, Nürnb JB **78**, 745 je mwN, offen BPatG GRUR **81**, 819, abw BGH (3. ZS) **21**, 298, aM zB Hamm MDR **80**, 854, KG JR **80**, 420 (krit Grundmann), Köln (13. ZS) VersR **80**, 463 und (16. ZS) FamRZ **81**, 487 mwN, vgl Brschw OLGZ **67**, 179, Hamm MDR **79**, 941, Blomeyer NJW **82**, 2752.

Zu Unrecht begnügen sich BGH **21**, 298, Schlesw SchlHA **80**, 199 mit übereinstimmenden Erledigungserklärungen der Parteien; ebenso unberechtigt läßt Mü NJW **79**, 274 sogar eine Erledigungserklärung des Klägers und eine zulässige und begründete Klageschrift ausreichen, insofern offen Schlesw SchlHA **80**, 199. Denn in diesem Stadium der bloßen Anhängigkeit sind weder bereits zwei ,,Parteien" vorhanden noch besteht eben vor der Klagezustellung ein Prozeßrechtsverhältnis. Nur einem solchen Prozeßrechtsverhältnis kann aber eine Kostenentscheidung zwischen den Parteien entspringen, Üb 3 B vor § 91, Lent NJW **55**, 1194, Ostendorf DRiZ **77**, 388, aM Blomeyer NJW **82**, 2751.

Zu diesem Stadium gehören zB folgende Fälle: Die Klageschrift ist wirksam als solche eingereicht worden, aber aus irgendeinem Grund noch nicht zugestellt worden, mag auch ein Zustellungsversuch stattgefunden haben; trotz § 920 Anm 1 B auch: Beim Gericht ist ein Antrag auf den Erlaß eines Arrestes oder einer einstweiligen Verfügung eingereicht worden, das Gericht hat aber die beabsichtigte Aufforderung an den Antragsgegner, sich zu dem Antrag zu äußern, oder eine beabsichtigte Ladung zu einer mündlichen Verhandlung über den Antrag noch nicht zugehen lassen, LG Hbg NJW **62**, 160; der Antragsgegner hat in einem vorläufigen Verfahren zufällig von dem Antrag gehört, Mü NJW **55**, 1803, aM Ffm NJW **55**, 1194 (abl Lent), Hbg MDR **77**, 498, Köln NJW **73**, 207 und 2071. Es reicht auch nicht aus, daß sich der Antragsgegner oder Bekl an der Erledigungserklärung des Antragstellers oder Klägers beteiligt, aM Deubner JuS **62**, 206, wohl auch Celle OLGZ **65**, 178. Ebensowenig reicht es aus, daß der Kläger die Verfahrensgebühr nach § 65 GKG noch nicht bezahlt hat.

Solange die Klage nicht zugestellt wurde, kommt eine Erledigung der Hauptsache nicht in Betracht, sondern muß allenfalls wegen des zugrundeliegenden sachlichrechtlichen Anspruchs, etwa eines Verzugsschadens, eine bezifferte (evtl neue) Klage erhoben werden, Üb 4 A vor § 91, Mü NJW **76**, 974, LG Mannh ZWR **78**, 54, ThP 7 a bb, aM zB Düss MDR **62**, 137. Der Rechtsstreit kann auch nicht etwa nur wegen der Kosten fortgeführt werden, § 99 I, Köln NJW **78**, 112.

c) Rechtshängigkeit. Nach dem Eintritt der Rechtshängigkeit, §§ 261 I, 253 I, sind das Prozeßrechtsverhältnis, ein Sach- und Streitstand und eine Hauptsache entstanden. Jetzt kann ein Ereignis zur Erledigung der Hauptsache führen. Eine Erledigung kann auch in folgendem Fall vorliegen: Das Gericht hat auf Grund eines Antrags eine Anordnung nach § 926 I auf die Erhebung einer Klage zur Hauptsache getroffen, das fragliche Ereignis tritt aber ein, bevor diese Klage erhoben worden ist, Ffm NJW **60**, 251. Etwas anderes gilt aber dann, wenn der Antragsgegner nur zufällig von einem solchen Gesuch hört, Mü NJW **55**, 1803.

Keine Erledigung der Hauptsache liegt in folgenden Fällen vor: Der Kläger hat eine Stufenklage nach § 254 erhoben und läßt nun den Anspruch auf eine Auskunft und auf eine Rechnungslegung fallen, um zur Leistungsklage überzugehen, Kblz NJW **63**, 912; der Kläger betreibt gegenüber dem Bekl die Zwangsvollstreckung, der Bekl leistet nun, um der Vollstreckung zu entgehen, wendet sich aber nach wie vor gegen den Anspruch, BAG BB **75**, 842, Nürnb OLGZ **73**, 40, vgl Hamm NJW **75**, 1843 und VersR **76**, 724 (vgl aber BGH LM Nr **4**: Zahlung durch einen Dritten); der Bekl macht die Einrede der Verjährung geltend, Hamm BB **79**, 1378; vgl auch Hbg MDR **58**, 249 (in jenem Fall zahlte der Bekl, obwohl sich nichts geändert hatte, das Gericht wendet § 307 entspr an).

Eine „Erledigungs"-Erklärung nur wegen des Kostenrisikos ist eine Klagrücknahme, VGH Mannh NJW **74**, 964 (abl Czermak NJW **74**, 1478). Wenn der Bekl eine leugnende Feststellungswiderklage in der Revisionsinstanz verfolgt und der Kläger nunmehr eine Leistungswiderklage erhebt, ist die Feststellungswiderklage nicht erledigt. Denn wenn der Widerkläger siegen würde, dann stünde fest, daß die Leistungsklage von vornherein unbegründet war, BGH NJW **68**, 50; in jenem Fall sind nicht § 91 a, sondern die übrigen Kostenbestimmungen anzuwenden.

Wenn ein Antrag nach § 926 II vorliegt und der Schuldner gezahlt hat, der Gläubiger ihn alsdann von der Arrestlast befreit hat, dann ist die Hauptsache erledigt, § 926 Anm 2 A c.

B. Erledigungserklärung. Die Erklärung ist dem Gericht gegenüber abzugeben. Die Abgabe erfolgt grundsätzlich mündlich, § 128 I. Man kann seine schriftliche Erklärung also bis zur mündlichen Verhandlung zurücknehmen, BGH NJW **68**, 992, LG Nürnb-Fürth NJW **81**, 2587 mwN, aM zB LAG Hamm NJW **72**, 2063. Im schriftlichen Verfahren ist natürlich eine schriftliche Erklärung notwendig und ausreichend, § 128 II, III, ebenso im schriftlichen Vorverfahren, Grdz 4 A vor § 128, Nürnb MDR **82**, 943. Der Kläger braucht sich nicht der Worte des Gesetzes zu bedienen. Es reicht aus, daß er eine Erklärung abgibt, die nur im Sinn einer Erledigungserklärung ausgelegt werden kann, vgl auch BFH BB **79**, 1595. Auch der Bekl, der sich der Erledigungserklärung des Klägers anschließen will, braucht nicht die Worte des Gesetzes zu benutzen. Jede Partei kann ihre Erklärung sogar stillschweigend abgeben, vgl BGH **21**, 298. Aus dem Verhalten des Bekl muß sich natürlich ergeben, daß er gegenüber der Erledigungserklärung des Klägers keinen Widerspruch erheben will, Ffm MDR **77**, 56 (dort zu großzügig ausgelegt).

Wenn keine der beiden Parteien einen Antrag zur Hauptsache stellt, können bereits übereinstimmende Erledigungserklärungen anzunehmen sein. Freilich empfiehlt sich ein Verhandeln ohne jeden Antrag trotz § 308 II schon wegen § 251 a III nicht.

Der Kläger darf auch neben einer Erledigungserklärung den bisherigen Antrag als einen Hilfsantrag stellen. Ein solches Verhalten hat zur Folge, daß das Gericht über den Hilfsantrag entscheiden muß, falls die Hauptsache in Wahrheit nicht erledigt ist, BGH NJW **65**, 1597. Der Bekl darf in erster Linie beantragen, die Klage abzuweisen, und hilfsweise die Hauptsache für erledigt erklären, Schlesw NJW **73**, 1933 mwN, Böhmer JZ **74**, 656, aM BAG AP Nr **11**. Das Gericht entscheidet dann im Urteil über den Hilfsantrag, Schlesw NJW **73**, 1934.

Auch eine bedingte Erledigungserklärung ist zulässig, etwa für den Fall, daß die Parteien einen Prozeßvergleich mit einem Widerrufsvorbehalt geschlossen haben, Ffm MDR **78**, 499. Im Fall einer eindeutigen Erledigungserklärung ist eine Umdeutung in eine Klagrücknahme unzulässig, Ffm BB **78**, 331. Die Erklärungen einer jeden Partei sind unabhängig voneinander zu würdigen. Ein Prozeßvertrag oder eine prozessuale Vereinbarung liegt nicht vor, aM Habscheid JZ **63**, 581. Wenn wirklich einmal ein solcher Sonderfall vorliegt, handelt es sich um einen Vergleich mit der Kostenfolge nach § 98.

5. Titel. Prozeßkosten § 91a 2

C. Beiderseitige Erledigungserklärungen. Die Parteien können die Hauptsache einverständlich für erledigt erklären. Ein solches Einverständnis ist allerdings nicht anzunehmen, wenn die einverständlichen Erklärungen nur hilfsweise erfolgen, BGH NJW **67**, 564, Neustadt NJW **63**, 1985, OVG Kblz JZ **77**, 797. Denn in diesem Fall besteht der sachliche Streit in Wahrheit weiter, aM OVG Münster JZ **77**, 398. Die Erklärungen können nur solange wirksam abgegeben werden, wie die Hauptsache noch rechtshängig ist, Hamm MDR **79**, 407. Die Erklärungen können auch nach der Verkündung oder nach dem Erlaß des Urteils abgegeben werden, solange das Urteil noch nicht rechtskräftig ist. Sie sind dann bei demjenigen Gericht abzugeben, das das Urteil erlassen hat, LAG Hamm NJW **72**, 2063 (zustm Walchshöfer NJW **73**, 294), Blomeyer § 64 II 2, StJ II 1 FN 40. Die Erklärung der einen Partei kann in der Weise erfolgen, daß sie sich der Erledigungserklärung der anderen anschließt, Hbg NJW **70**, 762.

Keine Partei braucht beim Gericht zu beantragen, einen Erledigungsausspruch zu tun. Ein solcher Ausspruch würde auch nur verwirren, vgl D. Soweit eine Antragstellung verlangt wird, zB Göppinger 40ff, wird die direkte Wirkung der Erledigungserklärung auf die Rechtshängigkeit verkannt.

Durch übereinstimmende Erledigungserklärungen wird nämlich die Rechtshängigkeit der bisher streitigen Ansprüche unmittelbar beendet, Ffm MDR **81**, 676. Die bisher ergangenen Sachentscheidungen werden wirkungslos, Anm 3 B. Das Gericht darf auch nicht mehr über die Hauptsache entscheiden, § 308 I 1, aM Ffm NJW **53**, 949.

Die Erklärungen der Parteien sind Prozeßhandlungen, Beuermann DRiZ **78**, 312. Sie sind als solche unanfechtbar. Sobald beide Erklärungen dem Gericht vorliegen (etwas anderes gilt also für eine Erklärung vor einer mündlichen Verhandlung, BGH NJW **68**, 991), sind die Erklärungen auch unwiderruflich, Grdz 5 E, G vor § 128, Köln VersR **74**, 605, insofern aM Mü JB **76**, 971. Von diesem Grundsatz gilt nur dann eine Ausnahme, wenn ein Restitutionsgrund vorliegt. Denn man muß dann die Fortsetzung des Prozesses aus Gründen der Prozeßwirtschaftlichkeit zulassen, Düss NJW **64**, 822. Eine freie Widerruflichkeit, etwa auf Grund einer Vereinbarung, ist aber schon wegen der erforderlichen Rechtssicherheit nicht zulässig. Die Parteiherrschaft kann auch nicht dazu führen, daß ein erstinstanzliches vorläufig vollstreckbares Urteil in der Berufungsinstanz schon dadurch wieder auflebt, daß die Parteien ihre vorherigen Erledigungserklärungen widerrufen, Pohle 446.

Eine Fortsetzung des bisherigen Rechtsstreits ist im Anschluß an wirksam abgegebene beiderseitige Erledigungserklärungen möglich, soweit zwischen den Parteien Streit über die Wirksamkeit der Erledigungserklärungen besteht, Pohle 447. In allen anderen Fällen muß ein neuer Prozeß stattfinden.

Die beiderseitigen Erledigungserklärungen schaffen keine innere Rechtskraft über die Hauptsache, sondern nur über die Kosten, Nürnb NJW **79**, 169 mwN. Denn das Gericht hat keine Sachentscheidung getroffen, insbesondere keine Entscheidung darüber, ob die Klage berechtigt war, Ffm MDR **81**, 676, LG Verden JB **78**, 431. Die Erledigungserklärungen besagen ja nur, daß die Parteien an einer Sachentscheidung kein Interesse mehr haben, KG NJW **65**, 698, insofern auch Koenigk NJW **75**, 529. Wenn der Bekl die Sache also entschieden haben will, muß er der Erledigungserklärung des Klägers widersprechen. Er läuft dabei freilich die Gefahr, für den Fall, daß das Gericht nun die Erledigung der Hauptsache feststellt, mit mehr Kosten als sonst belastet zu werden, vgl oben A. Blomeyer ZPR 64 II 1 läßt eine Anfechtung und einen Rücktritt von der Erledigungserklärung einer Partei zu.

Da in der Hauptsache keine Entscheidung mehr ergeht, bestehen gegenüber einem neuen Prozeß über denselben Streitgegenstand keine Bedenken, Hamm FamRZ **81**, 1065 mwN, vgl aber Mü MDR **57**, 298.

D. Einseitige Erledigungserklärung des Klägers. a) Allgemeines. Wenn der Bekl mit der Erledigungserklärung des Klägers nicht einverstanden ist, wenn er ihr also widerspricht, dann liegt in diesem Widerspruch seine Behauptung, daß der Kläger die Erledigungserklärung zu Unrecht abgegeben habe. Er will also zum Ausdruck bringen, das vom Kläger genannte Ereignis habe die Hauptsache in Wahrheit nicht erledigt, vielmehr bestehe der Klaganspruch von Anfang an nicht, BGH VersR **80**, 385. Das gilt auch dann, wenn der Bekl den Abweisungsantrag trotz einer jetzt außergerichtlich erfolgenden vorbehaltlosen Leistung aufrechterhält, BGH NJW **81**, 686.

Das Gericht muß dann anders als im Fall C, Ffm BB **78**, 331, untersuchen, ob die Klagforderung bis zu demjenigen Zeitpunkt bestanden hatte, in dem das unbestrittene Ereignis eintrat, das nach der Rechtsauffassung des Klägers zur Erledigung der Hauptsache geführt haben soll, BGH **57**, 225 und LM Nr 33 sowie LM § 794 I Z 1 Nr 21, ferner BGH MDR **79**, 1001, JR **81**, 244 und VersR **82**, 296, BFH BB **79**, 1757 je mwN, Düss MDR **78**, 763, Hamm

§ 91a   2 D

NJW **76**, 975, vgl Hamm BB **79**, 1378. Diese Prüfung ist auch dann erforderlich, wenn das erledigende Ereignis erst während der Revisionsinstanz eingetreten sein soll, BGH ZZP **90**, 185 mwN (zT krit Walchshöfer) und FamRZ **80**, 1097, aM BVerwG ZZP **79**, 299, vgl Anm 6.

Das Gericht muß bei einer einseitigen Erledigungserklärung des Klägers ferner prüfen, ob ein tatsächliches Ereignis eingetreten ist, das den Kläger daran hindert, die zunächst von ihm erbetene gerichtliche Entscheidung durchzusetzen, Düss BB **74**, 64. Denn der Bekl will ja mit seinem Widerspruch verhindern, daß der Kläger im Laufe des Verfahrens infolge einer besseren Erkenntnis seiner Rechtslage durch eine Erledigungserklärung von einer Klage Abstand nimmt, die in Wahrheit von vornherein unbegründet war, nur um sich durch die Erledigungserklärung kostenmäßig eine bessere Stellung zu verschaffen, als er sie sonst hätte, weil er in Wahrheit die Klage zurücknehmen müßte, § 269 III, oder einen Verzicht auf den Anspruch erklären müßte, § 306, so daß die Kosten den Kläger allein träfen, vgl Bbg JB **77**, 1620, Düss MDR **78**, 763. Außerdem hat der in den Rechtsstreit hineingezogene Bekl oft ein Interesse daran, daß das Gericht durch ein Urteil feststellt, daß der Klaganspruch nicht bestand. Der Bekl kann diese Feststellung im Fall einer Klagrücknahme nach dem Eintritt in die Verhandlung zur Sache dadurch erzwingen, daß er die dann nach § 269 erforderliche Einwilligung in die Klagrücknahme verweigert. Wenn der Kläger auf den Anspruch verzichtet, kann der Bekl die Feststellung der Unbegründetheit des Anspruchs durch ein Urteil dadurch erzwingen, daß er den Klagabweisungsantrag stellt.

Aus alledem ergibt sich: Soweit die Parteien vordergründig um die Wirksamkeit der Erledigungserklärung des Klägers streiten, streiten sie in Wahrheit über die Zulässigkeit, BayObLG **83**, 18, und über die Begründetheit der Klage, zB BGH NJW **77**, 80 und VersR **82**, 296 mwN, LG Bochum MDR **82**, 675, LG Mannh ZMR **77**, 306, vgl LG Kiel SchlHA **76**, 99. Demgegenüber will zB Saarbr NJW **67**, 2212 mwN in einem solchen Fall die Erledigungserklärung des Klägers dahin verstehen, daß er nunmehr die Feststellung beantrage, die Hauptsache sei erledigt, und zwar im Weg einer Klagänderung. Ähnlich äußert sich Göppinger 40, der davon ausgeht, die Rechtshängigkeit werde ohne eine sachliche Entscheidung beendet. Bei diesen Argumenten wird übersehen, daß der Kläger keineswegs immer einen zum Antrag des Bekl passenden Gegenantrag stellen muß. Der Kläger und nicht der Bekl führt zunächst einmal den Rechtsstreit und verfügt über den Streitgegenstand. Außerdem besteht bei einem Streit um die Berechtigung einer Klagrücknahme dieselbe Prozeßlage; darauf weist Blomeyer JuS **62**, 214 zutreffend hin.

Unrichtig ist auch BAG **AP** Nr 11, das lediglich prüft, ob die Erledigung eingetreten sei, nicht aber auch, ob die Klage seinerzeit berechtigt gewesen sei, so daß dem Bekl auch dann die Kosten auferlegt werden könnten, wenn die Klage in Wahrheit von vornherein unbegründet war, und es nur darauf ankommen würde, ob ein erledigendes Ereignis eingetreten sei; der Bekl könne einer Auferlegung der Kosten nur dann entgehen, wenn er ausnahmsweise ein schutzwürdiges Interesse an der Sachentscheidung darlegen könne, so auch BAG NJW **62**, 125 (vgl freilich den Hinweis bei BGH VersR **80**, 385, das BAG habe diese Meinung aufgegeben), BVerwG **31**, 318, Walchshöfer ZZP **90**, 189. Bei einer solchen Auffassung wird der Bekl unter Umständen mit den Kosten eines Verfahrens belastet, das in Wahrheit von vornherein keine Erfolgsaussicht hatte. Der Kläger entgeht in solcher Situation nach der vorgenannten Ansicht den Kosten nur dadurch, daß ihm zufällig ein Erledigungsereignis zu Hilfe kommt. Der vom BAG geforderte Nachweis eines schutzwürdigen Interesses an der Sachentscheidung ist nur ein schwaches Abwehrmittel gegenüber einer derart ungerechten Konsequenz. Ebensowenig ist es ein gerechtes Ergebnis, den Bekl mit Kosten zu belasten, wenn er sich mit Recht gegen eine von vornherein unbegründete Klage gewehrt hat. Daher weisen auch BGH NJW **68**, 991, ferner zB Mü NJW **76**, 974 mwN die Klage in solchen Fällen ab.

b) Feststellung der Erledigung. Das Gericht ist bei einer einseitigen Erledigungserklärung des Klägers nicht an § 91a gebunden. Es kann also zB zur Frage, ob die Erledigung eingetreten ist, Beweise erheben, BGH **LM** Nr 33, Lüke Festschrift für Weber (1975) 332, etwa um festzustellen, ob die Klage begründet war und ob die Voraussetzungen einer wirksamen Erledigungserklärung gegeben waren.

Wenn das Gericht die Wirksamkeit der einseitigen Erledigungserklärung feststellt, muß es über den Klaganspruch grundsätzlich durch ein Urteil entscheiden, BGH NJW **81**, 686. Sein Ausspruch lautet dann: „Die Hauptsache ist erledigt", BGH VersR **82**, 296 mwN, Bbg VersR **76**, 891, Bücking DRiZ **74**, 227. Ein solches Urteil ist eine Entscheidung in der Hauptsache, LG Nürnb-Fürth NJW **81**, 2587 mwN. Es kann sich um ein streitiges Urteil handeln. Dieses ist mit der Berufung anfechtbar, BGH **23**, 340. Es kann sich auch um ein

Versäumnisurteil handeln, auch um ein solches nach § 331 III, Beuermann DRiZ **78**, 312, vgl allerdings auch § 335 Anm 4. In jedem Fall entscheidet das Gericht zur Hauptsache lediglich über ihre Erledigung, nichts anderes. Die Hauptsache ist bis zur Rechtskraft des Urteils rechtshängig, BGH NJW **61**, 1210. Genau betrachtet führt also erst die Rechtskraft des Urteils die Erledigung der Hauptsache herbei, Deubner JuS **62**, 209, aM Pohle 452 (er mißt dem Urteil nur eine deklaratorische Bedeutung zu und läßt die Beendigung des Klaganspruchs bereits mit dem Wirksamwerden der Erledigungserklärung des Klägers eintreten. Indessen fordert I dazu doch die Erklärungen beider Parteien).

Eine Kostenentscheidung erfolgt im Urteil nach § 91, BGH **23**, 340. Denn der Abweisungsantrag des Bekl hat sich als unzutreffend erwiesen, aM Göppinger 139 und Deubner JuS **62**, 211 (sie meinen, es sei keine Partei unterlegen). Vgl auch Celle NJW **64**, 598, ähnlich StJ III 4a (sie wenden im Ergebnis ebenfalls den § 91 an. Denn sie lassen den bestreitenden Bekl diejenigen Mehrkosten tragen, die durch sein Bestreiten verursacht wurden, und sie lassen ihn außerdem im Weg einer Beachtung der Grundsätze des § 91a deshalb, weil die Klage begründet war, der Bekl also unterlegen war, außerdem die weiteren Kosten tragen).

Das Urteil erwächst in innere Rechtskraft, Koenigk NJW **75**, 529 mwN, jetzt auch StJ III 5, aM Blomeyer JuS **62**, 214.

c) Unzulässigkeit oder Unbegründetheit der Klage. Wenn das Gericht im Anschluß an eine einseitige Erledigungserklärung des Klägers zu dem Ergebnis kommt, daß seine Klage von vornherein entweder unzulässig, BGH NJW **75**, 932 mwN, oder unbegründet war, dann ist in Wahrheit keine Erledigung der Hauptsache eingetreten, Brschw OLGZ **74**, 296. Die Erledigungserklärung des Klägers ist also wirkungslos, vgl auch BFH BB **79**, 1757 mwN. Die einseitige Erledigungserklärung erhält eine den Prozeß beendende Wirkung nur dann, wenn sich die andere Partei dieser Erledigungserklärung anschließt.

Eine Erledigungswirkung ist auch dann nicht eingetreten, wenn dasjenige Gesetz, das dem Kläganspruch zugrunde lag, inzwischen durch das BVerfG für nichtig erklärt worden ist und wenn der Kläger daraufhin die Hauptsache für erledigt erklärt. Denn infolge der (rückwirkenden) Nichtigkeit hat der Kläganspruch in Wahrheit von Anfang an nicht bestanden, BGH NJW **65**, 296. Auch § 93 ist nicht einmal entsprechend anwendbar.

Das Gericht muß in allen diesen Fällen die Klage durch ein Urteil in der Hauptsache abweisen, BGH VersR **82**, 296 mwN, vgl Brschw OLGZ **75**, 435. Diese Feststellung kann auch durch ein unechtes Versäumnisurteil erfolgen. Auch in diesem Urteil entscheidet das Gericht über die Kosten nach § 91, BGH **23**, 340, Lüke Festschrift für Weber (1975) 334 mwN, aM Schwab ZZP **72**, 141 (er wendet den § 91a an. Allerdings sei für die Erledigung nicht entscheidend, ob die Klage von vornherein unbegründet gewesen sei). Der Kläger muß also die Kosten tragen. Weber DRiZ **79**, 245 fordert eine Änderung des Gesetzes; er will § 93 entsprechend anwendbar machen.

Der Bekl braucht für seinen Abweisungsantrag kein besonderes Feststellungsinteresse darzulegen, BGH NJW **69**, 237 (Anm Deubner NJW **69**, 796), BFH BB **80**, 1514, KG OLGZ **69**, 254, StJ III 4b, aM Düss MDR **57**, 368, Mü MDR **57**, 298. Denn der in den Rechtsstreit hineingezogene Bekl hat stets ein prozessuales Interesse an einer Klagabweisung, Düss NJW **68**, 1481, LG Duisb NJW **64**, 670. Das gilt jedenfalls dann, wenn die Klage von Anfang an unzulässig oder unbegründet war. Außerdem hat der Bekl ein schutzwürdiges Interesse daran, daß eine Kostenentscheidung getroffen wird, die für ihn von vornherein günstiger ist, als wenn er allenfalls auf ein ihm wohlwollendes Ermessen im Rahmen des § 91a hoffen könnte, Hbg MDR **58**, 250, Blomeyer JuS **62**, 212, aM BAG MDR **62**, 165, ähnlich BVerwG **20**, 147 (diese Gerichte meinen aus Gründen der Prozeßwirtschaftlichkeit, der Bekl habe nur „ausnahmsweise" ein Interesse an einer Entscheidung und dürfe sich daher dem Streben des Klägers nach einer Erledigung nicht entziehen).

E. Einseitige Erledigungserklärung des Beklagten. Für eine einseitige Erklärung des Bekl, der Rechtsstreit sei in der Hauptsache erledigt, besteht kein Bedürfnis. Soweit der Bekl eine solche Erklärung in Zusammenhang mit einer entsprechenden Erklärung des Klägers abgibt, treten die Wirkungen des § 91a ein. Soweit der Kläger einer Erledigungserklärung des Bekl widerspricht und die Klagansprüche aufrechterhält, ist die Erledigungserklärung des Bekl unbeachtlich, Bbg FamRZ **79**, 804. Wenn der Bekl außerdem einen Klagabweisungsantrag gestellt hatte, Donau MDR **57**, 524, muß das Gericht über die Klagforderung entscheiden, BGH JZ **61**, 127, StJL IV.

Freilich kann sich bei einer erforderlichen Auslegung der „Erledigungserklärung" des Bekl ergeben, daß er in Wahrheit ein Anerkenntnis nach § 307 erklärt hat.

3) Kostenentscheidung, I. A. Ermessen. a) Allgemeines. Wenn die Hauptsache nach I erledigt ist, also auf Grund übereinstimmender Erklärungen beider Parteien, nicht auf Grund einer einseitigen Erledigungserklärung, für die § 91 gilt, dann muß das Gericht zunächst prüfen, ob eine gesetzliche Kostenregelung besteht, zB nach § 24 ConterganG v 17. 12. 71, BGBl 2018 (das Gesetz ist mit dem GG vereinbar, BGH **64**, 38).

Wenn keine solche gesetzliche Kostenregelung besteht, entscheidet das Gericht über die Kosten ,,nach billigem Ermessen". Ein Kostenantrag ist nicht erforderlich. Das ergibt sich zum einen aus § 308 II, zum anderen daraus, daß das Gesetz in I 1 bestimmt, das Gericht ,,entscheide". Die Entscheidung ergeht also von Amts wegen, Beuermann DRiZ **78**, 312, StJ II 3b, II 4, aM Wiecz § 308 E II (er nimmt an, nun seien die Kosten zur Hauptsache geworden. Tatsächlich handelt es sich aber bei den Kosten nur noch um den übriggebliebenen Nebenanspruch, § 99 Anm 2 C, Kblz MDR **80**, 320, Saarbr FamRZ **78**, 522).

Wenn ein RA außerhalb des Prozesses damit beauftragt wird, in der mündlichen Verhandlung eine Erledigungserklärung abzugeben und eine Kostenentscheidung zu beantragen, so steht ihm eine Prozeßgebühr nach dem Streitwert der Hauptsache vor ihrer Erledigung zu. Sie ist auch gegenüber dem Gegner in voller Höhe erstattungsfähig, Mü NJW **70**, 1930. Die Parteien können aber auch erklären, von einer Kostenentscheidung absehen zu wollen. Dadurch sparen sie die in B aE genannten Gebühren, vgl Schneider NJW **69**, 88, aM Leonardy NJW **69**, 1887. Für die Kostenentscheidung ist es unerheblich, wodurch die Erledigung der Hauptsache eingetreten ist, ob sie durch eine Veränderung der äußeren Umstände eintrat oder durch eine Rechtsänderung, insofern richtig BFH BB **76**, 1445, durch eine Handlung des Klägers oder durch eine solche des Bekl oder eines Dritten.

Das Gericht übt in Wahrheit ein pflichtgemäßes Ermessen aus. Die Kostenentscheidung darf also keineswegs stets zu Lasten des Bekl ausfallen, Hbg MDR **80**, 584.

b) Prüfung der Erfolgsaussichten. Im Rahmen des pflichtgemäßen Ermessens muß das Gericht prüfen, ob die Klage bis zum Zeitpunkt der Erledigung der Hauptsache begründet war, Ffm MDR **81**, 676. Denn von dieser Klärung hängt ab, ob es angemessen ist, der einen oder der anderen Partei die Kosten aufzuerlegen. Allerdings ist keine abschließende Prüfung erforderlich. Vielmehr reicht eine summarische Prüfung der Erfolgsaussichten aus, BGH **67**, 345 mwN, strenger Ffm GRUR **79**, 809.

Im allgemeinen ist also an dem Grundgedanken des Kostenrechts festzuhalten, daß der Verlierer die Kosten trägt, BGH **50**, 199, BPatG GRUR **81**, 908, Bbg JB **77**, 1770, Brschw FamRZ **81**, 383, Düss FamRZ **82**, 431, Kblz GRUR **79**, 250, Köln NJW **78**, 111, vgl Bre FamRZ **78**, 133 mwN, ferner Schalhorn JB **76**, 813. Das gilt auch für ein Nachverfahren, sofern dafür schon ein Prozeßstoff vorhanden ist, Hamm MDR **63**, 317. Wenn die Parteien zB in Wahrheit über ein Zurückbehaltungsrecht stritten, dann muß das Gericht würdigen, wie weit ein Gegenanspruch durchgegriffen hätte, Hbg MDR **64**, 1010. Wenn in einem Verfahren auf den Erlaß einer einstweiligen Verfügung die Vollziehungsfrist nicht eingehalten worden war, § 929 II, und nun der Hauptsache des Verfügungsverfahrens für erledigt erklärt wurde, dann muß der Antragsteller die Kosten tragen, zB Kblz GRUR **81**, 93 mwN. Wenn die Partei in der Berufungsinstanz nur auf Grund neuen Tatsachenvortrags gesiegt hat, dann muß das Gericht den § 97 II mitbeachten, Schlesw SchlHA **58**, 7.

Insbesondere bei einem rechtlich oder tatsächlich schwierig gelagerten Fall braucht das Gericht keineswegs jeder Rechtsfrage nachzugehen. Wenn der Streitstand noch völlig ungeklärt ist, kann schon deshalb eine Kostenverteilung zu gleichen Anteilen angemessen sein, vgl Ffm BB **78**, 331, LG Hamm ZMR **74**, 177 (wenn der Mieter während eines Räumungsprozesses auszieht, liegt darin kein automatisches Anerkenntnis, vgl aber auch LG Stgt ZMR **76**, 92), LG Trier WM **73**, 82. Das Gericht darf auch einen sachlichrechtlichen Anspruch auf die Erstattung von Kosten mitberücksichtigen, Köln MDR **79**, 1028, aber nur dann, wenn sich sein Bestehen ohne besondere Schwierigkeiten, insbesondere ohne weitere Beweisaufnahme, feststellen läßt, BGH MDR **81**, 126 mwN, LAG Hamm MDR **82**, 695.

Der Grundgedanke des § 93 ist nicht allgemein anwendbar, aM offenbar Düss GRUR **80**, 135, Ffm BB **79**, 601, Mü VersR **73**, 164. Vielmehr ist der Gedanke des § 93 nur gemessen am Einzelfall anwendbar, vgl BPatG GRUR **78**, 40, Düss FamRZ **81**, 550, Hbg GRUR **76**, 444, Hamm VersR **77**, 955, KG BB **79**, 487, Köln VersR **80**, 363, Nürnb VersR **78**, 440, Stgt VersR **73**, 627, LG Stade WM **83**, 116, so wohl auch Ffm MDR **82**, 328, LG Darmst WM **83**, 116, LG Kblz MDR **81**, 409, ferner LG Verden JB **78**, 431. Das Gericht entscheidet ja ohnehin im Rahmen eines zwar pflichtgemäßen Ermessens, aber immerhin innerhalb eines Ermessensspielraums, der nur auf eine etwaige Überschreitung seiner Grenzen nachprüfbar ist, BGH NJW **51**, 360, vgl auch Neustadt MDR **56**, 558. Das Gericht prüft, ob ein Anlaß zur Klage bestand, § 93 Anm 3 und 5, oder ob der Kläger eine billigere Möglichkeit zur Durchsetzung seines Anspruchs hatte, LG Mü **63**, 418. § 93b III ist mitbeachtlich, LG Bonn

WM **83**, 117, LG Mü WM **83**, 118, LG Stgt WM **83**, 118, LG Wuppertal WM **83**, 177, aM LG Essen WM **83**, 118.

c) Bisheriger Sach- und Streitstand. Im Rahmen seiner Ermessensentscheidung geht das Gericht nur von dem bisherigen Sach- und Streitstand aus, LG Kblz MDR **81**, 409. Das bedeutet nicht, daß die voraussichtliche weitere Entwicklung unbeachtet bleiben dürfte. Sie muß ja vielmehr im Rahmen der Prüfung der Erfolgsaussichten, b, mitbeachtet werden. Das Gericht braucht aber nur diejenigen Tatsachen zu beachten, die bis zum erledigenden Ereignis in den Prozeß eingeführt wurden, und es braucht auch nur die zugehörigen Beweismittel zu beachten, KG BB **74**, 487, LG Mannheim WM **74**, 189, Schalhorn JB **76**, 813, freilich auch 1102. Dieser Grundsatz gilt auch in der Beschwerdeinstanz, Schlesw SchlHA **50**, 45. § 570 ist unanwendbar, Mü GRUR **83**, 342.

Das Gericht darf freilich dem Gegner die Möglichkeit einer Erwiderung nicht abschneiden, da er das rechtliche Gehör haben muß, auch in der Revisionsinstanz, BVerfG **60**, 317 mwN. Das gilt zB dann, wenn er eine Klageschrift bis zum Eintritt des erledigenden Ereignisses noch nicht beantworten konnte, Ffm NJW **57**, 1034. Das Gericht braucht aber dennoch keinen weiteren Beweis zu erheben, und zwar auch nicht mit Hilfe solcher Beweismittel, die im Zeitpunkt des erledigenden Ereignisses sofort ausgewertet werden könnten, aM Ostendorf DRiZ **73**, 387, Schneider MDR **76**, 885 mwN, StJ II 3 b. In einem solchen Fall sollten vielmehr die Kosten auf beide Parteien verteilt werden, LG Köln WM **73**, 125. Noch weniger kommt eine Beweiserhebung in Ausnahmefällen in Betracht, abw Köln MDR **69**, 848, LG Mannheim ZMR **77**, 64 (aber welcher Fall ist ein Ausnahmefall?). Ebensowenig darf das Gericht nach dem erledigenden Ereignis einen unstreitigen weiteren Tatsachenvortrag zulassen, aM Schneider MDR **76**, 885 mwN. Eine Beweisaufnahme läßt sich nicht mit dem Gesetzestext „bisheriger Sach- und Streitstand" in Einklang bringen. Das übersieht BGH **13**, 145 und **21**, 300. Wo wäre auch das Ende einer solchen Beweisaufnahme?

Eine Unterwerfungserklärung der Partei und damit ihr „freiwilliges Unterliegen" sind nur bedingt beachtlich, vgl Ffm NJW **77**, 1783, KG BB **79**, 487. Andererseits muß das Gericht den Kläger zB dann von Kosten freistellen, wenn der Bekl erst während des Prozesses erfüllt hat, vgl Köln VersR **77**, 576. In diesem Zusammenhang muß allerdings geprüft werden, ob der Bekl vorwerfbar handelte. Die Kosten sind in der Regel gegeneinander aufzuheben, wenn sich die Parteien im übrigen verglichen haben, Hbg MDR **65**, 668. Wer nach dem erledigenden Ereignis den Prozeß zu Unrecht weiterbetreibt, soll die diesbezüglichen Kosten tragen, Köln MDR **79**, 408.

Wenn eine Partei in diesem Fall erklärt, sie wolle die Kosten übernehmen, dann handelt es sich abweichend von § 98 um eine Vereinbarung, die das Gericht bindet, Bre NJW **65**, 1443. Das Gericht muß eine solche außergerichtliche Einigung in seinen Beschluß übernehmen, Saarbr OLGZ **67**, 176, aM Hamm MDR **76**, 148 mwN. Wegen der Erledigung der Hauptsache durch einen Vergleich § 98 Anm 2. Das Gericht kann die Kosten im übrigen verteilen oder auch dem Sieger auferlegen, etwa wenn ein Wandel der Gesetzgebung zur Erledigung der Hauptsache führte, Hbg ZMR **77**, 91 (etwas anderes gilt nur im Fall der Änderung der Rechtsprechung), aM BFH BB **76**, 1445 (in dieser Situation trage der Verlierer die Kosten, auch wenn er sonst gesiegt hätte).

d) Teilerledigung. Wenn die Hauptsache nur zum Teil erledigt ist, darf das Gericht überhaupt keinen Beschluß nach § 91a fassen, selbst wenn beide Parteien einen Antrag auf den Erlaß eines solchen Beschlusses stellen. Die Gründe, die zur Teilerledigung führten, dürfen vielmehr erst dann mitberücksichtigt werden, wenn es zu einer Kostenentscheidung über die restliche Hauptsache kommt. Wenn es nicht zu einer solchen Kostenentscheidung kommt, ist nicht etwa nunmehr § 91a auf den erledigten Teil der Hauptsache entsprechend anwendbar; vielmehr darf das Gericht überhaupt keine Kostenregelung treffen. Die Partei muß ihre etwaigen Erstattungsansprüche dann notfalls im Weg einer neuen Klage geltend machen.

B. Entscheidung. Im Fall des § 91a findet grundsätzlich vor einer Entscheidung der Kostenfrage eine mündliche Verhandlung statt, sofern nicht ein schriftliches Verfahren vorliegt, BGH **21**, 300, Bre NJW **75**, 2074, Saarbr FamRZ **78**, 522, Stgt FamRZ **73**, 468, aM LAG Hamm NJW **72**, 2063, Beuermann DRiZ **78**, 312 (betr das schriftliche Vorverfahren), Walchshöfer NJW **73**, 294, Wenzel MDR **78**, 176. In der Regel liegt in der Erledigungserklärung einer Partei allerdings ihr Einverständnis im Sinne von § 128 II, aM LG Nürnb-Fürth NJW **81**, 2586. Der Beschluß des Gerichts ist grundsätzlich zu begründen, § 329 Anm 1 A b. Er wird verkündet und von Amts wegen zugestellt, § 329 III, Stgt NJW **54**, 273.

Wenn die Hauptsache nur zum Teil erledigt ist, das Gericht also durch sein Urteil über den nicht erledigten Teil der Hauptsache und den zugehörigen Kostenteil erkennen muß, dann kann es nicht daneben einen Beschluß zu den Kosten des für erledigt erklärten Teils der Hauptsache fassen; es muß vielmehr ein einheitliches Urteil erlassen, BGH **40**, 269 und **LM** Nr 5, Hamm MDR **74**, 1023, Zweibr NJW **73**, 1935. Auf diese Kostenentscheidung ist der Grundgedanke des § 91 a insoweit anzuwenden, als es um die Kosten des für erledigt erklärten Teils der Hauptsache geht, während auf den nicht für erledigt erklärten Teil der Hauptsache die §§ 91 ff anwendbar sind, vgl auch Anm 5 B. Im Fall einer Teilerledigung der Hauptsache während der Berufungsinstanz entscheidet das Berufungsgericht allerdings durch einen Beschluß, Celle MDR **78**, 234. Dasselbe gilt für das Revisionsgericht, wenn die Teilerledigung während der Revisionsinstanz eintritt, BGH MDR **76**, 379.

Die Entscheidung kann auch vom Einzelrichter des § 348 oder von dem Vorsitzenden der Kammer für Handelssachen nach § 349 II Z 6 getroffen werden.

Die Wirkungslosigkeit einer ergangenen Entscheidung, Anm 2 C, ist auf Antrag entspr § 269 III 3 auszusprechen, LAG Hamm NJW **72**, 2063, Walchshöfer NJW **73**, 295. Die Kostenentscheidung ist vollstreckbar, § 794 I Z 3.

Gebühren: Des Gerichts: KV 1018, 1019, 1028, 1029, 1038, 1039, 1063, 1064, 1084, 1085, 1094, 1095, GV 2117, 2118, 2128, 2129, 2138, 2139, 2168, 2169, 2300; des Anwalts: § 37 Z 7 BRAGO.

4) Erledigung während einer höheren Instanz. A. Hauptsacheerledigung. § 91 a ist auch in der höheren Instanz anwendbar, also: Im Beschwerdeverfahren, vgl KG MDR **78**, 499, wobei § 570 unanwendbar ist, Mü GRUR **83**, 342; im Berufungsrechtszug, Celle MDR **78**, 235; in der Revisionsinstanz, BGH **LM** Nr 34 und VersR **76**, 886 sowie ZZP **90**, 185 mwN, vgl auch BFH BB **82**, 2095 (auch zum dortigen Vertretungszwang). In allen diesen Fällen ist eine der Voraussetzungen einer wirksamen Erledigung der Hauptsache, daß das Rechtsmittel überhaupt zulässig war, BGH VersR **81**, 956 mwN, Stgt FamRZ **73**, 466 (wegen einer Kindschaftssache). Die Zulässigkeit des Rechtsmittels fehlt, wenn das teilerledigende Ereignis zwar nach der Einreichung der Revisionsbegründung eintritt, wenn das Revisionsgericht die Revision aber nicht annimmt, BGH NJW **77**, 1883, oder wenn sich die Hauptsache dadurch erledigt, daß der Bekl zB jetzt erst zahlt, oder wenn sich die Hauptsache auf eine andere Weise erledigt und der Beschwerdeführer erst anschließend sein Rechtsmittel einlegt, BGH NJW **67**, 564, vgl Bbg VersR **76**, 890, § 99 Anm 2 C. In diesen Fällen fehlt es wegen der Hauptsache an einer Beschwer.

Eine Anfechtung des Kostenpunkts ist wegen § 99 I unzulässig, zB BGH **LM** Nr 4, Nürnb MDR **68**, 420, abw Karlsr OLGZ **79**, 353 (das OLG stellt darauf ab, ob der Schuldner nur zur Vermeidung der Zwangsvollstreckung zahlt), aM zB Schlesw SchlHA **74**, 59, Zweibr OLGZ **75**, 46 mwN, LG Bonn NJW **73**, 1934, Gottwald NJW **76**, 2251 mwN. Eine Erledigungserklärung nebst einem hilfsweisen Klagantrag ist ebenso zulässig wie umgekehrt, Bbg VersR **76**, 891 mwN.

Wenn die Parteien den Klaganspruch in der Revisionsinstanz für erledigt erklären, dann wird das Berufungsurteil auch insoweit wirkungslos, als es den in der Berufungsinstanz unterlegenen Kläger nach § 717 II zum Schadensersatz verurteilt hat, BGH **LM** Nr 32. Wenn sich die Hauptsache erst nach der Einlegung der Berufung erledigt, fehlt die Beschwer nicht schon deshalb, BGH NJW **67**, 564. Denn die Zulässigkeit des Rechtsmittels richtet sich nach dem Zeitpunkt seiner Einlegung, vgl BGH **1**, 29 (etwas anderes gilt jetzt unter Umständen im Revisionsrechtszug), vgl auch § 99 Anm 2 C. Im Fall einer Teilerledigung, vgl auch § 97 Anm 1 C b, muß der nicht erledigte Teil der Hauptsache die Rechtsmittelsumme erreichen, während die Kosten des erledigten Teils insofern außer Betracht bleiben, BGH **LM** Nr 15.

Wenn das Gericht den Bekl zu einer Auskunft und zu einer Rechnungslegung verurteilt hat und wenn sich aus seinem Urteil nichts für den Kläger ergibt und dieser die Zahlungsklage sofort für erledigt erklärt und der Bekl sich vor der Rechtskraft des Urteils der Erledigungserklärung anschließt, dann muß der Bekl trotzdem die gesamten Kosten tragen. Denn er hat den Klaganspruch nicht vor dem Zeitpunkt der Klagerhebung erfüllt, KG NJW **70**, 903.

B. Rechtsmittelerledigung. § 91 a ist sinngemäß anwendbar, wenn die Parteien ein Rechtsmittel für erledigt erklären, zB Hbg NJW **60**, 2151, aM zB KG (12. ZS) FamRZ **77**, 562 mwN KG (17. ZS) FamRZ **82**, 951 mwN, Heintzmann ZZP **87**, 212, Schulz JZ **83**, 335 (zu VwGO-Fragen) mwN wenden in einem solchen Fall den § 91 a direkt an. Das Rechtsmittel ist erledigt, wenn ein tatsächliches Ereignis das Rechtsmittel gegenstandslos macht. Dieser Fall kann zB dann eintreten, wenn das Urteil infolge einer Änderung der Gesetzgebung oder wegen des Eintritts einer Fälligkeit inzwischen richtig geworden ist und wenn der Kläger inzwischen an der weiteren Durchführung der Klage kein Interesse mehr hat, für diesen Fall ebenso Blomeyer § 98 III, abw StJ V 2 (sie wenden in diesem Fall § 93 an). Zum Problem ausführlich Heintzmann ZZP **87**, 199, vgl auch Schneider MDR **79**, 499 je mwN.

Wenn der Patentinhaber im Patentnichtigkeitsverfahren wegen einer Veröffentlichung, die erst während der Berufungsinstanz vorgelegt wurde, auf das Patent verzichtet, dann muß er wie auch sonst bei einem Verzicht auf das Patent die Kosten tragen, BGH **LM** § 42 PatG aF Nr 9.

Wenn das erledigende Ereignis während des Beschwerdeverfahrens im Anschluß an eine einstweilige Anordnung nach den §§ 620ff eintritt, dann faßt das Gericht einen nach § 91a abgefaßten Beschluß wegen des § 620g nur für den Fall, daß das Beschwerdegericht eine Erfolgsaussicht verneint, vgl Bre FamRZ **78**, 133 mwN, vgl auch Düss FamRZ **80**, 1048, aM Schellberg NJW **71**, 1347 (er meint, ein solcher Beschluß ergehe in keinem Fall).

5) Rechtsmittel, II. A. Allgemeines. II stellt eine Ausnahme von § 99 I dar. II bezieht sich nur auf I, nicht auf eine streitige Entscheidung des Gerichts darüber, ob die Hauptsache erledigt sei, Anm 2 C, vgl auch unten B. Die sofortige Beschwerde nach § 577, Schlesw SchlHA **78**, 83, ist nur dann zulässig, wenn das Rechtsmittel in der Hauptsache zulässig wäre, LG Hbg WM **81**, 46. Es muß also eine Entscheidung des AG als Prozeßgericht (also nicht als Familiengericht im Verfahren nach den §§ 620ff, vgl § 620c, Ffm FamRZ **80**, 388 mwN) oder eine Entscheidung des LG in der ersten Instanz vorliegen, vgl § 568 III, KG MDR **78**, 499 mwN. Es muß ein Beschwerdewert von mehr als 100 DM vorliegen, § 567 II.

Wenn das Gericht nicht durch einen Beschluß, sondern irrig durch ein Urteil entschieden hat, dann ist die Berufung zulässig. Über die Berufung ist dann durch einen Beschluß zu entscheiden, BGH MDR **66**, 232. Wenn der Bekl verurteilt wurde und wenn die Hauptsache im übrigen erledigt ist, dann ist die Berufung in der Hauptsache zulässig, Mü NJW **70**, 2114. Dasselbe gilt grundsätzlich dann, wenn es dem abgewiesenen Kläger vorwiegend oder nur auf eine Abänderung der ihn belastenden Kostenentscheidung ankommt, BGH **57**, 224.

Gegen eine Entscheidung des OLG ist keine Beschwerde zulässig, § 567 III 1. Wegen der Anschlußbeschwerde § 577 Anm 1 B. Das Gericht muß den Gegner vor einer ihm nachteiligen Entscheidung hören, BVerfG **60**, 317 mwN. Eine Anhörung ist nicht erforderlich, wenn die Beschwerde unzulässig oder von vornherein unbegründet ist. Auch eine Verfassungsbeschwerde kann zulässig sein, BVerfG **33**, 257 und **60**, 308 mwN.

Gebühren: Des Gerichts: KV 1180; des Anwalts: § 61 I Z 1 BRAGO.

B. Weitere Einzelheiten. II ist auch dann anwendbar, wenn das Gericht im Urteil einheitlich über den nicht erledigten Teil der Hauptsache und über die gesamten Kosten des Rechtsstreits, also auch über die Kosten des für erledigt erklärten Teils der Hauptsache entscheidet. II gilt dann aber nur wegen der Kosten des für erledigt erklärten Teils, BGH **40**, 265 und NJW **67**, 1131, Köln VersR **80**, 463. Allerdings ist die Berufung zulässig, wenn der Berufungskläger auch die Entscheidung zur restlichen Hauptsache angreift, Hamm MDR **74**, 1023 mwN. Saarbr OLGZ **69**, 29 hält ein Teilurteil wegen der Kosten für zulässig. II gilt ferner dann, wenn das Gericht irrig durch ein Urteil über die Kosten nach den Grundsätzen des § 91a zusammen mit den Kosten wegen eines Anerkenntnisurteils entschieden hat, BGH NJW **63**, 583.

II ist aber nicht anwendbar, wenn es sich um eine Entscheidung nach einer einseitigen Erledigungserklärung handelt. Es ergeht dann eine Entscheidung in der Hauptsache; wegen § 99 I ist deshalb nur ein Rechtsmittel gegen die ganze Entscheidung zulässig, BGH NJW **68**, 2243, vorausgesetzt, daß der nicht erledigte Teil die Berufungssumme erreicht, bei der man die Kosten des erledigten Teils nicht mitberücksichtigen darf, BGH **LM** Nr 15. § 99 I untersagt dann eine Berufung allein gegen die Kostenentscheidung, BGH **LM** Nr 16. In diesem Fall ist § 91a auch nicht entspr anwendbar, A und Anm 2 C, aM Ffm VersR **81**, 538, Karlsr MDR **63**, 687, Stgt NJW **62**, 1872, Göppinger 261 (sie wenden zur Umgehung des § 99 I den § 91a II entspr an), Deubner JuS **62**, 212 (er wendet den § 99 II entspr an).

6) VwGO: *An Stelle des § 91a tritt § 161 II VwGO, der trotz geringfügig abweichender Fassung inhaltlich das gleiche bestimmt (gilt nicht im Fall des § 113 I 2 VwGO); zur Erledigung eines Rechtsmittels vgl Schulz JZ* **83***, 331. Eine übereinstimmende Erklärung der Hauptbeteiligten, daß die Hauptsache erledigt sei, läßt nur noch eine Kostenentscheidung zu, BVerwG DÖV* **66***, 429; der Widerspruch auch des notwendigen Beigeladenen ist unbeachtlich, BVerwG* **30***, 27. Bei Streit über die Erledigung ist durch Urteil zu entscheiden, vgl im einzelnen Maetzel DÖV* **71***, 613 mwN. Bei teilweiser Erledigung kann über die Kosten des erledigten Teils im Urteil mitentschieden werden, BVerwG DVBl* **63***, 522. Der Beschluß nach § 161 II VwGO ist unanfechtbar, Art 2 § 8 EntlG. Unanwendbar ist § 161 II VwGO im Vollstreckungsverfahren, hier gilt § 788 entsprechend, OVG*

Münst AS **35**, 106 u OVG Lüneb NJW **71**, 2324, *str*, *aM für die Vollstreckung durch gerichtliche Entscheidung* OVG Saarl NVwZ **82**, 254. Für den Fall des § 75 VwGO trifft § 161 III VwGO eine besondere Kostenregelung, die für alle Untätigkeitsklagen gilt, VGH Mü VerwRspr **26**, 509, OVG Münst NJW **72**, 1485 je mwN. Eine Sonderregelung (Erledigung durch Nichtbetreiben) enthält § 33 AsylVfG.

92 *Kostenteilung.* ¹ Wenn jede Partei teils obsiegt, teils unterliegt, so sind die Kosten gegeneinander aufzuheben oder verhältnismäßig zu teilen. Sind die Kosten gegeneinander aufgehoben, so fallen die Gerichtskosten jeder Partei zur Hälfte zur Last.

II Das Gericht kann der einen Partei die gesamten Prozeßkosten auferlegen, wenn die Zuvielforderung der anderen Partei verhältnismäßig geringfügig war und keine besonderen Kosten veranlaßt hat oder wenn der Betrag der Forderung der anderen Partei von der Festsetzung durch richterliches Ermessen, von der Ausmittlung durch Sachverständige oder von einer gegenseitigen Berechnung abhängig war.

Schrifttum: Olivet, Die Kostenverteilung im Zivilurteil, 1980.

1) Teilunterliegen, I. A. Allgemeines. Auch bei einem Teilunterliegen entscheidet allein der Erfolg, § 91 Anm 1 A, BAG KTS **80**, 389, aM Köln MDR **83**, 226 mwN. Das Gericht muß die Kosten teilen, wenn jede Partei teilweise siegt, teilweise verliert. Es ist unerheblich, welche Kosten auf die einzelnen Prozeßteile entfallen. Es besteht auch kein Unterschied zwischen dem Hauptanspruch und dem Nebenanspruch, BGH **LM** Nr 7 (im dortigen Fall war der Hauptanspruch unbegründet, der Zinsanspruch begründet) oder zwischen der Klage und der Widerklage. Zwischenfragen, Inzidentfragen, sind unbeachtlich. § 92 ist zwingendes Recht. Billigkeitserwägungen können insofern nicht stattfinden. Ein Verschulden bleibt auch hier außer Betracht.

B. Beispiele. a) Ein Teilunterliegen liegt vor: Bei einer Abweisung der Klage und der Widerklage, vgl BGH NJW **56**, 182; bei einer Verurteilung nicht schlechthin, sondern nur Zug um Zug (dann gilt aber oft II, vgl ferner Hamm MDR **78**, 403); bei einer Verurteilung nach Kopfteilen statt gesamtschuldnerisch; wenn das Gericht statt nach dem weiteren Hauptantrag nach dem geringerwertigen Hilfsantrag verurteilt, BGH **LM** Nr 8, selbst wenn der Kläger den Hilfsantrag erst im Berufungsrechtszug gestellt hat. Dann gilt dieselbe Kostenverteilung für die erste Instanz, BGH NJW **57**, 543. Wenn der Hilfsantrag höher ist, ist allerdings § 91 anwendbar. Denn der Hilfsantrag ist nur ein Ausdruck einer andersartigen Begründung des Anspruchs, aM Schneider MDR **68**, 21 (er läßt den prozessualen Verlauf, also die Abweisung des Hauptantrags entscheiden); bei einem Urteil für einen späteren als den gewünschten Zeitpunkt; wie beim unbezifferten Klagantrag der zugesprochene Betrag unter dem angegebenen Eckwert, BGH VersR **79**, 472, oder außerhalb der angegebenen Größenordnung liegt, Lindacher AcP **182**, 275 mwN. Wegen einer Ehesache vgl § 93a. Wegen einer einstweiligen Anordnung vgl § 620g.

b) Ein Teilunterliegen fehlt: Bei einem Erfolg nur einzelner Angriffs- oder Verteidigungsmittel (s aber § 96); wenn die Klage anfangs unbegründet, zuletzt aber begründet war. Wenn das Gericht einem Antrag im Verfahren auf den Erlaß einer einstweiligen Verfügung nur teilweise stattgibt, kann II eingreifen. Denn das Gericht ist in der Fassung seiner Anordnung im Rahmen des Ermessensspielraums des § 938 frei.

C. Möglichkeiten der Kostenverteilung. Das Gericht kann im Fall des Teilunterliegens jeder Partei grundsätzlich folgende Möglichkeiten wählen:

a) Aufhebung gegeneinander. Es kann die Kosten des Rechtsstreits gegeneinander aufheben. Das bedeutet: Jede Partei trägt ihre außergerichtlichen Kosten und außerdem die Hälfte der Gerichtskosten, Hamm Rpfleger **79**, 142 und **82**, 80, LG Köln ZMR **74**, 141. Diese Lösung empfiehlt sich dann, wenn beide Parteien anwaltlich vertreten sind und wenn beide Parteien in etwa demselben Umfang unterliegen. Denn es handelt sich um eine einfache Lösung der Kostenfrage, die eine Berechnung im Kostenfestsetzungsverfahren weitestgehend erübrigt.

b) Andersartige Verteilung. Das Gericht kann die Kosten auch nach anderen Grundsätzen verteilen. Hier kommen wiederum folgende Möglichkeiten in Betracht:

aa) Bruchteilsverteilung. Das Gericht kann die Kosten nach Bruchteilen verteilen. Es kann zB die eine Partei mit ¼ belasten und die restlichen ¾ der Kosten gegeneinander aufheben. Wenn nur über einen Teil der Tatsachen, die der Klage zugrundeliegen, eine Beweiserhebung notwendig wurde, kann das Gericht von entsprechenden Streitwerten ausgehen. Es kann also den § 92 insofern berücksichtigen, als es beachtet, wieviel jeder Partei von jeder entstandenen Gebühr zur Last fällt, vgl KV 1005 ff, § 31 BRAGO; Beispiel bei Schneider MDR **67**, 263. Wegen des Einsatzes von Taschenrechnern Ehlert MDR **76**, 177.

Bei einer Unterhaltsklage wird im allgemeinen der § 17 GKG beachtet. Man setzt also dann, wenn die Parteien teilweise unterliegen, die miteingeklagten rückständigen Beträge, § 17 IV GKG, zu dem Jahresbetrag in ein ungefähres Verhältnis. Mit Rücksicht auf die verschiedenen Gewichte der beiden Klageteile müßte allerdings dem aus sozialen Gründen im Streitwert niedrig bewerteten künftigen Anspruch, § 17 I GKG, der erheblich größere Teil zufallen.

bb) Ziffernmäßige Belastung. Das Gericht kann auch eine Partei mit einem in DM bezeichneten Teil der Gerichtskosten belasten und die andere Partei mit dem Rest belasten. Die Entscheidung mag etwa wie folgt lauten:
,,Der Beklagte trägt die Kosten bis auf einen Betrag von 100 DM, den der Kläger zu den Gerichtskosten zu leisten hat".

Das Gericht kann und muß in allen diesen Fällen das Verhalten der Partei im Prozeß mitberücksichtigen. Es darf zB beachten, daß der Bekl im Umfang der Verurteilung sofort anerkannt hat, während im übrigen eine umfangreiche Beweisaufnahme nötig wurde. In diesem Fall ist der Kläger mit den Kosten dieser Beweisaufnahme allein zu belasten, vgl BGH NJW **56**, 182. Wenn eine Partei nur wenig belastet werden darf, empfiehlt sich eine Lösung nach bb.

D. Klarheit und Einfachheit. Das Gericht sollte immer darauf achten, daß seine Kostenverteilung möglichst klar ist und daß der erforderliche Kostenausgleich durch die Kostenverteilung erleichtert wird. Unzulässig ist eine Verteilung nach der Klage und der Widerklage oder nach Zeitabschnitten der Instanz, BGH **LM** § 99 Nr 3, StJ II, ThP 1c, ZöM I 3, abw Köln MDR **81**, 590 (bei einer Streitwertminderung im Laufe des Rechtsstreits sowie beim Ausscheiden eines Streitgenossen könnten die Kosten für die verschiedenen Zeitabschnitte des Rechtsstreits getrennt in unterschiedlichen Quoten verhältnismäßig geteilt werden; zustm Zschockelt MDR **81**, 536, diesem zögernd zustm Schneider MDR **81** 539. Aber solche scharfsinnig nachgerechneten und gutgemeinten Auslegungen unterlaufen im Ergebnis notgedrungen eine gesetzliche Regelung, die um leidlicher Klarheit willen kostenmäßige ,,Ungerechtigkeiten" in Kauf nimmt, die erfahrungsgemäß so oder so entstehen können, wie sich täglich zB bei der Anwendung von I 1 zeigt). Eine falsche Kostenverteilung mag allerdings im Weg einer Auslegung als eine Verteilung nach Bruchteilen umzudeuten sein. Wegen der Situation bei Streitgenossen vgl § 100.

2) Kostenlast nur einer Partei, II. Von dem Grundsatz, daß die Kosten bei einem teilweisen Unterliegen jeder Partei aufgeteilt werden müssen, gibt es nur zwei Ausnahmen:

A. Geringe Mehrforderung. Wenn eine Partei nur verhältnismäßig wenig gefordert hat und wenn diese Mehrforderung keine besonderen Kosten verursacht hat, BGH **76**, 53, dann darf und soll das Gericht im Rahmen seines pflichtgemäßen Ermessens der anderen Partei alle Kosten auferlegen. Ob die Mehrforderung geringfügig war, ist von Fall zu Fall nach dem Verhältnis zu demjenigen Teil der Klagforderung zu entscheiden, den die Partei zugesprochen erhielt.

Beispiel: Der Kläger verlangt 3500 DM mit 6% Zinsen. Das Gericht spricht ihm 3450 DM mit 5% Zinsen zu. In diesem Fall sollte der Bekl die gesamten Kosten des Rechtsstreits tragen. Wenn der Kläger aber nur 3000 DM zugesprochen erhält, mag eine Kostenverteilung angemessen sein, zumal dann bei den Gerichtskosten wie bei den Anwaltskosten andere Gebührenstufen gelten. Freilich kann eine Kostenverteilung auch dann angemessen sein, wenn die Gebührenstufe unverändert bleibt. Eine Verteilung der Kosten mag auch dann angemessen sein, wenn das Gericht lediglich die Veröffentlichung des Urteils untersagt, etwa in einem Fall nach § 23 UWG.

B. Abhängigkeit von richterlichem Ermessen usw. Das Gericht kann dem Bekl die Kosten des gesamten Rechtsstreits auferlegen, wenn die Forderung des Klägers von einem richterlichen Ermessen, einer Ermittlung durch einen Sachverständigen oder von einer gegenseitigen Abrechnung abhängt. Beispiele: Fälle der §§ 315 BGB, 287 ZPO, 355 HGB; ein Schmerzensgeldantrag, sofern sich der Antrag in vertretbaren Grenzen hielt, selbst wenn das Gericht ihm nicht voll entsprach, vgl auch Anh § 3 ,,Schmerzensgeld", Düss DNotZ **78**, 684. Denn sonst würde man dem Schadensersatzberechtigten ein Kostenrisiko auferlegen, das nur zu oft im Ergebnis dazu führen würde, daß sein sachlichrechtlicher Anspruch gemindert würde, Ffm NJW **60**, 390.

Freilich darf das Gericht das Kostenrisiko auch nicht entgegen dem Grundsatz des § 91 auf den Bekl verlagern, Mü VersR **74**, 347. Wenn das Verfahren ergibt, daß der Kläger tatsächlich einen bestimmten Betrag verlangt, und wenn das Gericht diesen Betrag nicht zusprechen kann, dann muß eine Kostenteilung stattfinden, sofern die Mehrforderung nicht geringfügig war, BGH **LM** § 249 (Gb) BGB Nr 3. Wegen einer einstweiligen Verfügung vgl Anm 1 B b.

Bei A–B kommt es nicht nur darauf an, ob die Mehrforderung zusätzliche Kosten verursachte. II gilt auch in der Rechtsmittelinstanz, vgl Hamm MDR **80**, 233.

3) *VwGO:* Eine entsprechende Regelung enthält § 155 I VwGO, die von II abweicht: die Kosten können einem Beteiligten nach § 155 I 3 *VwGO* dann ganz auferlegt werden, wenn der andere „nur zu einem geringen Teil unterlegen ist". Ob die Zuvielforderung besondere Kosten verursacht, ist also ohne Bedeutung. II (letzter Halbsatz) ist nicht anzuwenden, weil dies durch die abweichende Fassung von § 155 I 3 *VwGO* ausgeschlossen wird.

93 Sofortiges Anerkenntnis.
Hat der Beklagte nicht durch sein Verhalten zur Erhebung der Klage Veranlassung gegeben, so fallen dem Kläger die Prozeßkosten zur Last, wenn der Beklagte den Anspruch sofort anerkennt.

1) Geltungsbereich. A. Allgemeines. § 93 stellt eine Ausnahme der Regel des § 91 dar. § 93 setzt voraus, daß keine Veranlassung zur Klagerhebung bestand und daß der Bekl außerdem ein sofortiges Anerkenntnis erklärt hat. § 93 gilt grundsätzlich in allen Verfahren, zB: In einem Verfahren auf den Erlaß eines Arrests oder einer einstweiligen Verfügung, etwa nach einem Widerspruch, freilich nur dann, wenn in Wahrheit keine Gefährdung vorlag oder wenn eine Gefährdung keine Voraussetzung dieses vorläufigen Verfahrens war, etwa in den Fällen der §§ 885 I 2, 899 II 2, 1615o III BGB, 11 I 2, 21 II 3 SchiffsRG, 25 UWG, zB Celle NJW **53**, 1871, vgl auch Borck NJW **81**, 2725, abw Liesegang JR **80**, 99 mwN (er will von Fall zu Fall entscheiden), aM Stgt NJW **55**, 1192 (das OLG will eine Gefährdung, von der das Gesetz ohne weiteres ausgehe, nicht genügen lassen. Damit überspannt es die Voraussetzungen des § 93); im Wiederaufnahmeverfahren, Mü NJW **58**, 2070; wenn es sich um die Vollstreckbarkeit eines festgestellten Anspruchs handelt, wie beim Vollstreckbarkeitsverfahren des § 1042, vgl § 794 I Z 5, oder im Fall des § 642b, Odersky Rpfleger **74**, 210. Wegen des Kostenfestsetzungsverfahrens vgl § 104 Anm 2 B a.

Der Rechtsgedanke des § 93 ist im Rahmen einer nach § 9 GebrMG in Verbindung mit § 62 PatG zu treffenden Kostenentscheidung anwendbar, BGH GRUR **82**, 364, 417.

§ 93 ist unanwendbar, soweit kein wirksames prozessuales Anerkenntnis ergehen kann, etwa im Eheverfahren oder im Kindschaftsverfahren.

Es kommt bei § 93 dann, wenn eine Klageveranlassung vorlag, nicht darauf an, ob sich der Kläger auch während des Prozesses sachgemäß verhalten hat.

B. Sonderregelung. Eine Sonderregelung trifft

VglO § 49. Erhebt ein Vergleichsgläubiger nach der Eröffnung des Verfahrens Klage auf Leistung, so fallen ihm die Prozeßkosten zur Last, wenn der Schuldner den Anspruch sofort anerkennt. Dies gilt nicht, wenn der Gläubiger bei der Erhebung der Klage die Eröffnung des Vergleichsverfahrens nicht kannte oder an alsbaldiger Erlangung des Urteils ein berechtigtes Interesse hatte.

In diesem Fall kommt es nicht darauf an, ob eine Klagveranlassung bestand. § 49 VglO ist auf eine Feststellungsklage unanwendbar. Die Unkenntnis des ProzBev steht derjenigen des Gläubigers gleich. Nach einem Mahnverfahren tritt bei dem Übergang in das streitige Verfahren unter Umständen eine Rückwirkung ein, § 696 III. § 49 VglO ist auf eine vor der Eröffnung des Vergleichsverfahrens schwebende Klage unanwendbar.

2) Sofortiges Anerkenntnis. A. Allgemeines. Ein sofortiges Anerkenntnis liegt grundsätzlich nur dann vor, wenn der Bekl den prozessualen Anspruch in der ersten streitigen mündlichen Verhandlung anerkennt, die vor dem endgültig zuständigen Gericht (evtl also nach einer Verweisung) stattfindet, Saarbr MDR **81**, 676, und in der der Anspruch begründet ist und in der der Bekl diejenigen Tatsachen kennen kann, die den Klaganspruch objektiv begründen, zB KG MDR **80**, 942, LG Kiel WM **77**, 14. In einem schriftlichen Vorverfahren liegt ein sofortiges Anerkenntnis wegen § 307 II 1 nur dann vor, wenn der Bekl den prozessualen Anspruch schon in der Klagerwiderung anerkennt, Ffm BB **78**, 892, LG Hbg MDR **80**, 942, LG Tüb MDR **81**, 409. Es kommt nicht darauf an, ob der Bekl den Anspruch vor den vorgenannten Zeitpunkten bestritten hat. Deshalb ist auch ein zuvor vom Bekl

5. Titel. Prozeßkosten § 93 2–4

gegen den Kläger erwirktes abweisendes Versäumnisurteil unschädlich, LG Siegen WM **83**, 118.

Wenn der Bekl zwar zahlen will, aber die Rechtsauffassung vertritt, der Anspruch sei rechtlich unbegründet oder verjährt, oder wenn der Bekl die Zahlung von einer Abfindungserklärung des Klägers abhängig macht, auf die der Bekl keinen Anspruch hat, dann kann ein sofortiges Anerkenntnis fehlen. Eine begründete Zulässigkeitsrüge des Bekl ist unschädlich, etwa diejenige der Unzuständigkeit des Gerichts. Eine unbegründete Zulässigkeitsrüge ist aber schädlich.

B. Art und Umfang des Anerkenntnisses. Das Anerkenntnis muß ein solches im Sinne des § 307 sein. Der Bekl muß also den Klaganspruch anerkennen, und er muß es eindeutig und bedingungslos tun. Eine Anerkennung Zug um Zug oder eine Anerkennung mit einer Haftungsbeschränkung können genügen. Soweit die Forderung fällig ist, muß zum Anerkenntnis die Erfüllung hinzutreten, Karlsr BB **77**, 1475, Schlesw SchlHA **77**, 191, LG Mü AnwBl **78**, 181, aM Mü OLGZ **66**, 426, StJ II 1; s auch Anm 3. Wenn der Anspruch von einer richterlichen Schätzung abhängig ist, muß der Bekl „den vom Gericht für angemessen gehaltenen Betrag" anerkennen.

Wenn der Kläger objektiv zu viel fordert, genügt es, daß der Bekl den objektiv berechtigten Teil der Klagforderung anerkennt, Hamm VersR **77**, 955, so jetzt auch Schlesw SchlHA **83**, 138 mwN, aM Hbg FamRZ **81**, 583, Stgt NJW **78**, 112 (diese OLG halten § 93 im Fall eines Teilanerkenntnisses für unanwendbar). Soweit der Schuldner zu einer Teilleistung aber objektiv nicht berechtigt ist, ist § 93 auch nicht teilweise anwendbar, § 266 BGB.

Ein Anerkenntnis „unter Verwahrung gegen die Kosten" kann bedeuten: Der Bekl leugnet nur, einen Anlaß zur Klagerhebung gegeben zu haben. In diesem Fall ist § 93 anwendbar. Eine solche Formulierung kann aber auch bedeuten: Der Bekl will in Wahrheit den Anspruch bestreiten. Dann muß er die Kosten tragen. Denn dann hat er objektiv einen Anlaß zur Klagerhebung gegeben und nur im Rechtsstreit freiwillig aufgegeben.

Die Anerkennung eines Hilfsantrags reicht aus, wenn der Kläger daraufhin den Hauptantrag fallen läßt. Wenn der Rechtsvorgänger kein ausreichendes Anerkenntnis abgegeben hatte, nützt dem Rechtsnachfolger ein persönliches sofortiges Anerkenntnis nichts mehr.

3) Veranlassung zur Klagerhebung. Man gibt zur Klagerhebung durch ein Verhalten Anlaß, das vernünftigerweise den Schluß auf die Notwendigkeit eines Prozesses rechtfertigt, BGH NJW **79**, 2041 mwN, BPatG GRUR **78**, 40, nur grundsätzlich auch Düss FamRZ **82**, 1117 mwN, ferner AG Freiburg FamRZ **78**, 437. Das Merkmal der Klagveranlassung ist nicht mit dem Merkmal eines Rechtsschutzbedürfnisses zu verwechseln. Beim Fehlen des Rechtsschutzbedürfnisses muß die Klage durch ein Prozeßurteil als unzulässig abgewiesen werden; beim Fehlen einer Klagveranlassung erfolgt lediglich eine bestimmte Kostenregelung im Zusammenhang mit einer Sachentscheidung.

Das Gericht muß nach seinem pflichtgemäßen Ermessen prüfen, ob objektiv eine Klagveranlassung bestand. Das Gericht muß in diesem Zusammenhang auch untersuchen, ob die Klage objektiv überhaupt eine Erfolgsaussicht gehabt hätte, LG Köln WM **76**, 186, aM zB Mü NJW **69**, 1815, insofern aM LG Tüb MDR **81**, 410. Das Verhalten des Bekl vor dem Prozeß, BGH NJW **79**, 2041, oder im Prozeß, Köln MDR **73**, 593, Schlesw SchlHA **79**, 39, LG Mü AnwBl **78**, 181 mwN, insofern aM BGH NJW **79**, 2041, kann Rückschlüsse zulassen. Es kann zB erheblich sein, ob der Bekl zwar ein Anerkenntnis ausspricht, in Wahrheit aber die sachlichrechtliche Verpflichtung bestreitet, oder ob er ein Versäumnisurteil gegen sich ergehen läßt. Eine Verjährungseinrede bis zur Klärung etwa der Frage, wann ein Mahnbescheid zugestellt worden ist, kann unschädlich sein, LG Hagen VersR **73**, 777. Auch das Verhalten des Klägers kann Rückschlüsse zulassen, etwa dann, wenn es sich um eine nicht kalendermäßig fällig werdende Forderung handelt und wenn der Kläger den Bekl nicht zur Erfüllung aufgefordert hat.

Ein Anerkenntnis des Anspruchs im Verfahren auf die Bewilligung einer Prozeßkostenhilfe kann den Klaganlaß je nach der Lage des Einzelfalls beseitigen. Im Fall einer Klagänderung kommt es nicht darauf an, ob die ursprüngliche Klage berechtigt war, sondern ob der Bekl zur geänderten Klage eine Veranlassung gegeben hatte, Ffm MDR **81**, 410. Da § 93 von der Regel des § 91 eine Ausnahme bildet, muß der Bekl das Fehlen der Klagveranlassung notfalls beweisen, um der Kostenlast zu entgehen, LG Köln WM **73**, 255. S aber Anm 5 „Verfrühte Klage".

4) Kostenlast des Klägers. Man kann den § 93 in bestimmten Fällen sinngemäß auf den Kläger anwenden, vgl auch (nur grds) BGH NJW **82**, 238 mwN (zustm Grundmann JR **82**, 104). Insofern liegt eine gewisse Umkehr der Vorschrift vor, Ffm OLGZ **81**, 100. Es kommt darauf an, ob der Kläger seinen Anspruch sofort nach dem Zeitpunkt, in dem seine bis dahin objektiv begründete Klage unbegründet wurde, auf die Bitte beschränkt, dem Bekl die Kosten aufzuerlegen, vgl BPatG GRUR **81**, 819 mwN, Nürnb JB **78**, 745, aM StJ I (der Kläger habe die Möglichkeit, die Hauptsache für erledigt zu erklären, § 91 a; so wohl auch Blomeyer ZPR § 129 II 2). Das „Anerkenntnis" des Klägers bedeutet ein Abstandnehmen vom Klaganspruch.

Beispiele: Der Bekl rechnet mit einer Forderung auf, die erst nach dem Beginn des Prozesses entstanden ist; es ist ein außergerichtlicher Vergleich abgeschlossen worden, in dem der Bekl die Kosten dieses Prozesses übernommen hat; der Kläger tritt wegen eines Verschuldens des Bekl nach § 326 BGB vom Vertrag zurück.

Manche Gerichte halten eine solche Umkehr des § 93 für unzulässig, zB Hamm MDR **82**, 676. Ihr förmelnder Standpunkt ist aber nicht zu billigen. Freilich muß man den § 91a mitbeachten, vgl BGH NJW **51**, 360. Diese Umkehr ist auch im Verfahren wegen eines Arrests oder einer einstweiligen Verfügung zulässig, Ffm OLGZ **81**, 101. Dabei genügt es, daß der Verzicht ohne schuldhaftes Zögern in der nächsten prozessual möglichen Situation erklärt wird, Ffm OLGZ **81**, 101.

Eine Umkehrung des § 93 zu Lasten des Klägers (Antragstellers) ist im Verfahren auf die Eröffnung eines Konkurses unzulässig, zB Bre KTS **74**, 51, im Ergebnis ebenso LG Bln Rpfleger **78**, 379 mwN (das Gericht wendet § 91a entsprechend an), aM zB Celle KTS **62**, 185.

5) Einzelfälle

Abänderungsklage, § 323: Der Bekl hat einen Klaganlaß gegeben, wenn er zwar einen erhöhten Unterhalt zahlt, sich aber nicht dazu bereit findet, eine neue vollstreckbare Urkunde nach § 49 II JWG zu unterzeichnen, LG Dortm FamRZ **68**, 328, vgl AG Freibg FamRZ **78**, 437.

Anfechtungsgesetz: Der Bekl hat nicht schon deshalb einen Klaganlaß gegeben, weil er eine für den Gläubiger nachteilige anfechtbare Handlung vorgenommen hat, Schlesw MDR **77**, 321.

Annahmeverzug des Gläubigers: Soweit ein solcher Annahmeverzug vorliegt, hat der Bekl keinen Klaganlaß gegeben. Dasselbe gilt, soweit der Gläubiger eine von ihm zu erbringende Gegenleistung nicht gewährt hat, § 298 BGB.

Arrest, einstweilige Verfügung: Soweit der Antragsteller keine Gefährdung glaubhaft zu machen braucht, kann der Antragsgegner einen Anlaß zu dem Antrag gegeben haben, auch wenn sich der Antragsteller ohne eine weitere außergerichtliche Auseinandersetzung sogleich an das Gericht gewandt hat. Dieser Fall kann zB eintreten: Bei § 885 I 2 BGB, Köln NJW **75**, 455 (das Gericht betont, der Antragsteller brauche den Antragsgegner auch nicht zur Bewilligung einer Vormerkung aufzufordern, insofern aM Hamm NJW **76**, 1460 und grundsätzlich Köln ZMR **77**, 109); bei § 899 II 2 BGB; bei § 25 UWG.

Ein Widerspruch des Antragsgegners bedeutet nicht stets, daß er einen Anlaß für das vorläufige Verfahren gegeben hat. Denn der Antragsgegner kann nur durch einen Widerspruch seine Bereitschaft zum alsbaldigen Anerkenntnis ausdrücken, sofern er nicht vor dem Beginn des Verfahrens gehört worden war, Hamm NJW **76**, 1460, Karlsr MDR **76**, 497, LG Hann MDR **57**, 494. Das setzt allerdings voraus, daß das vorherige Verhalten des Antragsgegners nicht ergibt, daß er in Wahrheit doch einen Anlaß zu dem vorläufigen Verfahren gegeben hatte; vgl auch Furtner DRiZ **60**, 400. Ein solcher Anlaß kann selbst dann vorgelegen haben, wenn der Antragsgegner den Antragsteller durch ein Vertragsstrafeversprechen zu sichern versucht hat, Stgt MDR **63**, 1020.

Wenn die einstweilige Verfügung den Streit praktisch erledigen könnte, weil sich der Antragsgegner möglicherweise nach ihr richten mag, etwa in einer Wettbewerbssache, dann muß der Gläubiger vor einer Klagerhebung zur Hauptsache klären, ob der Gegner die einstweilige Verfügung weiter befolgen will, Mü NJW **63**, 866, Wedemeyer NJW **79**, 298. Der Antragsteller des vorläufigen Verfahrens muß den Antragsgegner also durch ein sog Abschlußschreiben fragen, ob der Antragsgegner auf die Einlegung eines Widerspruchs gegen die einstweilige Verfügung verzichten will. Soweit der Antragsteller diese Anfrage unterläßt, kann § 93 zugunsten des Antragsgegners anwendbar sein, Köln NJW **69**, 1036.

Der Antragsgegner hat auch dann keinen Anlaß zu dem Antrag gegeben, wenn er den Widerspruch zulässigerweise auf die Kostenfrage beschränkt, § 924 Anm 2 A, Schlesw MDR **79**, 764, Liesegang JR **80**, 99 mwN.

S auch § 926 Anm 4 A.

5. Titel. Prozeßkosten

Bürge: Er hat keinen Klaganlaß gegeben, wenn er nicht zuvor zur Leistung aufgefordert worden ist. Im Fall einer Voraushaftung muß die Aufforderung begründet worden sein. Dasselbe gilt bei einem Wechselrückgriffsschuldner und in ähnlichen Fällen. Vgl auch BGH NJW **79**, 2041.

Dingliche Klage: Bei einer Löschungsklage ist eine angemessene Frist zur Beibringung der Urkunden erforderlich. Zu einer Klage auf die Duldung der Zwangsvollstreckung auf Grund einer Hypothek usw hat der Bekl keine Veranlassung gegeben, wenn er nicht gemahnt wurde, Karlsr MDR **81**, 939 mwN, aM zB StJL Rdz 19, oder wenn er den Kläger auf Grund von dessen Mahnung befriedigt hat oder wenn der Bekl auf eigene Kosten auch ohne eine weitere Aufforderung eine vollstreckbare Urkunde nach § 794 I Z 5 beigebracht hat. Wenn es um eine Zwangshypothek geht, hat der Bekl keinen Klaganlaß gegeben, falls der Kläger den Bekl nicht aufgefordert hat, eine vollstreckbare Urkunde nach § 794 I Z 5 zu übersenden, und wenn der Bekl nun den Klaganspruch sofort anerkennt, Saarbr MDR **82**, 500 mwN, aM Köln NJW **77**, 256.

Duldung der Zwangsvollstreckung: Wenn es um eine Zwangsvollstreckung in ein fremdes Vermögen geht, hat der Bekl keine Klagveranlassung gegeben, wenn er auf Grund einer Aufforderung eine vollstreckbare Urkunde beigebracht hat.
S auch „Dingliche Klage".

Geldforderung: Wenn es um eine fällige Geldforderung geht, hat der Bekl einen Klaganlaß gegeben, wenn er die Schuld nicht sofort bei deren Fälligkeit bezahlt hat, Ffm MDR **80**, 855, Hbg MDR **79**, 63, Karlsr BB **77**, 1475, LG Hann WM **74**, 87, LG Mü AnwBl **78**, 181, und zwar voll, Stgt NJW **78**, 112 (abl Winter NJW **78**, 706), ZöSchn II 4, aM zB ThP 3a. Denn das bloße Anerkenntnis schafft noch keinen Vollstreckungstitel, Köln MDR **82**, 584. Der Umstand, daß beim Eintritt der Fälligkeit vielleicht noch kein Verzug vorlag, läßt ja nur die Verzugsfolgen der §§ 286ff BGB zunächst entfallen, nicht aber die Zahlungspflicht und grundsätzlich auch nicht das Rechtsschutzbedürfnis, das ja sogar schon vor der Fälligkeit eintreten kann, §§ 257ff.

Ein Klagerlaß kann daher auch dann vorgelegen haben, wenn die Fälligkeit der Forderung erst während des Prozesses eintritt und wenn der Bekl die Forderung sofort voll anerkennt, Köln BB **79**, 964, LG Ffm BB **77**, 771 mwN (krit Bülow), aM zB BGH NJW **79**, 2041, Zweibr MDR **71**, 591, LG Limbg NJW **76**, 1899. Der Bekl hat ferner dann einen Klaganlaß gegeben, wenn er die Forderung zwar uneingeschränkt anerkennt, gleichzeitig aber erklärt hat, er könne den Anspruch wegen seiner Vermögenslosigkeit nicht in absehbarer Zeit erfüllen, LG Freibg VersR **80**, 728. Der Bekl hat auch dann einen Klaganlaß gegeben, wenn er auf eine Abmahnung des Klägers nicht reagiert hat, Ffm BB **78**, 892, oder wenn der Gläubiger dem überschuldeten, unpfändbaren Schuldner keinen Hinweis auf die Möglichkeit der Beibringung einer vollstreckbaren Urkunde gegeben hat, Ffm MDR **80**, 855. Bei einer Bringschuld hat der Bekl einen Klaganlaß gegeben, wenn er nicht auf Grund einer bloßen Aufforderung des Klägers erfüllt hat.

Der Bekl hat keinen Klaganlaß gegeben, wenn er als persönlicher Schuldner nicht wußte, daß der Eigentümer die Hypothekenzinsen nicht bezahlt hatte, oder wenn der Kläger bei einer Holschuld die Sache nicht abgeholt hatte.
S auch „Schadensersatz".

Gesetzesänderung: Solange die Forderung noch nicht fällig ist, hat der Bekl keineswegs einen Klaganlaß gegeben, falls er sie vor der Fälligkeit anerkennt, Karlsr MDR **80**, 501. Wenn der Kläger auf Grund einer Gesetzesänderung, die erst nach dem Erlaß des Berufungsurteils eintrat, in der Revisionsinstanz voraussichtlich siegen wird, muß der Bekl sofort anerkennen. Andernfalls trägt er die Kosten aller Instanzen, BGH **37**, 233.

Miete: Der Mieter hat einen Klaganlaß gegeben, soweit er es wirklich zu einer Mieterhöhungsklage kommen ließ, LG Hann WM **80**, 14 aE (das Gericht hält freilich die Kosten des vorprozessualen Gutachtens, das der Vermieter einholte, in einem solchen Fall nicht für notwendige Kosten nach § 91).

Der Mieter hat keinen Klaganlaß für eine Mietzinsklage gegeben, wenn der Vermieter den Betrag schon am Tag nach dessen Fälligkeit im Mahnverfahren geltend gemacht hat, AG Miesbach WM **80**, 82. Der Mieter hat keinen Anlaß für eine Klage des Vermieters auf die Bezahlung von Mietnebenkosten gegeben, wenn er die Nebenkosten (erst) sofort nach dem Erhalt einer objektiv nachprüfbaren Nebenkostenabrechnung anerkannt hat, LG Kiel WM **77**, 14. Solange infolge einer erkennbaren Unvollständigkeit des vom Vermieter zur Begründung eines Mieterhöhungsverlangens verwendeten Gutachtens in Wahrheit noch kein wirksames Erhöhungsverlangen vorlag, hat der Mieter zur Zustimmungsklage keinen Anlaß gegeben, AG Bonn WM **83**, 56.

Nachlaßanspruch: Der Erbe hat einen Klaganlaß gegeben, soweit er nach der Annahme der Erbschaft und nach dem Ablauf der Fristen der §§ 2014, 2015 BGB die Erfüllung einer Nachlaßverbindlichkeit verweigert hat, Celle JZ **60**, 669, oder wenn er nicht auf Grund einer Aufforderung eine vollstreckbare Urkunde unter dem Vorbehalt der Haftungsbeschränkung erteilt hat, solange noch aufschiebende Einreden laufen.
Nichtigkeitsklage, § 579: Ein Anlaß zur Erhebung der Nichtigkeitsklage besteht, wenn der Schuldner die Nichtigkeitsgründe glaubhaft dargelegt hat, Mü NJW **58**, 2070.
Räumung: Der Mieter hat zu einer Räumungsklage Anlaß gegeben, wenn er dem Vermieter keinen bestimmten Auszugstermin mitgeteilt und zugesichert hat, AG Hann ZMR **73**, 86. Vgl aber auch § 93b.
Schadensersatz: Der Gläubiger muß dem Schuldner grundsätzlich genügend Zeit zur Nachprüfung der Schadensersatzforderung lassen, sonst hat der Schuldner keinen Klaganlaß gegeben, Hamm VersR **61**, 118. Der Schuldner kann andererseits vom Gläubiger oft nicht von vornherein den vollständigen Nachweis einer spezifizierten Schadensrechnung verlangen, LG Hagen MDR **61**, 331.

Wenn der Bekl haftpflichtversichert ist, dann muß der Kläger ihm eine gewisse Zeit zur Übersendung der Rechnungsbelege an die Haftpflichtversicherung und zur dortigen Prüfung der Berechtigung der Schadensersatzforderung gelassen haben, Celle VersR **61**, 1144, LG Mönchengladb VersR **82**, 710, LG Trier VersR **73**, 189. Die Versicherung muß auch die Möglichkeit einer Schadensbesichtigung gehabt haben, LG Mönchengladbach VersR **73**, 648. Die Versicherung muß ihre Prüfung innerhalb einer ordnungsgemäßen Geschäftsabwicklung vorgenommen haben. Diese Prüfung darf sich aber an den Fallumständen orientieren, Nürnb VersR **76**, 1052. Wenn es um einen Fall mit einer Auslandsberührung geht, ist eine längere Prüfungsfrist zuzubilligen, LG Trier VersR **73**, 189. Im Falle einer Grünen Versicherungskarte darf die Frist aber nicht allzu lang andauern, also nicht mehrere Monate, Hbg VersR **74**, 277, Köln VersR **74**, 268 (zustm Klimke VersR **74**, 498), LG Mü VersR **73**, 133, vgl freilich auch LG Aachen VersR **74**, 473.

Der Klaganlaß liegt vor, wenn der Versicherungsnehmer trotz einer wiederholten Forderung 6 Wochen nach dem Unfall weder gezahlt hat noch eine Zahlung angekündigt hat, LG Mü VersR **73**, 288.

Eine vertragliche Frist reicht aus, auch wenn sie durch Allgemeine Geschäftsbedingungen bestimmt worden ist, vgl Hamm VersR **74**, 330. Wenn der Bekl nur fünf Arbeitstage Zeit zur Prüfung hatte, ist die Frist regelmäßig zu kurz gewesen, vgl Mü VersR **79**, 479. Wenn der Versicherer nur acht Arbeitstage Zeit hatte, ist die Frist ebenfalls im allgemeinen zu kurz gewesen, Köln VersR **83**, 451, Mü VersR **79**, 480. Dasselbe gilt dann, wenn der Versicherer immerhin innerhalb von 10 Tagen ⅔ der Forderung bezahlt hat und wenn er wegen der restlichen Forderung innerhalb dieser Frist eine Prüfung zugesagt hatte, Mü VersR **73**, 164, oder falls seit der Übersendung einer spezifizierten Schadensberechnung weniger als 3–4 Wochen verstrichen sind, LG Bonn VersR **78**, 356, LG Düss VersR **81**, 583 mwN, LG Freibg VersR **77**, 1017 mwN, LG Hbg VersR **78**, 1125, vgl LG Kiel VersR **75**, 1064, AG Köln VersR **80**, 731, AG Mülheim VersR **77**, 71. Ein Zeitraum von nur 2–3 Wochen ist auch in einem einfachen Schadensfall zu kurz, wenn er in die Weihnachtstage und die anschließende Woche fällt, LG Ellwangen VersR **81**, 564. Bei einem Stationierungsschaden muß der Versicherer etwa 3–4 Wochen Zeit bis zur Einsichtnahme in die Strafakten erhalten, Karlsr VersR **80**, 877.

Der Bekl hat auch nach dem Ablauf eines gegnerischen Vergleichsvorschlags eine Bedenkfrist, Nürnb VersR **73**, 1126.

S auch ,,Geldforderung".
Schuldrechtliche Klage: Der Schuldner hat im allgemeinen erst vom Eintritt seines Verzugs an einen Klaganlaß gegeben. Bei einer Klage auf eine künftige Leistung hat er nur im Fall einer objektiv vorliegenden Besorgnis der Verweigerung der Erfüllung einen Klaganlaß gegeben, Hbg FamRZ **81**, 583 mwN. Ein Klaganlaß liegt auch dann vor, wenn der Schuldner lediglich eine Teilzahlung erbracht hat, vgl Düss FamRZ **81**, 70, ferner Hbg FamRZ **81**, 583 mwN, Stgt NJW **78**, 112 (abl Winter NJW **78**, 706). Der Gläubiger braucht den Schuldner nicht unbedingt gemahnt zu haben, Schlesw SchlHA **79**, 39, aM Ffm NJW **82**, 946.

Der Schuldner hat keinen Klaganlaß gegeben, wenn der Kläger den Klaganspruch trotz einer Aufforderung des Bekl nicht vorprozessual beziffert und belegt hatte, LG Mü VersR **79**, 459. Ein Klaganlaß fehlt auch insoweit, als der Erzeuger die Vaterschaft anerkennt, zwar die Unterschrift unter einer Zahlungsverpflichtungsurkunde verweigert, aber den Unterhalt regelmäßig zahlt und keine Unterbrechung seiner Zahlungen oder andere Un-

5. Titel. Prozeßkosten §93 5

regelmäßigkeiten androht, Hamm FamRZ **83**, 39, Schlesw FamRZ **83**, 829 mwN, LG Flensb FamRZ **74**, 541, aM Düss FamRZ **82**, 1117, Ffm NJW **82**, 946 je mwN.

Unterbrechung: Wenn der Rechtsnachfolger, § 239, zur Fortsetzung des Rechtsstreits keine Veranlassung gegeben hatte und wenn er zur Fortsetzung des Rechtsstreits geladen wurde, ohne den Prozeß zu kennen oder verzögert zu haben, hat er keinen Klaganlaß gegeben, Zweibr NJW **68**, 1635.

Unterhalt: S ,,Schuldrechtliche Klage".

Urkunden-, Wechsel-, Scheckprozeß: Da das Nachverfahren mit dem Vorverfahren eine Einheit bildet, § 600 Anm 1 A, erkennt der Bekl nicht sofort an, wenn er im Vorverfahren widerspricht, um im Nachverfahren eine Aufrechnung vorzunehmen, und dort im ersten Termin anerkennt, Düss MDR **83**, 496.

Verfrühte Klage: Soweit eine Klage vor dem Eintritt der Fälligkeit nach § 257 zulässig ist, hat der Bekl einen Klaganlaß gegeben, falls er den Anspruch nicht sofort anerkannt hat. Der Kläger muß beweisen, daß der Bekl einen Klaganlaß gegeben hat.

Der Bekl hat keinen Klaganlaß gegeben, wenn er im übrigen sofort nach dem Eintritt der Fälligkeit anerkannt hat, selbst wenn kein Hilfsantrag gestellt worden ist.

Vermieterpfandrecht: Der Bekl hat wie bei einer Widerspruchsklage keinen Klaganlaß gegeben, soweit der angebliche Eigentümer nicht sein Eigentum glaubhaft gemacht hat.

Vorzugsrecht, § 805: S ,,Widerspruchsklage".

Wettbewerbssache: Die etwa erforderliche Wiederholungsgefahr wird im allgemeinen nicht schon dadurch ausgeschlossen, daß der Bekl die beanstandete Handlung seit einiger Zeit nicht mehr vorgenommen hat oder daß er erklärt hat, er werde sie nicht mehr vornehmen. Denn der Bekl könnte das beanstandete Verhalten trotzdem jederzeit wieder beginnen, vgl Köln MDR **77**, 585. Deshalb kann man eine Wiederholungsgefahr im allgemeinen nur dann ausschließen, wenn der Bekl eine Unterlassungsverpflichtung ausgesprochen und durch eine Unterwerfung unter eine Vertragsstrafe für jeden Wiederholungsfall bekräftigt hat, Düss NJW **60**, 2296, Köln MDR **77**, 585.

Es richtet sich nach den gesamten Umständen des Einzelfalls, ob der Gläubiger den Schuldner vor der Klagerhebung abmahnen muß, vgl Ffm GRUR **80**, 186, Köln MDR **77**, 585, LG Essen NJW **74**, 998, Klaka GRUR **79**, 595, strenger Hbg GRUR **76**, 444, wohl auch Hamm MDR **79**, 407, Nürnb JB **78**, 1070 (diese Gerichte fordern grundsätzlich eine vorprozessuale Abmahnung), zu alledem krit Vogt NJW **80**, 1500. Die Abmahnung ist nach einem vorsätzlichen Wettbewerbsverstoß des Gegners durchweg entbehrlich, KG DB **80**, 1394. Sie ist jedenfalls nur dann erforderlich, wenn auch wirklich eine Verletzung begangen wurde, BGH **LM** § 24 WZG Nr 22, ferner dann, wenn ein Angestellter des Schuldners verboten handelte und wenn gegen den Betriebsinhaber selbst nichts spricht, Mü GRUR **60**, 401.

Wenn der Gläubiger einen Schutz beansprucht, der über den Wortlaut eines Patents hinausgeht, dann muß er den Schuldner vorprozessual ausdrücklich auf diesen Schutzanspruch hinweisen und den Umfang des Unterlassungsbegehrens eindeutig abgrenzen, Düss GRUR **80**, 135. Aus der Reaktion auf Abmahnung ergibt sich von Fall zu Fall, ob eine Klageveranlassung besteht, Schulte GRUR **80**, 472.

Der Schuldner darf eine angemessene Abmahnungsfrist nicht überschreiten, Mü GRUR **80**, 1018. Er darf die Frist aber dann, wenn der Gläubiger keinen abweichenden Schlußzeitpunkt genannt hat, bis zum letzten Tag 24 Uhr ausnutzen. Der abmahnende Gläubiger oder sein Anwalt müssen auch in diesem Fall evtl bis 12 Uhr am folgenden Tag warten, KG GRUR **79**, 740. Eine Abmahnung ist nicht erforderlich, wenn der Schuldner eine Karenzzeit vor einem Schlußverkauf mißachtet hat, Hbg GRUR **75**, 39 und 41.

Wenn der Gläubiger eine einstweilige Verfügung erwirkt hat, muß er den Schuldner unter Umständen in einem Abschlußschreiben auffordern, zB auf die Einlegung eines Widerspruchs zu verzichten usw, bevor ein Klaganlaß für eine anschließende Klage zur Hauptsache gegeben ist, Düss GRUR **79**, 250, Hamm BB **78**, 1380. Wenn die Annahme einer strafbewehrten Unterlassungsverpflichtung zu Unrecht abgelehnt wurde, kann ein neuer Verstoß des Schuldners ein Rechtsschutzbedürfnis für eine einstweilige Verfügung rechtfertigen, Hamm BB **79**, 1573.

Widerspruchsklage, § 771: Der Bekl hat keinen Klaganlaß gegeben, wenn der Kläger nicht dasjenige Recht, das die Veräußerung angeblich hindert, zumindest auf ein Verlangen des Bekl hin glaubhaft gemacht hat. Zur Glaubhaftmachung gehört die Darlegung derjenigen Umstände, aus denen sich der Bekl ein Bild von der Berechtigung machen kann. Ob der Bekl den Anspruch vorher bestritten hatte, ist unerheblich, Anm 2 A. Der Bekl muß aber insofern mitwirken, als er angeben muß, inwiefern er eine Aufklärung wünscht. Der Bekl braucht den Kiaganspruch im übrigen erst dann anzuerkennen, wenn ihm diejenigen tatsächlichen Unterlagen bekannt sein können, die den die Veräußerung hindernden Anspruch rechtfertigen. Der Bekl muß eine gewisse Erkundigungsfrist haben. Das der Veräußerung entgegenstehende Recht muß dem Bekl einigermaßen wahrscheinlich gemacht worden sein, LG Köln NJW **49**, 956 mwN.

Unter Umständen schadet also dem Bekl sogar eine Beweisaufnahme nicht, Nürnb BayJMBl **55**, 94. Eine eidesstattliche Versicherung des Klägers reicht im übrigen zur Glaubhaftmachung in solchen Fällen nicht stets aus, zumal § 771 die Hoffnung aller faulen Schuldner ist, aM Ffm MDR **73**, 60.

Im übrigen hängt alles vom Einzelfall ab. Allerdings muß der Kläger im allgemeinen diejenigen Urkunden vorlegen, die das Recht beweisen sollen, das die Veräußerung hindert. Wenn es um eine Sicherungsübereignung geht, muß der Kläger also nicht nur die Übereignungsurkunden vorlegen, sondern auch diejenigen Unterlagen, aus denen sich ergibt, welchen Bestand die gesicherte Forderung derzeit hat, zB die Kontoauszüge, Stgt BB **61**, 842. Insgesamt muß der Kläger das die Veräußerung hindernde Recht sorgfältig darlegen und glaubhaft machen.

Ein Pfändungsgläubiger haftet in diesem Zusammenhang für die Angaben seines Anwalts nach § 278 BGB und nicht nur nach § 831 BGB, BGH **58**, 215; vgl Einf 2 B vor §§ 771–774.

Zug-um-Zug-Anspruch: Der Bekl hat einen Klaganlaß gegeben, wenn er gegenüber einer berechtigten Forderung zur Leistung Zug um Zug eine völlige Abweisung der Klage beantragt hatte.

Der Bekl hat keinen Klaganlaß gegeben, wenn er gegenüber einem Anspruch des Klägers auf eine Verurteilung des Bekl zur Leistung schlechthin lediglich eine Verpflichtung zur Leistung Zug um Zug (sofort) anerkannt hat.

6) *VwGO:* Eine gleichlautende Regelung enthält § 156 *VwGO.*

93a

Kostenteilung im Eheprozeß. [1] **I** Wird auf Scheidung einer Ehe erkannt, so sind die Kosten der Scheidungssache und der Folgesachen, über die gleichzeitig entschieden wird oder über die nach § 627 Abs. 1 vorweg entschieden worden ist, gegeneinander aufzuheben; die Kosten einer Folgesache sind auch dann gegeneinander aufzuheben, wenn über die Folgesache infolge einer Abtrennung nach § 628 Abs. 1 Satz 1 gesondert zu entscheiden ist. Das Gericht kann die Kosten nach billigem Ermessen anderweitig verteilen, wenn eine Kostenverteilung nach Satz 1 einen der Ehegatten in seiner Lebensführung unverhältnismäßig beeinträchtigen würde oder wenn eine solche Kostenverteilung im Hinblick darauf als unbillig erscheint, daß ein Ehegatte in Folgesachen der in § 621 Abs. 1 Nr. 4, 5, 8 bezeichneten Art ganz oder teilweise unterlegen ist. Haben die Parteien eine Vereinbarung über die Kosten getroffen, so kann das Gericht sie ganz oder teilweise der Entscheidung zugrunde legen.

II Wird ein Scheidungsantrag abgewiesen, so hat der Antragsteller auch die Kosten der Folgesachen zu tragen, die infolge der Abweisung gegenstandslos werden; dies gilt auch für die Kosten einer Folgesache, über die infolge einer Abtrennung nach § 623 Abs. 1 Satz 2 oder nach § 628 Abs. 1 Satz 1 gesondert zu entscheiden ist. Das Gericht kann die Kosten anderweitig verteilen, wenn eine Kostenverteilung nach Satz 1 im Hinblick auf den bisherigen Sach- und Streitstand in Folgesachen der in § 621 Abs. 1 Nr. 4, 5, 8 bezeichneten Art als unbillig erscheint.

III Wird eine Ehe aufgehoben oder für nichtig erklärt, so sind die Kosten des Rechtsstreits gegeneinander aufzuheben. Das Gericht kann die Kosten nach billigem Ermessen anderweitig verteilen, wenn eine Kostenverteilung nach Satz 1 einen der Ehegatten in seiner Lebensführung unverhältnismäßig beeinträchtigen würde oder wenn eine solche Kostenverteilung im Hinblick darauf als unbillig erscheint, daß bei der Eheschließung ein Ehegatte allein in den Fällen der §§ 30 bis 32 des Ehegesetzes die Aufhebbarkeit oder die Nichtigkeit der Ehe gekannt hat oder ein Ehegatte durch arglistige Täuschung oder widerrechtliche Drohung seitens des anderen Ehegatten oder mit dessen Wissen zur Eingehung der Ehe bestimmt worden ist.

IV Wird eine Ehe auf Klage des Staatsanwalts oder im Falle des § 20 des Ehegesetzes auf Klage des früheren Ehegatten für nichtig erklärt, so ist Absatz 3 nicht anzuwenden.

5. Titel. Prozeßkosten   § 93a 1–3

Schrifttum: Putzier, Anforderungen an eine sozialstaatliche Kostenregelung für die Inanspruchnahme der Justiz bei Ehescheidungen, Diss Bre 1981.

1) Allgemeines. In einem Scheidungsverfahren und dann, wenn es um die Folgesachen der Aufhebung und der Nichtigerklärung einer Ehe geht, gelten wegen der Kosten drei zum Teil voneinander abweichende Prinzipien. Zunächst ist § 93a zu beachten, KG FamRZ **81**, 381, auch im Erledigungsfall, BGH FamRZ **83**, 683. Anstelle dieser Vorschrift ist aber teilweise auch das FGG zu beachten. Schließlich sind die §§ 91 ff anwendbar, zB § 97 I, III, Düss (1. FamS) zitiert in (5. FamS) FamRZ **82**, 1014 (der letztere Senat ist aM; gegen ihn mit Recht Tietze FamRZ **83**, 291), KG FamRZ **81**, 381. § 93a enthält wiederum zwei Grundsätze: I und III enthalten den Grundsatz der Aufhebung der Kosten gegeneinander, § 92 Anm 1 C a; II enthält den Grundsatz der Unterliegenshaftung, § 91 Anm 1 A. Von beiden Grundsätzen gelten unter unterschiedlichen Voraussetzungen Ausnahmen. IV erklärt die Vorschrift III für unanwendbar und führt daher dazu, daß § 91 anwendbar ist.

Die Kostenentscheidung nach § 93a betrifft allein die prozessuale Kostentragungspflicht, begründet aber keine sachlichrechtliche Rückzahlungspflicht, KG FamRZ **81**, 464.

2) Scheidung, I. Das Gericht muß im Fall einer Scheidung die Kosten grundsätzlich gegeneinander aufheben, § 92 Anm 1 C a. Das gilt auch bei einer Beteiligung eines Dritten am Verfahren, Hamm FamRZ **81**, 695. Diese Pflicht gilt auch im Hinblick auf etwaige Folgesachen. Es kommt in diesem Zusammenhang nicht darauf an, ob das Gericht über eine Folgesache vorweg entschieden hat, § 627 I, ob es zusammen mit dem Ausspruch der Scheidung über die Folgesachen entscheidet, § 623 I 1, oder ob es über die Folgesache erst nach der Scheidung entscheidet, § 628 I Z 1. Eine Entscheidung nach § 627 I enthält also keine Kostenentscheidung. Das Gericht darf eine Kostenentscheidung vielmehr erst im Scheidungsurteil oder in einer etwa nachfolgenden Entscheidung über eine Folgesache einheitlich treffen.

Abweichend vom Grundsatz der Aufhebung der Kosten gegeneinander werden die Kosten in einer anderen Weise nach dem pflichtgemäßen („billigen") Ermessen des Gerichts verteilt, wenn das Gericht es entweder als ziemlich sicher, nicht bloß als möglich betrachtet, daß sonst einer der Ehegatten in seiner Lebensführung unverhältnismäßig beeinträchtigt werden würde, oder wenn eine Aufhebung der Kosten gegeneinander deshalb unbillig wäre, weil ein Ehegatte nach § 621 I Z 4 (Unterhalt gegenüber einem ehelichen Kind), Z 5 (Unterhalt gegenüber dem anderen Ehegatten) oder Z 8 (Güterrecht) ganz oder teilweise unterlegen ist. Bei einem Versorgungsausgleich, § 621 I Z 6, gelten nach § 621a I die Regeln der freiwilligen Gerichtsbarkeit, also § 13a FGG, Stgt FamRZ **83**, 937 mwN (jedenfalls gegenüber außergerichtlichen Kosten eines am Verfahren beteiligten Dritten), aM Ffm FamRZ **82**, 1093 mwN. Unbillig wäre es, wenn zB ein grundlos oder leichtfertig überhöhter Anspruch zu Mehrkosten führen würde.

Das Gericht ist weder durch das Verursachungsprinzip noch durch die wirtschaftlichen Verhältnisse strikt gebunden. Ein unterschiedlicher Verdienst der Parteien ist nach I 2 nicht stets beachtlich, Schlesw NJW **78**, 54. Eine Kostenvereinbarung ist für das Gericht nicht bindend, soweit der Streitgegenstand nicht der Verfügung der Parteien unterliegt, zB BGH **5**, 258 (zum alten Recht), Bbg JB **82**, 769, Kblz MDR **80**, 320, ThP § 103 Anm 1a, ZöSchn § 103 Anm I 5a, aM Hamm Rpfleger **82**, 482 (ein Kostenvergleich sei für das Gericht bindend). Das Gericht kann aber eine Entscheidung treffen, die der Vereinbarung der Parteien voll oder einigermaßen entspricht, I 3. Das Gericht hat auch insofern ein pflichtgemäßes Ermessen und damit einen erheblichen Entscheidungsspielraum. Bei einer Kostenentscheidung wegen einer Abtrennung nach § 623 I 2 ist nicht § 93a, sondern § 91 anwendbar. Im Fall des § 629b sind I 1, § 97 unanwendbar, jedenfalls soweit der Scheidungsantrag verfrüht war, Zweibr FamRZ **83**, 627, abw Düss FamRZ **83**, 628.

Wegen der Einzelheiten, auch zur Abgrenzung von den Fällen des § 98, vgl Göppinger AnwBl **77**, 436.

3) Abweisung des Scheidungsantrags, II. Wenn das Gericht den Scheidungsantrag abweist, muß der Antragsteller grundsätzlich die gesamten Kosten des Verfahrens tragen, außerdem die Kosten derjenigen Folgesachen, die wegen der Abweisung des Scheidungsantrags gegenstandslos geworden sind, § 91. Das gilt auch dann, wenn das Gericht über eine Folgesache infolge einer Abtrennung nach § 623 I 2 oder nach § 628 I 1 gesondert entscheiden muß, II 1 Hs 2.

Abweichend von dieser Regel darf das Gericht die Kosten ausnahmsweise nach seinem pflichtgemäßen Ermessen anderweitig verteilen, obwohl II diese Möglichkeit anders als I und III nicht erwähnt. Es handelt sich insofern um ein offensichtliches Redaktionsversehen. Voraussetzung einer anderweitigen Kostenverteilung ist, daß es unbillig wäre, den Unterlegenen die gesamten Kosten tragen zu lassen. Dabei muß das Gericht den bisherigen Sach- und Streitstand in den Folgesachen des § 621 I Z 4, 5, 8, Anm 2, berücksichtigen. Die Frage, ob eine Unbilligkeit eintreten würde, ist ebenso wie in Anm 2 zu beantworten.

4) Aufhebung, Nichtigerklärung, III, IV. Wenn eine Ehe aufgehoben werden muß, dann muß das Gericht die Kosten grundsätzlich gegeneinander aufheben, § 92 Anm 1 C a. Wenn eine Ehe für nichtig erklärt werden muß, ist zu unterscheiden: Bei einer Nichtigerklärung auf Grund der Klage des Staatsanwalts oder bei einer Doppelehe, § 20 EheG, ist der Grundsatz anzuwenden, daß der Verlierer die Kosten trägt, § 91. Im Fall einer sonstigen Nichtigkeitsklage muß das Gericht die Kosten grundsätzlich gegeneinander aufheben.

Abweichend von diesen Regeln hat das Gericht die Kosten ausnahmsweise nach seinem pflichtgemäßen Ermessen anderweitig zu verteilen, wenn eine Aufhebung der Kosten gegeneinander entweder zu einer unverhältnismäßig schweren Beeinträchtigung eines Ehegatten führen würde, Anm 2, oder wenn durch eine Aufhebung der Kosten gegeneinander sonst eine Unbilligkeit drohen würde, Anm 2. Eine solche Unbilligkeit ist aber nur dann zu berücksichtigen, wenn ein Ehegatte im Zeitpunkt der Eheschließung die Gründe der §§ 30–32 EheG kannte oder wenn ein Ehegatte durch eine arglistige Täuschung oder durch eine widerrechtliche Drohung des anderen Ehegatten oder mit dessen Wissen zur Eingehung der Ehe bestimmt worden war, vgl §§ 26 II, 37 II EheG.

93b Kostenentscheidung für Räumungsprozesse bei Anwendung der Sozialklausel.

[1] Wird einer Klage auf Räumung von Wohnraum mit Rücksicht darauf stattgegeben, daß ein Verlangen des Beklagten auf Fortsetzung des Mietverhältnisses auf Grund der §§ 556a, 556b des Bürgerlichen Gesetzbuchs wegen der berechtigten Interessen des Klägers nicht gerechtfertigt ist, so kann das Gericht die Kosten ganz oder teilweise dem Kläger auferlegen, wenn der Beklagte die Fortsetzung des Mietverhältnisses unter Angabe von Gründen verlangt hatte und

1. der Kläger aus Gründen obsiegt, die erst nachträglich entstanden sind (§ 556a Abs. 1 Satz 3 des Bürgerlichen Gesetzbuchs), oder
2. in den Fällen des § 556b des Bürgerlichen Gesetzbuchs der Kläger dem Beklagten nicht unverzüglich seine berechtigten Interessen bekanntgegeben hat.

Dies gilt in einem Rechtsstreit wegen Fortsetzung des Mietverhältnisses bei Abweisung der Klage entsprechend.

[II] Wird eine Klage auf Räumung von Wohnraum mit Rücksicht darauf abgewiesen, daß auf Verlangen des Beklagten die Fortsetzung des Mietverhältnisses auf Grund der §§ 556a, 556b des Bürgerlichen Gesetzbuchs bestimmt wird, so kann das Gericht die Kosten ganz oder teilweise dem Beklagten auferlegen, wenn er auf Verlangen des Klägers nicht unverzüglich über die Gründe des Widerspruchs Auskunft erteilt hat. Dies gilt in einem Rechtsstreit wegen Fortsetzung des Mietverhältnisses entsprechend, wenn der Klage stattgegeben wird.

[III] Erkennt der Beklagte den Anspruch auf Räumung von Wohnraum sofort an, wird ihm jedoch eine Räumungsfrist bewilligt, so kann das Gericht die Kosten ganz oder teilweise dem Kläger auferlegen, wenn der Beklagte bereits vor Erhebung der Klage unter Angabe von Gründen die Fortsetzung des Mietverhältnisses oder eine den Umständen nach angemessene Räumungsfrist vom Kläger vergeblich begehrt hatte.

1) Allgemeines. Das Gericht kann den Vermieter oder den Mieter auch für den Fall eines günstigen Prozeßausgangs ganz oder teilweise mit den Prozeßkosten belasten, wenn er nicht seine Pflicht erfüllt hatte, Gründe anzugeben und dadurch den Vertragspartner instand zu setzen, die gegenseitigen Interessen selbst abzuschätzen. Diese Möglichkeit gilt auch dann, wenn es um ein berechtigtes Verlangen nach einer Räumungsfrist geht, III. Bei dieser Möglichkeit der Kostenverteilung handelt es sich um eine Abweichung von den Regeln der §§ 91–93.

§ 93b ist anwendbar: Bei einer Klage mit dem Ziel einer Räumung von Wohnraum, § 29a Anm 1, bei der Verbindung mit Geschäftsraum, falls die Nutzung des Wohnraums offensichtlich überwiegt, LG Stgt NJW 73, 1377, in den Fällen Anm 2 A und B, aber nicht dann, wenn der Wohnraum nur vorübergehend überlassen wurde, §§ 556a VIII, 565 III BGB. Das gilt auch im Fall einer Widerklage und im Fall eines wiederholten Fortsetzungsverlangens des Mieters, § 556c BGB. Als Wohnraum gilt andererseits auch derjenige Raum, der mit Rücksicht auf das Bestehen eines Dienstverhältnisses vermietet worden ist, § 565b BGB.

5. Titel. Prozeßkosten § 93 b 1–3

Daher ist § 93 b auch in diesem Fall anzuwenden. Dasselbe gilt dann, wenn der Wohnraum im Rahmen eines Dienstverhältnisses überlassen wurde, § 565 e BGB.

2) Räumungsklage und Sozialklausel, I, II. A. Der Vermieter gewinnt, I. I ist dann, wenn der Mieter verliert, unter folgenden weiteren Voraussetzungen anwendbar: **a)** Der Vermieter klagt auf Räumung; das Gericht weist die Forderung des Mieters nach einer Fortsetzung des Mietverhältnisses mit Rücksicht auf die Interessen des Klägers zurück, I 1; **b)** das Gericht weist die Klage des Mieters auf eine Fortsetzung des Mietverhältnisses ab, I 2.

I ist auch auf eine entsprechende Widerklage oder auf eine Klage mit dem Ziel einer künftigen Räumung anwendbar, § 259 Anm 1 B. I ist auf andere Ansprüche aus dem Mietverhältnis unanwendbar, selbst wenn sie mit einer Klage nach a oder b verbunden werden. Ein Anerkenntnis des Mieters schließt die Anwendbarkeit des § 93 b nicht aus. Die Vorschrift ist aber dann unanwendbar, wenn die Klage auf eine Fortsetzung des Mietverhältnisses zurückgenommen wird. Denn durch die Klagrücknahme entsteht die Kostenfolge des § 269, StJ II 1 c. § 93 b ist auch dann unanwendbar, wenn ein Versäumnisurteil gegen den Mieter ergeht. Im Fall der Erledigung der Hauptsache muß das Gericht den I im Rahmen des § 91 a entsprechend berücksichtigen.

Eine von § 91 abweichende Kostenregelung kann dann eintreten, wenn der Mieter schriftlich (der Zeitpunkt des Zugangs entscheidet, § 130) innerhalb der in den §§ 556 a VI, 565 d II BGB genannten Fristen (bei einer Kündigung im Fall des § 565 c Z 1 BGB, vgl § 565 d II BGB) unter Angabe der Gründe für die von ihm verlangte Fortsetzung des Mietverhältnisses widersprochen hat. Die Frist für den Widerspruch läuft jedoch nicht, wenn der Vermieter nicht im Fall einer schriftlichen Kündigung (sonst gilt § 125 BGB) oder rechtzeitig danach darauf hingewiesen hat, daß der Mieter einen Widerspruch einlegen kann und daß dieser Widerspruch schriftlich und zwar spätestens 2 Monate vor der Beendigung des Mietverhältnisses, § 556 a V, VI BGB, eingelegt werden muß, § 564 a II BGB. In diesen Fällen kann der Mieter den Widerspruch noch im ersten Termin des Räumungsrechtsstreits erklären, § 556 a VI 2 BGB. Das Gericht muß den Mieter auf diese Möglichkeit hinweisen, § 139.

Dem Zweck der Vorschrift entsprechend muß jede Partei also alles rechtzeitig tun, um der anderen Partei einen vollen Einblick in ihr Interesse am Fortbestehen oder an der Beendigung des Mietverhältnisses zu geben und der anderen Partei damit eine Gelegenheit zu bieten, sich einen Überblick darüber zu verschaffen, ob ihre eigenen Interessen berechtigt sind. Das richtige Verhalten einer Partei ist bei der Kostenentscheidung besonders zu berücksichtigen. Demgemäß muß der Vermieter dem Mieter auf Verlangen auch vor der Einlegung von dessen Widerspruch die Kündigungsgründe bekanntgeben, Pergande NJW **68**, 131. Es muß sich sowohl bei dem Kläger als auch bei dem Bekl um die wahren und vollständigen Gründe handeln.

Ist das nicht der Fall oder schiebt der Bekl noch Gründe nach, die ihm schon bekannt gewesen waren, dann braucht dieser Umstand die Kostenentscheidung nicht zugunsten des Klägers zu ändern, soweit die zugehörigen Tatsachen erst nachträglich entstanden sind, § 556 a I 3 BGB. Auch berechtigte Fragen zur Aufklärung sind im Hinblick auf den mit der Vorschrift verfolgten Zweck zu beantworten, Anm 1.

Wenn der Vermieter seine Einwilligung zur Fortsetzung des Mietverhältnisses verweigern kann, weil der Mieter nicht rechtzeitig widersprochen hat, § 556 a VI 1 BGB, dann ist § 93 b nicht anwendbar. Denn sein Zweck, Anm 1, wurde durch das Verhalten des Mieters vereitelt. § 93 b ist dagegen dann anwendbar, wenn der Vermieter sofort geklagt hatte, so daß der Mieter vor der Klagerhebung gar nicht dazu gekommen war, die Angabe von Gründen zu verlangen, AG Weinheim ZMR **73**, 87.

B. Der Vermieter verliert, II. II gilt ebenso wie I sowohl bei einer Räumungsklage des Vermieters, II 1, als auch bei einer Fortsetzungsklage des Mieters, II 2. Vgl auch § 308 a. Voraussetzung für die Anwendung des § 93 b ist, daß der Mieter der Kündigung des Vermieters widersprochen und die Fortsetzung des Mietverhältnisses verlangt hat. Sowohl der Widerspruch als auch das Fortsetzungsverlangen müssen schriftlich erfolgt sein, § 556 a V BGB. Auf Verlangen des Vermieters muß der Mieter unverzüglich, § 121 BGB, die Gründe für seinen Widerspruch oder für sein Fortsetzungsverlangen angeben. Die Voraussetzungen sind nicht erfüllt, wenn die Gründe unrichtig oder unvollständig waren. Vgl im übrigen A.

3) Räumungsfrist, III. A. Grundsatz. Das Gesetz will vermeiden, daß eine Partei im Anschluß an eine Einigung mit der anderen Partei über die Räumung nur wegen einer Räumungsfrist, § 721, klagen muß, LG Mannh WM **78**, 135. Auch hier muß es sich um einen Wohnraum handeln, vgl freilich Anm 1. Es genügt aber ein vorübergehend überlasse-

§ 93 b 3, 4   1. Buch. 2. Abschnitt. Parteien

ner Wohnraum und ein solcher, der aus einem anderen Rechtsgrund als auf Grund eines Mietvertrags überlassen wurde. Denn III nennt abweichend von I und II die §§ 556a und 556b BGB und damit den § 556a VIII BGB nicht. Es ist entscheidend, ob und wie sich die Parteien durch ein vorprozessuales Gespräch bemüht haben, den Räumungsaufschub und damit einen Prozeß über die Räumungsfrage zu vermeiden, LG Mannh MDR **70**, 333.

B. Voraussetzungen im einzelnen. Die Voraussetzungen für eine dem Kläger ungünstige Kostenfolge sind:

a) Sofortiges Anerkenntnis. Der Bekl muß den Räumungsanspruch des Klägers sofort anerkannt haben, § 93 Anm 2. Dann ist es unschädlich, ob er vorher der Kündigung widersprochen hatte.

b) Ablehnung einer Mietfortsetzung oder Räumungsfrist. Der Kläger muß ein Verlangen des Mieters auf eine Fortsetzung des Mietvertrags oder auf die Gewährung einer Räumungsfrist vor der Klagerhebung abgelehnt haben. Eine solche Ablehnung ist aber nur dann erheblich, wenn der Mieter seine Forderung begründet hatte. In diesem Fall ist es dann unerheblich, ob das Begehren auch wirklich begründet war, aM LG Stgt NJW **73**, 1377. Ferner muß die verlangte Räumungsfrist den Umständen nach angemessen gewesen sein. Diejenige Frist, die das Gericht dann aber zugebilligt hat, braucht nicht ebenso lang wie die vom Bekl begehrte gewesen zu sein, StJ IV 3d. Der Bekl braucht aber keinen bestimmten Auszugstermin genannt zu haben, LG Mannh MDR **65**, 833. Er muß allerdings die Frist einigermaßen sicher genannt haben, LG Hagen NJW **65**, 1491, aM LG Lübeck SchlHA **65**, 39 (es fordert eine bestimmte Frist. Der Bekl kann aber zB dann, wenn er in eine noch im Bau befindliche Wohnung umziehen möchte, eine solche bestimmte Frist nicht immer angeben, AG Köln ZMR **73**, 87). Deshalb ist eine Bitte um eine erneute kurze Frist wegen eines Umzugs unschädlich, AG Köln ZMR **73**, 253.

c) Frist. Das Gericht muß dem Bekl eine Räumungsfrist zugebilligt haben. Wenn der Vermieter geklagt hatte, ohne daß es zu einem Gespräch gekommen war, und wenn der Mieter nun den Räumungsanspruch sofort uneingeschränkt anerkennt, dann ist § 93 anwendbar, aM LG Mannh MDR **72**, 695 (es wendet den III ohne die Notwendigkeit einer vorprozessualen Bitte um eine Räumungsfrist an).

III ist entsprechend anwendbar, wenn der Mieter schon eine Ersatzwohnung hat und daher keine Räumungsfrist mehr benötigt, LG Mannh WM **78**, 135.

4) Kostenentscheidung. § 93b ist als eine Spezialvorschrift gegenüber dem § 92 vorrangig, StJ IV 6. Das Gericht kann eine von § 91 abweichende Kostenentscheidung in folgenden Fällen treffen: Der Vermieter hat bei einer Räumungsklage nach I 1 oder bei einer Fortsetzungsklage des Mieters nach I 2 dem Mieter nicht unverzüglich, § 121 BGB, seine berechtigten Interessen bekanntgegeben und hat gesiegt; dem Vermieter haben nachträglich entstandene Gründe zu seinem Sieg verholfen; der Mieter hat gegenüber einer Räumungsklage oder auf Grund einer Klage mit dem Ziel einer Fortsetzung des Mietverhältnisses gesiegt, aber nicht auf Verlangen unverzüglich die Gründe seines Widerspruchs oder die Gründe für sein Fortsetzungsverlangen angegeben, II. Das Gericht kann im Fall einer Bewilligung der durch den Vermieter verweigerten Räumungsfrist, III, abweichend von § 93 entscheiden, der ein bedingungsloses Anerkenntnis verlangen würde.

I ist in folgenden Fällen nicht anwendbar: Ein Widerspruch des Mieters konnte als solcher keinen Erfolg haben, weil die Kündigung keinen harten Eingriff in seine Lebensverhältnisse oder in diejenigen seiner Familie bewirkte, § 556a I BGB; der Widerspruch genügte nicht der Form des § 556a V BGB; die Gründe der §§ 556a IV, 665d III BGB standen einem Widerspruch entgegen; der Widerspruch war nicht fristgemäß vorgebracht worden, § 556a VI BGB; der Mieter hat bei einem auf eine bestimmte Zeit eingegangenen Mietverhältnis im Zeitpunkt des Abschlusses des Mietvertrags diejenigen Umstände gekannt, die ein Interesse des Vermieters an einer fristgemäßen Rückgabe begründeten, § 556b II BGB. In allen diesen Fällen muß der Mieter die Kosten auf jeden Fall tragen, § 91.

Das Gericht muß dem Vermieter die gesamten Kosten auferlegen, wenn der Vermieter seine Gegengründe überhaupt nicht mitgeteilt hatte und wenn man annehmen muß, daß der Mieter mit den Gegengründen einverstanden gewesen wäre, wenn er sie erfahren hätte, I. Dasselbe gilt dann, wenn das Gericht auf Grund des Antrags des Mieters eine Räumungsfrist zugebilligt hat, III. Soweit das Gericht eine Räumungsfrist nach III ablehnte, ist § 91 anwendbar.

Eine Kostenentscheidung ist eine Ermessensfrage. Es kommt also auf die Umstände des Einzelfalls an, vor allem auf die Einsichtigkeit gegenüber dem Gewicht der beiderseitigen Gründe usw.

5. Titel. Prozeßkosten   §§ 93b–93d 1–3

5) Rechtsbehelfe. Im Fall I und II hat der Sieger kein Rechtsmittel in der Hauptsache. Wegen der Kosten hat der Sieger im Hinblick auf § 99 I ebenfalls kein Rechtsmittel. Der Verlierer kann die Berufung einlegen. Im Fall III gilt folgendes: Gegen die Versagung einer Räumungsfrist kommt die sofortige Beschwerde des Mieters in Betracht; gegen die Gewährung einer Räumungsfrist kommt die sofortige Beschwerde des Vermieters in Betracht; gegen die Bemessung der Räumungsfrist kommt die sofortige Beschwerde beider Parteien in Betracht. Die sofortige Beschwerde muß aber auf die Frage der Räumungsfrist beschränkt sein, § 721 VI Z 1. Es darf sich auch nicht um eine Entscheidung des Berufungsgerichts handeln. Gegen die Kostenentscheidung kann der Vermieter entsprechend § 99 II vorgehen.

93c *Kostenteilung im Kindschaftsprozeß.* Hat eine Klage auf Anfechtung der Ehelichkeit oder eine Klage des Mannes, der die Vaterschaft anerkannt hat, seiner Eltern oder des Kindes auf Anfechtung der Anerkennung der Vaterschaft Erfolg, so sind die Kosten gegeneinander aufzuheben. § 96 gilt entsprechend.

1) Kostenausgleich. Ähnlich dem § 93a, der für das Eheverfahren gilt, sieht § 93c für das Kindschaftsverfahren eine Aufhebung der Kosten gegeneinander vor, falls der Kläger siegt. Insofern ist der Grundsatz des § 91 eingeschränkt. Dieselbe Kostenregelung sieht das Gesetz im Fall einer Anfechtung der Anerkennung durch den Mann, seine Eltern, soweit sie ein Anfechtungsrecht haben, oder das Kind vor. Wenn die Mutter siegt, § 1600g BGB, bleibt § 91 anwendbar. Denn die Mutter war an der Ursache der Anfechtung, nämlich an der Anerkennung, nicht beteiligt.

Die Kosten eines erfolglosen Angriffsmittels oder Verteidigungsmittels treffen stets diejenige Partei, die dieses Mittel benutzt hat, § 96. Eine Partei muß die Kosten eines vorprozessualen Gutachtens selbst dann als außergerichtliche Kosten selbst tragen, wenn das Gericht das Gutachten im Verfahren verwertet hat, Hamm Rpfleger **79**, 142.

93d *Kosten bei der Stundung oder beim Erlaß rückständiger Unterhaltsbeträge.* ¹ In einem Verfahren über Unterhaltsansprüche des nichtehelichen Kindes gegen den Vater ist nicht deswegen ein Teil der Kosten dem Gegner des Vaters aufzuerlegen, weil einem Begehren des Vaters auf Stundung oder Erlaß rückständigen Unterhalts stattgegeben wird. Beantragt der Vater eine Entscheidung nach § 642f, so hat er die Kosten des Verfahrens zu tragen.

ᴵᴵ Das Gericht kann dem Gegner des Vaters die Kosten ganz oder teilweise auferlegen, wenn dies aus besonderen Gründen der Billigkeit entspricht.

1) Allgemeines. Bis zur Klärung der Frage der Vaterschaft können erhebliche Unterhaltsrückstände auflaufen. Denn das Kind kann auch für die zurückliegende Zeit einen Unterhalt verlangen, § 1615d BGB. Das Kind kann solche Rückstände stunden oder erlassen, § 1615 BGB. Entsprechende Anträge können im Unterhaltsverfahren gestellt werden, §§ 642 Anm 4, 643a.

2) Kostenentscheidung, I. Wenn im Unterhaltsstreit, in dem auch die Rückstände geltend zu machen sind, § 642 Anm 4, entweder das Kind oder ein Dritter siegen, der wegen des Unterhalts für den Vater eingetreten ist, § 644 I, und wenn der Vater mit seinem Antrag auf eine Stundung oder einen Erlaß der rückständigen Beträge Erfolg hat, dann soll das Gericht nicht schon deswegen dem Kind oder dem Dritten einen Teil der Kosten nach § 92 auferlegen. Wenn der Vater eine Abänderung der Stundungsentscheidung fordert, § 642f, dann muß er die Kosten tragen. Wenn das Kind eine solche Abänderung fordert, dann gelten die §§ 91 ff.

3) Billigkeitsregelung, II. II ermöglicht es dem Gericht, die Kosten aus besonderen Gründen der Billigkeit ganz oder teilweise dem Kind oder dem Dritten aufzuerlegen. Eine solche Entscheidung kommt etwa dann in Betracht, wenn der gesetzliche Vater des Kindes die Mitwirkung an einer gütlichen Regelung ohne eine Angabe gewichtiger Gründe verweigert hatte. Dem gesetzlichen Vertreter können die Kosten allerdings nicht persönlich auferlegt worden. Denn § 102 ist aufgehoben worden. Gegenüber einem Vormund ist allerdings möglicherweise § 1833 BGB anwendbar.

94 *Klage des Rechtsnachfolgers.* **Macht der Kläger einen auf ihn übergegangenen Anspruch geltend, ohne daß er vor der Erhebung der Klage dem Beklagten den Übergang mitgeteilt und auf Verlangen nachgewiesen hat, so fallen ihm die Prozeßkosten insoweit zur Last, als sie dadurch entstanden sind, daß der Beklagte durch die Unterlassung der Mitteilung oder des Nachweises veranlaßt worden ist, den Anspruch zu bestreiten.**

1) **Allgemeines.** § 94 erweitert und ergänzt den § 93. Die Vorschrift enthält nicht einen Fall der Kostentrennung.

2) **Übergegangener Anspruch.** § 94 setzt folgendes voraus:

A. **Anspruchsübergang.** Der Kläger muß einen Anspruch im Prozeß geltend machen, der auf ihn übergegangen ist. Die Art und der Zeitpunkt des Übergangs dieses Anspruchs sind unerheblich. Der Übergang kann sich unter Lebenden oder von Todes wegen, vor dem Prozeß oder während des Prozesses ereignet haben. Die Vorschrift ist im Fall einer Prozeßstandschaft oder einer Prozeßgeschäftsführung, Grdz 4 B, C vor § 50, entsprechend anwendbar.

B. **Übergangsmitteilung.** Der Kläger hat dem Bekl den Übergang des Anspruchs nicht vor der Klagerhebung mitgeteilt und auf Verlangen nachgewiesen. Der Fall liegt ähnlich wie bei einer Widerspruchsklage, § 93 Anm 5. Wenn der Bekl aus einer anderen Quelle eine genügende Kenntnis von dem Übergang des Anspruchs hatte, dann brauchte der Kläger dem Bekl diesen Übergang natürlich nicht mitzuteilen. Es richtet sich nach der Verkehrsanschauung, was als Nachweis des Übergangs ausreicht. Ein Erbschein ist keineswegs immer erforderlich.

C. **Mängelrüge.** Der Bekl hat den Mangel in der mündlichen Verhandlung gerügt.
Der Bekl trägt die gesamten Prozeßkosten, wenn er den Anspruch nicht nach dem Zeitpunkt, in dem er ihm nachgewiesen wurde, sofort anerkennt. Der Bekl trägt in diesem Fall nicht etwa nur diejenigen Kosten, die nicht durch ein Bestreiten des Sachbefugnis entstanden sind; das Wort „insofern" im Gesetzestext bedeutet hier in Wahrheit „sofern". Ein Bestreiten des sachlichrechtlichen Anspruchs macht den Bekl immer kostenpflichtig. Denn § 94 betrifft nur die Veranlassung zu einer Klagerhebung.

3) *VwGO:* Entsprechend anwendbar, § 173 *VwGO,* wenn auch kaum jemals praktisch werdend.

95 *Kostenfolge bei Versäumung.* **Die Partei, die einen Termin oder eine Frist versäumt oder die Verlegung eines Termins, die Vertagung einer Verhandlung, die Anberaumung eines Termins zur Fortsetzung der Verhandlung oder die Verlängerung einer Frist durch ihr Verschulden veranlaßt, hat die dadurch verursachten Kosten zu tragen.**

1) **Kostennachteil. A. Allgemeines.** § 95 bekämpft durch einen Kostennachteil die Gefahr einer Prozeßverschleppung. Die Vorschrift wird viel zu wenig beachtet. Das gilt insbesondere seit dem Inkrafttreten der Vereinfachungsnovelle mit ihrer erheblich verschärften Prozeßförderungspflicht. Freilich ist auch bei § 95 zu prüfen, ob etwaige Verzögerungen auch dadurch bedingt sind, daß das Gericht seinen Teil der Förderungspflicht vernachlässigt hat.

B. **Voraussetzungen im einzelnen.** § 95 setzt voraus, daß entweder der eine oder der andere der beiden folgenden Fälle vorliegt:

a) **Versäumung.** Eine Partei muß einen Termin oder eine Frist versäumt haben, Üb 1 vor § 230. Es kommt nicht darauf an, ob die Partei diese Versäumung verschuldet hat. Beispiel: Es ergeht ein überflüssiger Beweisbeschluß nach der Aktenlage. Wenn ein Versäumnisurteil ergeht, dann trägt der Säumige alle Kosten, § 91.

b) **Verschulden.** Infolge eines Verschuldens einer Partei, Begriff Einl III 7 A, ist eine Terminsverlegung, also die Aufhebung eines noch nicht durchgeführten Termins, oder eine Vertagung der Verhandlung, also die Aufhebung während des Termins, oder eine Bestimmung eines Termins zur Fortsetzung einer ergebnislosen Verhandlung oder eine Fristverlängerung nach §§ 224ff notwendig. Beispiel: Eine Partei tritt ihre Beweise nur nach und nach an und nötigt das Gericht daher zu mehreren Beweisterminen (in diesem Fall braucht nicht immer ein Verschulden der Partei vorzuliegen).

2) **Kostenpflicht.** Wenn eine der Voraussetzungen der Anm 1 vorliegt, dann muß die Partei die entsprechenden Kosten tragen. Es handelt sich um eine Mußvorschrift, Schrader DRiZ **74,** 291. Sie hat allerdings in der Praxis keine große Bedeutung. Denn § 95 bezieht

sich nur auf diejenigen Kosten, die durch die Versäumung oder durch das Verschulden verursacht wurden; solche Kosten entstehen meist nicht oder sind nicht von den übrigen Kosten abzusondern. Daher ist der Weg des § 34 GKG empfehlenswerter, s Anh § 95.

Die Entscheidung erfolgt durch ein Endurteil, nicht durch einen besonderen Beschluß. Denn § 95 ändert nichts an der Art der Kostenauferlegung. Außerdem fehlt ein Bedürfnis zu einer Vorwegnahme der Kostenentscheidung, Köln MDR **74**, 240 mwN, vgl auch § 141 Anm 4 B.

3) Rechtsbehelf. Eine Kostenentscheidung nach § 95 kann nicht angefochten werden, § 99.

4) *VwGO:* *Nach § 155 V VwGO können Kosten, die durch Verschulden eines Beteiligten entstanden sind, diesem auferlegt werden. ,,Können" bedeutet Ermächtigung, nicht Ermessen, EF § 155 Rdz 17. Deshalb umfaßt § 155 V VwGO auch die Fälle des § 95. Eine Verzögerungsgebühr nach § 34 GKG, Anh § 95, kann auch im Verwaltungsprozeß verhängt werden.*

Anhang nach § 95
Verzögerungsgebühr

§ 34 GKG. [I] Wird außer im Fall des § 335 der Zivilprozeßordnung durch Verschulden des Klägers, des Beklagten oder eines Vertreters die Vertagung einer mündlichen Verhandlung oder die Anberaumung eines neuen Termins zur mündlichen Verhandlung nötig oder ist die Erledigung des Rechtsstreits durch nachträgliches Vorbringen von Angriffs- oder Verteidigungsmitteln, Beweismitteln oder Beweiseinreden, die früher vorgebracht werden konnten, verzögert worden, so kann das Gericht dem Kläger oder dem Beklagten von Amts wegen eine besondere Gebühr in Höhe einer Gebühr auferlegen. Die Gebühr kann bis auf ein Viertel ermäßigt werden. Dem Kläger, dem Beklagten oder dem Vertreter stehen gleich der Nebenintervenient, der Beigeladene, der Oberbundesanwalt und der Vertreter des öffentlichen Interesses sowie ihre Vertreter.

[II] Gegen den Beschluß findet die Beschwerde statt, wenn der Wert des Beschwerdegegenstandes einhundert Deutsche Mark übersteigt. § 5 Abs. 2 Satz 2 bis 7, Abs. 3 Satz 1 und Abs. 4 ist anzuwenden.

Schrifttum: Schneider JB **76**, 5 (ausf).

1) Allgemeines. § 34 sieht einen Rechtsnachteil vor, den das Gericht dann verhängen kann, wenn eine Partei ihre gesetzliche Prozeßförderungspflicht, Grdz 2 E vor § 128, vgl ferner § 282, schuldhaft verletzt hat und wenn es dadurch zu einer Verzögerung des Verfahrens gekommen ist. Voraussetzung der Anwendung des § 34 GKG ist ein Verstoß der Partei als solcher. Er kann auch dann vorliegen, wenn das Gericht die Partei zur Aufklärung des Sachverhalts anhören wollte, § 141, Köln NJW **72**, 1999, vgl Köln MDR **74**, 240, Oldb Rpfleger **65**, 316, aM Celle NJW **61**, 1825. Ein derartiger Verstoß ist aber unerheblich, wenn er im Zusammenhang mit einer förmlichen Parteivernehmung nach den §§ 445 ff erfolgt ist.

§ 34 GKG kann in jedem Verfahren angewendet werden, das der ZPO unterworfen ist, Mü FamRZ **79**, 300, sofern in ihm eine notwendige oder freigestellte mündliche Verhandlung stattfindet. Die Bestimmung ist daher auch anwendbar: Im Verfahren auf den Erlaß eines Arrests oder einer einstweiligen Verfügung; im Beschwerdeverfahren; im Verfahren zur Vollstreckbarerklärung eines Schiedsspruchs.

Die Verzögerungsgebühr ist von einer Kostenverteilung unabhängig. Deshalb ist eine Maßnahme nach § 34 wirkungsvoller als eine Maßnahme nach § 95 ZPO, vgl § 95 Anm 2. Die Praxis macht von der Möglichkeit des § 34 GKG zu selten Gebrauch, Schrader DRiZ **74**, 291; die Vorschrift ist vielen Juristen völlig unbekannt. § 34 GKG ist mit dem GG vereinbar, BFH NJW **70**, 727.

Im Verfahren vor den Arbeitsgerichten ist § 34 GKG anwendbar, § 1 III GKG. Dasselbe gilt für das Verfahren vor den Finanzgerichten, § 1 I c GKG, vgl BFH DB **82**, 1444.

2) Anwendungsfälle, I. A. Verschuldete Vertagung. Dieser erste Anwendungsfall setzt eine der beiden folgenden Situationen voraus:

a) Vertagung. Das Gericht muß eine mündliche Verhandlung vertagen. Diese Entscheidung setzt nicht voraus, daß eine mündliche Verhandlung bereits begonnen hatte. Sie braucht auch nicht etwa nur zum Vertagungsantrag begonnen zu haben. Es genügt vielmehr, daß ein Verhandlungstermin anstand, daß das Gericht ihn aber auf Grund eines Antrags einer Partei oder von Amts wegen verlegen mußte. Deshalb reicht es auch aus, daß die eine Partei oder die andere oder beide säumig sind, § 251 a, wenn vertagt wird, oder daß eine einseitige Verhandlung stattfindet. Das Gesetz hat allerdings den Fall des § 335 ausdrücklich ausgenommen.

Wenn die erschienene Partei eine Vertagung beantragt, weil die Voraussetzungen einer Versäumnisentscheidung nicht vorliegen, dann darf das Gericht eine Verzögerungsgebühr keineswegs verhängen, und zwar auch dann nicht, wenn ein Verschulden bejaht werden muß.

b) Neuer Termin. Statt einer Vertagung, a, reicht es auch aus, daß das Gericht einen neuen Termin zu einer mündlichen Verhandlung anberaumen muß. Diese Maßnahme setzt nicht voraus, daß bereits früher eine mündliche Verhandlung stattgefunden hat. Hierher gehört auch eine Terminsanberaumung nach einem Einspruch gegen ein verschuldetes Versäumnisurteil.

B. Verschulden der Partei. a) Grundsatz. Die Partei oder ihr Vertreter müssen eine Vertagung oder einen neuen Termin verschuldet haben, Hamm JB **77**, 1270. Ein schuldhaftes Verhalten liegt vor, wenn die im Prozeß notwendige Sorgfalt verletzt worden ist, vgl auch Einl III 7 A. Ein grobes Verschulden braucht nicht vorzuliegen, Kblz JB **75**, 1358. Noch weniger braucht eine Verschleppungsabsicht vorzuliegen, Schrader DRiZ **74**, 291. Als Partei ist auch der Streithelfer anzusehen, Schrader DRiZ **74**, 291, soweit sein Handeln maßgeblich ist. Als Parteivertreter sind der gesetzliche Vertreter und der ProzBev, aber auch alle diejenigen anderen Personen anzusehen, deren Verschulden als ein Verschulden der Partei gilt, §§ 51 II, 85 II, also namentlich ein Terminsvertreter. In diesen Fällen reicht es aus, daß der Vertreter schuldhaft handelte. Das Gericht kann auch offen lassen, ob der Vertreter oder die Partei persönlich Schuld hatte, sofern nur feststeht, daß einer von beiden schuldhaft handelte, Schrader DRiZ **74**, 291.

Das Verschulden muß eine Vertagung oder die Anberaumung eines neuen Termins „veranlaßt" haben, also für diese gerichtlichen Maßnahmen ursächlich geworden sein.

b) Anwendbarkeit. Ein Verschulden ist in folgenden Fällen anzunehmen: Der Bekl hat seinen Anwalt verspätet beauftragt, Celle MDR **62**, 746, Kblz NJW **75**, 395. Das gilt insbesondere dann, wenn das Gericht dem Bekl eine Frist zur Klagerwiderung oder nach § 273 gesetzt hatte, Bbg JB **70**, 50, selbst wenn der Fristablauf vor dem Tag der Terminsbestimmung lag, vgl Büttner NJW **75**, 1349 mwN, aM Mü NJW **75**, 495 mwN. Dabei muß man freilich vom Zeitpunkt nicht der Zustellung des Mahnbescheids, sondern einer einigermaßen vollständigen Klagebegründung ausgehen, Mü NJW **74**, 707 (10 Tage sind bei einem nicht ganz einfachen Sachverhalt zu kurz, um ein Verschulden annehmen zu können), abw Köln JB **78**, 282 (zum alten Recht: Es handle sich um eine Fallfrage); eine Partei teilt einen Schriftsatz verspätet mit, § 132, Kblz NJW **75**, 395, Köln JB **75**, 797; eine Partei hat ihr Vorbringen ungenügend schriftsätzlich vorbereitet, §§ 253 III, 275, 276, 277; eine Partei hat die Wahrheitspflicht verletzt, § 138 I, Schrader DRiZ **74**, 291; eine Partei hat einen nach § 379 angeforderten Vorschuß verspätet gezahlt, Düss VersR **77**, 726 (ein Verschulden liegt selbst dann vor, wenn der Gegner ebenso säumig war und/oder wenn eine Rechtsschutzversicherung zur Zahlung aufgefordert worden war).

Ein Einverständnis des Gegners mit einer Vertagung schließt das Verschulden nicht aus. Denn die Parteien können zur Vertagung keine wirksame Vereinbarung treffen.

c) Unanwendbarkeit. Ein Verschulden fehlt zB in folgenden Situationen: Die Parteien haben die Sache außergerichtlich erledigt, Celle NdsRpfl **55**, 153; in einem Scheidungsverfahren hat eine Partei auf eine gerichtliche Anfrage hin nur ungenügend Auskunft über die zur Regelung des Versorgungsausgleichs erheblichen Vermögensverhältnisse gegeben, Bbg FamRZ **79**, 299, Mü FamRZ **79**, 300.

C. Nachträgliches Vorbringen. Unabhängig davon, ob ein Verschulden eine Vertagung oder die Anberaumung eines neuen Termins veranlaßt hat, A, B, kann eine Verzögerungsgebühr auch dann zu verhängen sein, wenn eine Partei durch ein nachträgliches Vorbringen von Angriffs- oder Verteidigungsmitteln usw eine Verzögerung des Verfahrens herbeigeführt hat. In diesem Zusammenhang gelten folgende Voraussetzungen:

a) Angriffs- und Verteidigungsmittel usw. Die Angriffs- oder Verteidigungsmittel, Beweismittel oder -Einreden müssen nachträglich vorgebracht worden sein, §§ 282, 286. Sie müssen zB schon in einem früheren Termin möglich gewesen sein, vgl Köln OLGZ **73**, 367, Schrader DRiZ **74**, 291.

Wenn das Gericht für einen früheren Vortrag der Partei hätte sorgen müssen, hat die Partei insofern nicht nachträglich vorgetragen, vgl BGH NJW **75**, 1745.

b) Verzögerung. Durch das nachträgliche Vorbringen muß eine Verzögerung der Erledigung des Prozesses eingetreten sein, § 296. Dazu ist meist notwendig und genügt in der

Regel, daß das Vorbringen einen neuen Termin erforderlich macht, LG Kblz AnwBl **78**, 103. Doch bedeutet eine Vertagung nicht stets eine Verzögerung, Hamm NJW **72**, 1286. Das Gericht muß vor einer Ahndung auch in diesem Zusammenhang alle zulässigen Möglichkeiten der Verhinderung einer Verzögerung ausschöpfen, zB nach § 273, Düss AnwBl **75**, 235, Hamm NJW **75**, 2026, Zweibr JB **78**, 270, LG Kblz AnwBl **78**, 103. Die Notwendigkeit, einen Verkündungstermin anzusetzen, kann zur Annahme einer Verzögerung ausreichen, abw Schrader DRiZ **74**, 291.

Eine Verzögerungsgebühr ist grundsätzlich unabhängig davon zulässig, ob das Gericht das verspätete Vorbringen nach den §§ 296, 528 zurückweist. Die Verzögerungsgebühr kann also zB dann in Betracht kommen, wenn das verspätete Vorbringen als zulässig angesehen wird, falls trotzdem ausnahmsweise eine Verzögerung eintritt, vgl (zum alten Recht) Schrader DRiZ **74**, 291.

c) **Möglichkeit früheren Vortrags.** Das Vorbringen muß früher möglich gewesen sein. Die Partei muß also entweder das verspätete Vorbringen oder das Unterlassen einer rechtzeitigen Ermittlung verschuldet haben. Sie muß sich also entweder zum Zweck der Verzögerung oder der Verschleppung des Prozesses oder aus Nachlässigkeit so verhalten haben. In einer Ehesache hat die Partei im allgemeinen einen größeren Spielraum, den Zeitpunkt ihres Vorbringens zu bestimmen, Ffm MDR **60**, 411.

3) **Verfahren, I. A. Allgemeines. a) Zuständigkeit.** Zur Entscheidung über eine Verzögerungsgebühr ist „das Gericht", also das Prozeßgericht zuständig. Es ist also auch der Einzelrichter nach § 348 zuständig, nicht aber der beauftragte oder der ersuchte Richter. Der letztere muß die Entscheidung dem Prozeßgericht überlassen. Das Prozeßgericht hat ein pflichtgemäßes Ermessen, Düss AnwBl **75**, 235. Es sollte eine Verzögerungsgebühr immer dann auferlegen, wenn sie angebracht und zweckdienlich ist.

b) **Weiteres Verfahren.** Das Gericht muß die betroffene Partei vor einer Entscheidung anhören, Art 103 I GG, BFH NJW **70**, 112, vgl Hamm MDR **78**, 150 mwN, LG Essen MDR **71**, 406, sowie evtl aus § 278 III. Das Gericht muß zur Verschuldensfrage unter Umständen von Amts wegen Ermittlungen anstellen, Stgt NJW **70**, 1611.

c) **Entscheidung.** Die Entscheidung ergeht in der Form eines Beschlusses. Er ist zu begründen, Stgt NJW **70**, 1611. Das Gericht kann die Entscheidung in jeder Lage des Verfahrens treffen, spätestens aber im Zeitpunkt der Verkündung des Schlußurteils. Der Beschluß ist von Amts zuzustellen, denn er ist ein Vollstreckungstitel, § 329 III. Er kann auch gegenüber einer solchen Partei verhängt werden, die eine Prozeßkostenhilfe beansprucht. Denn § 122 I Z 1 befreit die so begünstigte Partei nicht von der Zahlung einer Summe, die nicht zu den Kosten des Rechtsstreits gerechnet werden kann. Ebensowenig ist der Gegner derjenigen Partei befreit, der das Gericht eine Prozeßkostenhilfe bewilligt hat, und zwar aus denselben Erwägungen. Die Festsetzung einer Verzögerungsgebühr erfolgt unter Umständen gegenüber beiden Parteien, Mü Rpfleger **58**, 236. Selbst wenn aber der Vertreter der Partei schuldhaft handelte, setzt das Gericht die Verzögerungsgebühr doch stets nur gegenüber seiner Partei fest. Die Partei kann den Vertreter dann unter Umständen im Innenverhältnis insoweit haftbar machen.

d) **Kosten.** Der Beschluß löst keine Gerichtsgebühr aus. Ein Antragsteller und damit ein Antragschuldner liegen nicht vor. Denn das Gericht muß von Amts wegen befinden.

e) **Weitere Einzelfragen.** Das Gericht kann im Laufe des Verfahrens auch mehrere Verzögerungsgebühren gegenüber derselben Partei oder gegenüber mehreren Parteien verhängen. § 27 GKG gilt für die Verzögerungsgebühr nicht.

Das Gericht kann einen wirksam gewordenen Anordnungsbeschluß nur im Beschwerdeverfahren abändern.

B. **Höhe der Gebühr.** Grundsätzlich muß das Gericht als Verzögerungsgebühr eine volle Gebühr auferlegen, LG Kblz AnwBl **78**, 103, aM Schneider JB **76**, 5, 17. Das Gericht kann die Gebühr aber unter Berücksichtigung der Umstände des Falls bis auf eine Viertelgebühr ermäßigen. Auch eine höhere Instanz verhängt grundsätzlich eine volle Gebühr. Vgl im übrigen KV 1185.

c) **Streitwert.** Streitwert ist derjenige des Prozesses oder des sonstigen Verfahrens im Zeitpunkt der Verhängung der Verzögerungsgebühr, soweit sich die Verzögerung auf das gesamte Verfahren auswirkt. Wenn sie nur einen Teil des Verfahrens betrifft und wenn das Gericht ein Teilurteil für unangebracht hält, dann ist der ganze Prozeß verzögert und daher sein Gesamtwert maßgebend.

D. **Fälligkeit. Gebührenschuldner.** Gebührenschuldner ist nur diejenige Partei, der gegenüber das Gericht die Gebühr verhängt hat. Die Fälligkeit der Verzögerungsgebühr tritt in dem Zeitpunkt ein, in dem der Anordnungsbeschluß wirksam wird. Da die Verzögerungsgebühr eine Sondergebühr ist, befreit eine etwaige persönliche Gebührenfreiheit der Partei nicht von dieser Verzögerungsgebühr.

4) Beschwerde, II. Beschwerdeberechtigt ist nur die beschwerte Partei selbst, nicht ihr Vertreter oder ein „Antragsteller", vgl Anm 3 A d. Nur ein Anordnungsbeschluß ist anfechtbar, nicht ein Aufhebungsbeschluß. Wenn das Gericht freilich einen Anordnungsbeschluß von Amts wegen unzulässig aufgehoben hatte, obwohl keine Beschwerde vorlag, dann kann die Staatskasse die Erinnerung nach § 5 GKG einlegen. Die Beschwerde wird schriftlich oder zum Protokoll der Geschäftsstelle eingelegt. Es besteht kein Anwaltszwang, § 34 II 2 GKG iVm § 5 III 1 GKG. Die Beschwerdesumme muß 100 DM übersteigen, § 34 II 1 GKG. Bei einem Verstoß gegen das rechtliche Gehör ist eine Heilung ohne eine Zurückverweisung möglich, Hamm MDR **78**, 150.

BFH DB **82**, 1444 versagt die Beschwerdemöglichkeit während der Geltung des BFHEntlG.

Eine weitere Beschwerde nach § 568 III ist unstatthaft, § 34 II 2 GKG iVm § 5 II 7 GKG.

Gebühren: Des Gerichts: keine, § 34 II 2 GKG in Verbindung mit § 5 IV GKG; des Anwalts: § 61 I Z 1 BRAGO. Die außergerichtlichen Kosten fallen entsprechend § 91 der Staatskasse zur Last, soweit der Beschwerdeführer Erfolg hat.

5) *VwGO:* Die Vorschrift gilt auch für die Verwaltungsgerichtsbarkeit, § 1 I 1b GKG. Die Beschwerde richtet sich nach II, nicht nach §§ 146 ff VwGO.

96 **Kosten eines erfolglosen Angriffs- oder Verteidigungsmittels.** Die Kosten eines ohne Erfolg gebliebenen Angriffs- oder Verteidigungsmittels können der Partei auferlegt werden, die es geltend gemacht hat, auch wenn sie in der Hauptsache obsiegt.

1) Angriffs- und Verteidigungsmittel. Begriff Einl III 7 B, § 296. Hierher gehört zB auch ein Beweissicherungsantrag, Mü Rpfleger **73**, 446, insofern auch Schlesw SchlHA **75**, 88. Vgl aber auch § 91 Anm 5 „Beweissicherung", Üb 2 vor § 485. Hierher gehört ferner die Einrede der fehlenden Sicherheit für die Prozeßkosten, BGH NJW **80**, 839. Nicht hierher gehören die Klage, eine Widerklage oder ein Rechtsmittel.

Der Erfolg muß ausgeblieben sein, mag diese Folge voraussehbar gewesen sein oder nicht. § 96 soll nur eine gerechtere Kostenverteilung ermöglichen, nicht eine Ahndung. Hauptanwendungsfall ist die Zurückweisung einer Rüge zur Zulässigkeit.

Das Gericht entscheidet über die Auferlegung der besonderen Kosten nach seinem pflichtgemäßem Ermessen, LG Frankenth MDR **81**, 941. Eine solche Entscheidung ist nur dann angebracht, wenn sich die besonderen Kosten leicht ausscheiden lassen. Andernfalls mag eine Verzögerungsgebühr, Anh § 95, vorzuziehen sein. Die Entscheidung erfolgt nur im Endurteil. Das Gericht trifft auch insofern nur eine Kostengrundentscheidung. Die Höhe der von seiner Entscheidung betroffenen Kosten ist im Kostenfestsetzungsverfahren zu klären.

2) *VwGO:* Entsprechend anwendbar, § 173 VwGO, zB bei der Zurückweisung einer Zulässigkeitsrüge, EF § 155 Rdz 1.

97 **Rechtsmittelkosten.** [I] Die Kosten eines ohne Erfolg eingelegten Rechtsmittels fallen der Partei zur Last, die es eingelegt hat.

[II] Die Kosten des Rechtsmittelverfahrens sind der obsiegenden Partei ganz oder teilweise aufzuerlegen, wenn sie auf Grund eines neuen Vorbringens obsiegt, das sie in einem früheren Rechtszug geltend zu machen imstande war.

[III] Absatz 1 und 2 gelten entsprechend für Familiensachen der in § 621 Abs. 1 Nr. 1 bis 3, 6, 7, 9 bezeichneten Art, die Folgesachen einer Scheidungssache sind.

1) Kosten im Regelfall, I. A. Allgemeines. Der Erfolg eines Rechtsmittels entscheidet darüber, wer die Kosten des Rechtsmittels trägt. Das gilt bei einer Berufung, bei einer Revision, bei einer Beschwerde, auch einer unselbständigen Anschließung an das gegnerische Rechtsmittel, sofern über sie entschieden wurde, BGH **67**, 306. Als Erfolg ist dabei die erstrebte und erzielte Abänderung der beschwerenden Entscheidung anzusehen, vgl Köln OLGZ **76**, 91.

5. Titel. Prozeßkosten **§ 97** 1, 2

Die Kosten werden der Partei auferlegt. Für den Streithelfer gilt § 101. Wenn sich ein Anwalt aus eigenem Recht nach § 9 II BRAGO beschwert, ist er als Partei anzusehen. Hat ein Anwalt irrig ohne eine Vollmacht ein Rechtsmittel eingelegt, dann muß das Gericht das Rechtsmittel auf seine Kosten verwerfen. Er ist dann als Partei anzusehen, § 88 Anm 2 B und C. Wegen der Besonderheiten der Streitwertbeschwerde Einf 2 B vor § 3; vgl auch KV 1181.

B. Erfolgreiches Rechtsmittel. In diesem Fall kommen zwei unterschiedliche Entscheidungen in Betracht:

a) Abschließende Entscheidung. In diesem Fall trägt grundsätzlich der Verlierer die gesamten Kosten aller Instanzen, BGH VersR **79**, 444. Das gilt auch in folgenden Fällen: Der Kläger hatte beim LG sachlich gesiegt, war beim OLG sachlich unterlegen und verliert seine Revision wegen Unzulässigkeit der Klage, BGH **10**, 303; der Bekl unterliegt nur deshalb, weil nach dem Zeitpunkt des Erlasses des Berufungsurteils eine Gesetzesänderung ergangen ist und weil er den Klaganspruch nicht anschließend sofort anerkannt hat, BGH **37**, 246. Abweichungen sind nur nach den §§ 94–96, 97 II, III, 238 IV, Hamm MDR **82**, 501, sowie nach §§ 281 III, 344 möglich. Das Gericht muß von Amts wegen über die gesamten Kosten entscheiden, auch wenn die Vorinstanz das unterlassen hatte.

b) Zurückverweisung. In diesem Fall ist keine Kostenentscheidung zulässig. Denn das Gericht muß über die gesamten Kosten des Prozesses einheitlich entscheiden, Kblz Rpfleger **74**, 27. Etwas anderes gilt in folgenden Fällen: Es handelt sich um ein Grundurteil nach § 304. In diesem Fall muß die zurückweisende Entscheidung über die Kosten des Rechtsmittels befinden, BGH **20**, 397, vgl Köln OLGZ **76**, 91, oder die Entscheidung dem Betragsurteil überlassen, BGH **LM** BinnenschStrO 1966 Nr 4 (das letztere ist zweckmäßiger); es handelt sich um ein Wechselvorbehaltsurteil in der Berufungsinstanz, und das Gericht verweist den Rechtsstreit in die erste Instanz zum Nachverfahren zurück, Mü BayJMBl **55**, 196; das Gericht hat in der Rechtsmittelinstanz wegen eines Streitgenossen endgültig entschieden, BGH JZ **60**, 375, § 91 Anm 2 A. Wegen des Kostenfestsetzungsverfahrens § 104 Anm 2 B.

c) Teilerfolg usw. Soweit der erstrebte Erfolg nur zum Teil eingetreten ist, muß das Gericht die Kosten nach § 92 verteilen, BGH NJW **81**, 2360, und kann dabei die Kostenentscheidung der Vorinstanz ändern, die einen im Rechtsmittelverfahren nicht mehr beteiligten Streitgenossen betraf, BGH NJW **81**, 2360. Das gilt auch bei wechselseitigen Rechtsmitteln. Zum Problem Schneider MDR **73**, 979. Bei einer teilweisen Zurückverweisung muß das Gericht die Kostenentscheidung unbedingt der Schlußentscheidung vorbehalten.

C. Erfolgloses Rechtsmittel. Auch hier sind zwei Möglichkeiten vorhanden:

a) Abschließende Entscheidung. In diesem Fall trägt der Rechtsmittelführer die Kosten des Rechtsmittels. Es handelt sich um einen Fall der Kostentrennung. Es ist dann unerheblich, wie das angefochtene Urteil in der Hauptsache lautet. Das Rechtsmittel ist auch dann erfolglos, wenn eine volle Berufung gegen ein Räumungsurteil nur dazu führt, daß das Gericht dem Mieter eine längere Räumungsfrist gewährt, LG Stgt FamRZ **77**, 200 mwN.

b) Zurückverweisung. In diesem Fall bleibt die Entscheidung offen. Die neu befaßte Vorinstanz muß auch über die Kosten des Rechtsmittelzugs entscheiden. Etwas anderes gilt nur dann, wenn das Urteil gleichzeitig eine Zurückweisung in der Sache vornimmt, wenn das Gericht etwa eine Vorabentscheidung über den Grund bestätigt, § 538 Z 3. Gemäß I muß dann das Rechtsmittelgericht über die Kosten des erfolglosen Rechtsmittels entscheiden und kann die Entscheidung insofern nicht der Vorinstanz vorbehalten. Daher muß der erfolglose Rechtsmittelkläger, der die Klage im Betragsverfahren zur Abweisung bringt, trotzdem die Rechtsmittelkosten nach dem vollen Streitwert tragen, BGH **20**, 397 und **54**, 29, Ffm NJW **70**, 334 (es handelt sich im dortigen Fall um die Kosten der Berufung gegen ein Teilurteil nach einer Erledigung der Hauptsache, vgl auch BGH MDR **76**, 379 wegen einer Erledigung in der Revisionsinstanz).

2) Kosten zu Lasten des Siegers, II. A. Allgemeines. Vgl zunächst die §§ 296, 528. Eine Kostenentscheidung zu Lasten des Siegers in der Rechtsmittelinstanz kann unter folgenden Voraussetzungen ergehen:

a) Neues Vorbringen. Der Sieg ist nur infolge eines neuen Vorbringens eingetreten, BVerfG NJW **81**, 272, Karlsr OLGZ **80**, 385.

Hierher zählen zB: Neue Klagegründe; neue Angriffs- und Verteidigungsmittel, etwa die Geltendmachung eines Leistungsverweigerungsrechts, Hamm MDR **78**, 403; neue Beweismittel; eine nachgeholte Erklärung; ein anderer dem späteren Sieger zurechenbarer Umstand, BGH **31**, 350; die Einrede der Verjährung, Hamm VersR **82**, 1080.

Nicht hierher zählen: Eine behördliche Genehmigung, die erst nachträglich beigebracht wurde, also die nachträgliche Schaffung der sachlichrechtlichen Klagevoraussetzungen, BGH **LM** Nr 7; eine weitere, von Amts wegen durchgeführte Beweisaufnahme, Karlsr OLGZ **80**, 385.

Es ist unerheblich, ob die neuen Umstände dem Gegner bekannt waren. Die Partei muß in der früheren Instanz unterlegen sein. Der spätere Sieger durfte sein neues Vorbringen ja grundsätzlich zurückhalten, RoS § 87 IV 2d, StJ III 2, ThP 3d, aM Hamm NJW **73**, 198.

Das Vorbringen muß für den Sieg im Rechtsmittelzug ursächlich gewesen sein. Das Rechtsmittelgericht muß also gerade auf Grund des neuen Vorbringens so, wie geschehen, entschieden haben. Zu den Kosten der Rechtsmittelinstanz gehören auch diejenigen Kosten, die nach einer Zurückverweisung an das Rechtsmittelgericht entstehen. Denn diese Instanz war in einem solchen Fall noch nicht abgeschlossen, BGH NJW **67**, 203.

b) Säumigkeit. Der spätere Sieger muß seinen neuen Vortrag nach pflichtgemäßem richterlichen Ermessen in der früheren Instanz säumig nicht vorgebracht haben. Es muß aber auch für eine vernünftige, anständige Partei ein Anlaß zum Vorbringen bestanden haben, § 282, BGH NJW **60**, 818 (Straftat des Gegners), Schlesw SchlHA **78**, 172. Freilich mag ein Anlaß zum Vorbringen erst im letzten Verhandlungstermin der Vorinstanz bestanden haben (das übersieht Köln MDR **73**, 324), sonst gilt I.

II ist auch dann unanwendbar, wenn zweifelhaft ist, ob die Verjährung in der früheren Instanz eingetreten ist, BGH **61**, 227, oder wenn eine Partei eine eigene Straftat verschwiegen hatte, Celle JZ **56**, 450, oder wenn Prozeßgegner nur durch eine unredliche Prozeßführung in der ersten Instanz gesiegt hatte, Ffm FamRZ **82**, 806. Andererseits braucht weder eine Verschleppungsabsicht noch eine grobe Nachlässigkeit vorgelegen zu haben, BGH **31**, 350.

B. Einzelheiten. II ist eine prozeßtechnische Mußvorschrift. Sie stellt nur den Umfang der Kostenlast in das richterliche Ermessen, vgl Hbg MDR **75**, 671. Sie soll eine unnütze Ausdehnung von Prozessen vermeiden. Deshalb prüft das Gericht nicht der Sache nach, ob die Partei etwa noch aus einem anderen Grunde siegen würde, wenn eine in der höheren Instanz erhobene Einrede der Verjährung Erfolg hat und wenn die Sache dadurch entscheidungsreif geworden ist, § 300, vgl BGH **61**, 227. II ist auch dann anwendbar, wenn der mit dem Rechtsmittel erstrebte Erfolg auch durch eine bloße Berichtigung nach § 319 zu erreichen war. Auf die Kosten der Beschwerdeinstanz ist II entsprechend anwendbar. Denn sein Grundgedanke trifft auch dann zu, vgl Hamm MDR **74**, 941, KG Rpfleger **81**, 495 mwN. II ist auch bei solchen Umständen anwendbar, die das Gericht von Amts wegen prüfen muß, BGH **LM** § 341 Nr 2.

3) Scheidungsfolgesache, III. Eine Folgesache der in § 621 I Z 1–3, 6, 7, 9 bezeichneten Art wird abweichend von § 621a und daher abweichend vom FGG im Interesse einer einheitlichen Kostenbehandlung ebenfalls nach I, II geregelt, § 93a Anm 1. Vgl im übrigen bei §§ 623ff.

4) VwGO: I entspricht § 154 II VwGO. Bei Obsiegen aufgrund neuen Vorbringens, § 128 S 2 VwGO, gilt **II** entsprechend, EF § 154 Rdz 7, abw RedOe § 154 Anm 3, der § 155 V VwGO heranziehen will (vgl aber § 137 S 1 FGO).

98 Vergleichskosten.
Die Kosten eines abgeschlossenen Vergleichs sind als gegeneinander aufgehoben anzusehen, wenn nicht die Parteien ein anderes vereinbart haben. Das gleiche gilt von den Kosten des durch Vergleich erledigten Rechtsstreits, soweit nicht über sie bereits rechtskräftig erkannt ist.

1) Allgemeines. § 98 betrifft die Kosten des Prozeßvergleichs. Ein etwaiger Streit über die nach einem Prozeßvergleich zu erstattenden Kosten ist im Weg einer Fortsetzung des Prozesses zu entscheiden. Für einen Vergleich mit einem Dritten gilt § 98 nicht. In einem Scheidungsverfahren gelten die §§ 91ff, 93a. Wegen eines Vergleichs über die Scheidungsfolgen vgl Göppinger AnwBl **77**, 436, ferner bei § 620g, dazu zB KG MDR **76**, 318 und JB **76**, 244, LG Aachen NJW **73**, 2025 m Anm Mischke (§ 620g ist vorrangig), aM zB Celle JB **77**, 95, Hamm NJW **75**, 741, Karlsr MDR **82**, 1025, Kblz MDR **77**, 57, Mü MDR **77**, 848 je mwN (§ 98 sei vorrangig), ähnlich Düss VersR **77**, 726, offen Kblz JB **76**, 104 mwN; vgl auch § 104 Anm 1 E. Wegen des Streithelfers vgl Anm 2 B.

2) Gesetzliche Regel. A. Maßgebliche Umstände. Darüber, wer die Kosten eines Prozeßvergleichs tragen muß, entscheiden: **a)** Der Parteiwille. Das Gericht muß ihn anhand des

Vollstreckungstitels auslegen, Hamm MDR **74**, 324; **b)** hilfsweise der Grundsatz, daß das Gericht die Kosten gegeneinander aufheben muß, daß also jede Partei ihre außergerichtlichen Kosten und außerdem die Hälfte der Gerichtskosten trägt. Das gilt für die Kosten eines bloßen Vergleichs und für die Kosten des durch diesen Vergleich erledigten Prozesses. Voraussetzung ist immer, daß die Hauptsache gleichzeitig mit dem Abschluß des Prozeßvergleichs voll erledigt ist. Denn vor diesem Zeitpunkt ist genau wie im Fall einer Entscheidung durch ein Urteil keine Kostenregelung möglich, § 91 Anm 3 A. Ein vorheriger Kostenvergleich wäre also prozessual wirkungslos.

Wenn die Parteien einen Prozeßvergleich ausdrücklich nur über die Hauptsache abschließen, dann ist diese Hauptsache damit erledigt. Daher ist in einem solchen Fall nicht § 98, sondern § 91 a anwendbar. Denn die Parteien haben ,,etwas anderes vereinbart", BGH NJW **65**, 103 und **LM** § 91a Nr 30, BayObLG Rpfleger **80**, 193, Hbg MDR **80**, 325, Hamm AnwBl **82**, 73, Zweibr OLGZ **83**, 81, aM Bbg MDR **80**, 60. Freilich ist auch für eine solche Regelung die Form des Prozeßvergleichs notwendig, Zweibr OLGZ **83**, 21 mwN, aM Bre NJW **68**, 1238, wohl auch Ffm MDR **79**, 763. In diesem Zusammenhang muß das Gericht den Inhalt des Vergleichs bei der Ausübung seines Ermessens nach § 91a mitberücksichtigen, so jetzt auch Ffm MDR **79**, 763 mwN, ferner Mü NJW **73**, 154 (abl Schumacher NJW **73**, 716), Stgt VersR **73**, 627, aM zB Bbg MDR **80**, 60 mwN, Hbg MDR **73**, 1030, Hamm AnwBl **82**, 73, Nürnb MDR **79**, 1029 (diese Gerichte wenden den § 98 an. Ihn konnten aber auch die Parteien schon beim Vergleichsabschluß berücksichtigen, wollten es ja aber gerade offensichtlich nicht so halten, Mölders NJW **56**, 130).

B. Kostenübernahme. Wenn eine Partei im Vergleich die Kosten des Prozesses übernimmt, schließt diese Bereitschaft die Übernahme der Vergleichskosten ein, Ffm AnwBl **83**, 187, Hbg JB **78**, 1023. Das gilt selbst dann, wenn der Vergleich über den Gegenstand des Prozesses hinausgeht. Wenn der Vergleich eine Erstattung höherer als der gesetzlichen Anwaltsgebühren vorsieht, dann ist diese Regelung nur insofern beachtlich, als die Vereinbarung nach § 3 BRAGO wirksam geworden ist, Kblz Rpfleger **77**, 107.

Die Übernahme der Kosten ,,des Rechtsstreits" kann auch die Übernahme der Kosten einer Zwangsvollstreckung auf Grund eines vorangegangenen Versäumnisurteils umfassen, Köln Rpfleger **77**, 148, insofern richtig Mü Rpfleger **79**, 345, oder diejenigen eines rechtskräftigen Teilurteils, insofern aM Mü MDR **82**, 760 (für den Fall der Kostenteilung). Die Übernahme der ,,Gesamtkosten des Rechtsstreits" ergreift die gesamten Kosten aller Instanzen, Kblz VersR **80**, 586, abw Ffm BB **80**, 1720 (die Regelung erfasse nicht ohne weiteres die Gerichtskosten einer auch im Kostenpunkt rechtskräftig entschiedenen Berufung gegen ein vorangegangenes Grundurteil), Schlesw SchlHA **82**, 61. Solange kein eindeutiger abweichender Parteiwille erkennbar ist, bezieht sich ein Vergleich grundsätzlich nur auf die notwendigen, also zu erstattenden Kosten im Sinne des § 91, BPatG GRUR **82**, 485, aber auch auf alle solchen Kosten, Bbg JB **75**, 1368, Düss VersR **78**, 949, Ffm MDR **83**, 760, KG MDR **79**, 408, insofern auch Ffm Rpfleger **77**, 260 je mwN. Er bezieht sich meist wohl auch auf Kosten, die nach § 281 III 2 entstanden sind, Köln JB **75**, 238 mwN, Schlesw SchlHA **80**, 220, insofern aM zB Ffm Rpfleger **77**, 260 mwN, nicht aber auf Säumniskosten, insofern aM Düss MDR **80**, 233, Mü Rpfleger **79**, 345, und nicht generell auf die Kosten der Zwangsvollstreckung, Ffm Rpfleger **79**, 430, KG Rpfleger **81**, 410 mwN. Wegen der Übernahme von Kosten des Verkehrsanwalts § 91 Anm 5 ,,Verkehrsanwalt: B. Einzelfragen: Vergleich".

Wenn eine Partei, die an einem den Streitgegenstand betreffenden vorprozessualen Beweissicherungsverfahren nicht beteiligt war, zusammen mit dem damaligen Antragsgegner durch einen Vergleich in Kenntnis der damaligen Kosten jetzt die ,,Kosten des Rechtsstreits" übernimmt, dann umfaßt diese Übernahme auch die Kosten jenes Beweissicherungsverfahrens, Ffm VersR **81**, 265.

Der Vergleich sollte auch die Kosten des Streithelfers regeln. Soweit er eine solche Regelung nicht enthält, muß das Gericht diese Kosten dem Gegner und dem Streithelfer nach den Grundsätzen des Vergleichs im Weg eines Urteils auferlegen; s auch § 101 Anm 2 B. Eine Kostenabrede steht im allgemeinen derjenigen eines Urteils gleich, zB § 100 IV.

3) Sinngemäße Anwendung. § 98 ist in folgenden Fällen sinngemäß anwendbar:
A. Außergerichtlicher Vergleich. Die Regelung ist auf einen außergerichtlichen Vergleich anwendbar, BGH **LM** § 91a Nr 30. Denn sie entspricht dem mutmaßlichen Parteiwillen, Düss MDR **78**, 940 mwN, zweifelnd BPatG GRUR **81**, 135 mwN. Die Geltendmachung erfolgt durch die Fortsetzung des Prozesses oder der Klage, soweit das Gericht nicht im Prozeß rechtskräftig entschieden hat, etwa nach § 269.

B. Klagrücknahme. § 98 kommt in Betracht, wenn die Klage oder das Rechtsmittel auf Grund eines gerichtlichen oder außergerichtlichen Vergleichs zurückgenommen worden sind. Denn insofern ist im Sinne des § 269 III „rechtskräftig erkennt" worden, BGH MDR **72**, 945, KG VersR **74**, 979 und MDR **79**, 678 mwN. Für die Haftung der Staatskasse gegenüber gelten auch hier die allgemeinen Grundsätze, Üb 2 vor § 91.

4) VwGO: *Es gilt § 160 VwGO, der inhaltlich § 98 entspricht. Das in Anm 1 A Gesagte gilt auch hier, Kopp § 160 Rdz 1.*

99 **Anfechtung einer Kostenentscheidung.** ^I Die Anfechtung der Entscheidung über den Kostenpunkt ist unzulässig, wenn nicht gegen die Entscheidung in der Hauptsache ein Rechtsmittel eingelegt wird.

^{II} Ist die Hauptsache durch eine auf Grund eines Anerkenntnisses ausgesprochene Verurteilung erledigt, so findet gegen die Entscheidung über den Kostenpunkt sofortige Beschwerde statt. Vor der Entscheidung über die Beschwerde ist der Gegner zu hören.

1) Allgemeines. A. Zweck der Regelung. § 99 soll verhüten, daß die höhere Instanz die Hauptsache nur wegen der Kostenentscheidung nachprüfen muß, Ffm NJW **75**, 742 mwN, Oldb MDR **76**, 674. Von diesem Grundsatz gelten folgende Ausnahmen: Die Hauptsache hat sich auf Grund eines Anerkenntnisses erledigt; es handelt sich überhaupt um ein Anschlußrechtsmittel, BGH ZZP **71**, 368, oder um eine Erledigung der Hauptsache, §§ 91a, 619, 640, 641; es liegt eine Klagrücknahme vor, § 269 III; es ist eine völlig unzulässige Kostenentscheidung ergangen, Ffm NJW **75**, 742 mwN, ThP 2 c cc, aM Ffm MDR **82**, 152 (aber welches Kriterium ist schon jemals eindeutig abzugrenzen?). Diese Ausnahmen dürfen nicht ausdehnend ausgelegt werden, Oldb MDR **76**, 674, aM Düss NJW **72**, 1955, Hbg MDR **76**, 674.

§ 99 ist entsprechend auf einen Beschluß anwendbar, soweit nicht eine Beschwerde nur eine Ergänzung der fehlenden Kostenentscheidung bezweckt.

§ 99 ist in folgenden Fällen unanwendbar: Das Gericht hat es abgelehnt oder unterlassen, eine Kostenentscheidung zu treffen, denn in diesen Fällen liegt überhaupt noch keine Kostenentscheidung vor, BGH NJW **59**, 292, Hamm FamRZ **81**, 190, KG Rpfleger **81**, 318 mwN, aM LG Essen JB **70**, 695; es handelt sich um eine unzulässige Ergänzung der Entscheidung; es handelt sich um eine Kostenentscheidung gegenüber einem Dritten, der nicht Prozeßpartei ist, zB gegenüber einem vollmachtlosen Vertreter, § 88 Anm 2 B, BGH NJW **83**, 884 mwN. Es gibt gegen eine bloße Kostenentscheidung des Finanzgerichts keine Beschwerde, BFH BB **76**, 1111.

B. Sachentscheidung und Kostenentscheidung. § 99 unterscheidet zwischen folgenden Arten der Entscheidung: **a)** Der Entscheidung über den Kostenpunkt, also über die prozessuale Kostenpflicht, nicht etwa über die sachlichrechtliche, Üb 3, 4 vor § 91. Ob die Kosten beziffert sind, ist unerheblich; **b)** der Entscheidung in der Hauptsache, also jeder Entscheidung, die nicht den Kostenpunkt betrifft. Hierher gehört also auch eine Entscheidung nur über eine Nebenforderung, über die Vollstreckbarkeit, über Prozeßvoraussetzungen, über die Erledigung der Hauptsache, BGH **37**, 142 (etwas anderes gilt dann, wenn die Hauptsache unstreitig ist, vgl § 91a). Der Antrag, die Hauptsache für erledigt zu erklären, ist auslegungsbedürftig. Er kann auch eine Klagrücknahme oder einen Verzicht bedeuten, § 91a Anm 2 D a.

C. Persönlicher Geltungsbereich. § 99 ist nur auf die Parteien anwendbar. Wenn es um eine Kostenentscheidung gegenüber einem Dritten geht, ist die Vorschrift also nur insofern anwendbar, als der Dritte in einem Zwischenstreit eine Partei war. Es muß also eine Kostenentscheidung zwischen den Parteien und nicht zu Lasten eines Dritten ergangen sein, § 380, BGH LM Nr 6. Andernfalls ist ein Rechtsmittel wegen der Kosten trotz I zulässig. Als eine Partei im Sinne des § 99 ist auch der Streithelfer anzusehen. Die Sachbeschwer des einen hilft dem bloß durch die Kosten beschwerten anderen nicht, Köln VersR **73**, 642.

2) Kostenanfechtung, I. A. Allgemeines. Man kann eine Entscheidung über die Kosten grundsätzlich nur zusammen mit der Entscheidung in der Hauptsache anfechten (zu den Begriffen Anm 1 B). Das gilt: Für die Berufung; für die Revision; für die Beschwerde; für eine Wiederaufnahmeklage, weil sie einem Rechtsmittel ähnlich ist; für eine Ergänzungsentscheidung, Zweibr FamRZ **83**, 621. Es gilt nicht: Für den Einspruch, denn er ist kein Rechtsmittel; für eine Erinnerung; für einen Widerspruch. Eine Anschließung nur wegen der Kosten ist zulässig, BGH **17**, 397.

5. Titel. Prozeßkosten § 99 2, 3

Voraussetzung der Anfechtbarkeit der Kostenentscheidung ist die Zulässigkeit des Rechtsmittels. Es müssen also eine Beschwer und eine Beschwerdesumme vorliegen. Als eine Gesetzesumgehung unzulässig ist es, wenn die Partei einen handgreiflich unbegründeten Sachantrag ersichtlich nur zu dem Zweck stellt, eine Anfechtung der Kostenentscheidung herbeizuführen, BGH FamRZ **81**,451 mwN. Ein bloßer derartiger Verdacht reicht aber nicht aus, um die Anfechtung unzulässig zu machen, krit Schreiber JR **76**, 247. Eine Verfassungsbeschwerde ist unzulässig, wenn eine Beschwer nicht mehr wegen der streitig entschiedenen Hauptsache vorliegt, sondern nur noch wegen der Kosten, BVerfG **33**, 256.

Das Gericht darf aber grundsätzlich nicht prüfen, ob die Partei ein Interesse an der Hauptsache hat oder ob es der Partei nur auf die Kostenfrage ankommt. Eine Kostenanfechtung ist zulässig, wenn die Beschwerdesumme durch eine Aufrechnung mit einem Schadensersatzanspruch erreicht wird, nach dem der Kläger die Prozeßkosten der Vorinstanz nach dem sachlichen Recht erstatten müßte, BGH **LM** Nr 12.

B. Teilurteil ohne Kostenentscheidung. Wenn sich das Rechtsmittel gegen ein Teilurteil ohne eine Kostenentscheidung richtet, dann ist neben diesem Rechtsmittel immer eine Anfechtung der Kostenentscheidung im Schlußurteil statthaft. Denn die Kostenentscheidung des Schlußurteils ergänzt das Teilurteil insofern. BGH **19**, 174 und **LM** Nr 9, Ffm MDR **77**, 143 machen die Anfechtbarkeit der Kostenentscheidung im Schlußurteil, die das Teilurteil betrifft, davon abhängig, ob ein Rechtsmittel gegen das Teilurteil zulässig ist und ob über dieses Rechtsmittel noch nicht entschieden wurde oder ob jedenfalls die Rechtskraft der Entscheidung über das Rechtsmittel noch nicht eingetreten sei; diese Lösung ist mit der Gerechtigkeit nur schwer zu vereinbaren. Jedenfalls muß die Kostenentscheidung des Schlußurteils besonders angegriffen werden, wenn sie nicht rechtskräftig werden soll, BGH **20**, 253. Wegen eines Kostenurteils über eine teils entschiedene, teils erledigte Hauptsache Anm 4 A e. Zur Erledigung der Hauptsache vgl im übrigen § 91a.

C. Erledigung der Hauptsache. Eine solche Erledigung macht nicht die Kosten zur Hauptsache. Eine Befriedigung ist nicht immer eine Erledigung der Hauptsache, vgl § 91a Anm 2 A a, b.

Wenn die Erledigung der Hauptsache bereits vor der Verkündung des erstinstanzlichen Urteils eingetreten war, dann kann der Antragsteller innerhalb der Frist zwischen dem Zeitpunkt der Erledigung und dem etwaigen Verkündungstermin eine Wiedereröffnung der mündlichen Verhandlung beantragen, um die Hauptsache für erledigt zu erklären. Durch diese Maßnahme kann er eine erstinstanzliche Entscheidung nach § 91a und damit die Möglichkeit einer etwaigen sofortigen Beschwerde herbeiführen.

Wenn sich die Hauptsache zwischen dem Schluß der letzten mündlichen Verhandlung und der Urteilsverkündung erledigt hat, ist eine Berufung zum Zweck der Änderung nur der Kostenentscheidung unzulässig, Köln JBMl NRW **70**, 19, § 91a Anm 4. Wenn sich die Hauptsache nach der Verkündung des Urteils, aber vor der Einlegung des Rechtsmittels erledigt hat, ist keine Anfechtung der Kostenentscheidung zulässig, falls kein sachlicher Streit mehr vorliegt, falls zB das Feststellungsinteresse erloschen ist oder falls der Bekl inzwischen erfüllt hat, vgl § 91a Anm 4. Wenn sich die Hauptsache erst nach der Einlegung des Rechtsmittels erledigt hat, bleibt das Rechtsmittel regelmäßig zulässig, vgl § 4 Anm 2 A b. Dann gilt dasselbe wie im Fall einer Erledigung in der ersten Instanz.

Der Rechtsmittelkläger trägt die Kosten, soweit er die Erledigung der Hauptsache willkürlich herbeigeführt hat. Eine Verfassungsbeschwerde wegen eines Verstoßes im Verfahren nach § 91a ist denkbar, BVerfG **17**, 268 und **33**, 257.

3) Anerkenntnisurteil, II. Eine Kostenentscheidung in einem Anerkenntnisurteil zur Sache nach § 307 ist selbständig anfechtbar. Das gilt auch dann, wenn es sich um eine Feststellungsklage handelte. Es genügt, daß das Gericht ein solches Urteil erlassen hat, wenn auch vielleicht zu Unrecht. Es findet also keine Nachprüfung darüber statt, ob die Voraussetzungen des § 307 im Zeitpunkt des Erlasses des Anerkenntnisurteils wirklich vorlagen. Allerdings darf das Anerkenntnisurteil nicht schlechthin unstatthaft sein, wie es etwa in einer Ehe- oder Familienstandssache der Fall wäre. Das Urteil selbst oder ein etwaiges Ergänzungsurteil nach § 321 müssen über die Kosten entschieden haben.

Eine sofortige Beschwerde ist nur dann zulässig, wenn ein Rechtsmittel in der Hauptsache statthaft ist, Schlesw SchlHA **78**, 67. Es gibt also keine weitere sofortige Beschwerde, §§ 567 III, 568 III, BGH VersR **75**, 344, und auch keine Möglichkeit einer Beschwerde, wenn ein Anerkenntnisurteil des LG in der zweiten Instanz oder ein Anerkenntnisurteil des OLG vorliegen. Ferner müssen eine Beschwer und die Beschwerdesumme vorliegen. Der Beschwerdewert berechnet sich nach den Kosten.

§§ 99, 100

Eine sofortige Beschwerde ist auch dann zulässig, wenn auf Grund eines Anerkenntnisses fälschlich ein streitiges Urteil ergangen ist. Denn sonst wäre eine Richtigstellung der Kostenentscheidung unmöglich, Hamm JMBl NRW **51**, 131.

Das Gericht muß vor seiner Entscheidung den Gegner anhören, Art 103 I GG, BVerfG **34**, 346.

4) Mischfälle. A. Meinungsstand. Die Meinungen zu Mischfällen gehen weit auseinander. Man kann etwa folgende Situationen unterscheiden:

a) Teilurteil in der Sache, Schlußurteil über die Hauptsache und die Kosten. In diesem Fall empfiehlt sich die Lösung Anm 2 B.

b) Teilurteil in der Sache, Schlußurteil nur über die Kosten. In diesem Fall empfiehlt sich die Lösung Anm 2 B.

c) Anerkenntnisurteil ohne Kostenentscheidung, Schlußurteil über den Rest und alle Kosten oder alles in einem Urteil. In diesem Fall ist eine sofortige Beschwerde wie im Fall e zulässig, BGH **40**, 270, LG Flensb NJW **74**, 1337, Held MDR **59**, 838. Das gilt auch dann, wenn es sich um ein teilweises Anerkenntnis, eine teilweise Klagrücknahme und eine spätere streitige Schlußentscheidung handelt, Düss FamRZ **82**, 724, LG Freibg NJW **77**, 2218 mwN.

d) Anerkenntnisurteil, Erledigung des Rests, einheitliches Kostenurteil über die Gesamtkosten. In diesem Fall ist wegen der gesamten Kosten die sofortige Beschwerde und nicht die Berufung statthaft, §§ 91 a II, 99 II, oder auch die sofortige Beschwerde wegen der Kosten aus einer der beiden Entscheidungen statthaft, BGH NJW **63**, 583, Celle NJW **64**, 2067, Hbg MDR **58**, 46, LG Hamm WM **74**, 86.

e) Anerkenntnisurteil nebst streitigem Schlußurteil. In diesem Fall ist grundsätzlich die Berufung statthaft. Falls die Berufung aber wegen § 511a unzulässig ist, ist sie unter Umständen in eine sofortige Beschwerde nach II umzudeuten, Hamm NJW **74**, 2291, LG Mannh WM **75**, 15.

f) Streitiges Urteil, Erledigung des Restes und Urteil über sämtliche Kosten. Wegen der getrennt zu berechnenden Kosten des erledigten Teils ist nur die sofortige Beschwerde zulässig, § 91 a II, Zweibr NJW **73**, 1935 mwN, aM (es sei auch die Berufung zulässig) wohl BGH **17**, 392, ferner zB Mü NJW **73**, 289, Stgt NJW **69**, 1493. Im übrigen ist die Berufung zulässig, BGH **40**, 271 (diese Entscheidung bietet auch eine Lösungsmöglichkeit wegen der Berechnung), Zweibr NJW **73**, 1935 mwN, StJ VI 2b (er befürwortet allerdings eine einheitliche Durchführung nach dem ,,besseren Rechtsmittel"). Mü NJW **70**, 2114 sieht eine sofortige Beschwerde gegen die Kostenentscheidung als durch die gleichzeitig erfolgte Einlegung einer Berufung des Bekl mitumfaßt an, so daß keine besondere Entscheidung über die sofortige Beschwerde erforderlich sei. Ebenso verhält es sich bei einem einheitlichen Urteil, das zum Teil die Hauptsache für erledigt erklärt, zum Teil eine streitige Entscheidung bringt und über sämtliche Kosten befindet.

g) ,,Schlußurteil", in Wahrheit Teilurteil mit Kostenentscheidung. In diesem Fall ist die Berufung zulässig, Grdz 4 C, D vor § 511, LG Bonn NJW **73**, 1375, aM Stgt NJW **63**, 1015 (das OLG hält die Beschwerde für zulässig).

B. Kostensonderung. Die Zusammenstellung der Meinungen, A, und die Unsicherheit der Rechtsprechung zeigen, daß es sich dringend empfiehlt, in der Urteilsformel eine Kostensonderung im Sinne des § 99 vorzunehmen. Das Gericht darf die dadurch bedingte Mühe nicht scheuen. Es sollte die Kosten berechnen und sie entsprechend verteilen. Seine Entscheidung mag etwa folgendermaßen lauten: ,,Der Beklagte trägt die Kosten. Von den Kosten entfallen auf den streitig entschiedenen Teil des Rechtsstreits ¾, auf den für erledigt erklärten Teil des Rechtsstreits und auf den durch ein Anerkenntnisurteil behandelten Teil des Rechtsstreits je ⅛".

5) VwGO: Eine inhaltlich übereinstimmende Regelung enthält § 158 VwGO.

100 **Streitgenossen.** [I] Besteht der unterliegende Teil aus mehreren Personen, so haften sie für die Kostenerstattung nach Kopfteilen.

[II] Bei einer erheblichen Verschiedenheit der Beteiligung am Rechtsstreit kann nach dem Ermessen des Gerichts die Beteiligung zum Maßstab genommen werden.

[III] Hat ein Streitgenosse ein besonderes Angriffs- oder Verteidigungsmittel geltend gemacht, so haften die übrigen Streitgenossen nicht für die dadurch veranlaßten Kosten.

5. Titel. Prozeßkosten § 100 1–5

IV Werden mehrere Beklagte als Gesamtschuldner verurteilt, so haften sie auch für die Kostenerstattung, unbeschadet der Vorschrift des Absatzes 3, als Gesamtschuldner. Die Vorschriften des bürgerlichen Rechts, nach denen sich diese Haftung auf die im Absatz 3 bezeichneten Kosten erstreckt, bleiben unberührt.

1) Allgemeines. § 100 ist dann anwendbar, wenn bei einer Streitgenossenschaft, einer streitgenössischen Streithilfe, § 69, oder einer Prozeßverbindung, § 147, sämtliche Streitgenossen unterliegen. Wenn ein Streitgenosse vorher durch ein Urteil ausschied, § 91 Anm 2 A, dann gilt § 100 nur bis zum Zeitpunkt dieses Urteils. Wenn sich ein ausgeschiedener Streitgenosse nicht am Rechtsmittel beteiligt, dann ist § 100 unanwendbar, selbst wenn es sich um einen notwendigen Streitgenossen handelt; vgl zu diesem Fall auch § 97 Anm 1 B c. Die Haftung nach I, IV tritt anders als die Haftung nach II, III auch ohne einen besonderen Ausspruch ein.

Im Kostenfestsetzungsverfahren sollte klargestellt werden, welche Art von Haftung vorliegt, denn die Zwangsvollstreckung aus dem Kostenfestsetzungsbeschluß kann ohne eine Vorlage des Urteils erfolgen, LG Hbg AnwBl **74**, 167. Für die Anfechtung der Kostenentscheidung gilt § 99. Derjenige Streitgenosse, dem gegenüber die Kostenentscheidung falsch ist, hat also keinerlei Rechtsbehelf, falls er in der Hauptsache siegt. Dieser Umstand sollte zur Sorgfalt mahnen. Die Haftung der Staatskasse gegenüber richtet sich nach den §§ 59 ff GKG.

2) Kopfhaftung, I. Wenn alle Streitgenossen unterliegen, dann haften sie nach Kopfteilen, selbst wenn das Urteil diese Haftungsverteilung nicht ausspricht. Es bleibt in diesem Fall unerheblich, in welchem Umfang der eine oder der andere Streitgenosse im Prozeß beteiligt war, falls nicht das Gericht nach II vorgeht. Zwischen Eheleuten gilt nichts Besonderes, und zwar auch nicht im Fall des § 743. Die etwaigen Ersatzansprüche der Streitgenossen untereinander richten sich nach dem sachlichen Recht. Dabei ist eine Abweichung von dem Grundsatz der Haftung zu gleichen Anteilen nach § 426 I 1 BGB wegen der unterschiedlichen prozessualen Gestaltung möglich, vgl III, aber auch deshalb möglich, weil evtl zB ein Mitschuldner einen Freistellungsanspruch verletzt haben kann, BGH **LM** Nr 4.

3) Unterschiedliche Beteiligung, II. Wenn mehrere Streitgenossen am Rechtsstreit erheblich unterschiedlich stark beteiligt waren, kann der Richter die Kosten der Beteiligung nach seinem pflichtgemäßen Ermessen entsprechend unter die unterliegenden Streitgenossen verteilen. Der Rpfl kann eine solche Verteilung nicht vornehmen. Er darf allerdings den Kostenausspruch unter Umständen auslegen, KG MDR **77**, 321, LG Mü JB **78**, 754. Die Revisionsinstanz kann das Ermessen des Gerichts nicht nachprüfen. Das Gericht kann eine derartige Verteilung auch dann vornehmen, wenn zB ein Streitgenosse den Klaganspruch anerkannt hat, der andere Streitgenosse aber eine große Beweisaufnahme verursacht hat oder wenn die Sache gegenüber einem Streitgenossen in der Hauptsache erledigt ist, BGH **LM** § 4 Nr 9.

4) Besonderes Angriffsmittel usw, III. Wenn ein Streitgenosse ein besonderes Angriffs- oder Verteidigungsmittel (Begriff § 96 Anm 1) geltend gemacht hat, III, dann haftet er für die daraus entstehenden Kosten allein. Es handelt sich um eine Mußvorschrift. Ein „besonderes" Angriffsmittel usw ist ein solches, das sich die anderen Streitgenossen nicht zu eigen machen. Es ist für die Kostenhaftung unerheblich, ob dieses besondere Angriffsmittel usw Erfolg gehabt hat. III ist nicht auf solche Angriffs- oder Verteidigungsmittel anwendbar, die nicht von, sondern gegenüber einem Streitgenossen benutzt worden sind.

5) Gesamthaftung, IV. Wenn Streitgenossen in der Hauptsache als Gesamtschuldner verurteilt worden sind, so sind sie auch wegen der Kosten Gesamtschuldner. Das ergibt sich aus dem Gesetz. Das Gericht braucht daher die gesamtschuldnerische Haftung in der Kostenentscheidung nicht ausdrücklich auszusprechen. Es kommt auch nicht darauf an, ob in der Hauptsache eine Gesamthaftung berechtigt ist oder nicht. Der Gläubiger darf sich wegen der Kosten an denjenigen Schuldner halten, den er für den geeignetsten hält, BGH **LM** Nr 4. Es genügt auch, daß sich eine Gesamthaftung für den Hauptanspruch aus den Entscheidungsgründen des Urteils oder aus dem Sachzusammenhang klar ergibt, Hamm Rpfleger **74**, 271, KG Rpfleger **75**, 144 mwN. Der Rpfl darf die Entscheidung auslegen, Einf 2 B vor § 103, LG Mü JB **78**, 754.

IV ist auch dann anwendbar, wenn das Gericht den einen Streitgenossen durch ein Teilurteil, den anderen durch ein Schlußurteil verurteilt hat. Es reicht aus, daß sich die gesamtschuldnerische Haftung zur Hauptsache aus dem Urteil ergibt. Der Hauptschuldner und ein Bürge haften aber nicht als Gesamtschuldner; § 677 II BGB ist hier nicht anwendbar. Daher muß man die etwaige sachlichrechtliche Haftung eines selbstschuldnerischen Bürgen im

Weg einer besonderen Klage verfolgen, BGH JZ **56**, 99 (Anm Lauterbach). Eine Gesellschaft und ihr Gesellschafter sind Gesamtschuldner im Sinne von IV, selbst wenn sie sachlichrechtlich keine Gesamtschuldner sind, Karlsr NJW **73**, 1202, aM KG Rpfleger **75**, 144.

Mehrere in der ersten Instanz als Gesamtschuldner verurteilte Bekl haften auch für die Kosten ihrer erfolglosen Berufung als Gesamtschuldner, ohne daß ein entsprechender Ausspruch im Berufungsurteil notwendig wäre, LG Köln MDR **81**, 502.

III bleibt als eine Mußvorschrift wirksam. Etwas anderes gilt nur dann, wenn sich eine Gesamthaftung nach dem bürgerlichen Recht als eine unbeschränkte Haftung auch auf die Kosten eines besonderen Angriffs- oder Verteidigungsmittels erstreckt.

IV ist auf unterliegende Gesamtgläubiger unanwendbar. In diesem Fall gilt vielmehr I.

6) Einzelfragen. § 100 regelt nicht alle denkbaren Fälle ausdrücklich. Vgl zunächst Schroers VersR **75**, 110 (ausführlich). Im einzelnen ergibt sich folgendes:

A. Alle Streitgenossen siegen. Streitgenossen sind wegen der Kosten keine Gesamtgläubiger, Mü Rpfleger **81**, 454, und zwar auch dann nicht, wenn ihnen das Gericht die Hauptsache als Gesamtgläubigern zugesprochen hat. Sie sind vielmehr im Zweifel wegen der Kosten Gläubiger nach Kopfteilen, Kblz MDR **77**, 585 mwN. Jeder Streitgenosse durfte einen eigenen Anwalt beauftragen, Düss AnwBl **83**, 190 mwN, Hamm MDR **71**, 312, unabhängig von etwaigen AKB (sie berühren nur das Innenverhältnis), Mü MDR **72**, 1042, und zwar selbst dann, wenn die Versicherung ihren Anwalt auch für den Versicherungsnehmer beauftragt hatte und wenn der Versicherungsnehmer außerdem einen eigenen Anwalt hat, Mü MDR **74**, 1022. In diesen Fällen können die Kosten der Anwälte aller Streitgenossen erstattungsfähig sein, Düss AnwBl **81**, 70, KG Rpfleger **73**, 437, Düss KTS **77**, 121, LG Köln AnwBl **77**, 30, abw KG Rpfleger **77**, 215, aM Karlsr VersR **79**, 945, Stgt VersR **74**, 259.

Wenn alle Streitgenossen oder einige von mehreren Streitgenossen gemeinsam einen Anwalt beauftragt haben, dann ist § 6 BRAGO zu beachten; vgl auch C und § 91 Anm 5 „Verkehrsanwalt". Streitgenossen können zusammen höchstens einmal die vollen Gebühren und Auslagen des gemeinsamen ProzBev fordern, Düss JB **77**, 659. Wenn ein Streitgenosse eine Kostenerstattung verlangt, kann er außer einer Festsetzung derjenigen Kosten, die ihn allein betreffen, auch die Festsetzung derjenigen Kosten verlangen, für die er dem Anwalt gesamtschuldnerisch haftet, LG Krefeld AnwBl **80**, 365. Er muß dazu glaubhaft machen, daß er die Kosten bezahlt hat oder daß seine Streitgenossen wegen eigener Vermögenslosigkeit nicht zahlen können, vgl auch C, denn dieser Fall liegt insofern gleich, aM Ffm VersR **81**, 194, Hamm Rpfleger **74**, 271, GSchm § 6 BRAGO Anm 64. Es kommt also dann darauf an, ob er die Kosten dem Anwalt gegenüber bezahlen muß. Der Gegner kann nicht auf einen Kostenausgleich verweisen. Denn er ist ebenfalls ein Schuldner des Ausgleichungspflichtigen. Er würde also die Sache durch den Kostenausgleich ohne einen Nutzen für sich selbst nur umständlicher machen.

Wenn ein Streitgenosse nicht die Zahlung der gesamten gesamtschuldnerisch geschuldeten Vergütung glaubhaft machen kann, dann kann er nur eine Erstattung des bei einem Kostenausgleich auf ihn fallenden Kostenteils fordern, vgl KG Rpfleger **73**, 437 und NJW **72**, 2045, Kblz Rpfleger **81**, 122 mwN, aM BGH JB **69**, 942, Düss NJW **76**, 1698. Wenn die Streitgenossen die Kostenfestsetzung gemeinsam betreiben, dann ist für jeden Streitgenossen auf seinen Bruchteil gemäß dem Innenverhältnis zwischen ihnen festzusetzen, falls der Gegner dadurch besonders berührt wird, Kblz MDR **77**, 585. Diese Notwendigkeit wird in der Praxis nicht immer beachtet.

B. Ein Streitgenosse siegt, ein Streitgenosse unterliegt. Vgl hierzu Schneider MDR **61**, 643 ff. Diese Situation kann nur bei Streitgenossen vorkommen, die keine notwendigen Streitgenossen sind. Das Gericht muß den § 92 anwenden und immer bedenken, daß nur eine willkürliche Zusammenfassung mehrerer Klagen in demselben Prozeß vorliegt, BGH **8**, 325.

Die Urteilsformel darf nicht etwa lauten: „Der Kläger und der Beklagte X tragen je ½ der Kosten". Diese Fassung nimmt dem siegenden Bekl Y endgültig jeden Kostentitel. Falsch wäre auch die Fassung: „Die dem siegenden Beklagten Y entstandenen besonderen Kosten trägt der Kläger". Denn eine solche Entscheidung würde dem Kostenaufbau der ZPO widersprechen. Wenn das Gericht trotzdem in dieser Weise entschieden hat, dann bleibt nur übrig, die Kostenentscheidung bei der Kostenfestsetzung so auszulegen, daß der Gegner und der unterliegende Streitgenosse die Kosten im Verhältnis ihrer Beteiligung und nach I–III tragen. Zu dem Fall, daß ein Streitgenosse im Weg eines Versäumnisurteils verliert, der andere im Weg einer streitigen Entscheidung gewinnt, vgl KG NJW **73**, 1131.

5. Titel. Prozeßkosten   §§ 100, 101

C. Beste Fassung der Urteilsformel. In einem Fall, in dem bei einer gleich hohen Beteiligung der Bekl X siegt, der Bekl Y unterliegt, lautet die beste Fassung der Urteilsformel wohl so: „Die Gerichtskosten tragen der Kläger und der Beklagte Y je zur Hälfte. Von den außergerichtlichen Kosten trägt der Kläger die des Beklagten X voll und ½ der eigenen, der Beklagte Y die eigenen und ½ der dem Kläger erwachsenen Kosten." Entsprechendes gilt dann, wenn von zwei Klägern einer siegt, der andere unterliegt.

Alle diese Fragen sind allerdings heftig umstritten. Ähnliche Vorschläge wie hier machen zB Bauknecht NJW **55**, 286 und **57**, 148, Bull Rpfleger **59**, 307, Dahmen DRiZ **79**, 343, Herget DRiZ **81**, 144, Lappe MDR **58**, 655 (er sieht jedoch außerdem einen Erstattungsanspruch vor), Woesner NJW **68**, 782 (mit einer Ergänzung wegen der gemeinsamen außergerichtlichen Kosten der Bekl). Demgegenüber will zB Vetzberger NJW **57**, 148 und MDR **58**, 898 das Verfahren gegenüber mehreren Streitgenossen so behandeln, als ob es sich um mehrere getrennte Verfahren handeln würde, und dann entsprechend dem § 91 für jeden Streitgenossen gegenüber jedem anderen eine besondere Kostenentscheidung treffen. Gegen diesen Vorschlag wendet sich mit einem guten Beispiel Schneider JR **62**, 133, vgl auch Hbg MDR **81**, 149. Beuermann DRiZ **78**, 180 mwN läßt den Kläger die Gerichtskosten im Verhältnis zu X und dessen Auslagen, im übrigen den Y die Kosten tragen; dagegen Türpe DRiZ **78**, 281.

Einem siegenden Streitgenossen muß der Gegner solche Kosten, für die der Streitgenosse nach III allein haftet, voll erstatten.

Wenn Streitgenossen, von denen einer siegt, der andere unterliegt, einen gemeinsamen Anwalt hatten, dann kann der Sieger vom Gegner die Erstattung aller derjenigen Anwaltsgebühren fordern, die er bezahlt hat. Er muß diese Zahlung glaubhaft machen, zB Brschw MDR **79**, 62 mwN, Bre JB **78**, 367, Saarbr JB **77**, 1282 je mwN, vgl RS § 6 BRAGO Rdz 48. Dabei legt Hamm Rpfleger **77**, 419 mwN wegen § 6 II BRAGO nur den Gegenstandswert des Siegers zugrunde.

Wenn der siegende Streitgenosse die Bezahlung der vollen Anwaltsgebühren nicht glaubhaft machen kann, kann er vom Gegner nur die Erstattung derjenigen Summe fordern, die auf ihn persönlich entfällt (Kopfteil), Hamm Rpfleger **70**, 142, Karlsr AnwBl **79**, 183 und 436 je mwN, Köln AnwBl **80**, 72, jetzt auch Schlesw AnwBl **83**, 177, OVG Lüneb AnwBl **82**, 311 mwN, vgl auch Mü Rpfleger **81**, 454, LG Mü NJW **74**, 1669 (StPO), oben A, aM BGH **LM** § 91 Nr 2, Bbg JB **78**, 1077, Düss MDR **82**, 327 mwN, Ffm VersR **79**, 1128, Hbg JB **77**, 199 (abw Hbg MDR **78**, 674), Hamm Rpfleger **78**, 452 je mwN, Mü AnwBl **81**, 156, LG Bochum AnwBl **82**, 531 je mwN, vgl auch Lappe Rpfleger **80**, 264, ferner Schmidt NJW **74**, 1699 mwN, Hamm für den Fall einer echten Streitgenossenschaft JB **70**, 393 abw von MDR **69**, 403, Düss JB **76**, 1388, Kblz VersR **75**, 866 (der siegende Streitgenosse könne ohne jeden Nachweis und ohne jede Glaubhaftmachung die Erstattung derjenigen Summe fordern, für die er dem gemeinsamen Anwalt als Gesamtschuldner hafte. Aber eine solche Lösung könnte zu einer Bereicherung des Siegers führen, KG NJW **72**, 2045, Karlsr NJW **68**, 1479, Lang NJW **70**, 408, Schneider Rpfleger **71**, 165 je mwN).

Eine Glaubhaftmachung ist nur dann entbehrlich, wenn der andere Streitgenosse zahlungsunfähig ist. Wenn der Sieger die Bezahlung der vollen Gebühren glaubhaft gemacht hat, dann darf das Gericht den Gegner nicht auf einen Kostenausgleich verweisen, denn der Gegner könnte dann die Kostenerstattung verweigern, Celle NJW **64**, 1031, aM KG NJW **72**, 2045 mwN (das KG will dem siegenden Streitgenossen einen vollen Erstattungsanspruch nur Zug um Zug gegen eine Abtretung des Ausgleichsanspruchs gegenüber dem unterlegenen Streitgenossen geben. Eine solche Lösung würde aber zu einer Urteilsänderung führen, die unzulässig ist), Nürnb NJW **63**, 1313.

D. Ein Streitgenosse siegt, mehrere Streitgenossen unterliegen. In diesem Fall sind die §§ 92 und 100 anwendbar, vgl BGH **8**, 325. Im übrigen ist wie bei B und C zu verfahren.

7) *VwGO: Die Vorschrift ist entsprechend anzuwenden (§ 159 S 1 VwGO), wenn der kostenpflichtige Teil aus mehreren Personen besteht. Neben IV, der im VerwRechtsstreit nur in dem seltenen Fall einer Leistungsklage gegen mehrere Beklagte praktisch wird, tritt ergänzend § 159 S 2 VwGO für die Fälle notwendiger Streitgenossenschaft ohne Rücksicht auf die Klageart und die Parteistellung.*

101 **Streithilfe.** [1] **Die durch eine Nebenintervention verursachten Kosten sind dem Gegner der Hauptpartei aufzuerlegen, soweit er nach den Vorschriften der §§ 91 bis 98 die Kosten des Rechtsstreits zu tragen hat; soweit dies nicht der Fall ist, sind sie dem Nebenintervenienten aufzuerlegen.**

II Gilt der Nebenintervenient als Streitgenosse der Hauptpartei (§ 69), so sind die Vorschriften des § 100 maßgebend.

Schrifttum: Klarmann, Die Kostenentscheidung im Interventionsprozeß, Diss Erlangen 1951.

1) Kosten der Streithilfe. § 101 betrifft nur die unselbständige Streithilfe, Anm 3, und zwar das Verhältnis zwischen dem Streithelfer und dem Gegner, nicht das Verhältnis zwischen dem Streithelfer und der unterstützten Partei. „Die durch eine Nebenintervention verursachten Kosten" umfassen die Kosten des Beitritts und die Kosten der Zuziehung des Streithelfers ebenso wie die Kosten einer Zustellung und einer Vertretung, nicht aber die Kosten der Streitverkündung oder die Kosten eines Zwischenstreits über die Zulassung. Über die letzteren Kosten muß das Gericht in einem Zwischenurteil nach § 91 entscheiden. Der Nebenintervenient hat also dann, wenn das Gericht die Zulassung ablehnt, die Kosten zu tragen, BAG **NJW 68**, 73.

Diejenigen Kosten, die durch die Prozeßhandlungen des Streithelfers verursacht worden sind, sind keine Kosten des Rechtsstreits. I trifft deshalb über solche Mehrkosten eine besondere Anordnung, Anm 2. Wenn der Streithelfer im Namen der Partei ein Rechtsmittel eingelegt hat und wenn sich die Partei an der Rechtsmittelinstanz nicht beteiligt, dem Rechtsmittel aber auch nicht widersprochen hat, dann muß der Streithelfer die Kosten des Rechtsmittels in einer entsprechenden Anwendung des § 97 und nicht nach § 101 tragen, soweit nicht der Gegner die Kosten des Rechtsmittels tragen muß, BGH **LM** § 582 Nr 1. Daher muß der Streithelfer auch diejenigen Kosten tragen, die von demjenigen Zeitpunkt an entstehen, in dem sich die Hauptpartei dahin äußert, sie sei an der Fortführung des Rechtsstreits nicht mehr interessiert, BGH **MDR 58**, 419, Mü **Rpfleger 79**, 141.

Wenn der Streithelfer zwar mit einer von ihm allein eingelegten Berufung Erfolg gehabt hat, wenn das Berufungsurteil dann aber aufgehoben wird, muß der Streithelfer die Kosten der Berufung und der Revision tragen, BGH **LM** § 857 Nr 4. § 101 gibt keine Rechtsgrundlage dafür, den Streithelfer mit den Kosten des Rechtsstreits zu belasten, und zwar auch nicht in Verbindung mit § 49 I 1 GKG, BGH **39**, 298. Wenn sich die unterstützte Hauptpartei beteiligt hat, indem sie in einem Schriftsatz Stellung nahm und zur mündlichen Verhandlung erschien, dann muß die unterstützte Hauptpartei für den Fall des Unterliegens die Kosten tragen, während der Streithelfer nur seine eigenen Kosten tragen muß, BGH **49**, 196.

2) Kostenpflicht. A. Entscheidung von Amts wegen. Das Gericht muß von Amts wegen über die Kosten der Streithilfe entscheiden. Es hat folgende Möglichkeiten:

a) Kostenpflicht des Gegners. Das Gericht kann die Kosten der Streithilfe dem Gegner der Partei auferlegen, soweit der Gegner die Prozeßkosten auf Grund der §§ 91–98 tragen muß. Der Gegner muß dann die notwendigen Kosten dem Streithelfer erstatten, § 91, Düss **VersR 79**, 870. Das Gericht darf im Kostenfestsetzungsverfahren nicht prüfen, ob die Streithilfe zulässig war. Der Streithelfer darf stets einen eigenen Anwalt beauftragen. Eine Anfechtung erfolgt nach § 99 und aus eigenem Recht nur, falls das Gericht gegen den Streithelfer entscheidet.

b) Kostenpflicht des Streithelfers. Das Gericht kann die Kosten der Streithilfe dem Streithelfer auferlegen, soweit im übrigen seine Partei die Kosten tragen muß. Insoweit muß der Streithelfer die Kosten selbst erstatten. Wenn der Streithelfer den Beitritt zurücknimmt, auch als ein Streitverkündungsgegner, dann muß das Gericht sogleich in entsprechender Anwendung des § 269 feststellen, daß der Streithelfer die Kosten der Streithilfe selbst tragen muß, Mü **Rpfleger 79**, 142.

B. Umfang der Kostenpflicht. Die bloße Entscheidung des Gerichts über „die Kosten des Rechtsstreits" besagt nichts über die Kosten der Streithilfe, AG Wiesb **AnwBl 82**, 24. Eine solche Kostenentscheidung ist nur dann ein Erstattungstitel, wenn die Entscheidungsgründe eindeutig ergeben, daß das Gericht seine Entscheidung auch auf die Kosten der Streithilfe erstreckt hat, Hbg **JB 77**, 725, AG Wiesb **AnwBl 82**, 24. Notfalls muß man ein Ergänzungsurteil nach § 321 beantragen, LG Saarbr **JB 77**, 1146.

Wenn die Parteien einen Prozeßvergleich geschlossen haben, dann kann der Streithelfer seine Kosten entsprechend der Kostenregelung des Vergleichs erstattet fordern, Schlesw **JB 78**, 1249, LG Flensb **JB 75**, 1501. Wenn der Prozeßvergleich die Kosten entsprechend § 98 gegeneinander aufhebt, gilt diese Regelung auch im Verhältnis zum Streithelfer. In diesem Fall muß also der Gegner auch die Hälfte der Kosten des Streithelfers tragen, selbst wenn der Prozeßvergleich ohne eine Beteiligung des Streithelfers zustande gekommen ist, BGH **NJW 61**, 460, Mü **NJW 77**, 540 mwN, LG Bayreuth **JB 78**, 1398, ähnlich Ffm **NJW 78**, 2558 mwN, aM Celle AnwBl **83**, 176; das gilt auch dann, wenn die Parteien die Kosten der Streithilfe vom Vergleich ausgenommen hatten. Das ist dann durch einen Beschluß auszusprechen, BGH NJW **67**, 983, LG Bayreuth JB **78**, 1398, aM zur Maßgeblichkeit der Vergleichsvereinbarung für die Beteiligten des Streithelfers zB Ffm NJW **72**, 1866, Saarbr KR Nr 1, Stgt NJW **74**, 2009 (diese Gerichte wenden § 91 a entsprechend an), Celle AnwBl **83**, 176 (dieses OLG lehnt die Anwendung des § 91 a ab).

Bei einer Klagerücknahme trägt der Kläger die Kosten des gegnerischen Streithelfers. Wenn die Klagerücknahme auf einem außergerichtlichen Vergleich beruht, gilt dasselbe wie bei einem gerichtlichen Vergleich, BGH NJW **61**, 460.

3) Streitgenössische Streithilfe, II. Bei ihr gilt nicht § 101, sondern § 100.

4) *VwGO*: *Unanwendbar, Üb 4 § 64. Hinsichtlich des Beigeladenen enthält die VwGO besondere Kostenvorschriften in den §§ 154 III u 162 III.*

102 *Prozeßstrafe für Verschulden.* (weggefallen)

Einführung vor §§ 103–107
Kostenfestsetzung

Schrifttum: Lappe, Justizkostenrecht, 1981.

1) Zulässigkeit und Bedeutung. A. Entstehung des Erstattungsanspruchs. Der Anspruch auf eine Erstattung von Prozeßkosten entsteht bereits im Zeitpunkt der Begründung eines Prozeßrechtsverhältnisses, Üb 3 B vor § 91. Er ist in diesem Zeitpunkt allerdings noch aufschiebend bedingt. Erst der Eintritt der Rechtskraft einer Entscheidung beseitigt diese aufschiebende Bedingung. Soweit aber eine Zwangsvollstreckung schon vor der Rechtskraft zulässig ist, ist auch schon vor der Rechtskraft eine Kostenerstattung möglich. Das Urteil selbst stellt eine Erstattungspflicht immer nur dem Grunde nach fest. Das Gesetz überläßt die Klärung der Frage, welchen Betrag der Erstattungspflichtige an den Gegner zu zahlen hat, dem Kostenfestsetzungsverfahren. Nur der Kostenfestsetzungsbeschluß entscheidet daher darüber, ob bestimmte Kosten auch als notwendige Kosten anerkannt werden, BGH **28**, 309. Eine Zwangsvollstreckung wegen der Kosten darf nur auf Grund des Kostenfestsetzungsbeschlusses stattfinden, § 794 I Z 2, BGH **LM** § 91 Nr 22.

B. Notwendigkeit der Kostenfestsetzung. Das Kostenfestsetzungsverfahren der §§ 103 ff ist also grundsätzlich der allein zulässige Weg, eine Erstattung der Prozeßkosten zu erlangen, BVerfG NJW **77**, 145, BGH **28**, 309 (anders ist es bei sachlichrechtlichen Kosten, Üb 4 vor § 91). Wegen der Wahlmöglichkeit bei § 788 vgl dort Anm 3 A. Das Kostenfestsetzungsverfahren ist ein selbständiges gerichtliches Nachverfahren. Es wird an die erste Instanz angehängt, Hamm Rpfleger **74**, 203, Kblz Rpfleger **78**, 261. Daher muß das Gericht dem Gegner vor einer Entscheidung das rechtliche Gehör gewähren, Art 103 I GG, BVerfG **19**, 148, Brschw **77**, 177, Stgt Rpfleger **74**, 26. Das rechtliche Gehör kann auch schriftlich gewährt werden. Das Gericht muß seine Entscheidung im Kostenfestsetzungsverfahren grundsätzlich begründen, § 329 Anm 1 A b. Es muß daher eine Begründung spätestens dann nachholen, wenn gegen seine Entscheidung die Erinnerung eingelegt worden ist, Mü MDR **71**, 312.

Eine Aussetzung oder eine Unterbrechung des in der zweiten Instanz anhängigen Prozesses wirken sich nicht auf den Fortgang des Kostenfestsetzungsverfahrens der ersten Instanz aus. Nach der Beendigung des Prozesses sind eine Aussetzung und eine Unterbrechung im Kostenfestsetzungsverfahren selbständig zu beurteilen, §§ 239 ff, Mü Rpfleger **74**, 368. Wegen einer Unterbrechung infolge eines Konkursverfahrens § 240 Anm 1 A. Über das Verhältnis zwischen dem Kostenfestsetzungsbeschluß und einem sachlichrechtlichen Kostenerstattungsanspruch vgl Üb 5 vor § 91. Zu Zweifelsfragen Mümmler JB **77**, 1169.

2) Abhängigkeit des Festsetzungsverfahrens. A. Allgemeines. Der Kostenfestsetzungsbeschluß ergänzt das Urteil wegen des Kostenbetrages, Ffm VersR **81**, 194. Der Kostenfestsetzungsbeschluß stellt keinen selbständigen Vollstreckungstitel im vollen Sinn dar, BGH **LM** § 91 Nr 22, Ffm Rpfleger **80**, 481. Er teilt vielmehr unmittelbar das Schicksal der Kostengrundentscheidung, Hamm MDR **77**, 56 und Rpfleger **79**, 142 je mwN, KG NJW **76**, 1272, Mü AnwBl **82**, 124.

Der Kostenfestsetzungsbeschluß darf nicht über die Kostengrundentscheidung hinausgehen, BVerfG **62**, 193, Stgt Rpfleger **80**, 195. Er kann zB auf Grund einer Vollstreckungsabwehrklage nicht auch Kosten aus demjenigen Titel erfassen, gegen den sich die Vollstreckungsabwehrklage richtet, sondern nur solche Kosten, die im Abwehrprozeß erwachsen sind, Stgt Rpfleger **80**, 195.

Wenn das Gericht also zB eine Partei im Erkenntnisverfahren als prozeßfähig behandelt hat, dann gilt die Partei auch im Kostenfestsetzungsverfahren als prozeßfähig, Hamm AnwBl **82**, 71, selbst wenn sie in Wahrheit nicht prozeßfähig ist, LG Frankenthal MDR **62**, 577, vgl auch BGH NJW **57**, 989. Wenn das Urteil seine Vollstreckbarkeit verliert, etwa deshalb, weil die Parteien nach dem Erlaß des Urteils einen Prozeßvergleich schließen, dann verliert auch der inzwischen etwa ergangene Kostenfestsetzungsbeschluß seine Vollstreckbarkeit, KG MDR **79**, 408, Kblz JB **76**, 719, Saarbr JB **78**, 1092. Wegen eines Vergleichs nach dem Eintritt der Rechtskraft vgl Karlsr MDR **77**, 937.

Wenn das Urteil für die Zwangsvollstreckung besondere Voraussetzungen aufstellt, etwa eine Sicherheitsleistung oder die Möglichkeit der Abwendung der Zwangsvollstreckung, oder wenn es um eine beschränkte Erbenhaftung geht, KG NJW **64**, 1330, dann müssen diese Voraussetzungen und Bedingungen in den Kostenfestsetzungsbeschluß ebenfalls aufgenommen werden, Ffm Rpfleger **80**, 481, vgl auch Düss Rpfleger **81**, 409. Eine Zug-um-Zug-Leistung, die gegen den Gläubiger der Hauptsache angeordnet worden ist, wird aber nicht in den Kostenfestsetzungsbeschluß aufgenommen, Ffm Rpfleger **80**, 481 mwN. Denn die Erstattungsfähigkeit der Prozeßkosten hängt nicht von dieser Zug-um-Zug-Leistung ab.

Der Kostenfestsetzungsbeschluß kann die Höhe einer vom Gericht angeordneten Sicherheitsleistung nicht abweichend vom Urteil festsetzen, KG DGVZ **62**, 43, Karlsr NJW **55**, 1117. Denn die Sicherheitsleistung bezieht sich auf den ganzen Urteilsinhalt. Eine Bemessung der Sicherheitsleistung nur in der Höhe der festgesetzten Kosten wäre unzulässig, aM Bbg Rpfleger **81**, 455 mwN (aber dies liefe auf eine Erhöhung der Sicherheit hinaus, denn man dürfte diese neue Sicherheitsleistung nicht von derjenigen abziehen, die das Gericht im Urteil angeordnet hatte).

Wenn der Kostenfestsetzungsbeschluß eine notwendige Beschränkung nicht ausdrücklich ausspricht, dann gilt diese Beschränkung trotzdem. Sobald aus dem Kostenfestsetzungsbeschluß eine über die Beschränkungen hinausgehende Zwangsvollstreckung eingeleitet wird, kann der davon Betroffene die Erinnerung nach § 766 einlegen. Wenn das Gericht die Zwangsvollstreckung ohne eine Sicherheitsleistung schlechthin eingestellt hat, dann muß der Rpfl zwar einen Kostenfestsetzungsbeschluß erlassen, StJ § 103 II 1 c, aM Wiecz B II b 3; die Zwangsvollstreckung aus diesem Kostenfestsetzungsbeschluß kann aber derzeit nicht stattfinden.

Wenn der Haupttitel bestehen bleibt und wenn nur seine Wirkung wegen der Hauptsache aufgehoben wird, nicht wegen der Kosten, etwa im Fall einer Vollstreckungsabwehrklage nach § 767, dann berührt diese Aufhebung die Wirksamkeit des Kostenfestsetzungsbeschlusses nicht, vgl LG Bln Rpfleger **82**, 482.

Man darf auf Grund desselben Haupttitels wiederholt eine Kostenfestsetzung beantragen, also auch Kosten nachfordern, Hamm Rpfleger **82**, 80. Die Mehrkosten sind aber nicht erstattungsfähig. Derselbe Posten läßt grundsätzlich eine Nachforderung zu. Denn die Rechtskraft des ersten Kostenfestsetzungsbeschlusses bezieht sich nur auf die damals geforderten Kosten; s § 104 Anm 2 D.

Nach einer Kostenerstattung fehlt für eine weitere Kostenfestsetzung durchweg das Rechtsschutzbedürfnis, vgl Nürnb NJW **73**, 370. Es gibt im Verhältnis zwischen der Partei und ihrem Anwalt keine Rechtskraft, Rennen MDR **73**, 644, vgl BGH **LM** § 12 BRAGO Nr 2. In einem solchen Fall ist § 19 BRAGO anwendbar, oder der Anwalt kann eine Gebührenklage erheben, dazu BVerfG NJW **77**, 145. Im Fall einer Anhörung nach § 94 III BVerfGG ergeht im vorangegangenen Prozeß keine Kostenfestsetzung, Mü Rpfleger **78**, 420.

B. Abänderung der Kostengrundentscheidung. Der Rpfl darf die Kostengrundentscheidung nicht abändern, selbst wenn sie noch so offensichtlich verfehlt ist, Ffm JB **77**, 1460, Kblz JB **77**, 560, Stgt JB **76**, 1075. Keine Instanz darf die Kostenentscheidung einer höheren Instanz abändern oder ergänzen, vgl Mü Rpfleger **79**, 388 und 465. Eine solche Abänderung ist auch dann nicht erlaubt, wenn die höhere Instanz zB eine zwingende Bestimmung mißachtet hatte, etwa den § 281 III 2, zB KG MDR **76**, 405 mwN, Schlesw SchlHA **80**, 220, Zweibr JB **78**, 1882, aM zB Ffm MDR **81**, 58. Die insoweit unrichtige Kostengrundentscheidung darf dann nur vom zuständigen Gericht geändert werden, sofern ihre Änderung überhaupt zulässig ist.

5. Titel. Prozeßkosten **Einf §§ 103–107, § 103 1**

Der Rpfl darf und muß aber eine unklare oder widersprüchliche Kostengrundentscheidung auslegen, Brschw JB **77**, 1776, Bre AnwBl **77**, 74, Düss MDR **80**, 853, KG MDR **77**, 321, nur grundsätzlich richtig ferner Mü MDR **82**, 760, Schlesw SchlHA **82**, 142, vgl auch Köln Rpfleger **82**, 308, strenger KG MDR **79**, 408. Der Rpfl muß eine praktisch möglichst brauchbare Auslegung wählen, soweit die Kostengrundentscheidung eine solche Auslegung irgend zuläßt, Hamm Rpfleger **74**, 271, Mü Rpfleger **79**, 466; vgl § 100 Anm 6 B.

3) Prozeßkostenhilfe. Eine Festsetzung derjenigen Kosten, die einem Anwalt aus der Staatskasse zu ersetzen sind, soweit er im Verfahren auf die Bewilligung einer Prozeßkostenhilfe beigeordnet worden ist, hat mit der Kostenfestsetzung nach den §§ 103 ff nichts gemein. Die Festsetzung der Kosten im Zusammenhang mit der Prozeßkostenhilfe verlangt keinen vollstreckbaren Titel und schafft auch keinen solchen. Sie wirkt nur der Staatskasse gegenüber wie eine Feststellung. Die §§ 121 ff BRAGO sprechen daher auch von einer „Vergütung".

4) VwGO: Da die Kostenfestsetzung nur knapp in § 164 VwGO (Zuständigkeit) und in § 165 VwGO (Erinnerung) geregelt ist, sind §§ 103 bis 107 entsprechend anzuwenden, § 173 VwGO, OVG Münst DÖV **64**, 570.

103 *Kostenfestsetzung. Grundsatz. Gesuch.* [I] **Der Anspruch auf Erstattung der Prozeßkosten kann nur auf Grund eines zur Zwangsvollstreckung geeigneten Titels geltend gemacht werden.**

[II] **Das Gesuch um Festsetzung des zu erstattenden Betrages ist bei der Geschäftsstelle des Gerichts des ersten Rechtszuges anzubringen. Die Kostenberechnung, ihre zur Mitteilung an den Gegner bestimmte Abschrift und die zur Rechtfertigung der einzelnen Ansätze dienenden Belege sind beizufügen.**

1) Erstattungsanspruch, I. A. Vollstreckungstitel. Ein Anspruch auf die Erstattung von Prozeßkosten setzt voraus, daß ein beliebiger zivilprozessualer bundesgesetzlicher oder landesgesetzlicher Vollstreckungstitel wirksam ergangen ist.

Hierher zählen zB folgende Fälle: Ein Urteil; ein gerichtlicher Vergleich, Hamm AnwBl **76**, 443 und MDR **77**, 56, Mü NJW **75**, 1367 (das Nachgeben nur einer Partei genügt, Anh § 307 Anm 2 A, aM zB KG MDR **73**, 417), auch ein Vergleich in einem Verfahren nach § 118 I 3 Hs 2. Das gilt auch dann, wenn die Parteien im gerichtlichen Vergleich andere Streitigkeiten mitverglichen haben, etwa Auseinandersetzungen aus Anlaß einer Privatklage oder einer Nebenklage in einem Strafverfahren, vgl Hbg NJW **55**, 1842, Mü JB **78**, 1024. Nur ein außergerichtlicher Vergleich genügt nicht, BAG NJW **63**, 1027, Ffm MDR **80**, 61 mwN, vgl KG Rpfleger **80**, 233, aM LG Karlsr AnwBl **71**, 52.

Ferner genügen als Vollstreckungstitel: Ein Vollstreckungsbescheid, § 699 III, AG Mü BB **76**, 1051 (zum Mahnverfahren generell Hofmann Rpfl **82**, 325 mwN); eine abweisende oder in der Hauptsache sachlich nicht vollstreckbare Entscheidung, sofern sie äußerlich vollstreckbar ist; ein Arrestbefehl oder eine einstweilige Verfügung, soweit diese Vollstreckungstitel Kostenentscheidungen enthalten, § 91 Anm 2 D (vgl aber wegen etwaiger Blankettabreden KG Rpfleger **79**, 388). Das gilt auch dann, wenn ein Vollzug aus der Entscheidung nicht mehr statthaft ist, Hbg NJW **52**, 550 (etwas anderes gilt bei einer einstweiligen Anordnung nach den §§ 620 ff, vgl § 620g, dazu KG Rpfleger **73**, 320 und MDR **82**, 328), aM Hamm NJW **76**, 1409, vgl § 928 Anm 2 C; ein Vergleich in einem Scheidungsverfahren grundsätzlich nur wegen der Kosten, Zweibr JB **78**, 1884 mwN; vgl aber auch insofern § 93a Anm 2.

Ferner kommen als Vollstreckungstitel in Betracht: Ein Versäumnisurteil, nach dessen rechtzeitiger Anfechtung die Hauptsache beiderseits für erledigt erklärt wurde, solange keine Entscheidung nach § 91a ergangen oder das Versäumnisurteil sonst gegenstandslos geworden ist, Kblz MDR **80**, 320; eine Entscheidung, deren Vollstreckung in der Hauptsache bedingt oder betagt ist, denn die Bedingung oder Betagung ergreift nicht die Kostenfrage; ein Aufhebungsbeschluß nach § 942 III, wenn er über die Kosten entscheidet; ein Beschluß nach § 380 (aber nicht für den ProzBev, LG Bln Rpfleger **78**, 331); eine vollstreckbare Urkunde.

Wenn der Haupttitel eine Sicherheitsleistung voraussetzt, handelt es sich um eine Bedingung der Beitreibung des Hauptanspruchs, aber nicht um eine Bedingung der Kostenfestsetzung; vgl aber Einf 2 A vor § 103. Wenn das Verfahren keine vorläufige Vollstreckbarkeit kennt, § 704 Anm 2, dann muß das Urteil rechtskräftig sein, Mü Rpfleger **81**, 71. Ein

Schiedsspruch ist kein Vollstreckungstitel im Sinne von I, BGH FamRZ **77**, 185. § 103 ist auf das Verfahren der Verfassungsbeschwerde unanwendbar, Mü VersR **79**, 90.

B. Gegenstand der Kostenfestsetzung. a) Grundsatz. Der Kostenfestsetzung unterliegen die Prozeßkosten, § 91 Anm 3, vgl Kblz NJW **76**, 153 mwN, ferner Vorbereitungskosten, also solche Kosten, die für den Beginn des Prozesses entstanden waren und zur Durchführung des Prozesses nötig wurden, § 91 Anm 5 „Vorbereitungskosten".

b) Beispiele von Prozeßkosten. Zu den Prozeßkosten zählen auch: Die Kosten der Zwangsvollstreckung. Der Gläubiger kann sie allerdings ohne ein förmliches Kostenfestsetzungsverfahren beitreiben, § 788. Er darf auch ein Festsetzungsverfahren durchführen, § 788 Anm 3 A; eine Hebegebühr nach § 22 BRAGO, soweit sie erstattungsfähig ist; Zeugengelder, die eine Partei verauslagt hat, Hamm BB **53**, 69. Für sie ist allerdings eine Festsetzung unzulässig, wenn die siegende Partei, die einen Kostentitel gegenüber dem Zeugen besitzt, nicht vorher erfolglos versucht hatte, eine Beitreibung gegenüber dem Zeugen zu erwirken, Mü Rpfleger **68**, 290; überzahlte Kosten, etwa auf einen dann abgeänderten Kostentitel, wenn die Zahlung durch eine Quittung nachweisbar ist, vgl KG Rpfleger **79**, 71 und **80**, 69 je mwN, LG Ffm Rpfleger **61**, 247 (das gilt nur dann nicht, wenn der Rpfleger sachlichrechtliche Fragen entscheiden müßte, Düss Rpfleger **77**, 260 mwN, zB zur Kostenausgleichung von Streitgenossen, Hamm Rpfleger **74**, 271, insofern unklar Mü NJW **75**, 1367).

Kosten eines Hinterlegungsverfahrens unterliegen nur dann der Kostenfestsetzung, falls die Parteien die Erstattung in einem Vergleich vereinbart haben, Düss MDR **75**, 675. Vgl im übrigen § 104 Anm 1 D.

c) Beispiele des Fehlens von Prozeßkosten. Der Kostenfestsetzung unterliegen folgende Kosten nicht: Kosten, die gar nicht entstanden sind, BVerfG **62**, 193; die Kosten eines Mahnverfahrens. Denn wegen der §§ 692, 699 fehlt insofern ein Rechtsschutzbedürfnis; die Kosten eines vorprozessualen Scheidungsfolgenvergleichs, Kblz JB **77**, 817; ein Prozeßkostenvorschuß, den der eine Ehegatte dem anderen geleistet hatte, Üb 6 vor § 91. Denn es handelt sich insofern um einen sachlichrechtlichen Unterhaltsanspruch. Deshalb ist zu dieser Frage unter Umständen ein neuer Prozeß notwendig, BGH **56**, 92, Celle FamRZ **75**, 44, Hbg MDR **73**, 51, Karlsr Rpfleger **81**, 409 mwN, Schlesw SchlHA **74**, 130, aM zB Brschw MDR **63**, 1012, Hbg MDR **76**, 585; ein Prozeßkostenvorschuß, den ein Elternteil demjenigen Kind gezahlt hat, das auf die Leistung eines Unterhalts klagte, LG Hann NJW **59**, 1133. Wegen der Umsatzsteuer vgl § 91 Anm 5 „Umsatzsteuer". Der Antrag des Erstattungspflichtigen zur Berücksichtigung eines gezahlten Vorschusses ist unbeachtlich, Zweibr Rpfleger **81**, 455.

2) Festsetzungsgesuch, II. A. Antragsteller. Zum Antrag ist jeder berechtigt, den ein vollstreckbarer Titel als einen Gläubiger oder nach der Umschreibung der Vollstreckungsklausel als den Rechtsnachfolger des Gläubigers ausweist, KG Rpfleger **82**, 353 mwN. Als ein Rechtsnachfolger ist auch derjenige Gläubiger anzusehen, der den Erstattungsanspruch pfänden und sich überweisen ließ. Zum Erstattungsantrag sind auch berechtigt: Ein Streitgenosse, wenn der Ausgleichungsanspruch im Urteil oder Vergleich geregelt worden ist, B; ein Streithelfer, Mü NJW **75**, 1367; ein an einem Vergleich beteiligter Dritter. Ein Zweitschuldner, den die Gerichtskasse in Anspruch genommen hat, kann die Gerichtskosten gegenüber dem Entscheidungsschuldner als dem Erstschuldner zur Zahlung an die Kasse festsetzen lassen, aM Köln Rpfleger **65**, 242; der im Verfahren auf die Bewilligung einer Prozeßkostenhilfe für die Partei bestellte Anwalt, § 126.

Nicht zum Antrag sind berechtigt: Der Wahlanwalt. Er kann seine Gebühren gegenüber dem Vollmachtgeber nur nach § 19 BRAGO festsetzen lassen, hat also kein eigenes Antragsrecht nach § 103, LG Essen MDR **74**, 411, Rennen MDR **73**, 644. Es besteht für eine Gebührenklage kein Rechtsschutzbedürfnis; der Verkehrsanwalt, Mü MDR **81**, 502; solche Personen, die hier nicht genannt worden sind, namentlich: Der Gegner, LG Wuppertal Rpfleger **75**, 370. Es erfolgt keine Festsetzung in der Weise, daß an den Abtretungsnehmer zu zahlen sei, und zwar auch dann nicht, wenn es sich bei dem Abtretungsnehmer um den ProzBev handelt, BFH DStR **71**, 50.

B. Antragsgegner. Der Antrag auf die Festsetzung der Prozeßkosten ist gegenüber demjenigen zu stellen, dem der Vollstreckungstitel (die Kostengrundentscheidung) die Kosten auferlegt, ferner gegenüber dem Rechtsnachfolger oder gegenüber demjenigen, gegen das Gericht sonst eine Vollstreckungsklausel erteilt hat. Wenn sich die Kostengrundentscheidung in einem Vergleich befindet, kommt als Antragsgegner auch ein Streitgenosse in Betracht, Mü Rpfleger **75**, 323. Dasselbe gilt dann, wenn der Kostenausgleichsanspruch

5. Titel. Prozeßkosten § 103 2, 3

eines Streitgenossen gegen den anderen im Urteil(stenor) geregelt worden ist, Kblz VersR **80**, 1149.

Ferner kommt ein Streithelfer in Betracht, Mü NJW **75**, 1367, oder ein Dritter, der die Kosten übernommen hat. Der Konkursverwalter kommt als Antragsgegner nur bis zu dem Zeitpunkt der Einstellung des Konkursverfahrens in Betracht, Schlesw JB **78**, 445. Eine Zwangsvollstreckung gegenüber einer Person, die nicht zur Bezahlung der Kosten verurteilt worden ist, kann nur nach einer Umschreibung des Vollstreckungstitels gegen diese Person stattfinden.

Eine Unterbrechung oder eine Aussetzung des Verfahrens, § 249 Anm 3 A, sind hier unerheblich. Denn es handelt sich bei der Kostenfestsetzung um ein Nebenverfahren, aM KG MDR **70**, 429 (die Unterbrechung oder die Aussetzung seien nur dann wirkungslos, wenn der Aussetzungsantrag erst während des Kostenfestsetzungsverfahrens nachgeholt worden sei).

C. Form. a) Grundsatz. Der Antrag, das Gesuch, ist schriftlich oder zum Protokoll der Geschäftsstelle einzureichen. Für das gesamte Kostenfestsetzungsverfahren einschließlich des Erinnerungsverfahrens ist kein Anwaltszwang vorgeschrieben, § 13 RPflG, Anh § 153 GVG, Mü MDR **81**, 502. Über den Nachweis der Prozeßvollmacht s § 88 Anm 1.

b) Belege. Der Antragsteller hat folgende Unterlagen beizufügen:

aa) Kostenberechnung. Der Antragsteller muß eine Kostenberechnung vorlegen. Sie muß klar sein und die einzelnen Beträge nachweisen, namentlich die Kosten für mehrere Gegner getrennt berechnen. Wenn sie mangelhaft ist, wird der Antrag zurückgegeben oder zurückgewiesen.

bb) Abschrift. Der Antragsteller muß neben der Urschrift eine Abschrift der Kostenberechnung, nicht der Belege, für den Gegner beifügen. Wenn die Abschrift fehlt, stellt die Geschäftsstelle die Abschrift auf Kosten des Antragstellers her, KV 1900 Z 1 b.

cc) Einzelnachweis. Der Antragsteller muß schließlich die Belege zu jedem einzelnen Kostenansatz beifügen, soweit sie sich nicht schon bei der Gerichtsakte befinden. Vgl aber § 104 II.

Es reicht aus, daß ein Anwalt seine Handakten beifügt, wenn die Handakten übersichtlich geführt sind und wenn die Kostenrechnung auf die betreffende Stelle der Handakten verweist. Der Antragsteller braucht den Vollstreckungstitel nur dann beizufügen, wenn er sich nicht in den Gerichtsakten befindet, wenn es sich zB um eine vollstreckbare Urkunde handelt.

Der Antragsteller sollte prüfen, ob sich der Vollstreckungstitel zur Zwangsvollstreckung eignet. Das Gericht prüft nicht, ob die Voraussetzungen einer Zwangsvollstreckung vorliegen. Denn der Kostenfestsetzungsbeschluß ergänzt das Urteil, gehört also nicht zur Zwangsvollstreckung, s aber Einf 2 A vor § 103. Deshalb ist die Vorlage einer vollstreckbaren Ausfertigung entbehrlich, vgl auch § 105. Etwas anderes gilt nur dann, wenn der Vollstreckungstitel auf eine andere Person umgeschrieben worden ist. Eine Zustellung des Vollstreckungstitels ist nur zum Nachweis der Rechtskraft notwendig.

D. Frist. Der Antrag unterliegt keiner Frist, aM OVG Münster NJW **71**, 1767 (abl Schmidt). Eine verspätete Antragstellung kann aber einen Rechtsmißbrauch darstellen, § 104 Anm 1 D. Engels AnwBl **78**, 222 rät zur Benutzung von Formularen. Eine Nachforderung ist grundsätzlich zulässig, kann freilich verjährt sein, Hbg MDR **79**, 235.

E. Zuständigkeit. Für das Kostenfestsetzungsverfahren ist zunächst stets der Rpfl des Prozeßgerichts der ersten Instanz zuständig, vgl auch § 104 Anm 1 A. In einer Familiensache ist der Rpfl des Familiengerichts zuständig, vgl BGH FamRZ **78**, 586, Celle FamRZ **79**, 57. Der Rpfl der ersten Instanz ist auch dann zuständig, wenn ein OLG einen Arrest angeordnet hat. Wegen der Restitutionsklage, § 584, vgl Mü Rpfleger **73**, 318. Der Rpfl der ersten Instanz ist grundsätzlich auch dann zuständig, wenn es um die Festsetzung von Zwangsvollstreckungskosten geht, § 788 Anm 3 A, BGH NJW **82**, 2070, aM Hamm MDR **83**, 674, Mü MDR **83**, 586; das gilt erst recht dann, wenn der Gläubiger den Weg der Festsetzung nicht nach § 788, sondern nach §§ 103 ff wählt, BAG NJW **83**, 1448. Der Rpfl des Prozeßgerichts setzt solche Zwangsvollstreckungskosten fest, die nicht beigetrieben worden sind, soweit nicht das Vollstreckungsgericht selbst über die Kosten entschieden hat. Wenn es um einen Vollstreckungstitel eines Konkursgerichts geht, gilt das Konkursgericht als das Gericht der ersten Instanz.

Welcher Rpfl innerhalb des Gerichts der ersten Instanz tätig sein muß, hängt von der etwaigen Geschäftsverteilung für die Rechtspfleger ab. Die Verwaltung kann diese Geschäftsverteilung nach pflichtgemäßem Ermessen vornehmen.

§§ 103, 104 1   1. Buch. 2. Abschnitt. Parteien

3) *VwGO:* Entsprechend anzuwenden, § 173 VwGO, ist *I*; Vollstreckungstitel sind die in § 168 VwGO genannten. *II 1* entspricht § 164 VwGO, *II 2* ist ergänzend heranzuziehen, § 173 VwGO. Zuständig ist der Urkundsbeamte der Geschäftsstelle, § 164 VwGO, da das RPflG in der Verwaltungsgerichtsbarkeit nicht gilt, Anh § 153 GVG Anm 1. Zur Festsetzung der Gebühren des § 118 BRAGO vgl Haupt MDR *69*, 188.

104 *Kostenfestsetzung. Entscheidung. Erinnerung.* **¹** Die Entscheidung über das Festsetzungsgesuch ergeht durch den Urkundsbeamten der Geschäftsstelle. Auf Antrag ist auszusprechen, daß die festgesetzten Kosten von der Anbringung des Gesuchs, im Falle des § 105 Abs. 2 von der Verkündung des Urteils ab mit vier vom Hundert zu verzinsen sind. Die Entscheidung ist, sofern dem Gesuch ganz oder teilweise entsprochen wird, dem Gegner des Antragstellers unter Beifügung einer Abschrift der Kostenrechnung von Amts wegen zuzustellen. Dem Antragsteller ist die Entscheidung nur dann von Amts wegen zuzustellen, wenn der Antrag ganz oder teilweise zurückgewiesen wird; im übrigen ergeht die Mitteilung formlos.

II Zur Berücksichtigung eines Ansatzes genügt, daß er glaubhaft gemacht ist. Hinsichtlich der einem Rechtsanwalt erwachsenen Auslagen an Post-, Telegraphen- und Fernsprechgebühren genügt die Versicherung des Rechtsanwalts, daß diese Auslagen entstanden sind.

III Über Erinnerungen gegen den Festsetzungsbeschluß entscheidet das Gericht, dessen Geschäftsstelle den Beschluß erlassen hat. Die Erinnerungen sind binnen einer Notfrist von zwei Wochen, die mit der Zustellung des Beschlusses beginnt, zu erheben. Die Entscheidung kann ohne mündliche Verhandlung ergehen. Das Gericht kann vor der Entscheidung anordnen, daß die Vollstreckung des Festsetzungsbeschlusses auszusetzen sei. Gegen die Entscheidung des Gerichts findet sofortige Beschwerde statt.

Gliederung

1) Behandlung des Kostenfestsetzungsgesuchs, I
  A. Zuständigkeit
  B. Allgemeine Verfahrensregeln
  C. Prüfungsumfang des Rechtspflegers
    a) Zuständigkeit
    b) Vollstreckungstitel
    c) Prozeßkosten
    d) Kostenentscheidung
    e) Erforderlichkeit
    f) Entbehrliche Punkte
  D. Einwendungen gegen die Erstattungspflicht
2) Entscheidung des Rechtspflegers
  A. Erstattungsfähiger Betrag
  B. Kosten des Festsetzungsverfahrens
    a) Grundsatz
    b) Verzinsung
  C. Mitteilung des Festsetzungsbeschlusses
    a) Antragsteller
    b) Antragsgegner
  D. Rechtskraft, Berichtigung
  E. Zwangsvollstreckung
3) Berücksichtigung eines Ansatzes, II
  A. Allgemeines
    a) Entstehung der Kosten
    b) Notwendigkeit der Kosten
  B. Glaubhaftmachung
4) Erinnerung, III
  A. Voraussetzungen
    a) Frist
    b) Form
    c) Beschwer
  B. Einstellung der Zwangsvollstreckung
  C. Verfahren
    a) Verfahren des Rechtspflegers
      aa) Allgemeines
      bb) Abhilfe
      cc) Keine Abhilfe
    b) Verfahren des Gerichts des Rechtspflegers
      aa) Allgemeines
      bb) Entscheidung dieses Gerichts
      cc) Abgabe an das Rechtsmittelgericht
    c) Verfahren des Rechtsmittelgerichts
      aa) Allgemeines
      bb) Entscheidung des Rechtsmittelgerichts
5) Beschwerde, III
6) *VwGO*

1) Behandlung des Kostenfestsetzungsgesuchs, I. A. Zuständigkeit. Zur Prüfung des Kostenfestsetzungsgesuchs ist zunächst der Rpfl zuständig, § 21 Z 1 RPflG, Anh § 153 GVG, vgl insofern BVerfG NJW *77*, 145, ferner Bischof MDR *75*, 632 (wegen des ArbGG LAG Kblz JB *78*, 1253), vgl auch § 103 Anm 2 E. Der Rpfl darf zwar nicht generell eine „Vorentscheidung" des Richters einholen, muß das Kostenfestsetzungsgesuch dem Richter aber dann vorlegen, wenn er von einer ihm bekannten Stellungnahme des Richters abweichen will, selbst wenn diese Stellungnahme in einem anderen Verfahren eingeholt worden

5. Titel. Prozeßkosten § 104 1

war oder wenn rechtliche Schwierigkeiten auftreten oder wenn Auslandsrecht in Betracht kommt, § 5 I RPflG. Soweit der Richter auf Grund der Vorlage des Rpfl eine Stellungnahme abgegeben hat, ist der Rpfl an die Auffassung des Richters gebunden, § 5 II RPflG.

B. Allgemeine Verfahrensregeln. Der Rpfl muß wegen Art 103 I GG, Karlsr Rpfleger **73**, 219, grundsätzlich den Antragsgegner vor einer Entscheidung anhören, abw Hbg MDR **76**, 324, LG Aurich JB **76**, 1387 (die Anhörung müsse zumindest insoweit erfolgen, als es um einen zweifelhaften Betrag gehe), LG Ffm NJW **71**, 2034 (die Anhörung sei nicht nur grundsätzlich, sondern stets erforderlich), Stgt Rpfleger **71**, 308 (die Anhörung sei nur insoweit erforderlich, als es um einen zweifelhaften Betrag gehe). Der Rpfleger muß dem Antragsgegner daher die in I 3 erwähnte Abschrift der Kostenrechnung schon vor der Entscheidung zur Stellungnahme übersenden, Meyer-Stolte Rpfleger **82**, 43. Ein Verstoß gegen das Gebot des rechtlichen Gehörs ist allerdings unter Umständen heilbar, vgl Anm 4 C a aa. Die Anhörung kann mündlich oder schriftlich erfolgen.

Der Rpfl darf alle Beweismittel berücksichtigen und auch nach § 287 verfahren, Kblz VersR **81**, 361. Er kann solche Beweise erheben, die eine Partei angetreten hat, Ffm Rpfleger **80**, 70. Er darf insbesondere einen Sachverständigen zur Ermittlung des Streitwerts oder als eine Rechnungsperson hinzuziehen. Der im Kostenfestsetzungsverfahren Unterliegende trägt die Kosten einer solchen Hinzuziehung aber nur dann, wenn es sich um eine besonders schwierige Berechnung handelte. Der Rpfl darf und muß unter Umständen Akten beiziehen oder dienstliche Erklärungen anfordern, soweit das Protokoll für die Kostenfestsetzung nicht ausreicht, Ffm Rpfleger **80**, 70, Kblz Rpfleger **80**, 393 mwN. Der Rpfl nimmt eine Amtsprüfung vor, Grdz 3 H vor § 128, Ffm AnwBl **83**, 186 mwN, aber keine Amtsermittlung, Hägele AnwBl **77**, 139 und 403, aM Lappe AnwBl **77**, 302. Es besteht kein Anwaltszwang, § 103 Anm 2 C a.

C. Prüfungsumfang des Rechtspflegers. Er prüft folgende Voraussetzungen:
a) Zuständigkeit. Er prüft, ob er zuständig ist, § 103 Anm 2 E.
b) Vollstreckungstitel. Er prüft, ob ein zur Zwangsvollstreckung geeigneter Titel vorliegt, § 103 Anm 1 A. Soweit eine gerichtliche Kostengrundentscheidung fehlt, ist die Tätigkeit des Rpfl im Kostenfestsetzungsverfahren wirkungslos, Hamm NJW **72**, 2047. Soweit die Kostengrundentscheidung in der höheren Instanz aufgehoben, abgeändert oder durch einen Vergleich ersetzt wird, ist das bisherige Kostenfestsetzungsverfahren zugleich erledigt, Düss NJW **75**, 2301. Das Gericht muß diese Folge aussprechen, Düss NJW **74**, 1714, wohl auch Ffm VersR **78**, 1073, ferner Mü Rpfleger **70**, 98, aM Hbg JB **77**, 562 (dieses OLG hält eine Klärung im Kostenfestsetzungsverfahren für zulässig). Über eine Auslegung und Abänderung des Vollstreckungstitels vgl Einf 2 B vor § 103.
c) Prozeßkosten. Der Rpfl prüft, ob der Kostenansatz unter den Vollstreckungstitel fällt, ob die geltend gemachten Kosten also zu den Kosten dieses Prozesses gehören, § 103 Anm 1 B.
d) Kostenentstehung. Der Rpfl prüft, ob die angesetzten Kosten auch wirklich entstanden sind, Anm 3.
e) Erforderlichkeit. Der Rpfl prüft, ob die geltend gemachten Kosten auch wirklich notwendige Kosten waren, § 91 Anm 4 B.
Sämtliche unter a–e genannten tatsächlichen Voraussetzungen bedürfen eines Beweises. Eine Glaubhaftmachung genügt nur für die einzelnen Ansätze, Anm 3 B.
f) Entbehrliche Punkte. Der Rpfl prüft nicht, ob folgende Voraussetzungen vorliegen: Ob die Kostenfestsetzung zweckmäßig oder notwendig ist; ob die Partei in ein Wahlrecht nach § 35 kostensparend ausgeübt hat, Hbg JB **78**, 920 mwN (in diesem Zusammenhang kann aber eine ja stets von Amts wegen notwendige Prüfung erfolgen, ob ein Rechtsmißbrauch vorliegt); ob der Vollstreckungstitel sachlichrechtlich oder prozessual zu Recht ergangen ist, Bbg JB **77**, 1594, Schlesw SchlHA **78**, 22; ob die gerichtliche Entscheidung richtig ist, daß ein Anwalt für einzelne Verfahrensabschnitte keine Vollmacht gehabt habe, KG NJW **68**, 1290; wie das Innenverhältnis zwischen Streitgenossen ausgestaltet ist, Celle NJW **64**, 1031, vgl auch § 100 Anm 6 (freilich ist evtl eine Auslegung notwendig, Einf 2 B vor § 103).

Soweit das Gericht den Streitwert festgesetzt hat, bindet seine Entscheidung den Rpfl ebenfalls, Hamm Rpfleger **79**, 222. Soweit eine solche Wertfestsetzung des Gerichts fehlt, darf der Rpfl den Streitwert selbständig annehmen, § 25 GKG, Hamm Rpfleger **79**, 222. Notfalls, vor allem bei etwaigen Zweifeln, darf und muß der Rpfl das Gericht um eine Kostenfestsetzung bitten, Hamm Rpfleger **79**, 222. Diese Bitte mag schon deshalb praktisch sein, weil das Gericht den Wert ja jederzeit anders festsetzen könnte. Das Gericht ist freilich zu einer Wertfestsetzung von Amts wegen nur dann verpflichtet, wenn eine Partei, ein

§ 104 1, 2

Verfahrensbeteiligter oder der Bezirksrevisor als der Vertreter der Staatskasse diesen Antrag stellen, § 25 I 1 GKG. Der Rpfl mag sich deshalb notfalls zunächst an den Bezirksrevisor wenden.

Soweit das Gericht eine Änderung der Wertfestsetzung vornimmt, sind die Gebührenansätze entsprechend von Amts wegen zu korrigieren.

D. Einwendungen gegen die Erstattungspflicht. Das Kostenfestsetzungsverfahren betrifft nicht die Kostengrundentscheidung, also nicht die Frage, ob überhaupt eine Kostenerstattung stattfindet; das Festsetzungsverfahren betrifft vielmehr die Frage, welcher Betrag auf Grund der Kostengrundentscheidung zu erstatten ist, Ffm VersR **81**, 194. Daher sind Einwendungen gegen die Erstattungspflicht nur im Hinblick auf solche Umstände zulässig, die das unter C erwähnte Verfahren betreffen. Das Kostenfestsetzungsverfahren ist grundsätzlich in keiner Weise dazu geeignet, sachlichrechtliche Vorgänge des Rechtsstreits nachzuprüfen, Bbg JB **75**, 1498, Düss KTS **75**, 233 und Rpfleger **77**, 260, Ffm zB MDR **80**, 60 mwN und VersR **81**, 69, 194, Hamm MDR **77**, 408, Kblz VersR **75**, 932, abw Brschw FamRZ **78**, 242, Hbg MDR **76**, 585, Kblz VersR **80**, 433, Köln Rpfleger **76**, 187, Mü Rpfleger **79**, 345, Stgt JB **78**, 443 (betr einen Kostenvorschuß), Mü MDR **77**, 322 mwN (betr einen Scheidungsfolgenvergleich), VG Gelsenkirchen Rpfleger **83**, 174.

Es sind also namentlich folgende Fragen unerheblich: Eine etwaige Bezahlung der Schuld; eine Stundung; eine Aufrechnung, Düss JB **75**, 819 (eine „Aufrechnung" der Kosten auf Grund der Verteilung nach § 92 ist keine Aufrechnung); eine Verjährung; eine Einwendung gegenüber dem Auftragsverhältnis, Bbg JB **77**, 1440, KG NJW **68**, 1290 (solche Einwendungen sind nur nach § 775 Z 4, 5 oder nach § 767 geltend zu machen, Düss JB **78**, 1569, s dazu bei § 795 zu „§ 767"); ein außergerichtlicher Kostenvergleich, Celle MDR **63**, 60; grundsätzlich eine Erstattungsabrede (etwas anderes gilt unter Umständen bei Schiedsgutachterkosten, KG NJW **74**, 912); eine etwaige Erbenhaftung, KG NJW **64**, 1330; aus wessen Mitteln gezahlt worden ist (etwas anderes gilt nur dann, wenn zwischen den Streitgenossen eine Einigkeit über ihre Zahlungen untereinander oder wegen der Zahlung des einen für den anderen besteht); ein Vorbehalt beschränkter Erbenhaftung wegen eines Erbfalls nach dem Urteil, Hamm AnwBl **82**, 385.

Eine Rückforderung überzahlter Kosten (sog Rückfestsetzung) läßt sich entsprechend § 717 II im Weg einer Erinnerung oder Beschwerde geltend machen, soweit der Rückzahlungsbetrag feststeht, zB Düss Rpfleger **81**, 409 mwN, aM zB KG Rpfleger **80**, 438, Karlsr Rpfleger **80**, 438 je mwN, abw Karlsr Rpfleger **57**, 45 (es sei eine Zustimmung des Gegners notwendig); andernfalls ist ein besonderer Prozeß notwendig. Jedenfalls ist keine Rückfestsetzung zulässig, solange die Überzahlung streitig ist, Ffm MDR **83**, 587, Mü Rpfleger **82**, 308 mwN, vgl auch LG Lübeck Rpfleger **82**, 439, abw Hbg MDR **81**, 1024 mwN (es sei unerheblich, ob die Parteien verschiedene Rechtsauffassungen darüber hätten, welche Bedeutung und welche Auswirkung einer bestimmten Kostengrundentscheidung zukomme); zum Problem Hamm AnwBl **74**, 282, s aber auch § 100 Anm 6.

Der Erstattungsanspruch verjährt in 30 Jahren. Seine verspätete Geltendmachung kann aber als ein Rechtsmißbrauch unstatthaft sein, Ffm MDR **77**, 586 und Rpfleger **77**, 261 je mwN, aM ThP 1 ee.

2) Entscheidung des Rechtspflegers. A. Erstattungsfähiger Betrag. Der Rpfl entscheidet durch einen Beschluß. Er muß den Beschluß grundsätzlich begründen, § 329 Anm 1 A b, Ffm Rpfleger **80**, 156 mwN, Mü Rpfleger **79**, 466 linke Spalte, **81** 157, Rennen DRiZ **73**, 424. Die Entscheidung muß aus sich heraus nachprüfbar sein. Deshalb darf das Gericht auch nicht einfach einen Schriftsatz einer Partei von sich aus korrigieren, Kblz Rpfleger **78**, 330, Stgt JB **78**, 1252.

Der Rpfl muß den erstattungspflichtigen Betrag ziffernmäßig feststellen. Er muß diejenigen Kosten absetzen, die die Gegenpartei unstreitig bezahlt hat. § 138 III ist unanwendbar, Hamm Rpfleger **73**, 318. Ein beharrliches Schweigen auf den gegnerischen Vortrag und die Nichtbeachtung einer gerichtlichen Anfrage sind aber als eine stillschweigende Erklärung auslegbar, KG MDR **76**, 406. Der Rpfl muß auch einen Vorschuß absetzen, den der Unterliegende an den Anwalt der Gegenpartei gezahlt hat, etwa als Ehemann, § 103 Anm 1 B.

Der Rpfl darf keinen Betrag zusprechen, den der Antragsteller nicht zur Kostenfestsetzung beantragt hat, § 308 I, Brschw Rpfleger **77**, 177, KG Rpfleger **78**, 225. Indessen läßt die allgemeine Praxis mit Recht innerhalb des begehrten Gesamtbetrages eine anderweitige Abgrenzung der Einzelposten zu, soweit nicht die Rechtskraft entgegensteht, Oldb JB **78**, 1812, Schlesw SchlHA **74**, 196, unten D, vgl auch Bbg JB **78**, 924. Freilich ist eine solche anderweitige Abgrenzung von Einzelposten nur innerhalb derselben Kostenart zulässig.

Der Rpfl darf nicht zB statt unberechtigt geltend gemachter Anwaltskosten Parteiauslagen berücksichtigen, die der Antragsteller überhaupt nicht geltend gemacht hatte, Hamm Rpfleger **74**, 164.

Der Rpfl sollte im Beschluß aussprechen, ob eine gesamtschuldnerische Haftung oder eine Kopfhaftung besteht. Denn die Zwangsvollstreckung aus dem Kostenfestsetzungsbeschluß kann ohne eine Vorlage der zugehörigen Kostengrundentscheidung stattfinden, § 100. Über eine Sicherheitsleistung Einf 2 A vor § 103.

Es ist an sich Sache der Streitgenossen, die Haftung untereinander zu verteilen. Der Rpfl muß aber eine getrennte Kostenfestsetzung vornehmen, LG Bln Rpfleger **78**, 422, insbesondere für den Kläger und für den unterliegenden Streitgenossen des Bekl einerseits, für dessen siegenden Streitgenossen und den Kläger andererseits. Wegen der Kostenerstattung im Fall einer Streitgenossenschaft § 100 Anm 6.

Wenn die Kostenfestsetzung im Prozeß A falsch vorgenommen wurde, dann kann dieser Fehler nicht in dem zur Beweisaufnahme mit A verbundenen Prozeß B nach § 104 korrigiert werden, Schmidt AnwBl **79**, 156, aM Nürnb AnwBl **79**, 156.

B. Kosten des Festsetzungsverfahrens. a) Grundsatz. Der Rpfl muß im Kostenfestsetzungsbeschluß zugleich über die Kosten des Festsetzungsverfahrens entscheiden. In diesem Zusammenhang muß er die §§ 91–101 entsprechend anwenden, BVerfG NJW **77**, 145 mwN. Er muß die Kosten des Festsetzungsverfahrens im Kostenfestsetzungsbeschluß der Höhe nach beziffern. Es entscheidet hier allein das Unterliegen im Kostenfestsetzungsverfahren, nicht etwa eine Kostenübernahme in einem Vergleich, LG Bln Rpfleger **53**, 269. Die Gegenpartei bleibt kostenfrei, wenn sie sich vorher dem Gegner gegenüber dazu bereit erklärt hat, die Kosten zu bezahlen, sobald er ihr eine Kostenrechnung übersandt habe, und wenn er ihr diese Kostenrechnung dann nicht übersandt hat.

Nach einer Zurückverweisung trägt derjenige die Kosten des Erinnerungs- und Beschwerdeverfahrens, der diejenige Kostenfestsetzung betrieb, die nun etwa gegenstandslos geworden ist, KG Rpfleger **78**, 384 mwN.

b) Verzinsung. I 2 betrifft nur die Prozeßkosten, nicht die Vollstreckungskosten, AG Groß Gerau Rpfleger **82**, 38 (abl Lappe). Die Prozeßkosten sind auf Antrag in Höhe von 4% seit dem Tag zu verzinsen, an dem das Kostenfestsetzungsgesuch beim Gericht einging, also nicht für die Zeit vorher, Stgt JB **76**, 1695, vgl auch SG Bln AnwBl **79**, 160 mwN, SG Bre AnwBl **79**, 30, SG Düss (20. K) AnwBl **83**, 40, jetzt auch SG Hbg AnwBl **80**, 429, ferner SG Hann AnwBl **80**, 428, SG Köln AnwBl **80**, 426, SG Mü AnwBl **80**, 426 je mwN. Die Verzinsungspflicht besteht auch dann schon vom Zeitpunkt des Eingangs des Kostenfestsetzungsgesuchs an, wenn der weiter erforderliche Verzinsungsantrag erst später eingegangen ist. Denn I 2 stellt auf das Gesuch des I 1 ab, zB BPatG GRUR **82**, 294, Hamm Rpfleger **79**, 71, KG Rpfleger **78**, 385, FG Stgt BB **82**, 792 je mwN, aM BVerfG **41**, 230, LG Wiesb NJW **58**, 1735 (diese Gerichte lassen die Verzinsungspflicht mit dem Zeitpunkt des Eingangs des Verzinsungsantrags beginnen). Wenn in demselben Verfahren mehrere Kostenfestsetzungen stattgefunden haben, etwa infolge eines Rechtsmittels, einer Streitwertänderung oder einer Klagerücknahme, dann entscheidet für die Verzinsungspflicht der Zeitpunkt, in dem das erste Kostenfestsetzungsgesuch beim Gericht einging, Mü Rpfleger **78**, 224 mwN, aM zB Hamm MDR **78**, 675, KG NJW **76**, 1272. Etwas anderes gilt dann, wenn die Parteien die Kostengrundentscheidung durch einen nachfolgenden Prozeßvergleich ersetzt haben, Mü Rpfleger **78**, 224 mwN.

Eine Unterbrechung des Kostenfestsetzungsverfahrens, etwa wegen des Konkurses des Erstattungsberechtigten, ist unschädlich, soweit der Konkursverwalter das Verfahren aufnimmt, Hamm Rpfleger **81**, 243.

Die Voraussetzungen des § 103 müssen auch für den Zinsanspruch vorliegen, Ffm JB **75**, 662, Mü Rpfleger **81**, 71 und AnwBl **82**, 124, vgl KG Rpfleger **77**, 218 mwN.

C. Mitteilung des Festsetzungsbeschlusses. Der Kostenfestsetzungsbeschluß wird folgendermaßen bekanntgegeben:

a) Antragsteller. Dem Antragsteller wird der Beschluß formlos bekanntgegeben, soweit der Rpfl seinem Antrag voll stattgegeben hat. Soweit der Rpfl den Antrag zurückweist, wird der Beschluß dem Antragsteller förmlich zugestellt.

b) Antragsgegner. Dem Antragsgegner wird der Beschluß insoweit förmlich zugestellt, als der Rpfl dem Festsetzungsantrag stattgegeben hat. Soweit der Rpfl den Festsetzungsantrag zurückgewiesen hat, braucht der Antragsgegner überhaupt nicht benachrichtigt zu werden. Soweit der Antragsgegner eine Mitteilung erhält, fügt das Gericht eine Abschrift der Kostenrechnung hinzu, § 103 II. Ein Verstoß dagegen ist nur dann erheblich, wenn der

Beschluß die Kostenrechnung zu seinem Bestandteil machte und wenn der Rpfl die Abschrift der Kostenrechnung dem Antragsgegner nicht schon vor der Entscheidung zur Stellungnahme zugesandt hatte, Meyer-Stolte Rpfleger **82**, 43.

Eine erforderliche Zustellung kann an den ProzBev gehen, § 176, Walchshöfer Rpfleger **74**, 255. Dagegen ist eine Zustellung nicht an denjenigen zulässig, den die Partei nur zu einzelnen Prozeßhandlungen bevollmächtigt hat.

D. Rechtskraft, Berichtigung. Das Gericht darf seinen Kostenfestsetzungsbeschluß nicht ohne einen gesetzlichen Grund aufheben oder ändern, § 329 Anm 3 A b „§ 318", Saarbr AnwBl **80**, 299. Eine Abänderung kommt freilich wegen eines Verstoßes gegen Art 103 I GG in Betracht, Mü AnwBl **82**, 533. Der Kostenfestsetzungsbeschluß erwächst in innere und äußere Rechtskraft, Bbg JB **78**, 1524 mwN, Brschw Rpfleger **77**, 177, Mü Rpfleger **81**, 454 und AnwBl **82**, 533, sobald gegen ihn kein Rechtsbehelf mehr zulässig ist. Das gilt aber nur für den Gesamtbetrag und die Absetzung bestimmter Rechnungsposten, Anm 4 A c. Eine Rechtskraftwirkung tritt selbst dann ein, wenn der Kostenfestsetzungsbeschluß in einem Widerspruch zur Kostengrundentscheidung des Erkenntnisverfahrens steht, Düss JMBl NRW **56**, 137.

Der Rpfl kann und muß unter Umständen den Beschluß in einer entsprechenden Anwendung des § 319 berichtigen, Hamm MDR **77**, 760, KG AnwBl **56**, 261. Wegen eines echten Rechtsfehlers ist aber nur die Erinnerung zulässig, aM FG Bln EFG **72**, 31. Das Prozeßgericht kann keine Berichtigung des Kostenfestsetzungsbeschlusses vornehmen. Eine Ergänzung des Kostenfestsetzungsbeschlusses nach § 321 ist zulässig, § 329 Anm 3 A b „§ 321", vgl auch KG Rpfleger **80**, 158 mwN. Ein Kostenfestsetzungsbeschluß ist auslegbar, KG AnwBl **83**, 324.

Für eine Wiederaufnahmeklage besteht kein Rechtsschutzbedürfnis. Denn innerhalb der für die Wiederaufnahmeklage gegebenen Klagefrist ist die Erinnerung zulässig, § 577 II. Die Rechtskraft des Kostenfestsetzungsbeschlusses steht nicht der Möglichkeit entgegen, solche Gebühren geltend zu machen, die im bisherigen Kostenfestsetzungsverfahren nicht genannt worden sind, Hamm Rpfleger **82**, 80, KG Rpfleger **76**, 366.

E. Zwangsvollstreckung. Der Kostenfestsetzungsbeschluß ermöglicht eine Zwangsvollstreckung, sofern er mit der Vollstreckungsklausel versehen ist, §§ 724, 725, 750, außer im Fall § 105, s § 795a. Der Gläubiger muß die einwöchige Wartefrist abwarten, vgl § 798, außer im Fall des § 105. Mit der Zwangsvollstreckung auf Grund des Kostenfestsetzungsbeschlusses hat die Zwangsvollstreckung auf Grund des Urteils nichts zu tun. Der Kostenfestsetzungsbeschluß ist ja ein selbständiger Vollstreckungstitel. Deshalb setzt eine Zwangsvollstreckung auf Grund des Kostenfestsetzungsbeschlusses nicht voraus, daß das Urteil bereits zugestellt worden ist.

Eine Einstellung der Zwangsvollstreckung aus dem Kostenfestsetzungsbeschluß ist durchaus denkbar, zB im Fall eines Widerspruchs gegen einen Arrestbefehl. Über die Einwirkung der Aufhebung des Urteils s Einf 2 A vor § 103.

Gebühren: Des Gerichts: keine; des Anwalts: keine, § 37 Z 7 BRAGO.

3) Berücksichtigung eines Ansatzes, II. A. Allgemeines. Der Rpfl darf einen Kostenansatz unter folgenden Voraussetzungen berücksichtigen:

a) Entstehung der Kosten. Die Kosten müssen entstanden sein, BVerfG NJW **83**, 809. Der Rpfl darf bloß unterstellte, fingierte Kosten nicht aufnehmen, vgl aber § 91 Anm 5 „Vermiedene Kosten". Eine bloße Rechtsauffassung der einen oder der anderen oder beider Parteien, etwa dazu, ob eine Gebühr entstanden sei, bindet den Rpfl nicht, Ffm Rpfleger **80**, 158, LG Köln AnwBl **82**, 84. Wenn Auslagen noch nicht bezahlt worden sind, muß der Rpfl auch die Zahlung an den Dritten festsetzen. Doch genügt bei Gerichtskosten, Anwaltskosten, Hamm Rpfleger **73**, 408, oder Gerichtsvollzieherkosten der Umstand, daß eine Zahlungspflicht feststeht, vgl Mü Rpfleger **82**, 115. Denn damit ist bereits glaubhaft gemacht, daß die Zahlung notwendig werden wird.

Allerdings muß der Rpfl solche Gerichtskosten absetzen, für die auch der verurteilte Gegner dem Staat haftet, § 58 II GKG, und gezahlt hat. Denn sonst würde eine Doppelzahlung drohen, vgl auch Köln Rpfleger **65**, 242. Aus demselben Grund muß der Rpfl solche Kosten absetzen, die der Gegner einer Partei gezahlt hat, der eine Prozeßkostenhilfe bewilligt worden war, § 122 II.

Wenn der Erstattungsberechtigte in der DDR wohnt, dann muß der Rpfl ausgehend von dem in DM-West festgesetzten Streitwert denjenigen Betrag feststellen, der nach der Gebührenordnung der DDR in Betracht kommt, und muß diesen Betrag so festsetzen, daß der in der DDR wohnende Berechtigte entsprechend der Kostengrundentscheidung wirklich von einer Haftung freigestellt wird. Der gegenüber dem Kostenschuldner festzusetzende

Betrag findet aber der Höhe nach seine Grenze in dem nach der westlichen Gebührenregelung geschuldeten Betrag, BGH **LM** § 91 Nr 2.

b) Notwendigkeit der Kosten. Die Kosten müssen notwendig sein, § 91 Anm 4 B. Der Antragsteller muß auch diese Notwendigkeit glaubhaft machen, LG Weiden MDR **75**, 669.

B. Glaubhaftmachung. Grundsätzlich ist es im Kostenfestsetzungsverfahren notwendig, LG Darmst AnwBl **83**, 143, und ausreichend, daß ein Ansatz glaubhaft gemacht wird, § 294. Nur soweit es um die Auslagen eines Anwalts wegen seiner Postgebühren, Telegraphengebühren oder Fernsprechgebühren geht, genügt grundsätzlich die Versicherung des Anwalts wegen derjenigen Tatsachen, die zu ihrer Entstehung führten, LG Darmst AnwBl **83**, 143, im Ergebnis ebenso Mü Rpfleger **82**, 311 mwN, ferner LG Köln AnwBl **82**, 84. Die bloße eidesstattliche Versicherung, eine Gebühr sei entstanden, kann unzureichend sein, LG Köln AnwBl **82**, 84. Freilich kann eine stichwortartige Angabe der Tatsachen ausreichen, LG Köln AnwBl **82**, 84. Soweit ein Streit über die Notwendigkeit der Porto- und Telefonauslagen besteht, genügt die Versicherung des Anwalts allerdings nicht; die Partei muß dann die Erforderlichkeit auch dieser Auslagen im einzelnen darlegen und glaubhaft machen, Ffm DB **82**, 748.

Sofern es um derartige Auslagen eines anderen Bevollmächtigten geht, ist eine volle Glaubhaftmachung erforderlich. Die Glaubhaftmachung muß schriftlich oder zum Protokoll der Geschäftsstelle erfolgen. Denn sonst fehlt der Beleg, den § 103 II erforderlich macht. Bei ungewöhnlich hohen Auslagen entstehen entsprechend hohe Anforderungen an die Darlegung und auch an die Glaubhaftmachung, KG NJW **76**, 1272.

4) Erinnerung, III. A. Voraussetzungen. Der Kostenfestsetzungsbeschluß ist grundsätzlich mit der Erinnerung anfechtbar. Eine Ausnahme gilt evtl nach einer Zurückverweisung, Anm 5. Die Erinnerung ist unter folgenden Voraussetzungen statthaft:

a) Frist. Wenn der Rpfl den Kostenfestsetzungsantrag aus förmlichen Gründen zurückgewiesen hatte, unterliegt die Erinnerung keiner Frist, § 576, zB KG JB **70**, 178, StJ V 1, ThP 3, aM Mü Rpfleger **81**, 244 mwN. Soweit der Rpfl über den Kostenfestsetzungsantrag aus sachlichen Gründen entschieden hat, ist eine Erinnerung nur innerhalb einer zweiwöchigen Notfrist statthaft, § 21 II 1 RPflG, Anh § 153 GVG. Die Notfrist beginnt mit der Zustellung des Beschlusses, III 2. Da der Rpfl aber im Verfahren bis zum Erlaß seines Beschlusses das rechtliche Gehör gewähren mußte, beginnt die Notfrist ferner nur dann zu laufen, wenn das Gericht spätestens bei der Zustellung des Kostenfestsetzungsbeschlusses eine Abschrift der Kostenberechnung beigefügt hat, Hbg MDR **69**, 936.

Die Erinnerung muß innerhalb der Notfrist bei demjenigen Gericht eingehen, dessen Rpfl den angefochtenen Beschluß erlassen hat. Der Eingang auf der Posteinlaufstelle ist ausreichend. Ein Eingang auf der Geschäftsstelle derjenigen Abteilung, deren Rpfl entschieden hat, ist nicht erforderlich. Soweit die Erinnerung zum Protokoll des Urkundsbeamten der Geschäftsstelle eines anderen Gerichts eingelegt wird, § 129 a I, wird sie erst dann wirksam, wenn sie bei dem Gericht desjenigen Rpfl eingeht, der den angefochtenen Beschluß erlassen hat, § 129 a II 2. Eine Einlegung der Erinnerung bei dem Beschwerdegericht wahrt die Frist nicht, vgl auch Köln MDR **75**, 671 mwN, aM Bbg JB **75**, 1498 mwN. Soweit der Erinnerungsführer auf einen Schriftsatz Bezug nimmt, muß er doch eine eindeutige Rechtsmittelerklärung innerhalb der Frist abgeben, Ffm Rpfleger **83**, 117 mwN.

Die nachträgliche Erweiterung der Erinnerung ist zulässig, KG Rpfleger **73**, 220, ebenso eine unselbständige Anschließung, Bbg JB **78**, 593 mwN.

b) Form. Die Erinnerung kann schriftlich oder zum Protokoll der Geschäftsstelle eingelegt werden. Zur Entgegennahme ist der Urkundsbeamte der Geschäftsstelle sowohl desjenigen Gerichts zuständig, dessen Rpfl den angefochtenen Beschluß erlassen hatte, als auch derjenige der Geschäftsstelle eines jeden anderen AG, § 129 a I. Im letzteren Fall wird die Erinnerung aber erst mit dem Eingang bei der Posteingangsstelle desjenigen Gerichts wirksam, dessen Rpfl den angefochtenen Beschluß erlassen hatte, § 129 a II 2.

Es besteht kein Anwaltszwang, § 13 RPflG, Düss MDR **75**, 234, und zwar auch dann nicht, wenn der Rpfl die Erinnerung dem Richter vorlegt und wenn dieser die Erinnerung dem Beschwerdegericht zuleitet, zB Bbg JB **78**, 1366, Düss JB **78**, 1570 je mwN, Kblz VersR **80**, 539, § 569 Anm 2 A, aM zB Stgt NJW **71**, 1707 (dieses OLG meint, es bestehe schon zur Einlegung der Erinnerung ein Anwaltszwang), Bre NJW **72**, 1241 (dieses OLG meint, der Anwaltszwang bestehe zwar nicht schon für die Einlegung, wohl aber für weitere Prozeßhandlungen).

c) Beschwer. Zur Erinnerung sind grundsätzlich nur die Parteien berechtigt, nicht der Wahlanwalt, KG Rpfleger **62**, 160, OVG Münster NJW **66**, 2425, LG Essen MDR **74**, 411.

Das gilt auch dann, wenn der Rpfl die Auffassung vertreten hat, eine Anwaltsgebühr sei nicht entstanden, Rennen MDR **73**, 644, aM OVG Lüneb MDR **73**, 257. Die Erinnerung eines Anwalts kann in einen Antrag auf eine Festsetzung des Streitwerts umdeutbar sein, Bbg JB **76**, 185, und gilt im Zweifel als eine Erinnerung der von ihm vertretenen Partei. Soweit der Anwalt auf Grund seiner Beiordnung im Verfahren auf die Bewilligung einer Prozeßkostenhilfe selbst Antragsteller ist, § 126, ist er allerdings auch persönlich zur Erinnerung berechtigt, Rennen MDR **73**, 645.

Der Erinnerungsführer muß beschwert sein, Celle MDR **75**, 498, KG Rpfleger **78**, 225. Eine Beschwer im Kostenpunkt genügt hier entgegen § 99 I. Die Erinnerung ist auch wegen angeblich überhobener Gerichtskosten zulässig. Es ist die Aufgabe des Gegners, sich solche Kosten von der Staatskasse zurückzahlen zu lassen, § 5 GKG. Die Erinnerung ist auch wegen überhöhter Zeugengebühren oder überhöhter Sachverständigengebühren zulässig, Ffm NJW **55**, 1523.

Eine bloße Nachliquidation gehört nicht in das Erinnerungsverfahren; man muß vielmehr eine Ergänzung des bisherigen Kostenfestsetzungsbeschlusses beantragen, Ffm Rpfleger **78**, 29, Hamm Rpfleger **76**, 326, LG Tüb MDR **76**, 847, aM zB Kblz JB **77**, 1778, Mü Rpfleger **69**, 394. Demgegenüber darf man einen berechtigten Einzelposten anstelle eines unberechtigten nachschieben, ähnlich einer Klagänderung, vgl LG Detm NJW **74**, 511 (abl Schmidt), LG Tüb MDR **76**, 847, StJ III 1, soweit der bisherige Kostenfestsetzungsbeschluß nicht schon rechtskräftig geworden ist.

Man braucht die Erinnerung nicht zu begründen. Im Zweifel gilt der gesamte Kostenfestsetzungsbeschluß als angegriffen. Ein vor dem Erlaß der Entscheidung des Rpfl nachgereichter Schriftsatz ist nicht als eine (rechtzeitige) Erinnerung umzudeuten, Stgt Rpfleger **82**, 309.

B. Einstellung der Zwangsvollstreckung. Sie erfolgt nicht von Amts wegen, sondern nur auf Grund eines Antrags. Der Rpfl darf keine Einstellung vornehmen. Er muß einen Einstellungsantrag dem Richter vorlegen. Der Rpfl darf aber der Erinnerung abhelfen, § 21 II 2 RPflG, Anh § 153 GVG (zur geplanten Reform Kuntze JR **75**, 272) und ist insoweit zur Abhilfe verpflichtet, als er die Erinnerung als berechtigt erkennt, insofern richtig Köln MDR **75**, 140 mwN. In diesem Fall muß der Rpfl den angefochtenen Beschluß aufheben oder abändern und seine Entscheidung erneut bekanntgeben. Mit der Aufhebung oder Abänderung mag der Antrag auf eine Einstellung der Zwangsvollstreckung aus dem angefochtenen Beschluß gegenstandslos geworden sein. Gegen die neue Entscheidung ist natürlich wiederum die Erinnerung zulässig, Hamm MDR **77**, 143 mwN.

Soweit der Richter die Zwangsvollstreckung einstellt oder eine Einstellung der Zwangsvollstreckung ablehnt, ist keine sofortige Beschwerde zulässig, KG NJW **71**, 473 mwN, Mü NJW **73**, 334.

C. Verfahren. Vgl zur Durchgriffserinnerung Hägele Diss Bln 1975, Mümmler JB **77**, 166 mwN. Im Erinnerungsverfahren sind folgende Abschnitte zu unterscheiden:

a) Verfahren des Rechtspflegers. aa) Allgemeines. Da der Rpfl der Erinnerung abhelfen kann, § 21 II 2 RPflG, Anh § 153 GVG, ist er zunächst stets zur Prüfung der Zulässigkeit (und daher auch der Zulässigkeit und Begründetheit eines etwaigen Wiedereinsetzungsgesuchs wegen einer Versäumung der Erinnerungsfrist, Düss Rpfleger **83**, 29, zustm Meyer-Stolte) als auch zur Prüfung der Begründetheit der Erinnerung berechtigt und verpflichtet. Der Urkundsbeamte der Geschäftsstelle legt daher die Erinnerung zunächst dem Rpfl vor. Wegen der etwaigen Einstellung der Zwangsvollstreckung vgl B. Der Rpfl muß bereits von sich aus dem Gegner des Erinnerungsführers wegen Art 103 I GG das rechtliche Gehör gewähren, vgl Karlsr Rpfleger **73**, 219. Diese Anhörung ist nur dann nicht erforderlich, wenn der Rpfl der Erinnerung nicht abhelfen will. Der Rpfl muß grundsätzlich den gesamten Kostenfestsetzungsbeschluß überprüfen, selbst wenn die Erinnerung nicht den gesamten Beschluß angreift. Denn selbst die etwaige Unrichtigkeit einzelner Posten mag am Ergebnis des angefochtenen Beschlusses nichts ändern, vgl LG Detm NJW **74**, 511 (abl Schmidt).

bb) Abhilfe. Soweit der Rpfl der Erinnerung abhilft, entscheidet er durch einen Beschluß, vgl D, durch den er den angefochtenen Beschluß aufhebt und einen neuen Kostenfestsetzungsbeschluß oder einen Ergänzungsbeschluß erläßt, Mü Rpfleger **81**, 71, Meyer-Stolte Rpfleger **83**, 30 mwN. Diese Entscheidung des Rpfl beendet das Erinnerungsverfahren. Sie ist, soweit sie eine neue Beschwer enthält, wiederum erinnerungsfähig, KG Rpfleger **82**, 230, Mü Rpfleger **81**, 71.

cc) Keine Abhilfe. Soweit der Rpfl der Erinnerung nicht abhilft, vermerkt er dies in der Akte. Spätestens in diesem Zeitpunkt muß er eine etwa bisher fehlende Begründung des

5. Titel. Prozeßkosten　　　　　　　　　　　§ 104　4 C

angefochtenen Beschlusses nachholen, § 329 Anm 1 A b aa, LG Kiel JB **75**, 345 sieht (zu § 19 BRAGO, insofern aber vergleichbar) in dem bloßen Vermerk des Rpfl „ich helfe nicht ab" einen Verstoß gegen Art 103 I GG und hält eine Zurückverweisung an ihn deshalb für notwendig.

b) Verfahren des Gerichts des Rechtspflegers. aa) Allgemeines. Sobald der Rpfl den Vermerk niedergelegt hat, daß er der Erinnerung nicht abhelfe, hat der Urkundsbeamte der Geschäftsstelle des Rpfl die Akten seinem Gericht vorzulegen. Nunmehr muß dieses Gericht den Beschluß in seinem ganzen Umfang überprüfen, soweit der Rpfl ihn nicht bereits aufgehoben oder abgeändert hatte. Soweit nicht bereits der Rpfl den Gegner des Erinnerungsführers angehört hatte, muß sein Gericht diese Anhörung nachholen. Die Anhörung heilt einen früheren Verstoß, BVerfG **5**, 22, Karlsr Rpfleger **73**, 219.

Der Richter prüft zunächst, ob die Erinnerung im vorgelegten Umfang zulässig ist. Wenn er sie für unzulässig hält, weil sie nicht rechtzeitig eingelegt worden ist, dann prüft er, ob eine etwa beantragte Wiedereinsetzung in den vorigen Stand zu gewähren ist, Düss MDR **75**, 233, Mü Rpfleger **76**, 301 mwN (abl Stöber), Schlesw SchlHA **80**, 56, aM Bbg JB **71**, 341. Im Anschluß an die Zulässigkeitsprüfung klärt der Richter, ob die Erinnerung auch begründet ist.

bb) Entscheidung dieses Gerichts. Das Gericht des Rpfl entscheidet über die Erinnerung, wenn im Zeitpunkt dieser seiner Entscheidung, Schlesw SchlHA **81**, 56, entweder die eine oder die andere der nachfolgenden Voraussetzungen gegeben sind, § 21 II 3 RPflG, Anh § 153 GVG:

aaa) Die Erinnerung ist zulässig und begründet. Dieser Fall kann auch dann vorliegen, wenn der Rpfl weder den Kostenfestsetzungsbeschluß noch die Nichtabhilfe begründet hat, so daß eine Zurückverweisung in Betracht kommt, Hamm Rpfleger **78**, 386.

bbb) Gegen einen vom Richter erlassenen Kostenfestsetzungsbeschluß wäre kein Rechtsmittel zulässig. Dieser Fall kommt namentlich dann in Betracht, wenn der Wert des Beschwerdegegenstands 100 DM nicht übersteigt, § 567 II, so jetzt auch Ffm Rpfleger **78**, 149 mwN und Rpfleger **79**, 389, ferner zB Hamm MDR **77**, 143, ferner jetzt auch KG Rpfleger **78**, 30, ferner zB Kblz Rpfleger **76**, 302, Schlesw SchlHA **81**, 56, vgl auch Pentz DRiZ **74**, 155 je mwN.

In den Fällen aaa und bbb erfolgt die Entscheidung wie bei cc in voller Besetzung. Der Einzelrichter muß über die Erinnerung entscheiden, soweit das Gericht den Rechtsstreit dem Einzelrichter nach § 348 übertragen hat und der Einzelrichter den Rechtsstreit weder an das Gericht in voller Besetzung zurückverwiesen noch zurückübertragen hat, § 348 Anm 1, Kblz Rpfleger **78**, 329. Der Einzelrichter muß ferner im Rahmen von § 524 III Z 6 entscheiden. Der Vorsitzende der Kammer für Handelssachen muß im Rahmen von § 349 II Z 12 selbst entscheiden.

cc) Abgabe an das Rechtsmittelgericht. Soweit das Gericht des Rpfl über die Erinnerung nicht nach bb selbst abschließend entscheidet oder die Erinnerung an den Rpfl zurückverweist, muß das Gericht des Rpfl die Erinnerung wegen Nichtabhilfe an das zuständige Rechtsmittelgericht abgeben. Die Akten gehen also unter Umständen vom AG an das OLG, KG Rpfleger **77**, 450. Die Erinnerung gilt jetzt als eine Beschwerde, §§ 11 II 4 und 5, 21 II 4 RPflG, Anh § 153 GVG. Ein Anwaltszwang herrscht auch jetzt nicht, A b.

Das abgebende Gericht entscheidet in voller Besetzung, Ffm Rpfleger **78**, 104, Kblz Rpfleger **74**, 260, Schlesw SchlHA **80**, 57. Es trifft seine Entscheidung durch Beschluß. Es muß den Beschluß grundsätzlich begründen, § 329 Anm 1 A b. Andernfalls besteht die Gefahr, daß das Rechtsmittelgericht das Verfahren an das Gericht des Rpfl zurückverweisen muß, Ffm Rpfleger **80**, 156 mwN, Mü MDR **80**, 254 und Rpfleger **81**, 157 mwN, LG Bln Rpfleger **81**, 311, Rennen DRiZ **73**, 424. Im übrigen ist der Nichtabhilfebeschluß unanfechtbar, LG Bln Rpfleger **83**, 161.

Das Gericht des Rpfl muß die Beteiligten von der Nichtabhilfe benachrichtigen, §§ 11 II 4, 21 II 4 RPflG. Nur für diese Benachrichtigung reicht eine bloße Mitteilung der Nichtabhilfe aus, Hamm Rpfleger **76**, 299 (zustm Meyer-Stolte).

c) Verfahren des Rechtsmittelgerichts. aa) Allgemeines. Das Rechtsmittelgericht prüft zunächst, ob der Vorlagebeschluß des Gerichts des Rpfl berechtigt ist. Einen unberechtigten Vorlagebeschluß hebt das Rechtsmittelgericht auf und verweist das Verfahren an das Gericht des Rpfl zurück, Düss Rpfleger **77**, 109, Ffm Rpfleger **80**, 26 und 156 je mwN, Mü Rpfleger **79**, 466 linke Spalte und MDR **80**, 254. Eine Zurückverweisung ist nicht in eine Vorlage umdeutbar (s aber Anm 5), Hamm Rpfleger **78**, 421, insofern richtig auch Ffm VersR **78**, 261 mwN, vgl auch KG Rpfleger **78**, 337.

Sofern die Vorlage statthaft war, entscheidet das Rechtsmittelgericht über die Zulässig-

§ 104 4, 5 1. Buch. 2. Abschnitt. Parteien

keit und Begründetheit der Erinnerung. Auch das Rechtsmittelgericht muß grundsätzlich den gesamten angefochtenen Beschluß überprüfen.

bb) Entscheidung des Rechtsmittelgerichts. Das Rechtsmittelgericht entscheidet durch einen Beschluß. Es muß seinen Beschluß unabhängig von seiner etwaigen Anfechtbarkeit, Anm 5, grundsätzlich begründen, § 329 Anm 1 A b.

Das Rechtsmittelgericht darf dem Antragsteller nicht mehr zusprechen, als er begehrt hat, § 308, Ffm JB **75**, 662, vgl Anm 2 A. Das Rechtsmittelgericht darf das Gesamtergebnis nicht zu Lasten des Erinnerungsführers ändern, KG NJW **73**, 2116, Köln NJW **75**, 2348, vgl auch Schmidt NJW **80**, 682 je mwN.

Soweit die Erinnerung erfolglos bleibt, wird sie zurückgewiesen. Soweit sie Erfolg hat, hebt das Rechtsmittelgericht den angefochtenen Kostenfestsetzungsbeschluß auf. Das Rechtsmittelgericht verweist im übrigen das Verfahren entweder zurück oder entscheidet selbst darüber, wie der Kostenfestsetzungsbeschluß nun lauten soll. Im Umfang einer Zurückverweisung kann das Rechtsmittelgericht Weisungen für die neue Kostenfestsetzung erteilen, vgl § 575.

Im Fall einer Zurückverweisung darf und muß der Rpfl erneut prüfen, ob er abhelfen will, aM Mü Rpfleger **82**, 196 (aber das Rechtsmittelgericht hat mit der Entscheidung des AG nicht nur diejenige des Amtsrichters aufgehoben, sondern auch diejenige des Rpfl, nämlich alle bisherigen Entscheidungen dieses Verfahrens, auch wenn das nicht ausdrücklich so in seiner Aufhebungsentscheidung steht). Der Amtsrichter darf und muß daher zunächst abwarten, ob der Rpfl nunmehr auf der auch ihn bindenden Basis der Entscheidung des Rechtsmittelgerichts der Erinnerung abhelfen will.

Das Rechtsmittelgericht darf seine Entscheidung nicht abändern, § 577 III. Wegen der Einstellung der Zwangsvollstreckung vgl B. Die Rechtskraft des Beschlusses des Rechtsmittelgerichts tritt unabhängig von derjenigen der Hauptsache ein, LG Essen MDR **61**, 156, vgl aber auch Einf 2 A vor § 103.

Das Rechtsmittelgericht muß über die Kosten des Erinnerungsverfahrens entscheiden, §§ 91, 97. Gebühren: Des Gerichts: Keine (KV 1181 erfaßt erst das etwa anschließende Beschwerdeverfahren); des Anwalts: § 61 I Z 2 BRAGO. Der Rpfl muß die Anwaltsgebühren im Fall einer Rücknahme der Erinnerung entspr § 515 III auf Grund eines etwaigen Antrags festsetzen, LG Essen Rpfleger **64**, 183.

5) Beschwerde, III. Gegen die Entscheidung des Rechtsmittelgerichts ist nur insofern die sofortige Beschwerde statthaft, als die Erinnerung der Notfrist von 2 Wochen unterlag, Anm 4 A a, III 5. Zur Beschwerde sind dieselben Personen wie diejenigen berechtigt, die eine Erinnerung einlegen konnten. Die Beschwerde ist nur zulässig, wenn der Beschwerdewert von 100 DM überschritten ist, § 567 II. Das gilt auch für die Beschwerde gegen eine Entscheidung über eine Umschreibung oder Änderung nach § 126. Eine Anschlußbeschwerde ist auch ohne eine Überschreitung des Beschwerdewerts von 100 DM zulässig, Kblz VersR **80**, 338. Man kann die Entscheidung auch wegen derjenigen Kosten angreifen, die man im Erinnerungsverfahren nicht angegriffen hatte, sofern im früheren Teilangriff der Beschwerdewert erreicht worden war, Düss Rpfleger **76**, 188 mwN, abw Hamm Rpfleger **71**, 443.

Ein Anwaltszwang besteht im Beschwerdeverfahren nur insoweit, als auch sonst in einem Beschwerdeverfahren ein Anwaltszwang herrscht, § 11 IV RPflG, Anh § 153 GVG, vgl Hamm Rpfleger **78**, 421.

Das Beschwerdegericht muß den § 99 I beachten, Düss NJW **74**, 1714. Wegen der Kosten nach einer Zurückverweisung Anm 2 B. Wenn die untere Instanz die Erinnerung zurückgewiesen hatte, statt die Akten vorzulegen, kann das Beschwerdegericht in der Sache entscheiden, ohne den angefochtenen Beschluß aufheben zu müssen, Karlsr Rpfleger **73**, 219, abw Ffm VersR **78**, 261, KG Rpfleger **74**, 26, Kblz JB **76**, 1346 mwN (das Beschwerdegericht müsse die angefochtene Entscheidung dann aufheben, wenn der Ablehnungswille des Vorderrichters klar erkennbar sei).

Wenn der Rpfl auf Grund einer Zurückverweisung an ihn weisungsgemäß festgesetzt hatte, kann man nur den anweisenden Beschluß des Gerichts mit der sofortigen Beschwerde anfechten, Ffm Rpfleger **77**, 218 mwN.

In einer Familiensache ist der Familiensenat des OLG für die Entscheidung über die sofortige Beschwerde zuständig, BGH FamRZ **78**, 586, Bischof MDR **78**, 716.

Eine weitere sofortige Beschwerde ist unzulässig, § 568 III.

Das Beschwerdegericht entscheidet durch einen Beschluß. Es muß ihn grundsätzlich begründen, § 329 Anm 1 A b. Er muß eine Kostenentscheidung enthalten, §§ 91, 97. Gebühren: Des Gerichts: KV 1181; des Anwalts: § 61 I Z 1 BRAGO.

6) VwGO: I 1 *entspricht § 164 VwGO. I 2 (Verzinsung) ist entsprechend anzuwenden, da sein Grundgedanke für alle Gerichtszweige gilt, SG Bln AnwBl* **79**, *160, Tschischgale NJW* **63**, *1794, ebenso I 3 u 4 sowie* **II**, *§ 173 VwGO. Zuständig ist der Urkundsbeamte, § 103 Anm 3;* **III** *wird ersetzt durch § 165 VwGO, der auf § 151 VwGO verweist (fristgebundene Erinnerung). Gegen die Entscheidung des Gerichts findet die Beschwerde, Anm 5, nach Maßgabe der §§ 146ff VwGO statt.*

105 **Vereinfachte Kostenfestsetzung.** ᴵ Der Festsetzungsbeschluß kann auf das Urteil und die Ausfertigungen gesetzt werden, sofern bei der Anbringung des Gesuchs eine Ausfertigung des Urteils noch nicht erteilt ist und eine Verzögerung der Ausfertigung nicht eintritt. Eine besondere Ausfertigung und Zustellung des Festsetzungsbeschlusses findet in diesem Falle nicht statt. Den Parteien ist der festgesetzte Betrag mitzuteilen, dem Gegner des Antragstellers unter Beifügung der Abschrift der Kostenberechnung. Die Verbindung des Festsetzungsbeschlusses mit dem Urteil soll unterbleiben, sofern dem Festsetzungsgesuch auch nur teilweise nicht entsprochen wird.

ᴵᴵ Der Anbringung eines Festsetzungsgesuchs bedarf es nicht, wenn die Partei vor der Verkündung des Urteils die Berechnung ihrer Kosten eingereicht hat; in diesem Falle ist die dem Gegner mitzuteilende Abschrift der Kostenberechnung von Amts wegen anzufertigen.

1) Allgemeines. Die Vorschrift bringt zwei Vereinfachungen. Sie ist im Verfahren vor dem AG und LG anwendbar. Sie ist bei anderen Vollstreckungstiteln als den Urteilen, zB bei einem Vergleich, entsprechend anwendbar.

2) Verbindung von Kostenfestsetzung und Urteil, I. A. Zulässigkeit. Der Rpfl darf den Kostenfestsetzungsbeschluß und das Urteil nach seinem pflichtgemäßen Ermessen miteinander verbinden, wenn die Geschäftsstelle im Zeitpunkt des Eingangs des Kostenfestsetzungsgesuchs noch keine Ausfertigung des Urteils erteilt hatte und wenn eine Verbindung die Erteilung der Urteilsausfertigung nicht verzögern würde. Der Rpfl fertigt unter diesen Voraussetzungen den Kostenfestsetzungsbeschluß nicht gesondert aus und stellt ihn auch nicht gesondert zu, sondern setzt ihn auf das Urteil und die Ausfertigungen.

Die Verbindung wirkt im allgemeinen rein räumlich. Die Voraussetzungen und die Anfechtbarkeit beider Vollstreckungstitel sind so zu beurteilen, als ob die Titel nicht miteinander verbunden worden wären. Insbesondere muß jeder der Titel zur Zwangsvollstreckung geeignet sein. Die Erinnerung gegen den Kostenfestsetzungsbeschluß und eine Anfechtung des Urteils sind unabhängig voneinander statthaft. Eine Entscheidung über die Erinnerung gegen den Kostenfestsetzungsbeschluß läßt das Urteil unberührt. Die Notfristen für eine Anfechtung beider Titel beginnen freilich im Ergebnis deshalb zu demselben Zeitpunkt zu laufen, weil beide Titel eben räumlich miteinander verbunden worden sind.

Darüber hinaus ergeben sich aber folgende besondere Wirkungen: Der Kostenfestsetzungsbeschluß wird für die Ausfertigungen und die Zustellungen zu einem Teil des Urteils. Deshalb braucht der Rpfl nur unter der Urteilsausfertigung zu unterschreiben, § 317 III. Die Zwangsvollstreckung auf Grund des Kostenfestsetzungsbeschlusses erfolgt wie die Zwangsvollstreckung auf Grund des Urteils, also ohne eine besondere Vollstreckungsklausel, § 795a, und ohne die Notwendigkeit der Einhaltung einer Wartefrist, § 798. Die Verbindung der beiden Vollstreckungstitel kann die Vollstreckbarkeit also fördern. Eine Einstellung der Zwangsvollstreckung kann gegenüber jedem der beiden Vollstreckungstitel unabhängig vom anderen Titel erfolgen.

Die Verbindung der beiden Vollstreckungstitel kann jederzeit aufgehoben werden. Zur Aufhebung ist zunächst der Rpfl zuständig. Im Erinnerungsverfahren ist das für die Erinnerung nunmehr zuständige Gericht zur Aufhebung der Verbindung zuständig. Nach einer Aufhebung der Verbindung muß der Rpfl eine besondere Ausfertigung des Kostenfestsetzungsbeschlusses erteilen. Denn er kann seinen Beschluß abändern.

B. Unzulässigkeit. Eine Verbindung des Kostenfestsetzungsbeschlusses und des Urteils ist unzulässig, wenn es sich um eine Kostenteilung nach Bruchteilen handelt, § 106 I, oder wenn im Zeitpunkt des Eingangs des Kostenfestsetzungsgesuchs schon eine Ausfertigung des Urteils erteilt worden war, selbst wenn es sich nur um eine einfache Ausfertigung handelte. Denn im letzteren Fall ist eine gemeinsame Zustellung der beiden Vollstreckungstitel nicht gesichert und würde eine bereits erteilte Urteilsausfertigung unrichtig werden, Celle NdsRpfl **62**, 33. Eine Verbindung des Festsetzungsbeschlusses und des Urteils ist also nur möglich, wenn es sich um ein vorläufig vollstreckbares Urteil der ersten Instanz und um eine Kostenentscheidung nach § 91 a handelt. Andere erstinstanzliche Urteile müssen bereits rechtskräftig sein. Ein Urteil der höheren Instanz wird nicht von der Geschäftsstelle der ersten Instanz ausgefertigt. Es ist allerdings nicht erforderlich, daß der Inhalt des Urteils in der Hauptsache zur Zwangsvollstreckung geeignet ist.

C. Unzweckmäßigkeit. Die Verbindung des Kostenfestsetzungsbeschlusses und des Urteils ist in folgenden Fällen unzweckmäßig:

a) Teilzurückweisung. Die Verbindung ist nicht ratsam, wenn der Festsetzungsantrag teilweise zurückgewiesen worden ist, I. Da eine Sollvorschrift vorliegt, ist ein Verstoß ohne prozessuale Folgen.

b) Teilunzulässigkeit der Zwangsvollstreckung. Die Verbindung ist ferner nicht ratsam, wenn die Zwangsvollstreckung zwar wegen der Kosten zulässig, nicht aber in der Hauptsache sofort zulässig ist; wenn die Zwangsvollstreckung zB in der Hauptsache bedingt oder betagt ist, wie bei § 726 I. Eine Verbindung würde in diesem Fall die Zwangsvollstreckung wegen der Kosten erschweren.

c) Ausfertigungsproblem. Die Verbindung ist ferner nicht ratsam, wenn Bedenken gegen eine Ausfertigung zwar nicht des Urteils, wohl aber des Kostenfestsetzungsbeschlusses bestehen. Denn es tritt dann eine Verzögerung ein.

d) Kein Antrag. Die Verbindung ist ferner nicht ratsam, wenn kein Antrag auf die Erteilung einer Urteilsausfertigung vorliegt.

e) Antragszurückweisung. Die Verbindung ist schließlich nicht ratsam, wenn der Kostenfestsetzungsantrag zurückgewiesen worden ist. Denn zur Verbindung dieses Beschlusses mit dem Urteil fehlt jeder vernünftige Grund.

D. Weitere Einzelheiten. Wenn der Rpfl die Verbindung vorgenommen hat, obwohl sie unzulässig oder unzweckmäßig war, dann ordnet das Gericht auf Grund einer Erinnerung die Trennung an. Soweit eine Verbindung zulässig ist und der Rpfl die Kostenrechnung schnell prüfen kann, sollte er die Verbindung vornehmen. Denn die Partei hat dann von der Verbindung Vorteile. Der Kostenfestsetzungsbeschluß enthält dann nur die Formel, die der Rpfl unterschreiben muß. Er setzt sie auf die Urschrift des Urteils, im Fall des § 317 IV auf die Urschrift oder auf die Abschrift der Klage, die dabei mitauszufertigen ist. Der Rpfl teilt den festgesetzten Betrag den Parteien formlos mit und fügt für die Gegenpartei eine Abschrift der Kostenberechnung bei. Wenn diese Abschrift fehlt, kann die Zwangsvollstreckung dennoch stattfinden.

3) Kostenfestsetzung nach II. Wenn die Partei vor der Urteilsverkündung eine Kostenberechnung eingereicht hat, liegt darin ein stillschweigendes Kostenfestsetzungsgesuch. Der Rpfl muß diesem Antrag stattgeben, falls die Partei die nötigen Belege beigefügt hat, § 103 II. Die Geschäftsstelle hat dann von Amts wegen eine Abschrift der Kostenberechnung für die Gegenpartei gebührenfrei anzufertigen. Dieses Verfahren steht mit demjenigen nach I in keinem notwendigen Zusammenhang. Wenn eine Verbindung nach I unzulässig oder unzweckmäßig ist, dann erläßt der Rpfl einen besonderen Kostenfestsetzungsbeschluß. Auf Antrag besteht eine Verzinsungspflicht in Höhe von 4%, § 104 Anm 2 B b.

Das Verfahren nach II ist unzulässig, wenn das Gericht die Kosten nach Bruchteilen verteilt hat, § 106 I 2.

4) VwGO: Entsprechend anwendbar, § 173 VwGO, aber wegen der Besonderheiten der Vollstreckung, §§ 169, 170 VwGO, fast immer unzweckmäßig.

106 *Kostenausgleichung.*
^{I} Sind die Prozeßkosten ganz oder teilweise nach Quoten verteilt, so hat nach Anbringung des Festsetzungsgesuchs die Geschäftsstelle den Gegner aufzufordern, die Berechnung seiner Kosten binnen einer Woche bei der Geschäftsstelle einzureichen. Die Vorschriften des § 105 sind nicht anzuwenden.

^{II} Nach fruchtlosem Ablauf der einwöchigen Frist ergeht die Entscheidung ohne Rücksicht auf die Kosten des Gegners, unbeschadet des Rechts des letzteren, den Anspruch auf Erstattung nachträglich geltend zu machen. Der Gegner haftet für die Mehrkosten, die durch das nachträgliche Verfahren entstehen.

1) Allgemeines. § 106 soll verhindern, daß die Kosten doppelt festgesetzt werden müssen. Die Vorschrift zwingt daher zu einer Kostenausgleichung, wenn das Gericht die Kosten nach Bruchteilen verteilt hatte. Das gilt auch dann, wenn das Gericht nur die Gerichtskosten oder nur die außergerichtlichen Kosten nach Bruchteilen verteilt hatte, etwa im Fall einer

Aufhebung der Kosten gegeneinander nach § 92, Brschw Rpfleger **77**, 177, oder dann, wenn nur eine Instanz eine Kostenverteilung vorgenommen hat, oder dann, wenn in jeder Instanz unterschiedliche Quoten entstanden sind, Hamm Rpfleger **77**, 373.

Eine Kostenausgleichung kommt nicht in Betracht: Wenn eine Partei nur einen Kostenbeitrag zu leisten hat, zB nach § 281 III 2, KG AnwBl **77**, 29; wenn das Gericht nur über einen Teil der Kosten erkannt hat; wenn eine Kostenerstattungspflicht nur gegenüber einem von mehreren Streitgenossen besteht; wenn das Gericht die Kosten nach Prozeßabschnitten aufgeteilt hat, Hbg MDR **79**, 942 mwN, aM LG Aurich JB **76**, 1387 (etwas anderes gilt aber dann, wenn dort ausdrücklich im Sinne des § 126 II aufgerechnet worden ist, Hamm Rpfleger **73**, 439).

Weitere Voraussetzungen einer Kostenausgleichung ist stets, daß beide Parteien einen zur Kostenfestsetzung geeigneten Titel besitzen, § 103 Anm 1 A.

2) Aufforderung, I. Mit Rücksicht auf den allgemein geltenden Amtsbetrieb muß die Partei ihr Kostenfestsetzungsgesuch bei der Geschäftsstelle einreichen. Es besteht kein Anwaltszwang. Im allgemeinen beantragt die Partei, die eine Herauszahlung verlangen kann, eine Kostenfestsetzung. Der Festsetzungsantrag kann aber auch von der Gegenpartei gestellt werden, denn auch sie hat ein Interesse am Ausgleich. Die Geschäftsstelle fordert den Antragsgegner auf, seine Kostenberechnung innerhalb einer Woche bei der Geschäftsstelle einzureichen. Die Frist ist eine gesetzliche Frist. Ihre Verlängerung ist unzulässig, § 224 II. Es reicht jedoch aus, daß der Antragsgegner seine Kostenberechnung bis zu demjenigen Zeitpunkt nachreicht, in dem der Rpfl über die Kostenausgleichung entscheidet, vgl § 231 Anm 2. Die Kostenberechnung muß die einzelnen Ansätze enthalten. Es reicht also nicht aus, den Gesamtbetrag anzugeben.

3) Entscheidung, II. A. Ausreichende Kostenberechnung. Wenn eine dem § 103 II genügende Kostenberechnung eingeht, erläßt der Rpfl einen Beschluß, der sämtliche gerichtlichen und außergerichtlichen Kosten einheitlich erfaßt, Hamm Rpfleger **77**, 373 mwN, LG Essen Rpfleger **73**, 183, abw BVerfG RPfleger **83**, 84 (abl Lappe). Der Rpfl hat insofern keinen Ermessensspielraum, Hamm Rpfleger **77**, 373 mwN. Der Beschluß muß angeben, welchen Überschußbetrag eine Partei der anderen zu erstatten hat oder welche Ansprüche auf die Staatskasse übergegangen sind, § 130 BRAGO, vgl Mü Rpfleger **82**, 119. Diejenigen Beträge, die eine Partei abgesetzt hat, werden in die Kostenausgleichung nicht einbezogen, § 308 I, Stgt Rpfleger **73**, 220.

Der Beschluß entscheidet über die Kosten beider Parteien, Hamm AnwBl **82**, 385. Er ist grundsätzlich zu begründen, § 329 Anm 1 A b. Er wird jeder Partei förmlich zugestellt, § 329 III. Wenn der Streitwert nach den §§ 144 PatG, 31a WZG, 17a GebrMG, 23a UWG, 247 AktG herabgesetzt worden ist, erfolgt die Ausgleichung auf Grund des herabgesetzten Werts, daneben erfolgt eine Festsetzung nach dem vollen Streitwert für den Anwalt der begünstigten Partei.

Jede Partei ist zur Erinnerung berechtigt, soweit sie beschwert ist, KG JB **78**, 1253. Im Erinnerungsverfahren kann die beschwerte Partei nicht verlangen, daß ein Betrag in die Ausgleichung einbezogen wird, den sie bisher nicht mitgeteilt hatte, Hamm Rpfleger **68**, 289. Insofern muß die Partei eine Ergänzung des Ausgleichungsbeschlusses beantragen, § 104 Anm 4 A b.

Als Streitwert der Kostenfestsetzung ist nur der beanspruchte Überschuß anzusehen. Je nachdem, ob der Rpfl diesen Überschuß ganz oder teilweise zuspricht, muß er der Gegenpartei die ganzen Kosten auferlegen oder die Kosten verteilen. § 105 I ist unanwendbar.

Gebühren: Des Gerichts: keine; des Anwalts: keine, § 37 Z 7 BRAGO.

B. Keine ausreichende Kostenberechnung. Wenn keine dem § 103 II genügende Kostenberechnung eingeht, entscheidet der Rpfl ohne Rücksicht auf die Kosten der Gegenpartei. Seine Entscheidung ergeht also dahin, daß die Gegenpartei dem Antragsteller einen Bruchteil seiner Kosten zu ersetzen hat, der dem Urteil entspricht. Der Rpfl muß bei der Berechnung des Erstattungsbetrags vom Gesamtbetrag ausgehen. Er darf einen Betrag, den die Staatskasse einem im Verfahren auf die Bewilligung der Prozeßkostenhilfe beigeordneten Anwalt erstattet hat, nicht abziehen.

Eine Änderung erfolgt auch dann nicht von Amts wegen, wenn die Entscheidung im Zeitpunkt des Eingangs einer verspäteten Kostenberechnung noch nicht herausgegangen war, Köln Rpfleger **75**, 66. Die säumige Partei behält das Recht, ihren Kostenanspruch nachträglich geltend zu machen. Sie muß aber die durch die Verspätung verursachten Mehrkosten tragen. Die Zwangsvollstreckung hindert dieses Recht nicht.

C. Anfechtung nur einer Partei. Wenn nur eine Partei die Kostenfestsetzung anficht, darf das Gericht das Ergebnis nicht zu ihren Lasten verschieben.

4) VwGO: *Entsprechend anwendbar, § 173 VwGO.*

107 **Anderweite Festsetzung wegen Streitwertänderung.** ^I Ergeht nach der Kostenfestsetzung eine Entscheidung, durch die der Wert des Streitgegenstandes festgesetzt wird, so ist, falls diese Entscheidung von der Wertberechnung abweicht, die der Kostenfestsetzung zugrunde liegt, auf Antrag die Kostenfestsetzung entsprechend abzuändern. Über den Antrag entscheidet der Urkundsbeamte der Geschäftsstelle des Gerichts des ersten Rechtszuges.

^{II} **Der Antrag ist binnen der Frist von einem Monat bei der Geschäftsstelle anzubringen. Die Frist beginnt mit der Zustellung und, wenn es einer solchen nicht bedarf, mit der Verkündung des den Wert des Streitgegenstandes festsetzenden Beschlusses.**

^{III} Die Vorschriften des § 104 Abs. 3 sind anzuwenden.

1) Streitwertfestsetzung, I. Wenn das Gericht den Streitwert nach dem Erlaß eines Kostenfestsetzungsbeschlusses zum erstenmal oder im Weg einer Abänderung festsetzt, §§ 3 ZPO, 25 GKG, und wenn diese Festsetzung nach oben oder nach unten von demjenigen Wert abweicht, der der Kostenfestsetzung zugrunde gelegt worden war, dann ist im Zeitraum vor dem Eintritt der Rechtskraft des Kostenfestsetzungsbeschlusses wahlweise die Erinnerung oder ein Antrag nach § 107 zulässig, im Zeitraum seit der Rechtskraft des Kostenfestsetzungsbeschlusses nur der Antrag nach § 107. Dieser Antrag geht stets an den Rpfl des Gerichts der ersten Instanz. Eine nur mittelbare Entscheidung, etwa durch die Zulassung eines Rechtsmittels, reicht nicht aus. Die Entscheidung muß sich auf die jeweilige Instanz beziehen. Denn sie betrifft sonst die Kostenberechnung nicht.

2) Verfahren, II, III. Der Antrag muß innerhalb eines Monats seit der Verkündung oder der Zustellung des Streitwertbeschlusses bei der Geschäftsstelle eingereicht werden. Das gilt auch dann, wenn keine Partei den Beschluß angreift. Es handelt sich um eine gesetzliche Frist. Sie darf nicht verlängert werden, § 224 II. Das Verfahren verläuft wie nach den §§ 103 ff.

Die Entscheidung ändert nur diejenigen Posten der früheren Kostenberechnung, die von der Streitwertänderung betroffen sind. Auf dieser Basis ist das Gesamtergebnis zu berichtigen. Im übrigen erfolgt keine Nachprüfung, zB der Erstattungsfähigkeit, Mü MDR **83**, 137 mwN. Es kann eine Verpflichtung zur Rückgewähr des zuviel gezahlten Betrags ausgesprochen werden, vgl § 104 Anm 1 D, Düss Rpfleger **81**, 409 mwN.

Gegen die geänderte Kostenfestsetzung ist derselbe Rechtsbehelf wie gegen eine erste Kostenfestsetzung zulässig, § 104 III.

Wenn die Partei die Frist des II versäumt hat, dann kann sie bis zur Zwangsvollstreckung eine Vollstreckungsabwehrklage nach § 767 einreichen. Anschließend hat sie die Möglichkeit einer Bereicherungsklage, Mü MDR **83**, 137 mwN, aM zB KG AnwBl **75**, 236 mwN (wenn die frühere Wertfestsetzung antragsgemäß erfolgt, dann aber geändert worden sei, laufe keine Frist), Schmidt MDR **74**, 284 (aber § 107 meint nur das Festsetzungsverfahren, Mü MDR **83**, 137).

Gebühren: Keine, § 104 Anm 2 E.

3) VwGO: *I u II sind entsprechend anzuwenden, § 173 VwGO; zuständig ist der Urkundsbeamte, § 164 VwGO, vgl § 103 Anm 3. Rechtsbehelfe, III, wie gegen die erste Festsetzung, § 104 Anm 6.*

Sechster Titel. Sicherheitsleistung
Übersicht

1) Geltungsbereich. Titel 6 betrifft nur eine prozessuale Sicherheitsleistung, durch die man einen prozessualen Vorteil erreichen will, und gibt für diese Art von Sicherheitsleistung einige allgemeine Vorschriften. Ihre Voraussetzungen, ihre Leistungen und ihre Folgen richten sich nach der ZPO. Deren Vorschriften müssen durch eine sinngemäße Anwendung des bürgerlichen Rechts ergänzt werden.

Eine sachlichrechtliche Sicherheitsleistung folgt wesentlich anderen Grundsätzen.

2) Fälle. Eine prozessuale Sicherheitsleistung kommt vor: **a)** Als die des ausweislosen Prozeßvertreters, § 89; **b)** als die des Klägers für die Prozeßkosten, §§ 110 ff; **c)** als Sicherheitsleistung zur Erlangung der Vollstreckbarkeit, zur Abwendung oder Einstellung der Zwangsvollstreckung, §§ 707, 709–713, 719, 720, 720a, 732, 769, 771, 890; **d)** zur Erlangung, Abwendung, Aufhebung eines Arrests oder einer einstweiligen Verfügung, §§ 921, 923, 925, 927, 936, 939; **e)** bei § 641 d, KG FamRZ **76**, 99 mwN, aM zB Kblz FamRZ **73**, 382/3. S auch §§ 78 KO, 69, 153 II ZVG. Auch wenn die ZPO eine Hinterlegung des Streitgegenstands oder des Erlöses vorschreibt, dient diese der Sicherheit.

3) VwGO: Da auch die *VwGO die prozessuale Sicherheitsleistung kennt, ohne sie besonders zu regeln, ist Titel 6 entsprechend anzuwenden,* § 173 *VwGO. Fälle:* **a)** *§ 89 und* **b)** *§ 110, die nach § 173 VwGO entsprechend anzuwenden sind,* **c)** *Sicherheitsleistung zur Erlangung der Vollstreckbarkeit,* § 167 *VwGO und die Anm 2c genannten Bestimmungen,* **d)** *§ 80 V 4 VwGO,* **e)** *§ 123 III VwGO in Verb m §§ 921, 923 u 939,* OVG Lüneb FEVS **81**, 369.

108 **Art und Höhe der Sicherheit.** I In den Fällen der Bestellung einer prozessualen Sicherheit kann das Gericht nach freiem Ermessen bestimmen, in welcher Art und Höhe die Sicherheit zu leisten ist. Soweit das Gericht eine Bestimmung nicht getroffen hat und die Parteien ein anderes nicht vereinbart haben, ist die Sicherheitsleistung durch Hinterlegung von Geld oder solchen Wertpapieren zu bewirken, die nach § 234 Abs. 1, 3 des Bürgerlichen Gesetzbuchs zur Sicherheitsleistung geeignet sind.
II Die Vorschriften des § 234 Abs. 2 und des § 235 des Bürgerlichen Gesetzbuchs sind entsprechend anzuwenden.

BGB § 234. I Wertpapiere sind zur Sicherheitsleistung nur geeignet, wenn sie auf den Inhaber lauten, einen Kurswert haben und einer Gattung angehören, in der Mündelgeld angelegt werden darf. Den Inhaberpapieren stehen Orderpapiere gleich, die mit Blankoindossament versehen sind.
II Mit den Wertpapieren sind die Zins-, Renten-, Gewinnanteil- und Erneuerungsscheine zu hinterlegen.
III Mit Wertpapieren kann Sicherheit nur in Höhe von drei Vierteilen des Kurswerts geleistet werden.

BGB § 235. Wer durch Hinterlegung von Geld oder von Wertpapieren Sicherheit geleistet hat, ist berechtigt, das hinterlegte Geld gegen geeignete Wertpapiere, die hinterlegten Wertpapiere gegen andere geeignete Wertpapiere oder gegen Geld umzutauschen.

1) Allgemeines. Nur das Gericht kann eine prozessuale Sicherheitsleistung anordnen oder zulassen. Man muß zwischen der Art einer solchen Sicherheitsleistung und ihrer Höhe, ihrem Betrag, unterscheiden. Grundsätzlich können die Parteien sowohl die Art als auch die Höhe einer prozessualen Sicherheitsleistung frei vereinbaren. Eine solche Vereinbarung ist auch im Anschluß an eine gerichtliche Anordnung und zum Zweck ihrer Abänderung zulässig. Die Vorschriften der ZPO dienen nur dem Schutz der Parteien. Eine gesetzliche Begrenzung der Höhe einer prozessualen Sicherheitsleistung enthält nur § 112 (Ausländersicherheit). In allen übrigen Fällen, auch in demjenigen des § 709, ist auch für die Höhe der § 108 maßgebend, Hbg ZZP **50**, 208.

2) Anordnung der Sicherheitsleistung, I. A. Ermessen. I ist ungenau. Das freie Ermessen des Gerichts ist nämlich nur insofern uneingeschränkt, als es um die Art einer prozessualen Sicherheitsleistung geht. Bei der Bestimmung der Höhe einer solchen Sicherheitsleistung, die von Amts wegen im Urteil erfolgen muß, ThP 4, aM ZöM 2 mwN, ist das Gericht in der Ausübung seines Ermessens eingeschränkt. Die Sicherheitsleistung soll ja den Gegner gegen etwaige Nachteile schützen. Daher muß das Gericht die Höhe der Sicherheitsleistung der Höhe des möglichen Nachteils des Gegners anpassen. Andernfalls würde das Gericht sein Ermessen unsachgemäß ausüben. Eine mündliche Verhandlung ist allerdings nur in den Fällen der §§ 110, 710, 712, 925, 927 erforderlich. Auch in diesen Fällen ist eine Verhandlung nur zur Höhe der Sicherheitsleistung erforderlich.

In allen anderen Fällen ist eine mündliche Verhandlung nicht notwendig, insbesondere in keinem Fall zur Art der Sicherheitsleistung. Deshalb kann das Gericht in solchen anderen Fällen auch die im Urteil getroffene Anordnung ohne eine mündliche Verhandlung ändern oder ergänzen.

B. Art der Sicherheitsleistung. Das Gericht sollte die Art einer prozessualen Sicherheitsleistung nur dann bestimmen, wenn die Partei einen entsprechenden Antrag gestellt hat. § 232 BGB ist unanwendbar. Das Gericht wählt frei. Zuständig ist dasjenige Gericht, das überhaupt abgeordnet hat, daß eine Sicherheit zu leisten sei, und zwar auch dann, wenn gegen das Urteil ein Rechtsmittel eingelegt worden ist, BGH NJW **66**, 1029, ThP 2, ZöM 4, aM LG Memmingen NJW **74**, 321.

Die Bürgschaft einer angesehenen Bank ist oft den anderen Wegen einer Sicherheitsleistung nach § 232 BGB vorzuziehen. Das gilt, obwohl die letztere Vorschrift die Bürgschaft nur hilfsweise vorsieht. Das Gericht entscheidet nach pflichtgemäßem Ermessen, welche Banken es zur Bürgschaft zuläßt. Es muß in diesem Zusammenhang die Höhe der erforderlichen Sicherheitsleistung berücksichtigen, vgl auch Nürnb Rpfleger **59**, 65. Ffm OLGZ **66**, 304 hält die „Bürgschaft einer namentlich nicht bezeichneten Großbank" für unzulässig. LG Düss DGVZ **77**, 43 meint, dann sei eine solche Bank zugelassen, die jederzeit eine Sicherheit gewährleisten könne.

Wertpapiere sind nach dem Wert und der Deckungsfähigkeit genau zu bezeichnen, wenn sie nicht mündelsicher sind. Das Gericht muß bei allen Wertpapieren bestimmen, ob und wo sie zu hinterlegen sind, etwa beim ProzBev einer Partei oder gesperrt bei einer Bank. Soweit das Gericht keine anderweitige Bestimmung getroffen hat, sind die Wertpapiere nach Anm 4 zu behandeln. Hypotheken sind wegen der Gefahren und der Weiterungen, die sie dem Gläubiger auferlegen, regelmäßig nicht zu einer Sicherheitsleistung geeignet. Noch weniger ist eine Verweisung auf inzwischen gepfändetes Haushaltsgut geeignet. Ffm MDR **77**, 409 wendet bei einer Grundschuld unter anderem den § 238 BGB entsprechend an.

3) Einzelfragen zur Bürgschaft, I. Die Sicherheitsleistung durch eine Bürgschaft bringt zahlreiche Zweifelsfragen mit sich. Natürlich muß eine Bürgschaft den Verzicht auf die Einrede der Vorausklage nach § 771 BGB enthalten und nach § 766 BGB schriftlich erklärt werden. Eine Schriftform ist auch bei Kaufleuten notwendig. Denn sonst fehlt jeder Nachweis der Bürgschaft. Die Bürgschaft setzt voraus, daß der Bürge auch wirklich tauglich ist. Er muß also ein Vermögen besitzen, das der Höhe der Sicherheitsleistung angemessen ist. Das Vermögen muß für ihn frei verfügbar sein. Er muß seinen allgemeinen Gerichtsstand im Inland haben, § 239 BGB.

Eine befristete oder bedingte Bürgschaft ist grds ungeeignet, AG Köln DGVZ **83**, 61 mwN. Denn sie ist zu ungewiß, Bbg NJW **75**, 1664, offen BGH NJW **79**, 417. Im übrigen kann das Gericht besondere Anforderungen stellen. Es kann also zB verlangen, daß die Unterschrift unter der Bürgschaftserklärung notariell beglaubigt wird und daß die Vertretungsbefugnis des Unterzeichners nachgewiesen wird. Denn das Gericht braucht ja überhaupt keine Bürgschaft zuzulassen, insofern richtig Hamm Rpfleger **75**, 261. § 751 II schreibt im übrigen ohnehin vor, daß Unterschriften öffentlich beglaubigt werden müssen und daß der Nachweis der Vertretungsbefugnis durch eine öffentliche Urkunde oder eine öffentlich beglaubigte Urkunde erfolgen muß, zB Wüllerstorff NJW **66**, 1521, aM zB Hbg MDR **82**, 588 mwN, LG Itzehoe DGVZ **80**, 156, LG Lübeck JB **78**, 127 je mwN.

Zwar soll der Geschäftsverkehr nicht unnötig erschwert werden. Dieser Gesichtspunkt darf aber nicht dazu führen, daß das Gericht die Sicherung des Schuldners vernachlässigt. Wenn die vorgenannten Bedingungen nicht gestellt würden, könnte zB der Gerichtsvollzieher dem Schuldner unmittelbar vor der Pfändung eine Bürgschaftserklärung mit der Unterschrift eines in Wahrheit nicht Vertretungsberechtigten zustellen. Man darf dem Schuldner auch nicht zumuten, eine Erinnerung nach § 766 einzulegen. Mit einer solchen Lösung würde man dem Schuldner die Aufklärung der Zweifelsfragen zumuten und dem Gläubiger damit die Zwangsvollstreckung in einer Weise erleichtern, die nach der Grundsatzentscheidung des Gerichts dazu, daß eine Sicherheitsleistung erforderlich sei, eben gerade nicht erfolgen darf.

Der Bürgschaftsvertrag kommt nach den §§ 765, 766 BGB zustande. Die sonst notwendige Annahme der Erklärung durch den Gläubiger, also durch denjenigen, zugunsten dessen die Bürgschaft erklärt wird, ist aber entbehrlich. Denn das Gericht hat ihn dadurch, daß es eine Bürgschaft als Sicherheitsleistung zugelassen hat, zur Annahme der Erklärung verpflichtet; es hat also einen Zwangsvertrag begründet, insofern richtig Hbg MDR **82**, 588, Hamm MDR **75**, 763 mwN, Mü MDR **79**, 1029. Die Bürgschaft soll den Gläubiger nicht schlechter stellen als eine Hinterlegung, BGH **69**, 273.

Deshalb kommt ein Bürgschaftsvertrag auch dann wirksam zustande, wenn die Bürgschaftserklärung dem Sicherungsberechtigten, § 103 I BGB, entweder je nach dem Vertragsinhalt in beglaubigter Abschrift oder in Urschrift, Mü MDR **79**, 1029, LG Kassel DGVZ **77**, 173, übergeben wird, oder wenn ihm der Gerichtsvollzieher die Bürgschaftser-

6. Titel. Sicherheitsleistung **§§ 108, 109**

klärung zustellt, Schlesw JB **78**, 440, und zwar nach § 132 I BGB, Ffm NJW **78**, 1442. Eine Übergabe und Zustellung auch an den ProzBev, zB von Anwalt zu Anwalt, ist zulässig, Ffm NJW **78**, 1442, LG Aachen Rpfleger **83**, 32 mwN, aber nicht notwendig; § 176 ist nicht anwendbar, insofern richtig Düss MDR **78**, 489. Ebensowenig ist eine Hinterlegung der Bürgschaftsurkunde notwendig, Schlesw JB **78**, 440.

Eine Bürgschaft, die den vorstehenden Anforderungen nicht entspricht, reicht als Sicherheitsleistung nicht aus. Eine Bürgschaft, die den Anforderungen des § 751 II nicht entspricht, berechtigt nicht zu einer Zwangsvollstreckung. Angesichts der Gefahren, die dem Sicherungsberechtigten dann drohen, wenn die Bürgschaft nicht ausreicht, sollte das Gericht den Schuldner und den Gläubiger vor einer Bürgschaftsanordnung anhören, mindestens soweit es sich nicht um die Bürgschaft einer zuverlässigen Großbank handelt. Der Bürge darf den Gesicherten nicht auf eine Pfandsache verweisen. Der Einwand nach § 777 trifft auf § 768 BGB nicht zu. Ein „Prozeßbürge" erkennt in der Regel den Ausgang des Rechtsstreits als für sich verbindlich an, BGH **LM** § 283 BGB Nr 4.

4) Hinterlegung, I, II. Eine Sicherheitsleistung ist durch eine Hinterlegung von Geld oder von mündelsicheren Papieren nach den §§ 234 I, III BGB zu erbringen, soweit sich die Parteien nicht über eine andere Sicherheitsleistung geeinigt haben und soweit das Gericht keine andere Art der Sicherheitsleistung angeordnet hat. Die Hinterlegung erfolgt beim AG als Hinterlegungsstelle, § 1 HO. Unter Geld ist jedes gesetzliche und jedes gesetzlich zugelassene Zahlungsmittel zu verstehen. Geld geht ins Eigentum des Staats über, § 7 HO. Wertpapiere sind nur im Rahmen des § 234 BGB zugelassen, und nur mit ¾ ihres Kurswerts. Auch ein Umtausch ist nur gegen Wertpapiere im Sinne des § 234 BGB zulässig. Zur Mündelsicherheit vgl § 1807 Z 2–4 BGB, Art 212 EG BGB, die VO über die Mündelsicherheit der Pfandbriefe und verwandten Schuldverschreibungen v 7. 5. 40, RGBl 756, desgleichen wegen der Schiffspfandbriefe die VO v 18. 3. 41, RGBl 156. Andere Wertpapiere kann das Gericht ausdrücklich zulassen. Am Hinterlegten erlangt der Gesicherte ein Pfandrecht, § 233 BGB.

5) Rechtsbehelfe. Die gerichtliche Anordnung einer Sicherheitsleistung ist zusammen mit der Entscheidung in der Sache anfechtbar. Im übrigen ist gegen die Anordnung der Sicherheitsleistung kein Rechtsbehelf statthaft. Die Bestimmung der Art einer Sicherheitsleistung stellt nicht den Beginn einer Zwangsvollstreckung dar. Deshalb ist gegen die Bestimmung keine sofortige Beschwerde zulässig, Ffm (17. ZS) MDR **81**, 677 mwN, aM Ffm (13. ZS) MDR **75**, 323 mwN, KG ZZP **53**, 442. Das Gericht kann aber die Bestimmung der Art der Sicherheitsleistung abändern, insofern zweifelnd Ffm MDR **81**, 677. Wenn das Gericht einen Abänderungsantrag zurückweist, ist die einfache Beschwerde zulässig, § 567, ThP 7b, insofern aM Ffm MDR **81**, 677. Gegen einen Abänderungsbeschluß ist kein Rechtsbehelf statthaft, Ffm (3. ZS) MDR **56**, 617, aM Ffm (13. ZS) MDR **75**, 323 mwN.

6) VwGO: *Entsprechend anwendbar,* § 173 *VwGO,* Üb 3 § 108. *Zuständig ist das VG, das die Sicherheit angeordnet hat, auch nach Rechtsmitteleinlegung, VGH Kassel DÖV* **74**, 537 *(LS). Wegen der Anfechtung vgl Anm 5 (nur zusammen mit der Entscheidung in der Sache).*

109 *Rückgabe der Sicherheit.* **I** **Ist die Veranlassung für eine Sicherheitsleistung weggefallen, so hat auf Antrag das Gericht, das die Bestellung der Sicherheit angeordnet oder zugelassen hat, eine Frist zu bestimmen, binnen der ihm die Partei, zu deren Gunsten die Sicherheit geleistet ist, die Einwilligung in die Rückgabe der Sicherheit zu erklären oder die Erhebung der Klage wegen ihrer Ansprüche nachzuweisen hat.**

II Nach Ablauf der Frist hat das Gericht auf Antrag die Rückgabe der Sicherheit anzuordnen, wenn nicht inzwischen die Erhebung der Klage nachgewiesen ist; ist die Sicherheit durch eine Bürgschaft bewirkt worden, so ordnet das Gericht das Erlöschen der Bürgschaft an. Die Anordnung wird erst mit der Rechtskraft wirksam.

III Die Anträge und die Einwilligung in die Rückgabe der Sicherheit können vor der Geschäftsstelle zu Protokoll erklärt werden. Die Entscheidungen können ohne mündliche Verhandlung ergehen.

IV Gegen den Beschluß, durch den der im Absatz 1 vorgesehene Antrag abgelehnt wird, steht dem Antragsteller, gegen die im Absatz 2 bezeichnete Entscheidung steht beiden Teilen die sofortige Beschwerde zu.

Schrifttum: Sprick, Kostentabelle zur Berechnung der Sicherheitsleistung und Abwendungsbefugnis (§§ 709 ff ZPO), in: DRiZ **81**, 116 (Stand: 1. 1. 1981).

1) Allgemeines. A. Zweck der Sicherheitsleistung. Die Sicherheitsleistung dient je nach ihrem Grund der Sicherung eines entstandenen oder eines erwarteten Anspruchs. Im einzelnen ist folgendes zu unterscheiden:

a) Bestehender Anspruch. Soweit der Anspruch besteht, kann der Gesicherte gegen den Besteller auf eine Einwilligung in die Auszahlung an ihn oder in die Verwertung des Pfands klagen. Die Herausgabe erfolgt namentlich auf Grund einer rechtskräftigen Entscheidung oder einer schriftlichen Bewilligung der Beteiligten, § 13 HO.

b) Nichtbestehender Anspruch. Soweit der Anspruch nicht besteht oder weggefallen ist, Anm 2, kann der Besteller das Hinterlegte zurückverlangen, falls eine der folgenden Voraussetzungen erfüllt ist:

aa) Einwilligung des Gesicherten. Der Gesicherte willigt in die Rückgabe ein. Wenn die Einwilligung der Hinterlegungsstelle nicht ausreicht, muß das Gericht die Rückgabe anordnen;

bb) Rückgabeanordnung. Die Rückgabe wird im Verfahren nach § 109 angeordnet.

cc) Einwilligung des Bestellers. Der Besteller klagt auf die Einwilligung zur Rückgabe. Dieser Weg kommt nur in Betracht, soweit das kürzere und billigere Verfahren nach § 109 nicht durchführbar ist. Die für die Klage fehlt sonst ein Rechtsschutzbedürfnis. Die Klage kommt etwa dann in Betracht, wenn feststeht, daß der Gesicherte einen Anspruch erhebt, oder wenn er die Frist nach § 109 unangemessen lang verlängern ließ.

dd) Antrag nach § 717. Im Prozeß wird nach § 717 ein Rückgabeantrag gestellt.

Eine Feststellungsklage ist wegen der Unzulässigkeit der Rückgabe während des Verfahrens nach § 109 unstatthaft.

B. Sonderfragen der Bürgschaft usw. § 109 gilt auch dann, wenn die Sicherheitsleistung durch eine Bürgschaft erbracht worden war, vgl KG NJW **76**, 1752. Das Gericht ordnet dann freilich nicht die Rückgabe der Sicherheitsleistung an, sondern das Erlöschen der Bürgschaft, II 2. Die Ausführung der gerichtlichen Anordnung erfolgt dadurch, daß die verwahrende Stelle die Bürgschaftsurkunde an den Schuldner zurückgibt oder daß der Gläubiger den Bürgen aus seiner Verpflichtung entläßt.

§ 109 gilt ferner wegen der §§ 1296, 1228 II BGB auch dann, wenn es sich um die Herausgabe fälliger Zinsscheine hinterlegter Wertpapiere handelt.

2) Wegfall der Veranlassung, I. A. Allgemeines. Die Veranlassung für eine Sicherheitsleistung ist dann weggefallen, wenn der gesicherte Anspruch nach den Umständen des Falles nicht mehr entstehen kann, KG NJW **76**, 1753, insofern auch Mü NJW **75**, 1665 mwN. Das trifft namentlich dann zu, wenn eine vorläufige Maßnahme endgültig geworden ist und wenn dem entstandenen Anspruch kein Hindernis mehr entgegensteht. Der Antragsteller muß den Wegfall der Veranlassung beweisen. Er braucht aber nicht zu beweisen, daß kein Schaden entstanden ist. Wenn das Gericht diejenige Maßnahme aufgehoben hat, die zur Anordnung der Sicherheitsleistung führte, dann ist der Fall der Sicherheitsleistung recht eigentlich eingetreten.

Das gilt zB dann, wenn das Gericht die Zwangsvollstreckung gegen eine Sicherheitsleistung eingestellt hatte und wenn dieser Beschluß aufgehoben worden ist. Denn dann deckt die Sicherheitsleistung denjenigen Schaden, der dem Gläubiger durch den früheren Einstellungsbeschluß erwachsen sein mag.

Wenn freilich feststeht, daß kein Schaden entstanden ist, dann ist das Verfahren nach § 109 unbedenklich. Dasselbe gilt dann, wenn sich der Schaden endgültig berechnen läßt. Denn dann kann der Gesicherte innerhalb der Frist klagen. Wenn die Veranlassung nur für einen Teil des Streitgegenstands weggefallen ist, dann ist § 109 auf diesen Teil anwendbar.

B. Anwendungsfälle

a) Wegfall der Veranlassung. Die Veranlassung für eine Sicherheitsleistung ist zB in folgenden Fällen weggefallen: Bei einem Ausländer durch den Eintritt der Kostenpflicht oder durch den Wegfall der Sicherungspflicht; bei einem Verzicht des Gesicherten auf eine Durchführung derjenigen Maßnahme, die die Sicherheitsleistung veranlaßt hat, Mü DB **78**, 2021 mwN, etwa auf die Rechte an einem Arrest; bei einer Aufhebung eines vorläufig vollstreckbaren Urteils, dessen Vollstreckung die Sicherheit abwenden sollte, selbst wenn ein Rechtsmittel anhängig ist, Hamm Rpfleger **82**, 354 mwN, KG Rpfleger **79**, 430; bei einer Zurückverweisung, Stgt Rpfleger **78**, 63, insofern aM Ffm Rpfleger **76**, 222, vgl auch b; bei einer rechtskräftigen Abweisung der Klage im Hauptsacheverfahren, auch durch ein bloßes Prozeßurteil, Fingerhut BB **75**, 765, vgl § 926 Anm 3 A, aM Mü NJW **75**, 1665 (die

Veranlassung sei nur dann weggefallen, wenn die Klage als unbegründet abgewiesen worden sei).

Es ist auch ein teilweiser Wegfall möglich, Mü DB **78**, 2021.

b) Fehlen des Wegfalls. Eine Veranlassung für eine Sicherheitsleistung ist zB in folgenden Fällen nicht weggefallen: Bei einer rechtskräftigen Bestätigung des Arrests, wenn die Hauptsache anhängig ist; bei einer Vollstreckung aus einem landgerichtlichen Urteil und der Zurückweisung der Berufung durch ein Urteil, das ohne eine Sicherheitsleistung vorläufig vollstreckbar ist, BGH **11**, 303, Nürnb NJW **59**, 535 (ausf); wenn das Berufungsurteil das erstinstanzliche Urteil bestätigt, aber noch nicht rechtskräftig ist, KG NJW **76**, 1753; bei einer Zurückverweisung im Verfahren nach § 767, BGH NJW **82**, 1397; wenn das Gericht im Berufungsurteil gestattet, die Zwangsvollstreckung abzuwenden. Überhaupt fällt die Veranlassung für eine Sicherheitsleistung des Klägers nicht schon dann weg, wenn das Gericht nunmehr dem Bekl gestattet, die Zwangsvollstreckung gegen eine Sicherheitsleistung abzuwenden.

3) Frist, I. A. Allgemeines. Wenn die Veranlassung für eine Sicherheitsleistung weggefallen ist, dann macht das Gericht dem Gesicherten auf Grund eines Antrags eine Auflage. Ihm wird aufgegeben, innerhalb einer Frist in die Rückgabe der Sicherheitsleistung einzuwilligen oder nachzuweisen, daß er gerade wegen derjenigen Ansprüche eine Klage erhoben hat, denen die Sicherheitsleistung dienen sollte, Düss GRUR **82**, 168.

B. Verfahren. Das Verfahren erfordert einen Antrag des Bestellers. Zuständig ist dasjenige Gericht, das die Sicherheitsleistung angeordnet oder zugelassen hat. Das höhere Gericht ist nur insoweit zuständig, als es die Anordnung selbst getroffen und nicht nur die Anordnung des unteren Gerichts bestätigt hat. Wegen des vorläufigen Verfahrens auf den Erlaß eines Arrests oder einer einstweiligen Verfügung vgl § 943 II. Im Gericht wird der Rpfl tätig, § 20 Z 3 RPflG, Anh § 153 GVG.

Der Rpfl braucht die Folgen nicht anzudrohen, § 231 I. Er entscheidet nach seinem pflichtgemäßen Ermessen. Im Rahmen dieses Ermessens bemißt er auch die Frist. Er kann sie verlängern, § 224. Die Entscheidung ergeht durch einen Beschluß auf Grund einer freigestellten mündlichen Verhandlung. Der Beschluß ist grundsätzlich zu begründen, § 329 Anm 1 A b. Er ist zu verkünden oder dann, wenn der Antrag abgelehnt wird, dem Antragsteller förmlich zuzustellen und dann, wenn dem Antrag stattgegeben wird, dem Antragsgegner förmlich zuzustellen und dem Antragsteller formlos mitzuteilen, § 329 II.

Das Verfahren wird nicht dadurch beeinträchtigt, daß schon eine Klage auf die Einwilligung in die Rückgabe der Sicherheit erhoben worden ist. Denn für eine solche Klage fehlt das Rechtsschutzbedürfnis, Anm 1 A b cc. Ein Nachweis der Klagerhebung bis zu dem Augenblick, in dem das Gericht die Anordnung der Rückgabe hinausgibt, § 329 Anm 4 A, wahrt die Frist, § 231 Anm 2. Es reicht aus, daß die Klagerhebung während des Erinnerungs- oder Beschwerdeverfahrens über die Freigabe nachgeholt und nachgewiesen wird, Mü OLGZ **66**, 549.

Gebühren: Des Gerichts: keine; des Anwalts: keine, § 37 Z 3 BRAGO (gehört zum Rechtszug).

4) Anordnung der Rückgabe bzw des Erlöschens, II. A. Verfahren. Nach einem ergebnislosen Fristablauf ordnet das Gericht die Rückgabe der Sicherheitsleistung bzw im Fall einer Sicherheitsleistung durch eine Bürgschaft deren Erlöschen an. Diese Anordnung erfordert einen besonderen Antrag. Dieser Antrag läßt sich allerdings mit dem Fristantrag verbinden und ist dann durch die Entscheidung über den Fristantrag bedingt. Das Gericht darf die Voraussetzungen des Fristantrags noch im Anordnungsverfahren prüfen. Es ist unerheblich, ob die Klage aussichtsreich wäre. Die Erhebung des Anspruchs nach § 717 steht einer Klagerhebung gleich. Eine Widerklage im Prozeß des Gesicherten gegen den Besteller genügt, ebenso ein Antrag auf eine Kostenfestsetzung, wenn die Sicherung nur noch die Prozeßkosten sichern soll.

Eine Einwilligung in die Rückgabe dem Gericht gegenüber erspart die Anordnung, falls die Einwilligung schriftlich oder zum Protokoll des Gerichts oder des Urkundsbeamten der Geschäftsstelle erklärt worden ist, § 13 Z 1 HO. Andernfalls verfügt die Hinterlegungsstelle die Herausgabe der Sicherheitsleistung nur auf Grund des Nachweises einer rechtskräftigen Entscheidung, also eines rechtskräftigen Rückgabebeschlusses, § 13 Z 2 HO. Denn die Anordnung der Rückgabe wird ebenso wie die Anordnung des Erlöschens der Sicherheitsleistung erst mit der Rechtskraft wirksam, II 2.

Es kommt auch eine teilweise Anordnung in Betracht, Düss GRUR **82**, 169.

Die Entscheidung erfolgt durch den Rpfl, § 20 Z 3 RPflG, Anh § 153 GVG. Er entschei-

det auf Grund einer freigestellten mündlichen Verhandlung durch einen Beschluß. Der Beschluß ist grundsätzlich zu begründen, § 329 Anm 1 A b. Er ist beiden Parteien zuzustellen, § 329 III. Die Rückgabe erfolgt an den Besteller; falls aber ein Dritter im eigenen Namen hinterlegt hat, erfolgt die Rückgabe an den Dritten.
Gebühren: Anm 3 B. Hinterlegungskosten: § 24 HO.

B. Verzinsung. Hinterlegte Gelder werden nach folgenden Ländervorschriften verzinst:
Baden-Württemberg: G v 23. 7. 56, GBl 106;
Bayern: G v 29. 10. 56, BayBS III 148;
Berlin: G v 12. 7. 56, GVBl 916;
Bremen: G v 3. 7. 56, GVBl 93;
Hamburg: G v 3. 7. 56, GVBl 138;
Hessen: G v 18. 10. 56, GVBl 147;
Niedersachsen: G v 21. 7. 56, GVBl 98;
Nordrhein-Westfalen: G v 3. 7. 56, GVBl 183;
Rheinland-Pfalz: G v 24. 10. 56, GVBl 122;
Saarland: G v 24. 5. 63, ABl 339;
Schleswig-Holstein: G v 16. 7. 56, GVBl 128.

5) Antrag und Einwilligung, III. Der Antrag und die Einwilligung sind schriftlich oder zum Protokoll der Geschäftsstelle zu erklären. Es besteht kein Anwaltszwang. Zum Antrag sind der Besteller und sein Rechtsnachfolger berechtigt, auch wenn ein Dritter die Sicherheit geleistet hat, BGH NJW **79**, 417. Antragsgegner ist der Prozeßgegner oder sein Rechtsnachfolger. Eine Prozeßvollmacht berechtigt zur Antragstellung und Einwilligung, § 81 Anm 2 A.

6) Rechtsbehelfe, IV. Hier gilt folgende Regelung:
A. Fristantrag. Soweit der Rpfl einem Fristantrag stattgegeben hat, ist die Erinnerung zulässig, § 11 I 1 RPflG, Anh § 153 GVG, Ffm NJW **76**, 1326. Soweit der Richter dem Fristantrag stattgegeben hat, ist kein Rechtsbehelf statthaft, ThP 7b, und zwar auch dann nicht, wenn das Beschwerdegericht dem Antrag stattgegeben hat. Im Beschwerdeverfahren muß das Gericht aber die Rechtmäßigkeit der Fristsetzung nachprüfen.
Sobald der Rpfl einen Fristantrag zurückgewiesen hat, ist für den Antragsteller die sofortige Erinnerung zulässig, IV Hs 1, § 11 I 2 RPflG, Ffm Rpfleger **76**, 222.
B. Rückgabe- bzw Erlöschensantrag. Soweit einem solchen Antrag stattgegeben wurde oder soweit ein solcher Antrag zurückgewiesen wurde, hat jede Partei die sofortige Erinnerung, IV Hs 2, § 11 I 2 RPflG, Düss GRUR **82**, 168, und zwar ohne eine aufschiebende Wirkung, § 572 I. Die Rückgabe der Sicherheit erfolgt wegen II 2 nicht vor dem Eintritt der Rechtskraft des Rückgabebeschlusses. Ein rechtskräftiger Rückgabebeschluß bindet die Hinterlegungsstelle, § 13 Z 2 HO.
Im Fall einer Beschwerde besteht stets ein Anwaltszwang, sofern nicht die §§ 569, 573 anwendbar sind.

7) *VwGO:* Entsprechend anwendbar, § 173 VwGO, vgl Üb 3 § 108. An die Stelle der sofortigen Beschwerde, IV, tritt die Beschwerde nach §§ 146ff VwGO.

110 *Ausländer. Grund der Sicherheitsleistung.* **I** Angehörige fremder Staaten, die als Kläger auftreten, haben dem Beklagten auf sein Verlangen wegen der Prozeßkosten Sicherheit zu leisten. Das gleiche gilt für Staatenlose, die ihren Wohnsitz nicht im Inland haben.
II Diese Verpflichtung tritt nicht ein:
1. wenn nach den Gesetzen des Staates, dem der Kläger angehört, ein Deutscher in gleichem Falle zur Sicherheitsleistung nicht verpflichtet ist;
2. im Urkunden- oder Wechselprozeß;
3. bei Widerklagen;
4. bei Klagen, die infolge einer öffentlichen Aufforderung angestellt werden;
5. bei Klagen aus Rechten, die im Grundbuch eingetragen sind.

Schrifttum: Danelzik, Sicherheitsleistung für die Prozeßkosten, Diss Bonn 1976 (rechtsvergleichend und politisch).

1) Vorbemerkung zu den §§ 110–113. A. Allgemeines. Die Forderung an einen Ausländer, eine Sicherheitsleistung zu erbringen, ist eine international anerkannte Einrichtung. Sie hat ihren Grund in der bekannten Schwierigkeit, eine Kostenentscheidung im Ausland zu

6. Titel. Sicherheitsleistung § 110 1, 2

vollstrecken, vgl auch Schmieder GRUR 82, 12. Das Recht der BRep kennt eine Sicherheitsleistung für die Prozeßkosten in einigen Fällen nach dem Gesellschaftsrecht, Üb 2 vor § 108, ferner, wie das Recht fast aller Staaten, im Prozeß mit einem Ausländer. Wegen der DDR Anh § 110 Anm 3. Der Ausländer soll nicht besser dastehen als ein Deutscher im Ausland, II Z 1. Grundsätzlich ist jeder Ausländer zur Sicherheitsleistung verpflichtet.

§ 110 zählt einige Ausnahmen auf. Außerdem kommen folgende Ausnahmen in Betracht: **a)** Dem Kläger ist eine Prozeßkostenhilfe bewilligt worden, § 122 I Z 2; **b)** ein Staatsvertrag sieht die Befreiung vor, Anh § 110; **c)** es handelt sich um einen Vertriebenen oder einen Flüchtling im Sinne des AHKG 23, vgl unter anderem Anh 606 b; **d)** es handelt sich um einen heimatlosen Ausländer im Sinne des § 11 G v 25. 4. 51, BGBl 269; **e)** es handelt sich um einen internationalen Flüchtling im Sinne des Art 16 der Flüchtlingskonvention v 28. 7. 51, BGBl **53** II 559, s auch Anh § 606 b Anm 4; **f)** es handelt sich um einen Kläger in einer Entschädigungssache, Wiecz Anm E II b, denn eine sinngemäße Anwendung, § 209 I BEG, erfordert dies (für Rückerstattungssachen vgl RzW **51**, 87, 88).

Im Patentnichtigkeitsverfahren gilt der Wohnsitz oder Sitz als Anknüpfungspunkt für die in § 81 VII PatG im übrigen ähnlich geregelte Sicherheitsleistung, Schmieder GRUR **82**, 12.

B. Vorschußpflicht des Ausländers. Seit dem Inkrafttreten des KostenÄndErgG besteht keine Vorschußpflicht eines Ausländers der Staatskasse gegenüber zur Sicherheit des Anspruchs auf Gerichtskosten mehr.

2) Pflicht zur Sicherheitsleistung, I. A. Betroffener Personenkreis. Eine Sicherheitsleistung müssen folgende Personen leisten:

a) Angehöriger eines fremden Staats. Es muß sich um eine Person handeln, die eine fremde Staatsangehörigkeit besitzt, ohne ein Deutscher im Sinn von Art 116 II GG bzw ein deutscher Staatsangehöriger im Sinn des G v 22. 7. 13, RGBl 583, zu sein. Wegen der DDR Einl III 8 B. Bei einer juristischen Person, einer Gesellschaft oder einem Verein entscheidet deren Sitz, BGH DB **82**, 802. Dasselbe gilt bei einer Offenen Handelsgesellschaft und einer Kommanditgesellschaft, BGH DB **82**, 802. Denn diese Gesellschaften sind parteifähig. Ffm MDR **73**, 232 läßt eine Zweigniederlassung innerhalb der BRep nicht ausreichen. Bei einer Partei kraft Amts, Grdz 2 C vor § 50, entscheidet der Sitz der verwalteten Vermögensmasse.

Der Bekl muß beweisen, daß der Kläger zu den vorgenannten Personen gehört. Zu diesem Nachweis genügt unter Umständen eine Glaubhaftmachung der Behauptung der Ausländereigenschaft, wenn der Kläger seinerseits nichts unternimmt, um nachzuweisen, daß er zumindest auch ein deutscher Staatsangehöriger ist. Der Kläger muß nachweisen, daß ein Deutscher im Heimatland des Klägers für einen gleichartigen Rechtsstreit keine Sicherheit leisten müßte, daß also eine tatsächliche Gegenseitigkeit vorliegt. Dieser Nachweis ist nicht erforderlich, wenn es sich bei dem Kläger um einen Angehörigen einer der Haager Vertragsstaaten handelt, BGH **12**, 152.

b) Staatenloser ohne inländischen Wohnsitz. Eine solche Person ist wie ein Ausländer zu behandeln. Wenn ein Staatenloser einen inländischen Wohnsitz hat, ist er wie ein Inländer zu behandeln. Ein bloßer inländischer Aufenthalt genügt aber nicht, anders als bei den in Anm 1 A zu c–e genannten Abkommen. Zur Rechtsstellung der Staatenlosen Übk v 28. 9. 54 nebst G v 12. 4. 76, BGBl II 473.

B. Klägerstellung. Eine Pflicht zur Sicherheitsleistung besteht auch für einen Angehörigen des Personenkreises nach A nur dann, wenn er als Kläger auftritt. Das ist auch dann der Fall, wenn er als ein Einmischungskläger gilt, § 64, oder wenn er ein streitgenössischer Streithelfer des Klägers ist, § 69, oder wenn er als Wiederaufnahmekläger auftritt. Es ist unerheblich, wer den Prozeß in Wahrheit betreibt. Wenn allerdings eine offenbare Umgehung des § 110 vorliegt oder wenn es sich lediglich um eine treuhänderische Berechtigung des Inländers handelt, wenn zB ein Einziehungsabtretungsnehmer eines ausländischen Gläubigers klagt, ist eine Sicherheitsleistung erforderlich, unklar Hbg VersR **79**, 847. Ein gewöhnlicher Streithelfer des Klägers hat eine Sicherheit nur für die Kosten der Streithilfe zu leisten.

Auch in der höheren Instanz ist nur der Kläger zur Sicherheitsleistung verpflichtet, auch wenn er der Rechtsmittelbeklagte ist, BGH NJW **62**, 345. Der Widerkläger ist nur nach einer Abtrennung der Widerklage zur Sicherheitsleistung verpflichtet, Z 3.

Eine Pflicht zur Sicherheitsleistung besteht nicht, soweit keine Klage vorliegt, also zB nicht: Im Mahnverfahren (sondern erst im anschließenden streitigen Verfahren); im Entmündigungsverfahren; im Aufgebotsverfahren; in einem vorläufigen Verfahren; nach einem Widerspruch gegen einen Arrest usw (so entsprechend Z 2); wenn ein Ausländer die

Vollstreckbarerklärung eines Schiedsspruchs beantragt und wenn das Gericht über diesen Antrag durch einen Beschluß entscheidet; wenn das Gericht eine mündliche Verhandlung anberaumt und durch Urteil entscheidet, soweit der Gegner Aufhebungsgründe geltend macht, BGH **52**, 321.

Die Staatsangehörigkeit des Bekl ist unerheblich, Düss NJW **73**, 2165. Die Aussichten der Klage sind unerheblich, Stgt MDR **57**, 552.

C. Verlangen des Beklagten. Eine Sicherheit braucht nur insoweit geleistet zu werden, als der Bekl es verlangt. Der Bekl macht also eine verzichtbare Rüge der Unzulässigkeit geltend, § 282 III, vgl § 112 Anm 2, Bre NJW **82**, 2737. Auch der Streithelfer des Bekl kann für den Bekl eine Sicherheitsleistung fordern. Der streitgenössische Streithelfer kann eine Sicherheitsleistung auch auf Grund des eigenen Rechts begehren. Die Vermögensverhältnisse des Klägers sind jeweils unerheblich.

D. Höhe der Sicherheitsleistung. Vgl § 112.

3) Ausnahmen, II. A. Grundsatz. Das Gericht muß die Ausnahmen des II von Amts wegen beachten. Der Bekl braucht nur seine Ausländereigenschaft zu beweisen, der Kläger muß einen Ausnahmefall dartun und beweisen, BGH NJW **82**, 1223. Ratifizierte Staatsverträge sind aber deutsches Recht. Das Gericht muß sie kennen.

B. Einzelfragen. a) Gegenseitigkeit, Z 1: Die Vorschrift setzt eine sachliche Gegenseitigkeit voraus. Das fremde Recht darf in diesem Punkt für einen Inländer und einen Ausländer nicht ungünstiger sein als das deutsche Recht. Diese Regelung ist verfassungsrechtlich unbedenklich, vgl BVerfG **30**, 409. Ein Gewohnheitsrecht oder eine ständige Rechtspraxis reichen aus, BGH NJW **82**, 1224 mwN. Eine äußere Gegenseitigkeit, also die Gleichstellung der Deutschen mit dem Ausländer in dessen Land, genügt nicht. In diesem Fall kann eine Sicherheitsleistung notwendig sein, weil sie der Inländer erbringen muß.

Die Befreiung muß völlig und bedingungslos sein. Wenn das nicht der Fall ist, ist der Ausländer in der BRep voll sicherheitspflichtig. Das Gericht muß aber auch eine etwaige teilweise Gegenseitigkeit berücksichtigen. Es kann zB der Fall vorliegen, daß eine Sicherheitsleistung nicht verlangt werden darf, wenn es sich um einen Grundbesitz oder einen Wohnsitz im Inland handelt, Anh Anm 3.

„Im gleichen Fall" bedeutet: In einem gleichartigen Prozeß. Einzelheiten im Anh. Die früher deutsche Ehefrau braucht bei einer Klage nach § 606b Z 2 keine Sicherheit zu leisten.

Z 1 gilt nicht im Patentnichtigkeitsverfahren, denn § 81 VII 1 PatG stellt auf den ausländischen Wohnsitz ab, so daß auch ein im Ausland wohnender Deutscher eine Sicherheit leisten muß, BGH **LM** § 37 PatG aF Nr 5, BPatG GRUR **79**, 396. Dasselbe gilt in einer entsprechenden Anwendung auch bei einer Zwangslizenz nach § 11a GebrMG.

Die Staatsangehörigkeit des Bekl ist auch hier unerheblich, Anm 2 B.

b) Urkunden-, Wechsel-, Scheckprozeß, Z 2: Die Ausnahme gilt nicht im Nachverfahren, Hbg NJW **83**, 526, und zwar auch dann nicht, wenn beide Parteien Ausländer sind und dieselbe Staatsangehörigkeit haben, Hbg NJW **83**, 526.

4) VwGO: Entsprechend anzuwenden, § 173 VwGO, da der VerwProzeß als Parteiverfahren ausgestaltet ist und der gesetzgeberische Grund, Anm 1, auch hier zutrifft; jedoch brauchen Verfolgte, die früher die deutsche Staatsangehörigkeit besaßen, in Wiedergutmachungssachen keine Sicherheit zu leisten, BVerwG RzW 66, 239. Nur der Kläger ist verpflichtet, Anm 2 B, nicht etwa der Beigeladene, mag seine Beiladung auch notwendig sein, § 65 II VwGO. Keine Sicherheitsleistung in Verfahren nach §§ 80 u 123 VwGO, Anm 2 B. Die Ausnahme nach II Nr 1 greift ein, wenn ein Deutscher in einem gleichartigen Prozeß nicht zur Sicherheitsleistung verpflichtet ist, Anm 3.

Anhang nach § 110

**Zwischenstaatliche Vorschriften über Sicherheitsleistung
der Ausländer**

1) Allgemeines. Man kann die Staatsverträge, soweit sie die Ausländersicherheit betreffen, in drei Gruppen teilen: **a)** Solche, die nur freien Zutritt zu den Gerichten (libre accès devant les tribunaux) geben; **b)** solche, die Ausländer und Inländer bei der gerichtlichen Verfolgung ihrer Rechte gleich stellen (ius standi in iudicio, Rechtsschutzklausel); **c)** solche, die Ausländer ausdrücklich von der Sicherheit befreien. Nur Gruppe c genügt dem § 110 II Z 1, nicht Gruppen a und b. Vgl dazu RG **146**, 18 (ausf), Dilger ZZP **72**, 411.

Vertragsmäßig befreit sind außer den Anm 2–3 genannten Staaten in dem dort ersichtlichen Umfang weiter Klagen nach Art 56 CIM, Art 52 CIV, dazu Art 20 G v 26. 4. 74,

6. Titel. Sicherheitsleistung **Anh § 110 1–3**

BGBl II 357, vgl Einl IV 3 E. Nicht Ausländer bei Klagen des gewerblichen Rechtsschutzes; die Pariser Übereinkunft bestimmt nichts dergleichen für den Prozeß. Befreit sind weiter die durch die in § 110 Anm 1 A zu c–e genannten Abkommen Geschützten.

2) Befreiung nach dem HZPrÜbk, zT auch HZPrAbk. Zum Geltungsbereich beider Verträge und zum Verhältnis zueinander (beide Art 17 beinhalten dasselbe) s Einl IV 3 A; s auch Bülow-Böckstiegel A I 1 u A I 2. Im Übereinkommen ist Art 17 zusammen mit Art 18 und 19 überschrieben: „III. Sicherheitsleistung für die Prozeßkosten".

Art. 17¹ Den Angehörigen eines der Vertragsstaaten, die in einem dieser Staaten ihren Wohnsitz haben und vor den Gerichten eines anderen dieser Staaten als Kläger oder Intervenienten auftreten, darf wegen ihrer Eigenschaft als Ausländer oder wegen Fehlens eines inländischen Wohnsitzes oder Aufenthalts eine Sicherheitsleistung oder Hinterlegung, unter welcher Bezeichnung es auch sei, nicht auferlegt werden.

II Das gleiche gilt für Vorschüsse, die zur Deckung der Gerichtskosten von den Klägern oder Intervenienten einzufordern wären.

III Die Abkommen, durch die Vertragsstaaten für ihre Angehörigen ohne Rücksicht auf den Wohnsitz Befreiung von der Sicherheitsleistung für die Prozeßkosten oder von der Zahlung von Vorschüssen zur Deckung der Gerichtskosten vereinbart haben, sind weiter anzuwenden.

3) Übersicht über die Pflicht der Ausländer zur Sicherheitsleistung, dazu Dilger ZZP **72**, 408.

Es bedeuten: „ja" befreit, „nein" nicht befreit, also sicherheitspflichtig: „HZPrÜbk" Haager Übereinkommen v 1. 3. 54 über den ZivProz, Einl IV 3 A sowie (Art 17) oben Anm 2; „dt-brit Abk" deutsch-britisches Abkommen v 20. 3. 28 über den Rechtsverkehr, Einl IV 3 A; „UNÜbk" Übereinkommen v 20. 6. 56 über die Geltendmachung von Unterhaltsansprüchen im Ausland, § 168 GVG Anh II; „HUVÜbk" Haager Übereinkommen v 15. 4. 53 über die Anerkennung und Vollstreckung von Entscheidungen auf dem Gebiet der Unterhaltspflicht gegenüber Kindern, SchlAnh V A 2; „LJM Kiel" Bek des LJustMin Kiel v 6. 8. 73, SchlHA **73**, 144; „Bülow-Böckstiegel" ders, Der internationale Rechtsverkehr, 2. Aufl. Nicht aufgeführte Staaten: nein, zumindest unklar. Wenn nach HZPrÜbk befreit ist, entfällt die Prüfung der Gegenseitigkeit des § 110 II Z 1, BGH **12**, 152. S auch Bülow BAnz 234/52.

Afghanistan zumindest unklar, LJM Kiel
Ägypten grundsätzlich ja, G Nr 13/1968; nein, wenn bei Anwendung der ägyptischen Zuständigkeitsvorschriften der Supreme Court zuständig wäre
Äthiopien ja, Art 200–202 äthiopische ZPO, wenn der Kläger ohne einen Wohnsitz in BRep hier einen ausreichenden Grundbesitz hat, in den eine Zwangsvollstreckung möglich ist
Albanien nein
Algerien ja, wenn der Kläger in der BRep einen ausreichenden Grundbesitz hat, LJM Kiel, aM Dilger ZZP **72**, 412 (nein, anders sofern der Gegner es nicht verlangt, aaO 416); Unterhalt ja, Art 9 II UNÜbk, BGBl **71** II 852
Argentinien ja, Art 85 Codigo de Procedimientos de la Capital und die entsprechende ZPO der Provinzen, wenn der Kläger einen Wohnsitz in der BRep hat
Australien ja bei einem Wohnsitz des Klägers in der BRep, Art 14 dt-brit Abk, BGBl **55** II 699, **57** II 744
Barbados ja bei einem Wohnsitz des Klägers in der BRep, Art 14 dt-brit Abk, BGBl **60** II 1518, **71** II 467; Unterhalt außerdem ja, Art 9 II UNÜbk, BGBl **70** II 1045
Belgien ja, Art 17 HZPrÜbk, BGBl **59** II 1388; Unterhalt außerdem ja, Art 9 II UNÜbk, BGBl **66** II 1439, Art 9 II HUVÜbk, BGBl **62** II 15
Bolivien ja, Art 12 bolivianische ZPO, wenn der Kläger in der BRep einen ausreichenden Grundbesitz hat
Brasilien ja, Art 67 brasilianische ZPO, wenn der Kläger in der BRep einen Wohnsitz oder einen ausreichenden Grundbesitz hat; Unterhalt ja, Art 9 II UNÜbk, BGBl **61** II 80
Bulgarien ja, Zivilprozeßkodex v 8. 2. 52, BGH NJW **82**, 1223 mwN, Schütze JZ **83**, 386, abw Bülow-Arnold E IV (ja, wenn der Kläger in der BRep einen ausreichenden Grundbesitz hat), LJM Kiel (die Befreiung sei zumindest unklar)
Chile ja, da Chile keine Vorschriften über eine Sicherheitsleistung kennt; Unterhalt, Art 9 II UNÜbK, BGBl **61** II 356
China Volksrepublik nein. Taiwan ja für Unterhalt, Art 9 II UNÜbk, BGBl **59** II 1377

Costa Rica nein

Cuba zumindest unklar, Bülow-Arnold E 916, 31

Dänemark ja, Art 17 HZPrÜbk, BGBl **59** II 1388; Unterhalt außerdem ja, Art 9 II UNÜbk, BGBl **59** II 1377, Art 9 II HUVÜbk, BGBl **66** II 56

Deutsche Demokratische Republik ist kein Ausland, ihre Bewohner sind keine Ausländer, Einl III 8 B. Wenn das unrichtig sein sollte: ja, Art 17 HZPrÜbk, außerdem tatsächlich auch § 110 II Z 1, BGH **59**, 392

Dominikanische Republik nein, die Frage wird vom Freundschafts- und Handelsvertrag, G v 16. 12. 59, BGBl II 1468, nicht erfaßt, Prot Z 3

Ecuador ja, da Ecuador keine Vorschriften über eine Sicherheitsleistung kennt

Fidschi ja bei einem Wohnsitz des Klägers in der BRep, Art 14 dt-brit Abk, BGBl **72** II 904

Finnland ja, Art 17 HZPrÜbk, BGBl **59** II 1388; Unterhalt außerdem ja, Art 9 II UNÜbk, BGBl **63** II 108, Art 9 II HUVÜbk, BGBl **67** II 2311

Frankreich (einschließlich der französischen Überseegebiete) ja, Art 17 HZPrÜbk, BGBl **59** II 1388, **61** II 355, **62** II 854; Unterhalt außerdem ja, Art 9 II UNÜbk, BGBl **60** II 2328, Art 9 II HUVÜbk, BGBl **67** II 1810, **69** II 2124

Gabun ja, wenn der Kläger in der BRep einen ausreichenden Grundbesitz hat

Gambia ja bei einem Wohnsitz des Klägers in der BRD, Art 14 dt-brit Abk, BGBl **60** II 1518, **69** II 2177

Griechenland ja, Art 15 dt-griech Abk v 11. 5. 38, RGBl **39** II 848, BGBl **66** II 251; Unterhalt außerdem ja, Art 9 II UNÜbk, BGBl **66** II 251

Großbritannien und Nordirland (einschließlich der britischen Überseegebiete) ja bei einem Wohnsitz des Klägers in der BRep, Art 14 dt-brit Abk, BGBl **53** II 116

Guatemala ja (das dortige Recht macht die Befreiung von der Gegenseitigkeit von dem Heimatrecht des Klägers abhängig); Unterhalt außerdem ja, Art 9 II UNÜbk, BGBl **59** II 1377

Guinea ja, Art 7 G 52/1962, wenn der Kläger in der BRep einen ausreichenden Grundbesitz hat

Guyana ja bei einem Wohnsitz des Klägers in der BRep, Art 14 dt-brit Abk, BGBl **60** II 1518

Haiti ja, G v 27. 9. 1864; Unterhalt ja, Art 9 II UNÜbk, BGBl **59** II 1377

Honduras nein

Indien ja, indische Order 25 der rules zum Code Civil of Procedure, wenn der Kläger in der BRep einen Wohnsitz oder einen ausreichenden Grundbesitz hat

Irak nein, vgl aber auch Dilger ZZP **72**, 416

Iran ja, Art 218, 219 Nr 1 der iranischen ZPO, BGH NJW **81**, 2646 und NJW **82**, 1224 je mwN, abw Schütze JZ **83**, 386

Irland (s auch Großbritannien) ja bei einem Wohnsitz des Klägers in der BRep, Bülow-Arnold E IV

Island ja, Art 17 HZPrAbk v 17. 7. 05, RGBl **09** 406, **26** II 553, vgl Dilger ZZP **72**, 408 ff Fußnote 26

Israel ja, Art 17 HZPrÜbk, BGBl **68** II 809; Unterhalt außerdem ja, Art 9 II UNÜbk, BGBl **59** II 1377

Italien ja, Art 17 HZPrÜbk, BGBl **59** II 1388, BGH **12**, 152; Unterhalt außerdem ja, Art 9 II UNÜbk, BGBl **59** II 1377, Art 9 II HUVÜbk, BGBl **62** II 15

Jamaika ja bei einem Wohnsitz des Klägers in der BRep, Art 14 dt-brit Abk, BGBl **66** II 835

Japan ja, Art 17 HZPrÜbk, BGBl **70** II 751

Jordanien ja, tatsächliche Übung, LJM Kiel, soweit die ordentlichen Gerichte zuständig wären, Dilger ZZP **72**, 419, aM BGH WertpMitt **82**, 880 (krit Schütze JZ **83**, 386)

Jugoslawien ja, Art 17 HZPrÜbk, BGBl **63** II 1328; Unterhalt außerdem ja, Art 9 II UNÜbk, BGBl **59** II 1377

Kanada ja bei einem Wohnsitz des Klägers in der BRep, Art 14 dt-brit Abk, BGBl **54** II 15

Kenia ja bei einem Wohnsitz des Klägers in der BRep, Art 14 dt-brit Abk, BGBl **60** II 1518

Kolumbien ja, da das kolumbianische Zivilprozeßrecht keine Sicherheitsleistung kennt

Libanon ja, Art 17 HZPrÜbk, BGBl **75** II 42

Liberia nein

Libyen ja, Bülow-Arnold E 955a, da Libyen keine Sicherheitsleistung kennt, LJM Kiel; vgl Dilger ZZP **72**, 421

Liechtenstein ja, § 57 liechtensteinische ZPO, wenn der Kläger in der BRep einen Wohnsitz oder einen ausreichenden Grundbesitz hat, sowie in Ehesachen

Luxemburg ja, Art 17 HZPrÜbk, BGBl **59** II 1388; Unterhalt außerdem ja, Art 9 II UNÜbk, BGBl **72** II 31

6. Titel. Sicherheitsleistung **Anh § 110 3**

Malawi ja bei einem Wohnsitz des Klägers in der BRep, Art 14 dt-brit Abk, BGBl **57** II 1276, **67** II 1748

Malaysia ja bei einem Wohnsitz des Klägers in der BRep, Art 14 dt-brit Abk, BGBl **60** II 1518

Malta ja bei einem Wohnsitz des Klägers in der BRep, Art 14 dt-brit Abk, BGBl **61** II 1108, **68** II 95

Marokko ja, Art 17 HZPrÜbk, BGBl **72** II 1472, vgl Dilger ZZP **72**, 412, 421; Unterhalt außerdem ja, Art 9 II UNÜbk, BGBl **59** II 1377

Mauritius ja bei einem Wohnsitz des Klägers in der BRep, Art 14 dt-brit Abk, BGBl **72** II 695

Mexiko ja, wenn der Kläger in der BRep einen ausreichenden Grundbesitz hat oder der Beklagte nicht die deutsche Staatsangehörigkeit hat, oder bei einem Verfahren §§ 722, 723, Bülow-Arnold E 958, aM LJM Kiel (unbegrenzt ja)

Monaco ja bei Unterhalt, Art 9 II UNÜbk, BGBl **61** II 1629

Neuseeland (einschl Cookinseln) ja bei einem Wohnsitz des Klägers in der BRep, Art 14 dt-brit Abk, BGBl **53** II 118

Niederlande (einschließlich der niederländischen Antillen) ja, Art 17 HZPrÜbk, BGBl **59** II 1388, **68** II 95; Unterhalt außerdem ja, Art 9 II UNÜbk, BGBl **63** II 108, **69** II 2178, Art 9 II HUVÜbk, BGBl **64** II 784, 1407. Betreffend **Surinam** ja, Art 17 HZPrAbk v 17. 7. 05, RGBl **09**, 409, **26** II 553, BGBl **55** II 894, 944, u wegen Unterhalt außerdem ja, Art 9 II HUVÜbk, BGBl **64** II 784, 1407

Niger Unterhalt ja, Art 9 II UNÜbk, BGBl **67** II 2580

Nigeria ja bei einem Wohnsitz des Klägers in der BRep, Art 14 dt-brit Abk, BGBl **60** II 1518, **67** II 827

Norwegen ja, Art 17 HZPrÜbk, BGBl **59** II 1388; Unterhalt außerdem ja, Art 9 II UNÜbk, BGBl **59** II 1377, Art 9 II HUVÜbk, BGBl **65** II 1584

Obervolta ja, wenn der Kläger in der BRep einen ausreichenden Grundbesitz hat, LJM Kiel; Unterhalt ja, Art 9 II UNÜbk, BGBl **63** II 108

Österreich ja, Art 17 HZPrÜbk, BGBl **59** II 1388; Unterhalt außerdem ja, Art 9 II UNÜbk, BGBl **69** II 2055, Art 9 II HUVÜbk, BGBl **62** II 15

Pakistan ja, Order 25 der rules zur pakistanischen ZPO, wenn der Kläger in der BRep einen Wohnsitz oder einen ausreichenden Grundbesitz hat; Unterhalt ja, Art 9 II UNÜbk, BGBl **59** II 1377

Panama nein

Paraguay ja, wenn der Kläger in der BRep einen Wohnsitz hat

Peru ja, peruanisches Zivilprozeßrecht

Philippinen ja für den ersten Rechtszug, da die Philippinen insoweit keine Sicherheitsleistung kennen; Unterhalt außerdem ja, Art 9 II UNÜbk, BGBl **63** II 508

Polen ja, Art 17 HZPrÜbk, BGBl **63** II 1466; Unterhalt außerdem ja, Art 9 II UNÜbk, BGBl **61** II 16

Portugal (einschließlich Azoren, Madeira und portugiesischen Überseeprovinzen) ja, Art 17 HZPrÜbk, BGBl **67** II 2299, **68** II 809; Unterhalt außerdem ja, Art 9 II UNÜbk, BGBl **66** II 251

Rumänien ja, Art 17 HZPrÜbk, BGBl **72** II 78

Sambia ja bei einem Wohnsitz des Klägers in der BRep, Art 14 dt-brit Abk, BGBl **57** II 1276

San Domingo nein

San Salvador nein

Saudi-Arabien ja, Art 3 dt-saudiarabischer Vertrag v 26. 4. 29, RGBl **30** II 1063, BGBl **52** II 724

Schweden ja, Art 17 HZPrÜbk, BGBl **59** II 1388; Unterhalt außerdem ja, Art 9 II UNÜbk, BGBl **59** II 1377, Art 9 II HUVÜbk, BGBl **66** II 156

Schweiz ja, Art 17 HZPrÜbk, BGBl **59** II 1388; Unterhalt außerdem ja, Art 9 II HUVÜbk, BGBl **65** II 1164

Senegal ja, Art 111 senegalesische ZPO, wenn der Kläger in der BRep einen ausreichenden Grundbesitz hat

Sierra Leone ja bei einem Wohnsitz des Klägers in der BRep, Art 14 dt-brit Abk, BGBl **60** II 1518, **67** II 2366

Singapur, ja bei einem Wohnsitz des Klägers in der BRep, Art 14 dt-brit Abk, BGBl **60** II 1518

Sowjetunion ja, Art 17 HZPrÜbk, BGBl **67** II 2046

Spanien (einschließlich Kanarische Inseln) ja, Art 17 HZPrÜbk, BGBl **61** II 1660; Unterhalt außerdem ja, Art 9 II UNÜbk, BGBl **66** II 1577

Sri Lanka ja, lankische ZPO, wenn der Kläger in der BRep einen Wohnsitz hat, abw Bülow-Arnold E 916, 31 (wenn beide Parteien in der BRep einen Wohnsitz oder einen gewöhnlichen Aufenthaltsort haben); Unterhalt ja, Art 9 II UNÜbk, BGBl **59** II 1377

Südafrika ja, wenn der Kläger in der BRep einen Wohnsitz oder einen ausreichenden Grundbesitz hat, Bülow-Arnold E 978

Südkorea, nein, Ffm NJW **80,** 2032

Swasiland ja bei einem Wohnsitz des Klägers in der BRep, Art 14 dt-brit Abk, BGBl **60** II 1518, **71** II 224

Syrien ja, da das syrische Zivilprozeßrecht keine Sicherheitsleistung kennt

Tansania ja bei einem Wohnsitz des Klägers in der BRep, Art 14 dt-brit Abk, BGBl **60** II 1518

Thailand ja, Art 1 IV, Art 5, 6 dt-thail Vertrag v 30. 12. 37, RGBl **38** II 51, abw Bülow-Arnold E IV (nur, wenn der Kläger in der BRep einen Wohnsitz hat)

Togo ja, togoisches Zivilprozeßrecht, wenn der Kläger in der BRep einen ausreichenden Grundbesitz hat

Trinidad und Tobago ja bei einem Wohnsitz des Klägers in der BRep, Art 14 dt-brit Abk, BGBl **61** II 1681, **66** II 1564

Tschechoslowakei ja, Art 17 HZPrÜbk, BGBl **66** II 767; Unterhalt außerdem ja, Art 9 II UNÜbk, BGBl **59** II 1377, Art 9 II HUVÜbk, BGBl **71** II 988

Türkei ja, Art 2 dt-türk Abk, BGBl **52** II 608, vgl Düss NJW **73,** 2165; Unterhalt außerdem ja, Art 9 II UNÜbk, BGBl **71** II 1074

Tunesien ja, Art 3 dt-tun Vertrag v 19. 7. 66, BGBl **69** II 889, **70** II 125; Unterhalt außerdem ja, Art 9 II UNÜbk, BGBl **69** II 764

Ungarn ja, Art 17 HZPrÜbk, BGBl **66** II 84; Unterhalt außerdem ja, Art 9 II UNÜbk, BGBl **59** II 1377, Art 9 II HUVÜbk, BGBl **65** II 123

Uruguay ja, Art 120, 121 uruguayische ZPO, wenn der Kläger in der BRep einen Wohnsitz oder einen ausreichenden Grundbesitz hat

Vatikanstadt ja, Art 17 HZPrÜbk, BGBl **67** II 1536; Unterhalt außerdem ja, Art 9 II UNÜbk, BGBl **65** II 462

Vereinigte Staaten von Amerika einzelstaatlich geregelt, Schütze JZ **83,** 386; teilweise ja, Art VI Abs 1 Vertrag v 29. 10. 54, BGBl **56** II 487, 763 iVm Nr 6 des Protokolls zum Vertrag, BGBl **56** II 502, vgl BGH DB **82,** 802, Bülow-Arnold B I 391 u E IV 991, 80ff. Danach darf einem Kläger keine Sicherheitsleistung auferlegt werden, soweit ein eigener Staatsangehöriger befreit ist, sofern er im Inland wohnt oder einen ausreichenden Grundbesitz hat. Im Hinblick auf die Vorschriften der Einzelstaaten ist die Gegenseitigkeit wie folgt als verbürgt anzusehen: ja, wenn der Kläger in der BRep einen Wohnsitz hat: Alabama, Alaska (wenn der Kläger einen Wohnsitz im Bezirk des Prozeßgerichts hat), Arizona (wenn der Kläger in der BRep einen Wohnsitz oder ein ausreichendes Vermögen hat), Arkansas, California, Colorado, Connecticut, Delaware, District of Columbia, Florida, Georgia, Idaho, Illinois, Indiana, Iowa, Kansas, Kentucky, Maine, Maryland, Massachusetts, Michigan (wenn der Kläger einen Wohnsitz im Bezirk des Prozeßgerichts hat), Minnesota, vgl grds BPatG GRUR **79,** 396 (vgl aber auch § 110 Anm 3), Missouri, Montana, Nebraska, Nevada, New Hampshire, New Jersey, New York, BGH DB **82,** 802, North Dakota, Ohio, Oregon, Pennsylvania, Puerto Rico, Rhode Island, South Carolina, South Dakota, Utah, Virginia, Washington, West Virginia, Wyoming; ja, wenn dem Kläger eine Prozeßkostenhilfe bewilligt wurde: Louisiana, North Carolina, Oklahoma, Tennessee, Texas, Wisconsin;
im übrigen nein. Die Bundesgerichte wenden im allgemeinen das Recht des Einzelstaats an, in dem sie ihren Sitz haben

Zentralafrikanische Republik ja bei Unterhalt, Art 9 II UNÜbk, BGBl **63** II 108

Zypern ja bei einem Wohnsitz des Klägers in der BRep, Art 14 dt-brit Abk, BGBl **60** II 1518

III
Nachträgliche Ausländersicherheit. **Der Beklagte kann auch dann Sicherheit verlangen, wenn die Voraussetzungen für die Verpflichtung zur Sicherheitsleistung erst im Laufe des Rechtsstreits eintreten und nicht ein zur Deckung ausreichender Teil des erhobenen Anspruchs unbestritten ist.**

1) Geltungsbereich. Die Forderung nach einer Sicherheitsleistung ist eine Zulässigkeitsrüge. Sie ist grundsätzlich nach dem Ablauf der Frist des § 282 III 2 oder doch nach dem

Beginn der Verhandlung zur Hauptsache nicht mehr zulässig, §§ 282 III 1, 296 III. Abweichend von dieser Regel läßt § 111 die Rüge auch nach diesem Zeitpunkt unter folgenden Voraussetzungen zu: a) Die Voraussetzungen der Befreiung von der Sicherheitsleistung sind erst während des Prozesses weggefallen. Das gilt auch dann, wenn ein Urkundenprozeß in das ordentliche Verfahren übergeht; wenn ein Staatsvertrag abläuft; wenn der inländische Staatenlose seinen Wohnsitz ins Ausland verlegt; wenn ein Sicherheitspflichtiger anstelle des Befreiten in den Prozeß eintritt, etwa als Erbe, weil das inhaltlich gleichsteht; b) der Bekl kann außerdem nicht einen Teil des unbestrittenen Anspruchs einbehalten, der seine Prozeßkosten deckt.

In all diesen Fällen ist § 296 III zu beachten. Andernfalls geht die Rüge verloren. Soweit die Sicherheitspflicht wegfällt, hebt das Gericht den Beschluß nach § 110 auf. Die Rückgewähr der Sicherheit erfolgt nach § 109.

Wenn sich die Nämlichkeit des Klägers und seine Vermögensverhältnisse nicht wesentlich ändern, kann § 111 unanwendbar sein, BGH NJW **80**, 839.

2) VwGO: Entsprechend anwendbar, § 173 VwGO, vgl § 110 Anm 4. Der letzte Halbsatz ist bei Leistungsklagen und Feststellungsklagen wegen Geldansprüchen anwendbar, sonst gegenstandslos.

112 Höhe der Ausländersicherheit.
[I] Die Höhe der zu leistenden Sicherheit wird von dem Gericht nach freiem Ermessen festgesetzt.

[II] Bei der Festsetzung ist derjenige Betrag der Prozeßkosten zugrunde zu legen, den der Beklagte wahrscheinlich aufzuwenden haben wird. Die dem Beklagten durch eine Widerklage erwachsenden Kosten sind hierbei nicht zu berücksichtigen.

[III] Ergibt sich im Laufe des Rechtsstreits, daß die geleistete Sicherheit nicht hinreicht, so kann der Beklagte die Leistung einer weiteren Sicherheit verlangen, sofern nicht ein zur Deckung ausreichender Teil des erhobenen Anspruchs unbestritten ist.

1) Bestimmung, I, II. A. Geltungsbereich. Das Gericht bestimmt die Höhe der Ausländersicherheit auf Grund einer mündlichen Verhandlung. In Betracht kommen folgende Fälle:

a) Streit um Sicherheitsleistungspflicht. Es kann um einen Streit über die Pflicht, auch wegen der Höhe gehen. Hier können folgende Entscheidungen ergehen:

aa) Anordnung. Die Sicherheit kann durch ein Zwischenurteil angeordnet werden, BGH DB **82**, 802.

bb) Zurückweisung. Der Antrag auf eine Sicherheitsleistung wird durch ein ebenfalls selbständig anfechtbares Zwischenurteil nach § 280 II zurückgewiesen, vgl aa, BGH **LM** § 110 Nr 8, § 280 Anm 3 A a, Bre NJW **82**, 2737 mwN. Dieses Zwischenurteil ist selbständig anfechtbar, § 280 II, vgl bb, Bre NJW **82**, 2737 mwN, aM 41. Aufl. Das Gericht kann aber auch im Endurteil entscheiden.

b) Frist. Es kann auch um einen Streit nicht über die Pflicht zur Sicherheitsleistung und um die Höhe der Sicherheitsleistung, sondern nur über die Frist nach § 113 gehen. In diesem Fall entscheidet das Gericht durch einen nicht anfechtbaren Beschluß. Ein fälschlich ergangener Beschluß ist nur mit dem Urteil anfechtbar. Er wirkt nicht nach § 113 S 2.

B. Entscheidung. II engt das freie Ermessen des § 107 wegen der Höhe der Sicherheitsleistung ein. Der Ermessensspielraum bleibt nur bei der Schätzung derjenigen Kosten erhalten, die dem Bekl vermutlich entstehen werden, vgl BGH DB **82**, 802. Das übersieht BGH **LM** § 110 Nr 8. Das Gericht muß bei einem sonstigen Verlust der Rüge, vgl aber auch BGH **37**, 267, alle entstandenen und sämtliche bevorstehenden Kosten aller möglichen Instanzen berücksichtigen, also unter Umständen auch schon die Kosten der Revisionsinstanz, abw Ffm NJW **52**, 1418, Schmieder GRUR **82**, 14 mwN (zum Patentnichtigkeitsverfahren, vgl § 81 VII PatG). Daher erfolgt auch eine Anordnung nach § 109 erst nach dem Eintritt der Rechtskraft. Bei einer Klage von Streitgenossen ist § 100 zu beachten. Die Art der Sicherheitsleistung liegt auch hier ganz im freien Ermessen des Gerichts.

2) Abänderung, III. Wenn sich im Prozeß herausstellt, daß eine vom Ausländer geleistete Sicherheit unzulänglich ist, oder wenn der Wert der geleisteten Sicherheit sinkt, dann kann der Bekl eine Erhöhung der Sicherheitsleistung verlangen, soweit er nicht einen zur Deckung seiner Kosten ausreichenden Teil der unbestrittenen Forderung einbehalten kann. Beispiele: Der Kläger erweitert die Klage; es entstehen unvorhergesehene Kosten; eine verlangte Sicherheit ist schon verbraucht, weil sie zu niedrig bemessen war; in der Berufungsinstanz reicht die erstinstanzliche Sicherheitsleistung nicht mehr aus, Ffm NJW **80**, 2032 (wegen einer Privatklage).

Es handelt sich um eine verzichtbare Rüge der Unzulässigkeit, § 282 III, vgl § 110 Anm 2 C, BGH NJW **81**, 2646 mwN, Bre NJW **82**, 2737. Die Entscheidung ergeht wie bei § 112 I.

III ist entsprechend anwendbar, wenn sich endgültig herausstellt, daß die geleistete Sicherheit zu hoch war. Das Gericht muß sie dann herabsetzen.

3) VwGO: Entsprechend anwendbar, § 173 VwGO, vgl § 110 Anm 4.

113 Frist für die Sicherheit.
Das Gericht hat dem Kläger bei Anordnung der Sicherheitsleistung eine Frist zu bestimmen, binnen der die Sicherheit zu leisten ist. Nach Ablauf der Frist ist auf Antrag des Beklagten, wenn die Sicherheit bis zur Entscheidung nicht geleistet ist, die Klage für zurückgenommen zu erklären oder, wenn über ein Rechtsmittel des Klägers zu verhandeln ist, dieses zu verwerfen.

1) Fristsetzung. A. Anordnung. Bei der Anordnung einer jeden Sicherheitsleistung für die Prozeßkosten muß das Gericht eine Frist für die Sicherheitsleistung bestimmen. Es handelt sich um eine richterliche Frist. Sie kann verlängert werden, § 224 II. Ist die Sicherheit geleistet, so bestimmt das Gericht von Amts wegen einen Termin, §§ 216, 495.

B. Erfolgloser Fristablauf. Nach einem erfolglosen Fristablauf wird nicht etwa die Sicherheit beigetrieben, sondern der Prozeß läuft weiter. Der Kläger darf die Sicherheit bis zum Zeitpunkt der Entscheidung leisten. Das ergibt sich übrigens schon aus § 231 II. Es ergibt folgende Entscheidung:

a) Erste Instanz. Dort ergeht ein Urteil. Das Gericht erklärt die Klage für zurückgenommen (unterstellt also ihre Rücknahme). Im übrigen ergeht eine Entscheidung wie bei § 269 III. Gegen das Urteil ist die Berufung nach den allgemeinen Grundsätzen zulässig, BGH **LM** § 547 I 1 Nr 7.

b) Rechtsmittelinstanz. Dort ergeht ebenfalls ein Urteil, das die Klage für zurückgenommen erklärt, falls der Sicherungspflichtige der Rechtsmittelbekl ist. Wenn er der Rechtsmittelkläger ist, verwirft das Berufungsgericht sein Rechtsmittel als unzulässig. Wenn beide Parteien Rechtsmittelkläger sind, dann ist wie bei a zu verfahren.

Im Fall der Säumnis des Klägers kann der Bekl ein Versäumnisurteil in der Sache beantragen oder eine Entscheidung nach § 113 fordern (nach StJ IV ist das kein Versäumnisurteil, weil es nicht auf einer Versäumnis beruht. Vgl aber Üb 3 vor § 330). Eine ordnungsgemäße Bestimmung der Sicherheitsleistung nach § 112 I ist eine Voraussetzung der Entscheidung.

2) VwGO: Entsprechend anwendbar, § 173 VwGO.

Siebenter Titel. Prozeßkostenhilfe und Prozeßkostenvorschuß

Übersicht

Schrifttum: Birkl, Prozeßkosten- und Beratungshilfe, 2. Aufl 1981; Schoreit-Dehn, Beratungshilfegesetz, Prozeßkostenhilfegesetz, Komm, 1982 (Bespr Bergerfurth FamRZ **82**, 1145, Bischof NJW **82**, 2548); Schuster, Prozeßkostenhilfe, 1980; Schneider MDR **81**, 793 (Rspr-Üb). Rechtsvergleichend: Gottwald ZZP **89**, 136.

1) Prozeßkostenhilfe. A. Allgemeines. In der Reihe von Reformen zum Zivilprozeß stellt die Neuregelung der Prozeßkostenhilfe seit 1. 1. 81 keine Meisterleistung dar. Das gewiß ehrliche Bemühen um die Abschaffung zweifelhafter Begriffe wie „Armenrecht", „Armutszeugnis" usw und die Bestrebungen um mehr Fallgerechtigkeit haben neben eindeutigen Verbesserungen, Rabe AnwBl **80**, 271, sowohl im Bereich des Sprachlichen als auch im Verfahren, vor allem aber auch unter dem Gesichtspunkt der Abänderbarkeit getroffener Bewilligungsentscheidungen neue, erhebliche oder gar schwere Mängel mit sich gebracht, „Steine statt Brot", Bischof NJW **82**, 2549. Sie sind im nachfolgenden bei den einschlägigen Vorschriften erläutert. Dort ist auch angegeben, inwiefern verfassungsrechtliche Bedenken gegen einzelne Teile der Neuregelung bestehen.

Auch unter dem Aspekt einer Beschleunigung des Zivilprozesses, den die VereinfNov von 1977 zum Ziel hatte, ist die Neuregelung der Prozeßkostenhilfe alles andere als ein Glanzstück. Vor allem aber besteht die Gefahr, daß der Antragsteller seine persönlichen und wirtschaftlichen Verhältnisse jetzt noch umfassender (und trotz der mit Recht von Holch

NJW **81**, 155 geforderten Anlegung besonderer Beiakten über diese Angaben dennoch im Ergebnis auch zur Kenntnis des Prozeßgegners) ausbreiten muß, als das nach dem angeblich so unzulänglichen Armenrecht alter Fassung der Fall war. Statt des Gangs zur Sozialbehörde und einem dortigen kurzen Gespräch mit dem Sachbearbeiter vor der Ausfüllung des früheren Armutszeugnisses muß jetzt ein umfangreicher Vordruck mit wesentlich detaillierteren Angaben ausgefüllt werden.

Das ist allerdings angesichts des Gebots sparsamer Verwaltung staatlicher Gelder, vgl Ffm FamRZ **82**, 416, durchaus zu begrüßen. Freilich dient es nicht dem erklärten Ziel der Novelle, dem Minderbemittelten den Entschluß zur Rechtsverfolgung oder Rechtsverteidigung zu erleichtern, wenn er merkt, daß er seine Verhältnisse jetzt viel umfassender offenbaren muß als früher.

Die stärksten Bedenken gegenüber der Neuregelung bestehen darin, daß der Gesetzgeber es unterlassen hat, eine erhebliche Verbesserung der wirtschaftlichen Verhältnisse des Antragstellers zu berücksichtigen, sofern sie nach der Bewilligung der Prozeßkostenhilfe eintreten. Ein Abänderungsverfahren ist nicht mehr vorgesehen, § 124 Anm 1, was Grunsky NJW **80**, 2045 zwar an sich einräumt, aber nicht konsequent beachtet. Es liegt auch entgegen AG Friedb FamRZ **82**, 515 leider keine ausfüllungsfähige Gesetzeslücke vor. Die frühere Möglichkeit einer Nachzahlungsanordnung nach § 125 aF für den Fall einer erheblichen Verbesserung der finanziellen Verhältnisse des Begünstigten nach der Bewilligung ist ersatzlos gestrichen worden, § 124 Anm 1. Eine Aufhebung der Prozeßkostenhilfe ist nur unter den engen Voraussetzungen des § 124 zulässig. Eine Unterwanderung dieser gesetzlichen Mängel im Beschwerdeverfahren ist ebenfalls unzulässig.

So kann sich ergeben, daß derjenige, der als Unbemittelter heute eine Prozeßkostenhilfe für einen voraussichtlich allein in dieser Instanz jahrelangen Rechtsstreit erhält, übermorgen durch Erbschaft, Lottogewinn oder neue Geschäftsabschlüsse zum Millionär werden und trotzdem ungerührt die Prozeßkostenhilfe genießen kann, ohne sich irgendwie rechtswidrig zu verhalten und ohne solche grundlegenden Verbesserungen seiner wirtschaftlichen Lage auch nur anzeigen zu müssen. Wenn ihm die Prozeßkostenhilfe ohne irgendeine eigene finanzielle Beteiligung (Ratenzahlungen, Beiträge aus seinem Vermögen) bewilligt wurde, muß die Staatskasse in einem solchen Fall sogar darauf verzichten, wenigstens vom Prozeßgegner Vorschüsse zu fordern usw, § 122 II. Soweit der vorgenannte Antragsteller einen Anwalt beauftragt hat, muß die Staatskasse schon deshalb auch seinem Prozeßgegner dessen Anwalt zumindest vorfinanzieren, sofern die persönlichen und sachlichen Voraussetzungen für eine Prozeßkostenhilfe beim Prozeßgegner vorlagen. Das gilt selbst im Parteiprozeß, § 121 II 1 Hs 2. Alle diese Ergebnisse haben mit einer Gerechtigkeit der angestrebten Art kaum noch etwas gemein, sobald sich die wirtschaftliche Lage des Begünstigten nach der Entscheidung über die Bewilligung verbessert hat.

Andererseits läuft der Antragsteller auch dann kein Risiko, wenn sich seine wirtschaftliche Lage seit der Entscheidung über den (ersten) Antrag auf eine Prozeßkostenhilfe wesentlich verschlechtert hat. Jedenfalls bis zur Entscheidung in der Hauptsache kann er jederzeit auf Grund neuer Zahlenangaben ein weiteres Gesuch auf eine Prozeßkostenhilfe stellen bzw eine Herabsetzung oder Streichung der Ratenzahlungspflicht fordern, Schuster NJW **81**, 27, Grunsky NJW **80**, 2045.

Die Staatskasse ist demgegenüber bis auf seltene Ausnahmefälle an die Entscheidung des Gerichts gebunden, so daß im Ergebnis eine ganz erhebliche Verlagerung des wirtschaftlichen Risikos zu Lasten der Staatskasse stattgefunden hat.

Überdies sind die bundesweit längst überforderten Zivilrichter durch ihre umfangreichen Zusatzaufgaben im Rahmen des Verfahrens über die Prozeßkostenhilfe zusätzlich mit Rechenaufgaben belastet worden, die man getrost dem Rpfl hätte überlassen dürfen, und werden zur Anwendung von Vorschriften aus Rechtsbereichen des Sozialhilferechts gezwungen, für die in den meisten auch größeren Bibliotheken der ordentlichen Gerichtsbarkeit keine oder fast keine Literatur vorhanden ist. Alles das wird das Verfahren verteuern und verlangsamen. Ein fragwürdiger Fortschritt.

Unter diesen Umständen ist eine gewisse Großzügigkeit gegenüber dem Antragsteller einerseits problematisch, andererseits unvermeidbar, um den Nebenschauplatz der Prozeßkostenhilfe nicht zu einem weiteren Hauptkampfplatz zu machen. Bei dieser Grundhaltung sollte sich das Prozeßgericht des Umstands bewußt bleiben, daß es bei der Entscheidung über eine Prozeßkostenhilfe als ein Organ staatlicher Daseinsvorsorge und Sozialhilfe im Bereich der Rechtspflege tätig wird, Christl NJW **81**, 785 mwN. Diese Aufgaben sind mit dem GG vereinbar, BVerfG **35**, 355 mwN, Hbg FamRZ **78**, 916, Hiendl DRiZ **74**, 311, vgl auch Anh I § 21 GVG.

Die (staatliche) Prozeßkostenhilfe ist grundsätzlich für jede Verfahrensart zulässig, auch für einen Rechtsstreit vor dem Amtsgericht. Sie ist nicht vor dem Schiedsgericht statthaft. Die Prozeßkostenhilfe ist grundsätzlich für jeden Rechtszug besonders zu beantragen und zu bewilligen, § 127 I 2, § 117. Wegen einer einstweiligen Anordnung betreffend einen Prozeßkostenvorschuß in einer Unterhaltssache vgl § 127a.

B. Sorgfältige Prüfung. Trotz der in A empfohlenen gewissen Großzügigkeit muß das Gericht vor der Bewilligung sorgfältige Prüfungen vornehmen. Für die Staatskasse ist die Prozeßkostenhilfe mehr denn je eine schwere Belastung. So sehr der Minderbemittelte unverzüglich Beistand verdient, um zu seinem Recht zu kommen, so verwerflich ist es, ihm einen faulen Prozeß aus fremder Tasche zu ermöglichen.

Freilich kann die Verweigerung einer Prozeßkostenhilfe aus grundsätzlichen Erwägungen, die keine sachliche Rechtfertigung haben, wegen eines Verstoßes gegen Art 3 I GG verfassungswidrig sein, vgl BVerfG **56**, 144 (zum alten Recht).

2) Andere Vergünstigungen. Auf einem anderen Gebiet liegen die persönliche Gebührenfreiheit, § 2 GKG; die Nichterhebung solcher Kosten, die durch eine falsche Sachbehandlung entstanden, § 8 GKG; die Niederschlagung von Kosten wegen Vermögenslosigkeit, § 2 VO v 20. 3. 35, RGBl 406, und die AV der Länder hierzu, vgl Hartmann VII D. Alle diese Vergünstigungen betreffen ausschließlich die Gerichtskosten.

Von der Prozeßkostenhilfe ist auch die staatliche Finanzierung der Kosten eines beigeordneten Anwalts für einen Rechtsuchenden, der außerhalb eines gerichtlichen Verfahrens rechtlichen Beistand benötigt, durch das Beratungshilfegesetz v 18. 6. 80, BGBl 689, Anh § 127, zu unterscheiden.

Der Notar hat einem Beteiligten, dem eine Prozeßkostenhilfe zu bewilligen wäre, seine Urkundstätigkeit vorläufig gebührenfrei oder gegen Zahlungen von Monatsraten zu gewähren, § 17 II BNotO. Einzelheiten Appell DNotZ **81**, 596.

3) Arbeitsgericht. Im Verfahren vor den Arbeitsgerichten gelten die §§ 114 ff entsprechend, § 11a III ArbGG. LAG Hamm DB **81**, 1576 sieht darin keine Befreiung von den Gerichtskosten. Die erforderlichen Vordrucke für die Angaben über die persönlichen und wirtschaftlichen Verhältnisse des Antragstellers werden nach § 11a IV ArbGG vom Bundesminister für Arbeit und Sozialordnung eingeführt; vgl die VO v 24. 11. 80, BGBl 2163. Einzelheiten und Kritik Koch AuR **81**, 43, Lepke DP **81**, 1927, Leser NJW **81**, 791, Schmidt RdA **81**, 224.

4) Finanzgericht. Im Verfahren vor dem Finanzgericht kommt die Beiordnung eines Steuerberaters und seine Vergütung im Weg der Prozeßkostenhilfe in Betracht, § 46 StBGebV, vgl Hartmann VII B 6 C. Zu einigen Besonderheiten des finanzgerichtlichen Verfahrens BFH BB **82**, 1534.

5) Patentgericht. Vgl Kelbel GRUR **81**, 5 (Üb). Im Verfahren vor den Patentgerichten und vor dem BGH in Patentsachen gibt es neben dem Unterschied, daß das Gesetz dort von Verfahrenskostenhilfe spricht, einige inhaltliche Abweichungen, §§ 129 ff PatG; im übrigen gelten die §§ 114 ff sinngemäß § 136 PatG, BPatGE GRUR **82**, 363. Dasselbe gilt nach § 12 II GebrMG und nach §§ 44 V 2, 46 III 2 SortenSchG.

6) Sozialgericht. Im Verfahren vor den Sozialgerichten kann einem Beteiligten für die Kosten des besonderen Vertreters die Prozeßkostenhilfe bewilligt werden. Auf die Bewilligung sind die §§ 114 ff entsprechend anwendbar, § 72 V SGG, LSG Mainz AnwBl **81**, 409, SG Stgt AnwBl **80**, 422. Üb bei von Maydell NJW **81**, 1181, Plagemann AnwBl **81**, 170.

7) Ausländer, Mehrstaater, Staatenloser. Eine natürliche Person ist als Ausländer, Mehrstaater oder Staatenloser wie ein Inländer zu behandeln, § 114 Anm 2 A d und B h. Wegen einer ausländischen juristischen Person und einer ausländischen parteifähigen Vereinigung s Anh § 114 Anm 1.

8) Aus der Entstehungsgeschichte der Novelle. Vgl auch Schuster ZZP **93**, 361. Däubler BB **69**, 545, Fechner JZ **69**, 349 gaben erste Anstöße zu einer unübersehbar umfangreichen Debatte. Die Bundesregierung legte dann am 20. 4. 79 – BR-Dr 187/79 – einen Entwurf vor. Der Bundesrat nahm am 1. 6. 79 Stellung. Daraufhin übersandte die Bundesregierung ihren Entwurf und die Stellungnahme des Bundesrates sowie ihre eigene Auffassung zu jener Stellungnahme am 13. 7. 79 dem Bundestag – BT-Drs 8/3068 –. Der Rechtsausschuß nahm am 22. 2. 80 kritisch Stellung – BT-Drs 8/3694 –. Der Bundestag verabschiedete den Entwurf am 29. 2. 80 – BR-Drs 114/80 –. Der Bundesrat rief am 21. 3. 80 den Vermittlungsausschuß an – Plenarprotokoll 484 –. Der Vermittlungsausschuß nahm am 16. 4. 80 Stellung – BT-Drs 8/3905 –. Der Bundestag verabschiedete das Gesetz auf der Basis der

7. Titel. Prozeßkostenhilfe und Prozeßkostenvorschuß **Übers § 114, § 114**

Empfehlung des Vermittlungsausschusses am 25. 4. 80 erneut – BR-Drs 173/80 –. Der Bundesrat stimmte dem Gesetz am 9. 5. 80 zu – Plenarprotokoll 486 –. Das Gesetz wurde am 13. 6. 80 verkündet, BGBl 677. Es ist im wesentlichen am 1. 1. 81 in Kraft getreten. Es ist in Westberlin durch G v 3. 7. 80, GVBl 1146, übernommen worden.

9) *VwGO:* Nach § 166 VwGO gelten die Vorschriften über die Prozeßkostenhilfe entsprechend für alle Verfahren der Verwaltungsgerichtsbarkeit. Eine Zuständigkeit des RPfl entfällt, Anh § 153 GVG Anm 1, vgl Nr X der DfRegelung, NJW *81,* 804.

114 *Voraussetzungen.* Eine Partei, die nach ihren persönlichen und wirtschaftlichen Verhältnissen die Kosten der Prozeßführung nicht, nur zum Teil oder nur in Raten aufbringen kann, erhält auf Antrag Prozeßkostenhilfe, wenn die beabsichtigte Rechtsverfolgung oder Rechtsverteidigung hinreichende Aussicht auf Erfolg bietet und nicht mutwillig erscheint. Für die Bewilligung der Prozeßkostenhilfe sind die nachfolgenden Vorschriften und die diesem Gesetz als Anlage 1 beigefügte Tabelle maßgebend.

Anlage 1 (zu § 114)

Unabhängig von der Zahl der Rechtszüge sind höchstens 48 Monatsraten nach der folgenden Tabelle aufzubringen:

Nettoeinkommen auf volle Deutsche Mark abgerundet monatlich						Monatsrate
bei Unterhaltsleistungen auf Grund gesetzlicher Unterhaltspflicht für						
0	1	2	3	4	5 Personen*	Deutsche Mark
bis 850	1300	1575	1850	2125	2400	0
900	1350	1625	1900	2175	2450	40
1000	1450	1725	2000	2275	2550	60
1100	1550	1825	2100	2375	2650	90
1200	1650	1925	2200	2475	2750	120
1300	1750	2025	2300	2575	2850	150
1400	1850	2125	2400	2675	2950	180
1500	1950	2225	2500	2775	3050	210
1600	2050	2325	2600	2875	3150	240
1800	2250	2525	2800	3075	3350	300
2000	2450	2725	3000	3275	3550	370
2200	2650	2925	3200	3475	3750	440
2400	2850	3125	3400	3675	3950	520

* Bei Unterhaltsleistungen für mehr als 5 Personen erhöhen sich die in dieser Spalte angeführten Beträge um 275 Deutsche Mark für jede weitere Person.

Vorbem. Fassg Art 1 Z 4 (Text des § 114) und Z 16 (Anlage 1) G v 13. 6. 80, BGBl 677, in Kraft seit 1. 1. 81, Art 7 I. Entspricht teilweise dem § 114 I aF.

Übergangsrechtlich gilt, von Grunsky NJW *80,* 2046 übersehen, dessen

Art. 5. Z 1. Die Vorschriften dieses Gesetzes, die die Prozeßkostenhilfe betreffen, sind nicht anzuwenden in Verfahren, die vor dem Inkrafttreten dieses Gesetzes anhängig geworden sind und in denen nach den bisher geltenden Vorschriften Armenrecht bewilligt worden ist. In diesen Verfahren sind die bisher geltenden Vorschriften anzuwenden. Das gleiche gilt in Verfahren, in denen vor dem Inkrafttreten dieses Gesetzes ein Rechtsanwalt nach § 625 der Zivilprozeßordnung oder § 11a des Arbeitsgerichtsgesetzes beigeordnet worden ist.

Gliederung

1) **Allgemeines**
2) **Voraussetzungen, S 1**
   A. Persönliche Voraussetzungen
      a) Persönliche Verhältnisse
      b) Wirtschaftliche Verhältnisse
      c) Einzelheiten
      d) Ausländer, Mehrstaater, Staatenloser
   B. Sachliche Voraussetzungen
      a) Hinreichende Erfolgsaussicht
      b) Fehlen von Mutwillen
         aa) Grundsatz
         bb) Beispiele eines Mutwillens
         cc) Weitere Einzelfragen
      c) Teilklage
      d) Stufenklage
      e) Widerklage
      f) Vergleich
      g) Mehrere Klaganträge
      h) Ausländer, Mehrstaater, Staatenloser
      i) Prozeßkostenhilfeverfahren
3) **Prozeßarten**
4) **Rechtsmittelinstanz**
5) **Kosten der Prozeßführung**
6) **VwGO**

1) Allgemeines. Die Vorschrift nennt die Grundgedanken der Prozeßkostenhilfe und umschreibt einen wesentlichen Teil ihrer Voraussetzungen. Der vergleichbare § 114 I aF war mit dem GG vereinbar, BVerfG **35**, 353 mwN. Diese Überlegung dürfte auch gegenüber der Neufassung gelten, Kblz FamRZ **83**, 735. Art 20 I GG gebietet es, dem Minderbemittelten einen Rechtsschutz zu sichern, der dem des Begüterten wenigstens einigermaßen entspricht, BVerfG **10**, 270, BGH **70**, 237. AG Essen NJW **81**, 1632 hat allerdings ein Entmündigungsverfahren dem BVerfG vorgelegt.

Die Vorschiebung eines Minderbemittelten zum Zweck der Benachteiligung des Prozeßgegners oder der Staatskasse wäre aber sittenwidrig. In einem solchen Fall muß dem Antragsteller trotz des scheinbaren Vorliegens aller Voraussetzungen der Bewilligung die Prozeßkostenhilfe versagt werden, vgl schon (jeweils zum alten Recht) BGH **LM** § 114 aF Nr 11, Schneider DB **78**, 288 mwN. Das gilt zB dann, wenn ein bemittelter Gläubiger seine Forderung an einen Minderbemittelten treuhänderisch abtritt oder wenn bemittelte Mitberechtigte einen minderbemittelten anderen Mitberechtigten zur Prozeßführung ermächtigen. Auch der Ehegatte, der nach § 1360a IV BGB einen Prozeßkostenvorschuß fordern kann, darf sich nicht mittellos machen, indem er auf diesen Vorschuß verzichtet. Wegen einer einstweiligen Anordnung vgl §§ 127a, 620 Z 9, 621f. Wegen der Folgesachen vgl § 624 II.

Der bloße Versuch der Erschleichung einer Prozeßkostenhilfe ist versuchter Betrug. Eine bloß unwahre Behauptung kann bereits für die Strafbarkeit ausreichen. Vgl insofern § 117 Anm 1.

2) Voraussetzungen, S 1. A. Persönliche Voraussetzungen. Die Prozeßkostenhilfe darf nur insofern bewilligt werden, als der Antragsteller nach seinen persönlichen und wirtschaftlichen Verhältnissen die Kosten der Prozeßführung nicht, nur zum Teil oder nur in Raten aufbringen kann. Maßgeblich ist der tatsächliche Lebensaufwand, Ffm Rpfleger **82**, 159. In diesem Zusammenhang ist im einzelnen folgendes zu beachten:

a) Persönliche Verhältnisse. Die persönlichen Verhältnisse des Antragstellers sind nach dem Gesetzeswortlaut von seinen wirtschaftlichen Verhältnissen zu unterscheiden. In der Praxis läßt sich eine solche Trennung kaum durchführen. Immerhin ist zB denkbar, daß ein Antragsteller zwar derzeit noch bemittelt ist, jedoch nachweisbar langfristig derart erkrankt ist, daß diese immaterielle Beeinträchtigung dazu zwingt, ihm sein Vermögen und seine derzeitigen Einkünfte zu belassen, da ihnen ein entsprechend hoher Augenblicksbedarf und eine ausreichende Vorsorgepauschale entgegengesetzt werden müssen.

Im Gegensatz zum früheren Recht braucht das Gericht nicht mehr zu prüfen, ob durch die auch nur teilweise Bezahlung der voraussichtlichen Prozeßkosten sogar eine Gefährdung des notwendigen Unterhalts des Antragstellers und seiner Familie eintreten würde. Insofern ist das neue Recht für den Antragsteller günstiger. Eine Bewilligung kommt schon dann in Betracht, wenn man noch keineswegs von einer Gefährdung des notwendigen Unterhalts sprechen kann. Andererseits darf die Prozeßkostenhilfe aber weder in voller Höhe noch wegen eines Teils der Prozeßkosten schon dann bewilligt werden, wenn eine bloße Gefährdung der Zahlungsfähigkeit vage möglich oder nicht auszuschließen ist. Es muß im Zeitpunkt der Entscheidung über den Antrag ein echtes, wenn auch vielleicht nur teilweises oder vorübergehendes, persönliches Unvermögen zur Zahlung vorliegen, eine wenigstens wahrscheinliche Unfähigkeit.

Das Gericht sollte die Anforderungen an diese Voraussetzung der Bewilligung nicht zu niedrig ansetzen. Der Gesetzgeber hat für den Zivilprozeß keinen Nulltarif eingeführt, KG

NJW **82**, 111, und ebensowenig denjenigen nachgegeben, die in noch weit stärkerem Maße das finanzielle Risiko eines Zivilprozesses herabmindern wollten. So großzügig das Gericht bei der Prüfung der formellen Voraussetzungen und der wirtschaftlichen Einzelfaktoren vorgehen darf, so wenig sollte es schon im Grundsatz jedem die Prozeßkostenhilfe bewilligen, der irgendwelche kaum nachprüfbaren Behauptungen aufstellt, durch die sein finanzielles Unvermögen dargetan werden soll.

Die bisherige Rechtsprechung und Literatur zu § 114 aF ist nur noch eingeschränkt verwertbar, vgl zB Köln FamRZ **83**, 638. Die meisten Abgrenzungsgesichtspunkte sind dadurch überholt, daß das neue Recht die Möglichkeit der Ratenzahlung oder der finanziellen Beteiligung an den Prozeßkosten aus dem Vermögen des Antragstellers geschaffen hat und dadurch versucht, die Grenzfälle der nicht völlig Unbemittelten, aber eben auch nicht genügend Bemittelten zu erfassen.

b) Wirtschaftliche Verhältnisse. Vgl zunächst a. Bei der Prüfung der wirtschaftlichen Situation im engeren Sinne (im Gegensatz zu der auch immateriellen Gesichtspunkte umfassenden persönlichen Situation) des Antragstellers ist das Gericht stärker an die Einzelvorschriften der §§ 114ff gebunden. Auch hier sollte bei aller Großzügigkeit im einzelnen doch keine allzu vorschnelle oder zu umfassende Bewilligung der Prozeßkostenhilfe erfolgen. Es ist zwar nicht die Aufgabe des Prozeßgerichts, durch eine zurückhaltende Bewilligung einer Flut von weiteren Prozessen vorzubeugen; das Gesetz befugt und verpflichtet das Prozeßgericht aber zu einer Ablehnung, solange das Gericht das wirkliche Unvermögen der Partei zu einer teilweisen oder gänzlichen Bezahlung der voraussichtlichen Prozeßkosten nicht zumindest als wahrscheinlich ansehen muß, also als glaubhaft, § 118 II 1.

c) Einzelheiten. Unter dem Vorbehalt einer nur noch bedingten Verwertbarkeit der Rechtsprechung und Lehre zum alten Recht, a, lassen sich etwa folgende Gesichtspunkte beibehalten, vgl auch zu vielen Einzelfragen Christl NJW **81**, 786, Kohte DB **81**, 1175: Der Antragsteller kann auch dann derzeit unvermögend sein, wenn er das Geld mit der Zeit zurücklegen könnte. Die Entscheidung darf ohnehin nicht hinausgeschoben werden, BGH **10**, 139, vgl Stgt JZ **57**, 23. Der Antragsteller ist aber nicht unvermögend, wenn er sofort Außenstände einziehen kann, KG NJW **74**, 1338, auch durch einen Kredit, der seinen Unterhalt nicht gefährdet, Ffm MDR **79**, 587, Hamm NJW **60**, 344, aM Kohte DB **81**, 1176, Schneider MDR **81**, 2, oder wenn er die erforderlichen Mittel binnen weniger Monate aufbringen kann, Hbg MDR **75**, 61, KG NJW **82**, 112. Im letzteren Fall kommt freilich eine Zubilligung der Prozeßkostenhilfe für einen Teil der Prozeßkosten oder zunächst in voller Höhe gegen eine Leistung von Monatsraten ab Beginn des voraussichtlich vermögenderen Zeitraums in Betracht, im Ergebnis ebenso Grunsky NJW **80**, 2043.

Eine Rechtsschutzversicherung, die die Kosten dieses Prozesses deckt, führt zur Versagung der Prozeßkostenhilfe, BGH Rpfleger **81**, 437, LAG Düss AnwBl **82**, 77. Freilich braucht sich der Versicherungsnehmer nicht auf einen Deckungsprozeß verweisen zu lassen, LAG Düss AnwBl **82**, 77.

Im übrigen ergeben sich die Belastbarkeitsgrenzen im einzelnen aus § 115 und den dort genannten Vorschriften des BSHG und der VO zu § 88 IV BSHG; s bei § 115. Zins- und Tilgungsleistungen für ein sozial angemessenes Eigenheim sind absetzbar, Mü MDR **81**, 852.

Ein verfügbares Kapital ist natürlich einzusetzen, vgl Ffm FamRZ **82**, 416, Karlsr NJW **59**, 1373, Grunsky NJW **80**, 2042. Der Nutzungswert der eigengenutzten Wohnung ist mitzubeachten, Haas DB **76**, 2198, aM Christl NJW **81**, 787 mwN. Freilich braucht der Antragsteller grundsätzlich kein Darlehen usw aufzunehmen, KG NJW **77**, 1827, vgl Mü NJW **81**, 2129, Grunsky NJW **80**, 2041, aM ThP § 115 Anm 3a. Eine Brandentschädigung ist nicht zu verwenden, ebensowenig grundsätzlich ein Schmerzensgeld, vgl Bre NJW **57**, 1931, insofern aM Karlsr NJW **59**, 1373; freilich kann bei einem kleinen Streitwert die Verwendung eines erhaltenen hohen Schmerzensgeldbetrags zumutbar sein, Bre NJW **57**, 1931, LG Dortm VersR **74**, 503, insofern aM KG VersR **79**, 870, Kohte DB **81**, 1177. Ausnahmsweise kann auch ein zweckgebundener Entschädigungsbetrag anzugreifen sein, insbesondere wenn er hoch ist. Das kommt freilich bei einer arbeitsrechtlichen Abfindung kaum infrage, LAG Bln NJW **81**, 2775.

Ein durchsetzbarer Anspruch auf einen Prozeßkostenvorschuß ist grundsätzlich zu berücksichtigen, Ffm (17. ZS) FamRZ **83**, 588 und (22. ZS) VersR **81**, 1161, KG NJW **82**, 112, Mü AnwBl MDR **82**, 176, aM Ffm (11. ZS) FamRZ **82** 193, aber nicht, wenn es um eine einstweilige Verfügung auf die Zahlung eines vorläufigen Unterhalts geht, Düss FamRZ **82**, 513, oder wenn seine Durchsetzung auf Schwierigkeiten stoßen kann, Köln FamRZ **82**, 417, Schneider MDR **81**, 2, oder wenn er sonstwie nicht vollwertig ist, Bbg FamRZ **79**, 846 Ffm NJW **81**, 2129, so wohl auch LAG Hamm BB **82**, 438, aM Grunsky NJW **80**, 2043, oder wenn es um eine Ehelichkeitsanfechtung geht, Ffm FamRZ **83**, 827 mwN, aM zB Hamm DAVorm **82**, 380. Zur Problematik des Prozeßkostenvorschusses Bre MDR **82**, 937 mwN, LG Kiel SchlHA **82**, 170, Cambeis AnwBl **80**, 176, Kohte DB **81**, 1178 mwN.

Entscheidend ist die Höhe der sofort aufzubringenden Kosten im Verhältnis zum zumutbar Verfügbaren; bei sehr hohen Kosten ist man also trotz verhältnismäßig hohen Einkommens evtl unbemittelt.

Ein Grund für die Bewilligung einer Prozeßkostenhilfe kann auch darin liegen, daß eine Überweisung von der DDR in die BRep nicht möglich ist, falls hier kein Vermögen vorhanden ist, Kassel NJW **49**, 187. Anders liegt es aber, wenn der Antragsteller alle Gelder aus der BRep, in der er klagen will, abzieht und sich dadurch unvermögend macht, ähnlich Bbg JZ **51**, 593, wie überhaupt im Fall, daß sich jemand böswillig zahlungsunfähig macht, BGH NJW **59**, 884, Köln FamRZ **83**, 635 mwN, Schlesw SchlHA **79**, 41.

Andererseits steht ein Verschulden sonstiger Art bei der Entstehung des wirtschaftlichen Unvermögens der Bewilligung der Prozeßkostenhilfe nicht grundsätzlich entgegen, BGH NJW **59**, 884, Ffm AnwBl **82**, 491, Schlesw SchlHA **79**, 40. Die Prozeßkostenhilfe darf also nicht schon deshalb abgelehnt werden, weil der Antragsteller Abzahlungspflichten eingegangen ist, die seinem Einkommen angemessen waren, KG AnwBl **81**, 507, aM Ffm FamRZ **82**, 416, Hbg AnwBl **75**, 139 (die Möglichkeiten der §§ 114ff dienten nicht der Finanzierung solcher Pflichten). Wenn sich der Antragsteller aber durch die Aufnahme einer zumutbaren Arbeit die erforderlichen Mittel unschwer beschaffen könnte, darf die Bewilligung nicht erfolgen, KG NJW **82**, 112, Köln FamRZ **83**, 638 je mwN und 942, Schneider MDR **81**, 2; dasselbe gilt, wenn sich der Antragsteller erst nach der Anhängigkeit verschuldet hat, Zweibr Rpfleger **81**, 366, oder wenn er die Vermögenslosigkeit in der Absicht herbeigeführt hat, Prozeßkostenhilfe zu erlangen, vgl Einl III 6 A, Ffm AnwBl **82**, 491.

Ein besonders teurer Pkw kann auch dann gegen die Bewilligung sprechen, wenn der Antragsteller angeblich von der Unterstützung anderer lebt, Ffm Rpfleger **82**, 159.

Eine Möglichkeit, über eine Abzweigung nach § 48 SGB-AT einfacher und kostengünstiger zum Unterhalt zu kommen, behindert den Anspruch auf eine Prozeßkostenhilfe für eine Unterhaltsklage nicht, Oldb FamRZ **82**, 418.

Wer ein fremdes Recht aus eigenem oder fremden Recht geltend macht, Grdz 4 vor § 50, muß grundsätzlich dartun, daß er und der Dritte unvermögend sind, vgl BGH **LM** § 114 aF Nr 4, Hamm VersR **82**, 381, Seetzen NJW **78**, 1353. Der vermögende Zedent darf also den unvermögenden Antragsteller nicht vorschieben, um einen billigen Prozeß zu führen, BGH **47**, 292, Schneider DB **78**, 289. Soweit aber der vermögenslose Zedent sein Prozeßführungsrecht sonst nicht durchsetzen könnte, kommen nur seine persönlichen Vermögensverhältnisse in Betracht, Hamm VersR **82**, 1068 mwN. Soweit eine Partei kraft Amts, eine inländische juristische Person oder eine inländische parteifähige Vereinigung klagen, regeln sich die wirtschaftlichen Voraussetzungen nach § 116. Soweit im übrigen ein Vertreter klagt, muß der Vertretene unvermögend sein. Das Recht der Prozeßkostenhilfe hat lediglich eine Hilfsfunktion, Ffm FamRZ **79**, 594; derjenige, dem ein Dritter einen Vorschuß leisten muß, muß vergeblich versucht haben, einen Vorschuß zu erlangen, Köln FamRZ **79**, 964. Er muß also diesen Versuch oder das Unvermögen des Vorschußpflichtigen dartun, Mü FamRZ **79**, 42. Köln NJW **75**, 353 versagt die Bewilligung nur, falls der Anspruch auf einen Prozeßkostenvorschuß unzweifelhaft in kürzester Zeit durchsetzbar ist, § 127a.

Wenn die Partei zu einem am Prozeßausgang interessierten Dritten in engen Rechtsbeziehungen anderer als der in § 116 erwähnten Art steht, muß sie die Vermögenslosigkeit auch des Dritten glaubhaft machen, Köln MDR **54**, 235. Dazu gehört aber nicht ein Gläubiger-Schuldner-Verhältnis, BGH NJW **54**, 1933, Schneider DB **78**, 289. Der Pfändungsschuldner ist trotz der Überweisung der Forderung zur Einziehung an einen Dritten weiter selbst an der Zahlung an diesen interessiert, braucht also dessen Vermögenslosigkeit nicht nachzuweisen, BGH **36**, 280, Schneider DB **78**, 289, aM Köln NJW **55**, 1116.

Stgt Rpfleger **81**, 24 wendet die Tabelle zu § 114 auch auf eine nach dem Inkrafttreten des neuen Rechts in einem Altfall entstehende Nachzahlungspflicht an.

d) Ausländer, Mehrstaater, Staatenloser. Während § 114 II aF einem Ausländer das Armenrecht nur insoweit zubilligte, als die Gegenseitigkeit verbürgt war, und einem Staatenlosen das Armenrecht nur zubilligte, wenn es ihm als Inländer zu gewähren wäre, hat der RAusschuß den Vorschlag der BReg, das frühere Recht insofern aufrechtzuerhalten, verworfen. Das bedeutet nicht etwa, daß die Prozeßkostenhilfe einem Ausländer, Mehrstaater oder Staatenlosen nicht bewilligt werden dürfte. Diese Personen sind vielmehr ebenso wie Inländer zu behandeln, BT-Drs 8/3694. Es kommt also auf eine etwaige Gegenseitigkeit nicht mehr für einen Prozeß im Inland, sondern allenfalls für einen solchen im Ausland an.

Das gilt allerdings nur für eine natürliche Person als Antragsteller, was Grunsky NJW **80**, 2043 übersieht. Bei einer juristischen Person oder einer parteifähigen Vereinigung stellt § 116 Z 2 ähnlich wie § 114 IV aF das Erfordernis auf, daß sie inländisch sein, also ihren (Haupt-) Sitz im Inland haben muß. Die DDR ist kein Ausland, Einl III 8 B.
Vgl wegen der ausländischen Rechte Anh § 114.

B. Sachliche Voraussetzungen. Diese waren bei der Neufassung der §§ 114 ff politisch lebhaft umstritten. Die BReg hatte die Abgrenzungskriterien nach altem Recht insofern übernommen. Der BRat hatte in seiner Stellungnahme Ergänzungen für den Fall eines Versicherungsschutzes des Antragstellers oder seiner Kreditfähigkeit verlangt. Dem hatte die BReg in ihrer Gegenäußerung widersprochen. Der RAusschuß hatte sodann die sachlichen Voraussetzungen gegenüber dem früheren Recht erheblich erleichtert und eine Bewilligung der Prozeßkostenhilfe solange vorgesehen, bis feststehe, daß die Rechtsverfolgung oder Rechtsverteidigung keine hinreichende Erfolgsaussicht biete oder mutwillig sei. Der Vermittlungsausschuß kehrte zur Ursprungsfassung und damit zu den Kriterien des alten Rechts zurück und verkürzte den Text sprachlich. Im wesentlichen ist insofern daher der frühere Rechtszustand aufrechterhalten worden, Grunsky NJW **80**, 2042.

Insofern sind auch die Rechtsprechung und die Lehre zum alten Recht nahezu uneingeschränkt weiterhin verwertbar. Auf dieser Basis sind im einzelnen folgende Gesichtspunkte zu beachten:

a) Hinreichende Erfolgsaussicht. Prozeßkostenhilfe kommt für alle bürgerlichen Rechtsstreitigkeiten vor Gericht in Betracht. Die beabsichtigte Rechtsverfolgung oder Rechtsverteidigung muß eine hinreichende Aussicht auf Erfolg bieten. Der Erfolg braucht also zwar noch nicht gewiß zu sein, muß aber immerhin nach den vorhandenen Gegebenheiten eine gewisse Wahrscheinlichkeit für sich haben.

Das Gericht muß auch in diesem Zusammenhang bedenken, daß weder eine abschließende Prüfung der Erfolgsaussichten noch eine allzu summarische Abschätzung erlaubt sind. Im übrigen reicht die Glaubhaftmachung der tatsächlichen Angaben des Antragstellers nicht nur zu seinen persönlichen und wirtschaftlichen Verhältnissen, sondern auch zu denjenigen Umständen aus, die für die Erfolgsaussichten maßgeblich sind, § 118 II 1. Eine solche Glaubhaftmachung befreit das Gericht zwar nicht von der Verpflichtung zur Amtsermittlung im Rahmen des § 118, bietet aber immerhin bereits erhebliche Anhaltspunkte für die Beurteilung.

Sobald eine Beweisaufnahme auch nur ernsthaft in Betracht kommt, sei es zu einer Behauptung des Antragstellers, sei es gar zu einer solchen des Prozeßgegners, ist die Erfolgsaussicht im allgemeinen hinreichend, vgl LSG Mainz AnwBl **81**, 409 mwN. Das gilt selbst dann, wenn der Antragsteller zum Beweis lediglich einen Antrag auf die Vernehmung des Prozeßgegners als Partei stellen will oder kann, Schlesw SchlHA **79**, 142, Schneider MDR **77**, 621 mwN. Freilich ist auch insofern kein Schematismus zulässig.

Der Antragsteller muß schon und noch der Gläubiger der fraglichen Forderung sein, Hamm FamRZ **80**, 457 (auch zu Ausnahmen in den Fällen der §§ 90, 91 BSHG). Soweit eine Unterhaltsabänderungsklage nach § 323 in Betracht kommt, kann es unzureichend sein, lediglich auf Unterhaltstabellen einzelner OLG abzustellen, KG FamRZ **78**, 933.

Auch der Streithelfer kann eine Prozeßkostenhilfe erhalten, soweit nicht nach dem Sinn und Zweck der §§ 114–127 Bedenken entgegenstehen, Bre AnwBl **81**, 71.

Für den zukünftigen oder gegenwärtigen Bekl kann bereits ein substantiiertes Bestreiten eine hinreichende Erfolgsaussicht geben, selbst wenn er überhaupt keinen Beweis antritt, Schneider MDR **77**, 621 mwN. Auch die Rechtsverteidigung ist im Grunde eine Rechtsverfolgung. Jedoch darf das Gericht dem mittellosen Bekl eine Prozeßkostenhilfe nur dann versagen, wenn nur für ihn keinerlei Erfolgsaussicht besteht, so schon (nach altem Recht) Celle NJW **58**, 187, LG Mannh ZMR **74**, 337.

Im Scheidungsverfahren gilt im wesentlichen: Wenn der Gegner des Scheidungsantrags eine Prozeßkostenhilfe beantragt, muß das Gericht prüfen, ob sein Antrag eine hinreichende Erfolgsaussicht hat; es kommt auf den Erfolg der beabsichtigten Rechtsverteidigung als Ganzes an, weniger also auf die Abwehraussicht gegenüber dem Scheidungsantrag, Düss zB FamRZ **81**, 265, KG FamRZ **79**, 536, Köln FamRZ **82**, 1224 mwN, abw Düss NJW **78**, 1865, Zweibr FamRZ **79**, 847 mwN. Die Ausfüllung der Formulare in Scheidungsverfahren für den Versorgungsausgleich kann nicht stets, wohl aber je nach der Lage des Einzelfalls eine Voraussetzung der Bewilligung einer Prozeßkostenhilfe werden, Hamm FamRZ **80**, 180. Auch im Verbundverfahren von Scheidungs- und Folgesachen ist die Frage, ob eine hinreichende Erfolgsaussicht besteht, für jede einzelne zum Verbund gehörende Folgesache zu prüfen, KG FamRZ **80**, 715.

Im Ehelichkeitsanfechtungsprozeß ist auch eine Beteiligung des Bekl zwecks Unterstützung des Antrags des Klägers ausreichend, so jetzt Celle MDR **83**, 323.

Sobald sich Fragen von erheblicher rechtlicher Tragweite, Celle VersR **82**, 553, oder schwierige, noch nicht eindeutig geklärte Rechtsfragen im Hauptprozeß abzeichnen, ist sowohl die Rechtsverfolgung als auch die Rechtsverteidigung im allgemeinen als hinreichend aussichtsreich anzusehen. Denn das Gericht ist im Verfahren über die Prozeßkostenhilfe nicht befugt, solche schwierigen Fragen des Hauptprozesses auch nur halbwegs abschließend zu entscheiden, BGH FamRZ **82**, 368 mwN, BFH KTS **82**, 663, Ffm MDR **80**, 674, Hbg FamRZ **83**, 626, Hamm FamRZ **82**, 950, KG (17. ZS) FamRZ **83**, 292, aM KG (12. ZS) NJW **70**, 476 (viel zu eng). Freilich ist auch für eine rückwirkende Bewilligung kein Raum mehr, wenn die für die Entscheidungen erheblichen Rechtsfragen höchstrichterlich in einem auch für den Antragsteller ungünstigen Sinn anderweitig geklärt sind, BGH FamRZ **82**, 368.

Das Prozeßgericht muß auch schon im Verfahren über die Prozeßkostenhilfe stets prüfen, ob die Prozeßvoraussetzungen des Hauptprozesses vorliegen, namentlich zur Zuständigkeit.

Ein Mitverschulden des Geschädigten ist von Amts wegen zu berücksichtigen, KG MDR **79**, 672.

b) Fehlen von Mutwillen. aa) Grundsatz. Die Rechtsverfolgung oder Rechtsverteidigung darf nicht mutwillig erscheinen. Sie darf also nicht von demjenigen abweichen, was eine verständige ausreichend bemittelte Partei in einem gleichliegenden Fall tun würde, BSG MDR **76**, 611, Ffm FamRZ **82**, 1223, Hamm FamRZ **80**, 457. Auch das muß der Antragsteller darlegen, Köln FamRZ **83**, 736. Als Beispiel eines Mutwillens nannte § 114 I 2 aF den Fall, daß eine bemittelte Partei von einer Prozeßführung absehen oder nur einen Teil des Anspruchs geltend machen würde. Diese von der BReg übernommene Vorschrift wurde vom RAusschuß als selbstverständlicher Fall eines Mutwillens gestrichen, Düss MDR **82**, 59.

Auch in diesem Zusammenhang muß das Prozeßgericht unter anderem prüfen, ob eine Zwangsvollstreckung erfolgreich verlaufen kann. Die Klage gegen einen völlig Vermögenslosen hat nur selten einen Wert, selbst wenn derzeit ein gewisses Rechtsschutzbedürfnis bestehen mag. Es muß wenigstens eine kleine Aussicht dafür bestehen, daß der Verurteilte einmal zu Geld kommt, Peters FamRZ **75**, 121. Deshalb ist die Bewilligung lediglich zur Erwirkung eines Kostenurteils gegen einen Vermögenslosen regelmäßig abzulehnen. Maßgeblich ist also der Nutzen einer Entscheidung überhaupt, BSG MDR **76**, 611.

bb) Beispiele eines Mutwillens. Ein Mutwille liegt auch dann vor, wenn eine Partei irgendwelchen anderen wirtschaftlichen Erwägungen überhaupt keine Rechnung trägt. Das kann zB in folgenden Fällen anzunehmen sein: Der Antragsteller klagt, bevor er diejenigen Maßnahmen eingeleitet hat, die nach dem sachlichen Recht erforderlich sind, um den Prozeßgegner in einen Schuldnerverzug zu versetzen; der Antragsteller erhebt eine Klage, obwohl voraussichtlich ein Antrag auf den Erlaß eines Mahnbescheids ausreichen wird, weil der Gegner die Forderung bisher nicht bestritten hat, Stgt MDR **55**, 556 (wegen der Prozeßkostenhilfe für die Zwangsvollstreckung vgl Grdz 6 B vor § 704); der Antragsteller erhebt eine Unterlassungsklage, für die ein besonderes Interesse fehlt, zumal eine Privatklage billiger zu demselben Ziel führen wird; der Antragsteller erhebt eine Widerklage mit dem Ziel der Feststellung des Nichtbestehens der ganzen Forderung gegenüber einer Klage auf die Leistung eines Teilbetrags, soweit die Widerklage vor jeder Klärung erhoben wird.

Hierher können ferner folgende Fälle zählen: Der Antragsteller klagt vor dem LG, obwohl der Kläganspruch eindeutig zur Zuständigkeit des AG gehört; er klagt vor dem ordentlichen Gericht, obwohl eine Klagenverbindung vor dem Arbeitsgericht zulässig wäre, § 2 III, IV ArbGG; der Antragsteller erhebt eine Zahlungsklage, obwohl eine Auskunftsklage zumutbar ist, Schlesw SchlHA **78**, 84, oder er klagt auf Unterhalt, obwohl der Unterhaltsverpflichtete bisher stets pünktlich und vollständig freiwillig gezahlt hat, Düss FamRZ **81**, 70 (wegen freiwillig erbrachter Teilleistungen), insofern auch AG Pinneberg SchlHA **78**, 172, vgl im übrigen Grdz 5 A b vor § 253; der Antragsteller klagt eine Unterhaltsforderung ein, für die er schon eine einstweilige Anordnung im Eheverfahren erwirkt hat, Ffm FamRZ **82**, 1223 mwN; der Antragsteller macht einen Auskunftsanspruch zur Vorbereitung des Versorgungsausgleichs im selbständigen Verfahren statt im billigeren Verbundverfahren geltend, Hbg FamRZ **81**, 1095, aM Saarbr FamRZ **82**, 948; der auf Scheidung klagende Ehegatte wollte dem ausländischen Antragsgegner durch die Ehe lediglich gegen Entgelt eine Aufenthaltserlaubnis verschaffen, Celle FamRZ **83**, 593, aM (betr eine Arbeitserlaubnis), Köln FamRZ **83**, 592; der Antragsteller ist finanziell nicht imstande, bei der zu erwartenden Zug-um-Zug-Verurteilung seine Gegenleistung zu erbringen, Düss MDR **82**, 59.

Hierher können ferner folgende Fälle zählen: Der Antragsteller beabsichtigt eine Rechtsverfolgung, die nicht unbedingt geboten ist, er will zB eine Klage auf die Zahlung des Unterhalts am jeweiligen 1. statt der am 15. stets erhaltenen Zahlung erheben, Schlesw SchlHA **78**, 19, berichtigt 44; im Ehelichkeitsanfechtungsprozeß, in dem das Kind durch einen von seiner Mutter als gesetzlicher Vertreterin bestellten Anwalt vertreten wird, tritt die Mutter dem Rechtsstreit bei, Düss FamRZ **80**, 1147; die Antragstellerin will sich zwei Monate nach der Schließung einer Scheinehe von dieser lösen, Hamm FamRZ **82**, 1073.

cc) Weitere Einzelfragen. Wer auf Kosten des Staats prozessiert, muß den billigsten Weg wählen, wenn er ebenso zum Ziel führt, so grundsätzlich richtig Stege DB **74**, 2206, vgl freilich wegen des Scheidungsantragsgegners oben a. Wegen der Bedeutung für einen späteren Scheidungsantrag der Gegenseite braucht eine Klage auf die Herstellung des ehelichen Lebens selbst dann nicht mutwillig zu sein, wenn der Kläger auch für den Fall des Siegs im Prozeß keine Aussicht auf eine wirkliche Herstellung der Ehe hat, Schlesw FamRZ **56**, 318. Statt einer einstweiligen Anordnung nach § 620 kann der Klageweg gewählt werden, Düss FamRZ **78**, 192, Saarbr FamRZ **79**, 537, aM Schlesw SchlHA **78**, 67. Im Ehelichkeitsanfechtungsprozeß ist auch eine Beteiligung des Bekl zwecks Unterstützung des Antrags des Klägers grds nicht mutwillig, so jetzt Celle MDR **83**, 323. Eine frühere unnötige Klagerücknahme ist unerheblich, Düss FamRZ **76**, 277, ebenso die – auch wiederholte – Rücknahme früherer Scheidungsanträge, sofern an der Ernsthaftigkeit des jetzigen Scheidungsantrags kein Zweifel besteht, Ffm FamRZ **82**, 1224. Langfristig angelegtes Geld ist unschädlich, BGH VersR **78**, 671.

c) Teilklage. Wenn nur eine Teilklage angebracht wäre, was keineswegs die Regel ist, Köln NJW **61**, 610, dann darf die Prozeßkostenhilfe nur für diese Teilforderung bewilligt werden. Wenn freilich wegen des Restbetrags der Gesamtforderung eine Verjährung droht, hat der Antragsteller im allgemeinen ein Feststellungsinteresse wegen des Rests, § 256 I.

d) Stufenklage. Die Stufenklage ist eine Verbindung mehrerer Ansprüche in Klage, § 254 Anm 1, die zugleich rechtshängig werden. Deshalb ist es unzulässig, die Prozeßkostenhilfe nur für die erste Stufe zu bewilligen, da der Kläger dann für die nächsten Stufen einen Vorschuß zahlen müßte, Köln NJW **62**, 814.

e) Widerklage. Wenn das Gericht dem Kläger für seine Klage eine Prozeßkostenhilfe bewilligt, dann sind im allgemeinen auch die sachlichen Voraussetzungen für die Bewilligung einer Prozeßkostenhilfe zur Rechtsverteidigung gegenüber einer etwaigen Widerklage erfüllt, und umgekehrt. In einer Ehesache erstreckt sich die Beiordnung eines Anwalts auch ohne eine diesbezügliche ausdrückliche Anordnung auf die Rechtsverteidigung gegenüber der Widerklage, § 122 III Z 4 BRAGO.

f) Vergleich. Die Bewilligung der Prozeßkostenhilfe kann auch für den Abschluß eines Vergleichs erfolgen, § 118 I 2 Hs 2 gestattet die Protokollierung eines umfassenden Vergleichs im Verfahren über die Prozeßkostenhilfe. Der Vergleich darf also über den beabsichtigten oder bereits eingeklagten Kaganspruch hinausgehen.

g) Mehrere Klaganträge. Das Gericht kann eine Prozeßkostenhilfe für einen Klagantrag bewilligen, für einen anderen ablehnen, vgl auch c. Es darf aber nicht mehrere Klagegründe trennen.

h) Ausländer, Mehrstaater, Staatenloser. Vgl A d.

i) Prozeßkostenhilfeverfahren. Die Bewilligung einer Prozeßkostenhilfe kommt schon für das Bewilligungsverfahren in Betracht, § 118 Anm 4 B, § 119 Anm 1 C e, Düss FamRZ **82**, 513, Hamm (1. FamS) NJW **82**, 287, abw Ffm FamRZ **82**, 1225 (die Bewilligung könne für einen nach § 118 I 3 protokollierten Vergleich erfolgen), Köln AnwBl **82**, 113, Finger AnwBl **83**, 17, insofern aM Düss Rpfleger **82**, 439, und Hamm (5. FamS) FamRZ **82**, 623, Hamm (6. ZS) MDR **82**, 760, KG FamRZ **82**, 421 und 831 mwN, Karlsr AnwBl **82**, 491, Nürnb AnwBl **82**, 113, Pentz NJW **82**, 1269 mwN, allerdings nicht für den Antragsgegner, insofern ebenso Nürnb NJW **82**, 288 mwN, und nicht im Beschwerdeverfahren, § 127 Anm 7 B e.

3) Prozeßarten. Die Voraussetzungen Anm 2 gelten für alle Prozeßarten. Im Ehe- und Kindschaftsprozeß gilt grundsätzlich nichts Abweichendes, Kblz FamRZ **83**, 735, auch nicht zB bei § 642b, LG Saarbr Rpfleger **73**, 146. Man muß aber beachten, daß im Eheverfahren die Rechtsverteidigung schon dann aussichtsreich ist, wenn die Partei das Verfahren irgendwie in einem ihr günstigen Sinn beeinflussen kann, Celle FamRZ **78**, 606, Hamm NJW **78**, 171, Schlesw SchlHA **78**, 116, etwa indem sie als Scheidungsantragsgegner die Aussöhnung behauptet; Düss FamRZ **79**, 158 fordert zumindest einen Antrag, Düss

FamRZ **79**, 159 läßt die Zustimmung zum Scheidungsantrag des Gegners nur dann ausreichen, wenn die Voraussetzungen des § 1566 I BGB hinreichend dargetan sind. Wegen der Beiordnung im Verfahren auf eine einstweilige Anordnung vgl §§ 620ff.

Es gibt keine Bewilligung nur für die Folgesachen bei einer gleichzeitigen Ablehnung für den Scheidungsantrag, Düss NJW **78**, 1866, Hamm FamRZ **77**, 800, aM Karls FamRZ **78**, 124, oder für Folgesachen, für die kein Antrag oder keine Erfolgsaussicht vorliegt, Schlesw SchlHA **78**, 162.

Auch in einer Kindschaftssache ist aus den obigen Gründen dem Bekl die Prozeßkostenhilfe zu bewilligen, und zwar auch dann, wenn sich die Mutter des Kindes ungünstig zum Klagantrag geäußert hat. Es steht nicht entgegen, daß das Gericht den Sachverhalt dort von Amts wegen zu untersuchen hat, Schlesw SchlHA **49**, 260. Darauf allein darf die Ablehnung der Prozeßkostenhilfe nicht gestützt werden; andernfalls wäre das Recht auf ein rechtliches Gehör verletzt, BVerfG NJW **57**, 1228.

Das schließt aber nicht aus, daß dann, wenn das Kind der Anfechtungsklage nichts Erhebliches entgegensetzen kann, die Prozeßkostenhilfe abgelehnt wird, BVerfG NJW **59**, 1028, Kblz FamRZ **83**, 735.

Die Widerklage des Kindes, das seine Ehelichkeit auf die gleichgerichtete Klage des Vaters ebenfalls anficht, ist nicht mutwillig, § 640c Anm 2.

Jedenfalls dürfen niemals fiskalische Interessen vor der Möglichkeit für die Partei, ihre Lage durch die Beiordnung eines Anwalts vorteilhafter zu gestalten, den Vorrang erhalten, vgl Mü AnwBl **81**, 507. Das gilt auch dann, wenn lediglich eine Tatsachenklärung erforderlich ist, Celle AnwBl **57**, 264. Sie ist oft die schwierigste Seite eines Prozesses. Die für ein Kindschaftsverfahren bewilligte Prozeßkostenhilfe erstreckt sich nicht auf das Verfahren über eine einstweilige Anordnung nach § 641d, das ein selbständiges Verfahren im Sinn von § 114 ist. Denn dort liegt ein anderer Streitgegenstand und eine geringere Höhe des Streitwerts vor, Hamm NJW **72**, 261.

4) Rechtsmittelinstanz. Die Prozeßkostenhilfe wird immer nur für denjenigen Rechtszug bewilligt, für den sie beantragt wird; wenn sie für mehrere Rechtszüge bewilligt wird, muß zunächst das Gericht des einen, dann unabhängig davon das Gericht des anderen Rechtszugs entscheiden, vgl § 127 I 2.

Im übrigen gilt im Rechtsmittelzug grundsätzlich dasselbe wie in der ersten Instanz. Mutwille ist wegen der Gefahr eines endgültigen Rechtsverlusts noch seltener anzunehmen als in der ersten Instanz. Wenn der Rechtsmittelkläger in der Vorinstanz nach einer Sachprüfung unterlegen war, sollte die höhere Instanz stärkere Ansprüche stellen, aM Schlesw SchlHA **76**, 11 (das OLG will auf den Zeitpunkt vor dem Urteil abstellen).

Das Rechtsmittelgericht muß auch die Zulässigkeit eines neuen Vorbringens prüfen. Infolgedessen darf es dem Rechtsmittelbekl eine Prozeßkostenhilfe erst dann bewilligen, wenn die Zulässigkeit des Rechtsmittels feststeht und wenn ferner feststeht, daß der Rechtsmittelkläger das Rechtsmittel auch durchführen wird, BGH JZ **54**, 196, Köln FamRZ **73**, 154 (in einem Kindschaftsverfahren ist die Zubilligung jedenfalls dann notwendig, wenn das Kind durch das Jugendamt vertreten wird) mwN. Etwas anderes gilt zB dann, wenn eine einstweilige Einstellung der Vollstreckbarkeit beantragt worden ist, § 719, oder wenn der Rechtsmittelkläger zum wiederholten Mal eine Verlängerung der Rechtsmittelbegründungsfrist beantragt, § 225 II.

5) Kosten der Prozeßführung. Bei allen Erwägungen nach Anm 1–4 ist von den Kosten der Prozeßführung auszugehen. Natürlich können diese Kosten im Verfahren über die Prozeßkostenhilfe nur überschlägig geschätzt werden. Das gilt vor allem dann, wenn das Gericht seine Entscheidung nach den §§ 119, 120 in einem Zeitpunkt fällen muß, in dem die Klage noch nicht oder nur unter der (zulässigen) aufschiebenden Bedingung der Bewilligung der Prozeßkostenhilfe eingereicht oder jedenfalls noch nicht zugestellt wurde. Aber auch dann, wenn die Rechtshängigkeit schon seit einiger Zeit eingetreten ist, mag der volle Umfang des weiteren Hauptprozesses im Zeitpunkt der Entscheidung über die Prozeßkostenhilfe noch nicht annähernd absehbar sein.

Die Kosten umfassen sowohl die Gebühren als auch die Auslagen. Das gilt einerseits für Gerichtskosten, andererseits für außergerichtliche Kosten, vor allem für Anwaltskosten.

Zu berücksichtigen sind grundsätzlich die voraussichtlichen Gesamtkosten des Rechtsstreits. Das gilt naturgemäß nur für denjenigen Prozeßabschnitt, den das jeweils zuständige Prozeßgericht prüfen darf, also nur für die jeweilige Instanz, § 127 I 2. Das erstinstanzliche Gericht darf also keinesfalls Kosten eines etwaigen anschließenden Rechtsmittelverfahrens einkalkulieren, und zwar auch dann nicht, wenn im Zeitpunkt seiner Entscheidung die erste Instanz nahezu beendet und eine höhere Instanz wahrscheinlich ist.

7. Titel. Prozeßkostenhilfe und Prozeßkostenvorschuß § 114, Anh § 114 1, 2

Das Prozeßgericht darf sich trotz der Notwendigkeit einer nur überschlägigen Abschätzung auch nicht mit derart oberflächlichen Erwägungen begnügen, daß es später zu krassen Abweichungen der wahren Kosten von den damals geschätzten kommen kann. Wenn das Gericht einerseits die persönlichen und wirtschaftlichen Verhältnisse des Antragstellers auf Grund immerhin detaillierter Formularangaben und etwaiger weiterer Ermittlungen klären muß, darf es nicht andererseits die Frage, welche Kosten überhaupt voraussichtlich entstehen werden, allzu oberflächlich behandeln.

6) VwGO: Entsprechend anzuwenden, § 166 VwGO, in allen Urteils- und Beschlußverfahren, zB auch nach § 47 und § 99 II VwGO. An die Stelle der „Partei" tritt der Beteiligte, so daß auch dem Beigeladenen Prozeßkostenhilfe bewilligt werden kann. Ist das Verfahren gerichtskostenfrei, § 188 VwGO, zB in Sozialhilfesachen, kommt Prozeßkostenhilfe nur in Betracht, wenn die Beiordnung eines RA von der Sache her und nach den persönlichen Umständen des Antragstellers geboten ist, Schultz ZfSH *80*, 302 mwN, OVG Münst ZfSH *80*, 310, VGH Mannh FEVS *74*, 366 mwN (vgl auch Geschwinder DÖV *80*, 869 zum SGG). Wegen der Ausländer s Anm 2 A d.

Anhang nach § 114
Zwischenstaatliche Vorschriften über die Prozeßkostenhilfe

1) Allgemeines. Die Staatsverträge über das Armenrecht und die ausländischen einschlägigen Vorschriften zur Gegenseitigkeit beim Armenrecht haben für diejenigen Fälle, die nach dem seit 1. 1. 81 geltenden Recht zu beurteilen sind, nur noch dann Bedeutung, wenn der Rechtsstreit entweder vor dem ausländischen Gericht stattfindet oder wenn vor dem inländischen Gericht als Antragsteller eine ausländische juristische Person oder eine ausländische parteifähige Vereinigung auftritt, § 114 Anm 2 A d und B h, § 116 Anm 3, 4. Mit dieser Einschränkung sind die nachfolgend genannten Bestimmungen weiterhin beachtlich. Wegen des Übergangsrechts vgl Art 5 Z 1 des G über die Prozeßkostenhilfe, abgedruckt bei § 114.

Nach Art 5 Z 2 G v 13. 6. 80, BGBl 677, in Kraft seit 1. 1. 81, Art 7 I, ist in völkerrechtlichen Vereinbarungen, die die Bezeichnung Armenrecht verwenden, bei der Anwendung auf die neuen Begriffe Prozeßkostenhilfe usw abzustellen.

Das G v 13. 6. 80 enthält keine Klausel, nach der auch das nationale ältere Recht schlechthin sprachlich an die neuen Begriffe Prozeßkostenhilfe usw anzugleichen sei.

2) Aus dem HZPrÜbk. Geltungsbereich Einl IV 3 A. S auch Bülow-Böckstiegel I A I 1 a, b, Gottwald ZZP *89*, 136.

IV. Armenrecht

Art. 20. [I] In Zivil- und Handelssachen werden die Angehörigen eines jeden Vertragsstaates in allen anderen Vertragsstaaten ebenso wie die eigenen Staatsangehörigen zum Armenrecht nach den Rechtsvorschriften des Staates zugelassen, in dem das Armenrecht nachgesucht wird.

[II] In den Staaten, in denen das Armenrecht auch in verwaltungsgerichtlichen Verfahren besteht, ist Absatz 1 auch auf die Angelegenheiten anzuwenden, die vor die hierfür zuständigen Gerichte gebracht werden.

Art. 21. [I] In allen Fällen muß die Bescheinigung oder die Erklärung über das Unvermögen von den Behörden des gewöhnlichen Aufenthaltsortes des Ausländers oder beim Fehlen eines solchen von den Behörden seines derzeitigen Aufenthaltsortes ausgestellt oder entgegengenommen sein. Gehören diese Behörden keinem Vertragstaat an und werden von ihnen solche Bescheinigungen oder Erklärungen nicht ausgestellt oder entgegengenommen, so genügt es, daß die Bescheinigung oder Erklärung durch einen diplomatischen oder konsularischen Vertreter des Landes, dem der Ausländer angehört, ausgestellt oder entgegengenommen wird.

[II] Hält der Antragsteller sich nicht in dem Land auf, in dem das Armenrecht nachgesucht wird, so ist die Bescheinigung oder die Erklärung über das Unvermögen von einem diplomatischen oder konsularischen Vertreter des Landes, in dem sie vorgelegt werden soll, kostenfrei zu beglaubigen.

Bemerkung: Zu I: Wie aus S 2 im Zusammenhang mit S 1 hervorgeht, braucht der Angehörige des Vertragstaats sich nicht in einem solchen aufzuhalten.

Art. 22. [I] Die Behörde, die zuständig ist, die Bescheinigung oder die Erklärung über das Unvermögen auszustellen oder entgegenzunehmen, kann bei den Behörden der anderen Vertragstaaten Auskünfte über die Vermögenslage des Antragstellers einholen.

[II] Die Behörde, die über den Antrag auf Bewilligung des Armenrechts zu entscheiden hat, ist in den Grenzen ihrer Amtsbefugnisse berechtigt, die ihr vorgelegten Bescheinigungen, Erklärungen und Auskünfte nachzuprüfen und sich zu ihrer ausreichenden Unterrichtung ergänzende Aufschlüsse geben zu lassen.

Art. 23. [I] Befindet sich der Bedürftige in einem anderen Land als demjenigen, in dem das Armenrecht nachgesucht werden soll, so kann sein Antrag auf Bewilligung des Armenrechts zusammen mit den Bescheinigungen oder Erklärungen über das Unvermögen und gegebenenfalls mit weiteren für die Behandlung des Antrags sachdienlichen Unterlagen durch den Konsul seines Landes der Behörde, die über den Antrag zu entscheiden hat, oder der Behörde, die von dem Staat bezeichnet ist, in dem der Antrag behandelt werden soll, übermittelt werden.

[II] Die Bestimmungen, die in Artikel 9 Absatz 2, 3 und 4 und in den Artikeln 10 und 12 für Rechtshilfeersuchen vorgesehen sind, gelten für die Übermittlung von Anträgen auf Bewilligung des Armenrechts und ihrer Anlagen entsprechend.

Bemerkung: S AusfG §§ 9, 10. Art 9, 10 u 12 Übk, abgedr Anh § 168 GVG. Zu II: Unmittelbarer Geschäftsverkehr der BRep mit Belgien, Dänemark, Luxemburg, den Niederlanden, Österreich, der Schweiz auf Grund von Zusatzvereinbarungen, Einl IV 3 A; Verkehr über den Konsul mit Frankreich, Italien, Norwegen, Schweden; diplomatischer Verkehr mit Finnland.

Art. 24. [I] Ist einem Angehörigen eines Vertragstaates für ein Verfahren das Armenrecht bewilligt worden, so hat der ersuchende Staat für Zustellungen jeglicher Art, die sich auf dieses Verfahren beziehen und die in einem anderen Vertragstaat zu bewirken sind, dem ersuchten Staat Kosten nicht zu erstatten.

[II] Das gleiche gilt für Rechtshilfeersuchen mit Ausnahme der Entschädigungen, die an Sachverständige gezahlt sind.

Aus dem AusfG v 18. 12. 1958, BGBl 939, Armenrecht
(Art. 20–24 des Übereinkommens)

§ 9. Für die Entgegennahme von Anträgen auf Bewilligung des Armenrechts, die von einem ausländischen Konsul innerhalb der Bundesrepublik Deutschland übermittelt werden (Artikel 23 Abs. 1 des Übereinkommens), ist der Landgerichts- oder Amtsgerichtspräsident zuständig. § 1 ist entsprechend anzuwenden.

§ 10. [I] Ein Angehöriger eines Vertragstaates, der im Ausland das Armenrecht für eine Klage vor einem Gericht eines anderen Vertragstaates auf dem in Artikel 23 des Übereinkommens vorgesehenen Weg nachsuchen will, kann seinen Antrag auf Bewilligung des Armenrechts zusammen mit den erforderlichen Unterlagen bei dem Amtsgericht einreichen, in dessen Bezirk er seinen gewöhnlichen Aufenthalt hat. Er kann das Gesuch bei diesem Gericht auch zu Protokoll der Geschäftsstelle erklären.

[II] Für die Übermittlung eines Antrags auf Bewilligung des Armenrechts durch den diplomatischen oder konsularischen Vertreter der Bundesrepublik Deutschland werden Gebühren und Auslagen nicht erhoben.

3) Übersicht über die Gegenseitigkeit bei der Prozeßkostenhilfe. Es bedeuten: „ja" verbürgt, „nein" nicht verbürgt; „HZPrÜbk" Haager Übereinkommen v 1. 3. 54 über den Zivilprozeß, Einl IV 3 A sowie (Art 20ff) oben Anm 1; „dt-brit Abk" deutsch-britisches Abkommen v 20. 3. 28 über den Rechtsverkehr, Einl IV 3 A; „LJM Kiel" Bek des LJustMin Kiel v 6. 8. 73, SchlHA **73**, 144; „Bülow-Böckstiegel" derselbe, Der internationale Rechtsverkehr, 2. Aufl. Vgl auch BAnz Nr 234 v 3. 12. 52 S 5ff.

Afghanistan nein
Ägypten ja, Art 23 ägyptisches Gesetz Nr 93/1944, wonach das Armenrecht jedem ohne Rücksicht auf die Staatsangehörigkeit bei Bedürftigkeit gewährt wird, vgl Bülow-Arnold E III 901
Äthiopien ja, äthiopisches Prozeßrecht (es sind Ausländer wie Inländer zugelassen)

7. Titel. Prozeßkostenhilfe und Prozeßkostenvorschuß **Anh § 114** 3

Albanien nein
Algerien ja, algerische Ordonnancen Nr 66–158 und 66–298
Argentinien ja, argentinische Verfahrensnorm, vgl Journal du droit international **55**, 198, Art 78–86 argentinische ZPO, s auch Bülow-Arnold E III 905
Australien ja, Art 14 dt-brit Abk, BGBl **55** II 699, **57** II 744
Barbados ja, Art 14 dt-brit Abk, BGBl **60** II 1518, **71** II 467
Belgien ja, Art 20 I HZPrÜbk, BGBl **59** II 1388
Bolivien nein
Brasilien ja, Art 70 brasilianische ZPO
Bulgarien nein, JR **51**, 478
Chile ja, Art 14 u 57 chilenische Código Civil v 1855 (es sind Ausländer wie Inländer zugelassen)
China nein. Taiwan gemäß Art 107 ff ZPO der Republik China von der Verbürgung der Gegenseitigkeit abhängig
Dänemark ja, Art 20 I HZPrÜbk, BGBl **59** II 1388
Deutsche Demokratische Republik ist kein Ausland, ihre Bewohner sind keine Ausländer, Einl III 8 B. Wenn das unrichtig sein sollte: ja, Art 20 I HZPrÜbk, BGBl **59** II 1388
Dominikanische Republik ja, dominikanisches Zivilprozeßrecht (es sind Ausländer wie Inländer zugelassen), LJM Kiel, vgl freilich den Vertrag v 16. 12. 59, BGBl II 1468, Prot Z 3
Ecuador ja, Art 961–967 exuadorianische ZPO (es sind Ausländer wie Inländer zugelassen, jedoch bestehen hinsichtl des Einkommens strengere Voraussetzungen), LJM Kiel, aM Bülow-Arnold E III 925 (nein)
Fidschi ja, Art 14 dt-brit Abk, BGBl **72** II 904
Finnland ja, Art 20 I HZPrÜbk, BGBl **59** II 1388
Frankreich (einschließlich der französischen Überseegebiete) ja, Art 20 I HZPrÜbk, BGBl **59** II 1338, **61** II 355, **62** II 854
Gambia ja, Art 14 dt-brit Abk, BGBl **60** II 1518, **69** II 2177
Griechenland ja, Art 18 dt-griech Abk v 11. 5. 38, RGBl **39** II 848, BGBl **52** II 634
Großbritannien und Nordirland (einschließlich der britischen Überseegebiete) ja, Art 14 dt-brit Abk, BGBl **53** II 116; vgl auch Legal Aid and Advice Act 1949, wonach auch Ausländern unter Umständen das Armenrecht gewährt werden kann; s ferner Cohn SJZ **50**, 919
Guatemala ja, guatemaltekisches Zivilprozeßrecht (es sind Ausländer wie Inländer zugelassen)
Guyana ja, Art 14 dt-brit Abk, BGBl **60** II 1518
Haiti nein
Indien ja, § 83 I indische ZPO in Verbindung mit den Orders 33, 34 des Ersten Zusatzartikels, vgl auch JR **51**, 479
Indonesien ja, Art 872 Reglement op de Rechtsvordering
Irak zur Zeit zumindest ungeklärt
Iran ja, Art 693–708 iranische ZPO
Irland ja aufgrund tatsächlicher Übung
Island ja, Art 20 HZPrAbk v 17. 7. 05, RGBl **09**, 409, **26** II 553
Israel ja, Art 20 I HZPrÜbk, BGBl **68** II 809
Italien ja, Art 20 I HZPrÜbk, BGBl **59** II 1388
Jamaika ja, Art 14 dt-brit Abk, BGBl **68** II 835
Japan ja, Art 20 I HZPrÜbk, BGBl **70** II 751
Jordanien ja, Behrens, Das Kollisionsrecht Jordaniens, 1970, 39
Jugoslawien ja, Art 20 I HZPrÜbk, BGBl **63** II 1328, LG Mü JZ **76**, 610
Kanada ja, Art 14 dt-brit Abk, BGBl **60** II 1518
Kenia ja, Art 14 dt-brit Abk, BGBl **60** II 1518
Kolumbien nein
Korea (Republik) ja, Art 118–122 koreanisches Zivilprozeßrecht
Kuba ja, Art 13–50 kubanische ZPO, wenn der Kläger in der BRD einen Sitz hat
Libanon ja, Art 429–442 libanesische ZPO
Liberia nein
Libyen ja, Art 88–94 libysches Gesetz über die Gerichtsorganisation, Bülow-Arnold E 955 a
Liechtenstein ja, § 63 liechtensteinische ZPO aufgrund tatsächlicher Übung, vgl BayMBl **57**, 80, aM Bülow-Arnold E 956 III, da eine Rechtsprechung zur Frage der Gegenseitigkeit fehle

Luxemburg ja, Art 20 I HZPrÜbk, BGBl **59** II 1388
Malawi ja, Art 14 dt-brit Abk, BGBl **57** II 1276, **67** II 1748
Malaysia ja, Art 14 dt-brit Abk, BGBl **60** II 1518
Malta ja, Art 14 dt-brit Abk, BGBl **61** II 1108, **68** II 95
Marokko ja, Art 20 I HZPrÜbk, BGBl **72** II 1472
Mauritius ja, Art 14 dt-brit Abk, BGBl **72** II 695
Mexiko ja aufgrund tatsächlicher Übung, LJM Kiel
Monaco ja, Art 38 ff monegassische ZPO
Neuseeland (einschließlich Cookinseln) ja, Art 14 dt-brit Abk, BGBl **53** II 118
Niederlande (einschließlich niederländische Antillen) ja, Art 20 I HZPrÜbk, BGBl **59** II 1388, **68** II 95, Düss FamRZ **78**, 908. Betr **Surinam** ja, Art 20 HZPrAbk v. 17. 7. 05, RGBl **09**, 409, **26** II 553, BGBl **55** II 944
Niger nein
Nigeria ja, Art 14 dt-brit Abk, BGBl **60** II 1518, **67** II 827
Norwegen ja, Art 20 I HZPrÜbk, BGBl **59** II 1388, ferner Art 12, 13 dt-norwegische Vereinb v 17. 6. 77, BGBl **79** II 1293
Obervolta nein
Österreich ja, Art 20 I HZPrÜbk, BGBl **59** II 1388
Pakistan ja, § 83 I pakistanische ZPO in Verbindung mit den Orders 33, 34 der rules in Anh I zu jenem Gesetz
Peru ja, Art 282 ff peruanische ZPO
Philippinen nein
Polen ja, Art 20 I HZPrÜbk, BGBl **63** II 1466
Portugal (einschließlich Azoren, Madeira und den portugiesischen Überseeprovinzen) ja, Art 20 I HZPrÜbk, BGBl **67** II 2299, **68** II 809
Rumänien ja, Art 20 I HZPrÜbk, BGBl **72** II 78
Sambia ja, Art 14 dt-brit-Abk, BGBl **57** II 1276
San Domingo nein
San Salvador nein
Schweden ja, Art 20 I HZPrÜbk, BGBl **59** II 1388
Schweiz ja, Art 20 I HZPrÜbk, BGBl **59** II 1388
Senegal ja, Art 1–8 Dekret v 20. 12. 11
Sierra Leone ja, Art 14 dt-brit Abk, BGBl **60** II 1518, **67** II 2366
Singapur ja, Art 14 dt-brit Abk, BGBl **60** II 1518
Sowjetunion ja, Art 20 I HZPrÜbk, BGBl **67** II 2046, vgl auch Rubanow RabelsZ **62**, 706
Spanien (einschließlich Kanarische Inseln) ja, Art 20 I HZPrÜbk, BGBl **61** II 1660
Sri Lanka nein
Südafrika ja, südafrikanisches Zivilprozeßrecht, wenn der Antragsteller einen Sitz in der BRD hat, Bülow-Arnold E 978
Sudan ja, Erster Anhang zur Civil Justice Ordonannce, Order VI, §§ 1–9
Swasiland ja, Art 14 dt-brit Abk, BGBl **60** II 1518, **71** II 224
Syrien ja, syrisches G Nr 34 v 21. 5. 38/24. 5. 44 (Ausländer sind wie Inländer zugelassen), Bek des syrischen JM Nr 24 v 21. 4. 56, vgl Bülow-Arnold E III
Tansania ja, Art 14 dt-brit Abk, BGBl **60** II 1518
Thailand ja, Art 1 IV, 5, 6 Vertrag v 30. 12. 37, RGBl **38** II 51
Togo ja, togoisches Zivilprozeßrecht
Trinidad und Tobago ja, Art 14 dt-brit Abk, BGBl **61** II 1681, **66** II 1564
Tschechoslowakei ja, Art 20 I HZPrÜbk, BGBl **66** II 767, Düss OLGZ **75**, 459
Türkei ja, Art 5 dt-brit Abk, BGBl **52** II 608
Tunesien ja, Art 4 dt-tun Vertrag v 19. 7. 66, BGBl **69** II 889, **70** II 125
Ungarn ja, Art 20 I HZPrÜbk, BGBl **66** II 84
Uruguay ja, aufgrund tatsächlicher Übung, jedenfalls wenn der Antragsteller in der BRD einen Sitz hat
Vatikanstadt ja, Art 20 I HZPrÜbk, BGBl **67** II 1536
Vereinigte Staaten von Amerika ja, Art VI Vertrag v 29. 10. 54, BGBl **56** II 487, 763 iVm Nr 7 des Prot zum Vertrag, BGBl **56** II 502, soweit es sich um Sachen handelt, die bei Anwendung der amerikanischen Zuständigkeitsbestimmungen zur Zuständigkeit der amerikanischen Bundesgerichte (State Courts) gehören würden. Ja im Verhältnis zu Arkansas, California, Colorado, Illinois, Indiana, Nebraska, Utah, Virginia, West Virginia; ja, soweit eine Bewilligung für den Kläger erfolgt: Missouri, Montana, New Jersey, New Mexico, North Carolina, Oklahoma, Texas; ja, soweit eine Bewilligung für den

7. Titel. Prozeßkostenhilfe und Prozeßkostenvorschuß **Anh § 114, § 115**

Kläger erfolgt und er außerdem in der BRD einen Sitz hat: Kansas, Michigan, Oregon, Tenessee; ja, wenn die Partei in der BRD einen Sitz hat: Kentucky, Lousiana, Wisconsin; ja, soweit eine Bewilligung für den Kläger erfolgt; für den Beklagten nur für Verfahren, die ein von ihm beanspruchtes dingliches Recht am beweglichen oder unbeweglichen Vermögen betreffen: New York. Im übrigen nein. Vgl Bülow-Arnold B I 391 u E III 991, 71 ff

Zentralafrikanische Republik nein
Zypern ja, Art 14 dt-brit Abk, BGBl 60 II 1518

115 *Ratenzahlung. Obergrenzen.* [I] Soweit aus dem Einkommen Raten aufzubringen sind, ergibt sich deren Höhe aus der Tabelle. Zum Einkommen gehören alle Einkünfte in Geld oder Geldeswert. § 76 Abs. 2 des Bundessozialhilfegesetzes ist entsprechend anzuwenden; von dem Einkommen sind weitere Beträge abzusetzen, soweit dies mit Rücksicht auf besondere Belastungen angemessen ist. Unterhaltsberechtigte Personen, die eigenes Einkommen haben, bleiben unberücksichtigt, es sei denn, daß dies wegen der geringen Höhe ihres Einkommens unbillig wäre.

[II] Die Partei hat ihr Vermögen einzusetzen, soweit dies zumutbar ist; § 88 des Bundessozialhilfegesetzes ist entsprechend anzuwenden.

[III] Prozeßkostenhilfe wird nicht bewilligt, wenn die Kosten vier Monatsraten und die aus dem Vermögen aufzubringenden Teilbeträge voraussichtlich nicht übersteigen.

[IV] Eine Partei, deren Einkommen die in der Tabelle festgelegte Obergrenze übersteigt, erhält Prozeßkostenhilfe, wenn die Belastung mit den Kosten der Prozeßführung ihren angemessenen Lebensunterhalt erheblich beeinträchtigen würde. Die in der Tabelle festgesetzte Höchstrate ist in diesem Falle um den Einkommensteil, der die Obergrenze übersteigt, zu erhöhen.

BSHG § 76. [II] Von dem Einkommen sind abzusetzen
1. auf das Einkommen entrichtete Steuern,
2. Pflichtbeiträge zur Sozialversicherung einschließlich der Arbeitslosenversicherung,
3. Beiträge zu öffentlichen oder privaten Versicherungen oder ähnlichen Einrichtungen, soweit diese Beiträge gesetzlich vorgeschrieben oder nach Grund und Höhe angemessen sind,
4. die mit der Erzielung des Einkommens verbundenen notwendigen Ausgaben.

BSHG § 88. [I] Zum Vermögen im Sinne dieses Gesetzes gehört das gesamte verwertbare Vermögen.

[II] Die Sozialhilfe darf nicht abhängig gemacht werden vom Einsatz oder von der Verwertung
1. eines Vermögens, das aus öffentlichen Mitteln zum Aufbau oder zur Sicherung einer Lebensgrundlage oder zur Gründung eines Hausstandes gewährt wird,
2. (weggefallen durch Art 21 Z 25 G v 22. 12. 81, BGBl 1523)
3. eines angemessenen Hausrats; dabei sind die bisherigen Lebensverhältnisse des Hilfesuchenden zu berücksichtigen,
4. von Gegenständen, die zur Aufnahme oder Fortsetzung der Berufsausbildung oder der Erwerbstätigkeit unentbehrlich sind,
5. von Familien- und Erbstücken, deren Veräußerung für den Hilfesuchenden oder seine Familie eine besondere Härte bedeuten würde,
6. von Gegenständen, die zur Befriedigung geistiger, besonders wissenschaftlicher oder künstlerischer, Bedürfnisse dienen und deren Besitz nicht Luxus ist,
7. eines kleinen Hausgrundstücks, besonders eines Familienheims, wenn der Hilfesuchende das Hausgrundstück allein oder zusammen mit Angehörigen, denen es nach seinem Tode weiter als Wohnung dienen soll, ganz oder teilweise bewohnt,
8. kleinerer Barbeträge oder sonstiger Geldwerte; dabei ist eine besondere Notlage des Hilfesuchenden zu berücksichtigen.

[III] Die Sozialhilfe darf ferner nicht vom Einsatz oder von der Verwertung eines Vermögens abhängig gemacht werden, soweit dies für den, der das Vermögen einzusetzen hat, und für seine unterhaltsberechtigten Angehörigen eine Härte bedeuten würde. Dies

§ 115

ist bei der Hilfe in besonderen Lebenslagen vor allem der Fall, soweit eine angemessene Lebensführung oder die Aufrechterhaltung einer angemessenen Alterssicherung wesentlich erschwert würde.

^{IV} Der Bundesminister für Jugend, Familie und Gesundheit kann durch Rechtsverordnung mit Zustimmung des Bundesrates die Höhe der Barbeträge oder sonstigen Geldwerte im Sinne des Absatzes 2 Nr. 8 bestimmen.

Aus der VO zu §§ 88 IV BSHG:

§ 1 ^{I} Kleinere Barbeträge oder sonstige Geldwerte im Sinne des § 88 Abs. 2 Nr. 8 des Gesetzes sind,

1. wenn die Sozialhilfe vom Vermögen des Hilfesuchenden abhängig ist,
   a) bei der Hilfe zum Lebensunterhalt 2000 Deutsche Mark,
   b) bei der Hilfe in besonderen Lebenslagen 4000 Deutsche Mark, im Falle des § 67 und des § 69 Abs. 4 Satz 2 des Gesetzes jedoch 7500 Deutsche Mark,
   zuzüglich eines Betrages von 400 Deutsche Mark für jede Person, die vom Hilfesuchenden überwiegend unterhalten wird,
2. wenn die Sozialhilfe vom Vermögen des Hilfesuchenden und seines nicht getrennt lebenden Ehegatten abhängig ist,
   der nach Nummer 1 Buchstabe a oder b maßgebende Betrag zuzüglich eines Betrages von 1000 Deutsche Mark für den Ehegatten und eines Betrages von 400 Deutsche Mark für jede Person, die vom Hilfesuchenden oder seinem Ehegatten überwiegend unterhalten wird,
3. wenn die Sozialhilfe vom Vermögen eines minderjährigen unverheirateten Hilfesuchenden und seiner Eltern abhängig ist,
   der nach Nummer 1 Buchstabe a oder b maßgebende Betrag zuzüglich eines Betrages von 1000 Deutsche Mark für einen Elternteil und eines Betrages von 400 Deutsche Mark für den Hilfesuchenden und für jede Person, die von den Eltern oder vom Hilfesuchenden überwiegend unterhalten wird.

Im Falle des § 67 und des § 69 Abs. 4 Satz 2 des Gesetzes tritt an die Stelle des in Satz 1 genannten Betrages von 1000 Deutsche Mark ein Betrag von 2700 Deutsche Mark, wenn beide Eheleute (Nummer 2) oder beide Elternteile (Nummer 3) blind oder behindert im Sinne des § 24 Abs. 1 Satz 2 oder Abs. 2 Satz 1 des Gesetzes sind.

^{II} Ist im Falle des Absatzes 1 Satz 1 Nr. 3 das Vermögen nur eines Elternteils zu berücksichtigen, so ist der Betrag von 1000 Deutsche Mark, im Falle des § 67 und des § 69 Abs. 4 Satz 2 des Gesetzes von 2700 Deutsche Mark, nicht anzusetzen. Leben im Falle der Hilfe in besonderen Lebenslagen die Eltern nicht zusammen, so ist das Vermögen des Elternteils zu berücksichtigen, bei dem der Hilfesuchende lebt; lebt er bei keinem Elternteil, so ist Absatz 1 Satz 1 Nr. 1 anzuwenden.

§ 2 ^{I} Der nach § 1 Abs. 1 Satz 1 Nr. 1 Buchstabe a oder b maßgebende Betrag ist angemessen zu erhöhen, wenn im Einzelfall eine besondere Notlage des Hilfesuchenden besteht. Bei der Prüfung, ob eine besondere Notlage besteht, sowie bei der Entscheidung über den Umfang der Erhöhung sind vor allem Art und Dauer des Bedarfs sowie besondere Belastungen zu berücksichtigen.

^{II} Der nach § 1 Abs. 1 Satz 1 Nr. 1 Buchstabe a oder b maßgebende Betrag kann angemessen herabgesetzt werden, wenn die Voraussetzungen des § 92a Abs. 1 Satz 1 des Gesetzes vorliegen.

Vorbem. Fassg Art 1 Z 4 G v 13. 6. 80, BGBl 677, in Kraft seit 1. 1. 81, Art 7 I, ÜbergangsR Art 5 Z 1, abgedr hinter § 114. VO zu § 88 II Z 8 BSHG idF v 9. 11. 70, BGBl 1529, geändert durch VO v 14. 6. 74, BGBl 1292, und durch VO v 6. 12. 79, BGBl 2004. Neu.

Gliederung

1) Allgemeines
2) Prüfungsreihenfolge, I–IV
   A. Vermögen, II
   B. Einkommen, I
   C. Unterhaltspflicht
   D. Mehr als vier Monatsraten, III
   E. Beeinträchtigung des Lebensunterhalts, IV
   F. Andere Prüfungsreihenfolge

   G. Höchstens 48 Monatsraten
3) **Verfahren**
   A. Grundsatz
   B. Grenzen der Aufklärungspflicht
4) **Entscheidung**
5) **Rechtsbehelfe**
6) ***VwGO***

1) Allgemeines. Ein Ratenarmenrecht war immer umstritten. § 115 schafft jedoch im Verfahren auf die Bewilligung einer Prozeßkostenhilfe eindeutig eine Möglichkeit der Bewilligung unter Ratenzahlungen. Die Vorschrift ist einerseits iVm § 114 S 2 Hs 2 und der dortigen Tabelle, Anl 1 zu § 114, zu verstehen, andererseits iVm §§ 76 II, 88 BSHG und der jeweiligen VO zu § 88 IV BSHG, vgl zB KG FamRZ **82**, 420. Allerdings bezieht sich § 88 BSHG und seine zugehörige VO auf den Vermögensbegriff, während die Frage, ob und in welcher Weise Ratenzahlungen zu leisten sind, in erster Linie vom jeweiligen Einkommen abhängt.

Die Neuregelung ist in typisch deutschem Perfektionismus, den Grunsky NJW **80**, 2048 verkennt, zwar im Interesse der Einzelfall-Gerechtigkeit gut gemeint, jedoch wieder einmal so kompliziert geworden, daß man sie kaum noch verstehen kann. Was der Gesetzgeber gerade solchen Menschen zumutet, für die er Vorschriften schafft, in diesem Fall also vorwiegend Bürgern mit geringem Einkommen oder Vermögen und erfahrungsgemäß allenfalls knapp durchschnittlichen Rechtskenntnissen, streift die Grenze des Grotesken. Die Bezugnahme auf die Vorschriften des BSHG mit deren Fülle von Fachausdrücken und mit Berechnungsmethoden, die man erst nach vielfachem Lesen halbwegs versteht, bietet das genaue Gegenteil jener Rechtsklarheit, die als wesentlicher Bestandteil der Rechtssicherheit zum Kern der Rechtsidee gehört; krit auch Schachtel NJW **82**, 89.

Die ZPO verweist auf das BSHG; jenes verweist auf eine zugehörige VO; diese verweist wiederum auf andere Vorschriften des BSHG, auf die die ZPO jedenfalls nicht unmittelbar Bezug nimmt; schließlich finden sich in den §§ 76 II und 88 BSHG Verweisungen auf Rechtsbereiche, die wiederum umfangreichen gesetzlichen Regelungen unterworfen sind, etwa diejenige der Sozialversicherung. I 2 Hs 2 führt mit dem Begriff „besondere Belastungen" Anklänge an den wortgleichen Begriff des § 84 I 2 BSHG ein. IV 1 schließlich führt der Sache nach recht nahe an die frühere Regelung des § 114 I 1 aF (Abstellen auf den notwendigen Unterhalt) zurück, und zwar genau für denjenigen Personenkreis mit höherem Einkommen, dessen Bedürfnisse der Gesetzgeber bei der Neuregelung besser berücksichtigen wollte. So scheint vielfach alles im Ergebnis doch wieder beim Alten zu bleiben.

Auch das Verfahren ist bei gewissenhafter Beachtung des Gesetzes derart aufwendig geworden, daß nur eine großzügige Bejahung der Voraussetzungen zur Bewilligung der Prozeßkostenhilfe vor einem Wust von Problemen im bloßen Vorfeld eines zukünftigen oder gerade anlaufenden Zivilprozesses retten kann, vgl auch Köln Rpfleger **81**, 319 mwN, Kohte DB **81**, 1179.

Im übrigen wird der Prozeßrichter, der alle hier einschlägigen Fragen selbst entscheiden muß und keineswegs dem Rpfl übertragen darf, in ähnlicher Weise seiner eigentlichen Aufgabe der Entscheidung von Rechtsstreitigkeiten entkleidet und zu einer Art richterlichem Fürsorgebeamten gemacht, wie man es schon bei der Familienrechtsreform eindringlich erlebt hat.

Bedenkt man schließlich, daß die Formularisierung des Verfahrens in Verbindung mit der Amtsermittlungspflicht des Gerichts deutliche Ähnlichkeiten mit dem Verfahren auf die Abgabe einer eidesstattlichen Versicherung zwecks Offenbarung im Rahmen einer Zwangsvollstreckung aufweisen dürfte, so wird auch einer der rechtspolitischen Zwecke der Reform fragwürdig, die dem Bürger bekanntlich die angebliche Peinlichkeit des Gangs zur Sozialbehörde ersparen soll. In Wahrheit muß der Bürger weitaus umfassender und detaillierter auch zur Kenntnis seines Prozeßgegners und möglicher anderer Prozeßbeteiligter Auskunft über seine persönlichen und wirtschaftlichen Verhältnisse geben als nach altem Recht.

Alle diese Probleme sollten bei der Auslegung der zahlreichen Rechtsbegriffe im Umfeld des § 115 zugunsten des Antragstellers berücksichtigt werden. Das darf natürlich nicht dazu führen, eine Prozeßkostenhilfe praktisch ohne die Beachtung der einschlägigen Vorschriften zu bewilligen. Das gilt unabhängig davon, daß die Bewilligung unanfechtbar ist, § 127 II 1. Bei der erforderlichen Kurzbegründung eines bewilligenden Beschlusses braucht der Richter aber keineswegs in allen Einzelheiten über seine Abwägungen Auskunft zu geben. Auch hier darf sich das Gericht der seit der VereinfNov erst recht notwendigen bündigen Kürze befleißigen, vgl § 313 II, III.

2) Prüfungsreihenfolge, I–IV. Nachdem das Gericht gemäß § 114 geprüft und bejaht hat, daß die beabsichtigte Rechtsverfolgung oder Rechtsverteidigung eine hinreichende Aussicht auf Erfolg bietet und nicht nur mutwillig erscheint, empfiehlt sich bei der Klärung der Frage, ob die Partei nach ihren persönlichen oder wirtschaftlichen Verhältnissen die Kosten der Prozeßführung zum Teil oder in Raten (oder überhaupt nicht) aufbringen kann, etwa folgende Reihenfolge, die freilich auch vertauscht werden darf, zB Kohte DB **81**, 1175,

Schneider MDR **81**, 2, und etwa bei einem hohen Einkommen und einem nur mittleren Streitwert auch vertauscht werden sollte, F:

A. Vermögen, II. Zunächst sollte geklärt werden, ob und welches Vermögen der Antragsteller besitzt, vgl auch Christl NJW **81**, 786, Grunsky NJW **80**, 2042. Denn soweit Vermögen vorhanden ist, das in zumutbarer Weise eingesetzt werden muß, kann sich ergeben, daß überhaupt keine Ratenzahlung in Frage kommt. Dieser Fall kann zB eintreten, wenn ein Pensionär mit 400 000 DM verfügbarem Vermögen (Wertpapiere, Festgelder usw) einen Prozeß um 2000 DM Streitwert führt. Andererseits erspart selbst ein zu Ratenzahlungen ausreichendes Einkommen nicht die gerichtliche Prüfung, ob außerdem ein Betrag aus dem Vermögen zu leisten ist.

Was zum Vermögen gehört, ist nach § 88 BSHG und der VO zu § 88 IV BSHG zu ermitteln, Kohte DB **81**, 1176. Vgl in diesem Zusammenhang zB Oestreicher, BSHG, 2. Aufl 1979 (Loseblattkommentar). Wegen eines „kleinen Hausgrundstücks", § 88 II Z 7 BSHG, Schachtel NJW **82**, 88 mwN. Eine Witwenrentenabfindung kann beim Vermögen berücksichtigt werden, KG FamRZ **82**, 624. Das Prozeßgericht ist an diejenige Auslegung, die die Sozialgerichte, die Verwaltungsgerichte oder die Finanzgerichte den im BSHG genannten Begriffen geben, nicht unmittelbar gebunden, Christl NJW **81**, 785. Andererseits dürfen die von der Rechtsprechung und Lehre zum Steuer-, Sozialversicherungsrecht usw entwickelten Kriterien auch vom Prozeßrichter nicht völlig außer acht gelassen werden. Der Richter muß das deutsche Recht kennen, § 293 Anm 1 A. Soweit er es nicht kennt, hat er es von Amts wegen zu ermitteln. Dieser Umstand kann den Prozeßrichter zwingen, vor seiner Entscheidung Literatur zu studieren, die nicht einmal in den Bibliotheken größerer Landgerichte halbwegs lückenlos vorhanden sein dürfte, etwa Kommentare neuesten Standes zum Einkommensteuerrecht usw. Es bleibt nur übrig, solche Ermittlungen in den in Anm 1 vorgeschlagenen Grenzen zu halten und Amtshilfe nach Art 35 GG zu beanspruchen, Christl NJW **81**, 791, vgl auch B sowie Einzelheiten bei § 114 Anm 2 A c.

Weitere Anhaltspunkte können die Vorschriften des 8. Buchs der ZPO im Zusammenhang mit Unpfändbarkeit, Pfändungsfreibeträgen usw geben, etwa bei der Klärung, ob ein Fall nach § 88 II Z 4 BSHG dem Bereich des § 811 Z 1, 5 oder ein Fall nach § 88 II Z 6 BSHG dem Bereich des § 811 Z 5 ähnelt. Zur Anwendbarkeit von § 88 II Z 8 BSHG KG FamRZ **82**, 420. § 89 BSHG ist unanwendbar, Bre FamRZ **82**, 832.

Die VO zu § 88 IV BSHG ist als Rechtsverordnung im Sinn von Art 80 GG auch für den Prozeßrichter wegen der Verweisung von II auf § 88 IV BSHG verbindlich, vgl VG Freibg NJW **83**, 1926, ferner Christl NJW **81**, 785 mwN.

Der in § 88 III 1 BSHG genannte Grundgedanke, daß der Einsatz des Vermögens nicht zu einer Härte für seinen Inhaber oder für seine unterhaltsberechtigten Angehörigen werden soll, ist eine Wiederholung des Zumutbarkeitsmaßstabs in § 115 II Hs 1. Auch hier ist eine gewisse Großzügigkeit zugunsten des Antragstellers ratsam. II bedeutet mit seinem Zumutbarkeitsmaßstab eine geringere Anforderung an die Beteiligung des Antragstellers als § 88 III 1 BSHG, Christl NJW **81**, 791, aM Schachtel NJW **82**, 89. Da die letztere Bestimmung nur im Rahmen der ersteren entsprechend anwendbar ist, braucht im Ergebnis nicht unbedingt eine Härte zu drohen, damit der Antragsteller von einem Einsatz seines Vermögens befreit wird, so auch Christl NJW **81**, 791.

B. Einkommen, I. Erst wenn feststeht, daß das Vermögen des Antragstellers nicht ausreicht, die voraussichtlichen Prozeßkosten zu bezahlen, und wenn ferner feststeht, wieviel von den voraussichtlichen Prozeßkosten trotz des etwaigen Vermögenseinsatzes ungedeckt bleibt, braucht das Prozeßgericht zu prüfen, wie hoch ein Einkommen des Antragstellers ist und ob es ausreicht, ihm Ratenzahlungen aufzuerlegen; freilich darf die Einkommensprüfung auch vorangehen, Anm 2 am Anfang, F.

Zum Einkommen gehören alle Einkünfte in Geld oder Geldeswert, I 2, aus jeder Quelle, Bre FamRZ **81**, 988, Appell DNotZ **81**, 599, Grunsky NJW **80**, 2043. Dazu zählen auch ein Wohngeld, LAG Freibg NJW **82**, 847, und das Kindergeld, Düss FamRZ **82**, 513, KG FamRZ **82**, 626, LG Bln MDR **82**, 413, aM Düss FamRZ **82**, 514, Schlesw SchlHA **83**, 139 mwN. Auch ein good will, ein know how, das Urheberpersönlichkeitsrecht usw können hierher zählen. Sie alle brauchen zwar der Partei noch nicht tatsächlich zur Verfügung zu stehen, aM Kohte DB **81**, 1175, müssen aber schon und noch „Geldeswert" haben, das heißt alsbald und ohne unzumutbare Schwierigkeiten realisierbar sein. Eine Realisierung nur um den Preis erheblicher Untererlöse ist unzumutbar.

Bei doppelverdienenden Eheleuten darf man nur das Einkommen des Antragstellers ansetzen, zB LAG Hamm BB **82**, 438, aM LAG Bln MDR **82**, 436, Schuster Rdz 13, unklar

7. Titel. Prozeßkostenhilfe und Prozeßkostenvorschuß § 115 2

Bischof AnwBl **81**, 369. Das gilt erst recht bei getrennt lebenden Eheleuten, Bischof AnwBl **81**, 370.

Vom Einkommen sind die in § 76 II BSHG genannten Belastungen und Ausgaben, Steuern und Versicherungsbeiträge usw abzusetzen. Hier tut sich das weite Feld der entsprechenden Anwendbarkeit steuerrechtlicher Maßstäbe auf. Die Finanzämter sind auf Grund einer Anforderung des Prozeßgerichts zur Hilfe durch Auskunft usw jedenfalls über allgemeine Berechnungsmethoden auch dann verpflichtet, wenn im konkreten Einzelfall ein Steuergeheimnis gewahrt werden muß, Art 35 I GG, vgl auch A. Hier noch ausreichende Rechtskenntnisse des Prozeßrichters zu unterstellen, ist nur in seltenen Fällen zulässig.

Zins- und Tilgungsleistungen auf einen Kredit zur Finanzierung eines Eigenheims sind nur ausschließlich einer fiktiven Miete abzuziehen, LG Dortm MDR **82**, 413, aM Mü MDR **81**, 852. Zur Abzugsfähigkeit der Kaltmiete, soweit sie 18% des Nettoeinkommens übersteigt, Köln FamRZ **83**, 633.

C. Unterhaltspflicht. Sowohl im Zusammenhang mit der Prüfung, ob und in welchem Umfang dem Antragsteller der Einsatz seines Vermögens zumutbar ist, als auch im Zusammenhang mit der Frage, ob und in welchem Umfang sein Einkommen Ratenzahlungen gestattet, sind Unterhaltspflichten zu berücksichtigen. Das ergibt sich beim Einkommen unmittelbar aus I 4, mittelbar auch aus IV, beim Vermögen aus § 88 III 1 BSHG in Verbindung mit der VO zu § 88 IV BSHG. Dabei stehen Bar- und Naturalleistungen gleich, Bbg FamRZ **83**, 204 mwN, aM Ffm FamRZ **83**, 632.

Dabei ist der mitverdienende Ehegatte des alleinigen Antragstellers insofern unterhaltsberechtigt, als der Antragsteller ihn sachlichrechtlich finanziell unterstützen bzw seine Bedürfnisse mitbezahlen muß. Wegen der Lage, falls beide Eheleute mit jeweils eigenem Einkommen gemeinsamen Kindern unterhaltspflichtig sind und falls beide Prozeßkostenhilfe beantragen, vgl LAG Bre NJW **82**, 2462 (abl Christl Rpfleger **83**, 95).

Es ist unerheblich, ob ein Unterhaltsgläubiger außerhalb des Haushalts des Antragstellers lebt, AG Nürtingen FamRZ **82**, 1225, und weniger als die in der Tabelle genannten Leistungen erhält, Karlsr FamRZ **82**, 948.

Zahlungen und Naturalleistungen, die den in die amtliche Tabelle eingearbeiteten Satz erheblich übersteigen, können eine besondere Härte im Sinn von I 3 Hs 2 darstellen, Hamm MDR **82**, 500.

Verfassungsrechtlich problematisch ist zumindest I 4, soweit er den Antragsteller praktisch dazu zwingt, dem Gericht ausreichende Angaben über das Einkommen unterhaltsberechtigter volljähriger Angehöriger zu machen. Denn da das Gericht weder die Zwangsmittel einer Staatsanwaltschaft noch andere gleichrangige Ermittlungsmittel hat und da nach der Fassung der Vorschrift grundsätzlich unterhaltsberechtigte Personen nicht berücksichtigt werden, solange nicht feststeht, daß diese nur ein sehr geringes Einkommen haben, muß der Antragsteller auch deren Einkommen präzise darlegen, um dem Gericht die Billigkeitsprüfung zu ermöglichen. Ein volljähriger Angehöriger kann aber ungeachtet seiner Unterhaltsansprüche nicht gezwungen werden, im Rahmen eines bevorstehenden oder angelaufenen Zivilprozesses des unterhaltspflichtigen anderen Angehörigen ihm, damit dem Gericht und damit einem völlig außenstehenden Dritten gegenüber auch nur halbwegs umfassend Auskunft über sein Einkommen zu erteilen, vor allem dann nicht, wenn zur Klärung der Einkommenshöhe auch bei diesem unterhaltsberechtigten Angehörigen Absetzungen nach § 76 II BSHG vorgenommen werden müssen.

Der Antragsteller im Verfahren auf die Bewilligung einer Prozeßkostenhilfe darf auch nicht gewissermaßen dafür bestraft werden, daß es ihm nicht gelingt, solche Auskünfte zu beschaffen. Es ist auch unbillig, ihn mit andersartigen Rechtsnachteilen wegen eines solchen Unvermögens zu belasten. Ob er mangels ausreichender Auskünfte des Angehörigen bürgerlichrechtlich verpflichtet ist, noch in der bisherigen Weise Unterhalt zu zahlen, sollte wahrhaftig nicht im Verfahren auf die Bewilligung einer Prozeßkostenhilfe für einen ganz anderen Rechtsstreit auch nur halbwegs endgültig geklärt werden müssen. Auch hier bleibt nur übrig, die in Anm 1 empfohlene Großzügigkeit zugunsten des Antragstellers anzuwenden.

D. Mehr als vier Monatsraten, III. Selbst wenn die Voraussetzungen einer Bewilligung nach A–C vorliegen würden, darf die Prozeßkostenhilfe doch nicht bewilligt werden, wenn die voraussichtlichen Gesamtkosten des Rechtsstreits für den Fall des Unterliegens des Antragstellers in dieser Instanz vier Monatsraten und die aus dem Vermögen aufzubringenden Teilbeträge nicht übersteigen werden. Das bedeutet: Selbst wenn der Antragsteller völlig vermögenslos ist, muß er solange wie ein vermögender oder einkommenstarker Antragsteller auf staatliche Hilfe verzichten, bis einigermaßen feststeht, daß er voraussichtlich mehr als vier Raten nach Anl 1 zu § 114 aufbringen müßte. Es gibt auch nicht etwa eine „Beweislast" zu Lasten des Staates. Denn das Gericht ist unter Umständen zu Erhebungen von Amts wegen verpflichtet, § 118 Anm 7.

Diese Situation zwingt manche Partei dazu, den Antrag auf die Bewilligung der Prozeßkostenhilfe solange zurückzustellen, bis sich abzeichnet, daß das Gericht zB eine Beweisaufnahme vornehmen wird. Denn erst dann mögen sich die voraussichtlichen Gesamtkosten so erhöhen, daß die Grenze von vier Monatsraten überschritten würde. Diese Situation ist eine der Ungereimtheiten des neuen Rechts. Sie führt zur faktischen vorläufigen Versagung der Prozeßkostenhilfe gerade in demjenigen Anfangsstadium des Prozesses, in dem nicht zuletzt seit der VereinfNov die volle Intensität aller Prozeßbeteiligten gefordert wird, damit der Rechtsstreit rasch und möglichst billig beendet werden kann. Ein rechtlich komplizierter Fall muß wegen III unter Umständen monatelang ohne die Beiordnung eines Anwalts vorangetrieben werden, bis endlich klar wird, ob das Gericht eine Beweisaufnahme beschließen und damit zB erhebliche Auslagen für Sachverständige auslösen wird. Auch in diesem Zusammenhang ist trotz des Verbots einer groben Schätzung, Schneider MDR **81**, 2, aM Mümmler JB **80**, 1452, wieder die in Anm 1 empfohlene Großzügigkeit zugunsten des Antragstellers geboten.

E. Beeinträchtigung des Lebensunterhalts, IV. Selbst wenn die Voraussetzungen einer Bewilligung von Prozeßkostenhilfe nach I–III (und nicht nur nach I, wie der Wortlaut von IV 1 es vermuten lassen würde) fehlen, kommt die Bewilligung in Betracht, wenn andernfalls die Belastung mit den Kosten der Prozeßführung den angemessenen Lebensunterhalt der Partei erheblich beeinträchtigen würde. Diese Regelung erfaßt die Bezieher höherer Einkommen bei Rechtsstreiten mit höheren Streitwerten oder zwar geringen Streitwerten, gleichwohl voraussichtlich erheblichen Prozeßkosten, etwa wegen der Einholung mehrerer voraussichtlich teurer Gutachten.

Der angemessene Lebensunterhalt wird dann erheblich beeinträchtigt, wenn der Bedarf nach § 1610 BGB erheblich gefährdet ist. Zum angemessenen Unterhalt gehört der gesamte angemessene Lebensbedarf einschließlich der Kosten einer angemessenen Vorbildung zu einem Beruf, bei einer der Erziehung bedürftigen Person auch die Kosten der Erziehung, § 1610 II BGB. Eine erhebliche Beeinträchtigung im Sinne von IV 1 kann schon dann vorliegen, wenn die Situation noch so ernst wie nach § 114 I 1 aF ist, wenn der Antragsteller also noch nicht außerstande ist, ohne eine Beeinträchtigung des für ihn und seine Familie notwendigen Unterhalts zu zahlen. Gleichwohl ist IV 1 mit seinem Maßstab der früheren vorgenannten Vorschrift vergleichbar. Mit gewisser Vorsicht können die Rechtsprechung und die Lehre zu § 114 aF noch herangezogen werden. Auch in diesem Zusammenhang ist die in Anm 1 empfohlene Großzügigkeit geboten. Zwar muß nicht bloß irgendeine, sondern eine „erhebliche" Beeinträchtigung vorliegen; die Grenze des Notbedarfs braucht aber keineswegs erreicht zu sein.

Bei einer erheblichen Beeinträchtigung des angemessenen Lebensunterhalts darf die Prozeßkostenhilfe nach IV 2 nun aber auch keineswegs stets uneingeschränkt bewilligt werden. Wenn die Beeinträchtigung der genannten Art festzustellen ist, muß das Gericht vielmehr anschließend klären, um welche Beträge sich die Grenzwerte der Tabelle (Anl 1 zu § 114) erhöhen. Dabei kann sich ergeben, daß eine – wenn auch gegenüber dem „Normalfall" wesentlich verringerte – Ratenzahlungspflicht rein rechnerisch bestehen bleibt. In diesem Fall ist wiederum nach III zu prüfen, ob die Grenze von vier Monatsraten des so errechneten Umfangs überschritten wird. Nicht etwa ist eine Viermonatsgrenze der „Normalraten" maßgebend. Erst wenn zusätzlich zu den Voraussetzungen nach IV auch diejenigen nach III vorliegen, darf also eine Prozeßkostenhilfe bewilligt werden.

F. Andere Prüfungsreihenfolge. Im Einzelfall mag es sich durchaus empfehlen, von der Prüfungsreihenfolge nach A–E abzuweichen, wenn sich zB ergibt, daß zwar die Beurteilung der Vermögenslage zweifelhaft sein kann, das Einkommen aber jedenfalls groß genug ist, um eine Prozeßkostenhilfe schlechthin abzulehnen, wenn also nicht einmal eine verringerte Ratenzahlungsfähigkeit in Betracht kommt.

G. Höchstens 48 Monatsraten. Der Einleitungssatz der Anlage 1 zu § 114 (Tabelle, abgedruckt hinter § 114) bestimmt als ein Teil des amtlichen Gesetzestextes, daß eine Partei unabhängig von der Zahl der Rechtszüge höchstens 48 Monatsraten zu zahlen habe. Daher ist eine Ratenzahlungspflicht zwar praktisch erst dann auszusprechen, wenn mindestens 5 Monatsraten anfallen werden, III, dann aber außerdem an eine Höchstgrenze von Monatsraten gebunden.

Es ist denkbar, daß das erstinstanzliche Gericht die Zumutbarkeit einer finanziellen Beteiligung des Antragstellers an den voraussichtlichen Prozeßkosten nur für einen Zeitraum von

7. Titel. Prozeßkostenhilfe und Prozeßkostenvorschuß §§ 115, 116 1

zB zwei Jahren bejaht, da nach dem gegenwärtigen Stand nach dem Ablauf dieser Frist mit einiger Wahrscheinlichkeit ein wesentlich geringeres Einkommen zu erwarten ist, etwa wegen einer dann bevorstehenden Pensionierung des Antragstellers oder deswegen, weil dann ein Kind in die Berufsausbildung eintreten wird. Es ist denkbar, daß zB das zweitinstanzliche Gericht die Zumutbarkeit von Ratenzahlungen für weitere zwei Jahre bejaht. Wenn die Ratenzahlungspflicht nicht für einen ununterbrochenen Zeitraum bejaht wurde, können sich die Raten auf eine Dauer von mehr als 4 Jahren verteilen, bis 48 Monatsraten erreicht sind, vgl auch Bischof AnwBl **81**, 371, aM Grunsky NJW **80**, 2046, Holch Rpfleger **80**, 361. Ratenzahlungen können gleichzeitig für mehrere Instanzen desselben Prozesses in Betracht kommen, Behn Rpfleger **83**, 341. Zur Auswirkung einer Ratenzahlungsbewilligung nach einer Zurückverweisung BGH NJW **83**, 944.

3) Verfahren. A. Grundsatz. Auch im Rahmen von § 115 verfährt das Prozeßgericht nach § 118; vgl die dortigen Anm, auch zur Frage, in welchem Umfang der Vorsitzende den Rpfl beauftragen darf.

B. Grenzen der Aufklärungspflicht. Wie schon in Anm 1 und bei § 118 erläutert, sollte sich das Prozeßgericht bei allen Erwägungen im Verfahren auf die Bewilligung einer Prozeßkostenhilfe und daher insbesondere bei den außerordentlich schwierigen Abwägungen, etwaigen Ermittlungen usw zu § 115 stets des Umstands bewußt sein, daß es weder den beabsichtigten oder anlaufenden Rechtsstreit dieser Instanz vorwegzunehmen noch auf Grund des bisherigen Tatsachenvortrags der Parteien eine abschließende Würdigung vorzunehmen hat.

Das Gericht ist nicht dazu berechtigt, Staatsgelder zugunsten eines Antragstellers einzusetzen, dessen wirtschaftliche Verhältnisse höchst undurchsichtig sind, selbst wenn die beabsichtigte Rechtsverfolgung oder Rechtsverteidigung durchaus aussichtsreich und keineswegs mutwillig erscheint. Das Gericht ist aber ebensowenig dazu verpflichtet, aus fiskalischen Interessen entweder tief in die wirtschaftlichen Verhältnisse eines Antragstellers einzudringen, der immerhin einiges dafür vorgetragen und notfalls glaubhaft gemacht hat, daß man es ihm nicht zumuten kann, einen Teil der Kosten von vornherein oder wenigstens in mehr als vier Raten zu zahlen.

4) Entscheidung. Über eine Beteiligung des Begünstigten entweder durch die Zahlung von Beträgen aus seinem Vermögen oder durch die Ableistung von Monatsraten aus seinem Einkommen muß das Prozeßgericht nach § 120 entscheiden; s dort, auch zur Möglichkeit einer vorläufigen Einstellung der Zahlungen.

5) Rechtsbehelfe. S § 127 Anm 7.

6) VwGO: *Entsprechend anzuwenden,* § 166 VwGO.

116 Partei kraft Amtes, juristische Person usw. Prozeßkostenhilfe erhalten auf Antrag

1. eine Partei kraft Amtes, wenn die Kosten aus der verwalteten Vermögensmasse nicht aufgebracht werden können und den am Gegenstand des Rechtsstreits wirtschaftlich Beteiligten nicht zuzumuten ist, die Kosten aufzubringen;
2. eine inländische juristische Person oder parteifähige Vereinigung, wenn die Kosten weder von ihr noch von den am Gegenstand des Rechtsstreits wirtschaftlich Beteiligten aufgebracht werden können und wenn die Unterlassung der Rechtsverfolgung oder Rechtsverteidigung allgemeinen Interessen zuwiderlaufen würde.

§ 114 Satz 1 letzter Halbsatz ist anzuwenden. Können die Kosten nur zum Teil oder nur in Teilbeträgen aufgebracht werden, so sind die entsprechenden Beträge zu zahlen.

Vorbem. Fassg Art I Z 4 G v 13. 6. 80, BGBl 677, in Kraft seit 1. 1. 81, Art 7 I, ÜbergangsR Art 5 Z 1, abgedr hinter § 114. Z 1 entspricht im wesentlichen dem § 114 III aF; Z 2 entspricht im wesentlichen dem § 114 IV aF; S 2 entspricht zum Teil dem § 114 I 1 aF, im übrigen neu.

1) Allgemeines. Während § 114 die Voraussetzungen der Bewilligung einer Prozeßkostenhilfe an eine natürliche Person enthält und § 115 zugehörige Regelungen über eine Ratenzahlung bringt, regelt § 116 die Voraussetzungen der Bewilligung einer Prozeßkostenhilfe für eine Partei kraft Amtes und für eine inländische juristische Person oder parteifähige Vereinigung. Die Vorschrift enthält auch wegen einer etwaigen Ratenzahlung eine Sonderregelung, die derjenigen des § 115 im Zweifel vorgeht. Auch die in § 116 genannten

Rechtssubjekte erhalten eine Prozeßkostenhilfe nur auf Grund eines Antrags, dessen Einzelheiten in § 117 für alle Antragsteller einheitlich geordnet sind. Auch das weitere Verfahren, §§ 118 ff, ist für die in § 116 Genannten ebenso wie für die natürlichen Personen geregelt.

Unter den gesetzlichen Voraussetzungen hat jede Partei kraft Amtes, jede inländische juristische Person und jede inländische parteifähige Vereinigung einen Rechtsanspruch auf die Gewährung der Prozeßkostenhilfe. Das ergibt sich aus der Formulierung „erhalten auf Antrag" in S 1. Der Gesetzgeber hat damit den früheren Streit darüber, ob insofern eine Pflicht zur Bewilligung oder nur eine Ermessensfreiheit bestehe, beendet, BT-Drs 8/3068.

2) Partei kraft Amts, Z 1. A. Begriff. Vgl zunächst Grdz 2 C vor § 50. Der Pfleger der Leibesfrucht und der Nachlaßpfleger sind gesetzliche Vertreter; für den durch sie Vertretenen gilt § 114. Der Nachlaßverwalter ist Partei kraft Amts.

Z 1 unterscheidet im Gegensatz zu Z 2 nicht zwischen einer inländischen und einer ausländischen Partei. Begünstigt ist also auch eine ausländische Partei kraft Amts.

B. Unzulängliche Vermögensmasse. Die Gewährung einer Prozeßkostenhilfe setzt unter anderem voraus, daß die Partei kraft Amts die Kosten aus der verwalteten Vermögensmasse nicht aufbringen kann. Wenn sie die Kosten nur zum Teil oder in Teilbeträgen aufbringen kann, muß sie die entsprechenden Beträge zahlen, S 3. Unter Kosten sind die „Kosten der Prozeßführung" im Sinn von § 114 S 1 zu verstehen, vgl dort. Maßgeblich ist der Zeitpunkt weder der Einreichung des Antrags, noch der Anhörung der Beteiligten, sondern der Entscheidung über den Antrag, § 120. Das Gericht darf und muß also Veränderungen zwischen dem Zeitpunkt der Antragstellung und dem Zeitpunkt der Entscheidung über den Antrag berücksichtigen. Demgemäß muß der Antragsteller solche Veränderungen unverzüglich wahrheitsgemäß mitteilen. Denn § 138 gilt auch im Verfahren auf die Bewilligung der Prozeßkostenhilfe.

Ob die Mittel für die Kosten der Prozeßführung aus der verwalteten Vermögensmasse ganz, teilweise oder gar nicht aufgebracht werden können, muß der Richter im Rahmen eines pflichtgemäßen Ermessens prüfen. Wenn er die Zahlungsunfähigkeit oder teilweise Zahlungsunfähigkeit bejaht, muß er die Prozeßkostenhilfe bewilligen und hat insofern kein Ermessen mehr. Im Rahmen des Ermessens sind die wirtschaftlichen Gesamtverhältnisse des Antragstellers einerseits und die jedenfalls absehbaren voraussichtlichen Kosten der gesamten Prozeßführung andererseits abzuwägen. Der Partei kraft Amts darf nicht durch eine Prozeßführung soviel an Kapital entzogen werden, daß sie ihre sonstige, außergerichtliche übliche Tätigkeit nahezu völlig einstellen müßte. Ihr kann andererseits ein gewisses Opfer ebenso abverlangt werden wie einer natürlichen Person, sobald diese eine Rechtsverfolgung oder Rechtsverteidigung betreiben will. Im wesentlichen gelten deshalb dieselben Gesichtspunkte wie bei den §§ 114, 115.

C. Unzumutbarkeit für wirtschaftlich Beteiligte. Selbst wenn die Voraussetzungen A, B erfüllt sind, darf eine Prozeßkostenhilfe nur gewährt werden, falls man auch den am Gegenstand des Rechtsstreits wirtschaftliche Beteiligten nicht zumuten kann, die Kosten der Prozeßführung ganz oder teilweise aufzubringen. Das Gesetz enthielt früher den Begriff des „an der Führung des Prozesses" wirtschaftlich Beteiligten. Durch die Neufassung wird verdeutlicht, daß der Kreis der wirtschaftlich Beteiligten größer zu ziehen ist. Man kann am Gegenstand des Rechtsstreits wirtschaftlich beteiligt sein, ohne zugleich auch schon an der eigentlichen Führung des Prozesses wirtschaftlich beteiligt zu sein.

Wirtschaftlich beteiligt ist jedenfalls derjenige, dessen endgültigen Nutzen der geplante Rechtsstreit anstrebt. Hierher zählen zB: Im Rechtsstreit des Testamentsvollstreckers der Erbe; im Rechtsstreit des Nachlaßpflegers der unbekannte Erbe, vgl BGH NJW **64**, 1418; im Rechtsstreit des Konkursverwalters die Gläubiger. Die Regelung soll in sachgerechter Weise verhindern, daß eine vermögende Person, die sich einer unvermögenden juristischen Person im Rechtsverkehr bedient oder am Ausgang des Verfahrens wirtschaftlich interessiert ist, die Kosten eines Prozesses einstweilen auf die Allgemeinheit verlagern kann, obwohl sie diese selbst bestreiten kann, vgl BVerfG **35**, 359. Wenn hinter der Partei kraft Amts mehrere wirtschaftlich Beteiligte stehen, darf das Gericht die Prozeßkostenhilfe der Partei kraft Amts nur dann voll bewilligen, wenn man keinem der wirtschaftlich Beteiligten zumuten kann, die Kosten auch nur teilweise aufzubringen.

Es kommt also bei keinem der wirtschaftlich Beteiligten auf seinen bloßen Zahlungswillen an. Maßgeblich ist vielmehr, ob und in welchem Umfang man es dem Beteiligten objektiv zumuten kann, die Kosten aufzubringen, vgl Hbg MDR **74**, 939, Köln NJW **76**, 1982, Schneider DB **78**, 289. Deshalb kann der Konkursverwalter keine Prozeßkostenhilfe erhalten, solange die Beteiligten zu einem Vorschuß heranzuziehen sind, vgl §§ 107, 204

KO. Das gilt auch zu Lasten der öffentlichen Hand. Denn § 2 GKG gibt ihr keine generelle Vorschußfreiheit, BGH **LM** § 114 aF Nr 26 mwN, Köln NJW **76**, 1982, aM zB Stgt NJW **74**, 867. Die Konkursgläubiger einer vom Konkursverwalter bestrittenen Forderung sind nicht von der Vorschußpflicht ausgenommen. Die Frage, ob und in welchem Umfang dem Beteiligten ein Vorschuß usw an die Partei kraft Amts zuzumuten ist, unterliegt wiederum dem pflichtgemäßen Ermessen des Gerichts. Soweit die Zumutbarkeit verneint werden muß, ist jedoch die Prozeßkostenhilfe zu bewilligen, und umgekehrt.

3) Inländische juristische Person, Z 2. A. Begriff. Vgl zunächst § 50 Anm 2 C. Z 2 begünstigt nur die inländische juristische Person, nicht die ausländische; wegen der letzteren s Anh § 114. Die Vorschrift dürfte ebenso wie § 114 IV aF mit dem GG vereinbar sein, vgl BVerfG **35**, 360 (man muß Art 14 III 4 GG beachten). Maßgeblich ist, ob die juristische Person ihren Sitz im Inland hat. Die DDR ist kein Ausland, Einl III 8 B. Vgl im übrigen Willenbruch, Das Armenrecht der juristischen Person, 1977.

B. Wirtschaftliches Unvermögen. Das Gericht darf der inländischen juristischen Person eine Prozeßkostenhilfe unter anderem nur dann zubilligen, wenn weder die juristische Person noch ein am Gegenstand des Rechtsstreits wirtschaftlich Beteiligter die Kosten aufbringen kann. Unter Kosten sind auch bei Z 2 die „Kosten der Prozeßführung" im Sinn von § 114 S 1 zu verstehen, vgl dort. Im übrigen gilt das in Anm 2 B Ausgeführte hier entsprechend. Wirtschaftlich beteiligt ist hier derjenige, auf dessen Vermögenslage sich der Sieg oder die Niederlage der Partei wirtschaftlich auswirkt. Das ist auch bei einem Mitglied eines ideellen Vereins denkbar, Köln MDR **68**, 331, Schneider DB **78**, 288 mwN. Ein bloßes Gläubigerverhältnis reicht jedoch nicht aus. Ein rechtliches Interesse ist nicht erforderlich. Im Prozeß der Aktiengesellschaft können die Aktionäre außerstande sein, die Kosten aufzubringen, wenn die Ausschüttung einer Dividende davon abhängt, daß die Aktiengesellschaft gewinnt. Die Mittellosigkeit ist am besten durch eine amtliche Auskunft einer unterrichteten Stelle zu ermitteln, etwa der Industrie- und Handelskammer.

C. Allgemeines Interesse. Selbst wenn die Voraussetzungen A, B vorliegen, darf das Gericht die Prozeßkostenhilfe doch nur bewilligen, soweit die Unterlassung der Rechtsverfolgung oder Rechtsverteidigung allgemeinen Interessen zuwiderlaufen würde. Die Regelung ist verfassungsrechtlich unbedenklich, BVerfG **35**, 348. Sie trägt den besonderen Interessen der juristischen Person Rechnung.

Das Gericht muß alle denkbaren allgemeinen Interessen berücksichtigen, BVerfG **35**, 362. Es muß also im konkreten Einzelfall eine Auslegung und Abwägung der Interessen vornehmen und darf sich nicht auf allgemeine, für alle denkbaren Fälle gleichermaßen gültigen Gesichtspunkte beschränken.

Das allgemeine Interesse kann zB in folgendem Fall zu bejahen sein: Der Zusammenbruch der juristischen Person würde weitragende gemeinwirtschaftliche Nachteile haben; es würden außer den unmittelbar am Prozeß rechtlich oder wirtschaftlich Beteiligten zahlreiche weitere Personen in Mitleidenschaft gezogen werden, BFH BB **82**, 1536, zB durch eine Entlassung, BFH NJW **74**, 256.

Ein allgemeines Interesse würde zB in folgenden Fällen nicht zuwiderlaufen: Es liegt ein öffentliches Interesse an einer richtigen Entscheidung vor, BGH **25**, 185, aM LG Kassel MDR **54**, 45; die Sache würde dem Großen Senat vorgelegt werden müssen, BGH NJW **65**, 585; Steuern würden beitreibbar gemacht, Köln JMBlNRW **65**, 114.

4) Parteifähige Vereinigung, Z 2. Im Gegensatz zu § 114 IV aF nennt Z 2 nun auch neben der inländischen juristischen Person die parteifähige Vereinigung als ein Rechtssubjekt, der eine Prozeßkostenhilfe gewährt werden kann. Das Wort „inländisch" vor der ersten Alternative der Vorschrift bezieht sich auch auf die zweite Alternative; begünstigt ist also nur eine inländische parteifähige Vereinigung, keine ausländische. Wegen der letzteren s Anh § 114.

Der Begriff „parteifähige Vereinigung" bedeutet nicht etwa nur eine Beschränkung auf einen Verein. Vielmehr zählen hierher alle diejenigen Personengesamtheiten, die einerseits parteifähig sind, andererseits keine juristische Person darstellen. Hierher zählen also sämtliche in § 50 Anm 2 D genannten parteifähigen Personengesamtheiten. Ferner zählt hierher der nicht rechtsfähige Verein, sofern er parteifähig ist, § 50 Anm 3.

Im übrigen gelten die in Anm 4 genannten Voraussetzungen. Die an der parteifähigen Vereinigung wirtschaftlich Beteiligten müssen also außerstande sein, die Kosten der Prozeßführung aufzubringen; außerdem muß die Unterlassung der Rechtsverfolgung oder Rechtsverteidigung allgemeinen Interessen zuwider laufen.

5) Hinreichende Erfolgsaussicht, Fehlen des Mutwillens, S 2. Selbst wenn sämtliche

Voraussetzungen der Anm 1–4 erfüllt sind, muß das Gericht vor der Bewilligung der Prozeßkostenhilfe außerdem prüfen, ob die beabsichtigte Rechtsverfolgung oder Rechtsverteidigung eine hinreichende Aussicht auf Erfolg bietet und ob sie auch nicht mutwillig erscheint, S 2 iVm § 114 S 1 letzter Hs. Vgl insofern § 114 Anm 2 B a–b.

6) Teilzahlung usw, S 3. Soweit der Antragsteller oder die an ihm wirtschaftlich Beteiligten die Kosten teilweise oder in Teilbeträgen aufbringen können, muß das Gericht entsprechende Teilzahlungen verlangen. Das Gericht übt nur insofern ein pflichtgemäßes Ermessen aus, als zu klären ist, ob und in welchem Umfang Teilzahlungen usw zumutbar sind. Soweit eine entsprechende Zahlungsfähigkeit festgestellt wird, muß das Gericht im Interesse der Staatskasse eine entsprechende Zahlungspflicht festlegen. Im übrigen weicht die Regelung S 3 von der Regelung der §§ 114, 115 ab. Der Grundgedanke ist aber demjenigen des § 115 II Hs 1 vergleichbar, nämlich: Das Vermögen ist in zumutbarem Maße einzusetzen. Dagegen sind die übrigen Bestimmungen in den §§ 114, 115 auch nicht entsprechend anwendbar. Ratenzahlungen sind solange zu entrichten, bis die gesamten Kosten der Prozeßführung gedeckt sind, so auch Röwer MDR **81**, 348, Schneider MDR **81**, 285, aM Birkl 4, ThP 3.

7) VwGO: *Entsprechend anzuwenden, § 166 VwGO. Unter Z 2 fällt auch der nichtrechtsfähige Verein, § 61 Z 2 VwGO, vgl OVG Münst JMBlNRW* **64**, *179.*

117 **Antrag. Vordrucke.** ¹ Der Antrag auf Bewilligung der Prozeßkostenhilfe ist bei dem Prozeßgericht zu stellen; er kann vor der Geschäftsstelle zu Protokoll erklärt werden. In dem Antrag ist das Streitverhältnis unter Angabe der Beweismittel darzustellen.

ᴵᴵ Dem Antrag sind eine Erklärung der Partei über ihre persönlichen und wirtschaftlichen Verhältnisse (Familienverhältnisse, Beruf, Vermögen, Einkommen und Lasten) sowie entsprechende Belege beizufügen.

ᴵᴵᴵ Der Bundesminister der Justiz wird ermächtigt, zur Vereinfachung und Vereinheitlichung des Verfahrens durch Rechtsverordnung mit Zustimmung des Bundesrates Vordrucke für die Erklärung einzuführen.

ᴵⱽ Soweit Vordrucke für die Erklärung eingeführt sind, muß sich die Partei ihrer bedienen.

Vorbem. Fassg Art 1 Z 4 G v 13. 6. 80, BGBl 677, in Kraft: I, II, IV seit 1. 1. 81, Art 7 I; III seit 22. 6. 80, Art 7 II Z 1; ÜbergangsR Art 5 Z 1, abgedr hinter § 114. VO gem III v 24. 11. 80, BGBl 2163. I entspricht dem § 118 I, III aF; II neu (früher: Armutszeugnis, § 118 II aF); III–IV neu.

1) Allgemeines. § 117 enthält gegenüber dem bisherigen Recht Vertrautes, aber auch wesentlich Neues. Die Vorschrift wird durch § 118 ergänzt. Die nach I, II erforderlichen Angaben und Belege müssen der Wahrheit entsprechen. Denn § 138 gilt auch im Verfahren auf die Bewilligung einer Prozeßkostenhilfe. Falsche Angaben können erhebliche prozessuale Nachteile nach sich ziehen, § 138 Anm 1 F, auch zur Aufhebung der Bewilligung der Prozeßkostenhilfe zwingen, § 124 Z 1, 2, ferner privatrechtliche Folgen (Schadensersatzpflicht) auslösen, § 138 Anm 1 G, und als zumindest versuchter Prozeßbetrug usw strafrechtliche Folgen haben, § 138 Anm 1 H. Das gilt unabhängig davon, daß das Gericht nach § 118 das Recht und unter Umständen die Pflicht hat, die Angaben des Antragstellers vor der Entscheidung zu überprüfen und eine Glaubhaftmachung zu verlangen.

2) Antrag, I. A. Grundsatz. Die Prozeßkostenhilfe wird ausnahmslos nur auf Grund eines Antrags bewilligt, in keinem Fall von Amts wegen. Der Antrag ist eine Prozeßhandlung, Grdz 5 A vor § 128. Er duldet als solche grundsätzlich keine Bedingung. Er kann jederzeit zurückgenommen werden, auch ohne die Zustimmung des zukünftigen oder gegenwärtigen Prozeßgegners, zumal jener im Verfahren auf die Bewilligung einer Prozeßkostenhilfe, das sich ja zwischen dem Antragsteller und dem Staat abspielt, trotz der Anhörungspflicht des Gerichts nach § 118 nicht im engeren Sinne ein Verfahrensbeteiligter ist, Holch NJW **81**, 154.

In einem Antrag auf die Bewilligung der Prozeßkostenhilfe für ein Kindschaftsverfahren liegt durchweg der Antrag, dem Antragsteller auch einen Anwalt beizuordnen, Düss FamRZ **81**, 486. Im Antrag auf die Bewilligung der Prozeßkostenhilfe für den Hauptprozeß kann auch ein Antrag auf die Bewilligung der Prozeßkostenhilfe für das Bewilligungsverfahren liegen, Hamm NJW **82**, 287.

7. Titel. Prozeßkostenhilfe und Prozeßkostenvorschuß   § 117   2

B. Vor der Geschäftsstelle zu Protokoll, I 1. Der Antrag muß bei dem Prozeßgericht gestellt werden. Das ist dasjenige Gericht, bei dem der Rechtsstreit schwebt oder anhängig werden soll. In einer Handelssache kommt auch die Kammer für Handelssachen in Betracht. Im Rahmen der Zwangsvollstreckung ist grundsätzlich das Vollstreckungsgericht zuständig. Denn es kann die Aussichten allein beurteilen, vgl (zum alten Recht) BGH Rpfleger **79**, 195, Brschw MDR **65**, 302, LG Bielef AnwBl **82**, 534. Freilich kann das Prozeßgericht zB bei § 887ff zulässig sein, LG Bielef AnwBl **82**, 534.

In einer Sache, die dem Einzelrichter nach § 348 oder nach § 524 übertragen wurde, ist der Antrag bei der dortigen Geschäftsstelle zu stellen.

Der Antrag hemmt die Verjährung, BGH **70**, 236 (auch zur Rechtzeitigkeit des Antrags), ähnlich Feuring MDR **82**, 898 mwN, unterbricht die Verjährung aber nicht, BGH **70**, 236.

Zur Entgegennahme des Antrags ist auch der Urkundsbeamte der Geschäftsstelle eines jeden Amtsgerichts zuständig, § 129 a I. Er übersendet den Antrag unverzüglich an das Prozeßgericht, § 129 a II 1. Der Antrag wird erst dann wirksam, wenn er bei dem Prozeßgericht eingeht, § 129 a II 2. Die Geschäftsstelle des entgegennehmenden AG kann dem Antragsteller oder seinem Beauftragten die Übermittlung des Antrags an das Prozeßgericht mit seiner Zustimmung überlassen, § 129 a II 3. Ein Anwaltszwang besteht nicht, § 78 II Hs 2. Eine Unterzeichnung ist nicht erforderlich, Ffm AnwBl **83**, 319.

Das alles gilt auch dann, wenn der Antrag erst in der höheren Instanz erstmalig oder erneut nunmehr für diesen Rechtszug gestellt wird.

Der Urkundsbeamte der Geschäftsstelle ist verpflichtet, den Antragsteller bei der Entgegennahme des Antrags sachgemäß zu beraten und ihn insbesondere auf den gesetzlichen Zwang zur Benutzung des nach III eingeführten Vordrucks hinzuweisen, IV, vgl Christl NJW **81**, 791. Er darf und muß auf Grund eines Antrags des Antragstellers die Akten heranziehen, vgl (zum alten Recht) KG MDR **55**, 174. Der Urkundsbeamte ist aber nicht zu einer Beratung des Antragstellers über die Aussichten der Rechtsverfolgung oder Rechtsverteidigung oder zu anderen Auskünften oder Ratschlägen verpflichtet oder berechtigt, die über die Erfordernisse des § 117 und unter Umständen des § 118 I, II hinausgehen.

C. Darlegung des Streitverhältnisses, I 2. Der Antragsteller muß bereits im Antrag das Streitverhältnis unter einer Angabe der Beweismittel darstellen. Er muß also einen bestimmten Anspruch geltend machen und muß eine tatsächliche Begründung beifügen, § 253 II Z 2. Die Begründung braucht zwar nicht in allen Einzelheiten schlüssig zu sein, zumal das Gericht verpflichtet ist, nach § 118 gegebenenfalls ergänzende Angaben zu verlangen. Indessen gehört zu einer ausreichenden Darstellung schon nach I 2 die Angabe aller derjenigen Tatsachen, aus denen das Gericht wenigstens im Kern und nicht bloß in vagen Umrissen erkennen kann, ob und in welchem Umfang die beabsichtigte Rechtsverfolgung oder Rechtsverteidigung eine hinreichende Erfolgsaussicht hat und nicht mutwillig erscheint, § 114.

Für alle wesentlichen tatsächlichen Behauptungen muß der Antragsteller schon jetzt Beweis antreten. Soweit der Prozeßgegner nach der Auffassung des Antragstellers beweispflichtig sein mag, ist der Antragsteller schon jetzt zur Angabe des etwaigen Gegenbeweises verpflichtet. Denn das Gesetz sieht zwar vor, daß das Gericht dem Prozeßgegner grundsätzlich eine Gelegenheit zur Stellungnahme geben soll; das Gesetz verpflichtet das Gericht aber keineswegs dazu, dem Antragsteller jene gegnerische Stellungnahme etwa zu einer Gegenerklärung vorzulegen; §§ 275 IV, 276 III sind auch nicht entsprechend anwendbar.

Der Antragsteller braucht keine seiner Angaben von sich aus glaubhaft zu machen, § 294. Eine Glaubhaftmachung ist erst dann notwendig, wenn und soweit das Gericht sie nach § 118 II 1 anordnet. Gleichwohl liegt eine Glaubhaftmachung schon zusammen mit der Einreichung des Antrags im Interesse des Antragstellers. Im übrigen soll der Antrag allerdings das Verfahren nach § 118 erst vorbereiten.

In der Rechtsmittelinstanz ist eine Darlegung des Streitverhältnisses nicht mehr erforderlich, vgl (zum alten, aber insofern unveränderten Recht) BGH **LM** § 118 aF Nr 3. Der Antragsteller muß aber innerhalb der Rechtsmittelfrist das ihm nach den Umständen Zumutbare tun, um die Voraussetzungen für die Bewilligung einer Prozeßkostenhilfe darzulegen, vgl (zum alten Recht) BGH **27**, 132 (Wiedereinsetzungsmöglichkeit). Er muß also unter anderem (erneut) die Erklärung über seine persönlichen und wirtschaftlichen Verhältnisse nach II einreichen, vgl (jeweils zum alten Recht) BAG NJW **67**, 222, BFH NJW **76**, 1232. Seine Angaben müssen richtig und vollständig sein, vgl (zum alten Recht) BGH VersR **76**, 932. Er muß auch angeben, ob die Revisionssumme erreicht ist, vgl (zum alten Recht) BGH **LM** § 114 aF Nr 10.

D. Antrag auf Prozeßkostenhilfe und Klageeinreichung. Es steht dem Antragsteller frei,

Hartmann   333

die Klage zusammen mit dem Antrag auf die Bewilligung einer Prozeßkostenhilfe oder später einzureichen, Celle AnwBl **83**, 92, sei es während des Verfahrens über seinen Antrag, sei es erst nach der Entscheidung über ihn. Durch die Klageinreichung wird grundsätzlich neben dem Verfahren auf die Bewilligung der Prozeßkostenhilfe auch der Rechtsstreit als solcher in Gang gesetzt, BGH **4**, 333, Bbg JB **76**, 1195; vgl auch § 253 Anm 2 A. Das ist im Interesse der Klarheit und wegen der weittragenden Rechtsfolgen der Klagerhebung notwendig. Die Klage gilt als eingereicht, vgl § 270 III. Das Gericht stellt die Klage aber zunächst nicht dem Bekl zu, § 271 I, bis es entweder die Prozeßkostenhilfe bewilligt hat oder bis der Kläger den erforderlichen Vorschuß bezahlt hat, § 65 I GKG, Celle AnwBl **83**, 92; s auch § 270 Anm 4. Soweit § 65 I GKG unanwendbar ist, etwa nach seinem II in einem Verfahren nach den §§ 664, 679, 684, 686, im Verfahren auf einen Arrest oder auf eine einstweilige Verfügung, im Verfahren nach §§ 620ff, bei einer Berufung mit Ausnahme des Falls § 65 I 3 GKG, im Fall einer Revision, stellt das Gericht die Klage allerdings sofort dem Bekl zu.

Soweit der Kläger die Klage usw nur für den Fall der Bewilligung einer Prozeßkostenhilfe einreichen will, muß er diese zulässige Bedingung deutlich zum Ausdruck bringen, BGH **4**, 333, Bbg JB **76**, 1195, Schlesw zB SchlHA **78**, 211, LG Kblz JB **78**, 449. Er muß die Klageschrift zB als einen bloßen Entwurf kennzeichnen oder es unterlassen, die Klageschrift zu unterzeichnen. Wenn er den Antrag auf die Bewilligung der Prozeßkostenhilfe und die Klageschrift in demselben Schriftsatz einreicht, genügt es im allgemeinen, daß er zum Ausdruck bringt, er beantrage die Prozeßkostenhilfe „für die beabsichtigte Klage", Celle MDR **63**, 687. Wegen eines Antrags auf die Bewilligung einer Prozeßkostenhilfe in Verbindung mit einer Berufung vgl § 518 Anm 2 B b. Wegen des Übergangsrechts der Zuständigkeit § 261 Anm 1 A.

Die Bewilligung ohne einen Antrag läßt die Folgen der Bewilligung für alle Begünstigten eintreten.

Im Verfahren vor dem Patentgericht ist lediglich I 2 entsprechend anwendbar, und zwar nur im Einspruchsverfahren sowie in dem Verfahren wegen der Erklärung der Nichtigkeit oder der Zurücknahme eines Patents oder wegen der Erteilung einer Zwangslizenz, § 136 S 2 PatG.

3) Erklärung der Partei, II–IV. A. Grundsatz. In Abweichung von dem früheren Recht begnügt sich das Gesetz nach II damit, daß der Antragsteller eine Erklärung über seine persönlichen und wirtschaftlichen Verhältnisse sowie entsprechende Belege beifügt. Es wird also kein sog Armutszeugnis und auch keine behördliche Bescheinigung über die persönlichen und wirtschaftlichen Verhältnisse des Antragstellers mehr erforderlich. Der Antragsteller wendet sich vielmehr lediglich und direkt an das Gericht. Der Gang zur Sozialbehörde fällt ersatzlos fort.

Damit ist die nach Auffassung des Gesetzgebers für viele Antragsteller demütigende Offenbarung ihrer persönlichen und wirtschaftlichen Verhältnisse gegenüber einer Verwaltungsbehörde im Zusammenhang mit einem bloßen Zivilprozeß entfallen. Freilich sind dadurch ganz erhebliche neue Probleme entstanden, Grunsky NJW **80**, 2044 (er warnt vor einem „drohenden Formularwust"), Holch Rpfleger **80**, 363 (im Ergebnis habe der Antragsteller „eine Einkommen- und Vermögensteuererklärung" abzugeben), derselbe NJW **81**, 152 („Hilfe zu den Prozeßkosten zu Lasten des Persönlichkeitsschutzes"), § 115 Anm 1. Im übrigen bürdet das Gesetz nun dem Gericht die volle Prüfungsarbeit über die persönlichen und wirtschaftlichen Verhältnisse des Antragstellers auf, Holch Rpfleger **80**, 363. Das Gericht darf diese Arbeit auch keineswegs grundsätzlich oder gar routinemäßig auf die Verwaltungsbehörde, etwa auf die Sozialbehörde abwälzen, auch nicht nach Art 35 I GG und auch nicht etwa im Rahmen des Prüfungsverfahrens nach § 118 II 2. Natürlich bleibt es dem Gericht unbenommen, im Rahmen der letztgenannten Vorschrift einzelne Erhebungen derart vorzunehmen, daß es die zuständigen Verwaltungsbehörden um Auskunft ersucht.

Holch Rpfleger **80**, 363 schlägt zur Entlastung der Richter eine erneute Gesetzesänderung mit dem Ziel der Übertragung der Prüfung der persönlichen und wirtschaftlichen Verhältnisse auf den Rpfl vor; dagegen Schneider Rpfleger **80**, 366.

B. Einzelheiten. II nennt als Faktoren, die im Rahmen der Darlegung der persönlichen und wirtschaftlichen Verhältnisse beachtlich sind, fünf Merkmale. Insofern unterscheidet sich die Vorschrift von § 114 S 1, wo sich lediglich der Oberbegriff der „persönlichen und wirtschaftlichen Verhältnisse" befindet. Der Sache nach ist aber dasselbe gemeint. Im übrigen ergibt sich aus dem gemäß III eingeführten bundeseinheitlichen Vordruck, welche Angaben erforderlich, welche zulässig und welche überflüssig sind.

Der Antragsteller ist nach IV zur Benutzung des Vordrucks verpflichtet. Sofern er ihn

7. Titel. Prozeßkostenhilfe und Prozeßkostenvorschuß § 117 3, 4

überhaupt nicht einreicht, ist sein Antrag unzulässig, Köln MDR **82**, 152 mwN, abw LAG Hamm MDR **82**, 83, Schneider MDR **82**, 90 (der Antrag sei dann unbegründet). Das Gericht sollte einen aus diesem Grunde unzulässigen Antrag jedoch nicht sogleich zurückweisen, sondern dem Antragsteller die Gelegenheit geben, innerhalb einer zu bestimmenden, angemessen lang anzusetzenden Nachfrist einen ausgefüllten Vordruck nachzureichen, vgl LAG Hamm MDR **82**, 83. Soweit der Antragsteller die Frist wahrt, kann die Wirkung des Antrags schon mit der Einreichung des Gesuchs ohne Vordruck eintreten; die Grundsätze zu § 270 III sind entsprechend anwendbar, vgl dort Anm 4 mwN.

Im Rahmen des Vordrucks sind etwaige Unklarheiten nach dem Sinn und Zweck von II zu beurteilen. Die Erklärung soll dem Gericht zwar nicht die gesamte etwa für notwendig gehaltene weitere Aufklärungsarbeit nach § 118 abnehmen, andererseits doch soviel an Angaben enthalten, daß das Gericht sich nicht nur zur Erfolgsaussicht der Rechtsverfolgung oder Rechtsverteidigung und zum Fehlen eines Mutwillens, sondern auch zu den wirtschaftlichen Voraussetzungen der §§ 114, 115 ein Bild machen kann. Bei den Angaben zum Vermögen des Antragstellers und zu seinem Einkommen und demjenigen seiner Angehörigen sind § 115 I in Verbindung mit § 76 II BSHG und § 115 II in Verbindung mit § 88 BSHG und der zugehörigen VO ergänzend heranzuziehen; vgl bei § 115.

Das Gericht muß prüfen, ob und in welchem Umfang der Antragsteller eine Rechtsschutzversicherung abgeschlossen hat, die die Kosten dieses Prozesses deckt. Denn ihr Bestehen führt zur Versagung jeder Prozeßkostenhilfe, BGH Rpfleger **81**, 437.

Durch IV ist klargestellt, daß auch weder ein etwa noch vorhandenes Armutszeugnis jüngeren Datums noch eine Bescheinigung einer anderen Behörde, etwa eines Finanzamts, als Ersatz für die Erklärung nach II ausreichen. Noch weniger reicht eine Äußerung einer Industrie- und Handelskammer oder einer Großbank usw für sich allein aus. Natürlich können alle solche Unterlagen als Belege nach II zur Ergänzung der Erklärung dienen.

II–IV nehmen weder den unter Vormundschaft oder Pflegschaft Stehenden noch eine Partei kraft Amts oder eine juristische Person oder eine parteifähige Vereinigung vom Formularzwang aus. Das Gesetz vermutet insbesondere nicht mehr eine Vermögenslosigkeit solcher Personen.

Das Gericht ist an die Erklärung nicht gebunden, vgl schon (zum alten Recht) Schlesw SchlHA **76**, 10. Es muß aber seine abweichende Ansicht begründen. Es ist im Rahmen des § 118 zu ergänzenden Erhebungen nicht nur berechtigt, sondern in einem gewissen Umfang auch verpflichtet. Wenn der Antragsteller zB den Vordruck zwar nicht vollständig ausgefüllt, seine wirtschaftlichen Verhältnisse aber in einer beigefügten Erklärung dargelegt und ihre Richtigkeit an Eides Statt versichert hat, muß das Gericht nach § 118 II 4 vorgehen, falls ihm die Angaben nicht ausreichen, LAG Hamm MDR **81**, 83, und den Antrag notfalls als unbegründet abweisen, insofern auch Schneider MDR **82**, 90, insofern aM Köln MDR **82**, 152 (der Antrag sei auch dann unzulässig). Da das ganze Verfahren aber nur auf Grund eines Antrags stattfindet und da II ausdrücklich auch die Pflicht zur Einreichung der Belege nennt, muß das Gericht diese Einreichung verlangen, Schlesw SchlHA **82**, 71, und notfalls den Antrag wegen fehlender Glaubhaftmachung abweisen, LAG Hamm MDR **82**, 83.

Soweit der Antragsteller eine Prozeßkostenhilfe für ein fristgebundenes Rechtsmittel beantragt, muß er den vollständig ausgefüllten Vordruck bis zum Ablauf der Rechtsmittelfrist einreichen oder glaubhaft machen, daß er daran schuldlos gehindert war, BGH VersR **81**, 884, vgl auch BGH VersR **83**, 241, ferner BFH BB **82**, 1974, BSG MDR **81**, 1052. Das gilt zumindest dann, wenn seine etwaigen formlosen Angaben nicht ausreichen, BSG MDR **82**, 878.

Wenn der Antragsteller weder einen Vordruck nach III, IV, noch irgendeine derean Form der Erklärung über seine persönlichen und wirtschaftlichen Verhältnisse eingereicht hat, ist der Antrag ebenso wie dann zu beurteilen, wenn er zwar eine Erklärung beigefügt und Unterlagen beigelegt, nicht aber den Vordruck benutzt hat.

Die Belege nach II sind soweit möglich in Urschrift einzureichen, andernfalls in derjenigen Form, die der Antragsteller besitzt oder in zumutbarem Umfang beschaffen kann, gegebenenfalls also in beglaubigter Abschrift. Sie werden in den Akten verwahrt und dem Antragsteller von Amts wegen oder auf Grund seines Antrags nach der Beendigung des Verfahrens über die Prozeßkostenhilfe unverzüglich zurückgereicht. Dabei sollte sich das Gericht der Form des Einschreibebriefs mit oder ohne einen Rückschein oder der Zustellungsurkunde bedienen, um sicherzustellen, daß die oft wertvollen Urkunden wieder in die Hände des Einreichers kommen.

4) Persönlichkeitsschutz, II. Das Verfahren zur Gewährung der Prozeßkostenhilfe muß den Persönlichkeitsschutz des Antragstellers (und seiner Angehörigen, soweit er über ihre

Verhältnisse mitberichten muß) gewährleisten. Deshalb ist es bei einer verfassungsgerechten Auslegung von II notwendig, das Einsichtsrecht und das Anhörungsrecht des Prozeßgegners auf diejenigen Antragsteile und -unterlagen zu beschränken, die sich auf die Frage der Erfolgsaussicht und das Fehlen eines Mutwillens beziehen, Holch NJW **81**, 153, ThP § 118 Anm 1 a, aM Bre FamRZ **82**, 833, Karlsr NJW **82**, 2507 mwN (abl Pentz NJW **83**, 1037), LAG Hbg MDR **82**, 527 (aber § 299 ist gegenüber Art 2 GG nicht vorrangig, und natürlich will der Antragsteller dem Prozeßgegner nur im gesetzlich notwendigen Umfang Einblick geben). Die Erklärung nach II–IV ist folglich in eine gesonderte Beiakte zu nehmen, Holch NJW **81**, 155, aM Celle MDR **82**, 761 mwN, Bischof AnwBl **81**, 375.

Dazu heißt es in den Durchführungsbestimmungen zum Gesetz über die Prozeßkostenhilfe, abgedruckt zB NJW **81**, 804, bundeseinheitlich in Kraft seit 1. 1. 81, geändert mit Wirkung seit 1. 7. 82, vgl

Baden-Württemberg: AV v 10. 12. 80, Justiz **81**, 65;
Bayern: VerwAnO v 10. 12. 80;
Berlin: AV v 10. 12. 80;
Bremen: VerwAnO v 10. 12. 80;
Hamburg: AV v 10. 12. 80, JVBl **81**, 3;
Hessen: RdErl v 10. 12. 80, JMBl **81**, 67;
Niedersachsen: AV v 10. 12. 80, NdsRpfl **81**, 8;
Nordrhein-Westfalen: AV v 10. 12. 80, JMBl **81**, 14;
Rheinland-Pfalz: VerwVorschrift v 10. 12. 80, JBl **81**, 1;
Saarland: VerwAnO v 10. 12. 80;
Schleswig-Holstein: AV v 10. 12. 80, SchlHA **81**, 22, berichtigt 43, geändert durch AV v. 15. 2. 82, SchlHA 51;

DB-PKHG 2.2 **Der Vordruck mit der Erklärung über die persönlichen und wirtschaftlichen Verhältnisse sowie die bei der Durchführung der Prozeßkostenhilfe entstehenden Vorgänge sind in einem Beiheft zu vereinigen. Dies gilt insbesondere für Kostenrechnungen, Beanstandungen, Zahlungsanzeigen und Nachrichten. Zu dem Beiheft sind ferner Durchschriften der die Prozeßkostenhilfe betreffenden gerichtlichen Entscheidungen zu nehmen.**

Dieses Beiheft dient also der Sache nach auch dem Persönlichkeitsschutz des Antragstellers. Es ist im Fall einer Versendung der Hauptakte an andere Stellen als den Antragsteller des Prozeßkostenhilfeverfahrens oder an seinen Bevollmächtigten grundsätzlich nicht mit zu versenden; eine Einsicht erhalten ebenfalls grundsätzlich nur die letzteren Personen. Sie können das Gericht zur Weiterleitung der Akten usw ermächtigen. Diese Ermächtigung kann nicht vom Gericht, sondern allenfalls vom Prozeßgegner erzwungen werden und sollte stets eindeutig vorliegen und aktenkundig sein.

5) Vordruck, IV. Der amtliche Vordruck ist in der VO v 24. 11. 80, BGBl 2163, veröffentlicht und unter der Bezeichnung „ZP 1 – Antrag auf Bewilligung der Prozeßkostenhilfe" erhältlich. Er enthält Ausfüllhinweise. Er soll sicherstellen, daß die Erklärung aufgegliedert und substantiiert ist, BGH FamRZ **83**, 580. Man darf auf den Vordruck nicht verzichten, soweit die dort verlangten Angaben nicht bereits anderweitig sämtlich und vergleichbar übersichtlich vorliegen, BGH FamRZ **83**, 580. Wegen des Rechtsmittelzugs § 119 Anm 2 A.

Ein Sozialhilfeempfänger braucht abweichend von Abschnitt A (Hinweis) die Abschnitte B–E erst auf Grund einer (notwendigen) gerichtlichen Aufforderung inhaltlich nachzutragen, so im (wohl gemeinten) Ergebnis richtig Oldb FamRZ **83**, 636.

Die Nichtvornahme einer objektiv notwendigen Ausfüllung führt zur Abweisung als unbegründet, Oldb NJW **81**, 1793, Schneider MDR **81**, 679, aM LG Konstanz MDR **81**, 677 (als unzulässig). Der Antragsteller darf aber einen neuen Antrag nebst Vordruck einreichen, Oldb NJW **81**, 1793.

Die VO lautet in ihrem

§ 1. Für die Erklärung der Partei nach § 117 Abs. 2 der Zivilprozeßordnung wird der in der Anlage zu dieser Verordnung bestimmte Vordruck eingeführt. Dies gilt nicht
1. für die Erklärung einer Partei kraft Amtes, einer juristischen Person oder einer parteifähigen Vereinigung,
2. für die Erklärung eines minderjährigen unverheirateten Kindes, wenn es einen Unterhaltsanspruch geltend macht oder vollstrecken will,
3. für die Erklärung eines minderjährigen unverheirateten nichtehelichen Kindes, wenn es die Feststellung der Vaterschaft begehrt.

7. Titel. Prozeßkostenhilfe und Prozeßkostenvorschuß §§ 117, 118

Die in § 1 S 2 Z 1–3 VO genannten Fälle dürfen als Ausnahmen von der Regel des Vordruckzwangs nicht weit ausgelegt werden. Allerdings handelt es sich beim Fehlen der Regelung des Falls, daß ein minderjähriges unverheiratetes Kind die Feststellung begehrt, der Bekl sei nicht sein Vater (oder: es sei kein eheliches Kind des Bekl), um einen bloßen Redaktionsfehler, wie man aus dem Bundesjustizministerium hört; es liegt jedenfalls kein sachlichrechtlicher oder prozessualer Grund vor, diesen Fall vom Befreiungskatalog der VO auszunehmen, und man fragt sich nur, weshalb die VO nicht sogleich berichtigend ergänzt wurde.

Eine Befreiung vom Vordruckzwang befreit freilich nicht von der Erklärung nach II, KG NJW **82**, 111, Oldb NJW **81**, 2130.

6) *VwGO: Entsprechend anzuwenden, § 166 VwGO. Prozeßgericht, I, im Verfahren der Nichtzulassungsbeschwerde, § 132 III VwGO, ist das BVerwG, BVerwG NJW 65, 2317, sofern die Vorinstanz nicht der gleichzeitig eingelegten Beschwerde abhilft; das Gesuch kann auch zu Protokoll des Gerichts erklärt werden, bei dem das Rechtsmittel einzulegen ist. Entsprechend § 78 II besteht beim BVerwG kein Anwaltszwang, BVerwG DVBl 60, 935. Bei der Darstellung des Streitverhältnisses, I 2, ist die Angabe der Beweismittel wegen §§ 82 I, 86 I VwGO nicht nötig, aber ratsam; im Fall der Nichtzulassungsbeschwerde gelten die besonderen Erfordernisse, §§ 131 III 3 u 132 III 3 VwGO, nicht, BVerwG DVBl 63, 680.*

118 **Vorbereitung der Entscheidung und Vergleich.** **I** Vor der Bewilligung der Prozeßkostenhilfe ist dem Gegner Gelegenheit zur Stellungnahme zu geben, wenn dies nicht aus besonderen Gründen unzweckmäßig erscheint. Die Stellungnahme kann vor der Geschäftsstelle zu Protokoll erklärt werden. Das Gericht kann die Parteien zur mündlichen Erörterung laden, wenn eine Einigung zu erwarten ist; ein Vergleich ist zu gerichtlichem Protokoll zu nehmen. Dem Gegner entstandene Kosten werden nicht erstattet. Die durch die Vernehmung von Zeugen und Sachverständigen nach Absatz 2 Satz 3 entstandenen Auslagen sind als Gerichtskosten von der Partei zu tragen, der die Kosten des Rechtsstreits auferlegt sind.

II Das Gericht kann verlangen, daß der Antragsteller seine tatsächlichen Angaben glaubhaft macht. Es kann Erhebungen anstellen, insbesondere die Vorlegung von Urkunden anordnen und Auskünfte einholen. Zeugen und Sachverständige werden nicht vernommen, es sei denn, daß auf andere Weise nicht geklärt werden kann, ob die Rechtsverfolgung oder Rechtsverteidigung hinreichende Aussicht auf Erfolg bietet und nicht mutwillig erscheint; eine Beeidigung findet nicht statt. Kann das Gericht sich über die Einkommens- und Vermögensverhältnisse des Antragstellers keine ausreichende Gewißheit verschaffen, so kann es eine Auskunft der zuständigen Behörde einholen.

III Die in Absatz 1, 2 bezeichneten Maßnahmen werden von dem Vorsitzenden oder einem von ihm beauftragten Mitglied des Gerichts durchgeführt.

Vorbem. Fassg Art 1 Z 4 G v 13. 6. 80, BGBl 677, in Kraft seit 1. 1. 81, Art 7 I, ÜbergangsR Art 5 Z 1, abgedr hinter § 114. Es entsprechen etwa: I 1 dem § 118a I 2 aF; I 2 dem § 118a II 2 aF; I 3 Hs 2 dem § 118a III aF; I 4 dem § 118a IV 1 aF; I 5 dem § 118a IV 2 aF; II 1 dem § 118a I 1 aF; II 2 dem § 118a I 3 aF; II 3 dem § 118a I 4 aF; III dem § 118a II 1 aF.

Gliederung

1) **Allgemeines**
   A. Zuständigkeit
      a) Grundsatz
      b) Ermessen
      c) Verfahren des Vorsitzenden
      d) Verfahren des Rechtspflegers
   B. Zügigkeit
2) **Stellungnahme des Prozeßgegners, I 1, 2**
   A. Grundsatz
   B. Form
   C. Unzweckmäßigkeit der Anhörung
3) **Mündliche Erörterung, I 3 Hs 1**
4) **Vergleich, I 3 Hs 2**
   A. Grundsatz

   B. Wirkung
5) **Kosten, I 4, 5**
   A. Gerichtskosten
   B. Kostenerstattung
6) **Glaubhaftmachung, II 1**
7) **Erhebungen, II 2–4**
   A. Grundsatz, II 2
   B. Vernehmung von Zeugen und Sachverständigen, II 3
   C. Einholung von Auskünften
8) **Beauftragter Richer, III**
9) *VwGO*

1) Allgemeines. A. Zuständigkeit. a) Grundsatz. Die Vorschrift regelt das Verfahren des Gerichts bei der Prüfung der Voraussetzungen der Bewilligung einer Prozeßkostenhilfe. Das Verfahren liegt grundsätzlich in der Hand des Richters, Bischof AnwBl **81**, 373, Schneider Rpfleger **80**, 365. Von diesem Grundsatz ist lediglich in § 20 Z 4a RPflG, Anh § 153 GVG, eine Ausnahme gemacht: Der Rpfl ist für die nach II in Betracht kommenden Maßnahmen (Verlangen der Glaubhaftmachung, Erhebungen, Vernehmung von Zeugen oder Sachverständigen) und zur Beurkundung eines Prozeßvergleichs nach I 3 Hs 2 zuständig, soweit der Vorsitzende ihn mit solchen Geschäften beauftragt. Der Rpfl wird also auch im Umfang der vorgenannten Geschäfte keineswegs schon auf Grund des Antrags einer Partei oder gar von Amts wegen tätig. Er legt einen Antrag, den die Geschäftsstelle irrig zunächst ihm vorgelegt hat, seinerseits dem Vorsitzenden zur Entscheidung darüber vor, ob der Vorsitzende ihn beauftragt.

b) Ermessen. Der Vorsitzende trifft seine Entscheidung über eine Beauftragung des Rpfl in eigener Zuständigkeit und im Rahmen eines pflichtgemäßen Ermessens. Der Vorsitzende ist nicht verpflichtet, mit dem Kollegium über die Beauftragung des Rpfl zu beraten; ihm ist natürlich eine Beratung freigestellt. Er muß bei seiner Entscheidung abwägen, ob der Rpfl nach der Art des Falls, der Persönlichkeit der am Verfahren Beteiligten, aber auch nach der allgemeinen Geschäftsbelastung und nach der sonstigen personellen Gesamtsituation geeignet ist, die zu übertragenden Maßnahmen unverzüglich, ohne besonderen Aufwand und sachgerecht durchzuführen.

Der Vorsitzende braucht den Rpfl keineswegs sofort zu beauftragen. Die Zweckmäßigkeit seiner Beauftragung mag sich vielmehr gerade erst im Lauf des Verfahrens ergeben, etwa dann, wenn sich eine Vergleichsbereitschaft der Parteien infolge einer Anhörung abzeichnet oder wenn die richterlichen Erhebungen ergeben haben, daß nur noch einzelne zusätzliche Klärungen erforderlich sind. Der Vorsitzende kann die Beauftragung des Rpfl auch auf einzelne, vom Vorsitzenden klar zu umreißende Maßnahmen beschränken und den Rpfl anweisen, die Akten dem Vorsitzenden nach der Durchführung dieser Maßnahmen unverzüglich wieder vorzulegen. Die Notwendigkeit dieser Wiedervorlage ergibt sich auch ohne solche Anweisung.

Der Vorsitzende darf die Befugnis zur Beauftragung des Rpfl grundsätzlich ohne eine Angabe von Gründen ausnutzen, den Rpfl also routinemäßig einschalten, Christl NJW **81**, 791. Er darf diese Befugnis aber nicht mißbrauchen. Ein Mißbrauch könnte zB vorliegen, wenn ersichtlich wird, daß der Rpfl aus persönlichen oder sachlichen Gründen überfordert ist, oder wenn die Parteien ausdrücklich darum ersucht haben, einen sich abzeichnenden Prozeßvergleich vom Richter und nicht vom Rpfl protokollieren zu lassen, etwa deshalb, weil es auf juristische Kenntnisse bei der Formulierung besonders ankommt. Ein Mißbrauch liegt noch nicht vor, wenn der Vorsitzende sich bzw das Kollegium durch die Beauftragung des Rpfl entlasten will. Denn genau diese Entlastung ist einer der erkennbaren Zwecke der gesetzlichen Neuregelung.

c) Verfahren des Vorsitzenden. Die Beauftragung des Rpfl erfolgt im Weg einer prozeßleitenden Verfügung des Vorsitzenden. Sie ist mehr als ein innerdienstlicher Vorgang. Denn durch sie wechselt die funktionale Zuständigkeit auf eine andere Gerichtsperson über. Die Parteien haben einen Anspruch darauf, den genauen Umfang der Beauftragung des Rpfl zu erfahren. Denn davon mag unter anderem abhängen, ob und in welchem Umfang sie Anordnungen des Rpfl folgen müssen. Deshalb muß der Vorsitzende seine Verfügung dem Antragsteller und mit Rücksicht auf I 1 grundsätzlich auch dem Prozeßgegner des Antragstellers formlos mitteilen, § 329 II 1. Die Verfügung bedarf jedoch nur in Ausnahmefällen einer stichwortartigen Begründung, § 329 Anm 1 A b, zumal sie grundsätzlich völlig unanfechtbar ist.

Die Beauftragung des Rpfl bindet das Gericht nur im Rahmen des Auftrags und seiner Bedingungen. Im übrigen bleibt der Rpfl zuständig, solange er den Auftrag nicht erledigt hat und nicht zur Vorlage an den Richter nach §§ 4ff RPflG Veranlassung sieht oder gezwungen ist. Der Vorsitzende kann die Sache also nicht jederzeit ohne Angabe von Gründen wieder an sich ziehen.

d) Verfahren des Rechtspflegers. Der Rpfl bearbeitet die ihm übertragene Sache grundsätzlich bis zur Erledigung des Auftrags. Er ist im Rahmen des § 5 RPflG, Anh § 153 GVG, zur Vorlage bei dem Gericht verpflichtet, also insbesondere dann, wenn sich bei der Bearbeitung der Sache rechtliche Schwierigkeiten ergeben, etwa bei der Formulierung eines komplizierteren Prozeßvergleichs, oder wenn sich im Laufe des Verfahrens ergibt, daß ausländisches Recht anzuwenden sein könnte. Soweit der Rpfl die Sache dem Vorsitzenden vorlegt, verfährt dieser einerseits im Rahmen seines Ermessens nach § 20 Z 4a RPflG, andererseits nach § 5 II 1 und 2 RPflG. Soweit der Richter die Sache also (erneut) zur Bearbeitung an den Rpfl zurückgibt, ist dieser an eine von dem Richter mitgeteilte Rechtsauffassung gebunden, insbesondere bei der Protokollierung eines Prozeßvergleichs.

Im Umfang der Übertragung ist der Rpfl nur dem Gesetz unterworfen und entscheidet selbständig, § 9 RPflG. Soweit der Rpfl ein Geschäft des Richters wahrnimmt, das dem Rpfl nicht übertragen wurde und auch nicht übertragen werden konnte, ist das Geschäft unwirksam, § 8 IV 1 RPflG. Umgekehrt ist ein Geschäft, das der Vorsitzende dem Rpfl übertragen hat, dann aber selbst vornahm oder durch das Kollegium vornehmen ließ, wirksam, § 8 I RPflG. Vgl dort auch zu den weiteren Einzelheiten im Verhältnis zwischen Gericht und Rpfl.

Die Möglichkeit der Beauftragung des Rpfl nach § 20 Z 4a RPflG ist ein Fall echter richterlicher Tätigkeit im Vorfeld des „echten" Zivilprozesses. Das sollte der Vorsitzende bei seiner Entscheidung darüber bedenken, ob und in welchem Umfang er den Rpfl beauftragt.

B. Zügigkeit. Das Gericht ist einerseits zu einer sorgfältigen Klärung der Voraussetzungen einer Prozeßkostenhilfe, andererseits dazu verpflichtet, dieses Vorverfahren unverzüglich abzuwickeln, zumal sich in der Regel erst an das Verfahren zur Prozeßkostenhilfe das Klageverfahren mit seinem etwaigen schriftlichen Vorverfahren usw anschließt. Unverändert ist das Verfahren nach § 118 nicht dazu geschaffen, den bevorstehenden oder bereits angelaufenen Rechtsstreit der Sache nach entscheidungsreif zu machen, Hamm MDR **83**, 674. Deshalb darf und sollte das Gericht Erhebungen usw nur zurückhaltend anordnen.

Andererseits ist nicht zu verkennen, daß die Gefahr einer unrichtigen Einschätzung der persönlichen und wirtschaftlichen Verhältnisse durch den Wegfall des früheren Armutszeugnisses und durch die Nichteinführung einer behördlichen Bescheinigung über die Verhältnisse des Antragstellers, wie sie noch der RegEntw vorgesehen hatte, größer geworden ist. Das Gericht muß von Fall zu Fall sorgfältig prüfen, ob es unter diesen Umständen die Erklärung nach § 117 II ausreichen lassen oder wenigstens eine Glaubhaftmachung nach II 1 verlangen soll.

Eine Aussetzung des Verfahrens ist unzulässig; keine der gesetzlichen Voraussetzungen kann vorliegen.

2) Stellungnahme des Prozeßgegners, I 1, 2. A. Grundsatz. Vor der Bewilligung der Prozeßkostenhilfe muß das Gericht dem Prozeßgegner des Antragstellers grundsätzlich eine Gelegenheit zur Stellungnahme geben. Dieser grundsätzliche Anhörungszwang scheint nicht selbstverständlich zu sein. Denn das Verfahren auf die Bewilligung einer Prozeßkostenhilfe verläuft zwischen dem Antragsteller und dem Staat, nicht zwischen dem ersteren und dem Prozeßgegner. Das wird insbesondere dann deutlich, wenn während des Verfahrens noch keine Klage eingereicht wird.

Demgemäß enthielt § 118a I 2 aF eine diesbezügliche Sollvorschrift. Indessen war das Gericht schon nach altem Recht in Wahrheit zur Anhörung des Prozeßgegners verpflichtet, BVerfG JZ **67**, 26, BayVerfGH NJW **62**, 627, vgl auch Einl III 4 B a, aM Bettermann JZ **62**, 676, Dunz NJW **62**, 814. Durch I 1 nF ist klargestellt worden, daß grundsätzlich eine Anhörungspflicht besteht, wie die Worte „ist dem Gegner Gelegenheit zur Stellungnahme zu geben" zeigen, vgl auch Schultz MDR **81**, 525. Im übrigen ist der Prozeßgegner insofern beteiligt, als er auf Grund der Bewilligung der Prozeßkostenhilfe in ein gerichtliches Verfahren verwickelt werden kann, Köln MDR **80**, 407, ohne daß er sich sonst gegen die Bewilligung wehren könnte. Es handelt sich ja überhaupt um ein prozeßähnliches Verfahren.

Der Prozeßgegner muß zu seiner Stellungnahme eine ausreichende Frist erhalten. Das Gericht muß nach den gesamten Fallumständen entscheiden, welche Frist zu gewähren ist. § 276 I 2 (Zweiwochenfrist) gibt einen Anhalt, der freilich oft nur als wirkliche Mindestfrist angesehen werden kann. Immerhin ist das Verfahren noch kein voller Prozeß und erfordert daher keine abschließende Stellungnahme.

Der Vorsitzende darf die erforderliche Verfügung nicht dem Rpfl übertragen. § 20 Z 4a RPflG, Anh § 153 GVG, ist als Ausnahmevorschrift eng auszulegen.

Die Verfügung des Vorsitzenden bedarf allenfalls einer stichwortartigen Begründung, vgl § 329 Anm 1 A a. Sie ist mit dem vollen Namen zu unterschreiben, eine Paraphe genügt nicht, vgl BGH NJW **80**, 1168. Sie wird in beglaubigter Abschrift zusammen mit dem Antrag und seinen Anlagen dem Prozeßgegner förmlich zugestellt, § 329 II 2, § 329 I 2 iVm § 317 III. Eine Fristverlängerung ist zulässig, § 224 II, III, sollte jedoch nur ausnahmsweise erfolgen, um das Verfahren nicht noch mehr zu verzögern.

B. Form. Man kann die Stellungnahme vor dem Urkundsbeamten der Geschäftsstelle des Prozeßgerichts oder jedes AG zum Protokoll erklären, I 2 iVm § 129a I. Im letzteren Fall ist die Frist nur dann gewahrt, wenn die Stellungnahme innerhalb der Frist beim Prozeßgericht eingeht, § 129a II 2. Ein Anwaltszwang besteht in keinem Fall, § 78 II in Verbindung mit § 129a, also auch nicht dann, wenn das Verfahren erstmals oder nach einem erstinstanzlichen Parallelverfahren nunmehr vor einem höheren Gericht schwebt.

C. Unzweckmäßigkeit der Anhörung. Die Stellungnahme des Prozeßgegners soll ausnahmsweise dann nicht angefordert werden, wenn eine Stellungnahme aus besonderen Gründen als unzweckmäßig erscheint, I 1. Ein solcher Fall kann zB in folgenden Situationen eintreten: Der Prozeßgegner hält sich für eine längere Zeit im Ausland auf; das Verfahren ist besonders eilbedürftig, etwa weil es sich um eine Wechselsache oder um einen Arrestantrag handelt; der Streit geht bisher um bloße Rechtsfragen; das Gericht neigt bereits dazu, den Antrag auf die Bewilligung der Prozeßkostenhilfe endgültig zurückzuweisen.

Im übrigen bestimmt das Gericht über die Frage, ob die Stellungnahme eingeholt werden soll, nach seinem pflichtgemäßen Ermessen im Lauf des Verfahrens, am besten wohl anfangs und unter Umständen noch einmal am Schluß seiner etwaigen Ermittlungen.

3) Mündliche Erörterung, I 3 Hs 1. Die Vorschrift stellt im Gegensatz zur aF klar, daß das Gericht die Parteien nur dann zu einer mündlichen Erörterung laden darf, wenn eine Einigung zu erwarten ist, also nicht schon zu dem Zweck, die Erfolgsaussicht zu prüfen oder gar den Prozeß entscheidungsreif zu machen, Hamm MDR **83**, 674. Der Sinn der einschränkenden Neuregelung besteht darin, den früheren vielfachen Mißbrauch des Armenrechtsverfahrens zur weitgehenden Klärung aller im eigentlichen Rechtsstreit erheblichen Punkte einzudämmen, insofern auch Grunsky NJW **80**, 2044; der Rechtsausschuß hat diese Einschränkung gegenüber dem RegEntw erzwungen, BT-Drs 8/3694.

Eine Einigung muß nicht nur nach der Ansicht einer der Beteiligten, sondern auch nach Ansicht des Gerichts zu erwarten sein. Dieser Fall kann zB vorliegen, wenn der Prozeßgegner in seiner Stellungnahme eine Vergleichsbereitschaft andeutet oder vorträgt, er werde die Schuld anerkennen, könne aber gegenwärtig nicht zahlen. Eine mündliche Erörterung soll die Ausnahme bleiben. Daraus folgt: Die Anforderungen an die Erwartung einer Einigung sind nicht zu gering zu halten, aM Grunsky NJW **80**, 2044. Eine Einigung darf also nicht nur vage möglich sein, sondern muß immerhin bereits einigermaßen naheliegen. Andererseits braucht noch keine völlige Einigung erzielt worden zu sein; die mündliche Verhandlung darf und soll ja gerade dazu dienen, bestehende restliche Probleme zu klären, und zwar auch solche, die vielleicht zumindest von einem Beteiligten noch als erheblich betrachtet werden. Es kommt also auch hier auf die Gesamtumstände des Einzelfalls an.

Soweit eine Einigung zu erwarten ist, ist auch ein Vergleich zu erwarten. Gleichwohl darf der Vorsitzende das Verfahren dem Rpfl nicht zum Zweck einer mündlichen Erörterung nach I 3 Hs 1 übertragen. Denn § 20 Z 4a RPflG erlaubt die Beauftragung des Rpfl lediglich im Zusammenhang mit Maßnahmen nach II und zur eigentlichen Beurkundung eines Vergleichs nach I 3 Hs 2, also nicht zum Zweck der Erörterung nach Hs 1. Dies mag recht unzweckmäßig erscheinen, dient aber ersichtlich der Verhinderung einer Verlagerung der eigentlichen mündlichen Erörterung auf den Rpfl. Das Gericht soll grundsätzlich das gesamte Verfahren in richterlicher Kontrolle halten.

Das führt dazu, daß der Vorsitzende selbst bei einer ersichtlichen Einigungschance der Parteien nur die Wahl hat, entweder sogleich den Versuch der Beurkundung eines gerichtlichen Vergleichs machen zu lassen oder die etwa für zweckmäßig oder notwendig erachtete mündliche Erörterung vor dem Gericht und nicht vor dem Rpfl anzuberaumen. Im letzteren Fall dürfte der etwaige Vergleich durchweg dann auch vom Richter zu Protokoll zu nehmen sein, um weiteren Zeitverlust zu verhindern.

Weder der Richter noch übrigens der Rpfl dürfen ein persönliches Erscheinen des Prozeßgegners erzwingen, Hamm NJW **54**, 1688.

4) Vergleich, I 3 Hs 2. A. Grundsatz. Der Vergleich nach § 118 ist insofern eigenartig, als er keinen Prozeß voraussetzt, trotzdem aber wie ein Prozeßvergleich wirkt. Es bedarf nur einer Einigung der Parteien bei der mündlichen Erörterung vor dem Gericht oder in einem besonderen Vergleichstermin vor dem Gericht oder dem beauftragten Rpfl, § 20 Z 4a RPflG, Anh § 153 GVG. Grundsätzlich brauchen die Parteien nicht gleichzeitig zu erscheinen.

§ 118a III aF sprach von einer Einigung der Parteien „über den streitigen Anspruch". Die Neufassung des Gesetzes enthält eine solche Präzisierung nicht. Sie spricht nur von einer zu erwartenden „Einigung" und von einem „Vergleich". Das bedeutet, wie schon nach altem

7. Titel. Prozeßkostenhilfe und Prozeßkostenvorschuß § 118 4–7

Recht, daß die Parteien sich im Vergleich auch über solche Punkte einigen dürfen, die weder im Verfahren auf die Bewilligung der Prozeßkostenhilfe noch in der etwa gleichzeitig eingereichten Klageschrift angesprochen worden waren.

Soweit der Vorsitzende den Rpfl zur Vornahme von Maßnahmen nach II beauftragt hat, umfaßt dieser Auftrag im Zweifel auch die Protokollierung eines Vergleichs. Der vom Richter oder vom beauftragten Rpfl protokollierte Vergleich ist ein Vollstreckungstitel, § 794 I Z 1. Er bedarf als ein Prozeßvergleich keines gegenseitigen Nachgebens, Keßler DRiZ **78**, 79, Pecher NJW **81**, 2170. Gerade bei einem solchen Vergleich besteht eine Ehrenpflicht des Gerichts, auf eine sachentsprechende Formulierung hinzuwirken.

B. Wirkung. Der Vergleich erledigt das Verfahren auf die Bewilligung der Prozeßkostenhilfe. Er wirkt so, als ob der Gegenstand des Verfahrens rechtshängig gewesen wäre. Er läßt eine Erstreckung darüber hinaus zu, sogar auf andere Streitpunkte oder anhängige Ansprüche. Er duldet dieselben Bedingungen wie ein im eigentlichen Prozeß geschlossener Vergleich, etwa eine Widerrufsfrist usw. Mit dem Eintritt der auflösenden Bedingung ist der frühere Zustand wiederhergestellt.

Die vorläufige Bewilligung der Prozeßkostenhilfe für einen Vergleich im Rahmen des Verfahrens auf die Bewilligung ist zuzulassen, Köln Rpfleger **83**, 124 mwN. Sie ist darüber hinaus für einen weiteren Vergleichsgegenstand zulässig. Vgl auch § 114 Anm 2 B i.

5) Kosten, I 4, 5. A. Gerichtskosten. Der Vergleich im Verfahren auf die Bewilligung einer Prozeßkostenhilfe ist gerichtsgebührenfrei, Pecher NJW **81**, 2170. Das gilt selbst dann, wenn der Vergleich auch solche Ansprüche umfaßt, die nicht zum Gegenstand des Verfahrens auf die Bewilligung der Prozeßkostenhilfe wurden, Hartmann KV 1170 Anm 2 A.

Auch das übrige Verfahren auf die Bewilligung der Prozeßkostenhilfe ist gerichtsgebührenfrei. Es ist aber nicht auslagenfrei. Die durch die Vernehmung von Zeugen und Sachverständigen nach II 3 entstandenen Auslagen sind Gerichtskosten.

Diese Auslagen sind zunächst auf der Gerichtskasse zu bezahlen. Der Antragsteller haftet der Staatskasse dafür, § 49 GKG, Celle NJW **66**, 114. Ein Vorschuß ist nicht zu verlangen. Denn das Gericht muß ja gerade über die Befreiung von der Vorschußpflicht befinden, vgl § 122 I Z 1a, auch wenn diese Neufassung in ihrem Wortlaut nicht dem früheren § 115 I Z 1 voll entspricht; der Sache nach entscheidet das Gericht auch im Rahmen der §§ 114ff über eine Vorschußpflicht.

Soweit das Gericht eine Prozeßkostenhilfe bewilligt, sind die Auslagen für die Vernehmung von Zeugen oder Sachverständigen als ein Teil der Gerichtskosten anzusehen und nach den §§ 91 ff von dem Verlierer zu tragen, der als Entscheidungsschuldner nach § 54 Z 1 GKG Erstschuldner ist.

B. Kostenerstattung. Nach I 4 werden die dem Gegner im Anhörungsverfahren erwachsenen Kosten nicht erstattet. Das mag im Einzelfall unbillig wirken. Das Gesetz ist gleichwohl (unverändert) eindeutig. Dem Prozeßgegner des Antragstellers werden also keinerlei Unkosten für seine Beteiligung oder Vertretung in dem Verfahren auf die Bewilligung der Prozeßkostenhilfe ersetzt, LG Kblz JB **78**, 450. Das gilt auch für eine höhere Instanz, Ffm JB **78**, 1084 mwN, KG FamRZ **82**, 421 mwN, Karlsr FamRZ **80**, 1012, Schlesw SchlHA **78**, 75 mwN, Stgt JZ **79**, 815, selbst wenn in der höheren Instanz auch der erstinstanzliche Anwalt aufgetreten ist.

Im anschließenden Prozeß sind solche Kosten dem Gegner ebenfalls nicht zu erstatten, Kblz Rpfleger **75**, 100, Köln NJW **75**, 1286 mwN, Mü Rpfleger **70**, 290, Schlesw SchlHA **80**, 165 und 166. S auch § 91 Anm 5 „Prozeßkostenhilfe", „Rechtsanwalt. A. Allgemeines", „Vorbereitungskosten. B. Einzelfragen: Prozeßkostenhilfe".

Die vorgenannten Kosten können aber als ein Verzugsschaden eine sachlichrechtliche Ersatzforderung begründen, Schlesw SchlHA **78**, 170.

6) Glaubhaftmachung, II 1. Das Gericht kann eine Glaubhaftmachung der klagebegründenden Tatsachen verlangen, § 294. Eine eidesstattliche Versicherung des Antragstellers hat wenig Wert, ist auch unzulässig, soweit es sich um Tatsachen handelt, für die der Antragsteller beweispflichtig ist, § 445. Das gerichtliche Verlangen sollte nicht dazu führen, daß der Antragsteller Privatvernehmungen beteiligter Personen durchführt, um deren eidesstattliche Versicherung einreichen zu können.

Das Gericht darf allerdings nicht zur Vermeidung solcher Probleme eine mündliche Erörterung anberaumen, solange nicht eine Einigung zu erwarten ist, Anm 3.

7) Erhebungen, II 2–4. A. Grundsatz. Das Gericht muß vor der Bewilligung einer Prozeßkostenhilfe sorgfältig prüfen, ob deren Voraussetzungen insgesamt erfüllt sind. Es darf seine Entscheidung auch nicht aussetzen. Eine Aussetzung ist als eine Ablehnung des Antrags anzusehen, Stgt NJW **50**, 229, Schneider MDR **77**, 620. Das Gericht muß also alsbald, evtl nach Ermittlungen, entscheiden, BGH **10**, 139, Schneider MDR **77**, 620.

Das Gericht kann nach seinem pflichtgemäßen Ermessen Erhebungen anstellen, sofern sie das Verfahren nicht verzögert, vgl (zum alten Recht) Schneider MDR **77**, 620. Der Umstand, daß in der Neufassung des Gesetzes die Worte „soweit dies ohne erhebliche Verzögerung möglich ist" aus § 118a I 3 aF fehlen, bedeutet nicht etwa, daß jetzt Trödelei zulässig wäre. Vielmehr geht das Gesetz davon aus, daß ohnehin keine Verzögerung im Verfahren auf die Bewilligung der Prozeßkostenhilfe zulässig ist.

§ 273 ist im Verfahren auf die Bewilligung der Prozeßkostenhilfe unanwendbar. Vielmehr ergibt sich die Notwendigkeit der etwaigen Maßnahmen des Gerichts aus den Vorschriften der §§ 114ff als Spezialregeln.

„Erhebungen" ist ein allgemeiner Begriff. Er reicht weiter als bloße Beweiserhebungen. Er umfaßt auch die Anordnung der Vorlage einer Urkunde und die Einholung einer Auskunft, wie der Gesetzestext ausdrücklich bestätigt. Dies sind aber nur Beispiele zulässiger Erhebungen, wie das Wort „insbesondere" in II 2 ergibt. Die Auskünfte brauchen nicht von einer amtlichen Stelle zu stammen; das Gericht kann jetzt zB auch von einer Bank oder dem Arbeitgeber eine Auskunft einholen. Ob die angesprochene Stelle zur Auskunft verpflichtet und bereit ist, ist eine andere Frage.

Das Gericht ist also im Prinzip zu allen sachdienlichen Maßnahmen zwecks Klärung des Sachverhalts befugt. Das bedeutet aber keineswegs, daß der Sachverhalt schon in diesem Verfahren auch nur annähernd umfassend aufgeklärt werden müßte. Erhebungen sind nur zum Zweck der Klärung zulässig, ob und in welchem Umfang eine Prozeßkostenhilfe zu bewilligen ist. Das sollte man nicht vergessen.

Eine schriftliche Anhörung ist unbeschränkt zulässig. Eine mündliche Erörterung ist nur im Rahmen der Regeln Anm 3 zulässig. Die Parteiöffentlichkeit nach § 357 ist zu wahren. Ein Gehör hinter dem Rücken der Partei ist kein Gehör, außerdem sind die Bekundungen urkundenbeweislich im Prozeß verwertbar. Bei einer schriftlichen Anhörung ist eine Abschrift der Aussage dem Gegner mitzuteilen. Oft muß sich das Gericht mit der Beiziehung der Akten, einer Vergewisserung über die Erreichbarkeit eines benannten Zeugen usw begnügen. Keineswegs darf der Prozeß im Verfahren auf die Bewilligung der Prozeßkostenhilfe, bei dem es sich ja immer nur um eine abgekürzte Vorprüfung handelt, ganz oder größtenteils durchgeführt werden, vgl schon (zum alten Recht) BGH **LM** § 118a aF Nr 1.

Das Gericht darf also auch die Beschlußfassung über den Antrag nicht immer weiter hinausschieben, sofern das Verfahren im übrigen läuft, Ffm FamRZ **78**, 434, etwa bis zum Schluß der Beweisaufnahme im eigentlichen Prozeß, so daß der Antragsteller unter Umständen während der Beweisaufnahme nicht anwaltlich vertreten wäre; ein solches Verhalten würde eine Überziehung des Begriffs „hinreichende Aussicht auf Erfolg" im Sinn von § 114 S 1 bedeuten, Schneider MDR **77**, 620. Eine Parteivernehmung im Sinn der §§ 445ff ist unzulässig, schon weil sie regelmäßig ein nur hilfsweises Beweismittel ist.

B. Vernehmung von Zeugen und Sachverständigen. Die Vorschrift schränkt den Grundsatz der Zulässigkeit aller sachdienlichen Erhebungen ein, um die Vorwegnahme der Beweisaufnahme des eigentlichen Prozesses zu verhindern. Das Gericht darf also einen Zeugen oder einen Sachverständigen nur dann vernehmen, wenn es nicht auf andere Weise klären kann, ob die Rechtsverfolgung oder Rechtsverteidigung eine hinreichende Aussicht auf Erfolg bietet und nicht mutwillig erscheint; vgl freilich C. Soweit die Frage auch (und nicht: nur) der Klärung der wirtschaftlichen Verhältnisse dient, ist die Vernehmung zulässig, Grunsky NJW **80**, 2044. Diese Aufklärungsmittel sind nur hilfsweise zulässig.

Freilich können weder der Antragsteller noch der Prozeßgegner verhindern, daß das Gericht einen Zeugen oder einen Sachverständigen außerhalb der vorstehenden gesetzlichen Voraussetzungen anhört. Diese Personen haben infolge ihrer Vernehmung auch nach dem ZSEG gesetzliche Ansprüche auf Entschädigung. Das Gericht muß allerdings solche Kosten unter Umständen nach § 8 GKG niederschlagen.

Eine Beeidigung darf in keinem Fall stattfinden, II 3 letzter Hs. Dadurch soll verhindert werden, daß sich ein Zeuge oder Sachverständiger außerhalb des eigentlichen Prozesses festlegt. Deshalb gilt das Verbot der Beeidigung auch dann, wenn das Gericht die Ermittlungen nicht dem Rpfl überträgt, sondern sie selbst durchführt.

Eine gleichwohl vorgenommene Beeidigung ist als solche wirksam und muß bei der anschließenden Prüfung der Glaubwürdigkeit der beeidigten Person berücksichtigt werden.

Die Zeugnispflicht ist wie sonst zu beurteilen.

Eine urkundenbeweisliche Verwertung der Erhebungen im Prozeß sollte vorsichtig stattfinden. Denn die Entscheidung im Prozeß verlangt ein stärkeres Maß von Klärung. Die

Anhörung eines Zeugen oder Sachverständigen im Verfahren auf die Bewilligung der Prozeßkostenhilfe erspart nicht etwa den Antritt eines Zeugenbeweises im eigentlichen Prozeß und die Durchführung der zugehörigen Beweisaufnahme.

C. Einholung von Auskünften. Während die in II 2 ausdrücklich gestattete Einholung von Auskünften dem in II 1 genannten Ziel der Glaubhaftmachung der tatsächlichen Angaben des Antragstellers zuzuordnen ist, bezieht sich die in II 4 gestattete Einholung von Auskünften auf die Einkommens- und Vermögensverhältnisse des Antragstellers. II 2 soll also dem Gericht die Beurteilung der Erfolgsaussichten der Rechtsverfolgung oder -verteidigung erleichtern; II 4 soll die Beurteilung der wirtschaftlichen Lage des Antragstellers erleichtern.

„Kann" bedeutet bei II 2 wie bei II 4: Das Gericht darf und muß im Rahmen seines pflichtgemäßen Ermessens Auskünfte einholen. Zum Umfang der insoweit notwendigen Erhebungen vgl A.

8) Beauftragter Richter, III. Vgl zur Zuständigkeit zunächst Anm 1 A, insbesondere zum Verhältnis zwischen dem Richter und dem Rpfl. III stellt klar, daß Maßnahmen nach I, II vom Vorsitzenden oder von einem von ihm beauftragten Mitglied des Gerichts durchzuführen sind, sofern nicht eine zulässige Beauftragung des Rpfl stattgefunden hat. Die Einschaltung eines ersuchten Richters ist nicht mehr zulässig, der Rechtsausschuß hat die im RegEntw vorgeschlagene Möglichkeit der Anhörung durch das ersuchte Gericht gestrichen, BT-Drs 8/3694.

9) VwGO: *Entsprechend anzuwenden, § 166 VwGO. Die Einschaltung des RPfl, Anm 1 A, kommt nicht in Betracht, Anh § 153 GVG Anm 1. Ein Vergleich, Anm 4, ist im Rahmen von § 106 VwGO zulässig.*

119 *Bewilligung, Rechtszug.* **Die Bewilligung der Prozeßkostenhilfe erfolgt für jeden Rechtszug besonders. In einem höheren Rechtszug ist nicht zu prüfen, ob die Rechtsverfolgung oder Rechtsverteidigung hinreichende Aussicht auf Erfolg bietet oder mutwillig erscheint, wenn der Gegner das Rechtsmittel eingelegt hat.**

Vorbem. Fassg § 119 Art 1 Z 4 G v 13. 6. 80, BGBl 677, in Kraft seit 1. 1. 81, Art 7 I, ÜbergangsR Art 5 Z 1, abgedr hinter § 114. S 1 entspricht dem § 119 I Hs 1 aF; der dortige Hs 2 ist entfallen. S 2 entspricht dem § 119 II 2 aF bis auf sprachl Änderungen; § 119 II 1 aF ist entfallen.

1) Für jeden Rechtszug besonders, S 1. A. Allgemeines. Die Bewilligung der Prozeßkostenhilfe muß für jeden Rechtszug besonders beantragt werden. Auch dann, wenn sich ein Antrag von vornherein oder nachträglich auf mehrere Rechtszüge erstreckt, darf das Gericht ihn nur für seinen Rechtszug bearbeiten und bescheiden. Es muß den weitergehenden Teil des Antrags unter Umständen von Amts wegen an das Gericht des anderen (unteren oder oberen) Rechtszugs weiterleiten. Vgl zur Reichweite der Bewilligung auch § 122 BRAGO, abgedruckt hinter § 121. Für den Patentanwalt gilt die Regelung S 1 entsprechend, § 136 S 1 PatG. Über eine stillschweigende Bewilligung s bei § 127 I.

„Rechtszug" ist hier ebenso zu verstehen wie „Instanz" in § 27 GKG. Denn es handelt sich auch bei S 1 um eine Kostenvorschrift, anders als bei § 176. Jede Beschwerde eröffnet einen neuen Rechtszug, unabhängig davon, bei welchem Gericht sie eingelegt worden ist. Die Beendigung des Rechtszugs erledigt regelmäßig den Antrag auf die Bewilligung einer Prozeßkostenhilfe; vgl aber § 122 Anm 1 B über die Möglichkeit einer Rückwirkung des Bewilligungsbeschlusses. Das Gericht darf die Entscheidung über den Antrag nicht auf einen späteren Prozeßabschnitt hinausschieben. Eine Aussetzung des Verfahrens ist unzulässig, § 118 Anm 1 B.

Gebühren: Des Gerichts: keine; des Anwalts: Gehört zum Rechtszug, § 37 Z 3 BRAGO, sonst § 51 BRAGO.

B. Zum Rechtszug gehören folgende Verfahren:

a) Einspruch. Das Verfahren auf Grund eines Einspruchs gehört zum Rechtszug.

b) Kostenfestsetzung. Das Kostenfestsetzungsverfahren gehört nur zur ersten Instanz, § 103 Anm 2 E.

c) Mahnverfahren. Die für das Mahnverfahren bewilligte Prozeßkostenhilfe umfaßt das nachfolgende streitige Verfahren, soweit sich dieses letztere Verfahren auf denselben An-

§ 119 1

spruch wie im Mahnverfahren erstreckt. Denn insofern hat nur die Form der Durchführung gewechselt.

d) Vergleich. Die Fortsetzung eines Verfahrens, das durch einen Prozeßvergleich beendet schien, wegen seiner Anfechtung zählt zum Rechtszug, Anh § 307 Anm 6 B.

e) Vergleich in Ehesache. Ein Verfahren über einen Vergleich der in § 122 III Z 1 BRAGO, abgedruckt hinter § 121, genannten Art im Zusammenhang mit einer Ehesache zählt zum Rechtszug.

f) Verordneter Richter. Das Verfahren vor dem verordneten Richter gehört zum Rechtszug.

g) Verweisung. Das Verfahren nach einer Verweisung auf Grund der §§ 281, 506 ZPO, 48, 48a ArbGG, 96ff GVG gehört zum Rechtszug.

h) Zurückverweisung. Das Verfahren nach einer Zurückverweisung zählt zum Rechtszug. Zur weiteren Auswirkung der vor der Zurückverweisung erteilten Bewilligung BGH NJW **83**, 944.

C. Zum Rechtszug gehören nicht folgende Verfahren:

a) Arrestaufhebung. Eine im Verfahren auf den Erlaß eines Arrests bewilligte Prozeßkostenhilfe umfaßt nicht das Verfahren zum Ziel der Aufhebung des Arrests.

b) Beweissicherungsverfahren. Das Beweissicherungsverfahren gehört nicht zum Rechtszug, § 122 III Z 3 BRAGO, abgedruckt hinter § 121.

c) Einmischungsklage. Das Verfahren auf Grund einer Einmischungsklage nach § 64 zählt nicht zum Rechtszug.

d) Klagerweiterung. Das Verfahren auf Grund einer Klagerweiterung zählt nicht zum Rechtszug, auch nicht für den Bekl.

e) Prozeßkostenhilfe. Das Verfahren auf die Bewilligung der Prozeßkostenhilfe selbst gehört nicht zum Rechtszug. Die Bewilligung einer Prozeßkostenhilfe ist aber auch für das Bewilligungsverfahren statthaft, § 114 Anm 2 B i, § 118 Anm 4 B. Vgl auch § 122 II, III BRAGO, abgedruckt hinter § 121.

f) Stufenklage. Bei der Stufenklage nach § 254 erstreckt sich die Prozeßkostenhilfe auf alle anhängig gemachten Ansprüche, also auch auf einen noch nicht bezifferten Zahlungsanspruch, Mü Rpfleger **81**, 34.

g) Vorläufiges Verfahren. Ein Verfahren auf den Erlaß eines Arrests, §§ 916 ff, oder auf den Erlaß einer einstweiligen Verfügung, §§ 935, 940 ff, oder auf den Erlaß einer einstweiligen Anordnung, §§ 620 ff, gehört nicht zum Rechtszug, Düss FamRZ **82**, 1096; vgl dazu aber auch Stgt NJW **50**, 111. Die Beiordnung eines Anwalts schließt aber bei der Anordnung eines Arrests oder einer einstweiligen Verfügung die Beiordnung für die Vollziehung ein, falls das Gericht nicht ausdrücklich etwas anderes bestimmt, § 122 II 3 BRAGO, abgedruckt hinter § 121.

h) Widerklage. Das Verfahren auf Grund einer Widerklage einschließlich der Verteidigung ihr gegenüber zählt nicht zum Rechtszug. Etwas anderes gilt bei der Verteidigung in einer Ehesache, § 122 III Z 4 BRAGO, abgedruckt hinter § 121. Die Beiordnung eines Anwalts für ein Rechtsmittel umfaßt auch die Verteidigung gegen die Anschlußberufung und gegen die Anschlußrevision, wenn das Gericht diese Fälle nicht ausdrücklich von der Beiordnung ausgenommen hat, § 122 II 1 BRAGO.

i) Zwangsvollstreckung. § 119 I Hs 1 aF, nach dem die Bewilligung des Armenrechts für den ersten Rechtszug einschließlich der Zwangsvollstreckung erfolgte, ist nicht in das geltende Recht übernommen worden. Der Rechtsausschuß hat den Vorschlag der BReg, das Gericht zwar nicht zu verpflichten, wohl aber zu ermächtigen, die Prozeßkostenhilfe auch auf die Kosten der zugehörigen Zwangsvollstreckung zu erstrecken, nicht übernommen und durch die zum Gesetz gewordene Fassung geklärt, daß sich die Bewilligung der Prozeßkostenhilfe für das Erkenntnisverfahren eines Rechtszugs nicht auf die zugehörige Zwangsvollstreckung erstreckt.

Die Zwangsvollstreckung stellt insoweit ein neues Verfahren dar, für das unter den Voraussetzungen der §§ 114 ff gesondert eine Prozeßkostenhilfe beantragt werden kann und muß. Das ergibt sich auch aus § 20 Z 5 RPflG nF, Anh § 153 GVG. Nach dieser Vorschrift ist der Rpfl für die Bewilligung der Prozeßkostenhilfe in denjenigen Fällen zuständig, in denen „außerhalb oder nach Abschluß eines gerichtlichen Verfahrens die Bewilligung der Prozeßkostenhilfe lediglich für die Zwangsvollstreckung beantragt wird". Dem Richter bleibt in jenem Abschnitt die Bewilligung nur in den dort genannten Sonderfällen vorbehalten, LG Stgt Rpfleger **82**, 309. Demgegenüber ist für die Bewilligung der Prozeßkostenhilfe im Erkenntnisverfahren unverändert der Richter zuständig.

Das gilt auch für den Fall, daß das Berufungsgericht als das Gericht der Hauptsache für den Arrest oder die einstweilige Verfügung eine Prozeßkostenhilfe bewilligt hat. Auch in diesem Fall muß man für die zugehörige Zwangsvollstreckung einen besonderen Antrag auf die Bewilligung einer Prozeßkostenhilfe stellen.

Man kann die Prozeßkostenhilfe „für das Zwangsvollstreckungsverfahren" beantragen, LG Detmold AnwBl **83**, 34, aM LG Bielef AnwBl **82**, 534 (nur für eine bestimmte Vollstreckungshandlung). Diese Bewilligung umfaßt grundsätzlich alle bis zur völligen Befriedigung des Gläubigers notwendigen Maßnahmen, aM LG Frankenth Rpfleger **82**, 235. Sie umfaßt aber nicht einen im Rahmen der Zwangsvollstreckung erforderlich werdenden Rechtsstreit, etwa eine Vollstreckungsabwehrklage oder eine Drittwiderspruchsklage. In diesen Fällen muß man den Antrag auf die Bewilligung einer dazu gehörigen Prozeßkostenhilfe vor dem dortigen Prozeßgericht stellen. Diesen Antrag muß der Richter bearbeiten, nicht der Rpfl.

Die Zwangsvollstreckung umfaßt auch eine Handlung vor dem Grundbuchamt, die zugleich eine Handlung der Zwangsvollstreckung ist, wie die Eintragung einer Zwangshypothek. Auch in diesem Fall ist also ein besonderer Antrag erforderlich.

Erst recht muß ein besonderer Prozeßkostenhilfeantrag gestellt werden, wenn die Hilfe für eine Beschwerde innerhalb der Zwangsvollstreckung begehrt wird.

Zu zahlreichen Einzelfragen Behr/Hantke Rpfleger **81**, 265 mwN.

j) Zwischenantrag. Das Verfahren auf Grund eines Zwischenantrags zählt nicht zum Rechtszug.

2) Höherer Rechtszug, S 2. A. Unvermögen. Auch in einem höheren Rechtszug muß das Gericht erneut prüfen, ob die Partei nach ihren persönlichen und wirtschaftlichen Verhältnissen die Kosten der Prozeßführung nicht, nur zum Teil oder nur in Raten aufbringen kann, §§ 114ff. § 119 II 1 aF bestimmte, daß ein Nachweis des Unvermögens im höheren Rechtszug nicht erforderlich war, wenn das Armenrecht in dem vorherigen Rechtszug bewilligt worden war. Diese Regelung ist nicht in das geltende Recht übernommen worden. Der Entwurf der BReg sah die Übernahme vor; der Rechtsausschuß hat diesen Vorschlag nicht angenommen.

Das Gericht des höheren Rechtszugs muß also unter anderem erneut eine Erklärung der Partei nach § 117 II anfordern. Diese Erklärung wird deshalb erforderlich, weil etwaige Änderungen der persönlichen und wirtschaftlichen Verhältnisse grundsätzlich nicht zu einer Änderung der vom Gericht bei der Bewilligung der Prozeßkostenhilfe im vorangegangenen Rechtszug getroffenen Bestimmungen führen sollen und weil die Partei daher auch nicht zu einer Anzeige der Änderung ihrer persönlichen und wirtschaftlichen Verhältnisse verpflichtet sein soll. Inwieweit man bei einem Antrag im höheren Rechtszug im Umfang unveränderter Verhältnisse auf frühere Erklärungen und Anlagen Bezug nehmen darf, ist eine andere Frage, BGH FamRZ **83**, 580 mwN; hier ist eine gewisse Großzügigkeit geboten. Die Partei muß aber insbesondere dann, wenn sie lediglich auf die Erklärungen und Urkunden usw im früheren Rechtszug verweist, in der jetzigen Erklärung zu ihren gegenwärtigen Verhältnissen Stellung nehmen, BGH FamRZ **83**, 580, und zumindest unter dem jetzigen Datum eine neue Glaubhaftmachung vornehmen, soweit das Gericht des höheren Rechtszugs die Glaubhaftmachung fordert, § 118 II 1.

Das Gericht ist also verpflichtet, das Unvermögen der Partei auch anhand der vorhandenen Unterlagen neu nachzuprüfen, vgl schon (zum alten Recht) BGH **LM** Nr 4, Celle FamRZ **78**, 783 mwN, Schneider MDR **77**, 621. Das gilt erst recht, wenn das Gericht des höheren Rechtszugs Anlaß zu dem Verdacht hat, daß die Voraussetzungen des Unvermögens der Partei nicht oder nicht mehr vorliegen, vgl schon (zum alten Recht) BGH **LM** Nr 6, zB wenn längere Zeit seit der Erklärung der Partei gemäß § 117 II verstrichen ist oder wenn dem Gericht eine Besserung der wirtschaftlichen Lage der Partei bekannt geworden ist. Die Partei kann nur dann darauf vertrauen, daß sich das Gericht mit ihrer Bezugnahme auf ihre früheren Erklärungen usw begnügen werde, wenn sich ihre wirtschaftlichen Verhältnisse nicht wesentlich geändert haben, vgl schon (zum alten Recht) BGH **LM** Nr 6.

B. Erfolgsaussicht, Fehlen von Mutwillen. Wenn der Gegner des jetzigen Antragstellers das Rechtsmittel eingelegt hat, darf das Rechtsmittelgericht nicht prüfen, ob für den jetzigen Antragsteller die Rechtsverfolgung oder Rechtsverteidigung eine hinreichende Aussicht auf Erfolg bietet oder mutwillig erscheint.

Das kann aber nicht gelten, wenn inzwischen Umstände eingetreten oder bekannt geworden sind, die eine Bewilligung der Prozeßkostenhilfe für den Rechtsmittelzug nicht mehr rechtfertigen, vgl (zum alten Recht) BGH 36, 281, KG FamRZ 80, 1034 mwN, Köln VersR 81, 489 und (zum neuen Recht) Schlesw SchlHA 82, 71. Eine solche Situation kann zB dann vorliegen, wenn sich die Sachlage durch einen Wandel der Gesetzgebung einwandfrei geändert hat; wenn auch der Gegner des jetzigen Antragstellers etwas einwandfrei Neues vorträgt, das offensichtlich zu einer Aufhebung der angefochtenen Entscheidung führen muß, Köln NJW 54, 153, ähnlich Schneider MDR 79, 369, aM StJL 17; wenn das Erstgericht einen offensichtlichen Fehler gemacht hat, Köln VersR 81, 489.

S 2 hindert auch nicht eine sachliche Nachprüfung für den Streithelfer. Denn die Vorschrift gilt nur zugunsten des Gegners des Rechtsmittelführers. Außerdem liegt die Interessenlage des Streithelfers anders als diejenige des Gegners des Rechtsmittelführers. Denn das Rechtsmittel richtet sich nicht gegen den Streithelfer, BGH NJW 66, 597, Schneider MDR 79, 367.

Solange das Gericht über einen Antrag des Rechtsmittelklägers auf die Bewilligung einer Prozeßkostenhilfe im Rechtsmittelrechtszug noch nicht entschieden oder im Fall einer Ablehnung jenes Antrags noch keinen Verhandlungstermin anberaumt hat und solange nicht feststeht, ob das Rechtsmittel überhaupt durchgeführt werden wird, Schneider MDR 79, 367, muß das Rechtsmittelgericht einen Antrag des Rechtsmittelgegners auf die Bewilligung einer Prozeßkostenhilfe im allgemeinen vorläufig ablehnen, soweit nicht für den Rechtsmittelgegner schon jetzt eine anwaltliche Tätigkeit sofort erforderlich wird, Lauterbach JZ 54, 197, vgl auch BGH **LM** Nr 3 und NJW 82, 447, Ffm Rpfleger 80, 195 je mwN, aM Stgt AnwBl 54, 183. Eine sofortige anwaltliche Tätigkeit kann zB dann notwendig werden, wenn infolge eines Antrags mit dem Ziel einer Einstellung der Zwangsvollstreckung eine Anhörung erfolgen soll oder wenn es um die Einlegung einer selbständigen Anschlußberufung geht.

C. Staatenloser. Ein Staatenloser ist wie ein Inländer zu behandeln, § 114 Anm 2 A d.

3) *VwGO:* *Entsprechend anzuwenden, § 166 VwGO.*

120 *Bewilligung, Raten, vorläufige Zahlungseinstellung.* [I] Mit der Bewilligung der Prozeßkostenhilfe setzt das Gericht zu zahlende Monatsraten und aus dem Vermögen zu zahlende Beträge fest.

[II] Die Zahlungen sind an die Landeskasse zu leisten, im Verfahren vor dem Bundesgerichtshof an die Bundeskasse, wenn Prozeßkostenhilfe in einem vorherigen Rechtszug nicht bewilligt worden ist.

[III] Das Gericht soll die vorläufige Einstellung der Zahlungen bestimmen,
1. wenn abzusehen ist, daß die Zahlungen der Partei die Kosten decken;
2. wenn die Partei, ein ihr beigeordneter Rechtsanwalt oder die Bundes- oder Landeskasse die Kosten gegen einen anderen am Verfahren Beteiligten geltend machen kann.

Vorbem. Fassg Art 1 Z 4 G v 13. 6. 80, BGBl 677, in Kraft seit 1. 1. 81, Art 7 I, ÜbergangsR Art 5 Z 1, abgedr hinter § 114. Neu.

1) Allgemeines. Wenn eine Partei die Kosten der Prozeßführung zum Teil oder in Raten aufbringen kann, mag sie zwar einen Anspruch auf die Bewilligung einer Prozeßkostenhilfe wegen der restlichen Prozeßkosten haben, erhält eine solche Unterstützung aber nur um den Preis, daß sie sich mit Ratenzahlungen und/oder mit einem Beitrag aus ihrem Vermögen an den gesamten Prozeßkosten beteiligt.

Es wäre ungenau, diese Beteiligung als eine aufschiebende oder auflösende Bedingung der Bewilligung der Prozeßkostenhilfe zu bezeichnen. Denn nach der Konstruktion des Gesetzes setzt die Prozeßkostenhilfe im bewilligten Umfang und zeitlich nicht etwa erst dann ein, wenn und solange die Partei die ihr auferlegten eigenen Zahlungen pünktlich leistet. Die Prozeßkostenhilfe läuft vielmehr im einmal bewilligten Umfang fort, bis sie nach § 124 vom Gericht aufgehoben wird; eine solche Aufhebung kommt (abgesehen von den hier nicht interessierenden Fällen des § 124 Z 1–3) nur dann in Betracht, wenn die Partei länger als 3 Monate mit der Zahlung einer Monatsrate oder eines sonstigen Beitrags im Rückstand ist, § 124 Z 4. Selbst in diesem Fall steht aber die Bewilligung der Prozeßkostenhilfe nicht unter einer auflösenden Bedingung. Denn dann würde sie ja mit dem Eintritt dieser Bedingung automatisch enden, vgl § 158 II BGB. Eine Aufhebung nach § 124 Z 4 wäre nicht erforderlich.

7. Titel. Prozeßkostenhilfe und Prozeßkostenvorschuß §120 1–3

Im Umfang der Bewilligung der Prozeßkostenhilfe treten deren Wirkungen also jedenfalls zunächst unabhängig davon ein, ob die vom Gericht festgesetzten Raten oder Vermögensbeträge endgültig sind, ob sie pünktlich gezahlt werden, ob eine vorläufige Einstellung nach III ordnungsgemäß erfolgt usw. Keineswegs bewirkt irgendeine Unpünktlichkeit oder sonstige Unkorrektheit des Begünstigten und/oder der Staatskasse bei der Abwicklung der Ratenzahlungen usw automatisch eine Einschränkung oder gar den Wegfall der einmal wirksam bewilligten Prozeßkostenhilfe.

Die Entscheidung nach § 120 ist zwar grundsätzlich mit der Bewilligung der Prozeßkostenhilfe nach § 119 verbunden, Anm 3 A a. Dieser Grundsatz gilt aber nicht lückenlos. Ebensowenig bildet die Entscheidung nach § 120 mit jener eine untrennbare Einheit, Hamm Rpfleger **82**, 197, LAG Bre MDR **82**, 1053, LAG Hamm MDR **82**, 589, LAG Köln MDR **82**, 789, insofern abw Kblz Rpfleger **83**, 174, aM zB Düss Rpfleger **82**, 440, Hbg MDR **83**, 584, LAG Bln MDR **82**, 877 mwN. Das hat erhebliche Folgen für die Anfechtbarkeit, § 127 Anm 7 B c.

Eine Ratenzahlungspflicht oder die Verpflichtung zur Zahlung eines Betrags aus dem Vermögen des Begünstigten sind zwar vom Prozeßgericht im Rahmen eines pflichtgemäßen Ermessens festzusetzen. Dieses Ermessen ist aber an die Beachtung der §§ 114–118, insbesondere an § 115, gebunden. Das Gericht ist verpflichtet, anhand jener Vorschriften festzustellen, ob und in welchem Umfang eine finanzielle Beteiligung des Begünstigten an den voraussichtlichen Prozeßkosten in Betracht kommt. Nur im Rahmen der dortigen Kriterien ist ein Ermessen zulässig.

2) Zuständigkeit. Zur Entscheidung über Ratenzahlungen und/oder Vermögensbeiträge ist das Prozeßgericht in voller richterlicher Besetzung zuständig, und zwar in derjenigen Instanz, in der das Verfahren anhängig ist, § 127 I 2. Der Vorsitzende ist also keineswegs allein zuständig. Die Entscheidung darf insofern auch nicht dem Rpfl übertragen werden; § 20 Z 4 RPflG, Anh § 153 GVG, sieht die Möglichkeit der Beauftragung des Rpfl im Zusammenhang mit einer Entscheidung nach I nicht vor.

Der Rpfl ist vielmehr kraft Gesetzes unmittelbar, also ohne die Notwendigkeit einer Beauftragung, nur in den Fällen III berufen, § 20 Z 4b RPflG. Soweit er die Sache in einem solchen Fall dem Prozeßgericht vorlegt, § 5 RPflG, ist wiederum das Kollegium und nicht der Vorsitzende zuständig. Eine Vorlage nach § 6 RPflG dürfte kaum in Betracht kommen, da das Gesetz trotz des erkennbaren Zusammenhangs der Entscheidungen nach I und III von vornherein eine Zuständigkeitstrennung vorgenommen hat. Im übrigen kommt eine Entscheidung nach III regelmäßig erst nach dem Erlaß einer Entscheidung nach I in Betracht.

3) Ratenzahlung, Vermögensbetrag, I. A. Grundsatz. a) Voraussetzungen. Ob und in welchem Umfang entweder aus dem Vermögen ein Betrag zu zahlen oder aus dem Einkommen Monatsraten, und zwar wegen § 115 III mindestens fünf Raten, zu zahlen sind, wird nach den Grundsätzen Anm 1 ermittelt.

Die Festsetzung nach I muß grundsätzlich gleichzeitig mit der Bewilligung der Prozeßkostenhilfe erfolgen. Das ergibt sich aus den Worten ,,mit der Bewilligung ... setzt das Gericht ... fest", insofern richtig ArbG Münster MDR **82**, 84 (zustm Kohte mwN). Das Gericht hat also keineswegs einen Ermessensspielraum, ob es etwa die weitere wirtschaftliche Entwicklung des bereits ,,Begünstigten" noch einige Wochen oder Monate hindurch abwarten will, bevor es seine Entscheidung darüber trifft, ob und in welchem Umfang er seine finanziellen Mittel einsetzen muß. Das Gericht darf andererseits auch nicht eine solche Entscheidung nach I ,,vorbehaltlich einer erneuten Überprüfung nach ... Monaten" oder unter einem ähnlichen Vorbehalt treffen. Das Gericht muß vielmehr eine endgültige finanzielle Beurteilung im Zeitpunkt der Bewilligung der Prozeßkostenhilfe vornehmen und auf dieser Basis über Ratenzahlungen usw entscheiden, und zwar auch über deren Beginn, ThP 1, aM Bischof AnwBl **81**, 370, ferner aM LAG Hamm MDR **82**, 612, Fischer SchlHA **81**, 5 (maßgebend seien die §§ 61, 65 GKG, 130 BRAGO und in einer Arbeitssache die §§ 11a III, 12 IV ArbGG), Grunsky NJW **80**, 2045.

Eine nachträgliche Abänderung der Entscheidung nach I ist keineswegs schon deshalb zulässig, weil sich herausstellt, daß sich die wirtschaftliche Lage des Begünstigten inzwischen geändert hat, Düss Rpfleger **82**, 440, vgl Christl NJW **81**, 787, oder weil höhere oder geringere Kosten, als zunächst angenommen, zu erwarten sind, LG Bln MDR **82**, 413. Das alles gilt sowohl für den Fall, daß sich die Lage verbessert hat, insofern ebenso Düss NJW **81**, 1792, als auch für den Fall einer finanziellen Verschlechterung, aM Hamm FamRZ **82**, 1096 mwN, Schlesw AnwBl **82**, 492. Insofern liegt das gesetzgeberische Gegenstück zu dem Umstand vor, daß der Gesetzgeber seine Erwägungen fallen ließ, die begünstigte

Partei zu einer Anzeige etwaiger Verbesserungen ihrer wirtschaftlichen Lage nach der Bewilligung der Prozeßkostenhilfe zu verpflichten (§ 121 idF des RegEntw).

Das kann erhebliche Härten zu Lasten der Staatskasse mit sich bringen, wenn sich die finanziellen Verhältnisse der begünstigten Partei im Anschluß an eine Festsetzung nach I erheblich verbessern. Alle dadurch entstehenden Ungerechtigkeiten müssen hingenommen werden. Eine wirtschaftliche Korrektur kommt nur unter den engen Voraussetzungen des § 124 (Aufhebung der Prozeßkostenhilfe) in Betracht; diese Vorschrift sieht aber keine solche Korrekturmöglichkeit für den Fall vor, daß sich die Verhältnisse erst im Anschluß an eine nach I erfolgte Festsetzung ändern. Ein Zahlungsverzug im Sinne von § 124 Z 4 stellt ja keine Änderung der wirtschaftlichen Verhältnisse, sondern eine Änderung der Zahlungswilligkeit des Begünstigten dar. Auch die Fälle III Z 1, 2 stellen keine wirtschaftlichen Veränderungen bei der begünstigten Partei dar. Nach der Bewilligung der Prozeßkostenhilfe und der Festsetzung von Raten usw kommen Ermittlungen nach § 118 erst recht nicht (mehr) in Betracht.

Allenfalls im nächsthöheren Rechtszug wird die wirtschaftliche Situation erneut überprüft, sofern auch für jenen Rechtszug ein Antrag auf eine Bewilligung von Prozeßkostenhilfe gestellt wird. Das Verfahren beginnt ja dann ganz von vorn.

b) Folgen. Es zeigen sich also folgende Ergebnisse, vgl auch Üb 1 A vor § 114:

aa) Nach Abweisung. Wenn ein Antrag auf die Bewilligung einer Prozeßkostenhilfe völlig abgewiesen wurde und sich die wirtschaftlichen Verhältnisse des Abgewiesenen nunmehr verschlechtern, kann er jederzeit unbeschränkt einen neuen Antrag auf eine Prozeßkostenhilfe stellen und das Gericht zwingen, seine jetzigen Verhältnisse zur Grundlage einer neuen Entscheidung zu machen. Er läuft insofern keinerlei Risiko.

bb) Nach Raten usw. Wenn das Gericht zwar eine Prozeßkostenhilfe bewilligt, jedoch zugleich oder anschließend nach I Raten oder Vermögensbeträge festgesetzt hat, und wenn sich die wirtschaftlichen Verhältnisse des Begünstigten jetzt erheblich verschlechtern, hat er immerhin formell jederzeit dasselbe Recht wie nach a und läuft daher ebenfalls keinerlei Risiko. Eine Grenze dieses Rechts liegt dort, wo ein neuer Antrag rechtsmißbräuchlich wäre und daher unbearbeitet zu den Akten genommen werden dürfte.

cc) Nach unbeschränkter Bewilligung. Wenn das Prozeßgericht dem Antragsteller bei der Bewilligung der Prozeßkostenhilfe keine Zahlungen oder Raten nach I auferlegt hat und wenn sich seine wirtschaftlichen Verhältnisse nachträglich erheblich gebessert haben, braucht er überhaupt nichts zu tun, da die Verpflichtung zur Anzeige von wirtschaftlichen Veränderungen (§ 121 idF des RegEntw) nicht zum Gesetz wurde. Eine Anfechtung des Bewilligungsbeschlusses ist jedenfalls in diesem Fall auch für die Staatskasse ausgeschlossen, § 127 I 1.

c) Kritik. Diese Ergebnisse sind äußerst bedauerlich. Sie bürden der Allgemeinheit das volle Risiko dafür auf, daß unmittelbar oder doch nicht allzu lange nach der Entscheidung über die Bewilligung einer Prozeßkostenhilfe deren wirtschaftliche Voraussetzungen ganz oder völlig entfallen, ohne daß die Prozeßkostenhilfe beeinträchtigt würde. Indessen muß der Richter diese offenkundige gesetzgeberische Fehlleistung hinnehmen und darf nicht etwa auf dem Umweg einer Zubilligung erweiterter Beschwerdemöglichkeiten der Staatskasse ein Abänderungsverfahren einführen, das der Gesetzgeber wegen der Streichung der früheren Möglichkeit einer Nachzahlungsanordnung, § 125 aF, eindeutig nicht (mehr) zum geltenden Recht erheben wollte, vgl § 127 Anm 7 B c.

B. Zahlungszeitpunkte. Während der RegEntw umfangreiche Vorschriften für den frühest zulässigen Zahlungszeitpunkt enthielt und der Bundesrat insofern präzise Gegenvorschläge machte, hat der RAusschuß zur Vereinfachung des Verfahrens eine Erweiterung des richterlichen Ermessens beschlossen, die zum Gesetz wurde.

Danach hat das Prozeßgericht jetzt im Rahmen eines pflichtgemäßen Ermessens einen weiten Spielraum für die Entscheidung, zu welchen Zeitpunkten der Antragsteller finanzielle Beiträge leisten soll. Das Prozeßgericht ist insbesondere in folgenden Fragen nicht an nähere Vorschriften des Gesetzes gebunden: Wann soll die Ratenzahlung einsetzen? Für welchen Zeitraum darf die Ratenzahlung unterbrochen werden? Darf eine wiederholte Unterbrechung von Ratenzahlungen eintreten? Darf der Antragsteller für den Zeitraum A Monatsraten in Höhe von jeweils x DM zahlen, für einen anschließenden oder nach einer Pause anschließenden Zeitraum B jedoch Monatsraten in Höhe von y DM? Das Gericht darf also nicht nur die Höhe, sondern auch die Zahl der Raten bestimmen, aM Schlesw SchlHA **81**, 114.

Dagegen darf das Gericht nicht etwa alle solche Erwägungen von Ereignissen abhängig machen, die im Zeitpunkt seiner Entscheidung nach § 120 noch nicht endgültig oder so hochgradig endgültig feststehen, daß sie einer endgültigen Klärung gleichzusetzen wären, vgl Christl NJW **81**, 786, Grunsky ZZP **96**, 405. Durch die Berücksichtigung derart unsicherer Zukunftsfaktoren würde das Gericht gegen den eindeutigen Grundsatz verstoßen, daß die Prozeßkostenhilfe nach den Verhältnissen im Zeitpunkt der Entscheidung nach den §§ 119, 120 zu beurteilen ist. Eine nachträgliche Abänderungsmöglichkeit nur auf Grund einer Veränderung der wirtschaftlichen Verhältnisse ist unzulässig, und zwar darf sie weder von Amts wegen erfolgen, A, noch im Weg einer Beschwerde vorgenommen werden, § 127 Anm 7 B c.

Daher darf das Gericht keineswegs etwa folgende Vorbehalte treffen: Die Rate sei von monatlich x DM auf monatlich y DM zu erhöhen, wenn und sobald sich das Einkommen nach der Tabelle (Anl zu § 114) erhöhen sollte; eine zunächst bewilligte Pause in der laufenden Ratenzahlungspflicht wegen einer noch zu erwartenden vorübergehenden besonderen Belastung müsse wegfallen, falls sich ergeben sollte, daß jene besondere Belastung doch nicht eintreten werde; ein aus dem Vermögen zunächst in Höhe von x DM zu zahlender Beitrag brauche nicht geleistet zu werden, wenn sich ergeben sollte, daß eine bisher erhoffte zusätzliche Einnahme wegfallen werde usw.

Im Grenzbereich zwischen zulässigen Zahlungsmodalitäten und unzulässigen Vorbehalten ergeben sich zahlreiche Zweifelsfragen. Sie alle müssen nach folgenden Regeln gelöst werden: Das Gericht darf nicht versuchen, ungewisse zukünftige Entwicklungen schon jetzt einzubeziehen. Es muß im Zweifel zugunsten des Antragstellers entscheiden. Denn nur so läßt sich das vom Gesetz geforderte Gebot der Sozialstaatlichkeit verwirklichen. Die Staatskasse muß etwaige Ungerechtigkeiten hinnehmen.

Man darf auch nicht etwa im Zweifel schärfere Bedingungen stellen, weil sich ja der Antragsteller mit einem neuen Antrag an das Gericht wenden könne, Anm 1. Das Gericht muß die Verhältnisse im Zeitpunkt seiner jetzigen Entscheidung zugrunde legen, Bre FamRZ **83**, 637, darf also nicht etwa einen künftig möglichen Vermögenserwerb berücksichtigen, schon gar nicht denjenigen infolge eines Siegs im bevorstehenden Verfahren, Bre FamRZ **83**, 637.

C. Höchstens 48 Monatsraten. Vgl § 115 Anm 2 G.

4) Zahlungsgläubiger, II. Die Vorschrift enthält eine Klarstellung, die der Verteilung des Gebührenaufkommens im übrigen Bereich der Justiz im wesentlichen entspricht.

5) Vorläufige Zahlungseinstellung, III. Das dem Rpfl übertragene Einstellungsverfahren, Anm 2, ist eine notwendige Begleitmaßnahme zu dem Umstand, daß Ansprüche auf die Zahlung der vom Gericht nach I bestimmten Beträge notfalls im Weg des Verwaltungszwangs beigetrieben werden können, § 1 I Z 4a JBeitrO (bundeseinheitlich ebenfalls neu gefaßt). Damit der Rpfl die erforderliche Überwachung nach III vornehmen kann, muß ihm der Registraturbeamte die Akten nach Maßgabe des § 3 I KostVfg (Neufassung der Länder zu erwarten, vgl Hartmann VII A) unverzüglich vorlegen. Verzögerungen usw können Staatshaftungsansprüche des Begünstigten auslösen. Er hat das Recht, unter den Voraussetzungen III einen Antrag auf die Prüfung der Frage einzureichen, ob eine vorläufige Zahlungseinstellung vorzunehmen ist. Soweit der Rpfl diesen Antrag ablehnt, ist die Erinnerung zulässig, § 127 Anm 7 C.

Der in III Z 2 genannte Fall kann eintreten, wenn die Voraussetzungen des § 123 erfüllt sind, s dort. Man muß § 58 II GKG auch bei einer vorläufigen Zahlungseinstellung beachten, Hamm Rpfleger **82**, 197.

6) VwGO: Entsprechend anzuwenden, § 166 VwGO. Die Zuständigkeit des RPfl nach III, Anm 2 u 5, entfällt, Anh § 153 GVG Anm 1, vgl Nr X der DfRegelung, NJW **81**, 804.

121 Beiordnung eines Rechtsanwalts.
I Ist eine Vertretung durch Anwälte vorgeschrieben, wird der Partei ein zur Vertretung bereiter Rechtsanwalt ihrer Wahl beigeordnet; § 78 Abs. 1 Satz 2 zweiter Halbsatz gilt entsprechend.

II Ist eine Vertretung durch Anwälte nicht vorgeschrieben, wird der Partei auf ihren Antrag ein zur Vertretung bereiter Rechtsanwalt ihrer Wahl beigeordnet, wenn die Vertretung durch einen Rechtsanwalt erforderlich erscheint oder der Gegner durch einen Rechtsanwalt vertreten ist. Ein nicht bei dem Prozeßgericht zugelassener Rechtsanwalt kann nur beigeordnet werden, wenn dadurch weitere Kosten nicht entstehen.

III Wenn besondere Umstände dies erfordern, kann der Partei auf ihren Antrag ein zur Vertretung bereiter Rechtsanwalt ihrer Wahl zur Wahrnehmung eines Ter-

§ 121 1   1. Buch. 2. Abschnitt. Parteien

mins zur Beweisaufnahme vor dem ersuchten Richter oder zur Vermittlung des
Verkehrs mit dem Prozeßbevollmächtigten beigeordnet werden.

IV Findet die Partei keinen zur Vertretung bereiten Anwalt, ordnet der Vorsitzende ihr auf Antrag einen Rechtsanwalt bei.

Umfang der Beiordnung
BRAGO § 122. I Der Anspruch des Rechtsanwalts bestimmt sich nach den Beschlüssen, durch die die Prozeßkostenhilfe bewilligt und der Rechtsanwalt beigeordnet worden ist.

II Der Rechtsanwalt erhält Vergütung aus der Bundes- oder Landeskasse, wenn er für eine Berufung oder Revision beigeordnet ist, auch für die Rechtsverteidigung gegen eine Anschlußberufung oder eine Anschlußrevision und, wenn er für die Erwirkung eines Arrests oder einer einstweiligen Verfügung beigeordnet ist, auch für die Vollziehung des Arrests oder der einstweiligen Verfügung. Dies gilt nicht, wenn der Beiordnungsbeschluß ausdrücklich bestimmt, daß der Rechtsanwalt für die Rechtsverteidigung gegen die Anschlußberufung oder Anschlußrevision oder für die Vollziehung des Arrests oder der einstweiligen Verfügung nicht beigeordnet ist.

III Die Beiordnung eines Rechtsanwalts in einer Ehesache erstreckt sich auf den Abschluß eines Vergleichs, der den gegenseitigen Unterhalt der Ehegatten und den Unterhalt gegenüber den Kindern im Verhältnis der Ehegatten zueinander, die Sorge für die Person der gemeinschaftlichen minderjährigen Kinder, die Rechtsverhältnisse an der Ehewohnung und dem Hausrat und die Ansprüche aus dem ehelichen Güterrecht betrifft. In anderen Angelegenheiten, die mit dem Hauptprozeß nur zusammenhängen, erhält der für den Hauptprozeß beigeordnete Rechtsanwalt Vergütung aus der Bundes- oder Landeskasse nur dann, wenn er ausdrücklich auch hierfür beigeordnet ist. Dies gilt insbesondere für

1. die Zwangsvollstreckung (den Verwaltungszwang);
2. das Verfahren über den Arrest, die einstweilige Verfügung und die einstweilige Anordnung;
3. das Beweissicherungsverfahren;
4. das Verfahren über die Widerklage, ausgenommen die Rechtsverteidigung gegen die Widerklage in Ehesachen.

Vorbem. Fassg Art 1 Z 4, § 122 BRAGO Fassg Art 2 Z 4 g G v 13. 6. 80, BGBl 677, in Kraft seit 1. 1. 81, Art 7 I, ÜbergangsR Art 5 Z 1, abgedr hinter § 114. I entspricht sachlich dem § 115 I Z 3 aF; II entspricht teilweise dem § 116 I aF; III entspricht teilweise dem § 116a I aF; IV entspricht der Beiordnung nach altem Recht.

Gliederung

1) Allgemeines
  A. Freie Wahl des Anwalts
  B. Anwaltsprivileg
  C. Beiordnungsfolgen
    a) Übernahmepflicht
    b) Vertrag
    c) Weitere Pflichten
  D. Prozeßvollmacht
  E. Umfang der Beiordnung
  F. Gebührenfragen
2) Anwaltsprozeß, I
  A. Grundsatz
  B. Verfahren
  C. Rechtsbehelfe
3) Parteiprozeß, II
  A. Grundsatz
  B. Fälle der Beiordnungspflicht

    a) Erforderlichkeit anwaltlicher Vertretung
    b) Gegner durch Anwalt vertreten
    c) Auswärtiger Anwalt usw
4) Beweisanwalt, Verkehrsanwalt, III
  A. Grundsatz
  B. Fälle der Beiordnungspflicht
    a) Beweistermin vor dem ersuchten Richter
    b) Verkehrsanwalt
5) Notanwalt, IV
  A. Grundsatz
  B. Kein Anwalt bereit
  C. Auswahl durch den Vorsitzenden
  D. Beiordnung
  E. Rechtsbehelfe
6) VwGO

1) Allgemeines. A. Freie Wahl des Anwalts. Eine der Wirkungen der Bewilligung der Prozeßkostenhilfe ist die grundsätzliche Beiordnung eines Anwalts. Diese Wirkung ist in § 122 I nicht aufgeführt, sondern in § 121 umfassend geregelt. Der Begriff des Armenanwalts ist entfallen. Das bedeutet aber nicht, daß das eigenartige Rechtsverhältnis zwischen dem Armenanwalt und dem Armen nach altem Recht ebenfalls ersatzlos entfallen wäre. Vielmehr sind erhebliche Teile jener Konstruktion auch nach neuem Recht zu beachten. Das Rechtsverhältnis zwischen dem beigeordneten Anwalt und der Partei, der die Prozeßkostenhilfe bewilligt wurde, ist nach dem neuen Recht allerdings teilweise komplizierter geworden.

Ein erheblicher Unterschied zwischen dem alten Recht und dem jetzigen besteht darin, daß die Partei, die eine Prozeßkostenhilfe beantragt, sowohl während des Verfahrens über ihren Antrag als auch dann, wenn die Prozeßkostenhilfe bewilligt, aber noch kein Anwalt beigeordnet wurde, zunächst einen Anwalt ihres Vertrauens (Wahlanwalt) benennen darf und grundsätzlich einen Anspruch darauf hat, daß er und kein anderer beigeordnet wird, soweit er überhaupt für diese Partei tätig werden darf, Schlesw SchlHA **82**, 197.

Das bedeutet zweierlei: Zum einen kann das Gericht einer Partei grundsätzlich keinen Anwalt durch eine Beiordnung aufzwingen, soweit die Partei von ihrem Wahlrecht Gebrauch macht. Dieser Grundsatz gilt eingeschränkt sogar dann, wenn die Partei keinen zu ihrer Vertretung bereiten Anwalt findet. Denn eine Beiordnung eines anderen Anwalts findet allenfalls auf Grund des Antrags der Partei statt, IV, also nicht von Amts wegen. Zum anderen kann grundsätzlich keine Partei schon durch die Ausübung des Wahlrechts einem Anwalt ein Mandat aufzwingen. Dieser Grundsatz ist vom Rechtsausschuß ausdrücklich in der Neufassung verankert worden, BT-Drs 8/3694.

Das bedeutet allerdings nicht, daß eine Beiordnung niemals gegen den Willen eines Anwalts zulässig wäre. Nach IV darf und muß der Vorsitzende einer Partei, die keinen zur Vertretung bereiten Anwalt findet, auf Grund ihres Antrags einen Anwalt beiordnen. Hier finden sich die Reste der alten Rechtskonstruktion, die ihre Wurzeln in Standespflichten hat. Die Partei kann die Beiordnung eines bestimmten Anwalts nach IV zwar nicht unmittelbar erzwingen, immerhin aber anregen und fördern.

Von dieser Ausnahme abgesehen, kommt die Beiordnung eines Anwalts nach § 121 also ohne irgendeinen Zwang eines der Beteiligten zustande.

Die Wahl des beizuordnenden Anwalts kann dem Gericht gegenüber ausdrücklich oder durch schlüssiges Verhalten erfolgen. Wenn ein Anwalt beim Prozeßgericht für eine Partei einen Antrag auf die Bewilligung der Prozeßkostenhilfe stellt, dann liegt darin regelmäßig die Ausübung des Wahlrechts der Partei, soweit der Anwalt bei dem Prozeßgericht zugelassen und zur Prozeßführung bevollmächtigt ist.

B. Anwaltsprivileg. In den Fällen I–IV kommt nur ein zugelassener Rechtsanwalt als beigeordneter Anwalt in Betracht. Die Möglichkeiten nach früherem Recht, einen Referendar beizuordnen, sind vom Rechtsausschuß gestrichen worden, BT-Drs 8/3694. Die frühere Möglichkeit, auch einen „anderen Justizbeamten" beizuordnen, sind schon im Entwurf der Bundesregierung entfallen. Ein Gerichtsvollzieher wird ebenfalls nicht mehr beigeordnet, weder zur Bewirkung von Zustellungen im Erkenntnisverfahren noch zur Tätigkeit in der Zwangsvollstreckung, also auch dann nicht, wenn die Prozeßkostenhilfe lediglich für ein Verfahren der Zwangsvollstreckung beantragt wird, BT-Drs 8/3068. Denn die Kosten des Gerichtsvollziehers sind Gerichtskosten im weiteren Sinn und werden daher von der Bewilligung der Prozeßkostenhilfe ohnehin umfaßt.

C. Beiordnungsfolgen. Von einer ordnungsgemäßen Beiordnung des Anwalts an gilt folgendes:

a) Übernahmepflicht. Der beigeordnete Anwalt ist zur Übernahme des Auftrags verpflichtet. In den Fällen I–III hat er ja vor der Beiordnung bereits seine Bereitschaft zur Übernahme des Auftrags der Partei und/oder dem Gericht gegenüber erklärt; andernfalls wäre die Beiordnung nicht ordnungsgemäß erfolgt. Es ist also zwischen der Partei und dem Anwalt streng genommen meistens bereits vor der Beiordnung nach I–III ein Anwaltsvertrag nach §§ 670 ff BGB zustande gekommen, der lediglich unter der aufschiebenden Bedingung einer ordnungsgemäßen Beiordnung stand. Mit dem Eintritt dieser Bedingung ist der Vertrag endgültig wirksam. Bei einer Beiordnung nach IV ist der Anwalt kraft Gesetzes zwar noch nicht durch die Beiordnung vertraglich an die begünstigte Partei gebunden; er ist aber zum Abschluß eines Vertrags nach §§ 670 ff BGB mit der Partei als seinem Auftraggeber auf Grund der wirksamen Beiordnung verpflichtet (Abschlußzwang).

b) Vertrag. In beiden Fallgruppen ersetzt die Beiordnung also nicht die Notwendigkeit einer vertraglichen Einigung zwischen dem Anwalt und der begünstigten Partei und die Notwendigkeit einer Vollmachtserteilung durch die Partei. Die Beiordnung bedeutet auch keineswegs, daß der beigeordnete Anwalt Weisungen des Gerichts dazu erfüllen müßte, wie der den Auftrag der Partei erfüllen soll. Die Beiordnung bewirkt weder ein besonderes Gewaltverhältnis zwischen der Justizverwaltung und dem beigeordneten Anwalt, noch greift sie in die freie Berufsausübung des Anwaltstandes ein, Hamm AnwBl **75**, 95 (nach altem Recht). Die Beiordnung enthält noch keine Prozeßvollmacht, BGH **60**, 258. Auch der

Antrag auf die Bewilligung einer Prozeßkostenhilfe enthält noch keine Bevollmächtigung. Das gilt selbst dann nicht, wenn die Partei dem Gericht die Auswahl ausdrücklich überläßt, BGH **2**, 227.

c) Weitere Pflichten. Andererseits hat der beigeordnete Anwalt auch in den Fällen I–III, ebenso aber im Fall IV von der Beiordnung an Fürsorge-, Belehrungs- und Betreuungspflichten, zB wegen der Frage, ob und welche Maßnahmen zu treffen sowie Fristen zu beachten sind, BGH **60**, 258 (nach altem Recht). Sonst macht er sich schadensersatzpflichtig, vgl BGH **30**, 226. Der Anwalt kann sogar schon vor der Vollmachtserteilung in solchem Umfang haften, sofern die Parteien schon in Verhandlungen über den zukünftigen Vertrag standen (Verschulden bei Vertragschluß). Ihm kann auch schon vor dem Erhalt der Prozeßvollmacht ein Anspruch gegen den Vertragspartner daraus erwachsen, daß er die vorgenannten Fürsorgepflichten usw bereits wahrgenommen hat, etwa aus auftragloser Geschäftsführung. Eine Genehmigung der Partei heilt.

D. Prozeßvollmacht. Wie schon bei C angedeutet, ist weder die Beiordnung nach I–III noch diejenige nach IV geeignet, das Erfordernis einer Prozeßvollmacht zu ersetzen. Der beigeordnete Anwalt muß also einerseits auf die Erteilung einer Prozeßvollmacht dringen, andererseits deren Erteilung abwarten, BGH **60**, 258 (nach altem Recht). Soweit die begünstigte Partei den Anwalt mit der Wahrnehmung ihrer Interessen betraut, muß er sie auch über andere Klagemöglichkeiten beraten, wenn die erste Klage nicht zum Erfolg führt, selbst wenn das über den Rahmen seiner Beiordnung hinausgeht, vgl (zum alten Recht) BGH **LM** § 115 aF Nr 4. Im Auftrag, einen Antrag auf die Bewilligung einer Prozeßkostenhilfe einzureichen, liegt die Ermächtigung, die Entscheidung entgegenzunehmen. Die Prozeßvollmacht ist auch dann wirksam, wenn das Gericht die Prozeßkostenhilfe zu Unrecht bewilligt hat.

Der beigeordnete Anwalt wird nicht etwa zum gesetzlichen Vertreter der begünstigten Partei. Sie hat das Recht, dem beigeordneten Anwalt Weisungen zu geben. Sie kann ihm die Vollmacht wie einem Wahlanwalt sonstiger Art jederzeit entziehen.

Die Partei kann auch davon absehen, dem beigeordneten Anwalt eine Prozeßvollmacht zu erteilen. Das gilt selbst dann, wenn die Partei diesen Anwalt gewählt hatte, I–III. Eine andere Frage ist dann diejenige, ob und in welchem Umfang die Partei sich dem Anwalt gegenüber schadensersatzpflichtig macht, soweit er auf Grund ihrer Wahl inzwischen bereits Aufwendungen gemacht hatte usw.

Eine Partei, die aus unzureichenden Gründen eine Vollmacht verweigert oder eine erteilte Vollmacht widerruft, kann im Hauptprozeß als säumig zu behandeln sein. Eine Zustellung muß bis zur Erteilung der Vollmacht an die Partei gehen, darf also noch nicht an den beigeordneten Anwalt gehen.

Soweit der beigeordnete Anwalt aus rechtlichen oder tatsächlichen Gründen nicht tätig werden kann, muß das Gericht in den Fällen I–III abwarten, ob die Partei einen anderen Anwalt ihrer Wahl benennt. Je nach der Lage des Falls besteht die Pflicht des Gerichts, die Partei von Amts wegen auf die Hinderungsgründe beim bisher beigeordneten Anwalt hinzuweisen und ihr eine Gelegenheit zu geben, einen anderen Wahlanwalt zu benennen. Im Fall IV muß das Gericht abwarten, ob die Partei beantragt, ihr einen anderen Anwalt beizuordnen. Das Gericht sollte grundsätzlich darauf dringen, daß die Partei einen solchen Antrag stellt, § 139 I.

Dem beigeordneten Anwalt muß genügend Zeit zur Einarbeitung verbleiben. Andernfalls könnte in einer voreiligen Maßnahme des Gerichts eine Verweigerung des rechtlichen Gehörs der begünstigten Partei liegen, BGH **27**, 169.

E. Umfang der Beiordnung. Die Beiordnung erfolgt nur in demjenigen Umfang, in dem das Gericht der Partei die Prozeßkostenhilfe bewilligt. Das ist nach § 119 S 1 der jeweilige Rechtszug ohne eine etwa zugehörige Zwangsvollstreckung. Im letzteren Punkt weicht das neue Recht von § 119 I Hs 2 aF ab. Der beigeordnete Anwalt darf in der jeweiligen Instanz umfassend tätig werden, also auch in einem Beweistermin vor einem beauftragten oder ersuchten Richter; vgl freilich § 126 II BRAGO. Für den Fall eines Beweisaufnahmetermins vor dem ersuchten Richter usw enthält III die Möglichkeit der zusätzlichen Beiordnung eines Verkehrsanwalts.

F. Gebührenfragen. Der beigeordnete Anwalt kann Gebühren und Auslagen nach den §§ 121 ff BRAGO fordern. Er kann seine diesbezüglichen Ansprüche aber für die Dauer der Bewilligung der Prozeßkostenhilfe nicht gegenüber seinem Auftraggeber geltend machen, § 122 I Z 3, sondern nur gegenüber der Staatskasse. Er kann außerdem nach § 126 I unmittelbar aus eigenem Recht gegenüber dem in die Prozeßkosten nach §§ 91 ff verurteilten

7. Titel. Prozeßkostenhilfe und Prozeßkostenvorschuß § 121 1, 2

Prozeßgegner seines Auftraggebers vorgehen. Soweit die Prozeßkostenhilfe aufgehoben wurde, § 124, kann er seine gesetzlichen Ansprüche nunmehr gegenüber dem Auftraggeber geltend machen, und zwar auch rückwirkend.

Einen Auslagenvorschuß kann der beigeordnete Anwalt von der Staatskasse nur im Rahmen des § 127 BRAGO verlangen. Eine Vergütungsvereinbarung mit dem Auftraggeber begründet keine Verbindlichkeit. Soweit der Auftraggeber aber freiwillig und vorbehaltslos gezahlt hat, hat er kein Rückforderungsrecht, § 3 IV BRAGO, vgl auch (zum alten Recht) AG Würzb DGVZ **79**, 188.

2) Anwaltsprozeß, I. A. Grundsatz. Soweit eine Vertretung der Partei durch einen Anwalt kraft Gesetzes vorgeschrieben ist, hat die Partei das Recht der Wahl eines Anwalts, Brangsch AnwBl **82**, 94. Der Anwalt hat die Wahl, ob er den Auftrag annehmen will, Brangsch AnwBl **82**, 94. Das Gericht hat die Pflicht, den benannten und zur Annahme des Mandats bereiten Anwalt beizuordnen.

Dieses Prinzip setzt voraus, daß der Anwalt beim Prozeßgericht zugelassen ist. Wenn das Prozeßgericht ein AG ist, reicht es aus, daß der Anwalt beim übergeordneten LG zugelassen ist, § 78 I 2 Hs 2 in Verbindung mit § 121 I Hs 2.

Die Frage, ob und in welchem Umfang ein Anwaltszwang besteht, richtet sich nach § 78.

Wenn die Partei oder ihr gesetzlicher Vertreter ein beim Prozeßgericht zugelassener Anwalt ist, kann sie auch selbst nach I zu ihrer eigenen Vertretung beigeordnet werden, Mü AnwBl **81**, 507. Das gilt auch dann, wenn ein Vormund oder ein Pfleger ein Anwalt ist, Ffm Rpfleger **50**, 373. Die Beiordnung erfolgt nur, soweit kein Mißbrauch vorliegt, Mü AnwBl **81**, 507. Sie kann eine Rückwirkung haben, soweit die Prozeßkostenhilfe rückwirkend bewilligt werden kann und bewilligt worden ist, § 122 Anm 1 B.

Soweit der beigeordnete Anwalt ohne ein Verschulden der Partei wegfällt, etwa weil er das Mandat ohne einen von der Partei zu vertretenden Grund niederlegt oder weil die Partei ihm aus einem triftigen Grund kündigt, hat die Partei die Befugnis zur Benennung eines anderen zu ihrer Vertretung bereiten Anwalts und das Gericht eine entsprechende weitere Beiordnungspflicht. Soweit der in Wahrheit zur Übernahme des Mandats nicht endgültig bereit gewesene, dennoch zunächst beigeordnete Anwalt die Tätigkeit auch nach der Beiordnung ablehnt, kann das Gericht die Beiordnung nicht bestehen lassen. Denn das Gesetz enthält jetzt zwingend als Wirksamkeitserfordernis der Beiordnung die Bereitschaft des Anwalts zur Übernahme des Mandats. Der Anwalt mag sich zwar im Verhältnis zur Partei schadensersatzpflichtig machen, wenn er zB zunächst eine Bereitschaft angekündigt hatte, diese dann aber erst nach der Beiordnung endgültig ablehnt; die Partei mag sogar die Möglichkeit haben, den Anwalt im Extremfall auf eine Abgabe der Bereitschaftserklärung in rechtsverbindlicher Form zu verklagen und die Erklärung nach § 894 zu erzwingen; das Prozeßgericht muß aber im Rahmen des Verfahrens über die Bewilligung der Prozeßkostenhilfe abwarten, ob der Anwalt seine Bereitschaft nach I erklärt.

Soweit allerdings der Anwalt zur Übernahme des Mandats wirklich bereit war, muß er auf Grund der entsprechenden Beiordnung tätig werden, § 48 BRAO, solange das Gericht die Beiordnung nicht aus einem wichtigem Grund aufhebt, Brangsch AnwBl **82**, 99.

B. Verfahren. Das Prozeßgericht prüft zunächst, ob ein Anwaltszwang besteht. Es prüft sodann, ob der Antragsteller einen Anwalt seiner Wahl benannt hat, und gibt dem Antragsteller andernfalls anheim, dies nachzuholen. Diese Anheimgabe kann vor oder nach der Bewilligung der Prozeßkostenhilfe erfolgen und ist unverzüglich nach der Bewilligung vorzunehmen, wenn ein Wahlanwalt bisher nicht mitgeteilt wurde. Das Prozeßgericht prüft, ob der Benannte bei dem Prozeßgericht oder dem etwa übergeordneten LG zugelassen ist. Es prüft ferner, ob er zur Übernahme der Vertretung bereit ist.

Wenn diese Voraussetzungen erfüllt sind, erfolgt die Beiordnung durch das Prozeßgericht. Der Vorsitzende allein ist im Fall I nicht zuständig, sondern nur im Fall IV. Die Beiordnung darf dem Rpfl nicht übertragen werden, da § 20 Z 4 RPflG, Anh § 153 GVG, keine solche Befugnis enthält.

Eine mündliche Verhandlung findet nicht statt, § 127 Anm 2. Die Zuständigkeit liegt beim Prozeßgericht der ersten Instanz, § 127 Anm 3 A, ausnahmsweise bei dem Prozeßgericht der höheren Instanz, § 127 Anm 3 B. Die Entscheidung ergeht durch einen Beschluß. Er ist grundsätzlich zu begründen, § 127 Anm 4. Er enthält keine Kostenentscheidung, § 127 Anm 5. Er wird dem Antragsteller, dem beigeordneten Anwalt, dem Prozeßgegner und den etwa sonst am Verfahren Beteiligten grundsätzlich formlos mitgeteilt, § 127 Anm 6 (dort auch wegen einer etwaigen Ausnahme).

C. Rechtsbehelfe. Sowohl gegen die Ablehnung der Beiordnung als auch gegen die

Beiordnung ist die einfache Beschwerde nach § 567 zulässig, § 127 II 2 Hs 1, aM Düss FamRZ **82**, 723, es sei denn, daß das Berufungsgericht die Entscheidung getroffen hat, Hs 2. Die weitere Beschwerde ist ausgeschlossen, § 127 II 3. Diese Rechtsbehelfe sind auch statthaft, sofern der angefochtene Beschluß fälschlich vom Vorsitzenden statt vom gesamten Prozeßgericht erlassen wurde. Sofern der Vorsitzende fälschlich durch eine Verfügung entschieden hat, ist ebenfalls die Beschwerde zulässig, vgl § 567 Anm 1 B, C.

3) Parteiprozeß, II. A. Grundsatz. II gilt für den Parteiprozeß, aber auch in allen anderen Fällen, in denen eine Vertretung durch Anwälte nicht geboten ist, § 78 Anm 2 A, § 764.

Die Beiordnung setzt voraus, daß die Partei einen Antrag stellt. Die Beiordnung erfolgt also nicht von Amts wegen. Das Gericht braucht auch nicht von Amts wegen anzuregen, die Partei möge einen Anwalt benennen, und zwar auch dann nicht, wenn der Prozeßgegner bereits durch einen Anwalt vertreten ist; II 1 enthält das Antragserfordernis für beide Alternativen (Erforderlichkeit der Beiordnung wie gegnerische anwaltliche Vertretung). In einem Kindschaftsverfahren enthält der Antrag auf die Bewilligung der Prozeßkostenhilfe durchweg den Antrag auf die Beiordnung eines Anwalts, Düss FamRZ **81**, 486.

Das Gericht darf den Anwalt nur dann beiordnen, wenn er zur Vertretung bereit ist, Anm 1 A, 2 A.

B. Fälle der Beiordnungspflicht. Auch beim Vorliegen der Voraussetzungen nach A darf das Prozeßgericht im Parteiprozeß einen Anwalt nur beiordnen, wenn die folgenden weiteren Voraussetzungen erfüllt sind:

a) Erforderlichkeit anwaltlicher Vertretung. Die Beiordnung eines beim Prozeßgericht zugelassenen Anwalts muß erforderlich erscheinen. Dieser Fall kann besonders dann eintreten, wenn der Sachverhalt tatsächlich oder rechtlich schwierig gelagert ist. Die Erforderlichkeit kann sich aber auch bei einem einfachen Sachverhalt und/oder angesichts einer einfachen Rechtslage ergeben, soweit die Partei hilflos zu sein scheint, vgl Nürnb NJW **80**, 1054, LG Detmold AnwBl **83**, 35, LG Ffm AnwBl **79**, 274.

Die Beiordnung erscheint im allgemeinen in folgenden Fällen als erforderlich: Es handelt sich um einen Abstammungsprozeß, Hamm AnwBl **82**, 254 mwN (das gilt freilich nicht, soweit das Jugendamt tätig wird, Zweibr FamRZ **81**, 205 mwN, großzügiger Mü FamRZ **79**, 180); es handelt sich um ein Verfahren nach den §§ 620ff, Düss FamRZ **81**, 696 mwN, Ffm AnwBl **78**, 422, Schlesw SchlHA **78**, 68 und 117, abw Hamm FamRZ **82**, 1095 mwN, **KR**) Bre KR § 116 Nr 17, 21; es geht um eine einstweilige Verfügung auf die Zahlung eines vorläufigen Unterhalts, Düss FamRZ **82**, 513.

Das Prozeßgericht muß im Rahmen eines pflichtgemäßen Ermessens alle für und gegen die Erforderlichkeit sprechenden Gesichtspunkte abwägen. Maßgeblich ist weder die Ansicht des Antragstellers noch diejenige des Prozeßgegners noch diejenige des beizuordnenden Anwalts, sondern ein objektiver Maßstab. Das Gericht sollte aber die Erforderlichkeit der Beiordnung nicht kleinlich verneinen, LSG Mainz AnwBl **81**, 409. Fiskalische Gesichtspunkte sind nicht unbeachtlich, aber nicht entscheidend. Unerheblich ist auch, ob es zweifelhaft erscheint, ob zwischen dem benannten Anwalt und dem Antragsteller ein Vertrauensverhältnis erwachsen kann oder ob der Wahlanwalt des Antragstellers ein besonders hohes oder ein nicht sonderlich hohes Vertrauen des Prozeßgerichts genießt usw.

b) Gegner durch Anwalt vertreten. Im Gegensatz zum früheren Recht ist im Parteiprozeß ein Wahlanwalt des Antragstellers auch dann auf Grund eines Antrags der Partei beizuordnen, wenn ihr Prozeßgegner bereits durch einen beim Prozeßgericht zugelassenen Anwalt vertreten ist, II 1 Hs 2. In Anlehnung an § 11 a I 1 ArbGG ist hier der Gesichtspunkt der Waffengleichheit der Prozeßbeteiligten durchgesetzt worden, BVerfG JZ **83**, 439, insoweit auch Hamm MDR **83**, 410, ferner KG JR **82**, 169, AG Kelheim Rpfleger **82**, 39, vgl auch Hirsch in BVerfG **56**, 190. Das gilt auch im Verfahren der freiwilligen Gerichtsbarkeit, Hamm AnwBl **83**, 34. Auf den Nebenkläger im Strafverfahren paßt die Vorschrift nicht, KG JR **82**, 170.

Soweit der Gegner bereits anwaltlich vertreten ist, kommt es also für die Beiordnung zugunsten des Antragstellers nicht darauf an, ob seine Vertretung durch einen Anwalt erforderlich erscheint; insbesondere ist kein gegnerischer streitiger Antrag notwendig, insofern aM Hamm MDR **83**, 410 (aber schon die Vorbereitung im Verfahren kann einen Anwalt erforderlich gemacht haben).

Soweit der Prozeßgegner nicht durch einen beim Prozeßgericht oder beim etwa übergeordneten LG zugelassenen Anwalt vertreten ist oder soweit eine solche Vertretung nicht mehr wirksam besteht, entfällt die Notwendigkeit einer Beiordnung nach b und bleibt die Notwendigkeit nach a zu prüfen. Freilich kann die Notwendigkeit der Beiordnung später zB deshalb entstehen, weil der Prozeßgegner jetzt anwaltlich vertreten ist, Grunsky NJW **80**, 2045.

c) Auswärtiger Anwalt usw. Ein Anwalt kann nach a und b grundsätzlich nur dann beigeordnet werden, wenn er bei dem Prozeßgericht oder beim etwa übergeordneten LG zugelassen ist. Soweit das nicht der Fall ist, kommt eine Beiordnung nur in Betracht, wenn dadurch keine weiteren Kosten entstehen, II 2, Hamm Rpfleger **82**, 484, KG FamRZ **83**, 293. Dieser Fall liegt auch vor, soweit der Anwalt gegenüber dem Prozeßgericht erklärt, er wolle zu den Bedingungen eines beim Prozeßgericht zugelassenen Anwalts tätig werden, ZöSchn III 2 b, aM Hamm NJW **83**, 1507 (aber dann entstehen eben keine weiteren Kosten). Diese Erklärung kann auch stillschweigend erfolgen, Hamm Rpfleger **82**, 484. Im übrigen ist von Fall zu Fall nach der voraussichtlichen Kostenentwicklung zu prüfen, ob durch die Zulassung des auswärtigen Anwalts weitere Kosten entstehen können. Vor einer Ablehnung der Beiordnung des auswärtigen Anwalts muß das Prozeßgericht den Antragsteller auf seine Bedenken hinweisen und ihm die Gelegenheit geben, innerhalb einer angemessenen Frist einen beim Prozeßgericht zugelassenen Anwalt statt des bisher Vorgeschlagenen zu wählen.

4) Beweisanwalt, Verkehrsanwalt, III. A. Grundsatz. III betrifft sowohl die Beiordnung im Anwaltsprozeß nach I als auch diejenige im Parteiprozeß nach II. Voraussetzung ist, daß der Partei die Prozeßkostenhilfe bewilligt und ihr ein ProzBev zur Vertretung vor dem Prozeßgericht beigeordnet ist, Hamm JB **78**, 1569. III ist also neben I immer nur ergänzend anwendbar. Neben II ist III als ergänzende Beiordnung zulässig. Es ist im Parteiprozeß aber auch denkbar, daß lediglich die Beweisaufnahme vor dem ersuchten Richter einen Terminsvertreter wegen der besonderen Schwierigkeit der Beweisaufnahme oder einer Unzumutbarkeit oder kostenmäßigen Untunlichkeit einer Reise für die Partei erforderlich macht.

B. Fälle der Beiordnungspflicht. Eine Beiordnung nach III erfordert zunächst stets einen Antrag der Partei. Ferner muß sie einen zur Vertretung bereiten Anwalt ihrer Wahl benennen. Der Anwalt muß zur Vertretung bereit sein. Im übrigen sind folgende Fälle zu unterscheiden:

a) Beweistermin vor dem ersuchten Richter. Es muß aus der Sicht eines unbeteiligten Dritten, also nach einem objektiven Maßstab, vgl Anm 3 B a, erforderlich erscheinen, daß ein Anwalt einen auswärtigen Beweistermin wahrnimmt. Die Partei kann die Gründe für diese Notwendigkeit in ihrem Antrag darlegen. Diese binden das Gericht aber nicht. Vgl im übrigen § 91 Anm 5 „Beweistermin".

b) Verkehrsanwalt. Es muß nach einem objektiven Maßstab, vgl a, die Beiordnung eines Verkehrsanwalts zusätzlich zu dem bereits beigeordneten oder beizuordnenden ProzBev erforderlich scheinen. Dieser Fall kann zB dann eintreten, wenn die Partei auswärts wohnt und unverhältnismäßig hohe Reisekosten hätte, Hamm MDR **76**, 319, oder wenn sie das Material an Ort und Stelle sichten muß usw. Vgl im übrigen § 91 Anm 5 „Verkehrsanwalt"; die Prüfung erfolgt weder strenger noch milder als dort, Mü MDR **83**, 675. In einer Scheidungssache ist die Beiordnung im allgemeinen notwendig, vgl Düss FamRZ **80**, 390, KG FamRZ **82**, 1227 mwN und NJW **82**, 113, abw Köln FamRZ **82**, 1226 (es reiche aus, daß eine bemittelte Partei einen Anspruch auf die Erstattung der Kosten eines Verkehrsanwalts haben würde), Zweibr FamRZ **80**, 618 (sie sei bei einer „einverständlichen einfachen" Scheidung nicht erforderlich. Aber welche Scheidung ist wirklich rechtlich einfach?) Die Beiordnung kommt ferner dann in Betracht, wenn die Partei ihren Wohnsitz erst während des Verfahrens wechselt, Kblz MDR **77**, 233.

5) Notanwalt, IV. A. Grundsatz. Soweit die Partei in den Fällen I–III keinen zu ihrer Vertretung bereiten und entweder bei dem Prozeßgericht oder dem etwa übergeordneten LG zugelassenen bzw als Verkehrsanwalt in Betracht kommenden Anwalt findet, kann sie gleichwohl einen Antrag auf die Beiordnung eines entsprechenden Anwalts stellen. Durch diese Vorschrift soll gewährleistet werden, daß der Rechtsschutz einer Partei nicht dadurch verkürzt wird, daß sie keinen Anwalt ihrer Wahl finden kann. Diesem Sinn entspricht es, der Partei einen Anspruch auf die Beiordnung eines Anwalts auch in denjenigen Fällen zu geben, in denen eine Vertretung durch einen Anwalt nicht vorgeschrieben ist. IV bezieht sich daher eindeutig auch auf die Fälle II, III.

IV ist nicht mit dem allerdings ähnlich konstruierten § 78b I bzw mit § 78c zu verwechseln. Die letzteren Vorschriften gelten im Hauptprozeß, während IV im Verfahren auf die Bewilligung der Prozeßkostenhilfe als Spezialvorschrift vorrangig gilt. Ergänzend können Rechtsprechung und Lehre zu § 78b, c beigezogen werden, soweit die dortigen Konstruktionen nicht abweichen.

B. Kein Anwalt bereit. Die Partei muß unter den beim Prozeßgericht zugelassenen Anwälten keinen solchen Anwalt gefunden haben, der zu ihrer Vertretung bereit ist, vgl (zu § 78b) BFH NJW **78**, 448. Die Anforderungen an die Partei dürfen nicht überspannt werden. Die Partei braucht nicht an sämtliche bei dem Gericht zugelassene Anwälte herangetreten zu sein. Sie muß allerdings jedenfalls in einer Großstadt zumindest eine gewisse Anzahl von Anwälten nachweisbar vergeblich um eine Übernahme ihrer Vertretung gebeten haben, vgl (zu § 78b) KG OLGZ **77**, 247.

C. Auswahl durch den Vorsitzenden. Während die Partei in den Fällen I–III einen Anspruch darauf hat, daß nur der Anwalt ihrer Wahl beigeordnet werde, hat sie einen solchen Anspruch im Fall IV nicht. Das ist nicht selbstverständlich. Denn es ist durchaus der Fall denkbar, daß eine Partei dringend wünscht, einen bestimmten Anwalt beigeordnet zu sehen, daß aber gerade dieser Anwalt aus irgendwelchen Gründen zu ihrer Vertretung nicht bereit ist. Es wäre keineswegs abwegig gewesen, der Partei auch in einem solchen Fall ein Wahlrecht zu geben, etwa um sicherzustellen, daß ein objektiv mit dem speziellen Sachverhalt oder mit Rechtsfragen der hier maßgeblichen Art besonders vertrauter Anwalt für sie tätig werde. Indessen hat der Gesetzgeber die früheren diesbezüglichen Grundsätze zur Standespflicht der Anwälte, vgl zB BGH **60**, 258, nur eingeschränkt aufrechterhalten: Der Anspruch der Partei ist auf die Beiordnung *eines* Anwalts beschränkt; die Bestimmung der Person dieses Anwalts bleibt dem Vorsitzenden überlassen. Die Partei kann die Beiordnung eines ihr nicht genehmen Anwalts nur dadurch verhindern, daß sie notfalls den Beiordnungsantrag ganz zurücknimmt. Das ist bis zur Entscheidung jederzeit zulässig.

Der Vorsitzende übt bei der Auswahl des beizuordnenden Notanwalts ein pflichtgemäßes Ermessen aus. Er ist in diesem Ermessen durch den Kreis derjenigen Anwälte beschränkt, die bei dem Prozeßgericht bzw im Fall der Notwendigkeit einer Beiordnung für einen auswärtigen Beweistermin bei dem dortigen Gericht und im Fall der Vermittlung des Verkehrs mit dem ProzBev nach den dann maßgeblichen Gesichtspunkten zugelassen sind. Er ist aber in seiner Auswahl nicht davon abhängig, daß der fragliche Anwalt zur Übernahme des Mandats auch bereit ist. Er kann den fraglichen Anwalt also gegen dessen erklärten Willen beiordnen. Das ist freilich durchweg höchst untunlich.

Anders als im Fall der Beiordnung eines Wahlanwalts, Anm 1, ist der durch den Vorsitzenden ordnungsgemäß ausgewählte und beigeordnete Anwalt zur Übernahme der Vertretung verpflichtet (Abschlußzwang), vgl Anm 1 C, § 48 I Z 1, 2 BRAO, Brangsch AnwBl **82**, 99. Die Übernahme ist eine Berufspflicht, BGH **60**, 258; das ist mit der Menschenrechtskonvention vereinbar, EKMR AnwBl **75**, 137.

D. Beiordnung. Zur Beiordnung ist nach IV anders als nach I–III der Vorsitzende des Prozeßgerichts des Rechtszugs, gegebenenfalls des höheren Gerichts, § 127 II Hs 2, zuständig. Er darf die Tätigkeit nicht auf den Rpfl übertragen, da § 20 Z 4 RPflG, Anh § 153 GVG, eine solche Übertragungsmöglichkeit nicht vorsieht.

Der Vorsitzende muß die Voraussetzungen einer Beiordnung prüfen. Maßgeblich ist der Zeitpunkt der Entscheidung über die Beiordnung, im Ergebnis ebenso Grunsky NJW **80**, 2045. Eine mündliche Verhandlung findet nicht statt, vgl Anm 2 B. Er entscheidet durch einen Beschluß. Der Beschluß muß grundsätzlich begründet werden, § 329 Anm 1 A b. Er wird dem Antragsteller, dem Prozeßgegner, dem beigeordneten Anwalt und den etwa sonst am Verfahren Beteiligten formlos mitgeteilt, § 329 II 1. Er enthält, anders als eine Entscheidung nach § 78b, nicht nur die grundsätzliche Entscheidung darüber, daß (irgend) ein Anwalt beizuordnen sei, sondern bereits die Bezeichnung der Person des Beigeordneten. Insofern enthält IV Elemente des § 78c.

E. Rechtsbehelfe. Hier gilt dieselbe Regelung wie Anm 2 C. Der beigeordnete Anwalt darf die Übernahme der Vertretung anders als bei § 78c II nicht davon abhängig machen, daß ihm ein Vorschuß gezahlt wird. Gegenüber der Partei hat er ohnehin kein solches Recht, § 122 I Z 3. Gegenüber der Staatskasse kann er einen Vorschuß allenfalls nach § 126 BRAGO anfordern. Eine solche Möglichkeit darf aber nicht zur Voraussetzung der Übernahme des Mandats gemacht werden.

Eine Dienstaufsichtsbeschwerde eines Beteiligten ist nur bei krassem, offensichtlich völlig sachfremdem Mißbrauch des Anwaltsrechts statthaft.

6) *VwGO:* Entsprechend anzuwenden, § 166 VwGO. **I** *gilt im Verfahren vor dem BVerwG; die Beiordnung eines Hochschullehrers, der dort nach § 67 I VwGO postulationsfähig ist, ist nicht zulässig, BVerwG DÖV* **66**, *432. Auch* **II 1** *ist entsprechend anwendbar; daß der Gegner eine jur Person des öff Rechts ist und durch einen volljuristisch ausgebildeten Bediensteten vertreten wird, genügt nicht, OVG Hbg* **KR** *Nr 16, LSG RhPf LS SGb* **82**, *115, Schuster SGb* **82**, *186 f. Nur* *wegen des Ermittlungsgrundsatzes, § 86 VwGO, darf die Beiordnung nicht abgelehnt werden, BVerwG Buchholz 310 § 108 VwGO Nr 48. Die Beistandsbedürftigkeit der Partei ist in den gerichtskostenfreien Verfahren des § 188 VwGO besonders sorgfältig zu prüfen (und oft zu bejahen), BVerwG FEVS 75, 363; ist die Notwendigkeit einer Beiordnung zu verneinen, muß die Prozeßkostenhilfe in diesen Fällen abgelehnt werden, § 114 Anm 6. Rechtsbehelf: Vgl § 127 Anm 8.*

122 *Wirkung.* ¹ Die Bewilligung der Prozeßkostenhilfe bewirkt, daß

1. die Bundes- oder Landeskasse
   a) die rückständigen und die entstehenden Gerichtskosten und Gerichtsvollzieherkosten,
   b) die auf sie übergegangenen Ansprüche der beigeordneten Rechtsanwälte gegen die Partei

   nur nach den Bestimmungen, die das Gericht trifft, gegen die Partei geltend machen kann,

2. die Partei von der Verpflichtung zur Sicherheitsleistung für die Prozeßkosten befreit ist,

3. die beigeordneten Rechtsanwälte Ansprüche auf Vergütung gegen die Partei nicht geltend machen können.

II Ist dem Kläger, dem Berufungskläger oder dem Revisionskläger Prozeßkostenhilfe bewilligt und ist nicht bestimmt worden, daß Zahlungen an die Bundes- oder Landeskasse zu leisten sind, so hat dies für den Gegner die einstweilige Befreiung von den in Absatz 1 Nr. 1 Buchstabe a bezeichneten Kosten zur Folge.

Vorbem. Fassg Art 1 Z 4 G v 13. 6. 80, BGBl 677, in Kraft seit 1. 1. 81, Art 7 I, ÜbergangsR Art 5 Z 1, abgedr hinter § 114. I Z 1 a entspricht im wesentlichen dem § 115 I Z 1 aF; I Z 2 entspricht bis auf sprachliche Änderungen dem § 115 I Z 2 aF; II entspricht zum Teil dem § 120 aF. Im übrigen neu.

1) Allgemeines. A. Wirkung kraft Gesetzes. Die Wirkungen nach I, II treten kraft Gesetzes ein. Sie können außer durch einen Verzicht der Partei weder eingeschränkt noch ausgeschlossen werden. Eine Beschränkung wirkt nur nach I Z 1 insofern, als das Gericht bei der Bewilligung der Prozeßkostenhilfe selbst Beschränkungen der Befreiungen ausspricht, bzw nach II, strenger gegenüber dem Scheidungsantragsgegner (nach altem Recht) Karlsr FamRZ **79**, 848. Die Bewilligung erfolgt aber stets nur für die jeweilige Instanz, § 119 S 1. Das Gericht darf dem Antragsteller, der eine Beweiserhebung vor dem Prozeßgericht statt vor dem ersuchten Gericht verlangt, hierfür nicht die Mehrkosten auferlegen.

Der Sinn der Regelung besteht darin, daß dem Antragsteller seine Vermögenslosigkeit nicht zum Nachteil gereichen darf. Fiskalische Interessen dürfen nur im Rahmen der gerichtlichen Bestimmungen nach I Z 1 beachtet werden. Unzulässig ist auch eine Bewilligung unter einer anderen als der oben genannten Art von Bedingung oder eine bedingte Beiordnung eines Anwalts.

Mit der Partei erlangt auch der nach § 54 Z 3 GKG der Staatskasse haftende Dritte eine Befreiung, Üb 4 B vor § 91. Das gilt nicht für einen Streitgenossen oder Streithelfer, vgl insofern auch § 101 Anm 1 aE. Die Bewilligung für eine Scheidungssache erstreckt sich auf die Folgesachen, soweit diese nicht ausdrücklich ausgenommen sind, § 624 II.

B. Rückwirkung. Die Bewilligung der Prozeßkostenhilfe wirkt grundsätzlich nur für die Zukunft, also seit dem Zeitpunkt der formlosen Mitteilung der Bewilligung an den Antragsteller, großzügiger (nach altem Recht) Celle JB **78**, 125. Trotzdem ist eine Rückbeziehung auf den Zeitpunkt, zu dem das Gericht die Prozeßkostenhilfe bei einem ordnungsmäßigen Geschäftsgang hätte bewilligen müssen, praktisch unentbehrlich, um grobe Unbilligkeiten zu verhüten, so grundsätzlich richtig BGH NJW **82**, 446, vgl auch zB Düss AnwBl **78**, 418, Ffm AnwBl **82**, 533, Hamm AnwBl **79**, 439, Karlsr AnwBl **82**, 493, Schlesw SchlHA **76**, 10, LG Kiel SchlHA **82**, 152 (auch wegen des maßgeblichen Prüfungszeitpunkts), Blümler MDR **83**, 96 mwN, Christl MDR **83**, 538 und 624 (ausf), auch wegen eines Verfahrens der freiwilligen Gerichtsbarkeit BayObLG Rpfleger **78**, 316. Denn das Gericht darf nicht durch seine Säumigkeit den Antragsteller um die Prozeßkostenhilfe bringen können, aM OVG Kblz NJW **82**, 2836 (ein gesetzliches Erfordernis lasse sich nicht durch Aspekte der Billigkeit überspielen).

Eine Rückbeziehung auf einen noch früheren Zeitpunkt, etwa auf denjenigen der Einreichung des Antrags, BGH NJW **82**, 446 mwN (zustm Christl Rpfleger **82**, 115), Kblz AnwBl **78**, 316 mwN, darf aber nur ausnahmsweise erfolgen, Hamm JB **76**, 631 mwN, KG FamRZ **80**, 580, Karlsr AnwBl **82**, 491, Köln JB **75**, 388, abw LAG Bre AnwBl **82**, 443, Markl NJW **77**, 2084 (er will eine Rückbeziehung für den Bekl schon vom Zeitpunkt des Klageingangs beim Gericht an bejahen). LAG Hamm MDR **74**, 786 bejaht die Rückwirkung für den Arbeitsgerichtsprozeß, wenn der Antragsteller die Unterlagen innerhalb einer angemessenen Frist nachreicht.

Die Verzögerung darf freilich nicht auf ein Verschulden des Antragstellers oder seines Vertreters zurückzuführen sein. Ein solches Verschulden fehlt, wenn der Antragsteller die Entscheidung abwartet, statt das Gericht zu mahnen, Düss AnwBl **78**, 418, oder wenn die Verfahrenslage eine stillschweigende Antragstellung ergibt, AG Stgt AnwBl **82**, 254 (sehr großzügig). Die Rückbeziehung ist namentlich dann angebracht, wenn der Antragsteller gegen einen ablehnenden Beschluß eine begründete Beschwerde eingelegt hat. Er braucht sie grundsätzlich nicht vor dem Abschluß der Instanz einzulegen, Düss FamRZ **78**, 915 mwN, vgl auch Karlsr AnwBl **82**, 493 mwN, ferner zB LG Mannh ZMR **74**, 337, weitergehend Kblz NJW **76**, 1460 mwN, Schlesw (2. ZS) SchlHA **76**, 10 und Schlesw (4. ZS) SchlHA **76**, 112, aM Schlesw (8. ZS) SchlHA **76**, 9, Zweibr FamRZ **80**, 909; vgl auch Karlsr OLGZ **75**, 57. Der Antragsteller darf das Gesuch auch nach dem Abschluß eines widerruflichen Vergleichs während der Widerrufsfrist einreichen, AG Groß-Gerau MDR **81**, 853.

Das Gericht bestimmt zweckmäßigerweise in seinem Bewilligungsbeschluß den Anfangstag seiner Wirkung, insofern richtig Kblz AnwBl **78**, 316.

Wenn der Antrag auf die Bewilligung einer Prozeßkostenhilfe allerdings erst nach dem Abschluß der Instanz der Hauptsache eingereicht wird, darf das Gericht dieser Instanz den Antrag nicht mehr bearbeiten und keine Prozeßkostenhilfe mehr bewilligen, BPatG GRUR **82**, 363, Hbg MDR **83**, 234, Christl MDR **83**, 537 und 624 (ausf). Es kommt dann allenfalls eine Entscheidung der Justizverwaltung in Betracht, die man nach Art XI § 1 KostÄndG anfechten kann, Hbg MDR **83**, 234.

Eine Rückbeziehung der Bewilligung ist aber dann geboten, wenn der Antrag vor dem Abschluß der Instanz eingegangen war, insofern richtig LAG Bre AnwBl **82**, 443, und wenn der Anwalt des Antragstellers auch bereit war, sich beiordnen zu lassen. Denn das Gericht darf ihm die sonst verdienten höheren Gebühren nicht entziehen, Christl MDR **83**, 538 und 624.

Die etwaige Rechtskraft des dem Antragsteller günstigen Urteils steht einer Rückwirkung der Bewilligung der Prozeßkostenhilfe grundsätzlich nicht entgegen, etwa bei einer Feststellungsklage, aM Ffm AnwBl **82**, 533. Etwas anderes gilt dann, wenn ein dem Antragsteller ungünstiges Urteil rechtskräftig geworden ist.

Man muß dem Gericht seinen Willen zu einer sachgemäßen Entscheidung unterstellen. Deshalb braucht sich der Bewilligungsbeschluß eine Rückwirkung nicht ausdrücklich beizulegen, Celle JB **78**, 125. Freilich muß die Absicht der Rückwirkung eindeutig erkennbar sein, auch wegen § 122 I BRAGO, abgedruckt hinter § 121, und ist keineswegs stets zu unterstellen, aM LAG Bre AnwBl **82**, 443 (im Zweifel wirke der Beschluß auf den Tag der Antragstellung zurück. Aber das ist durchaus systemwidrig). Der Anwalt erhält die Gebühren so, als ob er zu demjenigen Zeitpunkt beigeordnet worden wäre, auf den die Bewilligung zurückwirkt.

Nach dem Tod des Antragstellers kann ihm keine Prozeßkostenhilfe mehr bewilligt werden, Hamm MDR **77**, 409. Jeder Bewilligungsbeschluß bindet den Urkundsbeamten der Geschäftsstelle, mag er richtig oder falsch sein.

2) Kostenbefreiung, I Z 1. A. Gerichtskosten, Gerichtsvollzieherkosten, Z 1a. Die Bewilligung der Prozeßkostenhilfe bewirkt, daß die Bundes- oder Landeskasse rückständige und entstehende Gerichtskosten und Gerichtsvollzieherkosten nur nach den Bestimmungen des Gerichts bei der Bewilligung der Prozeßkostenhilfe gegen den Antragsteller geltend machen kann. Das gilt sowohl für Gebühren als auch für Auslagen des Gerichts oder des Gerichtsvollziehers.

Zwar ist das Wort „einstweilige" (Befreiung) aus § 115 I Z 1 aF nicht nach § 122 übernommen worden. Das bedeutet aber nicht, daß die Befreiung unter allen Umständen endgültig wäre. Zum einen mag der Antragsteller nach der Bestimmung des Gerichts Zahlungen zu leisten haben, vgl § 115, 120. Zum anderen kommt eine spätere, auch rückwirkende Zahlungspflicht in Betracht, soweit die Bewilligung der Prozeßkostenhilfe nach § 124 aufgehoben wird. Der Wegfall des Worts „einstweilen" ebenso wie des früheren Ausdrucks „vorläufig unentgeltlich" diente nur dazu, Mißverständnisse zu vermeiden, die dadurch eintreten könnten, daß die vorgenannten Zahlungen zulässig sind, BT-Drs 8/3068. Der

Sache nach bleibt es dabei, daß die Kosten des Gerichts und des Gerichtsvollziehers lediglich einstweilen nicht nach den sonst insoweit geltenden gesetzlichen Bestimmungen gegenüber dem Antragsteller geltend gemacht werden können.

Zu den Gerichtskosten gehören auch die Kosten für einen gerichtlich bestellten Sachverständigen. Sie umfassen die Kosten für die Bereitstellung des Beweisgegenstands. Das Gericht darf eine Beweiserhebung nicht von einem Auslagenvorschuß abhängig machen, selbst wenn der Beweis auch für den Prozeßgegner des Antragstellers wichtig sein mag.

Hierher gehören auch: Übersetzungskosten von Protokollen und Entscheidungen, unter Umständen auch durch den beigeordneten Anwalt, LG Stgt MDR **73**, 594. Man muß über Z 1 hinaus auch für alle diejenigen Kosten annehmen, die das Gericht dem Antragsteller durch das Verlangen einer Handlung verursacht, Stgt NJW **56**, 473 (Beschwerde nach § 567 I), Düss AnwBl **56**, 260 (Reisekosten, um einen Anwalt zu unterrichten). Vgl wegen der Reisekosten im übrigen die Verwaltungsbestimmungen, abgedruckt bei Hartmann ZSEG Anh. Dadurch ist zugleich BGH NJW **75**, 1125 mwN weitgehend überholt. Nur durch eine solche Ausdehnung kann sich der Antragsteller ebenso wie eine vermögende Partei des Beweismittels der Parteivernehmung, einer erbbiologischen Untersuchung usw bedienen.

Anders liegt es nur dann, wenn das Gericht dem Antragsteller eine Handlung lediglich freistellt. Soweit das Gericht die Handlung verlangt, muß es dem Antragsteller alle solche Kosten vorschießen. Soweit er sie bereits verauslagt hat, sind sie ihm zu erstatten.

Dagegen müssen bereits erhobene Kosten nur insoweit zurückgezahlt werden, als die Bewilligung der Prozeßkostenhilfe nach § 124 aufgehoben wurde, sonst selbst dann nicht, wenn die Zahlung der Partei unter einem Vorbehalt erfolgte, wohl aber bei einer Rückwirkung, Anm 1 B, AG Friedberg DGVZ **82**, 142. Wegen der Befreiung von der Vorwegleistungspflicht nach §§ 61, 65 I GKG s Anh § 271.

Nicht hierher gehört eine Verzögerungsgebühr nach § 34 GKG. Sie zählt nicht zu den Gerichtskosten im Sinn von Z 1a, Hartmann § 34 GKG Anm 3 A c.

Z 1a enthält anders als § 115 I Z 1 aF nicht mehr die Erwähnung der „Gebühren der Beamten" usw. Alle diese Kosten sind Gerichtskosten. Es bedarf insofern keiner ausdrücklichen Klarstellung.

Die Regelung, daß die in Z 1a bezeichneten Kosten und Ansprüche nur nach den vom Gericht getroffenen Bestimmungen geltend gemacht werden können, stellt zugleich dar, daß Zahlungen, die die Partei zu erbringen hat, Zahlungen auf die entstandenen und entstehenden Gerichtskosten und Gerichtsvollzieherkosten sowie auf den entstandenen und künftig entstehenden Vergütungsanspruch des beigeordneten Anwalts sind. Soweit die Partei solche Kosten durch ihre Zahlungen gedeckt hat, erlischt der Anspruch der Staatskasse. Über die vom Gericht angeordneten Zahlungen hinaus können Gerichtskosten und Gerichtsvollzieherkosten usw nicht gegen den Antragsteller geltend gemacht werden.

B. Übergegangener Anspruch des beigeordneten Anwalts, Z 1b. Im Umfang der Bewilligung der Prozeßkostenhilfe und der zugehörigen Anordnungen des Gerichts kann die Staatskasse auch einen etwa auf sie übergegangenen Anspruch eines beigeordneten Anwalts nicht gegen den Antragsteller geltend machen. Der beigeordnete Anwalt hat ja einen Anspruch auf die Zahlung seiner Gebühren und Auslagen gegenüber der Staatskasse. Soweit die Staatskasse ihn befriedigt, geht sein Anspruch auf sie über, § 130 BRAGO. Soweit der Antragsteller diese Kosten durch seine Zahlungen deckt, erlischt der Anspruch der Staatskasse. Über die vom Gericht angeordneten Zahlungen hinaus kann die Staatskasse auch einen auf sie nach § 130 BRAGO übergegangenen und auch nicht erloschenen Anspruch nicht gegen den Antragsteller geltend machen. Auch ein nach § 130 BRAGO übergegangener Anspruch des beigeordneten Anwalts gegenüber dem nach § 126 zur Zahlung verpflichteten Gegner des Auftraggebers steht der Staatskasse nicht mehr zu, soweit die an den beigeordneten Anwalt geleistete Vergütung durch eine Zahlung des Antragstellers an die Staatskasse gedeckt ist. Soweit der Gegner in die Prozeßkosten verurteilt ist, kann der Antragsteller von ihm die Erstattung nach § 123 fordern.

Die auf die Staatskasse „übergegangenen Ansprüche der beigeordneten Rechtsanwälte" umfassen nicht nur den Anspruch desjenigen Anwalts, den das Gericht dem Antragsteller beigeordnet hat, sondern auch den nach § 130 BRAGO übergegangenen Anspruch desjenigen Anwalts, den das Gericht dem Prozeßgegner dieses Antragstellers etwa auf Grund eines Antrags jenes Gegners nach §§ 114ff beigeordnet hatte, also diejenige Situation, die dann eintritt, wenn das Gericht die Prozeßkostenhilfe beiden Parteien bewilligt hat. Die ersatzpflichtige Partei soll auch dann nur höchstens diejenigen Beträge an die Staatskasse zahlen, die das Gericht bestimmt hat, BT-Drs 8/3068.

3) Befreiung von der Sicherheitsleistung, I Z 2. S §§ 110ff.

4) Kein Anspruch des beigeordneten Anwalts, I Z 3. S Anm 2 B aE.

5) Wirkung für den Gegner, II. Soweit das Gericht einer Partei die Prozeßkostenhilfe bewilligt hat, ist damit der angegriffene Gegner grundsätzlich in demselben Umfang wie der Antragsteller einstweilig von rückständigen und entstehenden Gerichtskosten und Gerichtsvollzieherkosten befreit. Das gilt nur, soweit das Gericht nicht angeordnet hat, daß der Antragsteller Zahlungen an die Bundes- oder Landeskasse zu leisten hat. Die einstweilige Befreiung des Prozeßgegners ergibt sich schon aus dem Wortlaut von II. Wegen der in Wahrheit grundsätzlich bloß einstweiligen Befreiung auch des Antragstellers vgl Anm 2 A.

Es ist unerheblich, ob der Antragsteller in der vorangegangenen Instanz der Bekl war.

Soweit der Prozeßgegner des Antragstellers als Angreifer auftritt, etwa als Widerkläger oder als Berufungskläger, wird er nicht nach II befreit, sondern ist darauf angewiesen, einen eigenen Antrag auf die Bewilligung der Prozeßkostenhilfe zu stellen.

II umfaßt auch das Kostenfestsetzungsverfahren. Denn es steht in engster Verbindung mit dem Rechtszug. II umfaßt aber nicht eine vom Antragsteller betriebene Zwangsvollstreckung, vgl § 122 III Z 1 BRAGO, abgedruckt hinter § 121.

Eine Rückwirkung tritt entsprechend Anm 1 B ein. Es gibt keine Rückforderung von Kosten, die der Antragsteller vor der Bewilligung der Prozeßkostenhilfe bezahlt hatte. Wegen der Anrechnung von Zahlungen an den beigeordneten Anwalt § 129 BRAGO. Die Vorwegleistungspflicht entfällt, § 65 VII Z 1 GKG.

6) *VwGO: Entsprechend anzuwenden, § 166 VwGO.*

123 *Kostenerstattung.* **Die Bewilligung der Prozeßkostenhilfe hat auf die Verpflichtung, die dem Gegner entstandenen Kosten zu erstatten, keinen Einfluß.**

Vorbem. Fassg Art 1 Z 4 G v 13. 6.80, BGBl 677, in Kraft seit 1. 1. 81, Art 7 I. Entspricht dem § 117 aF mit leichten sprachlichen Änderungen.

1) Allgemeines. Die Bewilligung der Prozeßkostenhilfe schafft Erleichterungen für die Partei im Verhältnis zur Staatskasse. Sie schafft auch Erleichterungen zwischen der Partei als dem Auftraggeber und ihrem ProzBev. Diese Erleichterungen wirken sich auch während des Rechtsstreits unter Umständen auf die Zahlungspflichten des Prozeßgegners aus, § 122 II.

Indessen bleibt das System der Kostenerstattungspflicht nach den §§ 91ff im Verhältnis zwischen dem Sieger und dem Verlierer unberührt. § 123 stellt das ausdrücklich klar. Die Vorschrift hat lediglich eine solche klarstellende (deklaratorische) Bedeutung. Würde sie fehlen, so wäre der Verlierer unabhängig davon, ob ihm im Laufe des Rechtsstreits eine Prozeßkostenhilfe gewährt wurde oder nicht, ohnehin im Verhältnis zum Prozeßgegner nach den §§ 91ff erstattungspflichtig. Diese Regelung ist freilich verfassungsrechtlich problematisch, Grunsky NJW **80**, 2046, vgl allerdings BVerfG **51**, 296.

2) Einzelheiten. Der siegende Gegner derjenigen Partei, der die Prozeßkostenhilfe bewilligt wurde, kann seine Kosten auf Grund der Kostengrundentscheidung der §§ 91 ff im Verfahren nach den §§ 103 ff festsetzen lassen. Das gilt insbesondere für diejenigen Gerichtskosten, die der siegende Gegner bezahlt hat, BGH MDR **82**, 308, Düss Rpfleger **79**, 430, Köln Rpfleger **81**, 244 je mwN, LG Bln MDR **82**, 1026. Soweit dem siegenden Gegner die Kosten im Verhältnis zur Staatskasse endgültig zur Last fallen, Hamm MDR **78**, 59 mwN, kann der siegende Gegner diese Kosten unbeschränkt von dem Unterlegenen, dem die Prozeßkostenhilfe bewilligt wurde, beitreiben, Bbg JB **77**, 1594 mwN, Schlesw SchlHA **79**, 44, vgl auch KG Rpfleger **77**, 76.

Etwas anderes gilt nur, soweit der Sieger nach § 122 II befreit ist. Eine solche Befreiung fehlt allerdings, soweit der Sieger als Zweitschuldner nach § 58 II GKG haftet. Eine solche Haftung kommt allerdings erst dem 15. 9. 75 für die nach § 58 II 2 GKG zu beurteilenden Fälle kaum noch in Betracht, Ffm MDR **78**, 413, Hamm Rpfleger **77**, 414 je mwN, aM zB Mü MDR **80**, 855 mwN. Zur Verfassungsmäßigkeit des § 58 II 2 GKG BVerfG **51**, 296.

Der siegende Gegner derjenigen Partei, der die Prozeßkostenhilfe bewilligt wurde, haftet als Zweitschuldner auch für solche Kosten, die er in einem Vergleich ganz oder teilweise übernommen hat, Hamm NJW **77**, 2082, Köln JB **76**, 1679, vgl auch Schlesw SchlHA **79**, 44.

3) *VwGO: Entsprechend anzuwenden, § 166 VwGO.*

7. Titel. Prozeßkostenhilfe und Prozeßkostenvorschuß § 124 1

124 *Aufhebung der Bewilligung.* **Das Gericht kann die Bewilligung der Prozeßkostenhilfe aufheben, wenn**

1. **die Partei durch unrichtige Darstellung des Streitverhältnisses die für die Bewilligung der Prozeßkostenhilfe maßgebenden Voraussetzungen vorgetäuscht hat;**
2. **die Partei absichtlich oder aus grober Nachlässigkeit unrichtige Angaben über die persönlichen oder wirtschaftlichen Verhältnisse gemacht hat;**
3. **die persönlichen oder wirtschaftlichen Voraussetzungen für die Prozeßkostenhilfe nicht vorgelegen haben; in diesem Falle ist die Aufhebung ausgeschlossen, wenn seit der rechtskräftigen Entscheidung oder sonstigen Beendigung des Verfahrens vier Jahre vergangen sind;**
4. **die Partei länger als drei Monate mit der Zahlung einer Monatsrate oder mit der Zahlung eines sonstigen Betrages im Rückstand ist.**

Vorbem. Fassg Art 1 Z 4 G v 13. 6. 80, BGBl 677, in Kraft seit 1. 1. 81, Art 7 I, ÜbergangsR Art 5 Z 1, abgedr hinter § 114. Entspricht teilweise dem § 121 aF.

1) Allgemeines. Anstelle einer Entziehung des Armenrechts, § 121 aF, kommt jetzt eine Aufhebung der Bewilligung der Prozeßkostenhilfe in Betracht. Ihre Voraussetzungen sind gegenüber den früheren Entziehungsvorschriften erheblich schärfer umrissen worden. Ihre Folgen reichen weiter als diejenigen, die eine Entziehung früheren Rechts nach der damals fast allgemeinen Auffassung hatte. Grundgedanke ist die Erwägung, daß eine Erschleichung der Prozeßkostenhilfe ebensowenig geduldet werden darf wie eine solche Bewilligung, die ihren Grund in einer unrichtigen Beurteilung der objektiven Lage durch das Gericht hatte, LAG Bre Rpfleger **83**, 365. Außerdem soll ein Zahlungsverzug mit angeordneten Raten zum Verlust der Vergünstigung führen.

Dagegen darf die Prozeßkostenhilfe nicht schon deshalb aufgehoben werden, weil sich die Verhältnisse seit ihrer Bewilligung irgendwie geändert haben. Solche Veränderungen können allenfalls dann berücksichtigt werden, wenn über einen Rechtsbehelf zu entscheiden ist oder wenn im nächsthöheren Rechtszug der Hauptsache ein erneuter Antrag auf eine Prozeßkostenhilfe zu bearbeiten ist, Schuster NJW **81**, 28. Insbesondere die Möglichkeit einer Nachzahlungsanordnung, die das frühere Recht in § 125 aF kannte, falls sich die wirtschaftlichen Verhältnisse des Begünstigten besserten, ist ersatzlos entfallen, Bre FamRZ **83**, 637 mwN, Düss Rpfleger **82**, 440, insofern auch Grunsky NJW **80**, 2045, aM zB Saarbr NJW **83**, 1069 mwN. Es kann sich zwar auf Grund einer Aufhebung der Bewilligung ergeben, daß der Antragsteller nunmehr sogar rückwirkend zur Zahlung verpflichtet wird. Diese Art von Nachzahlungspflicht hat aber mit der Nachzahlungsanordnung nach § 125 aF nichts zu tun. Sie basiert ja nicht auf einer wirtschaftlichen Veränderung der Verhältnisse, sondern darauf, daß die wahren Verhältnisse von vornherein unrichtig angegeben bzw beurteilt worden waren.

Es kann also durchaus der Fall eintreten, daß der Antragsteller alsbald nach der Bewilligung der Prozeßkostenhilfe entweder in persönliche und/oder wirtschaftliche Verhältnisse gerät, die den Fortbestand der Vergünstigung eigentlich nicht mehr rechtfertigen würden, als auch der Fall, daß seine Rechtsverfolgung oder Rechtsverteidigung nunmehr keineswegs mehr aussichtsreich erscheint. In beiden Fällen bleiben wirksame Entscheidungen über die Prozeßkostenhilfe unberührt, solange sie nicht auf Grund eines statthaften Rechtsbehelfs aufgehoben werden oder durch eine Entscheidung in der Hauptsache ihre Wirkung zumindest mittelbar verlieren, etwa deshalb, weil nunmehr eine Pflicht zur Kostenerstattung gegenüber dem Prozeßgegner fällig wird.

Aus diesem Grund braucht der Antragsteller eine Veränderung seiner persönlichen und/oder wirtschaftlichen Verhältnisse oder eine Veränderung solcher Tatsachen, die zur Beurteilung der Erfolgsaussichten wesentlich schienen, nur solange unaufgefordert anzugeben, wie das Verfahren über den Antrag auf die Bewilligung der Prozeßkostenhilfe noch schwebt. In diesem Stadium ist er allerdings wegen § 138, der auch in diesem Verfahren gilt, zur unverzüglichen wahrheitsgemäßen Anzeige verpflichtet. Dagegen braucht er Änderungen seiner Verhältnisse nach der Bewilligung nur dann anzugeben, wenn die Entscheidung des Gerichts über die Prozeßkostenhilfe vom Rechtsmittelgericht überprüft werden muß.

Die Z 1–4 enthalten eine abschließende Aufzählung der Aufhebungsgründe. Diese Aufzählung darf auch nicht ausdehnend ausgelegt werden. Denn eine Aufhebung der Bewilligung stellt einen Eingriff in einen sozialstaatlich geschützten Besitzstand des Antragstellers dar.

Infolge einer Aufhebung nach Z 3 mag der Antragsteller einen Anspruch gegen den Staat aus dem Gesichtspunkt der Staatshaftung haben, soweit das Gericht Verhältnisse, die er wahrheitsgetreu angegeben hatte, vorwerfbar falsch zu seinen Gunsten beurteilt hatte. In den Fällen der Z 1, 2 und 4 entfällt ein solcher Schadensersatzanspruch schon deshalb, weil Voraussetzung einer Aufhebung dort ein vorwerfbares Verhalten des Antragstellers ist.

Eine Aufhebung der Bewilligung kommt auch nicht in Betracht, wenn einer der folgenden Fälle eintritt: Ein Dritter pfändet den Anspruch des klagenden Antragstellers, vgl (je zum alten Recht) BGH **36**, 280, Schneider DB **78**, 289, aM Köln NJW **55**, 1116; mehrere Vollstreckungsversuche gegen einen böswilligen Schuldner waren erfolglos, LG Limburg AnwBl **79**, 274.

Eine Aufhebung der Bewilligung kommt vor allem dann nicht in Betracht, wenn das Ergebnis einer Beweisaufnahme im Hauptprozeß dem Antragsteller ungünstig ist, Düss MDR **79**, 501, Hamm JB **77**, 98, Neustadt MDR **62**, 744. Das gilt erst recht nicht, wenn der Hauptprozeß bereits entscheidungsreif ist. Das Gesetz will kein Hin- und Herschwanken nach dem jeweiligen Prozeßstand und der jeweiligen Besetzung des Gerichts, zumal praktisch dabei nichts herauskäme, Mü AnwBl **80**, 300 mwN, vgl aber auch Saarbr FamRZ **79**, 797 (zum alten Recht).

Ebensowenig darf das Gericht die Bewilligung schon dann aufheben, wenn es bei gleichgebliebenen wirtschaftlichen Verhältnissen die Frage der Mittellosigkeit jetzt anders beurteilt, vgl Mü AnwBl **80**, 300 (zum alten Recht).

§ 124 allerdings will keinen Rechtsmißbrauch begünstigen. Deshalb kommt auch nach neuem Recht eine Aufhebung der Bewilligung in Betracht, wenn der Begünstigte seinem beigeordneten Anwalt hartnäckig die Unterrichtung versagt, vgl (schon zum alten Recht) Mü AnwBl **54**, 202, oder wenn er von sich aus ohne triftige Gründe einen anderen Anwalt beauftragt und den beigeordneten Anwalt ohne Grundangabe überhaupt nicht mehr informiert, Köln MDR **75**, 236.

2) Kein Ermessen. § 124 enthält zwar dem Wortlaut nach eine Kannvorschrift, ebenso wie § 121 aF. Schon nach altem Recht bedeutete dieser Wortlaut aber nicht die Einräumung eines Ermessens, sondern eine bloße Zuständigkeitsregelung, vgl LG Limburg AnwBl **79**, 274. Diese Auslegung entspricht allein den Belangen des Prozeßgegners und vor allem denjenigen der Staatskasse. Das scheint die BReg in der Begründung ihres Entwurfs übersehen zu haben, BT-Drs 8/3068, und dieses Problem scheinen weder der Bundesrat noch der Rechtsausschuß erkannt zu haben. Die Motive des Gesetzgebers sind ohnehin für die Auslegung zwar nicht unbeachtlich, aber keineswegs verbindlich, Einl III 5 B d mwN.

Das Gericht übt nur insofern ein pflichtgemäßes Ermessen aus, als es zu klären hat, ob die Voraussetzungen einer der Z 1–4 vorliegen, so wohl auch Köln FamRZ **82**, 1226, offen Schlesw SchlHA **83**, 60, aM ZöSchn IV 1. Sobald es eine dieser Voraussetzungen bejaht, muß es die Bewilligung unverzüglich aufheben, aM Schlesw SchlHA **83**, 128 (ohne Begründung).

3) Zuständigkeit. Zur Aufhebung der Bewilligung ist das Prozeßgericht, § 117 I 1, des ersten Rechtszugs zuständig, § 127 I 2 Hs 1, und für den Fall, daß das Verfahren in einem höheren Rechtszug anhängig ist, das Prozeßgericht dieses höheren Rechtszuges, § 127 I 2 Hs 2.

Das Prozeßgericht entscheidet im Fall einer Aufhebung wegen einer Vortäuschung, Z 1, in voller richterlicher Besetzung, also nicht nur durch den Vorsitzenden. Der Einzelrichter entscheidet insofern, soweit ihm das Verfahren gemäß § 348 oder § 524 übertragen wurde, als (volles) Prozeßgericht. Der beauftragte oder ersuchte Richter entscheidet keineswegs.

In den Fällen Z 2–4 entscheidet im Prozeßgericht dessen Rpfl, § 20 Z 4c RPflG, Anh § 153 GVG, LAG Bre Rpfleger **83**, 365, und zwar von Amts wegen, ohne daß es seiner Beauftragung durch den Vorsitzenden bedurfte. Eine Entscheidung des Prozeßgerichts bleibt wirksam, § 8 RPflG, Schlesw SchlHA **83**, 60.

4) Verfahren. Das Gericht trifft seine Entscheidung im Verfahren über die Aufhebung der Bewilligung ohne eine mündliche Verhandlung. Insofern gelten dieselben Grundsätze wie bei § 127 I 1, dort Anm 2. Der bisher Begünstigte und sein beigeordneter Anwalt, dem es übrigens freisteht, eine Aufhebung anzuregen, BT-Drs 8/3694, sofern er das mit seinen Pflichten gegenüber dem Auftraggeber vereinbaren kann, müssen im Verfahren über die Aufhebung angehört werden. Das ergibt sich unmittelbar aus Art 103 I GG. Denn ein Aufhebungsbeschluß greift in die Rechte des bisher Begünstigten und des beigeordneten Anwalts ein. Deshalb ist eine dem § 126 III 1 Hs 2 aF entsprechende Vorschrift (Anhörungspflicht) nicht ausdrücklich in § 124 nF übernommen worden, BT-Drs 8/3694. Wie hier LG Aachen AnwBl **83**, 327.

Das Gericht verfährt bei Z 1–4 nach den Grundsätzen der Amtsermittlung, Grdz 3 G vor § 128. Es findet also nicht bloß eine Amtsprüfung statt, Grdz 3 H vor § 128. Denn das gesamte Verfahren auf die Bewilligung der Prozeßkostenhilfe ist trotz seiner Ausrichtung auf einen gleichzeitigen oder zukünftigen Zivilprozeß doch kein solcher. Es entfließt vielmehr der sozialstaatlich verankerten Fürsorgepflicht gegenüber dem minderbemittelten, aber aussichtsreichen Rechtsuchenden. Es kennt ja auch gegenüber dem Antragsteller keinen echten Antragsgegner.

Andererseits muß das Verfahren in den Grenzen bleiben, die seinem Zweck entsprechen. Es dient weder einer Aufklärung des Sachverhalts für den Prozeß von Amts wegen noch einer umfassenden Vorwegnahme derjenigen Klärungen, die dem Hauptverfahren vorbehalten sein mögen.

5) Form, Mitteilung. Die Aufhebung erfolgt in der Form eines Beschlusses. Er ist grundsätzlich zu begründen, § 329 Anm 1 A b. Er wird sowohl dem bisher Begünstigten als auch den übrigen Beteiligten formlos mitgeteilt, § 329 II 1. Denn er enthält keinen Vollstreckungstitel, § 329 III. Zwar kann auf Grund der Aufhebung der Bewilligung der Prozeßkostenhilfe die Zwangsvollstreckung möglich werden, soweit es um die Nachentrichtung solcher Beträge geht, die der bisher Begünstigte während der Dauer der Prozeßkostenhilfe nicht zu bezahlen brauchte, § 122 I. Indessen bildet in diesem Fall nicht schon der bloße Aufhebungsbeschluß den Vollstreckungstitel, sondern die jeweilige gesetzliche Bestimmung über die Haftung des bisher Begünstigten als Kostenschuldner. Insbesondere ist der Aufhebungsbeschluß nicht nach § 794 als Vollstreckungstitel bezeichnet. Insofern liegt auch nicht ein bloßes Redaktionsversehen des Gesetzgebers vor. Denn er hat § 794 I Z 1 gleichzeitig (aus anderem Anlaß) geändert.

6) Wirkung der Aufhebung. Während die Entziehung des Armenrechts aF nach überwiegender Meinung nur für die Zukunft wirkte, was schon damals falsch war, wirkt die Aufhebung der Bewilligung der Prozeßkostenhilfe eindeutig zurück. Nur das entspricht zumindest in den Fällen der Z 1, 2 und 4 der Gerechtigkeit. Bei Z 3 ist die Rückwirkung insofern zu verantworten, als eine Aufhebung dort ja ohnehin nur innerhalb einer Vierjahresfrist zulässig ist. Der Aufhebungsbeschluß stellt den Bewilligungsbeschluß also richtig, so schon (zum alten Recht) Düss NJW **50**, 229, aM Düss Rpfleger **82**, 396. Der Begünstigte wird rückwirkend als zumindest ausreichend bemittelt betrachtet.

Die entstandenen Gerichtskosten und Gerichtsvollzieherkosten sowie die nach § 130 BRAGO auf die Staatskasse übergegangenen Ansprüche des beigeordneten Anwalts können also nunmehr ohne die Beschränkungen der Vorschrift über die Prozeßkostenhilfe gegen den früher Begünstigten geltend gemacht werden. Dasselbe gilt für einen übergegangenen Vergütungsanspruch des beigeordneten Anwalts, soweit die Staatskasse ihn erst nach der Aufhebung der Bewilligung befriedigt. Ferner ist der beigeordnete Anwalt nach der Aufhebung der Bewilligung nicht mehr durch § 122 I Z 3 gehindert, seinen Vergütungsanspruch gegenüber dem Auftraggeber geltend zu machen. Mit der Aufhebung der Bewilligung der Prozeßkostenhilfe entfällt schließlich eine einstweilige Befreiung des Prozeßgegners von Kosten nach § 122 II. Wenn die Partei, der die Prozeßkostenhilfe bewilligt war, in die Prozeßkosten nach § 91 verurteilt worden ist, dann schuldet sie nach § 54 Z 1 GKG auch diejenigen Beträge, von deren Zahlung der Gegner nach § 122 II einstweilen befreit war. Zu allen diesen Einzelheiten überzeugt die entsprechende Auffassung der BReg, BT-Drs 8/3068.

7) Aufhebungsvoraussetzungen im einzelnen. Hier ergeben sich abschließend, Anm 1, folgende Fallgruppen:

A. Vortäuschung beim Streitverhältnis, Z 1. Die Aufhebung muß erfolgen, wenn der bisher Begünstigte durch eine unrichtige Darstellung des Streitverhältnisses die für die Bewilligung der Prozeßkostenhilfe maßgebenden Voraussetzungen vorgetäuscht hat. Die Vorschrift ähnelt dem Betrugstatbestand, § 263 StGB. Sie setzt also eine Täuschungshandlung, eine Irrtumserregung und eine Ursächlichkeit zwischen beidem voraus und erfordert, wie sich schon aus dem Wort „vorgetäuscht" ergibt, einen mindestens bedingten Vorsatz, also eine völlige Gleichgültigkeit gegenüber den möglichen Folgen unrichtiger Angaben, mehr als eine grobe Nachlässigkeit (von dieser spricht lediglich Z 2). Andererseits ist eine Absicht trotz des Ausdrucks „vorgetäuscht" nicht erforderlich; Vorsatz genügt, denn auch bei bloßem Vorsatz liegt schon eine Täuschungshandlung vor.

Ein Verschulden dieser Art in der Person des gesetzlichen Vertreters oder des ProzBev gilt auch hier als solches der Partei, §§ 51 II, 85 II.

Das Streitverhältnis ist bereits dann unrichtig dargestellt worden, wenn diejenigen Tatsachen, die zur Beurteilung nach den §§ 114, 115 oder 116 irgendwie maßgeblich werden konnten, in einem nicht völlig unbeachtlichen Teil falsch angegeben wurden. Es ist also keineswegs ausreichend, daß der Antragsteller unrichtige Angaben in Punkten gemacht hat, die zwar im späteren Hauptprozeß wesentlich werden möchten, für die summarische Entscheidung im Verfahren über die Prozeßkostenhilfe aber ersichtlich von vornherein unerheblich waren. Andererseits müssen jedenfalls diejenigen Angaben unrichtig gewesen sein, die im Kern für die Entscheidung über die Prozeßkostenhilfe zumindest mitbenötigt wurden.

Dabei kommt es für die Frage, ob der Antragsteller mindestens bedingt vorsätzlich handelte, auf seine Person, seine Rechtskenntnis, die etwaige Beratung eines Anwalts vor einer Beiordnung usw ebenso an wie auf den Grad der Schwierigkeit des Sachverhalts, etwaige Vorprozesse, eine etwaige mündliche Erörterung nach § 118 I usw.

Es reicht aus, daß Angaben, die ursprünglich richtig waren, im Verfahren bis zur Entscheidung über den Antrag nicht berichtigt wurden, obwohl eine Pflicht zur Berichtigung während dieses Stadiums bestand. Es reicht auch aus, daß Angaben, die ursprünglich unvollständig, aber richtig waren, trotz der Möglichkeit der Vervollständigung nicht vervollständigt wurden, falls sich dadurch die Erfolgschancen des Antragstellers verschlechtert hätten usw.

Die Darstellung des Streitverhältnisses kann auch dadurch unrichtig geworden sein, daß der Antragsteller zur rechtlichen Seite Unkorrektheiten beging, etwa wahrheitswidrig behauptete, er habe eine Verjährung eingewendet.

Da das Gericht unabhängig von den Angaben des Antragstellers zu einer Überprüfung der Voraussetzungen der Bewilligung nach § 118 verpflichtet war, ist besonders sorgfältig zu prüfen, ob die etwa unrichtige Darstellung des Streitverhältnisses mindestens mitursächlich für die Bewilligung geworden ist. Eine grob oberflächliche Prüfung durch das Gericht mag zur Folge haben, daß man eine Mitursächlichkeit nach Z 1 verneinen muß.

Z 1 umfaßt nur Unrichtigkeiten im Bereich der Darstellung des Streitverhältnisses, also solche Unrichtigkeiten, die sich auf die Beurteilung der hinreichenden Erfolgsaussicht und des Fehlens eines Mutwillens, § 114, erstrecken. Die Darstellung der persönlichen und/oder wirtschaftlichen Lage des Antragstellers wird lediglich nach Z 2 überprüft. Die Bewilligung der Prozeßkostenhilfe muß nach Z 1 auch dann aufgehoben werden, wenn die Partei zwar das Streitverhältnis unrichtig dargestellt und dadurch die sachlichen Bewilligungsvoraussetzungen vorgetäuscht hat, die Angaben über die persönlichen oder wirtschaftlichen Verhältnisse aber zutreffend gemacht hat.

B. Unrichtige Angabe über persönliche oder wirtschaftliche Verhältnisse, Z 2. Während Z 1 Unrichtigkeiten bei der Darstellung des Streitverhältnisses erfaßt, regelt Z 2 unrichtige Angaben über die persönlichen oder wirtschaftlichen Verhältnisse des Antragstellers. Hier sind also Unrichtigkeiten im Zusammenhang mit der Erklärung nach § 117 II–IV iVm § 115 und den dort angezogenen Vorschriften des BSHG gemeint. Es reicht aus, daß die diesbezüglichen Angaben nur teilweise unrichtig sind. Völlig belanglose Unrichtigkeiten scheiden aus. Die Unrichtigkeit braucht andererseits nicht für die Entscheidung über die Prozeßkostenhilfe besonders erheblich gewesen zu sein. Irgendeine Mitursächlichkeit für die Bewilligung reicht aus. Es ist unerheblich, ob sich die Unrichtigkeit nur auf persönliche oder nur auf wirtschaftliche Fragen erstreckte. Grundsätzlich sind alle falschen Angaben im Vordruck nach § 117 III, IV als nach § 124 Z 2 beachtlich anzusehen.

Der Antragsteller oder sein Beauftragter müssen zumindest grob nachlässig gehandelt haben. Grobe Nachlässigkeit ist die Versäumung jeder prozessualen Sorgfalt. Grobe Nachlässigkeit fehlt, wenn triftige Gründe eine Zurückhaltung rechtfertigen, vgl Oldb MDR **79**, 503, oder wenn die Partei die Bedeutung des Vorbringens wirklich nicht erkennen konnte. Ein Verschulden des gesetzlichen Vertreters oder des ProzBev ist auch hier ein Verschulden der Partei, §§ 51 II, 85 II. Vgl im übrigen § 296 Anm 3 Cb. Bedingter Vorsatz wiegt schwerer als grobe Nachlässigkeit. Ob er vorliegt, ist nach den Regeln zu A zu beurteilen.

Die unrichtigen Angaben brauchen sich nicht auf die Darstellung des Streitverhältnisses ausgewirkt zu haben. Die Bewilligung der Prozeßkostenhilfe muß nach Z 2 auch dann aufgehoben werden, wenn die Partei zwar unrichtige Angaben über die persönlichen oder wirtschaftlichen Verhältnisse gemacht hat, das Streitverhältnis aber richtig dargestellt hat. Solange die Partei andererseits die persönlichen oder wirtschaftlichen Verhältnisse entweder richtig oder nur leicht verwerfbar unrichtig dargestellt hat, kommt jedenfalls keine Aufhebung nach Z 2 in Betracht.

C. Objektives Fehlen der persönlichen oder wirtschaftlichen Voraussetzungen, Z 3. Hier sind eine grundsätzliche Regelung und eine Ausnahmeregelung zu unterscheiden.

7. Titel. Prozeßkostenhilfe und Prozeßkostenvorschuß § 124 7

a) Grundsatz. Sobald sich ergibt, daß die persönlichen oder wirtschaftlichen Voraussetzungen für die Prozeßkostenhilfe im Verfahren auf ihre Bewilligung nicht vorgelegen haben, muß das Gericht die Bewilligung grundsätzlich von Amts wegen aufheben, so wohl auch Köln FamRZ **82**, 1226. Das gilt unabhängig davon, ob den Antragsteller insofern ein Verschulden trifft, LAG Bre Rpfleger **83**, 365. Es genügt zB, daß sich herausstellt, daß der Antragsteller eine Rechtsschutzversicherung abgeschlossen hatte, die die Kosten dieses Prozesses deckt, vgl BGH Rpfleger **81**, 437. Der Rpfl muß den Begünstigten auch auf Grund der Anregung des Prozeßgegners insoweit befragen. Eine unwahre Antwort könnte strafbar sein. Natürlich kann außerdem die Situation nach Z 2 vorliegen. In diesem Fall muß die Aufhebung sowohl auf Z 2 als auch auf Z 3 gestützt werden. Der Rpfl bleibt zur Entscheidung in beiden Fällen zuständig. Er darf sich nicht damit begnügen, nur die Voraussetzungen nach Z 2 zu prüfen. Wenn er sie verneint, mögen gleichwohl die Voraussetzungen nach Z 3 vorliegen. Wenn andererseits die Voraussetzungen nach Z 3 zu bejahen sind, mag die Klärung offen bleiben, ob die Partei auch die Voraussetzungen der Z 2 erfüllt hat.

Auch bei Z 3 stellt das Gesetz ebenso wie bei Z 2 für den Begriff der persönlichen oder wirtschaftlichen Voraussetzungen im wesentlichen auf die Erklärung nach § 117 II–IV iVm § 115 ab. Vgl insofern B.

b) Ausnahme. Selbst wenn die Voraussetzungen nach a zu bejahen sind, darf eine Aufhebung der Bewilligung nicht erfolgen, wenn seit dem Eintritt der Rechtskraft einer Entscheidung im Hauptprozeß bzw Hauptverfahren oder seit einer sonstigen Beendigung des Hauptprozesses bzw Hauptverfahrens vier Jahre vergangen sind. Diese zeitliche Grenze soll den schuldlosen Antragsteller vor finanziellen Belastungen in einem Zeitpunkt schützen, in dem er normalerweise nicht mehr mit einer Nachzahlungspflicht zu rechnen braucht (Verwirkungsgesichtspunkt).

Im Gegensatz zum RegEntw, der auf den Ablauf eines Kalenderjahres abstellte, auch im übrigen insofern eine kompliziertere Regelung enthielt, beginnt die Vierjahresfrist um 0 Uhr desjenigen Tags, der dem Tage folgt, an dem um 24 Uhr die Rechtskraft der Entscheidung eintrat oder an dem das Verfahren beendet wurde, vgl §§ 187 ff BGB.

D. Zahlungsverzug, Z 4. Die Aufhebung der Bewilligung erfolgt schließlich von Amts wegen, wenn die Partei länger als drei Monate mit der Zahlung einer Monatsrate oder mit der Zahlung eines sonstigen Betrags im Rückstand ist. Die Vorschrift ist im Zusammenhang mit den §§ 115, 120 zu verstehen. Vgl die dortigen Anm. Obwohl Z 4 nicht den Begriff „Verzug", sondern nur den Begriff „Rückstand" enthält, ist sachlich doch nur ein Verzug gemeint. Der Antragsteller kommt also nicht in Verzug, solange die Leistung infolge eines Umstands unterbleibt, den er nicht zu vertreten hat, vgl § 285 BGB. Im Zweifel liegt kein Verzug vor, da Z 4 wie überhaupt § 124 als eine Ausnahmeregelung eng auszulegen ist. In einem solchen Zweifelsfall bleibt es also bei der Bewilligung der Prozeßkostenhilfe.

Für einen Verzug ist eine absichtliche Nichtzahlung nicht erforderlich. Der Rpfl darf andererseits auch keine zu hohen Anforderungen an die Zahlungsfähigkeit des Antragstellers stellen. Er muß bedenken, daß auch die Prüfung der Zahlungsfähigkeit trotz der umfangreichen gesetzlichen Regelung, der umfangreichen Vordruckseinzelheiten und der Möglichkeiten zu zusätzlichen Erhebungen nur im Rahmen eines summarischen Verfahrens erfolgt. In solcher Situation kann nur zu leicht eine Fehleinschätzung der wirtschaftlichen Belastbarkeit des Antragstellers erfolgt sein. Z 4 will den Antragsteller nicht dafür bestrafen, daß das Gericht seine Ratenzahlungsfähigkeit überschätzt hat. Das gilt unabhängig davon, ob er gegen einen Ratenzahlungsbeschluß den zulässigen Rechtsbehelf geltend gemacht hat.

Im Einzelfall können die Voraussetzungen der Z 3 und 4 zusammentreffen. Grundsätzlich umfaßt allerdings Z 4 nur die Frage, ob festgesetzte Raten hätten gezahlt werden müssen, während Z 3 die weitergehende Frage umfaßt, ob die Gesamtsituation überhaupt so gut war, daß gar keine Prozeßkostenhilfe hätte bewilligt werden dürfen.

Wenn lediglich die Voraussetzungen der Z 4 vorliegen, muß gleichwohl die Bewilligung der Prozeßkostenhilfe insgesamt aufgehoben werden. Der Rpfl darf nicht etwa lediglich die rückständigen Raten für sofort vollstreckbar erklären usw. Dadurch können erhebliche Härten für den bisher Begünstigten eintreten. Es bleibt ihm dann übrig, einen neuen Antrag auf die Bewilligung einer Prozeßkostenhilfe einzureichen. Das Gericht muß trotz der Aufhebung der bisherigen Bewilligung über einen solchen neuen Antrag unverzüglich entscheiden, sofern nicht ersichtlich wird, daß der Antragsteller lediglich rechtsmißbräuchlich auf Grund derselben Tatsachen eine unzulässige Zweitentscheidung fordert. Im letzteren Fall nimmt das Gericht den neuen Antrag unbearbeitet zu den Akten, denn Rechtsmißbrauch wird nirgends im Prozeßrecht geschützt, Einl III 6 A, B mwN.

8) VwGO: *Entsprechend anzuwenden, § 166 VwGO.*

125 *Beitreibung der Gerichtskosten.* ^I Die Gerichtskosten und die Gerichtsvollzieherkosten können von dem Gegner erst eingezogen werden, wenn er rechtskräftig in die Prozeßkosten verurteilt ist.

^{II} Die Gerichtskosten, von deren Zahlung der Gegner einstweilen befreit ist, sind von ihm einzuziehen, soweit er rechtskräftig in die Prozeßkosten verurteilt oder der Rechtsstreit ohne Urteil über die Kosten beendet ist.

Vorbem. Fassg Art 1 Z 4 G v 13. 6. 80, BGBl 677, in Kraft seit 1. 1. 81, Art 7 I, Übergangsrecht Art 5 Z 1, abgedr hinter § 114. Entspricht bis auf leichte sprachliche Änderungen dem § 123 aF.

1) Geltungsbereich. Wenn der Prozeßgegner derjenigen Partei, der eine Prozeßkostenhilfe bewilligt wurde, verliert, muß der Prozeßgegner der siegenden Partei ihre Kosten im Umfang der §§ 91 ff auf Grund des § 123 erstatten. Diese Regelung betrifft aber nur die Parteikosten. § 125 demgegenüber erfaßt die Gerichtskosten und die Gerichtsvollzieherkosten.

Nach § 54 Z 1 GKG wird derjenige, dem durch eine gerichtliche Entscheidung die Kosten des Verfahrens auferlegt sind, zum Kostenschuldner, und zwar zum sog Entscheidungsschuldner. Das ist ein Fall der Haftung als Erstschuldner. Der Staatskasse gegenüber beginnt die Haftung nach § 54 Z 1 grundsätzlich schon von der wirksamen Bekanntgabe der Kostengrundentscheidung an; jene Entscheidung braucht weder rechtskräftig noch vollstreckbar zu sein, Hartmann § 54 GKG Anm 2 A. Diesen kostenrechtlichen Grundsatz schränkt I ein. Wie die Neufassung gegenüber § 123 I aF ausdrücklich klarstellt, kann die Staatskasse sowohl Gerichtskosten als auch Gerichtsvollzieherkosten von dem Gegner derjenigen Partei, der eine Prozeßkostenhilfe bewilligt wurde, trotz seiner Haftung als Entscheidungsschuldner erst dann einziehen, wenn die ihn belastende Kostengrundentscheidung rechtskräftig geworden ist. Eine bloß vorläufig vollstreckbare Entscheidung zur Sache erlaubt der Staatskasse die Einziehung insofern noch nicht.

§ 58 II 2 GKG (Haftung eines anderen Kostenschuldners, wenn dem Entscheidungsschuldner die Prozeßkostenhilfe bewilligt worden war) gilt übrigens sachlich unverändert fort.

Vgl im übrigen § 9 III Z 2 KostVfg, Hartmann VII A. S ferner § 7 GVKostG, Hartmann XI.

Der Sinn der ganzen Regelung besteht darin, einen unersetzbaren Schaden zu verhindern, der dem Gegner des durch die Prozeßkostenhilfe Begünstigten drohen würde.

Wenn der Rechtsstreit beendet wurde, ohne daß eine gerichtliche Entscheidung ergangen ist, sind die in II genannten Gerichtskosten vom Gegner des durch die Prozeßkostenhilfe Begünstigten einzuziehen. Das kann zB in folgenden Fällen eintreten: Das Gericht hat schon vor längerer Zeit das Ruhen des Verfahrens angeordnet, § 251; die Parteien betreiben den Rechtsstreit längere Zeit hindurch absichtlich nicht weiter; das Verfahren ruht auch ohne eine zugehörige gerichtliche Anordnung; die Parteien haben einen außergerichtlichen Vergleich oder einen Prozeßvergleich geschlossen.

2) VwGO: *Entsprechend anzuwenden, § 166 VwGO.*

126 *Beitreibung der Anwaltskosten.* ^I Die für die Partei bestellten Rechtsanwälte sind berechtigt, ihre Gebühren und Auslagen von dem in die Prozeßkosten verurteilten Gegner im eigenen Namen beizutreiben.

^{II} Eine Einrede aus der Person der Partei ist nicht zulässig. Der Gegner kann mit Kosten aufrechnen, die nach der in demselben Rechtsstreit über die Kosten erlassenen Entscheidung von der Partei zu erstatten sind.

Vorbem. Fassg Art 1 Z 4 G v 13. 6. 80, BGBl 677, in Kraft seit 1. 1. 81, Art 7 I. Entspricht dem § 124 aF mit leichten sprachlichen Änderungen.

Schrifttum: Habscheid-Schlosser ZZP **75**, 302 (zum alten Recht).

1) Beitreibung vom Gegner, I. A. Allgemeines. Der Anwalt, der der Partei im Verfahren auf die Bewilligung der Prozeßkostenhilfe beigeordnet worden ist, braucht natürlich nicht kostenlos tätig zu werden. Er erhält für seine Tätigkeit Gebühren und Auslagen auf Grund der §§ 121 ff BRAGO. Diese erhält er nach § 121 BRAGO aus der Staatskasse. Soweit die Staatskasse den Anwalt befriedigt, geht ein etwaiger Anspruch des Anwalts gegen andere Personen auf die Staatskasse über, § 130 BRAGO.

Der im Verfahren auf die Bewilligung der Prozeßkostenhilfe beigeordnete Anwalt braucht sich aber wegen seiner Gebühren und Auslagen nicht an die Staatskasse zu wenden. Er kann auch nach I vorgehen und seine Ansprüche auf die Erstattung von Gebühren und Auslagen unmittelbar gegenüber dem Gegner seines Auftraggebers geltendmachen, soweit dieser Gegner nach §§ 91 ff verurteilt wurde, die Kosten des Rechtsstreits zu tragen.

Wie I jetzt ausdrücklich klarstellt, entsteht diese Befugnis des beigeordneten Anwalts nicht etwa nur auf Grund einer Prozeßstandschaft oder gar einer Abtretung, sondern unmittelbar kraft Gesetzes aus einem eigenen Recht. Sie berührt aber nicht den Anspruch des Auftraggebers gegenüber dem unterlegenen Prozeßgegner nach den §§ 91 ff iVm § 123.

Derjenige Anwalt, der vor seiner Beiordnung bereits auf Grund eines Auftrags für die Partei tätig war, der später die Prozeßkostenhilfe bewilligt wurde, hat das Recht nach I nur in Höhe derjenigen Kosten, die seit dem Wirksamwerden seiner Beiordnung entstanden sind; die Prozeßgebühr kann er allerdings immer nach I beitreiben.

Wenn der Gegner des Auftraggebers nur auf Grund eines vorläufig vollstreckbaren Urteils Kosten tragen muß, hat auch der dem Sieger beigeordnete Anwalt nur ein auflösend bedingtes Beitreibungsrecht nach I. Dieses Recht kann auch durch einen Vergleich in der höheren Instanz erlöschen. Die Beitreibung aus einem lediglich vorläufig vollstreckbaren Urteil steht immer unter dem Risiko einer Schadensersatzpflicht nach § 717 II.

B. Umfang des Beitreibungsrechts. Das Beitreibungsrecht erfaßt nur die nach § 91 ff erstattungsfähigen Kosten. Wenn ein später beigeordneter anderer Anwalt die Kostenfestsetzung verlangt, muß der Festsetzungsbeamte die Notwendigkeit dieses Anwaltswechsels prüfen. Eine Entscheidung nach § 128 I BRAGO ist dabei unmaßgeblich. Soweit der beigeordnete Anwalt von der Staatskasse wegen seiner Ansprüche befriedigt wurde, gehen diese Ansprüche nach § 130 BRAGO über. Die Staatskasse darf von einer Partei, der die Prozeßkostenhilfe bewilligt wurde und die dann verloren hat, lediglich dann Zahlungen fordern, wenn die Bewilligung der Prozeßkostenhilfe nach § 124 aufgehoben werden mußte.

C. Einzelheiten. Die Beitreibung erfolgt nur im Kostenfestsetzungsverfahren, nicht im Weg einer Klage. Der Anwalt darf seine Ansprüche nicht mehr gegen den Auftraggeber festsetzen lassen, soweit er seine Ansprüche nicht ihm gegenüber geltend machen kann, § 122 I Z 3. Denn das Erwirken eines Kostenfestsetzungsbeschlusses als eines zur Vollstreckung geeigneten Titels ist bereits eine Geltendmachung im Sinne der eben genannten Vorschrift.

Solange der Anwalt seine Ansprüche noch nach I beitreiben darf, darf auch sein siegender Auftraggeber gleichberechtigt neben seinem Anwalt nach den §§ 91 ff, 103 ff die Kostenfestsetzung und die Zwangsvollstreckung in die Kosten gegenüber dem unterlegenen Prozeßgegner betreiben, Hamm AnwBl **82**, 384. Der Schuldner braucht natürlich die Gesamtschuld nur einmal zu erfüllen.

Der Anspruch nach I verjährt in 30 Jahren. Er läßt als ein prozeßrechtlicher Anspruch keinen Verwirkungseinwand zu, Schlesw SchlHA **79**, 58. Das Beitreibungsrecht umfaßt die volle gesetzliche Vergütung. Dabei ist zu berücksichtigen, daß das Beitreibungsrecht nur so weit reicht, wie eine Befriedigung des Anwalts durch Zahlungen seiner Partei oder Leistungen der Staatskasse nicht erfolgt ist.

2) Festsetzung auf den eigenen Namen des Anwalts, I. A. Grundsatz. Wie I jetzt ausdrücklich klärt, handelt es sich bei der Beitreibung nicht um einen privatrechtlichen Gebührenanspruch, sondern um den Erstattungsanspruch der siegenden Prozeßpartei gegenüber dem verurteilten Gegner. Der Anwalt kann die Festsetzung im eigenen Namen bei einer Kostenverteilung nach Bruchteilen gemäß § 106 betreiben. Er ist dann im Kostenfestsetzungsverfahren und bei der Beitreibung Partei. Er hat also selbst die sonst statthaften Rechtsbehelfe. Sein Auftraggeber und die Staatskasse sind insofern nicht beteiligt. Infolgedessen haben die letzteren auch nicht die sofortige Beschwerde im Verfahren nach § 126, Hamm NJW **68**, 405. Die Zustellung erfolgt ausnahmslos nur an den im Verfahren auf die Bewilligung der Prozeßkostenhilfe beigeordneten Anwalt. Das gilt auch dann, wenn der Anwalt der ersten Instanz die Festsetzung betreibt. Der Anwalt ist auf denjenigen Betrag beschränkt, der für seinen Auftraggeber festzusetzen wäre, Hamm AnwBl **68**, 277.

B. Antrag. Zur Festsetzung auf den Anwalt ist ein eindeutiger Antrag erforderlich. Wenn nicht einwandfrei feststeht, daß der Anwalt die Festsetzung im eigenen Namen für sich verlangt, ist allenfalls davon auszugehen, daß er einen Antrag auf eine Kostenfestsetzung im Namen seines Auftraggebers gestellt hat, Bbg JB **78**, 1401, Düss AnwBl **80**, 377. Das Recht des beigeordneten Anwalts entsteht ebenso wie dasjenige seines Auftraggebers aufschiebend bedingt mit der Rechtshängigkeit, Üb 3 B vor § 91, und mit der Bewilligung der Prozeßkostenhilfe, wenn sie dem Zeitpunkt der Rechtshängigkeit erst nachfolgt. Deshalb kann der Auftraggeber des beigeordneten Anwalts das Festsetzungsrecht des Anwalts zwar durch einen Prozeßvergleich beeinträchtigen, nicht aber durch eine anderweitige Verfügung, etwa durch eine Abtretung.

Eine Pfändung wirkt nicht gegenüber dem beigeordneten Anwalt, soweit sie dem Zeitpunkt der Umschreibung auf den Anwalt nachfolgt, wohl aber vorher, aM Habscheid-Schlosser ZZP **75**, 336 (diese Autoren halten eine Pfändung für unwirksam, bevor die Partei, der die Prozeßkostenhilfe bewilligt wurde, ihren Anwalt befriedigt hat).

Für die Kosten des Festsetzungsverfahrens haftet derjenige, auf dessen Namen die Festsetzung erfolgt; s aber auch § 37 Z 7 BRAGO. Soweit die Festsetzung auf den Namen der siegenden Partei erfolgte und soweit diese ihren beigeordneten Anwalt persönlich bezahlt hat, muß er die Vergütung zurückzahlen, soweit der Vollstreckungstitel wegfällt.

C. Umschreibung. Die Praxis läßt vielfach gewohnheitsrechtlich eine „Umschreibung" des auf die Partei lautenden Vollstreckungstitels auf den Namen des ihr beigeordneten Anwalts zu. § 727 ist in einem solchen Fall auch nicht entsprechend anwendbar. Denn es handelt sich auch dann um einen neuen selbständigen Kostenfestsetzungsbeschluß, BGH **5**, 256, Düss AnwBl **80**, 377 mwN. Er muß auch wegen der Rechtsbehelfe, § 104 III, als ein selbständiger Festsetzungsbeschluß behandelt werden, KG Rpfleger **77**, 451. Die Gerichte neigen teilweise dazu, die Umschreibungsmöglichkeit einzuschränken, Brschw NJW **50**, 230. Manche Gerichte lehnen eine solche Umschreibungsmöglichkeit auch gänzlich ab, zumal es sich nicht um eine Umschreibung im Rechtssinn handelt, vgl BGH **5**, 256.

Es ist auch falsch, den Ausdruck „Umschreibung" zu benutzen. Denn es handelt sich bei § 126 um ein selbständiges Recht des beigeordneten Anwalts, das durch einen selbständigen Kostenfestsetzungsbeschluß festgestellt wird.

Um Verwirrungen, insbesondere für den Kostenschuldner, zu vermeiden, fordern BGH **5**, 257, KG Rpfleger **77**, 451, daß der bisherige Vollstreckungstitel zurückgegeben werde. Das würde aber zu weit führen. Denn die Partei läßt stets alle ihr erwachsenen Kosten einheitlich festsetzen. Es genügt vielmehr, daß der auf den beigeordneten Anwalt lautende Beschluß den früheren Beschluß, der auf die Partei lautet, wegen der Erstattungspflicht im Umfang der Kosten des beigeordneten Anwalts für wirkungslos erklärt. Soweit die Partei bestreitet, sind die §§ 732, 768 entsprechend anwendbar. Die Rechtskraft des ersten Festsetzungsbeschlusses für die Partei hindert ein solches Verfahren aber nicht, BGH **5**, 256, auch nicht ein Verlust der Zulassung des Anwalts, solange der Anspruch des Anwalts nicht verjährt ist. Eine unbedingte Voraussetzung für eine Festsetzung auf den Namen des beigeordneten Anwalts ist immer, daß er noch ein eigenes Beitreibungsrecht hat. Zu dieser Frage sollte das Gericht den Prozeßgegner vor seiner Entscheidung anhören.

Eine Festsetzung erfolgt zB nicht, wenn die Partei eine Verfügung über den Erstattungsanspruch selbst vor dem Zeitpunkt einer Amtszustellung des Festsetzungsbeschlusses auch nur behauptet. Eine Aufrechnung des Schuldners ist wegen etwaiger Bösgläubigkeit unbeachtlich, soweit der Schuldner die Aufrechnung erst nach seiner Anhörung zu einem Festsetzungsantrag des beigeordneten Anwalts erklärt. Jedenfalls muß aber der beigeordnete Anwalt die Tilgung des Erstattungsanspruchs durch eine Zahlung oder Aufrechnung gegenüber seinem Auftraggeber gegen sich gelten lassen, soweit diese Tilgung vor der Zustellung des Festsetzungsbeschlusses erfolgt ist, Hamm Rpfleger **73**, 103 mwN.

3) Einrede aus der Person der Partei, II. A. Grundsatz. Der unterlegene Prozeßgegner kann gegenüber dem Beitreibungsanspruch nach I grundsätzlich keine Einrede geltend machen, die ihm gegenüber dem Erstattungsanspruch des siegenden Prozeßgegners zustehen würde. Das gilt jedenfalls, soweit eine solche Einrede das Erlöschen des Anspruchs herbeiführen würde. Dieser Ausschluß von Einreden betrifft alle aus gesetzlichem Recht übertragenen Ansprüche der Partei, die die Prozeßkostenhilfe erhalten hat, gegenüber dem unterlegenen Gegner, nicht aber diejenigen Ansprüche, die der beigeordnete Anwalt gegenüber seinem Auftraggeber hat.

Daher ist zB der Einwand der Zahlung an diejenige Partei, der die Prozeßkostenhilfe bewilligt wurde, unstatthaft, falls die Zahlung nicht vor der Zustellung des Umschreibungsbeschlusses erfolgt ist, Anm 2 C, ebenso der Einwand einer erklärten Aufrechnung, Kblz Rpfleger **83**, 366. Statthaft ist aber der Einwand, die durch eine Prozeßkostenhilfe

7. Titel. Prozeßkostenhilfe und Prozeßkostenvorschrift §§ 126, 127

unterstützte Partei habe den beigeordneten Anwalt befriedigt. Denn der beigeordnete Anwalt hat ein Recht nur als Gläubiger seines Auftraggebers.

Soweit der beigeordnete Anwalt auf sich festsetzen läßt, beeinträchtigt eine Handlung des Prozeßgegners gegenüber seinem Auftraggeber sein Recht nicht. Etwas anderes gilt, soweit der beigeordnete Anwalt zustimmt bzw auf sein Vorrecht verzichtet, Kblz Rpfleger **83**, 366. Nach der Rechtskraft des Urteils kann ein Vergleich dem beigeordneten Anwalt seinen Erstattungsanspruch nicht mehr nehmen, Köln MDR **56**, 363. Etwas anderes gilt dann, wenn sich die Parteien nach dem Erlaß einer lediglich vorläufig vollstreckbaren Entscheidung vor deren Rechtskraft verglichen haben. Denn die Parteien können über ihre Ansprüche frei verfügen; das Recht des beigeordneten Anwalts hängt vom Recht seines Auftraggebers ab, auch wenn die Staatskasse schon an den beigeordneten Anwalt bezahlt hat.

Ein Verzicht der durch eine Prozeßkostenhilfe begünstigten Partei auf Erstattungsansprüche ist nur insoweit wirksam, als diese Partei über die Ansprüche durch einen Vergleich verfügen kann, Anm 1 A. Wenn zwei beigeordnete Anwälte aufeinander folgen, gehen die Ansprüche des zeitlich zunächst beigeordneten Anwalts vor. Inwieweit der später beigeordnete Anwalt eine Erstattung fordern kann, richtet sich nach § 91. Dagegen muß das Gericht eine Einwendung beachten, die die Entstehung des Anspruchs betrifft, also auch den Einwand, daß eine Vereinbarung über die Kostentragung getroffen worden sei, BGH **5**, 259, Düss AnwBl **79**, 184. Eine Vollstreckungsabwehrklage ist auch dann gegen die durch die Prozeßkostenhilfe begünstigte Partei zu richten, wenn eine Umschreibung erfolgt ist, BGH **5**, 253.

B. Ausnahme. Als Ausnahme vom Verbot der Einrede läßt II die „Aufrechnung" mit solchen Kosten zu, die die durch eine Prozeßkostenhilfe begünstigte Partei nach einer in demselben Rechtsstreit über die Kosten erlassenen Entscheidung dem Prozeßgegner erstatten muß, Düss AnwBl **79**, 184. Das gilt auch im Fall einer Kostenverteilung nach Verfahrensabschnitten, Hamm Rpfleger **73**, 439. Aufrechenbar sind die Kosten aller Instanzen, Hamm JB **75**, 946. Da keine neu entstandene Einrede vorliegt, ist auch keine Vollstreckungsabwehrklage nach § 767 zulässig.

Soweit die Festsetzung auf den beigeordneten Anwalt erfolgt ist, kann der im Rechtsstreit unterlegene Ehegatte seines Auftraggebers nicht mit einem Kostenvorschuß aufrechnen, den er an den siegenden Auftraggeber des beigeordneten Anwalts geleistet hat, § 1360a IV BGB. Unzulässig ist eine Aufrechnung vor dem Zeitpunkt der Festsetzung zugunsten der Partei, KG Rpfleger **77**, 451, oder mit einer Kostenforderung aus einem anderen Verfahren, LG Bln AnwBl **83**, 327.

C. Einrede aus der Person des Anwalts. Eine solche Einrede ist trotz II 1 ohne weiteres zulässig. Hierher gehört zB der Einwand, der Auftraggeber des beigeordneten Anwalts habe an den letzteren gezahlt. Denn durch eine solche Zahlung erlischt das Erstattungsrecht nach I. Zulässig ist auch der Einwand, der beigeordnete Anwalt habe sein Amt schuldhaft niedergelegt, vgl aber § 91 Anm 5 „Mehrheit von Prozeßbevollmächtigten". Schließlich sind alle Einreden zulässig, soweit die durch eine Prozeßkostenhilfe begünstigte Partei ihr Recht geltend macht.

4) Patentanwalt. Wegen der Beiordnung eines Patentanwalts vgl § 136 S 2 PatG. Danach ist § 126 nur im Einspruchsverfahren sowie in den Verfahren wegen der Klärung der Nichtigkeit oder der Zurücknahme des Patents oder wegen der Erteilung einer Zwangslizenz entsprechend anwendbar.

5) VwGO: *Entsprechend anzuwenden, § 166 VwGO.*

127 **Verfahren. Zuständigkeit. Rechtsmittel.** ^I Entscheidungen im Verfahren über die Prozeßkostenhilfe ergehen ohne mündliche Verhandlung. Zuständig ist das Gericht des ersten Rechtszuges; ist das Verfahren in einem höheren Rechtszug anhängig, so ist das Gericht dieses Rechtszuges zuständig.

^{II} Die Bewilligung der Prozeßkostenhilfe ist unanfechtbar. Im übrigen findet die Beschwerde statt, es sei denn, daß das Berufungsgericht die Entscheidung getroffen hat. Die weitere Beschwerde ist ausgeschlossen.

Vorbem. Fassg Art I Z 4 G v. 13. 6. 80, BGBl 677, in Kraft seit 1. 1. 81, Art 7 I, ÜbergangsR Art 5 Z 1, abgedruckt hinter § 114. I 1 entspricht etwa dem § 126 I aF; II entspricht etwa dem § 127 aF.

§ 127 1, 2   1. Buch. 2. Abschnitt. Parteien

Gliederung

1) **Entscheidung, I**
   A. Bewilligung der Prozeßkostenhilfe, § 119
   B. Ablehnung der Prozeßkostenhilfe, I 1
   C. Ratenzahlung, § 120 I, II
   D. Vorläufige Einstellung der Zahlung, § 120 III
   E. Beiordnung eines Anwalts, § 121
      a) Anwaltsprozeß
      b) Parteiprozeß
      c) Verkehrsanwalt usw
      d) Notanwalt
   F. Aufhebung der Bewilligung, § 124
   G. Rechtsmittelentscheidung, II 2, 3
2) **Keine mündliche Verhandlung, I 1**
3) **Zuständigkeit, I 2**
   A. Erster Rechtszug
   B. Rechtsmittelverfahren
4) **Form**
5) **Kosten**
6) **Mitteilung**
7) **Rechtsmittel, II**
   A. Grundsatz
   B. Beschwerde
      a) Zulässigkeit
      b) Unzulässigkeit
      c) Staatskasse als Beschwerdeführer
      d) Kein Anwaltszwang
      e) Keine Prozeßkostenhilfe im Beschwerdeverfahren
      f) Kosten
   C. Erinnerung
8) **VwGO**

1) Entscheidung, I. Im Verfahren auf die Bewilligung einer Prozeßkostenhilfe kommen folgende Entscheidungen in Betracht:

A. Bewilligung der Prozeßkostenhilfe, § 119. Die Bewilligung erfolgt grundsätzlich nur ausdrücklich, vgl auch § 122 I, III BRAGO, abgedruckt hinter § 121. Sie erfolgt nur ganz ausnahmsweise durch eine schlüssige Handlung, vgl Ffm FamRZ **78**, 262. Eine solche schlüssige Bewilligung liegt noch nicht in der Aufforderung des Gerichts an den Prozeßgegner zu einer Stellungnahme, § 118 I 1. Sie kann aber etwa in einem gerichtlichen Vorschlag zur Einbeziehung eines weiteren Streitpunkts in den geplanten Vergleich liegen.

B. Ablehnung der Prozeßkostenhilfe, I 1. Eine Ablehnung liegt schon darin, daß das Gericht eine Entscheidung ohne die Anordnung einer prozeßleitenden oder sonstigen notwendigen Maßnahme auf einen Zeitpunkt verschiebt, in dem der Antragsteller seine Rechte wird wahrnehmen müssen, zB auf den Zeitpunkt der mündlichen Verhandlung über die Klage. Allerdings darf das Gericht seine Entscheidung bis zum Beginn des Verhandlungstermins hinausschieben, etwa um in Anwesenheit der Parteien noch einige Punkte zu klären, § 118 II 2, und dann seine Entscheidung zu treffen, bevor die Parteien anschließend ihre Anträge nach § 137 I zur Hauptsache stellen.

C. Ratenzahlung, § 120 I, II. Diese Entscheidung erfolgt zugleich mit der Bewilligung der Prozeßkostenhilfe. Der Beschluß ist grundsätzlich zu begründen, § 329 Anm 1 A b, LAG Hamm BB **81**, 1037. Ist sie versäumt worden, so kann sie allerdings auch nachträglich erfolgen.

D. Vorläufige Einstellung der Zahlung, § 120 III. Über ihre Voraussetzungen s dort.

E. Beiordnung eines Anwalts, § 121. Hier sind folgende Fallgruppen zu unterscheiden:

a) Anwaltsprozeß. Soweit eine Vertretung durch Anwälte vorgeschrieben ist, § 78, muß das Gericht dem Antragsteller zugleich mit der Bewilligung der Prozeßkostenhilfe einen zur Vertretung bereiten Anwalt seiner Wahl beiordnen, § 121 I.

b) Parteiprozeß. Soweit eine Vertretung durch Anwälte nicht vorgeschrieben ist, § 78 Anm 2 A, muß das Gericht dem Antragsteller auf Grund eines Antrags zugleich mit der Bewilligung der Prozeßkostenhilfe einen zur Vertretung bereiten Anwalt seiner Wahl beiordnen, sofern die weiteren Voraussetzungen des § 121 II vorliegen.

c) Verkehrsanwalt usw. Wenn besondere Umstände es erfordern, kann das Gericht dem Antragsteller einen Verkehrsanwalt usw beiordnen, § 121 III.

d) Notanwalt. Soweit die Partei keinen zur Vertretung bereiten Anwalt findet, muß der Vorsitzende ihr auf Grund eines Antrags in den Fällen aa–cc einen Anwalt beiordnen, § 121 IV.

F. Aufhebung der Bewilligung, § 124. Auch diese Maßnahme ist eine echte Entscheidung des Prozeßgerichts.

G. Rechtsmittelentscheidung, II 2, 3. Sie ist demnach keineswegs gegenüber jeder Entscheidung nach a–f zulässig. Die frühere Möglichkeit der Anordnung einer Nachzahlung, § 125 aF, ist entfallen.

2) Keine mündliche Verhandlung, I 1. Eine mündliche Verhandlung darf im Verfahren auf die Bewilligung einer Prozeßkostenhilfe nur noch unter den Voraussetzungen des § 118

I 3 stattfinden, also dann, wenn eine mündliche Erörterung im Hinblick auf eine zu erwartende Einigung stattfinden soll. Vgl dazu § 118 Anm 3. Im übrigen ist eine mündliche Verhandlung nicht mehr freigestellt, sondern unstatthaft. Das ergibt sich schon aus dem Wortlaut von I 1. Danach „ergeht" die Entscheidung ohne mündliche Verhandlung. Der Gesetzestext weicht insofern von § 126 I aF ab, wonach das Gericht ohne mündliche Verhandlung entscheiden konnte. Diese Fassung sah auch der RegEntw vor. Der Rechtsausschuß hat sie aber abgeändert, um einer „nicht erwünschten Tendenz, das Prüfungsverfahren durch mündliche Erörterungen auszudehnen, vorzubeugen", BT-Drs 8/3694.

Wenn das Gericht trotz des Verbots eine mündliche Verhandlung ansetzt, die ersichtlich anderen als den vorgenannten zulässigen Zwecken dient, kommt allenfalls eine Beschwerde nach § 567 I Hs 2 in Betracht.

3) Zuständigkeit, I 2. A. Erster Rechtszug. Für die in Anm 1 a–f genannten Entscheidungen ist das Prozeßgericht, § 117 I, des ersten Rechtszugs zuständig. Das Prozeßgericht entscheidet in voller richterlicher Besetzung über: Die Bewilligung der Prozeßkostenhilfe; deren Ablehnung; die Anordnung von Ratenzahlungen; die grundsätzliche Klärung der Frage, ob der Partei im Anwalts- oder Parteiprozeß ein ProzBev ihrer Wahl beizuordnen ist und ob der Partei ein Verkehrsanwalt beizuordnen ist. Der Vorsitzende allein entscheidet anschließend über die Person des auszuwählenden Anwalts, § 78c. Der Rpfl entscheidet: Über eine Maßnahme nach § 118 II, soweit der Vorsitzende ihn dazu (einschließlich der Beurkundung eines Vergleichs nach § 118 I 3) beauftragt hat, § 20 Z 4a RPflG, Anh § 153 GVG; über die Bestimmung des Zeitpunkts für die Einstellung und eine Wiederaufnahme der Zahlungen (§ 120 III), § 20 Z 4b RPflG; über die Aufhebung der Bewilligung der Prozeßkostenhilfe in den Fällen des § 124 Z 2–4, § 20 Z 4c RPflG, also nicht im Fall des § 124 Z 1.

Der Einzelrichter nach § 348 oder § 524 II ist zuständig, soweit er als Prozeßgericht tätig wird. Der verordnete Richter ist in keinem Fall zuständig. Denn die Entscheidungen im Verfahren über die Bewilligung der Prozeßkostenhilfe greifen immerhin den Sachentscheidungen im eigentlichen Prozeß leicht vor.

Über den Begriff des Prozeßgerichts § 117 Anm 2 B. Nach der Beendigung des ersten Rechtszugs bleibt das Prozeßgericht der ersten Instanz zuständig, solange kein Rechtsmittel eingelegt ist. Denn es ist im Prinzip nur eine einheitliche Anordnung möglich. Wegen des beabsichtigten Rechtsmittels s aber B. Im Rahmen der Zwangsvollstreckung ist das Vollstreckungsgericht zuständig, soweit es für die Zwangsvollstreckung zuständig ist. In diesen Fällen ist grundsätzlich der Rpfl zur Entscheidung berufen, § 20 Z 5 RPflG, Anh § 153 GVG. Jedoch bleibt nach dieser Vorschrift dem Prozeßgericht das Verfahren über die Bewilligung der Prozeßkostenhilfe in denjenigen Fällen vorbehalten, in denen dem Prozeßgericht die Vollstreckung obliegt oder in denen die Prozeßkostenhilfe für eine Rechtsverfolgung oder Rechtsverteidigung beantragt wird, die eine sonstige richterliche Handlung erfordert, zB in den Fällen der §§ 887, 888, 890. In diesen Fällen kann das Prozeßgericht wiederum im Rahmen des § 118 II, einschließlich I 3 (nach § 20 Z 4a RPflG) durch den Vorsitzenden den Rpfl mit der Vornahme einzelner Maßnahmen usw beauftragen.

B. Rechtsmittelverfahren. Soweit das Hauptverfahren in einem höheren Rechtszug anhängig ist, ist das Prozeßgericht, § 117, des höheren Rechtszugs zur Entscheidung auch über einen Antrag auf die Bewilligung einer Prozeßkostenhilfe zuständig. Im übrigen richtet sich die dortige Zuständigkeit nach den Grundsätzen A. Das Rechtsmittel entscheidet aber auch, soweit die Prozeßkostenhilfe für das beabsichtigte Rechtsmittel beantragt wird, BFH BB **81**, 1513, VGH Mannh DÖV **82**, 868, vgl (zum alten Recht) StJL § 118a Rdz 4, aM ZöSchn 3a.

Nach einer Zurückverweisung ist wiederum dasjenige Prozeßgericht zuständig, vor dem das Verfahren zur Hauptsache jetzt anhängig ist.

4) Form. Alle Entscheidungen nach Anm 1 ergehen in der Form eines Beschlusses. Er muß zumindest insoweit begründet werden, als er eine Ablehnung enthält; jedoch ist eine mindestens stichwortartige Begründung auch bei einem stattgebenden oder sonstwie unanfechtbaren Beschluß grundsätzlich erforderlich, § 329 Anm 1 A b. Der Fortfall des § 126 II aF, wonach (lediglich) bei einem das Armenrecht verweigernden oder entziehenden Beschluß eine kurze Begründung beigefügt werden sollte und auch eine solche unter Umständen entbehrlich war, bedeutet nicht etwa, daß jetzt überhaupt keine Begründung mehr erforderlich wäre. Nach der gefestigten Rechtsprechung des BVerfG muß jede Entscheidung, gegen die ein Rechtsbehelf gegeben ist, begründet sein. Es bedurfte jedenfalls insofern keiner ausdrücklichen Klarstellung in der Neufassung, BT-Drs 8/3694.

5) Kosten. Das Verfahren über die Bewilligung einer Prozeßkostenhilfe einschließlich der zugehörigen Nebenentscheidungen ist gerichtsgebührenfrei, da das KV keine Gebühren hierfür enthält, vgl § 1 I GKG. Im übrigen können Gerichtskosten in der Form von Auslagen aus Anlaß der Vernehmung von Zeugen und Sachverständigen nach § 118 erwachsen. Sie folgen als Gerichtskosten der Kostengrundentscheidung im Hauptprozeß; wenn es nicht zu einer solchen kommt, sind sie nach den §§ 49, 54, 58 GKG einzuziehen.

Dem Antragsteller können im Fall der Beiordnung eines Anwalts keine Verpflichtungen ihm gegenüber erwachsen, solange die Bewilligung der Prozeßkostenhilfe nicht aufgehoben wird, § 122 I Z 3. Eine Erstattung der dem Prozeßgegner des Antragstellers erwachsenden außergerichtlichen Kosten findet nicht statt, § 118 I 4, dort Anm 5 B.

Aus allen diesen Gründen bedarf es keiner Kostenentscheidung.

6) Mitteilung. Jede Entscheidung wird dem Antragsteller, seinem Prozeßgegner und den etwa sonst am Verfahren Beteiligten mitgeteilt. Die Mitteilung kann grundsätzlich formlos erfolgen, § 329 II 1.

Das gilt sowohl insoweit, als das Gericht eine unanfechtbare Entscheidung trifft, zB dann, wenn es die Prozeßkostenhilfe bewilligt, II 1, oder wenn das Berufungsgericht entscheidet, II 2 Hs 2, oder wenn das Beschwerdegericht entscheidet, II 3, als auch dann, wenn eine anfechtbare Entscheidung vorliegt. Denn als Rechtsmittel kommt allenfalls die einfache Beschwerde in Betracht, II 2 Hs 1.

Es ist allerdings eine Entscheidung möglich, die eine Terminsbestimmung enthält oder eine Frist in Lauf setzt. Eine solche Entscheidung muß dem Betroffenen förmlich zugestellt werden, § 329 II 2, es sei denn, daß es sich um die Ladung zum ersten Verhandlungstermin vor dem AG handelt, § 497 I 1.

7) Rechtsmittel, II. A. Grundsatz. Die Bewilligung der Prozeßkostenhilfe ist unanfechtbar. Alle übrigen Entscheidungen sind grundsätzlich durch die einfache Beschwerde anfechtbar, es sei denn, daß das Berufungsgericht die Entscheidung getroffen hat oder daß nur eine weitere Beschwerde in Betracht käme; letztere ist ausgeschlossen.

Beschwerdeberechtigt ist derjenige, dem die Entscheidung abträglich ist, § 567, KG AnwBl **79**, 434, insofern auch Schlesw SchlHA **76**, 9. Demgemäß sind zB die Ablehnung der Beiordnung eines Anwalts, Grunsky NJW **80**, 2045, auch eines solchen für einen auswärtigen Beweistermin, ferner die Festsetzung von Zahlungsraten, Grunsky NJW **80**, 2045, oder die Ablehnung der Bewilligung eines Reisekostenvorschusses für den Antragsteller anfechtbar. Der beigeordnete Anwalt kann die gesetzwidrige Aussetzung einer Entscheidung anfechten. Auch ein Geschäftsunfähiger kann beschwerdeberechtigt sein, LG Mannh AnwBl **82**, 23, vgl auch § 51 Anm 2 A.

Der Prozeßgegner hat kein Beschwerderecht, Holch NJW **81**, 154, auch nicht wegen des Fehlens von Ratenzahlungsanordnungen usw, Grunsky NJW **80**, 2045.

Die Prozeßkostenhilfe gilt so, wie sie, äußerlich richtig, bewilligt wurde. Es ist unerheblich, ob der Beschluß sachlich falsch ist. Wegen der Rechtsbehelfe gegen die Auswahl des beizuordnenden Anwalts § 78 c Anm 4.

B. Beschwerde. Hier gelten folgende Fallgruppen:

a) Zulässigkeit. Die Beschwerde ist grundsätzlich gegen jede Entscheidung im Verfahren über die Bewilligung der Prozeßkostenhilfe zulässig, soweit sie keine Bewilligung enthält, Schlesw SchlHA **82**, 14. BFH DB **83**, 1801 sieht im (wohl dort zu unterstellenden) Unterlassen der Beiordnung eines weiteren Verfahrensbevollmächtigten eine Beschwer. Die Beschwerde ist der insofern allein statthafte Rechtsbehelf (vgl freilich C). Das gilt auch dann, wenn das Gericht seine Entscheidung fälschlich in ein Urteil aufgenommen hatte. Wenn die Instanz durch ein Urteil beendet ist, erledigt sich eine gegen die Ablehnung der Prozeßkostenhilfe eingelegte Beschwerde, soweit nicht eine Rückwirkung eingetreten ist, § 122 Anm 1 B, Schlesw SchlHA **76**, 183. Wenn aber die Ablehnung der Prozeßkostenhilfe so spät erfolgte, daß dem Beschwerdeführer eine Beschwerde nicht vor dem Abschluß der Instanz zumutbar war, bleibt die Beschwerde auch nach der Beendigung der Instanz zulässig, Düss FamRZ **78**, 915 mwN, Ffm OLGZ **80**, 78, Karlsr AnwBl **82**, 78, aM VGH Mü NJW **80**, 2093.

Ausnahmsweise ist gegen die Ablehnung der Prozeßkostenhilfe in einem Verfahren im Rahmen der freiwilligen Gerichtsbarkeit eine Erstbeschwerde an das OLG zulässig, Brschw OLGZ **74**, 190 mwN (freilich nur, falls in der Hauptsache eine weitere Beschwerde zulässig ist, Ffm Rpfleger **74**, 314), aM zB KG MDR **73**, 682, Schlesw SchlHA **74**, 103 je mwN, nicht aber eine weitere Beschwerde, KG OLGZ **67**, 84.

Eine Beschwerdesumme braucht nicht erreicht zu sein. Denn im Fall einer Beschwerde im Verfahren zur Bewilligung der Prozeßkostenhilfe liegen die Voraussetzungen des § 567 II nicht vor, Ffm Rpfleger **55**, 79.

b) Unzulässigkeit. Eine Beschwerde kann nicht an diejenige Instanz gerichtet werden, an die die zugehörige Hauptsache nicht kommen kann, vgl BGH **53**, 272, BFH BB **82**, 1535, Celle FamRZ **80**, 175, Düss FamRZ **79**, 320, Ffm Rpfleger **75**, 314, Hamm FamRZ **80**, 386, Schlesw SchlHA **82**, 29 je mwN, LG Bielefeld MDR **76**, 671, LG Bonn MDR **77**, 674 je mwN, aM LG Karlsr NJW **78**, 1168. Eine Beschwerde ist also auch nicht gegen die Ablehnung der Prozeßkostenhilfe durch das AG in einem Fall mit nicht berufungsfähigem Streitwert, LG Bre MDR **81**, 59, oder durch das LG als Berufungsinstanz oder bei einer Nichtigkeitsklage gegenüber einem Berufungsurteil des LG zulässig, Oldb NdsRpfl **51**, 222, oder gegen die Versagung im Verfahren nach § 74a V ZVG, Ffm Rpfleger **77**, 66.

Soweit das Verfahren über die Prozeßkostenhilfe längst erledigt ist und die Partei die zugehörige Entscheidung seinerzeit als sachlich berechtigt hingenommen hatte, kann eine Beschwerde trotz grundsätzlicher Zulässigkeit im Einzelfall wegen Rechtsmißbrauchs unzulässig sein, Ffm FamRZ **80**, 475 mwN, Schlesw SchlHA **78**, 211.

c) Staatskasse als Beschwerdeführer. Soweit eine Beschwerde überhaupt statthaft ist, kann auch die Staatskasse als Beschwerdeführerin auftreten, Hamm MDR **83**, 497, Mü MDR **83**, 496 je mwN, Schlesw SchlHA **82**, 14, aM zB Bbg MDR **83**, 496, Düss Rpfleger **83**, 39 mwN, Hbg MDR **83**, 584. Denn das gesamte Verfahren über die Bewilligung einer Prozeßkostenhilfe verläuft zwischen dem Antragsteller und dem Staat, nicht etwa zwischen dem Antragsteller und seinem gegenwärtigen oder zukünftigen Prozeßgegner. Die Prozeßkostenhilfe ist ja ein Ausfluß des Gebots der Sozialstaatlichkeit mit ihrer Fürsorgepflicht gegenüber dem minderbemittelten Bürger, und insofern ist die Staatskasse als gesetzlicher Vertreter des Staats anzusehen. Die Staatskasse wird durch den Bezirksrevisor beim örtlich zuständigen LG oder dem jeweils zuständigen höheren Gericht vertreten.

Der Bezirksrevisor braucht nach neuem Recht ebensowenig wie nach altem Recht stets eingeschaltet zu werden. Das Beschwerderecht ist ja auch grundsätzlich zeitlich unbefristet. Die routinemäßige Benachrichtigung des Bezirksrevisors von sämtlichen Anträgen, Verfahrensvorgängen und Entscheidungen in jedem Verfahren auf die Bewilligung einer Prozeßkostenhilfe würde zum Zusammenbruch des Betriebs bei den Bezirksrevisoren führen und ist ersichtlich auch nicht durch den Kontrollzweck erfordert, den der Bezirksrevisor zugunsten der Staatskasse beachten muß, im Ergebnis wohl ebenso ArbG Münster DB **81**, 1940.

Der Bezirksrevisor kann auch gegen das Absehen des Gerichts von einer Ratenzahlungsanordnung nach § 120 I, II die Beschwerde einlegen. Denn eine Entscheidung nach § 120, mag sie nun Raten anordnen oder – zumindest stillschweigend – von solcher Anordnung absehen, ist grundsätzlich anfechtbar, weil sie zwar zugleich mit der Bewilligung der Prozeßkostenhilfe nach § 119 ergeht, gleichwohl aber nicht mit ihr identisch ist und daher nicht unter II 1 fällt, § 120 Anm 1, Hamm Rpfleger **82**, 197, LAG Bre MDR **82**, 1053, LAG Hamm MDR **82**, 589, LAG Köln MDR **82**, 789 mwN, abw Kblz Rpfleger **83**, 174 (die Beschwerde sei bei einem Ermessensmißbrauch zulässig), aM zB Düss Rpfleger **82**, 440 und Rpfleger **83**, 39, Hamm FamRZ **83**, 941, LAG Bln MDR **82**, 877.

Der Bezirksrevisor kann aber auch nicht mit Hilfe des formellen Beschwerderechts gegen eine Entscheidung nach § 120 I oder III angehen, wenn sich herausstellt, daß sich die Verhältnisse des Antragstellers seit der Entscheidung zu dessen Gunsten und damit zu Lasten der Staatskasse verändert haben, und wenn kein Fall nach § 124 vorliegt, vgl § 120 Anm 3 A, insbesondere dort c. Daran ändert auch die grundsätzliche Anfechtbarkeit einer Entscheidung nach § 120 nichts.

Denn die Bestrebungen in § 121 des RegEntw, die Partei auch nach einer Bewilligung zu einer Anzeige von Veränderungen der maßgebenden persönlichen und wirtschaftlichen Verhältnisse zu verpflichten, sind im weiteren Verlauf des Gesetzgebungsverfahrens ausdrücklich fallen gelassen worden, BT-Drs 8/3694. Als Gegenstück dazu hat der Gesetzgeber davon abgesehen, eine unbeschränkte Abänderungsmöglichkeit der Bewilligungsentscheidung und der Zusatzentscheidungen vorzusehen. Die frühere Möglichkeit einer Nachzahlungsanordnung, § 125 aF, ist entfallen. Die Ungerechtigkeiten dieser Lösung müssen als gesetzgeberische Entscheidung hingenommen werden und dürfen nicht auf dem Weg einer erweiterten Zulassung von Beschwerdemöglichkeiten der Staatskasse durch ein richterliches Abänderungsverfahren unterlaufen werden. Verfassungsrechtlich ist diese Lösung vermutlich unangreifbar, da auch kein Verstoß gegen Art 3 GG vorliegen dürfte. Denn nach jener Vorschrift sind zwar alle Menschen vor dem Gesetz gleich; der Staat und seine Bürger müssen aber nicht gleich behandelt werden.

d) Kein Anwaltszwang. Ein Anwaltszwang herrscht in keiner Instanz, § 569 II 2.

e) Keine Prozeßkostenhilfe im Beschwerdeverfahren. Im Beschwerdeverfahren ist eine Prozeßkostenhilfe unzulässig, Nürnb NJW **82**, 288 mwN.

f) Kosten. Vgl § 91 Anm 5 „Prozeßkostenhilfe". Wert: Das Kosteninteresse des Beschwerdeführers, BFH BB **73**, 1153, Schlesw SchlHA **58**, 231, vgl Brschw MDR **59**, 853.

C. Erinnerung. Soweit der Rpfl entschieden hat, ist statt der in II 2 genannten Beschwerde zunächst die Erinnerung zulässig, § 11 I 1 RPflG, Anh § 153 GVG. Der Rpfl kann der Erinnerung abhelfen, § 11 II 1 RPflG. Wenn er die Akten sogleich dem Richter vorlegt, gibt dieser sie dem Rpfl zur Entscheidung über die Abhilfe zurück. Soweit der Rpfl nicht abhilft (seine Entscheidung ist zu begründen), legt er die Akten dem Richter vor. Der Richter entscheidet dann über die Erinnerung nach den Grundsätzen § 11 II ff RPflG. Im übrigen gilt Anm 7 entsprechend.

8) VwGO: Entsprechend anzuwenden, § 166 VwGO; die Zuständigkeit des Rpfl, Anm 3 A, entfällt, Anh § 153 GVG Anm 1, vgl Nr X der DfRegelung, NJW **81**, 804. Das Rechtsmittelgericht befindet auch über Prozeßkostenhilfe für das beabsichtigte Rechtsmittel, Anm 3 B, VGH Mannh DÖV **82**, 868. Über die Bewilligung ist unverzüglich (mit Rückwirkung auf den Zeitpunkt des formgerecht gestellten Antrages) zu entscheiden; falls die Entscheidung ungerechtfertigt verzögert wird, ist für die Beurteilung der Erfolgsaussicht, § 114, der Zeitpunkt maßgeblich, in dem spätestens hätte entschieden werden müssen, VGH Mannh DÖV **60**, 77, so daß eine Bewilligung auch nach rechtskräftiger Abweisung der Klage möglich ist, aM OVG Kblz NJW **82**, 2834 (abl Bönker AnwBl **83**, 278). Wegen der Pflicht zur kurzen Begründung der Beschlüsse, durch die die Prozeßkostenhilfe versagt oder entzogen wird, vgl § 122 II 1 VwGO und Art 2 § 7 II EntlG. Als Rechtsmittel, Anm 7, ist gegen ablehnende Entscheidungen des VG die fristgebundene Beschwerde nach den §§ 146 ff VwGO gegeben, OVG Münst DVBl **83**, 952 (auch zur Erneuerung des Gesuchs), sofern sie nicht durch Sonderbestimmung ausgeschlossen ist, zB nach § 333 III LAG, BVerwG ZLA **66**, 212, und § 34 IV WehrpflG, OVG Lüneb VerwRspr **16**, 364; gegen die Versagung der Prozeßkostenhilfe durch das OVG gibt es auch in erstinstanzlichen Sachen eine Beschwerde, § 152 I VwGO (da nach § 127 II eine Beschwerde an den BGH ausgeschlossen ist, muß bei entsprechender Anwendung das gleiche auch für die Beschwerde an das BVerwG gelten).

Anhang nach § 127

Beratungshilfegesetz
vom 18. 6. 80, BGBl 689

(Auszug)

§ 1. ^I Hilfe für die Wahrnehmung von Rechten außerhalb eines gerichtlichen Verfahrens (Beratungshilfe) wird auf Antrag gewährt, wenn
1. der Rechtsuchende die erforderlichen Mittel nach seinen persönlichen und wirtschaftlichen Verhältnissen nicht aufbringen kann,
2. nicht andere Möglichkeiten für eine Hilfe zur Verfügung stehen, deren Inanspruchnahme dem Rechtsuchenden zuzumuten ist.
3. die Wahrnehmung der Rechte nicht mutwillig ist.

^{II} Die Voraussetzungen des Absatzes 1 Nr. 1 sind gegeben, wenn dem Rechtsuchenden Prozeßkostenhilfe nach den Vorschriften der Zivilprozeßordnung ohne einen eigenen Beitrag zu den Kosten zu gewähren wäre.

§ 2. ^I Die Beratungshilfe besteht in Beratung und, soweit erforderlich, in Vertretung.

^{II} Beratungshilfe nach diesem Gesetz wird gewährt in Angelegenheiten
1. des Zivilrechts außer in Angelegenheiten, für deren Entscheidung die Gerichte für Arbeitssachen ausschließlich zuständig sind,
2. des Verwaltungsrechts,
3. des Verfassungsrechts.

In Angelegenheiten des Strafrechts und des Ordnungswidrigkeitenrechts wird nur Beratung gewährt. Ist es im Gesamtzusammenhang notwendig, auf andere Rechtsgebiete einzugehen, wird auch insoweit Beratungshilfe gewährt.

^{III} Beratungshilfe nach diesem Gesetz wird nicht gewährt in Angelegenheiten, in denen das Recht anderer Staaten anzuwenden ist, sofern der Sachverhalt keine Beziehung zum Inland aufweist.

§ 3. ^I Die Beratungshilfe wird durch Rechtsanwälte gewährt, auch in Beratungsstellen, die auf Grund einer Vereinbarung mit der Landesjustizverwaltung eingerichtet sind.

^{II} Die Beratungshilfe kann auch durch das Amtsgericht gewährt werden, soweit dem Anliegen durch eine sofortige Auskunft, einen Hinweis auf andere Möglichkeiten für Hilfe oder die Aufnahme eines Antrags oder einer Erklärung entsprochen werden kann.

§ 4. ^I Über den Antrag auf Beratungshilfe entscheidet das Amtsgericht, in dessen Bezirk ein Bedürfnis für Beratungshilfe auftritt.

^{II} Der Antrag kann mündlich oder schriftlich gestellt werden. Der Sachverhalt, für den Beratungshilfe beantragt wird, ist anzugeben. Die persönlichen und wirtschaftlichen Verhältnisse des Rechtsuchenden sind glaubhaft zu machen. Wenn sich der Rechtsuchende wegen Beratungshilfe unmittelbar an einen Rechtsanwalt wendet, kann der Antrag nachträglich gestellt werden.

§ 5. Für das Verfahren gelten die Vorschriften des Gesetzes über die Angelegenheiten der freiwilligen Gerichtsbarkeit sinngemäß, soweit in diesem Gesetz nichts anderes bestimmt ist.

§ 6. ^I Sind die Voraussetzungen für die Gewährung von Beratungshilfe gegeben und wird die Angelegenheit nicht durch das Amtsgericht erledigt, stellt das Amtsgericht dem Rechtsuchenden unter genauer Bezeichnung der Angelegenheit einen Berechtigungsschein für Beratungshilfe durch einen Rechtsanwalt seiner Wahl aus.

^{II} Gegen den Beschluß, durch den der Antrag zurückgewiesen wird, ist nur die Erinnerung statthaft.

§ 7. Der Rechtsuchende, der unmittelbar einen Rechtsanwalt aufsucht, hat seine persönlichen und wirtschaftlichen Verhältnisse glaubhaft zu machen und zu versichern, daß ihm in derselben Angelegenheit Beratungshilfe bisher weder gewährt noch durch das Amtsgericht versagt worden ist.

§ 8. Dem Rechtsanwalt steht gegen den Rechtsuchenden, dem er Beratungshilfe gewährt, eine Gebühr von 20 Deutsche Mark zu, die er nach dessen Verhältnissen erlassen kann.

§ 9. Ist der Gegner verpflichtet, dem Rechtsuchenden die Kosten der Wahrnehmung seiner Rechte zu ersetzen, hat er die gesetzliche Vergütung für die Tätigkeit des Rechtsanwalts zu zahlen. Der Anspruch geht auf den Rechtsanwalt über. Der Übergang kann nicht zum Nachteil des Rechtsuchenden geltend gemacht werden. Zahlungen, die der Rechtsanwalt nach Satz 2 erhält, werden auf die Vergütung aus der Landeskasse (§ 131 der Bundesgebührenordnung für Rechtsanwälte) angerechnet.

Schrifttum: Birkl, Prozeßkosten- und Beratungshilfe, 2. Aufl 1981; Klinge, Beratungshilfegesetz, Komm, 1980, Schoreit-Dehn, Beratungshilfegesetz, Prozeßkostenhilfegesetz, Komm, 1982 (Bespr Bergerfurth FamRZ **82**, 1145, Bischof NJW **82**, 2548).

1) Geltungsbereich. Das Beratungshilfegesetz gilt nach seinem § 1 nur für den Bereich außerhalb eines gerichtlichen Verfahrens. Unter gerichtlichem Verfahren ist ein Verfahren beliebiger Art vor einem beliebigen staatlichen Gericht zu verstehen. Das Gesetz lehnt sich zum Teil an die Vorschriften zur Prozeßkostenhilfe, §§ 114 ff ZPO, an. Es ist zum Teil dem Rpfl übertragen, §§ 3 Z 3f, 24a RPflG, Anh § 153 GVG. Zuständig ist insoweit der Rpfl der in §§ 3 II, 4 I G genannten AG. Bei einer nachträglichen Gewährung ist ebenfalls nur dasjenige AG zuständig, in dessen Bezirk ein Beratungsbedürfnis auftritt, Zweibr Rpfleger **83**, 285.

Gegen den stattgebenden Beschluß des Rpfl ist keine Erinnerung zulässig, LG Köln Rpfleger **83**, 286. Gegen seine ablehnende Entscheidung ist die Erinnerung statthaft, § 6 II G iVm § 11 I 1 RPflG. Über sie kann das LG zu entscheiden haben, § 11 II 4, 5 RPflG, AG Lübeck Rpfleger **82**, 109, aM LG Gießen Rpfleger **83**, 285 mwN (aber § 24a II RPflG schließt § 11 II 4, 5 RPflG gerade nicht mit aus), Klinge AnwBl **82**, 291 (in sich widersprüchlich), Schoreit/Dehn § 6 Rdz 3.

Weitere Einzelheiten: Bischof NJW **81**, 894 mwN, Derleder MDR **81**, 448, Finger MDR **82**, 361, Greißinger AnwBl **82**, 288, Lindemann NJW **81**, 1638, Nöcker Rpfleger **81**, 1.

127a *Prozeßkostenvorschuß in Unterhaltssachen.* **I** In einer Unterhaltssache kann das Prozeßgericht auf Antrag einer Partei durch einstweilige Anordnung die Verpflichtung zur Leistung eines Prozeßkostenvorschusses für diesen Rechtsstreit unter den Parteien regeln.

II Die Entscheidung nach Absatz 1 ist unanfechtbar. Im übrigen gelten die §§ 620a bis 620g entsprechend.

1) Unterhaltssache, I. Die Vorschrift schafft keine sachlichrechtliche Anspruchsnorm, sondern regelt nur die raschere prozessuale Durchsetzbarkeit anderer Normen, Karlsr FamRZ **81**, 1195 mwN, Oldb FamRZ **82**, 385, aM zB Wacke MünchKomm § 1360a BGB Rdz 21. I erfaßt trotz seines scheinbar umfassenden Wortlauts nur diejenigen Unterhaltssachen, die weder von § 620 Z 9 noch von § 621f in Verbindung mit § 621 I Z 1–3, 6–9 geregelt werden. Denn jene Sondervorschriften gehen dem § 127a vor.

Es bleiben also in der Regel nur der Unterhaltsanspruch des ehelichen oder des nichtehelichen Kindes sowie anderer Verwandter, dann allerdings auch im Fall einer zugehörigen Vollstreckungsabwehrklage nach § 767, Düss FamRZ **78**, 427, nicht aber ein Anspruch eines Ehegatten auf einen Prozeßkostenvorschuß gegen den geschiedenen anderen Ehegatten, BayObLG **80**, 79 (jedenfalls nicht nach der Beendigung der Instanz), Düss FamRZ **78**, 124, Hbg FamRZ **78**, 902 mwN, StJSchl § 621f Anm 3, ThP, offen Ffm FamRZ **79**, 732, aM zB BGH NJW **80**, 1392, Celle FamRZ **78**, 783, Düss FamRZ **79**, 806, Mü FamRZ **79**, 42, Stgt NJW **79**, 1168 je mwN, AG Hanau FamRZ **79**, 419. Im Fall einer Verbindung eines Unterhaltsanspruchs mit einem anderen Anspruch gilt I nur für den Unterhalt. Das ergibt sich aus den Worten „für diesen Rechtsstreit". Daher muß man den übrigen Vorschuß notfalls durch eine Klage einholen.

2) Unterhaltspflicht, I. Unterhaltspflichtige Eltern müssen einem unterhaltsberechtigten Kind im Rahmen von § 1610 BGB die Kosten zur Führung eines Prozesses in einer persönlichen Angelegenheit des Kindes vorschießen, soweit das der Billigkeit entspricht, BGH NJW **64**, 2152 (der BGH zieht ergänzend den § 1360a IV BGB heran), Düss FamRZ **75**, 45. Das gilt auch dann, wenn das unterhaltsberechtigte Kind schon volljährig ist, BVerwG FamRZ **74**, 370 mwN. Das Gericht darf die Erfolgsaussicht des vom Kind geplanten Prozesses allenfalls im Rahmen der Billigkeitserwägungen prüfen, vgl Düss NJW **69**, 1355, insofern offenbar aM BVerwG FamRZ **74**, 371.

Ein rechtskräftig geschiedener Ehegatte hat gegenüber dem früheren Ehegatten keinen Anspruch auf einen Prozeßkostenvorschuß. Denn die Unterhaltspflicht stellt in einem solchen Fall nur eine Nachwirkung der früheren Ehe dar. Deshalb kommt die Vorschußpflicht innerhalb der Ehe, die in Wirklichkeit nur eine andere Seite der Unterstützungspflicht aus der Lebensgemeinschaft heraus darstellt, hier nicht in Betracht, zB Düss (1. FamS) FamRZ **78**, 124, Ffm FamRZ **70**, 141, Hbg FamRZ **78**, 902, Nürnb NJW **82**, 584, Oldb FamRZ **82**, 385 je mwN, LG Krefeld FamRZ **63**, 256, LG Wuppertal NJW **65**, 869, aM zB Düss (3. FamS) FamRZ **79**, 1025, Ffm FamRZ **79**, 593, **81**, 165, Hamm FamRZ **79**, 43 und 1025, Oldb NJW **82**, 2736, LG Darmst NJW **74**, 1712 je mwN, vgl auch Hamm FamRZ **77**, 466.

Der nichteheliche Vater muß dem nichtehelichen Kind einen Prozeßkostenvorschuß zahlen. Das Kind kann ihn notfalls als Sonderbedarf geltend machen, § 1613 II BGB. Sofern ein bisher eheliches Kind die Ehelichkeit durch eine Klage gegen den Vater anficht, braucht der beklagte Vater dem Kläger keinen Prozeßkostenvorschuß zu zahlen, Kblz FamRZ **76**, 359.

3) Verfahren, I, II. A. Zuständigkeit, I. Das Wort „kann" in I bedeutet, wie so oft, lediglich eine Zuständigkeitsregelung, keinen Ermessensspielraum. Sofern die gesetzlichen Voraussetzungen von I vorliegen, muß das Gericht also prüfen, ob eine Regelung vorzunehmen ist. Denn § 127a will die früher oft langwierigen Auseinandersetzungen über den Prozeßkostenvorschuß gerade beseitigen.

B. Weitere Einzelheiten, II. Das Verfahren ist wie bei den §§ 620a–g geregelt. Der Antrag ist zulässig, sobald die Unterhaltssache anhängig ist. Eine Rechtshängigkeit ist nicht erforderlich. Der Antrag kann zum Protokoll des Urkundsbeamten der Geschäftsstelle eines jeden AG gestellt werden, § 129a. Die im Antrag genannten Tatsachen müssen in der Regel glaubhaft gemacht werden. Das Gericht muß unter Umständen das Jugendamt anhören. Eine mündliche Verhandlung ist nicht erforderlich.

Die Entscheidung erfolgt durch einen Beschluß des Gerichts des Rechtszugs. Der Beschluß ist grundsätzlich zu begründen, § 329 Anm 1 A b. Er wird verkündet oder formlos mitgeteilt, § 329 II 1. Denn er ist unanfechtbar, II 1, vgl Ffm FamRZ **79**, 538. Man kann ihn auch nicht auf dem Umweg über eine Beschwerde im Verfahren auf die Bewilligung einer Prozeßkostenhilfe nach § 127 anfechten, Ffm FamRZ **79**, 594.

7. Titel. Prozeßkostenhilfe und Prozeßkostenvorschrift § 127a, Grundz § 128 1, 2

Der Beschluß des Gerichts ist grundsätzlich sofort vollziehbar, auch wenn darüber im Beschluß nichts ausdrücklich steht. Das Gericht kann seinen Beschluß auf Grund eines Antrags des Betroffenen aufheben oder abändern. Eine solche aufhebende oder abändernde Entscheidung ist ebenfalls grundsätzlich zu begründen, § 329 Anm 1 A b. In einem solchen Fall setzt das Gericht unter Umständen die Vollziehung ausdrücklich aus. Ein gleichzeitiger Antrag auf die Bewilligung einer Prozeßkostenhilfe ist zulässig, aber nur dann sinnvoll, wenn eine einstweilige Anordnung voraussichtlich nicht für das Verfahren der Hauptsache ausreicht. Denn andernfalls muß eine Prozeßkostenhilfe versagt werden.

Gebühren: Des Gerichts: ½, KV 1160. Des Anwalts: § 41 I 1 a BRAGO.

Dritter Abschnitt. Verfahren

Grundzüge

Gliederung

1) **Inhalt des 3. Abschnitts**
   A. Geltungsbereich
   B. Bedeutung der ersten Instanz
2) **Prozeßrechtsverhältnis**
   A. Allgemeines
   B. Einzelne Partei und Gericht
   C. Parteien untereinander
   D. Mitwirkungspflicht
   E. Förderungspflicht
   F. Prozeßwirtschaftlichkeit
   G. Lauterkeitspflicht
   H. Rechtsnachfolge
3) **Parteiherrschaft, Beibringungsgrundsatz, Verhandlungsmaxime**
   A. Parteiherrschaft
   B. Beibringungsgrundsatz, Verfügungsgrundsatz
   C. Tatsachenstoff
   D. Durchbrechung des Beibringungsgrundsatzes
      a) Allgemeines
      b) Einzelne Auswirkungen
         aa) Aufklärungspflicht
         bb) Beweiserhebung von Amts wegen
         cc) Zurückweisungspflicht
         dd) Amtsermittlung
   E. Würdigungsfreiheit des Gerichts
   F. Verstoß
   G. Ermittlungsgrundsatz
   H. Amtsprüfung
4) **Rechtliches Gehör**
   A. Allgemeines
   B. Verstoß
5) **Prozeßhandlung**
   A. Allgemeines
   B. Parteiprozeßhandlung
   C. Rechtsgeschäft
   D. Einzelnes
   E. Willensmängel
   F. Treu und Glauben
   G. Widerruf
   H. Sachlichrechtliche Folgen
   J. Prozeßhandlung und Privatrechtsgeschäft
      a) Äußerliche Verbindung
      b) Inhaltliche Verbindung
6) **VwGO**

1) Inhalt des 3. Abschnitts. A. Geltungsbereich. Die Vorschriften des 3. Abschnitts sind im Streitverfahren aller Instanzen anwendbar. In den besonderen Verfahrensarten sind diese Vorschriften nur mit gewissen Abweichungen anwendbar. Ergänzungen befinden sich in den §§ 169–202 GVG.

B. Bedeutung der ersten Instanz. Nach dem Aufbau des Gesetzes ist das Verfahren der ersten Instanz das Kernstück des gesamten Zivilprozesses. Das erstinstanzliche Verfahren zielt darauf ab, den tatsächlichen Sachverhalt möglichst erschöpfend aufzuklären. Freilich besteht keine Pflicht zur Ermittlung von Amts wegen, von besonderen Verfahrensarten (Kindschaftsverfahren usw) abgesehen. Trotzdem hat das Gericht eine erhebliche Pflicht zur Mitwirkung an der Aufklärung des Sachverhalts. Die Parteien sind freilich in noch größerem Maße zu einer solchen Mitwirkung verpflichtet. Grundlage dieser Pflicht ist das Prozeßrechtsverhältnis, Anm 2. Durch eine Verletzung dieser Pflicht können schwere Rechtsfolgen entstehen.

2) Prozeßrechtsverhältnis

Schrifttum: Baumann, Grundbegriffe und Verfahrensprinzipien des Zivilprozeßrechts, 2. Aufl 1979; Damrau, Die Entwicklung einzelner Prozeßmaximen usw, 1975 (Bespr Bruns ZZP **90**, 306, Grunsky NJW **76**, 666, Matscher JZ **78**, 579); Hagen, Allgemeine Verfahrenslehre und verfassungsgerichtliches Verfahren, 1971; derselbe, Elemente einer allgemeinen Prozeßlehre usw, 1972; Konzen, Rechtsverhältnisse zwischen Prozeßparteien usw, 1976 (Bespr Rimmelspacher ZZP **90**, 321); Schlosser, Einverständliches Parteihandeln im Zivilprozeß, 1968.

A. Allgemeines. Die Lehre vom Prozeßrechtsverhältnis erschließt das Verständnis vieler prozessualer Vorgänge. Aus dem Prozeßrechtsverhältnis ergeben sich zahlreiche unmittelbare Rechtsfolgen. Das Prozeßrechtsverhältnis äußert sich in einer Reihe von Grundsätzen und Pflichten. Die Bedeutung dieser Pflichten ist seit der Vereinfachungsnovelle von 1977 erheblich gestiegen.

Es ist allerdings keineswegs unstreitig, ob, zwischen wem und mit welchem Inhalt ein Prozeßrechtsverhältnis besteht. Hellwig § 138 ließ ein Prozeßrechtsverhältnis nur zwischen dem Gericht einerseits, den Parteien andererseits bestehen. Bülow ZZP **27**, 224 ließ ein solches Verhältnis auch zwischen den Parteien entstehen. Man hat ein solches Verhältnis auch ganz geleugnet und den Prozeß auf sog Rechtslagen zurückgeführt, also auf bloße Aussichten, Möglichkeiten und Lasten, auf Entwicklungsstufen des Prozesses (Goldschmidt). Aus solchen bloßen Entwicklungsstufen lassen sich keine unmittelbaren Pflichten ableiten. Demgegenüber sieht Blomeyer ZPR § 11 im Prozeßrechtsverhältnis die Gesamtheit der Rechtsfolgen, welche die Prozeßordnung an die Tatsache knüpft, daß ein Prozeß begonnen hat und fortgeführt wird. Der früher fast allgemein vertretene Standpunkt, es gebe keine prozeßrechtlichen Pflichten, war immer falsch und widerspricht dem Gesetz, vgl nur § 138 I.

B. Einzelne Partei und Gericht. Die Beziehungen einer jeden einzelnen Partei zum Gericht lassen sich kaum als Prozeßrechtsverhältnis kennzeichnen. Denn diese Beziehungen sind nicht anders als die Beziehungen sonstiger Personen zu beliebigen anderen Behörden. Jede Behörde muß ihr Amt pflichtgemäß ausüben. Wer ihren Schutz beansprucht, muß sich ihren Anordnungen in einem gesetzlich bestimmten Umfang fügen und muß die Behörde in einem gesetzlich bestimmten Umfang durch seine Mitwirkung unterstützen. Insofern besteht allerdings eine Mitwirkungspflicht, wie sie auch innerhalb eines Prozeßrechtsverhältnisses vorliegt, vgl D. Dessen ungeachtet sind solche Beziehungen zwischen der einzelnen Partei und dem Gericht eben nicht typisch prozessual.

C. Parteien untereinander. Das Prozeßrechtsverhältnis ist eine Beziehung zwischen mindestens zwei Parteien. Die dem Prozeßrechtsverhältnis entfließenden Rechte und Pflichten wirken sich im Spannungsfeld zwischen dem Gericht und beiden Parteien aus. Deshalb entsteht das Prozeßrechtsverhältnis auch grundsätzlich erst mit der Klagerhebung, § 253, Saarbr NJW **74**, 1661. Die bloße Einreichung der Klage begründet zunächst nur Rechtsbeziehungen zwischen dem Einreicher und dem Gericht. Solange der Gegner des Einreichers von dem Vorgang nichts weiß und nichts zu wissen braucht, kann man ihm in Bezug auf diesen Vorgang weder Rechte noch Pflichten zusprechen. Von diesem Grundsatz gibt es allerdings erhebliche Ausnahmen, etwa im Verfahren auf die Bewilligung einer Prozeßkostenhilfe oder im vorläufigen Verfahren auf den Erlaß eines Arrests oder einer einstweiligen Verfügung.

Zur sog ,,Schutzschrift" Teplitzky NJW **80**, 1667; sie ist im Gesetz nicht vorgesehen und dogmatisch zumindest insofern problematisch, als sie auf Pflichten des Gerichts abzielt, die zumindest teilweise unbestimmt lange Zeit vor der bloßen Anhängigkeit eines Rechtsschutzgesuchs eines Klägers bzw Antragstellers entstehen sollen. Sie hat sich freilich im Wettbewerbsrecht eingebürgert, Teplitzky NJW **80**, 1667. ThP § 935 Anm 4 empfehlen sogar ihre vorsorgliche Einreichung bei jedem etwa zuständigen Gericht. Das zeigt, insbesondere bei einer Anwendbarkeit des § 32, das Ausmaß der Problematik.

Die Kosten der Schutzschrift können erstattungsfähig sein, § 91 Anm 5 ,,Schutzschrift".

Die Klagerhebung erfolgt durch die Zustellung der Klage. Für die Entstehung des Prozeßrechtsverhältnisses ist es grundsätzlich unerheblich, ob die Klagezustellung mangelhaft ist, vgl § 589. Die Klagerhebung zieht den privatrechtlichen Anspruch aus dem privaten Bereich in denjenigen der Rechtsgemeinschaft. Diese wird vom Kläger in Form der Staatsgewalt angerufen. Sie muß darüber wachen, daß Recht Recht bleibt.

Das Prozeßrechtsverhältnis ist öffentlichrechtlich. Die privaten Beziehungen der Parteien untereinander während des Prozesses sind für das Prozeßrechtsverhältnis grundsätzlich unwesentlich. Das Prozeßrechtsverhältnis begründet prozessuale Pflichten. Ihre Verletzung zieht prozessuale Nachteile nach sich. Sie kann außerdem sachlichrechtliche Folgen haben. Sie kann strafbar sein.

Das Prozeßrechtsverhältnis äußert sich im wesentlichen in den nachfolgenden Pflichten.

D. Mitwirkungspflicht. Keine Partei ist wie ein Zeuge genötigt, zur Vermeidung eines unmittelbaren Zwangs zu handeln oder Erklärungen abzugeben. Nur ihr Ausbleiben kann zu einem unmittelbaren Rechtsnachteil führen, § 141. Wer sich aber an einem Verfahren nicht beteiligt, obwohl er einen anderen oder obwohl ihn ein anderer vor Gericht gezogen hat, der erleidet als ,,Säumiger" erhebliche prozessuale Nachteile. Sie können bis zum

Verlust des Prozesses gehen. Insofern besteht eine sehr erhebliche und weitreichende Mitwirkungspflicht.

E. Förderungspflicht. Während die Mitwirkungspflicht die Frage regelt, ob eine Partei überhaupt durch ihr Erscheinen und/oder ihre Erklärungen am Fortgang des Verfahrens mithelfen muß, regelt die Förderungspflicht zusammen mit dem Grundsatz der Prozeßwirtschaftlichkeit und zusammen mit der Lauterkeitspflicht, F und G, den Umfang der erforderlichen Mitwirkung näher.

Die Förderungspflicht ist die Pflicht, nach Kräften dazu beizutragen, daß der Prozeßstoff unverzüglich voll gesammelt werden kann. Diese Pflicht kann sich sowohl in zeitlicher Beziehung als auch in räumlicher Hinsicht und schließlich in der Art und Weise der Mitwirkung ausdrücken. In jeder dieser Beziehungen muß jede Partei während des gesamten Prozesses den Grundsatz von Treu und Glauben beachten, vgl Einl III 6.

Die Verletzung der Förderungspflicht kann erhebliche Nachteile herbeiführen, etwa die Aufhebung der Bewilligung einer Prozeßkostenhilfe, § 124, oder eine Zurückweisung des Vortrags wegen Verspätung. Die Verletzung der Förderungspflicht kann als Prozeßbetrug strafbar sein. Die Geltendmachung eines Rechts kann überhaupt als Rechtsmißbrauch unzulässig sein.

Die Förderungspflicht kann recht weit gehen. Zu ihr kann die Pflicht gehören, sich einer erbkundlichen Untersuchung zu unterwerfen, § 372a.

Bei einem Verstoß gegen die Förderungspflicht sollte man allerdings nicht von prozessualer Verwirkung sprechen. Denn der Prozeß als ein öffentlichrechtliches Verhältnis kennt nicht den Gedanken einer Verwirkung.

F. Prozeßwirtschaftlichkeit

Schrifttum: von Mettenheim, Der Grundsatz der Prozeßökonomie im Zivilprozeß, 1970; Schmidt, Der Zweck des Zivilprozesses und seine Ökonomie usw, 1973.

Das Gericht und beide Parteien haben die Pflicht, den Prozeß möglichst zweckmäßig und billig zu gestalten, insofern grds richtig LG Kassel AnwBl **81**, 448. Es handelt sich nicht um eine nur technische Aufgabe, sondern um eine ethische und daher auch rechtliche Pflicht des Gerichts, Schumann Festschrift für Larenz (1973) 271, vgl auch Hütten, Die Prozeßökonomie usw, Diss Würzb 1975. Das Gericht ist für die Rechtsuchenden da und nicht umgekehrt. Die Pflicht der Parteien zur Prozeßwirtschaftlichkeit entfließt dem Prozeßrechtsverhältnis, BPatG GRUR **78**, 559. Wer die Rechtsgemeinschaft anruft, muß sich einordnen. Diese Einordnung verlangt auch eine Rücksicht auf berechtigte Belange des Prozeßgegners, soweit eine solche Rücksicht zumutbar ist.

Darum muß nicht nur das Gericht, sondern auch jede Partei den einfachsten und billigsten Weg zur Erreichung des Ziels wählen, vgl Einl III 3 A. Jede Partei muß unter anderem darauf achten, die Prozeßkosten möglichst niedrig zu halten.

Auf dem Grundsatz der Pflicht zur Prozeßwirtschaftlichkeit beruhen teilweise die Wirkungen der Rechtshängigkeit und Rechtskraft.

Ein Verstoß gegen die Pflicht zur Prozeßwirtschaftlichkeit kann dazu führen, daß der Kläger das Rechtsschutzbedürfnis verliert. In diesem Fall muß das Gericht die Klage durch ein Prozeßurteil ohne eine Sachprüfung als unzulässig abweisen, Grdz 5 B vor § 253. So kann zB eine Leistungsklage dazu führen, daß die daneben erhobene Feststellungsklage zu demselben Sachverhalt unzulässig wird. Man sollte aber das Rechtsschutzbedürfnis nicht zu schnell verneinen. Eine solche Methode wäre nämlich ein Mißbrauch des Gebots der Prozeßwirtschaftlichkeit, Bull SchlHA **74**, 149.

G. Lauterkeitspflicht. Die Parteien haben ebenso wie das Gericht die Pflicht, alle ihre Handlungen, Unterlassungen und Entscheidungen in voller Aufrichtigkeit zu treffen und zu führen, also Treu und Glauben zu beachten. Diese Pflicht ist nicht ernst genug zu nehmen. Sie enthält vor allem die Wahrheitspflicht, die § 138 besonders ausspricht.

H. Rechtsnachfolge. Wer zum Rechtsnachfolger einer Partei wird, wird auch ihr Rechtsnachfolger im Prozeßrechtsverhältnis. Etwas anderes gilt nur dann, wenn eine Rechtsnachfolge außerhalb der im Gesetz geregelten Fälle stattfindet, vgl bei § 263. Nur in diesem letzteren Fall wirkt eine Prozeßhandlung der alten Partei nicht für oder gegen die neue.

3) Parteiherrschaft, Beibringungsgrundsatz, Verhandlungsmaxime

Schrifttum: Bathe, Verhandlungsmaxime und Verfahrensbeschleunigung usw, 1977 (Bespr Weyers ZZP **92**, 373); Baur, Vereinbarungen der Parteien über präjudizielle Rechtsverhältnisse, Festschrift für Böttcher (1969) 1; Bomsdorf, Prozeßmaximen und Rechtswirklichkeit, Verhandlungs- und Untersuchungsmaxime im deutschen Zivilprozeß usw,

1971 (Bespr Bettermann ZZP **88**, 347); Brehm, Bindung des Richters an den Parteivortrag und Grenzen freier Verhandlungswürdigung, 1982 (Bespr Schlosser JZ **82**, 655, Schneider NJW **82**, 2300); Brüggemann, Judex statutor und judex investigator. Untersuchungen zur Abgrenzung zwischen Richtermacht und Parteienfreiheit im gegenwärtigen deutschen Zivilprozeß, 1968; Jauernig, Verhandlungsmaxime, Inquisitionsmaxime und Streitgegenstand, 1967; Rimmelspacher, Zur Prüfung von Amts wegen im Zivilprozeß, 1966; Soehring, Die Nachfolge in Rechtslagen aus Prozeßverträgen, 1968; Schlosser, Einverständliches Parteihandeln im Zivilprozeß, 1968; Schmidt-Hieber, Richtermacht und Parteiherrschaft über offenkundige Tatsachen, Diss Freibg 1975; Schönfeld, Zur Verhandlungsmaxime im Zivilprozeß usw, 1981 (Bespr Peters ZZP **96**, 279); Steif, Die Ausschaltungsbefugnis. Ein Beitrag zur Lehre von der Dispositionsfreiheit der Parteien im Zivilprozeß, Diss Ffm 1969; Stürner, Verfahrensgrundsätze des Zivilprozesses und Verfassung, Festschrift für Baur (1981) 647 (650); Weyers, Über Sinn und Grenzen der Verhandlungsmaxime im Zivilprozeß, Festschrift für Esser (1975) 193; Würthwein, Umfang und Grenzen des Parteieinflusses usw, 1977 (Bespr Schlosser ZZP **91**, 361); Zettel, Der Beibringungsgrundsatz usw, 1977 (krit Prütting NJW **80**, 362); Ziegler, Bestehen Möglichkeiten zur Beseitigung der inquisitorischen Stellung des erkennenden Gerichts de lege ferenda? Diss Mü 1961.

A. Parteiherrschaft. Private Rechtsbeziehungen lassen ganz überwiegend eine freie Gestaltung durch die Beteiligten zu. Oft setzt allerdings das Gesetz dieser Freiheit Schranken. Eine gesetzliche Aufhebung dieser Gestaltungsfreiheit ist selten. Sie liegt meist dann vor, wenn die Belange der Allgemeinheit überwiegen, wie im Ehe-, Kindschafts-, Entmündigungs- oder Aufgebotsrecht, also bei einem Rechtsverhältnis, dessen Austragung im Rechtsweg systematisch in das Verfahren der freiwilligen Gerichtsbarkeit führt, Einl III 1 B, § 621e.

Soweit die Parteien ihre Rechtsbeziehungen frei gestalten dürfen, müssen sie das auch im Prozeß tun können. Denn der Prozeß bezweckt ja nur die Durchsetzung eines privaten Rechts, KG JR **82**, 170. Deshalb kann man von einer Parteiherrschaft im Zivilprozeß sprechen.

Die Parteien bestimmen den Gegenstand des Prozesses grundsätzlich selbst durch ihre Anträge. Das Gericht darf einer Partei bis auf die Kostenfrage nichts zusprechen, was sie nicht begehrt hat, § 308. Mit dem Beibringungsgrundsatz, unter den diese Regel meistens gebracht wird, hat das nichts zu tun.

B. Beibringungsgrundsatz, Verfügungsgrundsatz. Selbst wenn zwei Parteien ihre privaten Rechtsbeziehungen grundsätzlich frei untereinander gestalten dürften, ist damit noch nicht gesagt, daß sie auch den Zivilprozeß völlig frei gestalten dürften. Die ZPO geht trotz zahlloser tiefgreifender Änderungen im Kern immer noch von liberalen Grundsätzen aus. Sie läßt den Parteien immer noch und bei genauer Betrachtung heutzutage wieder erheblich mehr als in vergangenen Jahrzehnten eine erhebliche Macht, vgl auch Bender JZ **82**, 711, Bettermann ZZP **91**, 387, Leipold JZ **82**, 448, Prütting NJW **80**, 362. Diese Macht nennt man üblicherweise den Verhandlungsgrundsatz, die „Verhandlungsmaxime". Kennzeichnender ist aber der Ausdruck Beibringungsgrundsatz.

Der Beibringungsgrundsatz bezeichnet die noch in weitem Umfang bestehende Herrschaft über das Verfahren. Die Herrschaft über den sachlichen Anspruch nennt man zweckmäßig den Verfügungsgrundsatz (Dispositionsgrundsatz).

Die Entscheidungsfreiheit einer Partei, ob sie das Gericht überhaupt anrufen will, gehört weder zum Beibringungsgrundsatz noch zum Verfügungsgrundsatz. Sie folgt einfach daraus, daß der Staat seinen Schutz im zivilrechtlichen Bereich niemandem aufdrängt, sofern Belange der Allgemeinheit nur in zweiter Linie berührt werden.

Die Prozeß- und Entscheidungsvoraussetzungen sind der Parteiverfügung weitgehend entzogen.

C. Tatsachenstoff. Der Beibringungsgrundsatz hat namentlich die Folge, daß die Parteien darüber entscheiden können, welchen Tatsachenstoff sie dem Gericht unterbreiten, also behaupten, bestreiten, zugestehen wollen, BVerfG NJW **79**, 1927, vgl Hägele AnwBl **77**, 403. Das Gericht darf solche Tatsachen, die die Parteien nicht vorbringen, grundsätzlich nicht berücksichtigen, BGH MDR **78**, 567, LG Bln NJW **78**, 1061. Das gilt selbst dann, wenn es sich um offenkundige Tatsachen handelt, Schlesw SchlHA **74**, 168, aM RoS § 117 I 3, vgl freilich auch § 291 Anm 2 B. Das Gericht darf auch nicht an die Stelle nicht vorgetragener Tatsachen solche Tatsachen setzen, die sonst aufgetaucht sind, BGH DB **73**, 1792. Was die Parteien übereinstimmend nicht berücksichtigt haben wollen, scheidet für die

Urteilsfindung aus. Das gilt sogar in der zweiten Instanz für solche Tatsachen, die die Parteien nur in der ersten Instanz vorgebracht hatten.

Dieser Grundsatz wird auch nicht etwa dadurch durchbrochen, daß das Gericht zB eine von den Parteien übersehene Textstelle eines Vertrags zur Sprache bringt oder eine gerichtskundige Tatsache pflichtgemäß als solche mitteilt, aM offenbar Schneider DRiZ **80**, 221 (er prüft nicht genügend, wie weit man den Begriff der Beibringung ziehen muß).

Andererseits ist das Gericht an eine übereinstimmend vorgetragene Tatsache gebunden, LG Bln NJW **78**, 1061. Das Gericht ist aber nur an den reinen Tatsachenvortrag gebunden, nicht an eine etwa übereinstimmende rechtliche Beurteilung beider Parteien, E, BGH NJW **78**, 1255, s aber auch § 138 Anm 1 D.

D. Durchbrechung des Beibringungsgrundsatzes. a) Allgemeines. Der Gesetzgeber hat den Beibringungsgrundsatz fortlaufend abgeschwächt. Er hat ihn allerdings entgegen Vollkommer Rpfleger **78**, 54 (er spricht mißverständlich von einem „Partei-Betrieb"), Wassermann DRiZ **83**, 5 (er spricht beim richtigen Hinweis auf die Notwendigkeit einer „anregenden Verhandlungsleitung" verfehlt von einer heute nur noch „angeblichen" Verhandlungsmaxime) keineswegs restlos abgeschafft, vgl Bettermann ZZP **91**, 390. Daran ändern auch die zunehmenden Versuche nichts, von der Privatautonomie zu einer „Sozialautonomie", Schmidt JZ **80**, 153 mwN, oder vom „bürgerlichen Prozeß" zum „sozialen Prozeß", Wassermann, Der soziale Zivilprozeß, 1978, zu führen. Gegen seine Vorstellung vom Prozeß als einer „Arbeitsgemeinschaft" auch zB Henckel, Gedächtnisschrift für Bruns (1980) 125.

Vielmehr hat der Gesetzgeber gerade durch die Vereinfachungsnovelle 1977 kräftig verdeutlicht, daß der Zivilprozeß in erheblichem Umfang der Prozeß zweier Parteien ist, die um ihr Recht miteinander streiten mögen und an dessen objektiv gerechtem Ausgang die Allgemeinheit durch das Gericht nur in begrenztem Maße interessiert ist, nämlich nur insoweit, als die Parteien die Allgemeinheit nicht übermäßig lange oder übermäßig umfangreich in Anspruch nehmen. Gerade das entspricht der auch in Art 1, 2 GG den Richter verpflichtenden Würde der Parteien als der eigentlichen Herren des Zivilprozesses weit eher als allzu „soziale" Bevormundungen. Deren Befürworter verwechseln die Herrschaft der Parteien über den Anspruch mit ihrer notgedrungen nur eingeschränkten Herrschaft über das Wo, Wann und Wie seiner verfahrensmäßigen Durchsetzbarkeit.

Deshalb verdienen auch weder die bewußten Versuche einer versteckten oder direkten „Sozialisierung" des Zivilprozesses noch die ihnen im Ergebnis nahezu gleichstehenden Bemühungen Unterstützung, ständig nur einer Komponente der Rechtsidee, der Gerechtigkeit, vor den anderen Komponenten der Zweckmäßigkeit und Rechtssicherheit den Vorrang einzuräumen. Vgl auch § 296 Anm 1 A.

b) Einzelne Auswirkungen. Abschwächungen des Beibringungsgrundsatzes finden sich etwa in folgenden Beziehungen:

aa) Aufklärungspflicht. Das Gericht hat im Rahmen seiner Aufgabe der Prozeßleitung eine Frage- und Aufklärungspflicht, Üb 2 vor § 128 und § 139. Diese besteht aber trotz Art 103 I GG nicht allgemein und umfassend, BVerfG **42**, 79, 85, BGH **85**, 291 mwN. Die Parteien haben eine Wahrheitspflicht, § 138 I, vgl Nagel DRiZ **77**, 323.

bb) Beweiserhebung von Amts wegen. Das Gericht darf von Amts wegen anordnen, daß im Zivilprozeß der Beweis des Augenscheins oder der Sachverständigenbeweis erhoben werden soll. In einem Verfahren mit dem Amtsermittlungsgrundsatz, zB Eheverfahren, darf das Gericht alle Arten von Beweis von Amts wegen erheben.

cc) Zurückweisungspflicht. Das Gericht darf und muß unter Umständen ein verspätetes Vorbringen zurückweisen. Das gilt selbst dann, wenn beide Parteien um die Berücksichtigung des verspäteten Vortrags bitten. Denn der Parteiherrschaft unterliegt nur die Frage, welche Tatsachen die Parteien wann vorbringen, nicht aber die Frage, mit welchem Grad von Sorgfalt das Gesetz ihr Tun mißt. Das sieht Schneider NJW **79**, 2506 nicht scharf genug.

dd) Amtsermittlung. Im Ehe-, Familien-, Kindschafts- und Entmündigungsverfahren besteht in erheblichem Umfang der Grundsatz der Ermittlung von Amts wegen. Dasselbe gilt im Aufgebotsverfahren und während der Zwangsvollstreckung, Grdz 6 A vor § 704. Wegen des arbeitsgerichtlichen Beschlußverfahrens Fenn Festschrift für Schiedermair (1976) 139.

E. Würdigungsfreiheit des Gerichts. Der Beibringungsgrundsatz besagt nur, daß die Parteien die Herrschaft über den Tatsachenstoff haben. Das Gericht behält die alleinige Entscheidungsfreiheit über die Würdigung der beigebrachten Tatsachen in tatsächlicher und rechtlicher Hinsicht. Das Gericht kann also einen rechtlichen Gesichtspunkt auch dann heranziehen, wenn keine Partei ihn für erheblich hält oder wenn beide Parteien meinen, er dürfe nicht beachtet werden. Eine Ausnahme von dieser Auswirkung mag etwa dann bestehen, wenn es um die Frage geht, ob eine Verjährung beachtet werden darf. Denn es muß dem Schuldner freistehen, die Einrede der Verjährung geltend zu machen. Das Gericht darf eine beigebrachte Tatsache anders als die Parteien würdigen. Das gilt sowohl für die tatsächliche Beurteilung, etwa die Prüfung der Glaubhaftigkeit einer Erklärung, als auch für die rechtliche Einordnung, abw zB Würthwein 128 (ihm zustm Schlosser **ZZP 91**, 361 mwN).

Das Gericht darf und muß Erklärungen der Partei und Urkunden frei auslegen. Es ermittelt und benutzt etwaige Erfahrungssätze grundsätzlich nach eigenem Befinden. Das gilt auch im Bereich des Anscheinsbeweises. Die etwaige Frage- und Erörterungspflicht des Gerichts, §§ 138, 278 III, ändert an dieser grundsätzlichen Würdigungsfreiheit nichts.

Die Parteien können also zB das Gericht nicht dazu zwingen, einen nach seiner Auffassung nichtigen Grundstückskaufvertrag als einen gültigen Vertrag zu behandeln, BGH **MDR 69**, 468. Was eine Partei vorträgt, muß sie umgekehrt regelmäßig auch dann gegen sich gelten lassen, wenn sie die Rechtsfolge ihres Tatsachenvortrags nicht eintreten lassen möchte, BGH **VersR 74**, 160.

F. Verstoß. Ein Verstoß gegen die Parteiherrschaft oder den Beibringungsgrundsatz ist ein wesentlicher Verfahrensmangel. Dieser Mangel kann aber durch einen Verzicht oder nach § 295 heilen, BGH **VersR 77**, 1125.

G. Ermittlungsgrundsatz. Im Gegensatz zum Beibringungsgrundsatz steht der Ermittlungsgrundsatz (Inquisitionsgrundsatz). Er ist wiederum an dem Grundsatz einer bloßen Prüfung von Amts wegen, H, zu unterscheiden.

Der Ermittlungsgrundsatz nötigt das Gericht zu einer Ermittlung der entscheidungserheblichen Tatsachen und sonstigen Umstände von Amts wegen. Er beherrscht den Strafprozeß, das Bußgeldverfahren, in großem Umfang auch das Ehe-, Familien-, Kindschafts-, Entmündigungs- und Aufgebotsverfahren, also die sog Ermittlungsverfahren (Offizialverfahren). Er hat aber auch im „normalen" Zivilprozeß eine gewisse Bedeutung, etwa dann, wenn das Gericht im Zusammenhang mit der Klärung von Schadensersatzansprüchen den Ausgang eines stattgefundenen oder nur zu unterstellenden Vorprozesses nur mit Hilfe fremder Verfahrensordnungen feststellen kann, Baur Festschrift für Larenz (1973) 1076. Zu seiner Bedeutung im Patentnichtigkeitsverfahren Schmieder **GRUR 82**, 348.

H. Amtsprüfung. Der Grundsatz der Amtsprüfung (Offizialprüfung, Prüfung von Amts wegen) ist vom Ermittlungsgrundsatz, G, zu unterscheiden.

Bei einer Amtsprüfung findet keine amtliche Untersuchung statt. Das Gericht macht vielmehr nur von Amts wegen auf gewisse Bedenken aufmerksam, BGH **VersR 76**, 193, Baumgärtel **BB 74**, 1174; Herbst **Rpfleger 74**, 247, vgl Hägele **AnwBl 77**, 403, und fordert die Parteien auf, diese Bedenken durch Nachweise zur Gewißheit zu machen oder zu entkräften, BGH **NJW 76**, 149, Mümmler **JB 77**, 918. Im Rahmen einer Amtsprüfung muß das Gericht also ohne eine Bindung an ein Geständnis und unabhängig von einem Verzicht oder einer Säumnis, BGH **NJW 76**, 149, eine volle Überzeugung von der Wahrheit desjenigen Punkts erlangen, der der Amtsprüfung unterliegt, Ffm **Rpfleger 80**, 70 mwN. In einem Eilverfahren genügt im allgemeinen statt einer vollen Überzeugung derjenige Grad von Wahrscheinlichkeit, der zur Glaubhaftmachung ausreicht, § 294.

Die Amtsprüfung findet vor allem im Zusammenhang mit der Prüfung der Zulässigkeit des Prozesses statt, vgl zB BGH **LM** § 304 Nr 37 mwN, ferner bei § 56, dort Anm 1 A, oder im Zusammenhang mit der Prüfung der Zulässigkeit einer Prozeßhandlung, Darüber hinaus benutzt man den Ausdruck Amtsprüfung oft bei der Klärung der Voraussetzungen einer Rechtsanwendung, etwa bei der Prüfung einer Notfrist, BGH **NJW 76**, 149. Ferner hat die Amtsprüfung Bedeutung zB bei der Würdigung eines Beweisergebnisses. Hier entfällt eine Einwirkungsmöglichkeit der Parteien weitgehend, vgl zB die §§ 452, 439, 391 (das Gesetz spricht das nur bei §§ 617, 640, 670, 679 besonders aus).

4) Rechtliches Gehör

Schrifttum: Schwartz, Gewährung und Gewährleistung des rechtlichen Gehörs usw, Diss Bln 1977; Zeuner, Rechtliches Gehör, materielles Recht und Urteilswirkungen, 1974 (Bespr Schlosser **FamRZ 75**, 728, Wolf **ZZP 90**, 119). Zu den Sanktionen bei einer Verletzung des Anspruchs Henckel **ZZP 77**, 321.

A. Allgemeines. Das rechtliche Gehör ist ein Verfassungsgebot, Art 103 I GG, dazu zB BVerfG **42**, 367, vgl ferner Einl III 3 A mwN. Das rechtliche Gehör ist ein Eckpfeiler des gesamten Zivilprozeßrechts und jedes geordneten Verfahrens. Das Gericht darf eine jede Entscheidung grundsätzlich nur im Anschluß an eine ausreichende Anhörung beider Parteien treffen. Dieser Grundsatz wird in der Praxis vielfach noch zu wenig beachtet. Er durchzieht jede einzelne einfache Verfahrensvorschrift und hat ihr gegenüber den Verfassungsvorrang. Er wird nur von wenigen Ausnahmen durchbrochen.

Das rechtliche Gehör ist dann, wenn das Gesetz eine mündliche Verhandlung vorschreibt, grundsätzlich nur mündlich ausreichend gewährt. Soweit das Gesetz dem Gericht die Durchführung einer mündlichen Verhandlung freistellt oder ein schriftliches Verfahren zuläßt oder anordnet, darf das Gericht das rechtliche Gehör auch schriftlich gewähren, Nürnb MDR **82**, 943, Geffert NJW **78**, 1418.

Das rechtliche Gehör besteht darin, daß der Betroffene eine ausreichende Gelegenheit erhält, sich sachlich zu äußern, BVerfG **42**, 367. Das Gericht darf der Entscheidung demgemäß nur solche Tatsachen, Beweisergebnisse und gemäß § 278 III auch nur solche rechtlichen Gesichtspunkte zugrunde legen, zu denen die Beteiligten ausreichend Stellung nehmen konnten.

Wie lange Zeit eine Partei benötigt, um ausreichend Stellung nehmen zu können, das hängt natürlich von den gesamten Umständen ab. Gesetzliche Mindestfristen reichen unter dem Gesichtspunkt des Art 103 I GG nicht immer aus, sind aber als Rahmenbedingungen des Gesetzgebers immerhin erhebliche Anhaltspunkte dafür, welche Fristen oberhalb der gesetzlichen Mindestfristen im allgemeinen als ausreichend angesehen werden dürfen.

Soweit eine Partei von dem ihr gewährten rechtlichen Gehör keinen Gebrauch macht, läuft das Verfahren fort. Die Partei muß unter Umständen in einem zumutbaren Umfang im Rahmen der Prozeßregeln um das Gehör bitten, bevor sie einen Verstoß gegen Art 103 I GG rügen kann. Das gilt zB dann, wenn die Verlesung einer Aussage nicht gesetzlich vorgeschrieben ist, BVerwG NJW **76**, 1283.

Die Gewährung des rechtlichen Gehörs muß im Fall einer mündlichen Verhandlung im Protokoll festgestellt werden, Hamm NJW **68**, 1434. In anderen Fällen ist die Gewährung des rechtlichen Gehörs in einem Aktenvermerk festzustellen.

Die Notwendigkeit eines (auch erneuten) rechtlichen Gehörs ist in jeder Lage des Verfahrens von Amts wegen zu prüfen und kann sich unter Umständen erst in einem fortgeschrittenen Prozeßstadium ergeben. Wenn zB zunächst die Voraussetzungen einer öffentlichen Zustellung vorlagen und dem Gericht dann die neue Anschrift des zunächst Unbekannten bekannt wird, dann muß das Gericht ihm jetzt noch eine ausreichende Gelegenheit zu einer Äußerung geben, Ffm NJW **47/48**, 105.

Man sollte nun allerdings das Gebot des rechtlichen Gehörs auch nicht überstrapazieren. Das Gericht kann insbesondere von einer anwaltlich vertretenen Partei, aber auch von einem nicht rechtskundig beratenen Prozeßbeteiligten erwarten, daß er im Rahmen seiner Pflichten aus dem Prozeßrechtsverhältnis, Anm 2, mitdenkt, mithandelt und mitreagiert. Das Gericht braucht nicht wegen jeder winzigen Veränderung der tatsächlichen oder rechtlichen Situation oder wegen jeder sonstigen Einzelheit ängstlich zu einer Stellungnahme aufzufordern, die bei einer vernünftigen Betrachtung schon durch das bisherige Verhalten der Partei zumindest stillschweigend zum Ausdruck gekommen ist.

B. Verstoß. Wenn das Gericht das rechtliche Gehör nicht oder nicht in der richtigen Weise gewährt hat, liegt darin ein wesentlicher Verfahrensmangel, BVerfG **42**, 373. Das gilt zB: Dann, wenn das Gericht einen eingereichten Schriftsatz nicht beachtet, BVerfG DRiZ **78**, 282, besonders wenn es ihn trotz § 222 II als zu spät betrachtet, obwohl er nach einer an einem Feiertag abgelaufenen Frist am darauf folgenden Werktag eingegangen ist, BVerfG NJW **65**, 579; wenn das Gericht die Sache unkorrekt aufgerufen hatte, BVerfG **42**, 373, vgl auch BVerfG JZ **77**, 22 (OWiG); wenn es nur einer Partei das rechtliche Gehör gewährt hatte; wenn es den Betroffenen nicht vor der Verhängung einer Verzögerungsgebühr nach § 34 GKG angehört hatte.

Ein etwaiger Mangel ist gleichwohl nicht unheilbar. Die Partei könnte ja sogar ein Versäumnisurteil hinnehmen. Dann kann sie auch auf die Gewährung des rechtlichen Gehörs verzichten. Vgl auch § 139 Anm 1 B, 2 E.

5) Prozeßhandlung

Schrifttum: Anton, Die „Genehmigung" von Rechtsgeschäften und Prozeßhandlungen, Diss Bonn 1969; Arens, Willensmängel bei Parteihandlungen im Zivilprozeß, 1968; Baumgärtel, Wesen und Begriff der Prozeßhandlungen einer Partei im Zivilprozeß, 2. Aufl 1972; derselbe, Die Klage auf Vornahme, Widerruf oder Unterlassung einer Prozeßhandlung in einem bereits anhängigen Prozeß, Festschrift für Schima (1969) 41; derselbe, Neue Tendenzen usw, ZZP **87**, 121; Beys, Die Bedeutung des Willens der Partei für ihre Prozeßhandlungen, Festschrift für Fragistas (1967) 327; Bruns, Zum Begriff der Prozeßhandlung, Festschrift für Fragistas (1967) 73; Henckel, Prozeßrecht und materielles Recht, 1970; Orfanides, Die Berücksichtigung von Willensmängeln im Zivilprozeß, 1982; Vogel, Die prozessualen Wirkungen des außergerichtlichen Vergleichs und seine Abgrenzung vom Prozeßvergleich, Diss Köln 1971; Weitz, Auslegung von Prozeßhandlungen der Parteien, Diss Bln 1968; Zur Hausen, Die Verpflichtung zur Vornahme oder Unterlassung von Parteihandlungen im Zivilprozeß, Diss Saarbr 1972.

A. Allgemeines. Unter den Oberbegriff der prozeßrechtlichen Tatsachen fallen: **a)** Prozeßhandlungen; **b)** andere Tatsachen, wie der Tod eines Beteiligten oder die Eröffnung eines Konkursverfahrens über sein Vermögen.

Prozeßhandlung im weiteren Sinn ist eine auf die Prozeßentwicklung gerichtete Handlung des Gerichts oder einer Partei gegenüber einer Partei oder gegenüber dem Gericht. Zur Prozeßentwicklung gehören die Einleitung, die Führung und die Beendigung des Prozesses, nicht aber die Vorbereitung der Einleitung, soweit nicht ihr Ziel die unmittelbare Einleitung ist, wie im Fall der Bestellung eines Prozeßbevollmächtigten, vgl § 80 Anm 1 C. Zu den Handlungen gehören auch Unterlassungen, bei denen die Handlungen mit dem Willen der Parteien unterbleiben. Etwas anderes gilt bei solchen Handlungen, die ohne den Willen der Parteien unterbleiben, bei denen es sich also um ein bloßes Unterbleiben handelt, wie die §§ 44 IV, 296 II, 510, 528 II zeigen, die von einem subjektiven Verhalten ausgehen.

Den Handlungen der Parteien stehen diejenigen ihrer gesetzlichen Vertreter, Prozeßbevollmächtigten und Beistände gleich.

B. Parteiprozeßhandlung. Prozeßhandlung im engeren und gewöhnlichen Sinn ist nur eine solche, die eine Partei vornimmt, nicht solche, die das Gericht vornimmt. Bruns JZ **59**, 205 bezeichnet als Parteiprozeßhandlung eine der Partei zurechenbare Handlungsform. Er unterscheidet in der Festschrift für Fragistas (1967) 767 zwischen dem für die richterliche Entscheidung maßgebenden Bild des Sachverhalts, der „Gedankenmasse", für deren Gliederung eine nicht an Formen gebundene geistige Freiheit bestehe, und der „Prozeßhandlungsmasse", den formbestimmten Handlungen der Prozeßbeteiligten.

Die Einteilung der Prozeßhandlungen in reale Handlungen (Realakte), BGH NJW **83**, 123, Willenserklärungen und Wissenserklärungen führt im allgemeinen zu nichts; eine Ausnahme gilt zB bei § 840, dort Anm 2 B a mwN. Eine reale Handlung, zB die Einreichung eines Schriftsatzes, gibt ja auch einen Willen kund. Auch die Einteilung in Prozeßrechtsgeschäfte und Prozeßrechtshandlungen führt in der Praxis kaum weiter.

C. Rechtsgeschäft. Man muß von der Prozeßhandlung das sachlichrechtliche Rechtsgeschäft über prozessuale Beziehungen unterscheiden. Ein solches Rechtsgeschäft ist immer dann zulässig, wenn es nicht in die Justizhoheit oder in gesetzlich geregelte Tätigkeiten der Staatsorgane eingreift, BGH DB **73**, 1451 mwN, Einl III 2 A.

Zulässig ist zB: Der Verzicht auf eine Klage, BGH FamRZ **82**, 784; die Vereinbarung der Klagrücknahme, BGH **20**, 205; die Vereinbarung einer bestimmten Beweisbeschränkung; die Vereinbarung eines bestimmten Verfahrens; die Vereinbarung der Behandlung weiterer Ansprüche in demselben Prozeß, soweit eine Klagänderung oder eine Widerklage zulässig ist, BGH DB **73**, 1451.

Ein solches Rechtsgeschäft verpflichtet zu einer entsprechenden Prozeßhandlung und begründet dann, wenn der Gegner sich anders verhält, die Einrede der Arglist, §§ 269 Anm 2 B, 515 Anm 2 C, vgl auch BGH **38**, 258, zur Hausen, Die Verpflichtung zur Vornahme usw, Diss Saarbr 1972, Soehring, Die Nachfolge in Rechtslagen aus Prozeßverträgen, 1968.

D. Einzelnes. Jede Prozeßhandlung ist nach dem deutschen Recht zu beurteilen. Das gilt unabhängig davon, wo sie vorgenommen wurde, BGH NJW **69**, 188. Es entscheidet der Zeitpunkt der Vornahme der Prozeßhandlung. Über die Form einer Prozeßhandlung läßt sich nichts Allgemeines sagen. Eine Erklärung zum Protokoll ersetzt regelmäßig eine etwa notwendige Schriftform. Soweit eine Schriftform vereinbart worden ist, richtet sie sich nicht nach dem BGB. Denn für die Beurteilung einer Prozeßhandlung ist das Prozeßrecht die einzige Quelle. Die Vorschriften des sachlichen Rechts scheiden für die Auslegung aus, OGB BGH **75**, 348 mwN, insofern zumindest mißverständlich BGH VersR **79**, 374 (das sachliche Recht sei entsprechend anwendbar), aM BAG NJW **82**, 1174.

Deshalb ist eine Prozeßhandlung durch das Revisionsgericht frei nachprüfbar; es ist also nicht an die Auffassung des Berufungsgerichts gebunden. Das Gericht muß zwar den Willen der Partei möglichst erforschen, so wohl auch BGH VersR **79**, 374, namentlich durch eine

Befragung. Es kommt aber nur derjenige Wille in Betracht, der in der Erklärung verkörpert ist, BGH VersR **74**, 194, BFH BB **79**, 362.

Eine Berichtigung einer Prozeßhandlung, insbesondere einer Erklärung wegen eines offenbaren Irrtums, ist zulässig. Doch muß im Fall einer empfangsbedürftigen Prozeßhandlung (fast alle Prozeßhandlungen sind empfangsbedürftig) die Unrichtigkeit dem Empfänger irgendwie erkennbar gewesen sein.

Eine Prozeßhandlung läßt keine Bedingung zu (zum Grundsatz Baumgärtel, Prozeßhandlungen), soweit die Prozeßhandlung eine Einleitung oder Beendigung eines Prozesses oder einer Instanz betrifft. Es gibt keinen bedingten Antrag, Zweibr FamRZ **82**, 1094, keine bedingte Klage, Klagerücknahme, Erledigungserklärung, OVG Kblz JZ **77**, 796, Berufung, BGH VersR **74**, 194 (freilich ist auch hier eine Auslegung nötig), keinen bedingten Scheidungsantrag, Ffm FamRZ **78**, 432, keine bedingte Erinnerung, Düss AnwBl **78**, 234. Es gibt also zB auch keine Berufung für den Fall der Unzulässigkeit der gleichzeitig eingelegten Beschwerde.

Zulässig ist aber ein bedingtes Vorbringen, ein Hilfs-(Eventual-)Vorbringen, für den Fall der Erfolglosigkeit des in erster Linie Vorgebrachten. Diese Möglichkeit besteht zB: Bei einem Klagegrund; bei einer Einrede. Vereinzelt läßt die ZPO auch sonst eine Bedingung zu. KG OLGZ **75**, 85 und **77**, 130 je mwN läßt eine Beschwerde unter der Bedingung zu, daß überhaupt eine Entscheidung vorliege. Über eine bedingte Widerklage § 253 Anm 1 A und Anh 2 B, D.

Eine unzulässige Bedingung macht die ganze Prozeßhandlung unwirksam. Zum Begriff der Prozeßhandlungsvoraussetzung Grdz 3 B vor § 253.

E. Willensmangel. Der Willensmangel einer Partei ist bei einer Prozeßhandlung unerheblich, soweit nicht das Gesetz einen Widerruf usw ausdrücklich gestattet. Die Grundsätze des sachlichen Rechts über eine Nichtigkeit oder Anfechtbarkeit sind in diesem Zusammenhang nicht einmal sinngemäß anwendbar, vgl BPatG GRUR **78**, 558 mwN, Baumgärtel ZZP **87**, 127, aM Arens, Willensmängel bei Parteihandlungen im Zivilprozeß (1967) 119. Eine Vortäuschung (Simulation) ist unbeachtlich. Denn sie ist unerkennbar. Billigkeitserwägungen dürfen im Prozeß nicht zur Untergrabung der Rechtssicherheit führen, vgl Karlsr NJW **75**, 1933. Auch die Vorschriften über eine Schikane sind unanwendbar. Möglicherweise besteht in einem solchen Fall kein Rechtsschutzbedürfnis.

Freilich ist das Problem der Heilbarkeit einer fehlerhaften Prozeßhandlung noch nicht voll durchdacht und sollte möglichst elastisch beurteilt werden, vgl Bruns, Methodik des Prozeßrechts (Enzyklopädie der geisteswissenschaftlichen Arbeitsmethoden, 11. Lieferung Teil 1, 1972) 202.

F. Treu und Glauben. Dieser Grundsatz beherrscht das gesamte Prozeßrecht, Einl III 6. Deshalb greift die prozessuale Einrede einer Arglist oder eines Rechtsmißbrauchs auch gegenüber einer Prozeßhandlung durch. Das gilt zB: Bei einer rechtswidrigen Drohung; bei einer Erschleichung des Gerichtsstands, § 2 Anm 3, Üb 4 vor § 12; bei der Erschleichung einer öffentlichen Zustellung, Einf 2 vor §§ 203–206; besonders wenn die Partei A entweder offenbar irrig, LG Hann NJW **73**, 1757, oder arglistig die Partei B zu einer Prozeßhandlung verursacht hat und sie nun trotz des Vorliegens eines Restitutionsgrundes an dieser Prozeßhandlung festhalten will.

Die Einrede macht zwar die ganze Prozeßhandlung wirkungslos; eine auf dieser Prozeßhandlung beruhende Entscheidung des Gerichts bleibt aber grundsätzlich wirksam. Das gilt zB für die Bewilligung einer öffentlichen Zustellung und für deren Vornahme, BGH **64**, 8. Diese Entscheidung läßt sich nur mit dem jeweils zulässigen Rechtsbehelf beseitigen. Über die Einrede gegenüber einem rechtskräftigen Urteil vgl Einf 6 vor § 322.

Davon abgesehen gibt es eine Nichtigkeit wegen einer Sittenwidrigkeit im Zivilprozeß nicht. Eine Prozeßhandlung, die nicht in derjenigen Form oder unter denjenigen anderen gesetzlichen Voraussetzungen erging, die für ihre Wirksamkeit notwendig waren, ist ohne weiteres nichtig. Ob eine sittenwidrige Prozeßhandlung ersatzpflichtig macht, ist eine Frage des sachlichen Rechts. Über die Wirkung der Verletzung prozessualer Vorschriften Einl III 4.

G. Widerruf. Das Gesetz sieht an verschiedenen Stellen die Möglichkeit des Widerrufs einer Prozeßhandlung vor. Auch unabhängig von diesen Spezialvorschriften ergibt sich die Zulässigkeit eines Widerrufs oft aus dem Zweck einer gesetzlichen Vorschrift. So darf eine Partei ihr tatsächliches Vorbringen im Prozeß regelmäßig willkürlich ändern. Sie muß freilich die Wahrheitspflicht beachten.

Eine Prozeßhandlung, die einen Prozeßvorgang endgültig feststellen soll, ist aber grundsätzlich unwiderruflich, BGH DB **77**, 628. Das gilt zB: Für das Geständnis, vgl freilich § 290, BGH DB **77**, 628; für ein Anerkenntnis, BGH **80**, 392, Karlsr MDR **74**, 588 je mwN (das OLG läßt freilich eine Rücknahme wegen eines Schreibfehlers oder eines offensichtlichen Versehens zu), LAG Stgt BB **78**, 815; für den Verzicht; für eine Rücknahme der Klage oder des Rechtsmittels, BGH DB **77**, 628, Bre NJW **56**, 1037; für das Unterlassen einer Mängelrüge nach § 295; für das Einverständnis mit einer schriftlichen Entscheidung, § 128 II (etwas anderes gilt bei einer wesentlichen Änderung der Prozeßlage).

Freilich ist ein „Widerruf" einer in Wahrheit noch gar nicht wirksamen Erklärung möglich, Hamm Rpfleger **74**, 357 mwN. Über den Widerruf beim Vorliegen eines Wiederaufnahmegrundes Grdz 1 C vor § 578.

H. Sachlichrechtliche Folge. Oft knüpft das sachliche Recht an eine Prozeßhandlung eine Folge, etwa an die Klagerhebung. Dann folgt die sachlichrechtliche Wirksamkeit der prozeßrechtlichen. Von solchen Fällen abgesehen besteht zwischen einer Prozeßhandlung und einem sachlichrechtlichen Rechtsgeschäft folgender Unterschied: Das letztere kann schlechthin gestaltend wirken, die erstere liefert nur die Grundlagen für eine richterliche Entscheidung. Wenn die richterliche Entscheidung unterbleibt, sind diese Grundlagen verpufft, BGH **84**, 208.

J. Prozeßhandlung und Privatrechtsgeschäft. a) Äußerliche Verbindung. Die Prozeßhandlung und eine rechtsgeschäftliche Erklärung können rein äußerlich verbunden sein. Das gilt etwa bei der Erteilung einer Prozeßvollmacht mit dem Abschluß eines Dienstvertrags. Dann ist jeder Teil getrennt zu beurteilen.

b) Inhaltliche Verbindung. Die Prozeßhandlung und eine rechtsgeschäftliche Erklärung können auch inhaltlich verbunden sein, indem die Prozeßhandlung zugleich eine sachlichrechtliche Verfügung enthält. Das gilt zB: Bei einem Anerkenntnis; einem Vergleich; einer Anfechtung; einer Aufrechnung; einem Rücktritt; einer Kündigung, LG Bln WM **78**, 119 mwN, LG Karlsr MDR **78**, 672, insofern in Wahrheit auch LG Kiel WM **77**, 229; einem Gestaltungsrecht, BayObLG FamRZ **79**, 952; beim Bestimmungsrecht nach § 1612 II 1 BGB, Hbg FamRZ **82**, 1112. In diesem Fall muß man grundsätzlich den prozessualen Inhalt von dem sachlichrechtlichen unterscheiden. So kann zB eine schriftsätzlich erklärte Aufrechnung sachlich bereits im Zeitpunkt des Zugangs des Schriftsatzes wirksam werden, während sie prozessual erst im Zeitpunkt ihres Vortrags in der mündlichen Verhandlung wirksam werden mag. Freilich muß man prüfen, ob der Schriftsatz die Erklärung tatsächlich abgeben oder ob er sie nur für die mündliche Verhandlung ankündigen sollte.

Eine prozessual wirksame Prozeßhandlung ist für die Form und den Zeitpunkt des Wirksamwerdens immer auch sachlichrechtlich wirksam. Alles das ist allerdings umstritten.

6) VwGO: *Im Verfahren vor den VerwGerichten haben die Beteiligten die Herrschaft über das Verfahren als Ganzes (Parteiherrschaft), Anm 3 A; statt des Beibringungsgrundsatzes, Anm 3 B u C, gilt aber der Ermittlungsgrundsatz, Anm 3 G, nach § 86 I VwGO, vgl Ule VPrR §§ 26 u 28. Dieser Grundsatz bestimmt vielfach darüber, ob Vorschriften der ZPO nach § 173 VwGO entsprechend angewendet werden können.*

Erster Titel. Mündliche Verhandlung
Übersicht

Schrifttum: Arens, Mündlichkeitsprinzip und Prozeßbeschleunigung im Zivilprozeß, 1971; Baur, Wege zu einer Konzentration der mündlichen Verhandlung im Prozeß, 1966; Fezer, Die Funktion der mündlichen Verhandlung im Zivilprozeß und im Strafprozeß, 1970; Möhring/Nirk, Die mündliche Verhandlung in der Revisionsinstanz usw, Festschrift „25 Jahre BGH" (1975), 305; Stürner, Verfahrensgrundsätze des Zivilprozesses und Verfassung, Festschrift für Baur (1981) 647 (661).

1) Allgemeines. A. Mündlichkeitsgrundsatz. Die ZPO von 1877 war vom grünen Tisch aus auf den Grundsatz der unbedingten Mündlichkeit des Verfahrens zugeschnitten. Sie ahmte damit den Code de Procédure Civile nach, ging aber weit über ihr Vorbild hinaus. Dieses Verfahren versagte in der Handhabung. Verschiedene Novellen schwächten daher den Grundsatz der Mündlichkeit, der praktisch zu einer Spiegelfechterei geworden war, immer mehr ab.

Trotzdem beherrscht der in vernünftigen Grenzen segensreiche Gedanke der Mündlichkeit grundsätzlich den gesamten Zivilprozeß noch heute. Wesentlich ist der Vorrang des

1. Titel. Mündliche Verhandlung **Übers § 128, § 128**

Mündlichen vor dem Schriftlichen, Bettermann ZZP **91**, 374. Die mündliche Verhandlung ist immer noch der Kern des Verfahrens und ein Ausfluß von Art 103 GG, der einen Anspruch auch auf ein Rechtsgespräch gibt, Möhring/Nirk Festschrift „25 Jahre BGH" (1975), 312, vgl auch § 278 III.

B. Ausnahmen. Der Satz, eine mündliche Verhandlung sei immer dann geboten, wenn das Gesetz nicht eindeutig eine Ausnahme vorschreibe, ist nicht mehr haltbar. Soweit das Gesetz keine Mündlichkeit vorschreibt, muß man prüfen, ob eine mündliche Verhandlung im Geist des Gesetzes sinnvoll ist. Eine mündliche Erörterung findet aber im allgemeinen beim Gericht zu selten statt. Sie fördert oft Wichtiges zutage, ermöglicht eine straffe Leitung des Verfahrens und eine enge Fühlung mit den Parteien und ist gerade deshalb ein unentbehrliches Mittel einer schnellen und richtigen Prozeßerledigung, auf die das Gesetz insbesondere seit der Vereinfachungsnovelle von 1977 mit Recht besonderes Gewicht legt. Auch für die Parteien und Prozeßbevollmächtigten ist ein geschickter mündlicher Vortrag oft wirksamer als die beste schriftliche Vorbereitung.

2) Prozeßleitung. A. Allgemeines. Eine sichere, sorgfältige und souveräne Prozeßleitung hat für einen sachgemäßen Verlauf des Prozesses die größte Bedeutung, Möhring/Nirk Festschrift „25 Jahre BGH" (1975), 308 ff. Die Prozeßleitung zerfällt in: **a)** Die förmliche Leitung, die Sorge für ein geordnetes Verfahren. Hierher gehören: **aa)** Die Aufrechterhaltung der äußeren Ordnung (Sitzungspolizei), §§ 176 ff GVG; **bb)** die Sorge für einen äußerlich geordneten Prozeßbetrieb, zB für die Reihenfolge und Art der mündlichen Vorträge; **b)** die sachliche Leitung, also die Sorge für ein zweckmäßiges Verfahren. § 140 benutzt den Ausdruck „Sachleitung". StJ IV 2 vor § 128 versteht unter der Sachleitung lediglich die äußere Ordnung der Verhandlung. Die ZPO vermengt die förmliche und die sachliche Prozeßleitung. Man kann nur aus dem Zusammenhang einer Vorschrift ersehen, was jeweils gemeint ist.

B. Zuständigkeit. Die Prozeßleitung steht teils dem Vorsitzenden zu, teils dem gesamten Gericht. Sie ist eine richterliche Tätigkeit, keine Verwaltungstätigkeit. Das Ob ihrer Ausübung ist eine Amtspflicht, die Art ihrer Ausübung steht weitgehend im richterlichen Ermessen. Sie unterliegt regelmäßig der Nachprüfung ihrer Sachgemäßheit in der höheren Instanz.

C. Umfang. Die sachliche Prozeßleitung umfaßt die gesamte Beschaffung des Prozeßstoffs, soweit das Gericht bei seiner Beschaffung mitwirken darf oder muß. Sie bürdet dem Richter eine schwere Verantwortung für die sachgemäße und schnelle Erledigung des Prozesses auf. Die Richter und nicht die Partei ist auch nach dem jetzt geltenden Recht in weitem Umfang der Herr des Verfahrens, Grdz 3 vor § 128.

Zu den wichtigsten Pflichten des Richters gehören: **a)** Die Aufklärungs- (Frage-)pflicht, § 139, also die Pflicht, durch Fragen und Anregungen die Klärung und Vervollständigung des Parteivorbringens herbeizuführen; **b)** der gerichtliche Förderungszwang, von der parteilichen Förderungspflicht, Grdz 2 E vor § 128, zu unterscheiden, also die Pflicht, auf eine rasche Prozeßerledigung bedacht zu sein. Diese Pflicht folgt aus vielen Vorschriften, wie etwa aus den §§ 141, 251 a, 272, 273, 275, 278, 296, 528. Die Erfüllung dieser Pflicht ist sehr wichtig. Nichts schädigt das Ansehen der Zivilrechtspflege mehr als eine langsame Prozeßerledigung. Freilich darf die Güte der Bearbeitung dabei nicht leiden. Fixigkeit ohne Richtigkeit ist nicht der Zweck des Prozesses.

3) Inhalt des 1. Titels. Titel 1 enthält eine Reihe von allgemeinen Vorschriften. Sie gelten für die gesamte ZPO, soweit sich nicht aus dem Gesetz oder aus dem Zweck der jeweiligen Vorschrift etwas anderes ergibt.

4) *VwGO:* *Auch hier gilt im Grundsatz die Mündlichkeit, § 101 VwGO. Die Prozeßleitung hat im Verfahren der VerwGerichte wegen des Ermittlungsgrundsatzes, § 86 VwGO, erhöhte Bedeutung; vgl Ule VPrR § 27.*

128 **Mündlichkeit. Unmittelbarkeit.** [I] Die Parteien verhandeln über den Rechtsstreit vor dem erkennenden Gericht mündlich.

[II] Mit Zustimmung der Parteien, die nur bei einer wesentlichen Änderung der Prozeßlage widerruflich ist, kann das Gericht eine Entscheidung ohne mündliche Verhandlung treffen. Es bestimmt alsbald den Zeitpunkt, bis zu dem Schriftsätze eingereicht werden können, und den Termin zur Verkündung der Entscheidung.

§ 128 1, 2

Eine Entscheidung ohne mündliche Verhandlung ist unzulässig, wenn seit der Zustimmung der Parteien mehr als drei Monate verstrichen sind.

III Bei Streitigkeiten über vermögensrechtliche Ansprüche kann das Gericht von Amts wegen anordnen, daß schriftlich zu verhandeln ist, wenn eine Vertretung durch einen Rechtsanwalt nicht geboten ist, der Wert des Streitgegenstandes bei Einreichung der Klage fünfhundert Deutsche Mark nicht übersteigt und einer Partei das Erscheinen vor Gericht wegen großer Entfernung oder aus sonstigem wichtigen Grunde nicht zuzumuten ist. Das Gericht bestimmt mit der Anordnung nach Satz 1 den Zeitpunkt, der dem Schluß der mündlichen Verhandlung entspricht, und den Termin zur Verkündung des Urteils. Es kann hierüber erneut bestimmen, wenn dies auf Grund einer Änderung der Prozeßlage geboten ist. Es kann auch ohne Einverständnis der Parteien nach § 377 Abs. 4 verfahren. Die Anordnung nach Satz 1 ist aufzuheben, wenn die Partei, zu deren Gunsten sie ergangen ist, es beantragt oder wenn das persönliche Erscheinen der Parteien zur Aufklärung des Sachverhalts unumgänglich erscheint.

Schrifttum: Burchardt, Das Verfahren ohne mündliche Verhandlung, 1974; Schlosser, Einverständliches Parteihandeln im Zivilprozeß, 1968; Späth, Problemverflechtung bei § 128 Abs 2 ZPO [aF] in Bezug auf die Widerruflichkeit des Parteiverständnisses, Diss Würzb 1968.

Gliederung

1) **Allgemeines, I**
2) **Notwendige mündliche Verhandlung**
   A. Grundsatz
   B. Freigestellte Verhandlung
   C. Verhandlung vor dem erkennenden Gericht
   D. Mündlicher Vortrag
   E. Verstoß
3) **Freigestellte mündliche Verhandlung**
   A. Grundsatz
   B. Anordnung der mündlichen Verhandlung
   C. Unterbleiben einer mündlichen Verhandlung
4) **Schriftliches Verfahren mit Zustimmung der Parteien, II**
   A. Grundsatz
   B. Grenzen der Zulässigkeit
   C. Zustimmung
      a) Grundsatz
      b) Zustimmungserklärung
      c) Nächste Entscheidung
   D. Entscheidungsfreiheit des Gerichts
      a) Ermessensgrundsatz
      b) Voraussetzungen
      c) Sachverhaltsklärung
      d) Dreimonatsfrist
      e) Verstoß
5) **Vermögensrechtlicher Streit, III**
   A. Voraussetzungen
      a) Grundsatz
      b) Einzelheiten
         aa) Keine Anwaltsvertretung
         bb) Höchstens 500 DM
         cc) Erscheinen unzumutbar
   B. Verfahren
   C. Aufhebung der Anordnung
      a) Antrag
      b) Persönliches Erscheinen unumgänglich
6) **VwGO**

1) Allgemeines, I. § 128 enthält zwei Verfahrensgrundsätze: **a)** Den Grundsatz der Mündlichkeit, vgl auch Üb 1 A vor § 128. Er wird durch II, III abgeschwächt; **b)** den Grundsatz der Unmittelbarkeit. Beide Regeln gelten nicht für alle Teile des Verfahrens. Beide sind aber möglichst weitgehend zu beachten, soweit sie gelten. Unmittelbarkeit bedeutet: Es ist vor dem Gericht selbst zu verhandeln, nicht vor einem Dritten oder vor einem anderen Gericht, das nur dasjenige übermitteln kann, was vor ihm geschehen ist. Während sich aber die Mündlichkeit nur auf das Verfahren vor dem erkennenden Gericht erstreckt, beherrscht die Unmittelbarkeit grundsätzlich auch die Beweisaufnahme vor einem ersuchten Gericht, vgl bei § 355.
I ist im abgetrennten Verfahren über den Versorgungsausgleich unanwendbar, BGH NJW **83**, 824 mwN (es gilt § 53b I FGG), aM zB Diederichsen NJW **77**, 656.

2) Notwendige mündliche Verhandlung. A. Grundsatz. Vor dem erkennenden Gericht ist mündlich zu verhandeln. Dieser Grundsatz bedeutet: Es ist eine mündliche Verhandlung notwendig, und das Gericht darf nur dasjenige berücksichtigen, das in der mündlichen Verhandlung vorgetragen worden ist.

B. Freigestellte Verhandlung. Oft stellt die ZPO eine mündliche Verhandlung in das freie, nicht nachprüfbare Ermessen des Gerichts. Man spricht dann von einer freigestellten (fakultativen) mündlichen Verhandlung. Oft verbietet die ZPO auch eine an sich notwendige mündliche Verhandlung. Das gilt in folgenden Fällen: **a)** Im Verfahren vor dem verord-

1. Titel. Mündliche Verhandlung § 128 2, 3

neten (beauftragten oder ersuchten) Richter; **b)** bei einer Maßnahme der Prozeßleitung, Begriff Üb 2 A vor § 128, etwa bei einer Terminsbestimmung, einer Prozeßverbindung, einer Aussetzung des Verfahrens; **c)** bei einer Handlung der Justizverwaltung und bei gewissen rechtspflegerischen Geschäften, Begriffe s Anh § 21 GVG; **d)** bei einem Zwischenstreit zwischen der einen Partei bzw beiden Parteien einerseits, einem Dritten andererseits; **e)** bei einer Beweisaufnahme; **f)** bei einem schriftlichen Verfahren, II, III; **g)** bei einer Entscheidung nach Lage der Akten, §§ 251 a, 331 a; **h)** im Fall eines schriftlichen Nachbringens, § 283.

C. Verhandlung vor dem erkennenden Gericht. ,,Verhandlung" ist die Abgabe einer den Prozeß betreffenden Erklärung, vgl auch Grdz 4 A vor § 128. Die Erklärung kann einseitig oder zweiseitig sein. Bei einer einseitigen Erklärung verhandelt der Erklärende nur mit dem Gericht, bei einer zweiseitigen verhandelt er außerdem mit seinem Gegner. Die Erklärung kann die Hauptsache oder eine Prozeßfrage, eine Vorfrage, betreffen, s § 39 Anm 1.

,,Parteien" sind in § 128 auch: Der Streithelfer; ein Vertreter der Partei, mag er ein gesetzlicher Vertreter oder ein ProzBev sein; ein Beistand. Sie alle unterliegen dem Mündlichkeitsgebot.

,,Erkennendes Gericht" ist auch der Einzelrichter.

D. Mündlicher Vortrag. Grundsätzlich darf das Gericht nur den mündlichen Vortrag seiner Entscheidung zugrunde legen. § 137 III durchbricht diese Regel. Die Vorschrift läßt bei einem allseitigen Einverständnis einen Bezug auf Schriftstücke zu. Eine Urkunde muß zum Gegenstand der mündlichen Verhandlung geworden sein. Das gilt aber nicht, wenn sie sich in einer Beiakte befindet, in die eine Partei keinen Einblick nehmen darf, § 299 Anm 2. In diesem Fall ist freilich auch keine Verwertung zulässig. Eine längere Urkunde braucht grundsätzlich nicht ihrem ganzen Inhalt nach verlesen zu werden. Denn das ist sinnlos, weil doch niemand folgen kann.

Das Ergebnis einer Beweisaufnahme ist mündlich vorzutragen, am besten inhaltlich. Dasselbe gilt für den Prozeßstoff der Vorinstanzen. Eine Bezugnahme auf eine andere mündliche Verhandlung ist insoweit zulässig, als das gesamte Gericht den Streitstoff aus der früheren Verhandlung derselben oder einer ganz gleichliegenden Sache kennt. Wenn die Richter auch nur zum Teil gewechselt haben, muß eine neue mündliche Verhandlung vorgenommen werden. Dabei darf man aber auf schriftsätzliche Ausführungen oder auf den Inhalt der Protokolle Bezug nehmen. Vorher vorgenommene unwiderrufliche Prozeßhandlungen behalten ihre Wirkung.

Die Praxis verfährt freilich gerade mit der Notwendigkeit des mündlichen Vortrags reichlich lax. Daher sind mündliche Verhandlungen in Zivilsachen für Außenstehende oft überhaupt nicht mehr verständlich. Freilich kommt es nicht in erster Linie auf den Zuhörer, sondern auf die Verständnismöglichkeit der Parteien an. In diesem Zusammenhang wird aber auf anwesende, nicht rechtskundige Parteien, Zeugen usw oft zu wenig Rücksicht genommen. Andererseits ist der Prozeß kein Selbstzweck und kein Ritual, sondern dient harten Interessen und soll ohne jede vermeidbare Verzögerung durchgeführt werden. Die Grenzen zulässiger Abweichungen vom strikten Gebot des mündlichen Vortrags liegen jedenfalls dort, wo die Gefahr erheblicher Mißverständnisse eintritt.

E. Verstoß. Ein Verstoß gegen die Grundsätze der Mündlichkeit und Unmittelbarkeit ist ein wesentlicher Verfahrensmangel. Durch einen solchen Verstoß wird aber ein auf ihm beruhendes Urteil nicht etwa zu einem Scheinurteil; der Betroffene muß es vielmehr wie jedes andere Urteil mit dem etwa zulässigen Rechtsbehelf anfechten, BGH **LM** Nr 4, vgl auch Ffm MDR **80**, 320. Dasselbe gilt für einen Beschluß, der unter einem Verstoß gegen die Grundsätze der Mündlichkeit oder Unmittelbarkeit ergangen ist, Mü NJW **74**, 1514.

Eine Heilung erfolgt entweder infolge eines ausdrücklichen Verzichts oder nach § 295. Die Grundsätze der Mündlichkeit und Unmittelbarkeit dienen ja nur den Belangen der Parteien, und II zeigt, daß die Parteien ein schriftliches Verfahren vereinbaren können. Vgl auch § 295 Anm 2 D.

3) Freigestellte mündliche Verhandlung. A. Grundsatz. Ein Verfahren mit einer freigestellten mündlichen Verhandlung setzt grundsätzlich ein Gesuch voraus, falls nicht das Gesetz etwas anderes bestimmt. Ein Anwaltszwang besteht für das Gesuch nur dann, wenn keine Erklärung zum Protokoll der Geschäftsstelle zulässig wäre. Die Anordnung oder Ablehnung der freigestellten mündlichen Verhandlung erfolgt nach einem nicht überprüfbaren richterlichen Ermessen. Man kann das Gesuch bis zur Entscheidung zurücknehmen. Außerhalb der Verhandlung muß die Rücknahme in derselben Form erfolgen, die für die

Einlegung des Gesuchs vorgeschrieben ist. Innerhalb der Verhandlung wird die Rücknahme mündlich erklärt. Der Gegner kann die Rücknahme nicht verhindern, hat aber nach einer wirksamen Rücknahme ein Recht auf den Erlaß einer Kostengrundentscheidung. Wenn die Geschäftsstelle eine Ladung herausgegeben hat, ohne daß das Gericht eine mündliche Verhandlung angeordnet hatte, dann ist die Ladung ungesetzlich und daher unbeachtlich. Das Gericht kann die Anordnung einer mündlichen Verhandlung bis zu ihrem Beginn jederzeit rückgängig machen, nicht aber die Verhandlung selbst ungeschehen machen.

B. Anordnung der mündlichen Verhandlung. Die Anordnung erfolgt durch einen Beschluß des Gerichts oder durch eine prozeßleitende Verfügung des Vorsitzenden. Wenn die Anordnung zugleich die Bestimmung des Verhandlungstermins enthält, ist sie den Parteien förmlich zuzustellen, § 329 II 2. Sowohl im Parteiprozeß als auch im Anwaltsprozeß erfolgt in der Regel gleichzeitig eine Terminsbestimmung und eine Ladung von Amts wegen. Anwaltszwang besteht wie sonst. Der Grundsatz, daß das Gericht in seiner Entscheidung nur das Vorgetragene verwerten darf, Anm 2 D, gilt hier nicht. Denn das Verfahren dient nur einer besseren Unterrichtung des Gerichts. Deshalb darf das Gericht neben dem Ergebnis der mündlichen Verhandlung auch den Akteninhalt benutzen. Es kann zB ein Geständnis verwerten, das in einem Schriftsatz enthalten ist. Die Beweisaufnahme erfolgt wie sonst. Eine Parteivernehmung ist statthaft, auch eine Parteibeeidigung.

Die Entscheidung ergeht durch einen Beschluß, es sei denn, daß eine Vorschrift ausdrücklich ein Urteil vorschreibt, etwa bei den §§ 922, 937. Der Beschluß ist grundsätzlich zu begründen, § 329 Anm 1 A b. Er wird verkündet. Ein Versäumnisverfahren ist nicht möglich. Die Säumnis der einen oder der anderen Partei ist frei zu würdigen, soweit es sich nicht um eine Versäumung einer einzelnen Prozeßhandlung handelt. Diese ist den allgemeinen Vorschriften unterworfen. Im Verfahren auf den Erlaß eines Arrests oder einer einstweiligen Verfügung findet ein notwendiges Versäumnisverfahren wie bei einer mündlichen Verhandlung statt. Denn es handelt sich dann um ein Verfahren wie vor einem Urteil. Das Gericht muß eine Kostenentscheidung treffen, wenn sein Beschluß eine Endentscheidung nach § 91 darstellt. Im Fall einer Antragsrücknahme ist § 269 II anwendbar.

C. Unterbleiben einer mündlichen Verhandlung. Das Gericht muß in diesem Fall prüfen, ob es den Gegner wegen Art 103 I GG hören muß. Diese Anhörung ist grundsätzlich erforderlich, BVerfG 34, 7 mwN und 50, 285, vgl auch § 278 III. Eine solche Anhörung erfolgt schriftlich. Das Gericht setzt dem Gegner eine zumutbare Frist zur Äußerung.

Die Anhörung des Gegners darf ausnahmsweise unterbleiben, wenn das Gericht auch ohne diese Anhörung zu Lasten des Antragstellers entscheiden muß. Denn das rechtliche Gehör dient nur dazu, die Interessen des Antragsgegners zu schützen.

Soweit eine Anhörung des Antragsgegners notwendig ist, wäre eine Entscheidung vor dem Ablauf der ihm gesetzten Äußerungsfrist ein wesentlicher Verfahrensmangel, sofern das Gericht, rückschauend betrachtet, einen erheblichen Vortrag des Antragsgegners unbeachtet gelassen hat. Wenn das Gericht den Antragsgegner mündlich anhören will, muß es eine mündliche Verhandlung anordnen. Wenn das Gericht unzweckmäßigerweise keine bestimmte Äußerungsfrist gesetzt hat, muß es vor seiner Entscheidung während einer angemessenen Zeit abwarten, ob sich der Antragsgegner meldet. Auch im Fall einer Fristsetzung genügt es, daß die Äußerung des Antragsgegners bis zu demjenigen Zeitpunkt beim Gericht eingeht, in dem das Gericht seine Entscheidung hinausgibt. Der Eingang in der Posteinlaufstelle reicht aus; ein Eingang auf der Geschäftsstelle der zuständigen Abteilung oder Kammer ist nicht erforderlich.

Anwaltszwang besteht wie sonst. Ein Geständnis innerhalb eines Schriftsatzes ist grundsätzlich wirksam. Eine Beweisaufnahme ist zulässig, insbesondere eine Zeugen- oder Parteivernehmung. Sie geschieht nach den allgemeinen Vorschriften. Das Gericht muß dabei die Parteiöffentlichkeit nach § 357 unter allen Umständen wahren. Eine Glaubhaftmachung genügt nicht.

Die Entscheidung ergeht durch einen Beschluß. Er ist grundsätzlich zu begründen, § 329 Anm 1 A b. Er wird von Amts wegen nach § 329 II, III je nachdem formlos mitgeteilt oder förmlich zugestellt. Er wird mit dieser Bekanntmachung wirksam. Er bindet das Gericht vom Zeitpunkt der Hinausgabe ab, nicht aber schon vom Zeitpunkt der Beschlußfassung oder der Unterschrift ab. Bis zur Hinausgabe bleibt der Beschluß also ein innerer Vorgang des Gerichts und ist frei abänderlich. Eine Kostenentscheidung ergeht wie im Fall einer mündlichen Verhandlung.

4) Schriftliches Verfahren mit Zustimmung der Parteien, II. A. Grundsatz. II mildert den starren Mündlichkeitsgrundsatz des I. Eine mündliche Verhandlung ist entbehrlich, wenn alle Prozeßbeteiligten sie für entbehrlich halten. II ist in allen Verfahrensarten und Instanzen vor dem ordentlichen Gericht anwendbar, soweit eine Entscheidung an sich nur auf Grund einer mündlichen Verhandlung ergehen dürfte. Das gilt auch in einem Eheverfahren.

Jedoch ist die isolierte Anfechtung der Entscheidung über den Versorgungsausgleich nicht als ein Fall des II zu behandeln, Hamm FamRZ **80**, 702 mwN, Mü FamRZ **80**, 699, aM zB Diederichsen NJW **77**, 656.

Im Urteilsverfahren vor dem ArbG ist II unanwendbar; im übrigen ist die Vorschrift im arbeitsgerichtlichen Verfahren anwendbar, §§ 46 II, 64 VI, 72 V ArbGG.

Krause MDR **82**, 186 fordert wegen Art 101 I GG eine Änderung von II dahin, daß das Gericht auch dem Beratungszeitpunkt in einer den Parteien mitgeteilten Form bestimmen müsse.

B. Grenzen der Zulässigkeit. Das schriftliche Verfahren darf nur dann angewendet werden, wenn es vereinfacht und verkürzt. Es darf auch vor dem AG nicht eine schreibungewandte Partei schädigen. In einer Ehesache ist es zwar nicht grundsätzlich unzulässig, meist aber doch deshalb unangebracht, weil das Gericht die Parteien persönlich anhören muß. Es ist unzulässig, wenn bereits eine volle mündliche Verhandlung stattgefunden hatte und wenn eine Entscheidungsreife eingetreten ist. Das Gericht muß diese Entscheidungsreife also zunächst prüfen. Es handelt sich insofern aber nicht um einen unbedingten Revisionsgrund, BGH **17**, 121. Das schriftliche Verfahren ist auch dann unzulässig, wenn seit der Zustimmung der Parteien mehr als drei Monate verstrichen sind. In diesem Fall ist auch die Nachholung einer versäumten Verkündung nicht mehr zulässig, Ffm FamRZ **78**, 430. Die Parteien können nämlich trotz einer gegenwärtigen Entscheidungsreife noch weiteres tatsächliches Material vorlegen wollen und deshalb das schriftliche Verfahren beantragen, BGH ZMR **76**, 55.

C. Zustimmung. a) Grundsatz. Eine schriftliche Entscheidung nach II setzt die Zustimmung beider Parteien voraus. Im Fall einer gewöhnlichen Streitgenossenschaft handelt jeder Streitgenosse nur für sich. Im Fall einer notwendigen Streitgenossenschaft nach § 62 müssen alle in der mündlichen Verhandlung anwesenden Streitgenossen zustimmen. Bei einem schriftlichen Einverständnis müssen sämtliche notwendigen Streitgenossen zustimmen. Der Streithelfer kann seine Zustimmung in der mündlichen Verhandlung wirksam erklären, wenn die Partei abwesend ist oder nicht widerspricht, § 67. Im letzteren Fall kann er seine Zustimmung auch schriftlich erklären, BayObLG NJW **64**, 302. Im übrigen ist seine Zustimmung weder notwendig noch ausreichend. Ein streitgenössischer Streithelfer, § 69, kann die Zustimmung durch seinen Widerspruch vereiteln.

b) Zustimmungserklärung. Die Zustimmung ist eine einseitige, dem Gericht gegenüber vorzunehmende Prozeßhandlung. Sie muß unzweideutig sein, BVerwG NJW **81**, 1853 mwN. Wenn das Gericht der Partei geschrieben hat, es werde im Schweigen auf seine Anfrage eine Zustimmung annehmen, dann ist das Schweigen der Partei nicht stets als wirksame Zustimmungserklärung umzudeuten, Mü NJW **55**, 996, LG Nürnb-Fürth NJW **81**, 2586. Denn das Schweigen genügt grundsätzlich nicht, vgl Beuermann DRiZ **78**, 312. Freilich kann das Schweigen zB bei einer klaren Unzuständigkeit und bei einer Anfrage, ob gegen eine Verweisung Bedenken bestehen, als eine Zustimmung gelten, § 281 Anm 2 D. Ein Antrag auf eine Entscheidung nach Lage der Akten darf nicht als eine Zustimmung zum schriftlichen Verfahren umgedeutet werden. Denn eine Entscheidung nach Lage der Akten ist etwas ganz anderes als eine schriftliche Entscheidung.

Die Zustimmung duldet keine Bedingung, vgl BAG BB **75**, 1486. Sie ist zB unstatthaft „für den Fall, daß ein Beweisbeschluß ergeht", BGH **LM** Nr 8. Eine solche Erklärung ist also keine wirksame Zustimmung. Wenn noch keine mündliche Verhandlung stattgefunden hat, kann sich der Bekl allerdings beim Antrag auf ein schriftliches Verfahren nach II die Rüge der örtlichen Unzuständigkeit vorbehalten, BGH NJW **70**, 198.

Eine ausdrückliche Zustimmung ist entweder in der mündlichen Verhandlung oder schriftlich zu erklären. Man kann sie im Parteiprozeß auch zum Protokoll jeder Geschäftsstelle erklären. Wenn sie nicht gegenüber der Geschäftsstelle des Prozeßgerichts abgegeben wird, wird sie erst mit dem Eingang bei dieser Geschäftsstelle wirksam, § 129a II 2. Eine fernmündliche Erklärung genügt nicht. Denn eine solche Erklärung gewährleistet nicht die Nämlichkeit der Person des Erklärenden. Unwirksamkeit liegt zumindest beim geringsten Zweifel über den Inhalt der telefonischen Erklärung vor, BVerwG NJW **81**, 1853 mwN. Ein Anwaltszwang besteht wie sonst.

Die Zustimmungserklärung kann sich auf einen Teil des Prozeßstoffs beschränken, den das Gericht durch eine selbständige Entscheidung erledigen kann, auch auf ein Vorbehaltsurteil oder auf eine Vorabentscheidung über den Grund. Sie kann sich aber nicht auf einen Teil des in demselben Rechtsstreit geltend gemachten sachlichrechtlichen Anspruchs beschränken, also auch nicht auf die Kostenfrage, solange die Hauptsache noch anhängig ist, es sei denn, daß ein Teil der Hauptsache erledigt ist, § 76 Anm 5 A, oder daß der noch anhängige Teil durch die Entscheidung nicht berührt wird. Die Erklärung kann nicht auf die derzeitige Besetzung des Gerichts beschränkt werden. Denn darin läge eine unzulässige Bedingung. Eine Befristung ist zulässig, etwa dahin, daß jede Partei noch einen Schriftsatz einreichen soll.

c) Nächste Entscheidung. Die Zustimmung bezieht sich immer nur auf die nächste Entscheidung des Gerichts, vgl auch BSG MDR 78, 348 mwN, also auf eine solche Entscheidung, die die Endentscheidung wesentlich sachlich vorbereitet, so auch Kramer NJW **78**, 1412. Eine rein förmliche Maßnahme des Gerichts, etwa die Erklärung des Rechtsstreits zur Feriensache, BGH **17**, 123, oder eine Auflage des Gerichts gegenüber einer Partei mit dem Ziel einer Erklärung, § 273, erschöpft den Wirkungsbereich der erteilten Zustimmung nicht. Denn die förmliche Maßnahme ist ein innerer Vorgang des Gerichts, keine Entscheidung in der Sache, und eine Auflage nach § 273 ist eine prozeßleitende Maßnahme und ebenfalls keine Entscheidung; vgl aber auch Anm 5 B. Eine Zustimmungserklärung vor einer Beweisaufnahme, aber nach dem Erlaß des Beweisbeschlusses, ermöglicht die Berücksichtigung des Ergebnisses der Beweisaufnahme bei der Entscheidung. Verfehlt ist die Meinung, es dürfe noch nicht mündlich verhandelt worden sein; vgl aber Anm 4 B.

Die Zustimmung ist ein Verzicht auf die Unmittelbarkeit, BGH **66**, 274 mwN. Sie ist grundsätzlich unwiderruflich, sobald der Gegner ebenfalls eine Zustimmungserklärung abgegeben hat, Grdz 5 G vor § 128 (Prozeßhandlungen), BGH **28**, 278. Die Partei darf ihre Zustimmungserklärung dann widerrufen, wenn sich eine wesentliche Änderung der Prozeßlage ergeben hat, II 1, BGH NJW **70**, 1458, Kramer NJW **78**, 1412, vgl auch Johannsen bei **LM** § 128 Nr 2.

Entscheidend ist der Umstand, daß die Partei dem Gericht durch die Zustimmungserklärung erlaubt, von dem gewöhnlichen Verfahrensablauf abzuweichen. Wenn das Gericht eine solche Abweichung nicht für zweckmäßig hält, etwa deshalb, weil der Sachverhalt noch nicht genügend aufgeklärt ist, darf und muß das Gericht trotzdem eine mündliche Verhandlung anordnen. Die Zustimmungserklärung bindet also zwar die Partei, nicht aber das Gericht, ähnlich BGH NJW **70**, 1458, Bötticher MDR **59**, 566.

Ein Irrtum über die Voraussetzungen der Zustimmungserklärung ermöglicht keine Anfechtung. Wenn die Partei eine Zustimmungserklärung mündlich abgegeben hat, dann muß sich die Abgabe entweder aus dem Sitzungsprotokoll oder aus dem Tatbestand der anschließenden Entscheidung ergeben.

D. Entscheidungsfreiheit des Gerichts. a) Ermessensgrundsatz. Das Gericht kann im Rahmen eines pflichtgemäßen, aber nicht nachprüfbaren Ermessens klären, ob es nach II entscheiden will. So mag ein Widerruf der Zustimmungserklärung das Gericht selbst dann veranlassen, von einer schriftlichen Entscheidung abzusehen, wenn der Widerruf unzulässig und damit unwirksam ist. Das Gericht darf von einer schriftlichen Entscheidung ohne einen ausdrücklichen Beschluß absehen, B und C. Es muß in diesem Fall geeignete Förderungsmaßnahmen anordnen, etwa einen Verhandlungstermin bestimmen oder einen Auflagenbeschluß machen. Wenn das Gericht das Ruhen des Verfahrens angeordnet hat, liegt in einem gemeinsamen Antrag beider Parteien auf eine schriftliche Entscheidung ein Antrag, das Verfahren aufzunehmen. Das Gericht stimmt dieser Aufnahme durch den Erlaß einer Entscheidung zu, § 251.

Gegen die Ablehnung einer schriftlichen Entscheidung ist kein Rechtsbehelf statthaft.

b) Voraussetzungen. Die Voraussetzungen einer Entscheidung nach II sind nicht dieselben wie diejenigen einer Entscheidung nach § 251a. Denn bei II fehlt jede Säumnis. Die Sache liegt vielmehr so, als ob die Parteien den gesamten Akteninhalt in einer mündlichen Verhandlung vorgetragen hätten.

Das Gericht muß unverzüglich einen Zeitpunkt bestimmen, bis zu dem die Parteien Schriftsätze einreichen können. Das Gericht muß zugleich den Termin zur Verkündung einer Entscheidung bestimmen, II 2. Dieser Termin ist nicht an eine bestimmte gesetzliche Frist seit dem Zeitpunkt gebunden, bis zu dem Schriftsätze eingereicht werden konnten. Für eine vorschriftsmäßige Besetzung des Gerichts ist derjenige Zeitpunkt maßgeblich, in dem die letzte Beratung über den Stoff stattfindet, der dem Urteil zugrunde gelegt wird, BGH

MDR **68**, 314. Wenn das Fristende auf einen Sonnabend, Sonntag oder allgemeinen Feiertag fällt, muß das Gericht einen am nächsten Werktag eingehenden Schriftsatz berücksichtigen, § 222 II, vgl BVerfG **61**, 122 mwN.

Wenn erst kurz vor dem Ablauf der Schriftsatzfrist ein erheblicher Schriftsatz eingeht, auf den der Gegner nicht mehr vor dem Fristablauf erwidern kann, dann muß das Gericht die mündliche Verhandlung unter Umständen wieder eröffnen oder den Verkündungstermin verlegen, vgl BVerfG **50**, 285. Dasselbe gilt dann, wenn nach dem Ablauf der Schriftsatzfrist, aber vor der Beratung ein erheblicher Schriftsatz eingeht. Das Gericht darf nicht eine Ergänzung des Vorbringens und der bisherigen Beweisantritte durch Urkunden auferlegen und dann ohne eine mündliche Verhandlung entscheiden. Denn in dieser Situation hätte ein Auflagen- und Beweisbeschluß ergehen müssen, und das Gericht hätte auf Grund dieses Beschlusses grundsätzlich, Anm 5 C, mündlich verhandeln müssen, BGH **31**, 214.

An dem Verfahren ändert sich nichts, insbesondere auch nicht an den Anträgen, wenn ein Anwalt die Vertretung der Partei erst nach dem Zeitpunkt der Wirksamkeit einer Zustimmungserklärung niederlegt, BGH **LM** § 87 Nr 2. Soweit schon eine mündliche Verhandlung stattgefunden hat, darf und muß das Gericht auch das Ergebnis dieser Verhandlung verwerten. Insoweit schadet ein Wechsel in der Besetzung des Gerichts nicht, BGH **11**, 27. Soweit das Ergebnis der Beweisaufnahme nicht protokolliert worden ist, ist die Verwertung nur möglich, falls richterliche Aufzeichnungen bei den Akten sind, § 161 Anm 1 B. Ein Vortrag in der mündlichen Verhandlung, der von dem schriftsätzlichen Vortrag abweicht, muß insofern aktenkundig gemacht worden sein, vgl BGH **17**, 120. Wenn weder die richterliche Aufzeichnung noch der Vermerk zu den Akten vorliegt, können nur dieselben Richter entscheiden, die an der mündlichen Verhandlung teilgenommen hatten, BGH **LM** Nr 9, Johannsen bei BGH **LM** Nr 2/3.

Das Gericht darf grundsätzlich auch im schriftlichen Verfahren jede Entscheidung treffen, die im mündlichen Verfahren zulässig wäre. Zur Notwendigkeit des rechtlichen Gehörs Schneider MDR **79**, 793.

c) Sachverhaltsklärung. Ob eine genügende Klärung des Sachverhalts die Voraussetzung einer Entscheidung nach II ist, das richtet sich nach dem Sinn der Zustimmungs- oder sonstigen Erklärung. Wenn die Erklärung den Inhalt hat, daß die Partei keineswegs etwas Neues vorbringen will, dann verzichtet die Partei dadurch auf eine weitere etwa mögliche Klärung des Sachverhalts. Andernfalls muß das Gericht einen rechtzeitig eingereichten Schriftsatz in seinem ganzen Umfang berücksichtigen. Soweit der Schriftsatz etwas Wesentliches enthält, muß das Gericht dann in der Regel die Verhandlung schon deshalb wieder eröffnen, weil es dem Gegner das rechtliche Gehör gewähren muß. Für eine Bindung der Partei an den in den Prozeß eingeführten Stoff gilt das in § 251 a Anm 3 E Gesagte nicht ganz entsprechend. Eine Bindung tritt bei II nicht nur bei einem Urteil ein, sondern auch bei einem Beweisbeschluß. Denn beim Beweisbeschluß ist die Prozeßlage dieselbe wie im Fall einer mündlichen Verhandlung.

d) Dreimonatsfrist. Eine Entscheidung ohne eine mündliche Verhandlung ist nur binnen drei Monaten seit dem Eingang der letzten Zustimmungserklärung zulässig, II 3. Andernfalls muß das Gericht einen Verhandlungstermin bestimmen, § 310 Anm 1 B.

e) Verstoß. Soweit das Gericht ohne eine mündliche Verhandlung entscheidet, obwohl eine erforderliche Zustimmung fehlte, liegt in diesem Verfahren ein Verstoß gegen das Gebot des rechtlichen Gehörs und ein unbedingter Revisionsgrund, § 551 Z 5, ferner ein Grund zur Erhebung der Nichtigkeitsklage nach § 579 I Z 4. Allerdings kann eine Partei ihre erforderliche Zustimmung auch nach dem Urteilserlaß wirksam erteilen, Anm 2 E. Eine solche Zustimmung wirkt wie ein Verzicht auf den bis zu diesem Zeitpunkt bestehenden Anfechtungsgrund. Nach einer anderen Entscheidung als einem Urteil kann eine Heilung des Verstoßes nach denselben Grundsätzen wie bei § 295 eintreten. Soweit die Voraussetzungen des II fehlten, ist das Urteil zwar wirksam, aber mit dem gegen dieses Urteil zulässigen Rechtsmittel anfechtbar.

5) Vermögensrechtlicher Streit, III. A. Voraussetzungen. a) Grundsatz. In einem solchen Streit, vgl Üb 3 vor § 1, kann das Gericht von Amts wegen anordnen, daß schriftlich zu verhandeln ist. Das Gericht ist zu einer solchen Anordnung berechtigt, aber keineswegs verpflichtet. Das Gericht trifft seine Entscheidung darüber, ob eine schriftliche Verhandlung stattfinden soll, im Rahmen eines pflichtgemäßen Ermessens. Anders als bei einem schriftlichen Verfahren nach II ist die Anordnung nach III nicht nur auf die nächste Entscheidung beschränkt. Sie wirkt vielmehr grundsätzlich für das gesamte weitere Verfahren dieser Instanz, so auch Kramer NJW **78**, 1412.

b) Einzelheiten. Im einzelnen müssen folgende Voraussetzungen zusammentreffen:

aa) Keine Anwaltsvertretung. Eine Vertretung durch einen Anwalt darf nicht geboten sein. Das Gesetz meint nicht etwa nur den Fall, daß ein Anwaltszwang fehlt; er fehlt ohnehin schon wegen des unter b zu erörternden geringen Streitwerts. Vielmehr muß eine einfache Sach- und/oder Rechtslage vorliegen, die nach einer pflichtgemäßen Prüfung voraussichtlich beiden Parteien eine sachgerechte Rechtsverfolgung oder Rechtsverteidigung auch ohne eine anwaltliche Unterstützung ermöglicht. In diesem Zusammenhang darf und muß das Gericht seine eigenen erheblichen Leitungs-, Frage-, Hinweis- und Belehrungspflichten mitberücksichtigen. Es muß allerdings auch bedenken, daß es unter allen Umständen unparteilich bleiben muß und daher keine Partei auch nur teilweise beraten darf.

bb) Höchstens 500 DM. Der Streitwert darf im Zeitpunkt der Einreichung der Klage höchstens 500 DM betragen. Es kommt also nicht auf den Zeitpunkt der Klagezustellung, der Klageerhebung, an. Das Gericht muß den Streitwert nach den §§ 3ff schätzen, soweit die Klageschrift keinen bezifferten Klagantrag enthält. Eine Steigerung des Streitwerts nach der Klageinreichung bis zum Zeitpunkt der Anordnung nach III ist unschädlich, solange nicht infolge dieser Wertsteigerung entweder ein Anwaltszwang eintritt oder doch eine Vertretung durch einen Anwalt nunmehr geboten erscheint.

cc) Erscheinen unzumutbar. Es muß für eine Partei unzumutbar sein, zu einem Verhandlungstermin zu erscheinen. Die Unzumutbarkeit mag sich entweder aus einer zu großen Entfernung des Wohnsitzes usw der Partei zum Gerichtsort oder aus einem sonstigen wichtigen Grund ergeben. Die Einzelheiten sind ebenso wie bei § 141 Anm 2 C zu beurteilen.

Im arbeitsgerichtlichen Verfahren ist III unanwendbar, § 46 II 2 ArbGG (betr Urteilsverfahren), Kramer NJW **78**, 1412 mwN.

B. Verfahren. Ein Antrag nach III ist zulässig, aber nicht bindend. Er zwingt das Gericht allenfalls zu einem Verfahren nach II. Soweit sämtliche Voraussetzungen nach A vorliegen, bestimmt das Gericht grundsätzlich zugleich mit der Anordnung des schriftlichen Verfahrens denjenigen Zeitpunkt, der dem Schluß der mündlichen Verhandlung entspricht. Wenn das Fristende auf einen Sonnabend, Sonntag oder allgemeinen Feiertag fällt, muß das Gericht einen am nächsten Werktag eingehenden Schriftsatz berücksichtigen, § 222 II, BVerfG **61**, 122.

Das Gericht bestimmt ebenfalls grundsätzlich sogleich einen Termin zur Verkündung nicht bloß „einer Entscheidung", sondern „des Urteils", III 2. Dafür ist keine Frist vorgeschrieben. Das Gericht muß den voraussichtlich notwendigen Zeitraum unter einer Beachtung von Art 103 I GG schätzen. Es gibt keine Mindest- oder Höchstfrist zwischen dem Schriftsatzschluß und dem Verkündungstermin, Kramer NJW **78**, 1412. Anders als bei II 3 gibt es hier auch keine Höchstfrist zwischen der Anordnung und dem Verkündungstermin.

Das Gericht kann jeden dieser Termine von Amts wegen ändern. Es ist dazu verpflichtet, wenn eine Änderung der Prozeßlage eine Terminsänderung gebietet, III 3. Wenn jegliche Stellungnahme des Bekl ausbleibt, dann ergeht ein streitiges Urteil, kein Versäumnisurteil, so grundsätzlich richtig Kramer NJW **78**, 1413 (er fordert freilich, daß sich der Bekl auf den Prozeß irgendwie eingelassen habe), aM AG St Blasien MDR **83**, 497 rechte Spalte. Das Gericht muß freilich die selbst bestimmte Frist abwarten, BVerfG **61**, 17, 79 (das BVerfG läßt in der letzteren Entscheidung nicht erkennen, ob es geprüft hat, ob das von ihm gerügte AG III 3 angewandt hatte).

C. Aufhebung der Anordnung. Das Gericht muß die Anordnung des schriftlichen Verfahrens aufheben, III 5, wenn eine der beiden folgenden Voraussetzungen eintritt:

a) Antrag. Entweder hat diejenige Partei die Anordnung beantragt, zu deren Gunsten die Anordnung ergangen war. Wer durch die Anordnung begünstigt worden war, darüber muß das Gericht nach den Gesamtumständen im Zeitpunkt der damaligen Anordnung entscheiden. Der Zeitpunkt der Entscheidung über den Aufhebungsantrag ist also nicht maßgeblich. Soweit beide begünstigt waren, haben beide ein Antragsrecht.

b) Persönliches Erscheinen unumgänglich. Oder das persönliche Erscheinen beider Parteien ist unumgänglich. Ob das der Fall ist, muß das Gericht von Amts wegen prüfen; ein diesbezüglicher Antrag stellt nur eine Anregung dar.

Das Gericht braucht das schriftliche Verfahren nur dann aufzuheben, wenn der Sachverhalt weiter aufgeklärt werden muß. Dazu kann auch die Notwendigkeit eines persönlichen Eindrucks von den Parteien zählen. Denn die Prüfung der Glaubwürdigkeit gehört zur Feststellung des daraus folgenden Sachverhalts. Wenn es aber nur um einen Hinweis nach

1. Titel. Mündliche Verhandlung §§ 128, 129

§ 278 III geht, ist die Aufhebung des schriftlichen Verfahrens in der Regel nicht notwendig. Sie ist auch dann nicht notwendig, wenn ein Erscheinen der Parteien zwar ratsam oder förderlich wäre, nicht aber unumgänglich scheint.

6) VwGO: *Es gilt ausschließlich § 101 VwGO, eine entsprechende Anwendung von § 128 ist ausgeschlossen, BVerwG NJW 80, 1482 mwN; dies gilt auch für III. Wegen der Entscheidung durch Gerichtsbescheid vgl Art 2 § 1 EntlG.*

129 *Schriftsätze.* ¹ In Anwaltsprozessen wird die mündliche Verhandlung durch Schriftsätze vorbereitet.
II In anderen Prozessen kann den Parteien durch richterliche Anordnung aufgegeben werden, die mündliche Verhandlung durch Schriftsätze oder zu Protokoll der Geschäftsstelle abzugebende Erklärungen vorzubereiten.

Schrifttum: Holzhauer, Die eigenhändige Unterschrift usw, 1973; Vollkommer, Formenstrenge und prozessuale Billigkeit, 1973 (Bespr Putzo NJW **74**, 935, Stöber Rpfleger **73**, 266, Stürner ZZP **92**, 109).

1) Allgemeines. A. Schriftsatzarten. Man unterscheidet folgende Arten von Schriftsätzen:

a) Bestimmender Schriftsatz. Ein bestimmender Schriftsatz (der Ausdruck stammt aus den Motiven, die ZPO verwendet ihn nicht) ist ein solcher, der eine Parteierklärung in die notwendige Form faßt, LG Heidelb VersR **78**, 357. Hierher gehört alles, was ein Verfahren einleiten oder beendigen soll, zB: Das Gesuch um die Bewilligung von Prozeßkostenhilfe; die Klage; die Klagerücknahme; der Einspruch; die Rechtsmittelschrift, Mü NJW **79**, 2570.

b) Vorbereitender Schriftsatz. Hierher zählt derjenige Schriftsatz, der einen späteren mündlichen Vortrag zunächst schriftlich ankündigen soll, LG Heidelb VersR **78**, 357. Er kann den mündlichen Vortrag nur im schriftlichen Verfahren ersetzen. Grundsätzlich macht erst der mündliche Vortrag in der Verhandlung das Vorbringen prozessual wirksam. Sachlichrechtlich kann es aber bereits unabhängig von einem mündlichen Vortrag wirksam werden, Grdz 5 J vor § 128, Mü NJW **79**, 2570.

Die meisten bestimmenden Schriftsätze sind zugleich vorbereitende.

B. Grundsätzlicher Unterschriftszwang. Ein bestimmender Schriftsatz muß grundsätzlich eigenhändig und handschriftlich unterschrieben sein. Es soll feststehen, daß kein bloßer Entwurf vorliegt, sondern eine prozessual gewollte Erklärung, daß sie vom Unterzeichner herrührt und daß er für ihren Inhalt die Verantwortung übernimmt, BGH (GmS) **75**, 349, BGH **65**, 48, NJW **75**, 494, NJW **76**, 967 und VersR **83**, 555 je mwN, BAG NJW **79**, 234 (auch zu Massenklagen) und DB **81**, 2183, BFH BB **83**, 1206, dazu List DB **83**, 1672, ferner Mü NJW **79**, 2570 mwN, VGH Mü BB **77**, 568, Rolfs FamRZ **78**, 477. Es muß also erkennbar sein, daß es sich um eine endgültige Erklärung handelt, BAG NJW **82**, 1016.

Es reicht aus, daß ein paraphenähnlicher Schriftzug vorliegt, der eindeutig den ganzen Namen des Unterzeichners darstellen soll, BGH VersR **74**, 600, oder daß ein individuell gestalteter Namensteil vorliegt, der die Absicht einer vollen Unterschrift erkennen läßt, BGH VersR **83**, 487 und 555 je mwN, selbst wenn er nur flüchtig geschrieben worden ist, BGH VersR **75**, 927. Es genügt, daß gegen den Ursprung der Unterschrift kein begründeter Verdacht besteht, daß vielmehr jeder, der den Namen kennt, ihn aus der Unterschrift herauslesen kann, BAG NJW **82**, 1016, vgl BSG NJW **75**, 1800, Krapp JB **77**, 16, vgl ferner § 170 Anm 2 B. Denn die Unterschrift soll nur sicherstellen, daß das Schriftstück auch vom Unterzeichner stammt. Deshalb ist KG AnwBl **55**, 71 als förmelnd abzulehnen.

Eine Unterzeichnung nur mit dem Anfangsbuchstaben (Paraphe), die die vorstehenden Anforderungen nicht erfüllt, reicht nicht aus, BGH JZ **67**, 708, VersR **74**, 864 und NJW **82**, 1467. Eine Auflösung des Schriftbilds in willkürliche Striche und Linien ohne charakteristische Merkmale stellt ebenfalls keine ausreichende Unterzeichnung dar, BGH **LM** § 130 Nr 7 und NJW **76**, 2263 (krit Vollkommer Rpfleger **76**, 297) je mwN, BAG BB **77**, 899. Eine ausreichende Unterschrift fehlt also, wenn man keine Buchstaben mehr erkennen kann oder wenn der Schriftzug keinen individuellen Charakter hat, BGH Rpfleger **76**, 127 (zustm Vollkommer mwN), NJW **82**, 1467 und VersR **82**, 973 mwN, vgl auch BGH VersR **83**, 274 mwN, ferner LG Heidelb VersR **78**, 357. Eine übereinstimmende Erklärung beider Parteien, die Unterschrift sei ein bloßes Handzeichen, bindet das Gericht nicht, BGH NJW **78**, 1255.

Ein Abklatschstempel reicht nicht aus, LG Bln MDR **76**, 407, vgl BFH DB **75**, 88 linke Spalte. Ein Abzug, dessen Original (Matrize) eigenhändig unterschrieben worden ist, reicht ebenfalls nicht aus, aM BFH DB **75**, 88 und 1095. Unzureichend ist auch eine Unterschrift durch einen beauftragten Dritten (Bürovorsteher), BGH NJW **55**, 546, aM grundsätzlich Späth VersR **77**, 339 und **78**, 605 je mwN, ferner Vollkommer 285, StJ I 2 (für Namensstempel. Aber ob zB eine Berufung eingelegt worden ist, darf nicht so unklar sein, daß das Gericht erst noch dazu eine Rückfrage halten müßte. Vgl allerdings auch § 518 Anm 1). Die weisungsgemäße Fertigstellung eines blanko unterschriebenen Schriftsatzes reicht aus, BGH ZZP **80**, 315.

BGH (GmS) **75**, 348 mwN hält zB im Verfahren nach dem SGG eine Revisionsschrift einer Behörde oder einer Körperschaft oder Anstalt des öffentlichen Rechts dann für ausreichend, wenn der Verfasser nur maschinenschriftlich unterzeichnet worden ist und wenn ein handschriftlicher Beglaubigungsvermerk des dazu zuständigen Beamten mit oder ohne eine Beifügung des Dienstsiegels beigeschrieben worden ist.

Eine Unterschrift ist auch dann nötig, wenn es sich um ein Verfahren mit einer dem Gericht lediglich freigestellten mündlichen Verhandlung handelt, Mü ZZP **54**, 86.

Es kann ausreichen, daß man eine nicht unterschriebene Schrift mit einer ordnungsmäßig unterschriebenen Anschrift einreicht. Die Beiheftung einer nicht unterschriebenen Berufungsbegründung an eine unterschriebene Berufungsschrift genügt aber den Anforderungen an eine Berufungsbegründung nicht, BGH **LM** § 519 Nr 63 und VersR **73**, 636, Kirberger Rpfleger **76**, 238, aM Saarbr NJW **70**, 434. Die Stelle der Urschrift kann eine eigenhändig und handschriftlich beglaubigte Abschrift einnehmen, BGH **LM** § 519 Nr 14. Eine Berufung ist auch dann wirksam eingelegt, wenn eine Urschrift ohne Unterschrift und eine richtig beglaubigte Abschrift eingehen; dasselbe gilt für eine Revisionsschrift, BAG NJW **73**, 1343 (etwas anderes gilt dann, wenn lediglich eine beglaubigte Abschrift ohne eine unterschriftslose Urschrift eingeht, BAG BB **78**, 1573). Es reicht auch aus, daß ein bei dem Gericht zugelassener Anwalt eine nicht unterschriebene Berufungsschrift zum Berufungsgericht bringt und sich dort die Einlegung der Berufung bescheinigen läßt, Ffm NJW **77**, 1246. Es reicht aber nicht aus, wenn diese Bescheinigung fehlt, vgl BGH NJW **80**, 292.

Im Anwaltsprozeß ist die Unterschrift des ProzBev oder seines amtlich bestellten Vertreters oder eines anderen bei diesem Gericht zugelassenen Vertreters notwendig, § 518 Anm 1. Die Unterschrift des Anwalts unter einem Beglaubigungsvermerk gilt als eine Unterschrift unter der Urschrift, BGH **LM** § 519 Nr 14.

Die Verwendung einer Blankounterschrift ist nur in einem unvorhersehbaren Fall und nur auf Grund einer an sich auf jeden Einzelfall bezogenen Anleitung und Überwachung zulässig, BAG DB **83**, 1052.

Man darf die Anforderungen an das Unterschriftserfordernis nicht überspannen, vgl BayVerfGH NJW **76**, 183 (auch zur verfassungsrechtlichen Problematik), BAG NJW **76**, 1285 (eine bloße Unterschrift der gleichzeitig eingereichten Vollmacht reicht aber nicht aus). Im einzelnen bestehen zwischen den verschiedenen Prozeßordnungen erhebliche Unterschiede, OGB BGH **75**, 349, BFH DB **74**, 707 je mwN.

C. Telegrafische Einreichung. Gerichtliches Gewohnheitsrecht läßt auch bei einem fristgebundenen oder unbefristeten bestimmenden Schriftsatz grundsätzlich eine telegrafische Einreichung zu, BGH NJW **83**, 1498. Diese Notwendigkeit ergibt sich angesichts des Fortschritts der Technik und mancher Eilbedürftigkeit, vgl zB OGB BGH **75**, 349, BGH NJW **76**, 967, BAG NJW **79**, 234, Mü NJW **79**, 2571 (das OLG beschränkt diese Art der Einreichung allerdings strikt auf die Einlegung eines Rechtsmittels). In diesem Fall ist eine eigenhändige Unterschrift nicht notwendig. Sie wäre zwar unter dem Aufgabetelegramm technisch möglich; jedoch darf man bekanntlich ein Telegramm auch fernmündlich aufgeben, und diese Art der Aufgabe reicht aus, vgl BVerfG **36**, 304, BGH NJW **74**, 1090 und NJW **83**, 1498, Vollkommer 183. Unter dem Ankunftstelegramm ist die eigenhändige Unterschrift des Absenders ohnehin technisch grundsätzlich nicht möglich.

Freilich muß man zumindest den gesetzlichen Vertreter angeben, vgl BFH BB **73**, 1517, oder den zuständigen Organverwalter nennen, BVerwG NJW **78**, 2110.

Eine telegrafische oder fernschriftliche Rechtsmittelbegründung ist nicht zulässig, Stgt VersR **82**, 1082.

Bei telegrafischer Einlegung und bei einer telefonischen Übermittlung des Texts durch das Zustellpostamt, vgl BVerfG **36**, 304, ist eine etwaige Frist nur gewahrt, wenn die telefonische Durchgabe des Telegrammtextes innerhalb der Frist gegenüber einer Person des zuständigen Gerichts erfolgt, die zur Entgegennahme einer solchen Erklärung sowie zur Beurkundung des Eingangszeitpunkts dieser Erklärung befugt ist, BGH **65**, 11, und wenn

1. Titel. Mündliche Verhandlung   §§ 129, 129a 1

diese Urkundsperson auch tatsächlich eine Notiz anfertigt, die den Inhalt des Telegramms wiedergibt, BGH (St) **LM** § 518 Nr 10, krit Vollkommer 209. Eine Übermittlung an einen privaten Fernschreibteilnehmer und die Weiterleitung durch ihn können genügen, VGH Mü BB **77**, 568. Das Telegramm darf nur die Fristwahrung erleichtern, nicht sonstige Anforderungen mißachten, zB diejenigen an die Genauigkeit einer Parteibezeichnung, vgl BAG DB **73**, 2148.

D. Fernschreiben, Telebrief usw. Nach den Regeln zu B, C ist auch ein fernschriftlicher Schriftsatz sowie ein solcher im Weg eines sog Telebriefs bzw eine Telekopie zu beurteilen, BGH NJW **83**, 1498 mwN, vgl BFH NJW **82**, 2520 und DB **83**, 1520. Solange die Nämlichkeit des Absenders und seine Verantwortung für den Inhalt sowie der Umstand feststehen, daß mehr als ein bloßer Entwurf vorliegt, ist gegenüber diesen modernen technischen Übermittlungswegen Großzügigkeit erlaubt.

E. Schriftliches Verfahren. Das schriftliche Verfahren verlangt, streng genommen, bei jedem Schriftsatz die Unterschrift. Denn das Gericht darf in diesem Verfahren keine Parteierklärung berücksichtigen, deren Echtheit nicht gewährleistet ist. Doch ist das Fehlen der Unterschrift im schriftlichen Verfahren zweckmäßigerweise als unschädlich anzusehen, sofern es sich nicht um einen bestimmenden Schriftsatz handelt. Zur letzteren Gruppe gehört allerdings auch der Antrag auf die Durchführung des schriftlichen Verfahrens.

2) Anwaltsprozeß, I. Die Parteien müssen die mündliche Verhandlung durch Schriftsätze vorbereiten, und zwar rechtzeitig, §§ 132, 272, auch im Verfahren nach den §§ 80ff ArbGG, BAG MDR **73**, 794.

Die Folgen eines Verstoßes sind unter anderem: **a)** Eine Versäumnisentscheidung ist unzulässig, § 335 I Z 3; **b)** das Gericht darf dem Gegner eine Erklärungsfrist setzen, § 283; **c)** das Gericht darf und muß den Vortrag unter Umständen als verspätet zurückweisen, § 296; **d)** es können Kostennachteile nach den §§ 95 ZPO, 34 GKG entstehen.

3) Parteiprozeß, II. Die Parteien sind scheinbar grundsätzlich nicht verpflichtet, die mündliche Verhandlung durch Schriftsätze vorzubereiten. Dieser Scheingrundsatz ist aber in der Praxis weitestgehend durch andere Grundsätze durchbrochen, nämlich durch die regelmäßig und nicht nur ausnahmsweise zulässigen Anordnungen im schriftlichen Vorverfahren wie im Verfahren zur Vorbereitung eines frühen ersten Termins mit dem Ziel, den Gegner zur umfassenden oder jedenfalls in einzelnen Punkten des Streitstoffs eingehenden oder vollständigen schriftlichen Stellungnahme zu zwingen. Das Gericht kann ohnehin in jeder Lage des Verfahrens durch eine Verfügung oder einen Beschluß einer Partei oder beiden Parteien aufgeben, einen Schriftsatz einzureichen oder eine Erklärung zum Protokoll abzugeben, etwa dann, wenn eine Partei einen Anwalt als ProzBev beauftragt hat oder wenn sich ergibt, daß sie selbst nicht genügend ausdrucksgewandt ist. Eine Erklärung kann zum Protokoll jeder Geschäftsstelle abgegeben werden, § 129a. Die Partei kann die Erklärung auch von sich aus schriftlich oder zum Protokoll der Geschäftsstelle abgeben, § 496.

Bei einem Verstoß können dieselben Folgen wie im Anwaltsprozeß eintreten, Anm 2.

II ist im arbeitsgerichtlichen Verfahren grundsätzlich anwendbar. Bei einer Güteverhandlung hat aber § 47 II ArbGG den Vorrang, Lorenz BB **77**, 1003.

4) VwGO: *Eine Sonderregelung (Sollvorschrift) enthält § 86 IV VwGO. Wegen der Form, Anm 1 B u C, vgl § 130 Anm 2.*

129a *Protokoll jeder Geschäftsstelle.* [I] Anträge und Erklärungen, deren Abgabe vor dem Urkundsbeamten der Geschäftsstelle zulässig ist, können vor der Geschäftsstelle eines jeden Amtsgerichts zu Protokoll abgegeben werden.

[II] Die Geschäftsstelle hat das Protokoll unverzüglich an das Gericht zu übersenden, an das der Antrag oder die Erklärung gerichtet ist. Die Wirkung einer Prozeßhandlung tritt frühestens ein, wenn das Protokoll dort eingeht. Die Übermittlung des Protokolls kann demjenigen, der den Antrag oder die Erklärung zu Protokoll abgegeben hat, mit seiner Zustimmung überlassen werden.

1) Anträge und Erklärungen, I. Die Vorschrift erfaßt nicht nur einen Antrag oder eine Erklärung, die eine Prozeßhandlung enthalten, sondern jede wie immer geartete Äußerung, die man vor einem Urkundsbeamten der Geschäftsstelle abgeben darf. I verfaßt einen Antrag oder eine Erklärung in jeder Verfahrensart und in jedem Stadium, zB im Verfahren auf die Bewilligung einer Prozeßkostenhilfe oder im Mahnverfahren. Es muß sich um einen

Antrag oder eine Erklärung der Partei oder eines anderen irgendwie am Verfahren Beteiligten handeln, zB des Streithelfers, des Zeugen, des Sachverständigen, eines Beauftragten, eines Beteiligten.

I ist auch im arbeitsgerichtlichen Urteilsverfahren anwendbar, Lorenz BB **77**, 1003 (§ 13 ArbGG beachten), Philippsen pp NJW **77**, 1133.

2) Jedes Amtsgericht, I, innerhalb der BRD ist zur Protokollierung berechtigt und verpflichtet. Es ist unerheblich, ob der Antragsteller in seinem Bezirk wohnt; ob er sich dort aufhält; ob er anderswo einen Wohnsitz oder einen gewöhnlichen Aufenthalt hat; ob er ein Deutscher ist; ob das Prozeßgericht nahe oder weit entfernt ist; ob das aufnehmende AG im Bezirk des Prozeßgerichts liegt. Der etwaige Geschäftsverteilungsplan bestimmt, welche Geschäftsstelle zur Protokollierung zuständig ist. Im allgemeinen ist die Rechtsantragsstelle jedenfalls auch zuständig. Andernfalls ist zumindest diejenige Geschäftsstelle zuständig, die den Vorgang bearbeiten müßte, falls das Verfahren bei jenem AG anhängig wäre.

3) Übersendung usw, II 1. Die Geschäftsstelle ist zur Unverzüglichkeit verpflichtet. Sie muß also ohne schuldhaftes Zögern handeln. Das bedeutet keinen Zwang zu jagender Hetze. Der Urkundsbeamte der Geschäftsstelle muß den Antragsteller bzw den Erklärenden von Amts wegen auf die Möglichkeit hinweisen, das Protokoll dem Prozeßgericht nach II 3 selbst zu übermitteln. Der Urkundsbeamte darf also nicht einen entsprechenden Antrag des Antragstellers abwarten. Das gilt aber nur dann, wenn sich die Zweckmäßigkeit einer privaten Übermittlung des Protokolls zum Zweck der Wahrung einer Frist aufdrängt, wenn also zB der Postabgang bei dem aufnehmenden AG an diesem Tag schon geschlossen ist (der Antrag geht zB am Freitag kurz vor dem Dienstschluß ein) und wenn ein Eilbrief des Antragstellers noch an demselben Tag abgehen könnte.

4) Wirkung, II 2. Wenn die Erklärung nicht vor der Geschäftsstelle des Prozeßgerichts, sondern vor der Geschäftsstelle eines anderen AG zum Protokoll abgegeben worden ist, tritt ihre Rechtswirkung erst im Zeitpunkt des Eingangs bei demjenigen Gericht ein, an das der Antrag oder die Erklärung gerichtet sind. Wenn auch dieses Gericht in Wahrheit nicht zuständig ist, tritt die Rechtswirkung erst mit dem Eingang bei dem letztendlich zuständigen Gericht ein. Andernfalls könnte der Antragsteller die Frist auch dann noch retten, wenn er einen nahen, aber falschen Adressaten nennt. Das wäre unhaltbar. Demgemäß besagt II 2, die Rechtswirkung trete „frühestens" mit dem Eingang bei dem vom Antragsteller bezeichneten Gericht ein.

Die Geschäftsstelle des aufnehmenden Gerichts ist ebenso wie jedes weiterleitende Gericht zur unverzüglichen und notfalls sofortigen Bearbeitung verpflichtet. Maßgeblich ist der Eingang bei der Posteinlaufstelle des Gerichts, nicht erst der Eingang bei der objektiv richtigen Einzelgeschäftsstelle.

Wenn die Frist in einem der Fälle des II nicht eingehalten wurde, kommt unter den Voraussetzungen der §§ 233 ff eine Wiedereinsetzung in den vorigen Stand in Betracht.

5) VwGO: Unanwendbar, weil die VwGO, sofern sie eine Erklärung zur Niederschrift des Urkundsbeamten vorsieht, den Urkundsbeamten des jeweils zuständigen Gerichts meint, aM wohl Kopp § 81 Rdz 12 (es besteht aber kein Bedürfnis, die Protokollierung vor jedem VG zuzulassen).

130 Inhalt der Schriftsätze. Die vorbereitenden Schriftsätze sollen enthalten:

1. die Bezeichnung der Parteien und ihrer gesetzlichen Vertreter nach Namen, Stand oder Gewerbe, Wohnort und Parteistellung; die Bezeichnung des Gerichts und des Streitgegenstandes; die Zahl der Anlagen;
2. die Anträge, welche die Partei in der Gerichtssitzung zu stellen beabsichtigt;
3. die Angabe der zur Begründung der Anträge dienenden tatsächlichen Verhältnisse;
4. die Erklärung über die tatsächlichen Behauptungen des Gegners;
5. die Bezeichnung der Beweismittel, deren sich die Partei zum Nachweis oder zur Widerlegung tatsächlicher Behauptungen bedienen will, sowie die Erklärung über die von dem Gegner bezeichneten Beweismittel;
6. in Anwaltsprozessen die Unterschrift des Anwalts, in anderen Prozessen die Unterschrift der Partei selbst oder desjenigen, der für sie als Bevollmächtigter oder als Geschäftsführer ohne Auftrag handelt.

1) Geltungsbereich. A. Allgemeines. Die Vorschrift gilt für jeden Schriftsatz, auch für den bestimmenden, § 129 Anm 1 A a. Ein Schriftsatz soll die in § 130 genannten Punkte

1. Titel. Mündliche Verhandlung § 130 1, 2

enthalten. Es handelt sich also nach dem Wortlaut des Gesetzes nicht um eine Mußvorschrift, Späth VersR **78**, 605. Wenn aber ein Schriftsatz wegen einer ungenügenden Beachtung von Z 1 nicht zu den richtigen Akten gelangt, trägt die Partei oder ihr Anwalt die Folgen, namentlich dann, wenn der Schriftsatz infolgedessen nicht demnächst dem richtigen Empfänger zugestellt werden kann, § 270 III, vgl BGH **LM** § 41 p PatG aF Nr 25 (ein falsches Aktenzeichen im Schriftsatz kann allerdings unschädlich sein), oder im schriftlichen Verfahren. Im übrigen enthalten zB die §§ 275 I, III, IV, 276 I 2, III Vorschriften, die einen wesentlich präziseren Vortrag als nach § 130 erforderlich machen. Diese Vorschriften gehen dem § 130 als Sonderregeln vor.

Eine Unterschrift ist grundsätzlich nur unter einem bestimmenden Schriftsatz unumgänglich, § 129 Anm 1 B. Eine pauschale Bezugnahme auf andere Schriftsätze ist unter Umständen unzulässig. Freilich muß man den § 139 beachten, Schlesw MDR **76**, 50. Z 6 verlangt nur die Unterschrift eines beim Empfangsgericht zugelassenen Anwalts, nicht weitere Angaben über ihn, BGH VersR **73**, 86. Ein Zusatz „als amtlich bestellter Vertreter" oder „als Abwickler" ist nicht notwendig, BGH VersR **73**, 470, wohl aber schon zur Vermeidung unnötiger Rückfragen zweckmäßig. Der Praxisvertreter oder Abwickler muß jedoch im Text des Schriftsatzes zumindest diese Funktion zu erkennen geben.

Rechtsausführungen sind nur in Ausnahmefällen gesetzlich vorgeschrieben, etwa im Revisionsrechtszug oder im Wiederaufnahmeverfahren. Sie können aber auch in der ersten Instanz ratsam sein, um im Interesse der Partei Irrtümer oder Versehen des Gerichts zu verhindern, BGH **LM** § 675 BGB Nr 50. Das Gericht darf eine Partei auch im Rahmen des § 278 III oder des § 139 grundsätzlich nicht zu einer Darlegung einer Rechtsauffassung oder einer Stellungnahme zu einer gegnerischen Rechtsauffassung nötigen, wohl aber, soweit zumutbar, eine gewisse aktive Teilnahme auch an einem schriftlichen Rechtsgespräch im Rahmen der allgemeinen Prozeßförderungspflicht des § 282 und daher auch im Rahmen des § 130 erwarten oder voraussetzen.

B. Kürze. Ein Schriftsatz sollte in bündiger Kürze abgefaßt werden. Weitschweifigkeit, meist ein Zeichen mangelhaften Durchdenkens oder mangelhafter Konzentrationsfähigkeit und oft Folge der Schreibmaschine oder des Diktatgeräts usw, ist in aller Regel unnötig und oft psychologisch nachteilig. Sie ist außerdem eine Ungehörigkeit gegenüber dem Gericht.

In einem krassen Fall oder dann, wenn ein Schriftsatz entweder äußerlich unlesbar ist oder wenn er allzu viele Diktat- oder Schreibfehler enthält, die den Sinn der Ausführungen unerkennbar machen, darf das Gericht den Schriftsatz zurückgeben und dem Absender anheimstellen, ein lesbares Stück einzureichen. Es empfiehlt sich, von dem fehlerhaften Originalschriftsatz eine Kopie in der Gerichtsakte zu belassen. Der Absender riskiert, daß erst der Eingangszeitpunkt eines daraufhin verbesserten Schriftsatzes diejenigen Rechte wahrt, die fristgebunden sein mögen. Die allgemeine Nachlässigkeit auch im Verkehr mit dem Gericht sollte durchaus nicht als scheinbar unvermeidliche Zeiterscheinung hingenommen werden. Es ist das Recht und vielfach die Pflicht des Gerichts, auch eine anwaltlich vertretene Partei von Anfang an und mit allem Nachdruck dazu anzuhalten, selbstverständliche Mindestanforderungen im Schriftverkehr zu erfüllen.

Ein etwaiges Verschulden der gesetzlichen Vertreter oder des ProzBev gilt auch hier als ein Verschulden der Partei, §§ 51 II, 85 II. Rückfragepflichten des Gerichts mögen nach § 139 bestehen, auch zu Auflagen nach § 273 Veranlassung geben, dürfen aber nicht dazu führen, daß man allzu grobe oder allzu zahlreiche Fehler, Unsauberkeiten, Widersprüchlichkeiten und dergleichen einfach unkorrigiert dem Gericht zumuten darf. Infolge der Rückgabe eines derart fehlerhaften Schriftsatzes mag auch eine Verzögerungsgebühr nach § 34 GKG oder eine Kostenfolge nach § 95 notwendig werden.

C. Vollmachtsnachweis. Die Notwendigkeit des Nachweises einer Vollmacht ergibt sich nicht aus § 130. Sie kann sich aber aus den §§ 78 ff und aus anderen Spezialvorschriften ergeben. Freilich gilt das nur in den Grenzen wie bei § 80 Anm 2 B, § 88 Anm 1 C.

2) ***VwGO:*** *Die entsprechende Anwendung, § 173 VwGO, als Ordnungsvorschrift zur Ergänzung von § 86 IV VwGO ist unbedenklich, vgl § 82 I 2 VwGO. In bestimmenden Schriftsätzen ist eigenhändige Unterschrift, § 129 Anm 1 B, grundsätzlich nötig, BVerwG **13**, 141, sofern sie nicht telegrafisch eingereicht werden, § 129 Anm 1 C, oder von einer Behörde stammen (hier genügt Beglaubigungsvermerk, GmS NJW **80**, 172, BVerwG **10**, 1. In der Regel genügt eine vervielfältigte Unterschrift, BVerwG **36**, 296, überhaupt reicht aus, daß sich aus der Schrift allein oder iVm Anlagen ohne Rückfrage oder Beweiserhebung ergibt, daß sie von dem betreffenden Beteiligten herrührt und mit seinem Willen in den Verkehr gelangt ist, BVerwG **30**, 274.*

§§ 131, 132 1, 2

131 *Beifügung von Urkunden.* **I** Dem vorbereitenden Schriftsatz sind die in den Händen der Partei befindlichen Urkunden, auf die in dem Schriftsatz Bezug genommen wird, in Urschrift oder in Abschrift beizufügen.

II Kommen nur einzelne Teile einer Urkunde in Betracht, so genügt die Beifügung eines Auszugs, der den Eingang, die zur Sache gehörende Stelle, den Schluß, das Datum und die Unterschrift enthält.

III Sind die Urkunden dem Gegner bereits bekannt oder von bedeutendem Umfang, so genügt ihre genaue Bezeichnung mit dem Erbieten, Einsicht zu gewähren.

1) Beifügung von Urkunden, I. § 131 schreibt die Mitteilung einer Urkunde an den Gegner vor, um ihm eine Erklärung auf die Urkunde in der mündlichen Verhandlung zu ermöglichen. Eine in Bezug genommene Urkunde ist in Urschrift oder Abschrift der Urschrift des vorbereitenden Schriftsatzes beizufügen. Eine Fotokopie kann einer Abschrift gleichstehen, LG Hbg AnwBl **74**, 355. Die Urschrift der Urkunde bleibt bei einer Zustellung von Anwalt zu Anwalt in den Handakten des Anwalts, sonst bei den Gerichtsakten. Der Gegner, im Fall einer Zustellung von Anwalt zu Anwalt auch das Gericht, erhalten eine Abschrift.

Gegen I finden zahlreiche Verstöße statt. Ein Verstoß hat dieselben Folgen wie ein Verstoß gegen § 129. Etwas anderes gilt im Urkundenprozeß, vgl § 593.

2) Auszug, II, Einsicht, III. Grundsätzlich muß die Partei ihrem Schriftsatz auch eine Druckschrift beifügen, auf die sie Bezug nimmt und die im Handel erhältlich ist. In einem solchen Fall und dann, wenn es sich um eine andere umfangreiche Urkunde handelt, sind aber II, III beachtlich. Diese Sonderregeln gelten auch dann, wenn mehrere Urkunden zusammen einen erheblichen Umfang haben, etwa dann, wenn es um eine Korrespondenz oder um die Belege einer umfangreicheren Abrechnung usw geht. Diese Sonderregeln sind vielen Anwälten unbekannt. Das führt dazu, daß eine Vertagung verlangt und mit der Auffassung begründet wird, man habe die vom Gegner in Bezug genommenen umfangreichen Unterlagen nicht einsehen können, weil sie nur zur Gerichtsakte eingereicht worden seien. In einem solchen Fall muß das Gericht zB vor der Gewährung einer Nachfrist nach § 283 prüfen, ob sich der Einreicher auf II, III berufen konnte oder kann. Falls ja, mag der Gegner sofort Stellung nehmen müssen, um zB eine Unterstellung nach § 138 III, IV oder eine Zurückweisung wegen Verspätung, § 296, zu vermeiden.

3) VwGO: *Gleichartige Regelung in § 86 V VwGO.*

132 *Zwischenfrist bei Schriftsätzen.* **I** Der vorbereitende Schriftsatz, der neue Tatsachen oder ein anderes neues Vorbringen enthält, ist so rechtzeitig einzureichen, daß er mindestens eine Woche vor der mündlichen Verhandlung zugestellt werden kann. Das gleiche gilt für einen Schriftsatz, der einen Zwischenstreit betrifft.

II Der vorbereitende Schriftsatz, der eine Gegenerklärung auf neues Vorbringen enthält, ist so rechtzeitig einzureichen, daß er mindestens drei Tage vor der mündlichen Verhandlung zugestellt werden kann. Dies gilt nicht, wenn es sich um eine schriftliche Gegenerklärung in einem Zwischenstreit handelt.

1) Frist. § 132 gilt nur im Anwaltsprozeß, § 129 I. Seine Zwischenfristen gelten nur für einen vorbereitenden Schriftsatz mit neuen Tatsachen oder mit neuem sonstigen Vorbringen, nicht für Rechtsausführungen, die ja grundsätzlich überhaupt keiner Mitteilung bedürfen, § 130 Anm 1 A.

Die Vorschrift gilt auch: Nach einem Mahnverfahren, Hamm MDR **80**, 147; für eine Klagerweiterung; für ein Beweismittel; für eine Einwendung. Sie gilt nicht: Für die Klageschrift; für eine Rechtsmittelschrift (in diesen Fällen laufen besondere Fristen); im Verfahren auf den Erlaß eines Arrests oder einer einstweiligen Verfügung, weil die Vorschrift nicht der Natur dieser vorläufigen Verfahrensarten entspricht. Im Urkunden- und Wechselprozeß ist § 593 II zu beachten.

2) Verstoß. Ein Verstoß hat dieselben Folgen wie ein Verstoß gegen § 129, dort Anm 2, vgl § 273 Anm 2 B c, aM Müller NJW **74**, 172 mwN (er meint, ein Verstoß habe grundsätzlich keine Folgen). Wenn eine Frist versäumt worden ist, darf der Gegner außerdem eine Erklärung im Verhandlungstermin ablehnen. Er darf den gegnerischen Vortrag aber nicht einfach bestreiten. Denn das würde gegen seine Wahrheitspflicht nach § 138 I verstoßen. Die Ablehnung einer Erklärung gegenüber einem gegnerischen erheblichen Vorbringen kann das Gericht dazu zwingen, die Verhandlung zu vertagen oder nach § 273 oder § 283 eine Frist zu setzen. Die Unterlassung einer insofern notwendigen Maßnahme wäre eine Verweigerung des rechtlichen Gehörs, Art 103 I GG. Indessen besteht keineswegs stets ein Anspruch auf eine Vertagung usw. Das Gericht sollte eine solche Partei, die durch eine verspätete Einreichung eines Schriftsatzes zu einer Vertagung zwingt, mit einer Verzögerungsgebühr nach § 34 GKG, Anh § 95, belegen, aM Mü MDR **75**, 495 mwN (die Gebühr sei unzulässig).

3) VwGO: *Als Mußvorschrift unanwendbar, weil § 129 I nicht gilt. Als Sollvorschrift zur Ergänzung von § 86 IV VwGO ist § 132 unbedenklich heranzuziehen, § 173 VwGO, so daß bei Verstoß Vertagung in Frage kommt, Anm 2.*

133 *Einreichung von Schriftsätzen.* **¹ Die Parteien sollen den Schriftsätzen, die sie bei dem Gericht einreichen, die für die Zustellung erforderliche Zahl von Abschriften der Schriftsätze und deren Anlagen beifügen. Das gilt nicht für Anlagen, die dem Gegner in Urschrift oder in Abschrift vorliegen.**

II Im Falle der Zustellung von Anwalt zu Anwalt (§ 198) haben die Parteien sofort nach der Zustellung eine für das Prozeßgericht bestimmte Abschrift ihrer vorbereitenden Schriftsätze und der Anlagen auf der Geschäftsstelle niederzulegen.

1) Allgemeines. Über die Führung der Gerichtsakten s die AktO, dazu Piller-Hermann JVerwVorschriften.

2) Einreichung. A. Geltungsbereich. § 133 betrifft den Parteiprozeß und den Anwaltsprozeß, vgl auch § 198 Anm 1 A. Die Vorschrift soll dem Vorsitzenden und dem Berichterstatter die Vorbereitung des Verhandlungstermins erleichtern. Die Urschrift befindet sich bei allen im Amtsbetrieb zuzustellenden Schriftstücken bei den Gerichtsakten. Soweit eine Zustellung von Anwalt zu Anwalt durchgeführt wird, II, hat der Einreicher sofort nach der Zustellung dem Gericht eine Abschrift vorzulegen. Wenn im übrigen nicht die für eine Zustellung erforderlichen Abschriften miteingereicht werden, muß die Geschäftsstelle eine Anfertigung, insbesondere auch von Abschriften oder Ablichtungen sämtlicher Anlagen, auf Kosten des Verpflichteten veranlassen, KV 1900 Z 1 b, und dem Prozeßgegner zuleiten. Grundsätzlich sind 3 Stücke erforderlich, Mü Rpfleger **82**, 438.

Man muß auch die Urschrift der Prozeßvollmacht einreichen, falls man überhaupt eine Vollmacht vorlegen muß. Ein Anwalt braucht eine Abschrift nicht zu beglaubigen. Zweckmäßig vermerkt der Anwalt bei einer eigenen Zustellung deren Tag wegen der §§ 128 II, 251 a auf der Abschrift.

B. Nach Verhandlungsschluß. Zwischen dem Schluß der letzten mündlichen Verhandlung und dem Verkündungstermin hat grundsätzlich keine Partei mehr das Recht, einen Schriftsatz einzureichen. Ein Schriftsatz wäre nur geeignet, den Tatbestand zu verwirren. Denn die höhere Instanz könnte den Zeitpunkt seines Eingangs übersehen. Es besteht grundsätzlich auch kein Anspruch auf eine Wiedereröffnung der mündlichen Verhandlung. Sie kann allerdings trotzdem notwendig sein, § 156 Anm 2 A. Zulässig ist die Einreichung eines Berichtigungsantrags usw. Sehr bedenklich läßt Erdsiek NJW **55**, 939 eine Berücksichtigung auch dann zu, wenn ein Schriftsatz nur das mündlich Vorgetragene zusätzlich schriftlich niederlegt. Denn es ist oft gerade streitig, ob sich der Schriftsatz auf diese Funktion beschränkt hat.

Soweit das Gericht allerdings einen nachträglichen Vortrag berücksichtigt, würde es den Gegner beschweren. Deshalb muß es dann vor einer ihm nachteiligen diesbezüglichen Entscheidung den Gegner nach Art 103 I GG anhören. Zweckmäßigerweise bringt das Gericht in seiner Entscheidung zum Ausdruck, daß (evtl auch, warum) ein nach dem Verhandlungsschluß eingegangener Schriftsatz nicht berücksichtigt worden sei. Es sollte in diesem Zusammenhang jedenfalls dargelegt werden, daß und warum auch keine Nachfrist, etwa nach § 283, in Betracht kam.

C. Verstoß. Ein Verstoß zieht keinen sachlichen Nachteil nach sich. Das Gericht muß den Verhandlungstermin notfalls von Amts wegen vertagen, um sich genügend vorbereiten zu können. Es kann eine Verzögerungsgebühr nach § 34 GKG, Anh § 95, in Betracht kommen.

Kosten im übrigen: § 95.

3) VwGO: Statt *I* 1 gilt § 81 II VwGO, zu dessen Ergänzung *I* 2 entsprechend anzuwenden ist, § 173 VwGO, weil diese Erleichterung für alle Verfahren gilt. *II* ist unanwendbar, weil stets v Aw zugestellt wird, § 86 IV 2 VwGO.

134 Einsicht von Urkunden.

I Die Partei ist, wenn sie rechtzeitig aufgefordert wird, verpflichtet, die in ihren Händen befindlichen Urkunden, auf die sie in einem vorbereitenden Schriftsatz Bezug genommen hat, vor der mündlichen Verhandlung auf der Geschäftsstelle niederzulegen und den Gegner von der Niederlegung zu benachrichtigen.

II Der Gegner hat zur Einsicht der Urkunden eine Frist von drei Tagen. Die Frist kann auf Antrag von dem Vorsitzenden verlängert oder abgekürzt werden.

1) Allgemeines. Der Zweck der §§ 134, 135 besteht darin, dem Gegner derjenigen Partei, die sich auf eine Urkunde bezieht, die Einsicht des Urstücks zu ermöglichen, auch die Einsicht in eine nicht eingereichte Prozeßvollmacht. Die Einsicht ist deswegen bedeutungsvoll, weil sich die Partei über die Echtheit der Urkunde klar werden und notfalls unverzüglich dazu eine Erklärung abgeben muß. Im Rahmen des § 134 besteht kein Anwaltszwang. Die §§ 134, 135 gelten auch im Parteiprozeß.

2) Einreichung, I. Die Aufforderung zur Einreichung erfolgt durch den Gegner oder durch das Gericht, auch von Amts wegen, §§ 142, 273, und zwar formlos. Die Niederlegung erfolgt auf der Geschäftsstelle des Prozeßgerichts. Das Gericht muß einem Antrag auf eine Versendung nach außerhalb stattgeben, wenn keine unzumutbare Verzögerung und kein anderer Hinderungsgrund erkennbar sind.
Ein Verstoß gegen I wirkt wie ein Verstoß gegen § 129.

3) Einsicht, II. Die Frist ist keine Notfrist. Ihre Verlängerung ist zulässig, § 224. Die Urkunde wird, abgesehen von der Prozeßvollmacht im Parteiprozeß, § 80 I, nicht zum Bestandteil der Gerichtsakten, vgl bei § 299. Die Partei kann die Urkunde jederzeit zurückfordern. Bei einer verdächtigen Urkunde gilt § 443. Der Vorsitzende entscheidet über eine Rückgabe der Urkunde. Soweit er einen Antrag zurückweist, ist dagegen die Beschwerde nach § 567 zulässig.
Durch die Niederlegung entsteht ein öffentlichrechtliches Rechtsverhältnis zwischen dem Staat und der Partei. Dieses hat eine gewisse Ähnlichkeit mit einer Verwahrung. Soweit der Gegner der niederlegenden Partei eine ihm mögliche und zumutbare Einsicht unterläßt, verliert er das Recht, aus der Unkenntnis der Urkunde etwas herzuleiten. Außerdem kann auch in einem solchen Fall eine Einwendung gegenüber der Urkunde verspätet sein, § 296.

4) VwGO: Entsprechend anwendbar, § 173 VwGO, als Ergänzung zu § 86 V VwGO, jedoch mit der sich aus § 99 VwGO ergebenden Beschränkung.

135 Urkunden an den Rechtsanwalt von Hand zu Hand.

I Den Rechtsanwälten steht es frei, die Mitteilung von Urkunden von Hand zu Hand gegen Empfangsbescheinigung zu bewirken.

II Gibt ein Rechtsanwalt die ihm eingehändigte Urkunde nicht binnen der bestimmten Frist zurück, so ist er auf Antrag nach mündlicher Verhandlung zur unverzüglichen Rückgabe zu verurteilen.

III Gegen das Zwischenurteil findet sofortige Beschwerde statt.

1) Allgemeines. Vgl zunächst § 134 Anm 1. § 135 setzt voraus, daß beide Parteien anwaltlich vertreten sind. Es handelt sich um eine rein prozessuale Vorschrift. Eine sachlichrechtliche Haftung bleibt unberührt. Die Übermittlung von Hand zu Hand erfolgt auf eine beliebige Art gegen eine Empfangsbescheinigung nach § 198. Die Rückgabe erfolgt in der Frist des § 134 II oder innerhalb einer etwa vom Anwalt gesetzten längeren Frist.

2) Rückgabestreit. Das Verfahren gegenüber einem säumigen Anwalt bildet einen Zwischenstreit zwischen ihm und der Gegenpartei. Das Gericht entscheidet auf Grund einer notwendigen mündlichen Verhandlung, es sei denn, daß ein schriftliches Verfahren nach § 128 II oder III durchgeführt wird. Die Entscheidung erfolgt durch ein Zwischenurteil. Es lautet auf eine Abweisung des Antrags oder auf eine sofortige Rückgabe der Urkunde. Das Wort „unverzüglich" in II hat nicht die Bedeutung des § 121 BGB. Die Kosten trägt je nach dem Ausgang entweder der Anwalt persönlich oder die Gegenpartei. Es gibt kein Säumnisverfahren. Auch im Fall einer Säumnis muß ein streitmäßiges Urteil ergehen.

1. Titel. Mündliche Verhandlung **§§ 135, 136 1, 2**

Gegen das Urteil ist die sofortige Beschwerde nach § 577 statthaft. Sie hat keine aufschiebende Wirkung. Darum ist eine sofortige Zwangsvollstreckung nach § 883 statthaft.
Gebühren: Des Gerichts: keine; des Anwalts: gehört zum Rechtszug, § 37 Z 3 BRAGO.

3) VwGO: Entsprechend anwendbar, § 173 VwGO, wenn RAe auf beiden Seiten stehen. Rechtsmittel, III, gegen das Zwischenurteil ist die Beschwerde, §§ 146 ff VwGO.

136 Prozeßleitung des Vorsitzenden.

I Der Vorsitzende eröffnet und leitet die mündliche Verhandlung.

II Er erteilt das Wort und kann es demjenigen, der seinen Anordnungen nicht Folge leistet, entziehen.

III Er hat Sorge zu tragen, daß die Sache erschöpfend erörtert und die Verhandlung ohne Unterbrechung zu Ende geführt wird; erforderlichenfalls hat er die Sitzung zur Fortsetzung der Verhandlung sofort zu bestimmen.

IV Er schließt die Verhandlung, wenn nach Ansicht des Gerichts die Sache vollständig erörtert ist, und verkündet die Urteile und Beschlüsse des Gerichts.

Schrifttum: Scheuerle, Vierzehn Tugenden für vorsitzende Richter, 1983.

1) Geltungsbereich. A. Allgemeines. Über die Prozeßleitung und die Sachleitung im allgemeinen vgl Üb 2 vor § 128. § 136 betrifft die Prozeßleitung durch den Vorsitzenden. Auf ihm ruht der Hauptlast der Verantwortung für einen sachgemäßen Prozeßbetrieb. Wenn ein Kollegium langsam und unsachgemäß arbeitet, ist der Vorsitzende durchweg jedenfalls mitschuldig.

B. Aufgaben des Vorsitzenden. Der Vorsitzende hat Aufgaben unterschiedlicher Art. Zu diesen Aufgaben gehören: **a)** Eine selbständige Sachentscheidung, zB nach § 944; **b)** die Mitwirkung bei der gerichtlichen Verwaltung, zB die Verteilung der Geschäfte unter die Beisitzer; **c)** die Mitwirkung bei einer Entscheidung des Kollegiums. Dabei steht er den anderen Mitgliedern des Kollegiums gleich; **d)** die Sitzungspolizei, teils allein, teils zusammen mit dem Kollegium; **e)** die Prozeßleitung, teils allein, teils zusammen mit dem Kollegium.

Soweit das Gesetz den Vorsitzenden nicht ausdrücklich dem Kollegium unterstellt, steht er neben diesem. Soweit seine Handlung anfechtbar ist, ist eine Beschwerde an das übergeordnete Gericht zu leiten. Für das Verfahren vor dem Vorsitzenden besteht der Anwaltszwang wie sonst. Der Vorsitzende ist aus dem Kollegium nicht etwa in dem Sinn hervorgehoben, daß seine Entscheidung maßgeblich wäre. Der Gedanke, ihm gesetzlich eine solche Stellung einzuräumen, wird der besonderen Art der gerichtlichen Tätigkeit nicht gerecht.

Der Vorsitzende kann einzelne Aufgaben in dem gesetzlich zulässigen Umfang einem Beisitzer überlassen, zB Einführung in den Sach- und Streitstand nach § 278 I 1, oder die Protokollführung.

2) Verhandlungsleitung, I–III. Der Vorsitzende eröffnet und leitet die mündliche Verhandlung. Er erteilt und entzieht das Wort. Er bestimmt also den Gang der Verhandlung anhand des Gesetzes. Er regelt auch die Anordnung des Stoffs, darf aber dabei die Parteien nicht schädigen. Er muß die Verhandlung überlegen und straff leiten und Weitschweifigkeiten verhindern. Er darf aber nicht den Vortrag solcher Punkte verhindern, die möglicherweise entscheidungserheblich sind.

Wenn der Vorsitzende durch Heiserkeit usw an der Verhandlungsleitung verhindert ist, kann er sie auf den dienstältesten Beisitzer übertragen und wirkt dann selbst als Mitglied des Kollegiums mit. Er kann der ungehorsamen Partei das Wort entziehen. Die Partei darf aber erst dann als säumig behandelt werden, wenn sie sich endgültig unfähig oder unwillens zeigt, den Anordnungen des Vorsitzenden zu gehorchen, soweit sie begründet sind, vgl § 333. Wenn der Vorsitzende einer Partei den Vortrag wegen ihrer Unfähigkeit zu einer mündlichen Verhandlung untersagt, darf ein Versäumnisurteil erst in der nächsten mündlichen Verhandlung ergehen, § 158 S 2.

Der Vorsitzende ordnet auch Pausen an und erteilt das Wort anschließend erneut. Er muß für eine erschöpfende Erörterung und eine ausreichende Ausübung der Fragepflicht sorgen, § 139. Art 103 GG gebietet auch dem Vorsitzenden grundsätzlich sogar ein gewisses Rechtsgespräch, Möhring/Nirk Festschrift „25 Jahre BGH" (1975) 312, 323, § 139 Anm 1 B, 2 E. Der Vorsitzende muß dieses Rechtsgespräch im Rahmen des § 278 III auf entscheidungserhebliche rechtliche Gesichtspunkte erstrecken. Soweit das Kollegium eine Vertagung beschließt, bestimmt der Vorsitzende den neuen Verhandlungstermin.

3) Verhandlungsschluß, IV. Solange das Kollegium die Sache nicht für vollständig erörtert hält, darf der Vorsitzende die Verhandlung nicht schließen, KG OLGZ **77**, 481. Er schließt sie ausdrücklich oder stillschweigend, etwa durch den Aufruf einer anderen Sache. Der Schluß der Verhandlung bewirkt den Eintritt der Folgen der Versäumnis, §§ 220, 231, 330ff, vorbehaltlich der etwaigen Notwendigkeit oder Möglichkeit einer Wiedereröffnung nach § 156. Nach dem Verhandlungsschluß hat grundsätzlich keine Partei mehr ein Recht auf ein weiteres Vorbringen, Köln NJW **75**, 788.

4) VwGO: *Entsprechende Vorschriften enthalten §§ 103 I und III, 104 I und III VwGO.* **II** *ist entsprechend anwendbar, § 173 VwGO (Ergänzung zu § 103 III VwGO), ebenso* **IV** *Halbsatz 2 (Ergänzung zu § 116 I VwGO).*

137 Gang der mündlichen Verhandlung. **I** Die mündliche Verhandlung wird dadurch eingeleitet, daß die Parteien ihre Anträge stellen.

II Die Vorträge der Parteien sind in freier Rede zu halten; sie haben das Streitverhältnis in tatsächlicher und rechtlicher Beziehung zu umfassen.

III Eine Bezugnahme auf Schriftstücke ist zulässig, soweit keine der Parteien widerspricht und das Gericht sie für angemessen hält. Die Vorlesung von Schriftstücken findet nur insoweit statt, als es auf ihren wörtlichen Inhalt ankommt.

IV In Anwaltsprozessen ist neben dem Anwalt auch der Partei selbst auf Antrag das Wort zu gestatten.

1) Antragstellung, I. Die Antragstellung ist der Beginn der ,,eigentlichen streitigen Verhandlung" (BTDrucks 551/74), vgl KG NJW **74**, 2138. Eine Erörterung oder persönliche Anhörung nach § 278 I mag zwar den Schwerpunkt des Verhandlungstermins bilden, unterfällt auch im Sinn des § 136 I sowie des § 176 GVG der Sitzungsgewalt des Vorsitzenden, Bauer ZZP **91**, 329, gehört aber noch nicht zur ,,eigentlichen streitigen Verhandlung". Zum Ablauf des Verhandlungstermins vgl § 278 Anm 1 B.

Die Anträge werden nach dem Gesetz dadurch gestellt, daß sie verlesen werden oder daß die Partei auf schriftsätzlich angekündigte Anträge Bezug nimmt oder daß sie die Anträge mündlich zum Protokoll stellt, § 297. Diese letztere Form der Antragstellung ist auch beim AG nur dann zulässig, wenn der Vorsitzende sie eindeutig gestattet. In der Praxis liest der Vorsitzende freilich die schriftsätzlich angekündigten Anträge meist vor oder weist auf ihre Fundstelle in den Gerichtsakten hin und befragt die Partei nur, ob sie bei diesen Anträgen bleibe, so daß sie nur etwaige Abänderungen oder Ergänzungen von sich aus zur Sprache bringen muß. Sie hat aber auf diese praxisübliche Methode kein Recht und muß ganz besonders bei der Antragstellung streng darauf achten, ihre Rechte zu wahren.

Wenn auch der Vorsitzende für sachgemäße Anträge sorgen soll, § 139, so ist doch zumindest eine korrekte und vollständige Stellung derjenigen Anträge, die jetzt noch gestellt werden soll, in allererster Linie die Sache der Partei, auch der nicht anwaltlich vertretenen. In der Praxis verstößt so mancher Anwalt in erstaunlichem Maße gegen diesen sehr wesentlichen Teil seiner prozessualen wie sachlichrechtlichen Pflichten. Diese Erfahrungstatsache darf nicht dazu führen, daß etwa eine Art gewohnheitsrechtlicher Entlastung von der Parteipflicht bejaht wird, die Anträge in eigener Verantwortung vorzubereiten und zu stellen.

Die Antragstellung ist regelmäßig noch keine Verhandlung zur Sache, also noch keine Sacherörterung, Bbg OLGZ **76**, 353, Zweibr MDR **77**, 409. Herpers DRiZ **74**, 225. Der Antrag zur Widerklage ist freilich eine Verhandlung zur Klage, wenn in den Gerichtsstand für die Widerklage nur aus § 33 folgt. Die Antragstellung ist auch nicht eine Verhandlung zur Hauptsache im Sinne der §§ 39, 282 III, 345 usw, Herpers DRiZ **74**, 225 (s auch Anm 2. Im Kostenrecht gelten andere Grundsätze).

Bei einer späteren Verhandlung in demselben Rechtszug vor denselben Richtern ist eine ausdrückliche Wiederholung der schon zum Protokoll gestellten Anträge entbehrlich. Die erneute Feststellung der Anträge zum Protokoll empfiehlt sich aber ausnahmslos. Der Umfang des entscheidungserheblichen Streitstoffs sollte in jeder Phase einer jeden mündlichen Verhandlung völlig eindeutig klarliegen. Gericht und Parteien sind gerade in diesem Punkt zu einer besonderen Sorgfalt verpflichtet. Das gilt auch im Hinblick auf scheinbar nebensächliche Punkte, etwa im Hinblick auf die Frage, welche Zinsen für welchen Zeitraum auf welchen Teilbetrag der Gesamtforderung geltend gemacht werden. Nach einer teilweisen Klagrücknahme, nach einem teilweisen Anerkenntnis, nach einer teilweisen einseitigen oder beiderseitigen Erledigungserklärung, nach einem Einspruch gegen einen Vollstreckungsbe-

1. Titel. Mündliche Verhandlung §137 1–4

scheid oder gegen ein Versäumnisurteil usw entstehen oft Formulierungsschwierigkeiten. Sie müssen sofort und mit allem Nachdruck beseitigt werden, damit alle Prozeßbeteiligten übersehen können, welche restlichen Anträge noch der Entscheidung des Gerichts unterstehen sollen.

Der Ausdruck „Parteien" im Sinn des § 137 umfaßt auch den Streithelfer.

Gebühren: Des Anwalts: §§ 31 I Z 2, II, 33 BRAGO.

2) Parteivortrag, II. Nach dem Gesetz sollen die Parteien ihren Vortrag in freier Rede halten. Der Vorsitzende darf derjenigen Partei, die den Vortrag abliest, sogar das Wort entziehen, § 136 II. Diese Regelung ist ein unmittelbarer Ausfluß des Mündlichkeitsgrundsatzes, einer wesentlichen Errungenschaft des modernen Zivilprozesses. Gleichwohl findet in der Alltagspraxis jedenfalls vor den erstinstanzlichen Gerichten kaum noch ein vollständiger mündlicher Vortrag statt.

Das bedeutet nicht, daß die Partei oder ihr Anwalt nicht mehr verpflichtet wären, sich auf einen mündlichen Vortrag vorzubereiten. Es kann durchaus zweckmäßig sein, gerade bei einem verwickelten Sachverhalt zunächst beide Parteien zu einem jeweils in sich geschlossenen umfassenden mündlichen Vortrag aufzufordern, damit deutlich wird, wo die Partei selbst das Wesentliche sieht und auf welche Punkte sie jetzt (noch) einen besonderen Wert legt. Eine Partei darf in solcher Situation keineswegs erklären, sie sei auf einen mündlichen Vortrag nicht vorbereitet. Das gilt auch und gerade für denjenigen ProzBev, der für einen Sozius oder einen verhinderten anderen Anwalt eingesprungen ist. Das Gericht ist keineswegs dazu da, einem ersichtlich überhaupt nicht mit dem Sachverhalt vertrauten ProzBev aus den Akten klarzumachen, um was es sich handelt oder gar, wen er eigentlich vertritt usw. Ein Verstoß der Partei oder ihres Anwalts in einem solchen Punkt kann zu den Folgen der §§ 34 GKG, Anh § 95, oder § 95 führen.

Der Vortrag eines Richters ersetzt den Parteivortrag nicht. Auch eine Einführung des Gerichts nach § 278 I ersetzt die Notwendigkeit des Parteivortrags grundsätzlich nicht.

Das Gericht darf sich im Anschluß an einen mündlichen Parteivortrag aber auch nicht rein zuhörend verhalten, solange nach seiner Auffassung noch irgendein Punkt zu klären ist, §§ 139, 278 III, Möhring/Nirk Festschrift „25 Jahre BGH" (1975) 312. Das Gericht muß selbstverständlich jeder Ausführung einer Partei im tatsächlichen und rechtlichen Bereich mitdenkend folgen und durch Rückfragen usw reagieren.

3) Bezugnahme auf Schriftstücke, III. Eine solche Bezugnahme ist nur unter folgenden Voraussetzungen zulässig: **a)** Keine Partei widerspricht. Ein ausdrückliches Einverständnis ist nicht notwendig. Die Parteien müssen aber erkannt haben oder erkennen können, daß das Gericht ein Schriftstück zum Gegenstand der Verhandlung machen will; **b)** das Gericht hält eine Bezugnahme außerdem für angemessen. Die Bezugnahme ist auch im Berufungsrechtszug durch eine Verweisung auf das erstinstanzliche Vorbringen zulässig, BVerfG **60**, 311.

Dessen ungeachtet erstreckt sich die mündliche Verhandlung im Zweifel auf den gesamten bis zum Termin angefallenen Akteninhalt, BGH MDR **81**, 1012 mwN.

4) Vortrag der Partei persönlich, IV. Das Gericht muß der Partei persönlich, dem Streithelfer und ihrem gesetzlichen Vertreter auch im Anwaltsprozeß auf Grund eines Antrags das Wort gestatten. In einer Patent-, Gebrauchsmuster- oder Warenzeichensache muß das Gericht auf Grund eines Antrags der Partei auch ihrem Patentanwalt das Wort gestatten, § 4 PatAnwO. Die Partei kann das Wort grundsätzlich jederzeit verlangen. Ihr Antrag ist an den Vorsitzenden zu richten. Soweit der Vorsitzende ihr das Wort versagt, kann die Partei das volle Gericht anrufen, § 140. Über den Vorrang einer Erklärung der Partei persönlich gegenüber einer Erklärung ihres ProzBev vgl § 85 Anm 2 A, § 291 Anm 2.

Wenn der Vortrag der Partei usw sachwidrig wird, darf und muß ihr der Vorsitzende das Wort entziehen, § 136 II, vgl auch § 157 II. Im übrigen darf sich die Partei weder zur Unzeit melden, also etwa eine Unterbrechung des Vortrags eines anderen Prozeßbeteiligten oder einer Beweisaufnahme erzwingen, ohne daß dafür ein sachlich begründeter Anlaß bestünde, noch ist ihr grundsätzlich das Wort auf Grund eines Eigenantrags schon dann zu gestatten, wenn ihr ProzBev noch nicht gesprochen hat.

Eine unberechtigte Versagung des persönlichen Vortrags ist ein Verfahrensmangel. Er ist zusammen mit dem Endurteil anfechtbar. Er kann auch eine Versagung des rechtlichen Gehörs darstellen, Art 103 I GG, wenn die Partei den Vortrag des ProzBev in tatsächlicher Hinsicht ergänzen wollte, BayVerfGH NJW **61**, 1523.

Ein Dritter hat keinen Anspruch darauf, persönlich zu Wort zu kommen. Das gilt auch für einen rechtsgeschäftlichen Vertreter der Partei oder des Streithelfers. Das Gericht kann der Partei aber gestatten, das Recht auf eine persönliche Erklärung ausnahmsweise durch einen Dritten auszuüben, etwa durch einen technischen Beistand, im Ergebnis ebenso Bergerfurth, Der Anwaltszwang usw (1981) Rdz 143. Der Prokurist ist in dieser Eigenschaft als Zeuge zu behandeln.

5) *VwGO:* *Statt* **I** *gilt § 103 II VwGO (Vortrag des wesentlichen Akteninhalts), so daß die mündliche Verhandlung im Sinne des Kostenrechts nicht erst mit der Stellung der Anträge, § 103 III VwGO, beginnt, OVG Hbg NJW 70, 1094 (Nachw).* **II** *u* **III** *sind entsprechend anwendbar, § 173 VwGO, als Ergänzung zu §§ 103, 104 VwGO, OVG Hbg MDR 69, 252 (zu III).* **IV** *ist im Verfahren vor dem BVerwG entsprechend anwendbar, § 67 I VwGO.*

138 Erklärung über Tatsachen.
I Die Parteien haben ihre Erklärungen über tatsächliche Umstände vollständig und der Wahrheit gemäß abzugeben.

II Jede Partei hat sich über die von dem Gegner behaupteten Tatsachen zu erklären.

III Tatsachen, die nicht ausdrücklich bestritten werden, sind als zugestanden anzusehen, wenn nicht die Absicht, sie bestreiten zu wollen, aus den übrigen Erklärungen der Partei hervorgeht.

IV Eine Erklärung mit Nichtwissen ist nur über Tatsachen zulässig, die weder eigene Handlungen der Partei noch Gegenstand ihrer eigenen Wahrnehmung gewesen sind.

Schrifttum: Grunsky, Taktik im Zivilprozeß, 2. Aufl 1983; Schoofs, Entwicklung und aktuelle Bedeutung der Regeln über Geständnis und Nichtbestreiten im Zivilprozeß, Diss Münster 1980; Staab, Die Wahrheitspflicht usw (rechtsvergleichend), Diss Würzb 1974; Stürner, Die Aufklärungspflicht der Parteien im Zivilprozeß, 1976 (Bespr Bergmann-Franke FamRZ **78**, 744, Schneider NJW **77**, 428).

1) Wahrheitspflicht, I. A. Allgemeines. Die Wahrheitspflicht ist ein Teil der prozessualen Lauterkeitspflicht, Grdz 2 G vor § 128. Sie ist die Pflicht jeder Prozeßpartei, ihre Erklärung über eine Tatsache wahrheitsgemäß abzugeben, also nicht nur das ihr Günstige herauszusuchen. Die Wahrheitspflicht ist ein Gegengewicht gegen den Beibringungsgrundsatz, Grdz 3 B vor § 128. Die Partei muß zwar den Streitstoff beibringen; sie muß aber ihre Tatsachenerklärungen vollständig und wahr abgeben. Zur Aufklärungspflicht der nicht beweisbelasteten Partei Arens ZZP **96**, 1.

I bezieht sich aber nicht auf Rechtsausführungen. Zu einer Rechtsausführung ist die Partei grundsätzlich nicht verpflichtet: Jura novit curia. Sie mag allerdings verpflichtet sein, im Rahmen rechtlicher Erörterungen, etwa nach § 278 III, jedenfalls insofern eine Stellungnahme abzugeben, als sie rechtskundig oder anwaltlich vertreten ist. Die Äußerung einer Rechtsauffassung hat aber nichts mit der Wahrheitspflicht nach I zu Tatsachenerklärungen zu tun.

B. „Der Wahrheit gemäß". Die Formulierung kann nur eine subjektive, der Überzeugung der Partei entsprechende Wahrheit meinen, vgl BGH MDR **80**, 214. Eine objektive, auch der Überzeugung eines verständigen Dritten entsprechende Wahrheit ist der Partei oft unbekannt. Die Vorschrift soll nur eine redliche Prozeßführung sichern. Sie ist im Grunde ein Ausfluß von Treu und Glauben im Prozeß. Daher darf keine Partei etwas ihr bewußt Unwahres vorbringen, mag sie noch so sehr von ihrem Recht überzeugt sein und mag die Wahrheit ihre Aussichten im Prozeß auch noch so stark gefährden. Eine ins Blaue hinein aufgestellte Behauptung, also eine solche, an die die Partei selbst gar nicht glaubt, ist unbeachtlich, BGH **LM** § 282 Nr 1, Kblz JB **78**, 1341. Das Gericht kann erst nach einer Erörterung mit der Partei über deren Anhaltspunkte für das Behauptete feststellen, ob die Partei ins Blaue hinein geredet hat, BGH NJW **68**, 1233.

Die Partei darf sich in vielen Fällen auch nicht mit einem Nichtwissen erklären, IV. Sie kann dann geeignetenfalls mehrere Behauptungen in einer Wahlform aufstellen. Beispiel: Der Bekl meint, er habe die eingeklagte Forderung bereits bezahlt, ist sich aber nicht sicher. Er darf behaupten, er habe bezahlt, zumindest sei ihm die Schuld gestundet worden.

Auch ein Hilfsantrag ist statthaft, selbst wenn er sich mit dem Hauptantrag nicht verträgt, BGH **LM** § 1006 BGB Nr 2; vgl auch § 260 Anm 2 C. So können auch in verschiedenen Verfahrensarten (ZPO, FGG) Ansprüche mit widersprechenden Begründungen geltend gemacht werden, BGH **LM** § 260 Nr 9. Der Kläger kann sich auch für den Fall, daß er seine Klagebehauptung nicht beweisen kann, hilfsweise auf eine Behauptung des Bekl stützen, die er im Hauptvortrag für unrichtig hält, BGH MDR **69**, 995 (gleichwertiges Vorbringen), RoS § 134 I 3a, ThP 2c, aM Blomeyer § 14 II 1a, um so wenigstens im Ergebnis eine Verurteilung des Bekl zu einer Teilleistung zu erreichen, BGH **19**, 390 (der Kläger behauptet einen Kaufpreis von 15000 DM, der Bekl gibt nur einen Preis von 5000 DM zu). Der Bekl darf aber zB nicht die Schuld leugnen, um Zeit zur Auffindung einer Quittung zu gewinnen.

C. Ausforschung des Gegners. Eine Ausforschung des Gegners zum Zweck der Ermittlung einer Grundlage für den eigenen Vortrag, vgl auch bei § 282, ist ein Rechtsmißbrauch und berechtigt den Gegner zur Verweigerung einer Erklärung. Denn die Wahrheitspflicht hat nicht den Sinn, der Partei eine Behauptungslast abzunehmen. Auch braucht keine Partei dem Gegner die Grundlage für eine Widerklage, eine Mitschuldigerklärung usw zu verschaffen. Die Partei ist nicht verpflichtet, mehr zu offenbaren als ein Zeuge, Blunck MDR **69**, 101, abw zB Gottwald BB **79**, 1782 mwN (er stellt darauf ab, ob der genaue Hergang der Tat nur einer Partei bekannt sein kann). Die Partei braucht auch namentlich nichts zu erklären, was ihr zur Unehre gereichen oder ihre Strafverfolgung oder eine Verfolgung wegen einer Ordnungswidrigkeit herbeiführen könnte, LG Kblz MDR **75**, 766, insofern aM Celle VersR **77**, 361, Gottwald BB **79**, 1785. Sie muß aber in einem Fall der letzteren Art schweigen oder eine Erklärung ablehnen.

Die Partei braucht sich auch grundsätzlich weder in einem Schriftsatz noch bei ihrem mündlichen Vortrag auf die Behauptung solcher Tatsachen zu beschränken, die sie bereits nachgeprüft hat. Das Parteivorbringen soll ja einseitig die Interessen dieser Partei wahren. Es ist daher noch mehr die Sache des Gerichts als die der Partei, den Sachverhalt von allen Seiten zu bedenken.

Ein Bestreiten ist aber unzulässig, soweit in ihm die Behauptung einer entgegengesetzten Tatsache liegt, deren Unrichtigkeit die Partei kennt oder kennen muß. Wenn die Partei die behauptete Tatsache nicht kennt, kann sie sie allenfalls im Rahmen von IV als unbekannt bestreiten. Es ist zulässig, das Zustandekommen eines Kaufvertrags zu bestreiten und zunächst zu verschweigen, daß die Lieferung wegen eines anderweitigen Verkaufs vor dem Zeitpunkt der Klagerhebung nicht mehr erfolgen konnte, solange zu diesem letzteren Vorgang weder der Gegner noch das Gericht Fragen stellen, BGH MDR **70**, 833.

D. Treu und Glauben. Die Wahrheitspflicht entfließt nicht nur dem Prozeßrechtsverhältnis, sondern auch der Stellung der Partei zur Allgemeinheit. Sie soll daher nicht nur den Prozeßgegner schützen. Treu und Glauben beherrschen auch die Prozeßführung. Daraus erwächst jeder Partei eine echte Rechtspflicht zur Wahrheit. Die Verletzung dieser Pflicht kann die in F–H genannten Folgen haben, Einl III 6 A.

Aus diesen Gründen darf auch keine Partei ihre eigene prozessuale Stellung durch eine Lüge bewußt verschlechtern, etwa durch ein Eingeständnis einer unwahren Tatsache, Grdz 2 G vor § 128. Die Partei kann deshalb nach § 290 an dem bewußt unwahren Geständnis einer ihr ungünstigen Tatsache festgehalten werden, BGH **37**, 154. Der Prozeß ist kein Sport und keine Spiegelfechterei.

Etwas anderes sind ein prozessuales Anerkenntnis oder das Verweigern einer notwendigen Erklärung oder die Zulässigkeit einer rechtsgeschäftlichen Verschlechterung, etwa durch eine Vereinbarung des Inhalts, ein wirksamer Vertrag solle als nichtig gelten. Freilich ist das Gericht an eine bloße Rechtsauffassung der Partei auch dann nicht gebunden, wenn die Gegenpartei dieselbe Rechtsauffassung vertritt.

E. Stellung des Bevollmächtigten oder Vertreters. Ein ProzBev oder ein gesetzlicher Vertreter haben eine Wahrheitspflicht in demselben Umfang wie seine Partei. Ein Anwalt darf insbesondere die Behauptung eines Gegners nur dann dahin bestreiten, daß er eine gegenteilige Behauptung aufstellt, wenn er von der Unrichtigkeit der gegnerischen Behauptung überzeugt ist. Ein Anwalt hat zu einem Bestreiten ins Blaue hinein um so weniger Anlaß, Ffm NJW **74**, 1473, als § 283 helfen mag, soweit der Anwalt bisher unvorwerfbar nicht genügend über die vom Gegner behauptete Tatsache unterrichtet worden war.

Ein Anwalt darf also keineswegs schon dann eine gegnerische Behauptung bestreiten, wenn er zwar persönlich bisher über diesen Punkt nichts weiß, wenn aber die Partei im Rahmen der Prozeßförderungspflicht Veranlassung gehabt hätte, ihren Anwalt bereits zuvor auch über diesen Punkt aufzuklären, oder wenn der Anwalt im Rahmen seiner Vertragspflichten gegenüber seinem Auftraggeber wie im Rahmen seiner Stellung als ein Organ der Rechtspflege und als ProzBev verpflichtet gewesen wäre, sich über diesen Punkt zuvor Näheres sagen zu lassen oder dazu Ermittlungen anzustellen usw. In allen diesen Fällen kann das Gericht ein etwaiges Bestreiten als offensichtliche Schutzbehauptung betrachten und daher die Behauptung des Gegners auch ohne eine Beweisaufnahme für glaubhaft oder erwiesen halten, § 286 Anm 2 A, BGH **LM** § 286 (C) Nr 64.

Ein Anwalt darf auch nicht etwa zunächst erklären, er sei zu einer Erwiderung auf eine gegnerische Behauptung außerstande, er beantrage zB eine Nachfrist nach § 283, und nach einer Ablehnung dieses Antrags erklären, unter diesen Umständen bestreite er die gegnerische Behauptung; das letztere ist vielmehr erst dann zulässig, wenn der Anwalt nunmehr von der Unrichtigkeit der gegnerischen Behauptung überzeugt ist und nach der Sachlage auch überzeugt sein darf.

Eine Offenbarungspflicht des ProzBev findet dort ihre Grenze, wo sich die Partei eines versuchten Prozeßbetrugs bezichtigen müßte, BGH NJW **52**, 1148.

F. Prozeßrechtliche Verletzungsfolgen. Das Gericht muß eine von ihm als offensichtlich unwahr erkannte Behauptung unbeachtet lassen, BGH **LM** § 832 BGB Nr 10, vgl auch BGH **37**, 156, ferner grundsätzlich Vollkommer Rpfleger **78**, 83 mwN (vgl aber § 692 Anm 2 A b), aM Schneider DRiZ **63**, 342 (vor allem wegen eines Versäumnisverfahrens). Etwas anderes mag allenfalls dann gelten, wenn ein wissentlich unwahres Geständnis vorliegt, § 290 Anm 2 B. Eine unwahre Behauptung kann zu einer der Partei nachteiligen Würdigung führen. Das Gericht kann von der Unwahrheit einer streitigen Behauptung auch insoweit ausgehen, als eigentlich der Gegner beweispflichtig wäre, BGH **LM** Nr 14, ähnlich KG JR **78**, 379.

Sofern eine Unwahrheit den Prozeß verzögert, ist unter Umständen eine Verzögerungsgebühr nach § 34 GKG zu verhängen, vgl Anh § 95. Außerdem darf und muß das Gericht das Vorbringen unter diesen Voraussetzungen nach den §§ 296, 528 zurückweisen.

Im übrigen erwächst der Partei kein unmittelbarer prozeßrechtlicher Nachteil. Die Partei darf und muß eine unwahre Erklärung jederzeit berichtigen. Durch die Berichtigung kann sie die unwahre Erklärung unwirksam machen, vgl auch § 290 Anm 2. Eine Verletzung der Wahrheitspflicht kann im übrigen ein Anlaß für eine Restitutionsklage nach § 580 Z 4 sein, auch wenn sich die Partei nicht auf ein falsches Beweismittel beruft.

G. Privatrechtliche Verletzungsfolgen. Eine Schadensersatzpflicht besteht nach § 826 BGB, sobald eine Lüge der Partei zu einer Schädigung des Gegners führt. Außerdem bietet sich auf Grund eines Bestreitens wider besseres Wissen, das die Entscheidung beeinflußt hat, ein Weg an, dem sachlichen Recht gegenüber der Rechtskraft zum Sieg zu verhelfen, Einf 6 vor § 322. § 138 ist aber kein Schutzgesetz im Sinn des § 823 II BGB. Denn sein Sinn besteht darin, zur staatlichen Ordnung des Zivilprozesses beizutragen. Die Gegenmeinung brächte auch die Gefahr des Wiederaufrollens jeder rechtskräftig erledigten Sache mit sich.

H. Strafrechtliche Verletzungsfolgen. Ein Verstoß gegen die Wahrheitspflicht kann ein versuchter Prozeßbetrug, auch eine Anstiftung, Beihilfe oder Mittäterschaft oder eine mittelbare Täterschaft zu dieser Straftat, darstellen. Eine falsche Einlassung, die von einem Zeugen eidlich bekräftigt wird, kann für diejenige Partei, die es unterläßt, dieser Einlassung entgegenzutreten, ein Verfahren wegen Beihilfe zum Meineid zur Folge haben, vgl aber auch BGH NJW **62**, 1306. Eine eidesstattliche Versicherung ist schon dann falsch, wenn so Wesentliches verschwiegen wurde, daß dadurch die Bedeutung des Erklärten grundlegend beeinträchtigt wurde, BGH **LM** § 156 StGB Nr 11.

Der Anwalt, der gegen I verstößt, muß regelmäßig standesrechtlich belangt werden.

2) Vollständigkeitspflicht, I. A. Allgemeines. Die Parteien müssen ihre Erklärungen im Prozeß „vollständig" abgeben. Es ist nicht ohne weiteres erkennbar, was das Gesetz mit diesem Wort meint. Eine Unvollständigkeit gibt kein wahres Bild. Daher scheint die Wahrheitspflicht auch den Zwang zur Vollständigkeit einzuschließen. Das Gesetz meint aber mehr.

Die Partei muß nämlich nicht nur die einzelne Tatsache wahrheitsgemäß erklären, sondern auch die Gesamtheit aller Tatsachen wahrheitsgemäß angeben, die der Richter nach ihrer Einsicht zu seiner Entscheidung möglicherweise kennen muß. Die Partei muß also redlich vorgehen und darf nicht nur das ihr Günstige herausgreifen, BGH NJW **61**, 828. Das gilt trotz gewisser Einschränkungen, Anm 1 C.

Insgesamt handelt es sich also bei der Vollständigkeitspflicht um einen Ausfluß der Mitwirkungs- und Förderungspflicht, Grdz 2 E vor § 128, § 282, und eine Folge der Stellung der Partei dem Staat und der Allgemeinheit gegenüber, vgl Grdz 2 B vor § 128. Sehr weitgehend Stürner, Die Aufklärungspflicht der Parteien im Zivilprozeß (1976), dazu krit Schneider NJW **77**, 428.

Die Vollständigkeitspflicht findet an den Interessen der Partei keine Grenze. Die Partei kann zwar über ihren Anspruch verfügen, nicht aber über Tatsachen. Die Vollständigkeitspflicht bezieht sich aber nicht auf eine Beibringung von Beweismitteln, aM Gottwald BB

79, 1783. Die Partei kann auf einen Zeugen oder auf eine Urkunde verzichten, §§ 399, 436. Deshalb braucht sie auch keinen Beweis anzutreten. Sie nimmt dadurch, daß sie auf Beweismöglichkeiten verzichtet, die Rechtsfolgen auf sich. Sie könnte ja auch den Verhandlungstermin versäumen oder den Anspruch des Gegners im Termin anerkennen.

B. Verstoß. Über die Verletzung der Förderungspflicht vgl Grdz 2 E vor § 128. Sehr häufig ist bei einem Verstoß gegen die Förderungspflicht auch die Wahrheitspflicht verletzt. Dann gilt Anm 1 F–H.

3) Erklärungspflicht, II. Schon aus dem Prozeßrechtsverhältnis, Grdz 2 A, C vor § 128, ergibt sich die Notwendigkeit für jede Partei, auf die im Prozeß aufgestellten Behauptungen des Gegners zu erwidern, also nicht auf beliebige vorprozessuale, BGH BB **83**, 1175. Eine scheinbar bloße Wertung kann in Wahrheit eine Tatsachenbehauptung sein, BGH **LM** § 675 BGB Nr 50, Einf 4 A c vor § 284. Die Erklärungspflicht ist ein Teil der Förderungspflicht. Der maßgebende Zeitpunkt ist der Schluß der mündlichen Verhandlung. In einer Postensache muß die Partei auf die gegnerischen Behauptungen Punkt für Punkt antworten, BGH VersR **80**, 850 mwN, Köln MDR **75**, 848. Etwas ähnliches gilt beim sachlichrechtlichen Auskunftsanspruch des Gegners, Köln FamRZ **79**, 179.

Die beliebte Floskel, man bestreite alles, was man nicht ausdrücklich zugestehe, ist als Leerformel unbeachtlich, Schlesw SchlHA **81**, 189. Das gilt freilich für beide Parteien und in jedem Prozeßstadium, Anm 4 A.

4) Nichtbestreiten, III. Eine Tatsache, die vom Gegner nicht ausdrücklich bestritten wird, ist als zugestanden zu behandeln (bejahende Einlassung; kauderwelsch: affirmative Litiskontestation). Diese Wirkung tritt aber nur unter folgenden Voraussetzungen ein:

A. Kein Bestreiten. Die Partei darf die gegnerische Behauptung weder ausdrücklich noch durch eine schlüssige Handlung bestritten haben. Ein einfaches Bestreiten genügt nur, soweit man der Partei keine näheren Angaben zumuten kann, Schlesw SchlHA **81**, 189.

Die Anforderungen an die Substantiierung des Bestreitens hängen davon ab, wie substantiiert der darlegungspflichtige Gegner vorgetragen hat, BGH GRUR **82**, 683. Unter Umständen folgt aus der Förderungspflicht, Grdz 2 E vor § 128, die Notwendigkeit, die gegnerische Behauptung unter Angabe von Gründen zu bestreiten, der gegnerischen Behauptung also Tatsachen entgegenzusetzen, aber auch unabhängig von dem Umfang des gegnerischen Vortrags, damit das Gericht nicht davon ausgehen muß, man wolle die gegnerische Behauptung nicht mit Gründen bestreiten, so auch BGH **12**, 50, Schlesw SchlHA **78**, 172. Das gilt namentlich dann, wenn man den fraglichen Vorgang selbst leicht aufklären kann, während der Gegner dazu nicht oder nur schwer imstande ist; wenn man ,,das gesamte Vorbringen" des Gegners oder sämtliche Posten einer Rechnung bestreitet, die man selbst ohne zumutbaren Aufwand in einzelnen Punkten präzisieren könnte, BGH NJW **61**, 826, Schlesw SchlHA **81**, 189.

Soweit der Gegner sein bereits bestrittenes Vorbringen wiederholt, braucht man die früheren eigenen gegenteiligen Behauptungen und Darlegungen aber nicht stets ausdrücklich erneut zu wiederholen, Schlesw SchlHA **78**, 68.

B. Bis zum Verhandlungsschluß. Die Sachlage nach a muß bis zum Schluß der letzten mündlichen Verhandlung andauern. Das Gericht muß seine Fragepflicht nach § 139 ausüben, um festzustellen, was die Partei meint. Das gilt besonders im Anschluß an einen diesbezüglichen früheren Beweisbeschluß, Köln VersR **77**, 844. Unerheblich ist freilich, ob die Partei erklärt, ,,nicht zu bestreiten" oder ,,nicht bestreiten zu wollen". Der Sinn solcher Erklärungen ist angesichts des nachlässigen Sprachgebrauchs im Alltag derselbe. Die Erklärung, die Partei wolle die gegnerische Behauptung ,,für diese Instanz nicht bestreiten", kann eine reine Prozeßtaktik sein. Sie beweist deshalb regelmäßig nichts gegen die Partei. Wenn man die Partei aber auf eine Stellungnahme zu einem Sachverständigengutachten verzichtet, dann kann sie im allgemeinen dessen Unrichtigkeit oder Unvollständigkeit in der Revisionsinstanz nicht mehr rügen, BGH **LM** § 295 Nr 19.

C. Keine Säumnis. Die Partei muß im Verhandlungstermin anwesend gewesen sein und verhandelt haben. Im Fall einer Säumnis gelten die §§ 330ff, 542.

D. Beibringungsgrundsatz. Es darf sich weder um ein Verfahren mit einer Ermittlung von Amts wegen, Grdz 3 G vor § 128, noch um ein Verfahren mit einer Amtsprüfung, Grdz 3 H vor § 128, noch um ein Verfahren handeln, in dem der Beibringungsgrundsatz aus einem anderen Grunde ausscheidet, vgl Karlsr FamRZ **77**, 205 (Kindschaftssache).

E. Geständniswirkung. Soweit A–D vorliegen, unterstellt (fingiert) III ein Geständnis mit den Wirkungen des § 288 nur unter den in § 288 Anm 1 C genannten weiteren Voraussetzungen.

§§ 138, 139

5) **Erklärung mit Nichtwissen, IV. A. Allgemeines.** Eine Erklärung mit Nichtwissen ist von der Ablehnung einer Erklärung zu unterscheiden. Die Ablehnung einer Erklärung ist erlaubt, wenn zB eine gesetzliche Erklärungsfrist nicht eingehalten worden war, etwa nach den §§ 132, 262 (ein einfaches Bestreiten ist dann unzulässig). Eine Erklärung mit Nichtwissen ist grundsätzlich unzulässig. Sie führt für die Partei die Wirkungen wie zu III herbei. Beispiel: Der Empfänger von Allgemeinen Geschäftsbedingungen will sich an ihren Inhalt nicht erinnern können, Köln BB **74**, 1227; der Haftpflichtversicherer beruft sich auf die Unauffindbarkeit des Versicherten, Ffm NJW **74**, 1473, aM Ffm MDR **69**, 579.

Eine Erklärung mit Nichtwissen ist ausnahmsweise zulässig, soweit es sich weder um eine eigene Handlung der Partei noch um deren eigene Wahrnehmungen oder Wahrnehmungsmöglichkeiten handelt. In diesem Punkt verfahren viele Gerichte zu großzügig. Das gilt zB für die Behauptung, sich nicht erinnern zu können, abw Hamm VersR **82**, 1045. Bei genauer Betrachtung zeigt sich sehr oft, daß die Partei zumindest längst hätte wissen können und müssen, ob sich der fragliche Vorgang ereignet hat oder nicht, weil er sich im Bereich wenn nicht ihrer höchstpersönlichen Wahrnehmungsmöglichkeit, so doch in demjenigen solcher Personen abspielte, die derart unter der Anleitung oder Aufsicht oder Verantwortung der Partei tätig waren, daß die Kenntnis oder das Kennenmüssen dieser Personen derjenigen der Partei gleichgestellt werden müssen.

Der gesetzliche Vertreter steht einer Partei gleich. Der ProzBev steht ihr ebenfalls gleich. Ein Bestreiten mit Nichtwissen ist also weder zulässig, wenn nur die Partei den fraglichen Vorgang wahrgenommen hat, nicht der ProzBev, noch dann, wenn der ProzBev den Vorgang in dieser Eigenschaft wahrgenommen hat, nicht aber die Partei persönlich. Der ProzBev kann in vielen Fällen seine eigene Unkenntnis auch nicht damit entschuldigen, die Partei habe ihn nicht, unvollständig oder verspätet informiert.

Denn im Zusammenhang mit IV muß die Prozeßförderungspflicht nach § 282 gesehen werden. Sie zwingt die Partei und ihren ProzBev, letzteren auch schon wegen des Vertragsverhältnisses zum Auftraggeber, unverzüglich im Rahmen des Zumutbaren Vorgänge zur Kenntnis zu nehmen, die sich im eigenen Wahrnehmungsbereich abgespielt haben und für den weiteren Prozeßverlauf voraussichtlich entscheidungserheblich sein könnten (nicht müssen).

Eine Partei, die keine bestimmte wahrheitsgemäße Erklärung abgeben kann, muß und darf in den vorgenannten Grenzen ,,als unbekannt bestreiten", Anm 1 C. Sie kann auch evtl eine Hilfserklärung abgeben. Beispiel: Der Kläger behauptet, der Bekl habe ihm ein Darlehen versprochen. Der Bekl kann erwidern: Er bestreite dieses Versprechen als unbekannt; falls er das Versprechen aber abgegeben habe, dann habe er es doch nur für einen späteren Zeitpunkt erklärt. Eine zulässige Erklärung mit Nichtwissen ist ein Bestreiten, falls nicht der Sachzusammenhang etwas anderes ergibt.

B. Nachfrist. Soweit man einer Partei eine Erklärung auf eine Behauptung des Gegners verständigerweise nicht sofort zumuten kann, muß das Gericht der Partei die Gelegenheit zur Unterrichtung und Nachholung geben, etwa durch eine Auflage nach § 283 oder durch eine Vertagung. Das gilt namentlich dann, wenn der Gegner eine Partei mit Behauptungen überfällt, die abgelegen scheinen und der Partei nicht angekündigt worden sind.

Für den ProzBev liegt kein ausreichender Grund zu derartigen Vertagungsanträgen usw vor, wenn er persönlich nicht genügend vorbereitet oder unterrichtet ist, § 85 II. Er mag in einem solchen Fall versuchen, eine Vertagung, eine Ladung der Partei nach § 141 oder eine Frist nach § 283 zu beantragen, vgl auch Anm 1 E und § 139 Anm 2 E. Auch solche Möglichkeiten sind aber begrenzt, A.

6) *VwGO: I u II sind entsprechend anwendbar, § 173 VwGO, weil sie sich aus der Mitwirkungs- und Lauterkeitspflicht der Beteiligten ergeben, BVerwG NJW 64, 786, krit Menger VerwArch 64, 389 (zur Mitwirkungspflicht vgl auch Bürck DÖV 82, 227). III u IV sind gegenstandslos, weil der Ermittlungsgrundsatz, § 86 I VerwGO, gilt, vgl § 617 (für eine entsprechende Anwendung von III, soweit ein Beteiligter nach materiellem Recht verfügungsbefugt ist, Grunsky § 20 II).*

139 *Fragepflicht des Gerichts.* [1] **Der Vorsitzende hat dahin zu wirken, daß die Parteien über alle erheblichen Tatsachen sich vollständig erklären und die sachdienlichen Anträge stellen, insbesondere auch ungenügende Angaben der geltend gemachten Tatsachen ergänzen und die Beweismittel bezeichnen. Er hat zu diesem Zwecke, soweit erforderlich, das Sach- und Streitverhältnis mit den Partei-**

1. Titel. Mündliche Verhandlung **§ 139 1**

en nach der tatsächlichen und der rechtlichen Seite zu erörtern und Fragen zu stellen.

II **Der Vorsitzende hat auf die Bedenken aufmerksam zu machen, die in Ansehung der von Amts wegen zu berücksichtigenden Punkte obwalten.**

III **Er hat jedem Mitglied des Gerichts auf Verlangen zu gestatten, Fragen zu stellen.**

Schrifttum: Brehm, Die Bindung des Richters an den Parteivortrag usw, 1982 (Bespr Gottwald AcP **183**, 201, Schlosser JZ **82**, 655, Schneider NJW **82**, 2300); Bruns, Zur richterlichen Kognition, judicial process, Festschrift für Rammos (1979) 167; Deubner, Gedanken zur richterlichen Aufklärungs- und Hinweispflicht, Festschrift für Schiedermair (1976) 79; Hensen, Das Rechtsgespräch im Zivilprozeß, Festgabe für Reimers (1979) 167; Seelig, Die prozessuale Behandlung materiellrechtlicher Einreden – heute und einst, 1980 (Bespr Damrau ZZP **95**, 371, Heidland KTS **81** 466, Schneider MDR **81**, 525); Scheuerle, Vierzehn Tugenden für vorsitzende Richter, 1983; Stürner, Verfahrensgrundsätze des Zivilprozesses und Verfassung, Festschrift für Baur (1981) 647 (657); derselbe, Die richterliche Aufklärung im Zivilprozeß, 1982 (Bespr de Lousanoff NJW **83**, 864, Meyer-Stolte Rpfleger **83**, 89).

1) Fragepflicht. A. Allgemeines. § 139 regelt die Fragepflicht des Gerichts. Der Ausdruck „Aufklärungspflicht" ist mißverständlich, Bettermann ZZP **91**, 390. § 139 ist das Kernstück der richterlichen Pflichten im Prozeß, die Magna Charta des Zivilprozesses. Die Einführung des Häufungsgrundsatzes hat die Bedeutung der Vorschrift für die erste Instanz sehr verstärkt.

Die Partei wünscht und braucht eine schnelle Entscheidung, noch mehr aber eine richtige, KG OLGZ **77**, 481. § 139 entbindet sie nicht von der Notwendigkeit, ihre Behauptungen zu substantiieren und unter Beweis zu stellen. Sie soll aber vor einem bloßen Versehen geschützt werden, BGH **LM** § 272b aF Nr 10, BPatG GRUR **82**, 35. Sie soll nicht aus dem Urteil mit Staunen erfahren müssen, daß das Gericht den Prozeß ohne eine genügende Kenntnis der Streitfrage sachlich oder daß es unvoraussehbar gar nur förmlich entschieden hat. Das Gericht darf die Parteien weder tatsächlich noch rechtlich überrumpeln, BGH MDR **80**, 576 mwN.

Der Richter hat eine prozessuale Fürsorgepflicht, Einl III 3 B, BVerfG **52**, 144, vgl auch Karlsr MDR **81**, 503. Es würde ihn adeln, von seiner Fürsorgebefugnis zu sprechen. Er darf und soll im Rahmen des Beibringungsgrundsatzes, Grdz 3 B vor § 128, und des Gesetzes grundsätzlich und unter Beachtung seiner Unparteilichkeit, Anm 2 B, alles tun, um eine sachlich richtige Entscheidung herbeizuführen, BGH NJW **80**, 1975, KG OLGZ **77**, 481, vgl Schneider MDR **77**, 970. Freilich ist die Befugnis zur Herbeiführung einer gerechten Entscheidung begrenzt, zB durch die Beweislast, Stürner, Die richterliche Aufklärungspflicht im Zivilprozeß (1982) 17, oder durch den Zwang, im Interesse der Rechtssicherheit verspätetes Vorbringen nach den gesetzlichen Voraussetzungen zurückzuweisen. Dieser Umstand muß auch bei der Auslegung des § 139 berücksichtigt werden und findet zuwenig Beachtung. Keineswegs hat das Gericht eine allgemeine, umfassende Fragepflicht, auch nicht auf Grund von Art 103 I GG, BVerfG **42**, 79, 85, BGH **85**, 291 mwN.

Dem Zweck einer gerechten Entscheidung dienen neben dem § 139 auch zB die §§ 273, 283 und vor allem § 278 III. Diese Vorschrift ist durch § 139 keineswegs überflüssig geworden, Hauser DRiZ **76**, 243, aM Rogge DRiZ **76**, 134. Zur Abgrenzung der beiden Vorschriften voneinander vgl § 278 Anm 5 B. Keines dieser Mittel schließt das andere aus.

§ 139 gilt entsprechend auch für den Richter außerhalb der mündlichen Verhandlung und für den Rpfl, BGH **LM** § 767 Nr 44, Ffm Rpfleger **80**, 303. Im Versäumnisverfahren ist § 139 nur anwendbar, soweit das Versäumnisverfahren eine solche Fragetätigkeit des Gerichts zuläßt. Es erfolgt also keine schriftliche Befragung des Säumigen. Dagegen muß das Gericht natürlich im schriftlichen Verfahren nach § 128 II oder III eine schriftliche Aufklärung betreiben. Im Zwangsversteigerungsverfahren ist § 139 anwendbar, Zweibr Rpfleger **78**, 108 (zustm Vollkommer).

Die Vorschrift ist auch im Verfahren der freiwilligen Gerichtsbarkeit anwendbar, Ffm OLGZ **77**, 426. Im arbeitsgerichtlichen Urteilsverfahren ist § 139 anwendbar, während das Arbeitsgericht im Beschlußverfahren weitergehende Ermittlungsaufgaben hat, BAG DB **81**, 897. § 139 gilt auch im Patenterteilungsverfahren, BPatG GRUR **82**, 35.

B. Verstoß. Ein Verstoß gegen § 139 kann in einem schweren Fall zu der Notwendigkeit führen, das Verfahren an das untere Gericht zurückzuverweisen, BGH NJW **81**, 979, nur grds auch Düss NJW **83**, 634, ferner zB KG OLGZ **77**, 480, Köln MDR **78**, 60 je mwN und

§ 139 1, 2

MDR **82**, 760 sowie VersR **77**, 577, Mü OLGZ **73**, 364, Schlesw NJW **82**, 2783, aM Wiecz § 539 B IIb 3. Ein schwerer Fall sollte allerdings nur zurückhaltend angenommen und nicht aus Faulheit vorgeschützt werden. Ein Verstoß ist ein neuer selbständiger Beschwerdegrund, Köln MDR **83**, 325. Er ist ein Revisionsgrund. Der Revisionsführer muß allerdings angeben, was die Partei auf Grund einer (vermißten) Frage des Gerichts vorgebracht hätte, BAG DB **79**, 1944 mwN. Wenn es sich nicht um ein revisibles Recht handelt, ist eine Revisionsrüge dahin möglich, das Gericht habe ein Vorbringen übersehen, das es selbst für beachtlich gehalten habe, BGH NJW **52**, 142, oder, die Anwendung des ausländischen Rechts sei nicht angekündigt worden, BGH NJW **76**, 474.

Darüber hinaus kann eine Verfassungsbeschwerde zulässig sein, BVerfG **42**, 74 (im Ergebnis zustm Geiger), vgl Möhring/Nirk Festschrift „25 Jahre BGH" (1975) 312, 323. Vgl auch § 278 III. Freilich kommt diese Möglichkeit keineswegs bei jeder Verletzung in Betracht, BVerfG NJW **80**, 1093, BGH **85**, 291 mwN. Ferner kommt evtl eine Niederschlagung der durch den Verstoß des Gerichts verursachten Gerichtskosten von Amts wegen in Betracht, § 8 GKG, Schlesw SchlHA **78**, 108.

C. Freie Würdigung. Wenn das Vorbringen des Klägers dem Gericht trotz seiner Nachfragen sachlich nicht ausreicht, weil er seinen Vortrag nicht genügend substantiiert, dann muß das Gericht dieses Vorbringen frei würdigen. Soweit die Klage danach unbegründet ist, wird sie durch ein Sachurteil mit einer Rechtskraft in der Sache selbst abgewiesen. Eine Abweisung durch ein bloßes Prozeßurteil, also „angebrachtermaßen", ist unstatthaft, vgl aber auch BGH **LM** Nr 9. Soweit das Gericht zu Unrecht ein Prozeßurteil erlassen hat, schafft dieses Urteil in der Sache selbst keine Rechtskraft.

2) Hinwirkung auf eine Erklärung usw, I. A. Allgemeines. Die Fragepflicht trifft in erster Linie den Vorsitzenden, aber ihn nicht allein, III. Der Vorsitzende hat darauf hinzuwirken, daß jede Partei eine vollständige Erklärung über alle sachlichrechtlich und prozessual erheblichen Tatsachen abgibt, daß sie namentlich unzureichende Erklärungen und Beweisantritte ergänzt. Er muß die Partei unter Umständen auf die etwaige bisherige Unschlüssigkeit ihres Vorbringens hinweisen, Schlesw NJW **83**, 348 (jedenfalls bei einer Fristsetzung nach § 356), Nagel DRiZ **77**, 233; vgl freilich B, F. Er muß weiteres Vorbringen anregen, Schlesw SchlHA **82**, 29. Das gilt auch dann, wenn die Partei anwaltlich vertreten ist und wenn im Verhandlungstermin ein ProzBev mitwirkt, BGH **69**, 52 und **LM** § 765a Nr 5 sowie VersR **78**, 720 und NJW **81**, 979, Ffm OLGZ **77**, 426, Schlesw NJW **82**, 2783, Schneider MDR **77**, 971, insofern abw Nagel DRiZ **77**, 323.

Der Vorsitzende muß immer bestimmte Tatsachen mit klaren und eindeutigen Fragen erörtern. Fragen wie etwa diejenige, ob noch etwas vorgetragen werde, besagen nichts. Der Vorsitzende muß auch darauf achten, daß eine unrichtige Parteibezeichnung berichtigt wird. Diese Pflicht gilt in allen Instanzen, Hamm MDR **77**, 940. Er muß ferner einen Widerspruch zwischen dem Schriftsatz der Partei und ihrem mündlichen Vortrag klären. Bei einem Schadensersatzanspruch muß er auf eine ausreichende Begründung hinwirken. Wenn der Kläger einen Verzugsschaden statt Prozeßzinsen verlangt, muß der Vorsitzende eine zugehörige Begründung erwirken.

Bei einem Verfahrensmangel hat der Vorsitzende im Anwaltsprozeß insoweit, als ein Verzicht nach § 295 wirksam werden könnte, nicht stets eine Fragepflicht, außer bei einem offensichtlichen Versehen der Partei. Im Parteiprozeß geht seine Fragepflicht weiter, vgl auch BGH **LM** § 295 Nr 14 (es soll eine Überraschungsentscheidung verhindert werden, vgl E).

B. Unparteilichkeit. Das Gericht muß jeden Anschein einer Parteilichkeit vermeiden, vgl BVerfG **52**, 144. Es darf einer Partei nicht eine ihr günstige tatsächliche oder rechtliche Begründung ihres Anspruchs in die Hand geben und damit den Beibringungsgrundsatz mißachten, Bre NJW **79**, 2215 mwN, Stgt NJW **81**, 2582, vgl Köln MDR **79**, 1027, abw Schneider MDR **79**, 977 (jeweils betr das Problem der Verjährung). Das Gericht darf daher zB der Partei zwar einen Hinweis auf die Möglichkeit geben, ein bisher unwirksames Mieterhöhungsverlangen im Prozeß nachzuholen, § 2 III 2 MHG, aber keinen derartigen direkten Rat erteilen, vgl auch § 42 Anm 2 B „Ratschlag".

Das Gericht muß unter Umständen fragen, ob in der Vorlage einer eidesstattlichen Versicherung hilfsweise ein Zeugenbeweisantritt anzusehen ist, BGH VersR **74**, 1022. Es braucht aber nach dem Schluß einer Beweisaufnahme nicht zu einem neuen oder weiteren Beweisantritt oder zu einem Gegenbeweisantritt aufzufordern, insofern wohl aM Ffm NJW **76**, 2026. Auch die Auswahl und hinreichend genaue Benennung der Zeugen, § 356 Anm 1 A b, ist die Sache der Partei, Mayer NJW **83**, 858, insbesondere im Anwaltsprozeß. Das übersieht

Köln MDR **80**, 674. Im Anwaltsprozeß ist das Gericht auch nicht zu einem Hinweis auf die Möglichkeit eines Entlastungsbeweises verpflichtet, BGH **LM** § 13 StVO Nr 6.

Das Gericht braucht überhaupt eine anwaltlich vertretene Partei grundsätzlich nicht so weitgehend zu betreuen wie eine nicht rechtskundig vertretene, vgl BGH NJW **80**, 224, Stürner, Die richterliche Aufklärungspflicht im Zivilprozeß (1982) 21. Gegenüber der letzteren Partei ist aber eine recht weite Aufklärungs-, Frage- und Hinweispflicht denkbar, BVerfG **42**, 76 (im Ergebnis zustm Geiger, ähnlich Stöber Rpfleger **76**, 392, Vollkommer Rpfleger **76**, 394), LG Oldb MDR **73**, 680. Das gilt etwa in einer Kindschaftssache, Hamm FamRZ **77**, 553.

Indessen berechtigt keine noch so soziale Zielsetzung des Prozesses den Richter dazu, sich zum Rechtsberater der einen, der anderen oder gar abwechselnd beider Parteien zu ernennen. Deshalb darf er zB den Gesichtspunkt der etwaigen Verjährung zwar bei einer nicht anwaltlich vertretenen Partei als Hinweis anschneiden, insofern richtig Schneider MDR **81**, 525 mwN, zumindest wenn die Partei erkennbar auch wegen des Zeitablaufs Bedenken gegen den Anspruch erhebt, Bergerfurth, Der Anwaltszwang usw (1981) Rdz 189, nicht aber den Rat geben, die Einrede der Verjährung geltend zu machen, vgl auch § 42 Anm 2 B „Ratschlag".

In der zweiten Instanz hat das Gericht wegen derjenigen Punkte, auf die schon die Vorinstanz ersichtlich hingewiesen hatte, keine Fragepflicht, Hamm NJW **73**, 1333. Erst recht braucht das Gericht jetzt die Partei nicht mehr dazu anzuregen, weitere Tatsachen vorzutragen, um weitere Anspruchsgrundlagen zu erschließen, Köln JB **75**, 1506. Wegen § 530 II Schneider MDR **75**, 979. Die Beweiswürdigung und die rechtliche Erörterung gehören nicht hierher; vgl aber E am Ende.

In der Revisionsinstanz hat das Gericht jedenfalls im Hinblick auf etwaige tatsächliche Unklarheiten keineswegs eine weitergehende Pflicht als das Berufungsgericht.

C. Sachdienlicher Antrag. a) Grundsatz. Das Gericht muß darauf hinwirken, daß jede Partei einen sachdienlichen Antrag stellt. Das Gericht würde gegen den Beibringungsgrundsatz verstoßen, wenn es von sich aus einen anderen Antrag als denjenigen herbeiführen würde, den die Partei im Kern selbst stellen will oder schon gestellt hat. Das Gericht darf und soll aber einen unzweckmäßigen oder gar unzulässigen Antrag nach Möglichkeit verbessern. Es darf zB einen Antrag auf die Zahlung eines Geldersatzes anregen, soweit der Kläger eine Naturalherstellung nicht verlangen kann, BGH **LM** § 2325 BGB Nr 2, aM BGH **7**, 211. Eine Klagänderung steht regelmäßig nicht im Weg, § 264. Wenn mehrere Anträge gestellt wurden, hat das Gericht zu klären, in welchem Verhältnis diese Anträge zueinander stehen.

Ein Anwalt bedarf zwar im allgemeinen einer Belehrung über diejenigen Rechtsfolgen seines Handelns, die sich aus dem Gesetz und der Rechtsprechung eindeutig ergeben. Das Gericht kann aber zumindest nach § 278 III zu einem Rechtsgespräch verpflichtet sein. Diese Pflicht kann sich auch aus § 139 ergeben. Freilich sollen die Anforderungen an die Pflichten des Gerichts auch in diesem Punkt nicht überspannt werden. Soweit ein Anwalt nicht etwa unklare, sondern überhaupt keine Angaben zu einer offensichtlich wesentlichen Frage macht, braucht ihn das Gericht nicht zu befragen, vgl BGH JZ **75**, 449, KG NJW **74**, 1004. Das Gericht hat auch keine Pflicht zur Belehrung eines anwaltlich vertretenen Klägers dahin, daß er in einem Antrag eine Beiordnung eines gesetzlichen Vertreters für den Fall der Prozeßunfähigkeit des Bekl nach § 57 stellen könne, BGH **LM** § 56 Nr 1, Stürner, Die richterliche Aufklärungspflicht im Zivilprozeß (1982) 44.

b) Sachdienlichkeit. „Sachdienlich" bedeutet: Das Gericht muß dafür sorgen, daß eine Lösung gefunden wird, die den Prozeßzweck fördert und gleichzeitig zur etwaigen Zwangsvollstreckung geeignet ist, vgl BGH NJW **78**, 695. Das Gericht muß also darauf achten, daß der Antrag der wirklichen Erledigung der Streitfrage dient. Dahin gehört zB eine Belehrung über die Notwendigkeit einer Antragsänderung für den Fall, daß die Hauptsache erledigt ist oder daß sonstige prozessual wichtige Veränderungen eingetreten sind. Hierher gehört auch eine Anregung, geltend gemachte Teilbeträge mehrerer selbständiger Ansprüche eindeutig aufzuschlüsseln und zu beziffern, § 253 Anm 5 B und BGH **LM** Nr 9, oder die Anregung, von einer Abänderungsklage nach § 323 zu einer Vollstreckungsabwehrklage nach § 767 überzugehen, BGH NJW **81**, 979. Eine Antragsänderung mag auch dann anzuregen sein, wenn das Gericht die Frage eines Mitverschuldens jetzt anders als im vorangegangenen Verfahren auf die Bewilligung einer Prozeßkostenhilfe beurteilt, Köln MDR **75**, 148 (zustm Teplitzky), oder wenn statt eines Leistungsantrags ein Feststellungsantrag notwendig wäre, BGH **79**, 79.

D. Grenzen der Antragsklärung. Soweit eine Partei sich völlig klar und sachdienlich äußert und entsprechende Anträge stellt, fehlt für das Gericht jeder Anlaß zu einer weiteren Frage, BGH **LM** Nr 3, BPatG GRUR **81**, 350. Das Gericht muß sich rein sachlich verhalten. Es ist seine Aufgabe, die Partei zu einem zweckmäßigen Antrag zu veranlassen, nicht aber seine Aufgabe, der Partei ein ihr günstigeres Vorbringen nahezulegen, vgl B, vgl auch BPatG GRUR **81**, 350 und GRUR **82**, 360. Ein Richter, der einer Partei Ratschläge der letzteren Art geben würde, schon gar außerhalb der Verhandlung und ohne eine Benachrichtigung des Gegners, würde sich der Gefahr einer Ablehnung wegen einer Befangenheit aussetzen. Das Gericht hat keine Beratungspflicht über den Rahmen des § 139 hinaus, vgl auch BGH **85**, 292, und daher erst recht keine Pflicht zu einer Rechtsauskunft.

Ein Anwalt kann ohnehin nicht damit rechnen, daß das Gericht seine eigene rechtliche Beurteilung stets teilt. Noch weniger darf er einen Hinweis des Gerichts nach § 139 als falsch abtun, BGH **LM** § 675 BGB Nr 50. Wenn aber nach den Umständen ein rechtliches, entschuldbares Versehen des Anwalts naheliegt, dann hat das Gericht eine Fragepflicht, BGH **LM** § 930 BGB Nr 2. Dasselbe gilt dann, wenn ein Anwalt einen Beweis infolge einer erkennbar falschen rechtlichen Beurteilung nicht angetreten hat, BGH VersR **61**, 610, BayObLG **75**, 317, oder wenn ein Anscheinsbeweis naheliegt, Mü OLGZ **73**, 364. Eine solche Pflicht oder auch nur ein entsprechendes Recht des Gerichts besteht aber aus den bei B genannten Gründen nicht, wenn eine – noch dazu anwaltlich vertretene – Partei zB infolge einer erkennbaren Nachlässigkeit nur einen „Zeugen NN" angeboten hat, § 356 Anm 1 A b; die etwaige Vorwerfbarkeit des Irrtums usw scheint Köln MDR **80**, 674 nicht genug zu berücksichtigen. Vgl im übrigen § 278 III.

E. Erörterungspflicht. Der Vorsitzende muß in dem von ihm und dem sonstigen Gericht für notwendig gehaltenen Umfang das Sach- und Streitverhältnis mit den Parteien, auch mit einem unterrichteten Vertreter, vgl § 141 III 2, Hbg MDR **74**, 678, in tatsächlicher und rechtlicher Hinsicht erörtern, BGH NJW **78**, 1379. Der Vorsitzende muß die in diesem Zusammenhang notwendigen Aufklärungsfragen stellen. Es handelt sich insofern um eine Pflicht, die nur im Rahmen des § 139 besteht. Die Pflicht des Vorsitzenden reicht also nur soweit, wie es darum geht, ob der Antrag zulässig und sachdienlich gestellt ist.

Das Gericht muß zB auch auf etwaige Bedenken gegenüber der Vertragsauslegung des Vordergerichts hinweisen, wenn die Partei auf der Grundlage einer anderen Auffassung Unterlagen beizubringen hätte. Darüber hinaus hat das Gericht die Pflicht, den Parteien eine Gelegenheit dazu zu geben, sich auf eine andere oder eine neue Beurteilung und dazu einzustellen, welche Tatsachen streitig sind, Köln VersR **77**, 844 oder eine neue Rechtsauffassung, § 278 III; zur Abgrenzung von § 139 vgl § 278 Anm 5 B. Das Gericht muß den Parteien auch dann eine Gelegenheit zur Äußerung geben, wenn die Parteien aus einem vorgetragenen Tatsachenstoff ersichtlich ganz andere rechtliche Schlüsse als das Gericht ziehen und wenn das Gericht von den ausdrücklichen Ausführungen der Parteien abweichen will, insbesondere dann, wenn der Tatrichter zu einer Würdigung kommt, die keine Partei behauptet oder die der Vorderrichter anders vorgenommen hat, BGH NJW **82**, 581 (abl Hartung VersR **82**, 141) und NJW **82**, 582. Gerade in solcher Situation kann § 278 III ebenfalls anwendbar sein.

Oft trägt eine Partei eine Tatsache nicht vor, weil sie gerade an diese rechtliche oder tatsächliche Beurteilung überhaupt nicht denkt. Eine Überrumpelung der Partei mit einer weder von ihr noch vom Gegner gesehenen Würdigung der Tatsachen und demgemäß mit einer völlig anderen und von keiner Partei vorauszusehenden rechtlichen Beurteilung ist des Gerichts unwürdig und schaltet nur zu oft das bessere Wissen der Parteien um solche Tatsachen aus, die unter diesen Umständen erheblich würden und die die Parteien vorgetragen hätten, wenn das Gericht sein Fragerecht ausgeübt hätte. Vgl in diesem Zusammenhang wiederum § 278 III, ferner BGH MDR **80**, 576, auch schon zB BAG **AP** Nr 1 und 2, Deubner Festschrift für Schiedermaier (1976) 85, Möhring/Nirk Festschrift „25 Jahre BGH" (1975) 311, Wagner AnwBl **77**, 329. So hält BGH **LM** § 295 Nr 14 einen Hinweis auf ein der Partei zustehendes Rügerecht für geboten, um einer Überraschungsentscheidung vorzubeugen.

Neben dem § 278 III verpflichtet auch Art 103 I GG zwar nicht stets zu einer allgemeinen, umfassenden Erörterung, BVerfG **42**, 79, 85, BGH **85**, 291 mwN, wohl aber nach den Umständen des Einzelfalls zu einem gezielten Rechtsgespräch, BGH NJW **80**, 1795, Geiger NJW **76**, 1393, im Ergebnis ebenso BVerfG **42**, 76 (Art 3 GG), vgl Möhring/Nirk Festschrift „25 Jahre BGH" (1975) 312, 323, vgl ferner auch Karlsr OLGZ **78**, 226, aM BayVerfG JR **60**, 392. Das gilt zumindest dann, wenn das Gericht eine von den Parteien völlig abweichende Rechtsauffassung hat.

Das Gericht muß die Parteien auch über solche Vorgänge des Verfahrens unterrichten, die für eine Partei erkennbar wesentlich sind, BGH LM § 286 (A) Nr 17, zB über beigezogene Akten, Schlesw SchlHA **74**, 168. Das Gericht muß den Parteien auch mitteilen, daß es zB eine pauschale Bezugnahme auf Anlagen oder Beiakten für ungenügend hält, Schlesw MDR **76**, 50, oder daß es ein Gutachten ganz anders als die Vorinstanz würdigen will, BGH VersR **77**, 734. Eine Aufforderung zum Nachweis des ausländischen Rechts nach § 293 fällt nicht unter § 139; wohl aber kann eine überraschende Anwendung des ausländischen Rechts unter § 139 gerechnet werden, BGH NJW **76**, 474.

Gebühren: § 31 I Z 4, II BRAGO, sofern nicht eine mündliche Verhandlung vorliegt, § 137 Anm 1.

F. Erklärungsfrist. Wenn eine Partei eine angemessene Zeit zur Beantwortung einer Frage braucht, wenn man der Partei also eine sofortige Antwort nicht zumuten kann, dann muß das Gericht entweder vertagen, KG OLGZ **77**, 481 (zum alten Recht), oder eine Erklärungsfrist nach § 283 gewähren. Eine überstürzte Entscheidung kann einen Verstoß gegen § 139 darstellen, Schlesw NJW **83**, 348.

Freilich ist sorgfältig und nicht zu großzügig zu klären, ob die Partei die Antwort wirklich nicht sogleich geben kann. Das gilt auch und gerade dann, wenn eine Partei anwaltlich vertreten ist. Das Gericht hat in diesem Fall die Pflicht der sofortigen Erörterung, ob der Anwalt bei der ihm persönlich zuzumutenden Sorgfalt oder ob die Partei bei der Anlegung eines entsprechenden Sorgfaltsmaßstabs vor dem jetzigen Zeitpunkt im Rahmen der Prozeßförderungspflicht nach § 282 imstande gewesen wären, sich auf die Frage so vorzubereiten, daß sie sie wenigstens im Kern sogleich beantworten könnten. Das alles übersieht Schlesw NJW **83**, 348.

3) Amtsberücksichtigung, II. Der Vorsitzende muß auf Bedenken über solche Punkte hinweisen, die das Gericht von Amts wegen zu berücksichtigen hat, BGH NJW **76**, 149 (wegen einer Ersatzzustellung) und BGH VersR **76**, 193 (wegen einer Rechtsmittelbegründungsfrist), Schlesw SchlHA **78**, 108 (wegen einer gesetzlichen Vertretung). Hierhin gehören prozessuale und sachlichrechtliche Punkte. Es ist unerheblich, ob der Mangel behebbar ist. II ist ein Unterfall von I. Daher besteht die Pflicht nach II nur in denselben Grenzen wie diejenige nach I.

4) Fragen der Beisitzer, III. Der Vorsitzende hat jedem Beisitzer auf dessen Verlangen das Wort zu geben, damit der Beisitzer seine persönliche Fragepflicht erfüllen kann. Die Beisitzer sind im Hinblick darauf, ob und welche Fragen sie stellen wollen, auch vom Vorsitzenden unabhängig. Soweit eine Frage des Beisitzers nach einer pflichtgemäßen Prüfung des Vorsitzenden überhaupt nicht zur Sache gehört, kann der Vorsitzende diese Frage zurückweisen. Im übrigen dürfen weder er noch das Kollegium eingreifen; s aber § 140.

5) *VwGO*: Eigene Regelung in §§ 86 III, 104 II 1.

140 *Beanstandung von Prozeßleitung oder Fragen.* **Wird eine auf die Sachleitung bezügliche Anordnung des Vorsitzenden oder eine von dem Vorsitzenden oder einem Gerichtsmitgliede gestellte Frage von einer bei der Verhandlung beteiligten Person als unzulässig beanstandet, so entscheidet das Gericht.**

1) Allgemeines. § 140 spricht von der Sachleitung, meint aber die sachliche Prozeßleitung, Üb 2 vor § 128, in der mündlichen Verhandlung. Die förmliche Prozeßleitung, namentlich die Sitzungspolizei, und die gesamte Prozeßleitung außerhalb der mündlichen Verhandlung gehören nicht zum Geltungsbereich des § 140, vgl Karlsr OLGZ **80**, 63.

2) Entscheidung des Gerichts. Das Kollegium kann den Vorsitzenden in keinem Fall zu einer Anordnung zwingen. Dagegen unterliegt eine Anordnung des Vorsitzenden zur sachlichen Prozeßleitung oder eine Frage, die der Vorsitzende oder ein Beisitzer nach § 139 gestellt haben, der Nachprüfung durch das gesamte Kollegium, soweit ein Verhandlungsbeteiligter die Frage als unzulässig beanstandet, selbst wenn der Beteiligte nur ein Streithelfer, ein Zeuge oder ein Sachverständiger ist. All dies gilt natürlich nur innerhalb der mündlichen Verhandlung.

Der Einzelrichter steht dem Gericht in voller Besetzung gleich, nicht dem Vorsitzenden. Er fällt daher nicht unter den § 140.

Ein Richter kann keine Beanstandung im Sinn des § 140 vortragen, er ist in seiner Eigenschaft als erkennender Richter nicht „an der Verhandlung beteiligt", vgl §§ 177, 178 GVG, § 158 ZPO. Deshalb ist § 140 auch dann unanwendbar, wenn ein Beisitzer die Frage des

Vorsitzenden mißbilligt oder umgekehrt oder wenn der Vorsitzende die Verhandlung gegen den Willen der Beisitzer geschlossen hat. Die Beisitzer können eine Wiedereröffnung der mündlichen Verhandlung erst in der Beratung erzwingen.

„Unzulässig" bedeutet rechtlich unstatthaft, nicht nur unerheblich oder unzweckmäßig. Unzulässig kann zB eine Frage entgegen dem § 383 III sein. Vgl aber auch § 139 Anm 4.

Die Entscheidung des vollen Gerichts ergeht durch einen Beschluß. Er ist grundsätzlich zu begründen, § 329 Anm 1 A b. Er wird verkündet. Er ist nur zusammen mit dem Endurteil anfechtbar. Denn § 140 ist nur auf die mündliche Verhandlung anwendbar. Deshalb ist keine Beschwerde nach § 567 statthaft, vgl auch LAG Rheinland-Pfalz BB **82**, 191 mwN. Wegen der entsprechenden Anwendung vgl aber zB § 299 Anm 2.

Die Anordnung des Vorsitzenden ist unanfechtbar. Denn es fehlt ein Gerichtsbeschluß.

3) VwGO: *Eigene Regelung in § 104 II 2.*

141 *Persönliches Erscheinen der Parteien.* **I** Das Gericht soll das persönliche Erscheinen beider Parteien anordnen, wenn dies zur Aufklärung des Sachverhalts geboten erscheint. Ist einer Partei wegen großer Entfernung oder aus sonstigem wichtigen Grunde die persönliche Wahrnehmung des Termins nicht zuzumuten, so sieht das Gericht von der Anordnung ihres Erscheinens ab.

II Wird das Erscheinen angeordnet, so ist die Partei von Amts wegen zu laden. Die Ladung ist der Partei selbst mitzuteilen, auch wenn sie einen Prozeßbevollmächtigten bestellt hat; der Zustellung bedarf die Ladung nicht.

III Bleibt die Partei im Termin aus, so kann gegen sie Ordnungsgeld wie gegen einen im Vernehmungstermin nicht erschienenen Zeugen festgesetzt werden. Dies gilt nicht, wenn die Partei zur Verhandlung einen Vertreter entsendet, der zur Aufklärung des Tatbestandes in der Lage und zur Abgabe der gebotenen Erklärungen, insbesondere zu einem Vergleichsabschluß, ermächtigt ist. Die Partei ist auf die Folgen ihres Ausbleibens in der Ladung hinzuweisen.

Schrifttum: Polyzogopoulos, Parteianhörung und -vernehmung usw, 1976 (Bespr Kollhosser ZZP **91**, 102).

1) Allgemeines. Jede Partei hat eine prozessuale Mitwirkungspflicht, Grdz 2 D vor § 128. Das Gericht kann die Mitwirkung aber grundsätzlich nicht unmittelbar erzwingen. § 141 macht von diesem Grundsatz eine Ausnahme. Die Vorschrift gibt dem Gericht die Möglichkeit, das persönliche Erscheinen einer Partei anzuordnen und auch zu erzwingen. Sie ergänzt damit den § 139 als ein wirksames Mittel zur Aufklärung des Sachverhalts, Stgt JZ **78**, 690. In Ehe-, Kindschafts- und Entmündigungsverfahren gilt § 613, Zweibr FamRZ **82**, 1097, vgl aber auch Anm 2 B, vgl ferner §§ 640 I, 654, 671, 676, 679. Außerhalb der mündlichen Verhandlung gilt § 273 II Z 3. § 279 regelt das persönliche Erscheinen zum Zweck eines Güteversuchs ohne eine Zwangsbefugnis des Gerichts. Über die Abgrenzung des § 141 gegenüber der Parteivernehmung nach §§ 445 ff vgl Anm 2 B.

Das Gericht kann und muß unter den gesetzlichen Voraussetzungen einer mittellosen Partei die Kosten einer notwendigen Reise zu einem Verhandlungstermin vorschießen oder nachträglich ersetzen, KV 1907, Hartmann V Anh § 17 A, B. Auch Soldaten erhalten einen Reisekostenvorschuß und -ersatz nach dem Erlaß v 16. 3. 82 Z 20ff, SchlAnh II. Im arbeitsgerichtlichen Verfahren ist § 141 anwendbar, soweit nicht der vorrangige § 51 ArbGG abweicht, Philippsen pp NJW **77**, 1133. Im Konkursverfahren ist jedenfalls III unanwendbar, LG Bln Rpfleger **81**, 364.

2) Anordnung, I. A. Notwendigkeit des Erscheinens. Das Prozeßgericht soll das persönliche Erscheinen beider Parteien von Amts wegen anordnen, soweit es zur Aufklärung des Sachverhalts geboten erscheint. Es kann auch das Erscheinen vor dem verordneten Richter anordnen, aM StJ II 5 (das Erscheinen könne nur vor dem vollbesetzten Gericht angeordnet werden, aM StJ II 5 (das Erscheinen könne nur vor dem vollbesetzten Gericht angeordnet werden, da sei die Gegenüberstellung mit einem auswärts vernommenen Zeugen nur nach den §§ 445, 448 zulässig). Es handelt sich nach dem Wortlaut des Gesetzes um eine bloße Sollvorschrift. Das richterliche pflichtgemäße Ermessen ist aber durch I 1 Hs 2 eingeengt. Sofern eine Aufklärung anders nicht möglich ist, muß das Gericht also das Erscheinen der Parteien anordnen, Stgt JZ **78**, 690. Soweit das Erscheinen zur Aufklärung zwar nicht geboten, aber sinnvoll ist, will das Gesetz aber mit dem Wort „soll" nur die Befugnis des Gerichts klarstellen.

1. Titel. Mündliche Verhandlung § 141 2, 3

Die Anordnung des persönlichen Erscheinens darf nur gegenüber der Partei erfolgen, nicht gegenüber anderen Prozeßbeteiligten. Sie erfolgt durch einen Beschluß. Er ist grundsätzlich zu begründen, § 329 Anm 1 A b, obwohl gegen ihn kein Rechtsbehelf zulässig ist, Stgt JZ **78**, 690. Das Gericht muß ihn mit voller Unterschrift versehen; eine sog Paraphe genügt nicht, LAG Hamm MDR **82**, 612.

Für eine prozeßunfähige Partei muß ihr gesetzlicher Vertreter eintreten, Köln MDR **76**, 937. Als Partei ist auch der streitgenössische Streithelfer nach § 69, nicht aber der gewöhnliche Streithelfer anzusehen; denn der letztere beteiligt sich am Verfahren freiwillig. Es reicht aber aus, daß statt der Partei deren Streithelfer erscheint.

Das Unterbleiben einer Anordnung des persönlichen Erscheinens ist nicht nachprüfbar.

B. Aufklärungszweck. Das Gericht darf das persönliche Erscheinen der beiden Parteien im Sinn des § 141 nur zum Zweck einer Aufklärung des Sachverhalts anordnen. Soweit ein Erscheinen zum Zweck einer Beweisaufnahme erfolgen soll, gelten andere Regeln, zB bei der Parteivernehmung nach den §§ 445 ff, BGH KTS **75**, 113. Eine solche förmliche Parteivernehmung setzt unter anderem einen Beweisbeschluß voraus, BGH KTS **75**, 113. Die Anhörung nach § 141 ist auch in einer Ehesache zulässig, BGH NJW **69**, 428. Sie ist aber auf eine Aufklärung im Rahmen des § 139 beschränkt. Sie soll also nicht etwa einen Beweis erbringen, sondern vielmehr einen dem Gericht noch nicht durchsichtigen Sachverhalt klären, BGH MDR **67**, 834, Gottwald AcP **183**, 208, auch wegen solcher Punkte, die voraussichtlich gar nicht streitig sein werden. Die Anordnung des Erscheinens ist also keineswegs stets als eine Beweisanordnung anzusehen, selbst wenn die Ergebnisse der Anhörung im Urteil mitverwertet werden, Hbg MDR **73**, 771 und **74**, 765, aM zB Mü NJW **65**, 212.

Soweit das Gericht allerdings das Ergebnis einer „Anhörung" als ein Beweismittel verwendet, muß die Anhörung auch den Erfordernissen der §§ 160, 161 genügen, vgl BGH NJW **69**, 428.

C. Unzumutbarkeit. Das Gericht darf das Erscheinen einer Partei nicht anordnen, soweit es der Partei deren persönliches Erscheinen aus einem wichtigen Grund nicht zumuten kann. Als Beispiel nennt I eine große Entfernung (des Aufenthaltsorts vom Gerichtssitz). Dabei muß das Gericht die Verkehrsverhältnisse ebenso berücksichtigen wie zB den Gesundheitszustand oder die Bedeutung der Sache. Andere wichtige Gründe können zB in folgenden Fällen vorliegen: Die Partei hat am Terminstag ein dringendes Geschäft zu erledigen; sie ist in ihrer Arbeit derzeit überlastet; sie ist krank; sie möchte in einen bereits geplanten Urlaub fahren. Im letzteren Zusammenhang muß das Gericht das unbedingte Recht eines jeden Bürgers auf einen ungestörten Urlaub berücksichtigen, § 233 Anm 3 mwN.

Wenn das Gericht das persönliche Erscheinen anordnet, weil ihm die vorgebrachten Verhinderungsgründe nicht ausreichen, dann muß die Partei erscheinen, Stgt JZ **78**, 689. Das Gericht muß aber stets prüfen, ob die Anordnung einen Erfolg verspricht, der im rechten Verhältnis zu der Belästigung der Partei steht. Es muß berücksichtigen, daß das Gesetz grundsätzlich jedenfalls eine Vertretung der Partei durch einen ProzBev zuläßt und diese Vertretung im Anwaltsprozeß sogar verlangt.

3) Ladung, II. Die Partei ist stets von Amts wegen zu laden. Die Ladung ergeht an die Partei persönlich, nicht an ihren ProzBev. Das gilt auch bei der Ladung einer juristischen Person, LG Hanau VersR **78**, 1049. In einem solchen Fall muß das zur Vertretung der juristischen Person nach der Satzung berufene Organ erscheinen, LG Hanau VersR **78**, 1049. Die Ladung kann formlos erfolgen, II 2 Hs 2. Mit Rücksicht auf III ist aber eine Zustellungsurkunde oder ein Einschreiben mit Rückschein zu empfehlen, wenn das Gericht mit einer Verschleppung durch die Partei rechnen muß. Die anwesende Partei kann zum fraglichen nächsten Termin mündlich geladen werden. Eine Benachrichtigung des ProzBev ist unerläßlich, Köln MDR **75**, 321. Die Ladung nach II ersetzt nicht eine Ladung der Partei in ihrer Eigenschaft als eines Prozeßbeteiligten; es lassen sich aber die beiden Ladungen miteinander verbinden, soweit die Partei als Prozeßbeteiligte nicht wegen der Einschaltung eines ProzBev nach § 176 zu seinen Händen zu laden ist.

Die Ladung muß auf die Folgen eines unentschuldigten Ausbleibens hinweisen, III. Die Partei muß erkennen können, daß die Ladung nicht nur zu einem Gütersuch nach § 279 erfolgt. Denn die letztere Vorschrift verweist nur auf II, Köln NJW **74**, 1003, insofern aM KG MDR **83**, 235 (krit Walter JR **83**, 157).

Das Gericht braucht der Partei aber im übrigen den Rechtsgrund oder den Zweck der Ladung nicht bekanntzugeben, insofern ebenso KG MDR **83**, 235 (krit Walter JR **83**, 157).

4) Erscheinungszwang, III. A. Allgemeines. Wenn auf Grund einer Anordnung des persönlichen Erscheinens nur die Partei selbst erscheint, nicht ihr ProzBev, dann ist die Partei in einem Verfahren mit einem Anwaltszwang säumig. Das Gericht muß dann auf Grund eines Antrags des Gegners eine Versäumnisentscheidung gegen die persönlich erschienene Partei erlassen.

Wenn nur der ProzBev erscheint, darf das Gericht das Ausbleiben der Partei persönlich nach § 286 frei würdigen. Das Gericht darf das Ausbleiben aber nur dann zum Nachteil dieser Partei auswerten, wenn die Partei selbst einwandfrei schuldhaft handelte, vgl Ffm (11. ZS) MDR **79**, 587, im Ergebnis ebenso Ffm (13. ZS) MDR **80**, 234, LAG Ffm BB **79**, 891, Schmid JR **81**, 9 mwN, abw zB Köln NJW **74**, 1003 (das Gericht dürfe eine nachteilige Würdigung des Ausbleibens nur dann vornehmen, wenn die Partei das Gericht bewußt mißachtet habe).

B. Verstoß. Das Gericht ist im Fall eines unentschuldigten Ausbleibens der Partei zum Erlaß eines Ordnungsmittels befugt. Das Gericht ist zu einer solchen Maßnahme nicht verpflichtet, Köln MDR **75**, 321. Es sollte von einem Ordnungsmittel nur zurückhaltend Gebrauch machen, Ffm MDR **79**, 587, Köln OLGZ **78**, 355, Schlesw JB **78**, 284, Schneider MDR **75**, 187, aM Schmid MDR **82**, 632. Wenn es sich zu einem Ordnungsmittel entschließt, dann verfährt es wie bei § 380 gegen einen nicht erschienenen Zeugen.

Das Gericht setzt also ein Ordnungsgeld im Betrag von 5–1000 DM fest, Stgt JZ **78**, 689. Es darf der Partei eine Stundung dieses Betrags oder eine Ratenzahlung bewilligen, Vorbem B bei § 380.

Unzulässig sind die Anordnung einer Ordnungshaft oder eine Vorführung der Partei. Eine Kostenfolge erwächst allenfalls nach § 34 GKG, Anh § 95, oder nach § 95. Die Partei ist nicht zu den durch ihr Ausbleiben verursachten Kosten zu verurteilen, Schlesw JB **78**, 284 mwN.

Das Gericht hebt das Ordnungsgeld auf, sobald sich die Partei nachträglich genügend entschuldigt hat. Eine solche Entschuldigung kann vorliegen, wenn sie den Termin ohne persönliche Schuld versäumt und auch eine Entschuldigung bis zum Termin schuldlos unterlassen hat, Bbg MDR **82**, 585, oder wenn der Anwalt der Partei schuldlos von der Anordnung des persönlichen Erscheinens der Partei unterrichtet worden war und wenn er der Partei daher erklärt hatte, sie brauche nicht zu erscheinen, Köln MDR **75**, 321. Eine Entschuldigung liegt aber nicht vor, wenn der Anwalt der Partei trotz seiner Kenntnis oder trotz einer vorwerfbaren Unkenntnis von der Anordnung des persönlichen Erscheinens abgeraten hatte, zum Termin zu erscheinen, § 85 II, Köln NJW **78**, 2516 (krit Schneider NJW **79**, 987), Stgt JZ **78**, 690; zum Problem auch Schneider MDR **75**, 187.

Das Gericht sollte eine Entschuldigung streng prüfen. Die Partei darf sich keineswegs ohne irgendeine eigene Überlegung darauf verlassen, daß die Meinung ihres Anwalts gegenüber der gerichtlichen Anordnung vorrangig sei. Die Partei muß zumindest glaubhaft machen, § 294, daß sie ihren Anwalt unmißverständlich über den Charakter der ihr persönlich zugegangenen Ladung informiert hat, bevor er ihr abschließend erklärte, sie brauche gleichwohl nicht zu erscheinen. Mancher Anwalt meint aus irgendwelchen prozeßtaktischen Erwägungen auf eine Anordnung nach § 141 zumindest derzeit noch nicht Rücksicht nehmen zu müssen. Wenn er der Partei einfach abrät zu erscheinen, statt vorher mit dem Gericht hierüber Kontakt aufzunehmen, handelt er nach § 85 II zum Nachteil seiner Partei und kann sich schadensersatzpflichtig machen. Im übrigen ist § 381 entsprechend anwendbar.

Ein Ordnungsgeld darf unter anderem nur dann verhängt werden, wenn die Anordnung des persönlichen Erscheinens korrekt erfolgt war, Anm 2, LAG Hamm MDR **82**, 612, wenn die Partei ordnungsgemäß geladen wurde, Anm 3, Köln MDR **75**, 321, und wenn sich der Bekl schon auf den Prozeß eingelassen hatte, Köln JB **76**, 1113, Mü MDR **78**, 147. Das Gericht darf den Bekl nicht zur Beteiligung am Prozeß zwingen. Es hat zu einem solchen Zwang auch angesichts der §§ 330 ff keinen Anlaß, Grdz 2 D vor § 128. Auch in einer Ehesache, vgl § 613 Anm 4, darf ein Ordnungsgeld erst dann verhängt werden, wenn sich der Bekl auf das Verfahren eingelassen hat, Köln JB **76**, 1113.

Das Ordnungsgeld wird im Weg eines Beschlusses verhängt. Der Beschluß ist grundsätzlich zu begründen, § 329 Anm 1 A b. Er braucht nicht verkündet zu werden. Er wird der betroffenen Partei formlos mitgeteilt, § 329 II 1.

Gegen den Beschluß ist die einfache Beschwerde nach § 567 zulässig. Das ergibt sich aus der Bezugnahme von III auf das Verfahren gegenüber einem ausgebliebenen Zeugen, also auf § 380. Denn es wäre merkwürdig, wenn nicht zusammen mit § 380 I auch die Beschwerde nach § 380 III einschließlich ihrer aufschiebenden Wirkung nach § 572 I in Bezug

1. Titel. Mündliche Verhandlung § 141 4, 5

genommen wäre, so auch LAG Ffm NJW **65**, 1042, KG OLGZ **69**, 36, vgl auch § 613. Wegen der außergerichtlichen Kosten des erfolgreichen Beschwerdeführers § 380 Anm 3.

C. Vertreter der Partei. Die zum persönlichen Erscheinen geladene Partei darf einen Vertreter entsenden, statt selbst zu erscheinen. Diese Befugnis ist aber nur insoweit gegeben, als der Vertreter das Gericht aufklären kann und darf. Das Gesetz meint namentlich den Leiter oder leitenden Angestellten eines großen Unternehmens, der über den Streitstoff unterrichtet ist, vgl LG Hanau VersR **78**, 1049. Der ProzBev der Partei kommt als Vertreter nach III insoweit nicht in Frage, als es auf persönliche Kenntnisse der Partei ankommt. Es ist ratsam, in dem Anordnungsbeschluß zum Ausdruck zu bringen, daß das Gericht die Entsendung eines – wenn auch informierten – Vertreters voraussichtlich nicht für ausreichend halten wird. Von diesem Fall abgesehen ist die Abgabe der Erklärung auch durch einen unterrichteten Vertreter bzw ProzBev zulässig, soweit sie für den weiteren Prozeßverlauf förderlich sein kann, Düss MDR **63**, 602. Es kann aber unzureichend sein, daß die Partei den Vertreter nur erst zum Zweck der Wahrnehmung des Termins lückenhaft oder verspätet informiert.

Die Vollmacht des Vertreters ist zu prüfen. Das gilt auch dann, wenn die Parteien im Termin einen Prozeßvergleich schließen. Die Prüfung ist nur dann entbehrlich, wenn der ProzBev der Partei den Vergleich abschließt.

Der Vertreter muß im Termin über alle diejenigen Fragen unterrichtet sein, die sich auf der Grundlage des bisherigen Sach- und Streitstands und der Anordnung des persönlichen Erscheinens der Partei nach sorgfältiger Prüfung des Streitstoffs aus der Sicht der Partei als klärungsbedürftig ergeben, vgl LAG Ffm BB **79**, 891. Das Gericht darf und sollte die Fragen, deren Aufklärung erforderlich ist, nach § 273 II Z 1 vorbereitend mitteilen, Mü MDR **78**, 147. Eine bloße Kenntnis der bisherigen Schriftsätze reicht im allgemeinen nicht aus, Stgt JZ **78**, 690. Denn diese Schriftsätze sind ja auch dem Gericht im Zeitpunkt der Anordnung des persönlichen Erscheinens bereits bekannt gewesen. Der Vertreter muß im übrigen im Verhältnis zu seiner Partei eine volle Vollmacht haben, Köln NJW **74**, 1003, auch zum Abschluß eines Prozeßvergleichs, Mü MDR **78**, 147, vgl aber auch LG Hanau VersR **78**, 1049, ferner zur Abgabe eines Verzichts oder zur Erklärung eines Anerkenntnisses. Darüber sollte sich insbesondere der ProzBev klar sein, wenn er im Termin als Vertreter nach III auftritt.

Die oft zu hörende Äußerung, der ProzBev dürfe einen Vergleich usw nicht ohne eine (auch nicht telefonisch sofort mögliche) Rücksprache mit der Partei abschließen, führt also dazu, daß die Säumnisfolgen nach III eintreten. Das gilt selbst dann, wenn das Gericht dem ProzBev oder sonstigen Vertreter eine Nachfrist setzen könnte, etwa nach § 283, und zugleich einen Verkündungstermin anberaumen könnte. Denn aus der nachgereichten Äußerung mag sich die Notwendigkeit zu einem Wiedereintritt in die mündliche Verhandlung ergeben, und der Gegner braucht sich auf die damit verbundenen Risiken und möglichen Verzögerungen überhaupt nicht einzulassen. Das darf und muß das Gericht schon im Rahmen von III im Verhandlungstermin berücksichtigen. Soweit dem Vertreter also auch nur ein Merkmal fehlt, das zu einer vollgültigen Vertretung ausreicht, gilt die Partei als unentschuldigt ausgeblieben, Stgt JZ **78**, 690.

Der Vertreter braucht allerdings nicht dazu imstande zu sein, sofort oder auch überhaupt als Zeuge auszusagen, Mü MDR **78**, 147.

D. Gebotene Erklärung. Die Partei und ihr Vertreter sind nicht dazu verpflichtet, die „gebotenen Erklärungen" nach III 2 im Termin abzugeben. Sie sind nur dazu verpflichtet, im Termin zu erscheinen. Eine Verweigerung der Erklärung wird vom Gericht nach § 286 frei gewürdigt, Schneider MDR **75**, 186. Das Gericht kann eine Verweigerung dahin werten, daß es den Vortrag der Partei als verspätet zurückweist, § 296, oder eine Anordnung nach § 34 GKG, Anh § 95, oder nach § 95 trifft.

Soweit die Partei oder ihr Vertreter im Termin eine Erklärung abgibt, muß die Erklärung wahr und vollständig sein, § 138. Die Aufnahme eines Protokolls über die Anhörung ist zwar nicht nach § 160 III Z 4 notwendig, vgl § 160 Anm 4 D; sie ist aber unter Umständen nach § 160 II erforderlich. Soweit eine Darstellung der Partei von derjenigen ihres Vertreters abweicht, muß das Gericht mindestens in den Akten hierüber einen Vermerk anfertigen, auf den es im Urteil Bezug nehmen kann, vgl BGH **LM** Nr 2. Vgl aber auch § 161 und ferner § 85 Anm 2.

5) VwGO: Statt **I** gilt § 95 *VwGO*, **II** 1 u 2 (2. Halbsatz) sind ersetzt durch § 56 I u II *VwGO*, II 2 (1. Halbsatz) ist dagegen entsprechend anwendbar, § 173 *VwGO*, da diese Durchbrechung von § 67 III 3 *VwGO* sachlich geboten ist, Ule § 95 Anm V. Ordnungsmittel, **III** 1, sind in

§ 95 I VwGO geregelt; da III 2 bewußt nicht übernommen worden ist, kann er nicht entsprechend angewendet werden, hM, abw Ule § 95 Anm VI.

142 *Anordnung der Urkundenvorlegung.* I Das Gericht kann anordnen, daß eine Partei die in ihren Händen befindlichen Urkunden, auf die sich bezogen hat, sowie Stammbäume, Pläne, Risse und sonstige Zeichnungen vorlege.

II Das Gericht kann anordnen, daß die vorgelegten Schriftstücke während einer von ihm zu bestimmenden Zeit auf der Geschäftsstelle verbleiben.

III Das Gericht kann anordnen, daß von den in fremder Sprache abgefaßten Urkunden eine Übersetzung beigebracht werde, die ein nach den Richtlinien der Landesjustizverwaltung hierzu ermächtigter Übersetzer angefertigt hat.

1) **Urkundenvorlegung, I.** Auf Grund einer Anordnung des Gerichts, die von Amts wegen erfolgen kann, muß eine Partei eine Urkunde vorlegen, die sich in ihrer Hand befindet, und auf die sie sich bezogen hat. Ein Stammbaum, ein Plan, ein Riß und dgl gelten als Urkunde, und zwar auch dann, wenn eine solche Unterlage erst noch anzufertigen ist. Als Partei ist auch der Streithelfer anzusehen. Die Bezugnahme ist entbehrlich, wenn es sich um das Handelsbuch eines Vollkaufmanns, §§ 45, 47 HGB, oder um das Tagebuch eines Handelsmaklers nach § 102 HGB handelt, noch weitergehend BAG BB **76**, 1020, Daniels NJW **76**, 349. Das Gericht ordnet die Vorlegung in der mündlichen Verhandlung durch einen verkündeten Beschluß an. Der Beschluß ist grundsätzlich kurz zu begründen, § 329 Anm 1 A b, obwohl gegen ihn kein Rechtsbehelf zulässig ist. Vor der mündlichen Verhandlung ist eine vorläufige Anordnung nach § 273 zulässig.

Die Urkunde kann auch vor einem verordneten Richter vorgelegt werden. Ihre Vorlegung ist in keinem Fall erzwingbar. Das Gericht würdigt einen Ungehorsam frei, BAG DB **76**, 1020.

2) **Verwahrung, II.** Das Gericht kann anordnen, daß das vorgelegte Schriftstück für eine fristmäßig zu bestimmende Zeit auf der Geschäftsstelle zu verwahren ist. Wegen des Verhältnisses zwischen dem Hinterleger und dem Staat und wegen der Möglichkeit einer Rückforderung vgl § 134 Anm 3. II gilt für jedes dem Gericht vorgelegte Schriftstück, also nicht nur für ein nach I hinterlegtes.

Das Gericht handelt innerhalb eines pflichtgemäßen Ermessens. Es muß allerdings zur Vorlegungsanordnung einen genügenden sachlichen Grund haben. Die Anordnung erfolgt auch ohne eine mündliche Verhandlung durch den Vorsitzenden, vgl § 273. Sie erfordert einen Beschluß. Er ist grundsätzlich zu begründen, § 329 Anm 1 A b. Er wird verkündet oder der betroffenen Partei formlos mitgeteilt. Die Ablehnung eines Antrags erfolgt ebenfalls durch einen zu begründenden und mitzuteilenden Beschluß.

Gegen die Ablehnung ist die einfache Beschwerde nach § 567 zulässig.

3) **Übersetzung, III.** Das Gericht kann verlangen, daß die Partei von jeder fremdsprachigen Urkunde eine Übersetzung beibringt. Diese Anordnung braucht sich also nicht auf eine in I genannte Urkunde zu beschränken. Das Gericht handelt auch insofern im Rahmen seines pflichtgemäßen Ermessens. Soweit die Partei eine Anordnung vorwerfbar nicht befolgt, darf das Gericht die Urkunde unberücksichtigt lassen. Eine persönliche Vernehmung des Übersetzers ist unnötig. Soweit eine Übersetzung angeordnet wurde, sind deren Kosten erstattungsfähig, § 91.

Die Entscheidung erfolgt auch ohne eine mündliche Verhandlung durch den Vorsitzenden, vgl § 273. Sie kann in der Form einer Verfügung oder eines Beschlusses erfolgen. Die Entscheidung ist grundsätzlich zu begründen, § 329 Anm 1 A b, obwohl sie nicht anfechtbar ist. Die Ablehnung einer Anordnung erfolgt in derselben Form und ist ebenfalls zu begründen. Die Entscheidung wird der betroffenen Partei formlos mitgeteilt, § 329 II 1.

Gegen die Ablehnung eines Antrags ist die einfache Beschwerde nach § 567 zulässig.

Der Übersetzer muß nach den Richtlinien der Landesjustizverwaltung ermächtigt sein.

4) **VwGO:** Eigene Regelung in § 96 I, die durch entsprechende Anwendung, § 173 VwGO, von II u III ergänzt wird; wegen der Wirkung des Ungehorsams vgl § 427 Anm 2 (am Ende) und Anm 3. Für die Urkundenvorlage durch Behörden enthält § 99 VwGO eine Sonderregelung.

143 *Anordnung der Aktenvorlegung.* Das Gericht kann anordnen, daß die Parteien die in ihrem Besitz befindlichen Akten vorlegen, soweit diese aus Schriftstücken bestehen, welche die Verhandlung und Entscheidung der Sache betreffen.

1) Geltungsbereich. Die Vorschrift bezieht sich nur auf Akten im Besitz der Partei. Das Gericht darf die Vorlegung derjenigen Akten, die nur die Vorbereitung des Prozesses betreffen, nicht nach dieser Vorschrift anordnen. Die Vorlegungsanordnung erfolgt nach § 273 auch für behördliche Akten. Eine Verwertung im Prozeß erfolgt immer nur, soweit die Akten zum Gegenstand der Verhandlung gemacht worden sind. Bei einer behördlichen Akte erfolgt die Verwertung, soweit eine Mitteilung des Akteninhalts an die Parteien gestattet ist. Diese Befugnis ist anzunehmen, sofern die behördliche Akte oder die Prozeßakte keinen gegenteiligen Vermerk hat oder soweit nicht die Geheimhaltungsbedürftigkeit aus anderen Gründen bekannt ist.

2) *VwGO: Eigene Regelung in §§ 96 I, 99 (Behördenakten).*

144 *Augenschein. Sachverständige.* [I] **Das Gericht kann die Einnahme des Augenscheins sowie die Begutachtung durch Sachverständige anordnen.**
[II] **Das Verfahren richtet sich nach den Vorschriften, die eine auf Antrag angeordnete Einnahme des Augenscheins oder Begutachtung durch Sachverständige zum Gegenstand haben.**

1) Ermessen. Das Gericht kann im Rahmen eines pflichtgemäßen Ermessens, BGH **66**, 68, BAG BB **74**, 559, **81**, 558, Habscheid ZZP **96**, 309, von Amts wegen in jeder Prozeßlage, auch in der zweiten Instanz, eine Augenscheinseinnahme und die Begutachtung durch einen Sachverständigen anordnen. Es handelt sich insofern um eine Einschränkung des Beibringungsgrundsatzes.

Die Anordnung ist auch dann zulässig, wenn die Partei keinen bestimmten Beweisantrag stellt, BGH **66**, 68, oder wenn die Partei einen vom Gericht nach den §§ 379, 402 verlangten Vorschuß nicht bezahlt.

Die Anordnung soll aber nicht erfolgen, soweit das Gericht keinen ausreichenden sachlichen Anlaß sieht. Das kann zB dann der Fall sein, wenn das Gericht einen entsprechenden Beweisantrag ablehnen müßte, BGH **5**, 302, oder wenn ein verlangter Vorschuß nicht bezahlt worden war, Düss MDR **74**, 321, abw Schneider JB **76**, 1295.

Die Vorschrift wird zu wenig beachtet. Immer dann, wenn es um einen Augenschein oder um einen Sachverständigenbeweis gehen könnte, muß das Gericht im Rahmen seines Ermessens von Amts wegen prüfen, ob es von § 144 Gebrauch machen will und muß. Das Gericht darf also keineswegs stets eine Entscheidung darauf stützen, die Partei habe in einem solchen Fall weder die Einnahme eines Augenscheins noch die Einholung eines Sachverständigengutachtens beantragt, also keinen Beweis angetreten. Das Gericht ist zumindest im Rahmen des § 139 dazu berechtigt und verpflichtet, die Partei zu einer Äußerung darüber zu veranlassen, warum sie einen solchen Antrag nicht gestellt hat.

Soweit aus dem bisherigen Vortrag der Partei erkennbar wird, daß es auf einen Augenschein oder ein Sachverständigengutachten ankommen könnte, darf das Gericht daher das Vorbringen der Partei auch nicht schon deshalb nach § 296 als verspätet zurückweisen, weil ein entsprechender Beweisantrag verspätet gestellt worden wäre; eine solche Zurückweisung ist nur dann zulässig, wenn das Gericht auf Grund des bisherigen Vortrags keine Veranlassung hatte, nach § 144 und/oder § 273 bzw § 358a auch ohne Anträge der Partei vorzugehen, BGH VersR **82**, 146.

Freilich sollte man die Sorgfaltspflichten des Gerichts auch in diesem Punkt nicht unzumutbar überspannen. Insbesondere eine anwaltlich vertretene Partei dürfte in aller Regel triftige Gründe haben, wenn sie weder einen Augenschein noch einen Sachverständigenbeweis beantragt. Das Gericht darf grundsätzlich davon ausgehen, daß das Fehlen eines solchen Antrags zwischen der Partei und ihrem ProzBev abgesprochen ist. In solcher Situation besteht nur wenig Anlaß zu einer Maßnahme nach § 144.

Eine auf Grund des § 144 eingeleitete Beweisaufnahme richtet sich im übrigen nach den §§ 371 ff, 402 ff.

2) *VwGO: Eigene Regelung in § 96 I.*

145 *Prozeßtrennung.* [I] **Das Gericht kann anordnen, daß mehrere in einer Klage erhobene Ansprüche in getrennten Prozessen verhandelt werden.**
[II] **Das gleiche gilt, wenn der Beklagte eine Widerklage erhoben hat und der Gegenanspruch mit dem in der Klage geltend gemachten Anspruch nicht in rechtlichem Zusammenhang steht.**

III Macht der Beklagte die Aufrechnung einer Gegenforderung geltend, die mit der in der Klage geltend gemachten Forderung nicht in rechtlichem Zusammenhang steht, so kann das Gericht anordnen, daß über die Klage und über die Aufrechnung getrennt verhandelt werde; die Vorschriften des § 302 sind anzuwenden.

Schrifttum: Deppert, Probleme der Prozeßaufrechnung, Diss Ffm 1971; Eujen, Die Aufrechnung im internationalen Verkehr zwischen Deutschland, Frankreich und England usw, 1975; Häsemeyer, Die sog ,,Prozeßaufrechnung" – eine dogmatische Fehlakzentuierung, Festschrift für Weber (1975) 215; Kion, Eventualverhältnisse im Zivilprozeß, 1971; Rothweiler, Die Eventualaufrechnung und ihre prozessuale Behandlung, Diss Ffm 1972; Schwab, Bemerkungen zur Prozeßaufrechnung, Festschrift für Nipperdey (1965) I 939; Seelig, Die prozessuale Behandlung materiellrechtlicher Einreden – heute und einst, 1980 (Bespr Damrau ZZP **95**, 371, Heidland KTS **81**, 466, Schneider MDR **81**, 525).

1) Allgemeines. Die Prozeßtrennung ist eine Maßnahme der Prozeßleitung, Üb 2 vor § 128. Sie ist eine Spaltung eines Prozesses in mehrere selbständige andere Prozesse. Ihr Zweck ist entweder die Erzielung einer größeren Übersichtlichkeit oder die Vermeidung einer Verschleppung wegen eines Streits über einzelne Teile des Prozesses. Wenn ein Anspruch zur Entscheidung reif ist, dann muß das Gericht über diesen Anspruch entscheiden. Das Urteil ist ein Vollurteil und enthält gleichzeitig die Aufhebung der bisherigen Verbindung. Das Gericht darf nicht die bisher verbundenen gleichzeitig entscheidungsreif gewordenen Sachen zum Zweck einer Urteilsfällung trennen; derartige Urteile sind als eine einheitliche Entscheidung anzusehen, BGH **LM** § 147 Nr 1. Ein Zwischenurteil kommt nur im Fall des § 303 in Betracht.

2) Anordnung, I. A. Voraussetzungen. Wenn der Kläger mehrere prozessuale Ansprüche erhoben hat, kann das Prozeßgericht die Trennung anordnen. Die Trennungsanordnung ist unzulässig, wenn der Kläger seinen einheitlichen prozessualen Anspruch, § 2 Anm 2 A, lediglich mit mehreren sachlichrechtlichen Gesichtspunkten begründet, BGH **LM** Nr 2 und FamRZ **83**, 156, Brandi-Dohrn **81**, 2454, Schneider MDR **74**, 8. In einem solchen Fall kann § 36 Z 6 anwendbar sein, § 36 Anm 3 E c. Die Voraussetzung einer Trennung ist also dieselbe wie bei § 5. Sie umfaßt die Klägerhäufung, §§ 59, 60, und die Anspruchshäufung, § 260, unabhängig davon, ob die Häufung von Anfang an bestand oder nachträglich entstanden ist. Ein rechtlicher Zusammenhang hindert eine Trennung nicht, macht sie aber meist unzweckmäßig.

Die Trennung erfolgt nur, sofern die Ansprüche rechtshängig geworden sind, also noch nicht im Mahnfahren. Die Trennung ist nur dann zulässig, wenn ein Teilurteil, das eine Trennung überflüssig machen würde, unzulässig ist, Anm 1. Im Fall einer Verweisung nach den §§ 281, 506 erfolgt nach dem Verweisungsantrag keine Trennung. Soweit eine Verweisung nur wegen eines Teils des Klaganspruchs oder soweit sie an verschiedene Gerichte notwendig ist, erfolgt zunächst eine Trennung und anschließend die entsprechende Verweisung, StJ II 2, aM Wiecz A II a 5.

Die Trennungsanordnung geschieht entweder auf Grund eines Antrags oder von Amts wegen. Sie ist in jeder Lage des Verfahrens zulässig, auch in der zweiten Instanz, BGH NJW **79**, 427, nicht aber bei einer Häufung in einer Familiensache und in einer anderen Streitsache, insofern aM BGH NJW **79**, 660. Sie steht grundsätzlich im pflichtgemäßen Ermessen des Gerichts, vgl aber § 610 Anm 2, Schlesw SchlHA **74**, 113. Wenn von zwei Mahnverfahren gegen verschiedene Personen das eine Verfahren nach dem Übergang in das streitige Verfahren an ein LG verwiesen wird, das andere Verfahren dagegen nach einem Einspruch gegen den Vollstreckungsbescheid beim AG verbleibt, erfolgt eine Trennung auch ohne eine besondere Anordnung, KG Rpfleger **70**, 405.

Einer Trennungsanordnung steht nicht die etwaige Folge entgegen, daß in den getrennten Prozessen nun kein Rechtsmittel mehr zulässig ist. Wegen § 640c erfolgt eine Trennung auch dann, wenn der Kläger im Kindschaftsprozeß einen bezifferten Unterhalt geltend macht, und zwar selbst nach einer Erledigung der Kindschaftssache, zB infolge eines Anerkenntnisses, BGH NJW **74**, 751.

II und III sind im Urkundenprozeß und Wechselprozeß unanwendbar, §§ 595, 598.

B. Trennungsbeschluß. Die Trennungsanordnung erfolgt durch einen Beschluß. Er bedarf als ein Ausfluß der Prozeßleitung, Anm 1, keiner mündlichen Verhandlung, § 128 Anm 2 B. Die Trennung kann sogar stillschweigend geschehen. Der Beschluß ist grundsätzlich zu begründen, § 329 Anm 1 A b. Er wird den Parteien verkündet oder formlos mitgeteilt. Er ist nur zusammen mit dem Endurteil anfechtbar, Sedemund-Treiber DRiZ **76**, 331, StJ II 3, offen Düss FamRZ **78**, 808.

1. Titel. Mündliche Verhandlung § 145 2–4

C. Wirkung. Mit dem Wirksamwerden des Trennungsbeschlusses werden die nunmehr getrennten Prozeßteile zu selbständigen Prozessen mit einem eigenen Streitwert. Das Gericht muß über jeden der neuen Prozesse getrennt verhandeln und entscheiden. Die vor der Trennung liegenden Prozeßvorgänge, zB ein Geständnis, bleiben in allen neuen Prozessen wirksam. Die Rechtsmittelsumme muß für jeden neuen Prozeß getrennt bestimmt werden. Daher kann eine Trennung zur Unanfechtbarkeit führen. Die Gerichts- und Anwaltskosten müssen nach den neuen Streitwerten gesondert berechnet werden, soweit sie nach der Trennung verdient werden. Für die Verfahrensgebühren, die vor und nach der Trennung verdient werden, sind die höheren Gebühren zu zahlen, also in der Regel diejenigen, die nach der Trennung verdient wurden.

3) Widerklage, II. Wenn eine Widerklage mit dem Klaganspruch in keinem rechtlichen Zusammenhang steht, § 33 Anm 2 A a, dann kann das Gericht die Klage und die Widerklage trennen. Das kann zB dann erforderlich sein, wenn die Klage einen familienrechtlichen Anspruch betrifft, die Widerklage aber einen andersartigen, Düss FamRZ **82**, 513. II ist im Fall des § 506 I unanwendbar, Nieder MDR **79**, 12 mwN. Im Fall einer Zwischenwiderklage nach § 256 II besteht der Zusammenhang stets. Eine Abtrennung der Eventualwiderklage ist unzulässig. Da die Widerklage nach der Trennung als eine selbständige Klage zu behandeln ist, drehen sich für sie die Parteirollen um. Das Verfahren und die Wirkung sind dieselben wie nach I, Anm 2.

4) Aufrechnung, III. A. Zulässigkeit. Die Aufrechnung ist eine empfangsbedürftige Willenserklärung. Der Bekl kann sie vor dem Prozeß oder während des Prozesses erklären.

B. Vor dem Prozeß. Wenn der Bekl die Aufrechnung vor Beginn des Prozesses erklärt hat, dann sind der Klaganspruch und der zur Aufrechnung gestellte Gegenanspruch mit einer Rückwirkung auf den Zeitpunkt des Eintritts der Aufrechenbarkeit erloschen, § 389 BGB. Folglich muß das Gericht eine trotzdem erhobene Klage als von Anfang an sachlich unbegründet abweisen. Insofern gilt dasselbe wie dann, wenn der Bekl die Klagforderung in Wahrheit bereits vor dem Prozeß bezahlt hätte.

C. Im Prozeß. Wenn der Bekl die Aufrechnung während des Prozesses erklärt, dazu Braun ZZP **89**, 93 (auch der Kläger kann unter Umständen „gegen" aufrechnen), Häsemeyer Festschrift für Weber (1975) 215, dann muß man zwischen der sachlichrechtlichen Aufrechnung und der prozessualen Erklärung dieser Prozeßhandlung unterscheiden. Beide fallen oft zusammen, zB dann, wenn der ProzBev die Aufrechnung in der mündlichen Verhandlung erklärt. Die Partei kann eine sachlichrechtliche Aufrechnung aber auch selbst während des Prozesses, jedoch außerhalb des Verfahrens erklärt haben. Diese Erklärung ist sachlichrechtlich wirksam, wird aber erst durch eine entsprechende Erklärung innerhalb des Verfahrens prozessual wirksam. Man kann das auch so ausdrücken: Die Aufrechnung ist ein privatrechtliches Rechtsgeschäft; ihre Geltendmachung im Prozeß ist eine Prozeßhandlung. So auch Schwab Festschrift für Nipperdey 952.

Wer dazu berechtigt ist, die Aufrechnung im Prozeß geltend zu machen, dem kann doch ein sachliches Aufrechnungsrecht fehlen. Das gilt etwa für den Streithelfer. Die Prozeßhandlung und die sachlichrechtliche Erklärung der Aufrechnung unterliegen eine jede ihrem eigenen Recht. Soweit die sachlichrechtliche Aufrechnungsmöglichkeit fehlt, ist eine im Prozeß erklärte Aufrechnungserklärung wirkungslos, § 67 Anm 3 B. Soweit die Aufrechnung sachlichrechtlich wirksam erfolgt, kann die Partei doch gehindert sein, diese Aufrechnung im Verfahren prozessual geltend zu machen. Ein solches Verbot mag sich aus zwingenden prozessualen Vorschriften oder aus einer prozessualen Vereinbarung ergeben, BGH LM § 38 Nr 18 und NJW **79**, 2478 mwN. Andernfalls muß das Gericht auf Grund eines Antrags des Klägers die Hauptsache für erledigt erklären. Soweit der Kläger diesen Antrag allerdings nicht stellt, muß das Gericht die Klage durch ein Sachurteil als unbegründet abweisen.

Eine sachlichrechtliche Aufrechnung wird mit ihrer Erklärung endgültig. Die prozessuale Aufrechnung wird erst durch den Vortrag in der mündlichen Verhandlung wirksam und ist rücknehmbar. Das Gericht muß prüfen, ob der Klaganspruch bis zur Aufrechnung bestand. Denn sein Bestand ist eine der Voraussetzungen einer jeden wirksamen Aufrechnung, § 300 Anm 3 E. Soweit das Gericht das Bestehen der Klageforderung bejaht, stellt es fest, daß die Gegenforderung nicht besteht. In diesem Fall ist § 322 II anwendbar.

D. Hilfsaufrechnung. Die Hilfsaufrechnung (Eventualaufrechnung) ist eine Erklärung der Aufrechnung lediglich für den Fall, daß die Erstverteidigung versagt. Die Hilfsaufrechnung ist keine bedingte Aufrechnung. Denn sie hängt nicht von einem zukünftigen, ungewissen Ereignis ab, sondern vom Bestehen der Klagforderung, also von einer gewissen, gegenwärtigen Sache.

Deshalb bietet die Hilfsaufrechnung auch nichts besonderes. Eine Aufrechnung neben anderen Verteidigungsmitteln ist immer hilfsweise gemeint. Man würde sonst dem Aufrechnenden einen Widersinn unterschieben. Indessen ist das Gericht im Rahmen seiner Fragepflicht nach § 139 und unter Umständen auch nach § 278 III zumindest im Zweifel auch dann, wenn eine Partei anwaltlich vertreten ist, zu einer eindeutigen Erklärung der Frage verpflichtet, ob die Aufrechnung als eine sog Hauptaufrechnung oder lediglich als eine Hilfsaufrechnung erklärt wird.

Der Unterschied beider Aufrechnungsarten kann beträchtlich sein. Im Fall einer Hauptaufrechnung will der Bekl grundsätzlich den Klaganspruch nicht (mehr) bestreiten, er will lediglich durch die Einführung eines nach seiner Meinung zur Aufrechnung geeigneten Gegenanspruchs eine Verurteilung im Ergebnis vermeiden. Er will freilich für dieses Ergebnis den Preis zahlen, daß er den zur Aufrechnung gestellten Anspruch in demjenigen Umfang, in dem das Gericht diesen Anspruch als zur Aufrechnung geeignet hält, nicht mehr anderweitig gegenüber dem Bekl geltend machen kann. Bei einer Hilfsaufrechnung wendet sich der Bekl demgegenüber grundsätzlich zunächst ebenso gegen den Klaganspruch, als wenn er keinen angeblich zur Aufrechnung geeigneten Gegenanspruch besitzen würde. Er erwartet vom Gericht zunächst die Abweisung der Klage ohne eine Zuhilfenahme des Gegenanspruchs und hofft daher, den letzteren auch nach dem erfolgreichen Abschluß dieses Verfahrens geltend machen zu können. Er möchte also den Gegenanspruch nur für den Fall als verbraucht ansehen, daß seine Verteidigung gegenüber dem Klaganspruch erfolglos bleiben sollte.

E. Aufrechnung und Rechtshängigkeit. Eine Aufrechnung macht den zur Aufrechnung gestellten Anspruch nicht rechtshängig, § 261 Anm 2 C. Das gilt für eine Hauptaufrechnung wie für eine Hilfsaufrechnung. § 322 II hat mit der Rechtshängigkeit nichts zu tun, aM zB RoS § 106 IV 1, Schmidt ZZP **87**, 39. Die Lehre von der „unentwickelten Widerklage", dazu krit zB Schreiber ZZP **90**, 399 mwN, übersieht, daß etwas Unentwickeltes nicht wie das Entwickelte wirkt. Das ist entgegen Schmidt ZZP **87**, 34 durchaus dogmatisch argumentiert. Während das sachliche Recht die Aufrechnung ohne eine Einrede vor sich gehen läßt, gibt eine vollzogene Aufrechnung im Prozeß die Möglichkeit einer Rüge.

Deshalb darf der Bekl die Aufrechnung stets fallen lassen. Denn das Gegenteil wäre unerträglich, Braun ZZP **89**, 98 mwN. Blomeyer ZZP **88**, 439 mwN will im Fall einer Zurückweisung nach den §§ 296, 530 II das sachliche Recht dahin ergänzen, daß die Aufrechnung unwirksam sei, wenn sie in einem Zeitpunkt erklärt werde, in dem man sie prozessual nicht mehr wirksam vorbringen könne, § 767 Anm 4 B b; vgl auch StJ VI 2a und c. Habscheid ZZP **76**, 378 will in einem solchen Fall mit den Grundsätzen zur ungerechtfertigten Bereicherung helfen.

Die Rüge der Aufrechnung hat zwar grundsätzlich mit der Zuständigkeit oder mit der Zulässigkeit des Rechtswegs für den Klaganspruch nichts zu tun. Die Frage, ob das Gericht indessen über denjenigen Anspruch entscheiden darf, der der Aufrechnung zugrunde gelegt wird, ist davon abhängig, ob zwingendes Prozeßrecht oder eine prozessuale Vereinbarung eine solche Entscheidung verbieten, BGH **LM** § 38 Nr 18 und NJW **79**, 2478, Schreiber ZZP **90**, 417 je mwN. Das Gericht muß das Fehlen der Gerichtsbarkeit beachten, BGH **60**, 88 und **LM** § 38 Nr 18. Es muß auch das Fehlen des ordentlichen Rechtswegs bei einer öffentlichrechtlichen Gegenforderung beachten, soweit sie streitig ist, BGH **60**, 88 und **LM** § 38 Nr 18, vgl auch für den umgekehrten Fall BSG NJW **63**, 1844, OVG Hbg MDR **51**, 314. Etwas anderes gilt dann, wenn der Bestand der öffentlichrechtlichen Gegenforderung feststeht, BGH **21**, 29.

Das Gericht muß ferner beachten, ob die Aufrechnung mit einem Anspruch erklärt wird, der dem Schiedsverfahren unterworfen worden ist, BGH **60**, 89 und **LM** § 38 Nr 18, § 1025 Anm 3 C, krit Schreiber ZZP **90**, 413 mwN. Eine Vereinbarung der alleinigen Zuständigkeit eines ausländischen Gerichts kann auch die Wirksamkeit einer Aufrechnung verhindern, BGH **LM** § 38 Nr 18 und NJW **79**, 2478 mwN; Geimer NJW **73**, 951 stellt auf die Grenzen der internationalen Zuständigkeit der BRD ab; vgl auch Walchshöfer ZZP **86**, 333.

Demgegenüber ist es für die Wirksamkeit der zur Aufrechnung gestellten Forderung unerheblich, ob ein Arbeitsgericht oder ein Landwirtschaftsgericht zur Entscheidung über diese Forderung zuständig wären, BGH zB **60**, 88 und **LM** § 38 Nr 18. Vgl ferner § 322 Anm 3.

Eine wirksame Aufrechnung im Prozeß unterbricht die Verjährung nach § 209 Z 3 BGB, vgl aber auch § 215 II BGB.

F. Rechtlicher Zusammenhang. Wenn zwischen dem Klaganspruch und der zur Aufrechnung gestellten Forderung ein rechtlicher Zusammenhang fehlt, darf das Gericht, solange nicht der ganze Prozeß entscheidungsreif ist, nach seinem zwar pflichtgemäßen, aber nicht nachprüfbaren Ermessen eine Trennung des Klaganspruchs und des zur Aufrechnung gestellten Anspruchs anordnen. Es kommt in diesem Zusammenhang nicht darauf an, ob der Bekl die Aufrechnung vor dem Prozeß oder im Prozeß erklärt hat und in welcher Instanz der Streit anhängig ist. Soweit das Gericht die Trennung anordnet, bleibt der Prozeß eine Einheit. Er zerfällt lediglich in zwei Teile mit jeweils selbständigen Verhandlungen.

Soweit der Klaganspruch nach dieser Trennung entscheidungsreif wird, erläßt das Gericht entweder ein Vorbehaltsurteil nach § 302 oder weist die Klage ab. Eine Klagabweisung erledigt beide Prozeßteile. Denn die Aufrechnung ist ja im Weg einer bloßen Einrede erfolgt. Soweit die zur Aufrechnung gestellte Forderung zuerst entscheidungsreif wird, darf das Gericht kein Zwischenurteil erlassen, § 303. In diesem Fall kann es lediglich eine Aufhebung der Trennung anordnen.

Das Gericht darf über die beiden Prozeßteile nicht in verschiedenen Verhandlungsterminen entscheiden. Es darf aber natürlich auf Grund der Verhandlung über die zur Aufrechnung gestellte Forderung kein Versäumnisurteil erlassen, ähnlich Blomeyer § 60 I, aM StJ VI 5 (er hält gesonderte Termine für unstatthaft).

Soweit die zur Aufrechnung gestellte Forderung auch im Weg einer Widerklage geltend gemacht wird, also in Höhe desjenigen Betrags, der den Klaganspruch übersteigt, ist eine Trennung des Klaganspruchs und des zur Aufrechnung gestellten Anspruchs unzweckmäßig. Wenn der Kläger nur einen Teilbetrag seines Anspruchs eingeklagt hat, darf das Gericht den Schuldner nicht wegen seiner Aufrechnung auf den anderen, nicht eingeklagten Teil des Klaganspruchs verweisen, BGH **LM** Nr 1.

G. Gegenaufrechnung. Eine Aufrechnung des Klägers gegenüber der vom Bekl zur Aufrechnung gestellten Forderung ist unbeachtlich. Denn beim Fehlen der (ursprünglichen) Klageforderung kommt es schon auf die Aufrechnung des Bekl nicht an; beim Erfolg seiner Aufrechnung erlischt in Höhe der Klageforderung die Aufrechnungsforderung des Bekl, ThP II 8, aM Braun ZZP **89**, 100.

5) Aufrechnungsähnliche Einreden. Ähnlich wirkende Einreden stehen der Aufrechnung nicht gleich. Das gilt auch für ein Zurückbehaltungsrecht. Sofern dieses Recht aber ganz wie eine Aufrechnung wirkt, nämlich dann, wenn sich zwei fällige Geldforderungen gegenüberstehen, sollte man das Zurückbehaltungsrecht wie eine Aufrechnung behandeln, aM StJ VI 1 (er beruft sich auf den „klaren Wortlaut des Gesetzes"). Aber das Gesetz sagt über diese Frage gar nichts). Eine Aufrechnung gegenüber einer Aufrechnung ist unstatthaft.

6) VwGO: Statt *I* gilt § 93 *VwGO*. *II u III* sind entsprechend anwendbar, § 173 *VwGO*, weil § 93 für diese Fälle keine Regelung trifft, Ule VPrR § 46 III 1, aM für II EF § 93 Rdz 10, RedOe § 93 Anm 3.

146 Beschränkung auf einzelne Angriffs- und Verteidigungsmittel.

Das Gericht kann anordnen, daß bei mehreren auf denselben Anspruch sich beziehenden selbständigen Angriffs- oder Verteidigungsmitteln (Klagegründen, Einreden, Repliken usw.) die Verhandlung zunächst auf eines oder einige dieser Angriffs- oder Verteidigungsmittel zu beschränken sei.

1) Allgemeines. § 146 bezweckt lediglich die Erzielung einer besseren Übersichtlichkeit der Verhandlung. Die Vorschrift ist überflüssig. Denn bereits § 136 erlaubt dem Vorsitzenden dieselben Anordnungen, wie sie nach § 146 zulässig sind.

2) Beschränkung der Verhandlung. A. Allgemeines. Das Gericht kann nach seinem pflichtgemäßen Ermessen anordnen, daß sich die mündliche Verhandlung zunächst auf eines von mehreren Angriffs- oder Verteidigungsmittel, Begriff Einl III 7 B, zu beschränken habe, wenn folgende Voraussetzungen vorliegen:

a) Selbständigkeit. Das fragliche Angriffs- oder Verteidigungsmittel muß selbständig sein. Es muß also bereits aus sich heraus rechtsbegründend oder rechtsvernichtend oder rechtshindernd oder rechtserhaltend wirken, BGH **LM** § 41 p PatG aF Nr 26. Es ist unerheblich, ob eine dieser Wirkungen auf einem sachlichen Recht oder auf dem Prozeßrecht beruht oder ob ein bereits erlassenes Urteil auf Grund eines Rechtsmittels aufgehoben werden muß, BGH **LM** § 41 p PatG aF Nr 25.

Beispiele für selbständige Angriffs- oder Verteidigungsmittel: Ein selbständiger Klagegrund; eine Zulässigkeitsrüge; einzelne Posten einer rechnerischen Aufstellung; die Prozeßvoraussetzungen; ein Revisionsgrund; eine Aufrechnung (aber in einem solchen Fall ist es zweckmäßiger, eine Trennung nach § 145 vorzunehmen); ein unzulässiges Teilurteil.

Beispiele des Fehlens der Selbständigkeit: Ein bloßes Bestreiten; eine einzelne Tatsache; ein Beweisantrag; ein Beweisanzeichen, BGH MDR **74**, 382; ein Beweismittel; eine Rechtsfrage.

b) Zugehörigkeit zu demselben Anspruch. Das Angriffs- oder Verteidigungsmittel muß sich auf denselben Anspruch beziehen. Es genügt, daß einem Angriffsmittel ein Verteidigungsmittel gegenübersteht.

§ 146 ist allerdings auch bei einer Mehrheit von Ansprüchen anwendbar, auch bei einem Haupt- und Hilfsanspruch.

B. Verfahren. Das Gericht entscheidet durch einen Beschluß. Er ist grundsätzlich zu begründen, § 329 Anm 1 A b. Er wird verkündet oder den Parteien formlos mitgeteilt. Er ist nur zusammen mit dem Endurteil anfechtbar. Seine Wirkung ist rein tatsächlich. Er schneidet keine Einrede ab. Er wirkt nicht über das Ende der Instanz hinaus. Das Gericht darf über die einzelnen Rechtsbehelfe keine getrennten Verhandlungen anordnen. Soweit der Prozeß entscheidungsreif ist, muß das Gericht trotz einer Trennung ein Endurteil erlassen. Die Entscheidung über die einzelnen Rechtsbehelfe erfolgt nur im Endurteil. Es ist also kein Zwischenurteil nach § 303 zulässig.

3) *VwGO:* Entsprechend anwendbar, § 173 VwGO, zB für die Verhandlung über Prozeßvoraussetzungen, Anm 2 A a, und bei mehreren Ansprüchen, Anm 2 A b. Entscheidung durch Beschluß, OVG Münster JZ **61**, 393, der unanfechtbar ist, § 146 II VwGO.

147 *Prozeßverbindung.* **Das Gericht kann die Verbindung mehrerer bei ihm anhängiger Prozesse derselben oder verschiedener Parteien zum Zwecke der gleichzeitigen Verhandlung und Entscheidung anordnen, wenn die Ansprüche, die den Gegenstand dieser Prozesse bilden, in rechtlichem Zusammenhang stehen oder in einer Klage hätten geltend gemacht werden können.**

1) Zulässigkeit. A. Allgemeines. Prozeßverbindung ist die vom Gericht nach seinem pflichtgemäßen Ermessen, ähnlich BAG BB **73**, 754, BPatG GRUR **81**, 348 (dieses Gericht spricht von ,,freiem" Ermessen), durch die Verbindung mehrerer Prozesse herbeigeführte Klägerhäufung (Streitgenossenschaft) oder Anspruchshäufung. Geschickt gehandhabt, erspart eine Prozeßverbindung Arbeit und Kosten. Sie sollte nicht unter dem Bestreben leiden, ,,Nummern zu machen". Sie ist namentlich dann angebracht, wenn der Kläger einen Anspruch in mehrere Prozesse zerlegt hat. Wegen der Heranziehung eines Dritten im Weg der Widerklage § 253 Anh Anm 1 A.

Die Prozeßverbindung kann allerdings auch zu außerordentlichen Komplikationen führen. Es kann sich zB ergeben, daß einer der verbundenen Prozesse wesentlich kompliziertere rechtliche oder tatsächliche Probleme enthält als der andere, so daß die Entscheidungsreife der verschiedenen Ansprüche unterschiedlich rasch eintritt. Es können sich erhebliche Kostenprobleme ergeben. Deshalb kann es ebenso ratsam sein, statt einer Verbindung beide Prozesse rechtlich selbständig zu lassen und lediglich dafür zu sorgen, daß alle Termine in beiden Prozessen am selben Tag und zur selben Stunde stattfinden. Man kann dann praktisch wie bei verbundenen Verfahren verhandeln und entscheiden, ohne daß nachteilige Wirkungen einer Prozeßverbindung eintreten können. In einem solchen Fall ist allerdings darauf zu achten, daß alle Prozeßbeteiligten jeweils Klarheit darüber haben, welches der beiden Verfahren jeweils erörtert wird. Auch die Protokolle müssen in einem solchen Fall mit entsprechender Sorgfalt geführt werden.

Im Fall der Zusammenführung oder Wiedervereinigung getrennter Patentanmeldungen ist § 147 nur bedingt entsprechend anwendbar, BPatG GRUR **81**, 348.

B. Voraussetzungen. Eine Prozeßverbindung ist unter folgenden Voraussetzungen zulässig:

a) Anhängigkeit mehrerer Prozesse. Es müssen mehrere bisher rechtlich selbständige Prozesse anhängig sein. Eine Verbindung mehrerer Kostenfestsetzungsverfahren aus getrennt geführten Prozessen ist unzulässig, Hamm Rpfleger **80**, 349.

1. Titel. Mündliche Verhandlung § 147 1, 2

b) Nämlichkeit des Gerichts. Die bisherigen Prozesse müssen bei demselben Gericht anhängig sein, BPatG GRUR **81**, 347. Sie können bei verschiedenen Abteilungen, Kammern oder Senaten anhängig sein. Eine Anhängigkeit des einen Prozesses bei der Zivilkammer, des anderen bei der Kammer für Handelssachen kann nicht zur Verbindung führen, vgl §§ 103 ff GVG.

c) Nämlichkeit der Instanz. Die zu verbindenden Prozesse müssen in derselben Instanz anhängig sein, BPatG GRUR **81**, 347. Es kann sich auch um eine höhere Instanz handeln, BAG BB **73**, 754.

d) Nämlichkeit der Prozeßart. Alle zu verbindenden Prozesse müssen in derselben Prozeßart anhängig sein, BGH NJW **78**, 44.

e) Rechtlicher Zusammenhang. Zwischen den Klagansprüchen der verschiedenen Prozesse muß ein rechtlicher Zusammenhang bestehen, vgl § 33 Anm 2, oder es müssen die Voraussetzungen der §§ 59, 60, 260 erfüllt sein. Eine Gleichartigkeit der Ansprüche genügt.

Es ist nicht erforderlich, daß der Kläger des einen Prozesses auch im anderen Prozeß Kläger ist. Dasselbe gilt für die Rolle des Bekl. Da aber in demselben Prozeß dieselbe Person nicht zugleich Kläger und Bekl sein kann, muß notfalls der Kläger des einen Prozesses auch zum Widerbekl, der Bekl dieses Prozesses auch zum Widerkläger werden.

Eine Verbindung nur zum Zweck einer Beweisaufnahme ist an sich unzulässig. Das Gericht kann die Prozesse aber vor der Beweisaufnahme verbinden und sie nach ihr wieder trennen. In einer Ehesache ist § 610 zu beachten. Zwischen einer Einzelklage und einer Verbandsklage nach dem AGBG ist keine Verbindung zulässig, Sieg VersR **77**, 494. Wegen einer Massenklage Stürner JZ **78**, 500.

Die Zustimmung einer Partei oder gar aller Beteiligten ist nicht erforderlich, BPatG GRUR **81**, 348, Wiecz B III.

2) Folgen. A. Entscheidung. Das Gericht entscheidet über die Prozeßverbindung durch einen Beschluß, BPatG GRUR **81**, 348. Er ist eine prozeßleitende Maßnahme und erfordert daher keine mündliche Verhandlung, § 128 Anm 2 B, aM BGH **LM** Nr 1. Er ist sogar stillschweigend zulässig, vgl § 145 Anm 2 B. In der einheitlichen Bewilligung einer Prozeßkostenhilfe für mehrere bisher selbständige Prozesse kann nur ausnahmsweise eine stillschweigende Prozeßverbindung gesehen werden, Schneider MDR **74**, 8. Wenn sich ein Gericht in mehreren bisher getrennten Prozessen über rechtlich zusammenhängende Ansprüche für unzuständig erklärt, handelt es sich meist nicht um eine Verbindung, BGH NJW **80**, 192 mwN.

Eine Verbindung ist nur ausnahmsweise notwendig, zB nach den §§ 517 ZPO, 249 II AktG, 51 III 5, 112 I 3 GenG. Eine Verbindung kann ausnahmsweise verboten sein, zB nach Art 50 § 5 CIM und CIV.

Im übrigen setzt eine Verbindung zwar die Anhängigkeit, nicht aber die Rechtshängigkeit der bisherigen Ansprüche voraus. Das Gericht muß seine Entscheidung trotz ihrer Unanfechtbarkeit grundsätzlich begründen, § 329 Anm 1 A b. Die Entscheidung wird verkündet oder den Parteien formlos mitgeteilt. Das Gericht kann seine Entscheidung jederzeit abändern, § 150.

B. Wirkung. Die bisher selbständigen Prozesse sind von der Wirksamkeit des Verbindungsbeschlusses an für die Zukunft miteinander verbunden. Mehrere Parteien in derselben prozessualen Stellung werden zu Streitgenossen, Köln VersR **73**, 285. Das Gericht muß über die verbundenen Ansprüche gleichzeitig und einheitlich verhandeln und entscheiden. Das gilt auch dann, wenn das Gericht die Verbindung unzulässig nur zum Zweck der Verhandlung oder nur zum Zweck der Verhandlung und der Beweisaufnahme angeordnet hat, Köln VersR **73**, 285. Es ist allerdings denkbar, daß das Gericht in einem solchen Fall keine eigentliche Verbindung gemeint hat. Das Revisionsgericht darf diese Frage nachprüfen, BGH **LM** Nr 1. Soweit das Gericht trotzdem getrennt entschieden hat, liegt für die Frage der Statthaftigkeit eines Rechtsmittels ein einheitlicher Spruch vor, BGH **LM** Nr 1, Schneider MDR **74**, 8.

Das Gericht darf im Anschluß an den Verbindungsbeschluß nur dann sofort verhandeln, wenn der Termin für alle nunmehr miteinander verbundenen Prozesse bestimmt worden war. Eine Beschwerdesumme ist nach dem Gesamtwert der verbundenen Ansprüche zu berechnen, abw Schneider MDR **73**, 979.

Für die Gebührenberechnung sind diejenigen Handlungen, die nach der Verbindung vorgenommen wurden, nach dem neuen, durch eine Zusammenrechnung gefundenen Streitwert zu berechnen, soweit sie nicht denselben Streitgegenstand betreffen, § 19 I GKG.

Eine bereits vor der Verbindung entstandene Gebühr bleibt bestehen, Bbg JB **76**, 775, Mü NJW **57**, 67 mwN. Bei der Streitgenossenschaft vgl auch § 6 BRAGO.

Eine Prozeßverbindung läßt die sachliche Zuständigkeit unberührt. Etwas anderes gilt nur dann, wenn der Kläger die Zuständigkeit des AG erschlichen hatte, § 2 Anm 3.

3) VwGO: Eigene Regelung in § 93.

Einführung vor §§ 148–155
Aussetzung

Schrifttum: Claßen, Die ausschließliche Zuständigkeit der Kartellgerichte in bürgerlichen Rechtsstreitigkeiten gemäß § 87 GWB und der Aussetzungszwang nach § 96 Abs 2 GWB, Diss Münster 1964.

1) Geltungsbereich, A. Allgemeines. Die Aussetzung ist ein Stillstand des Verfahrens auf Grund einer gerichtlichen Anordnung. Die Aussetzung ist nur in den gesetzlich vorgesehenen Fällen zulässig, also nicht schon deswegen, weil sie auf Grund einer gesetzlichen Vorschrift, die eine Aussetzung nicht eindeutig erlaubt, zweckmäßig oder sogar eigentlich notwendig wäre, etwa im Fall des § 2 III 2 Hs 2 MHG idF v 20. 12. 82, BGBl 1912, vgl § 148 Anm 1 B a und AG Lübeck WM **83**, 52, Barthelmess WM **83**, 66, Sternel ZMR **83**, 79.

Das Gericht hat also in der Zulässigkeitsfrage nicht etwa einen Ermessensspielraum, vgl Brschw FamRZ **77**, 132, Hamm NJW **76**, 2352, KG FamRZ **77**, 51, Köln MDR **76**, 1026, Mü NJW **76**, 1850, Schlesw SchlHA **76**, 196, Dütz BB **78**, 214, Lüke NJW **76**, 1826, aM LG Mü NJW **76**, 1637, krit auch Graf v Westphalen FamRZ **76**, 525; vgl aber auch § 148 Anm 1 A.

Ein Nichtaussetzungsbeschluß wegen der Neuregelung des Rechts der Ehescheidung ist nicht mit der Verfassungsbeschwerde anfechtbar, BVerfG FamRZ **77**, 34.

Die §§ 148–155 enthalten nur einige der gesetzlich zulässigen Aussetzungsfälle. Andere Fälle befinden sich zB in: §§ 65, 251 (Ruhen des Verfahrens), §§ 246, 247, 578, 614, 681, 953, ferner in vielen anderen Gesetzen. So kommt zB eine Aussetzung wegen der Zuständigkeit des BVerfG in Betracht, BVerfG **34**, 320, vgl aber auch Köln MDR **77**, 938, oder wegen der Zuständigkeit eines Verfassungsgerichts eines Landes, vgl § 1 GVG Anm 3 C b. Ferner kommt eine Aussetzung wegen der Zuständigkeit eines Kartellgerichts in Betracht, § 96 II GWB, dazu Claßen (s vor Anm 1), Schmidt NJW **77**, 10 (krit Keilholz NJW **77**, 1330), freilich nicht mehr nach einer Erledigung des Verfahrens, Köln MDR **76**, 1025, und in anderen Fällen.

Die Aussetzung des Verfahrens ist teils notwendig, teils dem Gericht freigestellt. Soweit sie notwendig ist, muß das Gericht das Verfahren aussetzen, sobald die Voraussetzungen einer Aussetzung vorliegen können. Eine Aussetzung ist auch nach Art 41 Montanvertrag notwendig, wenn die Gültigkeit eines Beschlusses der Hohen Behörde oder des Rats in Frage gestellt wird. Eine Aussetzung ist ferner nach Art 177 III EWGVertrag notwendig, dazu zB Ffm NJW **83**, 394 (keine MWSt auf Verzugszinsen), Lutter ZZP **86**, 107, ferner nach Art 150 I Euratomvertrag, wenn über die Auslegung dieser Verträge, über die Gültigkeit und über die Auslegung einer Handlung eines Organs der Gemeinschaft oder über die Auslegung der Satzung der durch den Rat geschaffenen Einrichtung gestritten wird, soweit diese Satzung eine Aussetzung vorsieht. Im Fall des Art 41 Montanvertrag ist das staatliche Gericht stets zur Vorlage verpflichtet. In den beiden anderen Fällen ist nur dasjenige staatliche Gericht zur Vorlage verpflichtet, dessen Entscheidung nicht mehr mit einem Rechtsmittel angefochten werden kann, also zB ein LG als Berufungsgericht, ein OLG in einer nichtrevisionsfähigen Sache.

Das zur Vorlage verpflichtete Gericht muß das Verfahren also aussetzen, um seiner Vorlagepflicht nachzukommen. Dabei muß es berücksichtigen, daß es den EuGH auch dann anrufen muß, wenn es sich bei der Streitfrage nur um eine Vorfrage handelt.

In einem Verfahren auf den Erlaß eines Arrests oder einer einstweiligen Verfügung ist eine Aussetzung grundsätzlich unzulässig, Grdz 3 B vor § 916. Soweit es sich nicht um eine letztinstanzliche Entscheidung handelt, kann es notwendig sein, wegen einer der oben genannten Fragen die Entscheidung des EuGH einzuholen, EWGVertrag Art 177 II (vgl allerdings auch Karlsr GRUR **81**, 761), Euratomvertrag Art 150 II. Vgl zu diesen Fragen Basse, Das Verhältnis zwischen der Gerichtsbarkeit des Gerichtshofes der Europäischen Gemeinschaften und der deutschen Zivilgerichtsbarkeit, 1966; Constantinesco AWD **67**, 12,

Knopp JZ **61**, 305, Schumann ZZP **78**, 77; Ullrich, Das Recht der Wettbewerbsbeschränkungen des Gemeinsamen Marktes und die einzelstaatliche Zivilgerichtsbarkeit, 1971.

B. Unerheblichkeit der Bezeichnung. Es kommt nicht darauf an, wie das Gericht seine Anordnung nennt. Auch eine Vertagung ist eine Aussetzung, wenn die Vertagung in ihrer Wirkung einer Aussetzung gleichkommt, wenn das Gericht zB auf unbestimmte Zeit vertagt oder wenn es auf die Dauer eines Jahres vertagt, es sei denn, daß für eine so lange Frist schon jetzt ein sachlicher Grund erkennbar ist, etwa die monatelange Abwesenheit eines Zeugen. Die Wirkung jeder beliebigen Aussetzung richtet sich nach § 249. Eine Aufnahme des Verfahrens erfolgt nach § 250.

C. Wegfall des Aussetzungsgrundes. Soweit der Grund für die Aussetzung des Verfahrens wegfällt, kann die Partei das Verfahren entsprechend § 246 aufnehmen. Das gilt im Fall des § 248 dann, wenn der andere Prozeß erledigt ist, im Fall des § 149 dann, wenn das Strafverfahren erledigt ist, in den Fällen der §§ 151–154 dann, wenn das betreffende Verfahren erledigt ist, im Fall des § 65 dann, wenn das Gericht über die Einmischung rechtskräftig entschieden hat.

2) Vorgreiflichkeit. §§ 148–155 regeln die Aussetzung wegen einer Vorgreiflichkeit (Präjudizialität) für den Bereich der ZPO abschließend. Daneben bestehen allerdings Sondergesetze, Einf 1 A. Der Zweck dieser Art der Aussetzung des Verfahrens liegt hauptsächlich darin, mehrere widersprüchliche Entscheidungen zu vermeiden, Düss GRUR **79**, 637, LAG Bln JZ **81**, 32, Schmidt NJW **79**, 411. Diese Aussetzung soll aber außerdem verhindern, daß ein weniger gut unterrichtetes Gericht über eine Frage entscheiden muß, die ihm ferner liegt. Die Aussetzung darf in keinem Fall der bloßen Bequemlichkeit des Gerichts dienen. Sie darf also nur aus einem gesetzlich zugelassenen Grund erfolgen. Andernfalls ist eine Aussetzung als eine Anordnung des Ruhens des Verfahrens ohne einen zugehörigen Rechtsgrund anzusehen. In diesem Fall kann das Verfahren jederzeit wieder aufgenommen werden. Sofern das Gericht die Aufnahme ablehnt, ist die Beschwerde zulässig, § 252. Das Gericht darf das Verfahren nicht schon deshalb aussetzen, weil zu der Streitfrage eine bestimmte gesetzliche Regelung demnächst zu erwarten steht. Denn es ist die Sache des Gesetzgebers, Überleitungsvorschriften zu schaffen, Düss NJW **49**, 628. Noch weniger ist eine Aussetzung zulässig, solange eine gesetzliche Neuregelung nur geplant ist. Denn durch eine solche Aussetzung würde praktisch ein Stillstand der Rechtspflege eintreten, Habscheid FamRZ **74**, 670.

In den Fällen einer Anfechtung der Ehelichkeit, einer Feststellung der Vaterschaft oder eine Anfechtung der Anerkennung der Vaterschaft erfolgt eine Aussetzung von Amts wegen bis zu demjenigen Zeitpunkt, in dem das Kind ein solches Alter erreicht, das die Entnahme einer Blutprobe für das Blutgruppengutachten und evtl eine zusätzliche sichere erbbiologische Untersuchung ermöglicht, §§ 640 ff. Gegen eine derartige Entscheidung wirkt § 155. Gegen eine solche Aufhebungsanordnung ist die Beschwerde nach § 252 zulässig. Im Beschwerdeverfahren prüft das Gericht summarisch, ob eine Blutgruppenbegutachtung oder eine erbbiologische Untersuchung überhaupt eine Erfolgsaussicht bieten würde, ähnlich LG Bonn NJW **62**, 1626, nicht aber zB, ob auch noch andere aussichtsreiche Beweismittel zur Verfügung stehen. Das Gericht darf also nicht etwa einen Beweisbeschluß aufheben, sondern nur den Fortgang des Verfahrens anordnen.

Auch während einer Aussetzung ist eine einstweilige Verfügung über die vorläufige Verpflichtung zur Zahlung eines Unterhalts zulässig, § 641 d. Bis zur Rechtskraft einer Entscheidung über die Vaterschaft wird der Prozeß über einen bestimmten (nicht über den Regel-)Unterhalt ausgesetzt, Art 12 § 18 II NEG, Üb 3 vor § 642. Bei einem Verstoß erfolgt keine Zurückverweisung, BGH **LM** NEG Nr 8. Im Vereinfachten Verfahren erfolgt eine Aussetzung bis zur Entscheidung über die Abänderungsklage, § 641 o II, kaum umgekehrt, § 323 Anm 6 C.

3) VwGO: *Die Aussetzung ist besonders geregelt nur in § 94 VwGO (entspricht § 148). Eine entsprechende Anwendung, § 173 VwGO, der §§ 149–155 ist geboten.*

148 *Aussetzung bei Vorgreiflichkeit.* **Das Gericht kann, wenn die Entscheidung des Rechtsstreits ganz oder zum Teil von dem Bestehen oder Nichtbestehen eines Rechtsverhältnisses abhängt, das den Gegenstand eines anderen anhängigen Rechtsstreits bildet oder von einer Verwaltungsbehörde festzustellen ist, anordnen, daß die Verhandlung bis zur Erledigung des anderen Rechtsstreits oder bis zur Entscheidung der Verwaltungsbehörde auszusetzen sei.**

Schrifttum: Baur, Vereinbarungen der Parteien über präjudizielle Rechtsverhältnisse, Festschrift für Bötticher (1969) 1; Bötticher, Die Bindung der Gerichte an Entscheidungen anderer Gerichte, 1960; Herrmann, Die öffentlich-rechtlichen Kompetenzen des Zivilgerichts, Diss Würzb 1964; Mittenzwei, Die Aussetzung des Prozesses zur Klärung von Vorfragen usw, 1971 (Bespr Habscheid FamRZ **74**, 670); Nicklisch, Die Bindung des Gerichts an gestaltende Gerichtsentscheidungen und Verwaltungsakte, 1965; Stephan, Die wechselseitige Bindung an Urteile im Verhältnis von Zivil- und Verwaltungsprozessen, 1967; Ströbele, Die Bindung der ordentlichen Gerichte an Entscheidungen der Patentbehörden, 1975.

1) Vorgreiflichkeit. A. Allgemeines. Voraussetzung einer Aussetzung nach § 148 ist die Vorgreiflichkeit einer fremden Entscheidung. Die Entscheidung in der ausgesetzten Sache muß also mindestens teilweise von dem Bestehen oder dem Nichtbestehen eines Rechtsverhältnisses abhängen, Karlsr GRUR **81**, 761, über das ein anderer Prozeß vor einem Gericht schwebt oder das von einer Verwaltungsbehörde festzustellen ist. In beiden Fällen muß die Feststellung über dasselbe Rechtsverhältnis zu treffen sein. Die Gültigkeit oder die Ungültigkeit eines Gesetzes stellen kein Rechtsverhältnis dar, vgl BFH NJW **74**, 1480, insofern ebenso Hamm FamRZ **79**, 164 mwN, aM zB Oldb NJW **78**, 2160, Skouris NJW **75**, 714 mwN. Eine bloße Rechtsfrage ist auch dann kein Rechtsverhältnis, wenn sie für die Beteiligten bedeutsam ist, Karlsr GRUR **81**, 761.

Es ist nicht erforderlich, daß die Entscheidung in dem anderen Verfahren für den auszusetzenden Prozeß eine Rechtskraft schafft. Es genügt vielmehr jeder rechtliche Einfluß des anderen Verfahrens auf den auszusetzenden Prozeß. Ein rechtlicher Einfluß reicht auch insofern aus, als er einen bloßen Beweggrund darstellen würde, LG Mainz VersR **79**, 334. Eine Nämlichkeit der Parteien braucht nicht vorzuliegen.

Andererseits berechtigt die Nämlichkeit der Parteien und eine Gleichartigkeit der Ansprüche in beiden Verfahren nicht schon als solche zu einer Aussetzung. Ebensowenig berechtigt eine Nämlichkeit der Ansprüche zur Aussetzung. Denn in diesem Fall muß der später rechtshängig gewordene Prozeß abgewiesen werden, Köln NJW **58**, 106. Dagegen ist § 148 anwendbar, wenn der nämliche Anspruch in einem der Prozesse nur als eine Einrede geltend gemacht wird. Eine Aufrechnung mit einer anderweit rechtshängigen Forderung kann genügen.

Die Abhängigkeit muß sich nach dem Beibringungsgrundsatz, Grdz 3 B vor § 128, aus dem Parteivorbringen ergeben. BAG NJW **80**, 142 wendet den § 148 entsprechend an, wenn feststeht, daß für eine unstreitige Masseforderung nicht mehr genug in der Konkursmasse vorhanden ist. Düss NJW **74**, 2010 wendet wegen § 3 Z 8 PflVG den § 148 entsprechend an, wenn das Gericht die Klage gegenüber dem Versicherer durch ein Teilurteil abgewiesen hat, während die Berufungsinstanz noch nicht über die restliche Klage gegenüber dem Versicherungsnehmer erstinstanzlich entschieden hat.

§ 148 ist ferner entsprechend anwendbar, wenn eine ähnliche Sache beim BVerfG anhängig ist, zB BVerfG **3**, 74, ferner grundsätzlich richtig Düss FamRZ **80**, 73, Ffm NJW **79**, 767 (das OLG hält aber eine gleichzeitige Vorlage beim BVerfG für notwendig), Köln FamRZ **79**, 296 mwN, Oldb FamRZ **80**, 71, Saarbr FamRZ **80**, 282, AG Hagen FamRZ **78**, 517, LAG Bln JZ **81**, 32, offen BGH **74**, 84, abw Celle FamRZ **79**, 295 (das OLG will ein Verfahren nicht aussetzen, soweit die Aussetzung eine unzumutbare Härte bedeuten würde), aM zB BGH **24**, 6 (betr das OWiG), Hamm FamRZ **79**, 164 und 167, KG OLGZ **67**, 204, LAG Hamm MDR **83**, 789.

Art 100 I GG geht dem § 148 vor, vgl BGH NJW **83**, 1313, Mü FamRZ **79**, 1027. Zur Anwendbarkeit des Art 100 I GG im Verfahren auf den Erlaß eines Arrests oder einer einstweiligen Verfügung BVerfG GRUR **83**, 318. Zum Begründungszwang des Vorlagebeschlusses BVerfG **62**, 229. Der Rpfl darf nicht nach dieser Vorschrift vorlegen, BVerfG **55**, 371.

§ 148 ist auch in einem Verfahren der freiwilligen Gerichtsbarkeit entsprechend anwendbar, Düss Rpfleger **75**, 411.

B. Fremde Entscheidung. Die fremde Entscheidung muß zur Aufgabe der einen oder der anderen der nachfolgend genannten Stellen gehören:

a) Gericht. Entweder muß im Zeitpunkt der Aussetzung des vorliegenden Verfahrens ein anderer Rechtsstreit vor einem Gericht schon und noch anhängig sein. Seine bloße Anhängigkeit im Mahnverfahren genügt nicht. Es ist aber unerheblich, ob die Rechtshängigkeit im anderen Verfahren später als im auszusetzenden Verfahren eingetreten ist. Es ist auch unerheblich, ob der andere Prozeß zB vor einem Arbeitsgericht oder vor einem Schiedsgericht, vgl § 1025 Anm 3 C b, oder vor einem kirchlichen Verwaltungsgericht rechtshängig ist, LG Mannh ZMR **78**, 86. Auch ein Entmündigungsverfahren oder ein FGG-Verfahren können ausreichen, Hbg FamRZ **83**, 643.

Es reicht also nicht aus, daß das Rechtsverhältnis im gegenwärtigen Prozeß und vor diesem Gericht zu klären ist, etwa bei § 2 III 2 Hs MHG idF v 20. 12. 82, BGBl 1912, AG Lübeck WM **83**, 52, Barthelmess WM **83**, 66, Sternel ZMR **83**, 79, vgl auch Einf 1 A vor §§ 148–155.

b) Verwaltungsbehörde. Oder es muß das fremde Verfahren vor einer Verwaltungsbehörde schweben. Eine Anhängigkeit ist in diesem Fall nicht notwendig. Für den auszusetzenden Prozeß muß aber der ordentliche Rechtsweg zulässig sein. Andernfalls muß das Prozeßgericht diese Klage durch ein Prozeßurteil als unzulässig abweisen. Als eine Verwaltungsbehörde ist auch ein Richter der freiwilligen Gerichtsbarkeit anzusehen. Denn § 148 stellt das Prozeßgericht anderen zu einer Entscheidung berufenen Stellen gegenüber. Eine Entscheidung des Richters der freiwilligen Gerichtsbarkeit hat aber keine geringere Bedeutung als diejenige einer anderen verwaltenden Stelle, BGH **41**, 310 (es handelt sich dort um eine Entscheidung über die Wirksamkeit einer Bestellung zum Pfleger), Düss NJW **50**, 434 (es handelt sich dort um ein Aufgebot zum Zweck einer Todeserklärung). Allerdings ist für dieses Gebiet keine einheitliche Beantwortung möglich. Es kommt also auf die Art des Verfahrens an, zB darauf, ob es sich um eine echte Streitsache handelt. Andererseits ist eine Aussetzung grundsätzlich nicht das Mittel, um Klagegründe oder Einwendungen zu liefern, Einf 2 vor § 148.

Ein Verwaltungsgericht zählt aber nicht zu b, sondern zu den Gerichten nach a.

In bestimmten Fällen ist eine Aussetzung nach b zwingend vorgeschrieben, etwa dann, wenn zunächst die Entscheidung der Kartellbehörde oder des Kartellsenats nach § 96 GWB abzuwarten ist, Schmidt NJW **77**, 11 (krit Keilholz NJW **77**, 1330), freilich nicht nach der Erledigung, Köln MDR **76**, 1025. Mit Rücksicht auf die Unzulässigkeit des ordentlichen Rechtswegs muß der Zivilrichter den Prozeß wegen § 322 II auch dann aussetzen, wenn der Bestand einer Forderung streitig ist, die im Verwaltungsrechtsweg festgestellt werden muß, und wenn diese Forderung zur Aufrechnung gestellt wird, BGH **16**, 138, vgl § 145 Anm 4 E. In einem solchen Fall ist ein Vorbehaltsurteil zweckmäßig.

C. Bindungswirkung. Das Gericht des auszusetzenden oder ausgesetzten Verfahrens ist an die Entscheidung des anderen Verfahrens nur insoweit gebunden, als die andere Entscheidung für das vorliegende Verfahren eine Rechtskraftwirkung hat. Das Gericht ist auch an eine Entscheidung eines Verwaltungsgerichts im Rahmen dieser Rechtskraftwirkung gebunden, BGH **9**, 331 und **LM** § 322 Nr 12 (es handelt sich dort um die Feststellung der Rechtswidrigkeit eines Verwaltungsakts), vgl aber Schlesw FamRZ **78**, 153.

Allerdings sprechen zahlreiche Gesetze auch unabhängig von einer Rechtskraftwirkung eine Bindungswirkung der Entscheidung des anderen Verfahrens aus, zB § 638 RVO (es handelt sich um Entscheidungen der Sozialgerichte, § 141 SGG). Wenn ein Gesetz bestimmt, daß der Kläger vor der Klagerhebung die Entscheidung einer Verwaltungsbehörde einholen muß, dann ist die Zulässigkeit der Klage von der Entscheidung der Verwaltungsbehörde als einer Prozeßvoraussetzung abhängig. Unter Umständen darf der Prozeß aber auch in einem solchen Fall ausgesetzt werden, vgl StJ IV 3.

D. Zulässigkeit der Aussetzung. Das Gericht darf den Prozeß zB in folgenden Fällen aussetzen: In dem einen Prozeß klagt ein Zessionar, in dem anderen wird die Nichtigkeit der Abtretung behauptet; in dem einen Prozeß fordert der Kläger einen Maklerlohn, im anderen ist streitig, ob der vermittelte Vertrag wirksam zustande gekommen ist; in dem einen Prozeß fordert der Kläger die Unterlassung einer schädigenden Herstellung, im anderen Verfahren ist streitig, ob der Bekl eine amtliche Erlaubnis zur Herstellung hat; während eines Scheidungsverfahrens läuft ein Verfahren über einen Wiedereinbürgerungsantrag der Ehefrau; in dem einen Prozeß soll ein Zeuge aussagen, im anderen Verfahren muß der Beweisführer auf die Erteilung einer Genehmigung zu der Zeugenaussage nach § 376 I klagen, ZöSt § 376 Anm 5, offen Hamm MDR **77**, 849.

Weitere Fälle: In dem einen Verfahren geht es um die Gewährung einer Sozialversicherungsrente, in dem anderen um die Forderung gegen den geschiedenen Ehegatten auf Zahlung des Differenzbetrags zwischen dem angemessenen und dem notwendigen Lebensbedarf, Düss (6. FamS) FamRZ **81**, 53, abw Düss (5. FamS) FamRZ **82**, 822; in dem einen Prozeß geht es um einen übergeleiteten Unterhaltsanspruch, im anderen Verfahren um die Wirksamkeit einer Überleitungsanzeige nach den §§ 90ff BSHG, LG Duisb MDR **83**, 139, LG Hann (8. ZS) FamRZ **77**, 755, Seetzen NJW **78**, 1352, abw LG Hann (11. ZS) MDR **82**, 586 (die Vorgreiflichkeit trete erst ein, wenn das VG die aufschiebende Wirkung des Widerspruchs angeordnet habe), aM Schultz MDR **83**, 101; es geht im einen Verfahren um einen

Unterhaltsprozeß, im anderen um ein Verfahren nach § 1612 II 2 BGB vor dem Vormundschaftsgericht, Hbg FamRZ **83**, 643; es geht um die Anerkennung eines Härtefalls im Sinn von § 91 III 1 BSGH, Nürnb MDR **80**, 1028; ein Sozialplan ist Gegenstand eines Anfechtungsverfahrens nach § 76 V 4 BetrVG, LAG Hamm BB **78**, 1014; bei einem ausländischen Gericht schwebt ein Verfahren mit dem Ziel einer Haftungsbeschränkung nach dem Internationalen Übereinkommen über die Beschränkung der Haftung der Eigentümer von Seeschiffen, Schlesw SchlHA **79**, 953 (anders liegt es bei einem Seerechtlichen Verteilungsverfahren, Rheinschiffahrtsobergericht Köln VersR **80**, 41); in einem Patenterteilungsverfahren will das Gericht die Erledigung einer älteren Anmeldung abwarten, BPatG GRUR **81**, 585.

Über die Aussetzung im Fall einer Kindschaftssache bis zur Möglichkeit der Einholung eines Blutgruppengutachtens oder eines erbbiologischen Gutachtens Einf 2 vor §§ 148–155.

E. Unzulässigkeit einer Aussetzung. Die Aussetzung des Verfahrens ist zB in folgenden Fällen unzulässig: Der Revisionskläger stützt das Rechtsmittel auf eine neue Tatsache, oder die Revision würde nur durch deren Einführung zulässig, BGH ZMR **73**, 269 (etwas anderes gilt im Patentverletzungsstreit wegen eines anhängigen Patentnichtigkeitsverfahrens. Denn das Gericht muß die Tatsache der Patentvernichtung auch noch im Revisionsrechtszug beachten, zB BGH **2**, 261, und zwar auch vor der Entscheidung über die Ablehnung der Annahme der Revision, BGH **81**, 399. Freilich muß die Vernichtung des Patents nicht bloß möglich, sondern wahrscheinlich sein, Düss GRUR **79**, 637 mwN. Wegen einer einstweiligen Verfügung der ersten Instanz in einem derartigen Fall Ffm GRUR **81**, 907 mwN, Lidle GRUR **78**, 95); in dem einen Prozeß ist ein Teilbetrag einer Gesamtforderung rechtshängig, im anderen ein weiterer Teilbetrag. Denn eine Entscheidung in dem anderen Prozeß schafft für den ersten keine Bindungswirkung, Celle MDR **58**, 776, Köln NJW **58**, 106 (etwas anderes gilt nur dann, wenn die Parteien eine Vereinbarung des Inhalts getroffen haben, daß das andere Verfahren als Musterprozeß anzusehen ist); eine Entscheidung im anderen Prozeß würde die Hauptsache des ersten Prozesses vielleicht erledigen, Schmidt NJW **79**, 411; in dem einen Prozeß kommt es nur darauf an, ob in dem anderen Prozeß eine Entscheidung ergangen ist, nicht darauf, welchen Inhalt sie hat, Mü FamRZ **56**, 292; im einen Prozeß handelt es sich um die Auflösungsklage einer Kommanditgesellschaft, im anderen um einen Anschließungsstreit eines Gesellschafters. Denn diese Verfahren können miteinander verbunden werden, da keine Abhängigkeit besteht, Ffm BB **71**, 479.

Weitere Beispiele: Im einen Prozeß soll eine Aussetzung lediglich Zeit zur Beschaffung der Prozeßgrundlagen geben. Vgl allerdings auch Einf 2 vor §§ 148–155. Wegen der bloßen Möglichkeit widersprechender Entscheidungen vgl Köln NJW **58**, 106, Schlesw FamRZ **78**, 153; im einen Prozeß streiten die Parteien über die Gültigkeit eines Testaments, in dem anderen Verfahren handelt es sich um die Erteilung eines Erbscheins, KG OLGZ **75**, 356; in dem einen Prozeß soll die Aufrechnung mit einer Forderung erklärt werden, deren Bestand im anderen Prozeß festgestellt werden soll, Celle MDR **59**, 132 (etwas anderes gilt dann, wenn die Forderung schon besteht); es handelt sich um ein Zwangsvollstreckungsverfahren. Denn ein solches Verfahren bedarf regelmäßig einer schnellen Erledigung und benötigt grundsätzlich keine mündliche Verhandlung. Außerdem handelt es sich hier nicht um die Entscheidung eines Prozesses. Vielmehr ist ein Prozeß schon entschieden worden, aM Hamm NJW **54**, 1123; bei einem Streit um die Gültigkeit eines Gesetzes, vgl BGH NJW **74**, 1480, aM Skouris NJW **75**, 717 mwN.

Weitere Beispiele: In dem einen Prozeß handelt es sich um eine Klage nach § 717 II 1, in dem anderen ist eine Zurückverweisung erfolgt, Düss NJW **74**, 1715; in dem einen Prozeß macht der Kläger eine Unterhaltsforderung geltend, über die ein Strafverfahren anhängig ist, Stgt FamRZ **79**, 40; in dem einen Verfahren geht es um eine Unterhaltsforderung eines noch als ehelich geltenden Kindes, dessen Ehelichkeit noch nicht durch eine Klage in einem anderen Gericht angefochten worden ist, Schlesw SchlHA **79**, 222; es geht in dem einen Verfahren um einen Kündigungsgrund, den die Partei in einem anderen Prozeß bereits mehrfach geltend gemacht hat, LAG Hamm DB **77**, 1276; in dem einen Prozeß verlangt der Kläger die Räumung einer Dienstwohnung, in einem anderen Prozeß streiten sich die Parteien darum, ob der Mieter seine Weiterbeschäftigung an einem entfernteren anderen Ort erreichen kann, LG Mannh ZMR **78**, 86.

Wegen einer Massenklage Stürner JZ **78**, 501. Wegen einer betrieblichen Mitbestimmung Dütz BB **78**, 214. Wegen § 2 III 2 Hs 2 MHG vgl Einf 1 A vor §§ 148–155, § 148 Anm 1 B a und AG Lübeck WM **83**, 51.

2) Aussetzungsanordnung. A. Verfahren. Die Aussetzung steht dem Prozeßgericht zu, soweit es überhaupt zu einer Sachentscheidung berufen ist, also nicht dann, wenn es die Klage durch ein Prozeßurteil als unzulässig abweisen muß, Anm 1 B. Zur Aussetzungsbe-

1. Titel. Mündliche Verhandlung §§ 148, 149

fugnis des Vorsitzenden im arbeitsgerichtlichen Verfahren Lepke BB **82**, 2191. Soweit in einem Anfechtungsprozeß außerhalb des Konkurses, der auf Grund eines vorläufig vollstreckbaren Urteils vom Gläubiger geführt wird, während der Revisionsinstanz das vorläufig vollstreckbare Urteil aufgehoben und diese Sache an die Vorinstanz zurückverwiesen wird, kann das Revisionsgericht das Anfechtungsverfahren aussetzen, BGH NJW **83**, 1331.

Das Prozeßgericht handelt im Rahmen seines pflichtgemäßen Ermessens, Kblz FamRZ **79**, 620 (das OLG meint, eine Aussetzung dürfe daher nicht erfolgen, soweit das Prozeßgericht die fragliche Bestimmung für verfassungsgemäß halte), Düss FamRZ **81**, 53, Schlesw SchlHA **78**, 117, LAG Mainz NJW **78**, 2263 (zustm Rotter NJW **79**, 1319), Waldner NJW **80**, 217, offen BGH **74**, 84, abw Habscheid FamRZ **74**, 670 mwN (er meint, das Gericht müsse den Prozeß aussetzen, soweit die Vorfrage für ihn Rechtskraft erhalten könne).

Sondergesetze können das Ermessen des Gerichts eingrenzen, etwa § 96 II GWB, vgl auch Einf 1 A vor § 148, Ffm FamRZ **78**, 433. Die Notwendigkeit der Entscheidung einer Vorfrage des öffentlichen Rechts zwingt nur dann zu einer Aussetzung, wenn das Bundes- oder Landesrecht dem Gericht eine solche Entscheidung schlechthin entzieht. Eine solche Wirkung ergibt sich nicht einmal dann, wenn das Gericht an die Entscheidung einer Verwaltungsbehörde gebunden ist. Indessen ist auch in einem solchen Fall eine Aussetzung regelmäßig notwendig. Vgl auch § 145 Anm 4 E. Dasselbe gilt dann, wenn der geltend gemachte Gegenanspruch zum öffentlichen Recht gehört, BGH **16**, 124. Eine solche beiläufige Aussetzungsentscheidung des Gerichts erwächst nicht in Rechtskraft.

Das Prozeßgericht muß im Rahmen seines Ermessens die Vorteile und Nachteile einer Aussetzung sorgsam gegeneinander abwägen, LAG Mainz NJW **78**, 2263 (zustm Rotter NJW **79**, 1319), Lepke BB **82**, 2191. Es setzt den Prozeß im allgemeinen nicht aus, wenn man nicht alsbald mit einer Entscheidung in dem anderen Verfahren rechnen kann oder wenn die Partei den anderen Prozeß vorwerfbar verspätet begonnen hatte, BGH **LM** Nr 5, oder wenn das andere Verfahren auf das vorliegende Verfahren nur einen geringen Einfluß haben kann, Schlesw SchlHA **78**, 117.

Im Urkunden- und Wechselprozeß oder in einem Verfahren auf den Erlaß eines Arrests oder einer einstweiligen Verfügung ist eine Aussetzung grundsätzlich unzulässig, Grdz 3 B vor § 916, zB Düss GRUR **83**, 80, Ffm Rpfleger **82**, 302 mwN, Ffm GRUR **81**, 907, vgl auch § 599 Anm 1 B, aM zB LG Aurich MDR **65**, 142. Denn die Aussetzung verträgt sich nicht mit der Eilbedürftigkeit dieser Verfahrensarten. Eine Aussetzung des Hauptprozesses ist keineswegs schon wegen der Anhängigkeit eines zugehörigen vorläufigen Verfahrens zulässig, Grdz 3 B vor § 916.

Eine mündliche Verhandlung ist nicht erforderlich. Denn die Aussetzungsentscheidung stellt eine prozeßleitende Anordnung dar, § 128 Anm 2 B, Mü OLGZ **68**, 432, Lepke BB **82**, 2191 mwN, Stier JZ **60**, 354, Wenzel AuR **69**, 177, aM LG Mönchengladbach MDR **60**, 501. Vgl auch § 248 II. Das Gericht muß die Parteien aber schon wegen Art 103 I GG und wegen der Tragweite der Aussetzung anhören, BPatG GRUR **77**, 679 mwN. Eine Aussetzung kann auf Grund eines Antrags einer oder beider Parteien, aber auch von Amts wegen erfolgen, vgl BGH NJW **79**, 2303.

B. Entscheidung. Das Gericht entscheidet durch einen Beschluß. Er ist grundsätzlich zu begründen, § 329 Anm 1 A b. Er wird verkündet oder den Parteien formlos mitgeteilt. Er kann sich auch auf einen Teil des Klaganspruchs beschränken. Die Wirkung der Aussetzung richtet sich nach § 249. Das Gericht trifft grundsätzlich keine Kostenentscheidung. Denn es liegt kein selbständiges Verfahren vor, Kblz FamRZ **73**, 376.

C. Rechtsbehelfe. Gegen die Aussetzung des Verfahrens ist die Beschwerde nach § 252 zulässig, LG Bochum FamRZ **83**, 166. Das gilt auch dann, wenn das LG als Beschwerdegericht ausgesetzt hat, Bbg BayJMBl **52**, 132. Soweit das Gericht über den Aussetzungsantrag erst im Urteil entschieden hat, ist nur der gegen dieses Urteil zulässige Rechtsbehelf statthaft.

3) **VwGO:** *Eigene Regelung in § 94. Rechtsbehelf: § 252 Anm 2.*

149 *Aussetzung wegen Straftat.* **Das Gericht kann, wenn sich im Laufe eines Rechtsstreits der Verdacht einer Straftat ergibt, deren Ermittlung auf die Entscheidung von Einfluß ist, die Aussetzung der Verhandlung bis zur Erledigung des Strafverfahrens anordnen.**

1) **Allgemeines.** Vgl zunächst Einf vor § 148. Ein Strafurteil bindet den Zivilrichter nicht, § 14 EG ZPO. Trotzdem läßt § 149 eine Aussetzung nach dem pflichtgemäßen

Ermessen des Gerichts zu, Düss NJW **80**, 2534, Ffm VersR **82**, 656 mwN, aM zB Celle NJW **69**, 280, LG Bonn JZ **57**, 281 (bei demselben Sachverhalt in beiden Verfahren). Denn das Strafverfahren klärt die streitigen Fragen wegen des Amtsermittlungsgrundsatzes meist besser auf, und im übrigen soll eine doppelte Arbeitsleistung verhindert werden, KG MDR **83**, 139. Das Gericht muß im Rahmen seines Ermessens sorgfältig und nachprüfbar abwägen, daß durch eine Aussetzung eine Verzögerung des Zivilprozesses eintritt, daß die Streitfragen aber im Strafverfahren besser aufgeklärt werden können, Düss NJW **80**, 2534, Ffm VersR **82**, 656. Das Gericht muß auch den Grad des Interesses des Klägers daran abwägen, alsbald einen Vollstreckungstitel zu erhalten, Ffm VersR **83**, 653 mwN.

§ 149 ist beim Verdacht einer Ordnungswidrigkeit entsprechend anwendbar. Das gilt insbesondere dann, wenn im Bußgeldverfahren eine Klärung der Umstände eines Verkehrsunfalls zu erwarten ist, von der die beiderseitigen Schadensersatzansprüche der Unfallbeteiligten abhängen können.

2) Voraussetzungen im einzelnen. Eine Aussetzung nach § 149 hängt davon ab, daß zwei Voraussetzungen zusammentreffen:

A. Verdacht einer Straftat. Im Prozeß muß der Verdacht einer Straftat auftauchen. Ein sog Anfangsverdacht reicht nicht aus, Köln MDR **73**, 680. Es braucht kein dringender Tatverdacht vorzuliegen. Die bloße Parteibehauptung schafft keinen Verdacht. Der Verdacht mag eine Partei, einen Zeugen oder einen Sachverständigen betreffen.

B. Ursächlichkeit. Die Ermittlung der möglichen Straftat muß einen Einfluß auf die Entscheidung des Zivilprozesses haben können. Es braucht noch kein gerichtliches Strafverfahren anhängig zu sein. Ein solches Verfahren darf aber auch noch nicht abgeschlossen sein. Der Einfluß muß sich auf die Beweiswürdigung erstrecken.

Deshalb darf das Gericht den Prozeß in folgenden Fällen nicht aussetzen: Das Verfahren ist bereits in der Revisionsinstanz rechtshängig; der Prozeß geht nur noch um den Betrag der Forderung, § 304, während die mögliche Straftat nur den Grund des Anspruchs betrifft. Denn das Zivilgericht muß den Grund selbst feststellen, Celle NJW **69**, 280; ein Zeuge will im Zivilprozeß erst nach dem rechtskräftigen Abschluß des Strafverfahrens aussagen (evtl ist § 387 zu beachten), KG MDR **83**, 139, LG Frankenthal MDR **76**, 1026; eine Verurteilung im Strafverfahren ist eine Prozeßvoraussetzung für den Zivilprozeß, vgl § 581. Denn die Aussetzung ist nicht dazu da, diese Prozeßvoraussetzung erst zu beschaffen, Mü FamRZ **56**, 292, aM Bereiter-Hahn FamRZ **56**, 272 (mit Rücksicht auf die Fünfjahresfrist des § 586 II 2).

Die Form und die Wirkung einer Aussetzung nach § 149 sind ebenso wie bei § 148 zu beurteilen. Dasselbe gilt für die Notwendigkeit einer mündlichen Verhandlung, § 148 Anm 2 A. Im Urkunden-, Scheck- und Wechselprozeß ist eine Aussetzung nur im äußersten Notfall angebracht.

Das Gericht darf die Aussetzungsanordnung jederzeit aufheben, § 150. Der Grund der Aussetzung fällt weg, sobald das Strafverfahren endgültig abgeschlossen ist, sei es durch den Eintritt der Rechtskraft eines Strafurteils, infolge einer Einstellung des Verfahrens, infolge der Ablehnung der Eröffnung des Hauptverfahrens, infolge der Rücknahme einer Privatklage usw.

3) VwGO: Entsprechend anwendbar, *§ 173 VwGO*.

150 Änderung früherer Prozeßleitungsbeschlüsse. Das Gericht kann die von ihm erlassenen, eine Trennung, Verbindung oder Aussetzung betreffenden Anordnungen wieder aufheben.

1) Verfahren. Das Gericht, nicht sein Vorsitzender, kann eine Trennung, Verbindung oder Aussetzung jederzeit wieder aufheben. Das gilt auch in der zweiten Instanz. Die Aufhebung ist allerdings nicht zulässig, soweit die Sache bereits entscheidungsreif ist. Die Aufhebung ist auch nicht nur zum Zweck einer Urteilsfällung zulässig. Ein solches Vorgehen wäre ein unsachgemäßes Nummernmachen. Die zweite Instanz kann eine Aufhebungsanordnung der ersten Instanz aufheben, wenn sämtliche getrennten Prozesse in der zweiten Instanz anhängig sind.

Die Entscheidung erfolgt im Rahmen eines pflichtgemäßen Ermessens. Soweit es sich um die Aufhebung einer Aussetzung des Verfahrens handelt, muß allerdings schon die Aussetzung im Ermessen des Gerichts gestanden haben. Soweit das Gericht das Verfahren auf Grund eines Antrags aussetzen mußte, darf es seine Entscheidung nur im Einverständnis des Antragstellers ändern. Soweit das Gericht eine Aussetzung nach den §§ 151–154 angeordnet hatte, darf es diese Anordnung nur nach § 155 aufheben.

1. Titel. Mündliche Verhandlung §§ 154–156 1, 2

darüber, ob die Anerkennung der Vaterschaft von vornherein wirksam oder unwirksam war, § 640 II Z 1 Hs 2. Die §§ 640 ff ordnen das Verfahren den Ehesachen entsprechend. Darum behandelt II diese Fälle wie diejenigen nach I.

II ist in einem Verfahren nach § 323 unanwendbar, LG Mannh MDR **73**, 226.

3) VwGO: *Unanwendbar, weil im VerwProzeß ein beiläufiger Ehe- oder Kindschaftsstreit nicht vorkommt. Sofern die Entscheidung ausnahmsweise (zB im Beamtenrecht) von einer solchen Frage abhängt, ist § 94 VwGO anwendbar.*

155 **Aufhebung der Aussetzung bei §§ 151–153. In den Fällen der §§ 151 bis 153 kann das Gericht auf Antrag die Anordnung, durch die das Verfahren ausgesetzt ist, aufheben, wenn die Betreibung des Rechtsstreits, der zu der Aussetzung Anlaß gegeben hat, verzögert wird.**

1) Allgemeines. In den Aussetzungsfällen der §§ 151–153 kann das Gericht den Aussetzungsbeschluß auf Grund eines Antrags aufheben, wenn die Partei den Nichtigkeits- oder Anfechtungsprozeß verschleppt. Daneben ist § 150 anwendbar. Das Wort „kann" im Gesetz bedeutet: Das Ermessen des Gerichts ist eingeschränkt; sobald das Gericht zu der Überzeugung kommt, daß eine Verzögerung vorliegt, ist es zur Aufhebung des Aussetzungsbeschlusses verpflichtet.

Das Verfahren verläuft wie bei § 150 Anm 1. Gegen die Entscheidung des Gerichts ist der Rechtsbehelf nach § 252 statthaft. Nach der Aufhebung ist die Ehe als gültig zu behandeln, das Kind ist als ehelich anzusehen, §§ 23 EheG, 1593 BGB, oder als ein anerkanntes nichteheliches Kind anzusehen, § 1600a BGB.

§ 155 ist in den Fällen des § 154 unanwendbar, vgl § 154 Anm 1.

Jede Partei kann derjenigen Partei, an deren Sieg sie ein rechtliches Interesse hat, auch als deren streitgenössischer Streithelfer nach § 69 beitreten, sofern sie dort nicht selbst Partei ist. Ein solches Interesse mag schon wegen der Rechtskraftwirkung bestehen, vgl §§ 636a, 640h.

2) VwGO: *Entsprechend anwendbar, § 173 VwGO.*

156 **Wiedereröffnung der Verhandlung. Das Gericht kann die Wiedereröffnung einer Verhandlung, die geschlossen war, anordnen.**

1) Allgemeines. Die Vorschrift betrifft zwei Fälle:

A. Verfrühter Verhandlungsschluß. Die mündliche Verhandlung kann zu früh geschlossen worden sein. Dieser Fall liegt vor, wenn das Gericht den Sachverhalt nicht hinreichend geklärt hat und in diesem Zusammenhang seine Fragepflicht nach den §§ 139, 278 III vernachlässigt hat, wenn also die bisherige Verhandlung lückenhaft war und wenn in der letzten Verhandlung bei einem sachgemäßen Vorgehen eine Veranlassung zur Ausübung des Fragerechts bestanden hätte, BGH **53**, 262, Köln MDR **83**, 761 mwN, Schlesw OLGZ **81**, 247 mwN.

B. Richterwegfall. Ein Richter kann nach dem Schluß der letzten mündlichen Verhandlung, aber vor dem Erlaß der folgenden Entscheidung weggefallen sein. Dieser Fall ist anders als derjenige zu beurteilen, daß der Richter zwar vor der Verkündung, aber nach dem Zustandekommen der Entscheidung weggefallen ist, § 309 Anm 1, BGH **61**, 370, Kraute MDR **82**, 186.

Im Fall A muß das Gericht über die Wiedereröffnung der Verhandlung in der bisherigen Besetzung entscheiden. Bei A verknüpft der Grundsatz der Einheit der Verhandlung. Üb 2 B vor § 253, die wiedereröffnete Verhandlung mit der alten. Bei B fängt mit der Wiedereröffnung eine ganz neue Verhandlung an.

2) Verfahren. A. Voraussetzungen. Das Wort „kann" im § 156 bedeutet: Das Gericht hat zur Wiedereröffnung der Verhandlung nicht nur eine rechtliche Befugnis; es hat dazu eine Pflicht, sobald die in Anm 1 genannten Voraussetzungen vorliegen, BGH **LM** Nr 1a und VersR **74**, 1128, Köln MDR **83**, 761 mwN, Deubner NJW **80**, 265 mwN, vgl BFH DB **74**, 460, AG St Blasien MDR **83**, 497 linke Spalte. Insofern kann man nur von einem eingeschränkten Ermessen des Gerichts sprechen, vgl auch Köln NJW **80**, 2362. Keine Partei kann aber schon durch einen Antrag eine Wiedereröffnung der Verhandlung erzwingen, vgl BGH NJW **79**, 2110, Köln MDR **83**, 761 mwN. Sie kann die Wiedereröffnung lediglich anregen. Ein Antrag ist als solche Anregung aufzufassen. Die Entscheidung erfolgt also, falls überhaupt, dann von Amts wegen, vgl BGH NJW **79**, 2110, Köln MDR **83**, 761 mwN. Das gilt auch dann, wenn eine Partei in einer Ehesache eine Anschlußberufung einlegen will, nachdem sie sich zunächst nicht hat vertreten lassen, BGH MDR **64**, 832. Wegen des Fehlens eines förmlichen Antragsrechts braucht das Gericht einen etwaigen Antrag auch nicht zu bescheiden, BGH **LM** § 41 p PatG aF Nr 37. Wegen einer Wiedereröffnung im Fall des § 283 vgl die dortigen Anmerkungen.

Das Gericht darf bei der Entscheidung über eine Wiedereröffnung der Verhandlung nur denjenigen Prozeßstoff berücksichtigen, der bis zum Ende der Verhandlung vorgetragen worden war. Von diesem Grundsatz gilt nur dann eine Ausnahme, wenn nach dem Schluß der Verhandlung wichtige Umstände eingetreten oder bekannt geworden sind oder wenn sich ergibt, daß die Fragestellung des Gerichts lückenhaft war. Denn nur dann rechtfertigt der Grundsatz der Prozeßwirtschaftlichkeit eine Wiedereröffnung. Zu solchen wichtigen Umständen gehört im allgemeinen das nachträgliche Bekanntwerden eines Restitutionsgrundes, vgl auch § 561 Anm 3 D, Walchshöfer NJW **72**, 1030, obwohl das Gericht auch in diesem Fall ein gewisses Ermessen hat, BGH **30**, 60, oder der Ablauf der Frist nach § 2 III 2 Hs MHG idF v 20. 12. 82, BGBl 1912.

Ein wichtiger Grund liegt aber keineswegs stets schon dann vor, wenn eine Partei nach dem Verhandlungsschluß einfach einen Schriftsatz nachreicht, vgl BFH DB **74**, 460, oder gar jetzt erst eine Klageänderung oder -erweiterung versucht, etwa um die Rechtsmittelfähigkeit des Urteils zu erzwingen. Noch weniger ist ein wichtiger Umstand nach dem Schluß der Verhandlung eingetreten, wenn eine Partei in der letzten mündlichen Verhandlung verspätet vorgetragen hatte und wenn das Gericht ihr keine Nachfrist nach § 283 gesetzt hatte, vgl BGH NJW **79**, 2110, ferner Köln MDR **71**, 308. § 156 ist also keineswegs dazu geeignet, die Vorschriften zur Zurückweisung verspäteten Vorbringens zu unterlaufen. Das gilt unabhängig davon, ob das Gericht im Rahmen seiner allgemeinen Fürsorgepflicht gehalten ist, von einem Vorbringen auch dann mindestens Kenntnis zu nehmen, wenn es erst nach dem Schluß der Verhandlung eingereicht wird. Ein Verstoß gegen § 139 kann freilich dazu zwingen, auch wegen eines verspäteten Vortrags erneut in die mündliche Verhandlung einzutreten, so grds Köln MDR **80**, 674 (im dortigen Fall aber zu großzügig).

Eine Wiedereröffnung nach Art 12 Z 7a EheRNov erfolgte nur, falls bis zum 30. 6. 77 keine abschließende Entscheidung getroffen worden war, Köln FamRZ **77**, 719, Schlesw SchlHA **77**, 129.

B. Entscheidung. Die Wiedereröffnung erfolgt durch einen Beschluß. Er ist grundsätzlich zu begründen, obwohl er unanfechtbar ist, § 329 Anm 1 A b. Er wird verkündet oder formlos mitgeteilt. Seine förmliche Zustellung ist nicht erforderlich. Denn dieser prozeßleitende Beschluß, vgl auch BFH DB **83**, 1184, kann nur auf Grund der letzten mündlichen Verhandlung ergehen.

Wenn die Parteien im Zeitpunkt der Verkündung des Wiedereröffnungsbeschlusses anwesend sind, kann das Gericht grundsätzlich sofort weiterverhandeln, es sei denn, daß einer Partei diese sofortige Weiterverhandlung nicht zumutbar ist, etwa deshalb, weil sie mit einer so langen Gesamtdauer dieser Verhandlung nicht zu rechnen brauchte und durch andere anstehende Pflichten verhindert ist. Ein Versäumnisverfahren darf in dem sofort nach der Wiedereröffnung durchgeführten Verhandlungstermin nicht stattfinden. Denn nach dem Schluß der vorangegangenen mündlichen Verhandlung kann keine Säumnis eintreten, solange nicht eine ordnungsgemäße Ladung ergangen ist. Das Gericht kann einen neuen Verhandlungstermin anberaumen.

Soweit das Gericht von einer Wiedereröffnung der Verhandlung absieht, muß es zur Sache entscheiden.

C. Umfang der Wiedereröffnung. Eine Wiedereröffnung ergreift die gesamte Verhandlung. Die Parteien können also jetzt neue Angriffs- und Verteidigungsmittel geltend machen, die Klage erweitern, neue Beweise antreten usw. Die Wiedereröffnung gibt den Parteien ein unentziehbares Recht auf ein neues Gehör. Deshalb darf das Gericht seinen Wiederaufhebungsbeschluß auch nicht aufheben. Eine andere Frage ist freilich die, wann das Gericht die wiedereröffnete Verhandlung schließen darf, um nunmehr zur Entscheidung zu kommen.

3) VwGO: Eigene Regelung in § 104 III *VwGO*.

1. Titel. Mündliche Verhandlung § 157 1

157 *Ungeeignete Vertreter. Prozeßagenten.* [I] Mit Ausnahme der Mitglieder einer Rechtsanwaltskammer sind Personen, die die Besorgung fremder Rechtsangelegenheiten vor Gericht geschäftsmäßig betreiben, als Bevollmächtigte und Beistände in der mündlichen Verhandlung ausgeschlossen. Sie sind auch dann ausgeschlossen, wenn sie als Partei einen ihnen abgetretenen Anspruch geltend machen und nach der Überzeugung des Gerichts der Anspruch abgetreten ist, um ihren Ausschluß von der mündlichen Verhandlung zu vermeiden.

[II] Das Gericht kann Parteien, Bevollmächtigten und Beiständen, die nicht Mitglieder einer Rechtsanwaltskammer sind, wenn ihnen die Fähigkeit zum geeigneten Vortrag mangelt, den weiteren Vortrag untersagen. Diese Anordnung ist unanfechtbar.

[III] Die Vorschrift des Absatzes 1 ist auf Personen, denen das mündliche Verhandeln vor Gericht durch Anordnung der Justizverwaltung gestattet ist, nicht anzuwenden. Die Justizverwaltung soll bei ihrer Entschließung sowohl auf die Eignung der Person als auch darauf Rücksicht nehmen, ob im Hinblick auf die Zahl der bei dem Gericht zugelassenen Rechtsanwälte ein Bedürfnis zur Zulassung besteht.

Vorbem. I 1, II 1 idF Art 2 IV G v 18. 8. 80, BGBl 1503, in Kraft seit 27. 8. 80, Art 5 II.

1) Geltungsbereich. A. Allgemeines. § 157 soll einer Schädigung der Parteien und des Ansehens der Gerichte durch das Auftreten von Personen vorbeugen, die keine hinreichende Gewähr für eine gerade vor Gericht unentbehrliche Sachkunde und Zuverlässigkeit bieten. Zu den Grenzen seiner Anwendbarkeit Anm 2 A. Das Gericht soll ein Mitglied einer Anwaltskammer zurückweisen, das trotz eines Vertretungsverbots persönlich auftritt. Die Partei des so Zurückgewiesenen ist entsprechend § 158 S 1 zu behandeln. Wenn das Gericht eine Person als Bevollmächtigten oder als Beistand zugelassen hat, hat der Gegner insofern kein Beschwerderecht, Schlesw SchlHA **60**, 205, LG Wuppertal VersR **78**, 776. Über den Anwalt vor dem LAG und BAG vgl § 11 ArbGG und § 78 Anm 1 A b ff, gg.

Unter I und II fällt auch der Rechtsberater, der nach dem RBerG eine Erlaubnis zur Rechtsberatung hat, BVerfG **41**, 391, und nicht auf Grund eines Antrags nach § 209 BRAO in die Rechtsanwaltskammer aufgenommen worden ist. Dies gilt unabhängig davon, daß das RBerG zur Auslegung mit heranziehbar sein mag. Ein Vermieter- oder Mieterverein ist daher vom Vortrag in der mündlichen Verhandlung ausgeschlossen, LG Kiel AnwBl **78**, 478 mwN (abw Lau WM **79**, 171, Poll WM **79**, 161), AG Mülheim AnwBl **77**, 69, Lau ZMR **75**, 166 und WM **77**, 62, aM LG Flensb MDR **75**, 408 mwN, AG Miesbach WM **77**, 215. Vgl auch § 155 GVG Anh II Anm 2.

§ 157 soll allerdings keineswegs eine Umgehung eines Anwaltszwangs, § 78 Anm 1 A, ermöglichen, EGH Mü AnwBl **82**, 447. Denn im Anwaltsprozeß wird der Sachverstand des Anwalts als notwendig erachtet. Von den Mitgliedern einer Anwaltskammer kann also im Anwaltsprozeß nur derjenige wirksam als ProzBev auftreten, der im Prozeßgericht zugelassener Anwalt ist, mithin nicht zB ein nach § 209 BRAO in die Anwaltskammer aufgenommener Rechtsbeistand, EGH Mü AnwBl **82**, 447. Der ProzBev darf dem Rechtsbeistand im Anwaltsprozeß auch nicht den mündlichen Vortrag überlassen, § 78 Anm 1 D c. Denn auch die Verweisung des § 209 BRAO auf § 52 II BRAO soll keine Umgehung eines Anwaltszwangs ermöglichen, EGH Mü AnwBl **82**, 447.

Ein Rentenberater, Frachtprüfer, Versteigerer, Inkassounternehmer ist vom mündlichen Vortrag schon deshalb ausgeschlossen, weil ihm die Erlaubnis zur Rechtsberatung nach § 1 I 2, 3 RBerG nur auf das jeweilige Teilgebiet beschränkt erteilt werden darf (wegen des Übergangsrechts vgl Art 3 G v 18. 8. 80, BGBl 1503) und er daher nicht zum Mitglied einer Anwaltskammer werden darf, § 209 BRAO.

B. Zugelassene Personen. In I und II ist zwar an sich jede Person als Bevollmächtigter oder Beistand in der mündlichen Verhandlung ausgeschlossen, die vor Gericht die Besorgung einer fremden Rechtsangelegenheit geschäftsmäßig betreibt. Das Gesetz nimmt aber von dieser Regelung manche Berufe ausdrücklich aus, nämlich: Das Mitglied einer Rechtsanwaltskammer, also auch diejenige natürliche Person, die eine uneingeschränkte oder unter Ausnahme nur des Sozial- oder Sozialversicherungsrechts erteilte Erlaubnis zur Rechtsberatung hat und auf Grund ihres Antrags in die Anwaltskammer aufgenommen worden ist, § 209 BRAO, also unter den vorgenannten Umständen zB einen Rechtsbeistand; den Patentanwalt, § 4 PatAnwO; den Prozeßagenten (diesen nur wegen I, Anm 4). Ein Ausschluß nur wegen des Verdachts einer Straftat des Anwalts im Zusammenhang mit seiner Tätigkeit als ProzBev ist unzulässig, vgl BVerfG NJW **73**, 696 (für den Strafprozeß), §§ 177, 178 GVG.

Wegen des Auftretens eines ausländischen Anwalts SchlAnh VII.

2) Ausgeschlossener Vertreter, I. A. Besorgung fremder Rechtsangelegenheit. Das Gesetz schließt diejenige Person, die eine fremde Rechtsangelegenheit geschäftsmäßig vor Gericht besorgt, als Bevollmächtigten oder Beistand in der mündlichen Verhandlung grundsätzlich aus; vgl aber wegen eines Anwalts, der dem Rat einer Gemeinde angehört, BVerfG NJW **80**, 33. Dem Mitglied einer Rechtsanwaltskammer stehen sein amtlich bestellter Vertreter und der dem Anwalt zur Ausbildung überwiesene Referendar gleich, sofern diese Personen im Parteiprozeß für den Anwalt, im Anwaltsprozeß im Beistand des Anwalts auftreten. Das Gericht darf auch einem Bürovorsteher oder einem Auszubildenden des Anwalts das Auftreten in der mündlichen Verhandlung nicht untersagen, LG Oldb AnwBl **82**, 374 mwN (im Ergebnis zustm Chemnitz). Die Partei selbst ist in keinem Fall von der mündlichen Verhandlung ausgeschlossen.

„Geschäftsmäßig" bedeutet nicht notwendig gewerbsmäßig; es muß lediglich eine öftere Wiederholung der selbständigen Tätigkeit vorliegen, und zwar unabhängig davon, ob sie entgeltlich oder unentgeltlich ausgeübt wird, LG Duisb AnwBl **76**, 175. Eine Geschäftsmäßigkeit ist bei einem Gewerkschaftsfunktionär grundsätzlich anzunehmen. Denn er besorgt das Geschäft eines Dritten, AnwBl **53**, 160; vgl jedoch § 11 I 2, 3, II 2, III ArbGG.

Ein „Regulierungsbeamter" einer Versicherungsgesellschaft fällt im Haftpflichtprozeß nicht unter das Verbot des § 157. Denn er nimmt überwiegend die Rechtsangelegenheit der eigenen Gesellschaft wahr, BGH **38**, 71. Eine Geschäftsmäßigkeit fehlt nämlich, wenn ein Angestellter seinen Geschäftsherrn regelmäßig im Prozeß vertritt, LG Hagen AnwBl **77**, 69, oder wenn ein Beamter in Ausübung einer öffentlichrechtlichen Pflicht auftritt, etwa der Amtsvormund.

Das mündliche Verhandeln braucht als solches nicht geschäftsmäßig zu sein. Wer eine fremde Rechtsangelegenheit geschäftsmäßig besorgt, darf kein einziges Mal in der mündlichen Verhandlung auftreten, LG Hagen AnwBl **77**, 69 mwN.

B. Grenzen des Vertretungsverbots. Die Ausschließung betrifft nur die mündliche Verhandlung, nicht ein Verfahren außerhalb der Verhandlung. Daher darf auch derjenige, der nach I nicht in der Verhandlung auftreten darf, einen Schriftsatz einreichen, LAG Hamm BB **76**, 555, Lau WM **77**, 62. Über die schriftliche Eingabe eines Quenglers vgl Einl III 6 B. Als mündliche Verhandlung ist jede Verhandlung vor dem Gericht in einem bestimmten Termin anzusehen, also auch eine Beweisaufnahme.

Wenn über die Zulässigkeit einer Ausschließung oder Zulassung Streit entsteht, ist der Betroffene in diesem Streit zuzulassen. Die Zurückweisung des Ausgeschlossenen erfolgt durch einen Beschluß. Er ist grundsätzlich zu begründen, § 329 Anm 1 A b. Er wird verkündet.

Gegen den Ausschluß kann der Ausgeschlossene keinen Rechtsbehelf einlegen, auch nicht im Verwaltungsstreitverfahren, vgl § 23 EGGVG Anm 1 A. Die von ihm vertretene Partei kann aber die Beschwerde nach § 567 einlegen, Schlesw SchlHA **56**, 203. In der Rechtsmittelinstanz darf der Beschluß, der den Vertreter zurückweist, nur zusammen mit der zugehörigen Sachentscheidung nachgeprüft werden.

C. Wirkung. Da der Ausgeschlossene die Partei nicht wirksam vertreten kann, gilt die Partei als nicht vertreten, ist also säumig. Auf Grund eines Antrags des Gegners darf und muß das Gericht unter den gesetzlichen Voraussetzungen eine Versäumnisentscheidung erlassen. Eine etwaige Prozeßvollmacht bleibt unberührt.

D. Umgehungsverbot, I 2. Der Ausschluß läßt sich auch nicht dadurch umgehen, daß der Ausgeschlossene als eine Partei kraft Abtretung auftritt. Die Vorschrift setzt voraus: **a)** Die Klage oder Widerklage betrifft einen abgetretenen Anspruch; **b)** als Partei oder Streithelfer tritt der Abtretungsnehmer auf, läßt sich also nicht durch einen ProzBev vertreten; **c)** der Abtretungsnehmer gehört zu den in I genannten Personen, nicht zu den nach III zugelassenen, vgl A; **d)** die Abtretung bezweckt nach der freien Überzeugung des Gerichts eine Umgehung des Verhandlungsverbots.

Ein Umgehungszweck kann auch dann vorliegen, wenn die Abtretung ernstlich zum Zweck einer treuhänderischen Wahrnehmung des abgetretenen Rechts erfolgt ist, etwa zum Zweck einer Einziehung. Die Umgehung braucht auch nicht der einzige Zweck der Abtretung zu sein. Maßgeblich ist der wirtschaftliche Zweck der Abtretung. Ihn muß der Auftretende nachweisen. Da I 2 eine Umgehung verhüten will, ist die Bestimmung ausdehnend

1. Titel. Mündliche Verhandlung § 157 2–5

auszulegen. Es darf zB ein Ausgeschlossener nicht einen Angestellten als seinen Bevollmächtigten zum Termin entsenden. Auch ein solcher Angestellter ist dann ausgeschlossen.

3) Untersagung des Vortrags, II. A. Voraussetzungen. Das Gericht kann einer Partei und ihrem Streithelfer, ihrem Bevollmächtigten oder ihrem Beistand, nicht aber dem Mitglied einer Anwaltskammer, also nicht einem Anwalt oder zB einem eingetragenen Rechtsbeistand, den Vortrag untersagen, soweit die Partei nicht fähig ist, geeignet vorzutragen.

Den Grund dazu mag zB bilden: Eine Unklarheit des Denkens; eine nur mangelhafte Ausdrucksfähigkeit; ein zu schwieriger Sachverhalt; eine Angetrunkenheit; eine ungenügende Selbstbeherrschung. Die Beherrschung einer Sprache für den täglichen Umgang genügt im allgemeinen noch nicht zur Rechtsverfolgung vor dem Gericht. Eine bloße Ungewandtheit im Ausdruck ist aber beim AG noch nicht Grund genug, den Vortrag zu untersagen. Soweit der Betroffene die deutsche Sprache nicht beherrscht, muß das Gericht einen Dolmetscher hinzuziehen. Im Anwaltsprozeß kann allerdings auch eine Untersagung des Vortrags erfolgen, § 187 II GVG. Soweit die Partei wahrheitswidrig eine Unkenntnis behauptet, verwirkt sie ein Ordnungsmittel wegen Ungebühr.

Dem Mitglied einer Anwaltskammer stehen auch hier die in Anm 2 A genannten Personen gleich; andere Rechtskundige fallen unter II.

B. Verfahren. Das Gericht entscheidet im Rahmen eines pflichtgemäßen Ermessens durch einen Beschluß. Er ist grundsätzlich zu begründen, § 329 Anm 1 A b, und wird verkündet oder formlos mitgeteilt. Er ist grundsätzlich frei abänderlich und unanfechtbar. Soweit ein Fall der Untersagungsmöglichkeit objektiv überhaupt nicht vorlag, kann die von dem Beschluß betroffene Partei die Beschwerde nach § 567 einlegen. Der Gegner hat gegen einen Beschluß, der die Untersagung des Vortrags ablehnt, keinen Rechtsbehelf.

Der Beschluß hat folgende Wirkung: Zwar ist die Partei jetzt nicht mehr ordnungsgemäß vertreten. Das Gericht darf aber keine Versäumnisentscheidung treffen. Es muß vielmehr nunmehr nach § 158 verfahren.

4) Zulassung, III. A. Bedürfnis. Die Justizverwaltung kann, soweit ein Bedürfnis besteht, geeignete Personen zu einer geschäftsmäßigen mündlichen Verhandlung vor dem Gericht zulassen. Die Bedürfnisprüfung ist mit Art 12 S 1 GG vereinbar, BVerfG **41**, 391.

Das Bedürfnis der Zulassung eines sprachkundigen Prozeßagenten kann zB dann bestehen, wenn in einem Bezirk eine größere Gruppe von Ausländern wohnt, die die deutsche Sprache nicht beherrschen und denen keine ausreichende Zahl von solchen Anwälten zur Verfügung steht, welche sich mit ihnen in ihrer Muttersprache verständigen können, BGH **77**, 205. Der Umstand, daß ein Bewerber längere Zeit hindurch als Rechtsbeistand tätig war und die Prüfung als Steuerberater bestanden hat, gibt ihm beim Fehlen eines Bedürfnisses noch keinen Anspruch auf eine Zulassung als Prozeßagent, BGH **77**, 211.

Die Bedürfnisprüfung wird nicht als Ermessensausübung, sondern als eine Tat- und Rechtsfrage angesehen, BVerwG **59**, 546, Hamm AnwBl **80**, 68. Düss Rpfleger **79**, 143 mwN meint, das Gericht müsse zwar in erster Linie das Bedürfnis prüfen, dazu Stgt AnwBl **76**, 47 (krit Brangsch), habe aber auch dann, wenn es ein Bedürfnis bejahe, vor einer Zulassung noch einen gewissen Ermessensspielraum; dagegen jetzt auch Hamm AnwBl **80**, 68 mwN (das OLG hat den dortigen Fall dem BGH zur Entscheidung vorgelegt).

Die Zulassung erfolgt durch den Präsidenten des LG oder des AG. Gegen die Entscheidung ist die Dienstaufsichtsbeschwerde zulässig. Sie richtet sich an den Präsidenten des OLG. Außerdem ist ein Antrag auf eine gerichtliche Entscheidung zulässig. Er wird an das OLG gerichtet, § 23 EGGVG Anm 1 B, § 25 EGGVG, Hamm BB **80**, 553.

Die Bekanntgabe der Zulassung erfolgt im Amtsblatt. Der Zugelassene heißt Prozeßagent, vgl VGH Bre NJW **52**, 78. Er darf auch die Bezeichnung „Rechtsbeistand" führen, die auch demjenigen zusteht, der nach dem RBerG ermächtigt ist, § 4 VO v 3. 4. 36, RGBl 359.

Die Zulassung ist widerruflich. Wegen der Gebühren vgl Art IX KostÄndG, Hartmann XII.

B. Wirkung. Die Zulassung nach III beseitigt nur den Ausschluß nach I, nicht die Möglichkeit einer Untersagung des Vortrags nach II. Das Gericht sollte aber gegenüber dem nach III Zugelassenen mit einem Ausschluß nach II nur zurückhaltend verfahren.

5) VwGO: *I u III sind nicht entsprechend anwendbar, vgl BVerwG MDR* **77**, *605 mwN, BVerfG NJW* **76**, *1349, EF § 67 Rdz 27 mwN. Trotzdem ist Zurückweisung geboten, sofern die Erlaubnis nach dem RBerG fehlt, BVerfG aaO, BVerwG* **19**, *339, OVG Münst NJW* **81**, *1173, VGH Mü BayVBl* **81**, *48, hM. Zur Zurückweisung wegen einer Kollision mit kommunalrechtlichen Bestimmungen vgl BVerfG* **61**, *68,* **56**, *99,* **52**, *42 u* **41**, *231, OVG Münst NJW* **81**, *2210, Bauer NJW* **81**, *2171, Prutsch BayVBl* **81**, *523, zur (nicht zulässigen) Zurückweisung von Be-*

diensteten eines Landkreises als Vertretern einer Gemeinde Bittner *DVBl* **73**, 24, *VG Hann DVBl* **75**, 52. **II** ist entsprechend anwendbar, vgl § 67 II 3 *VwGO*, *BVerwG* **19**, 339, *RedOe* § 67 Anm 21; das gilt auch für II 2, vgl *VGH Mü NJW* **73**, 111 (das über § 146 II *VwGO* zu demselben Ergebnis kommt), aM *EF* § 67 Rdz 26, *RedOe* § 67 Anm 22. In allen anderen Fällen steht ein Beschwerderecht gegen die Zurückweisung sowohl dem Beteiligten als auch dem betroffenen Vertreter zu, *VGH Kassel VerwRspr* **21**, 884, *OVG Hbg AnwBl* **68**, 65, hM.

158 *Versäumung infolge Prozeßleitungsanordnung.* Ist eine bei der Verhandlung beteiligte Person zur Aufrechterhaltung der Ordnung von dem Ort der Verhandlung entfernt worden, so kann auf Antrag gegen sie in gleicher Weise verfahren werden, als wenn sie freiwillig sich entfernt hätte. Das gleiche gilt im Falle des § 157 Abs. 2, sofern die Untersagung bereits bei einer früheren Verhandlung geschehen war.

1) Geltungsbereich. § 158 bezieht sich auf zwei Personenkreise:

A. Beteiligte. Die Vorschrift erfaßt die „bei der Verhandlung beteiligten Personen". Hierzu gehören: Die Parteien; ein Streithelfer; ein Parteivertreter mit Ausnahme des Anwalts; ein Beistand; ein Zeuge; ein Sachverständiger. Alle diese Personen müssen gezwungen gewesen sein, den Sitzungs- oder Verhandlungsraum wegen eines Ungehorsams oder einer Ungebühr zu verlassen, §§ 177, 178 GVG.

B. Parteien und Streithelfer. Diesen Personen muß das Gericht den Vortrag in der mündlichen Verhandlung untersagt haben. Ein Anwalt, den das Gericht wegen der Verletzung eines Vertretungsverbots zurückgewiesen hat, ist entsprechend zu behandeln.

2) Wirkung der Entfernung. Wenn das Gericht eine unter § 158 fallende Person entfernt hat, muß es auf Grund eines Antrags so gegen sie verfahren, als ob sie sich freiwillig entfernt hätte. Die Entfernung des gesetzlichen Vertreters der Partei gilt als die Entfernung der Partei selbst. Die Entfernung eines ProzBev gilt im Anwaltsprozeß als die Entfernung der Partei selbst; sie gilt im Parteiprozeß ebenso, soweit die Partei nicht persönlich zugegen ist.

Das Verfahren nach § 158 steht im pflichtgemäßen Ermessen des Gerichts. Das Gericht kann gegenüber einen Zeugen oder Sachverständigen so vorgehen, als ob er ausgeblieben sei. Es kann bei einer Entfernung der Partei so verfahren, als ob die Partei säumig sei, also eine Versäumnisentscheidung erlassen. Wenn das Gericht das persönliche Erscheinen dieser Partei nach § 141 angeordnet hatte, kann es die Erklärung als verweigert ansehen. Das Gericht kann die Verhandlung auch vertagen, falls ihm diese Lösung als sachdienlich erscheint. Es sollte auf die Folgen der drohenden Entfernung vor der Anordnung der Entfernung hinweisen.

3) Wirkung der Untersagung des Vortrags. Wenn das Gericht einer unter § 158 fallenden Person den Vortrag untersagt hat, dann treten dieselben Wirkungen wie bei einer Entfernung dieser Person ein, Anm 2, soweit das Gericht dieser Person den Vortrag schon in einer früheren Verhandlung untersagt hatte. Diese frühere Untersagung braucht nicht notwendig in der letzten vorausgegangenen Verhandlung erfolgt zu sein. Das Gericht muß der Person den Vortrag also insgesamt zweimal untersagt haben, damit die Wirkungen wie in Anm 2 eintreten können.

4) VwGO: Entsprechend anwendbar, § 173 *VwGO*, mit den in Anm 2 genannten Folgen, jedoch darf keine Versäumnisentscheidung ergehen, vielmehr ist ohne den Entfernten zu verhandeln und zu entscheiden, § 102 II *VwGO*.

Einführung vor §§ 159–165
Protokoll

1) Protokollarten. Die ZPO kennt verschiedene Arten der Beurkundung von Vorgängen: Das über jede mündliche Verhandlung aufzunehmende Sitzungsprotokoll; das gerichtliche Protokoll außerhalb der Sitzung, etwa für eine Verhandlung vor dem verordneten Richter; das Protokoll des Urkundsbeamten der Geschäftsstelle, das Parteierklärungen außer Anwaltszwang beurkundet und erst vom Zeitpunkt des Eingangs beim gefaßten Gericht an wirkt. Beim letzteren fehlen Formvorschriften; die Unterschrift des Erklärenden ist erwünscht, aber nicht wesentlich, im übrigen sind die §§ 159ff entsprechend anwendbar. Eine Erklärung zum Sitzungsprotokoll genügt als das Stärkere auch in solchen Fällen, vgl *BGH NJW* **57**, 990, *Hamm NJW* **66**, 766, *Nürnb MDR* **63**, 508, § 569 Anm 3 B. aM vgl *LG*

1. Titel. Mündliche Verhandlung   Einf §§ 159–165, § 159   1, 2

Bln Rpfleger **74**, 407. Ferner kennt die ZPO das Protokoll des Gerichtsvollziehers in der Zwangsvollstreckung, §§ 762 f, 826. Auch die Zustellungsurkunde ist im Grunde ein Protokoll.

2) Beteiligte Urkundsperson. Das ist grundsätzlich sowohl der Richter (Vorsitzender, Einzelrichter, verordneter Richter) als auch der zur Protokollführung zugezogene Urkundsbeamte der Geschäftsstelle. Der Richter überwacht in erster Linie die Richtigkeit und Vollständigkeit des Inhalts, der Urkundsbeamte der Geschäftsstelle außerdem auch die formelle Korrektheit und (allein) die Richtigkeit der etwaigen Übertragung einer vorläufigen Aufzeichnung, § 163 Anm 1, 2. Der Richter ist also gegenüber früher erweitert mitverantwortlich. Er kann als Protokollführer amtieren, § 159 I 2, II. Möglich ist ferner eine Tätigkeit des Urkundsbeamten der Geschäftsstelle nur bei der Übertragung einer vorläufigen Aufzeichnung, § 163 I 2. Ferner ist jetzt in erweitertem Umfang der Einsatz von Maschinen zwecks Kurzschrift oder Tonaufnahmen zulässig, § 160 a I, die aber Urkundspersonen nicht schlechthin ersetzen. Maßnahmen zur vorläufigen oder endgültigen Herstellung des Protokolls sind nur bei offensichtlicher Gesetzwidrigkeit durch die Dienstaufsicht nachprüfbar, BGH **67**, 187.

3) Bedeutung des Protokolls. Sie liegt in seiner Beweiskraft über die beurkundeten Vorgänge, §§ 165, 415, 418, BSG MDR **81**, 612, die selbst dem Tatbestand des Urteils vorgeht, § 314. Außerdem sichern die Vorschriften über das Protokoll, hinter denen die Strafvorschriften zur Falschbeurkundung usw stehen, in erhöhtem Maß die Einhaltung eines gesetzmäßigen Sitzungsablaufs wenigstens in seinen entscheidenden Teilen. Vgl auch BGH NJW **78**, 2509. Die Protokollierungsvorschriften sollen aber grundsätzlich nicht die Wirksamkeit des während der Verhandlung Geschehenen an die Feststellung im Protokoll binden, BSG MDR **81**, 612. Ein fehlerhaftes Protokoll ist zu berichtigen, § 164, unter Umständen frei zu würdigen, § 419, soweit nicht § 165 entgegensteht. Ein in den Formen der ZPO aufgenommenes Protokoll ersetzt jede privatrechtliche Beurkundung. Die Handhabung der §§ 159 ff sollte weder zu Knappheit des Protokolls nur zwecks Arbeitserleichterung führen, noch zu kritikloser Aufnahme auf ein geduldiges Tonband. Einen Antrag gemäß § 160 IV sollte das Gericht großzügig behandeln.

4) VwGO: *Gemäß § 105 VwGO idF des Art 3 Z 1 G v 20. 12. 74, BGBl 3651, gelten §§ 159–165 entsprechend.*

159 *Protokollzwang.* ¹ Über die mündliche Verhandlung und jede Beweisaufnahme ist ein Protokoll aufzunehmen. Für die Protokollführung ist ein Urkundsbeamter der Geschäftsstelle zuzuziehen, wenn nicht der Vorsitzende davon absieht.
 ᴵᴵ Absatz 1 gilt entsprechend für Verhandlungen, die außerhalb der Sitzung vor Richtern beim Amtsgericht oder vor beauftragten oder ersuchten Richtern stattfinden.

1) Protokollzwang, I 1. Jede mündliche Verhandlung erfordert ein Protokoll. Das gilt unabhängig davon, ob die Verhandlung einseitig oder zweiseitig, streitig oder unstreitig ist oder wird, ob sie sich auf Fragen der Zulässigkeit oder einen Zwischenstreit beschränkt, ob sie zu einer Vertagung oder zu einer Verweisung führt, ob sie vor dem vollbesetzten Spruchkörper oder dem Einzelrichter stattfindet. Auch der Ort der Verhandlung und ihr Zeitpunkt sind unerheblich. Auch eine Beweisaufnahme zwingt als ein Teil der mündlichen Verhandlung im weiteren Sinn zur Anfertigung eines Protokolls, selbst wenn sich der Termin in der Beweisaufnahme erschöpft und zu keinerlei Anträgen führt.

Der Protokollzwang gilt auch im Beweissicherungsverfahren, soweit es vor dem Gericht durchgeführt wird. Denn die §§ 159 ff sind als ein Teil des 1. Buchs grundsätzlich bei allen weiteren Büchern der ZPO mitzubeachten. Soweit der Sachverständige die Beweissicherung vornimmt, ist er zu einer Darstellung ihres Hergangs verpflichtet.

Der Protokollzwang besteht ferner für einen bloßen Verkündungstermin, Holtgrave DB **75**, 821, sowie im Verfahren auf den Erlaß eines Arrests oder einer einstweiligen Verfügung.

Die Bezeichnung des Protokolls ist unerheblich, sofern eindeutig erkennbar ist, daß ein Protokoll beabsichtigt wurde. Ein Protokoll liegt nicht vor, sofern die Aufzeichnung völlig unbrauchbar ist.

2) Urkundspersonen, I 2. A. Urkundsbeamter der Geschäftsstelle. Das Gericht muß grundsätzlich einen Urkundsbeamten der Geschäftsstelle hinzuziehen. Die Gerichtsverwaltung muß dem Gericht einen solchen Urkundsbeamten zuteilen. Die Verwaltung ist grundsätzlich an die Terminierung des Gerichts gebunden. Personalknappheit, Raumnot oder andere organisatorische Schwierigkeiten dürfen nicht dahin führen, daß praktisch die Verwaltung und nicht mehr das Gericht die Entscheidung darüber trifft, ob ein Urkundsbeamter zur Verfügung steht.

Vielfach versuchen die Justizverwaltungen, die Gerichte dazu zu bewegen, auf die Hinzuziehung eines Urkundsbeamten der Geschäftsstelle zu verzichten. Man beruft sich auf Personalnot, Finanzschwierigkeiten usw. Nach I 2 kann die Verwaltung weder den Vorsitzenden noch das Gericht dazu zwingen, ohne einen besonderen Urkundsbeamten der Geschäftsstelle zu amtieren, so auch Stanicki DRiZ **83**, 271.

Das hat seinen guten Grund. Der Urkundsbeamte der Geschäftsstelle hat als Protokollführer viele wichtige Funktionen. Er kann die Arbeit des Gerichts ganz erheblich erleichtern. Das gilt trotz der Einsatzmöglichkeiten noch so moderner Maschinen von dem Tonbandgerät bis zum Schreibautomaten mit seinen sofortigen Korrektur- und Druckmöglichkeiten usw. Das Gericht ist dazu berechtigt und schon wegen der überall vorhandenen Überlastung sogar dazu verpflichtet, seine Arbeitskraft voll auf die rasche und gerechte Entscheidung des Einzelfalls zu konzentrieren. Viele Richter üben aus Gutmütigkeit, mangelnder Kenntnis der zu ihrer Entlastung vorhandenen Gesetzesvorschriften, falsch verstandenem Perfektionismus, gutgemeinten, aber überhaupt nicht mit ihren vordringlichen Rechtsprechungsaufgaben zu vereinbarenden Sparbestrebungen usw Aufgaben aus, die sie nach dem Gesetz sehr wohl auf den Urkundsbeamten der Geschäftsstelle innerhalb und außerhalb der Verhandlung übertragen dürfen.

Im übrigen kann der Urkundsbeamte der Geschäftsstelle als Protokollführer zu einer rascheren Durchführung des Verhandlungstermins beitragen. Damit erspart das Gericht den Parteien, ihren ProzBev, den Beweispersonen und sich selbst unnötige Zeitverluste. Aus allen diesen Gründen sollte sich das Gericht jedem versteckten oder direkten Druck der Verwaltung energisch widersetzen, sofern es an sich die Hinzuziehung eines Urkundsbeamten der Geschäftsstelle als Protokollführer auch nur für förderlich hält.

Alles das übersieht Rabe AnwBl **81**, 303 mit seiner den Kern des Problems nicht treffenden Meinung, der Richter dürfe nicht unter Berufung auf seine Unabhängigkeit Organisationsmaßnahmen, die ihn zu mehr Mobilität zwingen würden, in ein zu enges Korsett schnüren. Es ist genau umgekehrt: Die Verwaltung darf den Richter nicht noch mehr in ihr organisatorisches Korsett zwängen. Sie dient ihm, nicht etwa dient er ihr. Er dient dem Recht und soll alle Kraft auf die nach *seiner* pflichtgemäßen Ansicht notwendige Konzentration auf die Parteien und auf die Verhandlung verwenden.

Wenn sich die Verwaltung weigert, den vom Gericht gewünschten Urkundsbeamten der Geschäftsstelle als Protokollführer zur Verfügung zu stellen, sei es auch nur für einen Teil der in Betracht kommenden Sitzungsstunden, dann darf und muß das Gericht die Verhandlung vertagen oder unterbrechen, bis ein Protokollführer zur Verfügung steht. Der Staat kann für die durch solche Notmaßnahmen entstehenden Schäden der Prozeßbeteiligten haftbar sein. Er dürfte seine Haftung keineswegs auf den Richter abwälzen. Das Gericht braucht die Protokollführung auch dann nicht selbst zu übernehmen, wenn es zur Protokollierung nach seiner Ansicht oder nach der Ansicht der Verwaltung imstande wäre. Die Verwaltung hat unter keinen Umständen darüber zu bestimmen, ob der Urkundsbeamte der Geschäftsstelle entbehrlich ist, Putzo NJW **75**, 188. Die Entscheidung des Vorsitzenden bzw des Gerichts über die Hinzuziehung eines Urkundsbeamten der Geschäftsstelle ist auch jeder Dienstaufsicht entzogen, vgl BGH NJW **78**, 2509. Jeder Eingriffsversuch der Verwaltung wäre ein Angriff auf die Unabhängigkeit des Gerichts.

Die Verwaltung hat auch dafür Sorge zu tragen, daß nur eine solche Person als protokollführender Urkundsbeamter der Geschäftsstelle zur Verfügung gestellt wird, die einer solchen Aufgabe im Zivilprozeß wenigstens einigermaßen gewachsen ist. Das Gericht braucht weder eine unwürdigen Sitzungsraum noch eine unbrauchbare Urkundsperson hinzunehmen. Notsituationen mögen Ausnahmen rechtfertigen, erlauben aber keine Aufweichung des Grundsatzes. Gegenwärtig ist von Notsituationen wohl noch keine Rede. Der Staat ist zu einer ausreichenden personellen Besetzung der Justiz verpflichtet. Das gilt insbesondere seit der VereinfNov von 1977. Der Gesetzgeber wünscht einen raschen Zivilprozeß. Das hat die Verwaltung zu respektieren und zu unterstützen. Die Verwaltung ist für den rechtsprechenden Richter da (und dieser für die Parteien, nicht etwa für deren Anwälte), nicht umgekehrt. Bei Beachtung dieser Regeln dürfte sich durchweg ein Urkundsbeamter der Geschäftsstelle als Protokollführer finden, selbst wenn der Geschäftsleitende Beamte als Protokollführer einspringen müßte.

Die Prüfung, ob ein besonderer Urkundsbeamter der Geschäftsstelle hinzuzuziehen ist, kann in jeder Lage des Verfahrens erneut erfolgen. Das Gericht ist weder den Parteien noch der Verwaltung zu einer Auskunft über die Erwägungen verpflichtet, die zu seiner Entscheidung der Hinzuziehung oder der Nichthinzuziehung führen. Es bedarf auch insofern keines Aktenvermerks, keiner Verfügung und keines Beschlusses. Bei Schwierigkeiten empfiehlt sich freilich ein diesbezüglicher Aktenvermerk. Die Entscheidung ist schlechthin unanfechtbar und auch nicht einer Dienstaufsicht unterworfen, von offensichtlichen krassen Mißbrauchsfällen abgesehen.

Die Prüfung, ob der zugeteilte Urkundsbeamte der Geschäftsstelle die erforderlichen Voraussetzungen erfüllt, erfolgt in jeder Lage des Verfahrens von Amts wegen, dazu Üb 3 vor § 153 GVG. Der Urkundsbeamte kann nach § 49 ausgeschlossen sein oder abgelehnt werden. Ein Wechsel des Urkundsbeamten ist jederzeit zulässig. Er ist sogleich im Protokoll zu vermerken. Jeder Urkundsbeamte ist nur für den von ihm bearbeiteten Tätigkeitsabschnitt verantwortlich.

B. Verzicht auf einen besonderen Urkundsbeamten. a) Anordnung. Der Vorsitzende kann anordnen, daß ausnahmsweise kein Urkundsbeamter der Geschäftsstelle als Protokollführer hinzuzuziehen ist. Vorsitzender ist auch der Einzelrichter bzw der Amtsrichter, vgl auch II. Die Entscheidung wird also weder von dem Gericht in voller Besetzung, noch von der Verwaltung getroffen. Der Vorsitzende darf und muß sich jeden Drucks von irgendeiner Stelle auf ihn verwahren, vgl auch A.

Nach einer Anordnung des Verzichts auf einen besonderen Urkundsbeamten muß das Gericht das Protokoll selbst anfertigen. Grundsätzlich ist dann der Vorsitzende zur Anfertigung und (alleinigen) Unterschrift berechtigt und verpflichtet, § 163 I 1. Im Fall seiner Verhinderung ist § 163 II zu beachten. Der Richter wird also zugleich zum Protokollführer, vgl Peters MDR **74**, 18.

Die Anordnung der Abstandnahme erfolgt durch eine prozeßleitende Verfügung. Sie bedarf weder einer Begründung, noch einer Verkündung oder Mitteilung oder gar einer Beurkundung. Freilich ist ihre Aufnahme in das Protokoll oder doch in die Akten zweckmäßig.

Der Vorsitzende hat die Entscheidung im Rahmen seines pflichtgemäßen Ermessens zu treffen. Die Grenzen seines Ermessens können dann überschritten sein, wenn der außerordentliche Umfang oder sonstige besondere Schwierigkeiten des Einzelfalls eine Arbeitsteilung praktisch unerläßlich machen. Der Vorsitzende braucht das Kollegium vor seiner Entscheidung nicht anzuhören, noch weniger die Parteien, die sonstigen Prozeßbeteiligten oder gar die Gerichtsverwaltung. Eine Abstimmung zumindest im Kollegium dürfte in den meisten Fällen allerdings ratsam sein.

b) Änderung. Der Vorsitzende darf seine Anordnung in jeder Lage des Verfahrens aufheben, um nunmehr einen Urkundsbeamten der Geschäftsstelle hinzuzuziehen, und darf von dieser Hinzuziehung anschließend jederzeit wieder absehen. Keine dieser weiteren Entscheidungen bedarf einer Begründung. In einem Grenzfall sollte das Motiv freilich zur Vermeidung eines Vorwurfs des Ermessensmißbrauchs aktenkundig gemacht werden. Der Vorsitzende kann auch einen Beisitzer zum Protokollführer bestimmen und eine solche Anordnung beliebig ändern. Auch diese Maßnahmen sind jederzeit zulässig und unanfechtbar. Auch sie erfolgen durch prozeßleitende Verfügungen, die weder einer Begründung noch einer Verkündung oder Mitteilung an andere als die betroffenen Kollegen bedürfen. Der Vorsitzende bleibt jedoch stets für das Protokoll ohne Hinzuziehung eines Urkundsbeamten der Geschäftsstelle verantwortlich, Holtgrave DB **75**, 821. Er unterschreibt auch als Vorsitzender wie als Protokollführer, selbst wenn er zur Protokollierung einen Beisitzer hinzugezogen hatte, Holtgrave DB **75**, 823.

c) Aufteilung. Der Vorsitzende kann auch anordnen, daß die Protokollführung nach Zeitabschnitten oder nach anderen Gesichtspunkten aufgeteilt wird, daß etwa der Urkundsbeamte der Geschäftsstelle für die Niederschrift zuständig sein soll, der Beisitzer für die Bedienung eines Tonbandgeräts. Solche Teilungsanordnungen sind unbedenklich, solange entweder nur der Urkundsbeamte der Geschäftsstelle oder nur der vom Vorsitzenden bestimmte Richter bzw der Vorsitzende selbst für das Gesamtprotokoll verantwortlich bleiben.

3) Außerhalb der Sitzung, II. Eine Verhandlung, die außerhalb der Sitzung stattfindet, unterliegt ebenfalls dem Protokollzwang, sofern sie vor dem AG oder vor einem beauftragten oder ersuchten Richter stattfindet. Insofern gilt I entsprechend. Es ist also auch für eine solche Verhandlung grundsätzlich ein besonderer Urkundsbeamter der Geschäftsstelle als Protokollführer hinzuzuziehen. Die Partei hat aber auf ihn keinen Anspruch, solange der Richter nicht als Protokollführer offensichtlich überfordert ist.

4) **VwGO: I** gilt entsprechend, **II** in Terminen nach §§ 87 S 2 u 96 II VwGO, § 105 VwGO.

160 Inhalt [I] Das Protokoll enthält

1. den Ort und den Tag der Verhandlung;
2. die Namen der Richter, des Urkundsbeamten der Geschäftsstelle und des etwa zugezogenen Dolmetschers;
3. die Bezeichnung des Rechtsstreits;
4. die Namen der erschienenen Parteien, Nebenintervenienten, Vertreter, Bevollmächtigten, Beistände, Zeugen und Sachverständigen;
5. die Angabe, daß öffentlich verhandelt oder die Öffentlichkeit ausgeschlossen worden ist.

[II] Die wesentlichen Vorgänge der Verhandlung sind aufzunehmen.

[III] Im Protokoll sind festzustellen

1. Anerkenntnis, Anspruchsverzicht und Vergleich;
2. die Anträge;
3. Geständnis und Erklärung über einen Antrag auf Parteivernehmung sowie sonstige Erklärungen, wenn ihre Feststellung vorgeschrieben ist;
4. die Aussagen der Zeugen, Sachverständigen und vernommenen Parteien; bei einer wiederholten Vernehmung braucht die Aussage nur insoweit in das Protokoll aufgenommen zu werden, als sie von der früheren abweicht;
5. das Ergebnis eines Augenscheins;
6. die Entscheidungen (Urteile, Beschlüsse und Verfügungen) des Gerichts;
7. die Verkündung der Entscheidungen;
8. die Zurücknahme der Klage oder eines Rechtsmittels;
9. der Verzicht auf Rechtsmittel.

[IV] Die Beteiligten können beantragen, daß bestimmte Vorgänge oder Äußerungen in das Protokoll aufgenommen werden. Das Gericht kann von der Aufnahme absehen, wenn es auf die Feststellung des Vorgangs oder der Äußerung nicht ankommt. Dieser Beschluß ist unanfechtbar; er ist in das Protokoll aufzunehmen.

[V] Der Aufnahme in das Protokoll steht die Aufnahme in eine Schrift gleich, die dem Protokoll als Anlage beigefügt und in ihm als solche bezeichnet ist.

1) **Allgemeines. A. Grundsatz.** Das Protokoll muß grundsätzlich alles dasjenige enthalten, was zur Kennzeichnung der Sache gegenüber einem anderen Prozeß, zur Nachprüfbarkeit des Verfahrenshergangs sowie zur Klärung aller wesentlichen Anträge, sonstigen Erklärungen und Vorgänge von einem Beteiligten oder von einem fachkundigen Dritten benötigt wird, zB von einem erst nach dem Termin beauftragten Anwalt oder von der höheren Instanz, BVerwG MDR **77**, 604. Ein Protokoll ist auch insoweit erforderlich, als die voraussichtliche Entscheidung grundsätzlich oder schlechthin anfechtbar ist. Eine Annahme vom Protokollzwang besteht nur bei § 161 I. Die Vorschrift darf nicht ausdehnend ausgelegt werden.

Zwar sind nur die wesentlichen Vorgänge in das Protokoll aufzunehmen, II; jedoch bestimmen I, III und auch IV dasjenige, das zumindest als wesentlich anzusehen ist. Der Umfang des Protokolls ist im übrigen unabhängig davon, ob der Vorsitzende einen besonderen Urkundsbeamten der Geschäftsstelle als Protokollführer hinzugezogen hat.

B. Formulierung im einzelnen. Das Gesetz bestimmt weder, daß der Vorsitzende den Wortlaut des Protokolls bis ins einzelne bestimmen dürfe, noch, daß der Urkundsbeamte der Geschäftsstelle oder der mit der Funktion des Protokollführers betraute Beisitzer den Wortlaut in eigener Verantwortung zu formulieren habe. In der Praxis legt der Vorsitzende durch sein Diktat den Wortlaut fast sämtlicher Einzelteile des Protokolls jedenfalls vorläufig fest. Der Protokollführer hat also eine nur geringe Selbständigkeit bei der Formulierung. Er ist also weniger selbständig als zB im Straf- oder Bußgeldverfahren.

Diese Lösung ist keineswegs zwingend und auch nicht immer ideal. Wenn der Urkundsbeamte der Geschäftsstelle im Strafprozeß vielfach jedenfalls zunächst eigenverantwortlich festhält, was geschieht und gesagt wird, und dazu die eigene Formulierung wählt, dann

1. Titel. Mündliche Verhandlung § 160 1–4

sollte man ihm dieselben Fähigkeiten auch im Zivilprozeß grundsätzlich zutrauen dürfen. Allerdings sind im Zivilprozeß vielfach Formalien zu beachten, deren Reihenfolge, rechtliche Einordnung usw Rechtskenntnisse erfordern, die der Urkundsbeamte der Geschäftsstelle zwar aus Erfahrung besitzen mag, aber nicht so einzusetzen geschult sein mag wie der Vorsitzende.

Aus diesem Grund ist das Diktat des Vorsitzenden bis in alle Einzelheiten hinein jedenfalls zulässig und oft auch ratsam. Es entbindet den Urkundsbeamten der Geschäftsstelle aber keineswegs von seiner vollen Mitverantwortlichkeit und damit von seinem Recht und seiner Pflicht, auch wegen der Art und Weise der Formulierung eine vom Vorsitzenden abweichende Vorstellung zu haben und zu äußern. Solche Meinungsverschiedenheiten sollten freilich wenn irgend möglich nicht während der Sitzung ausgetragen werden, solange dort noch kein endgültiges Protokoll angefertigt wird.

Zulässig ist es aber auch, daß der Vorsitzende dem Urkundsbeamten zunächst ebensolche Freiheit wie in einem Strafprozeß einräumt und seine abweichenden Vorstellungen erst auf Grund der Leistung des Urkundsbeamten mit diesem abstimmt.

2) Kennzeichnung der Sache und der Beteiligten, I. Z 1–5 enthalten die wichtigsten Formalien. Hier ist eine besondere Sorgfalt der Protokollierung erforderlich. Im einzelnen gilt folgendes:

Z 2: Das Protokoll muß auch die Namen eines etwaigen Ergänzungsrichters und des Staatsanwalts enthalten, soweit er mitwirkt, § 652. Zum Dolmetscher Jessnitzer, Dolmetscher (1982) 7. Abschnitt M III.

Z 4: Das Protokoll muß nicht nur eine gesetzliche Vertretung klären, sondern jede Art einer etwaigen Vertretung, zB eine Vertretung nach § 141 III 2.

Z 5: Ein Vermerk, es sei keine an der Verhandlung unbeteiligte Person anwesend, genügt nicht. Das Gericht braucht nach einem Gewohnheitsrecht solche Personen, deren Anwesenheit es in einer nichtöffentlichen Sitzung zuläßt, nicht zu erwähnen, von Ausnahmefällen abgesehen. Es brauchen also zB nicht die Namen solcher Anwälte aufgeführt zu werden, die in anderer Sache warten.

3) Wesentliche Vorgänge, II. Das Gericht muß alle wesentlichen Vorgänge und braucht nur diese in das Protokoll aufzunehmen. Was wesentlich ist, bestimmen zunächst I, III und IV, ferner zB § 182 GVG, KG MDR **82**, 330, im übrigen der Vorsitzende im Rahmen eines von den Grundsätzen Anm 1 begrenzten Ermessens. Auf keinen Fall ist die Aufnahme dessen notwendig, was nur theoretisch evtl bedeutsam werden könnte. Eine bündige Kürze ist erlaubt und ratsam. Das Antragsrecht der Parteien ist durch IV 2, 3 begrenzt. § 314 kann ergänzend wirken. Vor dem AG gilt ferner § 510a. Auch ein Beweisbeschluß oder eine andere prozeßleitende Verfügung können ergeben, was in der Verhandlung im übrigen zur Sprache gekommen ist.

Das Protokoll soll (nur) so ausführlich sein, daß der weitere Gang des Verfahrens nicht unverständlich bleibt. Ein Satz „zuviel" im Protokoll kann durchaus nützlich sein. Der Vermerk über einen Hinweis nach § 139 oder nach § 278 III kann notwendig sein, vgl Zweibr Rpfleger **78**, 108 (wegen eines Zwangsversteigerungsverfahrens), abw Lueder NJW **82**, 2763. Bei einem Streit darüber, ob ein Richter als befangen anzusehen sei, ist eine ausführliche Protokollierung oft besser als eine ausführliche dienstliche Äußerung. Stets ist eine Feststellung dazu ratsam, ob die Parteien zur (Haupt-) Sache (streitig) verhandelt haben. Herpers DRiZ **74**, 226. Soweit eine Erörterung ohne eine (streitige) Verhandlung gebührenrechtlich von Bedeutung war oder ist, mag ein diesbezüglicher Hinweis ebenfalls ratsam sein, Schmidt MDR **76**, 589, freilich ist ein solcher Hinweis nicht vorgeschrieben, KG JB **76**, 1063 und 1069.

4) Weiterer Hauptinhalt, III. Z 1–9 gelten wegen II und IV nicht abschließend, geben indessen Anhaltspunkte dafür, was wesentlich und jedenfalls in das Protokoll aufzunehmen ist. Im einzelnen sind folgende Vorgänge zu protokollieren:

A. Anerkenntnis, Verzicht, Vergleich, Z 1. Ein Anerkenntnis nach § 307, ein Verzicht nach § 306 oder ein Prozeßvergleich, Anh § 307, müssen protokolliert werden. Die notarielle Beurkundung wird durch das gerichtliche Protokoll ersetzt, § 127a BGB, dazu auch Breetzke NJW **71**, 178. Ein nicht protokollierter Vergleich ist kein Prozeßvergleich, sondern allenfalls ein außergerichtlicher, vgl auch § 1044a, Anh § 307 Anm 4 E b ff. In das Protokoll muß auch ein solcher Vergleich aufgenommen werden, der über den Streitgegenstand hinausgeht, falls der Vergleich in der mündlichen Verhandlung zustandekommt.

B. Anträge, Z 2. Gemeint sind nur die Sachanträge, § 297, Ffm FamRZ **82**, 810, vgl Kblz MDR **75**, 63. Auch der Antrag eines etwa mitwirkenden Staatsanwalts muß protokolliert werden. Beim LG wie beim AG ist jetzt eine Aufnahme in eine Protokollanlage ausreichend, V.

C. Geständnis, Erklärung über einen Antrag auf Parteivernehmung usw, Z 3. Ein Geständnis nach den §§ 288 ff oder eine Erklärung über den Antrag des Gegners auf die Vernehmung einer Partei müssen protokolliert werden, und zwar auch ohne einen entsprechenden Antrag von Amts wegen. Eine Prüfung der Wesentlichkeit oder Erforderlichkeit erfolgt nur im Rahmen des § 510a.

D. Aussagen von Zeugen, Sachverständigen und Parteien, Z 4. Eine Wiedergabe in direkter Rede kann ratsam sein. Das gilt zumindest für die Kernsätze einer Aussage. Sie sollten jedenfalls bei einem äußerst streitigen Punkt oder dann, wenn es auf jede Einzelheit ankommt, von Amts wegen wörtlich wiedergegeben werden. Eine wörtliche Wiedergabe kann auch nach IV auf Grund eines Antrags notwendig sein. Die wörtliche Wiedergabe ist zumindest außerordentlich fördernd. Die Partei kann sie freilich wegen IV 3 nicht erzwingen, sie kann allenfalls den sich weigernden Vorsitzenden wegen einer Besorgnis der Befangenheit abzulehnen versuchen. Andererseits ist allgemein bekannt, daß ein Protokoll mit der Wiedergabe einer Aussage in direkter Rede durchweg doch vom Vorsitzenden vorformuliert worden ist, sofern die Aussagen nicht direkt auf ein Tonband gesprochen wurden. Aber auch eine derart gefilterte direkte Rede ist besser als ein Bericht in der bloßen Erzählform.

Im Fall einer erneuten Vernehmung ist nur im Umfang einer etwaigen Abweichung ein weiteres Protokoll notwendig. Freilich ist eine Erwähnung erforderlich, wer wann (erneut) ausgesagt hat, und zwar zusätzlich zu der Feststellung der (erneuten) Anwesenheit nach I 3. Vgl im übrigen § 161.

Es kann sogar ratsam sein, die Körpersprache, zB das unwillkürliche Kopfnicken eines nach seiner Vernehmung auf der Zuhörerbank sitzenden Zeugen im Augenblick der Aussage des nächsten Zeugen zum umstrittenen Punkt, sogleich zu protokollieren, vgl Bender-Röder-Nack Rdz 207.

Z 4 ist auf eine Vernehmung nach § 613 anwendbar, vgl BGH **LM** § 619 aF Nr 2. Die Vorschrift ist auf eine Anhörung nach § 141 anwendbar, vgl BGH VersR **62**, 281.

Den Umfang der Wiedergabe bestimmt II.

E. Ergebnisse des Augenscheins, Z 5. Soweit der Vorsitzende und der Urkundsbeamte der Geschäftsstelle abweichende Wahrnehmungen gemacht haben, muß das Protokoll erkennen lassen, was wahrgenommen wird. Das Protokoll braucht keine Schlußfolgerungen zu enthalten. Ein Vermerk des beauftragten Richters über seinen Augenschein, der den Parteien bekanntgegeben und von ihnen nicht beanstandet worden ist, hat auch dann einen vollen Beweiswert, wenn der Richter inzwischen ausgeschieden ist, BGH NJW **72**, 1202. § 161 ist auch hier beachtlich, vgl BGH **40**, 84.

F. Entscheidungen, Z 6. Jedes Urteil, jeder Beschluß, jede Verfügung sind zu protokollieren. Eine bloße prozeßleitende Anordnung des Vorsitzenden bedarf nicht stets der Protokollierung. Beim abgekürzten Urteil nach § 313b II genügt eine Verweisung auf die Entscheidung. Bei einer anderen Entscheidung muß das Protokoll die Formel aufnehmen. Das Protokoll darf freilich auch insofern auf eine Protokollanlage verweisen, VI. Wegen eines Tonträgers LG Ffm Rpfleger **76**, 257.

G. Verkündung, Z 7. Die Verkündung ist unabhängig davon zu protokollieren, ob sie in demselben Termin oder in einem späteren stattfindet. Es reicht ein Vermerk aus, die Entscheidung sei „erlassen". Vgl §§ 310–313b. Man darf die Protokollierung der Verkündung nach Z 7 nicht mit dem Verkündungsvermerk nach § 315 III verwechseln, den allein der Urkundsbeamte der Geschäftsstelle zu unterschreiben hat.

H. Zurücknahme der Klage oder eines Rechtsmittels, Z 8. Das Protokoll muß eine Klagerücknahme nach § 269 oder die Rücknahme eines Rechtsbehelfs bzw. Rechtsmittels nach den §§ 346, 515, 566, 573 Anm 2 F enthalten. Es kommt nicht darauf an, ob die Zurücknahme wirksam geworden ist. Denn sonst wäre ja gerade keine unbeschränkte Prüfung möglich, ob die Erklärung wirksam zustande gekommen ist. Freilich muß der Vorsitzende im Zweifel zunächst klären, ob tatsächlich eine Rücknahmeerklärung beabsichtigt ist und vorliegt. Es ist ratsam, über die Vornahme dieser Klärung einen Vermerk in das Protokoll aufzunehmen.

Die Wirksamkeit der Klagerücknahme ist allerdings nicht davon abhängig, daß das Gericht die Erklärung der Klagerücknahme ordnungsgemäß protokolliert hat, BSG MDR **81**, 612, OVG Bre DÖV **83**, 38.

1. Titel. Mündliche Verhandlung § 160 4–7

J. Rechtsmittelverzicht, Z 9. Vgl §§ 346, 514, 566. Einzelheiten wie bei H, abw Hamm Rpfleger **82**, 111 (die Wirksamkeit sei von einer ordnungsgemäßen Protokollierung abhängig).

5) Antragsrecht der Beteiligten, IV. A. Voraussetzungen. Jeder Beteiligte hat ein Antragsrecht. Als Beteiligter ist jede in I Z 4 genannte Person anzusehen, außerdem der Staatsanwalt, soweit er mitwirkt, § 652. Der Urkundsbeamte der Geschäftsstelle ist kein Beteiligter. Er protokolliert vielmehr einfach seine abweichende Meinung.

Unter einem Vorgang versteht das Gesetz auch die Mimik, Gestik, die Reaktionen, Zwischenfälle, kurz alles, was irgendwie zur Beurteilung des Verfahrens während der mündlichen Verhandlung, aber im Fall des § 159 II auch außerhalb der mündlichen Verhandlung erheblich sein kann.

Unter Äußerungen versteht das Gesetz auch eine Erklärung außerhalb der Beweisaufnahme, etwa bei einer Anhörung nach § 141, oder eine Rechtsansicht, soweit sie zB zur Prüfung der Glaubwürdigkeit einer Partei oder eines Zeugen oder zur Prüfung beachtlich ist, ob das Gericht einen Hinweis geben mußte oder eine abweichende Ansicht mitteilen mußte, §§ 139, 278 III.

Ein unklarer oder widersprüchlicher Antrag ist dann, wenn er nicht verbessert wird, unter Umständen in die Anregung einer Aufnahme von Amts wegen umzudeuten. Der Antrag bedarf weder einer Frist noch einer Form. Im Anwaltsprozeß braucht das Gericht einen Antrag der Partei persönlich, den ihr ProzBev nicht seinerseits aufgenommen hat, nur dann nach IV 2 zu bescheiden, wenn das Gericht die Partei persönlich hört oder vernimmt.

B. Verfahren. Vor einer Entscheidung über die Aufnahme ins Protokoll oder die Ablehnung dieser Aufnahme muß der Antragsgegner grundsätzlich nach Art 103 I GG angehört werden, zB BVerfG **34**, 346. Die Anordnung der Aufnahme in das Protokoll erfolgt durch den Vorsitzenden. Die Ablehnung der Aufnahme erfolgt durch das Gericht. Die Entscheidung muß unverzüglich erfolgen. Denn von der Entscheidung mag abhängen, ob ein Befangenheitsantrag gestellt wird. Das Gericht darf die Aufnahme nur dann ablehnen, wenn der Vorgang oder die Äußerungen unerheblich sind. Soweit das Gericht später seine Meinung ändert, muß es über einen als fortbestehend anzunehmenden Antrag erneut entscheiden. Es muß notfalls durch die Ausübung der Fragepflicht nach § 139 klären, ob der Antrag fortbesteht.

Soweit das Gericht die Aufnahme ins Protokoll anordnet, protokolliert es einfach den Vorgang oder die Äußerung. Soweit es die Aufnahme in das Protokoll ablehnt, entscheidet es durch einen Beschluß. Er ist grundsätzlich kurz zu begründen, § 329 Anm 1 A b. Er wird in das Protokoll aufgenommen. Er ist grundsätzlich unanfechtbar. Wenn das Gericht die Voraussetzungen seines Ermessens verkannt oder die Aufnahme in das Protokoll ohne jede gesetzliche Grundlage abgelehnt hat, ist eine Beschwerde denkbar, vgl den zu § 707 von der Rechtsprechung entwickelten Grundgedanken, § 707 Anm 4 B a. Die Entscheidung ist zu verkünden oder formlos mitzuteilen, § 329 II 1. Das Gericht kann seine Entscheidung ändern.

6) Protokollanlage, V. Die im Protokoll, nicht notwendig auch auf der Anlage, BGH **10**, 329, als Anlage bezeichnete und dem Protokoll beigefügte Urkunde ist ein Bestandteil des Protokolls mit dessen Beweiskraft. Die Regelung gilt überall bei § 160. Eine Unterschrift durch den Vorsitzenden ist zwar oft ratsam, aber nur insoweit notwendig, als der Vorsitzende keinen Urkundsbeamten der Geschäftsstelle zugezogen hatte. Wegen der Kurzschrift und wegen einer Tonaufnahme usw vgl § 160a. Ein vorbereitender Schriftsatz wird erst dann zu einer Protokollanlage, wenn er im Protokoll als Anlage gekennzeichnet worden ist. Das gilt auch bei § 297.

Dietlein DNotZ **80**, 211 läßt in entsprechender Anwendung des § 1 I BeurkÄndG im Fall eines Prozeßvergleichs eine Verweisung auf die Protokollanlage zu.

7) VwGO: *Die Vorschrift gilt entsprechend, § 105 VwGO, vgl BVerwG MDR 77, 604. Zu I Z 3 vgl BVerwG 18, 19. Unter I Z 4 fallen alle Beteiligten, § 63 VwGO. Zu II vgl OVG Bln NJW 70, 486, zu III Z 4 BVerwG DÖV 83, 550, zu III Z 9 OVG Bre DÖV 83, 38. Anträge nach IV sind nur bis zum Schluß der mündlichen Verhandlung zulässig, BVerwG NJW 63, 730. Ein Verstoß gegen III Z 4 muß idR vor Schluß der mündlichen Verhandlung gerügt werden, BVerwG DÖV 81, 536, und ist kein absoluter Revisionsgrund, BVerwG NJW 76, 1705. Die nach § 160 III Z 3–5 protokollierten Vorgänge sind im Tatbestand nicht nochmals wiederzugeben, BVerwG VerwRspr 30, 1018 mwN.*

§ 160a *Vorläufige Aufzeichnung.* ^I Der Inhalt des Protokolls kann in einer gebräuchlichen Kurzschrift, mit einer Kurzschriftmaschine, mit einem Tonaufnahmegerät oder durch verständliche Abkürzungen vorläufig aufgezeichnet werden.

^{II} Das Protokoll ist in diesem Fall unverzüglich nach der Sitzung herzustellen. Soweit Feststellungen nach § 160 Abs. 3 Nr. 4 und 5 mit einem Tonaufnahmegerät vorläufig aufgezeichnet worden sind, braucht lediglich dies in dem Protokoll vermerkt zu werden. Das Protokoll ist um die Feststellungen zu ergänzen, wenn eine Partei dies bis zum rechtskräftigen Abschluß des Verfahrens beantragt oder das Rechtsmittelgericht die Ergänzung anfordert. Sind Feststellungen nach § 160 Abs. 3 Nr. 4 unmittelbar aufgenommen und ist zugleich das wesentliche Ergebnis der Aussagen vorläufig aufgezeichnet worden, so kann eine Ergänzung des Protokolls nur um das wesentliche Ergebnis der Aussagen verlangt werden.

^{III} Die vorläufigen Aufzeichnungen sind zu den Prozeßakten zu nehmen oder, wenn sie sich nicht dazu eignen, bei der Geschäftsstelle mit den Prozeßakten aufzubewahren. Tonaufzeichnungen können gelöscht werden,

1. soweit das Protokoll nach der Sitzung hergestellt oder um die vorläufig aufgezeichneten Feststellungen ergänzt ist, wenn die Parteien innerhalb eines Monats nach Mitteilung der Abschrift keine Einwendungen erhoben haben;
2. nach rechtskräftigem Abschluß des Verfahrens.

1) In der Sitzung, I, braucht noch keine endgültige Langschriftfassung hergestellt zu werden. Es ist vielmehr zulässig, den Inhalt des Protokolls ganz oder in beliebigen Teilen vorläufig aufzuzeichnen. Maßgeblich ist die Anordnung des Vorsitzenden.

Das Gesetz meint mit dem Ausdruck „vorläufig" nicht nur die Art der Aufzeichnung, sondern auch deren Inhalt. Ausreichend ist also zB nur zunächst nur knappe Zusammenfassung einer Zeugenaussage oder eines Augenscheins, etwa: „Der Zeuge erklärte im wesentlichen, er habe ...". Freilich birgt eine derart indirekte Wiedergabe erhebliche Gefahren, besonders wenn später eine Ergänzung nach II 3 notwendig wird. Deshalb ist es dringend ratsam, wenigstens bei einer Aussage im Sinn von § 160 III Z 4 auch die vorläufige Aufzeichnung sowohl dann in direkter Rede vorzunehmen, wenn der Vorsitzende sie diktiert, als auch dann, wenn der Urkundsbeamte der Geschäftsstelle sie mitschreibt, etwa: „Der Zeuge erklärte (im wesentlichen): Ich habe ...".

Eine Protokollerleichterung darf nicht zu einer auch nur möglichen Erschwerung der Feststellung desjenigen führen, was vor allem die Beweispersonen gesagt haben. Das Antragsrecht des § 160 IV erlaubt dem Gericht keineswegs, mangels eines Antrags flusig zu protokollieren. Was nach § 160 II wesentlich ist, muß auch bei einer vorläufigen Aufzeichnung von Amts wegen so präzise festgehalten werden, daß man es ohne erst später einsetzende Gedächtnisarbeit mit allen ihren Risiken jederzeit in die Langschrift übertragen kann. Daher muß die vorläufige Aufzeichnung verständlich sein. Ihre Entzifferung darf einem technisch und juristisch normal Fachkundigen keine besonderen Schwierigkeiten bereiten.

Dagegen ist keineswegs schon bei der vorläufigen Aufzeichnung eine abschließende Entschließung des Vorsitzenden und/oder des Urkundsbeamten der Geschäftsstelle dazu notwendig, mit welchen Worten ein Vorgang endgültig im Protokoll festgehalten werden soll. Das übersieht mancher Anwalt, wenn er beantragt, eine „Berichtigung" eines Protokolls vorzunehmen, das im Augenblick des Diktats des Vorsitzenden überhaupt noch nicht als Protokoll entstanden ist, oder wenn er meint, einen Befangenheitsantrag darauf eine solche lediglich vorläufige Formulierung beim Diktat des Vorsitzenden stützen zu können. Das gilt selbst dann, wenn im allgemeinen damit gerechnet werden kann, daß aus der vorläufigen Aufzeichnung eine entsprechend lautende endgültige werden mag. Solange keine endgültige Aufzeichnung vorliegt, mag die Partei anregen, die vorläufige Formulierung zu überdenken, hat aber noch nicht die Rechte, die gegenüber einem endgültigen Protokoll vorhanden sein können.

Deshalb sind auch Unebenheiten oder Widersprüchlichkeiten, die beim Diktat des Vorsitzenden oder bei der vorläufigen Aufzeichnung des Urkundsbeamten entstehen, zunächst durchaus unschädlich. Vorsitzender und Urkundsbeamter können und müssen natürlich vor der endgültigen Abfassung des Protokolls miteinander zu klären versuchen, welche Fassung gewählt werden soll, und notfalls jeder seine eigene Version zu Protokoll nehmen und unterschreiben. Gerade bei kniffligen Formulierungsproblemen, bei angeblich nicht gemachten Äußerungen, nicht gestellten Anträgen usw sind aber weder der Vorsitzende noch der Urkundsbeamte in der Sitzung und gar gegenüber einer Partei oder ihrem Proz-

Bev dazu verpflichtet, sofort und endgültig zu entscheiden, wie das Protokoll lauten solle. Manches Gericht läßt sich insofern zu vorschnellen Formulierungen drängen, die es bei einer sorgsamen Abwägung gar nicht von sich aus wählen würde. Es ist das Recht und die Pflicht des Vorsitzenden, aufdringliche Formulierungsforderungen eines Prozeßbeteiligten vor der Abfassung des endgültigen Protokolls zurückzuweisen.

Unter diesen Bedingungen ist die Art der vorläufigen Aufzeichnung beliebig. I nennt die derzeit in Betracht kommenden Techniken nicht abschließend. Inzwischen sind zB der Schreibautomat nebst Bildschirm-Lesegerät hinzugetreten. Bei einer unmittelbaren Tonaufnahme ist die Art des Tonträgers beliebig, zB Band, Draht, Platte. Auf ein zusammenfassendes Diktat des Richters kann dann verzichtet werden, BVerwG NJW **76**, 1282. Ein Wechsel der Aufnahmetechnik ist auch innerhalb der Sitzung zulässig, sofern kein „Loch" im Aufzeichnungsvorgang entsteht. Sammeltonträger für mehrere Verhandlungen sind zulässig.

Die Zuziehung eines Urkundsbeamten der Geschäftsstelle ist keine Voraussetzung der Zulässigkeit einer vorläufigen Aufzeichnung. Die Benutzung eines Bandgeräts ist zB gerade dann möglich, wenn der Vorsitzende oder der von ihm beauftragte Beisitzer das Protokoll nach § 159 I 2 selbst führen.

Gegen die Anordnung einer vorläufigen Aufzeichnung oder gegen die Art der Aufzeichnungstechnik ist grundsätzlich kein Rechtsbehelf statthaft. Freilich kann eine unverständliche oder unvollständige vorläufige Aufzeichnung eine Zurückverweisung erfordern, BVerwG MDR **77**, 604, und eine sture Benutzung einer offensichtlich unbrauchbaren vorläufigen Aufzeichnung den Vorwurf der Befangenheit begründen. Im übrigen dürfen die Aufnahmetechniken nicht so kompliziert werden, daß die Prozeßbeteiligten abgelenkt, verwirrt, gestört werden. Es mag zB unzumutbar sein, vom Zeugen zu verlangen, er möge den Wortlaut seiner soeben in den Schreibautomat geschriebenen Aussage vom bereitgehaltenen Bildschirm-Lesegerät ablesen, um etwaige Korrekturwünsche anzubringen, falls der Zeuge seine Brille nicht in die Verhandlung mitgebracht hat.

2) Nach der Sitzung, II, ist ein ganz oder teilweise vorläufig aufgezeichnetes Protokoll stets von Amts wegen unverzüglich in seiner endgültigen Fassung herzustellen, S 1. Das Gericht muß also ohne eine vorwerfbare Verzögerung eine in Langschrift verfaßte Urkunde anfertigen und unterschreiben, die grundsätzlich sämtliche überhaupt ins Protokoll gehörenden Angaben und Feststellungen enthält, LG Ffm Rpfleger **76**, 257, und die von allen nach § 163 Unterschreibenden verantwortet wird. Gegen eine verzögerliche Anfertigung des endgültigen Protokolls ist die Dienstaufsichtsbeschwerde zulässig.

Jedoch erlaubt S 2 einen bloßen Vermerk, daß die Aussagen von Zeugen, Sachverständigen und vernommenen Parteien sowie die Ergebnisse eines Augenscheins mit einem Tonaufnahmegerät vorläufig aufgezeichnet wurden, zB den Vermerk: „Die Aussagen der Zeugen X und Y wurden auf einem Tonband festgehalten". Eine zusätzliche Zusammenfassung der wesentlichen Ergebnisse ist dann umso ratsamer, aber nicht vorgeschrieben.

Ein solcher Vermerk reicht aber nicht aus, wenn eine vorläufige Aufzeichnung der Aussage in einer Kurzschrift oder mit Hilfe einer Kurzschriftmaschine oder im Weg von Abkürzungen erfolgt war. In diesen Fällen muß stets eine Langschrift hergestellt werden. Der Vorsitzende ist dann auch für die Richtigkeit der Übertragung mitverantwortlich.

3) Ergänzung des Protokolls. Eine Ergänzung um solche Teile, die infolge einer nur vorläufigen Aufzeichnung zuvor nur abgekürzt oder unvollständig waren, ist jederzeit von Amts wegen zulässig und oft ratsam, ja notwendig, etwa dann, wenn sich ergibt, daß das Gericht in der Beratung oder wegen des Eingangs eines weiteren Schriftsatzes den vollen Text des Diktierten benötigt. Eine solche Ergänzung darf nur dann im Verfahren nach § 164 erfolgen, wenn zugleich Unrichtigkeiten vorliegen. Sie erfolgt außerdem auf Grund eines formlosen Antrags einer Partei, II 3, wegen §§ 67, 74 auch auf Grund eines formlosen Antrags des Streithelfers oder des Streitverkündeten, oder auf Grund einer formlosen Anforderung des Rechtsmittelgerichts. Dann ist nur die Zulässigkeit der Ergänzung zu prüfen, nicht ihre Zweckmäßigkeit.

Der Ergänzung unterliegt alles, was nur vorläufig aufgezeichnet war. Bei dieser Gelegenheit darf die Fassung gekürzt werden, soweit die bisherige Formulierung Unwesentliches enthielt, § 160 II (das wäre allerdings noch keine Berichtigung einer Unrichtigkeit); jedoch muß das Gericht wegen § 160 IV in diesem Fall zunächst die Beteiligten oft anhören.

Eine nachträgliche Erweiterung erfolgt grundsätzlich nur nach § 164. Denn auch das, was man als unvollständig erkennt, ist unrichtig. II 2 bezieht sich aber ohnehin nur auf den § 160 III Z 4, 5.

Für einen förmlichen und daher zu einer Entscheidung zwingenden Antrag der Partei auf eine Ergänzung des Protokolls herrscht ein Anwaltszwang wie sonst, anders als bei einer bloß formellen Anregung zu einer Tätigkeit von Amts wegen. Das Antragsrecht erlischt mit dem Eintritt der Rechtskraft in demjenigen Prozeß, in dem das Protokoll entstanden war. Es gibt also kein Antragsrecht in einem anderen oder späteren Prozeß, selbst wenn dieselbe Partei auch dort auftritt, wohl aber ein Antragsrecht, solange der ursprüngliche Prozeß noch nicht insgesamt rechtskräftig beendet ist, selbst wenn die dem fraglichen Protokoll zugrunde liegende Verhandlung zu einem rechtskräftigen Zwischenurteil usw geführt hat.

Eine bloß eingeschränkte Ergänzung nach II 4 findet dann statt, wenn die Aussage unmittelbar auf einen Tonträger aufgenommen worden war, wenn also eine vollständige Fixierung vorhanden ist, und wenn zugleich, also bereits während der Verhandlung, wenigstens eine Zusammenfassung der wesentlichen Ergebnisse der Aussage vorläufig aufgezeichnet wurde. Dann kann man nur die Herstellung einer Langschrift dieser Zusammenfassung verlangen, selbst wenn die Tonaufzeichnung der vollständigen Aussage inzwischen schon teilweise gelöscht worden ist.

4) Aufbewahrung der vorläufigen Aufzeichnung, III. Die vorläufige Aufzeichnung wird bei den Prozeßakten aufbewahrt, wenn sie zu dieser Aufbewahrung geeignet ist. Dies ist bei einer Kurzschrift einschließlich einer maschinellen und bei Abkürzungen stets, bei einem Tonträger dann der Fall, wenn er nur diesen Prozeß erfaßt und ohne einen unzumutbaren Aufwand sowie ohne eine Beschädigung zB in eine Hülle genommen werden kann. Andernfalls wird die vorläufige Aufzeichnung dort verwahrt, wo die Akten zu lagern pflegen, also auf der Geschäftsstelle, und zwar auch dann, wenn die Prozeßakten dem Gericht vorliegen oder versandt sind oder in der Kanzlei bearbeitet werden usw. Die Verwaltung kann eine Geschäftsstelle mit der Sammelverwahrung beauftragen. Wenn Akten ins Archiv kommen und eine vorläufige Aufzeichnung noch aufbewahrt werden muß, gehört auch die letztere ins Archiv. Solange Verwaltungsvorschriften über Einzelheiten fehlen, sind die AktO und deren Durchführungsverordnungen entsprechend anwendbar.

Eine Löschung nach III 2 erfolgt keineswegs sofort nach der Herstellung des vollständigen Protokolls. Vielmehr geht zunächst von Amts wegen je eine Abschrift des Protokolls ohne den Inhalt des Tonträgers an jede Partei. Das ist eine Abweichung von dem nach dem Gesetz geltenden Grundsatz, daß das Gericht den Parteien keineswegs von Amts wegen eine Protokollabschrift schicken muß. Nach der Versendung muß das Gericht mindestens 1 Monat auf etwaige Einwendungen warten. Zwar erfolgt keine Zustellung, da weder ein Beschluß noch eine Verfügung des Richters im Sinn von § 329 II vorliegt, sondern eine Anordnung der Geschäftsstelle. Das übersieht Schmidt NJW **75**, 1309. Die Geschäftsstelle sollte aber den Absendezeitpunkt notieren. Denn sie kann die Frist sonst nicht kontrollieren. Eine förmliche Zustellung ist unter Umständen ratsam.

Die Partei kann die Aufzeichnung auf der Geschäftsstelle abhören. Sie darf die Aufzeichnung aber nicht von dort entfernen oder auf einen eigenen Tonträger überspielen, Franzki DRiZ **75**, 101, solange nicht sämtliche Beteiligten einverstanden sind. Auch ein Anwalt muß das beachten. Es besteht keine Hinweispflicht des Gerichts auf eine Löschungsmöglichkeit. Ein Hinweis ist aber zu empfehlen. Hierzu kann ein Formular benutzt werden.

Da der Vorsitzende für das volle Protokoll mitverantwortlich ist, sollte der Urkundsbeamte der Geschäftsstelle vor einer Löschung mit dem Vorsitzenden Rücksprache nehmen, obwohl der Urkundsbeamte für die Aufbewahrung und damit auch für die Löschung allein verantwortlich ist. Auch insofern sind bis zum Erlaß etwaiger Verwaltungsvorschriften die AktO und deren Durchführungsverordnungen entsprechend anwendbar. Im Fall der Verweigerung der Abhörmöglichkeit gilt § 299 Anm 2.

5) VwGO: *Die Vorschrift gilt entsprechend, § 105 VwGO. Die Ergänzung nach II 3 kommt nicht in Betracht, wenn neben der Tonbandaufzeichnung eine richterliche Zusammenfassung der Aussage vorhanden ist, BVerwG DÖV* **81***, 840. Einwendungen, III 2 Z 1, dürfen alle Beteiligten, § 63 VwGO, erheben.*

161 Entbehrliche Feststellungen.
[1] Feststellungen nach § 160 Abs. 3 Nr. 4 und 5 brauchen nicht in das Protokoll aufgenommen zu werden,

1. wenn das Prozeßgericht die Vernehmung oder den Augenschein durchführt und das Endurteil der Berufung oder der Revision nicht unterliegt;

1. Titel. Mündliche Verhandlung § 161 1–3

2. soweit die Klage zurückgenommen, der geltend gemachte Anspruch anerkannt oder auf ihn verzichtet wird, auf ein Rechtsmittel verzichtet oder der Rechtsstreit durch einen Vergleich beendet wird.

II In dem Protokoll ist zu vermerken, daß die Vernehmung oder der Augenschein durchgeführt worden ist. § 160a Abs. 3 gilt entsprechend.

1) Entbehrliche Feststellungen. A. Allgemeines, I. Im vorläufigen wie im endgültigen Protokoll können alle unwesentlichen Feststellungen fehlen. § 160 I, III bestimmt den Mußinhalt. Als eine Ausnahme von § 160 III Z 4, 5 darf das Protokoll über die Aussagen eines Zeugen, eines Sachverständigen oder einer vernommenen Partei sowie über die Ergebnisse eines Augenscheins in zwei unterschiedlichen Fallgruppen fehlen. Das gilt auch und nur, soweit deren Voraussetzungen nur zum Teil vorliegen. Es ist also zB ein Protokoll erforderlich, soweit die Vernehmung vor dem ersuchten Richter stattfindet oder soweit die Klage nicht zurückgenommen worden ist. Ein Protokollzwang entfällt im übrigen nur, soweit überhaupt ausscheidbare Vorgänge vorliegen. Im Zweifel ist ein volles Protokoll notwendig.

Z 1: Wenn das Prozeßgericht einen Zeugen oder einen Sachverständigen vernommen oder einen Augenschein durchgeführt hat, können die Ergebnisse als entbehrlich fehlen, soweit das Endurteil weder mit der Berufung noch mit der Revision anfechtbar ist. Als Prozeßgericht ist auch der Einzelrichter nach § 348 anzusehen, nicht aber der beauftragte oder ersuchte Richter. Für die Frage, ob die Berufung oder die Revision voraussichtlich statthaft sind, kommt es auf den Zeitpunkt einer ordnungsmäßigen Herstellung des Protokolls an, also auf einen Zeitpunkt in oder unverzüglich nach der Sitzung. Die Statthaftigkeit des Rechtsmittels muß auch dann vorerst bejaht werden, wenn es von einer Zulassung abhängen kann. Wenn nur entweder die Berufung oder die Revision statthaft sein kann, muß das Protokoll auch die Ergebnisse der Vernehmungen oder des Augenscheins enthalten, vgl BVerwG NJW **77**, 313. Das gilt selbst dann, wenn das Rechtsmittel vor der tatsächlichen Herstellung des vollständigen Protokolls unstatthaft geworden ist.

Z 2: Feststellungen sind entbehrlich, soweit eine Klagerücknahme nach § 269 oder ein Anerkenntnis nach § 307 oder ein Anspruchsverzicht nach § 306 oder ein Rechtsmittelverzicht nach den §§ 346, 514, 566 oder ein Prozeßvergleich, Anh § 307, wirksam werden. In diesen Fällen hängt die Entbehrlichkeit der Feststellung nicht davon ab, ob die Berufung oder die Revision bis zum maßgeblichen Vorgang statthaft gewesen sind. Im übrigen gelten dieselben Voraussetzungen wie bei Z 1.

Z 1 und 2 können zusammentreffen. Eine Verwirkung der Rüge eines fehlerhaften Protokolls ist möglich, BVerwG NJW **77**, 314. Ein Verzicht eines Beteiligten auf ein vollständiges Protokoll entbindet das Gericht nicht von der Notwendigkeit der Prüfung von Amts wegen darüber, ob es gleichwohl ein vollständiges Protokoll anfertigen muß. Freilich bleibt dann meist nichts Wesentliches, § 160 II, mehr.

B. Vermerk, II 1. Ein Vermerk darüber, daß die Vernehmung oder der Augenschein durchgeführt wurden, ist stets im Protokoll anzubringen. Da gar keine weitere Niederschrift notwendig ist, ist die Zuziehung einer Hilfsperson ebenso zulässig wie ein Vermerk des Berichterstatters, vgl BGH **LM** § 161 aF Nr 5, offen BGH VersR **80**, 751 (zum neuen Recht). Ein solcher Vermerk ist den Parteien wegen Art 103 I GG so rechtzeitig mitzuteilen, daß sie ihn verwerten können, vgl BGH **LM** Art 103 GG Nr 19 und **LM** § 554 Nr 23, Mezger NJW **61**, 1701. Bei I Z 1 ist weder ein solcher Vermerk noch die Wiedergabe der Aussage im Urteil notwendig, Schmitz DRiZ **76**, 313 (zum alten Recht). BGH **21**, 59 hielt zu §§ 159ff aF die Aufnahme eines technisch schwierigen Sachverständigengutachtens nicht für notwendig; s aber § 160 V.

2) Aufbewahrung, II 2. Eine Aufbewahrung kommt in Frage, wenn in einem Fall nach I eine vorläufige Aufzeichnung oder ein sonstiger Vermerk angefertigt werden. Zwar kommt eine Ergänzung des Protokolls anders als bei § 160a II 3, 4 nicht in Betracht. Denn es besteht ja überhaupt kein diesbezüglicher Protokollzwang, I. Dennoch darf man eine etwaige freiwillige vorläufige Aufzeichnung oder einen Vermerk nur nach Maßgabe des entsprechend anwendbaren § 160a III behandeln, also nicht irgendwo im Schreibtisch des Richters verwahren, sondern nur bei den Prozeßakten bzw auf der Geschäftsstelle. Eine Tonaufzeichnung darf nur nach § 160a III Z 1, 2 gelöscht werden. Vgl außerdem Anm 1 B.

3) VwGO: Die Vorschrift gilt entsprechend, § 105 VwGO, jedoch ist I Z 1 nur im Normenkontrollverfahren, § 47 VwGO, anwendbar, weil jedes andere Endurteil eines VG oder OVG der Berufung oder Revision unterliegt, wenn auch uU erst nach Zulassung. Ein Verstoß ist kein absoluter

Revisionsgrund, BVerwG **48**, 369. Der Verlust des Rügerechts entsprechend § 295 I für anwaltlich vertretene Beteiligte ist möglich, *BVerwG NJW* **77**, 313, nicht aber in anderen Fällen, *BVerwG NJW* **77**, 263.

162 *Prüfung durch Beteiligte.* [I] Das Protokoll ist insoweit, als es Feststellungen nach § 160 Abs. 3 Nr. 1, 3, 4, 5, 8, 9 oder zu Protokoll erklärte Anträge enthält, den Beteiligten vorzulesen oder zur Durchsicht vorzulegen. Ist der Inhalt des Protokolls nur vorläufig aufgezeichnet worden, so genügt es, wenn die Aufzeichnungen vorgelesen oder abgespielt werden. In dem Protokoll ist zu vermerken, daß dies geschehen und die Genehmigung erteilt ist oder welche Einwendungen erhoben worden sind.

[II] Feststellungen nach § 160 Abs. 3 Nr. 4 brauchen nicht abgespielt zu werden, wenn sie in Gegenwart der Beteiligten unmittelbar aufgezeichnet worden sind; der Beteiligte, dessen Aussage aufgezeichnet ist, kann das Abspielen verlangen. Soweit Feststellungen nach § 160 Abs. 3 Nr. 4 und 5 in Gegenwart der Beteiligten diktiert worden sind, kann das Abspielen, das Vorlesen oder die Vorlage zur Durchsicht unterbleiben, wenn die Beteiligten nach der Aufzeichnung darauf verzichten; in dem Protokoll ist zu vermerken, daß der Verzicht ausgesprochen worden ist.

1) Vorlesung, Vorlage, I 1. Das Gericht muß grundsätzlich von Amts wegen aus dem in Langschrift fertigen Protokollentwurf alle Feststellungen nach § 160 III Z 1, 3, 4, 5, 8, 9 und außerdem alle Anträge, die weder aus einem vorbereitenden Schriftsatz noch aus einer Protokollanlage verlesen wurden, sondern nach § 297 I 2 zum Protokoll erklärt wurden, den Parteien vorlesen oder zur Durchsicht vorlegen. Der Urkundsbeamte der Geschäftsstelle muß den Vorsitzenden notfalls erinnern. I 3 ergibt, daß der Sinn der Vorschrift darin besteht, die Genehmigung der Beteiligten zu erwirken, insofern auch *Düss FamRZ* **83**, 723. Die Genehmigung ist von dem Erklärenden bzw der Partei, also nicht nur zB vom Zeugen, zu erwirken, *Putzo NJW* **75**, 188. Freilich ist die Wirksamkeit des Protokolls nicht stets von einer Genehmigung abhängig, und im übrigen ist die Wirksamkeit der protokollierten Handlung grundsätzlich nicht von der Ordnungsmäßigkeit des Protokolls abhängig, *BSG MDR* **81**, 612, vgl *RoS* § 107 IV 2, *ThP* 1, insofern aM *Düss FamRZ* **83**, 723 (zum Anerkenntnis). Das Gericht darf und muß unter Umständen die ursprüngliche Fassung des Protokolls trotz Einwendungen, I 3, bestehen lassen. Gemeint ist also vielmehr die urkundliche Klärung darüber, inwieweit das Gericht und die Beteiligten über die Richtigkeit des Protokollentwurfs übereinstimmen.

Bei einem bloßen Vermerk nach § 161 II ergibt sich keine Anwendung von § 162 (ein solcher Vermerk liegt auch vor, wenn zB ,,Zeuge X vernommen wurde und erklärte, er habe . . ." oder eine ähnliche indirekte Gedächtnisstütze vorliegt. Dagegen ist bei einem echten Wortprotokoll, auch einem diktierten, § 162 selbst dann anwendbar, wenn nach § 161 überhaupt kein Protokoll notwendig wäre, insofern offenbar aM *BGH VersR* **80**, 751. § 160 II kann eine Maßnahme nach § 162 erübrigen. § 160 IV ist nicht anwendbar.

2) Vorläufige Aufzeichnung. A. Grundsatz. Im allgemeinen reicht die Vorlesung der vorläufigen Aufzeichnung aus. Das Gericht braucht also weder die vorläufige Aufzeichnung noch deren Übertragung in die Langschrift vorzulegen. Bei einem Tonträger reicht das Abspielen aus. Die Vorlesung bzw das Abspielen sind freilich erforderlich. Ein lautes Diktat genügt also nicht, *OVG Münster NJW* **76**, 1228, selbst wenn das Diktat genehmigt wurde, *Schlesw SchlHA* **80**, 73. Ein Verzicht des Beteiligten ist unbeachtlich, *Ffm FamRZ* **80**, 907 mwN. Freilich kann besonders bei einem Verzicht § 160 II anwendbar sein.

B. Ausnahmen. Ausnahmsweise braucht das Gericht weder vorzulesen noch abzuspielen, wenn folgende Voraussetzungen in Gegenwart aller und nicht bloß einiger Beteiligter erfüllt wurden:

a) Diktat, Verzicht. Entweder hat das Gericht den Text ins Stenogramm oder auf einen Tonträger diktiert, und alle Beteiligten haben auf die Vorlesung verzichtet. Der Verzicht muß von allen Beteiligten ausgesprochen worden sein, also nicht bloß von den Beweispersonen, *Schmidt NJW* **75**, 1308, und zwar nach der Aufzeichnung, nicht nur vor ihr oder während der Aufzeichnung. Das gilt allerdings nur gegenüber der Aussage eines Zeugen, Sachverständigen, der vernommenen Partei und bei einem Augenschein, § 160 II Z 4, 5. Der Verzicht kann auch stillschweigend erfolgen; so geschieht es vielfach in der Praxis insbesondere dann, wenn die Parteien anwaltlich vertreten sind. Im Zweifel empfiehlt sich

1. Titel. Mündliche Verhandlung §§ 162, 163

eine Rückfrage des Vorsitzenden. Es läßt sich nur nach den Umständen des Einzelfalls beurteilen, ob alle Beteiligten einen Verzicht nach a oder b erklärt haben. Wenn eine anwaltlich vertretene Partei keinen Antrag stellt, liegt in ihrem Verhalten grundsätzlich ein stillschweigender Verzicht. Wenn sich ein Zeuge bei seiner Aussage weder in Widersprüche verwickelte noch irgendwelche sonstigen Schwierigkeiten bereitete, liegt mangels eines Antrags auch bei ihm grundsätzlich ein wenigstens stillschweigender Verzicht vor, und zwar auch dann, wenn der Zeuge rechtsunkundig ist.

Ein nachträglicher Verzicht auf die Vorlesung reicht nicht aus, wenn das Gericht die Aussage oder das Ergebnis des Augenscheins nicht in der Gegenwart aller Beteiligten diktiert hatte, BVerwG NJW **76**, 1283, Schmidt NJW **75**, 1308.

b) Unmittelbare Aufzeichnung. Das Gericht kann auch die Originalaussage des Zeugen, Sachverständigen oder der vernommenen Partei unmittelbar auf einen Tonträger aufgenommen haben, § 160 III Z 4. Es darf also nicht bloß eine Kurzschriftaufnahme erfolgt sein, BVerwG NJW **76**, 1283. Auch im Fall einer unmittelbaren Tonaufzeichnung ist ein stillschweigender Verzicht zulässig. Derjenige, dessen Aussage aufgezeichnet wurde (nicht ein anderer Beteiligter), kann ein Abspielen verlangen, II 1 Hs 2. Das Gericht braucht auf dieses Recht aber nicht hinzuweisen, BVerwG NJW **76**, 1282. Das Gericht braucht auch keinen Vermerk dahin aufzunehmen, das Abspielen sei nicht verlangt worden. Erst recht braucht das Gericht die Aussage nicht abzuspielen, soweit das Abspielen nicht beantragt wurde, BVerwG NJW **76**, 1282. Eine vorläufige Aufzeichnung neben einer unmittelbaren ist vorzulesen, BVerwG DÖV **83**, 550.

3) Protokollvermerk. Das Gericht muß einen Vermerk nach I 3, II letzter Hs anfertigen, und zwar besonders dann, wenn das Protokoll einen Vollstreckungstitel schafft. Ausreichend ist zB: ,,v. g.", ,,a. g.", ,,auf V. verz.". Die Unterschrift der Beteiligten ist unnötig, Einf 3 vor §§ 159–165.

4) Verstoß. Ein Verstoß zwingt das Gericht zur Nachholung in einer notfalls neuen mündlichen Verhandlung. Soweit die Nachholung nicht möglich ist, ist kein wirksames Protokoll entstanden, vgl Ffm FamRZ **80**, 907, KG FamRZ **81**, 194 je mwN. Sofern der Vorgang in der Verhandlung korrekt ablief und nur seine Protokollierung unrichtig vorgenommen wurde, ist § 164 anwendbar. Soweit das Gericht und ein Beteiligter voneinander abweichen, I letzter Hs, muß das Gericht im Protokoll nicht nur vermerken, daß eine Abweichung vorliegt, sondern auch, worin sie besteht. Auf Grund eines etwaigen Antrags ist sodann § 160 IV anwendbar. Das Gericht muß auf einen sachdienlichen Antrag nach § 139 hinwirken.

5) VwGO: *Die Vorschrift gilt entsprechend, § 105 VwGO (BVerwG NJW **74**, 1916 ist durch die Neufassung überholt). Ein Verstoß kann bei anwaltlicher Vertretung durch Unterlassen einer rechtzeitigen Rüge, § 295, geheilt werden, BVerwG DÖV **81**, 840 6, DÖV **83**, 550 mwN u NJW **76**, 1283. Die nicht verlesene Klagrücknahme ist wirksam, OVG Bre DÖV **83**, 38.*

163 **Unterschrift.** **I Das Protokoll ist von dem Vorsitzenden und von dem Urkundsbeamten der Geschäftsstelle zu unterschreiben. Ist der Inhalt des Protokolls ganz oder teilweise mit einem Tonaufnahmegerät vorläufig aufgezeichnet worden, so hat der Urkundsbeamte der Geschäftsstelle die Richtigkeit der Übertragung zu prüfen und durch seine Unterschrift zu bestätigen; dies gilt auch dann, wenn der Urkundsbeamte der Geschäftsstelle zur Sitzung nicht zugezogen war.**

II Ist der Vorsitzende verhindert, so unterschreibt für ihn der älteste beisitzende Richter; war nur ein Richter tätig und ist dieser verhindert, so genügt die Unterschrift des zur Protokollführung zugezogenen Urkundsbeamten der Geschäftsstelle. Ist dieser verhindert, so genügt die Unterschrift des Richters. Der Grund der Verhinderung soll im Protokoll vermerkt werden.

1) Gemeinsame Unterschrift, I 1. Sowohl der Vorsitzende als auch der etwa zugezogene Urkundsbeamte der Geschäftsstelle müssen das als eine einheitliche Urkunde herzustellende Protokoll unterschreiben. Der Vorsitzende ist wegen der Aufnahme der Niederschrift von Zeugenaussagen usw erweitert mitverantwortlich, BVerwG NJW **77**, 264. Er muß die inhaltliche Richtigkeit und Vollständigkeit mitprüfen, darf sich aber auf sein Gedächtnis und auf etwaige eigene Notizen beschränken. Er muß im Zweifel die Beisitzer und den Urkundsbeamten der Geschäftsstelle befragen. Er kann aber die Hauptverantwortung für die zutreffende Aufnahme und Wiedergabe der vorläufigen Aufzeichnung gleich welcher

§§ 163, 164 1   1. Buch. 3. Abschnitt. Verfahren

Art dem Urkundsbeamten der Geschäftsstelle überlassen, sofern der letztere das Protokoll führt.

Die Unterschriften müssen handschriftlich und eigenhändig erfolgen. Andernfalls sind sie unwirksam. Es muß derjenige unterschreiben, der die Verhandlung leitet. Das ist im Fall eines Prozeßvergleichs vor dem beauftragten Richter der letztere, nicht etwa später der Vorsitzende des Kollegiums, Stgt JB **76**, 92. Die Unterschrift kann auf Grund einer Rüge noch in der höheren Instanz nachgeholt werden, BGH **LM** § 164 aF Nr 3 (wegen eines Verkündungsprotokolls), Stgt JB **76**, 380.

2) Tonaufnahme, I 2. In diesem Fall ist der Urkundsbeamte der Geschäftsstelle für die Richtigkeit der Übertragung in die Langschrift stets allein verantwortlich. Das gilt unabhängig davon, ob der Urkundsbeamte bei der Tonaufnahme anwesend war, BVerwG NJW **77**, 264; ob er oder das Aufnahmegerät bedient hat; ob er oder die Kanzlei die Übertragung technisch vorgenommen haben; ob die Übertragung unverzüglich nach der Sitzung oder das Protokoll insofern erst später von Amts wegen oder auf Grund eines Antrags oder auf Grund der Anforderung eines Beteiligten, § 160a II 3, 4, ergänzt wurde.

Die Bestätigung einer richtigen Übertragung erfolgt nur durch die Unterschrift des Urkundsbeamten der Geschäftsstelle. Es ist also kein besonderer Bestätigungsvermerk notwendig. Er ist aber zulässig und zur Vermeidung von etwaigen Mißverständnissen ratsam. Das gilt besonders dann, wenn das übrige Protokoll nicht von demselben Urkundsbeamten angefertigt worden ist.

Die Nachholung zumindest der Funktionsbezeichnung „Urkundsbeamter der Geschäftsstelle" ist noch in der Revisionsinstanz zulässig, BVerwG NJW **77**, 264. Nur derjenige darf die Bestätigung geben, der die Aufnahme abhört. Der Vorsitzende bleibt für die inhaltliche Richtigkeit und Vollständigkeit des Übertragenen insofern mitverantwortlich, BVerwG NJW **77**, 264, als er es zu prüfen und evtl auf eine kritische Nachprüfung durch den Urkundsbeamten hinzuwirken hat.

3) Verhinderung an der Unterschrift, II. Diese Verhinderung tritt ein, sobald der Vorsitzende seine Beurkundungsfähigkeit verliert, § 315 Anm 1 B, oder sobald ein weiteres Zuwarten auf seine Unterschrift prozessual unverantwortbar oder sinnlos ist. Das ist bei einer Versetzung des Vorsitzenden möglich, muß aber nicht sogleich eintreten, wohl ebenso BGH VersR **81**, 553 mwN, insofern aM Stgt Rpfleger **76**, 258 (abl Vollkommer). Wenn der Vorsitzende verhindert ist, unterschreibt der dienstälteste Beisitzer, vgl auch § 315 I 2, zusätzlich zur eigenen Unterschrift „zugleich für den verhinderten Vorsitzenden". Wenn nur ein Richter tätig war, sei es beim AG, sei es als Einzelrichter nach § 348 oder nach § 524, sei es als beauftragter oder ersuchter Richter, dann unterschreibt bei seiner Verhinderung der Urkundsbeamte der Geschäftsstelle, soweit er als Protokollführer zugezogen war, also nicht, wenn er nur nach I 2 Hs 2 tätig werden muß. Im letzteren Fall ist kein wirksames Protokoll möglich.

Bei einer Verhinderung des zur Unterschrift befugten Urkundsbeamten der Geschäftsstelle genügt die Unterschrift des Vorsitzenden oder notfalls diejenige des dienstältesten Beisitzers, und zwar auch dann, wenn der Urkundsbeamte eine vorläufige Aufzeichnung aufgenommen hatte.

Der Verhinderungsgrund soll, nicht muß, im endgültigen Protokoll kurz vermerkt werden, zB „Vorsitzender X ist wegen einer Erkrankung an der Unterschrift verhindert".

4) VwGO: *Die Vorschrift gilt entsprechend, § 105 VwGO.*

164 Berichtigung. **I** Unrichtigkeiten des Protokolls können jederzeit berichtigt werden.

II Vor der Berichtigung sind die Parteien und, soweit es die in § 160 Abs. 3 Nr. 4 genannten Feststellungen betrifft, auch die anderen Beteiligten zu hören.

III Die Berichtigung wird auf dem Protokoll vermerkt; dabei kann auf eine mit dem Protokoll zu verbindende Anlage verwiesen werden. Der Vermerk ist von dem Richter, der das Protokoll unterschrieben hat, oder von dem allein tätig gewesenen Richter, selbst wenn dieser an der Unterschrift verhindert war, und von dem Urkundsbeamten der Geschäftsstelle, soweit er zur Protokollführung zugezogen war, zu unterschreiben.

1) Unrichtigkeit, I. Das Protokoll kann insgesamt unrichtig sein oder bei einer nachträglichen Herstellung unrichtig werden. Seine Berichtigung ist in allen Fällen jederzeit von

1. Titel. Mündliche Verhandlung § 164 1–5

Amts wegen, Mü OLGZ **80**, 466, oder auf Grund eines Antrags zulässig. Das gilt auch dann, wenn die Unrichtigkeit schon in der Rechtsmittelinstanz gerügt worden ist, BVerwG MDR **81**, 166 mwN, Hamm Rpfleger **79**, 30 mwN, offen BGH **18**, 355 und **26**, 341, aM BGH NJW **52**, 432. Eine Erklärung der nicht rechtskundigen Partei, sie sei trotz ihrer Anwesenheit nicht aufgerufen worden, ist in der Regel als ein Berichtigungsantrag zu werten, BVerfG **42**, 369.

Das Wort „kann" bedeutet, wie so oft: Das Gericht ist zuständig. Es liegt also nicht etwa ein Ermessensspielraum vor. Eine erwiesene Unrichtigkeit muß vielmehr berichtigt werden, und zwar auch dann, wenn die Auswirkung der Unrichtigkeit derzeit noch unerheblich ist. Zu berichtigen ist nicht nur eine offenbare Unrichtigkeit, sondern jede Unrichtigkeit, Hamm Rpfleger **79**, 30, Mü OLGZ **80**, 466 mwN. Insofern geht § 164 weiter als § 319. Eine Richtigstellung im Urteil oder in einer anderen Sachentscheidung erübrigt das Verfahren nach § 164 nicht.

Ob eine Unrichtigkeit vorliegt, müssen alle diejenigen prüfen, die für das Zustandekommen der fraglichen Stelle mitverantwortlich waren, also grundsätzlich der Vorsitzende (bei seiner fortdauernden Verhinderung der dienstälteste Beisitzer) bzw der allein tätig gewordene Richter und außerdem der als Urkundsbeamter der Geschäftsstelle für die fragliche Protokollstelle tätig gewordene Beamte. Sie müssen in ihrer Meinung übereinstimmen, vgl BAG NJW **65**, 931. Berichtigen kann und muß nur derjenige, der mitgewirkt hat, selbst wenn er inzwischen versetzt worden ist, vgl Schlesw SchlHA **60**, 145. Wenn der Richter zum Staatsanwalt ernannt und der Urkundsbeamte entlassen wurden, sind beide verhindert, Mü OLGZ **80**, 467.

2) Anhörung, II. Soweit das Gericht eine Berichtigung des Protokolls von Amts wegen oder auf Grund eines Antrags beabsichtigt, muß es stets beide Parteien einschließlich der Streithelfer und Streitverkündeten anhören, soweit sie infolge der Berichtigung beschwert sein würden. Das Gericht muß außerdem auch den Zeugen, den Sachverständigen und die vernommene Partei persönlich anhören, soweit die Berichtigung die Feststellung von deren Aussagen betrifft. Hierbei ist eine weite Auslegung des Begriffs „Betroffenheit" erforderlich. Das Gericht muß dem Anzuhörenden eine angemessene Frist setzen.

3) Berichtigung, III. Die Berichtigung erfolgt durch einen Vermerk, eine Richtigstellung, Mü OLGZ **80**, 467. Er wird entweder auf dem zuvor falschen Protokoll selbst oder auf einer mit ihm zu verbindenden Anlage angebracht. Im letzteren Fall ist ein Hinweis auf die Anlage im Protokoll selbst erforderlich, damit man bei der Durchsicht des Protokolls oder der Erteilung einer Abschrift eine Berichtigung nicht übersieht. Die Berichtigung ist grundsätzlich vom Richter und vom Urkundsbeamten der Geschäftsstelle gemeinsam zu unterschreiben, und zwar auf dem berichtigten Protokoll, nicht bloß auf der berichtigten Anlage. Unterschreiben muß auch derjenige Richter, der beim unrichtigen Protokoll an der Unterschrift verhindert gewesen war. Der Urkundsbeamte der Geschäftsstelle muß nur unterschreiben, soweit er als Protokollführer zugezogen gewesen war, also im Fall einer bloßen Tätigkeit nach § 163 I 2 nur, soweit Übertragungsfehler zu berichtigen sind. Der Urkundsbeamte unterschreibt auch, wenn er an der Unterzeichnung des unrichtigen Protokolls verhindert gewesen war. Er unterschreibt natürlich nicht, soweit er bei dem unrichtigen Protokoll überhaupt nicht mitgewirkt hat.

Die Berichtigung ist unanfechtbar, vgl Ffm OLGZ **74**, 302. Vgl aber auch § 319 Anm 1 wegen eines Vergleichs.

4) Ablehnung der Berichtigung. Das Gericht lehnt eine Berichtigung in der Form eines Beschlusses ab. Er ist grundsätzlich zu begründen, § 329 Anm 1 A b. Er wird verkündet oder den Beteiligten formlos mitgeteilt. Denn er ist grundsätzlich unanfechtbar. Die höhere Instanz hat ja an der fraglichen Sitzung nicht teilgenommen und die Vorgänge nicht selbst wahrgenommen; sie kann sie daher nur selten ohne weiteres überprüfen, Holtgrave DB **75**, 824, vgl Nürnb MDR **63**, 603.

Ausnahmsweise ist eine Beschwerde nach § 567 denkbar, wenn die höhere Instanz zB mit Hilfe einer dienstlichen Äußerung oder eines Aktenvermerks aller an der Sitzung beteiligt gewesenen Gerichtspersonen den Sachverhalt doch überprüfen kann oder wenn das Gericht oder eine überhaupt nicht zur Entscheidung berufene Person die Berichtigung als unzulässig abgelehnt hatten, Mü OLGZ **80**, 466 mwN, aM Hamm Rpfleger **79**, 31 mwN.

5) *VwGO*: *Die Vorschrift gilt entsprechend, § 105 VwGO; Parteien, II, sind auch hier die Beteiligten iSv § 63 VwGO. Auch bereits mit einem Rechtsmittel gerügte Fehler dürfen berichtigt werden, Anm 1, BVerwG MDR **81**, 166. Die Berichtigung, Anm 3, und ihre Ablehnung, Anm 4, sind grundsätzlich unanfechtbar und können deshalb auch vom RevGericht nicht überprüft werden,*

BVerwG DÖV **81**, 180. Eine Beschwerde, § 146 VwGO, gegen die Ablehnung ist allenfalls ausnahmsweise, Anm 4 aE, zulässig, VGH Mü DÖV **81**, 766.

165 *Beweis von Förmlichkeiten.* Die Beachtung der für die mündliche Verhandlung vorgeschriebenen Förmlichkeiten kann nur durch das Protokoll bewiesen werden. Gegen seinen diese Förmlichkeiten betreffenden Inhalt ist nur der Nachweis der Fälschung zulässig.

1) Beweiskraft, S. 1. Der Beweis einer vorgeschriebenen Förmlichkeit in der mündlichen Verhandlung ist nur durch das Protokoll möglich. § 165 geht den §§ 286, 415, 418 vor. Der Begriff der Förmlichkeit muß eng ausgelegt werden. Das Gesetz meint nur den äußeren Hergang der Verhandlung, im Gegensatz zu ihrem Inhalt.

Zu den Förmlichkeiten gehören also zB: Die in § 160 I und III Z 2, 7 genannten Punkte, LG Kiel SchlHA **76**, 95; der Aufruf, § 220; die Einhaltung des § 285, LG Brschw WM **77**, 11.

Nicht zu den Förmlichkeiten gehören zB: § 160 III Z 1, 3, Brschw MDR **76**, 673, Z 4, BGH NJW **82**, 1053, mwN; § 160 III Z 5–6, 8, 9, Hamm DRZ **49**, 448; ein Prozeßantrag, vgl Kblz MDR **75**, 63; überhaupt der Inhalt des Parteivorbringens, zB eine Zuständigkeitsrüge, Hamm Rpfleger **74**, 327, Oldb NJW **73**, 811 (wohl aber ein Hinweis nach § 504), oder ein Hinweis, ob eine Erörterung der Sache stattgefunden hat, Düss Rpfleger **77**, 457.

Unzulässig ist zB ein Hinweis, daß etwas anderes verkündet worden sei oder daß andere Anträge gestellt worden seien. Das Protokoll beweist das Geschehen wie das Nichtgeschehen, Ffm FamRZ **82**, 810. Jeder andere Beweis oder Gegenbeweis ist ausgeschlossen (eine Ausnahme gilt nach S 2). Natürlich geht eine Berichtigung nach § 164 vor, vgl auch Ffm OLGZ **74**, 302, LG Kiel SchlHA **76**, 95. Gegen die Beweiswirkung schützt auch nicht ein sofortiger Widerspruch, soweit er nicht zur Änderung des Entwurfs oder zur Berichtigung des fertigen Protokolls führt.

Soweit das Protokoll schweigt, während der Tatbestand des Urteils etwas feststellt, widerlegt das Protokoll den Tatbestand nicht. Soweit das Protokoll lückenhaft ist, wird es frei gewürdigt, BGH **26**, 340, Ffm FamRZ **82**, 810.

§ 165 gilt nur für dasjenige Verfahren, in dem die mündliche Verhandlung stattfand. Wenn ihr Ablauf in einem anderen Prozeß streitig wird, muß das dortige Gericht den Ablauf frei würdigen, BGH **LM** § 80 ZVG Nr 1.

2) Entkräftung, S. 2. Der Beweis einer Förmlichkeit kann nur durch den Nachweis der Fälschung entkräftet werden, also durch den Nachweis einer wissentlich falschen Beurkundung oder einer nachträglichen Verfälschung, vgl Ffm OLGZ **74**, 302. Dieser Nachweis ist mit allen Beweismitteln zulässig. Der Nachweis eines Irrtums oder einer bloßen Unrichtigkeit genügt nicht, Ffm JB **78**, 447 (nur für § 19 BRAGO), ebensowenig die Wahrscheinlichkeit einer Unrichtigkeit, Saarbr NJW **72**, 61. Ein Strafurteil braucht nicht unbedingt abgewartet zu werden.

3) VwGO: Die Vorschrift gilt entsprechend, § 105 VwGO. Zu S 1 OVG Bln NJW **70**, 486, zu S 2 BVerwG RiA **69**, 56 mwN.

Zweiter Titel. Verfahren bei Zustellungen
Übersicht

Schrifttum: Hohmann, Die Übermittlung von Schriftstücken usw, 1977; Volbers, Fristen, Termine, Zustellungen, 4. Aufl 1978.

1) Begriffe. A. Wirkliche Zustellung. Als Zustellung sieht man diejenige Übergabe eines Schriftstücks an, die in einer gesetzlichen Form geschieht und in derselben Form beurkundet wird, BGH NJW **78**, 1858, Ffm Rpfleger **78**, 134. Den Gegensatz zu einer (förmlichen) Zustellung bildet eine formlose Mitteilung, vgl §§ 270 II, 329 II 1. Man unterscheidet ferner zwischen einer wirklichen Zustellung und einer nur unterstellten, B.

Der Zweck der Zustellung besteht darin, den Zeitpunkt und die Art der Übergabe des Schriftstücks nachweisen zu können. Die Übergabe ist ein sehr bedeutungsvoller Vorgang. An ihn knüpfen sich wichtige prozessuale Wirkungen. Die Zustellung geschieht im Interesse beider Parteien und auch zur Beachtung des Art 103 I GG, BGH NJW **78**, 1059 und 1858, Köln MDR **83**, 139. Die Zustellung ist keine selbständige Prozeßhandlung, insofern richtig Schütze BB **78**, 589 mwN, sondern immer ein öffentlichrechtlicher Staatsakt.

2. Titel. Verfahren bei Zustellungen   Übers § 166   1–4

B. Unterstellte (fingierte) Zustellung. Zu ihr gehören drei Zustellungsarten: **a)** Die öffentliche Zustellung. Das Gericht ordnet sie an. Der Urkundsbeamte der Geschäftsstelle führt sie aus; **b)** die Zustellung durch eine Aufgabe zur Post, nicht zu verwechseln mit der Zustellung durch die Post; **c)** die Zustellung durch eine Niederlegung nach den §§ 182, 195 a.

2) Geltung außerhalb der ZPO. Die Vorschriften der ZPO über die Zustellung sind insgesamt oder mit gewissen Abweichungen vielfach anderweit anwendbar. Das gilt zB: In einer Strafsache, § 37 StPO; im Konkursverfahren, § 72 KO (eine Postsperre läßt die Anwendbarkeit der §§ 166ff keineswegs stets zurücktreten, zB nicht bei einer Zustellung, die nicht die Konkursmasse betrifft, BayObLG JZ 79, 318); im Zwangsversteigerungsverfahren, §§ 3ff ZVG; in einem Verfahren der freiwilligen Gerichtsbarkeit, § 16 FGG; im arbeitsgerichtlichen Verfahren (dort erfolgt aber immer eine Urteilszustellung von Amts wegen, §§ 50, 64 VII, 72 VI ArbGG). Im Verfahren auf den Abschluß eines Vergleichs zum Zweck der Abwendung des Konkurses erfolgt die Amtszustellung durch eine Aufgabe zur Post, § 118 VglO.

3) Zustellungsarten, Zustellungsorgane. A. Zustellungsarten. Die Zustellung geschieht teils im Betrieb von Amts wegen, teils im Parteibetrieb. Die Amtszustellung war ursprünglich die Ausnahme. Sie ist jetzt die Regel. Bei ihr kommen die Urschrift des zuzustellenden Schriftstücks und die Zustellungsurkunde zu den Gerichtsakten. Die Partei kann den Tag der Zustellung nur aus diesen Akten erfahren, § 213a. Wenn eine gerichtliche Entscheidung von Amts wegen zuzustellen ist, muß die Geschäftsstelle die Zustellung auch ohne eine besondere richterliche Anordnung besorgen. Die Amtszustellung erfolgt auf Veranlassung der Geschäftsstelle durch den Gerichtswachtmeister oder die Post. Eine Zustellung von Amts wegen ist dann unwirksam, wenn eine Parteizustellung erforderlich ist, und umgekehrt. Eine Heilung erfolgt außer bei einer Notfrist nach § 187.

Im Parteibetrieb erfolgt durchweg eine Zustellung in der Zwangsvollstreckung, mit Ausnahme der Ladung zur Abgabe der eidesstattlichen Versicherung zwecks Offenbarung. Bei der Parteizustellung stellt der Gerichtsvollzieher selbst oder mit Hilfe der Post zu. Der Antragsteller erhält die Urschrift der Zustellungsurkunde, der Zustellungsempfänger erhält eine beglaubigte Abschrift.

B. Zustellungsorgane. Die Zustellung nehmen vor: **a)** Das Gericht nur im Fall einer Zustellung im Ausland oder an einen Exterritorialen; **b)** der Gerichtsvollzieher, unmittelbar oder mit Hilfe der Post; **c)** der Urkundsbeamte der Geschäftsstelle mit Hilfe des Gerichtsvollziehers oder der Post, soweit er die Zustellung im Parteibetrieb vermittelt. Soweit er die Zustellung von Amts wegen veranlaßt, nimmt er sie mit Hilfe der Post, des Gerichtswachtmeisters oder unmittelbar an einen Anwalt vor; **d)** der Anwalt gegenüber einem anderen Anwalt (Zustellung von Anwalt zu Anwalt); **e)** ein Beamter gegenüber dem an der Amtsstelle Erschienenen; **f)** ein deutscher Konsul gegenüber einer Person in seinem Bezirk auf Grund des Ersuchens eines deutschen Gerichts, § 16 KonsG v 11. 9. 74, BGBl 2317.

C. Verstoß. Der Gerichtsvollzieher und der Urkundsbeamte der Geschäftsstelle handeln bei der Zustellung nur als Beamte, nicht auch als Vertragspartner eines „Auftraggebers". Deshalb gründet sich ihre privatrechtliche Haftung für ein Verschulden bei der Zustellung nur auf eine etwaige Verletzung der Amtspflicht. Näheres Üb 3 vor § 153 GVG und Üb 2 vor § 154 GVG. Von mehreren Möglichkeiten der Zustellung hat das Zustellungsorgan nach seinem pflichtgemäßen Ermessen die den Umständen nach beste zu wählen. Eine Weisung der Partei bindet das Zustellungsorgan nicht.

4) Zustellungsgegner. A. Person. Als Zustellungsgegner, Zustellungsadressat ist diejenige Person anzusehen, der zugestellt werden soll. Das können sein: Die Partei; ihr Prozeßbevollmächtigter; ihr gesetzlicher Vertreter; ein Generalbevollmächtigter; der Prokurist in einer Handelssache; der Vorstand einer Personenmehrheit usw. Zustellungsempfänger im engeren Sinn ist diejenige Person, an die tatsächlich zugestellt worden ist, § 191 Z 4. Hierzu gehören: **a)** Bei der sog unmittelbaren Zustellung die vorgenannten Personen; **b)** bei einer sog Ersatzzustellung auch: Der erwachsene Hausgenosse; der Hauswirt; ein Vermieter, ein Gewerbegehilfe im Geschäftsraum; Beamte und Angestellte einer öffentlichrechtlichen Körperschaft oder eines derartigen Vereins; **c)** in gewissen Fällen der Zustellungsbevollmächtigte, §§ 174, 175.

Man kann im Prozeß nur an den Prozeßbevollmächtigten der Instanz wirksam zustellen. Etwas anderes gilt nur im Fall einer Unterbrechung des Verfahrens oder bei der Anordnung des persönlichen Erscheinens einer Partei. Vereinzelt ist die Ersatzzustellung verboten, § 185.

B. Zustellungsurkunde. Über jede Zustellung außer über diejenige durch die Post muß eine Zustellungsurkunde aufgenommen werden. Der Einwand, man habe die Zustellung nicht gekannt, ist prozessual durch das Wesen der Zustellung ausgeschlossen; sachlichrechtlich ist er beachtlich. Eine unverschuldete Nichtkenntnis von der Zustellung ermöglicht ausnahmsweise eine Wiedereinsetzung in den vorigen Stand nach § 233, vgl dort Anm 4 „Partei".

5) Mangelhafte Zustellung. A. Grundsatz. Schrifttum und Rechtsprechung bemühten sich, die schon reichlich förmelnden Vorschriften der ZPO über die Zustellung noch mehr zu versteinern. Grundsätzlich ist zwar eine Zustellung unwirksam, bei der wesentliche Vorschriften verletzt wurden. Man darf aber nicht fast jede Vorschrift für wesentlich erklären, vgl zB §§ 190 Anm 1, 191 Anm 1. Wichtige Prozeßhandlungen würden nämlich sonst an geringen förmlichen Mängeln scheitern. Schließlich ist aber doch das Wesentliche, ob und wann der Zustellungsempfänger das zuzustellende Schriftstück erhalten hat. Denn nur diesem Zweck dient die Zustellung, LG Paderborn NJW **77**, 2077.

§ 187 läßt eine rückwirkende Heilung zu, sofern es sich nicht um eine Notfrist handelte. Allerdings liegt diese Heilungswirkung im pflichtgemäßen Ermessen des Gerichts, § 187 Anm 2 A a. Das gilt auch dann, wenn die Zustellung die Voraussetzungen der Zwangsvollstreckung begründen soll, vgl bei § 750. Eine Zustellung an den falschen Empfänger ist ebenso zu behandeln.

B. Verzicht. Ein Verzicht auf eine förmliche Zustellung, auch nach § 295, kann eine Zustellung trotz etwaiger Mängel rückwirkend voll wirksam machen, soweit die Verfügungsmacht der Parteien reicht, also nicht, soweit zwingende gesetzliche Vorschriften entgegenstehen. Die Parteien können zB keine Frist nach § 224 von sich aus verlängern, also auch keine verspätete Zustellung nachträglich zu einer rechtzeitigen machen. Für die Fristwahrung ist aber auch § 270 III zu beachten. Das Gericht muß eine etwaige Unwirksamkeit der Zustellung von Amts wegen beachten. Ein vorheriger Verzicht auf eine formgültige Zustellung oder eine Vereinbarung dahin, statt einer förmlichen Zustellung solle eine formlose Mitteilung genügen, sind unwirksam, soweit das Gesetz eine förmliche Zustellung verlangt.

Über ein ausländisches Zustellungsersuchen s Anh § 202.

6) Zustellungsbeschränkung. In sehr vielen Fällen begnügt sich das Gesetz mit einer formlosen Mitteilung statt der förmlichen Zustellung, zB in den §§ 104 I 3, 105, 141 II 2, 270 II 1, 329 II 1, 357 II, 360 S 4, 362 II, 364, 365, 377 I, 386 IV, 497 I, 660, 683 II, 693 III, 695, 733 III, 900 III, 986 V, 988 S 3. In diesen Fällen muß das Gericht zum Zweck der Ersparnis von Arbeitskraft und Kosten von einer förmlichen Zustellung absehen. Eine dennoch vorgenommene förmliche Zustellung ist natürlich wirksam. Ihre Kosten mögen nach § 8 GKG niederzuschlagen sein.

7) Zustellung an Soldaten. Vgl SchlAnh II.

8) VwGO: Nach § 56 II *VwGO* wird von Amts wegen nach den Vorschriften des Verwaltungszustellungsgesetzes (*VwZG*) v 3. 7. 52 (BGBl I 379) zugestellt. Seine Vorschriften sind weitgehend der ZPO nachgebildet. Für anwendbar erklärt sind bei der Zustellung durch die Post §§ 180–186 u § 195 II, § 3 III *VwZG*; entsprechend anzuwenden sind ua §§ 174, 175. Wegen Heilung vgl § 9 *VwZG*. Zustellungen nach § 750 durch die Partei, vgl § 167 II *VwGO*, erfolgen aber gemäß §§ 166ff in entsprechender Anwendung, § 173 *VwGO*.

I. Zustellung auf Betreiben der Parteien

166 *Zustellungsorgane.* ^I Die von den Parteien zu betreibenden Zustellungen erfolgen durch Gerichtsvollzieher.

^{II} In dem Verfahren vor den Amtsgerichten kann die Partei den Gerichtsvollzieher unter Vermittlung der Geschäftsstelle des Prozeßgerichts mit der Zustellung beauftragen. Das gleiche gilt in Anwaltsprozessen für Zustellungen, durch die eine Notfrist gewahrt werden soll.

1) Aufgabe des Gerichtsvollziehers, I. A. Nur im Parteibetrieb. Der Gerichtsvollzieher wird nur bei einer Zustellung im Parteibetrieb tätig. Seine örtliche Zuständigkeit regeln die landesrechtlichen Dienstvorschriften, Üb 1 vor § 154 GVG. Er handelt selbständig unter eigener Verantwortung als Beamter in Erfüllung einer Amtspflicht, Üb 3 C vor § 166. Der

2. Titel. Verfahren bei Zustellungen §§ 166–168 1

von der ZPO in diesem Zusammenhang immer gebrauchte Ausdruck „Auftrag" entstammt überholten privatrechtlichen Vorstellungen. Der Gerichtsvollzieher muß in schwierigen oder eiligen Fällen unter Umständen selbst zustellen. Er muß den Eingang der Zustellungsurkunde sorgfältig überwachen und die Partei bei Störungen unverzüglich benachrichtigen.

B. Aufgabenumfang. „Von den Parteien zu betreibende Zustellungen" sind nur noch die Zustellung eines Prozeßvergleichs, evtl eines Vollstreckungsbescheids, § 699 IV 2, eines Arrests oder einer einstweiligen Verfügung. Fast alle übrigen Zustellungen erfolgen von Amts wegen. I gilt auch im Verfahren vor dem Einzelrichter oder verordneten Richter.

2) Vermittlung der Geschäftsstelle, II. Im Anwaltsprozeß ersucht die Partei den Gerichtsvollzieher unmittelbar. Im Parteiprozeß kann sie ebenso vorgehen, soweit es sich um eine Parteizustellung handelt, Anm 1 B. Sie kann (vgl aber auch Üb 3 A vor § 166) aber auch die Vermittlung der Geschäftsstelle beanspruchen. Eine Ausnahme gilt bei § 699 IV 3. Auch der Urkundsbeamte der Geschäftsstelle handelt dabei in Erfüllung einer Amtspflicht, Üb 3 C vor § 166. In diesem Fall steht die Partei zum Gerichtsvollzieher in gar keiner Beziehung. Der Gerichtsvollzieher ist also dann an etwaige Weisungen der Partei nicht gebunden und muß die zweckmäßigste Art der Zustellung wählen.

3) VwGO: Vgl Üb 8 § 166.

167 *Zustellungsantrag der Partei.* **¹ Die mündliche Erklärung einer Partei genügt, um den Gerichtsvollzieher zur Vornahme der Zustellung, die Geschäftsstelle zur Beauftragung eines Gerichtsvollziehers mit der Zustellung zu ermächtigen.**

II Ist eine Zustellung durch einen Gerichtsvollzieher bewirkt, so wird bis zum Beweis des Gegenteils angenommen, daß sie im Auftrag der Partei erfolgt sei.

1) Zustellungsantrag, I. Der Zustellungsantrag, der sog Auftrag der Partei, kann mündlich erfolgen. Er ist eine Prozeßhandlung. Für ihn besteht kein Anwaltszwang, § 78 Anm 2 A e. Daher kann ihn die Partei selbst stellen. Auch ein Dritter kann den Antrag im Namen der Partei stellen. Der Antrag kann durch eine schlüssige Handlung erfolgen. Eine nachträgliche Genehmigung kann ausreichen. Der Antrag kann dem Gerichtsvollzieher unmittelbar oder durch die Verteilungsstelle zugeleitet werden, Üb 1 vor § 154 GVG.

2) Vermuteter Antrag, II. Der Gerichtsvollzieher braucht einem Dritten gegenüber seinen „Auftrag" nicht zu beweisen, BGH NJW **81**, 1210. Etwas anderes gilt der Partei gegenüber.

II gilt im Rahmen der Verweisung in § 132 I 2 BGB auch außerhalb eines Prozesses, zB bei einer Kündigung, BGH NJW **81**, 1210. Der Empfänger kann aber dann nach § 174 S 1 BGB vorgehen, BGH NJW **81**, 1210.

3) VwGO: Vgl Üb 8 § 166.

168 *Zustellungsersuchen der Geschäftsstelle.* **Insoweit eine Zustellung unter Vermittlung der Geschäftsstelle zulässig ist, hat diese einen Gerichtsvollzieher mit der erforderlichen Zustellung zu beauftragen, sofern nicht die Partei erklärt hat, daß sie selbst einen Gerichtsvollzieher beauftragen wolle; in Anwaltsprozessen ist die Erklärung nur zu berücksichtigen, wenn sie in dem zuzustellenden Schriftsatz enthalten ist.**

1) Geltungsbereich. A. Allgemeines. § 168 ermächtigt den Urkundsbeamten der Geschäftsstelle zur Vermittlung der Zustellung, soweit eine Zustellung notwendig und eine Vermittlung der Geschäftsstelle nach § 166 II zulässig sind. Auch in diesem Fall handelt der Urkundsbeamte nicht als ein privatrechtlicher Vertreter, sondern als ein Beamter. Er ist also an etwaige Weisungen über die Art der Zustellung nicht gebunden, Üb 3 C vor § 166. Trotz einer Annäherung an die Amtszustellung bleibt diese Zustellung eine solche im Parteibetrieb. Bei der Ladung vermerkt der Urkundsbeamte der Geschäftsstelle die Terminsbestimmung auf der zuzustellenden Abschrift und beglaubigt sie geeignetenfalls, § 170 Anm 3 B. Der Urkundsbeamte darf die Zustellung nach seinem pflichtgemäßen Ermessen auch durch die Post ausführen, § 196.

B. Wegfall der Ermächtigung. Die gesetzliche Ermächtigung entfällt nur dann, wenn die Partei erklärt hat, sie wolle die Zustellung selbst vornehmen. Sie braucht nicht zu erklären, sie wolle diese Zustellung mit der Hilfe eines Gerichtsvollziehers vornehmen. Üblich ist der Vermerk: „Ich stelle selbst zu". Die Erklärung ist frei widerruflich. Wenn die Partei trotz einer fehlenden Erklärung einen Gerichtsvollzieher beauftragt, wirkt sowohl diese Zustellung wie diejenige durch den Urkundsbeamten der Geschäftsstelle. Wenn dagegen der Urkundsbeamte eine Zustellung trotz des Fehlens einer gesetzlichen Ermächtigung einleitet, ist diese Zustellung unwirksam.

2) VwGO: Vgl Üb 8 § 166.

169 *Übergabe von Urschrift und Abschriften an Zustellungsbeamte.* ^{I} Die Partei hat dem Gerichtsvollzieher und, wenn unter Vermittlung der Geschäftsstelle zuzustellen ist, dieser neben der Urschrift des zuzustellenden Schriftstücks eine der Zahl der Personen, denen zuzustellen ist, entsprechende Zahl von Abschriften zu übergeben.

^{II} Die Zeit der Übergabe ist auf der Urschrift und den Abschriften zu vermerken und der Partei auf Verlangen zu bescheinigen.

1) Übergabe an den Gerichtsvollzieher usw, I. Die Partei muß dem um die Zustellung ersuchten Gerichtsvollzieher oder dem um die Vermittlung der Zustellung ersuchten Urkundsbeamten der Geschäftsstelle das zuzustellende Schriftstück in Urschrift und in einer der Zahl der Zustellungsgegner entsprechenden Zahl von Abschriften übergeben. Soweit Abschriften trotz eines Hinweis (möglichst nebst Fristsetzung) fehlen, darf und muß sie der Gerichtsvollzieher oder der Urkundsbeamte der Geschäftsstelle auf Kosten des Antragstellers herstellen, AG Bln-Tiergarten DGVZ 83, 78 mwN. Die Herstellung erfolgt nach § 26 Nr 2 GVGA und ist auslagenpflichtig, § 36 I Z 2 GVKostG. Bei einer Zustellung von Amts wegen ist die Partei verpflichtet, die erforderliche Zahl von Abschriften bei der Einreichung dem zuzustellenden Schriftstück beizufügen, § 253 V. Auch für Eheleute sind zwei Abschriften notwendig.

Haben mehrere Zustellungsgegner denselben Vertreter, genügt für sie eine Abschrift. Eine Zustellung an mehrere Personen durch einen Umlauf ist unzulässig. Wenn mehrere Vertreter, etwa mehrere Anwälte, dieselbe Person vertreten, genügt eine Zustellung an einen der Anwälte, vgl § 171 III.

2) Vermerk usw, II. Der Gerichtsvollzieher oder der Urkundsbeamte der Geschäftsstelle haben den Zeitpunkt der Übergabe auf der Urschrift und auf der Abschrift zu vermerken und müssen den Zeitpunkt der Partei auf Verlangen bescheinigen. Eine andere Bescheinigung brauchen sie nicht zu erteilen. Der Vermerk und die Bescheinigung haben nur einen Beweiszweck. Der Beweis läßt sich aber auch auf andere Weise führen.

3) VwGO: Vgl Üb 8 § 166.

170 *Ausführung der Zustellung.* ^{I} Die Zustellung besteht, wenn eine Ausfertigung zugestellt werden soll, in deren Übergabe, in den übrigen Fällen in der Übergabe einer beglaubigten Abschrift des zuzustellenden Schriftstücks.

^{II} Die Beglaubigung wird von dem Gerichtsvollzieher, bei den auf Betreiben von Rechtsanwälten oder in Anwaltsprozessen zuzustellenden Schriftstücken von dem Anwalt vorgenommen.

1) Übergabe, I. A. Ausfertigung oder beglaubigte Abschrift. Die Zustellung geschieht durch die Übergabe eines Schriftstücks. Es wird aber nicht die Urschrift des zuzustellenden Schriftstücks übergeben, sondern seine Ausfertigung oder eine beglaubigte Abschrift. Die Übergabe einer Ausfertigung ist nur in den §§ 377, 402 (Ladung von Zeugen und Sachverständigen), § 1039 (Schiedsspruch) vorgeschrieben. Die Übergabe einer Ausfertigung ist aber bei der Amtszustellung nicht verkündeter Entscheidungen, Urteile, Beschlüsse, Verfügungen mindestens zweckmäßig. StJ II 3 halten sie dort für notwendig.

In allen anderen Fällen genügt die Übergabe einer beglaubigten Abschrift. Eine Abschrift ist auch die mechanische Vervielfältigung (Photokopie), BGH 36, 62, oder ein fernkopierter Brief (Telebrief). Eine zweite Urschrift gibt eine stärkere Gewähr für die Richtigkeit, sie ersetzt deshalb immer eine Ausfertigung oder eine beglaubigte Abschrift.

Zu der Übergabe muß noch die Beurkundung der Übergabe treten, § 190.

2. Titel. Verfahren bei Zustellungen § 170 1, 2

B. Übergabe. Die Übergabe bedeutet in § 170 die körperliche Behändigung. Die Übergabe muß an den Zustellungsgegner oder an eine Ersatzperson der §§ 181, 183, 184 erfolgen. Der Zustellungsbeamte muß die Übergabe selbst vornehmen. Keine Übergabe sind zB: Ein Einwurf in den Briefkasten; das bloße Vorzeigen, vgl auch BGH **LM** § 198 Nr 1; die Niederlegung in der Wohnung. Eine Übergabe im verschlossenen Briefumschlag ist bei einer Zustellung durch den Gerichtsvollzieher nach der ZPO nicht angeordnet und darum für die Wirksamkeit der Zustellung unerheblich.

Eine Weigerung des Zustellungsgegners, das Schriftstück entgegenzunehmen, ist unerheblich, § 186. Eine Weigerung seiner Ersatzperson ist nur im Fall des § 181 II beachtlich.

2) Form des übergebenen Schriftstücks. A. Ausfertigung. Eine Ausfertigung ist eine Abschrift der bei den Akten verbliebenen, regelmäßig öffentlichen Urkunde in einer gesetzlich vorgeschriebenen Form, die den Zweck hat, die Urschrift außerhalb der Akten zu vertreten, BGH NJW **81**, 2346. Die gerichtliche Ausfertigung trägt einen vom Urkundsbeamten der Geschäftsstelle als solchem, Meyer-Stolte Rpfleger **81**, 394, unterschriebenen und mit dem Gerichtssiegel versehenen Ausfertigungsvermerk. Der Rpfl ist also nicht als solcher zuständig, Meyer-Stolte Rpfleger **81**, 394, wohl nur versehentlich aM BGH NJW **81**, 2346. Zur Beglaubigung einer Ausfertigung gehört auch die Wiedergabe dieses Vermerks, Hamm (14.ZS) NJW **78**, 831 (krit Kramer), so grundsätzlich auch Hamm (4.ZS) OLGZ **79**, 358. Ein Vermerk „für die Richtigkeit der Abschrift" ist kein Ausfertigungsvermerk, BGH **LM** Nr 6. Wegen der Urteilsausfertigung vgl § 317. Einen etwas anderen Begriff der Ausfertigung enthält KV 1900.

B. Beglaubigte Abschrift. Für eine beglaubigte Abschrift ist keine besondere Form der Beglaubigung vorgeschrieben, BGH **36**, 64 und NJW **74**, 1384, Ffm MDR **81**, 150. Der Inhalt des Beglaubigungsvermerks muß aber die Absicht der Beglaubigung eindeutig ergeben, Ffm MDR **81**, 150. Der Tenor der Entscheidung muß auch im Fall eines abgekürzten Urteils unbedingt beigefügt sein, BGH VersR **78**, 155. BGH NJW **76**, 2264 mwN (krit Vollkommer Rpfleger **76**, 297), vgl BGH **LM** § 233 (Fd) Nr 28, läßt eine Unterstempelung mit dem Namen nicht genügen, sondern verlangt eine eigenhändige Unterschrift (ihr Fehlen wäre ein unheilbarer Mangel der Urteilszustellung, § 295 Anm 3 B), und zwar selbst dann, wenn der Zustellungsbeamte dem Empfänger gleichzeitig die Urschrift der vom Urkundsbeamten der Geschäftsstelle unterschriebenen Ausfertigung vorlegt, so daß der Empfänger die Richtigkeit durch einen Vergleich feststellen kann, BGH **24**, 116, aM Vollkommer NJW **73**, 1874.

Der Beglaubigungsvermerk muß sich unzweideutig auf den ganzen Inhalt der Urkunde erstrecken. BGH NJW **73**, 1973 (abl Vollkommer) verbietet eine Blanko-Beglaubigung, etwa eine solche einer noch nicht vollständig hergestellten Fotokopie. Es ist unerheblich, an welcher Stelle der Urkunde sich der Beglaubigungsvermerk befindet. Bei einer Zustellung von Anwalt zu Anwalt, § 198, kann die Unterschrift den Beglaubigungsvermerk und den Zustellungsvermerk decken. Das gilt zB dann, wenn unter einem mit „beglaubigte Abschrift" überschriebenen Schriftstück vermerkt und vom Anwalt unterschrieben worden ist, daß die „beglaubigte Abschrift des vollständigen Urteils zugestellt ist", und weitergehend BGH NJW **76**, 2264 mwN (krit Vollkommer Rpfleger **76**, 297) und BGH **LM** Nr 17, obwohl der besondere Beglaubigungsvermerk unterschrieben blieb, sowie BGH NJW **74**, 1384 und **LM** § 233 (Fd) Nr 28 (im dortigen Fall war nur in der Zustellungsbescheinigung der anliegenden einfachen Abschrift des abgekürzten Urteils beglaubigt worden, wobei der BGH Heftklammer, Faden, Leim zwischen beiden genügen ließ). Unter Umständen kann die bloße Namenszeichnung des Anwalts unter einer Urteilsabschrift genügen, BGH **55**, 251.

Bei der Unterschrift ist die Lesbarkeit des Schriftbilds nicht erforderlich. Genügend ist ein Schriftzug, der die Nämlichkeit des Unterschreibenden ausreichend kennzeichnet und individuell ist. Er muß einmalige, charakteristische Merkmale aufweisen und sich als eine Unterschrift des Namens darstellen, BGH **76**, 227 sowie NJW **74**, 1384 und VersR **81**, 839 mwN (krit Vollkommer Rpfleger **76**, 297). Er muß also mehr sein als eine bloße Namensabkürzung (Paraphe), selbst wenn der Namenszug einer solchen Abkürzung ähnlich sein mag, BGH VersR **74**, 600, vgl BGH VersR **78**, 944 und VersR **83**, 274 mwN, Mü NJW **82**, 2783, vgl auch § 129 Anm 1 B.

Die Übergabe einer Ausfertigung ersetzt immer die Übergabe einer beglaubigten Abschrift. Bei der beglaubigten Abschrift einer Ausfertigung genügt es, daß man aus ihr ersehen kann, daß der Ausfertigungsvermerk vorhanden und vom zuständigen Beamten unterschrieben worden ist, Hamm MDR **81**, 60, so wohl auch Kblz GRUR **80**, 943, strenger Hamm NJW **78**, 831 (krit Kramer). Das Fehlen eines Dienstsiegels auf einer Abschrift der Verfügung des Rpfl, die den Vermerk „Beglaubigt" und eine Unterschrift trägt, ist unschädlich, Ffm MDR **81**, 150. Das Fehlen eines Hinweises auf das dem Ausfertigungsvermerk beigefügte Gerichtssiegel macht eine Zustellung der vom Anwalt beglaubigten Abschrift der Urteilsausfertigung nicht unwirksam, BGH VersR **76**, 493 mwN.

Wird statt einer beglaubigten Abschrift eine unbeglaubigte Abschrift des zuzustellenden Schriftstücks übergeben, dann kann unter den Voraussetzungen des § 187 die Zustellung trotzdem als bewirkt angesehen werden, BGH VersR **76**, 493 und Rpfleger **80**, 183. Es liegt aber keine wirksame Zustellung vor, wenn eine beglaubigte Abschrift einen wesentlichen Fehler enthält, BGH MDR **67**, 834 und VersR **75**, 809, Hamm NJW **78**, 831 (krit Kramer), LG Brschw DGVZ **82**, 75, vgl auch bei § 317.

C. Abweichung von der Urschrift. Wenn die übergebene Ausfertigung oder beglaubigte Abschrift von der Urschrift abweicht, ist die Urschrift maßgeblich. Wenn der Zustellungsempfänger den Inhalt der Urschrift aus der Abschrift oder Ausfertigung genügend erkennen kann, schaden kleine Fehler nicht, BGH VersR **80**, 772, BayObLG MDR **82**, 501. Wenn die beglaubigte Abschrift aber einen wesentlichen Fehler enthält, dann ist die Zustellung unwirksam, etwa bei einer Zahl 1000 statt der Zahl 2000 DM, BGH MDR **67**, 834, BAG BB **76**, 1516, ferner Düss OLGZ **79**, 455, oder bei einer weitgehenden Unleserlichkeit einer Fotokopie, BayObLG MDR **82**, 501. Wenn die übergebene Ausfertigung oder Abschrift dem Zustellungsempfänger günstiger ist, geht sie vor. Denn er kann seine Entscheidung nur nach ihr richten. Das gilt zB dann, wenn die Ausfertigung oder Abschrift eine günstigere Frist setzt, BGH MDR **63**, 588, BAG BB **79**, 1772 mwN.

Bei einem Widerspruch zwischen dem verkündeten und dem beglaubigten Termin fehlt eine wirksame Ladung.

3) Beglaubigungsorgane. Zur Beglaubigung sind folgende Stellen befugt:

A. Anwalt. Der Anwalt oder sein bestellter Vertreter sind im Anwaltsprozeß zur Beglaubigung befugt. Dasselbe gilt, soweit ein Anwalt im Parteiprozeß eine Zustellung betreibt. Das gilt auch in der Zwangsvollstreckung und auch dann, wenn der Anwalt die Zustellung durch eine Vermittlung der Geschäftsstelle betreibt. Für die Zustellung besteht kein Anwaltszwang, § 78 Anm 2 A e. Deshalb darf der ProzBev die Beglaubigung im Anwaltsprozeß einem mit der Zustellung beauftragten Anwalt übertragen, und deshalb liegt im Zustellungsauftrag der Beglaubigungsauftrag.

Eine Beglaubigung durch einen nicht betreibenden Anwalt ist nicht unzulässig, zumal wenn sie die Übertragung der Beglaubigung ersehen läßt. Der Anwalt genießt zwar keinen öffentlichen Glauben; seine Beglaubigung steht aber im Rahmen der ZPO einer amtlichen Beglaubigung in der Wirkung gleich. § 170 gibt jedoch keine Befugnis zu einer Beglaubigung außerhalb des Geltungsbereichs dieser Vorschrift, Düss NJW **49**, 789.

B. Urkundsbeamter der Geschäftsstelle. Er ist zur Beglaubigung dann befugt, wenn er die Zustellung vermittelt und die Post unmittelbar ersucht, § 196. Da er einen öffentlichen Glauben genießt, ersetzt seine Beglaubigung immer diejenige eines Anwalts. Ob der Urkundsbeamte der Geschäftsstelle die Beglaubigung vornehmen muß, richtet sich nach seinen Dienstvorschriften. Nach der ZPO muß er eine Beglaubigung nur dann vornehmen, wenn er die Zustellung vermittelt.

C. Staatsanwaltschaft. Ein Beamter der Staatsanwaltschaft ist zur Beglaubigung befugt, soweit die Staatsanwaltschaft die Zustellung betreibt.

D. Gerichtsvollzieher. In allen übrigen Fällen ist der Gerichtsvollzieher zur Beglaubigung befugt. Da der Gerichtsvollzieher eine öffentliche Urkundsperson ist, genügt seine Beglaubigung in allen Fällen, auch in denen nach A–C. Er hat, soweit er die Zustellung vornimmt, zu prüfen, ob er nicht die Beglaubigung nachholen muß, vgl AG Bln-Charlottenb DGVZ **81**, 43. Soweit er diese Prüfung unterläßt, begeht er angesichts des § 191 Z 6 eine Amtspflichtverletzung.

4) VwGO: Vgl Üb 8 § 166.

171 *Zustellung an Prozeßunfähige.* [I] Die Zustellungen, die an eine Partei bewirkt werden sollen, erfolgen für die nicht prozeßfähigen Personen an ihre gesetzlichen Vertreter.

[II] Bei Behörden, Gemeinden und Korporationen sowie bei Vereinen, die als solche klagen und verklagt werden können, genügt die Zustellung an die Vorsteher.

2. Titel. Verfahren bei Zustellungen §§ 171–173 1

III Bei mehreren gesetzlichen Vertretern sowie bei mehreren Vorstehern genügt die Zustellung an einen von ihnen.

1) Zustellung an gesetzlichen Vertreter, I. Eine Zustellung an eine nicht prozeßfähige Partei oder einen nicht prozeßfähigen Streithelfer geht an deren gesetzlichen Vertreter. Wegen dieses Begriffs Grdz 2 B vor § 50. Die Zustellung an den Prozeßunfähigen selbst (sie kann auch bei einer bloßen Ersatzzustellung an den Vertreter vorliegen, Karlsr FamRZ **73**, 272) ist unwirksam, zB insofern LG Ffm NJW **76**, 757, Niemeyer NJW **76**, 742, aM zB LG Paderborn NJW **75**, 1748 je mwN. Eine Nachholung ist geboten, und zwar unter Umständen an einen inzwischen Volljährigen, Karlsr FamRZ **73**, 273. Vgl auch § 56 Anm 1 C. Man kann nicht sich selbst als dem gesetzlichen Vertreter des Gegners zustellen, vgl BGH DB **83**, 1971. § 185 ist aber auf eine Zustellung nach § 171 nicht entspr anwendbar, BGH DB **83**, 1971. Eine Ersatzzustellung durch eine Übergabe an den Vertretenen ist zulässig, BGH VersR **73**, 156. Zur Anwendbarkeit nach § 621a I 2 vgl Saarbr NJW **79**, 2620.

2) Behörde usw, II. Bei einer Behörde, Gemeinde, Körperschaft oder einem rechtsfähigen Verein kann die Zustellung an den Vorsteher erfolgen, mag er der gesetzliche Vertreter sein oder nicht; vgl freilich wegen eines ausgeschiedenen Vorstandsmitglieds Ffm Rpfleger **78**, 134. Die Erwähnung der Behörde ist in diesem Fall nicht wesentlich. Hierher gehört auch die Offene Handelsgesellschaft. Im Fall des § 246 AktG sind der Vorstand und der Aufsichtsrat zusammen Zustellungsempfänger, also mindestens je ein Mitglied dieser Gremien, BGH **LM** § 246 AktG 1965 Nr 2 (eine Heilung nach § 295 tritt durch das rügelose Verhandeln des ProzBev beider Organe ein). Das gilt auch sonst, wenn eine juristische Person durch zwei mehrgliedrige Organe vertreten wird. Denn man könnte sonst den mit der Doppelvertretung angestrebten Zweck in Frage stellen.

Eine Zustellung ist aber nicht unwirksam, wenn bei einer in doppelter Eigenschaft tätigen Person nicht die maßgebende Eigenschaft angesprochen wird, BGH **32**, 119. Für eine Stiftung oder eine Anstalt gilt I. Auch für den Fiskus gilt I. Zustellungsempfänger ist nur der einschlägige gesetzliche Vertreter und nicht derjenige, der den Fiskus etwa in einer anderen Beziehung vertritt. Beim Betriebsrat ist dessen Vorsitzender der Zustellungsempfänger, BAG BB **76**, 510.

3) Mehrere Vertreter oder Vorsteher, III. Es genügt die Zustellung an einen von ihnen, auch wenn sie eine Gesamtbefugnis haben, BGH DB **83**, 1971. Es genügt also zB grundsätzlich die Zustellung an einen Elternteil, vgl BFH BB **74**, 1103 und NJW **77**, 544, LG Ravensb Rpfleger **75**, 370. Das gilt auch beim Fiskus, aber nur innerhalb derselben Verwaltungsabteilung. Vgl § 18 Anm 2. Die Regelung gilt ferner: Für die Offene Handelsgesellschaft; für die Kommanditgesellschaft, BGH **LM** Nr 2, Noack DB **73**, 1159; für die Aktiengesellschaft; für die Kommanditgesellschaft auf Aktien; für die Gesellschaft mit beschränkter Haftung, BGH **LM** Nr 2 und DB **83**, 1971; für die Genossenschaft (vgl aber BGH **LM** § 37 GenG Nr 1, Anm Hadding ZfgG **25**, 64); wenn mehrere als Parteien kraft Amts gemeinsam verwalten, Grdz 2 C vor § 50. Vgl aber auch Anm 2.

An mehrere Parteien ist getrennt zuzustellen, selbst wenn sie miteinander verheiratet sind, BAG BB **75**, 1486 (bei einem Verstoß kann auch nach § 187 keine Heilung eintreten).

4) VwGO: Vgl Üb 8 § 166.

172 *Zustellung an Soldaten.* (weggefallen; s jetzt SchlAnh II)

173 *Zustellung an Generalbevollmächtigte und Prokuristen.* Die Zustellung erfolgt an den Generalbevollmächtigten sowie in den durch den Betrieb eines Handelsgewerbes hervorgerufenen Rechtsstreitigkeiten an den Prokuristen mit gleicher Wirkung wie an die Partei selbst.

1) Geltungsbereich. § 173 läßt eine Zustellung zu an: **a)** einen Generalbevollmächtigten, also an eine Person, die für alle Vermögensangelegenheiten oder für einen Kreis solcher Angelegenheiten bevollmächtigt ist. In einer nichtvermögensrechtlichen Angelegenheit (Begriff Üb 3 A vor § 1) ist § 173 unanwendbar, StJ I 2, aM Wiecz B I a (zB in einer Ehrenschutzsache); **b)** einen Prokuristen, §§ 48, 50 HGB, mit einer Beschränkung auf die durch den Betrieb des Handelsgewerbes hervorgerufenen Prozesse. Bei einer Gesamtprokura genügt die Zustellung an einen Prokuristen.

Die Vertretungsbefugnis für den fraglichen Prozeß ist in beiden Fällen unerheblich. Das Innenverhältnis ist unbeachtlich. Es ist auch eine Ersatzzustellung an die vorgenannten Personen zulässig.

§ 176 geht dem § 173 vor. Eine Zustellung im anhängigen Prozeß muß also auch im Fall des § 173 an den ProzBev erfolgen. Die Zustellung an einen anderen zum Zustellungsempfang durch Sondervollmacht oder Gesetz Ermächtigten schließt § 173 nicht aus, BGH **LM** Nr 1. Sie ist im Rahmen der Vertretungsmacht zulässig, wenn es unerheblich ist, ob der Empfänger die Zustellung entgegennehmen will oder ob er sich gar weigert, Breetzke DRZ 50, 537.

Wer sich auf eine Zustellung nach § 173 beruft, muß die Empfangsberechtigung beweisen. Soweit sie fehlt, ist die Zustellung unwirksam; vgl auch Üb 5 vor § 166.

2) VwGO: Vgl Üb 8 § 166.

174 *Zustellungsbevollmächtigte, Notwendigkeit.* ¹ Wohnt eine Partei weder am Ort des Prozeßgerichts noch innerhalb des Amtsgerichtsbezirkes, in dem das Prozeßgericht seinen Sitz hat, so kann das Gericht, falls sie nicht einen in diesem Ort oder Bezirk wohnhaften Prozeßbevollmächtigten bestellt hat, auf Antrag anordnen, daß sie eine daselbst wohnhafte Person zum Empfang der für sie bestimmten Schriftstücke bevollmächtige. Diese Anordnung kann ohne mündliche Verhandlung ergehen. Eine Anfechtung des Beschlusses findet nicht statt.

II Wohnt die Partei nicht im Inland, so ist sie auch ohne Anordnung des Gerichts zur Benennung eines Zustellungsbevollmächtigten verpflichtet, falls sie nicht einen in dem durch den ersten Absatz bezeichneten Ort oder Bezirk wohnhaften Prozeßbevollmächtigten bestellt hat.

1) Vorbemerkung zu den §§ 174, 175. A. Bevollmächtigungsrecht. Eine Partei kann jederzeit einen anderen „zum Empfang der für sie bestimmten Schriftstücke" bevollmächtigen, ihn also zu ihrem Zustellungsbevollmächtigten bestellen. Dann darf eine Zustellung an den Zustellungsbevollmächtigten erfolgen. Prozeßgegner dürfen nicht für denselben Prozeß denselben Zustellungsbevollmächtigten bestellen.

B. Weitere Grundsätze. Einen Zustellungsbevollmächtigten muß kraft Gesetzes derjenige bestellen, der im Ausland wohnt und keinen ProzBev am Ort des Prozeßgerichts oder in dessen Amtsgerichtsbezirk hat, § 174 II. Dieser Teil der Prozeßförderungspflicht besteht für den Bekl aber nur für die Dauer des Prozeßrechtsverhältnisses, Grdz 2 B, C vor § 128, also ab Rechtshängigkeit und nur für die Instanz, § 178, bzw bis zur Rechtskraft, LG Aachen Rpfleger 83, 75. Ein Bevollmächtigungszwang besteht auch für die inländische Partei, allerdings nur auf Grund einer gerichtlichen Anordnung, falls die Partei keinen solchen ProzBev bestellt hat, § 174 I. Eine Zustellungsvollmacht erlischt auch dann, wenn ihre Voraussetzungen weggefallen sind, nicht schon durch die Kündigung, sondern erst durch deren Anzeige beim Gericht, § 87 I entspr. In beiden Fällen wahrt die Bestellung des Zustellungsbevollmächtigten ausschließlich die Interessen des Zustellenden. Deshalb ist eine ordnungsmäßige Zustellung trotz des Daseins eines Zustellungsbevollmächtigten voll wirksam. Ist dieser dem Zustellenden benannt, so verstößt die Umgehung gegen Treu und Glauben; der Zustellungsgegner braucht sie nicht gelten zu lassen.

Man muß die Bestellung einer Personenmehrheit zu Zustellungsbevollmächtigten zulassen. In diesem Fall ist der Vertreter der juristischen Person bestellt. Der Vorsteher des Postamts ist kein Zustellungsbevollmächtigter. Daher genügt bei Angabe des Postfachs ohne die Mitteilung der Anschrift für eine Zustellung nicht, Hbg NJW **70**, 104. Ein Zustellungsbevollmächtigter ist kein ProzBev. Die Zustellung der Rechtsmittelschrift erfolgt an ihn, mag er auch nur für die erste Instanz bestellt sein, § 210a II. Das gilt insbesondere auch dann, wenn die Prozeßvollmacht weggefallen ist.

Der Verwalter der Wohnungseigentümergemeinschaft ist jedenfalls im Rahmen seiner Tätigkeit nach § 27 II WEG mehr als ein bloßer Zustellungsbevollmächtigter, sondern ihr gesetzlicher Vertreter, § 51 Anm 2 D „Gemeinschaft", BGH **78**, 171 mwN.

2) Gerichtliche Anordnung, I. Partei ist hier auch der Streithelfer. Streitgenossen sind getrennt zu beurteilen, auch notwendige. Sie brauchen nicht denselben Zustellungsbevollmächtigten zu haben. Die Anordnung erfolgt, soweit ein Bedürfnis besteht. Ein solches Bedürfnis fehlt, wenn der gesetzliche Vertreter, Generalbevollmächtigte, Prokurist, § 173,

2. Titel. Verfahren bei Zustellungen §§ 174, 175

am Ort des Prozeßgerichts oder im Amtsgerichtsbezirk wohnt. Es fehlt ferner, wenn die Partei einen ProzBev hat, der entsprechend wohnt oder der beim Prozeßgericht zugelassen worden ist. Wenn der ProzBev aufhört, entsprechend zu wohnen, greift § 174 ein.

Ein auswärtiger, beim Prozeßgericht zugelassener Simultananwalt fällt nicht unter I. Für seinen etwaigen Zustellungsbevollmächtigten s § 30 BRAO. I setzt einen anhängigen Prozeß voraus, nicht notwendig einen rechtshängigen; vgl § 261 Anm 1 A. Die Vorschrift setzt ferner einen Antrag der Gegenpartei voraus. Dieser Antrag ist in jeder Lage des Verfahrens zulässig.

Die Entscheidung ergeht durch den Rpfl, § 20 Z 7 RPflG, Anh § 153 GVG, auf Grund einer freigestellten mündlichen Verhandlung, § 128 Anm 3, durch einen Beschluß. Der Beschluß ist grundsätzlich zu begründen, § 329 Anm 1 A b, und beiden Parteien formlos mitzuteilen, § 329 II 1. Der Zustellungsbevollmächtigte muß im Bezirk wohnen. Er muß prozeßfähig sein, wie jeder, der einen anderen vor Gericht vertreten will, § 78 Anm 1 C c.

Gegen die Entscheidung des Rpfl ist die Erinnerung nach § 11 I RPflG, Anh § 153 GVG, zulässig.

3) Gesetzliche Verpflichtung, II. Es ist unerheblich, ob die Partei oder der Streitgehilfe ein Inländer oder ein Ausländer ist, sofern er im Ausland wohnt (Begriff wie § 181), selbst wenn öffentlich nach dem Ausland (§ 203 II) zugestellt worden ist, vgl § 204 Anm 3. Es besteht keine Verpflichtung zur Bestellung eines Zustellungsbevollmächtigten, wenn ein im Bezirk wohnender ProzBev bestellt worden ist, vgl BGH NJW 76, 1581. Die Benennung ist schon in der Klage oder im Mahngesuch notwendig, § 175 I. Auch dieser Zustellungsbevollmächtigte muß wegen seiner Wohnung die Voraussetzungen von I erfüllen, BGH NJW 61, 1067. Wegen der Zustellung eines Mahnbescheids in Israel § 35 III G v 13. 8. 80, BGBl 1301.

4) VwGO: I ist entsprechend anwendbar, § 173 VwGO, da das VwZG (§ 56 II VwGO) nicht entgegensteht und das praktische Bedürfnis diese Erleichterung verlangt (ein Antrag ist nicht erforderlich). Statt **II** gilt § 56 III VwGO (Bestellung eines Zustellungsbevollmächtigten auf Verlangen des Gerichts, wenn ein Beteiligter nicht im Inland wohnt). Die das Verfahren einleitende Zustellung muß nach § 14 VwZG bewirkt werden, ebenso alle späteren bis zum Eintritt der in § 175 bestimmten Voraussetzungen.

175 Zustellungsbevollmächtigter. Benennung. Zustellung. ^I Der Zustellungsbevollmächtigte ist bei der nächsten gerichtlichen Verhandlung oder, wenn die Partei vorher dem Gegner einen Schriftsatz zustellen läßt, in diesem zu benennen. Geschieht dies nicht, so können alle späteren Zustellungen bis zur nachträglichen Benennung in der Art bewirkt werden, daß der Gerichtsvollzieher das zu übergebende Schriftstück unter der Adresse der Partei nach ihrem Wohnort zur Post gibt. Die Zustellung wird mit der Aufgabe zur Post als bewirkt angesehen, selbst wenn die Sendung als unbestellbar zurückkommt.
^{II} Die Postsendungen sind mit der Bezeichnung „Einschreiben" zu versehen, wenn die Partei es verlangt und zur Zahlung der Mehrkosten sich bereit erklärt.

1) Benennung, I. A. Allgemeines. Der Zustellungsbevollmächtigte, s § 174 Anm 1 A, ist nur für die Dauer des Prozeßrechtsverhältnisses anzugeben, § 174 Anm 1 B. Er ist dem Gegner bei der nächsten gerichtlichen Verhandlung zu benennen, nach einem Mahnverfahren also erst in der folgenden mündlichen Verhandlung, LG Ffm NJW 76, 1597, aM Poser Rpfleger 73, 354. Wenn die Partei vorher einen Schriftsatz zustellen läßt, BGH NJW 79, 218, oder wenn eine Zustellung nach § 270 erfolgt, ist der Zustellungsbevollmächtigte in dem ersten dem Gericht eingereichten Schriftsatz zu benennen.

Die Benennung ist eine Prozeßhandlung. Sie kann also gegenüber dem Gericht oder gegenüber dem Gegner erfolgen. Eine Bevollmächtigung oder eine Annahme des Amts sind nicht erforderlich. Es besteht keine prozessuale Pflicht zur Übernahme. Die Benennung berechtigt das Gericht und den Gegner zur Zustellung an den Zustellungsbevollmächtigten. Sie verpflichtet aber nicht dazu; vgl freilich § 174 Anm 1 B. Sie gilt für alle Instanzen, und zwar selbst dann, wenn der Zustellungsbevollmächtigte die Annahme des Schriftstücks verweigert. Die Benennung ist widerruflich. Die §§ 86, 87 (Tod, Wirkung der Kündigung) sind entsprechend anwendbar. Nach einem Widerruf oder im Fall der Unmöglichkeit der Zustellung tritt der Zustand vor der Benennung wieder ein.

30* Hartmann 467

Der Zustellungsbevollmächtigte hat kein Recht zur Erteilung einer Untervollmacht. Er hat nur eine Vollmacht zum Empfang, keine Vollmacht zum Handeln. Wenn aber die Auslandspartei mit einem ProzBev im Ausland einen Anwalt im Inland unterbevollmächtigt hat, dann ist dieser Unterbevollmächtigte im allgemeinen auch als Zustellungsbevollmächtigter anzusehen, BGH **LM** § 174 Nr 2. Der Vorsteher eines Postamts ist kein Zustellungsbevollmächtigter, Hbg NJW **70**, 104. Es besteht eine Belehrungspflicht, Kblz Rpfleger **78**, 261.

B. Unterbleiben der Benennung. Wenn die Partei keinen Zustellungsbevollmächtigten benennt, sind von demjenigen Augenblick an, in dem die Benennung hätte erfolgen müssen, alle Zustellungen dadurch zulässig, daß die Sendung zur Post aufgegeben wird. Das gilt auch für die Zustellung eines Versäumnisurteils, falls die Sache rechtshängig ist, § 261 I, BGH NJW **72**, 1004. Eine gewöhnliche Zustellung ist daneben voll wirksam. Die Zustellung durch eine Aufgabe zur Post ist nicht mit der Zustellung durch die Post nach §§ 193 ff zu verwechseln. Die Zustellung durch die Aufgabe zur Post sieht von einer Übergabe an den Zustellungsgegner ganz ab. Sie ist also eine unterstellte (fingierte) Zustellung.

Die Befugnis nach § 175 erlischt mit dem Wegfall seiner Voraussetzungen und mit der Anzeige der Bestellung eines ProzBev oder eines Zustellungsbevollmächtigten. Eine zu Unrecht durch Aufgabe zur Post vorgenommene Zustellung ist grundsätzlich unwirksam, LG Aachen Rpfleger **83**, 75 mwN, vgl freilich § 187 S 1.

C. Zustellung durch Aufgabe zur Post. Sie wird mit der Übergabe an die Post bewirkt, BGH NJW **83**, 884 mwN, BayObLG Rpfleger **78**, 447, Köln NJW **81**, 2264. Sie ist deshalb ausnahmslos eine Zustellung im Inland, Mü Rpfleger **83**, 75 mwN. Die Einspruchsfrist gegen ein Versäumnisurteil ist also die gewöhnliche, Mü Rpfleger **83**, 75 mwN. Im Parteibetrieb ist diese Zustellungsart nur durch den Gerichtsvollzieher erlaubt, nicht durch den Urkundsbeamten der Geschäftsstelle, BGH NJW **79**, 218. Sie geschieht durch die Aufgabe unter der Anschrift der Partei. Diese Anschrift muß vollständig, BGH **73**, 390, und richtig sein, Ffm OLGZ **79**, 41. Solange die Partei keine andere Anschrift mitgeteilt hat, geschieht die Zustellung auch durch eine Aufgabe unter der Anschrift einer Person nach den §§ 171, 173. Die Übergabe an die Post kann durch den Einwurf in den Briefkasten erfolgen. Eine Freimachung ist nicht vorgeschrieben.

2) Einschreiben, II. Eine Einschreibsendung ist nur auf Grund eines Antrags der Partei und nur dann notwendig, wenn die Partei die Mehrkosten übernimmt. Vorschuß: § 68 GKG.

3) *VwGO*: *I 1* ist entsprechend anwendbar, vgl § 174 Anm 4, *I 2* ebenfalls, VG Bre MDR **69**, 1042, RedOe § 56 Anm 9, aber wegen § 56 II VwGO mit der Maßgabe, daß die Zustellung nach § 4 VwZG zu bewirken ist (durch die Post mittels eingeschriebenen Briefes), so daß **II** unanwendbar ist, abw Kohlrust-Eimert, VwZG, § 8 Anm a cc und § 14 Anm 1 (Zustellung nach § 14 VwZG; aber dann liefe § 56 III VwGO leer).

176 **Zustellung an Prozeßbevollmächtigte.** Zustellungen, die in einem anhängigen Rechtsstreit bewirkt werden sollen, müssen an den für den Rechtszug bestellten Prozeßbevollmächtigten erfolgen.

1) Geltungsbereich. A. Allgemeines. § 176 soll die Vereinigung des gesamten Prozeßstoffs in einer Hand fördern, Ffm AnwBl **80**, 292, und zwar in der berufensten. Das Gesetz geht davon aus, daß die Partei durch die Erteilung einer Prozeßvollmacht auf die persönliche Fortführung des Prozeßbetriebs verzichtet hat, Ffm Rpfleger **78**, 376.

Darum gilt die Vorschrift zB: In allen Instanzen einschließlich der Zwangsvollstreckung (mit der alleinigen Ausnahme des Verfahrens auf die Abgabe einer eidesstattlichen Versicherung zur Offenbarung nach § 900 III), Celle DGVZ **71**, 75, Ffm NJW **78**, 1442, LG Gießen Rpfleger **81**, 26 mwN, AG Usingen DGVZ **82**, 13; im Anwalts- und Parteiprozeß, Köln MDR **76**, 50; in jeder Prozeßart, auch im Mahnverfahren, Zweibr VersR **79**, 143, und zwar auch nach einer Abgabe oder Verweisung, Ffm AnwBl **80**, 292; im Entmündigungsverfahren; im Kostenfestsetzungsverfahren, Hamm Rpfleger **83**, 366 mwN (nicht aber in einem Verfahren nach § 19 BRAGO, solange die Partei nicht auch für dieses Verfahren eine Prozeßvollmacht erteilt hat), Walchshöfer Rpfleger **74**, 255; in einer Baulandsache, BGH VersR **78**, 720; im Verfahren vor dem Vollstreckungsgericht; bei einer Zustellung im Parteibetrieb oder bei einer Zustellung von Amts wegen, Köln NJW **83**, 460 mwN; bei einer formlosen Mitteilung, BAG DB **77**, 920 mwN; vor einer Rechtshängigkeit, soweit ein ProzBev tätig geworden ist, etwa durch die Einreichung eines Antrags auf die Bewilligung einer Prozeßkostenhilfe.

§ 176 ist nach seinem Zweck und Grund weit auszulegen. Die Widerspruchsklage des § 771 fällt zwar unter die Vollmacht, § 81, so daß die Zustellung an den Anwalt erfolgen kann; es handelt sich aber nicht um den anhängigen Prozeß. Daher ist eine Zustellung an den Gläubiger persönlich zulässig, § 178 Anm 1. Über die Einmischungsklage (Hauptintervention) und das vorläufige Verfahren auf den Erlaß eines Arrests oder einer einstweiligen Verfügung vgl § 82 Anm 1. § 176 ist auch auf ein Verfahren anwendbar, das sich nach dem Gesetz über die freiwillige Gerichtsbarkeit richtet, tatsächlich aber ein streitiges Verfahren ist, BGH **61**, 308, Hamm Rpfleger **66**, 83, KG FamRZ **78**, 728 (betr § 621 I Z 2), LG Mü Rpfleger **74**, 193, wohl auch Ffm Rpfleger **78**, 376, abw BGH **65**, 44 mwN (zustm Otto FamRZ **78**, 155, Walchshöfer Rpfleger **75**, 351), Zweibr Rpfleger **74**, 398 (bei einem nicht streitigen Verfahren sei die Vollmacht maßgeblich).

§ 176 ist bei einer Zustellung nach einem internationalen Übereinkommen unanwendbar, BGH **65**, 294, sofern nicht das internationale Übereinkommen auf die Vorschrift Bezug nimmt. Wegen des Zustellungsbevollmächtigten für einen ausländischen Anwalt SchlAnh VII § 5.

B. Persönliche Ladung. Eine persönliche Ladung muß in folgenden Fällen erfolgen: **a)** Zum Zweck der Abgabe einer eidesstattlichen Versicherung zwecks Offenbarung nach § 900 III; **b)** zum Zweck einer Parteivernehmung nach § 450 I; **c)** zum Zweck des persönlichen Erscheinens nach den §§ 141, 273, 279, 613; **d)** zur Aufnahme des Verfahrens nach einer Unterbrechung in den Fällen der §§ 239 III, 246.

2) Prozeßbevollmächtigter. A. Begriff. Vgl zunächst § 80 Anm 1. Vor einem Kollegialgericht muß der ProzBev zugelassen sein, Hbg GRUR **81**, 91, insofern aM Schütze BB **78**, 589 mwN. Freilich kann eine Zulassung fortwirken, etwa beim Übergang vom Mahnverfahren in das streitige Verfahren, Anm 1 A, Ffm AnwBl **80**, 292. Das gilt auch für den bestellten Vertreter eines Anwalts, § 53 BRAO, und für den vom ProzBev für die höhere Instanz bestellten Anwalt, § 81. Im Fall des § 78 I 2 ist auch ein beim übergeordneten LG zugelassener Anwalt ausreichend. Ein bloßer Untervertreter (Substitut) reicht nicht aus, Nürnb OLGZ **76**, 481. Neben dem Vollvertreter behält der Anwalt selbst die Befugnis, auch für eine Ersatzzustellung. Wenn es sich nicht um die Vertretung vor einem Kollegialgericht handelt, kann der ProzBev ein Prokurist oder ein Generalbevollmächtigter sein, auch auf Grund seiner allgemeinen Vertretungsbefugnis.

B. Bestellung. Der ProzBev muß „bestellt" sein. Die Bestellung hat nichts mit der Vollmachtserteilung zu tun, Zweibr MDR **82**, 586. Das gilt schon deshalb, weil das Gericht die Vollmachtserteilung nicht von Amts wegen prüft, soweit ein Anwalt als Bevollmächtigter auftritt, § 88 II. Es genügt, daß jemand eindeutig, insofern grundsätzlich richtig Düss AnwBl **82**, 433, ferner Ffm Rpfleger **78**, 376, durch eine ausdrückliche oder schlüssige Handlung des Vollmachtgebers dem Gericht oder dem Gegner gegenüber als der ProzBev gekennzeichnet worden ist oder sich als solcher erkennbar bestellt, BGH VersR **78**, 720 und **79**, 255 sowie MDR **81**, 126. Dabei muß auch erkennbar werden, daß der Vertreter eine Prozeßvollmacht, also eine das ganze Verfahren umfassende Vertretungsmacht, haben soll, BGH MDR **81**, 126. Es besteht also keine Zustellungspflicht an diesen ProzBev, wenn das Gericht nichts von seiner Bestellung weiß, BGH **61**, 311.

Die Bestellung kann auch durch folgende Umstände erkennbar werden: Durch den Sachverhalt, Walchshöfer Rpfleger **74**, 255; durch eine Mitteilung des Anwalts, LG Gießen Rpfleger **81**, 26, auch in einem anderen bei demselben Gericht anhängigen Prozeß (die Weiterleitung der Mitteilung ist eine Dienstpflicht), LAG Hamm **74**, 874; durch eine Mitteilung der Partei; durch die Entgegennahme der Zustellung durch einen Sozius in der Anwaltssozietät, BGH **67**, 13; durch die Unterzeichnung eines zugestellten Schriftsatzes, wie eine Antragstellung im Termin, BGH VersR **78**, 720; durch die Anführung im Vollstreckungstitel, LG Gießen Rpfleger **81**, 26.

Die Angabe des Klägers in der Klageschrift, der Bekl sei durch den Anwalt X vertreten, genügt nicht als Bestellung, BGH MDR **81**, 126, und zwar selbst dann nicht, wenn schon ein außergerichtlicher Schriftwechsel mit diesem Anwalt stattgefunden und wenn er erklärt hatte, er sei zum ProzBev ausersehen worden. Ebensowenig genügt die Einreichung einer „Schutzschrift" vor dem Zeitpunkt des Eingangs des gegnerischen Antrags auf den Erlaß einer einstweiligen Verfügung, Hbg GRUR **81**, 91, und zwar auch dann nicht, wenn der einreichende Anwalt beim Prozeßgericht zugelassen ist, aM Düss AnwBl **82**, 433 (aber es liegt dann überhaupt noch kein Prozeßrechtsverhältnis vor, aus dem erst prozessuale Rechte und Pflichten entstehen können, Grdz 2 C vor § 128).

Eine Beiordnung als ein Pflichtanwalt genügt hier nicht, wohl aber eine einstweilige Zulassung nach § 89. Die nachträgliche Bestellung heilt eine frühere Zustellung an den noch nicht Bestellten. Entscheidender Zeitpunkt ist der Beginn der Zustellung, also die Aushändigung des zuzustellenden Schriftstücks an den Gerichtsvollzieher oder an den Urkundsbeamten der Geschäftsstelle im Parteibetrieb, an den Gerichtswachtmeister oder an die Post im Amtsbetrieb, BGH NJW **81**, 1674 mwN.

C. Instanz. Der ProzBev muß für die Instanz bestellt worden sein. Der Begriff der Instanz schwankt. Er ist für die einzelnen Prozeßgesetze und sogar innerhalb der ZPO nicht gleich. Hier bedeutet Instanz das gesamte Verfahren in demselben Rechtszug. Eine Abgabe, zB im Mahnverfahren, eine Verweisung, Ffm AnwBl **80**, 292, ein Einspruch, eine Zurückverweisung begründen keine neue Instanz. Eine Wiederaufnahmeklage und eine Vollstreckungsabwehrklage gehören nach der ausdrücklichen Vorschrift zur Instanz, §§ 578, 767, 178. Zur ersten Instanz gehören, selbst nach einer rechtskräftigen Erledigung, das Kostenfestsetzungsverfahren, Einf 1 B vor § 103, und das Verfahren vor dem Vollstreckungsgericht, § 178.

Das vorläufige Verfahren vor einer Anhängigkeit der Hauptsache und die Zwangsvollstreckung im übrigen bilden stets eine eigene Instanz. Keine eigene Instanz ist das einstweilige Anordnungsverfahren nach den §§ 620 ff. Ein Beweissicherungsverfahren gehört im anhängigen Prozeß zur Instanz. Ein zweites Rechtsmittel gegen ein Urteil gehört mit dem noch schwebenden ersten Rechtsmittel zu derselben Instanz.

D. Beginn und Ende der Instanz. Die Instanz beginnt mit der Einreichung der Klage, des Gesuchs oder der Rechtsmittelschrift. Sie endet mit der Rechtskraft des Urteils, vgl dazu auch § 705 Anm 1 C, oder mit der Einlegung eines Rechtsmittels, BayObLG FamRZ **79**, 1043, Köln GRUR **77**, 221, ZöSt 3, aM zB BGH **23**, 172 und **LM** § 244 Nr 2, Karlsr AnwBl **82**, 434 mwN (sie ende mit der Zustellung des Endurteils); vgl aber Thomas AnwBl **82**, 528. Danach ist eine die Rechtsmittelfrist in Lauf setzende Zustellung immer an den ProzBev der unteren Instanz zu bewirken, selbst wenn ein ProzBev für die höhere Instanz bestellt worden ist, LAG Kblz JB **78**, 1255 (man muß aber stets den Art 103 I GG mitbeachten).

Sofern sich der ProzBev zwar nach dem Erlaß der Entscheidung, aber noch vor demjenigen Zeitpunkt bestellt hat, in dem ihre Herausgabe erfolgt ist, § 329 Anm 4 A, muß die Zustellung an ihn erfolgen; der Urkundsbeamte der Geschäftsstelle muß diese Maßnahme also unter Umständen auch noch dann veranlassen, wenn die Akte sich bereits in der Kanzlei befindet, Köln NJW **83**, 460 mwN.

E. Verstoß. Ein Verstoß gegen § 176 macht die Zustellung grundsätzlich wirkungslos, Hamm NJW **82**, 1887, LG Gießen Rpfleger **81**, 26 mwN, selbst wenn der ProzBev das Schriftstück aus dritter Hand erhalten hat oder wenn die Zustellung auch an den Vertretenen erfolgt ist, BGH **61**, 310, Köln MDR **76**, 50. Man kann freilich unter Umständen eine Zustellung an den Zustellungsbevollmächtigten annehmen, BAG BB **77**, 1152. Eine Heilung erfolgt nach § 187.

3) Grenzen der Anwendbarkeit. A. Ende. Die Anwendbarkeit der Vorschrift endet in folgenden drei Fällen:

a) Tod usw des Prozeßbevollmächtigten. Die Prozeßvollmacht endet mit dem Tod oder durch eine Vertretungsunfähigkeit des ProzBev, § 86 Anm 2. Hierher gehört nicht die Aufgabe seiner Zulassung zur Anwaltschaft oder eine Mitteilung ans Gericht, Mü Rpfleger **70**, 250, nicht der Wegfall seiner Zulassung, aM BFH BB **75**, 635, und auch nicht eine Verweisung an ein anderes Gericht, Ffm AnwBl **80**, 292, Köln MDR **76**, 50.

b) Widerruf. Mit dem Wirksamwerden eines Widerrufs oder einer Kündigung des Vollmachtsvertrags nach § 87 tritt das Ende der Bevollmächtigung ein. Darum darf man dem neuen ProzBev, der an die Stelle des bisherigen getreten ist, eine Zustellung erst dann zuleiten, wenn er die Übernahme angezeigt hat, BGH **LM** § 87 Nr 6 mwN.

c) Vollmachtloser Vertreter. Für einen zugelassenen vollmachtlosen Vertreter tritt das Ende der Befähigung nach § 176 mit seiner Zurückweisung nach § 89 ein, BGH **LM** § 88 Nr 3, Zweibr MDR **82**, 586 mwN.

B. Kein Ende. § 176 ist auch nach der Beendigung der Instanz zu beachten. Eine Zustellung muß an den Anwalt der ersten Instanz erfolgen, wenn ein Anwalt der höheren Instanz fehlt. Das ergibt sich nach dem Grund und Zweck der Vorschrift. Eine Folge ist: Nach dem

Wegfall des Anwalts der höheren Instanz muß die Zustellung wiederum an den Anwalt der ersten Instanz erfolgen. Die Zustellung an die Partei selbst ist erst dann zulässig, wenn auch der erstinstanzliche Anwalt weggefallen ist.

Das alles gilt nicht im Fall der Unterbrechung des Verfahrens durch den Wegfall eines Anwalts nach § 244. Bei einem Teilurteil oder bei einem selbständig anfechtbaren Zwischenurteil kann der Prozeß gleichzeitig in zwei Instanzen schweben.

4) VwGO: *Die gleiche Regelung treffen §§ 67 III 3 VwGO und 8 IV VwZG.*

177 *Prozeßbevollmächtigter unbekannten Aufenthalts.* **¹** Ist der Aufenthalt eines Prozeßbevollmächtigten unbekannt, so hat das Prozeßgericht auf Antrag die Zustellung an den Zustellungsbevollmächtigten, in Ermangelung eines solchen an den Gegner selbst zu bewilligen.

II Die Entscheidung über den Antrag kann ohne mündliche Verhandlung erlassen werden. Eine Anfechtung der die Zustellung bewilligenden Entscheidung findet nicht statt.

1) Allgemeines. § 177 soll die Scheinbestellung eines ProzBev unterbinden. Die Vorschrift ist nur dann anwendbar, wenn eine Zustellung an den ProzBev notwendig ist, §§ 176, 178, und wenn diese Zustellung nicht durch eine Aufgabe zur Post nach § 175 geschehen kann. Die Vorschrift ist also unanwendbar, wenn auch nur wahlweise eine Zustellung an die Partei selbst oder eine Ersatzzustellung nach § 183 II möglich ist.

2) Zustellungsbewilligung. § 177 setzt voraus, daß der Aufenthalt des ProzBev unbekannt ist. Der Begriff ist derjenige des § 203 I. In diesem Fall kann der Rpfl des Prozeßgerichts, § 20 Z 8 RPflG, Anh § 153 GVG, auf Grund eines Antrags und im Fall einer Zustellung von Amts wegen auch ohne einen Antrag die Zustellung an den Gegner selbst bewilligen. Die vom Gesetzestext vorgesehene Bewilligung der Zustellung an den Zustellungsbevollmächtigten kommt nicht in Frage. Denn diese Zustellung bedarf nicht einer besonderen Bewilligung, StJ II 1, aM Wiecz A II.

Die Entscheidung erfolgt nach einer freigestellten mündlichen Verhandlung, § 128 Anm 3, durch einen Beschluß. Er ist grundsätzlich zu begründen, § 329 Anm 1 A b. Er wird verkündet oder von Amts wegen im Fall des Stattgebens beiden Parteien, im Fall der Ablehnung dem Antragsteller formlos mitgeteilt, § 329 II 1.

Gegen einen stattgebenden Beschluß ist kein Rechtsbehelf statthaft, II 2. Gegen einen ablehnenden Beschluß ist die Erinnerung nach § 11 I RPflG, Anh § 153 GVG, zulässig, und anschließend die einfache Beschwerde nach § 567, jeweils für den Antragsteller.

3) VwGO: *Entsprechend anwendbar, § 173 VwGO, in Ergänzung der in § 176 Anm 4 genannten Vorschriften, aM EF § 56 VwGO Rdz 14 (s auch BFH BStBl 77 II 665).*

178 *Was zur Instanz gehört.* Als zu dem Rechtszug gehörig sind im Sinne des § 176 auch diejenigen Prozeßhandlungen anzusehen, die das Verfahren vor dem Gericht des Rechtszuges infolge eines Einspruchs, einer Aufhebung des Urteils dieses Gerichts, einer Wiederaufnahme des Verfahrens oder eines neuen Vorbringens in dem Verfahren der Zwangsvollstreckung zum Gegenstand haben. Das Verfahren vor dem Vollstreckungsgericht ist als zum ersten Rechtszuge gehörig anzusehen.

1) Rechtszug. Zum Rechtszug im Sinn des § 176, s auch § 176 Anm 2 C und D, gehören: Das Verfahren nach einem Einspruch; das Verfahren mit dem Ziel einer Zurückverweisung; ein Wiederaufnahmeverfahren; ein Verfahren infolge eines neuen tatsächlichen Vorbringens in der Zwangsvollstreckungsinstanz. Damit ist ein Streit gemeint, der sich aus Anlaß einer Zwangsvollstreckung zwischen den Parteien und nicht etwa mit einem Dritten entwickelt, etwa ein Streit nach § 767.

§ 178 reicht aber nicht so weit wie die §§ 81 ff. Nach den letzteren Vorschriften darf in den dort bezeichneten Fällen eine Zustellung an den ProzBev gehen. In den Fällen des § 178 muß die Zustellung an ihn gehen.

2) Verfahren vor dem Vollstreckungsgericht. Das Verfahren vor diesem Gericht und damit fast die gesamte Zwangsvollstreckung gehört stets zum ersten Rechtszug, LG Würzb

§§ 178–181
1. Buch. 3. Abschnitt. Verfahren

DGVZ **79**, 126 mwN. Dabei kommt es nicht auf den Wohnort des ProzBev an. Er braucht keinen Zustellungsbevollmächtigten nach § 174 zu benennen, wenn er außerhalb des Bezirks wohnt. § 900 III enthält eine Sonderregelung für die Ladung im Verfahren zur Abgabe einer Offenbarungsversicherung. § 178 gilt auch dann, wenn das Gericht des ersten Rechtszugs nicht das Vollstreckungsgericht ist, LG Gießen Rpfleger **81**, 26. Wird ein neuer ProzBev für die Zwangsvollstreckung bestellt, so muß man die Zustellung ihm zuleiten, § 176.

3) *VwGO:* Entsprechend anwendbar, § 173 *VwGO*, in Ergänzung der in § 176 Anm 4 genannten Vorschriften. Vollstreckungsgericht ist stets das Gericht des ersten Rechtszuges, § 167 I 2 *VwGO*.

179 (weggefallen)

180 Ort der Zustellung. Die Zustellungen können an jedem Ort erfolgen, wo die Person, der zugestellt werden soll, angetroffen wird.

1) Zustellungsort. Der Zustellungsbeamte darf das zuzustellende Schriftstück dem Zustellungsempfänger überall dort übergeben, wo er ihn antrifft. „Ort" bedeutet: Ortsgemeinde, nicht Ortschaft. Eine Zustellung ist daher auch außerhalb der bebauten Fläche statthaft, also auch gegenüber dem Landwirt auf dem Feld.

2) *VwGO:* Gilt für das Zustellen durch den Postbediensteten, §§ 56 II *VwGO*, 3 III *VwZG*, und für die Zustellung durch die Partei nach § 750, Üb 8 § 166. Vgl auch § 10 *VwZG*.

Einführung vor §§ 181–185
Ersatzzustellung

1) Begriff. Bei der Ersatzzustellung sind der Zustellungsgegner, Üb 4 A vor § 166, und der Zustellungsempfänger verschiedene Personen; das zuzustellende Schriftstück erhält ein anderer, der als gesetzlicher Vertreter des Zustellungsgegners für die Zustellung gilt. Jedermann darf einen besonderen Zustellungsempfänger, den Zustellungsbevollmächtigten, bestellen; dann darf der Zustellende diesen nicht geflissentlich umgehen. Er muß also zunächst die Zustellung an ihn versuchen, § 174 Anm 1 B.

2) Eigenart der Ersatzzustellung. Bei ihr ist belanglos, ob der Zustellungsgegner das Schriftstück erhält, wie aus der Natur des Ersatzempfängers als des gesetzlichen Vertreters folgt. Die Ersatzperson ist aber gesetzlich verpflichtet, das Schriftstück dem Zustellungsgegner auszuhändigen, vgl auch § 274 Z 1 StGB. Der Zustellungsgegner muß beweisen, daß ihm die Ersatzperson nicht ausgehändigt und daß er deswegen vom Inhalt des Schriftstücks keine Kenntnis hat.

3) Mängel. Der Zustellungsbeamte hat den Zustellungsempfänger immer durch eigene Prüfung festzustellen. So, wenn er einem Einzelkaufmann unter der Firma zustellt. Seine Feststellung bindet das Gericht nicht. Die Zustellung an einen ungesetzlichen Ersatzmann ist grundsätzlich unwirksam, Üb 5 A vor § 166. Die Heilung erfolgt nach § 187, aber auch durch eine Genehmigung des Zustellungsgegners; denn wer einen Zustellungsbevollmächtigten bestellen kann, kann nach allgemeinen Rechtsgrundsätzen das Handeln desjenigen genehmigen, der als Zustellungsbevollmächtigter auftritt, aM StJ IV 2 vor § 166, Blomeyer § 32 I 2 aE. S dazu Üb 5 B vor § 166. Eine nicht beurkundete Ersatzzustellung ist unwirksam, BFH NJW **79**, 736 mwN.

4) *VwGO:* §§ 181–185 gelten für das Zustellen durch den Postbediensteten, §§ 56 II *VwGO*, 3 III *VwZG*, und für die Zustellung durch die Partei nach § 750, Üb 8 § 166. Für die Zustellung durch die Behörde gegen Empfangsbekenntnis, § 5 *VwZG*, gilt § 11 *VwZG*.

181 Ersatzzustellung an Hausgenossen usw.[1] Wird die Person, der zugestellt werden soll, in ihrer Wohnung nicht angetroffen, so kann die Zustellung in der Wohnung an einen zu der Familie gehörenden erwachsenen Hausgenossen oder an eine in der Familie dienende erwachsene Person erfolgen.

2. Titel. Verfahren bei Zustellungen § 181 1

II Wird eine solche Person nicht angetroffen, so kann die Zustellung an den in demselben Hause wohnenden Hauswirt oder Vermieter erfolgen, wenn sie zur Annahme des Schriftstücks bereit sind.

1) Ersatzzustellung in der Wohnung, I. A. Voraussetzungen. Eine Ersatzzustellung in der Wohnung kann dann stattfinden, wenn der Zustellungsbeamte den Zustellungsgegner nicht in dessen Wohnung antrifft. Wohnung ist jeder Raum, den der Empfänger tatsächlich bewohnt, ohne Rücksicht auf den Wohnsitz, BGH NJW **78**, 1858, Düss FamRZ **80**, 719. Ein vorübergehendes Wohnen genügt, zB: Im Wohnwagen; auf einem Schiff, LG Stade DGVZ **77**, 175; zur bloßen Schlafgelegenheit, BGH NJW **78**, 1858, Stgt Rpfleger **81**, 152. Man kann mehrere Wohnungen an demselben Ort haben. Ein kurzer Aufenthalt an einem anderen Ort, etwa während eines Urlaubs oder einer Geschäftsreise, vgl Köln NJW **80**, 2720, oder während einer mehrwöchigen Kur, BayObLG **80**, 267, im Gefängnis oder im Krankenhaus, begründet keine Wohnung. Ein längerer Aufenthalt an einem solchen Ort begründet aber eine Wohnung. Nach BGH **LM** § 37 StPO Nr 1 entsteht schon dann eine Wohnung, wenn jemand eine einmonatige Strafhaft verbüßt. Dasselbe gilt erst recht bei einer mehrmonatigen Strafhaft, BGH NJW **78**, 1858, Düss FamRZ **80**, 719, Hamm Rpfleger **77**, 177, LG Hagen NJW **80**, 1703 je mwN, und zwar selbst dann, wenn der Kontakt der Gefangenen mit dem derzeitigen Benutzer der sonstigen Wohnung nicht abreißt, Düss FamRZ **80**, 719.

Es ist unerheblich, ob sich der Zustellungsempfänger abgemeldet hat, vgl Köln NJW **80**, 2720, oder ob sich an seinem bisherigen Aufenthaltsort noch eine persönliche Habe von ihm befindet, BayObLG JR **61**, 271. Es genügt, daß man dem Beamten in der Wohnung sagt, der Empfänger sei abwesend, oder daß man ihm den Zutritt zur Wohnung oder zum Zustellungsgegner verwehrt. Es ist unerheblich, ob der Zustellungsgegner tatsächlich anwesend ist. Soweit er aber die Annahme verweigert, gilt § 186.

Eine Zustellung nach I erfolgt auch dann, wenn der Zustellungsgegner verreist, vgl Köln NJW **80**, 2720, oder wenn er abgemeldet ist, solange er die Wohnung nicht aufgegeben hat. Das gilt auch dann, wenn sein derzeitiger Aufenthalt unbekannt ist. Wer nämlich verreist, muß dafür Vorsorge treffen, daß ihn Zustellungen erreichen können. Vgl auch § 203 Anm 1, § 233 Anm 3 und Anm 4 „Partei". Ein Geschäftsraum kommt neben einer Wohnung nur im Fall des § 184 II in Betracht. Einzelheiten: Schüler DGVZ **79**, 1.

Wenn der Aufenthalt zwar bekannt ist, aber kein dauerhafter räumlicher Mittelpunkt des Lebens besteht, kann man an den Ort des relativen Lebensmittelpunkts zustellen, Köln MDR **83**, 129.

Wer einen Postnachsendeantrag stellt, „wohnt" an der dort genannten neuen Anschrift auch dann, wenn er sich dort in Wahrheit nicht aufhält, LG Ffm Rpfleger **81**, 493, aM Hbg MDR **82**, 1041.

Der Grund der Ersatzzustellung ist in die Zustellungsurkunde aufzunehmen, § 191 Z 4.

B. Geeigneter Zustellungsempfänger. Eine Ersatzzustellung ist an folgende Personen zulässig:

a) Hausgenosse. Es handelt sich um einen zur Familie gehörenden erwachsenen Hausgenossen. Er muß rechtlich oder tatsächlich zur Familie gehören, Celle FamRZ **83**, 202, zB: als Kind; als Pflegekind, vgl Celle FamRZ **83**, 203; als Ehegatte (ob zB die Ehefrau unter I oder unter § 183 I fällt, ist von Fall zu Fall zu entscheiden, BSG MDR **77**, 700); als Verlobter, Celle FamRZ **83**, 203; als geschiedener, aber tatsächlich noch dort wohnender und einen gemeinsamen Haushalt führender Ehegatte, LG Flensb MDR **82**, 239, aM zB BFH NJW **82**, 2895 mwN, BVerwG NJW **58**, 1985, LG Hagen MDR **68**, 765; als Haushälterin, ZöSt 1 b; als ein Verschwägerter usw; als Besuch, Celle FamRZ **83**, 203. Er muß auch ständig dem Hausstand angehören. Zur Problematik beim „Ledigbund", also dem nicht ehelichen Dauerverhältnis, Schlesw SchlHA **83**, 123, Scheld DGVZ **83**, 65 (ausf).

Erwachsensein bedeutet: Körperlich genügend entwickelt sein, Schlesw SchlHA **80**, 214, LG Frankenth Rpfleger **82**, 384 mwN. Eine Minderjährigkeit ist unter diesen Voraussetzungen unerheblich, Schlesw SchlHA **80**, 214, LG Frankenth Rpfleger **82**, 384. Es entscheidet der Sprachgebrauch des täglichen Lebens, Schlesw SchlHA **80**, 214. Es reicht aus, daß man erwarten kann, daß der Empfänger das Schriftstück ordnungsgemäß weitergeben werde, BGH NJW **81**, 1614 mwN, BSG MDR **77**, 83 mwN, und zwar selbst dann, wenn er die Partei ist, BGH VersR **73**, 156, vgl auch § 175 GVG Anm 2. Es handelt sich um eine nach der äußeren Erscheinung zu beurteilende Tatfrage. Das Gericht ist insofern aber an die Auffassung des Zustellungsbeamten nicht gebunden. Das Gericht darf freilich der Beurteilung des Zustellungsbeamten meist folgen, BSG MDR **77**, 83.

b) Hausangestellter. Es muß sich um eine in der Familie dienende erwachsene Person handeln. Der Dienst muß für die Dauer bestehen, Hamm MDR **82**, 516. Eine bloße Aushilfe reicht nicht aus. Nach der Lage des Einzelfalls kann auch eine Aufwartefrau hierher zählen, und zwar auch im Haushalt eines Junggesellen, BayVerfGH **64**, 75. Eine vom Zwangsverwalter des Hauses angestellte Person reicht nicht aus. Die Person braucht nicht in demselben Haus zu wohnen. Sie muß auch nicht unbedingt gerade dem Zustellungsgegner persönlich dienen. Es mag sich auch um einen Dienst höherer Art handeln, etwa um denjenigen eines Hauslehrers. Ein faktisches Dienstverhältnis aus Gefälligkeit ohne ein Entgelt unter Verwandten reicht aus, Hamm MDR **82**, 516.

C. Übergabeort. I verlangt stets eine Übergabe in der Wohnung. Die Ersatzperson darf die Übergabe nicht ablehnen. Wenn sie eine Ablehnung erklärt, ist allerdings die Zustellung trotzdem bewirkt und ist nach § 186 zu verfahren.

2) Ersatzzustellung an den Hauswirt usw, II. A. Voraussetzungen. Zur Wirksamkeit einer Zustellung an den Hauswirt oder Vermieter sind folgende Voraussetzungen erforderlich: **a)** Ein Wohnen in demselben Haus, vgl BGH **LM** § 341 Nr 2; **b)** die Bereitschaft zur Annahme. Im Fall einer Annahmeverweigerung greift nicht § 186 ein, sondern § 182; **c)** der Umstand, daß der Zustellungsbeamte weder den Zustellungsgegner in seiner Wohnung noch eine Ersatzperson nach I in der Wohnung angetroffen hat.

Im Fall des § 183 II (Nichtantreffen im Geschäftsraum) ist II nicht anwendbar.

Hauswirt im Sinn von II sind auch folgende Personen: Sein Stellvertreter gegenüber den Mietern; der Vizewirt; der Verwalter; der Nießbraucher; der Hauswart; der Gefängnisvorsteher für einen Gefangenen; der Krankenhausleiter für einen Kranken; der Vorsteher oder der Direktor oder dessen Sekretärin in einem psychiatrischen Krankenhaus, Stgt Rpfleger **75**, 102, für einen dort Untergebrachten. Vermieter sind auch: Der Untervermieter; derjenige, der sonst vertraglich Wohnung gewährt, etwa als Arbeitgeber.

Eine Zustellung an eine Ersatzperson von einer Ersatzperson, etwa an die Ehefrau des Hauswarts oder an den Diener des Vermieters, ist unstatthaft.

B. Soldat. Eine Ersatzzustellung an einen Soldaten erfolgt an den Hauptfeldwebel oder an dessen Stellvertreter, falls der Soldat in einer Gemeinschaftsunterkunft wohnt, Erlaß v 16. 3. 82 Z 4ff, SchlAnh II; vgl auch LG Essen NJW **61**, 1586.

3) *VwGO: Vgl Einf 4 §§ 181–185.*

182 *Zustellung durch Niederlegung trotz Postbestelldienst.* Ist die Zustellung nach diesen Vorschriften nicht ausführbar, so kann sie dadurch erfolgen, daß das zu übergebende Schriftstück auf der Geschäftsstelle des Amtsgerichts, in dessen Bezirk der Ort der Zustellung gelegen ist, oder an diesem Ort bei der Postanstalt oder dem Gemeindevorsteher oder dem Polizeivorsteher niedergelegt und eine schriftliche Mitteilung über die Niederlegung unter der Anschrift des Empfängers in der bei gewöhnlichen Briefen üblichen Weise abgegeben oder, falls dies nicht tunlich ist, an die Tür der Wohnung befestigt oder einer in der Nachbarschaft wohnenden Person zur Weitergabe an den Empfänger ausgehändigt wird.

1) Allgemeines. Eine Zustellung durch eine Niederlegung ist in den Fällen der §§ 182, 195a zulässig. Sie ist ein Fall der unterstellten (fingierten) Zustellung. Denn bei ihr entfällt eine Übergabe. Ihre Wirkung wird durch das Recht auf einen ungestörten Urlaub, BVerfG **35**, 298, § 233 Anm 3, nicht beseitigt, BFH BB **74**, 1424. Sie ist auch dann sogleich wirksam, wenn die Niederlegung an einem Sonnabend erfolgt, der Empfänger die niedergelegte Sendung aber erst am folgenden Werktag bei der Post oder Polizei abholen kann, weil diese vorher geschlossen war, OVG Münster NJW **82**, 2395. Sie ist gefährlich. Das Gericht sollte sie mit Vorsicht behandeln. LAG Mannh JZ **83**, 621 bezweifelt die Vereinbarkeit der jetzigen Mitteilungsvordrucke mit Art 103 I GG; dagegen Braun JZ **83**, 623 mwN.

2) Voraussetzungen. Eine Ersatzzustellung durch eine Niederlegung ist unter folgenden Voraussetzungen zulässig: **a)** Der Empfänger hat die Wohnung tatsächlich (schon oder noch) inne, § 181 Anm 1 A, Schmid NJW **81**, 858; **b)** der Empfänger wird in der Wohnung nicht angetroffen, § 181; **c)** es hat ein erfolgloser Versuch der Ersatzzustellung nach den Vorschriften des § 181 I, II stattgefunden.

Eine Übergabe in der Wohnung muß also unmöglich sein, BGH VersR **74**, 809. Ein Versuch im Geschäftsraum ist weder erforderlich noch grundsätzlich ausreichend, BGH NJW **76**, 149, BAG NJW **76**, 1422, LAG Ffm BB **82**, 1925, LAG Hamm MDR **83**, 612, § 183 Anm 2 B, und zwar auch nicht dann, wenn der Zustellungsbeamte irrig annimmt, es

2. Titel. Verfahren bei Zustellungen § 182 2–4

handle sich um die Wohnung des Zustellungsempfängers, BFH BB **73**, 1340, wohl aber dann, wenn der Empfänger den Geschäftsraum als seine Wohnung angegeben hat, BFH BB **75**, 1142.

Die Voraussetzungen einer Ersatzzustellung nach § 182 sind auch dann erfüllt, wenn der Empfänger die Post beauftragt, alle Eingänge für eine gewisse Zeit an den Absender zurückgehen zu lassen, BayObLG NJW **57**, 33.

3) Ausführung. Zur wirksamen Zustellung durch eine Niederlegung sind folgende Einzelheiten erforderlich und ausreichend:

A. Niederlegung. Das zuzustellende Schriftstück muß entweder auf der Geschäftsstelle des zuständigen AG oder bei der Post oder bei dem Gemeindevorsteher oder bei der Polizei niedergelegt werden. BAG MDR **70**, 959 hält eine Ersatzzustellung auch an einem Sonnabend durch eine Niederlegung in einem geschlossenen Postgebäude für wirksam. Diese Entscheidung bleibt hinter der Sonnabendregelung, vgl auch § 222 II, auffällig zurück und schafft unnötige Wiedereinsetzungsmöglichkeiten. Der Zustellungsbeamte wählt die für den Zustellungsgegner beste Art der Zustellung. Das Landesrecht bestimmt, wer als Polizei anzusehen ist. Ein Bürgermeister ist Gemeindevorsteher.

B. Mitteilung über die Niederlegung. Außerdem muß dem Empfänger eine schriftliche Mitteilung über die erfolgte Niederlegung gemacht werden. Diese Mitteilung kann dadurch erfolgen, daß der Zustellungsbeamte sie in der Wohnung des Zustellungsgegners ,,in der bei gewöhnlichen Briefen üblichen Weise'' abgibt, wenn dieser Weg Erfolg verspricht. In einem solchen Fall reicht also ein Einwurf in den Briefkasten, LG Darmst JB **75**, 669, und das Schieben unter die Türschwelle usw. Die im Gesetz weiter vorgesehene hilfsweise Befestigung an der Wohnungstür erfordert eine Verbindung des Schriftstücks mit der Wohnungstür in einer Weise, die die Gefahr der Beseitigung durch einen Unbefugten oder einer anderen Einwirkung möglichst gering hält, BFH BB **81**, 230. Diese Art der Mitteilung kommt nur als äußerster Notbehelf in Frage, zumal die Gefahr der Beseitigung durch einen Unbefugten groß ist. Eine Aushändigung an einen Nachbarn, zB an die Schiffsbesatzung, LG Stade DGVZ **77**, 175, zur Weitergabe an den eigentlichen Empfänger ist zu unzuverlässig und daher nur ein Notbehelf. Eine Zuleitung der Mitteilung muß auch dann erfolgen, wenn der Empfänger im übrigen seine Post postlagernd empfängt, BGH BB **54**, 577.

Wenn der Empfänger einen Nachsendeantrag an die Post gestellt hatte, ohne von der Möglichkeit Gebrauch zu machen, zusätzlich die Nachsendung niedergelegter Sendungen zu beantragen, dann reicht zur Wirksamkeit der Zustellung die Abgabe der Mitteilung über die Niederlegung in der Wohnung aus, BayObLG MDR **81**, 60.

Unzureichend ist: Ein Einwurf der Mitteilung in ein Postschließfach, BFH BB **83**, 822, BayObLG NJW **63**, 600, LG Köln MDR **73**, 768, oder in das Schließfach der Ehefrau, Oldb MDR **62**, 828; die Hinterlassung der Sendung irgendwo in der Wohnung, zB auf dem Küchentisch, BVerwG NJW **73**, 1945; die Aushändigung der Sendung an ein zehnjähriges Kind des Empfängers, LAG Hamm MDR **78**, 82; das Einschieben des Schriftstücks in einen seitlichen Türspalt, BFH BB **81**, 230.

Die Beurkundung erfolgt nach § 191 Z 4. § 195 II 2 ist unanwendbar, BGH VersR **77**, 152. Die Beurkundung bringt keinen Beweis dafür, daß der Empfänger die Mitteilung über die Niederlegung tatsächlich erhalten hat, Hamm MDR **82**, 501.

Soweit die Niederlegung und die Mitteilung über sie ordnungsgemäß erfolgt sind, kommt es für die Wirksamkeit der Zustellung nicht darauf an, ob der Adressat die Niederlegung beachtet, insbesondere das niedergelegte Schriftstück abgeholt hat, BayObLG Rpfleger **82**, 466. Man kann dann auch grds nicht etwa ein Verschulden im Sinn von § 337 verneinen, großzügiger LAG Mannh JZ **83**, 621 (krit Braun).

C. Aufbewahrung und Aushändigung. Die zuzustellende Sendung muß auf der Geschäftsstelle des AG, bei der Post, dem Gemeindevorsteher oder der Polizei aufbewahrt und ausgehändigt werden, falls sich der Empfänger binnen drei Monaten meldet, ABl BPostMin **65**, 1275. Erst nach dem Ablauf dieser Frist erfolgt eine Rücksendung an den Absender, vgl (zum alten Recht) BGH **28**, 30.

Die Post braucht eine Anfrage, ob das niedergelegte Schriftstück abgeholt wurde, nach § 124 I der Dienstanweisung für den Postbetrieb Teil III nur im Notfall telefonisch (durch einen Rückruf) zu beantworten und gibt in anderen Fällen eine schriftliche Formularauskunft.

4) Verstoß. Ein Verstoß macht die Zustellung grundsätzlich unwirksam, Üb 5 A vor § 166. Das gilt auch dann, wenn nur die schriftliche Mitteilung über die erfolgte Niederlegung fehlt, Kblz JB **75**, 671, vgl Hbg MDR **79**, 851. Da sich die Frage der ,,Tunlichkeit'' im allgemeinen einer Nachprüfbarkeit entzieht, ist eine Vertauschung der Reihenfolge bei der schriftlichen Mitteilung über die Niederlegung, Anm 3b, unerheblich. Angesichts der Unsicherheit dieser Zustellung muß man die Förmlichkeiten der Ersatzzustellung durch eine Niederlegung im übrigen ernst nehmen, Anm 1.

5) VwGO: Vgl Einf 4 §§ 181–185.

183 *Ersatzzustellung im Geschäftsraum.* I Für Gewerbetreibende, die ein besonderes Geschäftslokal haben, kann, wenn sie in dem Geschäftslokal nicht angetroffen werden, die Zustellung an einen darin anwesenden Gewerbegehilfen erfolgen.

II Wird ein Rechtsanwalt, ein Notar oder ein Gerichtsvollzieher in seinem Geschäftslokal nicht angetroffen, so kann die Zustellung an einen darin anwesenden Gehilfen oder Schreiber erfolgen.

1) Ersatzzustellung im Geschäftsraum, I. A. Allgemeines. Neben der Ersatzzustellung für den Fall des Nichtantreffens in der Wohnung nach § 181 stellt der § 183 wahlweise, BVerwG MDR **74**, 338, LAG Hamm MDR **83**, 612, oder nacheinander die Ersatzzustellung für den Fall des Nichtantreffens im Geschäftsraum zur Verfügung. Das gilt aber nur dann, wenn es sich bei dem Zustellungsempfänger um einen Gewerbetreibenden handelt. Dahin gehört jeder, der eine dauernde Erwerbstätigkeit ausübt, sei es im Handel oder in einem freien Beruf, zB: Ein Fabrikant; ein Kaufmann, ein Arzt, BSG MDR **77**, 700; ein Patentanwalt; der Betreiber einer Eisdiele, LAG Hamm MDR **83**, 612; eine Handelsgesellschaft, die man allein oder zusammen mit Partnern betreibt. Wenn sich der Zusteller aber in das Geschäftslokal zur Zustellung nach § 183 begibt, dann darf er die Ersatzzustellung auch nur nach dieser Vorschrift, also nur an einen Gewerbegehilfen des Zustellungsgegners oder an den gemeinsamen Gehilfen durch eine Aushändigung, nicht durch eine Niederlegung usw (§ 182), vornehmen, Anm 2 B, LAG Hamm MDR **83**, 612.

Hierher gehört neben dem Inhaber auch derjenige, der den Betrieb aus eigenem Recht leitet, etwa der Nießbraucher, nicht aber der Prokurist. Wer sich durch eine Eintragung im Handelsregister, durch ein Firmenschild usw als Gewerbetreibender ausgibt, muß eine Zustellung nach § 183 gegen sich gelten lassen. Eine Zustellung, die an den Geschäftsführer einer Gesellschaft mit beschränkter Haftung gerichtet sein soll, darf nicht an den Angestellten ausgeführt werden, wenn der Geschäftsführer kein Gewerbetreibender ist, sondern seinerseits ein Angestellter der gewerbetreibenden Gesellschaft ist, Celle MDR **57**, 234. Etwas anderes gilt dann, wenn der Geschäftsführer für den Zusteller eindeutig erkennbar mit dem Inhaber identisch ist, vgl BVerwG MDR **74**, 338.

B. Besonderes Geschäftslokal. Der Gewerbetreibende muß ein besonderes Geschäftslokal haben, in dem er seinen Beruf ausübt. Der Raum muß diesem besonderen Geschäftszweck dienen. Es reicht aus, daß es sich um den Raum einer Zweigniederlassung handelt. Der Raum braucht von der Wohnung nicht räumlich getrennt zu sein. Wenn er in einer Wohnung liegt, sind die §§ 181, 183 nebeneinander anwendbar.

C. Nichtantreffen. Der Begriff des Nichtantreffens im Geschäftsraum ist derselbe wie bei § 181 Anm 1 A. Es reicht also für eine Ersatzzustellung aus, daß der Bürovorsteher für den abwesenden Anwalt die Zustellung entgegennimmt, BVerwG NJW **62**, 70. Als ein Gewerbegehilfe gilt, wer ohne oder gegen Entgelt dauernd zur Unterstützung des Geschäftsherrn im Gewerbebetrieb angestellt ist. Hierher gehört auch ein Volontär oder ein Auszubildender, vgl BVerwG NJW **62**, 70; seine etwaige Minderjährigkeit ist unschädlich, BVerwG NJW **62**, 70. Die Zustellung an einen Gewerbegehilfen außerhalb des Geschäftsraums ist aber unwirksam. Ob die Ehefrau als Gewerbegehilfin oder als Hausgenossin im Sinn des § 181 I anzusehen ist, ist eine Fallfrage, BSG MDR **77**, 700.

2) Zustellung an einen Rechtsanwalt usw, II. A. Allgemeines. Wenn der Zustellungsbeamte einen Anwalt, einen Notar oder einen Gerichtsvollzieher nicht im Geschäftsraum antrifft, darf er das Schriftstück einem anwesenden Gehilfen oder Schreiber zustellen. Gehilfe ist nur derjenige, der in einer Wahrnehmung der dem Anwaltsberuf eigentümlichen Geschäfte dort dauernd Dienst leistet, nicht zB eine Raumpflegerin. Zu den Gehilfen rechnen aber ein Referendar im Vorbereitungsdienst oder ein Auszubildender, BVerwG NJW **62**, 70, OVG Münster Rpfleger **76**, 223, ferner ein Angehöriger des Anwalts, wenn er ständig mit der Beaufsichtigung des Büros beauftragt worden ist. Die Zustellung an einen Gehilfen muß im Geschäftslokal erfolgen. Die Zustellung außerhalb des Geschäftsraums ist unwirksam, etwa eine Zustellung in einem Gemeinschaftsraum der Anwälte im Gericht,

2. Titel. Verfahren bei Zustellungen   §§ 183–185   1

Düss OLGZ **65**, 325. § 183 gilt auch in einer Privatangelegenheit des Anwalts als des Zustellungsgegners.

B. Ausnahmen. § 183 gilt nicht bei einer Zustellung von Anwalt zu Anwalt. Eine Niederlegung nach § 182 ist bei § 183 grundsätzlich unstatthaft, BGH NJW **76**, 149, BAG NJW **76**, 1422 je mwN, LAG Hamm MDR **83**, 612, vgl § 182 Anm 2b.

3) *VwGO: Vgl Einf 4 §§ 181–185.*

184 *Ersatzzustellung bei Personenmehrheiten.* **¹ Wird der gesetzliche Vertreter oder der Vorsteher einer Behörde, einer Gemeinde, einer Korporation oder eines Vereins, dem zugestellt werden soll, in dem Geschäftslokal während der gewöhnlichen Geschäftsstunden nicht angetroffen oder ist er an der Annahme verhindert, so kann die Zustellung an einen anderen in dem Geschäftslokal anwesenden Beamten oder Bediensteten bewirkt werden.**

II Wird der gesetzliche Vertreter oder der Vorsteher in seiner Wohnung nicht angetroffen, so sind die Vorschriften der §§ 181, 182 nur anzuwenden, wenn ein besonderes Geschäftslokal nicht vorhanden ist.

1) **Voraussetzungen, I.** § 184 gilt für die Ersatzzustellung an eine Behörde, Gemeinde, Körperschaft oder einen Verein, auch an eine Offene Handelsgesellschaft, Kommanditgesellschaft, Gesellschaft mit beschränkter Haftung, LG Bln Rpfleger **78**, 30. In allen diesen Fällen bestehen folgende Möglichkeiten einer Zustellung an die gesetzlichen Vertreter oder Vorsteher: a) In der Wohnung in Person, §§ 171, 180; b) im Geschäftsraum in Person; c) im Geschäftsraum ersatzweise; d) in der Wohnung ersatzweise nur dann, wenn ein besonderer Geschäftsraum fehlt, II.

Auf eine Zustellung an den Aufsichtsrat im Fall des § 246 AktG ist § 184 grundsätzlich unanwendbar. Denn der Aufsichtsrat hat im allgemeinen keinen besonderen Geschäftsraum. Die Zustellung erfolgt dann nach den §§ 180–182.

Geschäftsraum im Sinn des § 184 ist der für den Dienst der Behörde usw, nicht notwendig den Bürodienst, bestimmte Raum sowie bei einer Zustellung an den Betriebsrat evtl die Posteingangstelle des Betriebs, BAG BB **76**, 510. Es ist unerheblich, ob es sich um das Hauptgeschäft oder um eine Zweigniederlassung handelt.

2) **Durchführung, II,** dazu LG Bln Rpfleger **78**, 31 (Üb). Es genügt, daß man dem Zustellungsbeamten den gesetzlichen Vertreter oder den Vorsteher als abwesend oder behindert bezeichnet. Eine Ersatzzustellung ist nur während der gewöhnlichen Geschäftsstunden zulässig. In Ermangelung einer äußerlich erkennbaren Bestimmung entscheidet die für die betreffende Stelle geltende örtliche Gewohnheit. Die Zustellung an einen vorher rechtswirksam Bevollmächtigten ist nicht ausgeschlossen. Die Zustellung an einen Beamten, der mehrere Behörde vertritt, ist nur im Geschäftsraum der gemeinten Behörde wirksam.

Ein Verstoß macht die Zustellung grundsätzlich unwirksam, Üb 5 A vor § 166; s auch § 187, dazu LG Bln Rpfleger **78**, 31.

3) *VwGO: Vgl Einf 4 §§ 181–185. Gewöhnliche Geschäftsstunden am Samstagvormittag: OVG Kblz NJW **66**, 1769.*

185 *Ersatzzustellung an den Gegner des Zustellungsgegners.* **Die Zustellung an eine der in den §§ 181, 183, 184 Abs. 1 bezeichneten Personen hat zu unterbleiben, wenn die Person an dem Rechtsstreit als Gegner der Partei, an welche die Zustellung erfolgen soll, beteiligt ist.**

1) **Geltungsbereich.** § 185 verbietet nur eine Ersatzzustellung an den Prozeßgegner des Zustellungsgegners, nicht zB eine Zustellung nach § 171 III, BGH DB **83**, 1971. Der Grund des § 185 liegt in der im allgemeinen berechtigten Besorgnis, der Prozeßgegner werde das Schriftstück dem Zustellungsgegner nicht aushändigen, BGH DB **83**, 1971, BAG NJW **81**, 1400, aber auch im Schutzbedürfnis des Zustellungsgegners, BAG NJW **81**, 1400. Daher ist § 185 weit auszulegen, BGH DB **83**, 1971, und auch auf folgende Personen anwendbar: Den Streithelfer des Prozeßgegners; einen am Ausgang des Prozesses sonst unmittelbar Beteiligten, etwa die gütergemeinschaftliche Ehefrau oder den Pfleger des Prozeßgegners, KG Rpfleger **78**, 106; einen nahen Angehörigen des Prozeßgegners, BGH DB **83**, 1971, etwa seinen Sohn oder Bruder, KGJ **46**, 94 (für den Bruder eines die Entmündigung betreibenden Ehegatten, vgl auch StJ II), Potsdam NJ **51**, 519 (für die Tochter der Bekl, die die Ehefrau des Klägers ist); überhaupt auf alle Personen, zwischen denen ein bestimmter Interessengegensatz besteht, BGH DB **83**, 1971. Zulässig ist aber eine Ersatzzustellung an einen Ange-

hörigen des Zustellungsempfängers, selbst an die minderjährige Partei, BGH VersR **73**, 156; ferner bei einer juristischen Person an einen Bediensteten sowie an dessen Untergebenen, BAG BB **74**, 1535.

Unzulässig ist wegen der Gefahr einer Unterschlagung die Zustellung eines Pfändungsbeschlusses an den Drittschuldner im Weg einer Ersatzzustellung an den Schuldner, BAG NJW **81**, 1400 mwN, aM zB ThP. Zulässig ist eine Zustellung an den Betriebsrat zu Händen desjenigen Arbeitnehmers, der in der Posteingangsstelle des Betriebs ständig auch für den Betriebsrat tätig ist, BAG BB **76**, 510. Der gemeinsame Zustellungsbevollmächtigte beider Parteien ist nicht als Prozeßgegner anzusehen. Die Kenntnis des Zustellungsbeamten ist unerheblich.

Ein Verstoß macht die Zustellung unwirksam, KG Rpfleger **78**, 106, wenn der Zustellungsgegner das Schriftstück nicht erhält, Üb 5 A vor § 166. Es ist aber eine Heilung nach § 187 möglich.

2) *VwGO:* *Vgl Einf 4 §§ 181–185.*

186 *Verweigerung der Annahme.* **Wird die Annahme der Zustellung ohne gesetzlichen Grund verweigert, so ist das zu übergebende Schriftstück am Ort der Zustellung zurückzulassen.**

1) Geltungsbereich. Die Verweigerung der Annahme eines zuzustellenden Schriftstücks bei der Zustellung steht der Zustellung gleich, soweit die Verweigerung ohne einen gesetzlichen Grund erfolgt, das heißt entgegen den Vorschriften der ZPO. In diesem Fall läßt der Zustellungsbeamte das Schriftstück am Ort der Zustellung zurück, legt es also dort an beliebiger Stelle hin. Er darf es aber nicht einer Person übergeben, die nach den gesetzlichen Vorschriften nicht zum Empfang des Schriftstücks berechtigt ist.

Die Verweigerung der Annahme ist in folgenden Fällen berechtigt: **a)** Bei einer Ersatzzustellung für den Hauswirt oder Vermieter, § 181 II; **b)** wenn die Voraussetzungen einer Ersatzzustellung nach §§ 181–184 fehlen; **c)** bei einer Zustellung an einem Sonn- oder Feiertag oder zur Nachtzeit, § 188 IV; **d)** bei einer falschen Anschrift, sofern die Nämlichkeit zweifelhaft ist; **e)** bei einer schikanösen Zurückweisung, BGH NJW **78**, 426.

Die Verweigerung der Annahme ist nach § 191 Z 5 zu beurkunden.

Bei einer Zustellung von Anwalt zu Anwalt ist § 186 unanwendbar.

2) *VwGO:* *Vgl Einf 4 §§ 181–185. Für die Zustellung durch die Behörde gegen Empfangsbekenntnis, § 5 VwZG, gilt § 13 VwZG.*

187 *Heilung bei Zustellungsmängeln.* **Ist ein Schriftstück, ohne daß sich seine formgerechte Zustellung nachweisen läßt, oder unter Verletzung zwingender Zustellungsvorschriften dem Prozeßbeteiligten zugegangen, an den die Zustellung dem Gesetz gemäß gerichtet war oder gerichtet werden konnte, so kann die Zustellung als in dem Zeitpunkt bewirkt angesehen werden, in dem das Schriftstück dem Beteiligten zugegangen ist. Dies gilt nicht, soweit durch die Zustellung der Lauf einer Notfrist in Gang gesetzt werden soll.**

1) Allgemeines. § 187 enthält einen allgemeinen Gedanken. Die Vorschrift ist daher weit auszulegen, Nürnb MDR **82**, 238. Sie betrifft jede Art von Zustellung, vgl BGH **17**, 353 (Zustellung eines Enteignungsbeschlusses), AG Biedenkopf MDR **83**, 588 (Zustellung einer Vorpfändung), insofern aM LG Kblz MDR **83**, 587, LG Marbg DGVZ **83**, 121; sie betrifft also nicht nur eine Ersatzzustellung. Sie betrifft aber nicht eine Zustellung, die eine Notfrist in Gang setzen soll. § 187 soll den Formalismus bei der Zustellung in Grenzen halten. Das bedeutet aber nicht, daß man jede Zustellung, die irgendeinen Mangel aufweist, als nichtig ansehen dürfte, solange sie nicht gerichtlich zugelassen wird.

2) Heilung. A. Grundsatz. a) Ermessen. Auch nach § 187 heilt eine Zustellung grundsätzlich nicht schon dadurch rückwirkend, daß das Schriftstück tatsächlich in die Hand des Zustellungsgegners kommt. Etwas anderes gilt beim Verzicht, Üb 5 B vor § 166. § 187 gibt dem Gericht aber die Befugnis, die Zustellung nach seinem pflichtgemäßen Ermessen als bewirkt anzusehen, Mü FamRZ **81**, 167, ähnlich KG OLGZ **74**, 331, LG Paderborn NJW **77**, 2077. Das Gericht kann die Zustellung als in demjenigen Zeitpunkt erfolgt behandeln, in dem der Beteiligte das Schriftstück so erhalten hat, daß er es in seinen Besitz bekam, behalten sollte, BGH DB **81**, 368 mwN, Mü FamRZ **81**, 167, und von seinem Inhalt Kenntnis nehmen konnte, Celle Rpfleger **69**, 53, aM Mes Rpfleger **69**, 40 (er meint, der Beteiligte müsse von dem Schriftstück auch tatsächlich eine Kenntnis erhalten haben). Das

2. Titel. Verfahren bei Zustellungen § 187 2

Gericht muß die Zustellung immer dann als bewirkt ansehen, wenn eine gegenteilige Auffassung auf eine leere Förmelei hinauslaufen würde und wenn der Zustellungszweck offensichtlich erreicht wird, wenn also für keinen Beteiligten ein Schaden entstehen kann, BGH **32**, 120 und NJW **78**, 426, grundsätzlich auch Hamm NJW **76**, 2026.

b) Tatsächlicher Zugang. Es ist ein tatsächlicher Zugang notwendig, Nürnb MDR **82**, 238. Die bloße Unterrichtung über den Inhalt reicht nicht aus, BGH **70**, 387, Nürnb MDR **82**, 238 mwN, ebensowenig eine Akteneinsicht durch den ProzBev, BGH DB **81**, 368, oder die Anfertigung und Aushändigung einer Fotokopie durch den ProzBev, Nürnb MDR **82**, 238. Der übereinstimmende Wille der Parteien bindet das Gericht nicht. Es ist unerheblich, ob nur eine Formvorschrift verletzt wurde, ob etwa eine unzulängliche oder gar keine Zustellungsurkunde aufgenommen wurde, oder ob nur der Nachweis der Zustellung unmöglich ist, etwa weil die Zustellungsurkunde verlorengegangen ist.

c) Beispiele der Anwendbarkeit: Es handelt sich um eine Klageschrift, Saarbr NJW **77**, 1928; es handelt sich um eine Ladung, vgl BGH NJW **78**, 427; es geht um die Zustellung eines Urteils (vgl aber Anm 3), einer Verfügung oder eines Beschlusses, Nürnb NJW **76**, 1101; es geht um eine Amtszustellung statt um eine Parteizustellung, und umgekehrt.

d) Beispiele der Unanwendbarkeit: Es geht um einen Fall, in dem eine Amtszustellung überhaupt nicht beabsichtigt worden war, BGH **7**, 270, Celle FamRZ **78**, 415 mwN, Ffm MDR **79**, 764, LG Essen AnwBl **78**, 420, Schneider DGVZ **83**, 33, aM Düss NJW **51**, 968 (im dortigen Fall ging es um die formlose Übersendung der Klageschrift als Anlage zum damaligen Armenrechtsgesuch. Etwas anderes gilt allerdings dann, wenn der Richter eine Zustellung verfügt hat und der Urkundsbeamte der Geschäftsstelle das Schriftstück versehentlich nur formlos übersandt hat, wenn die Partei aber aus den Erklärungen des Klägers in der Klageschrift erkennen kann, daß die Klage unabhängig von der Bewilligung einer Prozeßkostenhilfe erhoben werden sollte, BGH NJW **56**, 1878), LG Marbg DGVZ **83**, 26 (abl Schriftleitung); in einem Fall des § 171 ist jede Beteiligung der Vertreter am Prozeß unterblieben, Karlsr FamRZ **73**, 273; das Gericht ordnet die Zustellung der Klageschrift an einen inländischen vollmachtlosen Vertreter des im Ausland ansässigen Bekl an; es ist kein Zustellungsbevollmächtigter nach § 174 II benannt worden. Denn dann ist § 199 verletzt, BGH **58**, 177, ThP 1, aM zB KG OLGZ **74**, 330, Bökelmann JR **72**, 425, Geimer NJW **72**, 1624, ZöSt; die Ausfertigung oder ihr Vermerk sind fehlerhaft, zB Hamm (14. ZS) NJW **78**, 830, insofern aM zB Hamm (4. ZS) OLGZ **79**, 358 mwN, vgl aber wiederum Hamm (4. ZS) MDR **81**, 60; die Ausfertigung oder ihr Vermerk fehlt ganz, Hamm JB **78**, 755, LG Brschw DGVZ **82**, 75, Fritze Festschrift für Schiedermair (1976) 153, aM Ffm OLGZ **81**, 99.

B. Adressierung. Die Zustellung muß dem Gesetz gemäß an den Zustellungsgegner gerichtet gewesen sein oder wenigstens gerichtet gewesen sein können. Die Anschrift muß also im Fall einer anwaltlichen Vertretung nach § 176 den Anwalt genannt haben. Zumindest muß der Anwalt, der das Schriftstück tatsächlich in Händen hat, der richtige Zustellungsgegner sein. In diesem Fall ist es unerheblich, ob das Schriftstück auch an ihn gerichtet war. Wenn das Schriftstück also zB an die Partei gerichtet war und wenn sie das Schriftstück ihrem Anwalt ausgehändigt hat, kann das Gericht die Zustellung als in dem Augenblick der Aushändigung bewirkt ansehen. Dasselbe gilt dann, wenn die Zustellung an eine Person mit zwei Eigenschaften, zB als Vorstandsmitglied und als Liquidator, unter der Bezeichnung erfolgt ist, die die in diesem Prozeß maßgebliche Eigenschaft nicht betrifft, BGH **32**, 114. Denn in diesem Fall hat die richtige Person die Zustellung empfangen.

C. Beweis. Der Empfang des Schriftstücks und sein Zeitpunkt lassen sich mit jedem Beweismittel dartun. Beweispflichtig ist derjenige, der aus der Zustellung ein Recht herleitet, Hbg MDR **79**, 851. Die Erklärung des Zustellungsgegners kann nach der Lage der Sache genügen und tut das auch regelmäßig. Die Erklärung kann formlos erfolgen und in einer schlüssigen Handlung liegen, etwa dann, wenn der Zustellungsgegner einen Mangel der Zustellung behauptet. Im Fall einer Ersatzzustellung an einen Hausgenossen spricht die Lebenserfahrung für den Empfang durch den Zustellungsgegner.

Das Gericht braucht nur dann zu entscheiden, wenn es die Zustellung als bewirkt ansieht. Andernfalls bleibt die Wirksamkeit zweifelhaft. Es reicht aus, daß sich die Zulassung aus einer anderen Entscheidung ergibt. Bei einem Zwischenstreit über die Zulassung ist ein Beschluß zu empfehlen. Die Zulassung wirkt für und gegen den Zustellungsgegner, zB als eine Unterlage für eine Bestrafung oder im Fall einer rechtzeitigen Zustellung als eine Grundlage der Versäumnisentscheidung.

Gegen die Ablehnung der Zulassung ist die Beschwerde nach § 567 zulässig.

3) Notfrist. Soweit die Zustellung eine Notfrist in Lauf setzen soll, ist eine mangelfreie Zustellung notwendig, BGH VersR **74**, 1224 (zu § 212a). Denn ein solcher Fall duldet keine Ungewißheit, BGH **76**, 238 mwN, KG MDR **76**, 847 (selbst bei einem Rechtsmißbrauch), abw LG Bln MDR **68**, 156. Das gilt auch für eine gesetzliche Ausschlußfrist zur Klagerhebung, BGH **76**, 238 mwN, für die Berufungsbegründungsfrist, BGH **76**, 238, Hagen SchlHA **73**, 59, aM BAG JZ **58**, 130, für die Fristen nach den §§ 273 II Z 1, 275 I 1, III, IV, 276 I 2, III, BGH **76**, 238, und für die Notfrist des § 30 b I 1 ZVG, LG Gießen Rpfleger **81**, 26.

S 2 ist aber im Fall des § 929 unanwendbar, Kblz GRUR **81**, 92, Nürnb NJW **76**, 1101, Wedemeyer NJW **79**, 294, abw LG Brschw DGVZ **82**, 75, aM zB Kblz GRUR **80**, 944 mwN. Wegen der Zustellung an den Fiskus vgl Saarbr NJW **77**, 1928.

4) VwGO: *Gemäß § 56 II VwGO gilt die Sonderregelung des § 9 VwZG für alle Zustellungen mit Ausnahme derjenigen durch die Partei nach § 750, Üb 8 § 166.*

188 *Zeit der Zustellung.* ¹ Zur Nachtzeit sowie an Sonntagen und allgemeinen Feiertagen darf eine Zustellung, sofern sie nicht durch Aufgabe zur Post bewirkt wird, nur mit richterlicher Erlaubnis erfolgen. Die Nachtzeit umfaßt in dem Zeitraum vom 1. April bis 30. September die Stunden von neun Uhr abends bis vier Uhr morgens und in dem Zeitraum vom 1. Oktober bis 31. März die Stunden von neun Uhr abends bis sechs Uhr morgens.

II Die Erlaubnis wird von dem Vorsitzenden des Prozeßgerichts erteilt; sie kann auch von dem Amtsrichter, in dessen Bezirk die Zustellung erfolgen soll, und in Angelegenheiten, die durch einen beauftragten oder ersuchten Richter zu erledigen sind, von diesem erteilt werden.

III Die Verfügung, durch welche die Erlaubnis erteilt wird, ist bei der Zustellung abschriftlich mitzuteilen.

IV Eine Zustellung, bei der die Vorschriften dieses Paragraphen nicht beobachtet sind, ist gültig, wenn die Annahme nicht verweigert ist.

1) Zeitliche Beschränkung, I, IV. Eine Zustellung zur Nachtzeit oder an einem Sonn- oder Feiertag ist nur auf Grund einer vorherigen richterlichen Erlaubnis wirksam möglich. Von diesem Grundsatz sind folgende Zustellungsarten ausgenommen: Die Zustellung durch eine Aufgabe zur Post, § 175; die Zustellung durch die Übergabe an die Post, § 194; die Zustellung durch die Post, § 195; die Zustellung von Anwalt zu Anwalt, da dieser zur Entgegennahme bereit sein muß, § 198 Anm 1 B, so daß IV anwendbar ist.

Ein Verstoß gegen I macht die Zustellung aber nur bei einer Verweigerung der Annahme unwirksam, IV.

2) Allgemeine Feiertage. Im gesamten Gebiet der BRD gelten folgende Tage als Feiertage: Neujahr; Karfreitag; Ostermontag; 1. Mai; Himmelfahrt; Pfingstmontag; 17. Juni, G v 4. 8. 53, BGBl 778, für Berlin G v 11. 8. 53, GVBl 783, für das Saarland G v 4. 6. 57, ABl 485; Bußtag (der Mittwoch vor dem letzten Sonntag nach Trinitatis); 1. und 2. Weihnachtstag.

Je nach dem Landesrecht gelten ferner folgende Tage als Feiertage: Epiphanias (5. 2.); Fronleichnam; Mariä Himmelfahrt (15. 8.); Allerheiligen. Hinzu kommen einige lokale Besonderheiten.

Der Sonnabend vor Ostern ist kein Feiertag; ebensowenig ist derjenige durch eine etwaige Verwaltungsanordnung bestimmte Sonnabend ein Feiertag, an dem nur ein Sonntagsdienst stattfindet. Durch G v 10. 8. 65, vgl § 222, ist daran nichts geändert worden. Der Sonnabend ist also den Feiertagen insofern gleichgestellt.

Die Länder haben folgende Feiertagsgesetze erlassen:

Baden-Württemberg: G idF v 28. 11. 70, GBl **71**, 1, geändert durch G v 14. 3. 72, GBl 92, und 19. 7. 73, GBl 227;
Bayern: G v 21. 5. 80, GVBl 215;
Berlin (W): G v 28. 10. 54, GVBl 615, geändert durch G v 17. 7. 69, GVBl 1030, und VO v 29. 11. 54, GVBl 643/784, nebst ÄndVO v 18. 2. 56, GVBl 169, und 16. 3. 56, GVBl 245;
Bremen: G v 12. 11. 54, GBl 115, geändert durch G v 8. 9. 70, GBl 94, und 1. 3. 76, GBl 85;
Hamburg: G v 16. 10. 53, GVBl 289, geändert durch G v 2. 3. 70, GVBl 90;
Hessen: G idF v 29. 12. 71, GVBl 343, geändert durch G v 15. 5. 74, GVBl 241;

2. Titel. Verfahren bei Zustellungen **§§ 188–190**

Niedersachsen: G idF v 29. 4. 69, GVBl 113, geändert durch G v 21. 6. 72, GVBl 309, und 2. 12. 74, GVBl 535;
Nordrhein-Westfalen: G idF v 22. 2. 77, GVBl 98;
Rheinland-Pfalz: G v 15. 7. 70, GVBl 225;
Saarland: G v 18. 2. 76, ABl 213;
Schleswig-Holstein: G idF v 30. 6. 69, GVBl 112, geändert durch G v 25. 2. 71, GVBl 66, 9. 12. 74, GVBl 453, und 30. 10. 81, GVBl 329.

3) **Erlaubnis, II, III. A. Zuständigkeit.** Die Erlaubnis zu einer Zustellung zur Nachtzeit oder an einem Sonn- oder Feiertag wird vom Rpfl des Prozeßgerichts erteilt, also desjenigen Gerichts, bei dem der Prozeß schwebt oder anhängig werden soll, Mü MDR **79**, 408. Wegen der in Frage kommenden Instanz s § 176 Anm 2 C, § 178. Zur Instanz gehören alle Zustellungen bis zur Einlegung des Rechtsmittels. Im Zwangsvollstreckungsverfahren erlaubt das Vollstreckungsgericht, im Beweissicherungsverfahren das angerufene Gericht. Der Rpfl tritt an die Stelle sämtlicher in II genannter Richter, § 20 Z 9 RPflG, Anh § 153 GVG.

B. Verfahren. Der Rpfl erteilt die Erlaubnis ohne eine mündliche Verhandlung durch eine schriftliche Verfügung nach seinem pflichtgemäßen Ermessen, falls besondere Gründe für eine solche Zustellung vorliegen, etwa eine Gefahr im Verzug. Soweit es sich um eine Zustellung von Amts wegen handeln soll, wird die Erlaubnis von Amts wegen eingeholt und erteilt, sonst nur auf Grund eines Antrags der Partei oder des Zustellungsbeamten. Die Verfügung des Rpfl ist grundsätzlich zu begründen, vgl § 329 Anm 1 A b, B. Sie wird dem Zustellungsempfänger bei der Zustellung abschriftlich ausgehändigt. Die Urschrift bleibt aus Beweisgründen bei den Akten.

Wenn der Zustellungsempfänger den Zutritt trotz einer ihm vorgelegten äußerlich wirksamen Erlaubnis nach § 189 ohne eine Angabe triftiger Gründe verweigert, führt der Zustellungsbeamte die Zustellung nach § 182 aus (Niederlegung). Soweit die Annahme verweigert wird, ist § 186 anwendbar. Soweit die Zustellung mit einer wirksamen Erlaubnis erfolgte oder soweit die Annahme nicht verweigert wurde, laufen die Fristen vom Ablauf des Tages der Zustellung, nicht nach § 222 II vom nächsten Tag an.

Gebühren: Des Gerichts: Keine; des Anwalts: Gehört zum Rechtszug, § 37 Z 3 BRAGO.

4) **VwGO:** Vgl § 12 VwZG (§ 56 II VwGO).

189 *Eine Zustellung für mehrere.* [I] Ist bei einer Zustellung an den Vertreter mehrerer Beteiligter oder an einen von mehreren Vertretern die Übergabe der Ausfertigung oder Abschrift eines Schriftstücks erforderlich, so genügt die Übergabe nur einer Ausfertigung oder Abschrift.
[II] Einem Zustellungsbevollmächtigten mehrerer Beteiligter sind so viele Ausfertigungen oder Abschriften zu übergeben, als Beteiligte vorhanden sind.

1) **Voraussetzungen.** § 189 läßt eine von mehreren möglichen Zustellungen genügen, wenn eine der folgenden Voraussetzungen vorliegt: **a)** Mehrere Beteiligte haben einen gemeinsamen Vertreter; **b)** die Zustellung erfolgt an einen von mehreren Vertretern desselben Beteiligten; **c)** dieselbe Person ist gleichzeitig selbst beteiligt und ein Vertreter eines anderen Beteiligten, Usadel Rpfleger **73**, 416 mwN.

Wenn von mehreren Beteiligten jeder einen Vertreter hat, muß eine Zustellung an jeden Vertreter erfolgen. § 189 gilt auch nicht für den Zustellungsbevollmächtigten.

II ist im WEG-Verfahren nicht anwendbar, denn der Verwalter ist im Rahmen seiner Tätigkeit nach § 27 II WEG nicht ein bloßer Zustellungsbevollmächtigter, sondern gesetzlicher Vertreter der Wohnungseigentümergemeinschaft, BGH Rpfleger **81**, 97 mwN, vgl auch im Ergebnis LG Köln ZMR **80**, 191, aM zB Guthardt-Schulz ZMR **80**, 192 mwN.

2) **VwGO:** *Gemäß § 56 II VwGO gelten §§ 7 III, 8 II VwZG mit Ausnahme der (seltenen) Parteizustellung, Üb 8 § 166.*

190 *Zustellungsurkunde.* [I] Über die Zustellung ist eine Urkunde aufzunehmen.
[II] Die Urkunde ist auf die Urschrift des zuzustellenden Schriftstücks oder auf einen mit ihr zu verbindenden Bogen zu setzen.

III Eine durch den Gerichtsvollzieher beglaubigte Abschrift der Zustellungsurkunde ist auf das bei der Zustellung zu übergebende Schriftstück oder auf einen mit ihm zu verbindenden Bogen zu setzen. Die Übergabe einer Abschrift der Zustellungsurkunde kann dadurch ersetzt werden, daß der Gerichtsvollzieher den Tag der Zustellung auf dem zu übergebenden Schriftstück vermerkt.

IV Die Zustellungsurkunde ist der Partei, für welche die Zustellung erfolgt, zu übermitteln.

1) Vorbemerkung zu den §§ 190–192. Notwendigkeit der Zustellungsurkunde. Über die Zustellung muß eine Urkunde aufgenommen werden. Die Zustellung ist ja eine beurkundete Übergabe. Daraus folgt aber nur, daß eine wirksame Zustellung fehlt, soweit sie nicht beurkundet wurde. Es macht nicht etwa jeder Mangel der Urkunde die Zustellung unwirksam, aM BGH 8, 314. Vgl dazu auch Üb 5 B vor § 166. Jedenfalls ist eine Heilung nach § 187 möglich. Es entscheidet also die Übergabe. Ein bloßer Mangel der Urkunde macht die Zustellung nicht unwirksam.

Für die Wirksamkeit der Zustellung ist ein anderer Beweis als derjenige durch die Urkunde möglich, BGH NJW 81, 1614 mwN. Es genügt zB zum Nachweis der Klagezustellung, daß die Partei in einem früheren Termin verhandelt hat. Ebenso läßt sich ein Mangel der Zustellungsurkunde durch den Nachweis einer ordentlichen Zustellung entkräften. Gegen die Zustellungsurkunde ist auch ein Gegenbeweis statthaft, vgl zB BGH NJW 76, 149 (betreffend den Zustellungsort), Karlsr MDR 76, 161 (betreffend die Zustellungsart), §§ 191 Anm 1, 418 Anm 3.

2) Zustellungsurkunde und Urschrift, I, II. Über die Bedeutung der erforderlichen Zustellungsurkunde Anm 1. Die Verbindung mit der Urschrift des zuzustellenden Schriftstücks ist nicht wesentlich. Bei der Zustellung einer Ausfertigung, also dann, wenn die Partei die Urschrift nicht hat, § 170, ist eine getrennte Zustellungsurkunde aufzunehmen.

3) Beglaubigte Abschrift der Zustellungsurkunde, III. Zum Schutz des Zustellungsgegners verlangt III, daß der Gerichtsvollzieher eine beglaubigte Abschrift (Begriff § 170 Anm 2 B) der Zustellungsurkunde auf das zu übergebende Schriftstück oder auf einen mit ihm zu verbindenden Bogen setzt oder daß der Gerichtsvollzieher auf dem zu übergebenden Schriftstück den Tag der Zustellung vermerkt. Diese Vorschrift ist nicht wesentlich. Bei einer Abweichung der Zustellungsurkunde von der Urschrift gilt zugunsten des Zustellungsgegners dasjenige, das er erhalten hat. Der Zustellungsgegner kann sich auch dann auf die Abschrift berufen, wenn sie zwar mit der Urschrift übereinstimmt, aber falsch ist, wenn sie zB eine unrichtige zustellende Partei beurkundet. Etwas anderes gilt nur dann, wenn der Fehler eindeutig erkennbar ist.

Eine Angabe des ProzBev auf der beglaubigten Abschrift ist nicht notwendig. Deshalb kann man aus einer unrichtigen Angabe des ProzBev keine Unwirksamkeit der Zustellung herleiten.

III ist auf eine Zustellung von Amts wegen unanwendbar, § 212 I.

4) Übermittlung, IV. IV schreibt vor, daß der Zustellungsbeamte die Zustellungsurkunde an die zustellende Partei übermittelt. Dieser Vorgang ist aber für die Wirksamkeit einer im übrigen einwandfreien Zustellung entbehrlich.

5) VwGO: Vgl § 3 II VwZG, § 56 II VwGO.

191 Inhalt der Zustellungsurkunde. Die Zustellungsurkunde muß enthalten:
1. Ort und Zeit der Zustellung;
2. die Bezeichnung der Person, für die zugestellt werden soll;
3. die Bezeichnung der Person, an die zugestellt werden soll;
4. die Bezeichnung der Person, der zugestellt ist; in den Fällen der §§ 181, 183, 184 die Angabe des Grundes, durch den die Zustellung an die bezeichnete Person gerechtfertigt wird; wenn nach § 182 verfahren ist, die Bemerkung, wie die darin enthaltenen Vorschriften befolgt sind;
5. im Falle der Verweigerung der Annahme die Erwähnung, daß die Annahme verweigert und das zu übergebende Schriftstück am Ort der Zustellung zurückgelassen ist;

6. die Bemerkung, daß eine Ausfertigung oder eine beglaubigte Abschrift des zuzustellenden Schriftstücks und daß eine beglaubigte Abschrift der Zustellungsurkunde übergeben oder der Tag der Zustellung auf dem zu übergebenden Schriftstück vermerkt ist;
7. die Unterschrift des die Zustellung vollziehenden Beamten.

1) Allgemeines. Es wäre ein ungeheuerlicher Formalismus, jedes einzelne Erfordernis des § 191 als für die Wirksamkeit der Zustellung notwendig anzusehen, s Üb 5 vor § 166, vgl KG Rpfleger **76**, 222. Die Vorschrift soll ja nur sicherstellen, daß dem Adressaten das für ihn bestimmte Schriftstück zugeht und daß er sich darüber klar werden kann, daß er der Adressat ist, ArbG Bln Rpfleger **80**, 482. Der Inhalt der Zustellungsurkunde ist für die Wirksamkeit der Zustellung überhaupt nicht wesentlich, § 190 Anm 1. Ein Verstoß gegen § 191 vermindert oder beseitigt nur die Beweiskraft, § 419. Eine Heilung ist nach § 187 möglich. Die Zustellungsurkunde erbringt als eine öffentliche Urkunde zwar den vollen Beweis der beurkundeten Tatsachen, §§ 415, 418; es ist aber ein Gegenbeweis oder eine Ergänzung durch ein anderes Beweismittel statthaft, § 190 Anm 1.

2) Inhalt der Zustellungsurkunde. A. Ort und Zeit der Zustellung, Z 1. „Ort" s § 180 Anm 1. Eine Zustellung außerhalb der Wohnung oder des Geschäftsraums nach § 180 macht eine nähere Angabe zweckmäßig, zB die Bezeichnung der Straße usw, wenn der Empfänger mit Rücksicht auf den „Ort" die Annahme verweigert, § 186. Dasselbe gilt für eine Ersatzzustellung.

Als Zeit genügt regelmäßig das Datum. Es darf keineswegs unklar sein oder fehlen, BVerwG Rpfleger **83**, 160 mwN. Eine nähere Angabe kann zB in folgenden Fällen notwendig sein: Es handelt sich um eine Stundenfrist; es geht um die Zustellung zur Nachtzeit; es geht um eine Zustellung nach § 184 I, also während der gewöhnlichen Geschäftsstunden. Der Nachweis einer rechtzeitigen Zustellung, § 418 Anm 3, heilt eine unrichtige Datierung, Ffm OLGZ **76**, 311 mwN, wohl auch BPatG GRUR **78**, 533, aM Hamm NJW **75**, 2209.

B. Zustellende Partei, Z 2. Die Vorschrift meint die betreibende Partei. Ihr Name ist anzugeben. Der Name desjenigen, der den Zustellungsauftrag erteilt hat, insbesondere der Name des ProzBev, genügt nur dann, wenn dieser Name erkennen läßt, wer die betreibende Partei ist, § 194 Anm 2 B. Es genügt jede Angabe, die dem Zustellungsempfänger klar ersichtlich macht, wer zustellen läßt. In diesem Fall schadet eine falsche Bezeichnung der prozessualen Stellung des Beteibenden nicht, BGH **LM** Nr 2. Es besteht eine Vermutung für einen Parteiauftrag, § 167 II.

Die Angabe nur eines von mehreren zustellenden Streitgenossen macht die Zustellung für die anderen Streitgenossen unwirksam.

C. Zustellungsgegner, Z 3. Begriff Üb 4 A vor § 166. Aufzuführen sind auch der Vertreter oder der ProzBev. Denn die Zustellung ist an sie durchzuführen. Die Angabe der Partei ist nur dann notwendig, wenn ein Zustellungsgegner mehrere vertritt. Wenn mehrere eine Partei vertreten, ist die Aufführung aller zulässig. Die Angabe muß hinreichend genau sein. Eine irrtümliche Bezeichnung schadet nur dann nicht, wenn die richtige Bezeichnung für den Zustellungsgegner erkennbar ist und wenn die Zustellung im übrigen ordnungsgemäß ist, BAG DB **79**, 409 mwN, KG Rpfleger **76**, 222 mwN, ArbG Bln Rpfleger **80**, 482, aber auch LG Marbg Rpfleger **79**, 67.

Die Angabe des Vertretenen allein genügt nicht.

D. Zustellungsempfänger usw, Z 4. Anzugeben ist folgendes:

a) Person. Die Zustellungsurkunde muß angeben, wem das Schriftstück übergeben wurde. Das gilt auch dann, wenn es dem Zustellungsgegner übergeben wurde.

b) Ersatzzustellung. Die Zustellungsurkunde muß ergeben, daß und warum eine Ersatzzustellung stattfand, BSG MDR **77**, 700. Die Angabe eines unrichtigen Grundes ist unschädlich, wenn die Zustellung in Verbindung mit dem sonstigen Inhalt der Zustellungsurkunde anderweit als ordnungsgemäß nachweisbar ist. Die unrichtige Angabe einer Hilfsperson, etwa einer Angestellten X des RA statt der Angestellten Y, ist unschädlich. Nach BGH **LM** § 181 Nr 1 liegt ein unheilbarer Mangel vor, wenn die Zustellungsurkunde eine Ersatzzustellung nicht erkennen läßt.

c) Niederlegung. Im Fall einer Niederlegung muß die Zustellungsurkunde erkennen lassen, daß § 182 beachtet wurde, Kblz JB **75**, 671.

E. Annahmeverweigerung, Z 5. S § 186 Anm 1.

§§ 191–194 1   1. Buch. 3. Abschnitt. Verfahren

F. Übergabevermerk, Z 6. Vgl dazu §§ 170, 190. Eine Angabe des Inhalts des Schriftstücks ist nur dann notwendig, wenn der Zustellungsbeamte eine getrennte Zustellungsurkunde aufnehmen muß, § 90 III.

G. Unterschrift, Z 7. Der Zustellungsbeamte muß die Zustellungsurkunde eigenhändig und handschriftlich unterschreiben, BGH FamRZ **81**, 250. Eine Unterschrift des Empfängers ist entbehrlich.

3) VwGO: Nr 1, 3–5 und 7 gelten gemäß § 195 II für das Zustellen durch den Postbediensteten, §§ 56 II VwGO, 3 III VwZG. Iü ist § 191 im (seltenen) Fall der Parteizustellung, Üb 8 § 166, anzuwenden.

192   *Inhalt der Zustellungsurkunde bei Aufgabe zur Post.* Ist die Zustellung durch Aufgabe zur Post (§ 175) erfolgt, so muß die Zustellungsurkunde den Vorschriften des vorstehenden Paragraphen unter Nummern 2, 3, 7 entsprechen und außerdem ergeben, zu welcher Zeit, unter welcher Adresse und bei welcher Postanstalt die Aufgabe geschehen ist.

1) Geltungsbereich. § 192 bezieht sich nur auf die Parteizustellung durch eine Aufgabe zur Post (Begriff § 175 Anm 1 C). Bei einer Amtszustellung ist § 213 zu beachten. § 190 ist auch im Fall des § 192 zu beachten. In den Briefumschlag muß eine beglaubigte Abschrift der Zustellungsurkunde gesteckt werden. Dieser Vorgang ist aber für die Wirksamkeit der Zustellung nicht wesentlich. Die Urschrift erhält derjenige, der die Zustellung betreibt.

2) VwGO: Unanwendbar, vgl § 175 Anm 3.

193   *Zustellung durch die Post. Grundsatz.* Zustellungen können auch durch die Post erfolgen.

1) Allgemeines. § 193 stellt der Partei, dem Gerichtsvollzieher und dem Urkundsbeamten der Geschäftsstelle zur Wahl, für die Zustellung statt des Gerichtsvollziehers (bei ihm statt einer persönlichen Zustellung) die Post zu beanspruchen. Vgl aber einerseits § 166 Anm 1 über die Notwendigkeit einer persönlichen Zustellung durch den Gerichtsvollzieher, andererseits § 197 über die Mehrkosten. Die Partei darf die Post nicht unmittelbar beauftragen. Die Post besorgt die Zustellung auch an demselben Ort und auch an einen Gefangenen. § 39 PostO regelt die Einzelheiten. Ein Brief mit einer Zustellungsurkunde ist auch im Verkehr mit der DDR allgemein zugelassen, Vfg BPostMin v 17. 11. 64, ABl 1205. Die Haftung der Post für ihr etwaiges Verschulden richtet sich nach den §§ 11 ff PostG, § 452 HGB. Die Posthaftung steht aber einer Amtshaftung gegenüber dem Zustellungsadressaten nicht entgegen, BGH **12**, 96. Wegen der Auslagen gilt KV 1902.

2) VwGO: Vgl §§ 3 und 4 VwZG, § 56 II VwGO.

194   *Zustellung durch die Post. Verfahren des Gerichtsvollziehers.* [I] Wird durch die Post zugestellt, so hat der Gerichtsvollzieher die zuzustellende Ausfertigung oder die beglaubigte Abschrift des zuzustellenden Schriftstücks verschlossen der Post mit dem Ersuchen zu übergeben, die Zustellung einem Postbediensteten des Bestimmungsortes aufzutragen. Die Sendung muß mit der Anschrift der Person, an die zugestellt werden soll, sowie mit der Bezeichnung des absendenden Gerichtsvollziehers und einer Geschäftsnummer versehen sein.

[II] Der Gerichtsvollzieher hat auf dem bei der Zustellung zu übergebenden Schriftstück zu vermerken, für welche Person er es der Post übergibt, und auf der Urschrift des zuzustellenden Schriftstücks oder auf einem mit ihr zu verbindenden Bogen zu bezeugen, daß die Übergabe in der im Absatz 1 bezeichneten Art und für wen sie geschehen ist.

1) Allgemeines. Eine Zustellung durch die Post im Parteibetrieb verlangt vier Vorgänge, Anm 2, wovon zwei Beurkundungen wesentlich sind. Wenn ein Erfordernis der Aushändigung fehlt, Anm 2 A, ist die Zustellung unwirksam. Wenn nur gegen ein Erfordernis nach Anm 2 B verstoßen wurde, ist die Zustellung insofern nicht unwirksam. Denn was für die

Zustellungsurkunde gilt, § 191 Anm 1, gilt hier erst recht. Im übrigen ist eine Heilung nach § 187 möglich.

2) Notwendige Vorgänge. A. Aushändigung an die Post, I. Der Gerichtsvollzieher oder der Urkundsbeamte der Geschäftsstelle müssen das Schriftstück der Post aushändigen. Das kann formlos geschehen. Es kann auch zur Nachtzeit oder an einem Feiertag erfolgen. Der Auftrag an die Post muß das verschlossene Schriftstück mit der Anschrift des Zustellungsempfängers und ein vorbereitetes Formblatt nach dem amtlichen Muster zur Zustellungsurkunde enthalten, § 39 III PostO. Das Schriftstück muß folgende Voraussetzungen erfüllen: **a)** Es muß eine Ausfertigung oder beglaubigte Abschrift darstellen. Die Urschrift geht an den Betreibenden zurück; **b)** es muß mit dem Namen des Gerichtsvollziehers versehen sein. Ein Dienstsiegel ist nicht notwendig; **c)** es muß verschlossen sein. Ein Fensterumschlag genügt, LG Krefeld Rpfleger **80,** 71; **d)** es muß an den Zustellungsgegner adressiert sein; **e)** es muß mit einer Geschäftsnummer versehen sein; **f)** es muß mit dem Namen der betreibenden Partei versehen sein, II.

B. Beurkundung der Aushändigung an die Post, II. Der Gerichtsvollzieher oder der Urkundsbeamte der Geschäftsstelle müssen beurkunden, daß sie das Schriftstück der Post ausgehändigt haben. Diese Beurkundung ist keine Zustellungsurkunde. Die §§ 190, 191 sind unanwendbar. Die Beurkundung der Aushändigung erfolgt auf der Urschrift des Schriftstücks oder auf einem mit ihm verbundenen Bogen. Die Aushändigung einer beglaubigten Abschrift an den Zustellungsgegner ist nicht erforderlich, vgl § 195 Anm 3. Die Beurkundung der Aushändigung muß die betreibende Partei enthalten. Wenn der Gerichtsvollzieher aber auf demjenigen Schriftstück, das bei der Zustellung übergeben werden soll, den ProzBev als denjenigen angegeben hat, für den er das Schriftstück zur Post gibt, dann steht dieser Vorgang einer Wirksamkeit der Postzustellung nicht entgegen. Denn der Zustellungsempfänger kann keinen Zweifel haben, daß die Postzustellung von der durch diesen ProzBev vertretenen Gegenpartei kommt, BGH NJW **65,** 104 (vgl auch § 191 Anm 2 B). Erforderlich ist ferner eine Angabe des Zustellungsgegners sowie die Angabe der Geschäftsnummer.

Alles andere ist unwesentlich. So können zB das Datum oder die Bezeugung der Übergabe sowie die Unterschrift des Gerichtsvollziehers fehlen.

C. Übergabe des Schriftstücks an den Zustellungsgegner durch den Postboten, § 195.

D. Beurkundung dieser Übergabe mit einer Zustellungsurkunde, § 195.

3) *VwGO:* *Es gilt § 3 VwZG, § 56 II VwGO; iü vgl Üb 8 § 166.*

195 *Zustellung durch die Post. Verfahren des Postbediensteten.* **I** Die Zustellung durch den Postbediensteten erfolgt nach den Vorschriften der §§ 180 bis 186.

II Über die Zustellung ist von dem Postbediensteten eine Urkunde aufzunehmen, die den Vorschriften des § 191 Nr. 1, 3 bis 5, 7 entsprechen und die Übergabe der ihrer Anschrift und ihrer Geschäftsnummer nach bezeichneten Sendung sowie der Abschrift der Zustellungsurkunde bezeugen muß. Die Übergabe einer Abschrift der Zustellungsurkunde kann dadurch ersetzt werden, daß der Postbedienstete den Tag der Zustellung auf der Sendung vermerkt; er hat dies in der Zustellungsurkunde zu bezeugen.

III Die Urkunde ist von dem Postbediensteten der Postanstalt und von dieser dem Gerichtsvollzieher zu überliefern, der mit ihr nach der Vorschrift des § 190 Abs. 4 zu verfahren hat.

1) Allgemeines. Der Postbedienstete ist bei der Zustellung durch die Post nicht ein Vertreter desjenigen, der die Zustellung betreibt, sondern der Vertreter des Gerichtsvollziehers oder des Urkundsbeamten der Geschäftsstelle. Der Postbedienstete hat bei der Zustellung die Stellung dieser Beamten. Er genießt insbesondere einen öffentlichen Glauben. Doch sind die Ausschluß- und Ablehnungsgründe der §§ 155 GVG, 49 nicht auf ihn anwendbar. Denn er kennt den Inhalt des Schriftstücks nicht. Eine Postsperre berechtigt ihn nicht zum Abweichen von den Zustellungsvorschriften. Auch eine Postvollmacht kann die Ersatzzustellung weder ausschließen noch beeinflussen, BVerwG MDR **73,** 522.

2) Ausführung der Zustellung, I. Es gelten die §§ 180–186. § 188 ist unanwendbar. Die Postvorschriften bestimmen den Zeitpunkt der Zustellung. Eine Nachsendung des Schriftstücks ist zulässig, wenn sich der Aufenthaltsort geändert hat.

3) Zustellungsurkunde, II, III. Die vom Postbediensteten aufzunehmende Zustellungsurkunde muß den Vorschriften des § 191 Z 1, 3–5, 7 entsprechen und die Übergabe der Sendung bezeugen. Die Urkunde muß die Anschrift und die Geschäftsnummer der Sendung enthalten. Diese Angabe ist wesentlich, BVerwG Rpfleger **83**, 160 mwN. Sie muß ferner angeben, ob eine Abschrift der Zustellungsurkunde dem Empfänger übergeben wurde oder ob der Postbedienstete den Zustellungstag auf der Sendung vermerkt hat. Diese Angabe ist unwesentlich, OGB BGH **67**, 357 mwN, vgl aber auch BPatG GRUR **78**, 533, BVerwG NJW **80**, 1482. Sie entfällt im Fall des § 182, BGH VersR **77**, 152.

Wenn die Unterschrift des Postbediensteten fehlt, ist die Zustellung unwirksam. Wenn die Zustellungsurkunde ohne eine Unterschrift an die Geschäftsstelle zurückgelangt, lassen BGH **LM** Nr 2 und FamRZ **81**, 143 (abl Klässel Rpfleger **81**, 289) förmelnd keine Nachholung mehr zu. Der Gerichtsvollzieher oder der Urkundsbeamte der Geschäftsstelle müssen die zurückgelangte Urkunde dem Betreibenden unverzüglich übermitteln, im Fall einer Verzögerung durch die Post Nachforschungen anstellen und den Betreibenden benachrichtigen. Wegen der Bedeutung der Zustellungsurkunde § 191 Anm 1.

4) VwGO: II gilt für das Zustellen durch den Postbediensteten, § 3 VwZG, gemäß § 3 III VwZG (§ 56 II VwGO); II 1 u 2 sind zwingende Bestimmungen, BVerwG NJW 83, 1076 u NJW 80, 1482. Iü vgl Üb 8 § 166.

195 a *Niederlegung wegen Unbestellbarkeit.* **Findet nach der Wohnung oder dem Geschäftsraum, in denen zugestellt werden soll, ein Postbestelldienst nicht statt, so wird die Sendung bei der zuständigen Postanstalt hinterlegt. Die Postanstalt vermerkt auf der Zustellungsurkunde und auf der Sendung den Grund und den Zeitpunkt der Niederlegung. Das Gericht kann die Zustellung als frühestens mit dem Ablauf einer Woche seit dieser Niederlegung bewirkt ansehen, wenn anzunehmen ist, daß der Empfänger in der Lage gewesen ist, sich die Sendung aushändigen zu lassen oder sich über ihren Inhalt zu unterrichten.**

1) Geltungsbereich. § 195a gilt nur für eine Zustellung durch die Post. Die Vorschrift betrifft den seltenen Fall, daß kein Postbestelldienst nach der Wohnung oder nach dem Geschäftsraum des Zustellungsgegners stattfindet. Beispiele: Eine Almhütte; ein Gebirgsobservatorium. In diesem Fall ist die Sendung bei der zuständigen Postanstalt zu hinterlegen und ein Vermerk nach S 2 zu machen. Eine Zustellung hat dadurch noch nicht stattgefunden. § 195a gibt dem Gericht aber das Recht, eine Zustellung nach seinem pflichtgemäßen Ermessen zu unterstellen (zu fingieren), wenn anzunehmen ist, daß sich der Zustellungsgegner die Sendung aushändigen lassen oder sich über ihren Inhalt unterrichten konnte. Beispiele: Er konnte sie mit anderen von ihm abgegoltenen Postsendungen mitnehmen; er hat erfahren, daß eine solche Sendung da ist, und konnte sich bei der zuständigen Stelle nach ihrem Inhalt erkundigen oder sie abholen.

Das Gericht kann in diesen Fällen die Zustellung zu einem solchen Zeitpunkt als geschehen annehmen, der mindestens 1 Woche nach dem Zeitpunkt der Niederlegung liegt. Das Gericht bestimmt diesen Zeitpunkt unter einer Berücksichtigung sämtlicher Umstände.

§ 195a macht keine Ausnahme für eine Notfrist. Dieser Umstand kann im Einzelfall zu Unsicherheiten führen. Jedenfalls muß das Gericht bei einer Notfrist mit der Unterstellung der Zustellung besonders zurückhaltend sein.

Wenn feststeht, daß der Zustellungsgegner das Schriftstück erhalten hat, ist § 187 anwendbar. Im Fall des § 177 ist der § 195a unanwendbar.

2) VwGO: Unanwendbar, da § 195a in § 3 III VwZG nicht genannt ist: In solchen Fällen ist nach § 5 VwZG zuzustellen, § 56 II VwGO. Anwendbar dagegen im (seltenen) Fall der Parteizustellung, Üb 8 § 166.

196 *Zustellung durch die Post. Verfahren des Urkundsbeamten.* **Insoweit eine Zustellung unter Vermittlung der Geschäftsstelle zulässig ist, kann diese unmittelbar die Post um Bewirkung der Zustellung ersuchen. In diesem Falle gelten die Vorschriften der §§ 194, 195 für die Geschäftsstelle entsprechend; die erforderliche Beglaubigung nimmt der Urkundsbeamte der Geschäftsstelle vor.**

2. Titel. Verfahren bei Zustellungen §§ 196–198

1) Allgemeines. Wenn der Urkundsbeamte der Geschäftsstelle die Zustellung vermittelt, was nur im Parteibetrieb vorkommt, §§ 166 II, 168 (bei einem Amtsbetrieb gilt § 211), kann er die Post unmittelbar um die Ausführung der Zustellung ersuchen. Es liegt in seinem pflichtgemäßen Ermessen, ob er so vorgehen will. Die Geschäftsordnungen beschränken diese Möglichkeit regelmäßig auf Notfälle. Der Urkundsbeamte handelt bei einem solchen Ersuchen als ein Beamter, Üb 3 C vor § 166. Er kann einen Unterbeamten beauftragen. Vgl im übrigen bei §§ 194f.

2) VwGO: *Anwendbar nur im (seltenen) Fall der Parteizustellung, Üb 8 § 166.*

197 *Mehrkosten der Zustellung durch den Gerichtsvollzieher.* **Ist eine Zustellung durch einen Gerichtsvollzieher bewirkt, obgleich sie durch die Post hätte erfolgen können, so hat die zur Erstattung der Prozeßkosten verurteilte Partei die Mehrkosten nicht zu tragen.**

1) Allgemeines. § 197 betrifft nur die Kostenerstattung. Wer die Zustellung durch den Gerichtsvollzieher ausführen läßt, obwohl eine Zustellung durch die Post zulässig wäre, muß die Mehrkosten tragen, falls die Postzustellung genau so gut und sicher gewesen wäre. Wenn eine Zustellung besonders wichtig oder dringlich ist, kann der Gerichtsvollzieher zu einer Selbstzustellung verpflichtet sein. Wegen der Kosten gilt § 16 GVKostG.

§ 197 ist bei einer Amtszustellung unanwendbar. Bei einer Zustellung von Anwalt zu Anwalt gilt die Vorschrift nur dann entsprechend, wenn der Anwalt den Gerichtsvollzieher ohne einen sachlichen Grund hinzugezogen hat, § 91 Anm 5 „Zustellung".

2) VwGO: *Anwendbar nur im (seltenen) Fall der Parteizustellung, Üb 8 § 166.*

198 *Zustellung von Anwalt zu Anwalt.* [I] **Sind die Parteien durch Anwälte vertreten, so kann ein Schriftstück auch dadurch zugestellt werden, daß der zustellende Anwalt das zu übergebende Schriftstück dem anderen Anwalt übermittelt (Zustellung von Anwalt zu Anwalt). Auch Schriftsätze, die nach den Vorschriften dieses Gesetzes von Amts wegen zuzustellen wären, können statt dessen von Anwalt zu Anwalt zugestellt werden, wenn nicht gleichzeitig dem Gegner eine gerichtliche Anordnung mitzuteilen ist. In dem Schriftsatz soll die Erklärung enthalten sein, daß er von Anwalt zu Anwalt zugestellt werde. Die Zustellung ist dem Gericht, sofern dies für die von ihm zu treffende Entscheidung erforderlich ist, nachzuweisen.**

[II] **Zum Nachweis der Zustellung genügt das mit Datum und Unterschrift versehene schriftliche Empfangsbekenntnis des Anwalts, dem zugestellt worden ist. Der Anwalt, der zustellt, hat dem anderen Anwalt auf Verlangen eine Bescheinigung über die Zustellung zu erteilen.**

1) Zulässigkeit, I. A. Anwälte auf beiden Seiten. Eine Zustellung von Anwalt zu Anwalt ist zulässig, wenn beide Parteien, auch Streithelfer, durch Anwälte vertreten sind. Das gilt auch im Parteiprozeß, soweit eine Zustellung im Parteibetrieb vorzunehmen ist. Es gilt auch bei einer Selbstvertretung eines Anwalts in eigener Sache, wenn der Anwalt eine Partei kraft Amts ist, selbst wenn er nicht zugelassen ist (also auch zB dann, wenn es sich um einen Korrespondenzanwalt oder um einen erstinstanzlichen Anwalt wegen des Urteils der Rechtsmittelinstanz handelt, BGH **31,** 32), oder wenn die zuständige Behörde gegen den Anwalt ein Vertretungsverbot erlassen hatte. Der zustellende Anwalt muß aber in dem Prozeß als der Vertreter der Partei aufgetreten sein, selbst wenn die Partei ihm im Zeitpunkt der Zustellung bereits den Auftrag gekündigt hatte, falls diese Kündigung dem Prozeßgegner noch nicht angezeigt worden war, BGH **31,** 32, vgl § 87 Anm 3.

Dem Anwalt stehen gleich: Sein Vollvertreter; sein ständiger Zustellungsbevollmächtigter; sein Sozius, BGH **67,** 13; der ihm für einen Sonderfall bestellte Bevollmächtigte (die Bestellung zum Vertreter für die Zustellung kann sogar darin liegen, daß der Anwalt häufig ein solches Empfangsbekenntnis von einem anderen Anwalt unterschreiben läßt, BGH **67,** 13 mwN; ähnlich Schwendy DRiZ **77,** 48; er meint, ausreichend sei auch der ohne eine besondere Vollmacht angestellte Anwalt).

Diese Art der Zustellung ist im Grund nur ein Zustellungsersatz. Denn ihr fehlt ein wesentliches Merkmal einer Zustellung, nämlich die Übergabe durch eine Urkundsperson

§ 198 1, 2

in der dafür vorgeschriebenen Form. Wenn die Zustellung durch den Gerichtsvollzieher im Auftrag eines Anwalts übermittelt wird, übergibt der Gerichtsvollzieher das Schriftstück, beurkundet nicht, und holt gleichzeitig ein mit dem Datum und der Unterschrift versehenes Empfangsbekenntnis des Zustellungsempfängers ein. Dieses übermittelt er seinem Auftraggeber, § 49 GVGA und Anm 2 A.

Die Übergabe einer Ausfertigung, vgl BGH NJW **59**, 855, oder einer beglaubigten Abschrift nach § 170 ist in beliebiger Form zulässig, auch an einen Vertreter, etwa an einen Büroangestellten, oder durch einen Brief.

B. Annahmebereitschaft. Für die Wirksamkeit einer Zustellung von Anwalt zu Anwalt ist die Bereitschaft des empfangenden Anwalts, das bestimmte Schriftstück als zugestellt entgegenzunehmen, unbedingt wesentlich, BGH **LM** Nr 16, NJW **81**, 463 und VersR **81**, 354, BayObLG Rpfleger **82**, 385 je mwN, Ffm NJW **73**, 1888, Kblz OLGZ **76**, 358 je mwN, vgl BVerwG NJW **79**, 1998. Die Zustellung ist erst dann wirksam erfolgt, wenn der empfangende Anwalt von dem durch den Eingang in der Kanzlei erlangten Gewahrsam Kenntnis erhalten hat, vgl BGH VersR **82**, 273, wenn er sich entschlossen hat, das Schriftstück endgültig zu behalten, BayObLG Rpfleger **82**, 385, und wenn sein Entschluß auch erkennbar geworden ist, BGH VersR **75**, 906 und NJW **80**, 998. Eine bloß vorläufige Entgegennahme zu einer nur vorläufigen Verwahrung reicht also nicht zur Zustellung aus, BGH VersR **77**, 1131.

Ein Widerruf des Zustellenden muß bis zum hiernach maßgeblichen Wirksamkeitszeitpunkt zugehen. Eine spätere Unterzeichnung wirkt zurück. Eine Anfechtung wegen eines Irrtums ist nicht zulässig, BGH **LM** Nr 16. Eine Zwangszustellung ist nach § 198 nicht möglich. Erst der Wille des Zustellungsempfängers macht die Zustellung wirksam, BGH **30**, 302 und NJW **79**, 2566, Nürnb AnwBl **76**, 294.

Der Eingang der Sendung ist erst recht noch keine Zustellung. Deshalb ist es bedenklich, das Einverständnis desjenigen Anwalts, der im Gericht einen Anwaltsbriefkasten unterhält, mit der Empfangnahme aller derjenigen Sendungen zu unterstellen, die ihm in dieses Fach geworfen werden, wie Hbg MDR **59**, 307 es für möglich hält; vgl aber auch § 212a Anm 2 am Ende. Denn der Anwalt muß von dem Umstand Kenntnis erhalten haben, daß das Schriftstück tatsächlich in seinen Gewahrsam gelangt ist, BGH VersR **74**, 1002, **78**, 943 und NJW **79**, 2566.

Eine Kenntnis des Inhalts ist nicht erforderlich, LG Karlsr VersR **76**, 53. Es besteht keine prozessuale Annahmepflicht, BGH **30**, 305. Allerdings besteht eine Annahmepflicht regelmäßig nach dem Standesrecht. Die Übergabe wird nicht beurkundet.

C. Grenzen der Zulässigkeit. Ein Schriftstück, das zuzustellen ist, kann an sich auch von Anwalt zu Anwalt zugestellt werden. Das gilt aber nicht, wenn das Schriftstück gleichzeitig eine gerichtliche Anordnung enthält, etwa eine Terminsbestimmung, § 274, oder eine Frist nach den §§ 275, 276. Das übersehen viele Anwälte und Gerichte. Ein fälschlich von Anwalt zu Anwalt „zugestellter" Schriftsatz muß nach § 270 I von Amts wegen zugestellt werden; erst diese Zustellung ist wirksam. Deshalb genügt es auch keineswegs, etwa eine fristschaffende Verfügung mit einer bloßen Bezugnahme auf den „von Anwalt zu Anwalt zugestellten Schriftsatz" zu versehen.

Zulässig ist aber auf dem Weg von Anwalt zu Anwalt eine Zustellung eines Schriftsatzes, der eine Klageerweiterung enthält, BGH **17**, 235. Im Schriftsatz soll angegeben sein, daß die Zustellung von Anwalt zu Anwalt erfolgt. Diese Angabe ist aber nicht wesentlich. Notfalls ist die Zustellung dem Gericht nachzuweisen.

Das Gericht darf und sollte im Zweifel oder zur Vermeidung unnötiger Rückfragen usw auch dann eine Zustellung von Amts wegen veranlassen, wenn ein ihm eingereichter Schriftsatz den Vermerk enthält, er sei von Anwalt zu Anwalt zugestellt worden. Wenn die Zustellung von Anwalt zu Anwalt gleichwohl tatsächlich erfolgt ist und wenn von ihr eine Frist abhängt, dann ist der erste wirksame Zustellungszeitpunkt maßgeblich. Soweit es auf den Zustellungszeitpunkt nicht ankommt, kann angesichts einer etwa zusätzlich erfolgten wirksamen Zustellung von Amts wegen offen bleiben, ob auch die Zustellung von Anwalt zu Anwalt ordnungsgemäß erfolgt ist. Allerdings darf das Gericht stets den insoweit erforderlichen Nachweis fordern.

2) Empfangsbekenntnis, II 1. A. Allgemeines. Ein Empfangsbekenntnis des Anwalts genügt als Zustellungsnachweis nur unter folgenden Voraussetzungen:

a) Bezeichnung. Das Empfangsbekenntnis muß das zugestellte Schriftstück ausreichend bezeichnen. Eine Ungenauigkeit, zB beim Aktenzeichen oder bei der Parteibezeichnung, ist unschädlich, solange die Nämlichkeit des Schriftstücks trotzdem zweifelsfrei feststeht, BGH VersR **76**, 1156 und **78**, 961 mwN.

Die Verwendung des üblichen Formulars ist nicht notwendig, BGH NJW **81**, 463.

b) Datum. Das Empfangsbekenntnis muß das Datum des Empfangs enthalten, also den Tag der Erteilung des Bekenntnisses. Eine Unklarheit kann dazu führen, daß man von dem spätestmöglichen Datum ausgehen muß, BGH VersR **81**, 354.

c) Unterschrift. Das Empfangsbekenntnis muß vom empfangenden Anwalt oder von einem nach Anm 1 A Ermächtigten unterschrieben worden sein. Zur Form der Unterschrift § 170 Anm 2 B, so auch BGH VersR **74**, 1224. Ein Faksimilestempel kann nach der Lage der Sache genügen; vgl aber auch BGH **24**, 116. Es ist unschädlich, wenn der Stempel auf die beglaubigte Abschrift statt auf die Ausfertigung gesetzt worden ist, BGH **LM** Nr 13. Die Unterschrift einer anderen Person genügt nicht. Es genügt also auch nicht die Unterschrift eines Referendars, der weder zum amtlich bestellten Vertreter des Anwalts bestellt wurde noch von ihm besonders ermächtigt wurde, BGH **14**, 345. Daraus folgt, daß das Büro dem empfangenden Anwalt das Empfangsbekenntnis (nebst zugehörigem Schriftstück) unter Umständen an seinen tatsächlichen Aufenthaltsort nachsenden muß, Neustadt AnwBl **58**, 191.

Eine Angabe des Orts ist entbehrlich. Eine nachträgliche Erteilung ist zulässig, BGH **LM** Nr 16, und zwar auch nach dem Zeitpunkt der Einlegung eines Rechtsmittels und dann, wenn sich nun aus dem Empfangsbekenntnis ergibt, daß die Rechtsmittelfrist versäumt wurde, BGH **35**, 239. Sie braucht nicht mit der Unterschrift verbunden zu sein.

Eine Ersatzzustellung in dem Sinn, daß sich ein Empfangswille des Anwalts ersetzen ließe, ist nicht zulässig. Da die Zustellung von Anwalt zu Anwalt ganz auf den Empfangswillen abgestellt ist, sind diejenigen Mehrkosten, die durch die Vermeidung dieser Zustellung erwachsen, grundsätzlich erstattungsfähig. Durchstreichungen der Unterschrift vor der Rücksendung beseitigen die Wirksamkeit dieser Zustellung, Nürnb AnwBl **76**, 294.

B. Beweiskraft. Das Empfangsbekenntnis „genügt zum Nachweis der Zustellung". Es ersetzt also die Zustellungsurkunde. Entgegen BGH VersR **77**, 425 mwN ist das Empfangsbekenntnis für die Wirksamkeit der Zustellung keineswegs wesentlich, und zwar noch weniger als bei einer Zustellungsurkunde, § 190 Anm 1. Denn der klare Wortlaut des Gesetzes steht einer solchen Funktion entgegen. Man würde eine Förmelei ins Gesetz hineintragen, wenn man dasjenige, was nach II genügt, in ein Erfordernis umdeuten würde. Außerdem verlangt die Fassung des Gesetzes nur eine „Übermittlung", vgl auch Hbg MDR **59**, 207, Neustadt NJW **53**, 791, aM zB Ffm NJW **73**, 1888.

II gibt also dem Empfangsbekenntnis, einer privaten Urkunde, lediglich eine erhöhte Beweiskraft. Jedenfalls ist eine Heilung nach § 187 möglich.

Das Empfangsbekenntnis liefert wie eine öffentliche Urkunde einen vollen Beweis, vgl BGH NJW **75**, 1653 (eine Vermutung), BayObLG Rpfleger **82**, 385. Ein Gegenbeweis ist aber zulässig, BGH VersR **78**, 153, BayObLG Rpfleger **82**, 385 je mwN. Wenn das Datum auf dem Empfangsbekenntnis unrichtig ist (insofern ist oft ein Mißtrauen notwendig, Schlesw SchlHA **74**, 60), oder wenn es fehlt, vgl BFH BB **82**, 1908, gilt das als richtig erwiesene Datum, BGH **LM** § 233 Nr 37 und NJW **79**, 2566, BAG DB **74**, 1776 mwN, Ffm (20. ZS) Rpfleger **76**, 233, LAG Bln MDR **79**, 524 je mwN, aM Ffm (7. ZS) NJW **73**, 1888. Der Anwalt muß auf eine Berichtigung hinwirken. An den Nachweis des wahren Zeitpunkts sind strenge Anforderungen zu stellen, BGH NJW **80**, 908.

Überhaupt läßt sich der Inhalt eines verlorenen Empfangsbekenntnisses mit allen Beweismitteln erweisen, BGH VersR **77**, 425. Wenn das Empfangsbekenntnis nachträglich ausgestellt worden ist, wirkt es auf den Zeitpunkt der tatsächlichen Entgegennahme des Schriftstücks zurück, BGH **LM** Nr 16. Das ist auch nach einer Rechtsmitteleinlegung zulässig, BGH **35**, 236. Die Unterlassung der Rückleitung des Empfangsbekenntnisses ist unter Umständen als der Nachweis einer Zustellung innerhalb einer angemessenen, postüblichen Zeit seit der Absendung des Schriftstücks zu beurteilen, LG Würzb JB **77**, 563.

3) Gegenbescheinigung, II 2. Der zustellende Anwalt hat dem empfangenden Anwalt auf dessen Verlangen eine Bescheinigung über die Zustellung auszustellen. Sie soll dem Zustellungsempfänger den Nachweis der Zustellung ermöglichen. Die Bescheinigung des zustellenden Anwalts berührt die Wirksamkeit der Zustellung nicht. Ihr Inhalt ist derjenige der Empfangsbescheinigung. Sie liefert bis zu ihrer Widerlegung einen vollen Beweis. Grundsätzlich reicht sie zum Nachweis der Zustellung aus. Andernfalls würde nämlich die Partei des Zustellungsempfängers in eine unhaltbare Lage kommen. Ein vorsichtiger Anwalt macht die Annahme des Schriftstücks von der Bescheinigung des zustellenden Kollegen abhängig. Als Nachweis kann auch eine Zustellungserklärung auf dem Schriftstück genügen.

Eine bloße Aktennotiz oder ein Eingangsstempel reichen nicht als Zustellungsbescheinigung aus.

4) VwGO: Anwendbar nur im (seltenen) Fall der Parteizustellung, Üb 8 § 166.

199 *Zustellung im Ausland. Grundsatz.* Eine im Ausland zu bewirkende Zustellung erfolgt mittels Ersuchens der zuständigen Behörde des fremden Staates oder des in diesem Staate residierenden Konsuls oder Gesandten des Bundes.

1) Vorbemerkung zu den §§ 199–202. A. Allgemeines. Über das zum Teil vorrangige zwischenstaatliche Zustellungsrecht vgl Anh § 202. Die Zustellung im Ausland außerhalb des Prozesses geschieht nach § 132 II BGB. Innerhalb des Prozesses erfolgt eine Auslandszustellung nur nach den §§ 199–202. Wenn sich eine Zustellung auf diesem Weg nicht durchführen läßt, erfolgt eine öffentliche Zustellung nach § 203. Eine Zustellung im Ausland ist in den Fällen der §§ 841, 844, 875 entbehrlich. Das Mahnverfahren ist dann, wenn der Mahnbescheid im Ausland zuzustellen wäre, nur ausnahmsweise statthaft, § 688 III. In einem solchen Fall ist auch der Vollstreckungsbescheid nach den §§ 199 ff zuzustellen, LG Ffm NJW **76**, 1597, aM Poser Rpfleger **73**, 354.

Eine Zustellung durch die Aufgabe zur Post nach § 175 II ist keine Zustellung im Ausland, § 175 Anm 1 C, § 339 Anm 2. Andererseits schließt eine Möglichkeit der Zustellung durch eine Aufgabe zur Post eine Zustellung nach den §§ 199–202 nicht aus.

Wegen der DDR vgl Einl III 8 B. Die früheren deutschen Ostgebiete innerhalb der Grenzen v 31. 12. 37 sind Ausland, vgl BSG MDR **73**, 531.

B. Antrag. Jede Zustellung im Ausland setzt einen Antrag einer Partei voraus, soweit die Zustellung nicht von Amts wegen vorzunehmen ist. Der Antrag ist an den Vorsitzenden des Prozeßgerichts zu richten, § 202 I; über diesen Begriff s § 188 Anm 3. Ein Anwaltszwang besteht wie sonst, aM Bergerfurth, Der Anwaltszwang usw (1981) Rdz 108. Der Antragsteller muß die zur Zustellung erforderlichen Urkunden in Urschrift, Ausfertigung oder beglaubigter Abschrift beifügen. Die Beglaubigung nehmen der Anwalt oder der Urkundsbeamte der Geschäftsstelle vor.

Die Entscheidung erfolgt stets ohne eine Prüfung der Zweckmäßigkeit der Zustellung. Wenn es sich um eine Klagschrift handelt, darf der Vorsitzende auch die Zuständigkeit des Gerichts in der Sache selbst nicht prüfen.

2) Geltungsbereich des § 199. Regelmäßig ist eine Auslandszustellung so durchzuführen, daß das Gericht die zuständige fremde Behörde oder den zuständigen Konsul oder Gesandten des Bundes ersucht. Welche dieser Zustellungsarten stattfinden soll, bestimmt die Justizverwaltung, soweit nicht vorrangige bundesrechtliche Vorschriften bestehen, namentlich Staatsverträge. Unter den deutschen Konsuln ist derjenige zuständig, in dessen Bezirk sich der Zustellungsempfänger aufhält, § 16 KonsG v 11. 9. 74, BGBl 2317. Der Rechtshilfeverkehr mit dem Ausland ist eine Angelegenheit der Justizverwaltung, Anh I § 168 GVG Anm 1. Deshalb binden etwaige Weisungen der Justizverwaltung das Gericht schlechthin. In letzter Linie entscheidet das pflichtgemäße Ermessen des Vorsitzenden. Einzelheiten s Anh § 202.

3) VwGO: Gemäß § 56 II VwGO gilt § 14 VwZG (mit AllgVerwVorschr, abgedr bei Engelhardt, VwVG/VwZG); vgl dazu jetzt das EuÜbk v 24. 11. 77, BGBl 81 II 535 (mit ZustmG v 20. 7. 81, BGBl II 533, u AusfG v 20. 7. 81, BGBl 665), das ab 1. 1. 83 gilt, Bek v 6. 12. 82, BGBl II 1057 (Vertragstaaten: Belgien, Frankreich, Österreich u Luxemburg, BGBl 82 II 1057 u 83 II 55), dazu Jellinek NVwZ **82**, 535, Korber BayVBl **83**, 301 (zur Df in Bay). Ergänzend ist die ZRHO, Anh I § 168 GVG 1 B, anzuwenden, zB in Hbg gemäß AV Nr 28/57 HbgJVBl **57**, 31. Im (seltenen) Fall der Parteizustellung, Üb 8 § 166, gelten §§ 199–202.

200 *Zustellung an deutsche Exterritoriale und Bundeskonsuln.* [I] Zustellungen an Deutsche, die das Recht der Exterritorialität genießen, erfolgen, wenn sie zur Mission des Bundes gehören, mittels Ersuchens des Bundeskanzlers.

[II] Zustellungen an die Vorsteher der Bundeskonsulate erfolgen mittels Ersuchens des Bundeskanzlers.

2. Titel. Verfahren bei Zustellungen §§ 200–202, Anh § 202

1) Geltungsbereich. Die Vorschrift bezieht sich auf den exterritorialen Deutschen. Ihr Geltungsbereich ist aber nicht derjenige des § 15, sondern umfaßt nur den zu einer diplomatischen Mission des Bundes gehörenden Exterritorialen. Die Vorschrift gilt nicht für einen exterritorialen Ausländer. Einem solchen kann man nur nach den §§ 199, 202 und notfalls im Weg einer öffentlichen Zustellung nach § 203 zustellen.

Einige Staatsverträge kennen Zustellungsbeschränkungen. Soweit danach die Wohnung eines Exterritorialen nur mit seiner Zustimmung betreten werden darf, hält die Justizverwaltung diese ein. Auch die Zustellung an einen deutschen Bediensteten eines solchen Exterritorialen in einem exterritorialen Raum hängt von der Zustimmung des Exterritorialen ab. Wenn er sich weigert, ersucht die Justizverwaltung auf dem diplomatischen Weg. Eine Zustellung an einen deutschen Exterritorialen, der zu einer Mission des Bundes gehört, und an den Vorsteher eines Bundeskonsulats erfolgt durch ein Ersuchen an den Bundesminister des Auswärtigen. Die Nov 1950 nannte den Bundeskanzler entsprechend der damaligen Geschäftsverteilung der Bundesregierung, ohne eine besondere Zuständigkeit des Bundeskanzlers begründen zu sollen. Wegen der DDR vgl Einl III 8 B.

2) VwGO: Vgl § 199 Anm 3.

201 *Zustellung an Truppenteile im Ausland usw.* (weggefallen)

202 *Zustellung im Ausland. Ausführung.* [I] Die erforderlichen Ersuchungsschreiben werden von dem Vorsitzenden des Prozeßgerichts erlassen.
[II] Die Zustellung wird durch das schriftliche Zeugnis der ersuchten Behörden oder Beamten, daß die Zustellung erfolgt sei, nachgewiesen.

1) Ersuchen, I. Für das Ersuchen ist der Vorsitzende des Prozeßgerichts, Begriff § 188 Anm 3, zuständig. Über die Dauer der Instanz s §§ 176 Anm 2 C, 178. Das Ersuchen kann nach Maßgabe etwaiger Staatsverträge teils unmittelbar an die ausländische Behörde gehen, teils nur durch die Vermittlung des Landesjustizministers nach dort weitergeleitet werden. Das Ersuchen wird aber nicht etwa in der Form einer beglaubigten Abschrift der Originalverfügung mitgeteilt. Eine telegraphische Übermittlung ist möglich, soweit ein unmittelbarer Geschäftsverkehr stattfindet.

2) Zustellungsnachweis, II. Notwendig ist ein Zeugnis der ersuchten Behörde, nicht der ausführenden, des Zustellungsbeamten. Der Zustellungsnachweis ist eine öffentliche Urkunde mit deren Beweiskraft nach § 418. Ein Gegenbeweis ist zulässig. Er kann aber nicht darauf gestützt werden, daß eine Vorschrift des ausländischen Rechts verletzt worden sei.

Das Zeugnis beweist die Übergabe. Ohne sie ist begrifflich keine Zustellung denkbar, abgesehen von der unterstellten Zustellung, Üb 1 B vor § 166. Das Zeugnis wird der ersuchenden Stelle übersandt, vgl § 16 S 2 KonsG v 11. 9. 74, BGBl 2317.

Eine bloße Mitteilung des Inhalts ist keine Zustellung im Sinn der ZPO. Ebenso fehlt eine Zustellung dann, wenn der Empfänger die Annahme des Schriftstücks verweigert und wenn das Schriftstück nicht am Zustellungsort zurückgelassen worden ist, StJ III 2, aM Wiecz § 199 C. Im übrigen entscheidet das ausländische Recht über die Art der Ausführung der Zustellung. Im Geltungsbereich des HZPrÜb genügt ein datiertes beglaubigtes Empfangsbekenntnis des Zustellungsgegners, s Anh § 202. Etwas ähnliches gilt nach manchem Staatsvertrag.

3) VwGO: Vgl § 199 Anm 3.

Anhang nach § 202
Zwischenstaatliches Zustellungsrecht

1) Allgemeines. Mit einer ganzen Reihe von Staaten bestehen Staatsverträge, die die Zustellung regeln. Solche Verträge sind außer dem in Anm 2 mit den einschlägigen Vorschriften abgedruckten vorrangigen HZustlÜbk (dazu Hamm MDR **78**, 941, Böckstiegel NJW **78**, 1073) und dem nachfolgend ebenfalls abgedruckten HZPrÜbk die in Einl IV 3 A aufgeführten Rechtshilfeverträge. Wegen des Rechtshilfeverkehrs mit dem Ausland (im engeren Sinne) vgl Anh § 168 GVG. Wg der DDR vgl Einl III 8 B u § 195 Anm 3.

2) Aus dem **Haager Zustellungsübereinkommen** (Geltungsbereich Einl IV 3 A a, dort auch wegen des Inkrafttretens):

Art. 1. Dieses Übereinkommen ist in Zivil- oder Handelssachen in allen Fällen anzuwenden, in denen ein gerichtliches oder außergerichtliches Schriftstück zum Zweck der Zustellung in das Ausland zu übermitteln ist.

Das Übereinkommen gilt nicht, wenn die Anschrift des Empfängers des Schriftstücks unbekannt ist.

Kapitel I. Gerichtliche Schriftstücke

Art. 2. ^{I} Jeder Vertragsstaat bestimmt eine Zentrale Behörde, die nach den Artikeln 3 bis 6 Anträge auf Zustellung von Schriftstücken aus einem anderen Vertragsstaat entgegenzunehmen und das Erforderliche zu veranlassen hat.

^{II} Jeder Staat richtet die Zentrale Behörde nach Maßgabe seines Rechts ein.

Bem. Die Zentralen Behörden der Vertragsstaaten und derjenigen (kursiv gedruckten) Staaten, auf die sich das HZustlÜbk infolge von Erstreckungserklärungen ebenfalls beziehen, sind (soweit nicht anders angegeben, lt Bek v 23. 6. 80, BGBl II 907):

Ägypten:	The Ministry of Justice in Cairo;
Anguilla:	The Registrar of the Supreme Court of Anguilla, Bek v 29. 11. 82, BGBl II 1055;
Antigua:	The Registrar, High Court of Justice, West Indies Associated States Supreme Court, St. John's, Antigua;
Barbados:	The Registrar of the Supreme Court of Barbados;
Belgien:	Le Ministère de la Justice, Administration de la Législation, Place Poulaert, 4, 1000 Bruxelles;
Belize:	The Supreme Court Registry, Belize;
Bermuda:	The Registrar of the Supreme Court, Bermuda;
Botsuana:	The Minister of State in the Office of the President of the Republic of Botswana;
Britische Jungferninseln:	The Registrar of the Supreme Court, Britische Jungferninseln, Bek v 29. 11. 82, BGBl II 1055;
Dänemark:	Le Ministère de la Justice;
Falkland-Inseln und Nebengebiete:	The Registrar of the Supreme Court, Stanley;
Finnland:	Justizministerium, Bek v 5. 7. 82, BGBl II 722;
Frankreich:	Le Ministère de la Justice, Service Civil de l'Entraide Judiciaire Internationale, 13 Place Vendôme, Paris (1er);
Gibraltar:	The Registrar of the Supreme Court, Gibraltar;
Guernsey:	The Bailiff, Bailiff's Office, Royal Court House, Guernsey;
Hongkong:	The Chief Secretary, Hong Kong;
Insel Man:	The First Deemster and Clerk of the Rolls, Rolls Office, Douglas;
Israel:	The Director of Courts, Directorate of Courts, Russian Compound, Jerusalem;
Italien:	l'Ufficio unico degli ufficiali giudiziari presso la carte d'appello di Roma, Bek v 22. 4. 82, BGBl II 522;
Japan	The Minister for Foreign Affairs;
Jersey:	The Attorney General, Jersey;
Kaiman-Inseln:	Her Majesty's Principal Secretary of State for Foreign and Commonwealth Affairs, London S. W. 1;
Luxemburg:	Le Parquet Général près la Cour Supérieure de Justice;
Malawi:	The Registrar of the High Court of Malawi, P. O. Box 30244, Chichiri, Blantyre 3, Malawi;
Montserrat:	The Registrar of the High Court, Montserrat;
Niederlande:	Le procureur du roi près le tribunal d'arrondissement de la Haye, Juliana van Stolberglaan 2–4;
Norwegen:	The Ministry of Justice, Oslo/Dep;
Pitcairn:	The Governor and Commander-in-Chief, Picairn;
Portugal:	La Direction-Générale des Services Judiciaires du Ministère de la Justice;

Schweden:	The Ministry for Foreign Affairs, Utrikesdepartementet, Juridiska byrån, Box 16121, S–103 23 Stockholm 16, Sweden;
Seschellen:	The Registrar Supreme Court, Victoria, Mahé, Republic of Seychelles, Bek v 6. 11. 81, BGBl II 1029;
St. Helena und Nebengebiete:	The Supreme Court, St. Helena;
St. Vincent:	The Registrar of the Supreme Court, St. Vincent;
Tschechoslowakei:	Für die Tschechische Sozialistische Republik: Ministerstvo spravedluosti České socialistické republiky, 128 10 Praha 2, Vyšehradska 16; für die Slowakische Republik: Ministerstvo spravedluosti Slovensky socialistiky republiky, 883 11 Bratislava, Suvorovova 12; beides Bek v 5. 7. 82, BGBl II 722;
Türkei:	La Direction Générale des Affaires Civiles au Ministère de la Justice (Adalet Bakanligi Hukuk Isleri Genel Müdürlügü), Ankara;
Turks- und Caicosinseln:	The Registrar of the Supreme Court, Turks- and Caicos-Isles, Bek v 29. 11. 82, BGBl II 1055;
Vereinigtes Königreich:	Her Majesty's Principal Secretary of State for Foreign Affairs; ferner für England und Wales: The Senior Master of the Supreme Court, Royal Courts of Justice, Strand, London W. C. 2; für Schottland: The Crown Agent for Scotland, Lord Advocate's Department, Crown Office, 9 Parliament Square, Edinburgh 1; für Nordirland, Bek v 29. 8. 80, BGBl II 1281: The Master, Queen's Bench and Appeals, Royal Courts of Justice, Belfast 1; ferner betr St. Christoph-Nevis: The Registrar of the West Indies Associated State Supreme Court, Saint Christopher and Nevis Circuit, Bek v 22. 4. 83, BGBl II 321;
Vereinigte Staaten:	The United States Department of State, vgl aber auch die Zusatznote v 21. 11. 73, BGBl **80** II 917.

Art. 3. ^{I} Die nach dem Recht des Ursprungsstaats zuständige Behörde oder der nach diesem Recht zuständige Justizbeamte richtet an die Zentrale Behörde des ersuchten Staates einen Antrag, der dem diesem Übereinkommen als Anlage beigefügten Muster entspricht, ohne daß die Schriftstücke der Legalisation oder einer anderen entsprechenden Förmlichkeit bedürfen.

^{II} Dem Antrag ist das gerichtliche Schriftstück oder eine Abschrift davon beizufügen. Antrag und Schriftstück sind in zwei Stücken zu übermitteln.

Art. 4. Ist die Zentrale Behörde der Ansicht, daß der Antrag nicht dem Übereinkommen entspricht, so unterrichtet sie unverzüglich die ersuchende Stelle und führt dabei die Einwände gegen den Antrag einzeln an.

Art. 5. ^{I} Die Zustellung des Schriftstücks wird von der Zentralen Behörde des ersuchten Staates bewirkt oder veranlaßt, und zwar

a) entweder in einer der Formen, die das Recht des ersuchten Staates für die Zustellung der in seinem Hoheitsgebiet ausgestellten Schriftstücke an dort befindliche Personen vorschreibt,
b) oder in einer besonderen von der ersuchenden Stelle gewünschten Form, es sei denn, daß diese Form mit dem Recht des ersuchten Staates unvereinbar ist.

^{II} Von dem Fall des Absatzes 1 Buchstabe b abgesehen, darf die Zustellung stets durch einfache Übergabe des Schriftstücks an den Empfänger bewirkt werden, wenn er zur Annahme bereit ist.

^{III} Ist das Schriftstück nach Absatz 1 zuzustellen, so kann die Zentrale Behörde verlangen, daß das Schriftstück in der Amtssprache oder einer der Amtssprachen des ersuchten Staates abgefaßt oder in diese übersetzt ist.

^{IV} Der Teil des Antrags, der entsprechend dem diesem Übereinkommen als Anlage beigefügten Muster den wesentlichen Inhalt des Schriftstücks wiedergibt, ist dem Empfänger auszuhändigen.

Bem. Vgl dazu die Erklärungen von Belgien, Botsuana, Schweden, Bek v 23. 6. 80, BGBl II 907, Italien, Bek v 22. 4. 82, BGBl II 522.

Art. 6. ^I Die Zentrale Behörde des ersuchten Staates oder jede von diesem hierzu bestimmte Behörde stellt ein Zustellungszeugnis aus, das dem diesem Übereinkommen als Anlage beigefügten Muster entspricht.
^{II} Das Zeugnis enthält die Angaben über die Erledigung des Antrags; in ihm sind Form, Ort und Zeit der Erledigung sowie die Person anzugeben, der das Schriftstück übergeben worden ist. Gegebenenfalls sind die Umstände anzuführen, welche die Erledigung verhindert haben.
^{III} Die ersuchende Stelle kann verlangen, daß ein nicht durch die Zentrale Behörde oder durch eine gerichtliche Behörde ausgestelltes Zeugnis mit einem Sichtvermerk einer dieser Behörden versehen wird.
^{IV} Das Zeugnis wird der ersuchenden Stelle unmittelbar zugesandt.

Bem. Vgl dazu die Erklärungen von *Antigua, Belize, Bermuda,* Botsuana, den *Britischen Jungferninseln,* Dänemark, den *Falkland-Inseln und Nebengebieten,* Frankreich, *Gibraltar, Guernsey, Hongkong,* der *Insel Man,* Israel, Japan, *Jersey,* den *Kaiman-Inseln, Montserrat,* den Niederlanden, Norwegen, *Pitcairn, St. Helena und Nebengebieten, St. Vincent,* der Türkei, den *Turks- und Caicos-Inseln,* dem Vereinigten Königreich und den Vereinigten Staaten, Bek v. 23. 6. 80, BGBl II 907, v 29. 11. 82, BGBl II 1055, und v 22. 4. 83, BGBl II 321, Italien, Bek v 22. 4. 82, BGBl II 522, Tschechoslowakei, Bek v 5. 7. 82, BGBl II 722.

Art. 7. ^I Die in diesem Übereinkommen beigefügten Muster vorgedruckten Teile müssen in englischer oder französischer Sprache abgefaßt sein. Sie können außerdem in der Amtssprache oder einer der Amtssprachen des Ursprungsstaats abgefaßt sein.
^{II} Die Eintragungen können in der Sprache des ersuchten Staates oder in englischer oder französischer Sprache gemacht werden.

Art. 8. ^I Jedem Vertragsstaat steht es frei, Personen, die sich im Ausland befinden, gerichtliche Schriftstücke unmittelbar durch seine diplomatischen oder konsularischen Vertreter ohne Anwendung von Zwang zustellen zu lassen.
^{II} Jeder Staat kann erklären, daß er einer solchen Zustellung in seinem Hoheitsgebiet widerspricht, außer wenn das Schriftstück einem Angehörigen des Ursprungs zuzustellen ist.

Bem. Erklärungen nach I haben abgegeben: Türkei; Tschechoslowakei, Bek v 5. 7. 82, BGBl II 722.
Widerspruch haben erklärt: Ägypten, Belgien, Frankreich (bedingt), Luxemburg, Norwegen, Portugal (bedingt), Seschellen (bedingt), Bek v 6. 11. 81, BGBl II 1029.

Art. 9. ^I Jedem Vertragsstaat steht es ferner frei, den konsularischen Weg zu benutzen, um gerichtliche Schriftstücke zum Zweck der Zustellung den Behörden eines anderen Vertragsstaats, die dieser hierfür bestimmt hat, zu übermitteln.
^{II} Wenn außergewöhnliche Umstände dies erfordern, kann jeder Vertragsstaat zu demselben Zweck den diplomatischen Weg benutzen.

Bem. Vgl dazu die Erklärungen von *Antigua,* Belgien, *Belize, Bermuda,* Botsuana, den *Britischen Jungferninseln,* Dänemark, den *Falkland-Inseln und Nebengebieten,* Finnland, Frankreich, *Gibraltar, Guernsey, Hongkong,* der *Insel Man,* Japan, *Jersey,* den *Kaiman-Inseln,* Luxemburg, *Montserrat,* den Niederlanden, Norwegen, *Pitcairn,* Schweden, *St. Helena und Nebengebieten, St. Vincent,* der Türkei, den *Turks- und Caicos-Inseln,* dem Vereinigten Königreich, Bek v 23. 6. 80, BGBl II 907, v 29. 11. 82, BGBl II 1055, und v 22. 4. 83, BGBl II 321, Italien, Bek v 22. 4. 82, BGBl II 522; Tschechoslowakei, Bek v 5. 7. 82, BGBl II 722.

Art. 10. Dieses Übereinkommen schließt, sofern der Bestimmungsstaat keinen Widerspruch erklärt, nicht aus,

a) daß gerichtliche Schriftstücke im Ausland befindlichen Personen unmittelbar durch die Post übersandt werden dürfen,

b) daß Justizbeamte, andere Beamte oder sonst zuständige Personen des Ursprungsstaats Zustellungen unmittelbar durch Justizbeamte, andere Beamte oder sonst zuständige Personen des Bestimmungsstaats bewirken lassen dürfen,
c) daß jeder an einem gerichtlichen Verfahren Beteiligte Zustellungen gerichtlicher Schriftstücke unmittelbar durch Justizbeamte, andere Beamte oder sonst zuständige Personen des Bestimmungsstaats bewirken lassen darf.

Bem. Einen (teilweise bedingten) Widerspruch haben erklärt: Ägypten, *Antigua, Belize, Bermuda,* Botsuana, *Britische Jungferninseln,* Dänemark, *Falkland-Inseln und Nebengebiete,* Finnland, *Gibraltar, Guernsey, Hongkong, Insel Man,* Israel, Japan, *Jersey, Kaiman-Inseln,* Luxemburg, *Montserrat,* Norwegen, *Pitcairn,* Schweden. *St. Helena und Nebengebiete, St. Vincent,* Türkei, *Turks- und Caicos-Inseln,* Vereinigtes Königreich, Bek v 23. 6. 80, BGBl II 907, v 29. 11. 82, BGBl II 1055, und v 22. 4. 83, BGBl II 321, Seschellen, Bek v 6. 11. 81, BGBl II 1029; Tschechoslowakei, Bek v 5. 7. 82, BGBl II 722.

Art. 11. Dieses Übereinkommen schließt nicht aus, daß Vertragsstaaten vereinbaren, zum Zweck der Zustellung gerichtlicher Schriftstücke andere als die in den vorstehenden Artikeln vorgesehenen Übermittlungswege zuzulassen, insbesondere den unmittelbaren Verkehr zwischen ihren Behörden.

Art. 12. ^{I} Für Zustellungen gerichtlicher Schriftstücke aus einem Vertragsstaat darf die Zahlung oder Erstattung von Gebühren und Auslagen für die Tätigkeit der ersuchten Staates nicht verlangt werden.
^{II} Die ersuchende Stelle hat jedoch die Auslagen zu zahlen oder zu erstatten, die dadurch entstehen,
a) daß bei der Zustellung ein Justizbeamter oder eine nach dem Recht des Bestimmungsstaats zuständige Person mitwirkt,
b) daß eine besondere Form der Zustellung angewendet wird.

Art. 13. ^{I} Die Erledigung eines Zustellungsantrags nach diesem Übereinkommen kann nur abgelehnt werden, wenn der ersuchte Staat sie für geeignet hält, seine Hoheitsrechte oder seine Sicherheit zu gefährden.
^{II} Die Erledigung darf nicht allein aus dem Grund abgelehnt werden, daß der ersuchte Staat nach seinem Recht die ausschließliche Zuständigkeit seiner Gerichte für die Sache in Anspruch nimmt oder ein Verfahren nicht kennt, das dem entspricht, für das der Antrag gestellt wird.
^{III} Über die Ablehnung unterrichtet die Zentrale Behörde unverzüglich die ersuchende Stelle unter Angabe der Gründe.

Art. 14. Schwierigkeiten, die aus Anlaß der Übermittlung gerichtlicher Schriftstücke zum Zweck der Zustellung entstehen, werden auf diplomatischem Weg beigelegt.

Art. 15. ^{I} War zur Einleitung eines gerichtlichen Verfahrens eine Ladung oder ein entsprechendes Schriftstück nach diesem Übereinkommen zum Zweck der Zustellung in das Ausland zu übermitteln und hat sich der Beklagte nicht auf das Verfahren eingelassen, so hat der Richter das Verfahren auszusetzen, bis festgestellt ist,
a) daß das Schriftstück in einer der Formen zugestellt worden ist, die das Recht des ersuchten Staates für die Zustellung der in seinem Hoheitsgebiet ausgestellten Schriftstücke an dort befindliche Personen vorschreibt, oder
b) daß das Schriftstück entweder dem Beklagten selbst oder aber in seiner Wohnung nach einem anderen in diesem Übereinkommen vorgesehenen Verfahren übergeben worden ist,

und daß in jedem dieser Fälle das Schriftstück so rechtzeitig zugestellt oder übergeben worden ist, daß der Beklagte sich hätte verteidigen können.
^{II} Jedem Vertragsstaat steht es frei zu erklären, daß seine Richter ungeachtet des Absatzes 1 den Rechtsstreit entscheiden können, auch wenn ein Zeugnis über die Zustellung oder die Übergabe nicht eingegangen ist, vorausgesetzt,
a) daß das Schriftstück nach einem in diesem Übereinkommen vorgesehenen Verfahren übermittelt worden ist,
b) daß seit der Absendung des Schriftstücks eine Frist verstrichen ist, die der Richter

nach den Umständen des Falles als angemessen erachtet und die mindestens sechs Monate betragen muß, und

c) daß trotz aller zumutbaren Schritte bei den zuständigen Behörden des ersuchten Staates ein Zeugnis nicht zu erlangen war.

III Dieser Artikel hindert nicht, daß der Richter in dringenden Fällen vorläufige Maßnahmen einschließlich solcher, die auf eine Sicherung gerichtet sind, anordnet.

Bem. Vgl dazu die Erklärungen von *Antigua*, Belgien, *Belize, Bermuda*, Botsuana, den *Britischen Jungferninseln*, Dänemark, den *Falkland-Inseln und Nebengebieten*, Frankreich, *Gibraltar, Guernsey, Hongkong*, der *Insel Man*, Japan, *Jersey*, den *Kaiman-Inseln*, Luxemburg, *Montserrat*, den Niederlanden, Norwegen, *Pitcairn*, Portugal, *St. Helena und Nebengebieten, St. Vincent*, der Türkei, den *Turks- und Caicos-Inseln*, dem Vereinigten Königreich, den Vereinigten Staaten, Bek v 23. 6. 80, BGBl II 907, v 29. 11. 82, BGBl II 1055, und v 22. 4. 83, BGBl II 321, Seschellen, Bek v 6. 11. 81, BGBl II 1029; Tschechoslowakei, Bek v 5. 7. 82, BGBl II 722.

Art. 16. I War zur Einleitung eines gerichtlichen Verfahrens eine Ladung oder ein entsprechendes Schriftstück nach diesem Übereinkommen zum Zweck der Zustellung in das Ausland zu übermitteln und ist eine Entscheidung gegen den Beklagten ergangen, der sich nicht auf das Verfahren eingelassen hat, so kann ihm der Richter in bezug auf Rechtsmittelfristen die Wiedereinsetzung in den vorigen Stand bewilligen, vorausgesetzt,

a) daß der Beklagte ohne sein Verschulden nicht so rechtzeitig Kenntnis von dem Schriftstück erlangt hat, daß er sich hätte verteidigen können, und nicht so rechtzeitig Kenntnis von der Entscheidung, daß er sie hätte anfechten können, und

b) daß die Verteidigung des Beklagten nicht von vornherein aussichtslos scheint.

II Der Antrag auf Wiedereinsetzung in den vorigen Stand ist nur zulässig, wenn der Beklagte ihn innerhalb einer angemessenen Frist stellt, nachdem er von der Entscheidung Kenntnis erlangt hat.

III Jedem Vertragsstaat steht es frei zu erklären, daß dieser Antrag nach Ablauf einer in der Erklärung festgelegten Frist unzulässig ist, vorausgesetzt, daß diese Frist nicht weniger als ein Jahr beträgt, vom Erlaß der Entscheidung an gerechnet.

IV Dieser Artikel ist nicht auf Entscheidungen anzuwenden, die den Personenstand betreffen.

Bem. Vgl dazu die Erklärungen von Belgien, Dänemark, Israel, Luxemburg, den Niederlanden, Norwegen, Portugal, der Türkei, dem Vereinigen Königreich, den Vereinigten Staaten, Bek v 23. 6. 80, BGBl II 907, Seschellen, Bek v 6. 11. 81, BGBl II 1029.

Kapitel II. Außergerichtliche Schriftstücke

Art. 17. Außergerichtliche Schriftstücke, die von Behörden und Justizbeamten eines Vertragsstaats stammen, können zum Zweck der Zustellung in einem anderen Vertragsstaat nach den in diesem Übereinkommen vorgesehenen Verfahren und Bedingungen übermittelt werden.

Kapitel III. Allgemeine Bestimmungen

Art. 18. I Jeder Vertragsstaat kann außer der Zentralen Behörde weitere Behörden bestimmen, deren Zuständigkeit er festlegt.

II Die ersuchende Stelle hat jedoch stets das Recht, sich unmittelbar an die Zentrale Behörde zu wenden.

III Bundesstaaten steht es frei, mehrere Zentrale Behörden zu bestimmen.

Bem. Vgl dazu die Erklärung des Vereinigten Königreichs betr St. Christoph-Nevis, Bek v 22. 4. 83, BGBl II 321.

Art. 19. Dieses Übereinkommen schließt nicht aus, daß das innerstaatliche Recht eines Vertragsstaats außer den in den vorstehenden Artikeln vorgesehenen auch andere Verfahren zuläßt, nach denen Schriftstücke aus dem Ausland zum Zweck der Zustellung in seinem Hoheitsgebiet übermittelt werden können.

Art. 20. Dieses Übereinkommen schließt nicht aus, daß Vertragsstaaten vereinbaren, von folgenden Bestimmungen abzuweichen:

a) Artikel 3 Absatz 2 in bezug auf das Erfordernis, die Schriftstücke in zwei Stücken zu übermitteln,
b) Artikel 5 Absatz 3 und Artikel 7 in bezug auf die Verwendung von Sprachen,
c) Artikel 5 Absatz 4,
d) Artikel 12 Absatz 2.

Art. 21.–22. Nicht abgedruckt.

Art. 23. [I] Dieses Übereinkommen berührt weder die Anwendung des Artikels 23 des am 17. Juli 1905 in Den Haag unterzeichneten Abkommens über den Zivilprozeß noch die Anwendung des Artikels 24 des am 1. März 1954 in Den Haag unterzeichneten Übereinkommens über den Zivilprozeß.
[II] Diese Artikel sind jedoch nur anwendbar, wenn die in diesen Übereinkünften vorgesehenen Übermittlungswege benutzt werden.

Art. 24. Zusatzvereinbarungen zu dem Abkommen von 1905 und dem Übereinkommen von 1954, die Vertragsstaaten geschlossen haben, sind auch auf das vorliegende Übereinkommen anzuwenden, es sei denn, daß die beteiligten Staaten etwas anderes vereinbaren.

Art. 25.–31. Nicht abgedruckt.

3) Dazu **AusfG** v 22. 12. 77, BGBl 3105:

Erster Teil
Vorschriften zur Ausführung des Haager Übereinkommens vom 15. November 1965 über die Zustellung gerichtlicher und außergerichtlicher Schriftstücke im Ausland in Zivil- oder Handelssachen

§ 1. Die Aufgaben der Zentralen Behörde (Artikel 2, 18 Abs. 3 des Übereinkommens) nehmen die von den Landesregierungen bestimmten Stellen wahr. Jedes Land kann nur eine Zentrale Behörde einrichten.

§ 2. Für die Entgegennahme von Zustellungsanträgen, die von einem ausländischen Konsul innerhalb der Bundesrepublik Deutschland übermittelt werden (Artikel 9 Abs. 1 des Übereinkommens), sind die Zentrale Behörde des Landes, in dem die Zustellung bewirkt werden soll, und die Stellen zuständig, die gemäß § 1 des Gesetzes zur Ausführung des Haager Übereinkommens vom 1. März 1954 über den Zivilprozeß vom 18. Dezember 1958 (BGBl. I S. 939) zur Entgegennahme von Anträgen des Konsuls eines ausländischen Staates zuständig sind.

§ 3. Eine förmliche Zustellung (Artikel 5 Abs. 1 des Übereinkommens) ist nur zulässig, wenn das zuzustellende Schriftstück in deutscher Sprache abgefaßt oder in diese Sprache übersetzt ist.

§ 4. [I] Die Zentrale Behörde ist befugt, Zustellungsanträge unmittelbar durch die Post erledigen zu lassen, wenn die Voraussetzungen für eine Zustellung gemäß Artikel 5 Abs. 1 Buchstabe a des Übereinkommens erfüllt sind. In diesem Fall händigt die Zentrale Behörde das zu übergebende Schriftstück der Post zur Zustellung aus. Die Vorschriften der Zivilprozeßordnung über die Zustellung von Amts wegen gelten entsprechend.
[II] Im übrigen ist für die Erledigung von Zustellungsanträgen das Amtsgericht zuständig, in dessen Bezirk die Zustellung vorzunehmen ist. Die Zustellung wird durch die Geschäftsstelle des Amtsgerichts bewirkt.

§ 5. Das Zustellungszeugnis (Artikel 6 Abs. 1, 2 des Übereinkommens) erteilt im Fall des § 4 Abs. 1 die Zentrale Behörde, im übrigen die Geschäftsstelle des Amtsgerichts.

§ 6. Eine Zustellung durch diplomatische oder konsularische Vertreter (Artikel 8 des Übereinkommens) ist nur zulässig, wenn das Schriftstück einem Angehörigen des Absendestaates zuzustellen ist. Eine Zustellung nach Artikel 10 des Übereinkommens findet nicht statt.

4) Dazu aus der **Bek** v 21. 6. 79, BGBl II, 779:

Die Bundesrepublik Deutschland hat bei Hinterlegung der Ratifikationsurkunde folgende Erklärungen abgegeben:

„1. Zustellungsanträge sind an die Zentrale Behörde des Landes zu richten, in dem der jeweilige Antrag erledigt werden soll. Zentrale Behörde gemäß Artikel 2, 18 Abs. 3 des Übereinkommens ist für

Baden-Württemberg	das Justizministerium Baden-Württemberg D-7000 Stuttgart
Bayern	das Bayerische Staatsministerium der Justiz D-8000 München
Berlin	der Senator für Justiz D-1000 Berlin
Bremen	der Präsident des Landgerichts Bremen D-2800 Bremen
Hamburg	der Präsident des Amtsgerichts Hamburg D-2000 Hamburg
Hessen	der Hessische Minister der Justiz D-6200 Wiesbaden
Niedersachsen	der Niedersächsische Minister der Justiz D-3000 Hannover
Nordrhein-Westfalen	der Justizminister des Landes Nordrhein-Westfalen D-4000 Düsseldorf
Rheinland-Pfalz	das Ministerium der Justiz D-6500 Mainz
Saarland	der Minister für Rechtspflege D-6600 Saarbrücken
Schleswig-Holstein	der Justizminister des Landes Schleswig-Holstein D-2300 Kiel.

Bem. Vgl dazu die folgenden Ausführungsbestimmungen:
Baden-Württemberg:
Bayern: VO v 10. 5. 78, GVBl 177;
Berlin:
Bremen:
Hamburg:
Hessen: VO v 18. 4. 78, GVBl 251;
Niedersachsen:
Nordrhein-Westfalen: VO v 4. 4. 78, GVBl 166;
Rheinland-Pfalz:
Saarland: VO v 14. 6. 78, GVBl 617;
Schleswig-Holstein: VO v 17. 3. 78, GVBl 112.

Die Zentralen Behörden sind befugt, Zustellungsanträge unmittelbar durch die Post erledigen zu lassen, wenn die Voraussetzungen für eine Zustellung gemäß Artikel 5 Abs. 1 Buchstabe a des Übereinkommens erfüllt sind. In diesem Fall händigt die jeweils zuständige Zentrale Behörde das zu übergebende Schriftstück der Post zur Zustellung aus. Im übrigen ist für die Erledigung von Zustellungsanträgen das Amtsgericht zuständig, in dessen Bezirk die Zustellung vorzunehmen ist. Die Zustellung wird durch die Geschäftsstelle des Amtsgerichts bewirkt.

Eine förmliche Zustellung (Artikel 5 Abs. 1 des Übereinkommens) ist nur zulässig, wenn das zuzustellende Schriftstück in deutscher Sprache abgefaßt oder in diese Sprache übersetzt ist.

2. Das Zustellungszeugnis (Artikel 6 Abs. 1, 2 des Übereinkommens) erteilt die Zentrale Behörde, wenn sie den Zustellungsantrag selbst unmittelbar durch die Post hat erledigen lassen, im übrigen die Geschäftsstelle des Amtsgerichts.

3. Für die Entgegennahme von Zustellungsanträgen, die von einem ausländischen Konsul innerhalb der Bundesrepublik Deutschland übermittelt werden (Artikel 9 Abs. 1 des Übereinkommens), sind die Zentrale Behörde des Landes, in dem die Zustellung bewirkt werden soll, und die Stellen zuständig, die gemäß § 1 des Gesetzes vom 18. Dezember 1958 zur Ausführung des Haager Übereinkommens vom 1. März 1954 über den Zivilprozeß zur Entgegennahme von Anträgen des Konsuls eines ausländischen Staates zuständig sind. Nach diesem Gesetz ist hierfür der Präsident des Landgerichts zuständig, in dessen Bezirk die Zustellung bewirkt werden soll; an seine Stelle tritt der Präsident des Amtsgerichts, wenn der Zustellungsantrag in dem Bezirk des Amtsgerichts erledigt werden soll, das seiner Dienstaufsicht untersteht.

4. Gemäß Artikel 21 Abs. 2 Buchstabe a des Übereinkommens widerspricht die Regierung der Bundesrepublik Deutschland der Benutzung der in den Artikeln 8 und 10 des Übereinkommens vorgesehenen Übermittlungswege. Eine Zustellung durch diplomatische oder konsularische Vertreter (Artikel 8 des Übereinkommens) ist daher nur zulässig, wenn das Schriftstück einem Angehörigen des Absendestaates zuzustellen ist. Eine Zustellung nach Artikel 10 des Übereinkommens findet nicht statt."

5) Aus dem **Haager Zivilprozeßübereinkommen** (Geltungsbereich Einl IV 3 A a):
I. Zustellung gerichtlicher und außergerichtlicher Schriftstücke
Art. 1. ^{I} In Zivil- oder Handelssachen wird die Zustellung von Schriftstücken, die für eine im Ausland befindliche Person bestimmt sind, innerhalb der Vertragsstaaten auf einen Antrag bewirkt, der von dem Konsul des ersuchenden Staates an die von dem ersuchten Staat zu bezeichnende Behörde gerichtet wird. Der Antrag, in dem die Behörde, von der das übermittelte Schriftstück ausgeht, die Namen und die Stellung der Parteien, die Anschrift des Empfängers sowie die Art des zuzustellenden Schriftstücks anzugeben sind, muß in der Sprache der ersuchten Behörde abgefaßt sein. Diese Behörde hat dem Konsul die Urkunde zu übersenden, welche die Zustellung nachweist oder den Grund angibt, aus dem die Zustellung nicht hat bewirkt werden können.

^{II} Schwierigkeiten, die aus Anlaß des Antrags des Konsuls entstehen, werden auf diplomatischem Wege geregelt.

^{III} Jeder Vertragstaat kann in einer an die anderen Vertragstaaten gerichteten Mitteilung verlangen, daß der Antrag, eine Zustellung in seinem Hoheitsgebiet zu bewirken, mit den in Absatz 1 bezeichneten Angaben auf diplomatischem Wege an ihn gerichtet werde.

^{IV} Die vorstehenden Bestimmungen hindern nicht, daß zwei Vertragsstaaten vereinbaren, den unmittelbaren Verkehr zwischen ihren Behörden zuzulassen.

Bem. S dazu § 1 AusfG. Unmittelbarer Verkehr besteht infolge von Zusatzvereinbarungen, Einl IV 3 A a, mit Belgien, Dänemark, Luxemburg, den Niederlanden, Österreich, der Schweiz. Unmittelbarer Geschäftsverkehr (ohne Staatsvertrag) besteht auch mit Liechtenstein, Einl IV 3 A b.

Art. 2. Die Zustellung wird durch die Behörde bewirkt, die nach den Rechtsvorschriften des ersuchten Staates zuständig ist. Diese Behörde kann sich, abgesehen von den in Artikel 3 vorgesehenen Fällen, darauf beschränken, die Zustellung durch einfache Übergabe des Schriftstücks an den Empfänger zu bewirken, wenn er zur Annahme bereit ist.

Bem. Vgl § 2 AusfG.

Art. 3. ^{I} Dem Antrag ist das zuzustellende Schriftstück in zwei Stücken beizufügen.
^{II} Ist das zuzustellende Schriftstück in der Sprache der ersuchten Behörden oder in der zwischen den beiden beteiligten Staaten vereinbarten Sprache abgefaßt oder ist es von einer Übersetzung in eine dieser Sprachen begleitet, so läßt die ersuchte Behörde, falls in

dem Antrag ein dahingehender Wunsch ausgesprochen ist, das Schriftstück in der durch ihre innerstaatlichen Rechtsvorschriften für die Bewirkung gleichartiger Zustellungen vorgeschriebenen Form oder in einer besonderen Form, sofern diese ihren Rechtsvorschriften nicht zuwiderläuft, zustellen. Ist ein solcher Wunsch nicht ausgesprochen, so wird die ersuchte Behörde zunächst versuchen, das Schriftstück nach Artikel 2 durch einfache Übergabe zuzustellen.

III Vorbehaltlich anderweitiger Vereinbarung ist die in Absatz 2 vorgesehene Übersetzung von dem diplomatischen oder konsularischen Vertreter des ersuchenden Staates oder von einem beeidigten Übersetzer des ersuchten Staates zu beglaubigen.

Bem. S § 3 AusfG. **Zu III:** Besondere Vereinbarungen bestehen mit Dänemark, den Niederlanden u Schweden durch Zusatzvereinbarung. Die Beifügung einer Übersetzung ist nicht zwingend vorgeschrieben, BGH NJW 69, 980.

Art. 4. Eine in den Artikeln 1, 2 und 3 vorgesehene Zustellung kann nur abgelehnt werden, wenn der Staat, in dessen Hoheitsgebiet sie bewirkt werden soll, sie für geeignet hält, seine Hoheitsrechte oder seine Sicherheit zu gefährden.

Bem. Keine Ablehnung erfolgt mithin, wenn Art 3 I nicht eingehalten ist.

Art. 5. I Zum Nachweis der Zustellung dient entweder ein mit Datum versehenes und beglaubigtes Empfangsbekenntnis des Empfängers oder ein Zeugnis der Behörde des ersuchten Staates, aus dem sich die Tatsache, die Form und die Zeit der Zustellung ergibt.
II Das Empfangsbekenntnis oder das Zeugnis ist auf eines der beiden Stücke des zuzustellenden Schriftstücks zu setzen oder damit zu verbinden.

Bem. S § 3 AusfG.

Art. 6. I Die vorstehenden Artikel schließen es nicht aus:
1. daß Schriftstücke den im Ausland befindlichen Beteiligten unmittelbar durch die Post übersandt werden dürfen;
2. daß die Beteiligten Zustellungen unmittelbar durch die zuständigen Gerichtsbeamten oder andere zuständige Beamte des Bestimmungslandes bewirken lassen dürfen;
3. daß jeder Staat Zustellungen an die im Ausland befindlichen Personen unmittelbar durch seine diplomatischen oder konsularischen Vertreter bewirken lassen darf.

II Eine solche Befugnis besteht jedoch in jedem Falle nur dann, wenn sie durch Abkommen zwischen den beteiligten Staaten eingeräumt wird oder wenn beim Fehlen solcher Abkommen der Staat, in dessen Hoheitsgebiet die Zustellung zu bewirken ist, ihr nicht widerspricht. Dieser Staat kann jedoch einer Zustellung gemäß Absatz 1 Nr. 3 nicht widersprechen, wenn das Schriftstück einem Angehörigen des ersuchenden Staates ohne Anwendung von Zwang zugestellt werden soll.

Bem. Durch Zusatzvereinbarung mit Schweden und den Niederlanden können die Konsulate unmittelbar Anträge auf eine formlose Zustellung auch gegenüber fremden Staatsangehörigen außer denen des Empfangsstaates erledigen.

Art. 7. I Für Zustellungen dürfen Gebühren oder Auslagen irgendwelcher Art nicht erhoben werden.
II Der ersuchte Staat ist jedoch vorbehaltlich anderweitiger Vereinbarung berechtigt, von dem ersuchenden Staat die Erstattung der Auslagen zu verlangen, die in den Fällen des Artikels 3 dadurch entstanden sind, daß bei der Zustellung ein Gerichtsbeamter mitgewirkt hat oder daß bei ihr eine besondere Form angewendet worden ist.

Bem. S § 3 AusfG. Zusatzvereinbarungen zu II bestehen mit Belgien, Dänemark, Luxemburg, den Niederlanden, Österreich, Schweden und der Schweiz.

Aus dem **AusfG** v 18. 12. 58, BGBl 939:

2. Titel. Verfahren bei Zustellungen Anh § 202, Einf §§ 203–206, § 203

Zustellungsanträge und Rechtshilfeersuchen
(Artikel 1 bis 16 des Übereinkommens)

§ 1. Für die Entgegennahme von Zustellungsanträgen (Artikel 1 Abs. 1 des Übereinkommens) oder von Rechtshilfeersuchen (Artikel 8, Artikel 9 Abs. 1), die von einem ausländischen Konsul innerhalb der Bundesrepublik Deutschland übermittelt werden, ist der Präsident des Landgerichts zuständig, in dessen Bezirk die Zustellung bewirkt oder das Rechtshilfeersuchen erledigt werden soll. An die Stelle des Landgerichtspräsidenten tritt der Amtsgerichtspräsident, wenn der Zustellungsantrag oder das Rechtshilfeersuchen in dem Bezirk des Amtsgerichts erledigt werden soll, das seiner Dienstaufsicht untersteht.

§ 2. [I] Für die Erledigung von Zustellungsanträgen oder von Rechtshilfeersuchen ist das Amtsgericht zuständig, in dessen Bezirk die Amtshandlung vorzunehmen ist.
[II] Die Zustellung wird durch die Geschäftsstelle des Amtsgerichts bewirkt. Diese hat auch den Zustellungsnachweis (Artikel 1 Abs. 1, Artikel 5 des Übereinkommens) zu erteilen.

§ 3. Für die Übermittlung eines Zustellungsantrages (Artikel 1 Abs. 1 und 3 des Übereinkommens) oder eines Rechtshilfeersuchens (Artikel 8, Artikel 9 Abs. 1 und 3) durch den diplomatischen oder konsularischen Vertreter der Bundesrepublik Deutschland wird eine Gebühr von zwei Deutsche Mark erhoben. Diese Gebühr bleibt außer Ansatz, wenn der Zustellungsantrag oder das Rechtshilfeersuchen nicht erledigt werden kann.

Einführung vor §§ 203–206
Öffentliche Zustellung

1) Zulässigkeit. A. Allgemeines. Die öffentliche Zustellung ist ein Fall einer unterstellten (fingierten) Zustellung, Üb 1 B vor § 166. Geimer NJW **74**, 1631 mwN hält sie für verfassungsrechtlich problematisch. Sie ist nur in einem der vier folgenden Fälle zulässig: **a)** Der Aufenthaltsort des Zustellungsgegners ist unbekannt; **b)** es läßt sich keine Zustellung im Ausland durchführen; **c)** eine Zustellung im Ausland wird voraussichtlich erfolglos sein; **d)** eine Zustellung an einen Exterritorialen oder seinen Hausgenossen ist unausführbar.
B. Sinngemäße Anwendung. Die Vorschriften über die öffentliche Zustellung können auf andere als die hier geregelten Fälle nicht angewandt werden. Das gilt schon deshalb, weil diese Art der „Zustellung" sehr gefährlich ist. Im Mahnverfahren erfolgt keine öffentliche Zustellung, § 688 II. Sie ist ebensowenig bei der Ladung eines Zeugen oder Sachverständigen und bei einer Zustellung an den Drittschuldner nach § 829 zulässig.
In den Fällen der §§ 763, 829, 841, 844, 875 ist eine öffentliche Zustellung unnötig.

2) Erschleichung. Die Erschleichung einer öffentlichen Zustellung verstößt gegen Treu und Glauben, Einl III 6 A, Grdz 5 F vor § 128. Wegen des vorrangigen Bedürfnisses nach Rechtssicherheit ist eine daraufhin vorgenommene Zustellung trotzdem zunächst wirksam. Freilich muß das Gericht die Erschleichung von Amts wegen oder auf Grund eines Antrags mitberücksichtigen, wenn es die Folgen der Zustellung zu würdigen hat, BGH **64**, 8, BayObLG Rpfleger **78**, 446 mwN, RoS § 75 II 4b (§ 580 Z 4, dazu Uitzinger ZZP **52**, 1), ThP § 204 Anm 4b, ZöSt § 204 Anm 2 (unter Umständen ist § 767 anwendbar), aM StJP § 204 II 3. Der Erschleicher kann gemäß §§ 242, 823ff BGB, 263 StGB haften.

3) VwGO: Gemäß § 56 II VwGO gilt § 15 VwZG. Für die (seltene) Parteizustellung, Üb 8 § 166, gelten §§ 203–206.

203 **Öffentliche Zustellung. Zulässigkeit.** [I] Ist der Aufenthalt einer Partei unbekannt, so kann die Zustellung durch öffentliche Bekanntmachung erfolgen.
[II] Die öffentliche Zustellung ist auch dann zulässig, wenn bei einer im Ausland zu bewirkenden Zustellung die Befolgung der für diese bestehenden Vorschriften unausführbar ist oder keinen Erfolg verspricht.

III Das gleiche gilt, wenn die Zustellung aus dem Grunde nicht bewirkt werden kann, weil die Wohnung einer nach den §§ 18 bis 20 des Gerichtsverfassungsgesetzes der Gerichtsbarkeit nicht unterworfenen Person der Ort der Zustellung ist.

Vorbem. III idF Art 1 Z 14 VereinfNov, in Kraft seit 1. 7. 77, Art 12 I.

1) Unbekannter Aufenthalt, I. § 203 soll die Zustellung gegenüber einer Person ermöglichen, die sich freiwillig aus ihrem bisherigen Lebenskreis entfernt, ohne dafür zu sorgen, daß ihr neuer Aufenthaltsort bekannt wird, also zB gegenüber einer Person, die sich aus Gründen verborgen hält, die man nicht gutheißen kann. Allerdings darf man den Geltungsbereich der öffentlichen Zustellung nicht auf solche Fälle beschränken. Der Sinn der öffentlichen Zustellung besteht nicht darin, dem Betroffenen die Kenntnis vom Inhalt einer Zustellung zu verschaffen. Denn die öffentliche Zustellung ist lediglich die Unterstellung (Fiktion) einer Zustellung.

Der Aufenthalt des Zustellungsgegners ist unbekannt, wenn er nicht nur der Partei unbekannt ist, sondern wenn ihn niemand kennt, Zweibr FamRZ **83**, 630. Der Antragsteller muß diesen Umstand durch eine polizeiliche Bescheinigung oder in einer sonst geeigneten Weise darlegen. Das Gericht sollte strenge Anforderungen stellen, Zweibr FamRZ **83**, 630. Eine polizeiliche Abmeldung genügt grundsätzlich nicht, Zweibr FamRZ **83**, 630; jedoch kann eine ergebnislose Auskunft des Einwohnermeldeamts ausreichen, ThP 2b, insofern strenger Zweibr FamRZ **83**, 630. Es sind unverdächtige Anzeichen notwendig. Das Gericht muß den Antragsteller notfalls persönlich anhören. Eine leichtfertige Bewilligung dieser gefährlichen Zustellungsart ist eine Pflichtverletzung, vgl Einf 2 vor § 203. Die Unbekanntheit des Aufenthalts muß objektiv nachgewiesen werden. Andernfalls muß das Gericht die Bewilligung der öffentlichen Zustellung ablehnen. Eine bloße Angabe, der Antragsteller kenne den derzeitigen Aufenthalt (subjektiv) nicht, genügt also nicht, Celle MDR **47**, 239. Er muß vielmehr weitere Umstände darlegen, zB denjenigen, daß der Gegner vor Jahren verhaftet wurde und daß seitdem jede Spur von ihm fehlt, Kiel MDR **47**, 163.

Wenn es um einen Ausländer geht, ist meist unter anderem eine Anfrage beim Bundesverwaltungsamt, Habsburger Ring 9, Köln, ratsam, vgl Stgt MDR **76**, 775 (betr die StPO). Besondere Vorsicht ist bei einem Scheidungsantrag geboten, KG FamRZ **75**, 693. Die Erfolgsaussichten oder eine Abwägung der Interessen der Allgemeinheit und des Bekl können nicht für die Bewilligung der öffentlichen Zustellung maßgeblich sein, KG FamRZ **75**, 693, Delbrück MDR **47**, 260, aM Kiel MDR **47**, 163.

Das Gericht darf freilich keinen Nachweis darüber verlangen, daß der Zustellungsempfänger noch lebt, KG FamRZ **75**, 693 (das KG hält allerdings eine Klage für unzulässig, wenn ein ernsthafter Zweifel besteht, ob der Bekl noch lebe). Das Gericht darf aber geeignete Nachforschungen aufgeben, BayObLG Rpfleger **78**, 447 mwN. Der Umstand, daß der Zustellungsgegner seinen Wohnsitz oder seine Wohnung beibehalten hat, steht der Bewilligung der öffentlichen Zustellung nicht entgegen, soweit eine Zustellung zum Wohnsitz oder zur Wohnung unausführbar ist.

Eine Zustellung an die Partei muß unmöglich sein. Daher muß die Bewilligung der öffentlichen Zustellung abgelehnt werden, wenn die Zustellung an einen gesetzlichen Vertreter möglich ist, insbesondere an einen Abwesenheitspfleger, ProzBev, Generalbevollmächtigten oder Zustellungsbevollmächtigten. Der Vorsteher einer Postanstalt ist aber kein Zustellungsbevollmächtigter. Daher genügt die bloße Angabe eines Postfachs nicht, Hbg NJW **70**, 104.

Eine Ersatzzustellung und eine öffentliche Zustellung schließen sich nicht notwendig aus, § 181 Anm 1 A. Als Partei ist hier auch der Streithelfer oder Streitverkündungsgegner anzusehen. Eine Parteiberichtigung ist unzulässig, Baumgärtel Festschrift für Schnorr von Carolsfeld (1972) 33. An ein Mitglied einer ausländischen Streitmacht ist eine öffentliche Zustellung nicht zulässig, Art 36 I ZAbkNTrSt, SchlAnh III.

Das Wort „kann" im Gesetzestext bedeutet nicht, daß das Gericht einen Ermessensspielraum hätte, sondern gibt dem Gericht lediglich die rechtliche Möglichkeit und die Zuständigkeit. Das Gericht muß die öffentliche Zustellung also bewilligen, soweit ihre gesetzlichen Voraussetzungen vorliegen, aM Kiel SJZ **46**, 230, StJ II 4.

2) Auslandszustellung, II. Sie muß unter den Voraussetzungen des II erfolgen, aM Nürnb MDR **57**, 45 (das OLG gibt dem Gericht in diesem Fall einen gewissen Ermessensspielraum). Das Gericht muß aber schon deshalb die Voraussetzungen besonders sorgfältig prüfen, weil eine Bewilligung auf eine Verweigerung des rechtlichen Gehörs nach Art 103 I GG hinauslaufen könnte. Die Auslandszustellung ist in denjenigen Ausnahmefällen unausführbar, in denen die Justizverwaltung keine Zustellung zuläßt, § 199 Anm 2, oder in denen

2. Titel. Verfahren bei Zustellungen §§ 203, 204

es an einer geordneten staatlichen Einrichtung im betreffenden Land fehlt. Sie ist voraussichtlich erfolglos zB: Im Krieg; beim Abbruch der diplomatischen Beziehungen; bei einer unzureichenden Vornahme der Zustellung; dann, wenn man befürchten muß, daß die Rechtshilfe verweigert werden wird, etwa bei der Zustellung des Scheidungsantrags eines Deutschen, der früher ein Sowjetbürger war, nach der Sowjetunion, Nürnb FamRZ **60**, 204. S auch Anh I § 168 GVG Grdz 2 B und Bülow-Böckstiegel, Internationaler Rechtsverkehr.

Soweit das Gericht nicht bereits Kenntnis davon hat, daß die Rechtshilfe verweigert werden wird oder daß die Zustellung nur unzureichend möglich sein wird, muß es einen Zustellungsversuch vornehmen. Das Gericht kann nicht fordern, daß der Antragsteller zunächst eine private Benachrichtigung versuchen solle. Denn das würde über das gesetzliche Erfordernisse hinausgehen, aM Oldb MDR **47**, 259. Wenn sich jemand an einem Ort befindet, den das Gericht zwar kennt, an dem den Empfänger Zustellungen aber nicht erreichen, dann ist die Zustellung unausführbar, die Voraussetzungen von II sind also erfüllt, aM Kassel NJW **47/48**, 555. Wegen der DDR vgl Einl III 8 B.

3) Exterritorialer, III. Wenn der exterritoriale Dienstherr eines nicht exterritorialen ausländischen oder deutschen Hausgenossen das Betreten seiner Wohnung zur Vornahme der Zustellung nicht erlaubt, ist die öffentliche Zustellung zulässig. Der Antragsteller muß einen entsprechenden Nachweis erbringen. Eine Zustellung an einen Exterritorialen selbst darf nur dann nach § 203 stattfinden, wenn sie nach den §§ 199, 202 unmöglich ist.

4) VwGO: Vgl Einf 3 § 203.

204 *Öffentliche Zustellung. Ausführung.* **I** Die öffentliche Zustellung wird, nachdem sie auf ein Gesuch der Partei vom Prozeßgericht bewilligt ist, durch die Geschäftsstelle von Amts wegen besorgt. Die Entscheidung über das Gesuch kann ohne mündliche Verhandlung erlassen werden.

II Die öffentliche Zustellung erfolgt durch Anheftung der zuzustellenden Ausfertigung oder einer beglaubigten Abschrift des zuzustellenden Schriftstücks an die Gerichtstafel. In Ehe- und Kindschaftssachen wird die öffentliche Zustellung dadurch ausgeführt, daß ein Auszug des Schriftstücks an die Gerichtstafel angeheftet wird. Satz 2 gilt auch, soweit in einer Scheidungssache das zuzustellende Schriftstück zugleich eine Folgesache betrifft.

III Enthält das zuzustellende Schriftstück eine Ladung, so ist außerdem die einmalige Einrückung eines Auszugs des Schriftstücks in den Bundesanzeiger erforderlich. Das Prozeßgericht kann anordnen, daß der Auszug noch in andere Blätter und zu mehreren Malen eingerückt werde.

1) Verfahren, I. A. Zuständigkeit. Für die Bewilligung der öffentlichen Zustellung ist das Prozeßgericht zuständig. Die Bewilligung ist, anders als zB bei § 188 II in Verbindung mit § 20 Z 9 RPflG, Anh § 153 GVG, dem Rpfl nicht übertragen, ThP 2a, ZöSt 1, auch nicht während des Mahnverfahrens, Mü Rpfleger **79**, 346 (abl Eickmann), aM Guntau MDR **81**, 274 mwN, insofern auch aM ThP § 699 Anm 5c, ZöSt 1. Auch der Vorsitzende allein ist nicht berufen, vgl BayObLG Rpfleger **78**, 446. Das Prozeßgericht muß also in voller Besetzung entscheiden. Über die Dauer der Instanz s § 176 Anm 2 C, D, § 178. Wenn es um eine Zustellung auf Grund einer vollstreckbaren notariellen Urkunde geht, ist das AG nach § 797 III zuständig. Wenn ein anderes Gericht als das Prozeßgericht die öffentliche Zustellung bewilligt hat, ist diese Zustellung als solche grundsätzlich unwirksam, Üb 5 A vor § 166. Der Mangel kann jedoch nach § 187 heilbar sein, Üb 5 B vor § 166.

B. Antrag. Die Bewilligung erfolgt nur auf Grund eines Antrags der Partei. Jede öffentliche Zustellung erfordert einen besonderen Antrag und einen besonderen Beschluß. Von dieser Regel gilt nur dann eine Ausnahme, wenn das Gericht gleichzeitig die öffentliche Zustellung eines Versäumnisurteils und des Beschlusses nach § 339 II bewilligt. Die Fristwahrung richtet sich nach § 207. Es besteht kein Anwaltszwang, soweit er nicht in der zugehörigen Sache selbst besteht. Der Antragsteller muß die Nachweise der Voraussetzung einer öffentlichen Zustellung beifügen. Eine Anregung oder ein Antrag des Gerichtsvollziehers reichen nicht aus.

Ein Antrag ist allerdings dann entbehrlich, wenn die Zustellung von Amts wegen erfolgen muß.

Eine mündliche Verhandlung ist freigestellt, § 128 Anm 3 A.

C. Entscheidung. Das Gericht muß die vom Antragsteller eingereichten Nachweise würdigen. Es soll vorsichtig vorgehen, vgl § 203 Anm 1. Denn die Zustellung ist (auch im Fall einer Erschleichung, Einf 2 vor § 203) wirksam, selbst wenn die Voraussetzungen des § 203 fehlen. Die Rechtskraft einer Entscheidung, die auf Grund der öffentlichen Zustellung ergangen ist, läßt sich auch nicht damit bekämpfen, daß man nachweist, die Voraussetzungen der öffentlichen Zustellung hätten nicht vorgelegen.

Das Gericht prüft aber nicht, ob überhaupt eine Zustellung notwendig ist. Wenn es um die Zustellung einer Klagschrift geht, braucht das Gericht seine Zuständigkeit zur Entscheidung über die Sache selbst auch nicht zu prüfen. Freilich soll es auf die etwa erkennbare Unzuständigkeit bereits jetzt hinweisen.

Die Entscheidung erfolgt durch einen Beschluß. Er ist grundsätzlich zu begründen, § 329 Anm 1 A b. Er wird verkündet oder im Fall der Ablehnung dem Antragsteller förmlich zugestellt, beim Stattgeben dem Antragsteller formlos mitgeteilt, dem Gegner im letzteren Fall mit dem zuzustellenden Schriftstück zusammen, also öffentlich, zugestellt. Ein späterer Aufhebungsbeschluß macht eine vorgenommene öffentliche Zustellung nicht unwirksam.

D. Rechtsbehelf. Gegen einen ablehnenden Beschluß kann der Antragsteller die Beschwerde nach § 567 einlegen. Ein Dritter hat keinen Rechtsbehelf. Gegen einen stattgebenden Beschluß ist kein Rechtsbehelf zulässig.

2) Ausführung, II, III. Nach der Bewilligung erfolgt die Ausführung der öffentlichen Zustellung durch die Geschäftsstelle. Ein Verstoß macht die Zustellung grundsätzlich unwirksam; vgl Üb 5 A vor § 166. Eine Heilung ist nach § 187 möglich; vgl Üb 5 B vor § 166. Im einzelnen ergibt sich folgendes:

A. Ohne Ladung. Ein Schriftstück, das keine Ladung enthält, wird in der Weise öffentlich zugestellt, daß seine Ausfertigung oder beglaubigte Abschrift an die Gerichtstafel angeheftet wird. In einer Ehesache einschließlich einer Folgesache, soweit diese zugleich mit der Scheidung entschieden wird, und in einer Kindschaftssache wird lediglich ein Auszug an die Gerichtstafel angeheftet. Sein Umfang ist nach § 205 zu bestimmen. Dabei muß die Privatsphäre geschützt werden, so schon (zum alten Recht) Peppler NJW **76**, 2158, vgl auch § 299 Anm 4. Eine Beglaubigung erfolgt durch den Anwalt oder durch den Urkundsbeamten der Geschäftsstelle, §§ 170 II, 196, 210.

Der Bewilligungsbeschluß wird auf die angeheftete Ausfertigung oder beglaubigte Abschrift übertragen und mit ihr verbunden. Der Antragsteller erhält die Urschrift zurück. Die angehefteten Schriftstücke gelangen in jedem Fall zu den Gerichtsakten. Sie werden dem Zustellungsgegner nicht ausgehändigt. Der Urkundsbeamte der Geschäftsstelle beurkundet den Zeitpunkt der Anheftung, § 206. Seine volle Namensunterschrift (kein bloßes Handzeichen) ist für die Wirksamkeit der öffentlichen Zustellung erforderlich, BGH **80**, 320. Der Anheftungsvorgang kann mit jedem Beweismittel nachgewiesen werden. Der Urkundsbeamte der Geschäftsstelle darf sich bei der Anheftung und bei der Abnahme des angehefteten Schriftstücks einer Hilfsperson bedienen.

B. Mit Ladung. Ein Schriftstück, das eine Ladung enthält, wird wie bei A angeheftet. Außerdem muß ein Auszug aus dem Schriftstück, § 205, einmalig im Bundesanzeiger (vgl auch Vorbem) eingerückt werden. Die Einrückung erfolgt auch dann, wenn das Schriftstück zwar keine Ladung enthält, wohl aber eine Terminsbekanntmachung. Denn auch in diesem Fall trifft der Sinn der Vorschrift zu. Das Gericht kann im Rahmen eines pflichtgemäßen Ermessens von Amts wegen die Einrückung des Auszugs in andere Blätter zusätzlich anordnen, III 2, und zwar auch zu mehreren Malen.

3) Wirkung. Die öffentliche Zustellung hat dieselben Wirkungen wie eine andere Zustellung. Das gilt sogar dann, wenn der Antragsteller sie erschlichen hat, Einf 2 vor § 203. Wegen der Fristwahrung und der Unterbrechung einer Verjährung gilt § 207. Soweit es sich um eine Auslandszustellung handelt, § 203 II, ergibt sich nunmehr für den Zustellungsempfänger die Verpflichtung zur Bestellung eines Zustellungsbevollmächtigten nach § 174 II. Wenn ein solcher Zustellungsbevollmächtigter nicht bestellt wird (das ist die Regel), erfolgen alle weiteren Zustellungen durch eine einfache Aufgabe zur Post nach § 175.

4) VwGO: Vgl Einf 3 § 203.

205 *Öffentliche Zustellung. Inhalt.* In dem Auszug des Schriftstücks müssen das Prozeßgericht, die Parteien, der Gegenstand des Prozesses, der Antrag, der Zweck der Ladung und die Zeit, zu welcher der Geladene erscheinen soll, bezeichnet werden.

1) Geltungsbereich. Die Erfordernisse des § 205 sind für die Wirksamkeit der Zustellung wesentlich, BGH NJW **82**, 888. Weitere Angaben, etwa über einen gesetzlichen Vertreter, sind aber entbehrlich. Man braucht die Parteien, den Gegenstand des Prozesses und den Zweck der Ladung nur ganz allgemein zu bezeichnen, etwa „wegen Mietzahlung" und „zur mündlichen Verhandlung", auch bei § 341a, BGH NJW **82**, 888. Ein Antrag ist nur dann notwendig, wenn das Schriftstück einen solchen Antrag enthalten muß, etwa eine Klagschrift. Eine Berufungsschrift braucht keinen Antrag zu enthalten.

2) *VwGO: Vgl Einf 3 § 203.*

206 *Öffentliche Zustellung. Zeit der Zustellung.* **I** Das eine Ladung enthaltende Schriftstück gilt als an dem Tage zugestellt, an dem seit der letzten Einrückung des Auszugs in die öffentlichen Blätter ein Monat verstrichen ist. Das Prozeßgericht kann bei Bewilligung der öffentlichen Zustellung den Ablauf einer längeren Frist für erforderlich erklären.

II Enthält das Schriftstück keine Ladung, so ist es als zugestellt anzusehen, wenn seit der Anheftung des Schriftstücks an die Gerichtstafel zwei Wochen verstrichen sind.

III Auf die Gültigkeit der Zustellung hat es keinen Einfluß, wenn das anzuheftende Schriftstück von dem Ort der Anheftung zu früh entfernt wird.

1) Geltungsbereich. Die Unterstellung, die I über den Zeitpunkt der Zustellung macht, ist unabhängig von dem Wegfall der Voraussetzungen der Zustellung. Sie gilt also zB auch dann, wenn sich der Zustellungsgegner meldet. Die Fristen in I und II sind keine eigentlichen Prozeßfristen, sondern uneigentliche Fristen, Üb 3 B vor § 214. Eine Verkürzung einer solchen Frist ist unstatthaft. Eine Verlängerung ist nur im Zeitpunkt der Bewilligung der öffentlichen Zustellung zulässig, nicht später.

III soll vermeiden, daß eine öffentliche Zustellung deshalb unwirksam wird, weil eine Frist unrichtig berechnet wurde oder weil das anzuheftende Schriftstück zu früh von der Gerichtstafel entfernt wurde. Andererseits kann auch nicht jede noch so kurze Anheftung genügen. Unschädlich ist also nur eine geringfügig verfrühte Abnahme. Vgl aber § 204 Anm 2A.

2) *VwGO: Vgl Einf 3 § 203.*

207 *Rückwirkung der Zustellung.* **I** Wird auf ein Gesuch, das die Zustellung eines ihm beigefügten Schriftstücks mittels Ersuchens anderer Behörden oder Beamten oder mittels öffentlicher Bekanntmachung betrifft, die Zustellung demnächst bewirkt, so treten, insoweit durch die Zustellung eine Frist gewahrt und der Lauf der Verjährung oder einer Frist unterbrochen wird, die Wirkungen der Zustellung bereits mit der Überreichung des Gesuchs ein.

II Wird ein Schriftsatz, dessen Zustellung unter Vermittlung der Geschäftsstelle erfolgen soll, innerhalb einer Frist von zwei Wochen nach der Einreichung bei der Geschäftsstelle zugestellt, so tritt, sofern durch die Zustellung eine Notfrist gewahrt wird, die Wirkung der Zustellung bereits mit der Einreichung ein.

Vorbem. II ist infolge des Amtsbetriebes ohne Bedeutung, vgl §§ 270 III, 495, 693 II, BVerfG **52**, 209 mwN.

1) Allgemeines. § 207 erleichtert die Wahrung einer Frist oder die Unterbrechung der Verjährung, indem er vor einer schädlichen Wirkung von Umständen schützt, auf die der Betreibende keinen Einfluß hat. Was § 207 I anordnet, bestimmen ähnlich die §§ 270, 495, 693 II für das Verfahren vor dem AG und vor dem LG und für das Mahnverfahren.

2) Gesuch um Zustellung im Ausland usw, I. A. Geltungsbereich. I betrifft: Die Zustellung im Ausland, § 199; die Zustellung an einen Exterritorialen, § 200; die öffentliche Zustellung, § 203. Die Vorschrift gilt für prozessuale und sachlichrechtliche Fristen, namentlich für diejenigen Fristen, die man durch die Klagerhebung wahren will. Die Vorschrift gilt nur, soweit eine laufende Frist zu wahren oder zu unterbrechen oder die Verjährung zu unterbrechen ist, also nicht zu dem Zweck, eine Frist in Lauf zu setzen, BGH NJW **82**, 1813, oder die Wirkungen der Rechtshängigkeit herbeizuführen.

B. Rückwirkung. Die Rückwirkung auf den Zeitpunkt der Einreichung des Gesuchs setzt voraus, daß eine Zustellung überhaupt geschehen ist und daß man das Gesuch vor dem Ablauf der Frist oder vor dem Eintritt der Verjährungsfrist eingereicht hat. Die Zustellung muß „demnächst" bewirkt worden sein, also in einer den Umständen nach angemessenen Frist, mithin zwar nicht gerade notwendig unverzüglich, aber doch ohne eine besondere Verzögerung; vgl § 270 Anm 4. Eine absichtliche oder grob fahrlässige Verzögerung hindert stets. Ein längerer Zeitablauf spricht dafür, daß die Verzögerung schuldhaft war. Dagegen schadet eine nichtverschuldete Verzögerung nicht, BGH **25**, 255.

Die Worte „auf ein Gesuch" im Gesetz sind rein zeitlich zu verstehen. Es genügt also, daß vor der Erledigung des Gesuchs entweder eine gewöhnliche Zustellung oder im Anschluß an einen vergeblichen Versuch einer Zustellung im Ausland eine öffentliche Zustellung stattgefunden hat. Ein arglistiger Versuch der Fristverlängerung durch die Einreichung eines offenbar unbegründeten Gesuchs könnte die Frist nicht verlängern, vgl Einl III 6 A a.

I gilt auch dann, wenn erst die Beschwerdeinstanz die Zustellung bewilligt hat. Es entscheidet dann der Zeitpunkt der ersten Einreichung des Gesuchs.

3) *VwGO: Vgl Einf 3 § 203.*

II. Zustellungen von Amts wegen

208 *Grundsatz.* Auf die von Amts wegen zu bewirkenden Zustellungen gelten die Vorschriften über die Zustellungen auf Betreiben der Parteien entsprechend, soweit nicht aus den nachfolgenden Vorschriften sich Abweichungen ergeben.

1) Allgemeines. Die §§ 166ff gehen noch von der Zustellung im Parteibetrieb als der Regel aus. § 208 erklärt diese Vorschrift demgemäß auf die Zustellung im Amtsbetrieb für entsprechend anwendbar. Das entspricht angesichts der grundsätzlichen Amtszustellung auch im Bereich des landgerichtlichen Verfahrens nicht mehr der Wirklichkeit. Über die Amtszustellung im allgemeinen vgl Üb 3 A vor § 166.

2) Anwendbarkeit der §§ 166ff. Grundsätzlich sind die Vorschriften über die Zustellung im Parteibetrieb nach den §§ 166ff auch auf eine Amtszustellung entsprechend anwendbar. Im einzelnen gilt folgendes:

§§ 166–169: Die Vorschriften sind durch § 209 ersetzt.

§ 170: I (Übergabe) ist anwendbar. Statt II gilt § 210.

§§ 171–176, Zustellung an einen Vertreter und ProzBev, Aufgabe zur Post: Die Vorschriften sind anwendbar. § 176 gilt aber nur insoweit, als das Gericht den ProzBev kennt.

§ 177, Zustellungsbevollmächtigter für den ProzBev: Die Vorschrift ist anwendbar. Doch erfolgt die Bewilligung von Amts wegen. § 210a gibt eine Ergänzung.

§§ 178–189, Umfang der Instanz, Ort der Zustellung, Ersatzzustellung, Annahmeverweigerung, Zeitpunkt der Zustellung, Heilung, eine Zustellung für mehrere: Die Vorschriften sind anwendbar. Im Fall des § 188 erfolgt die Erlaubnis von Amts wegen.

§§ 190, 191, Zustellungsurkunde: Die Vorschrift ist unanwendbar.

§ 192, Zustellungsurkunde: Die Vorschrift ist durch § 213 ersetzt.

§§ 193–195, Zustellung durch die Post: Die Vorschriften sind nur insofern anwendbar, als §§ 211, 212 keine abweichenden Sonderregeln treffen.

§ 195a, Niederlegung wegen Unzustellbarkeit: Die Vorschrift ist anwendbar.

§§ 196, 197, Zustellung durch die Post, Mehrkosten, Gerichtsvollzieher: Die Vorschriften sind unanwendbar.

§ 198, Zustellung von Anwalt zu Anwalt: Die Vorschrift ist durch den § 212a verdrängt.

§§ 199–206, Zustellung im Ausland usw und öffentliche Zustellung: Die Vorschriften sind anwendbar. Das Gericht muß aber zB von Amts wegen ermitteln, ob der Aufenthalt unbekannt ist, LG Zweibr MDR **78**, 851. Die Entscheidung erfordert keinen Antrag.

§ 207: I, Rückwirkung bei einer Auslandszustellung usw, ist auf einen Schriftsatz und auf einen gerichtlichen Beschluß anwendbar. II, Rückwirkung bei Notfristen, ist unanwendbar.

3) *VwGO: Zugestellt wird v Aw nach den Vorschriften des VwZG, § 56 II VwGO.*

2. Titel. Verfahren bei Zustellungen §§ 209–210a

209 *Bewirkung.* **Für die Bewirkung der Zustellung hat die Geschäftsstelle Sorge zu tragen.**

1) Geltungsbereich. Der Urkundsbeamte der Geschäftsstelle muß für die Zustellung sorgen. Er muß sie also auch ohne eine Anweisung des Richters oder des Rpfl auf Grund einer eigenen Prüfung veranlassen, sobald sie geboten ist, vgl Üb 3 A vor § 166. Diese Vorschrift ist vielen Richtern unbekannt. Das führt zu überflüssigen Anweisungen. Andererseits ist eine ausdrückliche Bestimmung der förmlichen Zustellung bei so mancher richterlicher Verfügung ratsam, insbesondere dann, wenn das Gericht bestimmt, welche Beweispersonen usw zu laden sind. Denn der zusätzliche Hinweis auf die Notwendigkeit einer förmlichen Zustellung vermindert Terminsaufhebungen usw infolge fehlerhafter Rechtskenntnisse des Urkundsbeamten der Geschäftsstelle.

Eine Anweisung zur förmlichen Zustellung durch den Richter ist wirksam und für den Urkundsbeamten der Geschäftsstelle auch dann verbindlich, wenn er eine förmliche Zustellung nicht für notwendig hält. Freilich darf und soll er schon zur Vermeidung einer etwa notwendigen Niederschlagung von Gerichtskosten nach § 8 GKG im Zweifel beim Richter eine Rückfrage halten, ob es bei der Anweisung zur förmlichen Zustellung bleiben soll.

Den Zustellungsweg bestimmt der Urkundsbeamte der Geschäftsstelle selbst, BVerwG NJW **75**, 1796, zB auch § 212a Anm 1 D. Er entscheidet auch darüber, wie oft eine Zustellung versucht werden soll und ob notfalls eine öffentliche Zustellung stattfinden soll. Der Urkundsbeamte stellt selbst nur an den Anwalt nach § 212a oder an eine beliebige Person an der Amtsstelle nach § 212b zu. Er muß sich im übrigen der Post oder des Gerichtswachtmeisters bedienen, § 211. Er kann bei einer Zustellung an den Anwalt das Schriftstück einem Gerichtswachtmeister übergeben, der es dem Anwalt gegen ein Empfangsbekenntnis aushändigt, BGH **LM** § 212a Nr 2. Er kann sich auch der etwaigen Anwaltsfächer im Gerichtsgebäude bedienen. Bei einer formlosen Mitteilung benutzt der Urkundsbeamte ebenfalls die Post oder bedient sich des Gerichtswachtmeisters, etwa in den Fällen der §§ 270 II, 377 I. Er muß die vermittelnden Zustellungsstellen überwachen, auch der Partei gegenüber.

Der Gerichtsvollzieher nimmt am Verfahren der Amtszustellung überhaupt nicht teil, Ffm OLGZ **79**, 41, AG Köln DGVZ **79**, 11.

2) VwGO: *Die Vorschrift gilt entsprechend, § 173 VwGO, für die Zustellungen nach § 56 II VwGO, Ule VPrR § 11 IV 2, EF § 56 Rdz 1.*

210 *Beglaubigung.* **Die bei der Zustellung zu übergebende Abschrift wird durch den Urkundsbeamten der Geschäftsstelle beglaubigt.**

1) Geltungsbereich. Über eine Ausfertigung und eine beglaubigte Abschrift bei der Zustellung s § 170 Anm 1 A, 2 A, B. Der Urkundsbeamte der Geschäftsstelle nimmt die Beglaubigung der Abschrift vor, sofern das nicht bereits durch den einreichenden Anwalt geschehen ist.

2) VwGO: *Die Vorschrift gilt entsprechend, § 173 VwGO, für Zustellungen nach § 56 II VwGO, EF § 56 Rdz 6.*

210a *Zustellung einer Rechtsmittelschrift.* **[I] Ein Schriftsatz, durch den ein Rechtsmittel eingelegt wird, ist dem Prozeßbevollmächtigten des Rechtszuges, dessen Entscheidung angefochten wird, in Ermangelung eines solchen dem Prozeßbevollmächtigten des ersten Rechtszuges zuzustellen. Ist von der Partei bereits ein Prozeßbevollmächtigter für den höheren, zur Verhandlung und Entscheidung über das Rechtsmittel zuständigen Rechtszug bestellt, so kann die Zustellung auch an diesen Prozeßbevollmächtigten erfolgen.**

[II] Ist ein Prozeßbevollmächtigter, dem nach Absatz 1 zugestellt werden kann, nicht vorhanden oder ist sein Aufenthalt unbekannt, so erfolgt die Zustellung an den von der Partei, wenngleich nur für den ersten Rechtszug bestellten Zustellungsbevollmächtigten, in Ermangelung eines solchen an die Partei selbst, und zwar an diese durch Aufgabe zur Post, wenn sie einen Zustellungsbevollmächtigten zu bestellen hatte, die Bestellung aber unterlassen hat.

1) Allgemeines. Die Vorschrift regelt für die Zustellung einer Rechtsmittelschrift die Reihenfolge der Zustellungsgegner bindend. Ein Verstoß macht die Zustellung unwirksam. Er kann aber nach den §§ 187 und 295 geheilt werden, BGH **65**, 116 mwN. Denn es ist keine Notfrist zu wahren, Üb 5 vor § 166 und § 187.

Die Vorschrift hat praktisch nur eine geringe Tragweite, weil das Rechtsmittel im allgemeinen durch seine Einreichung eingelegt wird.

2) Reihenfolge. Der Rechtsmittelschriftsatz ist folgenden Personen in folgender Reihenfolge zuzustellen:

A. Prozeßbevollmächtigter der unteren Instanz. Die Zustellung ist zunächst an den ProzBev der unteren Instanz vorzunehmen. Insofern gilt wiederum folgende Reihenfolge:

a) Instanz der Vorentscheidung. Zunächst ist die Zustellung an den ProzBev derjenigen Instanz zu versuchen, die die angefochtene Entscheidung erlassen hat.

b) Erste Instanz. Soweit ein ProzBev nach a fehlt, ist die Zustellung an den ProzBev der ersten Instanz zu versuchen. Im Fall einer Verweisung ist der beim AG bestellte Anwalt für die zweite Instanz bestellt worden, selbst wenn er nicht beim LG zugelassen ist, solange die Partei nicht einen anderen Anwalt bestellt hat, § 176 Anm 2 A, Ffm AnwBl **80**, 292. Wenn die Partei in der zweiten Instanz nicht vertreten war oder wenn ihr Vertreter weggefallen ist, dann ist eine Zustellung der Revisionsschrift an den ProzBev der ersten Instanz statthaft.

B. Prozeßbevollmächtigter der höheren Instanz. Wahlweise mit a kann die Zustellung auch an denjenigen ProzBev erfolgen, den die Partei etwa für die höhere Instanz bestellt hat. Wenn es um mehrere Rechtsmittel in derselben Sache geht, muß man hier wiederum wie folgt unterscheiden:

a) Verschiedene Urteile. Wenn sich die Rechtsmittel auf verschiedene Urteile beziehen, ist immer eine neue Prozeßvollmacht erforderlich.

b) Dasselbe Urteil. Wenn sich die Rechtsmittel auf dasselbe Urteil beziehen, genügt die frühere Vollmacht. Ist die Sache zurückverwiesen, so ist der frühere Anwalt der Zustellungsgegner. Etwas anderes gilt dann, wenn die Sache wieder in die Revisionsinstanz kommt. Soweit der Staatsanwalt mitwirkt, ist in der Berufungsinstanz nur der Generalstaatsanwalt beim OLG als Zustellungsgegner anzusehen, nicht auch der Vorstand der Staatsanwaltschaft beim LG.

C. Kein Prozeßbevollmächtigter. Wenn ein ProzBev, dem nach A oder B zuzustellen wäre, fehlt oder wenn sein Aufenthalt unbekannt ist, dann ist die Rechtsmittelschrift dem Zustellungsbevollmächtigten der Partei zuzustellen, selbst wenn sie ihn nur für die erste Instanz bestellt hatte. Das gilt namentlich dann, wenn der ProzBev weggefallen ist. Bei einem Wegfall der Urteilszustellung tritt eine Unterbrechung nach § 244 ein.

D. Fehlen eines Zustellungsbevollmächtigten. Wenn auch der unter c genannte Zustellungsbevollmächtigte fehlt, ist der Rechtsmittelschriftsatz der Partei selbst zuzustellen; vgl auch BGH **LM** § 240 Nr 6.

Vgl zu alledem und wegen der Zustellung der Rechtsmittelbegründungsschrift § 176 Anm 1–3. Der Zustellungsbevollmächtigte des Anwalts steht dem Anwalt gleich.

3) VwGO: *Die Vorschrift gilt entsprechend, § 173 VwGO, für Zustellungen nach § 56 II VwGO, wenn Bevollmächtigte bestellt sind, vgl § 67 III 3 VwGO.*

211 Ausführung der Zustellung.

I Die Geschäftsstelle hat das zu übergebende Schriftstück einem Gerichtswachtmeister oder der Post zur Zustellung auszuhändigen. Die Sendung muß verschlossen sein; sie muß mit der Anschrift der Person, an die zugestellt werden soll, sowie mit der Bezeichnung der absendenden Stelle und einer Geschäftsnummer versehen sein. Sie muß den Vermerk „Vereinfachte Zustellung" tragen.

II Die Vorschrift des § 194 Abs. 2 ist nicht anzuwenden.

1) Allgemeines. Bei der Zustellung von Amts wegen bedient sich der Urkundsbeamte der Geschäftsstelle nach seinem pflichtgemäßen Ermessen entweder der Post oder des Gerichtswachtmeisters.

2) Gerichtswachtmeister. A. Ausführung der Zustellung, I. Das Schriftstück wird dem Gerichtswachtmeister in einem Briefumschlag übergeben. Der Umschlag muß folgende Merkmale aufweisen: **a)** Er muß verschlossen sein. Ein Faltbrief ist zulässig. Ein Fenster-

2. Titel. Verfahren bei Zustellungen §§ 211–212a 1

umschlag ist nur dann zulässig, wenn er die notwendigen Angaben von außen erkennen läßt; **b)** der Umschlag muß die Anschrift des Zustellungsgegners tragen; **c)** der Umschlag muß die absendende Stelle bezeichnen; **d)** er muß mit einer Geschäftsnummer versehen sein; **e)** er muß den Vermerk „Vereinfachte Zustellung" aufweisen.

Die Erfordernisse nach a–e sind wesentlich. Das gilt für a–d deshalb, weil man sonst keine Gewähr für die Nämlichkeit der Sendung und ihren unveränderten Inhalt hat, für e deshalb, weil der Vermerk über die vereinfachte Zustellung allein die Tatsache der Zustellung ersichtlich macht.

B. Verstoß. Ein Verstoß macht die Zustellung grundsätzlich unwirksam, BGH **LM** § 176 Nr 3 (im dortigen Fall war der Brief nicht verschlossen worden), Nürnb NJW **63**, 1207 (im dortigen Fall fehlte ein Aktenzeichen), BGH **LM** Nr 1 (im dortigen Fall war das Aktenzeichen falsch angegeben), Karlsr NJW **74**, 1388 (im dortigen Fall fehlte der Vermerk „Vereinfachte Zustellung"). Dieser Mangel ist aber bei einer Zustellung nach § 212a unschädlich, BGH VersR **78**, 564, insofern aM StJP I, Wiecz B II b. Der Mangel kann nach § 187 heilbar sein.

Die Anbringung eines Gerichtssiegels ist prozessual unerheblich.

3) Keine Beurkundung, II. Eine Beurkundung der Aushändigung an die Post oder an den Gerichtswachtmeister ist entbehrlich. Die Aushändigung kann durch den Einwurf in den Briefkasten oder durch die Niederlegung im Fach des Gerichtswachtmeisters erfolgen. Über die Stellung des Gerichtswachtmeisters Anh § 155 GVG III. Auslagen: KV 1902.

4) VwGO: Gemäß § 56 II VwGO gilt das VwZG.

212 *Beurkundung der Zustellung.* **I** Die Beurkundung der Zustellung durch den Gerichtswachtmeister oder den Postbediensteten erfolgt nach den Vorschriften des § 195 Abs. 2 mit der Maßgabe, daß eine Abschrift der Zustellungsurkunde nicht zu übergeben, der Tag der Zustellung jedoch auf der Sendung zu vermerken ist.

II Die Zustellungsurkunde ist der Geschäftsstelle zu überliefern.

1) Geltungsbereich. A. Beurkundung der Zustellung, I. Der Gerichtswachtmeister oder der Postbedienstete beurkunden die Zustellung, also die Übergabe des Schriftstücks an den Zustellungsempfänger, nach § 195 II. Über die Bedeutung der Zustellungsurkunde § 190 Anm 1. Der Gerichtswachtmeister oder der Postbedienstete vermerken außerdem auf dem Umschlag der Sendung oder auf dem Faltbrief den Zustellungstag sowie dann, wenn es auf die Zustellungsstunde ankommt, auch diese, § 191 Anm 2 A. Dieser Vermerk ist aber unwesentlich, vgl OGB BGH **67**, 357 mwN, Hbg MDR **83**, 411 (auch wegen der Notfrist nach § 21 II 1 RPflG).

Eine Angabe derjenigen Person, für die zugestellt worden ist, braucht weder in der Beurkundung noch auf der Sendung zu stehen. Denn der Zustellungsgegner erfährt die Person aus dem Schriftstück. BGH MDR **61**, 583 verneint aber die Wirksamkeit der Zustellung, wenn die Unterschrift unter der Zustellungsurkunde fehlt; vgl dazu § 190 Anm 1. Der Anwalt muß den Umschlag bei seinen Handakten aufbewahren. Wegen eines unrichtigen Datums § 191 Anm 1 und 2 A.

B. Verbleib der Zustellungsurkunde, II. Die Zustellungsurkunde geht an die Geschäftsstelle. Die Parteien dürfen die Zustellungsurkunde in den Gerichtsakten einsehen und sich eine Abschrift erteilen lassen, § 299. Auslagen: KV 1902.

2) VwGO: Gemäß § 56 II VwGO gilt das VwZG.

212a *Zustellung an den Anwalt usw.* Bei der Zustellung an einen Anwalt, Notar oder Gerichtsvollzieher oder eine Behörde oder Körperschaft des öffentlichen Rechts genügt zum Nachweis der Zustellung das mit Datum und Unterschrift versehene schriftliche Empfangsbekenntnis des Anwalts oder eines gemäß der Rechtsanwaltsordnung bestellten Zustellungsbevollmächtigten, des Notars oder Gerichtsvollziehers oder der Behörde oder Körperschaft.

1) Geltungsbereich. Die Vorschrift macht die Vorteile einer Zustellung von Anwalt zu Anwalt nach § 198 für die Amtszustellung nutzbar. Es gilt zunächst für die Amtszustellung das bei § 198 Ausgeführte entsprechend. Doch muß man folgende Abweichungen beachten:

A. Zustellungsgegner. § 212a ist nicht nur dann anwendbar, wenn ein Anwalt der Zustellungsgegner ist, sondern auch dann, wenn als Zustellungsgegner folgende Personen in Betracht kommen: Ein Notar; ein Gerichtsvollzieher; eine Behörde, zB das Jugendamt, selbst wenn es seine Aufgaben an einen Mitarbeiter übertragen hat, KG FamRZ **76**, 371; eine öffentlichrechtliche Körperschaft.

Die Vorschrift läßt sich aber nicht auf folgende Personen als Zustellungsgegner übertragen: Einen Stationsreferendar, BAG NJW **76**, 991 (wegen eines Gewerkschaftsvertreters BAG NJW **75**, 1799); einen Rechtsbeistand, Hamm Rpfleger **78**, 225; einen Justizwachtmeister, BGH NJW **82**, 1650. Vgl aber den weitergehenden § 212b.

B. Vertreter. Es genügt, daß die Partei, der gegenüber die Zustellung erfolgen muß, durch einen Anwalt oder (nur) unter den Voraussetzungen des § 30 BRAO, BGH NJW **82**, 1650, durch einen Zustellungsbevollmächtigten vertreten wird, der nicht selbst Anwalt zu sein braucht, BGH VersR **82**, 676.

C. Keine Zustellungsbescheinigung. Eine Zustellungsbescheinigung nach § 198 II 2 ist nicht erforderlich. Denn der Zustellungsempfänger erhält bei einer Amtszustellung keine Zustellungsurkunde.

D. Ermessen. Eine Zustellung nach § 212a erfolgt auf Grund eines pflichtgemäßen Ermessens des Urkundsbeamten der Geschäftsstelle. Sie ist nicht ratsam, wenn es darum geht, ein wichtiges Schriftstück schnell und sicher zuzustellen. In einem solchen Fall sollte eine Zustellung nur Zug um Zug gegen ein Empfangsbekenntnis erfolgen. Der Urkundsbeamte der Geschäftsstelle kann das Schriftstück beliebig übersenden. Voraussetzung einer wirksamen Zustellung ist aber, daß der Urkundsbeamte das Schriftstück dem Empfänger auch zuleiten wollte. In diesem Zusammenhang ist es unerheblich, ob der Kläger ein Schriftstück erhält, das für den Bekl bestimmt war, und der Bekl dasjenige ausgehändigt bekommt, das für den Kläger bestimmt war, BGH **30**, 335.

Eine Einschränkung der Zustellung im Übersendungsvermerk auf bestimmte Teile des zuzustellenden Schriftstücks ist wirkungslos, Hamm JR **71**, 468.

2) Empfangsbekenntnis. Der Zustellungsempfänger übersendet das datierte und unterschriebene Empfangsbekenntnis üblicherweise als Zustellungskarte. Die Erteilung dieses Bekenntnisses ist eine verantwortungsvolle Beurkundungstätigkeit des Anwalts, BGH NJW **80**, 1848 und VersR **81**, 57 mwN. Sie ist keine prozessuale Pflicht, wohl aber in der Regel bei einem Anwalt eine Standespflicht, vgl die Richtlinien zu § 177 II 2 BRAO, LG Würzb JB **77**, 563. Der Anwalt braucht nicht zu bescheinigen, daß er das Schriftstück „zugestellt" erhalten habe, BGH VersR **78**, 764 mwN. Eine Unterschrift nur mit dem Anfangsbuchstaben des Namens oder durch eine sonstige Paraphe reicht nicht aus, BGH VersR **83**, 274 mwN. Es ist vielmehr auch hier ein individueller Charakter des Schriftbilds notwendig, der einem Dritten, der den Namen des Unterzeichners nicht kennt, die Identifizierung des Namens ermöglicht, zumindest eine Nachahmung erschwert, BGH VersR **83**, 402; dann ist eine Vereinfachung des Schriftzugs ausreichend, BGH VersR **83**, 274 und 403 je mwN, und eine weitere Lesbarkeit nicht erforderlich, BGH (1. ZS) VersR **81**, 839 mwN, vgl auch § 170 Anm 2 B, insofern abw BGH (5. ZS) VersR **83**, 274 mwN (dieser Senat hält es für ausreichend, daß der Dritte den Namen des Unterzeichners dann entziffern kann, wenn er ihn schon kennt). Über den Zeitpunkt der Zustellung § 198 Anm 2 A b, B.

Der Anwalt usw hat auch dann einen Gewahrsam, wenn die Geschäftsstelle das zuzustellende Schriftstück in das für den Anwalt zur Abholung bestimmte Fach gelegt hat. Dieser Weg setzt aber voraus, daß der Anwalt an dem Fach ähnlich einem Postschließfach die alleinige tatsächliche Gewalt besitzt, Brause AnwBl **78**, 166. Eine solche alleinige tatsächliche Gewalt fehlt jedenfalls in der Regel dann, wenn sich Anwälte verschiedener Sozietäten ein gemeinsames Fach nehmen. Bei einer bloßen Bürogemeinschaft, die in der Regel denselben Mitarbeiter zur Entleerung des Fachs entsendet, mag jeder der Bürogenossen den Alleingewahrsam haben. In Ausnahmefällen mag ein Alleingewahrsam auch dann vorliegen, wenn zB mehrere Anwälte seit langen Jahren dasselbe Fach benutzen, ohne daß sich jemals die geringsten diesbezüglichen Probleme ergeben haben.

Es ist unerheblich, wann der Anwalt das Empfangsbekenntnis erteilt, BGH NJW **81**, 463 mwN. Man kann mit jedem Beweismittel den Gegenbeweis erbringen, daß der Empfang gar nicht, BGH VersR **80**, 555, oder zB zu einer anderen Zeit als der bescheinigten erfolgte, BGH VersR **82**, 160 und 273, BAG DB **74**, 1776 je mwN, aM Ffm NJW **73**, 1888 (wegen der „Beweislast" BGH VersR **78**, 626). An solchen Gegenbeweis sind aber strenge Anforderungen zu stellen, BGH VersR **81**, 62 und VersR **82**, 245. Wenn die Zustellung an eine Behörde usw gerichtet war, braucht die Unterschrift unter dem Empfangsbekenntnis nicht

2. Titel. Verfahren bei Zustellungen §§ 212a–213 1

von einer vertretungsberechtigten Person zu stammen. Es ist erforderlich, daß die Empfangsperson das Schriftstück als zugestellt behält und gerade darüber eine Empfangsbestätigung erteilt hat.

Eine wirksame Zustellung fehlt, wenn der ProzBev das Mandat niedergelegt hat und dem Gericht mitteilt, daß er die Zustellung nicht mehr entgegennehmen wolle, BGH MDR **64**, 832, oder wenn man dem ProzBev nachträglich ein Empfangsbekenntnis übersendet und er es auch unterschreibt, obwohl keine wirksame Zustellung im übrigen stattgefunden hat (formlose Übersendung des zuzustellenden Schriftstücks), BGH FamRZ **72**, 91. Es ist aber unschädlich, wenn das Urteil unrichtig bezeichnet worden ist, BGH VersR **76**, 1156 und **78**, 961 mwN. Eine Heilung des etwaigen Mangels kann nach § 187 erfolgen.

3) VwGO: *Gemäß § 56 II VwGO gilt § 5 II VwZG.* Gegenbeweis gegen das Empfangsbekenntnis, Anm 2, ist zulässig, BVerwG DÖV **60**, 765.

212 b *Aushändigung an der Amtsstelle.* **Eine Zustellung kann auch dadurch vollzogen werden, daß das zu übergebende Schriftstück an der Amtsstelle dem ausgehändigt wird, an den die Zustellung zu bewirken ist. In den Akten und auf dem ausgehändigten Schriftstück ist zu vermerken, wann dies geschehen ist; der Vermerk ist von dem Beamten, der die Aushändigung vorgenommen hat, zu unterschreiben.**

1) Allgemeines. Die Vorschrift umfaßt im wesentlichen die Fälle des § 212a, geht aber über diesen hinaus, indem sie sich nicht auf Anwälte usw beschränkt. Sie bleibt andererseits hinter § 212a zurück, indem sie nur eine Aushändigung an der Amtsstelle genügen läßt, insofern unklar LG Bad Kreuznach DGVZ **82**, 189. § 497 II läßt im Gegensatz zu § 212b bei der Ladung eine mündliche Mitteilung ausreichen.

2) Zustellung an der Amtsstelle. § 212b gilt für jede beliebige Zustellung, auch für eine solche, die eine Notfrist in Lauf setzen soll. Die Vorschrift verlangt nur eine Aushändigung des Schriftstücks an den Zustellungsempfänger an der Amtsstelle, das heißt nicht an derjenigen Stelle, an der die Behörde gesetzlich tätig wird, sondern auf der Geschäftsstelle des betreffenden Gerichts, aber auch an der Amtsstelle eines sog Gerichtstags, § 3 VO v 20. 3. 35, s bei § 22 GVG. Eine Zustellung an einen Bevollmächtigten des Zustellungsempfängers ist unzulässig. AG Köln DGVZ **79**, 12 mwN, vgl auch BGH NJW **63**, 1779.

Ein Empfangsbekenntnis wird nicht verlangt, ist aber zum Nachweis zweckmäßig. Es genügt aber zum Nachweis auch ein Vermerk nach S 2. Für die Wirksamkeit der Zustellung ist der Vermerk unwesentlich, Hbg MDR **57**, 489, s aber auch § 213 Anm 1 A (BGH). Vgl ferner § 187.

Es ist unerheblich, welcher „Beamte" aushändigt. Es kann sich um einen Urkundsbeamten der Geschäftsstelle, einen Justizwachtmeister, einen Angestellten handeln. § 212b verlangt nicht, daß es sich um den zuständigen Sachbearbeiter handele. Das Einwerfen in ein Postfach genügt allerdings nicht. Denn ein solcher Vorgang führt noch nicht zu einem Besitz oder Gewahrsam, BGH NJW **63**, 1779 (förmelnd).

3) VwGO: *Gemäß § 56 II VwGO gilt § 5 VwZG.*

213 *Zustellung durch Aufgabe zur Post.* **Ist die Zustellung durch Aufgabe zur Post (§ 175) erfolgt, so hat der Urkundsbeamte der Geschäftsstelle in den Akten zu vermerken, zu welcher Zeit und unter welcher Adresse die Aufgabe geschehen ist. Der Aufnahme einer Zustellungsurkunde bedarf es nicht.**

1) Allgemeines. Über die Zustellung durch Aufgabe zur Post vgl bei § 175. Diese Vorschrift ist auch hier anwendbar. Es gelten folgende Abweichungen:

A. Keine Zustellungsurkunde. Eine Zustellungsurkunde entfällt. An ihre Stelle tritt ein Vermerk des Urkundsbeamten der Geschäftsstelle über den Zeitpunkt der Aufgabe und über die Anschrift des Zustellungsgegners. Der Vermerk ist an sich ebensowenig wesentlich wie die Zustellungsurkunde, s § 190 Anm 1, BGH NJW **83**, 884. Doch läßt sich die Zustellung ohne den Vermerk kaum nachweisen, vgl BGH **73**, 390, aM BGH **8**, 314 und **32**, 370, ähnlich BGH NJW **79**, 218 (ohne einen Aktenvermerk und die Unterschrift des Urkundsbeamten, die freilich noch nach der Einlegung des Rechtsmittels nachgeholt werden könnten,

BGH **LM** Nr 4 und NJW **83**, 884 mwN, liege keine wirksame Zustellung vor. Sie werde aber durch eine versehentlich falsch angegebene Zeit nicht in Frage gestellt, BGH **LM** § 175 Nr 5 und NJW **83**, 884. Von diesem Standpunkt aus darf man dann allerdings den Vermerk nicht schon dann machen, wenn die Aufgabe zur Post noch nicht erfolgt ist, BGH **LM** Nr 8).

B. Kein Einschreibezwang. § 175 II ist unanwendbar. Eine falsche oder ungenaue Angabe des Orts, an den zugesandt wurde, kann die Zustellung aber unwirksam machen, BGH Rpfleger **79**, 195. Der Urkundsbeamte der Geschäftsstelle entscheidet nach seinem pflichtgemäßen Ermessen, ob die Sendung als eingeschriebener Brief gehen soll.

Das Verlangen nach einer Empfangsbescheinigung mit dem Inhalt „Urteil erhalten und unter Verzicht auf förmliche Zustellung als zugestellt angenommen" hält BGH MDR **67**, 475 förmelnd für falsch, da es unrichtige Vorstellungen über eine nicht dem § 213 genügende Zustellung erwecke.

2) VwGO: Nach § 56 II VwGO gilt § 4 VwZG, vgl § 175 Anm 3.

213a *Zustellungszeitpunkt.* **Auf Antrag bescheinigt die Geschäftsstelle den Zeitpunkt der Zustellung.**

1) Zustellungszeitpunkt. Der Gläubiger muß den Zustellungszeitpunkt zB nach § 750 I (falls er nicht nach dessen S 2 selbst zustellt) oder nach § 798 nachweisen, um die Zwangsvollstreckung beginnen zu können. Soweit die Zustellungsurkunde wegen der Amtszustellung nach § 317 I bei den Akten ist, hilft § 213a. Der Urkundsbeamte der Geschäftsstelle ist für die Erteilung einer Bescheinigung über den Zeitpunkt der Zustellung zuständig, Meyer-Stolte Rpfleger **82**, 43. Er bescheinigt unter der Angabe der Dienstbezeichnung. Ein Siegel ist zweckmäßig, aber anders als bei den §§ 317 III, 725 nicht notwendig, LG Bln MDR **78**, 411.

Gegen die Entscheidung des Urkundsbeamten ist die Erinnerung nach § 576 I, III zulässig, Meyer-Stolte Rpfleger **82**, 43. Sodann ist die Beschwerde nach § 576 II statthaft.

Gebühren: Des Gerichts: Keine; des Anwalts: § 37 Z 5 BRAGO.

2) VwGO: Die Vorschrift ist entsprechend anwendbar, § 173 VwGO, weil sie für jede Amtszustellung gelten muß. Rechtsbehelf: § 151 VwGO.

Dritter Titel. Ladungen, Termine und Fristen
Übersicht

Schrifttum: Mösezahl, Die wichtigsten Fristen im Prozeßrecht, 1982; Volbers, Fristen, Termine, Zustellungen, 4. Aufl 1978.

1) Termin. Unter einem Termin ist ein im voraus genau bestimmter Zeitpunkt für eine gemeinschaftliche Prozeßhandlung des Gerichts mit den Parteien oder mit einem Dritten zu verstehen, zB mit einem Zeugen, RoS § 71 I. Gleichbedeutend ist der Begriff Sitzung und bisweilen auch der Begriff Verhandlung.

Den Termin beraumt der Richter an. Falls jedoch der Rpfl zu einer Sachentscheidung zuständig ist, beraumt der Rpfl den Termin an.

2) Ladung. A. Begriff. Unter einer Ladung versteht man die Aufforderung zum Erscheinen in einem gerichtlich bestimmten Termin. Die Ladung erfolgt von Amts wegen, §§ 214, 274, 497. Die ZPO spricht häufig von einer Bekanntmachung oder einer Mitteilung des Termins. Solche Vorgänge unterscheiden sich sachlich wenig von einer Ladung, die ja auch das Wort „laden" nicht zu benutzen braucht. Der Unterschied liegt darin, daß bei einer Bekanntmachung oder Mitteilung die Aufforderung zum Erscheinen vor dem Gericht entbehrlich ist und daß die Form einer Bekanntmachung oder Mitteilung nicht geregelt ist. Es genügt dann vielmehr die Mitteilung des Termins durch den Urkundsbeamten der Geschäftsstelle.

Wenn ein Termin verkündet worden ist, sind eine Ladung und eine Bekanntmachung regelmäßig entbehrlich. Das wird von mancher Partei oder deren Anwalt übersehen und kann zu schweren Rechtsfolgen führen. Da es sich aber um eine klare gesetzliche Regelung handelt, muß eine anwaltlich vertretene Partei insofern meist ein Verschulden ihres ProzBev gemäß § 85 II gegen sich gelten lassen. Beim AG kann im übrigen eine mündliche Mitteilung genügen, § 497 II.

Für die Ladung eines Soldaten gelten die allgemeinen Vorschriften, Erlaß v 16. 3. 82, SchlAnh II. Wegen der Ladung eines Mitglieds der ausländischen Streitkräfte Art 37 ZAbkNTrSt, SchlAnh III.

B. Funktion und Form. Die Ladung kann der Einleitung oder der Fortsetzung eines Prozesses dienen. Das Prozeßrechtsverhältnis, Grdz 2 vor § 128, entsteht mit der Zustellung der Klagschrift, § 253 I. Jede Ladung setzt eine vorherige richterliche Terminsbestimmung voraus, § 216, ist aber durch diese Terminsbestimmung allein noch nicht zu ersetzen. Der Gebrauch des Worts Ladung ist ganz entbehrlich.

Unentbehrlich sind aber: **a)** Die Bezeichnung der ladenden Stelle; **b)** die Bezeichnung des Geladenen; **c)** die Bezeichnung des Gerichts; **d)** die Angabe der Terminszeit, regelmäßig durch die Mitteilung einer beglaubigten Abschrift der Terminsbestimmung; **e)** die Bezeichnung des Terminszwecks; **f)** die Aufforderung, zum Termin vor dem Gericht zu erscheinen. Diese Aufforderung braucht allerdings nicht ausführlich zu erfolgen. Vor welcher Abteilung usw der Geladene erscheinen muß, kann er an sich anhand des Aktenzeichens in Verbindung mit dem auf der Verwaltungsgeschäftsstelle einsehbaren Plan über die Verteilung der Sitzungssäle feststellen.

Im Zweifel ist er berechtigt und verpflichtet, sich mit Hilfe der Auskunftsstelle im Haus oder der Verwaltungsgeschäftsstelle in den richtigen Saal einweisen zu lassen und zu diesem Zweck so rechtzeitig zu erscheinen, daß er die voraussichtlich zu erwartenden Umwege usw durchführen kann, bevor die festgesetzte Terminszeit beginnt. Eine diesbezügliche Verspätung ist keinesfalls stets entschuldigt. Je größer das Gericht ist, desto mehr Zeit muß man einkalkulieren. Dasselbe gilt dann, wenn man ortsunkundig ist oder wenn die Terminszeit an einem Tag und zu einer Stunde liegt, zu denen erfahrungsgemäß auf den Wegen zum Gericht viel Verkehr herrscht. Auch eine Terminsanberaumung in einer Jahreszeit, in der man mit schlechtem Wetter rechnen muß, verpflichtet zu entsprechend rechtzeitigem Aufbruch von der Wohnung usw.

Eine Ladung, die den Anforderungen nach a–f nicht entspricht, ist unwirksam. Sie kann für den Geladenen keine Versäumnisfolgen begründen. Eine Heilung von Zustellungsmängeln kann nach § 187 erfolgen. Die Heilung aller Ladungsmängel kann auch dadurch geschehen, daß sie nicht gerügt werden, § 295. Die Ladungsfrist des § 217 ist zu beachten.

C. Ladungswunsch. Wenn eine Partei eine Ladung wünscht, reicht sie dasjenige Schriftstück beim Gericht ein, aus dem sich dieser Wunsch ergibt. Wenn die Partei einen Termin beantragt, liegt die Notwendigkeit einer Ladung im allgemeinen klar zutage. Es genügt aber auch jeder Antrag, ein Verfahren fortzusetzen. Freilich ist das Gericht stets zur Prüfung der Frage verpflichtet, ob eine Ladung tatsächlich notwendig ist. Sie mag zB dann entbehrlich sein, wenn sich ergibt, daß ein Einspruch gegen ein Versäumnisurteil oder gegen einen Vollstreckungsbescheid verspätet war, so daß der Antrag der nichtsäumigen Partei auf die Anberaumung eines Verhandlungstermins über den Einspruch und zur Sache entbehrlich ist, weil das Gericht den Einspruch ohne eine mündliche Verhandlung nach § 341 II verwerfen kann.

3) Prozessuale Frist. Man unterscheidet folgende Fristen:

A. Eigentliche Frist. Hier handelt es sich um eine Zeitspanne, die das Gericht einer Partei gewährt, damit sie handeln oder sich vorbereiten kann. Diese Fristart läßt sich nach verschiedenen Gesichtspunkten unterteilen.

Man kann zB zwischen einer Handlungsfrist und einer Zwischenfrist (Überlegungsfrist) unterscheiden; zu der letzteren gehören die Einlassungsfrist und die Ladungsfrist. Man kann ferner zwischen einer gesetzlichen Frist und einer richterlichen Frist unterscheiden. Bei der letzteren bemißt der Richter ihre Dauer. Außerdem bestehen zwischen richterlicher und gesetzlicher Frist Abweichungen bei der Möglichkeit einer Verkürzung oder Verlängerung, § 224 II.

Eine gesetzliche Frist läßt sich wiederum in eine gewöhnliche Frist oder in eine Notfrist unterteilen. Eine Notfrist ist unabänderlich. Sie läßt aber eine Wiedereinsetzung in den vorigen Stand nach § 233 zu.

B. Uneigentliche Frist. Das ist eine Frist, die das Gesetz dem Gericht oder einer Gerichtsperson für eine Amtshandlung setzt oder während derer ein Verfahren ausgesetzt ist, zB nach § 614, BGH NJW **77**, 718, oder gehemmt ist. Es kann sich auch um eine Ausschlußfrist handeln. Zu ihr gehört auch eine nach Jahren bemessene Frist, etwa in den Fällen des § 234 III oder des § 586 II, KG Rpfleger **76**, 368.

Auf eine uneigentliche Frist sind die Vorschriften des 3. Titels nicht anwendbar, abgesehen von der Berechnung nach § 222.

4) Parteiherrschaft. Termine, Notfristen und uneigentliche Fristen sind der Parteiherrschaft gesetzlich entzogen. Eine Parteivereinbarung kann eine gesetzliche oder richterliche Frist verkürzen, aber nicht verlängern. Demgegenüber ändern die Beschleunigungsvorschriften nichts daran, daß eine Partei die gesetzte Frist voll ausnutzen darf.

5) VwGO: *Die vorstehend erläuterten Grundsätze über Termine, Ladungen und Fristen, Anm 1–3, gelten auch im VerwProzeß.*

214 Ladung. Die Ladung zu einem Termin wird von Amts wegen veranlaßt.

1) Zuständigkeit der Geschäftsstelle. An die Stelle eines Ladungsschriftsatzes tritt der Antrag der Partei, einen Termin zu bestimmen. Nach der Terminsbestimmung, § 216, veranlaßt der Urkundsbeamte der Geschäftsstelle die Ladung der zum Termin erforderlichen Personen ohne weiteres von Amts wegen. Er nimmt dabei, soweit erforderlich, mit dem Vorsitzenden eine Rücksprache wegen der zu ladenden Personen. Er ist an eine etwaige Weisung des Vorsitzenden gebunden. Der Vorsitzende ist jedoch auch nur zur stichwortartigen Angabe derjenigen Personen, die von Amts wegen zu laden sind, grundsätzlich nicht von sich aus verpflichtet. Vielmehr ist es die Pflicht des Urkundsbeamten, in eigener Zuständigkeit im Rahmen der erkennbaren Zielsetzung des Termins herauszufinden, welche Personen er laden soll. Gerade auf diesem Gebiet empfiehlt sich natürlich eine Zusammenarbeit zwischen dem Vorsitzenden und dem Urkundsbeamten. Sie darf aber nicht dazu führen, daß praktisch der Vorsitzende die Aufgaben des Urkundsbeamten auch nur teilweise übernimmt, damit die Ladungen überhaupt leidlich einwandfrei erfolgen.

Über den Inhalt der Ladung vgl Üb 2 B vor § 214. Die Zustellung erfolgt von Amts wegen, §§ 208ff. Das gilt auch in den Fällen der §§ 63, 71, 491, 856, 942.

Eine Terminsladung im Parteibetrieb findet nicht mehr statt. Die Partei kann aber eine Beweisperson, deren Vernehmung sie erreichen möchte, vorsorglich von sich aus bitten, zum Termin zu erscheinen. Diese sog Sistierung kann verhindern, daß zB ein verspätet benannter Zeuge zurückgewiesen wird. Freilich hat die Partei nicht unter allen Umständen einen Anspruch darauf, den sistierten Zeugen im Termin vernehmen zu lassen.

2) VwGO: *Es gilt das gleiche nach §§ 102, 56 VwGO.*

215 Ladung. Aufforderung zur Anwaltsbestellung. In Anwaltsprozessen muß die Ladung zur mündlichen Verhandlung, sofern die Zustellung nicht an einen Rechtsanwalt erfolgt, die Aufforderung enthalten, einen bei dem Prozeßgericht zugelassenen Anwalt zu bestellen.

1) Bedeutung der Aufforderung. § 215 verlangt von jeder Ladung im Anwaltsprozeß, die nicht an einen Anwalt geht, daß sie die Aufforderung zur Bestellung eines beim Prozeßgericht zugelassenen Anwalts enthält. Die Aufforderung wird von der Geschäftsstelle der Ladung von Amts wegen hinzugefügt, vgl § 520 III 1. Die Aufforderung ist für die Wirksamkeit der Ladung wesentlich, also eine Voraussetzung des Versäumnisverfahrens. Ein etwaiger Mangel kann aber dadurch geheilt werden, daß ein beim Prozeßgericht zugelassener Anwalt im Termin für die Partei auftritt.

Bei der Ladung zu einem späteren Termin braucht die Aufforderung nicht wiederholt zu werden, aM zB Bergerfurth, Der Anwaltszwang usw (1981) Rdz 185, ThP, ZöSt 1 (die Partei könne aus dem späteren Unterbleiben der Aufforderung die Entbehrlichkeit der Bestellung folgern. Aber diese Auslegung der früher ja wirksam erfolgten Aufforderung ist gekünstelt: Die sorgsame Partei, von der das Gesetz überall ausgeht, hat zur Annahme des stillschweigenden Wegfalls der früheren Aufforderung beim Erhalt der Ladung zu einem weiteren Termin vernünftigerweise gar keinen Anlaß. Das Gesetz erlaubt im Zivilprozeß zB auch nicht die Annahme, mangels ausdrücklicher Rechtsmittelbelehrung laufe keine Rechtsmittelfrist, obwohl das Gericht etwa in § 340 III 4 vereinzelte Hinweispflichten hat).

2) VwGO: *Entsprechend anzuwenden, § 173 VwGO, im Verfahren vor dem BVerwG, § 67 I VwGO, nach Maßgabe des nach §§ 141, 125 I VwGO anzuwendenden § 102 II VwGO.*

3. Titel. Ladungen, Termine und Fristen § 216 1, 2

216 *Terminsbestimmung.* **I** Die Termine werden von Amts wegen bestimmt, wenn Anträge oder Erklärungen eingereicht werden, über die nur nach mündlicher Verhandlung entschieden werden kann oder über die mündliche Verhandlung vom Gericht angeordnet ist.

II Der Vorsitzende hat die Termine unverzüglich zu bestimmen.

III Auf Sonntage, allgemeine Feiertage oder Sonnabende sind Termine nur in Notfällen anzuberaumen.

Schrifttum: Halbach, Die Verweigerung der Terminbestimmung und der Klagezustellung im Zivilprozeß, Diss Köln 1980.

1) Allgemeines. Sobald eine Partei ein Schriftstück einreicht, das eine Terminsbestimmung notwendig macht, muß das Gericht grds den Termin (Begriff Üb 1 vor § 214) unverzüglich anberaumen, BGH MDR **83**, 747, und die Beteiligten nach § 214 von Amts wegen im Weg einer Zustellung laden. Beim AG ist die Zustellung nach § 497 vereinfacht. Eine mehrmalige Zustellung oder Mitteilung schadet nicht. Soweit eine Ladung zu einem verkündeten Termin erfolgen muß, etwa nach § 335 II, kann das Gericht das Verkündungsprotokoll mit der Ladung zustellen oder einfach mit der Mitteilung laden, daß der Termin verkündet worden sei.

2) Terminsbestimmung, I, II. A. Voraussetzungen. a) Erforderlichkeit. Der Vorsitzende prüft, ob eine mündliche Verhandlung erforderlich ist. Er prüft die Eingabe außerdem darauf, ob die gesetzlichen Anforderungen an ihre Form und an ihre Zulässigkeit erfüllt sind. Die Partei braucht an sich keinen Antrag auf eine Terminsbestimmung zu stellen. Ein solcher Antrag kann aber unter Umständen zweckdienlich sein. Der Vorsitzende prüft auch, ob der Fall der deutschen Gerichtsbarkeit unterliegt, Hbg MDR **53**, 109. Denn eine Ladung von Amts wegen wäre gegenüber einer Person, die der deutschen Gerichtsbarkeit nicht unterworfen ist, ein unzulässiger Hoheitsakt. Er prüft aber nicht, ob auch die Prozeßvoraussetzungen vorliegen. Denn deren Mangel ist fast immer heilbar. Außerdem muß grundsätzlich gerade darüber mündlich verhandelt werden, ob sie vorliegen, ob zB die Passivlegitimation vorhanden ist, Köln VersR **76**, 98.

Die Terminsbestimmung ist nur eine Unterlage des in der Ladung genannten Verfahrens.

b) Ablehnung der Bestimmung. aa) Zulässigkeit. Der Vorsitzende muß eine Terminsbestimmung in folgenden Fällen ablehnen: **aaa)** Der Eingabe, etwa der Klagschrift, fehlt ein wesentliches Erfordernis. Selbst wenn seine Heilung möglich sein kann, fehlt doch derzeit die Voraussetzung der Terminsbestimmung; **bbb)** eine Terminsbestimmung ist derzeit unzulässig, etwa wenn eine Partei sie nach der Beendigung eines Prozesses beantragt, Schlesw SchlHA **77**, 128, oder wenn ein gerichtsbekannt Geisteskranker das Verfahren betreibt, Schlesw SchlHA **58**, 230; **ccc)** der Vorsitzende veranlaßt ein schriftliches Vorverfahren, §§ 272 II, 276; **ddd)** der Vorsitzende hält Vorbereitungsmaßnahmen nach § 273 für notwendig, Kblz JB **75**, 1645 (zum alten Recht); **eee)** es liegt ein Fall nach § 78a II vor; **fff)** die Akten sind derzeit verschwunden. Wenn sie freilich endgültig abhanden gekommen sind, muß der Vorsitzende eine Ersatzakte anlegen lassen und auf ihrer Basis unverzüglich einen etwa erforderlichen Termin bestimmen.

bb) Unzulässigkeit. Eine Überlastung zwingt wegen des Gebots der Wahrung von Gleichheit und Verhältnismäßigkeit unter Umständen zu einer Änderung nach § 21g II GVG und berechtigt den Vorsitzenden grundsätzlich nicht zu einer Ablehnung der Terminsbestimmung, Karlsr NJW **73**, 1510, oder zu einer – gar formularmäßigen – Mitteilung, ein Termin könne derzeit noch nicht anberaumt werden und sei daher auf eine „Warteliste" gesetzt worden usw, die einer Ablehnung gleichkommt, Schlesw (1. ZS) NJW **82**, 246, aM Schlesw (3. ZS) NJW **81**, 692. Denn man kann und muß einen Termin auch dann erst einmal ansetzen, wenn er erst nach Monaten stattfinden kann. Die Mehrarbeit etwaiger daraus folgender Terminsänderungen läßt sich verkraften. Der – beachtliche – Verhältnismäßigkeitsgrundsatz steht dieser alsbaldigen Terminsanberaumung also nicht entgegen. Das Abschieben auf eine Warteliste kann jedenfalls bei einer allzu langen Periode der Ungewißheit über den weiteren Fortgang einen Verstoß gegen Art 6 MRK darstellen, vgl auch grundsätzlich Guillen, Einige prozessuale Probleme im Zusammenhang mit Art 6 MRK, Festschrift für Baur (1981) 365; Pieck, Der Anspruch auf ein rechtsstaatliches Gerichtsverfahren, 1966. Dieser Verstoß kann zB auch dann vorliegen, wenn das Gericht den Parteien mitteilt, die Sache werde voraussichtlich nach einigen Monaten gefördert werden.

Deshalb ist auch eine übermäßig lange Klagerwiderungsfrist usw unzulässig, aM Schlesw NJW **83**, 460.

Ganz unannehmbar ist die Aufforderung des Gerichts, bis auf weitere Nachricht keine Eingaben zu machen, obwohl es die Klage zugestellt und damit die Folgen der Rechtshängigkeit herbeigeführt hat. Ein solches Einreichungs-,,Verbot" kann die Befangenheit begründen. Schon gar nicht darf der Vorsitzende ,,glatte" Sachen vorziehen. Er darf und muß allenfalls die eilbedürftigen Sachen vorziehen, Hamm DRiZ **74**, 28. Wenn ein Mangel an Protokollführern herrscht, gilt das in § 159 Anm 2 A Ausgeführte. Das Gericht kann außerdem die Anwendbarkeit des § 159 I 2 Hs 2 erwägen, vgl Schultz MDR **73**, 732.

BGH MDR **83**, 747 läßt offen, ob das Unterlassen der Terminsbestimmung zulässig ist, soweit beide Parteien damit einverstanden sind.

B. Zuständigkeit. a) Grundsatz. Die Terminsbestimmung geschieht stets durch den Vorsitzenden in Ausübung seiner Prozeßleitung. Zur Terminsbestimmung kann also auch der Einzelrichter nach § 348 zulässig sein. Beim AG bestimmt der Amtsrichter bzw der Familienrichter den Termin. Das Kollegium bestimmt den Termin in keinem Fall, auch nicht während der mündlichen Verhandlung.

Der Vorsitzende muß die Terminsverfügung mit einer vollen Unterschrift versehen; eine sog Paraphe genügt nicht, vgl BGH NJW **80**, 1960, LAG Hamm MDR **82**, 1053 mwN.

b) Terminsabstimmung. Eine sog ,,Terminsabstimmung" zwischen dem Urkundsbeamten der Geschäftsstelle und der Partei oder ihrem Anwalt mag als Anregung an den Vorsitzenden hilfreich sein. Es kommt ganz auf die Einzelumstände an. Solche Maßnahmen sind aber für den Vorsitzenden unter keinen Umständen verbindlich. Sie sind im übrigen nicht zulässig, sobald sie für den Urkundsbeamten der Geschäftsstelle zu einer unzumutbaren Arbeitsbelastung werden oder auch nur zu einer faktischen Bedrängung des Vorsitzenden führen; so wohl auch LG Bln AnwBl **78**, 420, Brangsch AnwBl **77**, 278, Schneider MDR **77**, 795. Der Vorsitzende kann den Urkundsbeamten zu einer solchen Terminsabstimmung befugen. Der Vorsitzende behält aber die Verantwortung für eine ordnungsgemäße Terminsbestimmung. Er darf diese Bestimmung keinesfalls mehr oder minder ,,delegieren".

Das gilt schon deshalb, weil der Vorsitzende selbst abschätzen muß, zu welcher Zeit an einem Terminstag diese Sache voraussichtlich am günstigsten eingeplant werden kann und wieviel Zeit der Fall voraussichtlich benötigen wird. Der Vorsitzende darf und muß dabei die Gesamtumstände berücksichtigen, auch seine Erfahrungen damit, wieviel Zeit zB ein ProzBev erfahrungsgemäß für Rechtsausführungen beansprucht oder wie schnell die Vernehmung eines schon bekannten Zeugen vonstatten gehen kann usw. Der Vorsitzende muß dabei auch darauf bedacht sein, daß die Beteiligten in anderen, zeitlich anschließenden Fällen desselben Terminstags möglichst gar nicht oder doch nicht übermäßig lange warten sollen.

c) Weitere Einzelfragen. Eine Terminsbestimmung verpflichtet noch nicht als solche zum Erscheinen. Erst die Ladung hat eine verpflichtende Wirkung. Soweit der Zweck des Termins nicht klar zutage liegt, ist er in der Ladung klar anzugeben.

C. Unverzüglichkeit. Der Urkundsbeamte der Geschäftsstelle muß eine Eingabe dem Vorsitzenden unverzüglich vorlegen. Er muß also ohne jede vorwerfbare Verzögerung arbeiten, vgl auch § 121 I BGB. Auch eine starke Belastung oder Überlastung darf nicht dazu führen, daß Eingaben tagelang völlig ungeprüft in der Geschäftsstelle herumliegen. Es gehört zu den vordringlichsten Pflichten des Urkundsbeamten, den Posteingang eines jeden Tags darauf durchzusehen, ob und welche Eilfälle vorhanden sind sowie ob und welche terminsbedürftigen Eingaben eingetroffen sind. Natürlich darf und muß der Urkundsbeamte dabei beachten, wieviele Terminstage bereits besetzt sind. Wenn mit Sicherheit mehrere Wochen hindurch kein zusätzlicher Verhandlungstermin möglich sein wird, braucht er eine terminsbedürftige Eingabe nicht so rasch vorzulegen wie dann, wenn er weiß, daß entweder infolge Wegfalls anderer Sachen oder infolge nur geringer Terminsauslastung usw schon in nächster Zukunft technisch weitere Termine anberaumt werden könnten.

Eine Klagschrift legt der Urkundsbeamte dem Vorsitzenden allerdings erst dann vor, wenn der Kläger eine etwa vorweg zu leistende Verfahrensgebühr gezahlt hat, Anh § 272.

Der Vorsitzende soll den Termin ebenfalls unverzüglich bestimmen. Auch hier gelten die vorgenannten Umstände. Wenn der Terminszettel auf Wochen besetzt ist, ist eine sofortige Terminsbestimmung gleichwohl unter Umständen nicht nur ratsam, sondern notwendig, um den Prozeßbeteiligten umso mehr Gelegenheit zu geben, den Termin in der Zwischenzeit in Kenntnis des Terminstags rechtzeitig vorzubereiten. Eine Bevorzugung ,,glatter" Fälle ist eindeutig gesetzwidrig.

Alles das gilt auch dann, wenn die Sache nicht schon kraft Gesetzes eine Feriensache ist und wenn zunächst kein Antrag auf eine Erklärung zur Feriensache vorliegt. Der Vorsitzen-

3. Titel. Ladungen, Termine und Fristen § 216 2, 3

de muß zB bei einem im Mai bereits bis zu den Gerichtsferien Mitte Juli besetzten Terminskalender noch im Mai auf den nächsten freien Sitzungstag nach den Gerichtsferien terminieren. Er kann allenfalls einen Feriensachenantrag anregen.

In den Gerichtsferien braucht der Vorsitzende nicht jeden sonst zur Verfügung stehenden Terminstag voll oder teilweise zu besetzen. Die Gerichtsferien dürfen nicht durch eine Fülle von Terminen in geborenen oder gar gekorenen Feriensachen ihres Zwecks der Besinnung auf Grundsatzfragen usw beraubt werden. Außerdem sind während der Urlaubszeit erfahrungsgemäß ohnehin oft keine Termine durchführbar.

Ein früher erster Termin, § 272 II Hs 1, sollte in der Regel binnen weniger Tage nach der Aktenvorlage anberaumt werden. Ein Haupttermin ist meist erst dann sinnvoll anzusetzen, wenn der Vorsitzende auf Grund des Vorverfahrens, § 272 II Hs 2, übersehen kann, wann die notwendigen Vorbereitungen abgeschlossen sein werden.

Der Urkundsbeamte der Geschäftsstelle hat die Terminsverfügung des Vorsitzenden in beglaubigter Abschrift, vgl BGH NJW **80**, 1960, also zB nicht bloß „auf richterliche Anordnung", von Amts wegen zuzustellen, § 329 II 2, ohne daß es einer besonderen Zustellungsverfügung des Vorsitzenden bedarf. Der Vorsitzende kann aber die Art der Zustellung innerhalb der gesetzlichen Vorschriften anordnen. Er kann also zB verfügen, daß nicht nur der Bekl mit Zustellungsurkunde zu laden sei, sondern auch der ProzBev des Klägers unter Verwendung eines Empfangsbekenntnisses zu laden sei.

D. Amtsverfahren. Alle Termine sind von Amts wegen zu bestimmen. Das bedeutet im Rahmen der Parteiherrschaft, daß ein Termin zu bestimmen ist, sobald eine Handlung einer Partei einen Anlaß dazu gibt, BGH VersR **76**, 37. I schränkt die Verfügungsfreiheit der Parteien im Prozeß nicht ein. Er nimmt den Parteien nur gewisse förmliche Handlungen ab. Die Terminsbestimmung erfolgt ohne eine Anregung, wenn das Gericht den Termin von Amts wegen zu bestimmen hat, etwa zum Zweck einer Beweisaufnahme oder nach einer solchen oder nach einer Verweisung oder Abgabe oder nach einer Zurückverweisung, §§ 281, 696, 538, BGH VersR **76**, 37. In allen anderen Fällen erfolgt die Terminsbestimmung nur auf Grund einer Anregung, etwa nach einem Widerspruch im Mahnverfahren, sobald außer dem Widerspruch auch der erforderliche Antrag auf die Durchführung des streitigen Verfahrens nach § 696 I 1 vorliegt. Auch die Aufnahme eines unterbrochenen Verfahrens erfolgt auf Grund einer Anregung. In solchen Fällen weiß der Richter ja sonst nicht einmal, ob die Voraussetzungen für eine Fortsetzung des Verfahrens erfüllt sind. Wegen einverständlicher Unterlassung der Terminsbestimmung A b bb.

E. Rechtsbehelfe. Gegen eine unverzügliche Bestimmung des Termins ist grundsätzlich kein Rechtsbehelf statthaft. Gegen die Zurückweisung eines Antrags auf eine Terminsbestimmung ist die Beschwerde nach § 567 statthaft, Ffm FamRZ **78**, 919, KG FamRZ **83**, 821, Kblz JB **75**, 1645, Stgt FamRZ **73**, 386, auch in Verbindung mit § 252, Ffm FamRZ **82**, 316, KG FamRZ **82**, 320. Das gilt aber nicht im Fall einer nur freigestellten mündlichen Verhandlung, § 128 Anm 3. Das Unterlassen der Terminsbestimmung trotz eines Antrags ist als eine Zurückweisung anzusehen, vgl Karlsr NJW **73**, 1510. Das übersieht Schlesw NJW **83**, 460.

Gegen die Wahl des Termins ist grundsätzlich nur die Dienstaufsichtsbeschwerde statthaft, Hamm DRiZ **74**, 28, Arndt DRiZ **79**, 143 (er will aber auch eine Staatshaftung aus Art 34 GG ermöglichen); Celle OLGZ **75**, 357, Ffm NJW **74**, 1715 (zustm Walchshöfer NJW **74**, 2291), Köln NJW **81**, 2263 mwN lassen auch in diesem Fall die einfache Beschwerde zu, falls eine allzu späte Terminierung auf eine Verweigerung des Rechtsschutzes hinauslaufen würde und daher eine „greifbare Gesetzwidrigkeit" darstelle (das ist ein leider gefährlich dehnbarer und daher nur zurückhaltend zu benutzender Begriff, mit dessen Hilfe das Beschwerdegericht nicht die grundsätzliche Unanfechtbarkeit der Terminsbestimmung unterlaufen sollte); Celle NJW **75**, 1230 meint, der Beschwerdeweg sei nur dann möglich, wenn der Beschwerdeführer darlegen könne, daß der Vorsitzende willkürlich gehandelt habe oder daß eine besondere Eilbedürftigkeit vorliege.

Soweit es sich um die Bestimmung der Sache als eine Feriensache durch den Vorsitzenden handelt und auf dieser Basis ein Termin zu bestimmen ist, ist auch ein Antrag des Inhalts zulässig, das Kollegium möge die Bestimmung des Vorsitzenden aufheben. Gegen die Entscheidung des Gerichts ist die einfache Beschwerde zulässig, § 200 GVG Anm 8 C.

3) Termin, III. A. Grundsatz. Der Vorsitzende muß den Verhandlungstermin so bestimmen, daß eine gesetzliche Zwischenfrist, vgl Üb 3 A vor § 214, gewahrt bleibt. Er muß im übrigen auf eine glatte Abwicklung der Geschäfte achten, überflüssige Belästigungen der Beteiligten vermeiden und soviel Spielraum lassen, daß grundsätzlich auch noch eine Ladung eines solchen Zeugen möglich bleibt, der noch nicht benannt wurde, BGH **LM** § 529 aF Nr 30. Freilich darf nicht der Terminplan durch solchen Spielraum platzen.

Der Vorsitzende ist daher keineswegs dazu verpflichtet, grundsätzlich gewissermaßen „auf Verdacht" auch nur 10 oder 15 Minuten mehr für die Sache anzusetzen, als nach seinem pflichtgemäßen Ermessen auf Grund des derzeitigen Sach- und Streitstands voraussichtlich erforderlich sein wird. Er darf und muß dabei berücksichtigen, daß ein zB unzulässig mit „N.N." angekündigter Zeuge unter Umständen nach § 356, dort Anm 1, unberücksichtigt bleiben muß. Der Vorsitzende muß ja auch die Interessen des Prozeßgegners gleichermaßen mitbedenken. Keineswegs darf die Partei auf dem Umweg über III die Vorschriften über eine Zurückweisung verspäteter Beweisantritte zu unterlaufen versuchen, BGH NJW **81**, 286. Das Gericht sollte solchen Bestrebungen von vornherein unmißverständlich entgegentreten.

B. Sammeltermin. Ein sog „Sammeltermin" (dazu auch § 220 Anm 1) kann funktionieren, Steiner DRiZ **79**, 284, und ist in der Praxis vielfach üblich. Er kann aber zu einer unzumutbaren Belastung der Beteiligten führen, vor allem der Anwälte. Dadurch kann sogar eine Staatshaftung aus Art 34 GG ausgelöst werden. Im übrigen kann gegen einen unzumutbar gebündelten Sammeltermin eine Dienstaufsichtsbeschwerde zulässig sein, Arndt DRiZ **79**, 142 mwN, vgl auch Schneider DRiZ **79**, 239. Es kommt auch beim Sammeltermin auf die Fallumstände an. Solange das Gericht im allgemeinen imstande ist, Sammeltermine einigermaßen pünktlich abzuwickeln, ist die Ladung zu einem solchen Termin einwandfrei. Eine gewisse, geringfügige Wartezeit gehört zum Prozeßbetrieb und ist hinzunehmen. Man kann auch beim Arzt, beim Anwalt oder auch bei einer Behörde außerhalb des Gerichts nicht immer damit rechnen, auf die Minute genau an die Reihe zu kommen. Das Gericht muß aber imstande sein, die Terminsplanung fest im Griff zu behalten.

Sammeltermine sind unzulässig, sofern sie erfahrungsgemäß fast immer zu einem völligen Durcheinander im Terminsablauf und zu stundenlangen Wartezeiten führen. Das Gericht muß von dem Grundsatz ausgehen, daß jede Partei erwarten kann, zur festgesetzten Stunde auch unverzüglich angehört zu werden. Jede Partei kann auch erwarten, daß das Gericht ihr während der Verhandlung seine volle ungeteilte Aufmerksamkeit zuwendet.

Die Anwesenheit zahlreicher Prozeßbeteiligter in anderen Sachen ist zwar als olsche nicht zu beanstanden, jedenfalls solange die mündliche Verhandlung öffentlich durchgeführt werden muß. Das Gericht muß aber übermäßige akkustische und optische Ablenkungen durch solche anderen Anwesenden zu vermeiden versuchen und auch in diesem Zusammenhang darauf achten, keine Sammeltermine mit fünf, zehn oder gar noch mehr Sachen zur selben Terminstunde anzusetzen. Wenn ein Terminzettel ersichtlich dazu führt, daß zahlreiche Prozeßbeteiligte nicht unerheblich warten müssen, mag derjenige, der innerhalb dieser Gruppe länger als etwa 15 Minuten zuwarten mußte, sogar gehen dürfen, ohne säumig zu werden.

Gerade in einem solchen Fall sollte er jedoch unbedingt zunächst die Meinung des Vorsitzenden über den voraussichtlichen weiteren Zeitablauf einholen. Denn der Vorsitzende mag zB beabsichtigen, den wartenden Fall im etwaigen Einverständnis der übrigen Prozeßbeteiligten in wenigen Minuten unter einer kurzen Unterbrechung der laufenden anderen Verhandlung außerhalb der Reihenfolge aufzurufen, weil dieser wartende Fall vielleicht nur wenige Minuten beanspruchen dürfte usw.

C. Sonntag, usw. Ein Sonntag oder ein allgemeiner Feiertag, Begriff § 188 Anm 2, auch ein Sonnabend, soll von Terminen möglichst frei bleiben. Es ist aber auch im Zivilprozeß keineswegs schlechthin unzulässig, an einem solchen Tag einen Termin anzusetzen. Freilich müssen die technischen Voraussetzungen gegeben sein, zB ein ungehinderter Zugang zum Sitzungssaal, ausreichende Beleuchtung usw. An derartigen Tagen besteht ein gegenüber dem „Normalbetrieb" erhöhter Anspruch auf eine Vertagung. Über das Vorliegen eines „Notfalls" entscheidet der Vorsitzende. Er darf die Terminsbestimmung und alle zugehörigen Entscheidungen weder auf den Berichterstatter noch auf das Kollegium oder gar auf den Urkundsbeamten der Geschäftsstelle übertragen.

4) VwGO: I *ist entsprechend anzuwenden,* § 173 *VwGO, Kopp* § 102 *Rdz 7, ebenso* **III. II** *ist unanwendbar wegen abweichender Gestaltung des Verfahrens,* §§ 85, 87, 96 II *VwGO. Beschwerde, Anm 2 E, ist nur ausnahmsweise gegeben, VGH Mü BayVBl* **78**, 212.

3. Titel. Ladungen, Termine und Fristen §§ 217, 218

217 *Ladungsfrist.* **Die Frist, die in einer anhängigen Sache zwischen der Zustellung der Ladung und dem Terminstag liegen soll (Ladungsfrist), beträgt in Anwaltsprozessen mindestens eine Woche, in anderen Prozessen mindestens drei Tage, in Meß- und Marktsachen mindestens vierundzwanzig Stunden.**

1) Ladungsfrist. In einer anhängigen Sache soll zwischen dem Tag, an dem die Ladung zugestellt wird, und dem Terminstag, beide nicht eingerechnet, eine Ladungsfrist liegen. Die Vorschrift ist für jede Terminsart im Sinn von Üb 1 vor § 214 anwendbar. Eine Verlegung der Terminsstunde innerhalb desselben Terminstags hat keinen Einfluß auf die Frist. Die Frist ist eine Zwischenfrist (Überlegungsfrist) und eine gesetzliche Frist, Üb 3 A vor § 214. Sie kann unter den Voraussetzungen des § 226 abgekürzt werden. Sie kann nicht verlängert werden. Sie ist auch im Verfahren auf den Erlaß eines Arrests oder einer einstweiligen Verfügung einzuhalten. S auch bei § 274 III.

Die Ladungsfrist ist bei einem verkündeten Termin entbehrlich, § 218. Bei einer Ladung, die ein Verfahren einleitet, tritt an ihre Stelle die Einlassungsfrist nach § 274 III, vgl auch BayObLG Rpfleger **78**, 383, s ferner §§ 495, 520 III, 555 II, 604 II. Im Verfahren auf den Erlaß eines Arrests oder einer einstweiligen Verfügung ist eine Einlassungsfrist aber entbehrlich. Eine besondere Ladungsfrist gilt im Wechsel- und Scheckprozeß nach den §§ 604 III, 605 a.

Im Fall des § 239 III bestimmt der Vorsitzende die Dauer der Ladungsfrist.

2) Verstoß. Soweit die Ladungsfrist nicht eingehalten wurde, kann ein Verstoß gegen Art 103 I GG vorliegen, BFH DB **81**, 1446. Das Gericht darf gegen den nicht rechtzeitig Geladenen keine Versäumnisentscheidung erlassen.

3) *VwGO:* Es gilt § 102 I VwGO.

218 *Verkündete Termine.* **Zu Terminen, die in verkündeten Entscheidungen bestimmt sind, ist eine Ladung der Parteien unbeschadet der Vorschriften des § 141 Abs. 2 nicht erforderlich.**

1) Keine Ladung. Wenn das Gericht in einer ordnungsgemäß verkündeten Entscheidung einen Termin bestimmt hat, braucht grundsätzlich keine der beteiligten Parteien zu diesem neuen Termin geladen zu werden. Das gilt sowohl im Anwaltsprozeß als auch im Parteiprozeß. Voraussetzung ist, daß die Parteien zu demjenigen Termin ordnungsgemäß geladen worden sind, in dem die Entscheidung verkündet wird, vgl Nürnb Rpfleger **77**, 417. Unter dieser Voraussetzung ist es aber unerheblich, ob eine Partei bei der Verkündung anwesend war. Die Partei muß sich vielmehr nach dem Ergebnis des Verkündungstermins erkundigen.

Diese Vorschrift hat eine ganz erhebliche praktische Bedeutung. Denn in dem neuen Verhandlungstermin könnte nicht nur eine Versäumnisentscheidung ergehen, sondern zB auch ein Urteil nach Lage der Akten oder doch ein kostenauslösender Beweisbeschluß nach Lage der Akten usw. Die Entbehrlichkeit einer besonderen Ladung ist vielfach unbekannt. Es gehört jedoch zur allgemeinen Sorgfaltspflicht jeder Partei, sich auch nach solchen Vorschriften rechtzeitig zu erkundigen.

Die Partei, die im Zeitpunkt der Verkündung eines neuen Termins nicht anwesend war, kann sich auch keineswegs darauf verlassen, ihr werde noch rechtzeitig vor dem neuen Termin ein Protokoll zugehen. Entgegen einer weitverbreiteten Ansicht ist das Gericht grundsätzlich weder verpflichtet noch überhaupt dazu berechtigt, einer Partei von Amts wegen eine Protokollabschrift zuzuleiten. Daran ändern auch etwaige örtliche abweichende Gebräuche nichts. Mit der Annahme eines diesbezüglichen Gewohnheitsrechts sollte man äußerst zurückhaltend verfahren. All das gilt auch gegenüber einer anwaltlich vertretenen Partei. Es gehört zu den klaren Vertragspflichten des Anwalts, sich nach dem Ergebnis eines Termins, den der Anwalt nicht bis zum Ende wahrgenommen hat, unverzüglich mit aller zumutbaren Sorgfalt zu erkundigen. Das geschieht auch jedenfalls in erstklassigen Anwaltspraxen.

Noch weniger hat eine Partei einen Anspruch darauf, ein Terminsprotokoll alsbald nach dem Termin in die Hand zu bekommen. Das gilt selbst dann, wenn sie um eine Abschrift des Protokolls gebeten hat (und dann einen Anspruch auf eine Übersendung haben mag). Nach der Konstruktion des Gesetzes ist weder das Protokoll noch ein in ihm verkündeter neuer Termin von einer Kenntnisnahme durch die davon betroffene Partei schlechthin abhängig. Die allgemeine Überlastung führt dazu, daß manches Protokoll erst nach längerer

Zeit ausgefertigt werden kann. Das ist beklagenswert, darf aber nicht zum Vorwand dafür gemacht werden, man habe den ordnungsgemäß verkündeten Termin mangels einer Aushändigung eines Protokolls schuldlos versäumt.

Freilich sollte das Gericht dafür Sorge tragen, daß zumindest der Wortlaut einer am Schluß der Sitzung in Abwesenheit einer Partei verkündeten Entscheidung alsbald nach dem Ende des Termins auf eine etwaige Anfrage hin mitgeteilt werden kann. Andererseits befindet sich die Akte durchaus zu Recht gerade nach einem solchen Termin zunächst im Umlauf, zuerst bei dem Protokollführer, dann auf der Geschäftsstelle, dann beim Vorsitzenden zur Protokollunterschrift usw. Die Geschäftsstelle ist nicht verpflichtet, sogleich und etwa gar stundenlang nach der Akte zu suchen, nur weil eine Partei, aus welchen Gründen auch immer, der Verkündung ferngeblieben war. Das alles müssen die Partei und ihr Anwalt bedenken, wenn sie nicht bis zum Schluß des Termins anwesend bleiben.

Das alles gilt sogar dann, wenn, wie üblich, ein neuer Termin etwa erst am Schluß der Sitzung verkündet werden kann oder soll. Niemand braucht eine ungewisse Stundenzahl hindurch auf das Ende der Sitzung zu warten. Wer aber vorzeitig geht, muß anschließend um so aktiver werden.

Eine Ladung zum verkündeten Termin ist aber erforderlich, wenn das Gericht das persönliche Erscheinen einer Partei nach § 141 II anordnet. Eine solche Ladung ist ferner bei Maßnahmen nach den §§ 273 IV, 279 II, 335 II, 337 (Ablehnung einer Versäumnisentscheidung), 612 II, 640, 670, 684, 686 (in einer Ehe-, Kindschafts- oder Entmündigungssache) notwendig.

Im verkündeten Termin darf ein Versäumnisurteil ergehen, wenn das Gericht die betroffene Partei zu demjenigen Termin ordnungsgemäß geladen hatte, in dem der neue Termin verkündet worden war. Andernfalls ist eine Neuladung mit einer erneuten Einhaltung der Ladungsfrist notwendig, Mü VersR **74**, 675.

2) VwGO: *Entsprechend anzuwenden,* § 173 VwGO, Ule VPrR § 47 II 1. Eine Ladung ist (ebenso wie nach § 141 II) erforderlich bei § 95 VwGO (Anordnung des persönlichen Erscheinens).

219 *Terminsort.* ¹ Die Termine werden an der Gerichtsstelle abgehalten, sofern nicht die Einnahme eines Augenscheins an Ort und Stelle, die Verhandlung mit einer am Erscheinen vor Gericht verhinderten Person oder eine sonstige Handlung erforderlich ist, die an der Gerichtsstelle nicht vorgenommen werden kann.

II Der Bundespräsident ist nicht verpflichtet, persönlich an der Gerichtsstelle zu erscheinen.

1) Allgemeines. I. A. Grundsatz. Die Termine sind an der Gerichtsstelle abzuhalten. Gerichtsstelle ist auch der Ort eines sog Gerichtstags, § 3 VO v 20. 3. 35, s bei § 22 GVG.

B. Ortstermin. Ein Termin außerhalb der Gerichtsstelle, der sog Ortstermin oder Lokaltermin, ist in folgenden Fällen zulässig:

a) Augenschein usw. Das Gericht will einen Augenschein nach § 371 einnehmen oder mit einer Person verhandeln, die am persönlichen Erscheinen vor dem Gericht verhindert ist, vgl Ffm Rpfleger **77**, 146 (ein Kranker ist aber nicht stets gehunfähig), Mü OLGZ **76**, 253, mag es sich um eine Partei, einen Streithelfer, einen Zeugen, Sachverständigen oder zu Entmündigenden handeln.

b) Schwierige Verhältnisse. Das Gericht kann die Handlung nicht an der Gerichtsstelle vornehmen, etwa deshalb nicht, weil das Gerichtsgebäude für die Zahl der Prozeßbeteiligten nicht ausreicht. Bei schwierigen Verhältnissen ist freilich ein Ortstermin oft im Interesse der Beteiligten zweckmäßig.

Ob die Handlung „erforderlich" ist, ob sie also zur Herbeiführung einer gerechten Entscheidung notwendig ist, steht im pflichtgemäßen Ermessen des Vorsitzenden. Er kann die Verhandlung auch dann außerhalb der Gerichtsstelle anberaumen, wenn die Handlung technisch keineswegs nur an dem von ihm festgesetzten Ort möglich ist. Das Einverständnis oder der Wunsch der Parteien ist für die Entscheidung unerheblich.

Die Anordnung eines Ortstermins usw erfolgt durch eine Verfügung oder einen Beschluß ohne eine mündliche Verhandlung. Die Entscheidung ist grundsätzlich zu begründen, § 329 Anm 1 A b. Gegen sie ist die einfache Beschwerde nach § 567 nur dann zulässig, wenn das Gericht einen Antrag einer Partei zurückgewiesen hat.

3. Titel. Ladungen, Termine und Fristen **§§ 219, 220** 1

C. Haustermin. Das Gericht darf das Haus oder das befriedete Besitztum einer Partei oder gar eines Dritten nur mit der Erlaubnis des Inhabers des Hausrechts betreten, soweit kein Erscheinenszwang vor dem Gericht besteht. Die Erlaubnis kann ohne eine Angabe von Gründen verweigert werden. In diesem Fall kann allerdings zB eine Beweisvereitelung vorliegen, vgl zB Anh § 286 Anm 3 D, § 444 Anm 1.

Ein in seiner Wohnung aufgesuchter Zeuge darf der Partei den Zutritt nicht verbieten. Er darf sich allenfalls dazu erbieten, unverzüglich an der Gerichtsstelle zu erscheinen, um lieber dort auszusagen. Im letzteren Fall muß das Gericht seiner Bitte nur dann folgen, wenn er entweder für eine Änderung seiner bisherigen Haltung zum Vernehmungsort Gründe angeben kann oder wenn die Vernehmung außerhalb der Gerichtsstelle auf Grund eines Irrtums beschlossen worden war. Ein zur Ableistung der eidesstattlichen Versicherung zwecks Offenbarung in der Wohnung geladener Schuldner darf dem Gläubiger die Anwesenheit nach denselben Grundsätzen nicht verbieten.

D. Verstoß. Ein Verstoß gegen § 219 befreit die Partei von einem etwaigen Erscheinenszwang, bleibt aber im übrigen ohne prozessuale Folgen. Über einen Ortstermin in einem fremden Gerichtsbezirk vgl § 166 GVG.

2) Vernehmung des Bundespräsidenten. Der Bundespräsident ist vom Erscheinen an der Gerichtsstelle befreit. Er darf also nicht etwa zunächst „versuchsweise" zur Gerichtsstelle geladen werden. Er braucht für eine Weigerung, dort zu erscheinen, keine Gründe anzugeben. Im übrigen muß der Vorsitzende die Vernehmung entweder am Amtssitz des Bundespräsidenten oder in dessen Wohnung festsetzen. Es versteht sich, daß der dem Staatsoberhaupt schuldige Respekt eine Terminsabstimmung gebietet, auch wenn der Bundespräsident als Zeuge im übrigen grundsätzlich wie jeder andere Zeuge zu behandeln ist.

Da die Landesverfassungen kein Staatsoberhaupt mehr vorsehen, ist ein Staatspräsident in II nicht erwähnt, Bülow-Butteweg bei § 219.

3) VwGO: *An Stelle von I gilt § 102 III (umfassender), VG Schlesw JVBl 72, 141. II ist entsprechend anwendbar, § 173 VwGO.*

220 *Aufruf. Versäumung.* **I** Der Termin beginnt mit dem Aufruf der Sache. **II** Der Termin ist von einer Partei versäumt, wenn sie bis zum Schluß nicht verhandelt.

1) Aufruf, I. Man muß zwischen den folgenden Arten von Aufruf unterscheiden:

A. Aufruf der Sache. Die Sache wird zunächst vor der Saaltür oder in einem etwa vorhandenen Warteraum aufgerufen, wie er bei großen Gerichten üblich und notwendig ist. Diesen Aufruf nimmt zB der Protokollführer vor. Ohne einen solchen Aufruf tritt keine Säumnis ein, BVerfG **42**, 370, KG MDR **74**, 52, LG Hbg NJW **77**, 1459. Dieser Aufruf bewirkt die Pflicht des Aufgerufenen, sich bereit zu halten.

Der Aufruf kann auch durch ein im Sitzungssaal vorhandenes Mikrophon und Lautsprecher erfolgen. In diesem Fall können technische Pannen eintreten, zB dadurch, daß der Lautsprecher versagt, ohne daß man das im Sitzungssaal bemerkt. Außerdem mag dadurch Verwirrung eintreten, daß der auf dem Flur Wartende nicht gesagt bekommt, in welchen der zahlreichen Sitzungssäle er eintreten soll. Deshalb empfiehlt sich vor der Annahme einer Säumnis eine erhebliche Sorgfalt bei der Durchführung des Aufrufs.

B. Aufruf im Saal. Zusätzlich zu dem allgemeinen Aufruf nach A hat der Vorsitzende oder sein Beauftragter die bestimmte einzelne Sache im Sitzungssaal aufzurufen. Erst das ist derjenige Aufruf, mit dem nach § 220 der Termin beginnt. Wenn der Vorsitzende im Sitzungssaal gleichzeitig mehrere Sachen „aufrufen" läßt, liegt noch kein Aufruf nach b vor, vielmehr muß der Vorsitzende die einzelne Sache dann unmittelbar vor der Beschäftigung mit ihr erneut im Sitzungssaal aufrufen.

Der Zweck des Aufrufs nach B besteht in der Mitteilung, daß der Termin beginnt. Der Vorsitzende setzt kraft seines Rechts zur Prozeßleitung die Reihenfolge mehrerer zur gleichen Terminsstunde anstehender Sachen fest. Er muß dabei die in § 216 Anm 3 genannten Grundsätze beachten.

Ein Aufruf vor der Terminsstunde setzt das Einverständnis aller Beteiligten voraus. Die sog Meldung der Partei vor dem Aufruf ist nur eine Bitte, den Gegner auf die Anwesenheit der Partei im Gebäude hinzuweisen. Eine Versäumung verhütet sie nicht. Etwas anderes mag dann gelten, wenn sich die Partei in eine ausliegende Sitzungsliste einträgt, wegen Überfüllung draußen wartet und nun vom Aufruf im Saal schuldlos keine Kenntnis erhält,

BVerfG **42**, 372, oder wenn vor dem Sitzungssaal ein Schild mit dem Text „Ohne besonderen Aufruf eintreten" hängt und der Vorsitzende die Sache nicht außerhalb des Sitzungssaales aufrufen läßt, LG Hbg NJW **77**, 1459. Maßgeblich ist die objektiv richtige Zeit, nicht etwa eine vorgehende Gerichtsuhr oder Uhr des Vorsitzenden usw.

Insbesondere bei einem sog Sammeltermin, vgl § 216 Anm 3 B, mag ein mehrfacher Aufruf notwendig sein, BVerfG **42**, 371. Vor dem Erlaß einer Versäumnisentscheidung sollte das Gericht den Säumigen wenn irgend möglich zusätzlich noch einmal vor dem Sitzungssaal und auch in ihm aufrufen. Je nach der Zahl der Verhandlungen im Haus und im Saal kann es notwendig werden, einen Aufgerufenen näher zu bezeichnen, BVerfG **42**, 370, zB durch seinen Vornamen oder seinen Beruf. Es empfiehlt sich, die Uhrzeit des letzten Aufrufs vor dem Erlaß einer Versäumnisentscheidung oder den Zeitpunkt ihrer Verkündung im Protokoll festzustellen, damit nachweisbar wird, daß das Gericht zB die in § 337 Anm 1 B genannte übliche Wartefrist eingehalten hat.

Eine Wartefrist von einer Stunde ist zumutbar, vgl LAG Hamm NJW **73**, 1950, ZöSt II 3 vor § 330. Ein anschließendes Sichentfernen aus triftigem Grund vor dem Aufruf im Saal kann eine Vertagung nach § 337 notwendig machen.

2) Versäumung, II. Die Abwesenheit im Zeitpunkt des Aufrufs bewirkt für sich allein noch keine Versäumung des Termins. Die Versäumung tritt erst dann ein, wenn die Partei bis zum Terminsschluß nicht verhandelt, also bis zu demjenigen Zeitpunkt, in dem der Vorsitzende die Verhandlung dieser Sache ausdrücklich oder stillschweigend endgültig schließt. Wenn sich im Sitzungssaal ein Kreuz befindet, besteht unter Umständen keine Verhandlungspflicht, BVerfG **35**, 373 (zustm Fischer NJW **74**, 1185, krit Rüfner NJW **74**, 491). Wenn sich keine Partei meldet und wenn das Gericht nichts veranlaßt, dann ist der Verhandlungsschluß darin zu sehen, daß der Vorsitzende die Terminsakte weglegt. Er kann sie freilich auch vorläufig zurücklegen, um abzuwarten, ob sich noch jemand verspätet, aber immerhin noch an diesem Terminstag meldet und verhandeln möchte.

Es ist unerheblich, aus welchem Grund sich die Partei beim Aufruf nicht meldet. Wenn sie den Saal verlassen möchte, bevor die Sache verhandelt worden ist, muß sie sich beim Vorsitzenden erkundigen, ob er einverstanden ist. Wegen der anwaltlichen Standesregel, kein Versäumnisurteil zu nehmen, vgl § 337 Anm 1 B und § 513 Anm 2.

Sobald die Partei während des Termins einen Sachantrag stellt, ist die Säumnis beendet. Die Partei kann die Säumniswirkung nicht durch eine anschließende Erklärung herbeiführen, sie nehme den Sachantrag zurück, Ffm MDR **82**, 153.

Nach dem Schluß der Verhandlung besteht grundsätzlich kein Anspruch auf eine Wiedereröffnung, § 156 Anm 2 A. Soweit ein ordnungsgemäßer Aufruf unterblieben ist, gilt die Partei als nicht geladen. Soweit ihr Aufruf im Sitzungsprotokoll beurkundet wurde, gilt § 165. Die Erklärung einer nicht rechtskundigen Partei, sie sei trotz ihrer Anwesenheit nicht aufgerufen worden, ist in der Regel als ein Antrag auf eine Berichtigung des Protokolls zu behandeln, BVerfG **42**, 369.

3) VwGO: *I* entspricht § 103 I u II VwGO, *II* ist wegen § 102 II VwGO bedeutungslos.

221
Fristbeginn. **Der Lauf einer richterlichen Frist beginnt, sofern nicht bei ihrer Festsetzung ein anderes bestimmt wird, mit der Zustellung des Schriftstücks, in dem die Frist festgesetzt ist, und, wenn es einer solchen Zustellung nicht bedarf, mit der Verkündung der Frist.**

1) Fristbeginn. Über den Begriff der gesetzlichen und der richterlichen Frist Üb 3 A vor § 214. Eine gesetzliche Frist beginnt nach der jeweiligen gesetzlichen Vorschrift. Eine richterliche Frist beginnt entweder nach der Anordnung, die das Gericht bei der Fristsetzung getroffen hat, oder hilfsweise im Zeitpunkt der Verkündung, soweit eine Zustellung nicht erforderlich ist. Das gilt auch dann, wenn beide Parteien abwesend sind. Soweit eine Verfügung oder ein Beschluß nach § 329 zugestellt werden müssen, beginnt die richterliche Frist für jede Partei mit der sie betreffenden Zustellung.

2) VwGO: Es gilt § 57 I VwGO.

222
Fristberechnung. **^I Für die Berechnung der Fristen gelten die Vorschriften des Bürgerlichen Gesetzbuchs.**

^{II} Fällt das Ende einer Frist auf einen Sonntag, einen allgemeinen Feiertag oder einen Sonnabend, so endet die Frist mit Ablauf des nächsten Werktages.

3. Titel. Ladungen, Termine und Fristen § 222 1, 2

III Bei der Berechnung einer Frist, die nach Stunden bestimmt ist, werden Sonntage, allgemeine Feiertage und Sonnabende nicht mitgerechnet.

BGB § 187. **I** Ist für den Anfang einer Frist ein Ereignis oder ein in den Lauf eines Tages fallender Zeitpunkt maßgebend, so wird bei der Berechnung der Frist der Tag nicht mitgerechnet, in welchen das Ereignis oder der Zeitpunkt fällt.

II Ist der Beginn eines Tages der für den Anfang einer Frist maßgebende Zeitpunkt, so wird dieser Tag bei der Berechnung der Frist mitgerechnet. Das gleiche gilt von dem Tage der Geburt bei der Berechnung des Lebensalters.

BGB § 188. **I** Eine nach Tagen bestimmte Frist endigt mit dem Ablauf des letzten Tages der Frist.

II Eine Frist, die nach Wochen, nach Monaten oder nach einem mehrere Monate umfassenden Zeitraume – Jahr, halbes Jahr, Vierteljahr – bestimmt ist, endigt im Falle des § 187 Abs. 1 mit dem Ablaufe desjenigen Tages der letzten Woche oder des letzten Monats, welcher durch seine Benennung oder seine Zahl dem Tage entspricht, in den das Ereignis oder der Zeitpunkt fällt, im Falle des § 187 Abs. 2 mit dem Ablaufe desjenigen Tages der letzten Woche oder des letzten Monats, welcher dem Tag vorhergeht, der durch seine Benennung oder seine Zahl dem Anfangstage der Frist entspricht.

III Fehlt bei einer nach Monaten bestimmten Frist in dem letzten Monate der für ihren Ablauf maßgebende Tag, so endigt die Frist mit dem Ablaufe des letzten Tages dieses Monats.

BGB § 189. **I** Unter einem halben Jahre wird eine Frist von sechs Monaten, unter einem Vierteljahre eine Frist von drei Monaten, unter einem halben Monat eine Frist von fünfzehn Tagen verstanden.

II Ist eine Frist auf einen oder mehrere ganze Monate und einen halben Monat gestellt, so sind die fünfzehn Tage zuletzt zu zählen.

1) Allgemeines. § 222 gilt für sämtliche prozessualen Fristen, auch für die uneigentliche und für die Ausschlußfrist, Üb 3 B vor § 214, nicht aber für eine nur mittelbar „bestimmbare" Zeitspanne, aM Saarbr OLGZ 80, 39 (das OLG behandelt eine unverzüglich vorzunehmende Handlung als eine befristete), wozu LG Mü WM 80, 247 auch § 721 III 2 zählt. Bei der Ladungs- und Einlassungsfrist ist der Tag der Zustellung und derjenige des Termins nicht einzurechnen. Die Widerrufsfrist in einem Prozeßvergleich ist keine prozessuale Frist. Auf sie ist § 222 und auch § 193 BGB an sich unanwendbar, weil der Widerruf eine Prozeßhandlung ist. Gleichwohl wenden BGH NJW 78, 2091 und MDR 79, 49, vgl auch LG Bln NJW 65, 765, Bergerfurth NJW 69, 1799, ThP 1a, die Regeln des § 222 im Ergebnis an, aM ZöSt 1. Wegen der Sommerzeit vgl § 3 ZeitG nebst der jeweiligen VO.

2) Berechnung, I. Eine prozessuale Frist wird nach dem BGB berechnet. Dieses gibt aber nur Auslegungsregeln, § 186 BGB. Es läßt also den Nachweis eines abweichenden Willens bei einer richterlichen oder einer vereinbarten Frist zu. Bei einer richterlichen Frist darf die Partei nicht durch eine Unklarheit leiden.

Zu § 187 BGB: Der Anfangstag ist auch dann nicht mitzurechnen, § 187 I BGB, BVerfG 61, 41, wenn die Frist „mit einem Tage" beginnt, wie bei § 234 II. Der Tag wird mitgerechnet: **a)** Wenn der Beginn des Tages entscheidet, § 187 II BGB; **b)** beim Geburtstag, § 187 II BGB; **c)** bei einer Stundenfrist. Sie ist stets von Stunde zu Stunde und nach vollen Stunden zu berechnen.

Zu § 188 BGB: Ein Ablauf der Frist am letzten Tag berechtigt grundsätzlich zum Handeln bis Mitternacht, vgl BVerfG 41, 327 (betr die StPO, zustm Vollkommer Rpfleger 76, 240). Bei einer Zwischenfrist, etwa der Ladungsfrist, ist der letzte Tag derjenige vor dem Termin. Darum ist eine dreitägige Frist dann, wenn der Termin am Montag ansteht, nur bei einer Zustellung spätestens am Dienstag gewahrt, II. Die Bezeichnung „acht Tage" bedarf der Auslegung. Regelmäßig ist eine Woche gemeint.

Wenn ein Urteil am 28. Februar bzw in einem Schaltjahr am 29. Februar zugestellt wird, endet die Berufungsfrist grundsätzlich am 31. März, falls dieser Tag nicht einer der in III genannten Tage ist, Celle OLGZ 79, 360. Wenn die Berufungsbegründungsfrist am 28. Februar bzw in einem Schaltjahr am 29. Februar abläuft und rechtzeitig „um einen Monat" verlängert wird, dann läuft die Verlängerungsfrist am 31. März um 24 Uhr ab, KG VersR 81, 1057.

3) Sonntag usw, II. Die Vorschrift erweitert den nur für Willenserklärungen und Leistungen geltenden § 193 BGB auf alle prozessualen Fristen. II gilt also auch dann, wenn der Vorsitzende die Berufungsfrist oder die Frist zur Begründung der Revision irrtümlich bis zu einem Feiertag, Sonntag oder Sonnabend verlängert hat, vgl BGH **LM** § 519 Nr 20. II ist auf alle Arten von Fristen anwendbar, die für die gerichtliche Geltendmachung eines Anspruchs laufen, BVerwG MDR **74**, 256, also auch für eine Anschlußfrist zur Beschreitung des Rechtswegs oder für eine Konkursanfechtung, BGH **LM** § 193 BGB Nr 1, nicht jedoch für den Widerruf eines Prozeßvergleichs, Anm 1.

Wenn das Fristende auf einen Sonnabend, Sonntag oder allgemeinen Feiertag fällt, Begriff § 188 Anm 2, läuft die Frist erst mit dem Ablauf des folgenden Werktags ab. Die Nichtbeachtung dieser Vorschrift ist als eine Verletzung des rechtlichen Gehörs anzusehen, wenn das Gericht einen Schriftsatz, der an dem auf den Feiertag folgenden Tag einging, nicht mehr berücksichtigt hat, BVerfG NJW **65**, 579.

Es ist unerheblich, ob die Handlung an einem Sonntag usw vorgenommen werden durfte. Für den Fristbeginn ist II außer bei einer Stundenfrist unerheblich. Ein Werktag mit einem Sonntagsdienst laut behördlicher Vorschrift ist kein allgemeiner Feiertag, vgl auch § 188 Anm 2. Der Rosenmontag ist nicht einmal in Köln ein gesetzlicher Feiertag, BPatG GRUR **78**, 711.

4) Stundenfrist, III. Vgl Anm 2 „zu § 187 BGB" c. Bei einer Stundenfrist ist ein Sonnabend, ein Sonntag oder ein allgemeiner Feiertag, Begriff § 188 Anm 2, nicht mitzurechnen. Die Frist beginnt also mit dem Beginn des nächsten Werktags. Wenn die Frist vor einem Sonnabend oder einem Feiertag begonnen hat, unterbricht dieser Tag die Frist. Er wird nicht mitgerechnet, vielmehr darf man die nächsten Stunden der restlichen Frist erst vom Beginn des nächsten Werktags an weiterzählen.

5) VwGO: § 222 gilt kraft ausdrücklicher Verweisung, § 57 II VwGO.

223 *Notfristen.* ¹Der Lauf einer Frist wird durch die Gerichtsferien gehemmt. Der noch übrige Teil der Frist beginnt mit dem Ende der Ferien zu laufen. Fällt der Anfang der Frist in die Ferien, so beginnt der Lauf der Frist mit dem Ende der Ferien.

II Die vorstehenden Vorschriften sind auf Notfristen und Fristen in Feriensachen nicht anzuwenden.

III Notfristen sind nur diejenigen Fristen, die in diesem Gesetz als solche bezeichnet werden.

1) Allgemeines. § 223 bestimmt eine Hemmung jeder prozessualen Frist, BGH VersR **83**, 757, Hamm JB **77**, 1270, durch die Ferien. Von diesem Grundsatz gelten nur folgende Ausnahmen: **a)** Es handelt sich um eine Notfrist, II; **b)** es handelt sich um eine Frist in einer Feriensache, II; **c)** es handelt sich um eine uneigentliche Frist, Üb 3 B vor § 214. § 223 gilt auch für eine Zwischenfrist, Üb 3 A vor § 214, und für eine Stundenfrist. Über die Gerichtsferien und die Feriensachen s §§ 199–202 GVG.

§ 223 gilt nicht für eine sachlichrechtliche Frist, auch soweit sie sich innerhalb der ZPO befindet, etwa in § 255.

2) Fristhemmung, I. Eine Frist beginnt und läuft nicht in den Ferien, BGH VersR **78**, 667 und 672. Also endigt eine Frist von einem Monat, die am 1. Juli begonnen hat, am 3. Oktober (der nach den Ferien bleibende Rest zwar auch dann, wenn als Frist ein noch in die Ferien fallender Endzeitpunkt gewählt worden war, zB „bis 15. 9."; liegt er nach dem Ende der Ferien, muß man dagegen im allgemeinen annnehmen, daß das Gericht die Ferien bereits berücksichtigt hat. Dann erfolgt also durch sie keine Verlängerung; eine Ausnahme besteht bei einem Fristende sogleich nach dem Ferienende, BGH VersR **83**, 758 mwN, Hamm JB **77**, 1270), BGH **LM** § 519 Nr 65. Entsprechendes gilt bei einer Verlängerung während der Gerichtsferien, BGH **27**, 143. Wenn die Berufung erst während der Ferien eingelegt worden ist, läuft die Begründungsfrist mit dem 15. 10. ab, BGH VersR **81**, 460 und VersR **82**, 652 je mwN. Das gilt unabhängig davon, ob die Frist zur Begründung einer schon am 14. 7. eingelegten Berufung erst am 16. 10. abläuft, BGH VersR **81**, 460 mwN.

Wenn das Gericht eine Sache während der Gerichtsferien zur Feriensache erklärt, beginnt der Lauf der Frist oder des Fristrestes mit dem Beginn desjenigen Tages, der auf die Zustellung des Feriensachenbeschlusses folgt, BGH VersR **75**, 663 mwN. Wenn der Vorsitzende

3. Titel. Ladungen, Termine und Fristen §§ 223, 224 1–3

eine Sache vorläufig als Feriensache bezeichnet hatte, § 200 IV S 2 GVG, und wenn diese Bezeichnung durch das Gericht aufgehoben wird, gilt sie als nicht eingetreten. Also tritt kein Fristablauf ein (etwas anderes gilt, wenn das Gericht seinen eigenen Beschluß aufhebt), vgl auch Johannsen **LM** § 200 GVG Nr 7.

3) Notfrist, II, III. A. Begriff. Als Notfrist darf nur eine solche Frist angesehen werden, die ,,dieses" Gesetz ausdrücklich als Notfrist bezeichnet. Damit ist allerdings nicht nur die ZPO gemeint, Nürnb AnwBl **81**, 499.

Hierhin gehören aber nicht: Die Rechtsmittelbegründungsfrist; die Frist für den Antrag auf eine Wiedereinsetzung in den vorigen Stand, selbst wenn er die Versäumung der Berufungsfrist betrifft, BGH **26**, 99; die Klagefrist des § 2 III 1, 2 Hs 2 MHG idF v 20. 12. 82, BGBl 1912, auch zum alten Recht AG Köln WM **81**, 113, AG Osnabr ZMR **76**, 158.

B. Auswirkungen. Eine Notfrist hat folgende Besonderheiten:

a) Friständerung. Eine Notfrist duldet keine Verkürzung oder Verlängerung, § 224 (sie gilt aber als gewahrt, wenn die Partei den Schriftsatz zur Zustellung beim Gericht innerhalb der Frist einreicht und wenn das Gericht die Zustellung demnächst vornimmt, §§ 270 III, 495)

b) Wiedereinsetzung. Eine Notfrist läßt im Fall einer Versäumung grundsätzlich eine Wiedereinsetzung in den vorigen Stand nach § 233 zu.

c) Ruhen des Verfahrens. Eine Notfrist läuft trotz eines etwaigen Ruhens des Verfahrens nach § 251 weiter.

d) Ferien. Eine Notfrist läuft während der Gerichtsferien weiter, II, vgl zB § 276 I 1, AG Bergisch Gladbach NJW **77**, 2080.

Eine Prüfung der Einhaltung der Frist von Amts wegen ist keine Eigenheit der Notfrist. Denn die Partei kann keine gesetzliche oder richterliche Frist verlängern.

4) VwGO: Unanwendbar, da § 223 in § 57 II VwGO nicht genannt wird und auch § 55 VwGO die Anwendung des § 199 GVG nicht vorschreibt, BVerwG MDR **72**, 170. Die Bezeichnung Notfrist, III, wird in der VwGO nicht verwendet.

224 *Fristabkürzung und -verlängerung.* **I** Durch Vereinbarung der Parteien können Fristen, mit Ausnahme der Notfristen, abgekürzt werden.

II Auf Antrag können richterliche und gesetzliche Fristen abgekürzt oder verlängert werden, wenn erhebliche Gründe glaubhaft gemacht sind, gesetzliche Fristen jedoch nur in den besonders bestimmten Fällen.

III Im Falle der Verlängerung wird die neue Frist von dem Ablauf der vorigen Frist an berechnet, wenn nicht im einzelnen Falle ein anderes bestimmt ist.

1) Allgemeines. § 224 entzieht den Parteien die Herrschaft über die Fristen. Die zugelassene Abkürzung ist praktisch bedeutungslos. Die Vorschrift bezieht sich nicht auf eine uneigentliche Frist, Üb 3 B vor § 214. Die Widerrufsfrist in einem Prozeßvergleich kann frei vereinbart werden, s auch § 222 Anm 1. Da die Parteien eine Frist nicht verlängern können, ist der Fristablauf von Amts wegen zu beachten.

2) Vereinbarte Fristabkürzung, I. Die Parteien können durch eine Vereinbarung jede gesetzliche oder richterliche Frist abkürzen, außer einer Notfrist. Bei dieser Vereinbarung handelt es sich um eine Prozeßhandlung. Sie kann auch stillschweigend erfolgen. Soweit sie außergerichtlich erfolgt, besteht für sie kein Anwaltszwang. Sie braucht dem Gericht nicht mitgeteilt zu werden.

3) Gerichtliche Friständerung, II. A. Richterliche Frist. Das Gericht kann eine richterliche Frist auf Grund eines Antrags einer Partei abkürzen oder verlängern, wenn die Partei dafür einen erheblichen Grund glaubhaft macht. Die Partei kann den Antrag vor oder nach dem Fristbeginn stellen. Die Glaubhaftmachung muß nicht unbedingt nach § 294 erfolgen. Das Gericht muß die Interessen beider Parteien würdigen. Im Anwaltsprozeß darf und sollte das Gericht einen normalen Kanzleibetrieb des Anwalts berücksichtigen, aber keine Verzögerungs- oder Störversuche durchgehen lassen, Mü MDR **80**, 148.

Ausreichend ist zB eine grundlose Kündigung des ProzBev, BGH DB **78**, 1174. Nicht ausreichend ist zB eine verspätete Beauftragung des ProzBev, Schlesw SchlHA **78**, 117, vgl auch § 227 I.

Wenn das Gericht eine Frist über den Antrag hinaus erstreckt, bleibt diese Frist auch insofern wirksam, BGH MDR **63**, 588.

B. Gesetzliche Frist. Sie läßt eine Abkürzung oder eine Verlängerung nur dann zu, wenn das Gesetz diese Möglichkeit besonders vorsieht, etwa in § 134 II, nicht in anderen Fällen, also zB nicht bei § 234 I, BGH VersR **80**, 582. Bei einer Notfrist entfällt eine solche Möglichkeit schlechthin, vgl BVerfG **36**, 299.

Wegen einer Verlängerung nach dem Fristablauf vgl § 519 Anm 2 B a. Eine förmliche Zustellung vor dem Fristablauf ist entbehrlich. Denn der Verlängerungsbeschluß setzt keine Frist in Lauf, § 329 II, sondern bestimmt nur den Endpunkt der laufenden Frist anders, BGH **4**, 399. Eine Mitteilung an den Gegner ist zur Wirksamkeit unnötig. II gilt auch für eine Rechtsbeschwerde vor dem Arbeitsgericht, BAG MDR **75**, 347.

4) Berechnung der neuen Frist, III. Entsprechend dem § 190 BGB bestimmt III, daß man im Fall der Verlängerung die neue Frist mangels einer abweichenden Vorschrift vom Ablauf der alten Frist an berechnen muß. Wenn also der letzte Tag der alten Frist auf einen Sonntag oder auf einen allgemeinen Feiertag fällt, dann beginnt die neue Frist erst mit dem Ablauf des nächstfolgenden Werktags zu laufen, BGH **21**, 43.

5) VwGO: II u III gelten kraft ausdrücklicher Verweisung, § 57 II VwGO, **I** ist nicht genannt und deshalb unanwendbar.

225

Verfahren bei einer Friständerung. ^I Über das Gesuch um Abkürzung oder Verlängerung einer Frist kann ohne mündliche Verhandlung entschieden werden.

^{II} Die Abkürzung oder wiederholte Verlängerung darf nur nach Anhörung des Gegners bewilligt werden.

^{III} Eine Anfechtung des Beschlusses, durch den das Gesuch um Verlängerung einer Frist zurückgewiesen ist, findet nicht statt.

1) Verfahren, I, III. A. Erste Instanz. a) Verfahren. Die Entscheidung über die Abkürzung oder Verlängerung einer Frist erfolgt nur auf Grund eines mündlichen oder schriftlichen Antrags. Dem Gericht ist eine mündliche Verhandlung freigestellt, § 128 Anm 3. Ein Anwaltszwang besteht wie sonst.

Zur Notwendigkeit des Gehörs Anm 2.

Die Nichtbeachtung der bloßen Ankündigung der Partei, sie werde eine Frist überschreiten (müssen), ist jedenfalls dann kein Verfahrensmangel, wenn das Gericht die Frist großzügig bemessen hatte, Köln VersR **83**, 252.

b) Entscheidung. Das Gericht entscheidet durch einen Beschluß. Dieser liegt nicht schon darin, daß das Gericht eine Ankündigung der Partei, sie werde eine Frist überschreiten (müssen), entgegennimmt, vgl Köln VersR **83**, 252. Eine „Verfügung" ist meist in einem Beschluß umzudeuten, vgl BGH VersR **80**, 772. Er ist grundsätzlich zu begründen, § 329 Anm 1 A b. Er wird verkündet. Er ist dem Gegner im Fall einer Abkürzung zuzustellen, weil jetzt eine andere Frist läuft, § 329 II 2. In den übrigen Fällen erhält der Antragsgegner eine formlose Mitteilung. Dem Antragsteller ist ein stattgebender Beschluß zuzustellen und ein ablehnender formlos mitzuteilen, § 329 II 1, s auch § 224 Anm 3 B.

B. Rechtsbehelfe. Hier gilt folgende Regelung:

a) Abkürzung. Soweit das Gericht eine Abkürzung ablehnt, ist die einfache Beschwerde nach § 567 statthaft. Das gilt auch dann, wenn das Gericht seine Entscheidung irrtümlich als Verfügung bezeichnet hat, BGH VersR **80**, 772. Soweit das Gericht eine Frist abkürzt, ist die Anfechtung des Beschlusses nur zusammen mit dem Urteil statthaft, selbst wenn der Antragsgegner nicht gehört worden ist.

b) Verlängerung. Soweit das Gericht eine Fristverlängerung ablehnt, ist kein Rechtsbehelf statthaft, BGH (8. ZS) VersR **80**, 772, offen BGH (7. ZS) VersR **83**, 248. Soweit es eine Frist verlängert, ist nur die Dienstaufsichtsbeschwerde statthaft, vgl BAG VersR **79**, 948. Sie setzt voraus, daß das Gericht seinen richterlichen Ermessensspielraum eindeutig überschritten hat. Das ist erst dann der Fall, wenn schlechthin keine sachlichen Gründe für eine Fristverlängerung mehr erkennbar sind. Die Dienstaufsicht sollte Zurückhaltung üben.

2) Gehör des Gegners, II. Der Antragsgegner muß angehört werden, bevor das Gericht eine Frist wiederholt verlängert und bevor es irgendeine Frist abkürzt. Eine Ausnahme gilt nach § 226 III. Der Antragsgegner muß auch dann gehört werden, wenn das Gericht eine Revisionsbegründungsfrist wiederholt verlängert. Denn eine solche Verzögerung läuft meist dem Geist des Gesetzes zuwider.

3. Titel. Ladungen, Termine und Fristen §§ 225–227

Die Anhörung erfolgt schriftlich oder mündlich. Ein Verstoß macht die Entscheidung des Gerichts nicht unwirksam, BGH **LM** § 519 Nr 8, BAG VersR **79**, 948 mwN. II gibt dem Richter nur eine Verhaltensregel, die sich nicht immer einhalten läßt.

3) *VwGO:* *§ 225 gilt kraft ausdrücklicher Verweisung, § 57 II VwGO; aber die Beschwerde ist über III hinaus durch § 146 II VwGO ausgeschlossen, EF § 60 Rdz 14.*

226 *Änderung von Zwischenfristen.* ¹ Einlassungsfristen, Ladungsfristen sowie diejenigen Fristen, die für die Zustellung vorbereitender Schriftsätze bestimmt sind, können auf Antrag abgekürzt werden.

II Die Abkürzung der Einlassungs- und der Ladungsfristen wird dadurch nicht ausgeschlossen, daß infolge der Abkürzung die mündliche Verhandlung durch Schriftsätze nicht vorbereitet werden kann.

III Der Vorsitzende kann bei Bestimmung des Termins die Abkürzung ohne Anhörung des Gegners und des sonst Beteiligten verfügen; diese Verfügung ist dem Beteiligten abschriftlich mitzuteilen.

1) **Abkürzung. A. Allgemeines.** § 226 meint den Fall der Abkürzung einer Zwischenfrist unter einer Beibehaltung des Termins. Wenn das Gericht auch den Termin aufhebt, liegt ein Fall des § 227 vor. Eine Abkürzung ist auch nach einer Terminsbestimmung zulässig, sofern die Zwischenfrist noch läuft. Jede Abkürzung erfordert einen Antrag. Das gilt auch im Parteiprozeß. Eine Abkürzung findet also nicht von Amts wegen statt. Eine gleichwohl von Amts wegen erfolgte Abkürzung ist allerdings wirksam. Sie ermöglicht freilich die Beschwerde nach § 567. Denn sie entbehrt jeder gesetzlichen Grundlage.

Der Antrag ist schriftlich oder mündlich zu stellen. Ein Anwaltszwang herrscht wie sonst. Der Antrag muß begründet werden. Die zur Begründung vorgetragenen Tatsachen brauchen aber nicht glaubhaft gemacht zu werden.

B. Anhörung. Das Gericht kann die Frist theoretisch auch dann abkürzen, wenn sich die Partei infolgedessen nicht mehr genügend auf den Termin vorbereiten könnte. Das Gericht muß aber auch in diesem Zusammenhang den Art 103 I GG beachten, KG NJW **77**, 1017, § 227 Anm 1 A, 2 A. Daher kann und sollte es in einem Fall, in dem durch eine Abkürzung keine ausreichende Terminsvorbereitung mehr möglich würde, eine Vertagung vornehmen.

C. Entscheidung. Das Gericht entscheidet im Weg einer Verfügung des Vorsitzenden oder des Einzelrichters, III. Das Gericht übt dabei ein pflichtgemäßes Ermessen aus. Es muß die Entscheidung grundsätzlich begründen, § 329 Anm 1 A b. Die Entscheidung wird dem Antragsteller formlos mitgeteilt. Dem Antragsgegner wird sie von Amts wegen zugestellt, § 270 I.

D. Rechtsbehelf. Ein stattgebender Beschluß kann grundsätzlich nur zusammen mit dem Urteil angefochten werden. Eine Ausnahme gilt dann, wenn das Gericht die Abkürzung von Amts wegen vorgenommen hat, Anm 1 A.

Gegen einen ablehnenden Beschluß ist die Beschwerde nach § 567 statthaft.

2) *VwGO:* *§ 226 gilt kraft ausdrücklicher Verweisung, § 57 II VwGO. Jedoch ist eine Abkürzung der Ladungsfrist in dringenden Fällen auch ohne Antrag zulässig, weil ein solcher in § 102 I 2 VwGO nicht genannt wird. Einlassungsfristen kennt die VwGO nicht, § 274 Anm 5.*

227 *Terminsänderung.* ¹ Aus erheblichen Gründen kann ein Termin aufgehoben oder verlegt sowie eine Verhandlung vertagt werden. Erhebliche Gründe sind insbesondere nicht

1. das Ausbleiben einer Partei oder die Ankündigung, nicht zu erscheinen, wenn nicht das Gericht dafür hält, daß die Partei ohne ihr Verschulden am Erscheinen verhindert ist;
2. die mangelnde Vorbereitung einer Partei, wenn nicht die Partei dies genügend entschuldigt;
3. das Einvernehmen der Parteien allein.

II Über die Aufhebung sowie Verlegung eines Termins entscheidet der Vorsitzende ohne mündliche Verhandlung; über die Vertagung einer Verhandlung entscheidet das Gericht. Die Entscheidung ist kurz zu begründen. Sie ist unanfechtbar.

III Die erheblichen Gründe sind auf Verlangen des Vorsitzenden, für eine Vertagung auf Verlangen des Gerichts glaubhaft zu machen.

1) Allgemeines. Die Vorschrift entzieht den Parteien die Herrschaft über die Termine. Sie gibt ihnen andererseits ein Recht auf die Einhaltung eines einmal anberaumten Termins. Wegen Art 103 I GG gibt § 227 den Parteien unter Umständen auch ein Recht auf eine Terminsänderung, vgl BVerfG MDR **81**, 470 (freilich muß die Partei ihre prozessualen Rechte auch ausschöpfen), vgl auch BFH NJW **76**, 1119 und **77**, 919, Schneider MDR **77**, 794. § 227 dient bei einer zweckmäßigen Handhabung wirksam der Straffung des Verfahrens. Das muß bei seiner Auslegung mitberücksichtigt werden. Insbesondere seit der VereinfNov von 1977 darf und muß das Gericht im Rahmen des Hauptziels der Herbeiführung einer gerechten Entscheidung wirksam dazu beitragen, die Verfahrensdauer zu verkürzen.

2) Arten der Terminsänderung, I. A. Aufhebung. Sie ist eine Beseitigung des Termins vor seinem Beginn. Sie liegt in der Hand des Vorsitzenden, Düss Rpfleger **78**, 271. Eine Änderung des Terminszwecks ist eine Aufhebung. Beispiele: Statt eines Verhandlungstermins wird nunmehr ein Verkündungstermin oder ein Termin zu einer Beweisaufnahme oder ein Beweis- nebst Verhandlungstermin anberaumt. Der Vorsitzende muß in allen diesen Fällen die Zwischenfristen wahren.

Eine bloße Änderung der Terminsstunde ist keine Aufhebung. Denn die Terminsstunde ist für die Terminsbestimmung unwesentlich. Natürlich darf nicht durch eine Vorverlegung der Terminsstunde das rechtliche Gehör, Art 103 I GG, beeinträchtigt werden.

B. Verlegung. Sie ist die Bestimmung eines anderen Termins vor dem Beginn des anberaumten Termins. Sie liegt in der Hand des Vorsitzenden, Düss Rpfleger **78**, 271. Sie schließt eine Terminsaufhebung ein. Eine Änderung der Terminsstunde ist keine Verlegung, A. Eine Vorverlegung ist von einer Anhörung des Gegners abhängig, soweit eine gesetzliche Zwischenfrist verkürzt wird, § 225 II. Das bloße Bestehen einer Zwischenfrist zwingt aber nicht zu einer Anhörung des Gegners.

C. Vertagung. Sie ist die Bestimmung eines neuen Termins nach dem Beginn des anberaumten Termins. Sie liegt in der Hand des gesamten erkennenden Gerichts, Düss Rpfleger **78**, 271, Schlesw SchlHA **74**, 196.

3) Erheblicher Grund, I, III. A. Allgemeines. Jede Art von Terminsänderung setzt voraus, daß ein erheblicher Grund für diese Maßnahme vorliegt. Er muß sowohl auf Grund eines Antrags, Schultz MDR **81**, 525, als auch von Amts wegen geprüft werden und ist nach § 294 glaubhaft zu machen, sofern dem Gericht die Richtigkeit des geltend gemachten Grunds zweifelhaft ist, Ffm AnwBl **80**, 152, und sofern eine Glaubhaftmachung im Fall einer Aufhebung oder einer Verlegung vom Vorsitzenden, im Fall einer Vertagung vom gesamten Gericht verlangt wird.

B. Erheblichkeit. a) Grundsatz. Ein erheblicher Grund liegt nur dann vor, wenn man es nicht verantworten kann, den bisherigen Termin bestehen zu lassen, sondern wenn die Gerechtigkeit eine Terminsänderung fordert. Diese Notwendigkeit muß trotz des Beschleunigungsgebots der §§ 272 III, 278 IV usw bestehen. Die Terminsänderung soll eine wirkliche Ausnahme bleiben. Sie darf weder dem Gericht noch den Parteien noch einem sonstigen Prozeßbeteiligten eine Trödelei und dergleichen erlauben.

Nur in diesen Grenzen hat das Gericht ein pflichtgemäßes Ermessen. Es muß dabei den Art 103 I GG beachten, vgl auch BFH BB **80**, 566 mwN, Schneider MDR **77**, 794 (großzügiger). Das Ermessen ist freilich grundsätzlich nicht nachprüfbar, II 2, Ffm AnwBl **80**, 152.

Trotz einer steigenden Arbeitsbelastung aller Prozeßbeteiligten darf das Gericht einen erheblichen Grund nur zurückhaltend annehmen. Eine weite Auslegung des Begriffs „erheblich", so zB Schneider MDR **77**, 794, verwässert den klaren Gesetzeszweck und eines der Hauptziele der VereinfNov. Das wird bei der erheblichen Auseinandersetzung um den § 227, die an Heftigkeit eher noch zunehmen dürfte, vielfach übersehen. Auch hier verkennt der Gesetzgeber keineswegs das oberste Ziel des Zivilprozesses: Eine gerechte Entscheidung herbeizuführen. Gerade auch zu diesem Zweck soll der Prozeß aber in absehbarer Zeit abgewickelt werden. § 227 ist in diesem Zusammenhang außerordentlich wichtig. Die Vorschrift verlangt allen Prozeßbeteiligten oft ganz erhebliche Anstrengungen ab. Das alles liegt durchaus im Willen des Gesetzgebers. Er hat die Anforderungen der Vorschrift nicht ohne Grund erheblich verschärft. Auch das muß man bei der Auslegung beachten.

b) Beispiele eines erheblichen Grundes: Die Partei hat sich auf den Verhandlungstermin nicht genügend vorbereiten können, etwa wegen eines notwendigen Anwaltswechsels. Denn andernfalls würde das Gericht der Partei das rechtliche Gehör versagen, BGH **27**, 169,

3. Titel. Ladungen, Termine und Fristen § 227 3B

vgl Mü ZZP **69**, 156, Lützeler NJW **73**, 1448; ein unentbehrlicher Zeuge, insbesondere ein ausländischer, kann zum Beweistermin nicht erscheinen, zu dem er an sich rechtzeitig benannt worden war, BGH NJW **76**, 1743; die Partei kann zum Termin nicht erscheinen, obwohl ihr persönliches Auftreten wichtig ist und sie auch keinen Vertreter entsenden kann; der ProzBev der Partei kann einen Termin nicht wahrnehmen, den er persönlich wahrnehmen muß.

Dieser Fall tritt allerdings bei einer Anwaltssozietät keineswegs schon deshalb ein, weil es sich innerhalb der Sozietät um den Sachbearbeiter handelt, aM Brangsch AnwBl **77**, 278. Vielmehr ist es ausreichend und notwendig, daß der etwa verhinderte Sachbearbeiter denjenigen Sozius, der im Termin auftreten soll, oder den Auftraggeber über den derzeitigen Sach- und Rechtsstand ausreichend und rechtzeitig genug informiert. Gerade in diesem Punkt werden erstaunliche Unterlassungen begangen.

Ein Anwalt muß einen Kollegen auch dann rechtzeitig und umfassend informieren, wenn der Kollege kein Sozius ist, aber im Termin auftreten soll. Derjenige Anwalt, der sich dazu bereit erklärt, einen Kollegen zu vertreten, sollte sich darüber klar sein, daß er mit dieser Bereitschaft die Verpflichtung auch dem Auftraggeber gegenüber übernimmt, sich bis zum Termin so weit einzuarbeiten, daß er ebenso sachkundig ist wie der eigentliche Sachbearbeiter. Soweit eine solche Einarbeitung dem eintretenden Anwalt nicht mehr zumutbar ist, darf und muß er die Übernahme dieses Termins ablehnen.

All das ist sachlichrechtlich eindeutig und eigentlich selbstverständlich. Das Gericht ist keineswegs dazu da, Unterlassungen auf diesem Gebiet mit einer Vertagung zum Schaden des Prozeßgegners und zum Schaden der Arbeitskraft des Gerichts usw zu honorieren. Zumindest muß der Anwalt, der den Termin nicht wahrnehmen kann, ebenso wie derjenige Sozius oder andere Kollege, der sich zur Terminswahrnehmung bereit erklärt, im Notfall zuverlässig dafür sorgen, daß die Partei oder zB ein instruierter Mitarbeiter der Partei im Termin anwesend ist und anhand der Betriebsunterlagen usw diejenigen (zusätzlichen) Auskünfte geben kann, die der auftretende Anwalt vielleicht nicht mehr erarbeiten konnte. Ein etwaiges diesbezügliches Verschulden des Anwalts ist nach § 85 II zu beurteilen.

Weitere Beispiele: Der Partei ist keine Zeit verblieben, ein umfangreicheres Beweisergebnis mit einem ihr bisher schuldlos unbekannten Stoff durchzuarbeiten; die Partei oder ihr alleiniger ProzBev erkranken und können sich auch nicht vertreten lassen, Ffm AnwBl **80**, 152; die Partei will einen längst geplanten (Auslands-)Urlaub antreten, BVerwG VerwRspr **24**, 33 und 380, vgl BVerfG **34**, 156; das Gericht hat die Partei überrumpelt, BGH **27**, 163, BAG NJW **58**, 357; das Gericht beurteilt den Sachverhalt für die Partei unerwartet, § 278 III.

Eine überraschende rechtliche Beurteilung der Partei ist dagegen keineswegs stets ein erheblicher Grund, aM Lützeler NJW **73**, 1448.

c) Beispiele des Fehlens eines erheblichen Grundes

aa) Ausbleiben der Partei, Z 1. Die Partei ist einfach ausgeblieben; sie hat zwar angekündigt, nicht zu erscheinen, das Gericht kommt aber entweder zu dem Ergebnis, daß ihr Verhalten vorwerfbar ist, oder es bleibt unklar, ob die Partei am Erscheinen schuldlos verhindert ist. All das gilt auch bei einem ProzBev oder gesetzlichen Vertreter. Ein etwa entgegenstehendes anwaltliches Standesrecht ist keineswegs beachtlich, BR-Drs 551/74, vgl auch BGH NJW **78**, 428, Schnöbel AnwBl **77**, 404, insofern aM Ffm AnwBl **80**, 152. Das Standesrecht ist keineswegs gegenüber den sachlichrechtlichen Verpflichtungen aus dem Vertrag zwischen dem Anwalt und seinem Auftraggeber und gegenüber den prozessualen Pflichten der Partei und ihres ProzBev aus dem Prozeßrechtsverhältnis und gegenüber dem Gericht grundsätzlich vorrangig.

Eine Pflicht des ProzBev, gleichzeitig einen anderen Termin wahrzunehmen, genügt ebenfalls in der Regel nicht, vgl BFH BB **80**, 566. Die Zulassung dieser Entschuldigung müßte der Vorschrift jede praktische Bedeutung nehmen, sobald ein Anwalt beteiligt ist; aM Brangsch AnwBl **77**, 278, Franzki NJW **79**, 11 (er übersieht, daß ein verhinderter ProzBev auf Grund des Vertrags mit dem Auftraggeber den Terminsvertreter ausreichend informieren darf und muß, vgl a), Putzo AnwBl **77**, 433, Rumpenhorst AnwBl **77**, 301, abw Schneider MDR **77**, 795. Wegen einer sog „Terminsabstimmung" zwischen der Geschäftsstelle und dem Anwalt § 216 Anm 2 B b.

Auch derjenige Anwalt, der ohne einen Sozius arbeitet, muß grundsätzlich für eine Vertretung sorgen, und zwar auch während der Ferienzeit. Der Umstand, daß auch der ohne Sozius tätige Anwalt zB ein Recht auf einen ungestörten Urlaub hat, ändert nichts daran, daß die Eigenart seiner Berufspflichten zu der Notwendigkeit einer rechtzeitigen Vertreterbestellung gerade zB während einer längeren Abwesenheit auch nach der BRAO führt. Diese Notwendigkeit ergibt sich auch aus der Stellung des Anwalts als eines Organs der

Rechtspflege, aM zB Schneider MDR **77**, 794. Auch ein erkrankter Alleinanwalt muß in einem ihm noch zumutbaren Umfang für einen Vertreter sorgen, BGH VersR **80**, 386.

Wenn die Partei selbst gleichzeitig einen anderen Termin wahrnehmen muß, sollte grundsätzlich der früher anberaumte Termin den Vorrang haben, vgl BFH NJW **76**, 1120. Das Gericht muß die Interessen der grundsätzlich gleichberechtigten Parteien abwägen, Celle NJW **69**, 1905, Köln MDR **71**, 933. Ein später terminiertes Verfahren auf den Erlaß eines Arrests oder einer einstweiligen Verfügung kann wegen seiner besonderen Eilbedürftigkeit den Vorrang haben, BFH BB **80**, 566.

bb) Mangelnde Vorbereitung der Partei, Z 2. Die Partei oder den ProzBev trifft irgendein prozessuales Verschulden, etwa dasjenige, sich nicht rechtzeitig vorbereitet zu haben, vgl a. In diesem Zusammenhang ist ein Verschulden des gesetzlichen Vertreters oder des ProzBev als solches der Partei anzusehen, §§ 51 II, 85 II. Ein grobes Verschulden ist nicht erforderlich. Vielmehr ist jede prozessuale Nachlässigkeit schädlich. Wegen der §§ 277 I, 282 I usw muß das Gericht strenge Anforderungen stellen; krit Erich DB **77**, 913 (betr eine Arbeitssache). Insbesondere seit der VereinfNov ist es die Pflicht des Gerichts, im Interesse der Zügigkeit des Prozesses und damit der Rechtssicherheit jedem Auswuchs entgegenzuwirken und straff dafür zu sorgen, daß keine irgendwie vermeidbaren Verzögerungen eintreten. Entgegen der vielfachen Kritik hat der Gesetzgeber bei dieser Grundsatzentscheidung, an die die Parteien, Anwälte und Gerichte gleichermaßen gebunden sind, ganz bewußt in Kauf genommen, daß auch einmal eine ungerechte Prozeßentscheidung entstehen kann. Die Ziele des Gesetzgebers dürfen nicht dadurch unterlaufen werden, daß man das Verschulden zu großzügig verneint.

cc) Einvernehmen der Partei, Z 3. Das bloße Einvernehmen der Parteien darüber, daß der Termin nicht stattfinden sollte, ist auch dann unbeachtlich, wenn die Parteien übereinstimmend und glaubhaft erklären, sie stünden zB in außergerichtlichen Vergleichsverhandlungen, oder wenn eine Partei erklärt, sie habe bereits die geforderte Summe bezahlt, die andere Partei aber erklärt, sie wolle lediglich noch den bevorstehenden Eingang der Zahlung abwarten, oder wenn der Bekl erklärt, der Kläger werde die Klage demnächst zurücknehmen, der Kläger sich zwar noch nicht geäußert hat, aber auch nicht widersprochen hat. In allen diesen Fällen mag zwar eine Maßnahme nach § 227 sinnvoll sein. Das Gericht sollte sich aber der Erfahrung bewußt sein, daß nur zu oft anschließend doch noch weitergestritten wird. Die Parteien wollen nur zunächst Zeit gewinnen und fürchten vielleicht ein Ruhen des Verfahrens, weil sie sich nicht darüber klar sind, daß ein nun ruhendes Verfahren unter Umständen schneller und leichter aufnehmen können, als sie meinen. Auch in diesem Zusammenhang ist der Prozeß natürlich nicht als Selbstzweck zu sehen. Wenn und solange eine Partei aber die Justiz zu Hilfe ruft, mag sie ihren Prozeß mit aller möglichen Energie zu Ende führen. Der Bekl mag zahlen und dem Gegner den Zahlungsnachweis im Termin erbringen. Der Kläger mag dem Bekl erklären, er werde von solchem Nachweis die Klagrücknahme oder die Erledigungserklärung abhängig machen und andernfalls zumindest den etwa möglichen Vollstreckungstitel erwirken, ohne unbedingt aus ihm vollstrecken zu wollen.

Insbesondere dann, wenn der Termin auch zu einer Beweisaufnahme bestimmt war, ist nicht einzusehen, weshalb nur wegen der plötzlichen Sinnesänderung der einen oder der anderen oder beider Parteien zum Prozeßtempo Zeugen, die vielleicht gar nicht mehr abbestellt werden können, umsonst anreisen oder doch zumindest den eigenen Zeitplan infolge einer plötzlichen Ab- und Umladung belasten müßten usw. Die Erfahrung zeigt, daß ein nur schon wegen der übereinstimmenden Bitte beider Parteien aufgehobener Termin eine erhebliche Wahrscheinlichkeit der endgültigen Klärung oder doch einer abschließenden Verhandlung bringt.

Insbesondere ist eine übereinstimmende Bitte der Parteien dann unbeachtlich, wenn sie einräumen oder wenn erkennbar ist, daß das wahre Motiv nur in mangelnder Vorbereitung liegt.

dd) Weitere Fälle. Z 1–3 enthalten keine abschließende Aufzählung des Fehlens eines erheblichen Grundes. Das ergibt sich schon aus den Gesetzesworten „sind insbesondere nicht". Auch in diesem Zusammenhang sind die Auslegungsregeln nach a beachtlich.

Das Gericht ist zB dann, wenn der Vermieter das Mieterhöhungsverlangen erst im Termin oder so kurz vor ihm begründet, daß die (neue) Zustimmungsfrist für den Mieter bis zum Termin nicht abläuft, zur Vertagung zwar berechtigt, aber nicht verpflichtet, Barthelmess WM **83**, 66.

3. Titel. Ladungen, Termine und Fristen §§ 227–229

4) Verfahren, II. 1, 2. Zu einer Maßnahme nach § 227 wie zu deren Ablehnung sind zuständig: **a)** Bei einer Aufhebung oder Verlegung der Vorsitzende bzw der Einzelrichter oder der verordnete Richter, II 1 Hs 1. Eine mündliche Verhandlung ist nicht erforderlich; **b)** bei einer Vertagung das gesamte Kollegium auf Grund der ja schon begonnenen Verhandlung, II 1 Hs 2. Wegen der Glaubhaftmachung Anm 3 A.

Wer einen Vertagungsantrag erst kurz vor dem Termin einreicht, kann nicht damit rechnen, daß das Gericht alles stehen und liegen läßt, um über diesen Antrag zu entscheiden. Es muß ja grundsätzlich auch den Prozeßgegner anhören, Art 103 I GG, der ein Recht auf die Durchführung des anberaumten Termins hat. Der Antragsteller muß daher zumindest vorsorglich anfragen, ob das Gericht seinem Antrag stillschweigend stattgeben werde, BGH NJW 82, 889.

Bei a wie b ergeht die Entscheidung grundsätzlich durch einen ausdrücklichen Beschluß, Köln JB 77, 411. Er ist grundsätzlich kurz zu begründen, II 2, § 329 Anm 1 A b. Er wird verkündet. Der ablehnende Beschluß wird formlos mitgeteilt, § 329 II 1. Der stattgebende Beschluß wird förmlich zugestellt, soweit er eine neue Terminsbestimmung enthält, § 329 II 2, und im übrigen formlos mitgeteilt.

5) Rechtsbehelfe, II 3. Die Ablehnung einer Maßnahme nach § 227 wie eine stattgebende Anordnung sind grundsätzlich unanfechtbar, II 3, zB Ffm AnwBl 80, 152, vgl auch LAG Mainz NJW 81, 2272. Die Entscheidung ist allenfalls zusammen mit dem Urteil anfechtbar, §§ 512, 548. Soweit die Entscheidung praktisch auf eine Aussetzung des Verfahrens hinausläuft, ist sie ebenso wie ein Aussetzungsbeschluß anfechtbar, § 252, Einf 1 B vor §§ 148–155, Ffm AnwBl 80, 152. Man sollte mit der Annahme zurückhalten, die Entscheidung laufe auf eine solche Aussetzung hinaus. Eine Aussetzung des Verfahrens liegt ja erst dann vor, wenn nach der Meinung des Gerichts jedenfalls in absehbarer Zeit nichts weiter zur Fortsetzung des Prozesses geschehen wird. Auch die Anberaumung eines erst in mehreren Monaten stattfindenden neuen Termins ist immerhin ein weiterer Schritt des Verfahrens und nicht dessen Stillstand.

Eine Dienstaufsichtsbeschwerde ist zwar grundsätzlich denkbar; sie ist aber in der Regel sinnlos. Denn die Entscheidung nach § 227 gehört grundsätzlich zum Kernbereich der richterlichen Unabhängigkeit, und zwar sowohl dann, wenn das Gericht eine Terminsänderung usw ablehnt, als auch dann, wenn es ihr stattgibt. Denn die Entscheidung darüber, ob ein erheblicher Grund vorliegt, erfordert eine Beschäftigung jedenfalls auch mit dem konkreten Streitstoff des vorliegenden Verfahrens und die Abwägung der Interessen der Parteien unter denselben Gesichtspunkten, unter denen zB zu prüfen sein könnte, ob eine Partei beim Ausbleiben im Termin säumig wäre usw. Damit würde sich die Dienstaufsicht in denjenigen Bereich begeben, in dem sie nichts zu suchen hat.

Es ist auch keineswegs zulässig, im Weg der Dienstaufsicht zwar theoretisch die richterliche Unabhängigkeit zu respektieren, der Sache nach aber anschließend um so intensiver zu prüfen, ob die im Beschluß genannten oder sonst erkennbaren Erwägungen des Gerichts für seine Entscheidung nun auch wirklich jeder Nachprüfung standhalten. Diese Kontrolle obliegt allein dem etwaigen Rechtsmittelgericht. Die Dienstaufsicht darf erst dann eingreifen, wenn ersichtlich keinerlei sachliche Erwägungen mehr für die Entscheidung maßgeblich waren, nicht schon dann, wenn die Entscheidung irgendwie fehlerhaft sein könnte. Das Gericht hat einen beträchtlichen Ermessensspielraum, den die Dienstaufsicht keineswegs auch nur im Ergebnis einengen darf.

Übrigens kann eine unter diesen Voraussetzungen hochgradig oberflächlich oder praktisch gar nicht begründete Dienstaufsichtsbeschwerde als falsche Verdächtigung nach § 164 StGB strafbar sein.

6) VwGO: *Entsprechend anzuwenden,* § 173 *VwGO,* BVerwG VerwRspr *28 Nr 117, DVBl 82, 635 u DÖV 83, 247 (unberechtigte Ablehnung eines Vertagungsantrags verletzt Art 103 I GG). Rechtsbehelfe wie Anm 5,* § 146 II *VwGO.*

228 (weggefallen)

229 *Verordneter Richter.* Die in diesem Titel dem Gericht und dem Vorsitzenden beigelegten Befugnisse stehen dem beauftragten oder ersuchten Richter in bezug auf die von diesen zu bestimmenden Termine und Fristen zu.

1) Die Entscheidung des verordneten Richters ermöglicht stets die Anrufung des Prozeßgerichts, §§ 576 I, 577 IV.

2) VwGO: *Entsprechend anzuwenden, § 173 VwGO. Anrufung des Gerichts: § 151 VwGO.*

Vierter Titel. Folgen der Versäumung. Wiedereinsetzung in den vorigen Stand
Übersicht

1) Versäumung. Sie liegt vor, wenn eine Partei eine Prozeßhandlung, die sie entweder innerhalb einer Frist oder im Termin vornehmen muß, gar nicht, verspätet oder unwirksam vornimmt (Teilversäumung). Demgegenüber liegt in einer völligen Versäumung des Termins zur notwendigen mündlichen Verhandlung das sog Versäumnis, das zur Versäumnisentscheidung nach §§ 330 ff führen kann.

2) Folgen der Versäumung. A. In demselben Prozeß. Eine Teilversäumung hat in demselben Prozeß folgende Rechtsnachteile:

a) Ausschluß. Der Teilsäumige wird mit der versäumten Prozeßhandlung ausgeschlossen (Präklusionsprinzip), § 230. Termine und Fristen verfallen ohne weiteres. Eine Versäumung in der ersten Instanz kann den Ausschluß für den ganzen Prozeß bedeuten, vgl §§ 528, 529.

b) Kosten. Der Teilsäumige muß Kostennachteile tragen, zB nach den §§ 95, 97 II.

c) Unterstellung. Das Gesetz unterstellt, daß der Teilsäumige die ihm ungünstigste Prozeßhandlung vorgenommen hat, soweit sein Handeln unentbehrlich war. Beispiel: § 138 III unterstellt sein Geständnis.

d) Versäumnisentscheidung. Im Fall einer völligen Versäumung ist eine Versäumnisentscheidung nach den §§ 330 ff zulässig.

Nach dem Gesetz braucht das Gericht die vorgenannten Rechtsnachteile nicht anzudrohen. Man mag dies im Fall einer völligen Versäumung bedauern. Auch bei einer Versäumung ergibt sich aus allgemeinen Rechtsgrundsätzen und aus den §§ 51 II, 85 II, daß die Versäumung des gesetzlichen Vertreters oder des ProzBev als solche der Partei gilt. Wenn es darauf ankommt, ob der Betreffende schuldhaft (vorwerfbar) handelte, etwa im Zusammenhang mit einem Wiedereinsetzungsverfahren, bleiben diesbezügliche privatrechtliche Grundsätze unerheblich. Einzelheiten vgl bei § 233.

B. Künftiger Prozeß. Man muß zwischen den Rechtsnachteilen in demselben Prozeß und denjenigen in einem künftigen Prozeß unterscheiden. Für einen künftigen Prozeß kommt eine Ausschließung in Betracht. Sie kann zB bei einer Abänderungsklage, § 323, und bei einer Vollstreckungsabwehrklage nach § 767 eintreten. Darüber hinaus kann sie aber auch als ein Ausfluß der Rechtskraft für alle diejenigen Einwendungen gelten, die das Gericht in dem rechtskräftig beendeten Erstprozeß behandelt hat oder die man nach § 767 II hätte vorbringen können; vgl auch Einf 3 A und B vor §§ 322–327.

3) Beseitigung der Folgen. Man kann die Folgen einer Versäumung nur in denjenigen Fällen beseitigen, die das Gesetz nennt. Unter Umständen kann man eine versäumte Prozeßhandlung nachholen, etwa nach § 296 III. Ferner mag ein Einspruch zulässig sein, zB gegen ein Versäumnisurteil. Außerdem kann eine Entschuldigung im Verfahren nach Lage der Akten in Betracht kommen. Sofern es um die Versäumung einer Notfrist geht, mag eine Wiedereinsetzung in den vorigen Stand zulässig sein. Sie verlangt allerdings regelmäßig, daß man die Frist schuldlos versäumt hat. Das Gesetz kennt keine Wiedereinsetzung gegen die Versäumung eines Termins. Das kann sich unbillig auswirken.

Das Wiedereinsetzungsverfahren ist in den §§ 233 ff geregelt. Ein Antrag auf eine Wiedereinsetzung in den vorigen Stand hindert weder den Eintritt der Rechtskraft noch die Möglichkeit einer Zwangsvollstreckung. Die Entscheidung des Gerichts dahin, daß die Wiedereinsetzung gewährt wird, beseitigt die Rechtskraft rückwirkend, § 705 Anm 2 A. Das gilt auch dann, wenn es sich zB um ein Scheidungsurteil handelt.

4) VwGO: *Ausdrücklich geregelt ist nur die Wiedereinsetzung, § 60 VwGO. Die Versäumung von Prozeßhandlungen hat auch im Verfahren vor den VerwGerichten Bedeutung, Anm 2; es entfallen jedoch die Geständniswirkung und die Möglichkeit einer Versäumnisentscheidung.*

4. Titel. Folgen der Versäumung. Wiedereinsetzung §§ 230, 231 1, 2

230 *Versäumung. Folge.* **Die Versäumung einer Prozeßhandlung hat zur allgemeinen Folge, daß die Partei mit der vorzunehmenden Prozeßhandlung ausgeschlossen wird.**

1) Ausschlußwirkung. Begriff der Versäumung Üb 1 vor § 230. Eine Versäumung durch einen Fristablauf oder in der mündlichen Verhandlung hat zur Folge, daß die Partei mit der Prozeßhandlung ausgeschlossen wird. Das gilt unabhängig davon, ob sie vorwerfbar handelte oder nicht. In der mündlichen Verhandlung tritt eine Versäumung erst mit dem Schluß der Verhandlung ein, auf die das Urteil ergeht. Das ergibt sich aus dem Grundsatz der Einheit der Verhandlung, Üb 2 B vor § 253, Ffm MDR **82**, 153, vgl ferner § 220 II.

Das Gesetz macht mehrfach von § 230 eine Ausnahme, namentlich dann, wenn es sich um die Wahrung des öffentlichen Interesses handelt. Eine Versäumung der schriftsätzlichen Vorbereitung hat andere Folgen, s § 132 Anm 2, vgl ferner zB §§ 282, 296.

2) *VwGO:* *Entsprechend anzuwenden, § 173 VwGO, vgl Üb 4 § 230.*

231 *Versäumung. Androhung und Antrag.* **¹ Einer Androhung der gesetzlichen Folgen der Versäumung bedarf es nicht; sie treten von selbst ein, sofern nicht dieses Gesetz einen auf Verwirklichung des Rechtsnachteils gerichteten Antrag erfordert.**

II Im letzteren Falle kann, solange nicht der Antrag gestellt und die mündliche Verhandlung über ihn geschlossen ist, die versäumte Prozeßhandlung nachgeholt werden.

1) Androhung, I. Das Gericht braucht die gesetzlichen Folgen einer Versäumung nach dem Wortlaut von I nicht anzudrohen. Von dieser Regel gibt es aber zahlreiche Ausnahmen, vgl zB die §§ 276 II, 277 II, 340 III, 692 I Z 4, 890 II, 947 II Z 3, 1008. Die Folgen treten dann, wenn eine Androhung nicht erforderlich ist, kraft Gesetzes, also von selbst ein, soweit nicht das Gesetz einen Antrag fordert, wie bei den §§ 109, 113 (Sicherheitsleistung), bei § 158 (Entfernung eines Beteiligten), bei den §§ 239 IV, 246 II (nach einer Unterbrechung), bei den §§ 330 ff (Versäumnisentscheidungen), bei § 952 (Ausschlußurteil).

Das Gesetz verlangt vom Gericht also grundsätzlich keine Rechtsmittelbelehrung, Hamm MDR **75**, 409 (zum dort unter anderem erörterten Problem jetzt § 890 Anm 3 E b). Das Gericht sollte sich auch hüten, eine Rechtsmittelbelehrung zu erteilen, soweit es dazu nicht gesetzlich verpflichtet ist. Zum einen könnte sie falsch sein und schon deshalb eine Staatshaftung auslösen, die sich nach § 839 BGB auswirken könnte, etwa dann, wenn sich die Rechtsmittelbelehrung in einem Urteil befindet. Die Fürsorgepflicht des Gerichts findet dort ihre Grenze, wo der Gesetzgeber nach jeweils geltendem Recht die Grenze selbst erkennen zieht. Wenn das Gesetz zwar auf anderen Gebieten, zB im Verwaltungs- oder Strafprozeß, mehr oder minder umfassende Rechtsmittelbelehrungspflichten kennt, im Zivilprozeß aber derzeit nur in einzelnen Fällen solche Pflichten aufstellt, dann hat der Gesetzgeber selbst klar zu erkennen gegeben, daß er das Problem unterschiedlicher Belehrungspflichten kennt. Deshalb kann dann auch nicht von einer Gesetzeslücke gesprochen werden, Einl III 5 D b.

Zum anderen könnte die Partei mit Recht zB daraufhinweisen, daß ihr im Fall A eine Belehrung erteilt worden sei, im Fall B jedoch nicht. In solcher unterschiedlichen Handhabung könnte ein Verstoß gegen Art 3 GG liegen, der ebenfalls Staatshaftung usw auslösen mag.

Das alles gilt unabhängig davon, ob der derzeitige Rechtszustand rechtspolitisch erfreulich ist oder nicht. Immerhin ist zu berücksichtigen, daß der Zivilprozeß nach der Grundeinstellung auch des heutigen Gesetzes ein Kampf zweier gleichberechtigter Parteien gegeneinander ist, nicht etwa ein Verfahren der Obrigkeit gegenüber dem einzelnen Bürger wie etwa im Strafprozeß. Daraus ergibt sich ua eine mindere Belehrungs-, Hinweis- und Fürsorgepflicht des Gerichts.

2) Nachholbarkeit, II. Soweit das Gesetz einen Antrag mit dem Ziel des Ausspruchs der Folgen einer Versäumung voraussetzt, ist eine versäumte Prozeßhandlung bis zum Schluß der mündlichen Verhandlung über diesen Antrag nachholbar, vgl Köln OLGZ **79**, 119. Ausnahmsweise kann sie sogar noch bis zur Verkündung oder sonstigen Wirksamkeit der Entscheidung über den Antrag nachgeholt werden, zB in den Fällen der §§ 106, 109.

Wenn das Gesetz keinen derartigen Antrag voraussetzt, etwa im Fall der Versäumung einer Rechtsmittelbegründungsfrist, oder wenn es sich nicht um eine Prozeßhandlung han-

Hartmann 533

delt, etwa im Fall der Ernennung eines Schiedsrichters, ist die versäumte Prozeßhandlung nicht nachholbar.

Soweit keine mündliche Verhandlung stattfindet, genügt der Antrag. Wenn die Verhandlung wiedereröffnet wird, § 156, gilt die Regelung nach II bis zum erneuten Verhandlungsschluß. II ist auch dann anwendbar, wenn nach der Versäumung einer richterlichen Frist ein Antrag notwendig wird.

3) VwGO: *Entsprechend anzuwenden, § 173 VwGO.*

232 Versäumung. Verschulden des Vertreters. (weggefallen)

233 Wiedereinsetzung wegen Verhinderung. War eine Partei ohne ihr Verschulden verhindert, eine Notfrist oder die Frist zur Begründung der Berufung, der Revision oder der Beschwerde nach §§ 621 e, 629a Abs. 2 oder die Frist des § 234 Abs. 1 einzuhalten, so ist ihr auf Antrag Wiedereinsetzung in den vorigen Stand zu gewähren.

Schrifttum: Gilles, Rechtsmittel im Zivilprozeß. Berufung, Revision und Beschwerde im Vergleich mit ... der Wiedereinsetzung in den vorigen Stand, 1972; Maniotis, Das prozessuale Verschulden und die objektive Präklusion, zwei Auslegungsprobleme des § 233 ZPO, Diss Freibg/Br 1983; Scherer, Die Wiedereinsetzung bei Versäumung der Widerspruchsfrist, Diss Mü 1967.

1) Allgemeines zu den §§ 233–238. Die Wiedereinsetzung in den vorigen Stand ist die Beseitigung eines Rechtsnachteils, der einer Partei infolge einer Versäumung erwachsen ist. Der gesetzgeberische Hintergrund ist die Notwendigkeit einer richterlichen Billigkeitsentscheidung. Andererseits sollen jede Prozeßverschleppung und jede Gefährdung der Rechtskraft verhindert werden, Brschw NJW **62**, 1823 mwN, Schlicht BB **80**, 632. Deshalb hat das Gesetz die Möglichkeiten einer Wiedereinsetzung beschränkt.

Die Wiedereinsetzung ist nur dann statthaft, wenn man eine Frist und nicht etwa einen Termin versäumt hat. Nach dem klaren Wortlaut des § 233 ist die Wiedereinsetzung also nicht gegenüber einer Terminsversäumung zulässig. Das kann sich unbillig auswirken. In solchen Fällen können aber die §§ 251a II 4, 337, 342, 513 II helfen.

Soweit das Gericht der Partei die Wiedereinsetzung in den vorigen Stand zugebilligt hat, ist eine zugelassene Prozeßhandlung, die die Partei nunmehr ordnungsmäßig nachholt, ebenso wirksam, als ob sie ursprünglich rechtzeitig erhoben wäre. Das gilt auch dann, wenn zB eine Ehe zunächst geschieden worden war, wenn ein geschiedener Ehegatte inzwischen erneut geheiratet hat und wenn die neue Ehe infolge der Wiedereinsetzung in den vorigen Stand nunmehr bigamisch wird, BGH **8**, 284 und **LM** § 232 aF (A) Nr 3. Ein Verzicht auf die Einhaltung der §§ 233ff, namentlich des § 236, ist unwirksam. Es gibt keine Wiedereinsetzung gegen die Versäumung einer Anmeldefrist nach dem BEG-SchlußG, BGH **LM** Art VIII BEG-SchlußG Nr 2.

Die § 233ff sind auch in einem Verfahren nach § 621 I Z 1 anwendbar, BGH NJW **79**, 110 mwN. Sie sind ferner im arbeitsgerichtlichen Verfahren anwendbar, Lorenz BB **77**, 1003, Schlicht BB **80**, 632 mwN, ebenso in einem Verfahren der freiwilligen Gerichtsbarkeit, Köln DNotZ **81**, 716 mwN. Wegen ihrer Anwendbarkeit in anderen Bereichen, zB bei § 40 V SortenschutzG, vgl auch § 85 Anm 3 A b. Eine Wiedereinsetzung ist immerhin denkbar, wenn man eine Fristversäumung wegen der Beachtlichkeit einer unrichtigen Entscheidung, Üb 3 D vor § 300, unterstellen muß, Köln VersR **73**, 162. Eine ordnungsgemäße Versagung der Wiedereinsetzung stellt keinen Verstoß gegen Art 103 I GG dar, Köln VersR **75**, 545.

Die Wiedereinsetzung hängt von anderen Voraussetzungen ab als die Einstellung der Zwangsvollstreckung und ist im Gegensatz zur letzteren endgültig, BVerfG **61**, 17.

2) Geltungsbereich. A. Geschützte Personen. § 233 schützt eine Partei, auch ihren Streithelfer. Hat die Partei einen Vertreter im Sinn der §§ 51 II, 85 II, so kommt es nur darauf an, ob dieser Vertreter verhindert war. Allerdings kann in dem Unterlassen der Bestellung eines anderen Vertreters ein Verschulden der Partei liegen. Dagegen braucht die Partei für das Verschulden eines Angestellten, der nicht als ihr Vertreter angesehen werden kann, nicht einzustehen. Sie braucht erst recht nicht für solche Personen einzustehen, die weder ihr Vertreter noch ihr Angestellter sind, vgl § 85 Anm 3 C.

B. Notfrist usw. Es muß eine Notfrist abgelaufen sein. Dazu zählt jetzt auch zB diejenige des § 339 I (Einspruch gegen ein Versäumnisurteil und, in Verbindung mit § 700, gegen einen Vollstreckungsbescheid). Ferner gehören hierher zB: Die Berufungsfrist, § 516; die Revisionsfrist, § 552; die Frist des § 234 I, vgl Ffm OLGZ **79**, 18. Die Frist ist auch dann erfolglos abgelaufen, wenn die Partei die erforderliche Schrift nicht innerhalb der Frist in einer formell ausreichenden Form eingereicht hatte, wenn etwa die Berufungsschrift nicht unterschrieben wurde, BGH **LM** (B) Nr 5.

Nicht hierher gehören zB folgende Fälle: Die Versäumung der Widerrufsfrist nach einem Vergleich, BGH **61**, 395, BAG NJW **78**, 1876, OVG Münster NJW **78**, 181 je mwN, aM zB Säcker NJW **68**, 708, vgl freilich auch Anh § 307 Anm 3 B; das Verstreichen der Dreimonatsfrist zur Tatbestandsberichtigung, BGH NJW **60**, 866, s auch § 551 Anm 8 A. BGH **53**, 310, LG Tüb NJW **77**, 1693 (zustm Grunsky) setzen das Verstreichen der Frist zur Erhebung einer Anfechtungsklage eines in einer geschlossenen Anstalt untergebrachten mittellosen Entmündigten dem § 233 gleich, § 664 Anm 4, und lassen ein Verschulden des nach § 668 Beigeordneten unschädlich sein. Nicht hierher gehört ferner zB die Monatsfrist des § 554 II Z 2 BGB, LG Mü WM **83**, 141. Zur Anwendung des § 233 auf notfristähnliche Fälle LG Mü WM **83**, 141, Schlicht BB **80**, 632 mwN.

C. Antrag. Eine Wiedereinsetzung in den vorigen Stand erfolgt nur auf Grund eines Antrags des Geschädigten, § 236. Ein ausdrücklicher Antrag ist aber unter Umständen entbehrlich, § 236 Anm 1. Ein Rechtsschutzbedürfnis muß stets vorhanden sein und daher von Amts wegen geprüft werden, Hamm FamRZ **79**, 723.

3) Ohne Verschulden. A. Begriff. Die Partei darf keine Schuld daran haben, daß sie die Frist nicht einhielt. Insofern enthält das Gesetz jetzt weniger scharfe Anforderungen als vor der VereinfNov, vgl BGH VersR **83**, 375 mwN, aM Schwab NJW **79**, 697. Früher war nämlich eine Wiedereinsetzung nur dann zulässig, wenn ein Naturereignis oder ein unabwendbarer Zufall für den Fristablauf ursächlich gewesen waren. Jetzt ist es für eine Wiedereinsetzung ausreichend, daß die Partei oder ihr Vertreter, §§ 51 II, 85 II, diejenige Sorgfalt aufwendeten, die man verständigerweise von ihnen erwarten konnte, BGH VersR **79**, 961, vgl BGH **LM** (K) Nr 1 (zum alten Recht).

Damit begnügt sich das Gesetz jetzt mit einem Grad von Sorgfalt, der auch bei anderen Prozeßhandlungen und sonstigen prozessualen Ereignissen üblich ist. Der Maßstab der erforderlichen Sorgfalt muß den gesamten Umständen angepaßt werden. Man kann von einer intelligenten, rechtskundigen Partei ein höheres Maß von Sorgfalt erwarten, Brschw JB **78**, 850. Wie stets bei einer Verschuldensprüfung, kommt es auch hier auf das Zumutbare an. Freilich muß auch in diesem Zusammenhang die allgemeine prozessuale Sorgfaltspflicht beachtet werden, die zB in § 282 verlangt wird. Andererseits hat gerade dieselbe VereinfNov, die die prozessualen Anforderungen sonst vielfach verschärft hat, im Bereich der Wiedereinsetzung spürbare Erleichterungen geschaffen. Auch das ist bei der Klärung des zumutbaren Grades der Sorgfalt zu berücksichtigen.

Nach wie vor schadet auch nur leichtes prozessuales Verschulden, Einl III 7 A, BGH VersR **78**, 522. Jedoch braucht die Partei keineswegs mehr wie früher eine äußerste Sorgfalt aufzuwenden. Die Anforderungen dürfen gerade hier nicht mehr überspannt werden, vgl schon BVerfG **40**, 44 und **41**, 359 je mwN (betr die StPO bzw das OWiG; Rechtsprechungsübersicht bei Goerlich NJW **76**, 1526), Förster NJW **80**, 432. Die Partei soll durch Förmlichkeiten möglichst keinen Schaden erleiden.

Freilich darf das alles nicht zu einer Schädigung der Rechtssicherheit führen. Daher ist auch keineswegs eine allzu großzügige Zulassung der Wiedereinsetzung zulässig. Allgemeine Schwierigkeiten, die jeden treffen, sind keineswegs immer ein ausreichender Wiedereinsetzungsgrund, vgl BGH NJW **64**, 2302 und VersR **83**, 138.

Immerhin braucht die Partei zB vor einem Urlaub grundsätzlich keine „besonderen" Vorkehrungen wegen einer möglichen Zustellung, gleich welcher Art, zu treffen, BVerfG **41**, 335 mwN (betr die StPO). Das gilt sogar dann, wenn die Partei an sich mit einer Zustellung rechnen muß, offen BGH (8. ZS) VersR **77**, 1099, strenger BGH (7. ZS) VersR **82**, 653 mwN. Freilich weist BVerwG MDR **77**, 431 zutreffend darauf hin, daß die Partei jedenfalls die „normalen" Vorkehrungen auch während eines Urlaubs treffen muß. BGH VersR **77**, 433 fordert (nach altem Recht) „normale" Vorkehrungen. Schuldlos ist eine vorübergehende Abwesenheit von der ständigen Wohnung, und zwar selbst außerhalb der allgemeinen Urlaubszeit, BVerfG **41**, 336, Corts DB **79**, 2086. Schädlich ist aber ein vorwerfbares Sichentziehen, BGH VersR **77**, 1099, oder eine Verzögerung nach der Rückkehr, vgl BVerfG **35**, 298 mwN, BFH DB **74**, 2448.

Ein von der Residenzpflicht befreiter Anwalt, § 213 BRAO, der seinen ausländischen Aufenthaltsort für längere Zeit verläßt, muß möglichst sicherstellen, daß die nach deutschem Recht ablaufenden Fristen eingehalten werden, BGH MDR **64**, 35. Schuldlos muß nicht nur die Unkenntnis des Versäumnisurteils sein, sondern auch die Unkenntnis seines Erlasses und die Versäumung der Einspruchsfrist, BGH **LM** (K) Nr 1. Wenn Form und Frist versäumt wurden, müssen beide Versäumnisse unverschuldet sein, BAG BB **77**, 500. Ein Verschulden des ProzBev ist auch nach dem Zeitpunkt der Niederlegung des Mandats schädlich, BGH NJW **53**, 703.

B. Glaubhaftmachung. Vgl § 236 II 1. Im Zweifel ist eine Wiedereinsetzung zu versagen, BGH VersR **83**, 401.

4) Einzelfälle als Beispiele. Man übersehe nie, die Entscheidung auf die Person des Säumigen abzustellen. Die Rechtsprechung und Lehre vor 1977 ist außer in Altfällen, BGH VersR **78**, 537, nur insofern uneingeschränkt verwertbar, als sie bereits damals nach den strengeren gesetzlichen Anforderungen eine Wiedereinsetzung gewährte; soweit sie diese ablehnte, ist sie nur noch nach Maßgabe der jetzt milderen gesetzlichen Voraussetzungen an eine Wiedereinsetzung als Anhalt verwertbar.

Gericht: Zur Fristwahrung genügt der Einwurf in einen Tagesbriefkasten des Gerichts jedenfalls dann, wenn man nach den Umständen mit der Leerung an diesem Tag noch rechnen darf, BGH BB **81**, 1001. Die Partei kann davon ausgehen, daß Vorrichtungen vorhanden sind, die einen Einwurf bis 24 Uhr zulassen, vgl BVerfG **52**, 209 mwN. Sie braucht sich also nicht noch besonders darüber zu vergewissern, ob solche Vorrichtungen bestehen, BGH **LM** (Gd) Nr 8.

Ein Nachtbriefkasten, BGH **23**, 310, vgl auch BGH NJW **74**, 1326, der also Einwürfe vor und nach 24 Uhr voneinander trennt, muß als solcher deutlich, auch in der Nacht erkennbar, am Gerichtsgebäude leicht auffindbar sein. Die fristwahrende Wirkung eines Einwurfs bis 24 Uhr muß erkennbar sein, BAG NJW **64**, 369. Wenn das Schriftstück am letzten Tag der Frist bis 24 Uhr in einen Gerichtsbriefkasten eingeworfen wurde, ist die Frist auch dann gewahrt, wenn das Gericht diesen Briefkasten mit der Aufschrift versehen hatte, eine Fristsache sei nicht dort einzuwerfen, sondern „stes bei der zuständigen Geschäftsstelle abzugeben". Denn das Gesetz sieht jedenfalls bei der Einlegung eines Rechtsmittels keine Mitwirkung des Gerichts vor; daher genügt die Einreichung, und diese liegt vor, sobald das Schriftstück tatsächlich in die Verfügungsgewalt „des Gerichts", also irgendeiner gerichtlichen Empfangsvorrichtung, gelangt, vgl BVerfG **57**, 120, BGH BB **81**, 581 je mwN (dadurch ist die frühere Rspr überholt, die eine Annahme durch den zuständigen Urkundsbeamten der Geschäftsstelle zur Fristwahrung für notwendig hielt; falsch daher auch Ffm VersR **81**, 755).

Die dienstliche Äußerung des mit der Leerung des Nachtbriefkastens befaßten Beamten, er habe die Einwürfe stets sorgfältig registriert, reicht gegenüber einer eidesstattlichen Versicherung eines Anwalts, die Schrift rechtzeitig eingeworfen zu haben, nicht aus, falls die Organisation des Gerichts Fehlermöglichkeiten offenläßt, LAG Hamm DB **81**, 2132.

Wenn ein gemeinsamer Nachtbriefkasten für mehrere Gerichte eingerichtet ist oder wenn sie eine gemeinsame Briefannahmestelle haben, BGH NJW **67**, 875 (vgl auch BGH VersR **78**, 563 und Ffm VersR **82**, 449 betr Frankfurt/Main, BGH NJW **83**, 123 betr München), muß eine richtige Anschrift vorhanden sein und das Schriftstück überhaupt dem richtigen Gericht rechtzeitig zugeleitet werden können, BGH **LM** § 518 I Nr 8 und VersR **81**, 63. Die Angabe eines Aktenzeichens kann fehlen, BGH VersR **82**, 673. Es ist unerheblich, ob ein derart in der Frist beim Gericht eingegangener Schriftsatz auch sofort zur richtigen Akte kam, BVerfG **52**, 209 und **60**, 122, aber auch 246 je mwN, BGH NJW **83**, 123, BGH VersR **82**, 673.

Wenn das Urteil berichtigt worden ist und nun erst eine Beschwer ersichtlich wird, beginnt die Rechtsmittelfrist erst mit der Zustellung des Berichtigungsbeschlusses, BGH **17**, 149. Die Wiedereinsetzung ist zu gewähren, wenn der Briefkopf des Gerichts irrig ausweist, die (auch in Wahrheit nur bei der zugehörigen Staatsanwaltschaft eingerichtete) Fernschreibstelle gehöre zum Gericht, Ffm Rpfleger **79**, 467.

Das Gericht muß wegen seiner prozessualen Fürsorgepflicht, Einl III 3 B, BVerfG **52**, 144, eine irrig bei ihm eingelegte Rechtsmittelschrift umgehend im normalen Geschäftsgang unter einem Hinweis auf ihre etwaige Eilbedürftigkeit an das zuständige Gericht weiterleiten, sofern das zunächst angegangene Gericht davon ausgehen kann, daß die Rechtsmittelschrift noch rechtzeitig bei dem zuständigen Gericht eingehen kann, Karlsr MDR **81**, 503, vgl BSG NJW **75**, 1380.

4. Titel. Folgen der Versäumung. Wiedereinsetzung   § 233   4

Wer ein Gesuch zum Protokoll des Urkundsbeamten einer Geschäftsstelle erklärt, darf damit rechnen, daß er einen rechtzeitigen, sachgemäßen Bescheid erhält. Das gilt jedenfalls insofern, als ein sachgemäßer Antrag gestellt wurde. Die Wiedereinsetzung ist zu gewähren, wenn das Gericht eine Berufung unrichtig verworfen hat, Köln VersR **73**, 162. Die Partei darf die Unrichtigkeit eines Eingangsstempels beweisen, BGH VersR **75**, 925. Die Wiedereinsetzung ist zu gewähren, wenn das Gericht eine Berufungsschrift nicht rechtzeitig weitergeleitet hat, weil aus ihr die Unzuständigkeit des Adressaten nicht erkennbar war, BGH VersR **76**, 1156, vgl aber auch BGH VersR **76**, 1064 und NJW **79**, 876. Zur behördlichen Pflichtverletzung Späth VersR **75**, 693.

Die Gerichtskasse ist zur Annahme ungeeignet, unabhängig von einer etwaigen Übung, vgl AG Köln WM **81**, 113.

Die Partei muß aber mit den üblichen kleineren Verzögerungen des Prozeßbetriebs rechnen. Ihr Anwalt muß eine unrichtige Fristauskunft in einem ihm zumutbaren Umfang überprüfen, BGH VersR **73**, 351, aM BGH NJW **66**, 658 (der BGH betont aber mit Recht, man dürfe die Anforderungen an die Sorgfaltspflicht nicht überspannen). Er muß die Angabe seines Aktenzeichens auf einer fristschaffenden Mitteilung einer Behörde prüfen, BGH **LM** § 43 PatG Nr 6.

Die Wiedereinsetzung ist möglich, wenn der Anwalt ein rechtzeitig eingelegtes Rechtsmittel nur auf Grund einer Empfehlung des Rechtsmittelgerichts zurückgenommen hatte, die sich zu spät als rechtlich unhaltbar herausgestellt hat, BGH NJW **81**, 576.

Gestaltungsurteil: Vgl Faust, Die Wiederaufnahme des Verfahrens und die Wiedereinsetzung in den vorigen Stand bei Gestaltungsurteilen, Diss Hbg 1951.

Gutachten: Die Wiedereinsetzung ist zu bewilligen, wenn ein Gutachten zur Urteilsgrundlage geworden war und wenn sich kurz nach dem Ablauf der Rechtsmittelfrist herausstellt, daß das Gutachten auf einem Versehen beruhte und daß das Rechtsmittel nunmehr als aussichtsvoll beurteilt werden kann.

Partei: Die Wiedereinsetzung ist in folgenden Fällen möglich: Die Partei hat von der öffentlichen Zustellung eines Urteils, mit dem sie nicht zu rechnen braucht, keine Kenntnis, BGH VersR **77**, 836 und 932; die Partei versäumt die Frist wegen einer zehntägigen Abwesenheit, BAG NJW **72**, 887; die Partei versäumt die Frist wegen eines längeren Urlaubs, vgl BVerfG **34**, 156 mwN und Anm 3 B; die Partei kann damit rechnen, daß ihr ProzBev sie von der Zustellung des Urteils unterrichten wird, BGH VersR **75**, 48, NJW **80**, 999 mwN und VersR **82**, 582 (wegen eines Ausländers), strenger BGH **LM** § 232 (Cd) Nr 19; die Partei mißversteht ein unklares Formblatt oder eine Mitteilung ihres Anwalts, vgl BGH VersR **77**, 646 (betr einen Ausländer); ein einfacher Arbeiter rechnet damit, daß ihm das Urteil zugehen werde, er stellt deshalb zwei Monate hindurch keine Nachforschungen an, das Urteil wird ihm aber tatsächlich von seinen Angehörigen vorenthalten, BGH **LM** Nr 73.

Weitere Fälle der Wiedereinsetzung: Die Partei muß zwar mit einem Urteil rechnen, erhält diese Entscheidung aber weder im Weg einer normalen Zustellung noch im Weg einer Ersatzzustellung. Sie braucht dann nicht stets besondere Nachforschungen anzustellen, BGH VersR **77**, 569; gegen den Schuldner wird das Konkursverfahren eröffnet, der Konkursverwalter lehnt die Aufnahme des unterbrochenen Prozesses des Gemeinschuldners ab, der Gemeinschuldner bestellt aber keinen Anwalt als seinen Zustellungsbevollmächtigten für die Aufnahmeerklärung, BGH NJW **64**, 47; die Partei „vergißt" infolge einer Erkrankung die Fristeinhaltung, BGH VersR **75**, 280, strenger BGH VersR **77**, 433; die Partei versäumt die rechtzeitige Anmeldung eines Bagatellschadens bei der nach dem NATO-Truppenstatut zuständigen ausländischen Dienststelle infolge ihrer Rechtsunkenntnis, Düss VersR **75**, 1104.

Weitere Fälle der Wiedereinsetzung: Ein Mitbewohner enthält der Partei ihre gesamte Post vor, BGH VersR **76**, 929; eine Behörde vereitelt den Eingang dadurch, daß sie ihren Postabholdienst so organisiert, daß eine Anlieferung durch die Post schneller wäre, BVerfG **62**, 222; ein Ausländer beherrscht die deutsche Sprache nicht angemessen, BVerwG MDR **78**, 786; die Partei erteilt telefonisch den Auftrag zur Rechtsmitteleinlegung und unterläßt dann eine schriftliche Bestätigung oder Rückfrage zur Überwachung des Auftrags, BGH NJW **81**, 2816.

Sehr großzügig meint BGH NJW **82**, 184, eine außerhalb des Rheinlands ansässige (deutsche) Partei brauche nicht damit zu rechnen, daß am frühen Nachmittag des Rosenmontags sämtliche Kanzleien der beim Rechtsmittelgericht zugelassenen Anwälte geschlossen seien.

Eine Wiedereinsetzung ist in folgenden Fällen abzulehnen: Der Geschäftsführer versäumt es, für die Zeit seiner Abwesenheit einen geeigneten Vertreter zu bestellen; der

Geschäftsführer teilt nach dem Konkurs seiner Firma dem ProzBev seine Anschrift nicht mit, BGH VersR **78**, 422; eine Partei, die in der ersten Instanz nicht anwaltlich vertreten war, erkundigt sich nicht alsbald nach dem Ergebnis des Verkündungstermins, BGH VersR **77**, 720, oder nach der Frist und Form des zulässigen Rechtsmittels, BGH **LM** Nr 74 und FamRZ **80**, 555, selbst nach einer Operation, BGH VersR **77**, 719; die Partei muß zwar damit rechnen, daß schon ein Urteil gegen sie ergangen ist, fährt aber nun in einen längeren Urlaub oder auf eine längere Reise, ohne irgendwelche Vorsorge wegen des Rechtsmittels zu treffen, BGH BB **79**, 192 und VersR **79**, 574, vgl auch BFH DB **82**, 836; die Partei holt bei einer objektiv ungeeigneten Stelle, zB bei einem Bahnhofsbeamten, eine unrichtige Auskunft über den Sitz des zuständigen Gerichts ein und versäumt daher die Frist, BGH VersR **80**, 530.

Weitere Fälle der Versagung einer Wiedereinsetzung: Die Partei muß mit einem Schreiben des Gerichts rechnen, nimmt aber nun einen Wohnungswechsel vor und vertraut darauf, ihr in Scheidung lebender Ehegatte werde ihr die Post nachsenden, BGH VersR **79**, 644; weder die ausländische Partei noch ihr Verkehrsanwalt veranlassen die Übersetzung einer Mitteilung des ProzBev und erfahren daher verspätet von deren Inhalt, BGH NJW **75**, 497; die Partei beauftragt trotz einer Rechtsmittelbelehrung des Gerichts den auswärtigen Berufungsanwalt erst am Tag vor dem Fristablauf schriftlich, BGH VersR **73**, 767, vgl auch BGH VersR **81**, 1129; die vom erstinstanzlichen Anwalt ordnungsgemäß über die Rechtsmittelfrist unterrichtete Partei beauftragt zwar einen zweitinstanzlichen Anwalt mit der Prüfung der Erfolgsaussichten des erwogenen Rechtsmittels, versäumt aber eine rechtzeitige Nachfrage nach dem Ergebnis seiner Prüfung, BGH VersR **82**, 444; die Partei erklärt dem erstinstanzlichen Anwalt, sie wolle selbst einen Berufungsanwalt beauftragen, tut das aber nicht innerhalb einer angemessenen Frist, BGH VersR **76**, 970; die Partei holt die Klageschrift, die ihr durch eine Niederlegung zugestellt wurde, nicht noch vor ihrem Urlaub ab, obwohl ihr die Abholung zumutbar ist, BGH VersR **77**, 1099; die Partei holt eine Entscheidung, die ihr während des Urlaubs durch eine Niederlegung zugestellt wurde, nicht alsbald nach dem Urlaubsende ab, BGH VersR **78**, 827. Wegen einer Untersuchungshaft BGH VersR **77**, 257 (diese Entscheidung ist zum Teil überholt); die Partei nimmt ein Schreiben ihres Anwalts, der sein Mandat niedergelegt hat, nicht an, BGH VersR **82**, 545; die Partei fragt nicht nach, ob ein Konkursverfahren beendet ist, BGH VersR **82**, 673.

Weitere Fälle der Versagung der Wiedereinsetzung: Die Partei leidet unter einer vorübergehenden nervösen Erschöpfung, BGH VersR **83**, 138; die Partei (Finanzbehörde) hat eine unzureichende Fristkontrolle, BFH BB **83**, 625; die Partei kündigt das Anwaltsmandat, ohne sich um eine laufende Frist zu kümmern, BGH VersR **83**, 540.

Post: Die Wiedereinsetzung ist in folgenden Fällen zulässig: Der Brief enthält zwar eine unvollständige Anschrift, wird jedoch so rechtzeitig abgesendet, daß die Zustellung nur deshalb verspätet erfolgt, weil die Post ihren Ermittlungsdienst eingeschaltet hat, BAG BB **76**, 187; die Post leitet den Brief trotz einer richtigen Adresse an einen falschen Empfänger, BGH **51**, 1; ein Eilbrief wird im Nahverkehr einen Tag vor dem Fristablauf in den Briefkasten geworfen, und zwar an einem Sonntag, BGH VersR **76**, 88 (zustm Späth); der niedergelegte Umschlag ist so beschädigt, daß man den Zustellungsvermerk nicht erkennen kann, vgl BGH VersR **80**, 744.

Dem Bürger sind grundsätzlich solche Verzögerungen der Briefbeförderung und der Briefzustellung, die er nicht zu vertreten hat, nicht zuzurechnen, BVerfG **62**, 221 und 337 je mwN, BGH AnwBl **82**, 108, und zwar unabhängig davon, ob die Verzögerung auf einer zeitweise besonders starken Beanspruchung der Post, etwa vor einem Feiertag, auf einer verminderten Dienstleistung der Post, etwa an einem Wochenende, oder auf der Nachlässigkeit eines Postbediensteten beruht, vgl BVerfG **62**, 337 mwN, BGH VersR **78**, 1162, ferner BAG NJW **78**, 1495, BGH DB **78**, 500 und VersR **79**, 444, BayObLG NJW **78**, 1488, oder ob die Ursache der ungewöhnlichen Postverzögerung überhaupt nicht mehr aufklärbar ist, BGH VersR **81**, 1161. Dadurch ist die strengere frühere Rechtsprechung weitgehend überholt.

Weitere Fälle der Wiedereinsetzung: Die Partei gibt ein Telegramm so rechtzeitig auf, daß sie mit seinem Eingang vor dem Fristablauf rechnen kann, BFH NJW **76**, 1960; eine von der Partei nichtverschuldete Beschädigung der Sendung führt zu derer verzögerter Zustellung, BGH VersR **79**, 190; es ist unklar, ob ein gewöhnlicher Brief zugegangen ist, BGH VersR **78**, 671; eine Behörde vereitelt den Eingang dadurch, daß sie ihren Postabholdienst so organisiert, daß eine Anlieferung durch die Post schneller wäre, BVerfG **62**, 222.

4. Titel. Folgen der Versäumung. Wiedereinsetzung   § 233   4

Eine Wiedereinsetzung muß in folgenden Fällen versagt werden: Die Partei gibt einen Eilbrief am 24. 12. auf, der Fristablauf liegt am 27. 12., BGH VersR **75**, 811; die Partei gibt ein Eil-Einschreiben nach auswärts am letzten Tag der Frist vormittags auf, BFH BB **76**, 1254; sie gibt einen Normalbrief 1 Tag vor dem Fristablauf nach auswärts auf, BGH VersR **77**, 649 mwN (krit Gelhaar VersR **77**, 1029, abl Späth VersR **77**, 1030); der Empfänger läßt eine ihm bekannte ständige nicht korrekte Zustellungsart unbeanstandet, BVerwG MDR **77**, 431; der Empfänger verläßt sich auf einen bisher mangelhaft ausgeführten Nachsendeauftrag, BGH VersR **79**, 1030; bei einem Ablauf der Berufungsfrist am nächsten Tag um 24 Uhr gelangt die Berufungsschrift am Abend des vorletzten Tags der Frist vor der letzten Leerung in einem Briefkasten, neben dem die Post eine Zusammenstellung der Brieflaufzeiten angebracht hat, nach der bei einem so erfolgenden Einwurf eine Zustellung am nächsten Tag gewährleistet sei, BVerfG **62**, 337, BGH VersR **82**, 298.

Prozeßkostenhilfe: Die Wiedereinsetzung ist in folgenden Fällen zu gewähren: Der Antragsteller hat ausreichend dargelegt, daß er die Kosten der Prozeßführung nach seinen persönlichen und wirtschaftlichen Verhältnissen nicht, nur zum Teil oder nur in Raten aufbringen kann, vgl (zum alten Recht) BGH VersR **78**, 671 und 824 je mwN, Kblz FamRZ **74**, 222, vgl auch BSG VersR **80**, 256 mwN; der Antragsteller hat die Erklärung nach § 117 II–IV sorgfältig ausgefüllt, BGH FamRZ **83**, 580 (im Rechtsmittelzug genügt bei unveränderten Verhältnissen eine eindeutig darauf verweisende Bezugnahme auf den erstinstanzlich eingereichten Vordruck); die Rechtsmittelfrist ist voll ausgenutzt worden, BGH **16**, 1 und VersR **74**, 194, Kblz FamRZ **74**, 222; der Antrag auf die Bewilligung der Prozeßkostenhilfe wird am letzten Tag der Rechtsmittelfrist eingereicht, BGH **16**, 1, Kollhosser VersR **74**, 830 mwN; er wird im Anschluß an eine fristgerecht eingelegte Berufung am letzten Tag der Berufungsbegründungsfrist eingereicht, BGH VersR **77**, 721 mwN.

Damit das Gericht über den Antrag sofort entscheiden kann, muß der Antragsteller innerhalb der Frist alle notwendigen Unterlagen über seine persönlichen und wirtschaftlichen Verhältnisse beibringen, BGH VersR **81**, 61 mwN und 884. Soweit es zweifelhaft ist, ob diese Verhältnisse noch zur Prozeßkostenhilfe berechtigen, genügt eine Bezugnahme auf ein früheres Armutszeugnis oder eine frühere Erklärung nach § 117 nF nicht, vgl (zum alten Recht) BGH **LM** § 232 aF Nr 30. Sofern der Antragsteller allerdings keinen Zweifel daran zu haben braucht, daß seine persönlichen und wirtschaftlichen Verhältnisse zur Bewilligung der Prozeßkostenhilfe ausreichen, genügt es, daß er weitere Unterlagen, die das Gericht anfordert, erst nach dem Ablauf der Rechtsmittelfrist einreicht, BGH **LM** § 119 aF Nr 4 und NJW **75**, 121 mwN sowie VersR **76**, 932.

Soweit erforderlich, muß dargelegt werden, daß die Revisionssumme erreicht worden ist, BGH **LM** § 114 aF Nr 10 (sehr weitgehend). Die spätere Einreichung der Unterlagen schadet aber dann nicht, wenn der Antragsteller alles unternommen hat, was ihm nach den Umständen zumutbar war, um die Unterlagen rascher zu erhalten, BGH VersR **76**, 564 mwN, vgl BFH BB **78**, 292. Bei einem Antrag auf eine Wiedereinsetzung wegen der Versäumung der Revisionsfrist muß der Antragsteller das Urteil des Berufungsgerichts und den Nachweis der Vermögenslosigkeit erbringen und die Rechtzeitigkeit, spätestens vor der Entscheidung des Gerichts über das Gesuch, BGH NJW **68**, 502, nachweisen, unter Umständen auch die Revisionsfähigkeit, also den Streitwert, und ferner die Beschwer; er braucht dagegen nicht im einzelnen darzulegen, wie er die Revision begründen will, BGH NJW **60**, 676.

Es schadet dem Antragsteller nicht, daß sein Anwalt die Vertretung nach der Einreichung eines Antrags auf die Bewilligung einer Prozeßkostenhilfe niedergelegt hat und daß das Gericht über den Antrag noch nicht entschieden hat. Die Wiedereinsetzung ist ferner zu bewilligen, wenn dem Antragsteller nicht einmal eine knappe Zeit bleibt, sich über die Einlegung eines Rechtsbehelfs schlüssig zu werden und die Unterlagen für den Antrag auf die Bewilligung der Prozeßkostenhilfe zu beschaffen. Es reicht aus, daß das Gericht seine frühere Ablehnung einer Prozeßkostenhilfe durch einen späteren Beschluß aufgehoben hat. Es reicht ferner aus, wenn der Mittellose das Rechtsmittel durch seinen Wahlanwalt vor der Ablehnung seines Antrags auf eine Prozeßkostenhilfe einlegt, falls er im Zeitpunkt des Fristablaufs noch ohne einen Anwalt ist, vgl auch BGH VersR **78**, 741.

Eine Wiedereinsetzung ist in folgenden Fällen abzulehnen: Der Anwalt hat es schuldhaft versäumt, den Nachweis des wirtschaftlichen Unvermögens innerhalb der vom Gericht gesetzten Frist zu erbringen, BGH VersR **83**, 241; nach einer Ablehnung des Antrags auf eine Prozeßkostenhilfe ist der Instanzenzug erschöpft und nicht durch eine nachträgliche Bewilligung wieder eröffnet worden. Das gilt auch bei einem Notanwalt. Nach einer Ablehnung der Prozeßkostenhilfe kann der Antragsteller erkennen, daß die Voraussetzungen ihrer Bewilligung in der Tat nicht erfüllt sind, BGH VersR **81**, 854 mwN.

Weitere Fälle der Versagung der Wiedereinsetzung: Nach einer Ablehnung des Prozeßkostenhilfeantrags ist eine Gegenvorstellung ohne Erfolg geblieben, BGH MDR **53**, 163. Denn nach der Ablehnung mangels Erfolgsaussicht gilt die Mittellosigkeit nicht mehr als ein Hindernis; der Antragsteller hat die Forderung vor der Klagerhebung abgetreten, aber nur für seine Mittellosigkeit Unterlagen rechtzeitig beigebracht, BGH **LM** Nr 76; der Konkursverwalter legt nicht vor dem Fristablauf dar, daß er die Mittel zur Prozeßführung von den am Prozeß wirtschaftlich Beteiligten nicht aufbringen könne, BGH **LM** § 114 aF Nr 8; die Partei hat deswegen keinen Rechtsbehelf eingelegt, weil das Gericht einem Streitgenossen in einer gleichliegenden Sache eine Prozeßkostenhilfe verweigert hat; das Gericht bewilligt die Prozeßkostenhilfe nach einer vorangegangenen Ablehnung nunmehr erst auf Grund neuer Tatsachen, Schlesw MDR **78**, 235. Denn sonst stünde der Mittellose bei dem Ablauf der Berufungsfrist besser da.

Weitere Fälle der Versagung der Wiedereinsetzung: Der Anwalt legt im guten Glauben, die Berufungsfrist zu wahren, das Rechtsmittel vor der Bewilligung einer Prozeßkostenhilfe, aber in Wahrheit nach dem Ablauf der Berufungsfrist ein. Denn in diesem Fall ist das Hindernis der Mittellosigkeit für die Verspätung nicht ursächlich, BGH NJW **66**, 203 und **LM** Nr 8. Andererseits ist nach BGH **LM** Nr 75 dann, wenn sich nichts Gegenteiliges ergibt, davon auszugehen, daß die Mittellosigkeit daran gehindert hat, das Rechtsmittel rechtzeitig einzulegen, selbst wenn es vor der Bewilligung der Prozeßkostenhilfe eingelegt worden war; wenn der Anwalt einen Prozeßauftrag hat, muß er bei dem Empfang des Beschlusses über die Bewilligung der Prozeßkostenhilfe dafür sorgen, daß die Frist für das Wiedereinsetzungsgesuch nach § 234 I notiert wird.

Die Wiedereinsetzung ist ferner zu versagen, wenn die Partei darum bittet, die Entscheidung über ihren Antrag auf eine Prozeßkostenhilfe wegen einer anderweitigen Vergleichsverhandlung zurückzustellen, dann aber die Unterbrechung dieser Vergleichsverhandlung oder eine andere dortige neue Situation entgegen ihrer Ankündigung dem Gericht nicht mitteilt, Hamm JB **75**, 1604 (abl Burkhardt).

Rechtsanwalt. Der BGH stellt an die Sorgfaltspflicht des Anwalts mit Recht harte Anforderungen. Freilich ist auch in diesem Zusammenhang zu beachten, daß die vor der Vereinf-Nov von 1977 ergangene Rechtsprechung nur noch bedingt verwertbar ist, Anm 4 am Anfang.

Allgemein gilt etwa folgendes: Der Anwalt muß alles ihm nur Zumutbare tun und veranlassen, damit jede einzelne Frist gewahrt wird. Er muß bestimmte besonders wichtige Berechnungen, Kontrollen und Überwachungen persönlich vornehmen und darf sie allenfalls seinem Sozius, einem speziell mit der Sache beauftragten Volljuristen als Mitarbeiter oder einem langjährigen Bürovorsteher übertragen. Er kann andere, nicht ganz so wichtige oder schwierige Aufgaben auch anderen Mitarbeitern übertragen. Sein gesamtes Personal muß aber sorgfältig ausgewählt, laufend geschult, laufend überwacht und im Fall von Unregelmäßigkeiten besonders kontrolliert werden. Außerdem muß er durch einen Fristkalender, ein Fristenbuch, Vermerke in den Handakten und auf andere geeignete Weise auch in sachlicher Hinsicht alle überhaupt nur möglichen und zumutbaren organisatorischen Vorkehrungen dagegen treffen, daß Fristen versäumt werden.

Er ist überdies in bestimmtem Umfang auch noch dann zumindest mitverantwortlich, wenn er die weitere Bearbeitung inzwischen einem Kollegen, sei es einem Verkehrsanwalt oder einem höherinstanzlichen Anwalt, übergeben hat. Seine Sorgfaltspflichten dauern auch dann an, wenn sich die Partei nicht meldet oder wenn aus anderen Gründen kein Kontakt zu ihr besteht. Sie enden erst dann, wenn er das Mandat wirksam aufgegeben hat oder wenn der Vertrag wirksam gekündigt wurde.

Auf dieser Grundlage ergibt sich im einzelnen eine Fülle von Pflichten. Die nachfolgende Übersicht kann nur ein ungefähres Bild von der Vielfalt der Rechtsprechung bieten. Es lassen sich im wesentlichen etwa folgende Gesichtspunkte darstellen:

Übersicht der Untergliederung zum Stichwort „Rechtsanwalt"

Aktenvermerk	**Bürovorsteher**
Aktenvorlage	**Einlegung des Rechtsmittels**
Andere Instanz	**Frist**
Angestellter, Beauftragter	a) Berechnung
Auszubildender	b) Überwachung
Bürogemeinschaft	c) Verlängerung, Änderung usw

4. Titel. Folgen der Versäumung. Wiedereinsetzung § 233 4

Gerichtsferien
Gesetzesunkenntnis
Information
  a) Auftraggeber
  b) Anderer Anwalt
Kalender
Kanzlei und Wohnung
Krankheit
Letzter Augenblick
Mehrheit von Anwälten
Neuer Mitarbeiter
Organisation
Personal
  a) Auswahl
  b) Überwachung

Post
Prozeßkostenhilfe
Schließfach
Tod
Tonbanddiktat
Überlastung
Unterschrift
Urlaub
Verkehrsanwalt
Verlust eines Schriftsatzes
Vertreter
Vorfrist
Zustellung

Aktenvermerk: Der Anwalt muß die Zustellung des Urteils, das ihm zugesandt wird und dessen Erhalt er bescheinigt, entweder selbst sofort in den Akten vermerken, BGH VersR **78**, 537 und **79**, 161, Oldb JB **78**, 1013, oder muß den Vermerk sofort durch einen unbedingt zuverlässigen Mitarbeiter anfertigen lassen, BGH VersR **77**, 424, oder er muß die Zustellung aus der ihm vorgelegten Postmappe aussondern und dafür Sorge tragen, daß ein zuverlässiger Angestellter sofort einen Aktenvermerk anlegt, BGH VersR **78**, 523. Die allgemeine Belehrung und Anweisung des Personals genügt nicht, BGH **LM** Nr 63 und VersR **74**, 57. Vielmehr muß der Anwalt glaubhaft machen, daß der Mitarbeiter generell zuverlässig ist, BGH VersR **78**, 182, und daß er in einer bestimmten Weise überwacht wird, BGH VersR **74**, 572 und 909 sowie **77**, 933.

Der Anwalt muß dafür sorgen, daß im Fall einer Urteilszustellung nach § 212a der Tag des Urteilszugangs, BGH VersR **74**, 749 und 1002, und in einem Fall des § 221 II der Tag der Zustellung an den Gegner sogleich in den Handakten vermerkt wird, BGH VersR **73**, 155. Er muß ferner angeben, auf Grund welcher Unterlagen die Rechtsmittelfrist in den Fristenkalender einzutragen ist, BGH NJW **69**, 1297. Er muß überhaupt sofort veranlassen, daß alles zur Fristwahrung Notwendige geschieht, BGH VersR **78**, 255 und 944 sowie **79**, 256, BAG NJW **75**, 232.

Der Anwalt muß dafür Sorge tragen, daß die wirkliche und nicht bloß die hypothetische Berufungsbegründungsfrist sogleich nach der Einreichung der Berufung im Fristenkalender eingetragen wird und daß diese Kalendereintragung durch einen Erledigungsvermerk in der Handakte gekennzeichnet wird, BGH **LM** (Fc) Nr 35 und VersR **73**, 716, Nürnb OLGZ **76**, 119. Wenn der Anwalt das Personal nicht angewiesen hat, ihn auf einen Fristablauf hinzuweisen, muß er den Fristablauf auf den Aktendeckel (und im Fristenkalender) vermerken lassen, BGH VersR **79**, 256. In diesem Fall reicht auch eine Vorfristnotierung nicht aus, BGH VersR **75**, 1006.

Der Anwalt darf sich nicht damit begnügen, den Beginn und die Dauer der Rechtsmittelfrist mündlich festzustellen und es dem Bürovorsteher zu überlassen, das Fristende in den Handakten (und im Fristenkalender) einzutragen, BGH MDR **62**, 290; eine Ausnahme mag bei einem langjährigen erprobten Bürovorsteher möglich sein. Der Anwalt muß dann, wenn ihm die Berufungsschrift zur Unterschrift vorgelegt wird, und auch dann, wenn er die Akten noch einmal zur Abfassung der Berufungsbegründung erhält, nachprüfen, ob sich in den Handakten ein Vermerk darüber befindet, daß die Frist im Kalender eingetragen ist, BGH **LM** Nr 10.

S auch ,,Aktenvorlage", ,,Bürovorsteher", ,,Zustellung".

Aktenvorlage: Der Anwalt darf die Akten nicht aus dem normalen Geschäftsgang herausnehmen, ohne daß eine etwa laufende Frist im Fristenkalender vermerkt wurde, BGH **LM** Nr 78. Wenn der Bürovorsteher ein zugestelltes Urteil nicht vorgelegt hat und auf ein späteres Befragen erklärt, es sei noch nicht eingegangen, kann der Partei die Wiedereinsetzung zu bewilligen sein, BGH NJW **61**, 2013. Dasselbe gilt dann, wenn das Büropersonal dem Anwalt die Akten trotz einer ausdrücklichen Anordnung nicht zur abschließenden Bearbeitung wieder vorgelegt hat, BGH VersR **79**, 228, oder wenn das Personal die Akten trotz ausdrücklicher Anordnung dem Anwalt nicht zur Unterschrift der Rechtsmittelschrift vorgelegt hat, BGH NJW **76**, 967, oder wenn es ihm die vorgelegten Akten ohne sein Wissen wieder weggenommen hat, BGH VersR **77**, 36 mwN, oder wenn es ihm eine falsche Auskunft über den Aktenverbleib gegeben hat, BGH VersR **75**, 1149.

Der Anwalt muß allerdings auch bei einer gut geschulten und beaufsichtigten Mitarbeiterin prüfen, ob sie eine von ihm nur auf ein Tonband diktierte Wiedervorlageverfügung in die Handakte übertragen hat, BGH VersR **82**, 1192.

Der Partei ist auch dann die Wiedereinsetzung zu bewilligen, wenn der Anwalt vor einem Urlaub die Vorlage aller Fristsachen beim Bürovorsteher angeordnet hat und sich auf sein eingearbeitetes Personal verlassen kann, BGH VersR **73**, 665. Er muß aber dem Verdacht eines Büroversehens kurz vor dem Fristablauf sogleich nachgehen, BGH VersR **79**, 376. Überhaupt schadet ein Organisationsmangel, BGH **LM** Nr 52 und VersR **79**, 256. Der Anwalt muß insbesondere dafür Sorge tragen, daß auch ein unerfahrener Auszubildender die Akten unverzüglich vorlegt, BGH VersR **77**, 424 und **78**, 960. Auch dann, wenn der Anwalt zulässigerweise dem Bürovorsteher eine Postvollmacht erteilt hat, kann ein besonders starker Eingang von Einschreibsendungen eine besondere Anordnung des Anwalts über eine Aktenvorlage erforderlich machen, BGH MDR **62**, 810.

Der Anwalt muß zumindest bei einem Zweifel über den Lauf der Berufungsfrist die Handakten einsehen, BGH VersR **74**, 88. Eine falsche Auskunft seines Personals geht zu seinen Lasten, soweit ihm eine persönliche Überprüfung zumutbar ist, BGH VersR **73**, 351, vgl auch (zum ZVG) Stgt JB **76**, 974, aM BGH NJW **66**, 658. Freilich darf man insofern keine überspannten Anforderungen stellen, BGH VersR **74**, 809. Wenn sich der Anwalt mit der Einlegung der Berufung oder deren Begründung bis zum letzten Augenblick Zeit läßt, muß er besondere Sorgfalt aufwenden, insbesondere dann, wenn er die Aktenvorlage erst auf den letzten Tag der Frist angeordnet hat.

Der Anwalt darf eine fristschaffende Zustellung nicht annehmen und bescheinigen, ohne die allgemein angeordnete Aktenvorlage abzuwarten, BGH VersR **73**, 1144, oder zu prüfen, ob das zugehörige Urteil tatsächlich beilag, BGH VersR **78**, 943 und **79**, 283, OVG Münster BB **76**, 442.

Wenn der Anwalt ein Rechtsmittel eingelegt hat, muß er die Akten zwar nicht grundsätzlich überprüfen, BGH VersR **74**, 548, wohl aber dann, wenn sie ihm wegen einer fristgebundenen Prozeßhandlung vorgelegt werden, BGH VersR **81**, 460 und 552 sowie VersR **82**, 71 je mwN, oder dann, wenn ihm die Akten ohnehin bis zum Fristablauf oder nahe davor vorliegen, BGH NJW **71**, 2269, VersR **73**, 128 und 186, falls sich die Notwendigkeit einer Fristprüfung aufdrängt, BGH VersR **77**, 836. Der Anwalt muß zB prüfen, ob im Fall einer Friständerung die neue Frist eingetragen wurde, BGH VersR **80**, 1047. Wenn das Personal die Akten dem Anwalt nach der Bewilligung einer Prozeßkostenhilfe vorlegt, muß er prüfen, ob er eine fristgebundene Prozeßhandlung vornehmen, zB die Berufung jetzt begründen muß, BGH FamRZ **81**, 536. Wenn der Anwalt die Fristen regelmäßig selbst kontrolliert, kann er eine Unterlassung auch nicht mit seiner Überlastung entschuldigen. Eine erhöhte Verantwortlichkeit besteht für ihn dann, wenn ihm die Akten trotz seiner eigenen Überlastung vorgelegt werden, BGH VersR **73**, 716 und **77**, 153.

Eine Wiedereinsetzung kommt in Betracht, wenn das sonst zuverlässige Personal den Entwurf der Berufungsbegründung nach der Billigung durch den Auftraggeber entgegen einer Weisung des Anwalts diesem nicht zur Unterschrift vorlegt, BGH **LM** (Fd) Nr 30. Der Anwalt darf aber die Akte nicht aus dem Geschäftsgang nehmen und dadurch verursachen, daß eine Eintragung im Fristenkalender unterbleibt. Er muß dann, wenn ihm die Akten vorliegen, selbst feststellen, ob es sich um eine Fristsache handelt, BGH NJW **76**, 628. Er muß insbesondere nach einem Erledigungsvermerk wegen einer wichtigen Frist forschen, BGH VersR **77**, 836. Es reicht aber aus, wenn er besonders verfügt, das Personal solle die Berufungsbegründungsfrist notieren, BGH MDR **63**, 386. Der Anwalt muß sicherstellen, daß die Akte in einer nichterledigten Vorfristsache am nächsten Tag ohne weiteres wieder vorgelegt wird, BGH VersR **74**, 756 und **75**, 715. Wenn er erklärt, er habe die Sache selbst in Arbeit genommen, darf er die Akte nicht mehr aus den Augen lassen, BGH VersR **74**, 999.

Wenn das Personal die Akte dem Anwalt ganz kurzfristig vorlegt, wenn er aber selbst infolge einer Überlastung an der rechtzeitigen Erledigung gehindert ist, muß er etwas veranlassen. Denn er muß immer mit unvorhersehbaren Ereignissen rechnen, BGH NJW **62**, 1865, vgl BGH VersR **75**, 40.

In einer Entschädigungssache muß der Anwalt wegen der unterschiedlichen Länge der in Frage kommenden Fristen im Fall der Aktenvorlage den Fristablauf entweder selbst prüfen oder zumindest besonders sorgfältig prüfen lassen, BGH VersR **73**, 39 und 421 (der BGH verlangt die Belehrung der Gehilfin über die Fristenvorschriften).

Sobald die Akte dem Anwalt zur Unterschrift der Berufungsschrift vorliegt, BGH VersR **78**, 251, sowie nochmals im Zeitpunkt der Vorlage der Akte zur Begründung der

4. Titel. Folgen der Versäumung. Wiedereinsetzung § 233 4

Berufung muß der Anwalt die Frist kontrollieren, BGH VersR **75**, 615 und **77**, 373 je mwN sowie NJW **76**, 628 und VersR **81**, 282 mwN. Dabei ist die etwa übliche Bestätigung der Geschäftsstelle des Gerichts über den Eingang der Berufung die allein sichere Grundlage zur Fristberechnung, BGH VersR **74**, 357. Der Anwalt muß dann auch prüfen, ob in den Akten ein Vermerk vorhanden ist, daß die Frist im Kalender eingetragen sei, BGH **LM** Nr 10 und NJW **82**, 225. Wenn die Akten dem Anwalt für die Berufungsbegründung im Hinblick auf den Fristablauf vorliegen, kann er sich nicht damit entlasten, sein Büropersonal habe ihn nicht nochmals auf den Fristablauf hingewiesen, BGH NJW **68**, 2244 und VersR **81**, 282 mwN. Dasselbe gilt dann, wenn die Akte dem Anwalt zwecks Verlängerung einer Frist vorliegt, BGH BB **79**, 1429 und VersR **79**, 159.

Der Anwalt braucht aber keine besondere Nachprüfung vorzunehmen, wenn er eine Frist verfügt hatte und ihm die Akten nun aus einem anderen Anlaß vorgelegt werden und wenn er an die Fristwahrung noch nicht zu denken braucht, BGH VersR **75**, 422. Dasselbe gilt dann, wenn ihm eine Fristsache aus einem anderen Grund vorliegt, wenn er nun eine unverzügliche Wiedervorlage verfügt und wenn sein Personal diese Verfügung nicht beachtet, BGH MDR **66**, 47, oder wenn dem Anwalt die Akten wegen eines Mandantenbesuchs kurze Zeit vor dem Fristablauf vorliegen, wenn er sich nun aber mit Rücksicht auf seine Anordnungen und auf das geschulte Personal darauf verlassen kann, die Akte werde ihm rechtzeitig wieder vorgelegt werden, BGH NJW **67**, 2311, oder man werde ihn an den Fristablauf erinnern, LG Ffm VersR **74**, 685.

Der Anwalt darf die Berufungsschrift keineswegs ungelesen unterschreiben, BGH VersR **76**, 494 mwN. Er muß auch die richtige Bezeichnung der Person, BGH, VersR **74**, 109, VersR **82**, 191 und 770, und die richtige Bezeichnung der Adresse prüfen, BGH VersR **78**, 460 und VersR **81**, 63, darf allerdings die Korrektur einer als zuverlässig bekannten Sekretärin überlassen, BGH NJW **82**, 2671 (zustm Ostler). Er hat überhaupt wesentliche Fehler in der Rechtsmittelschrift selbst zu verantworten, BGH VersR **81**, 78 mwN, BAG NJW **73**, 1392.

Die Unaufklärbarkeit eines Büroversehens geht im Verhältnis zum Prozeßgegner zu Lasten derjenigen Partei, die sich darauf beruft, BGH VersR **82**, 1167.

S auch „Aktenvermerk", „Tonbanddiktat", „Unterschrift", „Vorfrist".

Andere Instanz: Wenn der erstinstanzliche Anwalt einem Kollegen der höheren Instanz den Auftrag zur Einlegung des Rechtsmittels in einem gewöhnlichen Brief erteilt, muß er grundsätzlich den Eingang des Auftrags und dessen Annahme überwachen, BGH VersR **82**, 950, 1192 und VersR **83**, 81, 271 je mwN, aM BGH (2. ZS) VersR **82**, 655. Es reicht dann aus, daß er eine gewisse Zeit zur Überwachung einer fristgemäßen Erledigung läßt, BGH NJW **75**, 1126 mwN.

Der Partei muß eine Wiedereinsetzung versagt werden, wenn ihr erstinstanzlicher Anwalt dem Rechtsmittelanwalt fehlerhafte Angaben übermitteln läßt, selbst wenn der Bürovorsteher des erstinstanzlichen Anwalts die Angaben kontrolliert, BGH NJW **59**, 46. Eine Wiedereinsetzung kann aber dann zu gewähren sein, wenn der erstinstanzliche Anwalt zwar einen Fehler macht, der zweitinstanzliche aber die Rechtsmittelfrist unverschuldet versäumt, die er an sich hätte wahren können, BGH VersR **75**, 1149 und **81**, 680.

Der erstinstanzliche Anwalt muß dann, wenn der zweitinstanzliche den Rechtsmittelauftrag nicht bestätigt, den Sachverhalt durch eine Anfrage aufklären, BGH **LM** Nr 54, vgl BGH NJW **74**, 2321 und VersR **80**, 192 rechte Spalte sowie VersR **82**, 950, aber auch BGH NJW **67**, 1568.

Eine Notfrist darf im Fristenkalender des erstinstanzlichen Anwalts erst dann getrichen werden, wenn der Rechtsmittelanwalt eine Bestätigung des Rechtsmittelauftrags übersandt hat, BGH VersR **76**, 939. Allerdings kann eine Wiedereinsetzung ausnahmsweise bei einer irrigen Streichung der Frist im Kalender möglich sein, BGH VersR **74**, 387 und NJW **58**, 1590.

Der Verkehrsanwalt ist Bevollmächtigter der Partei, aber nicht Erfüllungsgehilfe des ProzBev der Partei. Der ProzBev hat daher ein Verschulden des Verkehrsanwalts nicht gegenüber der Partei zu vertreten, LG Regensb AnwBl **82**, 109.

Der Anwalt der höheren Instanz darf sich nicht auf eine Angabe des erstinstanzlichen Anwalts verlassen, Ffm VersR **80**, 381, insbesondere dann nicht, wenn der höherinstanzliche Anwalt anhand der ihm übersandten Unterlagen die Angaben des erstinstanzlichen Anwalts nachprüfen kann, BGH VersR **74**, 386 und **75**, 90 mwN.

Der erstinstanzliche Anwalt muß die richtige Ausführung seiner Anweisung, einen bestimmten Anwalt beim Rechtsmittelgericht mit der Einlegung eines Rechtsmittels zu beauftragen, selbst überwachen, BGH VersR **78**, 841, **79**, 190 und 1124 (BGH VersR **76**,

958 erlaubt dem erstinstanzlichen Anwalt darauf zu vertrauen, daß eine zuverlässige Bürokraft die Anweisung durchführen werde, ähnlich Schlesw SchlHA **79**, 227). Zur Kontrolle gehört zB die Prüfung der richtigen Anschrift, BGH VersR **77**, 720 und 1032 sowie VersR **80**, 142, nicht aber auch die Kontrolle darüber, ob die Anordnung über die Absendung des Briefes durchgeführt wurde, BGH **LM** (Fd) Nr 4.

Zur Kontrolle gehört ferner die Prüfung, ob ein kurz vor dem Ablauf der Rechtsmittelfrist abgesandtes Auftragsschreiben beim beauftragten Anwalt eingegangen ist, BGH VersR **76**, 443, **79**, 190 und NJW **80**, 457 je mwN (großzügiger BGH VersR **79**, 444), Hamm VersR **74**, 1088, Nürnb NJW **73**, 908. Zur Kontrolle gehört ferner die Prüfung, ob der Rechtsmittelanwalt beim Rechtsmittelgericht zugelassen ist, BGH VersR **82**, 755, und den Auftrag angenommen, BGH VersR **78**, 722, **79**, 573 und **80**, 186 je mwN und ausgeführt hat, BGH VersR **82**, 755. Eine mündliche eilige Anweisung „zwischen zwei Terminen" kurz vor dem Fristablauf an das eigene Personal reicht meist nicht aus, BGH VersR **83**, 81. Ferner muß der erstinstanzliche Anwalt prüfen, ob der Rechtsmittelanwalt die Rechtsmittelfrist eingehalten hat, BGH VersR **80**, 193. Zur Kontrollpflicht des erstinstanzlichen Anwalts gehört ferner, ob das Rechtsmittel beim richtigen Gericht eingereicht wurde, BGH VersR **74**, 33 und 435 sowie **79**, 230.

Wenn der erstinstanzliche Anwalt den Auftrag zur Einlegung der Berufung telefonisch erteilt, muß er dafür sorgen, daß der Berufungsanwalt den Auftrag wiederholt, BGH VersR **80**, 765. Der Berufungsanwalt muß auch von sich aus für eine Kontrollwiederholung sorgen, BGH VersR **80**, 765 mwN. Der erstinstanzliche Anwalt muß dem Berufungsanwalt das Zustellungsdatum des anzufechtenden Urteils richtig angeben, BGH VersR **80**, 278.

Das Berufungsgericht braucht den erstinstanzlichen Anwalt nicht darauf hinzuweisen, daß die Berufung bei ihm nicht zulässig eingelegt worden ist, vgl BGH VersR **79**, 230.

Der Berufungsanwalt darf es nicht einem Auszubildenden überlassen, einen Berufungsauftrag fernmündlich entgegenzunehmen, ohne sich zu vergewissern, für welche Partei er das Rechtsmittel einlegen soll, BGH VersR **81**, 1178. Er darf die Überwachung einer Notfrist nicht dem erstinstanzlichen Anwalt überlassen, und zwar selbst dann nicht, wenn der letztere vereinbarungsgemäß die Berufungsbegründung zu entwerfen hat, BGH **LM** § 232 aF Nr 24. Der Berufungsanwalt ist im Fall einer Aktenvorlage ebenso wie der Revisionsanwalt zur Fristkontrolle verpflichtet, BGH VersR **82**, 874. Der Berufungsanwalt, der dem Verkehrsanwalt den Ablauf der Berufungsbegründungsfrist mitteilt, muß die Richtigkeit des Datums in der Reinschrift überprüfen, Karlsr OLGZ **83**, 95.

Der erstinstanzliche Anwalt muß dem Rechtsmittelanwalt den Zeitpunkt der Urteilszustellung oder die Beiordnung im Verfahren auf die Bewilligung einer Prozeßkostenhilfe, BGH VersR **73**, 320, mitteilen, BGH VersR **74**, 88, und zwar korrekt, BGH FamRZ **73**, 27 und VersR **73**, 153. Auch ein Verkehrsanwalt muß in solchem Fall sofort nachfragen, BGH VersR **75**, 90. Der zweitinstanzliche Anwalt, der vom erstinstanzlichen Kollegen den Auftrag zur Rechtsmitteleinlegung erhält, muß prüfen, ob sich aus dem Schreiben des Kollegen Zweifel darüber ergeben, ob die Rechtsmittelfrist noch läuft. Bei einem solchen Zweifel muß der zweitinstanzliche Anwalt beim Kollegen eine Rückfrage halten, BGH NJW **69**, 1298. Eine Rückfrage ist auch angesichts widersprüchlicher Weisungen des erstinstanzlichen Anwalts notwendig, BGH VersR **81**, 80.

Der Berufungsanwalt muß dem erstinstanzlichen Anwalt, der nicht Verkehrsanwalt ist und für die Tätigkeit eines Verkehrsanwalts auch keinen besonderen Auftrag hat, das Urteil mit der Bitte übersenden, die Partei über den Ablauf der Revisionsfrist zu unterrichten. Denn das gehört zur Aufgabe des Berufungsanwalts, BGH MDR **58**, 237. Der Berufungsanwalt muß dem Auftraggeber das Zustellungsdatum des Berufungsurteils mitteilen, BGH VersR **74**, 1131 mwN, und muß ihn darüber unterrichten, ob und inwiefern ein Rechtsmittel gegen das Berufungsurteil zulässig sei, BGH VersR **78**, 1160 mwN.

Wenn in einem Büro nicht alle Anwälte bei dem zuständigen Gericht zugelassen sind, muß der Zugelassene organisatorisch mehr tun als bloß die „Vorlage wichtiger Akten" zu veranlassen; er muß verhindern, daß ein Nichtzugelassener unterschreibt, BGH VersR **82**, 849.

S auch „Angestellter, Beauftragter", „Einlegung des Rechtsmittels", „Verkehrsanwalt".

Angestellter, Beauftragter: Es reicht grundsätzlich aus, daß der Anwalt, der einem Angestellten die Akten zu einer Bearbeitung überlassen hat, eine Aktenvorlage kurz vor dem Fristablauf verfügt hat und daß er bei einer dem Angestellten übertragenen Fristüberwachung Stichproben macht. Die Wiedereinsetzung kommt ferner in Betracht,

4. Titel. Folgen der Versäumung. Wiedereinsetzung § 233 4

wenn es wahrscheinlich ist, daß die Frist durch ein Versehen des gutgeschulten und überwachten Personals versäumt wurde, zB BGH VersR **83**, 375 mwN. Das gilt erst recht dann, wenn das Personal eine vom Anwalt richtig verfügte Fristeintragung eigenmächtig ändert, BGH VersR **74**, 700, oder wenn das Personal die Partei oder den Verkehrsanwalt nicht unterrichtet, BGH NJW **60**, 1348, oder wenn das Personal ein Informationsschreiben nicht vorlegt und der Anwalt daher den Fristfehler zu spät entdeckt, BGH VersR **73**, 184, vgl aber auch BGH **LM** (Fd) Nr 20. Der Anwalt braucht eine rechtzeitig angeordnete Einreichung der Rechtsmittelschrift nicht voll zu überwachen und auch nicht die gerichtliche Empfangsbescheinigung einzusehen.

Eine Wiedereinsetzung kommt auch dann in Betracht, wenn ein angestellter Anwalt als ein nur unselbständiger Hilfsarbeiter, § 85 Anm 3 B, eine Frist versäumt, BGH VersR **82**, 71 und VersR **83**, 84, 641 je mwN; so wohl auch KG AnwBl **82**, 71. Das gilt insbesondere dann, wenn dieser Hilfsarbeiter mehrfach Hinweise auf den Fristablauf erhalten hatte, Hbg MDR **76**, 230, oder wenn er die zuständige Anwaltsgehilfin anweist, die Berufungsbegründung dem anwesenden, allein beim Berufungsgericht zugelassenen Anwalt zur Unterschrift vorzulegen, BGH VersR **74**, 388 und 972 sowie VersR **82**, 190.

Der Anwalt muß aber alles tun, um nur Mögliches dem Personal richtig zu belehren und zu überwachen und Versehen auszuschließen, BGH VersR **77**, 1130, vgl BFH DB **83**, 1132. Er muß sich vor allem davon überzeugen, daß ein neuer Angestellter das Fristwesen voll beherrscht (eine Fristüberwachung wird nicht verlangt, BGH **LM** § 232 aF Nr 32). Der Anwalt darf die Überwachung einer Notfrist nicht einem Referendar überlassen, selbst wenn dieser an sich gut beurteilt wird, BAG NJW **71**, 2191. Die Wiedereinsetzung kommt erst recht nicht in Betracht, wenn der Referendar der amtlich bestellte Vertreter des Anwalts ist, BGH VersR **76**, 92, BAG NJW **73**, 343 (krit Vollkommer **AP** Nr 62). Die Wiedereinsetzung kommt auch nicht in Betracht, wenn der Anwalt unter Hinweis auf den Fristablauf dem Referendar die Beauftragung eines bestimmten zweitinstanzlichen Anwalts übertragen hat, BGH **LM** § 232 aF Nr 41.

Der Anwalt muß eine von einem angestellten Anwalt entworfene Rechtsmittelschrift auf ihre richtige Anschrift des Bekl prüfen, BAG NJW **74**, 2256, darf aber die Korrektur einer als zuverlässig bekannten Sekretärin überlassen, BGH NJW **82**, 2671 (zustm Ostler) und VersR **83**, 838, BAG BB **83**, 65, oder sich auf die angeordnete anschließende Wiedervorlage verlassen, BGH NJW **82**, 2670 (zustm Ostler NJW **82**, 2671). Ein nicht beim Berufungsgericht zugelassener, im Briefkopf mit einem Zugelassenen gemeinsam auftretender Anwalt, der die Berufungsbegründung maßgeblich bestimmt und diktiert, darf sie nicht verspätet einreichen, BGH VersR **79**, 447 und 557. Wenn in einem Büro nicht alle Anwälte bei dem zuständigen Gericht zugelassen sind, muß der Zugelassene organisatorisch mehr tun als bloß die ,,Vorlage wichtiger Akten" zu veranlassen; er muß verhindern, daß ein Nichtzugelassener unterschreibt, BGH VersR **82**, 849.

S auch ,,Auszubildender", ,,Bürogemeinschaft", ,,Bürovorsteher", ,,Neuer Mitarbeiter", ,,Personal".

Auszubildender: Der Anwalt muß einen Auszubildenden auf die Durchführung des ihm erteilten Auftrags überwachen lassen, zB darauf, ob der Auszubildende die Anschrift auf dem Umschlag richtig verfaßt hat, BAG NJW **73**, 1392. Der Anwalt muß dagegen Vorsorge treffen, daß ein unerfahrener Auszubildender die Sache vorlegt, BGH VersR **77**, 424 und **78**, 960. Der Berufungsanwalt darf es nicht einem Auszubildenden überlassen, einen Berufungsauftrag fernmündlich entgegenzunehmen, ohne sich zu vergewissern, für welche Partei er das Rechtsmittel einlegen soll, BGH VersR **81**, 1178. Er muß dafür sorgen, daß ein Auszubildender nicht eine Verfügung in einer Rechtsmittelsache selbständig ablegt, BGH **LM** Nr 64. Der Anwalt muß dafür sorgen, daß der Auszubildende dann, wenn die Frist am selben Tag abläuft, ein Schriftstück, das er ,,zum Gericht" bringen soll, auch auf der Geschäftsstelle abgibt oder doch in den Nachtbriefkasten wirft, BGH VersR **73**, 420, vgl BGH VersR **73**, 87.

Wenn der Kalenderführer Urlaub hat, darf der Anwalt die Fristüberwachung nicht ohne weiteres einem Auszubildenden überlassen, BGH **LM** (Fc) Nr 37.

S auch ,,Angestellter, Beauftragter", ,,Neuer Mitarbeiter", ,,Personal".

Bürogemeinschaft: Der Anwalt muß prüfen, ob ein Kollege, mit dem er eine Bürogemeinschaft betreibt, das Rechtsmittel wie vereinbart eingelegt hat, BGH VersR **76**, 859.

Wenn in einem Büro nicht alle Anwälte bei dem zuständigen Gericht zugelassen sind, muß der Zugelassene organisatorisch mehr tun als bloß die ,,Vorlage wichtiger Akten" zu veranlassen; er muß verhindern, daß ein Nichtzugelassener unterschreibt, BGH VersR **82**, 849.

S auch „Angestellter, Beauftragter", „Organisation", „Verhinderung".
Bürovorsteher: Eine Wiedereinsetzung ist möglich, wenn der auf Grund einer notwendigen eingehenden Darlegung des Anwalts, BGH VersR **83**, 757, als zuverlässig anzusehende Bürovorsteher eigenmächtig die vom Anwalt richtig verfügte Fristeintragung ändert, BGH VersR **75**, 1029, oder wenn er die Frist falsch berechnet, BGH VersR **79**, 157, oder falsch notiert, BGH VersR **83**, 757, oder wenn der Bürovorsteher ein zugestelltes Urteil nicht vorgelegt hat und auf späteres Befragen erklärt, es sei noch nicht eingegangen, BGH NJW **61**, 2013. Die Wiedereinsetzung kommt ferner dann in Betracht, wenn der Anwalt vor einem Urlaub angeordnet hat, alle Fristsachen beim Bürovorsteher vorzulegen, und wenn er sich auf sein eingearbeitetes Personal verlassen kann, BGH VersR **73**, 665. Ein vermeidbares Mißverständnis zwischen dem Bürovorsteher und dem Anwalt darf nicht für einen Fristablauf ursächlich werden, BGH VersR **78**, 1168. Wenn der Bürovorsteher wechselt, muß der Anwalt den Nachfolger einarbeiten, und das genügt, wenn er einschlägt, BGH VersR **61**, 839.

Wenn der Anwalt den Bürovorsteher am Tag des Fristablaufs beauftragt, einen beim Berufungsgericht zugelassenen Anwalt telefonisch mit der Einlegung der Berufung zu beauftragen, muß der Anwalt auf eine etwaige ungewöhnliche Besonderheit hinweisen, zB auf zwei getrennte, aber im Rubrum, im Urteilsspruch und im Verkündungsdatum gleiche Urteile erster Instanz. Eine vorübergehende Entlastung eines langjährigen, zuverlässigen Bürovorstehers zwingt den Anwalt nicht zu einer erhöhten Verantwortlichkeit, BGH VersR **76**, 343, abw Bre JB **75**, 1601.

Der Anwalt darf den Bürovorsteher nur ganz ausnahmsweise damit beauftragen, ein Rechtsmittel telegraphisch einzulegen, aM LAG Hamm DB **74**, 296 (das LAG hält eine solche Anordnung überhaupt niemals für zulässig). Der Anwalt muß zumindest den diktierten Text in der Langschrift übertragen lassen und sie dann selbst überprüfen, BGH **LM** (Fd) Nr 29, BAG DB **74**, 1244.

Der Anwalt darf sich auch nicht damit begnügen, den Beginn und die Dauer einer Notfrist mündlich festzustellen und es dem Bürovorsteher zu überlassen, das Fristende genau zu berechnen und im Fristenkalender sowie in den Handakten einzutragen, BGH MDR **62**, 290. Von dieser Regel mag dann eine Ausnahme gelten, wenn der Anwalt einem erprobten langjährigen Bürovorsteher die Führung des Fristenkalenders und die Benachrichtigung der Parteien von der Zustellung des Urteils überträgt, BGH MDR **68**, 237. Es mag auch bei einer einfachen Sache genügen, daß der Anwalt dem geschulten Bürovorsteher einen Hinweis gibt, etwa darauf, wie eine Wechselsache während der Gerichtsferien zu behandeln sei, BGH MDR **63**, 386.

Der Anwalt muß den Bürovorsteher auf einen offensichtlichen Fehler in einer ihm zum Gebrauch überlassenen Fristenübersicht hinweisen, BGH VersR **81**, 78.

Der Anwalt darf die Berufungsfrist im Hinblick auf die Gerichtsferien nicht der Berechnung seines Bürovorstehers überlassen, und zwar selbst dann nicht, wenn er diesen generell belehrt hat, BGH FamRZ **76**, 267. Das gilt insbesondere dann, wenn die Handakte erster Instanz noch nicht da ist, Düss MDR **74**, 147, oder dann, wenn der Anwalt erkennen muß, daß sich die Absicht der Partei, Berufung einzulegen, nicht klar aus der Berufungsschrift der Partei ergibt, BGH **LM** Nr 21.

S auch „Personal", „Überlastung", „Urlaub", „Zustellung".
Einlegung des Rechtsmittels: S „Aktenvorlage", „Andere Instanz", „Angestellter, Beauftragter", „Auszubildender", „Bürovorsteher", „Frist", „Gesetzesunkenntnis", „Letzter Augenblick", „Personal", „Post", „Zuständigkeitsprüfung".
Fehler: S „Gesetzesunkenntnis".
Feriensache: S „Frist: a) Berechnung", „Gerichtsferien".
Frist:

a) Berechnung. Der Anwalt muß sich davon überzeugen, daß diejenigen Mitarbeiter, die mit der Fristberechnung betraut werden, das Fristwesen voll beherrschen. Eine Wiedereinsetzung kommt in Betracht, wenn ein an sich zuverlässiger Bürovorsteher eigenmächtig eine vom Anwalt richtig verfügte Frist falsch berechnet, BGH VersR **79**, 157, oder falsch vermerkt, vgl BAG NJW **82**, 72. Der Anwalt muß dem Personal die Grundsätze des Ablaufs einer Frist nennen. Er muß verhindern, daß eine Frist nur auf einem losen Zettel vermerkt wird, BGH VersR **78**, 1116. Der Anwalt muß angeben, auf Grund welcher Unterlagen eine Rechtsmittelfrist in den Fristenkalender einzutragen ist, BGH NJW **69**, 1297. Er muß überhaupt veranlassen, daß alles zur Fristwahrung Notwendige geschieht, BGH VersR **78**, 255 und 944 sowie **79**, 256, BAG NJW **75**, 232.

Ein Anwalt, den ein überdies erfahrener, zuständiger Richter fälschlich dahin informiert, die Frist sei bereits abgelaufen, handelt nicht notwendig pflichtwidrig, wenn er ein Wiedereinsetzungsgesuch stellt, KG VersR **81**, 1057.

Der Anwalt muß sicherstellen, daß wenigstens das Ende jeder Rechtsmittelfrist eingetragen wird, BGH VersR **78**, 537, daß also nicht bloß eine Wiedervorlage eingetragen wird, BGH VersR **78**, 538, BFH BB **73**, 369, und daß die Eintragung des Fristendes alsbald geschieht, BGH VersR **76**, 970. Er muß zB veranlassen, daß die wirkliche Berufungsbegründungsfrist sogleich nach der Einreichung der Berufung notiert wird, nicht bloß die hypothetische, BGH VersR **77**, 333 und 670 mwN. Die Eintragung muß unmißverständlich erfolgen, vgl BFH BB **77**, 850. Die Eintragung muß durch einen Erledigungsvermerk in den Akten gekennzeichnet werden, BGH **LM** (Fc) Nr 35 und VersR **73**, 716, Nürnb OLGZ **76**, 119.

Wenn das eingegangene Schriftstück nur einen schwachen Stempelabdruck aufweist, muß der Anwalt evtl wegen des Zeitpunkts der Zustellung rückfragen, BGH VersR **78**, 961.

Der Anwalt darf die Prüfung und die Berechnung einer zur Einlegung des Rechtsmittels erforderlichen Frist in einer schwierigen Sache nicht einem Büroangestellten überlassen, BGH VersR **78**, 666, BAG NJW **75**, 232 mwN, sondern muß die Frist selbst feststellen, insbesondere dann, wenn er der Partei den Tag des Fristablaufs mitteilt, BGH **LM** § 232 aF (Ca) Nr 5. Das gilt zB bei einem Verfahren auf den Erlaß einer einstweiligen Verfügung, Ffm NJW **75**, 224, oder bei der Aufnahme eines durch den Konkurs des Prozeßgegners unterbrochenen Verfahrens, BGH VersR **82**, 974. Er muß die richtige Berechnung der Frist zumindest sorgfältig prüfen lassen, BGH VersR **73**, 39 und 421, indem er einen Angestellten über die Fristvorschriften belehrt. In einer Ehe- oder Familiensache muß der Anwalt grundsätzlich die Weisung geben, ihm einen Eingang sofort zur Prüfung vorzulegen, ob der Anwalt eine Frist wahren muß, BGH NJW **80**, 2261.

Es reicht nicht aus, daß der Anwalt den Beginn und die Dauer der Frist mündlich feststellt und dem Bürovorsteher die Berechnung des Fristendes und dessen Eintragung im Fristenkalender und in den Handakten überläßt, BGH MDR **62**, 290; von dieser Regel gilt nur dann eine Ausnahme, wenn es sich um einen erprobten langjährigen Bürovorsteher handelt, BGH MDR **68**, 237, oder wenn der Anwalt seinem gutgeschulten und überwachten Büropersonal die Fristberechnung in einer einfachen Sache, die in der Praxis häufig vorkommt, überläßt, BGH **43**, 148, VersR **80**, 142, 192 und 826, offen BAG NJW **75**, 232. Bei einem geschulten Bürovorsteher mag auch ein besonderer Hinweis genügen, etwa in einer Wechselsache während der Gerichtsferien, BGH MDR **63**, 386.

Der Anwalt muß wissen, daß eine zur Berichtigung nach § 319 ausreichende Unrichtigkeit des Urteils an der Wirksamkeit seiner Zustellung grundsätzlich nicht ändert, § 319 Anm 3 B, BGH VersR **80**, 744.

Der Anwalt darf eine Frist auch nicht im Hinblick auf die Gerichtsferien falsch berechnen, BGH VersR **75**, 663, Ffm MDR **83**, 61, und zwar selbst dann nicht, wenn die Geschäftsstelle des Gerichts seine (falsche) Fristberechnung bestätigt hat, BGH **5**, 275. Er darf die Prüfung, ob eine Feriensache vorliegt und wann die Frist dann beginnt und endet, grundsätzlich nicht dem Bürovorsteher überlassen, BGH zB VersR **82**, 495 (eine Ausnahme kann gelten, wenn die Versäumung der Prüfung für die Fristversäumung nicht ursächlich war), BGH VersR **83**, 33, Ffm MDR **83**, 61 und VersR **83**, 498, erst recht nicht einem anderen Mitarbeiter, selbst wenn dieser gut geschult und laufend überwacht ist, BGH VersR **83**, 83.

Der erstinstanzliche Anwalt darf den Berufungskläger nicht über den Ablauf der Berufungsfrist falsch unterrichten.

Ein nicht ständig mit Revisionen an das BVerwG befaßter Anwalt muß bei der Fristnotierung das Personal auf Besonderheiten der Berechnung der Revisionsfrist hinweisen, BVerwG NJW **82**, 2458.

b) Überwachung. Es kann zur Wiedereinsetzung ausreichen, daß der Anwalt dann, wenn ein Angestellter oder Beauftragter die Frist notiert hat, wegen der Fristüberwachung Stichproben macht, BGH VersR **81**, 858 und VersR **82**, 68. Der Anwalt braucht nicht die rechtzeitig angeordnete Einreichung der Rechtsmittelschrift zu überwachen oder die gerichtliche Empfangsbescheinigung einzusehen. Wenn ein angestellter Anwalt als ein bloß unselbständiger Hilfsarbeiter eine Frist versäumt, kann eine Wiedereinsetzung in Betracht kommen, BGH VersR **79**, 232. Das gilt insbesondere dann, wenn der Anwalt dem Mitarbeiter mehrfach Hinweise auf den Fristablauf gegeben hatte, Hbg MDR **76**, 230, oder wenn der Mitarbeiter die zuständige Gehilfin anweist, die Berufungsbegründung dem anwesenden, allein beim Berufungsgericht zugelassenen Anwalt zur Unterschrift vorzulegen, BGH VersR **74**, 388 und 972.

Der Anwalt muß aber sein Möglichstes tun, durch die Einrichtung, Belehrung und Überwachung des Personals Versehen auszuschließen, BGH VersR **77**, 1130 und VersR **81**, 194. Er muß eine systematische Ausgangskontrolle schaffen, BGH VersR **82**, 300, und zwar gerade auch dann, wenn er den Schriftsatz zB mit Rücksicht auf eine Rechtsschutzversicherung noch zurückhalten muß, BGH VersR **82**, 971. Er muß sich vor allem davon überzeugen, daß ein neuer Angestellter das Fristwesen voll beherrscht, BGH VersR **81**, 853. Eine Fristüberwachung wird dann, wenn er sich diese Überzeugung gebildet hat, nicht verlangt, BGH **LM** § 232 aF Nr 32. Der Anwalt darf die Überwachung einer Notfrist nicht einem Referendar überlassen, selbst wenn dieser Mitarbeiter im übrigen gut beurteilt wird, BAG NJW **71**, 2191. Das gilt erst recht dann, wenn der Referendar sein amtlich bestellter Vertreter ist, BGH VersR **76**, 92, BAG NJW **73**, 343 (krit Vollkommer **AP** Nr 62). Etwas anderes mag anzunehmen sein, wenn der Anwalt unter einem Hinweis auf den Fristablauf dem Referendar die Beauftragung eines bestimmten zweitinstanzlichen Anwalts übertragen hat, BAG **LM** § 232 aF Nr 41.

Für eine Wiedereinsetzung mag es ausreichen, daß der Anwalt den Auftrag zur Einlegung des Rechtsmittels in einem gewöhnlichen Brief erteilt, ohne Zeit zur Überwachung einer fristgemäßen Erledigung läßt, BGH NJW **75**, 1126 mwN. Wenn der Anwalt ein fristwahrendes Schriftstück rechtzeitig unterzeichnet und dafür gesorgt hat, daß sein Personal es postfertig macht, BGH VersR **77**, 331, und wenn er angeordnet hat, daß es zur Post gegeben wird, braucht er seine Anordnung nicht persönlich zu überwachen, BGH NJW **75**, 1363, BAG FamRZ **76**, 622, und sich auch nicht am nächsten Tag durch eine Nachfrage bei dem Personal oder beim Gericht von der Ausführung zu überzeugen, BGH **LM** (Fc) Nr 39, BAG BB **73**, 44. Dann ist auch keine genauere Angabe darüber nötig, wann, durch wen und wie das Schriftstück herausgegeben wurde und ob die Absendung unterblieb, BGH VersR **74**, 573. Etwas anderes gilt dann, wenn der Anwalt die Akten aus dem normalen Geschäftsgang herausgenommen hatte, ohne daß eine Frist im Kalender vermerkt worden war, BGH **LM** Nr 78.

Der Anwalt braucht ein gut geschultes und überwachtes Personal bei einfachen Sachen nicht in jedem Einzelfall zu kontrollieren, BGH zB VersR **77**, 425 (freilich besteht nach einem Urlaub eine erhöhte Prüfungspflicht), BGH VersR **77**, 665 (freilich muß man die Ursächlichkeit usw klären), BGH VersR **79**, 350 und **80**, 973, BAG BB **76**, 186 (das BAG meint, eine Überwachung im Einzelfall sei auch nicht erforderlich, wenn eine vorübergehende Entlastung eintrete, ähnlich BGH VersR **76**, 343, abw Bre JB **75**, 1601). In diesem Sinne äußern sich zB auch BGH NJW **75**, 1706 und VersR **77**, 1100. BGH VersR **78**, 944 fordert eine Prüfung des Anwalts darüber, ob ein Regelfall vorliege.

Das Vergessen einer zur Fristwahrung notwendigen Handlung ist in der Regel schuldhaft, BGH VersR **80**, 942 mwN.

Der Anwalt muß aber dem Verdacht eines Büroversehens kurz vor dem Fristablauf sogleich nachgehen, BGH VersR **79**, 376. Es darf auch kein Organisationsmangel vorliegen, BGH **LM** Nr 52, VersR **79**, 256, VersR **81**, 79 und VersR **82**, 300 und 1145. Der Anwalt muß zB dann, wenn er die Frist an einer ungewöhnlichen Aktenstelle notieren läßt, in besonderer Weise, etwa durch eine Rotmappe oder durch eine andere Kennzeichnung, auf diese Stelle deutlich hinweisen lassen, BGH VersR **82**, 1145. Er muß ferner zB die Grundsätze des Ablaufs der Frist dem Personal genannt haben. Er muß dafür sorgen, daß das Datum der Ablauf der Berufungsfrist in den Handakten notiert wird und nicht nur auf derjenigen Urteilsausfertigung notiert, die es dem Auftraggeber zusendet, BGH VersR **81**, 39. Ein angestellter, selbständig arbeitender Anwalt (ob er selbständig arbeitet, läßt sich nur von Fall zu Fall klären, BGH NJW **74**, 1512) darf die Frist nicht versäumen, BGH NJW **74**, 1512. Der Anwalt muß diesen Mitarbeiter anweisen, welche Handlungen dieser Mitarbeiter vornehmen soll, damit die Fristwahrung sichergestellt ist, BGH **LM** § 232 aF (Cc) Nr 8 und VersR **82**, 1145. Eine Wiedereinsetzung kommt in Betracht, wenn dieser Mitarbeiter besonders mit der Fristüberwachung beauftragt worden war, BGH VersR **74**, 365.

Wenn die Organisation des Büros eine Fristverfügung oder -kontrolle des sachbearbeitenden Anwalts zuläßt, muß sichergestellt werden, daß die durch eine solche Tätigkeit bedingte Überschneidung mit dem Überwachungsbereich des verantwortlichen Fristenbuchführers keine Fehlerquelle eröffnet, BGH VersR **81**, 277.

Der Anwalt muß dafür sorgen, daß sein Briefkasten auch dann täglich geleert wird, wenn der dafür an sich zuständige Mitarbeiter verhindert ist, BGH VersR **78**, 92. Er muß sicherstellen, daß die eingehende Post sofort sorgfältig geprüft wird, BGH VersR **81**, 79. Er muß verhindern, daß eine Frist nur auf einem losen Zettel vermerkt wird, BGH VersR

4. Titel. Folgen der Versäumung. Wiedereinsetzung § 233 4

78, 1116. Er darf es nicht zu einem vermeidbaren Mißverständnis zwischen ihm und seinem Büroleiter über einen Fristablauf kommen lassen, BGH VersR **78**, 1168.

Der Anwalt darf auch dann nicht vergessen, wenn er, wie in seinem Beruf üblich, abgelenkt wird, BGH VersR **75**, 40. Er muß bei einem Zweifel über den Lauf der Berufungsfrist zumindest die Handakten einsehen, BGH VersR **74**, 88 (eine falsche Auskunft geht zu seinen Lasten, soweit man ihm eine Überprüfung zumuten kann, BGH VersR **73**, 351). Der Anwalt darf sich nicht auf eine vor längerer Zeit abgegebene Erklärung der Partei verlassen, es laufe noch keine Frist, BGH NJW **51**, 235. Der Anwalt muß dann, wenn in seinem Büro verschiedene Fristen verschiedenfarbig notiert werden, im Zweifel die wichtigste Farbe wählen, vgl BGH VersR **79**, 961.

Er muß anordnen, daß die Berufungsbegründungsfrist anhand der gerichtlichen Eingangsbestätigung der Berufung überprüft wird, BGH VersR **77**, 573. Sein Sozius darf nicht vergessen, eine Frist zu notieren, BGH VersR **74**, 33. Der Anwalt muß dafür Sorge tragen, daß sein Personal kontrolliert, ob eine im Fristkalender eingetragene Notfrist tatsächlich gewahrt wird, BGH **LM** § 232 aF Nr 22. Er darf eine Frist im Kalender erst dann abstreichen lassen, wenn das Schriftstück herausgeht, BGH VersR **78**, 942 und VersR **83**, 271, 541, 752 je mwN, KG VersR **74**, 1004, oder zumindest postfertig ist, BGH VersR **83**, 83 mwN, oder wenn eine Bestätigung des Rechtsmittelanwalts vorliegt, BGH VersR **76**, 939. Allerdings kommt auch bei einem irrigen Abstreichen in Ausnahmefällen eine Wiedereinsetzung in Betracht, BGH VersR **74**, 387 und NJW **58**, 1590. Der Anwalt muß den Postabgang eines Schriftsatzes, der eine Frist wahren soll, so kontrollieren und vermerken, daß der Abgang zweifelsfrei nachweisbar ist, BGH VersR **80**, 282. Er muß überhaupt eine zuverlässige Endkontrolle organisieren, BGH VersR **81**, 283 und 463 sowie VersR **83**, 541. Er muß eine Rechtsmittel- oder Rechtsmittelbegründungsfrist so notieren, daß sie sich von einer gewöhnlichen Wiedervorlagefrist deutlich abhebt, BGH VersR **83**, 778 mwN.

Wenn der Anwalt die Fristen regelmäßig selbst kontrolliert, darf er sich nicht mit einer Überlastung entschuldigen, sondern muß dafür sorgen, daß in einem solchen Fall sein Vertreter die Frist ebenfalls selbst kontrolliert, BGH VersR **76**, 962. Der Anwalt darf sich nicht auf eine nur aus dem Gedächtnis erteilte Auskunft eines Mitarbeiters verlassen, daß keine Fristsachen vorliegen, BGH **LM** Nr 51. Er muß dann, wenn ihm die Akten vorgelegt werden, selbst feststellen, ob eine Fristsache vorliegt, BGH NJW **76**, 628, und den Fristlauf selbst kontrollieren, BGH VersR **80**, 1027 und VersR **81**, 460 sowie VersR **72**, 71 je mwN. Er muß dann zB prüfen, ob im Fall einer Friständerung die neue Frist eingetragen wurde, BGH VersR **80**, 1047. Er muß nach dem Erledigungsvermerk einer wichtigen Frist forschen, BGH VersR **77**, 836. Er muß bei der Übernahme eines Rechtsstreits den Ablauf einer ihm bekannten Notfrist im Fristkalender eintragen lassen, BGH **LM** Nr 35.

Der Anwalt muß einen Verkündungstermin richtig vormerken, BGH VersR **76**, 468.

Der Anwalt muß bei einer wichtigen Frist unter Umständen eine Vorfrist notieren lassen, BGH VersR **77**, 333 (wegen einer Rechtsmittelbegründungsfrist). Es kommt darauf an, ob der Anwalt sichergestellt hat, daß die Frist jedenfalls am letzten Tag ihres Laufs noch eingehalten werden kann, besonders in einem Fall des § 222 II, BGH VersR **73**, 747. Der Anwalt darf bei einem Urlaub des Kalenderführers die Fristüberwachung nicht ohne weiteres einem Auszubildenden überlassen, BGH **LM** (Fc) Nr 37. Die Anlage eines Auszugs aus dem Fristenkalender („Termins-Wochenplan") reicht nicht aus, BGH VersR **78**, 942.

Der Anwalt muß auch die richtige Ausführung seiner Anweisung, einen bestimmten Anwalt beim Rechtsmittelgericht mit der Einlegung des Rechtsmittels zu beauftragen, selbst überwachen, BGH zB VersR **78**, 841 und **79**, 190. Der Anwalt darf die Berufungsfrist nicht schon deshalb verstreichen lassen, weil er die Akten noch nicht in Besitz hat und den Urteilstenor noch nicht kennt, BGH VersR **75**, 950.

Die Fristüberwachung darf in einfachen Fällen dem gut geschulten und überwachten Büropersonal überlassen bleiben, BGH **43**, 148 und VersR **79**, 157 sowie VersR **80**, 142 und 192, offen BAG NJW **75**, 232. Der Anwalt muß die Frist nachprüfen, wenn ihm die Akten zur Unterschrift der Berufungsschrift vorgelegt werden, BGH VersR **78**, 251, oder wenn ihm die Akten zur Bearbeitung einer fristgebundenen Prozeßhandlung vorgelegt werden, BGH VersR **81**, 552 mwN.

Der Anwalt muß zumindest dann, wenn er die rheinischen Verhältnisse kennt, in der Karnevalszeit mit Verbindungsschwierigkeiten rechnen, BGH VersR **80**, 928.

Der Anwalt muß trotz der rechtzeitigen Weitergabe eines fristbegründenden Beschlusses an den Verkehrsanwalt die Frist überwachen, BGH VersR **75**, 90. Er darf dem Verkehrsanwalt nicht eine erkennbar zweifelhafte Frist falsch mitteilen, BGH VersR **76**, 936. Der Anwalt, der nur mit der Erstattung eines Rechtsgutachtens beauftragt wurde, kann sich allerdings ohne eine Nachprüfung auf die Richtigkeit einer Mitteilung über den Fristablauf verlassen, BGH **LM** Nr 13. Der erstinstanzliche Anwalt muß den Versicherer dann, wenn er dort anfragt, ob ein Rechtsmittel eingelegt werden soll, darüber informieren, daß die Rechtsmittelfrist bereits läuft, BGH VersR **74**, 171.

Bei der Übernahme von Akten in eine neue Kanzlei des aus einer Sozietät ausgeschiedenen Anwalts gehört es zu seiner Pflicht, die laufenden Fristen anhand des im bisherigen Büro geführten Kalenders zu überprüfen, BGH VersR **81**, 959.

c) Verlängerung, Änderung usw. Die Wiedereinsetzung kommt in Betracht, wenn das Personal des Anwalts eine von ihm richtig verfügte Fristeintragung eigenmächtig ändert, BGH VersR **74**, 700. Eine Wiedereinsetzung kommt ferner in Betracht, wenn der Anwalt von einer Angestellten, die er mit der Führung des Fristkalenders und der Fristüberwachung betraut hat und betrauen durfte, eine versehentlich unrichtige Auskunft über die Fristverlängerung erhält, BGH MDR 66, 840, oder wenn der an sich zuverlässige Bürovorsteher die vom Anwalt richtig verfügte Fristeintragung eigenmächtig ändert, BGH VersR **75**, 1029, oder wenn das sonstige Personal diese Fristeintragung eigenhändig streicht, BGH VersR **75**, 644.

Wenn der Anwalt am letzten Tag einer Frist telefonisch ihre Verlängerung beantragt, darf er sich nicht auf eine Zusage der Geschäftsstelle des Gerichts verlassen, er werde bei einem Auftreten von Hindernissen benachrichtigt werden, BGH **LM** § 232 aF Nr 5, vgl BGH VersR **77**, 373. Er muß überhaupt grds rechtzeitig prüfen, ob er eine (weitere) Verlängerung beantragen muß, BGH VersR **82**, 771, und ob einem (auch ersten) Fristverlängerungsantrag entsprochen wurde, BGH **69**, 397, vgl BGH VersR **78**, 1144 sowie BB **79**, 1429, besonders bei einem Büroumzug des Anwalts, BGH VersR **82**, 651. Das gilt grds selbst dann, wenn bei diesem Gericht eine allgemeine Übung besteht, einem solchen Antrag stattzugeben, BGH VersR **77**, 1097 (krit Späth VersR **78**, 327; s auch in diesem Unterstichwort unten). Freilich genügt eine laufend überprüfte Anweisung an das gut geschulte Personal, am Vormittag des Fristablaufs notfalls durch eine Nachfrage beim Gericht eine Klärung herbeizuführen, BGH VersR **74**, 804; vgl dazu aber auch BGH VersR **77**, 373. Wegen der seit BGH **83**, 217 zugelassenen Möglichkeit, die Begründungsfrist noch nach ihrem Ablauf (auf Grund eines rechtzeitigen Antrags) zu verlängern, ist jetzt ein Vertrauen auf eine solche Maßnahme grds entschuldigt, BGH VersR **83**, 488. Der Anwalt darf sich aber keineswegs damit begnügen, nach einem Verlängerungsantrag die neue Gehilfin aufzufordern, die (noch nicht einmal) verlängerte Frist auf ,,einige Tage" vor ihrem vermutlichen Ende vorzumerken, BGH VersR **80**, 746.

Freilich darf man auch insoweit die Anforderungen nicht überspannen; wenn der Anwalt mit einer Verlängerung rechnen kann, braucht er sich nicht mehr unbedingt nach der Gewährung zu erkundigen, BGH NJW **83**, 1741.

Wenn dem Anwalt die Akten für die Berufungsbegründung im Hinblick auf einen Fristablauf vorliegen, wird er nicht dadurch entlastet, daß ihn der Büroangestellte nicht nochmals auf den Fristablauf hingewiesen hatte, BGH NJW **68**, 2244. Das gilt auch dann, wenn dem Anwalt die Akten zur Verlängerung einer Frist vorliegen, BGH VersR **79**, 159.

Wenn das Personal die Akten auf Gund einer überholten Vorfristnotierung vorlegt, muß er nicht nur prüfen, ob die Löschung der früheren Frist verfügt wurde, sondern auch, ob die neue Frist eingetragen wurde, BGH VersR **80**, 1047.

Der Anwalt darf (jetzt) damit rechnen, daß das Gericht einen vor dem Fristablauf gestellten Antrag auf eine Verlängerung der Rechtsmittelbegründungsfrist auch dann, wenn es erst nach dem Ablauf der bisherigen Frist entscheidet, sachlich prüft und nicht als unzulässig oder verspätet behandelt, BGH VersR **83**, 272 (2 Entscheidungen).

S auch ,,Aktenvorlage", ,,Bürovorsteher", ,,Gesetzesunkenntnis", ,,Kalender", ,,Letzter Augenblick", ,,Organisation", ,,Personal", ,,Post", ,,Urlaub", ,,Verhinderung", ,,Zustellung".

Gerichtsferien: Eine Wiedereinsetzung kommt in Betracht, wenn das LG und der Vorsitzende des Senats des OLG eine Feriensache irrig nicht als solche ansehen, BGH NJW **63**, 713.

Der Anwalt darf eine Rechtsmittelbegründung nicht erst einen Tag vor dem Ablauf der Begründungsfrist in das Fach der Gerichtswachtmeisterei legen, ohne sich zu überzeugen, ob die Post dort auch während der Gerichtsferien abgetragen wird, BGH **LM** § 519 Nr 7. Er muß bei der Berechnung der Berufungsfrist an die Gerichtsferien denken, BGH VersR

4. Titel. Folgen der Versäumung. Wiedereinsetzung § 233 4

75, 633, und zwar selbst dann, wenn die Geschäftsstelle des Gerichts eine falsche Berechnung bestätigt, BGH 5, 275. Er muß die Prüfung, ob eine Feriensache vorliegt, sorgfältig, Ffm FamRZ 83, 197, und selbst vornehmen, BGH zB VersR 82, 496 und VersR 83, 33 je mwN, Ffm MDR 83, 61, Nürnb NJW 75, 61. Er darf sie also dem Bürovorsteher nicht überlassen, selbst wenn er diesen generell belehrt hat, BGH FamRZ 76, 267, Ffm VersR 83, 498, und erst recht nicht dem sonstigen Personal überlassen, selbst wenn es gut geschult und laufend überwacht ist, BGH VersR 83, 83. Das gilt insbesondere dann, wenn er die Handakte der ersten Instanz noch nicht in Händen hat, Düss MDR 74, 147.

Wenn freilich die Versäumung der persönlichen Prüfung für die Fristversäumung nicht ursächlich war, kommt eine Wiedereinsetzung in Betracht, BGH VersR 82, 496.

Das gilt auch dann, wenn das Personal gegen eine klare Anweisung verstoßen hat, BGH VersR 83, 447.

Bei einer Fristverlängerung auf einen nach den Gerichtsferien liegenden Endzeitpunkt muß man davon ausgehen, daß mit ihr der Fristablauf kalendermäßig genau bestimmt werden soll, BGH VersR 82, 546 mwN.

S auch „Frist", „Letzter Augenblick", „Organisation", „Personal", „Urlaub".

Gesetzesunkenntnis: Eine Wiedereinsetzung kann in Betracht kommen, wenn ein Anwalt in einer zwar irrigen, immerhin aber vertretbaren Rechtsauffassung handelt, Düss FamRZ 82, 82, Mü VersR 82, 174 je mwN. Das kann zB dann der Fall sein, wenn der Leitsatz einer Entscheidung des BGH zu einem Irrtum Anlaß gibt, BGH 23, 312. Eine Wiedereinsetzung kommt ferner in Betracht, wenn das Gericht dem Anwalt eine unrichtige Rechtsmittelbelehrung erteilt, BGH VersR 74, 975, oder ihm eine unrichtige Auskunft über den Zeitpunkt einer von Amts wegen erfolgten Zustellung gibt, BGH LM Nr 84. Dabei genügt eine telefonische Anfrage des Anwalts. Er braucht also die Gerichtsakten dazu nicht selbst einzusehen, BGH NJW 66, 658. Eine Wiedereinsetzung kommt ferner dann in Betracht, wenn der Anwalt ein rechtzeitig eingelegtes Rechtsmittel nur auf Grund einer Empfehlung des Rechtsmittelgerichts zurückgenommen hatte, die sich zu spät als rechtlich unhaltbar herausgestellt hat, BGH NJW 81, 576.

Eine Wiedereinsetzung kommt nicht in Betracht, wenn der Anwalt den Urteilskopf nicht nachprüft und deshalb einen leicht erkennbaren Fehler übersieht. Dasselbe gilt dann, wenn der Anwalt aus einer unvollständigen Rechtsmittelbelehrung ungeprüft Schlüsse zieht, die mit grundlegenden Verfahrensregeln unvereinbar sind, BGH FamRZ 83, 91. Ein Anwalt hat überhaupt wesentliche Fehler in der Rechtsmittelschrift selbst zu verantworten, BAG NJW 73, 1392. Er darf die Überprüfung nicht einem angestellten Anwalt überlassen, BAG NJW 74, 2256, und auch nicht dem Büropersonal überlassen, BGH LM § 553 Nr 2, vgl allerdings auch BGH LM (Fd) Nr 29.

Die Wiedereinsetzung ist zu versagen, wenn der Anwalt einen Fehler aus einer grds als verschuldet anzunehmenden Gesetzesunkenntnis begangen hat, BGH VersR 83, 877 mwN, oder sein Personal nicht genügend eingewiesen hat, BGH VersR 78, 627 und 81, 78 mwN. Er muß zB prüfen, ob es sich damit begnügen darf, für eine juristische Person einen Antrag auf die Bewilligung einer Prozeßkostenhilfe einzureichen, wenn das Zahlungsvermögen der am Gegenstand des Rechtsstreits wirtschaftlich Beteiligten erkennbar ist, vgl BGH 16, 290. Der Anwalt muß auch auf entlegeneren Gebieten das Gesetz kennen und deshalb zB beachten, daß § 161 I 2 BBauG die Gerichtsferien beim Verfahren vor den Baulandgerichten für unbeachtlich erklärt, BGH VersR 81, 553.

Der Anwalt muß die äußerste ihm zumutbare Sorgfalt anwenden, Stgt VersR 82, 1082. Er muß die verfügbaren Fachzeitschriften und Kommentare sorgfältig prüfen, vgl BGH LM § 675 BGB Nr 50 und VersR 83, 138, Stgt VersR 82, 1082, Zweibr VersR 82, 454, großzügiger BGH DB 79, 652 und VersR 79, 375. Er muß zB die neuere Rechtsprechung in Wiedereinsetzungssachen prüfen, soweit sie in der amtlichen Sammlung der Entscheidungen des BGH oder in den üblicherweise zur Verfügung stehenden Fachzeitschriften veröffentlicht ist, BGH NJW 52, 425, vgl auch BGH 23, 312 (selbst wenn das RG früher eine andere Ansicht vertreten hatte), BAG DB 74, 2064, vgl ferner (mittelbar) auch Düss FamRZ 78, 918 und VersR 80, 360 (diese Entscheidungen sprechen die Pflicht des Anwalts zur Fachlektüre aus).

Der Anwalt muß zB wissen, daß in § 317 nF Änderungen gegenüber der früheren Rechtslage bei der Zustellung eines Urteils eingetreten sind, BGH NJW 78, 1486 mwN, Ffm VersR 78, 545 und 825, Zweibr VersR 78, 767.

Der Anwalt muß auch Gesetzesänderungen zum Kindschaftsprozeß beachten, BGH VersR 78, 1169 mwN. Dasselbe gilt für Gesetzesänderungen in einer sonstigen Familiensache, BGH VersR 77, 835 mwN und 1031, Ffm FamRZ 78, 798, Karlsr FamRZ 73, 48,

§ 233 4

großzügiger BGH VersR **79**, 395. Wegen des diesbezüglichen Übergangsrechts nach den letzten großen Novellen vgl zB BGH VersR **80**, 191 sowie 193 rechte Spalte, ferner VersR **80**, 262 je mwN und NJW **81**, 234 sowie NJW **82**, 225, Ffm FamRZ **83**, 516, Mü FamRZ **77**, 725, Oldb FamRZ **78**, 138, Schlesw SchlHA **78**, 84, Ortmann FamRZ **78**, 47.

Der Anwalt muß die notwendige Gesetzeskenntnis auch nach einer Abweisung aufbringen, Karlsr FamRZ **74**, 263. Er muß zB auch § 169 I BBauG kennen, BGH **LM** (Fb) Nr 29.

Der Anwalt muß auch dann die erforderliche Gesetzeskenntnis haben, wenn er im übrigen stark in Anspruch genommen ist, BGH NJW **71**, 1704. Das gilt sogar dann, wenn der Richter, der die Sache bearbeitet, den Anwalt auf diesen Fehler nicht aufmerksam macht, BGH NJW **72**, 684 (sonst muß der Anwalt erst recht die Gesetzeskenntnis haben, BGH VersR **74**, 33, vgl auch BGH **LM** § 675 BGB Nr 50).

Wenn dem Anwalt die Rechtslage zweifelhaft zu sein scheint, muß er so handeln, daß er die Parteiinteressen auf jeden Fall wahrt, BGH VersR **74**, 751. Das gilt auch dann, wenn er zB dem Auftraggeber geschrieben hat, er werde mangels einer sofortigen Antwort unterstellen, er solle kein Rechtsmittel einlegen, BGH NJW **74**, 2321, oder wenn er trotz der eigenen Ansicht, es sei kein Rechtsmittel zulässig, den Auftraggeber nicht von der Zustellung des Urteils unterrichtet hat, BGH **LM** (Fc) Nr 38. Der Anwalt muß prüfen, ob sein Aktenzeichen auf der Mitteilung einer Behörde, durch die eine Frist in Lauf gesetzt ist, richtig angegeben wurde, BGH **LM** § 43 PatG Nr 6.

Der Anwalt darf nicht im Hinblick auf die Gerichtsferien die Berufungsfrist falsch berechnen, BGH VersR **75**, 663, Ffm FamRZ **83**, 197. Vgl aber wegen der Begründungsfrist Mü VersR **82**, 174.

S auch „Neuer Mitarbeiter", „Personal", „Zuständigkeitsprüfung".

Information:

a) **Auftraggeber.** Eine Wiedereinsetzung kann in Betracht kommen, wenn das grundsätzlich gut geschulte und überwachte Personal des Anwalts nicht unterrichtet ist, BGH NJW **60**, 1348. Dasselbe gilt dann, wenn das Personal ein Informationsschreiben des Auftraggebers nicht vorlegt und der Anwalt daher den Fristfehler zu spät entdeckt, BGH VersR **73**, 184; vgl aber auch BGH **LM** (Fd) Nr 20.

Der Anwalt muß sein Personal anweisen, dem Auftraggeber eine Nachricht von einer Zustellung zu erteilen, selbst wenn er außerdem die Weisung erteilt hat, die Frist zu notieren, BGH VersR **73**, 573. Eine solche Anweisung an das Personal reicht dann aber auch aus, BGH VersR **76**, 1178. Der Anwalt braucht dann also beim Eingang der Zustellung eine besondere weitere Weisung nicht mehr zu erteilen, BGH **LM** (Fb) Nr 18.

Der Anwalt muß den Auftraggeber unverzüglich über eine Urteilszustellung und über deren Zeitpunkt unterrichten, BGH VersR **79**, 423 und VersR **81**, 851. Er muß den Auftraggeber auch unverzüglich über das zulässige Rechtsmittel und dessen formelle Erfordernisse unterrichten, und zwar vollständig, BGH **LM** § 232 aF (Cd) Nr 19 und VersR **81**, 851. Wenn ein Anwalt erst im Laufe des Prozesses bestellt worden ist, muß er sich auch beim Auftraggeber unverzüglich über den Sachstand informieren, BGH VersR **73**, 437. Er darf sich nicht auf eine vor längerer Zeit abgegebene Erklärung des Auftraggebers, es laufe noch keine Frist, verlassen, BGH NJW **51**, 235. Er muß dann, wenn der Rechtsmittelauftrag nicht bestätigt wird, den Sachverhalt durch eine Anfrage aufklären, BGH **LM** Nr 54, vgl BGH NJW **74**, 2321, vgl freilich auch BGH VersR **80**, 89. Er darf nicht ohne weiteres darauf vertrauen, das Schweigen des Auftraggebers enthalte einen Rechtsmittelverzicht, jedenfalls nicht, wenn der Auftraggeber in einem Parallelverfahren schon hatte Berufung einlegen lassen, BGH VersR **81**, 834.

Der erstinstanzliche Anwalt muß bei einer Anfrage an den Versicherer des Auftraggebers dazu, ob er ein Rechtsmittel einlegen soll, den Versicherer darüber informieren, daß die Rechtsmittelfrist bereits läuft, BGH VersR **74**, 171. Wenn der Versicherer auf Grund der Anfrage des Anwalts, ob er gegen das Urteil Berufung einlegen soll, die Schadensakte ohne ein Begleitschreiben an den Anwalt zurücksendet, dann muß der Anwalt durch eine alsbaldige Rückfrage eine Klärung herbeiführen, BGH VersR **81**, 1055.

Wenn der Auftraggeber auf eine Anfrage des Anwalts dazu, ob ein Rechtsmittel eingelegt werden soll, nicht sofort antwortet, muß der Anwalt so handeln, daß die Parteiinteressen auf jeden Fall gewahrt werden, selbst wenn der Anwalt geschrieben hatte, er werde mangels sofortiger Antwort unterstellen, es solle kein Rechtsmittel eingelegt werden, BGH NJW **74**, 2321. Der Anwalt muß trotz seiner eigenen Ansicht, es sei kein Rechtsmittel zulässig, den Auftraggeber von einer Urteilszustellung unterrichten, BGH **LM** (Fc) Nr 38.

b) Anderer Anwalt. Eine Wiedereinsetzung kann in Betracht kommen, wenn das grundsätzlich gut geschulte und überwachte Personal des Anwalts dem Verkehrsanwalt keine Nachricht übersandt hat, BGH NJW **60**, 1348. Dasselbe gilt dann, wenn ein solches Personal ein Informationsschreiben eines anderen Anwalts nicht vorlegt und der eigene Anwalt daher den Fristfehler zu spät entdeckt, BGH VersR **73**, 184, vgl aber auch BGH **LM** (Fd) Nr 20.

Der Anwalt muß dem Personal die Anweisung geben, dem Verkehrsanwalt eine Nachricht von einer Urteilszustellung zu erteilen, selbst wenn das Personal außerdem die Weisung erhalten hat, die Frist zu notieren, BGH VersR **73**, 573. Eine solche Anweisung ist dann aber auch ausreichend, BGH VersR **76**, 1178.

Der Anwalt der Rechtsmittelinstanz darf sich nicht auf Angaben des erstinstanzlichen Kollegen verlassen, soweit er solche Angaben anhand der ihm übersandten Unterlagen nachprüfen kann, BGH VersR **74**, 386 und **75**, 90 mwN. Der Berufungsanwalt muß zB das anzufechtende Urteil selbst auf die Richtigkeit der Parteibezeichnung überprüfen, BGH VersR **81**, 956. Der erstinstanzliche Anwalt muß dem Berufungsanwalt das Datum der Zustellung des anzufechtenden Urteils richtig angeben, BGH VersR **80**, 287. Er muß dem Berufungsanwalt auch das richtige Aktenzeichen mitteilen, BGH VersR **81**, 854. Wenn der Auftrag zur Einlegung der Berufung telefonisch erteilt wird, muß der erstinstanzliche Anwalt dafür sorgen, daß der Berufungsanwalt den Auftrag wiederholt, BGH VersR **81**, 959. Der Berufungsanwalt muß auch von sich aus für die Kontrollwiederholung sorgen, BGH VersR **81**, 959 mwN.

Ein Anwalt, der nur mit der Erstattung eines Rechtsgutachtens beauftragt wurde, kann sich ohne eine Nachprüfung auf die Mitteilung über einen Fristablauf verlassen, BGH **LM** Nr 13.

Der erstinstanzliche Anwalt muß dem Rechtsmittelanwalt die Urteilszustellung oder dessen Beiordnung im Verfahren auf die Bewilligung einer Prozeßkostenhilfe mitteilen, BGH VersR **73**, 320 und **74**, 88 sowie FamRZ **73**, 27 und VersR **77**, 153. Der Verkehrsanwalt muß in einem solchen Fall sofort nachfragen, BGH VersR **75**, 90. Der Verkehrsanwalt kann sich darauf verlassen, daß der ProzBev ihm das zugestellte Urteil rechtzeitig übersenden werde, BGH **LM** Nr 20. Der Berufungsanwalt muß die Partei selbst über den Ablauf der Revisionsfrist unterrichten und darf diese Aufgabe nicht dem erstinstanzlichen Anwalt überlassen, der nicht Verkehrsanwalt ist und auch hierfür keinen besonderen Auftrag hat, BGH MDR **58**, 237. Der Verkehrsanwalt muß den Auftraggeber unverzüglich vom Eingang des Berufungsurteils und vom Lauf der Revisionsfrist unterrichten, BGH VersR **80**, 169.

S auch „Angestellter, Beauftragter", „Bürogemeinschaft", „Krankheit", „Urlaub".

Kalender: Der Anwalt muß im Kalender den Ablauf der Frist vermerken und von einem geeigneten und laufend überprüften Angestellten überwachen lassen, BGH VersR **81**, 194. Unter dieser Voraussetzung darf er die Frist bis zum letzten Tag ausnutzen, BGH VersR **81**, 194. Er darf auf die Einhaltung einer klaren mündlichen Anweisung, die der Mitarbeiter nach dem Eindruck des Anwalts auch verstanden hat, vertrauen, BGH VersR **83**, 661.

Der Anwalt darf die Akten nicht aus dem normalen Geschäftsgang nehmen, solange nicht eine Frist im Kalender vermerkt worden ist, BGH **LM** Nr 78. Im Rahmen des generell zu fordernden klaren und sachgerechten Organisationsplans, BGH VersR **80**, 554 mwN BVerwG NJW **75**, 228, Nürnb OLGZ **76**, 119, muß auch ein klarer Kalender angelegt und sorgfältig geführt werden. Unter dieser Voraussetzung kann eine stichprobenhafte Überwachung ausreichen, BGH VersR **81**, 858 mwN. Wenn der Anwalt verschiedene Fristen verschiedenfarbig notieren läßt, muß er im Zweifel die wichtigste Farbe wählen, BGH VersR **79**, 961. Er muß angeben, auf Grund welcher Unterlagen die Rechtsmittelfrist in den Kalender einzutragen ist, BGH NJW **69**, 1297. Er muß überhaupt sofort veranlassen, daß auch im Kalender alles zur Fristwahrung Notwendige geschieht, BGH VersR **78**, 255 und 944 sowie **79**, 256, BAG NJW **75**, 232. Er muß eine Rechtsmittel- oder Rechtsmittelbegründungsfrist so notieren, daß sie sich von einer gewöhnlichen Wiedervorlagefrist deutlich abhebt, BGH VersR **83**, 778 mwN.

Der Anwalt muß dafür Sorge tragen, daß im Kalender wenigstens das Ende aller Rechtsmittelfristen als solche eingetragen wird, BGH VersR **78**, 537. Es genügt also nicht, daß im Kalender eine bloße Wiedervorlage vermerkt wird, BGH VersR **78**, 538, BFH BB **73**, 369. Der Anwalt muß dafür sorgen, daß die richtige Eintragung alsbald erfolgt, BGH VersR **76**, 970, KG VersR **82**, 704. Eine mündliche Anweisung zur Übertragung eines Vermerks aus den Handakten in den Kalender reicht nur aus, wenn der Vermerk deutlich und unübersehbar ist, BGH VersR **80**, 746.

Der Anwalt muß auch veranlassen, daß die wirkliche und nicht bloß die hypothetische Berufungsbegründungsfrist sogleich nach der Einreichung der Berufung eingetragen wird, BGH VersR **77**, 333 und 670 mwN, und zwar unmißverständlich, vgl BFH BB **77**, 850. Er muß dafür sorgen, daß diese Eintragung im Kalender durch einen Erledigungsvermerk in den Akten gekennzeichnet wird, BGH **LM** (Fc) Nr 35 und VersR **73**, 716, Nürnb OLGZ **76**, 119. Er muß auch kontrollieren, ob die Notfrist tatsächlich gewahrt ist, BGH **LM** § 232 aF Nr 22. Er darf also eine Streichung im Kalender erst dann dulden, wenn das Schriftstück herausgeht, BGH VersR **78**, 93 und 942 sowie VersR **83**, 752, KG NJW **74**, 1004, oder zumindest postfertig gemacht worden ist, BGH VersR **80**, 554 und VersR **82**, 653 je mwN, oder wenn eine Bestätigung des Rechtsmittelanwalts vorliegt, BGH VersR **76**, 939. Er muß darauf achten, ob ein Anhaltspunkt dafür besteht, daß seine Angestellte eine Streichung irrig vorgenommen hat, BGH VersR **83**, 438. Allerdings kann eine Wiedereinsetzung ausnahmsweise auch dann in Betracht kommen, wenn das Personal die Frist fälschlich im Kalender gestrichen hat, BGH VersR **74**, 378 und NJW **58**, 1590.

Wenn der Anwalt das Personal nicht angewiesen hat, ihn auf den Fristablauf hinzuweisen, muß er den Fristablauf auf dem Aktendeckel und im Kalender vermerken, BGH VersR **79**, 256. In einem solchen Fall reicht es nicht aus, eine Vorfrist notieren zu lassen, BGH VersR **75**, 1006.

Wenn der Anwalt ein Rechtsmittel eingelegt hat, braucht er die Handakten nur ausnahmsweise über die Eintragung der Rechtsmittelbegründungsfrist im Kalender zu überprüfen, wenn ihm die Handakten ohnehin bis zum Fristablauf oder nahe davor vorliegen, BGH NJW **71**, 2269, VersR **73**, 128 und 186, oder wenn sich die Notwendigkeit einer Fristprüfung sonst aufdrängt, BGH VersR **77**, 836. Wenn der Anwalt auf der Geschäftsstelle des Gerichts davon Kenntnis nimmt, daß das Gericht eine Frist verlängert hat, und wenn er auf die Zustellung verzichtet, muß er sofort eine Eintragung im Kalender veranlassen, BGH NJW **51**, 565. Wenn er einen Rechtsstreit übernimmt, muß er einen ihm bekannten Ablauf der Notfrist rechtzeitig im Kalender eintragen lassen, BGH **LM** Nr 35. Wenn der Kalenderführer Urlaub hat, darf der Anwalt die Fristüberwachung nicht ohne weiteres einem Auszubildenden überlassen, BGH **LM** (Fc) Nr 37. Die Anlage eines Auszugs aus dem Kalender („Terminswochenplan") reicht nicht aus, BGH VersR **78**, 942.

Bei der Übernahme von Akten in eine neue Kanzlei des aus einer Sozietät ausgeschiedenen Anwalts gehört es zu seiner Pflicht, die laufenden Fristen anhand des im bisherigen Büro geführten Kalenders zu überprüfen, BGH VersR **81**, 959.

S auch „Bürovorsteher", „Frist", „Neuer Mitarbeiter", „Personal", „Vorfrist".

Kanzlei und Wohnung: Wenn der Anwalt in demselben Haus seine Kanzlei unterhält und auch wohnt, muß er sein Personal eindringlich darüber belehren, wie es sich zu verhalten hat, wenn der Postbote für die Kanzlei Zustellungen anliefert. Auch wenn die Kanzlei und die Wohnung nicht in demselben Haus liegen, muß der Anwalt seine Hausbewohner bitten und im erlaubten Umfang anweisen, ihm zugehende Schriftstücke alsbald vorzulegen. Er hat allerdings insofern nach einer solchen generellen Maßnahme keine besondere Überwachungspflicht, BGH **LM** Nr 11. Wegen der Pflichten des Anwalts im Fall einer Niederlegung des Auftrags § 87 Anm 3. Der Anwalt braucht grundsätzlich nicht mit einer Fehlleitung eines Briefes statt in seine Kanzlei in seine Wohnung zu rechnen, OGH DRZ **50**, 161.

Krankheit: Der Anwalt muß eine allgemeine Anweisung an das Personal geben, im Fall einer plötzlichen Verhinderung für seine Vertretung zu sorgen, BGH VersR **81**, 851 und VersR **82**, 802 je mwN. Das Personal muß angewiesen werden, unter Umständen bei der Landesjustizverwaltung einen Vertreter bestellen zu lassen, § 53 BRAO. Das gilt auch dann, wenn der Anwalt von der Residenzpflicht befreit worden ist, BGH VersR **82**, 802 mwN. Im Fall einer periodisch zu erwartenden Krankheit muß der Anwalt diese Maßnahmen selbst vornehmen, BGH **LM** Nr 77. In einer Anwaltsgemeinschaft muß sich der gesunde Anwalt um die Fristen des kranken Sozius kümmern, BFH BB **77**, 1389. Das gilt auch dann, wenn der gesunde Anwalt überlastet ist, BGH VersR **78**, 182.

Wenn sich ein Anwalt in einer eigenen Sache, in der er durch einen ProzBev vertreten wird, die Fertigung der Berufsbegründung vorbehalten hat, muß er sich auch um den Fristenablauf kümmern, OGH NJW **49**, 599. Er darf die Überwachung der Frist nicht einem anderen Anwalt überlassen, BGH VersR **75**, 1146, auch nicht dem erstinstanzlichen Kollegen, selbst wenn dieser vereinbarungsgemäß die Berufungsbegründung abfassen soll, BGH **LM** § 232 aF Nr 24.

4. Titel. Folgen der Versäumung. Wiedereinsetzung   § 233 4

Der kranke Anwalt, der bis auf die Terminswahrnehmungen alles vom Krankenbett aus selbst erledigt, muß auch selbst überprüfen, ob eine Mitteilung über einen bevorstehenden Ablauf der Berufungsfrist herausgegangen ist, BGH NJW 52, 1177, großzügiger BGH VersR 79, 374.

Die Frage, ob man die Wiedereinsetzung gewähren kann, wenn der Anwalt wegen einer plötzlichen Verhinderung, etwa infolge des Todes eines Angehörigen, BGH VersR 73, 278, oder infolge eines schweren Herzanfalls sein Büro erst nach dem allgemeinen Büroschluß wieder aufsuchen kann und daher die an diesem Tag ablaufende Berufungsbegründungsfrist nicht einhalten kann, hängt davon ab, was man dem Anwalt in diesem Zustand noch zumuten kann, BGH VersR **73**, 575 und VersR **75**, 1149 sowie VersR **81**, 839. Hohes Fieber kann den Anwalt dann entschuldigen, BGH VersR **73**, 317.

Die Nachwirkung einer schweren Krankheit des Anwalts reicht nicht stets aus, um eine Wiedereinsetzung zu gewähren, BGH VersR **77**, 374.

Wenn mehrere Mitarbeiter erkranken, hat der Anwalt eine erhöhte Verantwortlichkeit, BGH VersR **78**, 644. Dasselbe gilt beim Unfall eines Mitarbeiters, BGH VersR **78**, 942.

S auch ,,Letzter Augenblick", ,,Urlaub".

Letzter Augenblick: Der Anwalt muß den Eingang eines Briefs beim Adressaten überwachen, wenn er ihn erst kurz vor dem Fristablauf abgesandt hat, BGH **50**, 85 und VersR **73**, 573, BAG NJW **75**, 1144, Nürnb NJW **73**, 908. Wenn der Anwalt die Einlegung der Berufung oder der Berufungsbegründung bis zum letzten Augenblick verzögert, muß er eine erhöhte Sorgfalt aufwenden, BGH VersR **81**, 63, NJW **82**, 2670 und VersR **83**, 81 mwN (vgl freilich auch BGH VersR **83**, 488), Brschw JB **78**, 850, KG NJW **74**, 1104, und eine systematische Ausgangskontrolle einrichten, BGH VersR **82**, 300. Dafür reicht eine bloße Erwähnung der Sache und ihrer Eilbedürftigkeit selbst gegenüber einer zuverlässigen Mitarbeiterin nicht aus, BGH VersR **82**, 300.

Er muß in solchen Fällen seine Anordnungen selbst überwachen, BGH VersR **74**, 1182, und sich die dafür erforderliche Zeit freihalten sowie Störungen fernhalten, BGH VersR **73**, 185, sofern er überhaupt zur Bearbeitung etwas längere Zeit braucht, BGH VersR **73**, 840. Er hat andererseits das Recht zur vollen Ausnutzung der Frist, BGH VersR **74**, 804, und VersR **81**, 194. Freilich muß er den Fristenkalender von einem geeigneten und laufend überprüften Angestellten überwachen lassen, BGH VersR **81**, 194. Er muß aber die möglichen Postverzögerungen einkalkulieren, s auch ,,Post". Er braucht einen vorhandenen Nachtbriefkasten nicht unbedingt zu benutzen, sondern darf den ,,normalen" Briefkasten des Gerichts verwenden, wenn das rechtzeitig geschieht, s oben ,,Gericht", aM Ffm VersR **81**, 755.

Wenn der Anwalt die Vorlage der Akten auf den letzten Tag angeordnet hat oder wenn er den Bürovorsteher erst am letzten Tag damit beauftragt hat, einen beim Berufungsgericht zugelassenen Anwalt telefonisch zu beauftragen, muß er auf ungewöhnliche Besonderheiten des Vorgangs hinweisen. Wenn der Anwalt telefonisch am letzten Tag eine Fristverlängerung beantragt, darf er sich nicht auf eine Zusage der Geschäftsstelle verlassen, er werde beim Auftreten von Hindernissen benachrichtigt werden, BGH **LM** § 232 aF Nr 5, vgl BGH VersR **77**, 373, aber auch BGH VersR **83**, 488 (großzügiger). Er muß überhaupt sein Personal auch dann, wenn er es gut geschult hat, laufend darauf überprüfen, ob es am Vormittag des Fristablaufs notfalls beim Gericht eine Nachfrage dazu hält, ob einem Fristverlängerungsantrag entsprochen wird, BGH VersR **74**, 804, vgl aber auch BGH VersR **77**, 373.

Wenn der Fristablauf dicht bevorsteht, reicht es nicht aus, daß der Anwalt eine Anweisung auf ein Tonband diktiert. Denn dem Tonband kann man die Eilbedürftigkeit nicht ansehen, BGH VersR **62**, 86. Im übrigen muß der Anwalt prüfen, ob sein Tonbanddiktat auch durchgeführt worden ist, BGH **LM** (Fc) Nr 40, vgl aber auch BGH VersR **76**, 1131. Wenn der Anwalt das Diktat am letzten Tag der Frist durchführt, muß er dafür sorgen, daß ihm das Schriftstück zur Unterschrift vorgelegt wird, vgl BGH VersR **80**, 765, ferner KG NJW **74**, 1004. Eine allgemeine Zuverlässigkeit der Sekretärin ist bei Maßnahmen im letzten Augenblick nicht als Entschuldigung ausreichend, aM BGH NJW **82**, 2670 (zustm Ostler NJW **82**, 2671). BGH VersR **81**, 64 meint, der Anwalt brauche nicht mit einem Reißen des bereits besprochenen Tonbands in einem Augenblick, in dem keine rechtzeitige Rekonstruktion des Diktats mehr möglich sei, zu rechnen; diese Ansicht berücksichtigt nicht genug die schärferen, vorstehend genannten Anforderungen des BGH.

Wenn eine Sache dem Anwalt ganz kurzfristig vorgelegt wird und wenn er zB infolge eines Todesfalls oder einer Arbeitshäufung an der rechtzeitigen Erledigung gehindert ist, muß die Wiedereinsetzung versagt werden. Denn ein Anwalt muß immer damit rechnen, daß derartige unvorhersehbare Ereignisse eintreten, BGH NJW **62**, 1865 VersR **75**, 40 und VersR **83**, 272.

Wenn dem Anwalt die Akten wegen eines Mandantenbesuchs kurze Zeit vor dem Fristablauf vorliegen, darf er sich unter Umständen auf sein geschultes Personal und darauf verlassen, daß seine Anordnungen zur rechtzeitigen Wiedervorlage beachtet werden, BGH NJW **67**, 2311. Er darf sich unter Umständen auch darauf verlassen, daß sein gut geschultes Personal ihn an den Fristablauf erinnern wird, LG Ffm VersR **74**, 685.

S auch ,,Bürovorsteher", ,,Post", ,,Verkehrsanwalt", ,,Vorfrist".

Mehrheit von Anwälten: Bei mehreren Anwälten muß derjenige aufpassen, der zB ein Empfangsbekenntnis unterschreibt, BVerwG NJW **80**, 2270.

Wenn in einem Büro nicht alle Anwälte bei dem zuständigen Gericht zugelassen sind, muß der Zugelassene organisatorisch mehr tun als bloß die ,,Vorlage wichtiger Akten" zu veranlassen; er muß verhindern, daß ein Nichtzugelassener unterschreibt, BGH VersR **82**, 849.

Neuer Mitarbeiter: Der Anwalt muß sich davon überzeugen, daß ein neuer Mitarbeiter das Fristwesen voll beherrscht, BGH VersR **81**, 853, und notfalls die Frist selbst bestimmen und eintragen oder zumindest überprüfen, BGH VersR **82**, 545. Wenn der Bürovorsteher wechselt, genügt die Einarbeitung des Nachfolgers, wenn dieser alsbald einschlägt, BGH VersR **61**, 839. Der Anwalt muß kontrollieren, ob eine bei ihm erst seit kurzem tätige Sekretärin wirklich so zuverlässig ist, wie sie ihm empfohlen wurde, BGH **LM** (Fc) Nr 39, offen BGH VersR **81**, 839. Deshalb muß er trotz ihrer bisherigen Zuverlässigkeit auch aufhorchen, wenn sie am Tag des Fristablaufs einen Schriftsatz zum Gericht bringen soll und erklärt, ihr Freund werde sie vom Büro abholen, großzügiger BGH VersR **81**, 62. Er muß auch im übrigen die Kontrolle einer jungen Angestellten regelmäßig durchführen, BGH VersR **76**, 442. Er darf bei einer solchen Mitarbeiterin nicht nur unregelmäßig kurze Stichproben machen, BGH VersR **80**, 746 mwN. Wenn ein Anwalt einen Kollegen einstellt, der bei dem fraglichen Gericht noch nicht zugelassen ist, muß er auch ein gut geschultes Personal anweisen, Schriftstücke dieses Kollegen vor dem Postabgang nochmals darauf zu überprüfen, ob die Unterschrift richtig geleistet wurde, BGH VersR **77**, 1130, BAG BB **74**, 651.

S auch ,,Angestellter, Beauftragter", ,,Auszubildender", ,,Personal".

Organisation: Der Anwalt muß sein Büro ausreichend organisieren, BGH **LM** Nr 52 und VersR **79**, 256 sowie VersR **82**, 45. Es muß also ein klarer und sachgerechter Organisationsplan vorliegen, BGH VersR **73**, 88, vgl BGH NJW **77**, 600, BVerwG NJW **75**, 228, Nürnb OLGZ **76**, 119. Er muß zB die Grundsätze des Ablaufs von Fristen dem Personal nennen. Er muß sicherstellen, daß die eingehende Post sofort sorgfältig geprüft wird, BGH VersR **81**, 79, und daß das Personal Anweisungen dazu erhält, wie es sich bei der Entgegennahme wichtiger Anrufe verhalten soll, BGH VersR **81**, 959. Es muß ein Fristkalender vorhanden sein. Es muß eine wirksame Postausgangskontrolle geben, BGH NJW **83**, 884. Es müssen allgemeine Anweisungen für den Fall der Verhinderung des Anwalts, BGH VersR **83**, 272, für den Fall seiner Erkrankung, für den Fall des Urlaubs des an sich zuständigen Mitarbeiters usw vorliegen. Der Anwalt muß zB dafür sorgen, daß im Fall der Verhinderung eines Mitarbeiters sein Vertreter pünktlich einspringt, BGH VersR **78**, 92.

Zur Organisationspflicht jedes Sozius gehört die Sicherstellung der unverzüglichen Vorlage eines neuen Auftrags bei einem Sozius, BGH VersR **82**, 1192. Wenn im Büro mehrere an verschiedenen Gerichten zugelassene Anwälte arbeiten, muß dafür gesorgt werden, daß nicht ein solcher Anwalt unterschreibt, der beim Empfangsgericht nicht zugelassen ist, BGH VersR **80**, 771 und VersR **82**, 848.

S auch ,,Aktenvorlage", ,,Bürovorsteher", ,,Frist", ,,Gerichtsferien", ,,Kalender", ,,Personal", ,,Post", ,,Tonbanddiktat".

Personal:
a) Auswahl. Der Anwalt darf die Überwachung einer Notfrist nicht einem Referendar überlassen, selbst wenn dieser im übrigen gut beurteilt wurde, BAG NJW **71**, 2191. Er darf sich nicht in einem Wiedereinsetzungsgesuch darauf beschränken zu behaupten, sein Personal sei absolut zuverlässig, BGH NJW **79**, 876. Er muß dafür sorgen, daß eine Fristsache nicht von einem unerfahrenen Auszubildenden vorgelegt wird, BGH VersR **77**, 424 und **78**, 960. Wenn der Bürovorsteher wechselt, genügt die Einarbeitung eines Nachfolgers, falls dieser einschlägt, BGH VersR **61**, 839.

Er muß für den Vermerk einer Zustellung in den Akten einen unbedingt zuverlässigen Mitarbeiter auswählen, BGH VersR **77**, 424. Falls der Anwalt Zustellungen nicht aus der ihm vorgelegten Postmappe selbst aussondert, muß er dafür Sorge tragen, daß das sofort durch einen zuverlässigen Mitarbeiter geschieht, BGH VersR 78, 523. Die allgemeine Belehrung und Anweisung des Personals genügt in diesem Punkt nicht, BGH **LM** Nr 63 und VersR **74**, 57. Vielmehr muß der Anwalt glaubhaft machen, daß der diesbezügliche Mitarbeiter generell zuverlässig ist, BGH VersR **78**, 182, und daß er in bestimmter Weise überwacht wird, BGH VersR **74**, 572 und 99 sowie **77**, 933.

b) Überwachung. Eine Wiedereinsetzung kommt in Betracht, wenn wahrscheinlich ist, daß die Frist durch ein Versehen des gut überwachten Personals versäumt worden ist, BGH VersR **82**, 553 und VersR **83**, 375, und zwar erst recht dann, wenn dieses Personal eine vom Anwalt richtig verfügte Fristeintragung eigenmächtig ändert, BGH VersR **74**, 700, oder wenn dieses Personal die Partei, BGH FamRZ **81**, 34, oder den Verkehrsanwalt nicht unterrichtet, BGH NJW **60**, 1348, oder wenn es einen anderen Schriftsatz als die Berufungsbegründung ansieht, BGH NJW **58**, 1590, oder wenn es ein Informationsschreiben dem Anwalt nicht vorlegt und der Anwalt den Fristfehler daher zu spät entdeckt, BGH VersR **73**, 184. Der Anwalt braucht dann auch nicht zu überwachen, ob das Personal die von ihm rechtzeitig angeordnete Einreichung der Rechtsmittelschrift korrekt vorgenommen hat. Der Anwalt braucht dann auch die gerichtliche Empfangsbescheinigung nicht einzusehen.

Der Anwalt muß aber durch eine Überwachung und Belehrung des Personals sein Möglichstes tun, um Versehen auszuschließen, BGH VersR **77**, 1130. Er muß sich vor allem davon überzeugen, daß ein neuer Angestellter das Fristwesen voll beherrscht (eine Fristüberwachung wird nicht verlangt, BGH **LM** § 232 aF Nr 32). Der Anwalt darf dem Referendar unter einem Hinweis auf den Fristablauf die Beauftragung eines bestimmten zweitinstanzlichen Anwalts übertragen, BGH **LM** § 232 aF Nr 41. Er braucht eine vom angestellten Anwalt entworfene Rechtsmittelschrift nicht auf eine richtige Anschrift des Bekl zu prüfen, BAG NJW **74**, 2256.

Wenn der Anwalt ein fristwahrendes Schriftstück rechtzeitig unterzeichnet und dafür sorgt, daß sein Personal das Schriftstück postfertig macht, BGH VersR **77**, 331, und wenn er anordnet, daß das Schriftstück zur Post gegeben wird, dann braucht er diese Anordnung nicht persönlich zu überwachen, BGH NJW **75**, 1363, BAG FamRZ **76**, 622, und sich auch nicht am nächsten Tag durch eine Nachfrage bei dem Personal oder beim Gericht von der Ausführung zu überzeugen, BGH **LM** (Fc) Nr 39, BAG BB **73**, 44. Dann ist auch keine genauere Angabe dazu nötig, wann, durch wen und wie das Schriftstück herausgegeben werden oder warum die Absendung unterbleiben soll, BGH VersR **74**, 573. Etwas anderes gilt dann, wenn der Anwalt die Akten aus dem normalen Geschäftsgang herausgenommen hat, ohne daß eine Frist im Kalender vermerkt wird, BGH **LM** Nr 78.

Der Anwalt muß einen Auszubildenden auf die Durchführung des ihm erteilten Auftrags überwachen lassen, zB darauf, ob die Anschrift auf dem Umschlag richtig ist, BAG NJW **73**, 1392.

Eine allgemeine Anweisung an eine gut geschulte Bürokraft, alle ausgehenden Schriftsätze darauf zu überprüfen, ob sie unterschrieben sind, genügt im allgemeinen, BGH NJW **82**, 2671 (zustm Ostler) mwN. Der Anwalt muß aber eine solche Mitarbeiterin anweisen, einer Partei oder dem Verkehrsanwalt eine Nachricht von der Zustellung zu erteilen, BGH VersR **73**, 573. Eine solche Anweisung ist dann auch ausreichend, BGH VersR **76**, 1178. Wenn dann eine Zustellung eingeht, braucht der Anwalt keine dahingehende besondere Anweisung zu erteilen, BGH **LM** (Fb) Nr 18.

Eine Wiedereinsetzung kommt in Betracht, wenn eine Frist in einer einfachen Sache durch ein Versehen des im übrigen gut überwachten Personals versäumt worden ist. Der Anwalt braucht ein solches Personal nicht bei einfachen Sachen in jedem Einzelfall zu kontrollieren, BGH zB VersR **77**, 425 (freilich besteht nach seinem Urlaub eine erhöhte eigene Prüfungspflicht), BGH VersR **77**, 665 (freilich ist die Ursächlichkeit usw zu klären), BGH VersR **78**, 720, strenger 944 (in dieser Entscheidung verlangt der BGH vom Anwalt die Prüfung, ob ein Regelfall vorliege), BGH VersR **79**, 350, BAG BB **76**, 186. Vgl ferner BGH NJW **75**, 1706 und VersR **77**, 1100.

Eine Wiedereinsetzung kommt in Betracht, wenn infolge einer unrichtigen Abschrift aus den Akten, in denen die Urteilszustellung und das Ende der Rechtsmittelfrist richtig vermerkt sind, trotz der Kontrolle durch den Bürovorsteher dem Rechtsmittelanwalt fehlerhafte Angaben übermittelt werden, BGH NJW **59**, 46. Dasselbe gilt dann, wenn die Berufungsschrift trotz einer ordnungsgemäßen Überwachung des Personals und entgegen einer ausdrücklichen Anweisung des Anwalts nicht durch die Post, sondern durch einen Boten und daher schneller eingereicht wird und wenn das Gericht das Eingangsdatum vor dem Ablauf der Begründungsfrist nicht mitteilt, KG VersR **73**, 666, oder wenn das Personal dem Anwalt die Akten trotz seiner ordnungsgemäßen Anweisung nicht zur ausdrücklich angeordneten Wiedervorlage zwecks abschließender Bearbeitung vorlegt, BGH VersR **79**, 228, oder nicht zur Unterschrift der Rechtsmittelschrift vorlegt, BGH NJW **76**, 967, NJW **82**, 2671 (zustm Ostler) und VersR **83**, 641 mwN, oder dem Anwalt die Akten wegnimmt, BGH VersR **77**, 36 mwN, oder eine falsche Auskunft gibt, BGH VersR **75**, 1149, oder zwei Eingangsstempel verwechselt, BGH VersR **76**, 295, oder die falsche Anschrift nicht korrigiert, BAG BB **83**, 65.

Vor einem Urlaub muß der Anwalt zwar die Vorlegung aller Fristsachen mindestens beim Bürovorsteher anordnen, kann sich aber insofern auf ein etwa eingearbeitetes Personal verlassen, BGH VersR **73**, 665. Das gilt aber nicht, wenn er einem Verdacht eines Büroversehens kurz vor dem Fristablauf nicht sogleich nachgeht, BGH VersR **79**, 376.

Es darf auch kein Organisationsmangel vorliegen, BGH **LM** Nr 52 und VersR **79**, 256. Der Anwalt muß überhaupt sofort alles dasjenige veranlassen, was zur Fristwahrung notwendig ist, BGH VersR **78**, 255 und 944 sowie VersR **79**, 256, BAG NJW **75**, 232.

Eine Wiedereinsetzung kommt in Betracht, wenn der Anwalt die Berufungsschrift wegen erforderlicher Verbesserungen zunächst ohne seine Unterschrift an das Personal gibt und das geschulte Personal ihm die Berufungsschrift versehentlich nicht zur Unterschrift wieder vorlegt, BGH NJW **82**, 2671 (zustm Ostler), mwN, vgl auch BGH **76**, 815 mwN, oder wenn das sonst zuverlässige Personal den Entwurf der Berufungsbegründung nach der Billigung durch den Auftraggeber weisungswidrig nicht dem Anwalt zur Unterschrift vorlegt, BGH NJW **82**, 2671 (zustm Ostler) mwN. Der Anwalt muß aber prüfen, ob sein Tonbanddiktat durchgeführt wurde, BGH **LM** (Fc) Nr 40, vgl aber auch BGH VersR **76**, 1131. Er muß ferner prüfen, ob eine erst seit kurzem bei ihm tätige Sekretärin wirklich so zuverlässig ist wie empfohlen, BGH **LM** (Fc) Nr 39. Er muß auch ein gut geschultes Personal anweisen, eine Schrift vor dem Postabgang nochmals darauf zu überprüfen, ob er richtig unterschrieben hat, BAG BB **74**, 651.

Der Anwalt muß die richtige Ausführung seiner Anweisung, einen bestimmten Anwalt beim Rechtsmittelgericht mit der Einlegung eines Rechtsmittels zu beauftragen, selbst überwachen, BGH VersR **78**, 841 und **79**, 190 (BGH VersR **76**, 958 erlaubt es dem Anwalt, auf eine zuverlässige Bürokraft zu vertrauen).

Der Anwalt muß das Personal über die Bedeutung einer Amtszustellung informieren, BGH VersR **78**, 825 mwN. Er darf dem Personal nicht die Prüfung überlassen, ob eine eingereichte Rechtsmittelschrift vollständig und richtig ist, BGH VersR **78**, 1159 und VersR **82**, 770, oder ob sie eine ausreichende Begründung enthält, so daß der Vermerk einer Begründungsfrist nicht mehr notwendig wäre, BGH **LM** (Fd) Nr 20. Er muß das Personal auf die rechtliche Bedeutungslosigkeit einer ,,vorläufigen" Rechtsmittelbegründung hinweisen, BGH VersR **73**, 276.

Der Anwalt muß auch dafür sorgen, daß sein Personal in Gesetzesänderungen usw eingewiesen wird, vgl BGH VersR **78**, 627 (betr die VereinfNov).

S auch ,,Aktenvorlage", ,,Angestellter, Beauftragter", ,,Auszubildender", ,,Bürovorsteher", ,,Gerichtsferien", ,,Kalender", ,,Letzter Augenblick", ,,Neuer Mitarbeiter", ,,Organisation", ,,Verhinderung".

Post: S zunächst das obige Hauptstichwort ,,Post". Ergänzend ist folgendes zu beachten:

Eine Wiedereinsetzung kommt dann in Betracht, wenn in Zeiten eines grundsätzlich störungsfreien Postverkehrs ein Auftrag mit einem Eilbrief vier Tage vor dem Fristablauf erteilt wurde, OGH DRZ **50**, 161. Im Nahverkehr genügt sogar die Aufgabe zur Post am Tag vor dem Fristablauf, BGH VersR **76**, 98 (zustm Späth), vgl aber auch BGH VersR **75**, 811 (24.–27. 12.) und BGH VersR **77**, 649 mwN. Erst recht genügt im Ortsverkehr die Aufgabe zur Post zwei Werktage vor dem Fristablauf, AG Mü AnwBl **83**, 29. Der Anwalt darf sich bei einem baldigen Fristenablauf grundsätzlich auf eine erfahrensgemäß pünktliche Beförderung durch die Post verlassen, BVerfG **41**, 25 (StPO), **43**, 78 (OWiG) und **44**, 306 (FGO), BGH VersR **78**, 1162 und VersR **81**, 354, BAG NJW **73**, 918 (mit Spielraum eingeworfen), BayObLG NJW **78**, 1488. Wenn der Anwalt ein für das OLG bestimmtes Postfach benutzt, reicht ein Einwurf jedenfalls 3 Tage vor dem Fristablauf aus, BGH **LM** § 322 Nr 13.

Der Anwalt braucht grundsätzlich den Eingang nicht zu überwachen, BGH NJW **67**, 1566 und VersR **78**, 1162, BAG NJW **73**, 918, aM BGH **LM** Nr 54. Er muß aber sicherstellen, daß die eingehende Post sofort sorgfältig geprüft wird, BGH VersR **81**, 79. Er muß auch zB prüfen, ob eine erst kurz vor dem Fristablauf abgesandte Sendung noch

4. Titel. Folgen der Versäumung. Wiedereinsetzung § 233 4

rechtzeitig eingegangen ist, BGH **50**, 85, VersR **73**, 573, BAG NJW **75**, 1144, Nürnb NJW **73**, 908. Das gilt insbesondere dann, wenn ein Brief in Übersee aufgegeben wurde, z B am Gründonnerstag, BGH VersR **74**, 999, oder dann, wenn der Anwalt befürchtet, daß die Sendung den Adressaten nicht erreicht haben könnte, daß etwas nicht in Ordnung sei, oder wenn er weiß, daß die Partei ein Rechtsmittel einlegen wollte, wenn sie aber auf die Übersendung des Urteils nicht antwortet, BGH MDR **63**, 407.

Wenn eine Zustellung nach § 221 II auch gegenüber der eigenen Partei wirkt, muß der Anwalt wenigstens eine Kontrolle des Fristbeginns vornehmen, BGH **LM** (Fb) Nr 28. Wenn der Anwalt eine Rechtsmittelbegründung einen Tag vor dem Fristablauf ins Fach der Gerichtswachtmeisterei legt, muß er sich überzeugen, ob die Post dort auch während der Gerichtsferien abgetragen wird, BGH **LM** § 519 Nr 7.

Der Anwalt muß grundsätzlich darauf achten, daß eine ihm zur Unterschrift vorgelegte Rechtsmittelabschrift an das zuständige Gericht adressiert ist, BGH VersR **82**, 190. Er darf aber die Korrektur einer zuverlässigen Sekretärin überlassen, BGH NJW **82**, 2671 (zustm Ostler) und VersR **83**, 838. Er kann sich nicht damit entlasten, das Personal des unzuständigen Gerichts habe die Sendung nicht unverzüglich weitergeleitet, BGH VersR **81**, 1126.

Die Bezeichnung des Gerichts, des Gerichtsortes und der Postleitzahl muß im allgemeinen genügen, wenn das Schriftstück sehr frühzeitig abgesandt worden war (das Fehlen der Straßenangabe und Hausnummer ist dann unschädlich), BAG NJW **72**, 735, vgl auch BGH **51**, 1. Der Anwalt darf sich auch auf die amtlichen Brieflaufzeiten verlassen, BVerfG **41**, 25. Durch diese Entscheidung ist die frühere abweichende Rechtsprechung überholt.

Eine Wiedereinsetzung kommt in Betracht, wenn der Anwalt ein fristwahrendes Schriftstück rechtzeitig unterzeichnet und dafür sorgt, daß es vom Büro postfertig gemacht wird, BGH VersR **77**, 331, und auch angeordnet hat, daß es zur Post gegeben wird.

Die Wiedereinsetzung kommt ferner dann in Betracht, wenn ein Schriftsatz verloren gegangen ist. Dabei braucht der Anwalt die Art des Verlusts nicht darzutun. Dies setzt voraus, daß der Verlust nicht in dem der Verantwortung des Anwalts unterstehenden Bereich eingetreten ist. Das leztere ist glaubhaft zu machen, BGH NJW **57**, 790. Trotz einer Erinnerungslücke des Anwalts kann ein solcher Umstand aber glaubhaft sein, BGH VersR **73**, 81.

Wenn der Bürovorsteher eine Postvollmacht hat und wenn der Anwalt ihm eine allgemeine Anweisung über die Behandlung einer eingehenden Einschreibsendung erteilt hat, dann reicht diese Maßnahme aus, solange nicht ein besonders starker Eingang solcher Sendungen eine besondere Anordnung über die Vorlage erforderlich macht, BGH MDR **62**, 810.

Der Anwalt muß einen Posteingang daraufhin prüfen oder überprüfen lassen, ob darunter ein Sofortauftrag ist. Die Anordnung der Vorsortierung usw reicht nicht aus, BGH **LM** (Fd) Nr 27. Der Anwalt darf nicht die selbst übernommene Abgabe bzw Beförderung eines eiligen Schriftstücks vergessen, BGH VersR **77**, 82. Er muß bei einer Verzögerung des Rechtsmittels oder seiner Begründung bis zum letzten Augenblick erhöhte Sorgfalt aufwenden, BGH z B VersR **78**, 943 und 1169. Er muß berücksichtigen, daß selbst ein Eilbrief z B vor Weihnachten verzögert werden kann, BGH **LM** (Fe) Nr 10, vgl BGH VersR **74**, 999. Der Anwalt muß zumindest dann, wenn er die rheinischen Verhältnisse kennt, in der Karnevalszeit mit Verbindungsschwierigkeiten rechnen, BGH VersR **80**, 928.

Der Anwalt muß bei einem Fristablauf am Montag 24 Uhr und bei einem Einwurf am Abend des vorletzten Tags der Frist (Sonntag) vor der letzten Leerung auf eine von der Post neben dem Briefkasten angebrachte Zusammenstellung der Brieflaufzeiten achten, nach der nur bei einem werktags erfolgenden Einwurf eine Zustellung am nächsten Tag gewährleistet sei, BGH VersR **82**, 296. Er muß auch mit Schwierigkeiten rechnen, wenn die Rechtsmittelbegründung am letzten Tag der Frist abends fernschriftlich abgeht, BGH **65**, 12. Freilich ist ein Eingang bis 24 Uhr ausreichend, so „Gericht".

Der Anwalt muß den Postabgang eines Schriftsatzes, der eine Frist wahren soll, so kontrollieren, z B BGH VersR **83**, 401, und vermerken, daß der Abgang zweifelsfrei nachweisbar ist, BGH VersR **81**, 282 und NJW **83**, 884 mwN. In einer großen Anwaltspraxis genügt eine besondere Poststelle, die die fertiggemachten Sendungen entgegennimmt, frankiert und expediert. Ein Postausgangsbuch ist dann nicht erforderlich, BGH VersR **80**, 973.

Der Anwalt muß eine fristschaffende Zustellung aus der ihm vorgelegten Postmappe aussondern oder dafür Sorge tragen, daß das sofort durch einen zuverlässigen Mitarbeiter geschieht, BGH VersR 78, 523. Er muß eine wirksame Postausgangskontrolle schaffen, BGH VersR 77, 331. Es reicht grundsätzlich aus, daß der Anwalt das Schriftstück rechtzeitig unterzeichnet und sein Personal anweist, das Schriftstück postfertig zu machen, BGH **LM** Nr 47. Er muß aber auch ein gut geschultes Personal anweisen, vor dem Postabgang nochmals zu überprüfen, ob er richtig unterschrieben hat, BAG BB **74**, 651. Freilich darf die Korrektur einer als zuverlässig bekannten Sekretärin überlassen, BGH NJW **82**, 2671 (zustm Ostler). Er darf nicht den Fall eintreten lassen, daß das Personal entgegen seiner Anweisung zu einer Wiedervorlage eine fristgebundene Schrift unrichtig herausgehen läßt, BGH NJW **58**, 1726, zB dann, wenn ein Vermerk im Postausgangsbuch vorliegt, obwohl sich das Originalschreiben noch in der Unterschriftsmappe befindet.

Der Anwalt darf die Kontrolle auch nicht darauf beschränken lassen, einen verschlossenen Umschlag zu ,,kontrollieren", BGH **LM** Nr 28.

S auch ,,Einlegung des Rechtsmittels", ,,Frist", ,,Gerichtsferien", ,,Kalender", ,,Letzter Augenblick", ,,Schließfach", ,,Verlust eines Schriftsatzes".

Prozeßkostenhilfe: § 234 Anm 3 B.
Rechtsirrtum: S ,,Gesetzesunkenntnis".
Schließfach: Eine Wiedereinsetzung kommt in Betracht, wenn der Anwalt ein für das OLG bestimmtes Postfach drei Tage vor dem Fristablauf benutzt, BGH **LM** § 322 Nr 13. Eine Wiedereinsetzung ist ferner möglich, wenn der Anwalt das richtige Schließfach unter sehr vielen verwechselt, BGH VersR **73**, 129.

S auch ,,Post".
Tod: Ob eine Wiedereinsetzung gewährt werden kann, wenn ein Anwalt infolge des Todes eines Angehörigen, BGH VersR **73**, 278, das Büro erst nach dem Büroschluß wieder aufsuchen kann und daher eine an diesem Tag ablaufende Notfrist nicht einhalten kann, hängt davon ab, was man ihm bei seinem Zustand noch zumuten kann, BGH VersR **73**, 575 und **75**, 1149 sowie MDR **67**, 585. Er muß aber grundsätzlich auch für den Fall seiner Abwesenheit am letzten Tag der Frist die erforderlichen und möglichen Vorkehrungen treffen, BGH VersR **83**, 272.

S auch ,,Krankheit".
Tonbanddiktat: Wenn der Fristablauf bevorsteht, ist eine bloße Anweisung auf ein Tonband nicht ausreichend. Denn man kann dem Tonband die Eilbedürftigkeit nicht ansehen, BGH VersR **62**, 86. Etwas anderes mag dann gelten, wenn der Anwalt das Tonband als besonders eilbedürftig kennzeichnet. Der Anwalt muß aber prüfen, ob sein Tonbanddiktat durchgeführt wird, BGH **LM** (Fc) Nr 40, vgl aber auch BGH VersR **76**, 1131 und VersR **82**, 1192 mwN. Der Anwalt muß einen diktierten Text in Langschrift übertragen lassen und ihn dann selbst überprüfen, BGH **LM** (Fd) Nr 29, BAG BB **74**, 1244.
Überlastung: Wenn der Anwalt Fristen regelmäßig selbst kontrolliert, kann er eine diesbezügliche Unterlassung nicht damit entschuldigen, er persönlich sei überlastet. Er muß dann vielmehr dafür sorgen, daß sein Vertreter die Fristen ebenfalls persönlich kontrolliert, BGH VersR **76**, 962. Wenn dem Anwalt die Akten vorgelegt werden, ist er auch für den Fall einer eigenen Überlastung erhöht verantwortlich, BGH VersR **73**, 716 und **77**, 153.

Eine Wiedereinsetzung kommt eher in Betracht, wenn der Fehler infolge einer vorübergehenden Überlastung des langjährigen zuverlässigen Bürovorstehers eintritt, BGH VersR **76**, 343, abw Bre JB **75**, 1601.

Auch bei einer starken Inanspruchnahme muß der Anwalt stets die Gesetzeslage kennen und sich durch eine Fachlektüre usw auf dem laufenden halten, vgl BGH NJW **71**, 1704.

S auch ,,Gerichtsferien", ,,Krankheit", ,,Letzter Augenblick", ,,Urlaub".
Unterschrift: Eine Wiedereinsetzung kommt in Betracht, wenn ein angestellter Anwalt die zuständige Gehilfin anweist, die Berufungsbegründung dem anwesenden, allein beim Berufungsgericht zugelassenen Anwalt zur Unterschrift vorzulegen, BGH VersR **74**, 388 und 972. Sie kommt ferner in Betracht, wenn ein langjährig unbeanstandeter Namensschriftzug plötzlich als unleserlich bezeichnet wird, BGH VersR **75**, 927, ferner dann, wenn der Anwalt das Schriftstück rechtzeitig unterzeichnet und dafür sorgt, daß das Personal es postfertig macht, BGH VersR **77**, 331, und wenn er anordnet, daß es zur Post gegeben wird. Die Wiedereinsetzung kann erfolgen, wenn das Personal dem Anwalt die Akten nicht zur ausdrücklich angeordneten Wiedervorlage zwecks Unterschrift der Rechtsmittelschrift vorlegt, BGH NJW **76**, 967 und NJW **82**, 2671 mwN (zustm Ostler).

Der Anwalt muß dafür sorgen, daß ein Schriftsatz an das OLG nicht von einem Sozius unterschrieben wird, der nur beim LG zugelassen ist, BGH VersR **75**, 921 und VersR **82**, 848.

4. Titel. Folgen der Versäumung. Wiedereinsetzung § 233 4

Eine Wiedereinsetzung kommt in Betracht, wenn der Anwalt die Berufungsschrift wegen Verbesserungen ohne seine Unterschrift ins Büro gibt, das geschulte Personal ihm die Schrift aber versehentlich nicht zur Unterschrift wiedervorlegt, BGH NJW **82**, 2671 mwN (zustm Ostler), vgl auch BGH BB **76**, 815 mwN, oder wenn das sonst zuverlässige Personal den Entwurf der Berufungsbegründung nach der Billigung durch den Auftraggeber weisungswidrig nicht zur Unterschrift vorlegt, BGH **LM** (Fd) Nr 30, oder wenn der Anwalt nach der irrigen Unterschrift statt deren Streichung dem an sich zuverlässigen Mitarbeiter eine genaue Anweisung zur Weiterbehandlung gibt, BGH VersR **83**, 375.

Der Anwalt muß aber auch ein gut geschultes Personal anweisen, vor dem Postabgang nochmals zu überprüfen, ob seine Unterschrift richtig erfolgte, BGH NJW **82**, 2671, BAG BB **74**, 651, besonders wenn es sich um die Beschäftigung eines nicht beim betreffenden Gericht zugelassenen Mitarbeiters handelt, BGH VersR **77**, 1130. Eine Wiedereinsetzung muß also versagt werden, wenn der Anwalt den Schriftsatz am letzten Tag des Fristablaufs diktiert und nicht dafür sorgt, daß er ihm zur Unterschrift vorgelegt wird, BGH VersR **80**, 765, KG NJW **74**, 1004.

Der Anwalt darf nicht ohne eine Prüfung auf die Richtigkeit der Parteibezeichnung unterschreiben, BGH VersR **75**, 450 und **76**, 494 mwN. Er darf auch nicht ohne eine nachträgliche Inhaltsprüfung Teile einer Rechtsmittelschrift blanko unterschreiben, Mü NJW **80**, 460 (abl Ostler). Der Anwalt darf die Berufungsschrift überhaupt nicht ungelesen unterschreiben, BGH VersR **76**, 494 mwN.

Die Verwendung einer Blankounterschrift, die nur in einer unvorhersehbaren Lage zulässig ist, setzt eine an sich auf jeden denkbaren Einzelfall bezogene Anleitung und Überwachung durch den Anwalt voraus, also mehr als eine nur allgemeine Anleitung und mehr als Stichproben, BAG NJW **83**, 1447.

Das Vergessen der Unterschrift unter einem fristwahrenden Schriftsatz ist in der Regel schuldhaft, BGH VersR **80**, 942 mwN. Das gilt besonders, wenn der Anwalt den Schriftsatz nicht einmal diktiert, sondern vom Büropersonal hatte anfertigen lassen, BGH VersR **83**, 271.

Der Anwalt kann die Frist für eine Rechtsmittelbegründungsschrift nicht durch deren nur telegrafische oder fernschriftliche Einlegung einhalten, Stgt VersR **82**, 1082, auch nicht durch die persönliche Abgabe der von ihm nicht unterzeichneten Schrift, BGH VersR **83**, 271.

Der Anwalt muß unter anderem prüfen, ob die Rechtsmittelschrift richtig adressiert ist, BGH NJW **82**, 2671 mwN. Freilich darf er die Korrektur einer als zuverlässig bekannten Sekretärin überlassen, BGH NJW **82**, 2671 (zustm Ostler). Eine übervolle Unterschriftsmappe ist aber keine Entschuldigung, BGH VersR **82**, 1168. Ein diesbezügliches Verschulden bleibt auch dann schädlich, wenn das Gericht es versäumt hat, die Rechtsmittelschrift rechtzeitig an dasjenige Rechtsmittelgericht weiterzuleiten, an das sie nach dem Inhalt (wenn auch nicht nach der Anschrift) gerichtet war, BGH VersR **81**, 63.

Urlaub: Vor und nach dem Urlaub hat der Anwalt eine erhöhte eigene Prüfungspflicht, BGH zB VersR **77**, 425. Vor seinem Urlaub muß der Anwalt die Vorlegung aller Fristsachen beim Bürovorsteher anordnen. Er kann sich aber auf ein etwa eingearbeitetes Personal verlassen, BGH VersR **73**, 665. Freilich muß er einem Verdacht eines Büroversehens sogleich nachgehen, BGH VersR **79**, 376. Er muß bei einem urlaubsbedingten Arbeitsstau rechtzeitig eine Fristverlängerung beantragen, BGH FamRZ **81**, 657.

Wenn ein Mitarbeiter Urlaub hat, trifft den Anwalt eine erhöhte Verantwortlichkeit, BGH VersR **78**, 960. Wenn der Kalenderführer Urlaub hat, darf der Anwalt die Frist nichts ohne weiteres von einem Auszubildenden überwachen lassen, BGH **LM** (Fc) Nr 37.

Der Anwalt muß vor seinem persönlichen Urlaub prüfen, ob ein amtlicher Vertreter wirksam bestellt wurde, und muß notfalls für eine ausreichende Vertretung sorgen, BGH **LM** (Fe) Nr 9. Er darf nicht mehrere Tage der Kanzlei fernbleiben, ohne einen Anwalt oder einen ihm Gleichgestellten als Vertreter zu bestellen, BGH **LM** Nr 72 (eine Anweisung an den Bürovorsteher, beim Eingang eines Berufungsauftrags einen bestimmten Anwalt zu beauftragen, genügt nicht).

Eine wichtige Fristsache muß sich der Anwalt nach der Urlaubsrückkehr gesondert vorlegen lassen, BGH VersR **77**, 334.

S auch ,,Gerichtsferien", ,,Krankheit", ,,Letzter Augenblick", ,,Vertreter".
Urteilszustellung: S ,,Zustellung".
Verhinderung: S ,,Krankheit".
Verkehrsanwalt: Er ist Bevollmächtigter der Partei, BGH VersR **83**, 81, aber nicht Erfül-

lungsgehilfe des ProzBev der Partei. Der ProzBev hat daher ein Verschulden des Verkehrsanwalts nicht gegenüber der Partei zu vertreten, LG Regensb AnwBl **82**, 109. Eine Wiedereinsetzung kommt in Betracht, wenn das gut geschulte und überwachte Personal des Anwalts den Verkehrsanwalt nicht zutreffend unterrichtet, BGH NJW **60**, 1348. Indessen kommt eine Wiedereinsetzung nicht in Frage, wenn ein nicht beim Berufungsgericht zugelassener, im Briefkopf mit einem Zugelassenen gemeinsam auftretender Anwalt die Berufungsbegründung maßgeblich bestimmt und diktiert und dann verspätet einreicht, BGH VersR **79**, 447 und 577.

Wenn der Anwalt das Urteil mit einem Zustellungsvermerk in einem einfachen Brief an den Verkehrsanwalt übersendet, dann ist der Anwalt zu einer Rückfrage an den Verkehrsanwalt nicht mehr verpflichtet. Denn sein Mandat ist erledigt, BGH VersR **73**, 665 und **LM** Nr 20. Der Anwalt muß auch ein gut geschultes Personal anweisen, dem Verkehrsanwalt eine Nachricht von einer Zustellung zu erteilen, und zwar zusätzlich zu der Notierung einer Frist, BGH VersR **73**, 573. Der Verkehrsanwalt muß prüfen, ob eine Bestätigung des Rechtsmittelanwalts vorliegt, bevor er im Kalender eine Notfrist streichen läßt, BGH VersR **76**, 939.

Der Verkehrsanwalt muß die richtige Ausführung seiner Anweisung, einen bestimmten Anwalt beim Rechtsmittelgericht mit der Einlegung des Rechtsmittels zu beauftragen, selbst überwachen, BGH VersR **78**, 841 und VersR **81**, 851 mwN (BGH VersR **76**, 958 erlaubt es dem Anwalt, auf eine zuverlässige Bürokraft zu vertrauen). Er muß in diesem Zusammenhang prüfen, ob die Anschrift richtig ist, BGH VersR **77**, 720 und 1032. Er braucht nicht zu prüfen, ob seine Anordnung über die Absendung des Briefs im übrigen durchgeführt wurde, BGH **LM** (Fd) Nr 4.

Er muß prüfen, ob ein kurz vor dem Ablauf der Rechtsmittelfrist abgesandtes Auftragsschreiben beim Empfänger eingegangen ist, BGH VersR **76**, 443 und **79**, 190 je mwN (großzügiger BGH VersR **79**, 444), Hamm VersR **74**, 1088, Nürnb NJW **73**, 908. Der Verkehrsanwalt muß ferner prüfen, ob der Rechtsmittelanwalt beim Rechtsmittelgericht zugelassen ist, BGH VersR **82**, 755, und ob er den Auftrag auch angenommen, BGH VersR **81**, 957 und VersR **82**, 950, VersR **83**, 60 je mwN, und ausgeführt hat, BGH VersR **82**, 755. Er muß prüfen, ob die Rechtsmittelfrist vom Rechtsmittelanwalt eingehalten wurde, BGH VersR **80**, 193. Eine eilige mündliche Anweisung „zwischen zwei Terminen" an das eigene Personal kurz vor dem Fristablauf reicht meist nicht aus, BGH VersR **83**, 81.

Der Verkehrsanwalt muß dem Berufungsanwalt das Zustellungsdatum des anzufechtenden Urteils richtig angeben, BGH VersR **80**, 278. Bei einer telefonischen Erteilung des Auftrags zur Berufungseinlegung muß der Verkehrsanwalt dafür sorgen, daß der Berufungsanwalt den Auftrag wiederholt, BGH VersR **81**, 959. Der Berufungsanwalt muß auch von sich aus für die Kontrollwiederholung sorgen, BGH VersR **81**, 959 mwN, aber nicht stets sofort, BGH VersR **81**, 680.

Der Rechtsmittelanwalt, der plötzlich verhindert ist, muß für eine Vertretung sorgen, insbesondere dann, wenn er dem Verkehrsanwalt die Abfassung der Berufungsbegründung überläßt, BGH **LM** § 232 aF Nr 24.

Der Verkehrsanwalt darf den Berufungskläger nicht über den Ablauf der Berufungsfrist falsch unterrichten. Er darf dem Rechtsmittelanwalt den Zeitpunkt der Zustellung des Urteils oder eine Beiordnung nicht unrichtig, BGH FamRZ **73**, 27 und VersR **77**, 153, oder etwa gar nicht mitteilen, BGH VersR **73**, 320. Der Verkehrsanwalt muß in einem solchen Fall sofort nachfragen, BGH VersR **75**, 90. Er muß dann, wenn er mit einer Informationslücke über den Zustellungszeitpunkt zu rechnen hat, ebenfalls hierzu zB bei dem Auftraggeber eine Rückfrage halten, BGH VersR **81**, 552. Er kann sich andererseits darauf verlassen, daß der ProzBev ihm das zugestellte Urteil rechtzeitig übersenden werde, BGH **LM** Nr 20. Der Rechtsmittelanwalt, der vom vorinstanzlichen Anwalt den Auftrag zur Einlegung des Rechtsmittels erhält, muß eine Rückfrage halten, wenn sich aus dem Auftragschreiben Zweifel ergeben, ob die Rechtsmittelfrist noch läuft, BGH NJW **69**, 1298.

Der Berufungsanwalt muß dem erstinstanzlichen Anwalt, der kein Verkehrsanwalt ist, das Urteil mit der Bitte übersenden, die Partei über den Ablauf der Revisionsfrist zu unterrichten. Denn dies gehört noch zur Aufgabe des Berufungsanwalts, BGH MDR **58**, 237.

Eine Wiedereinsetzung ist zu versagen, wenn weder die ausländische Partei noch ihr Verkehrsanwalt eine Übersetzung der Mitteilung des ProzBev veranlaßt und dadurch verspätet vom Inhalt Kenntnis nimmt, BGH NJW **75**, 497.

S auch „Andere Instanz", „Information", „Post".

4. Titel. Folgen der Versäumung. Wiedereinsetzung § 233 4

Verlust eines Schriftsatzes: Eine Wiedereinsetzung kommt in Betracht, wenn ein Schriftsatz verlorengegangen ist. Dabei braucht der Anwalt die Art des Verlusts nicht darzulegen. Das setzt voraus, daß der Verlust nicht im Verantwortungsbereich des Anwalts eingetreten ist. Das letztere muß der Anwalt glaubhaft machen, BGH NJW **57**, 790. Trotz einer Erinnerungslücke kann eine Angabe aber glaubhaft sein, BGH VersR **73**, 81.
Vertreter: Die beteiligten Anwälte dürfen die Prüfung, ob dem Antrag auf die Bestellung eines Anwalts als amtlichen Vertreters stattgegeben wurde, nicht dem Personal überlassen, Mü AnwBl **81**, 443. Der Vertreter muß prüfen, ob er beim fraglichen Gericht als Vertreter bestellt ist, BGH NJW **82**, 1878.
S auch „Urlaub".
Vorfrist: Es kann eine Pflicht eintreten, für eine wichtige Frist eine Vorfrist notieren zu lassen, BGH VersR **77**, 333 (wegen einer Rechtsmittelbegründungsfrist). Ob dieser Fall eintritt, ist unter dem Gesichtspunkt zu prüfen, daß die Wahrung der Frist jedenfalls für den letzten Tag ihres Laufs sichergestellt sein muß, besonders bei § 222 II, BGH VersR **73**, 747. Der Anwalt muß sicherstellen, daß die Akte dann, wenn eine Vorfristsache nicht erledigt wurde, am nächsten Tag ohne weiteres wiedervorgelegt wird, BGH VersR **74**, 756 und **75**, 715. Wenn er erklärt hat, diese Sache habe er selbst in Arbeit genommen, dann darf er die Akte nicht mehr aus den Augen lassen, BGH VersR **74**, 999.
S auch „Aktenvorlage", „Frist", „Kalender", „Letzter Augenblick", „Urlaub".
Zuständigkeitsprüfung: Der Anwalt muß wegen seiner Pflicht, für die richtige Adressierung der Rechtsmittelschrift zu sorgen, auch klären, was Gegenstand des Rechtsstreits ist, BGH VersR **82**, 1146.
S „Gesetzesunkenntnis".
Zustellung: Wenn der Anwalt das Urteil mit Zustellungsvermerk in einem einfachen Brief an den Verkehrsanwalt übersendet, ist der Anwalt zu einer Rückfrage an den Verkehrsanwalt nicht mehr verpflichtet. Denn sein Mandat ist erledigt, BGH VersR **73**, 665 und **LM** Nr 20. Eine Wiedereinsetzung kommt in Betracht, wenn das Gericht eine unrichtige Auskunft über den Zeitpunkt einer von Amts wegen erfolgten Zustellung gibt, BGH **LM** Nr 84. Dabei genügt eine telefonische Anfrage des Anwalts. Der Anwalt braucht also die Gerichtsakten nicht selbst einzusehen, BGH NJW **66**, 658.
Der Anwalt muß sein Personal anweisen, einer Partei oder dem Verkehrsanwalt eine Nachricht von der Zustellung zu erteilen. Diese Anweisung ist zusätzlich zur Anweisung einer Fristnotierung notwendig, BGH VersR **73**, 573, reicht dann aber auch aus, BGH VersR **76**, 1178. Eine Wiedereinsetzung kommt in Betracht, wenn infolge einer unrichtigen Abschrift aus den Akten, in denen die Urteilszustellung und das Ende der Rechtsmittelfrist richtig vermerkt sind, trotz der Kontrolle durch den Bürovorsteher dem Rechtsmittelanwalt fehlerhafte Angaben übermittelt werden, BGH NJW **79**, 46. Eine Wiedereinsetzung kann auch dann eintreten, wenn der Bürovorsteher ein zugestelltes Urteil nicht vorlegt und auf eine spätere Anfrage erklärt, es sei noch nicht eingegangen, BGH NJW **61**, 2013.
Der Anwalt muß die Partei unverzüglich über eine Urteilszustellung und deren Zeitpunkt, BGH VersR **79**, 423, das zulässige Rechtsmittel und dessen formelle Erfordernisse vollständig unterrichten, BGH **LM** § 232 aF (Cd) Nr 19.
Wenn der Anwalt eine fristschaffende Zustellung annimmt und bescheinigt, muß er die allgemein angeordnete Aktenvorlage abwarten, BGH VersR **73**, 1144, oder prüfen, ob das zugehörige Urteil tatsächlich beiliegt, BGH VersR **78**, 943 und **79**, 283 sowie NJW **80**, 1846, OVG Münster BB **76**, 442. Andernfalls muß er die Zustellung selbst sofort in den Akten vermerken, BGH VersR **78**, 537 und **79**, 161, Oldb JB **78**, 1013, oder muß sie durch einen unbedingt zuverlässigen Mitarbeiter sofort vermerken lassen, BGH VersR **77**, 424 und NJW **80**, 1846, oder sie aus der ihm vorgelegten Postmappe aussondern oder dafür Sorge tragen, daß das sofort durch einen zuverlässigen Angestellten geschieht, BGH VersR **78**, 523.
Der Anwalt darf das Empfangsbekenntnis über die Urteilszustellung erst dann unterzeichnen und zurückgeben, wenn in der Handakte der Ablauf der Rechtsmittelfrist und die Fristnotierung vermerkt worden sind, BGH VersR **81**, 136. Geschieht das nicht, dann muß der Anwalt selbst für die Vorlage der Handakte und die Eintragung der Frist im Fristenkalender sorgen, BGH VersR **81**, 136 und VersR **83**, 185. Der Eingangsstempel auf dem zugestellten Schriftstück ersetzt den Fristvermerk nicht, BGH VersR **82**, 245.
Der Anwalt muß dafür sorgen, daß bei einer Urteilszustellung nach § 212a der Tag des Urteilszugangs, BGH NJW **80**, 1848 mwN, oder im Fall des § 221 II der Tag der Zustellung an den Gegner sogleich in den Handakten vermerkt wird, BGH VersR **73**, 155 sowie

VersR **83**, 560 mwN, und muß die Rechtsmittelfrist sofort nach der Zustellung notieren (lassen), KG VersR **82**, 704.

Wenn der Anwalt der Ansicht ist, es sei kein Rechtsmittel zulässig, muß er den Auftraggeber gleichwohl vom Zeitpunkt der Urteilszustellung unterrichten, BGH **LM** (Fc) Nr 38. Der Anwalt muß die Wirksamkeit der Urteilszustellung prüfen, BGH **8**, 47 und VersR **82**, 596. Er muß ein falsches Datum der Zustellungsbescheinigung richtigstellen lassen, BGH **LM** Nr 37. Er muß in einem wichtigen Fall nachprüfen, ob die Urteilszustellung in jeder Beziehung korrekt erfolgt ist. Er muß als Anwalt, der im Verfahren auf die Bewilligung einer Prozeßkostenhilfe beigeordnet ist, der Urteilszustellung in der Vorinstanz nachgehen. Er muß die Adressierung an ein unrichtiges Gericht bei der Unterschrift bemerken, BGH NJW **51**, 153.

Der Anwalt muß beim Erhalt einer Urteilsausfertigung darauf achten, ob zB die Zustellung gemäß §§ 331 III, 310 III schon vorher erfolgt ist, BGH VersR **82**, 597, oder ob er schon zuvor eine weitere – für den Fristbeginn allein maßgebliche – Ausfertigung desselben Urteils zugestellt erhalten hatte, BGH VersR **81**, 282.

Der Verkehrsanwalt kann sich darauf verlassen, daß der ProzBev ihm ein zugestelltes Urteil rechtzeitig übersenden wird, BGH **LM** Nr 20. Der Berufungsanwalt muß dem Auftraggeber das Zustellungsdatum des Berufungsurteils mitteilen, BGH VersR **74**, 1131 mwN, und muß ihn unterrichten, ob und wie ein Rechtsmittel möglich ist, BGH VersR **78**, 1160 mwN.

Ein Anwalt, der in demselben Haus seine Kanzlei und seine Wohnung hat, muß sein Personal eindringlich über die Zustellungsfragen belehren. Auch wenn sich die Kanzlei und die Wohnung nicht in demselben Haus befinden, muß der Anwalt Hausgenossen in erlaubtem Umfang anweisen, ihm Schriftstücke alsbald vorzulegen. Er hat aber insofern keine besondere Überwachungspflicht, BGH **LM** Nr 11.

S auch ,,Frist", ,,Gerichtsferien", ,,Information", ,,Kalender", ,,Letzter Augenblick", ,,Post".

Zustellung. Soweit sie nicht durch ein Verschulden des Antragstellers verzögert wird, ist sie immer als demnächst erfolgt anzusehen, § 270 III und dort Anm 4 B.

5) *VwGO:* Es gilt § 60 I VwGO.

234 *Wiedereinsetzungsfrist.* ¹ Die Wiedereinsetzung muß innerhalb einer zweiwöchigen Frist beantragt werden.
ᴵᴵ Die Frist beginnt mit dem Tage, an dem das Hindernis behoben ist.
ᴵᴵᴵ Nach Ablauf eines Jahres, von dem Ende der versäumten Frist an gerechnet, kann die Wiedereinsetzung nicht mehr beantragt werden.

1) Fristen, A. Zweiwochenfrist, I. Die Frist für den Antrag auf die Wiedereinsetzung beträgt zwei Wochen. Das gilt auch dann, wenn man eine kürzere Frist versäumt hat. Die Wiedereinsetzungsfrist ist eine gesetzliche Frist, aber keine Notfrist. Ihr Lauf wird also durch die Gerichtsferien gehemmt, BGH VersR **80**, 264, Köln MDR **82**, 945 (das Mahnverfahren ist aber eine Feriensache), Borgmann FamRZ **78**, 46. Das gilt auch dann, wenn der Wiedereinsetzungsantrag die Berufungsfrist betrifft, BGH VersR **80**, 264. Gegen die Versäumung der Wiedereinsetzungsfrist ist ein Antrag auf eine Wiedereinsetzung zulässig. Das bestimmt jetzt § 233 ausdrücklich.

Die Wiedereinsetzungsfrist wird nach § 222 berechnet. Sie kann nicht verlängert werden, § 224 II, BGH VersR **80**, 582. Soweit die Wiedereinsetzung gewährt wird, fällt eine Entscheidung, die ein Rechtsmittel als unzulässig zurückgewiesen hatte, ohne weiteres fort, ohne daß sie besonders aufgehoben werden muß, BGH **LM** § 519b Nr 9.

B. Jahresfrist, III. Nach dem Ablauf eines Jahres seit dem Ablauf der versäumten Frist ist ein Wiedereinsetzungsantrag unzulässig. III ist auch bei § 210 BEG anwendbar, BGH VersR **83**, 376.

Der Antrag auf eine Wiedereinsetzung muß innerhalb der Frist so vollständig abgefaßt werden, daß er alles dasjenige enthält, was § 236 als zum ordnungsgemäßen Antrag gehörig vorsieht, BGH VersR **78**, 942. Er muß also zB auch den Zeitpunkt nennen, in dem die Partei von der Existenz der anzufechtenden Entscheidung Kenntnis erhielt, BGH VersR **74**, 249. Andernfalls ist der Antrag unzulässig. Die Partei kann grundsätzlich auch keine Wiedereinsetzungsgründe nachschieben, BGH VersR **78**, 942 und VersR **82**, 1168 und 1169, BAG NJW **73**, 1767 und BB **74**, 511 mwN. Das gilt selbst dann, wenn der vorgetragene Sachverhalt in wesentlichen Punkten unrichtig ist, BGH MDR **63**, 291, vgl § 236 Anm 5 aE.

Allerdings darf die Partei den ursprünglichen tatsächlichen Vortrag vervollständigen und ergänzen, soweit das Gericht es unterlassen hatte, nach §§ 139 oder 278 III darauf hinzuwirken, daß erforderliche tatsächliche Angaben in dieser Weise vervollständigt und ergänzt wurden, BGH VersR **76**, 966 und **78**, 942, BAG NJW **73**, 1767 und BB **74**, 421, vgl aber auch BGH **LM** § 236 (C) Nr 4, KG NJW **74**, 1004 (das KG hält das Gericht nicht zu solchen Rückfragen für verpflichtet, soweit ein Gesuch offenbar unvollständig ist).

Zur Glaubhaftmachung vgl § 236 Anm 3. Es findet eine Amtsprüfung statt, Ffm Rpfleger **77**, 213. Es ist kein wirksamer Verzicht auf die Einhaltung der Frist zulässig, § 295 II.

Die Jahresfrist soll eine Prozeßverschleppung verhindern und eine Gefährdung der Rechtskraft verhüten. Sie ist mit dem GG vereinbar, BVerfG, zitiert bei BGH **LM** Nr 4. Die Jahresfrist ist eine uneigentliche Frist. Gegen ihren Ablauf ist grundsätzlich keine Wiedereinsetzung zulässig, Üb 3 B vor § 214, BGH **LM** Nr 4 (er weist darauf hin, daß § 233 nur die Frist des I erwähnt). Die Jahresfrist nach III ist auch dann zu beachten, wenn eine Prozeßkostenhilfe vor dem Ablauf der Jahresfrist abgelaufen ist, und zwar selbst dann, wenn die Partei von diesem Umstand keine Kenntnis hatte, BGH **LM** Nr 4.

Die Jahresfrist nach III ist aber unanwendbar, wenn die Partei den Antrag auf die Bewilligung einer Prozeßkostenhilfe rechtzeitig gestellt hatte, das Gericht jedoch über diesen Antrag nicht innerhalb des Jahres entschieden hatte, Brschw NJW **62**, 1823, oder wenn das Gericht aus anderen allein in seiner Sphäre liegenden Gründen nicht innerhalb eines Jahres unterschieden hatte, die Parteien aber mit einer sachlichrechtlichen Entscheidung rechnen konnten, BAG BB **81**, 2012.

2) Fristbeginn, II. Die Frist für den Antrag auf eine Wiedereinsetzung beginnt mit dem Ablauf des Tages, § 222 Anm 2, an dem das Hindernis behoben wurde, Borgmann FamRZ **78**, 46, also mit Ablauf desjenigen Tages, von dem ab man nicht mehr sagen kann, das Weiterbestehen des Hindernisses sei noch unverschuldet, vgl BGH **27**, 135, VersR **78**, 1144 sowie **80**, 678, ferner NJW **80**, 1848, Karlsr OLGZ **77**, 92, vgl auch Hamm NJW **77**, 2078 (zum alten Recht). Wenn das Gericht die Berufung wegen einer Fristversäumung verworfen hatte, muß es trotzdem über ein Wiedereinsetzungsgesuch entscheiden, das die Partei erst nach der Verwerfung eingereicht hat, sofern die Partei von ihrer Säumnis schuldlos keine Kenntnis hatte. Soweit das Gericht diesem Gesuch dann stattgibt, verliert sein Verwerfungsbeschluß die Wirkung, BAG NJW **71**, 1054.

Eine Säumnis ist zB in folgenden Fällen nicht mehr unverschuldet: Ein Inhaftierter merkt, daß man ihn nicht von Amts wegen zum Termin vorführt, Ffm Rpfleger **77**, 213; ein beauftragter Anwalt muß die Versäumung der Frist bei der ihm zuzumutenden normalen Sorgfalt erkennen, BGH VersR **79**, 1124 mwN, etwa deshalb, weil die Partei ihn über eine öffentliche Zustellung informiert, selbst wenn er die Einzelheiten der Zustellung noch nicht kennt, BGH VersR **77**, 644, oder wenn das Gericht ihn über das Zustellungsdatum informiert, BGH VersR **74**, 1002 und VersR **82**, 972, oder wenn die Partei ihn von der Absendung des Rechtsmittelauftrags informiert, BGH **LM** (B) Nr 24, oder wenn der Vorsitzende ihm eine Mitteilung zukommen läßt, BGH VersR **79**, 181 und **80**, 678, ferner NJW **80**, 1848, BAG NJW **74**, 517, oder wenn ein anderer Anwalt eine überraschende Bemerkung macht, BGH VersR **73**, 32 und **77**, 258, oder wenn der Anwalt die Akten zum Zweck der Berufungsbegründung vorgelegt bekommt, BGH VersR **74**, 1029; der Verkehrsanwalt erhält vom Berufungsanwalt die Nachricht, dieser lege das Mandat nieder (in einem solchen Fall kommt es auch nicht auf eine zeitlich nachfolgende Mitteilung des Gerichts über das Ausbleiben des Eingangs der Rechtsmittelbegründung an), BGH VersR **81**, 280. Es kommt in allen diesen Fällen nicht darauf an, ob die Partei selbst Kenntnis hatte oder Kenntnis haben mußte, § 85 II, BGH **LM** Nr 13, VersR **76**, 493 und VersR **81**, 280, Karlsr FamRZ **73**, 48, es sei denn, der Anwalt hätte den Auftrag abgelehnt, BAG BB **74**, 511. Nach BGH VersR **80**, 678 kommt es auch nicht darauf an, ob zB dem Bürovorsteher des Anwalts die Fristversäumung schon früher bekannt war. Der Anwalt muß eingehend darlegen und glaubhaft machen, daß er auf eine richtige weitere Behandlung der Sache durch den Bürovorsteher vertrauen dürfte, BGH VersR **83**, 757.

Wenn der Anwalt erfährt, daß eine von ihm unterzeichnete Rechtsmittelschrift nicht alsbald zum Gericht gegangen ist, muß er prüfen, ob er die Frist versäumt hat, vgl BGH **LM** § 232 Nr 27.

Die Behebung des Hindernisses kann vor oder nach dem Ablauf der Notfrist liegen. Die Frist beginnt jedenfalls von dem Zeitpunkt an, in dem man zuverlässige Kenntnis davon hat, daß die Klageschrift, VGH Mannh NJW **77**, 1357, oder die Rechtsmittelbegründungsschrift, BAG NJW **73**, 1767, verspätet eingegangen sind. Eine Unterbrechung infolge der Eröffnung eines Konkursverfahrens verhindert den Fristbeginn, BGH **9**, 308.

3) Weitere Einzelfälle. Die nachfolgend zitierte Rechtsprechung aus der Zeit vor Mitte 1977 mit ihren schärferen Anforderungen nach dem alten Recht ist nur noch bedingt verwertbar, § 233 Anm 4 am Anfang.

A. Fristbeginn bei Versäumung der Einspruchsfrist. Soweit die Partei eine Einspruchsfrist versäumt hat, beginnt die Frist für den Wiedereinsetzungsantrag in dem Zeitpunkt, in dem die Partei entweder von der zugrunde liegenden Zustellung Kenntnis erhält oder in den man ihr die weitere Unkenntnis von dieser Zustellung vorwerfen muß. Ein Vorwurf ist trotz einer gerichtlichen Mitteilung darüber, daß der Einspruch verspätet sei, erst dann möglich, wenn die Partei wissen kann, daß ein Antrag auf eine Wiedereinsetzung nur innerhalb einer gesetzlichen Frist gestellt werden kann, BAG BB **75**, 971 mwN. Hat sich die Partei mit dem Prozeßgegner während des Laufs der Berufungsbegründungsfrist verglichen hat, muß sie die Berufung dann, wenn sie die Nichtigkeit des Vergleichs geltend machen will, während der Frist nach I begründen und gleichzeitig die Wiedereinsetzung beantragen. Eine Fristversäumung ist unschädlich, wenn der Vergleich der Partei eine umfangreichere Verpflichtung auferlegt als das erste Urteil, BGH **51**, 141.

B. Fristbeginn beim Antrag auf eine Prozeßkostenhilfe. Der Umstand, daß die Partei in einem Anwaltsprozeß keinen Anwalt zum ProzBev bestellt hat, wird erst von demjenigen Augenblick an vorwerfbar, in dem die antragstellende Partei nicht mehr davon überzeugt sein darf, daß die Voraussetzungen für die Bewilligung einer Prozeßkostenhilfe (schon oder noch) vorliegen. Eine Mitteilung des Gerichts an denjenigen Vertreter der Partei, der den Antrag auf eine Prozeßkostenhilfe gestellt hat, über deren Bewilligung beendet das Hindernis, BGH FamRZ **81**, 536, und zwar selbst dann, wenn der Vertreter seine Partei nicht entsprechend über die gerichtliche Mitteilung informiert, BGH VersR **77**, 626 mwN.

Wenn die Partei allerdings rechtzeitig einen Prozeßkostenhilfeantrag gestellt hatte und nun in Konkurs fällt, beginnt die Frist nicht zu laufen, BGH **9**, 308 und VersR **81**, 857. Der Zugang der gerichtlichen Entscheidung über die Bewilligung oder Versagung einer Prozeßkostenhilfe beendet das Hindernis, BGH VersR **80**, 86, Hbg NJW **81**, 2765. Ein etwa neuer Antrag auf eine Prozeßkostenhilfe hemmt den inzwischen begonnenen Fristlauf nicht, BGH **LM** Nr 6, ebensowenig grundsätzlich eine Gegenvorstellung, BGH VersR **80**, 86. Es kommt nicht darauf an, ob die Partei von dem Erfolg ihres neuen Antrags auf eine Prozeßkostenhilfe überzeugt ist, BGH **LM** Nr 15.

Wenn das Gericht die Prozeßkostenhilfe abgelehnt hat, bleibt der Partei nur eine knappe Frist zur Überlegung, ob sie die Frist zur Begründung der Berufung, Revision oder Beschwerde usw einhalten will, BGH NJW **78**, 1919 mwN, Hbg NJW **81**, 2765, strenger BGH VersR **81**, 854 mwN. In der Regel sind für eine solche Überlegung wenige Tage ausreichend, BGH VersR **79**, 444 und VersR **82**, 757 mwN. Man muß der Partei allerdings im Anschluß an ihre eigenen Überlegungen noch eine gewisse Frist zur Benachrichtigung ihres Anwalts zubilligen, BGH **4**, 55. BAG NJW **62**, 462 nennt in diesem Zusammenhang 2–3 Tage.

Die Gerichtsferien haben auf alle diese Fristen keinen Einfluß, BGH MDR **62**, 466. Vgl ferner § 233 Anm 4 „Prozeßkostenhilfe".

Wenn das Gericht die Prozeßkostenhilfe nur teilweise bewilligt hat, bleibt der Partei für die Einhaltung der Berufungsfrist keine Überlegungsfrist. Denn sie braucht in der Berufungsschrift noch keinen der Höhe nach bestimmten Antrag zu stellen. Sie kann also insofern ihre Überlegungen noch nach der Einreichung der Berufungsschrift anstellen, BGH NJW **63**, 1780. Wenn das Gericht die Prozeßkostenhilfe zunächst ablehnt, sie aber auf Grund neuer Tatsachen nachträglich gewährt, dann kommt es grundsätzlich nur auf die erste Entscheidung an, ausnahmsweise aber nur auf die letzte, falls das Gericht seine Rechtsansicht in Wahrheit auf Grund desselben Sachverhalts geändert hatte, BGH **41**, 1.

Wenn das Gericht eine Prozeßkostenhilfe zunächst abgelehnt hatte, sie jedoch auf Grund von Vorstellungen im Hinblick auf eine inzwischen veränderte Rechtsprechung des BGH dann doch noch bewilligt hatte, darf man die zweite Entscheidung ebensowenig wie dann berücksichtigen, wenn inzwischen eine Gesetzesänderung eingetreten ist, BGH NJW **57**, 263.

Die Frist nach II beginnt aber nicht unbedingt schon mit der Zustellung des ersten Ablehnungsbeschlusses, und zwar auch dann nicht, wenn die Partei schon in jenem Zeitpunkt durch einen beim Rechtsmittelgericht zugelassenen Anwalt vertreten ist. Die Frist beginnt in diesem Zeitpunkt aber dann, wenn die Partei ihren Anwalt beauftragt hat, das Rechtsmittel in jedem Fall einzulegen, BGH **4**, 55.

Wenn das Gericht der Partei zwar schon im Verfahren auf die Bewilligung der Prozeßkostenhilfe einen Anwalt beigeordnet hat, wenn die Partei diesem Anwalt aber noch keine Prozeßvollmacht erteilt hat (die letztere kann allerdings schon mit ihrem Prozeßkostenhilfeantrag verbunden sein, BGH VersR **73**, 447), dann beginnt die Frist erst in dem Zeitpunkt, in dem das Gericht die Bewilligung der Prozeßkostenhilfe der Partei oder ihrem Vertreter bekanntgibt, BGH **30**, 228 und VersR **73**, 420, dann allerdings auch unabhängig von einer etwaigen förmlichen Zustellung an den beigeordneten Anwalt, BGH VersR **73**, 319, insofern zum Teil unklar LG Stade VersR **76**, 252.

Soweit das Gericht der Partei eine unbefristete Auflage gemacht, die Partei diese Auflage aber nicht innerhalb einer objektiv angemessenen Frist erfüllt hat, beginnt die Frist nach II erst dann zu laufen, wenn das Gericht der Partei den Beschluß über die Ablehnung einer Prozeßkostenhilfe zustellt oder wenn die Partei vorwerfbar eine Nachfrist verstreichen läßt, die ihr das Gericht gesetzt hat, BGH NJW **71**, 808, abw BGH **LM** Nr 19 (zum alten Recht). Wenn die Partei einer befristeten Auflage im Verfahren auf eine Prozeßkostenhilfe schuldhaft nicht nachkommt, beginnt die Frist nach II in demjenigen Zeitpunkt, den das Gericht der Partei zur Erfüllung der Auflage gesetzt hat, BGH VersR **81**, 679, abw BGH **LM** (B) Nr 15 (es sei schon der Ablauf einer den Umständen nach objektiv angemessenen Frist schädlich); vgl auch § 236 Anm 1 A.

Wenn die Partei wegen anderweitiger Vergleichsverhandlungen darum bittet, die Entscheidung über den Antrag auf eine Prozeßkostenhilfe zurückzustellen, dann aber das Scheitern der Vergleichsverhandlungen dem Gericht nicht mitteilt, beginnt die Frist nach II erst mit der Klarstellung durch das Gericht, BGH **LM** Nr 25. Wenn der beigeordnete Anwalt nicht weiß, daß die Rechtsmittelfrist abgelaufen ist, beginnt die Frist nach II mit dem Ablauf desjenigen Tages, von dem an die Unkenntnis des Anwalts vorwerfbar ist.

Wenn das Gesuch um die Bewilligung der Prozeßkostenhilfe mit dem Rechtsmittelschriftsatz verbunden wurde, kommen die zum bloßen Prozeßkostenhilfeantrag entwickelten Gesichtspunkte nicht zur Anwendung, BGH VersR **81**, 577.

Lüderitz ZZP **78**, 131 und 157 (krit BGH NJW **78**, 1920) schlägt wegen des großen Risikos für denjenigen, der eine Prozeßkostenhilfe beantragt, vgl auch § 233 Anm 4 ,,Prozeßkostenhilfe" und oben Anm 1, und wegen des Umstands, daß das Gericht im allgemeinen über einen Prozeßkostenhilfeantrag nur selten vor dem Fristablauf entscheidet, eine gesetzliche Neuregelung dahin vor, daß der Antrag auf die Bewilligung der Prozeßkostenhilfe die Frist nach II unterbrechen sollte, so daß die Frist erst dann erneut zu laufen beginne, wenn die Partei von dem Beschluß Kenntnis erhalte.

C. Sonstiges. Wenn der Auftrag zur Einlegung eines Rechtsmittels dem Anwalt nicht zugeht, beginnt die Frist mit demjenigen Tag, an dem die Partei bei dem Anwalt eine Rückfrage hätte halten müssen. Wenn ihr Anwalt einen anderen Anwalt mit der Einlegung des Rechtsmittels beauftragt hat, kommt es auf den Tag an, an dem der beauftragende Anwalt eine Erkundigung bei dem beauftragten Anwalt hätte anstellen müssen, BGH **50**, 86. Wenn die Rücknahme eines noch unbegründeten Rechtsmittels widerrufen wird, beginnt die Frist im Zeitpunkt der Mitteilung des Widerrufs an das Gericht, BGH **33**, 75. Sehr großzügig läßt BGH VersR **74**, 784 zu, daß ein Anwalt gegen ein Urteil Berufung einlegt, ohne es von einem weiteren Urteil abzugrenzen, das unter demselben Aktenzeichen an demselben Tag in seiner Gegenwart verkündet worden war.

4) *VwGO: Es gelten die ähnlichen Bestimmungen in § 60 II u III VwGO.*

235 Wiedereinsetzung bei Zustellung im Parteibetrieb. (weggefallen)

236 Wiedereinsetzungsantrag.
I Die Form des Antrags auf Wiedereinsetzung richtet sich nach den Vorschriften, die für die versäumte Prozeßhandlung gelten.

II Der Antrag muß die Angabe der die Wiedereinsetzung begründenden Tatsachen enthalten; diese sind bei der Antragstellung oder im Verfahren über den Antrag glaubhaft zu machen. Innerhalb der Antragsfrist ist die versäumte Prozeßhandlung nachzuholen; ist dies geschehen, so kann Wiedereinsetzung auch ohne Antrag gewährt werden.

1) **Form, I.** Die Form des Antrags auf die Wiedereinsetzung richtet sich nach derjenigen Form, die für die wirksame Vornahme der versäumten Prozeßhandlung erforderlich war. Wenn es zB um die Versäumung der Einlegung eines Rechtsmittels oder um die Versäumung der Rechtsmittelbegründung geht, ist für den Wiedereinsetzungsantrag die Schrift-

form erforderlich. Wenn es um einen Einspruch geht, ist für den Wiedereinsetzungsantrag eine Erklärung zum Protokoll der Geschäftsstelle ausreichend. Bei einer Beschwerde ist § 569 II zu beachten.

Der Antrag braucht nicht ausdrücklich als Antrag oder Gesuch um eine Wiedereinsetzung bezeichnet zu werden, BGH **61**, 395 und **63**, 391 mwN (im Ergebnis zustm Vollkommer ZZO **89**, 207) sowie BGH NJW **79**, 110, vgl Anm 5. Ein stillschweigender Antrag liegt aber nicht vor, wenn der ProzBev in der irrigen Annahme, die Frist sei noch nicht abgelaufen, das Rechtsmittel eingelegt hat und auch später noch an seinem Irrtum festhält, BGH VersR **83**, 559.

2) Inhalt, II 1. A. Wiedereinsetzungsgrund. Die Partei braucht nur noch diejenigen Tatsachen anzugeben, die die Wiedereinsetzung begründen. Das sind solche Tatsachen, die ein Verschulden der Partei ausschließen, und zwar auch ein etwa mitwirkendes Verschulden. Dazu gehören zB: Die Tatsachen, aus denen sich ergibt, daß die Partei Unterlagen, die sie für einen Antrag auf die Bewilligung einer Prozeßkostenhilfe benötigte, ohne ihr Verschulden nicht innerhalb der Rechtsmittelfrist beschaffen konnte, aus denen sich aber ferner ergibt, daß sie diese Unterlagen dann unverzüglich nachgereicht hat, BGH **LM** § 233 (Hb) Nr 12; die Tatsachen, aus denen sich eine Urlaubsreise oder eine Erkrankung oder überhaupt alle diejenigen Umstände ergeben, die zwischen dem Beginn und dem Ende der versäumten Frist liegen und die für die Fristversäumung und für die Schuldlosigkeit der Partei bedeutsam sein können, BGH VersR **80**, 851.

Im Fall der Bewilligung der Prozeßkostenhilfe erst nach dem Ablauf der Rechtsmittelfrist ist aktenkundig, daß der Antragsteller die Versäumung der Rechtsmittelfrist nicht verschuldet hat, BGH VersR **82**, 41. Im Fall der Ablehnung der Prozeßkostenhilfe muß er aber glaubhaft machen, weshalb er annehmen durfte, zur rechtzeitigen Einlegung des Rechtsmittels finanziell nicht imstande zu sein, BGH VersR **82**, 42.

Die Partei muß freilich alle diese Umstände im wesentlichen sogleich darlegen, BGH VersR **80**, 851, vgl BGH VersR **78**, 1024. Eine pauschale Bezugnahme auf den früheren Vortrag reicht nicht aus, LAG Ffm BB **82**, 1924. Neues späteres Vorbringen ist grundsätzlich unzulässig, BGH VersR **81**, 62 und VersR **82**, 803. Eine bloße Vervollständigung oder Ergänzung ist freilich zulässig, BGH VersR **81**, 62 mwN sowie VersR **82**, 42 und 803. Das Gericht muß eine solche Vervollständigung oder Ergänzung sogar unter Umständen nach § 139 von Amts wegen veranlassen, BGH VersR **79**, 1028 und VersR **80**, 851 sowie VersR **82**, 803 mwN.

Die Partei darf die nach ihrer Ansicht zur Wiedereinsetzung ausreichenden Tatsachen jedenfalls dann nicht alternativ vortragen, wenn dabei die Möglichkeit eines Verschuldens bei auch nur einem der alternativen Vorgänge offenbleibt, BGH VersR **82**, 144.

B. Fristwahrung. Die Partei muß außer den in A genannten Tatsachen weiterhin diejenigen Tatsachen angeben, aus denen sich ergibt, daß sie die Wiedereinsetzungsfrist des § 234 gewahrt hat, BAG NJW **73**, 214. Dazu gehört unter anderem die Angabe des Zeitpunkts, in dem das Hindernis behoben war. Das Gericht ermittelt solche Tatsachen nicht von Amts wegen. Wenn ein Anwalt behauptet, ein Angestellter habe in einer Weise gehandelt, die der Anwalt nicht zu vertreten habe, dann muß der Anwalt die zugehörigen Tatsachen angeben, namentlich darlegen, was er persönlich unternommen hatte, um eine solche Panne zu verhindern. Wenn die Partei trotz der Ablehnung ihres Antrags auf eine Prozeßkostenhilfe das Rechtsmittel auf eigene Kosten durchführen will, muß sie darlegen, warum sie sich zunächst für berechtigt halten durfte, eine Prozeßkostenhilfe zu beantragen, BGH **LM** Nr 4.

Soweit aber feststeht, daß die persönlichen und wirtschaftlichen Verhältnisse der Partei für die Bewilligung einer Prozeßkostenhilfe ausreichten, braucht die Partei nicht darzulegen, weshalb sie das Rechtsmittel nicht rechtzeitig eingelegt hatte. Sie darf jedenfalls die Entscheidung über ihren Prozeßkostenhilfeantrag abwarten, wenn das Gericht diese Entscheidung nicht bis zum Ablauf der Rechtsmittelfrist getroffen hat; sie braucht das Rechtsmittel nicht vorsorglich vor der Entscheidung einzulegen, BGH **LM** § 114 aF Nr 7.

Soweit es für das Gericht offensichtlich ist, daß die Partei die Wiedereinsetzungsfrist gewahrt hat, braucht die Partei hierzu keine näheren Angaben zu machen, BAG NJW **73**, 214.

Die Frist ist nicht gewahrt, wenn der Antragsteller die zur Antragsbegründung rechtzeitig vorgetragene Tatsache widerruft und erst nach dem Fristablauf durch einen neuen Tatsachenvortrag ersetzt, BGH VersR **82**, 1168.

3) Glaubhaftmachung, II 1. Die Partei muß diejenigen Tatsachen, die die Wiedereinsetzung begründen, Anm 2 A–B, glaubhaft machen, § 294, BGH VersR **83**, 376. Die Glaub-

4. Titel. Folgen der Versäumung. Wiedereinsetzung § 236 3–5

haftmachung braucht allerdings nicht mehr unbedingt schon im Antrag zu erfolgen, sogar nicht einmal innerhalb der Frist des § 234; es reicht vielmehr aus, daß die Glaubhaftmachung „im Verfahren über den Antrag" erfolgt. Das bedeutet: Die Partei kann die Glaubhaftmachung bis zu demjenigen Zeitpunkt nachholen, in dem das Gericht über den Wiedereinsetzungsantrag entscheidet, offen BGH VersR **79**, 445 und 1028. Zur Glaubhaftmachung gehört freilich nicht nur eine Angabe derjenigen Mittel, aus denen sich die Glaubwürdigkeit ergeben soll, sondern auch die Glaubhaftmachung selbst. Wenn die Partei zur Glaubhaftmachung auf eine eidesstattliche Versicherung Bezug nimmt, diese aber offenbar irrig nicht beifügt, dann muß das Gericht ihr die Gelegenheit dazu geben, die eidesstattliche Versicherung nachzureichen, BGH VersR **80**, 90 und VersR **82**, 273. Freilich hat die Partei zu dieser Nachreichung in der Regel nur eine kurze Nachfrist. Auch einem Achtzehnjährigen ist eine eidesstattliche Versicherung zumutbar, BGH VersR **82**, 273.

Eine Glaubhaftmachung braucht nur insoweit zu erfolgen, als das Gericht darüber entscheiden soll, ob eine feststehende Fristversäumung unvermeidbar war, BGH VersR **74**, 1021. Die Anforderungen an die Glaubhaftmachung dürfen nicht überspannt werden, vgl BVerfG **41**, 334 (betr das OWiG und die StPO), ähnlich BGH VersR **80**, 90, freilich auch VersR **83**, 401. Es kann zB eine Mitteilung genügen, die Partei sei im Urlaub gewesen. Es kann auch genügen, daß ein Anwalt eine solche Mitteilung über seinen Auftraggeber macht, vgl BVerfG **41**, 339 (betr das OWiG und die StPO). Eine solche schlichte Mitteilung kann sogar dann genügen, wenn sie außerhalb der allgemeinen Ferienzeit beim Gericht eingeht, BVerfG **41**, 339 (betr das OWiG und die StPO).

Freilich darf die Lebenserfahrung, daß sich das halbe Volk während der üblichen Urlaubszeiten im Ausland oder doch auswärts befindet, nun auch nicht dazu führen, daß sich das Gericht mit jeder noch so nachlässigen Mitteilung begnügen dürfte, auch die antragstellende Partei sei im Urlaub gewesen. Schließlich verbringen viele Leute ihren Urlaub jedenfalls teilweise an ihrem Wohnsitz oder doch in dessen unmittelbarer Nähe. Es sind also zumindest präzise Angaben über den Beginn und das Ende des Urlaubs sowie den Urlaubsort erforderlich, oft darüber hinaus Angaben dazu, weshalb die Post nicht nachgeschickt wurde usw. Andernfalls würde man bei der Glaubhaftmachung geringere Anforderungen als bei der Angabe derjenigen Tatsachen stellen, die überhaupt eine Wiedereinsetzung ermöglichen sollen. Im übrigen dürfen allgemein keine Widersprüche vorliegen, BGH VersR **81**, 957.

Die Behauptung eines Anwalts über eine Handlung eines Dritten genügt zur Glaubhaftmachung nicht. Eine eidesstattliche Versicherung des Anwalts ist aber zulässig, aM BGH VersR **74**, 1021. Der Anwalt muß eine eidesstattliche Versicherung des Auftraggebers oder eines Dritten auf ihre Eignung prüfen und insoweit auf ihre Fassung Einfluß nehmen, BGH VersR **83**, 562. Wenn man eine Nichtkenntnis darlegen muß, kann es zur Glaubhaftmachung ausreichen, daß die Lebenserfahrung keinen Anhalt für eine Kenntnis gibt.

Im Zweifel ist die Wiedereinsetzung zu versagen, BGH VersR **83**, 401.

4) Nachholung der versäumten Prozeßhandlung, II 2 Hs 1. Die Partei muß die versäumte Prozeßhandlung innerhalb der Antragsfrist des § 234 nachholen. Ein isolierter Wiedereinsetzungsantrag ist also unzulässig, BGH VersR **78**, 88. Die Partei muß alles dasjenige nachholen, was im Fall einer Einreichung vor dem Ablauf der versäumten Frist ebenfalls notwendig gewesen wäre. Wenn es um einen Antrag auf die Bewilligung einer Prozeßkostenhilfe geht, muß die Partei sämtliche Unterlagen vorlegen, die seinerzeit notwendig gewesen wären, um dem Gericht eine Entscheidung zu ermöglichen, BGH **26**, 39, vgl BayObLG **79**, 255.

Ein Antrag auf die Verlängerung einer Frist ersetzt die Notwendigkeit der Nachholung der versäumten Prozeßhandlung nicht. Die Partei muß also eine Rechtsmittelbegründung grundsätzlich innerhalb der Wiedereinsetzungsfrist nachholen, BGH VersR **77**, 643 und 1102 je mwN, krit BGH VersR **74**, 656, dazu (offen) BFH BB **76**, 1254. Etwas anderes gilt aber dann, wenn die Partei eine Revision beim BayObLG eingelegt hatte, vgl § 7 EGZPO, und wenn das Gericht dem Revisionskläger einen ProzBev im Weg der Prozeßkostenhilfe erst nach dem Ablauf der Revisionsbegründungsfrist beigeordnet hat, BGH NJW **65**, 585.

Eine Bitte um die Weiterleitung an das wirklich zuständige Gericht kann ausreichen, sofern die Akte dort vor dem Ablauf der Frist eingeht, BGH VersR **78**, 826. Soweit die versäumte Prozeßhandlung schon nachgeholt worden ist, braucht sie nicht nochmals wiederholt zu werden, BGH VersR **78**, 449, Düss FamRZ **82**, 82.

5) Entbehrlichkeit eines Antrags, II 2 Hs 2. Ein Antrag auf eine Wiedereinsetzung ist entbehrlich, soweit die Partei die versäumte Prozeßhandlung innerhalb der Antragsfrist des § 234 nachgeholt hat, BGH NJW **79**, 110 und VersR **83**, 376, BAG DB **80**, 1852. Das bedeutet natürlich nicht, daß das Gericht die Wiedereinsetzung ohne jede Prüfung gewähren dürfte, wenn die Partei zwar die zunächst einzuhaltende Frist versäumt hat, dann aber die Handlung innerhalb der Frist des § 234 nachholt. Vielmehr meint das Gesetz lediglich folgendes: Falls die Partei die versäumte Handlung nach Anm 4 nachgeholt hat, schadet ein Formmangel ihres Antrags nicht unbedingt.

Es kann zB genügen, lediglich die Rechtsmittelschrift einzureichen, wenn unter anderem alle Daten aktenkundig sind, aus denen sich ergibt, daß die Partei die Rechtsmittelfrist unverschuldet versäumt hatte, vgl BGH VersR **80**, 264 mwN, Borgmann FamRZ **78**, 46. Ferner erfolgt eine Wiedereinsetzung auch ohne einen Antrag, wenn das Gericht fälschlich eine Fristversäumung angenommen hat, LAG Hamm BB **77**, 1706.

Das Gericht hat keinen Anlaß zu einer Wiedereinsetzung, wenn der Rechtsmittelkläger einen Wiedereinsetzungsantrag nur deshalb nicht stellt, weil er meint, er sei nicht säumig, zB deshalb, weil die Berufungsfrist nach seiner Auffassung noch nicht begonnen habe, BGH **7**, 197, oder weil sie noch laufe, BGH NJW **68**, 1968, BAG BB **75**, 971, Ffm FamRZ **83**, 197.

Ausreichend ist der Wille der Partei, den Prozeß trotz ihrer Kenntnis des Fristablaufs fortzusetzen. In einem solchen Fall ist eine Wiedereinsetzung auch ohne einen Antrag der Partei selbst dann zu prüfen, wenn die Partei selbst ersichtlich die Rechtsauffassung vertritt, ihr dürfe eine Wiedereinsetzung nicht zugebilligt werden, BGH **61**, 395 (insofern zustm Vollkommer ZZP 89, 209). II 2 Hs 2 soll aber nicht eine Möglichkeit schaffen, Wiedereinsetzungsgründe grundlos nachzuschieben, vgl § 234 Anm 1 B (dort auch zu zulässigen Fällen).

6) VwGO: *I ist entsprechend anwendbar, § 173 VwGO, EF § 60 Rdz 18.* **II** *ist ersetzt durch § 60 II 2, 3 VwGO (im wesentlichen inhaltsgleich).*

237 *Zuständiges Gericht.* **Über den Antrag auf Wiedereinsetzung entscheidet das Gericht, dem die Entscheidung über die nachgeholte Prozeßhandlung zusteht.**

1) Zuständigkeit. Für die Entscheidung über den Antrag auf eine Wiedereinsetzung wie für eine Entscheidung von Amts wegen nach § 236 II 2 Hs 2, BGH NJW **82**, 1874, ist grundsätzlich dasjenige Gericht zuständig, das über die nachgeholte Prozeßhandlung zu entscheiden hatte oder das beim Fehlen einer Prozeßhandlung entschieden hat. Das ist im Fall einer Beschwerde das abhelfende Gericht. Im Fall einer sofortigen Beschwerde gegen eine Entscheidung des verordneten Richters oder gegen eine Entscheidung des Urkundsbeamten der Geschäftsstelle ist das Prozeßgericht zuständig, § 577 IV. Im Fall einer weiteren Beschwerde kann das zur Entscheidung über sie berufene Gericht zuständig sein, BGH FamRZ **80**, 347 mwN. Wenn das Berufungsgericht einen Wiedereinsetzungsantrag übergangen hat, ist das Revisionsgericht zur Entscheidung zuständig, BGH FamRZ **80**, 347 mwN, aM BGH FamRZ **82**, 162. Allerdings darf und muß das Revisionsgericht gegen die Versäumung einer Frist des Berufungsverfahrens auch ohne einen Antrag unter den Voraussetzungen des § 236 II 2 Hs 2 in einem klaren Fall statt einer Aufhebung und Zurückverweisung selbst die Wiedereinsetzung gewähren, BGH NJW **82**, 1874, vgl auch BFH DB **83**, 1132.

2) VwGO: *Es gilt § 60 IV VwGO (inhaltsgleich).*

238 *Entscheidung über die Wiedereinsetzung.* **¹ Das Verfahren über den Antrag auf Wiedereinsetzung ist mit dem Verfahren über die nachgeholte Prozeßhandlung zu verbinden. Das Gericht kann jedoch das Verfahren zunächst auf die Verhandlung und Entscheidung über den Antrag beschränken.**

II Auf die Entscheidung über die Zulässigkeit des Antrags und auf die Anfechtung der Entscheidung sind die Vorschriften anzuwenden, die in diesen Beziehungen für die nachgeholte Prozeßhandlung gelten. Der Partei, die den Antrag gestellt hat, steht jedoch der Einspruch nicht zu.

III Die Wiedereinsetzung ist unanfechtbar.

IV Die Kosten der Wiedereinsetzung fallen dem Antragsteller zur Last, soweit sie nicht durch einen unbegründeten Widerspruch des Gegners entstanden sind.

1) Verfahren, I. A. Allgemeines. Das Gericht muß das Verfahren über den Wiedereinsetzungsantrag mit dem Verfahren über die versäumte Prozeßhandlung verbinden. Daher muß

4. Titel. Folgen der Versäumung. Wiedereinsetzung § 238 1, 2

es regelmäßig eine mündliche Verhandlung anberaumen. Soweit es um ein Rechtsmittel oder um die Erinnerung gegen einen Kostenfestsetzungsbeschluß geht, ist eine mündliche Verhandlung freigestellt. Der Gegner ist anzuhören, Art 103 I GG, Einl III 3 A, BVerfG **61**, 17, **62**, 322 je. Eine Terminsbestimmung erfolgt wie bei der versäumten Prozeßhandlung, also von Amts wegen, § 216. Eine Zustellung erfolgt von Amts wegen, §§ 270 I, 274 I.

Das Gericht prüft die Zulässigkeit des Antrags auf die Wiedereinsetzung von Amts wegen. Eine Parteiherrschaft besteht nicht. Eine Mängelheilung ist ausgeschlossen. Das ergibt sich aus dem Zweck der Wiedereinsetzung und daraus, daß die Parteien die Rechtskraft nicht von sich aus willkürlich beseitigen können. Bei der Prüfung der Zulässigkeit bleiben die sachlichen oder sonstigen prozessualen Aussichten des Rechtsstreits unerheblich. Das Gericht darf also den Wiedereinsetzungsantrag nicht nach den gestellten Sachanträgen aufspalten, BGH **8**, 284 (das Vorliegen einer Doppelehe nach der etwaigen Wiedereinsetzung gegenüber einem Scheidungsurteil darf also nicht berücksichtigt werden).

B. Verbindung mit der Sachverhandlung. Das Gericht kann die Verhandlung über den Wiedereinsetzungsantrag mit der Verhandlung zur Streitsache verbinden. Es kann die Verhandlung aber auch auf den Wiedereinsetzungsantrag beschränken. Die letztere Entscheidung erfolgt durch einen Beschluß. Er ist grundsätzlich wenigstens kurz zu begründen, § 329 Anm 1 A b. Er wird verkündet. Eine Sachentscheidung ist vor der Entscheidung über den Wiedereinsetzungsantrag unzulässig. Zulässig ist aber eine Wiedereinsetzung gegen die Versäumung der Berufungsfrist, wenn das Berufungsgericht die Berufung bereits wegen der Fristversäumung als unzulässig verworfen hat; wenn die Wiedereinsetzung gewährt wird, wird der Verwerfungsbeschluß gegenstandslos, BGH **LM** § 519b Nr 9.

Eine Entscheidung über die Wiedereinsetzung und eine Einstellung der Zwangsvollstreckung sind nicht gleichzeitig notwendig, BVerfG **61**, 17.

2) Entscheidung, II, III. A. Allgemeines. Das Gericht entscheidet über die Zulässigkeit des Wiedereinsetzungsantrags ebenso wie über die Zulässigkeit der nachgeholten Prozeßhandlung. Es muß eine ausdrückliche Entscheidung treffen. Eine stillschweigende Entscheidung ist deshalb unzulässig. Sie kann auch nicht darin liegen, daß das Gericht das Verfahren in der Sache selbst fortsetzt oder daß es einen Beweisbeschluß erläßt, LG Düss NJW **50**, 547.

Soweit die nachgeholte Prozeßhandlung keine mündliche Verhandlung erfordert oder eine solche freistellt, kann das Gericht seine Entscheidung durch einen Beschluß treffen. Das gilt auch bei einer Zurückweisung des Wiedereinsetzungsgesuchs gegen die Versäumung der Einspruchsfrist nach einem Versäumnisurteil oder Vollstreckungsbescheid. Soweit die nachgeholte Prozeßhandlung eine mündliche Verhandlung erfordert, muß das Gericht durch ein Urteil entscheiden, also zB bei der Zubilligung einer Wiedereinsetzung gegen die Versäumung der Einspruchsfrist gegen ein Versäumnisurteil oder einen Vollstreckungsbescheid.

B. Urteil. Ein Urteil kann folgenden Inhalt haben:

a) **Zurückweisung.** Das Gericht weist den Antrag auf die Wiedereinsetzung zurück. Wenn es schon sachlich erkannt hatte, erläßt es ein Endurteil, durch das der Wiedereinsetzungsantrag verworfen wird. Soweit es noch nicht sachlich erkannt hatte, erläßt es ein Urteil in der Sache und teilt in den Entscheidungsgründen mit, warum das Wiedereinsetzungsgesuch zurückgewiesen werden mußte.

b) **Stattgeben.** Soweit das Gericht dem Wiedereinsetzungsantrag stattgibt, erläßt es entweder ein unselbständiges Zwischenurteil nach § 303, nämlich dann, wenn das Gericht die Verhandlung auf den Wiedereinsetzungsantrag beschränkt hatte, oder es erläßt ein Urteil in der Sache selbst, in dessen Entscheidungsgründen das Gericht die Zulässigkeit der Wiedereinsetzung trotz III kurz erörtert.

C. Versäumnisverfahren. Beim Versäumnisverfahren im Fall der Notwendigkeit einer mündlichen Verhandlung sind folgende Situationen zu unterscheiden:

a) **Säumnis des Antragstellers.** Das Gericht weist den Wiedereinsetzungsantrag durch ein Versäumnisurteil zurück. Dieses ist nicht mit einem Einspruch anfechtbar, II. Es läßt eine Berufung nur im Fall des § 513 zu.

b) **Säumnis des Antragsgegners.** Hier ist wiederum wie folgt zu unterscheiden:

aa) **Begründeter Antrag.** In diesem Fall erläßt das Gericht ein Versäumnisurteil oder eine Entscheidung nach der Aktenlage in der Sache selbst.

bb) Unbegründeter Antrag. In diesem Fall weist das Gericht den Wiedereinsetzungsantrag zurück oder verwirft ihn durch eine Entscheidung nach der Aktenlage oder durch ein unechtes Versäumnisurteil, § 331 II.

Wenn das Gericht über den Wiedereinsetzungsantrag gegen die Versäumung der Berufungsfrist nicht durch einen Beschluß entscheidet, sondern einen Termin bestimmt, dann muß es ein Versäumnisurteil nach § 330 erlassen, BGH NJW **69**, 845. Mit der Gewährung der Wiedereinsetzung entfällt ein Beschluß ohne weiteres, durch den das Gericht ein Rechtsmittel als unzulässig verworfen hatte, BGH **LM** § 519b Nr 9.

Wenn das Gericht formfehlerhaft entschieden hatte, etwa durch einen Beschluß statt durch ein Urteil, dann ist die Versäumung trotzdem geheilt. Denn das Gericht kann seine eigene Entscheidung nach § 318 nicht wieder beseitigen.

D. Rechtsbehelfe. Hier sind folgende Fälle zu unterscheiden:

a) Wiedereinsetzung. Gegen eine die Wiedereinsetzung gewährende Entscheidung ist kein Rechtsbehelf statthaft, III. Das gilt unabhängig davon, ob das Gericht durch ein Zwischenurteil, ein Endurteil, ein Versäumnisurteil, eine Entscheidung nach der Aktenlage oder einen Beschluß entschieden hat.

Die Gewährung ist auch für das Rechtsmittelgericht bindend, BGH NJW **82**, 887.

b) Ablehnung. Wenn das Gericht die Wiedereinsetzung abgelehnt hat, ist derjenige Rechtsbehelf statthaft, der durch die Entscheidung erfordert ist. Soweit also das Gericht die Wiedereinsetzung durch ein Versäumnisurteil verworfen hat, kommt eine Berufung oder Revision nach den §§ 513 II oder 566 in Betracht. Gegen einen Beschluß, durch den das Gericht einem Antrag auf Wiedereinsetzung nicht stattgegeben hatte, ist die sofortige Beschwerde zulässig, sofern die Revision zulässig wäre, § 519b II, BGH **LM** Nr 11 und VersR **80**, 90, §§ 547, 567 III, BGH **21**, 147 und JB **76**, 1048. Diese Möglichkeit entfällt wegen § 545 II im Verfahren auf den Erlaß eines Arrests oder einer einstweiligen Verfügung, BGH **LM** Nr 1, oder in einem Enteignungs- oder Umlegungsverfahren.

Soweit das Gericht durch ein „Zwischenurteil" entschieden hat, ist dieses Urteil im Hinblick auf die Anfechtbarkeit wie ein Endurteil zu behandeln. Denn ein Zwischenurteil ist ein unnötiger Umweg. Es ist also eine selbständige Anfechtung mit der Revision zulässig, BGH VersR **79**, 619 und 960 mwN.

Eine Gegenvorstellung, Üb 1 C vor § 567, ist jedenfalls dann erfolglos, wenn die Entscheidung wegen des Fristablaufs, § 234, nicht mehr abänderbar ist, BGH **LM** Nr 11, BAG BB **73**, 755.

3) Kosten, IV. Die Kosten der Wiedereinsetzung fallen stets dem Antragsteller zur Last, soweit nicht der Gegner einer Wiedereinsetzung unbegründet widersprochen hat. Das gilt auch im Fall des Erfolgs des Wiedereinsetzungsgesuchs und auch für die Kosten eines Beschwerdeverfahrens, Hamm MDR **82**, 501. Das Gericht muß über die Kosten der Wiedereinsetzung eine gesonderte Entscheidung treffen. Sofern das Gericht eine solche Entscheidung versäumt hat, ist es grundsätzlich an seine Kostenentscheidung nach § 318 gebunden. Eine Abänderung dieser Entscheidung kommt nur mit den sonst in solchen Fällen üblichen Mitteln in Betracht, etwa nach §§ 319, 320ff.

Es entstehen keine besonderen Gerichts- oder Anwaltsgebühren.

4) VwGO: *I ist entsprechend anzuwenden, § 173 VwGO, OVG Münst RiA **79**, 60, EF § 60 Rdz 26. Auch II 1 gilt entsprechend für die Entscheidung, also ergeht sie bei Versäumung der Klagfrist durch Vorbescheid, Gerichtsbescheid (Art 2 § 1 EntlG) oder Urteil, Anm 2 A, VGH Mü BayVBl **82**, 637 mwN, VGH Mannh NJW **77**, 917, bei Versäumung einer Rechtsmittelfrist auch durch Beschluß, VGH Kassel NJW **66**, 1333, aM (Entscheidung durch Beschluß stets zulässig) namentlich BVerwG **13**, 145, RedOe § 60 Anm 20 mwN. Bei Versagung ergeht kein Zwischenurteil nach § 109 VwGO, vielmehr ist ggf durch Zwischenurteil entsprechend § 303 zu entscheiden, OVG Münst VerwRspr **23**, 765. Keine Anfechtung der Wiedereinsetzung, § 60 V VwGO. II 2 ist unanwendbar, da kein Versäumnisverfahren zulässig ist. IV ist ersetzt durch § 155 III VwGO.*

Fünfter Titel. Unterbrechung und Aussetzung des Verfahrens

Übersicht

1) Geltungsbereich. A. Allgemeines. Ein Stillstand des anhängigen Verfahrens tritt in folgenden Fällen ein: **a)** Rein tatsächlich, wenn keine Partei das Verfahren betreibt und soweit zum Fortgang des Verfahrens ein Betreiben durch eine Partei erforderlich ist;

b) rechtlich in folgenden Fällen: **aa)** Es tritt eine Unterbrechung ein. Sie wirkt unabhängig davon, was die Parteien und das Gericht beabsichtigen, ja ohne deren Kenntnis, kraft Gesetzes ein; **bb)** es erfolgt eine Aussetzung ein. Sie erfolgt auf Grund einer gerichtlichen Anordnung teils nach einem Antrag, teils von Amts wegen, teils auf Grund eines gerichtlichen Ermessens, teils ohne einen solchen Ermessensspielraum.

Titel 5 regelt nur einige Aussetzungsfälle und die allgemeinen Wirkungen der Aussetzung. Weiteres s §§ 148–155. Das in den §§ 251, 251a vorgesehene Ruhen des Verfahrens ist ein Sonderfall der Aussetzung. Es unterscheidet sich von der Aussetzung nur durch den Anlaß und durch die Bedeutungslosigkeit für die Notfristen und für die Rechtsmittelbegründungsfristen.

B. Entsprechende Anwendbarkeit. Die Vorschriften des 5. Titels sind auch in folgenden Fällen anwendbar: Es handelt sich um eine freigestellte mündliche Verhandlung, § 128 Anm 3; es handelt sich um das Mahnverfahren, BGH **LM** § 847 BGB Nr 50; es handelt sich um das Kostenfestsetzungsverfahren, Hamm Rpfleger **75**, 446.

Der 5. Titel ist in folgenden Fällen unanwendbar: In der Zwangsvollstreckung, Grdz 6 B vor § 704; im Verfahren auf die Bewilligung einer Prozeßkostenhilfe, das einen Prozeß ja erst vorbereitet.

Wenn die Tatsache der Unterbrechung streitig ist, liegt ein Zwischenstreit vor. Das Gericht muß über ihn auf Grund einer mündlichen Verhandlung entscheiden.

2) Fälle eines rechtlichen Stillstands

Aufgebotsverfahren: Wenn eine Anmeldung vorliegt, die ein Recht leugnet, das den Antrag begründen soll, kann das Gericht das Verfahren aussetzen, § 953.
Ehesache: Eine Aussetzung des Verfahrens ist dem Gericht teilweise freigestellt, teilweise ist sie verboten, § 614.
Einmischungsklage (Hauptintervention): Eine Aussetzung des Verfahrens ist dem Gericht freigestellt, § 65.
Entmündigung wegen Trunksucht oder Rauschgiftsucht: Eine Aussetzung des Verfahrens ist dem Gericht freigestellt, § 681.
Erlöschen einer juristischen Person ohne Liquidation: S ,,Tod der Partei".
Konkurs: Es tritt kraft Gesetzes eine Unterbrechung des Verfahrens ein, § 240.
Nacherbfolge: Es tritt kraft Gesetzes eine Unterbrechung des Verfahrens ein. Soweit es sich um einen ProzBev handelt, ist eine Aussetzung des Verfahrens notwendig, §§ 242, 246.
Nachlaßverwaltung: Es tritt eine Unterbrechung des Verfahrens kraft Gesetzes ein. Soweit es sich um einen ProzBev handelt, ist eine Aussetzung des Verfahrens notwendig, §§ 241, 246.
Partei kraft Amts, Wechsel: S ,,Vertreter, gesetzlicher".
Prozeßfähigkeit, Wegfall: Es tritt kraft Gesetzes eine Unterbrechung des Verfahrens ein. Soweit es sich um einen ProzBev handelt, ist eine Aussetzung des Verfahrens notwendig, §§ 241, 246.
Rechtsanwalt, Wegfall: Es tritt kraft Gesetzes eine Unterbrechung des Verfahrens ein, § 244.
Stillstand der Rechtspflege: Es tritt kraft Gesetzes eine Unterbrechung des Verfahrens ein, § 245.
Tod der Partei: Es tritt kraft Gesetzes eine Unterbrechung des Verfahrens ein. Soweit es sich um einen ProzBev handelt, ist eine Aussetzung des Verfahrens notwendig, §§ 239, 246.
Verkehrsstörung: Dem Gericht ist eine Aussetzung des Verfahrens freigestellt, § 247.
Versäumnis beider Parteien: Es kommt ein Ruhen des Verfahrens in Betracht, § 251a.
Vertreter, gesetzlicher, Wegfall: Es tritt kraft Gesetzes eine Unterbrechung des Verfahrens ein. Soweit es sich um einen ProzBev handelt, ist eine Aussetzung des Verfahrens notwendig, §§ 241, 246.
Vertragshilfeverfahren, anhängiges: Das Gericht muß das Verfahren nach § 11 III VHG aussetzen.
Vorgreiflichkeit (Präjudizialität): Dem Gericht ist eine Aussetzung des Verfahrens teilweise freigestellt, teilweise ist eine Aussetzung notwendig, §§ 148–155.
Wiederaufnahmeklage: Im Fall einer Häufung einer Nichtigkeits- und einer Restitutionsklage muß das Gericht das Verfahren aussetzen, § 578.
Zuständigkeit (Kompetenzkonflikt), bejahender: Die Frage, ob kraft Gesetzes eine Unterbrechung des Verfahrens eintritt oder ob das Gericht das Verfahren aussetzen kann oder muß, richtet sich nach dem Landesrecht, § 15 EGZPO.

Zweckmäßigkeit des Stillstands: Auf Grund eines beiderseitigen Antrags ordnet das Gericht das Ruhen des Verfahrens an, § 251.

3) VwGO: Titel 5 ist entsprechend anwendbar, ebenso die §§ 149–155, s die dortigen Erläuterungen. Die Aussetzung wegen Vorgreiflichkeit, § 148, ist in § 94 VwGO geregelt.

239 Unterbrechung durch Tod der Partei.

[I] Im Falle des Todes einer Partei tritt eine Unterbrechung des Verfahrens bis zu dessen Aufnahme durch die Rechtsnachfolger ein.

[II] Wird die Aufnahme verzögert, so sind auf Antrag des Gegners die Rechtsnachfolger zur Aufnahme und zugleich zur Verhandlung der Hauptsache zu laden.

[III] Die Ladung ist mit dem den Antrag enthaltenden Schriftsatz den Rechtsnachfolgern selbst zuzustellen. Die Ladungsfrist wird von dem Vorsitzenden bestimmt.

[IV] Erscheinen die Rechtsnachfolger in dem Termin nicht, so ist auf Antrag die behauptete Rechtsnachfolge als zugestanden anzunehmen und zur Hauptsache zu verhandeln.

[V] Der Erbe ist vor der Annahme der Erbschaft zur Fortsetzung des Rechtsstreits nicht verpflichtet.

Schrifttum: Fischer, Die Fortführung eines durch den Tod des Erblassers unterbrochenen Prozesses durch den mit Erbschein legitimierten Nichterben, Diss Mü 1953.

1) Geltungsbereich. § 239 ist unanwendbar, wenn die verstorbene Partei durch einen ProzBev vertreten wird, § 246, wohl aber anwendbar, wenn der Tod eintritt, nachdem der Anwalt das Mandat niedergelegt hat, BGH **LM** § 87 Nr 6 mwN. Die Unterbrechung der Zwangsvollstreckung erfolgt wie Grdz 6 B vor § 704.

§ 239 ist ferner unanwendbar, wenn der zum Versorgungsausgleich verpflichtete Ehegatte nach der rechtskräftigen Scheidung, aber vor der Beendigung des abgetrennten Verfahrens über den Versorgungsausgleich, stirbt, Ffm FamRZ **81**, 474.

2) Unterbrechung durch Tod, Erlöschen von Gesellschaft, I. A. Tod. Der Tod einer Partei unterbricht ein anhängiges Verfahren; s aber § 246. Dem Tod steht eine Todeserklärung nach § 23 VerschG gleich. Bei einer juristischen Person oder einer parteifähigen Personenmehrheit, namentlich bei der Offenen Handelsgesellschaft, steht deren Erlöschen dem Tod nur dann gleich, wenn eine Gesamtnachfolge stattfindet, wie im Fall der Verschmelzung oder der Verstaatlichung einer Aktiengesellschaft, §§ 339ff, 359 AktG, im Fall einer Umwandlung nach dem UmwG, LG Aachen Rpfleger **82**, 72, oder im Fall der Eingemeindung einer Gemeinde.

Eine Gesamtnachfolge tritt bei einer Umwandlung nach dem AktG nicht ein. Denn in diesem Fall wechselt nur die Gesellschaftsform. Sie tritt ebensowenig bei einer Auflösung ein, soweit die Auflösung zu einer Abwicklung führt. Denn in diesem Fall besteht die Gesellschaft fort. Eine Gesamtnachfolge fehlt auch, wenn ein Verlust der Rechtsfähigkeit eintritt. Über die Offene Handelsgesellschaft s auch § 50 Anm 2 D a. Eine Gesamtnachfolge fehlt auch dann, wenn ein Gesellschafter stirbt, solange eine gesetzliche Vertretung bestehen bleibt. Eine Gesamtnachfolge fehlt ferner grundsätzlich im Fall der Auflösung. Eine Abwicklungsgesellschaft ist nämlich der Erwerbsgesellschaft wesensgleich; mit der Auflösung werden die bisherigen Gesellschafter zur Partei; der Tod eines Gesellschafters unterbricht das Verfahren nur ihm gegenüber. Freilich muß das Gericht das Verfahren der Gesellschaft bis zur Ernennung eines Liquidators aussetzen, Bre BB **78**, 275.

Eine Gesamtnachfolge fehlt weiter dann, wenn jemand durch einen Vertrag die Aktiven und Passiven übernimmt, BGH DB **81**, 366 mwN.

Sogar die Löschung der Offenen Handelsgesellschaft unterbricht einen schwebenden Prozeß nicht. Denn die Gesellschaft kann sich dem Prozeß nicht einseitig entziehen. Sie gilt außerdem für den Prozeß als fortbestehend. Auch die Löschung einer Gesellschaft mit beschränkter Haftung unterbricht nicht. Die Gesellschaft ist für einen Anspruch, der sich nach ihrer Löschung als vorhanden herausgestellt hat oder der behauptet wird, parteifähig, jedenfalls solange ihre Vermögenslosigkeit nicht feststeht, vgl BayObLG **79**, 398 mwN. Im zugehörigen Prozeß wird die Gesellschaft durch die früheren Liquidatoren vertreten, BGH **LM** § 74 GmbHG Nr 1, Ffm Rpfleger **79**, 21.

5. Titel. Unterbrechung und Aussetzung des Verfahrens § 239 2

Mit dem Erlöschen einer Kommanditgesellschaft ohne Liquidation nach den §§ 142, 161 II HGB tritt eine Rechtsnachfolge entsprechend § 239 ein. Sie hat einen Parteiwechsel kraft Gesetzes zur Folge, BGH NJW **71**, 1844.

B. Partei. Der Begriff ist hier streng zu verstehen. Unter einer Partei im Sinn des § 239 ist zwar auch der streitgenössische Streithelfer nach § 69 zu verstehen, nicht aber der gewöhnliche Streithelfer. Ein Beigeladener im Sinn von § 74 SGG ist einem gewöhnlichen Streithelfer in etwa vergleichbar, BSG MDR **75**, 434. § 239 ist auf die Partei kraft Amts, etwa beim Wechsel in der Person des Testamentsvollstreckers, Grdz 2 C vor § 50, unanwendbar, weil keine Rechtsnachfolge eintritt; in einem solchen Fall gilt § 241. Etwas anderes ist dann anzunehmen, wenn eine wirkliche Rechtsnachfolge eintritt, wenn also etwa das Amt des Testamentsvollstreckers erlischt, BGH **83**, 104 mwN. Bei einer Streitgenossenschaft gilt § 61 Anm 2 D, bei der notwendigen Streitgenossenschaft ist § 62 Anm 4 D c zu beachten.

Die Natur des Streitgegenstands ist unerheblich. Bei einem nichtvermögensrechtlichen Streitgegenstand ist das Verfahren wegen der Kosten fortzusetzen. Dasselbe gilt dann, wenn das umstrittene Recht unvererblich ist.

C. Aufnahme durch den Rechtsnachfolger. Die Unterbrechung dauert so lange an, bis der Rechtsnachfolger das Verfahren aufnimmt. Der Begriff des Rechtsnachfolgers ist in der ZPO nicht überall derselbe. Eine prozessuale Rechtsnachfolge setzt nicht unbedingt auch eine sachlichrechtliche voraus, etwa dann nicht, wenn ein benannter Urheber nach § 76 in den Prozeß eintritt. Die Wirkung einer prozessualen Rechtsnachfolge besteht darin, daß der Nachfolger den Prozeß in dem gegenwärtigen Zustand übernehmen muß und daß der Unterliegende die gesamten Prozeßkosten trägt. Die prozessuale Rechtsnachfolge bewirkt nur dann eine Unterbrechung des Prozesses, wenn ihr eine sachlichrechtliche Rechtsfolge von Todes wegen zugrunde liegt. Indessen ist der Begriff der Rechtsnachfolge aus Gründen der Prozeßwirtschaftlichkeit hier weit auszulegen.

Hierher gehört daher jede Nachfolge in alle Rechte und Pflichten des Trägers der vom Prozeß betroffenen Vermögensmasse, wie diejenige eines Abkömmlings im Fall einer fortgesetzten Gütergemeinschaft in Rechte und Pflichten des Verstorbenen am Gesamtgut. Ferner zählt hierher auch eine von Todes wegen eintretende Sonderrechtsnachfolge, BGH **69**, 396.

Nicht hierher gehören: Der Vermächtnisnehmer; der Erbschaftskäufer; der Abtretungsnehmer; der Pfändungs- und Überweisungsgläubiger.

D. Aufnahmeerklärung. Die Aufnahme eines Prozesses erfolgt durch die Zustellung eines Schriftsatzes, § 250, nachdem der Aufnehmende eine entsprechende Eingabe beim Gericht eingereicht hat. Die Zustellung des Schriftsatzes beseitigt den Stillstand auflösend bedingt durch die Ablehnung der Erbfolge im Prozeß. Die §§ 241 II, 243 enthalten Sondervorschriften für den Fall einer Unterbrechung infolge einer Nachlaßverwaltung, Nachlaßpflegschaft, eines Nachlaßkonkurses oder des Bestehens einer Testamentsvollstreckung.

Die Aufnahme durch einen Streitgenossen, selbst durch einen notwendigen, wirkt nur für ihn. Jeder Miterbe kann bei einem zum Nachlaß gehörenden Anspruch und einer Mehrheit von Erben aufnehmen, BGH MDR **64**, 669, Düss OLGZ **79**, 458, vgl auch § 2039 BGB. Wenn mehrere Miterben aufnehmen, die sich um die Rechtsnachfolge streiten, dann sind sie der Gegenpartei gegenüber Streitgenossen. Hat ein falscher Rechtsnachfolger den Prozeß aufgenommen und hat das Gericht in der ersten Instanz entschieden, dann kann der richtige Rechtsnachfolger nur nach einer Beseitigung des erstinstanzlichen Urteils aufnehmen, nicht aber in der zweiten Instanz. Wegen der Haftung des Aufnehmenden für die Prozeßkosten § 780 Anm 2 C.

E. Verfahren. a) Grundsatz. Im Fall einer Aufnahme des Verfahrens vor der Verkündung eines Urteils muß das Gericht von Amts wegen einen Verhandlungstermin bestimmen. Das geschieht am besten erst nach der Zustellung der Aufnahmeerklärung.

b) Fälle. Wenn im Termin beide Parteien erscheinen, können folgende Möglichkeiten entstehen:

aa) Anerkenntnis. Wenn die Nachfolge anerkannt wird, dann braucht das Gericht über die Berechtigung zur Aufnahme des Verfahrens nicht zu entscheiden.

bb) Bestreiten. Wenn die Nachfolge bestritten wird, dann muß eine mündliche Verhandlung über die Berechtigung zur Aufnahme des Verfahrens stattfinden. Wer die Nachfolge behauptet, muß sie durch einen Erbschein oder dgl beweisen.

Die Verhandlung findet zugleich mit derjenigen über die Hauptsache oder auf Grund einer gerichtlichen Anordnung nur über die Nachfolge statt.

Die Entscheidung erfolgt stets durch ein Urteil. Es lautet entweder auf die Feststellung der Rechtsnachfolge. Dies kann durch ein unselbständiges Zwischenurteil nach § 303 oder zugleich mit der Endentscheidung über die Hauptsache in den Gründen des Endurteils geschehen. Die Entscheidung kann aber auch auf eine Verneinung der Rechtsnachfolge lauten. Diese Entscheidung ergeht durch ein Endurteil, das den Aufnehmenden zurückweist und ihn verurteilt, die Kosten des Aufnahmeverfahrens zu tragen. Mit der Rechtskraft dieses Urteils steht die Fortdauer der Unterbrechung fest. Eine neue Aufnahme durch einen anderen bleibt zulässig.

F. Säumnisverfahren. Hier sind folgende Situationen zu unterscheiden:

a) Niemand erscheint. Unter Umständen fällt das Gericht ein Urteil nach der Aktenlage. Es kann auch einen Beweisbeschluß erlassen. Das empfiehlt sich aber nur, wenn die Rechtsnachfolge offensichtlich unbedenklich ist.

b) Der Aufnehmende ist säumig. Dann gilt folgende Unterscheidung:

aa) Der Gegner erkennt die Rechtsnachfolge an. Dann findet ein Versäumnisverfahren in der Sache selbst statt.

bb) Der Gegner leugnet die Rechtsnachfolge. Dann weist das Gericht den Antrag auf die Fortsetzung des Verfahrens durch eine Versäumnisentscheidung zurück.

c) Der Gegner ist säumig. Dann sieht das Gericht die Rechtsnachfolge auf Grund eines Antrags als zugestanden an, so als ob der Rechtsnachfolger von Anfang an Partei gewesen wäre. Es ergeht eine Versäumnisentscheidung in der Sache.

G. Zwischenurteil und Rechtsmittel. Wenn die Aufnahme des Prozesses nach dem Zeitpunkt der Urteilsverkündung erfolgt, aber vor einer Rechtsmitteleinlegung, gehört die Aufnahme noch zur unteren Instanz, § 176 Anm 2 D. Wenn das Rechtsmittel zulässig ist, kann auch die höhere Instanz über die Rechtsnachfolge entscheiden. Es ist aber auch eine Ladung vor die untere Instanz zulässig. Dann findet dort eine mündliche Verhandlung nur über die Nachfolge statt.

Es können folgende Entscheidungen ergehen: **a)** Das Gericht weist durch ein Endurteil den Aufnahmeantrag zurück; **b)** das Gericht stellt die Wirksamkeit des ergangenen Urteils für oder gegen den Nachfolger durch ein Endurteil fest. Das Urteil ergänzt die frühere Entscheidung und ist mit ihr zusammen anfechtbar. § 517 steht dieser Lösung nicht entgegen. Im Fall einer Unterbrechung nach der Zustellung des Urteils läuft seit der Zustellung der Aufnahme eine neue Rechtsmittelfrist.

3) Verzögerung der Aufnahme, II, III. A. Allgemeines. Der Rechtsnachfolger verzögert die Aufnahme, wenn er das Verfahren aufnehmen könnte, dies aber ohne einen gesetzlichen Grund, etwa nach V, nicht tut. Er hat keine Überlegungsfrist. Im Fall einer Verzögerung kann der Gegner die Ladung des Rechtsnachfolgers zur Aufnahme und gleichzeitig zur Verhandlung der Hauptsache beantragen. Diese Ladung beendet die Unterbrechung allerdings noch nicht.

Die Unterbrechung endet nur in folgenden Fällen: **a)** Das Verfahren wird aufgenommen; **b)** man muß die Aufnahme nach IV unterstellen; **c)** das Gericht entscheidet dahin, daß die Verweigerung der Aufnahme unbegründet ist.

Bei b und c ist die Wirkung der Unterbrechung durch die Rechtskraft der Entscheidung auflösend bedingt. Die Ladung erfolgt immer vor das Gericht der unteren Instanz bis zum Zeitpunkt der Einlegung eines Rechtsmittels. Wenn das Gericht schon ein Urteil verkündet hat, erfolgt die Ladung nur zum Zweck der Aufnahme, nicht auch zur Verhandlung in der Sache. Im Fall einer Zurückverweisung endet die Zuständigkeit des zurückverweisenden Gerichts mit der Rechtskraft seiner Entscheidung.

B. Antrag des Gegners. Der Gegner reicht einen Schriftsatz mit der Bezeichnung des Rechtsnachfolgers ein und beantragt die Ladung. Der Urkundsbeamte der Geschäftsstelle veranlaßt die Ladung von Amts wegen durch eine Zustellung des Schriftsatzes an den Rechtsnachfolger selbst. Diese Zustellung schließt nur eine Zustellung an einen etwa schon bestellten ProzBev aus, nicht die Ersatzzustellung oder eine öffentliche Zustellung. Der Ladung ist der Antrag des Gegners beizufügen. Der Vorsitzende bestimmt die Ladungsfrist.

4) Verfahren im Aufnahmetermin, IV. A. Vor der Urteilsverkündung. Wenn das Verfahren vor einer Urteilsverkündung unterbrochen worden war, ergeben sich folgende Möglichkeiten:

a) Niemand erscheint. In diesem Fall ist die Rechtsnachfolge mangels eines Antrags nicht zugestanden. Das Gericht vertagt den Termin oder ordnet das Ruhen des Verfahrens an.

5. Titel. Unterbrechung und Aussetzung des Verfahrens **§§ 239, 240** 1

b) Der Ladende ist säumig. Dann muß man folgende Fälle unterscheiden:

aa) Der Geladene nimmt auf. Er erwirkt eine Versäumnisentscheidung in der Sache, vorausgesetzt, daß die Sachanträge dem Gegner mitgeteilt worden sind, § 335 I Z 3.
bb) Der Geladene nimmt nicht auf. Er leugnet nämlich seine Pflicht. In diesem Fall weist das Gericht den Aufnahmeantrag durch eine Versäumnisentscheidung zurück.

c) Der Geladene ist säumig. In diesem Fall ist die Rechtsnachfolge auf Grund eines Antrags als zugestanden anzusehen. Es findet dann eine Verhandlung zur Hauptsache statt, IV, Düss OLGZ **79**, 458. Infolgedessen kann das Gericht in der Sache selbst eine Versäumnisentscheidung erlassen.

d) Beide erscheinen. Hier muß man folgende Situationen unterscheiden:

aa) Die Nachfolge wird zugestanden. Dann braucht das Gericht über die Berechtigung zur Aufnahme des Verfahrens nicht zu entscheiden, insofern aM Düss OLGZ **79**, 458. Es findet eine Verhandlung zur Hauptsache statt.
bb) Die Nachfolge oder die Aufnahmepflicht werden geleugnet. In diesem Fall stellt das Gericht die Rechtsnachfolge durch ein Zwischenurteil nach § 303, Düss OLGZ **79**, 458, oder in den Gründen des Endurteils fest oder verneint die Rechtsnachfolge durch ein Endurteil, indem es den Aufnehmenden zurückweist und ihn dazu verurteilt, die Kosten des Aufnahmeverfahrens zu tragen.

B. Zwischen Urteilsverkündung und Rechtsmitteleinlegung. In diesem Fall verläuft das Verfahren wie bei Anm 2 G. Das gilt auch bei einer Versäumnisentscheidung gegen den Geladenen. Sie ist nur nach § 517 anfechtbar. Das Ergänzungsurteil ist selbständig anfechtbar, wenn nur die Rechtsnachfolge bestritten wird.

5) Erbe vor der Annahme, V. Die Vorschrift bestimmt in einer Ergänzung des § 1958 BGB, daß der Erbe den Prozeß vor der Annahme der Erbschaft nicht fortzusetzen braucht. Wenn er das Verfahren vor der Erbschaftsannahme aufnimmt, kann in diesem Vorgang eine Erbschaftsannahme gesehen werden. Vor der Annahme der Erbschaft sind nur der Nachlaßpfleger, der Nachlaßkonkursverwalter und der Testamentsvollstrecker prozeßführungsberechtigt. Nach der Annahme der Erbschaft ist eine Verweigerung der Aufnahme unzulässig. Der Erbe kann aber eine Haftungsbeschränkung nach den §§ 305, 782 geltend machen.

6) VwGO: Entsprechend anzuwenden, § 173 VwGO, BVerwG Buchholz 303 § 239 Nr 1 u 2, auch hinsichtlich der Aufnahme, VGH Mannh VBlBW **82**, 131 mwN, VGH Mü VerwRspr **28** Nr 118, durch den Rechtsnachfolger (weit auszulegen, VG Hbg GewArch **80**, 139). Auch der Tod eines notwendigen Beigeladenen unterbricht jedenfalls dann, wenn er notwendiger Streitgenosse, § 62, einer Partei ist, BVerwG MDR **82**, 80 (aM BSG SGb **81**, 354), nicht aber der des einfachen Beigeladenen, OVG Bln JR **69**, 114, RedOe § 94 Anm 7 (vgl BSG MDR **75**, 434), aM Sojka MDR **82**, 13. Dafür, Maßnahmen nach II auch vAw zuzulassen, EF § 61 Rdz 15, besteht kein Bedürfnis. IV ist unanwendbar wegen § 86 I VwGO. Bei höchstpersönlichen Ansprüchen erfolgt die Aufnahme durch die Erben nur wegen des Kostenpunktes, OVG Münst AS **24**, 91, vgl BVerwG DVBl **63**, 523, aM Sojka MDR **82**, 13. Zur entsprechenden Anwendung beim Übergang eines Zweiges der öff Verw auf eine andere Körperschaft BVerwG **44**, 148, OVG Münst VerwRspr **27**, 504, OVG Lüneb SchlHA **78**, 43 (Zuständigkeitswechsel auf Seiten des Beklagten ist vAw zu beachten), dazu Bähr JuS **76**, 58.

240 *Unterbrechung durch Konkurs.* Im Falle der Eröffnung des Konkurses über das Vermögen einer Partei wird das Verfahren, wenn es die Konkursmasse betrifft, unterbrochen, bis es nach den für den Konkurs geltenden Vorschriften aufgenommen oder das Konkursverfahren aufgehoben wird.

Schrifttum: Goetzke, Die Ablehnung der Prozeßaufnahme durch den Konkursverwalter usw, Diss Ffm 1967; Offtmatt, Das Wahlrecht des Konkursverwalters nach § 17 KO, Diss Tüb 1966.

1) Geltungsbereich. A. Allgemeines. Die Eröffnung eines Konkursverfahrens nach den §§ 102ff KO unterbricht ein Verfahren, soweit es die Konkursmasse betrifft, BGH VersR **82**, 1054, automatisch, Nürnb OLGZ **82**, 380, in jeder Lage, also auch nach einer Befriedigung durch einen vorläufig vollstreckbaren Titel, die bereits vor der Konkurseröffnung eintrat, KG OLGZ **77**, 365, aM Celle OLGZ **69**, 368, oder in der Berufungsinstanz, BGH VersR **82**, 1054, oder in der Revisionsinstanz, BGH **LM** § 387 BGB Nr 53, und im Kostenfestsetzungsverfahren, selbst wenn der Kostengrundtitel im Zeitpunkt der Eröffnung des Konkursverfahrens schon rechtskräftig war, KG JB **76**, 379.

Die Eröffnung eines gerichtlichen Vergleichsverfahrens zur Abwendung des Konkurses steht der Eröffnung des Konkursverfahrens nicht gleich, vgl § 49 VglO. Ebensowenig steht eine Konkursaufhebung einer Konkurseröffnung gleich. Ein ausländischer Konkurs unterbricht wegen des Heimatgrundsatzes des § 237 KO im Inland nicht. Denn die Beschlagnahmewirkung erstreckt sich nicht auf das inländische Vermögen. Die Legitimation geht also nicht auf den Konkursverwalter über, BGH GRUR **83**, 199 mwN. Wegen der abweichenden Rechtslage bei einem Konkurs in der Schweiz Mü KTS **82**, 315. Der Konkurs der Offenen Handelsgesellschaft unterbricht nicht für das Vermögen der Gesellschafter und umgekehrt. Im Fall eines Konkurses der Offenen Handelsgesellschaft bleibt eine Klageerweiterung in der Form des § 253 gegen die Gesellschafter zulässig. § 249 II steht dieser Möglichkeit nicht entgegen, BGH **LM** Nr 7.

Der Nachlaßkonkurs unterbricht den Prozeß des Erben, der sich auf die Masse und nicht auf das Erbrecht bezieht, BayObLG **73**, 285. Im Anfechtungsprozeß außerhalb des Konkurses tritt eine Unterbrechung auch dann ein, wenn der Schuldner nicht Partei ist, § 13 AnfG. Eine Unterbrechung erfolgt auch dann, wenn der Gemeinschuldner einen ProzBev hat. Dessen Vollmacht erlischt, §§ 23 II KO, 168 BGB. Es ist nicht erforderlich, daß der Gemeinschuldner dem Gegner die Aufnahme dadurch erleichtert, daß er einen Zustellungsbevollmächtigten bestellt, wenn der Konkursverwalter die Aufnahme ablehnt, BGH **LM** § 250 Nr 5.

Eine Unterbrechung tritt nicht ein, soweit der Prozeß nicht die Konkursmasse betrifft, also auch dann nicht, wenn ein Konkursgläubiger ausdrücklich auf eine Teilnahme am Konkurs verzichtet hat und der Konkurs bereits vor der Klagerhebung eröffnet worden ist, BGH **25**, 395, Ffm AnwBl **80**, 291. Später ist die Aufnahme durch diesen Kläger unabhängig vom Ablauf des Konkursverfahrens zulässig, BGH **72**, 235 mwN, aM zB ThP 3b cc.

§ 240 ist auf ein echtes Streitverfahren der freiwilligen Gerichtsbarkeit entsprechend anwendbar, nicht aber auf ein Verfahren nach den §§ 305 V, 306 AktG, BayObLG **78**, 211. Wegen der Anwendbarkeit bei einem Zusammentreffen eines Prozesses mit einem Seerechtlichen Verteilungsverfahren Rheinschiffahrtsobergericht Köln VersR **80**, 42.

B. Partei. Voraussetzung einer Unterbrechung nach § 240 ist der Umstand, daß die „Partei" in Konkurs fällt. Der Gemeinschuldner muß also in einem anhängigen Prozeß oder im Mahnverfahren oder im Kostenfestsetzungsverfahren Partei sein. Eine Zwangsvollstreckung für oder gegen den Gemeinschuldner bleibt unberührt. Die Eröffnung des Konkursverfahrens über das Vermögen eines Streitgenossen unterbricht hinsichtlich der anderen Streitgenossen nur im Fall einer notwendigen Streitgenossenschaft, also im allgemeinen auch bei einer Klage gegenüber der Versicherung und dem Versicherungsnehmer, § 62 Anm 2 A.

Der Streithelfer ist nicht Partei. Ein Konkursverfahren über das Vermögen einer Partei kraft Amts, Grdz 2 vor § 50, unterbricht nicht.

C. Konkursmasse. Die Konkursmasse ist dann betroffen, wenn der Streitgegenstand zur Konkursmasse gehört, wenn er also der Zwangsvollstreckung unterworfen ist, § 1 KO (Sollmasse im Gegensatz zur Istmasse). Das trifft auch im Fall einer Klage auf eine Rechnungslegung zu, LG Düss BB **77**, 1674. Eine bloße Prozeßkostenforderung gehört nur dann zur Konkursmasse, wenn die Hauptsache erledigt ist. Im gewerblichen Rechtsschutz betrifft ein Unterlassungsanspruch stets den Konkurs des Verletzers, Schmidt ZZP **90**, 53. Denn die Zulässigkeit der beanstandeten Handlung stellt einen Vermögensgegenstand des Verletzers dar. Eine Unterbrechung tritt auch hinsichtlich der konkursfreien Stellung des Verletzers ein, BGH NJW **66**, 51. Ein Ersatzanspruch auf Grund einer einstweiligen Verfügung auf eine Unterlassung reicht aus. Dasselbe gilt für einen Anspruch auf Grund eines vorläufigen vollstreckbaren Titels nach § 717 II, KG OLGZ **77**, 366, oder nach § 717 III, selbst wenn der Bekl nur eine Abweisung beantragt hat, allerdings mit dem Willen, Schadensersatz zu verlangen, BGH **36**, 264. Eine Klage auf eine Rechnungslegung und Vorlegung betrifft die Masse, ebenso die Verteidigung eines Generalversammlungsbeschlusses, BGH **32**, 121. Es ist unerheblich, ob der Konkursverwalter das Vermögensstück tatsächlich zur Istmasse gezogen hat. Lehnt der Konkursverwalter die Aufnahme ab oder gibt er sonstwie frei, gilt Anm 2.

Nicht zur Masse gehören: Eine unpfändbare Sache oder ein unpfändbarer Anspruch, §§ 811, 812, 850a ff, 852, 857 III, 859–863; eine Reihe anderer, zB nichtvermögensrechtlicher Ansprüche, Üb 3 B b vor § 1; die ärztliche Praxis; eine Unterlassungsklage, die keine Konkursforderung betrifft, weil sie keinen Vermögensanspruch nach § 3 KO beinhaltet. In diesen Fällen tritt eine Unterbrechung nur dann ein, wenn eine Zuerkennung den Bestand

5. Titel. Unterbrechung und Aussetzung des Verfahrens § 240 1, 2

oder die Verwertbarkeit der Konkursmasse beeinflussen würde. Das trifft beim Konkurs des Klägers allerdings meist zu. Bei einem Konkurs des Bekl trifft es nur dann zu, wenn er ein eigenes Recht behauptet. Die Prozeßaufnahme erfolgt, wenn der Gemeinschuldner Bekl ist, nach § 11 KO.

D. Forderung gegen die Konkursmasse. Ein anmeldungsberechtigter Gläubiger, ein Konkursgläubiger, kann eine solche Forderung auf zweierlei Weise verfolgen: **a)** Er kann nach der KO vorgehen. Er erhält nur so eine Befriedigung oder Sicherstellung aus der Masse, § 12 KO; **b)** er kann außerhalb des Konkursverfahrens vorgehen. Dann muß er eindeutig erklären, daß er nichts aus der Masse verlange, BGH 25, 395. Ein auf diesem Weg erlangter Vollstreckungstitel ist während des Konkursverfahrens nicht vollstreckbar. Ein rechtskräftiger Zwangsvergleich erledigt außerdem die Hauptsache und ermöglicht dann, wenn seine Bestätigung erst nach dem Schluß der mündlichen Verhandlung rechtskräftig geworden ist, eine Vollstreckungsabwehrklage nach § 767, s § 193 KO.

Einen Gläubiger, den der Gemeinschuldner vor der Eröffnung des Konkursverfahrens freiwillig befriedigt hat oder der seine Forderung vorher endgültig beigetrieben hat, berührt § 240 nicht. Die Unterbrechung des Verfahrens ist von Amts wegen zu beachten. Das gilt auch in der Revisionsinstanz.

2) Aufnahme. A. Allgemeines. Die Unterbrechung dauert bis zur Aufnahme nach den konkursrechtlichen Vorschriften an. Die Aufnahme erfolgt grundsätzlich in derselben Prozeßart und grundsätzlich mit denselben Anträgen. Man muß zwischen einem Angriffs- und einem Verteidigungsprozeß unterscheiden (Aktiv- und Passivprozeß). Maßgebend ist nicht die Parteistellung des Gemeinschuldners, sondern allein die Frage, ob er ein Vermögensrecht fordert oder nicht. So ist z B eine verneinende Feststellungsklage gegen den Gemeinschuldner ein behauptender Prozeß. Der Gemeinschuldner kann den unterbrochenen Rechtsstreit selbst aufnehmen, § 10 II KO, soweit seine konkursfreie Stellung betroffen ist. Er kann den unterbrochenen Rechtsstreit im übrigen dann aufnehmen, wenn der Konkursverwalter eine Aufnahme abgelehnt hat, BGH NJW **66**, 51 (Anm Grunsky JZ **67**, 365). Der Konkursverwalter tritt nur insofern an die Stelle des Gemeinschuldners, als der Prozeß vom Gemeinschuldner bzw gegen ihn weiterbetrieben wird, Mü KTS **77**, 63.

B. Angriffsprozeß zur Teilungsmasse. Einen solchen Prozeß kann nur der Konkursverwalter aufnehmen, und zwar nur in derjenigen Lage, in der sich der Prozeß befindet, § 10 KO. Die Aufnahme erfolgt nach § 250. Wenn der Konkursverwalter den Prozeß ohne einen gesetzlichen Grund nicht innerhalb einer angemessenen Frist aufnimmt, muß das Gericht ihn auf Grund eines Antrags des Gegners laden, § 239 II entsprechend. Das gilt auch bei einem Prozeß nach § 13 AnfG. Wenn der Konkursverwalter die Aufnahme ablehnt, was er formlos tun kann, wird der Streitgegenstand frei. Der Gemeinschuldner darf dann selbst prozessieren. Beide Parteien dürfen den Prozeß aufnehmen, Anm 3.

C. Verteidigungsprozeß zur Teilungsmasse. Es handelt sich um einen Rechtsstreit mit dem Ziel einer Aussonderung oder einer abgesonderten Befriedigung wegen einer Masseschuld, § 11 KO. Diesen Prozeß können der Konkursverwalter und der Gegner aufnehmen, § 250. Wenn der Konkursverwalter die Klagforderung sofort anerkennt, bleibt er kostenfrei, § 11 II KO. Im Fall einer Verzögerung gilt dasselbe wie bei A. Die Aufnahme durch oder gegen den Gemeinschuldner ist solange unzulässig, wie der Konkursverwalter den Streitgegenstand nicht frei gibt, BGH **LM** § 11 KO Nr 1 (eine Aufnahme „nur zur Prozeßführung" usw reicht nicht).

D. Verteidigungsprozeß zur Schuldenmasse. a) Grundsatz. Hier geht es um einen Prozeß über eine Konkursforderung, § 3 KO. Die Forderung muß zum Konkursverfahren angemeldet und geprüft worden sein. Selbst dann ist eine Aufnahme grundsätzlich nur durch den Gegner zulässig, nicht durch den Konkursverwalter, Nürnb OLGZ **82**, 380. Im Prüfungstermin können der Konkursverwalter, der Gemeinschuldner, der Konkursgläubiger widersprechen. Wenn der Gemeinschuldner die Forderung bestritten hat, ist eine Aufnahme auch ihm gegenüber zulässig, § 144 II KO.

b) Fälle. Im übrigen ist folgendes zu unterscheiden:

aa) Titulierter Gläubiger. Wenn der Gläubiger für die Forderung einen Schuldtitel, ein Endurteil oder einen Vollstreckungsbescheid besitzt, die mit einer Vollstreckungsklausel versehen sind, muß der Widersprechende aufnehmen, § 146 VI KO, also der Konkursverwalter, soweit er diese Forderung nach der Anmeldung zur Konkurstabelle noch bestreitet, BGH NJW **62**, 153, Nürnb OLGZ **82**, 380 mwN. Im Fall einer Verzögerung darf auch der Gläubiger das Verfahren aufnehmen, § 250. Einer neuen Klage würde der Einwand der Rechtshängigkeit entgegenstehen.

bb) Nichttitulierter Gläubiger. Soweit es sich um eine gewöhnliche Forderung handelt, kann der Gläubiger den Prozeß aufnehmen, § 146 I, III KO, § 250.

c) Weitere Einzelheiten. § 239 II ist unanwendbar. Es besteht kein Zwang zur Aufnahme. Der Widersprechende kann mangels eines Rechtsschutzbedürfnisses nicht aufnehmen. Bei einem leugnenden Prozeß muß das Gericht nach der Aufnahme nur über die Teilnahme am Konkurs entscheiden. Daher muß der Kläger den Klagantrag dahin ändern, daß er eine Feststellung des Anspruchs, der sich immer in eine Geldforderung umwandelt, § 69 KO, zur Konkurstabelle verlangt oder daß er die Feststellung seines etwaigen Aussonderungsrechts oder sonstigen Vorrechts begehrt. Das gilt auch in der Revisionsinstanz, BayObLG **73**, 285.

3) Konkursaufhebung. Eine Aufhebung des Konkursverfahrens nach §§ 116, 163, 190 KO beendet die Unterbrechung des Prozesses. Einer Konkursaufhebung stehen die Aufhebung des Eröffnungsbeschlusses in der Beschwerdeinstanz nach § 109 KO und eine Einstellung des Konkurses nach den §§ 202, 204 KO gleich, BGH **64**, 2 mwN. Dabei sind die Aufhebung und die Einstellung grundsätzlich dann wirksam, wenn der Beschluß nach § 76 I 2 KO als bekannt gilt, BGH **64**, 3 (nur im Beschwerdeverfahren sei wegen § 74 S 1 KO die Rechtskraft maßgeblich), aM z B Richert NJW **61**, 645 (schon der Zeitpunkt des Erlasses des Beschlusses sei maßgeblich).

Die Konkursaufhebung wirkt immer für die Zukunft. Beide Parteien dürfen den Prozeß ohne eine Aufnahme fortsetzen. Dabei tritt der Gemeinschuldner ohne weiteres an die Stelle des Konkursverwalters. Ein unterbrochenes Arrestverfahren ist in derselben Verfahrensart fortzusetzen, BGH **LM** Nr 9. Soweit der Streitgegenstand eine Nachtragsverteilung berührt, führt der Konkursverwalter den Prozeß weiter.

Dasselbe gilt im Fall eines Zwangsvergleichs und im Fall der Übereinkunft aller Vergleichsgläubiger (dann also als gewillkürter Vertreter). Soweit eine solche Übereinkunft usw nicht vorliegt, kann der Gemeinschuldner grundsätzlich den Prozeß fortführen. Eine vom Konkursverwalter erteilte Prozeßvollmacht bleibt in Kraft, auch wenn der Gemeinschuldner den Prozeß fortsetzt. Die Freigabe der Sache erfolgt durch den Konkursverwalter. Er muß die Freigabe dem Gemeinschuldner gegenüber erklären.

Die Freigabeerklärung ist nicht an eine Form gebunden. Sie kann z B darin liegen, daß der Konkursverwalter es ablehnt, den Prozeß aufzunehmen, BGH NJW **66**, 51. Sie hat dieselbe Wirkung wie eine Beendigung des Konkurses. Sie führt also dazu, daß der Gemeinschuldner in den Rechtsstreit eintritt. § 265 ist unanwendbar, BGH **46**, 249, Stgt NJW **73**, 1756 (das OLG läßt den Konkursverwalter und damit die Konkursmasse die bisherigen Kosten entsprechend § 269 III tragen), Grunsky, Veräußerung der streitbefangenen Sache S 95, aM Blomeyer § 28 II 4, StJ IV 3. Aus Gründen der Klarheit über das Ende der Unterbrechung und den Wiederbeginn des Laufs von Fristen bedarf es der Aufnahme, BGH **36**, 261.

Über die Fortsetzung eines nach § 13 AnfG unterbrochenen Prozesses vgl § 13 IV AnfG. Der Gemeinschuldner kann in einem solchen Fall nicht nach der Beendigung des Konkursverfahrens den Anfechtungsprozeß des Konkursverwalters fortsetzen, BGH **83**, 105. Der Gegner kann den Gemeinschuldner auch nicht zur Fortsetzung zwingen.

4) VwGO: *Entsprechend anzuwenden,* § 173 VwGO, BVerwG MDR **80**, 963.

241 *Unterbrechung durch Prozeßunfähigkeit ua.* **I** Verliert eine Partei die Prozeßfähigkeit oder stirbt der gesetzliche Vertreter einer Partei oder hört seine Vertretungsbefugnis auf, ohne daß die Partei prozeßfähig geworden ist, so wird das Verfahren unterbrochen, bis der gesetzliche Vertreter oder der neue gesetzliche Vertreter von seiner Bestellung dem Gericht Anzeige macht oder der Gegner seine Absicht, das Verfahren fortzusetzen, dem Gericht angezeigt und das Gericht diese Anzeige von Amts wegen zugestellt hat.

II Die Anzeige des gesetzlichen Vertreters ist dem Gegner der durch ihn vertretenen Partei, die Anzeige des Gegners ist dem Vertreter zuzustellen.

III Diese Vorschriften sind entsprechend anzuwenden, wenn eine Nachlaßverwaltung angeordnet wird.

1) Allgemeines. § 241 bezieht sich in allen seinen Fällen nur auf eine Partei, die nicht durch einen ProzBev vertreten ist, § 246. Die Vorschrift ist auch im Fall des Wechsels einer Partei kraft Auftrags anwendbar, § 239 Anm 2 B, dort auch wegen des Wegfalls. Die

5. Titel. Unterbrechung und Aussetzung des Verfahrens §§ 241, 242 1

Notwendigkeit einer Abwicklung kann für den Prozeß die Dauer der Vertretung kraft Amts bedingen.

§ 241 bezieht sich nicht auf den Streithelfer, außer auf den streitgenössischen, § 69 Anm 2 B.

2) Unterbrechung, I. A. Verlust der Prozeßfähigkeit. Wenn die Partei die Prozeßfähigkeit, § 52, verliert, tritt eine Unterbrechung ein. Wenn die Partei von Anfang an prozeßunfähig war, muß das Gericht die Klage durch ein Prozeßurteil als unzulässig abweisen, § 56 I.

Eine Unterbrechung tritt in folgenden Fällen nicht ein: Es tritt ein nach § 53 bestellter Pfleger ein; das Gericht bestellt für einen Prozeßfähigen einen Pfleger, etwa einen Abwesenheitspfleger; die Partei wird prozeßfähig (in diesem Fall tritt der Prozeßfähige kraft Gesetzes in den Prozeß ein); eine Gesellschaft mit beschränkter Haftung ist nach dem Eintritt ihrer Vermögenslosigkeit, § 2 LöschungsG, nicht mehr beteiligungsfähig, OVG Münster NJW 82, 2373.

B. Tod oder Vertretungsunfähigkeit des Vertreters. Wenn der gesetzliche Vertreter der Partei stirbt oder vertretungsunfähig wird, tritt eine Unterbrechung ein. Zum Begriff des gesetzlichen Vertreters s § 51 Anm 2. Hierher gehören auch: Der Sondervertreter nach §§ 57 oder 58; der Fall der Vertretungsunfähigkeit infolge einer Entlassung des Vormunds; bei einer juristischen Person die Bestellung eines anderen Vorstands oder der Ausschluß von der Geschäftsführung. Wenn einer von mehreren gesetzlichen Vertretern wegfällt, tritt eine Unterbrechung des Prozesses nur ein, falls die verbleibenden gesetzlichen Vertreter keine ausreichende Vertretungsmacht haben. Der Eintritt einer Abwicklung unterbricht den Prozeß nur, soweit die bisherigen gesetzlichen Vertreter keine Abwickler sind.

3) Unterbrechung, III. A. Nachlaßverwaltung. Eine Unterbrechung nach III tritt im Fall einer Nachlaßverwaltung nach § 1981 BGB ein. Diese steht der Eröffnung des Nachlaßkonkurses praktisch gleich. Der Erbe verliert zwar nicht die Prozeßfähigkeit, wohl aber sein Prozeßführungsrecht und seine sachliche Berechtigung, § 1984 BGB. Soweit der Erbe trotz einer Nachlaßverwaltung mit seinem Vermögen haftet, §§ 1994 I, 2006 III, 2013 BGB, tritt eine Unterbrechung nur ein, sofern es sich um einen Vollstreckungstitel gegenüber dem Nachlaß handelt. Ein nicht vererblicher Anspruch kann die Nachlaßverwaltung wegen der Kosten betreffen.

B. Einzelheiten. Eine Unterbrechung nach III tritt nur unter folgenden Voraussetzungen ein: **a)** Der Prozeß schwebte von vornherein wegen eines Nachlaßgegenstands für oder gegen den Erben; **b)** oder der Prozeß schwebte gegen den Erblasser, der Erbe hat die Erbschaft angenommen und den Prozeß aufgenommen, § 239 I, V.

Wenn der Prozeß im Zeitpunkt der Anordnung der Nachlaßverwaltung unterbrochen war, dann ist nach § 241 zu verfahren. Mit der Beendigung der Nachlaßverwaltung tritt der Erbe ohne weiteres in den Prozeß ein. Ein Rechtsmittel, das der Nachlaßverwalter eingelegt hatte, ist für den Erben eingelegt.

4) Anzeige, I, II. Die Unterbrechung des Prozesses dauert so lange an, bis der gesetzliche Vertreter, oder nach seinem Wegfall der neue, dem Gegner die Absicht der Fortsetzung des Verfahrens nach § 250 anzeigt, oder umgekehrt der Gegner dem Vertreter. Die Vertretungsbefugnis ist erst im weiteren Verfahren zu prüfen, § 56, BGH VersR 83, 667. Eine Ladung auf Grund einer entsprechenden Eingabe ist eine ausreichende Kundgebung der Absicht. Im Fall der Verzögerung der Bestellung eines Vertreters ist kein prozessualer Rechtsbehelf statthaft. § 57 ist unanwendbar. Es bleibt dann nur möglich, die bestellende Behörde anzurufen.

5) VwGO: *Entsprechend anzuwenden, § 173 VwGO, vgl § 239 Anm 6. Notfalls ist vom Gericht im Rahmen des § 57, dort Anm 4, ein Vertreter zu bestellen, RedOe § 94 Anm 9 (abw oben Anm 4), was zB in Sozialhilfefällen dringend geboten sein kann. Der Eintritt der Vermögenslosigkeit einer klagenden GmbH unterbricht den Rechtsstreit nicht, OVG Münst NJW 81, 2337.*

242 **Unterbrechung durch Nacherbfolge.** Tritt während des Rechtsstreits zwischen einem Vorerben und einem Dritten über einen der Nacherbfolge unterliegenden Gegenstand der Fall der Nacherbfolge ein, so gelten, sofern der Vorerbe befugt war, ohne Zustimmung des Nacherben über den Gegenstand zu verfügen, hinsichtlich der Unterbrechung und der Aufnahme des Verfahrens die Vorschriften des § 239 entsprechend.

1) Geltungsbereich. Der Nacherbe ist weder sachlichrechtlich noch prozessual ein Rechtsnachfolger des Vorerben. Er ist vielmehr der Rechtsnachfolger eines Erblassers. Da aber § 326 II die Rechtskraftwirkung auf den Nacherben erstreckt, soweit der Vorerbe ohne den Nacherben verfügen kann, sieht § 242 für diesen Fall eine Unterbrechung des Prozesses vor, wenn der Vorerbe wegfällt. Die Vorschrift ist entsprechend anwendbar, wenn der Vorerbe mit einer Zustimmung des Nacherben verfügt hat.

Über die der Nacherbfolge unterliegenden Gegenstände s §§ 2112 ff BGB. Hierher gehört auch ein Prozeß über den Umfang der Erbschaft des Vorerben.

§ 242 ist unanwendbar, wenn der Vorerbe einen ProzBev hat, § 246. Ein Prozeß über eine Nachlaßverbindlichkeit fällt nicht unter § 242. Soweit der Vorerbe für eine Nachlaßverbindlichkeit haftet, geht der Prozeß gegen ihn weiter. Die Haftung des Nacherben ergibt sich aus den Urteilsgründen. Der Tod des Vorerben unterbricht diesen Prozeß, § 239.

Wenn dem Vorerben die Verfügungsmacht fehlt, dann muß das Gericht den Nacherben als nicht prozeßführungsberechtigt abweisen.

2) *VwGO: Entsprechend anzuwenden, § 173 VwGO, wenn auch kaum jemals praktisch werdend.*

243 *Nachlaßpflegschaft und Testamentsvollstreckung.* **Wird im Falle der Unterbrechung des Verfahrens durch den Tod einer Partei ein Nachlaßpfleger bestellt oder ist ein zur Führung des Rechtsstreits berechtigter Testamentsvollstrecker vorhanden, so sind die Vorschriften des § 241 und, wenn über den Nachlaß der Konkurs eröffnet wird, die Vorschriften des § 240 bei der Aufnahme des Verfahrens anzuwenden.**

1) *Geltungsbereich.* Die Vorschrift regelt nur die Aufnahme für den Fall der Unterbrechung durch den Tod einer Partei, § 239, wenn ein Nachlaßpfleger nach den §§ 1960 ff BGB oder ein Testamentsvollstrecker nach den §§ 2212 ff BGB vorhanden sind. Die Vorschrift ist entsprechend auf den Fall des Eintritts der Nacherbfolge anwendbar, § 242. In beiden Fällen richtet sich die Aufnahme nach § 241, im Fall eines Nachlaßkonkurses nach § 240. Eine Aufnahme nach § 239 findet also nicht statt. Bei einem Todesfall zeigen der Nachlaßpfleger oder der Testamentsvollstrecker dem Gegner ihre Bestellung an, oder umgekehrt zeigt der Gegner diesen Personen die Absicht der Fortsetzung des Prozesses an, § 250. Im Fall eines Nachlaßkonkurses ist der Prozeß nach den konkursrechtlichen Vorschriften aufzunehmen, § 240 Anm 2. Nach einer Beendigung des Konkursverfahrens erfolgt die Aufnahme nach § 239.

§ 243 gilt nicht, wenn ein ProzBev vorhanden ist, § 246.

2) *VwGO: Entsprechend anzuwenden, § 173 VwGO, vgl § 239 Anm 6.*

244 *Wegfall des Anwalts.* **I Stirbt in Anwaltsprozessen der Anwalt einer Partei oder wird er unfähig, die Vertretung der Partei fortzuführen, so tritt eine Unterbrechung des Verfahrens ein, bis der bestellte neue Anwalt seine Bestellung dem Gericht angezeigt und das Gericht die Anzeige dem Gegner von Amts wegen zugestellt hat.**

II Wird diese Anzeige verzögert, so ist auf Antrag des Gegners die Partei selbst zur Verhandlung der Hauptsache zu laden oder zur Bestellung eines neuen Anwalts binnen einer von dem Vorsitzenden zu bestimmenden Frist aufzufordern. Wird dieser Aufforderung nicht Folge geleistet, so ist das Verfahren als aufgenommen anzusehen. Bis zur nachträglichen Anzeige der Bestellung eines neuen Anwalts können alle Zustellungen an die zur Anzeige verpflichtete Partei, sofern diese weder am Ort des Prozeßgerichts noch innerhalb des Amtsgerichtsbezirks wohnt, in dem das Prozeßgericht seinen Sitz hat, durch Aufgabe zur Post (§ 175) erfolgen.

1) *Unterbrechung, I. A. Geltungsbereich.* § 244 bezieht sich nur auf den Anwaltsprozeß. Die Vorschrift ist von Amts wegen zu beachten, Karlsr AnwBl **82**, 434 (krit Thomas AnwBl **82**, 528). Im Parteiprozeß tritt beim Wegfall des Anwalts die Partei kraft Gesetzes an seine Stelle. Bei einer arbeitsrechtlichen Streitigkeit gilt § 244 für den Verbandsvertreter, der die Partei als ProzBev vertritt, soweit ein Vertretungszwang besteht, § 11 II ArbGG.

B. Fälle. Eine Unterbrechung tritt nach § 244 in folgenden Fällen ein:

a) Tod. Der Anwalt der Partei oder des streitgenössischen Streithelfers, nicht des gewöhnlichen, stirbt. Das gilt aber nicht, wenn ein Vertreter nach § 53 BRAO, Anh § 155 GVG, bestellt worden war, BGH NJW **82**, 2324 mwN. In diesem Fall bestimmt § 54

5. Titel. Unterbrechung und Aussetzung des Verfahrens § 244 1, 2

BRAO, Anh § 155 GVG, s auch § 86 Anm 2 A c, daß eine Rechtshandlung des bestellten Vertreters des Anwalts trotz des Tods des Anwalts bis zu dessen Löschung in der Anwaltsliste wirksam ist, BGH VersR **77**, 835, NJW **82**, 2325 je mwN und VersR **82**, 365, vgl § 78 Anm 1 D, aM StJP I 1 (diese Meinung ist wohl überholt, vgl auch dazu BGH NJW **82**, 2325). Wegen des Abwicklers Anm 2 A.

Wenn die Partei nach der Ablehnung eines Antrags auf die Bewilligung einer Prozeßkostenhilfe keinen Anwalt findet, ist I 1 nicht entsprechend anwendbar, BGH VersR **80**, 554.

b) Vertretungsunfähigkeit. Der Anwalt der Partei oder des streitgenössischen, nicht des gewöhnlichen Streithelfers, wird rechtlich an der Vertretung gehindert, BGH **66**, 61. Dieser Fall kann in folgenden Situationen eintreten:

aa) Ausschluß. Der Anwalt kann aus der Anwaltschaft ausgeschlossen worden sein. Die Hinderung tritt mit der Rechtskraft der Ausschließung ein, § 114 BRAO, BGH **66**, 61.

bb) Strafurteil. Der Anwalt kann durch ein strafgerichtliches Urteil rechtlich gehindert sein. Die Hinderung tritt mit der Rechtskraft des Urteils ein, §§ 31, 33 StGB.

cc) Löschung usw. Die Vertretungsunfähigkeit kann dadurch eintreten, daß der Anwalt in der Liste der Anwälte gelöscht wird, weil er die Zulassung aufgegeben oder zurückgenommen hat, BGH VersR **81**, 679 mwN.

dd) Prozeßunfähigkeit. Die Vertretungsunfähigkeit kann auch dadurch eintreten, daß der Anwalt seine Prozeßfähigkeit verliert, BVerfG **37**, 79 mwN, BGH **66**, 61, § 78 Anm 1 C c.

ee) Berufsverbot usw. Die rechtliche Hinderung kann dadurch eintreten, daß gegen den Anwalt ein Berufs- oder Vertretungsverbot erlassen wird, § 155 BRAO, BGH **66**, 61.

ff) Sonstiger Verlust. Die Vertretungsunfähigkeit kann schließlich dadurch eintreten, daß der Anwalt auf eine andere Weise, als unter aa–ee erwähnt, seine Postulationsfähigkeit verliert, BGH **66**, 61.

Eine Unterbrechung findet in folgenden Fällen nicht statt: Der Anwalt kündigt den Auftrag; er ist an der Wahrnehmung der Interessen des Auftraggebers tatsächlich und nicht etwa rechtlich verhindert; der Anwalt wird zum Beamten oder zum Richter ernannt, BGH NJW **60**, 819.

C. Instanz. § 244 bezieht sich nur auf den ProzBev der Instanz, Begriff § 176 Anm 2 D. Wenn der Anwalt der höheren Instanz wegfällt, tritt nicht etwa der Anwalt der niedrigeren Instanz an seine Stelle, solange die höhere Instanz nicht abgeschlossen ist, BGH **23**, 173. Deshalb erfolgt nach einer Unterbrechung des Prozesses trotz § 176 keine Urteilszustellung an den Anwalt der unteren Instanz. Der Tod des ProzBev der Instanz nach der Zustellung eines Versäumnisurteils unterbricht den Prozeß. Denn die Instanz dauert fort.

Unter Umständen kann die Unterbrechung auch für ein Nachverfahren eintreten, etwa nach einem Vorbehaltsurteil. Das gilt aber nicht, wenn das Vorbehaltsurteil bereits zugestellt worden ist, für ein Rechtsmittel, also für den Bereich nach dem Abschluß der Instanz, BGH **LM** Nr 2, aM BAG NJW **76**, 1334 (Vorlagebeschluß). Soweit der Gegner das Rechtsmittel eingelegt hat, kann das Gericht die Rechtsmittelschrift der Partei selbst zustellen.

Der ProzBev der unteren Instanz, der eine Beschwerde eingelegt hat, ist nicht als ein ProzBev der Beschwerdeinstanz anzusehen. Deshalb unterbricht sein Wegfall das Verfahren in der Beschwerdeinstanz nicht. Wenn die Partei in der Instanz mehrere Personen zu ProzBev bestellt hat, unterbricht erst der Wegfall der letzten dieser Personen das Verfahren.

2) Aufnahme, I, II. A. Grundsatz. Die Unterbrechung des Prozesses endet, wenn der bestellte neue Anwalt beim Gericht von seiner Bestellung eine Anzeige macht, BGH VersR **81**, 658, und wenn das Gericht die Anzeige dem Gegner von Amts wegen zustellt, § 250. Die Anzeige der Neubestellung kann gleichzeitig mit einem Schriftsatz in der Sache erfolgen, BGH **30**, 119, zB gleichzeitig mit einem Rechtsmittel, Karlsr AnwBl **82**, 434 (krit Thomas AnwBl **82**, 528). Das Gericht prüft die Vollmacht des neuen ProzBev erst im weiteren Verfahren, § 88. Wenn die Landesjustizverwaltung für einen verstorbenen Anwalt einen Kanzleiabwickler bestellt, § 86 Anm 2 A c, erfolgt die Aufnahme des Rechtsstreits, für den der Abwickler als bevollmächtigt gilt, falls die Partei keine anderweitige Vorsorge getroffen hat, § 55 II 3 BRAO, in derselben Weise nach § 250. Es ist also nicht ausreichend, daß der Kanzleiabwickler seine Ernennung demjenigen Gericht anzeigt, bei dem der verstorbene Anwalt zugelassen war, § 55 II 4 BRAO.

B. Verzögerung der Anzeige. Wenn der Anwalt die Anzeige nach § 250 verzögert, § 239 Anm 3 A, dann verfährt das Gericht wie folgt:

a) Ladung. Das Gericht lädt entweder die Partei selbst zu einer mündlichen Verhandlung über die Hauptsache. In diesem Fall soll das Gericht die Partei in Anwaltsprozeß zur Bestellung eines bei dem Gericht zugelassenen Anwalts auffordern, § 215. Eine Aufgabe der Ladung zur Post ist ebenso unstatthaft wie eine Zustellung an den Anwalt der ersten Instanz. Denn II stellt eine Ausnahme von den §§ 174, 176 dar. Die Zustellung der Ladung bedeutet eine Aufnahme des Verfahrens. Wenn im Verhandlungstermin kein Anwalt für diese Partei erscheint, kann das Gericht eine Versäumnisentscheidung zur Hauptsache erlassen.

b) Aufforderung. Das Gericht kann die Partei auch zur Bestellung eines Anwalts innerhalb einer vom Vorsitzenden festzulegenden Frist auffordern. Die Unterbrechung endet in diesen Fällen kraft Gesetzes dann, wenn entweder die Frist ergebnislos abläuft oder wenn der neue Anwalt seine Bestellung dem Gericht mitteilt. Das Gericht braucht also in diesen Fällen über die Unterbrechungsfrage nicht mehr zu entscheiden; vgl auch § 250 Anm 2. Vom Fristenablauf an ist eine Zustellung an eine auswärtige Partei ohne einen Zustellungsbevollmächtigten durch eine Aufgabe der Sendung zur Post nach § 175 zulässig.

3) VwGO: *Entsprechend anzuwenden,* § 173 VwGO, im Verfahren vor dem BVerwG, § 67 I VwGO, sowie dann, wenn die Bestellung eines Bevollmächtigten nach § 67 II 2 VwGO ausdrücklich angeordnet wird, OVG Münst VerwRspr *26,* 104.

245 *Unterbrechung durch Stillstand der Rechtspflege.* Hört infolge eines Krieges oder eines anderen Ereignisses die Tätigkeit des Gerichts auf, so wird für die Dauer dieses Zustandes das Verfahren unterbrochen.

1) Geltungsbereich. § 245 betrifft nur einen Stillstand der Rechtspflege, etwa wegen eines Kriegs, Aufruhrs oder einer Überschwemmung usw, also nicht den Fall einer rein tatsächlichen Behinderung des Gerichts, etwa wegen des Tods aller Richter. Im letzteren Fall hilft § 36 Z 1. Auch der Fall der Verlegung des Gerichts wegen einer Kriegsgefahr fällt nicht unter § 245. Es ist unerheblich, ob das Gericht noch einzelne Sachen bearbeitet.

In den Fällen des § 245 ist eine Aufnahme des Verfahrens unnötig. Die Unterbrechung endet kraft Gesetzes dann, wenn der Stillstand der Rechtspflege beendet ist. Über die Tatsache des Stillstands der Rechtspflege, also über ihren Eintritt und ihre Dauer, entscheidet der Richter.

2) VwGO: *Entsprechend anzuwenden,* § 173 VwGO.

246 *Aussetzung bei §§ 239, 241, 242.* [I] Fand in den Fällen des Todes, des Verlustes der Prozeßfähigkeit, des Wegfalls des gesetzlichen Vertreters, der Anordnung einer Nachlaßverwaltung oder des Eintritts der Nacherbfolge (§§ 239, 241, 242) eine Vertretung durch einen Prozeßbevollmächtigten statt, so tritt eine Unterbrechung des Verfahrens nicht ein; das Prozeßgericht hat jedoch auf Antrag des Bevollmächtigten, in den Fällen des Todes und der Nacherbfolge auch auf Antrag des Gegners die Aussetzung des Verfahrens anzuordnen.

[II] Die Dauer der Aussetzung und die Aufnahme des Verfahrens richten sich nach den Vorschriften der §§ 239, 241 bis 243; in den Fällen des Todes und der Nacherbfolge ist die Ladung mit dem Schriftsatz, in dem sie beantragt ist, auch dem Bevollmächtigten zuzustellen.

1) Allgemeines. Die Vorschrift geht davon aus, daß in den Fällen der §§ 239, 241, 242 eine Unterbrechung dann unnötig ist, wenn ein ProzBev die Partei vertritt. Denn die Vollmacht dauert fort, § 86. Etwas anderes gilt nur dann, wenn der ProzBev das Mandat vor dem Tod der Partei niedergelegt hatte, BGH *43,* 138. Trotzdem kann ein Stillstand des Verfahrens erforderlich sein. Denn der ProzBev muß erfahrungsgemäß zunächst mit dem neuen Berechtigten verhandeln. Er muß insbesondere zunächst die Erben feststellen.

§ 246 gilt in folgenden Fällen nicht: Im Verfahren auf die Bewilligung der Prozeßkostenhilfe; im Verfahren über die Eröffnung eines Konkurses; im Verfahren nach § 619, Schlesw (2. ZS) FamRZ *76,* 110, § 619 Anm 1, aM Schlesw (8. ZS) SchlHA *77,* 102. Vgl im übrigen auch Einf 1 A vor §§ 148–155.

2) Aussetzung, I. A. Geltungsbereich. § 246 ist in folgenden Fällen anwendbar:

a) Beim Tod oder Erlöschen einer Partei, § 239, BGH JZ *81,* 631 (krit Theil) und VersR *83,* 666.

b) Beim Wegfall ihrer Prozeßfähigkeit, § 241, nicht aber bei einer vorübergehenden Geistesstörung, Brschw OLGZ *75,* 443.

5. Titel. Unterbrechung und Aussetzung des Verfahrens § 246 2–5

c) Beim Wegfall des gesetzlichen Vertreters, § 241.
d) Im Fall einer Nachlaßverwaltung, § 241.
e) Im Fall einer Nacherbfolge der Partei, § 242.

Die Vorschrift setzt voraus, daß die Partei durch einen ProzBev vertreten ist. Es braucht sich nicht unbedingt um einen Anwalt zu handeln. Über die Dauer der Tätigkeit des ProzBev s § 176 Anm 3 A a. Der Tod eines von mehreren ProzBev unterbricht den Prozeß nicht, BAG BB **73**, 755.

Wenn das hemmende Ereignis erst nach der Einlegung eines Rechtsmittels eintritt, kommt der ProzBev der unteren Instanz trotz einer Fortdauer seiner Vollmacht nicht mehr in Frage. Denn er vertritt die Partei nur duldend, nicht handelnd. Deshalb tritt in diesem Fall eine Unterbrechung des Prozesses ein, solange ein ProzBev der höheren Instanz fehlt, BGH NJW **81**, 687. Dasselbe gilt dann, wenn die Partei nach der Zustellung des erstinstanzlichen Urteils stirbt und wenn der Gegner alsdann die höhere Instanz anruft.

Wenn der Tod der Partei aber in die Zeit ,,zwischen den Instanzen" fällt und sie erstinstanzlich durch einen Anwalt vertreten war und ein Rechtsmittel einlegen wollte, gilt sie insofern als durch jenen ProzBev noch vertreten, BGH NJW **81**, 687 mwN.

Der ProzBev hat eine Vollmacht des neuen Berechtigten beizubringen, § 86. Als ein ProzBev ist auch ein nach § 89 vorläufig zugelassener Vertreter anzusehen, nicht aber ein beschränkt Bevollmächtigter, § 83 II. Wenn der Anwalt Partei kraft Amts ist, Grdz 2 C vor § 50, oder wenn er ein gesetzlicher Vertreter der Partei ist, ist § 241 und nicht § 246 anwendbar. Denn die letztere Bestimmung setzt voraus, daß die Partei und ihr ProzBev nicht identisch sind.

B. Verfahren. Das Prozeßgericht muß den Prozeß auf Grund eines Antrags nach § 248 aussetzen. Antragsberechtigt sind: **a)** In allen Fällen der ProzBev; **b)** beim Tod, § 239, oder einer Nacherbfolge auch der Gegner. Der Antrag ist in jeder Lage des Verfahrens zulässig, auch nach einer Verkündung des Urteils, solange es noch nicht rechtskräftig ist. Es ist unerheblich, wann das Ereignis eingetreten ist. Es kommt nur darauf an, ob das Ereignis nach der Anhängigkeit eingetreten war.

Der ProzBev verliert sein Antragsrecht nicht dadurch, daß er für die neue Partei auftritt. Der Gegner verliert sein Antragsrecht nicht durch eine Verhandlungsbereitschaft des Erben oder des Nacherben.

Man kann auf das Recht, eine Aussetzung zu verlangen, einseitig verzichten, Schlesw JR **50**, 246. Ein Verzicht liegt aber noch nicht in einem vorbehaltlosen Verhandeln zur Sache, BFH BStBl **71**, II 775. Solange ein Antrag unterbleibt, wird der Prozeß einfach fortgesetzt. Wahre Prozeßpartei ist dann der Rechtsnachfolger, selbst wenn das Gericht ihn im Urteil überhaupt nicht genannt hat. Wenn er erst nachträglich bekannt wird, wird der Urteilskopf berichtigt. Das gilt auch bei einer juristischen Person usw, § 239 Anm 2 A.

Im Fall der Tode eines notwendigen Streitgenossen tritt keine Aussetzung ein, § 62 entsprechend, BAG BB **73**, 755.

Die Aussetzung erfolgt durch einen Beschluß, § 248 Anm 2.

3) Dauer und Aufnahme, II. Die Aussetzung dauert so lange fort, bis das Verfahren aufgenommen wird oder bis eine Anzeige entsprechend den §§ 239, 241–243 erfolgt. Im Todesfall oder im Fall der Nacherbfolge stellt das Gericht die Ladung mit dem Schriftsatz, in dem die Aufnahme beantragt wird, dem Rechtsnachfolger oder dem Nacherben selbst und außerdem demjenigen ProzBev zu, den der Verstorbene oder der Vorerbe für diese Instanz bestellt hatte, also nicht dem ProzBev der unteren Instanz, § 270. § 239 IV ist nur insofern anwendbar, als die Rechtsnachfolge als zugestanden gilt, wenn eine Ladung nach § 246 II erfolgt ist. Denn die letztere Vorschrift enthält eine Sonderregelung.

Obwohl die Aussetzung mit dem Eintritt der Unterstellung endet, muß das Gericht ein Versäumnisurteil dem ProzBev zustellen. Denn seine Vollmacht dauert fort, § 86.

4) Verstoß. Bei einem Verstoß gegen II fehlt eine ordnungsgemäße Ladung.

5) VwGO: *Entsprechend anzuwenden, § 173 VwGO, vgl § 239 Anm 6, BVerwG MDR **82**, 80. Das Gericht darf den Antrag nicht ablehnen, RedOe § 94 Anm 11 gegen OVG Lüneb AS **2**, 237. Für die Aufnahme gilt das zu § 239 Gesagte, BVerwG Buchholz 303 § 239 Nr 2 (Erbschein ist nicht notwendige Voraussetzung).*

247 *Aussetzung infolge Krieg und Verkehrsstörung.* Hält sich eine Partei an einem Ort auf, der durch obrigkeitliche Anordnung oder durch Krieg oder durch andere Zufälle von dem Verkehr mit dem Prozeßgericht abgeschnitten ist, so kann das Gericht auch von Amts wegen die Aussetzung des Verfahrens bis zur Beseitigung des Hindernisses anordnen.

1) **Allgemeines.** § 247 setzt voraus, daß das Gericht, anders als im Fall des § 245, zwar tätig ist, daß aber die Partei im Sinn von § 239 Anm 2 B ihre Rechte nicht wahrnehmen kann. Die Vorschrift gilt also nicht, wenn das Gericht einen Zeugen aus den Gründen des § 247 nicht vernehmen kann, Celle NdsRpfl **47**, 48. Wenn es sich um Streitgenossen handelt, muß das Gericht für jeden besonders befinden, es sei denn, daß eine notwendige Streitgenossenschaft vorliegt.

Als Gründe einer Aussetzung nach § 247 kommen zB in Betracht: Das Prozeßgericht kann infolge einer behördlichen Anordnung oder wegen eines Aufruhrs, einer Überschwemmung usw nicht erreicht werden; wegen eines Aufenthalts in der DDR ergeben sich Währungs- und Reiseschwierigkeiten für einen in der BRD oder in West-Berlin anhängigen Prozeß, KG NJW **62**, 542.

Das Gericht ordnet eine Aussetzung im Rahmen eines pflichtgemäßen Ermessens auf Grund eines Antrags oder von Amts wegen an. Das Verfahren verläuft im übrigen wie bei § 248. Die Aussetzung endet, wenn das Gericht einen Beschluß über ihre Aufhebung mitteilt. Diese Mitteilung kann formlos erfolgen.

2) *VwGO: Entsprechend anzuwenden, § 173 VwGO.*

248 *Verfahren bei Aussetzung.* I Das Gesuch um Aussetzung des Verfahrens ist bei dem Prozeßgericht anzubringen; es kann vor der Geschäftsstelle zu Protokoll erklärt werden.

II Die Entscheidung kann ohne mündliche Verhandlung ergehen.

1) **Antrag, I.** In den Fällen der §§ 246, 247, nicht aber auch in den Fällen der §§ 148 ff, ist der Antrag (das Gesuch) schriftlich oder zum Protokoll der Geschäftsstelle anzubringen, das heißt auch bei einem Gericht des § 129a. Es besteht kein Anwaltszwang. Der Antrag kann bei dem erstinstanzlichen Prozeßgericht bis zum Zeitpunkt der Einlegung eines Rechtsmittels eingereicht werden, BGH NJW **77**, 718. Eine Einlegung beim falschen Gericht führt dazu, daß der Antrag von Amts wegen dem richtigen Gericht zugesandt wird. Dieser Vorgang kann aber nichts daran ändern, daß eine verspätete Einlegung Rechtsnachteile für die Partei nach sich zieht.

2) **Entscheidung, II.** Das Gericht entscheidet auf Grund einer freigestellten mündlichen Verhandlung, § 128 Anm 3. Es trifft seine Entscheidung durch einen Beschluß. Er ist grundsätzlich zu begründen, § 329 Anm 1 A b. Er wird verkündet. Soweit das Gericht das Verfahren aussetzt, teilt es die Entscheidung beiden Parteien formlos mit, §§ 252, 329 II 1, BGH NJW **77**, 718. Soweit das Gericht eine Aussetzung des Verfahrens ablehnt, stellt es seinen Beschluß zu, §§ 252, 329 III.

Wenn das Gericht instanzmäßig unzuständig war, ist der Aussetzungsbeschluß wirkungslos. Denn er ist bestimmungsgemäß für diese Instanz erlassen worden, § 249 Anm 1 aE, aM StJ I.

3) **Rechtsbehelfe.** S § 252.

4) *VwGO: Entsprechend anzuwenden, § 173 VwGO.* Der Beschluß ist zu begründen und zuzustellen, RedOe § 94 Anm 11.

249 *Wirkung von Unterbrechung und Aussetzung.* I Die Unterbrechung und Aussetzung des Verfahrens hat die Wirkung, daß der Lauf einer jeden Frist aufhört und nach Beendigung der Unterbrechung oder Aussetzung die volle Frist von neuem zu laufen beginnt.

II Die während der Unterbrechung oder Aussetzung von einer Partei in Ansehung der Hauptsache vorgenommenen Prozeßhandlungen sind der anderen Partei gegenüber ohne rechtliche Wirkung.

III Durch die nach dem Schluß einer mündlichen Verhandlung eintretende Unterbrechung wird die Verkündung der auf Grund dieser Verhandlung zu erlassenden Entscheidung nicht gehindert.

5. Titel. Unterbrechung und Aussetzung des Verfahrens   § 249 1–3

1) Allgemeines. Die Vorschrift bezieht sich auf alle Fälle einer Aussetzung und auf alle Verfahrensarten, die einer Unterbrechung oder Aussetzung des Verfahrens unterliegen, Celle FamRZ 75, 419. Sie ist anwendbar: Auf den § 614, dort Anm 6, BGH NJW 77, 717; auf eine gerichtliche Handlung, obwohl II nur von einer Parteihandlung spricht, vgl III, vgl auch Anm 3 B. Sie ist nicht anwendbar: Auf das Beweissicherungsverfahren; auf die Zwangsvollstreckung.

Die Wirkungen des § 249 treten im Fall einer Unterbrechung stets kraft Gesetzes ohne Rücksicht auf die etwaige Kenntnis der Parteien von dem Unterbrechungsgrund ein. Im Fall einer Aussetzung des Verfahrens treten die Wirkungen erst dann ein, wenn der Aussetzungsbeschluß wirksam wird, § 248 Anm 2. Eine Aussetzung erstreckt sich nur auf die anordnende Instanz.

2) Ende des Fristlaufs, I. Jede Frist, eine gewöhnliche oder eine Notfrist, nicht aber die uneigentliche Frist, Üb 3 B vor § 214, hört zu laufen auf. Ihr Ablauf wird nicht etwa gehemmt; vielmehr vernichten eine Unterbrechung oder eine Aussetzung den bisherigen Fristablauf. Nach der Beendigung der Unterbrechung oder Aussetzung beginnt die Frist völlig neu zu laufen. Wenn es sich um eine Frist handelt, die um einen bestimmten Zeitraum verlängert worden ist, ist die Gesamtlänge der Frist eine volle Frist im Sinn von I, RoS § 72 VI 1, offen BGH **64**, 4. Wenn eine Frist bis zu einem bestimmten Endzeitpunkt gesetzt worden war und wenn sie während der Unterbrechung des Verfahrens abgelaufen wäre, kann sie nicht nachträglich verlängert werden; man muß vielmehr als die volle Frist im Sinn von I die entsprechende gesetzliche Frist ansehen, zB diejenige des § 519 II 2, vgl schon BGH **64**, 5 (zum alten Recht). Wenn der Bekl nach der Zustellung des erstinstanzlichen Urteils gestorben ist und das Verfahren deshalb ausgesetzt wurde, beginnt eine neue Berufungsfrist nicht schon mit der Verkündung des Urteils, das die Wirksamkeit des erstinstanzlichen Urteils gegenüber dem Rechtsnachfolger des Bekl ausspricht, BGH NJW **72**, 258.

Eine Unterbrechung und eine Aussetzung verhindern auch den Beginn eines Fristlaufs, so den Beginn der Zweiwochenfrist zur Stellung des Antrags auf eine Wiedereinsetzung nach § 234, BGH **9**, 308. Eine Aussetzung des Verfahrens beendet nicht die Unterbrechung der Verjährungsfrist.

3) Prozeßhandlung, II. A. Allgemeines. Jede Prozeßhandlung, die eine Partei gegenüber dem Prozeßgegner oder gegenüber dem Gericht im Hinblick auf die Hauptsache während der Unterbrechung oder der Aussetzung vornimmt, ist der gegnerischen Partei gegenüber unwirksam, BGH **66**, 61. Andere Prozeßhandlungen, die dem Gegner gegenüber vorgenommen werden, etwa eine Kündigung einer Prozeßvollmacht, bleiben wirksam. Wegen einer Klagerweiterung im Fall des Konkursverfahrens einer Offenen Handelsgesellschaft vgl § 240 Anm 1 A.

Unter II fallen Prozeßhandlungen beliebiger Art, zB: Eine Zustellung; ein Antrag auf eine Entscheidung nach Lage der Akten; eine Rechtsmittelbegründung.

Nicht unter II fallen zB: Das Verfahren auf die Bewilligung einer Prozeßkostenhilfe. Denn es sieht keine Aussetzung vor und benötigt keine solche, BGH NJW **66**, 1126; ein vertraglicher Rechtsmittelverzicht, BGH **4**, 314; ein Verfahren nach den §§ 620ff, Celle FamRZ **75**, 419 mwN; das Kostenfestsetzungsverfahren als Nebenverfahren; das Verfahren auf die Rückgabe einer Sicherheit, aM StJ III 1; jeder Rechtsbehelf zur Geltendmachung eben dieser Unwirksamkeit; ein Wertfestsetzungsverfahren. Denn sonst könnte unter Umständen gar keine Kostenberechnung stattfinden.

Die Prozeßhandlung einer fälschlich als Partei, etwa als Erbe, auftretenden Person ist für die wahre Partei ganz bedeutungslos, § 239 Anm 2 E b bb.

B. Der anderen Partei gegenüber. Die im Hinblick auf die Hauptsache vorgenommene Prozeßhandlung ist nur der anderen Partei gegenüber unwirksam. Die Unwirksamkeit ist also beschränkt. Für die vornehmende Partei ist die Prozeßhandlung voll wirksam. Deshalb ist die Einreichung der Rechtsmittelschrift als eine Prozeßhandlung gegenüber dem Gericht wirksam, BGH **50**, 400, BayObLG **73**, 286. Sie setzt aber das Rechtsmittelverfahren nicht in Gang.

Ein Verstoß wird grundsätzlich nicht von Amts wegen beachtet. Freilich muß das Gericht die Ordnungsmäßigkeit der etwa notwendigen Zustellung prüfen, BGH VersR **81**, 679. Ein Fehler kann nach § 295 heilen. Im Fall einer gerichtlichen Entscheidung kann die Heilung aber nur durch eine ausdrückliche oder stillschweigende Genehmigung eintreten, BGH **4**, 320, vgl §§ 551 Z 5, 579 I Z 4. § 295 ist selbst im Fall einer Notfrist anwendbar, bei der ein Verzicht nur die Wirkung einer an sich form- und fristgerechten Handlung betrifft. Nur der Prozeßführungsberechtigte kann heilen, daher nicht der Gemeinschuldner im Fall einer

Unterbrechung des Konkursverfahrens. Wenn der Konkursverwalter aber die Klageforderung frei gibt, heilt die Aufnahme dieses Verfahrens durch den Gemeinschuldner und die darin liegende stillschweigende Genehmigung, BGH MDR **67**, 565. Die Aufnahme durch den Konkursverwalter bedeutet dort keinen Verzicht. Eine Heilung ist nicht mehr möglich, wenn das Gericht die Unwirksamkeit festgestellt hat.

C. Beiden Parteien gegenüber. Jede nach außen, nicht nur im Innenverhältnis, vorgenommene gerichtliche Prozeßhandlung ist beiden Parteien gegenüber unwirksam, also auch für diejenige Partei, die von der Unterbrechung oder Aussetzung nicht betroffen ist, es sei denn, daß die Prozeßhandlung auf ihr Betreiben geschehen wäre. Das Gericht darf also keine Prozeßhandlung mehr vornehmen, sobald es einen Unterbrechungsgrund erfährt oder eine Aussetzung angeordnet hat, Hamm Rpfleger **75**, 446, KG JB **76**, 378. In diesem Fall muß das Gericht eine Beweisaufnahme abbrechen und einen um die Beweisaufnahme ersuchten Richter oder einen mit einer Feststellung beauftragten Sachverständigen sofort von der Unterbrechung oder Aussetzung benachrichtigen.

Eine gerichtliche Entscheidung ist freilich abgesehen vom Fall der sog Nichtentscheidung nicht unwirksam, sondern unterliegt dem dann statthaften Rechtsbehelf, BGH VersR **81**, 679 mwN, ist also durch ihre Aufhebung auflösend bedingt, Üb 3 D vor § 300, vgl KG JB **76**, 378, Mü Rpfleger **74**, 368. Der Betroffene kann den Rechtsbehelf gegen eine solche Entscheidung auch während der Unterbrechung des Verfahrens geltend machen, um der Unterbrechung zur Geltung zu verhelfen. Wenn das Gericht trotz eines Konkursverfahrens ein Urteil gegen den Gemeinschuldner entgegen dem § 240 erlassen hat, darf der Gemeinschuldner persönlich das Rechtsmittel einlegen, nicht aber der Gläubiger. Denn diesem hilft § 144 KO.

Auch in diesem Fall beachtet das Gericht einen Verstoß nicht von Amts wegen.

4) Verkündung, III. Die Verkündung einer Entscheidung ist voll zulässig, wenn die Unterbrechung des Verfahrens erst nach dem Schluß der mündlichen Verhandlung eingetreten ist. Das Gericht darf auch eine Tatbestandsberichtigung vornehmen, Schlesw SchlHA **71**, 18, oder ein Rechtsmittel verwerfen, wenn dessen Unzulässigkeit bereits vor dem Eintritt der Unterbrechung feststand, BGH NJW **59**, 532. Dem Schluß der mündlichen Verhandlung steht in den Fällen der §§ 251a, 331a der Schluß des Termins gleich. Im Fall des § 128 II steht die letzte Einverständniserklärung oder der Ablauf einer vorbehaltenen Schriftsatzfrist gleich.

Das Gericht muß in solchen Fällen eine ordnungsgemäße Verkündung vornehmen. Bei einem Anerkenntnisurteil oder einem Versäumnisurteil ohne mündliche Verhandlung wird die Verkündung durch die Zustellung von Amts wegen ersetzt, § 310 III, ist also zulässig, vgl schon BayObLG NJW **59**, 2120 (zum alten Recht).

III ist auf den Fall der Aussetzung des Verfahrens unanwendbar. Das Gericht mag die Entscheidung vor der Aussetzung des Verfahrens verkünden, BGH **43**, 136. Die Ablehnung einer Verkündung auf unbestimmte Zeit ist als eine Aussetzung des Verfahrens anzusehen. Sie ermöglicht die Beschwerde nach § 252.

5) VwGO: Entsprechend anzuwenden, § 173 VwGO, BVerwG Buchholz 303 § 239 Nr 1.

250 **Aufnahme und Anzeige.** Die Aufnahme eines unterbrochenen oder ausgesetzten Verfahrens und die in diesem Titel erwähnten Anzeigen erfolgen durch Zustellung eines bei Gericht einzureichenden Schriftsatzes.

1) Aufnahme und Anzeige. A. Allgemeines. Die Aufnahme eines unterbrochenen oder ausgesetzten Verfahrens und eine Anzeige im Sinn von §§ 239 ff geschehen durch die Einreichung eines Schriftsatzes; beim AG genügt auch eine Erklärung zum Protokoll der Geschäftsstelle, § 496. Das Gericht stellt den Schriftsatz dem Prozeßgegner von Amts wegen nach § 270 zu. Die Rechtsmittelschrift, die Rechtsmittelbegründungsschrift und die Einspruchsschrift können eine wirksame Aufnahme oder Anzeige enthalten. Das gilt zB im Fall einer Unterbrechung des Verfahrens zwischen der Verkündung des Urteils und der Einlegung des Rechtsmittels. Dann ist also eine Aufnahme gegenüber dem unteren Gericht nicht erforderlich. Die etwa doch dort eingereichte Aufnahme gilt als eine Wiederholung der zunächst wirkungslosen Einlegung des Rechtsmittels, BGH **36**, 260. Das Gericht nimmt das Verfahren nicht von Amts wegen auf.

Ein Verstoß gegen § 250 ist nach § 295 heilbar, auch wenn das Rechtsmittel vor der Aufnahme eingelegt wurde, BGH **23**, 175.

B. Ausnahmen. Von der Regel nach A gelten Ausnahmen in folgenden Fällen: §§ 239–244, 246 II. Eine Aufnahme ist in den Fällen der §§ 148–154 und in allen anderen Fällen der Aussetzung zulässig. Bei Streitgenossen kann jeder von ihnen die Aufnahme und Anzeige selbständig einreichen. Das gilt auch im Fall einer notwendigen Streitgenossenschaft, vgl auch § 239 Anm 2 D. Die nach § 613 für eine bestimmte Zeit angeordnete Aussetzung endet von selbst nach dem Ablauf der Zeit. Fristen beginnen von nun an neu zu laufen, ohne daß eine Aufnahme erforderlich wäre, BGH **LM** § 249 Nr 2.

2) Schriftsatz. Ausreichend ist jede klare Äußerung des Willens, den Prozeß weiter zu betreiben. Der Schriftsatz ist ein bestimmender, § 129 Anm 1 A a. Er muß die sachliche Berechtigung zur Aufnahme behaupten, zB den Umstand, daß der Aufnehmende der Erbe sei. Eine stillschweigende Aufnahme liegt im Zugestehen der entscheidenden Tatsachen und in einer mündlichen Verhandlung zur Hauptsache, ThP 1 b, offen Nürnb OLGZ **82**, 380. Ob die Aufnahme unzulässig und deshalb unwirksam ist, das ist freilich zu prüfen, Nürnb OLGZ **82**, 380.

Nicht ausreichend sind zB: Die bloße Vereinbarung zwischen den Parteien über eine Aufnahme; die Zustellung eines Urteils; ein Antrag auf die Bewilligung einer Prozeßkostenhilfe für ein Rechtsmittel, BGH NJW **70**, 1790; ein Antrag, das Gericht möge die Aufnahme des Verfahrens von Amts wegen aussprechen oder zunächst dem Gegner eine Frist zur Bestellung eines dort zugelassenen Anwalts setzen, BGH **LM** § 240 Nr 6. Denn in diesen Fällen kommt nicht genügend klar zum Ausdruck, daß das Verfahren schon durch die Zustellung des Schriftsatzes aufgenommen worden ist.

3) VwGO: *Entsprechend anzuwenden,* § 173 VwGO. Keine Aufnahme durch das Gericht v Aw, RedOe § 94 Anm 13, aM EF § 61 Rdz 15.

251 *Ruhen des Verfahrens.* **¹** Das Gericht hat das Ruhen des Verfahrens anzuordnen, wenn beide Parteien dies beantragen und anzunehmen ist, daß wegen Schwebens von Vergleichsverhandlungen oder aus sonstigen wichtigen Gründen diese Anordnung zweckmäßig ist. Die Anordnung hat auf den Lauf der im § 233 bezeichneten Fristen keinen Einfluß.

II Vor Ablauf von drei Monaten kann das Verfahren nur mit Zustimmung des Gerichts aufgenommen werden. Das Gericht erteilt die Zustimmung, wenn ein wichtiger Grund vorliegt.

Schrifttum: Dolinar, Ruhen des Verfahrens und Rechtsschutzbedürfnis, Wien 1974.

1) Allgemeines. Das Ruhen des Verfahrens im Sinn des § 251 ist ein Sonderfall der Aussetzung, Ffm FamRZ **78**, 919. Das Gesetz hat den Parteien die Herrschaft über das Ruhen wegen ihrer Förderungspflicht, Grdz 2 E vor § 128, grundsätzlich entzogen, Ffm FamRZ **78**, 919. Das Ruhen ist nicht mit einem rein tatsächlichen Stillstand des Verfahrens zu verwechseln, Üb 1 A vor § 239. Eine Anordnung des Ruhens ist nicht zulässig, wenn es sich um ein seiner Art nach eiliges Verfahren handelt, etwa um ein Beweissicherungsverfahren, den Urkunden- oder Wechselprozeß oder um ein vorläufiges Verfahren auf den Erlaß eines Arrests oder einer einstweiligen Verfügung.

Die Vorschrift ist im sozialgerichtlichen Verfahren anwendbar, BSG NJW **77**, 864.

2) Anordnung des Ruhens, I. A. Voraussetzungen. § 251 ist nach seinem Wortlaut eine Mußvorschrift. Das im Gesetzestext stehende Wort „zweckmäßig" bedeutet aber in Wahrheit, daß das Gericht einen Ermessensspielraum hat. Das übersieht wohl Ffm FamRZ **78**, 919. Das Gericht muß sein Ermessen pflichtgemäß ausüben.

Im einzelnen steht die Anordnung des Ruhens unter folgenden Voraussetzungen:

a) Antrag beider Parteien. Es muß ein Antrag beider Parteien vorliegen, auch ein Antrag des Streithelfers im Rahmen der §§ 67, 69. Jeder Streitgenosse muß den Antrag selbständig stellen. Ein Ruhen des Verfahrens im Hinblick auf nur einzelne Streitgenossen kommt selten vor; in einem solchen Fall ist eine Prozeßtrennung nach § 145 vorzuziehen. Bei notwendigen Streitgenossen ist § 62 zu beachten.

Der Antrag ist schriftlich oder in der mündlichen Verhandlung zu stellen. Ein Anwaltszwang gilt wie sonst. Der Antrag kann jederzeit ohne Angabe von Gründen widerrufen werden.

b) Zweckmäßigkeit. Außer dem Antrag nach a muß sich ergeben, daß das Ruhen des Verfahrens aus einem wichtigen Grund als zweckmäßig anzusehen ist. Vergleichsverhandlungen zwischen den Parteien können das Ruhen zweckmäßig machen. Weitere Fälle der

Zweckmäßigkeit sind: Eine Partei hat den Scheidungsantrag verfrüht eingereicht (man muß aber den § 623 beachten), KG FamRZ **77**, 810, ähnlich Ffm FamRZ **78**, 919, Karlsr NJW **78**, 1388; man will eine Beweisaufnahme abwarten, die in einer anderen Sache stattfinden soll und deren Ergebnisse für den vorliegenden Prozeß vorgreiflich sein können; die Zustimmungsfrist des Mieters zu einem erst im Prozeß ausreichend begründeten Mieterhöhungsverlangen ist bis zum Termin noch nicht abgelaufen, Barthelmess WM **83**, 66.

Eine Glaubhaftmachung nach § 294 ist nicht notwendig. Die Angaben zur Zweckmäßigkeit müssen aber glaubhaft sein, wie sich aus den Worten „wenn anzunehmen ist" im Gesetz ergibt. Das Gericht muß darauf achten, daß die Parteien nicht auf dem Weg übereinstimmender Anträge nach § 251 in Wahrheit lediglich eine verschleierte Vertagungsvereinbarung durchsetzen.

B. Entscheidung. Das Gericht entscheidet auf Grund einer freigestellten mündlichen Verhandlung, § 128 Anm 3. Es entscheidet durch einen Beschluß. Er ist grundsätzlich zu begründen, § 329 Anm 1 A b. Er wird verkündet oder beiden Parteien formlos mitgeteilt, § 329 II 1. Denn II setzt keine Frist. Rechtsbehelfe: § 252.

C. Wirkung. Das Ruhen des Verfahrens hat grundsätzlich dieselbe Wirkung wie eine Aussetzung nach § 249. Es ergibt sich allerdings die Abweichung, daß das Ruhen den Ablauf einer Notfrist, der Rechtsmittelfrist, der Rechtsmittelbegründungsfrist oder der Frist zum Antrag auf eine Wiedereinsetzung nicht berührt. Alle anderen Fristen, ausgenommen die uneigentlichen, § 249 Anm 2, hören also auf und laufen nach der Beendigung des Ruhens von vorn. Nach der Anordnung des Ruhens verkündet das Gericht keine Entscheidung mehr, § 249 Anm 4.

Schon die Vereinbarung des Stillstands und nicht erst die entsprechende gerichtliche Anordnung beenden grundsätzlich die Unterbrechung der Verjährung, § 211 II BGB. Andernfalls würde die Verjährung gesetzwidrig vertraglich verlängert werden können, § 225 BGB. Wenn das Ruhen des Verfahrens in Wahrheit erst seiner Förderung dient, wirkt aber die Unterbrechung weiter, Karlsr BB **73**, 119. Eine neue Verjährungsfrist ist bei einem Beschluß des Ruhens bis zum Ablauf der Dreimonatsfrist oder bis zu einer vorzeitigen Aufnahme des Verfahrens, der das Gericht zustimmt, gehemmt. Eine Zustellung, ein Schriftsatz und ein Antrag an das Gericht sind jederzeit zulässig und wirksam.

3) Aufnahme, II. A. Allgemeines. Ein ruhendes Verfahren wird nicht von Amts wegen aufgenommen, Ffm FamRZ **78**, 920. Jede Partei kann das Verfahren nach § 250 wieder aufnehmen. Eine Partei ist aber ohne die Zustimmung des Gerichts zu dieser Aufnahme frühestens nach dem Ablauf von drei Monaten seit dem Wirksamwerden der Anordnung des Ruhens befugt. Die Frist ist eine gewöhnliche gesetzliche. Sie kann nicht verlängert werden, § 224. Der Antragsteller, der eine Abkürzung der Frist erreichen will, reicht einen Aufnahmeantrag und -schriftsatz bei der Geschäftsstelle ein.

Zunächst muß geklärt werden, ob das Gericht die Zustimmung nach II 2 erteilen will. Beim Kollegialgericht muß das Kollegium prüfen, ob es die Zustimmung aussprechen will.

B. Wichtiger Grund. Das Gericht darf seine etwa erforderliche Zustimmung nach II 2 nur dann erteilen, wenn es zu der Überzeugung kommt, daß ein wichtiger Grund vorliegt. Das Gesetz will den Parteien die Aufnahme eines ruhenden Verfahrens erschweren, BR-Drs 551/74. Das Gericht muß im Rahmen seines pflichtgemäßen Ermessens prüfen, ob ein wichtiger Grund vorliegt. Erst wenn es ihn bejaht, ist es zur Erteilung der Zustimmung verpflichtet.

Das Ruhen des Verfahrens läßt sich also keineswegs schon durch einen geänderten Willen der einen oder der anderen Partei oder beider Parteien mit Sicherheit beseitigen. Andererseits sollen die Parteien nicht etwa dafür bestraft werden, daß es zum Ruhen des Verfahrens gekommen ist. Das Gesetz will mit II 2 lediglich verhindern, daß das Verfahren fortwährend aufgenommen und alsbald wieder zum Ruhen gebracht werden muß. Das Hin und Her außergerichtlicher Entwicklungen während eines Prozesses soll sich nicht auf den Prozeß selbst auswirken. Die Arbeitskraft jedenfalls des Gerichts soll von solchen Schwankungen unberührt bleiben, selbst wenn es für den sich unter Umständen mehrfach ändernden Willen der Parteien durchaus sachliche Gründe geben mag, etwa einen Wechsel der Intensität ihrer geschäftlichen Beziehungen, eine sich verbessernde oder verschlechternde Finanzlage usw.

Ein ernsthafter Fortsetzungswille beider Parteien braucht unter diesen Umständen nicht stets als ein wichtiger Grund angesehen zu werden. Das Gericht muß auch nach dem Eingang übereinstimmender Fortsetzungsanträge prüfen, ob sie wirklich ernst gemeint sind und wie lange dieser ernste Wille nach den bisherigen Erfahrungen andauern mag. Ein solcher ernsthafter Fortsetzungswille kann aber oft zur Annahme eines wichtigen Grunds ausreichen; vgl auch Ffm AnwBl 80, 152.

In der Alltagspraxis kommt häufig der Fall vor, daß der ProzBev einer Partei aus irgendeinem Grund den ersten oder auch einen weiteren Verhandlungstermin versäumt, daß der ProzBev des Gegners aber aus Standesrücksichten oder anderen Gründen kein Versäumnisurteil nehmen mag und daß daher das Ruhen des Verfahrens angeordnet wird. In diesem Fall pflegen die Parteien, zumindest die säumige, den Aufnahmeantrag alsbald nach dem Termin einzureichen. Nicht selten findet man in solchen Anträgen Begründungen, die mit dem wahren Hergang der Ereignisse im Termin keineswegs voll übereinstimmen. Wenn zur Begründung nichts weiter als eine Unachtsamkeit bei der Wahrnehmung des vergangenen Termins vorgetragen wird, sollte das Gericht mit der Annahme eines wichtigen Grunds zur alsbaldigen Aufnahme zurückhaltend sein. Denn wenn der ProzBev das Verfahren bisher nachlässig betrieb, ist das ein Anzeichen dafür, daß seine Partei auch jetzt in Wahrheit nicht sonderlich auf eine rasche Aufnahme des Verfahrens drängt. Andernfalls müßte man ja davon ausgehen, daß der ProzBev bei der Terminsversäumung gegen wichtige Vertragspflichten dem Auftraggeber gegenüber verstoßen hat. Das kann nicht ohne weiteres unterstellt werden.

Wenn zunächst nur eine Partei die Aufnahme beantragt, kommt es darauf an, ob sie behauptet oder gar glaubhaft macht, der Gegner sei einverstanden und er werde sich demnächst mit demselben Antrag melden. Im letzteren Fall sollte das Gericht zunächst abwarten, ob der gegnerische Antrag tatsächlich eingeht. Zu einer Erkundigung nach einem solchen gegnerischen Antrag besteht für das Gericht kein Anlaß. Im übrigen ist zu unterscheiden: Wenn der Kläger die Aufnahme beantragt, besteht erfahrungsgemäß eine geringere Wahrscheinlichkeit, daß auch der Bekl die alsbaldige Fortsetzung des Prozesses wünscht, als wenn der Bekl den Aufnahmeantrag stellt.

Wenn das Gericht auf Grund des einseitigen Antrags noch nicht zur Überzeugung kommt, daß ein wichtiger Grund zur Aufnahme vorliegt, ist es weder berechtigt noch verpflichtet, den Gegner über diesen Antrag vor dem Ablauf der Dreimonatsfrist anzuhören. Das Gericht verfügt einfach, die Eingabe zunächst zu den Akten zu nehmen. Es wartet ab, ob sich der Antragsteller und/oder dessen Gegner nochmals melden.

Wenn die tatsächlichen Angaben des Antragstellers wenigstens einige Anhaltspunkte für das Vorliegen eines wichtigen Grundes bieten, übersendet das Gericht den Antrag zunächst dem Antragsgegner zur Stellungnahme innerhalb einer angemessenen Frist. Da das Verfahren derzeit noch ruht, sollte die Frist nicht zu kurz bemessen werden. Das gilt insbesondere dann, wenn es sich nicht um eine gesetzliche Feriensache handelt, während der Gerichtsferien.

Die Übersendung zur (etwaigen) Stellungnahme bedeutet nur dann, daß das Gericht der Aufnahme die Zustimmung erteilt, wenn diese Zustimmung eindeutig erkennbar wird. Das ist selbst dann nicht unbedingt anzunehmen, wenn das Gericht zu einer Stellungnahme zB zu neuen Beweisanträgen usw auffordert. Im Zweifel will sich das Gericht die Entscheidung über seine etwa erforderliche Zustimmung noch bis zum Eingang der erbetenen Stellungnahme vorbehalten.

Das Ruhen des Verfahrens wird von mancher Partei und manchem ProzBev zu Unrecht befürchtet. Man übersieht auch die Möglichkeiten eines Rechtsbehelfs nach § 252. Andererseits können taktische Manöver nach § 251 die Arbeitskraft des Gerichts zum Schaden aller Prozeßbeteiligten erheblich schwächen und insbesondere die Bemühungen des Gesetzgebers um eine Straffung des Prozesses einschließlich der Möglichkeiten einer Zurückweisung verspäteten Vortrags ganz erheblich unterlaufen. Alle diese Gesichtspunkte darf und muß das Gericht bei seiner Ermessensentscheidung berücksichtigen.

Die zweite Instanz sollte auch im Rahmen von § 251 dieselben harten Anforderungen stellen wie die erste Instanz. Nur durch eine derartige Übereinstimmung der Auslegung kann die dringend erforderliche Zügigkeit zum Nutzen aller Beteiligten erreicht werden, die gerade darin liegen mag, im Einzelfall ein ruhendes Verfahren so rasch wieder aufleben zu lassen. Außerdem zeigt die Erfahrung, daß sich so manche Parteien während einer Phase des Ruhens eher einigen als dann, wenn der Streit vor Gericht rasch fortgesetzt wird. Das darf natürlich nicht zu einer Bequemlichkeit des Gerichts oder zu einer Art von Rechtsverweigerung führen. Die Entscheidung darüber, ob ein wichtiger Grund vorliegt, bedarf erheblicher Feinfühligkeit des Gerichts.

C. Entscheidung. Das Gericht erteilt seine Zustimmung durch einen Beschluß. Er ist grundsätzlich wenigstens kurz zu begründen, § 329 Anm 1 A b. Er wird dem Antragsteller formlos übersandt, § 329 II 1. Der Gegner erhält den Beschluß dann, wenn im Anschluß an die Zustimmung ein Termin anberaumt wird, zusammen mit der Ladung im Weg einer förmlichen Zustellung. Beim AG und beim Einzelrichter liegt in der Terminsbestimmung die Zustimmung. Insofern braucht die Entscheidung nicht besonders begründet zu werden. Dasselbe gilt im arbeitsgerichtlichen Verfahren aller Instanzen. Da die Partei das Verfahren nur mit einer Zustimmung des Gerichts aufnehmen darf, kann die Aufnahme der Zustimmung nicht vorangehen.

Solange das Gericht die Zustimmung nicht erteilt, trifft es grundsätzlich keine förmliche Entscheidung. Es braucht also nicht etwa einen ablehnenden Beschluß zu erlassen. Es nimmt die Eingaben bis zum Ablauf der Dreimonatsfrist einfach zu den Akten. Es vermerkt lediglich zur Eigenkontrolle usw die etwaigen Gründe seines Zuwartens stichwortartig, soweit sie nicht bereits aus dem Zusammenhang der Akten erkennbar sind.

Soweit das Gericht einen förmlichen Ablehnungsbeschluß für ratsam oder notwendig hält, ist auch dieser grundsätzlich zu begründen, § 329 Anm 1 A b, und wird beiden Parteien formlos zugestellt, § 329 II 1.

D. Rechtsbehelfe. S § 252.

4) *VwGO:* Entsprechend anzuwenden, § 173 VwGO, BVerwG NJW **62**, 1170, OVG Münst NJW **62**, 1931. Anordnung des Ruhens beim Schweben eines Musterprozesses: Gerhardt/Jacob DÖV **82**, 346, VGH Mü Bay VBl **64**, 125. Ein Antrag der Hauptbeteiligten und ggf des notwendigen Beigeladenen ist nötig, RedOe § 94 Anm 14, offen gelassen von BVerwG Buchholz 303 § 251 Nr 1, abw VGH Kassel AS **21**, 104 (auch des einfachen Beigeladenen). Gegen den ablehnenden Beschluß des VG ist die Beschwerde zulässig, OVG Münst NJW **62**, 1931, vgl § 252 Anm 2.

251a

Säumnis beider Parteien. ^I Erscheinen oder verhandeln in einem Termin beide Parteien nicht, so kann das Gericht nach Lage der Akten entscheiden.

^{II} Ein Urteil nach Lage der Akten darf nur ergehen, wenn in einem früheren Termin mündlich verhandelt worden ist. Es darf frühestens in zwei Wochen verkündet werden. Das Gericht hat der nicht erschienenen Partei den Verkündungstermin formlos mitzuteilen. Es bestimmt neuen Termin zur mündlichen Verhandlung, wenn die Partei dies spätestens am siebenten Tage vor dem zur Verkündung bestimmten Termin beantragt und glaubhaft macht, daß sie ohne ihr Verschulden ausgeblieben ist und die Verlegung des Termins nicht rechtzeitig beantragen konnte.

^{III} Wenn das Gericht nicht nach Lage der Akten entscheidet und nicht nach § 227 vertagt, ordnet es das Ruhen des Verfahrens an.

1) Allgemeines. Die Vorschrift regelt den Fall der beiderseitigen Säumnis im Termin zur mündlichen Verhandlung entsprechend der Förderungspflicht der Parteien, Grdz 2 E vor § 128. Bei einer geeigneten Handhabung ist § 251a ein wirksames Mittel zur Förderung des Prozesses. Das Gericht sollte wenn irgend möglich zB einen etwa notwendigen Beweis beschließen. Es kann sich wie folgt verhalten: **a)** Es kann nach der Aktenlage entscheiden; **b)** es kann vertagen; **c)** es kann das Ruhen des Verfahrens anordnen; **d)** es kann sich auf einen Aktenvermerk beschränken, daß nichts zu veranlassen ist. Es ist verpflichtet, diejenige Maßnahme zu wählen, die ihm am zweckmäßigsten erscheint. Das Gericht hat insofern ein pflichtgemäßes Ermessen und einen weiten Ermessensspielraum.

2) Aktenlageentscheidung, I. Jede Entscheidung nach Lage der Akten setzt voraus, daß beide Parteien ausbleiben oder daß beide nicht verhandeln oder daß die allein erschienene Partei keinen Antrag zur Sache stellt, § 333. Das gilt auch dann, wenn das Gericht eine Vertagung oder eine Verlegung abgelehnt hat. Denn die Parteien können eine Vertagung nicht wirksam vereinbaren, § 227. Die Parteien müssen zum Termin geladen worden sein. Ein Ladungsnachweis, etwa in der Form einer bei den Akten befindlichen Zustellungsurkunde, ist aber nicht erforderlich; es genügt, daß sich aus den Akten ergibt, daß das Gericht die Einlassungsfrist oder die Ladungsfrist gewahrt hat. Dieser Umstand kann sich zB daraus ergeben, daß die Partei eine Antwort eingereicht hat, vgl auch § 187.

Eine Entscheidung nach Lage der Akten braucht durchaus nicht nur in einem Urteil zu bestehen. Das wird oft übersehen. Es ist zB auch ein Beweisbeschluß nach Lage der Akten zulässig. Das Gericht mag ihn eher als ein Urteil erlassen. Ein Urteil setzt jedenfalls voraus, daß die Ladung einwandfrei nachweisbar ist. Denn das Urteil schließt die Instanz für die Partei und bildet einen Vollstreckungstitel.

5. Titel. Unterbrechung und Aussetzung des Verfahrens § 251a 2, 3

„Termin" ist ein solcher zu einer notwendigen mündlichen Verhandlung, nicht ein anderer Termin.

Das Verfahren nach § 251a setzt keinen Antrag auf den Erlaß einer Entscheidung nach Lage der Akten voraus. Es geht ja von einer beiderseitigen Säumnis der Parteien aus. Immerhin kann ein derartiger „Antrag" unter Umständen dahin auszulegen sein, daß die Partei dem Gericht anheimstellt, nach § 251a zu verfahren. Vgl dazu insbesondere § 331a Anm 1 B. Eine Partei hat einen Antrag zur Sache nach I bereits dann gestellt, wenn sie lediglich den Erlaß einer Versäumnisentscheidung beantragt. Zu einer Entscheidung nach Lage der Akten gemäß § 167 II BBauG ist keine der Voraussetzungen nach I erforderlich, BGH LM § 167 BBauG Nr 1.

3) Entscheidung, I, II. A. Ermessen. Das Gericht erläßt im Rahmen seines pflichtgemäßen Ermessens nach der Aktenlage jede ihm notwendig oder ratsam erscheinende sachliche Entscheidung, also zB ein Urteil, einen Beweisbeschluß, eine Entscheidung auf die Verbindung mehrerer Prozesse oder auf deren Trennung, einen Verweisungsbeschluß nach § 281, einen Aufklärungsbeschluß, auch nach § 283 (er ist keine Aktenlageentscheidung und daher ohne deren Wirkung). Soweit die Voraussetzungen der §§ 227, 335 vorliegen, ist zu vertagen.

Ein Urteil nach Lage der Akten darf nur dann ergehen, wenn die Sache hinreichend geklärt oder einer weiteren Klärung unfähig ist. Schärfere Anforderungen stellt StJ III 1; aber es gibt Prozesse, die die Parteien nicht weiter klären wollen oder können. § 128 II stellt andere, schärfere Anforderungen, weil er keinen Fall der Säumnis betrifft.

B. Kein Versäumnisurteil. Ein Urteil nach Lage der Akten ist kein Versäumnisurteil, sondern ein streitmäßiges. Deshalb kann man es nur mit den gegen ein streitiges Endurteil statthaften Rechtsmitteln anfechten, nicht etwa mit einem Einspruch.

C. Voraussetzungen im einzelnen. Die Entscheidung nach § 251a hat mit der Entscheidung nach § 128 II oder III Ähnlichkeit. Jedoch tritt als Ersatz für den Schluß der mündlichen Verhandlung, § 296a, anstelle des Zeitpunkts der Einverständniserklärung der Zeitpunkt des Termins. Ein Einverständnis ist auch nicht erforderlich; vielmehr kann eine Entscheidung nach Lage der Akten auch dann ergehen, wenn eine Partei ihr schriftlich widerspricht.

Der Unterschied zwischen § 251a und § 128 II, III liegt in der Natur der ersteren Vorschrift als einer Versäumnisregelung. Daher sind wegen der Säumnis geringere Anforderungen an die Klärung zu stellen. Da eine Entscheidung ergeht, als ob die Parteien sie beantragt hätten, gilt auch § 138 III. Eine gegnerische Behauptung gilt also insoweit als zugestanden, als sie nicht bestritten worden ist, vorbehaltlich des etwa zulässigen Bestritens in der zweiten Instanz oder im weiteren Verfahren der ersten Instanz. Deshalb darf das Gericht eine Entscheidung auch dann treffen, wenn eine Partei eine wesentliche Behauptung eingereicht hat, der Gegner aber noch nicht auf sie geantwortet hat. Es reicht aus, daß die Behauptung schriftlich aufgestellt werden durfte und daß ihre Abgabe bei einer sorgfältigen Prozeßführung für den Gegner zu erwarten war.

Andernfalls und dann, wenn das Gericht voraussieht, daß der Rechtsstreit an ein anderes Gericht abgegeben werden muß oder daß ein Beweisaufnahmeverfahren notwendig wird, sollte das Gericht noch keine Entscheidungsreife annehmen und daher kein Urteil nach Aktenlage erlassen.

Jedenfalls muß das Gericht auch im Aktenlageverfahren den Grundsatz des rechtlichen Gehörs beachten, Art 103 I GG. Das Gericht darf daher für seine Entscheidung nur denjenigen Streitstoff verwenden, der beiden Parteien zugänglich war.

D. Verwendbarer Akteninhalt im einzelnen. Das Gericht darf folgende Aktenteile berücksichtigen:

a) Antrag. Das Gericht darf einen Antrag berücksichtigen, soweit ihn der Antragsgegner rechtzeitig zur Kenntnis erhalten hat. Etwas anderes gilt bei einem reinen Prozeßantrag, vgl bei § 297.

b) Schriftsatz. Das Gericht darf einen Schriftsatz berücksichtigen, wenn es begründete Anhaltspunkte dafür hat, daß der Schriftsatz dem Gegner zur Kenntnis gekommen ist.

c) Mündlicher Vortrag. Das Gericht darf den gesamten mündlichen Vortrag beider Parteien in früheren Verhandlungsterminen berücksichtigen, soweit dieser Vortrag noch in der Erinnerung aller jetzt entscheidenden Richter ist.

d) Protokoll. Das Gericht darf den gesamten Inhalt eines Protokolls über einen früheren Verhandlungs- oder Beweisaufnahmetermin berücksichtigen, soweit die Parteien von diesem Protokoll Kenntnis haben oder bei einer sorgsamen Prozeßführung haben mußten. Der letztere Fall liegt auch dann vor, wenn die Parteien an dem Termin hätten teilnehmen können und wenn sie nicht beantragt haben, ihnen ein Protokoll zu übersenden, und dieses auch nicht von Amts wegen erhalten haben.

Ein Richterwechsel steht einer Entscheidung nach Lage der Akten nicht entgegen, soweit die in den Akten befindlichen Schriftsätze oder Protokolle den Inhalt der früheren Verhandlungen ausreichend ergeben; allerdings scheidet die Möglichkeit einer Berücksichtigung nach c in solchem Fall grundsätzlich aus. Eine Klageerweiterung steht einer Entscheidung nach Aktenlage nicht entgegen, wenn die ursprüngliche Klage zum Gegenstand einer Verhandlung zur Sache gemacht worden war und wenn der sachlichrechtliche Anspruch inhaltlich im wesentlichen unverändert ist. Die Frist des § 132 braucht nicht eingehalten zu sein, aM Wiecz A II. Ein Schriftsatz, der erst am Terminstag eingeht, darf nur beachtet werden, wenn er spätestens in demjenigen Zeitpunkt zur Akte gelangt ist, in dem der Vorsitzende sie weggelegt hatte. Dieser Zeitpunkt steht ja dem Schluß der mündlichen Verhandlung gleich. Das Gericht kann aber einen später zur Akte kommenden Schriftsatz zum Anlaß nehmen, von einer Entscheidung nach Lage der Akten abzusehen.

E. Fortwirkung. Was eine Entscheidung nach Aktenlage einmal in den Prozeß eingeführt hat, bleibt ebenso wie ein mündlicher Vortrag wirksam, läßt also einen Widerruf nur nach denselben Regeln wie beim mündlichen Vortrag zu. Das gilt aber nur bei einer endgültigen Entscheidung nach Aktenlage. Wenn das Gericht lediglich einen abänderbaren Beweisbeschluß nach Aktenlage erlassen hat, kann er die Partei ebensowenig wie ihre Säumnis endgültig binden, zumal sie ein Urteil abwenden kann, Blomeyer § 55 III 2c, RoS § 109 III 2c, aM StJ III 2c. Auch für eine Klage nach § 323 oder nach § 767 steht die Weglegung der Akten insofern dem Schluß der mündlichen Verhandlung gleich.

F. Urteil nach Lage der Akten, II 1–3. Das Gericht muß ein Urteil nach der Aktenlage verkünden. Das Urteil wird nach § 317 von Amts wegen zugestellt. S 1–3 gilt für jede Art von Urteil, auch für ein Zwischenurteil. Ein Urteil nach Lage der Akten ist nur unter folgenden Voraussetzungen zulässig:

a) Frühere mündliche Verhandlung. In derselben Instanz muß bereits in einem früheren Termin eine mündliche Verhandlung stattgefunden haben. Sie braucht nicht vor demselben Richter erfolgt zu sein. Diese frühere Verhandlung braucht nur dann nicht stattgefunden zu haben, wenn beide Parteien eindeutig und unbedingt mit einem Urteil nach Lage der Akten einverstanden sind, offen BGH **LM** § 128 Nr 8. Nach einer Zurückverweisung ist keine neue Verhandlung notwendig, auch nicht vor einem anderen Kollegium, wohl aber im Nachverfahren. Eine Verhandlung vor dem Einzelrichter genügt, Ffm FamRZ **79**, 290, auch eine Verhandlung vor einem Gericht, das den Rechtsstreit anschließend verwiesen hat.

Die Verhandlung braucht nicht über den gesamten Streitstoff stattgefunden zu haben, zB nicht unbedingt über eine nachträglich erhobene Widerklage. Sie muß aber zur Sache stattgefunden haben, und zwar zur Hauptsache, soweit das Gericht nach der Aktenlage über die Hauptsache entscheiden will. Es reicht nicht aus, daß die Verhandlung in irgendeinem anderen Punkt streitig war.

b) Verkündungstermin. Das Urteil darf nur in einem besonderen Verkündungstermin ergehen. Zwischen dem Schluß des letzten Verhandlungstermins und dem Verkündungstermin müssen mindestens zwei Wochen verstreichen. Der Sinn der Regelung besteht darin, eine schuldlos säumige Partei vor Schaden zu bewahren. Das Gesetz enthält also eine Art Wiedereinsetzung wegen einer Terminsversäumung. Deshalb muß das Gericht den Termin so ansetzen, daß die Partei ihre Rechte voraussichtlich wahren kann. Dazu kann es erforderlich sein, die Frist zwischen dem Verhandlungsschluß und dem Verkündungstermin auf mehr als zwei Wochen anzuberaumen. Es kommt darauf an, ob das Gericht im Zeitpunkt der Fristbestimmung weiß, daß die Partei eine zweiwöchige Frist voraussichtlich nicht einhalten kann. Das Gericht braucht insofern aber keine Nachforschungen anzustellen. Der Umstand, daß die Partei anwaltlich vertreten ist, ist grundsätzlich kein Anhaltspunkt dafür, daß die Zweiwochenfrist zu kurz wäre. Eine Ausnahme mag dann gelten, wenn das Gericht noch einen Schriftsatz des Gegners berücksichtigen will, der erst kurz vor dem Verhandlungstermin einging und voraussichtlich nähere Erwiderungen auslösen könnte usw.

Die Verkündung ist unzulässig, wenn die formlose Benachrichtigung vom Verkündungstermin von der Post zurückgeschickt wird, weil die Anschrift falsch ist oder weil ein anderer Grund vorliegt, auf dessen Entstehung die säumige Partei ersichtlich keinen Einfluß hat. Das Gericht darf andererseits den Verkündungstermin nicht absetzen, wenn die säumi-

5. Titel. Unterbrechung und Aussetzung des Verfahrens § 251a 3, 4

ge Partei zwar eine Entschuldigung einreicht, wenn das Gericht sie aber für unzureichend hält.

Ein Verstoß ist eine Verletzung des rechtlichen Gehörs, Art 103 I GG, und ein Revisionsgrund, falls das Urteil auf ihm beruht, aber kein Grund für eine Nichtigkeitsklage.

c) Mitteilung. Das Gericht muß der säumigen Partei den Verkündungstermin mitteilen. Die Mitteilung geht unter den Voraussetzungen des § 176 an den ProzBev. Die im Verhandlungstermin erschienene Partei, die nicht verhandelt hat, braucht nicht benachrichtigt zu werden, und zwar auch dann nicht, wenn das Gericht den Verkündungstermin erst am Schluß jenes Verhandlungstermins und dann in Abwesenheit der Partei verkündet hatte. Die Verkündung des Termins reicht nicht aus, soweit die Mitteilung des Verkündungstermins erforderlich ist.

Die Mitteilung kann formlos erfolgen. Eine förmliche Zustellung reicht als ein Mehr aus.

Das Gericht kann den Verkündungstermin zugleich zu einer weiteren mündlichen Verhandlung bestimmen. Denn in Wahrheit lag ein Verhandlungsschluß im letzten Termin nicht vor.

G. Neuer Verhandlungstermin, II 4. Die Verkündung eines Urteils im Verkündungstermin muß unterbleiben, wenn folgende Voraussetzungen vorliegen:

a) Antrag. Die nicht erschienene Partei muß spätestens am siebenten Tag vor dem Verkündungstermin beantragen, einen neuen Verhandlungstermin anzusetzen. Ein Streitgenosse hat ein selbständiges Antragsrecht. Bei einer notwendigen Streitgenossenschaft nach § 62 hilft der Antrag des einen Streitgenossen dem anderen, weil es sich um die Wahrung eines Rechts des Säumigen handelt. Der Erschienene, der nur nicht verhandelt hatte, hat kein Antragsrecht. Er hätte ja im Verhandlungstermin mindestens eine Vertagung beantragen und im Fall der Ablehnung dieses Antrags zur Sache verhandeln müssen.

„Vor dem zur Verkündung bestimmten Termin" bedeutet: Vor der Weglegung der Sache, nicht schon vor dem Aufruf. Der Antrag muß schriftlich gestellt werden. Ein Anwaltszwang herrscht wie sonst; soweit er nicht gegeben ist, kann der Antrag auch zum Protokoll der Geschäftsstelle jedes AG gestellt werden, § 129a. Ein Antrag, der nur unter der Bedingung gestellt wird, daß das Gericht eine dem Antragsteller ungünstige Entscheidung beabsichtige, gilt als nicht gestellt.

b) Glaubhaftmachung. Die nicht erschienene Partei muß außerdem nach § 294 glaubhaft machen, daß sie im Verhandlungstermin schuldlos ausgeblieben war und auch nicht eine Terminsverlegung nach § 227 rechtzeitig beantragen konnte. Zum Begriff des Verschuldens Einl III 7 A. Das Verschulden eines gesetzlichen Vertreters oder eines ProzBev gilt als solches der Partei, §§ 51 II, 85 II.

Das Gericht muß unter einer sorgfältigen Abwägung aller Umstände prüfen, ob die vorgebrachten Tatsachen zur Entschuldigung ausreichen. Eine Verpflichtung des ProzBev, im Zeitpunkt des letzten Verhandlungstermins einen anderen Termin wahrzunehmen, reicht zur Entschuldigung ebensowenig aus wie zu einer Vertagung, § 227 Anm 3 B c aa. Der Anwalt mußte eben grundsätzlich für eine Terminsvertretung sorgen. Er durfte seine Akten grundsätzlich auch nicht einfach einem sog Kartellanwalt geben. Ein Entschuldigungsgrund, der zur Rechtfertigung eines Verlegungsantrags angeführt worden war, den das Gericht inzwischen schon zurückgewiesen hatte, kann jetzt nicht nochmals berücksichtigt werden. Denn er ist verbraucht.

Soweit das Gericht dem Antrag entspricht, bestimmt der Vorsitzende einen neuen Verhandlungstermin. Dieser neue Termin kann im bisher anberaumten Verkündungstermin verkündet werden und bedarf dann keiner neuen Zustellung. Er kann auch dadurch mitgeteilt werden, daß das Gericht nunmehr den bisher bestimmten Verkündungstermin aufhebt und wie sonst einen Verhandlungstermin anberaumt. Der bisherige Verkündungstermin kann auch zu einem Verhandlungstermin umgewandelt werden. Im letzteren Fall müssen die Parteien wie zu einem sonstigen Verhandlungstermin geladen werden.

Soweit das Gericht den Antrag nach II 4 ablehnt, braucht es hierüber keinen besonderen Beschluß zu fassen. Es verbleibt vielmehr beim Verkündungstermin. Das Gericht kann sich damit begnügen, die Gründe der Antragsablehnung in den Entscheidungsgründen des Urteils darzustellen.

Aus diesen Gründen ist eine Anfechtung der Ablehnung nur zusammen mit einer Anfechtung des Urteils zulässig. Ein Verstoß gegen II 4 gibt also nur das gegen das Urteil zulässige Rechtsmittel.

4) Vertagen oder Ruhen, III. A. Vertagung. Wenn das Gericht eine Entscheidung nach Aktenlage erläßt, kann es eine Vertagung anordnen. Dieser Weg ist namentlich dann ratsam, wenn es zweifelhaft ist, ob eine Partei zum Verhandlungstermin rechtzeitig geladen wurde, oder wenn es unklar geblieben ist, ob einer Partei ein wichtiger Schriftsatz rechtzeitig zuging. Im Fall der Vertagung ist oft eine gleichzeitige Auflage nach § 273 ratsam. Sie erfordert keine mündliche Verhandlung. Eine besondere Bekanntgabe des neuen Verhandlungstermins ist wegen § 218 unnötig, und zwar unabhängig davon, ob der neue Termin im Verhandlungstermin oder im Verkündungstermin bestimmt wird.

Die Vertagung ist nur zusammen mit dem Endurteil anfechtbar.

B. Ruhen. Das Gericht kann auch statt einer Vertagung das Ruhen des Verfahrens anordnen. Auch hier hat das Gericht ein pflichtgemäßes Ermessen. Es muß prüfen, ob die ausgebliebenen Parteien offenbar an einer Entscheidung oder an der Weiterführung des Prozesses kein Interesse mehr haben oder ob auch nur eine Partei ersichtlich darauf vertraut hat, daß das Gericht zB ohne eine mündliche Verhandlung entscheiden oder vertagen werde. Im letzteren Fall würde die Anordnung des Ruhens ermessensfehlerhaft sein, KG FamRZ **81**, 583.

Die Anordnung ist dieselbe wie bei § 251. Vgl dort Anm 2 C. Es gilt dann auch die dreimonatige Sperrfrist nach § 251 II 1. Zu ihren Einzelheiten § 251 Anm 3. Das Gericht braucht in einem solchen Fall nicht zu prüfen, ob die Klage ordnungsgemäß zugestellt wurde. Wenn die Zustellung aber erkennbar nicht erfolgt ist, muß das Gericht eine sofortige Aufnahme nach § 251 II 2 zulassen.

Die Anordnung des Ruhens des Verfahrens ist zu begründen. Der Beschluß wird verkündet. Er braucht nicht förmlich zugestellt oder formlos mitgeteilt zu werden.

5) Rechtsbehelf. Gegen die Anordnung des Ruhens ist die einfache Beschwerde nach § 252 Hs 1 zulässig, gegen die Ablehnung der Aufnahme des Verfahrens ist die einfache Beschwerde nach § 567 statthaft.

6) *VwGO:* *Bei Ausbleiben eines oder auch aller Beteiligten kann verhandelt und entschieden werden, § 102 II VwGO. Die besonderen Bestimmungen in I, Anm 3 F u G, sind unanwendbar, ebenso II u III.*

252 *Rechtsmittel bei Aussetzung.* **Gegen die Entscheidung, durch die auf Grund der Vorschriften dieses Titels oder auf Grund anderer gesetzlicher Bestimmungen die Aussetzung des Verfahrens angeordnet oder abgelehnt wird, findet Beschwerde, im Falle der Ablehnung sofortige Beschwerde statt.**

1) Geltungsbereich. A. Allgemeines. § 252 betrifft sämtliche Fälle einer Aussetzung des Verfahrens, nicht nur diejenigen des 5. Titels, vgl Üb 2 vor § 239. Er betrifft weiter die Fälle des Ruhens im Gegensatz zu den Fällen eines rein tatsächlichen Stillstands, Üb 1 A vor § 239. Denn das Ruhen ist nur ein Sonderfall der Aussetzung. Es ist unerheblich, wie das Gericht seine angefochtene Maßnahme genannt hat. Es kommt vielmehr darauf an, ob die Wirkung dieser Maßnahme einer Aussetzung gleichkommt, selbst wenn der Beschluß seinem Wortlaut nach zB nur auf eine Vertagung lautet.

Hierher gehören zB: Ein Beschluß über die Verneinung oder die Anerkennung der Unterbrechung; ein Beschluß auf die Ablehnung der Aufnahme eines unterbrochenen, ausgesetzten oder ruhenden Verfahrens; unter Umständen eine Anordnung nach § 364, Köln NJW **75**, 2349, auf eine sehr weite Hinausschiebung der Durchführung der Beweisaufnahme, Brschw JZ **52**, 530, vgl aber auch Einf 2 vor §§ 148–155, aM insofern Lent NJW **53**, 626, Ffm NJW **63**, 912 (das Gericht meint, man müsse in einem solchen Fall den § 356 entsprechend heranziehen. Aber diese Vorschrift kennt kein Rechtsmittel); in Verbindung mit § 567 die Ablehnung einer Terminsanberaumung, § 216 Anm 2 E.

Nicht hierher gehören diejenigen Fälle, in denen ein Urteil nach § 239 ergeht.

B. Beschwerde. § 252 ermöglicht die einfache Beschwerde nach § 567 gegen die Anordnung einer Aussetzung des Verfahrens und eine sofortige Beschwerde nach § 577 gegen die Ablehnung einer Aussetzung. Eine Ablehnung liegt auch darin, daß das Gericht eine gleichwertige andere Maßnahme trifft, also den Fortgang des Verfahrens in irgendeiner Form anordnet, Ffm FamRZ **78**, 919 und **80**, 178, oder etwa als Beschwerdegericht den Aussetzungsbeschluß aufhebt.

Eine Anfechtung mit der Revision ist unzulässig, wenn das Gericht eine Aussetzung im Urteil abgelehnt hat. Denn der Beschluß wäre unanfechtbar, §§ 548, 567 III, BGH ZMR **73**, 269 und **LM** Nr 1 (unter Umständen erfolgt aber eine Aufhebung wegen mangelnder Sachaufklärung). Zulässig ist aber eine Beschwerde oder eine weitere Beschwerde an das OLG,

5. Titel. Unterbrechung und Aussetzung des Verfahrens   § 252   1, 2

obwohl der Rechtsmittelzug beim LG endet; freilich unterliegt die Beurteilung der Sache selbst dann nicht der Prüfung des OLG, § 567 Anm 5, vgl zB BGH FamRZ **83**, 892, Ffm Rpfleger **78**, 387, Hamm MDR **77**, 761 je mwN, aM zB KG NJW **66**, 1032 (das OLG hält in einem solchen Fall die Entscheidung für unanfechtbar), Nürnb MDR **61**, 509 (das OLG hält die Entscheidung für voll nachprüfbar).

Eine Aufhebung in der höheren Instanz wirkt für die Zukunft. Sie berührt also die bisherige Wirkung der Aussetzung nicht.

2) *VwGO*: *Beschwerde, §§ 146ff VwGO, ist zulässig in allen Fällen des § 252, zB gegen Beschlüsse über die Aussetzung der Verhandlung nach § 94 VwGO (entspricht § 148 ZPO), VGH Mannh NJW **67**, 646 (Nachw), und über das Ruhen des Verfahrens, OVG Münst NJW **62**, 1931, EF § 94 Rdz 12 u 18; aM Buck DÖV **64**, 537, Meissner DVBl **67**, 426 (es handelt sich aber nicht um eine prozeßleitende Anordnung, so mit Recht RedOe § 94 Anm 4; zudem gilt auch im VerwProzeß der Verfügungsgrundsatz, Ule VPrR § 28, so daß die Beteiligten gegen eine fehlerhafte Aussetzung geschützt werden müssen, iü sollte eine unterschiedliche Verfahrenshandhabung in den einzelnen Zweigen der Gerichtsbarkeit ohnehin möglichst vermieden werden, vgl BVerwG NJW **71**, 1284). Keine Beschwerde ist gegeben in Sachen nach LAG, WehrpflG, KriegsdienstverwG, ZivildienstG u KgfEG, vgl Bach NJW **65**, 1263 mwN u OVG Münst NJW **65**, 2419, wohl aber dort, wo nur die Berufung beschränkt ist, zB nach dem WohngeldG, OVG Kblz DWW **68**, 257, OVG Münst ZMR **69**, 352, oder nach Art 2 § 4 EntlG.*

Zweites Buch
Verfahren im ersten Rechtszuge

Bearbeiter: Dr. Dr. Hartmann

Erster Abschnitt. Verfahren vor den Landgerichten

Grundzüge

Gliederung

1) **Rechtsschutz**
   A. Allgemeines
      a) Meinungsstand
      b) Kritik
   B. Rechtsschutzvoraussetzungen
   C. Gesuch
2) **Einteilung der Klagen**
   A. Leistungsklagen
   B. Feststellungsklagen
   C. Gestaltungsklagen
3) **Prozeßrechtliche Voraussetzungen**
   A. Prozeßvoraussetzungen
      a) Begriff
      b) Vorrang der Zulässigkeitsprüfung
      c) Hilfsweise Begründetheitsprüfung
   B. Prozeßhandlungsvoraussetzungen
   C. Prozeßhindernisse

   D. Zulässigkeitsrügen
   E. Sonstige Einteilung
      a) Allgemeine Prozeßvoraussetzungen
      b) Besondere Prozeßvoraussetzungen
      c) Überhaupt keine Voraussetzungen
4) **Klagbarkeit**
5) **Rechtsschutzbedürfnis**
   A. Allgemeines
      a) Herausgabeklage
      b) Sonstige Leistungsklage
      c) Feststellungsklage
      d) Gestaltungsklage
      e) Unterlassungsklage
      f) Popularklage
      g) Sonstige Einzelfragen
   B. Prozeßvoraussetzungen

1) Rechtsschutz

Schrifttum: Vollkommer, Der Anspruch der Parteien auf ein faires Verfahren im Zivilprozeß, Gedächtnisschrift für Bruns (1980) 195.

A. Allgemeines. a) Meinungsstand. Der Staat gewährt jedem Deutschen und in den Grenzen des Völkerrechts, der Staatsverträge und des sonstigen internationalen Rechts auch jedem Ausländer einen Rechtsschutz.

Dieser Rechtsschutz besteht zum einen in der Form eines sog Justizanspruchs, auch Justizgewährungsanspruch genannt. Man versteht darunter ein subjektives öffentliches Recht des Bürgers auf das Tätigwerden der Gerichte und der anderen Justizorgane, auf ihr Vorhandensein und auf ihr grundsätzliches Funktionieren. Der Justizanspruch gewährleistet das Ob einer Verfahrensabwicklung. Er ist allgemein anerkannt, zB BGH **37**, 120, RoS § 3 I, StJP Einl E I 2, Habscheid ZZP **96**, 307.

Der Rechtsschutz besteht zum anderen in der Form eines sog Rechtsschutzanspruchs. Man versteht darunter einen Anspruch der Partei auf die Herbeiführung und notfalls zwangsweise Durchsetzbarkeit einer der sachlichen Rechtslage entsprechenden Sachentscheidung des Gerichts. Der Rechtsschutzanspruch ist umstritten; viele lehnen seine Existenz auf dem Gebiet des Zivilprozesses ab, zB Jauernig § 36 II, RoS § 3 II 2, andere halten ihn zumindest seit dem Inkrafttreten des GG für wieder beachtlich, zB Schwab ZZP **81**, 412. Vgl auch Einl III 2 A.

Vollkommer 219 läßt beide Rechtsschutzgewährungsansprüche in einem „umfassenden allgemeinen Rechtsschutzgrundrecht" aufgehen, dem Recht der Partei auf ein faires Verfahren, das auch dem Art 6 MRK die erforderliche Beachtung verschaffe.

b) Kritik. Sowohl angesichts des unmittelbar geltenden Art 6 MRK als auch angesichts des GG ist ein effektiver Schutz des sachlichen Rechts geboten. Er erfordert einen funktionierenden Gerichtsapparat, ein rechtsstaatliches Verfahren, unverzüglichen Verfahrensbeginn, erträgliche Verfahrensdauer, die Berücksichtigung des gesamten prozessual ordnungsgemäßen Tatsachenvortrags der Parteien und die notfalls zwangsweise Durchsetzbarkeit der Entscheidung, vgl auch Lisken NJW **82**, 1136. Insofern sollte man unter dem Begriff Rechtsschutz mehr als den Justizanspruch verstehen.

Andererseits ist es zumindest sprachlich problematisch, ein umfassendes allgemeines Rechtsschutz-„Grundrecht" als Oberbegriff zugrundezulegen. Die Grundrechte sind auch in ihren prozessualen Auswirkungen in den Art 1–19 GG abschließend geregelt.

Wichtiger als die Terminologie ist die Erkenntnis, daß unser heutiges Rechtssystem sowohl das Vorhandensein als auch das unverzügliche Tätigwerden der Justizorgane und die grundsätzliche Ausrichtung des Prozeßrechts als eines Instruments zur Verwirklichung sachlichen Rechts unmittelbar gewährleisten. Das ist zur Auslegung vieler Verfahrensvorschriften und zu ihrer effektiven Handhabung von größter Bedeutung.

Freilich gehört zur Rechtsidee neben der Gerechtigkeit und der Zweckmäßigkeit auch die Rechtssicherheit. Sie gebietet rechtsstaatliche Prozeßregeln, die der Durchsetzung des sachlichen Rechts aus zwingenden Gründen im Wege stehen können.

B. Rechtsschutzvoraussetzungen. Mit dem Rechtsschutzanspruch fallen die sog Rechtsschutzvoraussetzungen oder Urteilsvoraussetzungen, dh die Voraussetzungen eines günstigen Sachurteils, deren Begriff zudem schwankend ist. Von den Prozeßvoraussetzungen sollen sie dadurch abweichen, daß es bei diesen nicht nur auf die Zeit des Urteils ankomme, sondern auf die gesamte Prozeßgestaltung. Zu den Urteilsvoraussetzungen rechnet man den Tatbestand, die Rechtsschutzfähigkeit, dh die Erfordernisse der §§ 257 bis 259 und das Rechtsschutzbedürfnis (darüber Anm 5), auch wohl verschiedene Prozeßvoraussetzungen, wie die Zulässigkeit des Rechtswegs. Diese Lehre ist ohne viel praktischen Nutzen. Damit wird in Wahrheit nichts anderes gesagt, als daß nur die Klage durchdringen kann, die sachlich begründet ist.

C. Gesuch. Der Staat gewährt Rechtsschutz nur auf ein Gesuch. Ein solches Gesuch genügt in einfachster Form im amtsgerichtlichen Entmündigungsverfahren oder im Mahnverfahren. Wenn es einer Streitverhandlung im Zivilprozeß bedarf, verlangt das Gesuch die Form der Klage, bei der Scheidung eines Antrags, dh jeweils der Bitte um Rechtsschutz durch Urteil. Diese prozessuale Klage ist von einem sachlichrechtlichen Klagrecht, entspr der römischen actio, dem Anspruch auf ein Tun oder Unterlassen, § 194 BGB, scharf zu scheiden; es macht durchaus nicht jede Klage einen privatrechtlichen Anspruch geltend, s Anm 2. Der prozessuale Anspruch, von dem die ZPO zB in § 253 II spricht, ist ein auf ein bestimmtes Urteil gerichtetes Begehren. Der Ausdruck Klage bezeichnet sehr oft die Klagschrift.

2) Einteilung der Klagen

Schrifttum: Böttcher, Regelungsstreitigkeiten, Festschrift für Lent (1957) 89; derselbe, Besinnung auf das Gestaltungsrecht und das Gestaltungsklagerecht, Festschrift für Dölle (1963) I 41; derselbe, Gestaltungsrecht und Unterwerfung im Privatrecht, 1964; Dölle, Vom Wesen der Gestaltungsklagerechte, Festschrift für Böttcher (1969) 93; Hueck, Gestaltungsklagen im Recht der Handelsgesellschaften, Festschrift für den Carl Heymanns Verlag (1965) 287; Nicklisch, Die Bindung der Gerichte an gestaltende Gerichtsentscheidungen und Verwaltungsakte, 1965; Staab, Gestaltungsklage und Gestaltungsklagerecht im Zivilprozeß, Diss Saarbr 1967; Zeuner, Gedanken zur Unterlassungs- und negativen Feststellungsklage, Festschrift für Dölle (1963) I 295; Scherner, Das Klagensystem im Zivilprozeß, Diss Marbg 1970; Schlosser, Gestaltungsklagen und Gestaltungsurteile, 1966.

Man teilt die Klagen nach dem verschiedenen prozessualen Inhalt des begehrten Urteils ein:

A. Leistungsklagen (Verurteilungsklagen). Sie erstreben eine Verurteilung des Gegners zu einer Leistung oder Unterlassung. Ein solches Urteil enthält zwei Bestandteile: **a)** die Feststellung, daß der Beklagte eine Leistung oder eine Unterlassung schuldet; **b)** den Befehl zur Erfüllung der Schuld. Nur Leistungsurteile, aber keineswegs alle, sind der Zwangsvollstreckung fähig. Leistungsurteile sind auch diejenigen auf Duldung der Zwangsvollstreckung, auf Befriedigung aus einem bestimmten Vermögensstück (Pfandklage, Sachhaftung) oder aus einer bestimmten Vermögensmasse (etwa dem Nachlaß). Regelmäßig dienen Leistungsklagen der Durchführung eines privatrechtlichen, gelegentlich auch eines öffentlichrechtlichen Anspruchs. S auch Grdz 5 A vor § 253 und § 253 Anm 5 B.

B. Feststellungsklagen. Sie begehren die Feststellung eines schon vor dem Urteil bestehenden, vgl Köln NJW **77**, 1783, sachlichrechtlichen oder prozessualen Rechtsverhältnisses, regelwidrig auch diejenige der Echtheit oder Unechtheit einer Urkunde, § 256. Sie sind nicht immer unentwickelte Leistungsklagen, denn ihr Gegenstand kann auch ein Gestaltungsanspruch sein. Sie sind: **a)** behauptende (positive), auf Feststellung eines Begehrens gerichtet; **b)** leugnende (negative), auf Feststellung des Nichtbestehens gerichtet. Eine besondere Feststellungsklage ist im Arbeitsrecht die Klage des Arbeitnehmers, daß die Kündigung sozial ungerechtfertigt sei, § 3 KSchG, während das Urteil, das bei der Feststellung, daß das Arbeitsverhältnis durch die sozial ungerechtfertigte Kündigung nicht aufgelöst worden sei, auf Antrag dann wegen der besonderen Umstände die Auflösung des Arbeitsverhältnisses ausspricht, § 7 KSchG, auf eine Gestaltungsklage (Anspruch gegen den Staat auf Rechtsänderung) ergeht.

C. Gestaltungsklagen. Sie fußen auf einem sachlichrechtlichen Anspruch auf Rechtsänderung, zB auf Scheidung (dort heißt es nicht Klage, sondern Antrag, § 253 Anm 1 A), RoS § 95 I, vgl Böttichers Festschrift für Dölle I 54 ff, ders, Gestaltungsrecht und Unterwerfung im Privatrecht (1964); aM Blomeyer ZPR §§ 38 II, 40 V (ein bestimmter sachlichrechtlicher Anspruch fehle, das Urteil schaffe Recht), StJ II 3 vor § 253 (es bestehe ein Anspruch gegen den Staat auf Rechtsgestaltung, vgl Dölle Festschrift für Bötticher [1969] 99). Sie wirken nicht wie die Leistungs- und Feststellungsklage rechtsbezeugend, sondern rechtsbegründend. Bei ihnen übt das Gericht eine verwaltende Tätigkeit aus, die diese Klagen begrifflich der Freiwilligen Gerichtsbarkeit zuweist, s dazu und zur Eigenart der Gestaltungsklagen überhaupt Bötticher, Besinnung auf das Gestaltungsrecht und das Gestaltungsklagerecht, 1963; Schlosser, Gestaltungsklagen und -urteile (1966) 45 und passim.

Hierher gehören: **a)** Klagen, die einen neuen Rechtszustand für die Zukunft erstreben, wie der Scheidungsantrag, die Klage auf Auflösung einer Offenen Handelsgesellschaft oder der Gütergemeinschaft, die Klage auf ein prozessuales Vollstreckungsurteil, § 722; **b)** Klagen, die eine rückwirkende Regelung verlangen, wie die Ehenichtigkeitsklage, die Klage auf Anfechtung der Ehelichkeit, § 1599 BGB, die Klage auf Anfechtung der Anerkennung der Vaterschaft, § 1600 m BGB, die Erbunwürdigkeitsklage, LG Köln NJW **77**, 1783, die Anfechtung des Generalversammlungsbeschlusses einer Aktiengesellschaft, dazu krit Schmidt JZ **77**, 769, die Klage auf Löschung eines Warenzeichens, auf Bestimmung des Leistungsinhalts, zB aus §§ 315 (dazu BGH BB **78**, 270), § 319, 2048 BGB. S auch § 322 Anm 4, ferner Staab, Gestaltungsklage und Gestaltungsrecht im Zivilprozeß, Diss Saarbr 1967.

3) Prozeßrechtliche Voraussetzungen

Schrifttum: Groger, Prozeßhandlungsvoraussetzungen im streitigen zivilprozessualen Verfahren, Diss Gött 1964; Neumann, Die Rangordnung der Prozeßvoraussetzungen und Prozeßhindernisse im Zivilprozeß, Diss Bln 1966; Grunsky, Grundlagen des Verfahrensrechts, 2. Aufl 1974 (Bespr Schwab ZZP **88**, 465); Jauernig, Zum Prüfungs- und Entscheidungsvorgang von Prozeßvoraussetzungen, Festschrift für Schiedermair (1976) 289; Martin, Prozeßvoraussetzungen und Revision, 1974; Rimmelspacher, Zur Prüfung von Amts wegen im Zivilprozeß, 1966, dazu Fenn AcP **167**, 461; Sauer, Die Reihenfolge der Prüfung von Zulässigkeit und Begründetheit einer Klage, 1974; Schreiber, Prozeßvoraussetzungen für die Aufrechnungsforderung? Diss Bochum 1975; Schwab, Die Entscheidung über prozeßhindernde Einreden, Festschrift für Weber (1975) 69; Wieser, Zulässigkeit und Begründetheit der Klage, ZZP **84**, 304.

A. Prozeßvoraussetzungen. a) Begriff. Prozeßvoraussetzungen (eigentlich keine Voraussetzungen des Prozesses, sondern des Erfolgs, Erfolgsvoraussetzungen) heißen die prozeßrechtlichen Bedingungen der Zulässigkeit des Verfahrens im Hinblick auf ein Sachurteil, vgl LG Münster MDR **80**, 854, nicht auf eine bloße prozeßrechtliche, förmliche Entscheidung. Es liegt nicht, wie der Schöpfer des Begriffs, Bülow, meinte, eine Voraussetzung des Prozesses vor, sondern nur eine Voraussetzung einer Sachverhandlung wie Sachentscheidung (Blomeyer ZPR § 39 II: „Sachurteilsvoraussetzungen, wobei sich die Zulässigkeit des Sachurteils auf die des vorangehenden Verfahrens erstreckt"), Schwab JuS **76**, 70, Wieser ZZP **84**, 304 mwN. Schon die Klage kann prozessual unzulässig sein. Eine Prozeßvoraussetzung kann aber auch im Laufe des Prozesses entfallen oder als fehlend festgestellt werden; das genügt, um eine Sachentscheidung unmöglich zu machen.

b) Vorrang der Zulässigkeitsprüfung. Es ist also scharf zu unterscheiden zwischen den prozessualen und den sachlichrechtlichen Voraussetzungen eines Urteils. Fehlen die sachlichrechtlichen, ist die Klage durch Sachurteil abzuweisen, fehlen die prozessualen, ist sie durch Prozeßurteil abzuweisen, ohne die Begründetheit zu prüfen, BGH **LM** § 322 Nr 78 (zustm Greger ZZP **89**, 332) und 139 aE, BGH ZMR **73**, 171, BGH DB **81**, 368 und NJW **83**, 685 mwN, ein für die Rechtskraftwirkung höchst bedeutsamer Unterschied, BGH GRUR **76**, 257. Wie hier zB Blomeyer ZZP **81**, 20, Jauernig ZPR § 33 V 4, RoS § 97 V 1, Sauer, Die Reihenfolge der Prüfung von Zulässigkeit und Begründetheit einer Klage im Zivilprozeß (1974) 125, StJSchL § 274 Anm I 1, grundsätzlich richtig auch Tetzner GRUR **81**, 810, ferner ThP III vor § 253, Wieser ZZP **84**, 304, Zeiss ZZP **93**, 483, ZöSt II vor § 253.

Demgegenüber bezeichnet Rimmelspacher 136, 144 die prozeßrechtlichen Voraussetzungen als gleichrangige und gleichwertige Glieder der einheitlichen Gruppe der Urteilsvoraussetzungen; eine Klagabweisung habe zu ergehen, wenn irgendeine dieser Urteilserlaßvoraussetzungen fehle, was sich aus § 300 I ergebe. Gegen den generellen Vorrang der Prozeßvoraussetzungen wenden sich auch Grunsky § 34 III 1: Ein Prüfungs- und Entscheidungsvorrang bestehe (nur), soweit er im öffentlichen Interesse (ders ZZP **80**, 70 ff: dem Zweck nach, ders NJW **75**, 1403, ähnlich Lindacher ZZP **90**, 144 mwN) erforderlich sei, Köln NJW **74**, 1515 betr Rechtsmittel (zustm Rimmelspacher ZZP **86**, 246, abl Jauernig Festschrift für Schiedermair, 1976, 290 [die Entscheidung sei „ein Schreckbeispiel dafür, wohin falsch verstandene Prozeßökonomie führen kann"], krit Gottwald NJW **74**, 2240, der aber vom Vorrang der Zulässigkeitsprüfung Ausnahmen erlauben will, wenn das Verfahren dadurch vereinfacht werde, ohne daß beachtliche Allgemein- oder Parteiinteressen entgegen stünden), Köln MDR **82**, 239, BGH **LM** § 597 Nr 3 betr den Urkundenprozeß (unklar), aber auch aM BGH MDR **76**, 139 betr Revision (es erfolge nur ausnahmsweise eine Prüfung der Hilfserwägungen des OLG zur Begründetheit, wenn dieses die Zulässigkeit verneint habe). Vgl auch Schneider MDR **74**, 624. Dazu, daß eine Prozeßabweisung ebensoweit gehen kann wie eine Sachabweisung, Jauernig JZ **55**, 236.

Die Prozeßvoraussetzungen sind in jeder Lage des Verfahrens von Amts wegen zu prüfen, zB BGH FamRZ **74**, 649, ZZP **91**, 315 und NJW **83**, 685, vgl freilich Grdz 3 H vor § 128. Wegen der Rangfolge F. Wegen des Rechtsschutzbedürfnisses Anm 5 A.

c) Hilfsweise Begründetheitsprüfung. Wenn das Gericht auch die prozessualen Voraussetzungen vorrangig prüfen muß und die Zulässigkeit der Klage nicht ungeklärt lassen darf, so darf es doch dann, wenn es die Klage als unzulässig abweist, hilfsweise darauf hinweisen, daß die Klage auch unbegründet sei, insofern aM Tetzner GRUR **81**, 810. Freilich sind derartige Hilfserwägungen keineswegs notwendig und sollten sich wegen der von § 313 III geforderten Konzentration auf das Wesentliche durchaus auf kurze Andeutungen beschränken. Diese können immerhin ratsam sein, um dem unterlegenen Kläger eine bessere Abschätzung seiner Rechtsmittelrisiken zu ermöglichen und dem Rechtsmittelgericht einen Einblick in die Gesamtproblematik zu erleichtern, vgl § 313 Anm 7 A.

B. Prozeßhandlungsvoraussetzungen. Von den Prozeßvoraussetzungen zu unterscheiden sind die prozessualen Voraussetzungen einer einzelnen Prozeßhandlung (zum Begriff der Prozeßhandlung Grdz 5 A vor § 128). Ihr Fehlen macht zwar die Prozeßhandlung wirkungslos, Köln MBR **82**, 1024 (vgl freilich § 78 Anm 1 E), hindert aber eine Sachentscheidung nicht, zB eine fehlende, aber notwendige Prozeßvollmacht, BFH DB **78**, 238 (Anrufung des GemS der Obersten GerHöfe), BSG SozR § 166 SGG Nr 22, LG Münster MDR **80**, 854, RoS § 45 II 1, ThP II vor § 78, aM BVerwG Buchholz 310 § 67 VwGO Nr 42, Granderath MDR **72**, 830 (es handle sich auch hier um eine Prozeßvoraussetzung).

C. Prozeßhindernisse. Hierher zählen Umstände, die die Zulässigkeit des Verfahrens ausschließen. Man kann sie zu den Prozeßvoraussetzungen rechnen, gewissermaßen als verneinende. Sie sind ebenso wie die gewöhnlichen, bejahenden Prozeßvoraussetzungen von Amts wegen zu beachten. Prozeßhindernisse sind zB: Eine entgegenstehende Rechtskraft, Einf 3 A vor §§ 322–327; der Schiedsvertrag, auch in einer Arbeitsstreitigkeit; die mangelnde Sicherheit für die Prozeßkosten sowie der Fall § 269 IV.

D. Zulässigkeitsrügen. Das Gesetz verwendet nicht die Ausdrücke Prozeßvoraussetzung oder Prozeßhindernis. Es behandelt beide sehr unzulänglich. Einen Teil der Prozeßerfordernisse faßt die ZPO willkürlich unter dem Ausdruck „Rügen, die die Zulässigkeit der Klage betreffen" zusammen und unterwirft sie einer Sonderregelung, §§ 280, 282 III, 296 III. Hier hat die Rechtslehre die Mängel des Gesetzes zu ergänzen.

E. Sonstige Einteilung. Die Prozeßvoraussetzungen zerfallen in allgemeine und besondere. Allgemeine sind solche, die jedes Verfahren nach der ZPO verlangt; besondere sind solche, die nur ein besonderes Verfahren oder nur eine Instanz betreffen. Wegen ihres Beweises Einf 2 vor § 284.

a) Allgemeine Prozeßvoraussetzungen. Hierher zählen in folgender Rangfolge: Die deutsche Gerichtsbarkeit (facultas jurisdictionis), BGH **8**, 379, vgl auch Üb 1 B, C vor § 12; die Zulässigkeit des Rechtsweges, § 13 GVG; die örtliche und die sachliche Zuständigkeit, nicht die geschäftliche (ein Mangel führt regelmäßig nicht zur Abweisung), die also vor dem Rechtsschutzbedürfnis zu prüfen ist, Kblz MDR **82**, 502; die Parteifähigkeit; die Prozeßfähigkeit; die gesetzliche Vertretung; die Verhandlungsfähigkeit und die Vollmacht des gewillkürten Vertreters, wenn der Mangel die Klagerhebung betrifft (nach hM immer. Aber wenn die Klage ordnungsmäßig war, ist durch Sachurteil zu entscheiden, § 88 Anm 2 B); die förmliche Ordnungsmäßigkeit der Klagerhebung (die Klage selbst ist keine Prozeßvoraussetzung); das Prozeßführungsrecht im Gegensatz zur Sachbefugnis, Grdz 4 A vor § 50; das Rechtsschutzbedürfnis, Anm 5; die Klagbarkeit, Anm 4. Im einzelnen ist manches streitig; Näheres bei den betr Rechtsfiguren und bei § 288 III.

Grundz § 253 4, 5   2. Buch. 1. Abschnitt. Verfahren vor den LGen

b) Besondere Prozeßvoraussetzungen. Hierher zählen zB die Voraussetzungen des Rechtsmittelverfahrens, vgl Martin, Prozeßvoraussetzungen und Revision, 1974; ihr Fehlen führt zur Verwerfung des Rechtsmittels als unzulässig, läßt aber das erstinstanzliche Sachurteil unberührt. Ebenso führt eine Unzulässigkeit der Streithilfe nur zur Zurückweisung des Beitritts, ohne den Streit der Prozeßparteien anzutasten. Fehlen die besonderen Prozeßvoraussetzungen des Urkundenprozesses, §§ 592, 593 II, so ist ohne Sachprüfung abzuweisen.

c) Überhaupt keine Prozeßvoraussetzungen sind zB die Gerichtsbarkeit in Bezug auf die Person (fehlende Exterritorialität), s bei § 18 GVG; die Sachbefugnis (Sachlegitimation), Grdz 4 A vor § 50; die Ausschließung und die Ablehnung von Gerichtspersonen, §§ 41 ff; die Verweisung an die KfH oder ZivK, §§ 97 ff GVG; die Kostenzahlung (Ausnahme s C), BPatG GRUR **78**, 43.

4) Klagbarkeit
Schrifttum: Ballon, Die Zulässigkeit des Rechtswegs (1980) 103; Dütz, Rechtsstaatlicher Gerichtsschutz im Privatrecht, 1970; Neumann, Der vertragliche Ausschluß der Klagbarkeit usw, Diss Mü 1967.
Eine Klagbarkeit haftet nicht jedem sachlichrechtlichen Anspruch an. Sie fehlt bei sogenannten natürlichen oder unklagbaren Verpflichtungen, LAG Hamm BB **76**, 604, zB bei § 1297 BGB. Ein Saldo aus dem Gewinn von Differenzgeschäften im Rahmen von Devisentermingeschäften kann trotz seiner etwaigen Anerkennung eine derartige nicht einklagbare Naturalverbindlichkeit sein, BGH NJW **80**, 390.
Die Klagbarkeit kann ferner zB dann fehlen, wenn die Klage nur unter gewissen, derzeit nicht vorliegenden Umständen zulässig ist, wie bei §§ 1001, 1003 BGB, § 2 III 1, 2 Hs 2 MHG idF v 20. 12. 82, BGBl 1912 (wegen des früheren Rechts vgl 41. Aufl), dazu auch AG Lübeck WM **83**, 52, Sternel ZMR **83**, 79, oder wenn sie nach internationalen Abkommen, BGH NJW **70**, 1507, oder vertraglich ausgeschlossen ist, was freisteht, wenn die Parteien über den Anspruch verfügen dürfen, BGH FamRZ **82**, 784, Celle NJW **71**, 289, StJ Vorb III 2 vor § 253 (aM Celle OLGZ **69**, 1), zB soweit ein Prozeßvertrag geschlossen ist, Einl III 2 A, Grdz 5 C vor § 128, der die Geltendmachung in einem bereits anhängigen anderen Prozeß durch eine Klagänderung oder Widerklage vorsieht, BGH DB **73**, 1451, oder solange ein Vereinsorgan oder -Schiedsgericht, Nürnb OLGZ **75**, 440 mwN, vgl auch Ffm NJW **73**, 2208 mit Anm Westermann, oder eine tarifliche Gütestelle, ArbG Bln NJW **76**, 1610, nicht entschieden hat, dazu krit Flume Festschrift für Bötticher (1969) 132, soweit der Bekl das rügt, Ffm VersR **82**, 759 mwN.
Vgl ferner Kblz GRUR **79**, 497 mwN, Basedow AcP **182**, 335 (betr die Auswirkungen des Verbandsprozesses auf die AGB-Kontrolle), Fricke GRUR **76**, 680 (betr das Klagerecht der Verbraucherverbände), Göbel, Prozeßzweck der AGB-Klage und herkömmlicher Zivilprozeß, 1980 (Bespr Gottwald JZ **81**, 112); Homburger-Kötz, Klagen Privater im öffentlichen Interesse, 1975; Kur, Der Mißbrauch der Verbandsklagebefugnis, GRUR **81**, 558; Prelinger NJW **82**, 211; Reinel, Die Verbandsklage nach dem AGBG usw, Köln 1979 (Bespr Wolf ZZP **94**, 107); Schlosser, Vereins- und Verbandsgerichtsbarkeit, 1972; Thiere, Die Wahrnehmung überindividueller Interessen im Zivilprozeß, 1980 (Bespr Koch ZZP **95**, 113, Rimmelspacher JZ **82**, 39); von Ungern-Sternberg NJW **81**, 2328; Urbanczyk, Zur Verbandsklage im Zivilprozeß, 1981 (Bespr Plassmann JZ **81**, 679, Wolf ZZP **96**, 135); Westermann JZ **72**, 537; Wirth, Die Klagebefugnis der Verbraucherverbände usw, Diss Mannh 1976; Wolf, Die Klagebefugnis der Verbände usw, 1971; Zimmermann, Die aktive Parteifähigkeit der nicht rechtsfähigen Verbände im Zivilprozeß, Diss Mü 1966.
Sonderregeln gelten für die Unterlassungs- oder Widerrufsklage gem § 13 AGBG zugunsten rechtsfähiger Verbände und der Industrie- und Handelskammern. Die Prozeßführungsbefugnis fehlt einem Mischverband, der gleichrangig sowohl gemäß § 13 I UWG als auch gemäß § 13 Ia UWG tätig ist, BGH BB **83**, 274. Die Klagbarkeit fehlt regelmäßig auch bei einem künftig fällig werdenden Anspruch; Ausnahmen gelten bei §§ 257–259. Man kann den Notar nicht auf die Auszahlung eines beim ihm hinterlegten Kaufpreises verklagen, Hamm DNotZ **83**, 62.
Die Klagbarkeit ist Prozeßvoraussetzung, Celle NJW **71**, 289, Kblz GRUR **79**, 497 je mwN. Solange sie fehlt, also zB die Fälligkeit nicht eingetreten und ein Fall der §§ 257 ff nicht gegeben ist, ist die Klage durch Prozeßurteil als unzulässig abzuweisen, BGH NJW **70**, 1507, ArbG Bln BB **76**, 1610, Stötter BB **77**, 1219.

5) Rechtsschutzbedürfnis
Schrifttum: Bettermann, Die Beschwer als Klagevoraussetzung, 1970; Dahns, Die Unmöglichkeit der Klageverwirkung im deutschen Recht, Diss Hbg 1966; Dolinar, Ruhen des

Verfahrens und Rechtsschutzbedürfnis, Wien 1974; Häsenmeyer, Die Erzwingung richterlicher Entscheidungen usw, Festschrift für Michaelis (1972) 134; Haug, Die Problematik des Musterprozesses usw, Diss Freibg 1973; Herbst, Die Bedeutung des Rechtsschutzanspruchs für die moderne Zivilprozeßrechtslehre, Diss Bonn 1972; Mes, Der Rechtsschutzanspruch, 1970 (Bespr Blomeyer ZZP **85**, 249); Pohle, Zur Lehre vom Rechtsschutzbedürfnis, Festschrift für Lent (1957) 195; Schönke, Das Rechtsschutzbedürfnis usw, 1960; Sieg, Die verfahrensrechtliche Problematik des Musterprozesses, Diss Köln 1973; Wieser, Das Rechtsschutzbedürfnis des Klägers im Zivilprozeß, 1971 (Bespr Münzberg ZZP **88**, 480).

A. Allgemeines. Der Zivilprozeß gewährt dem einzelnen Schutz nur im Rahmen der Gemeinschaft, Einl III 3ff, B. Schon daraus folgt, daß niemand die Gerichte als Teil der Staatsgewalt – das Rechtsschutzbedürfnis begründet einen Anspruch gegen den Staat – unnütz oder gar unlauter bemühen darf, BGH GRUR **76**, 257 mwN. Darum setzt jede Rechtsverfolgung ein Rechtsschutzbedürfnis voraus, BGH **LM** § 37 PatG aF Nr 17; vgl auch StJ III 4 vor § 253; RoS § 93 IV; Schwab ZZP **81**, 412; Zeiß § 43; Gaul AcP **168**, 45; Stephan, Das Rechtsschutzbedürfnis (1967); Blomeyer ZPR § 30 X; er meint, das Rechtsschutzbedürfnis bringe als unbeschränkte Zulässigkeitsvoraussetzung eine unerfreuliche Rechtsunsicherheit mit sich; allerdings kann auch er den Gedanken nicht ganz entbehren, den er aber sehr einschränkt; vgl auch Blomeyer ZPR § 35 II.

a) Herausgabeklage. Für die Herausgabeklage aus § 556 I BGB ist das Rechtsschutzbedürfnis trotz § 556 III BGB zu bejahen, BGH **56**, 308, für eine Klage auf Kindesherausgabe ist es evtl wegen § 33 FGG zu verneinen, Schlesw SchlHA **78**, 146. Bei einer Räumungsklage kann es fehlen, wenn der Mieter vor der Klageerhebung seine Bereitschaft zum Auszug erklärt hat, AG Münster WM **80**, 33, oder wenn einer von mehreren Mietern bereits endgültig geräumt hat, Schlesw ZMR **83**, 16.

b) Sonstige Leistungsklage. Bei der Leistungsklage liegt das Rechtsschutzbedürfnis regelmäßig in der Nichtbefriedigung des sachlichrechtlichen Anspruchs, BGH NJW **80**, 1843, LG Mü FamRZ **74**, 473, es kann auch zB zwecks Berichtigung von Arbeitspapieren vorliegen, Müller DB **73**, 571 mwN, und es fehlt, wenn (selbst, falls zum Teil ohne Titel) bisher pünktlich gezahlt wurde, zB beim Unterhalt, aM Hamm FamRZ **83**, 69, LG Stgt FamRZ **74**, 474, AG Pinneberg SchlHA **78**, 172; ein schlichtes Anerkenntnis außerhalb § 307 hindert das Rechtsschutzbedürfnis nicht, Schlesw SchlHA **77**, 191.

c) Feststellungsklage. Bei einer Feststellungsklage hat es das Gesetz ausdrücklich in die Erfordernisse aufgenommen.

d) Gestaltungsklage. Bei der Gestaltungsklage liegt das Rechtsschutzbedürfnis schon immer deshalb vor, weil nur ein Urteil gestalten kann. Es fehlt zB, wenn ein einfacherer und billigerer Weg zum selben Ziel führt, BGH **55**, 206, Schlesw SchlHA **78**, 146, Habscheid NJW **73**, 376 mwN. So fehlt es zB für eine Klage auf Erstattung von Prozeßkosten angesichts des § 104; freilich liegt es vor, soweit ein sachlichrechtlicher Erstattungsanspruch nicht über § 103ff durchsetzbar ist, Bre VersR **74**, 371, zB bei den Kosten der Schadensermittlung, weil diese evtl trotz einer Teilabweisung voll gem §§ 249ff BGB zu ersetzen sind, vgl auch Kblz NJW **69**, 1541, Mü NJW **71**, 518, ferner Nürnb MDR **77**, 936. Das Rechtsschutzbedürfnis fehlt für eine Klage auf Rückgabe der Sicherheit angesichts des § 109, ferner für eine Klage, wenn ein Verfahren der Freiwilligen Gerichtsbarkeit zulässig ist, LG Kiel SchlHA **76**, 141.

e) Unterlassungsklage. Bei der Unterlassungsklage, vgl auch § 253 Anm 5 B, sind das Rechtsschutzbedürfnis (als Prozeßvoraussetzung) und die Wiederholungsgefahr (als Teil der sachlichrechtlichen Begründung des Anspruchs) zu trennen. BGH NJW **80**, 1843, vgl auch BGH NJW **76**, 800, Mü GRUR **80**, 1018, Bülow BB **75**, 538; die Wiederholungsgefahr schafft allerdings idR auch ein Rechtsschutzbedürfnis, und zwar auch dann, wenn der Schuldner schon ein vertragsstrafbewehrtes Unterlassungsversprechen abgegeben hat, BGH NJW **80**, 1843, insofern wohl aM Mü GRUR **80**, 1018. Ein bloßer Kostenstreit schafft aber kein weiteres Rechtsschutzbedürfnis, Hamm BB **82**, 1389.

Die Wiederholungsgefahr ist zu verneinen (strenge Anforderungen an den Nachweis ihres Wegfalls, BGH DB **74**, 1430), wenn bei einer gegenseitigen Unterlassungsklage im gewerblichen Rechtsschutz der Rechtsfrage, um deren Klärung es geht, mit Sicherheit im anderen Unterlassungsstreit entschieden werden wird; daß der Kläger bei einer Abweisung des Beklagten keinen Vollstreckungstitel gegen den Beklagten erlangt, steht jedenfalls dem nicht entgegen, wenn dieser als Kläger im anderen Rechtsstreit voraussichtlich dann sein Verhalten nicht wiederholt, BGH **28**, 203.

Diese Regelungen sind auch im Patenterteilungsverfahren anwendbar, wobei freilich die Rechtsstellung des Erfinders, die Besonderheiten des Erteilungsverfahrens und des Patent-

Grundz § 253 5 A   2. Buch. 1. Abschnitt. Verfahren vor den LGen

anspruchs zu berücksichtigen sind, BGH **54**, 184 (betr Rechtsschutz für den Verwendungs- neben dem Stoffanspruch). Das Rechtsschutzbedürfnis kann für eine Klage des Arbeitgebers gegen den Arbeitnehmer auf die Rücknahme des Einspruchs gegen ein beantragtes Patent bestehen, wenn dem Bekl untersagt werden soll, weiteres Einspruchsmaterial nachzuschieben, BAG DB **79**, 2504. Die Regelungen gelten auch im Patentnichtigkeitsverfahren, BGH **LM** § 37 PatG aF Nr 17.

Zum Rechtsschutzbedürfnis bei einer Klage gegen den Verwender empfohlener Allgemeiner Geschäftsbedingungen Bunte DB **80**, 483. Bei der vorbeugenden Unterlassungsklage wegen eines warenzeichenmäßigen Gebrauchs muß die Verletzungsgefahr zuverlässig beurteilbar sein, BGH **LM** § 16 WZG Nr 14. Das Rechtsschutzbedürfnis kann nicht deshalb verneint werden, weil der Anspruch sachlichrechtlich nicht begründet sei, BGH **LM** § 37 PatG aF Nr 17 und § 794 I Z 1 Nr 21 mwN, auch nicht schon wegen einer etwaigen Gesetz- oder Sittenwidrigkeit des fraglichen Rechtsverhältnisses, Hbg MDR **73**, 941 mwN, die ohnehin erst anschließend prüfbar ist, B. Das Rechtsschutzbedürfnis fehlt, wenn die wettbewerbliche Unterlassungsklage eines Anwalts in Wahrheit nur seinem Gebühreninteresse dient, Düss DB **83**, 766.

f) Popularklage. Bei der Popularklage, etwa aus § 11 WZG, ist das Rechtsschutzbedürfnis durch die Zugehörigkeit des Klägers zur Allgemeinheit, der das Gesetz dienen will und die ein Interesse an der Löschung hat, gegeben, Baumbach-Hefermehl § 11 WZG Anm 30, desgl Einl 316 zu UWG. Ein Nachweis eines besonderen eigenen Rechtsschutzbedürfnisses ist hier allerdings nicht erforderlich. Dasselbe gilt, wenn jemand zur Klageerhebung verpflichtet ist, § 23 II GüKG, auch wenn er den Nebenintervenienten die Fortführung der Berufung überläßt, weil er die Klage für unbegründet hält, BGH **LM** Vorbem § 253 Nr 4.

g) Sonstige Einzelfragen. Steht auch ein anderer Rechtsbehelf zur Verfügung, zB ein einfacherer Verwaltungszwang, so ist stets zu prüfen, ob die Wirkungen beider Rechtsbehelfe die gleichen sind, was nicht der Fall zu sein braucht, Saarbr FamRZ **80**, 385, vgl Schlesw SchlHA **79**, 225. Zudem ist oft davon auszugehen, daß der Gesetzgeber bewußt mehrere Wege zur Verfügung gestellt hat, BGH NJW **79**, 1508, Hamm FamRZ **78**, 817; die Wege müssen sich also nach der Einfachheit und Billigkeit wesentlich unterscheiden, BGH NJW **79**, 1508. Vorsicht ist mithin geboten, Saarbr FamRZ **80**, 385.

Eine presserechtliche Berichtigung schließt die Unterlassungklage nicht ohne weiteres aus, wohl aber die Anerkennung der Gegendarstellung, Nürnb MDR **56**, 165; in Wettbewerbsachen, bei denen die Notwendigkeit der Abmahnung streitig ist, Hiersemann NJW **71**, 777, Schulze zur Wiesche NJW **72**, 1928 je mwN, wird die Wiederholungsgefahr vermutet, so daß die einfache Erklärung, eine Wiederholung unterlassen zu wollen, nicht genügt, auch wenn eine gegen das Tun gerichtete einstweilige Verfügung vorliegt, BGH DB **64**, 259. Vgl auch § 940 Anm 2 B. Es gibt kein Rechtsschutzbedürfnis für eine Klage aus zur Sicherung der Steuerschuld gegebenen Wechseln, da die Forderung im Verwaltungswege beigetrieben werden kann, Bre MDR **53**, 109.

Hat der Kläger schon einen Vollstreckungstitel zu seinen Gunsten erwirkt, so hat er ein Rechtsschutzbedürfnis für eine neue Klage nur, wenn er deren Ziel auf keine andere Weise erreichen kann, wenn er zB Zweifel über die Verwendbarkeit des Titels hat, BGH NJW **72**, 2268 und **LM** § 529 aF Nr 33, § 212 BEG 1956 Nr 4, oder wenn der bisherige Titel zwar rechtskräftig, aber mangels Vollstreckbarkeit wertlos ist, Kblz MDR **79**, 587, vgl auch Ffm Rpfleger **79**, 432, oder weil ihn ein führendes Erläuterungswerk für ungeeignet hält, oder weil mit Auslegungsschwierigkeiten bei den Vollstreckungsorganen zu rechnen ist, so besonders wegen angeblicher Pfändungsvorrechte, § 850f Anm 3 A a, oder bei einem Vergleich, BGH **LM** § 794 I Z 1 Nr 9, Hamm NJW **76**, 246, oder bei einer Unterlassungsklage, wenn besonders mit solchen Schwierigkeiten und demgemäß mit starker Verzögerung im Verfahren gem § 890 zu rechnen ist, wenn der Gläubiger eine Vollstreckungsabwehrklage zu erwarten hat, auch gegenüber einem Titel aus § 132 ZVG, BGH MDR **61**, 486, oder wenn der Titel verlorengegangen ist, ein neuer aber nicht beschaffbar ist, BGH **4**, 321.

Ein bloß vorläufig vollstreckbarer Titel, insbesondere eine einstweilige Anordnung oder eine Verfügung, hindert das Rechtsschutzbedürfnis für eine Hauptklage nicht, BGH **LM** § 32 BRAGO Nr 6 (Hamm BB 78, 1380 fordert ein Abschlußschreiben), Ffm FamRZ **79**, 730, Hamm FamRZ **80**, 708, aM KG FamRZ **83**, 620; das gilt insbesondere dann, wenn jener gegen ein Unternehmen, diese gegen die zugehörige Werbeagentur gerichtet sind, BGH **LM** § 1 UWG Nr 250; ebensowenig hindert ein vor dem gesetzlichen Forderungsübergang zugunsten des früheren Gläubigers ergangener Titel, LG Mü FamRZ **74**, 475; freilich ist evtl § 727 anwendbar. Über die Leistungsklage trotz einer vollstreckbaren Urkunde § 794 Anm 1 B.

1. Titel. Verfahren bis zum Urteil **Grundz § 253, Übers § 253 1, 2**

Wer als ein vom Berechtigten Ermächtigter im eigenen Namen klagt, muß das Rechtsschutzbedürfnis überzeugend nachweisen, Grdz 4 C a vor § 50 (Rüßmann AcP **172**, 554 läßt das rechtliche Interesse des Ermächtigenden genügen). Die Zulässigkeit oder die Durchführung eines Strafverfahrens auf eine öffentliche oder eine Privatklage beseitigt das Rechtsschutzbedürfnis nicht. Kein Rechtsschutzbedürfnis besteht für eine Klage gem § 894 BGB, soweit § 22 GBO ausreicht, Celle KTS **77**, 48, Ffm NJW **69**, 148, Hoffmann NJW **70**, 148. Hbg MDR **75**, 321 verneint das Rechtsschutzbedürfnis für ein einzelnes Mitglied, wenn schon sein Verband klagt; wegen der entsprechenden Probleme bei der Gemeinschaft nach WEG Riedler DB **76**, 856.

Beim Scheinprozeß, dazu Costede ZZP **82**, 438, kann das Rechtsschutzbedürfnis fehlen, ebenso wenn ein Urteil keinen vollstreckbaren Inhalt hätte (freilich kann zB wegen § 283 BGB ein Rechtsschutzbedürfnis verbleiben), BGH **LM** Vorb zu § 253 (Rechtsschutzbedürfnis) Nr 7 und DB **76**, 573 mwN, anders bei § 888 II, BGH DB **77**, 718, oder wenn das Urteil zZt nicht im Ausland vollstreckbar ist, BGH DB **77**, 718.

B. Prozeßvoraussetzung. Das Rechtsschutzbedürfnis ist Prozeßvoraussetzung, BGH **LM** § 37 PatG aF Nr 17 und NJW **81**, 876. Anm 3 F. Es ist in jeder Instanz von Amts wegen zu prüfen (für eine Berufung gegen die Abweisung trotz einer Erledigungserklärung ist es entbehrlich, falls sie nur wegen der Kosten eingelegt wurde, BGH **57**, 224, abw BGH DB **74**, 2053, vgl Grdz 3 A vor § 511), Eisenschmidt Rpfleger **76**, 45 (betr § 642b), Lindacher ZZP **90**, 143. Das Rechtsschutzbedürfnis muß in der Revisionsinstanz mindestens noch bei ihrer Einlegung gegeben gewesen sein, BAG NJW **57**, 478; wenn es später entfällt, so bleibt das Rechtsmittel zulässig, die Parteien müssen aber die Hauptsache für erledigt erklären, Hbg MDR **73**, 1028, § 256 Anm 3 A, Grdz 3 B vor § 511.

Fehlt es überhaupt, so ist die Klage durch ein Prozeßurteil abzuweisen, vgl auch Jauernig JZ **55**, 235; bedarf der Anspruch keinesfalls eines gerichtlichen Schutzes, so ist sein Bestehen gar nicht erst zu prüfen, BGH **28**, 207, **LM** § 1 UWG Nr 250, BGH **LM** § 37 PatG aF Nr 17; BGH NJW **78**, 2032 mwN sieht das Rechtsschutzbedürfnis zwar als Prozeßvoraussetzung an, jedoch nicht als eine solche, ohne deren Vorliegen dem Gericht ein Sachurteil überhaupt verwehrt wäre; offen auch Schwab JuS **76**, 70. Köln DB **74**, 2202 mwN, LG Stgt WM **76**, 56 halten aus Gründen der Prozeßwirtschaftlichkeit eine Sachabweisung für geboten, wenn vor der Entscheidungsreife hinsichtlich des Rechtsschutzbedürfnisses feststeht, daß die Klage unbegründet ist, so auch zB Henckel AcP **174**, 143, Lindacher ZZP **90**, 137 mwN. Zum Problem Anm 3 A, zum arbeitsgerichtlichen Verfahren Herschel BB **77**, 1161, zum arbeitsgerichtlichen Beschlußverfahren Lepke DB **75**, 1938, 1988, zur Massenklage Stürner JZ **78**, 500.

Erster Titel. Verfahren bis zum Urteil
Übersicht

Schrifttum: Baur, Wege zu einer Konzentration der mündlichen Verhandlung im Prozeß, 1966; Bruns, Verfahren und Verfahrensrechtssatz, Festschrift für Weber (1975) 113; Schulte, Die Entwicklung der Eventualmaxime usw, 1980 (Bespr Damrau ZZP **96**, 406); Ullwer, Eventualmaxime und Beschleunigung im deutschen Zivilprozeß usw, Diss Zürich 1965.

1) Allgemeines. Zweck des Verfahrens bis zum Urteil ist die Beschaffung der Grundlagen der Entscheidung. Sie kann nicht sorgfältig genug geschehen. Bevor eine rechtliche Würdigung einsetzen kann, muß der Sachverhalt einwandfrei feststehen, sonst entscheidet das Gericht etwas, was gar nicht der Streit der Parteien ist. Den eigentlichen Zivilprozeß leitet beim LG immer eine Klage ein, beim AG oft ein Antrag auf Erlaß eines Mahnbescheides. Der Parteibetrieb ist im Parteiprozeß und heute auch im Anwaltsprozeß eingeschränkt. Uneingeschränkt aber ist im allgemeinen die Herrschaft der Parteien über den sachlichrechtlichen Anspruch. Die Herrschaft der Parteien über das Verfahren ist stark beschnitten, am meisten im Ehe-, Familien-, Kindschafts- und Entmündigungsverfahren, Grdz 3 A vor § 128.

2) Mündliche Verhandlung. Bei ihr unterscheidet man folgende Grundsätze:

A. Urteilsgrundlage. Die mündliche Verhandlung ist die Grundlage des Urteils, abgesehen vom schriftlichen Verfahren, § 128 II, III und den Sonderfällen der §§ 307 II, 331 III. Über die Förderungspflicht der Parteien Grdz 2 E vor § 128, über den Verfügungsgrundsatz dort 3 B, über den Beibringungsgrundsatz (die Verhandlungsmaxime) dort 3 B, C, über die Gewährung des rechtlichen Gehörs dort 4.

B. Einheit der Verhandlung. Für die mündliche Verhandlung besteht der Grundsatz der Einheit der Verhandlung, dh alle im Prozeß aufeinanderfolgenden mündlichen Verhandlungen sind in ihrer Gesamtheit in sich gleichwertig und bilden eine Einheit, § 296a, Düss Rpfleger **78**, 271. Aus diesem Grundsatz der Unteilbarkeit und Einheit der Verhandlung folgt, aber nicht mehr ausnahmslos, daß neues Parteivorbringen grundsätzlich bis zuletzt, dh bis zum Schluß der letzten mündlichen Verhandlung zulässig wäre; vgl aber C.

C. Häufungsgrundsatz (Eventualmaxime). Er verlangt im Gegensatz zum Einheitsgrundsatz, B, daß die Partei bis zu einem bestimmten Zeitpunkt alles bei Meidung des Ausschlusses wenigstens hilfsweise (in eventum) vorbringt, was also stets zulässig ist, Bbg VersR **76**, 891. Beide Grundsätze haben Vor- und Nachteile. Die Vereinfachungsnovelle hat den Häufungsgrundsatz erheblich verstärkt, § 296 II verlangt ein frühzeitiges Vorbringen aller verzichtbaren Zulässigkeitsrügen, §§ 39, 76, 528f ZPO, 101 GVG schließen gewisse Rechtsbehelfe nach einem bestimmten Zeitpunkt aus. Vgl aber vor allem §§ 275–282, 296.

D. Gleichwertigkeit aller Verhandlungsteile. Dieser Grundsatz bewirkt, daß das einmal Vorgetragene für die gesamte Verhandlung gilt, auch ohne daß es jedesmal wiederholt wird. Sogar bei einem Richterwechsel genügt regelmäßig ein Parteibericht über das bisher Geschehene, § 128 Anm 2D.

E. Zusammenfassungsgrundsatz, Konzentrationsmaxime. Er ist der in §§ 272, 273, 278, 349, 524 klar ausgesprochene Grundsatz, das Gericht solle den Prozeß so beschleunigt behandeln, daß er möglichst in einer einzigen mündlichen Verhandlung zu erledigen ist. Das Gesetz fördert die Einhaltung dieses Grundsatzes durch ein starkes Aufklärungsrecht des Gerichts und durch den gelockerten Häufungsgrundsatz. Die Parteien ihrerseits müssen durch vollständiges, wahres und schleuniges Vorbringen zur Erreichung dieses Zieles mitwirken. Die Vereinfachungsnovelle hat auch diese Grundsätze erheblich verstärkt.

3) Verteidigung. A. Einwendung, Einwand. Dazu zählt jedes Leugnen des prozessualen Anspruchs des Klägers, Bestreiten, prozessuale Beanstandungen, Einreden. **Prozeßeinrede** ist das Vorbringen von Tatsachen, die die Wirkung des gegnerischen Vorbringens kraft eines anderen Rechtssatzes aufheben; es müssen also Vorbringen und Einrede dieselben Merkmale aufweisen, die Einrede dazu noch andere. Die Prozeßeinrede kann geltend machen: **a)** eine sachlichrechtliche Einrede, zB ein den Kläganspruch lähmendes Gegenrecht, wie die Verjährung; **b)** ein rein prozessuales Gegenrecht, wie mangelnde Sicherheit für die Prozeßkosten. Prozeßeinreden sind nur auf Vortrag des Berechtigten zu beachten, vgl aber auch § 331 Anm 3B, nie von Amts wegen. Sämtliche Einreden führen, soweit sie nicht bloße Prozeßvoraussetzungen, Grdz 3 vor 253, betreffen, bei Durchgreifen zur Sachabweisung.

B. Die **Einreden** zerfallen in: **a)** rechtshindernde. Sie verbauen, wie Geschäftsunfähigkeit, jeden rechtlichen Erfolg von Anfang an; **b)** rechtsvernichtende. Sie vernichten, wie Erfüllung, den eingetretenen Erfolg; **c)** rechtshemmende. Sie schließen, wie Verjährung, die Geltendmachung des Rechts aus.

C. Begriffliche Uneinheitlichkeit. Die ZPO hält die Fachausdrücke nicht sorgfältig auseinander. So nennt sie den Einwand der Unzulässigkeit des Rechtswegs oder der Rechtshängigkeit Einrede, obwohl beide von Amts wegen zu beachten sind. Gegenerklärung, Gegeneinwand, Gegeneinrede, Replik nennt man die Erwiderung auf eine Einwendung, Zweitantwort, Duplik die Erwiderung auf die Replik.

253 Klageschrift. ¹ Die Erhebung der Klage erfolgt durch Zustellung eines Schriftsatzes (Klageschrift).
^{II} Die Klageschrift muß enthalten:
1. die Bezeichnung der Parteien und des Gerichts;
2. die bestimmte Angabe des Gegenstandes und des Grundes des erhobenen Anspruchs, sowie einen bestimmten Antrag.

^{III} Die Klageschrift soll ferner die Angabe des Wertes des Streitgegenstandes enthalten, wenn hiervon die Zuständigkeit des Gerichts abhängt und der Streitgegenstand nicht in einer bestimmten Geldsumme besteht, sowie eine Äußerung dazu, ob einer Übertragung der Sache auf den Einzelrichter Gründe entgegenstehen.

1. Titel. Verfahren bis zum Urteil § 253 1

IV Außerdem sind die allgemeinen Vorschriften über die vorbereitenden Schriftsätze auch auf die Klageschrift anzuwenden.

V Die Klageschrift sowie sonstige Anträge und Erklärungen einer Partei, die zugestellt werden sollen, sind bei dem Gericht schriftlich unter Beifügung der für ihre Zustellung oder Mitteilung erforderlichen Zahl von Abschriften einzureichen.

Gliederung

1) Allgemeines
   A. Hauptfunktion
   B. Rechtsweg
   C. Patentstreit
   D. Arbeitnehmererfindung
2) Klagerhebung, I
   A. Zustellung
   B. Klageschrift
   C. Mängelheilung
      a) Grundsatz
      b) Einzelheiten
         aa) Förmlicher Mangel
         bb) Inhaltlicher Mangel
   D. Verfahren
   E. Sonstige Unzulässigkeit
3) Bezeichnung der Parteien und des Gerichts, II Z 1
   A. Grundsatz
   B. Kammer für Handelssachen
4) Gegenstand und Grund des Anspruchs, II Z 2
   A. Grundsatz
   B. Grund des Anspruchs
5) Antrag, II Z 2
   A. Bestimmtheit
   B. Einzelnes
6) Streitwertangabe, III
7) Sonstige Erfordernisse, IV
8) Einreichung der Klageschrift
9) *VwGO*

1) Allgemeines. A. Hauptfunktion. Über den Begriff und die Arten der Klage s Grdz 1, 2 vor § 253. Die Klage ist die regelmäßige Art der Einleitung eines Prozesses, in Ehesachen Verfahren genannt. Sie nötigt das Gericht, durch Urteil zu entscheiden, von Zwischenfällen wie der Klagrücknahme, dem Vergleich und dgl abgesehen. Jedes Urteil setzt eine Klage voraus; ein Antrag auf einen Mahnbescheid ist im Streitfall als Klage umzudeuten. In Ehesachen unterscheidet das Gesetz zwischen dem Antrag auf Scheidung, § 622 I, und der Klage auf Aufhebung, Nichtigerklärung, Feststellung des Bestehens oder auf Herstellung der Ehe, zB § 607 II 2, 606 b Z 2. Die Klagerhebung bewirkt die Rechtshängigkeit, § 261 I. Die Klage als Prozeßhandlung duldet keine vom Kläger willkürlich gesetzten Bedingungen, Ffm FamRZ **78**, 432, Hamm FamRZ **80**, 1127, Grdz 5 D vor § 128, aber auch § 260 Anm 2 C, D. Unzulässig ist darum der Antrag, den Zweitbekl zu verurteilen, wenn das Gericht die Klage gegen den Erstbekl abweist. Eine im Ausland (wegen der DDR Einl III 8 B) erhobene Klage äußert, auch wenn sie ordnungsmäßig ist, keine Rechtswirkung im Inland, wenn das ausländische Urteil im Inland nicht anzuerkennen ist, § 328. Sie gründet dann für das Inland keine Rechtshängigkeit und unterbricht die Verjährung nicht.

B. Rechtsweg. Klage ist auch geboten, wenn der Rechtsweg gegen die Entscheidung einer Verwaltungsbehörde gegeben ist, sog Berufung auf den Rechtsweg. Ist, davon abgesehen, eine Vorentscheidung der Verwaltungsbehörde notwendig, so ist der Rechtsweg verfrüht, also unzulässig, solange sie fehlt, Grdz 3 Ea vor § 253. Ist die Frist zur Beschreitung des Rechtsweges zB gemäß § 24 WAG, § 210 BEG (sie läuft nicht, wenn die Belehrung fälschlich Beweismittel schon in der Klageschrift fordert, BGH **LM** § 195 BEG 1956 Nr 23) versäumt worden (vgl aber § 270), so ist der Anspruch dauernd unklagbar geworden, BGH VersR **73**, 54, und ist die Klage darum durch Prozeßurteil, nicht durch Sachurteil, abzuweisen. StJ VI will von der Rechtsnatur der Frist (verfahrens- oder sachlichrechtlich) die Art der Abweisung abhängig machen. Das Vorliegen einer Klage ist in jeder Lage des Verfahrens, noch in der Revisionsinstanz, von Amts wegen zu prüfen.

C. Patentstreit. Eine eigenartige Prozeßvoraussetzung schafft § 145 PatG für Patentverletzungsklagen: eine zweite derartige Klage gegen den Bekl wegen derselben oder einer gleichartigen Handlung auf Grund eines anderen Patents verlangt den Nachweis, daß der Kläger das Patent schuldlos im früheren Prozeß nicht geltend machen konnte.

D. Arbeitnehmererfindung. Rechte oder Rechtsverhältnisse, die im Gesetz über Arbeitnehmererfindungen geregelt sind, also betr Erfindungen und technischen Verbesserungsvorschlägen von Arbeitnehmern im privaten und im öffentlichen Dienst, von Beamten und Soldaten, § 1 G, können im Klagewege erst nach einem Verfahren vor der in diesem Gesetz vorgesehenen Schiedsstelle, §§ 28ff G, geltend gemacht werden, § 37 I G. Das ist nur dann nicht erforderlich, wenn Rechte aus einer Vereinbarung über die Feststellung oder Festset-

§ 253 1, 2   2. Buch. 1. Abschnitt. Verfahren vor den LGen

zung der Vergütung, die Anbietungspflicht, Dienstserfindungen nach ihrer Meldung, freie Erfindungen und technische Verbesserungsvorschläge nach ihrer Mitteilung oder Rechte aus einem Einigungsvorschlag vor der Schiedsstelle geltend gemacht werden oder wie die Unwirksamkeit einer solchen Vereinbarung geltend gemacht wird, ferner wenn seit der Anrufung der Schiedsstelle 6 Monate verstrichen sind, der Arbeitnehmer aus dem Betrieb ausgeschieden ist oder die Parteien schriftlich das Schiedsverfahren ausgeschlossen haben, § 37 I, II G. Eine Klage ist bei einer entsprechenden Rüge unzulässig; verhandeln die Parteien ohne eine Rüge mündlich zur Hauptsache, so ist damit der Mangel geheilt, § 37 III G. Zuständigkeit: § 78b GVG Anh II.

2) Klagerhebung, I. A. Zustellung. Die Klage ist durch Zustellung eines Schriftsatzes zu erheben. Die Klagerhebung wird eingeleitet: **a)** beim AG und LG durch die schriftliche Einreichung mit Beifügung der erforderlichen Zahl von Abschriften. Der Urkundsbeamte der Geschäftsstelle stellt von Amts wegen zu, § 270 I. Beim AG außerdem noch **b)** durch Erklärung zu Protokoll jeder Geschäftsstelle, §§ 129a, 496; die Zustellung erfolgt ebenfalls von Amts wegen, § 270 I. Mit Zustellung ist die Klage erhoben. Die Ladung erfolgt von Amts wegen durch die Geschäftsstelle; mit ihr ist die Klagschrift zuzustellen. BAG MDR **62**, 770 läßt auch telegrafische Klagerhebung zu, die aber allen zwingenden Erfordernissen nach II genügen muß. Wird die Klagschrift gleichzeitig mit dem Prozeßkostenhilfeantrag eingereicht, so muß das als gleichzeitige Einreichung zum Zwecke der Klagerhebung angesehen werden, falls nichts Gegenteiliges gesagt wird, vgl Grdz 5 D vor § 128, Celle FamRZ **81**, 791. Das gilt insbesondere dann, wenn der Kläger die Klage nicht als einen bloßen Entwurf bezeichnet hat usw, Köln FamRZ **80**, 1144. Wenn allerdings trotz der Bezeichnung „Klage und Antrag auf die Bewilligung einer Prozeßkostenhilfe" der Sache nach eindeutig nur für den Fall der Bewilligung eine Klage erhoben wird, dann liegt in Wahrheit doch nur zunächst ein Prozeßkostenhilfeantrag vor, Hamm FamRZ **80**, 1127.

Wird die Klagschrift ohne Terminbestellung zugestellt, so ist die Klage wirksam erhoben, §§ 261 I, 271, auch wenn der Richter nie eine Stellungnahme zu einer Einzelfrage bezweckte, dies aber nicht in der Zustellung zum Ausdruck kam, KG Rpfleger **79**, 71. Fand hingegen eine Zustellung der Klagschrift überhaupt nicht statt (formlose Übersendung der Klagschrift als Anlage zum Antrag auf die Bewilligung einer Prozeßkostenhilfe), so kann auch § 187 nicht eingreifen, BGH **7**, 270; dann ist, also noch keine Rechtshängigkeit eingetreten, vgl KG NJW **72**, 1054 und MDR **73**, 679. Wegen der Wirkung einer versehentlich formlosen Übersendung § 187 Anm 2 A. Bei einer Widerklage, Zwischenfeststellungsklage, Klagänderung ist auch eine mündliche Erhebung zulässig, §§ 256 II, 261 II, 267.

B. Klageschrift. § 253 stellt für die Klagschrift Erfordernisse auf, die teils notwendig, teils nur als Ordnungsmaßnahme vorgeschrieben sind. Im Scheidungsverfahren ist außerdem § 630 (zu ihm krit Schwab FamRZ **76**, 503) zu beachten; Einzelheiten zur Scheidungsantragsschrift Vogel AnwBl **82**, 457 (ausf). Zwingend ist nur II, nicht III; über IV und V Anm 7 und 8. Verletzt der Kläger eine notwendige Vorschrift, so ist die Klage nicht ordnungsgemäß erhoben, so im Anwaltsprozeß bei einer Bezugnahme auf den von einem nicht zugelassenen Anwalt eingereichten Antrag auf die Bewilligung einer Prozeßkostenhilfe, BGH **22**, 254; wegen des Eintritts der Rechtshängigkeit s unten C, aber auch Anm 5 B (Nichtauftilung). Die Ordnungsmäßigkeit der Klage ist eine Prozeßvoraussetzung, Grdz 3 vor § 253, und ist in allererster Reihe, noch vor der Zuständigkeit, zu prüfen. Vorsicht mit Formularen, Celle FamRZ **78**, 258 (krit Friederici MDR **78**, 725).

Eine Prüfung erfolgt aber nicht schon bei der Terminsbestimmung, weil eine Mängelheilung möglich ist, BayObLG MDR **75**, 408, insofern richtig Friederici MDR **78**, 726, insofern aM Celle FamRZ **78**, 258. Wohl aber erfolgt die Prüfung auf eine Rüge im späteren Verfahren, solange der Mangel nicht geheilt ist. Das Gericht muß kraft seiner Aufklärungspflicht, §§ 139, 278 III, BGH FamRZ **80**, 655, auf eine Mängelheilung hinwirken, zumal auch Unvollständiges, laienhaft Formuliertes der Sache nach eindeutig sein kann, Stgt FamRZ **73**, 386. Darum darf eine Nichtheilung im zweiseitigen Verfahren kaum vorkommen, denn auf den Willen des Bekl kommt es dabei nicht an, vgl § 263; dem Kläger ist zur Beseitigung des Mangels unter Umständen eine Vertagung zu bewilligen.

C. Mängelheilung. a) Grundsatz. Die Heilung eines Mangels erfolgt durch eine Genehmigung, BGH FamRZ **81**, 866, oder durch einen Rügeverzicht, § 295, denn § 253 bezweckt den Schutz des Bekl, ist aber auch für den Umfang der Rechtskraft maßgebend. Die Wirkungen der Rechtshängigkeit treten dann also von der Zustellung der fehlerhaften Klage an ein, BGH NJW **52**, 1377. Fehlt es an der Klagzustellung und ist dieser Mangel gemäß § 295 geheilt, so tritt die Rechtshängigkeit von dem Zeitpunkt an ein, in dem nicht mehr gerügt

1. Titel. Verfahren bis zum Urteil § 253 2, 3

werden kann, BGH **25**, 75; das gilt auch für sachlichrechtliche Fristen, wie die Verjährung, BGH **LM** Nr 16, **LM** § 209 BGB Nr 8 zu III.

b) Einzelheiten. Im übrigen ist zu unterscheiden:

aa) Förmlicher Mangel, namentlich der Zustellung. Da diese von Amts wegen erfolgt, § 270 I, wird ein solcher auch von Amts wegen geheilt, also nochmals fehlerfrei zugestellt. Rechtshängigkeit tritt dann erst mit dieser weiteren Zustellung ein. Eine Frist, selbst eine Ausschlußfrist, wahrt aber schon die Einreichung der Klageschrift, falls nur „demnächst" zugestellt ist (zum Begriff s § 207 Anm 2 B), § 270 III. Dasselbe gilt für Unterbrechung der Verjährung, § 270 III. So auch Dritten gegenüber. Doch kann ein Verzicht des Bekl auf die Zustellung nicht gegen den Willen des Klägers heilen. S auch § 187. Der erschienene Bekl kann sich nicht auf Mängel der Ladung berufen, außer auf die Nichteinhaltung der Zwischenfrist, Üb 3 A, B vor § 214. Der erschienene Anwalt kann nicht bemängeln, er sei nicht zur Anwaltsbestellg aufgefordert worden.

bb) Inhaltlicher Mangel. Er ist durch die Zustellung eines Schriftsatzes zu beheben, aber nur für die Zukunft, Kblz MDR **80**, 149. Somit kann sich die Klage aus mehreren Schriftstücken zusammensetzen.

D. Verfahren. Wenn Mängel der Klage nicht geheilt werden, verneint das Gericht den Mangel unter Umständen nach nochmaliger Prüfung im Endurt oder durch unselbständiges Zwischenurteil, § 303. Die Feststellung des Mangels führt zur Abweisung („angebrachtermaßen") durch ein sog Prozeßurteil, BGH VersR **82**, 69. Der Mangel ist auch in der RevInstanz zu beachten, BGH **11**, 192, **LM** § 325 Nr 10, BAG BB **72**, 1140. Im Versäumnisverfahren gilt folgendes: **a)** bei einer Säumnis des Bekl erfolgt eine Prüfung der Ordnungsmäßigkeit von Amts wegen und, wenn keine Heilung möglich war oder wenn sie dem Kläger unmöglich ist, eine Prozeßabweisung. Bei einem Mangel der Zustellung erfolgt aber nur eine Zurückweisung des Antrags auf die Versäumnisentsch, § 335 I Z 2; **b)** bei einer Säumnis des Klägers liegt im Antrag auf die Versäumnisentscheidung ein Rügeverzicht nach § 295.

E. Sonstige Unzulässigkeit. Auch die ordnungsmäßige Klage kann unzulässig sein, dem Anspruch kann die Klagbarkeit odes es können sonstige Prozeßvoraussetzungen fehlen oder Prozeßhindernisse durchgreifen. Dann ist sie zwar durch Prozeßurt abzuweisen; die Verjährung unterbricht sie trotzdem im Rahmen des § 212 II BGB. Eine Klage beim unzuständigen Gericht wirkt voll zurück, wenn § 38 eintritt oder das Gericht verweist, BGH **35**, 374, vgl § 281 Anm 3 D.

3) Bezeichnung der Parteien und des Gerichts, II Z 1. A. Grundsatz. Zwingend vorgeschrieben ist nur, daß, nicht, wie die Parteien zu bezeichnen sind, BGH **LM** Nr 58. Zum Begriff der Partei vgl Grdz 1 und 2 vor § 50. In Scheidungssachen heißt es statt Kläger: Antragsteller, statt Bekl: Antragsgegner, § 622 III. Die Parteiidentität und die Parteistellung müssen klar sein, BGH **LM** Nr 58, Celle FamRZ **81**, 791, Köln NJW **82**, 1888.

Unter dieser Voraussetzung mag sogar eine Namensangabe entbehrlich sein, wenn der Kläger zB den (wahren) Namen des Bekl nicht zumutbar ermitteln kann, Einl III 6 A a, Köln NJW **82**, 1888, Raeschke-Kessler NJW **81**, 663, Lisken NJW **82**, 1136, aM LG Krefeld NJW **82**, 289. Freilich ist eine Abgrenzbarkeit einer Personengruppe nach äußeren Merkmalen notwendig, zB „10 Personen auf einer schwimmenden Rettungsinsel" (LG Düss, zit bei Raeschke-Kessler NJW **81**, 663). Ausreichend ist eine vorübergehende Abgrenzbarkeit, LG Krefeld NJW **82**, 289, Lisken NJW **82**, 1136. Nicht ausreichend wäre zB „eine wechselnde Anzahl von etwa 20 bis 100 Personen in einem besetzten Haus" usw, Köln NJW **82**, 1888, LG Hann MDR **81**, 1455 (je wegen einer einstweiligen Verfügung), vgl auch § 750 Anm 1 A e.

Partei kann nur eine bestimmte natürliche oder juristische Person sein; klagt ein nicht rechtsfähiger Verein, so sind sämtliche Mitglieder aufzuführen, § 50 Anm 3 B.

Die Partei kraft Amtes, Grdz 2 C vor § 50, ist als solche zu benennen, zB „der Kaufmann X als Verwalter im Konkurs des Y".

Bei Firmen genügt die Firma, § 17 HGB; der Einzelinhaber ist schon wegen der ZwV zweckmäßig bereits in der Klage zu benennen. Verklagt der Kläger einen Einzelkaufmann unter der fälschlichen Bezeichnung als OGH, so gelten die Klage und das Urteil gegen den Einzelkaufmann (etwas anderes gilt, wenn der Wille, nur eine Gesellschaft zu verklagen, klar ersichtlich ist); das Urteil ist ihm richtig zuzustellen.

Eine Bezeichnung als Generalbevollmächtigter von Erben ist unzulänglich. Ist ein Verstorbener als Partei bezeichnet, so sind die Erben gemeint; ihnen ist daher zuzustellen. Eine Klage namens des unbekannten Erben ist zulässig, BGH **LM** § 325 Nr 10.

Eine falsche Bezeichnung ist zu berichtigen, sie schadet nicht, wenn die Nämlichkeit feststeht, BGH **LM** Nr 58 und MDR **81**, 1454 mwN, KG OLGZ **78**, 477, wenn sie also objektiv erkennbar ist, Grdz 2 A vor § 50. Überhaupt kann Förmelei hier nur schaden, Lisken NJW **82**, 1137. Auch das Klagerubrum unterliegt der Auslegung, BGH **LM** § 268 aF Nr 16 und § 253 Nr 58. Über den Fall, daß der falschen Partei zugestellt wurde, Grdz 2 F und 3 vor § 50. Die Bezeichnung des Berufs oder des gesetzlichen Vertreters ist, soweit ihre Nämlichkeit klarsteht, für die Wirksamkeit der Klagerhebung unwesentlich, vgl Saarbr NJW **77**, 1928 betr den Fiskus als Bekl, aber durch IV, vgl § 130, zur Sollvorschrift gemacht; wenn ihr Fehlen eine demnächstige Zustellung der Klage verhindert, so erfolgt keine Fristwahrung iSv § 270 durch die dadurch verspätete Zustellung, BGH **32**, 118, vgl aber auch BGH **LM** Nr 58. Bei der Inkognitoadoption genügt „das am ... geb, im Register ... unter dem Namen ... eingetragene Kind", Karlsr FamRZ **75**, 598. Die Bezeichnung „Wohnungseigentümergemeinschaft" ist uU in die Nennung der Mitglieder undeutbar, BGH **LM** Nr 58.

B. Kammer für Handelssachen. Bei der Bezeichnung des Gerichts ist diejenige der Abteilung oder Kammer unnötig, eine falsche ist unschädlich. Nötig ist aber die Bezeichnung der Kammer für Handelssachen falls die Klage vor diese gelangen soll, § 96 I GVG. „An das Landgericht" meint die Zivilkammer, Ffm BB **80**, 552. Der Antrag, die Kammer für Handelssachen möge entscheiden, ist weder nachholbar, noch kann er geändert werden, Ffm BB **80**, 552, und zwar auch nicht auf Grund eines Schreibfehlers, Ffm BB **80**, 552.

4) Gegenstand und Grund des Anspruchs, II Z 2. A. Grundsatz. Nötig ist die bestimmte Angabe des Gegenstandes und des Grundes des erhobenen Anspruchs (Begriff Einl III 7 D). Es darf keine Ungewißheit über die Nämlichkeit des Rechtsverhältnisses, BGH VersR **82**, 69, vgl auch OVG Bln DGVZ **83**, 90, und über den Umfang der Rechtskraft des begehrten Anspruchs bestehen, BGH VersR **82**, 69, Hamm BB **83**, 1304. Der Klagantrag muß einen vollstreckungsfähig genauen Inhalt haben, BGH NJW **83**, 1056. Der Bkl muß ihm entnehmen können, welches Risiko für ihn besteht, und er muß sich umfassend verteidigen können, BGH NJW **83**, 1056. Der Kläger soll nicht dem Kostenrisiko entgehen, BGH NJW **83**, 1056.

Als zu unbestimmt unzulässig ist zB ein Antrag, eine Rente „bis zur Wiedererlangung der vollen Arbeitskraft des Klägers" zuzusprechen. Auf RM, Goldmark oder Rentenmark kann nicht mehr geklagt werden, da an deren Stelle die DM getreten ist, § 2 WährG; vgl auch bei § 313. Wegen Klagen auf Ostmark SchlAnh IV. Wegen einer Teilklage bei mehreren Ansprüchen Anm 5 B. In WEG-Sachen ist II Z 2 nur bedingt anwendbar, BayObLG BB **74**, 1227.

B. Grund des Anspruchs, Klagegrund, ist die Gesamtheit der zur Begründung des Anspruchs nach der Ansicht des Klägers erforderlichen Tatsachen, der sog klagbegründenden Tatsachen, also des konkreten Sachverhalts, Lebensvorgang, LAG Hamm NJW **81**, 887. Wieweit der Kläger mit der Darlegung gehen muß (sog Darlegungslast), ist Sache des Einzelfalls, BGH VersR **79**, 764; eine Erweiterung der Darlegungspflicht kann sich aus der Einlassung des Bekl ergeben, BGH NJW **62**, 1934, LAG Hamm NJW **81**, 887. Das Gesetz lehnt also die Individualisierungstheorie (Blomeyer ZPR § 43 II: ausreichend sei eine Bestimmung des Rechtsverhältnisses nach Gegenstand und Grund) ab und folgt der Substantiierungstheorie, RG **143**, 65, stRspr (vermittelnd RoS § 98 II 2b), insofern unklar BGH **LM** Nr 56. Dabei kommt es insoweit nur darauf an, daß sich die vom Kläger erstrebte Rechtsfolge, die aber nicht juristisch benannt zu werden braucht, aus den von ihm angegebenen Tatsachen (Klagegründen) ergeben soll, was bei einer Klagerhebung binnen einer Ausschlußfrist von Bedeutung sein kann, da der Vortrag dann uU nicht mehr fristgerecht ergänzbar ist; vgl LG Freibg MDR **75**, 60, aber auch Schmidt-Futterer MDR **75**, 4 (je betr Mieterhöhung), BGH NJW **67**, 2210.

Das Gericht muß einen ohne jede Begründung gestellten Antrag als unzulässig abweisen, BAG DB **81**, 1680, selbst wenn der Kläger ihn erst (an sich zulässigerweise) in der mündlichen Verhandlung einführt. Ob aber eine mit Gründen versehene Klage auch nach Auffassung des Gerichts in sich ausreichend begründet, also schlüssig ist, gehört nicht zur Prüfung der Prozeßvoraussetzungen, sondern unterliegt der sachlichrechtlichen Prüfung in der mündlichen Verhandlung, insofern richtig BGH VersR **79**, 764 mwN, und führt bei einer Verneinung zur Sachabweisung, § 300 Anm 3 C. Auch ein sonstiger Streit ist angesichts der richterlichen Aufklärungspflicht, §§ 139, 278 III, ziemlich belanglos. Freilich bestehen wegen der erheblichen Prozeßförderungspflicht der Parteien, Einf 3 vor § 272, scharfe Anforderungen, Hartmann AnwBl **77**, 92, Putzo AnwBl **77**, 431. Der Kläger muß, zB bei einer Saldoforderung, grds die Einzelzahlen so zusammenstellen, daß das Gericht eine vollständige rechnerische und rechtliche Überprüfung vornehmen kann, BGH BB **83**, 1175. Die Verjährung wird zudem auch durch eine nicht genügend substantiierte Klage unterbrochen, BGH NJW **67**, 2210 (Gesamtschaden, aber keine Angabe der Einzelansprüche). Bedeutung gewinnen kann der Streit im Versäumnisverfahren. Seine Hauptbedeutung liegt aber bei der Klagänderung und der Rechtskraftwirkung.

Bei der dinglichen Klage ist, soweit nicht eine Eigentumsvermutung, zB nach § 1006 BGB eingreift, die Angabe der Erwerbstatsachen notwendig, BGH **LM** § 985 BGB Nr 1. Bei der Gestaltungsklage wird kein Anspruch verletzt, sondern die Grundlage eines Anspruchs, etwa die eheliche Treuepflicht. Die Tatsachen müssen zur Klagbegründung vorgebracht sein, nicht beiläufig. Zum Klagegrund gehört auch die etwa nötige Darlegung des Rechtsschutzbedürfnisses, Grdz 5 vor § 253, der Sachbefugnis und des Prozeßführungsrechts, Grdz 4 vor § 50. Die Einordnung der rechtsbegründenden Tatsachen unter einen Rechtssatz ist unnötig und bindet nicht, BAG DB **75**, 1226. Eine vom Kläger gewählte Rangfolge der Haupt- und Hilfsanträge ist für das Gericht verbindlich, § 308, eine vom Kläger gewählte Rangfolge der Begründung bindet das Gericht nicht, Köln MDR **70**, 686.

Eigene Behauptungen muß die Partei auch gegen sich gelten lassen, die Gegenpartei kann sie also zum eigenen Nutzen heranziehen, auch als Beweisgrund. Ergibt aber das Vorbringen des Bekl einen neuen Klagegrund, so kann dieser für die Schlüssigkeit der Klage nur herangezogen werden, wenn sich der Kläger darauf beruft.

5) Antrag, II Z 2
Schrifttum: Frech, Unbezifferter Klagantrag und Beschwer, Diss Ffm 1974; Kern, Die Zulässigkeit des unbezifferten Klageantrags, Diss Erlangen 1970; Ubert, Der unbezifferte Klageantrag bei Schadensersatz- und Schmerzensgeldansprüchen, Diss Heidelb 1970; Wagner, Individualisierungsprobleme der Teilleistungsklage, Diss Marbg 1972.

A. Bestimmtheit. Vgl zunächst Anm 4 A. Als notwendige Folge der Parteiherrschaft, Grdz 3 A vor § 128 (nicht etwa des ebenfalls aus ihr folgenden Beibringungsgrundsatzes, Grdz 3 B vor § 128), muß der Kläger einen bestimmten Antrag zur Sache stellen, eine Sachbitte, dh eine genaue Angabe der gewünschten Entscheidung. Das gilt auch bei einer Feststellungsklage, BGH VersR **82**, 69. Ungenügend ist es also, wenn nicht zu erkennen ist, ob ein Leistungs- oder ein Feststellungsurteil begehrt wird, wenn die geschuldete Summe sich erst durch einen Vergleich mit anderen Faktoren ergibt, BGH **LM** Nr 49, DRiZ **69**, 256 und NJW **78**, 1585, Arndt DRiZ **69**, 150. Unzureichend ist auch eine bloße Bezugnahme auf den Mahnbescheid, § 697 Anm 2 A. Unklare Anträge, zB wegen handschriftlicher Zusätze evtl unbekannter Herkunft und Datierung, Köln NJW **73**, 1848, muß der Vorsitzende klarstellen lassen und auf die Stellung sachdienlicher Anträge hinwirken, BGH **LM** § 3 UWG Nr 139, §§ 139, 278 III, BGH FamRZ **80**, 655.

Ein Antrag ist der Auslegung fähig, vgl BGH **LM** § 12 VGG Nr 6 und NJW **83**, 1056, auch KG OLGZ **75**, 54 (zu § 519), die in der Revisionsinstanz frei nachprüfbar ist, BGH **4**, 334. Ein Kostenantrag ist unnötig, § 308, aber uU zweckmäßig, da ein gestempeltes Versäumnis- oder Anerkenntnisurteil oft nur auf die Klageschrift Bezug nimmt und dann ergänzt werden müßte, zB Stürner ZZP **91**, 359. Über den Hilfsantrag § 260. Eine Klage nur mit einem Hilfsantrag ohne einen Hauptantrag wäre bedingt und darum unzulässig, Anm 1. Notfalls hilft zunächst eine Auskunftsklage, Düss FamRZ **78**, 134. Auch bei ihr ist aber ein Ausforschungsantrag unzulässig, also ein solcher, den der Kläger bestimmter fassen kann, BGH NJW **83**, 1056.

B. Einzelnes. Der Leistungskläger muß infolge der Parteiherrschaft, A, die Leistung so genau bezeichnen, daß der Bekl sein Risiko erkennen und sich demgemäß erschöpfend verteidigen kann, BGH **LM** Nr 46, 53, DB **81**, 366 und NJW **83**, 1056, daß ferner das entsprechende Urteil klar die Grenzen der Rechtskraft erkennen läßt und daß es demgemäß für die ZwV klar ist, BGH DB **81**, 366 mwN und NJW **83**, 1056, BAG NJW **79**, 2634. Das gilt besonders auch für eine Unterlassungsklage. Ausreichend ist es zB, „das Haus mit einem funktionsfähigem Fahrstuhl zu versehen", LG Hbg MDR **76**, 847, unzureichend sind zB folgende Anträge: „Die in diesen Bauwerken aufgestellten Maschinen herauszugeben"; „alle Rechtsgeschäfte, die zur Übertragung des Geschäfts erforderlich sind, mit ihm abzuschließen", BGH NJW **59**, 1371; „Schadensersatz aus dem Verkehrsunfall vom ... zu zahlen", Ffm MDR **75**, 334; einen „angemessenen Unterhalt zu zahlen", Düss FamRZ **78**, 134, aM Spangenberg MDR **82**, 188 mwN; „die Grenze so zu befestigen, daß das Nachbargrundstück so wie vor dem Abgraben belastet werden kann", BGH NJW **78**, 1584; „Körperpflegemittel in solchen Aufmachungen als Zugabe zu gewähren, die mit handelsüblichen Verkaufseinheiten verwechslungsfähig sind", BGH NJW **80**, 701; „Flaschenbier zu denjenigen Preisen und Konditionen zu liefern, die der Beklagte Großhändlern einräumt, deren

Umsätze mit denen des Klägers vergleichbar sind", Kblz GRUR **80**, 753; „an der Durchführung der Auseinandersetzung und an der Erstellung der Auseinandersetzungsbilanz mitzuwirken", BGH DB **81**, 366; „zusammen mit dem Kläger die Auseinandersetzung der BGB-Gesellschaft der Parteien durchzuführen", Hamm BB **83**, 1304.

Ein geforderter Geldbetrag ist grundsätzlich zu beziffern, Ffm FamRZ **82**, 1223. Ausnahmen gelten (vgl auch unter „Ersatzklagen") nur, wenn das unmöglich oder dem Kläger aus besonderen Gründen nicht zuzumuten ist, vgl auch Düss DNotZ **78**, 684; Bull JR **75**, 449 fordert eine Gesetzesänderung, Röhl ZZP **85**, 73, **86**, 326 hält einen unbezifferten Antrag für überflüssig und fordert dessen Unzulässigkeit, dagegen Karlsr BB **73**, 119 bei einem zunächst ermittlungsbedürftigem Pflichtteilsanspruch. Die Notwendigkeit einer Bezifferung gilt auch bei einem Unterhaltsanspruch, Ffm FamRZ **82**, 1223 mwN, aM Spangenberg MDR **82**, 188, bei einem Schadenersatzanspruch, BGH **LM** Nr 46, Kblz MDR **79**, 587, bei einem Lohnzahlungsanspruch, Lepke DB **78**, 839 (wegen „brutto/netto" oä BAG NJW **79**, 2634, LAG Mü DB **80**, 886, LG Lünebg DGVZ **78**, 115, Berkowsky BB **82**, 1120 mwN; wegen der Anrechnung des Arbeitslosengeldes BAG NJW **79**, 2634), oder bei einem Entschädigungsanspruch, BGH **LM** Nr 54 und § 563 Nr 12, Bbg NJW **74**, 2003 (krit Just NJW **75**, 436), BayObLG **82**, 422 mwN, vgl auch Stgt NJW **78**, 2209 (StPO), auch bei einer Mitverursachung oder einem Mitverschulden, nicht aber, wenn ein angemessener Preis oder eine angemessene Vergütung verlangt werden, vgl BAG BB **77**, 1356, und nicht, wenn damit das Risiko einer Beweisaufnahme für oder gegen den Kläger oder das Risiko der Kosten, Köln MDR **72**, 428, aufgefangen werden soll, BGH NJW **67**, 1420, dazu Pawlowski ZZP **82**, 131, was AG Groß Gerau MDR **77**, 410 bei § 1360a BGB übersieht. Ein unbezifferter Antrag steht dann mit den Klagebehauptungen, die zB die Alleinschuld des Bekl ergeben, nicht im Einklang. Es genügt jedoch, daß sich der Geldbetrag nach den gegebenen Unterlagen ohne weiteres genau berechnen läßt, zB aus verständlichen, übersichtlichen Kontenblättern als Anlagen, Schlesw SchlHA **77**, 32.

Mehrere Unterhaltsgläubiger müssen angeben, welchen Betrag ein jeder fordert, dürfen sich also nicht auf die Angabe der Gesamtforderung aller beschränken, BGH NJW **81**, 2462, sondern dürfen sich allenfalls mit einer vom Antrag abweichenden Aufteilung einverstanden erklären, BGH NJW **81**, 2462 mwN.

Eine Wertsicherungsklausel ist im Antrag und Tenor nicht schlechthin, wohl aber dann unzulässig, wenn sie nur nach vielen Faktoren („dynamische Rente") in eine Endsumme umsetzbar ist, BGH **LM** Nr 49, Karlsr NJW **69**, 1490.

Nötig ist auch bei einem unbezifferten Leistungsantrag entweder die Angabe der vorgestellten Größenordnung, zB BGH NJW **82**, 340 (der BGH läßt unter Umständen die bloße Streitwertangabe genügen, dazu krit Gossmann JR **82**, 158), oder ein Sachvortrag, der dem Gericht die Ermittlung der Größenordnung ohne weiteres erlaubt, oder eine bezifferte Mindestforderung, BGH **LM** § 511 Nr 25 und 26, Lindacher AcP **182**, 275 mwN (freilich ist ein Mindestbetrag nur ein Pol, vgl BGH MDR **78**, 44), vgl auch BGH **LM** § 844 II BGB Nr 46; wegen der Änderung bei einer Bfg Zweibr JZ **78**, 244. Um den Umfang der Rechtskraft später klarstellen zu können, können Ansprüche mehrerer Personen gegen denselben Bekl auf Grund desselben Ereignisses nicht in einer Summe zusammengefaßt, sondern müssen einzeln angegeben werden, BGH **11**, 184, Ffm FamRZ **80**, 721. Ebenso muß dann, wenn nur ein Teilbetrag aus mehreren selbständigen Ansprüchen geltend gemacht wird, angegeben werden, welcher Teilbetrag von jedem dieser Ansprüche geltend gemacht wird, s auch § 519 Anm 3 C aE und zur Aufrechnung Schlesw MDR **76**, 50. Es können auch ein Anspruch voll, die anderen hilfsweise in bestimmter Reihenfolge geltend gemacht werden, BGH **11**, 194 und MDR **53**, 164 (zB bei Heilungskosten, Verdienstausfall, Schmerzensgeld, BGH **LM** Nr 11), hierzu Pawlowski ZZP **78**, 307 (krit). §§ 139, 278 III sind zu beachten. Jedoch genügt ein Hinweis auf Bedenken gegen die Zulässigkeit, selbst wenn der Vorderrichter sie bejahte, BGH JZ **75**, 449. Falls ein Teilanspruch geltend gemacht wird, entsteht auch nur insofern Rechtshängigkeit, vgl Bbg NJW **74**, 2003.

Ungenügend ist die unterschiedslose Angabe von Klagegründen ohne eine betragsmäßige Aufteilung auf den Klageantrag. Eine Angabe des Eventualverhältnisses ist notwendig, BGH JZ **60**, 28. Eine Erklärung, daß die Reihenfolge der Prüfung dem Gericht überlassen bleiben solle, ist unzulässig, Baumgärtel JZ **60**, 28, aM BGH ZMR **73**, 171. Wird gegen diese Erfordernisse der Antragstellung verstoßen, werden trotzdem bei einer späteren Aufteilung alle Einzelansprüche bis zur Höhe der Klagesumme rechtshängig, BGH **LM** § 209 BGB Nr 8, auch wird die Verjährung trotz mangelnder Aufgliederung auf die Einzelforderungen unterbrochen, selbst wenn die Aufgliederung und Bezifferung der Einzelforderungen erst nach dem Ablauf der Verjährungsfrist vorgenommen wurde, BGH NJW **67**, 2210;

dazu Arens ZZP **82**, 143. Bei einer Klage auf ein qualifiziertes Zeugnis kann dessen vollständige Formulierung nötig sein, LAG Düss DB **73**, 1853. Verzugszinsen brauchen erst beim Bestreiten näher dargelegt zu werden, BGH MDR **77**, 296.

Herausverlangte Gegenstände sind ausreichend zu bezeichnen, vgl BAG BB **72**, 1139; dasselbe gilt für Rechte. Also ist es unzureichend, nur das Betriebsvermögen zu nennen; insbesondere sind auch die dazugehörigen Verlags-, Aufführungs- und mechanischen Rechte zu nennen, BGH **LM** § 325 Nr 10. Bei Ersatzklagen ist eine ziffernmäßige Angabe nicht unbedingt nötig. Es sind aber genügende tatsächliche Unterlagen für das richterliche Ermessen beizubringen, BGH **LM** Nr 53 und 54 mwN (zustm Berg JR **76**, 23). Sie müssen für eine Schätzung nach § 287 genügen, falls diese überhaupt zulässig ist, BGH **LM** Nr 49. Beim merkantilen Minderwert sind Alter und Zustand des Fahrzeugs, Art der Unfallschäden, Reparaturkosten, etwa technische Mängel, die Anzahl der Vorbesitzer und Vorschäden, die Zulassungsdaten anzugeben, Darkow VersR **75**, 211. Zulässig ist eine Klage auf Verurteilung zum Ersatz des gesamten, durch den Bergbau der Bekl dem Kläger erwachsenen, der Höhe nach durch Sachv festzustellenden Schäden. Ein solcher Antrag macht den Anspruch seinem ganzen Umfang nach rechtshängig, auch wenn er nach unten begrenzt ist. Der Kläger muß Angaben über die Größenordnung dessen machen, was er als angemessen ansieht, BGH **LM** Nr 54 mwN. Ein Zusatz „oder nach richterlichem Ermessen" ist neben einem bestimmten Antrag bedeutungslos.

Beim Schmerzensgeldanspruch müssen wenigstens Tatsachen vorgetragen werden, die die Ermittlung eines angemessenen Betrags gestatten, BGH **LM** Nr 53 mwN, vgl BGH VersR **79**, 472, Ffm VersR **79**, 265, vgl auch § 287; eine Angabe, der Kläger sei erheblich verletzt, genügt nicht, so daß eine etwa mit der Klage zu wahrende Frist nicht eingehalten wird, solange der Antrag insofern an der Bestimmtheit fehlt und er daher eine Rechtshängigkeit nicht begründen kann, BGH MDR **64**, 831, abw LG Hbg VersR **79**, 64 (die Angaben seien nachholbar). Das Gericht hat den Kläger zu befragen, was er etwa erwartet. Bleibt der zuerkannte Betrag wesentlich unter jenem, so erfolgt insofern eine Klagabweisung, BGH VersR **79**, 472, Celle NJW **69**, 279, also liegt eine Beschwer vor, Grdz 3 A vor § 511. Nach § 38 des Gesetzes über Arbeitnehmererfindungen, Anm 1 D, ist ein Antrag auf Zahlung eines vom Gericht zu bestimmenden angemessenen Betrages zulässig.

Zu unbestimmt ist ein Antrag, der nicht ersehen läßt, ob der Kläger eine Kapitalabfindung oder eine Rente verlangt. Ausnahmsweise ist es bei einer Schadensersatzklage wegen eines Unfalls zulässig, daß mehrere Ersatzberechtigte gemeinsam klagen, wobei sie mangels etwaiger Gesamtgläubigerschaft zwar ein jeder den ihn betreffenden Anspruch der Größenordnung nach bezeichnen müssen, sich aber mit einer abweichenden Aufteilung des Gesamtbetrags durch das Gericht einverstanden erklären dürfen, insbesondere beim Familienunterhalt, BGH **LM** § 844 II BGB Nr 46, ebenso bei einem Entschädigungsanspruch, wenn die Eingriffe sich gegen den Grundstückseigentümer, den Nutzungsberechtigten und Inhaber des Gewerbebetriebs richten, BGH **LM** Nr 26. Bei einer Klage nach dem BEG ist eine Bezugnahme auf den angefochtenen Bescheid und die Akten der Entschädigungsbehörde ausreichend, BGH **LM** § 563 Nr 12 mwN.

Bei der dinglichen Befriedigungsklage, § 1147 BGB, muß der Antrag auf Verurteilung zur Duldung der ZwV in das Grundstück und mithaftende Gegenstände zur Befriedigung des Klägers wegen der Hypothek und der Nebenforderungen lauten. Entsprechendes gilt bei der Klage aus einem Schiffspfandrecht. Bei Unterlassungsklagen (dazu zB Pagenberg GRUR **76**, 78) sind bestimmte Vorkehrungen nicht zu verlangen. Der Antrag ist auf die tatsächlich vorgekommenen Zuwiderhandlungen oder auf eine Berühmung zu stützen, BGH **LM** Nr 34. Aus bestimmten Rechtsverletzungen ist dann der Anspruch auf bestimmte Unterlassungen herzuleiten. Eine letzte Bestimmtheit kann im Antrag nicht verlangt werden, da sich nicht alle Fälle voraussehen lassen, BGH **LM** Nr 34, der Gegner sich auch danach einrichtet; aber der Erfolg, der erzielt werden soll, ist bestimmt anzugeben, BGH **LM** Nr 139. Das schützt freilich nicht immer vor einer Teilabweisung, vgl BGH **LM** § 3 UWG Nr 87, von Gamme NJW **69**, 85.

Ein allgemeiner Antrag, etwa auf Unterlassung derartiger Beeinträchtigungen, ist unstatthaft, BGH GRUR **62**, 213. Der Gegner muß sich erschöpfend verteidigen können, auch wenn er dabei Dritte nennen muß, Hbg MDR **72**, 1033. Die Entscheidung darf nicht in die ZwVInstanz verlegt werden. So sind bei einer Unterbietung eines preisgebundenen Buchsortiments die einzelnen Teile des Sortiments zu nennen, andererseits genügt, „die Unterbietung der jeweils hierfür geltenden Preise" zu unterlassen, Ffm OLGZ **66**, 168, Hamm NJW **62**, 113, aM Mette NJW **62**, 113 (es genüge die Angabe des Sortiments). Über bestimmte Anordnungen bei Wettbewerbsurteilen s Baumbach-Hefermehl UWG.

Zum Rechtsschutzbedürfnis bei Unterlassungsklagen Grdz 5 Ae vor § 253. Für die Vergangenheit kann ein vertraglich begründeter Unterlassungsanspruch nicht durch eine Leistungsklage geltend gemacht werden, BGH **42**, 346, sondern nur ein solcher, der auf künftige Leistungen gerichtet ist, § 259, BGH **LM** § 241 BGB Nr 2, aM RoS § 93 II 2 c, der die Anwendbarkeit von § 259 beim Unterlassungsanspruch verneint, da dieser auf eine gegenwärtige Leistung gehe, s auch BGH **LM** § 241 BGB Nr 10. Bei Preisbindungsklagen ist eine bestimmte Bezeichnung jedes einzelnen Buches und des insoweit gebundenen Preises erforderlich, vgl Ffm NJW **65**, 2159, Hbg BB **62**, 392. Bei einer Verbandsklage gemäß § 13 AGBG muß der Klageantrag auch den Wortlaut der beanstandeten Bestimmung und die Bezeichnung derjenigen Rechtsgeschäfte enthalten, für die die Bestimmung beanstandet wird, § 15 AGBG.

Bei einer Kündigungsschutzklage genügen Angaben, aus denen man ersehen kann, wo der Kläger tätig war, gegen wen er sich wendet und daß er seine Entlassung nicht als berechtigt anerkennt, BAG NJW **82**, 1174 mwN.

Bei Wahlschulden genügt ein Antrag auf eine wahlweise Verurteilung nach Wahl des Gläub oder Schuldners. Verfehlt ist ein Wahlantrag auf Herausgabe, § 985 BGB, oder auf Ersatz oder auf Zahlung mit der Anheimgabe, statt dessen herauszugeben. Richtig ist ein Antrag auf Ersatz im Falle der Nichtherausgabe mit einer Frist nach §§ 283 BGB, 255, sofern § 259 zutrifft.

Ein Antrag mit dem Ziel der Freistellung von einer Verbindlichkeit, der keinerlei Angaben über den Umfang der Verbindlichkeit enthält, ist regelmäßig zu unbestimmt, weil zur Vollstreckbarkeit ein weiterer, den Umfang klärender Prozeß notwendig wäre, Düss MDR **82**, 942; das Gericht muß aber im Rahmen von § 139 klären, ob eine Umdeutung in einen Feststellungsanspruch möglich ist, BGH FamRZ **80**, 655.

Bei Feststellungsklagen genügt eine bestimmte Bezeichnung des Rechtsverhältnisses, die den Umfang der Rechtshängigkeit und der begehrten Rechtskraft nicht ungewiß läßt, BGH VersR **82**, 69 und MDR **83**, 662, und aller tatsächlichen Unterlagen der genauen Feststellung BGH MDR **83**, 662. Ein Feststellungsantrag ohne Betragsangabe ist zulässig, wenn der Kläger ein rechtliches Interesse an der alsbaldigen Feststellung unter der Beschränkung auf den Grund nachweist. Möglich ist auch eine ziffernmäßig beschränkte Teilfeststellungsklage. Auch bei der negativen Feststellungsklage muß der Antrag so bestimmt sein, daß der Umfang der Rechtshängigkeit und der Rechtskraft klar sind, LAG Düss BB **75**, 471. Bei einer negativen Feststellungsklage, die sich auf einen Teilbetrag beschränkt, der sich aus mehreren selbständigen Ansprüchen zusammensetzt, muß entsprechend dem zu B Gesagten angegeben werden, für welche einzelnen Ansprüche oder Teile von ihnen die Feststellung begehrt wird, BGH **LM** § 256 Nr 45. Aus der Klagebegründung oder der Streitwertangabe kann sich eine Beschränkung des Feststellungsbegehrens ergeben, was für die Verjährung von Bedeutung sein kann, BGH MDR **59**, 101.

Bei Gestaltungsklagen ist die gewünschte Gestaltung eindeutig zu bezeichnen. Ausreichend ist die Herabsetzung einer Vertragsstrafe „auf den angemessenen Betrag". Bei einer Auskunftsklage muß der Kläger die Belege, die der Bekl vorlegen soll, in zumutbarem Umfang genau bezeichnen, BGH NJW **83**, 1056.

6) Streitwertangabe, III. Die Klage soll weiter die Angabe des Streitwerts enthalten, vgl § 23 GKG; er ist nötig zur Berechnung der nach KV 1010, 1110 iVm §§ 61, 65 GKG geschuldeten Verfahrensgebühr; die Versäumung der Angabe kann also den Fortgang des Verfahrens verzögern. Wichtig ist sie auch uU für die Beurteilung der sachlichen Zuständigkeit. Ferner soll eine Äußerung enthalten sein, ob Gründe gegen die Übertragung der Sache auf den Einzelrichter gemäß § 348 bestehen, etwa wegen einer besonderen Schwierigkeit tatsächlicher oder rechtlicher Art oder wegen der grundsätzlichen Bedeutung der Sache, aber auch zB wegen voraussichtlich besserer Beurteilungsmöglichkeit durch die gesamte Kammer, vor der etwa ein Parallelprozeß verhandelt worden war oä. Zweckmäßig, aber nicht notwendig ist eine Äußerung „keine Bedenken". Beim Schweigen des Klägers gilt § 271 III.

7) Sonstige Erfordernisse, IV. Da die Klageschrift ein vorbereitender Schriftsatz ist, soll sie den §§ 130, 131, 133 genügen. Sie muß als bestimmender Schriftsatz eigenhändig unterschrieben worden sein, § 129 Anm 1 B. Eine Unterschrift auf dem Anschreiben genügt, BFH NJW **70**, 1439. Eine maschinenschriftliche Namensangabe genügt nicht, BFH NJW **73**, 80, ebensowenig ein Namensstempel, BFH DB **75**, 88 li, auch nicht ein Abzug, wenn das Original (die Matrize) eigenhändig unterschrieben wurde, aM BFH DB **75**, 88 und 1095. Zum Problem der Eigenhändigkeit Vollkommer 250ff.

Bei fehlender Unterschrift werden keine Maßnahmen zur Terminsvorbereitung eingelei-

1. Titel. Verfahren bis zum Urteil § 253, Anh § 253 1

tet, weil noch gar keine Klage, auch keine mangelhafte, eingereicht worden ist, abw RoS § 98 III 3, offen BGH **65**, 47. Freilich ist dem Kläger anheimzugeben, die fehlende Unterschrift nachzuholen. Nicht ausreichend ist im AnwProz für die Begründung eine Bezugnahme auf eine von der Partei verfaßte Schrift. Diese „Klage" wahrt also auch nicht eine Ausschlußfrist, ohne daß es darauf ankäme, ob der Gegner den Fehler gerügt hat: die Wahrung von gesetzlichen, der Parteiverfügung entzogenen Ausschlußfristen erfolgt erst im Zeitpunkt der Erhebung, BGH **22**, 257. Eine Angabe von Beweismitteln ist in der Klageschrift noch nicht zwingend geboten, BGH **LM** § 195 BEG 1956 Nr 23. Vgl freilich § 282.

8) Einreichung der Klageschrift, V. Wegen des Begriffs der Einreichung § 496 Anm 2. Ihr Zeitpunkt ist bei einer demnächst erfolgenden Zustellung für den Zeitpunkt der Fristwahrung und Verjährung maßgebend, vgl oben Anm 2 C und § 270 III. Zur Einreichung der Abschriften § 133 Anm 2 A. Der Urkundsbeamte der Geschäftsstelle kann beim Fehlen eine Abschrift auf Kosten des Klägers fertigen lassen, AG Bln-Charlottenb DGVZ **81**, 43, oder eine Nachreichung verlangen. Dennoch obliegt dem Kläger grundsätzlich unaufgefordert die Einreichung. Bei einem Verstoß tritt evtl keine Fristwahrung iSv 270 III ein, BGH VersR **74**, 1107.

9) VwGO: Es gelten §§ 81, 82 VwGO. Wegen der Unterzeichnung, Anm 7, vgl § 130 Anm 2.

Anhang nach § 253
Widerklage

Schrifttum: Lessing-Blum, Die Zulässigkeit der Widerklage, Diss Bochum 1978; Nieder, Die Parteien der Widerklage, Diss Mü 1970.

1) Allgemeines. A. Grundsatz. Eine Widerklage ist die vom Bekl, dem Widerkläger, im Laufe des Proz und im Proz gegen den Kläger, den Widerbekl, erhobene Klage. Sie ist nirgends in der ZPO planvoll geregelt. Über ihren Gerichtsstand § 33; dort Anm 1 über die Streitfrage, ob § 33 ihre Voraussetzungen regelt. BGH **40**, 185, vgl BGH NJW **75**, 1228 mwN, läßt iRv §§ 59, 60 auch die Heranziehung eines Dritten durch die Widerklage aus dem praktischen Bedürfnis der einheitlichen Verhandlung von etwas Zusammengehörigem zu, zumal die gleiche Prozeßlage durch eine Verbindung, § 147, erreicht werden könnte; der Dritte kann sogar noch im Berufungsverfahren hereingezogen werden, wenn er zustimmt oder seine Zustimmung rechtsmißbräuchlich verweigert, Karlsr VersR **79**, 1033. Nach § 33 ist das Gericht der Klage auch für diesen Widerbekl zuständig, Nieder MDR **79**, 11, wenn das Gericht unter Berücksichtigung von § 263 die Sachdienlichkeit und damit auch die Zumutbarkeit für den bisher am Rechtsstreit nicht Beteiligten bejaht, so daß für § 36 Z 3 kein Raum bleibt, BGH NJW **75**, 1228, Wieser ZZP **86**, 45, aM Johannsen bei **LM** § 33 Nr 6; s auch Hofmann NJW **64**, 1026, Schröder AcP **164**, 531.

Die Widerklage eines Dritten ist unzulässig, BGH **LM** § 33 Nr 12, Karlsr ZZP **88**, 452 (krit Greger), vgl Anm 2 D. Die Widerklage gegen einen Dritten (dazu BGH NJW **81**, 2642, auch zur internationalrechtlichen Problematik, Schröder AcP **164**, 525) ist unzulässig, solange sie nicht auch gegen den Kläger erhoben wird, BGH **LM** § 33 Nr 11 (dort wird angedeutet, daß eine Erhebbarkeit zB gemäß §§ 59, 60 ausreiche. Aber dann ist keine einheitliche Verhandlung des Zusammengehörigen mehr gesichert), BGH NJW **75**, 1228, Düss NJW **70**, 51. Nieder ZZP **85**, 437 mwN, vgl auch dens MDR **79**, 10 mwN, hält die Widerklage des Dritten oder gegen einen Dritten für zulässig, soweit die Urteil auch der Rechtskraft gegen den Dritten wirke (ähnl Rüßmann AcP **172**, 554 bei einer Widerklage gegen den Einziehungsermächtigenden, Greger ZZP **88**, 454 mwN), und läßt auch einen der Rechtskraft nicht unterworfenen Dritten uU als Streitgenossen im WiderklageProz zu; ähnl Wieser ZZP **86**, 45.

B. Rechtsnatur. Die Widerklage ist eine richtige Klage, ein Angriff, nicht ein bloßes Angriffs- oder Verteidigungsmittel nach § 282, Schneider MDR **77**, 796, oder nach § 296, BGH NJW **81**, 1217, keine Klagänderung, BVerwG NJW **74**, 1209. Sie ist bis zum Schluß der letzten mündlichen Verhandlung zulässig, § 282 Anm 2, BGH VersR **82**, 346 mwN. Ist sie einmal richtig erhoben, so ist sie unabhängig vom Schicksal der Hauptklage, kann also auch nach deren Erledigung noch erweitert werden, Mü MDR **59**, 667. Verneint sie nur den Klageanspruch, so ist sie wegen fehlenden Rechtsschutzbedürfnisses unzulässig; sie muß einen selbständigen Anspruch enthalten. Daher ist keine Widerklage auf eine leugnende Feststellung gegenüber der entsprechenden Leistungsklage zulässig, außer soweit die Widerklage einen Überschuß enthält, also nur ein Teil eingeklagt worden ist und die Widerkla-

Hartmann 615

ge die Feststellung des Nichtbestehens eines Mehranspruchs begehrt, BGH **53**, 93; gegenüber einer Feststellungsklage ist eine leugnende Feststellungswiderklage nur ausnahmsweise zulässig, soweit ein entsprechendes berechtigtes Interesse besteht, BSG MDR **73**, 884. Unnötig ist die Bezeichnung als Widerklage; auch ein Antrag aus § 717 II kann eine Widerklage sein.

C. Anpassung an den Prozeß. Da sich die Widerklage in einen rechtshängigen Prozeß hineinschiebt, muß sie sich dessen Prozeßart anpassen, Düss FamRZ **82**, 512. Ist sie in der Prozeßart der Hauptklage unzulässig, so fehlt ihr eine unverzichtbare Prozeßvoraussetzung. Widerklage ist danach unzulässig im Mahn-, Arrest- und Verfügungsverfahren; sie wird erst zulässig nach der Überleitung des Mahnverfahrens ins Streitverfahren. Unzulässig ist sie als Urkunden- oder Wechselwiderklage im ordentl Verfahren, aber nach § 595 auch im Urkunden- oder Wechselprozeß (im Nachverfahren ist eine gewöhnl Widerklage zulässig), sowie im Entmündigungsprozeß. Im Ehe- u Kindschaftsprozeß gelten Einschränkungen, §§ 610 II, 633 II, 638 640c (hierzu Köln NJW **72**, 1721 mwN); unzulässig ist insbesondere eine Feststellungswiderklage des Kindes im Anfechtgsproz gemäß Art 12 § 3 II NEG, Düss NJW **73**, 1332. Eine Abart der Widerklage ist die Zwischenwiderklage, Inzidentwiderklage, § 256 II. Ersatzansprüche aus unberechtigter ZwV, §§ 302 IV, 600 II, 717 II, III, sind der Widerklage nicht verschlossen, lassen aber auch einfachen Zwischenantrag (Inzidentantrag) zu.

2) Prozeßvoraussetzungen der Widerklage. A. Rechtshängigkeit der Hauptklage (Vorklage) bei Erhebung der Widerklage, Celle FamRZ **81**, 791. Das Mahnverfahren macht anhängig, nicht rechtshängig; daher ist dann noch keine Widerklage zulässig. Das Prozeßkostenhilfeverfahren macht nicht als solches rechtshängig; daher ist dann noch keine Widerklage zulässig, Ffm FamRZ **83**, 203 (man muß sie dann unter Umständen in eine Klage umdeuten), soweit nicht zugleich schon eine unbedingte Klage erhoben wurde, § 253 Anm 2 A.

Die Prozeßvoraussetzungen der Klage selbst berühren die Widerklage nicht. Sie bleibt nach prozessualer oder sachlicher Abweisung der Klage u nach deren Rücknahme bestehen. Darum darf der Widerkläger die Zulässigkeit der Klage leugnen, ohne sich zu schaden. Über die Widerklage in der BfgInstanz § 530 Anm 1, vgl auch Karlsr VersR **79**, 1033, Zweibr FamRZ **83**, 930. In der RevInstanz gibt es keine Widerklage. Ebenso gibt es keine Widerklage nach einer Rücknahme der Klage, weil diese die Rechtshängigkeit rückwärts vernichtet, § 269 III; die vorher erhobene Widerklage bleibt durch die Klagrücknahme unberührt. Eine Erledigung der Hauptsache hindert eine Widerklage nicht, solange nicht über die Kosten entschieden ist, Mü ÖLGZ **65**, 4.

B. Zulässigkeit der Widerklage. Sie ist eine Klage. Daher müssen die allgemeinen Proz-Voraussetzungen vorliegen. ProzHindernisse müssen fehlen. Eine Sondervorschrift besteht für die Zuständigkeit in § 33. Eine Hilfswiderklage, Eventualwiderklage, ist aus Gründen der Waffengleichheit zuzulassen, wenn der Bekl beim Durchdringen der Klage mit der Eventualwiderklage die dann für ihn gegebenen Folgen zieht, BGH **LM** § 33 Nr 1, vgl KG NJW **76**, 1358, wenn zB eine Klage auf Nichtigkeit eines Vertrages mit dem Abweisungsantrag begegnet wird, für den Fall der Nichtigkeit aber widerklagend Rückforderungsansprüche geltend gemacht werden, BGH **21**, 13 (mit Angaben über die Rechtshängigkeit einer derartigen Widerklage sowie über eine Entscheidung in der Rechtsmittelinstanz), oder gegenüber der Klage des Lieferers auf Zahlung, der nach den Lieferungsbedingungen Gewährleistungsansprüche nicht entgegengehalten werden dürfen, auf Rückzahlung der künftigen Zahlung im Falle der Verurteilung, BGH **43**, 31.

Wird dem Aufrechnungseinwand des Bekl wegen der Unzulässigkeit der Aufrechnung entgegengehalten, so kann der Bekl diese mit einer auch vertraglich nicht ausschließbaren Widerklage geltend machen, LG Mosbach MDR **72**, 514, auch mit einer Hilfswiderklage, BGH **LM** § 33 Nr 5, Hamm JB **78**, 64. Mit Rücksicht auf den Abwehrcharakter ist auch nicht erforderlich, daß die Hilfswiderklage und der Hauptantrag der Widerklage, zB auf Klageabweisung, in einem wirklichen Eventualverhältnis stehen, wenn ein rechtlicher Zusammenhang mit dem Kloganspruch oder den dagegen vorgebrachten Verteidigungsmitteln gegeben ist, BGH **LM** § 33 Nr 1. Die Verteidigung gegen neue Anträge darf nicht erschwert werden, und die Widerklage ist zwar kein Verteidigungsmittel, § 282 Anm 2, wirkt aber praktisch im wesentlichen sehr ähnlich wie ein solches. Eine Abtrennung der Hilfswiderklage ist unzulässig, § 145 Anm 3.

C. Zusammenhang. Nach hM muß die Widerklage mit dem Kloganspruch oder einem Angriffs- oder Verteidigungsmittel im Zusammenhang stehen. Man entnimmt das zu Unrecht dem § 33, s dort Anm 1. Ein solcher Mangel heilt jedenfalls durch Nichtrüge, § 295.

1. Titel. Verfahren bis zum Urteil   **Anh § 253, § 254 1, 2**

D. Wider-Widerklage. Da die Widerklage eine Klage ist, muß man auch eine Widerklage gegen die Widerklage zulassen. Streitgenossen sind selbständig, jeder kann Widerklage erheben. Der Streithelfer ist nicht, auch nicht als streitgenössischer Streithelfer, § 69, aM Nieder MDR **79**, 11, zu einer Widerklage befugt; vgl auch Anm 1 A.

E. Mangel. Fehlt der Widerklage eine Prozeßvoraussetzung, so ist sie durch ein Prozeßurteil abzuweisen, Grdz 3 A b vor § 253.

3) Erhebung der Widerklage. Man erhebt eine Widerklage folgendermaßen: **a)** mündlich in der mündlichen Verhandlung, § 261 II, was aber für den hereingezogenen Dritten, Anm 1 A, ausscheiden muß, abw Nieder MDR **79**, 11; **b)** mit der Zustellung eines den Erfordernissen des § 253 II Z 2 entsprechenden Schriftsatzes, § 261 II, beim AG gemäß § 496. Wer die Ordnungsmäßigkeit der Klage leugnet, erklärt seine Widerklage für unstatthaft, weil er ihr die Voraussetzung entzieht (anders die Zulässigkeit der Klage, Anm 2).

4) VwGO: Es gilt § 89 VwGO, dazu BVerwG NJW **74**, 1209.

254 *Stufenklage.* **Wird mit der Klage auf Rechnungslegung oder auf Vorlegung eines Vermögensverzeichnisses oder auf Abgabe einer eidesstattlichen Versicherung die Klage auf Herausgabe desjenigen verbunden, was der Beklagte aus dem zugrunde liegenden Rechtsverhältnis schuldet, so kann die bestimmte Angabe der Leistungen, die der Kläger beansprucht, vorbehalten werden, bis die Rechnung mitgeteilt, das Vermögensverzeichnis vorgelegt oder die eidesstattliche Versicherung abgegeben ist.**

Schrifttum: Fett, Die Stufenklage, Diss Saarbr 1978.

1) Allgemeines. § 254 macht aus Gründen der Prozeßwirtschaftlichkeit eine Ausnahme von § 253 II Z 2. Er erlaubt nach dem Wortlaut die Verbindung von zwei, richtig von drei prozessual selbstständigen Ansprüchen in einer Klage, BGH **76**, 12, Mü Rpfleger **81**, 34, obwohl jeder weitere Anspruch die Erledigung des vorhergehenden voraussetzt. Darüber, welche Ansprüche verbindbar sind, Anm 2 A bis C.

Da das Gericht stufenweise entscheiden muß, Anm 2, wird diese Klage zweckmäßig Stufenklage genannt. Sie muß sämtlichen Erfordernissen des § 253 genügen mit der alleinigen Ausnahme, daß sie die bestimmte Angabe der endgültigen Leistung vorbehalten kann, BGH FamRZ **75**, 38, Stötter BB **77**, 1219. Sie ist eine Leistungsklage, BGH NJW **83**, 1056. Einer Feststellungsklage wird sie also mangels eines Feststellungsinteresses regelmäßig entgegenstehen, BGH **LM** § 123 BGB Nr 12, ebenso einer Feststellungs- oder Zwischenfeststellungsklage, daß der Bekl zur Zahlung des sich aus der Abrechnung ergebenen Betrages verpflichtet sei, BGH MDR **61**, 751; es ist aber ein Übergang von der Auskunfts- zur Feststellungsklage denkbar (das ist keine Klagänderung), BGH **LM** § 264 aF Nr 13. Die Stufenklage unterliege eine Verjährung, BAG DB **77**, 1371, die Unterbrechung endet, wenn nach der Erledigung der Vorstufe der Anspruch nicht weiter verfolgt wird, BGH FamRZ **75**, 485. Auch im Verbundverfahren ist eine Stufenklage betr den Zugewinnausgleich zulässig, Düss FamRZ **79**, 61, Mü FamRZ **81**, 482 mwN.

2) Klagverbindung. A. Anspruch auf Rechnungslegung oder Vorlegung eines Vermögensverzeichnisses (auch auf Herausgabe eines Inbegriffs), etwa aus §§ 259, 260, 681 BGB, 105, 114 HGB, 154 ZVG. Auch der Anspruch auf Auskunft, §§ 260 BGB, 51a GmbHG, weil die Auskunft den Herausgabeanspruch vorbereitet und weil man sie immer dann verlangen kann, wenn sie die Rechtsverfolgung des Ersatzberechtigten wesentlich erleichtert oder gar erst ermöglicht und vom Verpflichteten unschwer zu erteilen ist, BGH NJW **72**, 254, vgl Köln VersR **73**, 1059. Dies gilt namentlich bei Verletzungsklagen des gewerblichen Rechtsschutzes oder des Wettbewerbsrechts, auch zwecks Beseitigung, BGH **LM** § 1 UWG Nr 241, oft auch bei Unterlassungsansprüchen, LG Hbg NJW **71**, 2078, auch für den Verpflichteten, LG Düss FamRZ **76**, 218 (zustm Mutschler), überhaupt immer dann, wenn der Kläger eine geordnete Auskunft über Tatsachen begehrt, die für ihn einen gesetzlichen oder vertraglichen Anspruch begründen, etwa auf ein Auseinandersetzungsguthaben, Karlsr BB **77**, 1475, oder auf einen Pflichtteil, KG OLGZ **74**, 264.

Steht fest, daß ein Hauptanspruch nicht besteht, so ist das Auskunftsverlangen unbegründet, BGH **28**, 180, BAG NJW **69**, 1735, Zweibr OLGZ **73**, 220. Weiß der Kläger, um welche Unterlagen es sich handelt, aber nicht, wo sie sind, so ist keine Auskunftsklage zulässig, sondern eine Herausgabeklage, die dann uU zur eidesstattlichen Versicherung nach § 883 II führt, BGH **LM** Nr 7. Wird auf Rechnungslegung, auf eidesstattliche Versicherung und auf entsprechende Zahlung geklagt, so fehlt für eine besondere Feststellungsklage, den sich aus der Abrechnung ergebenen Betrag zu zahlen, das rechtliche Interesse, BGH MDR **61**, 751; denn mit der Klage auf Rechnungslegung wird auch der in ihr weiterhin noch nicht bezifferte Zahlungsanspruch in seinem ganzen, vom Kläger noch nicht bestimmten Umfange rechtshängig, zB BGH **LM** Nr 3, BAG DB **77**, 1371, Hbg FamRZ **83**, 602 und 626, beschränkt sich auch nicht auf den Betrag, den eine etwa überreichte Rechnung ausweist, sondern ergreift denjenigen, den der Kläger glaubt geltend machen zu können. Wird also der Antrag auf Rechnungslegung abgewiesen, weil sie nach Ansicht des Gerichts gelegt ist, so ergeht lediglich ein Teilurteil, und zwar auch dann, wenn der Bekl das nach seiner Rechnungslegung Geschuldete gezahlt hat, da sich möglicherweise zahlenmäßig noch weitere Ansprüche ergeben können, BGH **LM** Nr 3. Soweit der Kläger nach dem Erhalt der Auskunft zunächst nur einen Teil des ihm danach zustehenden Zahlungsanspruchs geltend macht, ist auch nur dieser Teil sogleich mit der Erhebung des Auskunftsanspruchs rechtshängig geworden, Hbg FamRZ **83**, 602.

Man kann sich grds auch auf eine bloße Auskunftsklage beschränken und daneben oder später eine gesonderte Leistungsklage erheben, Hamm NJW **83**, 1914, freilich deren Mehrkosten evtl nur teilweise erstattet fordern.

Ergibt die Rechnungslegung, daß kein Zahlungsanspruch mehr besteht, ist dieser abzuweisen, nicht aber für erledigt zu erklären, Stgt NJW **69**, 1216. Erklärt der Kläger den Auskunftsanspruch einseitig für erledigt, so kündigt er den Anspruch der nächsten Stufe an; das Gericht erläßt nicht extra ein Teilurteil nach § 91a, sondern sorgt für die Umstellung auf den Antrag der nächsten Stufe, § 139, Mü FamRZ **83**, 629. Bei einer beiderseitigen Erledigungserklärung gehen die Kosten zu Lasten des Bekl, KG NJW **70**, 903. Eine Klage auf Rechnungslegung zwingt nicht zur Klage auf den Hauptanspruch, LG Düss BB **77**, 1675. Wegen der Kosten im Teilurteil § 91 Anm 2A.

B. Anspruch auf Leistung der eidesstattlichen Versicherung zur Bekräftigung der Rechnung usw, etwa aus § 259 II BGB. Manche lassen diesen Anspruch in dieser Klage nicht von Anfang an zu. Aber er besteht bedingt von Anfang an, und die ProzWirtschaftlichkeit verlangt die Zulassung.

C. Anspruch auf Herausgabe des Geschuldeten, so wie es sich aus A, B ergibt. Wird dieser Anspruch neben der Rechnungslegung geltend gemacht, so handelt es sich meist ebenfalls um eine Stufenklage; der Zahlungsanspruch kann nicht abgewiesen werden, wenn die Rechnungslegung bejaht wird, da diese möglicherweise den Zahlungsanspruch ergeben kann, BGH MDR **64**, 665. In Betracht kommt als letzte Stufe auch eine (zuvor unbezifferte) Abänderungsklage, Hbg (2. FamS) FamRZ **83**, 626, aM Hbg (2a. FamS) FamRZ **82**, 935.

3) Verfahren, dazu Schneider MDR **69**, 624. **A. Grundsatz.** Es ist zulässig, gleichzeitig sämtliche Anträge zu stellen, KG MDR **75**, 1024, Köln NJW **73**, 1848, Mü FamRZ **81**, 482, AG Hbg FamRZ **77**, 815, aM Düss zB NJW **73**, 2034; es ist unzulässig, gleichzeitig über sämtliche Ansprüche zu entscheiden, BGH FamRZ **75**, 38, auch nach einer Pfändung und Überweisung des Rechnungslegungsanspruchs, BAG NJW **69**, 1735.

Es zeigen sich folgende Stufen, zunächst im Streitverfahren: **a)** Zuerst ist über den Anspruch auf Rechnungslegung, Vermögensverzeichnis, Auskunft zu verhandeln und zu entscheiden, KG MDR **75**, 1024. Die Entscheidung lautet auf: **aa)** Klagabweisung. Damit ist der Prozeß zu Ende, LG Stgt VersR **75**, 1005, falls nicht etwa der Zahlungsanspruch unberührt bleibt, das Gericht etwa die Erfüllung des Rechnungslegungsanspruch annimmt; **bb)** oder Teilurteil auf Rechnungslegung. § 623 I 1 hindert nicht, AG Hbg FamRZ **77**, 815. Der Kläger kann keine Vervollständigung der äußerlich ordnungsmäßigen Rechnung verlangen. Wohl aber darf er eine andere Rechnung aufmachen, deren Richtigkeit beweisen und danach die Herausgabe verlangen, oder den ihm obliegenden Beweis für den Schadenseintritt und die Schadenshöhe auf anderer Weise führen, also ohne den zugesprochenen Rechnungslegungsanspruch nach § 888 zu vollstrecken, BGH **LM** § 287 Nr 35. Eine Verurteilung zur Rechnungslegung schafft nicht eine Rechtskraft wegen des Klagegrundes, BGH **LM** Nr 9, 10, StJ III 4, aM Blomeyer ZPR § 89 V 4c, der dazu neigt, dem Rechnungslegungsurteil die Bedeutung eines Grundurteils beizulegen. Möglich ist ein Urteil auf Rechnungslegung und gleichzeitige Herausgabe einer schon bestehenden Leistung. Das Urteil muß vollstreckungsfähig genau sein, Karlsr FamRZ **83**, 631; **b)** liegen die sachlichrechtlichen Voraussetzungen eines Anspruchs auf eidesstattliche Versicherung vor, ergeht sodann ein weiteres Teilurteil über diesen Anspruch, BGH **10**, 385 (dieses Urteil ist vor oder gleichzeitig mit dem Rechnungslegungsurteil zuzulassen), wenn er unbegründet ist, auf Abweisung. Die ZwV richtet sich nach § 889. Erklärt der Bekl die eidesstattliche Versicherung freiwillig vor dem Urteil, §§ 79, 163 FGG, so entfällt diese Stufe; **c)** erst dann kommt es zur Verhandlung und Entscheidung über die nunmehr bestimmt zu bezeichnende Leistung, Schlesw SchlHA

1. Titel. Verfahren bis zum Urteil §§ 254, 255 1, 2

81, 148. Unzulässig ist zB die „Herausgabe der Erbschaft". Verweigert der Kläger nun eine bestimmte Bezeichnung, so wird die Klage abgewiesen.

B. Fortsetzungsantrag. Nach jeder der drei Stufen, A, muß der Kläger den Fortgang des Prozesses beantragen, um das Verfahren wieder in Gang zu setzen. Der Rechtsstreit bleibt in 1. Instanz anhängig, Celle NJW **61**, 786. Weist die 1. Instanz überhaupt ab und verurteilt das BfgGer zur Rechnungslegung, so ist entsprechend § 538 I Z 3 in die 1. Instanz zurückzuverweisen, BGH NJW **82**, 236 mwN. Verurteilt die 1. Instanz zur Rechnungslegung und hält die zweite den ganzen Anspruch für unbegründet, so ist die ganze Klage abzuweisen, ebenso wenn das RevGer vorgrefliche andere Ansprüche verneint, BGH NJW **76**, 1501. Wird der Klagegrund nicht geändert, so kann dann, wenn die Auskunftsklage abgewiesen worden ist, mit der Berufung die Zahlung verlangt werden, BGH NJW **69**, 1486. War eine ZwV aus den Stufen Aa und b fruchtlos, so kann der Kläger statt der Herausgabe das Interesse fordern, § 264 Z 3.

C. Versäumnisverfahren. Im Versäumnisverfahren ist entsprechend zu verfahren: **a)** bei einer Säumnis des Klägers erfolgt eine volle Abweisung in jeder Stufe, soweit nicht rechtskräftig erkannt ist; **b)** bei einer Säumnis des Bekl erfolgt nur eine Entscheidung über die spruchreife Stufe. Ein unzulässig ergangenes rechtskräftiges Versäumnisurteil über die Rechnungslegung und Leistung zugleich gilt für die Leistung als Feststellungsurteil.

4) *VwGO:* *Bei Leistungsklagen (Zahlungsklagen) ist eine Stufenklage nicht ausgeschlossen. In diesem Fall gilt § 254 entsprechend, § 173 VwGO, OVG Hbg DVBl* **60**, *178*.

255 *Fristsetzung im Urteil.* ¹ Hat der Kläger für den Fall, daß der Beklagte nicht vor dem Ablauf einer ihm zu bestimmenden Frist den erhobenen Anspruch befriedigt, das Recht, Schadensersatz wegen Nichterfüllung zu fordern oder die Aufhebung eines Vertrages herbeizuführen, so kann er verlangen, daß die Frist im Urteil bestimmt wird.

II Das gleiche gilt, wenn dem Kläger das Recht, die Anordnung einer Verwaltung zu verlangen, für den Fall zusteht, daß der Beklagte nicht vor dem Ablauf einer ihm zu bestimmenden Frist die beanspruchte Sicherheit leistet, sowie im Falle des § 2193 Abs. 2 des Bürgerlichen Gesetzbuchs für die Bestimmung einer Frist zur Vollziehung der Auflage.

1) Geltungsbereich, I, II. § 255 greift in folgenden Fällen ein:

A. Nichterfüllung. Nach dem sachlichen Recht muß die Nichterfüllung eine Folge, etwa den Rücktritt oder eine Ersatzpflicht, erst mit Ablauf einer vom Gläub zu setzenden Frist herbeiführen. Beispiele: §§ 283 (dazu Schmidt ZZP **87**, 49), 325 II, 326, 634 BGB. Die Verbindung von Urt u Frist soll die rasche Durchführung des Anspruchs sichern. I ist entspr anwendbar, wenn sonst der Gläub dem Schuldner eine Frist mit ähnl Wirkung setzen darf, wie bei §§ 250, 354, 527, 1003 II BGB, 375 HGB.

B. Verwaltung. Der Kläger muß die Anordnung einer Verwaltung mangels in Frist geleisteter Sicherheitsleistung verlangen dürfen. Fälle: §§ 1052 BGB (Eigentümer u Nießbraucher), 2128 BGB (Nacherbe u Vorerbe).

C. Auflage. Im Fall § 2193 II BGB, der dem Beschwerten eine Frist gibt, muß die Person zu bestimmen sein, an die eine Auflage zu leisten ist. In diesem Fall kann der Kläger eine Fristbestimmung im Urt verlangen, während, wenn das Bestimmungsrecht einem Dritten zusteht, § 2193 III BGB, das Nachlaßgericht zuständig ist, § 80 FGG. Eine erweiterte Anwendung sehen für den Parteiprozeß § 510b, fürs Arbeitsgerichtsverf § 61 II ArbGG vor. Unanwendbar ist § 255, wenn die Frist nur zur rechtzeitigen Ausübung eines Rechts gesetzt wird, wie bei §§ 355, 415 BGB.

2) Verfahren, I. A. Fristantrag. Der Kläger kann in der Klagschrift oder im Lauf des Verf, also durch Klagerweiterung nach § 264 Z 2, verlangen, daß das Gericht die Frist im Urteil bestimmt. Der Antrag ist ein Sachantrag. Der Kläger braucht keine bestimmte Frist vorzuschlagen, das Gericht darf aber eine etwa vorgeschlagene Frist nicht verkürzen, vgl §§ 308 I, 335 I Z 3, Schmidt ZZP **87**, 66. Nicht mehr in RevInstanz. Der Antrag macht den Ersatzanspruch nicht rechtshängig. Der Kläger kann die Klage auf Ersatz oder Vertragsaufhebung mit der zur Fristsetzung führenden Klage nur im Fall § 259 verbinden, zB Schmidt ZZP **87**, 67, aM Mü OLGZ **65**, 10, offen Köln OLGZ **76**, 478, also dann zB bedingte Wandlung verlangen; anders bei § 510b. Der Antrag lautet dann auf Fristsetzung und Verurteilung für den Fall eines fruchtlosen Ablaufs.

B. Einzelheiten. Da die vom Gläub zu setzende Frist sachlichrechtlich ist, ist es auch die UrtFrist nach § 255. Diese Frist richtet sich somit ganz nach BGB. Sie duldet keine Verlängerung oder Verkürzung, § 318. Sie beginnt mit der Rechtskraft des Urt, Schmidt ZZP **87**, 51 mwN, die vorläufige Vollstreckbarkeit des Urt hinsichtlich des Klageanspruchs betrifft die Frist nicht. Die Rechtskraft des Urteils macht die Frist auch sachlichrechtlich unanfechtbar. Die Fristsetzung schafft keine innere Rechtskraft für das Rechtsverhältnis, so daß der Richter, der über dieses zu entscheiden hat, oder der Richter der freiwilligen Gerichtsbarkeit es anders beurteilen können, Schmidt ZZP **87**, 53. Das Urteil auf Fristsetzung wirkt rechtsgestaltend.

3) *VwGO*: Entsprechend anzuwenden, § 173 *VwGO*, soweit die Zuständigkeit der *VerwGerichte* gegeben ist, zB bei Klage aus einem öff-rechtlichen Vertrag.

256 *Feststellungsklage, Zwischenfeststellungsklage.*[I]

I Auf Feststellung des Bestehens oder Nichtbestehens eines Rechtsverhältnisses, auf Anerkennung einer Urkunde oder auf Feststellung ihrer Unechtheit kann Klage erhoben werden, wenn der Kläger ein rechtliches Interesse daran hat, daß das Rechtsverhältnis oder die Echtheit oder Unechtheit der Urkunde durch richterliche Entscheidung alsbald festgestellt werde.

II Bis zum Schluß derjenigen mündlichen Verhandlung, auf die das Urteil ergeht, kann der Kläger durch Erweiterung des Klageantrags, der Beklagte durch Erhebung einer Widerklage beantragen, daß ein im Laufe des Prozesses streitig gewordenes Rechtsverhältnis, von dessen Bestehen oder Nichtbestehen die Entscheidung des Rechtsstreits ganz oder zum Teil abhängt, durch richterliche Entscheidung festgestellt werde.

Schrifttum: Baltzer, Die negative Feststellungsklage aus § 256 I ZPO, 1980 (Bespr Rimmelspacher AcP **181**, 346, Wieser ZZP **95**, 84); Bauer, Feststellungsklage über Drittrechtsverhältnisse, Diss Regensb 1971; Cramer, Probleme des Feststellungsinteresses im Zivilprozeß, Diss Freibg 1972; Delikostopulos, Die Klage auf Feststellung vergangener und zukünftiger Rechtsverhältnisse, Diss Mü 1959; Kadel, Zur Geschichte und Dogmengeschichte der Feststellungsklage usw, 1967; Kranzbühler, Zur Zulässigkeit der Feststellungsklage im französischen Zivilprozeßrecht im Vergleich mit dem deutschen Recht, Diss Bln 1974; Michaelis, Der materielle Gehalt des rechtlichen Interesses bei der Feststellungsklage usw, Festschrift für Larenz (1983); Moser, Die Zulässigkeitsvoraussetzung der Feststellungsklage usw, Diss Erlangen-Nürnb 1981; Schumann, Sachabweisung ohne Prüfung des Feststellungsinteresses, Gedächtnisschrift für Michelakis (1972) 533; Stoll, Typen der Feststellungsklage aus der Sicht des bürgerlichen Rechts, Festschrift für Bötticher (1969) 341; Trzakalik, Die Rechtschutzzone der Feststellungsklage im Zivil- und Verwaltungsprozeß, 1978 (Bespr Habscheid ZZP **93**, 230); Wieser, Das Rechtsschutzinteresse im Zivilprozeß, 1971; Zeuner, Gedanken zur Unterlassungs- und negativen Feststellungsklage, Festschrift für Dölle (1963) I 295.

Gliederung

1) Allgemeines
 A. Rechtsschutzform
 B. Voraussetzungen

2) Gegenstand, I
 A. Rechtsverhältnis
 B. Subjektives Recht
 C. Unzulässigkeit
  a) Bloße Rechtsfrage
  b) Reine Tatsache
 D. Gegenwärtiges Rechtsverhältnis
 E. Maßgeblichkeit des Klaginhalts

3) Rechtliches Interesse, I
 A. Grundsatz
 B. Tatsächliche Unsicherheit
 C. Gefährdung des Rechtsverhältnisses
 D. Feststellungsinteresse
  a) Zweckmäßigkeit
  b) Notwendigkeit
 E. Alsbaldige Feststellung

4) Verfahren, I
 A. Prozeßvoraussetzungen
 B. Klageschrift
 C. Verfahrensablauf

 D. Beweisfragen
 E. Urteil
 F. Wegfall des rechtlichen Interesses

5) Einige Einzelfälle, I

6) Urkundenfeststellungsklage, I

7) Zwischenfeststellungsklage, Inzidentfeststellungsklage oder -widerklage, II
 A. Rechtsnatur
 B. Zulässigkeit
  a) Grundsatz
  b) Klageberechtigung
  c) Allgemeine Prozeßvoraussetzungen
   aa) Partei- und Prozeßfähigkeit
   bb) Prozeßvollmacht
   cc) Zulässigkeit des Rechtswegs
   dd) Örtliche Zuständigkeit
   ee) Sachliche Zuständigkeit
  d) Besondere Prozeßvoraussetzungen
   aa) Streitigkeit eines Rechtsverhältnisses
   bb) Vorgreiflichkeit
 C. Verfahren

8) *VwGO*

1. Titel. Verfahren bis zum Urteil § 256 1, 2

1) Allgemeines. A. Rechtsschutzform. Die Feststellungsklage ist eine rein prozeßrechtliche Einrichtung. I gibt keinen sachlichrechtlichen Anspruch, sondern stellt nur für sachlichrechtliche Ansprüche unter gewissen Voraussetzungen eine andere Rechtsschutzform zur Verfügung, aM Stoll Festschrift für Bötticher (1969) 341ff (Rückgriff auf sachlichrechtliche Bezüge sei unerläßl. Ziel ist die Feststellung des Anspruchs durch ein Urteil, Grdz 2 B vor § 253 (dort Näheres über die Arten der Feststellungsklage). Eine Verurteilung zu einer Leistung, etwa einer Anerkennung, kommt nicht in Betracht; die Worte „auf Anerkennung einer Urkunde" im Text sind das Überbleibsel einer überwundenen Anschauung; gemeint ist die Klage auf Feststellung der Echtheit einer Urkunde, BGH MDR 59, 209.

Die Zulässigkeit der Feststellungsklage ist gesetzlich abschließend geregelt; für Sonderfälle beseitigt das Gesetz, zB in § 146 KO, das Erfordernis des Feststellungsinteresses; manchmal, zB in § 9 AnfG, verbietet es eine Feststellungsklage. Da Feststellungsklagen keinen sachlichrechtlichen Anspruch verfolgen, verjähren sie nicht. Einwendungen und Einreden gegenüber dem behaupteten Anspruch können geltend gemacht werden, jedoch nicht gegenüber einer negativen Feststellungsklage ein Zurückbehaltungsrecht, da der Kläger keine Leistg verlangt, BGH **LM** Nr 66. Feststellungsurteile sind im Grund auch alle klagabweisenden Urteile; vom Zwischenurteil unterscheidet sich das Feststellungsurteil dadurch, daß es den Rechtsstreit beendet; das Zwischenurteil wird nur hinsichtlich der Rechtsmittel als Endurteil angesehen.

B. Voraussetzungen. Die Voraussetzungen der Feststellungsklage sind in jeder Lage des Verfahrens von Amts wegen zu prüfen; fehlen sie, ist die Klage durch ein sog Prozeßurteil als unzulässig abzuweisen, Nürnb FamRZ **82**, 1103, abw BGH **12**, 316, **LM** Nr 46, Köln DB **74**, 2202 mwN, LG Stgt WM **76**, 50, Weiß NJW **71**, 1596. Das Gericht muß aber auch prüfen, ob die Klage nicht als Zwischenklage aus II haltbar ist. Auch eine unzulässige Klage unterbricht die Verjährung, § 253 Anm 2 E. Evtl erfolgt eine Zurückverweisung, § 538 Anm 3 B.

2) Gegenstand, I. A. Rechtsverhältnis. Zulässig ist eine Klage auf Feststellung des Bestehens oder Nichtbestehens eines Rechtsverhältnisses, dh der aus einem greifbaren Sachverhalt entstandenen Rechtsbeziehungen von Personen zu Personen oder Sachen, BGH **22**, 46, Nürnb FamRZ **82**, 1102, auch eines Teilrechtsverhältnisses, ArbG Paderborn DB **75**, 1655. Nicht zulässig ist eine Feststellungsklage zur Klärung einzelner Vorfragen, vgl BSG MDR **73**, 441, oder zur Klärung der Elemente eines Rechtsverhältnisses, BGH FamRZ **79**, 906, VersR **79**, 1118 mwN und auch (insofern grundsätzlich richtig) BGH **68**, 332 je mwN, Köln JB **75**, 823, Sieg VersR **77**, 492, oder zur Klärung der Berechnungsgrundlagen, BGH FamRZ **79**, 906, der Wirksamkeit oder Unwirksamkeit von Rechtshandlungen, BGH **37**, 333. Das Rechtsverhältnis ist mehr als ein Anspruch; er ergibt sich erst aus ihm, Schroers VersR **73**, 404. Das Rechtsverhältnis gehört regelmäßig dem Privatrecht an, gelegentlich aber auch dem reinen Prozeßrecht, BGH **29**, 230, so zB bei §§ 878 ZPO, 115, 156 ZVG, 153, 158 FGG (Nichtigkeit eines im Dispacheverfahren ergangenen Beschlusses), oder dem öffentlichen Recht, sofern der Rechtsweg zulässig ist. Es kann auch dem ausländischen Recht angehören. Über die Urkundenfeststellungsklage Anm 6.

B. Subjektives Recht. Zulässig ist eine Feststellungsklage zB betr subjektive Rechte jeder Art, vgl Nürnb FamRZ **82**, 1102, ohne Rücksicht auf ihren Entstehungsgrund. Das Rechtsverhältnis braucht keinen Leistungsanspruch zu begründen oder vorzubereiten oder auch nur vorbereiten zu können. Auch ein Recht des rechtlichen Könnens, also des Inhalts, daß man demnächst eine Rechtsänderung vollziehen darf, etwa kündigen oder Preise oder Bedingungen ändern darf, kann feststellbar sein, Hamm NJW **81**, 2474, LG Darmst BB **74**, 1501. Dasselbe gilt zur Feststellung, daß man eine Leistung nach § 478 BGB verweigern dürfe. Feststellbar sind ferner dingliche Rechte oder persönliche Rechte jeder Art, zB auf Getrenntleben, Hamm FamRZ **76**, 341, § 606 Anm 2 E. Eine Ehefeststellungsklage ist begrenzt zulässig, §§ 610 II, 633 I, 638, dazu § 606 Anm 2 D; auch eine Kindschaftsfeststellungsklage ist begrenzt möglich, § 640 II Z 1, BGH **LM** § 640 Nr 22 (Anm Wieser ZZP **86**, 315), ebenso ist die Feststellung von Mitgliedschaftsrechten zulässig.

Zulässig ist ferner die Feststellung unumschränkter Rechte des gewerblichen Rechtsschutzes, diejenige von Namens- oder Urheberrechten, diejenige eines Rechtsverhältnisses aus dem Besitz, diejenige einzelner Berechtigten als eines Ausflusses des Rechtsverhältnisses. Nicht notwendig ist ein unmittelbares Rechtsverhältnis zwischen den Parteien des Prozesses. Es genügen zB widerstreitende Nutzungsrechte der Parteien an demselben Recht. Nötig sind wenigstens mittelbare Wirkungen schon in der Gegenwart. Rechtsbeziehungen des Bekl zu Dritten, etwa daß ein dingliches Recht oder eine Forderung gegen Dritte dem Kläger und nicht dem Bekl zustehe, reichen aus, Ffm NJW **76**, 1944. Ebenso reicht es aus, daß der Kläger als Sänger vom Mitglied des beklagten Bühnenvereins nicht nur bestimmte Vergütungen beziehen dürfe; daß der Bekl den Kläger von Rückgriffsansprüchen befreien müsse. Bei einer Forderungsbeanspruchung darf nur die Person des Berechtigten streitig sein, vgl § 660 II BGB.

Zulässig ist eine leugnende Feststellungsklage gegen den eine Anfechtung aus § 4 AnfG ankündigenden Gläub, ferner die Klage auf Feststellung eines Teils des Anspruchs, ebenso im Wege der Widerklage eine Feststellung, daß die behauptete Forderung des Klägers auch über den mit der Klage geltend gemachte Teil wegen eines weiteren Teiles nicht bestehe, BGB **69**, 41, also zB auch nicht wegen 10000 DM, die über den mit der Klage geltend gemachten Teil von 2000 DM einer an sich unbezifferten Forderung hinausgehen, BGH **LM** Nr 55, obwohl mit dieser Teilwiderklage eine Abweisung jedes über die Klagforderung hinausgehenden Betrags erstrebt wird.

C. Unzulässigkeit. Unzulässig ist eine Feststellungsklage in folgenden Fallgruppen:
a) Bloße Rechtsfrage. Es geht nur um eine gedachte Rechtsfrage oder um den Bestandteil einer solchen Rechtsfrage, vgl LG Mannh ZMR **79**, 319. Dies gilt bei der Feststellung der allgemeinen Güterbeförderungspflicht einer Eisenbahn; der bloßen Berechnungsweise eines Kaufpreises; der Verpflichtung zur Gewährung von Versicherungsschutz, solange keine Ablehnung erfolgt ist, Karlsr VersR **60**, 699, oder der Feststellung, daß die Versicherung sich nicht auf eine Leistungsfreiheit berufen dürfe, BGH VersR **75**, 441; der Feststellung der Berechnungsgrundlagen für einen Anspruch, BGH FamRZ **79**, 906 mwN, vgl Anm 5; der Feststellung der Nichtigkeit eines Vertrages, den der Bekl mit einem Dritten geschlossen hat; der Feststellung der Rechtsfolgen, die sich ergäben, wenn der Kläger den Vertrag kündigen würde; der Feststellung der Auslegung einer Konkurrenzklausel im allgemeinen, BGH MDR **58**, 408. Unzulässig ist eine Feststellung, wenn das Urteil zur Festigung eines Anspruchs im Ausland dienen soll, wenn dabei in keiner Weise feststeht, daß die Entscheidung dort anerkannt oder verwertet werden kann, BGH **32**, 173. Zulässig ist aber zB die Feststellung, daß der zwischen den Parteien bestehende Vertrag ein Gesellschaftsvertrag und kein Dienstvertrag ist, oder die Feststellung, daß ein faktisches Gesellschaftsverhältnis bestehe, KG NJW **55**, 1286.

b) Reine Tatsache. Es geht nur um eine reine Tatsache (Ausnahmen Anm 6), selbst wenn sie rechtserheblich ist. Unzulässig ist also der Feststellung des Vollziehung des Beischlafs; der Unrichtigkeit einer Kreditauskunft; des Eindringens von Rauch in eine Mietwohnung, LG Mannh MDR **78**, 25; der Tatsache eines Vertragsschlusses im Gegensatz zum Bestehen und zur Auslegung des Vertrags; eines Regressanspruchs gegen den Vorstand und den Aufsichtsrat einer Aktiengesellschaft, ohne daß die dafür erforderliche Mehrheit oder Minderheit vorhanden ist, in der Hoffnung, daß sie sich dann zusammenfinden werde, Düss DB **67**, 2155; der Angemessenheit der inneren Ordnung eines Vereins, über die die Mitgliedversammlung nicht beschlossen hat, BGH **49**, 396. BGH **68**, 334 lehnt die Feststellung der Unwahrheit reiner Tatsachen ab, aM zB Leipold ZZP **84**, 160. In der Tat kann ein Rechtsschutzbedürfnis für eine solche Feststellung bestehen, da ein bloßer Widerruf oft keine schutzwürdige Klärung der Wahrheit ermöglicht, Ritter ZZP **84**, 166 mwN, Leipold JZ **74**, 65. Vgl Anm 5 „Persönlichkeitsrecht".

D. Gegenwärtiges Rechtsverhältnis. Das Rechtsverhältnis muß beim Verhandlungsschluß in der Regel schon, vgl BAG NJW **78**, 2115 oder noch bestehen, BFH BB **81**, 1567. Aus ihm muß sich der künftige Anspruch entwickeln können, BGH **69**, 42, LG Stgt VersR **79**, 335. Es besteht aber kein Raum für die Feststellung eines künftigen Rechtsverhältnisses, dessen entscheidungserheblichen Tatsachen zZ noch nicht festgestellt werden können, BGH **LM** Nr 58 und VersR **83**, 725 mwN. Es genügt jedoch ein bedingtes oder betagtes Recht, BGH NJW **61**, 1165; so ist zB eine Klage auf Bestehen der Ersatzpflicht für zukünftige Einwirkungen zulässig, wenn mit ihnen nicht nur ausnahmsweise zu rechnen ist, BGH **28**, 233. Bei § 829 BGB genügt es, daß die Billigkeit vielleicht die spätere Heranziehung des Schädigers rechtfertigen kann, BGH MDR **62**, 811, wie überhaupt Ansprüche wegen der künftigen Folgen eines bereits eingetretenen Schadensereignisses festgestellt werden können, auch bei einer gewissen Wahrscheinlichkeit künftiger Ersatzansprüche, BGH FamRZ **76**, 144 mwN, **LM** Nr 7, ZZP **85**, 245 (krit Schwab), Düss MDR **65**, 135.

Zulässig ist eine Feststellung der Schadensersatzpflicht bei einer gewissen Wahrscheinlichkeit eines Schadens infolge der Verletzung einer Firma, BGH **LM** § 16 UWG Nr 69, s aber auch § 286 Anm 2 C. Ausreichend ist eine Wahrscheinlichkeit der Erhöhung eines durch die Schadensursache ausgefallenen Unterhaltsanspruch, Anm 5 „Leistungsklage". Einen merkantilen Minderwert nimmt BGH **35**, 396 jetzt sofort ohne Konkretisierung durch den Verkäufer an, so daß kein Feststellungsinteresse angenommen wird, wie noch

1. Titel. Verfahren bis zum Urteil § 256 2, 3

BGH **27**, 189 vermutete. Unzulässig ist eine Klage auf Feststellung der Gültigkeit des Testaments eines noch Lebenden, Anm 5 „Erbrecht". Eine Feststellungsklage wegen eines vergangenen Rechtsverhältnisses ist nur zulässig, soweit eine Partei Nachwirkungen aus ihm herleitet, Nürnb FamRZ **82**, 1102, etwa bei der Feststellung des freiwilligen Ausscheidens aus einem Verein, oder soweit die Partei eine Wiederholung befürchten muß, BAG NJW **74**, 2023, BVerwG NJW **78**, 335. Zulässig ist eine Feststellungsklage auch, wenn der Anspruch ruht, aber später wieder aufleben kann; damit handelt es sich noch nicht um einen künftigen Anspruch. Unzulässig ist eine Klage auf Feststellung, daß ungewiß sei, ob ein Rechtsverhältnis bestehe, BGH **17**, 263, oder eine negative Feststellungsklage des Mieters zwei Jahre vor Beginn der gesetzlichen Kündigungsfrist, vgl Stgt WM **76**, 56.

E. Maßgeblichkeit des Klaginhalts. Entscheidend ist der Inhalt der Klage, die auszulegen ist, nicht die gewählte Form; es kann trotz Feststellungsklage eine Leistungsklage gemeint sein, zB wenn eine solche unvorsichtigerweise nicht für möglich gehalten wird. Vorbedingung richtiger prozessualer Behandlung einer Klage ist also, daß sich das Gericht über ihre Rechtsnatur klar wird. Oft verwechselt die Praxis die behauptende und leugnende Feststellungsklage, weil sie sich durch die Form des Antrags irreführen läßt.

3) Rechtliches Interesse, I. A. Grundsatz. Der Kläger muß ein rechtliches Interesse an der Feststellung haben, BGH **68**, 332 (zum Problem Cramer Diss Freibg 1972). Damit nimmt I das Rechtsschutzbedürfnis, Grdz 5 vor § 253, in seinen Tatbestand auf, vgl BGH NJW **78**, 2032. Ob es vorliegt, ist in jeder Lage des Verfahrens von Amts wegen zu prüfen. Die zu prüfenden Tatsachen unterliegen freilich der Parteiherrschaft, sind daher zB dem Geständnis zugänglich. Das rechtliche Interesse muß grundsätzlich noch in der RevInstanz vorliegen, BGH **LM** Nr 92; daß es früher einmal vorlag, genügt nicht. Mißverständlich meint RG **124**, 378, es genüge sein Vorliegen beim Stellen des Antrags. Das trifft nur in der Richtung zu, daß ein späterer Wegfall nicht zum Leistungsantrag nötigt (s Anm 5 „Leistungsklage"); vgl auch BGH **LM** Nr 92 und **18**, 42.

Macht der Mangel der Prozeßvoraussetzung das Urteil nichtig oder vernichtbar, so ist der Zeitpunkt der RevVerhandlung maßgebens, so daß dann allerdings neue Tatsachen vom RevGericht zu berücksichtigen sind, ebenso, wenn infolge Entfallens des Feststellungsinteresses das BfgGer zur gleichen Entscheidung kommen müßte, BGH **18**, 106. Hat aber der Bekl Anlaß zur Erhebung der positiven Feststellungsklage gegeben, so läßt ein außergerichtliches Anerkenntnis das Feststellungsinteresse nicht ohne weiteres wegfallen, BGH **LM** § 565 III Nr 6a (anders der Verzicht bei leugnender Feststellungsklage, BGH **18**, 106), wohl aber ein solches nach § 307, das dann Grundlage für ein Anerkenntnisurteil wird, ohne daß das Rechtsschutzbedürfnis für die Feststellungsklage noch zu prüfen wäre, LG Kblz MDR **61**, 605, aM RoS § 134 IV 5a (das Rechtsschutzbedürfnis sei für die Klage zu prüfen). Erhebt der Gegner Leistungsklage in der ersten Instanz, so entfällt nicht das Feststellungsinteresse für die im Revisionsrechtszuge anhängige, entscheidungsreife leugnende Feststellungsklage, da mit deren Erfolg festgestellt wäre, daß die Leistungsklage unbegründet wäre, BGH NJW **68**, 50. Ein Standesinteresse ist nicht stets ausreichend, zB nicht für die leugnende Feststellungsklage eines Anwalts gegenüber einer Mietforderung, Köln MDR **72**, 428.

B. Tatsächliche Unsicherheit. Der Kläger hat ein rechtliches Interesse, wenn eine tatsächliche Unsicherheit sein Rechtsverhältnis gefährdet, BGH **69**, 147, **LM** § 24 WZG Nr 69, DB **76**, 1009 je mwN (ob das behauptete Rechtsverhältnis wirklich besteht bzw das geleugnete fehlt, das gehört zur Klärung nicht schon der Zulässigkeit, sondern erst der Begründetheit, BGH MDR **72**, 123), Stgt VersR **80**, 1114. Dabei entscheidet ein persönlicher, nicht ein allgemein gültiger Maßstab. Demnach findet eine weite und freie Auslegung im Interesse des Klägers statt, BGH **LM** § 37 PatG aF Nr 17. Es genügt, daß der Kläger sein Verhalten nach der Feststellung regeln will, vgl BGH KTS **81**, 218, auch daß der Kläger sich eine gesicherte Grundlage für die Anerkennung eines vor einer anderen Behörde zu verfolgenden Anspruchs verschaffen will, BGH **27**, 195 (Berechtigung zur Geltendmachung des Lastenausgleichsanspruchs). Dann besteht aber nur ein Feststellungsinteresse, wenn das Urteil von der anderen Behörde auch als Grundlage für die dortige Entscheidung anerkannt wird, BGH NJW **60**, 1297.

Der Kläger kann auch ein Interesse am Bestehen oder Nichtbestehen eines Rechtsverhältnisses zwischen dem Bekl und Dritten haben, wenn das für die Rechtsbeziehung zwischen dem Kläger und dem Bekl, BGH **LM** Nr 99 sowie NJW **78**, 1520 mwN, BB **79**, 286 und NJW **82**, 1704, oder zwischen dem Kläger und dem Dritten von Bedeutung ist, BGH **69**, 40, BAG NJW **83**, 1751, Ffm NJW **76**, 1944, Zweibr OLGZ **80**, 33, vgl auch OVG Kblz NJW **76**, 1165 (insofern strenger LG Stgt VersR **79**, 335), vorausgesetzt, daß die Rechtsbeziehungen nicht eindeutig nichtig sind und daß Folgen nicht mehr eintreten können, BGH **LM** Nr 90. Ebenso kann ein Dritter ein Interesse an der Feststellung der Nichtigkeit eines von anderen abgeschlossenen Vertrags haben, BGH **LM** Nr 25 und 34, wenn er vom Bestehen oder Nichtbestehen des Rechtsverhältnisses zwischen dem Bekl und einem anderen in seinem Rechtsbereich auch nur mittelbar betroffen ist, BGH **LM** Nr 59. Daher besteht auch ein schutzwürdiges Interesse des Drittschuldners an der Feststellung der Unrechtmäßigkeit der Pfändung, BGH **69**, 147, auch künftiger Ansprüche, allerdings erst nach einer dem Gläub zuzugestehenden Prüfungsfrist, BGH **69**, 150 mwN.

Der von der Lehre und Rspr gemachte Unterschied zwischen einem rechtlichen und einem berechtigten (wirtschaftlichen) Interesse, vgl (nur zu diesen Begriffen und im übrigen zu dem von I abweichenden § 100 FGO) zB BFH BB **75**, 1328, ist recht unsicher. Wer ein wirtschaftliches Interesse hat, der hat regelmäßig auch ein rechtliches. Nicht genügen kann aber zB das wirtschaftliche Interesse des Aktionärs am Gedeihen einer Aktiengesellschaft, die Hoffnung, bei der Feststellung der Nichtigkeit eines Pachtvertrags selbst Pächter zu werden, BGH **LM** Nr 25. Ein wirtschaftliches Interesse reicht bei einem schiedsrichterlichen Verfahren aus, BGH KTS **77**, 45.

Ein allgemeines menschliches oder verwandtschaftliches Interesse kann nicht genügen. Wohl aber genügt das Interesse an der Wahrung der Ehre. Es ist kein Grund zur Verneinung des Feststellungsinteresses, wenn sich eine sichere Entscheidungsgrundlage wegen eines ungeklärten Verhältnisses nur schwer finden läßt, vgl aber C. Das Interesse muß schutzwürdig sein. Das ist es auch bei einer aussichtslosen Lage, BGH **LM** § 37 PatG aF Nr 17, freilich nicht bei demjenigen, der die Feststellungsklage mißbrauchen will, Einl III 6 A, zB um eine Streitverkündung an ihn, eine Zeugenvernehmung des Bekl oder die Geltendmachung eines Zurückbehaltungsrechts zu verhindern, BGH **LM** Nr 16.

C. Gefährdung des Rechtsverhältnisses. Eine solche Gefährdung liegt schon dann vor, wenn der Kläger in seiner Entscheidungsfreiheit oder in seinen Vorkehrungen gehemmt oder gestört ist, wenn er einen erkennbaren Anlaß zur Besorgnis hat, BGH **LM** Nr 87. Es genügt bei einer behauptenden Feststellungsklage, daß der Bekl das Recht des Klägers ernstlich bestreitet, vgl Köln VersR **77**, 938, bei einer leugnenden, daß sich der Bekl eines Rechts gegen den Kläger oder gegen einen Dritten, BGH **LM** Nr 99, „berühmt", BGH NJW **78**, 1521, Nürnb FamRZ **82**, 1102 nwN. In einer bloßen Streitverkündung liegt keine Berühmung, ebensowenig wie eine solche in der Ablehnung einer Unfallentschädigung durch den Verletzten liegt, so daß kein Feststellungsinteresse des Schädigers dahin besteht, daß kein höherer Ersatzanspruch gegeben sei, BGH **LM** Nr 91.

Es muß dem Kläger ein wirklicher Nachteil drohen; nicht genügen eine rein gedankliche Behauptung, eine Möglichkeit, die in weiter Ferne liegt und sich noch nicht konkret erkennen läßt, BGH **LM** Nr 73, ein künftiges Rechtsverhältnis, das infolge der gegenwärtigen Ungewißheit über die entscheidungserheblichen Umstände zZt nicht festgestellt werden kann, BGH MDR **60**, 371, oder ein für den Kläger ganz einflußloses Berühmen. Andererseits können Handlungen oder Unterlassungen genügen, zB die Pfändung einer Forderung als Grundlage für die Klage des Drittschuldners, B, oder der Erwirkung einer einstweiligen Verfügung, oder das Unterlassen einer nach Treu und Glauben abzugebenden Erklärung, BGH **69**, 46. Ein Einverständnis des Gegners mit dem Getrenntleben oder das Fehlen eines eindeutigen Einverständnisses reichen für eine Feststellungsklage auf ein Getrenntleben nicht aus, Düss FamRZ **72**, 208 mwN.

D. Feststellungsinteresse. Der Kläger muß ein Interesse an der Feststellung haben, auch bei der Klärung einer Drittrechtsbeziehung, BAG NJW **83**, 1751. Über dessen Vorliegen ist in freier, weiter, nicht förmelnder Auslegung zu entscheiden, BGH FamRZ **72**, 90.

a) Zweckmäßigkeit. Die Feststellung muß den Kläger zum Ziel führen, vgl BAG DB **80**, 504. Das Urteil muß also trotz seiner rein inneren Wirkung die Gefährdung beseitigen können, vgl LG Hbg MDR **78**, 410, LG Mannh ZMR **78**, 25. Darum ist regelmäßig keine Feststellungsklage zulässig, wenn eine Leistungsklage möglich ist, Anm 5 „Leistungsklage", oder wenn eine anderweit schwebende Gestaltungsklage den Gegenstand der Feststellungsklage mitumfaßt, BGH **LM** Nr 41, oder wenn nur eine Einstellung der ZwV dem Kläger helfen könnte. Unzulässig ist eine Feststellungsklage auch, wenn die Feststellung keine selbständige Bedeutung hat, sondern nur eine von mehreren zu erfüllenden Voraussetzungen schafft, wenn zB das Recht auf Getrenntleben nur wegen der Entfernung des anderen Ehegatten aus der Wohnung und wegen einer Unterhaltsregelung geltend gemacht wird, Kblz NJW **62**, 350. Nicht ausreichend ist es, wenn der FGG-Richter ohne Bindung an das Feststellungsurteil über Streitpunkte zu entscheiden hat, Bre OLGZ **69**, 47.

b) Notwendigkeit. Die Feststellung muß nötig sein. Darum ist grundsätzlich keine Feststellungsklage zulässig, wenn der Kläger bereits ein rechtskräftiges Urteil besitzt (wohl aber, wenn jenes zB wegen einer Unklarheit nicht vollstreckbar ist, BGH **LM** VOB Teil B [1952] § 13 Nr 83 mwN), oder soweit über den Streit bereits ein Prozeß schwebt, Bre FamRZ **81**, 981, so daß zB bei einer Stufenklage auch auf Zahlung kein Interesse auf Feststellung der Verpflichtung zu einer solchen besteht, § 254 Anm 2 A.

Nötig ist die Feststellung nicht, wenn die entsprechende Klage als Widerklage nicht über den in der Leistungsklage erhobenen Anspruch hinausgeht; überhaupt ist eine Feststellungsklage nicht als Widerklage zulässig, soweit eine bloße Verteidigung die Rechte des Bekl ausreichend wahrt, also auch nicht, wenn gegenüber dem Unfallgeschädigten, der sich über die Schadensauswirkungen noch unklar sein muß, eine negative Feststellungsklage seitens des Schädigers oder seiner Versicherungsgesellschaft erhoben wird, daß kein weiterer Schaden vorhanden sei, um den Geschädigten zum Abschluß eines Abfindungsvertrags zu veranlassen, BGH NJW **69**, 238.

Unzulässig ist eine Feststellungsklage wegen Rechtsfolgen, die das Gesetz ausspricht und die der Bekl nicht bestreitet. Unzulässig ist sie bei Zulässigkeit der Widerspruchsklage, § 771; unzulässig ist eine leugnende Feststellungsklage, wenn sie gegenüber der erhobenen Leistungsklage keinen Vorteil bringt; etwas anderes gilt zB, wenn die Leistungsklage ruhen soll. Vgl im einzelnen Anm 5 „Leistungsklage".

E. Alsbaldige Feststellung. Das Interesse muß eine alsbaldige Feststellung verlangen, BGH **69**, 46. Dies gilt, wenn die begründete Besorgnis der Gefährdung schon jetzt besteht, BGH **LM** Nr 87; vgl auch Anm 2 D. Es hängt im übrigen von der Lage des Einzelfalls ab und ist eng auszulegen. Bei Ersatzansprüchen genügt es, daß sich der Anspruch allmählich abwickelt, daß für die Entstehung eines künftigen Schadens wenigstens ein Anhalt vorhanden ist. Das ist zB der Fall, wenn die Witwe eines tödlich verunglückten Ehemanns sich zwar zZt selbst erhält, aber auf den Verlust der sonst gegebenen Unterhaltspflicht des Ehemannes im Falle eigener Erwerbslosigkeit hinweist; ähnliches gilt bei der Möglichkeit einer Unterhaltspflicht, mag diese infolge der Arbeitsfähigkeit des Klägers zZt auch nicht gegeben sein, Celle MDR **58**, 926. Die Wahrscheinlichkeit eines Schadenseintrittes ist für das Feststellungsinteresse nicht erforderlich, BGH **LM** § 24 WZG Nr 69, wohl aber für die Feststellung der Begründetheit der Klage, dort sind freilich keine zu hohen Anforderungen zu stellen, BGH **LM** § 16 UWG Nr 69. Jedenfalls genügt es, daß spätere Schadensfolgen ernsthaft in Betracht kommen können, BGH FamRZ **72**, 90 und **76**, 144, BAG NJW **74**, 2023.

Die rein gedachte Möglichkeit eines späteren Schadens genügt nicht, wohl aber die Absicht, die Verjährung zu unterbrechen, BGH **LM** Nr 7, Celle FamRZ **76**, 89; hingegen genügt es nicht, sich vor dem Eintritt der Verjährung eines noch völlig ungewissen Anspruchs aus § 323 zu schützen, BGH **34**, 119. Nicht ausreichend ist ein drohender Verlust von Beweismitteln, weil dagegen das Beweissicherungsverfahren hilft, §§ 485ff. Dieses ist aber für die Bewertung des Feststellungsinteresses unterstützend heranziehbar, BGH **18**, 41. Ebensowenig genügt es, daß die Schadenshöhe eine zeitraubende Beweisaufnahme nötig macht, BGH BB **74**, 1184, oder daß die Möglichkeit denkbar ist, daß ein Feststellungsurteil einen Vergleich ermöglichen könnte (anders ist es, wenn dafür ein bestimmter Anhalt besteht), BGH BB **74**, 1184; wohl aber genügt es, daß eine derzeitige Schadensberechnung unmöglich oder untunlich ist oder daß der Eintritt derjenigen Bedingung, die eine Schadensfolge hat, nicht allzu fern liegt, zB bei der Inanspruchnahme von Fürsorgeleistungen, die dann einen Forderungsübergang zur Folge haben, Celle MDR **62**, 660. Mögliche spätere Veränderungen bleiben außer Betracht. Nicht ausreichend ist eine Lage, in der der Haftpflichtversicherer des Schädigers die bereits entstandenen unfallbedingten Aufwendungen erstattet und wegen der noch entstehenden Ansprüche auf die Dauer von mehr als drei Jahren auf die Einrede der Verjährung verzichtet hat, Oldb VersR **80**, 272.

Ausreichend ist ein Interesse an einer alsbaldigen rechtlichen Feststellung bei einem Anspruch auf Entschädigung aus enteignungsgleichem Eingriff, wenn die Möglichkeit einer Leistungsklage durch den Gesetzgeber als noch nicht zulässig erklärt ist und eine gesetzliche Regelung in Aussicht gestellt ist, BGH JZ **62**, 254, Bötticher ZZP **75**, 49, aM BGH **34**, 166, wenn der Gesetzgeber eine allgemeine Regelung in Aussicht gestellt habe, da er dann die Klärung der richterlichen Gewalt nicht habe überlassen wollen, es auch am Interesse an alsbaldiger Feststellung fehle. Bei einer anderweitigen Ersatzmöglichkeit, § 839 I 2 BGB, besteht das Feststellungsinteresse erst, falls dort Beweisschwierigkeiten zu befürchten sind, Ffm VersR **73**, 576.

4) Verfahren, I. A. Prozeßvoraussetzungen. Hierher zählen außer den besonderen des Abs I die der Leistungsklage. Gerichtsstand: **a)** bei behauptender Feststellungsklage der der entspr Leistungsklage; **b)** bei leugnender der ausschließliche oder besondere der umgekehrten Leistungsklage, sonst der allgemeine des Bekl; **c)** bei der Urkundenfeststellungsklage der des Rechtsverhältnisses, jedoch kein dinglicher, wenn die Urkunde ein dingliches Recht nur beweist; anders § 24, bei Klagen auf eine Feststellung des Eigentums.

B. Klageschrift. Die Klageschrift muß dem § 253 genügen; die rechtsbegründenden Tatsachen sind auch hier näher anzugeben, BGH MDR **83**, 662 mwN. Bei der leugnenden Feststellungsklage umreißt die vom Bekl erhobenen Ansprüche u braucht der Kläger nur ihr Nichtbestehen zu behaupten. Der Antrag, vgl auch § 253 Anm 5 A, muß bestimmt sein, dh das Rechtsverhältnis eindeutig bezeichnen, BGH MDR **83**, 662 mwN; die Bezugnahme auf eine gesetzliche Bestimmung genügt jedenfalls dann nicht, wenn diese mehrere Tatbestände enthält, BAG JZ **62**, 166. Falsche Anträge, etwa auf Anerkennung, sind umzudeuten. Die Feststellungsklage kann im allgemeinen nicht auf einen ziffernmäßig bestimmten Betrag gehen. Die leugnende Feststellungsklage kann nicht dahin gehen, daß der Kläger nichts schulde, sondern nur, daß er aus einem bestimmten Rechtsverhältnis nichts schulde; darin steckt mangels gegenteiliger Erklärung der Antrag auf Feststellung, in welcher Höhe der Anspruch des Bekl etwa nicht begründet ist, BGH LM § 41 LitUG Nr 2. Bei einem Schaden handelt es sich nicht um die Bezifferung oder Berechnung von Einzelansprüchen, sondern um die bestimmte Bezeichnung des zum Ersatz verpflichtenden Ereignisses, sowie um hier (anders als für das Feststellungsinteresse) erforderliche Tatsachen für die Wahrscheinlichkeit einer Schadensentstehung, BGH **LM** § 24 WZG Nr 69 und MDR **83**, 662. Die Rechtshängigkeit äußert sachlichrechtliche Wirkungen nur bei der behauptenden Feststellungsklage; nur sie unterbricht die Verjährung und Ersitzung, §§ 209, 941 BGB, aM Wiecz E III b. Wert s Anh § 3 „Feststellungsklage".

C. Verfahrensablauf. Die Verhandlung läuft wie sonst ab. Wird anerkannt, so ergeht ein Anerkenntnisurteil, ohne daß noch ein rechtliches Interesse zu prüfen wäre. Das Anerkenntnis muß sich aber auf den Klageanspruch beziehen. Eine Anerkennung des Rechtsverhältnisses oder der Berühmung als unzutreffend genügt nicht; das Gericht muß jedoch prüfen, ob nach dem Wegfall der Berühmung noch ein Feststellungsinteresse vorliegt, s auch Anm 3 A aE. § 93 kann anwendbar sein. Wer sich aber nicht berühmt hat, braucht den Klageanspruch nicht anzuerkennen, um der Kostenlast zu entgehen; er muß aber evtl eine Erklärung abgeben, wenn sie von ihm nach Treu und Glauben erwartet werden kann, Anm 3 C aE; danach ist zu beurteilen, ob er sich durch seinen Abweisungsantrag berühmt oder ob er nur den Kläganspruch leugnet. Ein „hilfsweises" Anerkenntnis beseitigt das Feststellungsinteresse nicht, BGH DB **76**, 1009.

D. Beweisfragen. Die Beweislast richtet sich nach allgemeinen Grundsätzen. Die äußere Parteistellung entscheidet nicht, BGH NJW **77**, 1638, Düss FamRZ **81**, 480, Karlsr VersR **82**, 264 mwN. Bei der leugnenden Feststellungsklage muß der Kläger die behauptete Berühmung des Bekl beweisen. Bei dieser Klage gilt ferner: **a)** der Kläger leugnet die den Kläganspruch begründenden Tatsachen; dann muß der Bekl ihr Vorhandensein beweisen, vgl BGH NJW **77**, 1638, Karlsr VersR **82**, 264; **b)** der Kläger behauptet die Beseitigung der Wirkung durch rechtshemmende oder rechtsvernichtende Tatsachen; diese muß der Kläger beweisen; **c)** der Kläger leugnet die Wirksamkeit aus Rechtsgründen; dann ist kein Beweis nötig, weil ein vorweggenommenes Geständnis vorliegt.

E. Urteil. Sämtliche Erfordernisse des I sind besondere ProzVoraussetzungen, Grdz 3 A und E vor § 253 und 5 B. Fehlt das rechtliche Interesse, so ist die Klage durch ProzUrteil abzuweisen, BGH **18**, 41, 106, Anm 1 B. Das Gericht darf die Feststellungsklage so wenig wie die Leistungsklage gleichzeitig als unzulässig und als unbegründet abweisen, wohl aber als unzulässig, hilfsweise als unbegründet behandeln. Eine Abweisung der behauptenden Feststellungsklage ist nicht schon nach einer summarischen Prüfung möglich, ob ein Schaden entstanden ist, BGH **LM** § 638 BGB Nr 12. Eine völlige Abweisung der leugnenden Feststellungsklage setzt, wenn der Bekl beziffert hat, voraus, daß das Gericht den vom Kläger geleugneten Anspruch voll bejaht; ist nicht beziffert worden, so ist gemäß § 139 festzustellen, ob überhaupt jeder Anspruch (dann wäre also abzuweisen, wenn der Anspruch in irgendwelcher Höhe begründet ist) oder wenigstens hilfsweise nur in der angemaßten Höhe geleugnet werden soll, B.

Ein Teilurteil ist auch bei der leugnenden Feststellungsklage möglich, sofern der Bekl nicht zu einer Bezifferung gezwungen wird, BGH **LM** Nr 94, aber nur dann, wenn das Schlußurteil nicht im Gegensatz dazu stehen kann; das ist aber regelmäßig dann der Fall, wenn ein derartiges Urteil für einen Teil der eingeklagten Summe ergeht, der Bekl dann aber, wie beim SchadensProz häufig, seine Ansprüche erweitert. Wenn der Kläger eine Verurteilung auf Feststellung verlangt, ist ein Leistungsurteil unzulässig. Wohl aber ist umgekehrt dann, wenn der Kläger eine Leistung verlangt, eine Verurteilung auf bloße Feststellung möglich, denn das Feststellungsurteil ist gegenüber dem Leistungsurteil ein Weniger, § 308 Anm 1 B. Ist wegen eines Einwands aus § 254 II BGB der Wegfall des Anspruchs ungewiß, so ist ein Urteil auf eine unbegrenzte Feststellung falsch. Ist der Anspruch teilbar, so ist zu prüfen, ob der Klage nicht teilweise stattzugeben ist; das Urteil muß also erkennen lassen, ob es das Rechtsverhältnis ganz oder teilweise bejaht oder leugnet. Eine ProzVoraussetzung ist die Bestimmtheit des Klagantrags, B; bei deren Fehlen, was noch in der Revisionsinstanz vAw nachzuprüfen ist, erfolgt eine Abweisung als unzulässig, BAG JZ **62**, 166. Wegen der Rechtskraftwirkung § 322 Anm 4 ,,Feststellungsurteil''. Die ZwV läßt ein Feststellungsurteil nur im Kostenpunkt zu; seine Wirkung ist eine rein innere.

F. Wegfall des rechtlichen Interesses. Ist das rechtliche Interesse im Prozeß weggefallen, so kann der Kläger die Kostenpflicht vermeiden, wenn er die Hauptsache für erledigt erklärt. Ob das Interesse weggefallen ist, bedarf einer sorgfältigen Prüfung. So erledigt eine Widerklage des Gegners mit dem Ziel einer Unterlassung vor der Rechtskraft der Entscheidung nicht die leugnende Feststellungsklage, LG Bln GRUR **80**, 188. Selbst ein Anerkenntnis im Prozeß, vgl aber auch Anm 3 A aE, erledigt nicht, wenn das spätere Verhalten hinsichtlich der festzustellenden Frage zweifelhaft ist.

5) Einige Einzelfälle, I. ,,Ja'' bedeutet: eine Feststellungsklage ist zulässig; ,,nein'' bedeutet: eine Feststellungsklage ist unzulässig. Vgl auch Anm 3.

Arbeitsverhältnis. Berechtigung und Wirksamkeit einer Versetzung: Ja, spätestens auch noch seit ihrer Durchführung, BAG BB **60**, 445. Streit mit einem privaten oder öffentlichen Arbeitgeber über den Urlaubsumfang: Ja, da erfahrungsgemäß auch der private Arbeitgeber sich daran hält, BAG NJW **65**, 787, aber auch ein Leistungsurteil ist möglich. Einstufung in die Gehaltsgruppe: Nein für den Betriebsrat, ja für den Arbeitnehmer, auch in der Privatwirtschaft, LAG Hamm DB **79**, 1560, auch wenn schon übertariflich gezahlt wird, BAG NJW **71**, 480, und auch für Zinsen, BAG NJW **70**, 1207. Ja, falls das ArbG die Versicherungskarte falsch ausgefüllt hat und eine Nachversicherung unmöglich oder von einem Proz abhängig ist, für die Klärung der Eintragungspflicht, BAG NJW **70**, 1654. Ja, daß eine versicherungs- und steuerpflichtige Arbeit vorliegt, wenn zB eine Rentenverkürzung droht oder wenn die zuständige Behörde das Urteil des ArbG vermutlich zugrundelegen wird, BAG BB **74**, 1303.

Ja, daß der Kläger Arbeitnehmer und kein freier Mitarbeiter ist, BAG DB **76**, 2310 und 2359, uU auch, wenn schon ein weiterer Proz über einzelne Arbeitsbedingungen schwebt, BAG DB **77**, 2460 (aber nein, wenn es dabei in Wahrheit nur um die Höhe eines Vergütungsanspruchs geht, BAG BB **79**, 1456). Ja für Anwartschaftsrechte des Dienstherrn wegen der Erstattung von Weihnachtsgeld bei einer Dienstunfähigkeit, Mü MDR **70**, 236. Ja für die vom Betriebsrat begehrte Feststellung, der Arbeitnehmer sei kein leitender Angestellter, selbst wenn der letztere Klage auf Feststellung erhebt, er sei ein solcher, BAG NJW **75**, 1717, und umgekehrt, BAG MDR **75**, 609, selbst wenn kein akuter Streitfall mehr vorliegt, BAG NJW **75**, 1244 und 1246. Bei einer nur ideellen Rechtskraftwirkung ja nur, falls wenigstens ähnliche Fälle auftreten können oder die Entscheidung den Betriebsfrieden fördert, BAG DB **75**, 1322, ähnlich BAG JZ **78**, 153 (betr Politiker im Betrieb).

Ja bei einer Klage auf Feststellung der Unwirksamkeit der außerordentlichen Kündigung, BAG FamRZ **76**, 622, selbst wenn gemäß § 103 II BetrVG die Zustimmung bereits rechtskräftig ersetzt worden ist, BAG NJW **75**, 1752. Ja bei einer Sozialwidrigkeit der Kündigung, § 4 KSchG, Wenzel MDR **78**, 103 mwN. Ja, daß eine Aussperrung rechtswidrig sei, ArbG Paderborn DB **75**, 1655. Ja, daß eine Masseforderung bestehe, auch wenn die Quote ungewiß ist, LAG Düss DB **76**, 538. Ja bei einer Disziplinarmaßnahme gegen einen Arbeitnehmer im öffentlichen Dienst, LAG Bln BB **80**, 1749. Zum Weiterbeschäftigungsanspruch während des Kündigungsschutzprozesses Bötticher BB **81**, 1958.

Ja bei einer Verbandsklage zur Klärung der Gültigkeit und zur Auslegung einer Tarifnorm, BAG VersR **81**, 942.

Nein für einen Arbeitgeberverband wegen des Anspruchs seiner Mitglieder auf die Unterlassung bestimmter Arbeitskampfmaßnahmen gegen eine Gewerkschaft, BAG NJW **83**, 1751. Nein für die Feststellung, daß ein unbefristetes Arbeitsverhältnis bestehe, solange keine Tatsachen dafür vorliegen, daß auch dieser Kläger alsbald entlassen werden soll, BAG DB **80**, 503. Nein betr die Bildung eines Betriebsrats unabhängig von § 17 BetrVG, BAG DB **76**, 823. Nein, solange mangels eines Tarifvertrags kein Rechtsverhältnis besteht, BAG NJW **78**, 2116. Nein für die Klage eines einzelnen Arbeitnehmers gegen die Wirksamkeit einer Aussperrung, LAG Hamm NJW **83**, 783.

Aufopferungsanspruch. Als solcher ja, auch dafür, daß er einen Anspruch auf vollen Schadensersatz gewährt; nein aber wegen der Verpflichtung zur Ausgleichung einzelner Nachteile (Heilkosten, Entschädigung für verminderte Erwerbsaussichten), da ein einheitlicher Anspruch vorliegt, BGH **22**, 43.

Auseinandersetzung. Ja, wenn dem Kläger schon mit der Entscheidung bestimmter Fragen gedient ist, zB als Grundlage der Abrechnung, BGH NJW **51**, 360, so ob bestimmte Posten miteinbezogen wurden oder außer Ansatz bleiben müssen, KG OLGZ **77**, 458; nein wegen der Verpflichtung zur Aufstellung einer neuen Bilanz, dann ist vielmehr eine Leistungsklage erforderlich, bei der die bemängelten Wertansätze inzidenter mitgeprüft werden, BGH **26**, 25. Handelt es sich um einen auf dem Gesellschaftsverhältnis beruhenden Zahlungsanspruch, so kann dieser nach der Auflösung der Gesellschaft nicht durch eine Leistungs-, sondern nur durch eine Feststellungsklage geltend gemacht werden, da er nur einen unselbständigen Rechnungsposten innerhalb der Auseinandersetzungsrechnung darstellt, BGH WM **64**, 1052, vgl auch BGH **37**, 304.

Ausland. Ja, falls es die Klärung praktisch fördert, zB bei der Anerkennung im Ausland (SchlAnh V) oder wenn es um die Vollstreckbarkeit des zugehörigen Leistungsurteil im Inland geht, BGH **LM** Nr 92.

Baulandsache. Ja, BGH NJW **77**, 716 mwN, zB wenn die Feststellung der Rechtswidrigkeit eines während des BaulandProz erledigten Verwaltungsaktes im zukünftigen ZivProz bindend ist und der ZivProz nicht offensichtlich aussichtslos ist, KG NJW **70**, 614.

Bausache. Ja, soweit ein Feststellungs- statt eines Leistungsantrags ausnahmsweise zweckmäßig ist, Düss VersR **83**, 463.

Beanspruchstreit. Ja für die Feststellungsklage eines Beanspruchers gegenüber dem Schuldner, schon weil das Urteil im Beanspruchstreit nicht gegenüber dem Schuldner eine Rechtskraftwirkung erhalten kann, BGH KTS **81**, 218.

Bergschaden. Da ein Ersatz regelmäßig durch den Kapitalbetrag als Gesamtentschädigung erfolgt, nein wegen des noch entstehenden Schadens.

Ehe. Ja für die Hinzurechnung einzelner Vermögensstücke zum Anfangsvermögen, selbst nach der Beendigung des Güterstands, Düss MDR **72**, 782. Ja für das Recht auf Getrenntleben, Hamm FamRZ **76**, 341, AG Merzig FamRZ **80**, 245, ähnlich Flieger MDR **81**, 457. Ja für eine verneinende Feststellungsklage des Unterhaltspflichtigen, selbst wenn eine einstweilige Anordnung über den Unterhalt ergangen ist, Düss FamRZ **80**, 1044, 1046 und **81**, 295 je mwN, Hamm FamRZ **80**, 1043, Karlsr FamRZ **81**, 295 mwN, Zweibr FamRZ **80**, 1042 mwN, auch wenn die Parteien zu ihrer Abänderung einen Vergleich geschlossen hatten, Stgt FamRZ **82**,1033.

Nein für die Feststellung des Bestehens oder Nichtbestehens (insofern ist allenfalls § 606 anwendbar), Hamm FamRZ **80**, 706. Nein für die Fortwirkung eines Urteils nach § 1361 BGB nach der Scheidung, aM Köln FamRZ **79**, 925. Für das Recht zum Getrenntleben ja, falls beide Ehepartner vor einem Scheidungsverfahren trotz Zerrüttung der Ehe gemeinsam leben und sich nicht über die Formen des Getrenntlebens einigen können, Bbg FamRZ **79**, 804. Nein, daß für den Zugewinnausgleich das am Stichtag X vorhandene Vermögen als Endvermögen anzusehen sei, BGH FamRZ **79**, 906. Nein für die Feststellung der Zugehörigkeit einer (noch nicht unverfallbaren) Anwartschaft auf einen Versorgungsausgleich, Düss FamRZ **81**, 565 (wegen eines schuldrechtlichen Versorgungsausgleichs), aM Bre FamRZ **82**, 393 (wegen eines öffentlichrechtlichen Versorgungsausgleichs), oder für die Feststellung, daß ein Ehegatte im Weg eines schuldrechtlichen Versorgungsausgleichs eine Ausgleichsrente zu zahlen habe, BGH NJW **82**, 388.

Eigentum. Ja für den Eigentümer gegen den derzeitigen Besitzer, dem die Sache auf Grund gesetzlicher Vorschriften überwiesen wurde, ja für geschiedene Eheleute zur Klärung der Eigentumsverhältnisse an dem früherem Eigentum als Vorfrage für einen Entschädigungsanspruch, BGH **27**, 190.

Erbrecht. Ja für den Erblasser gegen den Notar, daß einem Testamentserben mit einiger Wahrscheinlichkeit aus einem fehlerhaft beurkundeten Abfindungsvertrag ein Schaden erwachsen werde, Hamm VersR **81**, 1037. Ja für den Testamentsvollstrecker gegen den Erben wegen der Feststellung, daß sein Widerspruch gegen die Auszahlung des Vermächtnisses unbegründet ist. Ja gegen den Erben, daß das Testament als gültig anzusehen und auszuführen ist. Ja für den Erben gegen den Miterben bei Streit nur über gewisse Punkte, wenn der Nachlaß noch nicht teilungsreif ist, BGH NJW **74**, 956, KG OLGZ **77**,

1. Titel. Verfahren bis zum Urteil § 256 5

458, bzw wenn eine Erbauseinandersetzungsklage erspart wird, die wesentlich teurer wäre, da sie auch die unstreitigen Punkte mitumfaßt, KG JR **61**, 144. Ja gegen den früher Beschenkten wegen § 2329 III BGB, BGH **17**, 338. Ja für die von ihrem verstorbenen Ehemann als Vorerbin eingesetzte Ehefrau, die mit ihm im früheren gesetzlichen Güterstand gelebt hat, gegen den Nacherben auf Feststellung des Rechtsverhältnisses, das dadurch entstanden ist, daß ihr verstorbener Mann eingebrachtes Gut für sich verwendet hatte, BGH LM Nr 26. Ja für den Erben gegen den Testamentsvollstrecker, daß er an der Erbauseinandersetzung mitwirken muß, BGH DB **81**, 366.

Nein im allgemeinen für eine Feststellung der erbrechtlichen Verhältnisse nach einer noch lebenden Person, zB BGH **37**, 143; ja bei gegenwärtigen Vorwirkungen eines erbrechtlichen Verhältnisses, BGH **28**, 177, Battes AcP **178**, 349 mwN, wie hinsichtlich des Bestehens eines Pflichtteils oder der Berechtigung, ihn zu entziehen, BGH **LM** § 2333 BGB Nr 2, der Unwirksamkeit der Anfechtung gegenüber einer Vermächtnisanordnung in einem gemeinsamen Testament, BGH **37**, 331.

Genossenschaft. Ja für die Feststellung der beschränkten Unwirksamkeit eines Beschlusses der Genossen, BGH **15**, 181.

Gesellschaft. Ja für die Feststellung der Unwirksamkeit einer formell protokollierten Entschließung (keine Anfechtungsklage), BGH **51**, 209; ja für die Feststellung, daß die Gesellschafterversammlung (gegen den Widerstand von Gesellschaftern, die vom Stimmrecht ausgeschlossen worden seien) einen Beschluß gefaßt habe, den der Versammlungsleiter nicht verkündet habe, BGH **76**, 157; ja für eine Nichtigkeitsklage des widersprechenden Gesellschafters gegen alle übrigen; soweit die Gesellschafter die Ansicht des Klägers teilen, ist aber eine Klage gegen diese nicht erforderlich, Hbg BB **67**, 1267.

Nein für die Klage nur eines von mehreren nur gemeinsam Geschäftsführungsberechtigten, Düss MDR **72**, 615. Nein für die Klage eines Gesellschafters gegenüber einem Geschäftspartner, daß seine Vertretungsmacht vorhanden sei, BGH BB **79**, 286. Zu § 249 AktG BGH **70**, 386 mwN, Haase DB **77**, 241, Schmidt JZ **77**, 769 (dieser auch zu § 243 AktG).

Gesundheitsschaden aus einer unerlaubten Handlung. Ja, dies bezieht sich auch auf die Feststellung eines Schmerzensgeldanspruchs, BGH **LM** Nr 17; ja, falls mit einem weiteren Folgeschaden zu rechnen ist, BGH VersR **74**, 248.

Gewerbliches Schutzrecht. Ja für die Erfinderklage, BGH **72**, 245. Ja, wenn der Verletzer, etwa eines Patents, erheblichen Anlaß zur Besorgnis einer Gefährdung des Rechts gibt. Ja für eine negative Feststellungsklage, auch wenn das Warenzeichen beim Patentamt angemeldet wurde oder dort ein Widerspruchsverfahren eingeleitet wurde, da das Gericht nicht an dessen Entscheidung über eine Zeichenübereinstimmung gebunden ist, BGH **LM** Nr 21. In der Regel für eine leugnende Feststellungsklage ohne eine Abmahnung ja, sobald ein Inhaber eines Schutzrechts eine widerrechtliche Verwarnung ausgesprochen hat, KG DB **80**, 735 mwN; dagegen bei einer widerrechtlichen Verwarnung wegen eines angeblichen sonstigen Verstoßes erst im Anschluß an eine Abmahnung durch den Verwarnten ja, KG DB **80**, 735. Ja für die Feststellung der Unwirksamkeit eines Gebrauchsmusters, wenn ein Verfahren nach § 945 folgen soll, und zwar auch dann, wenn es noch nicht eingeleitet worden ist, BPatG GRUR **81**, 125, und ja, wenn der Kläger Grund zur Besorgnis hat, er könne wegen einer Handlung vor dem inzwischen erfolgten Erlöschen in Anspruch genommen werden, BGH NJW **81**, 2461.

Kartellstreit. Schon eine einverständliche Aussetzung des Hauptsacheverfahrens kann das Rechtsschutzbedürfnis für das Kartellstreitverfahren begründen, Karlsr GRUR **83**, 464.

Kauf. Ja, daß ein Kaufvertrag sich noch auf ein anderes Grundstück bezieht, wenn die Wirksamkeit des ganzen Kaufvertrags im Streit ist, BGH MDR **67**, 828.

Konkurs. Ja, wenn der Bekl die angemeldete Konkursforderung bestreitet. Ja, wenn der Konkursverwalter das Recht der Teilnahme am Konkurs leugnet. Nein, solange er es nur „vorläufig bestreitet", LG Düss DB **76**, 2155. Ja für den Konkursverwalter gegen den Gemeinschuldner, daß ein Gegenstand in die Masse fällt, BGH NJW **62**, 1392. Ja für Gesellschafter einer OGH, über deren Vermögen der Konkurs eröffnet wurde, wegen des Nichtbestehens einer von ihnen bestrittenen Gesellschaftsverbindlichkeit, BGH **LM** § 128 HGB Nr 3.

Nein für den Konkursverwalter auf Feststellung des Nichtbestehens einer zur Aufrechnung gestellten Konkursforderung, da der Konkursverwalter nur die Aufgabe hat, die Masse zu vergrößern, und es Sache der Konkursgläubiger ist, § 146 I KO, eine bestrittene Forderung im Klagewege geltend zu machen, BAG NJW **61**, 1885, aM Mentzel-Kuhn § 146 KO Anm 7.

Kündigung. Ja, daß sie erst in einem bestimmten Zeitpunkt wirksam ist; ja, wenn im Proz fristlos gekündigt wurde, oder bei einer Klage des fristlos Entlassenen auf Weiterbestehen des Dienstverhältnisses, BAG BB **60**, 1060. Ja, daß die Rechtsbeziehungen der Gesellschafter bei einem Übernahmerecht eines Gesellschafters nach der Kündigung in bestimmter Weise zu regeln sind.

Leistungsklage. Es entscheidet immer der Grundsatz der Prozeßwirtschaftlichkeit, Einl III 3 A. Darum regelmäßig nein, wenn eine Leistungsklage möglich ist, BGH BB **74**, 1184 und ZMR **78**, 49, oder wenn eine Unterlassungsklage zulässig ist, BGH **LM** Nr 102, BGH VersR **73**, 54. Auch die Stufenklage ist eine Leistungsklage, § 254 Anm 1. So muß beim Streit über das Zustandekommen eines Vorvertrags auf den Abschluß eines bestimmten Hauptvertrags geklagt werden, nicht auf die Feststellung einer Verpflichtung zum Abschluß des Hauptvertrags, BGH **LM** Nr 40.

Ja: Wenn trotz der Möglichkeit der Leistungsklage ein Interesse an der Feststellung besteht, BAG DB **76**, 2310 und 2359 sowie FamRZ **76**, 722, Celle BB **78**, 576, Düss OLGZ **78**, 250 und VersR **83**, 463, LG Darmst BB **74**, 1501, LG Dortm NJW **81**, 765, LG Konstanz NJW **76**, 2353; wenn unklar ist, ob ein Schaden zu erwarten ist, aM BAG NJW **71**, 1632 (aber gerade dann besteht eine tatsächliche Unsicherheit, Anm 3 B); wenn sich zB der Schaden derzeit nicht beziffern läßt, BGH **69**, 152 und NJW **78**, 210, oder noch in der Entwicklung begriffen ist, Celle VersR **83**, 430, Hbg VersR **80**, 1030, Hamm VersR **73**, 633 (meist ist freilich ein Grundurteil im LeistungsProz ausreichend und zweckmäßig, BGH BB **74**, 1184); wenn die Höhe des Anspruchs vom Ausgang eines anderen Rechtsstreits abhängt, BGH **17**, 339, **36**, 38 (Feststellung, daß ein bestimmter Betrag vorbehaltlich einer Herabsetzung gem § 12 II StVG zu zahlen sei); wenn die Möglichkeit einer Leistungsklage zwar gegeben war, das ProzGer aber ohne Zweifel den Übergang zur Feststellungsklage veranlaßt hat, BGH **28**, 126. Eine Änderung der Verhältnisse fällt hierunter, dann gilt § 323, BGH **5**, 314, MDR **61**, 310, dies trifft aber für die Witwe eines getöteten Beamten regelmäßig nicht zu, sie hat vielmehr mit Rücksicht auf die zu erwartende Anpassung der Gehälter trotz der Möglichkeit einer Leistungsklage noch ein Feststellungsinteresse, BGH NJW **56**, 1479.

Ja, wenn der schädigende Zustand andauert; wenn eine Feststellungsklage das Verfahren vereinfacht und verbilligt und annähernd dasselbe erreicht, was insbesondere bei der Klage, die die Erbauseinandersetzung vorbereiten soll, der Fall sein kann, BGH FamRZ **56**, 130 (vgl aber auch BGH **LM** Nr 35) und wenn die Feststellungsklage prozeßwirtschaftlich zu einem sinnvollen, BGH **LM** Nr 98, BB **74**, 1184 und NJW **78**, 1521, oder gar sinnvolleren Ergebnis führt als die Leistungsklage, BAG **AP** § 268 aF, SAE **68**, Heft 2/3; wenn das Feststellungsurteil den Streit endgültig beilegen kann, BAG NJW **79**, 2634; wenn die Leistungsklage die Streitfrage nicht klären kann, Mü DB **73**, 1732, oder zu einer Erschwerung der Rechtsbeziehungen der Parteien führt, die Feststellungsklage also prozeßwirtschaftlich vertretbar ist, BGH **2**, 252, BayObLG **76**, 62.

Ja, wenn der Bekl kraft Amtspflicht die Rechtsprechung voraussichtlich ohne Zwang anerkennen und dem Spruch genügen wird, BGH **28**, 126, Mü DB **73**, 1743, LG Köln VersR **83**, 478, so gegenüber einer Behörde, einer Körperschaft des öffentlichen Rechts (jedoch nicht immer: die Sache muß sich durch eine Feststellungsklage in jeder Hinsicht erledigen, es dürfen also keine Fragen unentschieden bleiben), oder gegenüber einem Konkursverwalter. Sehr weit Hamm VersR **72**, 967: Ja bei einer Versicherung, BGH VersR **83**, 125, weil sie der Aufsicht unterliegt und weil man annehmen kann, daß sie bei einer Verurteilung eine Regulierung vornehmen wird, ohne die Pfändung und Überweisung des Deckungsanspruchs durch den Geschädigten abzuwarten, Hamm VersR **80**, 1061 mwN; zum Problem Bach VersR **79**, 506 mwN. Nicht schon bei einer als bedeutend anzusehenden juristischen Person des Privatrechts, BAG NJW **62**, 270. Bei einer teilweise fälligen Forderung ja auf Feststellung der Restforderung, zB auf Feststellung des entstandenen und künftigen Schadens (keine Spaltung in Feststellungs- und Leistungsklage), BAG JZ **73**, 561. Ja (statt § 258) für den Unterhalt in der ferneren Zukunft, BGH NJW **83**, 2197. Ja bei Zulässigkeit einer Klage aus § 259, weil sie zu unsicher ist. Wenn die Tragweite der Feststellung weiter reicht, BAG FamRZ **76**, 622, vgl BSG MDR **73**, 441, Celle BB **78**, 567, zB zZt ein Anspruch aus § 829 BGB zwar nicht gegeben, aber möglich werden kann, BGH **LM** § 829 BGB Nr 2 und Anm 2 D. War eine Feststellungsklage bei Klagerhebung zulässig, so braucht der Kläger im Prozeß nicht zur Leistungsklage überzugehen, BGH **LM** Nr 92, ausnahmsweise muß das aber dann geschehen, wenn die Schadensentwicklung bereits im 1. Rechtszug voll abgeschlossen ist, der Bekl den Übergang

1. Titel. Verfahren bis zum Urteil § 256 5

anregt und damit weder eine Verzögerung noch ein Instanzverlust verbunden sind, BGH NJW **78**, 210, Hamm VersR **75**, 173.
Eine Leistungsklage des Bekl räumt eine leugnende, uU auch eine fördernde Feststellungsklage des Klägers, Ffm NJW **70**, 2069, regelmäßig aus, vgl LAG Düss BB **75**, 471, und zwingt diesen, seine Klage für erledigt zu erklären. Dies gilt aber nur, wenn der Bekl sie nicht mehr einseitig zurücknehmen kann, vgl Hamm NJW **73**, 2300, und der Kläger nicht trotzdem ein berechtigtes Interesse an der Durchführung hat, zB wegen der Beschleunigung oder Vereinfachung des Verfahrens. Ja uU, wenn die Feststellungsklage in erster oder zweiter Instanz im wesentlichen entscheidungsreif ist, BGH **18**, 41, **LM** Nr 102; wenn durch eine negative Feststellungsklage der Streit um Geld, dessen Hinterlegung droht, vermeidbar ist, BGH NJW **78**, 1521.
Nein: uU für eine Leistungsklage des Bekl, wenn anzunehmen ist, daß der Kläger der leugnenden Feststellungsklage dem abweisenden Urteil genügen wird, BFH BB **73**, 689; wenn erst in absehbarer Zukunft eine Anfechtungsklage möglich ist; etwas anderes gilt aber zumindest dann, wenn ein Abwarten unzumutbar ist, BFH DB **73**, 1053. Nicht schon deshalb ja, weil im LeistungsProz eine Beweisaufnahme nötig wird (es ist ein Grundurteil möglich!) oder weil evtl ein Vergleich durch ein Feststellungsurteil ermöglicht wird (anders ist es bei einem bestimmten Anhalt dafür), BGH BB **74**, 1184. Hbg MDR **75**, 56 hält die Feststellung einer Persönlichkeitsrechtsverletzung nebst einem Antrag auf Veröffentlichung des Urteils für zulässig. Wegen der Feststellungsklage betr ein ausländisches Urteil Geimer JZ **77**, 146, 213 je mwN. Nein, wenn der Kaskoversicherer die Deckungspflicht nicht bestreitet und nur die Zuständigkeit des Sachverständigenausschusses zur Entscheidung über die Schadenshöhe einwendet, Stgt VersR **80**, 1114.
Mietverhältnis. Ja für die Feststellung, daß der Mietvertrag durch die Kündigung beendet sei, neben der Klage auf Räumung, Celle BB **78**, 576. Eine Feststellungsklage auf die Verpflichtung des Vermieters, die Umzugskosten zu erstatten und eine Räumungsentschädigung zu zahlen, kann auch vor der Räumungsklage zulässig sein, BGH MDR **65**, 477. Ja für die Feststellung, daß das Mietverhältnis trotz einer drohenden Kündigung des Vermieters, AG Ibbenbüren WM **80**, 62, oder wegen der Unwirksamkeit einer bereits ausgesprochenen Kündigung des Vermieters fortbestehe, AG Hbg-Blankenese WM **80**, 56. Rechtsverhältnis iSv I ist der Mietvertrag, nicht die Kündigung, Düss NJW **70**, 2027, AG Hbg-Blankenese WM **80**, 56. Die Tatsache, daß Rauch eindringt, ist kein Rechtsverhältnis, LG Mannh ZMR **78**, 25.
Nichtige Entscheidung. Auf Einwendungen gegen die Zulässigkeit der Vollstreckungsklausel oder auf eine angebliche Unzulässigkeit der ZwV aus dieser Klausel braucht sich der Kläger nicht verweisen zu lassen, BGH **29**, 223.
Ost-Westfragen. Ja gegen den westdeutschen Schuldner, obwohl schon jetzt eine Leistungsklage auf Verurteilung Zug um Zug gegen Leistung einer die mögliche Entschädigung durch doppelte Inanspruchnahme seitens einer DDR-Stelle ausgleichenden Sicherheit möglich wäre, BGH **LM** § 275 BGB Nr 2, da ohnehin neu geklagt werden müßte, wenn die doppelte Inanspruchnahme und damit die Voraussetzung für die Zug-um-Zug-Leistung entfiele, BGH **LM** Nr 27.
Persönlichkeitsrecht. Evtl ja für die Feststellung, durch welche Tatsachenbehauptung es verletzt worden ist, selbst wenn zugleich Unterlassung, Schmerzensgeld usw verlangt werden, LG Konstanz NJW **76**, 2353, Anm 2 Cb, insofern aM BGH **68**, 334 mwN.
Prozeßrechtliche Feststellung. Ja nur dann, wenn sie gesetzlich besonders zugelassen ist, wie bei § 878 ZPO, §§ 146 KO, 115, 156 ZVG.
Rechnungslegung. Nein für eine Ersatzfeststellungsklage neben der Klage auf Rechnungslegung, § 254 Anm 1.
Schiedsvertrag. Ja für eine Klage auf Feststellung des Nichtbestehens, solange § 1039 nicht erfüllt ist. Ein wirtschaftliches Interesse reicht aus, BGH KTS **77**, 45. Ja für die Klärung des Inhalts eines für die Leistungsbestimmung durch den Schiedsgutachter maßgeblichen Rechtsverhältnisses, BGH NJW **82**, 1879.
Streitverkündungsgegner. Nein bei einem schwebenden Prozeß für eine Klage auf Feststellung des Nichtbestehens des Anspruchs des Streitverkünders, weil sonst dessen Recht beeinträchtigt wird.
Unterhalt. Ja für die Feststellung der künftigen Ersatzpflicht für einen entgangenen Unterhaltsanspruch, und zwar auch dann, wenn der Gesamtumfang der zur Zeit gewährten Renten der Sozialversicherung den Unterhaltsanspruch erheblich übersteigt, Ffm VersR **83**, 238. Ja (statt § 258) für die fernere, noch nicht absehbare Zukunft, BGH NJW **83**, 2197.
S auch ,,Ehe".

Nein für die Feststellungsklage, daß die volljährige eheliche Tochter keinen Unterhaltsanspruch für die Vergangenheit gehabt habe, wenn sie keinen Unterhalt gefordert hatte, Nürnb FamRZ **82**, 1102. S auch „Vaterschaft".

Urteil. Ja wegen der Tragweite und des Inhalts, wenn der Streit durch ZwV-Organe zu beheben ist, BGH **LM** VOB Teil B (1952) § 13 Nr 83 mwN. Ja also, wenn Streit darüber besteht, ob DM-West oder DM-Ost gemeint ist; die Frage der Währungsumrechnung gehört ins ZwVVerf (§§ 766, 793), BGH **36**, 11. Ja, wenn über die Tragweite eines auf Benutzungsunterlassung eines Patents oder Warenzeichens gehenden Urteils Unklarheit besteht, auch wenn die Frage im vorangegangenen VollstrVerf schon entschieden wurde, BGH **LM** § 24 WZG Nr 4. Ja bei einem Streit, ob eine Zug-um-Zug-Leistung erbracht ist, BGH **LM** VOB Teil B (1952) § 13 Nr 83.

Vaterschaft. Ja für ein nicht anerkanntes Kind, daß die Vaterschaft eines bestimmten Mannes feststellen lassen will, § 1600 n BGB. Ja für eine negative Feststellungsklage auf Unwirksamkeit der Anerkennung, § 1600f BGB. Ja für eine Feststellung, daß der Anerkennende nicht Vater des Kindes ist, § 1600 l BGB, vgl § 641. Wegen dieser Statusklage nein für eine gewöhnliche Feststellungsklage, Bre OLGZ **69**, 47.

Nein für ein eheliches Kind wegen der Feststellung, ob es das Kind des Vaters ist, weil er als solcher nach § 1591, 1592 BGB gilt; auch § 1593 BGB steht einer solchen positiven Feststellungsklage entgegen, Köln MDR **67**, 1010. Die Ehelichkeit kann nur angefochten werden. Die Beschränkung auf einzelne Rechtswirkungen der Vaterschaft ist unzulässig, BGH **60**, 248 mwN; krit Sturm JZ **74**, 205. § 642b verlangt nicht die Darlegung eines besonderen Rechtsschutzbedürfnisses; wer es leugnet, muß einen Grund dafür dartun, Odersky Rpfleger **74**, 441. Nein für die Klage auf eine Feststellung, daß das Kind nicht von dem Ehemann der Mutter abstamme, sondern vom Kläger, solange niemand die Ehelichkeit des Kindes mit Erfolg angefochten hat, BGH **80**, 219.

S auch „Unterhalt".

Verein. Ja, daß eine Ausschließung wegen eines vorherigen Austritts unstatthaft geworden sei. Nein, daß ein Vereinsbeschluß unwirksam sei, wenn dieser später wirksam bestätigt wurde.

Vergleich. Über eine Klage auf Feststellung der Unwirksamkeit eines ProzVgl Anh § 307 Anm 6. Nein für eine Feststellungsklage eines Vergleichsgläub gegen den anderen, daß dieser an den Schuldner oder Vergleichsverwalter zahlen soll, LG Hbg MDR **78**, 410.

Verjährung. Ja, wenn dem Anspruch eine Verjährung droht, Bre OLGZ **71**, 53, KG VersR **80**, 873. Wird sie für Ansprüche aus der Vergangenheit und für die Zukunft erhoben und wird Verjährung für die ersteren eingewendet, die im Feststellungsrechtsstreit geprüft werden muß, so ist beim Durchgreifen der Einrede das Feststellungsinteresse insoweit zu verneinen und die Klage als unzulässig abzuweisen, BAG DB **72**, 776, aM BAG NJW **71**, 1631 (Abweisung als unbegründet).

Ist eine Leistungsklage möglich und zumutbar (das ist nicht der Fall, wenn der Zahlungsanspruch noch eingehender tatsächlicher Prüfung bedarf, BGH **LM** § 24 WZG Nr 69), nein wegen der Unterbrechung der Verjährung, Celle NdsRpfl **62**, 227. Die Verjährung rechtfertigt nur eine Feststellung des Verweigerungsrechts, nicht mehr, BGH **LM** Nr 89. Durch eine leugnende Feststellungsklage und deren Abweisungsantrag tritt keine Unterbrechung der Verjährung ein, durch die Abweisung der Klage als unbegründet evtl keine Wirkung gem § 218 BGB, BGH **LM** § 209 BGB Nr 23. Bei einem zeitlich unbeschränkten Verzicht auf die Verjährungseinrede trotz § 225 S 1 BGB nein, LG Weiden VersR **76**, 548, ebenso bei einem mehrjährigen Verzicht, Oldb VersR **80**, 272.

Versicherung: Ja, soweit der Versicherungsnehmer zur Erhaltung seiner Rechte nach § 12 III VVG den „Anspruch auf die Leistung" geltend machen muß, BGH VersR **75**, 440, von Stebut VersR **82**, 108 mwN. Ja für die Feststellung der Gewährung eines Versicherungsschutzes in der Rechtsschutzversicherung trotz der Bezifferbarkeit der Kosten des betreffenden Prozesses, BGH VersR **83**, 125.

Vollstreckungsabwehrklage. Sie beseitigt, wenn sie vom Bekl nachträglich erhoben wurde, nicht grundsätzlich ein rechtliches Interesse des Klägers an der leugnenden Feststellung, weil sie ein anderes Ziel und eine andere Wirkung hat, Mü FamRZ **81**, 913. Der Gläub, der einen Schuldtitel besitzt, hat also ein Feststellungsinteresse, daß die Vollstreckung aus einem Titel gegen seinen Schuldner, der das leugnet, zulässig sei, BGH JZ **66**, 575.

Warenzeichen. Ja für den verwarnten Anmelder bei einem Abwehrinteresse, BGH **LM** Nr 93. Ja für den Verletzten, wenn Schadensersatzansprüche noch problematisch sind, aber Verjährung droht, BGH **LM** § 24 WZG Nr 69.

Wohnungseigentum: Ja, daß ein nicht angefochtener Beschluß der Eigentümerversammlung für einen bestimmten Eigentümer verbindlich sei, LG Mannh ZMR **79**, 319. Nein, daß ein auslegungsfähiger Rechtsbegriff in der Teilungserklärung einen bestimmten allgemeinen Sinn habe, LG Mannh ZMR **79**, 319.

6) Urkundenfeststellungsklage, I. Regelwidrig ist eine Klage auf Feststellung der Echtheit oder Unechtheit einer Urkunde zulässig, vgl auch BGH **LM** § 263 aF Nr 5. Da es sich hierbei um eine reine Tatsachenfeststellung handelt, läßt der Ausnahmefall keine ausdehnende Auslegung zu, zB nicht auf Feststellung der Vollmacht eines fremden Unterzeichners. Das Rechtsverhältnis selbst ist hier gar nicht im Streit. Begriff der Urkunde Üb 1 vor § 415, Begriff der Echtheit § 440 Anm 1, 2. Unerheblich ist, wer Besitzer oder Aussteller der Urkunde ist. Die Rechtskraftwirkung des Urteils besteht im Ausschluß jeder anderen Würdigung der Echtheit in jedem zwischen denselben Parteien schwebenden Streitverfahren. Aber darum ist die Klage noch nicht zulässig, wenn die Rechtskraft eines Leistungsurteils den Gegner nicht binden würde. Übrigens ist diese Klage sehr selten. Ihre Zulassung im Gesetz ist lehrmäßig und praktisch verfehlt.

7) Zwischenfeststellungsklage, Inzidentfeststellungsklage oder -widerklage, II. A. Rechtsnatur. Die Zwischenfeststellungsklage oder -widerklage ist eine im rechtshängigen Verfahren erhobene Klage oder Widerklage auf Feststellung eines die Entscheidung bedingenden (vorgreiflichen) Rechtsverhältnisses. Ihr Zweck ist die Ausdehnung der Rechtskraftwirkung auf den Grund der Zwischenklage oder – Widerklage, BGH **LM** § 280 aF Nr 4. Darum ist bzw wird sie unzulässig, wenn bzw sobald, Mü VersR **74**, 179, schon die in der Hauptsache ergehende Entscheidung die Rechtsbeziehungen erschöpfend klarstellt, BGH **69**, 43 und MDR **79**, 746, BAG NJW **66**, 1140, Ffm FamRZ **83**, 176, LG Saarbr VersR **73**, 516. Sie ist ein Ausgleich dafür, daß die Grundlagen der Entscheidung nicht in Rechtskraft übergehen können, Schneider MDR **73**, 271. Ihr Gegenstand kann nur eine durch den Sachverhalt und eine Rechtsnorm gegebene Beziehung einer Person zu einer anderen, zB Ffm FamRZ **83**, 176, oder zu einer Sache sein. Sie ist eine Feststellungsklage, deren Voraussetzungen sie aber allein II festlegt. Eines rechtlichen Interesses an der alsbaldigen Feststellung bedarf es grundsätzlich nicht, BGH **69**, 41, Schneider MDR **73**, 271, vgl aber C. In geeigneten Fällen steht dem Kläger auch die gewöhnliche Feststellungsklage des I offen. Auf seiten des Klägers enthält die Klage als „Zusatzklage" keine Erweiterung des Klagantrags, sondern eine Anspruchshäufung nach § 260. Der Bekl erhebt mit ihr eine eigenartige Widerklage.

B. Zulässigkeit. a) Grundsatz. Die Zwischenfeststellungsklage ist in folgenden Fällen unzulässig: Wegen der Prozeßeigenart im Urkunden- und Wechselprozeß, im vorläufigen Verfahren (Arrest bzw einstw Vfg), ferner wegen §§ 610, 633, 638, 640, 667, 684, 686 im Eheverfahren, Ffm FamRZ **83**, 176, Kindschaftsverfahren, Göppinger JR **75**, 160, und Entmündigungsverfahren. Vgl auch §§ 151–154. In der Berufungsinstanz ist die Klage zulässig, da II dem § 530 I vorgeht, BGH **53**, 94, RoS § 99 III 3b, nicht aber in der Revisionsinstanz, BGH NJW **61**, 777, BAG MDR **82**, 526, RoS § 99 III 3b.

b) Klageberechtigung. Klagberechtigt sind nur die eigentlichen Prozeßparteien, nicht der Streithelfer, auch nicht der streitgenössige des § 69.

c) Allgemeine Prozeßvoraussetzungen. aa) Partei- und Prozeßfähigkeit. Sie ist für diese Klage selbständig zu beurteilen.

bb) Prozeßvollmacht. Eine Prozeßvollmacht für den Hauptprozeß genügt, § 81.

cc) Zulässigkeit des Rechtswegs. Sie ist selbständig zu beurteilen und notwendig.

dd) Örtliche Zuständigkeit. Sie ist hier, außer bei einem ausschließlichen Gerichtsstand, stets gegeben, wie aus dem Zweck des II folgt, vgl § 33.

ee) Sachliche Zuständigkeit. Sie liegt beim LG immer vor; beim AG macht eine Überschreitung der Zuständigkeit durch die Zwischenfeststellungsklage eine Verweisung ans LG nötig, § 506. Für die KfH s § 99 GVG.

d) Besondere Prozeßvoraussetzungen. Hier ist eine weite Auslegung geboten, Köln MDR **81**, 678. Es sind folgende Einzelheiten zu prüfen:

aa) Streitigkeit eines Rechtsverhältnisses. Es muß ein Rechtsverhältnis im Prozeß streitig geworden sein; nicht eine bloße Tatsache, wie die Echtheit einer Urkunde; auch nicht eine rechtliche Vorfrage, BGH **68**, 332, Lüke Gedächtnisschrift für Bruns (1980) 131, oder gar eine von mehreren evtl erheblichen Vorfragen. Begriff des Rechtsverhältnisses Anm 2 A, vgl Schneider MDR **73**, 270. Ausreichend ist nur ein bestehendes Rechtsverhältnis, aber auch bedingtes, wenn gerade der Eintritt der Bedingung vorgreiflich wirkt. Ausreichend sind auch Forderungsrechte und Ansprüche, die einem umfassenderen Rechtsverhältnis entspringen, etwa bei einem Vertrag; nur darf nicht schon die Rechtskraft der Hauptscheidung das Rechtsverhältnis miterfassen. Das Rechtsverhältnis kann schon vor der Klage streitig und ein Feststellungsanspruch schon in die auf teilweise Leistung gerichtete Klage aufgenommen worden sein, BGH **LM** § 280 aF Nr 2, Schneider MDR **73**, 270. Im übrigen ist unerheblich, welche Partei sich auf eine vorgreifliche Entscheidung stützt und sie herbeigeführt hat. Beispiel: Streit über die Dauer eines Vertragsverhältnisses.

bb) Vorgreiflichkeit. Das Bestehen oder Nichtbestehen des Rechtsverhältnisses muß für die Entscheidung über den Hauptanspruch vorgreiflich sein, BGH ZMR **78**, 49, so daß über die Frage mindestens in den Gründen zu befinden wäre. Es genügt die Möglichkeit einer Bedeutung über den gegenwärtigen Streitstand hinaus, BGH **83**, 255. Ist das Rechtsverhältnis in beiden Fällen dasselbe, so erledigt es das Urteil ohnehin. Es genügt die Möglichkeit, daß der Partei noch weitere Ansprüche erwachsen als die mit dem Hauptanspruch verfolgten, BGH MDR **79**, 746, Ffm FamRZ **83**, 177 je mwN, AG Weinheim WM **78**, 125, aber auch, wenn beide Parteien selbständig Ansprüche verfolgen, für die das streitige Rechtsverhältnis vorgreiflich ist, wenn sie auch in ihrer Gesamtheit die Ansprüche erschöpfen, die sich aus dem Rechtsverhältnis überhaupt ergeben können, BGH MDR **68**, 36.

Ist nur ein Teil des Anspruchs eingeklagt, so kann die Zwischenfeststellungsklage die ganze Vorfrage zur Entscheidung stellen. Beispiele: der Kläger ficht einen Teil der Rechtshandlungen des Schuldners an: zulässig ist die Zwischenfeststellungswiderklage auf Feststellung des Fehlens jedes Anfechtungsrechts. Der Kläger verlangt eine Teilleistung aus einem Vertrag: zulässig ist die Zwischenfeststellungswiderklage auf Feststellung, daß er keinen anderen Anspruch aus dem Vertrag hat (das Rechtsschutzbedürfnis läßt sich damit ausräumen, daß der Kläger erklärt, beim Unterliegen wolle er sich keines weiteren Anspruches berühmen), BGH **69**, 41. Gegenüber einer Teilklage auf einen festen Betrag aus einem unbezifferten Gesamtanspruch ist die Feststellungswiderklage zulässig, daß über den geltend gemachten Teilanspruch hinaus ein bezifferter weiterer Anspruch nicht bestehe, Anm 2 B aE. Bei einer Erbschaftsklage besteht Streit über die Wirksamkeit des Testaments.

Die Abhängigkeit muß beim Schluß der letzten mündlichen Verhandlung über die Zwischenfeststellungsklage fortdauern, BGH **LM** § 280 aF Nr 5; also darf die Klage nicht zurückgeommen oder aus sachlichen Gründen ohne Rücksicht auf das inzidenter festzustellende Rechtsverhältnis abweisungsreif sein; jedoch kann eine Zwischenfeststellungsklage als selbständige Feststellungsklage oder – widerklage, I, haltbar sein, BGH **LM** § 280 aF Nr 2.

Gegenüber einer Zwischenfeststellungsklage ist eine Zwischenfeststellungswiderklage mit nur entgegengesetztem Antrag trotz des unklaren Wortlauts von II nur bei einem entsprechenden Rechtsschutzbedürfnis zulässig, aM anscheinend Köln MDR **72**, 698. Eine Zurückweisung von Angriffs- oder Verteidigungsmitteln macht die Zwischenfeststellungsklage unzulässig, wenn sie die Abhängigkeit beseitigt. Auch kann ein Rechtsverhältnis, das nur für die mit der Eventualaufrechnung geltend gemachte Gegenforderung vorgreiflich ist, nicht Gegenstand einer solchen Klage sein, solange nicht der Anspruch der Hauptklage feststeht, BGH **LM** § 280 aF Nr 9. Wegen der Aufrechnung als Zwischenfeststellungswiderklage § 261 Anm 2 C.

C. Verfahren. Zur Klagerhebung § 261 II. Die Klage ist bis zum Schluß der mündlichen Verhandlung 1. Instanz über den Hauptanspruch zulässig. Köln MDR **72**, 698 will nach (unzulässigem) Teilurteil die Klagerhebung auch noch in der BfgInstanz zulassen; das ist eine Verkürzung des Rechtszugs hinsichtlich des Zwischenstreits. Die Rechtshängigkeit richtet sich nach § 261 II, auflösend bedingt durch die Ablehnung der Entscheidung wegen der Unzulässigkeit. Die besonderen ProzVoraussetzungen, Anm 2, sind vAw zu beachten. Fehlen sie oder fehlt eine vAw zu beachtende allgemeine ProzVoraussetzung, so ist die Zwischenklage durch ProzUrteil als unzulässig abzuweisen. Dann kann das in der Hauptsache ergehende Endurteil trotzdem über die vorgreifliche Frage entscheiden, auch ohne Rechtskraftwirkung für sie. Die Entscheidung über die Zwischenklage ist ein Endurteil; zulässig ist wegen der selbständigen Bedeutung dieser Entscheidung auch ein Teilurteil, BGH **LM** § 280 aF Nr 5, Schneider MDR **73**, 270, zB wenn die Legitimation zur Hauptklage auch von demjenigen Rechtsverhältnis abhängt, das den Gegenstand der Zwischenfeststellungsklage bildet, BGH **LM** § 280 aF Nr 6. Wegen der Umdeutung eines unzulässigerweise nach § 280 gestellten Antrags in eine Zwischenfeststellungsklage s bei § 280.

8) VwGO: *Es gilt § 43 VwGO, der keine Urkundenfeststellungsklage vorsieht (keine entsprechende Anwendung von I, EF § 43 Rdz 3). Zur Zulässigkeit der Feststellungsklage trotz möglicher Gestaltungs- oder Leistungsklage vgl BVerwG NJW **71**, 1284 (Übernahme der in Anm 5, Stichwort „Leistungsklage" unter „Ja" Abs 3, dargestellten Grundsätze). II ist entsprechend anzuwenden, § 173 VwGO, da die Zwischenfeststellungsklage dem Wesen des VerwProzesses nicht widerspricht* und vor allem bei einer Leistungsklage als notwendig anzuerkennen ist, EF § 43 Rdz 1, OVG Bln JR **69**, 115. Außerdem kennt die VwGO noch eine besondere Fortsetzungsfeststellungsklage nach Erledigung einer Anfechtungs- oder Verpflichtungsklage, § 113 I 4 VwGO.

Einführung vor §§ 257–259
Klage vor der Fälligkeit

1) Regel. Im allgemeinen gibt erst die Fälligkeit die Zulässigkeit der Klage, andernfalls ist sie durch ein Prozeßurteil abzuweisen, Grdz 4 vor § 253. Dabei entscheidet, wie stets, der Schluß der letzten Tatsachenverhandlung, KG WM **81**, 54.

2) Ausnahmen. A. Fallgruppen. §§ 257 bis 259 sind rein verfahrensrechtliche Vorschriften, Hamm NJW **82**, 1402. Sie machen Ausnahmen von der vorstehenden Regel, Wax FamRZ **82**, 347, und zwar für folgende Klagen:

a) Kalendermäßige künftige Leistung, § 257. Es geht um einen Anspruch aus einer kalendermäßig bestimmten, einseitigen Geldforderung oder um einen Anspruch auf eine kalendermäßige Räumung, soweit es sich nicht um Wohnraum handelt.

b) Wiederkehrende Leistung, § 258. Es geht um einen Anspruch auf eine mehr oder weniger oft wiederkehrende Leistung.

c) Besorgnis der Nichterfüllung, § 259. Es besteht für den Kläger eine berechtigte Besorgnis der Nichterfüllung durch den Beklagten.

Diese Erfordernisse sind besondere Prozeßvoraussetzungen, Grdz 3 Eb und 4 vor § 253, und von Amts wegen zu prüfen. Fehlen sie beim Schluß der letzten Tatsachenverhandlung, so ist die Klage durch ein Prozeßurteil als unzulässig abzuweisen. Beispiel: Bei der Klage auf eine sofortige Zahlung erfolgt dann, wenn der Beklagte erst in 6 Monaten schuldet, eine Sachabweisung, weil der Anspruch derzeit nicht fällig ist. Bei der Klage auf eine künftige Zahlung erfolgt eine Prozeßabweisung, wenn der Beklagte verurteilt werden soll, weil er sich der Erfüllung entziehen wolle. Denn diese Besorgnis ist nicht erwiesen, sofern nicht eine Klage nach § 257 ff zulässig ist. Wegen der Rechtskraftwirkung s auch § 223 Anm 4 „Fälligkeit".

B. Einzelheiten. Die Klagen aus §§ 257 bis 259 sind Leistungsklagen; das Urteil ergeht auf eine Leistung. Will der Beklagte der Kostenlast entgehen, so muß er, falls die Klage zulässig ist, sofort anerkennen; etwas anderes gilt, wenn der Beklagte die Zulässigkeit leugnet, wenn er etwa jeden Grund zur Besorgnis der Nichterfüllung bestreitet. Eine Verurteilung benachteiligt den Beklagten insofern, als sie ihm nach dem Urteil erwachsene Einreden abschneidet und ihn insofern auf die Vollstreckungsabwehrklage, § 767, verweist. Man muß aber vernünftigerweise dem Beklagten das Recht zubilligen, mit allen Forderungen aufzurechnen, die nicht später fällig werden als die Klagforderung. Denn dasjenige, was das Gesetz dem Kläger gewährt, gibt es unausgesprochen auch dem Beklagten, BGH **38**, 129. Das Mahnverfahren ist zulässig.

257

Klage auf kalendermäßige künftige Leistung. Ist die Geltendmachung einer nicht von einer Gegenleistung abhängigen Geldforderung oder die Geltendmachung des Anspruchs auf Räumung eines Grundstücks oder eines Raumes, der anderen als Wohnzwecken dient, an den Eintritt eines Kalendertages geknüpft, so kann Klage auf künftige Zahlung oder Räumung erhoben werden.

1) Voraussetzung. A. Fallgruppen. § 257 bezieht sich auf folgende Fälle:

a) Nicht von einer Gegenleistung abhängig. Es geht um eine nicht von einer Gegenleistung abhängige, also einseitige Geldforderung. Rechtsgrund und Natur als Bring- oder Holschuld sind unerheblich.

Hierher gehören zB: Klagen aus einer Hypothek, Grund- oder Rentenschuld; Klagen aus einem zweiseitigen Vertrag, bei dem der Kläger bereits vollständig vorgeleistet hat; Klagen auf Duldung der ZwV wegen einer einseitigen Geldforderung.

Nicht hierher gehören zB: Ein Anspruch auf eine Leistung Zug um Zug, wie bei einem Zurückbehaltungsrecht; ein Anspruch auf eine künftige Miete, weil diese von einer Gegenleistung abhängt. Die Pflicht zur Quittungserteilung ist keine Gegenleistung, weil der Gegenwert fehlt; ein Anspruch nach § 2 MHG, Sternel MDR **73**, 267.

b) Räumung. Es geht um einen Anspruch auf die Räumung eines Grundstücks oder Raums ohne Rücksicht auf den Rechtsgrund.

Nicht hierher gehören Klagen auf die Einräumung oder auf die Rückgabe beweglicher Sachen, ebensowenig auf Wohnraum; insofern ist nur eine Klage aus § 259, also bei der Besorgnis der Nichterfüllung, möglich, § 259 Anm 1 B.

B. Fälligkeit. Die Fälligkeit muß sich an den Eintritt eines Kalendertages knüpfen, also entweder nach dem Kalender bestimmt oder nach ihm bestimmbar sein. Beispiel: 1 Monat nach Kündigung; „Ziel 3 Monate nach Empfang der Ware", sofern diese bereits empfangen ist. Eine Kündigung liegt ohne weiteres in der Klagzustellung. Hat der Kläger den Anspruch zunächst als fälligen eingeklagt und stellt sich im Prozeß heraus, daß die Fälligkeit erst später eintritt, so muß der Kläger den Antrag ändern; darin liegt die Forderung eines Weniger, keine Klagänderung. Tritt die Fälligkeit im Prozeß ein, so kommt auf die Zulässigkeit der Klage aus § 257 nichts mehr an; es ist, auch in der Revisionsinstanz, schlechthin zu verurteilen.

2) Verfahren. Der Antrag lautet auf Verurteilung zur Zahlung oder Räumung am zu bezeichnenden Datum. Prozeßzinsen erst seit Fälligkeit, § 291 BGB. Ein Anlaß zur Klagerhebung kann schon in der Nichtzahlung früherer Raten liegen. Vollstreckbarkeit wie sonst; eine vollstreckbare Ausfertigung vor der Fälligkeit wird ohne Anordnung des Vorsitzenden erteilt.

3) VwGO: Im Rahmen einer Leistungsklage ist eine entsprechende Anwendung, § 173 VwGO, denkbar und zulässig.

258 *Klage auf wiederkehrende Leistungen.* Bei wiederkehrenden Leistungen kann auch wegen der erst nach Erlaß des Urteils fällig werdenden Leistungen Klage auf künftige Entrichtung erhoben werden.

1) Anwendungsbereich. A. Allgemeines. Wiederkehrende Leistungen sind in gewissen Zeitabschnitten aus demselben Schuldverhältnis fällig werdende Leistungen, KG FamRZ **79**, 171 (es besteht aber evtl wegen freiwilliger Unterwerfung gem §§ 49, 50 JWG kein Rechtsschutzbedürfnis). Bei ihnen darf sich die Klage auf die erst nach dem Urteil fällig werdenden Leistungen erstrecken, auch wenn die Raten ungleich hoch sind. § 258 behandelt den Unterhaltsanspruch vom Zeitpunkt der Entstehung an als ein einheitliches, durch den Wegfall seiner Voraussetzungen auflösend bedingtes Recht, BGH **82**, 250 mwN. Wer schon eine fällige Rate einklagen muß, der soll auch die künftigen in den Prozeß einbeziehen dürfen, Henckel AcP **174**, 104.

Der Anspruch muß aber als ganzer bereits entstanden sein, BGH **82**, 251 und FamRZ **82**, 480, StJSchL II, wie das beim Ruhegehaltsanspruch der Fall ist, der nicht durch das Erleben aufschiebend, sondern durch den Tod auflösend bedingt ist. Der Kläger braucht nicht eine fällige Rate miteinzuklagen („auch" erweitert nur den Kreis der zulässigen Klagen), BGH **82**, 251. Da § 258 den § 257 ergänzt, setzt er, wie dieser, eine einseitige Leistung voraus; der Einschluß zweiseitiger Leistungen, wie derjenigen des Mieters, würde den Bekl zu sehr durch das Abschneiden seiner Einwendungen benachteiligen. Der Rechtsgrund der Leistungen ist unerheblich.

B. Einzelheiten. § 258 ist anwendbar zB auf Ansprüche auf Unterhalt, BGH **82**, 250, Ffm NJW **82**, 946 mwN und FamRZ **83**, 188 (DDR-Fall), Köln NJW **79**, 1662 und FamRZ **80**, 399, Stgt FamRZ **80**, 397 mwN, insofern auch AG Freib FamRZ **78**, 437 mwN (s aber wegen des Rechtsschutzbedürfnisses Grdz 5 A b vor § 253 und wegen der Kosten § 93 Anm 5 „Schuldrechtliche Klage", § 323 Anm 2 D), nicht aber auf Ansprüche auf Unterhalt nach der Scheidung, wenn deren Rechtskraft noch nicht absehbar ist, Hamm FamRZ **78**, 815, und nicht auf eine noch nicht übersehbare fernere Zukunft; für diese ist nur eine Feststellungsklage zulässig, BGH NJW **83**, 2197; ferner auf Leibrenten oder Haftpflichtrenten; bei den letzteren ist die voraussichtliche künftige Gestaltung der Erwerbsverhältnisse des Klägers zu berücksichtigen. Bei einer betrieblichen Pensionszusage hindert die Ungewißheit über die wirtschaftliche Entwicklung des Unternehmens eine Klage aus § 258 grundsätzlich nicht, BAG NJW **72**, 734.

Abzulehnen sind Brox NJW **61**, 853, Habscheid FamRZ **61**, 266, LG Fulda FamRZ **61**, 278 ua, die bei einer Unterhaltsklage unter Ausschaltung der strengeren Anforderungen von § 323 eine Erhöhungs-(Zusatz-)klage immer dann zulassen wollen, wenn im früheren Verfahren keine Teilabweisung erfolgt, sondern dem Klageantrag voll entsprochen ist, allerdings mit dem Nachteil, daß alle Einwendungen gegen den Grund des Anspruchs vorgebracht werden können. Sie lassen außer acht, daß im 1. Verfahren durchweg der volle Unterhaltsbetrag eingeklagt werden sollte (der im allgemeinen klagende gesetzliche Vertreter würde sich sonst unter Umständen sogar schadensersatzpflichtig gemacht haben), vgl auch § 322 Anm 4 „Nachforderung", und das Gericht ihn auch, wenn der Klage entsprochen wird, voll zugebilligt hat. Die abgelehnte Meinung zwänge dazu, alle Unterhalts- u Rentenansprüche mit einer Feststellungswiderklage zu beantworten, daß jedenfalls ein höherer als der eingeklagte Betrag nicht verlangt werden könne. Dagegen auch BGH **34**, 115 mwN, Ffm FamRZ **80**, 895, LG Frankenthal FamRZ **72**, 399, LG Freiburg FamRZ **72**, 397, Hummel FamRZ **72**, 125, Pohle JZ **61**, 546, Blomeyer ZPR § 87 IV („Lehre steht im strikten Widerspruch zum Zweck des § 323").

Die Zusatzklage ist also nur zulässig, wenn sich die erste Klage als Teilklage kennzeichnet oder so auffassen läßt (teilweise Prozeßkostenhilfeverweigerung), Ffm FamRZ **80**, 895, Schlesw SchlHA **79**, 227, oder wenn das Gericht die erste Unterhaltsklage wegen des Fehlens der Bedürftigkeit voll abgewiesen hatte, BGH **82**, 252 mwN, aM zB Karlsr FamRZ **80**, 1125.

Nicht hierher gehören Mietzins, Verzugszinsen, Kblz FamRZ **80**, 585, Hypothekenzinsen, Gehaltsansprüche, weil sie von einer Gegenleistung abhängig sind, auch nicht Leistungen, deren Wiederkehr willkürlich bestimmt ist, wie Kaufpreisraten. Ferner gehört nicht hierin der nacheheliche Unterhaltsanspruch, solange die Ehe noch nicht geschieden ist, BGH NJW **81**, 979 (krit Mutschler FamRZ **81**, 244).

2) VwGO: *Im Rahmen einer Leistungsklage ist eine entsprechende Anwendung, § 173 VwGO, denkbar und zulässig.*

259 **Klage wegen Besorgnis der Nichterfüllung.** Klage auf künftige Leistung kann außer den Fällen der §§ 257, 258 erhoben werden, wenn den Umständen nach die Besorgnis gerechtfertigt ist, daß der Schuldner sich der rechtzeitigen Leistung entziehen werde.

1) Anwendungsbereich. A. Allgemeines. § 259 ist eine Art Generalklausel für sämtliche nicht fälligen Ansprüche. Auch für bedingte, Seetzen NJW **78**, 1352, außer wenn die Bedingung nur im Willen eines Dritten liegt; nicht aber für künftige. Für solche bleibt die Feststellungsklage, die der § 259 nie ausschließt, weil sie der sichere Weg ist, LG Dortm NJW **81**, 765. Die künftige Leistung muß, abgesehen von einer ins Urt aufnehmbaren Bedingung, in ihrem Bestand gewiß sein, BGH **43**, 31, von Stebut VersR **82**, 109 mwN; bevor ein Ausfall iS v § 839 I 2 BGB feststeht, ist weder eine Feststellungs- noch eine Leistungsklage begründet, BGH **4**, 10, aM offenbar Baumann AcP **169**, 333; ob die Leistung von einer Gegenleistung abhängt, ist unerheblich, sofern diese einwandfrei bestimmbar ist u aller Voraussicht nach die verlangte Leistg dann unmittelbar geschuldet wird (unzureichend ist „nach Vorlage entspr Bescheinigungen der zuständigen Stellen"); § 259 ist auch anwendbar auf Lohnforderungen, BAG FamRZ **83**, 900 mwN, oder auf Leistungen nach dem BEG, BGH **LM** Nr 5.

Die Unterlassungsklage fällt an sich nicht unter § 259; bei ihr handelt es sich zwar um eine künftige Leistung, aber erstens sind ihre Voraussetzungen selbständig geregelt, zweitens genügt bei ihr meist schon, daß eine Beeinträchtigung droht. Anders ist es aber, wenn die Unterlassung eine reine Vertragspflicht ist und künftige Zuwiderhandlungen drohen, BGH **LM** Nr 2, auch wenn das gegen den Willen des Verpflichteten geschehen kann, BGH **LM** § 241 BGB Nr 10; vgl § 253 Anm 5 B. das Rechtsschutzbedürfnis ist auch hier zu prüfen, Henckel AcP **174**, 104.

B. Besorgnis der Nichterfüllung. Eine Klage auf künftige Leistung ist nach § 259 zulässig, wenn die Umstände die Besorgnis begründen, daß sich der Schuldner der rechtzeitigen Leistung entziehen wolle. Damit ist kein böser Wille des Schuldners zur Voraussetzung gemacht; es genügt, daß der Schuldner den Anspruch ernstlich, wenn auch gutgläubig, bestreitet, BGH NJW **78**, 1262, BAG FamRZ **83**, 900, LG Hbg WM **79**, 170, Seetzen NJW **78**, 1352. Dagegen genügt es nicht, daß der Schuldner voraussichtlich zahlungsunfähig ist, Kblz FamRZ **80**, 585, daß die Leistung unmöglich ist, Kblz FamRZ **80**, 585, daß er schon seither unpünktlich gefüllt hat. Nur unter der Voraussetzung des § 259 ist eine Klage auf künftige Herausgabe von Wohnraum, gekündigtem oder auf bestimmte Zeit vermietetem oder sonst ohne Rechtsgrund innegehaltenem, zulässig, AG Düss WM **76**, 31.

Ausreichend ist also zB, wenn der Schuldner subjektiv die Besorgnis begründet, es werde den Anspruch bei dessen Fälligkeit nach Grund oder Höhe bestreiten, Kblz FamRZ **80**, 585, oder wenn der Mieter erklärt, er ziehe wegen der Unwirksamkeit der Kündigung nicht aus, LG Bochum WM **83**, 56 mwN, LG Karlsr WM **74**, 243, oder wenn er Widerspruch gegen die Kündigung gem § 556a BGB erhebt, LG Bochum WM **83**, 56 mwN, aM zB Celle NJW **66**, 668, LG Hbg MDR **71**, 138 und 397; nicht ausreichend ist die Besorgnis, daß wegen des gesetzlichen Widerspruchsrechts der Herausgabezeitpunkt noch ungewiß sei, Karlsr WM **83**, 254, LG Bln ZMR **80**, 143, LG Brschw MDR **72**, 695, oder wenn der Vermieter auf eine Anfrage nicht antwortet, so auch AG Köln ZMR **77**, 240 (aM Kallfelz NJW **65**, 803), falls der Vermieter früher als 2 Monate vor dem Ablauf der Überlegungsfrist des Mieters angefragt hatte. Ausreichend ist es aber, wenn der Mieter vor dem Fristablauf die Räumung erkennbar ablehnt, Karlsr WM **83**, 254, LG Aachen MDR **76**, 848 mwN, aM Celle NJW **66**, 668. LG Heidelb WM **82**, 133 lehnt den Übergang von der auf eine fristlose Kündigung gestützten Räumungsklage auf eine solche wegen ordentlicher Kündigung ab.

Die Klage ist auch im Verhältnis zweiter Mitmieter möglich, zB zwischen Ehegatten, LG Kassel WM **77**, 255. Vgl im übrigen auch § 93 b. Einen Arrest macht das Urteil aus § 259 nicht überflüssig. Bei einem Anerkenntnis des Beklagten ist § 93 zu beachten; Klaganlaß ist die begründete Besorgnis.

2) VwGO: *Entsprechend anzuwenden, § 173 VwGO, bei Leistungsklagen einschließlich Verpflichtungsklagen, VGH Mannh VerwRspr* **28**, *142 (auch für bedingte Ansprüche unter den Voraussetzungen der Anm. 1).*

260 *Anspruchshäufung.* **Mehrere Ansprüche des Klägers gegen denselben Beklagten können, auch wenn sie auf verschiedenen Gründen beruhen, in einer Klage verbunden werden, wenn für sämtliche Ansprüche das Prozeßgericht zuständig und dieselbe Prozeßart zulässig ist.**

Schrifttum: Brox, Zur Problematik von Haupt- und Hilfsanspruch, Festschrift für den Carl Heymanns Verlag (1965) 121; Georgiades, Die Anspruchskonkurrenz im Zivilrecht und Zivilprozeßrecht, 1968; Gravenhorst, Die Aufspaltung der Gerichtszuständigkeit nach Anspruchsgrundlagen, 1972; Hackenbeck, Eventuelle Anspruchskonkurrenz und unechte Eventualklage, Diss Freibg/Br 1979; Kion, Eventualverhältnisse im Zivilprozeß, 1971 (Bespr Mühl ZZP **85**, 353); Quack, Die Zulässigkeit der objektiven Anspruchshäufung in den verschiedenen Instanzen, Diss Mü 1960; Ritter, Zur prozessualen Behandlung des mehrfach begründbaren einheitlichen Klaganspruchs usw, Diss Heidelb 1969.

1) Allgemeines. A. Anspruchshäufung. § 260 betrifft die Anspruchshäufung (objektive Klagenhäufung), dh die Verbindung mehrerer prozessualer Ansprüche (Begriff Einl III 7 D und § 2 Anm 2 A) des Klägers gegen denselben Bekl in einer Klage. Wird ein Anspruch auf Herausgabe von Räumen einerseits auf Eigentum, andererseits auf die Beendigung eines Mietverhältnisses gestützt, so liegt eine Anspruchshäufung vor, Lauterbach NJW **53**, 170, aM BGH **9**, 26. Denn die Aufhebung des Mietverhältnisses als Voraussetzung eines Herausgabeanspruchs ist etwas anderes als das Eigentum. Das zeigt sich auch bei der Rechtskraft, Bettermann MDR **54**, 196.

Eine Klagenhäufung liegt auch vor, wenn eine Zustimmungsklage jetzt auf ein neues Mieterhöhungsverlangen gestützt wird, LG Mannh ZMR **74**, 340. Über eine Klägerhäufung (subjektive Klagenhäufung) §§ 59ff. Eine nachträgliche Anspruchshäufung ist, abgesehen von § 256 II, eine Klagänderung, BGH MDR **81**, 1012, LG Mannh ZMR **74**, 340, Braun ZZP **89**, 98 mwN. Eine Anspruchshäufung ist nie erzwingbar; sie steht im Belieben des Klägers. Ihre Zulässigkeit wird von § 610 II (zB dann, wenn es um Auskunft über das Vermögen und um Unterhalt geht, Schlesw SchlHA **74**, 113) und von § 633 eingeschränkt. Das Gericht muß eine solche Unzulässigkeit von Amts wegen beachten; sie führt zur Prozeßtrennung, Verweisung, Abweisung durch ein Prozeßurteil.

B. Verschiedene rechtliche Gesichtspunkte. Der Gegensatz zur Anspruchshäufung ist das Herleiten desselben Anspruchs aus verschiedenen rechtlichen Gesichtspunkten, LG Mannh ZMR **74**, 340, etwa aus Besitz und Eigentum. In diesem Falle ist das Gericht in der Reihenfolge der Untersuchung selbst dann frei, wenn der Kläger die Begründung in ein Eventualverhältnis stellt. Wenn also zB die erste Begründung streitig bleibt, während die zweite den Anspruch ohne weitere Beweisaufnahme trägt, so hat eine Beweisaufnahme zum Zweck der Klärung der ersten Anspruchsbegründung zu unterbleiben und ist der Anspruch zuzusprechen. Denn die Entscheidung bleibt dieselbe, wenn der an erster Stelle geltend gemachte Klagegrund durchgreifen würde.

Freilich mag das Gericht vorsorglich auch zum ersten Anspruchsgrund Beweis erheben, wenn dies ohne zusätzlichen Aufwand an Zeit oder Kosten möglich ist. Im übrigen bleibt natürlich zu prüfen, ob die Feststellungs- und Tatbestandswirkungen des Urteils bei beiden Ansprüchen gleich wären. In diesem Sinne Schneider NJW **58**, 537, aM BGH **19**, 387. Wegen Einwendungen im Eventualverhältnis. § 300 Anm 3 E. Deubner NJW **78**, 356 hält

1. Titel. Verfahren bis zum Urteil § 260 1, 2

zur Vermeidung eines „Berufungszwangs" ein verspätetes Vorbringen unter der auflösenden Bedingung, das es auch berücksichtigt wird, für zulässig.

2) Verbindung mehrerer Ansprüche. A. Mehrere Hauptansprüche. Der Kläger darf mehrere Ansprüche gegen denselben Bekl verbinden, auch wenn sie verschiedene Klagegründe haben. Daß die Ansprüche einander widersprechen, hindert nicht, BGH MDR **59**, 834. Der Kläger bestimmt frei, in welchem Verhältnis mehrere Ansprüche zueinander stehen sollen. Er muß diese Bestimmung treffen, wenn sich die Ansprüche auf verschiedene Tatbestände stützen, ebenso bei mehreren Ansprüchen aus demselben Tatbestand. Bei einer Teilklage ist hinsichtlich mehrerer Ansprüche wegen der Rechtskraftwirkung ihre genaue Abgrenzung nötig, BGH **LM** § 15 RLG Nr 4, § 253 Anm 5 B. Verbindbar sich auch Ansprüche, die der Kläger teils aus eigenem, teils aus fremdem Recht erhebt, vgl auch BGH MDR **60**, 384; mit der Klage gegen den Zwangsverwalter kann auch eine solche gegen ihn persönlich verbunden werden.

B. Einzelheiten bei mehreren Hauptansprüchen. Mehrere Hauptansprüche liegen vor, wenn der Kläger: **a)** verschiedene Ansprüche aus verschiedenen Tatbeständen ableitet. Beispiel: der Anspruch auf Darlehnszinsen und auf einen Kaufpreis; **b)** verschiedene Ansprüche demselben Tatbestand entnimmt. Beispiel: ein Anspruch auf Darlehnszinsen und auf Rückzahlung des Darlehens. Mehrere Hauptansprüche liegen ferner bei einer wahlweisen Verbindung vor, wenn also der Kläger nur den einen oder nur den anderen Anspruch erhebt. So, wenn er eine Wahlschuld, § 264 BGB, einklagt oder wenn dem Bekl eine Abwendungsbefugnis zusteht, wie bei § 528 I BGB (dahin kann eine Wahlwährungsklausel gehören).

Das Urteil ergeht bei einer Wahlschuld dahin, daß der Bekl nach seiner (oder des Klägers) Wahl das oder jenes leisten muß; bei einer Abwendungsbefugnis ist er zu einer bestimmten Leistung zu verurteilen und der Zusatz hinzuzufügen „der Beklagte kann diese Leistung durch ... abwenden". Abgesehen davon verstößt ein Wahlanspruch gegen das Erfordernis eines bestimmten Klagantrags, § 253 II Z 2. Dies gilt zB bei einer Klage auf Mietzins oder auf Räumung. Ein Teilurteil ist in allen genannten Fällen außer bei der Wahlschuld zulässig. Dagegen liegt keine Anspruchshäufung vor, wenn der Kläger denselben Antrag verschiedenen Tatbeständen entnimmt, Anm 1.

C. Haupt- und Hilfsanspruch. Eine Anspruchshäufung liegt auch vor, wenn der Kläger neben einem Hauptanspruch (Prinzipalanspruch) einen oder mehrere Hilfsansprüche (Eventualansprüche) für den Fall erhebt, daß der Hauptanspruch unzulässig oder unbegründet ist, vgl BGH **LM** § 253 Nr 7 und NJW **81**, 2418, Düss FamRZ **80**, 794, Ffm FamRZ **78**, 432, Brox Festschrift für Heymann (1965) 121, Merle ZZP **83**, 436. Der Kläger muß die Reihenfolge der Ansprüche genau angeben, § 253 Anm 5 B. Mit einem Hilfsantrag nicht zu verwechseln ist eine Hilfsbegründung desselben Antrags. Sie ist immer zulässig, auch wenn sich die einzelnen Begründungen widersprechen, worin nicht notwendig ein Verstoß gegen die Wahrheitspflicht liegt. Über letztere, auch beim Hilfsantrag, § 138 Anm 1 B.

D. Einzelheiten zum Haupt- und Hilfsanspruch. Ein Hilfsanspruch liegt in folgenden Fällen vor:

a) Derselbe Tatbestand. Der Haupt- und der Hilfsanspruch können sich aus demselben Tatbestand ergeben. Beispiele: Der Hauptanspruch geht auf Leistung, der Hilfsanspruch auf Feststellung; der Hauptanspruch geht auf Ersatz, der Hilfsanspruch auf Minderung.

b) Verschiedene Tatbestände. Beide Ansprüche können sich aus verschiedenen Tatbeständen ergeben. Beispiele: Der Hauptanspruch geht auf Berichtigung des Grundbuchs wegen eines Scheinverkaufs, der Hilfsanspruch entfließt einem Wiederkaufsrecht.

c) Derselbe Antrag. Er kann sich auf verschiedene Tatbestände stützen. Beispiel: Der Kläger stützt den Antrag in erster Linie auf eine Bürgschaft von 1978, hilfsweise auf eine Bürgschaft von 1979. Daß die verschiedenen Klagegründe einander ausschließen, ist nicht erforderlich, vgl A. Weiteres Beispiel: Der Kläger stützt den Antrag in erster Linie auf eine abgetretene Forderung des X, hilfsweise auf eine abgetretene Forderung des Y.

Verbindbar sind auch der Anspruch auf künftige Leistung, § 259, und der ihn rechtlich bedingende Hauptanspruch. Beispiel: Der Kläger verlangt Herausgabe, hilfsweise Ersatz (beim AG gilt § 510b). Hier besteht das Hilfsverhältnis allerdings für die Zwangsvollstreckung. Denn das Urteil soll beides zusprechen. Unzulässig ist wegen § 1, 3 AbzG ein Hauptantrag auf Zahlung, ein Hilfsantrag auf Herausgabe; zulässig ist ein Antrag auf Herausgabe mit einer Abwendungsbefugnis durch Restzahlung. Wegen der Anspruchshäufung in Ehesachen §§ 610, 633. Über die Hilfswiderklage Anh § 253 Anm 2 B. Rechtshängig wird der Hilfsanspruch mit der Erhebung, auflösend bedingt durch die rechtskräftige Zuerkennung des Hauptanspruchs, Blomeyer ZPR § 42 III 2a, Merle ZZP **83**, 442.

3) Prozeßgericht und Prozeßart. Für die gehäuften Ansprüche muß dieselbe Prozeßart zulässig sein. Es läßt sich zB eine Wiederaufnahmeklage als ein Rechtsbehelf eigener Art nicht mit einer gewöhnlichen Klage verbinden. Das Prozeßgericht muß für jeden einzelnen Anspruch sachlich und örtlich zuständig sein, Düss FamRZ **80**, 794; die sachliche Zustellung kann durch Zusammenrechnung der Ansprüche, auch derjenigen mehrerer Kläger, begründet werden, soweit die Ansprüche einen selbständigen Wert haben, § 5 Anm 2 A. Die geschäftliche Zuständigkeit ist unerheblich, abgesehen vom Verhältnis zwischen der Zivilkammer und der Kammer für Handelssachen; dort erfolgt bei einem Widerspruch eine Trennung und Verweisung, §§ 97ff GVG. Unerheblich ist es auch, wenn für einen Anspruch ein anderes Gericht ausschließlich zuständig ist oder wenn die Prozeßart für einen Anspruch versagt; das letztere ist aber nur dann der Fall, wenn für die abgetrennte Klage überhaupt Raum ist, wenn zB bei einer Abtrennung im Urkundprozeß wegen dessen Unzulässigkeit der Kläger gleich ins ordentliche Verfahren überleitet.

Es findet keine Verbindung von Ansprüchen statt, die teils Familiensache, teils anderer Art sind, BGH NJW **81**, 2418 mwN. Ein Hilfsanspruch läßt sich nicht abtrennen, weil er damit zu einer bedingten Klage würde. Ist nur für ihn das eine Gericht zuständig, für den Hauptanspruch jedoch das andere Gericht zuständig, so ist an dieses zu verweisen, wenn und soweit das Gericht den Hauptanspruch abgewiesen hat, BGH NJW **81**, 2418 mwN; der Hilfsanspruch bleibt zunächst unbeschieden, gegebenenfalls erfolgt eine Zurückverweisung durch das VG, BGH **LM** § 51 SGG Nr 2. Es ist auch auszusetzen, wenn die Wirksamkeit des Vertrags, auf den die Klage in erster Linie gestützt wird, vom GWB abhängt und die Kammer dann unzuständig wäre, obwohl die Hilfsbegründung, über die sie sachlich entscheiden könnte, den Anspruch trägt; denn das Gericht darf die von der Partei festgelegte Reihenfolge der Begründungen nicht umkehren, BGH **LM** § 96 GWB Nr 2.

4) Verfahren. A. Gleichzeitigkeit. Bei einer Anspruchshäufung ist über die verbundenen Ansprüche gleichzeitig zu verhandeln und zu entscheiden. Eine Trennung durch das Gericht richtet sich nach § 145, ein Teilurteil nach § 301. Fehlt eine von Amts wegen zu beachtende ProzVoraussetzung, so ist nur der betroffene Anspruch abzuweisen. Die Zulässigkeit der Anspruchshäufung ist selbst ProzVoraussetzung und von Amts wegen zu prüfen, Anm 1A.

B. Urteil. Eine Abweisung erfolgt nur, wenn sämtliche Haupt- und Hilfsansprüche unbegründet sind. Nicht zulässig ist zB die Abweisung einer leugnenden Feststellungsklage mit zwei Ansprüchen, weil einer von ihnen unbegründet sei. Eine Teilabweisung des Hauptanspruchs ohne Prüfung des Hilfsanspruchs ist im allgemeinen nicht möglich, BGH **22**, 276; etwas anderes gilt, wenn die Auslegung der Anträge ergibt, daß der Hilfsantrag nur für den Fall einer völligen Abweisung des Hauptantrags gestellt worden ist, BGH **56**, 79 und **LM** § 301 Nr 6. S auch bei § 301. Die Klage ist auszulegen, wenn das Gericht erwägt, den Hauptantrag wegen Fehlens einer ProzVoraussetzung als unzulässig zu betrachten. Die Voranstellung des unzulässigen Hauptanspruchs beweist im Zweifel, daß der Kläger seinen Hilfsanspruch von der sachlichen Beurteilung des Hauptanspruchs abhängig macht. Gibt das Gericht dem Hilfsanspruch statt, so muß es den Hauptanspruch abweisen, weil es darüber befunden hat, BGH NJW **75**, 164. Hat die 1. Instanz den Hauptanspruch zugesprochen, ohne über den ihn ausschließenden Hilfsanspruch zu befinden, so fällt auch die Entscheidung über die den Hilfsanspruch der Berufungsinstanz an, weil der Hilfsanspruch aberkannt worden ist, und zwar schon aus Gründen der Prozeßwirtschaftlichkeit. Etwas anderes gilt, wenn die 1. Instanz den Hauptantrag abgewiesen und nicht über den Hilfsantrag erkannt hat; dann ist das Urteil zu ergänzen, § 321, oder Berufung zulässig, § 537 Anm 1 C. Das Gericht kann nicht zwischen den gehäuften Ansprüchen frei wählen; es hat in der vom Kläger gewählten Reihenfolge zu prüfen, Anm 2 C, § 253 Anm 5 B.

5) VwGO: Es gilt § 44 VwGO.

261 *Rechtshängigkeit. Rechtsweg. Zulässigkeit.* I Durch die Erhebung der Klage wird die Rechtshängigkeit der Streitsache begründet.

II Die Rechtshängigkeit eines erst im Laufe des Prozesses erhobenen Anspruchs tritt mit dem Zeitpunkt ein, in dem der Anspruch in der mündlichen Verhandlung geltend gemacht oder ein den Erfordernissen des § 253 Abs. 2 Nr. 2 entsprechender Schriftsatz zugestellt wird.

III Die Rechtshängigkeit hat folgende Wirkungen:
1. während der Dauer der Rechtshängigkeit kann die Streitsache von keiner Partei anderweitig anhängig gemacht werden;

1. Titel. Verfahren bis zum Urteil § 261 1, 2

2. die Zulässigkeit des beschrittenen Rechtsweges und die Zuständigkeit des Prozeßgerichts werden durch eine Veränderung der sie begründenden Umstände nicht berührt.

Schrifttum: Bettermann, Rechtshängigkeit und Rechtsschutzform, 1949; Habscheid, Non-licet bei ausländischer Rechtshängigkeit, Festschrift für Lange (1970) 429; derselbe, Bemerkungen zur Rechtshängigkeitsproblematik im Verhältnis der Bundesrepublik Deutschland und der Schweiz einerseits und den USA andererseits, Festschrift für Zweigert (1981); Jacobs, Die perpetuatio fori im internationalen Recht des Zivilprozesses usw, Diss Köln 1962; Konzen, Rechtsverhältnisse zwischen Prozeßparteien, 1976; Temming, Der Einfluß der Erledigungserklärung auf die Rechtshängigkeit, Diss Ffm 1971.

Gliederung

1) **Allgemeines**
   A. Begriffe
   B. Rechtshängigkeitswirkung
2) **Beginn und Ende der Rechtshängigkeit, I**
   A. Beginn
   B. Besonderheiten
   C. Fehlen der Rechtshängigkeit
   D. Ende
3) **Voraussetzungen der Rechtshängigkeit**
   A. Nämlichkeit (Identität) der Parteien
   B. Nämlichkeit der Prozesse
4) **Im Prozeß erhobener Anspruch, II**

   A. Grundsatz
   B. Rechtshängigkeitsbeginn
5) **Klagsperre, III Z 1**
   A. Grundsatz
   B. Einzelheiten
   C. Rechtshängigkeit und Rechtskraft
6) **Erhaltung von Rechtsweg und Zuständigkeit, III Z 2**
   A. Grundsatz
   B. Keine Umkehrung
      a) Allgemeine Zuständigkeit
      b) Ausschließliche Zuständigkeit
7) **VwGO**

1) Allgemeines. A. Begriffe. Rechtshängigkeit ist das Schweben eines Streits im Urteilsverfahren eines jeden Rechtswegs, Lüke Gedächtnisschrift für Bruns (1980) 138, RoS § 101 II 1a, aM zB ThP 2a. Anhängigkeit ist das Schweben in einem beliebigen anderen gerichtlichen Verfahren. Die Anhängigkeit (Saarbr NJW **74**, 1660 spricht unnötig von Gerichtshängigkeit) ist also der weitere Begriff, BPatG GRUR **78**, 43. Sie beginnt mit dem Eingang auf der Posteinlaufstelle eines beliebigen Gerichts, auch des zu diesem Zeitpunkt schon oder noch örtlich und/oder sachlich unzuständigen. Sie umfaßt zB das Schweben im Mahnverfahren, Ffm AnwBl **80**, 292, § 696 Anm 5 A. Sie setzt freilich mehr als nur die Beziehung zwischen dem Gericht und dem Antragsteller, nämlich eine Einbeziehung des Gegners in das Prozeßrechtsverhältnis voraus, aM zB Ffm VersR **78**, 160 mwN (ersteres genüge), Celle JB **74**, 867 (anhängig bedeute ebensowie rechtshängig); nur unter dieser Voraussetzung reicht also ein Prozeßkostenhilfeverfahren aus, das ja nicht nur wegen der Einreichung des Antrags notwendig zu einer Anhörung des etwa erst künftigen Prozeßgegners führt. Meist hält man die Ausdrücke zu Unrecht nicht genügend auseinander; die ZPO benutzt gar beide als gleichwertig, was sich daraus erklärt, daß früher das Mahnverfahren rechtshängig machte.

Der Eingang eines Prozeßkostenhilfegesuchs reicht aus, selbst wenn die mit ihm (bis 31. 12. 82) angekündigte Klage erst ab 1. 1. 83 einging, falls das Gericht den künftigen Prozeßgegner des Antragstellers bis zum 31. 12. 82 in das Prozeßrechtsverhältnis einbezogen hat, zB durch die Übersendung des Prozeßkostenhilfeantrags zur etwaigen Stellungnahme.

B. Rechtshängigkeitswirkung. Die Rechtshängigkeit hat prozessuale und sachlichrechtliche Wirkungen. Von ihnen behandeln §§ 261 ff nur einen Teil. Weitere prozessuale Wirkungen sind: die Notwendigkeit einer Entscheidung durch Endurteil; die Zulässigkeit der Widerklage und einer Zwischenfeststellungsklage; die Zulässigkeit der Einmischungsklage, § 64; die Zulässigkeit von Streithilfe und Streitverkündung; die Begründung des Prozeßrechtsverhältnisses, Grdz 2 C vor § 128, vgl Ffm MDR **78**, 675.

2) Beginn und Ende der Rechtshängigkeit, I. A. Beginn. Jede Klagerhebung vor einem deutschen ordentlichen oder Sonderzivilgericht (wegen ausländischer Gerichte B) in einer beliebigen Prozeßart macht den Anspruch rechtshängig; das gilt auch bei der Widerklage oder einer Zwischenfeststellungsklage aus § 256 II. Auch die Zustellung einer Antragsschrift durch das FamG an den Antragsgegner begründet eine Rechtshängigkeit, Kblz FamRZ **83**, 201. Auch eine unzulässige Klage macht rechtshängig, Ffm FamRZ **80**, 711. Es kommt überhaupt auf den Mangel von ProzVoraussetzungen hier nicht an; namentlich stehen die Unzuständigkeit und die Unzulässigkeit des Rechtswegs dem Eintritt der Rechtshängigkeit nicht entgegen, BPatG GRUR **78**, 43, auch nicht Bedenken gegen die Zurechnungsfähigkeit des Klägers, Hamm MDR **49**, 39.

Bei einer Verweisung von einem anderen Gerichtszweig zur ordentlichen Gerichtsbarkeit behält die Rechtshängigkeit ihre Wirkungen auch für das folgende Verfahren, zB § 41 III 4 und 5 VwGO, vgl bei § 17 GVG; insofern kann also zB die bloße Einreichung der Klage bei dem Verwaltungsgericht die Rechtshängigkeit auch vor dem ordentlichen Gericht begründen, vgl Zeiss ZZP **93**, 484. Wenn die Klage nicht ordnungsgemäß erhoben wurde, kann die Rechtshängigkeit durch Heilung der Mängel eintreten, vgl § 253 Anm 2 C. Wer im Strafverfahren als Verletzter eine Entschädigung beansprucht, macht diesen Anspruch rechtshängig, weil dieses Vorgehen wie eine Klage wirkt, § 404 II StPO. Über die Rechtshängigkeit bei der Stufenklage § 254 Anmm 3 A.

B. Besonderheiten. Nach einem Mahnverfahren tritt eine rückwirkende Rechtshängigkeit gemäß §§ 696, 700 ein. Ein Gesuch um einen Arrest oder eine einstweilige Verfügung begründet die Rechtshängigkeit für das vorläufige Verfahren ab seinem Eingang bei Gericht, § 920 Anm 1 B. Eine Klage im Schiedsverfahren gibt nur die Rüge eines Schiedsvertrags.

Eine Rechtshängigkeit im Ausland (wegen des vorrangigen EuGÜbk SchlAnh V C 1, besonders Art 21 ff; betr Frankreich zB Ffm FamRZ **75**, 632, betr Italien zB Ffm FamRZ **75**, 647, LG Ffm VersR **77**, 67) ist nun zu beachten, soweit das fremde Urteil hier anzuerkennen ist oder sein wird, § 328, BGH FamRZ **82**, 917, mwN BayObLG FamRZ **83**, 501 je mwN, Ffm MDR **81**, 238 je mwN, aM Schütze RabelsZ **67**, 233 (die ausländische Rechtshängigkeit sei grundsätzlich unbeachtlich, da ihre Beachtung gesetzlich nicht vorgeschrieben sei und kein Grund für eine analoge Anwendung vorliege). Es muß eine generelle, oft unsichere Prognose genügen, Schütze MDR **73**, 905, daß die internationale Zuständigkeit gewahrt, die Gegenseitigkeit verbürgt, kein Verstoß gegen den deutschen ordre public zu erwarten sei. Außerdem muß eine Sachentscheidung zu erwarten sein, BGH FamRZ **82**, 917 mwN. Schließlich darf die Sperrwirkung des ausländischen Verfahrens dem Inländer keine unzumutbare Beeinträchtigung bringen, BGH NJW **83**, 1270 betr ein ausländisches Scheidungsverfahren (sehr weitgehend).

Dagegen erfolgt keine gesetzliche Vermutung für oder gegen die Anerkennungsmöglichkeit; § 148 ist unanwendbar, Meyer MDR **72**, 111 mwN, aber ihm entgegen ist auch § 203 I BGB unanwendbar, vielmehr allenfalls dessen II entspr anwendbar; krit Schütze MDR **73**, 905. Wegen Ehesachen BayObLG FamRZ **79**, 941, Düss MDR **74**, 1023, Ffm FamRZ **75**, 632 (krit Wirth), Mü NJW **72**, 2186, Luther MDR **70**, 724, § 328 Anm 7 B a. Eine Klageerhebung in der DDR ist im allgemeinen zu beachten, § 328 Vorbem. Die Rechtshängigkeit eines im Prozeß erhobenen Anspruchs richtet sich nach II.

C. Fehlen der Rechtshängigkeit. Keine Rechtshängigkeit begründen: Einreden einschließlich der Aufrechnung, BGH **57**, 242 mwN, BAG DB **74**, 1340 (krit Bettermann ZZP **85**, 487: es gehe nur um III Z 1; noch differenzierender Schmidt ZZP **87**, 39), aM Stgt NJW **70**, 1690 mwN. Deshalb darf der Kläger zB eine Forderung einklagen, mit der er in einem anderen Prozeß schon aufgerechnet hatte, Stgt NJW **70**, 204 (Bettermann ZZP **85**, 488: dies sei nur als Widerklage zulässig). Der Bekl darf mit einer bereits eingeklagten Forderung aufrechnen. Beides gilt, soweit nicht jeweils im ErstProz bereits rechtskräftig entschieden wurde, BGH **LM** § 599 Nr 4, BAG DB **74**, 1340, gegen beide Möglichkeiten Heckelmann NJW **72**, 1350, der im übrigen die Rechtshängigkeit verneint. Lindacher JZ **72**, 429, Bettermann ZZP **85**, 488 fordern bis dahin eine Aussetzung des ZweitProz; dagegen Häsemeyer Festschrift für Weber (1975) 232. Bettermann ZZP **85**, 489, Häsemeyer Festschrift für Weber (1975) 233 halten eine Aufrechnung mit derselben Forderung in mehreren Prozessen für unzulässig. Mittenzwei ZZP **85**, 466 mwN hält eine Aufrechnung im Proz für eine (unzulässige) Zwischenfeststellungswiderklage, § 256 II; er empfiehlt jedoch als interessengerechte Lösung notfalls eine Aussetzung. S auch §§ 145 Anm 4, 322 II.

Keine Rechtshängigkeit begründen ferner: Die Zustellung des Antrags im bloßen Verfahren auf die Bewilligung einer Prozeßkostenhilfe, BGH FamRZ **80**, 131; eine Streithilfe, eine Streitverkündung, ein Beweissicherungsverfahren, ein Entmündigungsantrag, die ZwV, eine Anmeldung zum Konkurs, eine Klagerhebung vor einem Schiedsgericht, BGH NJW **58**, 950.

D. Ende. Die Rechtshängigkeit endet mit einem äußerlich rechtskräftigen Urteil, nicht mit einem Vorbehaltsurteil. Sie endet ferner mit einem ProzVgl, Anh § 307 Anm 5 B a; mit einer Klagrücknahme, auch einer unterstellten aus § 113; mit der Versäumung der Antragsfrist für eine Urteilsergänzung wegen eines übergangenen Anspruchs, § 321. Die Rechts-

1. Titel. Verfahren bis zum Urteil § 261 3, 4

hängigkeit endet nicht durch andere Umstände, wie beim Ruhen des Verfahrens, Saarbr FamRZ **78**, 522; beim Verzicht; bei einem Vertrag über ein ProzErledigung. Wegen der Erledigung der Hauptsache § 91a Anm 2 B, C. Mit der Beendigung erlöschen die prozessualen Wirkungen; ob auch die sachlichrechtlichen erlöschen, das richtet sich nach Privatrecht. Die Rechtshängigkeit der Hilfswiderklage entfällt rückwirkend, wenn der Eventualfall nicht eintritt, BGH **21**, 16, **LM** § 263 aF, § 5 Nr 11, 12.

3) Voraussetzungen der Rechtshängigkeit. A. Nämlichkeit (Identität) **der Parteien.** Sie können in vertauschter Stellung auftreten, zB kann dieselbe Partei in einem Proz Kläger sein, im anderen Widerkläger. Es genügt, daß die Entscheidung im ersten Proz Rechtskraftwirkung für den zweiten äußert, Schwab Gedächtnisschrift für Bruns (1980) 185. Keine Nämlichkeit liegt vor, wenn eine Partei in dem einen Prozeß für sich selbst, in dem anderen als gesetzlicher Vertreter, als Partei kraft Amtes oder als Mitglied einer Personenmehrheit beteiligt ist. Bei einer Einziehungsermächtigung tritt die Rechtshängigkeit nur ein, soweit der Ermächtigte sich auf die Ermächtigung derart stützt, daß der Gegner sich demgegenüber verteidigen kann, BGH **LM** § 50 Nr 26. Eine OHG oder eine KG und ihre Gesellschafter sind jeweils verschiedene Parteien, § 50 Anm 2 D, BGH **62**, 132. Die Klagen verschiedener Verbände nach § 13 UWG gegen dieselbe Partei geben nicht die Rüge der Rechtshängigkeit, BGH **LM** § 13 UWG Nr 10. Wegen des Wohnungseigentums BayObLG Rpfleger **77**, 446.

B. Nämlichkeit der Prozesse, dh des prozessualen Anspruchs und Klagegrunds, BGH **7**, 271, LG Mannh Rpfleger **76**, 57. Die leugnende Feststellungsklage macht den Anspruch selbst rechtshängig, gibt aber trotzdem nicht die Rüge der Rechtshängigkeit gegenüber der Leistungsklage oder der Unterlassungsklage, BGH GRUR **62**, 360, Schwab Gedächtnisschrift für Bruns (1980) 196 mwN. Eine Rechtshängigkeit besteht zwischen einem gewöhnlichen Prozeß und dem Wechselprozeß. Die Nämlichkeit des Klagegrunds allein reicht nicht aus, zB nicht bei zwei Ansprüchen aus demselben Rechtsverhältnis. Notwendig ist auch dasselbe Ziel, derselbe Antrag. Unter dieser Voraussetzung kann zB Nämlichkeit vorliegen, wenn der Räumungskläger nur einen anderen Kündigungsgrund geltend macht, AG Plettenberg WM **83**, 57.

Dagegen ist die Rechtshängigkeit des ersten Prozesses unschädlich, soweit der zweite Prozeß den Rest der im ersten Prozeß eingeklagten Forderung betrifft; unbeachtlich ist sie ferner bei einer behaupteten Feststellungsklage und der Leistungsklage, weil beide verschiedene Ziele haben, BGH **7**, 271, vgl Köln MDR **73**, 770. Unbeachtlich ist sie bei einer Klage auf Räumung zusammen mit einer Klage auf Herausgabe eines Grundstücks und auf Beseitigung des Bauwerks auf diesem, BGH **28**, 153. Unbeachtlich ist die Rechtshängigkeit ferner bei einem Anspruch aus einer Wechselschuld und einem Anspruch auf Herausgabe des Wechsels, bei Klagen aus dem Wechsel und aus dem zugrundeliegendem Rechtsverhältnis, bei solchen aus einem Scheck und dem zugrundeliegendem Rechtsverhältnis, Karlsr NJW **60**, 1955. Unerheblich ist die Rechtshängigkeit schließlich bei der Hypothekenklage und der Klage auf Minderung des Kaufpreises und Teillöschung. Wohl aber sind eine behauptende und eine leugnende Feststellungsklage hier gleich. Ein einredeweise geltend gemachter Anspruch begründet keine Rechtshängigkeit, Anm 2 C.

4) Im Prozeß erhobener Anspruch, II. A. Grundsatz. Die Vorschrift bezieht sich auf die erst im Prozeß erhobenen Ansprüche, also **a)** auf die Klagerweiterung, § 264 Z 2, 3, Fenn ZZP **89**, 133; **b)** auf die nachträgliche Anspruchshäufung (Zusatzklage), § 260; **c)** auf die Widerklage, § 33, Anh § 253, auch auf den Scheidungsantrg des bisherigen Antragsgegners, Ffm FamRZ **82**, 811; **d)** auf den Ersatzanspruch aus § 510b; **e)** auf die Klagänderung, §§ 263, 264; **f)** auf die Zwischenfeststellungsklage, § 256 II. II bezieht sich nicht auf Einreden, wie diejenige der Aufrechnung, § 145 Anm 4 E.

B. Rechtshängigkeitsbeginn. Die Rechtshängigkeit tritt bei A ein: **a)** Entweder durch Geltendmachung in der mündlichen oder durch die Zustellung eines Schriftsatzes, der die bestimmte Angabe des Gegenstands und des Grundes sowie einen bestimmten Antrag enthalten muß, § 253 Anm 4, 5, vor dem FamG die Zustellung einer entsprechenden Antragsschrift Kblz FamRZ **83**, 201. Die Partei reicht nur ein, die Zustellung oder durch die Zustellung eines Schriftsatzes, der die bestimmte Angabe des Gegenstands und des Grundes sowie einen bestimmten Antrag enthalten muß, § 253 Anm 4, 5, vor dem FamG die Zustellung einer entsprechenden Antragsschrift, Kblz FamRZ **83**, 201. Die Partei reicht nur ein, die Zustellung veranlaßt der Urkundsbeamte der Geschäftsstelle von Amts wegen, §§ 253 V, 270; ausreichend ist es aber, wenn statt dieser Zustellung eine solche von Anwalt zu Anwalt erfolgt ist, BGH **17**, 234.

Fehlt ein Erfordernis, so kündigt der Schriftsatz nur an. Wenn der Schriftsatz im Antrag einen Schreibfehler enthält, den die Partei berichtigt, so wird nur der berichtigte Anspruch rechtshängig. Die Wahrung der Einlassungsfrist ist wegen a unnötig; eine Versäumnisentscheidung ergeht aber nur bei einer rechtzeitigen Zustellung, §§ 335 Z 3, 132. Eine Erhebung nach II erzeugt die vollen Wirkungen der Rechtshängigkeit, I, LG Mü NJW **78**, 954 (betr Widerklage), auch eine Unterbrechung der Verjährung. Dies alles ist auch in der Berufungsinstanz zulässig, BGH VersR **73**, 54.

5) Klagsperre, III Z 1. A. Grundsatz. Die Rechtshängigkeit bewirkt, daß während ihrer Dauer keine Partei die Sache anderweit, nicht bloß rechtshängig, machen darf, also auch nicht im Mahnverfahren. Das gilt im allgemeinen auch im interlokalen Recht, Vorbem vor § 328, nicht aber, wenn das Gebiet nicht mehr unter deutscher Gerichtshoheit steht (östlich der Oder-Neiße-Linie), BGH **4**, 314, oder wenn das Verfahren in der DDR zwar nicht rechtlich, aber tatsächlich beendet ist und keiner der Schutzzwecke des § 261 erfüllt werden kann, BAG AP Nr 2. Ist dieselbe Sache vor einem ausländischen Gericht anhängig, so ist entscheidend, ob das Verfahren dort zu Ende geführt und das Urteil voraussichtlich anerkannt werden wird, da dann das Rechtsschutzbedürfnis fehlen wird, vgl BGH **LM** § 263 aF Nr 7.

Zweck der Vorschrift ist: **a)** die Belästigung einer Partei durch mehrere gleichzeitige Prozesse desselben Inhalts zu verhüten; **b)** eine unnütze Anrufung der Gerichte zu verhindern, also die Prozeßwirtschaftlichkeit zu wahren, Grdz 2 F vor § 128; **c)** widersprechende Entscheidungen mehrerer Gerichte über denselben Streitgegenstand zu verhindern, also die Rechtssicherheit zu bewahren. Es handelt sich größtenteils also um öffentliche Belange; darum ist die Rechtshängigkeit von Amts wegen zu beachten. Das gilt, zumal dem Kläger für den zweiten Prozeß jedes Rechtsschutzbedürfnis fehlt.

B. Einzelheiten. Die Rechtshängigkeit ist nach richtiger Auffassung ein Prozeßhindernis, Grdz 3 C vor § 253, und führt zur Abweisung als unzulässig durch ein ProzUrteil ohne eine Sachprüfung, BGH FamRZ **79**, 906. Macht der Kläger zwei Prozesse gleichzeitig rechtshängig, so ist jede Klage abzuweisen, solange nicht in einem Prozeß rechtskräftig entschieden worden ist. Ist die Rechtshängigkeit in einem rechtskräftigen Urteil übersehen worden, so ist dieses bindend, BGH NJW **83**, 515 mwN. Sind Urteile in beiden Prozessen rechtskräftig geworden, so unterliegt das später rechtskräftig gewordene Urteil der Restitutionsklage, § 580 Z 7a, Gaul Festschrift für Weber (1975), 159 mwN; ist diese nicht erhoben, so geht das frühere Urteil vor und ist gegen das spätere die Vollstreckungsabwehrklage zulässig, denn das frühere Urteil läßt sich weder durch eine Vereinbarung noch durch ein späteres Urteil beseitigen.

C. Rechtshängigkeit und Rechtskraft. Beide haben nicht immer dieselbe Tragweite. Die Rechtskraft verlangt nicht immer eine Nämlichkeit des Streitgegenstands. Bei demselben Anspruch kann die Rechtshängigkeit versagen, die Rechtskraft jedoch durchgreifen. So hat ein Sieg bei einer leugnenden Feststellungsklage Rechtskraftwirkung für die zukünftige Leistungsklage, aber die leugnende oder die ein gegensätzliches Recht behauptende Feststellungsklage begründet keine Rechtshängigkeit für die Leistungsklage, BGH **7**, 271, s auch Anm 3 B.

6) Erhaltung von Rechtsweg und Zuständigkeit, III Z 2. A. Grundsatz. Die Rechtshängigkeit bewirkt weiter, daß der einmal begründete Rechtsweg und entsprechend die örtliche oder sachliche Zuständigkeit trotz späterer Veränderungen unberührt bleibt (perpetuatio fori), mögen sie von Anfang an bestanden haben oder später entstanden sein. Der Sinn ist: der Bekl soll nicht zB durch einen ständigen Wohnsitzwechsel ein Sachurteil vereiteln können, Grunsky ZZP **91**, 85. Eine Gerichtsstandsvereinbarung nach dem Eintritt der Rechtshängigkeit kann daher den einmal begründete Rechtsweg und die Zuständigkeit nicht mehr beseitigen, BGH **LM** § 39 Nr 6, Düss OLGZ **76**, 476 mwN, abw LG Flensb SchlHA **79**, 39, aM Traub NJW **63**, 842, Schneider DRiZ **62**, 411. Ebensowenig kann die Zuständigkeit beseitigt werden, wenn sie sich durch Gesetz geändert hat, wenn die Gerichtseinteilung gewechselt hat oder wenn der inländische Gerichtsstand nachträglich weggefallen ist (für das sachliche Recht gilt III nicht), ferner dann wegen einer Widerklage nicht, wenn die Parteien (nur) die Klage, nicht die Widerklage in der Hauptsache für erledigt erklärt haben, Düss FamRZ **83**, 401, schließlich dann nicht, wenn die maßgebliche Rechtsprechung aufgegeben wurde, BGH **70**, 298. III Z 2 wirkt auch bei einer Veränderung des Gerichtssprengels; ein wiedereröffnetes Gericht setzt auch dann das frühere fort. Im Ergebnis gilt dasselbe bei der internationalen Zuständigkeit, vgl BGH **44**, 46, Grunsky ZZP **91**, 85, aM Damrau Festschrift für Bosch (1976) 113. Wegen des Vollstreckungsbescheids vgl § 700 II.

B. Keine Umkehrung. a) Allgemeine Zuständigkeit. Umkehren läßt sich der der perpetuatio fori zugrundeliegende Satz nicht; ein unzuständiges Gericht kann zuständig werden,

1. Titel. Verfahren bis zum Urteil §§ 261–263

BGH **LM** § 39 Nr 6. Ändert sich der Streitgegenstand, wie bei einer Klagerweiterung, so erfolgt eine neue Prüfung für den Zeitpunkt dieser Veränderung. Es kann sich dann eine andere Zuständigkeit ergeben, BGH **LM** § 263 aF Nr 9; vgl auch § 506. Ausschlaggebend und genügend ist die Zuständigkeit beim Schluß der letzten Tatsachenverhandlung.

b) Ausschließliche Zuständigkeit. Das Verbot der Umkehrung gilt auch bei einer ausschließlichen Zuständigkeit, jedoch nicht zwischen zwei Spruchkörpern desselben Gerichts, wie in Familiensachen, vgl BGH NJW **78**, 427 (abl Jauernig JZ **78**, 103) und NJW **81**, 2465 mwN, vgl Brschw NJW **78**, 56 (Brschw FamRZ **77**, 726, Hbg FamRZ **83**, 613: In Familiensachen sogar nicht zwischen verschiedenen Gerichten), AG Lübeck NJW **78**, 650, offen Zweibr FamRZ **77**, 731, abw BGH NJW **78**, 887, vgl auch BGH NJW **78**, 1260, ferner Düss FamRZ **78**, 126 und 127, 128, aM zB insofern BayObLG **79**, 291 mwN, Düss FamRZ **78**, 266, Hbg FamRZ **78**, 544 und 797 je mwN, Hamm FamRZ **77**, 728, ferner KG zB DRiZ **78**, 119 und FamRZ **77**, 728 und **78**, 128, Schlesw SchlHA **77**, 189 und JB **78**, 429, Stgt FamRZ **77**, 882, Jauernig zuletzt FamRZ **77**, 682, Kissel DRiZ **78**, 136 mwN. Überhaupt ist eine enge Auslegung geboten, KG FamRZ **77**, 819, aM BGH FamRZ **80**, 671 mwN. Veränderungen bei der Streitwertberechnung, § 4, berühren die Zuständigkeit nicht.

7) VwGO: Statt **I** u **III** gilt § 90 *VwGO*. **II** ist entsprechend anzuwenden, § 173 *VwGO*, in Ergänzung von § 90 *VwGO*; jedoch tritt an die Stelle der Zustellung eines Schriftsatzes die für die Klagerhebung geltende Regelung, § 81 *VwGO*, BVerwG **40**, 32 (Klagerweiterung).

262 *Sachlichrechtliche Wirkungen der Rechtshängigkeit.* Die Vorschriften des bürgerlichen Rechts über die sonstigen Wirkungen der Rechtshängigkeit bleiben unberührt. Diese Wirkungen sowie alle Wirkungen, die durch die Vorschriften des bürgerlichen Rechts an die Anstellung, Mitteilung oder gerichtliche Anmeldung der Klage, an die Ladung oder Einlassung des Beklagten geknüpft werden, treten unbeschadet der Vorschrift des § 207 mit der Erhebung der Klage ein.

1) Umfang der sachlichrechtlichen Wirkungen. Vgl zunächst § 261 Anm 1B. Sie richten sich ausschließlich nach dem sachlichen Recht, gegebenenfalls nach dem ausländischen Recht oder nach Landesrecht. Es sind im wesentlichen folgende: **a)** Unterbrechung der Verjährung, §§ 209, 210 BGB, für den eingeklagten Betrag, nicht für den Rechtsanspruch; **b)** Unterbrechung der Ersitzung, § 941 BGB; **c)** Unterbrechung vieler Ausschlußfristen, wie derjenigen des § 864 BGB; **d)** Entstehung des Anspruchs auf Prozeßzinsen, § 291 BGB; **e)** Steigerung der Haftung bei dinglichen Ansprüchen, namentlich bei der Eigentumsklage, §§ 987, 989, 991, 994 II, 996 BGB; **f)** Ermöglichung der Übertragbarkeit des Anspruchs auf Ersatz unkörperlichen Schadens, § 847, Saarbr NJW **73**, 854 mwN, § 1300 II BGB; **g)** evtl Kündigungswirkungen, zB bei einer Räumungsklage, zum Problem Deggau ZMR **82**, 291 mwN.

Die Voraussetzungen sind im einzelnen verschieden und dem sachlichen Recht zu entnehmen. So genügt beim Vermieterpfandrecht die „gerichtliche Geltendmachung", also auch eine einstweilige Verfügung. Die behauptende Feststellungsklage unterbricht die Verjährung, § 209 I BGB, die Verteidigung gegenüber der leugnenden Feststellungsklage unterbricht die Verjährung aber nicht, BGH **72**, 25 mwN. Das sachliche Recht bestimmt auch, ob die sachlichrechtlichen Wirkungen gleichzeitig mit den prozeßrechtlichen erlöschen.

2) Zeitpunkt der Wirkungen. Alle Wirkungen treten mit der Klagerhebung oder demjenigen Ereignis ein, das dieser gleichsteht, mögen auch ältere Gesetze einen anderen Vorrang entscheiden lassen. An Stelle des Zeitpunkts, in dem die Zustellung der Klage bewirkt wird und in dem somit die Klage erhoben ist, § 253 I, tritt fristwahrend und die Verjährung unterbrechend bereits die Klageinreichung bei Gericht, wenn demnächst zugestellt wird, § 270 III. Dasselbe gilt bei der Einreichung des Antrags auf einen Mahnbescheid, wenn der letztere demnächst zugestellt wird, § 693 II.

263 *Rechtshängigkeit. Klagänderung.* Nach dem Eintritt der Rechtshängigkeit ist eine Änderung der Klage zulässig, wenn der Beklagte einwilligt oder das Gericht sie für sachdienlich erachtet..

Schrifttum: Baumgärtel, Die Kriterien zur Abgrenzung von Parteiberichtigung und Parteiwechsel, JB **73**, 169 = festschrift für Schnorr von Carolsfeld (1972) 19 (Bespr Jauernig ZZP **86**, 459); Bischofsberger, Parteiwechsel im Zivilprozeß usw, 1973; Bücking MDR **73**, 908 (zur Parteiänderung); Franz, Der gewillkürte Parteiwechsel und seine Auswirkungen, Diss Ffm 1968; ders NJW **72**, 1743; Gethmann, Der Begriff der Sachdienlichkeit im Rahmen des § 264 ZPO, Diss Heidelb 1975; Goffertjé, Die gewillkürte Parteiänderung im Zivilprozeß, Diss Erlangen 1970; Pohle, Gedanken zum gesetzlich nicht geregelten gewillkürten Parteiwechsel, Festschrift für Fragistas (1967) 133; Walther, Klageänderung und Klagerücknahme, 1969.

1) Allgemeines. A. Geschichtliche Entwicklung. Die ZPO von 1877 verbot die Klagänderung ohne eine Einwilligung des Bekl und gab damit dem Bekl ein wirksames Mittel in die Hand, eine sachlich begründete Klage zunächst einmal zu Fall zu bringen. Spätere Novellen ließen die Klagänderung in einem immer weiteren Umfang zu.

B. Jetziger Rechtszustand. Die ZPO regelt die Klagänderung an verschiedenen Stellen, vgl noch §§ 264, 267, 268 und für Ehesachen § 611. Schlechthin verboten ist eine Klagänderung im Konkursfeststellungsprozeß, § 146 I KO, erschwert ist sie im Verteilungsverfahren, §§ 878 ZPO, 115 ZVG, und im aktienrechtlichen Anfechtungsprozeß, § 246 AktG, zulässig ist sie bei Baulandsachen, BGH **61**, 132.

2) Klagänderung und Verfahren. A. Grundsatz. Klagänderung ist die Änderung des Streitgegenstands (Begriff § 2 Anm 2 A), Mü NJW **72**, 63, Zweibr MDR **81**, 586. Eine Klagänderung liegt vor, wenn der Kläger anstelle des rechtshängigen prozessualen Anspruchs, § 2 Anm 2 A, oder neben ihm, BGH MDR **70**, 229, Zweibr MDR **81**, 586, einen anderen Anspruch erhebt. Sie kann den Klagegrund oder den Antrag betreffen; näheres bei § 264. Nach einer vielfach vertretenen Meinung kann sie auch die Parteien betreffen; darüber C. Die Klagänderung setzt eine ordnungsmäßige Klagerhebung voraus. Eine Heilung der mangelhaften Klagerhebung macht die Klagänderung ordnungsmäßig, § 253 Anm 2 C. Bis zur Heilung kann höchstens eine Klageberichtigung in Frage kommen, die ohne weiteres zulässig ist. Die Ankündigung „Sollte der Beklagte vor der Klagezustellung erfüllen, so beantrage ich die Verurteilung in die Kosten", ist eine zulässige bedingte Klageberichtigung. Der Fall der nachträglichen Anspruchshäufung, § 260, ist wie eine Klagänderung zu behandeln, vgl BGH **LM** § 264 aF Nr 25. Nachträge zur Klageschrift kommen in Frage, soweit sie der Kläger vorgetragen hat oder soweit er dem § 261 II genügt. Eine Widerklage ist keine Klagänderung, BVerwG NJW **74**, 1209.

B. Erschwerung der Klagänderung. Das Gesetz erschwert die Klagänderung, um den Bekl gegen eine leichtfertige Prozeßführung zu schützen, BGH **LM** § 529 aF Nr 34. Die Erschwerung gilt daher für alle Arten der Rechtshängigkeit, auch für die Widerklage und die Zwischenfeststellungsklage des § 256 II. § 296 steht einer Klagänderung bzw Klageweiterung aber grundsätzlich nicht entgegen, BGH VersR **82**, 346.

C. Parteiwechsel. a) Erste Instanz. aa) Grundsatz. Ein Wechsel der Parteien im Prozeß ist, soweit er nicht gesetzlich geregelt ist, §§ 75 ff, 265, 266, 239 ff, als ein gewillkürter Parteiwechsel nach feststehender Rechtsprechung zumindest in der 1. Instanz eine Klagänderung, BGH **65**, 268 mwN, vgl auch BGH NJW **81**, 989, ferner Ffm MDR **77**, 410 mwN, vgl Hbg AnwBl **78**, 143, Kblz FamRZ **83**, 939, ähnlich Walther 157; zur Abgrenzung gegen § 269 Henckel Festschrift für Bötticher (1969) 185 ff. Üb zum Meinungsstand bei Franz MDR **81**, 977 und NJW **82**, 15.

Dieser Standpunkt ist lehrmäßig äußerst anfechtbar, denn eine Änderung der Parteien zerreißt das Prozeßrechtsverhältnis, Grdz 2 vor § 128, und begründet ein neues. Tritt eine neue Partei an die Stelle der alten, so liegt streng genommen stets eine neue Klage vor; die alte ist zurückgenommen. Daran ändert es nichts, daß der neue Bekl auf eine ordnungsmäßige Klagerhebung verzichten kann und daß auch § 295 heilt, vgl BGH **LM** PreußEnteignG Nr 16. Dagegen zB Baumgärtel Festschrift für Schnorr von Carolsfeld (1972) 20, Blomeyer ZPR § 115 ff, RoS § 42 III 2 (es liege eine Gesetzeslücke vor). Man wird sich dem Bedenken, den gewillkürten Parteiwechsel wie eine Klagänderung zu behandeln, vgl auch Franz 40 ff, nicht verschließen können. Es handelt sich nämlich um etwas anderes, denn § 263 ist auf eine Änderung des Streitgegenstands zugeschnitten, beschäftigt sich demgemäß nicht mit dem Verhalten und dem Dulden der Parteien bei einem Parteiwechsel. BGH **62**, 132 läßt das Problem offen.

Es bleibt also nur eine Lückenfüllung übrig.

bb) Klägerwechsel. Beim Eintritt eines neuen Klägers bedarf es zwar zusätzlich keiner besonderen Zustimmung, da er ohnehin von dem Verhalten des alten und des neuen Klägers abhängig ist und da der bisherige Rechtsstreit gegen den bisherigen Bekl fortgeführt wird. Diesem ist freilich ein Schriftsatz mit der Eintrittserklärung zuzustellen, zumal eine Klagerücknahme, § 269 I, auch seitens des ausscheidenden bisherigen Klägers nicht erfolgt. Dies gilt, wenn in einer 2-Mann-GmbH die Gesellschaft in die Klage eines ihrer Gesellschafter auf Ausschluß des anderen eintritt, BGH **16**, 317; wenn der Konkursverwalter, BGH

1. Titel. Verfahren bis zum Urteil § 263 2

NJW **62**, 347, Düss DB **74**, 2001, oder der Zwangsverwalter den Rechtsstreit an Stelle des bisherigen Klägers fortführt, aM Blomeyer ZPR § 115 V 2, der beim Klägerwechsel eine Klagerücknahme annimmt. Es darf aber nicht übersehen werden, daß der Bekl einen Anspruch gemäß § 269 I geltend machen könnte; er muß also einwilligen, sobald er zur Hauptsache verhandelt hat, Franz NJW **72**, 1744.

cc) **Beklagtenwechsel.** Wechselt der Bekl, so ist außer der Zustimmung des Klägers und des ausscheidenden Bekl, der sonst ab Verhandlung zur Hauptsache auch in diesem Fall einen Anspruch aus § 269 hätte, BGH NJW **81**, 989, die Zustimmung des neuen Bekl nicht erforderlich, Franz NJW **72**, 1744 mwN, unklar BGH **LM** § 264 aF Nr 14/15, aM StJ § 268 aF II 2c (die Zustimmung auch des neuen Bekl sei erforderlich, außer bei einer mißbräuchlichen Rechtsausübung, vgl BGH JZ **56**, 761), obwohl der neue Bekl an die Ergebnisse des bisherigen Prozeßverlaufs gebunden bleibt, aM Blomeyer ZPR § 115 V 1, allerdings Geständnisse widerrufen und uU eine Wiederholung der Beweisaufnahme fordern kann, § 398 I.

Es ist davon auszugehen, daß das Verfahren ein Ganzes ist, daß also keine Klagerücknahme vorliegt. Andererseits muß durch Lückenfüllung ein Weg gefunden werden, damit die einheitliche Fortführung des Verfahrens die neue Partei nicht benachteiligt. Dem neuen Bekl ist also ein Schriftsatz entspr § 253 zuzustellen. Die etwaige Klagefrist muß erneut gewahrt werden, BGH **LM** PreußEnteignG Nr 16. Dasselbe gilt für die Einlassungsfrist. Erst seit dem Eintritt des neuen Bekl können ihm Zinsen angelastet werden. Erst jetzt tritt ihm gegenüber eine Unterbrechung der Verjährung ein, Jauernig § 86 II; aM Blomeyer ZPR § 115 V 1, der eine Klagerücknahme annimmt. Franz NJW **72**, 1744 fordert außerdem wenigstens eine Teilidentität des Streitstoffs.

b) **Berufung.** aa) **Klägerwechsel.** Dieselben Grundsätze gelten in der BfgInstanz bei einem Klägerwechsel, BGH **65**, 268, Düss MDR **71**, 56, Karlsr FamRZ **80**, 1149, LG Wiesbaden JZ **75**, 669 (abl Baumgärtel), vgl BAG BB **75**, 1206. Der Beitritt eines weiteren Klägers in der Berufungsinstanz ist als eine Klagänderung anzusehen, Düss FamRZ **80**, 156.

bb) **Beklagtenwechsel.** In der Berufungsinstanz kann ein neuer Bekl nicht schon bei Sachdienlichkeit, sondern grundsätzlich nur beim Vorliegen seiner Zustimmung hineingezogen werden, da ihm nicht seine Abwehrmöglichkeiten verkürzt werden dürfen, BGH **65**, 268, **71**, 219 und NJW **81**, 989, LAG Bln BB **82**, 679, Franz NJW **82**, 15, vgl BGH **62**, 132, Köln MDR **72**, 1040, im Ergebnis ebenso Celle VersR **81**, 783, Düss GRUR **79**, 54, Ffm NJW **77**, 908 (betr den Übergang vom Gesellschafts- zum Gesellschafterprozeß), Mü OLGZ **77**, 483, LG Kblz MDR **80**, 408 (die Verweigerung der Zustimmung ist bei einem Rechtsmißbrauch unbeachtlich). Es erfolgt also eine Abweisung, keine Zurückverweisung, BAG NJW **71**, 723. Nur ausnahmsweise kann über die Verweigerung der Zustimmung des Bekl hinweggegangen werden, wenn diese mißbraucht wird, BGH **62**, 132 (abl hinsichtlich der Ersetzung der Zustimmung Bötticher MDR **58**, 330) und NJW **81**, 989, im Ergebnis ebenso Ffm NJW **77**, 908. Die Frage ist vom subjektiven Standpunkt des Bekl her zu entscheiden, also dann zu bejahen, wenn sein besonderes Interesse nicht gegen seinen Eintritt in das Verfahren spricht. Letzteres darf aber nicht mit der Sachdienlichkeit, die vom Verfahren her zu beurteilen ist, Anm 4 B, verwechselt werden, BGH **62**, 132.

c) **Revision.** Im Revisionsverfahren ist wegen § 561 ein Parteiwechsel ausgeschlossen. Nicht um einen Parteiwechsel handelt es sich, wenn an die Stelle der Mitglieder des nicht rechtsfähigen Vereins der inzwischen rechtsfähig gewordene Verein tritt, oder wenn der vertretungsberechtigte Gesellschafter einer BGB-Gesellschaft die Gesellschaftsforderung zunächst im eigenen Namen und in demjenigen des anderen Gesellschafters, dann nur noch im eigenen Namen (auf Zahlung an beide Gesellschafter) geltend macht, BGH **17**, 342.

d) **Gewillkürter Parteibeitritt.** Von einem Parteiwechsel ist der gewillkürte Parteibeitritt zu unterscheiden, der nur in § 856 gesetzlich geregelt ist. Er ist unter den Voraussetzungen der §§ 59, 60 zulässig, abw LG Konstanz VersR **75**, 94 (es liege eine Klagänderung vor). Der Kläger kann also unter diesen Voraussetzungen nachträglich einen Zweiten ordnungsgemäß verklagen und im anhängigen Prozeß zuziehen, Hamm AnwBl **74**, 275, jedoch nicht in der 2. Instanz, BGH NJW **62**, 635, vgl auch insofern BGH **62**, 132.

D. **Kosten.** Die ausscheidende Partei hat ausnahmslos einen Anspruch auf eine Kostenentscheidung, Ffm MDR **77**, 410, Mü OLGZ **81**, 89. Diese ergeht durch Beschluß, evtl durch Urteil, Hamm JB **75**, 1503. Der ausscheidende Kläger trägt die bis dahin entstandenen Mehrkosten, Düss MDR **74**, 147, KG OLGZ **78**, 478, Mü MDR **71**, 673, Stgt NJW **73**, 1756 (der Konkursverwalter trägt sie nach der Freigabe, krit Schmidt NJW **74**, 56), LG Frankenthal AnwBl **78**, 465 mwN, aM Mü Rpfleger **68**, 231. Wer den Ausscheidenden verklagt hat, trägt die Kosten, Düss MDR **57**, 238, Hbg AnwBl **78**, 143, Schlesw SchlHA **75**, 66, vgl

Grdz 2 F vor § 50. Hat die richtige Partei den Kläger nach der Klagerhebung befriedigt, so ist eine Klagezustellung an sie die Erhebung einer unbegründeten Klage. Auch aus dem Gesichtspunkt des Verzugs kann sie nicht für die Kosten des falschen Prozesses haften. Wird die eingeklagte Schuld übernommen und tritt der Übernehmer im Einverständnis der Prozeßparteien im Weg einer Parteiänderung an die Stelle des bisherigen Bekl, so gilt § 265 Anm 4 B entsprechend, Köln OLGZ **65**, 46.

Vom Eintritt einer neuen Partei ist die bloße Berichtigung einer falschen Parteibezeichnung zu unterscheiden, Köln OLGZ **70**, 349, Mü OLGZ **81**, 90 mwN, Grdz 2 A vor § 50. Sie ist immer zulässig, auch wenn derselbe Bekl unter zwei Bezeichnungen verklagt worden ist.

3) Verfahren bei der Klagänderung. Der neue Anspruch wird mit der Zustellung eines Schriftsatzes oder dem Vortrag in der mündlichen Verhandlung rechtshängig, § 261 II. Die Zulässigkeit der Klagänderung ist eine Prozeßvoraussetzung, Grdz 3 vor § 253. Bei einer zulässigen Klagänderung tritt der neue Antrag an die Stelle des alten. Das Gericht hat nur noch über den neuen zu entscheiden, Ffm FamRZ **81**, 979 mwN. Wenn daher die neue Klage nicht zugelassen worden ist, vgl § 264 Anm 1, so ist sie durch Prozeßurteil ohne Rechtskraftwirkung in der Sache selbst als unzulässig abzuweisen. Gleichzeitig kann das Gericht über die alte Klage entscheiden. Es hat sie evtl für zurückgenommen zu erklären, § 269. Unzulässig ist es, eine Klagänderung abzulehnen und sachlich über die neue Klage zu entscheiden, Ffm FamRZ **81**, 979, oder die Klagänderung zuzulassen, den zugehörigen tatsächlichen Vortrag aber wegen Verspätung zurückzuweisen.

Der Streit über die Zulässigkeit der Klagänderung ist ein Zwischenstreit. Er kann daher auch durch ein unselbständiges Zwischenurteil aus § 303 entschieden werden. Die Zurückweisung erfolgt aber nur durch im Endurteil. Läßt man den Eintritt einer neuen Partei zu, so ist dieser in der mündlichen Verhandlung zu erklären. Rechtsbehelfe vgl § 268. Ist eine Klagänderung in der BfgInstanz zu Unrecht nicht zugelassen worden, so erfolgt eine Zurückverweisung durch das RevG, BGH **LM** § 264 aF Nr 3 und 8. Wegen der RevInstanz vgl auch § 561 Anm 2 C und BGH **LM** § 264 Nr 33 und § 561 Nr 40 mwN.

4) Zulässigkeit. A. Einwilligung des Beklagten. Die Klagänderung ist nach der Rechtshängigkeit zulässig, wenn der Beklagte einwilligt. Diese rein prozeßrechtliche Einwilligung hat nichts mit derjenigen des § 183 BGB gemeinsam. Sie ist eine Prozeßhandlung und braucht nicht voranzugehen. Sie ist in der mündlichen Verhandlung zu erklären, im schriftlichen Verfahren des § 128 II, III in einem Schriftsatz. Eine vorbehaltlose Einlassung auf die neue Klage begründet die unwiderlegliche Vermutung der Einwilligung, § 267. Eine Einwilligung liegt auch bei einer vorweggenommenen Einlassung vor, dh dann, wenn der Kläger der Verteidigung des Bekl einen neuen Klagegrund entnimmt. Eine Einwilligung (oder die Bejahung der Sachdienlichkeit) ist auch erforderlich, wenn die Klage vor der Verhandlung zur Hauptsache geändert wird, BGH NJW **60**, 1950. § 269 ist nicht entsprechend anwendbar, da dort eine eindeutige Kostenfolge vorgesehen ist und dieser Schutz des Bekl sonst ausgeschaltet würde.

B. Sachdienlichkeit. Zulässig ist die Klagänderung ferner, wenn das Gericht sie sachdienlich findet. Maßgeblich ist die Prozeßwirtschaftlichkeit, die nach objektiven Gesichtspunkten zu beurteilen ist, BGH **LM** § 529 aF Nr 34 und NJW **75**, 1229 je mwN, vgl auch § 139 Anm 2 C b. Sachdienlich ist also eine Klagänderung, wenn sie die sachliche Erledigung des Streitfalls fördert, KG VersR **78**, 767, wenn sie zB eine Aussetzung verhindert, Celle VersR **75**, 264, oder wenn sie einem neuen Prozeß vorbeugt, BGH NJW **58**, 184, Ffm FamRZ **81**, 979, Hamm FamRZ **81**, 1201, KG VersR **78**, 767. Eine Klagänderung ist dem Bekl jedenfalls dann zuzumuten, wenn der Streitstoff im wesentlichen derselbe ist, BGH **LM** § 529 aF Nr 34 mwN. Nicht sachdienlich ist es, wenn der Kläger neue Klagegründe offenbar nur deshalb nachschiebt, um den Bekl zu schikanieren, oder weil er zuvor ins Blaue losgeklagt hatte, Bull SchlHA **74**, 150, oder wenn das Gericht für den neuen Klagegrund unzuständig ist, BGH ZZP **95**, 66, Düss FamRZ **83**, 401, oder wenn der Kläger nur so in einem im übrigen entscheidungsreifen Prozeß ein rechtsmittelfähiges Urteil erzwingen könnte.

Trotz einer Verzögerung des schwebenden Prozesses durch eine neue Verhandlung und Beweisaufnahme kann eine Klagänderung als sachdienlich anzusehen sein, BGH **53**, 29. Dasselbe gilt dann, wenn sonst eine Instanz verlorengeht, BGH NJW **51**, 311, LG Köln MDR **74**, 147, insofern aM LG Mannh ZMR **74**, 340. Die Sachdienlichkeit kann zu verneinen sein, wenn ein völlig neuer Streitstoff zur Entscheidung gestellt wird, ohne daß die Möglichkeit besteht, das bisherige Prozeßergebnis dabei mitzuverwerten, so daß also neue Beweiserhebungen notwendig würden, wenn der bisherige Prozeß ohne eine Klagänderung bereits entscheidungsreif wäre, BGH **LM** § 529 aF Nr 34 und NJW **75**, 1229 je mwN, Düss VersR **76**, 151, LG Mannh ZMR **74**, 340, AG Recklingh WM **82**, 20. Unerheblich ist der rechtliche begründete oder wirtschaftliche Zusammenhang der Ansprüche. Auch ein etwaiges Verschulden ist unerheblich, LG Mannh ZMR **74**, 340.

Wird die Klagänderung zugelassen, darf das Vorbringen nicht gleichzeitig zurückgewiesen werden. Ob eine Klagänderung sachdienlich ist, steht im Ermessen des Gerichts, BGH NJW **75**, 1229 mwN und ZMR **75**, 83. Ist die Sachdienlichkeit aber zu bejahen, so steht die Zulassung der Klagänderung nicht mehr im Ermessen des Gerichts; das Gericht muß sie zulassen, sobald es die Sachdienlichkeit bejaht. Eine Verkennung des Begriffs der Sachdienlichkeit begründet die Revision, soweit die Anfechtung durch § 268 ausgeschlossen ist, BGH **LM** § 529 aF Nr 34 und NJW **75**, 1229 je mwN. Das RevG kann die Prüfung der Sachdienlichkeit nachholen, BGH NJW **79**, 1306 (krit Baumgärtel FamRZ **79**, 791).

Die Zulassung kann auch stillschweigend erfolgen, etwa durch den Eintritt in eine Verhandlung über die neue Klage. Ein Wechsel vom ordentlichen Prozeß in den Urkundenprozeß ist nur ausnahmsweise sachdienlich, BGH **69**, 70. Ein Übergang vom Verfahren der einstweiligen Verfügung in den Hauptprozeß ist unzulässig, § 920 Anm 1 B.

5) *VwGO: Es gilt § 91 VwGO. Zu entscheiden ist durch unselbständiges Zwischenurteil entsprechend § 303, Anm 3, vgl Kopp § 91 Rdz 25, oder im Endurteil, RedOe § 91 Anm 11–13.*

264 *Klagänderung. Einzelheiten.* **Als eine Änderung der Klage ist es nicht anzusehen, wenn ohne Änderung des Klagegrundes**
1. **die tatsächlichen oder rechtlichen Anführungen ergänzt oder berichtigt werden;**
2. **der Klageantrag in der Hauptsache oder in bezug auf Nebenforderungen erweitert oder beschränkt wird;**
3. **statt des ursprünglich geforderten Gegenstandes wegen einer später eingetretenen Veränderung ein anderer Gegenstand oder das Interesse gefordert wird.**

1) Allgemeines. Über die Klagänderung im allgemeinen § 263 Anm 1, 2. Liegt eine Klagänderung vor und wird sie weder vom Gericht zugelassen noch vom Bekl gebilligt, so ist die Abweisung der geänderten Klage durch Prozeßurteil geboten. Die Prüfung, ob eine Klagänderung vorliegt, muß der Sachprüfung vorausgehen. Das Urteil darf die Frage, ob eine Klagänderung vorliege, nicht dahingestellt lassen. Wird die Klagänderung als unzulässig, gleichzeitig aber der neue Anspruch als unbegründet behandelt, so ist die Entscheidung zum sachlichen Anspruch wirkungslos, vgl § 263 Anm 3. Bei einem Widerspruch des Bekl erfolgt eine Entscheidung nach § 268 Anm 1. Der neue Anspruch wird ohne Rücksicht auf die Zulassung rechtshängig. Ob seine Erhebung eine Rücknahme der bisherigen Klage bedeutet, ist eine Auslegungsfrage. Es kann die Abweisung des alten Anspruchs nötig sein. Tritt freilich der neue Anspruch völlig an die Stelle des alten, so ist allein über den neuen zu entscheiden. Es empfiehlt sich stets eine Klärung gemäß §§ 139, 278 III. Dabei sind die Prozeßvoraussetzungen, insbesondere die Zuständigkeit, neu zu prüfen. Eine Einlassung ist als Vereinbarung der Zuständigkeit anzusehen, § 39. Ist eine Klagrücknahme anzunehmen, so gilt § 269 für die Kosten. Über die Änderung der Partei § 263 Anm 2 C.

2) Fallgruppen. A. Grundsatz. § 264 verneint eine Klagänderung für drei Fälle, in denen der Klagegrund, Begriff § 253 Anm 4 B, unberührt bleibt. Indessen berührt die durch Z 1 zugelassene Änderung oder Berichtigung der tatsächlichen Ausführungen notwendigerweise den Klagegrund. Darum kann nur solches Vorbringen eine Klagänderung enthalten, das nicht den Gesamttatbestand unverändert läßt, sondern die klagebegründenden Tatsachen wesentlich abändert. Eine neue rechtliche Begründung ist keine Klagänderung, Karlsr GRUR **79**, 473. Wegen der Berufungsinstanz Schneider MDR **82**, 626.

B. Ergänzung oder Berichtigung der Anführungen, Z 1. § 264 verneint eine Klagänderung bei einer bloßen Ergänzung oder Berichtigung der tatsächlichen Angaben (die rechtlichen Angaben haben mit einer Klagänderung überhaupt nichts zu tun), abgesehen von der Einschränkung zu A. Die Vorschrift dient nur diesem Ziel, Zweibr MDR **81**, 586. Beispiele: Eine nähere Begründung der aufgestellten Behauptungen; die Anführung von Tatsachen, die sich erst während des Prozesses ereignet haben, sofern der Gesamttatbestand unverändert bleibt, BGH VersR **77**, 668, vgl aber auch Zweibr MDR **81**, 586 (das OLG sieht es als eine Klagänderung an, wenn der Kläger das im Antrag genannte Ziel jetzt auf Grund eines anderen Sachverhalts verfolgt); eine Neuordnung des Streitstoffs; eine Berichtigung der Parteibezeichnung, Ffm MDR **77**, 410.

Es ist entscheidend, ob die Klageschrift ohne weiteres den Gegner erkennen läßt, Celle OLGZ **67**, 310. Dergleichen ist auch dann zulässig, wenn das erstinstanzliche Urteil versehentlich den gesetzlichen Vertreter im Urteilskopf als Partei bezeichnet. Wird ein nicht rechtsfähiger Verein im Prozeß rechtsfähig, so kann er den Prozeß weiterführen, sofern er den Verein fortsetzt. Vgl im übrigen § 263 Anm 2 C.

Z 1 dient nicht dazu, über die Ausnahmefälle des § 296 hinaus einen verspäteten Vortrag zulässig zu machen. Zweibr MDR **81**, 586.

C. Erweiterung oder Beschränkung des Antrags, Z 2. Keine Klagänderung ist eine Erweiterung oder Beschränkung des Klagantrags, BayObLG **82**, 231. Das ist nicht auf zahlenmäßige Unterschiede zu beschränken. Diese Regel gilt auch im Nachverfahren nach § 304; insofern ist das Gericht für den Mehrbetrag aber nicht an seine Entscheidung gebunden. Hierher gehört der Übergang von der Feststellungs- zur Leistungsklage und umgekehrt, Celle VersR **75**, 264, LG Nürnb-Fürth NJW **81**, 2587 mwN, oder von dem Anspruch auf Leistung zu demjenigen auf Rechnungslegung oder vom Auskunfts- und Rechnungslegungsanspruch zur Leistungsklage, BGH NJW **79**, 926 mwN. Denkbar ist auch der Übergang vom Auskunfts- und Rechnungslegungsanspruch zur Feststellungsklage, BGH NJW **60**, 1950.

Eine Klagerweiterung ist nur möglich, solange über die bisherige Klage nicht rechtskräftig entschieden wurde, BGH MDR **64**, 831, also evtl auch im Rechtsmittelverfahren, BGH NJW **83**, 173, sie ist andererseits aber auch nach dem Ablauf einer etwaigen Klagefrist zulässig, BGH VersR **73**, 54. Freilich ist sie keineswegs stets ein zwingender Grund zu einer Wiedereröffnung der Verhandlung, § 156 Anm 2 A. Eine Änderung des Antrags ist, abgesehen von Z 2 und 3, auch dann eine Klagänderung, wenn der Klagegrund unverändert ist.

Eine Klagänderung kann zugleich eine Klagerücknahme sein, § 269 Anm 1 A; dann sind §§ 246 ff und 269 nebeneinander anwendbar, da sie unterschiedliche Zwecke haben, Groß (s § 263 vor Anm 1), aM Walther (s ebendort) 118 ff (es seien nur §§ 263 ff anwendbar), differenzierend Henckel Festschrift für Bötticher (1969) 181 ff.

Über die Vorwegleistung der Verfahrensgebühr nach § 65 GKG vgl Anh § 271.

D. Anderer Gegenstand, Interesse, Z 3. Keine Klagänderung ist eine später eingetretene Veränderung, wenn der Kläger deswegen einen anderen Gegenstand oder das Interesse fordert. Die Veränderung muß nach der Klagerhebung eingetreten oder dem Kläger bekanntgeworden sein, Ffm FamRZ **81**, 979 mwN. Nur solange einer der bisherigen Ansprüche rechtshängig ist, § 261 Anm 2 A, C kann „statt" des ursprünglich geforderten Gegenstands ein anderer gefordert werden, BGH **LM** § 264 aF Nr 25. Ob die Veränderung auf dem Verhalten einer Partei oder auf einem Zufall beruht, ist unerheblich. Der neue Anspruch muß demselben Klagegrund entstammen wie der alte, nicht aber dem alten Anspruch.

Der Konkursverwalter kann gegenüber einem Gläubiger, der gegen den Gemeinschuldner ein nicht rechtskräftiges Urteil erstritten hat, dessen zur Tabelle angemeldete Forderung er aber ablehnt, den Rechtsstreit mit dem Antrag aufnehmen, seinen Widerspruch für begründet zu erklären, BGH NJW **62**, 153. Eine Änderung (Einschränkung) des Antrags ist auch für denjenigen zulässig, der nach § 265 veräußert hat, BGH NJW **60**, 964. Ob der Kläger einen anderen Gegenstand usw verlangen kann, richtet sich nach dem sachlichen Recht.

Beispiele: Der Gegner ficht den Vertrag im Verfahren an, verlangt darum statt der Erfüllung die Herausgabe der Bereicherung; der Kläger verlangt statt der Abtretung den Wertersatz, BGH **LM** § 264 aF Nr 25; der Kläger hat zunächst eine Vollstreckungsabwehrklage erhoben, dann an den Gläubiger gezahlt und begehrt nun die Rückzahlung, BAG NJW **80**, 142 mwN, Ffm FamRZ **81**, 979.

3) Einige Einzelfälle. „Ja" bedeutet: eine Klagänderung liegt vor; „nein" bedeutet: es liegt keine Klagänderung vor.

Änderung des Klagegrundes. Ja: Wenn der Kläger eine dingliche Klage auf einen neuen Erwerbsgrund stützt. Wenn völlig verschiedene Ansprüche ausgewechselt werden, BGH ZZP **95**, 66, Düss VersR **76**, 151, Ffm KTS **74**, 177. Wenn sich eine Forderung auf einen neuen Entstehungsgrund stützt, zB auf eine Abtretung statt auf ein eigenes Recht, BVerfG **54**, 127, Zweibr OLGZ **70**, 179, LG Nürnb-Fürth VersR **74**, 817, abw Grunsky ZZP **91**, 317, oder auf eine neue Kündigung, Zweibr MDR **81**, 586. Wenn der Kläger erst die übliche, dann eine vereinbarte Vergütung verlangt. Wenn er erst in der einen Handlung, dann in einer anderen eine Amtspflichtverletzung findet. Wenn er eine Hypothekenlöschung erst aus dem einen Grund, dann aus dem anderen begehrt. Wenn er statt einer Aussonderung jetzt eine Absonderung verlangt.

Wenn der Kläger fallengelassenes Vorbringen wieder vorträgt oder einen in der 1. In-

1. Titel. Verfahren bis zum Urteil **§ 264** 3

stanz übergangenen Vortrag in der 2. Instanz wieder aufnimmt. Wenn er einen 2. Haupt- oder Hilfsklagegrund hinzufügt. Wenn er eine Mieterhöhung neu begründet, Grdz 4 vor § 253, Fehl NJW **74**, 1940 (aber eine Klagänderung ist oft sachdienlich), Barthelmess WM **83**, 66, Sternel ZMR **83**, 79. Wenn er von der Zahlungsklage zur Wertersatzklage nach dem AnfG übergeht, BGH **LM** Nr 33.

Nein: Wenn der Kläger zum Leistungsanspruch den Anspruch auf Rechnungslegung hinzufügt, weil dieser nur eine Nebenforderung betrifft (diese hat hier eine weitere Bedeutung als in § 4). Wenn der Kläger auf Grund desselben Tatbestands nur eine rechtlich verschiedene weitere Begründung vorträgt. Wenn er erst aus einem Vertrag, dann auf Grund desselben Sachverhalts aus dem Gesichtspunkt der unerlaubten Handlung klagt, Rosenberg ZZP **49**, 63. Wenn er erst aus dem HaftpflichtG, dann aus einer unerlaubten Handlung mit einem erhöhten Anspruch klagt, BGH NJW **54**, 641.

Wenn er erst eine Nachbesserung, dann eine Wertminderung fordert, Mü NJW **72**, 62. Wenn er die Begründung einer Prozeßvoraussetzung wechselt. Wenn eine Prozeßvoraussetzung oder die Fälligkeit und dgl erst nach der Klagerhebung so, wie in der Klage angegeben, eintritt. Wenn der Kläger das Eigentum bei der Eigentumsklage erst im Laufe des Prozesses erlangt. Wenn er die Begründung der leugnenden Feststellungsklage wechselt, weil der Kläger dann an Stelle des Bekl steht. Wenn der Arbeitgeber aus einer Unterlassungsklage gegen den Arbeitnehmer wegen unerlaubten Wettbewerbs zur Schadensersatzklage übergeht, weil die Frist für das Wettbewerbsverbot abläuft, BAG **AP** Nr 1, SAE **68** Heft 2/3. Wenn der Arbeitgeber eine erst nach der Rechtshängigkeit erklärte weitere Kündigung zu demselben Termin im Rechtsstreit geltend macht, Stgt BB **82**, 865. Wenn im Patentnichtigkeitsverfahren wegen mangelnder Erfindungsneuheit weitere Veröffentlichungen angeführt werden, da dann nur eine Klagerweiterung vorliegt, BGH **17**, 305.

Änderung des Klagantrags. Ja: wenn der Kläger statt einer Minderung nunmehr die Wandelung geltendmacht. Wenn er bei der Herausgabeklage, § 985 BGB, statt der Erfüllung nunmehr Ersatz verlangt, § 253 Anm 5 B. Wenn er nach einer rechtskräftigen Entscheidung über einen von mehreren Leistungsansprüchen statt der Leistung nunmehr die Feststellung beantragt. Wenn der Kläger statt der Leistung die Vollstreckbarerklärung eines Schiedsspruchs verlangt. Wenn er vom Räumungs- zum Unterlassungsanspruch übergeht, LG Gießen WM **76**, 13, oder vom Unterlassungs- zum Ausgleichsanspruch, BGH **LM** § 906 BGB Nr 30. Wenn von einer Gesamtgläubigerschaft zu Einzelansprüchen jedes Klägers übergegangen wird (dies ist allerdings sachdienlich), BGH **LM** § 844 II BGB Nr 46. Wenn der Kläger vom Auskunft- zum Schadensersatzanspruch übergeht, Mü JB **76**, 971, sofern nicht eine echte Stufenklage vorliegt. Wenn er vom Freistellungsanspruch zur Vollstreckungsabwehrklage übergeht, Ffm NJW **76**, 1983. Wenn der Antrag auf die Auflösung des Arbeitsverhältnisses nicht weiter verfolgt wird, BAG NJW **80**, 1485. Wenn das erste Mieterhöhungsbegehren unbegründet war und der Kläger deshalb zu einem viel späteren Zeitpunkt ein auf neue Tatsachen gestütztes „zweites" Mieterhöhungsbegehren nachschiebt, AG Recklingh WM **82**, 20.

Nein: Wenn der Kläger statt einer festen Mauer einen Zaun auf fester Unterlage begehrt. Wenn er von der Feststellungsklage zur Leistungsklage und umgekehrt übergeht, auch in Baulandsachen, KG NJW **70**, 614. Wenn in Wahrheit eine bloße Berichtigung vorliegt, wenn zB der Kläger die Feststellung der Unzulässigkeit einer Pfändung statt der Aufhebung der Zwangsvollstreckung fordert. Wenn der Kläger von einer abstrakten Schadensberechnung zu einer konkreten übergeht. Wenn er statt der Leistung eine Rechnungslegung verlangt und umgekehrt, BGH FamRZ **75**, 38. Wenn er aufrechnet, statt eine Leistung zu verlangen. Wenn er eine Leistung Zug um Zug statt einer Leistung schlechthin begehrt. Wenn er statt der Zahlung eine Hinterlegung fordert. Wenn er statt der Leistung die Duldung der Zwangsvollstreckung begehrt. Wenn er statt der Leistung an mehrere gemeinsam nunmehr die Leistung an sich allein fordert.

Wenn der Kläger Ersatz der erst nach der Klagerhebung entstandenen Schäden verlangt, falls der frühere Klagegrund auch für sie ursächlich ist. Wenn der Kläger statt der Einzelhaftung eine Gesamthaftung behauptet und umgekehrt. Wenn er eine Mängelbeseitigung statt der Neuherstellung fordert. Wenn der Kläger Ersatz nach § 325 BGB statt einer Erfüllung fordert. Wenn er nach einem Selbsthilfeverkauf Ersatz wegen Nichterfüllung begehrt. Wenn der Kläger statt der Bewilligung der Löschung einer Hypothek den Antrag auf Einwilligung in die Auszahlung des Erlöses begehrt. Wenn er statt einer Zahlung eine Schuldbefreiung fordert. Beim Übergang vom Arrest- in den Hauptsacheprozeß, Hamm NJW **71**, 387 mwN. Wenn der Antrag nur sprachlich, nicht inhaltlich modifiziert wird, zB bei einem Anspruch auf Gegendarstellung, KG NJW **70**, 2029. Bei einer einseitigen Erledigungserklärung, § 91a Anm 2 D, aM Mössner NJW **70**, 176 mwN.

4) VwGO: *Entsprechend anzuwenden, § 173 VwGO, als Ergänzung zu § 91, allgM, EF § 91 Rdz 6 u 7. Deshalb liegt keine Klagänderung vor, wenn bei gleichem Klaggrund der Kläger von der Feststellungs- zur Leistungsklage übergeht (oder umgekehrt), Anm 2 C, auch nicht bei Übergang zum Antrag nach § 113 II VwGO, BVerwG DÖV **62**, 754, oder zur Klage nach § 113 I 4 VwGO, BVerwG **8**, 59 u RiA **82**, 18, ebensowenig bei Übergang von dieser Klage zur allgemeinen Feststellungsklage, BVerwG LS DVBl **80**, 641, oder bei Übergang von der negativen Feststellungsklage zur Anfechtungsklage gegen einen jene unterlaufenden Verwaltungsakt, BVerwG **30**, 50. Dagegen ist idR eine Änderung des Klaggrundes, wenn der angefochtene Verwaltungsakt durch einen anderen ersetzt und nun dessen Aufhebung begehrt wird (keine entsprechende Anwendung von § 68 FGO oder § 96 SGG), OVG Münst DVBl **67**, 116 (eingehend), aM Grunsky § 13 II 1; in diesem Fall ist aber meist die Zulassung der Klagänderung, § 91 VwGO, geboten, vgl dazu BVerwG NJW **70**, 1564.*

265 *Rechtshängigkeit. Veräußerung der Streitsache.* **I** Die Rechtshängigkeit schließt das Recht der einen oder der anderen Partei nicht aus, die in Streit befangene Sache zu veräußern oder den geltend gemachten Anspruch abzutreten.

II Die Veräußerung oder Abtretung hat auf den Prozeß keinen Einfluß. Der Rechtsnachfolger ist nicht berechtigt, ohne Zustimmung des Gegners den Prozeß als Hauptpartei an Stelle des Rechtsvorgängers zu übernehmen oder eine Hauptintervention zu erheben. Tritt der Rechtsnachfolger als Nebenintervenient auf, so ist § 69 nicht anzuwenden.

III Hat der Kläger veräußert oder abgetreten, so kann ihm, sofern das Urteil nach § 325 gegen den Rechtsnachfolger nicht wirksam sein würde, der Einwand entgegengesetzt werden, daß er zur Geltendmachung des Anspruchs nicht mehr befugt sei.

Schrifttum: Baur, Rechtsnachfolge in Verfahren und Maßnahmen des einstweiligen Rechtsschutzes, Festschrift für Schiedermair (1976) 19; Calavros, Urteilswirkungen zu Lasten Dritter, 1978 (Bespr Wolf AcP **180**, 430); Grunsky, Die Veräußerung der streitbefangenen Sache, 1968; Henckel, Zur Auslegung des § 265 ZPO, ZZP **82**, 333; Henke, Bedingte Übertragungen im Rechtsverkehr und Rechtsstreit, Diss Bln 1958; Münzberg, Bemerkungen zur prozessualen Rechtsnachfolge, Diss Hbg 1963.

1) Allgemeines. § 265 gibt in I eine überflüssige, weil nach dem BGB selbstverständliche, Vorschrift. Das sachliche Recht kennt kein Verbot der Veräußerung einer Streitsache. II, III haben eine große prozessuale Tragweite. Sie wollen verhüten, daß die eine Partei durch eine Veräußerung der streitbefangenen Sache um die Früchte ihres bisherigen Prozesses gebracht wird, BGH NJW **75**, 929 mwN, oder daß die Lage der anderen Partei verschlechtert wird, insofern richtig BGH **LM** Nr 14, vgl BGH **72**, 241, OVG Münster NJW **81**, 598. Ergänzungen geben §§ 325 I, 727, die die Wirkung des Urteils bezüglich der Rechtsnachfolge regeln.

Die ganze Regelung beruht auf dem allgemeinen Gedanken, daß niemand aus dem öffentlichrechtlichen Prozeßverhältnis ohne weiteres, insbesondere durch eigenes Tun, ausscheiden darf. Ohne §§ 265, 266 würde aber der Kläger die Sachlegitimation verlieren und der Bekl gezwungen sein, den vielleicht sicheren Prozeß gegen einen anderen Gegner von neuem zu beginnen, BGH NJW **79**, 925 mwN, LG Ffm NJW **72**, 955. Andere sachrechtliche Veränderungen sind voll beachtlich; für sie gelten die §§ 265, 266 nicht. Das Rechtsschutzbedürfnis ist wie stets zu prüfen, BayObLG **83**, 77.

In Baulandsachen ist § 265 unanwendbar, Mü MDR **72**, 787. Bei einer Veräußerung der Eigentumswohnung ist in einem Verfahren nach § 43 WEG II entsprechend anwendbar, BayObLG **83**, 76 mwN, Oldb ZMR **80**, 63.

2) Veräußerung der Streitsache, I. A. Grundsatz. Trotz der Rechtshängigkeit behält jede Partei das Verfügungsrecht über die Streitsache. „In Streit befangen" (dies ist weit auszulegen, BGH **18**, 226, Köln MDR **72**, 332) ist eine Sache, wenn auf der rechtlichen Beziehung zu ihr die Sachbefugnis einer Partei beruht, OVG Münster NJW **81**, 598. Das trifft namentlich dann zu, wenn der Besitz oder das Eigentum streitig sind oder wenn es sich um ein dingliches Recht oder ein gegen den jeweiligen Besitzer oder Eigentümer gerichtetes persönliches Recht handelt, BGH **LM** § 917 BGB Nr 12/13, ferner dann, wenn der gestörte Nachbar den Störenden wegen einer von dessen Grundstück ausgehenden Beeinträchtigung

1. Titel. Verfahren bis zum Urteil § 265 2

verklagt, OVG Münster NJW **81**, 598. „Sache" ist dabei nicht nur die körperliche Sache, also auch ein Grundstück, soweit es nicht unter § 266 fällt, sondern auch ein Recht, wie die verpfändete Hypothek oder ein Warenzeichen. Ein Gesamtanspruch, wie die Erbschaftsklage, macht nicht die einzelnen Sachen streitbefangen.

B. Streitbefangenheit. Streitbefangen machen: Alle dinglichen Klagen und Besitzklagen; die Klage des Eigentümers gegen den Störer, BGH **18**, 223; eine Klage nach § 917 I BGB, BGH **LM** § 917 BGB Nr 12/13 (läßt offen, ob auch die Klage nach § 917 II BGB hierhergehört); alle persönlichen Klagen, die auf der unmittelbaren Haftung der Sache beruhen, zB aus §§ 809, 810 BGB; die Klage aus einem vorgemerkten Anspruch. Bei einer Klage aus § 536 BGB ist das Mietgrundstück streitbefangen, wenn der Vermieter Eigentümer ist, vgl § 571 BGB.

C. Keine Streitbefangenheit. Nicht streitbefangen machen: Die Klage aus einer persönlichen Übereignungspflicht; die Anfechtungsklage nach dem AnfG, weil sie einen persönlichen Anspruch auf Rückgewähr gibt, aM Hbg MDR **69**, 673; das Eigentum am Grundstück des Störers, Schlesw SchlHA **62**, 130 (hier ist bei einer Veräußerung die Hauptsache erledigt); wenn nur der gesicherte Anspruch geltendgemacht wird, BGH **39**, 25. Die Klage auf Räumung und Herausgabe eines Grundstücks macht den Anspruch auf Beseitigung eines auf diesem errichteten Bauwerks nicht rechtshängig, BGH **28**, 153.

D. Geltend gemachter Anspruch. Der in Streit befangenen Sache steht der „geltend gemachte Anspruch" gleich. Der Begriff Anspruch ist dabei sachlichrechtlich zu verstehen, also im Sinne des § 194 BGB, wie I überhaupt sachlichrechtlichen Inhalt hat; der prozessuale Anspruch, § 2 Anm 2 A, ist nicht einem sachlichrechtlichen Anspruch abtretbar. Die Abtretung des Widerspruchsrechts aus § 771 enthält eine Abtretung des im Widerspruchsprozeß erhobenen sachlichrechtlichen Anspruchs. Bei der Feststellungsklage ist die Sache oder das Recht streitbefangen.

E. Veräußerung und Abtretung. Diese Begriffe haben in § 265 nicht den Sinn wie im BGB. Während §§ 239 ff die Fälle der Rechtsnachfolge durch Tod, infolge Konkurses usw regeln, erfassen die §§ 265, 266 einen Rechtsübergang durch Veräußerung und Abtretung, dh jede Art von Rechtsübergang, soweit er nicht durch §§ 239 ff geregelt wird, um die in Anm 1 genannten Folgen auszuschließen. Demgemäß wirkt auch das Urteil für und gegen 1en Nachfolger, ohne daß es auf die Art des Rechtsübergangs ankommt.

a) **Anwendbarkeit.** Mithin gehören hierher:

aa) **Rechtsgeschäftliche Übertragung.** Beispiele: Die Bestellung eines Rechts an der Sache, etwa eines Pfandrechts; die Übertragung des Besitzes nach § 868 BGB, Schlesw SchlHA **75**, 48; ein Indossament; Abtretung des Schlußsaldos, BGH NJW **79**, 324; die Abtretung des Geschäftsanteils bei der Geltendmachung eines Anspruchs gegen den Mitgesellschafter aus dem Gesellschaftsvertrag, BGH NJW **60**, 964, ebenso bei der Anfechtungs- oder Nichtigkeitsklage gegen einen Gesellschafterbeschluß, BGH NJW **65**, 1378; die Aufgabe des Eigentums nach § 928 BGB; eine Aneignung; die befreiende Schuldübernahme, zB Schlesw JZ **59**, 668, RoS § 103 II 2, ThP 3a, Pal-Heinr Üb 1 vor § 414 BGB, aM BGH **61**, 140 mwN (abl Schwab ZZP **87**, 97) und **LM** Nr 14 (zustm Henckel ZZP **88**, 329); sie ist eine Veräußerung nicht anders als die eines überlasteten Grundstücks, vgl auch § 325 Anm 2 B. Ferner gehört hierher die Vermögensübernahme, § 419 BGB, aM Stgt NJW **69**, 1493 (aber die Sachbefugnis, Grdz 4 A vor § 50, entfällt beim Veräußerer auch hier).

bb) **Übertragung durch staatliche Verfügung.** Beispiele: Die Überweisung einer gepfändeten Forderung, vgl BGH **86**, 339; der Erwerb in der Zwangsversteigerung oder bei einer Enteignung; der Ersteher des zwangsversteigerten Grundstücks und der Grundstücksgläubiger werden aber nicht Rechtsnachfolger des Zwangsverwalters, BGH **LM** Nr 2; eine Überleitung gemäß §§ 90, 91 BSHG, Düss FamRZ **78**, 257, KG FamRZ **82**, 428, Schlesw SchlHA **79**, 126.

cc) **Übergang kraft Gesetzes.** Beispiele: Ein Ersatzanspruch an die Berufsgenossenschaft; die Entstehung eines gesetzlichen Pfandrechts; ein Übergang nach § 426 II BGB, BGH NJW **63**, 2067.

b) **Unanwendbarkeit.** Nicht hierher gehören zB: Die Abtretung des Anspruchs auf eine Grundbuchberichtigung, weil sie nur ein Recht gibt, in fremdem Namen zu handeln; die Verschmelzung von Aktiengesellschaften, für sie gelten §§ 239, 246; die Umwandlung einer Erwerbsgesellschaft in eine Abwicklungsgesellschaft und umgekehrt, weil die Nämlichkeit bleibt; der Erwerber eines veräußerten Anspruchs fällt aber unter II.

F. Übergang als notwendige Folge. I ist anwendbar, wenn der Übergang die notwendige Folge eines anderen Rechtsgeschäfts ist, wie der Übergang einer Mietforderung als Folge der Veräußerung des Mietgrundstücks. Der Zeitpunkt der Veräußerung ist nach dem sachlichen Recht zu bestimmen. Eine Veräußerung nach der Rechtshängigkeit liegt nur vor, wenn sie später liegt.

3) Einfluß auf den Prozeß, II. A. Grundsatz. Veräußerung oder Abtretung der Streitsache oder des Streitanspruchs haben ,,auf den Prozeß keinen Einfluß". KG MDR **81**, 940 wendet diesen Grundsatz auf das Beweissicherungsverfahren entsprechend an. Erlangt das Gericht von ihnen keine Kenntnis, so wirkt die Prozeßführung des Veräußerers voll für und gegen den Erwerber, vorbehaltlich der sachlichrechtlichen Ansprüche. Hat das Gericht Kenntnis von einer Veräußerung oder Abtretung, so geht der Prozeß trotzdem unverändert weiter. Die Parteien bleiben die alten, das Urteil wirkt für und gegen den Nachfolger, einer Klage des Erwerbers stünde die Rechtshängigkeit entgegen.

B. Antragsumstellung. Aber die Veräußerung ist trotzdem nicht unbeachtlich, wie die Unbeachtlichkeitslehre (kauderwelsch: Irrelevanztheorie) meint; nach der jetzt herrschenden Beachtlichkeitslehre (Relevanztheorie) muß der Kläger seinen Antrag, auch ohne Einwand des Bekl, grundsätzlich umstellen, da doch die Veräußerung sachlichrechtlich wirksam ist. Dies gilt zB bei einer Überleitung gemäß § 90 BSHG, Düss FamRZ **81**, 698 mwN, Karlsr FamRZ **79**, 710, LG Saarbr NJW **72**, 1901, Seetzen NJW **78**, 1350, es gilt ferner bei einer Sicherungsabtretung. Denn die §§ 265 ff wollen verhindern, daß sich eine Partei dem Prozeßrechtsverhältnis entzieht, nicht aber ein sachlich unrichtiges Urteil herbeiführen. Also handelt der Veräußerer von der Veräußerung an als Prozeßgeschäftsführer, Grdz 4 C vor § 50 (evtl gilt dasselbe bei einer Abtretung vor der Rechtshängigkeit, BGH ZZP **91**, 315). Er bleibt Partei und ist der Widerklage ausgesetzt. Aber er muß seinen Antrag zur Vermeidung einer Sachabweisung wegen fehlender Sachbefugnis dahin ändern, daß er die Leistung nunmehr an den Erwerber verlangt, was allerdings in der Revisionsinstanz nur zulässig ist, wenn das Berufungsgericht die Abtretung festgestellt hat, BGH **26**, 37. Hat er den Anspruch verpfändet, so muß er Leistung an sich und den Pfandgläubiger gemeinsam fordern, § 1281 BGB. Das Gericht muß eine Änderung des Antrags anregen, § 139.

Die Notwendigkeit einer Antragsumstellung entfällt, wenn zB bisher beantragt wurde, den unmittelbaren Besitzer nicht zu behindern, und der Kläger trotz der Veräußerung der Sache ihr unmittelbarer Besitzer bleibt, BGH **LM** § 917 BGB Nr 12/13.

C. Prozeßhandlung, sachlichrechtliche Verfügung. Das Recht des Veräußerers zu Prozeßhandlungen bleibt unberührt. Die Befugnis zu sachlichrechtlichen Verfügungen verliert er gemäß sachlichem Recht. Er kann jedoch nach wie vor anerkennen, verzichten, sich vergleichen. Einreden gegen den Nachfolger müssen auch gegen den Veräußerer zulässig sein; andernfalls wäre der Bekl nicht geschützt, sondern benachteiligt. Etwas anderes gilt nur bei Einreden, die gegenüber dem Nachfolger unwirksame Verfügungen geltend machen. Wegen der Wiederaufnahme § 578 Anm 1 B. Hat der Bekl an den Nachfolger zur Abwendung der ZwV geleistet, so ist der Nachfolger nach der Aufhebung des Urteils zur Rückzahlung verpflichtet. Macht der Bekl den Anspruch aus § 717 im selben Prozeß geltend, so richtet er sich gegen den ursprünglichen Kläger, BGH NJW **67**, 1966, § 717 Anm 2 D, aM zB Nieder NJW **75**, 1004 mwN.

D. Veräußerung, Abtretung des Beklagten. Eine Veräußerung oder Abtretung durch den Beklagten ist für das Gericht unbeachtlich. Das Gericht darf nicht einen am Prozeß Unbeteiligten verurteilen, BGH **61**, 143, aM BAG DB **77**, 681 betr § 613 a BGB. Der Kläger wird natürlich zweckmäßig seine Anträge der Veräußerung anpassen, also etwa zum Ersatzanspruch übergehen, § 264 Z 3, oder die Erledigung der Hauptsache erklären, evtl die Klage zurücknehmen, vgl BGH **61**, 143. Versäumt er das, so bleibt nur eine Umschreibung der Vollstreckungsklausel, § 727, oder eine Klage nach § 731 möglich.

4) Übernahme durch den Rechtsnachfolger, II. A. Begriff. Rechtsnachfolger ist hier der Nachfolger des Veräußerers oder des Abtretenden im Sinne von Anm 2 E, mag die Rechtsnachfolge als unmittelbares oder mittelbares Ergebnis des Rechtsvorgangs eintreten, durch Vermittlung eines Vorgängers oder kraft Gesetzes, voll oder nur beschränkt. So ist in einem auf eine Grundbuchberichtigung gehenden Prozeß Rechtsnachfolger derjenige, der nach der Rechtshängigkeit die Buchstellung erlangt hat. Eine Beendigung der Prozeßführungsbefugnis des Mannes infolge der Beendigung des früheren gesetzlichen Güterstandes ist nach § 239 zu behandeln, dort Anm 2 B, C.

Der Konkursverwalter des Gesellschaftsvermögens ist kein Rechtsnachfolger eines Gesellschaftsgläubigers, BGH **82**, 216.

B. Zustimmungsbedürftigkeit. Der Rechtsnachfolger darf den Prozeß nur mit einer Einwilligung des Gegners übernehmen. Daneben braucht er die Einwilligung des Veräuße-

1. Titel. Verfahren bis zum Urteil §§ 265, 266 1

rers; ohne sie wäre er wie der Erbe, dessen Rechtsnachfolge nach Unterbrechung verneint wird, aus dem Prozeß zu verweisen, § 239 Anm 4 A d bb. Die Erklärung der Einwilligung erfolgt in der mündlichen Verhandlung. Die Erklärung des Veräußerers muß ausdrücklich sein, die des Gegners ist stillschweigend möglich, etwa durch Einlassung, also auch nachträglich; § 295 ist unanwendbar, weil es sich um keine Verletzung einer Verfahrensvorschrift handelt. Der Nachfolger übernimmt den Prozeß beim derzeitigen Stand. Bindende Prozeßhandlungen des Veräußerers binden auch ihn. Der Veräußerer scheidet stillschweigend und ohne besondere Entscheidung aus. Das Urteil ergeht auf den Namen des Nachfolgers, auch wegen der gesamten Prozeßkosten. Tritt der Nachfolger dem Veräußerer als Streithelfer bei, so ist er stets ein gewöhnlicher Streithelfer, nie ein streitgenössischer. Calavros, Urteilswirkungen zu Lasten Dritter (1978), 70, Pawlowski JZ *75*, 685 fordern wegen Art 103 I GG die Streichung von II 3; krit Wolf AcP *180*, 430.

C. Einmischungsklage. Dasselbe gilt entsprechend für die Einmischungsklage (Hauptintervention) des Rechtsnachfolgers.

5) Schutz des gutgläubigen Erwerbers, III. Soweit § 325 dem im Prozeß zwischen dem Veräußerer und dem Gegner ergehenden Urteil die Wirkung gegen den Rechtsnachfolger versagt, ist auch § 265 unanwendbar. Das trifft die Fälle, in denen nach sachlichem Recht der Nichtberechtigte kraft guten Glaubens erwirbt, wie nach §§ 892ff, 932ff BGB (Pawlowski JW *75*, 685 hält eine grobe Fahrlässigkeit für unschädlich, vgl insofern BAG DB *77*, 681; dann erwirbt er auch frei von der Beschränkung durch die Rechtshängigkeit). Für Grundstücke gilt § 266. In diesen Fällen könnte dem Bekl der Sieg im Prozeß nicht helfen; darum gibt § 265 III dem Bekl hier den Einwand der fehlenden Sachbefugnis, der zu einer Sachabweisung der Klage führt. Hat der Bekl veräußert, so gilt II; der Kläger darf den Prozeß wegen der Kosten fortsetzen oder zu einem Ersatzanspruch übergehen, § 264 Z 3.

6) VwGO: I ist entsprechend anzuwenden, § 173 VwGO, weil auch im VerwProzeß die Rechtshängigkeit eine Verfügung über den Streitgegenstand nicht ausschließt, BVerwG *2*, 31. Streitbefangenheit, Anm 2, liegt im VerwProzeß vor, wenn die Sachbefugnis des Klägers auf seiner Beziehung zu dem (sodann veräußerten) Gegenstand beruht, Ule VPrR § 38 III 2 (mit Beispielen), zB bei Nachbarklagen, OVG Münst NJW *81*, 598. **II** 1 u 2 sind entsprechend anzuwenden, § 173 VwGO, BVerwG NJW *64*, 1736, OVG Münst NJW *81*, 598; der Rechtsnachfolger ist gegebenenfalls beizuladen, OVG Münst DVBl *73*, 226. Bei Wechsel der Zuständigkeit auf Seiten des Beklagten tritt jedoch ein Parteiwechsel kraft Gesetzes ein, VGH Mü DÖV *78*, 847 (zum Zuständigkeitswechsel auf Klägerseite vgl BVerwG DÖV *74*, 241). Wegen der Rechtskrafterstreckung auf den Beigeladenen, § 121 VwGO, wird **III** nicht praktisch.

266 *Rechtshängigkeit. Veräußerung von Grundstücken.* **I** Ist über das Bestehen oder Nichtbestehen eines Rechts, das für ein Grundstück in Anspruch genommen wird, oder einer Verpflichtung, die auf einem Grundstück ruhen soll, zwischen dem Besitzer und einem Dritten ein Rechtsstreit anhängig, so ist im Falle der Veräußerung des Grundstücks der Rechtsnachfolger berechtigt und auf Antrag des Gegners verpflichtet, den Rechtsstreit in der Lage, in der er sich befindet, als Hauptpartei zu übernehmen. Entsprechendes gilt für einen Rechtsstreit über das Bestehen oder Nichtbestehen einer Verpflichtung, die auf einem eingetragenen Schiff oder Schiffsbauwerk ruhen soll.

II Diese Bestimmung ist insoweit nicht anzuwenden, als ihr Vorschriften des bürgerlichen Rechts zugunsten derjenigen, die Rechte von einem Nichtberechtigten herleiten, entgegenstehen. In einem solchen Falle gilt, wenn der Kläger veräußert hat, die Vorschrift des § 265 Abs. 3.

1) Voraussetzung, I. § 266 trifft gegenüber § 265 eine Sonderregelung für den Fall der Veräußerung eines belasteten oder herrschenden Grundstücks, weil mit dieser Veräußerung das Interesse des Berechtigten regelmäßig wegfällt, weiter auch für die Veräußerung eines eingetragenen Schiffs oder Schiffsbauwerks, ebenso für diejenige eines in der Luftfahrzeugrolle eingetragenen Luftfahrzeugs, § 99 I LuftfzRG. Vgl § 265 Anm 1. Voraussetzung ist ein rechtshängiger Prozeß zwischen dem Besitzer und einem Dritten über eine mit dem Grundstück verbundene Berechtigung oder eine Belastung oder eine Schiffs- oder Schiffsbauwerkslast oder ein Registerpfandrecht an einem Luftfahrzeug.

Hierher gehören Prozesse über: Grunddienstbarkeiten; subjektiv dingliche Rechte, §§ 1094 II, 1105 II BGB; alle dinglichen Lasten, wie die Hypothek, die Schiffshypothek, den

Nießbrauch, eine Grundschuld, eine Vormerkung, vgl § 265 Anm 2 B; überhaupt alle Fälle, bei denen das Grundstück wie ein Berechtigter oder Verpflichteter dasteht, den der jeweilige Besitzer nur vertritt. Somit zählen hierher auch Prozesse über Nachbarrechte. Die Natur der Klage ist unerheblich.

Nicht hierher gehören zB die Eigentumsklage oder die Klage aus einer persönlichen Verpflichtung des Eigentümers, etwa wegen einer Störung aus § 1004 BGB, oder die Klage auf Brandentschädigungsgeld.

2) Übernahme, I. A. Grundsatz. Der Rechtsnachfolger darf bei der Veräußerung des Grundstücks den Prozeß übernehmen und muß das auf Verlangen des Gegners tun. Die Übernahme ist in der mündlichen Verhandlung zu erklären.

B. Freiwillige Übernahme. a) Voraussetzung. Eine Zustimmung des Veräußerers und des Gegners ist, abweichend von § 265, entbehrlich. Bis zur Übernahme geht der Prozeß unverändert weiter. Der Rechtsnachfolger muß einen Termin zur Erklärung der Übernahme erwirken; die Ladung erfolgt auch hier von Amts wegen, § 214.

b) Terminsablauf. Es sind folgende Situationen zu unterscheiden:

aa) Widerspruch des Veräußerers oder des Gegners. In diesem Fall ergeht eine Entscheidung über die Sachbefugnis des Nachfolgers. Seine Zulassung erfolgt durch ein unselbständiges Zwischenurteil nach § 303 oder im Schlußurteil, notfalls nach der Beweisaufnahme. Seine Zurückweisung erfolgt durch ein Endurteil mit einer Entscheidung über die Kosten des Nachfolgers. Nach einer Zurückweisung geht der Prozeß zwischen den alten Parteien weiter. Ein Endurteil ist aber mit der auflösenden Bedingung der rechtskräftigen Zulassung des Nachfolgers durch die höhere Instanz behaftet, ähnlich der Vorabentscheidung über den Grund nach § 304.

bb) Kein Widerspruch. Wenn niemand widerspricht, erfolgen der Eintritt und das Ausscheiden ohne eine Entscheidung. Der Prozeß nimmt seinen Fortgang wie bei § 265 Anm 4.

cc) Säumnis. Eine Säumnis des Veräußerers ist unbeachtlich. Bei einer Säumnis des Nachfolgers ergeht keine Entscheidung; der Prozeß geht unter den alten Parteien weiter. Bei einer Säumnis des Gegners gilt: Wird die Übernahme widerspruchslos erklärt, so ergeht eine Versäumnisentscheidung in der Sache. Bei einer Säumnis aller Beteiligten gilt: War die Übernahme schriftlich erklärt, so ist eine Entscheidung nach Aktenlage zwischen dem Nachfolger und dem Gegner möglich, aber mangels einer Verhandlung mit dem Übernehmer kein Urteil zulässig, § 251a; andernfalls ergeht eine Entscheidung nach Aktenlage zwischen den bisherigen Parteien.

C. Notwendige Übernahme. a) Voraussetzung. Nur der Gegner darf eine Übernahme verlangen, nicht der Veräußerer. Der Gegner muß die Termine zur Übernahme und Verhandlung veranlassen.

b) Terminablauf. Es sind folgende Situationen zu unterscheiden:

aa) Erklärung der Übernahme. In diesem Fall ist keine Entscheidung nötig. Der Prozeß nimmt seinen Fortgang wie bei § 265 Anm 4.

bb) Verweigerung der Übernahme. Wenn der Rechtsnachfolger die Übernahme ablehnt, ist über die Sachbefugnis zu entscheiden, und zwar auf Verneinung, auch bei einem Leugnen der Rechtsnachfolge, durch Endurteil mit einer Entscheidung über die Kosten des Nachfolgers, bei einer Bejahung durch ein unselbständiges Zwischenurteil oder im Endurteil.

cc) Säumnis. Eine Säumnis des Veräußerers ist belanglos. Bei einer Säumnis des Nachfolgers gilt die Rechtsnachfolge entsprechend § 239 IV als zugestanden, es ergeht eine Versäumnisentscheidung in der Sache. Dasselbe gilt bei einer Säumnis des Gegners, wenn der Rechtsnachfolger übernimmt; andernfalls ergeht nur eine Versäumnisentscheidung auf Verneinung der Übernahmepflicht, aM StJ II 2 (ein Versäumnisurteil in der Sache). Bei einer Säumnis aller gilt dasselbe wie bei B b cc.

D. Übernahmewirkung. Die Übernahme wirkt sich dahin aus, daß der Veräußerer als Partei ausscheidet. Nach einem rechtskräftigen Ausscheiden ist er zeugnisfähig. Der Nachfolger trägt beim Unterliegen sämtliche Prozeßkosten.

3) Schutz des gutgläubigen Erwerbers, II. Soweit nach dem Privatrecht guter Glaube auch bei dem Erwerb vom Nichtberechtigten ein Grundstück oder ein Recht am Grundstück erwerben läßt, gilt dann, wenn der Kläger veräußert, grundsätzlich nicht § 266 I, sondern § 265 III. Man muß aber auch hier die in § 325 III genannten Rechte ausnehmen und nach § 266 I behandeln, weil II offensichtlich nur die Fälle ausscheiden will, in denen das Urteil nicht gegen den Erwerber wirkt, § 325 II. Wenn § 266 II durchgreift, hat der Bekl den Einwand mangelnder Sachbefugnis des Veräußerers. Vgl auch § 265 Anm 5.

1. Titel. Verfahren bis zum Urteil §§ 266–269

4) VwGO: *Entsprechend anzuwenden, zB bei Streit um eine öff Last auf einem Grundstück, vgl § 265 Anm 6, OVG Münst NJW* **81**, *598*.

267 **Klagänderung. Vermutete Einwilligung. Die Einwilligung des Beklagten in die Änderung der Klage ist anzunehmen, wenn er, ohne der Änderung zu widersprechen, sich in einer mündlichen Verhandlung auf die abgeänderte Klage eingelassen hat.**

1) **Einlassung.** In der Einlassung des Bekl auf die geänderte Klage liegt nach einer unwiderleglichen Vermutung eine Einwilligung in die Änderung, BGH NJW **76**, 240. Die Einlassung steckt in jeder sachlichen Gegenerklärung in der mündlichen Verhandlung. Im bloßen Vorbringen einer Rüge, die die Zulässigkeit betrifft, oder in einer schriftsätzlichen Erklärung liegt keine Einlassung. Im schriftlichen Verfahren erfolgt eine schriftliche Einlassung auf die geänderte Klage.

In einer bloßen Säumnis liegt keine Einlassung. In einem Antrag auf Klagabweisung kann eine stillschweigende Bezugnahme gemäß § 137 III auf einen früheren Widerspruch stecken, BGH NJW **75**, 1229. Ob sich der Bekl der rechtlichen Natur des Vorbringens als Klagänderung bewußt war, ist unerheblich, BayObLG **4**, 712. Eine vorweggenommene Einlassung, § 263 Anm 4 A, verschließt auch dem Bekl die Rüge der Klagänderung. § 267 ist entsprechend anwendbar bei § 530 II, Schneider MDR **75**, 979.

2) **VwGO:** *Es gilt § 91 II VwGO*.

268 **Klagänderung. Rechtsbehelfe. Eine Anfechtung der Entscheidung, daß eine Änderung der Klage nicht vorliege oder daß die Änderung zuzulassen sei, findet nicht statt.**

1) **Entscheidung.** Eine Entscheidung über die Klagänderung ergeht nur bei einem Widerspruch des Bekl. Abgesehen davon genügt es, daß das Urteil die stillschweigende Zulassung ergibt. Den etwaigen Zwischenstreit entscheidet das Gericht durch ein unselbständiges Zwischenurteil nach § 308 und in den Gründen des Endurteils.

2) **Rechtsbehelfe.** Es sind folgende Situationen zu unterscheiden:

A. Nichtzulassung. Soweit das Gericht entschieden hat, daß eine Klagänderung nicht vorliege oder nicht zulässig sei, erfolgt die Anfechtung nur zusammen mit derjenigen des Endurteils, §§ 512, 548. Liegt darin ein Aussetzungsbeschluß, so gilt § 252.

B. Zulassung. Soweit das Gericht eine Klagänderung zugelassen hat, ist kein Rechtsbehelf gegeben, unabhängig davon, wie zugelassen wurde, auch nicht, wenn eine Klagänderung erst in der Berufungsinstanz erfolgte, BGH **LM** § 264 aF Nr 25 und NJW **76**, 240. Ein völliges Schweigen im Urteil enthält freilich keine Zulassung. Unerheblich ist, ob das Gericht die Einwilligung zu Unrecht angenommen hat. Zulässig ist die Rüge, die Einführung des neuen Anspruchs sei zB wegen der Rechtskraft des bisherigen Anspruchs überhaupt unzulässig, BGH **LM** § 264 aF Nr 25.

C. Übergehung. Hat das Gericht eine begründet gerügte Klagänderung übersehen, so erfolgt eine Anfechtung des Endurteils.

D. Verbot der Klagänderung. Ist eine Klagänderung gesetzlich schlechthin verboten, § 263 Anm 1 B, so versagt § 268 und ist eine Anfechtung möglich.

E. Weitere Einzelfragen. Verweist die Revisionsinstanz an die Vorinstanz zurück, die zugelassen hat, so ist sie an die Zulassung gebunden. Der Eintritt einer neuen Partei gehört hierhin nur, soweit er als Klagänderung aufzufassen ist, vgl § 263 Anm 2 C.

3) **VwGO:** *Es gilt § 91 III VwGO*.

269 **Klagerücknahme.** ᴵ **Die Klage kann ohne Einwilligung des Beklagten nur bis zum Beginn der mündlichen Verhandlung des Beklagten zur Hauptsache zurückgenommen werden.**

ᴵᴵ **Die Zurücknahme der Klage und, soweit sie zur Wirksamkeit der Zurücknahme erforderlich ist, auch die Einwilligung des Beklagten sind dem Gericht gegenüber zu erklären. Die Zurücknahme der Klage erfolgt, wenn sie nicht bei der mündlichen Verhandlung erklärt wird, durch Einreichung eines Schriftsatzes.**

III Wird die Klage zurückgenommen, so ist der Rechtsstreit als nicht anhängig geworden anzusehen; ein bereits ergangenes, noch nicht rechtskräftiges Urteil wird wirkungslos, ohne daß es seiner ausdrücklichen Aufhebung bedarf. Der Kläger ist verpflichtet, die Kosten des Rechtsstreits zu tragen, soweit nicht bereits rechtskräftig über sie erkannt ist. Auf Antrag des Beklagten sind die in Satz 1 und 2 bezeichneten Wirkungen durch Beschluß auszusprechen. Der Beschluß bedarf keiner mündlichen Verhandlung. Er unterliegt der sofortigen Beschwerde.

IV Wird die Klage von neuem angestellt, so kann der Beklagte die Einlassung verweigern, bis die Kosten erstattet sind.

Schrifttum: Henckel, Die Klagerücknahme als gestaltende Verfahrenshandlung, Festschrift für Bötticher (1969) 173; Mende, Die in den Prozeßvergleich aufgenommene Klagerücknahme, 1976; Walther, Klageänderung und Klagerücknahme, 1969.

Gliederung

1) Allgemeines
   A. Begriff
   B. Geltungsbereich
2) Zulässigkeit, I
   A. Ab Klagerhebung
   B. Rücknahmepflicht
   C. Vor Rechtskraft
   D. Vor mündlicher Verhandlung
   E. Ab mündlicher Verhandlung
3) Verfahren, II
   A. Erklärung der Klagerücknahme
      a) Form
      b) Wirksamkeit
   B. Amtsprüfung

C. Entscheidung
   a) Klagerücknahme
   b) Keine Klagerücknahme
4) Folgen der Rücknahme, III
   A. Wegfall der Anhängigkeit
   B. Kostenfolge
   C. Kostenausspruch
   D. Wirkungslosigkeit des Urteils
   E. Rechtsmittel
5) Neue Klage, IV
   A. Grundsatz
   B. Kostenerstattung
   C. Verfahren
6) *VwGO*

1) Allgemeines. A. Begriff. Klagrücknahme ist der Widerruf des in der Klagerhebung liegenden Gesuchs um Rechtsschutz. Sie ist zu unterscheiden vom zeitweisen Ruhenlassen, dem bloßen Nichtweiterbetreiben eines Antrags, von der Erklärung der Hauptsache als erledigt, § 91a Anm 2 B, von Verzicht auf den Anspruch, § 306. Die Klagrücknahme ist nur ein Verzicht auf eine Entscheidung in diesem Prozeß. Eine Beschränkung des Klagantrags kann eine teilweise Rücknahme enthalten, § 264 Anm 2 C, sie kann aber auch eine teilweise Erledigung der Hauptsache bedeuten. Ein Parteienwechsel bedeutet regelmäßig eine Rücknahme gegenüber der erstbeklagten Partei, § 263 Anm 2 C. Im Vergleich steckt nicht ohne weiteres eine Rücknahme; spricht sie der Vergleich aus, so ist sie von dessen Bestehen und davon abhängig, daß sie auch im fraglichen Prozeß und nicht nur in einem anderen zur Akte kommt, und zwar urschriftlich, vgl BGH MDR **81**, 1002. Was gemeint ist, hat das Gericht bei Zweifeln durch Befragen zu ermitteln, § 139, 278 III. Die Klagrücknahme ist auch im Statusverfahren zulässig, Stgt NJW **76**, 2305.

B. Geltungsbereich. § 269 ist entsprechend anwendbar auf die Rücknahme der Widerklage und des Verhandlungsgesuchs bei einer freigestellten mündlichen Verhandlung, § 128 Anm 3, Hamm NJW **76**, 759 (betr Konkursantrag), auf das Mahnverfahren, Saarbr NJW **76**, 1218, auf den Kostenfestsetzungsantrag, Kblz Rpfleger **76**, 324, ferner auf alle Fälle, in denen das Gesetz eine Klagrücknahme unterstellt (fingiert), §§ 113, 635, 640 I. Die Klagrücknahme geht als ein das gesamte Prozeßrecht erfassendes Prinzip auch den §§ 620g, 621f II vor, § 620g Anm 2a, Düss FamRZ **78**, 910 mwN, aM zB Ffm NJW **75**, 2350. Eine Widerklage bleibt trotz einer Klagrücknahme bestehen. Im Vollstreckungsverfahren (auch nach dem ZVG) gilt § 788. Wegen der Anwendbarkeit im Kartellverwaltungsverfahren BGH NJW **82**, 2775.

2) Zulässigkeit, I. A. Ab Klagerhebung. Voraussetzung einer Klagrücknahme ist eine Klagerhebung. Unerheblich ist, ob die Prozeßvoraussetzungen fehlen. Ist aber eine Klage überhaupt nicht zugestellt worden, so ist eine „Klagrücknahme" in Wahrheit die Rücknahme des Rechtsschutzgesuchs, vgl Köln NJW **78**, 112, aber nicht die Rücknahme einer Klage, so daß kein Grund zu einer Sach- oder Kostenentscheidung besteht, Celle AnwBl **83**, 92 (krit Riemer), Hbg MDR **83**, 411 mwN, LG Tüb JZ **82**, 474 (vgl aber Anm 1 B). Das gilt auch, wenn die Klage dem Bekl oder seinem ProzBev schon formlos zur Kenntnis gekommen war, KG NJW **72**, 1054; etwas anderes gilt bei einer entsprechenden Anwendung im Arrestverfahren ab Antragseintrag wegen § 920 Anm 1 B, Düss NJW **81**, 2824 mwN. Bei

1. Titel. Verfahren bis zum Urteil § 269 2

einer falschen Zustellung gilt § 269 entsprechend. Dasselbe gilt, wenn die Klage vor ihrer Zustellung zurückgenommen, dann aber doch zugestellt wurde, oder wenn ein Anwalt vor Erhalt des Auftrags des Bekl eine Klagzustellung bescheinigt und dann vor wirksamer Klagrücknahme den Auftrag des Bekl erhält, § 184 BGB, Kubisch NJW **70**, 433, im Ergebnis ebenso Bre NJW **69**, 2243 (wendet § 187 an).

An der Klagerhebung ändert die Bitte, zunächst keinen Termin zu bestimmen, nichts. Denn die Klagerhebung ist zwar von der Zustellung abhängig, §§ 253 I, 270 III, nicht aber von der Terminsbestimmung, § 253 Anm 2 A (vgl freilich §§ 696 III, 701), auch soweit §§ 65, 68 GKG mißachtet wurden. Es liegt aber keine Klagerhebung vor, wenn die Klagschrift zusammen mit dem Antrag auf die Bewilligung einer Prozeßkostenhilfe eingereicht wird, wenn sie aber nach dem Willen des Klägers nur bei einer Bewilligung der Prozeßkostenhilfe zugestellt werden soll, und wenn sie dann vor oder nach deren Versagung zurückgezogen wird, §§ 117 Anm 2 D, 253 Anm 2 A, Hamm NJW **72**, 1904, LG Kblz JB **78**, 450.

Die Rücknahme kann die ganze Klage betreffen, aber auch einen zur selbständigen Entscheidung geeigneten Teil, BAG NJW **80**, 1486, einen von mehreren gehäuften Ansprüchen oder einen von mehreren Streitgenossen.

B. Rücknahmepflicht. Eine außergerichtliche Vereinbarung der Klagrücknahme ist zulässig. Sie ist ein sachlichrechtliches Rechtsgeschäft über prozessuale Beziehungen, Grdz 5 C vor § 128. Sie verpflichtet zur Rücknahme, steht aber mangels einer anderweitigen Abrede so wenig wie eine Rücknahme einer neuen Klage entgegen. Der Bekl kann auf die Erklärung der Rücknahme klagen; die Klage ist mit der Rechtskraft des Urteils zurückgenommen. Aber der Fortsetzung des Prozesses stünde ohnehin die Rüge der prozessualen Arglist, Grdz 5 F vor § 128, entgegen; der Bekl kann nicht mehr erreichen als eine Klagrücknahme, also keine Sachabweisung, sondern nur eine Prozeßabweisung.

C. Vor Rechtskraft. Der Kläger kann seine Klage mit Einwilligung des Beklagten in jeder Lage des Prozesses bis zur Rechtskraft des Urteils zurücknehmen, auch zwischen zwei Instanzen, KG NJW **71**, 2270, LAG Hamm NJW **72**, 2064, oder in der Rechtsmittelinstanz, sofern das Rechtsmittel statthaft ist, mag es auch fehlerhaft eingelegt oder begründet worden sein, BGH **LM** § 5 WZG Nr 36, oder nach einer Rechtswegverweisung, Schlesw SchlHA **76**, 48. Das Prozeßrechtsverhältnis, Grdz 2 vor § 128, unterliegt der Herrschaft der Parteien. Klagrücknahme ist nicht Rücknahme eines Rechtsmittels; die letztere läßt das frühere Urteil bestehen, die Klagrücknahme macht die frühere Entscheidung kraftlos. Zum Begriff der Einwilligung § 263 Anm 4 A. Die Einwilligung muß unbedingt sein, LAG Düss DB **77**, 1708. Sie kann in einer schlüssigen Handlung liegen, LAG Düss DB **77**, 1708, zB in der Mitteilung einer außergerichtlichen Einigung oder eines außergerichtlichen Vergleichs, aber nicht in der bloßen Einreichung einer Vergleichsabschrift, vgl BGH MDR **81**, 1002. Eine vorweggenommene Einwilligung ist zumindest aus praktischen Erwägungen zulässig, freilich erst ab Rechtshängigkeit und nur bis zur formellen Rechtskraft wirksam möglich. In einer Aufforderung des Bekl an den Kläger, sich zu einer etwaigen Klagrücknahme zu äußern, liegt keineswegs stets eine vorweggenommene Einwilligung des Bekl, BGH NJW **80**, 839.

Nach der Rechtskraft ist keine Klagrücknahme mehr möglich, weil das Urteil die Klage voll erledigt hat und durch keine Parteivereinbarung mehr zu beseitigen ist, so grundsätzlich richtig Düss FamRZ **79**, 446. Wohl aber ist eine Klagrücknahme nach der Verkündung des Urteils möglich, solange es noch nicht rechtskräftig ist. Weil auch ein Urteil des OLG selbst dann, wenn die Voraussetzungen des § 547 nicht vorliegen, nicht sofort rechtskräftig wird, § 705 Anm 1 C d, ist also die Klagrücknahme bei einer Einwilligung des Bekl bis zu dem Zeitpunkt der Rechtskraft durch einen anwaltlichen Schriftsatz an das OLG oder nach einer Revisionseinlegung durch eine Erklärung der Parteien gegenüber dem RevG ohne Einwilligung durch einen Anspruchsverzicht des Klägers zulässig; vgl auch § 705 Anm 2 A, § 519b Anm 2 A. Rücknahme und Einwilligung liegen nicht in einem rein untätigen Verhalten. Wenn der Bekl den Abweisungsantrag verliest, versagt er damit seine Einwilligung zur Klagrücknahme.

D. Vor mündlicher Verhandlung. Die Klagrücknahme ist ohne Einwilligung des Beklagten nur bis zum Beginn der mündlichen Verhandlung des Beklagten zur Hauptsache möglich. Das ist eine Ausnahme von dem Satz, daß sich keine Partei dem Prozeßrechtsverhältnis einseitig entziehen kann. Der Bekl kann durchaus ein Rechtsschutzinteresse daran haben, daß das Gericht ihn durch eine Klagabweisung vor einer erneuten Klage schützt, vgl BGH NJW **80**, 839 (dort auch zu einer Ausnahme) und NJW **81**, 989. In einer Ehesache ist die Klagrücknahme in jeder Verfahrenslage möglich, wenn der Bekl anwaltlich nicht vertreten war, also nicht zur Hauptsache verhandeln konnte, mochte er auch geladen und erschienen sein, Düss FamRZ **77**, 131 mwN, aM Karlsr OLGZ **77**, 479, Stgt ZZP **67**, 381.

Im schriftlichen Verfahren des § 128 II ist die Klagrücknahme nur bis zur Erklärung des letzten Einverständnisses mit einer schriftlichen Entscheidung möglich, wobei ein Rügevorbehalt unzulässig ist, eine Nachfrist gemäß § 283 aber nicht ausreicht, BGH **LM** § 274 aF Nr 1; im Verfahren des § 128 III ist die Klagrücknahme bis zu dem vom Gericht bestimmten Termin zulässig, § 128 III 2. Im Aktenlageverfahren ist die Klagrücknahme bis zum Terminschluß zulässig.

Wenn der Bekl rügt, daß es an Prozeßvoraussetzungen fehle und die Klage daher unzulässig sei, dann kann er den zur Rücknahme bereiten Kläger nicht durch eine Verweigerung seiner Einwilligung an der Klage festhalten, selbst wenn schon zur Hauptsache verhandelt wurde, § 39, Einl III 6 A a, Blomeyer ZPR § 63 II 1, aM Henckel Festschrift für Bötticher (1969) 181. Im Abweisungsantrag liegt keine Verhandlung zur Hauptsache, Kblz FamRZ **81**, 261, im Scheidungsverfahren auch nicht stets schon darin, daß das Gericht einen Beweisbeschluß erläßt und den Scheidungsantragsgegner als Partei vernimmt, Kblz FamRZ **81**, 261. Eine Verhandlung zur Hauptsache liegt aber in der Erhebung einer Widerklage, insofern aM StJ II 1, falls die Widerklage zur Klage keine Stellung nehme und zu nehmen brauche. Ein früherer Antrag des Bekl auf ein Versäumnisurteil stört wegen § 342 nicht, BGH **4**, 328.

E. Ab mündlicher Verhandlung. Nach dem Beginn der mündlichen Verhandlung des Bekl zur Hauptsache ist die Wirksamkeit der Klagerücknahme von seiner Einwilligung abhängig. Die Einwilligung des Bekl erfolgt formlos in der mündlichen Verhandlung und nach einer schriftlichen Klagrücknahme auch durch Einreichung eines Schriftsatzes. Der Bekl kann die Einwilligung durch ein schlüssiges Verhalten erklären, zB durch einen bloßen Kostenantrag, Kblz VersR **81**, 1135 mwN. Eine bloße Untätigkeit genügt nicht, Kblz VersR **81**, 1135 mwN. Im Klagabweisungsantrag liegt die Versagung der Einwilligung, Kblz VersR **81**, 1136, ebenso darin, daß der Bekl die Einwilligung nicht in der nächsten mündlichen Verhandlung nach der Klagrücknahme erklärt, Kblz VersR **81**, 1136. Die Einwilligung ist unwiderruflich, Grdz 5 G vor § 128. Solange die Einwilligung fehlt, geht der Prozeß unverändert weiter, falls nicht etwa der Kläger auf den Anspruch eindeutig verzichtet, § 306. Der Kläger ist an seine Rücknahme nicht gebunden, wenn der Bekl eine notwendige Einwilligung versagt, Kblz VersR **81**, 1136. Wenn der Kläger nunmehr nicht verhandelt, ist die Klage durch Versäumnisurteil sachlich abzuweisen, Stgt OLGZ **68**, 288, LG Freib MDR **69**, 850.

Hat der Bekl seine Einwilligung versagt, so kann er den Kläger auch nicht durch den nachträglichen Widerruf seiner Versagung an dessen zunächst erklärter Klagrücknahme festhalten. In Patentnichtigkeitssachen kann die Klage in jeder Verfahrenslage ohne Einwilligung des Bekl zurückgenommen werden, BGH **LM** § 13 PatG aF Nr 20. In einer Ehesache will Mü NJW **70**, 1799 auch nach dem Tod einer Partei trotz § 619 eine Klagrücknahme zulassen; aber erledigt ist erledigt. Ein Prozeßunfähiger kann evtl wirksam zustimmen, Karlsr FamRZ **77**, 563. Ein Antrag auf den Erlaß eines Arrests oder einer einstweiligen Verfügung ist auch nach einer mündlichen Verhandlung ohne die Einwilligung des Antragsgegners rücknehmbar, § 920 Anm 3.

3) Verfahren, II. A. Erklärung der Klagerücknahme. a) Form. Die Erklärung braucht nicht ausdrücklich zu geschehen, Anm 1 A; vgl Anm 2 C. Die Klagrücknahme kann schon im Nichtstellen des Klagantrags liegen, freilich nur bei einer besonderen Sachlage; regelmäßig gilt nur der Termin als versäumt, § 333. Eine Klagrücknahme kann sogar dann vorliegen, wenn der Kläger auf eine für den Prozeßfortgang wesentliche Anfrage des Gerichts monatelang nicht antwortet, zB die Unterlagen über den Zeitpunkt der Zustellung eines Vollstreckungsbescheids nicht einreicht und auch keinen Hinderungsgrund nennt.

Keine Klagrücknahme liegt vor, wenn der Kläger ohne einen ersichtlichen Grund den neben einem Leistungsantrag gestellten Feststellungsantrag nicht mehr verliest. Die Erklärung, die Hauptsache sei erledigt, ist im allgemeinen nicht als Klagrücknahme anzusehen, Anm 1 A. Eine einverständliche Versöhnungsanzeige ist meist als Erledigungserklärung aufzufassen, Mü MDR **72**, 869.

Die Rücknahmeerklärung muß als Prozeßhandlung unbedingt sein. Ihr Widerruf (wegen der vereinbarten Rücknahme der Klagrücknahme Anm 2 B) und ihre Anfechtung sind grundsätzlich unzulässig, Grdz 5 E und G vor § 128, BGH DB **77**, 628, Mü FamRZ **82**, 510, vgl Kblz Rpfleger **76**, 324; Henckel Festschrift für Bötticher (1969) 191 läßt einen Widerruf beim Streit über die Wirksamkeit der Klagrücknahme und evtl bei einer Absicht beider Parteien zu, die Wirkung der Klagrücknahme zu beseitigen. Die Rücknahmeerklärung bindet somit den Kläger, auch wenn der Bekl einwilligen muß, bis zur Versagung der Einwilligung. Ein Irrtum ist evtl unbeachtlich, BSG NJW **72**, 2280.

Die Klagrücknahme geschieht durch eine Erklärung gegenüber dem Gericht. Sie ist nur gegenüber dem Prozeßgericht zulässig, BGH MDR **81**, 1002. Die bloße Mitteilung einer Abschrift der Rücknahmeerklärung, die der Kläger für diesen Prozeß in einem anderen abgegeben hatte, zu den richtigen Akten genügt nicht, BGH MDR **81**, 1002; freilich kann in der bloßen Einreichung der Abschrift die Erklärung auch gegenüber dem richtigen Prozeßgericht stecken.

Die Klagrücknahme erfolgt mündlich oder durch Einreichung eines Schriftsatzes, BGH MDR **81**, 1002, Kblz JB **75**, 1083. Anwaltszwang herrscht wie sonst, vgl Ffm Rpfleger **79**, 148, gegebenenfalls ist also die Klagrücknahme durch den ProzBev derjenigen Instanz vorzunehmen, bei der der Prozeß schwebt, also bis zur Einlegung eines Rechtsmittels von dem ProzBev der unteren Instanz. Hat der Bekl ein Rechtsmittel eingelegt, ist der Kläger aber noch nicht in der höheren Instanz vertreten, so kann die Klagrücknahme auch durch den ProzBev der bisherigen Instanz erfolgen, BGH **14**, 210, Kblz Rpfleger **74**, 117, Vollkommer Rpfleger **74**, 90. Wegen des BFHEntlG vgl BFH BB **78**, 1104. Wegen einer „Klagrücknahme" nach vorangegangenem Mahnverfahren vgl § 696 Anm 4. Der Schriftsatz ist ein bestimmender, § 129 Anm 1 A a. Er wird von Amts wegen förmlich zugestellt; eine formlose Mitteilung ist wegen § 270 II ausgeschlossen.

In Ehe- und Kindschaftssachen gilt nichts Besonderes, aM Karlsr OLGZ **68**, 39, das seitens des anwaltlich nicht vertretenen Klägers eine Mitteilung an den Gegenanwalt und die Weitergabe durch diesen an das Gericht genügen lassen will.

b) Wirksamkeit. Eine unter Beachtung von B abgegebene Rücknahmeerklärung ist als solche wirksam. Ihre Wirksamkeit ist nicht davon abhängig, daß das Gericht die Protokollierungsvorschriften der §§ 160 III Z 8, 162 I beachtet hat, BSG MDR **81**, 612.

B. Amtsprüfung. Die wirksame Klagrücknahme ist von Amts wegen zu beachten. Denn sie beseitigt die Rechtshängigkeit und damit die Grundlage der richterlichen Tätigkeit. Man darf aber aus Gründen der Prozeßwirtschaftlichkeit keine neue Klage verlangen, falls die Parteien eine Rücknahme der Klagrücknahme vereinbaren, was stillschweigend durch Fortsetzung des Prozesses geschehen kann. Ob eine wirksame Klagrücknahme vorliegt, entscheidet das ProzG notfalls durch Urteil, zB BGH **4**, 341, LAG Bln MDR **78**, 82 mwN, aM zB BGH NJW **78**, 1585 mwN, Budach SchlHA **77**, 37 mwN (durch einen unanfechtbaren Beschluß). Vor der Klarstellung erfolgt kein Kostenurteil.

C. Entscheidung. Bei einem Streit, ob eine Klagrücknahme vorliegt, lautet die Entscheidung:

a) Klagrücknahme. Das Gericht entscheidet, daß die Klage zurückgenommen sei, durch ein Endurteil, Hamm NJW **76**, 759, vgl auch VGH Mü NVwZ **82**, 45 (zu § 92 II VwGO); dagegen sind die üblichen Rechtsmittel zulässig, wobei die Hauptsache im Streit bleibt, auch falls nur eine Kostenentscheidung ergangen ist.

b) Keine Klagrücknahme. Das Gericht entscheidet, daß keine wirksame Klagrücknahme vorliege, durch ein unselbständiges Zwischenurteil nach § 303 oder in den Gründen des Endurteils.

4) Folgen der Rücknahme, III. A. Wegfall der Anhängigkeit. Die Sache gilt als nicht anhängig geworden. Es ist so anzusehen, als hätte der Kläger keine Klage erhoben und kein Mahngesuch vorgebracht. Darin erschöpft sich die Bedeutung der Klagrücknahme, anders als bei einem Verzicht auf den Klaganspruch, Anm 1 A. Das Verfahren bleibt allein wegen der Kosten rechtshängig, Hamm JB **75**, 1504, sofern nicht wegen der Kosten wenigstens ein Teilurteil möglich ist, Anm 4 C; ein anstehender Termin ist nicht aufzuheben. Die prozessualen Wirkungen der Rechtshängigkeit entfallen rückwirkend; auch eine Streithilfe bleibt bloß wegen der Kosten bestehen, vgl BGH **65**, 134. Eine Widerklage bleibt unberührt, denn sie ist eine wirkliche Klage und leitet ein eigenes Verfahren ein, das der Kläger nicht einseitig zunichte machen kann; die Klage bedingt nicht die Widerklage, sondern erleichtert nur ihre Erhebung, BGH **40**, 189, LG Mü NJW **78**, 953 mwN. Die sachlichrechtlichen Wirkungen der Rechtshängigkeit entfallen nach dem sachlichen Recht, vgl §§ 212, 941, 1599 BGB, BGH **65**, 134; auch sie entfallen im Zweifel rückwirkend.

B. Kostenfolge. Der Kläger trägt die Prozeßkosten, soweit sie nicht die Widerklage betreffen, durch den aufrechterhaltenen Rest verursacht sind oder soweit über sie rechtskräftig erkannt ist, LG Aachen VersR **79**, 1144. Der Grund der Klagrücknahme ist unerheblich, Mü MDR **81**, 940. Wer zurücknimmt, begibt sich freiwillig in die Rolle des Unterliegenden, KG VersR **74**, 979, vgl § 91 Anm 1 A, vgl auch Kblz MDR **74**, 317, auch wenn die

Klage begründet war. Darauf, ob der Bekl eingewilligt hat, kommt es nicht an; will er Kosten übernehmen, so bedarf es eines Vergleichs, vgl auch Bbg VersR **83**, 563, Düss Rpfleger **74**, 234, Schlesw SchlHA **81**, 55, Zweibr JB **78**, 1881. Eine Beweisaufnahme dazu, ob ein solcher Vergleich zustandegekommen ist, ist aber unzulässig, Ffm MDR **83**, 675 mwN. Der Kostenpflicht aus einer Säumnis des Bekl, § 344, muß der Vorrang vor § 269 gegeben werden, zB Düss NJW **75**, 1569, Coester-Waltjen DRiZ **76**, 242 mwN, aM zB Düss MDR **83**, 64 mwN; aber gerade wegen der bloß feststellenden Wirkung des Beschlusses nach III 3, Düss Rpfleger **74**, 234, Ffm MDR **83**, 675, bleibt die Ausnahme des § 344. Die Kostenpflicht aus § 269 reicht jedoch nur soweit wie die Klagrücknahme. Also entsteht bei einer teilweisen Klagrücknahme auch nur eine entsprechende Kostenpflicht. Den rechtskräftig ausgeschiedenen Kosten stehen die durch einen Vergleich geregelten, auch einen außergerichtlichen, Ffm MDR **71**, 936, KG VersR **74**, 979, Mü VersR **76**, 395, LG Aachen VersR **79**, 1144, oder einen in einem anderen Prozeß geschlossenen gleich. Wegen der teilweisen Klagrücknahme § 99 Anm 4 A c.

Eine Versöhnung im Scheidungsverfahren ist ein rein tatsächlicher Vorgang und enthält grundsätzlich keine Kostenübernahme (Folge uU: § 91 a oder § 269 III, Düss FamRZ **73**, 264), sie kann jedoch als Vergleich (Folge uU: § 98) zu bewerten sein, Düss MDR **72**, 54. Wegen der Scheidungsfolgesachen § 626 I. Ist eine Klage und eine Widerklage erhoben und wurden beide zurückgenommen, kann hier nicht jede Partei die Kosten ihrer Klage übernehmen; es muß eine Kostenteilung erfolgen, § 92, da nur ein Streitwert vorliegt, Nürnb BayJMBl **64**, 53; dasselbe gilt bei einer Rücknahme der beiderseitigen Scheidungsanträge, Hamm FamRZ **79**, 169. Stgt NJW **73**, 1756 wendet III bei einer Freigabe durch den Konkursverwalter entspr an; krit Schmidt NJW **74**, 64. III gilt entspr auch bei einem Ausscheiden eines Klägers, § 263 Anm 2 D, nicht bei einer Rücknahme des zeichenrechtlichen Widerspruchs, BGH **LM** § 5 WZG Nr 36. Wenn die Rücknahme vor Ablauf des Tags einer Änderung gemäß § 273 oder eines Beweisbeschlusses oder vor dem Beginn des zur Verhandlung vorgesehenen Tags erfolgt, entfällt die Verfahrensgebühr, KV 1012, 1111.

C. Kostenausspruch. Auf Antrag des Beklagten muß das Gericht die Kostenfolge feststellen. Darauf hat der Bekl ein Recht. Der Einwand, die Kosten seien bezahlt, hindert nicht, wenn die Erstattungsfähigkeit der Kosten irgendwie streitig ist, da diese Feststellung ins Kostenfestsetzungsverfahren gehört. Sind die Kosten unstreitig bezahlt worden und besteht kein Erstattungsanspruch, würde allerdings das Rechtsschutzbedürfnis fehlen, Mü MDR **75**, 584, Schlesw SchlHA **60**, 60. Kein Rechtsschutzbedürfnis liegt vor, wenn der Bekl die Kosten übernommen hat, LG Kaiserslautern VersR **80**, 657 mwN, AG Müll VersR **80**, 1084, selbst wenn er seinen Erstattungsanspruch vorher abgetreten hatte, Bre NJW **69**, 2208. Ein außergerichtlicher oder gerichtlicher Kostenvergleich ist zu beachten, B, Bbg VersR **83**, 563. Die Prozeßvoraussetzungen sind nicht zu prüfen. Fehlten sie, so besteht die Kostenpflicht erst recht. Ein Prozeßunfähiger kann uU den Antrag stellen, Karlsr FamRZ **77**, 563. Verzichtet der Kläger zugleich auf den Anspruch, so gilt § 306, nicht § 269. Ist der Verzicht aber streitig, muß der Bekl nach §§ 767, 795 vorgehen, Ffm MDR **83**, 675 mwN. Auch beim Ausscheiden eines Streitgenossen ergeht eine Kostenentscheidung, § 91 Anm 2A, falls dies möglich ist, oft nur bezüglich der eigenen Kosten des Ausscheidenden, Köln MDR **76**, 496 mwN.

Wenn wegen eines ausgeschiedenen Streitgenossen eine Entscheidung nach III ergeht, wird sie durch einen nachträglichen Kostenvergleich, an dem der Ausgeschiedene nicht beteiligt ist, nicht berührt, Kblz VersR **81**, 1136.

Die Entscheidung erfolgt durch Beschluß bei freigestellter mündlicher Verhandlung. Wegen der schwierigen und vielfältigen Kostenfragen Schneider MDR **61**, 646. Es treten ähnliche Fragen auf wie bei § 100, dort Anm 6; vgl auch Schneider NJW **59**, 1168. Es ist keine Kostenentscheidung über den zurückgenommenen Teil möglich, Schlesw SchlHA **82**, 142, LG Lübeck SchlHA **82**, 72, LG MönchGl MDR **55**, 16, aM LG Mainz NJW **64**, 114; dazu Schneider NJW **64**, 1055 (ausf). Rechsbehelfe: vgl D. Ein fälschlich ergangener Beschluß bindet im Kostenfestsetzungsverfahren nicht für die Frage, ob und welche Kosten dem Bekl zu Recht entstanden sind, Hbg MDR **83**, 411 mwN, abw Schlesw SchlHA **82**, 142 (der Rpfl muß im Weg einer Auslegung richtig quoteln), aM Düss NJW **65**, 766.

Gebühren: Des Gerichts keine, des Anwalts keine, da zum Rechtszug gehörig, § 37 Z 7 BRAGO. Wegen der Gebühren nach einer Verweisung vom ArbG vgl Mü NJW **71**, 473.

D. Wirkungslosigkeit des Urteils. Ein ergangenes, noch nicht rechtskräftiges Urteil wird wirkungslos, ohne daß es seiner Aufhebung bedürfte. Da die Klagrücknahme dem Gericht gegenüber zu erklären ist, ist eine Rechtskraftbescheinigung nicht zu befürchten. Aus Gründen der Klarheit ist aber auf Antrag des Bekl durch Beschluß auszusprechen, daß das Urteil

1. Titel. Verfahren bis zum Urteil §§ 269, 270

wirkungslos ist und daß der Rechtsstreit als nicht anhängig geworden anzusehen ist. Für einen Antrag des Bekl kann ein Rechtsschutzbedürfnis bei einer Kostenübernahmeverpflichtung fehlen, LG Detm JB **77**, 1780 (auch betr mehrere Bekl). Bei einem Rechtsschutzbedürfnis kann auch der Kläger den Antrag stellen, zB wegen einer Unklarheit über den Ehebestand, Düss FamRZ **77**, 131 mwN. Bei einer Kindschaftssache ist der klärende Beschluß zwecks Rechtssicherheit und wegen des Amtsermittlungsgrundsatzes sogar am besten von Amts wegen auszusprechen, Kblz Rpfleger **74**, 117, Vollkommer Rpfleger **74**, 91 (ggf unter einem gleichzeitigen Ausspruch der Kostenfolge). Es ist also kein Rechtsmittel und kein aufhebendes Urteil der Rechtsmittelinstanz möglich, da hierfür kein Rechtsschutzbedürfnis besteht.

War ein Urteil noch nicht ergangen, so erfolgt nur der Ausspruch, daß der Rechtsstreit als nicht anhängig geworden anzusehen ist. Mündliche Verhandlung ist freigestellt. Eine Klagrücknahme nach einem rechtskräftigen Urteil ist ausgeschlossen, vgl auch Hamm Rpfleger **77**, 445 (betr Konkurs). Die Zangsvollstreckung erfolgt nach § 794 I Z 3, Oldb Rpfleger **83**, 329 (krit Lappe).

E. Rechtsmittel. Zulässig ist die sofortige Beschwerde, aber nicht, wenn das LG als Rechtsmittelgericht entschieden hat, da gegen sein Urteil auch kein Rechtsmittel zulässig ist, Celle NJW **60**, 1816. Die Beschwerdesumme muß mehr als 100 DM betragen, § 567 II. Gebühren: KV 1180 (1/1), § 61 I Z 1 BRAGO (5/10).

5) Neue Klage, IV. A. Grundsatz. Eine neue Klage steht dem Kläger immer frei, wenn er nicht auf den Anspruch verzichtet hat, BAG NJW **74**, 2151, Mü OLGZ **77**, 484. Der Kläger darf auch die Klage im selben Verfahren wieder erweitern, sofern er nicht auf den Anspruch verzichtet hat. Hat der Bekl Widerklage erhoben, so kann der Kläger gegen diese eine Wider-Widerklage erheben, Anh § 253 Anm 2 D.

B. Kostenerstattung. Hat der Kläger dem Beklagten die Kosten des ersten Prozesses nicht erstattet, so hat der Bekl bis zur Erstattung eine Zulässigkeitsrüge, § 282 III. Auch die Gewährung einer Prozeßkostenhilfe schließt sie nicht aus; wohl aber entfällt sie, wenn dem Kläger jede den Gegner belästigende Absicht fehlt. Der Bekl muß den fehlenden Betrag darlegen, der Kläger die Zahlung. Eine Zahlung vernichtet die Rüge. Eine Ergänzung und Berichtigung der alten Klage hindern nicht. IV gilt als Sondervorschrift trotz § 280. IV gilt auch gegenüber dem Rechtsnachfolger des früheren Klägers im Sinne des § 265, auch gegenüber dem eine neue Klage erhebenden bisherigen Widerkläger.

C. Verfahren. Das Gericht setzt dem Kläger eine Frist zur Kostenerstattung. Nach fruchtlosem Ablauf erfolgt auf Antrag eine Klagabweisung durch ein Prozeßurteil als unzulässig.

6) VwGO: Zur Ergänzung von § 92 VwGO sind entsprechend anzuwenden, § 173 VwGO: **II**, VGH Mannh VRspr **14**, 1013 (jedoch kann im Verfahren vor VG und OVG die Rücknahme auch zu Protokoll des Urkundsbeamten oder in einer Verhandlung nach § 87 VwGO erklärt werden, aM VGH Kassel AS **24**, 120) und **III 1**, VGH Mü DVBl **61**, 51; der nach § 92 II VwGO vAw ergehende Beschluß (Einstellung, Wirkungslosigkeit eines Urteils, Kostenfolge des § 155 II, dazu VGH Mannh VBlBW **83**, 72, krit Kopp) unterliegt der Beschwerde nach §§ 146 ff VwGO, ob auch hinsichtlich der Wirksamkeit der Klagerücknahme, ist sehr str, vgl Ule VPrR § 40 IV, EF § 92 Rdz 25 mwN. **IV** ist entsprechend anwendbar, § 173 VwGO, Ule VPrR § 40 I u EF § 92 Rdz 21, aM RedOe § 92 Anm 15.

270 *Amtsbetrieb.* ^I **Die Zustellungen erfolgen, soweit nicht ein anderes vorgeschrieben ist, von Amts wegen.**

^{II} **Mit Ausnahme der Klageschrift und solcher Schriftsätze, die Sachanträge oder eine Zurücknahme der Klage enthalten, sind Schriftsätze und sonstige Erklärungen der Parteien, sofern nicht das Gericht die Zustellung anordnet, ohne besondere Form mitzuteilen. Bei Übersendung durch die Post gilt die Mitteilung, wenn die Wohnung der Partei im Bereich des Ortsbestellverkehrs liegt, an dem folgenden, im übrigen an dem zweiten Werktage nach der Aufgabe zur Post als bewirkt, sofern nicht die Partei glaubhaft macht, daß ihr die Mitteilung nicht oder erst in einem späteren Zeitpunkt zugegangen ist.**

^{III} **Soll durch die Zustellung eine Frist gewahrt oder die Verjährung unterbrochen werden, so tritt die Wirkung, sofern die Zustellung demnächst erfolgt, bereits mit der Einreichung oder Anbringung des Antrags oder der Erklärung ein.**

1) Allgemeines. § 270 (vgl auch §§ 214, 261) enthält den Grundsatz, daß eine förmliche Zustellung im Amtsbetrieb, von Amts wegen, also nicht auf Betreiben der Parteien, erfolgt.

Dieser Grundsatz kennt nur in den ausdrücklich im Gesetz vorgesehenen Fällen Ausnahmen.

2) Zustellung, I. A. Von Amts wegen. Die Zustellung erfolgt nicht nur beim AG, sondern auch bei den anderen ordentlichen Gerichten von Amts wegen. Dies gilt auch bei Ladungen, Terminsbekanntmachungen, nicht verkündeten Beschlüssen, soweit sie zuzustellen werden müssen.

B. Parteibetrieb. Eine Zustellung im Parteibetrieb ist **a)** zulässig bei der ZwV, § 750 I 2; **b)** nötig beim Arrest und bei der einstweiligen Verfügung, §§ 922, 936. Eine Zustellung im Parteibetrieb statt einer Zustellung von Amts wegen oder umgekehrt ist unwirksam, kann aber nach § 187 heilen. Schriftsätze, die sich die Parteien formlos zugehen lassen, wenn förmlich zuzustellen war, sind keine vorbereitenden im Sinne der ZPO, zB im Sinne von § 335 I Z 3, lassen also keine Versäumnisentscheidungen zu.

C. Verfahren der Amtszustellung. Die Geschäftsstelle besorgt die Zustellung ohne richterliche Weisung und ohne besonderen Antrag. Die Partei hat nichts anderes zu tun als das zuzustellende Schriftstück dem Gericht einzureichen. Natürlich muß aus dem Schriftstück erkennbar sein, daß seine Bekanntmachung an den Gegner bezweckt wird. Beizufügen sind Abschriften in der erforderlichen Zahl, § 253 Anm 8. Der Urkundsbeamte der Geschäftsstelle prüft beim Eingang eines Schriftstücks nur die Notwendigkeit der Zustellung, nicht diejenige der Eingabe; denn der Amtsbetrieb für Zustellungen und Ladungen läßt die sachliche Parteiherrschaft unberührt. Die Zustellung erfolgt gemäß §§ 208–213. Wegen der Mängelheilung Üb 5 vor § 166. Die GeschSt hat die ordnungsmäßige Zustellung zu überwachen, notfalls zu wiederholen. Ein Verstoß macht ersatzpflichtig. Ist die Einlassungs- oder Ladungsfrist nicht gewahrt, so ist die Sache dem Richter zur Terminsverlegung vorzulegen.

3) Abgrenzung zur formlosen Mitteilung, II. A. Förmliche Zustellung. Förmlich zuzustellen sind nur **a)** die Klageschrift; ihre formlose Mitteilung, zB wegen eines gleichzeitigen Antrags auf die Bewilligung einer Prozeßkostenhilfe reicht nicht aus, Schlesw SchlHA **77**, 189, auch nicht bei einer Kenntnis des Bekl von der Einreichung der Klageschrift, BGH **LM** LandbeschG Nr 19 mwN; **b)** alle Sachanträge (Begriff § 297 Anm 1 A); reine Prozeßanträge, Begriff § 297 Anm 1 B, also nicht; **c)** die Klagrücknahme; **d)** andere Schriftsätze und Erklärungen auf besondere Anordnungen des Gerichts. Eine förmliche Zustellung kann bei wichtigen Erklärungen stets am Platz sein. Verstoß: Anm 2 B. Wegen seiner Bedeutung für die Klage § 253 Anm 2.

B. Formlose Übersendung. Außer bei A können alle Parteierklärungen unbeglaubigt unmittelbar und formlos von Partei zu Partei übersandt werden. Die Einhaltung einer Form schadet natürlich nicht. Reicht eine Partei solche Erklärungen bei Gericht ein, was zulässig und wegen der Feststellung der Absendung zweckmäßig sein kann, so muß das Gericht sie an die Gegenpartei weitergeben. I bezieht sich zwar dem Wortlaut nach nur auf Zustellungen; ihn so eng aufzufassen, wäre aber der Partei nachteilig; es fehlte ihr dann oft jeder Nachweis des Aufgabetags, und damit wäre die Vermutung des Zugangs, die II aufstellt, für sie wertlos. Diese durch eine Glaubhaftmachung des Nichtzugangs oder des verspäteten Zugangs nach § 294 entkräftbare Rechtsvermutung ist aber entbehrlich, vgl auch Schedl Rpfleger **74**, 215, wenn die Formlosigkeit nicht zur Verschleppung führen soll. Kommt die Sendung als unbestellbar zurück, so steht ihr Nichtzugehen frei.

4) Fristwahrung, Verjährungsunterbrechung, III. A. Grundsatz. III bestimmt ganz allgemein, was § 207 I nur für gewisse Fälle vorschreibt. III knüpft für die Fristwahrung und für die Unterbrechung der Verjährung eine Vorwirkung an die Klageinreichung an, falls die Zustellung demnächst wirksam erfolgt, vgl BGH **86**, 322, LG Paderborn NJW **77**, 2077; für sonstige Folgen der Zustellung, insbesondere für den Eintritt der Rechtshängigkeit, hat III keine unmittelbare Geltung, BGH **LM** § 419 BGB Nr 29. III gilt für sämtliche Zustellungen, vgl BGH NJW **79**, 265, auch für Parteizustellungen, zB im Prozeß betr das MHG, LG Hagen NJW **77**, 440, LG Hann WM **78**, 33, LG Mannh ZMR **77**, 284, AG Dortm WM **77**, 234, sofern die Zustellung eine Frist, auch eine Notfrist, wahren oder die Verjährung unterbrechen soll, vgl BGH **86**, 322 und **LM** § 253 Nr 58 mwN, BAG NJW **76**, 1421, Hbg MDR **75**, 407 (III gilt entsprechend, wenn der Schuldner gegenüber dem Gläub auf die Verjährungseinrede bis zum Ablauf einer bestimmten Frist verzichtet hat, aM Düss MDR **70**, 840). Die Einreichung beim unzuständigen Gericht reicht aus, BGH **86**, 323 und DB **82**, 1614 je mwN.

III ist also nicht anwendbar auf die Vererblichkeit des Schmerzensgeldanspruchs, da die Rechtshängigkeit, § 847 I 2 BGB, keine Frist wahrt. Zu diesem Problem zB BGH **69**, 363, BGH **LM** § 847 BGB Nr 57 (zustm Bassenge JR **76**, 506), BGH NJW **77**, 696 (Anm der

1. Titel. Verfahren bis zum Urteil § 270 4

Schriftleitung) gegen Köln NJW **76**, 1213, ferner Behr VersR **76**, 1114, Peters VersR **76**, 101 je mwN. III ist aber anwendbar auf eine Klage nach § 4 AnfG, Köln NJW **55**, 1843, sowie auf eine Klage nach § 926 I, LG Bln MDR **57**, 552, ferner auf eine Klage betr Stationierungsschäden, Mü VersR **60**, 375, vgl auch BGH NJW **79**, 2110. BGH **75**, 312 mwN wendet III auch dann entsprechend an, wenn eine gesetzliche oder vertragliche Regelung einer eingeschränkten Anwendung entgegenstehe; dagegen mit Recht BGH (8.ZS) NJW **82**, 172, Raudszus NJW **83**, 668.

In diesen Fällen genügt eine rechtzeitige Einreichung (zum Begriff ArbG Bielef BB **76**, 844) oder Anbringung des Antrags oder der Erklärung, wobei unerheblich ist, wann sie vorgelegt und bearbeitet wird, Hamm VersR **76**, 233, LG Mainz Rpfleger **74**, 369, vgl freilich § 496 Anm 2. Die Klage gilt als zZt der mündlichen Verhandlung eingereicht, wenn der Kläger in ihr den bisherigen Klagentwurf (eine Begründung des Antrags auf die Bewilligung einer Prozeßkostenhilfe) eindeutig als Klage behandelt, indem er zB aus ihr den Sachantrag stellt, BGH **LM** § 253 Nr 47. Bei einer Einziehungsermächtigung ist diese in der Klageschrift anzugeben, BGH **LM** § 50 Nr 26.

B. Demnächstige Zustellung. Die Frist gilt nur dann als gewahrt, wenn nach pflichtgemäßen Ermessen, BGH DB **73**, 2342, „demnächst" zugestellt wird, dh in einer den Umständen nach angemessenen Frist, ohne besondere von der Partei zu vertretende Verzögerung, BGH **LM** § 261b aF Nr 11 und LandbeschG Nr 19 mwN. Die Vorschrift soll denjenigen, der die Zustellung betreibt, vor Verzögerungen schützen, auf die er keinen Einfluß hat, BGH **69**, 363, NJW **82**, 172 und VersR **83**, 832, BAG NJW **76**, 1422 (weitherzig auslegen, BGH **LM** § 693 Nr 4; der Gegner darf aber nicht unbillig belastet werden, BGH VersR **74**, 1107). Daraus ergibt sich aber die Verpflichtung, daß derjenige, der die Frist wahren will, seinerseits alles tut, damit die Zustellung auch demnächst erfolgen kann, BGH NJW **79**, 2110 und NJW **82**, 172. Er muß mithin nicht nur Verzögerungen vermeiden, sondern auch im Sinne einer möglichen Beschleunigung wirken, BGH **69**, 363 mwN, Celle FamRZ **78**, 415 mwN, Hamm NJW **77**, 2364, abw BGH **70**, 237.

Eine vermeidbare, aber unerhebliche Verzögerung ist unschädlich, BGH VersR **75**, 374 mwN, DB **73**, 2342 und BGH **86**, 323, zB eine solche von vier Tagen, BGH VersR **74**, 1107, von zehn Tagen, BAG NJW **76**, 1422, oder von vierzehn Tagen, BGH NJW **72**, 1950, evtl sogar von knapp vier Wochen, BGH **86**, 323. Eine Verzögerung von mehr als drei Wochen ist schädlich, BGH VersR **83**, 663, erst recht eine solche von fast einem Jahr, BGH FamRZ **72**, 500, vgl aber auch BGH VersR **83**, 832. Abweichungen zwischen dem Text der eingereichten und demjenigen der zugestellten Fassung sind unschädlich, sofern im wesentlichen doch die Identität gewahrt bleibt, BGH NJW **78**, 1059, Schlesw SchlHA **79**, 22.

Schädlich ist es also grundsätzlich, wenn die Frist durch ein einfaches Schreiben einzuhalten gewesen war, BGH **LM** § 121 BGB Nr 2, vgl BGH NJW **82**, 173, BAG NJW **76**, 1520 mwN, abw BGH NJW **80**, 455, oder wenn der Kläger die Zustellung verzögert hat, zB deshalb, weil er den bereits angeforderten Gerichtskostenvorschuß nicht rechtzeitig zahlte, BGH NJW **53**, 620 und **LM** § 261b aF Nr 2, LG Bln MDR **78**, 941. Wer schon bei der Klageinreichung eine Gebühr gezahlt hatte, jedoch irrig zu einem falschen Aktenzeichen, und auf Anfrage des Gerichts diesen Irrtum mitteilt, hat alles ihm Zumutbare getan, Stgt VersR **80**, 158. Schädlich ist die unzureichende Bezeichnung des Zustellungsempfängers, BGH VersR **83**, 662.

Ein Verschulden des gesetzlichen Vertreters, BGH **LM** § 261b aF Nr 11, oder des Proz-Bev des Klägers oder des Versicherers, LG Bln MDR **78**, 941, ist der Partei zuzurechnen, §§ 51 II, 85 II, vgl schon BGH **LM** § 261b aF Nr 9 und jetzt VersR **83**, 663, KG NJW **72**, 1329 (abl Kieserling NJW **72**, 1957). Dabei schadet bereits eine leichte Fahrlässigkeit dieser Personen, BGH NJW **72**, 1948 und VersR **74**, 1107, Hamm NJW **77**, 2364.

Das Gericht braucht auch nicht auf den Ablauf einer durch die Zustellung zu wahrenden Frist besonders hinzuweisen, BGH **LM** LandbeschG Nr 19 mwN. Eine Auslandszustellung zwei Monate nach der Klageinreichung kann „demnächst" sein, BGH **53**, 338, auch eine solche nach fast vier Monaten, BGH DB **82**, 1614, ebenfalls eine solche auf diplomatischen Weg sogar nach sechs Monaten, BGH VersR **75**, 374, sogar eine solche nach neun Monaten, BGH VersR **83**, 832. Eine Inlandszustellung kann nach über zwei Monaten noch „demnächst" sein, Schlesw SchlHA **79**, 22, sogar nach über fünf Monaten, BGH **LM** § 246 AktG 1965 Nr 2. Die Einzahlung der Verfahrensgebühr achtzehn Tage nach der Zustellung der Gebührenanforderung kann verspätet sein, BGH NJW **61**, 1627 (BGH NJW **67**, 779: eine Einzahlung nach neunzehn Tagen ist verspätet; Hamm NJW **77**, 2364: sie kann bei einer Behörde evtl ausreichen), und zwar unabhängig von den Gerichtsferien, KG NJW **72**, 1330; die Zahlung einer Gebühr (Vorschuß) von mehreren tausend DM einen Monat nach der

Anforderung kann rechtzeitig sein, Hamm VersR **83**, 64 (großzügig). Eine Klage, die die Frist wahren soll, kann am letzten Tag eingereicht werden, Hamm VersR **76**, 233; dasselbe gilt bei einem vollständigen Antrag auf die Bewilligung einer Prozeßkostenhilfe, BGH **70**, 237, KG FamRZ **78**, 927. Der Kläger bzw Antragsteller kann auf die Kostenanforderung warten, BGH **LM** § 261 b aF Nr 12 und VersR **75**, 374, Düss VersR **75**, 352, LG Hbg VersR **78**, 731 mwN.

Rechtzeitig ist es, wenn die Zustellung nicht später als eine solche erfolgt, die auf eine am letzten Tag der Frist eingereichte Klage erfolgt wäre, BGH VersR **72**, 1081. Eine verschuldete Säumnis zwischen der Klageinreichung und dem Ablauf der Verjährungsfrist ist unschädlich, sofern den Kläger jedenfalls keine Schuld an der Verzögerung zwischen dem Ablauf der Verjährungsfrist und der Zustellung trifft, BGH VersR **83**, 832. Solche Situation kann eintreten, wenn das Gericht eine nicht gebotene Rückfrage hält, BGH **LM** § 261 b aF Nr 16, aM Köln MDR **76**, 231. Auch braucht derjenige, der kurz vor dem Ablauf der Verjährungsfrist eine Klage einreicht, nicht auf eine schleunige Zustellung ausdrücklich hinzuwirken oder einen Gerichtskostenvorschuß vor dessen Anforderung durch das Gericht zu zahlen, vgl BGH **LM** § 253 Nr 58, Hamm FamRZ **77**, 553 (wohl aber auf eine Zahlungserinnerung, Köln VersR **75**, 1001, oder nach einem erheblichen Zeitablauf, zB nach zwei Monaten, BGH NJW **78**, 216), oder den Streitwert nicht schon in der Klageschrift mitzuteilen, BGH NJW **72**, 1948, nur betr die Wertangabe richtig auch Düss MDR **76**, 848, vgl Hbg MDR **76**, 320; aM Celle VersR **76**, 854, insofern auch Düss MDR **76**, 848, LG Bonn NJW **77**, 55 (es sei wenigstens eine Anfrage notwendig, warum die Vorschußanforderung ausbleibe). Die Lage der Verjährungsfrist ist unerheblich. Schädlich ist es evtl, nicht gleichzeitig die erforderlichen Abschriften beizufügen, § 253 V, BGH VersR **74**, 1107.

Eine Verzögerung durch das Prozeßkostenhilfeverfahren schadet nicht, wenn sie unverschuldet ist, was der dortige Antragsteller beweisen müßte, BGH **LM** LandbeschG Nr 19. Ausreichend ist eine Klagzustellung zehn Tage nach der Mitteilung des Beschlusses über die Bewilligung der Prozeßkostenhilfe, BGH VersR **77**, 666. Nicht ausreichend ist es, wenn die Klage nur für den Fall der Bewilligung einer Prozeßkostenhilfe eingereicht worden war und erst fünfzehn Monate nach der Ablehnung der Prozeßkostenhilfe ein neuer Tatsachenvortrag erfolgt, Hamm FamRZ **72**, 216; wenn das Gericht eine Prozeßkostenhilfe versagt hat und eine kurze Überlegungsfrist abgelaufen ist, Schlesw MDR **78**, 235 (ein neuer Antrag auf eine Prozeßkostenhilfe auf Grund neuer Tatsachen heilt nicht), vgl aber auch Hamm VersR **83**, 64; ähnlich hinsichtlich einer diplomatischen Zustellung BGH **25**, 255. Wenn keine Klagezustellung erfolgt und der Mangel durch eine Nichtrüge geheilt ist, § 253 Anm 2 C, dann muß der Zeitpunkt der Nichtrüge, durch die die Rechtshängigkeit dann eintritt, noch einer demnächst erfolgenden Zustellung entsprechen, BGH **25**, 76.

Nach Ansicht von Ffm VersR **76**, 346 ist es nicht ausreichend, wenn der ProzBev monatelang untätig bleibt, st(att eine Felverbuchung des (rechtzeitig gezahlten) Kostenvorschusses zu rügen. Ob die Zustellung „demnächst" erfolgt ist, ist(vom Tatrichter zu entscheiden, BGH ZMR **78**, 18.

5) VwGO: *An Stelle von I und II gelten §§ 56 und 86 IV 3 VwGO (Zustellung aller Schriftsätze vAw). Entsprechend anwendbar, § 173 VwGO, ist III, der einen allgemeinen Rechtsgedanken enthält.*

271 *Klagezustellung nebst Aufforderungen.* [I] Die Klageschrift ist unverzüglich zuzustellen.

[II] **Mit der Zustellung ist der Beklagte aufzufordern, einen bei dem Prozeßgericht zugelassenen Rechtsanwalt zu bestellen, wenn er eine Verteidigung gegen die Klage beabsichtigt.**

[III] **Der Beklagte ist ferner bei der Zustellung aufzufordern, binnen einer von dem Vorsitzenden zu bestimmenden Frist von mindestens zwei Wochen nach Zustellung der Klageschrift sich durch den zu bestellenden Rechtsanwalt dazu zu äußern, ob einer Übertragung der Sache auf den Einzelrichter Gründe entgegenstehen.**

Schrifttum: Halbach, Die Verweigerung der Terminbestimmung und der Klagezustellung im Zivilprozeß, Diss Köln 1980.

1) Zustellung der Klageschrift, I. Erst diese Zustellung bewirkt die zB wegen der Verjährung oder der Rechtshängigkeit wichtige Klagerhebung, § 253 I. Deshalb ist die Klagzustellung unverzüglich (Begriff § 216 Anm 2 C) von Amts wegen vorzunehmen, und zwar: **a)** bei einem frühen ersten Termin zugleich mit der Ladung, § 274 II; **b)** bei einem schriftlichen Vorverfahren, § 272 II, 276, ebenfalls unverzüglich nach dem Klageingang, auch wenn noch nicht absehbar ist, wann ein Verhandlungstermin stattfinden wird. Eine geringe Ver-

1. Titel. Verfahren bis zum Urteil § 271, Anh § 271

zögerung zwischen der Aktenvorlage und der Zustellungsverfügung, etwa wegen eines Diktats und der Niederschrift vorbereitender Maßnahmen, § 273, ist zulässig, wäre im übrigen auch eine „demnächst" erfolgende Zustellung, § 270 III.
Die Zustellung erfolgt förmlich, § 270 II. Bei einer Klage zum Protokoll des Urkundenbeamten der Geschäftsstelle, § 496 letzter Halbsatz, erfolgt die Zustellung des Protokolls, § 498. Bei § 78a II erfolgt keine Klagzustellung, ebensowenig dann, wenn der Kläger seine Vorwegleistungspflicht, § 65 GKG, Anh § 271, nicht erfüllt, wohl aber dann, wenn der Bekl den Vorschuß zahlt, Düss OLGZ **83**, 117.

2) Aufforderung zur Bestellung eines Anwalts, II. Diese Aufforderung ist zugleich mit der Zustellung nach I von Amts wegen an sich ohne Form, daher bei einer Nachholung formlos, § 329 II 1, vorzunehmen, wenn: **a)** ein AnwProz vorliegt, also beim AG in den Fällen § 78 I 2 Z 1–3, sowie beim LG; **b)** der Bekl noch nicht mitgeteilt hat, er wolle sich nicht verteidigen (eine solche Erklärung könnte ja schon vor der Klagzustellung eingegangen sein). II geht dem ähnlichen § 215 vor. Letzterer gilt erst bei der Ladung, II jedoch schon bei der Klagzustellung, besonders bei einem schriftlichen Vorverfahren.
Eine Aufforderung nach II macht eine solche gemäß § 215 auch keineswegs stets überflüssig, weil es ja zunächst nur um die Klärung geht, ob überhaupt mit einer Verteidigung gerechnet werden soll, §§ 276 I, II, 307 II, 331 III. Deshalb geht die Aufforderung dahin, einen beim Prozeßgericht zugelassenen Anwalt zu bestellen, falls der Bekl eine Verteidigung gegen die Klage beabsichtige. Zugleich erfolgt eine Belehrung gemäß § 276 II. Der Urkundsbeamte der Geschäftsstelle fügt die Aufforderung nach II von Amts wegen der Klagzustellung bei. Vgl im übrigen § 520 III 1.

3) Aufforderung betr den Einzelrichter, III. Diese Aufforderung erfolgt beim LG zugleich mit der Klagzustellung ebenfalls von Amts wegen. Sie erfolgt auch dann, wenn die Kammer eine Übertragung auf den Einzelrichter zunächst noch nicht plant oder wenn sie noch schwankt, denn ihre Meinung kann sich auf Grund der Äußerung des Bekl ändern, und das notwendige rechtliche Gehör soll unverzüglich gewährt werden; zum Problem Bischof NJW **77**, 1898, Schultze NJW **77**, 2297. Daher erfolgt die Aufforderung unabhängig davon, ob der Kläger in der Klagschrift gemäß § 253 III oder später Gründe für oder gegen eine Übertragung auf den Einzelrichter genannt hat.
Ein Hinweis auf die derzeitige Ansicht der Kammer ist unnötig; ob er zweckmäßig ist, ist eine Fallfrage. Es besteht für die Äußerung eine Mindestfrist von zwei Wochen ab Zustellung der Klagschrift. Die Aufforderung muß den Hinweis enthalten, daß auch nach III Anwaltszwang besteht. Dies alles gilt nicht beim Vorsitzenden des KfH, § 349. Eine Nachholung der Aufforderung ist zulässig, dann ist natürlich die 2-Wochen-Frist ebenfalls einzuhalten, jedoch ist eine förmliche Zustellung dann entbehrlich, zumal die Übertragung oder die Nichtübertragung gemäß § 348 II 2 unanfechtbar ist.
Der Vorsitzende setzt die Frist fest. Berechnung § 222, Verlängerung § 224. Es handelt sich nicht um eine Notfrist, daher ist keine Wiedereinsetzung zulässig. Die GeschSt fügt die Aufforderung von Amts wegen bei.

3) VwGO: *Unanwendbar, weil besonders geregelt, § 85 VwGO.*

Anhang nach § 271
Die Vorwegleistungspflicht des Klägers

§ 65 GKG
I In bürgerlichen Rechtsstreitigkeiten soll die Klage erst nach Zahlung der erforderlichen Gebühr für das Verfahren im allgemeinen und der Auslagen für die Zustellung der Klage zugestellt werden. Im Mahnverfahren soll auf Antrag des Antragstellers nach Erhebung des Widerspruchs die Sache an das Gericht, das in dem Mahnbescheid gemäß § 692 Abs. 1 Nr. 1 der Zivilprozeßordnung bezeichnet worden ist, erst abgegeben werden, wenn die erforderte Gebühr für das Mahnverfahren, die erforderte Gebühr für das Verfahren im allgemeinen und die Auslagen für die Zustellung des Mahnbescheids und der Ladung oder Fristsetzung gezahlt sind; dies gilt entsprechend für das Verfahren nach Erlaß eines Vollstreckungsbescheids unter Vorbehalt der Ausführung der Rechte des Beklagten. Wird der Klageantrag erweitert, so soll vor Zahlung der erforderten Gebühr für das Verfahren im allgemeinen keine gerichtliche Handlung vorgenommen werden; dies gilt auch in der Rechtsmittelinstanz.
II Absatz 1 gilt nicht für Scheidungsfolgesachen und für Anfechtungsklagen in Entmündigungssachen nach §§ 664, 679, 684, 686 der Zivilprozeßordnung.

III Der Mahnbescheid soll erst nach Zahlung der dafür vorgesehenen Gebühr und der Auslagen für die Zustellung erlassen werden. Wird der Mahnbescheid maschinell erstellt, so gilt Satz 1 erst für den Erlaß des Vollstreckungsbescheids.

IV Die Bestimmung des Termins zur Abnahme der eidesstattlichen Versicherung soll von der Zahlung der dafür vorgesehenen Gebühr und der Auslagen für die Zustellung abhängig gemacht werden.

V Über Anträge auf gerichtliche Handlungen der Zwangsvollstreckung gemäß § 829 Abs. 1, §§ 835, 839, 846 bis 848, 857, 858, 885 Abs. 4 oder § 886 der Zivilprozeßordnung soll erst nach Zahlung der Gebühr für das Verfahren und der Auslagen für die Zustellung entschieden werden.

VI Über den Antrag auf Eröffnung des seerechtlichen Verteilungsverfahrens soll erst nach Zahlung der dafür vorgesehenen Gebühr und der Auslagen für die öffentliche Bekanntmachung entschieden werden.

VII Die Absätze 1, 4 bis 6 gelten nicht,
1. soweit dem Antragsteller die Prozeßkostenhilfe bewilligt ist,
2. wenn dem Antragsteller Gebührenfreiheit zusteht,
3. wenn glaubhaft gemacht wird, daß dem Antragsteller die alsbaldige Zahlung der Kosten mit Rücksicht auf seine Vermögenslage oder aus sonstigen Gründen Schwierigkeiten bereiten würde,
4. wenn glaubhaft gemacht wird, daß eine Verzögerung dem Antragsteller einen nicht oder nur schwer zu ersetzenden Schaden bringen würde; zur Glaubhaftmachung genügt in diesem Falle die Erklärung des zum Prozeßbevollmächtigten bestellten Rechtsanwalts.

In den Fällen der Nummern 3 und 4 ist nicht von der Vorauszahlung oder der Vorschußzahlung zu befreien, wenn die beabsichtigte Rechtsverfolgung aussichtslos oder mutwillig erscheint. Absatz 3 gilt nicht, soweit dem Antragsteller die Prozeßkostenhilfe bewilligt ist oder Gebührenfreiheit zusteht.

Vorbem. VII S 1 Z 1, S 3 geänd dch Art 2 Z 1 1b G v. 13. 6. 80, BGBl 677, in Kraft seit 1. 1. 81, Art 7 I.

1) Allgemeines. Im Verfahren vor den Arbeitsgerichten aller Instanzen ist § 65 unanwendbar, § 12 IV ArbGG. Hatte dort bereits eine mündliche Verhandlung stattgefunden, so kann auch nach der Verweisung ans LG die Bestimmung eines weiteren Termins nicht von der Zahlung der Verfahrensgebühr abhängig gemacht werden, Ffm MDR **60**, 508. Ein ProzBev ist nie vorschußpflichtig, BVerwG NJW **71**, 2086, Seltmann VersR **74**, 103. Bei einem Streit über eine Arbeitnehmererfindung sind I und III unanwendbar, § 39 Gesetz vom 25. 7. 57, BGBl 756. In Baulandsachen ist I 1 und 3 unanwendbar, § 161 IV BBauG. In Entschädigungssachen kann ein Vorschuß nur bei einer offenbar mutwilligen Rechtsverfolgung verlangt werden, § 225 II 2 BEG.

2) Vorwegleistungspflicht bei Klagen, I. A. Anwendungsbereich. Gerichtliche Handlungen sind von der Zahlung einer Gebühr abhängig. Daher besteht eine Vorwegleistungspflicht. Sie besteht allerdings nur: **a)** bei einer Klage 1. Instanz, vgl B; nicht mehr bei der Einlegung eines Rechtsmittels, Hbg MDR **59**, 852; **b)** bei einer Klageerweiterung, Anm 2 D; **c)** beim Antrag auf Erlaß eines Mahnbescheids bzw Vollstreckungsbescheids und beim Antrag auf Durchführung des streitigen Verfahrens nach Erhebung des Widerspruchs bzw Einspruchs, Anm 4; **d)** bei der Terminsbestimmung zur Abnahme der eidesstattlichen Versicherung, Anm 5; **e)** nach einer Verweisung von einem kostenfreien Verfahren in ein kostenpflichtiges, BGH **62**, 177, aM Ffm MDR **60**, 508 betr die Verweisung vom ArbG an das ordentliche Gericht; **f)** bei Anträgen nach §§ 829 I, 835, 839, 846 bis 848, 857, 858, 885 IV, 886 ZPO; **g)** bei einem Antrag auf Eröffnung des Seerechtlichen Verteilungsverfahrens.

Unerheblich ist, welcher Prozeßart die Klage angehört, sofern es sich eben nur um eine Klage handelt (Ausnahme: Fälle II), nicht, wie im Arrest- und einstweiligen Verfügungsverfahren, um ein unter Umständen (das überliest Kronenbitter AnwBl **74**, 229) im Beschlußweg zu erledigendes Gesuch. Der Kostenbeamte veranlaßt die Erhebung des Vorschusses regelmäßig selbständig, § 22 II 2 KostVfg.

Rechtsbehelfe: Beschwerde, kein Mindestbeschwerdewert, § 6 GKG. Beschwerdeberechtigt ist der in Anspruch Genommene.

B. Klage, I 1. Das Gericht soll die Klageschrift erst nach der Zahlung der Verfahrensgebühr, KV 1010, 1110 (nur bei der Scheidung), und der Auslagen für die Zustellung, KV 1902, zustellen. Das gilt unabhängig davon, ob es sich um ein Verfahren mit einem frühen ersten Termin oder um ein schriftliches Vorverfahren handelt, vgl Schlesw SchlHA **78**, 69. Wenn jedoch einmal, gleichgültig auf wessen Antrag, die Klage zugestellt oder ein Termin bestimmt worden ist, so kann das Gericht nicht mehr die Abhaltung des ersten oder gar des späteren Termins oder eine andere Handlung von einer Zahlung abhängig machen, es kann also auch nicht gegen den verhandlungsbereiten Kläger ein Versäumnisurteil erlassen, BGH **62**, 179, vgl D. Eine Nichtzulassung gibt die Beschwerde nach § 6 GKG, § 567 ZPO. Das gilt auch, wenn ein ArbG, das bereits zugestellt hat, ans LG verweist, Ffm MDR **60**, 508. Das Gericht „soll" seine Maßnahmen von der Zahlung abhängig machen.

Ein Verstoß ist prozessual belanglos, Ffm FamRZ **82**, 810; also kann auch der Gegner ihn nicht rügen, Kronenbitter AnwBl **74**, 230 (es besteht nur ein pflichtgemäßes Ermessen des Gerichts). § 65 GKG gilt auch für den Einzelrichter und den Vorsitzenden der KfH. Eine Frist für die Zahlung besteht nicht. Die Gebühr ist mit dem Eingang der Klage fällig. Der Termin wird „nach der Zahlung" anberaumt, dh der Urkundsbeamte der Geschäftsstelle muß die Akten sofort nach seiner Kenntnis von der Zahlung mit dem entsprechenden Vermerk vorlegen. Bei § 78a II ZPO wird gar nicht erst ein Vorschuß angefordert, sondern die Zustellung der Klage sogleich abgelehnt.

C. Verfahrensgebühr. Zu zahlen ist die „erforderte Gebühr für das Verfahren im allgemeinen". Ist sie gezahlt, so hat der Kläger seine Vorwegleistungspflicht (nicht die Gebührenpflicht) erfüllt. Wenn zuviel gefordert wurde, bleibt dem Kläger die Erinnerung aus § 6 GKG. Notfalls muß das Gericht zunächst den Wert festsetzen. Soll der Kläger die Gebühr selbst berechnet und in bar oder in Kostenmarken entrichtet, so hat die GeschSt einen etwa fehlenden Betrag nachzufordern, andernfalls die Akten mit einem Vermerk der Richtigkeit dem Gericht vorzulegen. Der Richter prüft die Höhe nicht nach.

D. Klagerweiterung, I 3. Wird der Klagantrag erweitert, so soll das Gericht vor der Zahlung der erforderlichen Verfahrensgebühr keine gerichtliche Handlung vornehmen, I 3. **a)** Die Vorschrift gilt nur zu Lasten des Klägers. Der Gegner kann einen neuen Termin beantragen. Wenn auf Betreiben der einen oder der anderen Partei einmal die Klagerweiterung zugestellt worden ist, ist keine Zurückweisung der Erweiterung mehr möglich, B und auch insofern BGH **62**, 178; **b)** die Folgen einer unterlassenen Vorwegleistung können nur die Klagerweiterung ergreifen, nicht etwa die ganze Klage. Daher darf eine versagende Entscheidung nur wegen der Klagerweiterung ergehen, während im übrigen zu verhandeln ist. Da „keine gerichtliche Handlung" vorzunehmen ist, darf nicht einmal eine Zustellung der Klagerweiterung durch den Urkundsbeamten der Geschäftsstelle vorgenommen werden, ohne Rücksicht auf den noch weitergehenden Inhalt jenes Schriftsatzes. Ebenso sind keine Maßnahmen gemäß § 273ff möglich und ist keine mündliche Verhandlung anzusetzen.

E. Widerklage. Auf sie ist § 65 I GKG nicht anzuwenden; über sie ist immer ohne Vorwegleistung zu verhandeln, also auch ohne Rücksicht darauf, ob ein Vorschuß für die Klage gezahlt wurde, Ffm FamRZ **82**, 810, Neustadt NJW **54**, 1371.

F. Rechtsmittelinstanz. I 3 gilt auch in der Rechtsmittelinstanz, Halbsatz 2; im übrigen ist in den oberen Instanzen kein Vorschuß iSv I notwendig.

3) Keine Vorwegleistungspflicht, II. Eine Vorwegleistungspflicht besteht wegen des öffentlichen Interesses an der baldigen Durchführung des Verfahrens nicht: Für Scheidungsfolgesachen, §§ 623ff ZPO (wohl aber für den Scheidungsantrag, § 622 ZPO); für Anfechtungsklagen gemäß §§ 664, 679, 684, 686 ZPO. Diese Ausnahmen sind eng auszulegen.

4) Vorwegleistungspflicht im Mahnverfahren, III, I 2. A. Mahnbescheid. Im Mahnverfahren soll das Gericht den Mahnbescheid grundsätzlich, III 1 (anders bei einer maschinellen Erstellung, §§ 689 I 2, 690 III usw, III 2) erst nach der Zahlung der Mahngebühr des KV 1000 (1/2 Gebühr) und der Auslagen für die Zustellung, KV 1902, erlassen. Da die Post die Auftragsgebühr nicht erstattet, ist bei einer erfolglosen Zustellung eine weitere Gebühr einzufordern, wenn mit einer neuen Anschrift zugestellt werden soll. Die Zurückweisung des Gesuchs erfolgt sofort.

B. Abgabe nach Widerspruch. Wird gegen den Mahnbescheid Widerspruch erhoben oder ist ein Vollstreckungsbescheid auf den Widerspruch des Antragsgegners nur unter dem Vorbehalt der Ausführung seiner Rechte erlassen, § 703a II Z 4 ZPO, so soll die Sache an das nach § 692 I Z 1 ZPO bezeichnete Gericht erst nach der Zahlung der Mahngebühr, der erforderten (nicht der erforderlichen) Verfahrensgebühr (1/2, KV 1005) und der Auslagen für die Ladung und Zustellung oder Fristsetzung abgegeben werden, I 2. Voraussetzung ist, daß der Antragsteller eine Abgabe beantragt hat; das verlangt der Text ausdrücklich. Also besteht keine Vorwegleistungspflicht des beantragenden Antragsgegners, Köln OLGZ **79**, 120; dieser ist aber Gebührenschuldner, Köln OLGZ **79**, 120, vgl § 49 I GKG, und die Gebühr ist von ihm beizutreiben. Es erfolgt keine Vorwegleistung, wenn gemäß § 696 V ZPO verwiesen worden ist. Vgl im übrigen Anm 2.

5) Weitere Fallgruppen. Eine Vorwegleistungspflicht besteht ferner in folgenden Fällen:
  A. Eidesstattliche Versicherung, IV. Eine Vorwegleistungspflicht besteht im Verfahren auf die Abgabe der eidesstattlichen Versicherung, und zwar bei dem Verfahren nach § 807 und demjenigen nach § 883 ZPO.
  B. Zwangsvollstreckung, V. Eine Vorwegleistungspflicht besteht bei einer Reihe von Anträgen im Rahmen der Zwangsvollstreckung, Anm 2 A f.
  C. Seerechtliches Verteilungsverfahren, VI. Eine Vorwegleistungspflicht besteht im Eröffnungsverfahren nach der Seeverteilungsordnung vom 21. 6. 72, BGBl 953, in Kraft seit 6. 4. 74, BGBl 267, VI, vgl Anm 2 A g. S auch deren §§ 31, I, 32 II.

6) Weitere Ausnahmen von der Vorwegleistungspflicht, VII. A. Prozeßkostenhilfe, Z 1. Die Vorwegleistungspflicht entfällt außer gemäß II, soweit dem Antragsteller iSv I, III–VI eine Prozeßkostenhilfe bewilligt worden ist, 1 Z 1, S 3, was schon aus § 122 I Z 1a ZPO folgt, der die Fälligkeit der Gebühr aufhebt. Das Gesuch hat diese Wirkung noch nicht. Ist die Prozeßkostenhilfe zum Teil bewilligt worden, so muß der Unterstützte insofern von Kosten freibleiben. Er hat den Unterschied zwischen der Gebühr nach dem vollen Streitwert und dem von der Prozeßkostenhilfe gedeckten Teil zu zahlen, weil sonst ein doppelter Streitwert gelten würde, BGH **13**, 373.
  B. Gebührenfreiheit; Schwierigkeiten. Die Pflicht entfällt auch, soweit dem Antragsteller eine persönliche oder sachliche Gebührenfreiheit zusteht, 1 Z 2, S 3, § 2 GKG, oder wenn der Antragsteller glaubhaft macht, daß ihm die alsbaldige Zahlung der Kosten wegen seiner Vermögenslage oder aus sonstigen Gründen Schwierigkeiten bereiten würde, 1 Z 3, also wenn die erforderte Summe angesichts des Vermögens oder der Flüssigkeit der Mittel des Antragstellers nicht ohne ernsthaften Schaden geleistet werden könnte. Die Erklärung, daß der Antragsteller in Raten zahlen könnte, ist nicht ausreichend, BGH **31**, 348. 1 Z 3 findet aber Anwendung, wenn in der DDR befindliche Gläub in der BRD klagen will, weil er sich den notwendigen Betrag in der anderen Währung nicht beschaffen oder überweisen kann, ebenso wenn sonst der Beschaffung der erforderlichen Geldmittel ernstliche Devisenschwierigkeit entgegenstehen.
  Keine Befreiung erfolgt, wenn sich der Antragsteller die Mittel zur Prozeßführung durch einen Vorschuß eines anderen beschaffen kann, wie zB die Ehefrau. Eine Befreiung ist aber möglich, wenn die Zahlung nicht nur vorübergehend, Celle NdsRpfl **60**, 213, sondern dauernd Schwierigkeiten mit sich bringen würde. Denn auch anderen Personen ist dann die alsbaldige Zahlung nicht möglich. Es ist ein Antrag oder ein Hinweis des Klägers auf VII nötig, BGH **LM** LandbeschG Nr 19, aM Schlesw SchlHA **76**, 32. Der Antragsteller braucht keine natürliche Person zu sein. Er macht seine Angaben nach § 294 ZPO glaubhaft. Die Erleichterung 1 Z 4 Halbsatz 2 ist hier nicht vorgesehen; der Richter kann sich aber mit der Erklärung des RA begnügen; BGH **LM** LandbeschG Nr 19 läßt offen, ob eine solche Erklärung genügt. Keine Befreiung erfolgt, soweit S 2 vorliegt, D.
  Es entscheidet: **a)** der Vorsitzende oder der Einzelrichter, wenn es sich um eine Zustellung oder eine Terminsbestimmung handelt; **b)** der Amtsrichter im Eröffnungsverfahren gemäß SeeVertO; der Rpfl, wenn ein Mahnbescheid zu erlassen ist, sowie nach der Eröffnung des Verfahrens gemäß SeeVertO; **c)** das Gericht, wenn es um eine Klagerweiterung geht. Ein Stundungsrecht hat keine dieser Stellen; die Fälligkeit der Gebühr wird durch die Entscheidung nicht berührt. Rechtsbehelfe: Gegen die Entscheidung des Rpfl Erinnerung ans Gericht; gegen dessen Entscheidung oder gegen die Entscheidung des Vorsitzenden oder des Einzelrichters Beschw, § 6 GKG, Anm 2 A, § 11 RPflG, Anh § 153 GVG.
  C. Verzögerungsgefahr. Die Pflicht entfällt weiter, wenn der Antragsteller glaubhaft macht, daß eine Verzögerung ihm einen nicht oder nur schwer zu ersetzenden Schaden brächte, 1 Z 4. „Verzögerung" ist hier nur das Hinausschieben der Zustellung bzw Terminsbestimmung, des Mahnbescheids, der Verhandlung, der Eröffnung, nicht der Prozeßerledigung. Bei einem feststehenden Streitwert und dann, wenn Kostenmarken bestehen, ist dieser Fall selten, da ja der Antragsteller zumindest die Gebühr ohne weiteres berechnen und durch Aufkleben der Marken entrichten kann. „Nicht zu ersetzender Schaden" ist, ähnlich § 707 ZPO, eine Wirkung, die nicht beseitigt oder ausgeglichen werden kann, also namentlich eine drohende Verjährung. Ein schwer zu ersetzender Schaden genügt jedoch bereits.
  Hierher kann zB eine Gefährdung von Unterhaltsforderungen zählen, Schlesw SchlHA **82**, 198.

1. Titel. Verfahren bis zum Urteil   Anh § 271, Einf § 272 1–4

Es ist eine Glaubhaftmachung vorgeschrieben; schon deshalb ist ein Antrag oder Hinweis des Klägers auf VII nötig, BGH **LM** LandbeschG Nr 19, aM Schlesw SchlHA **76**, 32. Doch genügt hier „die Erklärung des zum Prozeßbevollmächtigten bestellten Rechtsanwalts". Damit ist nur einem bestimmten Mittel der Glaubhaftmachung eine bindende Kraft beigelegt worden, ein Fall einer gesetzlichen Beweisregel; nicht etwa ist der Anwalt von der Pflicht befreit, greifbare Tatsachen anzugeben, die er ja gerade glaubhaft machen soll. Keine Befreiung erfolgt, soweit Satz 2 vorliegt, D.
Wenn die beabsichtigte Rechtsverfolgung aussichtslos oder mutwillig erscheint, VII 2, erfolgt in den Fällen VII 1 Z 3, 4 trotz Vorliegens der Voraussetzungen B bzw C keine Befreiung. Vgl die umgekehrten Voraussetzungen des § 114 I ZPO, dort Anm 2 B a, b.

7) VwGO: § 65 GKG ist unanwendbar, weil seine Geltung ausdrücklich auf bürgerlichrechtliche Streitigkeiten beschränkt ist.

Einführung vor § 272

Die Vorbereitung des Haupttermins

1) Sinn der Regelung. Ein umfassend vorzubereitender sog Haupttermin soll nach den Vorstellungen der Vereinfachungsnovelle den Rechtsstreit in der Regel zu einer raschen Entscheidungsreife führen. Diesem Ziel dienen umfangreiche Anweisungen an das Gericht und die Parteien, zahlreiche Fristen, Belehrungen, Auflagemöglichkeiten, eine erhöhte Prozeßförderungspflicht aller Beteiligten, die Einführung in den Sach- und Streitstand durch das Gericht zu Beginn des Haupttermins, die Pflicht zur Erörterung aller eventuell entscheidungserheblichen, erkennbar von einer Partei übersehenen oder für unerheblich gehaltenen rechtlichen Gesichtspunkte und vor allem erheblich verschärfte Rechte und Pflichten des Gerichts zur Zurückweisung verspäteten Vorbringens. Zum Haupttermin führen nach Wahl des Vorsitzenden zwei Wege: derjenige über einen sog frühen ersten Termin oder derjenige über ein sog schriftliches Vorverfahren.

2) Aufgaben des Gerichts. Damit werden die Aufgaben des Gerichts zwischen dem Eingang der Klage und dem Verhandlungstermin erheblich verstärkt. Eine bloße Terminsbestimmung und Verfügung „zum Termin" auf den eingehenden Schriftsätzen bis zum Termin ist in der Regel ein glatter Verstoß gegen seine Amtspflicht. Vielmehr findet eine Annäherung an strafprozessuale Vorbereitungsaufgaben statt; es besteht nämlich die Notwendigkeit, schon die Klageschrift und sämtliche weiteren Eingänge unverzüglich sorgfältig auf solche Gesichtspunkte zu prüfen, die (weitere) vorbereitende Maßnahmen sinnvoll oder notwendig erscheinen lassen. Die Denkarbeit des Richters verlagert sich zunächst ganz an den Schreibtisch. Das gilt auch beim Verfahren mit frühem ersten Termin.
Überdies hat er jetzt in zahlreichen Situationen schriftliche Belehrungen zu erteilen, deren Mangelhaftigkeit zu beträchtlichen Rechtsnachteilen jedenfalls einer Partei führen kann, vgl freilich BGH **86**, 225. Auch insofern sind Regeln des Strafprozesses übernommen worden. Freilich gelten nach wie vor der Beibringungsgrundsatz (Ausnahmen bestehen in Ehe-Kindschaftssachen usw) und der Grundsatz der Parteiherrschaft, Grdz 3 A vor § 128. Damit erhält das Gericht eine wesentlich stärkere Position, der freilich eine erhöhte Verantwortung für die Zweckmäßigkeit wie Gerechtigkeit des Verfahrens entspricht, die besonders zu einem Rechtsgespräch führen sollte, §§ 139, 278 III, Wagner AnwBl **77**, 329.

3) Aufgaben der Parteien. Die Parteien müssen zur Vermeidung unwiederbringlicher Rechtsnachteile jetzt von Anfang an ganz erheblich intensiver und sorgfältiger mitarbeiten. Sie haben dafür eine wesentlich größere Chance, rasch und verhältnismäßig billig zu ihrem Recht zu kommen. Keinesfalls darf eine Partei und/oder ihr Prozeßbevollmächtigter, dessen Verschulden ihr unverändert anzulasten ist, erst einmal den Verhandlungstermin an sich herankommen lassen, auch nicht im Parteiprozeß, vgl Brehm AnwBl **83**, 197. Beide müssen dahin zusammenarbeiten, wenigstens eine Auflage des Gerichts zu erfüllen, BGH NJW **82**, 437. Spätestens im Verhandlungstermin oder beim Einspruch gegen ein Versäumnisurteil muß zur Sache umfassend Stellung genommen und Farbe bekannt werden; dies ist die Regel mit nur wenigen Ausnahmen. Vgl Hartmann AnwBl **77**, 92, 93.

4) Kritik. Bei etwas Achtung vor der Zeit und Mühe der übrigen Prozeßbeteiligten kann dieses Verfahren ausgezeichnet funktionieren, vgl Brühl FamRZ **78**, 551, Franzki NJW **79**, 14. Das hat sich im Ergebnis auch bei einer Richterbefragung in Bayern 1978 im wesentlichen herausgestellt, vgl Walchshöfer ZZP **94**, 179, ferner den Hinweis der Schriftleitung DRiZ **81**, 393. Die wahren Justizprobleme liegen auf ganz anderen Ebenen, vgl zB Bachof

Festschrift für Baur (1981) 175, Kissel DRiZ **81**, 219. Das Verfahren belohnt die eigene Sorgfalt weit eher als früher und läßt die eigene Nachlässigkeit oder Verschleppungsabsicht nachhaltiger spürbar werden. Ob es im Ergebnis statt einer gewissen Entlastung wegen der umfassenden Vorbereitung eine böse Mehrbelastung aller Beteiligten und entgegen seiner erklärten Zielsetzung gerade eine Abkehr von der mündlichen Verhandlung, einen Rückfall in eine Schriftsatzjustiz bringt, ob es den zu zögernden oder zu laschen Richter, den es bewußt anstacheln will, um so mehr überfordert und am Ende doch wieder alles in einer Kette von unvollständig vorbereiteten Terminen mündet, das liegt nach den bisherigen Erfahrungen weitgehend an der Sorgfalt und Haltung vor allem des Richters.

Die Praxis fällt freilich vielerorts immer wieder in den alten Trott zurück, vgl Brehm AnwBl **83**, 197, Lange DRiZ **80**, 408. Das ist umso bedauerlicher, als die Gerichte in der gegenwärtigen Periode eines auf zahlreichen Gebieten abnehmenden Bewußtseins darüber, daß mit Rechten untrennbar Pflichten verbunden sind, eine wachsende Aufgabe bei der Durchsetzung der vom Gesetzgeber immerhin im Kern klaren Prozeßgrundsätze haben, auch wenn der Prozeß niemals Selbstzweck sein darf.

Überflüssig sind ebenfalls die hier und dort zu beobachtenden Tendenzen einer Verlagerung der Sachdiskussion auf eine emotionale Ebene. Man sollte auch bei einer Kritik Ausdrücke wie „überzeugter Verfahrensbeschleuniger", Deubner NJW **80**, 2363, durchaus vermeiden.

Die Gesetzgebungstechnik der §§ 272 ff ist allerdings alles andere als übersichtlich; allein die verschiedenen Belehrungspflichten finden sich derart verstreut, daß vielfach Pannen unvermeidbar sind. Es muß die Aufgabe der Praxis sein, einerseits trotz aller Bedrängnis durch den reichlich „reform"freudig gewesenen Gesetzesgeber mit oft kaum einsehbaren Neuerungen statt Ignoranz guten Willen zu zeigen, vgl Brangsch AnwBl **77**, 277, Vogel AnwBl **77**, 284, andererseits bei der Auslegung und Fortführung des Gesetzes beim gesunden Menschenverstand und der immer dringenderen Notwendigkeit zu bleiben, das höchst überfeinerte Prozeßrecht wenigstens leidlich verständlich zu halten. Sonst nähme die Rechtssicherheit, eines der höchsten Rechtsgüter, noch mehr Schaden.

Kritisch zum neuen Recht Baur ZZP **91**, 79, Bruns Festschrift für Liebman (1979) I 123, Bull JR **77**, 273, SchlHA **77**, 6 und 124, Deubner NJW **78**, 355, Henckel Gedächtnisschrift für Bruns (1980) 114, Nagel DRiZ **77**, 322, Overath DRiZ **80**, 255, Putzo NJW **77**, 10, Rudolph DRiZ **78**, 366, vermittelnd Engels AnwBl **79**, 207 (empfiehlt freilich eine weitere Novelle), Franzki zuletzt NJW **79**, 14, Hartmann NJW **78**, 1464, Recken DRiZ **80**, 336, Schmitz AnwBl **79**, 4 und NJW **79**, 1583, Schneider MDR **78**, 92, Stanicki DRiZ **83**, 266. Wegen der Anwendbarkeit in Entschädigungssachen Weiß RzW **78**, 41.

5) *VwGO:* §§ 272, 274–278 sind unanwendbar wegen einer eigenen Regelung, §§ 85ff, 101ff VwGO, die auf dem Untersuchungsgrundsatz beruht, Ule VPrR § 46 II.

272 *Wahl des Verfahrensgangs.* [I] Der Rechtsstreit ist in der Regel in einem umfassend vorbereiteten Termin zur mündlichen Verhandlung (Haupttermin) zu erledigen.

[II] Der Vorsitzende bestimmt entweder einen frühen ersten Termin zur mündlichen Verhandlung (§ 275) oder veranlaßt ein schriftliches Vorverfahren (§ 276).

[III] Die mündliche Verhandlung soll so früh wie möglich stattfinden.

Schrifttum: Halbach, Die Verweigerung der Terminbestimmung und der Klagezustellung im Zivilprozeß, Diss Köln 1980; Rudolph, Beschleunigung des Zivilprozesses, in: Festschrift für die Deutsche Richterakademie, 1983.

1) Allgemeines. S zunächst Einf vor § 272. Die mündliche Verhandlung findet statt entweder als (vorbereitender) früher erster Termin, II, oder als Haupttermin, I, oder als weiterer Termin, der vor oder nach dem Haupttermin liegen kann und ggf ein 2. Haupttermin ist. Im Protokoll und im Urteilskopf genügt die Bezeichnung als mündliche Verhandlung; bei einer Auflage oder Aufforderung an eine Partei, zB gemäß § 275 I, muß aber klar sein, welche Art von Frist gesetzt wird, und sollte daher erklärt werden, für welche Art von mündlicher Verhandlung die Partei sich äußern soll. In Ehesachen gilt § 611 II. Wegen des arbeitsgerichtlichen Verfahrens vgl §§ 56, 57 ArbGG.

2) Haupttermin, I. Das ist diejenige mündliche Verhandlung, in der auf Grund einer möglichst umfassenden Vorbereitung die Entscheidungsreife eintreten soll (das Gesetz meint mit einer „Erledigung des Rechtsstreits" natürlich nicht nur die Erledigung der Hauptsache im Sinn von § 91a). Mit dieser erheblichen Betonung des Grundsatzes der

1. Titel. Verfahren bis zum Urteil §272 2, 3

Verfahrenskonzentration (Konzentrationsmaxime) erfolgt eine Annäherung an strafprozessuale Regeln. Das Gericht muß im Rahmen der ihm von Amts wegen vorgeschriebenen umfassenden Vorbereitung jetzt insoweit ähnlich wie der Strafrichter an alle nur denkbaren Eventualitäten zur Aufklärung des Sachverhalts denken und letztere gemäß §§ 273 ff erheblich intensiver und eher betreiben als vor der Vereinfachungsnovelle; freilich findet unverändert keine Amtsermittlung statt, Grdz 3 G vor § 128, sondern gilt unverändert der Beibringungsgrundsatz, Grdz 3 B, C vor § 128, mit einer verstärkten Prozeßförderungspflicht der Parteien, §§ 275 ff, 282.

Auch ein früher erster Termin ist ein vollwertiger, möglichst abschließender Termin, BGH **86**, 36 (zustm Wolf JZ **83**, 312), Hamm NJW **83**, 401, Karlsr NJW **83**, 403, AG Lübeck WM **83**, 51, ThP 2a. Das verkennen zB Düss MDR **80**, 943, Mü NJW **83**, 402.

3) Wahl des Verfahrens durch den Vorsitzenden, II. A. Verfahren. Der Vorsitzende (und nicht das Gericht) hat unverzüglich, § 216 II, die Wahl vorzunehmen, und zwar nach freigestellter Beratung ohne Stimmrecht der übrigen Richter auf Grund der voraussichtlichen Prozeßentwicklung und nach pflichtgemäßem, nicht nachprüfbarem Ermessen, BGH **86**, 35, Ffm MDR **83**, 411, vgl Franzki DRiZ **77**, 162, vor oder nach der Klagzustellung, § 271, vor oder nach der Übertragung auf den Einzelrichter (zum Problem Bischof NJW **77**, 1898), vor oder nach prozeßleitenden Maßnahmen, wobei dann die Terminsbestimmung erst nach Abschluß eines schriftlichen Vorverfahrens, vgl Mü MDR **83**, 324, ferner Bischof NJW **77**, 1897, aM Grunsky JZ **77**, 203, vor oder nach dem Abbruch des schriftlichen Vorverfahrens erfolgt. Die Wahl erfolgt durch eine Terminsverfügung, evtl nebst einer Anordnung gemäß § 275, oder durch eine Aufforderung gemäß § 276, jeweils evtl neben Maßnahmen gemäß § 273. Ratsam ist eine stichwortartige Klarstellung, welcher Weg gemeint sei, durch den Vorsitzenden in den Akten, am besten bei der Terminsbestimmung, Brühl FamRZ **78**, 551.

Eine bloße Terminsbestimmung ist als früher erster Termin zu verstehen, sofern nicht zuvor schon Maßnahmen gemäß § 276 getroffen worden waren. Eine bloße Klagzustellung ohne Terminsbestimmung und Ladung ist mangels einer abweichenden Klarstellung durch den Vorsitzenden als Anordnung des schriftlichen Vorverfahrens zu verstehen, Bischof NJW **77**, 1899. Er kann seine Entscheidung ändern, Kramer NJW **77**, 1659, aM Bergerfurth JZ **78**, 298, Bischof NJW **77**, 1897, Brühl FamRZ **78**, 551, Feiber NJW **83**, 1103, Grunsky ZZP **92**, 107, ThP 2, wobei natürlich die daraus folgenden Formalitäten zu beachten sind, zB bei einem Übergang ins schriftliche Vorverfahren nunmehr die Frist nach § 276 I 2 beachtet werden muß. Bei einem Abbruch des schriftlichen Vorverfahrens und einer Terminsbestimmung liegt freilich in der Regel kein früher erster Termin, sondern eine Bestimmung des Haupttermins vor. Er kann natürlich auch nach abweichender Parteianregung unanfechtbar bei seiner vorherigen Wahl bleiben, Ffm MDR **83**, 411. Nach seiner Bestimmung ist kein Versäumnisurteil nach § 331 III mehr zulässig. Mü MDR **83**, 324.

In Arbeitssachen findet kein schriftliches Vorverfahren statt, § 46 II 2 ArbGG, Eich DB **77**, 909, ebensowenig in Ehesachen, § 611 II. In Arbeitssachen ist statt eines frühen ersten Termins § 54 ArbGG zu beachten, Eich DB **77**, 909.

B. Maßstäbe der Entscheidung. Welcher Weg ratsam ist, läßt sich nur auf Grund der Aktenlage, der Erfahrung, einer etwaigen Anregung des Klägers, einer schon vorliegenden Äußerung des Beklagten, der Kenntnis der Mentalität der Beteiligten aus anderen Prozessen und sämtlichen weiteren Umständen beantworten. Ein einfacher Fall kann schon wegen der Chance der Aussonderung durch ein Anerkenntnis- oder Versäumnisurteil gemäß §§ 307 II, 331 III das schriftliche Vorverfahren ratsam machen, vgl Dittmar AnwBl **79**, 166. Freilich riskiert der Vorsitzende, daß gegen das Versäumnisurteil ordnungsgemäß Einspruch eingelegt wird, so daß eine mündliche Verhandlung doch noch notwendig wird.

Gerade einfache Fälle können aber auch einen frühen ersten Termin ratsam machen, BGH **86**, 38, zB um eine Klagrücknahme, eine Erledigungserklärung, einen Prozeßvergleich zu erreichen oder den einzelnen, prozeßleitend geladenen Zeugen sogleich vernehmen zu können, vgl KG NJW **80**, 2362. Ein komplizierter Fall kann einen frühen ersten Termin ratsam machen, Dittmar AnwBl **79**, 166, Lange DRiZ **80**, 409, um statt rasch anschwellender Schriftsätze, der Hauptgefahr des schriftlichen Vorverfahrens, in Rede und Gegenrede zum Kern vorzustoßen, Nebensächliches auszusondern und allen Beteiligten die rechtliche Beurteilung des Gerichts klarzumachen, bevor sie unnützes Schreibwerk liefern. Andererseits ist zB bei einem vom Kläger übersichtlich dargelegten sogenannten Punkteprozeß das schriftliche Vorverfahren in der Regel vorzuziehen, damit der Bekl Punkt für Punkt mit Unterlagen und Gegenbeweisantritten erwidern und das Gericht sodann vor dem Haupttermin sehr viel mehr tun können. Ausschlußfristen sind bei beiden Wegen möglich, §§ 275 I 1, III, IV einerseits, §§ 276 I 2, III andererseits je in Verbindung mit § 296 I, sie sind also kein Kriterium für oder gegen den einen oder anderen Weg. Das Gericht muß aber bedenken, daß das schriftliche Vorverfahren zunächst erheblich mehr Schreibtischarbeit machen kann, während ein früher erster Termin nebst einem besonderen Protokollführer die Zeit des Gerichts unter Umständen weniger beansprucht; die Entlastung der Parteien und ihrer ProzBev darf nicht auf Kosten des Gerichts gehen, das wäre auch nicht zum Nutzen der Parteien.

Keineswegs darf der frühe erste Termin zum bloßen „Durchruftermin" degradiert werden, AG Lübeck WM **83**, 51, insofern unklar BGH **86**, 39; das Gericht darf die Akten noch weniger als vor der Vereinfachungsnovelle bis zum ersten Verhandlungstermin fast ungelesen vor sich herschieben. Zum Problem Franzki NJW **79**, 10. Freilich gibt es bei einem Verstoß des Gerichts gegen diese Regeln keine direkten Folgen für das Gericht; der Gesamtbereich aller obigen Erwägungen fällt in die richterliche Unabhängigkeit; vgl Anm 4.

4) Beschleunigung, III. Die mündliche Verhandlung soll in jedem Fall möglichst bald stattfinden. Das gilt besonders beim frühen ersten Termin. Dies betrifft nicht nur die Zeit zwischen dem Eingang der Klage und der Terminsbestimmung, § 216 II, sondern auch die Zeit zwischen der Terminsbestimmung und dem Terminstag. Natürlich sind sämtliche gesetzlichen Voraussetzungen von der Anwaltsvertretung bei § 78a II über die Erfüllung einer etwaigen Vorwegleistungspflicht, Anh § 271, die Beachtung der Ladungs- und Einlassungsfrist, §§ 217, 224 III, bis zur richterlichen Frist, etwa gemäß § 273 II Z 1, zu berücksichtigen. Wegen allzu später Terminierung vgl § 216 Anm 2 E.

273

Vorbereitung des Verhandlungstermins. **I** Das Gericht hat erforderliche vorbereitende Maßnahmen rechtzeitig zu veranlassen. In jeder Lage des Verfahrens ist darauf hinzuwirken, daß sich die Parteien rechtzeitig und vollständig erklären.

II Zur Vorbereitung jedes Termins kann der Vorsitzende oder ein von ihm bestimmtes Mitglied des Prozeßgerichts insbesondere
1. den Parteien die Ergänzung oder Erläuterung ihrer vorbereitenden Schriftsätze sowie die Vorlegung von Urkunden und von anderen zur Niederlegung bei Gericht geeigneten Gegenständen aufgeben, insbesondere eine Frist zur Erklärung über bestimmte klärungsbedürftige Punkte setzen;
2. Behörden oder Träger eines öffentlichen Amtes um Mitteilung von Urkunden oder um Erteilung amtlicher Auskünfte ersuchen;
3. das persönliche Erscheinen der Parteien anordnen;
4. Zeugen, auf die sich eine Partei bezogen hat, und Sachverständige zur mündlichen Verhandlung laden.

III Anordnungen nach Absatz 2 Nr. 4 sollen nur ergehen, wenn der Beklagte dem Klageanspruch bereits widersprochen hat. Für sie gilt § 379 entsprechend.

IV Die Parteien sind von jeder Anordnung zu benachrichtigen. Wird das persönliche Erscheinen der Parteien angeordnet, so gelten die Vorschriften des § 141 Abs. 2, 3.

Schrifttum: Baur, Wege zu einer Konzentration der mündlichen Verhandlung im Prozeß, 1966; Scheuerle, Vierzehn Tugenden für vorsitzende Richter, 1983.

1) Allgemeines. A. Zusammenfassungsgrundsatz. I enthält zusammen mit §§ 272, 275ff den Grundsatz, daß der Prozeß tunlichst in einer einzigen mündlichen Verhandlung zu erledigen ist (Zusammenfassungsgrundsatz, Konzentrationsmaxime). Trotz gewisser Einschränkung der Parteiherrschaft, Grdz 3 A vor § 128, ist diese Regelung mit dem GG vereinbar, vgl Walchshöfer NJW **76**, 699 (zu § 272b aF). Er ist zusammen mit den vielfach möglichen weiteren Maßnahmen des Gerichts von größter Bedeutung für eine schnelle Prozeßerledigung und führt bei sorgfältiger Handhabung in der Mehrzahl der Fälle zur Erledigung in einem Termin.

Im Kollegialverfahren ist in erster Linie der Vorsitzende für den Prozeßbetrieb verantwortlich. Daneben ist aber nach dem Wortlaut und Sinn von I auch das übrige Kollegium für die Prozeßförderung mitverantwortlich, Wolf ZZP **94**, 315. In jeder Lage des Verfahrens (also auch nach einem Verhandlungstermin, freilich folgt dann in der Regel eine ordentliche Beweisaufnahme) ist, insbesondere an Hand der eingegangenen Schriftsätze, rechtzeitig und sorgfältig zu prüfen, ob Maßnahmen zur Vorbereitung des Termins zu treffen sind, Deubner NJW **77**, 924; was trotz eines späten Parteivortrags, BGH **LM** § 272b aF Nr 9, 12, vom Gericht vorher durchführbar ist, das sollte auch geschehen, BGH **76**, 178 mwN, Köln VersR **79**, 89, Zweibr JB **78**, 270, Oldb MDR **78**, 1028.

B. Zumutbarkeit. Freilich darf das weder zu einem Unterlaufen der §§ 216 II, 272 III führen, im Ergebnis insofern aM Hamm NJW **80**, 294 (insofern abl Deubner), Kalthoener DRiZ **75**, 202 (zum alten Recht), noch zu überstürzten Entscheidungen, erst recht nicht bei einer erst durch solche Anordnungen entstehenden Verzögerungsgefahr, BGH **LM** § 272b aF Nr 9. Das Gericht braucht nur im Rahmen des normalen Geschäftsgangs tätig zu werden, also zB nicht dann, wenn nur noch 2–3 Werktage zur Verfügung stehen, BGH NJW **80**, 1103, vgl Schlesw SchlHA **80**, 161. Ob noch etwas anzuordnen ist, hängt davon ab, ob man dem Gericht jetzt schon oder noch eine solche Anordnung zumuten kann, BGH **76**, 178 und NJW **80**, 1103, also unter anderem von der Terminsplanung, insbesondere der Zahl und der mutmaßlichen Verhandlungsdauer der schon anberaumten Sachen, Oldb MDR **78**, 1028. BGH NJW **80**, 1849 überspannt die Anforderungen an die Urteilsgründe in solchen Punkten, vgl § 313 Anm 7 A.

Das Gericht braucht auch keineswegs die Art und Weise der beabsichtigten Prozeßförderung den Parteien in allen Einzelheiten zu verdeutlichen, BGH NJW **83**, 577.

Bei einem ausländischen Zeugen ist evtl eine Vertagung nötig, BGH **LM** § 398 Nr 8, oder eine Anheimgabe ratsam, den Zeugen im Termin zu stellen, BGH NJW **80**, 1849 (sehr weitgehend). Die Einleitung einer weitgehenden Beweiserhebung ist jetzt schon vor dem Termin zulässig, § 358a. Natürlich ist die Partei vor einer Überrumplung zu schützen; nicht die Taktik soll siegen, sondern das Recht. Im Prozeßkostenhilfeverfahren gilt § 118, nicht § 273. Wenn eine Prozeßabweisung oder eine Aussetzung wahrscheinlich sind, sind Maßnahmen zur Vorbereitung einer sachlichen Entscheidung wertlos. Stets ist es die Pflicht des Gerichts, die Parteien zur rechtzeitigen und vollständigen Erklärung über tatsächliche Punkte (über rechtliche nur ausnahmsweise) zu veranlassen, I 2.

2) Terminsvorbereitung, II. A. Grundsatz. Die vorbereitenden Anordnungen obliegen beim Kollegialgericht dem Vorsitzenden oder einem von ihm zu bestimmenden Richter, etwa dem Berichterstatter, beim AG dem Amtsrichter. Alle diese Richter handeln unter eigener Verantwortung. Zweck des § 273 ist wie bei §§ 272, 274ff die Förderung des Prozesses durch mögliche Herbeischaffung des gesamten zur Entscheidung nötigen Stoffes zur mündlichen Verhandlung.

Die Prüfung, ob überhaupt eine Anordnung zu erlassen ist, ist Rechtspflicht, Kalthoener DRiZ **75**, 202; die Prüfung, welche Anordnungen zu erlassen sind, steht im pflichtgemäßen Ermessen. Dieses soll nicht zu einem Vorgriff gegen das Kollegium führen, BGH **LM** § 272b aF Nr 10, Köln NJW **73**, 1848; jedoch genügt eine Prüfung, ob das zugrundeliegende Parteivorbringen erheblich sein *kann,* es ist also nicht nötig, daß es auch erheblich *ist,* BGH **LM** § 272b aF Nr 10. Keineswegs darf oder muß das Gericht gar eine umfangreiche Beweisaufnahme zur Klärung eines vielschichtigen Streitstoffs nach § 273 vorbereiten, BGH **76**, 178 und NJW **80**, 1103.

Gegen die Ablehnung einer beantragten Maßnahme ist keine Beschw zulässig, Düss MDR **61**, 152.

B. Zulässige Maßnahmen. Die Aufzählung II Z 1–4 gibt Beispiele zulässiger Maßnahmen, vgl auch Kalthoener DRiZ **75**, 203. Grundsätzlich sind das Kollegium ebenso wie der Vorsitzende zu Aufklärungsmaßnahmen jeder Art befugt und verpflichtet, Wolf ZZP **94**, 315, mit Ausnahmen solcher: **a)** aus Z 4 bei einem fehlenden Widerspruch des Bekl; **b)** die mit einem Beschluß des Gerichts im Widerspruch stehen; **c)** die eine über II hinausgehende Beweisaufnahme enthalten (dazu § 358a).

Außerdem sind etwa möglich: Die Einnahme eines Augenscheins; die Einholung einer schriftlichen Zeugenauskunft; die Anordnung des Nachweises fremden Rechts; die Einforderung von Akten; die Aufforderung oder Anheimgabe zur Gestellung von Zeugen oder zur Einreichung von Urkunden, namentlich nach § 423. Schon auf die bloße Klage hin sind Anordnungen möglich, da III 1 nur eine Sollvorschrift ist (was Walchshöfer NJW **76**, 699 übersieht) und außerdem nur Z 4 nennt, Büttner NJW **74**, 1120 mwN, und da §§ 271ff mannigfaltige Pflichten des Gerichts vor dem ersten Termin begründen.

Eine Anordnung mit einer Fristbestimmung ist unabhängig von § 132 und auch beim Verfahren mit einem frühen ersten Termin, § 275, schon vor der Terminsbestimmung zulässig, vgl je zu § 272b aF Kbzl JB **75**, 1645, Büttner NJW **75**, 1349 mwN, aM Köln OLGZ **73**, 367, Mü MDR **75**, 495 mwN.

C. Verstoß. a) Verstoß der Parteien. Eine Nichtbefolgung von Anordnungen durch die Parteien bei einer Erklärungsfrist, II Z 1, ist gemäß § 296 I, IV, und im übrigen frei zu würdigen, § 286. Der Anwaltsvertrag begründet für beide Partner die Nebenpflicht, einander so weit zu informieren, daß eine sachgemäße und ausreichende Beantwortung einer gerichtlichen Auflage möglich ist, BGH NJW **82**, 437. Ein Verschulden des ProzBev gilt auch insofern als ein Verschulden der Partei, § 85 II. Das Gericht ist an seine Anordnungen nicht gebunden, die bis zum Schluß der mündlichen Verhandlung undurchführbar sind, da sonst gerade keine Beschleunigung erfolgen würde, BGH **LM** § 272b aF Nr 8. Wird eine Vertagung nötig, so können § 95 ZPO, § 34 GKG, Anh § 95, anwendbar sein.

b) Verstoß des Gerichts. Eine Verletzung des § 273 begründet keine Revision, weil das Urteil auf ihr nicht beruhen kann; wohl kann aber eine Verzögerung, §§ 282, 296, 528, zu verneinen sein, weil die Möglichkeiten des § 273 zur Verfügung standen, BGH **75**, 142 und **76**, 178 mwN, KG NJW **79**, 1369, Deubner NJW **77**, 924 u **78**, 355, insofern auch Knöringer NJW **77**, 2337, ferner Wangemann WM **77**, 246; freilich darf das BfgGer nicht gezwungen sein, einen erstinstanzlichen Verstoß gegen § 296 durch § 273 unschädlich zu machen, vgl (zum alten Recht) Köln NJW **73**, 1848. Zum Problem Walchshöfer NJW **76**, 697 mwN.

3) Maßnahmen, II. A. Auflage, Z 1. Zulässig ist eine Auflage zur Ergänzung und Erläuterung schriftsätzlichen Vorbringens und zur Vorlegung von Urkunden sowie eine Erklärungsfrist. Auch die Klärung rechtlicher Gesichtspunkte ist uU ratsam. Daß sich die Partei auf die Urkunde bezogen hat, ist unnötig, BAG DB **76**, 1020 mwN. Urkunden über die Vorbereitung des Prozesses scheiden aus, vgl § 143 Anm 1. Die Beibringung einer Übersetzung einer fremdsprachigen Urkunde ist hier nicht zu verlangen.

Die Auflage ergeht auf eine mündliche Verhandlung oder außerhalb dieser. Denn der Beschluß ist rein prozeßleitend; daß er eine Ausschlußfrist gibt, besagt nicht mehr als eine sonstige Zurückweisungsmöglichkeit. Die bloße Klagschrift kann eine ausreichende Unterlage sein. Bei einer ein- oder zweiseitigen Säumnis ist eine Auflage zulässig; eine Aktenlageentscheidung ist sie nicht, § 251 a Anm 3 A. Zulässig ist sie auch beim AG.

Der Beschluß ist zu verkünden, wenn er ohne mündliche Verhandlung ergeht, der aufklärungspflichtigen Partei zuzustellen, BGH **76**, 238 (ein Zustellungsmangel kann nicht heilen), der anderen formlos mitzuteilen, IV, § 329 II. Die Frist ist eine richterliche. Ihre Berechnung richtet sich nach § 222, ihre Abkürzung und Verlängerung nach § 224. Das Gericht kann sie auf den nächsten Termin begrenzen; dann genügt die Abgabe der Erklärung bis zum Terminsschluß. Dasselbe muß aber auch bei einer kalendermäßigen Befristung genügen, aM BGH **33**, 240. Die Erklärung braucht nicht unbedingt schriftsätzlich zu sein; das Gericht kann aber eine schriftsätzliche Erklärung auch im Parteiprozeß verlangen und verlangt sie stillschweigend im Anwaltsprozeß. Bei Verspätung gilt § 296 I, IV. Es besteht keine Belehrungspflicht, Grunsky JZ **78**, 83 mwN (eine Belehrung ist aber ratsam).

B. Aufklärungsfrist, Z 1 letzter Halbsatz. Die Festsetzung einer solchen Frist ist zulässig, wenn das Gericht bestimmte tatsächliche, nicht rechtliche, Punkte für aufklärungsbedürftig hält, Ffm MDR **79**, 764, Grunsky JZ **78**, 83. Die Punkte müssen streitig sein, wozu aber ein schriftsätzliches Bestreiten bei Säumnis oder bei einem Beschluß außerhalb der mündlichen Verhandlung genügt. Eine Aufrechnung kann nicht unberücksichtigt bleiben, da zu ihrer Geltendmachung auch nicht aufgefordert wird, Z 1 also überhaupt nicht zutrifft, vgl BGH **33**, 236 (zu § 279 aF), zudem durch eine Nichtberücksichtigung die zur Aufrechnung gestellte Forderung aberkannt würde, § 322 II. Die Punkte sind so genau zu bezeichnen, daß eine zulängliche Erklärung möglich ist, vgl Mü MDR **78**, 147, nicht etwa soll die Auflage zu einer Erklärung „auf den Schriftsatz des Klägers vom . . ." auffordern, außer wenn dieser nur einen bestimmten Punkt behandelt. Regelmäßig muß die Auflage alle streitigen Punkte betreffen, die klärungsbedürftig sind.

C. Ersuchen, Z 2. Zulässig ist ferner ein Ersuchen um die Mitteilung von Urkunden oder um eine amtliche Auskunft. Die Übersendungspflicht richtet sich nach § 432, eine amtliche Auskunft nach Üb 5 vor § 373.

D. Anordnung des persönlichen Erscheinens, Z 3. § 141 ist voll anwendbar, auch § 141 I 1, aM Stgt Rpfleger **81**, 372, ferner § 141 I 2, obwohl IV nur § 141 II, III anführt, denn eine Anordnung gemäß § 273 kann keine größeren Pflichten nach sich ziehen als diejenige aus § 141. Es besteht kein Erscheinenszwang; daher ist kein Ordnungsgeld vor einer Einlassung zulässig, Köln JB **76**, 1113, Mü MDR **78**, 147, vgl § 141 Anm 4 B.

E. Ladung von Zeugen und Sachverständigen, Z 4. a) Grundsatz. Die Ladung ist nur möglich, wenn sich eine Partei auf einen Zeugen berufen hat, sei es auch nur zu ihrem Hilfsvortrag, Deubner NJW **77**, 924 (wegen Bfg Deubner NJW **78**, 355). Der Zeuge muß zu einem präzisen und überschaubaren Beweisthema benannt worden sein, BGH **76**, 179. Keineswegs darf oder muß gar eine umfangreiche Beweisaufnahme vorbereitet werden,

Anm 2 A. Der Zeuge muß unbedingt erscheinen; ein Ordnungsmittel ist nur nach seiner ordnungsgemäßen Ladung zulässig, zu der unter anderem eine Mitteilung des Gegenstands der Vernehmung gehört, Celle NJW **77**, 540 mwN, vgl auch Ffm MDR **79**, 236 mwN (zu § 377). Ergeht ein Beweisbeschluß nach Aktenlage, § 251a, so findet eine Vernehmung auch bei Säumnis beider Parteien statt, § 367 I. Eine schriftliche Äußerung, einschließlich einer eidesstattlichen Versicherung nach § 377 II, IV, ist zwar zulässig („insbesondere", II 1), aber im allgemeinen jetzt gemäß § 358a Z 3 zu beurteilen.

§§ 379, 402 sind entsprechend anwendbar, III 2. Eine Beweisanordnung liegt (anders als § 358a) hier noch nicht vor. In eindeutigen Fällen muß dementsprechend auch eine Anordnung der Vernehmung eines auswärtigen Zeugen möglich sein. Eine Auslandsladung findet nicht statt, Köln VersR **75**, 772.

Das Gericht braucht keine Eilmaßnahmen anzuordnen, etwa einen verspätet benannten Zeugen telegrafisch laden zu lassen, Schlesw SchlHA **80**, 161. Es kann durchaus ausreichen, daß das Gericht dem Beweisführer, notfalls telefonisch, anheimgibt, den Zeugen im Termin zu gestellen, zu „sistieren".

b) Widerspruch, III 1. Nur, wenn der Beklagte dem Klagantrag widersprochen hat, soll eine Anordnung gemäß II Z 4 ergehen, dann freilich auch schon zur Vorbereitung eines frühen ersten Termins, KG NJW **80**, 2363. Die Anordnung ist aber auch ohne vorherigen Widerspruch wirksam, ebenso bei einem verspäteten Widerspruch, §§ 275 III, 276 I 1, 2. In jedem Fall kann, nicht muß, das Gericht einen Vorschuß nach freiem Ermessen, § 379 Anm 1 A, fordern und die Ladung von der Zahlung gemäß § 379 abhängig machen, III 2, sd wegen eines Verstoßes gegen die Vorschußanforderung und wegen der Rechtsmittel.

4) Benachrichtigung, IV. Das Gericht hat jede Partei von jeder nicht ihr gegenüber ergangenen Aufklärungsanordnung zeitig formlos zu benachrichtigen, auch wenn das Unterbleiben nach dem Ermessen des Richters eine Partei in der Wahrnehmung ihrer Rechte nicht beeinträchtigt, vgl BVerwG NJW **80**, 900. Eine Beweisaufnahme ohne die Benachrichtigung ist vorbehaltlich einer Heilung, § 295, nicht verwertbar, vgl BVerwG NJW **80**, 900.

5) VwGO: Statt **I** gilt § 87 S 1 u 2 *VwGO. Kraft ausdrücklicher Verweisung, § 87 S 3 VwGO idF VereinfNov, sind **II, III** 1 u **IV** 1 entsprechend anzuwenden (kein Vorschuß gemäß III 2); von der Benachrichtigung, Anm 4, darf grundsätzlich nicht abgesehen werden, jedoch kann das Rügerecht entsprechend § 295 verloren gehen, BVerwG NJW **80**, 900. Statt **IV** 2 gilt § 95 I VwGO für alle Termine nach § 87 VwGO, OVG Hbg NJW **68**, 1349 mwN, OVG Münst LS DÖV **72**, 799 (aber keine Ordnungsmittel bei bloßem Güteversuch, § 279 Anm 4), aM Kopp § 87 Rdz 3: keine Sanktionen bei Nichtbefolgung. Durch Maßnahmen nach § 273 wird der Erlaß eines Gerichtsbescheides, Art 2 § 1 EntlG, nicht ausgeschlossen, OVG Bre AnwBl **82**, 28.*

274 **Ladung. Einlassungsfrist.** **I** Nach der Bestimmung des Termins zur mündlichen Verhandlung ist die Ladung der Parteien durch die Geschäftsstelle zu veranlassen.

II Die Ladung ist dem Beklagten mit der Klageschrift zuzustellen, wenn das Gericht einen frühen ersten Verhandlungstermin bestimmt.

III Zwischen der Zustellung der Klageschrift und dem Termin zur mündlichen Verhandlung muß ein Zeitraum von mindestens zwei Wochen liegen (Einlassungsfrist). In Meß- und Marktsachen beträgt die Einlassungsfrist mindestens vierundzwanzig Stunden. Ist die Zustellung im Ausland vorzunehmen, so hat der Vorsitzende bei der Festsetzung des Termins die Einlassungsfrist zu bestimmen.

1) Allgemeines. Nach dem Eingang der Klageschrift prüft der Vorsitzende zunächst, ob ein früher erster Termin oder ein schriftliches Vorverfahren zu veranlassen ist, § 272 II. Nur im ersten Fall bestimmt er sogleich, § 216 II, einen baldmöglichen Verhandlungstermin, § 272 III, während er beim schriftlichen Vorverfahren gemäß § 276 verfährt; erst nach dessen Abwicklung (bzw Abbruch) erfolgt eine Terminsbestimmung. I bezieht sich auf beide Wege, II auf die Wahl des frühen ersten Termins, III wiederum auf beide Wege.

2) Ladung, I. Die Ladung erfolgt von Amts wegen gegenüber allen Parteien unter Zustellung der Terminsverfügung des Vorsitzenden, § 329 II 2, und unter Wahrung der Ladungsfrist, § 217, durch den Urkundsbeamten der Geschäftsstelle. Er „veranlaßt" nicht die Ladung, sondern bewirkt sie in eigener Verantwortung. Der Urkundsbeamte prüft nicht, ob, sondern wer zu laden ist. Er muß namentlich § 63, Ladung von Streitgenossen, und § 71 III, Zuziehung des Streithelfers, beachten, ferner zB im Abstammungsprozeß den anderen

Elternteil gemäß § 640e benachrichtigen. Der Kläger kann nur beim AG formlos geladen werden, § 497 I; auch dort findet aber eine Zustellung im Falle des § 340a S 1 statt.

Für die Beiladung von Streitgenossen nach § 63 hat die Partei die Unterlagen der Ladung der Geschäftsstelle zu liefern. Ob und welche Belehrung beizufügen ist, ist von Amts wegen nach den infragekommenden Vorschriften zu prüfen. Jede Ladung ist nach Art und Zeitpunkt aktenkundig zu machen. I ist im arbeitsgerichtlichen Verfahren anwendbar, Lorenz BB **77**, 1001.

3) Früher erster Termin, II. Zugleich mit der Klageschrift ist die Ladung nur dann zwingend zuzustellen, wenn das Gericht (der Vorsitzende, § 272 II) statt eines schriftlichen Vorverfahrens einen frühen ersten Termin bestimmt, was auch in der bloßen Terminsbestimmung auf die Vorlage der Klageschrift bei ihm liegt, selbst wenn er zugleich vorbereitende Maßnahmen gemäß § 273 trifft; im Zweifel besteht eine Erkundigungspflicht der Geschäftsstelle, welchen Weg der Vorsitzende gewählt hat. Erst mit der Klagzustellung ist die Klage erhoben, so daß deren Wirkungen eintreten, § 253 Anm 2 A. Vgl im übrigen §§ 271, 275, 276. Nach einem schriftlichen Vorverfahren erfolgt die Ladung, sobald der Termin bestimmt ist. Wegen der Vorwegleistungspflicht, § 65 GKG, s Anh § 271.

4) Einlassungsfrist, III. A. Grundsatz. Einlassungsfrist ist die Frist zwischen der Zustellung der Klagschrift (Klagerhebung) und dem Verhandlungstermin. Sie ist eine Zwischenfrist (Überlegungsfrist) und eine gesetzliche Frist, Üb 3 A vor § 214. Ihre Berechnung richtet sich nach § 222, ihre Abkürzung nach § 224. Sie ist keine Notfrist, darum ist keine Wiedereinsetzung möglich. Bei einem Klagnachtrag ist die Zwischenfrist für Schriftsätze, § 132, einzuhalten. Die Ladungs- und die Einlassungsfrist können an verschiedenen Tagen beginnen. Das ist besonders nach einem schriftlichen Vorverfahren zu beachten. Die Einlassungsfrist ist immer dann zu wahren, wenn eine Klage bzw ein Scheidungsantrag vorliegt. Sie gilt nicht im vorläufigen Verfahren (Arrest bzw einstweilige Verfügung), doch gilt dort die Ladungsfrist, § 217, Lidle GRUR **78**, 93. Im arbeitsgerichtlichen Verfahren gilt § 47 I ArbGG, Lorenz BB **77**, 1001.

B. Dauer. Die Dauer der Einlassungsfrist beträgt grundsätzlich 2 Wochen, III 1, jetzt auch beim AG, § 495, und auch in Wechsel- und Schecksachen, § 604 Anm 2 A, § 605a; in Mess- und Marktsachen, § 30, beträgt sie 24 Stunden, III 2; bei einer Auslandszustellung (nicht in der DDR, Einl III 8 B) ist sie gemäß III 3 festzusetzen; die Festsetzung ist in beglaubigter Abschrift zuzustellen. Für eine öffentliche Zustellung gilt nichts Besonderes; der Zustellungstag bestimmt sich nach § 206.

C. Verstoß. Bei einem Verstoß findet kein Versäumnisverfahren gegen den Bekl statt. Der Kläger darf sich auf die Nichteinhaltung der Frist gegenüber dem verhandlungsbereiten Bekl nicht berufen. Die Versäumnisentscheidung, die zu Unrecht ergeht, ist nur mit dem gegebenen Rechtsbehelf anzufechten; gegen ein zweites Versäumnisurteil ist die Berufung gemäß § 513 II zulässig.

5) VwGO: Es gilt § 102 I iVm § 56 VwGO, die keine besondere Einlassungsfrist vorsehen. Ladungsfrist: § 102 I VwGO.

275

Früher erster Termin. **I** Zur Vorbereitung des frühen ersten Termins zur mündlichen Verhandlung kann der Vorsitzende oder ein von ihm bestimmtes Mitglied des Prozeßgerichts dem Beklagten eine Frist zur schriftlichen Klageerwiderung setzen. Andernfalls ist der Beklagte aufzufordern, etwa vorzubringende Verteidigungsmittel unverzüglich durch den zu bestellenden Rechtsanwalt in einem Schriftsatz dem Gericht mitzuteilen.

II Wird das Verfahren in dem frühen ersten Termin zur mündlichen Verhandlung nicht abgeschlossen, so trifft das Gericht alle Anordnungen, die zur Vorbereitung des Haupttermins noch erforderlich sind.

III Das Gericht setzt in dem Termin eine Frist zur schriftlichen Klageerwiderung, wenn der Beklagte noch nicht oder nicht ausreichend auf die Klage erwidert hat und ihm noch keine Frist nach Absatz 1 Satz 1 gesetzt war.

IV Das Gericht kann dem Kläger in dem Termin oder nach Eingang der Klageerwiderung eine Frist zur schriftlichen Stellungnahme auf die Klageerwiderung setzen.

1) Vorbereitung des frühen ersten Termins, I. Wegen seiner Bedeutung § 272 Anm 2,3. Auch ein früher erster Termin kann also die Bedeutung eines Haupttermines haben, § 272 Anm 2. Vgl auch §§ 271, 273, 274, 358a. Neben diesen zum Teil notwendigen Maßnahmen hat der Vorsitzende zu wählen:

A. Klagerwiderung, I 1. Entweder hat der Vorsitzende eine Frist zur schriftlichen Klagerwiderung zu setzen, § 277 (er gilt auch hier, wie § 277 III ergibt). Der Vorsitzende bzw ein von ihm bestimmtes Mitglied des Kollegiums kann, BGH **86**, 35 (Kramer NJW **77**, 1660: darf nur, wenn der Bekl sich schon zur Verteidigung bereit gezeigt hat), nicht muß dies tun, es besteht also ein pflichtgemäßes Ermessen, vgl KG NJW **80**, 2362. Die Entscheidung erfolgt durch eine prozeßleitende, unanfechtbare Verfügung, die gemäß § 329 II 2 in beglaubigter Abschrift zuzustellen (und dem Kläger evtl formlos mitzuteilen) ist, BGH **76**, 238 (ein Mangel der Zustellung kann nicht heilen) und NJW **81**, 1217 mwN. Der Sinn besteht darin, den Bekl zu zwingen, die ihm unter Beachtung seiner Prozeßförderungspflicht, § 282 I–III, möglichen Verteidigungsmittel so zeitig vorzubringen, daß das Gericht und der Kläger schon vor, spätestens in dem frühen ersten Termin möglichst viel aussondern, abtrennen, entscheiden können, BGH **86**, 35, vgl KG NJW **80**, 2363, LG Aachen MDR **78**, 850. Zumindest soll das Gericht den Haupttermin möglichst umfassend vorbereiten können, BGH **86**, 35.

Die Frist beträgt mindestens 2 Wochen seit der Zustellung, § 277 III, sie ist im übrigen so zu bemessen, daß der Bekl vernünftigerweise die Klage prüfen, etwa erste Ermittlungen anstellen, eine Erwiderung formulieren, sie mit dem ProzBev besprechen, überdenken und absenden kann; er muß wegen §§ 282, 296 zu einer umfassenden Antwort Zeit haben, vgl Hamm MDR **83**, 63. Im Anwaltsprozeß darf und sollte der Vorsitzende einen normalen Kanzleibetrieb des Anwalts berücksichtigen, aber keine Verzögerungs- oder Störversuche durchgehen lassen, Mü MDR **80**, 148. Der Fristablauf muß spätestens am Tag des frühen ersten Termins liegen, der dann freilich die 2-Wochen-Frist des § 277 III wahren muß; jedoch ist wegen § 283 jedenfalls im AnwProz eine Frist von mindestens etwa 2 Wochen vor dem frühen ersten Termin sinnvoll, so daß infolge der Frist der frühe erste Termin uU erst nach 6 bis 8 Wochen möglich ist, was dann trotz § 272 III zulässig ist. Eine Unklarheit bei der Fristbemessung führt zur Unanwendbarkeit von § 296 I, BVerfG **60**, 6.

Eine übermäßig lange Klagerwiderungsfrist ist auch im Fall der Überlastung unzulässig, § 216 Anm 2 A b bb, und als Ablehnung einer Terminsbestimmung anfechtbar, § 216 Anm 2 E.

Es besteht eine Belehrungspflicht gemäß § 277 II; nur bei ihrer Beachtung kann bei einem Fristversäumnis § 296 I angewendet werden, Düss NJW **78**, 2204. Die Frist muß die Aufforderung zu einer schriftlichen Erwiderung enthalten.

Nicht notwendig ist es, zu mehr als zu einer schriftlichen „Klagerwiderung" aufzufordern. Der Vorsitzende kann sich auf Anordnungen nach § 273 beschränken, Karlsr NJW **83**, 403; eine Aufforderung wegen bestimmter Einzelpunkte ist im allgemeinen als eine solche gemäß § 273 II Z 1 Hs 2 zu werten, freilich auch im Rahmen von I 1 zulässig. Auch beim AG erfolgt die Fristsetzung zweckmäßig schon bei der Klagzustellung, Kramer NJW **77**, 1660. In Ehesachen gilt § 611 II. Wegen des arbeitsgerichtlichen Verfahrens BAG DB **80**, 2399, Grunsky JZ **78**, 82 mwN. Der Inhalt der Klagerwiderung richtet sich nach § 277 I.

Das Gericht braucht keineswegs die Art und Weise der beabsichtigten Prozeßförderung den Parteien in jeder Einzelheit zu verdeutlichen, BGH **86**, 39.

B. Mitteilung der Verteidigungsmittel, I 2. Oder der Vorsitzende fordert mangels einer Frist nach I 1 zu einer unverzüglichen Mitteilung der etwaigen Verteidigungsmittel auf, im AnwProz durch einen beim Prozeßgericht zugelassenen Anwalt. Das Verfahren läuft wie bei A ab, jedoch erfolgt mangels einer Frist, die hier nicht zulässig ist, eine formlose Mitteilung, § 329 II 1. Ein Schriftsatzzwang besteht nur im AnwProz, sonst kann die Erklärung zu Protokoll jeder Geschäftsstelle abgegeben werden, §§ 496, 129a. Es besteht eine Pflicht zur Aufforderung; ihr Unterlassen kann (nicht muß) eine Zulassung gemäß § 296 I oder die Gewährung einer Nachfrist gemäß § 283 notwendig machen. Hier besteht keine Belehrungspflicht über die Folgen einer etwaigen Versäumnis, da weder § 276 II noch § 277 III anwendbar sind.

2) Vorbereitung des Haupttermins, II. Reicht der frühe erste Termin nicht aus, so muß das Gericht alle Anordnungen zur Vorbereitung des Haupttermins treffen. Der frühe erste Termin ist ein vollwertiger Termin zur mündlichen Verhandlung, § 272 Anm 2, BGH **86**, 36 mwN, Karlsr NJW **83**, 403. Sein Ablauf richtet sich nach § 278 Anm 1 B : Auch hier ist eine ganz kurze Einführung entsprechend § 278 I ratsam, aber nicht strikt vorgeschrieben.

Der frühe erste Termin soll ein Versäumnis-, Anerkenntnis-, Verzichtsurteil, einen Prozeßvergleich, ein streitiges Endurteil in einfachen Sachen, zumindest die Eingrenzung des entscheidungserheblichen Stoffs ermöglichen. Ist dennoch keine Entscheidungsreife erzielbar, so sind zB Auflagen nebst einer Frist gemäß § 273 II Z 1, eine Frist zur Klagerwiderung gemäß III oder zur Stellungnahme darauf gemäß IV, ein Beweisbeschluß ratsam.

Was notwendig ist, entscheidet die Gesamtlage, wobei auch jetzt schon eine gewisse rechtliche Erörterung entsprechend dem freilich nicht direkt anwendbaren § 278 III, wohl aber wegen § 139, notwendig sein kann. Dabei ist der neue Termin möglichst bald anzuberaumen, § 272 III. Fristen sind wie sonst zulässig, zB gemäß §§ 356, 379.

3) Klagerwiderung, III. Wenn der Beklagte bis zum frühen ersten Termin nicht (oder nicht ausreichend) erwidert hat, kann sein weiteres Vorbringen bereits im frühen ersten Termin als verspätet zurückzuweisen sein, falls ihm eine Frist gemäß I 1 gesetzt worden war, § 296 I, BGH NJW **83**, 576 mwN. Saarbr MDR **79**, 1030. Sonst muß, nicht bloß kann oder soll, das Gericht im frühen ersten Termin, spätestens unverzüglich danach, dem Bekl nunmehr eine Frist zur Klagerwiderung, vgl Anm 1 A, setzen, die unter Beachtung der Mindestfrist von 2 Wochen seit der Verkündung bzw Zustellung, § 277 III, im übrigen freilich anders als diejenige vor dem frühen ersten Termin zu berechnen sein kann, weil es dem Bekl auf Grund des frühen ersten Termins im allgemeinen eher und schneller möglich sein wird, seine Erwiderung zu formulieren. Vgl im übrigen § 224. Zum Inhalt der Aufforderung § 277 I.

Wegen einer übermäßig langen Frist § 275 Anm 1 A.

Es besteht eine Belehrungspflicht gemäß § 277 II; nur dann, wenn die Belehrung ordnungsgemäß erfolgte, kann bei einer Fristversäumnis § 296 I angewendet werden; ggf gilt § 283. In Ehesachen gilt § 611 II. Wegen des arbeitsgerichtlichen Verfahrens BAG DB **80**, 2399. Das Gericht braucht keineswegs die Art und Weise der beabsichtigten Prozeßförderung den Parteien in jeder Einzelheit zu verdeutlichen, BGH **86**, 39.

4) Stellungnahme des Klägers, IV. Diese sog Replik ist nach freiem, nicht nachprüfbarem Ermessen des Gerichts, hier also (anders als bei § 276 III) nicht nur des Vorsitzenden oder des Berichterstatters, Ffm MDR **79**, 764, entweder nach dem Eingang der Klagerwiderung vor oder nach dem frühen ersten Termin oder im frühen ersten Termin anzufordern. Sie ist mit einer richterlichen Frist zu verbinden, die unter Beachtung der Mindestfrist von 2 Wochen seit der Verkündung oder Zustellung, § 277 IV, III, im übrigen nach den Gesamtumständen zu bemessen ist und eine ausreichende Überlegung ermöglichen muß, jedoch meist kürzer als die Frist zur Klagerwiderung sein kann (Ausnahmen bestehen, wenn der Bekl dort eine umfangreiche Aufrechnung, eine komplizierte Gegenberechnung, längere Rechtsausführungen usw vorgenommen hat). Vgl im übrigen § 224. Bei einer Fristversäumnis gilt § 296 I, ggf § 283.

Zum Verfahren vgl im übrigen Anm 1 A. Die Anordnung der Frist muß durch das gesamte Gericht erfolgen und muß zugestellt werden, Ffm MDR **79**, 764. In Ehesachen gilt § 611 II.

Eine übermäßig lange Frist ist auch im Fall der Überlastung unzulässig, vgl § 216 Anm 1 A b bb, und als Ablehnung einer Terminbestimmung anfechtbar, § 216 Anm 2 E.

Hier besteht keine Belehrungspflicht, da § 277 IV nicht auf dessen II verweist und da § 276 II nur im schriftlichen Vorverfahren anwendbar ist; es handelt sich insofern auch nicht etwa um ein bloßes Redaktionsversehen, § 277 Anm 5. Zum Inhalt der Aufforderung § 277 IV iVm I.

276 *Schriftliches Vorverfahren.* **I** Bestimmt der Vorsitzende keinen frühen ersten Termin zur mündlichen Verhandlung, so fordert er den Beklagten mit der Zustellung der Klage auf, wenn er sich gegen die Klage verteidigen wolle, dies binnen einer Notfrist von zwei Wochen nach Zustellung der Klageschrift dem Gericht schriftlich anzuzeigen; der Kläger ist von der Aufforderung zu unterrichten. Zugleich ist dem Beklagten eine Frist von mindestens zwei weiteren Wochen zur schriftlichen Klageerwiderung zu setzen. Ist die Zustellung der Klage im Ausland vorzunehmen, so bestimmt der Vorsitzende die Frist nach Satz 1.

II Mit der Aufforderung ist der Beklagte über die Folgen einer Versäumung der ihm nach Absatz 1 Satz 1 gesetzten Frist sowie darüber zu belehren, daß er die Erklärung, der Klage entgegentreten zu wollen, nur durch den zu bestellenden Rechtsanwalt abgeben kann.

1. Titel. Verfahren bis zum Urteil **§ 276** 1–3

III Der Vorsitzende kann dem Kläger eine Frist zur schriftlichen Stellungnahme auf die Klageerwiderung setzen.

1) Allgemeines. Zur Wahl des Verfahrens (früher erster Termin oder schriftliches Vorverfahren) § 272 Anm 3 B. Ein Abbruch des schriftlichen Vorverfahrens ist jederzeit zulässig, insofern auch Brühl FamRZ **78**, 551, jedoch ist die gesetzliche Mindestfrist zu wahren. Auch nach einer planmäßigen Beendigung des Vorverfahrens erfolgt unverzüglich eine Terminsbestimmung, §§ 216 II, 272 III. In Ehesachen gilt § 611 II, es gibt also kein schriftliches Vorverfahren, wohl aber evtl Anordnungen gemäß § 273. Im arbeitsgerichtlichen Verfahren gibt es kein schriftliches Vorverfahren, § 46 II ArbGG, Lorenz BB **77**, 1001, Philippsen pp NJW **77**, 1134.

2) Anzeige der Verteidigungsabsicht, I 1. A. Grundsatz. Es ist die Pflicht des Vorsitzenden, sogleich nach dem Klageingang und der Wahl des Verfahrens den Bekl zugleich mit der Klagzustellung zur Anzeige einer etwaigen Verteidigungsabsicht aufzufordern. Die Aufforderung ist notfalls unverzüglich nachzuholen. Außerdem erfolgen zahlreiche weitere Aufforderungen und Belehrungen, die wegen ihrer zum Teil erheblichen prozessualen Auswirkungen äußerste Sorgfalt erfordern und jedenfalls an diesem Punkt zum genauen Gegenteil einer Vereinfachung geführt haben.

B. Inhalt der gerichtlichen Aufforderung. Der Inhalt der Aufforderung gemäß I 1 ist davon abhängig, ob ein Anw- oder ein ParteiProz vorliegt. Stets ist der Bekl aufzufordern, eine etwaige Verteidigungsabsicht dem Gericht binnen einer Notfrist anzuzeigen. Im AnwProz wird er zusätzlich darauf hingewiesen, daß dies nur durch einen beim Gericht zugelassenen RA schriftlich wirksam erfolgen kann, II iVm § 271 II, im ParteiProz wird er darauf hingewiesen, daß die Verteidigungsanzeige schriftlich oder zu Protokoll jeder Geschäftsstelle erfolgen kann, §§ 496, 129a (§ 496 erfaßt nur eine Erklärung, die zugestellt werden soll, meint aber hier mit der Zustellung nur den Übermittlungsweg über das Gericht im Gegensatz zur Übermittlung von Partei zu Partei, erfaßt daher auch eine vom Gericht dem Kläger formlos mitzuteilende Anzeige der Verteidigungsabsicht). Dabei ist der weitere Hinweis ratsam, nicht notwendig, daß bei einer Erklärung zu Protokoll eines auswärtigen Gerichts erst der Erklärungseingang beim ProzGer maßgeblich ist, § 129 a II 2.

C. Frist; weiteres Verfahren. Die Notfrist beträgt bei einer Inlandszustellung zwingend 2 Wochen seit der Klagzustellung, I 1, Putzo AnwBl **77**, 432, bei einer Auslandszustellung nach dem pflichtgemäßem Ermessen des Vorsitzenden, I 3, unter Umständen 6 bis 8 Monate je nach der voraussichtlichen Laufzeit der vorgeschriebenen Zustellungsart, aM Bergerfurth JZ **78**, 299; vgl auch § 274 Anm 4 B. Der Kläger erhält von der Aufforderung eine formlose Mitteilung, dem Bekl wird die Aufforderung (Verfügung oder Beschluß) gemäß § 329 II 2 zugestellt. Zugleich mit der Aufforderung nach I 1 ist eine Belehrung gemäß II erforderlich, Anm 4. Ferner ist zugleich eine Aufforderung gemäß § 271 III sowie eine Fristsetzung gemäß I 2 nebst Belehrung gemäß § 277 II (im Parteiprozeß nach Maßgabe des § 496) notwendig. Schließlich ist evtl eine Frist gemäß § 273 II Z 1 Hs 2 notwendig.

D. Verstoß. Ein Verstoß gegen diese Pflichten kann zur Entschuldigung gemäß § 296 I führen, Bischof NJW **77**, 1899, und die Notwendigkeit einer Nachfrist, § 283, auslösen. Bei einer Nichteinhaltung der Notfrist im AnwProz gilt wegen der Unmöglichkeit, nun rechtzeitig einen Anwalt zu bestellen, folgendes: bis zur Zustellung eines schriftlichen Versäumnisurteils vgl § 331 Anm 4 B b, danach gilt § 337, Franzki DRiZ **77**, 163 und NJW **79**, 10, ähnlich Bergerfurth JZ **78**, 299, Dittmar AnwBl **79**, 167, Klinge AnwBl **77**, 396, Kramer ZZP **91**, 77, Schneider JB **77**, 1314, Unnützer NJW **78**, 986, abw Rastätter NJW **78**, 96 (liest I 1 als einfache Frist, offenbar zustm Brühl FamRZ **78**, 552).

3) Klagerwiderung, I 2. A. Grundsatz. Es ist ebenfalls die Pflicht des Vorsitzenden, sogleich mit einer Aufforderung nach I 1 dem Bekl eine Frist zur Klagerwiderung zu setzen, natürlich nur für den Fall, daß dieser sich überhaupt verteidigen wolle, Düss NJW **81**, 2264 (abl Deubner). Verfahren wie Anm 2. Hier handelt es sich nicht um eine Notfrist, sondern um eine gewöhnliche richterliche Frist, §§ 221 ff; ein Mangel der Zustellung kann jedoch nicht heilen, BGH **76**, 238. Der Vorsitzende oder der sonst zuständige Richter müssen die Fristverfügung mit dem vollen Namen und nicht nur einem Handzeichen (sog Paraphe) unterzeichnen, § 329 Anm 1 A c, B. Eine Unterzeichnung „auf Anordnung" durch einen Justizangestellten reicht also nicht aus, BGH JZ **81**, 351. Der Urkundsbeamte der Geschäftsstelle muß dem Bekl eine beglaubigte Abschrift dieser Verfügung förmlich zustellen, BGH JZ **81**, 351 mwN.

B. Frist; weiteres Verfahren. Die Frist beträgt mindestens (und nicht etwa in der Regel, so richtig Leipold ZZP **93**, 248) 2 Wochen seit dem Ablauf der Anzeigefrist des I 1 („weitere" Wochen). Vgl zur Fristbemessung § 275 Anm 1 A. Im Anwaltsprozeß darf und sollte der Vorsitzende einen normalen Kanzleibetrieb des Anwalts berücksichtigen, aber keine Verzögerungs- oder Störversuche durchgehen lassen, Mü MDR **80**, 148. Der Bekl hat also bei einer Inlandszustellung zur Klagerwiderung insgesamt mindestens 4 Wochen seit der Klagzustellung Zeit, auch im ParteiProz, so daß der Haupttermin auch bei einer einfachen Sache, für die das schriftliche Vorverfahren nach Ansicht des Gesetzgebers gerade uU besonders geeignet sei (BR-Drs 551/74), frühestens etwa 6 bis 8 Wochen nach dem Klageingang zulässig ist und selbst ein Versäumnis- oder Anerkenntnisurteil gemäß §§ 307 II, 331 III erst nach frühestens etwa 4 Wochen ergehen kann.

Eine übermäßig lange Klagerwiderungsfrist ist auch im Fall der Überlastung unzulässig, § 216 Anm 2 A b bb, und als Ablehnung einer Terminsbestimmung anfechtbar, § 216 Anm 2 E.

Nach einer Klagänderung ist grundsätzlich eine neue, ausreichende Klagerwiderungsfrist zu bestimmen, Düss MDR **80**, 943.

Ein Hinweis auf den notwendigen Inhalt der Klagerwiderung, § 277 I, ist nicht notwendig, oft aber ratsam. Eine Belehrung über die Folgen einer Versäumung der Klagerwiderungsfrist ist nicht erforderlich, Anm 4 B c. Stets ist jedoch eine Belehrung gemäß § 277 II notwendig, im ParteiProz also ohne einen Hinweis auf einen Anwaltszwang, §§ 495, 78.

C. Verstoß. Es gilt dasselbe wie bei Anm 2 D.

4) Belehrung, II. A. Grundsatz. Die Belehrung erfolgt durch eine Verfügung des Vorsitzenden, die zugleich mit der Aufforderung gemäß I 1 und damit praktisch in derselben Form zuzustellen ist, Anm 2, und dem Kläger nicht notwendig mitgeteilt werden muß. Ein Verstoß nur bei der Belehrung beeinträchtigt zwar die Wirksamkeit der Notfrist des I 1 nicht, begründet aber evtl eine Wiedereinsetzung, § 233, zumal dort keine gesteigerten Sorgfaltsanforderungen mehr bestehen.

B. Inhalt. Der Inhalt der Belehrung besteht aus folgenden Teilen:

a) Schriftliche Entscheidung. Stets erfolgt die Belehrung, daß bei einer Fristversäumnis auf Antrag des Klägers eine Entscheidung ohne mündliche Verhandlung erfolgen könne (ein Hinweis auf § 331 III ist nicht notwendig, der Gebrauch des Wortes „Versäumnisurteil" ist nicht ratsam, da evtl eine andere Entscheidung notwendig wird und das Gericht sich durch das Wort „Versäumnisurteil" vorzeitig festlegen würde, was auch die Gefahr einer Ablehnung herbeiführen könnte). Ebensowenig ist ein Hinweis notwendig, daß eine Entscheidung auch in einer Nicht-Feriensache während der Gerichtsferien möglich sei, § 331 Anm 4, falls die Verteidigungsanzeige nicht bis zur Übergabe der Entscheidung an die GeschSt eingehe. Auch eine Belehrung ist notwendig, obwohl sie die Wirkung der Fristversäumnis wieder erheblich abschwächt; denn der Bekl muß „über die (dh: alle!) Folgen einer Versäumung..." belehrt werden, und dazu gehört eben auch der Hinweis, daß eine verspätete Anzeige unschädlich sein kann. Ein Beispiel für eine Belehrung formuliert Rekken DRiZ **80**, 337.

b) Anwaltszwang. Im Anwaltsprozeß erfolgt außerdem eine Belehrung, daß die Anzeige nach II 1 nur durch einen beim Gericht zugelassenen RA wirksam abgegeben werden könne, § 271 II; dabei ist § 78 I 2 Z 1–3 zu beachten. Im Parteiprozeß erfolgt kein Hinweis auf einen Anwaltszwang, §§ 495, 78.

c) Weitere Belehrung. Unabhängig von II sind etwaige weitere notwendige Belehrungen zu beachten, § 277 II.

Eine Belehrung über die Folgen einer Versäumung der Klagerwiderungsfrist ist nicht nach II (sondern nach § 277 II Hs 2) erforderlich. Denn II verweist nur auf I 1, nicht auf I 2. Eine etwaige, unrichtige Belehrung kann zu einer Entschuldigung wegen einer Fristversäumung ausreichen.

B. Mittellosigkeit des Beklagten. Der mittellose Bekl kann die Notfrist des I 1 oft nicht einhalten, weil ihm eine Prozeßkostenhilfe noch nicht bewilligt worden ist. Er muß trotzdem mit einer Versäumnisentscheidung rechnen; der Gesetzgeber hat die diesbezügliche Kritik des BR (Drs 551/74 – Beschl –) nicht aufgegriffen, so daß der Bekl evtl eine Wiedereinsetzung beantragen muß, Anm 2 aE, die er freilich im allgemeinen in solchem Fall ohne weiteres erhalten wird. Deshalb ist es evtl ratsam, auch auf diese Folge hinzuweisen; es besteht jedoch keine diesbezügliche Belehrungspflicht.

5) Stellungnahme des Klägers, III. Zur sog Replik kann, nicht muß, der Vorsitzende und nicht, wie bei § 275 IV, das gesamte Gericht, dem Kläger eine Frist setzen, deren Versäum-

1. Titel. Verfahren bis zum Urteil §§ 276, 277 1, 2

nis grundsätzlich eine Zurückweisung zur Folge hat, § 296 I. Ob eine solche Frist zu setzen ist, ist nach pflichtgemäßem Ermessen unter Berücksichtigung von §§ 272 I, 273 zu entscheiden. Die Klagerwiderung muß bereits eingegangen sein, BGH **76**, 238. Es ergeht eine Verfügung oder ein Beschluß, der dem Kläger gemäß § 329 II 2 zuzustellen, BGH **76**, 238, dem Bekl (nicht notwendig) formlos mitzuteilen ist. Verstoß wie Anm 2.

Eine schriftliche Stellungnahme kann nur im AnwProz verlangt werden, sonst kann die Stellungnahme auch zum Protokoll des Urkundsbeamten der Geschäftsstelle jedes AG abgegeben werden, §§ 496, 129a, vgl auch Anm 2. Es reicht aus, den Kläger „zur Stellungnahme auf die Klagerwiderung" aufzufordern, also ist eine Nennung einzelner Punkte hier nicht erforderlich; falls auf letzteres Wert gelegt wird, gilt § 273 II Z 1; ein Fristversäumnis ist auch dagegen nach § 296 I schädlich. Es besteht keine Belehrungspflicht, § 277 Anm 5.

277 *Klageerwiderung. Stellungnahme zu ihr.* [I] In der Klageerwiderung hat der Beklagte seine Verteidigungsmittel vorzubringen, soweit es nach der Prozeßlage einer sorgfältigen und auf Förderung des Verfahrens bedachten Prozeßführung entspricht.

[II] Der Beklagte ist darüber, daß die Klageerwiderung durch den zu bestellenden Rechtsanwalt bei Gericht einzureichen ist, und über die Folgen einer Fristversäumung zu belehren.

[III] Die Frist zur schriftlichen Klageerwiderung nach § 275 Abs. 1 Satz 1, Abs. 3 beträgt mindestens zwei Wochen.

[IV] Für die schriftliche Stellungnahme auf die Klageerwiderung gelten die Absätze 1 und 3 entsprechend.

1) Allgemeines. Die durch die Vereinfachungsnovelle erheblich verstärkte Prozeßförderungspflicht der Parteien, Grdz 2 E vor § 128, § 282 Anm 1, das Gegenstück zur Förderungspflicht des Gerichts, §§ 272 I, 273 I usw, abgesichert durch die weitgehende Pflicht des Gerichts zur Zurückweisung verspäteten Vorbringens, § 296 I–II, zwingt jetzt den Bekl, alsbald nach Erhalt der Klagschrift wegen des nun einmal entstandenen Prozeßrechtsverhältnisses auch im wohlverstandenen eigenen Interesse zu prüfen, ob und wie er sich verteidigen will. Das Gericht kann ihn zwar weder im AnwProz noch sonst, weder bei einem frühen ersten Termin noch bei einem schriftlichen Vorverfahren zwingen, sich zu melden oder gar Anträge zu stellen oder auch nur an einer Erörterung teilzunehmen; eine Anordnung des persönlichen Erscheinens führt nur zu den Folgen der §§ 141 III, 613 II.

Das Gericht kann aber sowohl gemäß § 273 II Z 1 eine Ergänzung, Erläuterung, Erklärung über bestimmte Einzelpunkte fordern als auch stattdessen oder außerdem eine Frist setzen, binnen der eine etwaige Klagerwiderung beim Gericht ordnungsgemäß einzureichen ist. Bei Fristversäumnis muß das Gericht den Vortrag grundsätzlich gem § 296 zurückweisen. Die Klagerwiderung ist also keine Rechtspflicht, sondern eine Obliegenheit, deren Verletzung erhebliche Rechtsnachteile bedeuten kann.

Den notwendigen Inhalt einer ordnungsgemäßen Klagerwiderung bestimmt I, die Form richtet sich im AnwProz nach II, §§ 129ff, sonst gilt § 496, die jeweilige Frist richtet sich vor einem frühen ersten Termin sowie in oder nach ihm nach III in Verbindung mit § 275 I 1, III, im schriftlichen Vorverfahren nach § 276 I 2, 3. Darüberhinaus kann, nicht muß, das Gericht den Kläger zu einer Stellungnahme auf eine etwaige Klagerwiderung, zur sog Replik, auffordern, nicht zwingen. Ihr notwendiger Inhalt ergibt sich aus IV iVm I, die Form im AnwProz aus §§ 129ff, sonst aus § 496, die jeweilige Frist aus IV; auch sie ist eine Obliegenheit, deren Verletzung zur Zurückweisung gemäß § 296 führen kann.

Es darf also auch beim Amtsrichter keineswegs mehr stets bis zum ersten Verhandlungstermin mit dem Vortrag oder doch der Stellungnahme zum gegnerischen Vorbringen gewartet werden. Unabhängig von einer Frist können beide Parteien zur Mitteilung gem § 282 II verpflichtet sein. Dies alles ist im arbeitsgerichtlichen Verfahren unanwendbar, Lorenz BB **77**, 1001, aM Grunsky JZ **78**, 82.

2) Inhalt der Klagerwiderung, I. In der Klagerwiderung ist alles mitzuteilen, was zur Zeit notwendig ist, damit der Kläger sich auf die Verteidigung des Bekl einrichten und notfalls noch einmal umfassend antworten kann und damit das Gericht den Verhandlungstermin ebenfalls umfassend vorbereiten kann, BVerfG **54**, 126. Vgl § 282 Anm 3 A, B. Eine rechtzeitige, aber inhaltlich mangelhafte Erwiderung kann ebenfalls eine Zurückweisung wegen Verspätung auslösen. Dies gilt auch für die Replik, IV.

Die Verteidigungsanzeige ist nur dann beachtlich, wenn sie einen Verteidigungswillen ohne prozessual unzulässige Bedingungen ergibt. Eine Anzeige einer „Verteidigungsabsicht für den Fall, daß eingeleitete Vergleichsverhandlungen scheitern" würde die gesetzliche Frist unterlaufen; in einem solchen Fall liegt keine wirksame Verteidigungsanzeige vor, und das Gericht darf und muß evtl gemäß § 331 III entscheiden und braucht jedenfalls dann keine Berichtigung der Anzeige anzuregen, wenn sie von einer anwaltlich vertretenen Partei eingereicht worden ist.

3) Belehrung, II. Vgl zunächst Anm 1. Sie erfolgt auch nach einer Anwaltsbestellung, Hamm MDR **81**, 764 mwN, aM ThP 1. Beim AG erfolgt eine Belehrung über einen Anwaltszwang nur in den Fällen § 78 I 2 Z 1–3. Die Belehrung muß sich auch auf die Folgen einer Versäumung der Klagerwiderungsfrist erstrecken. Sie muß diese ganz klarstellen, BGH **86**, 225. Bei einem Verstoß gegen eine vorgeschriebene Belehrung ist evtl keine Zurückweisung gem § 296 zulässig, BGH **86**, 225, Düss NJW **78**, 2204, Bischof NJW **77**, 1899, und im übrigen evtl § 283 anwendbar.

4) Erwiderungsfrist, III. Die vom Gesetz erwähnte Frist von 2 Wochen seit der Verkündung oder Zustellung der Fristverfügung ist nur die gesetzliche Mindestfrist. Eine Abkürzung gem §§ 224ff unter sie unzulässig und unwirksam. Zur Fristbemessung im übrigen § 275 Anm 1 A. Im Anwaltsprozeß darf und sollte der Vorsitzende einen normalen Kanzleibetrieb des Anwalts berücksichtigen, aber keine Verzögerungs- oder Störversuche durchgehen lassen, Mü MDR **80**, 148. Zum Rechtsbehelf und zu den weiteren Einzelheiten der Frist §§ 221ff.

Wegen einer übermäßig langen Frist § 276 Anm 3 B.

5) Stellungnahme (Replik), IV. Vgl zunächst Anm 1. Es besteht keine Belehrungspflicht, da IV nicht auf II verweist und § 276 II nicht auf dessen I 2 Bezug nimmt. Es handelt sich auch nicht etwa um ein Redaktionsversehen des Gesetzgebers; die Fassung der Bundesregierung („Abs. 1 bis 3 entsprechend") wurde vom BR (BR-Drs 551/74 – Beschl) bewußt zur jetzigen Fassung abgeändert. Die dortige Begründung, eine Belehrung sei unnötig, da der Kläger bereits durch einen Anwalt vertreten sei usw, ist zwar für den ParteiProz nicht ausreichend; angesichts des klaren Gesetzeswortlauts und dieser Entstehungsgeschichte ist aber kein Raum zu einer Auslegung dahin möglich, daß eine Belehrungspflicht bestehe. So jetzt auch Bischof NJW **77**, 1899. Freilich ist dadurch eine gesetzliche Inkonsequenz entstanden, da einige andere gemäß § 296 I erhebliche Fristen einer Belehrungspflicht unterliegen, um ordnungsgemäß zu entstehen; dies muß aber hingenommen werden.

Allerdings kann bei einem unterlassenen oder mangelhaften Hinweis auf Folgen der Fristversäumnis eine Verspätung gem § 296 I entschuldigt sein, vgl BGH **86**, 225.

Wegen einer übermäßig langen Frist vgl § 276 Anm 3 B.

278 Haupttermin. Rechtliche Erörterung.

[I] Im Haupttermin führt das Gericht in den Sach- und Streitstand ein. Die erschienenen Parteien sollen hierzu persönlich gehört werden.

[II] Der streitigen Verhandlung soll die Beweisaufnahme unmittelbar folgen. Im Anschluß an die Beweisaufnahme ist der Sach- und Streitstand erneut mit den Parteien zu erörtern.

[III] Auf einen rechtlichen Gesichtspunkt, den eine Partei erkennbar übersehen oder für unerheblich gehalten hat, darf das Gericht, soweit nicht nur eine Nebenforderung betroffen ist, seine Entscheidung nur stützen, wenn es Gelegenheit zur Äußerung dazu gegeben hat.

[IV] Ein erforderlicher neuer Termin ist möglichst kurzfristig anzuberaumen.

Schrifttum: Helbig, Das Verbot von Überraschungsentscheidungen nach § 278 III ZPO, 1979; Hensen, Das Rechtsgespräch im Zivilprozeß, Festgabe für Reimers (1979) 167; Scheuerle, Vierzehn Tugenden für vorsitzende Richter, 1983; Stürner, Die richterliche Aufklärungspflicht im Zivilprozeß, 1982 (Bespr de Lousanoff NJW **83**, 864, Meyer-Stolte Rpfleger **83**, 89).

1) Haupttermin, I. A. Grundsatz. Zum Begriff § 272 Anm 2, vgl ferner zunächst dort Anm 1. Das Gesetz verpflichtet das Gericht und alle Beteiligten, den Haupttermin als Zentrum des Prozesses in einem für alle Verfahrensbeteiligten und Interessierten klar verständlichen Ablauf und weder hektisch noch sonst irgendwie strapaziös, sondern ruhig und

1. Titel. Verfahren bis zum Urteil § 278 1–4

sachlich zu gestalten. Zur Sitzungsgewalt § 176 GVG, zur Öffentlichkeit §§ 169ff GVG, zur Prozeßleitung § 136.

B. Verhandlungsablauf. Zunächst erfolgt der Aufruf. Es folgt die Feststellung, wer anwesend ist. Sodann wird die Sitzordnung geklärt. Dann wird geklärt, ob öffentlich oder nichtöffentlich zu verhandeln ist. Es folgt die Einführung in den Sach- und Streitstand, I 1, soweit sie zur Zulässigkeit der Klage gehört; sodann erfolgen etwa notwendige Hinweise zB gem § 504 und die Aufnahme etwaiger Zulässigkeitsrügen, über die evtl zu entscheiden ist. Danach folgt die Einführung in den Sach- und Streitstand, I 1, soweit diese zur Frage der Klagbegründetheit gehört. Daran schließt sich die Anhörung der Parteien hierzu an. Es folgt eine etwaige Erörterung vor einer Antragstellung. Nun beginnt die eigentliche streitige Verhandlung durch die Antragstellung, § 137 I, Baur ZZP **91**, 329, Bischof NJW **77**, 1900, RoS § 107 III 4, aM Grunsky JZ **77**, 203, Putzo AnwBl **77**, 433 (die Antragstellung sei grundsätzlich schon vor der Einführung in den Sach- und Streitstand notwendig), nebst der Parteianhörung, § 137 IV. Daran schließt sich die streitige Verhandlung in Rede und Gegenrede an, § 137 II.

Nun ergeht der etwa notwendige besondere Beweisbeschluß usw, oder es wird eine Vertagung angeordnet, IV; sonst folgt unmittelbar die Beweisaufnahme, II 1. Erst jetzt müssen Zeugen bis zu ihrer Vernehmung den Raum verlassen; der Vorsitzende sollte sie freilich schon vor der Einführung in den Sach- und Streitstand darum bitten, ohne sie dazu nötigen zu dürfen.

Nach der Beweisaufnahme folgt eine erneute Erörterung des Sach- und Streitstands mit den Parteien, II 2. Daran schließen sich abschließende Entscheidungen an, wenn möglich wird zugleich die Verhandlung geschlossen, § 136 IV. Es folgt die Beratung und die Verkündung der Entscheidung.

Im arbeitsgerichtlichen Verfahren gelten §§ 46 II, 54 ArbGG.

2) Einführung in den Sach- und Streitstand, I 1. A. Grundsatz. Es handelt sich um eine von einem verständigen Gericht seit jeher vorgenommene Maßnahme zur besseren Verständlichkeit, Beschleunigung und Herausarbeitung des tatsächlich oder rechtlich Erörterungsbedürftigen und zur Verbesserung des Prozeßklimas, vgl Schneider DRiZ **80**, 221, Weber DRiZ **78**, 168, was Bettermann ZZP **91**, 372 (I 1 sei „Unfug") nicht mitbedenkt. Die Einführung erfolgt durch den Vorsitzenden oder ein von ihm zu bestimmendes Mitglied des Kollegiums, in der Regel den Berichterstatter. Ein schriftliches Votum ist nicht notwendig, oft jedoch ratsam. Keineswegs kann die Partei oder gar ihr ProzBev zunächst einen umfassenden Bericht fordern oder gar die Einlassung vorher verweigern. Letzteres wäre evtl Säumnis.

I 1 will den Parteien und ihren ProzBev keineswegs das Denken und die insbesondere gem §§ 277, 282 gebotene gründliche Vorbereitung auf den Haupttermin abnehmen. In einer einfachen, offenbar für alle Prozeßbeteiligten übersehbaren Sache ist überhaupt keine Einführung notwendig.

B. Einzelfragen. Der Umfang der Einführung von sämtlichen zur Verständlichkeit des Sach- und Streitstands maßgeblichen Gesichtspunkten abhängig, zB von der Schwierigkeit der Rechtslage, von dem Aktenumfang, davon, ob Maßnahmen gemäß §§ 273, 358 stattgefunden haben, ob seit dem schriftlichen Vorverfahren neue Erwägungen bei einem Beteiligten aufgetreten sind usw. Die Einführung erfolgt möglichst konzentriert und knapp. Auf Zuhörer braucht in der Regel keine Rücksicht genommen zu werden; etwas anderes mag gelten, wenn zB eine Schulklasse zuhört, denn § 278 will auch zur Übersichtlichkeit der Rechtspflege beitragen. Ein Verstoß ist nur iVm III prozessual erheblich.

3) Anhörung der Parteien, I 2. Sie erfolgt schon nach der Einführung in den Sach- und Streitstand, aber nur, wenn die Partei von sich aus oder auf Anforderung des persönlichen Erscheinens erschienen ist, so daß also keineswegs vertagt wird, weil sie ohne Erscheinenszwang ausgeblieben ist; das wäre eine Umgehung der Säumnisfolgen. Oft ist es freilich ratsam, die Anhörung noch nicht in diesem Stadium durchzuführen, weil die vermutlichen Ausführungen der Partei den weiteren Gang erschweren könnten. Deshalb handelt es sich nur um eine Sollvorschrift. Ein Verstoß ist prozessual belanglos, da Art 103 I GG durch die Anhörung am Verhandlungsschluß erfüllt wird. Bei einer Verbandsklage gem § 13 AGBG ist außerdem die Aufsichtsbehörde anzuhören, § 16 AGBG.

4) Beweisaufnahme, II. Sie soll, nicht muß, aM Schneider NJW **77**, 302, vgl auch denselben JB **77**, 145, vgl aber IV, der streitigen Verhandlung unmittelbar folgen. Daher besteht eine Pflicht des Gerichts, den Haupttermin demgemäß vorzubereiten, und seine Pflicht der Parteien, dem Gericht diese Vorbereitung zu ermöglichen. Ein Verstoß ist aber nur im Rahmen von §§ 282, 296 zu ahnden; evtl ist § 283 zu beachten. Gerät der Zeitplan durcheinander, so ist zu unterscheiden: Hat das Gericht dies zu verantworten, zB wegen einer mangelhaften Berechnung der Verhandlungsdauer, so haben die Parteien Anspruch auf eine sofortige Beweisaufnahme, soweit diese an sich durchführbar wäre; das Gericht muß dann evtl bei den folgenden Sachen gemäß § 227 verfahren. Haben die Parteien die Verspätungen usw zu verantworten, etwa wegen mitgebrachter, unvorhersehbarer Zeugen oder wegen einer mangelhaften Vorbereitung, so muß das Gericht evtl diesen Termin vertagen, IV, damit das nicht bei den nachfolgenden Sachen nötig wird.

Gegen die Entscheidung besteht jeweils der Rechtsbehelf wie bei § 227. Eine erneute Erörterung des Sach- und Streitstands nach dem Abschluß der Beweisaufnahme ist wegen der Notwendigkeit des rechtlichen Gehörs erforderlich. Es ist ratsam, in das Protokoll aufzunehmen, daß eine Gelegenheit zur Äußerung bestand, § 160 II, IV. Ein Verstoß gegen II 2 kann ein Verfahrensmangel sein. Grundsätzlich erfolgt keine Vertagung nur zu dem Zweck, einer Partei eine schriftsätzliche Würdigung der Beweisaufnahme zu ermöglichen, Franzki DRiZ **77**, 163.

5) Rechtliche Erörterung, III. A. Grundsatz. Jede rechtliche Überrumpelung ist verboten. Diese schon vor der Vereinfachungsnovelle im Grunde selbstverständlich gewesene Erkenntnis, so auch BGH NJW **80**, 1795, vgl ferner bei § 139, ist eine Ausgestaltung des Grundsatzes der Notwendigkeit des rechtlichen Gehörs, BGH NJW **82**, 2506, Köln MDR **83**, 325. III geht allerdings teilweise über jenen Grundsatz hinaus, so daß nicht jeder Verstoß gegen III zugleich ein Verstoß gegen Art 103 I GG ist, BGH **85**, 291. III hat seit dem 1. 7. 77 nach einem heftigen Hin und Her des Gesetzgebungsverfahrens eine ausdrückliche Befehlsform erhalten. Niemand soll aus dem Urteil mit Staunen erfahren müssen, daß das Gericht völlig andere rechtliche Erwägungen als diejenigen für entscheidungserheblich hielt, die in der mündlichen Verhandlung zur Sprache kamen oder auf Grund der vorbereitenden Schriftsätze usw scheinbar allseitig zugrundegelegt waren. Über das alles sollte überhaupt kein Streit bestehen. Sogar ein „breit dahinfließendes Sach- und Rechtsgespräch" kann segensreich sein, Zeidler DRiZ **83**, 255.

Freilich darf III weder zu einer Gedankenfaulheit der Parteien oder ihrer ProzBev noch dazu führen, das Gericht zu einer Offenbarung zu zwingen, die dann zum Vorwand allzu durchsichtiger Ablehnungsversuche benutzt werden könnte. Auch braucht sich das Gericht keineswegs wegen III schon vor der Beratung irgendwie rechtlich festzulegen oder wegen jeder Nuance der rechtlichen Beurteilung zu vertagen, RoS § 78 III 1 d (zustm Franzki NJW **81**, 1598), oder erneut in die mündliche Verhandlung einzutreten, Bischof NJW **77**, 1901; gerade das wäre mit dem betonten Ziel der VereinfNov, den Verfahrensgang zu beschleunigen, Üb Schneider MDR **77**, 881, sowie mit § 282 unvereinbar, Düss MDR **82**, 855.

B. Abgrenzung zu § 139. III ist einerseits enger, andererseits weiter gefaßt. Während § 139 sehr wesentlich eine Aufklärungspflicht zum Sachverhalt begründet, verpflichtet III in seiner zum Gesetz gewordenen, gegenüber dem Entwurf des Rechtsausschusses erheblich beschnittenen Fassung nur zu rechtlichen Hinweisen. und keineswegs schon auf Grund von Art 103 I GG stets zu einer allgemeinen, umfassenden Erörterung, BVerfG **42**, 79, 85, BGH **85**, 291 mwN. Während andererseits § 139 zur rechtlichen Seite nur zur Überwachung der Anträge zwingt, fordert III eine Erörterung sämtlicher wesentlichen rechtlichen Gesichtspunkte, Bischof NJW **77**, 1901.

Daher kann der Anwendungsbereich beider Vorschriften sich im Einzelfall decken, BGH **85**, 292, aber auch auseinanderfallen. Folglich ist nur von Fall zu Fall zu klären, ob § 139 und/oder § 278 III anwendbar sind. Die Rspr zu § 139 ist aber weitgehend bei III mitverwertbar, Schneider MDR **77**, 969. Im übrigen verpflichtet § 139 nur den Vorsitzenden, III jedoch alle Mitglieder des Kollegiums, was freilich strenggenommen bedeutet, daß über die Notwendigkeit eines Hinweises gemäß III zuvor beraten und abgestimmt werden müßte; in der Praxis trägt der Vorsitzende auch bei III die (Haupt-)Verantwortung.

C. Voraussetzungen im einzelnen. Eine Hinweispflicht besteht nur unter folgenden Voraussetzungen:

a) Rechtlicher Gesichtspunkt. Es muß um einen rechtlichen, nicht um einen tatsächlichen Gesichtspunkt gehen. Diese, erst im Vermittlungsausschuß beschlossene, Eingrenzung schließt eine Erörterungspflicht bei denjenigen Punkten aus, die rechtlich nicht zumindest mit entscheidungserheblich sind. Unter „Gesichtspunkt" ist nicht nur eine in Betracht kommende gesetzliche oder vertragliche Vorschrift zu verstehen, sondern auch zB eine Vertragsklausel, Düss MDR **82**, 855, überhaupt jedes rechtliche Argument, jede in Rspr und/oder Lehre vertretene Ansicht, erst recht jeder in hM oder in stRspr gefestigte Begriff, ferner sind darunter Observanzen, Gewohnheitsrecht zu verstehen, krit Bischof NJW 77, 1901; vgl aber auch unten E.

Die Abgrenzung zum tatsächlichen Gesichtspunkt ist uU fließend. Beispiel: Ob jemand eine Überholspur benutzt hat, ist eine tatsächliche Frage, wenn es um den Fahrverlauf in Metern geht, jedoch eine Rechtsfrage, wenn es darum geht, ob der so ermittelte oder unstreitige Fahrverlauf als Benutzung einer Überholspur zu werten ist. Zu klären ist evtl auch, ob ein Beweisantrag gestellt wurde und ob er aufrechterhalten blieb, Schneider VersR **77**, 164. Bei Abgrenzungszweifeln besteht eine Hinweispflicht, Schneider MDR **77**, 883.

b) Erkennbar übersehen usw. Eine Partei oder deren gesetzlicher Vertreter oder ProzBev, auch Streithelfer, muß den verfahrens- oder sachlichrechtlichen Gesichtspunkt, Franzki DRiZ **77**, 164, bisher entweder erkennbar übersehen oder erkennbar (dieses Wort gehört auch zur 2. Alternative, ebenso Bischof NJW **77**, 1901, sonst müßte das Gericht Gedanken lesen) für unerheblich gehalten haben, sei es auch schuldhaft, Schneider MDR **77**, 882. Die Erkennbarkeit ist ein Rechtsbegriff, der nachprüfbar ist. Maßgeblich ist eine objektive Beurteilung, also aus der Sicht eines den bisherigen Prozeßverlauf kennenden Rechtskundigen. Weder ist zur Erkennbarkeit die Ansicht der hinzuweisenden Partei noch diejenige des Gegners maßgeblich. Ob auch der letztere objektiv erkennen konnte, ist unerheblich, vgl Bischof NJW **77**, 1901; er darf ja trotz seiner Wahrheits- und Prozeßförderungspflicht bei der rechtlichen Beurteilung schweigen, schon gar zu einem ihm evtl ungünstigen Argument.

Übersehen hat auch derjenige, der zwar evtl irgendwann einmal den rechtlichen Gesichtspunkt sogar selbst genannt hatte, aber jedenfalls jetzt erkennbar nicht (mehr) an ihn denkt oder ihn jetzt offenbar anders versteht; für unerheblich gehalten hat auch derjenige, der ihn früher für erheblich hielt, inzwischen aber aus welchem Grund auch immer erkennbar seine Rechtsmeinung geändert hat oder zB neuerdings einer aM folgen will; aM Bischof NJW **77**, 1901, der übersieht, wie oft sich die rechtliche Beurteilung auch für eine sorgfältige Partei und einen sorgfältigen Richter ändern kann.

Wer nur Tatsachen vorträgt, zwingt nicht stets zu b, sondern evtl zu einem Hinweis gem § 139, Franzki DRiZ **77**, 164.

c) Entscheidungserheblichkeit. Das Gericht muß die nächste Entscheidung auf den fraglichen rechtlichen Gesichtspunkt (mit-) stützen wollen. Ausreichend ist ein Beweisbeschluß, eine Abgabe, eine Verweisung, die Anordnung des Ruhens des Verfahrens usw. Eine Hinweispflicht besteht also keineswegs nur vor einem Endurteil, wie zB Bischof NJW **77**, 1901 mwN meint (er will allerdings eine Verweisung ausreichen lassen). Eine Absicht der bloßen Mitverwertung genügt, also auch die Absicht, den rechtlichen Gesichtspunkt für eine Hilfsgründung (mit)zuverwerten, insofern aM Bischof NJW **77**, 1901.

d) Hauptforderung. Es muß um mehr als um eine bloße Nebenforderung (etwa Zinsen, Kosten, vorläufige Vollstreckbarkeit, BT-Drs 7/5499) gehen. Auch ein geringfügiger Teil der Hauptforderung bleibt Hauptforderung, Franzki DRiZ **77**, 164, aM zB Bauer NJW **78**, 1239, Stürner, Die richterliche Aufklärungspflicht im Zivilprozeß (1982) 65 je mwN (eine wirtschaftliche Betrachtung sei maßgeblich).

D. Gelegenheit zur Äußerung. Sie ist erforderlich, sobald alle Voraussetzungen zu C erfüllt sind, also uU schon vor dem Haupttermin, Franzki DRiZ **77**, 164, Putzo AnwBl **77**, 433, vgl auch Bischof NJW **77**, 1902, Schneider JB **78**, 638. Die Äußerung kann schriftlich, mündlich oder telefonisch geschehen, Franzki DRiZ **77**, 164. Die Partei muß sich, wenn zumutbar, sofort äußern, besonders wenn sie durch einen rechtskundigen ProzBev vertreten wird; III will nur eine hemmungslose Fixigkeit verhindern. Freilich darf keine Farce herauskommen; die Partei muß die Äußerung bedenken und ihre Tragweite absehen können und darf auch nicht für die etwaige Unfähigkeit oder Unerfahrenheit ihres ProzBev bestraft werden, Schneider MDR **77**, 882 und 971; vgl freilich auch § 85 II. Das Gericht sollte verständige Rücksicht nehmen, vgl Wagner AnwBl **77**, 328.

Es ist nach den gesamten Fallumständen zu entscheiden, ob eine Nachfrist, § 283, zu setzen ist oder gar ein neuer Verhandlungstermin notwendig wird, IV, oder ob wenigstens eine Pause eingelegt werden muß, um der Partei zB das Nachschlagen in der Gerichtsbibliothek zu ermöglichen. Auch hier darf keineswegs auf einem Umweg doch wieder eine Überrumpelung der Partei, diesmal durch den Fahrplan des Gerichts, stattfinden, ebenso Bischof NJW **77**, 1901. Oft ist freilich der Partei ohne weiteres eine sofortige Stellungnahme zumutbar, auch wenn sie nicht rechtskundig ist, zumal wenn sie nur irgendwelche ergänzenden, ihr bei gehöriger Vorbereitung ohnehin geläufigen Tatsachen vorzutragen braucht. Das Recht zur Äußerung darf nicht zum Vorwand für Denkfaulheit oder Verzögerungstaktik mißbraucht werden, Einl III 6 A, Franzki NJW **79**, 12; daher gilt uU § 296.

E. Umfang der Hinweispflicht. Das Gericht braucht seine rechtlichen Erwägungen nur knapp zu umreißen. Zwar sollen die Parteien miterwägen können; III darf aber nicht zur öffentlichen Beratung des gesamten Problems zwingen. Keinesfalls ist eine erschöpfende Darlegung des wissenschaftlichen Meinungsstands notwendig, ebenso auch Baur ZZP **91**, 330, auch nicht zur Festlegung der Meinung des Gerichts; es muß sogar zu erkennen geben, daß es gerade erst auf Grund der Äußerung zum abschließenden Urteil kommen will, sonst würde der Vorwurf der Befangenheit drohen, die freilich gerade hier nicht schon wegen jeder Offenlegung zu bejahen ist, Karlsr OLGZ **78**, 226, Franzki DRiZ **77**, 165.

Eine Unpünktlichkeit geht dem III vor; das Gericht ist nicht befugt, einen Parteivortrag erst zum Schaden des Gegners schlüssig zu machen, vgl Schneider MDR **77**, 885 betr Verjährung. Ferner ist § 308 zu beachten. III, vom BR vergeblich bekämpft, BR-Drs 386/1/76, treibt das Gericht ohnehin hart an den Rand einer Super-Berater-Funktion, die überhaupt nicht seiner wahren Aufgabe entspricht, auch wenn es den Schwachen schützen soll, insofern abw Schmidt JZ **80**, 158, Schneider MDR **77**, 881.

6) Verstoß. Ein Verstoß gegen III ist ein neuer selbständiger Beschwerdegrund, Köln MDR **83**, 325. Er ist kein absoluter Rechtsmittelgrund, Franzki DRiZ **77**, 164, wohl aber ein Verfahrensmangel und kann zur Zurückverweisung führen, Düss MDR **82**, 855, Köln MDR **80**, 320 (insofern ist eine Zurückhaltung ratsam, Franzki DRiZ **77**, 165), auch eine Kostenniederschlagung, § 8 GKG, nötig machen. Eine Verfassungsbeschwerde hat aber keineswegs bei jedem Verstoß Erfolg, BVerfG NJW **80**, 1093, BGH **85**, 291 mwN. Es ist ratsam, im Urteil kurz darzulegen, weshalb eine Erörterung nach III nicht für notwendig gehalten wurde. Stellt sich die Notwendigkeit der Erörterung erst nach Verhandlungsschluß heraus, so ist § 156 zu beachten.

Wegen der Auswirkungen eines Verstoßes im finanzgerichtlichen Verfahren BFH NJW **81**, 2720.

7) Weiterer Termin, IV. Er ist möglichst bald anzuberaumen. § 216 II erfaßt den Zeitraum zwischen der Aktenvorlage und der Terminsbestimmung; IV erfaßt denjenigen zwischen der Terminsbestimmung und dem Terminstag. Vgl auch § 272 II. Hat sich im Haupttermin ergeben, daß die Ladungs- oder Einlassungsfrist nicht eingehalten wurde, ist natürlich nun aufzupassen. Grundsätzlich erfolgt eine neue Terminierung sofort und ist nicht von Auflagen an die Partei abhängig, Ffm FamRZ **78**, 919. Gegen die Ablehnung der Terminsbestimmung und gegen die Wahl des Termins bestehen die Rechtsbehelfe wie bei § 216 Anm 2 E.

8) VwGO: Statt § 278 gelten § 104 I (u § 108 II) VwGO, dazu BVerwG DÖV **81**, 839.

279 *Güteversuch.* ^I Das Gericht soll in jeder Lage des Verfahrens auf eine gütliche Beilegung des Rechtsstreits oder einzelner Streitpunkte bedacht sein. Es kann die Parteien für einen Güteversuch vor einen beauftragten oder ersuchten Richter verweisen.

^{II} Für den Güteversuch kann das persönliche Erscheinen der Parteien angeordnet werden. Wird das Erscheinen angeordnet, so gilt § 141 Abs. 2 entsprechend.

Schrifttum: Schupp, Die Verwirklichung des Gütegedankens in der Zivilrechtspflege, Diss Tüb 1951.

1) Allgemeines. Der Güteversuch des § 279 ist kein Amtsverfahren, aber einem solchen sehr ähnlich, weil die Parteien auf ihn keinen Einfluß haben. Darum beendigt das Nichtbetreiben durch die Parteien die Unterbrechung der Verjährung nicht, § 211 BGB. Im arbeitsgerichtlichen Verfahren geht § 57 II ArbGG vor, vgl Lorenz BB **77**, 1001, Philippsen pp NJW **77**, 1135.

2) In jeder Lage des Verfahrens, I. A. Prozeßgericht, I 1. Schon vor der mündlichen Verhandlung, Schlicht DRiZ **80**, 311, und noch in der Revisionsinstanz soll das Gericht auf Antrag oder von Amts wegen auf einen Ausgleich im ganzen oder in einzelnen Punkten bedacht sein. Das ist zwar weniger als ein „Hinwirken" iSv § 495 II aF, aber auch mehr als ein bloßes „Denken an", vgl auch Nagel DRiZ **77**, 325, Schneider JB **77**, 146, die freilich zu eng das Wort „soll" als „muß" lesen. Das Gericht hat also vielerlei Möglichkeiten zur Initiative, Weber DRiZ **78**, 166, Wolf ZZP **89**, 292 mwN, sollte freilich weder manipulieren, Stürner, Die richterliche Aufklärungspflicht im Zivilprozeß (1982) 73 mwN, noch sich dem Verdacht aussetzen, sich die Arbeit der Urteilsfällung und -abfassung ersparen zu wollen, ThP § 794 Anm 1 c, noch in Zeiten ungehemmter Streitlust Kompromisse aufdrän-

1. Titel. Verfahren bis zum Urteil §§ 279, 280 1

gen, die doch keinen Rechtsfrieden herbeiführen. Bei einer korrekten Handhabung des
§ 279 hat die Partei kein Ablehnungsrecht, Karlsr OLGZ **78**, 226.

Dies alles gilt noch zwischen dem Verhandlungsschluß und der Urteilsverkündung, aber
nur bei einer vorherigen Anordnung; sonst ist eine Wiedereröffnung der Verhandlung
nötig, § 156. Im vorläufigen Verfahren (Arrest und einstweilige Verfügung) ist eine Maßnahme nach § 279 naturgemäß nur im Verhandlungstermin sinnvoll.

B. Verordneter Richter, I 2. Der Güteversuch kann vor dem Prozeßgericht oder vor dem
verordneten Richter stattfinden. Eine Verweisung vor ihn erfolgt nur durch einen Beschluß
des Kollegiums, nicht des verordneten Richters selbst, ZöSt § 361 Anm 2, aM Kblz NJW
71, 1043, Köln NJW **73**, 907, auf Grund mündlicher Verhandlung; wenn der Güteversuch
vor dem ProzGer stattfindet, ist ein förmlicher Beschluß unnötig. Der verordnete Richter
bestimmt einen Termin und lädt vAw. Er kann auf Antrag auch aus eigener Machtbefugnis
einen Gütetermin vornehmen, aM Schneider DRiZ **77**, 14. Ein Güteversuch und ein Prozeßvergleich sind auch vor dem Einzelrichter zulässig; vgl auch § 78 Anm 2 A b. Vor dem
verordneten Richter besteht kein Anwaltszwang, während im übrigen Anwaltszwang wie
sonst besteht, vgl auch Karlsr JB **76**, 372 mwN. Bleibt eine Partei aus, so ist der Versuch
mißlungen. In Wettbewerbssachen ist eine Vertagung auch zwecks eines Güteversuchs vor
dem Einigungsamt gemäß §§ 27a UWG, 13 RabattG zulässig.

3) Persönliches Erscheinen, II. Das Gericht kann und sollte, Weber DRiZ **78**, 167, das
persönliche Erscheinen der Parteien zum Güteversuch ohne Androhung von Ordnungsmitteln anordnen; § 141 III ist bewußt nicht anwendbar gemacht worden, weil das Gesetz
keinen Zwang zum Vergleich will, Köln NJW **74**, 1003, Nürnb MDR **78**, 499, Philippsen
pp NJW **77**, 1133. Verbindet das Gericht den Gütetermin mit einem Aufklärungstermin,
dann ist Zwang erlaubt, aber nur nach einem entsprechenden Hinweis, § 141 Anm 3. Die
Anordnung erfolgt auch durch den verordneten Richter. Sie geschieht mit einem verkündeten oder beiden Parteien vAw formlos mitzuteilenden Beschluß, § 329 II 1; daneben erfolgt
aber immer, auch bei einer Verkündung, die Amtsladung der Parteien persönlich, § 141 II.
Das Ausbleiben zieht keinen Rechtsnachteil nach sich, Nürnb MDR **78**, 499.

4) VwGO: *I* ist entsprechend anzuwenden, § 173 *VwGO*, zumal der Güteversuch auch nach
§ 87 S 2 *VwGO* schon vor der mündlichen Verhandlung statthaft ist. Im Hinblick auf diese Vorschrift ist auch *II 1* entsprechend anwendbar, ebenso *II 2* (keine Ordnungsmittel nach § 95).

280 *Verhandlung zur Zulässigkeit.* [I] Das Gericht kann anordnen, daß über
die Zulässigkeit der Klage abgesondert verhandelt wird.

[II] Ergeht ein Zwischenurteil, so ist es in betreff der Rechtsmittel als Endurteil
anzusehen. Das Gericht kann jedoch auf Antrag anordnen, daß zur Hauptsache zu
verhandeln ist.

Schrifttum: Flemming, Die rechtliche Natur des Zwischenfeststellungsurteils, Diss Tüb
1954.

1) Allgemeines. Die Zulässigkeit der Klage bzw Widerklage hängt von Umständen ab,
die zum Teil von Amts wegen, zum Teil nur auf Rüge zu beachten sind (der frühere Begriff
der prozeßhindernden Einrede ist entfallen). Während §§ 282 III, 296 III die Zulässigkeitsrügen behandeln, erfaßt § 280 diese und außerdem alle von Amts wegen zu prüfenden Zulässigkeitsvoraussetzungen, insbesondere die in Grdz 3–5 vor § 253 genannten.

Die Reihenfolge der Prüfung ist etwa: Die deutsche Gerichtsbarkeit (wegen der Ständigen
Vertretung der DDR vgl VO vom 24. 4. 74, BGBl 1022, dazu Bek vom 10. 6. 74, BGBl II
933); die Ordnungsmäßigkeit der Klagerhebung; die Partei- und ProzFähigkeit, die gesetzliche
Vertretung, die ProzVollmacht; das ProzFührungsrecht; die Zulässigkeit des Rechtswegs; die örtliche und sachliche Zuständigkeit; ein etwa nötiger Vorbescheid einer Behörde;
eine anderweite Rechtshängigkeit; das Rechtsschutzbedürfnis; besondere ProzVoraussetzungen des betreffenden Verfahrens, BGH NJW **79**, 428; die Klagbarkeit; eine mangelnde
Kostenerstattung; Kostengefährdung; ein Schiedsvertrag; die Zulässigkeit der Klagänderung, vgl dazu auch BGH NJW **81**, 989.

Ein Ablehnungsantrag ist vorweg zu erledigen, ein Verweisungsantrag nach der Zuständigkeitsprüfung. Stgt FamRZ **78**, 443, wendet II entsprechend bei einer Zwischenentscheidung des FamGer über die Zuständigkeit an. Soweit das Gericht das Verfahren der abgesonderten Verhandlung aber nicht beachtet, sondern einfach durch einen Beschluß entschieden
hat, kommt die Beschwerde (und eine Zurückverweisung) in Betracht, Zweibr FamRZ **83**,
618. Dies alles ist im arbeitsgerichtlichen Verfahren anwendbar, Lorenz BB **77**, 1002.

2) Zulässigkeit abgesonderter Verhandlung und Entscheidung, I. Über sämtliche Zulässigkeitsfragen, ob sie nun von Amts wegen oder nur auf Grund einer Rüge zu prüfen sind, kann das Gericht abgesondert verhandeln und entscheiden, I, II. Wann eine Rüge vorzubringen ist, richtet sich nach §§ 282 III, 296 III. Bei der Prüfung von Amts wegen ist wegen deren Vorrang vor der Prüfung der Begründetheit, Grdz 3 A b vor § 253, die Prüfung, ob abgesondert zu verhandeln sei, ebenfalls vorrangig, jedoch kann § 280 auch noch später angewendet werden, wenn sich zB die Zweckmäßigkeit des Zwischenverfahrens erst dann ergibt. Das Gericht entscheidet nach pflichtgemäßem Ermessen, vgl schon BGH **LM** § 110 Nr 8 (zum alten Recht).

Eine Entscheidung ergeht auch gemäß § 128 II, III. § 280 ist auch noch in 2. Instanz anwendbar. Verweigern darf der Bekl die Verhandlung nur zur Hauptsache nur § 269 IV; sonst wäre er säumig. Lehnt das Gericht eine abgesonderte Verhandlung ab, muß er sofort zur Sache verhandeln, BGH DB **76**, 1009. Die Anordnung abgesonderter Verhandlung ist auch dann zulässig, wenn die Rüge nur einen von mehreren Klagegründen betrifft. Die Anordnung leitet einen Zwischenstreit ein. Das Versäumnisverfahren findet nur nach § 347 II statt. Über den Beweis rügebegründender Behauptungen vgl Üb 3 C vor § 12 entsprechend. Kann der Beweis nicht geführt werden, ist zur Hauptsache zu entscheiden.

3) Entscheidung, I, II. A. Anordnung abgesonderter Verhandlung. Die Entscheidung ergeht durch einen unanfechtbaren Beschluß, der zu verkünden oder gemäß § 329 II mitzuteilen ist. Auf Grund der abgesonderten Verhandlung sind folgende Entscheidungen möglich:

a) Unzulässigkeit. Im Fall der Unzulässigkeit der Klage bzw Widerklage erfolgt eine Abweisung durch ProzUrteil ohne Rechtskraftwirkung; Ausnahmen: **aa)** Im Fall einer Unzuständigkeit ist evtl zu verweisen, § 281 usw, und zwar durch einen Beschluß, BAG BB **76**, 513, LG Trier NJW **82**, 286, aM Karstendiek MDR **74**, 983; **bb)** bei § 113 S 2 sd. Ein die Sicherheit anordnendes Zwischenurteil ist selbständig anfechtbar, § 112 Anm 1 A a aa, Bre NJW **82**, 2737 mwN, aM 41. Aufl.

b) Zulässigkeit. Im Fall der Zulässigkeit der Klage bzw Widerklage ergeht ein Zwischenurteil, II 1, § 303. Dieses führt einen tatsächlichen Verfahrensstillstand herbei, Üb 1 A a vor § 239, der bis zur Ladung nach der Rechtskraft usw oder zu einer Anordnung gemäß B fortdauert.

Die Anfechtung des Endurteils ergreift das Zwischenurteil nicht; ist es rechtskräftig, bindet es die höhere Instanz, Ffm NJW **70**, 1010. Wegen der Rechtskraft § 322 Anm 4 „Prozeßurteil". Die Rechtsmittel sind grundsätzlich dieselben wie nach einem Endurteil, II 1, vgl BGH NJW **79**, 428, Hbg VersR **79**, 847. Unanfechtbar ist ein Urteil des LG, das die sachliche Zuständigkeit zu Unrecht bejaht, und ein Urteil, das in einer vermögensrechtlichen Sache, Üb 3 B a vor § 1, die Rüge der örtlichen Unzuständigkeit verwirft, § 512a, Schlesw FamRZ **78**, 429, § 549 II, nicht aber diejenige der internationalen Unzuständigkeit, BGH **44**, 46, Düss VersR **75**, 646.

B. Anordnung der Verhandlung zur Hauptsache, II 2. Es sind folgende Situationen zu unterscheiden:

a) Zwischenurteil ohne Endurteil. Die Anordnung erfolgt nur auf Antrag und grundsätzlich nur auf mündliche Verhandlung, s freilich §§ 128 II, III. Sie ergeht nur vor der Rechtskraft des Zwischenurteils nach II 1. Sie ist sofort nach dessen Verkündung zulässig. Sie steht im Ermessen des Gerichts; sie ist zu empfehlen bei Gefahr im Verzug oder schlechten Aussichten eines Rechtsmittels, zB wegen §§ 10, 512a, 549 II. Sie ergeht durch Beschluß, evtl nebst Terminsbestimmung. Sie ist zu verkünden oder gemäß § 329 mitzuteilen. Rechtsmittel: Bei der Anordnung wie Ablehnung ist die einfache Beschw zulässig, § 252 gilt entsprechend, so daß § 567 nicht hindert, Karlsr NJW **71**, 662 mwN. Eine Verhandlung zur Hauptsache zwingt das Gericht, über diese zu entscheiden.

b) Zwischenurteil und Endurteil. Liegen ein Zwischenurteil über die Zulässigkeitsfrage und ein Endurteil zur Hauptsache vor, so ist das Endurteil auflösend bedingt durch eine Aufhebung des Zwischenurteils, ähnlich dem Urteil über den Betrag nach § 304; hebt die höhere Instanz das Zwischenurteil auf und weist ab, so bricht das Endurteil ohne weiteres zusammen. Ein Endurteil hindert also die Anfechtung des Zwischenurteils nicht.

Dieselbe Instanz kann das Endurteil nicht förmlich aufheben; die höhere nicht, weil ihr nicht die Entscheidung über dieses Urteil angefallen ist. Es bedarf dessen auch nicht; das Urteil ist hinfällig und ein Rechtsmittel mangels Beschwer unzulässig. Die Zwangsvollstreckung aus dem Endurteil ist schon vor der Rechtskraft des die Zulässigkeitsrüge verwerfenden Zwischenurteils zulässig. Mit dem Wegfall des Endurteils erwächst ein Ersatzan-

1. Titel. Verfahren bis zum Urteil §§ 280, 281

spruch entsprechend § 717 II. Dieselben Grundsätze gelten bei einer Säumnis des Bekl in der Hauptsache nach dem Erlaß des Zwischenurteils.

4) VwGO: Entsprechend anwendbar, § 173 VwGO, sind sowohl **I**, da eine abgesonderte Verhandlung danach nicht erforderlich ist (abw wohl BVerwG **14**, 273), als auch **II**, da § 109 VwGO ein Zwischenurteil über die Zulässigkeit der Klage vorsieht, das nach § 124 I VwGO anfechtbar ist.

281 *Verweisung ans zuständige Gericht.*[I] Ist auf Grund der Vorschriften über die örtliche oder sachliche Zuständigkeit der Gerichte die Unzuständigkeit des Gerichts auszusprechen, so hat das angegangene Gericht, sofern das zuständige Gericht bestimmt werden kann, auf Antrag des Klägers durch Beschluß sich für unzuständig zu erklären und den Rechtsstreit an das zuständige Gericht zu verweisen. Sind mehrere Gerichte zuständig, so erfolgt die Verweisung an das vom Kläger gewählte Gericht.

[II] Eine Anfechtung des Beschlusses findet nicht statt; mit der Verkündung des Beschlusses gilt der Rechtsstreit als bei dem im Beschluß bezeichneten Gericht anhängig. Der Beschluß ist für dieses Gericht bindend.

[III] Die im Verfahren vor dem angegangenen Gericht erwachsenen Kosten werden als Teil der Kosten behandelt, die bei dem im Beschluß bezeichneten Gericht erwachsen. Dem Kläger sind die entstandenen Mehrkosten auch dann aufzuerlegen, wenn er in der Hauptsache obsiegt.

ArbGG § 48. [I] Die Vorschriften des § 11 der Zivilprozeßordnung über die bindende Wirkung der rechtskräftigen Entscheidung, durch die ein Gericht sich für sachlich unzuständig erklärt hat, und des § 281 der Zivilprozeßordnung über die Verweisung des Rechtsstreits an das örtlich oder sachlich zuständige Gericht finden auf das Verhältnis der Arbeitsgerichte und der ordentlichen Gerichte zueinander entsprechende Anwendung.

Schrifttum: Haus, Übernahme von Prozeßergebnissen, insbesondere einer Beweisaufnahme, bei Verweisung eines Rechtsstreits usw, Diss Regensb 1971; Heinz, Begriff und Tragweite der „Zuständigkeit" im Rechtsleben, Diss Würzb 1968.

Gliederung

1) Geltungsbereich
   A. Anwendbarkeit
   B. Unanwendbarkeit
   C. Auslands- und DDR-Berührung
2) Verweisung, I
   A. Unzuständigkeit des angerufenen Gerichts
   B. Bestimmbarkeit des zuständigen Gerichts
   C. Antrag des Klägers
   D. Verfahren
   E. Entscheidung
     a) Erste Instanz
     b) Rechtsmittelinstanz
       aa) Verweisung
       bb) Ablehnung der Verweisung
3) Anfechtung und Wirkung der Verweisung, II
   A. Unanfechtbarkeit
   B. Bindung
     a) Grundsatz
     b) Ausnahmen
       aa) Keine Bindungsabsicht
       bb) Irrtum
       cc) Schwerer Verfahrensverstoß
         aaa) Willkür, Rechtsmißbrauch
         bbb) Kein rechtliches Gehör
         ccc) Keine Begründung
         ddd) Klagänderung
     c) Beschwerde
     d) Zurückverweisung
       aa) Zulässigkeit
       bb) Unzulässigkeit
     e) Internationale Zuständigkeit
   C. Berichtigung
   D. Anhängigkeit beim neuen Gericht
   E. Weiteres Verfahren
4) Kosten, III
   A. Kostenentscheidung
     a) Grundsatz
     b) Mehrkostenbegriff
     c) Einzelfragen
   B. Verstoß
5) VwGO

1) Geltungsbereich. A. Anwendbarkeit. § 281 soll eine Verzögerung, AG Seligenstadt MDR **82**, 502, und Verteuerung des Prozesses durch einen Zuständigkeitsstreit vermeiden, entfließt also dem Grundsatz der ProzWirtschaftlichkeit, Einl III 3 A, Grdz 2 F vor § 128, BGH **63**, 217, Diederichsen ZZP **91**, 406.

Seinem Grundgedanken nach ist § 281 in jedem beliebigen Verfahren nach der ZPO anwendbar. Das gilt im Rechtsmittelverfahren, Hbg FamRZ **83**, 613, im Eheverfahren,

BGH NJW **83**, 285, Kblz FamRZ **77**, 796, im Verfahren gem § 642b, LG Hann Rpfleger **77**, 453, im vorläufigen Verfahren (Arrest und einstweilige Verfügung), vgl BAG BB **82**, 313, im Zwangsvollstreckungsverfahren, offen betr §§ 828ff BGH NJW **83**, 1859, im Verfahren auf Vollstreckbarerklärung eines Schiedsspruchs usw, im Aufgebotsverfahren, im Entmündigungsverfahren, BGH **LM** Nr 14, im Prozeßkostenhilfeverfahren, BAG NJW **60**, 310, Düss Rpfleger **79**, 431, Hbg NJW **73**, 812 mwN, Schlesw SchlHA **82**, 137 (aM LG Münster NJW **57**, 1565: formlose Abgabe), wobei eine Bindung an den Verweisungsbeschluß nur für das Prozeßkostenhilfeverfahren, nicht für die Klage besteht, erst recht nicht für eine erst beabsichtigte Klage, Hbg NJW **73**, 812 mwN, insofern aM BAG MDR **82**, 172, Düss Rpfleger **79**, 431 mwN (eine Bindung erfolge auch für die Klage, soweit der Gegner gehört werde). Notfalls ist § 36 Z 6 anwendbar, BGH NJW **80**, 192 und NJW **83**, 285, Hbg NJW **73**, 814 und FamRZ **80**, 903.

§ 281 ist anwendbar ferner nach einer Erledigung der Hauptsache wegen der Kosten, im Arbeitsgerichtsverfahren, BAG NJW **70**, 1702. Wegen des Abzahlungsverfahrens vgl bei §§ 689 II, 696, 700. § 281 ist anwendbar auch dann, wenn keine mündliche Verhandlung stattfindet, etwa in einem Arrestverfahren; denn der Zivilprozeß ist nicht für nutzlose förmliche Tüfteleien da. Wegen des Mahnverfahrens § 696, wegen des Beschwerdeverfahrens § 573.

§ 281 ist auch dann anwendbar, wenn das Gericht erst durch eine Klagänderung usw unzuständig geworden ist, oder bei einem ausschließlichen Gerichtsstand, BGH NJW **83**, 285, oder bei einem nichtvermögensrechtlichen Gerichtsstand, bei einer Verweisung vom allgemeinen BfgGer zum besonderen BfgGer (nur) in Kartellsachen, BGH **71**, 374, vgl Oldb FamRZ **78**, 796, ferner im Verhältnis der ordentlichen Gerichte und der Arbeitsgerichte gem § 48 I ArbGG. Möglich ist auch eine Verweisung an das LwG, BGH **LM** § 276 aF Nr 6, an ein VG, an ein FG, dazu Rössler NJW **70**, 1910 oder an ein SG, §§ 17 GVG, 41 VwGO, 52 SGG (bei § 17 GVG).

Das gilt aber dann nicht, wenn bei einer mehrfachen, rechtlich und tatsächlich selbständigen Begründung eines einheitlichen prozessualen Anspruchs für einen Klagegrund der ordentliche Rechtsweg, die sachliche oder die örtliche Zuständigkeit gegeben ist. Dann hat das ordentliche Gericht sich nur mit diesem zu befassen und durch Endurteil zu entscheiden (falls diese Anspruchsgrundlage nicht ausreicht, also abzuweisen). In den Gründen ist aber die Unzulässigkeit oder Unzuständigkeit im übrigen auszusprechen, BGH **13**, 153 (Rechtsweg), BGH **5**, 107 (sachliche Zuständigkeit), BGH **LM** § 276 aF Nr 26 und VersR **80**, 846, Ffm MDR **80**, 1023 mwN (örtliche Zuständigkeit), aM zB LG Köln NJW **78**, 329 mwN (Sachzusammenhang; krit Flieger NJW **79**, 2603), Ritter NJW **71**, 1217 (Teilverweisung); die Verweisung ist insofern ausgeschlossen, da eine solche über einen einzigen Klagegrund eines einheitlichen Anspruchs unzulässig ist, § 301 Anm 2 A c, Ffm MDR **82**, 1023, aM ua Roth MDR **67**, 15.

Hingegen findet eine sofortige Verweisung dann statt, wenn es sich um zwei Ansprüche im Verhältnis von Haupt- und Hilfsanspruch handelt und wenn nur der Hilfsanspruch zur Zuständigkeit der ordentlichen Gerichte gehört, BGH **LM** § 51 SGG Nr 2 und NJW **80**, 192. Wegen des Sachzusammenhangs § 17 GVG Anm 2 A. Bei einer unberechtigten Verweisung vgl Anm 3 B. Über die Verweisung an die Gerichte für Patent- oder Warenzeichenstreitsachen §§ 19 II GebrMG, 32 II WZG und § 78 b GVG Anh I wegen der Verweisung seitens des Arbeitsgerichts an andere als die ordentlichen Gerichte sowie seitens der SG § 17 GVG.

Bei einem Streit über die Zuständigkeit des LwG oder ArbG handelt es sich nicht um die Unzulässigkeit des Verfahrens vor dem ordentlichen Gericht, da das Gesetz die Frage, ob die Zuständigkeit des ordentlichen Gerichts gegeben ist, wozu das LwG gehört, oder ob diejenige des ArbG gegeben ist, ausdrücklich unter dem Gesichtspunkt der Unzuständigkeit der Gerichte geregelt ist, BGH NJW **57**, 1111; entsprechendes gilt für die zu Patentgerichten bestellten LG, § 78 b GVG Anh I Anm 2, BGH **72**, 6 mwN (zustm von Falck GRUR **78**, 529), vgl auch BAG NJW **72**, 2016.

Für eine Verweisung aus dem Streitverfahren vor den ordentlichen Gerichten ins FGG-Verfahren fehlt eine allgemeine Vorschrift. Infolge der Besonderheit, daß es sich hier um eine andere Verfahrensart handelt, ist bei einer Verweisung in das streitige Verfahren der freiwilligen Gerichtsbarkeit eine solche entsprechend § 17 GVG, also durch ein anfechtbares Urteil, zweckmäßig, BGH **40**, 6 und **LM** § 1600n BGB Nr 1, Karlsr FamRZ **72**, 589. Entsprechendes gilt, wenn ein FamG vom ordentlichen Streitverfahren ins Verfahren der freiwilligen Gerichtsbarkeit (und umgekehrt) wechseln muß, Kissel NJW **77**, 1036. Wegen Hausrats- und WEG-Sachen § 281 Anh I, II.

B. Unanwendbarkeit. § 281 ist nicht anwendbar, vielmehr erfolgt auch ohne einen Antrag eine formlose Abgabe, Ffm FamRZ **81**, 980, im Verhältnis der Zivilkammer zu der Kammer für Handelssachen desselben Gerichts, Nürnb NJW **75**, 2346. Dafür gelten §§ 97 ff GVG, vgl auch § 696 I 4, § 36 Anm 3 E b gg. Ebensowenig ist § 281 anwendbar im Verhältnis der Zivilkammer zu der Kammer für Baulandsachen (es erfolgt eine prozeßleitende Abgabe an sie), BGH **40**, 155, KG OLGZ **72**, 293, Kissel NJW **77**, 1035, ThP 1 b, aM Oldb FamRZ **78**, 345, Müller DRiZ **78**, 15 (§ 281 sei entsprechend anwendbar), oder der Kammern oder Senate eines Gerichts untereinander, wie auch bei einer (formlosen, BGH **63**, 217) Abgabe an eine andere erstinstanzliche Abteilung.

Das gilt auch im Verhältnis zwischen dem ProzG und FamG und umgekehrt, BGH **71**, 272 (abl Jauernig FamRZ **78**, 675) und NJW **80**, 1283, BayObLG **83**, 199 mwN, Düss FamRZ **78**, 125, Ffm FamRZ **81**, 980, insofern auch Hbg FamRZ **78**, 797 und 908, ferner Hbg FamRZ **80**, 904 (die Kammer für Handelssachen verweist an das FamG), Hamm FamRZ **78**, 967, Zweibr FamRZ **79**, 839 (das LG verweist ans FamG), Karlsr FamRZ **80**, 383, Köln FamRZ **78**, 359 mwN, Schlesw SchlHA **79**, 130, Kissel NJW **77**, 1036, aM BGH NJW **79**, 2517, Ffm FamRZ **80**, 471 und FamRZ **83**, 200, Stgt FamRZ **80**, 607, Bergerfurth DRiZ **78**, 232 (wendet § 621 III, § 23 b II GVG entspr an), Müller DRiZ **78**, 16. § 281 ist ferner nicht anwendbar im Verhältnis zwischen dem FamG und dem FamG, BayObLG FamRZ **79**, 940, oder im Verhälnis zwischen dem VollstrG und dem FamG, LG Mainz NJW **78**, 172.

In der Regel soll niemand seinem gesetzlichen Richter entzogen werden, BGH **6**, 181, auch nicht durch eine Nichtabgabe, KG OLGZ **72**, 293. § ?–; ist nicht mehr nach einer vorbehaltlosen Sachverhandlung anwendbar, § 39 (die Vorschrift ist in Familiensachen unanwendbar, Kissel NJW **77**, 1036). § 281 ist schließlich unanwendbar im Verhältnis von BfgG zu BfgG in einer allgemeinen Sache oder in einer Familiensache, Oldb FamRZ **78**, 796, wohl aber, wenn wegen eines Verfahrensfehlers der ersten Instanz der Berufungskläger fälschlich dieses BfgG angerufen hat, BGH **72**, 195, vgl auch Düss FamRZ **80**, 1037, ferner Hbg FamRZ **79**, 1046.

C. Auslands- und DDR-Berührung. Es erfolgt keine Verweisung an ein ausländisches Gericht. In einer Ehesache wird nicht an ein Gericht der DDR verwiesen, da dort eine andere Zuständigkeitsordnung gilt, Oldb NJW **53**, 425, vgl auch BGH **7**, 218. Wegen einer Verweisung auf Grund vorrangiger Zuständigkeit nach dem EuGÜbk vgl SchlAnh V C.

2) Verweisung, I. A. Unzuständigkeit des angerufenen Gerichts. Voraussetzung einer Verweisung ist, daß das angerufene Gericht seine örtliche oder sachliche Unzuständigkeit ausspricht. Die Klage darf also nicht nur eingereicht, sondern muß auch zugestellt worden sein, BGH NJW **80**, 1281 mwN, vgl Düss Rpfleger **78**, 62, LG Hann Rpfleger **77**, 453, da sonst keine Verweisung im Sinne von § 281 möglich ist, der die Möglichkeit einer Unzuständigkeitserklärung zur Voraussetzung hat, BayObLG NJW **64**, 1573.

Das Gericht kann auch ein Berufungsgericht sein, KG BB **83**, 214 mwN. Der früher versäumte Verweisungsantrag läßt sich dort nachholen, BAG BB **75**, 1209. Verweisen kann auch das Revisionsgericht, vgl BAG BB **75**, 1209, BayObLG NJW **58**, 1825, BGH **68**, 132 mwN (betr Arbeitsgerichtssachen). Dabei ist das die Zuständigkeit bejahende oder wegen Unzuständigkeit abweisende Urteil der Vorinstanz durch ein Urteil, nicht durch einen Beschluß, aufzuheben, KG BB **83**, 214; dieses aufhebende Urteil ist entspr § 281 II unanfechtbar. Unmöglich wäre es aber, daß das LG als Berufungsgericht nach einer Klagerweiterung der amtsgerichtlichen Klage nunmehr durch eine Verweisung an eine andere Kammer des LG diese wegen des über die amtsgerichtliche Zuständigkeit hinausgehenden Streitwerts als erste Instanz zuständig macht.

B. Bestimmbarkeit des zuständigen Gerichts. Weitere Voraussetzung einer Verweisung ist, daß das Gericht das zuständige Gericht örtlich und sachlich bestimmen kann, Mü OLGZ **40**, 381. Sind mehrere Gerichte örtlich zuständig, so gehört es zum Antrag des Klägers, daß er wählt; nicht aber darf das verweisende Gericht demjenigen Gericht, an das verwiesen wird, die Prüfung seiner Zuständigkeit unter mehreren anderen Gerichten überlassen, Celle MDR **53**, 111. Im übrigen genügt es, daß das verweisende Gericht das andere pflichtmäßig für örtlich und sachlich zuständig hält; dabei hat es die Behauptungen des Klägers, soweit sie für die Bestimmung der Zuständigkeit genügen, Üb 3 C vor § 12, zugrundezulegen. Werden die eine Verweisung begründenden Tatsachen, also die Zuständigkeit eines anderen Gerichts, bestritten, so kann auch eine Beweiserhebung nötig werden, natürlich vorausgesetzt, daß vorher ein Antrag, C, vorliegt. Die Bezeichnung der Abteilung oder Kammer des Gerichts, an das verwiesen wird, ist unnötig und zwecklos, vgl Hamm FamRZ **79**, 1035.

Das gilt freilich nur innerhalb derselben Funktion dieses Gerichts; die Bezeichnung einer Funktion wie „Familiengericht" oder „Prozeßgericht" ist bindend, Anm 3 B a. Wegen der Verweisung an die KfH eines anderen LG § 96 GVG Anm 2.

C. Antrag des Klägers. Erforderlich ist ferner ein Antrag des Klägers auf Verweisung, BGH **63**, 218; nicht, auch nicht in höherer Instanz, kann der Bekl die Verweisung beantragen, aM Oldb FamRZ **81**, 186 (das OLG läßt unter Berufung auf den BGH den Antrag des „Betroffenen" ausreichen). Etwas anderes gilt in den Fällen §§ 506, 696 ZPO, §§ 97ff GVG, §§ 19 II GebrMG, 32 II WZG. Der Verweisungsantrag ist ein Sachantrag, weil er die Sachentscheidung über die Zuständigkeit betrifft. Er ist als Hilfsantrag zulässig. Er kann auch im Säumnisverfahren gestellt werden. Er kann auch nach einer Rücknahme wiederholt werden, BayObLG NJW **58**, 1825. Fehlt ein Erfordernis nach A–C, so ist die Klage durch ein ProzUrteil abzuweisen; es ist eine Belehrung nach §§ 139, 278 III nötig, vgl BGH **45**, 243, BAG NJW **64**, 1436, Stürner, Die richterliche Aufklärungspflicht im Zivilprozeß (1982) 66.

D. Verfahren. Die Entscheidung über den Verweisungsantrag erfolgt zB nach Ffm AnwBl **80**, 198, Hamm MDR **81**, 504, StJ III 1, ZöSt 3a grundsätzlich nach einer mündlichen Verhandlung, wenn das Verfahren an sich eine solche erfordert, Schlesw SchlHA **79**, 193. Aber eine mündliche Verhandlung ist bei einer klarliegenden Sache entbehrlich, vgl Ffm AnwBl **78**, 314, Stgt FamRZ **80**, 608, LG Itzehoe SchlHA **82**, 41, Zinke NJW **83**, 1082 mwN, sofern das Gericht den Parteien das rechtliche Gehör, gerade auch zum geplanten Verweisungsbeschluß, gewährt, Anm 3 b b cc, BVerfG **61**, 40, und soweit nicht eine Partei der Verweisung ohne eine mündliche Verhandlung erkennbar widerspricht, § 128 Anm 5 B, im Ergebnis ebenso Hamm MDR **81**, 504. Schriftlich kann die Verweisung in jedem Fall im schriftlichen Verfahren und im Aktenlageverfahren sowie in denjenigen Verfahren stattfinden, die keine mündliche Verhandlung erfordern, zB beim Arrestantrag, § 921 I. Ein Anwaltszwang gilt auch dann, Ffm AnwBl **80**, 198.

Wegen der grundsätzlichen Notwendigkeit einer mündlichen Verhandlung im Verfahren auf den Erlaß einer einstweiligen Verfügung § 937 Anm 2 A a. Soweit eine Verweisung in Betracht kommt, liegt ein Bedenken gegen die Zulässigkeit des Antrags und daher kein „dringender Fall" im Sinn von § 937 II vor, § 937 Anm 2 A b. Deshalb muß das Gericht den Antragsgegner grundsätzlich vor der Verweisung mündlich anhören und muß dem Antragsgegner selbst in einer klarliegenden Sache Gelegenheit zu einer schriftlichen Äußerung geben, insofern aM BAG BB **82**, 313.

Stimmt der Bekl schriftlich zu, so ist eine mündliche Verhandlung über den Antrag durchweg entbehrlich.

E. Entscheidung. a) Erste Instanz. Die Verweisung geschieht durch einen zu verkündenden, bei einer Entscheidung ohne mündliche Verhandlung formlos mitzuteilenden Beschluß, nicht etwa erfolgt zusätzlich eine Klagabweisung als unzulässig, BAG BB **76**, 513, aM LAG Hamm BB **76**, 331. Nach einem erfolglosen Güteversuch erfolgt die Verweisung auch durch den Vorsitzenden, BAG BB **74**, 1124. Der Beschluß lautet: **a)** entweder auf Zurückweisung des Antrags; **b)** oder dahin, daß sich das Gericht für unzuständig erklärt und an das andere Gericht verweist. Unterbleibt eine Unzuständigkeitserklärung, so ist das unwesentlich, solange diese Grundlage der Verweisung eindeutig erkennbar ist. Das andere Gericht ist genau zu bezeichnen; eine Verweisung „an das zuständige Gericht" oder „an das ordentliche Gericht" ist wirkungslos. Der Beschluß ist grundsätzlich zu begründen, § 329 Anm 1 A b. Er darf keine Kostenentscheidung enthalten.

b) Rechtsmittelinstanz. aa) Verweisung. Bei ihr ist ein Urteil notwendig, weil man die gleichzeitig erforderliche Aufhebung des erstinstanzlichen Urteils nicht durch einen Beschluß vornehmen kann, Hbg FamRZ **83**, 612 mwN.

bb) Ablehnung der Verweisung. Sie erfolgt wie bei a.

3) Anfechtung und Wirkung der Verweisung, II. A. Unanfechtbarkeit. Der Beschluß ist völlig unanfechtbar, mag er zurückweisen oder verweisen, LG Mainz NJW **78**, 171, mag er richtig sein oder auf einem ProzVerstoß beruhen, BGH Rpfleger **76**, 178, BAG NJW **70**, 1702, Düss OLGZ **76**, 476, Rpfleger **78**, 62 und **79**, 431 je mwN, sogar, wenn das verweisende Gericht ausschließlich zuständig ist, BGH LM § 276 aF Nr 18, vgl BAG BB **83**, 579, ferner Düss Rpfleger **76**, 186, Ffm MDR **79**, 851 mwN, Schlesw SchlHA **74**, 169, auch wenn die Verweisung in der BfgInstanz durch Urteil ausgesprochen wurde, BGH NJW **51**, 802, vgl BayVGH FamRZ **75**, 60. Ist für die Anspruchsgrundlagen eines einheitlichen prozessualen Anspruchs zum Teil das ordentliche Gericht, zum Teil das ArbG ausschließ-

1. Titel. Verfahren bis zum Urteil **§ 281** 3

lich zuständig und verweist das AG oder das ArbG zu Unrecht die Sache ans LG, so ist das LG (anders Anm 1 A) uneingeschränkt zuständig geworden, BGH NJW **64**, 46, erst recht bei mehreren Ansprüchen, BAG NJW **74**, 1840.

Der Zweck der Vorschrift, Anm 1 A, verbietet grundsätzlich jede Nachprüfung in der höheren Instanz, Schlesw SchlHA **74**, 169, selbst wenn das verweisende Gericht nicht ordnungsgemäß besetzt war, BGH NJW **51**, 802, Ffm Rpfleger **78**, 261 und MDR **79**, 851. Etwas anderes gilt aber in den Fällen des § 36, ferner dann, wenn das Gericht an ein anderes Gericht zur Prüfung der Zuständigkeit verweist, da das keine Verweisung nach § 281 ist, Celle MDR **53**, 111; s ferner B, C. Gegen einen Beschluß aus § 36 ist uU Verfassungsbeschwerde zulässig, BVerfG **29**, 50.

B. Bindung. a) Grundsatz. Der Beschluß bindet das andere Gericht, und zwar nicht nur wegen derjenigen Zuständigkeitsfrage, derentwegen er verwiesen hat, BAG BB **77**, 613, sondern auch hinsichtlich sonstiger Zuständigkeitsfragen, jedenfalls soweit das verweisende Gericht letztere (mit)geprüft hat, BGH **63**, 216, BAG BB **76**, 1564, Ffm MDR **79**, 851; das gilt auch im Mahnverfahren, BGH Rpfleger **78**, 13. Eine im Prozeßkostenhilfeverfahren beschlossene Verweisung an das damals zuständige Gericht kann auch für das nachfolgende Klageverfahren binden, BAG DB **81**, 2500. BGH NJW **79**, 2517 meint, die Bindung umfasse nicht die Unterfrage, welcher Spruchkörper desjenigen Gerichts funktionell zuständig sei, an das die Sache verwiesen wird. Diese Meinung ist eine Folge des heillosen gesetzgeberischen Durcheinanders bei der Schaffung der Familiengerichte. Deshalb ist eine eindeutige und im übrigen verfahrensmäßig einwandfreie Verweisung an ein FamG für dieses bindend, Köln FamRZ **82**, 944 mwN.

b) Ausnahmen. Jedoch sind folgende Einschränkungen zu beachten:

aa) Keine Bindungsabsicht. Der Beschluß bindet nur, soweit er binden will, BGH NJW **64**, 1416, BayObLG MDR **83**, 322 Nr 68 und 69, Ffm MDR **79**, 851 mwN, Hamm FamRZ **78**, 907, Zweibr FamRZ **79**, 840, AG Lübeck NJW **78**, 649. Somit bindet er nicht für die sachliche Zuständigkeit, wenn nur wegen der örtlichen Unzuständigkeit verwiesen wurde, vgl Düss Rpfleger **78**, 328; dann ist eine Weiterverweisung zulässig, BGH **LM** § 263 aF Nr 10. Deshalb ist auch bei einer Verweisung vom AG an das LG nur wegen des Streitwerts eine Weiter- oder Rückverweisung an ein ausschließlich zuständiges Gericht möglich, BayObLG MDR **83**, 322 Nr 68 mwN, auch an ein ArbG, BGH NJW **64**, 1416 (evtl ist § 36 Z 6 anwendbar, BGH **71**, 17, BAG NJW **74**, 1840, Schlesw SchlHA **74**, 169), auch ist eine Weiterverweisung von ArbG zu ArbG möglich (nicht aber eine Rückverweisung), BAG NJW **70**, 1702, oder eine Rückverweisung vom LG an das AG, wenn dieses § 29 a übersehen hatte, Düss Rpfleger **73**, 184, Mü MDR **72**, 151 und ZMR **73**, 84, Stgt Rpfleger **74**, 319, insofern aM Schlesw SchlHA **74**, 169 (eine Rückverweisung ist aber nicht möglich, wenn das AG § ?»a bewußt nicht angewendet hatte, LG Mannh MDR **74**, 235).

Zulässig ist eine Verweisung von der Berufungs- an die erstinstanzliche Kammer, Oldb NJW **73**, 810, aM zB Sprenger AcP **72**, 471 (aber sonst würde eine Verkürzung des Rechtszuges eintreten). Ist nur wegen der sachlichen Unzuständigkeit verwiesen worden, so bindet der Beschluß in der Regel auch für die örtliche Zuständigkeit; denn sie muß ja notwendig bei der sachlichen mitgeprüft worden sein, BayObLG MDR **83**, 322 Nr 69, Mü Rpfleger **76**, 108 (Ausnahmen gelten, wenn die örtliche Zuständigkeit eindeutig nicht geprüft wurde, BayObLG MDR **83**, 322 Nr 68 mwN, vgl ferner BGH **71**, 17 und NJW **78**, 888 betr eine Familiensache), aM BAG BB **81**, 616. Eine Weiterverweisung gemäß §§ 97ff GVG an die KfH bleibt möglich, Düss OLGZ **73**, 245.

An den an ein AG ergangenen Verweisungsbeschluß ist nur das AG als Ganzes, nicht sein Familiengericht, gebunden, soweit es sich nicht um eine Familiensache handelt, Düss Rpfleger **81**, 239.

bb) Irrtum. Hat das verweisende Gericht einen landesrechtlichen Spezialgerichtsstand offenbar übersehen, so ist eine Weiterverweisung zulässig, Mü NJW **72**, 61. Hatte das verweisende Gericht sich über die richtige Bezeichnung desjenigen Gerichts, an das es verweisen wollte, offenbar geirrt, zB einen falschen Ortsnamen gewählt, weil es die Bezirksgrenzen nicht kannte, so ist eine Weiterverweisung zulässig, aM Schlesw SchlHA **73**, 169, oder auch eine Rückgabe zur Berichtigung möglich, unten C. Ohne bindende Wirkung ist eine Verweisung an eine andere ZivK desselben Gerichts in derselben Instanz, BGH **26**, 182, weil es sich um eine Geschäftsverteilungsfrage handelt.

cc) Schwerer Verfahrensverstoß. Nicht bindend ist eine Verweisung ferner, wenn sie nicht mehr als eine im Rahmen des § 281 liegende Entscheidung anzusprechen ist, BGH **2**, 280. Bei derart schweren Verfahrensverstößen kommt es nicht darauf an, ob es für die

Verweisung ursächlich waren, BayObLG MDR **80**, 583. Insofern sind folgende Fallgruppen zu unterscheiden:

aaa) Willkür, Rechtsmißbrauch. Die Verweisung bindet nicht, soweit sie willkürlich ist, Oldb NJW **73**, 811, vgl auch Hbg FamRZ **78**, 906, oder soweit sie sonst rechtsmißbräuchlich ist, Schlesw SchlHA **74**, 169, wenn ihr zB jede gesetzliche Grundlage fehlt, BGH **28**, 350, BayObLG FamRZ **78**, 802 und MDR **80**, 583, Düss Rpfleger **79**, 431, vgl Düss FamRZ **79**, 155, Karlsr OLGZ **75**, 286, Köln FamRZ **77**, 797 (zu weitgehend), Mü FamRZ **79**, 722, Oldb FamRZ **78**, 796, AG Lübeck Rpfleger **82**, 110, vgl auch grundsätzlich Zweibr FamRZ **80**, 386 (zu § 620 b), wie bei einer Verweisung nur zur Kostenentscheidung, LG Tüb MDR **58**, 926 (anders verhält es sich bei § 91 a, Saarbr FamRZ **78**, 522).

bbb) Kein rechtliches Gehör. Die Verweisung bindet ferner nicht, soweit das Gericht das rechtliche Gehör nicht gewährt hatte, da dann ein Verstoß gegen Art 103 I GG (und jetzt § 278 III) vorliegt, BVerfG **61**, 40 mwN, BGH **71**, 73, NJW **82**, 1001), NJW **83**, 285, 1859, BayObLG MDR **80**, 583, Düss Rpfleger **78**, 62 und **79**, 431 je mwN, Ffm MDR **79**, 940, VersR **80**, 390 und MDR **80**, 583, insofern auch Hamm MDR **81**, 504, ferner Schlesw SchlHA **79**, 193, Stgt FamRZ **80**, 608, LG Gött ZMR **81**, 274, AG Lübeck Rpfleger **82**, 110, offen Bre OLGZ **75**, 477, abw Schneider DRiZ **83**, 24, vgl auch Saarbr FamRZ **78**, 521 (dies gilt nicht bei § 251). Das Gericht muß also auch den Ablauf seiner selbst gesetzten Frist abwarten, BVerfG **61**, 41.

Dieser Verstoß ist auch bei der Verweisung eines Antrags auf den Erlaß einer einstweiligen Verfügung zu beachten, Anm 2 D, aM BAG BB **82**, 313.

ccc) Keine Begründung. Die Verweisung bindet nicht, wenn mangels einer Begründung des Verweisungsbeschlusses nicht feststellbar ist, ob eine gesetzliche Grundlage angenommen worden war, Mü FamRZ **82**, 943 mwN. Zwar braucht der Beschluß schon wegen seiner Unanfechtbarkeit keine ausführliche Begründung zu enthalten; der bloße Satz ,,Es handelt sich um eine Familiensache" ist aber keine Begründung, Mü FamRZ **82**, 943.

ddd) Klagänderung. Bei einer nachträglichen Klagänderung ist eine Weiter- oder Rückverweisung zulässig, BGH NJW **62**, 1819, Ffm FamRZ **81**, 186, vgl auch KG NJW **59**, 2069, aber nicht auf Grund einer nunmehr getroffenen Parteivereinbarung, BGH NJW **63**, 585, Düss OLGZ **76**, 476, aM Celle MDR **57**, 679, Oldb MDR **62**, 60; vgl § 261 III 2.

Trotz der Bindungswirkung wegen der Zuständigkeit bleibt dasjenige Gericht, an das der Rechtsstreit verwiesen worden ist, in der Beurteilung der sachlichrechtlichen Fragen frei, LG Gött VersR **80**, 1180.

c) Beschwerde. Sie ist zulässig, § 567, wenn der Beschluß nicht einmal den allgemeinen Anforderungen des Gesetzes genügt, Kblz FamRZ **77**, 796, wenn etwa an ein OLG verwiesen wurde, § 567 Anm 1 C, abw BAG AP § 36 Nr 8 und NJW **72**, 1216 (Folge: § 36 Z 6), oder wenn der Kläger die Verweisung erst nach dem Verhandlungsschluß in einem ihm nicht nachgelassenen Schriftsatz beantragt hatte, AG Seligenstadt MDR **82**, 502; andernfalls würde ein gerichtliches Versehen die Partei ihres Rechts berauben.

d) Zurückverweisung. Hier sind folgende Situationen zu unterscheiden:

aa) Zulässigkeit. Verweist das grob verfahrensfehlerhaft für zuständig erklärte, in Wahrheit unzuständige Gericht zulässig zurück, so bindet diese Zurückverweisung das ursprünglich verweisende Gericht. Dieses kann auch nicht etwa zB jetzt die versäumte Anhörung nachholen und dann wirksam erneut an dasselbe Gericht verweisen, Ffm MDR **80**, 583.

bb) Unzulässigkeit. Verweist das Gericht unzulässig zurück, so entscheidet das im Rechtszug vorgeordnete Gericht, § 36 Z 6, BGH LM § 36 Z 6 Nr 1, BAG BB **73**, 754, Schlesw SchlHA **74**, 169, LG Bln FamRZ **77**, 820. Hat das Gericht, an das verwiesen wurde, sich vorher rechtskräftig für unzuständig erklärt, § 11, so geht diese Rechtskraft dem Verweisungsbeschluß vor, der Verweisungsbeschluß bindet also nicht, Mü NJW **56**, 187, Schlesw SchlHA **74**, 169, aM StJ IV 2. Einzelheiten § 36 Anm 3 E.

e) Internationale Zuständigkeit. Das bezeichnete Gericht darf und muß seine internationale Zuständigkeit prüfen, LG Itzehoe NJW **70**, 1010 wg BGH **44**, 46, vgl Üb 1 C vor § 12.

C. Berichtigung. Das verweisende Gericht darf seinen hinausgehenden Beschluß, § 329 Anm 4 A, grundsätzlich nicht ändern, wohl aber berichtigen, § 319, insbesondere bei einem offenbaren Irrtum über das wirklich zuständige Gericht, wobei nicht der Wortlaut, sondern der Sinn und Zweck des früheren wie des berichtigenden Beschlusses maßgeblich sind, BVerfG **29**, 50. Solange die Entscheidung nach einer mündlichen Verhandlung oder im schriftlichen Verfahren, § 128 II, III, nicht verkündet, im sonstigen Verfahren ohne eine notwendige mündliche Verhandlung nicht hinausgegeben worden ist, ist sie frei abänderlich.

1. Titel. Verfahren bis zum Urteil **§ 281** 3, 4

D. Anhängigkeit beim neuen Gericht. Mit der Verkündung (Mitteilung) ist die Sache kraft Gesetzes beim bezeichneten Gericht anhängig („gilt als anhängig" ist ein irreführender Ausdruck). Bei mehreren Verweisungsbeschlüssen ist der zuerst verkündete maßgeblich, Düss Rpfleger **75**, 102 mwN. Hat das AG verwiesen, ist jetzt das LG das erstinstanzliche Gericht, so daß eine Beschw in der Sache selbst an das OLG geht, Nürnb OLGZ **69**, 56. Auch ist keine Aufhebung der einstweiligen Verfügung durch das verweisende, aber bisher unzuständige Gericht mehr möglich, Stgt MDR **58**, 171, desgleichen nicht die Nachholung der unterlassenen Prüfung, ob ein Einspruch gegen das Versäumnisurteil des verweisenden Gerichts überhaupt zulässig war; hat das AG die ZwV eingestellt, nach dem ein Vollstreckungsbescheid ergangen war, so entscheidet über die dagegen eingelegte sofortige Beschw das OLG, Köln OLGZ **67**, 187, da das LG nicht gleichzeitig erstinstanzlich und als Beschwerdegericht tätig werden kann, zumal die Sache in ihrem ganzen Umfang, also auch in dem schon erlassenen Beschluß, nunmehr beim LG anhängig ist.

E. Weiteres Verfahren. Das verweisende Gericht entscheidet nicht mehr über eine Erinnerung gegen die Entscheidung seines Rpfl, Ffm Rpfleger **74**, 321, KG NJW **69**, 1816. Das verweisende Gericht hat dem anderen Gericht die Akten von Amts wegen zuzusenden; dieses bestimmt einen Termin und lädt von Amts wegen. Die Wahrung der Einlassungsfrist ist unnötig. Das bisherige Verfahren behält seine prozessuale Bedeutung, zB dauern die Wirkungen der Rechtshängigkeit an, die Bindung durch ein Geständnis usw; das neue Verfahren setzt das alte fort, Ffm Rpfleger **74**, 321 mwN, Hamm Rpfleger **76**, 142, LG Hann Rpfleger **77**, 453, Schultze NJW **77**, 412. Wird verwiesen, so sind auch Ausschlußfristen gewahrt, BGH **35**, 374, vgl auch § 253 Anm 2 E.

4) Kosten, III. A. Kostenentscheidung. a) Grundsatz. Die gesamten Prozeßkosten bilden ebenso wie das Verfahren eine Einheit. Das Gericht, an das verwiesen wurde, entscheidet allein über die Kosten. Das gilt auch, wenn die Gerichte verschiedenen Ländern angehören. Dagegen kann bei einer Verweisung von einem höheren an ein erstinstanzliches Gericht das Rechtsmittelgericht über die Kosten des Rechtsmittelverfahrens entscheiden, BGH **22**, 71, Hamm Rpfleger **76**, 142 mwN, auch bei einer Verweisung an ein VG, BGH ZMR **73**, 285 und JR **76**, 85, aber nicht bei einer Verweisung an ein LwG, BGH **12**, 267. Das Gericht, an das verwiesen worden ist, muß dem Kläger die durch die Anrufung des unzuständigen Gerichts erwachsenen Mehrkosten auferlegen, Schlesw SchlHA **80**, 220 (etwas anderes gilt nur bei einer abweichenden Regelung in einem Vergleich, § 98 Anm 2 B). Das gilt auch dann, wenn der Kläger in der Hauptsache siegt. Das gilt auch, wenn das Gericht nicht hätte verweisen dürfen.

b) Mehrkostenbegriff. Mehrkosten sind der Unterschied zwischen den dem Bekl tatsächlich entstandenen Kosten und denjenigen, die ihm nur entstanden wären, wenn er das zuständige Gericht sofort angerufen hätte, Bbg JB **77**, 809, Brschw JB **77**, 1776 mwN, Bre JB **78**, 1406, Düss MDR **80**, 321 mwN, Ffm VersR **80**, 876, Schlesw SchlHA **82**, 176, aM Hamm NJW **65**, 1025. Zu den Mehrkosten zählen namentlich die Kosten des anderen RA, Ffm VersR **80**, 876, wenn auch nicht schlechthin, denn er könnte als Verkehrsanwalt erforderlich gewesen sein, Ffm AnwBl **82**, 384 mwN, wie auch die Kosten für Informationsreisen zu dem nunmehr erforderlich gewordenen Anwalt zu berücksichtigen sind. Der Bekl braucht sich nicht schon im Hinblick auf eine mögliche Verweisung einen Anwalt auszusuchen, vgl Hartmann § 43 BRAGO Anm 6. Ist in der 2. Instanz verwiesen worden, so kommen nur die Mehrkosten der 1. Instanz in Frage. Ein Vergleich (er ist auslegbar) geht vor, Kblz JB **75**, 1109.

c) Einzelfragen. Bei einer Verweisung vom ArbG ans ordentliche Gericht gilt § 9 GKG, Hamm Rpfleger **76**, 142; desgleichen umgekehrt. Im Arbeitsgerichtsverfahren sind §§ 12, 12a ArbGG zu beachten (wegen des alten Rechts vgl 37. Auflage mwN). Bei einer Verweisung aus § 506 gilt S 2 nicht. Wegen des Mahnverfahrens § 696 V.

Gebühren: § 33 GKG, wegen eines Vorschusses Anh § 271 Anm 2 A e. Mehrere Anwalte können getrennt berechnen.

B. Verstoß. Wird die Auferlegung der Kosten versäumt, dann darf der Rpfl im Kostenfestsetzungsverfahren nicht abhelfen. Regelmäßig liegt dann eine unvollständige Entscheidung vor und hat eine Urteilsergänzung nach § 321 einzutreten; denn wenn alle Kosten dem Bekl auferlegt sind, dann sind die Mehrkosten einfach übersehen worden. Ist das nicht mehr möglich, kann der Rpfl eine Ergänzung auch nicht mit der Erwägung nachholen, daß diese Kosten nicht notwendig gewesen seien, § 91 I. Der, freilich unrichtige, Urteilsausspruch bleibt für ihn bindend, Einf 2 B vor §§ 103–107. So zB KG MDR **76**, 405 (auch betr einen ProzVgl) mwN, Mü Rpfleger **79**, 388 und 465, Schlesw SchlHA **76**, 14, Zweibr JB **75**, 1248 mwN, Schmidt NJW **75**, 984, abw Köln JB **74**, 98 mwN (der Beschluß sei bindend, aber seine Notwendigkeit sei zu prüfen), aM zB Ffm MDR **81**, 58, Hamm Rpfleger **75**, 66 und JB **76**, 101 (zustm Mümmler), Saarbr NJW **75**, 983 je mwN.

Mit einer Auslegung, die grundsätzlich zulässig ist, Einf 2 B vor §§ 103–107, hat das nichts zu tun; die richterliche Entscheidung umfaßt auch dann, wenn § 281 übersehen wurde, wie sich aus seinem Wortlaut ergibt, die gesamten Kosten, sie kann vom Rpfl nicht korrigiert werden, wenn schon ihre Richtigstellung durch das Gericht, § 321, nicht möglich ist. Die beim unzuständigen Gericht erwachsenen Säumniskosten trägt der Säumige.

5) *VwGO*: Es gelten §§ 83, 155 IV VwGO. Ergänzend ist **III 2** entsprechend anzuwenden, und zwar auch bei Verweisung in einen anderen Rechtsweg, wenn die Anrufung des Gerichts nicht vom Beklagten (durch unrichtige Rechtsmittelbelehrung) verschuldet worden ist, § 155 V VwGO, BVerwG Buchholz 310 § 155 Nr 6 mwN, BayObLG BayVBl **82**, 221, VGH Mü BayVBl **73**, 323, im Ergebnis auch Walenta NJW **72**, 1311; aM VGH Mü NJW **71**, 2091 (nur § 155 IV u V VwGO) und für den Fall der Verweisung vom Zivilgericht an das VG OVG Bln NJW **72**, 839 (nur § 281 III 2).

Anhang nach § 281
I. Abgabe in Hausratssachen

§ 18 VO 21. 10. 44, RGBl I 256. [I] Macht ein Beteiligter Ansprüche hinsichtlich der Ehewohnung oder des Hausrats (§ 1) in einem Rechtsstreit geltend, so hat das Prozeßgericht die Sache insoweit an das nach § 11 zuständige Familiengericht abzugeben. Der Abgabebeschluß kann nach Anhörung der Parteien auch ohne mündliche Verhandlung ergehen. Er ist für das in ihm bezeichnete Gericht bindend.

[II] Im Falle des Abs. 1 ist für die Berechnung der im § 12 bestimmten Frist der Zeitpunkt der Klageerhebung maßgebend.

§ 11 VO 21. 10. 44, RGBl I 256. [I] Zuständig ist das Gericht der Ehesache des ersten Rechtszuges (Familiengericht).

[II] Ist eine Ehesache nicht anhängig, so ist das Familiengericht zuständig, in dessen Bezirk sich die gemeinsame Wohnung der Ehegatten befindet. § 606 Abs. 2, 3 der Zivilprozeßordnung gilt entsprechend.

[III] Wird, nachdem ein Antrag bei dem nach Absatz 2 zuständigen Gericht gestellt worden ist, eine Ehesache bei einem anderen Familiengericht rechtshängig, so gibt das Gericht im ersten Rechtszug das bei ihm anhängige Verfahren von Amts wegen an das Gericht der Ehesache ab. § 281 Abs. 2, 3 Satz 1 der Zivilprozeßordnung gilt entsprechend.

1) Allgemeines. Die VO v 21. 10. 44, RGBl 256 (6. DVO EheG), sieht keine Verweisung vor, sondern eine Abgabe. Das ist ein Unterschied: **a)** Die Abgabe hat von Amts wegen zu geschehen; **b)** das Verfahren vor dem Gericht der Abgabe ist keine Fortsetzung des Verfahrens vor dem abgebenden Prozeßgericht, schon weil es anderer Art ist, kein Prozeß-, sondern ein Verfahren der freiwilligen Gerichtsbarkeit. Für die Gerichts- und Anwaltskosten bestimmt freilich § 23 VO, daß sie als Teil der Kosten des Verfahrens vor dem übernehmenden Gericht zu behandeln sind, KG FamRZ **74**, 197.

2) Voraussetzungen der Abgabe, I. A. Einigungsmangel. Es muß sich um einen Fall handeln, in dem bisherige Ehegatten sich nach der Trennung, Scheidung, Aufhebung oder Nichtigerklärung der Ehe (§§ 1, 25 VO) nicht darüber einigen können, wer von ihnen künftig die Ehewohnung bewohnen oder die Wohnungseinrichtung oder den sonstigen Hausrat erhalten soll. Für einen solchen Fall sieht die VO eine auf Antrag stattfindende Regelung durch den Richter der freiwilligen Gerichtsbarkeit vor; ein Streitverfahren findet nur vor dem FamGer zum Zweck einer einstweiligen Anordnung im Eheverfahren statt, § 19 VO, s bei § 620ff. Darum hat das Prozeßgericht, wenn es außerhalb dieses Falls angerufen ist, die Sache ans zuständige FamGer abzugeben.

Eine Hausratssache liegt auch vor, soweit es um eine andere als die in § 1 HausrVO und in § 1361a BGB genannte Eigentums- oder Besitzstreitigkeit zwischen getrennt oder in Scheidung lebenden Eheleuten über Haushaltsgegenstände geht, Hbg FamRZ **80**, 250, LG Bochum FamRZ **83**, 166 mwN.

Eine Hausratssache liegt nicht vor, wenn der Streit der Eheleute nur um eine Nutzungsentschädigung für die Vergangenheit geht, Hbg FamRZ **82**, 941.

B. Anspruch eines Beteiligten. Es muß sich weiter handeln um den Anspruch eines „Beteiligten". Beteiligt sind nach § 7 VO nicht nur die Ehegatten, sondern auch der Vermieter der Ehewohnung, der Grundstückseigentümer, Personen, mit denen die Gatten oder ein Gatte hinsichtlich der Wohnung in Rechtsgemeinschaft stehen, bei Dienstwohnung auch der Dienstherr.

3) Entscheidung. Das Prozeßgericht prüft, ob die Voraussetzungen Anm 2 vorliegen. Trifft das einwandfrei von vornherein zu, so kann es ohne mündliche Verhandlung abgeben. Andernfalls muß es die Parteien hören, um ein klares Bild zu gewinnen; es kann das in mündlicher Verhandlung tun, aber auch schriftlich. Ob die Frist des § 12 VO eingehalten ist, berührt das Prozeßgericht nicht; darüber befindet das Gericht der Abgabe. Das Prozeßgericht hat in keinerlei sachliche Verhandlung einzutreten. Das Fehlen der örtlichen Zuständigkeit ist ein wichtiger Grund für das AG, die Sache ans örtlich zuständige AG weiterzugeben, § 11 II VO.

Die Entscheidung erfolgt durch verkündeten oder formlos mitgeteilten Beschluß. Der Beschluß bindet das AG, an das abgegeben ist, Düss OLGZ **69**, 385, auch wenn sie falsch ist, Schlesw SchlHA **80**, 212. Die Bindungswirkung tritt auch innerhalb desselben AG im Verhältnis zwischen seiner Zivilprozeßabteilung und seinem Familiengericht ein, Ffm FamRZ **81**, 479. Die Bindung ergreift aber nicht die Frage, nach welchen Verfahrensregeln das nunmehr zuständige Gericht zu entscheiden hat, Hbg FamRZ **82**, 941.

4) Rechtsmittel. Gegen den Beschluß ist die einfache Beschwerde zulässig, §§ 13 I VO, 19 FGG; § 14 VO steht nicht entgegen, zumal der Beschluß nach §§ 11, 18 VO zwar bindend, nicht aber für unanfechtbar erklärt ist, vgl dagegen § 281 II. § _() ist unanwendbar, da auch das ProzG den Sonderregeln der VO (und damit FGG) bei der Abgabe unterworfen ist, vgl Karlsr FamRZ **76**, 93 mwN, aM zB BayObLG FamRZ **82**, 399, Düss NJW **67**, 452, Mü NJW **68**, 994, Schlesw SchlHA **74**, 169, offen Düss Rpfleger **78**, 327. Vgl auch § 281 Anh II Anm 4.

II. Abgabe nach dem Wohnungseigentumsgesetz

§ 46 G v 15. 3. 51, BGBl I 175. **¹** **Werden in einem Rechtsstreit Angelegenheiten anhängig gemacht, über die nach § 43 Abs. 1 im Verfahren der freiwilligen Gerichtsbarkeit zu entscheiden ist, so hat das Prozeßgericht die Sache insoweit an das nach § 43 Abs. 1 zuständige Amtsgericht zur Erledigung im Verfahren der freiwilligen Gerichtsbarkeit abzugeben. Der Abgabebeschluß kann nach Anhörung der Parteien ohne mündliche Verhandlung ergehen. Er ist für das in ihm bezeichnete Gericht bindend.**

ᴵᴵ Hängt die Entscheidung eines Rechtsstreits vom Ausgang eines in § 43 Abs. 1 bezeichneten Verfahren ab, so kann das Prozeßgericht anordnen, daß die Verhandlung bis zur Erledigung dieses Verfahrens ausgesetzt wird.

Schrifttum: Kapellmann MDR **69**, 620.

1) Allgemeines. Nach § 1 WEG ist die Begründung folgender Eigentumsformen möglich: **a)** Wohnungseigentum, dh Sondereigentum an einer Wohnung; **b)** Teileigentum, dh das Sondereigentum an nicht zu Wohnzwecken dienenden Räumen eines Gebäudes, in den Fällen a und b in Verbindung mit dem Miteigentumsanteil an dem gemeinschaftlichen Eigentum, zu dem es gehört. Die Verwaltung des gemeinschaftlichen Eigentums erfolgt durch die Wohnungseigentümer gemeinschaftlich, § 21 WEG, oder durch einen Verwalter. Das Verfahren in Wohnungseigentumssachen ist das der freiwilligen Gerichtsbarkeit, § 43 WEG. Mangels Vorliegens der allgemeinen Prozeßvoraussetzungen erfolgt keine Abgabe, sondern eine Abweisung durch ein Prozeßurteil, § 56 Anm 1 A usw, Kblz NJW **77**, 57.

Es erfolgt keine Verweisung, sondern eine Abgabe, vgl dazu Anh I Anm 1; also ist § 281 nicht anwendbar. Für die Kosten vor dem Prozeßgericht hinsichtl Gerichts- und Anwaltskosten ist das Verfahren vor dem Prozeßgericht als Teil des Verfahrens vor dem übernehmenden Gericht zu behandeln, § 50 WEG.

2) Voraussetzungen der Abgabe, I. Es muß sich um Angelegenheiten des § 43 I handeln. Hierzu zählen folgende Situationen:

A. Rechte und Pflichten des Wohnungseigentümers. Es muß sich um die sich aus der Gemeinschaft (wegen der erst künftigen BGH **65**, 266 und **LM** § 43 WEG Nr 3) der Wohnungseigentümer, KG OLGZ **77**, 1 mwN, und aus der Verwaltung, auch Benutzung, Stgt OLGZ **74**, 410, des gemeinschaftlichen Eigentums ergebenden Rechte und Pflichten der Wohnungseigentümer untereinander handeln (nicht, soweit einer dieser Beteiligten als Vertragspartner der anderen oder zB als Nachbar auftritt; dann ist der ordentliche Rechtsweg gegeben, BGH NJW **74**, 1552, ebenso bei einem Streit wegen des Umfangs des Sondereigentums, Karlsr NJW **75**, 1977). Eine Ausnahme bildet der Anspruch im Falle der Aufhebung der Gemeinschaft, § 17 WEG, und der Anspruch auf Entziehung des Wohnungseigentums, §§ 18, 19 WEG.

Die Abgabe erfolgt im oder nach dem Mahnverfahren, § 688 Anm 1 A b, und zwar nur durch den Richter, LG Schweinf MDR **76**, 149, Vollkommer Rpfleger **76**, 3 mwN.

B. Rechte und Pflichten des Verwalters. Es kann sich auch um die Rechte und Pflichten des Verwalters bei der Verwaltung des gemeinschaftlichen Eigentums handeln, auch zu der Frage, ob die Verwalterbestellung wirksam ist, KG OLGZ **76**, 267, oder bei einem Streit über einen Anspruch aus dem Verwaltervertrag, BGH **59**, 59, Hamm NJW **73**, 2301, Schlesw SchlHA **80**, 54 je mwN, aM zB BayObLG **72**, 140, oder über Abwicklungspflichten des Abberufenen, BayObLG OLGZ **70**, 198, abw Merle-Trautmann NJW **73**, 122, nicht wegen der Tätigkeit als Baubetreuer vor einer wenigstens tatsächlichen Bindung der Gemeinschaft, BGH **65**, 267.

C. Verwalterbestellung. Es kann um die Bestellung eines Verwalters in dringenden Fällen handeln, § 26 II WEG.

D. Beschluß der Wohnungseigentümer. Es kann sich schließlich um die Gültigkeit eines Beschlusses der Wohnungseigentümer handeln.

3) Entscheidung. Liegen die Voraussetzungen vor, so erfolgt die Abgabe durch Beschluß, in der Rechtsmittelinstanz durch Urteil, BGH **10**, 163, und zwar, sofern die Sache zweifelsfrei ist, ohne mündliche Verhandlung. In jedem Fall sind die Parteien vorher zu hören, was auch schriftlich geschehen kann. Abgegeben wird an das AG, in dessen Bezirk das Grundstück liegt, § 43 I WEG; nach einer Abgabe an das falsche AG ist eine Weiter- oder Rückabgabe an das richtige zulässig, BayObLG NJW **70**, 1550 (abw BayObLG DNotZ **74**, 79, falls das OLG verweist); für dieses Empfängergericht ist der Abgabebeschluß bindend, Karlsr OLGZ **75**, 286, Vollkommer Rpfleger **76**, 4 je mwN. BGH **78**, 60 mwN erklärt auch eine Abgabe vom Gericht der freiwilligen Gerichtsbarkeit an das Prozeßgericht mit einer das letztere grundsätzlich bindenden Wirkung für zulässig.

4) Rechtsmittel. Zulässig ist die einfache Beschwerde, §§ 43 I WEG, 19 FGG; die §§ 45, 58 WEG stehen nicht entgegen, zumal der Beschluß nach § 46 I WEG zwar bindend, aber nicht für unanfechtbar erklärt ist, vgl dagegen § 281 II. § 567 ist unanwendbar, da auch das ProzG den Sonderregeln des WEG (und damit des FGG) bei der Abgabe unterworfen ist. Vgl auch § 281 Anh I Anm 4. Wie hier zB Kblz ZMR **77**, 87 mwN, abw zB Köln OLGZ **79**, 19 mwN (§ 567 sei anwendbar), aM zB Hamm Rpfleger **78**, 25 mwN, Karlsr NJW **69**, 1442 (abl Merle dort 1859).

Ob § 17 GVG für eine Verweisung vom Prozeßgericht an das FGG-Gericht entsprechend anwendbar ist, vgl BGH **40**, 1, kann offen bleiben. Die Vorschrift ist jedenfalls bei einer Verweisung vom FGG-Gericht an das Prozeßgericht entsprechend anwendbar, KG OLGZ **79**, 152 mwN.

III. Abgabe nach dem Verfahrensgesetz in Landwirtschaftssachen

§ 12 LwVG. [I] Hält das Gericht sich für unzuständig, so hat es die Sache an das zuständige Gericht abzugeben. Der Abgabebeschluß kann nach Anhörung der Beteiligten ohne mündliche Verhandlung ergehen. Er ist für das in ihm bezeichnete Gericht bindend. Im Falle der Abgabe an ein Gericht der streitigen Gerichtsbarkeit gilt die Rechtshängigkeit der Sache in dem Zeitpunkt als begründet, in dem der bei dem für Landwirtschaftssachen zuständigen Gericht gestellte Antrag dem Beteiligten bekanntgemacht worden ist, der nach der Abgabe Beklagter ist. § 270 Abs. 3 der Zivilprozeßordnung ist entsprechend anzuwenden.

[II] Wird in einem Rechtsstreit eine Landwirtschaftssache anhängig gemacht, so hat das Prozeßgericht die Sache insoweit an das für Landwirtschaftssachen zuständige Gericht abzugeben. Absatz 1 Satz 2, 3 ist anzuwenden.

[III] Für die Erhebung der Gerichtskosten ist das Verfahren vor dem abgebenden Gericht als Teil des Verfahrens vor dem übernehmenden Gericht zu behandeln.

1) Abgabe ans Prozeßgericht, I. A. Verfahren. Hält das Landwirtschaftsgericht das Prozeßgericht für zuständig, so hat es, ohne daß es eines Antrages bedarf, die Sache an das

1. Titel. Verfahren bis zum Urteil   **Anh III § 281, § 282**

Prozeßgericht abzugeben. Vorher erfolgt eine Anhörung der Parteien, ohne daß hiervon die Wirksamkeit der Abgabe abhängig wäre; an die Anträge der Parteien ist das Gericht nicht gebunden. Mündliche Verhandlung ist freigestellt; der Vorsitzende kann allein entscheiden, § 20 I Z 3 LwVG.

Als rechtshängig wird bei der Verweisung die Sache von dem Zeitpunkt ab angesehen, in dem der bei dem LwG gestellte Antrag dem Beteiligten, der nunmehr Bekl ist, bekanntgemacht worden ist. Ist erheblich, ob durch den Antrag eine Frist gewahrt oder die Verjährung unterbrochen ist, so ist die Einreichung des Antrags beim LwG maßgebend, wenn die Bekanntmachung demnächst erfolgt ist, § 270 III ZPO.

B. Entscheidung. Der Beschluß, der keine Entscheidung in der Hauptsache ist, BGH **LM** Nr 2, ist zu begründen, § 21 LwVG. Er ist für das Prozeßgericht bindend. Im Prozeßkostenhilfeverfahren gilt dasselbe wie § 281 Anm 1 A, Hbg NJW **73**, 813.

C. Rechtsmittel. Gegen den Beschluß ist die sofortige Beschwerde zulässig, § 22 LwVG, zumal der Beschluß nach § 12 LwVG nicht für unanfechtbar erklärt ist, vgl dagegen § 281 II. § 567 ist unanwendbar, da auch das ProzG den Sonderregeln des LwVG bei der Abgabe unterworfen ist, vgl § 9 LwVG; aM (einfache Beschwerde) Hbg RdL **54**, 183, Wöhrmann-Herminghausen 12. Es entscheidet das OLG. Wird der Beschluß durch das Beschwerdegericht aufgehoben, so entfällt damit auch die Anhängigkeit beim Prozeßgericht.

2) Abgabe ans Landwirtschaftsgericht, II. A. Verfahren. Im umgekehrten Fall wie Anm 1 A hat das Prozeßgericht an das LwG zu verweisen. Ist der Anspruch außer auf Landpachtvertrag auch auf eine unerlaubte Handlung gestützt, so kann aber wegen der letzteren nicht an das LwG verwiesen werden, BGH RdL **52**, 189.

B. Entscheidung. Der Beschluß ergeht nur nach Anhörung der Parteien, II 2, aber ohne Bindung an deren Anträge und in jeder Lage des Verfahrens von Amts wegen, Celle MDR **76**, 586 mwN. Also anders als nach § 281 erfolgt auch dann keine Abweisung der Klage. Auch dieser Beschluß ist zu begründen und ist für das LwG, nicht aber für die Parteien bindend, amtl Begründung, vgl oben Anm 1 (eine dem § 281 II 1. Halbsatz ZPO entsprechende Vorschrift fehlt). Es greift also die Sonderregelung des § 12 LwVG ein.

C. Rechtsmittel. Es gelten dieselben Regeln wie Anm 1 C.

3) Kosten, III. Für die Kostenregelung ist maßgebend, welches Gericht endgültig über die Sache entscheidet; die Sache wird also im Falle der Abgabe auch bezüglich der Gerichtskosten so angesehen, als wenn sie immer bei diesem Gericht anhängig gewesen wäre („als Teil des Verfahrens vor dem übernehmenden Gericht zu behandeln"). Eine Entscheidung des abgebenden Gerichts über die durch seine Anrufung entstandenen Mehrkosten ist unzulässig, BGH **12**, 254.

282 *Rechtzeitiges Vorbringen.* ^I Jede Partei hat in der mündlichen Verhandlung ihre Angriffs- und Verteidigungsmittel, insbesondere Behauptungen, Bestreiten, Einwendungen, Einreden, Beweismittel und Beweiseinreden, so zeitig vorzubringen, wie es nach der Prozeßlage einer sorgfältigen und auf Förderung des Verfahrens bedachten Prozeßführung entspricht.

^{II} Anträge sowie Angriffs- und Verteidigungsmittel, auf die der Gegner voraussichtlich ohne vorhergehende Erkundigung keine Erklärung abgeben kann, sind vor der mündlichen Verhandlung durch vorbereitenden Schriftsatz so zeitig mitzuteilen, daß der Gegner die erforderliche Erkundigung noch einzuziehen vermag.

^{III} Rügen, die die Zulässigkeit der Klage betreffen, hat der Beklagte gleichzeitig und vor seiner Verhandlung zur Hauptsache vorzubringen. Ist ihm vor der mündlichen Verhandlung eine Frist zur Klageerwiderung gesetzt, so hat er die Rügen schon innerhalb der Frist geltend zu machen.

Schrifttum: Dölle, Pflicht zur redlichen Prozeßführung? Festschrift für Riese (1964) 279; Grunsky, Taktik im Zivilprozeß, 2. Aufl 1983; Stürner, Die Aufklärungspflicht der Parteien des Zivilprozesses, 1976 (Bespr Bergmann-Franke FamRZ **78**, 744, Schneider NJW **77**, 428).

1) Allgemeines. Während vor allem die §§ 272, 273 das Gericht zu einer konzentrierten Verfahrensführung anhalten, Schneider MDR **77**, 796, enthält § 282 den Grundsatz der allgemeinen Prozeßförderungspflicht der Parteien, vgl auch Grdz 2 E vor § 128. Diese Pflicht ist durch die VereinfNov von 1977 erheblich verstärkt worden, Ffm MDR **80**, 943, AG Lübeck WM **83**, 52. Ihre Verletzung kann zumindest zur Zurückweisung gemäß § 296

II, wenn nicht nach § 296 I führen. Die Prozeßförderungspflicht gilt für beide Parteien, Hamm MDR **80**, 147. Dieser Grundsatz findet vor der mündlichen Verhandlung, §§ 277 I, 282 II, III 2, Hartmann AnwBl **77**, 90, wie in ihr und erst recht vor einer weiteren Verhandlung Anwendung, I, III 1, Celle VersR **83**, 187. In Ehesachen gilt er abgeschwächt, § 611 I, freilich auch § 615. In der Berufungsinstanz gelten §§ 527–529. § 282 gilt gemäß § 523 auch für die Anschlußberufung, BGH **83**, 373. Die in erster Instanz siegreiche Partei kann sich in der Berufungserwiderung grundsätzlich auf eine Verteidigung des angefochtenen Urteils und auf eine kritische Auseinandersetzung mit den Argumenten des Berufungsklägers beschränken, BGH NJW **81**, 1378.

Ein nicht rechtzeitiges Vorbringen kann zu einer Nachfrist gem § 283 veranlassen.

2) Angriffs- und Verteidigungsmittel, I, II. Die Begriffe sind weit zu verstehen, BGH VersR **82**, 346. Sie umfassen tatsächliche Behauptungen, das Bestreiten, Beweismittel und Beweiseinreden, sachlichrechtliche Erklärungen, etwa eine Aufrechnung, evtl auch rechtliche Ausführungen, vgl Anm 4, insofern aM Deubner NJW **77**, 921. Zulässigkeitsrügen sind besonders geregelt, III, obwohl sie begrifflich zu den Angriffs- und Verteidigungsmitteln zu zählen sind. Vgl Einl III 7 B.

Ein Angriffs- oder Verteidigungsmittel liegt erst dann vor, wenn eine Partei es überhaupt einführt, AG Lübeck WM **83**, 52.

Die Widerklage ist kein Angriffs- oder Verteidigungsmittel, Anh § 253 Anm 1 B, sie ist also bis zum Schluß der mündlichen Verhandlung, auf die das Urteil ergeht, zulässig, BGH VersR **82**, 346 mwN. Eine Klagänderung ist kein Verteidigungsmittel, sondern ein (neuer) Angriff, Karlsr NJW **79**, 879.

3) Rechtzeitiges Vorbringen, I. A. Möglichkeiten. Maßgeblich ist die Prozeßlage. Beide Parteien müssen je nach den objektiven Anforderungen der Prozeßlage sorgfältig und auf Prozeßförderung bedacht vorgehen. Es besteht also keineswegs der Zwang, von vornherein tatsächlich oder gar rechtlich erschöpfend alles auch nur ganz eventuell im Prozeßverlauf einmal Erhebliche vorzutragen und unter Beweis zu stellen, so auch BVerfG **54**, 126, vgl Oldb VersR **81**, 341; das würde der dringend notwendigen Konzentration auf das Wesentliche widersprechen und könnte sogar zur Verzögerung des Rechtsstreits führen, BVerfG **54**, 126.

In den Grenzen der Wahrheits- und Lauterkeitspflicht, § 138, Grdz 2 G vor § 128, ist eine gewisse Prozeßtaktik zulässig. Keine Partei braucht sich selbst ans Messer zu liefern, und es kann zweckmäßig sein, bestimmte Gesichtspunkte zurückzuhalten, solange nicht die Entwicklung des Prozesses oder eine Auflage des Gerichts, zB gemäß § 273 II, die Einführung des Gesichtspunkts erfordert, BVerfG **54**, 126.

Der Bekl mag zB mit der Einrede der Verjährung zurückhalten, bis objektiv erkennbar wird, daß der Anspruch des Klägers ausreichend dargelegt bzw bewiesen wurde oder daß die Behauptung des Bekl, er habe den Anspruch erfüllt, nicht erweisbar ist, strenger Leipold ZZP **93**, 260, Schneider MDR **77**, 795. Selbst eine auf Grund der Verjährungseinrede jetzt erst mögliche Beweisaufnahme mag keineswegs zu versagen sein, weil der Bekl sich durchaus verständlich nicht nachsagen zu lassen braucht, er habe nur das moralisch oft umstrittene Notmittel der Verjährung einsetzen können. Die Prozeßlage ist mithin unter Beachtung der Interessen aller Beteiligten abzuschätzen.

B. Grenzen der Möglichkeiten. Andererseits ist keineswegs eine tröpfchenweise Information des Gerichts und des Gegners zulässig, nur um Zeit zu gewinnen, Ffm MDR **82**, 329, insofern richtig auch Leipold ZZP **93**, 240, oder den Gegner zu zermürben. Bei einem unkomplizierten und übersichtlichen Sachverhalt ist eine alsbaldige einigermaßen umfassende Klagebegründung oder Klagerwiderung notwendig, LG Kblz NJW **82**, 289 (zustm Deubner). Wenn sich auf denselben Anspruch mehrere selbständige Angriffs- oder Verteidigungsmittel beziehen, dann darf die Partei sich grundsätzlich nicht auf das Vorbringen einzelner von ihnen beschränken, selbst wenn sie nach dem Sach- und Streitstand davon ausgehen darf, daß diese für die Rechtsverfolgung oder Rechtsverteidigung ausreichen, vgl auch Flieger MDR **78**, 535; die vom Rechtsausschuß (BT-Drs 7/5250) empfohlene Zulassung der umgekehrten Möglichkeit ist auf Wunsch des BR (Drs 386/1/76) vom Vermittlungsausschuß (BT-Drs 7/5565) abgelehnt worden, um die Prozeßförderungspflicht nicht zu verwässern.

Daher ist zB bei einer Zahlungsklage mit einer Hauptbegründung aus einem Kaufvertrag eine Hilfsbegründung mit Tatsachen betr eine unerlaubte Handlung oder eine ungerechtfertigte Bereicherung nur solange entbehrlich, wie hochgradig mit dem Erfolg der Hauptbegründung gerechnet werden kann. Bei einer Verteidigung gegen den Vertragsanspruch mit der Behauptung, die Schuld sei erfüllt worden, ist eine Hilfsaufrechnung notwendig, sobald die Beweisbarkeit der Erfüllung objektiv fraglich wird (das mag allerdings erst nach einer Beweisaufnahme der Fall sein), strenger Schneider MDR **77**, 796. Bloße Nachlässigkeit, gar eine Verschleppungsabsicht sind schädlich. Das Gericht sollte gerade nach der VereinfNov jeden Ansatz zu einem erneuten Zurückfallen in den altbekannten Schlendrian der Parteien energisch unterbinden. Ein Verschulden des gesetzlichen Vertreters und des ProzBev gilt als solches der Partei, §§ 51 II, 85 II, vgl auch BGH VersR **83**, 562.

Eine Partei muß auch eine sog negative Tatsache, also das Fehlen von Umständen, darlegen, soweit das für ihren Angriff oder ihre Verteidigung erheblich ist. Aus Darlegungsschwierigkeiten folgt keine Umkehr der Darlegungslast, sondern nach Treu und Glauben die Aufgabe des Gegners, sich nicht mit einem einfachen Bestreiten zu begnügen, sondern im einzelnen darzulegen, daß die von ihm bestrittene Behauptung unrichtig sei, BGH NJW **81**, 577. Das Gericht darf freilich diese Anforderungen nicht überspannen, BGH NJW **81**, 577. Zur Aufklärungspflicht der nicht beweisbelasteten Partei Arens ZZP **96**, 1.

C. Verstoß. Es gilt § 296 Anm 3. Im schriftlichen Verfahren, § 128 II, III, ist dies entsprechend anwendbar, BR-Drs 551/74.

4) Rechtzeitiger Schriftsatz, II. Während I das Verhalten in der mündlichen Verhandlung, sei sie ein früher erster Termin oder ein Haupttermin, behandelt, Deubner NJW **77**, 923, erfaßt II, den zB KG NJW **80**, 2362 nicht genug beachtet, Angriffs- und Verteidigungsmittel, Begriff Anm 2, und außerdem Anträge aller Art vor der mündlichen Verhandlung, also vor dem frühen ersten Termin, zwischen ihm und dem Haupttermin und im schriftlichen Vorverfahren sowie zwischen dem Haupttermin und einem etwaigen weiteren Verhandlungstermin. Die Anwendungsbereiche von II und von § 277 I, IV sowie von § 132 überlappen sich zum Teil. Dies gilt nur im AnwProz, § 129 I; eine etwaige Anordnung im ParteiProz gemäß § 129 II fällt jedenfalls nicht unter II, sondern zB unter § 273 II Z 1. II bezieht sich, anders als § 272 aF, auch auf Rechtsausführungen. Der Schriftsatz ist so rechtzeitig einzureichen, daß der Gegner sich noch im erforderlichen Umfang dazu zu erkundigen vermag.

Aus II folgt, daß auch das Gericht dem Gegner die nötige Zeit lassen muß. Was für eine Versäumnisentscheidung zeitig genug ist, sagt § 132; im übrigen ist zu berücksichtigen, daß der Anwalt zunächst seine Partei benachrichtigen muß und daß diese auch noch etwas anderes zu tun hat, als den Prozeß zu führen. Freilich ist wegen der jetzt gesteigerten Prozeßförderungspflicht und der Folgen gemäß §§ 296 II, 283 keine Langatmigkeit mehr zulässig. BGH VersR **82**, 346 hält in einem etwas umfangreicheren Fall eine Einreichung spätestens etwa drei Wochen vor der mündlichen Verhandlung für notwendig. Bei einem Verstoß gilt § 296 Anm 3.

5) Zulässigkeitsrüge, III. A. Grundsatz. Gemeint sind nicht nur alle prozeßhindernden Einreden des § 274 aF, sondern sämtliche Prozeßhindernisse und Prozeßvoraussetzungen, vgl BR-Drs 551/74, also auch alle von Amts wegen zu prüfenden, § 296 Anm 4 A, bei denen die Rüge natürlich nur eine Anregung, das Unterlassen der Rüge prozessual belanglos ist. Alle Rügen sind gleichzeitig vorzubringen; dabei gibt es keinerlei logisches, prozessuales oder praktisches Eventualverhältnis, Schröder ZZP **91**, 305. III ist entspr anwendbar auf Rügen des Klägers, die also uU innerhalb einer diesem gesetzten Frist vorzubringen sind, §§ 275 IV, 276 III, 277 IV, Schröder ZZP **91**, 313.

B. Einzelfälle. Eine echte Rüge ist nur in folgenden Fällen notwendig:

a) Unzuständigkeit. Eine Rüge ist im Fall der Unzuständigkeit nach den §§ 529 II, 549 II erforderlich. Wie die sachliche Zuständigkeit behandelt das Gesetz die Zuständigkeit der zu Patentgerichten bestellten LG, § 78 b GVG Anh I Anm 2, BGH **8**, 21. Der Streit, ob ein ArbG oder ein VG zuständig ist, geht um die Zulässigkeit des Rechtswegs, BAG JZ **62**, 316. Eine Rüge führt in der Regel nur zur Verweisung, §§ 281 ZPO, 48 ArbGG, BAG BB **76**, 513. Dies ist zumindest entspr anwendbar auf die internationale Unzuständigkeit, vgl BGH DB **76**, 1009, Kblz FamRZ **74**, 190 mwN (zum alten Recht). Bre MDR **80**, 410 wendet III entsprechend an, wenn der Bekl rügt, nicht die Zivilkammer sei zuständig, sondern die Kammern für Handelssachen.

b) Schiedsgericht. Eine Rüge ist im Fall der Zuständigkeit eines Schiedsgerichts, § 1027a, erforderlich. Voraussetzung ist ein Schiedsverfahren iSv §§ 1025ff, mag es auf einem Schiedsvertrag oder einer Verfügung nach § 1048 beruhen; für das arbeitsgerichtliche Verfahren gelten §§ 101ff ArbGG. Auch der Konkursverwalter ist an den vom Gemeinschuldner eingegangenen Schiedsvertrag gebunden, BGH **24**, 15.

Die Zuständigkeit eines gesetzlich eingesetzten Schiedsgerichts gehört nicht hierher, auch nicht die Vereinbarung eines vorherigen gütlichen Ausgleichsversuchs, Grdz 4 vor § 253, ein Gütevertrag und ein Schiedsgutachtervertrag, Grdz 3 vor § 1025, oder ein Vereinsschiedsgericht, gegen das die Anrufung der Hauptversammlung zulässig ist, Nürnb OLGZ **75**, 439. Die Rüge versagt mit dem Erlöschen des Schiedsvertrags, zB infolge Kündigung wegen Armut, BGH **51**, 79, was der Kläger zu beweisen hat. Sie versagt ebenso mit der Beendigung des Schiedsverfahrens; der Schiedsspruch bewirkt die Rechtskraft. Ein Vergleich gibt die Rüge aus diesem, eine rechtskräftige Unzuständigkeitserklärung bindet bezüglich der Zuständigkeit.

Hat sich der Bekl vor dem Schiedsgericht darauf berufen, daß das ordentliche Gericht zuständig sei, so widerspricht es Treu und Glauben, wenn er in dem darauf folgenden Verfahren vor dem ordentlichen Gericht die Schiedsgerichtsrüge erhebt, BGH **50**, 191. Ein ausländischer Schiedsvertrag gibt die Rüge, falls er nach dem anzuwendenden Recht wirksam ist, mag der Schiedsspruch im fremden Staat Anerkennung finden oder nicht. Ist für das Schiedsverfahren deutsches ProzRecht vereinbart, so ist die Rüge nach deutschem Recht zu prüfen, BAG NJW **75**, 408. Ist der Hauptvertrag wirksam, so greift die Rüge trotzdem durch, wenn das Schiedsgericht über die Wirksamkeit zu entscheiden hat.

Die Rüge versagt gegenüber einer einstweiligen Verfügung, weil für sie immer das Staatsgericht zuständig ist. Eine Schiedsgerichtsklausel kann die zur Aufrechnung verwendete Gegenforderung betreffen, BGH **23**, 22, **60**, 89, **LM** § 38 Nr 18, § 145 Anm 4 E, § 1025 Anm 3 C. Die Verweisung auf eine Charter Party-Klausel im Konossement kann genügen, Hbg VersR **76**, 538. Die Verweisung auf einen noch fehlenden Schiedsvertrag ist nicht in einen Vorvertrag dazu umdeutbar, BGH BB **73**, 957. Ein Vorvertrag gibt die Rüge, Habscheid KTS **76**, 4.

Keineswegs darf man dem Bekl zubilligen, die Rüge schon deshalb zurückzuhalten, um sich nicht einen Sieg in der Sache zu verbauen, Ffm MDR **82**, 329, aM StJGr § 529 Rdz 3.

c) Kostengefährdung. Eine Rüge ist im Fall der Kostengefährdung, § 110 Anm 2 C, erforderlich, BGH NJW **81**, 2646. Eine Klagerweiterung begründet die einmal verwirkte Rüge nicht neu. Wird die zunächst in geringfügiger Höhe erhobene Klage unverhältnismäßig erweitert, so braucht sich der Bekl nicht mit der bisherigen Sicherheitsleistung zu bescheiden, LG Schweinf NJW **71**, 330; er muß die Rüge aber vor der nächsten Hauptsacheverhandlung geltend machen.

d) Keine Kostenerstattung. Eine Rüge ist schließlich im Fall der mangelnden Kostenerstattung, § 269 IV, erforderlich. Es ist keine „Erneuerung des Rechtsstreits", wenn die frühere Klage durch Urteil erledigt war oder die Partei das Rechtsmittel erneuert oder wenn die Klage nach einer teilweisen Klagrücknahme wieder erweitert wird, BGH VersR **61**, 860.

C. Verlust des Rügerechts. Es sind folgende Situationen zu unterscheiden:
a) Verhandlung zur Hauptsache. Das Rügerecht erlischt mit dem Beginn der Verhandlung des Bekl oder des Klägers, A, zur Hauptsache, III 1, § 39 Anm 2, und zwar in jedem Rechtszug, BGH NJW **81**, 2646; also ist eine Erörterung vor der Antragstellung unschädlich. Da III in Wahrheit ohnehin nur diejenigen Rügen erfaßt, auf die der Bekl verzichten kann, B a–d, erübrigt sich die entspr Beschränkung in § 296 III.

b) Fristablauf. Das Rügerecht erlischt auch mit dem Ablauf einer etwaigen Klagewiderungsfrist, III 2 iVm §§ 275 I 1, III, 276 I 2, 277, also nicht schon mit dem Ablauf einer Erklärungsfrist gemäß § 273 II Z 1; dann erfolgt jedoch eine Zurückweisung gemäß § 296 I.

In den Fällen a, b erfolgt die Zulassung einer verspäteten Rüge nur gemäß § 296 II, III, BGH NJW **81**, 2646.

6) VwGO: *Obwohl auch im VerwProzeß für alle Beteiligen die Prozeßförderungspflicht besteht, ist § 282 unanwendbar, weil die Beteiligten wegen des Untersuchungsgrundsatzes nicht zu schriftlichem Vorbringen verpflichtet sind, §§ 82 I 2, 85 S 2 VwGO.*

283 *Nachgereichter Schriftsatz.* **Kann sich eine Partei in der mündlichen Verhandlung auf ein Vorbringen des Gegners nicht erklären, weil es ihr nicht rechtzeitig vor dem Termin mitgeteilt worden ist, so kann auf ihren Antrag das Gericht eine Frist bestimmen, in der sie die Erklärung in einem Schriftsatz nachbringen kann; gleichzeitig wird ein Termin zur Verkündung einer Entscheidung anberaumt. Eine fristgemäß eingereichte Erklärung muß, eine verspätet eingereichte Erklärung kann das Gericht bei der Entscheidung berücksichtigen.**

1. Titel. Verfahren bis zum Urteil § 283 1–5

1) Allgemeines. Wegen der zahlreichen Rechte und Pflichten des Gerichts, schon vor der mündlichen Verhandlung für einen umfassenden Vortrag beider Parteien zu sorgen und ihn durch Ausschlußfristen zu erzwingen, hat § 283 nur noch eine hilfsweise Bedeutung und verdrängt keineswegs den § 296, § 296 Anm 2 C b aa, vgl Schlesw SchlHA **79**, 23. Das verkennen KG NJW **83**, 580, Mü VersR **80**, 95. § 283 ist hauptsächlich dann anwendbar, wenn eine Verspätung genügend entschuldigt worden ist, aber auch dann erst, wenn die Verspätung so erheblich ist, daß der Gegner sich trotz seiner erhöhten Pflicht zur sorgfältigen und auf Verfahrensförderung bedachten Prozeßführung nicht bis zur mündlichen Verhandlung ausreichend äußern kann.

Wenn der verspätete Vortrag erst im Verhandlungstermin erfolgt, so mag zwar § 282 den Gegner dazu zwingen, sich je nach der Art und dem Umfang des Vortrags sogleich dazu zu äußern; dabei mag ein Bestreiten mit Nichtwissen gemäß § 138 IV unzulässig sein; in solchem Fall kann sich der ProzBev auch nicht auf sein persönliches Nichtwissen berufen, § 85 II. Es wäre aber eine glatte Verkennung der §§ 296, 528, stets einen Antrag nach § 283 für zumutbar zu halten und eine Verzögerung schon deshalb zu vermeiden, weil ja nach dem Ablauf der Nachfrist aus § 283 ,,bloß ein Verkündungstermin nach § 310" notwendig werde. Abgesehen davon, daß eine fristgerecht nachgereichte Erklärung nach S 2 berücksichtigt werden muß und einen völlig anderen weiteren Prozeßverlauf einleiten mag, kann schon die Notwendigkeit eines derart erzwungenen besonderen Verkündungstermins eine Verzögerung bedeuten. Auch das verkennt Mü VersR **80**, 95. Vgl auch § 282 II.

Angesichts der Wahrheitspflicht, § 138 I, hat § 283 besondere Bedeutung, darf aber nicht außerhalb von § 128 II, III zu einem schriftlichen Verfahren führen.

Köln VersR **81**, 559 wendet § 2 im Beschlußverfahren entsprechend an.

2) Vorbringen des Gegners, S 1. Dies ist an sich jede Tatsachenbehauptung und jede Rechtsausführung, jeder rechtliche Gesichtspunkt im Sinn von § 278 III, denn das Gericht darf danach ja auch insofern eine Entscheidung nicht ohne Gelegenheit zur Äußerung treffen. Es kann also zB notwendig sein, wegen des in der mündlichen Verhandlung vom Bekl mit Nachweisen aus der Rspr vorgetragenen Gedankens einer Verwirkung dem Kläger eine Nachfrist zur Überprüfung der Nachweise usw zu gewähren, wenn das Gericht erwägt, die Klage wegen Verwirkung abzuweisen.

Wenn aber nicht der Gegner, sondern erst das Gericht einen beachtlichen rechtlichen Gesichtspunkt eingeführt hat, ist § 283 unanwendbar, AG Lübeck WM **83**, 52. Ob dann §§ 139, 278 III anwendbar bleiben, ist eine andere Frage.

3) Rechtzeitige Mitteilung, S 2. Ob ein Vorbringen nicht rechtzeitig mitgeteilt wurde, richtet sich im Anwaltsprozeß zunächst nach § 132, in jedem Fall aber nach den §§ 273 I Z 1, 275 I 1, III, IV, 276 I 2, III, 277, 282. Im Parteiprozeß genügt nur nach Maßgabe der vorstehenden Vorschriften ein Vortrag im Termin.

4) Erklärungsmöglichkeit, S 1. Ob die Partei sich nicht erklären kann, ist nach pflichtgemäßem Ermessen zu prüfen. Dabei muß das Gericht die folgenden beiden Prüfungen vornehmen:

A. Unmöglichkeit sofortiger Erklärung. Es ist zu klären, ob wirklich keine sofortige Erklärung möglich ist. Dabei sind strenge Anforderungen zu stellen, weil die Partei längst auf ihre Förderungspflicht aufmerksam gemacht worden ist und unabhängig davon eine gesteigerte Vorbereitungspflicht gemäß § 282 hat. Eine der Hauptsünden des ZivProz, die lasche, oberflächliche, in letzter Sekunde stattfindende Terminsvorbereitung, die auch und nicht selten bei Rechtsanwälten zu finden ist, darf insbesondere nach der VereinfNov keineswegs mit Hilfe einer allzu großzügigen Auslegung des Nichtkönnens iSv S 1 doch wieder begünstigt werden. Es ist und bleibt der Prozeß der Parteien; sie mögen um ihr Recht kämpfen und sich auch auf die bei etwas Überlegung möglichen Waffen des Gegners einstellen. Dies gilt auch nach einer Beweisaufnahme, § 370 I, BGH **LM** Art 103 GG Nr 21 (eine Ausnahme gilt uU nach einer fremdsprachigen Zeugenerklärung gem § 377 IV).

B. Verspätung als Ursache. Es ist ferner zu klären, ob wirklich nur die fehlende Rechtzeitigkeit, Anm 3, und nicht etwa auch oder vor allem eine mangelnde eigene Überlegung, a, dazu führen, daß die Partei sich nicht sofort erklären kann.

5) Nachfrist, S 1. A. Antrag. Zunächst ist ein Antrag erforderlich. Das Gericht darf der Partei eine Nachfrist also nicht von Amts wegen gewähren. Es darf keineswegs stets einen Antrag anregen, § 139 Anm 2 B, D, also zB dann nicht, wenn es einen daraufhin gestellten Antrag doch nicht berücksichtigen dürfte.

B. Anordnung. Die Bestimmung einer Nachfrist nebst gleichzeitiger Bestimmung eines Verkündungstermins ist nur dann wegen Art 103 I GG eine Rechtspflicht des Gerichts, wenn nach seinem pflichtgemäßen Ermessen sämtliche Voraussetzungen Anm 2–4 erfüllt sind. Insofern bedeutet „kann" = muß (es handelt sich um eine bloße Zuständigkeitsregelung). Die Nachfrist wird durch einen Beschluß des Gerichts, nicht des Vorsitzenden, BGH DB **83**, 1503 gesetzt, und zwar in der mündlichen Verhandlung, daher gibt es gegen sie wie gegen ihre Ablehnung keinen Rechtsbehelf, § 567 I. Die Fristberechnung erfolgt nach § 222, die Abkürzung oder Verlängerung nach § 224 II. Auch eine Verlängerung bedarf einer Entscheidung des Gerichts, nicht nur des Vorsitzenden, BGH DB **83**, 1503. Im Anwaltsprozeß darf und sollte das Gericht eine normalen Kanzleibetrieb des Anwalts berücksichtigen. 3 Arbeitstage können zu kurz sein, erst recht in einer umfangreichen oder schwierigen Sache, BAG DB **82**, 1172. Das Gericht darf aber keine Verzögerungs- oder Störversuche durchgehen lassen, Mü MDR **80**, 148.

Der Verkündungstermin unterliegt keiner Höchstfrist; er sollte so gelegt werden, daß das Gericht einen fristgemäß eingehenden Schriftsatz noch durcharbeiten kann. Dabei ist zu beachten, daß bei einer Frist ohne einen Zusatz der Eingang bei der Poststelle genügt und bis zum Eingang bei der GeschSt der Abteilung Tage vergehen können.

Da ein fristgemäß eingehender Schriftsatz berücksichtigt werden muß, ist eine erhöhte Vorsicht zur Vermeidung irreparabler Fehlentscheidungen, § 318, wegen zu kurzer Zeit zwischen dem Fristablauf und dem Verkündungstermin notwendig. Eine Fehlentscheidung könnte eine Staatshaftung auslösen. Zweckmäßig sollte auch beim AG oder beim Einzelrichter, wo keine Beratung notwendig ist, zwischen dem Fristablauf und dem Verkündungstermin mindestens 1 Woche liegen. Die 3-Wochen-Frist des § 310 I 2 ist zwar hier nicht direkt anwendbar, wohl aber sinngemäß seit dem Ablauf der Nachfrist. Der Verkündungstermin darf auch nachträglich bestimmt werden.

C. Ablehnung. Soweit das Gericht eine Nachfrist ablehnt, muß das unverzüglich, also im Termin, durch einen Beschluß erfolgen. Das Gericht darf eine an sich schon im Termin mögliche Entscheidung nicht bis zum Urteilserlaß hinausschieben, Schneider MDR **82**, 902. Um dem Antragsteller den Erlaß eines Versäumnisurteils gegen sich und damit einen weiteren Vortrag in der Einspruchsfrist zu ermöglichen, sollte das Gericht über einen vor der Stellung eines Sachantrags vorliegenden Antrag nach § 283 auch vor der Protokollierung des Sachantrags entscheiden.

6) Umfang der Erklärungspflicht. Das Gericht darf die Nachfrist auf eine Erklärung über inhaltlich bestimmte Punkte beschränken. Sonst könnte die Partei unter dem Vorwand, auf einen Nebenpunkt nicht sofort antworten zu können, umfangreiche neue Behauptungen nachschieben und damit das gesamte System der §§ 272–282, 296 unterlaufen. Eine genaue Eingrenzung im Beschluß ist dringend ratsam. Nur sie gibt dem Gericht die Möglichkeit, aus dem innerhalb der gewährten Nachfrist Eingereichten das „Untergemogelte" unbeachtet zu lassen. Mangels einer Eingrenzung ist die Nachfrist nur zu allen denjenigen Punkten tatsächlicher und rechtlicher Art gewährt, zu denen die Partei im Verhandlungstermin keine Erklärung abgeben konnte, LG Brschw WM **77**, 12.

7) Einhaltung der Nachfrist, S 2. Geht die Erklärung fristgemäß ein, Anm 5, also im Zweifel bei der Poststelle des Gerichts, so muß sie bei der nächsten Entscheidung berücksichtigt werden, auch wenn dies zu einer erheblichen weiteren Verzögerung usw führt. Ihre Nichtberücksichtigung würde gegen Art 103 I GG verstoßen, vgl BVerfG **34**, 347. Dies gilt natürlich nur, soweit eine Stellungnahme nachgelassen war, Anm 6, BGH NJW **65**, 297, **66**, 1657, **LM** § 242 BGB (A) Nr 7. Haben beide Parteien Nachfristen erhalten, wenn auch nacheinander, so wird damit unzulässig ins schriftliche Verfahren übergegangen, es sei denn nach § 128 III. Hier ist evtl § 156 anwendbar.

Eine Wiedereröffnung kann notwendig werden, wenn die nachgereichte Erklärung eine Klagänderung, Mü NJW **81**, 1106, oder eine Gegenerklärung verlangt, denn diese wäre grundsätzlich nicht zu verwerten, auch wenn sie vor dem Verkündungstermin eingegangen ist, Walchshöfer NJW **72**, 1031. Keineswegs ist aber eine solche Gegenerklärung vom Gesetz vorgesehen; vgl BGH NJW **52**, 222, BFH BB **75**, 771. Das Abschneiden der Gegenerklärung ist gerade der Zweck des § 283. Darum sollte die Wiedereröffnung nur stattfinden, wenn ohne sie ein Verfahrensfehler eintreten würde, Walchshöfer NJW **72**, 1030, oder wenn das Gericht ohne die Gegenerklärung nicht weiterkommt.

8) Nichteinhaltung der Nachfrist, S 2. Geht die Erklärung nicht fristgemäß ein, Anm 5, also im Zweifel bei der Poststelle des Gerichts, dann kann sie bei der nächsten Entscheidung berücksichtigt werden. Kann bedeutet hier grds nur: darf, keineswegs: muß; es liegt also ein freies Ermessen, nicht nur eine Zuständigkeitsregelung vor, BR-Drs 551/74. Eine Berücksichtigung kommt zB dann in Betracht, wenn die Fristversäumung nur gering war und das Gericht bei der Vorlage der Erklärung noch nicht mit der Beratung oder dem Diktat der Entscheidung begonnen hatte oder wenn fälschlich nur der Vorsitzende, nicht das Kollegium die Frist oder deren Verlängerung bewilligt hatte, BGH DB **83**, 1503, oder wenn eine sonst etwa doch unvermeidbare Wiedereröffnung auf diesem Weg unnötig wird. Die Nichtberücksichtigung sollte im Tatbestand ganz kurz vermerkt werden.

9) Verhandlungsschluß. Der Verhandlungsschluß tritt mit dem Eingang der fristgemäßen Erklärung oder mit dem Fristablauf ein, so daß das Gericht eine Entscheidung verkünden darf, auch wenn das Verfahren später unterbrochen wurde, § 249 III. Es müssen dieselben Richter wie in der mündlichen Verhandlung mitwirken. Im Sinne von §§ 323, 767 verschiebt sich der Verhandlungsschluß für denjenigen, dem die Einreichung erlaubt war, auf das Fristende, nicht aber für den Gegner.

10) VwGO: *Das Verfahren des § 283 ist wegen des Untersuchungsgrundsatzes, § 86 I VwGO, nicht entsprechend anwendbar, aM RedOe § 108 Anm 2. Das Gericht bestimmt frei, wie es verfahren will (Art 103 GG ist natürlich stets zu beachten, so daß die Nachreichung eines Schriftsatzes häufig erlaubt werden muß).*

Einführung vor § 284
Beweis

Schrifttum: Bender, Das Beweismaß, Festschrift für Baur (1981) 247; Bender/Röder/Nack, Tatsachenfeststellung vor Gericht (1981) Bd I–II; Bruns, Die Beweisführung im Prozeß, in: Gilles (Hrsg), Humane Justiz, Die deutschen Landesberichte usw (1977) 137; derselbe, ZZP **91**, 64; Döhring, Die Erforschung des Sachverhalts im Prozeß. Beweiserhebung und Beweiswürdigung, 1964; Ekelöf, Beweiswert, Festschrift für Baur (1981) 343; Evers, Begriff und Bedeutung der Wahrscheinlichkeit für die richterliche Beweiswürdigung, Diss Freibg 1979; Gaupp, Beweisfragen im Rahmen ärztlicher Haftungsprozesse, Diss Tüb 1969; Greger, Beweis und Wahrscheinlichkeit, 1978 (Bespr Walter ZZP **93**, 97, krit Hoyer DRiZ **80**, 69); Maaßen, Beweismaßprobleme im Schadensersatzprozeß (rechtsvergleichend), 1976 (Bespr Hainmüller ZZP **90**, 326, Motsch NJW **76**, 1389, Wieser FamRZ **77**, 159); Nagel, Die Grundzüge des Beweisrechts im europäischen Zivilprozeß (rechtsvergleichend), 1967; Schneider, Beweis und Beweiswürdigung, 3. Aufl. 1978; derselbe VersR **77**, 593 und 687 (RsprÜb); Schreiber, Theorie des Beweiswertes für Beweismittel im Zivilprozeß, 1968.

Gliederung

1) **Begriff**
2) **Beweisbedürftigkeit**
3) **Beweisarten**
   A. Anforderungsgrad
      a) Strengbeweis
      b) Glaubhaftmachung
      c) Freibeweis
   B. Beweisrichtung
      a) Hauptbeweis
      b) Gegenbeweis
   C. Streitnähe
      a) Unmittelbarer Beweis
      b) Mittelbarer Beweis
4) **Beweisgegenstand**
   A. Tatsache
      a) Grundsatz
      b) Innere Tatsache
      c) Juristische Tatsache
   B. Erfahrungssatz
5) **Beweisantritt**
6) **Ausforschungsbeweis**
7) **Beweismittel**
   A. Arten
   B. Benutzungsfreiheit
8) **Beweiswürdigung**
9) *VwGO*

1) Begriff. Beweis ist eine Tätigkeit des Gerichts und der Parteien, die das Gericht von der Wahrheit oder der Unwahrheit einer Behauptung überzeugen soll. Oft versteht man unter Beweis auch das Beweismittel oder das Beweisergebnis.

2) Beweisbedürftigkeit. Das Gericht muß jeden ihm ordnungsmäßig unterbreiteten Zivilprozeßfall entscheiden und darf eine Entscheidung niemals mangels genügender Klärung ablehnen. Im Rahmen des Beibringungsgrundsatzes (der Verhandlungsmaxime, Grdz 3 B vor § 128) ist das Gericht verpflichtet, alles zur Klärung Geeignete zu tun. Die Partei hat infolge des Justizanspruchs, Grdz 1 A a vor § 253, grundsätzlich auch ein Recht auf Beweis, Habscheid ZZP **96**, 306. Des Beweises bedarf alles, was nicht unstreitig, anerkannt offenkundig, gesetzlich zu vermuten oder zu unterstellen (zu fingieren) ist. Die beweispflichtige Partei kann sich nicht mehr auf solche beweisbedürftigen Tatsachen berufen, die sie nicht beweist. Von Amts wegen darf das Gericht Beweis erheben, soweit er in einem Augenschein, in der Zuziehung von Sachverständigen, der Heranziehung von Urkunden, in der Vernehmung einer Partei besteht, §§ 142, 144, 448, vgl auch §§ 273, 358a, oder soweit der Ermittlungsgrundsatz, Grdz 3 G vor § 128, gilt, vgl namentlich für Ehe-, Familien-, Kindschafts- und Entmündigungssachen §§ 616, 640 I, 653. Im übrigen hat das Gericht von den Parteien Beweis zu erfordern, §§ 139, 278 III; vgl dort auch wegen gewisser Einschränkungen. Die Parteien haben den Beweis nach den Vorschriften der ZPO zu erbringen, ihn zu führen. Der so häufig mißbrauchte Ausdruck „unter Beweis stellen" bedeutet nicht beweisen, den Beweis erbringen, sondern den Beweis antreten, ihn versuchen, § 282.

Nicht beweisbedürftig ist das sog gleichwertige Vorbringen, § 138 Anm 1 B.

3) Beweisarten. Die ZPO kennt verschiedene Beweisarten. Sie lassen sich nach unterschiedlichen Merkmalen gruppieren.

A. Anforderungsgrad. Nach dem Grad von Anforderungen an die Überzeugungskraft kann man folgende Beweisarten unterscheiden:

a) Strengbeweis. Es gibt den eigentlichen, den vollen Beweis (Strengbeweis), §§ 355ff.

b) Glaubhaftmachung. Es gibt einen geringeren, für gewisse Fälle ausreichenden Beweis, die Glaubhaftmachung, § 294.

c) Freibeweis. Es gibt den Freibeweis, BGH VersR **78**, 155, vgl auch Koch/Steinmetz MDR **80**, 901 mwN, Peters, Der sog Freibeweis im Zivilprozeß, 1962, bei dem ein förmliches Beweisverfahren nicht stattfindet. Dies gilt namentlich bei der Feststellung der allgemeinen und der besonderen Prozeßvoraussetzungen, Grdz 3 E vor § 253, vgl § 56 Anm 1 A, und bei der Feststellung sonstiger von Amts wegen zu prüfenden Tatsachen, in gewissen Grenzen im Prozeßkostenhilfeverfahren, in Verfahrensabschnitten, in denen ohne mündliche Verhandlung entschieden wird, zB im Beschwerdeverfahren, und bei der Ermittlung ausländischen Rechts. Wegen amtlicher Auskünfte Üb 5 vor § 373.

B. Beweisrichtung. Nach der Richtung, die ein Beweis aus der Sicht des jeweiligen Beweisführers erbringen soll, kann man folgende Beweisarten unterscheiden:

a) Hauptbeweis. Es gibt den Hauptbeweis. Er liefert die Tatbestandsmerkmale des anzuwendenden Rechtssatzes. Er ist erst erbracht, wenn das Gericht voll überzeugt ist, BGH JR **78**, 418.

b) Gegenbeweis. Es gibt den Gegenbeweis. Ihn erbringt die Gegenpartei zum Beweise des Gegenteils der Behauptung des Beweisführers. Er ist bereits dann erbracht, wenn durch ihn die Überzeugung des Gerichts von der zu beweisenden Tatsache erschüttert wird, BGH VersR **83**, 561 mwN, aM BGH **16**, 227 (zu § 415). Der sog „Beweis des Gegenteils" ist Hauptbeweis, wenn er eine gesetzliche Vermutung entkräftet, wie bei § 292, oder Gegenbeweis, zB bei § 445 II.

C. Streitnähe. Nach dem Grad von Annäherung an die umstrittene tatsächliche, beweisbedürftige Behauptung kann man folgende Beweisarten unterscheiden:

a) Unmittelbarer Beweis. Es gibt den unmittelbaren Beweis. Er ergibt unmittelbar das Vorliegen der Beweistatsachen.

b) Mittelbarer Beweis. Es gibt den mittelbaren, den Indizienbeweis. Er ergibt nur Tatsachen, aus denen der Richter kraft seiner Lebenserfahrung auf das Vorliegen der Beweistatsachen schließt. Hilfstatsachen des Beweises nennt man Tatsachen, die der Würdigung von Beweismitteln oder Indizien dienen, zB die Unglaubwürdigkeit eines Zeugen dartun. Sie sind die Grundlage der Beweiseinreden, § 282. Für diese Fälle gelten die gewöhnlichen Regeln der Beweisführung.

4) Beweisgegenstand. A. Tatsache. a) Grundsatz. Beweisgegenstand sind entgegen Rödig, Die Theorie des gerichtlichen Erkenntnisverfahrens (1973) 6 (auch „Beweis von Normen", krit Adomeit AcP **174**, 407) nur Tatsachen. Auch Rechtssätze rechnet man im Fall des § 293 zu den Beweistatsachen; indessen findet dann nicht ein wirklicher Beweis statt, § 293 Anm 2. Regelmäßig stellt man Tatsachen in Gegensatz zu Werturteilen oder Urteilen schlechthin, BGH **LM** § 282 (BewL) Nr 25; dabei bezeichnet BGH DRiZ **74**, 27 als Tatsachen „konkrete, nach Zeit und Raum bestimmte, der Vergangenheit oder der Gegenwart angehörige Geschehnisse oder Zustände der Außenwelt und des menschlichen Seelenlebens". Tatsachen als gegenständliche Vorgänge kommen in ihrer Reinheit aber für den Richter nicht in Betracht. Der Mensch nimmt alle gegenständlichen Vorgänge mit den Sinnen auf und verarbeitet sie mit dem Verstand. An ihn selbst, und erst recht durch ihn an Dritte, treten sie ausnahmslos in der Form eines Urteils heran.

Ob dieses mehr oder weniger gefärbt ausfällt, mehr oder weniger „Werturteil" ist, hängt von gar manchem ab, Pärn NJW **79**, 2545. BGH NJW **78**, 751 mwN stellt darauf ab, ob eine objektive Klärung möglich ist oder ob eine subjektive Wertung ganz im Vordergrund steht,

Tillmann NJW **75**, 761 läßt maßgeblich sein, ob eine Beurteilung als richtig oder falsch erlaubt ist (Tatsache) oder ob noch Streit möglich ist.

Nach richtiger Auffassung ist Tatsache jeder äußere oder innere Vorgang, der der Nachprüfung durch Dritte offensteht, vgl auch KG NJW **70**, 2031. Das trifft bei „Werturteilen" zu, wenn sich feststellen läßt, daß die Mehrzahl der anständig und verständig Denkenden denselben Vorgang gleichermaßen würdigt. In der Rechtsprechung herrscht Verwirrung. Die Auslegung eines Rechtsgeschäfts oder einer Urkunde ist keine Tatfrage, sondern immer eine Rechtsfrage.

Häufig werden dem Richter Beweistatsachen durch Mittelspersonen, insbesondere Zeugen, zugänglich. Er empfängt dann als Tatsache, was diese Personen als Tatsache beurteilen. Bekundet ein Zeuge die Ermordung eines Menschen, so bekundet er eine Tatsache, besser eine Tatsachenfülle. Behauptet der Zeuge, jemand sei Erbe des Ermordeten, so zieht er einen Schluß aus Tatsachen und gibt damit ein wirkliches, reines Urteil ab. Ein solches Urteil ist von Tatsachen scharf zu sondern; es bezieht sich nicht auf Tatsachen, Vorgänge, sondern auf die Folge eines Vorgangs.

b) Innere Tatsache. Innere Tatsachen nennt man Vorgänge des Seelenlebens im Gegensatz zu äußeren Tatsachen. Zu den inneren Tatsachen gehören Beweggründe, Überlegungen und Willensrichtungen, vgl BGH NJW **81**, 1562. Sie sind mustermäßige „Urteile". Im juristischen Sinne gelten aber Vermutungstatsachen (hypothetische Tatsachen), dh Dinge, die unter bestimmten Voraussetzungen geschehen wären, regelwidrig als Gegenstand des Beweises, zB daß man jemanden unter gewissen Umständen zum Direktor eines Unternehmens gewählt hätte. Zu den inneren Tatsachen gehören auch unmögliche oder unterbliebene (negative).

c) Juristische Tatsache. Solche Tatsachen, besser juristische Urteile, enthalten die rechtliche Beurteilung eines Vorgangs als Kauf, Kündigung usw, also eine Einordnung unter Rechtssätze. Sie sind begrifflich keine Beweistatsachen, sondern reine Urteile, B, Teil der richterlichen Tätigkeit. Eine scharfe Scheidung verbietet aber das praktische Bedürfnis. Man kann mit Rücksicht auf den Bildungsgrad und die Begabung der Mittelsperson und die Einfachheit und Geläufigkeit des Begriffs die Grenze nur von Fall zu Fall ziehen. Ein ganz einfacher, allen geläufiger Rechtsbegriff kann im Einzelfall Beweistatsache sein, vgl BGH **LM** § 675 BGB Nr 50, so ein einfacher Kauf, die Erteilung eines Auftrags, vereinzelt sogar Eigentum.

Keine Beweistatsache ist zB der Begriff „höhere Gewalt", wohl aber zB ist eine Beweistatsache der die höhere Gewalt angeblich auslösende Sturm. Reine Urteile sind auch die sog technischen Tatsachen, dh Schlüsse, die man wegen seiner besonderen Sachkunde aus Vorgängen zieht, wie der Tod infolge einer Körperverletzung oder die Zahlungseinstellung. Für sie gilt dasselbe wie für juristische Urteile. Andere reine Urteile sind prozessual belanglos.

B. Erfahrungssatz. Erfahrungssätze, allgemeine Tatsachen, sind Schlüsse, die man auf Grund seiner Erfahrung, auch fachlicher, aus einer Reihe gleichartiger Tatsachen zieht. Sie gehören also entweder der allgemeinen Lebenserfahrung oder der besonderen Fachkunde an. Der Richter darf sie in jedem Fall der eigenen Sachkunde entnehmen. Macht er solches Wissen zur Grundlage seiner Entscheidung, so muß er es den Parteien mitteilen, sofern es außerhalb der allgemeinen Lebenserfahrung liegt, außer wenn er sich auf Grund dieses Wissens einem Sachverständigengutachten anschließt, BGH **LM** § 286 (B) Nr 23. Er kann sein Wissen auch solchen Gutachten entnehmen, die in anderen Akten enthalten sind. Darin liegt ein erlaubter Urkundenbeweis von Amts wegen.

Erfahrungssätze bieten dem Richter immer nur ein Mittel zur rechtlichen Einordnung der Tatsachen. Eine Beweislast für Erfahrungssätze gibt es nicht. Der Richter darf sie ohne weiteres anwenden, auch wenn sie eine besondere Fachkunde verlangen, falls er sich dies zutraut. Als Rechtssätze zur Beurteilung von Tatsachen sind Erfahrungssätze in der Revisionsinstanz nachprüfbar.

5) Beweisantritt

Schrifttum: Söllner, Der Beweisantrag im Zivilprozeß, Diss Erlangen 1972.

Beweisantritt ist die Einführung eines bestimmten Beweismittels in den Prozeß zum Beweis einer bestimmten Behauptung, des Beweissatzes (Beweisthemas), BGH **66**, 68 und NJW **72**, 250. Beweisführer braucht nicht derjenige zu sein, den die Beweislast trifft, Walther NJW **72**, 237 mwN. Der Beweisführer hat die Beweismittel, Anm 3, außer beim Sachverständigenbeweis, § 403, zu jeder Tatsache besonders zu bezeichnen, vgl BGH **66**, 68 (sonst evtl § 144).

Eine völlig unsubstantiierte Behauptung ist nicht ausreichend, Köln VersR **77**, 577. Eine bloße Verweisung auf umfangreiche alte Schriftsätze ist bei einer langen Dauer eines verwickelten Prozesses kein Beweisantritt.

Entgegen einer weitverbreiteten Unsitte ist auch die bloße Bezugnahme auf eine Bußgeld- oder Strafakte kein ausreichender Beweisantritt, und zwar selbst dann nicht, wenn der Beweisführer das Aktenzeichen angibt, LG Köln VersR **81**, 245, und wenn die Akte nur einen geringen Umfang hat. Denn es ist insbesondere im Bereich des Beibringungsgrundsatzes, Grdz 3 B vor § 128, nicht die Aufgabe des Gerichts, solche Akte ohne eine nähere Seitenzahlangabe des Beweisführers auf die ihm günstigen Teile zu durchsuchen. Freilich muß das Gericht im Rahmen des Zumutbaren auf den Mangel einer derartig lückenhaften Bezugnahme hinweisen. Es darf aber keine damit zusammenhängende Verzögerung dulden.

Ebensowenig genügt in der Berufungsinstanz eine allgemeine Bezugnahme auf das frühere Vorbringen ohne die Rüge, daß die Beweise (und welche) bisher nicht erhoben worden seien, BGH **35**, 103, BAG NJW **63**, 1843.

Ohne einen Beweisantritt ist kein Gegenbeweis zu erheben, Celle VersR **74**, 664. Der Beweisantritt unterbricht nicht die Verjährung im Sinne von § 477 II BGB, BGH **59**, 325, anders als ein Beweissicherungsantrag, § 485.

6) Ausforschungsbeweis
Schrifttum: Eßer, Der Ausforschungsbeweis, Diss Bonn 1969; Stürner, Die Aufklärungspflicht der Parteien des Zivilprozesses (1976) 106 ff.

Es ist grundsätzlich unzulässig, Beweis zur Beschaffung einer beweiserheblichen Tatsache als Grundlage für neue Behauptungen anzutreten, also willkürliche Behauptungen aufzustellen, wenn tatsächliche Unterlagen für sie ganz fehlen, BAG DB **83**, 292, vgl Düss VersR **79**, 942 und FamRZ **81**, 546, grundsätzlich auch Mü MDR **79**, 1030. Ebenso unzulässig ist es, Behauptungen aufzustellen, für deren Richtigkeit keine Wahrscheinlichkeit spricht, die nicht im erforderlichen Maß substantiiert sind, die vielmehr eine Substantiierung erst ermöglichen sollen, vgl BGH **LM** § 138 Nr 14 und NJW **72**, 254, BAG DB **83**, 292, Köln MDR **73**, 233 (allerdings ist dies beim Auskunftsanspruch zulässig, § 254 Anm 2 A), LG Aachen WM **76**, 202. Zu Unrecht meint Gamp DRiZ **82**, 171, es handle sich um ein Scheinproblem. Die hinter dem Ausforschungsbeweisantrag stehende, vom Gesetz mißbilligte Haltung geht oft weit über eine bloß nicht genügend bestimmte Formulierung eines Beweisantrags hinaus.

Zum internationalen Recht Schlosser ZZP **94**, 369.

Dies alles gilt auch beim Beweis durch Zeugen oder durch die Gegenpartei, aber auch beim Sachverständigenbeweis, zB dann, wenn eine Partei mittelbare Tatsachen zurückhält, um sie erst durch den Sachverständigen „ermitteln" zu lassen, BGH **LM** § 138 Nr 14, oder wenn sich eine Partei der Prüfung ihrer kaufmännischen Fähigkeit durch den Sachverständigen unterziehen soll, da diese der Beschaffung des tatsächlichen Materials gegen sie dient, BGH NJW **58**, 1491, Dunz NJW **65**, 770 mwN. Jede Partei steht zwar unter der Wahrheitspflicht; aber niemand braucht seinem Gegner die Waffen in die Hand zu geben, Stgt NJW **71**, 945, vgl § 138 Anm 1 C. Der Richter braucht auch nicht einer ohne jede Grundlage ins Blaue aufgestellten Behauptung nachzugehen, KG FamRZ **74**, 102 mwN; freilich braucht sich der nicht Beweispflichtige auch nicht ins Blaue zu verteidigen, BGH **LM** § 138 Nr 14.

Die Partei behauptet aber nicht ins Blaue, wenn sie lediglich imstande ist, eine zunächst nur vermutete Tatsache als Behauptung einzuführen, BGH **LM** § 138 Nr 14, auch wenn sie zB einen Antrag auf Einholung eines Blutgruppengutachtens oder eines erbbiologischen Zusatzgutachtens damit begründet, daß ein Dritter der Kindesmutter in der Empfängniszeit beigewohnt habe und das Kind nicht die geringste Ähnlichkeit mit dem Beweisführer habe, oder wenn die Partei die Glaubwürdigkeit der Kindesmutter bestreitet und darum bittet, diese Glaubwürdigkeit durch das beantragte Gutachten überprüfen zu lassen, BGH NJW **64**, 1180. Vgl auch Teplitzky NJW **65**, 335 und § 372a Anm 2.

Zulässig ist demgemäß auch der Beweisantritt, daß die Kindesmutter allgemein einem außerehelichen Geschlechtsverkehr leicht zugänglich sei, sofern dafür ein gewisser Anhalt besteht. Zulässig ist die Vernehmung eines Lotterieeinnehmers darüber, ob er ein Los auf eigene oder fremde Rechnung gespielt habe. Kein Ausforschungsbeweis liegt vor, wenn gewisse Umstände wahrscheinlich machen, daß sich das Behauptete aus Akten ergeben kann, die herangezogen werden sollen. Für den Abstammungsprozeß vgl § 640 Anm 3.

7) Beweismittel. A. Arten. Beweismittel im Sinne des § 282 sind die im 6. bis 10. Titel des zweiten Buchs der ZPO geregelten, nämlich Augenschein, Zeugen, Sachverständige,

1. Titel. Verfahren bis zum Urteil **Einf § 284, §§ 284, 285** 1

Urkunden, Parteivernehmung. Dazu tritt die amtliche Auskunft, Üb 5 vor § 373. Keine Beweismittel sind das gerichtliche Geständnis, § 288 Anm 1, und das außergerichtliche Geständnis, das ein bloßes Indiz ist, Anm 3 C b. Andere Erkenntnisquellen als die genannten sind nur bei Erfahrungssätzen, Anm 4 B, Rechtssätzen, Offenkundigkeit zulässig.

B. Benutzungsfreiheit. Beweisfragen unterliegen der Parteiherrschaft, Grdz 3 A vor § 128. Ihr unterliegen außer dem Sachverständigen- und dem Augenscheinsbeweis alle Beweismittel, soweit nicht die Parteiherrschaft, wie im Eheverfahren, gesetzlich beschränkt ist. Die Wahrheitspflicht, § 138, zwingt keine Partei dazu, ihr Vorbringen zu beweisen. Die ZPO gibt jeder Partei das Recht, auf Beweismittel des Gegners zu verzichten. Darum dürfen die Parteien beliebige Tatsachen dem Beweis entziehen oder einzelne Beweismittel durch Vereinbarung ausschließen. Insofern darf das Gericht keinerlei Beweis erheben, Schultze NJW 77, 412. Wegen der Beweisverträge Anh § 286 Anm 1 C a.

8) Beweiswürdigung. Die fast unlösbare Aufgabe des Richters ist es, in dem ihm übermittelten Trugbild angeblicher Tatsachen die wahren Umrisse, den wirklichen Vorgang zu erkennen. Dazu muß er Fehlerquellen möglichst ausscheiden und auf einer reichen Lebenserfahrung aufgebaute Schlüsse fast hellseherisch ziehen. Er darf sich dabei notfalls technischer Gehilfen, der Sachverständigen, bedienen. Über sachverständige Zeugen s § 414. Weiteres s bei § 286.

Die freie Beweiswürdigung ist ein Kernstück des neuzeitlichen Zivilprozesses und sein größter Fortschritt gegenüber dem Gemeinen Prozeß. Sie ist der notwendige Ausgleich der nicht hoch genug zu veranschlagenden Mangelhaftigkeit fast jeder Beweiserhebung. Sie gilt ausnahmslos, soweit nicht § 286 II eingreift. Die Vorschriften über die Beweiswürdigung sind zwingenden öffentlichen Rechts, also der Parteivereinbarung entzogen.

Das Berufungsgericht prüft die Beweiswürdigung in freier Würdigung nach. Das Revisionsgericht prüft nur auf gesetzliche Anwendung des Würdigungsrechts. Dieses ist entweder durch die gesetzwidrige Beschaffung der Grundlagen der Entscheidung, zB durch eine unzulässige Ablehnung einer Zeugenvernehmung, oder durch falsche Schlüsse aus den Grundlagen verletzt.

9) VwGO: Da der Ermittlungsgrundsatz gilt, § 86 I VwGO, werden alle Beweise von Amts wegen erhoben; den Umfang der Beweisaufnahme bestimmt das Gericht nach pflichtgemäßem Ermessen ohne Bindung an das Vorbringen. Demgemäß hat keiner der Beteiligten den Beweis zu „führen", Anm 2 A u 5 (formelle Beweislast), BVerwG 52, 260, Grunsky § 41 II 1 mwN. Im übrigen gelten die vorstehend dargelegten Grundsätze, Anm 3–4 u 8, sinngemäß auch im VerwProzeß.

284 *Beweisaufnahme.* Die Beweisaufnahme und die Anordnung eines besonderen Beweisaufnahmeverfahrens durch Beweisbeschluß wird durch die Vorschriften des fünften bis elften Titels bestimmt.

1) Verweisung. Die Beweisaufnahme erfolgt nach den §§ 355–455. Die Frage, ob ein förmlicher Beweisbeschluß notwendig ist, wird in den §§ 358–360 geregelt.

2) VwGO: Neben §§ 96 und 97 VwGO gelten nach § 98 VwGO entsprechend die §§ 358–444 und 450–494.

285 *Verhandlung nach Beweisaufnahme.* ^I Über das Ergebnis der Beweisaufnahme haben die Parteien unter Darlegung des Streitverhältnisses zu verhandeln.

^{II} Ist die Beweisaufnahme nicht vor dem Prozeßgericht erfolgt, so haben die Parteien ihr Ergebnis auf Grund der Beweisverhandlungen vorzutragen.

Schrifttum: Haus, Übernahme von Prozeßergebnissen, insbesondere einer Beweisaufnahme, bei Verweisung eines Rechtsstreits usw, Diss Regensb 1971.

1) Verhandlung, I. A. Grundsatz. Gelegenheit zur Äußerung über das Beweisergebnis müssen die Parteien schon wegen Art 103 I GG erhalten. § 285 gibt ihnen das Recht, ihre Auffassung über das Beweisergebnis darzulegen, Beweiseinreden vorzubringen und Gegenbeweis anzutreten. Darum verlangt er eine mündliche Verhandlung der Parteien über das Beweisergebnis, bei der sie den jetzigen Streitstand erörtern können. Diese Verhandlung setzt die durch die Beweisaufnahme unterbrochene Verhandlung fort und bildet mit ihr eine

Einheit, Üb 2 B vor § 253, so daß also die schon gestellten Anträge nicht wiederholt werden müssen, BGH **63**, 95. Die Entscheidung darf kein Beweisergebnis verwerten, über das die Parteien nicht verhandeln konnten, BGH **LM** § 360 Nr 1, Nürnb NJW **72**, 774, LG Brschw WM **77**, 11, vgl BayObLG MDR **73**, 852. I ist verzichtbar, § 295, BGH **63**, 95.

Die Vorschrift ist auch bei einer Wiederholung der Beweisaufnahme zu beachten. Wenn die Beweisaufnahme unmittelbar voranging, ist der Vortrag ihres Ergebnisses grundsätzlich entbehrlich. Wenn aber zB ein Sachverständiger ein Gutachten nur mündlich, dafür aber außerordentlich ausführlich erstattet, muß das Gericht einer nicht sachkundigen Partei die Gelegenheit geben, nach der Vorlage des Protokolls nochmals Stellung zu nehmen, BGH NJW **82**, 1335. Bei einer früheren Beweisaufnahme genügt regelmäßig ein Parteibericht, Üb 2 D vor § 253. Der Bezug auf das Protokoll richtet sich nach § 137 III. Der Vorsitzende hat auf einen geeigneten Vortrag hinzuwirken, §§ 139, 278 III. Im schriftlichen Verfahren, § 128 II, III, ist entspr vorzugehen. Am besten setzt das Gericht dann eine Erklärungsfrist, wenn es die Beweisergebnisse mitteilt.

B. Säumnisverfahren. Wenn der Termin gleichzeitig zur Beweisaufnahme und zur mündlichen Verhandlung angesetzt worden ist, gilt folgende Regelung:

a) Säumnis einer Partei. Wenn möglich, wird die Beweisaufnahme durchgeführt, § 367. Dann ergibt auf Antrag eine Versäumnisentscheidung in der Sache.

b) Säumnis beider Parteien. Die Beweisaufnahme findet wenn möglich statt. Dann werden Vertagung, das Ruhen oder eine Entscheidung nach Aktenlage beschlossen, bei der das Beweisergebnis zu verwerten ist (Säumnisfolge), § 251 a.

2) Außerprozeßgerichtliche Beweisaufnahme, II. Nach einer Beweisaufnahme vor dem beauftragten oder ersuchten Richter oder im Ausland müssen die Parteien das Ergebnis auf Grund der Beweisverhandlungen vortragen, falls nicht verzichtet wird; ein Verstoß ist Revisionsgrund. Dasselbe muß bei einer Beweisaufnahme vor einem anderen Kollegium gelten. Das Verfahren läuft im übrigen wie bei I ab.

Unverwertbar ist der persönliche Eindruck des vernehmenden verordneten Richters, wenn dieser nicht im Vernehmungsprotokoll festgelegt worden ist, BGH NJW **60**, 1252, vgl § 355 Anm 1 C. Bei einem Amtsbeweis oder beim Beweis über Punkte, die von Amts wegen zu beachten sind, ist der Vortrag nach II unnötig. Bei einer Verwertung der Ergebnisse einer Beweissicherung gilt § 493 II.

3) VwGO: I gilt in dem Sinne, daß die Beteiligten Gelegenheit erhalten müssen, sich zu den Beweisergebnissen zu äußern, weil andernfalls das Urteil nicht auf sie gestützt werden darf, § 108 II VwGO. **II** ist unanwendbar, weil das Gericht das Ergebnis einer Beweisaufnahme vor dem beauftragten oder ersuchten Richter von Amts wegen zum Gegenstand der Verhandlung macht, § 103 II VwGO.

286

Beweiswürdigung. **I** Das Gericht hat unter Berücksichtigung des gesamten Inhalts der Verhandlungen und des Ergebnisses einer etwaigen Beweisaufnahme nach freier Überzeugung zu entscheiden, ob eine tatsächliche Behauptung für wahr oder für nicht wahr zu erachten sei. In dem Urteil sind die Gründe anzugeben, die für die richterliche Überzeugung leitend gewesen sind.

II An gesetzliche Beweisregeln ist das Gericht nur in den durch dieses Gesetz bezeichneten Fällen gebunden.

Schrifttum: Bender/Röder/Nack, Tatsachenfeststellung vor Gericht, Bd I–II, 1981 (Bespr Prüfer NJW **82**, 917); Bendix, Zur Psychologie der Urteilstätigkeit des Berufsrichters, 1968; Blomeyer, Beweislast und Beweiswürdigung usw, Gutachten zum 46. Deutschen Juristentag (1966); Brehm, Die Bindung des Richters an den Parteivortrag und Grenzen freier Verhandlungswürdigung, 1982 (Bespr Gottwald AcP **183**, 201, Schlosser JZ **82**, 655, Schneider NJW **82**, 2300); Greger, Beweis und Wahrscheinlichkeit, 1978; Habscheid, Das Persönlichkeitsrecht als Schranke der Wahrheitsfindung im Prozeßrecht, Gedächtnisschrift für Peters (1967) 840; Heescher, Untersuchungen zum Merkmal der freien Überzeugung in § 286 ZPO und § 261 StPO, Diss Münster 1974; Kaissis, Die Verwertbarkeit materiell-rechtswidrig erlangter Beweismittel im Zivilprozeß, 1978; Klein, Gewissen und Beweis, 1972; Patermann, Die Entwicklung des Prinzips der freien Beweiswürdigung im ordentlichen deutschen Zivilprozeß usw, Diss Bonn 1969; Schneider, Beweis und Beweiswürdigung, 3. Aufl 1978; Schreiber, Theorie des Beweiswertes für Beweismittel im Zivilprozeß, 1968; Söllner, Der Beweisantrag im Zivilprozeß, Diss Freibg 1972; Stürner, Die richterliche Aufklärung im Zivilprozeß, 1982; Wais, Die Vertretbarkeit fehlerhaft erzielter

1. Titel. Verfahren bis zum Urteil **§ 286** 1, 2

Beweisergebnisse und rechtswidrig erlangter Beweismittel im Zivilprozeß, Diss Tüb 1966; Walter, Freie Beweiswürdigung, 1979 (Bespr Kollhosser ZZP **96**, 271, Musielak NJW **80**, 1443, Peters AcP **180**, 527); Weimar, Psychologische Strukturen richterlicher Entscheidung, 1969.

Gliederung

1) Allgemeines
2) Freie Beweiswürdigung, I
   A. Freiheit der Meinungsbildung
   B. Berücksichtigung des gesamten Streitstoffs
   C. Überzeugungsbildung
   D. Begründungspflicht
   E. Verhandlungsinhalt
   F. Privatwissen
3) Umfang der Beweisaufnahme
   A. Erschöpfung der Beweismittel
   B. Ablehnung eines Beweismittels
      a) Erwiesenheit, Offenkundigkeit
      b) Unerheblichkeit
      c) Wahlunterstellung
      d) Unzulässigkeit, Unerrreichbarkeit, Ungeeignetheit

      e) Erwiesenheit des Gegenteils
      f) Unglaubwürdigkeit
      g) Verwandtschaft
      h) Auswärtiger Zeuge
      i) Unwirtschaftlichkeit
      j) Abstammungsprozeß
      k) Verschwiegenheitspflicht
      l) Weitere Einzelfragen
   C. Sachverständigenbeweis
4) Urkundenwürdigung
   A. Freie Beweismittelwahl
   B. Würdigung anderer Akten
   C. Rechtswidrig erlangte Urkunde
   D. Verhältnis zum Zeugenbeweis
5) Gesetzliche Beweisregeln, II
6) VwGO

1) Allgemeines. Über die Beweiswürdigung im allgemeinen Einf 1 vor § 284.

2) Freie Beweiswürdigung, I. A. Freiheit der Meinungsbildung. Das Gericht entscheidet nach freier Überzeugung, ob eine tatsächliche Behauptung wahr ist oder nicht. Es steht in der Würdigung des Prozeßstoffs auf dessen Beweiswert völlig frei da. Es ist aber auch erforderlich, daß das Gericht vorher die Parteien von allem für sie Wissenswerten in Kenntnis gesetzt hat, zB auch davon, daß der Zeuge erklärt hat, er könne eine vollständige Aussage erst nach Einsicht in seine Unterlagen machen, wenn das Gericht diese Einsicht nicht für erforderlich gehalten hat, BGH NJW **61**, 363.

Das Gericht darf eine Tatsache ohne jede Beweisaufnahme für wahr halten, BGH FamRZ **82**, 467 mwN, auch im Urkundenprozeß, §§ 440 Anm 2, 592 Anm 3 B, Köln DB **83**, 105. Dieser Grundsatz gilt bei klarem und widerspruchsfreiem Sachverhalt sogar trotz beiderseitigen Beweisantritts, BGH **82**, 21. Es muß freilich seine Sachkunde prüfen, BGH VersR **81**, 577. Das Gericht darf einer Parteierklärung mehr glauben als einem eidlichen Zeugnis, vgl auch Bender/Röder/Nack Rdz 241, der Behauptung des Klägers bei einer mangelnden Substantiierung der Gegenerklärung des Bekl folgen, BGH **LM** § 286 (B) Nr 4, vgl freilich auch BGH **LM** (C) Nr 64. Das Gericht ist dann auch nicht gezwungen, die Partei nach § 448 zu vernehmen, BGH **LM** § 286 (B) Nr 4.

Es kann aber nicht dann, wenn die Gegenseite die Behauptung bestreitet, auf Grund einer einfachen Anhörung Feststellungen treffen, die seinen eigenen in einem früheren Urteil widersprechen, BGH **LM** § 286 (B) Nr 10. Das Gericht kann nicht die bisher von einem anderen Senat für glaubwürdig angesehenen Zeugen nach einer Zurückverweisung ohne Vernehmung für unglaubwürdig halten, BGH **LM** § 398 Nr 2, 3.

Das Berufungsgericht darf nicht die Glaubwürdigkeit eines Zeugen ohne eigene Vernehmung anders als das erstinstanzliche Gericht beurteilen, BGH NJW **76**, 1742 mwN (Ausnahmen Anm 4 B). Das BfgGer darf nicht auf Grund von Lichtbildern aus einer anderen Blickrichtung Feststellungen treffen, die von den Ergebnissen einer Ortsbesichtigung des erstinstanzlichen Gerichts abweichen, BGH **LM** (B) Nr 27. Das Gericht darf einem Polizisten besonders glauben, weil er im Beruf zu einer sorgfältigen Beobachtung usw verpflichtet ist, Karlsr VersR **77**, 937.

Unzulässig ist es, einen Zeugen schon wegen seiner Bindung an die Partei, zB als deren Angestellter, für unglaubhaft zu halten, BGH **LM** (A) Nr 30 und VersR **75**, 254. Zur Glaubwürdigkeit allgemein Cabanis NJW **78**, 2329. Das Gericht darf sich nicht auf ein Sachverständigengutachten stützen, wenn es einen anderen Sachverhalt zugrunde legt, BGH MDR **68**, 37. Es darf aber aus Tatsachen und Beweisverhandlungen andere Schlüsse ziehen als die Parteien. Es darf Handlungen und Unterlassungen der Partei frei würdigen, BayObLG **72**, 241, KG JR **78**, 379.

Die Beweislast ist dabei völlig unerheblich, namentlich kommt sie für die Auslegung von Urkunden und Willenserklärungen nicht in Betracht, vgl aber auch Anh 286 Anm 4 ,,Vertragsurkunden". Weigert sich die nicht beweispflichtige Partei grundlos, die Anschrift eines nur ihr bekannten Zeugen anzugeben, so kann das zu ihren Ungunsten sprechen, BGH NJW **60**, 821. Dasselbe gilt, wenn die Partei das Bankgeheimnis ausnutzt, um die Wahrheitsfindung zu vereiteln, BGH NJW **67**, 2012. Wegen der Weigerung, das Augenscheinsobjekt bereitzustellen, Üb 3 B vor § 371. Tatsächliche Vermutungen und der Anscheinsbeweis gehören zur Beweiswürdigung, Anh § 286 Anm 3.

Der freien Beweiswürdigung widerspricht es, wenn das Gericht den gesetzlichen Beweisregeln weitere hinzufügt, II, BGH **LM** (A) Nr 30, zB aus der Eidesverweigerung oder der Verwandtschaft des Zeugen mit der Partei ohne weiteres auf seine Unglaubwürdigkeit schließt, BGH NJW **74**, 2283, KG VersR **77**, 771 mwN, Köln MDR **72**, 957, vgl auch § 384 Anm 3 B (Buchwald SJZ **49**, 360 will sogar eine Würdigung der Zeugnisverweigerung nicht zulassen, aM BGHSt **2**, 351, Köln VersR **75**, 163, das zusätzliche Anzeichen erfordert).

Unzulässig ist es, ein Indiz ohne seine Schlüssigkeitsprüfung auszuwerten, BGH VersR **83**, 375, oder ohne weitere Prüfung aus dem Ausscheiden eines Indizes zu folgern, daß die übrigen nicht genügen, OGH **4**, 106, oder einen Anwalt von vornherein für besonders glaubwürdig zu halten, BGH VersR **74**, 1021 (er empfiehlt eine Zurückhaltung vor der Annahme, der Anwalt habe bewußt unwahr ausgesagt), oder sich auf stereotype Wendungen zurückzuziehen, Schneider DRiZ **77**, 75.

B. Berücksichtigung des gesamten Streitstoffs. § 286 befreit den Richter aber nicht von der Pflicht zu gewissenhaftester Prüfung und Abwägung der für oder gegen die Wahrheit einer erheblichen Behauptung sprechenden Umstände. Der Richter darf zB nicht ein einfaches Bestreiten, das zulässig sein kann, BGH **12**, 50, zum Nachteil der nicht beweispflichtigen Partei auswerten, BayObLG **72**, 241. Er darf nicht in Spezialfragen schon deshalb dem Vortrag eines sachverständigen Zeugen, BAG DB **76**, 2356, oder einer sachkundigen Partei folgen, weil der nicht sachkundige Gegner nur knapp bestreitet, BGH **LM** (C) Nr 64. Der Richter darf nicht leugnen, was durch einen Augenschein klar festgelegt ist, Grave-Mühle MDR **75**, 276. Er darf nicht erbbiologischen Untersuchungen grundsätzlich den Beweiswert absprechen, BGH **LM** (B) Nr 14, s auch § 640 Anm 2 ,,§ 622". Er darf nicht das Gutachten eines anerkannten Fachgelehrten hinter das anderer Sachverständiger zurücksetzen, denen die Sachkunde auf dem betr Gebiet abgeht.

Der gesamte Streitstoff ist zu erschöpfen, BVerfG zB **58**, 356 und **60**, 5, 99, 122, **61**, 122 je mwN, BGH VersR **74**, 1021. Der gesamte Inhalt der Verhandlungen und das Ergebnis der Beweisaufnahme geben die Grundlage der Urteilsfindung, BayObLG **72**, 241. Dahin gehören aber viele Umstände, wie die Glaubwürdigkeit einer Partei und der Zeugen, BGH NJW **78**, 1486 (im Ergebnis zustm Schneider MDR **78**, 826), BAG BB **78**, 1217, die Versagung ihrer Mitwirkung bei der Beweisaufnahme, die Verweigerung einer nach Treu und Glauben zu erwartenden Erklärung. Darüber, welcher Grad im Einzelfall genügt, muß die besondere Veranlagung des Richters und seine durch die Lebenserfahrung bedingte Einstellung entscheiden.

C. Überzeugungsbildung. Beweis ist erst erbracht, wenn der Richter persönlich überzeugt ist, und zwar nicht nur von der Wahrscheinlichkeit, sondern von der Wahrheit der behaupteten Tatsache, BGH NJW **78**, 1684, AG Ffm VersR **78**, 878, vgl auch Kroitzsch GRUR **76**, 183. Insofern ist die vom RG entwickelte Floskel von der ,,an Sicherheit grenzenden Wahrscheinlichkeit", vgl zB Kollhosser ZZP **96**, 271, zumindest mißverständlich, BGH **53**, 256, vgl auch Lebrecht NJW **69**, 1420. Noch weniger reicht, anders als bei einer bloßen Glaubhaftmachung, § 294 Anm 1 A, eine überwiegende Wahrscheinlichkeit zum Beweis oder auch nur zum Anscheinsbeweis aus, zB Arens FamRZ **75**, 728, Bruns ZZP **91**, 70, RoS § 113 II, abw Bender Festschrift für Baur (1981) 247, aM zB Kegel Festschrift für Kronstein (1967) 321ff, Maaßen, Beweismaßprobleme im Schadensersatzprozeß (1976) 9, Motsch NJW **76**, 1389, Schmidt, Teilbarkeit und Unteilbarkeit des Geständnisses usw (1972) 176 (krit Hainmüller ZZP **90**, 331), vgl auch Wieser FamRZ **77**, 159. Der Richter hat zu prüfen, ob er die an sich möglichen Zweifel überwinden kann, braucht diese aber nicht völlig auszuschließen.

Ausreichend ist ein für das praktische Leben brauchbarer Grad von Gewißheit und nicht nur von Wahrscheinlichkeit, BGH NJW **78**, 1920 mwN, NJW **82**, 2875 und VersR **77**, 721, Ffm VersR **77**, 927, Köln VersR **77**, 1035, vgl auch BGHSt **10**, 208, BGH DRiZ **67**, 239, LAG Hamm BB **76**, 364. Der Richter darf und muß sich seine persönliche Gewißheit frei von Beweisregeln bilden (Ausnahmen II), er ist nur seinem Gewissen unterworfen. Es ist unerheblich, ob andere zweifeln oder eine andere Auffassung haben können, BGH **53**, 256. Vgl ferner Schneider, Beweis und Beweiswürdigung, 3. Aufl 1978.

D. Begründungspflicht. Das Gericht hat die Gründe, die es bei der Beweiswürdigung geleitet haben, im Urteil darzulegen, BGH NJW **82**, 1155, und zwar in einem streng logischen Aufbau, vgl BGH NJW **82**, 2875, Grave-Mühle MDR **75**, 276. Sätze wie ,,das Gericht hat auf Grund der Verhandlung und der Beweisaufnahme die Überzeugung erlangt, daß ..." sind nichtssagend. Was dem Gericht unerheblich scheint, das braucht es nicht ausdrücklich zu erörtern. Es braucht zB nicht jedes Parteivorbringen, jedes Beweismittel, jede Zeugenaussage, jedes abgelehnte Beweisvorbringen abzuhandeln. Ausreichend ist, daß nichts übersehen und alles im Zusammenhang gewürdigt wird, BVerfG **54**, 91 und NJW **80**, 278, vgl auch BVerfG FamRZ **80**, 548 je mwN, BGH VersR **75**, 254, BAG JZ **77**, 567, BayVGH NJW **80**, 278 je mwN.

E. Verhandlungsinhalt. Der ,,gesamte Inhalt der Verhandlung" umfaßt alles, was in der mündlichen Verhandlung vorgetragen ist, BGH VersR **78**, 418, einschließlich der außerprozeßgerichtlichen Beweisverhandlung, § 285 II, und der vor dem Prozeßgericht aufgenommenen Beweise, vgl BGH VersR **81**, 352. Jedes Mitglied eines Kollegiums muß die gesamten Akten selbst lesen und darf sich keineswegs auf die Kenntnisnahme eines Berichts des Vorsitzenden oder des sog Berichterstatters (Votum) beschränken, vgl Einl III 3 A. Das Gericht ist aber auch verpflichtet, die Parteien von denjenigen Prozeßvorgängen zu unterrichten, die für die Parteien wichtig sind, BGH NJW **61**, 363, vgl BVerfG MDR **78**, 201. Über die Verwertung des persönlichen Eindrucks eines Zeugen, eines Sachverständigen, einer Partei auf den verordneten Richter § 285 Anm 2; über die Beweiswürdigung nach einem Richterwechsel § 355 Anm 1 C; über die Behandlung von Schriftsätzen, die nach dem Verhandlungsschluß eingereicht wurden, § 156 Anm 2 A.

Eine Beweisaufnahme ist nur dann verwertbar, wenn bei ihr alle wesentlichen Formen gewahrt wurden, zB die Parteiöffentlichkeit, die Protokollierung und dergleichen. Unverwertbar ist ein Sachverhalt, den keine Partei behauptet und der sich auch nicht aufdrängt, BGH **LM** § 1006 BGB Nr 16 und MDR **78**, 567. S auch Anm 4 B.

F. Privatwissen. Sein privates Wissen über im Prozeß behauptete Vorgänge darf der Richter nicht verwerten. Er kann nicht gleichzeitig Richter und Zeuge sein, dazu noch ein heimlicher. Etwas anderes gilt bei Erfahrungssätzen, Einf 4 B vor § 284, und offenkundigen Tatsachen, § 291. Amtliches Wissen, etwa aus einem Vorprozeß der Parteien, ist benutzbar, wenn es gerichtskundiges Wissen ist, § 291 Anm 1 A, B.

3) Umfang der Beweisaufnahme

Schrifttum: Gamp, Die Ablehnung von Beweisanträgen im Zivilprozeß usw, Diss Bochum 1980.

A. Erschöpfung der Beweismittel. Das Gericht muß die Beweise erschöpfen, BGH FamRZ **77**, 539 und VersR **81**, 352; s auch zur Ablehnung von Beweisanträgen Schneider ZZP **75**, 173, MDR **69**, 268, **76**, 361 (rechtspolitisch). Grundsätzlich muß das Gericht die rechtzeitig angetretenen, entscheidungserheblichen Beweise erheben, BVerfG **60**, 249 und 252 je mwN (wobei eine eidesstattliche Versicherung Zeugenbeweisantritt ersetzen kann, BGH VersR **74**, 1022), Köln VersR **75**, 995, Mü VersR **76**, 1143 (krit Schneider VersR **77**, 163), so in Wahrheit auch LAG Düss BB **78**, 1310. Dies gilt auch bei einem zur Vertragsauslegung notwendigen Beweis oder dann, wenn für den wirklichen Willen der Parteien Beweis angetreten worden ist, BAG VersR **75**, 98 mwN. Eine weitergehende Erhebungspflicht besteht im Verfahren mit einer Amtsermittlung, § 616. Der Beweisantrag muß erkennen lassen, auf welche vorangestellten Behauptungen er sich bezieht, BAG BB **75**, 885; evtl ist die Partei zu befragen, § 139. Auch der Zeuge vom Hörensagen kann zu vernehmen sein; seine Aussage mag freilich besonders kritisch zu würdigen sein, ArbG Bln BB **83**, 1478.

B. Ablehnung eines Beweismittels. Hier sind folgende Fallgruppen zu unterscheiden (der BGH befolgt dabei etwa dieselben Grundsätze, wie sie § 244 StPO einhält, BGH **53**, 259, vgl auch BVerwG MDR **78**, 77 mwN, OVG Münster FamRZ **81**, 700, Koch/Steinmetz MDR **80**, 904; dagegen Schneider ZZP **75**, 180, der diese Anlehnung weder für notwendig noch für statthaft hält):

a) Erwiesenheit, Offenkundigkeit. Das Gericht darf die Beweiserhebung ablehnen, wenn die Tatsache, die bewiesen werden soll, schon erwiesen oder offenkundig ist.

b) Unerheblichkeit. Das Gericht darf die Beweiserhebung ablehnen, wenn die Tatsache für die Entscheidung unerheblich ist, was näher zu begründen ist.

c) Wahrunterstellung. Das Gericht darf die Beweiserhebung ablehnen, wenn die behauptete Tatsache (nicht etwa ihr Gegenteil), BGH **53**, 260, und nicht nur die Aussage als wahr unterstellt werden kann, KG VersR **75**, 1030. Eine teilweise Wahrunterstellung genügt nicht. Handelt es sich nur um Indizien für einen Vorgang, so kann das Gericht frei würdigen, ob sie geeignet sind, Beweis zu erbringen, falls sie als wahr unterstellt würden, und das Gericht kann die Beweiserhebung ablehnen, falls es diese Eignung bei seiner freien Würdigung verneint, BGH **53**, 261 und DRiZ **74**, 28.

d) Unzulässigkeit, Unerreichbarkeit, Ungeeignetheit. Das Gericht darf die Beweiserhebung ablehnen, wenn das Beweismittel unzulässig, Üb 4 vor § 371, unerreichbar oder für den Beweis der behaupteten Tatsache völlig ungeeignet ist, BGH DRiZ **74**, 27 und (betr StPO) NJW **78**, 1207. Dabei ist eine Vorwegnahme der Beweiswürdigung unzulässig. Unzulässig ist also die Begründung, der Zeuge werde doch nichts Wesentliches aussagen können, BGH VersR **58**, 170, 340, etwa weil der Vorfall zu lange zurückliege und er vermutlich doch keine Erinnerung mehr daran habe. Denn ob der Zeuge noch eine Erinnerung hat, das soll sich ja erst in der Beweisaufnahme ergeben.

Etwas anderes mag gelten, wenn eine Partei für einen lange zurückliegenden Vorfall, der durch Fotos und einen Polizeibericht festgehalten wurde, ohne Zeugen benennt, ohne seine Erinnerungsmöglichkeiten darzulegen, BGH DRiZ **59**, 252. Bei einem schlechten Gedächtnis des Zeugen muß das Gericht Kontrollmöglichkeiten ausnutzen, die sich anbieten, BGH **LM** (C) Nr 62.

e) Erwiesenheit des Gegenteils. Die Ablehnung der Beweisaufnahme mit der Begründung, das Gegenteil sei bereits als erwiesen anzusehen, wäre eine verbotene vorweggenommene Beweiswürdigung, BGH **53**, 260.

f) Unglaubwürdigkeit. Eine Unglaubwürdigkeit darf nicht von vornherein abstrakt angenommen werden, BGH NJW **72**, 1576, auch nicht zB gegenüber Mitfahrern im unfallbeteiligten Kraftfahrzeug, Hbg MDR **70**, 338, KG VersR **77**, 771, Mü NJW **82**, 708. Vielmehr kann sich das Gericht über die Unglaubwürdigkeit solcher Personen erst aus der Vernehmung ein Bild machen, zumal ein Zeuge gerade in gewissen Punkten Glauben verdienen kann; nur in eigenartigen Ausnahmefällen mag es anders sein. Die zu beweisende Behauptung braucht nicht wahrscheinlich gemacht zu werden; daß sich aus anderen Tatsachen oder aus einem früheren Parteiverhalten die Unwahrscheinlichkeit oder Unglaubhaftigkeit der behaupteten Tatsache ergibt, genügt nicht, BGH NJW **72**, 250.

Insbesondere ist es unzulässig, die Unglaubhaftigkeit aus der Vernehmung des Zeugen in einer anderen Sache zu schließen oder sie aus dem Urteil in einem anderen Verfahren zu übernehmen, solange die Parteien nicht mit der Verwendung der dortigen Aussagen einverstanden sind. Aber auch dann ist das Gericht an die frühere Würdigung natürlich nicht gebunden.

g) Verwandtschaft. Unzulässig wäre es, die Vernehmung eines Verwandten der Partei als Zeugen mit der Begründung abzulehnen, wegen des Verwandtschaftsverhältnisses sei keine Klärung zu erwarten.

h) Auswärtiger Zeuge. Unzulässig ist die Ablehnung der Vernehmung eines nur durch einen beauftragten Richter vernehmbaren Zeugen mit der Begründung, seine Glaubwürdigkeit könne nur durch eine Vernehmung vor dem ProzGer beurteilt werden, BAG BB **77**, 1706.

i) Unwirtschaftlichkeit. Unzulässig ist erst recht die Ablehnung einer Beweisaufnahme mit der Begründung, die Beweiserhebung sei unwirtschaftlich, BVerfG **50**, 35.

Berechtigt ist aber zB die Ablehnung der erneuten Vernehmung eines im selben Prozeß schon vernommenen Zeugen mit der Begründung, er habe den Beweispunkt schon früher bekunden müssen und verdiene daher bei einer erneuten Bekundung keinen Glauben. Vgl aber auch Anm 4 B und C.

Nur ganz ausnahmsweise und nur dann kann also der Beweis von vornherein als ungeeignet abgelehnt und die Erhebung des Beweises als völlig nutzlos angesehen werden, so daß sie für die Überzeugung des Gerichts nichts Sachdienliches erbringen kann, BGH DRiZ **62**, 167. Die Gründe einer solchen Ablehnung sind eingehend darzulegen. Sie können etwa in der rechtswidrigen Erlangung des Beweismittels liegen, zB wenn der Zeuge heimlich, wenn auch nicht unbedingt strafbar, mitgehört hatte, BAG DB **74**, 1243, BGH **LM** § 373 Nr 6 (krit Zeiss ZZP **89**, 396, 399, der die Verwertbarkeit grundsätzlich nur bei einer verfassungswidrigen Erlangung des Beweismittels verneint), ähnl Gießler NJW **77**, 1186. Zum Problem Kaissis, Die Verwertbarkeit materiell-rechtswidrig erlangter Beweismittel im Zivilprozeß, 1978. Vgl Üb 4 vor § 371. Die Ablehnungsgründe mögen in einer völligen Unglaubwürdigkeit des Zeugen liegen, BGH NJW **56**, 1480, DRiZ **59**, 252; freilich ist größte Vorsicht bei derartiger Bewertung geboten.

j) Abstammungsprozeß. Im Abstammungsprozeß müssen alle vernünftigerweise sachdienlichen Beweise erhoben werden, BGH **LM** § 1591 BGB Nr 13 und § 1600o BGB Nr 11 sowie NJW **82**, 2125, KG FamRZ **73**, 270 und **74**, 468, vgl Karlsr FamRZ **77**, 342. Jedoch darf und muß sich das Gericht mit einem praktisch brauchbaren Grad von Gewißheit

1. Titel. Verfahren bis zum Urteil **§ 286** 3

begnügen, BGH **61**, 169 und FamRZ **74**, 88, vgl auch Oldb FamRZ **79**, 970, aber auch BGH **LM** § 1600o BGB Nr 3. Die Einholung eines Blutgruppen- oder erbbiologischen Gutachtens (zum Antrag Hummel FamRZ **76**, 257, Schlosser FamRZ **76**, 6, 258) darf nicht davon abhängig gemacht werden, daß der Mann konkrete Umstände gegen die Vaterschaft vortragen kann, Ffm FamRZ **72**, 383, KG NJW **74**, 608 und FamRZ **74**, 468. Die Einholung des Gutachtens darf nicht abgelehnt werden, wenn Mehrverkehr eingeräumt worden ist und der entsprechende Zeuge nicht mehr vernommen werden kann, Kblz JB **76**, 683, oder weil das Bundesgesundheitsamt die fragliche Methode des Gutachters noch nicht anerkannt habe, BGH **LM** § 1600o BGB Nr 13, oder weil die Mutter eine Dirne sei, BGH **LM** § 1600o BGB Nr 14.

Jedoch braucht grundsätzlich kein erbbiologisches Gutachten eingeholt zu werden, wenn Geschlechtsverkehr in der Empfängniszeit bereits nebst gewichtigen Anzeichen für die Vaterschaft erwiesen ist und kein Anhalt (mehr) für einen Mehrverkehr in der Empfängniszeit besteht, BGH **LM** § 1600o BGB Nr 6 (krit Ankermann NJW **75**, 592), Stgt FamRZ **73**, 48, vgl Odersky FamRZ **74**, 563, oder wenn das weitere Bestreiten des Bekl ohne jede Substanz ist, Bbg FamRZ **75**, 51, abw Hbg FamRZ **75**, 108 (es sei unerheblich, ob der Bekl Mehrverkehr behaupten könne), aM Leipold FamRZ **73**, 69 mwN (ein an sich beweisgeeignetes Gutachten brauche nur dann nicht eingeholt zu werden, wenn mit Sicherheit keine Änderung der bisherigen Beweisergebnisse zu erwarten sei). Wenn das Abstammungsgutachten nicht zur Überzeugung des Gerichts von der Vaterschaft ausreicht, darf das Gericht es auch nicht als Indiz für eine Beiwohnung innerhalb der Empfängniszeit verwenden, BGH **LM** § 1600o BGB Nr 9 (abl Odersky NJW **76**, 369), aM Maier NJW **76**, 1135. Vgl auch C sowie Anh § 286 Anm 4 „Vaterschaft" und § 372a Anm 3 A.

k) Verschwiegenheitspflicht. Unzulässig ist die Beweisaufnahme, soweit die Beweismittel nur unter Verstoß gegen eine Verschwiegenheitspflicht verwertbar wären, der zB auch das Finanzamt unterliegt, vgl BAG NJW **75**, 408, § 299 Anm 1 B. Wegen der Verwertbarkeit der Aussage von Polizisten bei deren Verstoß gegen § 136 I 2 StPO, vgl Üb 1 D vor § 373.

l) Weitere Einzelfragen. Auch sachlichrechtliche Bestimmungen können der Durchführung eines Beweises entgegenstehen, so § 38 I StVO (daher ist ein Einsatzfahrzeug nicht im fließenden Verkehr als Beweismittel für Fragen akustischer oder optischer Wahrnehmbarkeit geeignet), Nürnb VersR **77**, 64, oder § 1593 BGB, der es verbietet, daß die Ehelichkeit eines Kindes in einem anderen Verfahren angegriffen wird, oder § 1600a BGB. Ein Beweisantrag kann nicht mit der Begründung abgelehnt werden, ein allgemeiner Erfahrungssatz stehe entgegen. Abgesehen davon, daß ein solcher mit der Revision nachprüfbar ist, daß er allerdings auch mangelnde oder unzureichende Beweise ersetzen kann, läßt er im allgemeinen den Nachweis zu, daß der Fall eine abweichende Entwicklung genommen hat.

Ob noch ein Beweisantrag vorliegt, ist eine Auslegungsfrage, BAG DB **78**, 1088.

C. Sachverständigenbeweis. Diesen Beweis darf das Gericht, auch in 2. Instanz, ablehnen, wenn es seine Sachkunde oder diejenige der Handelsrichter mit Recht, BGH **LM** (C) Nr 10, für ausreichend hält. Das Gericht muß die tatsächlichen Grundlagen entweder selbst ermitteln und sie dem Sachverständigen mitteilen, BGH MDR **80**, 576 mwN, oder deren Ermittlung dem Sachverständigen überlassen. Die Urteilsgründe müssen dann die Sachkunde des Gerichts erkennen lassen. Die Nichteinholung eines Gutachtens oder einer Meinungsumfrage, vgl BGH GRUR **76**, 196, ist also uU ein Verfahrensverstoß, BGH **64**, 100, VersR **77**, 768 und VersR **81**, 576 je mwN, GRUR **78**, 237, BAG BB **79**, 111, auch nach dem Vorliegen ärztlicher Atteste, Köln MDR **72**, 957. Dem Antrag, einen Sachverständigen vorzuladen, um ihm Fragen vorzulegen, muß im allgemeinen stattgegeben werden, BGH NJW **61**, 2087, s auch § 411 Anm 5.

Bei besonders schwierigen Fragen, BGH MDR **53**, 605, ferner bei widersprechenden Gutachten muß das Gericht mangels Sachkunde weitere Gutachten einholen, BGH NJW **51**, 481, vgl freilich BGH BB **80**, 863. Zumindest muß das Gericht im Urteil darlegen, warum es ein Obergutachten nicht für notwendig hält, insofern auch Hamm VersR **80**, 683. Dasselbe gilt bei groben Mängeln im eingeholten Gutachten oder dann, wenn der Sachverständige selbst neuerliche Beweisbehauptungen für möglicherweise erheblich erklärt, so dann eine Ablehnung des Beweisantrags mit der Begründung, die Behauptungen seien unbestimmt, fehlerhaft wäre, BGH NJW **62**, 676; s auch § 412 Anm 1. Bei Unklarheiten kann zumindest eine Amtspflicht entstehen, den Gutachter zur Klarstellung zu veranlassen, BGH VersR **81**, 752 und VersR **81**, 2578 mwN.

Die Beurteilung der Geschäftsfähigkeit ist in der Regel keine besonders schwierige Frage, die ein Obergutachten erforderlich machen würde, da hier nur die Feststellung des tatsächlichen Verhaltens schwierig ist, nicht die ärztliche Beurteilung, BGH NJW **62**, 676. Köln

VersR **73**, 643 hält eine Prüfung, ob der Betreffende wegen Trunkenheit geschäftsunfähig gewesen sei, bloß auf Grund einer Unterschriftsprobe für unmöglich. Vorsicht mit der eigenen Sachkunde des Gerichts betr merkantilen Minderwert, Darkow VersR **75**, 210, oder gegenüber Zeugenangaben über das Tempo oder den Zeitpunkt, Schneider MDR **75**. 19. Auch Sachverständigengutachten unterliegen der Beweiswürdigung, BGH **LM** § 1591 BGB Nr 12, BayObLG BB **79**, 185 mwN.

Auch das Gutachten eines fachlich anerkannten Sachverständigen hat keinen „Anschein der Richtigkeit" für sich, den die betroffene Partei entkräften müßte, sondern unterliegt der normalen Beweiswürdigung, BGH VersR **81,** 1151.

Das Gericht muß selbständig und eigenverantwortlich prüfen, ob es dem Gutachten folgen darf, BGH NJW **82**, 2874 mwN, BFH BB **82**, 729. Es muß insbesondere prüfen, ob der Sachverständige von zutreffenden Tatsachenfeststellungen ausgegangen ist, BFH BB **82**, 729. Das Gericht kann vom Ergebnis des Gutachtens abweichen, Stgt NJW **81**, 2581, wenn es bei einer eigenen Sachkunde hierfür eine ausreichende Begründung geben kann, BGH **LM** § 402 Nr 24, FamRZ **74**, 86, VersR **75**, 379, GRUR **75**, 595, NJW **82**, 2874 mwN. Es muß dann aber seine Meinung sorgfältig begründen, BGH NJW **83**, 1740. Das ist aber bei erbbiologischen Fragen in Abstammungssachen nur schwer möglich, vgl BGH **LM** (B) Nr 14, ferner Üb 1 A vor § 402 und § 286 Anm 2 B. Zur Computer-Tomographie Mü VersR **78**, 65. Das Gericht muß sorgfältig auf Anzeichen einer etwaigen, evtl unbewußten, Voreingenommenheit des Sachverständigen achten, BGH NJW **81**, 2010, besonders im Kunstfehlerprozeß wegen etwa überholter Standesregeln, BGH **LM** § 402 Nr 24. Ein Literaturstudium reicht statt eines Sachverständigenbeweises nur dann aus, wenn das gesuchte Ergebnis unmittelbar der Literatur entnehmbar ist, BGH MDR **78**, 42. Parapsychologische Gutachten sind ungeeignet, BGH NJW **78**, 1207.

Obergutachten sind nur bei besonders schwierigen Fragen notwendig, BGH BB **80**, 863. Diese sind nicht stets dann gegeben, wenn die bisherigen Gutachten voneinander abweichen, BGH BB **80**, 863, insofern offenbar aM Hamm VersR **80**, 683. Dann ist vielmehr uU eine Stellungnahme der bisherigen Gutachter ausreichend, um das Gericht instand zu setzen, die Fragen zu überblicken. Es ist unzulässig, Abweichungen unkritisch nebeneinanderzustellen und daraus auf die Unmöglichkeit von Feststellungen zu schließen, BGH **LM** (C) Nr 62, oder gar überhaupt keine Stellungnahme zu den Abweichungen zu beziehen, insofern richtig Hamm VersR **80**, 683. Vgl aber auch § 412 Anm 1. Zum Problem Pieper ZZP **84**, 24.

4) Urkundenwürdigung

A. Freie Beweismittelwahl. Unter den Beweismitteln darf die Partei frei wählen, also insbesondere Zeugen- oder Sachverständigenbeweise durch Urkundenbeweis ersetzen, vgl Mü NJW **72**, 2047 und 2048. Eine solche Ersetzung kann auch im Einverständnis mit der Verwertung von Beiakten liegen, KG NJW **74**, 2011. Die Parteien können auch den Inhalt anderer Akten einschließlich dortiger Zeugenprotokolle vortragen; sie sind dann als Parteivortrag zu würdigen.

B. Würdigung anderer Akten. Das Gericht darf Zeugen- und andere Protokolle aus anderen Akten, namentlich aus Strafakten, oder aus einem Prozeßkostenhilfeverfahren gemäß § 118 urkundenbeweislich würdigen, sogar bei einem Widerspruch des Gegners des Beweisführers, BGH VersR **74**, 1030 und VersR **83**, 668 je mwN, KG VersR **76**, 474 (s aber unten C) und in der Berufungsinstanz ohne eigene Zeugenvernehmung vom Vorderrichter abweichend würdigen, Köln MDR **72**, 957, offen BGH NJW **82**, 581 (abl Hartung VersR **82**, 141); etwas anderes gilt nach einer früheren Vernehmung im Prozeß, Anm 2 A. Ebenso darf das Gericht ein Sachverständigengutachten aus anderer Akte würdigen, BGH **LM** § 286 (E) Nr 7 und NJW **82**, 2874; wegen Privatgutachten Üb 5 vor § 402. Das Gericht darf derartige Akten von Amts wegen heranziehen. Ein Unfallbericht der Polizei hat zwar nicht den Wert einer Parteivernehmung, § 448, jedoch einen gewissen Indizwert, insbesondere wenn der Vernommene sich auf ihn bezieht, BGH VersR **74**, 1030. Auch Privaturkunden, etwa ärztliche Zeugnisse, sind benutzbar. Sie lassen aber keinen Beweis über Tatsachen außerhalb der Urkunden zu, die sich mit ihrem unzweideutigen Inhalt nicht vertragen, BGH NJW **82**, 581 (abl Hartung VersR **82**, 141), oder nicht zur Deutung, sondern zur Umdeutung führen müßten. Natürlich muß das Gericht die Parteien über eine beabsichtigte Vertretung informieren, Art 103 I GG, Stürner, Die richterliche Aufklärungspflicht im Zivilprozeß (1982) 58.

Der Beweiswert wird bei Privaturkunden oft gering sein. Als Zeugenaussage sind Aussagen in anderen Prozessen nur zu würdigen, wenn beide Parteien sie gelten lassen wollen, als seien sie als solche in diesem Prozeß und vor diesem Gericht gemacht worden, BGH zB

1. Titel. Verfahren bis zum Urteil §286, Anh §286

VersR **70**, 323, Düss MDR **78**, 60 mwN. Entsprechendes gilt bei der Augenscheinseinnahme, BGH **LM** (E) Nr 7b. Auch ein bloßer Vermerk des beauftragten Richters über die Ergebnisse seines Augenscheins hat Beweiswert, wenn er von den Parteien nicht beanstandet wird, auch nach einem Richterwechsel, BGH **LM** § 160 Nr 3.

Wird dagegen eine Vernehmung auch für den vorliegenden Rechtsstreit beantragt, so handelt es sich nicht um einen Antrag auf eine wiederholte Zeugenvernehmung, über den das Gericht nach seinem Ermessen befinden könnte, § 398, sondern um einen Beweisantritt, BGH **7**, 116 und VersR **83**, 668 und 669, so auch, wenn der Zeuge im vorausgegangenen Prozeßkostenhilfeverfahren gehört worden war, BGH **LM** § 355 Nr 4, desgleichen bei der Aufnahme von Zeugenaussagen in einem früheren, nunmehr aufgehobenen Berufungsurteil nach einem Richterwechsel oder im Berufungsverfahren, wenn das BfgGer zur Berufung gegen ein Teilurteil Beweis erhoben hat, wenn es aber jetzt um die Berufung gegen das Schlußurteil geht, da dann zwei verschiedene Berufungsverfahren vorliegen, BGH **LM** § 355 Nr 6. Es gilt dann also das in Anm 3 Ausgeführte, auch wenn eine Abweichung vom früheren Protokoll sehr wahrscheinlich ist, Kiel SchlHA **47**, 292; vgl auch § 355 Anm 1 A.

Dies gilt erst recht bei einer schriftlichen Äußerung einer Privatperson, um so mehr, als die Unmittelbarkeit und die Parteiöffentlichkeit fehlen und die Aussage nicht mit der Aussicht auf eine Beeidigung abgegeben wurde.

C. Rechtswidrig erlangte Urkunde. Eine solche Urkunde ist unverwertbar, soweit sie verfassungswidrig erlangt wurde, Üb 4 vor § 371, abw Zeiss ZZP **89**, 399 (sie sei verwertbar, wenn die Schwere des Eingriffs zum erstrebten Zweck in einem angemessenen Verhältnis stehe).

D. Verhältnis zum Zeugenbeweis. Nie darf das Gericht einen Zeugenbeweis in ungesetzlicher Form zulassen oder ihn durch einen Urkundenbeweis ersetzen. Beantragt eine Partei die mündliche Vernehmung, so darf das Gericht diese auf eine Urkunde hin nur ablehnen, wenn es die Zeugen- oder Sachverständigenvernehmung überhaupt ablehnen könnte, Anm 3. Liegt ein Vernehmungsantrag vor, so darf sich das Gericht nicht auf eine urkundenbeweisliche Verwertung der Niederschrift einer Aussage in einem anderen Verfahren beschränken, BGH VersR **83**, 668 und 669, KG VersR **76**, 474; § 398 trifft dann nicht zu, BGH **7**, 116 (freilich kann im Einverständnis mit der Aktenverwertung ein Verzicht auf den Zeugen zumindest für diese Instanz liegen, KG NJW **74**, 2011, vgl Mü VersR **76**, 1144, krit Schneider VersR **77**, 163).

Dies gilt noch in 2. Instanz; denn wenn die Partei in der 1. Instanz nicht die Vernehmung verlangt hatte, so lag ein Verfahrensmangel, auf den sie hätte verzichten können, noch gar nicht vor. Wird eine Augenscheinseinnahme durch das Prozeßgericht verlangt, so darf eine solche aus einem anderen Verfahren ohne Einverständnis der Parteien nicht urkundenbeweislich verwendet werden. Soweit das Gesetz eine schriftliche Zeugenaussage zuläßt, § 377 III, IV, liegt kein Urkundenbeweis vor, sondern ein Zeugenbeweis. In Ehesachen gilt nichts Besonderes, nur ist § 616 zu beachten.

5) Gesetzliche Beweisregeln, II. Solche binden das Gericht nur in den im Gesetz ausdrücklich bezeichneten Fällen, LG Hbg WM **77**, 37, zB für Urkunden, §§ 415–418, für das Protokoll, § 165, für die Zustellung von Anwalt zu Anwalt, § 198 II, für eine Zustellung im Ausland, § 202, für eine Amtszustellung an einen Anwalt usw, § 212a, für die Übersendung von Schriftsätzen und die Erklärung durch die Post, § 270 II 2, für den Tatbestand des Urteils, § 314, usw. Landesgesetzliche Beweisregeln sind aufgehoben; denn der Vorbehalt in § 16 Z 1 EG ZPO hat sich durch das PStG, § 17 II EG ZPO durch die Anlegung der Grundbücher erledigt. Rechtsvermutungen s § 292.

6) VwGO. Statt *I* gilt § 108 I *VwGO*, der den gleichen Grundsatz ausdrückt. *II* ist entsprechend anzuwenden, § 173 *VwGO*, da gesetzliche Beweisregeln auch für den *VerwProzeß* gelten, zB §§ 164, 314, 415ff, vgl Anm 5.

Anhang nach § 286

Die Beweislast

Schrifttum: Baumgärtel, Handbuch der Beweislast im Privatrecht, 1982 (Bespr Güllemann BB **83**, 515, Plassmann ZZP **96**, 125, Vollkommer NJW **83**, 22); Baumgärtel/Wahrendorf, Beweislast und Treu und Glauben, Festschrift für Rammos (1979) I 41; Blomeyer, Beweislast und Beweiswürdigung usw, Gutachten zum 46. Deutschen Juristentag (1966); Diederichsen VersR **66**, 211 und ZZP **81**, 45; Hofmann, Die Umkehrung der Beweislast in der Kausalfrage, 1972; Kegel, Der Individualanscheinsbeweis und die Verteilung der Beweislast nach überwiegender Wahrscheinlichkeit, Festschrift für Kronstein (1967) 321; Larenz, Zur Beweislastverteilung nach Gefahrenbereichen, Festschrift für Hauß (1978) 225; Leipold, Beweislastregeln und gesetzliche Vermutungen usw, 1966; Lieb, Vermutungen, Beweislastverteilung und Klarstellungsobliegenheiten im Arbeitskampf, Festschrift für Herschel (1982); Loeber, Die Verwertung von Erfahrungssätzen durch den Richter im Zivilprozeß, Diss Kiel 1972; Musielak, Die Grundlagen der Beweislast im Zivilprozeß, 1975 (Bespr Brüggemann FamRZ **76**, 302, Stürner JZ **77**, 112); ders, Beweislastverteilung nach Gefahrenbereichen usw, AcP **176**, 465; Pawlowski, Der prima facie-Beweis bei Schadensersatzansprüchen aus Delikt und Vertrag, 1966; Pohle, Zur Beweislast im internationalen Recht, 1963; Prölls, Beweiserleichterungen im Schadensersatzprozeß, 1966; Reinecke, Die Beweislastverteilung im bürgerlichen Recht und im Arbeitsrecht als rechtspolitische Regelungsaufgabe, 1976 (Bespr Walter ZZP **90**, 442); Reischauer, Der Entlastungsbeweis des Schuldners, 1975; Rosenberg, Die Beweislast usw, 5. Auflage 1966; Schuster, Beweislastumkehr extra legem usw, Diss Freibg 1975; Schwab, Zur Abkehr moderner Beweislastlehren von der Normentheorie, Festschrift für Bruns (1978) 505; Stürner, Die Aufklärungspflicht der Parteien des Zivilprozesses (1976) 13, 106ff; Wahrendorf, Die Prinzipien der Beweislast im Haftungsrecht, 1976 (Bespr Musielak NJW **77**, 620, Schneider JB **77**, 272, Walter ZZP **90**, 455); Schwering, System der Beweislast im englisch-amerikanischen Zivilprozeß, 1969; Weitnauer, Beweislastumkehr, Festschrift für Larenz (1973) 205.

Gliederung

1) **Allgemeines**
   A. Begriff
   B. Rechtsnatur
   C. Vertragliche Regelung
      a) Beweisvertrag
      b) Beweislastvertrag
2) **Träger der Beweislast**
3) **Scheinbare Abweichungen**
   A. Tatsächliche Vermutung

   B. Anscheinsbeweis
      a) Anwendbarkeit
      b) Unanwendbarkeit
   C. Beweisvereitelung
      a) Grundsatz
      b) Fälle
4) **Beispiele zur Beweislast**
5) **VwGO**

1) Allgemeines. A. Begriff. Die Beweislast (schlecht Beweispflicht) ist eine Folge des Beibringungsgrundsatzes, Grdz 3 B ff vor § 128, BVerfG **52**, 145. Sie ist die etwaige Aufgabe einer Partei, die Tatsachen notfalls zu beweisen, die ihr Vorbringen tragen. Das gilt nicht nur im Bereich des Beibringungsgrundsatzes. Es gilt auch beim Kampf um die Identität (dann also kein Statusverfahren) oder wenn es sich um ein Grundrecht handelt, BGH **53**, 245. Da der Richter das gesamte Vorbringen beider Parteien würdigen muß und die angetretenen Beweise ohne Rücksicht auf eine Beweislast erheben kann, Einf 5 vor § 284, vgl BGH NJW **79**, 2142, ist der wahre Sinn der Beweislast praktisch nur die Klärung der Frage, wen die Folgen der Beweislosigkeit treffen, vgl BGH LM § 1600o BGB Nr 8.

Man hat die Lehre von der Beweislast das Rückgrat des Zivilprozesses genannt. Das ist übertrieben. Zivilprozesse leben ohne dieses Rückgrat sehr nachdrücklich. Streitigkeiten über die Beweislast sind nicht allzu häufig. Oft tritt auch der nicht Beweispflichtige Beweis an, was ja § 282 I eigentlich auch von ihm verlangt; zu seiner Aufklärungspflicht Arens ZZP **96**, 1. Bedeutungsvoll wird die Beweislast namentlich beim Beweisantritt durch Antrag auf Parteivernehmung, § 445. Die Beweislast schließt die Darlegungslast, die Behauptungslast ein, LAG Mü DB **82**, 2302. Sie zwingt die Parteien, Behauptungen aufzustellen. Sie gilt auch bei den von Amts wegen zu beachtenden Punkten (der Amtsprüfung), nicht aber im Ermittlungsverfahren, etwa im Entmündigungsverfahren; vgl Grdz 3 D b dd vor § 128. Auf die Auslegung von Willenserklärungen und Urkunden sind die Regeln der Beweislast unanwendbar; s auch Anm 4 „Vertragsurkunden".

B. Rechtsnatur. Früher wurden die Rechtssätze über die Beweislast als prozessual angesehen, da die Beweislast nur im Prozeß eine Rolle spielt, indem sie notfalls den Inhalt des richterlichen Urteils im Zivilprozeß bestimmen. Inzwischen erwies sich auch die Auffassung, daß die Regelung der Beweislast dem materiellen Recht angehört, Bruns ZPR 280, so offenbar auch noch BGH JZ **83**, 396, als zu eng. Heute werden die Rechtssätze über die Beweislast demjenigen Rechtsgebiet zugeordnet, dem der Rechtssatz angehört, dessen Voraussetzungen die streitigen Tatsachen begründen sollen, Blomeyer ZPR § 69 II, Fritze GRUR **82**, 525, Rosenberg Beweislast 81, Schneider MDR **82**, 502, vgl auch StJ § 282 IV 3. Diese Zuordnung hat eine praktische Bedeutung. Der Verstoß gegen die Beweislastregel

1. Titel. Verfahren bis zum Urteil **Anh § 286** 1–3

bedarf keiner besonderen Rüge, BGH **LM** § 559 Nr 9, während Verfahrensverstöße besonders gerügt werden müssen. Er ermöglicht nur dann eine Zurückverweisung, wenn die jeweilige Beweislastvorschrift dem Prozeßrecht angehört, abw Düss MDR **82**, 502 (abl Schneider). Das ausländische Recht bestimmt die Beweislast, falls das Rechtsverhältnis nach ihm zu beurteilen ist, BGH **3**, 342.

C. Vertragliche Regelung. a) Beweisvertrag. Eine vertragliche Regelung der Beweise, der sogenannte Beweisvertrag, die Bindung des Gerichts an die Bewertung von Vorgängen seitens der Parteien, also eine Beschränkung der Beweise, dazu Behrle, Die Beschränkbarkeit der Beweisaufnahme, Diss Freibg 1950, kann das Gericht nicht in der Beweiswürdigung binden, § 286 Anm 2 A, B. Daher ist ein Vertrag, nach dem eine bestimmte Tatsache als unwiderlegbar anzusehen sei (Geständnisvertrag), unbeachtlich, Beuthien Festschrift für Larenz (1973) 510. Ebenso unbeachtlich ist ein Vertrag, nach dem eine Tatsache als bewiesen gelten soll, falls eine andere bewiesen wird (Vermutungsvertrag). Solche Verträge schränken zudem unzulässig die Entschlußfreiheit der Parteien ein und enthalten regelmäßig eine Knebelung der beweispflichtig gemachten Partei, LG Köln MDR **60**, 846, Baumgärtel, Prozeßhandlungen 248 ff. Über die Einschränkungen der Beweislast durch Unterstellungen und Rechtsvermutungen vgl bei § 292.

b) Beweislastvertrag. Hingegen sind Beweislastverträge, die eine Partei mit der Ungewißheit einer Tatsache belasten, auch als Teil von allgemeinen Geschäftsbedingungen gültig, sofern die Parteien über den Vertragsgegenstand verfügen dürfen und sofern die Vereinbarung nicht gegen § 11 Z 15 AGBG verstößt, wonach eine Änderung zum Nachteil des Partners des AGB-Verwenders unwirksam ist, insbesondere wenn die zu beweisenden Umstände im Verantwortungsbereich des Verwenders liegen oder wenn der letztere den Partner eine bestimmte Tatsache bestätigen läßt (Ausnahme: das gesondert unterschriebene Empfangsbekenntnis), vgl schon (zum alten Recht) BGH **LM** AGB Nr 21 a, 30, **LM** § 138 (Be) BGB Nr 11, Ffm MDR **74**, 487, Thamm BB **71**, 294 mwN gegen BGH **41**, 151.

Eine allzu ungewöhnliche Klausel kann gemäß § 3 AGBG unwirksam sein, vgl schon (zum alten Recht) BGH **65**, 123, Ffm (9. ZS) MDR **74**, 487, Karlsr NJW **73**, 1796, dagegen Ffm (16. ZS) NJW **74**, 559; vgl auch § 38 Anm 2 B. Beweislastverträge zu Lasten Dritter sind ungültig, KG OLGZ **75**, 11. Bei der Auslegung eines Beweislastvertrags ist § 61 VVG mitbeachtlich, BGH **LM** § 282 BGB Nr 23, vgl BGH VersR **76**, 688, LG Ffm VersR **76**, 841.

2) Träger der Beweislast. Jede Partei muß die Tatsachen beweisen, aus denen sie Rechte herleitet, BGH **53**, 250 und GRUR **78**, 55, DB **76**, 1020, Gottwald BB **79**, 1782, Schwab Festschrift für Bruns (1978) 519, abw Reinecke 71 (zu beweisen sei der weniger wahrscheinliche Vorgang), Wahrendorf 14 (maßgeblich sei die materielle Gerechtigkeit, zustm Schneider JB **77**, 272, krit Walter ZZP **90**, 457. Allerdings ist der Zweck der jeweiligen sachlichrechtlichen Norm mit zu berücksichtigen, Baumgärtel Gedenkrede auf Bruns, 1980, 16). Dieser Grundsatz gilt nahezu lückenlos, sofern nicht eine Aufklärung von Amts wegen vorgeschrieben ist, BGH **53**, 253; gewisse Einschränkungen gelten bei § 3 UWG, BGH MDR **78**, 469.

Der Grundsatz gilt bei rechtsbegründenden, rechtshindernden, rechtsvernichtenden, rechtshemmenden Tatsachen, Üb 3 B vor § 253. Anders gesagt: Wer ein Recht in Anspruch nimmt, muß die rechtsbegründenden Tatsachen beweisen, zB BVerfG **54**, 157, BGH **76**, 316, LAG Düss DB **76**, 1113, die der Tatsachen, die das Gesetz für wesentlich hält. Wer in Recht trotz dessen gewisser Entstehung leugnet, muß die rechtshindernden, rechtsvernichtenden, rechtshemmenden Tatsachen beweisen; zu ihnen gehören abweichende Vereinbarungen (die accidentalia). Zu alledem krit Grunsky AcP **181**, 345 (er erwägt die Einführung „verschiedener Stufen der Beweislastnormen").

Oft ist zweifelhaft, ob eine rechtshindernde Vorschrift vorliegt oder ein im Fehlen liegendes (negatives) Tatbestandsmerkmal. In solchen Fällen gibt das BGB meist einen sicheren Anhalt: es macht eine rechtshindernde Vorschrift durch Wendungen wie „es sei denn, daß" und ähnlich kenntlich. Nicht immer ist aber ein solcher Anhalt vorhanden. Dann entscheidet, ob das Vorbringen des Bekl auf die Geltendmachung einer Gegennorm hinausläuft oder ob es nur ein Bestreiten des Klagegrunds darstellt, vgl Anm 4 „Schenkung", BGH **LM** § 242 BGB (Ca) Nr 13 (eingehend). Böser Glaube ist zu beweisen, nicht der gute.

3) Scheinbare Abweichungen. A. Tatsächliche Vermutung. Die Erfahrung des Lebens begründet häufig die hohe Wahrscheinlichkeit eines gewissen Ablaufs, einen Erfahrungssatz, Einf 4 B vor § 284, eine tatsächliche oder unechte Vermutung. Sie kann bei freier Beweiswürdigung weiteren Beweis überflüssig machen oder, wenn ihr eine so starke Beweiskraft nicht zukommt, neben anderen Umständen gewürdigt werden, BGH **2**, 82, NJW **61**, 777. Man hüte sich aber vor Mißbrauch. Insbesondere nötigt nicht jede Wahrscheinlichkeit den Gegner zur Entkräftung; so besteht kein Erfahrungssatz für das Zugehen behördlicher Schriftstücke.

B. Anscheinsbeweis (Prima-facie-Beweis). Dieser Beweis fällt in das Gebiet der Erfahrungssätze und der Beweiswürdigung, nicht der Beweislast, BGH VersR **76**, 544, aM Greger VersR **80**, 1102 mwN (ausf), der den Anscheinsbeweis nur aus dem sachlichen Recht ableitet. Er hat eine erhebliche praktische Bedeutung und hat sich im allgemeinen bewährt. Das verkennt Huber MDR **81**, 98 (er will den Anscheinsbeweis ganz abschaffen).

a) Anwendbarkeit. Der Anscheinsbeweis greift nur bei formelhaften, typischen Geschehensabläufen ein, dh in denjenigen Fällen, in denen ein gewisser Sachverhalt feststeht, mag er unstreitig oder erwiesen sein, Stgt VersR **81**, 44, der nach der Lebenserfahrung auf eine bestimmte Ursache oder einen bestimmten Ablauf hinweist, BGH **LM** § 823 (Ef) BGB Nr 17, BB **80**, 1608, NJW **82**, 2448 und 2668, VersR **82**, 1145, Celle VersR **80**, 535, grundsätzlich auch BVerwG ZMR **79**, 372 (es meint aber, nur solche Abläufe kämen in Betracht, die vom menschlichen Willen unabhängig, gleichsam mechanisch seien. Das ist zu eng). In solchen Fällen ist der Anscheinsbeweis zum Nachweis des ursächlichen Zusammenhangs und des Verschuldens anwendbar, Stgt VersR **81**, 44. Der Beweispflichtige braucht in diesen Fällen nur diesen Tatbestand darzutun und evtl zu beweisen, Ffm VersR **78**, 828, Karlsr VersR **78**, 771. Dabei sind gewisse Denkgesetze des AnschBew zu beachten, Nack NJW **83**, 1035. Es ist dann Sache desjenigen, der einen vom gewöhnlichen Verlauf abweichenden Gang des Geschehens behauptet, die ernstliche Möglichkeit eines solchen darzulegen, zB BGH **LM** § 823 (Ef) BGB Nr 17, NJW **78**, 2033 und VersR **78**, 155, Bbg VersR **79**, 758, BayObLG **75**, 280, Celle MDR **77**, 411, Ffm VersR **78**, 459, Hamm VersR **78**, 59, Köln VersR **83**, 847, Mü VersR **74**, 74.

Eine bloß vage, nicht ernstliche Möglichkeit eines derart abweichenden Verlaufs entkräftet den Anscheinsbeweis nicht, zB BGH NJW **78**, 2033, Hamm VersR **78**, 47, wie auch Untersuchungserschwerungen nicht zu Lasten desjenigen gehen, der für den typischen Geschehensablauf beweispflichtig ist, BGH **LM** § 286 (C) Nr 20a. Werden die Tatsachen bestritten, aus denen die Abweichungen vom gewöhnlichen Gang hergeleitet werden soll, so müssen sie bewiesen werden, BGH **8**, 239, **LM** § 286 (C) Nr 62a, LG Gießen VersR **77**, 1118, womit dem Anscheinsbeweis dann die Grundlage entzogen ist. Das Gericht muß also der Behauptung nachgehen, daß der nach der Lebenserfahrung typische Verlauf nicht eingetreten sei, diese Behauptung darf auch nicht damit entkräftet werden, daß der behauptete Verlauf der Lebenserfahrung widerspreche.

Gelingt der Nachweis eines atypischen Geschehens, so kann sich der Beweispflichtige auf den Ablauf nach der Lebenserfahrung nicht mehr berufen, sondern muß nun seinerseits vollen Beweis erbringen, BGH VersR **78**, 155, Mü OLGZ **73**, 363. Hier liegt also keine sogenannte Umkehrung der Beweislast vor. Welche Tatsachen zur Erschütterung des typischen Ablaufs genügen, um ernsthaft einen atypischen Ablauf wahrscheinlich zu machen, ist Sache der tatrichterlichen Beweiswürdigung; das Revisionsgericht kann aber nachprüfen, ob der Vorderrichter den Begriff der Ernsthaftigkeit verkannt hat, BGH **LM** § 286 (C) Nr 58.

Der Anscheinsbeweis ist im Vertragsrecht und im Recht der unerlaubten Handlungen möglich, BGH **LM** § 286 (C) Nr 28, er ist zum Nachweis eines ursächlichen Zusammenhangs und zum Nachweis des Verschuldens zulässig, grundsätzlich auch zB bei grober Fahrlässigkeit (zum Begriff zB Köln VersR **74**, 563), Hagel VersR **73**, 796 mwN, aM BGH zB **LM** § 277 BGB Nr 3 und § 640 RVO Nr 12, Karlsr VersR **83**, 628, LG Mü NJW **76**, 899, Röhl JZ **74**, 527, vgl freilich auch Anm 4 ,,Verschulden". Die Grundsätze des Anscheinsbeweises sind abgewandelt auch im Verfahren der freiwilligen Gerichtsbarkeit anwendbar, BayObLG **79**, 266.

In jüngster Zeit wird geltend gemacht, daß es sich beim Anscheinsbeweis um verschleierte gewohnheitsrechtliche Beweiswürdigungsregeln handele, die der § 286 doch gerade abgeschafft habe, mit denen sich also das Revisionsgericht entgegen der gesetzlichen Regelung die Möglichkeit einer Nachprüfung der Beweiswürdigung offenhalte, Kollhosser AcP **165**, 46, vgl auch Ekelöf ZZP **75**, 301, Diederichsen VersR **66**, 211. Zum Unterschied zwischen Anscheinsbeweis und Beweislastumkehr Weitnauer Festschrift für Larenz (1973) 909; zum Problem ferner Walter ZZP **90**, 270 mwN (erst sachlichrechtliche Gründe erlaubten eine Beweiserleichterung).

Man sollte das Gebiet des Anscheinsbeweises nicht gesetzlich regeln. Solche Regelung würde noch stärker als bisher die Tendenz fördern, die formelle Wahrheit zum Schaden

1. Titel. Verfahren bis zum Urteil **Anh § 286** 3

einer gerechten Entscheidung genügen zu lassen, Baumgärtel Gedenkrede auf Bruns (1980) 15. Die Gefahr, daß das Gericht einen Anscheinsbeweis annimmt oder ausschließt, um sich die Entscheidung zu erleichtern, ist demgegenüber die geringere Übel.

b) Unanwendbarkeit. Ein Anscheinsbeweis fehlt zB: Auf Grund eines bloßen Verdachts; für die privatrechtliche Inhaberschaft eines Betriebes durch seine gewerbepolizeiliche Anmeldung, BGH NJW **51**, 229; durch ordnungsgemäß geführte Handelsbücher, BGH BB **54**, 1044; für den Zugang einer empfangsbedürftigen Willenserklärung, wenn diese „eingeschrieben" abgegangen ist, BGH **24**, 313; für die Wahrheit der vom Anmeldenden im polizeilichen Meldeschein angegebenen Tatsachen, BGH **31**, 351; bei einem Sachverständigenstreit über die Möglichkeit eines angeblich typischen Ablaufs, Düss MDR **72**, 876; bei der Klärung, wie jemand gehandelt haben würde, BGH VersR **75**, 540; bei der vertraglichen Regelung eines besonderen Einzelfalls, da dann ein atypischer Verlauf vorliegt, BGH NJW **80**, 122 mwN, Düss OLGZ **68**, 396; bei der Feststellung eines individuellen Willensentschlusses angesichts einer besonderen Lage, BGH NJW **72**, 1947, VersR **81**, 1153 und NJW **83**, 1551 mwN, offen BGH JZ **78**, 112 (krit Walter); wenn erfahrungsgemäß zwei verschiedene Möglichkeiten in Betracht zu ziehen sind, auch wenn die eine wahrscheinlicher als die andere ist, BGH **24**, 313.

Erfahrungssätze, die für einen Anscheinsbeweis nicht ausreichen, können als Beweisanzeichen gewürdigt werden, BGH **LM** § 286 (C) Nr 46 a, vgl auch Nr 54.

C. Beweisvereitelung

Schrifttum: Stürner, Die Aufklärungspflicht der Parteien des Zivilprozesses, 1976.

a) Grundsatz. Das Gericht darf in freier Beweiswürdigung aus dem Verhalten einer Partei Schlüsse ziehen, Ffm NJW **80**, 2758 mwN, Bergmann MDR **74**, 990, so auch Peters ZZP **82**, 200 bei schuldhaftem Verhalten. Nach Hbg NJW **82**, 1158, Schneider MDR **69**, 4 handelt es sich um einen Anwendungsfall unzulässiger Rechtsausübung, so daß auch von der Schuldfrage abgesehen werden könne; BGH NJW **78**, 1632 mwN setzt ein Verschulden voraus. Nicht ganz zutreffend spricht man in derartigen Fällen oft von einer Umkehrung der Beweislast, zB BGH NJW **76**, 1316, VersR **78**, 282 und NJW **80**, 888 mwN, Gottwald BB **79**, 1784. Das gilt, wenn die Partei eine Beweisführung arglistig oder fahrlässig vereitelt, LG Oldb VersR **82**, 1176, erschwert, BGH **LM** § 282 Nr 2, NJW **63**, 390 und BB **79**, 1527 mwN, BayObLG **73**, 149, Karlsr VersR **75**, 741, oder verzögert, Ffm NJW **80**, 2758.

b) Fälle. Eine Beweisvereitelung liegt zB in folgenden Situationen vor: Die Partei verweigert dem Gegner die Einsicht in Akten, die sie selbst in den Prozeß eingeführt hat; sie vernichtet ein Testament und macht dadurch die Beweisführung unmöglich; sie entfernt das vom Sachverständigen zu prüfende Objekt, LG Hbg ZMR **77**, 210; ein Arzt hat die vorgeschriebenen Aufzeichnungen über ein Krankheitsbild unterlassen, so daß sich der strenge Beweis einer falschen Behandlung nicht führen läßt, BGH **72**, 137 mwN (zum Problem vgl auch BVerfG JZ **79**, 596); er hat es unterlassen, rechtzeitig Röntgenaufnahmen zu machen; der Gegner des Beweisführers stellt sich nicht zu der vom Gericht angeordneten Untersuchung durch einen Sachverständigen, BGH **LM** § 32 EheG Nr 7, vgl BAG NJW **77**, 350, und zwar gerade nach dem Ablauf einer Frist aus § 356.

Weitere Beispiele: Eine Partei entbindet den Arzt nicht von der Schweigepflicht, obwohl letzteres zumutbar wäre, § 444 Anm 2; die Entbindung von der Schweigepflicht erfolgt verspätet, Ffm NJW **80**, 2758; eine Partei handelt den Unfallverhütungsvorschriften entgegen; eine Werbeagentur klärt den Kunden nicht über die Rechtswidrigkeit der vorgeschlagenen Werbung auf (sie ist beweispflichtig, daß der Kunde die Werbung dennoch eingesetzt hätte), BGH **61**, 123, krit Hofmann NJW **74**, 1641; in einer Tbc-Fürsorgestelle sind die Räume unzureichend gegen Ansteckungsgefahr gesichert, § 618 BGB; eine Partei legt die erhaltene Urkunde nicht vor, Köln BB **74**, 1227, vgl aber auch § 427; ein angetrunkener Unfallbeteiligter schaltet die Polizei durch ein mündliches Schuldanerkenntnis aus, Hamm MDR **74**, 1019; ein Tierkörperverwerter läßt einen Kadaver nicht vor der Vernichtung auf eine Tierseuche untersuchen, LG Oldb VersR **82**, 1176.

Weitere Beispiele: Eine verkehrssicherungspflichtige Gemeinde verschuldet durch zu seltene Kontrollen, daß das Alter einer schadhaften Stelle nicht mehr zu klären ist, LG Ravensbg VersR **75**, 434; der eigentlich Beweispflichtige kann nicht beurteilen, ob der Gegner zum Vorsteuerabzug berechtigt ist, KG VersR **75**, 451; ein Provisionsvertreter schweigt auf die Übersendung von Auszügen seines Provisionskontos und von Provisionslisten, Brschw VersR **75**, 518; ein Unfallbeteiligter stellt den Wagen so ab, daß er eine objektive Feststellung der maßgeblichen Fahrspuren erschwert oder sogar unmöglich macht, LG Stade VersR **80**, 100; er zieht entgegen einer vertraglichen Obliegenheit, etwa als Mieter des Kraftfahrzeugs, die Polizei nicht hinzu, Hamm MDR **82**, 414; der Gläubiger verkauft den Unfallwagen, ohne dem Schuldner eine Schadensfeststellung zu ermöglichen, und fordert dann die gedachten Reparaturkosten, BGH VersR **78**, 183; der Kläger kann bei § 3 UWG einen innerbetrieblichen Vorgang beim Bekl kaum näher darlegen, BGH MDR **78**, 469, Schmeding BB **78**, 741 mwN. Keine Umkehr der Beweislast erfolgt, wenn eine Partei einer vorprozessualen Aufforderung des Gegners, sich untersuchen zu lassen, keine Folge leistet.

Nicht die Vernichtung des Beweismittels, sondern die Vernichtung von seiner Beweisfunktion ist maßgeblich, BGH VersR **75**, 954. Im Prozeß folgt aus dem Prozeßrechtsverhältnis, Grdz 2 vor § 128, eine Förderungspflicht, § 282. Vgl auch § 444 Anm 1.

4) Beispiele zur Beweislast. „AnschBew" bedeutet: Anscheinsbeweis; „bewpfl" bedeutet: beweispflichtig.

Abstammung: s Vaterschaft.

Abtretung: Der neue Gläubiger muß, auch bei einer Aufrechnung, nur die zur Abtretung führenden Tatsachen, der Schuldner muß rechtshindernde Tatsachen beweisen, BGH DB **83**, 1486.

Abzahlung: der Verkäufer ist dafür bewpfl, ob und wann der Käufer eine Abschrift der Vertragsurkunde, § 1a II AbzG, erhalten hat, § 1b II 4 AbzG (dies gilt für das Widerrufswie für das Rückgaberecht des Käufers, § 1b V 5 AbzG); abweichende Abreden sind unwirksam, § 1b VI AbzG. S auch „Kauf".

Allgemeine Geschäftsbedingungen: s AGBG, insbesondere dort § 11 Z 15, dazu Schippel/Bambring DNotZ **77**, 216, Schmidt-Salzer NJW **77**, 131. Wer sich auf sie beruft, ist für ihr Vorliegen bewpfl, BGH VersR **78**, 559, Heinrichs NJW **77**, 1509, Willemsen NJW **82**, 1124 mwN. Dabei kann ein Anscheinsbeweis vorliegen, Willemsen NJW **82**, 1124. Der Verwender ist dafür bewpfl, daß die AGB einzeln ausgehandelt wurden, Heinrichs NJW **77**, 1509, Willemsen NJW **82**, 1124. Bei einer Schadensersatzpauschale, § 15 Z 5 AGBG, ist der Kunde dafür bewpfl, daß der Verwender auch gegen Z 5 a verstoßen hat, Pal-Heinr 6a aa, abw BGH **67**, 314 (noch zum alten Recht, aber unter Bezug auf den AGBGEntwurf); indessen sind keine übermäßigen Anforderungen an die Beweislast des Kunden zu stellen, insofern auch BGH **67**, 319, so wohl auch Reich NJW **78**, 1571. Eine Sparkasse ist dafür bewpfl, daß ihre Ablehnung einer teilweisen Freigabe von Sicherheiten der Billigkeit entspricht, BGH JZ **81**, 27.

Anfechtungsgesetz: § 3 I Z 2 AnfG ist zwar auch Verhältnis zwischen der Gesellschaft und dem Gesellschafter anwendbar, nicht aber zwischen einem Gesellschafter und einem anderen Gesellschafter, BGH NJW **75**, 2194 (im Ergebnis zustm Plander NJW **76**, 739).

Anwaltsvertrag: Wenn der „Auftraggeber" einen in sich schlüssigen Sachverhalt behauptet, der der Annahme entgegensteht, die Parteien hätten einen Anwaltsvertrag abgeschlossen, dann muß der Anwalt beweisen, daß der Gegner ihn gerade als Anwalt in Anspruch genommen hat, Ffm AnwBl **81**, 153. Der Auftraggeber ist dafür bewpfl, daß er mit dem Anwalt eine geringere als die gesetzliche Vergütung vereinbart hat, Stgt AnwBl **76**, 440. Der Auftraggeber muß beweisen, daß de Anwalt sich so vertragswidrig verhalten hat, daß die Kündigung durch den Auftraggeber berechtigt war, BHH NJW **82**, 438. S auch Dienstvertrag.

Arbeitnehmer: Die Beweislastregel des § 282 BGB ist für eine positive Vertragsverletzung anwendbar, deren Ursache im Gefahrenbereich des Schädigers liegt, BAG DB **75**, 356, LAG Düss DB **77**, 828, Kniffka BB **76**, 274. Jedoch ist die Beweislastregel bei einer gefahrengeneigten Arbeit unanwendbar (für die der Arbeitnehmer bewpfl ist, BAG BB **77**, 194, LAG Bln VersR **77**, 388), zB beim Lenken eines schwerbeladenen Sattelschleppers bei Nacht, vgl BGH VersR **73**, 1121 mwN, BAG **19**, 70. Daher ist der Arbeitgeber bei Ansprüchen gegen den Arbeitnehmer bewpfl dafür, daß letzterer schuldhaft handelte. Das schließt aber einen AnschBew nicht aus. S auch „Verschulden". BAG NJW **71**, 1856 gibt dem Arbeitnehmer die Beweislast dafür, daß das Arbeitsverhältnis von dem neuen Arbeitgeber unverändert übernommen wurde.

Ein Auszubildender, der die Lehrstelle vorzeitig verläßt, ist die für einverständliche Beendigung des Lehrverhältnisses bewpfl, BAG MDR **72**, 810. Die Beweislastregel versagt bei einem Auszubildenden, soweit sein Verhalten außerhalb der Ausbildung zu beurteilen ist, LAG Düss MDR **73**, 617. Der Arbeitnehmer ist dafür bewpfl, daß er seinerseits gemäß § 626 BGB kündigen konnte, BAG BB **72**, 1455. Er ist bewpfl dafür, daß er die Ausschlußfrist gewahrt hatte, BAG BB **72**, 1408, **75**, 1017. Der Arbeitnehmer ist dafür bewpfl, daß seine Trunksucht von ihm nicht verschuldet war, BAG NJW **73**, 1430, LAG Stgt BB **77**, 1607. Der Arbeitgeber ist dafür bewpfl, daß der Arbeitnehmer eine andere, zB seelische, Krankheit verschuldet hatte, LAG Stgt BB **77**, 1607. Ein

1. Titel. Verfahren bis zum Urteil **Anh § 286 4**

Magengeschwür einen Monat nach Beginn der Arbeit ist nicht stets ein AnschBew dafür, daß der Arbeitnehmer es beim Vertragsschluß schon kannte, LAG Bln BB **78**, 1311. Bei § 9 KSchG ist der Antragsteller bewpfl, BAG DB **77**, 358, vgl aber auch ArbG Kassel BB **80**, 417. Zur Problematik der Erkrankung Popp DB **81**, 2617.

Der Arbeitgeber ist dafür bewpfl, daß die Sportart besonders gefährlich war, LAG Ffm BB **73**, 1358. Der Arbeitnehmer ist dafür bewpfl, daß er an einer Schlägerei keine Schuld hatte, LAG Ffm VersR **76**, 1128. Der Arbeitgeber ist dafür bewpfl, daß der Betriebsrat gemäß § 102 I BetrVG gehört wurde oder nicht gehört zu werden brauchte, BAG NJW **76**, 310, Wenzel MDR **78**, 188. Der Arbeitgeber ist dafür bewpfl, daß seine Kündigung grundsätzlich sozial gerechtfertigt war, vgl BAG NJW **77**, 167, vgl auch ArbG Münster DB **83**, 444, abw ArbG Münster BB **81**, 913, Rasch DB **82**, 2296, Tschöpe NJW **83**, 1890, Wenzel MDR **78**, 129. Der Arbeitnehmer ist dafür bewpfl, daß das KSchG verletzt wurde, BAG DB **74**, 438, daß eine unrichtige Sozialauswahl vorlag, BAG DB **83**, 560 mwN, oder daß zB eine Rationalisierung willkürlich vorgenommen wurde, BGH VersR **79**, 185, oder daß ein anderweitiger Einsatz möglich war (es darf keine Überspannung stattfinden), BAG NJW **77**, 125, aM BAG BB **78**, 1310, oder daß sonst ein Fehler bei der sozialen Auswahl nach § 1 III KSchG vorlag, unabhängig von der Auskunftspflicht des Arbeitgebers über seine Gründe nach § 1 III 1 Hs 2 KSchG. S auch „Kündigung".

Der Arbeitgeber ist dafür bewpfl, daß der Arbeitnehmer ohne den Nachweis der Arbeitsunfähigkeit gefehlt hat, BAG NJW **77**, 167; der Arbeitnehmer ist demgegenüber für seine Arbeitsunfähigkeit bewpfl, wofür ein Attest in der Regel ausreicht, vgl ArbG Kassel BB **80**, 417. Das gilt allerdings nur dann, wenn der Arzt seine dortige Beurteilung auf Grund einer eigenen Untersuchung vorgenommen hat, BAG NJW **77**, 351, LAG Düss BB **73**, 1640, LAG Hamm DB **78**, 2180; der Arbeitgeber ist aber dafür bewpfl, daß das Attest unrichtig ist, BAG NJW **77**, 350, LAG Ffm BB **79**, 1200, LAG Hbg MDR **77**, 260, LAG Hamm DB **75**, 841 und 1035, zB bei einer Rückdatierung von mehr als etwa 2 Tagen, LAG Hamm DB **78**, 2180; der Arbeitgeber ist sodann dafür bewpfl, daß der Arbeitnehmer in Wahrheit doch arbeitsfähig ist, BAG NJW **77**, 167, Wenzel MDR **78**, 128. Zur Beweislast für das Vorliegen einer sog Fortsetzungserkrankung Lepke DB **83**, 447.

Bei auffällig vielen „solidarischen" Erkrankungen kann der Beweiswert der Atteste selbst verschiedener Ärzte erschüttert sein, ArbG Bln BB **80**, 1105. Der Arbeitnehmer ist dafür bewpfl, daß trotz mehrerer Vorerkrankungen keine Bedenken gegen die weitere Arbeitsfähigkeit bestehen, LAG Hamm BB **79**, 1350 (abl Popp BB **80**, 684). Osthold BB **82**, 1308 befürwortet beim Abweichen vom Betriebsdurchschnitt einen AnschBew unzumutbarer betrieblicher Auswirkungen.

Der Arbeitnehmer ist dafür bewpfl, daß er ein Manko bei der ihm übergebenen Ware oder dem ihm anvertrauten Geld weder verursacht noch verschuldet hat, BAG DB **76**, 252, LAG Düss DB **74**, 2116; solange der Arbeitnehmer aber keinen solchen Gewahrsam hatte, bleibt der Arbeitgeber bewpfl, BAG DB **76**, 252. Der Arbeitgeber ist dafür bewpfl, daß eine Akkordgruppe Schaden verursacht hat; das Mitglied der Gruppe ist alsdann dafür bewpfl, daß es selbst einwandfrei arbeitete oder jedenfalls keine Schuld hatte, BAG NJW **74**, 2225. Bei der Lohnfortzahlung ist grundsätzlich der Arbeitgeber dafür bewpfl, daß der Arbeitnehmer eine Erkrankung verschuldet hat, LAG Düss DB **78**, 215 mwN; jedoch ist ein AnschBew zB bei einer Verwicklung des Arbeitnehmers in eine Schlägerei möglich.

Der Arbeitnehmer ist dafür bewpfl, daß der Arbeitgeber bei einer fristlosen Entlassung wußte, daß der Arbeitnehmer in Wahrheit krank war, LAG Ffm BB **75**, 745, vgl Feichtinger DB **83**, 1203 mwN; bei einem arbeitsteilig organisierten Betrieb reicht es aber nicht aus, daß der Arbeitnehmer seine Krankheit ordnungsgemäß mitgeteilt hat, LAG Bln BB **77**, 296. Der Arbeitgeber ist dafür bewpfl, daß er die Benutzung des Firmen-Pkw nur gegen Entgelt zugelassen hatte, LAG Hamm DB **75**, 1564. Wegen der Gleichbehandlung von Mann und Frau am Arbeitsplatz § 611a I 3 BGB, dazu Lorenz DB **80**, 1745.

Wegen Verdienstausfalls mangels eines qualifizierten Zeugnisses BAG NJW **76**, 1470. Der Arbeitgeber ist für den Erteilungszeitpunkt, BAG DB **83**, 2043, und für die Richtigkeit einer nachteiligen Beurteilung bewpfl, der Arbeitnehmer dafür, daß er durch ein unrichtiges Zeugnis, BAG BB **77**, 697, oder durch einen unrichtigen Vermerk des Arbeitgebers in seinen Personalakten einen Schaden erlitten hat, BAG DB **79**, 2429. Der Arbeitnehmer ist dafür bewpfl, daß eine begehrte Lohnzulage nicht befristet war, LAG Düss DB **76**, 1113. Der Arbeitgeber ist für die Richtigkeit einer Arbeitsbescheinigung gemäß § 133 AFG bewpfl, ArbG Wetzlar BB **76**, 978. Der Arbeitnehmer ist dafür bewpfl, daß er die Erlaubnis zu einer Konkurrenztätigkeit erhalten hatte, BAG NJW **77**, 646. Der Arbeitnehmer ist dafür bewpfl, daß er wegen eines Unfalls Verdienstausfall erlitten hat, Zweibr VersR **78**, 67.

Architekt: Der Architekt ist dafür bewpfl, daß er einen umfassenden Auftrag erhalten hat, nicht nur einen begenzten, BGH NJW **80**, 122 mwN, aM Köln BB **73**, 67. Es gibt für einen umfassenden Auftrag keinen AnschBew, BGH NJW **80**, 122. Der Bauherr ist dafür bewpfl, daß eine objektiv fehlende Planung oder eine ungenügende Aufsicht für seinen Schaden ursächlich waren; der Architekt ist dafür bewpfl, daß er schuldlos handelte, BGH VersR **74**, 263.

Wendet der Bauherr gegenüber einer Forderung gemäß HOAI einen niedrigeren Festpreis ein, so ist der Architekt mangels eines schriftlichen Vertrags für seine höhere Forderung bewpfl, BGH NJW **80**, 122, Köln MDR **73**, 932 (Düss VersR **78**, 1044: erst, wenn der Bauherr Einzelumstände für einen Festpreis vorträgt); das gilt auch dann, wenn das Honorar von der Frage abhängt, ob der Bauherr die Bausumme begrenzt hatte, BGH NJW **80**, 122, s auch „Kauf". Bei viel zu geringer Betondichte und -härte ist der Architekt dafür bewpfl, daß er den Beton ausreichend überwacht hat, BGH BB **73**, 1191.

Der nicht planende, sondern nur die Bauaufsicht führende Architekt braucht eine statische Berechnung nicht zu überprüfen, so daß insofern der Bauherr für das Verschulden des Architekten bewpfl bleibt, Stgt VersR **75**, 70. Hat der bauleitende Architekt dem Bauherrn eine einwandfreie Herstellung zugesichert, so ist der Beweis seiner Schuld bei zahlreichen schweren Baumängeln kaum noch widerlegbar, Köln VersR **75**, 352. Es besteht kein AnschBew dafür, daß eine vom Architekten geprüfte Schlußrechnung fehlerfrei ist, Köln MDR **77**, 404.

Arglistige Täuschung: Wer sie behauptet, ist für sie bewpfl. Es gibt in der Regel auch keinen AnschBew dazu, daß jemand durch sie zum Vertragsabschluß bestimmt wurde, BGH NJW **68**, 2139; wohl aber ist der AnschBew möglich, wenn der Kunde bei einem kaufmännischen Umsatzgeschäft nach bestimmten Erfahrungen mit der Ware gefragt hatte und wenn der Verkäufer oder Lieferer diese falsch angab, BGH NJW **58**, 177. Legt eine Privatperson Geld an, besteht kein AnschBew, da es sich um einen individuellen Willensentschluß handelt, BGH MDR **60**, 660. Dasselbe gilt bei individuellen vertraglichen Vereinbarungen, BGH NJW **51**, 70.

Ärztliche Behandlung: Vgl Baumgärtel, Das Wechselspiel der Beweislastverteilung im Arzthaftungsprozeß, Gedächtnisschrift für Bruns (1980) 93; Franzki, Die Beweisregeln im Arzthaftungsprozeß, 1982 (auch rechtsvergleichend; Bespr de Lousanoff NJW **82**, 2114, Stürner AcP **183**, 107). Rspr-Übersicht Giesen JZ **82**, 448. Das Gericht hat keine erhöhte Fragepflicht nach § 139, aM BGH NJW **79**, 1934. Der Arzt muß beweisen, daß er den vereinbarten Eingriff überhaupt vorgenommen hat, BGH NJW **81**, 2004 (zustm Fischer JR **81**, 501). Der Patient muß einen Behandlungsfehler darlegen, Mü MDR **79**, 1030, und beweisen, BGH NJW **83**, 332 und VersR **83**, 563, Baumgärtel 94, vgl BVerfG NJW **79**, 1925. Unter einem Behandlungsfehler versteht man sowohl den Kunstfehler, das Abweichen von generell geübten und nicht umstrittenen Erkenntnisformen und Behandlungsschritten, als auch die Verletzung der Sorgfalt, die man von einem Arzt der Fachrichtung erwarten kann, BGH **8**, 140. Nicht ohne weiteres trägt der Arzt die Folgen einer Fehlbehandlung. Sie begründet nicht ohne weiteres die Vermutung, daß sie die Ursache für einen eingetretenen Schaden ist, BVerfG **52**, 146, BGH **LM** § 286 (C) Nr 56b und NJW **80**, 1334 mwN, Düss FamRZ **75**, 101, Stgt VersR **79**, 849, Franzki DRiZ **77**, 38, abw Mü MDR **79**, 1030 (es stellt darauf ab, ob dem Patienten ein noch präziserer Tatsachenvortrag zumutbar ist).

Hat sich der Arzt aber leichtfertig verhalten, etwa in einem erheblichen Ausmaß Diagnose- und Kontrollbefunde nicht erhoben, BGH **85**, 217 (zustm Schlund JR **83**, 285), oder schuldhaft einen anderen groben Behandlungsfehler begangen (zu dieser Beschränkung krit Hofmann NJW **74**, 1641, Weimar JR **77**, 8), so hat er im Wege einer Umkehrung der Beweislast nachzuweisen, daß der Kunstfehler für die körperliche Schädigung nicht ursächlich war, BGH **72**, 135, **LM** § 823 BGB (Aa) Nr 15 und § 286 (C) Nr 56b sowie VersR **81**, 462 (zur Abgrenzung BGH NJW **78**, 1683 und NJW **83**, 2081), Bre VersR **77**, 378, Köln VersR **80**, 434. Das gilt auch dann, wenn nicht mehr aufgeklärt werden kann, ob für die eingetretenen Schäden der Kunstfehler oder andere Ereignisse ursächlich waren, etwa die Konstitution des Kranken, BGH **LM** § 286 (C) Nr 25, insofern wohl aM Bre VersR **77**, 378. Freilich muß sich gerade dasjenige Risiko verwirklicht haben, dessen Nichtbeachtung den Fehler als grob erscheinen läßt, BGH NJW **81**, 2513.

Der Arzt muß dann also nachweisen, daß die Schädigung auch ohne den Kunstfehler eingetreten wäre, BGH JZ **67**, 447. Ffm VersR **79**, 39 setzt außerdem voraus, daß der Fehler geeignet war, einen Schaden dieser Art herbeizuführen. Braucht aber ein gewissenhafter Arzt bei pflichtgemäßer Prüfung eine bestimmte Folge bei der Behandlung nicht in

1. Titel. Verfahren bis zum Urteil Anh § 286 4

Erwägung zu ziehen, so tritt keine Umkehrung der Beweislast ein, BGH **LM** § 823 BGB (Aa) Nr 21, vgl auch BGH VersR **78**, 543.

Keine Beweislastumkehr tritt ferner ein, wenn der Arzt ein gebräuchliches Verfahren anwendet, gegen dessen vereinzelt beschriebene Gefahren noch kein anerkannter Schutz gefunden worden ist; vgl zum Problem der Hinweispflicht auf Versagerquoten BGH NJW **81**, 2004 (zustm Fischer JR **81**, 501). So gibt es bei einer Unaufklärbarkeit des eingetretenen Ergebnisses weder einen AnschBew noch eine Umkehr der Beweislast gegen den Arzt, BGH NJW **65**, 345.

Der Patient hat einen sachlichrechtlichen Anspruch auf eine ordnungsgemäße Dokumentation durch den Arzt, BGH NJW **78**, 2338. Ihr entspricht eine prozessuale Pflicht, vgl Franzki DRiZ **77**, 37, zur Vorlage der Dokumentation im Rahmen einer Beweisaufnahme. Die Dokumentation muß sich sowohl auf die Beschreibung des Handlungsablaufs als auch auf die Aufbewahrung der Originalunterlagen erstrecken, Baumgärtel 100.

Eine Beweislastumkehr kann zB dann eintreten, wenn eine erforderliche Röntgenaufnahme unterlassen wurde; wenn technisch unzulängliche Mittel benutzt wurden, BGH JZ **78**, 275 (krit Deutsch, im Ergebnis zustm Baumgärtel JR **78**, 373; zur unzulänglichen Dokumentation ferner BGH **72**, 137 (krit Walter JZ **78**, 806), BGH **85**, 217 (zustm Schlund JR **83**, 285) und NJW **83**, 333, Brschw VersR **80**, 854 mwN, vgl LG Göttingen NJW **79**, 602; vgl ferner Anm 3 D), Hamm VersR **80**, 585 (zu einem schadhaften Narkosegerät; wegen eines sonstigen Narkosezwischenfalls Celle VersR **81**, 784). Eine Beweislastumkehr tritt ferner dann ein, wenn der Arzt eine bakteriologische Untersuchung pflichtwidrig unterlassen hat, BGH **LM** § 287 Nr 15; wenn Tupferreste in einer Wunde aufgefunden werden, die bis dahin von keinem anderen Arzt behandelt wurde (damit ist auch die Verwendung von Tupfern gerade für diesen Arzt erwiesen), BGH **LM** § 286 (C) Nr 26.

Zur Frage, ob der Assistenzarzt ausreichend geschult wurde, BGH NJW **78**, 1681. Westermann NJW **74**, 584 erwägt bei schweren Fehlern auch eine Beweislast des Arztes, falls bloßes Organisationsverschulden genügt.

Alle diese Grundsätze gelten auch beim Zahnarzt, vgl LG Bielef VersR **74**, 66, LG Ffm VersR **81**, 1040. LG Ffm NJW **82**, 2611 meint, es spreche eine AnschBew für eine längere und schmerzhaftere Behandlung als üblich, wenn nicht der Zahnarzt, sondern eine nicht beaufsichtigte Hilfskraft eine an sich dem Arzt vorbehaltene Tätigkeit im grundsätzlichen Einverständnis des Patienten und objektiv fehlerfrei durchführe.

Diese Grundsätze gelten ferner beim Tierarzt, BGH **LM** § 282 BGB Nr 26 (krit Baumgärtel/Wittmann JR **78**, 63). Über schädigende Auswirkungen des Haftungsgrundes ist auch eine Entscheidung nach § 287 möglich, BGH **LM** § 844 II BGB Nr 45. S auch „Krankenhaus". Zu Narkoseschäden Uhlenbruck NJW **72**, 2206, zur perkutanen Leberbiopsie Celle MDR **77**, 410, zur psychotherapeutischen Behandlung Kroitzsch VersR **78**, 399. Der Versicherer ist dafür bewpfl, daß ein Schaden vor dem Ablauf der Wartezeit eingetreten war, Hamm VersR **77**, 953.

S auch „Krankenhaus".

Aufsichtsverstoß, § 832: Der Kläger ist dafür bewpfl, daß der Bekl für eine Aufsicht Anlaß hatte, Aden MDR **74**, 12. Erst dann ist der Bekl für das Fehlen einer Ursache oder einer Schuld bewpfl.

Bankrecht: Die Gläubigerbank, die wegen einer unberechtigten Rückbelastung einer Abbuchungsauftragslastschrift gegen die Schuldnerbank einen Anspruch aus ungerechtfertigter Bereicherung geltend macht, trägt die Beweislast dafür, daß die Lastschrift schon vor ihrer Rückgabe eingelöst worden war und nicht hätte zurückgegeben werden dürfen, BGH NJW **83**, 221. Es besteht ein AnschBew dafür, daß derjenige, auf den ein Bankkonto (wenn auch nur formell) lautet, über das Guthaben verfügen darf, BGH NJW **83**, 627.

S auch „Rechtsgeschäft", „Scheck".

Baurecht: Zum Problem des AnschBew bei einer unvorschriftsmäßigen Anbringung von Sicherungsstiften an einem Baugerüst Düss VersR **82**, 501.

Bedingung und Befristung: Der Bekl, der eine aufschiebende Bedingung (diese liegt auch bei einem Rückgaberecht vor, Karlsr OLGZ **72**, 278) oder eine Befristung einwendet, leugnet den behaupteten Vertragsinhalt; der Kläger ist dann für einen unbedingten und unbefristeten Abschluß bewpfl, Karlsr OLGZ **72**, 279, insofern ebenso Reinecke JZ **77**, 164 mwN. Dagegen ist der Bekl bewpfl, daß eine auflösende Bedingung vereinbart wurde und eingetreten ist, auch wenn er diese Behauptung nur hilfsweise neben dem Leugnen des Zustandekommens des Geschäfts aufstellt, BGH MDR **66**, 571, insofern abw Reinecke JZ **77**, 164 mwN. Wer behauptet, daß nachträglich eine Bedingung hinzugefügt worden sei, ist dafür bewpfl. Es genügt, daß der Kläger einen Vorgang beweist, der keine Bedingung erkennen läßt.

Bereicherung: Der Kläger ist für eine Erfüllung und für das Fehlen des Rechtsgrundes dazu oder für eine Nichtberechtigung des Empfängers bewpfl, BGH DB **78**, 2072. Die Erfüllung der bestimmten Schuld wird durch eine ausdrückliche oder stillschweigende Erklärung bei der Leistung bewiesen, § 157 BGB. Bei § 814 BGB muß der Empfänger der Leistung beweisen, daß dem Leistenden die Nichtschuld bekannt war. Wegen § 2287 BGB vgl BGH **66**, 17.

S auch „Bankrecht".

Darlehen: Wenn der Bekl bestreitet, das Geld als Darlehen erhalten zu haben, ist der Kläger dafür bewpfl, daß es als Darlehen gegeben wurde, BGH NJW **83**, 931, Hamm NJW **78**, 224 (AnschBew sei zulässig; eine bedrückende Beurteilung), Tiedtke NJW **83**, 2012, offen BGH NJW **83**, 2033. Wer den Darlehensempfang quittiert und eine Rückzahlungspflicht unterschreibt, ist dafür bewpfl, daß keine Schuld entstanden ist, BGH MDR **78**, 296 (krit Baumgärtel JR **78**, 414). Wenn der Geschäftsinhaber für einen Angehörigen im Betrieb ein Darlehenskonto führt und wenn der Angehörige den Saldo anerkannt hat, dann muß der Angehörige beweisen, welche Buchungen unrichtig sind, BGH MDR **80**, 45.

Diebstahl: S „Schadensersatz".

Dienstvertrag: Die Beweislast für die Vergütung ist ebenso wie beim Kauf zu beurteilen. Bei einem Anspruch aus § 618 BGB oder aus § 62 HGB ist der Kläger nur für solche Mängel bewpfl, die nach dem natürlichen Verlauf der Dinge die späteren Schäden verursachen konnten; der Bekl muß beweisen, daß ihn und diejenigen, für die er haftet, keine Schuld trifft und daß die Mängel nicht ursächlich waren (sozialer Schutz). Der Dienstberechtigte ist dafür bewpfl, daß ausnahmsweise keine Vergütung vereinbart wurde, wenn sie sonst üblich ist, BGH **LM** § 612 BGB Nr 9.

S auch „Anwaltsvertrag."

Ehre: Grundsätzlich ist der Verletzte dafür bewpfl, daß der Verletzer rechtswidrig handelte; bei einer üblen Nachrede ist jedoch wegen § 186 StGB der Verletzer bewpfl, solange er sich nicht auf die (von ihm zu beweisende) Wahrnehmung berechtigte Interessen berufen kann, Ffm NJW **80**, 597. Bei § 185 StGB ist der Verletzer für die Wahrheit bewpfl, Ffm MDR **80**, 495 mwN.

Eigentum: Der Kläger, der eine auf dem Nachbargrundstück zu errichtende Anlage verbieten will, muß beweisen, daß mit Sicherheit von ihr unzulässige Einwirkungen ausgehen werden, BGH **LM** § 559 Nr 8. Der Störer ist dafür bewpfl, daß eine bestehende Störung nur unwesentlich ist, Düss NJW **77**, 931, oder daß er alles Zumutbare zur Beseitigung der Störung unternommen hat, BGH NJW **82**, 440. Wer trotz § 891 BGB das Grundeigentum bestreitet, ist für dessen Fehlen bewpfl, auch bei einem Erwerb durch Genehmigung, BGH DB **79**, 1357, oder bei § 900 BGB, BGH **LM** § 891 BGB Nr 6. Bei § 931 BGB ist der Veräußerer dafür bewpfl, daß vor der Abtretung in seiner Person Eigentum entstanden ist; der Erwerber beweist, daß das Eigentum des Veräußerers vor der Abtretung untergegangen war, BGH **LM** (BewLast) Nr 24, vgl BGH FamRZ **72**, 560. Der Vorbehaltseigentümer ist gegenüber dem unmittelbaren Besitzer bewpfl, BGH **LM** § 1006 BGB Nr 14 mwN, vgl aber auch KG JR **78**, 378. Wegen eines Anbaus Köln DB **75**, 497.

Eisenbahn: Bei Verspätung, Verlust, Beschädigung gelten Artt 28 CIM, CIV (grundsätzlich ist die Eisenbahn für ein Verschulden des Reisenden bewpfl, Ausnahmen dort), vgl Einl IV 3 E. Verunglückt ein Reisender beim Einsteigen in einen haltenden Zug, so liegt AnschBew für sein Verschulden vor, LG Düss VersR **79**, 166. Frachtrechtliche Einzelheiten bei Finger VersR **82**, 636.

Energieversorgung: Der Versorger muß die Tatsachen beweisen, die zum gesetzlichen Haftungsausschluß führen, BGH BB **82**, 335.

Enteignung: Der Kläger ist für einen Umbauplan bewpfl, BGH NJW **72**, 1947. Wegen des BLG BGH **LM** § 20 BLG Nr 3.

Erbrecht: Wer sein Erbrecht auf ein gemeinschaftliches Testament stützt, das sich nicht mehr auffinden läßt, der muß sowohl die formgültige Errichtung als auch grundsätzlich den vollen Wortlaut des Testaments nachweisen, BayObLG MDR **81**, 933. Die Beweislast dafür, daß das Recht eines Dritten zur Anfechtung eines gemeinschaftlichen Testaments entsprechend § 2285 BGB angeschlossen ist, trifft den Anfechtungsgegner, Stgt OLGZ **82**, 315. S auch „Schenkung".

Erfüllung: Der Schuldner muß sie grundsätzlich beweisen, BGH JR **78**, 417 mwN (krit

Baumgärtel); eine Quittung ist frei zu würdigen, vgl Hbg VersR **82**, 1009 mwN. Der Bekl muß eine Abweichung von den gesetzlichen Vorschriften beweisen, namentlich bei einer Stundung, vgl § 271 I BGB, bei Unmöglichkeit, Schopp ZMR **277**, 354, und bei Teilzahlung, aM Reinecke JZ **77**, 165 mwN. Die Stundung einzelner Raten macht das Geschäft nicht zu einem Abzahlungsgeschäft im Sinne des AbzG. Der Kläger (Gläubiger) ist bewpfl für eine Vorleistungspflicht des Schuldners, für einen Ausschluß der Aufrechnung, für ein Fixgeschäft usw.

Bei einer Erfüllungsverweigerung ist der Gläubiger grundsätzlich dafür bewpfl, daß er zur Gegenleistung bereit war, jedoch muß der Schuldner das Gegenteil beweisen, wenn er endgültig verweigerte, BGH DB **74**, 1381. Soll auf eine Klagforderung eine Zahlung nicht angerechnet werden, so muß der Kläger Forderungen aus mehreren Schuldverhältnissen beweisen, der Bekl alsdann beweisen, daß gerade die Klagforderung getilgt worden ist, BGH DB **74**, 2005. Der Versicherer ist dafür bewpfl, daß der Versicherungsnehmer ein Mahnschreiben gemäß § 39 VVG erhalten hat, AG Mü VersR **76**, 1032. S auch ,,Nachgiebige Vorschriften".

Fehlen von Umständen: Beweispflichtig ist der Kläger. Fehlt ihm aber jeder Anhalt und kann der Bekl leicht aufklären, so ist dann, wenn der Bekl die Klärung verweigert, das Fehlen nach der Lebenserfahrung als bewiesen anzusehen (es liegt dann übrigens auch ein Verstoß des Bekl gegen die Förderungspflicht vor, Grdz 2 E vor § 128, vgl auch BVerfG **54**, 157).

Fernsprechgebührenrechnung: Der Teilnehmer hat die Unrichtigkeit der Angaben des Zählwerks zu beweisen, LG Brschw BB **65**, 928.

Feststellungsklage: Bei der behauptenden und der leugnenden muß derjenige, der eine rechtshindernde oder rechtsvernichtende Tatsache behauptet, diese beweisen. Rechtswirkungen, wie die Gültigkeit eines Rechtsgeschäfts, sind nicht zu beweisen. Die Parteistellung entscheidet nicht, Schlesw NJW **76**, 971. Bei der leugnenden Klage ist der Bekl für das beanspruchte Recht bewpfl, BGH KTS **82**, 406.

Form: Behauptet der Kläger einen vorbehaltlosen Vertragsabschluß, der Bekl dessen Abhängigkeit von einer Schriftform, so ist der Kläger bewpfl. Wer mündliche Abreden neben einem ausführlichen schriftlichen Vertrag behauptet, muß Umstände dartun, die die Nichtaufnahme der Abreden in den Vertrag erklären. Denn der schriftliche Vertrag hat die Vermutung der Vollständigkeit und Richtigkeit für sich. Die Gerichte sollten jeden Angriff auf das einzige, einigermaßen zuverlässige Beweismittel, die Urkunde, mißtrauisch behandeln und den minderwertigeren Zeugenbeweis streng beurteilen. Wenn die Urkunde lückenhaft ist, fragt es sich, ob diese Lücken nicht als Absicht zu vermuten sind; das trifft meist zu, wenn das Gesetz die Regelung ausreichend ergänzt.

Fortdauer eines tatsächlichen Zustands: Bis zum Beweis des Gegenteils spricht für die Fortdauer kein Erfahrungssatz.

Frist: Wer eine Verjährung oder den Ablauf einer Ausschlußfrist behauptet, ist für Beginn und Ablauf bewpfl; zur Ausschlußfrist BGH **LM** § 282 (BewLast) Nr 23. Der Gegner ist dafür bewpfl, daß die Verjährung gehemmt oder unterbrochen wurde, der Einwendende ist für deren Beseitigung bewpfl. Steht ein Posteinzahlungstag fest, so liegt AnschBew dafür vor, daß die Einzahlung vor 18 Uhr erfolgte, Düss VersR **76**, 429.

Geliebtentestament: Beweispflichtig ist jeweils derjenige, zu dessen Gunsten die behaupteten Umstände bei der Prüfung der Sittenwidrigkeit ausfallen. Für diese sind der Inhalt des Testaments und seine Auswirkung wesentlich, auch das Motiv, etwa die Belohnung für die Hingabe, BGH **53**, 369; krit Husmann NJW **71**, 406, Speckmann NJW **70**, 1839.

Gesellschaft: Der Gesellschafter, der ein Recht aus einem Gesellschafterbeschluß ableitet, muß die formelle und sachlichrechtliche Wirksamkeit des Beschlusses beweisen, BGH BB **82**, 1016. Im Abwicklungsstadium ist der Gesellschafter dafür bewpfl, daß der rückständige Beitrag nicht mehr notwendig ist, der Abwickler dafür darlegungspflichtig, wie die Verhältnisse der Gesellschaft liegen, BGH MDR **79**, 119. Gliedert der herrschende Unternehmer-Gesellschafter im Rahmen eines Beherrschungsvertrags mit einer KG das Unternehmen der abhängigen Gesellschaft in das eigene Unternehmen ein, so ist er nicht nur dafür bewpfl, daß ihn kein Verschulden trifft, sondern im allgemeinen auch dafür, daß die behaupteten pflichtwidrigen Handlungen nicht vorliegen, BGH BB **79**, 1735.

Gewerblicher Rechtsschutz: S ,,Wettbewerb".

Grundrecht: Die Behauptung, es sei verletzt worden, ändert die Beweislast nicht, BGH **53**, 251.

Grundschuld: Wer eine fehlende Valutierung behauptet, ist dafür bewpfl, BGH DB **76**, 1620.

Handelsbrauch: Soweit sein Bestehen feststeht, ist man für ein Abweichen von ihm bewpfl, Schmidt Handelsrecht (1980) 21, offen BGH NJW **82**, 2560. S auch ,,Rechtsgeschäft".

Handlungsunfähigkeit: dazu Wolf AcP **170**, 181 (Handlungsbegriff): Beweispflichtig ist immer der Einwendende. Dies gilt bei der Unzurechnungsfähigkeit, BGH **LM** § 6 VVG Nr 39 (das darf aber nicht dazu führen, daß dem Versicherer die Beweislast für grobe Fahrlässigkeit abgenommen wird, BGH NJW **74**, 1378); bei der Testierunfähigkeit; der Deliktsunfähigkeit; der Minderjährigkeit, Saarbr NJW **73**, 2065. Wer trotzdem eine Handlungsfähigkeit behauptet, etwa nach § 112 BGB, ist dafür bewpfl. BGH **39**, 103 zieht den Beweis dafür, daß der Verletzungsvorgang nicht unter physischem Zwang erfolgt oder als unwillkürlicher Reflex durch fremde Einwirkung ausgelöst worden ist, zu den vom Verletzten zu beweisenden Tatsachen, weil andernfalls kein der Bewußtseinskontrolle unterliegendes und durch den Willen beherrschtes Tun vorliege, also keine Handlung im Sinne von § 823 BGB.

Kauf: Wer einen freibleibenden Kauf oder einen Rücktrittsvorbehalt oder ein Umtauschrecht behauptet, ist dafür bewpfl. Wenn der Kläger einen Kauf zu einem unbestimmten, angemessenen Preis behauptet, der Bekl (Käufer) einen solchen zu einem bestimmten Preis, dann ist der Kläger für seine Behauptung bewpfl. Wegen Stundung s ,,Erfüllung". Verweigert der Käufer bei einem Kauf Zug um Zug die Annahme, so muß der Verkäufer beweisen, daß die Ware mangelfrei ist; der Käufer muß die Mangelhaftigkeit beweisen, wenn er vorzuleisten hat, BGH BB **65**, 564. Der Käufer, der wegen Untergangs wandelt, ist für sein Nichtverschulden bewpfl, BGH NJW **75**, 44. Der Verkäufer kann bei einer Wandlung des Käufers für die Mangelfreiheit der Ware bewpfl sein, Hamm MDR **81**, 756.

Bei einer Kaufpreisforderung ist der Verkäufer dafür bewpfl, daß ein Barkauf und nicht ein Abzahlungskauf vereinbart wurde, BGH **LM** § 433 BGB Nr 45; wer aber Vereinbarungen über Ratenzahlungen behauptet, die vom Text des schriftlichen Vertrags abweichen, muß diese Abweichungen beweisen, BGH NJW **80**, 1680. Bei der Klausel ,,gekauft wie besichtigt" ist der Verkäufer dafür bewpfl, daß der Käufer den Mangel kannte oder hatte erkennen müssen, Ffm MDR **80**, 140 mwN. Bei einer Garantie des Verkäufers ist er für ein Verschulden des Käufers während der Garantiezeit bewpfl, Köln MDR **83**, 402. Fordert der Verkäufer einen höheren Preis, so muß er den entsprechenden Umfang der Lieferung beweisen, LG Freibg MDR **80**, 140. Wegen Verzugsschadens durch Kursverlust BGH NJW **76**, 848. Wegen des Vorkaufsrechts eines Siedlungsunternehmens BGH DB **77**, 494.

Kindergeld: Der Berechtigte bzw Begünstigte ist dafür bewpfl, daß die Sperrfrist von 7 Tagen seit der Gutschrift noch nicht abgelaufen ist, § 12 I 3 Hs 2 BKGG.

Kommission: Der Kommissionär ist dafür bewpfl, daß der Verlust oder die Beschädigung trotz der Sorgfalt eines ordentlichen Kaufmanns unabwendbar waren, § 390 HGB.

Kraftfahrzeug: Vgl Kürten, Der Beweis des ersten Anscheins beim Kraftfahrzeug- und Straßenbahnunfall, Diss Köln 1949. Ein AnschBew spricht für ein Verschulden desjenigen, der vor einem Zusammenstoß mit einem Kfz des fließenden Verkehrs aus einem Grundstück kommt, KG VersR **75**, 664, oder vom Fahrbahnrand anfährt, Düss VersR **78**, 852. AnschBew spricht für Verschulden des Fahrers, wenn er grundlos nach links gerät, Düss VersR **74**, 657 (läßt sogar eine Blendung nicht als Entlastung gelten), KG VersR **76**, 291, Mü VersR **74**, 1132, oder grundlos nach rechts gerät, Stgt VersR **74**, 502 (läßt den Entlastungsbeweis zu, daß ein Tier den Fahrer irritierte). AnschBew spricht für Verschulden des Fahrers, wenn sein Kfz in einer Linkskurve, KG VersR **81**, 64, oder in einer Doppelkurve aus der Fahrbahn getragen wird, Celle VersR **74**, 1226, oder wenn er auf seiner linken Fahrbahnhälfte mit einem anderen zusammenstößt, BGH **LM** StVO § 8 Nr 9, Ffm VersR **78**, 828, Schlesw VersR **78**, 353 (etwas anderes gilt, wenn sich der Unfall erst infolge eines Bremsens ereignet, dessen Ursache nicht erwiesen ist, Oldb VersR **78**, 1449).

AnschBew spricht für Verschulden des Fahrers, wenn sein nachmittags geparkter Wagen nachts führerlos anrollt, Köln MDR **74**, 754. Kommt ein Kraftfahrer über den Grünstreifen der Autobahn auf die Gegenfahrbahn, spricht der AnschBew für sein Verschulden, außer wenn die Fahrbahn grobe Mängel aufweist, BGH **LM** § 286 (C) Nr 53 c. AnschBew spricht für sein Verschulden, wenn eine technische Einrichtung am Fahrzeug versagt, BGH **LM** § 256 Nr 45 und § 433 BGB Nr 36. AnschBew spricht für sein Verschulden, wenn eine Berührung mit einem anderen Kraftwagen nachgewiesen wird, BGH VersR **61**, 444. Der Geschädigte ist für die Ursächlichkeit der Fahrweise des Gegners bewpfl, wenn die Fahrzeuge der Parteien sich nicht berührt haben, BGH **LM** § 7

StVG Nr 46, Kblz VersR **75**, 913, LG Marb VersR **73**, 951. Der Geschädigte muß beweisen, daß der Schaden am gebrauchten Kfz gerade durch den Zusammenstoß entstanden ist, Hamm VersR **74**, 347.

Ein Wartepflichtiger ist für die Mitschuld des Vorfahrtberechtigten bewpfl, KG VersR **77**, 651, vgl aber Hamm VersR **78**, 64. Diese Mitschuld ist nicht schon bei einem nur um 20% überhöhten Tempo erwiesen, Köln VersR **78**, 830, wohl aber evtl bei 120 km/h, Stgt VersR **82**, 1175. Wer nur Fahrer, nicht Halter ist, braucht nicht die Unabwendbarkeit des Unfalls, sondern nur seine Schuldlosigkeit zubeweisen, § 18 I 2 StVG, Bbg VersR **74**, 60, freilich hinsichtlich sämtlicher möglichen Unfallursachen, BGH MDR **74**, 1012. Es besteht nicht schon wegen der Berührung zweier Fahrzeuge ein AnschBew dafür, daß der Überholer schuldig sei, BGH VersR **75**, 765.

§ 7 I StVG gilt auch zu Lasten desjenigen, der einem Kind ausweicht und von dessen Eltern Schadensersatz wegen Geschäftsführung ohne Auftrag fordert, Celle VersR **76**, 449. Es besteht ein AnschBew dafür, daß der Linksabbieger schuldhaft handelt, wenn er mit einem geradeaus fahrenden Entgegenkommer in dessen Fahrbahn zusammenstößt, Celle VersR **78**, 94 (dieser AnschBew sei entkräftbar), Düss VersR **76**, 1135. AnschBew spricht für die Schuld desjenigen, der als Einbieger in ein Grundstück mit einem Überholer zusammenstößt, Oldb VersR **78**, 1027.

Beim Auffahren gilt: Es besteht ein AnschBew für das Verschulden des Auffahrers, vgl zB BGH VersR **75**, 374, Celle VersR **74**, 438 und 496, Düss VersR **75**, 956, Ffm VersR **73**, 720, Köln VersR **74**, 761. Der Vordermann kann mitschuldig sein, Düss VersR **76**, 545. Beim Auffahren auf einer BAB-Einfahrt spricht kein AnschBew gegen den BAB-Benutzer, BGH NJW **82**, 1596. Wer auf der BAB einen Unfall verursacht, kann zu ⅔ am Schaden eines Hineinfahrers schuldig sein, Düss VersR **78**, 142. Der AnschBew gegen den Auffahrer kann entkräftet sein, wenn der Vordermann wegen einer Parklücke zurücksetzt, BGH VersR **78**, 155, oder wenn der Auffahrunfall sich in einer engen starken Kurve ereignet, BGH MDR **69**, 208, oder wenn der Auffahrer möglicherweise nur infolge einer Ölspur auf seiner Fahrbahn in Verbindung mit Seitenwind ins Schleudern kam, Hbg VersR **80**, 1172, oder wenn der Vordermann grob fahrlässig von der Fahrbahn abkommt und sich querstellt, Hamm VersR **81**, 788, oder wenn der Vordermann erst unmittelbar zuvor von der Seite her in die Spur des Auffahrers hineingewechselt ist, Düss VersR **83**, 40.

Der AnschBew gegen den Auffahrer geht dahin, daß er entweder einen zu kurzen Abstand einhielt, zB bei 60 km/h nur eine Wagenlänge, Bre VersR **76**, 545, oder auf den Vordermann zu spät reagierte, Celle VersR **74**, 496. Der AnschBew gegen den Auffahrer besteht zB bei sehr nasser Fahrbahn, BGH VersR **75**, 374, bei einem doppelten Auffahrunfall, Ffm VersR **73**, 720, vgl Zweibr VersR **75**, 1158, BGH NJW **73**, 1284. Wenn der Vordermann Kupplung und Bremse verwechselt und deswegen grundlos bremst, was freilich der Auffahrer beweisen muß, LG Amberg VersR **79**, 1130, kann der AnschBew gegen den Auffahrer entkräftet sein, Köln VersR **74**, 761, ähnlich LG Stgt VersR **75**, 165.

Der AnschBew gegen den Auffahrer kann entkräftet sein, falls der Vordermann selbst auffährt, Bre VersR **76**, 571. Bei einem Kettenunfall gilt der Anscheinsbeweis nur gegen den letzten Fahrer. Ein Fahrer inmitten der Kette hat bei einer Unklarheit über die Reihenfolge der Anstöße denjenigen Teil des Gesamtschadens zu tragen, der dem Umfang der von ihm mit Sicherheit verursachten Schäden im Verhältnis zu den übrigen Beschädigungen entspricht. Karlsr VersR **82**, 1150. Soweit er beweist, daß der Hintermann auf ihn auffuhr, braucht er nicht zu beweisen, daß sein eigener Wagen durch den Stoß von rückwärts auf seinen Vordermann aufgeschoben wurde, Nürnb VersR **83**, 252.

Der Anscheinsbeweis kann entfallen, falls der Vordermann scharf bremst, vgl auch Köln VersR **76**, 670, abw LG Freib VersR **77**, 90 (Mitschuld, wenn der Vordermann wegen eines Tiers bremst). Der AnschBew gegen den Auffahrer ist nicht entkräftet, wenn der Vordermann nicht mit einem „Aquaplaning" rechnet und daher wegen seines Vordermanns ins Schleudern kommt, Karlsr VersR **76**, 1141. Der AnschBew gegen den Hintermann ist nicht entkräftet, wenn der Auffahrer den Grund des Bremsens des Vordermanns erkennt, AG Singen VersR **77**, 629. Bei einem Unfall auf der BAB mit 120 km/h läßt Köln VersR **83**, 575 den Versicherungsnehmer für das Fehlen grober Fahrlässigkeit (zu langer Blick nach hinten) bewpfl sein.

Der AnschBew gegen den Auffahrer ist entkräftet und wird sogar zu einem AnschBew für die Schuld des Vordermanns, wenn der Vordermann direkt vor dem Unfall auf die Überholspur gewechselt sein dürfte, Köln VersR **78**, 143, vgl Nürnb VersR **77**, 1016 und

1112, LG Hanau VersR **79**, 194. Freilich besteht kein AnschBew dafür, daß ein Spurwechsel unmotiviert vorgenommen wird, Hbg VersR **75**, 911. AnschBew gegen den Auffahrer besteht auch an einem BAB-Zubringer, LG Köln VersR **74**, 1008. AnschBew gegen den Hintermann besteht auch dann, wenn der Vordermann überholt hat, LG Köln VersR **74**, 505; freilich ist der Entlastungsbeweis eines verkehrswidrigen Überholens zulässig, vgl auch BGH **LM** § 286 (C) Nr 65 mwN, Düss VersR **76**, 298 für den Fall eines scharfen Wiedereinscherens wegen eines Hindernisses.

Es gibt keinen AnschBew zu Lasten eines auffahrenden Straßenbahnführers, Düss VersR **76**, 499, erst recht nicht dann, wenn obendrein ein Pkw vor der Straßenbahn die Spur wechselt, Hbg VersR **75**, 475. Überhaupt sind auch bei einem Auffahrunfall alle Umstände mitbeachtlich, KG MDR **75**, 664. Wegen der Vortäuschung eines Auffahrunfalls durch den Vordermann Köln VersR **77**, 938. Für einen AnschBew ist kein Raum, soweit der Auffahrvorgang durch Zeugen feststellbar ist, Köln VersR **77**, 939.

AnschBew für ein Verschulden des Fahrers besteht dann, wenn sein Wagen infolge Aquaplaning ins Schleudern gerät, Düss VersR **75**, 160. AnschBew für Verschulden des Fahrers liegt vor, wenn der Wagen bei Glatteis ins Schleudern gerät, BGH **LM** § 286 (C) Nr 46 und 62a, Hamm VersR **78**, 950, Schlesw VersR **75**, 1132. AnschBew für Schuld des Fahrers besteht bei einem Unfall in Windböen und bei Glatteis, BGH **LM** § 286 (C) Nr 53b, Karlsr VersR **75**, 886, wobei eine Entkräftung nicht schon dann möglich ist, wenn der Fahrer die nötige und mögliche besondere Fahrweise in solcher Situation nicht kennt oder mangelhaft beherrscht, BGH **LM** § 286 (C) Nr 62a. Die bloße Überschreitung einer Richtgeschwindigkeit erbringt noch keinen AnschBew für die Ursache des folgenden Unfalls, Jagusch NJW **74**, 883, auch nicht auf der BAB, vgl Köln VersR **82**, 708. Bei der Begegnung eines schnellen Pkw und eines langsamen Lkw auf einer nassen Straße spricht ein AnschBew dafür, daß der Pkw ins Schleudern kommt, Düss VersR **73**, 373.

Bei nicht unerheblichem Tempo spricht ein AnschBew dafür, daß ein Stein hochgeschleudert werden kann, BGH MDR **74**, 1012, und die Anforderungen an den Entlastungsbeweis des Überholers, dessen Wagen den Stein hochschleuderte, sind hoch, LG Aachen VersR **83**, 591. Schleudert der Wagen nach einer Linkskurve, so spricht dies dafür, daß sein Tempo überhöht ist, Düss VersR **75**, 615. Dasselbe gilt dann, wenn ein Motorrad eine Kurve außerordentlich schnell durchfährt und dann stürzt, BGH **LM** § 286 (C) Nr 50. Bei einem Zusammenstoß zwischen dem fließenden Verkehr und einem Grundstückseinbieger besteht ein AnschBew für Verschulden des letzteren, Hamm VersR **79**, 266. Ein AnschBew spricht für das Alleinverschulden des Kraftfahrers, der von einem Parkstreifen rückwärts auf die Fahrbahn fährt und mit einem dort herankommenden Fahrzeug zusammenstößt, Ffm VersR **82**, 1079. Beim Zusammenstoß zweier Kfz auf einer Kreuzung spricht ein AnschBew für eine Verletzung des Vorfahrtsrechts durch den Wartepflichtigen, BGH **LM** § 13 StVO Nr 7, Celle VersR **73**, 1147, Hamm VersR **75**, 161, Stgt VersR **82**, 783 mwN, LG Krefeld VersR **79**, 634, LG Trier VersR **80**, 1128.

Dieser AnschBew kann durch den Beweis eines wesentlich überhöhten Tempos des Vorfahrtberechtigten entkräftet werden, Köln VersR **78**, 830, insofern abw LG Köln VersR **78**, 68. Er kann ferner bei einer schwer einsehbaren Vorfahrtstraße entkräftet werden, Hamm VersR **78**, 64. Zwar gilt das Vorfahrtsrecht grundsätzlich auf der gesamten Breite der Vorfahrtsstraße. Ein AnschBew gegen den Wartepflichtigen besteht aber dann nicht, wenn der Vorfahrtberechtigte plötzlich auf seine linke Fahrbahnseite gekommen war, BGH NJW **82**, 2668. Ein AnschBew für ein Verschulden des Wartepflichtigen kann ferner entkräftet sein, wenn der Vorfahrtberechtigte nachts ohne Licht fuhr, KG VersR **83**, 839, oder wenn ein Unfallwagen die Vorfahrtstraße kreuzt, vgl BGH **37**, 336.

Kommt ein Kraftradfahrer in einer Kurve ohne einen ersichtlichen Grund von der Fahrbahn ab, so spricht der AnschBew dafür, daß er unvorsichtig, zB zu schnell, gefahren ist, Düss VersR **81**, 263. Fährt ein Kraftrad gegen einen Baum, besteht ein AnschBew für ein Verschulden des Fahrers, BGH **8**, 239, woran auch eine Übermüdung des Fahrers nichts ändert, BGH MDR **59**, 480, vgl auch BGH **LM** § 286 (C) Nr 10. Bei einer Kolonnenfahrt auf der BAB besteht ein AnschBew für Verschulden des betr Fahrers, Köln MDR **71**, 764; bei einem Massenunfall besteht aber kein AnschBew für ein Verschulden des Fahrers eines Innenfahrzeugs, Köln VersR **73**, 321.

Beim Zusammenstoß eines Fußgängers mit einem Kfz auf dessen Fahrbahnseite spricht ein AnschBew dafür, daß der Fußgänger unaufmerksam ist, BGH **LM** § 286 Nr. 13, aM Zweibr VersR **77**, 1135. Dies gilt auch dann, wenn der Fußgänger vor Schreck fällt, BGH VersR **74**, 196. Wenn eine Windschutzscheibe zerspringt, spricht ein AnschBew für einen Unfallschock, selbst wenn dieser tödlich verläuft, BGH MDR **74**, 1012. Bleibt ein Fußgänger am Busausstieg hängen, so spricht AnschBew für seinen Unfallschock, LG Hanau VersR **73**, 971. Wird jemand auf dem Übergang einer eingleisigen Bahnstrecke trotz rechtzeitig geschlossener Schranken von einem Zug erfaßt, spricht der AnschBew dafür, daß sich der Unglücksfall nicht ohne Verschulden des Verunglückten ereignet, BGH **LM** § 1 HaftpflG Nr 11.

Wenn ein alkoholbedingt bewußtseinsgestörter Fußgänger einen Unfall erleidet, spricht ein AnschBew für seine Schuld, Hamm VersR **77**, 762, aM Zweibr VersR **77**, 1135. Dieser AnschBew wird nicht schon durch die Möglichkeit entkräftet, daß auch ein Nüchterner die gleiche Unachtsamkeit begehen kann, BGH **LM** § 286 (C) Nr 66 mwN, Stgt VersR **72**, 827. Der AnschBew wird vielmehr erst bei der realen Möglichkeit entkräftet, daß der Gefährdete auch nüchtern die Lage nicht gemeistert hätte, Kblz VersR **75**, 515.

Die Beweislast des Versicherers für eine absolute Fahruntüchtigkeit des Versicherungsnehmers besteht auch gegenüber einem vom Versicherungsnehmer behaupteten Nachtrunk, Hamm VersR **81**, 924. Bei einer relativen Fahruntüchtigkeit spricht kein AnschBew dafür, daß über die Alkoholmenge hinaus weitere ernsthafte Anzeichen für Ausfallerscheinungen vorliegen, Hamm VersR **81**, 924.

Wenn ein alkoholbedingt Fahruntüchtiger verunglückt, spricht ein AnschBew dafür, daß der Alkohol unfallursächlich war, falls ein Nüchterner die Verkehrslage hätte meistern können, BGH **18**, 311 und MDR **66**, 493, Ffm VersR **81**, 51, KG NJW **75**, 267, Karlsr VersR **83**, 628 mwN, Saarbr VersR **74**, 260. Selbst bei einem verkehrswidrigen Verhalten des nüchternen Gegners bleibt ein AnschBew für eine Mitursächlichkeit der Trunkenheit bestehen, Köln MDR **72**, 781, insofern aM KG NJW **75**, 267, Schlesw VersR **75**, 290, falls auch ein Nüchterner ebenso wie der Angetrunkene reagiert hätte.

Wenn der Fahrer bei 1,94‰ auf der Gegenfahrbahn mit einem Entgegenkommer zusammenstößt, liegt ein AnschBew für grobe Fahrlässigkeit des betrunkenen Fahrers vor, LG Köln VersR **82**, 386.

Der AnschBew der Schuld des Angetrunkenen ist entkräftet, wenn der Gegner ebenfalls alkoholbedingt fahruntüchtig ist, LG Münst VersR **77**, 128. Wegen des AnschBew eines angetrunkenen Motorradfahrers Schlesw VersR **61**, 841; wegen des AnschBew bei einem angetrunkenen Kleinkraftradfahrer LG Frankenthal VersR **74**, 533. Wenn jemand stark alkoholisiert einen Unfall begeht, den ein Nüchterner vermieden hätte, spricht ein AnschBew für Bewußtseinsstörung als Unfallursache, Hamm VersR **77**, 762, Kblz VersR **74**, 1215.

Es gibt keinen AnschBew dafür, daß ein Mitfahrer die Fahruntauglichkeit des Fahrers erkennen muß, und zwar selbst dann nicht, wenn der Fahrer hochgradig alkoholisiert ist, LG Köln VersR **74**, 1187. Es gibt keinen AnschBew für Alkohol als Unfallursache, wenn ein nüchterner Fahrer nicht anders gehandelt hätte, BGH VersR **61**, 693; die bloße Möglichkeit eines auch in nüchternem Zustand gleichen Unfallablaufs entlastet freilich nicht, LG BadBad VersR **74**, 54. Man kann nicht schon bei jedem Fahrer, der nicht mehr ganz nüchtern ist, ein falsches Verhalten annehmen, BGH VersR **62**, 132, vgl auch Zweibr DB **75**, 497. Der AnschBew der Ursächlichkeit der Angetrunkenheit des Fahrers für den Unfall wird nicht schon durch die bloße Behauptung eines sog Nachtrunks entkraftet, Ffm VersR **81**, 51.

Wer wendet, ist dafür bewpfl, daß er korrekt wendet, KG VerkMitt **74**, 19. Ein Bushalter ist gegenüber dem Fahrgast dafür bewpfl, daß seine scharfe Bremsung notwendig ist, KG VersR **77**, 724. Der AnschBew für das Verschulden des Fahrers wird nicht dadurch entkräftet, daß nach § 18 I 2 StVG im Rahmen der Gefährdungshaftung das Verschulden des entgegenkommenden Fahrers vermutet wird, BGH NJW **62**, 796, vgl Bbg VersR **74**, 60. Ein AnschBew ist auch gegenüber einem falsch fahrenden Minderjährigen möglich, BGH **LM** § 828 BGB Nr 4.

Der Geschädigte muß die Notwendigkeit eines Mietwagens insbesondere dann beweisen, wenn seine Fahrleistung vor und nach dem Unfall wesentlich geringer ist als während der umstrittenen Ausfallzeit; das Gericht darf dann auch nicht einfach einen Mindestbetrag für Mietwagenkosten ansetzen, LG Paderborn VersR **81**, 585.

Versicherungsfragen: Der Versicherungsnehmer ist dafür bewpfl, daß bei einer Kaskoversicherung der Unfall durch Haarwild entstand, LG Hann VersR **74**, 26, LG Regensb VersR **77**, 1119, vgl Stgt VersR **74**, 502, LG Tüb VersR **76**, 262 (der AnschBew durch Tierhaare, die am Kfz kleben, ist entkräftet, wenn der Fahrer alkoholisiert ist). Der Versicherungsnehmer ist dafür bewpfl, daß eine Gefahrerhöhung, zB durch abgefahrene Reifen, ohne Einfluß auf den Eintritt des Versicherungsfalls geblieben ist, BGH **LM** § 25 VVG Nr 6, vgl zum Problem auch BGH NJW **78**, 1919. Es besteht kein AnschBew dafür, daß das Anzünden einer Zigarette durch den übermüdeten Fahrer Unfallursache war, Köln MDR **71**, 52.

Der Versicherer ist dafür bewpfl, daß der Versicherte vorsätzlich handelte, Hbg MDR **70**, 328, vgl aber auch BGH DB **81**, 1667. An den Nachweis eines Diebstahls sind keine überspannten Anforderungen zu stellen, vgl Kblz VersR **76**, 1173 (Kfz), LG Krefeld VersR **76**, 1127, strenger BGH VersR **77**, 368. Eine Unstimmigkeit kann den AnschBew eines KfzDiebstahls entkräften, Ffm VersR **75**, 341, LG Kblz VersR **77**, 563, vgl auch LG Mü VersR **76**, 430, erst recht eine fingierte Rechnung, Mü VersR **76**, 1127. Der Versicherer muß besondere Umstände beweisen, nach denen der Halter den Kfz-Schlüssel auch vor Angehörigen sichern mußte, Hamm VersR **83**, 871. Wenn der Versicherer Umstände nachweisen kann, die den Schluß auf einen Verkehrsunfall als zweifelhaft erscheinen lassen, dann muß der Anspruchsteller den vollen Beweis der anspruchsbegründenden Tatsachen erbringen, Ffm VersR **80**, 978, LG Mü VersR **83**, 300.

Zur Glaubwürdigkeit des Versicherungsnehmers nach einer früheren Unwahrheit BGH MDR **77**, 738. Der Versicherungsnehmer ist dafür bewpfl, daß er der Versicherung eine unrichtige Auskunft nur infolge einfacher Fahrlässigkeit erteilt hat, Mü VersR **77**, 540. Der Versicherungsnehmer ist dafür bewpfl, daß das Fehlen seiner Fahrerlaubnis nicht ursächlich war, Köln VersR **77**, 537. Es besteht kein AnschBew, daß das unbeschädigte Lenkradschloß des gestohlenen Kfz nicht auf „Blockieren" eingestellt war, Hamm VersR **73**, 122, oder daß der Tankwart am Vortag den Umstand verschuldete, daß die Haube später auffliegen konnte, LG Trier VersR **73**, 973.

Es besteht nicht stets ein AnschBew dafür, daß die gleich nach dem Unfall im Krankenhaus festgestellten Verletzungen Unfallfolgen sind, Mü OLGZ **73**, 362. Es gibt keinen AnschBew für ein Verschulden des Überholers bei einem Zusammenstoß mit dem in derselben Richtung nach links Abbiegenden, aM Oldb VersR **74**, 762, und zwar auch nicht dann, wenn der Überholte alsbald von der Fahrbahn abkommt, LG Traunstein VersR **76**, 476. Aus der erhöhten Sorgfaltspflicht des Überholers läßt sich nicht stets ein AnschBew für die Verletzung dieser Pflicht ableiten, BGH **LM** § 286 (C) Nr 65 mwN. Der Ampelbetreiber ist dafür bewpfl, daß er an der Ampelstörung keine Schuld trägt, Düss MDR **76**, 842.

Es gibt keinen AnschBew dafür, daß ein Linienbus an einer Haltestelle hält, LG Bln VersR **76**, 1097. Wegen des betrügerischen Zusammenwirkens zweier „Unfall"-Fahrer Ffm VersR **78**, 260, LG Hagen VersR **78**, 356. Der Geschädigte ist grundsätzlich dafür bewpfl, daß der Halter seine Verkehrssicherungspflicht verletzt, jedoch ist der Halter dafür bewpfl, daß er vom Schlüsselbesitz des Schwarzfahrers nichts wissen mußte, Oldb VersR **78**, 1046. Wegen des Herausspringens des Wagens aus einer Waschanlage LG Bln VersR **83**, 841, 842, LG Darmst VersR **78**, 1047. Der Verkehrsicherungspflichtige ist dafür bewpfl, daß das Unterbleiben regelmäßiger Kontrollen eines (dann brüchigen) Kanaldekkels nicht für den Schaden ursächlich war, Ffm MDR **81**, 764. – Ein mündliches Bekenntnis der Alleinschuld am Unfall kehrt die Beweislast um, Celle VersR **80**, 1122.

Der im Fall der Beschädigung eines Kundenwagens in einer Autowaschanlage dem Unternehmer obliegende Entlastungsbeweis ist nicht schon durch den Hinweis auf die Vollautomatik zu führen, LG Bayreuth VersR **83**, 253.

Wenn ein Kraftradfahrer ohne Schutzhelm Kopfverletzungen erleidet, vor denen der Helm allgemein schützen soll, spricht der AnschBew für den Ursachenzusammenhang zwischen der Nichtbenutzung des Helms und den Verletzungen, BGH NJW **83**, 1380.

Krankenhaus: Vgl auch Baumgärtel, Das Wechselspiel der Beweislastverteilung im Arzthaftungsprozeß, Gedächtnisschrift für Bruns (1980) 93. Der Träger ist dafür bewpfl, daß der Patient wirksam in eine kunstgerechte Behandlung eingewilligt hat, aM Baumgärtel 105 (der Patient sei für das Fehlen seiner Einwilligung bewpfl), und daß letztere vorgenommen wurde, vgl BGH VersR **71**, 1020, Wilts MDR **73**, 356. Der Träger ist dafür bewpfl, daß ein Fehler bei der Zubereitung einer Infusionsflüssigkeit nicht auf einem ihm zuzurechnenden Organisations- oder Personalverschulden beruht, BGH NJW **82**, 699. Der Träger kann dafür bewpfl sein, daß Fehler irgendwelcher Angehörigen des Pflegepersonals für die Infektion nicht ursächlich waren, BGH **LM** § 286 (C) Nr 62. Mängel des Krankenblatts können den Patienten von seiner etwaigen Beweislast befreien und diese umkehren, BGH **LM** § 286 (B) Nr 31. Ein gestürzter Patient ist dafür bewpfl, daß der grundsätzlich zugelassene Boden übermäßig glatt war, Köln VersR **77**, 575.

S auch „Ärztliche Behandlung".

Kündigung: Wer die Vereinbarung einer anderen als der gesetzlichen Kündigungsfrist behauptet, ist dafür bewpfl; sonst käme der Kündigende in die Hand des Gegners. Der

Unternehmer ist dafür bewpfl, daß seine Kündigung gemäß §§ 89 a I, 90 a II 2 HGB berechtigt war, wobei eine Beweislastumkehr im Formularvertrag unwirksam wäre, Karlsr VersR **73**, 857. S auch „Arbeitnehmer".

Lagerung: Wie „Kommission", §§ 390, 417 I HGB, BGH VersR **74**, 643. Wegen Braugerste BGH VersR **75**, 417.

Luftfahrzeug: Die Regeln zum Kraftfahrzeug sind nicht ohne weiteres anwendbar, vgl BGH VersR **74**, 754.

Makler: Bei § 653 I BGB muß der Makler beweisen, daß nach der objektiven Gesamtlage tatsächliche Umstände vorlagen, nach denen seine Vermittlung nur gegen eine Vergütung zu erwarten war; der Auftraggeber muß dann beweisen, daß die Parteien eine Unentgeltlichkeit der Vermittlung vereinbart haben, BGH NJW **81**, 1444 mwN. Die Vorkenntnisklausel begründet lediglich eine widerlegbare Beweisvermutung, LG Ffm NJW **70**, 431. Bei einem gleichzeitigen Zugang mehrerer Angebote ist der Makler dafür bewpfl, daß gerade sein Angebot (mit-)ursächlich war, BGH NJW **79**, 869. Bei § 653 II BGB ist der Makler dafür beweispflichtig, daß die vom Auftraggeber behauptete (niedrigere) Vergütung nicht vereinbart wurde, so daß die (höhere) übliche als vereinbart gilt, BGH DB **82**, 1263. Jedoch muß der Auftraggeber eine nachträgliche Herabsetzung beweisen, BGH DB **82**, 1263.

Meßinstrument: Die allgemeine Erwägung, daß es versagen kann, genügt nicht; vielmehr müssen die übrigen Beobachtungen mit dem Meßergebnis unvereinbar sein, vor allem muß ein derartiges Versagen, wie es dann eingetreten sein müßte, physikalisch denkbar sein, BGH MDR **63**, 402.

Miete, Pacht: Die Beweislast bei der Vergütung ist wie beim Kaufpreis zu beurteilen. Bei § 541 a BGB ist der Vermieter für die Erforderlichkeit des Erhaltungsaufwands bewpfl. Bei § 541 b I BGB ist der Vermieter dafür bewpfl, daß es sich um eine Verbesserungs- oder Energiesparmaßnahme handelt; der Mieter ist sodann für das Vorliegen einer nicht zu rechtfertigenden Härte bewpfl. In diesem Zusammenhang ist der Vermieter dafür bewpfl, daß lediglich ein allgemein üblicher Zustand erreicht werden soll. Bei § 541 b II 3 BGB ist der Vermieter bewpfl.

Bei einer Klage aus § 548 BGB ist der Vermieter für den Zustand bei der Übergabe und für die Verschlechterung bei der Rückgabe bewpfl. Offen BGH NJW **76**, 1315.

Bei § 550 b II 1 BGB muß derjenige, der sich auf die Üblichkeit des nach seiner Meinung richtigen Betrags beruft, diese beweisen.

Bei einer Eigenbedarfsklage, § 564 b BGB, ist der Vermieter dafür bewpfl, daß für seine Kündigung zu ihrem Zeitpunkt ein berechtigtes Interesse bestand (und erst später weggefallen ist), LG Kblz WM **76**, 99, LG Mü WM **81**, 234, AG Essen ZMR **74**, 276, AG Miesbach WM **77**, 215.

Beim Zeitmietvertrag, § 564 c I BGB, ist der Vermieter für dessen Vorliegen und für sein berechtigtes Interesse an der Beendigung des Mietverhältnisses bewpfl. Beim Fortsetzungsstreit, § 564 c II BGB, ist der Vermieter für alle Voraussetzungen des S 1 bewpfl; der Mieter ist für seine Schuldlosigkeit im Sinn von S 2 bewpfl.

Der Vermieter ist dafür bewpfl, daß der Mieter Kenntnis im Sinne von § 539 BGB hatte, LG Bln WM **74**, 241.

Der Mieter ist dafür bewpfl, daß der Vermieter seinen Eigenbedarf vorgetäuscht hat, LG Aachen WM **76**, 201. Der Mieter muß beweisen, daß er ein Feuer in der Mietsache nicht zu verantworten hat, BGH NJW **76**, 1315 (zustm Haase JR **76**, 461) und VersR **78**, 724, Düss OLGZ **75**, 318; zum Problem auch Wichardt ZMR **79**, 197. Der Vermieter ist dafür bewpfl, daß der Mieter eine Verstopfung verschuldet hat, AG Bln-Schöneb MDR **77**, 54. Der Mieter muß beweisen, daß entgegen dem Wortlaut des Mietvertrags nicht eine Pauschale, sondern eine bloße Vorauszahlung vereinbart wurde, LG Mannh WM **77**, 8.

Bei § 2 MHG muß der Vermieter alle Voraussetzungen I – IV beweisen; der Mieter muß die Höherbelastung nach V beweisen.

Bei § 10 II MHG muß der Vermieter die Wirksamkeit der Vereinbarung der Staffelmiete beweisen.

Der Vermieter muß beweisen, daß er bei dem Versuch, eine rechtzeitige Räumung durch den Vormieter zu erreichen, die verkehrsübliche Sorgfalt aufgewendet hat, Köln WM **77**, 69. Der vorzeitig ausgezogene Mieter muß im Rahmen von § 552 S 3 BGB beweisen, daß der Vermieter die Wohnung selbst bezogen hat, Oldb OLGZ **81**, 202. Wegen einer Wertsicherungsklausel BGH LM § 139 BGB Nr 51. Bei Schlechterfüllung ist der Vermieter für den Schaden bewpfl, der Mieter für seine Schuldlosigkeit, BGH VersR **78**, 724. Bei § 557 BGB ist der Mieter für den Untergang der Mietsache bewpfl, der Vermieter dafür, daß daraus ein Schaden erwachsen ist, Schopp ZMR **77**, 354. Der Mieter ist dafür bewpfl, daß der Höchstsatz nach §§ 26, 28 der II. BV unangemessen ist, AG Wuppertal WM **78**, 113. Der Vermieter ist dafür bewpfl, daß die bei einer Mieterhöhung begehrte neue Miete das Ortsübliche nicht übersteigt, BVerfG **53**, 361.

Der Mieter muß beweisen, daß die Berufung des Vermieters auf ein vertragliches Verbot der Untervermietung oder auf das Fehlen ihrer vertaglichen Erlaubnis eine unzulässige Rechtsausübung ist, Hbg NJW **82**, 1158, aM LG Ffm WM **81**, 40. Der Mieter muß den Fortbestand eines an sich durch den Ablauf einer Optionszeit erloschenen Optionsrechts beweisen, BGH DB **82**, 2456.

Muster (Gebrauchs- und Geschmacks-): Der Gegner des Inhabers ist für den Mangel der Neuheit bewpfl, weil der Schutz sonst praktisch unerträglich erschwert würde; es besteht also eine tatsächliche Vermutung für den Schutz.

Nachgiebige Vorschriften: Wenn gesetzliche Vorschriften unstreitig vertraglich ausgeschaltet sind oder wenn streitig ist, ob sie ausgeschaltet sind, dann ist derjenige bewpfl, der eine günstigere Regelung als die gesetzliche für sich beansprucht. Wenn der Kläger behauptet, er habe dem Bekl 3 Monate Ziel bewilligt, der Bekl 6 Monate behauptet, dann muß der Bekl dies beweisen, weil er 3 Monate zugesteht und nur noch mehr will.

Patent: Vgl Scholl, Die Beweislast im Patenterteilungs-, Patentverletzungs- und Patentnichtigkeitsverfahren, Diss Heidelb 1963. Technische Erfahrungssätze können die Ausführbarkeit oder den technischen Fortschritt für die Erteilung ausreichend glaubhaft werden lassen, BGH **53**, 297.

Persönlichkeitsrecht: Es gelten die normalen Regeln. Einzelheiten Brandner JZ **83**, 295.

Pflichtteil: Die Entziehung richtet sich nach § 2336 III BGB. Jedoch bleiben die Beweislastregeln des Eheverfahrens unberührt, BGH **LM** § 2336 BGB Nr 1. S auch „Schenkung".

Preisbindung: Der Kläger hat gegenüber einem Außenseiter zu beweisen, daß er ein Preisbindungssystem lückenlos aufgerichtet hat und durch Verpflichtung der einzelnen Händler und ihre Überwachung auch kontrolliert, BGH **40**, 135, wozu er sich auch einer Reihe von Testkäufern bedienen kann, die dadurch allein ihre Glaubwürdigkeit nicht einzubüßen brauchen. Der Außenseiter kann den gegen ihn sprechenden AnschBew dadurch erschüttern, daß er nachweist, daß nicht gegen alle Verstöße vorgegangen wird, daß die Durchführung des Systems mangelhaft ist, Baur BB **64**, 612, daß das System in einem Ausmaß zusammengebrochen ist, das die weitere Vertragserfüllung für ihn unzumutbar macht, BGH BB **64**, 983.

Gegenüber einem vertraglich gebundenen Händler liegt die Beweislast für eine theoretische Lückenlosigkeit (krit zu deren Notwendigkeit Knöpfle NJW **72**, 1397) beim Preisbinder, Hbg NJW **72**, 1429, wohl auch BGH NJW **64**, 1955, aM Baumb-Hefermehl § 1 UWG Anm 556 mwN; der Händler ist bewpfl dafür, daß tatsächlich Lücken bestehen, BGH NJW **64**, 1955.

Produzent: Der Verbraucher ist dafür bewpfl, daß im Organisations- und Gefahrenbereich des Produzenten Fehler des Produkts entstanden sind und daß diese für seinen Schaden ursächlich wurden, zB BGH BB **81**, 1913, Bbg VersR **82**, 1147 mwN. Bei einem typischen Schaden kann ein Anscheinsbeweis für das Vorliegen eines Produktfehlers sprechen, Bbg VersR **82**, 1147. Der Produzent ist sodann für seine und seiner Leute Schuldlosigkeit bei der Produktion bewpfl, BGH **51**, 102 (krit Diederichsen NJW **69**, 269), BGH VersR **73**, 35, vgl BGH **LM** § 823 (Db) BGB Nr 16 und JZ **77**, 343 (krit Lieb, Rengier), LG Köln NJW **72**, 1581, s auch Nüßgens Festschrift „25 Jahre BGH" (1975) 95, Weitnauer Festschrift für Larenz (1973) 905.

Den verantwortlichen Produktionsleiter trifft dieselbe Beweislast wie den Produzenten, BGH **LM** § 823 (J) BGB Nr 26 mwN, zustm Schmidt-Salzer BB **75**, 1032, Graf v Westphalen BB **75**, 1039, krit Marschall v Bieberstein VersR **76**, 413, Musielak AcP **176**, 486, abl Lieb JZ **76**, 526. Produzent und Produktionsleiter sind also auch dafür bewpfl, daß keine individuelle Fehlleistung vorgekommen ist, ferner dafür, daß bei einer Automatisierung Störungen ausgeschlossen sind, BGH **LM** § 831 (Fb) BGB Nr 3 (Anm Graf v Westphalen BB **73**, 1374, vgl denselben BB **76**, 1098). Zum Problem Lorenz AcP **170**, 367 mwN. Üb bei Kullmann BB **76**, 1091. Zweigert Festschrift für Bötticher (1969) 446ff leitet aus der Sozialstaatsklausel des GG die Notwendigkeit einer Gefährdungshaftung des Produzenten ab. S auch Diederichsen NJW **78**, 1287 mwN.

Rechtsgeschäft: Vgl Funk, Die Beweislastverteilung beim Streit über das Zustandekommen, die Wirksamkeit und den Inhalt von Verträgen usw, Diss Gött 1974. Wer den Abschluß eines Rechtsgeschäfts behauptet, der behauptet auch die gewöhnliche Rechtsfolge. Den Abschluß muß der Kläger beweisen, etwaige Willensmängel muß der Bekl beweisen. Beim kaufmännischen Bestätigungsschreiben ist der Absender dafür bewpfl, daß und wann dieses zugegangen ist, BGH **70**, 233 (im Ergebnis zustm Baumgärtel JR **78**, 458). Der Absender muß ferner beweisen, daß vorher Verhandlungen stattfanden; er ist beweisberechtigt, daß zusätzliche Absprachen vorliegen, BGH **67**, 381.

Der Empfänger ist dafür bewpfl, warum das kaufmännische Bestätigungsschreiben nicht gilt, etwa wegen einer erheblichen Abweichung von den früheren Vereinbarungen oder wegen bewußter Unrichtigkeit, BGH **LM** § 346 (Ea) HGB Nr 17, oder wegen eines Widerspruchs, BGH MDR **62**, 126; insofern ist er jedoch nicht bewpfl, wenn er weder Kaufmann ist noch wie ein solcher aufgetreten ist, Hamm MDR **74**, 487. Die Rechtzeitigkeit der Annahme des Antrags muß der Kläger beweisen, ebenso die Wahrung der nötigen Form.

Der nach § 315 BGB zur Bestimmung Berechtigte ist dafür bewpfl, daß seine Bestimmung der Billigkeit entspricht, BGH **LM** § 315 BGB Nr 9. Wer sich auf das Fehlen der Einwilligung gemäß § 1365 I BGB beruft, ist bewpfl dafür, daß alle Vertragspartner wußten, daß der Gegenstand dem § 1365 BGB unterfiel, BGH FamRZ **72**, 446. Bei §§ 315, 316 BGB ist der Gläubiger für die Billigkeit bewpfl, BGH DB **75**, 250 mwN. Vgl auch Reinecke JZ **77**, 159 mwN.

Es gibt keinen AnschBew dafür, daß ein Mahn-Einschreibebrief nach § 39 VVG zugegangen ist, BGH **24**, 309 (zustm Bruns ZPR Rdz 168d, im Ergebnis zustm Walter ZZP **90**, 283). Dieser Gedanke läßt sich trotz der sehr geringen Verlustquote der Bundespost vorsichtig auch außerhalb von § 39 VVG anwenden, vgl Hamm VersR **76**, 723, AG Köln ZMR **77**, 278 (es gibt auch keinen AnschBew dafür, daß der Einschreibebrief einen bestimmten Inhalt hat); erst recht gibt es keinen AnschBew dafür, daß der Einschreibebrief innerhalb einer bestimmten Frist zuging, Hamm VersR **75**, 247; die Regeln zum Einschreibebrief gelten ebenso bei einem gewöhnlichen Brief, BGH VersR **78**, 671, erst recht bei einer bloßen Fotokopie, LG Ffm VersR **78**, 861. Es gibt auch keinen AnschBew dafür, daß eine Postsendung nach einem bestimmten Zeitablauf beim Empfänger ankommt, Hamm VersR **82**, 1045. Zu einer Willenserklärung gegenüber dem Versicherungsnehmer Voosen VersR **77**, 895.

Zur Beweislast für die Bösgläubigkeit einer Pfandkreditanstalt bei der Verpfändung von Teppichen BGH NJW **82**, 38 (zustm Damrau JR **82**, 149).

S auch ,,Bankrecht'', ,,Handelsbrauch''.

Rechtsschein: Wer sich auf ihn beruft, ist für ihn bewpfl, ferner auch dafür, daß der Rechtsschein für sein rechtsgeschäftliches Handeln ursächlich war. Letzteres ist allerdings meist nach der Erfahrung des täglichen Lebens zu bejahen, BGH **17**, 19. Wer Rechtsscheinsfolgen nicht gegen sich gelten lassen will, ist bewpfl zB dafür, daß sein Partner eine Haftungsbeschränkung trotz eines Verstoßes gegen § 4 II GmbHG kannte oder daß der Verstoß für den Schaden nicht ursächlich war, BGH BB **75**, 924. S auch ,,Stellvertretung''.

Schadensersatz: Vgl Baumgärtel/Wittmann, Zur Beweislastverteilung im Rahmen von § 823 Abs 1 BGB, Festschrift für Schäfer (1980) 13; Hainmüller, Der Anscheinsbeweis und die Fahrlässigkeit im heutigen deutschen Schadensersatzprozeß, 1966; Prölls, Beweiserleichterungen im Schadensersatzprozeß, 1966. Wegen Amtspflichtverletzung: Der Kläger ist für die Verletzung und ihre Ursächlichkeit bewpfl (Ausnahmen bestehen bei einer Beratungspflicht, s unten), BGH **LM** § 282 (BewL) Nr 27, Hamm VersR **80**, 683. S auch ,,Ursächlichkeit''.

Wegen Diebstahls: Es sind keine überspitzten Anforderungen an den Bestohlenen zu stellen, vgl Ffm VersR **83**, 383, Hamm VersR **80**, 1016 und VersR **81**, 923, besonders dann nicht, wenn der Dieb entkam, BGH VersR **78**, 733 (eine Meldung bei der Versicherung und der Polizei reiche nicht aus), Ffm VersR **78**, 459, vgl Kblz VersR **76**, 1173, Köln VersR **77**, 1023 (Kfz), LG Bln VersR **79**, 758, LG Kref VersR **76**, 1127, vgl Martin VersR **78**, 757 (Anm), strenger BGH VersR **77**, 368, Karls VersR **77**, 904, LG Darmst VersR **77**, 1149. Zum Einbruchschaden zB BGH VersR **83**, 674, Bre VersR **81**, 1169, Hamm VersR **80**, 1016, VersR **81**, 969 und **82**, 990, 995, Köln VersR **77**, 926. Die objektiven Umstände müssen aber auf einen Einbruch schließen lassen, damit man einen entsprechenden AnschBew annehmen kann, Ffm VersR **82**, 965. Zum AnschBew beim Kfz-Diebstahl im Ausland Stgt VersR **83**, 29. Es würde zu weit gehen, aus dem Fehlen vorher vorhandener Sachen stets auf einen Nachschlüsseldiebstahl zu schließen, Hamm VersR **80**, 738; auch bei ihm darf man die Anforderungen aber nicht überspannen, Düss VersR **82**, 765.

Steht fest, daß Hausrat aus einer Wohnung entwendet wurde, und liegt kein AnschBew für einen Einbruch oder ein Eindringen vor, dann kann der Versicherungsnehmer den erforderlichen Beweis dadurch erbringen, daß er alle nicht versicherten Regelungsmöglichkeiten ausschließt, Hamm VersR **81**, 945 und 946.

Die Beweislast für die Nichtursächlichkeit einer grob fahrlässigen Obliegenheitsverletzung für den Umfang der Leistungspflicht des Versicherers trifft den Versicherungsnehmer, AG Aachen VersR **81**, 1146, ebenso die Beweislast für das Fehlen von grober Fahrlässigkeit oder Vorsatz bei einer Verletzung der Auskunftsobliegenheit, BGH VersR **83**, 675.

Der Versicherer ist bewpfl für eine Täuschung durch den „Abgebrannten", Düss VersR **78**, 557, oder durch den „Verunglückten", BGH VersR **79**, 515 mwN (freilich ist ein AnschBew für einen „gestellten" Unfall möglich, BGH VersR **79**, 282, vgl auch Köln VersR **80**, 1051), LG Mü VersR **83**, 300), Ffm VersR **78**, 260 (betr einen Unfall in den Niederlanden vgl auch LG Köln VersR **78**, 957), oder durch den „Bestohlenen", Hbg VersR **74**, 464, Hamm VersR **81**, 923, vgl Bbg VersR **79**, 757, Düss VersR **77**, 908. Eine frühere Entwendung eines anderen Fahrzeugs des Bestohlenen spricht für sich nicht dafür, daß der neue Diebstahl vorgetäuscht worden ist, Hamm VersR **81**, 923. Eine Unstimmigkeit kann den AnschBew eines Diebstahls entkräften, Ffm VersR **77**, 1022 und **78**, 459, Karlsr VersR **82**, 541, Kblz VersR **80**, 1019, Köln VersR **77**, 1023, LG Bln VersR **81**, 1171, LG Duisb VersR **83**, 549, LG Gießen VersR **77**, 1118, LG Köln VersR **80**, 250, LG Mainz VersR **81**, 1147, LG Mü VersR **76**, 430 und VersR **81**, 546, oder den AnschBew eines Zusammenstoßes entkräften, Celle VersR **80**, 483; erst recht kann der AnschBew durch eine fingierte oder überhöhte Rechnung entkräftet werden, Düss NJW **78**, 830, Mü VersR **76**, 1127, vgl Nürnb VersR **78**, 614. Zum AnschBew beim „Rauchen im Bett" Düss VersR **83**, 626.

Wegen Arglist: Der Kläger ist bewpfl auch für die Ursächlichkeit der Täuschung für seinen Schaden, BGH **LM** § 123 BGB Nr 47. Wegen positiver Vertragsverletzung: Der Kläger ist für die Ursächlichkeit bewpfl, selbst bei einer Schädigung durch Unterlassen, für die ein AnschBew möglich ist, BGH **LM** § 86a HGB Nr 4 mwN; jedoch wird die Beweislast umgekehrt, wenn die Schadensursache im Gefahrenkreis des Schuldners liegt, Ffm MDR **77**, 928, Zweibr VersR **77**, 848, und wenn sie in der Regel der Sachkenntnis des Klägers entzogen ist, BGH VersR **78**, 87 mwN, krit Musielak AcP **176**, 486.

Wegen Tierhalterhaftung, dazu Honsell MDR **82**, 798 mwN: Es sind strenge Anforderungen an die Entlastungsmöglichkeit desjenigen zu stellen, dessen Bulle auf der BAB einen Unfall verursacht, Celle NJW **75**, 1891, vgl auch Hamm VersR **82**, 1009; strenge Anforderungen sind uU auch an den Entlastungsbeweis eines Reitlehrers zu stellen, Köln VersR **77**, 938. Der Tiermieter ist gegenüber dem Tierhalter dafür bewpfl, daß er selbst die erforderliche Sorgfalt beobachtete oder daß der Mangel an Sorgfalt für den Schaden nicht ursächlich war, Düss NJW **76**, 2137.

Wegen Verletzung der Verkehrssicherungspflicht: Der Geschädigte ist für sie bewpfl, Bre VersR **78**, 873, Hamm VersR **80**, 685; der Fußgänger ist bei einem Sturz auf einem erkennbar unebenen Bürgersteig bewpfl, Ffm VersR **79**, 58. Es spricht kein AnschBew zugunsten des bei Glatteis Gestürzten dafür, daß der Verantwortliche seine Streupflicht verletzt hat, LG Mannh VersR **80**, 1152; vgl auch LG Bln VersR **81**, 1138. Bei § 836 BGB liegt kein AnschBew vor, daß ein Rohrbruch seine Ursache in einer fehlerhaften Anlage oder Unterhaltung hatte, LG Heidelbg VersR **77**, 47. Bei § 844 II BGB ist der Geschädigte für die Leistungsfähigkeit des Getöteten bewpfl, die nach § 287 zu prüfen ist, BGH **LM** § 844 II BGB Nr 52.

Gegen einen Notar wegen der Verletzung einer Belehrungspflicht: Der Geschädigte ist grundsätzlich bewpfl, Hamm VersR **80**, 683.

Gegen einen Anwalt wegen verschuldeten Verlustes eines Rechtsstreites: Der Kläger hat nur die Tatsachen zu beweisen, die er in dem anderen Prozeß auch hätte beweisen müssen, nicht aber, daß seinem Anspruch keine Einwände entgegengestanden hätten; letzteres ist vielmehr Sache des Bekl, BGH **30**, 226, Baur Festschrift für Larenz (1973) 1074. Der Auftraggeber ist dafür bewpfl, daß der Anwalt den Vergleich ohne oder gegen seine Weisung abgeschlossen hat, KG MDR **73**, 233. Das Gericht kann auch diejenigen Beweismittel verwerten, die in dem durch ein Verschulden des Anwalts unterbliebenen Prozeß nicht hätten berücksichtigt werden dürfen, BGH **72**, 330 (krit Schrader MDR **79**, 372). Der Auftraggeber ist dafür bewpfl, daß der Fehler des RA für seinen Schaden ursächlich war, Karlsr VersR **78**, 852.

Beim Unfall: Der Kläger ist dafür bewpfl, daß zu den Folgen sein entgangener Gewinn zählt, BGH NJW **73**, 701. Bei § 827 II BGB ist der Minderjährige bewpfl, BGH VersR **77**, 431. Der Schädiger ist für eine Mitschuld, § 254 BGB, bewpfl, KG VersR **77**, 724, Köln

OLGZ **73**, 207, ebenso für die Verletzung einer Schadensminderungspflicht durch den Geschädigten, BGH **LM** § 254 (Dc) BGB Nr 22, vgl aber auch Köln VersR **78**, 552 (betr eine andere Erwerbsmöglichkeit). Zur Beweislast bei einer Gefahrerhöhung Honsell VersR **81**, 1094 mwN.

Wer eine Ursächlichkeit leugnet, weil der Schaden doch (in anderer Form) eingetreten wäre, ist für diesen Verlauf bewpfl, vgl BGH **LM** § 249 (Ba) BGB Nr 23, ferner Hamm MDR **70**, 761. Wer seine Aufklärungs- oder Beratungspflicht verletzt, ist dafür bewpfl, daß der Schaden auch bei einem eigenen korrekten Verhalten eingetreten wäre, BGH **61**, 123 (krit Hofmann NJW **74**, 1641), BGH **64**, 51 (zustm Schmidt-Salzer BB **75**, 808), BGH DB **77**, 1742, vgl auch BGH **LM** § 86a HGB Nr 4, **LM** § 282 (BewL) Nr 27, BGH MDR **77**, 735, Stgt DNotZ **77**, 48 (Notar), s auch Anm 3 B a, abw Stgt NJW **79**, 2413 (es genüge wahrscheinlich zu machen, wie sich der Geschädigte bei einer ordnungsgemäßen Aufklärung verhalten haben würde). Es besteht ein AnschBew dafür, daß ein Turmdrehkran fehlerhaft errichtet oder unterhalten wurde, Düss MDR **75**, 843. Bei einer möglichen Selbstverursachung besteht keine Vermutung gemäß § 830 I 2 BGB zugunsten des Geschädigten, wohl aber evtl ein AnschBew, Klinkhammer NJW **72**, 1919. Zu § 830 I 2 BGB im übrigen Celle VersR **77**, 1008, Heinze VersR **73**, 1082.

Ein außergerichtliches Anerkenntnis kann die Beweislast umkehren, BGH **66**, 255. Eine Zahlung ohne Anerkenntnis einer Rechtspflicht kehrt die Beweislast nicht um, Ffm VersR **74**, 553. Der Geschädigte ist dafür bewpfl, daß ihm kein Vorsteuerabzug möglich ist, KG VersR **75**, 451. Der Schädiger ist evtl für eine Verletzung der Schadensminderungspflicht bewpfl, BGH VersR **78**, 183. Wegen Urteilserschleichung: der Bekl ist dafür bewpfl, daß die von ihm im Vorprozeß vernichtete Urkunde einen anderen Inhalt als den vom jetzigen Kläger behaupteten hat, Mü NJW **76**, 2137. Wegen einer Schadensersatzpauschale s „Allgemeine Geschäftsbedingungen".

Der Versicherungsnehmer ist dafür bewpfl, daß er die Klagefrist des § 12 III VVG schuldlos versäumt hat, Schlesw VersR **82**, 358.

S auch „Kraftfahrzeug. Versicherungsfragen", „Verschulden".

Scheck: Wenn der Scheckeinreicher die Inkassobank auf einen Schadensersatz in Anspruch nimmt, weil sie den Scheck schuldhaft nicht der bezogenen Bank vorgelegt habe, dann muß er darlegen und beweisen, daß auf dem Konto des Scheckausstellers bei der bezogenen Bank bei einer ordnungsgemäßen Vorlage des Schecks eine Deckung vorhanden gewesen wäre, BGH NJW **81**, 1102.

S auch „Bankrecht", „Rechtsgeschäft".

Schenkung: Beim Widerruf wegen Undanks hat der Schenker nicht nur das verletzende Verhalten des Bekl zu beweisen, sondern auch dann, falls dieser eine Reizung durch den Schenker einwendet, ihr Nichtvorhandensein, BGH **LM** § 242 (Ca) BGB Nr 13. Der Pflichtteilsberechtigte trägt die Beweislast für die Werte von Leistung und Gegenleistung, wenn er in einem vom Erblasser mit einem Dritten abgeschlossenen Kaufvertag eine gemischte Schenkung sieht. Bei einem groben Mißverhältnis zwischen Leistung und Gegenleistung besteht eine Vermutung unentgeltlicher Zuwendung durch den Erblasser, BGH DNotZ **73**, 626 und FamRZ **81**, 766 mwN. Zu § 2287 BGB vgl BGH **LM** § 2287 BGB Nr 10. S auch „Darlehen".

Schiffsunfall: Vgl Lotter, Beweislast im Seefrachtrecht, Diss Hbg 1969; Wassermeyer VersR **74**, 1052. Eine Pflichtverletzung spricht dafür, daß sie für den Unfall ursächlich war, BGH **LM** RheinschiffPolVO Nr 63. Beim Zusammenstoß zwischen einem fahrenden und einem ordnungsgemäß liegenden Schiff spricht ein AnschBew für die Schuld des Führers des ersteren, KG VersR **76**, 463. Zur Problematik beim Anfahren gegen einen nicht ordnungsgemäß gesicherten Stillieger BGH VersR **82**, 491. Die Verletzung einer Unfallverhütungsvorschrift spricht dafür, daß sie ursächlich war. Zum AnschBew für eine Ursächlichkeit zwischen dem Anzünden einer Zigarre an Deck einer kurz zuvor betankten Motorjacht und einer sofort anschließenden Explosion unter Deck Köln VersR **83**, 44. Der Kläger muß beweisen, daß der Unfall durch ein Ereignis eingetreten ist, vor dem die Verhütungsvorschrift schützen sollte, BGH **LM** § 823 (Ef) BGB Nr 17 mwN und VersR **74**, 972. Ein AnschBew spricht dafür, daß der Auffahrer Schuld hat, Köln VersR **79**, 439.

Wenn ein Kahn aus dem Kurs läuft, spricht ein AnschBew für seine falsche Führung, BGH MDR **69**, 737 und **LM** § 249 BGB (J) Nr 8, es ist aber ein Gegenbeweis (zB: Ruderversagen, Zwang durch andere Schiffsführer) zulässig, Hbg MDR **73**, 1027 und VersR **78**, 959. Steht fest, daß ein Schiff beim Begegnen mit einem anderen eine Geschwindigkeit hatte, die zu einer Absenkung des Wasserspiegels und daher zu einer

Grundberührung des Entgegenkommers führen kann, so spricht ein Anscheinsbeweis dafür, daß das überhöhte Tempo die Grundberührung verursacht hat, BGH VersR **80**, 328.

Wenn ein Schiff durch das unsachgemäße Verhalten der Leute des Greiferbetriebs beim Beladen beschädigt wird, trägt der in Anspruch genommene Geschäftsherr die Beweislast dafür, daß der Schaden auch bei einer unsachgemäßen Beladung eingetreten wäre, BGH **LM** § 831 (E) BGB Nr 3.

Es gibt keinen AnschBew schon wegen eines fehlenden Ausgucks, Hbg MDR **74**, 674, aM Bre VersR **73**, 228. Es besteht kein AnschBew zugunsten des unerlaubten Ankerliegers, BGH MDR **74**, 675. Es gibt keinen AnschBew dafür, daß ein Ladungsschaden während der Seefahrt ohne weitere Störung nur auf einem Verschulden der Besatzung beruht, Hbg VersR **78**, 714. Wegen eines Schwellschadens Hbg MDR **74**, 50. Wegen eines Unfalls zwischen einem Schwimmkran und einer Containerbrücke Hbg VersR **76**, 752. Wegen der Beschädigung eines Dalbens BGH VersR **77**, 637. Wer ein Manöver durchführt, das den durchgehenden Verkehr behindern kann, ist für die Zulässigkeit des Manövers bewpfl, BGH **LM** RheinschiffPolVO Nr 70 mwN. Wegen Ankergeschirrs BGH **LM** § 286 (C) Nr 67.

Schuld: S ,,Verschulden".
Selbsttötung: Vgl BGH MDR **81**, 738.
Sequester: Der nach § 106 KO bestellte Sequester muß seine Verwaltungs- und Verfügungsbefugnis beweisen, Urban MDR **82**, 446.
Sortenschutz: Vgl Hesse GRUR **75**, 455 ausf.
Sportunfall: Der Geschädigte ist beim Gemeinschaftssport für einen Regelverstoß bewpfl, BGH **63**, 146 und VersR **75**, 156. Das gilt auch beim Handball, AG Bln-Charlottenb VersR **82**, 1086, aber nicht beim Schlittschuhlauf, BGH VersR **81**, 853 und NJW **82**, 2555. Beim Fußball besteht für einen Regelverstoß nicht schon deshalb ein AnschBew, weil eine erhebliche Verletzung eingetreten ist, ähnl BGH **LM** § 823 (Eh) BGB Nr 30. Der Geschädigte ist für die Schuld des Schädigers bewpfl, zB Bbg NJW **72**, 1820, AG Bln-Charlottenb VersR **82**, 1086, Deutsch VersR **74**, 1050 mwN, Grunsky JR **75**, 111, aM zB Mü NJW **70**, 2297, Heinze JR **75**, 288. Ist ein Badebecken 4 Stunden nach der Reinigung schon wieder gefährlich glitschig, besteht ein AnschBew dafür, daß die Reinigung ungenügend war, Mü VersR **75**, 478. Es besteht ein AnschBew dafür, daß eine tiefe Stelle in der Badeanstalt, an der ein Nichtschwimmer versank, für seinen Tod ursächlich war, BGH **LM** § 286 (C) Nr 17. Wegen mangelnder Beaufsichtigung eines Nichtschwimmers durch den Schwimmeister BGH NJW **62**, 959.
Staatshaftung: Zu den zahlreichen Problemen Baumgärtel VersR **82**, 514.
Stellvertretung: Der Kläger ist für die Vertretungsmacht des Abschließenden und dafür bewpfl, daß die Vollmacht nicht eingeschränkt war. Der Bekl muß das Erlöschen der Vollmacht beweisen. Behauptet der Bekl, in fremdem Namen gehandelt zu haben, ist der Bekl dafür bewpfl, daß dieses beim Vertragsabschluß erkennbar hervorgetreten war, BGH **LM** § 517 Nr 1 und § 164 BGB Nr 37, Stgt MDR **64**, 416, Reinecke JZ **77**, 164. Der Bote ist dafür bewpfl, daß er als solcher erkennbar war, Schlesw MDR **77**, 841.
Steuerberater: Er ist dafür bewpfl, daß er die zur Erledigung des Autrags benötigten Unterlagen angefordert, jedoch erst nach dem Erlaß des zugehörigen Bescheids des Finanzamts erhalten hat, BGH **84**, 251 und VersR **83**, 61. Der Steuerberater ist dafür bewpfl, daß trotz seines Fehlers dieselbe oder eine höhere Steuerschuld entstanden wäre, soweit im Besteuerungsverfahren das Finanzamt dieselbe sachlichrechtliche Beweislast hat, BGH VersR **83**, 177.
Streithilfe, Streitverkündigung: Vgl § 68 Anm 2.
Unterhalt: Der Unterhaltsberechtigte muß seine Bedürftigkeit beweisen, der Unterhaltsverpflichtete die etwaige Beschränkung seiner Leistungsfähigkeit, Düss FamRZ **81**, 481. Der Bekl muß das Vorhandensein anderer, näher Verpflichteter beweisen. Der Kläger ist dafür bewpfl, daß die an sich näher Verpflichteten ausscheiden. Eine Ehefrau, die bei ihrem Freund lebt, ist für ihre Bedürftigkeit bewpfl, Bre NJW **78**, 1331. Zur Beweislast für die Unterhaltsbedürftigkeit eines Geschiedenen, der einen anderen in seine Wohnung aufnimmt, BGH NJW **83**, 683. Der Unterhaltspflichtige muß die tatsächlichen Voraussetzungen des § 1579 I Z 4 BGB beweisen, BGH FamRZ **82**, 464. Den Umstand, daß sich die Einkommensverhältnisse der Eheleute seit der Trennung unerwartet und erheblich geändert haben, muß derjenige Ehegatte beweisen, der daraus ein Recht herleitet, BGH FamRZ **83**, 353. Vgl Brühl-Göppinger-Mutschler, Unterhaltsrecht, 3. Aufl, 2. Teil, 1976; Köhler, Handbuch des Unterhaltsrechts, 2. Aufl 1972, Klauser MDR **82**, 529 (ausf).

Unzurechnungsfähigkeit: S ,,Verschulden".
Urheberrecht: Im Verletzungsprozeß muß der Urheber die Schutzfähigkeit und evtl den Schutzumfang des Werks beweisen. Der Verletzer muß beweisen, daß der Urheber auf vorbekanntes Formengut zurückgegriffen hatte, BGH NJW **82**, 108.
Ursächlichkeit: Vgl Hofmann, Die Umkehrung der Beweislast in der Kausalfrage, 1972. Für den Beweis der haftungsbegründenden Ursächlichkeit gibt es keine allgemeinen Beweiserleichterungen, BGH NJW **82**, 2448. Wenn der Schuldner durch ein objektiv pflichtwidriges Verhalten eine positive Vertragsverletzung begangen hat, wird er von seiner Haftung für den dadurch entstandenen Schaden nicht schon durch den Nachweis frei, daß ihn hinsichtlich einer von zwei als Schadensursache in Frage kommenden Handlungen kein Verschulden trifft, BGH MDR **81**, 39. Auch bei einem Verstoß gegen ein Schutzgesetz ist grundsätzlich der Verletzte bewpfl. Es besteht jedoch ein AnschBew, wenn das Schutzgesetz einer typischen Gefährdungsmöglichkeit entgegenwirken will, BGH VersR **75**, 1008 mwN (Straßenbahnunfall), BayObLG **75**, 279, Ffm VersR **80**, 51 (Streupflicht) je mwN, vgl aber auch Zweibr VersR **77**, 849 (Brand).

Fließt aus einer Wasserleitung ,,dicke braune Brühe", so muß das Wasserwerk beweisen, daß dieser Umstand weder auf typischen Betriebsrisiken noch auf einem groben Überwachungsverschulden beruht, LG Duisb MDR **82**, 53.

Auch bei § 7 StVG ist der Kläger bewpfl, BGH **LM** § 7 StVG Nr 46. Trotz abgefahrener Reifen kann deren Ursächlichkeit für Unfallfolgen fehlen, BGH NJW **78**, 1919. Der Versicherer ist auch dann bewpfl, wenn der Versicherungsnehmer eine Straftat beging, deren Beendigungszeitpunkt unklar ist, Hamm VersR **78**, 1137. Es besteht ein AnschBew dafür, daß täuschende Angaben des Versicherungsnehmers im Versicherungsantrag für den Vertragsabschluß ursächlich waren, LG Dortm VersR **80**, 963.

Vgl auch ,,Kraftfahrzeug", ,,Schadensersatz", ,,Schiffsunfall", ,,Steuerberater" usw.
Vaterschaft: Vgl §§ 1591, 1600o BGB. Trotz einer Vaterschaftsvermutung erfolgt die Ermittlung vAw, selbst wenn die Vaterschaft nicht bestritten wird; weder Kosten noch eine Verzögerung sind maßgeblich, da es darum geht, die biologische Abstammung zu klären. Daher ist eine Berufung des Mannes auf ein erbbiologisches Gutachten kein unzulässiger Ausforschungsantrag. Eine Vaterschaftsvermutung wird erst nach der Beweisaufnahme bedeutsam; ,,schwerwiegende Zweifel" bestehen, wenn die Vaterschaft nicht ,,sehr wahrscheinlich" ist, ferner wenn die Erzeugung durch den angeblichen Vater nicht wahrscheinlicher ist als diejenige durch einen (erwiesenen) Mehrverkehr. Zu alledem zB Ankermann NJW **74**, 586, Büdenbender FamRZ **74**, 289, Leipold FamRZ **73**, 65 je mwN, vgl auch §§ 286 Anm 3 A, 372a Anm 3 A. Im Anfechtungsprozeß ist grundsätzlich der Bekl dafür bewpfl, daß die Frist abgelaufen ist, BGH NJW **78**, 1630 (Klage des Mannes), KG FamRZ **74**, 380 (Klage des Kindes).
Vereinsbeschluß: Wird behauptet, daß unberechtigte Dritte bei der Abstimmung mitgewirkt hätten, so muß grundsätzlich der Verein das Gegenteil beweisen. Ist der Mitgliederversammlung satzungsgemäß das Protokoll der vorangegangenen Versammlung zur Genehmigung vorgelegt worden und hat das Mitglied damals nicht widersprochen, sondern erst nachträglich die Nichtigkeit behauptet, weil durch nichtberechtigte Dritte die Mehrheit erzielt worden sei, so ist das Mitglied dafür bewpfl, BGH **49**, 209.
Verkehrsunfall: s ,,Kraftfahrzeug".
Verschulden: Vgl Güldner, Die Beweislast für Verschulden bei der Haftung für positive Vertragsverletzung, Verschulden beim Vertragsschluß und nachvertragliches Verschulden, Diss Bonn 1965. Bei einem vertraglichen Schuldverhältnis ist der Bekl für seine Schuldlosigkeit bewpfl, BGH NJW **78**, 2243, zB für den Wegfall des Schuldnerverzugs, für eine unvertretbare Unmöglichkeit, Düss MDR **74**, 1017, für eine Schuldlosigkeit bei positiver Vertragsverletzung, vgl BGH NJW **57**, 746 und VersR **78**, 724, Düss OLGZ **75**, 318, s aber auch ,,Ärztliche Behandlung".

Anders liegt es bei gefahrengeneigter Arbeit, vgl ,,Arbeitnehmer". Die positive Vertragsverletzung selbst muß der Gläub beweisen, wenn die Schadensursache nicht nachweislich im Gefahrenkreis des Schuldners liegt, BGH **48**, 312, VersR **70**, 179, LG Mönchengl NJW **73**, 192 (krit zB Donau NJW **73**, 1502), s auch ,,Schadensersatz". Wegen der Verletzung eines Schutzgesetzes BGH **LM** § 823 (B) BGB Nr 8 (zustm Baumgärtel/Wittmann JR **77**, 244).

Ein Beamter, in dessen amtliche Obhut die Sache gelangt ist, muß den Verlust aufklären. Dazu genügt der Nachweis, daß die Sache ohne sein Verschulden verloren worden sein kann. Bei einem Schaden aus fehlerhafter Vertragserfüllung ist der Schuldner bewpfl, wenn der den Schaden verursachende Mangel zunächst gegen seine Sorgfalt spricht; der

Schädiger, auch ein minderjähriger, BGH NJW **73**, 1792, ist für ein Mitverschulden des Geschädigten bewpfl, BGH **46**, 268 und NJW **79**, 2142 (der Geschädigte ist aber darlegungspflichtig, daß und wie er den Schaden mindern helfen kann), KG VersR **77**, 724, Mü NJW **70**, 2297; zum Problem Köhnken VersR **79** 791. Auch bei einem Minderjährigen ist ein AnschBew möglich, BGH **LM** § 828 BGB Nr 4.

Der Versicherer, vgl Hauke, Der prima-facie-Beweis unter besonderer Berücksichtigung des Privatversicherungsrechts, Diss Hbg 1957, ist für Arglist beim Vertragsschluß bewpfl, BGH NJW **57**, 988, offen zB Köln VersR **73**, 1017. Es sind jedoch keine überspannten Anforderungen zu stellen, Köln VersR **73**, 1161, vgl AG Altötting VersR **79**, 1024. Bei § 61 VVG ist der Versicherer für grobe Fahrlässigkeit bewpfl, Karlsr VersR **76**, 454, LG Landau VersR **76**, 455, und für Schadensursächlichkeit, LG Mü VersR **77**, 858. Auch hier ist ein AnschBew zulässig, Ffm VersR **77**, 927. Wegen des AnschBew beim Brand infolge Asche im Plastikeimer Celle VersR **78**, 1033, oder infolge von Schweißarbeiten nahe von brennbarem Material, BGH VersR **80**, 532. Der Beweis der Selbstverstümmelung ist bereits dann erbracht, wenn die Schilderung des Unfallversicherten erwiesen falsch ist, LG Mü VersR **82**, 466.

Bei einer Verletzung einer Obliegenheit des Versicherungsnehmers ist der Versicherer für deren objektives Vorliegen bewpfl, BGH NJW **72**, 1809 (§ 7 V AKB), Hbg VersR **74**, 26 (§ 2 Nr 2c AKB), Hamm VersR **78**, 815 (§ 8 AVB); der Versicherungsnehmer muß beweisen, daß die Verletzung der Obliegenheit für den Schaden nicht ursächlich war, Karlsr VersR **77**, 245, oder daß er keine Schuld hatte, Hamm VersR **78**, 816, zB nicht grob fahrlässig handelte, BGH NJW **72**, 1809 und MDR **69**, 742, LG Wiesb VersR **77**, 1148, aM LG Köln VersR **76**, 748, LG Mü VersR **76**, 430.

Der Versicherer muß beweisen, daß der Versicherungsnehmer vorsätzlich handelte, BGH zuletzt VersR **77**, 734, Zweibr VersR **77**, 807, aM BGH NJW **72**, 1809, Stgt VersR **73**, 834. Der Versicherer muß die Zurechnungsfähigkeit des Versicherungsnehmers beweisen, Hamm MDR **71**, 308, aM BGH VersR **65**, 665, Hamm MDR **70**, 851 und VersR **82**, 995, insofern auch LG Wiesb VersR **77**, 1148. Der Versicherer muß beweisen, daß der Versicherungsnehmer von den Umständen Kenntnis hatte, die eine Gefahrerhöhung auslösten, LG Karlsr VersR **81**, 1169. Der Versicherungsnehmer muß beweisen, daß eine Gefahrerhöhung den Schaden nicht verursachte, Hamm VersR **78**, 284, oder nicht von ihm verschuldet war, Nürnb VersR **72**, 925. Der Versicherer ist dafür bewpfl, daß nur eine Sucht die Ursache der Krankheit war, Hamm VersR **73**, 123.

Ein objektiv schwerer Verstoß liefert keinen AnschBew für grobe Fahrlässigkeit, BGH **LM** § 640 RVO Nr 12, Röhl JZ **74**, 527, vgl freilich grundsätzlich Anm 3 B a. Der Versicherungsnehmer muß beweisen, daß er schuldlos annehmen durfte, sein ausländischer Führerschein sei (noch) im Inland gültig, Karlsr VersR **76**, 181, oder sein Fahrer besitze einen Führerschein, LG Regensb VersR **75**, 850.

Bei einer unerlaubten Handlung ist der Geschädigte für das Verschulden des Schädigers grundsätzlich bewpfl, BGH NJW **78**, 2242. Bei § 486 IV 2 HGB ist der Geschädigte für das Eigenverschulden des Reeders bewpfl, Helm VersR **74**, 713 mwN, aM Freise zB VersR **72**, 123. Eine Vertragsklausel, daß der Kraftfahrzeugmieter trotz einer entgeltlichen Haftungsfreistellung die Beweislast dafür trage, daß er weder vorsätzlich noch grob fahrlässig handelte, kann gegen Treu und Glauben verstoßen, so (schon zum alten Recht) BGH **65**, 121 und VersR **76**, 689, LG Ffm VersR **76**, 841; vgl § 11 Z 15a AGBG. Bei § 847 BGB ist der Geschädigte bewpfl, auch nach einem Verkehrsunfall, LG Hbg VersR **77**, 582. Wegen des Entlastungsbeweises eines Brotherstellers AG Ffm VersR **77**, 1137. Es findet grundsätzlich keine Beweislastumkehr betr Verschulden statt, LG Mainz VersR **77**, 941. Bei § 827 BGB ist aber der Schädiger für die Unzurechnungsfähigkeit bewpfl, BGH VersR **82**, 849, PalTh 3.

Versicherung: S „Schadensersatz".

Vertrag: S „Rechtsgeschäft".

Vertrag zugunsten Dritter: Der Dritte ist bei § 331 BGB für einen entsprechenden Abschluß bewpfl, BGH **46**, 204 und **LM** § 328 BGB Nr 42.

Vertragsstrafe: Unterwirft sich der Schuldner ihr „für jeden Fall einer schuldhaften Zuwiderhandlung", so ergibt sich zB nach dem Hamburger Brauch aus dem Wort „schuldhaft" nicht, daß damit eine Beweislastabrede dahingehend getroffen worden sein soll, der Gläubiger müsse dem Schuldner entgegen § 282 BGB ein Verschulden nachweisen, Hbg GRUR **80**, 874.

Vertragsurkunde: Die Partei, die sich für einen bestimmten Vertragsinhalt auf Tatsachen außerhalb der Urkunde beruft, hat diese zu beweisen. Eine Ermittlungspflicht für derartige Umstände besteht für das Gericht nicht, BGH **20**, 109. Ist der Vertragsinhalt völlig widerspruchsvoll, verbinden die Parteien aber einen bestimmten Sinn damit, so ist von diesem auszugehen. Nur im äußersten Falle kann der Vertrag als nicht auslegungsfähig angesehen werden, nämlich wenn die bewpfl Partei wegen einer Uneinigkeit über die Auslegung keine klärenden Tatsachen beweisen kann, BGH **20**, 109. Ist dagegen die Urkunde aus sich heraus verständlich, so muß derjenige, der eine abweichende Vereinbarung behauptet, dies beweisen. Die Auslegung selbst ist Sache des Gerichts und hat mit der Beweislast nichts zu tun, Pohle MDR **51**, 91. S auch ,,Rechtsgeschäft''.

Vertreter: s ,,Stellvertretung''.

Verwirkung: Der Schuldner muß beweisen, daß der Gläub seine Forderung lange Zeit hindurch nicht geltend gemacht hat. Der Gläub braucht nur substantiiert zu bestreiten und darzulegen, wann und unter welchen Umständen er das getan hat, so daß Unklarheiten, auch nach einer Parteivernehmung des Gläub, zu Lasten des Schuldners gehen, BGH **LM** Nr 5.

Vollmacht: Bei der Klage gegen den Vollmachtgeber ist der Kläger für das Entstehen der Vollmacht bewpfl, der Bekl für deren Untergang, BGH **LM** § 282 (BewL) Nr 26. Etwas anderes gilt, wenn der Untergang der Vollmacht unstreitig ist. Bei einem Wechsel ist der Kläger dafür bewpfl, daß die Vollmacht zZt der Annahme (noch) bestand, BGH **LM** § 282 (BewL) Nr 26. Ist ein Generalbevollmächtigter eine Wechselschuld für eigene Verbindlichkeit eingegangen, so muß der Vertretene einen Mißbrauch der Vollmacht beweisen, insbesondere wenn sein Einverständnis behauptet wird, BGH **LM** § 282 Nr 13, vgl KG MDR **73**, 233 betr einen Anwalt.

Warenhaus: Bei einem Unfall des Kunden, der über Obstreste ausglitt, muß der Inhaber beweisen, daß er zur Erfüllung seiner Verkehrssicherungspflicht genügend getan hat, insbesondere dafür sorgen ließ, daß der Boden ständig beobachtet und geräumt wurde, BGH NJW **62**, 31, besonders bei einem Selbstbedienungsgeschäft, Köln NJW **72**, 1950, Mü VersR **74**, 269.

Warenzeichen: Der Anmelder ist nicht für die Absicht bewpfl, eine entsprechende Ware ins Sortiment aufzunehmen, BGH MDR **75**, 643.

Wechsel: Der Schuldner muß die fehlende sachliche Berechtigung beweisen, Bulla DB **75**, 193, und zwar auch dann, wenn die Wechselrechte beim Besitzerwerb nicht auf den Gläub übergegangen sind, dieser aber behauptet, die Rechtsübertragung habe nachträglich stattgefunden, BGH **LM** Art 16 WG Nr 2, oder behauptet, der Gläub habe sich mit dem Schuldner nachträglich über ein Grundgeschäft geeinigt, BGH NJW **75**, 214. Der Gläub ist dafür bewpfl, daß der Schuldner auf eine Einrede verzichtet hat, Bulla DB **75**, 193 mwN.

Werbebehauptung: Der Richter wird eine Irreführung oft auf Grund eigener Sachkunde bestätigen können, aber kaum ohne weiteres das Gegenteil, BGH BB **62**, 1175. Der Kläger muß alle Umstände beweisen, die eine vergleichende Werbung als sittenwidrig erscheinen lassen, Feldmann BB **63**, 674, anders die hM; aber eine vergleichende Werbung ist grundsätzlich zulässig, Hartmann NJW **63**, 517. Bei einer Gegenüberstellung eigener Preise ist der Werbende für deren Richtigkeit bewpfl, BGH **LM** § 3 UWG Nr 131; krit Fritze GRUR **75**, 61. Wenn der Kläger den Wettbewerbsverstoß nicht zumutbar darlegen kann, ist der Bekl dafür bewpfl, daß kein Verstoß vorliegt, Schmeding BB **78**, 741 mwN.

Werkvertrag: Die Beweislast für die Vergütung ist wie beim Kauf zu beurteilen. Der Unternehmer muß beweisen, daß die Parteien statt des vom Besteller eingeräumten niedrigen Festpreises oder Pauschalpreises entweder einen höheren bestimmten Preis, zB den Einheitspreis nach VOB, oder keinen bestimmten Preis mit der Folge, daß ein höherer Preis als üblicher Werklohn anzusehen ist, vereinbart haben, BGH NJW **83**, 1782 mwN, Saarbr OLGZ **66**, 14. Dazu krit Honig BB **75**, 447, von Mettenheim NJW **71**, 20 (gegen ihn Schumann NJW **71**, 495); aber der angebliche Festpreis ist gegenüber der Forderung des höheren Bestimmten oder des höheren Angemessenen ein substantiiertes Bestreiten. Ffm MDR **79**, 756 fordert vom Besteller die präzise Darstellung der Vereinbarung. Karlsr MDR **79**, 756 fordert den Beweis von demjenigen, der sich auf eine Vereinbarung beruft, die nicht einmal halbwegs kostendeckend ist. Bis zur Abnahme muß die der Unternehmer die Mangelfreiheit des Werks beweisen, § 13 Z 1 VOB/B. Nach der Abnahme muß der Besteller beweisen, daß das Werk mangelhaft ist bzw daß der Unternehmer pflichtwidrig handelte, Heiermann BB **74**, 959. Der Steuerberater muß beweisen, daß er einen notwendigen Hinweis oder Rat auch gegeben hat, BGH NJW **82**, 1517.

Hat der Besteller nachgewiesen, daß objektiv eine Pflichtverletzung vorliegt, so ist es

Sache des Unternehmers nachzuweisen, daß er den Schaden nicht zu vertreten hat, § 635 BGB, BGH **48**, 312, unabhängig davon, ob es sich um einen Mangel- oder Folgeschaden handelt, LG Aschaffenbg VersR **74**, 1134, Baumgärtel Festschrift für Baur (1981) 225 (auch zu weiteren Einzelfragen), Laufs-Schwenger NJW **70**, 1822. Jedoch ist der Besteller dafür bewpfl, daß der Unternehmer iSv § 638 BGB arglistig handelte, BGH DB **75**, 1166 mwN. Der Unternehmer muß beweisen, daß er bei der Annahme einer Schlußzahlung gemäß § 16 VOB/B einen Vorbehalt gemacht hatte, BGH MDR **73**, 130. Hat der Unternehmer die Einsparung von Energie zugesichert und dem Besteller ein Rücktrittsrecht für den Fall eingeräumt, daß die Einsparung nicht erreicht wird, dann muß der Unternehmer die Einhaltung der Zusicherung beweisen, BGH BB **81**, 1732.

Der Absender ist dafür bewpfl, daß Tiefkühlgut bei der Beendigung seiner Verladung noch die für die Beförderung zugesagte Temperatur hatte, Celle NJW **74**, 1096. Der Absender muß beweisen, daß das beförderte Gut erst auf dem Transport beschädigt wurde, Karlsr VersR **75**, 669. Bei einer Beförderung gemäß CMR ist der Auftraggeber dafür bewpfl, daß die Verladung einwandfrei war oder daß deren Mangel für den Schaden nicht ursächlich war, Köln BB **75**, 719. Der Verfrachter ist dafür bewpfl, daß eine IoC-Klausel vereinbart worden ist, LG Hbg VersR **75**, 734. Bei einem normalen Fahrtverlauf spricht der AnschBew dafür, daß der Absender ungenügend verladen hatte, Köln VersR **77**, 860. Der Verfrachter muß beweisen, daß das Schiff anfänglich tauglich war, BGH MDR **78**, 735. Zu Sachrißschäden BGH MDR **78**, 819. Ein AnschBew dafür, daß ein Handwerker einen bestimmten Fehler machte, liegt nur bei einem solchen Fehler vor, der sich oft einschleicht, BGH VersR **79** 823.

Wettbewerb: Vgl Kur, Beweislast und Beweisführung im Wettbewerbsprozeß, 1981. Der Kläger muß beweisen, daß ein Angestellter oder Beauftragter die Handlung im Geschäftsbetrieb des beklagten Inhabers vorgenommen hat. Es gibt keinen AnschBew dafür, daß der für ein Unternehmen Reisende eine Ware, die nicht im Unternehmen selbst geführt wird und die sich der Reisende selbst beschafft hat, zugunsten des Geschäftsherrn verkauft, sich also mit der Provision bescheidet, auch wenn es sich um Ware aus dem Geschäftszweig handelt, BGH MDR **78**, 735. Zur Umkehr der Beweislast bei irreführender Werbung auch Borck GRUR **82**, 657, Kur GRUR **82**, 663. Zu Beweiserleichterungen allgemein BGH NJW **83**, 171.

Widerruf einer ehrenkränkenden Behauptung: Es ist ein AnschBew für deren Fortwirkung möglich, vgl Karlsr MDR **73**, 672. Der Bekl ist für die Wahrheit der behaupteten Tatsache erweitert darlegungspflichtig, vgl BGH **LM** § 138 Nr 14. Der Kläger muß aber sodann die Unwahrheit beweisen, BGH DB **76**, 1100 mwN, ähnlich Schnur GRUR **79**, 142 (er unterscheidet zwischen einem eingeschränkten und einem uneingeschränkten Widerruf), abw Rötelmann NJW **71**, 1637; vgl freilich auch § 186 StGB.

Willenserklärung: S „Rechtsgeschäft".

Zinsen: Der Gläub muß beweisen, daß er höhere als die gesetzlichen fordern kann; es gibt dafür keinen AnschBew, Köln NJW **61**, 30, Pal-Heinr § 288 BGB Anm 2, Roll DRiZ **73**, 343, aM zB Schlesw NJW **55**, 425, Lg Bielef NJW **72**, 1995, Belke JZ **69**, 586; entgegen Gelhaar NJW **80**, 1373 ist keineswegs eine „Rechtsfortbildung" zulässig, soweit der Wille des Gesetzes eindeutig feststeht, zumal die Zinssätze der Wirtschaft rasch schwanken. Freilich braucht ein Kaufmann nicht zu beweisen, daß er wegen seiner Klagforderung Kredit aufnehmen mußte, BGH BB **65**, 305. Auch kann bei einem hohen Schaden eine großzügigere Beurteilung zulässig sein, BGH VersR **80**, 195.

Zuführungen: Bei § 906 BGB ist der Kläger für sein Eigentum und dessen Störung bewpfl, der Bekl für die Unwesentlichkeit oder Üblichkeit bzw Unvermeidbarkeit. Bei § 906 II 2 BGB muß der Kläger die Unzumutbarkeit beweisen. Dabei sind die Richtwerte des BImSchG für einen AnschBew erheblich, Baur JZ **74**, 661.

Zusage persönlicher Vorteile an den Vertreter der Gegenpartei: Da damit im allgemeinen eine Vernachlässigung des Interesses verbunden ist, hat nicht der Vertretene, der sich darauf beruft, sondern sein Vertragsgegner zu beweisen, daß keine nachteiligen Wirkungen eingetreten sind.

5) VwGO: *Der VerwProzeß kennt keine formelle Beweislast, Einf 9 § 284, wohl aber eine materielle Beweislast (Feststellungslast) in dem Sinne, daß die Folgen der Beweislosigkeit einen Beteiligten treffen, BVerwG **18**, 171, **44**, 265, **47**, 339; näheres vgl Nierhaus BayVBl **78**, 745, EF § 86 Rdz 5–10, RedOe § 108 Anm 11–15, Ule VPrR § 50, Grunsky § 41 III 2.*

287 *Schadensermittlung und dergleichen.* ¹ Ist unter den Parteien streitig, ob ein Schaden entstanden sei und wie hoch sich der Schaden oder ein zu ersetzendes Interesse belaufe, so entscheidet hierüber das Gericht unter Würdigung aller Umstände nach freier Überzeugung. Ob und inwieweit eine beantragte Beweisaufnahme oder von Amts wegen die Begutachtung durch Sachverständige anzuordnen sei, bleibt dem Ermessen des Gerichts überlassen. Das Gericht kann den Beweisführer über den Schaden oder das Interesse vernehmen; die Vorschriften des § 452 Abs. 1 Satz 1, Abs. 2 bis 4 gelten entsprechend.

II Die Vorschriften des Absatzes 1 Satz 1, 2 sind bei vermögensrechtlichen Streitigkeiten auch in anderen Fällen entsprechend anzuwenden, soweit unter den Parteien die Höhe einer Forderung streitig ist und die vollständige Aufklärung aller hierfür maßgebenden Umstände mit Schwierigkeiten verbunden ist, die zu der Bedeutung des streitigen Teiles der Forderung in keinem Verhältnis stehen.

Schrifttum: Gottwald, Schadenszurechnung und Schadensschätzung, 1979 (Bespr Kollhosser ZZP **96**, 271, Koziol AcP **180**, 415); Greger, Beweis und Wahrscheinlichkeit, 1978; Heller, Die gerichtliche Schadensermittlung nach § 287 ZPO, Diss Erl/Nürnb 1977; Prölls, Beweiserleichterungen im Schadensersatzprozeß, 1966; Walter, Freie Beweiswürdigung, 1979.

1) Allgemeines. A. Sinn der Regelung. § 287 erweitert bei Ersatzprozessen den Umfang der richterlichen Würdigung über die Grenzen des § 286 hinaus, weil ein strenger Beweis dann oft kaum zu führen ist, vgl BGH **74**, 226, und der Schuldner der Verursacher der Beweisnotlage ist. Ähnlich ist der Sinn des § 252 S 2 BGB, BGH NJW **82**, 583. § 287 bringt zur Vereinfachung und Beschleunigung des Verfahrens eine Beweiserleichterung, BGH VersR **76**, 390 und DB **81**, 2170, so daß der Kläger dann nicht den strengen Beweis erbringen muß. Die Beweislast entfällt aber nicht schlechthin, BGH **LM** Nr 44. Sie bleibt zB bestehen, wenn „alles offen" ist. Im übrigen ist der Umfang der Beweiserleichterung eine Tatfrage, BGH **LM** Nr 39, also zB bei § 844 II BGB, BGH **LM** Nr 45. Der Richter ist in der Auswahl der Beweise und ihrer Würdigung freier gestellt, BGH **56**, 214 und NJW **75**, 2143. II erstreckt die Erweiterung auf ähnliche Fälle. § 287 betrifft aber nur die Entstehung und Höhe des Schadens, grundsätzlich richtig Schlesw SchlHA **80**, 213, nicht das schädigende Ereignis, den Haftungsgrund, Anm 2 A a, BVerfG **50**, 36 mwN.

Obwohl die Verursachung an sich zum schädigenden Ereignis gehört, unterwerfen Rechtsprechung und Lehre sie ziemlich einmütig aus praktischen Gründen dem § 287, BGH **LM** Nr 39. Daher kann ein ursächlicher Zusammenhang bejaht werden, wenn eine erhebliche Wahrscheinlichkeit bejaht werden darf, die dem Richter hier anders als bei § 286, dort Anm 2 C, zur freien Überzeugungsbildung ausreicht, BGH MDR **63**, 122, Bbg VersR **76**, 998 mwN. Sehr häufig folgt ein ausreichender Beweis aus Erfahrungssätzen bzw wird durch einen Anscheinsbeweis erleichtert, Anh § 286 Anm 3 B. Wenn aber ein Ereignis durch zwei verschiedene typische Geschehensabläufe erklärt werden kann, so ist weder ein Anscheinsbeweis annehmbar noch § 287 anwendbar, BGH **LM** Nr 11, vgl Bbg VersR **76**, 998 mwN. Wegen der Nachprüfung durch das Revisionsgericht Anm 3 A. Im Versäumnisverfahren ist § 287 unanwendbar; dort ist über die Höhe nach § 331 zu befinden.

B. Ursächlichkeit

Schrifttum: Kahrs, Kausalität und überholende Kausalität im Zivilrecht, 1969 (Bespr Bernert AcP **173**, 460); Hanau, Die Kausalität der Pflichtwidrigkeit, 1971.

Fehlt die Ursächlichkeit naturwissenschaftlich, so fehlt sie auch rechtlich. Ist die Ursächlichkeit naturwissenschaftlich vorhanden, kann sie rechtlich fehlen, BGH **LM** Nr 39 und NJW **83**, 232. Erforderlich ist, vgl Pal-Heinr Vorb 5 vor § 249 BGB: ein Zusammenhang zwischen dem Verhalten des Verletzers und dem ersten Erfolg (haftungsbegründende Ursächlichkeit, zB zwischen Schuß und Wunde) wie weiteren Erfolgen (haftungsausfüllende Ursächlichkeit, zB zwischen Wunde und Verdienstausfall; BGH VersR **75**, 541 läßt die Abgrenzung beider Merkmale bei Vertragsverletzungen offen). Das Verhalten des Verletzers muß bei einer objektiv nachträglichen Vorhersage im allgemeinen und nicht nur unter besonderen, unwahrscheinlichen Umständen geeignet gewesen sein, den Erfolg herbeizuführen (Adäquanzlehre), BGH **7**, 204, **85**, 112, **LM** § 281 Nr 1, § 249 (b) BGB Nr 17 und § 823 (C) BGB Nr 39, Düss VersR **82**, 1201, Hbg VersR **81**, 787 (wegen einer „Begehrensneurose"), aM Bernert AcP **169**, 442. Von einer besonderen „Sozialadäquanz" sollte man aber nicht sprechen, BGH **85**, 112.

Zusätzlich wird ein Rechtswidrigkeitszusammenhang gefordert (Schutzzwecklehre); der Schaden muß innerhalb der verletzten Norm liegen, BGH MDR **74**, 745, **85**, 112 und Lange

JZ **76**, 198 mwN. Dieser Zusammenhang wird zB für die Haftung des betrügerischen Autoverkäufers bejaht, wenn der Wagen durch einen vom Käufer unverschuldeten Unfall beschädigt wurde, BGH **57**, 137 (bei einer Unfallschuld des Käufers sei § 254 BGB auch hier anwendbar); bei der Bezifferung des als Vermögensschaden oder als Schmerzensgeld verlangten Ersatzes wegen Urlaubsärgers, KG OLGZ **69**, 17; bei einer weiteren Verletzung des Opfers des (ersten) Unfalls dadurch, daß ein Dritter in die Unfallstelle hineinfuhr, BGH NJW **72**, 1804. Der Zusammenhang wird verneint für Strafverteidigungskosten des Unfallverletzten, BGH **27**, 138; für einen Verdienstausfall wegen eines bei der Unfalloperation mitentdeckten, früher entstandenen Hirnschadens, BGH NJW **68**, 2287 (dazu mit Recht krit Schickedanz NJW **71**, 916); für einen Verstoß gegen § 15d StVZO, wenn keine Fahrgäste verletzt wurden, BGH **LM** § 2 AVB für KraftVers Nr 25. Die Prüfung der Ursächlichkeit ist jedenfalls nicht etwa eine bloße Tatsachenfeststellung, sondern eine richterliche Bewertung von Tatsachen.

2) Schadensermittlung, I. A. Geltungsbereich. I betrifft in Schadensersatzprozessen den Streit über folgende Fragen:

a) Schadensentstehung. Der Streit besteht über die Entstehung des Schadens, wenn der Haftungsgrund erwiesen ist, BGH **58**, 53, zB den Streit darüber, ob der Unterhaltsanspruch entzogen wurde, ob also der getötete Unterhaltspflichtige leistungsfähig gewesen wäre, BGH **LM** Nr 25; ob überhaupt ein Gewinnausfall eingetreten ist, BAG NJW **72**, 1438. Wenn mehrere Ereignisse zum Haftungsgrund gehören, so müssen sie grundsätzlich sämtlich vom Kläger nach § 286 bewiesen werden, auch wenn sie aufeinander folgen oder wenn eines aus dem anderen folgt, BGH **LM** § 286 (B) Nr 19 (Bergschäden).

§ 286 ist auch dann anwendbar, wenn streitig ist, ob die eine oder die andere Ursachenkette maßgeblich ist, Köln VersR **78**, 346, oder ob das schadenstiftende Ereignis den Ersatzbegehrenden überhaupt betroffen hat (konkreter Haftungsgrund), zB BGH **LM** Nr 43 (ob der als Verletzungsfolge behauptete Tod überhaupt eingetreten sei), BGH NJW **83**, 998 mwN, Kblz VersR **74**, 178 (BGH **LM** Nr 39 will § 287 in einem gewissen Umfang auch für die „Feststellung schadensbegründeter Tatsachen" anwenden, also möglicherweise für den Haftungsgrund, verlangt aber die Überzeugung von der Richtigkeit solcher Feststellungen, wendet also doch wieder § 286 an, dort Anm 2 C); krit Arens ZZP **88**, 27, vgl Schneider MDR **76**, 362. Zweibr FamRZ **82**, 415 mwN wendet § 287 sogar dann an, wenn man im Verfahren nach § 323 die für das frühere Urteil maßgeblichen Erwägungen nicht hinreichend erkennen kann.

Nach § 286 ist ferner die Frage des Mitverschuldens zu beurteilen, BGH NJW **68**, 985. Dagegen ist der Ursachenzusammenhang zwischen dem Haftungsgrund und dem Schaden nach § 287 zu beurteilen, BGH VersR **78**, 283 mwN, Bbg VersR **76**, 998. Dasselbe gilt für einen hypothetischen Verlauf einer Prüfung, wenn der durchgefallene Prüfling Schadensersatz wegen Amtspflichtverletzung (Befangenheit eines Prüfers) fordert, BGH VersR **83**, 489, oder die Klärung des Schadens für den einzelnen, wenn unsicher ist, welchem der mehreren Unternehmer der Auftrag erteilt wurde und demgemäß der Schaden bei einer abstrakten Schadensberechnung erwachsen ist, BGH **29**, 393; wenn es um das Entstehen und die Höhe des Schadens durch den Mitverursachenden geht, BGH **60**, 184, **66**, 75; wenn es um den Ursachenzusammenhang zwischen einer Körperverletzung und einer tödlichen Lungenembolie geht, BGH **LM** Nr 43; wenn Streit über den Ursachenzusammenhang zwischen einem Unfall und einer Epilepsie besteht, BGH **LM** § 832 BGB Nr 10; wenn streitig ist, ob eine unfallbedingte Schmälerung der geistigen und seelischen Konstitution zu einem Selbstmord führte, BGH NJW **58**, 1579; Arens ZZP **88**, 43 wendet wegen der Zweitverletzung § 286 an.

b) Schadenshöhe. Der Streit besteht über die Höhe des Schadens. Dahin gehört alles, was zur Berechnung der Schadenshöhe zählt, BGH NJW **83**, 998. Hierhin gehört zB die Frage, in welchem Zeitpunkt das schädigende Ereignis eingetreten ist und wann seine Wirkung aufgehört hat, BGH **LM** § 66 BEG 1956 Nr 5; welche Strecke der Kraftwagen bis zum Unfall zurücklegte, KG NJW **72**, 769; wie hoch der merkantile Minderwert ist, Ffm VersR **78**, 1044 (der Minderwert darf nicht stets durch einen Prozentsatz der Reparaturkosten errechnet werden); ob eine Abnutzungsersparnis eingetreten ist, Ffm VersR **78**, 1044 (15–20% der Mietwagenkosten), Karlsr VersR **73**, 865, Mü VersR **76**, 1147 (idR 15%); wieviel die sog Totalschadenspauschale (Einsatz eines Sachverständigen zur Klärung der Fahrfähigkeit eines gebrauchten Ersatzwagens) beträgt, AG Freiburg VersR **83**, 70; wie hoch der Verkehrswert einer Belastbarkeit ist, Köln VersR **83**, 378.

Ferner gehört hierher die Berechnung der Höhe, Stgt VersR **77**, 1039, und vermutlichen Dauer einer Rente, BGH VersR **76**, 663; die Verteilung des Schadens auf mehrere Schuldner, BGH **LM** Nr 44; die Höhe der Beträge, die der Bekl von dem veruntreuenden Dritten in Einzelposten erhalten hat, BGH **LM** Nr 36a; die Art des Ersatzes; die Abwägung des ursächlichen Werts des Mitverschuldens, BGH **60**, 184, während die Frage, ob ein solches überhaupt vorliegt, nach § 286 zu entscheiden ist, BGH NJW **68**, 985; die Bemessung eines Geldersatzes für Reisemängel und vertane Urlaubszeit, KG MDR **82**, 317.

Hierher gehört ferner die Bemessung des Schmerzensgeldes, BGH VersR **77**, 257, Schneider MDR **74**, 974, und die Klärung, ob es als Kapital oder Rente zu zahlen ist, BGH **LM** § 847 BGB Nr 10 und DB **76**, 1521; Art und Umfang der Mehrkosten wegen einer Tötung oder Verletzung der Hausfrau, BGH VersR **73**, 940, NJW **74**, 1651, Oldb NJW **77**, 962 (krit Schlund JR **77**, 289), Wussow NJW **70**, 1393; die Angemessenheit der Aufwendungen zur Heilung, BGH **LM** § 254 (F) BGB Nr 12; die Schadensfolgen eines erschlichenen Urteils, so daß also keine erneute Prüfung dieses Urteils auf Grund der neuen Tatsachen stattfindet, sondern das nunmehr erkennende Gericht diese Tatsachen selbständig beurteilt, BGH NJW **56**, 505; ob und zu welchem Zinssatz Bankkredit in Anspruch genommen wurde, grundsätzlich richtig Schlesw SchlHA **80**, 213 (aber Vorsicht!); welcher Zinssatz „üblich" ist, BayObLG **72**, 372; welcher Gewinn entgangen ist, BGH **77**, 19, vgl auch BGH VersR **81**, 1037, aM Ffm VersR **81**, 1036; welcher Durchschnittsgewinn angenommen werden kann, BGH **62**, 108, Bre VersR **80**, 853, vgl Karlsr DB **78**, 1396; ob bei einem anderen Arbeitgeber ein geringerer Verdienst erzielt wird, BAG NJW **76**, 1470; welche Zinsgebühren die GEMA zahlt, falls kein Tarif vorhanden ist, BGH MDR **76**, 28 (zustm Bielenberg GRUR **76**, 37). Das in I erwähnte „zu ersetzende Interesse" fällt nach der jetzigen Fachsprache unter den Schaden.

B. Rechtsgrund. Der Rechtsgrund des Schadens ist für die Anwendbarkeit des § 287 belanglos. Er kann in einem Vertrag, in unerlaubter Handlung (zum unlauteren Wettbewerb Leisse/Traub GRUR **80**, 1 ausf), in einem Eingriff der Staatsgewalt und der sich daraus ergebenden Entschädigungspflicht, in einer Haftpflicht bestehen. Also fällt hierunter auch der Aufopferungsanspruch, BGH **29**, 99 (zur Abgrenzung Bauschke und Kloepfer NJW **71**, 1233), insbesondere wegen Impfschaden, BGH **LM** Nr 38, ferner die Enteignungsentschädigung, BGH **29**, 217, zu deren Höhe BGH **LM** Art 14 GG Nr 1 und NJW **72**, 246, BayObLG NJW **70**, 864. Der Anspruch kann auf Geld oder auf eine sonstige Leistung gehen, abstrakt oder konkret zu berechnen sein, sich auch auf das Erfüllungsinteresse beschränken. Nicht hierher gehört aber zB der Anspruch auf eine Vertragserfüllung, soweit sie nicht auf Schadensersatz ergeht, oder der Anspruch wegen Nichterfüllung, also der Anspruch auf Vertragsstrafe, Minderung, Bereicherung (anders II).

C. Verfahren. Das Gericht entscheidet über A unter Würdigung aller Umstände nach freier Überzeugung, Anm 1 A. Entstehung, Höhe, ursächlicher Zusammenhang, Anm 1, brauchen nicht im einzelnen substantiiert dargelegt zu werden, BGH **54**, 55. Das Gericht muß die Parteien aber anhalten, §§ 139, 278 III, geeignete Schätzungsunterlagen beizubringen, BGH NJW **76**, 1317, BAG NJW **63**, 925, Köln MDR **80**, 674, die die Ausgangssituation für die Schätzung schaffen. Der Geschädigte muß beweisen, daß diese Unterlagen zutreffen. Kann er mögliche Anhaltspunkte nicht nachweisen, so geht das zu seinen Lasten, BGH **54**, 55, **LM** Nr 39 (aber nicht schon deshalb ist der denkbar geringste Wert anzusetzen, Hbg VersR **74**, 465) und NJW **76**, 1317, Köln MDR **71**, 215, Nürnb VersR **78**, 335, vgl Weitnauer Festschrift für Baur (1981) 718. Erst dann können nach dem mutmaßlichen Geschehensablauf der eingetretene Schaden und seine Höhe geschätzt werden, Köln VersR **78**, 346.

Dagegen kann der Bekl Gegenbeweis antreten, BGH NJW **64**, 662. Die Partei darf auch nichts versäumen, BGH NJW **81**, 1454. Sie muß zB einen Schaden rechtzeitig feststellen lassen, wenn sie andernfalls in den Verdacht der Mitverursachung käme. Der Kläger braucht jedoch nicht genaue Tatsachen anzugeben, die zwingend auf das Bestehen und den Umfang des Schadens schließen lassen, Hbg VersR **74**, 465.

Das Gericht darf nicht ins Blaue entscheiden, vgl BGH NJW **64**, 589 und NJW **70**, 1971, Hbg VersR **81**, 1186, Braun ZZP **96**, 95 mwN. Es kann aber zur Klärung des Schadens gesetzliche Bemessungsregeln heranziehen, BGH **LM** Nr 38, ferner zB im Rahmen und in den Grenzen von § 144, dort Anm 1, Augenschein vornehmen und Sachverständige beauftragen, BGH **LM** § 844 II BGB Nr 45, vgl Einf 2 vor § 284, ferner anordnen, daß der Kläger sich vernehmen und untersuchen läßt, BGH VersR **73**, 1028. Solange das Gericht mit solchen Mitteln nach § 287 zu einer Schätzung kommen kann, ist eine Klagabweisung unstatthaft, BGH **54**, 55. Darum läßt sich der Anspruch regelmäßig nicht mit Wendungen wie „die Verhältnisse sind unübersehbar" abtun. Es genügt die allgemeine Überzeugung des Gerichts, daß aus dem Ereignis ein Schaden entstanden ist.

Dann ist die Ablehnung einer Schätzung unzulässig; vielmehr muß dann geprüft werden, ob nicht wenigstens eine ausreichende Grundlage für die Schätzung eines Mindestschadens vorhanden ist, BGH NJW **64**, 589. Kommt es darauf an, wie eine Verwaltungsbehörde entschieden hätte, so muß das Gericht die praktische Einstellung der Behörde ermitteln. Bei einem Schadensersatzanspruch gegenüber einem ProzBev wegen mangelnden Sachvortrags ist der Schaden nach dem Ergebnis zu beurteilen, das in dem früheren Prozeß bei einem vollständigen Vortrag und einer zutreffenden Entscheidung erzielt worden wäre, BGH NJW **64**, 405.

3) Schadensschätzung. A. Ermessen. Ob das Gericht Beweis erheben will, steht in seinem pflichtgemäßen Ermessen, Schlesw SchlHA **80**, 213. Es kann ohne Beweiserhebung schätzen, wenn es von der Entstehung des Schadens überzeugt ist. Das Urteil muß aber die Beweisanträge würdigen und ihre Ablehnung begründen, BGH NJW **82**, 33 mwN, BAG NJW **63**, 925. so zB dann, wenn nach dem Ermessen des Gerichts die Beweisaufnahme keine Klärung bringen würde, was aber näher darzulegen ist; denn das Gericht muß genügende schätzungsbegründende Tatsachen feststellen, Wussow NJW **70**, 1394, und darf nicht das Parteivorbringen zugunsten eines beweisanzeigenden Umstands vernachlässigen. Schätzungserleichternde Tatsachen sind darzulegen, BGH **77**, 19, und vom Gericht, soweit zumutbar, rechtlich einwandfrei, also auch ohne Unterstellungen, festzustellen, BGH VersR **73**, 940 und NJW **82**, 2775. Die tatsächlichen Grundlagen der Schätzung und ihrer Auswertung sind darzulegen, BGH **6**, 62 und DB **76**, 1521, BAG NJW **63**, 925, schwächer BGH **3**, 175.

Die für die Schadensfeststellung maßgebenden einzelnen Erwägungen des Gerichts sind als Äußerungen freien Ermessens (krit Joachim NJW **69**, 2178) in der Revisionsinstanz nur auf eine Überschreitung dieser Grenzen nachprüfbar, BGH **39**, 219, **LM** § 832 BGB Nr 10, VersR **78**, 283, vgl auch **LM** § 97 UrhG Nr 5 und § 24 KostO Nr 3. Das Revisionsgericht kann nachprüfen, ob der Tatrichter von zutreffenden Erwägungen ausgegangen ist, zB von einem richtigen Eigentumsbegriff, BGH DB **81**, 2170 mwN. Es kann die Erwägungen des Tatrichters also beanstanden, wenn sie auf einen grundsätzlich falschen Satz beruhen oder offensichtlich unsachlich sind, BGH **LM** § 844 II BGB Nr 50, NJW **74**, 1652 und DB **76**, 1521, oder wenn sie zu einer grundlosen Bereicherung oder zu einem verkappten Ausgleich des immateriellen Schadens führen, insbesondere bei einem typischen Fall wie bei der Berechnung von Kraftfahrzeug-Nutzungsausfall, BGH **56**, 214.

Eine Schmerzensgeldtabelle gibt nur Anhaltspunkte, Köln VersR **77**, 628. Es müssen schätzungsbegründende Tatsachen nicht gewürdigt oder falsche Rechtsbegriffe oder Rechtssätze angewandt worden sein, BAG NJW **72**, 1438. Ist eine Täuschung möglich oder kann der äußere Eindruck irreführend sein, so muß der Richter mit der Verwertung der eigenen Sachkunde vorsichtig sein, BGH **LM** § 236 (E) Nr 6 und VersR **76**, 390. Auch hier genügt aber eine hohe Wahrscheinlichkeit für das gefundene Ergebnis, BGH VersR **60**, 656. Wegen einer Minderung der Erwerbsfähigkeit in BEG-Sachen BGH **LM** § 33 BEG 1956 Nr 12.

B. Schätzungsvernehmung. Das Gericht kann den Beweisführer über die Höhe des Schadens vernehmen, nicht über andere Punkte. Dies gilt auch dann, wenn der Kläger seinen Ersatzanspruch nicht im einzelnen begründet hat. Diese Vernehmung ist eine Abart der Parteivernehmung nach § 448, nicht eine bloße Parteianhörung im Sinn von § 141, Kblz VersR **80**, 1173. Sie unterscheidet sich von der Parteivernehmung dadurch, daß § 448 einigen Beweis voraussetzt, die Schätzungsvernehmung nicht. Ein Einverständnis des Gegners ist nicht erforderlich. Auch hier ist eine Vernehmung des Gegners nach § 445 zulässig, also auf Antrag des Beweisführers. Zunächst erfolgt eine uneidliche Vernehmung. Eine Beeidigung geschieht nur nach § 452 I 1, II–IV, dh auf Anordnung des Gerichts, wenn es einigen Beweis durch die Vernehmung für erbracht hält. Den § 452 I 2 zieht § 287 I nicht an. Das besagt, daß das Gericht nur den Beweisführer beeidigen darf, auch wenn es den Gegner vernommen hat.

4) Anwendbarkeit in anderen Prozessen, II. A. Grundsatz. Die erweiterte freie Würdigung, mit Ausnahme der Schätzungsvernehmung, ist in vermögensrechtlichen Prozessen, Üb 3 B a vor § 1, die auf Geld oder vertretbare Sachen gehen („Höhe der Forderung"), anwendbar, wenn folgende Voraussetzungen zusammentreffen:

a) Schwierigkeit der Aufklärung. Eine völlige Aufklärung aller maßgebenden Umstände muß schwierig sein, vgl BGH **74**, 226 mwN. Dahin kann auch die lange Dauer und die Kostspieligkeit einer Beweisaufnahme rechnen, vgl BGH BB **73**, 1048, Köln MDR **74**, 321 (Bauprozeß). Anwendbar ist II auch bei einer Unmöglichkeit der Aufklärung, BGH DB **61**, 1065.

b) Geringfügigkeit des Streits. Außerdem darf der Streit im Verhältnis zur Schwierigkeit der Klärung nur eine geringe Bedeutung haben. Es gilt also ein ganz fallweiser Maßstab.

B. Einzelfragen. Unter II fallen auch Erfüllungsansprüche, wie solche aus ungerechtfertigter Bereicherung. Da II auf I 1, 2 verweist, ist er auch dann anwendbar, wenn streitig ist, ob eine unbeträchtliche Forderung überhaupt gegeben ist, etwa ein Gewinnanspruch, dessen rechtsbegründende Tatsachen feststehen.

Beispiele zu II: BGH **59**, 125 (Ausgleichsanspruch des Bausparkassenvertreters wegen eines Folgevertrags nach seinem Ausscheiden), BAG BB **73**, 525 (Ruhegeldanpassung wegen der Geldentwertung), Düss FamRZ **81**, 256 (Höhe fiktiver Arbeitseinkünfte), oft auch zur Frage der Ortsüblichkeit höherer Miete iSv § 2 MHG, LG Hbg WM **78**, 147, AG Stgt ZMR **74**, 156, Klien NJW **73**, 974, Matberg NJW **73**, 1355 (Maßstab sei zB der Bauindex), vgl auch Ganschezian-Finck NJW **74**, 119.

*5) VwGO: In Ergänzung des § 108 I VwGO ist § 287 entsprechend anwendbar, § 173 VwGO, OVG Münst ZfSH **81**, 342 mwN (betr II), weil diese Beweiserleichterung mit dem Wesen des VerwProzesses vereinbar ist (I 2 und 3 gelten ohnehin wegen § 86 I VwGO) und dafür ein praktisches Bedürfnis besteht, Grunsky § 43 II 2 (Bettermann, 46. DJT II E 48, hält wegen des Ermittlungsgrundsatzes nur II für entsprechend anwendbar).*

Einführung vor §§ 288–290

Geständnis

1) Begriff. Gerichtliches Geständnis, Tatsachengeständnis, ist die einseitige Erklärung an das Gericht, eine vom Gegner behauptete Tatsache sei wahr, BGH NJW **83**, 1497. Es ist zu unterscheiden **a)** vom außergerichtlichen Geständnis, das etwa in einem anderen Verfahren oder in einem vorbereitenden Schriftsatz abgegeben worden ist. Dieses ist kein Beweismittel, sondern ein Indiz, Einf 3 C b vor § 284. Sein Beweiswert hängt von den Begleitumständen ab. Bedeutsam sind die Geständnisabsicht und das Bewußtsein der Tragweite. So beweist eine Quittung vorbehaltlich Gegenbeweises regelmäßig den Empfang der Leistung. Die Annahme ist unnötig; **b)** vom Anerkenntnis und Verzicht, Rechtsgeständnissen, die sich nicht auf Tatsachen beziehen, sondern auf einen prozessualen Anspruch, §§ 306, 307; **c)** vom bloßen Nichtbestreiten, Anm 2, § 288 Anm 1 C.

2) Rechtsnatur. Das gerichtliche Geständnis ist eine einseitige, keine annahmebedürftige Prozeßhandlung. Es ist kein Beweismittel, denn es erbringt nicht Beweis, sondern es erspart den Beweis, es erläßt dem Gegner die Beweislast. Das tut aber auch das bloße Nichtbestreiten, § 138 III. Darum liegt die eigentümliche Wirkung des Geständnisses nicht hierin, sondern in der besonderen Regelung der Widerruflichkeit, § 290. Das gerichtliche Geständnis ist daher die prozessuale Erklärung des Einverständnisses damit, daß die zugestandene Tatsache ungeprüft verwertet wird. Insoweit geht es über das bloße Nichtbestreiten hinaus.

3) Geständnis und Wahrheitspflicht. Die Geständniswirkung tritt nach dem Gesetz grundsätzlich auch dann ein, wenn das Geständnis der Wahrheit widerspricht, § 290 Anm 2 A. Indessen hat der Richter ein als offenkundig unwahr erkanntes Geständnis nicht zu beachten, BGH **37**, 156, Marburger NJW **74**, 1923, weil es der Wahrheitspflicht des § 138 zuwiderläuft, einer öffentlichrechtlichen Pflicht, vgl auch § 291 Anm 2 B. Ein arglistiges oder zu einem sittenwidrigen Zweck abgegebenes Geständnis verliert seine Wirkung nicht bloß nach § 290, sondern sobald sich die Unwahrheit herausstellt, Ffm VersR **78**, 260 mwN, vgl Hamm NJW **55**, 873. Der Gegner darf die zugestandene Behauptung immer zurücknehmen, wenn er damit nicht gegen die Wahrheitspflicht verstößt; die Rücknahme eines vorweggenommenen Geständnisses, § 288 Anm 1 B, ist unzulässig.

4) *VwGO:* *Das gerichtliche Geständnis hat im VerwProzeß nicht die Wirkungen der §§ 288–290, weil das Gericht an das Vorbringen der Beteiligten nicht gebunden ist und den Sachverhalt vAw erforscht, § 86 I VwGO, BVerwG JZ **72**, 119 (abw Grunsky § 20 I, der immer dann, wenn der Beteiligte nach materiellem Recht verfügungsbefugt ist, Geständniswirkung annimmt). Das Gericht hat demgemäß jedes Geständnis, auch das gerichtliche, frei zu würdigen, § 108 I VwGO (vgl § 617).*

§ 288 1, 2   2. Buch. 1. Abschnitt. Verfahren vor den LGen

288 *Gerichtliches Geständnis.* ᴵ Die von einer Partei behaupteten Tatsachen bedürfen insoweit keines Beweises, als sie im Laufe des Rechtsstreits von dem Gegner bei einer mündlichen Verhandlung oder zum Protokoll eines beauftragten oder ersuchten Richters zugestanden sind.

ᴵᴵ Zur Wirksamkeit des gerichtlichen Geständnisses ist dessen Annahme nicht erforderlich.

Schrifttum: Schoofs, Entwicklung und aktuelle Bedeutung der Regeln über Geständnis und Nichtbestreiten im Zivilprozeß, Diss Münster 1980.

1) Voraussetzungen, I, II. A. Tatsachenbezug. Das Geständnis muß eine Tatsache betreffen. Begriff Einf 4 A vor § 284. Es kann also eine innere Tatsache genügen, etwa eine Willensrichtung, BGH NJW **81**, 1562. Auf juristische Tatsachen kann sich das Geständnis in demselben Umfang erstrecken wie eine Beweiserhebung, also auch auf ganz geläufige, einfache Rechtsbegriffe, BGH **LM** § 675 BGB Nr 50, Einf 4 A c vor § 284. Das Geständnis kann sich nicht auf den Begriff der guten Sitten erstrecken, ebensowenig auf reine Werturteile oder Wertungen, BGH **8**, 235, auf Rechtssätze, Rechtsfolgen oder Erfahrungssätze. Die Parteien können das Gericht nicht zu einer bestimmten rechtlichen Beurteilung auf Umwegen zwingen. Vorgreifliche, präjudizielle Tatsachen sind dem Geständnis zugänglich, Zeiss ZZP **93**, 484. So kann zB bei der Klage des Vermieters auf Zahlung und Räumung im Anerkenntnis des Zahlungsanspruchs das Geständnis der Verzugstatsache liegen.

B. Tatsachenbehauptung. Die Tatsache muß von einer Partei behauptet worden sein, also vom Gegner des Gestehenden oder von dessen Streithelfer im Rahmen des § 67. Eigene Behauptungen darf jede Partei bis zum Schluß der letzten Tatsachenverhandlung beliebig widerrufen, BGH FamRZ **78**, 333 mwN. Hat der Gegner sie aber übernommen, also zu den seinigen gemacht, dann liegt ein vorweggenommenes Geständnis mit allen Wirkungen des gerichtlichen Geständnisses vor, BGH FamRZ **78**, 333 mwN. Es bedarf dann keiner Wiederholung der Behauptung, sofern sie nicht vorher widerrufen worden war. Die Partei muß aber auch die nicht widerrufenen eigenen Behauptungen darüber hinaus nach Treu und Glauben gegen sich gelten lassen, vgl § 286 Anm 2 B. Die bei der Parteivernehmung gemachte zugestehende Bekundung kann ein Geständnis sein, BGH **8**, 235, vgl auch C aE, aber auch Zweibr OLGZ **78**, 359.

C. Zugeständnis des Gegners. Die Tatsache muß vom Gegner des Behauptenden zugestanden worden sein. Nötig ist also ein übereinstimmendes Parteivorbringen. Das Geständnis muß unzweideutig sein, Schlesw SchlHA **83**, 43. Es braucht nicht notwendig ausdrücklich zu geschehen, BGH NJW **83**, 1497. Ein bloßes Nichtbestreiten genügt nicht, ebensowenig die Erklärung, ,,nicht zu bestreiten" oder ,,nicht bestreiten zu wollen", Karlsr VersR **81**, 645 mwN, Schlesw SchlHA **83**, 43; über deren Gleichwertigkeit § 138 Anm 4 B. Doch kann diese Erklärung in Verbindung mit anderen Parteiäußerungen ein stillschweigendes Geständnis enthalten, BGH NJW **83**, 1497 mwN, Köln JB **75**, 1251. Es ist aber eine vorsichtige Beurteilung geboten, BGH NJW **83**, 1497. Entsprechendes gilt von dem ausdrücklichen Aufgeben einer Behauptung. Der Wille zu gestehen (animus confitendi) oder das Bewußtsein der ungünstigen Wirkung sind hier unerheblich, BGH **LM** § 419 BGB Nr 8.

D. Unbedingtheit usw. Ein Geständnis nur für diese Instanz ist wie jedes bedingtes Geständnis unzulässig. Tatsächlich handelt es sich hier nicht um ein Geständnis, sondern um ein Nichtbestreitenwollen in dieser Instanz, vgl § 138 III; zum Problem Köln JB **75**, 1251. Unzulässig wie ein bedingtes Geständnis ist das unbedingte für einen gewissen Fall. Nur die prozeßfähige Partei oder der gesetzliche Vertreter können gestehen, die Partei immer auch selbst, § 78 Anm 1 B a, BGH **8**, 235, vgl aber auch Zweibr OLGZ **78**, 359. Dies gilt zB beim Widerruf der Partei, wenn der ProzBev gesteht, § 85.

2) Erklärung. Das Geständnis ist im Laufe des Prozesses in der mündlichen Verhandlung oder zu Protokoll eines verordneten Richters zu erklären. Der ProzBev ist zu ihm stets ermächtigt. Bei einem Widerspruch zwischen seiner Erklärung und derjenigen seines Auftraggebers geht die letztere vor, § 78 Anm 1 B a, vgl BayObLG MDR **76**, 234, StJL § 78 Rdz 40, ZöSt 2, aM zB RoS § 52 III 4c und § 117 I 1c. Das Geständnis ist kein Anerkenntnis. Eine Protokollierung ist in der mündlichen Verhandlung unnötig, beim verordneten Richter für die Wirksamkeit des Geständnisses wesentlich, Brschw MDR **76**, 673. Im schriftlichen Verfahren und im Aktenlageverfahren genügt ein schriftliches Geständnis. Dasselbe gilt bei freigestellter mündlicher Verhandlung, § 128 Anm 3. Die Erklärung ist bis zum Schluß der letzten Tatsachenverhandlung zulässig, auch in Abwesenheit des Gegners. Eine Annahme des Geständnisses ist unnötig, Einf 1 vor § 288.

1. Titel. Verfahren bis zum Urteil §§ 288–290 1

3) Geständniswirkung, I. A. Grundsatz. Die Wirkung des Geständnisses liegt darin, daß die zugestandene Tatsache keines Beweises bedarf, Einf 2 vor § 288. Das Geständnis bezieht sich nicht ohne weiteres auf einen neuen Klagegrund, BGH **LM** Nr 3. Ein behauptetes Geständnis muß derjenige beweisen, der sich darauf beruft. Mit der Rücknahme der Behauptung des Gegners, BGH VersR **79**, 75 mwN, oder der Aufhebung des Verfahrens, § 564 II, oder bei einer Zurückverweisung nach § 565 ist auch die Geständniswirkung beseitigt, selbst wenn ein vorweggenommenes Geständnis, Anm 1 B, vorgelegen hatte.

B. Grenzen. Das Geständnis entfließt der Parteiherrschaft, Grdz 3 A vor § 128, BGH DB **73**, 1792. Es kann deshalb seine Wirkung nur in ihrem Machtbereich äußern; darüberhinaus ist es frei zu würdigen. Das gilt **a)** im Eheverfahren, Kindschaftsverfahren, Karlsr FamRZ **77**, 205, Entmündigungsprozeß, §§ 617, 640, 641, 670, 679, 684, 686; **b)** bei allen von Amts wegen zu beachtenden Punkten, Grdz 3 H vor § 128; **c)** bei einer Berichtigung des Tatbestandes, § 320; **d)** für unmögliche Tatsachen, denn die Logik entzieht sich der Parteiherrschaft; **e)** für offenkundige Tatsachen aus demselben Grund und deshalb, weil sie keines Beweises bedürfen, § 291. Über das Geständnis unwahrer Tatsachen Einf 3 vor § 288 und § 290 Anm 2 B.

289 *Zusätze beim Geständnis.* **I** Die Wirksamkeit des gerichtlichen Geständnisses wird dadurch nicht beeinträchtigt, daß ihm eine Behauptung hinzugefügt wird, die ein selbständiges Angriffs- oder Verteidigungsmittel enthält.

II Inwiefern eine vor Gericht erfolgte einräumende Erklärung ungeachtet anderer zusätzlicher oder einschränkender Behauptungen als ein Geständnis anzusehen sei, bestimmt sich nach der Beschaffenheit des einzelnen Falles.

Schrifttum: Schmidt, Teilbarkeit und Unteilbarkeit des Geständnisses im Zivilprozeß (rechtsvergleichend), 1972 (Bespr Arens FamRZ **75**, 727, Schneider MDR **73**, 261).

1) Allgemeines. S Einf vor § 288. § 289 behandelt drei verschiedene Fälle von Zusätzen zu einem gerichtlichen Geständnis.

2) Beifügung eines selbständigen Angriffs- oder Verteidigungsmittels, I. Begriff Einl III 7 B, vgl auch § 146 Anm 2 A. Hier sind der Tatbestand des Geständnisses und der Zusatz verschieden. Beispiel: Der Kläger klagt auf Lieferung der Kaufsache; der Bekl gibt den Kaufabschluß zu, behauptet aber geliefert zu haben: das Geständnis des Kaufabschlusses ist voll wirksam; der Bekl muß die Lieferung beweisen.

3) Zusätze nach II. Es sind folgende Situationen zu unterscheiden:
A. Anderer Tatbestand. Es kann sich um die Beifügung eines anderen Zusatzes mit verschiedenem Tatbestand handeln, also um ein begründetes, qualifiziertes Bestreiten und Leugnen, motiviertes Leugnen. Beispiel: Der Kläger klagt auf Lieferung der Kaufsache; der Bekl gibt den Kaufabschluß zu, behauptet aber einen aufschiebend bedingten Kauf. Hier liegt kein Geständnis vor; der Bekl leugnet, und daher muß der Kläger den unbedingten Kauf beweisen, Anh § 286 Anm 4 „Bedingung". Dies gilt immer beim Einwand einer aufschiebenden Bedingung. Eine andere Rechtsauffassung beim Zugestehen ist unerheblich.
B. Derselbe Tatbestand. Es kann sich auch um die Beifügung eines anderen Zusatzes mit demselben Tatbestand handeln, also um ein eingeschränktes, qualifiziertes Geständnis. Beispiel: Der Kläger klagt auf Lieferung der Kaufsache; der Bekl gesteht den Kaufabschluß wie behauptet zu, ficht aber wegen Irrtums an. Hier liegt ein Geständnis des Kaufs vor. Der Bekl muß den Anfechtungsgrund beweisen, Anh § 286 Anm 4 „Rechtsgeschäft".

Ob A oder B vorliegt, ist notfalls nach den Regeln der Beweislast zu entscheiden.

290 *Widerruf des Geständnisses.* Der Widerruf hat auf die Wirksamkeit des gerichtlichen Geständnisses nur dann Einfluß, wenn die widerrufende Partei beweist, daß das Geständnis der Wahrheit nicht entspreche und durch einen Irrtum veranlaßt sei. In diesem Falle verliert das Geständnis seine Wirksamkeit.

1) Allgemeines. § 290 behandelt den Widerruf des gerichtlichen Geständnisses, den es grundsätzlich erlaubt, abweichend von der bei Prozeßhandlungen geltenden Regel, Grdz 5 G vor § 128, BGH DB **77**, 628, vgl auch Gaul AcP **172**, 355, aM Arens, Willensmängel bei Parteihandlungen im Zivilprozeß, 1968. Freilich ist der Widerruf des gerichtlichen Geständnisses anders als derjenige sonstiger tatsächlicher Erklärungen nicht schon wegen bloßer Unrichtigkeit zulässig. Eine Anfechtung des Geständnisses nach sachlichem Recht gibt es so wenig wie bei anderen Prozeßhandlungen.

§ 290 bezieht sich nicht auf **a)** das außergerichtliche Geständnis. Sein Widerruf ist unbeschränkt und frei zu würdigen; **b)** den Widerruf von Erklärungen des ProzBev oder Beistands nach §§ 85, 90; **c)** das sogenannte unterstellte Geständnis des § 138 III, dort Anm 4; es ist bis zum Schluß der mündlichen Verhandlung frei widerruflich.

In der Berufungsinstanz gilt für das wirkliche Geständnis § 532, für das unterstellte § 528.

2) Widerruf nach § 290. A. Unwahrheit. Der Widerruf des gerichtlichen Geständnisses ist nur dann wirksam, wenn die widerrufende Partei beweist, daß das Geständnis unwahr war. Der volle Beweis der Unrichtigkeit der zugestandenen Tatsache ist auch dann notwendig, wenn dem Widerrufenden ohne das Geständnis nach dem sachlichen Recht eine Beweiserleichterung zugute gekommen wäre, Ffm MDR **82**, 329. Der Nachweis der Unwahrheit ist frei zu würdigen. Alle Beweismittel sind zulässig, auch eine Parteivernehmung.

B. Irrtum. § 290 verlangt ferner den Nachweis, daß das Geständnis auf einem Irrtum beruhte. Wenn das Geständnis gegen besseres Wissen und zu eigenem Nutzen abgegeben wurde, also ohne einen Irrtum, so ist § 290 nicht anwendbar. Das Geständnis ist dann als ein solches, das mit der Wahrheitspflicht, § 138 I, in Widerstreit steht, nicht zu beachten. Die Partei kann es ohne weiteres widerrufen, um ihre Wahrheitspflicht zu erfüllen. Wirkt ein solches Geständnis zugunsten des Gegners, so bleibt aber der Erklärende an seine Erklärung gebunden, BGH **37**, 154, Schultze NJW **77**, 412.

C. Einzelfragen. Jeder Irrtum, dh der irrige Glaube an die Wahrheit der zugestandenen Tatsache, genügt. Das gilt für verschuldeten oder schuldlosen, Tatsachen- oder Rechtsirrtum, solchen der Partei oder ihres gesetzlichen Vertreters, solchen des ProzBev. Nur muß der Irrtum beim Erklärenden gelegen haben. Der ProzBev muß sich selbst geirrt haben; dasselbe gilt für die Partei oder ihren zur Unterrichtung des ProzBev bevollmächtigten Vertreter bei der Unterstützung, § 166 BGB, aber auch dessen II. Die den Irrtum veranlassenden Tatsachen sind zu beweisen; § 286 ist anwendbar.

Die Genehmigung des Geständnisses in Kenntnis seiner Unwahrheit oder Irrigkeit ist ein neues Geständnis. Ein Betrug enthält stets eine Irrtumserregung. Andere Willensmängel, wie zB bloßer Scherz, kommen nicht in Betracht. Da das Geständnis der Parteiherrschaft entfließt, kann ein Einverständnis der Parteien die Erfordernisse des Widerrufs ersetzen, soweit es die öffentlichen Belange zulassen.

Über den Widerruf in der 2. Instanz vgl bei § 532.

291 *Offenkundigkeit.* Tatsachen, die bei dem Gericht offenkundig sind, bedürfen keines Beweises.

Schrifttum: Schmidt-Hieber, Richtermacht und Parteiherrschaft über offenkundige Tatsachen, Diss Freibg 1975; Seiter, Beweisrechtliche Probleme der Tatsachenfeststellung bei richterlicher Rechtsfortbildung, Festschrift für Baur (1981) 573.

1) Allgemeines. Offenkundige Tatsachen sind wie folgt zu unterteilen:
A. Allgemeinkundigkeit. Es kann sich um eine solche Tatsache handeln, die weite, verständige Kreise für feststehend halten. Allgemeinkundig ist ein Ereignis oder Zustand, den so viele wahrnehmen oder wahrnehmen können, daß die Unsicherheit bei der Wahrnehmung des einzelnen unerheblich ist, oder ein Ereignis bzw Zustand, der so allgemein verbreitet ist, daß ein besonnener Mensch von seiner Wahrheit überzeugt sein kann, Hbg FamRZ **82**, 426. Beispiele: Allgemein anerkannte wissenschaftliche Wahrheiten (also nicht etwa okkulte); weltgeschichtliche Vorgänge unter Ausschluß wissenschaftlicher Streitfragen; in den Medien widerspruchslos veröffentlichte, auch dem Besonnenen glaubhafte Mitteilungen. Es schadet nichts, wenn der Richter die Tatsache erst durch ein Nachschlagen in einem allgemein zugänglichen zuverlässigen Buch feststellt, etwa das Datum einer Wahl oder den Kurs eines Börsenpapiers. Vorsicht ist geboten; das Gericht darf nicht Gefahr laufen, daß die höhere Instanz das widerlegt, was er selbst als offenkundig bezeichnet. Ein Zugang ist nicht schon auf Grund eines Posteinlieferungsscheins offenkundig, KG Rpfleger **74**, 121.

Allgemeinkundige Tatsachen, die allen Beteiligten mit Sicherheit gegenwärtig sind und von denen sie wissen, daß sie für die Entscheidung erheblich sind, bedürfen keiner Erörterung, BGH **31**, 45, BSG NJW **79**, 1063 mwN.

B. Gerichtskundigkeit. Es kann sich auch um eine solche Tatsache handeln, die der Richter aus seiner amtlichen Tätigkeit sicher kennt, Hbg FamRZ **82**, 426 mwN, Konzen JR

78, 405. Hierher gehören die ihm aus früheren Prozessen, Konzen JR **78**, 405, oder aus einem früheren Sachverständigengutachten einwandfrei bekannten Tatsachen. Gerichtskundige Tatsachen müssen aber als solche vom Gericht mitgeteilt und zum Gegenstand der Verhandlung gemacht werden, sonst ist das rechtliche Gehör verletzt, vgl auch § 278 III, BVerfG **48**, 209 mwN, BSG NJW **73**, 392 und MDR **75**, 965, Schlesw SchlHA **74**, 168.

Sind die Tatsachen nur aktenkundig, muß sie der Richter also erst aus den Akten feststellen, so fehlt die Gerichtskundigkeit, Ffm NJW **77**, 768, Hbg FamRZ **82**, 426, aM Nürnb JB **78**, 762. Ein privates Wissen des Richters kann zwar nicht unter B fallen, BSG NJW **70**, 1814, wohl aber unter A.

2) Beweisentbehrlichkeit. A. Grundsatz. Offenkundige, notorische Tatsachen (Begriff der Tatsache Einf 4 vor § 284) bedürfen keines Beweises. Allgemeine Erfahrungssätze, Einf 4 B vor § 284, unterliegen zwar derselben Regel, sind aber als Schlüsse aus Tatsachen keine offenkundigen Tatsachen. Der praktische Unterschied liegt darin, daß Erfahrungssätze keiner Geltendmachung bedürfen. Aus demselben Grund gehören die Vorgänge im Prozeß nicht hierher.

B. Behauptungslast. Offenkundige Tatsachen sind von der Partei zu behaupten, Schlesw SchlHA **74**, 168, vgl Grdz 3 C vor § 128, aM RoS § 117 I 3, sofern es sich nicht um Indizien und Hilfstatsachen des Beweises handelt, Einf 3 C b vor § 284. Das gilt auch für rechtsvernichtende und rechtshemmende Tatsachen, nicht für Tatsachen, die von Amts wegen zu beachten sind, wohl aber für solche Erklärungen, auf deren Vortrag der Vorsitzende hinzuwirken hat, § 139, Ffm MDR **77**, 849. Ein Bestreiten oder ein Geständnis ist bei Offenkundigkeit bedeutungslos, BGH BB **79**, 1470. Angebotene Beweise braucht das Gericht nicht zu erheben. Ein Gegenbeweis ist dahin zulässig, daß die als offenkundig angenommene Tatsache unrichtig sei. Die Verkennung des Begriffs der Offenkundigkeit ist ein Verfahrensmangel, KG Rpfleger **74**, 121.

C. Einzelfragen. Was in der 1. Instanz offenkundig war, braucht es nicht in der 2. Instanz zu sein; die 2. Instanz prüft den Beweiswert der in der 1. Instanz bejahten Offenkundigkeit frei nach. Die Revisionsinstanz prüft nur die richtige Anwendung des Begriffs, ob also eine Offenkundigkeit hinreichend sicher festgestellt worden ist. Das muß sich aus der Urteilsbegründung ergeben. Sie ist zumindest wegen derjenigen Umstände nötig, deren Kenntnis normalerweise nicht zu vermuten ist, BSG NJW **70**, 1814. Zur Bejahung der Offenkundigkeit durch das Kollegium genügt die Mehrheit, da es sich um eine Beweisfrage handelt.

3) VwGO: Entsprechend anzuwenden, § 173 VwGO, BVerwG NVwZ **83**, 99, mit der Einschränkung, daß offenkundige Tatsachen nicht von einem Beteiligten behauptet zu werden brauchen, Anm 2 B, weil der Ermittlungsgrundsatz gilt, § 86 I VwGO. Zum Begriff der Allgemeinkundigkeit, Anm 1, im AsylVerf BVerwG NVwZ **83**, 99, DÖV **83**, 206 u. 207.

292 *Gesetzliche Vermutungen.* Stellt das Gesetz für das Vorhandensein einer Tatsache eine Vermutung auf, so ist der Beweis des Gegenteils zulässig, sofern nicht das Gesetz ein anderes vorschreibt. Dieser Beweis kann auch durch den Antrag auf Parteivernehmung nach § 445 geführt werden.

1) Begriffe. A. Rechtsvermutung. Rechtsvermutungen sind Vorschriften, nach denen eine Tatsache als feststehend zu behandeln ist, wenn eine andere feststeht. Sie zerfallen in **a)** gewöhnliche Rechtsvermutungen, praesumtiones iuris. Sie lassen den Gegenbeweis zu, wie §§ 167 II, 437 I, 440 II ZPO, §§ 891, 1006 BGB, zu diesen krit Medicus Festschrift für Baur (1981) 81, § 1362 BGB; **b)** unwiderlegliche Rechtsvermutungen, praesumtiones iuris et de iure, die jeden Gegenbeweis ausschließen, wie §§ 39, 267, 551, 755 ZPO, 1566 BGB, 108 II KO. Das BGB kennt unwiderlegliche Rechtsvermutungen nicht. Die Auslegungsregeln des BGB, zB § 742 BGB, sind regelmäßig Tatsachenvermutungen.

B. Tatsachenvermutung. Tatsachenvermutungen, unechte, Vermutungen, praesumtiones facti, sind aus der Lebenserfahrung gezogene Schlüsse (vgl auch Anh § 286 Anm 3 A); alle tatsächlichen Vermutungen lassen den Gegenbeweis zu, der dahin geht, daß die vermutete Tatsache nicht zutrifft, BGH MDR **59**, 114, KG MDR **77**, 674, vgl auch BAG NJW **77**, 350, LAG Hbg MDR **77**, 260.

C. Unterstellung. Von den Vermutungen zu scheiden sind die Unterstellungen, Fiktionen. Sie zwingen zur Anwendung der Rechtsfolgen eines Tatbestands auf einen andern Tatbestand, obwohl jede Möglichkeit fehlt, daß dieser Tatbestand zutrifft. Dahin gehören §§ 138 III (unterstelltes Geständnis) und 332 (unterstellter Wegfall der früheren Verhandlung). Die Unterstellung ist keine Beweisvorschrift. Diese Unterstellung ist nicht zu verwechseln mit der Unterstellung einer möglich wahren Tatsache als wahr in den Fällen, in denen die Wahrheit nichts an der Entscheidung ändern könnte.

2) Funktion der Rechtsvermutung. A. Quellen. Rechtsvermutungen finden sich größtenteils in sachlichrechtlichen Gesetzen, obwohl sich ihre Bedeutung im Prozeß erschöpft; sie sind prozessualer Natur. Landesgesetzliche Vermutungen bestehen weiter, weil die Gesetze sie irrig als sachlichrechtliche behandeln. Ausländische bestehen ebenso, sofern das ausländische Gesetz sie sachlichrechtlich behandelt.

Rechtsvermutungen bestehen nur, wenn das Gesetz sie ausdrücklich vorschreibt, und sind nur dann unwiderleglich, wenn es das Gesetz ausdrücklich verlangt. Andernfalls lassen sie den Beweis des Gegenteils zu.

B. Beweiserleichterung. Rechtsvermutungen ändern die Beweislast nicht, sondern erleichtern den Beweis, indem sie den Beweisführer nur nötigen, das Vorhandensein eines Anzeichens, die Ausgangstatsache, zu behaupten und zu beweisen. Den Schluß daraus zieht das Gesetz. Beispiel: wer seinen Besitz bewiesen hat, gilt als Eigentümer, § 1006 BGB. Das ist ein vom Gesetz gezogener Rechtsschluß; dem Gegner obliegt es, zu beweisen, daß der Besitzer etwa nur Verwahrer ist. Der Beweis des Gegenteils besteht im Nachweis, daß aus dem Indiz, aus dem als Vermutungsgrundlage behandelten Tatbestand, notwendig ein anderer Schluß zu ziehen ist, daß also jede Möglichkeit des gesetzlichen Schlusses wegfällt. In Wahrheit liegt kein Gegenbeweis vor, sondern ein Hauptbeweis, Einf 3 B a vor § 284. Jedes Beweismittel ist zulässig, auch eine Parteivernehmung nach § 445, falls die Partei keine anderen Beweismittel vorbringt oder schon einigen Beweis, aber nicht vollständig erbracht hat. Daß § 292 die Parteivernehmung nach § 447 nicht ausschließt, folgt aus dem Sinn und Zweck der Vorschrift.

3) VwGO: Entsprechend anzuwenden, § 173 VwGO; jedoch ist S 2 gegenstandslos, da der Ermittlungsgrundsatz gilt, § 86 I VwGO, und die Beschränkungen für die Parteivernehmung, §§ 445ff, nicht anzuwenden sind, §§ 96 I, 98 VwGO, vgl Tietgen 46. DJT I 2 B 53.

293 Fremdes Recht. Gewohnheitsrecht. Satzungen.
Das in einem anderen Staate geltende Recht, die Gewohnheitsrechte und Statuten bedürfen des Beweises nur insofern, als sie dem Gericht unbekannt sind. Bei Ermittlung dieser Rechtsnormen ist das Gericht auf die von den Parteien beigebrachten Nachweise nicht beschränkt; es ist befugt, auch andere Erkenntnisquellen zu benutzen und zum Zwecke einer solchen Benutzung das Erforderliche anzuordnen.

Schrifttum: Arens, Prozessuale Probleme bei der Anwendung ausländischen Rechts im deutschen Zivilprozeß, in: Festschrift für Zajtay, 1982; Brauksiepe, Die Anwendung ausländischen Rechts im Zivilprozeß, Diss Bonn 1965; Dölle, Über die Anwendung fremden Rechts, Jahrbuch 56 der Max-Planck-Gesellschaft S 34ff; ders, Bemerkungen zu § 293, Festschrift für Nikisch (1958) 185. S ferner den Sammelband „Die Anwendung ausländischen Rechts im Internationalen Privatrecht" (1968).

1) Rechtsquellen. A. Im Gerichtsbezirk geltendes Gesetzesrecht. Der Richter muß das deutsche Recht und dasjenige seines Landes kennen, soweit es förmliches Gesetzesrecht ist: jura novit curia. Den Maßstab gibt für jedes Gericht sein Sprengel; das BVerfG und der BGH müssen das gesamte Gesetzesrecht der BRD kennen. Kennt der Richter es nicht, so hat er es von Amts wegen zu ermitteln, BGH 77, 38 mwN (auch zu den Grenzen dieser Pflicht). Zum Gesetzesrecht zählen das deutsche internationale Recht, Köln JB 78, 871, das Völkerrecht, Art 25 GG, vgl aber auch § 1 GVG Anm 3 C baa, das Steuerrecht, Tipke NJW 76, 2200, vgl freilich Üb 5 vor § 373. Die Verkehrssitte oder der Handelsbrauch, dh die Verkehrssitte des Handels, dazu Wagner NJW 69, 1282, schaffen keinen Rechtssatz; sie geben dem Richter nur ein Auslegungsmittel an die Hand.

B. Weiteres Recht. Recht, das nicht im Bezirk des Richters gilt, wenn es auch inländisches Recht sein mag, sowie Gewohnheitsrecht und Satzungsrecht (Statutarrecht) braucht der Richter nicht zu kennen. Er ist aber gleichwohl verpflichtet, es von Amts wegen zu ermitteln, BGH NJW 76, 1582 und 1589 je mwN, Küppers NJW 76, 489. Das gilt auch für das Recht der DDR. Zum Gewohnheitsrecht gehören namentlich die Gewohnheitsrechte engeren Geltungsbereichs, die Herkommen, die Observanzen, etwaige Regelungen der Streupflicht. Ein Gewohnheitsrecht verlangt zur Entstehung die Rechtsüberzeugung der Beteiligten, nicht notwendig die Überzeugung von der Befolgung eines positiven Rechtssatzes. Satzungen, Statuten, sind das geschriebene Recht autonomer Kreise. Sie sind nicht

1. Titel. Verfahren bis zum Urteil **§ 293** **1, 2**

mit privatrechtlichen Rechtsvorschriften zu vermengen, wie den Statuten von Versicherungsgesellschaften oder Vereinssatzungen, BayObLG MDR **77**, 491. BAG NJW **72**, 1439 wendet § 293 entsprechend zwecks Feststellung der Arbeitsweise von Heimarbeitsausschüssen an.

2) Beweis. Vgl hierzu auch Koehler JR **51**, 549. Wenn § 293 sagt, fremdes Recht usw bedürfe des Beweises, so bedeutet das nur, daß das Gericht die Mithilfe der Partei bei der Erforschung dieses Rechts beanspruchen darf, BGH **57**, 78 und NJW **76**, 1583, Ffm MDR **83**, 410, nicht aber etwa, daß der behauptete Rechtssatz als nicht vorhanden angesehen wird, OGH NJW **51**, 73, oder daß das fremde Recht wie eine beweisbedürftige Tatsache angesehen würde, Dölle Jhb 39. Ein Beweisverfahren ist gar nicht möglich, weil Rechtssätze entgegen Rödig (vgl Einf 4 A a vor § 284) keinem Beweis unterliegen, was BGH NJW **75**, 2143 nicht erörtert und Mü NJW **76**, 489 (krit Küppers) offenbar übersieht. Übrigens zeigt das schon die Stellung des § 293 hinter dem Geständnis.

Infolgedessen gibt es hier keine Beweislast im eigentlichen Sinn, BGH **LM** Nr 2, Küppers NJW **76**, 489 mwN. § 293 erlaubt nur, die Ermittlung in den Formen des Beweises vorzunehmen, dh unter Benutzung der Beweismittel wie überhaupt aller zugänglichen Erkenntnisquellen, BGH FamRZ **82**, 265. Wie sich das Gericht die Kenntnis verschafft, das steht in seinem Ermessen, BGH FamRZ **82**, 265 mwN. Das Gericht muß auch dasjenige ausländische Recht ermitteln, das sich auf Grund der Rechtslehre und Rechtsprechung entwickelt hat, BGH FamRZ **82**, 264. Falls das ausländische Recht nicht zu ermitteln ist, kommt grundsätzlich das Recht der BRep und notfalls das dem ausländischen Recht nächstverwandte oder das wahrscheinlich geltende Recht in Betracht, BGH FamRZ **82**, 265 mwN (wegen der Anfechtungsklage eines in der BRep wohnenden türkischen Kindes), abw zB Kreutzer NJW **83**, 1945 mwN, Wengler JR **83**, 221. Das Gericht muß zwar evtl die Fragepflicht ausüben, §§ 139, 278 III, es muß aber weder stets einen etwa angetretenen Beweis erheben noch ist es in den Erkenntnisquellen irgendwie beschränkt oder an Beweisregeln gebunden, Geisler ZZP **91**, 196 mwN, insofern aM BGH NJW **75**, 2143 (ein zugezogener Sachverständiger sei auf Antrag zur mündlichen Verhandlung zu laden).

Das alles muß auch im Verfahren auf Erlaß einer einstweiligen Verfügung gelten, denn dieses Verfahren entbindet trotz seiner Notwendigkeit einer schnellen Erledigung das Gericht nicht von seiner Pflicht zur Heranschaffung der fremden Rechtsquellen. Das Gericht kann die Parteien in verstärktem Maße zur Mitarbeit veranlassen, §§ 139, 278 III, BGH NJW **76**, 1583, Ffm MDR **83**, 410 (Anforderung eines Parteigutachtens), Franz NJW **69**, 1539, aM Ffm NJW **69**, 991. Auch im Versäumnisverfahren findet eine Prüfung von Amts wegen statt, die allenfalls dann gemindert ist, falls keine begründeten Zweifel am Vortrag des Klägers über das ausländische Recht vorhanden sind, Küppers NJW **76**, 490, aM Mü NJW **76**, 489 (ein Beweisantritt des Klägers reiche aus). Geständnis und Parteivernehmung sind in diesem Ermittlungsverfahren ausgeschlossen.

Das Gericht kann amtliche Auskünfte erfordern, auch von ausländischen Stellen, wenn das in Staatsverträgen vorgesehen ist, oder das Fachschrifttum einsehen, und darf bei fortbestehenden eigenen Zweifeln auch ein Rechtsgutachten erfordern, und zwar grds von einer Einzelperson, Üb 1 C vor § 402, nicht von einem Institut usw, das auch meist zu langsam arbeitet, Hetger DRiZ **83**, 233; zu den verschiedenen Möglichkeiten Bendref AnwBl **82**, 468. Vgl ferner das Übk v 7. 6. 68, BGBl **74** II 938, nebst G v 5. 7. 74, BGBl 1433 (beide seit 19. 3. 75 in Kraft, Bek v 26. 2. 75, BGBl 698), gilt auch für Belgien, Dänemark, Frankreich einschließlich seiner Übersee-Departments u -territorien, Island, Italien, Liechtenstein, Malta, Norwegen, Österreich, Schweden, Schweiz, Spanien, Vereinigtes Königreich, Zypern, Jersey, Bek v 4. 3. 75, BGBl II 300, Türkei, Costa Rica, Bek v 8. 6. 76, BGBl II 1016, Niederlande, Bek v 21. 1. 77, BGBl II 80, Griechenland, Bek v 21. 4. 78, BGBl II 788, Luxemburg, Portugal, Bek v 12. 10. 78, BGBl II 1295; dazu Wolf NJW **75**, 1583 ausf. Vgl ferner die Auskunftsstellen f Notare lt Liste in DNotZ **79**, 130.

Ausländische Rechtssätze sind entsprechend ihrer ausländischen Anwendung auszulegen, Dölle Jhb 50f, BayObLG MDR **72**, 876, LG Mönchengladb NJW **73**, 2166. Einen übereinstimmend vorgetragenen Inhalt des ausländischen Rechts kann das Gericht in der Regel ohne eigene Nachprüfung zugrundelegen, BAG MDR **75**, 875. Läßt sich das fremde Recht weder von Amts wegen noch mit Hilfe der Parteien ermitteln, so ist nach deutschem Recht zu entscheiden, BGH **69**, 394 mwN, abw zB Müller NJW **81**, 486 (bitte dort im einzelnen nachlesen) mwN auf die zahlreichen Meinungsspielarten, unter ihnen zB StJSchL IV 2: zunächst sei das dem anzuwendenden Recht vermutlich am nächsten verwandte anzuwenden (Heldrich Festschrift für Ferid, 1978, 216: Der Gesetzestext sei uU ausreichend, soweit die Rechtsprechung oder Literatur nicht zugänglich seien); erst in letzter Linie ist die lex fori anwendbar. Keineswegs kann ein nur wahrscheinlich geltendes Recht herangezogen werden, BGH NJW **61**, 411. Das Verfahren bei der Feststellung des ausländischen Rechts kann von der Revision gerügt werden, BGH LM § 212 BEG 1956 Nr 4 und insofern auch BGH NJW **75**, 2143.

3) Rechtsbehelf. Die Anordnung zur Unterstützung des Gerichts, zB durch die Beibringung eines Rechtsgutachtens, ist nur zusammen mit dem Endurteil anfechtbar, Ffm MDR **83**, 410.

4) VwGO: Entsprechend anzuwenden, § 173 VwGO, Ule VPrR § 49 II 5. Ob eine Beweisaufnahme über den Normzweck der fremden Vorschrift erforderlich ist, hat das Tatsachengericht nach § 86 I VwGO zu beurteilen, BVerwG Buchholz 427. 6 § 3 BFG Nr 12.

294 Glaubhaftmachung.
^I Wer eine tatsächliche Behauptung glaubhaft zu machen hat, kann sich aller Beweismittel bedienen, auch zur Versicherung an Eides Statt zugelassen werden.

^{II} Eine Beweisaufnahme, die nicht sofort erfolgen kann, ist unstatthaft.

Schrifttum: Bender/Nack, Vom Umgang der Juristen mit der Wahrscheinlichkeit, in: Festschrift für die Deutsche Richterakademie, 1983; Bender/Röder/Nack, Tatsachenfeststellung vor Gericht, Bd. I: Glaubwürdigkeits- und Beweislehre, 1981; Zepos, ,,Topik" und ,,Glaubhaftmachung" im Prozeß, Festschrift für Larenz (1973) 291.

1) Glaubhaftmachung, I, II. A. Zulässigkeit. Glaubhaftmachung ist ein geringerer Grad der Beweisführung, vgl BGH VersR **73**, 187, BFH BB **78**, 245. Beweis ist eine an Sicherheit grenzende Wahrscheinlichkeit, Glaubhaftmachung ist eine überwiegende Wahrscheinlichkeit, vgl auch BVerfG **38**, 39 (OWiG, StPO), BGH VersR **76**, 929, BFH BB **74**, 1378, BPatG GRUR **78**, 359, Düss Rpfleger **76**, 313, Ffm GRUR **80**, 180, LAG Düss BB **76**, 106, Engelken DNotZ **77**, 587, Lippert NJW **76**, 882. Die Glaubhaftmachung ist meist bei reinen Prozeßfragen oder dann zulässig, wenn eine mündliche Verhandlung nicht notwendig ist. Eine entsprechende Anwendung auf andere Fälle ist nur ganz vereinzelt und regelmäßig nur dann möglich, wenn eine mündliche Verhandlung entbehrlich ist, vgl BGH VersR **73**, 187. § 294 gilt für beide Parteien. Er ist auch dann anwendbar, wenn das sachliche Recht eine Glaubhaftmachung verlangt.

B. Notwendigkeit. Wenn sich ein Beweis erübrigt, ist auch keine Glaubhaftmachung notwendig. Dies gilt beim gerichtlichen Geständnis, § 288, beim unterstellten Geständnis, § 138 III, bei Offenkundigkeit, § 291, bei einer Rechtsvermutung, § 292. Der Richter braucht seine pflichtgemäße Überzeugung, daß eine Tatsache glaubhaft sei, nicht zu begründen, § 286 I 2 ist insofern nicht anwendbar, empfiehlt sich aber im Hinblick auf ein Rechtsmittel. In der Revisionsinstanz ist das tatsächliche Vorbringen nicht nachprüfbar, daher sind auch die Mittel zu seiner Glaubhaftmachung nicht überprüfbar. Da voller Beweis ein Mehr ist, genügt er in allen Fällen der Glaubhaftmachung, nur gilt für ihn § 294 II.

2) Zulässige Beweismittel, I. Wer in den gesetzlich vorgesehenen Fällen eine tatsächliche Behauptung glaubhaft machen muß, darf sich aller Beweismittel der ZPO bedienen, auch der uneidlichen Parteivernehmung. Die eidliche setzt voraus, daß sich das Gericht auf Grund der unbeeidigten Aussage einer Partei eine Überzeugung von der Wahrheit oder Unwahrheit der zu erweisenden Tatsachen noch nicht bilden konnte, § 452. Das Gericht kann das Wissen jeder Auskunftsperson ohne Rücksicht auf die Form der Bekundung würdigen, BayVGH MDR **75**, 874 mwN. Eine schlichte Parteierklärung kann zur Glaubhaftmachung genügen, Köln FamRZ **83**, 711, LG Dortm AnwBl **78**, 242, vgl § 286 Anm 2 A. Daher kann auch zB eine unbeglaubigte Fotokopie genügen, Köln FamRZ **83**, 711. Nicht jede einfache Erklärung des ProzBev reicht aus, vgl LAG Stgt MDR **78**, 789.

3) Versicherung an Eides Statt, I. Das Gericht kann auch die eidesstattliche Versicherung der Behauptung gestatten, dh eine solche Versicherung entgegennehmen. Sie ersetzt den bei der Parteivernehmung geleisteten Eid, ist aber ein ganz andersartiges Beweismittel. Das Gericht kann sie den Parteien und Dritten über eigene und fremde Handlungen abnehmen. Es kann außerdem alle Mittel anwenden, die seiner Überzeugungsbildung dienen können, zB schriftliche Zeugenaussagen entgegennehmen und deren Echtheit frei prüfen. Bei der Würdigung eidesstattlicher Versicherungen ist besondere Vorsicht geboten, BPatG GRUR **78**, 359, auch ein gesundes Mißtrauen, LAG Mü DB **78**, 260.

Die eidesstattliche Versicherung eines Anwalts ist keineswegs von vornherein mehr wert, BGH VersR **74**, 1021, LAG Düss DB **76**, 106. Auch sie muß sich gerade auf eine Tatsache

1. Titel. Verfahren bis zum Urteil §§ 294, 295 1

beziehen und darf daher nicht nur zB auf das ,,Entstehen einer Gebühr" beschränkt sein, LG Köln AnwBl **82**, 84. Die eidesstattliche Versicherung einer Partei ist oft wertlos; sie wird nur zu oft leichtfertig abgegeben, sie ist meist nichts anderes als eine eindringliche Parteierklärung. Dritte unterschreiben meist, was ihnen vorgelegt wird, BPatG GRUR **78**, 360. Eine eidesstattliche Versicherung des Gegners kann diejenige des Erklärenden entkräften, Mü FamRZ **76**, 696.

4) Sofortige Beweisaufnahme, II. Die Glaubhaftmachung verlangt Beweise, die das Gericht sofort erheben kann. Ein bloßes Erbieten zur Glaubhaftmachung ist unbeachtlich. Eine Vertagung zur Beweisaufnahme ist unzulässig. Daher müssen Urkunden vorliegen, auch eine eidesstattliche Versicherung des Gegners zur Entkräftung muß sofort vorliegen, Mü FamRZ **76**, 696. Über die Echtheit einer Urkunde ist sofort frei zu entscheiden. Man darf im Termin beantragen, daß sofort erlangbare Akten beigezogen werden.

Dem Gericht ist aber nicht zuzumuten, sie erst auf anderen Geschäftsstellen oder im Archiv usw heraussuchen zu lassen, jedenfalls nicht, wenn der Verhandlungstermin im übrigen beendet werden könnte und sich sofort Verhandlungen in anderen Sachen anschließen sollen. Amtliche Auskünfte müssen vorliegen, BGH **LM** Nr 1. Beweispersonen hat der Beweisführer regelmäßig zu stellen, zu ,,sistieren". Hat er sich auf sie in einem vorbereitenden Schriftsatz bezogen, so darf, nicht muß, der Richter sie auch laden, § 273. Die Partei kann sich nicht auf eine derartige Ladung verlassen und braucht davon, daß diese unterbleibt, nur dann informiert zu werden, wenn dies ohne jede zeitliche oder sonstige Schwierigkeit möglich ist. Ein Beweisbeschluß und eine Protokollierung der Beweisaufnahme sind wie sonst nötig.

5) VwGO: *Entsprechend anzuwenden,* § 173 *VwGO, BayVGH MDR* **75**, *873, weil auch der VerwProzeß die Glaubhaftmachung kennt, zB bei der Ablehnung von Gerichtspersonen, bei der Wiedereinsetzung in den vorigen Stand (vgl RedOe* § 60 *Anm 12) und bei einstweiligen Anordnungen, vgl Ule VPrR* § 49 *III 2*.

295 **Verfahrensrügen.** [I] **Die Verletzung einer das Verfahren und insbesondere die Form einer Prozeßhandlung betreffenden Vorschrift kann nicht mehr gerügt werden, wenn die Partei auf die Befolgung der Vorschrift verzichtet, oder wenn sie bei der nächsten mündlichen Verhandlung, die auf Grund des betreffenden Verfahrens stattgefunden hat oder in der darauf Bezug genommen ist, den Mangel nicht gerügt hat, obgleich sie erschienen und ihr der Mangel bekannt war oder bekannt sein mußte.**

[II] **Die vorstehende Bestimmung ist nicht anzuwenden, wenn Vorschriften verletzt sind, auf deren Befolgung eine Partei wirksam nicht verzichten kann.**

Schrifttum: Güntzel, Die Fehlerhaftigkeit von Prozeßhandlungen der Partei im Zivilprozeß und die Möglichkeit ihrer Heilung, Diss Marbg 1966.

1) Allgemeines. A. Geltungsbereich. § 295 betrifft nur ein Verfahren mit einer notwendigen oder freigestellten mündlichen Verhandlung, nicht zB das Mahnverfahren. Er bezieht sich auf mangelhafte Parteihandlungen im weitesten Sinne, und zwar auf solche der Parteien, des Gerichts, mitwirkender Amtspersonen, etwa der Zustellungs- und Vollstreckungsbeamten. Wenn solche Prozeßhandlungen gegen zwingende öffentlichrechtliche Vorschriften verstoßen, so sind sie dann, wenn sie eine Entscheidung darstellen, bedingt wirksam, Einl III 4 A, sonst ganz unwirksam. Sie sind aber evtl der Heilung fähig, wenn der Mangel ihre Form oder das Verfahren im Gegensatz zum Inhalt der Prozeßhandlung betrifft, den error in procedendo im Gegensatz zum error in iudicando; Vollkommer 401 stellt bei einem Formmangel für die Heilbarkeit auf die Zweckerreichbarkeit ab.

Danach ist § 295 nicht auf solche Mängel anwendbar, die die Beschaffenheit des Prozeßstoffes betreffen, also den Inhalt der Parteierklärungen oder die Begründung der Ansprüche. Unanwendbar ist die Vorschrift auch auf die Beurteilung des Prozeßstoffs durch das Gericht, zB auf die Verwertung einer nicht protokollierten Aussage nach einem Richterwechsel, BGH **LM** Nr 1. Die Rechtskraft schließt jede Mängelrüge aus; es bleibt lediglich die Möglichkeit einer Nichtigkeitsklage; auch die von dieser betroffenen Mängel heilen aber mit dem Ablauf der Frist des § 586.

B. Heilungsarten. Mangelhafte Prozeßhandlungen heilen: **a)** rückwirkend durch Genehmigung, wenn sie zulässig ist, dh wenn die handelnde Partei parteiunfähig, prozeßunfähig, mangelhaft vertreten war, § 78 Anm 1 E; **b)** für die Zukunft durch die erneute Vornahme einer wirksamen Prozeßhandlung, BPatG GRUR **82**, 365; **c)** durch den Verzicht des Rügeberechtigten; **d)** durch die Unterlassung einer Rüge. § 295 behandelt nur c und d. Beide Arten von Mängeln heilen für alle Instanzen, §§ 531, 558. Sachlichrechtlich können sich aus der Heilung für die Verjährung und andere Fristen Wirkungen ergeben.

Wird das Fehlen einer Klagezustellung nicht gerügt, so tritt die Rechtshängigkeit mit dem Zeitpunkt ein, in dem nicht mehr gerügt werden kann, und wahrt dadurch rückwirkend die Frist entsprechend § 270 II, wenn das noch einer demnächstigen Zustellung entspricht, BGH **25**, 75 und **LM** § 246 AktG 1965 Nr 2 mwN; ebenso kann sich eine Unterbrechung bei der Erhebung eines neuen Anspruchs mit der Einreichung des Schriftsatzes ergeben, wenn rügelos verhandelt wird, obwohl der Schriftsatz noch nicht gemäß § 270 III zugestellt worden ist. Sonst hat eine Heilung keine rückwirkende Kraft, zB dann nicht, wenn der Klagschrift ein wesentliches Erfordernis fehlt, etwa die Unterschrift, vgl Tempel NJW **83**, 556; die Heilung tritt dann erst im Zeitpunkt der Behebung des Mangels oder der rügelosen Verhandlung ein, BGH **22**, 254 und **LM** § 253 Nr 16, 47.

2) Heilbarer Mangel, I. A. Grundsatz. Mangelhafte Prozeßhandlungen des Gerichts dürfen beide Parteien rügen, solche einer Partei nur der Gegner. Die Partei muß bei der nächsten mündlichen Verhandlung rügen, die auf Grund des mangelhaften Verfahrens stattfindet, wenn auch vor einem unzuständigen Gericht, oder die auf die Verhandlung des mangelhaften Verfahrens Bezug nimmt. Das Verfahren vor dem Kollegium und vor dem Einzelrichter ist einheitlich. Beim verordneten Richter ist eine Rüge entbehrlich; es genügt eine Rüge bei der nächsten mündlichen Verhandlung vor dem erkennenden Gericht. Der Termin muß der Verhandlung der Sache dienen, die der Mangel betrifft; eine bloße Vertagung begründet keinen Verzicht.

Verhandlung ist auch eine solche im Anschluß an die Beweisaufnahme, es ist also nicht ein neuer Termin notwendig, BVerwG NJW **77**, 314. Die Verhandlung braucht keine solche zur Hauptsache zu sein. Mängel der Beweisaufnahme vor dem Prozeßgericht sind in der anschließenden Verhandlung zu rügen, nicht im nächsten Termin; vgl § 367 Anm 2. Die Partei muß im Termin erschienen sein und verhandelt haben; die Rüge in einem vorbereitenden Schriftsatz genügt nicht, Köln MDR **70**, 596. Ein Erscheinen und Verhandeln des Gegners ist unnötig, vgl aber § 342. Im schriftlichen Verfahren, § 128 II, III, ist die Rüge im nächsten Schriftsatz geboten. Im Aktenlageverfahren erfolgt die Rüge nur in einer mündlichen Verhandlung, weil das Verfahren nicht dauernd und nicht freiwillig schriftlich ist. Wegen § 209 BEG BGH **LM** Nr 27.

B. Verzichtserklärung. Das Rügerecht geht durch den Verzicht auf eine Befolgung der Vorschrift verloren. Der Verzicht hat mit demjenigen auf den Anspruch, § 306, nichts gemeinsam. Er entspricht dem Verzicht des § 296 III. Er ist eine einseitige Erklärung an das Gericht, eine Prozeßhandlung. Soweit das Verfahren eine mündliche Verhandlung verlangt, muß der Verzicht in dieser erklärt werden, Mü VersR **74**, 675, aM StJSchL III 1, offen Schlesw SchlHA **78**, 69. Dies kann formlos, ausdrücklich oder stillschweigend geschehen. Wenn nicht ein vorheriger Verzicht, eine „Einwilligung", ausdrücklich zugelassen ist, wie bei § 263, dann kann der Verzicht nur nachträglich erklärt werden. Jedoch kann auf das Rügerecht nicht zurückgegriffen werden, wenn die Parteien selbst einen dahingehenden Antrag gestellt haben, BGH **40**, 183. Der Verzicht ist unwiderruflich, Grdz 5 G vor § 128.

C. Rügeunterlassung. Das Rügerecht geht ferner durch das Unterlassen der Rüge verloren. Dies ist nicht ein vermuteter Verzicht, sondern ein selbständiger Heilungsgrund. Er erfordert darum keinen Verzichtswillen, BGH **25**, 71, **LM** Nr 14. Der Verzichtende muß aber den Mangel kennen oder schuldhaft nicht kennen (kennen müssen). Ob das zutrifft, braucht das Gericht in Ausübung seiner Fragepflicht, §§ 139, 278 III, nur dann festzustellen, wenn die Partei ohne einen entsprechenden Hinweis auf das Rügerecht von der Gerichtsentscheidung überrascht werden würde, BGH JZ **58**, 60, vgl § 139 Anm 2 E. Ein Anwalt braucht ihm übersandte Akten nicht außerhalb des bisherigen Einsichtszwecks auf etwaige Verfahrensfehler durchzuprüfen, BVerfG **18**, 150, BGH **LM** Art 103 GG Nr 19. Eine Unkenntnis gerichtsinterner Vorgänge schließt die Fahrlässigkeit im allgemeinen aus, BAG NJW **60**, 1542. Bei einer späteren Rüge muß die Partei Schuldlosigkeit an der Unkenntnis dartun. Rüge und Unterlassen können durch schlüssige Handlungen geschehen.

D. Beispiele heilbarer Mängel: Solche der Klagschrift, solange kein Verstoß gegen den Bestimmtheitsgrundsatz vorliegt, BGH **LM** § 73 Nr 1 mwN; ein Verstoß gegen § 263 II 1 Hs 1 sowie das Fehlen der Unterzeichnung der Klage, BGH **65**, 47 (im Ergebnis zustm Vollkommer Rpfleger **75**, 431); das Fehlen eines Zusammenhangs zwischen der Klage und der Widerklage, BGH **LM** § 1025 Nr 7; das Fehlen der Klagezustellung, BGH **65**, 47 (im Ergebnis zustm Vollkommer Rpfleger **75**, 431), vgl BGH **70**, 386, Hamm VersR **83**, 64,

1. Titel. Verfahren bis zum Urteil § 295 2, 3

Kblz FamRZ **83**, 939, Schlesw SchlHA **78**, 69, auch wenn von einer ordnungsmäßigen Zustellung eine sachlichrechtliche Frist abhängt, Anm 1 B, Meurer-Teubner NJW **73**, 1734 gegen Saarbr NJW **73**, 857, oder einer entsprechenden anderen Zustellung, vgl BGH NJW **82**, 1048; alle Verstöße gegen die bloße Ordnungsvorschriften, etwa über die Einlassungs- und Ladungsfrist oder über die Klage- und Widerklageerhebung oder die Klagänderung; das Fehlen der Zustellung eines Schriftsatzes, durch den die Klage erweitert wird, BGH NJW **60**, 820.

Weitere Fälle: Eine mangelhafte Zeugnisverweigerung oder -beeidigung, außer in Ehe- und Kindschaftssachen; ein Mangel des Inhalts oder der Zustellung des Streitverkündungs-Schriftsatzes, BGH **LM** § 73 Nr 1 mwN; ein Mangel des Gutachtens, BGH **LM** Nr 19; ein Verstoß gegen die Mündlichkeit des Verfahrens; ein Verstoß gegen den Beibringungsgrundsatz, BGH VersR **77**, 1125; ein Verstoß gegen das Gebot des rechtlichen Gehörs, Grdz 4 B vor § 128, BFH DB **77**, 804, strenger BAG BB **79**, 274. Ein unsachliches Verhalten des Vorsitzenden kann dazu führen, daß man einer Partei im Revisionsverfahren nicht entgegenhalten kann, sie hätte das Verhalten des Richters schon im damaligen Rechtszug rügen müssen und könne deshalb die Verletzung des Anspruchs auf das rechtliche Gehör jetzt nicht mehr rügen, vgl BFH NJW **80**, 1768.

Weitere Fälle: Eine versehentliche Nichtverlesung des Antrags usw, Ffm FamRZ **82**, 812, KG FamRZ **79**, 140. Ein Verstoß gegen den Grundsatz der Unmittelbarkeit der Beweisaufnahme, BGH NJW **79**, 2518 mwN, Hamm MDR **78**, 676, KG VersR **80**, 654 mwN, Müller DRiZ **77**, 307, insofern auch Nagel DRiZ **77**, 322, ferner Rasehorn NJW **77**, 792 (der Mangel ist freilich unheilbar, wenn der Einzelrichter ohne einen entsprechenden Übertragungsbeschluß des Kollegiums entscheidet, so auch KG MDR **79**, 765), abw Köln (4. ZS) NJW **77**, 250 und (15. ZS, wiederum gegenüber dem 4. ZS abw) OLGZ **77**, 493, Schultze NJW **77**, 412, offen Köln (2. ZS) OLGZ **82**, 2, aM Düss (17. ZS) NJW **76**, 1105 und (20. ZS) zuletzt BB **77**, 1377, Schneider DRiZ **77**, 15 (die Mängelheilung sei zumindest bei einer Umgehung des § 348 möglich, die durchweg anzunehmen sei); vgl freilich § 375 Anm 3.

Weitere Fälle: Ein Verstoß gegen § 285, BGH **63**, 95; ein Verstoß gegen § 628 I, Düss FamRZ **80**, 146; bei einem echten Beschluß des Kollegiums gemäß § 348 I, II eine vergessene Unterschrift, Köln NJW **76**, 680; im Baulandprozeß die Bestellung eines nur vorbereitenden Einzelrichters, BGH **86**, 113; das Fehlen der Zustellung der Rechtsmittelschrift, BGH **65**, 116 mwN; ein Verstoß gegen die Erfordernisse der Streitgenossenschaft; ein Verstoß gegen die Erfordernisse und die Form der Streithilfe; die Vernehmung einer Partei als Zeuge und umgekehrt, BGH **LM** Nr 2; das Fehlen des Beweisantrags bei der Zeugenvernehmung, BAG BB **72**, 1455; ein Verstoß gegen § 448, BGH VersR **81**, 1176 mwN; ein Verstoß gegen den Grundsatz der Parteiöffentlichkeit, BGH **LM** Nr 7; eine Prozeßhandlung während der Unterbrechung des Prozesses, § 249 II; Fehler bei der Aufnahme eines unterbrochenen Prozesses, BGH NJW **57**, 713; eine Klagerhebung ohne vorausgegangenes Schiedsverfahren nach dem Gesetz über Arbeitnehmererfindungen.

3) Unheilbarer Mangel, II. A. Grundsatz. Ein unheilbarer Mangel liegt vor, soweit die Partei nicht wirksam auf die Rüge verzichten kann, BGH **64**, 47. Es handelt sich hier um wesentliche Verstöße, die dem Beibringungsgrundsatz, Grdz 3 B vor § 128, nicht unterliegen, die vielmehr gegen zwingende öffentlichrechtliche Vorschriften verstoßen, BGH **86**, 113, Düss FamRZ **80**, 146 (vgl aber auch Anm 2 D). Zu ihnen gehören Verstöße gegen die Grundlagen des Prozeßrechts.

B. Beispiele unheilbarer Mängel: Die Nichtbeachtung des Aufbaus der Gerichte; eine fehlerhafte Besetzung des Gerichts, BGH **LM** § 1421 BGB Nr 1, BPatG GRUR **79**, 402 mwN, Ffm NJW **76**, 1545; ein Verstoß gegen die Vorschriften bei der Bestellung des streitentscheidenden Einzelrichters, BGH **86**, 113, Düss NJW **76**, 114, Köln NJW **76**, 1102, Schlesw SchlHA **82**, 198, vgl auch Köln NJW **76**, 680; eine Zeugenvernehmung durch einen Referendar in Abwesenheit des Richters, KG NJW **74**, 2095, § 10 GVG Anm 1; die Nichtbeachtung der Besonderheiten des Eheverfahrens; die Nichtbeachtung der Vorschriften über die Befähigung zum Richteramt; ein Verstoß gegen irgendwelche Erfordernisse der Wiedereinsetzung in den vorigen Stand; die Nichtbeachtung einer Notfrist, BGH **65**, 116, **LM** LandbeschG Nr 19 und NJW **78**, 427, AG BergGladb NJW **77**, 2080; die Nichtbeachtung der Klagefrist nach Art 8 X FinVertr, BGH NJW **61**, 1627, oder nach § 61 I LandbeschG, BGH **LM** LandbeschG Nr 19.

Weitere Fälle: Ein Verstoß gegen die Partei- und Prozeßfähigkeit; ein Verstoß gegen den Anwaltszwang, vgl freilich § 78 Anm 1 E; ein Verstoß gegen die Öffentlichkeit (zweifelhaft, Üb 2 vor § 169 GVG); ein Verstoß gegen die Zulässigkeit des Rechtswegs; die fälschliche Annahme, die Feststellungsklage sei zulässig; die irrige Bejahung der Zulässigkeit einer besonderen Prozeßart; die fälschliche Zulassung einer Anspruchshäufung, § 260; die Nichtbeachtung von Formvorschriften, deren Einhaltung eine Entscheidung überhaupt erst zur wirksamen Entstehung bringt bzw überhaupt erst einen Titel schafft, §§ 310, 160 III Z 1, 7, § 165, wie zB die Nichtbeachtung der Vorschriften über den Beglaubigungsvermerk, BGH NJW **52**, 934 und **76**, 2263 (vgl § 170 Anm 2 B).

Weitere Fälle: Verstöße bei der Einhaltung einer fristschaffenden Zustellung, zB gemäß § 329 II 2, Ffm NJW **75**, 1389; ein Hinausgehen über den Antrag, § 308; eine Verletzung der öffentlichrechtlichen Wahrheitspflicht; Formmängel eines Prozeßvergleichs, Ffm FamRZ **80**, 907 (sie lassen sich auch nicht durch dauernde Erfüllung heilen, Oldb MDR **58**, 850, vgl auch § 160 Anm 4 A, Anh § 307 Anm 4 E, aM Köln HEZ **2**, 294); ein Verstoß gegen die ausschließliche Zuständigkeit, ZöSt 3a, zB des Arbeitsgerichts, Mü VersR **82**, 198. Vgl aber wegen des Berufungsverfahrens und des Revisionsverfahrens §§ 529 II, 549 II, dazu zB BGH VersR **75**, 239 (betr das Rheinschiffahrtsgericht); ein Verstoß gegen §§ 240, 250, Nürnb OLGZ **82**, 380.

4) *VwGO:* Entsprechend anzuwenden, § 173 VwGO, BVerwG in stRspr, ZBR **82**, 30, VerwRspr 30, 1018. Ein heilbarer Mangel des Verfahrens muß mindestens bis zum Abschluß der Instanz gerügt werden, BVerwG **8**, 149, falls er erst später erkennbar wird, ist Rüge im Berufungsrechtszug notwendig, BVerwG DVBl **61**, 379. *Der Betroffene muß eindeutig zum Ausdruck bringen, daß er sich mit dem Verfahrensverstoß nicht abfinden werde,* BVerwG **19**, 234. Nächste mündliche Verhandlung kann auch ein Termin iSv § 370 I sein, BVerwG DÖV **81**, 536 mwN.

296 *Verspätetes Vorbringen.* ^I Angriffs- und Verteidigungsmittel, die erst nach Ablauf einer hierfür gesetzten Frist (§ 273 Abs. 2 Nr. 1, § 275 Abs. 1 Satz 1, Abs. 3, 4, § 276 Abs. 1 Satz 2, Abs. 3, § 277) vorgebracht werden, sind nur zuzulassen, wenn nach der freien Überzeugung des Gerichts ihre Zulassung die Erledigung des Rechtsstreits nicht verzögern würde oder wenn die Partei die Verspätung genügend entschuldigt.

^{II} Angriffs- und Verteidigungsmittel, die entgegen § 282 Abs. 1 nicht rechtzeitig vorgebracht oder entgegen § 282 Abs. 2 nicht rechtzeitig mitgeteilt werden, können zurückgewiesen werden, wenn ihre Zulassung nach der freien Überzeugung des Gerichts die Erledigung des Rechtsstreits verzögern würde und die Verspätung auf grober Nachlässigkeit beruht.

^{III} Verspätete Rügen, die die Zulässigkeit der Klage betreffen und auf die der Beklagte verzichten kann, sind nur zuzulassen, wenn der Beklagte die Verspätung genügend entschuldigt.

^{IV} In den Fällen der Absätze 1 und 3 ist der Entschuldigungsgrund auf Verlangen des Gerichts glaubhaft zu machen.

Schrifttum: Bruns, Die Frist als gesetzgeberisches Mittel der deutschen Zivilprozeßreform zur Beschleunigung der Verfahren, Festschrift für Liebman (1979); Kallweit, die Prozeßförderungspflicht der Parteien und die Präklusion verspäteten Vorbringens usw, 1983.

Gliederung

1) Allgemeines
  A. Sinn der Regelung
  B. Auslegungsfolgen
    a) Zurückweisungspflicht
    b) Anwaltspflicht
    c) Förderungspflicht des Gerichts
    d) Verfassungsmäßigkeit
    e) Einzelfragen
  C. Rechtsmißbrauch
2) Vorbringen nach Fristablauf, I, IV
  A. Geltungsbereich
  B. Ausschluß verspäteten Vortrags
  C. Zulassung verspäteten Vortrags
    a) Grundsatz
    b) Voraussetzungen im einzelnen

    aa) Keine Verzögerung
    bb) Entschuldigung
3) Nicht rechtzeitiges Vorbringen, II
  A. Geltungsbereich
  B. Ermessen
  C. Zurückweisungsgründe
    a) Verzögerung
    b) Grobe Nachlässigkeit
4) Verspätete Zulässigkeitsrüge, III, IV
  A. Rügeverlust
  B. Zulassung der Rüge
    a) Amtsprüfung
    b) Entschuldigung
5) *VwGO*

1) Allgemeines. A. Sinn der Regelung. Die Rechtsidee hat drei Komponenten: Gerechtigkeit, Rechtssicherheit, Zweckmäßigkeit. Gerechtigkeit ist das Hauptziel, BGH **76**, 178, Baumgärtel Gedenkrede auf Bruns (1980) 18. Aber es läßt sich weder ohne Rechtssicherheit noch ohne Zweckmäßigkeit erreichen. Dies gilt auch im Zivilprozeß. Ein noch so gerechtes Urteil ist sinnlos, wenn es inzwischen niemandem mehr nützen kann. Kein Zivilprozeß darf unerträglich dauern, nur um so gerecht wie nur möglich zu enden. Natürlich soll nicht Fixigkeit siegen, sondern das Recht, vgl auch BGH **86**, 224, Bettermann ZZP **91**, 397, Brangsch AnwBl **77**, 277, Wolf JZ **83**, 312. Das wahre Recht darf aber nicht endlos auf sich warten lassen. Das unterbewertet Arens ZPR^2 Rdz 189.

Natürlich besteht bei einem so weitgehenden System von Zurückweisungsvorschriften wie dem jetzigen die Gefahr, daß der allzu forsche Richter allzu formal vorgeht und entscheidungserheblichen Stoff übergeht, Bruns Festschrift für Liebman (1979) I 132. Dieses Risiko hat der Gesetzgeber ersichtlich selbst bewußt in Kauf genommen, BGH **86**, 33 und 223 je mwN, vgl insofern auch Baumgärtel Gedenkrede auf Bruns (1980) 18. Das Gericht ist deshalb nicht befugt, die einschlägigen Vorschriften aus Angst vor einer neuen Rechtsunsicherheit nur ängstlich zaudernd anzuwenden.

I, eine der wichtigsten Neuerungen der VereinfNov, vgl Lange DRiZ **80**, 408, umfaßt die Behandlung verspäteten Vorbringens einer Partei. Die Regelung erfaßt die Voraussetzungen, unter denen das Gericht ein Angriffs- oder Verteidigungs- oder Beweismittel als verspätet zurückweisen kann, abschließend, freilich erst zusammen mit § 283, nur mit dieser Maßgabe richtig BGH NJW **81**, 1319 mwN.

Das Gericht hat das Recht und die unmißverständliche Pflicht, solches Vorbringen, den „prozessualen Wechselbalg", Zeidler DRiZ **83**, 257, unter den gesetzlichen Voraussetzungen zurückzuweisen, evtl sogar gegen den Wunsch des Gegners des Verspäteten, Grdz 3 D b cc vor § 128, und eine evtl sachlichrechtliche Unrichtigkeit, eine Ungerechtigkeit der daraus folgenden Entscheidung hinzunehmen, BVerfG **55**, 72, BGH **75**, 142, vgl auch BGH **76**, 136, ferner zB Deubner NJW **77**, 921 (entgegen 925, insofern unklar derselbe NJW **80**, 1946), aM Knöringer NJW **77**, 2337. Damit erweist sich § 296 als eine betonte Maßregel zur Stützung der Rechtssicherheit und der Zweckmäßigkeit, selbst auf Kosten der Gerechtigkeit, vgl BGH **86**, 223 mwN.

B. Auslegungsfolgen. a) Zurückweisungspflicht. Dies muß bei jeder Auslegung der Vorschrift beachtet werden, BGH **86**, 223 mwN, Wolf ZZP **94**, 322, vgl insofern auch Mischke NJW **81**, 565. Der Richter darf einen klaren Gesetzesbefehl nicht mißachten, schon gar nicht mit genau demjenigen Argument, daß der Gesetzgeber eben nicht als das maßgebliche anerkannt hat, dem einer Gefahr für die Gerechtigkeit der Entscheidung. Das klärt BGH (8. ZS) **76**, 178 trotz seiner im übrigen richtigen Haltung nicht genügend. Zwar ist § 296 keine Strafvorschrift, vgl insofern Leipold ZZP **93**, 251, Mischke NJW **81**, 565, aber er dient der Beschleunigung, BGH **86**, 33 mwN; insofern grundsätzlich richtig und gerade deshalb wegen seiner Nichtbeachtung der §§ 216 II, 272 III im Ergebnis doch falsch Hamm NJW **80**, 294 (insofern abl Deubner).

Aus diesen Gründen ist auch die hier und dort zu beobachtende Tendenz bedauerlich, die Sachdiskussion auf eine emotionale Ebene zu verlagern. Man sollte auch Ausdrücke wie „Überzeugter Verfahrensbeschleuniger", Deubner NJW **80**, 2363, bei seiner Kritik durchaus vermeiden.

Ohne eine energische Anwendung des § 296 würde das für den Richter verbindliche Ziel des Gesetzes, den Zivilprozeß in einem erträglichen Zeitraum zu beenden, und damit die gesamte Neuregelung der §§ 271 ff weitgehend unerreichbar sein, vgl BGH **86**, 34 mwN, Franzki NJW **79**, 12, vgl auch BGH NJW **79**, 2110, ferner von Bassewitz NJW **82**, 458, Lange DRiZ **80**, 408, Zeidler DRiZ **83**, 257. Dies beachten zB Baumgärtel NJW **78**, 931, Deubner NJW **77**, 925 (er spricht von einem „unverständlichen hohen Preis"), Schneider MDR **77**, 796 (er befürchtet eine „Klimaverschlechterung"), derselbe NJW **80**, 947 (er spricht dort von einer „Flucht in das Versäumnisurteil", vgl § 342 Anm 1) nicht genug. II macht ohnehin schon wieder erhebliche Zugeständnisse gegenüber der ungleich schärferen Waffe des I.

Zwar stellt § 296 hohe Anforderungen an alle Beteiligten. Ob sie zu hoch sind, läßt sich noch nicht abschließend sagen. Es mag als problematisch empfunden werden, wenn das Gesetz Sorgfaltsanforderungen aufstellt, die im Vergleich zu den heutigen allgemeinen Qualitätsvorstellungen jedenfalls äußerst anspruchsvoll sind. Um so mehr ist der Richter verpflichtet, den unmißverständlichen Willen des Gesetzgebers zu respektieren, und darf ihn nicht durch noch so gut gemeinte Gerechtigkeitsbestrebungen oder gar durch Ignoranz unterlaufen, vgl auch BGH **86**, 34 mwN. Die Parteien haben eine vom Gericht gesetzte Frist auch dann grundsätzlich strikt einzuhalten, wenn sie nicht erkennen können, wie weitgehend das Gericht den Prozeß im folgenden Termin zur Entscheidungsreife führen will, BGH **86**, 37.

Daher wäre es auch verfehlt, durch eine obendrein bequeme Zurückverweisungspraxis nach §§ 528, 529 den vom Gesetz gerade erst mühsam geschaffenen Ermessensspielraum der 1. Instanz bei § 296, vgl BGH **76**, 138 mwN, gleich wieder einzuengen. Die 2. Instanz sollte auch im Rahmen von §§ 528, 529 dieselben harten Anforderungen stellen wie die 1. Instanz bei § 296, vgl BVerfG **55**, 72, BGH **86**, 203 und NJW **80**, 1104 je mwN, Ffm MDR **80**, 944 mwN, Nürnb NJW **81**, 1680, LG Ffm NJW **79**, 2112, Geffert NJW **78**, 1418, auch bei einer Anschlußberufung, BGH **83**, 373. Nur durch eine derartige Übereinstimmung der Auslegung kann die dringend erforderliche Zügigkeit zum Nutzen aller Beteiligten erreicht werden, vgl Deubner NJW **77**, 924, Franzki DRiZ **77**, 165.

Erst recht beklagenswert sind die vielfach zu beobachtenden „Schulmeistereien" (ZöSchn § 543 Anm 1) und „öffentlichen Blamierungen", Roellecke DRiZ **83**, 261, die auch dann auftreten, wenn manches Berufungsgericht glaubt leisten zu können, wenn es ein vom Vorderrichter als verspätet zurückgewiesenes Vorbringen als rechtzeitiges beurteilt und den Rechtsstreit zurückverweist. Peinlich und ungehörig sind in solchem Zusammenhang herabsetzende Wertungen der Arbeitsweise des Erstgerichts durch „unangemessene sprachliche Wendungen, durch deren Benutzung das Berufungsgericht nur offenbart, daß es sich der eigenen Aufgabe nicht bewußt ist", ZöSchn § 543 Anm 1, 4, Mutschler FamRZ **82**, 549. Eine Häufung solcher Mißgriffe kann die Befangenheit begründen, Hamm VersR **78**, 646. Eine Zurückverweisung kommt ohnehin nicht mehr in Betracht, wenn der Prozeß inzwischen entscheidungsreif geworden ist, vgl zB Ffm DB **79**, 2476.

Das Berufungsgericht darf Angriffs- und Verteidigungsmittel, die im ersten Rechtszug vorgebracht wurden, nur unter den Voraussetzungen des § 528 III ausschließen, BGH JZ **81**, 352. Es darf eine von der ersten Instanz unterlassene Prüfung nicht nachholen, BGH JZ **81**, 352. Es darf daher auch nicht ein in erster Instanz nur nach I zurückgewiesenes Vorbringen nach II zurückweisen, BGH JZ **81**, 352, aM KG MDR **81**, 853.

Bei der Auslegung des § 296 sind stets auch §§ 277 I, 282 zu berücksichtigen, vgl BGH **86**, 37. Keineswegs darf bequem auf § 283 ausgewichen werden. Der Zivilprozeß ist und bleibt der Kampf der Parteien, vgl Leipold ZZP **93**, 264. Er ist keineswegs eine bloße „Arbeitsgemeinschaft", insofern aM Schmidt JZ **80**, 158 mwN, Schneider MDR **77**, 793. Die gesamte Neuregelung des verspäteten Vorbringens durch die VereinfNov ist der (nicht geringe) Preis, den die Parteien nach dem Willen des Gesetzgebers dafür zahlen müssen, daß sie schneller zu ihrem Recht kommen können als früher. Sie sollen die gesetzten Fristen nach allen Kräften einhalten und ihre Prozeßförderungspflicht sehr ernst nehmen.

b) Anwaltspflicht. Das gilt auch und dringlich für so manchen ProzBev. Überlastung ist zwar ein Zeichen der Zeit. Der Gesetzgeber hat sie gleichwohl nicht als ausreichende Entschuldigung anerkannt. Deshalb ist Überlastung kein Argument zur Prozeßverschleppung, auch nicht zur ungewollten. Jeder einzelne Vertrag zwingt den Anwalt als ProzBev, alles ihm überhaupt nur Zumutbare zu tun, um diesen einzelnen Rechtsstreit korrekt und rasch zum Ziel zu führen, vgl auch BGH NJW **82**, 437. Jeder einzelne Mandant hat das volle Recht, derartige Sorgfalt zu verlangen, und braucht grundsätzlich keinerlei Rücksicht auf andere Auftraggeber zu nehmen. Das verkennt Schlesw VersR **81**, 691.

An dieser eindeutigen bürgerlichrechtlichen Situation vermag auch kein Standesrecht etwas zu ändern. Der ProzBev darf nur soviele Aufträge annehmen, daß er jeden einzelnen mit der vom Gesetz und vom Vertrag geforderten Sorgfalt bearbeiten kann, und zwar vor allem zu Prozeßbeginn, vgl Brehm AnwBl **83**, 197, Franzki DRiZ **77**, 169. Verschulden des ProzBev gilt als solches der Partei, § 85 II, auch im Bereich des § 296, BGH NJW **83**, 577, Düss NJW **82**, 1889 (zu § 528 II). Es wäre verhängnisvoll, ein diesbezügliches Verschulden nur deshalb zu verneinen, weil eine allgemeine Überlastung vorliege, insofern wohl auch Schlesw VersR **81**, 691; genau solche Argumentation hat der Gesetzgeber bei der Verschärfung der Vorschriften zur Zurückweisung verspäteten Vorbringens nicht anerkennen wollen. Im Urteil ist ein Hinweis auf § 85 II nicht nur zulässig, insofern abw Franzki NJW **79**, 12, sondern oft notwendig, um klarzustellen, daß die persönlich schuldlose Partei zwar im Außenverhältnis die Folgen vorwerfbarer Untätigkeit oder Verzögerung ihres ProzBev hinnehmen muß, gleichwohl ihm gegenüber dadurch aber nicht völlig rechtlos wird.

c) Förderungspflicht des Gerichts. Die gesamte Neuregelung zur Zurückweisung verspäteten Vortrags setzt voraus, daß auch und vor allem das Gericht seine Pflichten erfüllt, BGH **86**, 223 mwN, KG NJW **79**, 1369, Köln NJW **80**, 2422, vgl auch (wegen der Auswirkungen in der Berufungsinstanz) BAG NJW **80**, 2486. Insofern richtig auch Knöringer NJW **77**, 2337, Schneider MDR **82**, 902, Wangemann WM **77**, 246, vgl zB § 273 Anm 2 C. Dazu gehören auch eine ausreichende Fristbenennung, § 275 Anm 1 A, § 276 Anm 3 B, und eine etwa nach § 283 zu gewährende Nachfrist, Mü VersR **82**, 884, und zwar durch einen Beschluß des Kollegiums, auch bei einer Fristverlängerung, § 283 Anm 5 B, BGH NJW **83**, 2031, oder ein etwa von Amts wegen nach § 144 einzuholendes Gutachten, BGH VersR **82**, 146, oder eine ordnungsgemäße Unterzeichnung der fristsetzenden Verfügung mit dem vollen Namen, nicht nur mit einer sog Paraphe, § 129 Anm 1 A c, B, und die Zustellung einer beglaubigten Abschrift der Verfügung, BGH JZ **81**, 351 mwN. Ist eine vom Gesetz nicht vorgesehene Belehrung irreführend erfolgt, so kann eine Zurückweisung unzulässig sein, BVerfG **60**, 100 mwN. Ist umgekehrt eine vom Gesetz vorgesehene Belehrung unterblieben, so wird die verspätet vortragende Partei dadurch nur dann geschützt, wenn die Belehrung auch strikt vorgeschrieben war, Franzki NJW **79**, 12. Eine zwar erfolgte, aber inhaltlich unklare Belehrung kann auch dann, wenn überhaupt keine Belehrung notwendig war, I unanwendbar machen, vgl auch BGH **86**, 225. Die unklare Bemessung einer gesetzlich vorgeschriebenen Frist macht I unanwendbar, BVerfG **60**, 6.

Freilich braucht das Gericht bei verspätetem Vorbringen nur in zumutbaren Grenzen aktiv zu werden, BGH NJW **83**, 576 mwN, Stürner, Die richterliche Aufklärungspflicht im Zivilprozeß (1982) 34; es braucht sich nicht abzuhetzen und alles andere liegenzulassen, andere Termine zu verschieben usw. Ein Zeitraum von 2–3 Werktagen ist meist zu kurz, BGH NJW **80**, 1103. Keineswegs kann dem Gegner der verspätet vortragenden Partei durchweg zugemutet werden, einen Antrag nach § 283 zu stellen; schon die Notwendigkeit eines derart erzwungenen besonderen Verkündungstermins kann eine Verzögerung verursachen, § 283 Anm 1.

Trotz § 273 darf das Gericht auch keineswegs jedes verspätet angebotene Beweismittel sofort herbeischaffen, etwa einen Zeugen telegrafisch laden, Schlesw SchlHA **80**, 161. Es muß vielmehr zunächst dem Gegner des verspäteten Beweisführers eine ausreichende Gelegenheit zu einer Stellungnahme geben, BGH NJW **80**, 946. Erst anschließend ist zu prüfen, ob die jetzt noch verbleibende Zeit zu zumutbaren Maßnahmen nach § 273 ausreicht, BGH **76**, 136. In diesem Zeitpunkt kommt es entgegen Schneider NJW **80**, 948 sehr wohl darauf an, ob die Terminsbelastung am (meist ja längst anberaumten) Sitzungstag noch die Ladung zusätzlicher Zeugen usw erlaubt. Das Gericht darf und muß nämlich auch an die anderen anschließend anberaumten Prozesse und an die Zeitplanung dafür denken, § 227 Anm 3 B a.

Natürlich darf das Gericht mit einer Fristsetzung keinen Mißbrauch treiben, BGH **86**, 39. Das Gericht soll das „gesetzliche Leitbild des Prozeßablaufs" beachten, Wolf JZ **83**, 312. Es hat aber auch insofern ein weites Ermessen, BGH **86**, 39. Es braucht insbesondere die Art seiner beabsichtigten Verfahrensförderung den Parteien nicht in sämtlichen Einzelheiten zu verdeutlichen, BGH **86**, 39. Es braucht keinesweges stets einen Beweisantritt anzuregen, Mayer NJW **83**, 858.

d) Verfassungsmäßigkeit. Nach alledem ist die Regelung durchaus mit dem GG vereinbar, BVerfG **54**, 124, **59**, 334, **60**, 6, **62**, 254 und NJW **82**, 1453, vgl BGH **76**, 138 (zu § 528) und **86**, 33, 38, 222, Schumann NJW **82** 1613, Wolf ZZP **94**, 311, aM Schneider NJW **80**, 947. Gerade Art 103 I GG kann eine Zurückweisung gebieten, Zeidler DRiZ **83**, 257. Eine entsprechende Anwendung des § 296 ist wegen seiner einschneidenden Wirkungen unzulässig, BVerfG **60**, 6 mwN, BGH **86**, 224 und VersR **82**, 345 je mwN. Die Vorschrift ist also auch im Beschwerdeverfahren unanwendbar, BVerfG **59**, 334 (krit Schumann NJW **82**, 1613), BGH MDR **81**, 664, Mü MDR **81**, 1025, aM KG OLGZ **79**, 367. Vgl auch Einl III 3 A.

e) Einzelfragen. In Ehesachen gilt § 615. Im arbeitsgerichtlichen Kündigungsverfahren ist § 61a V, VI zu beachten.

C. Rechtsmißbrauch. Ein formell nicht verspätetes Vorbringen kann wegen Rechtsmißbrauchs, Einl 6 A, dennoch unbeachtlich sein, Wolf ZZP **94**, 322 (er spricht von Verwirkung). Freilich kann eine solche Situation nur ausnahmsweise vorliegen, Wolf ZZP **94**, 323, und unter anderem nur dann, wenn man dem Gegner infolge eines mittlerweile zu seinen Gunsten bestehenden Vertrauensschutzes die Rechtsausübung, die infolge einer Zulassung des Vorbringens der anderen Partei notwendig würde, nicht mehr zumuten kann, weil er dadurch einen Rechtsnachteil erleiden würde, den er sonst nicht erlitten hätte, etwa eine Verschlechterung seiner Beweismöglichkeiten, Wolf ZZP **94**, 323.

2) Vorbringen nach Fristablauf, I, IV. A. Geltungsbereich. Umfaßt werden alle Angriffs- und Verteidigungsmittel, Einl III 7 B, mit Ausnahme der Zulässigkeitsrügen, die in III besonders geregelt sind. Vgl im übrigen § 282 I. Ein Angriffs- oder Verteidigungsmittel liegt erst dann vor, wenn eine Partei es überhaupt bis zum Schluß des Verhandlungstermins einführt, AG Lübek WM **83**, 52. Die Klagänderung ist kein Angriffs- oder Verteidigungsmittel, sondern ein neuer Angriff, Karlsr NJW **79**, 879. Auch eine Widerklage ist kein bloßes Angriffs- oder Verteidigungsmittel, Anh § 253 Anm 1 B, § 282 Anm 2, BGH NJW

81, 1217 mwN, abw LG Bln MDR **83**, 63 (es komme darauf an, ob zwar die Klage, nicht aber die Widerklage entscheidungsreif sei). Eine Verspätung liegt nur vor, wenn eine der in I genannten Fristen versäumt ist, zB § 275 I 1, BGH zB **86**, 35 mwN (krit Deubner NJW **83**, 1026) und VersR **83**, 33, Karlsr (8. ZS) NJW **83**, 403 mwN (zustm Deubner), Saarbr MDR **79**, 1030, LG Paderb NJW **78**, 381, abw Hamm NJW **83**, 401, aM Karlsr (13. ZS) NJW **80**, 296, Mü NJW **83**, 402 mwN, Schlesw SchlHA 83, 14, oder § 276 I 2, BGH NJW **79**, 2110, oder § 340 III, BGH **75**, 141, Deubner NJW **77**, 922, vgl § 340 Anm 3 C.

I, IV sind also nicht beim Ablauf anderer Fristen anwendbar, zB derjenigen gemäß § 697 I 1, § 697 Anm 2 B c, BGH VersR **82**, 345, Hbg NJW **79**, 376, Hamm MDR **83** 413 mwN, Köln NJW **81**, 2265, Büchel NJW **79**, 950, Deubner NJW **77**, 922, Hirtz NJW **81**, 2234, krit Franzki NJW **79**, 12, aM Kramer NJW **78**, 1414, Mischke NJW **81**, 565. Im schriftlichen Verfahren, § 128 II, III, ist bei einem Vortrag nach Fristablauf § 296a entsprechend anwendbar, nicht § 296, abw Kramer NJW **78**, 1414. Für die Einhaltung der Frist reicht der Eingang beim Gericht aus; ein Eingang auf der zuständigen Geschäftsstelle ist dann nicht notwendig, vgl BVerfG **52**, 209 und **60** 122, aber auch 246 je mwN.

Der Vorsitzende muß die Verfügung mit seinem Namen unterzeichnet haben; ein bloßes Handzeichen (Paraphe) reicht nicht aus, § 329 Anm 1 A c, B, BGH VersR **83** 33, vgl BGH JZ **81**, 351 je mwN, LAG Hamm MDR **82**, 612. Eine Unterzeichnung „auf Anordnung" durch einen Justizangestellten reicht also nicht aus, BGH JZ **81**, 351. Der Urkundsbeamte der Geschäftsstelle muß die Fristverfügung dem Empfänger in beglaubigter Abschrift zugestellt haben, BGH JZ **81**, 351 mwN.

Eine Verspätung kommt ferner nur in Betracht, wenn die fragliche Frist gerade vom Gericht dieser Instanz, BVerfG **59**, 334, und gerade für dieses Angriffs- und Verteidigungsmittel („hierfür") gesetzt worden war, Deubner NJW **77**, 922, Schröder ZZP **91**, 306, also zB nicht dann, wenn die andere als die vom Richter gemäß § 273 II Z 1 angeforderte Urkunde vorliegt; dann kann freilich evtl II anwendbar sein. Bei einer (umfassenden) Klagerwiderung oder Replik gibt § 277 I, IV den Maßstab des Notwendigen. Ein Vorbringen kann schon im ersten Termin verspätet sein, LG Aachen MDR **78**, 851, Deubner NJW **77**, 923, Knöringer NJW **77**, 2338. Das Gericht darf und muß ein verspätetes Vorbringen auch dann als verspätet behandeln, wenn es ein Grundurteil erlassen will, BGH MDR **80**, 51.

Natürlich setzt das Gericht außerdem voraus, daß das Angriffs- oder Verteidigungsmittel überhaupt erheblich ist, Deubner NJW **81**, 930.

B. Ausschluß verspäteten Vortrags. Ein Fristversäumnis hat grundsätzlich den Ausschluß des Vortrags kraft Gesetzes zur Folge, BGH JZ **81**, 352. Diese entscheidende Verschärfung gegenüber der Regelung gemäß II darf nicht durch eine allzu großzügige Zulassung verwässert werden, Anm 1 B a. Freilich gehört zu den Voraussetzungen einer Fristversäumnis eine ordnungsgemäße Belehrung über die Folgen eines Fristablaufs, soweit das Gericht zu einer solchen Belehrung von Amts wegen verpflichtet ist, wie bei § 277, nicht etwa bei § 276 II (dieser verweist nur auf § 276 I 1, während § 296 I nur auf § 276 I 2 verweist; vgl aber § 335 I Z 4). Es ist jedoch keine Überspannung der Anhörungspflicht ratsam, Deubner NJW **79**, 880, abw Karlsr NJW **79**, 879. Zur Fristberechnung vgl die Anmerkungen bei den einzelnen Vorschriften.

C. Zulassung verspäteten Vortrags. a) Grundsatz. Trotz einer Fristversäumnis kann der Vortrag ausnahmsweise zugelassen werden, wenn eine der beiden Voraussetzungen b aa–bb vorliegt. Diese Voraussetzungen sind wie alle Ausnahmeregeln eng auszulegen, obendrein wegen der grundsätzlichen Bedeutung des § 296, Anm 1. Ob b aa–bb vorliegt, ist nach der freien Überzeugung des Gerichts, nicht des Vorsitzenden, zu prüfen. Das Gericht hat also einen zwar pflichtgemäßen, aber weiten Ermessensspielraum, BGH **76**, 136, NJW **79**, 1988 und NJW **81**, 928. Wenn aber nach seinem Befund eine der Ausnahmen aa oder bb gegeben ist, dann muß es den verspäteten Vortrag zulassen, hat also insofern anders als bei II keinen weiteren Ermessensspielraum.

Die Entscheidung über die Zulassung erfolgt im Endurteil oder in einem Zwischenurteil aus § 304. Ein bloßer Beschluß hätte keine Bedeutung; die Entscheidung müßte im Endurteil wiederholt werden. Die Anfechtung der Zulassung ist nur zusammen mit derjenigen des Endurteils möglich, vgl Deubner NJW **77**, 921. Nachprüfbar ist in der höheren Instanz nur, ob ein echter Ermessensmißbrauch vorlag, vgl Anm 1 B a.

b) Voraussetzungen im einzelnen. Es muß wenigstens eine der folgenden Voraussetzungen erfüllt sein:

aa) Keine Verzögerung. Ein verspäteter Vortrag ist zuzulassen, wenn er die Erledigung des Rechtsstreits nicht verzögert. Eine völlig unerhebliche Zeitspanne ist unschädlich, sowohl auch Fey DRiZ **78**, 180. Jede größere Zeitspanne ist schädlich, Lange DRiZ **80**, 410. Ein Vortrag nach dem Fristablauf darf also nicht etwa schon dann zugelassen werden, wenn die Verzögerung zwar erheblich, aber nicht ernstlich ist. Eine Verzögerung liegt vor, sobald der geplante oder anberaumte Verhandlungstermin voraussichtlich gefährdet wird (das meint wohl auch Karlsr NJW **80**, 296) oder sobald die Zulassung des Vortrags voraussichtlich dazu zwingt, dem Gegner eine Nachfrist gemäß § 283 zu setzen, Schlesw SchlHA **79**, 23.

Man darf den Verzögerungsbegriff keineswegs im Verfahren mit einem frühen ersten Termin großzügiger auslegen als nach einem schriftlichen Vorverfahren, BGH **86**, 36. Eine Verzögerung liegt auch dann vor, wenn der Prozeß ebenso lange dauern würde, wenn der verspätete Vortrag fristgerecht eingegangen wäre, BGH NJW **80**, 1960 mwN. Eine Verzögerung liegt vor, wenn die Zulassung des nach Fristablauf eingegangenen Vortrags zu irgendeiner zeitlichen Verschiebung zwingt, sog „absoluter", BGH **86**, 34, bzw realer Verzögerungsbegriff (Wolf ZZP **94**, 313), BGH **86**, 34 (zustm Wolf JZ **83**, 312) sowie BGH **86**, 202 und NJW **81**, 928 je mwN, insofern richtig Hamm NJW **80**, 294 (insofern zustm Deubner), ferner zB Karlsr NJW **83**, 403, Köln VersR **79**, 89, Mü MDR **81**, 1025 mwN, ferner grds Oldb MDR **78**, 1072, LG Bln NJW **79**, 374, LG Ffm NJW **79**, 2112, LG Kblz NJW **82**, 289 (zustm Deubner), Franzki NJW **79**, 13, Grunsky AcP **81**, 344, Lange DRiZ **80**, 409, Overrath DRiZ **80**, 254, offen BGH (4a. ZS) VersR **82**, 346, BGH (8. ZS) NJW **80**, 1103, aM Ffm NJW **79**, 1715 je mwN, Hamm NJW **79**, 1717, Bischof MDR **81**, 790, Büchel NJW **79**, 950, Leipold ZZP **93**, 251, RoS § 69 II 1 a ThP 2a, Schumann ZZP **96**, 208 mwN (eine Verzögerung liege nur dann vor, wenn die Instanz bei einem rechtzeitigen Vorbringen früher beendigt wäre, sog hypothetischer Verzögerungsbegriff). Ein Verstoß gegen die vom BVerfG wohl im Grunde bestätigte, jetzt von mehreren Senaten vertretene Auffassung des BGH ist für sich allein allerdings noch kein Verfassungsverstoß, BVerfG **51**, 191.

Eine Verzögerung kann auch dann vorliegen, wenn zusätzlich zum frühen ersten Termin ein bisher nicht vorgesehener (weiterer) Haupttermin notwendig würde, § 272 Anm 2, Karlsr NJW **83**, 403, abw Hamm NJW **83**, 401, aM Mü NJW **83**, 402 je mwN

Eine Verzögerung kann auch dann vorliegen, wenn das Gericht infolge der Vernehmung eines verspätet benannten, aber im Termin gestellten Zeugen einen infolgedessen erforderlichen weiteren Beweis erst in einem späteren Termin erheben könnte, BGH **83**, 312 und **86**, 201 mwN, oder wenn das Gericht das Urteil im entscheidungsreifen Prozeß nicht sofort, sondern in einem besonderen Verkündungstermin verkünden will und wenn die Partei zB ihr verspätetes Beweismittel bis zu diesem Verkündungstermin noch heranschaffen könnte, Zweibr MDR **81**, 504. Das Gericht braucht keineswegs dem Prozeßgegner der verspätet vortragenden Partei schon zur Vermeidung der Zurückweisung dieses verspäteten gegnerischen Vortrags eine Frist nach § 283 zu setzen, § 283 Anm 1, aM KG NJW **83**, 580.

Mutmaßungen darüber, wie das Verfahren tatsächlich verlaufen wäre, sind unerheblich, BGH NJW **80**, 1960 mwN, Köln VersR **79**, 89.

Der Rechtsstreit muß auch im ganzen entscheidungsreif sein, zB nicht nur zur Klage oder Widerklage, BGH NJW **81**, 1217. Eine Verspätung des Vortrags zur Klage ist also unschädlich, soweit der Vortrag mit demjenigen zur Widerklage übereinstimmt und insofern nicht verspätet ist, BGH NJW **81**, 1217. Das Gericht muß ein verspätetes Vorbringen des Bekl auch dann zurückweisen, wenn der Kläger es als richtig zugesteht, aber nun eine neue Tatsache vorträgt, die eine Beweisaufnahme im sonst entscheidungsreifen Prozeß notwendig macht, aM LG Freibg MDR **82**, 762.

Die Zurückweisung eines verspäteten Vorbringens, dessen Berücksichtigung die Erledigung des Rechtsstreits nicht verzögert hätte, verstößt gegen Art 103 I GG, vgl Einl III 3 A sowie zB BVerfG NJW **80**, 277; zum Problem Deubner NJW **80**, 263 mwN und 1945.

Ein verspätetes Vorbringen kann auch durch ein Grundurteil zurückgewiesen werden, BGH **77**, 309 und WM **79**, 918, ebenso durch ein Teilurteil, insofern aM BGH **77**, 308 (mit Recht abl Deubner NJW **80**, 2355).

bb) Entschuldigung. Ein verspäteter Vortrag ist zuzulassen, wenn er die Erledigung des Rechtsstreits zwar verzögert, wenn die Partei die Verspätung jedoch entschuldigt; I spricht überflüssig von „genügender" Entschuldigung. An eine Entschuldigung sind aus den Gründen Anm 1 B a scharfe Anforderungen zu stellen, vgl Deubner NJW **77**, 924. Keineswegs braucht das Gericht von Amts wegen nachzuweisen, daß die Partei die Verspätung schuldhaft oder gar grob fahrlässig oder gar in Verschleppungsabsicht herbeigeführt hat, BGH NJW **83**, 577. Vielmehr darf und muß das Gericht nach einem notwendigen Hinweis darauf, daß der Vortrag verspätet sein könnte, Deubner NJW **78**, 356, aM von Bassewitz

NJW **82**, 459, wegen der gerichtlichen Pflicht zur Unparteilichkeit zunächst abwarten, ob die Partei ihrerseits Entschuldigungsgründe darlegt.

Keineswegs muß das Gericht dann, wenn es von vornherein oder rückblickend betrachtet die Frist zu kurz bemessen hatte, das verspätete Vorbringen automatisch zulassen, aM Hamm MDR **83**, 63. Wohl aber liegt bei auch nur rückblickend zu kurzer Fristbemessung eher eine Entschuldigung der Verspätung vor.

Erst wenn Entschuldigungsgründe schlüssig vorgetragen worden sind, ist zu prüfen, ob das Gericht gemäß IV eine Glaubhaftmachung fordern muß, § 294, LG Ffm NJW **79**, 2112. Letztere braucht die Partei allerdings unabhängig davon, ob die Gründe offenkundig sind, § 291, erst auf Verlangen des Gerichts zu liefern. Daher darf der Vortrag nicht etwa wegen Fehlens einer Entschuldigung zurückgewiesen werden, nur weil die Partei ihre Entschuldigungsgründe nicht zugleich mit dem verspäteten Vortrag bereits glaubhaft gemacht hat. Falls das Gericht eine Glaubhaftmachung fordert, muß es auch § 294 II beachten, darf also eine Beweisaufnahme nicht durchführen, die nicht sofort erfolgen könnte.

Trotz einer Glaubhaftmachung darf das Gericht den verspäteten Vortrag nur dann zulassen, wenn nach seiner freien Überzeugung, I, und nicht bloß nach einer überwiegenden Wahrscheinlichkeit, § 294 Anm 1 A, eine wirkliche Entschuldigung vorliegt; I hat Vorrang vor den Anforderungen IV, aM Leipold ZZP **93**, 246.

Als Entschuldigung ist es anzusehen, wenn ein Verfahrensfehler des Gerichts für die Verzögerung ursächlich war, Anm 1 B c, oder wenn die Partei glauben darf, ihr Anwalt erhalte ebenfalls eine Frist. LG Paderb NJW **78**, 381, oder wenn ihr mit dem Streitstoff bekannter Vertrauensanwalt im Urlaub war, Köln NJW **80**, 2422; freilich sind auch insofern scharfe Anforderungen nicht notwendig. Keine Entschuldigung liegt zB dann vor, wenn die Partei ihren ProzBev vorwerfbar spät beauftragt, LG Paderb NJW **78**, 381, oder wenn sie keine Fristverlängerung beantragt, etwa gemäß § 340 III 2, BGH NJW **79**, 1989. Auch hier sind hohe Sorgfaltsanforderungen zu stellen, diesmal an die Partei persönlich, vgl Anm 1 B a.

3) Nicht rechtzeitiges Vorbringen, II. A. Geltungsbereich. Umfaßt werden alle Angriffs- und Verteidigungsmittel, BGH VersR **82**, 345, mit Ausnahme der Zulässigkeitsrügen, die in III besonders geregelt sind. Eine Zurückweisung erfolgt nur, wenn der Vortrag nicht so rechtzeitig einging, wie § 282 I, II es fordern, BGH VersR **82**, 345, Celle VersR **83**, 187. Erst ein nach II nicht zurückgewiesenes Vorbringen kann das Gericht zu einer Nachfrist gemäß § 283 veranlassen. Im schriftlichen Verfahren, § 128 II, III, gilt das in Anm 2 A Ausgeführte entsprechend. Das Gericht darf und muß ein verspätetes Vorbringen auch dann als verspätet behandeln, wenn es ein Grundurteil erlassen will, vgl BGH MDR **80**, 51.

II gilt auch in der Berufungsinstanz, BGH NJW **81**, 1319 mwN.

B. Ermessen. Fehlende Rechtzeitigkeit des Vortrags hat keinen automatischen Ausschluß zur Folge, vgl Saarbr MDR **79**, 1030. Insofern bestehen erhebliche Unterschiede zu der scharfen Regelung gemäß I. Bei II bedarf es vielmehr zum Ausschluß des Vortrags einer Zurückweisung, die auf Antrag oder von Amts wegen erfolgt. Das Gericht hat hier ein pflichtgemäßes, aber weites Ermessen, Anm 1 B a, BGH JZ **81**, 352 und VersR **82**, 345, Schlesw SchlHA **80**, 161; „freie Überzeugung" ist trotz des insofern dem § 279 I aF entsprechenden Wortlauts jetzt weiter zu fassen, Hbg NJW **79**, 376. Bei einer Zurückweisung besteht kein Anspruch auf eine Wiedereröffnung der Verhandlung gemäß § 156, vgl Köln MDR **71**, 308 (zu § 279 aF). Das Gericht ist nicht verpflichtet, § 227 anzuwenden, solange es das rechtliche Gehör gewährt, vgl Köln NJW **73**, 1847 (zu § 279 aF).

Keine Zurückweisung erfolgt bei einem Vortrag, der sich auf Umstände bezieht, die zu den von Amts wegen zu beachtenden Prozeßvoraussetzungen zählen, vgl Nürnb OLGZ **72**, 41, und soweit das Gericht zur Amtsermittlung verpflichtet ist, vgl BFH NJW **70**, 2319. Das Gericht muß zu der Frage der Verspätung stets das rechtliche Gehör gewähren, vgl Düss MDR **71**, 670, Nürnb NJW **72**, 2274, aber auch BayVGH BayVBl **72**, 294, Schlicht NJW **73**, 519, ferner Köln JMBlNRW **73**, 130 (alle zum alten Recht).

C. Zurückweisungsgründe. Die Zurückweisung des nicht rechtzeitigen Vortrags kommt nach II in Betracht, soweit die folgenden beiden Voraussetzungen zusammentreffen:

a) Verzögerung. Die Erledigung des Rechtsstreits würde verzögert. Vgl die (freilich umgekehrten) Voraussetzungen der Anm 2 Cb, so wohl auch BGH NJW **82**, 2560 (krit Deubner). Eine Verzögerung allein reicht jedoch nicht.

b) Grobe Nachlässigkeit. Außerdem muß die Verspätung auf einer mindestens groben Nachlässigkeit beruhen. Es ist also zwar keine Verschleppungsabsicht notwendig; andererseits ist eine nur leichte Nachlässigkeit unschädlich. Eine Zurückweisung erfolgt vielmehr erst dann, wenn jede prozessuale Sorgfalt verabsäumt worden ist, vgl Köln OLGZ **73**, 369, also bei einem groben prozessualen Verschulden, Einl III 7 A. Grobes prozessuales Verschulden ist freilich wegen der durch die VereinfNov erheblich gesteigerten Sorgfaltsanforderungen jetzt eher anzunehmen als nach altem Recht, Anm 1 B a, Düss NJW **82**, 1889.

Grobe Nachlässigkeit kann zB vorliegen, wenn der Beweisführer den Beweis nicht einmal nach der ersten streitigen Verhandlung unverzüglich antritt, Celle VersR **83**, 187, oder wenn der Beweisführer zwar um eine Fristverlängerung bittet, dann aber in den angekündigten Urlaub fährt, ohne die Bewilligung der Fristverlängerung abzuwarten oder in einer unkomplizierten, übersichtlichen Sache noch vor dem Urlaubsantritt vorzutragen, vgl LG Kblz NJW **82**, 289 (zustm Deubner). Grobe Nachlässigkeit kann auch bei einem Organisationsverschulden vorliegen, BGH VersR **82**, 346, zB bei der Einschaltung eines sog Anwaltskartells oder dann, wenn der Anwalt verhandelt, ohne die Sache überhaupt zu kennen, Düss NJW **82**, 1889.

Grobe Nachlässigkeit kann bei einer schweren Erkrankung fehlen, BGH VersR **82**, 346, oder dann, wenn triftige Gründe eine Zurückhaltung rechtfertigten, Oldb MDR **79**, 503, oder wenn die Partei die Bedeutung des Vorbringens wirklich nicht erkennen konnte. Ein Verschulden des gesetzlichen Vertreters oder des ProzBev ist auch hier ein Verschulden der Partei, §§ 51 II, 85 II. Auch auf dieses Verschulden darf und muß das Gericht uU im Urteil eingehen, Anm 1. An die Sorgfalt eines RA sind auch hier hohe Anforderungen zu stellen. Seine Überlastung kann auch hier ein Organisationsverschulden sein. Ein Verschulden des Streithelfers schadet der Partei nicht, soweit sie ausreichend darauf geachtet hat, daß er die Prozeßförderungspflicht einer Prozeßpartei erfüllt, Schulze NJW **81**, 2665 mwN.

Trotz des Ermessensspielraums, B, BGH NJW **81**, 928, ist die Anwendung des Rechtsbegriffs der groben Nachlässigkeit in der höheren Instanz nachprüfbar, BGH VersR **82**, 346. Deshalb muß das Gericht die zugehörigen Tatsachen im Urteil feststellen, Saarbr MDR **79**, 1030.

Eine grobe Nachlässigkeit ist nur dann schädlich, wenn die Verspätung gerade auf ihr beruht, also nicht schon dann, wenn eine Verspätung objektiv feststellbar ohnehin eingetreten wäre.

4) Verspätete Zulässigkeitsrüge, III, IV. A. Rügeverlust. Mit dem Beginn der mündlichen Verhandlung des Bekl (oder des Klägers, § 282 Anm 5 A) zur Hauptsache, § 39 Anm 2, § 282 III, gehen sämtliche Zulässigkeitsrügen, auf die der Bekl bzw der Kläger verzichten kann, § 295 Anm 2, grundsätzlich verloren.

B. Zulassung der Rüge. Ausnahmsweise kann die verspätete Rüge zulässig sein, wenn eine der Situationen der beiden folgenden Fallgruppen vorliegt.

a) Amtsprüfung. Beachtlich bleiben von Amts wegen **aa)** eine sachliche Unzuständigkeit, zB eine ausschließliche Zuständigkeit des Arbeitsgerichts, Mü VersR **82**, 198, oder in einer nichtvermögensrechtlichen Sache, Üb 3 B b vor § 1. Wegen vermögensrechtlicher Sachen vgl aber §§ 529 II, 549 II; **bb)** die Unzulässigkeit des Rechtswegs; **cc)** eine anderweitige Rechtshängigkeit, § 261 Anm 6 A; **dd)** das Fehlen der Partei- und Prozeßfähigkeit; ein Mangel bei der gesetzlichen Vertretung.

Unbeachtlich bleiben zB: die Rüge eines Schiedsvertrags, § 1027a, vgl schon BGH **24**, 19; die Rüge der örtlichen Unzuständigkeit, Bischoff NJW **77**, 1900, Grunsky JZ **77**, 206, aM Putzo NJW **77**, 5.

b) Entschuldigung. Trotz des grundsätzlichen Verlusts kann die verspätete Rüge ausnahmsweise auch dann zugelassen werden, wenn der Bekl bzw der Kläger, § 282 Anm 5 A, die Verspätung entschuldigt. III spricht wie I überflüssig von einer „genügenden" Entschuldigung. Zur Entschuldigung und zur etwaigen Glaubhaftmachung, IV, vgl Anm 2 C b bb. Ob eine Entschuldigung ausreicht, ist auch hier nach der freien Überzeugung des Gerichts und nicht des Vorsitzenden zu klären, Anm 2 C a, obwohl III anders als I, II letztere nicht erwähnt (es handelt sich um ein offensichtliches Redaktionsversehen).

Wenn die Entschuldigung ausreicht, ist eine Zulassung der Rüge Pflicht des Gerichts, auch insofern vgl Anm 2 C a. Dort auch zum Verfahren.

5) Verstoß. Ein Verstoß ist ein wesentlicher Verfahrensfehler, Hamm MDR **83**, 413. Er kann zur Zurückverweisung nach § 539 führen.

6) VwGO: *Unanwendbar wegen § 86 I VwGO (s aber für die Finanzgerichte Art 3 § 3 EntlG), überwM, BVerwG Buchholz 310 § 86 I Nr 113, OVG Münst HessStädte- u GemZeitg* **78**, *327, Ule VPrR § 46 II u DVBl* **81**, *365 mwN; für eine vorsichtige entsprechende Anwendung im Rahmen der Verfügungsbefugnis der Partei, da der Ermittlungsgrundsatz nicht notwendigerweise*

§§ 296–297 1, 2   2. Buch. 1. Abschnitt. Verfahren vor den LGen

entgegenstehe, Kreitl BayVBl **82**, 359 und Redeker DVBl **81**, 86 sowie Pietzner VerwArch **83**, 75 für einen Sonderfall der Aufrechnung(vgl aber § 615 Anm 1 u 2). Einwendungsausschlüsse im VerwVerf können sich aber auf das Gerichtsverf erstrecken, BVerfG NJW **82**, 2173 u NVwZ **83**, 27, BVerwG NJW **81**, 359 (zu d 3 I AtomAnlVO aF).

296 a *Verhandlungsschluß.* **Nach Schluß der mündlichen Verhandlung, auf die das Urteil ergeht, können Angriffs- und Verteidigungsmittel nicht mehr vorgebracht werden. §§ 156, 283 bleiben unberührt.**

1) Geltungsbereich. Die Vorschrift setzt nicht voraus, daß die stattgefundene mündliche Verhandlung notwendig war, aM Mü MDR **81**, 1025. Der Verhandlungsschluß, § 136 Anm 3, beendet in der Regel jede Möglichkeit irgendwelchen rechtlichen oder tatsächlichen Vorbringens, sofern sie überhaupt bis zum Verhandlungsschluß bestand, § 296 usw, BGH NJW **79**, 2110. Dem Verhandlungsschluß entspricht bei § 128 II der dort bestimmte Zeitpunkt, bei § 128 III der dem Verhandlungsschluß entsprechende bestimmte Zeitpunkt, Kramer NJW **78**, 1413, bei § 331 III die Übergabe des unterschriebenen Versäumnisurteils an die GeschSt. Das Gericht muß zwar einen verspätet eingegangenen Schriftsatz durchlesen. Denn er kann ein Rechtsmittel oder zB einen Antrag gemäß §§ 156, 283 usw enthalten. Das Gericht braucht jedoch grundsätzlich nur in einem solchen Ausnahmefall etwas anderes als „zu den Akten" zu verfügen. Wenn ein Angriffs- oder Verteidigungsmittel unbeachtlich ist, braucht es auch nicht mehr an den Gegner übersandt zu werden.

2) VwGO: Unanwendbar wegen § 86 I VwGO.

297 *Anträge.* **[I] Die Anträge sind aus den vorbereitenden Schriftsätzen zu verlesen. Soweit sie darin nicht enthalten sind, müssen sie aus einer dem Protokoll als Anlage beizufügenden Schrift verlesen werden. Der Vorsitzende kann auch gestatten, daß die Anträge zu Protokoll erklärt werden.**

[II] Die Verlesung kann dadurch ersetzt werden, daß die Parteien auf die Schriftsätze Bezug nehmen, die die Anträge enthalten.

1) Antrag, I 1. A. Sachantrag. Anträge sind nur die sogenannten Sachanträge, die den Inhalt der gewünschten Sachentscheidung bestimmen und gemäß § 308 begrenzen. Dazu gehören: Die Anträge aus der Klageschrift, auch wenn zB nur eine Verurteilung Zug um Zug begehrt wird; aus der Widerklage; aus einer Klagänderung; einer Klagerweiterung, Beuermann DRiZ **78**, 311; einer Klagebeschränkung; aus einer Zwischenklage; aus einer Erledigungserklärung, Beuermann DRiZ **78**, 311, aM offenbar Schlesw SchlHA **82**, 143. Hierhin gehört ferner der Rechtsmittelantrag einschließlich des Anschließungsantrags; der Antrag auf eine nicht schon von Amts wegen zu gewährende vorläufige Vollstreckbarkeit; auf eine Ergänzung oder auf eine Berichtigung des Tatbestands; auf einen Arrest oder eine einstweilige Verfügung bei einer mündlichen Verhandlung oder auf Widerspruch; ferner der Scheidungsantrag im Eheverfahren.

Sachantrag ist auch der Antrag auf Klagabweisung, denn von ihm hängt mit ab, ob und welche Sachentscheidung möglich wird, im Ergebnis ebenso zB Ros § 64 I 1, ZöSt 1, aM BGH NJW **65**, 397, auch NJW **70**, 100, Hamm NJW **72**, 773, Kblz VersR **78**, 353 (anders für § 32 BRAGO), Ostendorf DRiZ **73**, 388, Schlicht NJW **70**, 1631, ThP 1b. Sachantrag ist auch der Antrag auf Zurückweisung oder Verwerfung des Rechtsmittels, KG NJW **70**, 616, und zwar unabhängig davon, ob er zu verlesen oder zuzustellen ist, BGH **52**, 388.

B. Prozeßantrag. Nicht unter I 1 fallen bloße Prozeßanträge, die nur das Verfahren betreffen, zB der Antrag auf Terminsanberaumung, Verweisung, Ruhen des Verfahrens. Eine Verbindung von Sach- und Prozeßantrag kann beim Versäumnisurteil vorliegen, insofern richtig Mü MDR **80**, 235, ferner zB beim Anerkenntnisurteil, Verzichtsurteil, auch bei einer Protokollberichtigung, aM Geffert NJW **78**, 1418, RoS § 64 I 1.

2) Verlesung, I 1, 2. Die Verlesung (nur) der Sachanträge, Anm 1, ist grundsätzlich sowohl im Anwalts- als auch im Parteiprozeß eine Voraussetzung wirksamer Antragstellung, Karlsr OLGZ **77**, 486. Wegen der zentralen Bedeutung der Sachanträge zB für den Streitgegenstand, die Rechtskraft, die Kosten muß eindeutig sein, was beantragt wird und was (zZt) nicht. Deshalb ist die Verlesung keine Förmelei, sofern irgendeine auch nur etwaige Unklarheit besteht, die oft zZt der mündlichen Verhandlung noch nicht erkennbar ist, später aber umso schwerer beseitigt werden kann.

Die Verlesung ist im Protokoll festzustellen, § 160 III Z 2; diese Feststellung besitzt erhöhte Beweiskraft, § 165. Eine Berichtigung ist zulässig, § 164. Wenn der Antrag in einem

1. Titel. Verfahren bis zum Urteil §§ 297–299

vorbereitenden Schriftsatz zZt der mündlichen Verhandlung nicht wesentlich verändert wird, ist er aus dem Schriftsatz zu verlesen, auch im Parteiprozeß. Soweit kein solcher Schriftsatz vorhanden ist oder soweit schriftliche Anträge überholt sind, ist grundsätzlich eine besondere (neue) Schrift erforderlich, die dem Protokoll als Anlage beizufügen und zu verlesen ist, vgl § 160 V.

3) Bezugnahme auf Schriftsätze, II. Eine solche Bezugnahme steht beiden Parteien im Anwalts- wie Parteiprozeß frei und bedarf keiner Genehmigung durch das Gericht, sondern ersetzt die Verlesung voll. Es genügt, auf eine Schrift iSv I 2 Bezug zu nehmen. Der sprachliche Unterschied zwischen „Schriftsatz" in I 1, 2 und „Schrift" in I 2 nimmt Rücksicht darauf, daß die letztere nicht voll dem § 130 zu entsprechen braucht. Eine solche Bezugnahme ist aber nur dann ausreichend, wenn der Antrag in der Schrift eindeutig ist. Bedenklich ist die bloße Bezugnahme auf den Antrag auf Erlaß des Mahnbescheids oder auf den Mahnbescheid, Schuster MDR **79**, 724, aM Mickel MDR **80**, 278.

Notfalls muß das Gericht nachfragen, § 139. Es ist aber in erster Linie Aufgabe der Partei, bei ihrer Bezugnahme Mißverständnissen vorzubeugen; es ist nicht Sache des Gerichts, ihr auch noch das Heraussuchen dessen abzunehmen, was sie beantragen will. Dies wenigstens sollten sie und ihr ProzBev bei Beginn des Verhandlungstermins bereits wissen. Im schriftlichen Verfahren erfolgt weder eine Verlesung noch eine Bezugnahme, sondern eben ein schriftlicher Antrag. Im Aktenlageverfahren erfolgt eine Verlesung oder Bezugnahme nur bei einer einseitigen Verhandlung.

4) Antrag zu Protokoll, I 3. Ein Antrag, der weder verlesen noch durch Bezugnahme auf eine Schrift gestellt wird, sondern nur mündlich erklärt wird, ist im Anwalts- wie Parteiprozeß zulässig, soweit der Vorsitzende ihn gestattet, vgl Ffm FamRZ **82**, 812. „Kann" stellt hier nicht bloß in die Zuständigkeit, sondern ins Ermessen, da sonst besonders bei einer Verhandlung ohne Hinzuziehung eines Urkundsbeamten der Geschäftsstelle, § 159 I 2, unter Umständen ein erheblicher Zeitverlust durch die Entgegennahme und das etwaige Diktat eintreten würde, was die §§ 159 ff gerade verhindern sollen. Immerhin ist das gerichtliche Ermessen durch den Zwang zur Aufnahme wesentlicher Vorgänge ins Protokoll begrenzt, § 160 II.

Freilich kann die Partei nicht schon wegen der Notwendigkeit, Anträge ins Protokoll aufzunehmen, § 160 III Z 2, ihre mündliche Erklärung der Anträge zu Protokoll erzwingen. Es liegt ja erst nach der Erlaubnis des Gerichts zur mündlichen Antragstellung überhaupt ein wirksamer Antrag iSv § 160 III Z 2 vor. § 160 IV ist auch nicht entsprechend anwendbar, da I 3 die Entscheidung dem Vorsitzenden und nicht dem Gericht vorbehält. Im Zweifel ist eine Verlesung oder eine Bezugnahme auf eine Schrift notwendig, zumal § 162 I die Verlesung und Genehmigung der Sachanträge nicht vorsieht. Die Ablehnung der Gestattung mündlicher Anträge ist ins Protokoll aufzunehmen, § 160 III Z 6; eine kurze Begründung ist zumindest Anstandspflicht des Gerichts.

5) Verstoß. Ein Verstoß gegen § 297 hat die Unwirksamkeit des Antrags zur Folge. Stets ist § 139 zu beachten, vgl freilich auch Anm 3. Der Verstoß ist ebenso heilbar wie ein Verstoß gegen den Grundsatz der Mündlichkeit; nur das Stellen der Anträge ist unverzichtbar, nicht ihr Verlesen usw, Ffm FamRZ **82**, 812, KG FamRZ **79**, 140 mwN. Nach einer erfolglosen Anwendung des § 139 ist die Wiedereröffnung der Verhandlung unnötig.

6) VwGO: Anträge zu Protokoll sind zulässig, 103 III VwGO, iü gilt § 105 VwGO iVm §§ 159 ff.

298 *(aufgehoben)*

299 **Akteneinsicht. Abschriften aus Akten.** **I** Die Parteien können die Prozeßakten einsehen und sich aus ihnen durch die Geschäftsstelle Ausfertigungen, Auszüge und Abschriften erteilen lassen.

II Dritten Personen kann der Vorstand des Gerichts ohne Einwilligung der Parteien die Einsicht der Akten nur gestatten, wenn ein rechtliches Interesse glaubhaft gemacht wird.

III Die Entwürfe zu Urteilen, Beschlüssen und Verfügungen, die zu ihrer Vorbereitung gelieferten Arbeiten sowie die Schriftstücke, die Abstimmungen betreffen, werden weder vorgelegt noch abschriftlich mitgeteilt.

Schrifttum: Jung, Akteneinsichts- und Informationsrechte des Bürgers, Diss Bln 1970.

1) Allgemeines. A. Geltungsbereich. a) Grundsatz. Die Einrichtung der Gerichtsakten richtet sich nach der Aktenordnung, dazu Piller-Hermann, Justizverwaltungsvorschriften. Zu den Prozeßakten gehören auch die Zustellungsurkunden und die Beiakten. Urstücke von Parteiurkunden, Handelsbücher usw sind nicht Bestandteil der Akten, wohl aber die Prozeßvollmacht. § 299 regelt die Einsicht usw durch Private. Sondervorschriften gelten für die schwarze Liste, § 915, und für Aufgebotsakten, §§ 996, 1001, 1016, 1022f. Die Einsichtnahme in die Akten nicht oder noch nicht bekanntgemachter Patentanmeldungen ist in §§ 28 I, 30 I PatG, BGH **46**, 1, in Verbindung mit § 15 VO vom 5. 9. 68, BGBl 997, geregelt. § 299 kommt insofern nicht in Betracht. In Patentnichtigkeitssachen entscheidet der Patentsenat selbst, BGH MDR **67**, 987. Vgl zum Patentverletzungsprozeß § 99 III PatG, dazu BPatG GRUR **83**, 264 und 365 mwN.

b) Datenschutz. Das Datenschutzgesetz ist beachtlich, aber nicht stets vorrangig. Man muß seine Anwendbarkeit im Einzelfall prüfen. Art 2 I GG enthält einen Gesetzesvorbehalt auch zugunsten der ZPO.

B. Behördeneinsicht. Die Einsicht durch Behörden ist öffentlichrechtlich, Art 35 I GG. Hier sind folgende Situationen zu unterscheiden:

a) Aktenübersendung. Zuständig zur Entscheidung über die Einsicht im engeren Sinn, also für diejenige durch eine Aktenübersendung, ist der Gerichtsvorstand, in schwebenden Verfahren nur mit Zustimmung des erkennenden Gerichts, Holch ZZP **87**, 25 mwN. Die in der Praxis übliche Übertragung des Entscheidungsrechts vom Gerichtsvorstand auf denjenigen Richter, um dessen Abteilungsakten es geht, ist nicht unproblematisch, aber grundsätzlich wohl zulässig und wohl meist zweckmäßig. Ehescheidungsakten dürfen ohne das Einverständnis beider Parteien auch bei einer Rechts- und Amtshilfe nur dann zugänglich gemacht werden, wenn das nicht außer Verhältnis zur Bedeutung der Sache und zur Stärke des Tatverdachts steht, BVerfG **27**, 352.

Akten insbesondere der freiwilligen Gerichtsbarkeit sind vor einer Herausgabe auch bei einer Anforderung gemäß § 273 auf ihre Geheimhaltungsbedürftigkeit zu überprüfen, zB wegen psychiatrischer Gutachten, Mü OLGZ **72**, 363, vgl Anm 4. Steuerakten sind unverwertbar, solange der Betroffene das Finanzamt nicht von der Verschwiegenheitspflicht entbindet, vgl BAG NJW **75**, 408 (freilich ist eine Weigerung des Betroffenen uU mitzuverwerten), § 286 Anm 3 B.

b) Auskunft aus Akten. Bei dem Verlangen um eine Auskunft aus einer Akte, die nicht übersandt werden soll, handelt es sich um ein Verlangen nach einer Akteneinsicht im weiteren Sinn. Da die Akte beim Gericht bleibt, scheint eine Mitwirkung des Prozeßgerichts nicht erforderlich zu sein. Da es sich aber bei der Auskunftserteilung bei genauer Betrachtung um eine richterliche Tätigkeit handelt, vgl auch BGH **51**, 193, empfiehlt es sich für den Gerichtsvorstand, die Zustimmung des Prozeßgerichts einzuholen oder ihm die Entscheidung zu überlassen, Holch ZZP **87**, 25 mwN.

2) Parteieinsicht, I, III. A. Entscheidung. Die Parteien einschließlich des Streithelfers haben das Recht, die Prozeßakten einzusehen, und zwar nebst allem, was den Akten beiliegt und im Prozeß verwertet ist oder verwertet werden soll, also auch Urkunden, vgl. § 134 II. Wegen der Erklärung nach § 117 s dort Anm 4. Zu den Prozeßakten gehören Urteilsurschriften, auch wenn diese beim entscheidenden Gericht gesammelt zurückbleiben, nicht aber Urteilsentwürfe, dh nicht voll unterschriebene Urteile, Beschluß- und Verfügungsentwürfe, Anzeigen gemäß § 48 I, dort Anm 2, LG Oldb MDR **72**, 615, aM Schneider JR 77, 273, oder gar Äußerungen des Berichterstatters in Gerichtsakten, III. Solche Äußerungen sind schlechthin unverwertbar, auch bei der Prüfung der Erfolgsaussicht in einem Nachprozeß. Für Beiakten gilt nichts Besonderes, soweit sie der Einsicht Privater offenstehen, BayObLG **75**, 281. Im übrigen benötigt das Gericht zur Genehmigung der Einsicht die Erlaubnis der zuständigen Behörde oder des Betroffenen, Mü OLGZ **72**, 363. Diese ist auch in Zweifelsfällen einzuholen.

Eine Bitte der übersendenden Behörde, die Akten den Parteien nicht zugänglich zu machen, bindet das Gericht, BGH NJW **52**, 305. Das gilt namentlich für Strafakten im Vorverfahren; ihre Beifügung im Zivilprozeß darf nicht offenlegen; die Entscheidung darüber, ob und wem sie zugänglich sein sollen, steht der Staatsanwaltschaft zu. Läßt das Gericht Akten nach § 273 beifügen, so wird es zweckmäßig die Erlaubnis einholen. Soweit die Akteneinsicht versagt ist, darf ihr Inhalt nicht vorgetragen werden und nicht als Beweismittel verwertet werden, BGH LM § 193 BEG 1956 Nr 2, BGH NJW **52**, 305.

Das Einsichtsrecht gibt nicht stets ein Auskunftsrecht, BGH **51**, 197. Auskünfte aus Geheimakten darf nur die zuständige Behörde geben. Die Einsicht unterliegt nicht dem

Anwaltszwang. Sie erfolgt nur an der Gerichtsstelle unter der Aufsicht des UdG, in der Sitzung unter der Aufsicht des Vorsitzenden. Diese tragen die Verantwortung für die Einhaltung der jeweiligen Grenzen des Einsichtsrechts. Es steht im Ermessen des Vorsitzenden, die Akten einem Anwalt nach Hause mitzugeben.

Der Vorsitzende muß dabei alle Umstände abwägen, BGH **LM** Nr 3, insofern auch Schlesw Rpfleger **76**, 108, vgl auch BSG MDR **77**, 1051. Es kann mißbräuchlich sein, die Herausgabe der Akten an den Anwalt mit der Begründung zu versagen, der geordnete Geschäftsgang habe Vorrang, LG Hamm NJW **74**, 1920; zum Steuerprozeß Oswald AnwBl **83**, 253. Akten, die erfahrungsgemäß eilig benötigt werden, sollen nicht versandt werden, Köln Rpfleger **83**, 325.

B. Rechtsbehelfe. Wenn ein Mitglied des Kollegiums, BFH BB **74**, 1236, oder der Urkundsbeamte der Geschäftsstelle die Einsicht verweigert, ist die Anrufung des Gerichts zulässig, § 140 entspr, BGH **LM** § 193 BEG 1956 Nr 2. Gegen seine Entscheidung ist Beschwerde zulässig, § 576, insofern aM Schlesw Rpfleger **76**, 108 (es sei ohne Anrufung des Gerichts sogleich Beschwerde zulässig). Bei einer Verweigerung durch den UdG ist § 576 zu beachten.

3) Ausfertigungen usw, I. Die Parteien einschließlich des Streithelfers haben auf Grund ihres Antrags ein Recht auf die Erteilung von Ausfertigungen (Begriff § 170 Anm 2 A), Auszügen und Abschriften, auch unbeglaubigten, aus den Gerichtsakten, also auch auf eine Protokollabschrift, Celle Rpfleger **82**, 388. Diese ist freilich nicht schon nach der ZPD von Amts wegen zu erteilen. Zweck der Vorschrift ist, der Partei die zum ordnungsmäßigen Prozeßbetrieb nötigen Unterlagen zu sichern. Darum wird der Antrag als mißbräuchlich abgelehnt, wenn die Partei ohne ein begründetes Interesse statt einer einfachen Abschrift eine Ausfertigung fordert oder wenn sie eine größere Anzahl von Abschriften oder umfangreiche Abschriften verlangt, obwohl sie oder ihr Anwalt sich mühelos aus den Akten die nötigen Aufzeichnungen machen könnte.

Der Gläubiger, der das Offenbarungsverfahren nicht betrieben hat, ist wegen § 903 nicht Dritter, Celle Rpfleger **83**, 161 mwN, AG Memmingen Rpfleger **83**, 127. Er kann eine Abschrift aber nur verlangen, wenn er im Besitze eines vollstreckbaren Titels ist, der mit einer Klausel versehen und zugestellt ist, LG Kassel Rpfleger **55**, 162. Hat der Antragsteller nicht eine Prozeßkostenhilfe, so kann die Geschäftsstelle die Erteilung der Ausfertigung usw von der vorherigen Zahlung der Schreibauslagen abhängig machen, § 64 II GKG. Es besteht kein Anwaltszwang. Es entscheidet der Urkundsbeamte der Geschäftsstelle.

Gegen seine Entscheidung kann das Gericht angerufen werden; gegen dessen Entscheidung ist Beschwerde zulässig.

4) Einsicht eines Dritten, II. Personen, die weder Prozeßpartei noch Streithelfer oder deren Bevollmächtigte sind oder waren, vgl OVG Münster MDR **78**, 258, kann der Gerichtsvorstand die Akteneinsicht gestatten. Zuständig ist der aufsichtsführende Amtsrichter oder Präsident, nicht der Vorsitzende des Kollegiums. Wegen der in der Praxis üblichen Übertragung der Entscheidung vom Gerichtsvorstand auf einzelne Richter vgl Anm 1 B a. Die Einsicht kann gestattet werden, wenn entweder beide Parteien einwilligen oder wenn der Antragsteller ein rechtliches Interesse glaubhaft macht, § 294. In beiden Fällen übt der Gerichtsvorstand sein pflichtgemäßes Ermessen aus, das auch ein Geheimhaltungsinteresse der Parteien beachten muß, KG MDR **76**, 585.

Ein rechtliches Interesse hat jeder, dessen Rechtskreis der Prozeß oder die einzusehende Urkunde oder Erklärung berühren, vgl auch BGH **4**, 325, KG MDR **76**, 585. Wenn keine Bedenken bestehen, ist eine weitherzige Handhabung am Platz. Ausreichend kann zB die Bemühung sein, für einen ähnlichen gerichtlichen oder außergerichtlichen Streit innerhalb oder außerhalb desselben Prozeßgerichts rechtliche Vergleichsmaßstäbe oder Orientierungsmöglichkeiten zu erhalten, auch um Kosten einer Rechtsberatung oder andere Kosten zu ersparen.

Auf eine Abschrift hat kein Dritter einen Anspruch. Indessen kann die Justizverwaltung sie gestatten. Das gilt namentlich für eine Urteilsabschrift zum Gebrauch durch einen Sachverständigen, durch Fachverbände und dgl, Jessnitzer Rpfleger **74**, 425. Sie ist evtl auslagenfrei, §§ 4 IV, 12 JVerwKostO, Hartmann VIII A, Jessnitzer Rpfleger **74**, 425.

Eine Behörde ist kein Dritter, Anm 1 B, aM StJ III 4; das gilt auch für Steuerfahndungsstellen, denen der Vorsitzende ohnehin beim Verdacht eines Steuerdelikts die Akten von Amts wegen zuleiten muß, oder für Dienstvorgesetzte des Gerichts, BGH DRiZ **78**, 186.

Die Entscheidung erfolgt durch eine Verfügung, gegen die Dienstaufsichtsbeschwerde und der Antrag auf gerichtliche Entscheidung zulässig sind, § 23 EGGVG, dort Anm 1 C,

KG MDR **76**, 585, Jessnitzer Rpfleger **74**, 424. Nachprüfbar ist aber nur, ob der Gerichtsvorstand sein Ermessen mißbraucht hat, KG MDR **76**, 585. Im Patentnichtigkeitsverfahren enthalten §§ 31, 99 III PatG Sonderregeln, so jetzt BGH MDR **83**, 750 mwN, aM 41. Aufl.

Bei der Herausgabe von Akten sind die Namen von Einzelpersonen abzudecken, soweit sie an der Geheimhaltung ein berechtigtes Interesse haben; Jauernig Festschrift für Böttcher (1969) 241 bejaht ein solches Interesse stets in Ehe-, Kindschafts- und Entmündigungssachen, ferner bei einer Berufsgefährdung, bei einer verstärkten Persönlichkeitsverletzung. Die Einsicht von Akten betr die Intimsphäre, zB von Scheidungsakten, ist selbst Behörden und Gerichten nur dann gestattet, wenn sie zur Erreichung des angestrebten Zwecks geeignet und erforderlich ist und wenn der Einbruch in die Intimsphäre nicht unverhältnismäßig schwerwiegt, BVerfG **34**, 209, vgl Anm 1 B a. Wegen des Datenschutzgesetzes Anm 1 A b.

5) VwGO: Es gilt § 100 VwGO, der I u III inhaltlich wiederholt. Da dort ausgespart, ist II nicht entprechend anwendbar, § 173 VwGO, EF § 100 Rdz 1 mwN.

299a **Bildträgerarchiv.** Sind die Prozeßakten zur Ersetzung der Urschrift auf einem Bildträger nach ordnungsgemäßen Grundsätzen verkleinert wiedergegeben worden und liegt der schriftliche Nachweis darüber vor, daß die Wiedergabe mit der Urschrift übereinstimmt, so können Ausfertigungen, Auszüge und Abschriften von der Wiedergabe erteilt werden. Auf der Urschrift anzubringende Vermerke werden in diesem Fall bei dem Nachweis angebracht.

1) Geltungsbereich. Bei einem Bildträgerarchiv, zB Mikrofilm, sind Ausfertigungen, Auszüge und Abschriften von der verkleinerten Wiedergabe herzustellen. Ihre Erteilung ist nur dann zulässig, wenn beim Gericht ein schriftlicher Nachweis der Übereinstimmung dieser verkleinerten Wiedergabe mit der Urschrift vorliegt. Der Nachweis muß im Original vorhanden sein, nicht etwa darf er seinerseits nur als Bildträger vorliegen. Karteiform ist zulässig. Eine Verbindung zwischen dem Nachweis und dem Bildträger, etwa durch eine Schnur oä, ist nicht notwendig, weil sie kaum durchführbar ist. Die Übereinstimmung der Inhalte des Originals und des Bildträgers muß eindeutig nachgewiesen sein, Heuer NJW **82**, 1506. Dafür ist außer der Schriftlichkeit keine besondere Form notwendig, also zB eine Beglaubigung entbehrlich, Heuer NJW **82**, 1506. Die Aufnahme des Bildträgers muß ordnungsgemäß erfolgt sein.

Solange eine bloße Sicherheitsverfilmung vorgenommen wurde, dh wenn die Originalakten neben dem Bildträger aufbewahrt werden, statt vernichtet zu werden, dürfen Ausfertigungen, Auszüge und Abschriften nur anhand des Originals vorgenommen werden. Vermerke, die auf der Urschrift anzubringen sind, zB gemäß §§ 164 III 1, 319 II, 320 IV 5, 734, werden auf dem schriftlichen Nachweis angebracht, und zwar auf seinem Original, falls von ihm ebenfalls ein Bildträger existiert. Wegen der Bedeutung des § 299a für Notarakten BGH NJW **77**, 1400.

2) VwGO: Gilt entsprechend, § 100 II 2 VwGO idF der VereinfNov.

Zweiter Titel. Urteil
Übersicht

Schrifttum: Vgl bei den einzelnen Vorschriften, vor allem bei § 313.

1) Allgemeines. A. Geltungsbereich. Entscheidung nennt die ZPO häufig jede Willenserklärung des Gerichts, mag sie der Prozeßleitung, Üb 2 vor § 128, angehören oder als eigentliche Entscheidung den Ausspruch einer Rechtsfolge enthalten. Die eigentlichen Entscheidungen zerfallen in: **a)** Urteile. Sie ergeben in bestimmter Form und auf Grund einer notwendigen mündlichen Verhandlung oder in dem diese Verhandlung ersetzenden schriftlichen Verfahren oder im Aktenlageverfahren; **b)** Beschlüsse. Sie ergehen ohne die Form des Urteils oder auf Grund einer mündlichen Verhandlung, die meist freigestellt ist; **c)** Verfügungen, dh Anordnungen des Vorsitzenden oder eines verordneten Richters. Regelwidrig gebraucht die ZPO das Wort Verfügung in dem Begriff „einstweilige Verfügung". Entscheidungen des Rechtspflegers sind Beschlüsse oder Verfügungen. „Anordnung" nennt die ZPO Beschlüsse verschiedener Art, prozeßleitende und entscheidende. Titel 2 handelt nicht nur von Urteilen, wie seine Überschrift vermuten läßt, sondern auch von Beschlüssen und Verfügungen, § 329. Über die Abfassung des Urteils zB Hartmann JR **77**, 181.

B. Bedeutung des Urteils. Sie liegt zwar darin, das Recht zu finden, nicht aber darin, Recht zu schaffen, wenn kein solches besteht. Abgesehen von den Fällen, in denen der

Richter durch sein Urteil Rechte gestaltet, Grdz 2 C vor § 253, darf er Rechtsbeziehungen zwischen den Parteien nicht schaffen und gestalten, sondern nur klarstellen, wer von den Parteien im Recht ist. Wie aber, wenn er dem Recht zuwider entscheidet? Hat zB A dem B 1000 DM geliehen und weist der Richter die Rückzahlungsklage mangels Beweises ab, so kann das Urteil nichts daran ändern, daß B dem A 1000 DM schuldet; es kann den Anspruch aus Darlehen nicht vernichten, andernfalls läge die Verteilung aller Güter in Richtershand. Wohl aber entkleidet das Urteil den Anspruch des Rechtsschutzes, oder, in umgekehrt liegenden Fällen, es gibt Rechtsschutz, wenn ein Anspruch fehlt. Das zeigt, daß man den Rechtsschutz von dem sachlichrechtlichen Anspruch trennen muß. Zahlt im Beispielsfall B dem A trotz einer rechtskräftigen Aberkennung des Anspruchs die 1000 DM zurück, so hat er ihm nichts geschenkt, sondern eine klaglose Verbindlichkeit erfüllt, Grdz 4 vor § 253, nicht anders, als sei der Anspruch verjährt gewesen.

Das Wesentliche liegt also in der Gewährung oder Versagung des Rechtsschutzes. Zweck des Prozesses ist nicht, auch nicht bei Feststellungsklagen, der Ausspruch, daß etwas Recht oder nicht Recht ist, sondern die Erlangung des Rechtsschutzes für einen sachlichrechtlichen Anspruch. Ein von einem ordentlichen Gericht erlassenes Urteil über ein öffentlichrechtliches Rechtsverhältnis wandelt dieses nicht in einen privatrechtlichen Titel um.

2) Einteilung der Urteile. Maßgeblich ist weder die Bezeichnung noch die Rechtsansicht des Gerichts, sondern der wahre Inhalt. Es sind verschiedene Einteilungsmaßstäbe möglich:

A. Tragweite. Die Urteile werden nach der Tragweite der Erledigung eingeteilt in: **a)** Sachurteile. Sie entscheiden in der Sache selbst und schaffen darum für den sachlichrechtlichen Anspruch Rechtskraft; **b)** Prozeßurteile. Sie entscheiden nur über Prozeßfragen, über allgemeine oder besondere Prozeßvoraussetzungen, Grdz 3 vor § 253; daher können sie nur für diese Prozeßfragen Rechtskraft schaffen, nicht für die Sache selbst. Die Abweisung durch ein solches Urteil heißt Prozeßabweisung im Gegensatz zur Sachabweisung. Kein Urteil kann, richtig bedacht, gleichzeitig eine Prozeß- und eine Sachabweisung aussprechen; vgl auch § 322 Anm 4 ,,Prozeßurteil''. Verneint das Urteil zB die Zulässigkeit des Rechtswegs, so gilt alles, was es zur Sache ausführt, für die Revisionsinstanz als nicht geschrieben, BGH **4**, 58, BGH **11**, 222, vgl aber auch BGH NJW **54**, 150. Freilich darf das Urteil hilfsweise zur Sache selbst Ausführungen machen. Die Berufungsinstanz muß dann, wenn sie die Voraussetzungen eines Sachurteils bejaht, den vom Erstrichter hilfsweise gegebenen sachlichen Abweisungsgrund prüfen.

Das Gericht darf aber nicht eine Entscheidung über Prozeßvoraussetzungen dahingestellt lassen und nur deshalb sachlich entscheiden, Grdz 3 A b vor § 253. Trotzdem braucht das Revisionsgericht in solchem Falle nicht aufzuheben, wenn die Prozeßvoraussetzungen nach dem unstreitigen Sachverhalt gegeben sind, BGH **LM** § 268 aF Nr 1. Dagegen erfolgt eine Zurückverweisung, wenn das Urteil auf eine unberechtigte Prozeßabweisung gestützt ist, selbst wenn das Urteil außerdem sachliche Abweisungsgründe enthält, BGH **11**, 222.

B. Sachlichrechtlicher Inhalt. Nach ihm lassen sich Urteile einteilen in: **a)** Leistungsurteile. Hierhin gehören auch Duldungsurteile; **b)** Feststellungsurteile; **c)** Gestaltungsurteile, aM Rödig, die Theorie des gerichtlichen Erkenntnisverfahrens (1973) 64 ff (das Urteil enthalte stets nur eine Feststellung; abl Grunsky JZ **74**, 754, vgl auch Röhl ZZP **88**, 350). Diese Urteilsarten entsprechen den betreffenden Klageformen, Grdz 2 vor § 253, und ein Urteil kann grundsätzlich nur auf die entsprechende Klageform hin ergehen; es kann aber ein Weniger zusprechen, indem es auf eine Feststellung statt auf eine Leistung erkennt, § 308 Anm 1 B. Gewissen Feststellungsurteilen weist die Gesetzgebung rückwirkende Gestaltungswirkung zu. Es ist aber falsch, einem Feststellungsurteil Gestaltungswirkung schon deshalb beizulegen, weil es für und gegen alle wirkt.

C. Art des Zustandekommens. Nach ihr kann man Urteile einteilen in: **a)** streitmäßige, kontradiktorische, Urteile. Sie ergehen auf eine zweiseitige Streitverhandlung oder im schriftlichen oder im Aktenlageverfahren. Sie umfassen sämtliche Urteile, auch zB das Anerkenntnis-, das Verzichtsurteil, das Urteil nach Lage der Akten, außer **b)** den Versäumnisurteilen. Diese ergehen auf Grund einseitiger Säumnis gegen den Säumigen, bei § 331 III ohne eine mündliche Verhandlung. Das unechte Versäumnisurteil, das bei einer einseitigen Säumnis gegen den Erschienenen ergeht, ist ein streitmäßiges Sachurteil.

D. Äußere Bedeutung. Nach ihr kann man die Urteile einteilen in: **a)** Endurteile. Sie entscheiden über die Klage oder das Rechtsmittel endgültig, entweder als Vollurteile über den ganzen Anspruch oder als Teilurteile über einen Teil. Das abschließende Urteil nach einem Teilurteil heißt auch Schlußurteil. Kein Urteil ist der Schiedsspruch, den die Schiedsrichter im Schiedsverfahren erlassen; **b)** Zwischenurteile. Sie erledigen nur einen Zwischenstreit zwischen den Parteien oder zwischen ihnen und Dritten. Zu ihnen gehört ferner die Vorabentscheidung über den Grund des Anspruchs, § 304; **c)** Vorbehaltsurteile. Sie erledigen den Streit unter dem Vorbehalt einer Entscheidung derselben Instanz über bestimmte Einwendungen des Beklagten. Zulässig sind sie im Urkunden- und Wechselprozeß, § 599, und bei der Aufrechnung, § 302. Urteile unter dem Vorbehalt der beschränkten Haftung, §§ 305, 780, schließen den Prozeß endgültig ab und sind darum keine Vorbehaltsurteile.

E. Bedingtheit. Nach ihr lassen sich die Urteile einteilen in: **a)** unbedingte Urteile. Ihnen haftet keinerlei Bedingung an. Dahin gehören nur die äußerlich rechtskräftigen, vorbehaltslosen Urteile; **b)** auflösend bedingte Urteile. Dahin gehören sämtliche Vorbehaltsurteile, D c, sämtliche vorläufig vollstreckbaren Urteile (sie sind durch ihre Rechtskraft bedingt), und Endurteile, die vor der Rechtskraft eines im selben Verfahren erlassenen Zwischenurteils ergehen; zB ist bei § 304 das Urteil über die Höhe bedingt durch die Rechtskraft des Zwischenurteils über den Grund.

3) Wirksamkeit der Entscheidung

Schrifttum: Jauernig, Das fehlerhafte Zivilurteil, 1958; Schumann, Fehlurteil und Rechtskraft, Festschrift für Bötticher (1969) 289.

A. Hoheitsakt. Jede gerichtliche Entscheidung ist ein Staatshoheitsakt. Als solche äußert sie die angeordneten Wirkungen, mag sie sachlich richtig oder falsch sein, BGH **57**, 110. Die Lehre von der Leugnung des Fehlurteils, Üb bei Schumann Festschrift für Bötticher (1969) 289, ist überholt. Wenn Erfordernisse fehlen, sei es in der Entscheidung selbst oder in ihren Voraussetzungen, so ist wie bei B–E zu unterscheiden.

B. Scheinentscheidung. Scheinentscheidungen, namentlich Scheinurteile, oft Nichturteile genannt, tragen das Gewand der Entscheidung nur als Maske; in Wahrheit fehlt ihnen das Wesen der Entscheidung. Dahin gehören: **a)** Entscheidungen eines gerichtsverfassungsmäßig nicht vorgesehenen Gremiums, also solche, die ein Nichtgericht gefällt hat, wie Entscheidungen durch eine Regierungsstelle oder Entscheidungen des beauftragten Richters; **b)** Entscheidungen, die nicht in der vorgeschriebenen Form erlassen sind, zB nicht bekannt gemachte Entscheidungen, namentlich überhaupt nicht verkündete, Schlesw SchlHA **78**, 161 (etwas anders gilt, wenn nur das Protokoll über die stattgefundene Verkündung fehlt, LG Kiel SchlHA **76**, 95, oder wenn der Verkündung mangelhaft erfolgt ist, § 310 Anm 1 B), ferner bei § 310 III überhaupt nicht zugestellte Urteile. Sie sind ein innerer Vorgang des Gerichts, vgl BGH **61**, 370, Schlesw SchlHA **78**, 161.

Alle Nichtentscheidungen sind grundsätzlich unwirksam, beendigen auch nicht das Verfahren; wegen Berufung § 310 Anm 1 B und Grdz 4 A vor § 511. Wenn aus ihnen die Zwangsvollstreckung aus einer ordnungsmäßig für vollstreckbar erklärten Ausfertigung betrieben wird, bleibt der Weg der §§ 732, 766, 775, 776. Ein Rechtsmittel ist zwar nicht erforderlich, aber ausnahmsweise zulässig; zum Problem des später ergehenden wirklichen Urteils BGH NJW **64**, 248 (abl Jauernig NJW **64**, 722).

C. Wirkungslose Entscheidung. Wirkungslose Entscheidungen, auch nichtige, liegen vor, wenn: **a)** dem Gericht die Gerichtsbarkeit fehlt, nicht nur die Zuständigkeit. Beispiele: ein Urteil gegen Exterritoriale, Einf B vor § 18 GVG; ein Urteil des Schöffengerichts in einem Zivilprozeß; ein Urteil des Einzelrichters (alten Rechts) statt des Kollegiums, Jauernig, Das fehlerhafte Zivilurteil 31 ff; ein Urteil des FGG-Richters in einem FGG-Verfahren wegen eines Streitgegenstandes, der zur streitigen ZPO-Gerichtsbarkeit gehört, BGH **29**, 223 und WertpMitt **57**, 1573. Über die Urteile eines Sondergerichts außerhalb seiner Zuständigkeit Üb 2 vor § 12 GVG. Ein auf eine unzulässige Beschwerde hin gesetzwidrig erlassener Beschluß fällt unter E; **b)** die ausgesprochene Rechtsfolge der Rechtsordnung überhaupt unbekannt ist, AG Lübeck Rpfleger **82**, 109. Beispiel: Das Urteil verurteilt zur Bestellung eines dem Gesetz unbekannten dinglichen Rechts; **c)** die ausgesprochene Rechtsfolge gesetzlich unzulässig ist, AG Lübeck Rpfleger **82**, 109. Der Staat kann kein Urteil anerkennen, das gegen seine Ordnung verstößt. Das gilt für Urteile, deren Erfüllung gegen die öffentliche Ordnung oder gegen die guten Sitten verstoßen würde; für Urteile auf Teillöschung eines Warenzeichens, weil diese einen gesetzwidrigen Zustand herstellen würde; für Urteile auf Zinsen, die nach jetziger Rechtsauffassung Wucherzinsen sind. LG Tüb JZ **82**, 474 rechnet zu dieser Gruppe ein Versäumnisurteil, das vor der Rechtshängigkeit erging. Nicht mehr hierher gehören deutsche Urteile, die bei Ausländern entsprechend ihrem Heimatrecht auf Trennung von Tisch und Bett erkennen, BGH **47**, 324; **d)** das Urteil aus tatsächlichen Gründen nicht seinem Inhalt entsprechend wirken kann. Beispiele: Ein Urteil gegen eine nicht bestehende Partei; Ein Urteil auf eine unmögliche Leistung, BGH

NJW **72**, 152 und NJW **74**, 2317, vgl freilich auch Brehm JZ **74**, 574; ein unverständliches oder widerspruchsvolles Urteil, vgl BGH **5**, 245; die Scheidung einer nicht bestehenden Ehe.

Urteile dieser Art binden zwar das Gericht; sie sind auch Grundlage eines Kostenerstattungsanspruches und der äußeren Rechtskraft fähig, nicht aber der inneren. Sie sind mit dem jeweiligen Rechtsmittel oder mit einer Klage auf die Feststellung der Unwirksamkeit zu bekämpfen, evtl auch mit der Nichtigkeitsklage. Der Zwangsvollstreckung ist wie bei B entgegenzutreten; möglich ist auch eine Vollstreckungsabwehrklage.

D. Mangelhafte Entscheidung. Mangelhafte Entscheidungen im engeren Sinn sind alle mit Fehlern behafteten Entscheidungen, die nicht unter B bis C fallen. Dahin gehören: Eine mit erheblichen Mängeln behaftete Entscheidung, zB die ohne Gehör der Parteien oder in fehlerhafter Besetzung ergangene; ein Urteil, das ohne ein Prozeßrechtsverhältnis ergangen ist, Grdz 2 vor § 128, aM LAG Ffm BB **82**, 1925 (es liege dann eine Nichtigkeit vor). Hierhin gehören auch die sog ungeheuerlichen, monströsen Urteile, etwa ein Urteil, das die Entscheidung von einem Eid abhängig macht.

Eine mangelhafte Entscheidung ist bis zur Aufhebung auf den zugehörigen Rechtsbehelf voll wirksam, BGH **57**, 110 und JZ **76**, 243 mwN, vgl Mü Rpfleger **74**, 368, LAG Hamm MDR **82**, 1053, Schumann Festschrift für Bötticher (1969) 319. Kein Gericht darf sie als nichtbestehend behandeln, BAG NJW **71**, 1823, Köln VersR **73**, 162. Freilich kann ihr die sonst bestehende Bindungswirkung fehlen, AG Lübeck Rpfleger **82**, 109. Verspätungsvorschriften können unanwendbar sein, etwa §§ 296 I, 340 III 3, LAG Hamm MDR **82**, 1053. Für andere mangelhafte Prozeßhandlungen, zB für die Beweisaufnahme, gelten die allgemeinen Grundsätze, dh sie sind unwirksam.

4) *VwGO: Die vorstehend dargelegten allgemeinen Grundsätze gelten auch im VerwProzeß, EF § 107 Rdz 2–13.*

300 **Endurteil.** [I] Ist der Rechtsstreit zur Endentscheidung reif, so hat das Gericht sie durch Endurteil zu erlassen.

[II] Das gleiche gilt, wenn von mehreren zum Zwecke gleichzeitiger Verhandlung und Entscheidung verbundenen Prozessen nur der eine zur Endentscheidung reif ist.

1) Allgemeines. A. Begriff. Endurteil ist ein Urteil, das den Prozeß für die Instanz endgültig entscheidet, so daß in ihr kein weiteres Urteil über denselben Anspruch(steil) mehr denkbar ist. Freilich zählt auch ein Versäumnisurteil hierher, Üb 3 A vor § 330. Auch ein Prozeßurteil kann ein Endurteil sein, Üb 2 A b vor § 300. Jedes Verfahren mit einer notwendigen mündlichen Verhandlung verlangt ein Endurteil, soweit nicht eine Klagrücknahme, § 269, ein Vergleich, Anh § 307, oder übereinstimmende Erklärungen der Erledigung der Hauptsache, § 91a, ein Urteil abschneiden. Eine Abweisung „angebrachtermaßen" bedeutet Abweisung wegen Unzulässigkeit, ist also ein Prozeßurteil. Über die Abweisung wegen des Fehlens der Fälligkeit § 322 Anm 4 „Fälligkeit". Ein Urteil auf eine jedem unmögliche Leistung ist unstatthaft. Etwas anderes gilt nur bei einer noch nicht festgestellten Unmöglichkeit, vgl § 283 BGB. Sonst muß der Kläger zur Ersatzforderung übergehen. Wirkungslos ist nur ein Urteil auf eine rechtlich unmögliche Leistung, nicht dasjenige auf eine tatsächlich unmögliche, Üb 3 C vor § 300.

B. Genehmigungsbedürftigkeit. Da kein Gericht zu einer gesetzlich verbotenen Leistung verurteilen darf, muß beim Erlaß des Urteils eine etwa nötige Genehmigung nach Preisvorschriften, vgl Einf 1 A vor §§ 148–155, vorliegen. Doch ist ein unter Verstoß gegen solche Vorschriften erlassenes Urteil nur mangelhaft, Üb 3 D vor § 300. Wenn die Genehmigung erst in der Revisionsinstanz ergeht, so hat das Revisionsgericht das zu berücksichtigen. Wegen einer etwa notwendigen Genehmigung in den Fällen des § 3 AWG und MRG 52 und 53, SchlAnh IV.

2) Zulässigkeit eines Vorbehalts. Entscheidungsreif, spruchreif, ist der Prozeß, wenn das Gericht dem Klagantrag stattgeben oder die Klage abweisen kann. Nötig ist also eine Klärung des Sachverhalts, soweit diese dem Gericht möglich ist, § 286 Anm 3, und soweit nicht etwa ein Vorbringen wegen §§ 282, 296, 528, 529 außer Betracht bleibt. Ein Urteil unter dem Vorbehalt der Entscheidung über Angriffs- oder Verteidigungsmittel ist nur nach den §§ 302, 599 zulässig. Daher ist auch keine Verurteilung zu einer Zahlung abzüglich eines noch zu ermittelnden Betrags zulässig. Ebenso unzulässig ist ein Urteil, dem erst die Vollstreckungsinstanz einen bestimmten Inhalt zu geben hätte; das ist besonders bei einem

Urteil zu beachten, das eine Unterlassungspflicht ausspricht. Zulässig ist der Vorbehalt der beschränkten Haftung des Erben, §§ 305, 780. Bei einer Entscheidungsreife gegenüber nur einem Streitgenossen vgl § 301 Anm 3.

3) Endurteil, I. A. Entscheidungsreife. Das Endurteil ist zu erlassen (Mußvorschrift), sobald der Prozeß zur Entscheidung reif ist, Blohmeyer NJW **77**, 558. Bei einer Verzögerung der Entscheidung tritt evtl eine Staats- und Richterhaftung ein, Einl III 3 B. Das Endurteil ergeht auf Grund des Streitstands beim Schluß der mündlichen Verhandlung, § 296a, BGH **77**, 308, mag der Anspruch von Anfang an begründet gewesen sein. Ist ein anfänglich begründeter Anspruch unbegründet geworden, so ist er abzuweisen. So sind alle Grundlagen einer günstigen Entscheidung zu beachten, namentlich auch die Prozeßvoraussetzungen (vgl aber wegen des teilweisen Wegfalls des Feststellungsinteresses § 256 Anm 5 „Leistungsklage") und die Sachbefugnis.

Das Fehlen einer Prozeßvoraussetzung kann freilich eine grundlegende Prozeßhandlung unwirksam machen. So ist die Klage bei einer fehlenden Prozeßfähigkeit fehlerhaft und abzuweisen, soweit nicht eine Handlung möglich und geschehen ist. Der Wegfall der Zuständigkeit nach dem Eintritt der Rechtshängigkeit ist in allen Fällen unbeachtlich, § 261 III Z2. Über den maßgebenden Zeitpunkt im schriftlichen Verfahren § 128 Anm 4 D b, 5 B, im Aktenlageverfahren § 251a Anm 3 C. Vgl im übrigen §§ 307 II, 331 III. In der Berufungsinstanz gilt nichts Besonderes.

B. Maßgeblicher Rechtszeitpunkt. Das Endurteil ergeht auf Grund des bei der Verkündung geltenden Rechts. Es genügt eine Gesetzesänderung zwischen der Verhandlung und der Verkündung. Für das Revisionsgericht kann nichts anderes gelten; es hat nach geltendem Recht zu entscheiden, nicht nach aufgehobenem Recht, § 549 Anm 2 A, BAG **2**, 226, Bettermann ZZP **88**, 370.

C. Zulässigkeitsprüfung. Zunächst sind die Prozeßvoraussetzungen einschließlich des Rechtsschutzbedürfnisses zu prüfen, Grdz 3 A b vor § 253. Bei einem Fehlen erfolgt eine Prozeßabweisung, Üb 2 A b vor § 300. Das Gericht darf sich darüber, ob ein Angriff oder eine Verteidigung unbegründet sind, hilfsweise nur dann äußern, wenn es zur Frage der Zulässigkeit eine abschließende Entscheidung spätestens gleichzeitig trifft. Eine Abweisung wegen unzulänglicher Angabe der Tatsachen, die geeignet seien, den Anspruch zu begründen (mangelnde Substantiierung) ist Sachabweisung, Köln VersR **74**, 563.

D. Haupt- und Hilfsantrag. Bei mehreren Haupt- und Hilfsanträgen darf das Gericht nur dann abweisen, wenn es sie sämtlich für unzulässig oder unbegründet befindet. Auf den Hilfsantrag ist grundsätzlich nur dann einzugehen, wenn der Hauptantrag unzulässig oder unbegründet ist; unzulässig ist es auch, über den Hilfsantrag zu erkennen, „falls der Hauptanspruch nicht durchzusetzen ist", BGH **LM** Nr 1, vgl auch § 301 Anm 2 B. Freilich kann eine vorsorgliche Hilfsbegründung zusätzlich zur stattfindenden Hauptbegründung ratsam sein, Grdz 3 A c vor § 253, § 313 Anm 7 A. Greift eine rechtsvernichtende Einrede des Bekl durch, so erübrigt sich die Prüfung des Klagegrunds. Da diese Entscheidung aber eine Sachabweisung ist, befreit sie nicht von der Prüfung der Prozeßvoraussetzungen.

E. Mehrheit rechtlicher Gründe. Unter mehreren rechtlichen Begründungen auf Grund des Sachverhalts kann der Richter grundsätzlich wählen; wegen einiger Ausnahmen zB Einl III 2 A, § 304 Anm 4 B. Wegen einer besseren Vollstreckbarkeit kann der Kläger evtl eine Prüfung bestimmter Anspruchsgrundlagen und eine entsprechende Kennzeichnung im Tenor fordern, zB § 850f Anm 3 A a, Hoffmann NJW **73**, 1113. Unter mehreren Gründen der Sachabweisung kann der Richter wählen, vgl Mü NJW **70**, 2114, auch wenn ein Grund nur hilfsweise geltend gemacht wird, § 260 Anm 1 B. Anders ist es bei der Hilfsaufrechnung, § 145 Anm 4 C, D. Wenn das Gericht auf Grund der Aufrechnung abweist, ist die aufgerechnete Forderung erloschen. Darum darf das nur geschehen, wenn die Klagforderung feststeht (Beweiserhebungslehre), vgl § 322 II. Ebenso ist der Hilfseinwand der Zahlung zu behandeln, weil sonst das Rückforderungsrecht des Bekl ungeklärt bleibt, Wiecz C III b 3, aM StJ II 3c (da § 322 II nur die Aufrechnung regele). Zur Hilfsbegründung Grdz 3 A c vor § 253, § 313 Anm 7 A.

4) Prozeßverbindung, II. Hat das Gericht mehrere Prozesse nach § 147 verbunden, so hat es ohne Ermessensspielraum, Schneider MDR **74**, 8 ein Endurteil zu erlassen, sobald einer der Prozesse entscheidungsreif ist. Die Erledigung soll nicht unter der Verbindung leiden. Die Anspruchshäufung, § 260, trifft II nicht. Das Urteil ist ein Vollurteil und enthält eine Aufhebung der Verbindung. Auch das restliche Urteil ist ein Endurteil, nicht ein Teilurteil, Schneider MDR **74**, 9. Über den Fall der gewöhnlichen Klägerhäufung § 301 Anm 2 B.

5) **VwGO:** Entsprechend anzuwenden, § 173 VwGO, weil die Vorschrift unausgesprochen den §§ 107ff VwGO zugrundeliegt. Wegen des Vorbescheids s § 84 VwGO, wegen des Gerichtsbescheids s Art 2 § 1 EntlG.

301 Teilurteil.

[1] Ist von mehreren in einer Klage geltend gemachten Ansprüchen nur der eine oder ist nur ein Teil eines Anspruchs oder bei erhobener Widerklage nur die Klage oder die Widerklage zur Endentscheidung reif, so hat das Gericht sie durch Endurteil (Teilurteil) zu erlassen.

[II] Der Erlaß eines Teilurteils kann unterbleiben, wenn es das Gericht nach Lage der Sache nicht für angemessen erachtet.

Schrifttum: de Lousanoff, Zur Zulässigkeit des Teilurteils gemäß § 301 ZPO, 1979 (Bespr Prütting ZZP **94**, 103).

1) Allgemeines. Teilurteil ist ein Endurteil über einen größenmäßigen, selbständigen Teil des Streitgegenstandes, der den in der bisherigen Instanz anhängig bleibenden Rest einem weiteren Teilurteil überläßt, nicht dem Schlußurteil. BGH NJW **54**, 640 gestattet, diesen Rest im Wege der Anschlußberufung in die Berufungsinstanz zu ziehen. Es liegt aber nicht im Belieben der Partei oder gar des Gerichts, den Instanzenzug zu ändern, vgl auch § 521 Anm 1 A und § 537 Anm 1 B, vgl BGH NJW **83**, 1312 mwN. Zulässig ist es aber, daß die Berufungsinstanz auf einen entsprechenden Antrag, dem nicht widersprochen wird, die ganze Klage abweist, wenn das für einen Teilanspruch geschieht, der dem Grunde nach mit dem Restanspruch gleich ist, vgl BGH **8**, 383.

Das Teilurteil soll den Rechtsstreit vereinfachen und beschleunigen, vgl BGH **77**, 310. Es bindet das Gericht nach § 318, BGH **LM** § 301 Nr 22. Es ist nicht der Sinn des § 301, einer Partei prozessuale Möglichkeiten abzuschneiden, die sie sonst noch hätte, insofern an sich richtig BGH **77**, 308. Dennoch ist eine Zurückweisung eines verspäteten Vortrags durch ein Teilurteil zulässig, insofern aM BGH **77**, 308 (mit Recht abl Deubner NJW **80**, 2355).

Jedes Teilurteil bewirkt eine Aufspaltung des Prozesses in mehrere, voneinander unabhängig werdende Teile. Das gilt zB für die Zulässigkeit von weiterem Vortrag, für die Zulässigkeit eines Rechtsmittels, für die Vollstreckbarkeit. Jedes Teilurteil wird selbständig rechtskräftig, so grds richtig Mü FamRZ **80**, 279 mwN, natürlich nur für den entschiedenen Teil des Streitgegenstands, BGH MDR **81**, 216, für jedes ist die Rechtsmittelsumme selbständig zu berechnen, eine Teilung kann also das Rechtsmittel unstatthaft machen, BGH **LM** § 146 Nr 6 mwN, vgl Köln MDR **77**, 938. Über die Kostenentscheidung beim Teilurteil Anm 2 B a sowie § 91 Anm 2 A, § 97 Anm 1 B c, § 99 Anm 2 B, § 546.

Alles dies ist im arbeitsgerichtlichen Urteilsverfahren, § 46 II ArbGG, im arbeitsgerichtlichen Beschlußverfahren, LAG Bln DB **78**, 1088 mwN, und im sonstigen Beschlußverfahren entsprechend anwendbar, Bre FamRZ **82**, 393, AG Schlesw SchlHA **82**, 28. Es ist ferner entsprechend anwendbar auf das Beschwerdeverfahren, Schneider MDR **78**, 525, unanwendbar im Hausratsverfahren, LG Siegen FamRZ **76**, 698. Zur entsprechenden Anwendbarkeit im Verfahren über einen Versorgungsausgleich BGH FamRZ **83**, 39 und 891, Zweibr FamRZ **83**, 941. Die Regelung ist mit dem GG vereinbar, Köln MDR **77**, 939.

2) Zulässigkeit, I. A. Grundsatz. Es müssen folgende Voraussetzungen zusammentreffen, Prütting ZZP **94**, 106:

a) Teilbarkeit des Streitverhältnisses. Das derzeitige Rechtsverhältnis muß getrennte Entscheidungen überhaupt als möglich erscheinen lassen.

b) Entscheidungsreife eines Teils. Es müßte ein Vollendurteil ergehen können, wenn nur der Teilanspruch im Streit wäre, BGH **72**, 37. Zum maßgeblichen Zeitpunkt § 300 Anm 3 A, B.

c) Unabhängigkeit vom restlichen Stoff. Der weitere Verlauf des Prozesses darf die Entscheidung unter keinen Umständen mehr berühren können, BGH **LM** § 843 BGB Nr 5, Mü FamRZ **79**, 1026, Zweibr FamRZ **81**, 484 und MDR **82**, 1026, ThP 1, ZöV II 1, abw de Lousanoff 85. Es darf also das Schlußurteil nicht auch nur evtl dem Teilurteil widersprechen können, BGH MDR **79**, 39 und FamRZ **83**, 39 mwN, BAG DB **71**, 344, Ffm MDR **83**, 498, Köln MDR **72**, 698 und **76**, 408. Die Entscheidung über den Teil darf nicht davon abhängig sein, wie der Streit über den Rest ausgeht, BGH **20**, 312, Ffm NJW **82**, 1543 und MDR **83**, 498 je mwN, KG OLGZ **78**, 465, Mü FamRZ **79**, 1026, Zweibr MDR **82**, 1026, wie bei der unselbständigen Anschlußberufung, BAG NJW **75**, 1248, §§ 521 Anm 3 A a, 522 Anm 1.

B. Beispiele. a) Zulässigkeit eines Teilurteils. Ein Teilurteil ist zulässig bei mehreren in einer Klage geltend gemachten Ansprüchen, also bei der Kläger- und Anspruchshäufung, §§ 59ff, 260. § 300 II ist auf den Fall der gewöhnlichen Klägerhäufung nicht anzuwenden. Die Verbindung von Teil- und Grundurteil ist zulässig, BGH **72**, 37. Ein Teilurteil ist auch gegen einen von mehreren Gesamtschuldnern zulässig. Es ist bei einfachen Streitgenossen zulässig, nicht aber bei notwendigen Streitgenossen, BGH **63**, 53, außer wenn die übrigen Streitgenossen ihre Leistungspflicht bestätigt und sich zur Leistung bereit erklärt haben, BGH NJW **62**, 1712. Beim Hilfsantrag, § 260 Anm 2 D und 4 B, gilt: Gibt das Urteil dem Hauptanspruch statt, so ist es ein Vollendurteil. Den Hauptanspruch kann das Gericht durch ein Teilurteil abweisen, soweit es sich beim Hilfsanspruch nicht nur um eine andere Begründung desselben prozessualen Anspruchs handelt, BGH NJW **61**, 72, sondern um einen anderen Anspruch, mag er auch aus demselben Sachverhalt folgen, § 2 Anm 2 A, BPatG GRUR **80**, 997 (jedoch gilt § 301 nicht im patentamtlichen Patenterteilungsverfahren, str). So ist ein Teilurteil über den Hauptanspruch zulässig, wenn zB der Hauptanspruch auf die Feststellung der Nichtigkeit des Kaufvertrages geht, der Hilfsanspruch auf Zahlung, vgl BGH **56**, 79 (richtig schon wegen § 537, dort Anm 1 C) und BGH **LM** Nr 6, oder bei einem Hauptanspruch auf eine Rente nach BEG, einem Hilfsanspruch auf eine Kapitalentschädigung, BGH **LM** § 91 BEG 1956 Nr 1. Ein Vorbehalt der Entscheidung über den Hauptanspruch ist unstatthaft.

Ein Teilurteil über die Kosten, vgl Anm 1, ist grds nicht nötig, ZöV III 2, aM LAG Bln MDR **78**, 345. Es ist zulässig, soweit auch diese Entscheidung vom Ausgang des Reststreits unabhängig ist, Lepke JR **68**, 411, zB: Beim Ausscheiden eines Streitgenossen, Düss NJW **70**, 568, Mü NJW **69**, 1123. Ein Teilurteil über die Kosten des beiderseits für erledigt erklärten Teils des ursprünglichen Streits ist denkbar, und zwar unabhängig davon, ob diese Kosten jetzt Hauptsache sind oder nicht, besonders in der Berufungsinstanz, Saarbr OLGZ **69**, 29, vgl freilich § 91a Anm 3 B.

b) Unzulässigkeit eines Teilurteils. Ein Teilurteil ist etwa in folgenden Fällen unzulässig: Wegen eines von mehreren Klagegründen desselben prozessualen Anspruchs, BGH **LM** § 276 aF Nr 26 (Anm Ritter NJW **71**, 1217); wenn der Anspruch einheitlich ist, Malzer GRUR **76**, 98, wie ein Anspruch auf den Versorgungsausgleich, Mü FamRZ **79**, 1026, abw Köln FamRZ **81**, 904 (zustm Schmeiduch), AG Bonn NJW **79**, 318, überhaupt dann, wenn das Gericht in einer Scheidungs- und Folgesache, §§ 623 I 1, 627–629, einheitlich entscheiden muß; bei einem Aufopferungsanspruch, BGH **22**, 48, bei einem Entschädigungsanspruch nach dem BEG, BGH **LM** Nr 19, oder einem Enteignungsanspruch, Celle NdsRpfleger **58**, 191, einschränkend Mü MDR **72**, 788 (überhaupt in Baulandsachen nur ausnahmsweise); bei einem einheitlichen Schmerzensgeldanspruch, den das Gericht nicht in Teilabschnitte zerlegen darf, Celle VersR **73**, 60; bei den einzelnen Posten eines einheitlichen Gesamtanspruchs, Celle OLGZ **65**, 48, Zweibr MDR **82**, 1026 (Werklohn); bei einem Pflichtteilanspruch, wenn ungeklärt bleiben würde, ob seine Abweisung wegen zu geringer Aktiven oder zu hoher Passiven geschehen soll, BGH NJW **64**, 205; wenn dem Kläganspruch eine Aufrechnung oder ein Zurückbehaltungsrecht entgegensteht, vgl Ffm MDR **75**, 322, oder entgegenstehen kann, Brschw NJW **75**, 2209.

Weitere Beispiele der Unzulässigkeit: Wenn es im Rechtsstreit um die Auflösung eines Arbeitsverhältnisses um die Wirksamkeit einer Kündigung geht, BAG NJW **82**, 1119; wenn das Gericht zu dem Ergebnis kommt, der Anspruch habe entweder nicht bestanden oder sei durch eine Aufrechnung getilgt worden, mag selbst der Aufrechnungsanspruch widerklagend geltend gemacht worden sein; wenn die Aufrechnung durch einen offenbleibenden Kläganspruch berührt werden kann, Düss NJW **70**, 2217; wenn die Klage die Rückgewähr einer Anzahlung wegen Vertragsaufhebung, die Widerklage die Zahlung der Restvergütung betrifft, Ffm MDR **83**, 498; über die Klage nach § 323 auf eine Erhöhung einer Unterhaltspflicht, wenn in demselben Rechtsstreit eine Widerklage auf eine Ermäßigung derselben Pflicht anhängig ist, Zweibr FamRZ **81**, 484; über den Hilfsantrag vor der Erledigung des Hauptantrags, vgl auch a; über Zinsen, soweit nicht zugleich eine Entscheidung über den zugehörigen Hauptanspruch ergeht, Ffm MDR **75**, 322; überhaupt nicht für einzelne selbständige Angriffs- oder Verteidigungsmittel und schon gar nicht über einzelne Rechtsfragen, zB über das Vorliegen von Verzug, Ffm MDR **75**, 322; vgl auch § 256 Anm 4 E. BAG NJW **72**, 1072 und NJW **80**, 1485 verneint die Teilbarkeit bei § 9 KSchG.

C. Endgültigkeit des Teilanspruchs. Ein Teilurteil ist zulässig über einen Teil des Anspruchs, der größenmäßig bestimmt ist und endgültig feststeht. Eine Abweisung des Teilanspruchs setzt voraus, daß der gesamte Anspruch nicht höher sein kann als der Rest. Eine Verurteilung, „mindestens x DM zu zahlen", ist unstatthaft, weil sie keine genaue Feststel-

2. Titel. Urteil §§ 301, 302 1, 2

lung enthält, wie sich der Mindestbetrag auf die einzelnen Posten verteilt, § 260 Anm 2 A. Zulässig ist aber die Begründung der Verurteilung zu x DM damit, daß der Bekl soviel auf alle Fälle schuldet. Einzelne Posten eines Kontokorrents oder eines Schadensberechnung, Celle OLGZ **65**, 48, Mü FamRZ **79**, 1026, sind kein Teilanspruch. Zur Nachholbarkeit der Individualisierung in der Rechtsmittelinstanz BAG NJW **78**, 2114.

D. Klage und Widerklage. Ein Teilurteil ist zulässig, wenn nur über die Klage oder nur über die Widerklage oder die Zwischenwiderklage, § 256 II, entschieden wird. Ein rechtlicher Zusammenhang hindert nicht. Betreffen aber die Klage und die Widerklage denselben Streitgegenstand, dann schließen sie sich gegenseitig aus und lassen grundsätzlich kein Teilurteil zu, vgl aber BGH **LM** Nr 22, dazu krit Düss NJW **72**, 1475.

3) Unterbleiben des Teilurteils, II. Das Gericht braucht kein Teilurteil zu erlassen, wenn es ihm nach der Lage des Falls unsachgemäß scheint. II mildert die durch I ausgesprochene Amtspflicht. Immerhin zeigt schon die Fassung von II, daß das Unterbleiben die Ausnahme sein soll, Köln MDR **77**, 939, Schlesw SchlHA **79**, 23, Schneider MDR **76**, 93, so wohl auch ZöV III 1. Dies gilt auch im Versäumnisverfahren. Ausnahmen von II: §§ 254, 306, 307; im Säumnisverfahren; zum Problem vgl Bettermann ZZP **88**, 424. Die Zweckmäßigkeit eines Teilurteils ist nicht nachprüfbar, Düss NJW **74**, 2010, Köln MDR **77**, 939, weil sonst grds unzulässigerweise der noch nicht der Berufungsinstanz angefallene Streitstoff heranzuziehen wäre, vgl BGH NJW **83**, 1312, und weil das Berufungsgericht weder selbst entscheiden noch zurückverweisen dürfte. Das Revisionsgericht darf die Zulässigkeit eines angefochtenen Teilurteils außer in einer Entschädigungssache, BGH **LM** Nr 19, oder in einer Ehesache grds nur auf Grund einer Verfahrensrüge prüfen, BGH **16**, 73. Bei einer einfachen Streitgenossenschaft handelt es sich um ein Teilurteil. Es kann also trotz Entscheidungsreife aus Zweckmäßigkeitsgründen unterbleiben, aM ThP 2.

4) VwGO: Eigene Regelung in § 110 VwGO.

302 *Vorbehaltsurteil.* ¹ Hat der Beklagte die Aufrechnung einer Gegenforderung geltend gemacht, die mit der in der Klage geltend gemachten Forderung nicht in rechtlichem Zusammenhang steht, so kann, wenn nur die Verhandlung über die Forderung zur Entscheidung reif ist, diese unter Vorbehalt der Entscheidung über die Aufrechnung ergehen.

II Enthält das Urteil keinen Vorbehalt, so kann die Ergänzung des Urteils nach Vorschrift des § 321 beantragt werden.

III Das Urteil, das unter Vorbehalt der Entscheidung über die Aufrechnung ergeht, ist in betreff der Rechtsmittel und der Zwangsvollstreckung als Endurteil anzusehen.

IV In betreff der Aufrechnung, über welche die Entscheidung vorbehalten ist, bleibt der Rechtsstreit anhängig. Soweit sich in dem weiteren Verfahren ergibt, daß der Anspruch des Klägers unbegründet war, ist das frühere Urteil aufzuheben, der Kläger mit dem Anspruch abzuweisen und über die Kosten anderweit zu entscheiden. Der Kläger ist zum Ersatz des Schadens verpflichtet, der dem Beklagten durch die Vollstreckung des Urteils oder durch eine zur Abwendung der Vollstreckung gemachte Leistung entstanden ist. Der Beklagte kann den Anspruch auf Schadensersatz in dem anhängigen Rechtsstreit geltend machen; wird der Anspruch geltend gemacht, so ist er als zur Zeit der Zahlung oder Leistung rechtshängig geworden anzusehen.

1) Allgemeines. § 302 soll eine Prozeßverschleppung durch eine ungeklärte Aufrechnung verhindern. Seine Beschränkungen dienen dem Schutz des Bekl. Über eine Prozeßtrennung § 145 III. Sie ist nicht notwendig. In der Berufungsinstanz ist § 302 für eine erstinstanzliche und eine zweitinstanzliche Aufrechnung anwendbar.

Im Urkundenprozeß ist § 302 unanwendbar, § 598 Anm 1, abw Celle NJW **74**, 1473, ThP 1 d. § 302 findet bei einer Vorlage gemäß Art 100 GG keine entsprechende Anwendung, BVerfG **34**, 321, Jülicher ZZP **86**, 211 (allenfalls ist eine einstweilige Verfügung möglich).

2) Voraussetzungen eines Vorbehaltsurteils, I. A. Aufrechnung mit Gegenforderung. Der Bekl muß mit einer Gegenforderung aufrechnen, die mit der Klagforderung nicht rechtlich zusammenhängt (der übliche Ausdruck „nicht konnex ist", besagt dasselbe unklarer). Begriff ähnl § 33 Anm 2 und § 273 BGB. Für den rechtlichen Zusammenhang ist nicht dasselbe Rechtsverhältnis erforderlich. Es genügt ein innerer wirtschaftlicher Zusammenhang, daß es also Treu und Glauben widerspräche, wenn der Anspruch ohne Berücksichtigung des Gegenanspruchs durchgesetzt würde, BGH **LM** Nr 1 und DB **65**, 1439, LAG Düss DB **75**, 2040, zB bei der Verletzung von Warenzeichenrechten während der Geltung eines Abkommens über die Geschäftsbeziehungen, BGH **25**, 364.

Zwischen einem privatrechtlichen Anspruch und einer öffentlichrechtlichen Gegenforderung besteht meist kein rechtlicher Zusammenhang, so daß ein Vorbehaltsurteil möglich ist, wenn über den ersteren die Verwaltungsgerichte nach einer Aussetzung zu entscheiden haben, BGH **16**, 124, s auch § 13 GVG Anm 5 F. Kein rechtlicher Zusammenhang besteht in der Regel zwischen einem anerkannten Saldo und dem Anspruch auf einem dem Saldo zugrundeliegenden Rechnungsposten, BGH **LM** Nr 7, oder zB zwischen einer Werklohnforderung und einem Schadensersatzanspruchs wegen einer Grunderwerbsteuernachzahlung oder einer Grenzverletzung, Mü VersR **72**, 884. Eine zusammenhängende Forderung ist evtl gemäß § 296 zurückzuweisen.

Unerheblich ist, wann der Bekl aufrechnet, ob vor oder in dem Prozeß. Eine Hilfsaufrechnung genügt. Ist aufgerechnet und wegen des überschießenden Teils Widerklage erhoben worden, so ist ein Vorbehaltsurteil höchst unzweckmäßig. Über die sachlichrechtliche und die prozessuale Aufrechnung § 145 Anm 4 C, über die Aufrechnung mit einer unter eine Schiedsgerichtsklausel gestellten Gegenforderung § 1025 Anm 3 C.

B. Entscheidungsreife des Klaganspruchs. Der Klaganspruch muß entscheidungsreif sein, so daß der Entscheidung nur die Aufrechnung im Weg steht, Joch NJW **74**, 1957. Es genügt aber, daß er nur dem Grunde nach feststeht, BGH **LM** § 304 Nr 6, ThP 1 b, ZöV 2, aM StJSchuL II 2 (wegen § 302 III. Das Bedenken ist nicht unausräumbar. Ein Vorbehaltsurteil, das nur eine Vorabentscheidung nach § 304 ausspricht, ist nach § 304 anfechtbar; das Urteil über den Betrag ist wieder unter den Vorbehalt zu stellen).

C. Fehlende Entscheidungsreife des Aufrechnungsanspruchs. Die Aufrechnungsforderung darf nicht entscheidungsreif sein, sonst ist weder ein Vorbehaltsurteil noch ein Teilurteil noch ein Zwischenurteil zulässig. Dies gilt auch, wenn sich die Aufrechnung von vornherein als unzulässig erweist, daß die Zulässigkeit zunächst zu prüfen ist, BGH **35**, 248; bei einer Bejahung der Zulässigkeit ist ein Vorbehalt für das Nachverfahren möglich, BGH **25**, 366, s auch Anm 4 A und § 322 Anm 3. Eine nach Grund und Höhe umstrittene Forderung kann aber hier nur zur Aufrechnung gestellt werden, wenn das Prozeßgericht darüber entscheiden kann, so daß mit einem Kostenerstattungsanspruch nur dann aufgerechnet werden kann, wenn er rechtskräftig festgestellt worden ist, BGH MDR **63**, 388.

3) Vorbehaltsurteil, I–III. A. Grundsatz. Liegen die Voraussetzungen des § 302 I vor, so kann das Gericht auch ohne einen Antrag nach freiem Ermessen, Hamm MDR **75**, 1029, Braun ZZP **89**, 108, das Urteil unter dem Vorbehalt der Entscheidung über die Aufrechnung erlassen. Diese Möglichkeit ist durch eine Parteivereinbarung nicht ausschließbar, BGH **LM** Nr 7.

Das Vorbehaltsurteil ist durch eine anderweitige Entscheidung im Nachverfahren auflösend bedingt, und umgekehrt, ZöV VIII. Für die Rechtsmittel und die ZwV steht es einem Endurteil gleich, III, Joch NJW **74**, 1957, wenn man es nicht überhaupt als ein Endurteil ansehen will, StJSchuL III 1, ThP 1, aM RoS § 58 V 4. §§ 707, 719 sind anwendbar, BGH NJW **67**, 566. Der inneren Rechtskraft ist es seiner Natur nach unfähig; es bindet aber dasselbe Gericht und alle anderen Gerichte wegen des Anspruchs des Klägers wie ein rechtskräftiges Urteil, vgl Köln BB **72**, 1207. Es muß über die Kosten und die Vollstreckbarkeit wie sonst entscheiden, IV 2. Es darf nicht weitergehen als eine Aufrechnung; wegen des überschießenden Teils des Klaganspruchs muß ein abschließendes Urteil ergehen. Ein Vorbehalt mit Wirkung nur für eine Partei ist unzulässig.

B. Urteilsformel. Der Vorbehalt muß in der Urteilsformel stehen, BGH NJW **81**, 394, und zwar ist die Aufrechnungsforderung dort möglichst genau zu bezeichnen, auch durch eine Bezugnahme auf den Tatbestand. Fehlt der Vorbehalt, so stehen ein Antrag auf eine Berichtigung, falls der Vorbehalt nur in der Formel vergessen worden war, § 319 Anm 2 A–D, oder ein Antrag auf eine Urteilsergänzung, § 321, und im übrigen die Rechtsmittel zur Wahl, s § 321 Anm 1 B. Ist teils mit, teils ohne Vorbehalt verurteilt worden und ist unbeschränkt Berufung eingelegt worden, so muß die 2. Instanz voll entscheiden, wenn die Voraussetzungen des § 302 fehlten. Sie darf die vorbehaltene Forderung nur dann prüfen, wenn sie entgegen der 1. Instanz den rechtlichen Zusammenhang bejaht, vgl auch A. Wenn der Vorbehalt erst im Berufungsurteil ergeht, so erfolgt eine Zurückverweisung, Düss MDR **73**, 857, LAG Düss DB **75**, 2040, vgl auch § 600 Anm 1 B.

C. Rechtsmittel. Das Rechtsmittelgericht prüft nur den im Vorbehaltsurteil entschiedenen Streitstoff, also nicht die Aufrechnungsforderung. Die höhere Instanz kann das Vorliegen der Voraussetzungen des Ermessens nachprüfen, nicht aber die Angemessenheit des Vorbehaltsurteils, und zwar aus denselben Gründen nicht wie beim Teilurteil, § 301 Anm 3, BGH WertpMitt **65**, 827. Ist ein Vorbehaltsurteil erlassen worden, obwohl die Aufrechnungsforderung unzulässig war, so kann der Kläger nun die Verurteilung ohne einen Vorbehalt beantragen, BGH NJW **79**, 1046. Stand die Aufrechnungsforderung mit der Klagforderung in einem rechtlichen Zusammenhang, so gelangt der vorbehaltene Streitstoff trotzdem in die Berufungsinstanz, wo eine Zurückverweisung nach § 539 in Betracht kommt, wo aber auch sachlich über ihn entschieden werden kann, wenn die Anträge es zulassen und wenn über den Aufrechnungssachverhalt verhandelt worden ist, BGH **LM** Nr 4. Ebenso ist eine Entscheidung in der Berufungsinstanz zulässig, wenn das Vorbehaltsurteil dort trotz eines rechtlichen Zusammenhangs erlassen wurde und wenn die Revisionsinstanz zurückverwiesen hat, BGH **25**, 368.

4) Nachverfahren, IV. A. Grundsatz. Das Vorbehaltsurteil läßt die Klageforderung in der Instanz rechtshängig, aber nur, soweit eine Aufrechnung vorbehalten ist; neues Vorbringen gegen die Klageforderung ist ausgeschlossen. Das Gericht beraumt von Amts wegen einen Verhandlungstermin an. Er ist vor der Rechtskraft des Vorbehaltsurteils zulässig. Die Ladungsfrist ist zu beachten, § 217. Eine Einlassungsfrist, § 274 III, besteht nicht. Wird im Vorbehaltsverfahren in der 2. Instanz eine Gegenforderung eingeführt, so erstreckt sich die Bestätigung des Vorbehalts durch das Berufungsgericht auch auf das Nachverfahren der 1. Instanz, Mü MDR **75**, 324. Möglich ist aber eine Klagänderung oder Klagerweiterung, BGH **37**, 134, deren neuem Anspruch der Bekl dann auch Neues entgegensetzen kann, RoS § 58 V 5c. Möglich ist es auch, den abgewiesenen Teilanspruch im Wege der Anschlußberufung geltend zu machen, BGH **37**, 134. Der Bekl kann wegen § 145 Anm 4 E nur die vorbehaltene Aufrechnungsforderung geltend machen, BGH WertpMitt **71**, 130, diese aber auch anderweit verfolgen, solange im Nachverfahren nicht rechtskräftig entschieden wurde, § 322 II, vgl BGH NJW **72**, 451, aM Stgt NJW **70**, 1691. Die Parteirollen im Nachverfahren bleiben unverändert. Eine Widerklage sowie eine Streithilfe sind zulässig.

Eine Entscheidung über die Zulässigkeit der Aufrechnung bindet für das Nachverfahren, BGH **35**, 248 und NJW **79**, 1046, und zwar selbst dann, wenn sie nur über bestimmte Aufrechnungshindernisse entscheidet (dann ist aber das Vorbehaltsurteil anfechtbar, BGH **35**, 253). Eine Bindung, § 318, tritt in demjenigen Umfang ein, in dem die Tatsacheninstanz entscheiden wollte, also nicht hinsichtlich der übrigen Aufrechnungshindernisse, BGH **35**, 253; gegen die Bindungswirkung Bötticher JZ **62**, 213 (die Aufrechnung sei ja gerade „vorbehalten"). Fehlt eine Entscheidung über die Zulässigkeit, so fehlt eine Bindungswirkung, BGH **25**, 366. Die Fortsetzung des Verfahrens geschieht auf Anregung einer Partei, §§ 253 V, 274, 497; das Vorbehaltsurteil bewirkt einen tatsächlichen Stillstand des Verfahrens, Üb 1 A a vor § 239. Die Ladung setzt eine Rechtskraft des Vorbehaltsurteils nicht voraus. Die Einstellung der ZwV erfolgt jetzt nach § 707 direkt. Zur Rechtskraft des Vorbehaltsurteils Tiedemann ZZP **93**, 23.

B. Urteilsformel. Das Urteil im Nachverfahren, das Schlußurteil, lautet wie folgt:

a) Erfolgreiche Aufrechnung. Beim Durchgreifen der Aufrechnung erfolgen eine Aufhebung des Vorbehaltsurteils und eine Klagabweisung. Dabei ist das Gericht an sein Urteil über die Klagforderung schlechthin gebunden und darf sie nicht erneut prüfen, § 318. Das Gericht muß über die Kosten neu entscheiden. Die vorläufige Vollstreckbarkeit des Vorbehaltsurteils entfällt gemäß § 717 I.

b) Erfolglose Aufrechnung. Bei einer Ablehnung der Aufrechnung spricht das Gericht die Aufrechterhaltung des bisherigen Urteils und den Wegfall des Vorbehalts aus. Es muß zugleich über die weiteren Kosten entscheiden. Hebt die höhere Instanz das Vorbehaltsurteil auf und weist die Klage ab, so wird damit ohne weiteres ein Urteil im Nachverfahren hinfällig, selbst wenn es rechtskräftig war.

C. Versäumnisverfahren. Ein Versäumnisverfahren ist nur wegen der Aufrechnung denkbar, weil ja der Prozeß nur insoweit noch in der Instanz schwebt. Da der Aufrechnende in diesem Verfahren angreift, hat er praktisch die Stellung des Klägers. Ist er säumig, so spricht das Gericht den Wegfall des Vorbehalts und die Aufrechterhaltung des bisherigen Urteils (im übrigen) aus. Ist der Kläger säumig, dann gilt der Vortrag des Bekl zur Aufrechnungsforderung als zugestanden, § 331. Soweit er schlüssig ist, hebt das Gericht das Vorbehaltsurteil auf und weist die Klage ab. Somit ist die Aufrechnung bis zur Höhe der Klagforderung verbraucht.

5) Schadensersatz, IV. A. Grundsatz. Hebt das Urteil im Nachverfahren das Vorbehaltsurteil ganz oder teilweise auf und weist die Klage insoweit im Nachverfahren ab, so muß der Kläger dem Bekl ohne Rücksicht auf Verschulden grds den vollen Schaden ersetzen, der dem Bekl durch eine Zwangsvollstreckung aus dem Vorbehaltsurteil entstanden ist. Dazu gehört nicht nur der durch die Beitreibung erwachsene Schaden, sondern auch der durch eine Leistung zur Vermeidung der Beitreibung entstandene. Unerheblich ist, ob das Vorbehaltsurteil rechtskräftig oder vorläufig vollstreckbar war. Dieser sachlichrechtliche Ersatzanspruch entsteht aufschiebend bedingt mit der Beitreibung oder einer Abwendungsleistung, aM StJSchuL V (mit der Verkündung des Schlußurteils). Man kann wegen der Haft, die man auf Grund eines später aufgehobenen Vorbehaltsurteils nach § 901 erlitt, kein Schmerzensgeld fordern, Hbg MDR **65**, 202.

B. Verfahren. Der Beklagte kann den Ersatzanspruch geltend machen: **a)** In einem besonderen Prozeß; **b)** durch eine Widerklage; **c)** durch eine Aufrechnung in einem anderen Prozeß; **d)** durch einen Zwischenantrag (Inzidentantrag) im Nachverfahren, vgl Bre NJW **69**, 1260. Dies gilt auch noch in der Revisionsinstanz entsprechend § 717.

Nur bei d gilt der Anspruch als mit der Zahlung oder Leistung rechtshängig geworden. Weiteres bei § 717. § 717 III ist unanwendbar, RoS § 58 V 5 d, ThP 4 a, ZöV VII 5.

6) VwGO: *Entsprechend anzuwenden, § 173 VwGO, BVerwG NJW* **83**, *776, wie KV 1203, 1213 ergeben; vgl iü Kröger/Jakobs JA* **81**, *266, Pietzner VerwArch* **83**, *72 mwN, Ule VPrR § 41 III, Grunsky § 46 II 5. Jedoch darf ein Vorbehaltsurteil nur ergehen, wenn über die Aufrechnung im VerwRechtsweg entschieden werden kann, EF § 107 Rz 5, aM OVG Münst NJW* **80**, *1068 mwN, OVG Lüneb VerwRspr* **29**, *757 (nach OVG Münst DÖV* **76**, *673 hindert die Aufrechnung nur die Vollstreckung); andernfalls ist das Verfahren entsprechend § 94 VwGO auszusetzen und eine Frist zur Klagerhebung vor dem für die Gegenforderung zuständigen Gericht zu bestimmen, vgl Kröger/Jakobs u Pietzner aaO. An die Stelle von § 321, II, tritt § 120 VwGO.*

303 Zwischenurteil. Ist ein Zwischenstreit zur Entscheidung reif, so kann die Entscheidung durch Zwischenurteil ergehen.

Schrifttum: Flemming, Die rechtliche Natur des Zwischenfeststellungsurteils, Diss Tüb 1954.

1) Allgemeines. Zwischenurteile sind Feststellungsurteile, die nur über einzelne verfahrensrechtliche Streitpunkte ergehen, und zwar zwischen den Parteien oder zwischen diesen und Dritten. Solche Dritte können Zeugen und Sachv sein, §§ 387, 402, Streithelfer, § 71, der RA des Gegners bei einer Urkundenrückgabe, § 135 II. Ein Zwischenurteil, durch das endgültig über sachlichrechtliche Ansprüche oder über ein selbständiges Angriffs- oder Verteidigungsmittel entschieden wird, ist unzulässig, zB Tiedtke ZZP **89**, 65. Bei mehreren solchen erfolgt notfalls eine Beschränkung der Verhandlung nach § 146; die Entscheidung muß immer einheitlich sein.

Die Vorschrift gilt entsprechend im Beschwerdeverfahren, Düss OLGZ **79**, 454. § 303 ist im patentgerichtlichen Beschwerdeverfahren entsprechend anwendbar, BPatG GRUR **78**, 533. Zur Zulässigkeit eines Zwischenbeschlusses im arbeitsgerichtlichen Beschlußverfahren BAG DB **74**, 1728.

2) Zwischenstreit. § 303 betrifft nur den Zwischenstreit, also noch nicht die Hauptsache, zwischen den Parteien (also nicht denjenigen zwischen den Parteien und Dritten, §§ 71 I, II, 135 II, III, 372 a, 387, 402), und auch dann unter Ausschluß desjenigen Zwischenstreits, der durch eine Zulässigkeitsrüge entstanden ist (darüber §§ 280, 282 III, 296 III), und desjenigen über eine Vorabentscheidung über den Grund, § 304, der kein Zwischenstreit ist (unter § 303 fällt auch das Grundurteil des arbeitsgerichtlichen Verfahrens, § 61 III ArbGG, BAG NJW **76**, 774). Das ist ein zwischen den Parteien entstandener Streit über Fragen, die den Fortgang des anhängigen Verfahrens betreffen und über die das Gericht nur auf Grund einer mündlichen Verhandlung entscheiden darf.

Unter § 303 fällt zB: Ein Streit über die Zulässigkeit des Rechtswegs, Tiedtke ZZP **89**, 68; über die Pflicht zur Vorlegung einer Urkunde, §§ 422, 423, oder über deren Echtheit, §§ 440 ff; über die Notwendigkeit der Sicherheitsleistung durch einen Ausländer, § 112 Anm 1 A a, BGH DB **82**, 802; über die Zulässigkeit eines Rechtsmittels oder Rechtsbehelfs oder eines Einspruchs, § 341; über den Widerruf eines Geständnisses, § 290; über die Wirksamkeit eines Prozeßvergleichs, vgl BAG NJW **67**, 647; über die Aufnahme nach einer Unterbrechung; über die Zulässigkeit einer Klagänderung, §§ 263 ff; über die Zulässigkeit der Wiedereinsetzung, § 238; über eine Wiederaufnahme des Verfahrens, § 590 II 1; über

2. Titel. Urteil §§ 303, 304

Prozeßvoraussetzungen, soweit sie nicht in einer Zulässigkeitsrüge bestehen; darüber, ob der Kläger klaglos gestellt worden ist; über das Vorliegen eines wirksamen Prozeßvergleichs.

Nicht unter § 303 fällt zB: Der Streit über die Zulässigkeit eines gewillkürten Parteiwechsels, BGH NJW **81**, 989; der Streit über einzelne Elemente der Sachentscheidung, BGH **72**, 38 mwN, wie die Sachbefugnis, BGH **8**, 383, Tiedtke ZZP **89**, 72; über einzelne Angriffs- oder Verteidigungsmittel; über die Verjährung, Tiedtke ZZP **89**, 65; über eine Erledigung der Hauptsache, Tiedtke ZZP **89**, 72.

3) Zwischenurteil. In den Fällen des § 303 steht der Erlaß eines Zwischenurteils grds im nicht nachprüfbaren Ermessen des Gerichts, Ausnahmen bilden §§ 280 II, 347 II, 366. Bisweilen ist ein Zwischenurteil zweckmäßig, weil es die Streitfrage infolge der Bindung des Gerichts für die Instanz ausscheidet, § 318. Auch ein Versäumniszwischenurteil ist statthaft, § 347, kommt aber praktisch kaum je vor. War das Zwischenurteil unzulässig, so bindet es das Gericht nicht, BGH **8**, 384, Tiedtke ZZP **89**, 75. Ebensowenig ist das Berufungsgericht an seine Sachentscheidung gebunden, die es trotz einer Unzulässigkeit des Rechtsmittels erlassen hat, BGH NJW **52**, 25.

Keine Bindung besteht, wenn das Zwischenurteil wegen später eingetretener neuer Umstände nicht mehr zutrifft. Es ergeht grds keine Kostenentscheidung. Die Zwangsvollstreckung ist ausgeschlossen. Eine Kostenentscheidung ergeht nur bei einem Zwischenstreit mit einem Dritten, keine bei einem Zwischenstreit zwischen den Parteien. Ob ein Zwischenurteil oder ein Beschluß zu ergehen hat, ist oft zweifelhaft und steht manchmal zur Wahl; aus dem Begriff des Zwischenstreits folgt dafür nichts.

4) Rechtsmittel. Das Zwischenurteil ist ein vorweggenommener Teil der Endentscheidung und darum grundsätzlich nicht selbständig anfechtbar, § 519b Anm 3c. Das Zwischenurteil ist auch dann, wenn es unzulässig ergangen ist, nur zusammen mit dem Endurteil anfechtbar.

5) VwGO: Nach § 109 VwGO kann durch (selbständig anfechtbares) Zwischenurteil bejahend über die Zulässigkeit der Klage entschieden werden, dh über sämtliche Sachurteilsvoraussetzungen, BVerwG NJW **62**, 2074. Ferner ist in § 111 VwGO ein Zwischenurteil über den Grund des Anspruchs vorgesehen, § 304 Anm 6. Im übrigen ist § 303 entsprechend anzuwenden, § 173 VwGO, zB bei der Entscheidung über die Zulässigkeit eines Rechtsmittels, BVerwG NVwZ **82**, 372, über die Wiedereinsetzung, § 238 Anm 4, OVG Münst NJW **72**, 75, Unterbrechung, § 239 Anm 2 m Anm 4, Klagänderung, § 263 Anm 5, vgl EF § 109 Rdz 12. Wegen des Zwischenstreits über die Zeugnisverweigerung s § 387 Anm 4.

304 **Zwischenurteil über den Grund.** I Ist ein Anspruch nach Grund und Betrag streitig, so kann das Gericht über den Grund vorab entscheiden.

II Das Urteil ist in betreff der Rechtsmittel als Endurteil anzusehen; das Gericht kann jedoch, wenn der Anspruch für begründet erklärt ist, auf Antrag anordnen, daß über den Betrag zu verhandeln sei.

Schrifttum: Kuhn, Der Aufrechnungseinwand im Verfahren nach § 304 ZPO, Diss Ffm 1957.

Gliederung

1) **Allgemeines**
2) **Voraussetzungen, I**
   A. Art des Anspruchs
   B. Streitumfang
3) **Grund und Betrag, I**
   A. Grundsatz
   B. Erschöpfende Erledigung
   C. Anspruchsgrund
   D. Anspruchsbetrag
4) **Vorabentscheidung, I, II**
   A. Zulässigkeit, I
   B. Urteilsformel
   C. Urteilsfunktion, II
   D. Fortsetzungsanordnung, II
5) **Betragsverfahren, II**
   A. Grundsatz
   B. Einzelheiten
6) **VwGO**

1) Allgemeines. § 304 erlaubt in gewissen Fällen eine Vorabentscheidung über den Grund des Anspruchs durch ein besonders geregeltes Zwischenurteil. Es beendet den Prozeß noch nicht. Die Vorschrift soll das Verfahren vereinfachen und verbilligen, BGH VersR **79**, 282 und MDR **80**, 51 und 925, indem sie umfangreiche Beweisaufnahmen über den Betrag erspart, die bei einer anderweitigen Einstellung der höheren Instanz ins Wasser fallen. § 304 ist insofern für den Kläger zweischneidig, als dieser Gefahr läuft, daß das Gericht durch eine unzweckmäßige Beschränkung auf den Grund die Entscheidung und die Befriedigung des Klägers stark verzögert. Außerdem bedeutet die Vorschrift eine starke Verteuerung, wenn etwa der Kläger auch in der Berufungs- und Revisionsinstanz dem Grunde nach siegt, der Bekl also diese Rechtsmittelkosten gemäß § 97 I nach einem hohen Streitwert tragen muß, BGH **20**, 397, wenn sich dann aber im Betragsverfahren herausstellt, daß von der Klagforderung wenig oder nichts übrig bleibt.

Der Richter muß also bei jedem einzelnen der geltend gemachten Ansprüche prüfen, ob er mit hoher Wahrscheinlichkeit in irgendeiner Höhe besteht, BGH **53**, 23, VersR **79**, 282. Dabei ist auch ein Übergang auf den Versicherungsträger und möglichst der Grad eines etwaigen mitwirkenden Verschuldens zu berücksichtigen, Anm 3 B, C. Prozeßwirtschaftlich ist oft eine baldige Heranziehung der Unterlagen über die Höhe, so daß wenigstens teilweise auch über den Betrag entschieden werden kann; vgl auch Hauß **LM** § 97 Nr 9. Problemübersicht bei Schneider MDR **78**, 705, 793.

2) Voraussetzungen, I. A. Art des Anspruchs. Da § 304 einen „Betrag" verlangt, muß der sachlichrechtliche Anspruch, § 194 BGB, auf Geld oder vertretbare Sachen gehen, BGH **LM** Nr 37 und DNotZ **82**, 699. Darunter fällt der Ersatz durch Befreiung von einer Geldschuld, BGH **LM** Nr 37, ferner der Anspruch auf eine Duldung der Zwangsvollstreckung oder auf die Zustimmung zur Auszahlung eines hinterlegten Betrags auf eine bezifferte Feststellung, BAG NJW **82**, 774. Auch bei einem Bereicherungsanspruch ist ein Grundurteil möglich, BGH **53**, 23, aM Celle ZZP **80**, 145 (abl Walchshöfer). Der Anspruch muß mit der Klage oder der Widerklage erhoben worden sein.

Über eine Einrede, etwa die Aufrechnung, findet keine Vorabentscheidung statt, ebensowenig zB: Über einen Rückgewähranspruch nach §§ 7 AnfG, 37 KO; über einen Anspruch auf Herausgabe bestimmter Sachen; auf eine Auflassung, BGH DNotZ **82**, 699; auf die Bestellung eines Erbbaurechts, BGH **LM** Nr 30; wegen einzelner Kontokorrentposten, weil sie bei einer Klage auf den Saldo nur Bestandteil des Klagegrunds sind; auf eine nicht bezifferte Feststellung, BGH DRiZ **65**, 97 und NJW **83**, 332; wegen einzelner Elemente der Begründetheit, BGH **72**, 34 und MDR **80**, 925. Bei einer Widerklage wegen einer aufgerechneten Gegenforderung muß ihr Gegenstand denjenigen der Klage übersteigen, so daß bei einer Verrechnung ein Überschuß bleibt, BGH VersR **66**, 541 mwN, LG Köln VersR **78**, 162; andernfalls ist die Widerklage abzuweisen. Bei einem Anspruch aus § 89b HGB ist ein Grundurteil unzulässig, BGH NJW **67**, 2153.

B. Streitumfang. Der Anspruch muß nach Grund und Betrag streitig sein, Köln VersR **78**, 771; die Entscheidung über den Grund muß spruchreif sein, BGH VersR **79**, 25. Die Entscheidung über die Höhe darf noch nicht spruchreif sein. Es genügt nicht, daß nur der Betrag, dh Geld oder vertretbare Sachen, streitig ist, Schneider JB **76**, 1137, oder daß nur der Grund streitig, jedoch der Betrag unstreitig ist, Mü NJW **53**, 348, vgl auch Bettermann NJW **59**, 66. Im Enteignungsverfahren zB steht der Grund fest, also findet keine Vorabentscheidung statt (wegen einer Ausnahme BGH WertpMitt **75**, 141). Etwas anderes gilt ausnahmsweise etwa bei einem Streit, ob der Bekl eine Ersatzanlage liefern oder in Geld entschädigen muß.

3) Grund und Betrag, I. A. Grundsatz. Was zum Grund und was zum Betrag gehört, ist manchmal schwer zu sagen. Die Rechtsprechung schwankt. Leitender Gedanke muß sein, daß § 304 vereinfachen soll, Anm 1. Die Abgrenzung ist darum nicht rein abstrakten Erwägungen vorzunehmen, sondern nach dem Gesichtspunkt der Prozeßwirtschaftlichkeit und der praktischen Brauchbarkeit, BGH VersR **79**, 25 mwN und VersR **80**, 868. Immer muß das Urteil klar zu erkennen geben, worüber das Gericht entschieden hat, da die Grenzen der Rechtskraft geklärt sein müssen, BGH **LM** Nr 35.

Das wäre nicht der Fall, wenn zB in den Anträgen nicht gesagt worden wäre, wie hoch der Rentenanspruch für die Witwe und wie hoch er für das Kind sein soll, vgl auch § 253 Anm 5 B. Andererseits darf das Gericht im Grundurteil je nach Zweckmäßigkeit den Beginn und das Ende einer Rente festlegen oder sie dem Betragsverfahren vorbehalten. Es muß dann aber den Vorbehalt wenigstens in den Gründen aussprechen, BGH **11**, 183. Jedenfalls ist eine Begrenzung der Ansprüche im Grundurteil nicht schlechthin unzulässig. Sie muß aber gerade den Grund betreffen und darf nicht dem Betragsverfahren vorgreifen.

Die Meinung, nur die Schadensberechnung dürfe offen bleiben, entspricht nicht den Bedürfnissen und nicht der Praxis. Auch die Frage, ob Schadensersatz durch eine Kapitalabfindung oder durch eine Rente zu leisten sei, kann je nach der Zweckmäßigkeit im Grundverfahren oder im Betragsverfahren geklärt werden, BGH **59**, 139 mwN. Es reicht aus, daß

2. Titel. Urteil § 304 3

ein schadenstiftendes Ereignis feststeht, aus dem nach dem gewöhnlichen Lauf der Dinge ein Schaden erwächst, Hbg VersR 79, 667. Ein Grundurteil über einen Hilfsanspruch ist bei einer Abweisung des Hauptanspruchs zulässig, BGH MDR 75, 1008 mwN. Ein Grundurteil, nach dem entweder der Haupt- oder der Hilfsanspruch festgestellt werden, ist unzulässig, BGH NJW 69, 2241.

Ist die Ersatzleistungsklage mit der Ersatzfeststellungsklage verbunden worden, so muß dann, wenn diese entscheidungsreif ist, ihretwegen ein Teilurteil nach § 301 und kann wegen jener ein Grundurteil, also ein Zwischenurteil ergehen. In der Zuerkennung des Anspruchs dem Grunde nach kann uU aber auch diejenige des Feststellungsanspruchs (insofern Teilendurteil) liegen, BGH VersR 75, 254 mwN. Eine Pfändung und Überweisung steht dem Grundurteil nicht entgegen, weil es nur feststellt, daß zu zahlen ist, nicht aber auch, ob an den Kläger oder den Pfandgläubiger zu zahlen ist.

B. Erschöpfende Erledigung. Das Grundurteil muß grundsätzlich sämtliche Klagegründe und die Sachbefugnis erschöpfend erledigen, insofern richtig BGH **77**, 309, ferner BGH **80**, 224 mwN und VersR **80**, 868, Düss FamRZ **80**, 1012. Das gilt auch für eine Abtretung und für einen gesetzlichen Forderungsübergang, BGH VersR **67**, 1002 und NJW **81**, 393. Wegen jeden Unfalls, wegen jeden Teilanspruchs müssen hinreichende Anhaltspunkte für einen erstattungsfähigen Schaden gegeben sein, vgl BGH VersR **82**, 161, mag auch ein Gesamtschaden aus selbständigen Ansprüchen geltend gemacht sein. Ist die Klage auf das StVG und auch nicht auf eine unerlaubte Handlung gestützt, so ist über jeden Klagegrund selbst dann zu entscheiden, wenn summenmäßig der Antrag voll entsprochen wird, BGH **LM** § 60 Nr 1. Doch läßt BGH **LM** Nr 15 bei einer Forderung mehrerer Teilbeträge zugunsten verschiedener Personen ausreichen, daß die Forderung entsprechend der Summe der geltend gemachten Ansprüche für möglich gehalten wird. Das Urteil muß ergeben, welchem Kläger welcher Anspruch dem Grunde nach zugesprochen wird, BGH **11**, 181. Der weitere Klagegrund kann nur dann unentschieden bleiben, wenn der entschiedene Klagegrund zur Begründung der Klage auch der im einzelnen noch zu prüfenden Höhe voll geeignet ist, BGH **LM** Nr 32, und wenn aus dem unentschieden bleibenden Klagegrund keine weiteren Folgen herzuleiten sind als aus dem entschiedenen, BGH **72**, 34.

Sind aber für einen Anspruch zwei Klagegründe geltend gemacht worden, die sich ausschließen und die auch einen verschiedenen Schadensbetrag ergeben können, so muß festgestellt werden, welcher Klagegrund zutrifft, BGH NJW **64**, 2414. Im Nichtbescheiden eines Klagegrundes liegt in der Regel noch keine Abweisung. Das nur einen Klagegrund ablehnende Urteil ist ein Zwischenurteil, BGH **LM** Nr 12. Das Gericht muß auch klarstellen, ob mehrere Hauptansprüche vorliegen oder ob nur ein Hauptanspruch mit Hilfsansprüchen gegeben ist. Es ist unzulässig, gleichzeitig wahlweise den Hauptanspruch oder den Hilfsanspruch dem Grunde nach zu bejahen, BGH MDR **75**, 1008 mwN.

Eine unbezifferte Feststellungsklage läßt keine Feststellung dem Grunde nach zu, BGH DRiZ **65**, 97 und NJW **83**, 332, vgl aber auch BGH VersR **75**, 254 mwN und § 318 Anm 2. Eine Aufrechnung mit einer rechtlich zusammenhängenden Gegenforderung ist grundsätzlich zu erledigen, BGH **LM** Nr 6, andernfalls würde der Berechtigte damit im Betragsverfahren entsprechend § 767 II ausgeschlossen, BGH JZ **65**, 540. Ein Vorbehalt im Grundurteil ist nur bei einer Aufrechnung mit nicht im Zusammenhang stehenden Forderungen zulässig, § 302 Anm 2 A, vgl aber auch BGH **59**, 139 (Schadensersatz als Rente oder Kapital). Der Vorbehalt beschränkter Erbenhaftung ist im Grundurteil zulässig, Schlesw SchlHA **69**, 231. BGH **LM** Nr 6 verlangt bei der Aufrechnung eine ziffernmäßige Prüfung der Höhe der Aufrechnungsforderung, das ist aber nicht erforderlich, soweit die Klageforderung einwandfrei höher ist, BGH **11**, 63 und **LM** Nr 35. Brschw NJW **73**, 473 hält sie auch sonst nicht für erforderlich, weil dann vielfach schon die Höhe der Klagforderung festgestellt werden müßte; BGH NJW **62**, 1618 weist aber zutreffend darauf hin, daß bei einer zusammenhängenden Gegenforderung mindestens eine summarische Prüfung stattfinden muß, ob für den dem Grunde nach geklärten Anspruch mit hoher Wahrscheinlichkeit noch ein Betrag verbleibt, ob der Bekl also nicht etwa mit einem nutzlosen Grundverfahren belastet wird; strenger Schilken ZZP **95**, 55.

Wird nur allgemein die Haftung für ein schädigendes Ereignis dem Grunde nach bejaht, so ist es Sache des Betragsverfahrens festzustellen, ob die Ursächlichkeit auch für jeden Einzelanspruch gegeben ist, so daß auch die Abweisung einzelner Posten möglich ist; § 318 steht nicht entgegen, BGH NJW **68**, 1968, NJW **70**, 608 und MDR **74**, 559. Richtig ist aber die Ursächlichkeit schon für jeden Einzelanspruch im Grundurteil zu prüfen, BGH VersR **80**, 868, ebenso sind alle Einwendungen, die sich gegen das Bestehen als solchen richten, im Grundverfahren zu prüfen, BGH **LM** Nr 35. Ein Anspruch, der dann nicht gerechtfertigt ist, ist durch Teilurteil gleichzeitig abzuweisen, vgl Celle VersR **82**, 599, ebenso eine Beschränkung der Haftung schon in der Vorabentscheidung auszusprechen. Ein Zurückbehaltungsrecht kann vorbehalten bleiben, weil es nur die Art der Leistung berührt, ebenso die Zug-um-Zug-Einrede.

Der Schaden braucht nicht unumstößlich festzustehen; es genügt und ist bei einer Leistungsklage aber auch notwendig festzustellen, um einen unnötigen weiteren Rechtsstreit zu vermeiden, daß nach der Sachlage und bei einem regelmäßigen Verlauf der Dinge ein ziffernmäßig feststellbarer Schaden wahrscheinlich eingetreten ist; solange letzteres unklar ist, ergeht kein Grundurteil, sondern findet eine Beweisaufnahme statt, BGH **LM** § 638 BGB Nr 12. Wenn der Kläger eine Sozialrente erhält, so genügt die Feststellung, daß sein Schaden diese mit hoher Wahrscheinlichkeit übersteigt, BGH NJW **51**, 195. Ist der Anspruch auf einen öffentlichen Versicherungsträger übergegangen, so muß noch etwas für den Kläger übriggeblieben sein, BGH **LM** Nr 16. Die Entscheidung über den Grund darf nicht derjenigen über den Betrag vorgreifen. Eine Pfändung und Überweisung der Klageforderung macht eine Vorabentscheidung nicht zulässig. Das Urteil darf einen Pfändungsgläubiger nicht auf einen nicht geltend gemachten Teil des Anspruchs verweisen.

C. Anspruchsgrund. Zum Grund gehören zB: Die Zulässigkeit der Klage; die anspruchsbegründenden Tatsachen, zB die Sachbefugnis, vgl BGH **LM** § 538 Nr 14 (dadurch findet freilich nicht stets eine erschöpfende Erledigung statt); die Mitgliedschaftsdauer; eine Beteiligungsquotenhöhe (x %) an einer Gesellschaft, BGH **LM** Nr 29; die Frage, ob der Anspruch auf Dritte übergegangen ist, zB auf einen Versicherungsträger, BGH NJW **56**, 1236 und VersR **68**, 1161, ob also für den Kläger trotzdem überhaupt noch etwas übriggeblieben ist. Im Verfahren über den Betrag ist diese Klärung auch hinsichtlich eines Teilübergangs nicht nachholbar. War aber der Rechtsübergang unbekannt geblieben, so wäre die Nichtbeachtung im Nachverfahren ein Rechtsmißbrauch des Klägers, Oldb VRS **6**, 125, aM zB Schneider MDR **78**, 794 mwN; beim Schadensersatz die Klärung, ob Rente oder Kapital in Betracht kommen, freilich ist ein Vorbehalt für das Betragsverfahren zulässig, BGH **59**, 139; der Vorbehalt einer zeitlichen Begrenzung der Rente, BGH **LM** § 578 Nr 6, vgl aber auch D; die Entscheidung über eine Klagänderung oder über eine Abtretung; die Entscheidung über einen Hilfsantrag bei der Abweisung des Hauptanspruchs; die Entscheidung über eine hilfsweise geltend gemachte Ersetzungsbefugnis, BGH **LM** Nr 33; die Ausgleichung des Schadens durch Vorteile, jedoch ist die Feststellung der Höhe nicht erforderlich, wenn nur höchstwahrscheinlich ist, daß ein Restbetrag bleibt; im Anwaltshaftungsprozeß die Frage, ob der Auftraggeber überhaupt einen sachlichrechtlichen Anspruch hatte, BGH VersR **80**, 868; bei § 989 BGB die Frage, ob die Sache untergegangen ist, BGH NJW **64**, 2414.

Zum Grund rechnet grundsätzlich auch das mitwirkende Verschulden, BGH NJW **79**, 1935 mwN. Sofern feststeht, daß jedenfalls ein Anspruch des Klägers übrigbleibt, kann das mitwirkende Verschulden dem Betragsverfahren vorbehalten bleiben, BGH NJW **78**, 544 und VersR **80**, 740, Köln OLGZ **76**, 90 je mwN, auch wenn es nur bei einzelnen Schadensposten geltend gemacht wird, BGH VersR **74**, 1173; im Betragsverfahren kann es aber nur nach einem Vorbehalt im Grundurteil geltend gemacht werden. Er ist nicht für jede einzelne Position notwendig, BGH VersR **74**, 1173. Das gilt auch für den Schmerzensgeldanspruch, für den ebenfalls dann, wenn zB die Hälfte des Verschuldens dem Verletzten zur Last fällt, nur diese Hälfte in Betracht kommt; denn auch bei der Bemessung des Schmerzensgeldes ist ein Verschulden mit entscheidend, BGH (GrZS) **18**, 157, Bre NJW **66**, 781, Nürnb NJW **67**, 1516, Schneider JB **66**, 87, abw BGH VersR **70**, 624, Düss VersR **75**, 1052 („angemessenes Schmerzensgeld unter Berücksichtigung des Mithaftungsanteils der Verletzten"), Celle NJW **68**, 1785, Köln MDR **73**, 673 und **75**, 148 (es erfolge keine endgültige Quotierung im Grundurteil). Eine Feststellung zur Konkurstabelle dem Grunde nach ist zulässig, BayObLG **73**, 286 mwN. Wegen Vertrauensschadens BGH NJW **77**, 1539.

D. Anspruchsbetrag. Zum Betrag gehört zB: Die Frage, ob der Schaden konkret oder abstrakt zu berechnen ist (zum Grund gehört die Feststellung hinreichender Anhaltspunkte, daß überhaupt ein Schaden entstanden ist, B); das Umstellungsverhältnis, BGH **10**, 361; die Frage, inwieweit man dem lärmbeeinträchtigten Grundeigentümer nach den Umständen aufwendige Abwehrmaßnahmen zumuten kann, BGH NJW **81**, 1370; eine Schadensminderungspflicht des Verletzten, BGH VersR **62**, 964; eine Verzinsungspflicht, Köln JMBlNRW **63**, 144. Die Dauer der Folgen eines Unfalls und damit der Rente gehört eigentlich zum Grund; zweckmäßig läßt man die Bestimmung des Endtermins beim Betragsverfahren zu, BGH **11**, 183; das Grundurteil muß jedenfalls erkennen lassen, ob darüber entschieden worden ist, BGH VersR **67**, 1002. Dasselbe gilt, wenn sich die Verjährungseinrede nur gegen einen Teil des Anspruchs richtet, während sonst die Verjährungseinrede zum Grund gehört, BGH **LM** Nr 27 und **LM** Nr 35.

4) Vorabentscheidung, I, II. A. Zulässigkeit, I. Eine Vorabentscheidung sollte nur dann ergehen, wenn in ihr wirklich eine Förderung des Prozesses liegt und nicht in Wahrheit eine Verschleppung oder Gefährdung, Anm 1. Sie sollte nicht ergehen, wenn das Gericht einen Grund bejaht, andere Gründe verneint, und wenn die Gründe im Betragsverfahren verschieden wirken können. Ob die Entscheidung das tut, ist durch Auslegung zu ermitteln. Eine Abweisung wegen der verneinten Gründe in der Formel ist nicht unbedingt notwendig. Eine Vorabentscheidung ist unzulässig, wenn die Tatsachen für den Grund und die Höhe des Anspruchs annähernd identisch sind oder in so engem Zusammenhang stehen, daß die Herausnahme einer Grundentscheidung unzweckmäßig und verwirrend wäre, BGH **LM** Nr 21, Düss FamRZ **80**, 1012. Wird ein Gesamtschaden eingeklagt, so ist ein Grundurteil nur möglich, wenn die Verteilung der rechtlich selbständigen Einzelansprüche auf die Klagesumme geklärt ist.

Setzt sich ein Anspruch aus mehreren nicht selbständigen Forderungen zusammen, so kann das Gericht die Entscheidung über die Verursachung der einzelnen Posten dem Betragsverfahren überlassen. Jedoch sind dann die Rechtsmittel bezüglich derjenigen Schadensposten möglich, die nicht verursacht sein sollen, BGH **LM** Nr 28, vgl auch § 318 Anm 2. Eine Pfändung und Überweisung steht einem Grundurteil nicht entgegen. Das Grundurteil ist auch als Teilurteil statthaft. Dabei ist abzuweisen, soweit die Klage unbegründet ist. Zulässig ist es auch als Urteil der Berufungsinstanz, wenn die 1. Instanz auch über den Betrag erkannt hat, BGH VersR **79**, 25; nicht als Versäumnisurteil, denn der Streit über den Grund ist kein Zwischenstreit, es ist nur ein Versäumnisurteil in der Sache möglich, Stgt MDR **60**, 184, Kblz MDR **79**, 587, ZöV III **1**, aM Bergenroth NJW **53**, 51. Ein Urteil nach Aktenlage ist statthaft. Eine Verjährung steht dem Grundurteil nur insoweit nicht entgegen, als sie nur einen Teil der Klageforderung betrifft, BGH NJW **68**, 2105.

Die Vorabentscheidung steht im pflichtgemäßen Ermessen des Gerichts. Ein verspätetes Vorbringen darf und muß ebenso wie vor einem Endurteil behandelt werden, BGH MDR **80**, 51. Wegen einer Zurückverweisung BGH NJW **76**, 1401. Der vorherigen Beschränkung der Verhandlung auf den Grund bedarf es nicht.

B. Urteilsformel, dazu Bode und Schild DRiZ **56**, 47, Hochreuther NJW **56**, 452, Steffen NJW **56**, 859, Türpe MDR **68**, 453. Die Urteilsformel lautet: „Die Klage ist dem Grunde nach gerechtfertigt", BGH VersR **79**, 25 (insbesondere in der Berufungsinstanz); wenn notwendig, werden Einschränkungen, zB für Leistung erst von einem bestimmten Zeitpunkt ab, Celle VersR **82**, 598, oder zur Hälfte gemacht, wenn nur die Hälfte eingeklagt wurde oder wenn der Bekl infolge eines mitwirkenden Verschuldens des Klägers nur zur Hälfte verpflichtet ist. Dann ist die andere Hälfte aber sofort abzuweisen, da die Sache insofern entscheidungsreif ist. Wenn zB nach einem Unfall eine Leistungs- und Feststellungsklage erhoben wird und wenn über den Feststellungsanspruch gleichzeitig mit dem Leistungsanspruch befunden werden kann, so ist das auch auszusprechen (insofern liegt ein Teilurteil vor), Bode DRiZ **56**, 57. Ein Vorbehalt muß wenigstens in den Entscheidungsgründen stehen, BGH VersR **67**, 1002 und VersR **68**, 1161.

Bei einem Anspruch des Klägers gegen eine Krankenkasse oder Berufsgenossenschaft ist eine Entscheidung dem Grunde nach gerechtfertigt, soweit der Anspruch nicht auf öffentliche Versicherungsträger übergegangen ist. Vgl auch Reinicke NJW **51**, 93, für eine Klage des Versicherungsträgers Belemann MDR **50**, 601. Bei einem Haupt- und Hilfsanspruch muß die Formel klarstellen, welcher begründet ist. Über die Kostenentscheidung bei einem erfolglosen Rechtsmittel § 97 Anm 1 C; sonst erfolgt keine Kostenentscheidung. Es erfolgt auch keine Entscheidung zur Vollstreckbarkeit.

C. Urteilsfunktion, II. Das Urteil ist ein Zwischenurteil, aber selbständig anfechtbar, und insofern einem Endurteil gleichgestellt, BGH MDR **80**, 51. Im arbeitsgerichtlichen Verfahren sind §§ 61 III, 64 VII ArbGG zu beachten, BAG NJW **76**, 744. Es ist aber kein Endurteil im Sinne des § 146 VI KO. Es unterscheidet sich von einem Feststellungsurteil dadurch, daß es einen bestimmt begrenzten Vermögensschaden erfordert, während die Feststellungsklage einen nicht zu übersehenden, vielleicht gar nicht entstehenden Schaden genügen läßt. Außerdem kennt das Feststellungsverfahren kein Nachverfahren. Nach einem Feststellungsurteil läuft eine Verjährungsfrist von 30 Jahren, nach dem Grundurteil läuft die frühere Frist. Ein Teilurteil, § 301, liegt vor, wenn das Urteil einen bezifferten Teil des Anspruchs abweist; ein Grundurteil liegt vor, wenn es den Grund des Anspruchs einschränkend näher bestimmt. Die Umdeutung eines Zwischenurteils in ein Teilurteil ist denkbar, BGH **LM** Nr 30.

Wird im Grundurteil etwas zum Betragsverfahren Gehöriges entschieden, so ist es insofern unverbindlich und ohne Rechtskraftwirkung, BGH **10**, 361, aM Tiedtke ZZP **89**, 79 (das Grundurteil sei bis zur Aufhebung bindend). Läßt ein Grundurteil etwas zum Grund Gehöriges offen, so findet eine Nachholung des Versäumten im Betragsverfahren statt, BGH **35**, 252, Tiedtke ZZP **89**, 76. Die Verkündung des Grundurteils bewirkt einen tatsächlichen Stillstand des Verfahrens, Üb 1 vor § 239, bis eine Partei die Fortsetzung anregt, RoS § 58 IV 5a, StJSchuL III 1, ThP, ZöV IV 1, aM zB BGH NJW **79**, 2308 (das Gericht habe nach dem Eintritt der Rechtskraft des Grundurteils von Amts wegen einen Termin zur Fortsetzung des Betragsverfahrens zu bestimmen; krit Grunsky ZZP **93**, 179). Der rechtskräftig ausgeschiedene, aber am Betragsverfahren noch beteiligte Streitgenosse bleibt im Grundverfahren seines Streitgenossen Partei.

D. Fortsetzungsanordnung, II. Das Gericht kann auf Antrag einer Partei jederzeit die Fortsetzung anordnen. Dies steht in seinem Ermessen. Dabei ist die Dringlichkeit oder die offensichtliche Erfolglosigkeit des Rechtsmittels gegen das Grundurteil beachtlich und die Fortsetzung die Ausnahme, KG MDR **71**, 588.

E. Rechtsmittel. Vgl § 280 Anm 3 A, aM Mü NJW **74**, 1514 (bei der Anordnung sei keine Beschwerde zulässig, bei einer Ablehnung offen). Über den Fall, daß das Urteil Zweifel über seine Natur läßt, Grdz 4 vor § 511.

5) Betragsverfahren, II. A. Grundsatz. Das Grundurteil bindet das Gericht für das Nachverfahren, soweit es den Anspruch subjektiv und objektiv festgestellt und rechtlich bestimmt hat (Auslegungsfrage, BGH WertpMitt **68**, 1380), nach § 318, vgl aber auch dort Anm 2, nicht nach § 322; wegen der Bindung des Berufungsgerichts Karlsr VersR **78**, 418. Das Urteil „ist in betreff der Rechtsmittel als Endurteil anzusehen", dh es ist nur der äußeren Rechtskraft fähig, nicht der inneren (etwas anderes gilt im arbeitsgerichtlichen Verfahren; dort findet keine selbständige Anfechtung statt, § 61 III ArbGG, BAG NJW **76**, 744). Das Gericht kann dann, wenn kein Schaden feststellbar ist, noch im Nachverfahren ganz abweisen, BGH **LM** Nr 21. S dazu auch § 322 Anm 4 „Grund des Anspruchs". Das Gericht muß abweisen, wenn sich das Fehlen einer Prozeßvoraussetzung ergibt, denn das gesamte Verfahren ist einheitlich. Dies gilt zB bei einer nachträglichen Feststellung der Unzulässigkeit des Rechtswegs; bei einer Säumnis des Klägers. Bei einer Säumnis des Bekl wirkt die Bindung.

Irgendwelche Einwendungen zum Grund, die der Bekl vor dem Erlaß des Grundurteils hätte erheben können, läßt das Nachverfahren nicht zu.

B. Einzelheiten. Die Entscheidung über die Zulässigkeit einer Aufrechnung ist bindend, BGH WertpMitt **65**, 1250. Mit Schadensersatzforderungen, die schon vor der Entscheidung über den Grund bestanden, kann der Bekl nicht mehr im Betragsverfahren aufrechnen, BGH **42**, 38 und NJW **65**, 1763. Etwas anderes gilt nur für diejenigen Forderungen, die erst nach dem Schluß der mündlichen Verhandlung im Grundverfahren entstanden sind, und für diejenigen, die das Gericht, wenn auch zu Unrecht, ins Verfahren über den Betrag verwiesen oder übersehen hat. Dann tritt bei der Entscheidung über diese Ansprüche, die im Betragsverfahren nachgeholt werden kann, keine Bindung an das Grundurteil ein, BGH **LM** § 318 Nr 2, 4. Im Nachverfahren sind auch Wiederaufnahmegründe gegen das Grundurteil geltend zu machen, BGH **LM** § 578 Nr 6.

Erweitert der Kläger die Klage im Nachverfahren, so ist der Klagegrund für den überschießenden Teil ganz neu zu prüfen, weil insofern keine Rechtshängigkeit bestand. Notfalls sind die Gründe der Vorabentscheidung zur Auslegung dessen heranzuziehen, was diese feststellt. Die im Verfahren über den Grund mögliche Heilung eines sachlichrechtlichen Mangels des Kaufvertrags und dgl läßt sich nicht im Nachverfahren nachholen. Hebt die höhere Instanz die Vorabentscheidung auf, so verliert das Betragsurteil ohne weiteres jede Bedeutung, wenn es auch rechtskräftig ist. Es ist also auflösend bedingt. Auch vor der Rechtskraft der Vorabentscheidung kann der Sieger aus dem Betragsurteil vollstrecken. Er tut das freilich auf seine Gefahr, denn er haftet bei einer Aufhebung auch ohne Verschulden für jeden Schaden entsprechend § 717 II (Ausnahme § 717 III), weil der dort ausgesprochene Rechtsgedanke auch hier zutrifft, § 717 Anm 5 A c.

6) VwGO: Eigene Regelung in § 111 VwGO.

305 *Urteil unter dem Vorbehalt beschränkter Haftung.* **I** Durch die Geltendmachung der dem Erben nach den §§ 2014, 2015 des Bürgerlichen Gesetzbuchs zustehenden Einreden wird eine unter dem Vorbehalt der beschränkten Haftung ergehende Verurteilung des Erben nicht ausgeschlossen.

II Das gleiche gilt für die Geltendmachung der Einreden, die im Falle der fortgesetzten Gütergemeinschaft dem überlebenden Ehegatten nach dem § 1489 Abs. 2 und den §§ 2014, 2015 des Bürgerlichen Gesetzbuchs zustehen.

1) Allgemeines. Der Erbe hat im Prozeß gegenüber den Nachlaßgläubigern folgende Stellung: **a)** Vor der Annahme der Erbschaft ist er nicht richtiger Bekl, weil nach § 1958 BGB noch nicht feststeht, ob er überhaupt haftet, und weil der Berechtigte nur gegen einen Nachlaßpfleger klagen kann, § 1961 BGB. Eine gegen den „Erben" erhobene Klage ist durch Sachurteil abzuweisen, Wiecz A I, aM Pal-Keidel § 1958 BGB Anm 1, StJSchuL I, ThP 1a, ZöV I 1 (die Klage sei unzulässig). Wegen der Zwangsvollstreckung vgl § 778. Der erneuten Klage nach der Annahme der Erbschaft steht die Rechtskraft nicht entgegen, weil sich die Klage auf andere Tatsachen stützt. Einen rechtshängigen Prozeß braucht der Erbe nicht fortzusetzen, § 239 V; **b)** nach Annahme der Erbschaft gilt: **aa)** wenn der Erbe durch eine Versäumung der Inventarfrist, § 1994 BGB, oder gegenüber dem betr Gläub unbeschränkt haftet, verläuft das Verfahren wie gegen den Erblasser; **bb)** wenn der Erbe die Haftung noch auf den Nachlaß beschränken darf, kann er die Begleichung bis zum Ablauf der Fristen der §§ 2014f BGB verweigern (Dreimonatseinwand und Einwand aus dem Aufgebot, beides aufschiebende Einreden).

2) Haftungsvorbehalt, I. Die Einreden führen nur zur Verurteilung unter dem Vorbehalt der beschränkten Haftung ohne eine Prüfung der Begründetheit der Einreden. Das mit diesem Vorbehalt versehene Urteil ist kein Vorbehaltsurteil, Üb 2 D c vor § 300. Der Vorbehalt ist in die Formel aufzunehmen, und zwar von Amts wegen, sobald der Erbe die Einreden erhoben hat. Wegen des Vorbringens in der Revisionsinstanz § 780 Anm 2 A. Dies gilt auch bei einem Urteil nach Aktenlage, nicht aber bei einem Versäumnisurteil, falls es nicht der Kläger selbst beantragt. In einen Kostenfestsetzungsbeschluß kann man den Vorbehalt jedenfalls dann nicht aufnehmen, wenn der Erblasser beim Urteilserlaß noch lebte, Hamm AnwBl **82**, 385. Bei einer Übergehung des Vorbehalts erfolgt eine Ergänzung nach § 321, Düss NJW **70**, 1689, oder im Rechtsmittel, § 321 Anm 1, denn der Vorbehalt ist wegen § 780 I nötig. Erkennt der Erbe sofort mit Vorbehalt an und hat er keinen Klagegrund gegeben, so bleibt er kostenfrei, § 93, andernfalls erstreckt sich der Vorbehalt nicht auf die Kosten, da die Haftung hierfür durch die Prozeßführung als solche entsteht, Köln NJW **52**, 1145. Im Fall eines unbeschränkten Antrags erfolgt eine Kostenteilung nach § 92. Eine Einrede des Testamentsvollstreckers, Nachlaßverwalters, Nachlaßpflegers macht wegen § 780 II keinen Vorbehalt nötig.

3) Überlebender Gatte, II. Soweit der Überlebende nur infolge des Eintritts der fortgesetzten Gütergemeinschaft den Gläubigern persönlich haftet, haftet er wie ein Erbe, § 1489 II BGB. Darum gilt für den Haftungsvorbehalt hier dasselbe wie beim Erben.

4) VwGO: *Entsprechend anzuwenden,* § 173 VwGO, bei Zahlungsklagen.

Einführung vor §§ 306ff

Verzicht und Anerkenntnis

Schrifttum: Ebel, Die Grenzen der materiellen Rechtskraft des Anerkenntnis- und Verzichtsurteils usw, Diss Saarbr 1975; Thomas, Die Auswirkungen der im Aktiengesetz enthaltenen materiellen Verzichts- und Vergleichsbeschränkungen auf Prozeßvergleich, Klaganerkenntnis und Klageverzicht usw, Diss Gött 1974.

1) A. Prozessuale Erklärung. Verzicht und Anerkenntnis sind prozessuale Gegenstücke. Beide betreffen als rein prozessuale Erklärungen, als Prozeßhandlungen, den prozessualen Anspruch, BGH NJW **81**, 686, Düss OLGZ **77**, 252 und FamRZ **83**, 723. Beide enthalten ein Zugeständnis, der Verzicht dahin, daß der prozessuale Anspruch nicht besteht, das Anerkenntnis dahin, daß er besteht. Man könnte den Verzicht eine Anerkennung der Einwendungen des Beklagten nennen, das Anerkenntnis einen Verzicht auf Einwendungen.

B. Sachlichrechtliche Erklärung. Verzicht und Anerkenntnis sind von den allenfalls in ihnen steckenden sachlichrechtlichen Erklärungen, zu diesen zB BGH **66**, 253, Düss FamRZ **83**, 723, streng zu trennen, Jauernig § 47 VI, Mes GRUR **78**, 347, RoS § 134 IV 7, V 2,

StJSchuL § 307 Anm I 2, ThP § 307 Anm 1 b, Wolf 7, ZöV Vorb II 1 vor §§ 306–307. Dagegen nehmen zB Düss SJZ **48**, 459, AG Hildesheim ZMR **76**, 153, StJ I, Thomas ZZP **89**, 80 eine Doppelnatur an: Verzicht und Anerkenntnis sollen prozessual und sachlichrechtlich sein. Diese Auffassung berücksichtigt nicht den grundverschiedenen Charakter des prozessualen und des sachlichrechtlichen Verzichts und Anerkenntnisses. Sachlichrechtlich bestehen Formvorschriften und eine Anfechtbarkeit wegen Willensmangels; prozeßrechtlich bestehen Formfreiheit und keinerlei Anfechtbarkeit, Grdz 5 E vor § 128. Der sachlichrechtliche Verzicht führt nach einer Sachprüfung zur Sachabweisung, der prozessuale Verzicht führt zwar auch zu einer Sachabweisung, aber ohne jede sachlichrechtliche Prüfung, BGH **49**, 213. Das sachlichrechtliche Anerkenntnis begründet eine neue Schuld und führt zum Sachurteil auf Grund dieser Schuld, das prozessuale Anerkenntnis führt ohne Prüfung zum Sachurteil, vgl auch BSG MDR **78**, 172 (krit Behn JZ **79**, 200), Nürnb BayJMBl **56**, 169. Die prozessualen Erklärungen eines Verzichts und Anerkenntnisses sind frei zu würdigen, § 307 Anm 3 B, wenn nicht die Gegenpartei auf sie hin ein Urteil beantragt; aM Wolf 19, vgl ThP e (das Anerkenntnis beende den Prozeß; dagegen Baumgärtel ZZP **87**, 130, Schilken ZZP **90**, 170 je mwN).

2) Voraussetzungen. A. Allgemeines. Verzicht und Anerkenntnis müssen als reine Prozeßhandlungen unbedingt und vorbehaltlos sein, Düss OLGZ **77**, 252, insofern abw Schilken ZZP **90**, 175 mwN, vgl § 307 Anm 2 A, aM Baumgärtel ZZP **87**, 132, Wolf 90. Beide wirken entsprechend in der Berufungsinstanz, vgl Brschw NdsRpfl **61**, 645, und zwar trotz § 531. Beide erfordern nur die Prozeßvoraussetzungen, nicht die sachlichrechtlichen Voraussetzungen, wie die Verfügungsbefugnis, die Geschäftsfähigkeit. Sachlichrechtliche Formerfordernisse scheiden ganz aus. Die Prozeßvollmacht ermächtigt zur Erklärung von Verzicht und Anerkenntnis; sie läßt aber eine Beschränkung zu, § 83. Verzicht und Anerkenntnis sind einseitige Erklärungen und bedürfen keiner Annahme, BPatG GRUR **80**, 783. Sie sind nur dem Prozeßgericht gegenüber abzugeben, BPatG GRUR **80**, 783, auch gegenüber dem Vorsitzenden der Kammer für Handelssachen, § 349 II Z 4, nicht aber vor dem verordneten Richter.

Beide sind grundsätzlich unwiderruflich, soweit nicht der Gegner zustimmt, Grdz 5 G vor § 128, LAG Stgt BB **78**, 815, RoS § 134 IV 6, ZöV Vorb II 2 vor §§ 306–307, abw ThP § 307 Anm 3 c. Beide sind den sachlichrechtlichen Vorschriften über Willensmängel entzogen, BGH **80**, 393 (betr ein Anerkenntnis), Karlsr MDR **74**, 588 mwN (das OLG läßt aber eine Rücknahme wegen Schreibfehlern oder offensichtlicher Versehen zu), Baumgärtel ZZP **87**, 131 gegen Wolf 70; abw Nürnb MDR **63**, 419, das einen Widerruf entsprechend dem Geständnis zuläßt, LG Heidelb MDR **65**, 583 (das Anerkenntnis könne ein Tatsachengeständnis, § 288, enthalten, der Widerruf des letzteren könne sich auf das erstere auswirken), Staudigl FamRZ **80**, 222 (ein Anerkenntnis auf Unterhaltszahlungen sei bei wesentlichen Änderungen der ihnen zugrunde liegenden Verhältnisse rückwirkend auf den Zeitpunkt des Eintritts dieser Änderungen widerruflich). Bei einer arglistigen Täuschung oder Drohung ist die Wiederaufnahme nach der Rechtskraft des Urteils zulässig, während des Verfahrens sind Widerruf und Rechtsmittel zulässig, Lent DRiZ **48**, 11, RoS § 134 IV 6, Blomeyer § 62 IV 2a (Restitutionsgrund). Beim Vorliegen eines Restitutionsgrundes kann man den Widerruf auch mit der Berufung geltend machen, BGH **80**, 394.

B. Unwirksamkeit. Es verstößt gegen Treu und Glauben, Einl III 6 A a, wenn die Gegenpartei auf einen als irrig erkannten Verzicht oder ein als irrig erkanntes Anerkenntnis hin ein Urteil verlangt; ein solcher Antrag ist als rechtsmißbräuchlich zurückzuweisen, BGH VersR **77**, 574, LG Hann NJW **73**, 1757. Nichts anders gilt, wenn der Verzicht oder das Anerkenntnis sittenwidrig abgegeben werden, etwa offensichtlich die Benachteiligung eines Dritten erstreben (Scheinprozeß). Bei einem nicht anerkannten Irrtum gibt es keinen Einwand. Der Widerruf ist nur beim Vorliegen eines Restitutionsgrundes möglich, § 580 Z 2, 4, 7, BGH **12**, 284, KG OLGZ **78**, 114; ein Verschulden iSv § 582 ist dabei unschädlich.

Weder ein Verzicht noch ein Anerkenntnis können der Förderung einer gesetzwidrigen Handlung dienen. Beide führen nicht zum Urteil, wenn die Parteien über das Rechtsverhältnis nicht verfügen können, vgl Köln NJW **77**, 1783 (krit Blomeyer MDR **77**, 675), § 307 Anm 2 C. Beide erfordern keine vormundschaftsgerichtliche Genehmigung, auch dann nicht, wenn sie sachlichrechtlich nötig wäre, BGH **LM** § 306 Nr 1, ThP c, ZöV Vorb II 3 vor §§ 306–307, aM Thomas ZZP **89**, 81.

3) *VwGO:* *Verzicht und Anerkenntnis sind zulässig, soweit der Erklärende über das in Frage stehende Recht verfügen kann, Grunsky §§ 9 III 1 u 10, Ule VPrR §§ 28 II u 43 I.*

2. Titel. Urteil § 306 1–4

306 *Verzicht.* **Verzichtet der Kläger bei der mündlichen Verhandlung auf den geltend gemachten Anspruch, so ist er auf Grund des Verzichts mit dem Anspruch abzuweisen, wenn der Beklagte die Abweisung beantragt.**

1) Verzicht. A. Zulässigkeit. Der prozessuale Verzicht, Einf 1 A vor § 306, ist ein Ausschluß der Parteiherrschaft, Grdz 3 A vor § 128, und darum nur in deren Wirkungsbereich zulässig, § 307 Anm 2 C. Er ist auch im vorläufigen Verfahren zulässig; die Erklärung, einen Arrest oder eine einstweilige Verfügung nicht vollziehen zu wollen, ist ein prozessualer Verzicht auf die Sicherung des Anspruchs und führt zur Aufhebung des Arrests usw. Auch ein teilweiser Verzicht ist möglich, zB wegen eines Auflösungsantrags nach § 9 I KSchG, vgl BAG NJW **80**, 1485. Dann hat § 306 Vorrang vor § 301 II. Wenn der Kläger den Anspruch sofort auf die Kosten beschränkt, so kann eine Umkehrung von § 93 in Betracht kommen, § 93 Anm 4, aM zB Hamm MDR **82**, 676. Der Verzicht kann in Anerkenntnis des Abweisungsantrags des Berufungsklägers liegen, Brschw NdsRpfl **61**, 245.

B. Erklärung. Der Verzicht ist in der mündlichen Verhandlung ausdrücklich oder schlüssig zu erklären, immer muß er aber eindeutig sein. Anwaltszwang besteht wie sonst. Der Verzicht bedarf im Gegensatz zur Klagrücknahme nicht der Zustimmung des Gegners. Im Zweifel ist kein Verzicht anzunehmen. Er liegt nicht in einer Klagrücknahme, § 269, die anders als eine Verzichtserklärung über das Nichtbestehen des bisher geltend gemachten Anspruchs nichts sagt; er liegt auch nicht in der Ermäßigung des Anspruchs. Wenn der Kläger bei der Klagrücknahme zugleich auf den Anspruch verzichtet, so ist nach § 306 zu verfahren, nicht nach § 269.

Ob in dem Antrag, die Hauptsache für erledigt zu erklären, ein Verzicht liegen soll, ist aufzuklären, §§ 139, 278 III; meist wird in solchem Antrag kein derartiger Verzicht liegen, vgl § 91a Anm 2 B. Ein bloßer Kostenantrag kann eine bloße Erledigungserklärung sein, vgl Mü MDR **57**, 298. Ein schriftlicher Verzicht ist nur im schriftlichen Verfahren und bei einer Entscheidung nach Aktenlage wirksam. Vor dem verordneten Richter kann ein Verzicht nicht erklärt werden. Seine Protokollierung erfolgt nach §§ 160 III Z 1, 162. Die Erklärungsabgabe läßt sich aber auch außerhalb des Protokolls nachweisen.

2) Verzichtsfolge. A. Verzichtsurteil. Einzige Folge ist das Verzichtsurteil. Der prozessuale Verzicht berührt ohne ein entsprechendes Urteil die Rechtshängigkeit und das sachliche Recht überhaupt nicht, Ffm FamRZ **82**, 812. Nach einem Urteil berührt er es nur insofern, daß er den Anspruch unklagbar macht, falls dieser an sich trotzdem bestehen sollte, vgl Einf 1 B vor §§ 306 ff, aber auch Üb 1 B vor § 300. Wenn der Bekl trotz eines Verzichts ein streitiges Urteil beantragt, dann fehlt diesem Antrag das Rechtsschutzbedürfnis, BGH **49**, 216 und **76**, 50.

B. Verfahren. Wenn der Beklagte es beantragt, ist der Kläger auf den Verzicht hin mit dem Anspruch abzuweisen, Einf 1 B vor §§ 306 ff. Dieser Antrag ist ein Prozeßantrag, § 297 Anm 1 B, Einf 1 A, B vor §§ 306 ff, aM ZöV II 3 (aber die Sachabweisung erfolgt ohne jede sachlichrechtliche Prüfung); er braucht sich dem Verzicht nicht unmittelbar anzuschließen und ist auch bei einer Säumnis des Klägers zulässig. Das Gericht muß das Verzichtsurteil auf den Antrag hin erlassen, auch wenn der Kläger auf einen abtrennbaren Teil des Anspruchs verzichtet, vgl BAG NJW **80**, 1486 mwN, denn § 306 geht dem § 301 II vor. Fehlt eine Prozeßvoraussetzung, so ist auch hier eine Prozeßabweisung, nicht eine Sachabweisung auf Verzicht geboten, Grdz 3 A vor § 253. Das gilt auch bei § 256, dort Anm 1 B. Verneint das Gericht einen wirksamen Verzicht, so hat es ein Verzichtsurteil durch Zwischenurteil oder im Endurteil abzulehnen, abw ZöV III 2 (durch Beschluß); es findet keine Prüfung statt, ob der Verzicht sachlichrechtlich berechtigt war.

Über eine Verkündung vor der Niederschrift § 311 II 2. Eine abgekürzte Form des Urteils ist statthaft, § 313b I. Aus dem Verzicht folgt die Kostenpflicht, § 91; § 93 ist unanwendbar, Celle NdsRpfl **76**, 162. Evtl findet § 97 II Anwendung, Schlesw SchlHA **78**, 172. Die vorläufige Vollstreckbarkeit ist ohne eine Sicherheitsleistung auszusprechen, § 708 Z 1.

Während die Klagrücknahme eine Erneuerung des Prozesses zuläßt, weil der Kläger nur auf die Durchführung in diesem Prozeß verzichtet hat, § 269 Anm 5 A, steht nach einem Verzichtsurteil dem Anspruch die Rechtskraft entgegen.

3) Rechtsmittel. Das Verzichtsurteil ist mit den normalen Rechtsmitteln anfechtbar. Der Verzicht ist auch in der Rechtsmittelinstanz zulässig. Verzichtet der Kläger dann auf einen Anspruchsteil, so bleibt das Rechtsmittel zulässig, selbst wenn der Restanspruch die Rechtsmittelsumme unterschreitet.

4) *VwGO:* *Entsprechend anzuwenden,* § 173 *VwGO, weil auch im VerwProzeß die Hauptbeteiligten die Herrschaft über das Verfahren als Ganzes haben, Grdz 6 § 128, und die VwGO keine* entgegenstehende Bestimmung enthält, Ule § 107 Anm II 1 u Grunsky § 9 III 1 (eingehend), außerdem § 617 für die Anwendbarkeit spricht, vgl dort Anm 2. Die zu fordernde materielle Befugnis des Klägers, auf sein Recht zu verzichten, wird fast nie fehlen.

307 *Anerkenntnis.* [I] Erkennt eine Partei den gegen sie geltend gemachten Anspruch bei der mündlichen Verhandlung ganz oder zum Teil an, so ist sie auf Antrag dem Anerkenntnis gemäß zu verurteilen.

[II] Erklärt der Beklagte auf eine Aufforderung nach § 276 Abs. 1 Satz 1, daß er den Anspruch des Klägers ganz oder zum Teil anerkenne, so ist er auf Antrag des Klägers ohne mündliche Verhandlung dem Anerkenntnis gemäß zu verurteilen. Der Antrag kann schon in der Klageschrift gestellt werden.

Schrifttum: Wolf, Das Anerkenntnis im Prozeßrecht, 1969 (Bespr Arens ZZP **83**, 356, Baumgärtel ZZP **87**, 129).

1) Allgemeines. Über den Begriff, die Form und die Rechtsnatur des Anerkenntnisses Einf vor §§ 306 ff. Ein Geständnis bezieht sich auf Tatsachen, das Anerkenntnis bezieht sich auf den bisher geltend gemachten prozessualen Anspruch gleich welcher Art, vgl BSG MDR **78**, 172, Ffm MDR **78**, 583, das Geständnis auf die Vordersätze, das Anerkenntnis auf die Schlußfolgerungen. Ein Anerkenntnis kann unter Umständen das Geständnis vorgreiflicher Tatsachen enthalten, § 288 Anm 1 A. Im sozialgerichtlichen Verfahren ist § 307 entsprechend anwendbar, BSG MDR **78**, 172 (krit Behn JZ **79**, 200).

2) Anerkenntnis. A. Voraussetzungen. Das Anerkenntnis muß, anders als ein Geständnis, unumschränkt sein. Wer „anerkennt", daß er zwar nicht uneingeschränkt schulde, wohl aber Zug um Zug, der gesteht freilich beschränkt zu; ein Anerkenntnisurteil Zug um Zug hätte aber einen anderen Inhalt als ein uneingeschränktes; es wäre nicht ein Weniger oder ein Teilurteil, wie StJSchuL I 1 annehmen (Anerkenntnis der minderen Verpflichtung); ähnlich wie hier RoS § 134 IV 2, abw Schilken ZZP **90**, 175, offen BGH NJW **62**, 629, ThP 2. Ebenfalls erkennt nicht derjenige an, der nur „im Urkundenprozeß" anerkennt, da das dann ergehende Urteil ein durch die Aufhebung im Nachverfahren bedingtes Urteil wäre, § 599 Anm 3, zB RoS § 164 III 5 d, aM zB Mü MDR **63**, 603, Schriever MDR **79**, 24, ZöV IV 2.

Kein Anerkenntnis gibt derjenige ab, der statt Zug um Zug gegen 100 DM nur Zug um Zug gegen 150 DM herausgeben will. Der Kläger kann in solchen Fällen ein Anerkenntnisurteil nur dann erzielen, wenn er seinen Klagantrag diesem Anerkenntnis anpaßt, vgl auch BGH NJW **62**, 628. Ein Vorbehalt beim Anerkenntnis, etwa derjenige der Aufrechnung, ist unzulässig, insofern aM Ffm MDR **78**, 583, ferner Grunsky 77; der Vorbehalt der beschränkten Haftung nach § 305 ist statthaft. Eine Beschränkung auf vorgreifliche Rechte oder Rechtsverhältnisse ist als Anerkenntnis unzulässig, aM Schilken ZZP **90**, 177, ThP 1, Wolf 60, wohl auch Arens ZZP **83**, 361 (aber die Prozeßwirtschaftlichkeit darf bei so weitreichenden Folgen nicht entscheiden).

Das Anerkenntnis duldet keine Bedingung, auch nicht diejenige der Gewährung von Ratenzahlungen, die schon in einer „Bitte um Genehmigung durch das Gericht" liegen kann. Es darf nicht im Ermessen eines Dritten stehen, etwa des Gerichts. Zusätze, die die rechtlichen Folgen des Anerkenntnisses ausschließen wollen, sind wirkungslos; eine Formulierung wie „ich erkenne an, verwahre mich aber gegen die Kosten" wirkt als ein unbedingtes Anerkenntnis, Düss NJW **74**, 1518. Unbedenklich ist ein Anerkenntnis eines zum Teilurteil geeigneten Anspruchsteils, § 301 Anm 2, Schilken ZZP **90**, 178.

Unzulässig ist aber das Anerkenntnis nur eines von mehreren Klagegründen, ZöV Vorb I 2a vor §§ 306–307, insofern aM Schilken ZZP **90**, 183, oder des Grundes des Anspruchs beim Bestreiten des Betrags, aM RoS § 134 IV 2, ZöV IV 2, oder des Arrestanspruchs, aber nicht des Arrestgrundes, LG Hann MDR **57**, 494. Ein solches Anerkenntnis ist regelmäßig als Geständnis zu werten, insofern aM Schilken ZZP **90**, 184 (es sei bindend), das unter den Voraussetzungen des § 290 widerruflich ist. Ein Anerkenntnis der Kosten ist nur zugleich mit demjenigen der Hauptsache zulässig, wenn die Kosten Hauptsache geworden sind oder wenn die Hauptsache erledigt ist, § 91 Anm 3 A.

Neben einem Abweisungsantrag ist ein hilfsweises Anerkenntnis selbst dann unzulässig, wenn der Abweisungsantrag auf Fehler unter einer von Amts wegen zu prüfenden Prozeßvoraussetzung gestützt wird, worauf der Bekl ja hinweisen kann, aM Mummenhoff ZZP **86**, 311, RoS § 134 IV 2, ThP 2, ZöV IV 4. Zulässig ist aber ein Anerkenntnis für den Fall, daß die Rüge der internationalen Unzuständigkeit erfolglos bleibt, BGH DB **76**, 1010.

B. Erklärung. Die Erklärung des Anerkenntnisses erfolgt grundsätzlich nur in der mündlichen Verhandlung, I. Auf Grund einer Aufforderung nach § 276 I 1 kann sie auch schriftlich erfolgen, II, ebenso im schriftlichen Verfahren, § 128 II, III, und im Aktenlageverfahren. Sie wird gemäß § 160 III Z 1 protokolliert, insofern auch Düss FamRZ **83**, 723. Diese Protokollierung ist aber nicht der einzige zulässige Nachweis des prozessualen Anerkenntnisses, vgl auch BSG MDR **81**, 612, insofern aM Düss FamRZ **83**, 723. Das Anerkenntnis ist in jeder Lage des Verfahrens möglich, auch in der Revisionsinstanz. Es kann ausdrücklich oder durch schlüssige Handlung erfolgen, muß aber zweifelsfrei sein. In einem bloßen Schweigen liegt kein Anerkenntnis, ebensowenig in einer trotz eines fortbestehenden Abweisungsantrags vorbehaltlosen außergerichtlich stattfindenden Leistung, BGH NJW **81**, 686. Das unterstellte Geständnis des § 138 wirkt erst für die letzten Tatsachenverhandlung. Eine Ermäßigung der Klageforderung um den Betrag einer Aufrechnungsforderung enthält kein Anerkenntnis und bindet den Kläger nicht.

C. Wirksamkeit. Anerkennen kann nur eine Partei, hier grundsätzlich nur der Bekl oder der Widerbekl, und zwar jeder Streitgenosse für sich selbst; der Kläger kann nur ganz ausnahmsweise anerkennen, so zB die Kostenlast nach einer Erledigung der Hauptsache, und nicht gemäß II. Anwaltszwang herrscht wie sonst. Erkennt der Kläger und Berufungsbekl den Berufungsantrag des die Klagabweisung fordernden Bekl und Berufungsklägers an, so ist das ein Verzicht auf den Klaganspruch, Einf 1 B vor §§ 306 ff. Das Anerkenntnis ist nur insoweit wirksam, als die Prozeßhandlungsvoraussetzungen vorliegen, Grdz 3 B vor § 253, und das Rechtsverhältnis der Verfügung der Parteien unterliegt, Düss NJW **74**, 1517, Kalter KTS **78**, 7, Grdz 3 B vor § 128, Einf 2 B vor §§ 306 ff.

Das Anerkenntnis ist daher zB nicht wirksam im Eheverfahren, LG Köln NJW **77**, 1783, im Kindschaftsverfahren, vgl Böhm, Das Anerkenntnis der unehelichen Vaterschaft usw, Diss Mü 1954, ferner im Entmündigungsprozeß, §§ 617, 640, 670 I, 679 IV, 684 IV, 686 IV. Es ist ferner dann nicht wirksam, wenn öffentlichrechtliche Verbote entgegenstehen, und überhaupt immer dann nicht, wenn es ein gesetzwidriges Urteil herbeiführen soll, vgl BGH **10**, 333. Es ist zB nicht zur Erzielung eines sittenwidrigen Ergebnisses zulässig. Ein Anerkenntnis kann nicht ein Urteil gegen Preisvorschriften herbeiführen; es ist nicht zulässig, um einem nicht anerkennungsfähigen ausländischen Urteil, § 328 Anm 1 C, eine Vollstreckbarkeit zu verschaffen. Unzulässig ist es, wenn der Konkursverwalter eine unanmeldbare Forderung anerkennt, Düss NJW **74**, 1518, oder wenn ein Testamentsvollstrecker „anerkennt", sein Amt sei nicht nur in seiner Person, sondern überhaupt erloschen. Solche Anerkenntnisse sind unwirksam, führen also nicht zum Urteil. Wegen eines Irrtums usw vgl Grdz 5 E vor § 128.

Ein unwahres Anerkenntnis ist voll wirksam, solange es nicht sittenwidrig ist, denn die Partei darf über ihren prozessualen Anspruch frei verfügen; sie kann ja auch zB eine Nichtschuld bezahlen. Ein Formnichtigkeit des Geschäfts hindert die Wirksamkeit eines Anerkenntnisses nicht. Unschädlich ist auch das Fehlen einer sachlichrechtlich nötigen vormundschaftsgerichtlichen Genehmigung, Einf 2 B vor §§ 306 ff. Ein Anerkenntnis ist auch bei einer Feststellungsklage zulässig, Ffm MDR **78**, 583 (es wirkt aber nicht beim Übergang zur Leistungsklage ihr gegenüber), oder bei der Gestaltungsklage, zB bei der Erklärung für erbunwürdig, LG Köln NJW **77**, 1783 (krit Blomeyer MDR **77**, 675). Ein Anerkenntnis ist auch im vorläufigen Verfahren möglich, wobei sich das Anerkenntnis nur auf die Schutzbedürftigkeit bezieht und dem Hauptprozeß nicht vorgreift. Insofern ist es auch im zugehörigen Aufhebungsverfahren zulässig, vgl Furtner DRiZ **60**, 399.

3) Anerkenntnisfolge. A. Anerkenntnisurteil. Einzige Wirkung des prozessualen Anerkenntnisses ist der Anspruch auf ein Anerkenntnisurteil. Das sachlichrechtliche Schuldverhältnis berührt das prozessuale Anerkenntnis, anders als gegebenenfalls das sachlichrechtliche, überhaupt nicht, so daß auch ein Teilanerkenntnis für eine Würdigung des Restanspruchs nichts hergibt, zumal die Beweggründe für jenes nicht sachlichrechtlichen, sondern taktischen und sonstigen Erwägungen entspringen können. Über den Widerruf des Anerkenntnisses vgl Einf 2 A vor §§ 306 ff. Ein vereinbarter Widerruf ist bis zum Urteil als Folge der Parteiherrschaft jederzeit statthaft. Wenn ein Anerkenntnisurteil entgegen Anm 2 C ergeht, so kann es mit den gewöhnlichen Rechtsmittel angefochten werden, vgl auch Grdz 3 C vor § 704, § 89 Anm 3.

Ein Anerkenntnisurteil ist nur dann wirkungslos, wenn auch ein sonstiges Urteil wirkungslos wäre, Üb 3 C vor § 300, ferner bei widersinnigen Ansprüchen, etwa beim Anerkenntnis des Eigentums eines nicht eingetragenen Grundstücksbesitzers; denn es schafft keine Rechtskraft gegenüber dem in Wirklichkeit Eingetragenen.

B. Verfahren. Nur auf Antrag der anderen Partei ergeht ein Urteil „gemäß dem Anerkenntnis", ein Anerkenntnisurteil. Der Antrag ist ein Prozeßantrag, § 297 Anm 1 B. Er kann für den Fall II 1 schon in der Klagschrift gestellt werden, II 2, er braucht sich im übrigen nicht unmittelbar an ein Anerkenntnis anzuschließen, sondern ist noch nach einer streitigen Verhandlung und noch in der höheren Instanz statthaft. Bei einer Säumnis des Klägers darf ein Versäumnisurteil auf Abweisung ergehen. Bei einer Säumnis des Bekl hindert das Anerkenntnis ein Zurückgreifen auf die Klagebegründung nicht; es kann ein echtes Versäumnisurteil ergehen, aM StJSchuL IV 1, ZöV III 2 (möglich sei nur ein unechtes Versäumnisurteil auf Anerkennung; aber der Kläger hat ein Recht und nicht die Pflicht zum Antrag auf ein Anerkenntnisurteil).

Beantragt der Kläger kein Anerkenntnisurteil, so ist entgegen Wolf 54 weder der Prozeß beendet noch etwa die Hauptsache erledigt, vgl BGH NJW **81**, 686, denn der Kläger hat nicht die Erfüllung, die er begehrt. Vielmehr hat das Gericht das Anerkenntnis frei zu würdigen, etwa als Nichtbestreiten oder als Geständnis. Nach BGH **10**, 336, Düss FamRZ **83**, 725, Stgt OLGZ **68**, 289, Schilken ZZP **90**, 172 mwN ergeht ein Anerkenntnisurteil, auch wenn kein Anerkenntnis-, sondern ein kontradiktorisches Urteil beantragt worden ist (Folge sei ua: mangels eines solchen Antrags ergehe eine Entscheidung nach Aktenlage, Schilken ZZP **90**, 175); dagegen zB Bötticher JZ **54**, 243, Knöpfel ZZP **68**, 450, da eine Urteilsvoraussetzung, der Antrag, fehlt, also § 308 verletzt ist, so daß eine Abweisung als unzulässig notwendig ist. Mes ZZP **85**, 346 lehnt bei einem gegen § 266 BGB verstoßenen Teilanerkenntnis ein entsprechendes Urteil ohne Antrag ab. Thomas ZZP **89**, 80 weist die Klage dann mangels eines Rechtsschutzbedürfnisses als unzulässig ab.

Die unheilbaren Prozeßvoraussetzungen sind auch in diesem Verfahren zu prüfen, BGH **10**, 335 und FamRZ **74**, 246, Karls WRP **79**, 223; fehlen sie, so muß das Gericht die Klage trotz eines Anerkenntnisses durch ein Prozeßurteil abweisen, Grdz 3 A b vor § 253, BAG NJW **72**, 1216. Hingegen ist ein Anerkenntnisurteil auch beim Fehlen der besonderen Prozeßvoraussetzungen des § 256 (insofern in Wahrheit aM Köln VersR **77**, 938) oder der §§ 259, 592, 722, 723 zulässig. Heilbare Mängel kommen hier nicht in Frage, weil ihrer Rüge das Anerkenntnis entgegensteht. Bei einem Anerkenntnis nach einer Aufforderung gemäß § 276 I 1 findet keine mündliche Verhandlung statt, II 1.

C. Einzelheiten. Das Anerkenntnisurteil muß ohne jede Sachprüfung ergehen, BGH NJW **74**, 745, Mü NJW **69**, 1815, LG Köln WM **76**, 186, LG Nürnb-Fürth NJW **76**, 633, auch wenn die Sache aussichtslos wäre. Etwas anderes gilt nur bei einer gesetzwidrigen Forderung, Anm 2 C. Wenn die Partei einen Teilanspruch anerkennt, so muß ein Teilanerkenntnisurteil ergehen, denn § 307 geht dem § 301 II vor. Das Gericht darf den Antrag nur bei einer Verneinung eines wirksamen Anerkenntnisses ablehnen, die es durch ein Zwischenurteil, LG Nürnb-Fürth NJW **76**, 633, oder im Endurteil aussprechen kann, abw ThP 4 a, ZöV III 1 (durch Beschluß). Die Bezeichnung als Anerkenntnisurteil ist grds erforderlich, § 313 b I, aM 41. Aufl, jedoch entbehrlich, soweit ein derartiges Urteil vollständig mit Tatbestand und Entscheidungsgründen versehen ist. Die Kostenentscheidung ergeht, auch im Fall II, nach §§ 91, 93, dort Anm 2 A. Die vorläufige Vollstreckbarkeit ist gemäß § 708 Z 1 auszusprechen. Die Verkündung erfolgt nach § 311, im Falle des II 1 durch Zustellung, § 310 III. Eine abgekürzte Urteilsform ist zulässig, § 313 b. §§ 319–321 sind anwendbar.

4) Rechtsmittel. Die Anfechtung erfolgt wie bei jedem Endurteil, zB BGH NJW **59**, 532, KG OLGZ **78**, 115, aM zB BGH **22**, 46; zum Problem Lepke DB **80**, 975 mwN. Nach einem gemäß § 310 III erlassenen Anerkenntnisurteil beginnt die Rechtsmittelfrist mit der letzten von Amts wegen notwendigen Zustellung, Ffm NJW **81**, 291 mwN. Hat das Gericht unrichtigerweise ein Teilanerkenntnisurteil zur Hauptsache und ein Schlußurteil über die Kosten erlassen, ist sofortige Beschwerde gegen das letztere zulässig, Mü NJW **65**, 447.

5) VwGO: Entsprechend anzuwenden, § 173 VwGO, ist **I**, soweit der Beklagte über den Streitgegenstand verfügen kann, weil insofern die in § 306 Anm 3 genannten Gründe gelten und in § 156 VwGO die Zulässigkeit vorausgesetzt wird, BVerwG WertpMitt **63**, 327, OVG Hbg NJW **77**, 214, Ule § 107 Anm II 1 (eingehend), Kopp § 86 Rdz 16 und Grunsky § 10 (vgl auch BSG SGb **80**, 122, dazu Behr SGb **80**, 525); einschränkend Falk (Üb 1 § 1) S 83ff. **II** ist unanwendbar.

Anhang nach § 307
Vergleich

Schrifttum: Bökelmann, Zum Prozeßvergleich mit Widerrufsvorbehalt, Festschrift für Weber (1975) 101; Felsenstein, Die Vergleichspraxis vor deutschen Gerichten, Diss Augsb

2. Titel. Urteil **Anh § 307** 1, 2

1980; Mende, Die in den Prozeßvergleich aufgenommene Klagerücknahme, 1976; Röhl, Der Vergleich im Zivilprozeß, 1983; Tempel, Der Prozeßvergleich, Festschrift für Schiedermair (1976) 517; Vogel, Die prozessualen Wirkungen des außergerichtlichen Vergleichs und seine Abgrenzung vom Prozeßvergleich, Diss Köln 1971.

Gliederung

1) Begriffe

2) Rechtsnatur des Prozeßvergleichs
A. Rein prozessual
B. Vergleichsgegenstand

3) Zulässigkeit
A. Parteiherrschaft
B. Widerruf

4) Erfordernisse
A. Vor Gericht
B. Vor Gütestelle
C. Vergleichspartner
D. Verfahrensart
E. Form

a) Grundsatz
b) Einzelheiten
F. Vertretung

5) Wirkung
A. Sachlichrechtliche Wirkung
B. Prozessuale Wirkung
 a) Erledigung
 b) Vollstreckungstitel

6) Unwirksamkeit
A. Grundsatz
B. Streit über die Wirksamkeit
C. Bedingter Vergleich usw
D. Einstellung der Zwangsvollstreckung

7) *VwGO*

1) Begriffe. Die Begriffsbestimmung des bürgerlichrechtlichen Vergleichs gibt § 779 BGB. Der Prozeßvergleich ist demgegenüber eine Rechtsfigur prozeßrechtlicher Art und nicht etwa ein bürgerlichrechtlicher Vergleich, der zufällig im Prozeß vereinbart wird, Anm 2 A. Auch während des Prozesses können die Parteien einen außergerichtlichen Vergleich vereinbaren. Er wird ohne Zuziehung des Gerichts geschlossen, unterliegt nur den Vorschriften des sachlichen Rechts und gibt, auch wenn er während des rechtshängigen Prozesses vereinbart wird, keinen Vollstreckungstitel. Wenn im Anwaltsprozeß eine Partei in Abwesenheit ihres Anwalts vor Gericht einen Vergleich schließt, so ist das ein außergerichtlicher Vergleich, Anm 4 F. Solche Vergleiche berühren die Rechtshängigkeit nicht, auch nicht die ergangene Entscheidung, BGH JZ **64**, 257, verpflichten aber als sachlichrechtlicher Vertrag über prozessuale Beziehungen, Grdz 5 C vor § 128, soweit sie den Prozeß erledigen, zur Klagrücknahme und geben insoweit bei einer Fortsetzung des Prozesses die Einrede der Arglist, § 269 Anm 2 B. Der außergerichtliche Vergleich kann nur durch eine Klage aus ihm und ein entsprechendes Urteil zu einem vollstreckbaren Vergleich werden.

Der außergerichtliche Vergleich ist im Prozeß unbeachtlich, solange ihn nicht eine Partei geltend macht, BGH JZ **64**, 257. Jede Partei darf sich auf ihn berufen und eine Verurteilung nach dem Vergleich mit einem neuen Antrag verlangen. Darin liegt nach § 264 Z 3 keine Klagänderung. Im weiteren Verfahren ist auch über die Wirksamkeit des außergerichtlichen Vergleichs zu befinden. Hat sich eine Partei im Vergleich zur Klagrücknahme verpflichtet, so hat das Gericht nur auf Rüge des Beklagten auszusprechen, daß das Verfahren seit dem Abschluß des Vergleichs unstatthaft war.

2) Rechtsnatur des Prozeßvergleichs. A. Rein prozessual. Die volle Begriffsbestimmung des Prozeßvergleichs steckt in § 794 I Z 1: Eine vor Gericht oder vor einer durch die Landesjustizverwaltung eingerichteten oder anerkannten Gütestelle abgegebene beiderseitige Parteierklärung legt einen Streit ganz oder zu einem eines Teilurteils fähigen Teil bei. § 127a BGB besagt nichts anderes; die dortige Formulierung „gerichtlicher Vergleich" nötigt keineswegs zur Unterstellung des Prozeßvergleichs (auch) unter § 779 BGB, zumal dieser in § 127a BGB nicht erwähnt wird, obwohl das nur zu nahe gelegen hätte; das übersieht zB Breetzke NJW **71**, 180. Ein gegenseitiges Nachgeben ist hier unnötig, Keßler DRiZ **78**, 79, aM zB BGH **39**, 63 mwN; zur rein prozessualen Natur des Prozeßvergleichs Baumgärtel Prozeßhandlungen 192. Selbst dann, wenn der Beklagte vergleichsweise den Anspruch anerkennt und die gesamten Kosten übernimmt, liegt ein wesentlicher Unterschied zum Anerkenntnisurteil vor. Es fehlen sowohl die Rechtskraftwirkung als auch vor allem die seelische Wirkung einer Verurteilung.

Nach der hM, vgl zB Baumgärtel ZZP **87**, 133, RoS § 132 III 1c, StJM § 794 II, Zeiss § 66 IV 1, wohl auch Blomeyer ZPR § 65 III, ferner BGH **86**, 186 und FamRZ **82**, 783 je mwN, BAG NJW **78**, 1877 mwN und NJW **83**, 2213, Celle Rpfleger **74**, 319 (offen BGH **61**, 398), hat der Prozeßvergleich eine Doppelnatur: er sei einerseits ein sachlichrechtliches Geschäft nach § 779 BGB, andererseits eine Prozeßhandlung. Holzhammer Festschrift für Schima (1969) 217 sieht den privatrechtlichen Vergleich und einen Prozeßbeendigungsvertrag isoliert nebeneinander (Doppeltatbestand); ähnl Tempel Festschrift für Schiedermair (1976) 543. RG **153**, 67 nannte ihn einen „bloßen Privatvertrag". Aber ein sachlichrechtliches Geschäft kann keinen Prozeß beenden. Für den Prozeßvergleich ist gerade die Mitwirkung des Gerichts eigentümlich. Das Gericht trägt die volle Verantwortung für die Form, §§ 160 III Z 1, 162, für den Inhalt zumindest insofern, daß der Vergleich nicht gegen ein gesetzliches Gebot verstößt, Keßler DRiZ **78**, 80 (weitergehend).

Der Prozeßvergleich bleibt eine Prozeßhandlung der Parteien, AG Mosbach FamRZ **77**, 813. Wegen seiner Änderung oder Beseitigung Anm 6 B. Auch nach Ansicht derer, die ein gegenseitiges, wenn auch ganz geringes, Nachgeben verlangen, braucht sich dieses nicht auf die Hauptsache zu beziehen. Es genügt, daß eine Partei einen Bruchteil der Kosten und der Zinsen übernimmt oder daß der Beklagte in eine Klagrücknahme einwilligt, wenn diese Einwilligung notwendig ist; StJM § 794 II läßt sogar eine volle Anerkennung genügen, wenn der Kläger sein auf eine der inneren Rechtskraft fähige Entscheidung gerichtetes Ziel aufgibt. Dann bleibt freilich von § 779 BGB nichts Rechtes mehr übrig. Zu den Möglichkeiten und Grenzen des Vergleichs Freund DRiZ **83**, 136, Strecker DRiZ **83**, 97.

B. Vergleichsgegenstand. Der Prozeßvergleich muß den Streitgegenstand wenigstens mitbetreffen, braucht ihn aber nicht unmittelbar zu betreffen, StJM § 794 Anm II. Auch Dritte können an ihm teilhaben. Zum Problem Hiendl NJW **72**, 712, Segmüller NJW **75**, 1686. Die Parteien können zB einen Mietstreit dadurch erledigen, daß der Beklagte dem Kläger einen Pkw abkauft. Der Prozeßvergleich kann auch einen nicht eingeklagten Anspruch einbeziehen, BGH **14**, 387 und **35**, 309, Mü NJW **69**, 2149. Er kann auch ein vorgreifliches Rechtsverhältnis bindend bewerten, Baur Festschrift für Bötticher (1969) 10, auch als sog Zwischenvergleich, der den Prozeß zwar tatsächlich oder rechtlich berühren muß, ihn aber nicht (voll) beendet, abw KG NJW **74**, 912 (nicht um bloße Anspruchselemente). Er kann auch die Kosten eines anderen Prozesses mitbetreffen, Mü NJW **69**, 2149, aM KG Rpfleger **72**, 64, oder sich auf die Kosten des vorliegenden Prozesses beschränken; vgl auch § 98. Soweit die Parteien mehrere anhängige Verfahren erledigen, liegt ein sog Gesamtvergleich vor, BAG MDR **82**, 526. Der Prozeßvergleich kann aufschiebende oder auflösende Bedingungen enthalten.

Der Prozeßvergleich kann sich auf einen durch Teilurteil abtrennbaren Teil beschränken, § 301 Anm 2. Wenn er die Kosten übergeht, dann greift § 98 ein. Ein Prozeßvergleich nur über die Hauptsache und eine gerichtliche Entscheidung über die Kosten sind zulässig, § 98 Anm 2 A aE. Ein Prozeßvergleich ist auch in einem Privatklageverfahren oder in einem öffentlichen Strafverfahren über Kosten und Ersatzleistung zulässig. Kein Prozeßvergleich ist der im Schiedsgerichtsverfahren geschlossene Schiedsvergleich; das Gesetz behandelt ihn aber ähnlich, §§ 1044a, 797 I Z 4a.

3) Zulässigkeit. A. Parteiherrschaft. Die Grenzen der Parteiherrschaft beschränken den Prozeßvergleich inhaltlich. Das Gericht darf und muß anregen und bei der Formulierung helfen, es darf aber keinerlei eigene inhaltliche Entscheidung treffen. Ein Prozeßvergleich ist unzulässig und daher unwirksam, Anm 6, soweit die Parteiherrschaft versagt, soweit also zB zwingende Vorschriften entgegenstehen.

Das gilt zB: Wenn der Inhalt staatsordnungs-, gesetzwidrig, § 134 BGB, oder sittenwidrig ist, § 138 BGB, wenn er zB den Grundsatz der Unabdingbarkeit des Tariflohnanspruchs verletzt; soweit die Parteien über den Streitgegenstand nicht verfügen dürfen, wie evtl bei öffentlichen Mitteln, vgl §§ 58, 59 BHO, § 4 DarlVO vom 31. 5. 74, BGBl 1260; bei öffentlichrechtlichen Pflichten des Arbeitgebers, zB der Eintragung in eine Steuer- oder Versicherungskarte, LAG Hamm MDR **72**, 900; beim Streit über das Bestehen einer Ehe außer in Richtung auf eine Versöhnung. Zulässig ist ein Prozeßvergleich zB: auf Rücknahme eines Strafantrags, BGH **LM** § 779 BGB Nr 39 mwN, aM Meyer NJW **74**, 1325; auf Rücknahme einer bloßen Strafanzeige, Ffm MDR **75**, 585. Zum Vergleich in Ehesachen s § 617 Anm 4 und LG Aachen Rpfleger **79**, 61, AG Mosbach FamRZ **77**, 813. Im Prozeßvergleich können Ordnungsmittel nicht wirksam angedroht werden, § 890 Anm 1 B c und 5 A. Wegen des arbeitsgerichtlichen Beschlußverfahrens Lepke DB **77**, 629 mwN.

B. Widerruf. Zum Meinungsstand Schnorrenberg AnwBl **82**, 404. Der Widerruf des Prozeßvergleichs ist als eine auflösende Bedingung, aM Mü Rpfleger **76**, 104, ThP § 794 Anm 4e, ZöSche § 794 Anm II 2f (aufschiebende Bedingung des Nichtwiderrufs) grundsätzlich zulässig, BGH **46**, 278. Den Widerruf knüpft der Vergleich zweckmäßig an einen bestimmten Tag, bis zu dem der Widerruf bei Gericht eingehen muß. Sonst können Unklarheiten über die Wirksamkeit entstehen, LG Bln NJW **65**, 765, vgl § 222 Anm 1, Bergerfurth NJW **69**, 1797. Eine Widerrufsfrist ist keine richterliche, erst recht keine Notfrist;

2. Titel. Urteil **Anh § 307** 3, 4

darum gibt es gegen ihre Versäumung grundsätzlich keine Wiedereinsetzung, BGH **61**, 395, BAG NJW **78**, 1876, OVG Münster NJW **78**, 181 je mwN, aM zB Säcker NJW **68**, 708, vgl § 233 Anm 2 B (BGH **61**, 400 deutet an, daß die Rechtzeitigkeit des Widerrufs unterstellt werden kann, falls sonst ein Verstoß wegen Treu und Glauben vorliegen würde). Die Frist kann auch nicht verlängert werden, BGH **61**, 398 mwN. Eine solche Verlängerung läßt sich auch nicht vorher vereinbaren, weil die Parteien dem Gericht keine Aufgaben zuweisen können.
Der Widerruf ist eine Prozeßhandlung, wenn er gegenüber dem Prozeßgericht zu erklären ist; darum ist seine Wirksamkeit auch dann, wenn für ihn eine Form vereinbart wurde, nur nach dem Prozeßrecht zu beurteilen, vgl BAG NJW **69**, 110, aM ThP § 794 Anm 4e. Zur Auslegung des Vorbehalts zugunsten mehrerer gemeinsam Vertretener BGH **61**, 394. Wenn danach wirksam widerrufen wurde, dann ist eine Rücknahme des Widerrufs nicht möglich, selbst wenn der Gegner einverstanden wäre, da es sich um den Widerruf einer in Wahrheit unwiderruflichen Prozeßhandlung handeln würde, Grdz 5 G vor § 128, vgl BGH **LM** § 794 I 1 Nr 3. Mangels abweichender Vereinbarung genügt grds ein Widerruf gegenüber dem Gegner, BGH JR **55**, 179, LG Aachen MDR **62**, 403, Bergerfurth NJW **69**, 1798. Dann handelt es sich um eine empfangsbedürftige Willenserklärung des bürgerlichen Rechts, BGH JR **55**, 179. Es kann eine abweichende Übung bestehen. Ist eine Anzeige zu den Akten vereinbart, so genügt ein Schriftsatz ohne eigenhändige Unterschrift des ProzBev. Die Fristberechnung erfolgt nach § 222 II, im Ergebnis ebenso BGH MDR **79**, 49 (er wendet § 193 BGB an). Für die Rechtzeitigkeit eines Widerrufs „gegenüber dem Gericht" (ohne nähere Angabe, gegenüber wem dort im einzelnen) genügt der Eingang auf der dortigen Posteinlaufstelle, zB der Verwaltungsgeschäftsstelle, ist also der weitere Eingang auf der Geschäftsstelle der zuständigen Abteilung nicht notwendig, BVerfG **52**, 209 und **60**, 246. Vgl auch Anm 6 C.
Falls nichts Besonderes vereinbart worden ist, genügt eine telefonische Mitteilung, BAG NJW **60**, 1365, oder die Aushändigung der Widerrufsschrift an den Urkundsbeamten der Geschäftsstelle des Gerichtstages, BAG NJW **69**, 2221. BGH NJW **80**, 1754, ZöSche § 794 Anm II 2f halten den Eingang beim Stammgericht nicht für ausreichend, wenn vereinbart wurde, der Widerruf müsse bei einem auswärtigen Senat eingehen. Ein Widerruf des vor einem LAG geschlossenen Vergleichs muß durch den ProzBev erfolgen, LAG Freibg/Br DB **76**, 203.
Die Nichtausnutzung einer Widerrufsmöglichkeit ist unanfechtbar, Celle NJW **70**, 48, der Verzicht auf einen Widerruf ist zulässig, LAG Bre MDR **65**, 331, und ebenfalls unanfechtbar, Bergerfurth NJW **69**, 1800, und führt zur Unwirksamkeit eines trotzdem erklärten Widerrufs. Der Widerruf ist grds unwiderruflich, Grdz 5 G vor § 128, BGH **LM** § 794 I Z 1 Nr 3. Bei einem Streit über den Widerruf gilt das in Anm 6 Ausgeführte.

4) Erfordernisse. A. Vor Gericht. Der Prozeßvergleich muß vor einem deutschen Gericht geschlossen werden. Gemeint ist das mit dem Prozeß befaßte Gericht, das Prozeßgericht, also auch der Einzelrichter, § 348 Anm 1 A, bei § 118 I 3 das mit dem Prozeßkostenhilfeverfahren befaßte Gericht, ferner das Beschwerdegericht, der verordnete Richter, vgl § 279 I 2, das Vollstreckungsgericht einschließlich des Versteigerungsrichters, die Kammer für Baulandsachen, Mü MDR **76**, 150, der Rpfl, soweit er zuständig ist, zB Anm 4 E, das Strafgericht zB bei §§ 403ff StPO, Pecher NJW **81**, 2170. Eine fehlerhafte Besetzung, zB mit einem Hilfsrichter als Vorsitzenden, anders wenn §§ 41ff vorliegen, schadet nicht, da auch eine gerichtliche Protokollierung erfolgen kann, BGH **35**, 309, BAG **AP** § 794 Nr 18. Ein befaßtes Gericht kann sämtliche anderen Streitigkeiten der Parteien, anhängige und andere, zusammen mit dem Streitgegenstand vergleichen, wobei jeder Zusammenhang mit dem Streitgegenstand genügt, Anm 2 B, BGH **35**, 309. Gerade das ist eine verdienstvolle Tätigkeit des Richters, zwischen den Parteien glatte Bahn zu schaffen.
Hierhin gehört jedes ordentliche Gericht, aber auch ein Sondergericht, das wesentlich nach der ZPO arbeitet, also vor allem auch das Arbeitsgericht, §§ 54, 57 ArbGG. Es kommt also weder auf die örtliche noch auf die sachliche Zuständigkeit an, LAG Bre BB **64**, 1125. Demgemäß genügt auch ein Gericht der freiwilligen Gerichtsbarkeit; das ist eine praktische Notwendigkeit, zumal immer mehr „streitige" Sachen im Verfahren der „freiwilligen" Gerichtsbarkeit entschieden werden; vgl BGH **14**, 381. Wegen des vorrangigen EuGÜbk SchlAnh V C.

B. Vor Gütestelle. Der Prozeßvergleich kann auch vor einer durch die Landesjustizverwaltung eingerichteten oder anerkannten Gütestelle geschlossen werden. Vgl darüber § 797a. Diese Vergleiche stehen in ihren Voraussetzungen und Wirkungen den gerichtlichen gleich, sie ersetzen also wie die gerichtlichen Vergleiche auch jede sachlichrechtliche Form, Anm 5 A.

C. Vergleichspartner. Der Vergleich muß geschlossen werden: a) Entweder zwischen den Parteien des Streit-, Güte-, Prozeßkostenhilfeverfahrens, auch des Vollstreckungsverfahrens. Dabei ist grds jeder Streitgenosse selbständig zu behandeln, § 61. Bei einer notwendigen Streitgenossenschaft, § 62, bindet der von von einem Streitgenossen abgeschlossene Prozeßvergleich das Gericht und andere Streitgenossen nur, wenn der Abschließende sachlichrechtlich über den ganzen Streitgegenstand verfügen durfte, § 62 Anm 4 B c. Über die Vergleichsbefugnis des Streithelfers § 67 Anm 3 A; b) oder zwischen beiden Parteien und einem Dritten. Dieser gilt für den Prozeßvergleich als Partei, aber nicht für den Prozeß, BGH **86**, 164. Ein Vergleich zwischen ,,einer Partei und einem Dritten" (so der Text des § 794 I Z 1) würde die andere Partei nichts angehen. Vgl Kleemeyer, Die Sicherstellung der Vergleichserfüllung durch Dritte im gerichtlichen Vergleichsverfahren, Diss Tüb 1972. Vgl ferner § 794 Anm 2 B.

D. Verfahrensart. Der Prozeßvergleich muß ferner geschlossen werden: a) Grundsätzlich ab Anhängigkeit, § 261 Anm 1 A (s aber unten), und bis zur Rechtskraft, BGH **15**, 193, eines zivilgerichtlichen Streitverfahrens, § 794 I Z 1, oder eines Entschädigungsanspruchs im Strafprozeß, § 404 II StPO, ohne daß er auf das Urteilsverfahren beschränkt wäre. Der Prozeßvergleich ist aber auch im Arrest- und einstweiligen Verfügungs- oder Anordnungsverfahren zulässig; dort läßt sich auch die Hauptsache vergleichen, wobei KV 1180 zu beachten ist. Der Prozeßvergleich ist ferner im Beweissicherungsverfahren zulässig, sobald eine Klage erhoben ist. Nicht ausreichend ist sein Abschluß im Vollstreckbarkeitsverfahren des § 722, BGH **15**, 195, auch weil eine private Vereinbarung ausgeschlossen ist, § 722 Anm 1 A. Nicht zulässig ist der Prozeßvergleich im Mahnverfahren, weil vor einem Widerspruch, mit dem es endet, keine Terminsbestimmung möglich ist, im Ergebnis ebenso ZöSche § 794 Anm II 2a. Über den Prozeßvergleich in Ehesachen Anm 3 A. Eine tatsächliche Rechtshängigkeit genügt. Prozeßvoraussetzungen, die die Parteien und den Dritten betreffen, sind nicht zu prüfen. Vorliegen müssen die Partei- und Prozeßfähigkeit; eine gesetzliche Vertretung; die Vollmacht. Letztere ermächtigt stets nach außen, wenn sie nicht ersichtlich beschränkt worden ist, § 83; auch dann heilt eine Genehmigung. Unbeachtlich sind zB eine Unzuständigkeit oder eine Unzulässigkeit des Rechtswegs; b) im Güteverfahren, § 794 I Z 1; c) im Prozeßkostenhilfeverfahren, § 118 I 3 Hs 2.

E. Form. a) Grundsatz. § 118 I 3 Hs 2 schreibt für den Vergleich im Prozeßkostenhilfeverfahren ein gerichtliches Protokoll vor. Das gilt auch in allen anderen Verfahrensarten, BGH **14**, 386, **16**, 390, BAG **8**, 228, Ffm NJW **73**, 1131, KG Rpfleger **73**, 325 mwN, vgl OVG Lüneb NJW **78**, 1544 (betr VwGO), Pal-Heinr § 127a BGB Anm 2b, RoS § 132 I 3, ThP § 794 Anm 3c cc, ZöSche § 794 Anm II 3e, aM Celle NJW **65**, 1970. Zur Beurkundung kann auch der Rpfl zuständig sein, soweit ihn der Vorsitzende damit beauftragt, § 20 Z 4 a RPflG, Anh § 153 GVG.

BGH § 127a: **Die notarielle Beurkundung wird bei einem gerichtlichen Vergleich durch die Aufnahme der Erklärungen in ein nach den Vorschriften der Zivilprozeßordnung errichtetes Protokoll ersetzt.**

b) Einzelheiten. Erforderlich und ausreichend sind also:

aa) Ort, Zeit, Beteiligte. Hierher zählen gemäß § 160 I der Ort und der Tag der Verhandlung; die Namen der Richter bzw des Rpfl, des Urkundsbeamten der Geschäftsstelle, des Dolmetschers; die Bezeichnung der Sache; die Namen der erschienenen Parteien, Nebenintervenienten, Vertreter, Bevollmächtigten, Beistände, Zeugen und Sachv; die Angabe, ob öffentlich oder nichtöffentlich verhandelt worden ist.

bb) Verhandlungsablauf. Hierher gehört gemäß § 160 II die Angabe des Ablaufs der Verhandlung im wesentlichen, also zB ob der Vergleich auf Anregung des Gerichts zustande kam. Dies ist für seine Wirksamkeit freilich nicht wesentlich.

cc) Vergleichswortlaut. Aufzunehmen ist gemäß § 160 III Z 1 der volle Wortlaut des eigentlichen Prozeßvergleichs.

dd) Vorlesung, Genehmigung. Erforderlich sind gemäß § 162 I der Vermerk über die Vorlesung oder Vorlegung von cc gegenüber allen Beteiligten und der Vermerk über deren Genehmigung, Düss FamRZ **83**, 723, Ffm FamRZ **80**, 907, KG FamRZ **81**, 194 je mwN, LG Essen MDR **75**, 937, oder über etwaige Einwendungen, zB über einen Rücktritts- oder Widerrufsvorbehalt, LG Köln JMBlNRW **80**, 272.

ee) Unterschriften. Erforderlich sind gemäß § 163 die vollen Unterschriften des Vorsitzenden und des Urkundsbeamten der Geschäftsstelle, vor denen der Prozeßvergleich geschlossen wurde, also zB des beauftragten Richters bzw Rpfl.

ff) Weitere Einzelfragen. Wegen einer vorläufigen Aufzeichnung § 160a.
Eine Formungültigkeit läßt sich zeitlich unbegrenzt geltend machen, Reinicke NJW **70**, 306, ThP § 794 Anm 7e, aM BAG NJW **70**, 349.
Eine mündliche Erklärung ohne Protokollierung reicht nicht mehr aus, a; die Bezugnahme auf ein Schriftstück genügt, falls es dem Protokoll als Anlage beigefügt wurde und als solches bezeichnet worden ist, § 160 V, Ffm FamRZ **80**, 908. Eine Protokollberichtigung ist zulässig, Kblz Rpfleger **69**, 137, Vollkommer Rpfleger **76**, 258, ZöSche § 794 Anm II 2e, aM Stgt Rpfleger **76**, 278. Ein Formverzicht ist unwirksam, LG Brschw MDR **75**, 322.
Falls danach ein unheilbarer Formfehler vorliegt, ist der Prozeßvergleich nicht wirksam zustande gekommen, so daß auch kein Vollstreckungstitel vorliegt, BGH **16**, 390, Düss FamRZ **83**, 723, Ffm NJW **73**, 1131 mwN, KG VersR **73**, 769, LG Essen MDR **75**, 937, ThP § 794 Anm 3c, abw Vollkommer Rpfleger **73**, 271. Vielmehr mag dann ein außergerichtlicher Vergleich vorliegen, § 160 Anm 4 A, Düss FamRZ **83**, 723, LAG Ffm NJW **70**, 2229, auch wenn der Formfehler einen Dritten betrifft, BAG NJW **73**, 918.
Eine Unterschrift der Parteien oder des zugezogenen Dritten unter dem Protokoll ist unnötig. Ein gerichtlicher Vergleichsvorschlag mit dem Zusatz, mangels anderweitiger Nachricht gelte der Vergleich als abgeschlossen, bedeutet nur, daß das Gericht beim Schweigen eine Einigung annimmt. Die Annahme des gerichtlichen Vergleichsvorschlags ist eine unwiderrufliche Prozeßhandlung. Besonders zu achten ist auf die Vollstreckbarkeit der Vergleichsformel. Ein Prozeßvergleich, „die laufende Miete pünktlich zu zahlen", ist nicht vollstreckbar.

F. Vertretung

Schrifttum: Bücker, Anwaltszwang und Prozeßvergleich, Diss Bochum 1980.
Soweit ein Anwaltszwang besteht, § 78 I (zur Verfassungsmäßigkeit Granderath MDR **72**, 828), gilt er auch für einen Prozeßvergleich, Ffm Rpfleger **80**, 291. Sowohl die Partei als auch ein hereingezogener Dritter muß anwaltlich vertreten sein. Andernfalls handelt es sich allenfalls um einen außergerichtlichen Vergleich, auf den § 794 I Z 1 keine Anwendung findet, Düss NJW **75**, 2299, Köln NJW **61**, 786 und AnwBl **82**, 114 mwN, Stgt JB **76**, 92, Anm 1. Das hat seinen guten Sinn darin, daß die Parteien oder der Dritte oft genug nicht die volle Tragweite der Erklärungen einschließlich der oft mit dem Vergleich verbundenen Verzichtserklärungen übersehen können, während andererseits auch das Kollegium sich oft nicht hinreichend allen Einzelheiten widmen kann, die etwa verglichen oder mitberührt werden. Deshalb hat der Gesetzgeber den Weg des § 279 eröffnet.
Vor einer zu großzügigen Praxis, insbesondere vor dem Abschluß bei einem Kollegialgericht ohne Anwaltsmitwirkung, ist im Interesse der Vollstreckbarkeit zu warnen. Mangels Vollstreckbarkeit oder wegen Unwirksamkeit des Vergleichs kann nur zu leicht ein weiterer Rechtsstreit entstehen. Eine Klagrücknahme, die ebenso wie die Rücknahme eines Rechtsmittels oder ein Rechtsmittelverzicht häufig Gegenstand eines Vergleichs ist, kann vor einem Kollegialgericht nur durch den ProzBev erklärt werden, da der Prozeßvergleich nach der hier vertretenen Ansicht ohnehin eine reine Prozeßhandlung ist, Anm 2 A, § 269 Anm 3 Ba, § 514 Anm 2 A.
Einen Anwaltszwang für den Prozeßvergleich vor einem Kollegialgericht bejahen ua Bre MDR **69**, 393, Celle OLGZ **75**, 353, Ffm Rpfleger **80**, 291, Hbg MDR **50**, 292, Hamm NJW **75**, 1709, Köln (17. ZS) NJW **79**, 2317, Mü NJW **62**, 351, Baumgärtel Prozeßhandlungen 203, RoS § 132 III 2 g, StJL § 78 Rdz 16, ThP § 794 II 3 d, vgl auch BGH NJW **52**, 26; abw BGH **86**, 163 mwN (abl Bergerfurth JR **83**, 371), aM zB Ffm NJW **61**, 882 und OLGZ **70**, 476, Köln (16. ZS) MDR **73**, 413, Blomeyer ZPR § 65 V, Schneider MDR **76**, 393 mwN, offen Hamm FamRZ **79**, 849 mwN, vgl ferner auch Bötticher MDR **50**, 294, der den Prozeßvergleich nicht als Prozeßhandlung der Parteien ansieht und die prozessuale Wirkung nur aus der Beurkundung herleitet, § 160 III Z 1.
Anwaltszwang besteht auch vor dem Einzelrichter, soweit er das Prozeßgericht ist, § 348 Anm 1 A. Kein Anwaltszwang besteht freilich bei einem Vergleich vor dem beauftragten oder ersuchten Richter, Düss NJW **75**, 2299 (zustm Jauernig), ZöSche § 794 Anm 2c, aM zB Celle Rpfleger **74**, 319, insofern offen Stgt JB **76**, 92, oder vor dem im Prozeßkostenhilfeverfahren beauftragten Rpfl, § 20 Z 4a RPflG, Anh § 153 GVG.
Anwaltszwang besteht aber für denjenigen Vergleichsabschluß, der erst nach der Beendigung des Prozeßkostenhilfeverfahrens zustandekommt, Köln AnwBl **82**, 114, sowie vor

dem Einzelrichter, Celle OLGZ **75**, 353, Karlsr JB **76**, 372, bzw vor dem Vorsitzenden der Kammer für Handelssachen, vgl Celle Rpfleger **74**, 319, Stgt JB **76**, 92 mwN, Bergerfurth NJW **75**, 335, § 78 Anm 2, aM (zum alten Recht) Köln NJW **73**, 907, Böhmer JZ **74**, 656. Anwaltszwang besteht stets beim Prozeßvergleich vor dem Familiengericht in den Fällen des § 78 I 2 Z 1–3, zB Hamm FamRZ **79**, 849, Jost NJW **80**, 327.

5) Wirkung

Schrifttum: Albrand, Prozeßvergleiche mit Fremdwirkung, Diss Ffm 1969.

A. Sachlichrechtliche Wirkung. Der Prozeßvergleich ersetzt jede sachlichrechtliche Form, Anm 4 E a, Breetzke NJW **71**, 178, und zwar nicht nur bei Verträgen. Etwas anders gilt nur dann, wenn eine andere Behörde sachlich ausschließlich zuständig ist, wie der Standesbeamte für die Eheschließung. Der Prozeßvergleich ersetzt zB: die Schriftform der Bürgschaftserklärung; eine Beurkundung, etwa eines Erbverzichtsvertrags, und zwar auch dann, wenn die gleichzeitige Anwesenheit der Parteien vorgeschrieben ist, wie beim Ehevertrag, weil ja auch beim Prozeßvergleich beide Teile anwesend sein müssen, wenn sie auch anwaltlich vertreten sein mögen, vgl Art 143 EG BGB, BayObLG MDR **65**, 666. Eine Auflassung kann im Prozeßvergleich vorgenommen werden, § 925 I 3 BGB. Eine persönliche Erklärung, zB nach § 2347 II BGB, §§ 11, 13 EheG, wird nicht ersetzt, weil sie kein reines Formerfordernis darstellt; dann aber darf die Partei persönlich erscheinen und sich erklären, selbst im Anwaltsprozeß. Eine etwaige gerichtliche Genehmigung bleibt notwendig, AG Mosbach FamRZ **77**, 813. Solange nicht zB der Vormund seine Genehmigung dem Gegner mitgeteilt hat, ist ein im übrigen wirksamer Vergleich doch unwirksam, § 1829 BGB.

Wegen der Wirkung des außergerichtlichen Vergleichs Anm 1. Wegen einer Abänderbarkeit § 323 Anm 5 A b.

B. Prozessuale Wirkung. Es sind die folgenden prozessualen Wirkungen zu unterscheiden:

a) Erledigung. Der Prozeßvergleich erledigt den Prozeß, vgl §§ 81, 83: ,,Beseitigung des Rechtsstreits", BGH **86**, 187 mwN. Daher erlischt mit seinem Wirksamwerden in seinem Umfang die Rechtshängigkeit, sie beginnt allenfalls neu, wenn der Rechtsstreit wegen der Unwirksamkeit des Prozeßvergleichs fortgesetzt wird, BGH **LM** § 169 BEG 1956 Nr 15, BAG NJW **83**, 2213 je mwN. Ein Vergleich beseitigt auch im vereinbarten Umfang die Wirkung eines noch nicht rechtskräftigen Urteils. Die Parteien können durch eine Verzichtserklärung den wirksam zustande gekommenen Prozeßvergleich in seiner prozessualen Wirkung nicht wieder beseitigen, Anm 6 C.

b) Vollstreckungstitel. Der Prozeßvergleich ist Vollstreckungstitel, § 794 I Z 1, vgl § 794 Anm 2 A. Er muß einen vollstreckungsfähigen Inhalt haben. Einzelfragen § 794 Anm 2 C.

6) Unwirksamkeit

Schrifttum: Henckel, Fortsetzung des Zivilprozesses nach dem Rücktritt vom Prozeßvergleich? Festschrift für Wahl (1969) 465.

A. Grundsatz. Der Prozeßvergleich ist wegen Willensmangels weder anfechtbar noch nichtig, weil er eine reine Prozeßhandlung ist, Grdz 5 E vor § 128. Ein Prozeßbetrug muß freilich eine Anfechtbarkeit auslösen, weil diejenigen Gründe versagen, die an sich bei einem rechtskräftigen Urteil dagegen sprechen, ihm die Wirksamkeit aus dem Gesichtspunkt einer Erschleichung abzusprechen, Einf 6 C vor §§ 322–327. Zur Annahme eines Prozeßbetrugs genügt aber noch nicht ein Mißverhältnis zwischen der Ausgangslage und den übernommenen Leistungen; wohl aber genügt es, wenn die Partei sich eines derartigen Mißverhältnisses bewußt war und unter Hinzunahme weiterer für den Gegner ungünstiger Umstände die Situation in einer nach § 138 BGB verwerfbaren Weise ausnutzte, BGH **51**, 141.

Die hM, vgl Anm 2 A, muß die Anfechtbarkeit des Prozeßvergleichs wegen jeden Willensmangels zulassen; betr vorübergehende Geistesstörung Brschw OLGZ **75**, 441, LG Schweinfurt MDR **83**, 64 mwN. Folgt man der hM, so fehlt jeder Grund zu einer unterschiedlichen Behandlung der sachlichrechtlichen Anfechtbarkeit oder Nichtigkeit und der zweifellos möglichen prozeßrechtlichen, etwa beim Mangel in der Vertretung. Auch bleibt danach trotz des Fehlens der prozessualen Form, Anm 4 E, meist die sachlichrechtliche Wirkung bestehen, BAG **8**, 228, insbesondere wenn eine Berufung auf einen Formmangel ohnehin rechtsmißbräuchlich wäre, Einl III 6 A a.

Zum Widerruf Anm 3 B.

B. Streit über die Wirksamkeit. Bei einem Streit über die Wirksamkeit des Prozeßvergleichs kann jede Partei die Anberaumung eines Termins zur Fortsetzung des bisherigen

Prozesses vor dem Gericht der Sache, zB BGH **86**, 188 und NJW **83**, 2034 je mwN, BAG **AP** § 81 Nr 1 und MDR **82**, 526, Köln AnwBl **82**, 114, Zweibr FamRZ **83**, 931, LAG Ffm BB **80**, 943 mwN, in Alt-Familiensachen also evtl vor dem Prozeßgericht, Schlesw SchlHA **79**, 130, erwirken. Maßgeblich ist das Gericht der Instanz, in oder nach der der Vergleich zustande kam, BAG NJW **60**, 2211. Die Rechtshängigkeit lebt ab Terminsanberaumung wieder auf, vgl BGH NJW **59**, 532, ThP 7 c, abw BGH **41**, 311, StJM § 794 Rdz 47 (sie bestehe fort). Einer Vollstreckungsabwehrklage fehlt grds das Rechtsschutzbedürfnis, soweit das Prozeßgericht in Fortsetzung des bisherigen Prozesses entscheiden kann, § 767 Anm 1 C c. Dieses Gericht hat einen neuen Termin zu bestimmen, sobald eine Partei die Unwirksamkeit des Vergleichs behauptet. Ein Einspruch reicht aus, Köln MDR **68**, 332. Ein Antrag, die Wirksamkeit des Vergleichs festzustellen, ist unzulässig, ThP § 794 Anm 7 d, abw Ffm MDR **75**, 584.

Das bisherige Prozeßgericht hat über die Wirksamkeit des Vergleichs zu entscheiden. Es hat also darüber zu befinden, ob der Prozeß bereits beendigt ist.

Bejaht es diese Beendigung, so fällt es ein Urteil dahin, daß der Prozeß bereits durch den Vergleich erledigt, BGH **16**, 167, 388, besser: eben beendet ist. Die weiteren Kosten trägt dann entsprechend § 91 derjenige, der sich auf die Unwirksamkeit berief. Ab Rechtskraft dieses Urteils ist ein weiterer Streit um diese Wirksamkeit unzulässig, BGH NJW **81**, 823.

Verneint es diese Beendigung, was auch durch ein Zwischenurteil nach § 303 geschehen kann, so hat es in der Sache selbst zu entscheiden, BGH **LM** § 794 Nr 22/23 mwN, BAG NJW **74**, 2151, Kblz NJW **78**, 2399, grds auch Hbg NJW **75**, 225. Das gilt auch dann, wenn der Prozeßvergleich über den Streitgegenstand hinausging, BGH **LM** § 794 I Z Nr 21. Wenn der Vergleich ein anderes Verfahren umfaßte, kann man die Unwirksamkeit auch in jenem geltend machen, BGH BB **83**, 1250 mwN. Wenn der Vergleich in einem Verfahren nach § 620 f abgeschlossen worden war, dann ist ein neues ordentliches Erkenntnisverfahren notwendig, falls es zum Streit über die Wirksamkeit des Prozeßvergleichs kommt, Köln MDR **71**, 671. Eine Partei, die sich weiter auf den Prozeßvergleich beruft, erstrebt den Anspruch des Gerichts über die Prozeßlage dahin, daß der Rechtsstreit erledigt sei; das übersieht Ffm MDR **75**, 584 (es sei nur eine neue Feststellungsklage zulässig).

Wenn außer der Berufung auf eine Nichtigkeit des Vergleichs auch behauptet wird, daß die durch den Vergleich begründete Forderung nachträglich weggefallen sei, dann ist für alle Einwendungen die Vollstreckungsabwehrklage im bei ihr möglichen Umfang zulässig, vgl § 767 Anm 1 C c. Wenn nur über die Auslegung eines unstreitig wirksamen Prozeßvergleichs gestritten wird, dann ist beim Streit über den vollstreckbaren Inhalt eine Feststellungsklage zulässig, sonst eine Vollstreckungsabwehrklage, BGH **LM** § 794 Nr 22/23. Wegen eines Schiedsvergleichs § 1044a Anm 3 B, Ulrich NJW **69**, 2179.

BAG MDR **82**, 526 läßt beim Streit über die Wirksamkeit eines Prozeßvergleichs, der mehrere anhängige Verfahren betraf (sog Gesamtvergleich), auch ein neues Verfahren sowie eine Zwischenfeststellungsklage oder -widerklage im alten oder neuen Verfahren zu.

Der Fortsetzungsantrag des Prozeßunfähigen ist unzulässig, BGH **86**, 189. Dasselbe gilt vom Fortsetzungsantrag eines Dritten, selbst wenn er dem Vergleich beigetreten war, BGH **86**, 164. Er müßte nach §§ 732 ff, 767 vorgehen, BGH **86**, 164.

C. Bedingter Vergleich usw. Ist der Vergleich unter der aufschiebenden Bedingung des Nichtwiderrufs geschlossen, dazu Böckelmann Festschrift für Weber (1975) 104, so ist der Eintritt der Bedingung für die Wirksamkeit des Prozeßvergleichs entscheidend. Bei einem Streit über die Wirksamkeit des Widerrufs erfolgt eine Fortsetzung des Prozesses, BGH **46**, 277. Wenn erst das Berufungsgericht den Widerruf für wirksam hält, dann ist eine Zurückverweisung zulässig, BAG NJW **69**, 2221. Wenn der Vergleich unter der auflösenden Bedingung des Widerrufs geschlossen wurde, wird der Rechtsstreit bei Streit über ihren Eintritt fortgesetzt, BGH **LM** § 263 aF Nr 12. S über den Widerruf Anm 3 B.

Bei einem Rücktritt wegen Nichterfüllung des Vergleichs ist ein neuer Prozeß notwendig, BGH **16**, 392, aM BAG **4**, 84; aber die Rechtshängigkeit kann nicht wieder aufleben, nur die sachlichrechtlichen Folgen des Vergleichs können entfallen. Dasselbe gilt dann, wenn mit der Behauptung einer positiven Vertragsverletzung des Vergleichs ein Schadensersatzanspruch geltend gemacht wird, BGH **16**, 391, oder wenn der Wegfall seiner Geschäftsgrundlage behauptet wird, BGH NJW **66**, 1658, BAG **AP** § 794 Nr 16, aM LG Brschw NJW **76**, 1749. Auch auf Grund einer Parteivereinbarung, zB eines beiderseitigen Verzichts auf den Prozeßvergleich bzw seiner einverständlichen Aufhebung, lebt der alte Prozeß nicht wieder auf, sondern ist ein neuer Prozeß nötig, BGH **41**, 310, BSG **19**, 112, BVerwG DÖV **62**, 423, aM BAG NJW **83**, 2213.

Möglich ist aber, die sachlichrechtlichen Wirkungen des Prozeßvergleichs durch eine Parteivereinbarung zu ändern oder zu beseitigen, BGH **41**, 210, aM Clasen NJW **65**, 382. Im neuen Prozeß gilt zumindest § 528 S 2 entspr, BAG NJW **74**, 2151. Wegen der ,,Anzeige zu den Gerichtsakten" Anm 3 B. Mit einem ,,Eingang beim Gericht" ist ein Zugang im Sinne von § 130 I 1 BGB gemeint, also nicht eine Übergabe an einen zur Entgegennahme und zur Beurkundung des Zeitpunkts befugten Beamten, sondern ein Zugang in den Machtbereich des gesamten Gerichts, BGH NJW **80**, 1752 (im Ergebnis zustm Grundmann JR **80**, 331). Die Vereinbarung einer Verlängerung der Rücktrittsfrist bedarf der gerichtlichen Protokollierung, VG Hbg MDR **82**, 962, aM ZöSche § 794 Anm II 2 f. Ist die Widerrufsfrist versäumt worden, so ist keine Wiedereinsetzung möglich, Anm 3 B.

D. Einstellung der Zwangsvollstreckung. Sie ist entspr §§ 719, 707 zulässig, Düss MDR **74**, 52, auch bei einer Vollstreckungsabwehrklage gemäß §§ 767, 769, sofern vor dem Abschluß des Prozeßvergleichs eine vollstreckbare Entscheidung ergangen war, § 767 Anm 1 C c, vgl Ffm Rpfleger **80**, 117, aM BGH LM § 767 Nr 37 mwN. Es besteht für die Einstellung der Zwangsvollstreckung kein Rechtsschutzbedürfnis, sofern der Weg nach B möglich ist, Zweibr OLGZ **70**, 185. Die Rückforderung des Geleisteten wird in einem besonderen Prozeß geklärt.

7) VwGO: *Eigene Regelung in § 106 (dazu §§ 55 VwVfG, 54 SGB X). Zur Wirksamkeit, wenn im Vergleich eine gesetzwidrige Leistung vereinbart wird, BVerwG DVBl* **76**, *217, zur Gültigkeit einer in einem unwirksamen Prozeßvergleich getroffenen materiellen Vereinbarung OVG Münst DÖV* **77**, *790, zum gesetzesinkongruenten Prozeßvergleich nach § 106 VwGO allgemein Meyer-Hesemann DVBl* **80**, *869, RedOe § 106 Anm 2 u 3. Wegen des Verfahrens beim Widerruf, Anm 3 B, vgl Dawin NVwZ* **83**, *143 (abl zu OVG Münst NVwZ* **82**, *378).*

308 **Bindung an die Parteianträge.** [I] Das Gericht ist nicht befugt, einer Partei etwas zuzusprechen, was nicht beantragt ist. Dies gilt insbesondere von Früchten, Zinsen und anderen Nebenforderungen.

[II] Über die Verpflichtung, die Prozeßkosten zu tragen, hat das Gericht auch ohne Antrag zu erkennen.

Schrifttum: Bruns, Zur richterlichen Kognition, judicial process, Festschrift für Rammos (1979) 167; Melissinos, Die Bindung des Gerichts an die Parteianträge nach § 308 I ZPO, 1982 (Bespr Grunsky ZZP **96**, 395).

1) Bindung an die Anträge, I. A. Grundsatz. Abgesehen von der Kostenentscheidung begrenzen die Parteianträge (und nicht der Beschluß über die Gewährung einer Prozeßkostenhilfe) das Urteil. Aus der Parteiherrschaft, Grdz 3 A vor § 128, folgt: Ohne Antrag keine Verurteilung. Das gilt in allen Prozeßarten, vgl BAG DB **75**, 892 und MDR **73**, 794, auch im Beschwerdeverfahren, Köln NJW **80**, 1531, beim Kostenfestsetzungsbeschluß, Hamm Rpfleger **73**, 370, KG Rpfleger **78**, 225, Zweibr Rpfleger **81**, 455 mwN; beim Schiedsspruch; in Ehesachen; bei einer Schadenschätzung nach § 287; trotz § 938 I auch bei der einstweiligen Verfügung, § 938 Anm 1 B b; für Haupt- und Nebenforderungen, BGH WertpMitt **78**, 194, bei der Rangfolge von Haupt- und Hilfsanträgen, etwa bei einer Hilfsaufrechnung, denn der Bekl will den eigenen Gegenanspruch natürlich nur für den Fall opfern, daß ihm die Abwehr des gegnerischen Klaganspruchs mißlingt; bei der Reihenfolge von mehreren Hilfsanträgen untereinander. § 308 ist auch im patentgerichtlichen Verfahren anwendbar, BPatG GRUR **81**, 349.

Das Gericht ist aber grundsätzlich nicht an die von der Partei gewünschte rechtliche Begründung ihres Vortrags oder an deren Reihenfolge gebunden, vgl BAG BB **75**, 609. Das gilt auch bei einer nur hilfsweise geltend gemachten Verjährung, Köln MDR **70**, 686, PalHeinr § 222 BGB Anm 1, Schneider JB **78**, 1265. Denn mit der Verjährungseinrede opfert der Bekl, anders als bei der auch nur hilfsweisen Aufrechnung, keinen eigenen Gegenanspruch. Der Kläger kann das Gericht auch nicht zwingen, eine bestimmte rechtliche Anspruchsgrundlage ungeprüft zu lassen, zB den Gesichtspunkt einer unerlaubten Handlung, so jetzt auch ThP 1 c mwN.

Einen Antrag nach § 331 III kann der Kläger nicht auf ein Versäumnisurteil gegen den Bekl begrenzen; er muß das Risiko eines unechten Versäumnisurteils gegen sich selbst, § 331 Anm 4 C a, in Kauf nehmen oder auf einen Antrag nach § 331 III ganz verzichten (Folge: Ruhen des Verfahrens, § 331 Anm 4 A c).

Keine Bindung des Gerichts liegt ferner bei § 308a (Räumungsstreit), § 641h (Abweisung der verneinenden Vaterschaftsfeststellungsklage) sowie bei § 17 Z 3, 4 AGB und bei einer Hausratssache vor, BayObLG FamRZ **72**, 466 mwN. Nur ausnahmsweise gebunden ist das Gericht in WEG-Sachen, BayObLG NJW **74**, 1910. Wegen des FGG Brschw OLGZ **76**, 435.

2. Titel. Urteil § 308 1

Das Zusprechen von Früchten, Zinsen und dgl muß sich streng im Rahmen des Beantragten halten. In der höheren Instanz wirkt sich derselbe Grundsatz als ein Verbot einer vorteilhaften oder nachteiligen Änderung aus, vgl bei §§ 536, 559. Das Verbot, einer Partei etwas zuzusprechen, was sie nicht beantragt hat, wirkt für Maß und Art. Das Gericht darf also nicht 150 DM statt 100 DM zusprechen; es darf nicht auf Herausgabe von Ware statt auf Zahlung verurteilen. Maßgebend sind allein die Parteianträge. Maßgeblich ist nicht der Wortlaut, sondern der Wille des Antragstellers, Nürnb FamRZ **82**, 1103. Das Gericht muß ihn durch eine auch in den Grenzen des § 308 zulässige Auslegung, Nürnb FamRZ **82**, 1103, und durch eine Ausübung der Fragepflicht klären, § 139, Grunsky ZZP **96**, 398. Das Gericht darf aber nicht ganz neue, zusätzliche Anträge anregen, auch nicht zB bei einem hohen, bisher geforderten Zinsbetrag, Köln MDR **72**, 779.

Sofern ein unbezifferter Antrag zulässig ist, darf das Gericht die vom Kläger genannte Mindestsumme oder Größenordnung überschreiten, Fenn ZZP **89**, 134. Das Gericht hat stets von Amts wegen auf die Vollstreckbarkeit des Urteils zu achten, § 139; zum Problem (allzu) präziser Widerrufsanträge Ritter ZZP **84**, 168. Bei Postensachen darf das Gericht nur die Endsumme der eine Einheit bildenden Posten nicht überschreiten; einzelne Posten dürfen sich der Höhe nach verschieben, vgl Nürnb JB **75**, 771. Es darf eine Grenzlinie anders als beantragt festsetzen, sofern der Kläger dadurch nicht mehr als beantragt erhält, BGH NJW **65**, 37. Es darf eine objektiv vorliegende Gesamthaftung auch ohne einen entsprechenden Antrag klarstellen, ZöV II 2 a. Es erfolgt keine Verurteilung des Klägers ohne Widerklage oder einen Zwischenantrag.

B. Weniger als beantragt. Ein Weniger steckt stets im Mehr. Daher darf es das Gericht zusprechen, muß aber auch über den Rest entscheiden; die Klage ist dann im übrigen abzuweisen, die Kostenverteilung erfolgt dann nach § 92. Das Gericht darf zB: ein Verbot einschränken; zu einer Hinterlegung statt zu einer Zahlung verurteilen; zur Duldung der ZwV statt zur Leistung verurteilen; zur künftigen statt zur sofortigen Leistung verurteilen, §§ 257 ff; zur Leistung unter Vorbehalt beschränkter Haftung statt ohne solchen verurteilen; überhaupt ein bloßes Vorbehaltsurteil erlassen. Auch eine Feststellung statt einer Verurteilung ist ein Weniger, weil jede Verurteilung eine Feststellung enthält, Grdz 2 A vor § 253, vgl BGH **LM** § 133 (D) BGB Nr 7. Trotzdem darf das Gericht in solchen Fällen nur feststellen, wenn dem Kläger damit gedient ist, §§ 139, 278 III. Das trifft meist nicht zu. Denn derjenige, der ein vollstreckbares Urteil begehrt, kommt regelmäßig mit einer bloßen Feststellung nicht aus.

Wenn eine negative Feststellungsklage mit dem Antrag erhoben wird, der vom Gegner behauptete Anspruch bestehe nicht, so kann festgestellt werden, daß ein Teilanspruch doch besteht, wenn das dem Klagezweck nicht widerspricht. Es kommt dann also auf die Klarstellung und auf die Auslegung des Antrags an, vgl auch Schneider JB **67**, 362.

Unzulässige und unbegründete Ansprüche sind immer auch von Amts wegen zurückzuweisen. Diese Zurückweisung enthält kein „Zusprechen"; sie ist daher auch bei einer Säumnis des Gegners zulässig, vgl § 331 II. Daher darf das Gericht auch Beschränkungen beifügen, zB statt der reinen Leistung auf eine solche nur Zug um Zug verurteilen, BGH **27**, 242 und NJW **51**, 517. Das Gericht ist „nicht befugt", etwas zuzusprechen, was die Partei als Herr der Anträge überhaupt nicht haben will; deshalb darf das Gericht keine Verurteilung aussprechen, die der Kläger ausdrücklich als unerwünscht bezeichnet, aM Hbg MDR **57**, 169; es muß dann abweisen, weil der Kläger von dem Antrag, so wie er ihn gestellt hat, nicht abgehen will.

C. Etwas anderes als beantragt. Nicht ein Weniger, sondern etwas anderes liegt zB in folgenden Fällen vor: Bei einem Urteil auf eine Leistung statt auf eine Feststellung; beim Zusprechen einer Kapitalabfindung statt einer Rente; bei einer Verurteilung zu Geldersatz statt zur Wiederherstellung des tatsächlichen Zustands, oder ohne einen Antrag nach §§ 302 IV, 717 II; uU bei einer Klage auf Ersatz von Heizungskosten auf Grund einer Abrechnung statt auf Grund einer Pauschale, LG Mannh ZMR **74**, 382, soweit eine solche Pauschalabrechnung überhaupt im Klagzeitraum zulässig war; bei einem Zahlungs- bzw Abweisungsantrag statt einer Erledigungserklärung, aM offenbar Ffm MDR **77**, 56; bei einer Verurteilung zu einer zeitlichen Beschränkung des Flugbetriebs statt auf Unterlassung zu starken Lärms, BGH **69**, 122.

Mit Rücksicht auf die Besonderheiten im Patent- und Wettbewerbsprozeß kann das Gericht aber auch ohne Antrag dem Schuldner wahlweise vorbehalten, daß der Gläub die für die Berechnung des Schadens maßgebenden Umstände einer Vertrauensperson mitzuteilen habe, BGH GRUR **57**, 336 und **78**, 53. Bei der Unterlassungsklage ist gegenüber einer

Erstreckung des Urteilsspruch auf den „Kern" ohne einen präzisen Antrag Zurückhaltung geboten, Schubert ZZP **85**, 51 (vgl aber § 890 Anm 1 B a).

D. Verstoß. Ein Verstoß gegen I betrifft nicht die Form, sondern das sachliche Prozeßrecht. Er ist daher nach § 295 II unheilbar, dort Anm 3 B, und von Amts wegen zu beachten, BGH **LM** Nr 7, BAG NJW **71**, 1332, KG OLGZ **74**, 266. Hat das erstinstanzliche Gericht mehr, als beantragt, zugesprochen, so genügt zur Aufrechterhaltung eine Übernahme in den Berufungsantrag, BGH NJW **75**, 389 mwN, bzw in den Antrag auf Zurückweisung der Berufung, BGH FamRZ **81**, 945 mwN, auch ohne eine Anschlußberufung, BGH NJW **79**, 2250 mwN, LG Kaisersl NJW **75**, 1037; etwas anders gilt bei einem Antrag auf Zurückweisung der Revision, BGH WertpMitt **80**, 344, BAG DB **75**, 892, und bei einer Stufenklage, KG OLGZ **74**, 266.

Der Verstoß wird durch das jeweils zulässige Rechtsmittel geltend gemacht. Er führt zur Aufhebung und Zurückverweisung, Köln JB **70**, 177. Wenn das nicht möglich ist, da es gegen das Urteil kein Rechtsmittel gibt, vgl Einf 3 B vor §§ 322–327, dann ist eine Verfassungsbeschwerde zulässig, Art 103 I GG, BVerfG **28**, 385, so jetzt auch Schneider MDR **79**, 620 mwN, aM Johlen NJW **67**, 1262 (er hält dann eine Nichtigkeitsklage entsprechend § 579 III 1 für zulässig). Bei einem nur versehentlichen Verstoß läßt Klette ZZP **82**, 93 nur, RoS § 134 I 1 b, ZöV II 4 a auch eine Urteilsergänzung entsprechend § 321 zu. Die Gerichtskosten sind dann evtl gemäß § 8 GKG niederzuschlagen, Köln MDR **72**, 1044, Schneider MDR **71**, 440. Wert: Maßgeblich ist der Antrag, nicht die Entscheidung, BGH **LM** § 5 Nr 12 mwN, Schneider MDR **74**, 183.

2) Prozeßkosten, II. A. Grundsatz. Über die Kostenpflicht hat das Gericht grds von Amts wegen zu erkennen. Das gilt auch im Fall der Gerichtskostenfreiheit, OVG Kblz Rpfleger **83**, 124 mwN, und bei einer Prozeßkostenhilfe. Ein diesbezüglicher Parteiantrag ist überflüssig und nur eine Anregung. Dies gilt auch für den Fall des § 91 a, dort Anm 2 ff. Etwas anderes gilt, wenn die Kosten zur Hauptsache geworden sind, §§ 269 III 3, 515 III 2, 566. Soweit § 98 eingreift, ergeht nur bei einem (nachträglichen) Streit oder Antrag ein Beschluß, der die gesetzliche Kostenfolge bestätigt (zur Form Bre NJW **68**, 1238). Eine mündliche Verhandlung ist unnötig.

B. Verstoß. Gegen einen Verstoß hat der Betroffene die sofortige Beschwerde. § 269 III 4–5 gelten entsprechend, Bergerfurth NJW **72**, 1841. In der Rechtsmittelinstanz unterliegt die Kostenentscheidung nicht dem Verbot der nachteiligen Änderung, BAG **75**, 231 mwN, Düss VersR **81**, 537, ZöV III 2, aM Kirchner NJW **72**, 2297. Dies gilt aber nur dann, wenn das Rechtsmittel zulässig ist. Beim unzulässigen Rechtsmittel ist die Kostenentscheidung der 1. Instanz gar nicht zu prüfen, aM BayObLG ZZP **55**, 424. Sind die Kosten übergangen worden, so ist § 321 anwendbar, Celle JB **76**, 1255; es gibt keinen Rechtsbehelf und nach dem Ablauf der Frist zum Ergänzungsantrag keine besondere Klage.

3) VwGO: Statt **I** gilt § 88 VwGO. **II** ist entsprechend anwendbar, § 173 VwGO, BVerwG **14**, 171, als (selbstverständliche) Ergänzung zu § 161 I VwGO; ein fehlender Kostenausspruch kann in der Berufungsinstanz von Amts wegen nachgeholt werden, VGH Mü BayVBl **82**, 542 (auch in einem Beschluß nach Art 2 § 5 EntlG).

308a *Ausspruch auf Fortsetzung des Mietverhältnisses.* [I] Erachtet das Gericht in einer Streitigkeit zwischen dem Vermieter und dem Mieter oder dem Mieter und dem Untermieter wegen Räumung von Wohnraum den Räumungsanspruch für unbegründet, weil der Mieter nach den §§ 556a, 556b des Bürgerlichen Gesetzbuchs eine Fortsetzung des Mietverhältnisses verlangen kann, so hat es in dem Urteil auch ohne Antrag auszusprechen, für welche Dauer und unter welchen Änderungen der Vertragsbedingungen das Mietverhältnis fortgesetzt wird. Vor dem Ausspruch sind die Parteien zu hören.

[II] Der Ausspruch ist selbständig anfechtbar.

1) Fortsetzung des Mietverhältnisses, I. § 308a zwingt das Gericht, entgegen dem System des § 308 von Amts wegen, also ohne Notwendigkeit eines Antrags, im Fall der Abweisung der Räumungsklage unabhängig davon, ob der Mieter eine Fortsetzung des Mietverhältnisses verlangt *hat* (es genügt nach I 1, daß er sie fordern *kann*), rechtsgestaltend, Pergande NJW **64**, 1934, in der Urteilsformel darüber zu entscheiden, wielange, am praktischsten: bis zu welchem Datum, und unter welchen Bedingungen das Mietverhältnis fortbestehen soll. Beiden Parteien ist dazu das rechtliche Gehör zu geben. Ein Versäumnisurteil, dazu Hoffmann MDR **65**, 171, ist gegen den Bekl unzulässig, soweit die vom Kläger genannten Tatsachen (im Zweifel nicht, ZöV IV) einen Fortsetzungsanspruch des Bekl ergeben. Das Gericht ermittelt sie aber nicht von Amts wegen, Grdz 3 H vor § 128. Der Kläger kann aber auch für den Fall der Abweisung seiner Räumungsklage aus den §§ 556a oder b, 565d BGB hilfsweise beantragen, daß das Mietverhältnis nicht länger als bis zum .... fortgesetzt werde. Die Klärung der Verhältnisse, die ein solcher Mietstreit ohnehin erfordert, hat sich auch darauf zu erstrecken. Das Gericht wirkt bei der Erörterung der Sache daraufhin, daß zweckentsprechende Anträge gestellt werden, § 139. Sie können auch durch eine Widerklage gestellt werden, ThP 3 g; diese liegt im Zweifel aber nicht vor. Ein Zwischenantrag entsprechend §§ 302 IV, 717 III 2 ist zulässig, ThP 3 g, ZöV III 1. Die vorläufige Vollstreckbarkeit seiner Entscheidung richtet sich nach § 708 Z 7.

Kostenrechtlich findet keine Zusammenrechnung der Ansprüche auf Räumung und auf Fortsetzung des Mietverhältnisses statt, § 16 III, IV GKG. § 93b ist anwendbar, §§ 91, 93 sind nur hilfsweise anwendbar.

Berichtigung bzw Urteilsergänzung sind gemäß §§ 319, 321 möglich.

2) Rechtsmittel, II. Die Entscheidung ergeht in dem Urteil, durch das der Räumungsanspruch abgewiesen wird. Auch wenn der Kläger insofern kein Rechtsmittel einlegt, kann er den Ausspruch über die Dauer der Fortsetzung des Mietverhältnisses und über die Vertragsbedingungen selbständig mit der Berufung anfechten. Das gilt auch für den Bekl, ohne daß es darauf ankommt, ob er in 1. Instanz mit dem Abweisungsantrag Erfolg hatte und ob er wegen der Mietvertragsfortsetzung Anträge gestellt hat, da über die Dauer und die Bedingungen der Fortsetzung des Mietverhältnisses von Amts wegen zu entscheiden war, I. Auch das Berufungsgericht hat in einer Räumungssache beim Vorliegen der §§ 556a, b den § 308a von Amts wegen zu beachten.

309 *Besetzung des Gerichts.* **Das Urteil kann nur von denjenigen Richtern gefällt werden, welche der dem Urteil zugrunde liegenden Verhandlung beigewohnt haben.**

1) Spruchrichter. Nur diejenigen Richter dürfen die Sachentscheidung treffen, in der Sache Beschluß fassen, die bei der für diese Entscheidung maßgeblichen (Schluß-)Verhandlung die Richterbank gebildet haben, BGH NJW **81**, 1274 mwN. § 309 ist eine Folge des Grundsatzes der Mündlichkeit und Unmittelbarkeit der Verhandlung, § 128 Anm 1, Köln NJW **77**, 1159. Daher findet er nicht auf (von vornherein oder schließlich) schriftliche Entscheidungen gemäß § 128 II, III Anwendung, vgl schon (je zum alten Recht) BGH **LM** § 41h PatG aF Nr 7, BFH NJW **64**, 1591, ThP 1, aM Vollmer NJW **70**, 1300 sowie (zum neuen Recht) Krause MDR **82**, 186, RoS § 109 III 1. Aber auch im Verfahren nach Aktenlage ist § 309 unanwendbar, BGH **LM** § 41h PatG aF Nr 7, ebenso im FGG-Verfahren, BayObLG MDR **83**, 326. Der Einzelrichter des § 348 muß nach der Übertragung auf ihn die Verhandlung geleitet haben, Köln NJW **77**, 1159.

Unschädlich, wenn auch oft unzweckmäßig, ist ein Richterwechsel zwischen der Beweisaufnahme und der Schlußverhandlung, BGH NJW **79**, 2518. Der Richter der Schlußverhandlung darf also eine Urkunde auswerten, die ein anderer Richter in der Beweisaufnahme gesehen hat; der Richter der Schlußverhandlung darf einen Zeugen würdigen, dessen Aussage von dem anderen Richter des Beweisaufnahmetermins protokolliert wurde, BGH **53**, 257, aber er darf keine unprotokollierte, vor einem Richter gemachte Aussage verwerten, BGH NJW **62**, 960. Freilich zwingt nicht jeder Richterwechsel zur Antragswiederholung, Kirchner NJW **71**, 2158, ZöSt 1, abw BAG NJW **71**, 1332.

Wechselt ein Richter zwischen der Schlußverhandlung und der Beschlußfassung, dazu Vollkommer NJW **70**, 1310 (Richterwechsel und Verhinderung sind nicht stets dasselbe), so muß die Verhandlung wiedereröffnet werden, § 156. Wechselt ein Richter zwischen der Beschlußfassung und der Verkündung, so ist § 309 unanwendbar, BGH **61**, 370, Krause MDR **82**, 186; etwas anderes gilt hinsichtlich der Unterschriften, § 315 Anm 1 A. § 309 gilt auch für Beschlüsse, die nach einer mündlichen Verhandlung ergehen, § 329 I 2, und für Beschlüsse nach Aktenlage, §§ 251a, 331a. Vorher von anderen Richtern ordnungsgemäß gefaßte Beschlüsse bleiben wirksam. Über die Beratung und Abstimmung §§ 192ff GVG.

2) Verstoß. Ein Verstoß macht das Urteil nicht nichtig, Grdz 3 B, C vor § 300, sondern führt zur Zurückverweisung, Köln NJW **77**, 1159, und ist ein unbedingter Revisions- und Nichtigkeitsgrund im Sinn von §§ 551 Z 1, 579 I Z 1, BVerfG NJW **56**, 545 und 64, 1020, BAG NJW **63**, 1332, Arndt NJW **64**, 1668, Vollkommer NJW **68**, 1311. Nach der Erschöpfung des Rechtswegs ist evtl die Verfassungsbeschwerde gemäß Art 101 I 2 GG statthaft.

3) VwGO: Es gilt § 112 VwGO (inhaltsgleich).

§ 310 1

310 *Urteilsverkündung. Zeit.* ¹ Das Urteil wird in dem Termin, in dem die mündliche Verhandlung geschlossen wird, oder in einem sofort anzuberaumenden Termin verkündet. Dieser wird nur dann über drei Wochen hinaus angesetzt, wenn wichtige Gründe, insbesondere der Umfang oder die Schwierigkeit der Sache, dies erfordern.

ᴵᴵ Wird das Urteil nicht in dem Termin, in dem die mündliche Verhandlung geschlossen wird, verkündet, so muß es bei der Verkündung in vollständiger Form abgefaßt sein.

ᴵᴵᴵ Bei einem Anerkenntnisurteil und einem Versäumnisurteil, die nach § 307 Abs. 2, § 331 Abs. 3 ohne mündliche Verhandlung ergehen, wird die Verkündung durch die Zustellung des Urteils ersetzt.

1) Vorbemerkung zu §§ 310–312. A. Verkündungszwang, I. Jedes Urteil ist zu verkünden, das auf Grund einer mündlichen Verhandlung ergeht. Eine vereinbarte Urteilszustellung kann die notwendige Verkündung nicht ersetzen. Erst die Verkündung bringt das Urteil rechtlich zum Entstehen, BGH **41**, 253, Ffm FamRZ **78**, 430, Nürnb NJW **78**, 832 mwN (krit Schneider), Schlesw SchlHA **78**, 161. Erst mit der Verkündung ist das Urteil „gefällt", „erlassen", §§ 309, 318. Bis zur Verkündung bleibt es eine innere Angelegenheit des Gerichts, ist lediglich ein abänderbarer Urteilsentwurf, § 299 III, Schlesw SchlHA **78**, 161, Unnützer NJW **78**, 986, ebenso wegen § 160 III Z 7, § 165, wenn etwa eine Protokollierung unterblieben wäre, OGH NJW **47/48**, 421. Von der Verkündung ab ist das Urteil für die Instanz unabänderlich.

Eine Verkündung erfolgt auch im schriftlichen Verfahren, § 128 II, Ffm FamRZ **78**, 430 und MDR **80**, 320, § 128 III, oder bei einem Urteil nach Aktenlage, § 251 a II 2. Nur beim Anerkenntnis- oder Versäumnisurteil ohne mündliche Verhandlung tritt seine Zustellung an die Stelle der Verkündung, § 310 III, Unnützer NJW **78**, 986. Die Protokollierung erfolgt gemäß § 160 III Z 7. Ihr Nachweis ist nur nach § 165 möglich. Der Verkündungs- bzw Zustellungsvermerk, § 315 III, beweist die Verkündung nicht. Zulässig ist der Nachweis, daß das Protokoll verloren ist. Die Öffentlichkeit richtet sich nach § 173 GVG. Vgl §§ 60, 84 ArbGG, § 94 I 2 PatG, zu letzterem Schmieder NJW **77**, 1218.

B. Verstoß. Ob eine ordnungsmäßige Verkündung bzw Zustellung vorliegt, hat die höhere Instanz jederzeit von Amts wegen zu prüfen. Bei einem leichteren Mangel erfolgt die Prüfung allerdings nur auf Grund einer Rüge, BGH **41**, 254, **61**, 370, Düss **77**, 144, während eine Rüge bei einem Verstoß gegen eine unerläßliche Formvorschrift entbehrlich ist, BGH **41**, 254. Eine fehlende Verkündung führt (zunächst) zur bloßen Scheinentscheidung, Grdz 3 B b vor § 300. Die fehlende oder mangelhafte Verkündung läßt sich aber grundsätzlich jederzeit nachholen, freilich ist evtl § 128 II 3 zu beachten, Ffm FamRZ **78**, 430, Schlesw SchlHA **78**, 161, **79**, 21. Die Nachholung ist selbst nach einer Rüge bis zum Urteil der nächsthöheren Instanz möglich, BGH **32**, 370.

Beispiele von Fehlern: Der Einzelrichter verkündet ein Kollegialurteil und umgekehrt, Düss MDR **77**, 144; die Verkündung erfolgt statt im Sitzungs- im Beratungszimmer ohne Herstellung dortiger Öffentlichkeit, Hbg MDR **56**, 234; es erfolgt eine Zustellung statt der notwendigen Verkündung und umgekehrt, BGH **17**, 118 und MDR **60**, 388, BAG NJW **66**, 175, Ffm MDR **80**, 320.

Erst recht läßt sich eine fehlende Protokollierung der Verkündung nachholen, § 164, § 163 Anm 1; ein verständiger Vorsitzender schickt die Akten dann einfach zur Nachholung zurück. Fehlt die Verkündung, so liegt kein Urteil vor, so daß keine Urteilsanfechtung möglich ist, A.

Anders ist die Lage, wenn die Geschäftsstelle eine Ausfertigung als Urteilsausfertigung erteilt hat, wenn also äußerlich ein Urteil vorliegt; dann sind die gewöhnlichen Rechtsmittel statthaft, Ffm FamRZ **78**, 430, vgl Köln Rpfleger **82**, 113.

Eine mangelhafte Verkündung läßt aber ebenfalls Rechtsmittel zu, BGH (GrZS) **14**, 39, **61**, 370, Schlesw SchlHA **78**, 161, **79**, 21, und zwar schon deshalb, weil aus einem solchen Urteil die ZwV droht. Das Urteil beruht meist nicht auf einem Fehler der Verkündung, BAG NJW **66**, 175, vgl Köln Rpfleger **82**, 113 mwN. Andernfalls erfolgt eine Zurückverweisung, BGH **14**, 39. Vgl auch § 312 Anm 1. Das Urteil in einer Baulandsache wird von dem besonderen Spruchkörper verkündet; jedoch ist seine Verkündung durch eine Zivilkammer (Senat) desselben Gerichts eine wirksame Verlautbarung, BGH **41**, 252. Das Urteil eines Einzelrichters wird von ihm verkündet; die Verkündung durch die Zivilkammer, der er angehört, kann nur auf Rüge als Verfahrensverstoß berücksichtigt werden, Düss MDR **77**, 144.

2) Verkündungszeit, I, II. A. Grundsatz. Grundsätzlich soll sich die Verkündung unmittelbar an die mündliche Verhandlung anschließen (sog ,,Stuhlurteil"). Zulässig ist es auch, am Schluß der (einzelnen) Verhandlung einen Beschluß zu verkünden, daß ,,am Schluß der (gesamten) Sitzung eine Entscheidung verkündet werden" soll, und dann am Sitzungsschluß nach nochmaligem Aufruf nebst Feststellung der Anwesenden zu Protokoll das Urteil zu verkünden.

Namentlich bei einer Entscheidung durch nur einen Richter ist dieses Verfahren elegant und dient der wünschenswerten Prozeßbeschleunigung. Es ist aber beim geringsten Zweifel und oft auch bei scheinbar eindeutiger Sach- und Rechtslage in Wahrheit riskant. Wenn der Richter nämlich das Urteil schriftlich erst nach der Verkündung absetzen kann, können sich Bedenken ergeben, die zu einer mangelhaften Begründung oder zu einer unkorrekten ,,Berichtigung" des Urteils führen.

In einer solchen Lage sollte der Richter von der Möglichkeit Gebrauch machen, das Urteil in einem besonderen Verkündungstermin zu verkünden. Das Gericht muß ihn sofort anberaumen. Eine Ladung ist entbehrlich, § 218. Das Gericht darf den Verkündungstermin auf grundsätzlich höchstens drei Wochen hinausschieben, länger nur aus wichtigem Grund, insbesondere wenn der Umfang oder die Schwierigkeit der Sache es erfordern, I 2. Ein wegen § 283 erzwungener Verkündungstermin kann bereits eine Verzögerung nach § 296 bedeuten, § 283 Anm 1.

Der Termin kann auch durch einen verkündeten Beschluß hinausgeschoben werden, und zwar auch durch andere Richter als die nach § 309 berufenen. Gegen eine zu weite Hinausschiebung schützt nur § 252. Eine Verkündung in einem erst später anberaumten Termin führt nicht zur Aufhebung. Der Verkündungstermin läßt ausschließlich die Verkündung zu, sonst nichts, weder eine Verhandlung noch eine Beweisaufnahme. Die Verkündung erfolgt durch den Vorsitzenden, § 136 IV; im besonderen Verkündungstermin ist die Anwesenheit der Beisitzer unnötig, § 311 IV 1. Die Parteien können abwesend sein, § 312 I.

Ein besonderer Verkündungstermin nur deshalb, weil in der Zeit zwischen dem Verhandlungsschluß und der Verkündung eine wirksame Nachholung eines Mieterhöhungsverlangens nach § 2 III 2 Hs 1 MHG denkbar oder angekündigt ist, ist unzulässig. Denn das Gericht müßte dann einerseits den Ablauf der Zustimmungsfrist nach § 2 III 2 Hs 2 MHG abwarten, dürfte aber andererseits den Prozeß nicht schon deshalb aussetzen, Einf 1 A vor §§ 148–155, § 148 Anm 1 B a, käme also doch nicht weiter. Wenn freilich nur noch der Ablauf der bereits vor dem Verhandlungsschluß begonnenen Frist nach § 2 III 2 Hs 2 MHG abzuwarten ist, mag ein Verkündungstermin (und in ihm eine Wiedereröffnung der Verhandlung, § 156 Anm 2 A) vertretbar sein.

B. Verstoß. Ein Verstoß, etwa eine Verkündung in einem nicht korrekt anberaumten oder im falschen Termin, BGH **14**, 39, oder eine Verkündung in einer Nichtferiensache während der Gerichtsferien, ist nach § 295 heilbar. Bei einem besonderen Verkündungstermin muß das Urteil zur Zeit der Verkündung vollständig abgefaßt gewesen sein, § 310 II. Ein Verstoß beeinträchtigt die Wirksamkeit der Verkündung nicht. Sonderfälle sind in §§ 276, 283, 310 III, 331 a geregelt.

3) Zustellung, III. A. Grundsatz. Die Zustellung ersetzt bei einem Anerkenntnis- oder Versäumnisurteil ohne mündliche Verhandlung, §§ 276, 307 II, 331 III, die Verkündung, BGH VersR **82**, 597, LG Stgt AnwBl **81**, 197. Eine solche wäre ohne Wirkung. Daran hat sich auch durch Art 6 I 2 Menschenrechtskonvention nichts geändert, vgl auch BGH **25**, 61 gegen Echterhölder JZ **56**, 145 (je zu § 310 II aF). Die vollständige Fassung einschließlich des etwaigen Tatbestands und der etwaigen Entscheidungsgründe ist beiden Parteien zuzustellen. Die einer Verkündung gleichstehende Wirkung tritt erst mit der letzten von Amts wegen notwendigen Zustellung ein, BGH **32**, 371, Ffm NJW **81**, 291 mwN, offen BGH VersR **80**, 928, aM ZöSt § 339 Anm 1.

Bei Streitgenossen tritt die Wirkung für jeden Streitgenossen besonders ein; bei einer notwendigen Streitgenossenschaft tritt sie erst mit der letzten Zustellung für alle Streitgenossen ein. Bei einer Streithilfe ist die Zustellung an den Streithelfer notwendig, um die Entscheidung ihm gegenüber wirksam zu machen. Soweit die Verkündung eine Frist in Lauf setzt, wie für die Berichtigung des Tatbestands, § 320 II 3, beginnt die Frist für beide Parteien mit der letzten notwendigen Zustellung zu laufen, BGH **32**, 370, Nürnb NJW **78**, 832 mwN (krit Schneider). Die Zustellung nach III ersetzt nur die Verkündung.

B. Verstoß. Nur schwere Fehler machen die Zustellung unwirksam, zB das völlige Fehlen der Mitwirkung des Urkundsbeamten der Geschäftsstelle; ein Vermerk nach § 213, BGH **32**, 370; das Fehlen der Unterschriften unter dem Original im Zeitpunkt der Zustellung der Ausfertigung, BGH **42**, 94.

Andere Fehler beeinträchtigen die rechtliche Entstehung des Urteils nicht, zB das Fehlen nur des Ausfertigungs- oder Beglaubigungsvermerks, BGH **15**, 142, oder des Empfangsbekenntnisses des Anwalts, wenn unstreitig ist, daß er das Urteil erhalten hat, BGH **41**, 337.

4) VwGO: Eigene Regelung in § 116 VwGO.

311 **Urteilsverkündung. Form.** ^I **Das Urteil ergeht im Namen des Volkes.**
^{II} Das Urteil wird durch Vorlesung der Urteilsformel verkündet. Versäumnisurteile, Urteile, die auf Grund eines Anerkenntnisses erlassen werden, sowie Urteile, welche die Folge der Zurücknahme der Klage oder des Verzichts auf den Klageanspruch aussprechen, können verkündet werden, auch wenn die Urteilsformel noch nicht schriftlich abgefaßt ist.
^{III} Die Entscheidungsgründe werden, wenn es für angemessen erachtet wird, durch Vorlesung der Gründe oder durch mündliche Mitteilung des wesentlichen Inhalts verkündet.
^{IV} Wird das Urteil nicht in dem Termin verkündet, in dem die mündliche Verhandlung geschlossen wird, so kann es der Vorsitzende in Abwesenheit der anderen Mitglieder des Prozeßgerichts verkünden. Die Verlesung der Urteilsformel kann durch eine Bezugnahme auf die Urteilsformel ersetzt werden, wenn in dem Verkündungstermin von den Parteien niemand erschienen ist.

1) Verkündungsform, I, II. A. Eingangsformel. Das Urteil ergeht im Namen des Volkes, vgl Art 20 II GG; zur Geschichte Müller-Graff ZZP **88**, 442. Das Fehlen des Vermerks ist unschädlich.

B. Urteilsformel. Grundsätzlich muß die Urteilsformel, nicht auch die Eingangsformel (ihre Erwähnung ist üblich), verlesen werden, sie muß also schriftlich vorliegen, wenn auch nicht unbedingt schon unterschrieben sein. Ausnahmen: IV. Die Verweisung auf das Protokoll ersetzt die notwendige Verkündungsform nicht. § 137 III ist unanwendbar, weil er nur solche Schriftstücke betrifft, die den Parteien bekannt sind. Doch muß es vernünftigerweise genügen, daß die Parteien die Urteilsformel einsehen. Auch ist die Unterlassung des Vorlesens zweckmäßigerweise als unschädlich anzusehen, da das Urteil nicht auf diesem Verstoß beruhen kann, vgl § 310 Anm 1 B.
Wegen des Protokolls §§ 160 III Z 6, 7, 165. Wegen des Verkündungsvermerks § 315 III.

C. Vereinfachte Verkündung. Eine Verkündung ohne Vorlesen der Urteilsformel ist in folgenden Fällen statthaft: Beim zu verkündenden echten Versäumnisurteil, § 331 II; beim zu verkündenden Anerkenntnisurteil, § 307 I; bei einer Entscheidung auf wirksame Klagrücknahme, § 269 II 2; beim Verzichtsurteil, § 306; beim Urteil auf Rücknahme des Einspruchs, § 346; beim Urteil auf Rechtsmittelrücknahme, §§ 515 III, 566.
Unstatthaft ist die vereinfachte Verkündung: Beim unechten Versäumnisurteil, Üb 3 B von § 330; beim Aktenlageurteil. Über die Folgen eines Verstoßes § 310 Anm 1 B. Wegen eines ohne mündliche Verhandlung ergehenden Versäumnis- oder Anerkenntnisurteils § 310 III.

2) Entscheidungsgründe, III. Ihre Verkündung ist stets entbehrlich. Sie steht im Ermessen des Vorsitzenden als der zur Verkündung nach § 136 IV berufenen Person. Geschieht sie, so sind die wesentlichen Gesichtspunkte mündlich mitzuteilen oder die Gründe zu verlesen. Sie sollte immer mündlich stattfinden, wenn keine schriftliche Begründung erfolgt. Bei einem Widerspruch zwischen den mündlich verkündeten und den schriftlich niedergelegten Gründen gelten die letzteren.

3) Verkündungstermin, IV. In einem besonderen Verkündungstermin braucht nur der Vorsitzende anwesend zu sein. Er darf zu Protokoll auf die Urteilsformel verweisen, wenn von den Parteien beim Aufruf, § 220 Anm 1 B, niemand erscheint, dh sich niemand zu Protokoll meldet, § 310 II. Er braucht dann also erst recht nicht die Wände (mit dem vollen Tenor) zu „beschreiben". IV ist im arbeitsgerichtlichen Verfahren anwendbar, vgl §§ 53 II, 60 III ArbGG, Philippsen pp NJW **77**, 1135.

4) VwGO: Statt **I** gilt § 117 I 1 VwGO. **II** u **III** sind entsprechend anwendbar, § 173 VwGO, **II** 2 jedoch mit der Einschränkung, daß es Versäumnisurteile im VerwProzeß nicht gibt. **IV** ist anwendbar, weil es sich um eine zweckmäßige Erleichterung für alle Kollegialgerichte handelt, die zB auch für Baulandgerichte gilt.

2. Titel. Urteil §§ 312, 313

312 *Urteilsverkündung. Parteien.* [I] Die Wirksamkeit der Verkündung eines Urteils ist von der Anwesenheit der Parteien nicht abhängig. Die Verkündung gilt auch derjenigen Partei gegenüber als bewirkt, die den Termin versäumt hat.

[II] Die Befugnis einer Partei, auf Grund eines verkündeten Urteils das Verfahren fortzusetzen oder von dem Urteil in anderer Weise Gebrauch zu machen, ist von der Zustellung an den Gegner nicht abhängig, soweit nicht dieses Gesetz ein anderes bestimmt.

1) Wirksamkeit des Urteils, I. Die Urteilsverkündung, vgl § 310 Anm 1, 2, darf in Abwesenheit der Parteien geschehen. Ist das Urteil nicht im verkündeten Termin verkündet worden, sondern in einem den Parteien nicht bekannt gegebenen weiteren Termin, so handelt es sich nicht um ein Nichturteil, sondern um eine Entscheidung, die zur Grundlage für eine Sachentscheidung des Revisionsgerichts werden kann, BGH (GrZS) **14**, 39. Ein Fehler ist nur auf eine Rüge zu beachten, § 554 III Z 3b; meist beruht das Urteil nicht auf ihm, § 310 Anm 1 A. Mit der Verkündung hat die Partei gesetzlich Kenntnis vom Urteilsinhalt; unerheblich ist, wenn sie von ihm wirklich unterrichtet wird. Das gilt auch für ihren gesetzlichen Vertreter oder ProzBev, dessen diesbezügliches Verschulden (nur) im Verhältnis zum Prozeßgegner als solches der Partei gilt, §§ 51 II, 85 II.

Die Zustellung des Urteils ist nur für folgende Situationen unentbehrlich: Für den Beginn der ZwV, § 750 I; für den Beginn der Notfristen für den Einspruch und die Rechtsmittel (aber nicht für deren Zulässigkeit), §§ 339 I, 516, 552, 577 II; für den Beginn der Frist zur Tatbestandsberichtigung, § 320 II, und zur Urteilsergänzung, § 321 II; beim Anerkenntnis- oder Versäumnisurteil ohne mündliche Verhandlung, § 310 III.

In WEG-Sachen gilt I nicht, BayObLG NJW **70**, 1550.

2) Fortsetzung des Verfahrens, II. Es steht den Parteien frei, ein zum Stillstand gekommenes Verfahren fortzusetzen. Das Gericht hat in diesen Fällen eine entsprechende Willenskundgebung abzuwarten; sie liegt in der ausdrücklichen Anregung oder in einer Antragstellung.

3) VwGO: Entsprechend anzuwenden, § 173 VwGO.

313 *Form und Inhalt des Urteils.* [I] Das Urteil enthält:
1. die Bezeichnung der Parteien, ihrer gesetzlichen Vertreter und der Prozeßbevollmächtigten;
2. die Bezeichnung des Gerichts und die Namen der Richter, die bei der Entscheidung mitgewirkt haben;
3. den Tag, an dem die mündliche Verhandlung geschlossen worden ist;
4. die Urteilsformel;
5. den Tatbestand;
6. die Entscheidungsgründe.

[II] Im Tatbestand sollen die erhobenen Ansprüche und die dazu vorgebrachten Angriffs- und Verteidigungsmittel unter Hervorhebung der gestellten Anträge nur ihrem wesentlichen Inhalt nach knapp dargestellt werden. Wegen der Einzelheiten des Sach- und Streitstandes soll auf Schriftsätze, Protokolle und andere Unterlagen verwiesen werden.

[III] Die Entscheidungsgründe enthalten eine kurze Zusammenfassung der Erwägungen, auf denen die Entscheidung in tatsächlicher und rechtlicher Hinsicht beruht.

Schrifttum: Arndt, Das Urteil, 2. Aufl 1962; Berg, Gutachten und Urteil, 10. Aufl 1977; Bischof, Der Zivilprozeß nach der Vereinfachungsnovelle, 1980; Furtner, Das Urteil im Zivilprozeß, 4. Aufl 1978 (Bespr Nöcker Rpfleger **79**, 160); Hartmann, Das Urteil nach der Vereinfachungsnovelle, JR **77**, 181; Hartwieg-Hesse, Die Entscheidung im Zivilprozeß usw (Studienbuch), 1981 (Bespr Grunsky NJW **82**, 743, Schlichting DRiZ **81**, 477); Hattenhauer, Die Kritik des Zivilurteils, 1970; Sattelmacher-Sirp, Bericht, Gutachten und Urteil, 28. Aufl 1980; Schellhammer, Die Arbeitsmethode des Zivilrichters, 5. Aufl 1981 (Bespr Bischof NJW **82**, 25); Häuser, Unbestimmte „Maßstäbe" als Begründungselement richterlicher Entscheidungen, 1982; Koch/Rüßmann, Juristische Begründungslehre, 1982 (Bespr Simon

NJW **82**, 1801); Kötz, Über den Stil höchstrichterlicher Entscheidungen, 1973 (Auszüge DRiZ **74**, 146 und 183; Bespr Vollkommer AcP **176**, 256; krit Schneider DRiZ **74**, 258); Sattelmacher/Sirp/Daubenspeck, Bericht, Gutachten und Urteil, 29. Aufl 1983; Schlüter, Das „obiter dictum". Die Grenzen höchstrichterlicher Entscheidungsbegründung usw, 1973; Schneider, Typische Fehler in Gutachten und Urteil, 2. Aufl 1972; Schulin, Der Aufbau von Tatbestand, Gutachten und Entscheidungsgründen, 4. Aufl 1972; Schwab, Die Bedeutung der Entscheidungsgründe, Festschrift für Bötticher (1969) 321; Siegburg, Einführung in die Urteils- und Relationstechnik, 2. Aufl 1982.

1) Allgemeines. A. Wesentliche Erfordernisse, I. § 313 gilt für sämtliche Urteile. Er enthält, abgesehen von § 315, in II und III alle für die Rechtswirksamkeit des Urteils wesentlichen Erfordernisse. Unwesentlich ist danach der Vermerk „Im Namen des Volkes", § 311 I, oder die Bezeichnung eines vollständigen Urteils als Anerkenntnis-, Versäumnis-, Wechsel- usw Urteil; sie sind aber üblich. Den Verkündungstag ergibt der Vermerk nach § 315 III. Auf eine schriftliche Abfassung des Urteils können die Parteien im Umfang des § 313a verzichten. Bei einem Anerkenntnis-, Versäumnis- oder Verzichtsurteil ist eine abgekürzte Fassung im Rahmen von § 313b zulässig. Beim Berufungsurteil gibt § 543 Abkürzungsmöglichkeiten. Das Urteil zerfällt in: den Kopf, das Rubrum, Z 1–3; die Formel, den Tenor, Z 4; den Tatbestand, Z 5; die Gründe, Z 6; die Unterschriften, § 315 I. Vgl §§ 60, 61 ArbGG. Versform ist zulässig, LG Ffm NJW **82**, 650.

B. Verstoß. Ein Verstoß gegen § 313 macht das Urteil nicht unwirksam, sofern es überhaupt besteht, vgl BGH VersR **80**, 744. Er macht aber das sonst zulässige Rechtsmittel statthaft, soweit das Urteil unbestimmt oder sachlich unvollständig ist. Wegen eines Unterschriftsmangels § 315 Anm 1 C.

2) Parteien usw, I Z 1. Dazu Schneider MDR **66**, 811. **A. Notwendige Angaben.** Das Urteil muß grds folgende Bezeichnungen enthalten: **a)** der tatsächlichen Parteien, Grdz 2 A vor § 50, und Streithelfer, nicht auch diejenige der nicht beigetretenen Streitverkündungsgegner. Maßgebend ist der Stand bei der letzten mündlichen Verhandlung. Anzuführen ist also eine eingetretene neue Partei, ohne einen Eintritt im Fall des § 265 die alte Partei, bei einer Vertretung nur die Vollmacht des Vertretenen, § 89. Die jeweilige Parteistellung gehört jedenfalls im weiteren Sinn zur Nämlichkeitsklärung und sollte stets angegeben werden, zB „Kläger und Berufungsbeklagter". Die Firma kann genügen, §§ 17 II, 124 I, 161 II HGB, vgl aber § 750 Anm 1 A a; **b)** der gesetzlichen Vertreter; Begriff Grdz 2 B vor § 50. Die Angabe „vertreten durch den Vorstand" ist nichtssagend. Vielmehr ist die Namensnennung notwendig; **c)** des ProzBev, der als solcher bestellt, Hbg GRUR **81**, 91, und aufgetreten ist. Diese Voraussetzungen fehlen beim Einreichen einer „Schutzschrift" (nur) vor der Einreichung des gegnerischen Antrags auf den Erlaß einer einstweiligen Verfügung, Hbg GRUR **81**, 91, und (nur) vor der Klagezustellung, § 253 I. Die Anführung im Kopf beweist streng genommen nicht das Vorliegen einer Prozeßvollmacht, genügt aber praktisch für deren Nachweis im weiteren Verfahren, zB für die Kostenfestsetzung. Bei einem Anwalt als ProzBev ist ohnehin keine Vollmachtsprüfung erforderlich, § 88 II. Fehlt bei einem anderen Proz eine Vollmacht, so wird vermerkt, der Betreffende sei „als Prozeßbevollmächtigter aufgetreten", vgl Köln MDR **71**, 54 (zum alten Recht); **c)** das Aktenzeichen.

Die Nämlichkeit muß bei allen Angaben zweifelsfrei feststehen. Denn diese Feststellung ist für den Umfang der Rechtskraft, § 325 Anm 2 A a, und für eine richtige Zustellung mit deren Rechtsfolgen unentbehrlich.

B. Verstoß. Ein Verstoß bei der Angabe der Parteien macht die Zustellung unter Umständen unmöglich und ist ein wesentlicher Verfahrensmangel, der zur Zurückverweisung führt, auch falls die Nämlichkeit nicht feststeht, § 539, Hbg GRUR **81**, 91. Dasselbe kann bei den gesetzlichen Vertretern und beim ProzBev gelten, Hbg GRUR **81**, 91. Indessen hängt alles von der Lage des Einzelfalls ab, vgl LG Mönchengladb MDR **60**, 1017. Außerdem läßt sich ein derartiger Mangel nach einer ordnungsmäßigen Zustellung heilen, sogar noch in der Revisionsinstanz.

C. Entbehrliche Angaben. Vgl § 313 b II 3.

3) Gericht und Richter, I Z 2. Das Urteil muß wegen §§ 551 Z 1–4, 556 I 2 grds die Bezeichnung des Gerichts enthalten, auch der Abteilung oder des Kollegiums, ferner die Namen der erkennenden Richter. Die Unterschriften der Richter ersetzen (nur) diese zweite Angabe, und zwar nur, soweit die Nämlichkeit feststeht, BGH FamRZ **77**, 124. Namen und Unterschriften müssen übereinstimmen, vgl bei § 315.

2. Titel. Urteil § 313 4–6

Eine Nachholung oder Berichtigung ist auch nach Rechtsmitteleinlegung gemäß § 139 zulässig, BGH **18**, 350. Im Fall § 313 b II 2 ist die Angabe der Richternamen entbehrlich.

4) Tag des Schlusses der letzten mündlichen Verhandlung, I Z 3. Er muß schon wegen § 313 a I erwähnt werden, aber auch wegen §§ 323 II, 767 II. Ihm steht im schriftlichen Verfahren der in § 128 II 2 Hs 1, im Aktenlageverfahren der in § 251 a II 3 Hs 2 genannte Zeitpunkt gleich.

Wenn die Angabe vergessen wurde, läuft die Rechtsmittelfrist gleichwohl grundsätzlich seit der Zustellung des fehlerhaften Urteils, nicht erst seit einer Berichtigung, BGH VersR **80**, 744.

5) Urteilsformel, I Z 4, dazu Schneider MDR **67**, 94. Sie ist das Kernstück des Urteils, das Ziel des ersten Hauptabschnitts auf dem Weg des Klägers von der Anrufung des Staats bis zur Befriedigung wegen seiner Forderung. Die Urteilsformel ist vom Tatbestand und von den Entscheidungsgründen zu sondern. Üblicherweise und zweckmäßig, wenn auch nicht notwendig, geht sie voraus. Sie soll kurz und scharf, aus sich heraus verständlich sein und stets so abgefaßt werden, daß der Umfang der Rechtskraft erkennbar ist und daß eine etwa beabsichtigte ZwV möglich wird.

Eine Geldleistung ist in DM zu beziffern, in anderer Währung, dazu Köln NJW **71**, 2128, nur mit Genehmigung der Deutschen Bundesbank, § 49 II AWG, evtl vorbehaltlich solcher Genehmigung, § 32 AWG, SchlAnh IV A. Dasselbe gilt, wenn der Betrag in DM durch den Kurs einer anderen Währung oder durch den Preis oder die Menge von Feingold usw bestimmt wird, § 3 WährG, Heidel VersR **74**, 927 mwN; jedoch ist § 3 WährG auf Rechtsgeschäfte zwischen Gebietsansässigen und -fremden unanwendbar, § 49 I AWG.

In der Urteilsformel darf nur dann auf eine Urteilsanlage Bezug genommen werden, wenn sie zB in einem langen Verzeichnis besteht und mit ausgefertigt wird. Unzulässig ist eine Verurteilung auf den „Betrag aus dem Mahnbescheid", Schuster MDR **79**, 724, aM Mickel MDR **80**, 278. Eine Abweisung kann, braucht aber nicht schon in der Urteilsformel erkennen zu lassen, ob sie wegen der Unzulässigkeit oder Unbegründetheit der Klage erfolgt. Besonderheiten gelten im Versäumnisverfahren, §§ 341 I 2, 343, 344, 345. Ein Rechtsmittel wird im Fall seiner Unzulässigkeit ebenfalls „verworfen", im Fall der Unbegründetheit „zurückgewiesen". Bei einem Verfahrensfehler kann es zur „Aufhebung (des Urteils vom …) und Zurückverweisung (an das …gericht)" kommen, § 539, „auch wegen der Kosten", vgl § 97 Anm 1 B b. Die Praxis ist oft zu weitschweifig; statt „das Urteil wird für vorläufig vollstreckbar erklärt" genügt: „das Urteil ist vorläufig vollstreckbar"; statt „der Beklagte wird in die Kosten des Rechtsstreits verurteilt" genügt „der Beklagte trägt die Kosten" (welche denn sonst?). Bei der Formulierung der Vollstreckbarkeit ist zB an § 850 f Anm 3 A (unerlaubte Handlung) zu denken; vgl ferner § 713 Anm 2 aE. Ein Urteil, „die laufende Miete zu zahlen", ist nicht vollstreckbar.

Das Urteil der höheren Instanz soll eine neue Fassung erhalten, wenn es die Entscheidung der Vorinstanz nicht bestätigt. Es ist unzweckmäßig, die Entscheidung so zu formulieren, daß der Leser ihren Sinn erst durch Vergleich mehrerer Urteilsformeln erkennen kann; dies ist besonders bei Urteilen gemäß § 323 zu beachten.

Notfalls ist die Formel aus dem Inhalt des Urteils auszulegen, § 322 Anm 2 A b. Wenn auch das nicht möglich ist, kann keine innere Rechtskraft eintreten und keine ZwV stattfinden; dann ist vielmehr eine neue Klage notwendig; auf Revision wird das bisherige Urteil aufgehoben, BGH **5**, 240 und NJW **72**, 2268. Anderseits muß die Urteilsformel auch weit genug abgefaßt werden, so insbesondere bei einer Unterlassungsklage, damit der Gegner nicht durch eine geringfügige Abänderung seines Verhaltens das Urteil zuschanden macht. Dies gilt zB bei Immissionen, BGH MDR **58**, 497. Bei der Verbandsklage gemäß § 13 AGBG gelten Sonderregeln für die Urteilsformel, § 17 AGBG; zur Veröffentlichungsbefugnis § 18 AGBG.

6) Tatbestand, I Z 5, II. A. Grundsatz. Im Tatbestand wird das Parteivorbringen im Urteil beurkundet, § 314. Das Protokoll geht im Zweifel dem Tatbestand vor. Er soll zwar den Sach- und Streitstand beim Schluß der mündlichen Verhandlung erkennen lassen, jedoch nur dem wesentlichen Inhalt nach knapp. Die viel zu wenig beachtete Fassung der VereinfNov bezweckt eine Abkehr von dem früheren Prinzip der Vollständigkeit zugunsten einer Arbeitserleichterung aller Beteiligten. Daher ist es jetzt weder im Tatbestand noch in den Entscheidungsgründen notwendig, eine auch für jeden Dritten vollständige Darstellung zu geben, vgl Franzki NJW **79**, 13. Vielmehr reicht es aus, daß die unumgänglichen Mindestangaben vorhanden sind und daß die Parteien auf Grund der mündlichen Verhandlung den Tatbestand verstehen können, so auch Stanicki DRiZ **83**, 270, krit Schultz MDR **78**,

283, Sirp NJW **83**, 1305. Soweit die Parteien rechtskundig vertreten sind, genügt eine Verständlichkeit für die ProzBev. Soweit wie irgend möglich darf und soll das Gericht auf die Akten verweisen, und zwar auf jeden beliebigen Aktenteil, soweit er für das Urteil Bedeutung hat. Ein Hinweis auf „die Schriftsätze der Parteien" darf aber nicht die unumgänglichen Mitteilungen zum Tatbestand ersetzen. Man muß auch die Beweiskraft des Tatbestands dafür, daß die Parteien etwas dort nicht Erwähntes auch nicht vorgetragen haben, § 314 Anm 1, beachten. Es ist so sorgfältig zu verweisen, daß keine Mißverständnisse entstehen können, vgl BGH **LM** § 295 Nr 9. Keineswegs sollen die protokollierten Aussagen usw nachgebetet werden. Es ist eine logische Reihenfolge zu wählen.

Die äußere Trennung des Tatbestands von der Urteilsformel und von den Entscheidungsgründen ist ratsam, aber nicht unbedingt notwendig, vgl BGH NJW **82**, 447. Inhaltlich ist stets klar und scharf zu scheiden. Bei einem Urteil nach Aktenlage und einem Urteil nach § 128 II, III muß der Tatbestand ergeben, welche Schriftstücke das Gericht berücksichtigt hat.

Hat das Gericht Aussagen bei der Entscheidung nicht berücksichtigt, so ist damit der Beweisbeschluß insofern nachträglich aufgehoben worden. Daher werden die Aussagen im Tatbestand nicht aufgenommen.

Wegen des Berufungsurteils § 543 I und zB BAG NJW **82**, 1832. Der Tatbestand ist auch bei §§ 313 a, 313 b entbehrlich.

B. Mindestinhalt. Unentbehrlich sind folgende Angaben:

a) Anträge. Der Tatbestand muß die zuletzt aufrechterhaltenen bzw gestellten Anträge enthalten, und zwar auch diese nur noch ihrem wesentlichen Inhalt nach, aber natürlich so ausführlich, daß die Identität des Streitgegenstands und der Umfang der Rechtskraft erkennbar sind. Bei den Anträgen empfiehlt sich noch am ehesten eine wörtliche, durch Einrücken im Text hervorgehobene Wiedergabe, die allenfalls sprachlich zu verbessern ist, nicht sachlich, § 308 I. Aber auch hier ist eine Verweisung innerhalb der Hervorhebung als Antrag keineswegs ganz unzulässig.

b) Ansprüche. Unentbehrlich ist ferner eine knappe Darstellung der Ansprüche ihrem wesentlichen Inhalt nach, also eine Begrenzung des Begehrens des Klägers und des Widerklägers nach dem Gegenstand und dem Grund. Bei einem unbezifferten Antrag empfiehlt es sich, die gegenüber der Klageschrift etwa geänderten Wertvorstellungen oder die dafür vorgetragenen Tatsachen wenigstens zu skizzieren, da dies für die Rechtsmittelinstanz erheblich sein kann, vgl BGH **LM** § 511 Nr 25 (zum alten Recht). Verweisungen sind zulässig.

c) Angriffs- und Verteidigungsmittel. Notwendig, aber auch ausreichend ist ferner eine noch knappere Darstellung der Angriffs- und Verteidigungsmittel, Begriff Einl III 7 B, ihrem wesentlichen Inhalt nach. Ausreichend ist zB: „der Beklagte beruft sich auf Verjährung, der Kläger auf die Unzulässigkeit dieser Einrede". Eine Verweisung ist weitgehend angebracht.

d) Streitig – unstreitig. Erforderlich ist weiterhin die Kennzeichnung als unstreitig, etwa mit den Worten „der Kläger erlitt einen Schaden", oder streitig, etwa mit der Formulierung, „der Kläger behauptet, einen Schaden erlitten zu haben".

Unstreitig sind: Übereinstimmende Tatsachenangaben; zugestandene Behauptungen, §§ 138 II, 288 I; solche Behauptungen, zu denen sich der Gegner nicht ausreichend streitig geäußert hat, § 138 III, IV (Bestreiten mit Nichtwissen). In diesen letzteren Fällen sollte man allerdings besser klarstellen, daß Behauptungen ohne ausdrückliches Bestreiten usw vorliegen. Ein Beweisergebnis wird insoweit unstreitig, als der Beweisgegner das Ergebnis (auch stillschweigend) übernommen hat (Auslegungsfrage).

e) Wichtige prozessuale Ereignisse. Notwendig ist schließlich die Anführung der bisher im Verfahren ergangenen Urteile und vergleichbaren wichtigsten Ereignisse prozessualer Art, zB ein Hinweis auf eine teilweise Klagrücknahme. Alles dies darf und soll in äußerster Knappheit geschehen.

f) Reihenfolge. Es ist ratsam, nach der Kennzeichnung des Streitgegenstands zunächst den unstreitigen Teil des Sachverhalts, bzw Angaben zu einem etwa erlassenen Versäumnisurteil und zu dem Zeitpunkt des Einspruchs, dann die streitigen Behauptungen des Klägers, dann die Anträge des Klägers, sodann diejenigen des Bekl, anschließend die streitigen Behauptungen des Bekl und seine übrige Einlassung in verständlicher Reihenfolge, zB rechtshindernde, -hemmende, -vernichtende Einreden bzw Rügen, daran anschließend die etwaigen diesbezüglichen Erwiderungen des Klägers, dann entsprechende Angaben zu einer Widerklage, Streitverkündung und schließlich etwaige Angaben zur Beweisaufnahme und sonstigen Prozeßgeschichte zu machen und etwaige Bezugnahmen vorzunehmen.

C. Entbehrliche Angaben. Entbehrlich sind zB die folgenden Einzelheiten:
a) Beweis. Entbehrlich sind: Eine Wiedergabe des Inhalts der Beweisbeschlüsse; die Anführung aller Zeugen, noch gar der nicht vernommenen; meist die Angabe des Tags der Beweisaufnahme, oder der Blattzahlen der Beweisprotokolle oder die Wiedergabe des Inhalts der Aussagen.
b) Rechtsausführungen. Die Wiedergabe der Rechtsausführungen der Parteien ist grundsätzlich entbehrlich, vgl BPatG GRUR **78**, 40. Allenfalls ist eine knappste Andeutung ratsam, zB ,,der Kläger stützt seinen Anspruch insbesondere auf unerlaubte Handlung". Notwendig ist freilich die Angabe aller wesentlichen Einreden, etwa derjenigen der Verjährung. Geht der Streit nur um die rechtliche Würdigung des unstreitigen Sachverhalts, so mag eine etwas ausführlichere Anführung der Rechtsauffassungen ratsam sein. Empfehlenswert ist schon zur Vermeidung des Vorwurfs eines Verstoßes gegen Art 103 I GG der Hinweis darauf, daß (evtl: in welchem Umfang) das Gericht seine Rechtsauffassung mit den Parteien wegen § 278 III erörtert hat, falls dieser Hinweis sich nicht im Protokoll befindet.
c) Tatsächliche Einzelheiten. Entbehrlich ist weiterhin die Wiedergabe von Einzelheiten des tatsächlichen Vortrags, insbesondere soweit eine Verweisung auf Schriftsätze möglich ist, aber auch dann, wenn eine solche Verweisung nicht erfolgt. Wenn freilich zB eine Parteierklärung im Verhandlungstermin nicht protokolliert worden ist, kann ihre Aufnahme in den Tatbestand notwendig sein; ebenso kann es ratsam sein, den entscheidenden Einzelpunkt eines Tatsachenvortrags in den Tatbestand aufzunehmen.
d) Kosten; Vollstreckbarkeit. Die Kostenanträge sind wegen der Notwendigkeit, insoweit von Amts wegen zu entscheiden, § 308 II, entbehrlich, ebenso Anträge zur vorläufigen Vollstreckbarkeit, §§ 708, 711 S 1.

D. Beispiel eines Tatbestands (Vorlage: BR-Drs 551/74 – Beschl –): ,,Die Parteien streiten wegen der Folgen eines Verkehrsunfalls (Tag, Stunde, Ort). Der Kläger hält den Beklagten für haftbar; er verlangt Schadensersatz laut Aufstellung der Klageschrift und beantragt, ... Der Beklagte beantragt, ... Er bestreitet die Darstellung des Klägers zum Hergang, hält den Kläger für allein schuldig und bestreitet die Schadenshöhe laut Schriftsatz Bl . . . . . Über den Unfallhergang ist Beweis erhoben worden".

E. Verstoß. Wegen einer Berichtigung § 319; wegen einer Ergänzung § 321. Ein Verstoß führt nur insoweit zur Aufhebung, als infolge des Verstoßes keine sichere Grundlage zur Nachprüfbarkeit des Urteils mehr vorhanden ist, BGH **40**, 87 und NJW **82**, 447, BAG NJW **71**, 214.

7) Entscheidungsgründe, I Z 6, III, dazu Scheuerle ZZP **78**, 32, Schneider MDR **65**, 632.
A. Umfang. Nur noch eine kurze Zusammenfassung der entscheidungserheblichen Erwägungen des Gerichts ist in den Entscheidungsgründen zu formulieren. Eine der wichtigsten, viel zu wenig ausgenutzten Neuerungen der VereinfNov ist der Wegfall des früheren Zwangs einer erschöpfenden Urteilsbegründung. Schon gar nicht sollen wegen der Straffung des Tatbestands nun die Entscheidungsgründe noch länger werden als früher oft. Das Gesetz geht davon aus, daß die Rechtslage schon wegen § 278 III in der mündlichen Verhandlung ausreichend erörtert worden ist. Daher brauchen die Entscheidungsgründe nicht viel mehr zu sein als eine Erinnerungsstütze für die dort Beteiligten; ähnlich Franzki NJW **79**, 13 (er rät sogar dazu, in die routinemäßigen dienstlichen Beurteilungen des Vorgesetzten eine Erörterung aufzunehmen, ob der Richter fähig sei, kurze Entscheidungsgründe abzufassen), so auch Stanicki DRiZ **83**, 270, aM zB Raabe DRiZ **79**, 138. Immerhin müssen die Entscheidungsgründe so präzise und ausführlich sein, daß die höhere Instanz das Urteil überprüfen kann und daß erkennbar wird, ob Art 103 I GG beachtet wurde, BVerfG NJW **80**, 2794 mwN. Zur Problematik im Patentrecht Völcker GRUR **83**, 85.
Keineswegs braucht die Formulierung aber so ausführlich zu werden, daß jeder Dritte eine solche Überprüfung vornehmen oder gar eine Belehrung für alle möglichen Parallelsituationen schöpfen kann, krit Schultz MDR **78**, 283. Das Urteil ist kein Gutachten. Natürlich ist eine Selbstkontrolle des Gerichts notwendig. Diese braucht aber entgegen Putzo AnwBl **77**, 434, Raabe DRiZ **79**, 138 nicht dazu zu führen, daß das Urteil verlängert wird. Zwar verlangen grundlegende Entscheidungen oberste Gerichte eine etwas ausführlichere Begründung. Auch sie sollten aber schon wegen Art 20 II 2 GG mit den sog obiter dicta (zum Begriff Schlüter, Das ,,obiter dictum" usw, 1973, 123) zurückhalten, Schlüter 18, Schneider MDR **78**, 90, abw Köbl JZ **76**, 752. Trotz wünschenswerter Rechtssicherheit durch Grundsatzurteile höchster Gerichte sollte gerade seit der VereinfNov die schon von § 18 GeschO RG beschworene ,,bündige Kürze" unter strenger Beschränkung auf den Gegenstand der Entscheidung idR den Vorrang haben. Dies sollte auch der BGH bedenken.

Ist dem Gericht bekannt, daß die nächsthöhere Instanz dazu neigt, auf Grund angeblicher Verfahrensfehler der unteren Instanz zurückzuverweisen, so mag es ratsam sein, den Verfahrensgang einschließlich der etwa vorgenommenen rechtlichen Erörterungen in einer Ausführlichkeit darzulegen, die eigentlich nicht notwendig wäre, etwa im Fall der Abweisung der Klage als unzulässig hilfsweise anzudeuten, weshalb sie zumindest unbegründet ist, Grdz 3 A c vor § 253. Durch solche bedauerlichen, praktisch aber ratsamen Absicherungen sollten aber die Gewichte nicht verschoben werden.

Die Entscheidungsgründe eines nicht mit einem zivilprozessualen Rechtsmittel angreifbaren Urteils sollten so abgefaßt sein, daß sie einer etwaigen Verfassungsbeschwerde möglichst standhalten, also nicht insoweit Unklarheiten, Widersprüche usw enthalten.

Das Urteil sollte auch in den Entscheidungsgründen weitgehend nur ein Abbild der maßgeblichen mündlichen Verhandlung darstellen. Eine Bezugnahme auf die Gründe eines genau bezeichneten früheren Urteils ist zweckmäßig, wenn die Parteien die frühere Entscheidung kennen, BGH NJW **71**, 39, vgl jetzt auch BAG NJW **70**, 1812, wohl auch BFH BB **75**, 1421 (je zum alten Recht). Ein lapidarer Hinweis auf die eigene Rechtsprechungstradition kann nunmehr zulässig sein, vgl BGH NJW **71**, 698.

Die Beifügung einer überstimmten abweichenden Meinung (dissenting vote) ist, anders als beim BVerfG, unzulässig, Üb 1, 2 vor § 192 GVG.

B. Mindestinhalt. Unentbehrlich sind folgende Angaben:

a) Anspruchsgrundlagen. Notwendig ist eine kurze Bezeichnung der die Entscheidung tragenden Rechtsnormen, so daß zB erkennbar ist, ob der zugesprochene Anspruch auf einen Vertrag (welcher Art? Parteiregeln oder gesetzliche Vertragsregeln?) oder auf eine unerlaubte Handlung stützbar ist.

b) Einreden. Notwendig sind ferner stichwortartige Hinweise, wenn zB die Einrede der Verjährung als nicht begründet betrachtet wird.

c) Tatbestandsmerkmale. Erforderlich, aber auch ausreichend ist ferner eine sehr knappe Darstellung, welche Einzelmerkmale der Anspruchsnorm aus welchem Hauptgrund erfüllt sind, falls sie umstritten waren.

d) Beweiswürdigung. Das Gericht muß die Beweiswürdigung darlegen, § 286 I 2. Sie ist unverändert ausführlich vorzunehmen, § 286 Anm 2 D, vgl Schneider MDR **78**, 3.

e) Verspätetes Vorbringen. Notwendig ist eine kurze Begründung, weshalb eine Zurückweisung gemäß §§ 282, 296 notwendig war, Schneider MDR **78**, 2. Dabei ist keineswegs eine Erörterung zB darüber notwendig, ob die Verspätung auch dann zu bejahen gewesen wäre, wenn man der in § 296 Anm 2 C b aa abgelehnten Auffassung gefolgt wäre (maßgeblich sei der voraussichtliche Prozeßverlauf), LG Ffm NJW **79**, 2112. Gerade in diesem Punkt mag freilich eine eigentlich zu ausführliche Darstellung vorsorglich ratsam sein, wenn dem Gericht bekannt ist, daß die höhere Instanz zu allzu großzügiger Zurückverweisung neigt, A, vgl § 296 Anm 1 B a und Düss VersR **79**, 773.

f) Nebenentscheidungen. Erforderlich ist schließlich ein knappster Hinweis auf die rechtlichen Grundlagen der Nebenentscheidungen.

C. Entbehrliche Angaben. Entbehrlich sind zB die folgenden Einzelheiten:

a) Gesetzeswortlaut. Überflüssig ist durchweg eine umständliche Wiedergabe des Gesetzeswortlauts und der Unterordnung der unstreitigen Tatsachen unter ihn.

b) Nebenentscheidungen. Überflüssig ist ferner durchweg eine erschöpfende rechtliche Begründung von Nebenfragen und Nebenentscheidungen.

c) Lehre und Rechtsprechung. Oft entbehrlich ist die Darlegung irriger Ansichten, vgl Schwarz SchlHA **76**, 87, soweit es sich nicht um wirklich zweifelhafte Rechtsfragen handelt, von denen die Entscheidung zumindest teilweise abhängt. Schon gar nicht ist ein umfangreicher „wissenschaftlicher Apparat" notwendig, OVG Münster DRiZ **82**, 232, Schneider MDR **78**, 89, und zwar nicht einmal in höchstrichterlichen Urteilen, A, von seltenen Ausnahmen abgesehen. Die nicht auszurottende Tendenz zu deutscher Überperfektion in Verbindung mit allzu großzügig geduldeten Fleißarbeiten übereifriger Berichterstatter oder deren Assistenten ist das genaue Gegenteil dessen, was der Gesetzgeber bei der Neufassung des § 313 durch die VereinfNov nicht zuletzt als Lohn für die verstärkte Sorgfalt des Richters vor und im Verhandlungstermin hat herbeiführen wollen. Ganze Salven von Entscheidungszitaten und dgl gehören in kein Urteil.

Ob eine mehr oder minder erschöpfende Erörterung aller möglichen Einzelfragen, die überhaupt nicht entscheidungserheblich sind, in sog Grundsatzurteilen in Wahrheit hilft, weitere Prozesse zu vermeiden, ist noch von niemanden bewiesen. Auch die Unsicherheit darüber, ob ein etwas anders gelagerter Fall ebenso entschieden werden wird, kann heilsam

2. Titel. Urteil §§ 313, 313a 1

und prozeßhindernd wirken. Ob ein Hinweis wie „nach dem unstreitigen Sachverhalt" oder „schon nach dem Vortrag des Klägers" ratsam ist, läßt sich nur von Fall zu Fall klären. Ein kurzer hilfsweiser Hinweis dahin, daß die als unzulässig erklärte Klage zumindest unbegründet ist, ist erlaubt, Grdz 3 A c vor § 253, und evtl ratsam, A.

D. Stil und Verständlichkeit. Bei alledem muß das Urteil vor allem für die Parteien verständlich sein, damit es sie überzeugen kann, Wassermann ZRP **81**, 260. Auch wenn es nicht an außenstehende Dritte gerichtet ist, sondern an die uU rechtskundigen oder rechtskundig vertretenen Parteien, ist eine Sprache zu wählen, die jeder verstehen kann. Verklausuliertes Juristendeutsch im Urteil ist einer der Hauptgründe für Rechtsunsicherheit und mangelndes Vertrauen in die Justiz. Verschachtelte Partizipialkonstruktionen und dgl sind erschreckende Anzeichen dafür, daß der Richter einen wesentlichen Teil seiner Aufgabe verkennt oder nicht beherrscht. Dringend ratsam ist ein strikter Urteils-, („Denn"-)Stil, kein Gutachten- („Also"-) Stil. Der erstere Stil zwingt zu schärferer gedanklicher Straffheit und Klarheit, aM Hartwieg-Hesse, offenbar auch Grunsky NJW **82**, 743 (aber die Subsumtionsmethode ist dem „Rechtsgefühl" und „außerjuristischen Wertungen" immer noch bei weitem vorzuziehen, weil sie wolkigen Verschwommenheiten am ehesten vorbeugt).

E. Beispiel für Entscheidungsgründe (vgl zunächst Anm 6 D): „Die auf § 7 I StVG stützbare Klage ist nach der Beweisaufnahme begründet. Der Beklagte hat den Entlastungsbeweis, § 7 II StVG, nicht erbracht (es folgt die Beweiswürdigung). Gegen die ausreichend begründete Schadenshöhe hat der Beklagte keine erheblichen Einwände erhoben. Zinsen: § 288 II BGB. Kosten: § 91 ZPO. Vorläufige Vollstreckbarkeit: § 708 Z 11, § 711 ZPO".

F. Verstoß. Ein Widerspruch zwischen dem Tatbestand und den Entscheidungsgründen begründet die Revision; das endgültige Fehlen von Gründen ist ein absoluter Revisionsgrund, § 551 Z 7, und ein Verfahrensmangel, § 539 (Ausnahmen: §§ 313 a, 313b, 543 I). Wegen des „dissenting vote", A, vgl Üb 1, 2 vor § 192 GVG.

8) VwGO: Statt I und II gelten § 117 II, III VwGO idF der VereinfNov. III ist entsprechend anwendbar, § 173, als Ergänzung zu § 117 III Z 5 VwGO, BVerwG VerwRspr **29**, 927.

313a *Ohne Tatbestand und Entscheidungsgründe.* **I** Des Tatbestandes und der Entscheidungsgründe bedarf es nicht, wenn die Parteien auf sie spätestens am zweiten Tag nach dem Schluß der mündlichen Verhandlung verzichten und ein Rechtsmittel gegen das Urteil unzweifelhaft nicht eingelegt werden kann.

II Absatz 1 ist nicht anzuwenden

1. in Ehesachen, mit Ausnahme der eine Scheidung aussprechenden Entscheidungen;
2. in Kindschaftssachen;
3. in Entmündigungssachen;
4. im Falle der Verurteilung zu künftig fällig werdenden wiederkehrenden Leistungen;
5. wenn zu erwarten ist, daß das Urteil im Ausland geltend gemacht werden wird; soll ein ohne Tatbestand und Entscheidungsgründe hergestelltes Urteil im Ausland geltend gemacht werden, so gelten die Vorschriften über die Vervollständigung von Versäumnis- und Anerkenntnisurteilen entsprechend.

1) Allgemeines. Es handelt sich um eine der wichtigen Entlastungsvorschriften der VereinfNov. Geschickt gehandhabt, erleichtert sie dem Gericht und allen anderen Beteiligten die Arbeit erheblich. Ein Anreiz zum Verzicht auf einen Tatbestand und auf Entscheidungsgründe ist die zugleich eingeführte, im Gesamtbereich der bürgerlichen Rechtsstreitigkeiten geltende Ermäßigung der Urteilsgebühr in allen Verfahrensarten und Instanzen um 50% bzw 25%, kv 1015, 1017, 1025, 1027 usw. Diese Ermäßigung interessiert nicht nur den Unterlegenen als Entscheidungsschuldner, § 54 I Z 1 GKG, sondern auch jeden weiteren gesetzlichen Kostenschuldner, §§ 49, 54 GKG, vor allem also den Antragschuldner, oft also auch den Sieger, denn er könnte gemäß § 58 I GKG ebenfalls haften, wenn auch wegen § 58 II GKG nur hilfsweise und im Fall einer Prozeßkostenhilfe zugunsten des „Unterlegenen" nur ganz ausnahmsweise.

Auf alle diese Auswirkungen eines rechtzeitigen Verzichts darf und sollte der Vorsitzende beim Schluß der mündlichen Verhandlung bzw zu dem diesem Schluß entsprechenden

Zeitpunkt, §§ 128 II, III, von Amts wegen jedenfalls kurz hinweisen, zumindest gegenüber einer nicht rechtskundigen Partei. Denn sie kann sonst den Sinn eines Verzichts kaum voll erkennen. Allerdings besteht keine derartige Hinweispflicht; § 139 meint nur die bis zur Sachentscheidung selbst, also für die Entscheidungsformel sachdienlichen Anträge, § 278 III ist unanwendbar, weil er das Wie, nicht das Ob einer Entscheidungsbegründung meint. Deshalb hat auch die Unterlassung eines rechtzeitigen Hinweises weder eine Kostenniederschlagung gemäß § 8 GKG zur Folge (es liegt kein offenkundiger Verstoß vor, Hartmann § 8 GKG Anm 2 B b aa) noch eine Amtshaftung gegenüber dem Kostenschuldner.

Der Hinweis auf die Möglichkeit des Verzichts sollte auch nicht zu einer Nötigung der Parteien führen. Eher muß das Gericht sich würdevoll dazu bequemen, ein vollständiges Urteil anzufertigen. Erlaubt und ratsam ist es aber, die finanziellen Auswirkungen eines Verzichts in DM geschätzt mitzuteilen.

Wegen der oft erst später auftretenden Schwierigkeit, den Umfang der inneren Rechtskraft festzustellen, empfiehlt es sich, entweder im Urteilskopf oder in der Urteilsformel, so ThP 2 c, oder anschließend, so Schneider MDR **78**, 3, wenigstens in einem Satz den Streitgegenstand stichwortartig darzustellen, falls die ohnehin erforderliche Fassung der Urteilsformel dazu nicht genug hergäbe, zB bei einer Klagabweisung oder bei einem unbezifferten Klagantrag.

Die vorstehenden Regeln gelten entsprechend bei einem Beschluß, Schneider MDR **78**, 92, zB nach § 91a (der Gesetzgeber hielt eine ausdrückliche diesbezügliche Regelung für entbehrlich, BR-Drs 551/74), Franzki DRiZ **77**, 167, wie auch aus KV 1019, 1029, 1039 usw erkennbar wird.

Die Regelung ist im arbeitsgerichtlichen Urteilsverfahren anwendbar, nicht aber im arbeitsgerichtlichen Beschlußverfahren, Lorenz BB **77**, 1003, Philippsen pp NJW **77**, 1135, betr das Beschlußverfahren aM Grunsky JZ **78**, 87. Sie ist im patentgerichtlichen Verfahren unanwendbar, Schmieder NJW **77**, 1218 (allenfalls gilt § 543 entsprechend).

2) Entbehrlichkeit, I. Entbehrlich sind Tatbestand und Entscheidungsgründe beim streitigen Urteil (wegen des Anerkenntnis-, Versäumnis-, Verzichtsurteils § 313b) gleich welcher Unterart nur unter folgenden Voraussetzungen, von denen keine fehlen darf: Es darf keiner der Fälle II vorliegen, Anm 5; es muß ein Verzicht erfolgt sein, Anm 3 A; ein Rechtsmittel muß unzweifelhaft unzulässig sein, Anm 3 B. Notfalls müssen Tatbestand und Entscheidungsgründe nachgeholt werden, §§ 320, 321 sind entsprechend heranziehbar.

Ein Verstoß ist Verfahrensmangel, § 539, und begründet die Revision; beim endgültigen Fehlen von Entscheidungsgründen liegt ein absoluter Revisionsgrund vor, § 551 Z 7. Soweit ein Tatbestand und Entscheidungsgründe objektiv erforderlich sind, beginnt die Frist zur Einlegung des Rechtsmittels mit der Zustellung der vollständigen Urteilsfassung, spätestens aber mit dem Ablauf von 5 Monaten nach der Verkündung, §§ 516, 552. Für den Antrag auf eine nachträgliche Herstellung einer vollständigen Urteilsfassung entsteht keine Gebühr, § 37 Z 6 BRAGO entspr.

3) Verzicht, I. Der Verzicht ist nur unter den folgenden Voraussetzungen wirksam:

A. Allseitige Erklärung. Alle vom Urteil rechtlich berührten Parteien müssen den Verzicht erklären. Es handelt sich um eine grundsätzlich unwiderrufliche Prozeßhandlung, Grdz 5 G vor § 128. Der Verzicht wird mit seinem Eingang beim zuständigen Gericht wirksam, nicht erst mit dem Eingang auf der Geschäftsstelle der zuständigen Abteilung. § 129a ist anwendbar. Ein Anwaltszwang besteht wie sonst, § 78 I. Der Verzicht darf nicht bedingt erklärt werden, sonst ist er unwirksam. Er braucht nicht in der mündlichen Verhandlung erklärt zu werden, sondern kann noch nach ihrem Schluß erfolgen. Er kann auch schlüssig erklärt werden, sofern er eindeutig ist; im Zweifel liegt kein Verzicht vor. Er darf nicht mit dem Verzicht des § 306 verwechselt werden. Trotzdem sind die Voraussetzungen des § 306 zum Teil vergleichbar.

B. Rechtzeitigkeit. Außerdem muß der Verzicht spätestens am 2. Tag nach dem Schluß der mündlichen Verhandlung beim zuständigen Gericht eingehen. § 222 ist anwendbar. Bei einem Verhandlungsschluß zB am Gründonnerstag läuft die Frist grundsätzlich erst am Dienstag nach Ostern um 24 Uhr ab. Maßgeblicher Eingangszeitpunkt ist derjenige der letzten erforderlichen Erklärung.

Die Fristverletzung führt zur Unwirksamkeit des Verzichts, aM ThP 2 a.

C. Form. Eine besondere Form ist nicht erforderlich; freilich müssen die Anforderungen eines bestimmenden Schriftsatzes erfüllt sein, § 129 Anm 1 A a, B. Der Schriftsatz kann auch einen anderen zusätzlichen Inhalt haben.

2. Titel. Urteil § 313a 4–6

4) Kein Rechtsmittel, I. Grundsatz. Es darf unzweifelhaft kein Rechtsmittel zulässig sein, sei es überhaupt nicht, sei es mangels Erreichens des Beschwerdewerts, B a. Auch eine Beschwerde darf nicht in Betracht kommen, auch nicht zB nach §§ 71 II, 91 a II, 99 II, 269 III, 387 III, 402. Das ist von Amts wegen aus der Sicht des entscheidenden Gerichts zu beurteilen, nicht aus derjenigen des Rechtsmittelgerichts, denn das letztere darf sich noch gar nicht dazu äußern. Erforderlich ist ein objektiver Maßstab auf Grund der Prozeßlage beim Ablauf der 2-Tages-Frist. Ein Rechtsmittelverzicht reicht aus, B d.

B. Einzelfragen. Es kommen folgende Fälle in Betracht:
a) Kein Beschwerderecht. Der Beschwerdewert, §§ 511a I, 3ff, darf bei keinem vom Urteil rechtlich Berührten überschritten worden sein.
b) Berufungsurteil des LG. Es muß ein Berufungsurteil des LG vorliegen.
c) Urteil des OLG. Es muß ein nicht revisibles Urteil des OLG vorliegen.
d) Rechtsmittelverzicht. Es muß ein bereits wirksam erfolgter Rechtsmittelverzicht vorliegen. Er ist hier abweichend von § 514 vereinbar.
Bei a–d führt jeder Zweifel zu der Pflicht des Gerichts, eine vollständige Urteilsfassung herzustellen. Das gilt auch, solange einer hM noch eine aM gegenübersteht.

C. Verstoß. Soweit das Gericht die Statthaftigkeit eines Rechtsmittels übersehen hat, darf es die Begründung oder Vervollständigung nicht nachholen. Das Rechtsmittelgericht wendet dann evtl §§ 539, 540, 551 Z 7 an, BGH **32**, 24, Schneider MDR **78**, 4.

5) Vollständige Fassung, II. Ob eine vollständige Fassung notwendig ist, das richtet sich einerseits nach der Verfahrens- bzw Anspruchsart, andererseits nach einer etwaigen Auslandsberührung. Notwendig ist eine vollständige Fassung in folgenden Fällen:

A. Ehesache, Z 1. Ein vollständiges Urteil ist in Ehesachen, §§ 606ff, erforderlich. Jedoch darf das Urteil, das eine Scheidung zwischen Deutschen ausspricht, unter den Voraussetzungen I ohne Tatbestand und Entscheidungsgründe ergehen. Das gilt freilich nur für den Scheidungsausspruch, während der Ausspruch über die Folgesachen, etwa über den Versorgungsausgleich, begründet werden muß, BGH NJW **81**, 2816, Stgt FamRZ **83**, 82 mwN. Das Gericht darf auch den Scheidungsausspruch begründen, sogar gegen den Antrag beider Parteien, denn gemäß I „bedarf" der Scheidungsausspruch lediglich keiner Begründung. Das Urteil, durch das die Scheidung abgelehnt wird, muß vollständig begründet werden; dann ist aber eine abgekürzte Fassung gemäß §§ 313b, 612 IV zulässig.

B. Kindschafts- und Entmündigungssache, Z 2, 3. Ein vollständiges Urteil ist in Kindschafts- und Entmündigungssachen, §§ 640ff, 645 ff, wegen des öffentlichen Interesses erforderlich.

C. Wiederkehrende Leistung, Z 4. Eine vollständige Fassung ist bei einem Urteil auf künftig fällige wiederkehrende Leistungen, § 258, erforderlich, auch bei §§ 323, 641 q, soweit diese bejaht werden, im Fall einer negativen Feststellungsklage also bei einer Klagabweisung. Grund ist die Notwendigkeit, bei einer etwaigen weiteren oder erstmaligen Abänderung des Urteils durch ein Urteil oder in einem Beschlußverfahren die Grundlagen der letzten Entscheidung eindeutig vorzufinden. Auch in solchen Fällen ist natürlich keine Begründung bei § 313b notwendig. Freilich ist sie dann ratsam.

D. Auslandsberührung, Z 5. Eine vollständige Fassung ist schließlich dann erforderlich, wenn das Urteil voraussichtlich im Ausland geltend gemacht werden muß, sei es zwecks Anerkennung oder zur Zwangsvollstreckung oder sonstwie. Das braucht nicht glaubhaft gemacht zu werden, sofern die Auslandsbenutzung aus der Natur der Sache herzuleiten ist, zB dann, wenn am Scheidungsverfahren ein Ausländer beteiligt ist, selbst wenn er zugleich Deutscher ist. Evtl ist das Urteil zu vervollständigen, soweit die Ausführungsgesetze zu internationalen Abkommen oder Versäumnis- oder Anerkenntnisurteile das fordern, Z 5 Hs 2. Vgl dazu SchlAnh V. Man darf diese Fälle nicht mit dem Übersehen der Statthaftigkeit eines Rechtsmittels verwechseln, Anm 4 C.

6) VwGO: *Die Vorschrift ist auch insoweit unanwendbar, als kein Rechtsmittel gegeben ist (BVerwG, OVG gemäß §§ 47, 136 VwGO), BT–Drs 551/74 S 44: der Grundgedanke der Ausnahmen in II Z 1–3 trifft auch auf den VerwProzeß zu (demgemäß fehlt in KV 1203 ff eine KV 1017 entspr Best).*

313 b *Versäumnisurteil usw. Abgekürzte Form.* **I** Wird durch Versäumnisurteil, Anerkenntnisurteil oder Verzichtsurteil erkannt, so bedarf es nicht des Tatbestandes und der Entscheidungsgründe. Das Urteil ist als Versäumnis-, Anerkenntnis- oder Verzichtsurteil zu bezeichnen.

II Das Urteil kann in abgekürzter Form nach Absatz 1 auf die bei den Akten befindliche Urschrift oder Abschrift der Klage oder auf ein damit zu verbindendes Blatt gesetzt werden. Die Namen der Richter braucht das Urteil nicht zu enthalten. Die Bezeichnung der Parteien, ihrer gesetzlichen Vertreter und der Prozeßbevollmächtigten sind in das Urteil nur aufzunehmen, soweit von den Angaben der Klageschrift abgewichen wird. Wird nach dem Antrag des Klägers erkannt, so kann in der Urteilsformel auf die Klageschrift Bezug genommen werden. Wird das Urteil auf ein Blatt gesetzt, das mit der Klageschrift verbunden wird, so soll die Verbindungsstelle mit dem Gerichtssiegel versehen oder die Verbindung mit Schnur und Siegel bewirkt werden.

1) Geltungsbereich, I. Soweit ein echtes (Voll- oder Teil-) Versäumnisurteil gegen den Kläger oder Bekl, ein Anerkenntnis- oder Verzichtsurteil ergeht, sind unabhängig von § 313 a I, II weder ein Tatbestand noch Entscheidungsgründe notwendig, I 1. Deren Vorhandensein ist freilich unschädlich und evtl ratsam, zB als Kurzfassung wegen § 93, um eine Überprüfung des Urteils zu ermöglichen, vgl Bre NJW **71**, 1185, oder wenn eine Anerkennung oder eine Zwangsvollstreckung im Ausland in Frage kommt. Wegen des ohnehin vorrangigen EuGÜbk SchlAnh V C 2 §§ 32ff. Eine abgekürzte Form ist auch bei einem Versäumnisurteil gegen den Kläger zulässig. Sie ist auch bei einem Teilurteil oder bei einem Urteil auf eine Widerklage zulässig. Dies gilt auch in der höheren Instanz und bei einer Klagerweiterung oder Klagänderung.

2) Urteilsinhalt. A. Mindestinhalt. Das abgekürzte Urteil muß mindestens die folgenden Angaben enthalten:

a) Gericht. Erforderlich ist die Bezeichnung des Gerichts.

b) Urteilsart. Erforderlich ist ferner die Bezeichnung als Versäumnis-, Anerkenntnis- oder Verzichtsurteil, I 2. Sie kann fehlen, wenn ein derartiges Urteil vollständig mit Tatbestand und Entscheidungsgründen versehen ist.

c) Parteien usw. Erforderlich ist weiterhin die Bezeichnung der Parteien usw nur dann, wenn Abweichungen gegenüber der Klageschrift bzw Widerklageschrift vorhanden sind, II 3.

d) Verhandlungsschluß usw. Notwendig ist außerdem die Angabe des Tages des Schlusses der mündlichen Verhandlung, § 313 I Z 3, bei § 128 II der Zeitpunkt des Einreichungsschlusses, bei § 128 III der dem Schluß der mündlichen Verhandlung entsprechende Zeitpunkt; bei §§ 307 II, 331 III die Angabe, daß ohne mündliche Verhandlung entschieden worden sei.

e) Urteilsformel. Notwendig ist natürlich die Urteilsformel. Hier gilt im einzelnen:

aa) Bezugnahme. Zulässig ist die Bezugnahme auf die Klageschrift, soweit das Urteil nach dem Klagantrag erkennt (entsprechendes gilt bei der Widerklage), II 4; doch ist eine solche Bezugnahme zu vermeiden, wenn der Antrag nennenswert ergänzt oder berichtigt worden ist. Ein Zusatz wegen der Zinsen und der Vollstreckbarkeit schadet nicht. Ein Zusatz über die Kosten ist immer notwendig, § 308 II, falls nicht die Klageschrift schon das Nötige enthält, zB Stürner ZZP **91**, 359.

bb) Vollständige Formel. Eine vollständige Formel ist erforderlich, soweit das Urteil nicht nach dem Klag- (bzw Widerklag-)Antrag erkennt.

f) Unterschriften. Erforderlich sind ferner die Unterschriften aller mitwirkenden Richter, § 315.

g) Verkündungsvermerk. Schließlich ist der Verkündungsvermerk des Urkundsbeamten der Geschäftsstelle, § 315 III, notwendig.

B. Entbehrliche Angaben, II. Entbehrlich sind folgende Einzelheiten:

a) Parteibezeichnung usw. Man kann auf die Bezeichnung der Parteien usw verzichten, soweit diese mit der Klageschrift bzw Widerklageschrift übereinstimmt, II 3.

b) Richternamen. Entbehrlich sind die Namen der entscheidenden Richter, II 2. Wohl aber ist die Bezeichnung des Gerichts notwendig.

c) Urteilsformel. Entbehrlich ist schließlich die Urteilsformel, soweit nach dem Klag- bzw Widerklagantrag erkannt worden ist; dann genügt eine Bezugnahme auf den Antrag.

d) Entscheidungsgründe. Sie können zwar auch beim Anerkenntnisurteil fehlen; schon wegen § 99 II ist aber eine Kurzbegründung ratsam, nach Bre NJW **71**, 1185, ZöSt I im Fall

2. Titel. Urteil §§ 313b, 314 1

streitiger „Kostenanträge" sogar notwendig. Überhaupt kann das Gericht stets ein an sich entbehrliches Urteilselement vollständig darstellen, vgl auch wegen der inneren Rechtskraft § 313 a Anm 1.

3) Aktenbehandlung, II. Die Urschrift des Urteils kann auf die Urschrift oder eine Abschrift der Klageschrift bzw Widerklageschrift gesetzt werden, die sich in der Gerichtsakte befindet. Nach dem Mahnverfahren kann die Urschrift auf die Urschrift des Mahnbescheids gesetzt werden. Eine Beglaubigung der Klagabschrift ist entbehrlich. Wird das Urteil auf ein besonderes Blatt gesetzt, so soll dieses mit der Klageschrift durch Schnur und Siegel oder durch Aufdrücken des Gerichtssiegels auf die Verbindungsstelle verbunden werden. Soweit das Urteil auf den Klagantrag verweist, ist dieser Bestandteil des Urteils auch für § 321. Die Ausfertigung erfolgt nach § 317 IV.

4) Verstoß. Ein entgegen I unstatthaft abgekürztes Urteil stellt einen Verfahrensmangel dar, § 539, und begründet die Revision. Beim Zweifel über den Umfang der Abkürzung ist der Parteivortrag heranzuziehen, BGH **LM** § 256 Nr 101, LG Mönchengladb KTS **76**, 155 mwN.

Ein Verstoß gegen II ist prozessual belanglos, zumal das Urteil bereits vorher entstanden ist.

5) VwGO: *Entsprechend anwendbar, § 173 VwGO, auf Anerkenntnis- und Verzichturteile, §§ 306 Anm 3, 307 Anm 4, OVG Hbg NJW 77, 214.*

314 *Bedeutung des Tatbestands.* **Der Tatbestand des Urteils liefert Beweis für das mündliche Parteivorbringen. Der Beweis kann nur durch das Sitzungsprotokoll entkräftet werden.**

1) Beweiskraft, S 1. § 314 gibt eine gesetzliche Beweisregel, § 286 II, indem er die Beweiskraft des Tatbestands, § 418 I, durch eine Erschwerung des Gegenbeweises erhöht. Darin liegt für die Parteien eine Gefahr. Sie wird durch die Möglichkeit einer Berichtigung nach § 320 erträglich. Der Tatbestand ist die Beurkundung des Parteivorbringens, abgestellt auf den Schluß der mündlichen Verhandlung, Stgt NJW **69**, 2056. Er liefert Beweis dafür, daß die Parteien etwas in der mündlichen Verhandlung vorgetragen haben, BGH NJW **83**, 886. Er liefert Beweis dafür, daß sie etwas nicht vorgetragen haben, BGH NJW **83**, 886 mwN, demgemäß auch dafür, ob der Vortrag in der Berufungsinstanz neu ist, BAG NJW **60**, 166. Der Beweis, daß eine Partei in der mündlichen Verhandlung auf einen im Tatbestand erwähnten eigenen oder fremden Schriftsatz in Wahrheit nicht Bezug nahm, ist nur durch das Protokoll möglich. Wegen des vorinstanzlichen Vortrags § 320 Anm 1. Bei einer schriftlichen Entscheidung ist auch der Vortrag einer früheren mündlichen Verhandlung aufzunehmen, wenn die entscheidenden Richter dieselben sind, BGH **LM** § 93 BGB Nr 4; der Tatbestand hat dann auch insoweit Beweiskraft, KG NJW **66**, 601.

Die Vorschrift gilt auch im Beschlußverfahren, in dem eine mündliche Verhandlung stattfand, BGH **65**, 30.

Der Tatbestand liefert auch Beweis für Anerkenntnisse, überhaupt für alle prozessualen Erklärungen und für deren Reihenfolge. Er liefert auch dafür Beweis, daß etwas in der mündlichen Verhandlung anders als in den Schriftsätzen vorgetragen wurde, Köln MDR **76**, 849, daß eine Behauptung unwidersprochen geblieben ist oder daß der Kläger keinen Abstand vom Urkundenprozeß genommen hat. Er liefert keinen Beweis für die Beweisergebnisse selbst, auch nicht im Fall des § 161 (dann gilt die Beweiskraft aus § 418; Celle NJW **70**, 53; für sonstiges Prozeßgeschehen, etwa für die Gewährung oder Verlängerung einer Nachfrist nach § 283, BGH DB **83**, 1503; für die Anträge; sie ergeben sich aus dem Protokoll in Verbindung mit den Schriftsätzen, der Tatbestand beweist nur, daß sie gestellt wurden, nicht, wann und mit welchem Inhalt sie gestellt wurden, BAG NJW **71**, 1332.

Ob eine Berichtigung zulässig ist, ist solange bedeutungslos, wie die Berichtigung nicht erwirkt wird. Man kann eine Berichtigung nicht schon durch die Berufung erzwingen, Stgt NJW **69**, 2056. Eine Aufhebung des Urteils berührt die Beweiskraft seines Tatbestands nicht; anders liegt es dann, wenn das Verfahren aufgehoben wird. Wenn der Tatbestand einen Schriftsatz erwähnt, der nach dem Schluß der Verhandlung eingereicht wurde, so muß das Urteil aufgehoben werden, wenn es sich auf neue Tatsachen stützt, die erst in diesem Schriftsatz enthalten sind. Der Tatbestand ist auslegungsfähig, aber nur dann, wenn er eine Auslegung gestattet, wenn er etwa bestimmte Tatsachen voraussetzt, OGH NJW **50**, 696. Ist der Tatbestand in sich widerspruchsvoll, so fehlt ihm die Beweiskraft, so daß das Revisionsgericht an ihn nicht gebunden ist, BGH **LM** Nr 2.

2) Widersprüchlichkeit, S 2. Bei einem Widerspruch zwischen dem Tatbestand und dem Protokoll geht das Protokoll unbedingt vor und nimmt dem Tatbestand insoweit jede Beweiskraft, § 418 II. Das gilt aber nur für diejenigen Punkte, die gesetzlich in das Protokoll aufzunehmen sind, § 160 III, und nur, soweit das Protokoll seine Beweiskraft nicht verloren hat, § 165. Das bloße Schweigen des Protokolls entkräftet den Tatbestand nicht, Düss OLGZ **66**, 178, insbesondere nicht, wenn das Protokoll erkennbar unvollständig ist, § 165 Anm 1. Wenn kein Widerspruch besteht, dann sind Tatbestand und Protokoll gleichwertig. Jeder andere Gegenbeweis ist ausgeschlossen.

Die übereinstimmende Anerkennung der Unrichtigkeit kann den Tatbestand nicht beeinflussen, weil die Parteien ihn sonst beliebig umformen könnten. „Tatbestand" ist bei § 314 nicht nur derjenige des § 313 I Z 5, II, sondern alles, was tatsächliche Feststellungen enthält, also auch ein derartiger Teil der Entscheidungsgründe, BGH VersR **74**, 1021, BAG NJW **72**, 789 (man muß aber eine bloße Unterstellung einer Tatsache durch das Gericht zu den Entscheidungsgründen rechnen). Wenn sich insofern Tatbestand und Gründe widersprechen, so geht ein eindeutiger Tatbestand vor, BAG NJW **72**, 789; bei einem mehrdeutigen Tatbestand fehlt eine beweiskräftige Feststellung, vgl § 313 Anm 6. § 314 gilt auch im schriftlichen Verfahren und im Aktenlageverfahren nur für das mündliche Parteivorbringen, BFH BB **83**, 755, und ist im Rechtsbeschwerdeverfahren nach dem GWB entspr anwendbar, BGH **65**, 35.

3) VwGO: *Entsprechend anwendbar*, § 173 VwGO, BVerwG VerwRspr **26**, 116, OVG Bln NJW **67**, 2175, da das Wesen des VerwProzesses nicht entgegensteht, vielmehr das Gegenstück zu § 314, die Tatbestandsberichtigung des § 320, in § 119 VwGO wiederkehrt und auch § 561 im VerwProzeß entsprechend gilt. Bloßes Schweigen des Protokolls entkräftet den Tatbestand nicht, Anm 2, BVerwG Buchholz 442. 10 § 4 StVG Nr 60.

315 *Unterschrift der Richter.* **I** Das Urteil ist von den Richtern, die bei der Entscheidung mitgewirkt haben, zu unterschreiben. Ist ein Richter verhindert, seine Unterschrift beizufügen, so wird dies unter Angabe des Verhinderungsgrundes von dem Vorsitzenden und bei dessen Verhinderung von dem ältesten beisitzenden Richter unter dem Urteil vermerkt.

II Ein Urteil, das in dem Termin, in dem die mündliche Verhandlung geschlossen wird, verkündet wird, ist vor Ablauf von drei Wochen, vom Tage der Verkündung an gerechnet, vollständig abgefaßt der Geschäftsstelle zu übergeben. Kann dies ausnahmsweise nicht geschehen, so ist innerhalb dieser Frist das von den Richtern unterschriebene Urteil ohne Tatbestand und Entscheidungsgründe der Geschäftsstelle zu übergeben. In diesem Falle sind Tatbestand und Entscheidungsgründe alsbald nachträglich anzufertigen, von den Richtern besonders zu unterschreiben und der Geschäftsstelle zu übergeben.

III Der Urkundsbeamte der Geschäftsstelle hat auf dem Urteil den Tag der Verkündung oder der Zustellung nach § 310 Abs. 3 zu vermerken und diesen Vermerk zu unterschreiben.

1) Unterzeichnung, I. A. Grundsatz. Sämtliche Richter, die bei der Entscheidung mitgewirkt haben, auch die überstimmten, die kein „dissenting vote" bekanntgeben dürfen, § 313 Anm 7 A, müssen das schriftliche Urteil handschriftlich mit ihrem vollen bürgerlichen Nachnamen unterschreiben, und zwar unter der vollständigen Urschrift. Eine Unterzeichnung des Protokolls genügt nur, wenn das Protokoll das vollständige Urteil mit dem Tatbestand und den Entscheidungsgründen enthält und wenn das Protokoll die Unterschrift sämtlicher Richter trägt. Zu unterschreiben haben die erkennenden, nicht die verkündenden Richter. Ein Handzeichen (Paraphe) ist keine Unterschrift, vgl auch § 329 Anm 1 A c, BGH **57**, 165. Im arbeitsgerichtlichen Verfahren gelten §§ 60 IV, 84 ArbGG, dazu Philippsen pp NJW **77**, 1135.

B. Verhinderung. Bei einer Verhinderung eines Richters, nicht schon bei dessen vorübergehender Erkrankung, BGH NJW **77**, 765, kaum schon bei dessen Versetzung, § 163 Anm 3, wohl ebenso BGH VersR **81**, 553, vgl Vollkommer Rpfleger **76**, 258, insofern aM Stgt Rpfleger **76**, 258 je mwN, unterschreibt der Vorsitzende, bei seiner Verhinderung der dienstälteste Beisitzer, und zwar mit einer Angabe des Grundes, Ffm VersR **79**, 453, BGH NJW **80**, 1849 mwN. Es genügt eine Unterschrift „zugleich für den (länger) erkrankten Richter...", so daß die Rüge, dessen Unterschrift sei möglich gewesen, zulässig wird, BGH NJW **61**, 782. Zumindest muß die räumliche Stellung und/oder die Fassung des

2. Titel. Urteil § 315 2, 3

Vermerks zweifelsfrei ergeben, daß er von dem fraglichen Richter herrührt, BGH VersR **78**, 138 und VersR **81**, 576 je mwN, Ffm Vers **79**, 453.

Wird der älteste Beisitzer verhindert, nachdem der Vorsitzende unterschrieben hat und dann an der Vertretungsunterschrift gehindert wurde, so unterschreibt für den ältesten Beisitzer der zweitälteste, ohne daß dieser Umstand einer Begründung bedarf. Wer aus dem Richteramt überhaupt ausgeschieden ist, darf nicht mehr unterschreiben, da er nunmehr die Beurkundungsfähigkeit als Richter verloren hat, BayObLG NJW **67**, 1578, Stgt Rpfleger **76**, 258 mwN, ZöSt § 309 Anm 1, aM Vollkommer NJW **68**, 1310. Beim alleinigen Richter ist die Unterschrift nicht zu ersetzen, Kblz VersR **81**, 688. Da das Urteil mit der Verkündung entsteht, bleibt dann nur eine Zustellung der Formel und die Einlegung des zugehörigen Rechtsmittels möglich. Fehlt auch die Formel, so fehlt das Urteil. Ein Richter, der nicht mitgewirkt hat, darf das Urteil nicht anfertigen und nicht unterschreiben, Kblz VersR **81**, 688.

C. Verstoß. Die fehlende Unterschrift läßt sich jederzeit nachholen, BGH **18**, 351, Zeiss JR **80**, 507, auch nach der Einlegung eines Rechtsmittels bzw einer Nichtzulassungsbeschwerde, BGH NJW **77**, 765. Ein vernünftiger Richter der höheren Instanz schickt die Akten zur Nachholung der Unterschrift zurück und hebt nicht etwa zugleich das Urteil zum Schaden der Partei auf, Schneider MDR **77**, 748. Fehlen Unterschriften, so ist mit der Verkündung zwar ein Urteil entstanden, § 310 Anm 1 A, B, insofern aM BGH NJW **80**, 1850 mwN (es liege nur ein Urteilsentwurf vor; krit Zeiss JR **80**, 508); es ist aber eine Urteilszustellung nicht möglich, eine bewirkte Zustellung ist wirkungslos; so auch BGH NJW **53**, 622 und VersR **78**, 138 (die Rechtsmittelfrist wird nicht in Lauf gesetzt). Das gilt auch dann, wenn die nach B erforderliche Angabe des Verhinderungsgrundes fehlt, insofern ebenso BGH NJW **80**, 1849, Ffm VersR **79**, 453 je mwN, aM Wiecz A II a. Es erfolgt eine Zurückverweisung, § 551 Z 7, BGH NJW **77**, 765 (krit Schneider MDR **77**, 748).

Wenn die im Kopf Genannten nicht unterschrieben haben, die Urteilsausfertigung aber ihre Unterschrift aufführt, also den Anschein eines ordnungsgemäßen Urteils erweckt, dann ist die Zustellung des Urteils ohne Rücksicht auf den Mangel wirksam, weil sich die Partei auf die Ausfertigung verlassen darf. Die richtige Unterschrift kann nachgeholt werden, BGH **18**, 354. Für die Frage der Zulässigkeit eines Rechtsmittels ist die Unterschrift belanglos, soweit das Rechtsmittel bereits vor der Urteilszustellung zulässig ist. Zur Überprüfbarkeit des Verhinderungsvermerks vgl auch BGH MDR **83**, 421 (StPO).

2) Urteilsabfassung, II. A. Vollständiges Urteil. Das Urteil muß bei einem besonderen Verkündungstermin, auch bei § 128 II, III vollständig schriftlich abgefaßt sein, § 310 II. Wird es schon in demjenigen Termin verkündet, in dem die mündliche Verhandlung geschlossen wurde, so ist es in vollständiger schriftlicher Fassung binnen 3 Wochen seit der Verkündung der Geschäftsstelle zu übergeben. Es handelt sich um eine Ordnungsvorschrift; zu ihrer Einhaltbarkeit Schwarz SchlHA **76**, 87. Ein Verstoß gegen die Frist kann zur Aufhebung des Urteils und zur Zurückverweisung nach § 539 führen, wenn die Entscheidungsgründe fünf Monate nach der Verkündung noch nicht vorlagen (§§ 516, 552), BGH **7**, 155. In diesem Fall muß das Gericht die Kosten durchweg nach § 8 GKG niederschlagen, Mü NJW **75**, 837. Wegen des Fehlens der Unterschrift Anm 1 C.

B. Urteilskopf und -formel. Ist die Einhaltung der Frist unmöglich, so ist das Urteil innerhalb der Frist wenigstens ohne Tatbestand und Entscheidungsgründe unterschrieben abzugeben. Das Urteil muß auch hier beschleunigt schriftlich abgefaßt werden, damit die Partei nicht die 3-Monats-Frist des § 320 II 3 verliert. Die Versäumung dieser Pflicht ist ein grober Verstoß und kann zur Aufhebung führen, § 551 Anm 8 A, BGH **LM** § 41 p PatG Nr 18. Evtl müssen auch die Kosten niedergeschlagen werden, § 8 GKG, Mü NJW **75**, 837, LG Mainz MDR **68**, 156. Eine ordnungsmäßige Unterschrift unter dem später beigebrachten vollständigen Urteil heilt den Mangel einer unvollständig oder fehlerhaft unterschriebenen Formel, nicht aber den Mangel ihrer Zustellung, Anm 1.

Zweckmäßiger als das Verfahren nach II 2, 3 ist es, wenn die Richter der letzten Verhandlung beschließen, den Verkündungstermin hinauszuschieben. Denn gerade bei der Absetzung des Urteils in umfangreicheren Sachen kann eine etwaige Unstimmigkeit gegenüber der verkündeten Urteilsformel sonst nicht mehr ausgeglichen werden; vgl auch Förster DRiZ **60**, 184.

3) Verkündungsvermerk, III. Der Urkundsbeamte der Geschäftsstelle, nicht notwendig der bei der Verkündung mitwirkende Urkundsbeamte, vermerkt auf dem Urteil den Tag der Verkündung und unterschreibt diesen Vermerk. Zweck ist die Bescheinigung der Übereinstimmung. Der Vermerk ist auf die Urschrift zu setzen; das Verkündungsprotokoll ersetzt er nicht, § 165. Bei einem Anerkenntnis- oder Versäumnisurteil ist im Falle des § 310 III der Tag der letzten Zustellung zu vermerken.

III ist auf einen Zuschlagsbeschluß nach § 87 I ZVG anwendbar, Köln Rpfleger **82**, 113. Ein Verstoß gegen III ist kein Mangel des Urteils und prozessual belanglos, BGH **8**, 308, vgl Köln Rpfleger **82**, 113.

4) VwGO: *Es gelten statt* **I** *§ 117 I VwGO, statt* **II** *§ 117 IV VwGO und statt* **III** *§ 117 V VwGO.*

316 (weggefallen)

317 Urteilszustellung und -ausfertigung.

^I Die Urteile werden den Parteien, verkündete Versäumnisurteile nur der unterliegenden Partei zugestellt. Eine Zustellung nach § 310 Abs. 3 genügt. Auf übereinstimmenden Antrag der Parteien kann der Vorsitzende die Zustellung verkündeter Urteile bis zum Ablauf von fünf Monaten nach der Verkündung hinausschieben.

^{II} Solange das Urteil nicht verkündet und nicht unterschrieben ist, dürfen von ihm Ausfertigungen, Auszüge und Abschriften nicht erteilt werden. Die von einer Partei beantragte Ausfertigung eines Urteils erfolgt ohne Tatbestand und Entscheidungsgründe; dies gilt nicht, wenn die Partei eine vollständige Ausfertigung beantragt.

^{III} Die Ausfertigung und Auszüge der Urteile sind von dem Urkundsbeamten der Geschäftsstelle zu unterschreiben und mit dem Gerichtssiegel zu versehen.

^{IV} Ist das Urteil nach § 313b Abs. 2 in abgekürzter Form hergestellt, so erfolgt die Ausfertigung in gleicher Weise unter Benutzung einer beglaubigten Abschrift der Klageschrift oder in der Weise, daß das Urteil durch Aufnahme der im § 313 Abs. 1 Nr. 1 bis 4 bezeichneten Angaben vervollständigt wird. Die Abschrift der Klageschrift kann durch den Urkundsbeamten der Geschäftsstelle oder durch den Rechtsanwalt des Klägers beglaubigt werden.

1) Zustellung, I. A. Von Amts wegen. Die Zustellung erfolgt grundsätzlich von Amts wegen, § 270 I, BGH VersR **78**, 943. Ausnahmen gelten nur bei § 750 I 2, § 922 II (also nur beim Beschluß, nicht bei einer einstweiligen Verfügung durch Urteil, § 922 Anm 3 A), § 936, dort Anm 2 „§ 929". Wegen des Vollstreckungsbescheids vgl § 699 IV, Bischof NJW **80**, 2235. Die Amtszustellung erfolgt bei sämtlichen Urteilen und in allen Instanzen. Eine Parteizustellung ist unwirksam, § 187 S 2. Vgl ferner § 50 ArbGG. Eine Zustellung ist grundsätzlich an alle Parteien notwendig. Dies gilt auch bei § 310 III, Nürnb NJW **78**, 832 (krit Schneider). Einer am Versorgungsausgleich beteiligten Versicherungsgesellschaft braucht das Urteil auch dann nur einmal zugestellt zu werden, wenn das Konto sowohl für den Berechtigten als auch für den Verpflichteten dort geführt wird, Zweibr FamRZ **80**, 813.

Die Rechtsmittelfrist beginnt bereits und grundsätzlich nur mit einer Zustellung gemäß I, vgl Gilleßen-Jakobs DGVZ **77**, 111, nicht etwa mit einer Parteizustellung gemäß § 750 I 2; vgl freilich die §§ 516, 552 (absolute Frist von fünf Monaten seit der Verkündung). Ein nicht nach § 310 III ergangenes, sondern verkündetes Versäumnisurteil braucht nur dem Unterlegenen zugestellt zu werden. Bei der Zustellung eines jeden Versäumnisurteils muß das Gericht von Amts wegen die Hinweise gemäß § 340 III 4 geben. Eine Zustellung an den Sieger ist unschädlich. Die Zustellung erfolgt grundsätzlich unverzüglich, sobald die vollständige Urteilsfassung vorliegt, Anm 2, bei § 313b II die abgekürzte Fassung, Anm 3.

Eine vollständige Fassung liegt auch dann vor, wenn das Urteil auf andere Schriftstücke usw gemäß § 313 II 2 verweist, selbst wenn die letzteren (noch) nicht zugestellt wurden und nicht beiliegen, offen Bischof NJW **80**, 2236, aM ZöSchn § 516 Anm 4b.

B. Hinausschiebung. Nur auf Antrag beider Parteien darf der Vorsitzende die Zustellung eines verkündeten Urteils bis zum Ablauf von 5 Monaten seit der Verkündung hinausschieben. Es handelt sich um eine bloße Zuständigkeitsregel; wenn die Parteien die Anträge stellen, muß der Vorsitzende entspr handeln, die Parteien sollen den Beginn der Rechtsmittelfrist in der Hand behalten können. Die Regelung gilt nur bei dem verkündeten Urteil, nicht bei einem nach § 310 III vAw zuzustellenden. Der Antrag bedarf keiner Begründung. Der Vorsitzende ist an denjenigen Zeitraum gebunden, den die Parteien übereinstimmend wünschen. Bei unterschiedlichen Wünschen ist er zu einer Rückfrage wegen eines etwaigen Irrtums usw verpflichtet, § 139. Im Zweifel gilt der kürzere Zeitraum als maßgeblich.

Der Antrag kann formlos gestellt werden. Anwaltszwang herrscht wie sonst. Es handelt sich um eine grundsätzlich unwiderrufliche Prozeßhandlung, Grdz 5 G vor § 128. Die Frist beginnt am Tag nach der Verkündung, § 222 I iVm § 187 I BGB. Es handelt sich um eine uneigentliche Frist, Üb 3 B vor § 214, insbesondere nicht um eine Notfrist; § 222 II gilt nicht, vgl Ffm NJW **72**, 2313 (zu dem insofern vergleichbaren § 516 aF). Die Entscheidung ergeht durch eine Verfügung oder einen Beschluß. Beschwerde ist wie sonst zulässig, §§ 567 ff. Es entstehen keine Gebühren, §§ 1 I GKG, 37 BRAGO. Franzki DRiZ **77**, 167 empfiehlt, den Parteien auf Wunsch eine Urteilsabschrift vor der Urteilszustellung formlos zu übersenden, damit sie prüfen können, ob sie Anträge gemäß I 2 stellen wollen.

2) Ausfertigungen usw, II, III. A. Wirksamkeit. Wirksam wird das Urteil mit seiner Verkündung, bei § 310 III mit seiner Zustellung. Zur Ausfertigung reif wird das Urteil erst mit der Unterschrift aller mitwirkenden Richter. Eine bloße Namensabkürzung (Paraphe) genügt nicht, vgl BGH NJW **80**, 1960 mwN, § 170 Anm 2 B. Eine Ausfertigung des Urteils entsteht erst mit der anschließenden Unterschrift des Urkundsbeamten der Geschäftsstelle, BGH NJW **75**, 782. Ausfertigungen, Begriff § 170 Anm 2 A, Auszüge und Abschriften eines Urteils sind vor dessen Verkündung und Unterzeichnung verboten. Darüber, wann eine Ausfertigung und wann eine beglaubigte Abschrift zuzustellen ist, vgl § 170 Anm 1 A. Bei einer Erteilung von Amts wegen erfolgt nur noch eine vollständige Ausfertigung.

Wenn eine Partei wegen der Zwangsvollstreckung, § 750 I 2, eine Ausfertigung oder eine beglaubigte Abschrift des Urteils beantragt, so erhält sie eine solche ohne Tatbestand und Gründe, solange sie keine vollständige Ausfertigung oder vollständige beglaubigte Abschrift beantragt. Ob ein derartiger stillschweigender Antrag vorliegt, der zulässig ist, das ist eine Fallfrage. Die Zustellung einer Urteilsfassung ohne Tatbestand und Entscheidungsgründe steht der Zustellung eines vollständigen Urteils wegen des Wegfalls des früheren II 2 keineswegs mehr gleich. Fehlt der Tenor ganz, so ist die Zustellung stets unwirksam, auch diejenige von Anwalt zu Anwalt, BGH VersR **78**, 155.

Im übrigen führt nicht jede Abweichung zwischen der Urschrift und der Ausfertigung zur Unwirksamkeit der Zustellung, sondern es ist nur eine wesentliche Abweichung schädlich; BGH VersR **82**, 70 mwN. Es kann daher unschädlich sein, wenn der Ausspruch „Im übrigen wird die Klage abgewiesen" fehlt, BGH **67**, 284, oder wenn die Kostenentscheidung (nur) im Tenor der Ausfertigung fehlt, BGH VersR **82**, 70.

Fehlt die Unterschrift des Richters oder fehlt der vom Urkundsbeamten der Geschäftsstelle zu unterschreibende Ausfertigungsvermerk der Geschäftsstelle, so ist die Urteilszustellung unwirksam, weil die Ausfertigung eine Übereinstimmung mit der Urschrift verbürgen soll, BGH VersR **80**, 742, ohne dem Empfänger die Prüfung der Richtigkeit oder Vollständigkeit zuzumuten, vgl BGH NJW **75**, 781 mwN und NJW **78**, 217. Wenn die Ausfertigung lediglich den Vermerk „gez. Unterschrift" oder lediglich die Namen der Richter in Klammern ohne weiteren Zusatz enthält, reicht dies nicht aus, BGH VersR **80**, 742 und FamRZ **82**, 482 je mwN, aM Vollkommer ZZP **88**, 334. Es reicht auch nicht aus, daß die Ausfertigung von mehreren richterlichen Unterschriften nur diejenige des Vorsitzenden wiedergibt, vgl auch KG JR **82**, 251.

Ausreichend ist es aber, wenn die Ausfertigung den Vermerk „gez. Namen" enthält, selbst wenn der Name in Klammern steht, BGH VersR **80**, 742 mwN. Ausreichend ist es auch, wenn der Name ohne Vermerk maschinenschriftlich auftritt, sofern dadurch keine Unklarheiten entstehen, BGH VersR **81**, 62 und 576 je mwN. Wenn die Richternamen in Klammern stehen, genügt ein einziger Vermerk „gez." am Anfang der Namenszeile, BGH VersR **80**, 742. Bloße Bindestriche sind unschädlich, BGH VersR **73**, 965.

Für den Ausfertigungsvermerk des Urkundsbeamten der Geschäftsstelle ist ein bestimmter Wortlaut nicht vorgeschrieben, BGH **55**, 251. Es reicht jedoch nicht aus, in der Abschrift an der für die Unterschrift vorgesehenen Stelle nur den in Klammern gesetzten Namen des Urkundsbeamten der Geschäftsstelle wiederzugeben. Freilich reicht hier die Fassung „gez. Unterschrift" aus, BGH NJW **75**, 781 mwN. Zur Entzifferbarkeit vgl § 129 Anm 1 B, BGH NJW **76**, 626.

Die Urteilszustellung ist nicht schon deshalb unwirksam, weil auf der zugestellten Urteilsausfertigung der Verkündungsvermerk fehlt, BGH **8**, 303. Es genügt, daß eine beglaubigte Abschrift ersehen läßt, daß eine „Ausfertigung" nebst Gerichtssiegel und Unterschrift des Urkundsbeamten der Geschäftsstelle („gez. Unterschrift") vorgelegen hat, BGH **55**, 251 und VersR **73**, 351; der Vermerk „als Urkundsbeamter der Geschäftsstelle" braucht nicht beigefügt zu werden, falls die Dienststellenbezeichnung beigefügt ist und falls landesrechtliche Bestimmungen ergeben, daß der Inhaber dieser Dienststelle ein Urkundsbeamter der Geschäftsstelle ist, BGH **LM** Nr 6, LG Bln Rpfleger **79**, 111.

Eine offenbare Unrichtigkeit der Ausfertigung usw wird vom Urkundsbeamten der Geschäftsstelle entsprechend § 319 berichtigt. Lehnt er die Berichtigung ab, so kann das Gericht angerufen werden, § 576. Weicht eine zugestellte Ausfertigung oder beglaubigte Abschrift wesentlich von der Urschrift ab, so ist das Urteil nicht wirksam zugestellt worden.

B. Unterschrift. Sämtliche Ausfertigungen und Auszüge hat der Urkundsbeamte der Geschäftsstelle zu unterschreiben und mit dem Gerichtssiegel zu versehen. Statt des Siegels genügt der Gerichtsstempel. Das Fehlen eines Hinweises in der zugestellten beglaubigten Abschrift auf das in der Ausfertigung vorhandene Siegel bzw auf den dort vorhandenen Gerichtsstempel macht die Zustellung nicht unwirksam, KG NJW **62**, 2161.

3) Abgekürztes Urteil, IV. Der Urkundsbeamte der Geschäftsstelle wählt von zwei möglichen Arten der Ausfertigung eines nach § 313b II hergestellten abgekürzten Urteils die zweckmäßigste und billigste aus:

A. Beglaubigung. Entweder setzt er die Ausfertigung auf eine beglaubigte Abschrift der Klageschrift oder ein damit zu verbindendes Blatt. Zur Beglaubigung sind er oder der Anwalt des Klägers befugt. Der Urkundsbeamte der Geschäftsstelle darf auch die Urschrift der Klage benutzen.

B. Vervollständigung. Oder er ergänzt das abgekürzte Urteil zu einem gewöhnlichen ohne Tatbestand und Entscheidungsgründe, fügt also alle anderen Erfordernisse des § 313 bei, mithin auch die Unterschriften der Richter, Nürnb MDR **61**, 238. Die Ergänzung muß mit den Angaben der Klageschrift übereinstimmen, § 313b. Sind diese unrichtig und im Urteil nicht berichtigt worden, muß zunächst das Gericht das Urteil berichtigen.

Zu irgendeiner sachlichen Änderung ist der Urkundsbeamten der Geschäftsstelle nicht befugt, auch nicht zur Verbesserung von Schreibfehlern, solange solche nicht ganz zweifelsfrei vorliegen und solange das Richtige nicht ebenso zweifelsfrei ist.

4) *VwGO: I 1 u 2 sind durch § 116 I 2 VwGO ersetzt, I 3 ist unanwendbar, da im VerwProzeß für solche Vereinbarungen kein Raum ist, RegEntwBegr 88 zur VereinfNov. II 1 ist entsprechend anwendbar, § 173 VwGO, ebenso III u IV. Statt II 2 gilt § 168 II VwGO.*

318 *Bindung des Gerichts an seine Entscheidung.* **Das Gericht ist an die Entscheidung, die in den von ihm erlassenen End- und Zwischenurteilen enthalten ist, gebunden.**

Schrifttum: Eichfelder, Die Stellung der Gerichte ... und die Bindungskraft ihrer Entscheidungen, Diss Würzb 1980; Lässig, Die fehlerhafte Rechtsmittelzulassung und ihre Verbindlichkeit für das Rechtsmittelgericht, 1976; Schmidt, Die Gegenvorstellung im Erkenntnis- und summarischen Verfahren der ZPO, Diss Bonn 1971.

1) Allgemeines. Das Gericht ist an die Entscheidungen gebunden, die es in demselben Prozeß, Jauernig MDR **82**, 286, in einem End- oder Zwischenurteil wirksam getroffen hat. Diese Bindung (Schmidt Rpfleger **74**, 178 mwN: Innenbindung) beruht nicht auf der Rechtskraft, zu der ein Zwischenurteil aus § 303 ja gar nicht fähig ist; zur Abgrenzung Jauernig MDR **82**, 286, Schmidt Rpfleger **74**, 182, Tiedtke ZZP **89**, 68. Die Bindung beginnt auch schon mit dem Erlaß der Entscheidung, bei einem Versäumnisurteil nach § 331 III also mit dem Eingang auf der Geschäftsstelle, LG Stgt AnwBl **81**, 198, führt aber für dieses Gericht dieselbe Wirkung wie eine innere Rechtskraft herbei, Schmidt Rpfleger **74**, 181. Darum erstreckt sich die Bindung nicht auf die Gründe, OGB BGH **60**, 396, Tiedtke ZZP **89**, 69. Die Gründe sind aber zur Ermittlung der Tragweite der Urteilsformel heranziehbar, BGH **LM** § 304 Nr 29. Ein Zwischenurteil muß zulässig gewesen sein, BGH **10**, 362, Tiedtke ZZP **89**, 73 mwN. Praktisch wichtig ist die Bindung namentlich beim Urteil nach § 304. Das Gericht kann sein Urteil auch nicht durch eine einstweilige Verfügung aufheben, LAG Hamm DB **82**, 654.

Eine Verfügung bindet das Gericht nicht. Wegen eines Beschlusses vgl § 329 Anm 3 „§ 318", § 519b Anm 2 E, dazu ua BGH DB **74**, 1766, Köln VersR **73**, 162, vgl ferner § 577 Anm 4.

2. Titel. Urteil §§ 318, 319

„Gericht" ist hier diejenige Stelle, die in der Instanz entschieden hat, wenn auch vielleicht in anderer Besetzung. Gebunden sein kann auch das Revisionsgericht, wenn die zurückverwiesene Sache erneut zum Revisionsgericht kommt, BGH **25**, 204, **LM** § 512 Nr 4, vgl auch § 538 Anm 1. Eine solche Bindung tritt allerdings nicht ein, wenn das Revisionsgericht seine Rechtsauffassung wechselt, OGB BGH **60**, 398, BFH DB **74**, 222, krit Sommerlad NJW **74**, 123. Eine Bindung der höheren Instanz an eine Entscheidung der niederen tritt nur nach §§ 512, 548 ein, daneben zB bei § 21 AGBG, Ulmer-Brandner-Hensen § 21 AGBG Anm 5. Voraussetzung der Bindung ist die Entstehung des Urteils, also seine Verkündung, bei § 310 III seine Zustellung.

Die Bindung ist ebensowenig wie die Rechtskraft umgehbar, Einf 5 B vor §§ 322–327. Vgl ferner Zuck NJW **75**, 907 betr BVerfG, Schulte GRUR **75**, 573 betr PatG.

2) Umfang der Bindung. Das Gericht darf seine Entscheidung berichtigen, § 319; aufheben oder ändern darf es sie selbst bei einem Versehen und beim Einverständnis beider Parteien nicht.

Ausnahmen gelten: **a)** im Einspruchsverfahren; **b)** im Wiederaufnahmeverfahren; **c)** im Nachverfahren nach einem Vorbehaltsurteil; **d)** nach einem Zwischenurteil über Prozeßvoraussetzungen bei veränderter Sachlage.

Das Gericht darf von seiner Entscheidung auch dann nicht abweichen, wenn es anderer Meinung geworden ist, Schmidt Rpfleger **74**, 182. Das gilt auch, wenn die höhere Instanz zwar das Endurteil aufgehoben, das Zwischenurteil aber belassen hat. Die Bindung erstreckt sich nicht auf die tatsächlichen Unterlagen der Entscheidung. So bindet bei der Stufenklage, § 254, das Urteil auf eine Rechnungslegung nicht für die Entscheidung über die Herausgabe und das Urteil auf eine Auskunft nicht für die Entscheidung über die Zustellung, Brschw FamRZ **79**, 929. Die spätere Entscheidung darf die frühere als unerheblich außer acht lassen, wenn das Gericht sie für die weitere Entscheidung nicht braucht. Ein Zwischenurteil nach § 304, vgl dort Anm 3, bindet nur für den Umfang des Anspruchs, wie er bei der letzten Tatsachenverhandlung rechtshängig war; eine spätere Erweiterung erfordert eine neue Prüfung.

Die Bindung ergreift aber dann, wenn das Urteil rechtskräftig ist, jedes andere mit derselben Sache befaßte Gericht. Dieses darf also den Grund nicht erneut prüfen. Etwas anderes gilt aber dann, wenn bei einem Grundurteil ein Teil der Klagegründe nicht berücksichtigt worden ist. Dann ist eine Entscheidung über diese im Betragsverfahren ohne eine Bindung an das Grundurteil möglich, BGH **LM** Nr 2.

Wird der Anspruch dem Grunde nach bejaht, ohne die Ursächlichkeit des schädigenden Ereignisses für die Einzelansprüche zu untersuchen, so ist das Gericht im weiteren Verfahren nicht gehindert, die Ursächlichkeit des Ereignisses für die einzelnen Schadensposten zu untersuchen, BGH NJW **61**, 1465. Jedoch kann man einem dem Grunde nach zugesprochenen Feststellungsanspruch eine Wirkung nicht absprechen, der der Höhe nach unbeziffert war, so daß die Voraussetzungen von § 304 nicht vorlagen, vgl BGH VersR **75**, 254 (evtl Teilurteil), Celle NJW **65**, 1866, Blomeyer ZPR § 87 I 1b. Wegen der Bindung durch das Vorbehaltsurteil vgl § 302 Anm 4 A, an das Grundurteil bei einer nicht geltend gemachten Aufrechnung § 304 Anm 3 A. Die Rechtsauffassung des Teilurteils, § 301, bindet nicht, Düss NJW **73**, 1928, RoS § 60 I 1.

3) VwGO: *Entsprechend anzuwenden,* § 173 *VwGO, BVerwG* **9**, 117 u **60**, 125; die Selbstbindung des Gerichts ist ein allgemein anerkannter Grundsatz des Verfahrensrechts, vgl Grunsky § 50. Bei der Zustellung an *Verkündungsstatt,* § 116 II u III *VwGO,* tritt die Bindung mit der ersten Zustellung an einen Beteiligten ein, RedOe § 116 Anm 7 mwN, str. Ein nicht zulässiger Inhalt eines Zwischenurteils wird von der Bindung nicht erfaßt, Anm 1, *BVerwG* **60**, 125.

319
Berichtigung des Urteils. ^I Schreibfehler, Rechnungsfehler und ähnliche offenbare Unrichtigkeiten, die in dem Urteil vorkommen, sind jederzeit von dem Gericht auch von Amts wegen zu berichtigen.

^{II} Über die Berichtigung kann ohne mündliche Verhandlung entschieden werden. Der Beschluß, der eine Berichtigung ausspricht, wird auf dem Urteil und den Ausfertigungen vermerkt.

^{III} Gegen den Beschluß, durch den der Antrag auf Berichtigung zurückgewiesen wird, findet kein Rechtsmittel, gegen den Beschluß, der eine Berichtigung ausspricht, findet sofortige Beschwerde statt.

§ 319 1, 2

Schrifttum: Wiesemann, Die Berichtigung gerichtlicher Entscheidungen im Zivilprozeß usw, Diss Mainz 1974.

1) Allgemeines. § 318 bindet das Gericht an seine Entscheidung, aber nur an eine gewollte Entscheidung, nicht an das irrig Ausgesprochene, wenn der Irrtum offen liegt. Ein solcher Irrtum ermöglicht das zulässige Rechtsmittel, soweit er die Entscheidung selbst betrifft und nicht nur den Urteilskopf oder die Gründe. § 319 gibt aber ein einfacheres und billigeres Mittel zur Berichtigung.

Die Vorschrift enthält einen allgemeinen Rechtsgedanken und ist darum auf Beschlüsse anzuwenden, § 329 Anm 3, zB auf solche nach § 281, BVerfG **29**, 50, oder auf den Mahnbescheid, LG Essen JB **76**, 684, freilich nicht wegen eines Rechtsfehlers bei der Annahme der Zuständigkeit, LG Mannh MDR **74**, 235. Sie ist auch auf den Prozeßvergleich anwendbar, denn auch bei seiner Formulierung hat das Gericht zumindest wegen der Form eine Verantwortung, Anh § 307 Anm 2 A, 4 E, vgl Hamm (26. ZS) MDR **83**, 410, offen Schlesw SchlHA **80**, 72, aM Hamm (15. ZS) Rpfleger **79**, 30, StJSchL 1.

Da die Berichtigung jederzeit geschehen kann, BGH VersR **80**, 744, auch noch nach der Rechtskraft, Anm 3, läuft derjenige die Gefahr der Kostenlast, der sie durch ein Rechtsmittel erreichen will, § 97 I. § 319 betrifft Urteile jeder Art. Das jeweilige Rechtsmittel ist anstelle des Berichtigungsantrags oder neben ihm wie sonst zulässig, BGH MDR **78**, 307. § 319 ist auf das Protokoll nur beschränkt sinngemäß anwendbar, vgl § 159 Anm 1, Ffm OLGZ **74**, 302.

Eine Berichtigung der Kostenentscheidung ist zulässig, wenn die Berichtigung in der Sache sie bedingt, und zwar auch dann, wenn das Gericht über die Kosten praktisch unbrauchbar entschieden hat. Streng genommen ist dieser Weg dogmatisch falsch; er ist aber der einzige Ausweg, wenn kein Rechtsbehelf möglich ist. Das gilt auch dann, wenn die Kostenentscheidung wegen einer Streitwertänderung falsch geworden, aber gemäß § 99 I unanfechtbar ist, insofern Hamm VersR **77**, 935 mwN, vgl auch Köln MDR **80**, 762 (abl Schneider, ferner Mü JB **76**, 1360, LG Hechingen VersR **75**, 93, Hartung MDR **78**, 195, Speckmann NJW **72**, 235 je mwN, abw zB insofern KG NJW **75**, 2107 mwN, Köln MDR **77**, 584, wohl auch Köln BB **79**, 1378, ferner Schneider MDR **72**, 100, 373 (eine Änderung sei ohne Rücksicht auf die Abänderbarkeit der Kostenentscheidung zulässig), aM zB BGH MDR **77**, 925 (abl Schneider, ebenso ders MDR **78**, 196), Köln (5. ZS) JB **77**, 1135 mwN (eine Änderung sei gemäß § 25 I 3, 4 GKG unzulässig); vgl Hartmann § 25 GKG Anm 3 A b.

2) Voraussetzungen, I. A. Grundsatz. Alle offenbaren Unrichtigkeiten unterliegen einer Berichtigung nach § 319, BGH **78**, 22, BAG BB **78**, 453. Das Gesetz nennt als Beispiel Schreib- und Rechenfehler. Gemeint sind alle Unstimmigkeiten zwischen dem Willen und seinem Ausdruck, Düss NJW **73**, 1132, Hamm MDR **75**, 765 je mwN, KG NJW **75**, 2107, Schlesw FamRZ **81**, 373, Braun NJW **81**, 427, nicht jeder Fehler der Willensbildung, Schlesw SchlHA **80**, 213, aM StJ I 2. An bloßen Förmlichkeiten soll das Recht nur im äußersten Notfall scheitern. In welchem Teil des Urteils sich die Unrichtigkeit befindet, ist unerheblich. § 319 ermöglicht auch eine Berichtigung der im Tatbestand wiedergegebenen Anträge und eine Berichtigung der Urteilsformel, Bre VersR **73**, 228, Hartung NJW **81**, 427. Die Berichtigung darf die Urteilsformel sogar in deren Gegenteil verkehren. Doch sollte dies nur sehr behutsam geschehen, um den Eindruck einer nachträglichen Abänderung zu vermeiden. In Arbeitsgerichtssachen kann der im Urteil festzusetzende Streitwert, § 61 I ArbGG, nur in den Grenzen des § 319 berichtigt werden, BAG MDR **60**, 959.

B. „Offenbar". Stets muß der Irrtum klar erkennbar, „offenbar" sein, vgl Ffm OLG **79**, 390. Bei Rechenfehlern ist die Grenze flüssig. Sie sind meist Denkfehler, also ein sachlicher Irrtum und nicht nur eine Achtlosigkeit, vgl BGH MDR **73**, 45. Trotzdem handhabt die Praxis gerade bei ihnen aus prozeßwirtschaftlichen Gründen den § 319 weitherzig. „Offenbar" ist nach BGH **20**, 192, **LM** § 256 Nr 101, Celle JB **76**, 1254 ein Irrtum, der sich aus dem Zusammenhang des Urteils, BGH **78**, 22, Bre VersR **73**, 228, Hbg MDR **78**, 583, oder Vorgängen beim Erlaß und der Verkündung ergibt, BGH **78**, 22, Hamm MDR **75**, 765, vgl Schlesw SchlHA **80**, 217 (zu eng Düss NJW **73**, 1132: unmittelbar aus dem Urteil).

Trotz einer offenbaren Unrichtigkeit kann keine Berichtigung erfolgen, soweit man den wirklichen Willen des Gerichts nicht zweifelsfrei ermitteln kann, Zweibr FamRZ **82**, 1031, LAG Hamm BB **81**, 795.

C. Weite Auslegung. § 319 ist aus Gründen der Prozeßwirtschaftlichkeit im Rahmen des Zulässigen weit auszulegen, zB Ffm OLGZ **79**, 390, Hamm MDR **75**, 765, LAG Ffm MDR **74**, 77. Ob richtig oder falsch verkündet worden ist, bleibt unerheblich. Ist falsch verkündet worden, so ist die verkündete Entscheidung ins schriftliche Urteil aufzunehmen und gleichzeitig zu berichtigen; bei einer unzulässigen Berichtigung ist das Rechtsmittel gegen das berichtigte Urteil zu richten, Baumgärtel SAE **60** Nr 73.

Freilich darf auch die großzügigste Auslegung nicht dazu führen, daß das Gericht den Prozeß ohne jede zeitliche Begrenzung wiederholen darf, wann immer es das für richtig hält, Braun NJW **81**, 427.

D. Beispiele: a) Zulässigkeit. Eine offenbare Unrichtigkeit liegt vor: Wenn das Gericht etwas versehentlich ausgelassen hat, wenn es zB über einen Anspruch in den Gründen befunden hat, dies aber nicht in der Formel zum Ausdruck gebracht hat, BGH VersR **82**, 70 mwN, und umgekehrt, BGH VersR **82**, 70 mwN; bei einer unrichtigen Bezeichnung der Richter, BGH **18**, 354, dazu Fischer **LM** Nr 3, der ProzBev, der Parteien, BAG BB **78**, 453, Düss MDR **77**, 144 mwN, das freilich im dortigen Fall zu großzügig ist (Baumgärtel Festschrift für Schnorr von Carolsfeld, 1972, 33: die Berichtigung sei nur zulässig, wenn der Richtige am Verfahren beteiligt war); bei einer irrigen Weglassung des Tags der (stattgefundenen) letzten mündlichen Verhandlung, § 313 I Z 3, BGH VersR **80**, 744; bei falschen Berechnungen, auch wenn deren Unrichtigkeit nicht auf einem Irrtum des Gerichts beruht, sondern auf einem solchen der Partei selbst, Düss MDR **70**, 149, LAG Ffm MDR **74**, 77; wenn die Partei, etwa in der Klageschrift, eine unrichtige Bezeichnung veranlaßt hat, BGH MDR **78**, 308, etwa diejenige eines Grundstücks, sofern nur die Nämlichkeit der richtigen Bezeichnung einwandfrei feststeht, BAG BB **78**, 453; bei einem Irrtum, der sich aus dem Zusammenhang des Urteils ergibt, BGH **20**, 192, BGH **LM** § 256 Nr 101, Bre VersR **73**, 228, Celle JB **76**, 1254, Hbg MDR **78**, 583; bei einem Irrtum, der sich aus den Vorgängen beim Erlaß und bei der Verkündung der Entscheidung ergibt, BGH **78**, 22, Hamm MDR **75**, 765 (zu eng Düss NJW **73**, 1132: er müsse sich unmittelbar aus dem Urteil ergeben); wenn die Zulassung der Berufung zwar nicht verkündet worden ist, sich aber aus dem später abgesetzten Urteil ergibt, aM BAG NJW **60**, 1635; bei einem Widerspruch zwischen dem Beschlossenen und dem Herausgegebenen; wenn die Tatsache, daß das Berufungsgericht die Zulassung der Revision beschlossen und nur versehentlich nicht im Urteil ausgesprochen hatte, sogar für andere als die erkennenden Richter ohne weiteres deutlich ist, BGH **78**, 22; wenn das Gericht bei der Anwendung ausländischen Rechts eine entsprechende Urteilsformel vergessen hat, LG Darmst FamRZ **74**, 192; wenn das Gericht über einen Anspruch oder über die Vollstreckbarkeit der Entscheidung in Wahrheit erkannt hat, diese Entscheidung aber versehentlich nicht ins schriftliche Urteil aufgenommen hat. Wegen der Übergehung eines Teils der für den Versorgungsausgleich in Betracht kommenden Anwartschaften Düss FamRZ **82**, 1093, aber auch Oldbg FamRZ **82**, 1092.

b) Unzulässigkeit. Keine offenbare Unrichtigkeit liegt vor: Wenn das Gericht über einen Anspruch oder über die vorläufige Vollstreckbarkeit in Wahrheit überhaupt nicht erkannt hat, vgl Düss NJW **74**, 1912, aM Düss BB **77**, 472 (abl Runge), dann greift allenfalls § 321 ein; wenn das Gericht mehr zugesprochen hat, als beantragt worden war, Köln NJW **60**, 1471; wenn es gar eine im Urteil aberkannte Teilforderung nun zuerkennen wollte, Düss NJW **73**, 1132; wenn das Gericht irrig eine Aufrechnungsforderung für noch bestehend gehalten hat; wenn für ein an sich nicht berufungsfähiges arbeitsgerichtliches Urteil die Zulassung der Revision weder aus dem Tenor noch aus den Entscheidungsgründen noch aus den Vorgängen bei seiner Verkündung ersichtlich ist, BAG NJW **69**, 1871; wenn das Gericht eine feststehende Tatsache nicht oder falsch berücksichtigt, zB den § 281 III 2 vergessen hat, Hamm MDR **70**, 1018, denn da liegt zweifellos eine falsche Willensbildung vor, Pruskowski NJW **79**, 931, aM LG Stade NJW **79**, 168; wenn das Gericht bei der Beweiswürdigung oder bei der sonstigen Verwertung nicht feststehender Tatsachen einem Irrtum unterlegen ist; wenn Tenor und Begründung übereinstimmen, da man dann eine entsprechende Willensbildung annehmen muß, Celle NJW **55**, 1844.

3) Verfahren, I, II. A. Grundsatz. Die Berichtigung ist jederzeit auf Antrag oder von Amts wegen statthaft, BGH MDR **78**, 308 links und VersR **80**, 744, selbst nach der Einlegung eines Rechtsmittels, BGH MDR **78**, 308 rechts, auch nach dem Eintritt der Rechtskraft, BGH **18**, 356, vgl Lindacher ZZP **88**, 72. Anwaltszwang herrscht wie sonst. Zuständig ist nur das Gericht, dh die erkennende Stelle. Das Kollegium darf kein Urteil des Einzelrichters berichtigen und umgekehrt. Die Mitwirkung derselben Richter ist unnötig, BGH **78**, 23, weil es sich nicht um eine sachliche Entscheidung handelt. Das höhere Gericht darf ein Urteil des niederen berichtigen, soweit es sich das Urteil sachlich zu eigen macht, Bre VersR **73**, 228, Ffm JB **76**, 958, vgl auch BGH NJW **64**, 1858, BAG NJW **64**, 1874, Schneider MDR **73**, 449.

B. Entscheidung. Die Entscheidung erfolgt durch einen Beschluß bei freigestellter mündlicher Verhandlung. Die Anhörung eines Beteiligten ist nur insoweit entbehrlich, als die Berichtigung reiner Formalien, wie zB Schreib- oder Rechenfehler, ohne einen Eingriff in seine Rechte oder gar eine Schlechterstellung erfolgt, vgl BVerfG **34**, 7. Wenn es notwendig ist Beweis zu erheben, liegt kaum noch eine ,,offenbare'' Unrichtigkeit vor. Der Beschluß ist nicht starr nach seinem Wortlaut und seinem äußeren Anschein auszulegen, sondern nach seinem erkennbaren Sinn und Zweck, BVerfG **29**, 50. Der Beschluß wirkt auf die Zeit der Verkündung des Urteils zurück. Die neue Fassung gilt als die ursprüngliche. Daher sind Rechtsbehelfe nur gegen das alte Urteil in der berichtigten Form zulässig.

Die Berichtigung eröffnet grundsätzlich keine neue Notfrist, gibt kein neues Rechtsmittel und beeinflußt das alte Rechtsmittel grundsätzlich nicht, BGH **LM** Nr 6 und VersR **80**, 744, Hamm Rpfleger **77**, 457. Etwas anderes gilt dann, wenn das alte Urteil nicht klar genug war, um die Grundlage für das weitere Handeln der Partei zu bilden, BGH **LM** Nr 6, VersR **80**, 744 und VersR **81**, 549 je mwN, BFH BB **74**, 1330, Hbg MDR **78**, 583, KG Rpfleger **77**, 451, wenn also erst die berichtigte Fassung erkennen läßt, ob und wie die Partei beschwert ist, BGH VersR **82**, 70. Dabei ist jeweils unerheblich, ob sich der Fehler in der Urschrift oder (nur) in der (zugestellten) Ausfertigung des Urteils befindet, BGH VersR **82**, 70 mwN.

Die Zwangsvollstreckung erfolgt nur aus dem berichtigten Urteil. War sie vorher eingeleitet worden, ist sie gegebenenfalls aus § 766 einzustellen. Das Beigetriebene kann nur durch eine besondere Klage zurückgefordert werden; eine Ersatzpflicht entspr § 717 II kann nur dann entstehen, wenn die Partei die Unrichtigkeit des Urteils aus dessen ihr zugegangener Fassung erkennen mußte. Der Berichtigungsbeschluß fällt als ,,Urteil in einer Rechtssache'' unter § 839 II BGB.

C. Vermerk. Die Geschäftsstelle hat den Berichtigungsbeschluß auf der Urschrift des Urteils und auf den Ausfertigungen zu vermerken, BVerwG NJW **75**, 1796. Die GeschSt muß die Ausfertigungen zurückfordern, kann deren Rückgabe aber nicht erzwingen. Der Vermerk erfolgt an einer sichtbaren Stelle. Die Wirkung des Berichtigungsbeschlusses ist allerdings von dem Vermerk unabhängig.

Gebühren: Des Gerichts keine, des Anwalts keine, § 37 Z 6 BRAGO.

4) Rechtsmittel, III. Bei einer Ablehnung der beantragten Berichtigung erfolgt die Anfechtung nur zusammen mit derjenigen des Urteils. Gegen den Berichtigungsbeschluß ist sofortige Beschwerde zulässig. Wird der Berichtigungsbeschluß eines AG auf sofortige Beschwerde durch das LG aufgehoben, so ist gegen dessen Beschluß weitere sofortige Beschwerde möglich, denn nur dadurch kann vermieden werden, daß die Partei sofort auf die Einlegung der Berufung abgedrängt wird, ohne den Ausgang des Berichtigungsverfahrens abzuwarten.

Daher ist auch gegen den Berichtigungsbeschluß, den das LG zu seinem eigenen Berufungsurteil erläßt, sofortige Beschwerde zulässig, vgl KG NJW **72**, 262, denn III gilt allgemein; auch besteht kein allgemeiner Rechtssatz, daß der Beschwerderechtszug nicht länger als derjenige in der Hauptsache sein darf, § 567 Anm 5. Es ist aber keine sachliche Prüfung möglich, Düss MDR **57**, 235, da keine weitere sachliche Instanz vorgesehen ist. Möglich ist lediglich die Prüfung, ob die Zulässigkeit der Berichtigung verkannt wurde, ob also zB die Voraussetzungen der Unrichtigkeit falsch beurteilt wurden, Düss NJW **73**, 1132 mwN, aM zB Karlsr MDR **68**, 421.

Gegen einen Berichtigungsbeschluß des OLG ist kein Rechtsmittel gegeben. Verwirft das Gericht einen Berichtigungsantrag ohne Sachprüfung, dh ohne eine Prüfung der behaupteten Unrichtigkeit, so ist einfache Beschwerde zulässig, insofern richtig KG NJW **75**, 2107.

Ein Rechtsbehelf gegen das Urteil ergreift den Berichtigungsbeschluß als solchen nicht; darum darf die höhere Instanz nur das berichtigte Urteil ändern, nicht den Berichtigungsbeschluß. Gegen eine Protokollberichtigung ist nur der Fälschungsnachweis zulässig, § 164 S 2, Ffm OLGZ **74**, 302.

5) VwGO: *Es gilt § 118 VwGO, der inhaltlich I u II entspricht. III ist unanwendbar; gegen den Beschluß des VG ist stets Beschwerde nach §§ 146ff VwGO gegeben, EF Rdz 8 und Kopp Rdz 12 zu § 118.*

320 *Berichtigung des Tatbestands.* [1] Enthält der Tatbestand des Urteils Unrichtigkeiten, die nicht unter die Vorschriften des vorstehenden Paragraphen fallen, Auslassungen, Dunkelheiten oder Widersprüche, so kann die Berichtigung binnen einer zweiwöchigen Frist durch Einreichung eines Schriftsatzes beantragt werden.

ᴵᴵ Die Frist beginnt mit der Zustellung des in vollständiger Form abgefaßten Urteils. Der Antrag kann schon vor dem Beginn der Frist gestellt werden. Die Berichtigung des Tatbestandes ist ausgeschlossen, wenn sie nicht binnen drei Monaten seit der Verkündung des Urteils beantragt wird.

ᴵᴵᴵ Auf den Antrag ist ein Termin zur mündlichen Verhandlung anzuberaumen. Dem Gegner des Antragstellers ist mit der Ladung zu diesem Termin der den Antrag enthaltende Schriftsatz zuzustellen.

ᴵⱽ Das Gericht entscheidet ohne Beweisaufnahme. Bei der Entscheidung wirken nur diejenigen Richter mit, die bei dem Urteil mitgewirkt haben. Ist ein Richter verhindert, so gibt bei Stimmengleichheit die Stimme des Vorsitzenden und bei dessen Verhinderung die Stimme des ältesten Richters den Ausschlag. Eine Anfechtung des Beschlusses findet nicht statt. Der Beschluß, der eine Berichtigung ausspricht, wird auf dem Urteil und den Ausfertigungen vermerkt.

ⱽ Die Berichtigung des Tatbestandes hat eine Änderung des übrigen Teils des Urteils nicht zur Folge.

Schrifttum: Wiesemann, Die Berichtigung gerichtlicher Entscheidungen im Zivilprozeß usw, Diss Mainz 1974.

1) Allgemeines. § 320 macht die gesetzliche Beweisregel des § 314 erträglich. Die Berichtigung des Tatbestands bereitet einen Antrag auf Ergänzung des Urteils oder ein Rechtsmittel vor, vgl LAG Bln DB **81**, 592. Sie ist wegen der Rechtskraftwirkung, der Wiederaufnahme usw, aber auch bei einem rechtskräftigen Urteil statthaft. „Tatbestand" ist bei § 320 ebenso wie bei § 314 zu verstehen, § 314 Anm 2, BAG VersR **79**, 94 mwN. Kopf und Formel gehören nicht dazu, ebensowenig wertende Entscheidungsteile, BFH BB **74**, 1330. Die Berichtigung kann nur insoweit verlangt werden, als die unrichtigen Tatbestandsteile für das Verfahren urkundliche Beweiskraft haben. Dies trifft nach BGH **LM** Nr 2 für die Wiedergabe des Sachverhalts und für die vorinstanzlichen Anträge im Revisionsurteil nicht zu, ebenso Stgt NJW **73**, 1049 für den erstinstanzlichen Vortrag im Berufungsurteil; doch sollte § 418 genügen, Celle NJW **70**, 53. § 320 gilt auch bei §§ 307 II, 331 II, III.

§ 320 ist im Rechtsbeschwerdeverfahren nach dem GWB entsprechend anwendbar, BGH **65**, 36. In Patentsachen gilt § 96 PatG, dazu BPatG GRUR **78**, 40.

2) Voraussetzungen, I. A. Unrichtigkeiten des Tatbestands. Sie lassen eine Berichtigung auf Antrag zu. „Unrichtigkeiten" sind im Gegensatz zu den „offenbaren Unrichtigkeiten" des § 319 solche Unrichtigkeiten, bei denen sich Wille und Ausdruck decken. Als Beispiele nennt I Auslassungen, Dunkelheiten und Widersprüche. Wichtig ist vor allem, daß das Urteil dem Revisionsgericht eine klare, richtige, vollständige Grundlage der Entscheidung geben muß. Beim Aktenlageurteil muß ein mündliches Vorbringen ebenso wie ein solches schriftliches übergangen worden sein, das in einem benutzbaren Schriftsatz enthalten ist, § 251a Anm 3 D b.

B. Unanwendbarkeit. Unanwendbar ist § 320: **a)** Bei einem Revisionsurteil, weil es keinen Tatbestand braucht, sondern auf dem Tatbestand des Berufungsurteils fußt, so daß ein Tatbestand des Revisionsurteils keine urkundliche Beweiskraft hat, BGH **LM** Nr 2; **b)** soweit eine Urteilsberichtigung nach § 319 eingreift. Ein Antrag auf Tatbestandsberichtigung ist dann durch die rechtskräftige Berichtigung aus § 319 erledigt; **c)** wegen derjenigen Punkte, in denen das Sitzungsprotokoll den Tatbestand entkräftet, § 314 Anm 2; **d)** wenn das Urteil ohne jede mündliche Verhandlung ergangen ist, da es dann nur einen Beweis des schriftlichen Vorbringens geben könnte, § 128 II, III, das aus den Schriftsätzen ersichtlich ist, BFH BB **83**, 755, KG NJW **66**, 601; **e)** bei § 310 III ohnehin, weil kein Tatbestand erforderlich ist.

3) Antrag, I, III. Es ist ein Antrag nötig. Der entsprechende bestimmende Schriftsatz, § 129 Anm 1 A a, ist beim Gericht einzureichen, auch zu Protokoll des Urkundsbeamten der Geschäftsstelle eines jeden AG, § 129a. Anwaltszwang herrscht wie sonst. Das Gericht muß die Parteien zur mündlichen Verhandlung über die Berichtigung laden, § 274, beim AG in Verbindung mit § 497; es muß die Ladungsfrist einhalten, § 217. Eine etwaige Rückbeziehung erfolgt nach § 270 III. Eine Ausdehnung der Berichtigung ist im Termin zulässig, wenn der Gegner zustimmt oder wenn das Gericht sie für sachdienlich hält, § 263 entspr.

4) Frist, I, II. Für den Berichtigungsantrag läuft eine zweiwöchige Frist seit der Zustellung des vollständigen Urteils. Der Antrag ist schon vor dem Beginn der Frist zulässig.

Nach Ablauf von 3 Monaten seit der Urteilsverkündung ist der Antrag ausgeschlossen. Die Zweiwochenfrist ist eine gesetzliche Frist, aber keine Notfrist. Sie duldet keine Abkürzung oder Verlängerung, § 224 II. Sie wird von Amts wegen geprüft. Eine Wiedereinsetzung ist nicht möglich, auch dann nicht, wenn das Urteil erst nach dem Ablauf der Frist zu den Akten gelangte, BGH **32**, 27. Die Dreimonatsfrist ist eine uneigentliche Frist, Üb 3 B vor § 214. Auch sie duldet weder eine Abkürzung noch eine Verlängerung noch eine Wiedereinsetzung und wird durch die Gerichtsferien nicht beeinflußt, Stgt NJW **69**, 2056. Da sie mit der Urteilsverkündung beginnt, kann sie vor der Zweiwochenfrist ablaufen, ein Grund mehr, das Urteil rechtzeitig zu den Akten zu bringen; die Partei muß notfalls Dienstaufsichtsbeschwerde einlegen, um ihr Recht zu wahren.

Ist das Urteil nach 3 Monaten immer noch nicht begründet, so liegt eine Gesetzesverletzung nach § 549 vor. Bei einem etwaigen Tatbestand einer gemäß § 310 III erlassenen Entscheidung beginnt die Zweiwochenfrist mit der Zustellung des vollständigen Urteils, die Dreimonatsfrist mit der Zustellung der Urteilsformel. Gegen den Streithelfer läuft keine eigene Frist, § 71 Anm 3.

5) Entscheidung und Anfechtung, IV, V. A. Grundsatz. Die Entscheidung ergeht auf eine notwendige mündliche Verhandlung, auch nach einem Urteil im schriftlichen Vorverfahren nach §§ 307 II, 331 II, III, oder im schriftlichen Verfahren nach § 128 II, III. Sie wird durch einen verkündeten Beschluß auf Berichtigung oder Zurückweisung des Antrags erlassen. Es findet keine Beweisaufnahme statt, auch nicht zur Berichtigung von aufgenommenen Zeugen- oder Sachverständigenaussagen; die Beweiskraft aufgenommener Aussagen richtet sich nur nach § 418. Es gibt kein Geständnis. Maßgebend ist allein die Erinnerung der Richter, unterstützt durch das Protokoll und durch private Aufzeichnungen.

Obwohl der Beschluß grundsätzlich unanfechtbar ist, ist eine wenigstens kurze Begründung Rechtspflicht. Denn der Beschluß kann ausnahmsweise doch anfechtbar sein, D; vgl § 329 Anm 1 A b. Würdigt der Beschluß das durch ihn festgestellte Parteivorbringen, so ist er ein unzulässiger Urteilsnachtrag. Der Beschluß darf sich nur auf den Tatbestand erstrecken.

B. Grenzen der Berichtigung. Grundsätzlich unzulässig ist es, auf Grund des Beschlusses das Urteil zu berichtigen oder zu ergänzen; die sachliche Entscheidung bleibt ganz unberührt, mag sie auch nach dem Beschluß ersichtlich falsch sein, V. Eine Ergänzung ist nur in den Grenzen und im Rahmen des § 321 I möglich. Der Beschluß ist der Revisionsentscheidung zugrunde zu legen. Das Gesetz ist verletzt, wenn nach dem Beschluß ein Hilfsantrag übergangen ist. Die Berichtigung reicht nicht allein für eine Wiederaufnahme aus, BVerfG **30**, 58.

C. Verfahrenseinzelheiten. Es wirken nur diejenigen Richter mit, die beim Urteil mitgewirkt haben, also evtl nicht Mitglieder des Kollegiums oder nur die Handelsrichter. Deshalb kann keiner dieser Richter im Berichtigungsverfahren abgelehnt werden, Ffm MDR **79**, 940. Ist ein Mitglied verhindert oder wird es abgelehnt, BGH **LM** Nr 4, so entscheidet die Stimme des Vorsitzenden. Ist er verhindert, so entscheidet die Stimme des ältesten Beisitzers. Sind alle verhindert, so ist keine Berichtigung möglich. Das Revisionsgericht muß dann nachprüfen, ob ein Antrag Erfolg gehabt hätte, BAG NJW **70**, 1624. Den Grund der Verhinderung braucht der Beschluß nicht anzugeben; Urlaub kann ausreichen, vgl BFH BB **78**, 1607.

Der Termin ist so zu legen, daß möglichst alle Richter teilnehmen können. Das Versäumnisverfahren verläuft ebenso, also nicht nach den §§ 330 ff. Die Entscheidung ergeht auch in Abwesenheit der Parteien. Sie ist keine Aktenlageentscheidung. Wegen des Vermerks des Beschlusses auf dem Urteil und den Ausfertigungen vgl § 319 Anm 3 entspr.

D. Rechtsmittel. Eine Anfechtung des Beschlusses ist sowohl bei einer Berichtigung als auch bei einer Ablehnung des Antrags grundsätzlich unstatthaft. Beschwerde nach § 567 ist aber in folgenden Fällen zulässig: **a)** die Berichtigung ist ohne eine Sachprüfung als unzulässig abgelehnt worden; **b)** das Gericht hat prozessual unzulässig entgegen dem Antrag des Gegners berichtigt. Die Gegenmeinung müßte die Partei schwer schädigen, vgl auch BGH **LM** § 41 p PatG aF Nr 36. Rechtsbehelfe gegen das Urteil ergreifen den Berichtigungsbeschluß nicht; **c)** es hat ein Richter mitgewirkt, der nicht mitwirken konnte, C, und es handelt sich um ein Berufungsurteil des LG. Denn ein derartiger Berichtigungsbeschluß muß so behandelt werden, als wäre er nicht ergangen, Düss NJW **63**, 2032.

Bei A und C ist wegen IV 2 eine Zurückverweisung notwendig.

6) *VwGO:* Es gilt § 119 *VwGO* (im wesentlichen inhaltsgleich). Beschwerde, § 146 *VwGO*, ist nur in den Fällen Anm 5 D gegeben, vgl VGH Mü DÖV **81**, 766, EF § 119 Rdz 8.

§ 321 Ergänzung des Urteils.

321 *Ergänzung des Urteils.* ¹ Wenn ein nach dem ursprünglich festgestellten oder nachträglich berichtigten Tatbestand von einer Partei geltend gemachter Haupt- oder Nebenanspruch oder wenn der Kostenpunkt bei der Endentscheidung ganz oder teilweise übergangen ist, so ist auf Antrag das Urteil durch nachträgliche Entscheidung zu ergänzen.

^{II} Die nachträgliche Entscheidung muß binnen einer zweiwöchigen Frist, die mit der Zustellung des Urteils beginnt, durch Einreichung eines Schriftsatzes beantragt werden.

^{III} Auf den Antrag ist ein Termin zur mündlichen Verhandlung anzuberaumen. Dem Gegner des Antragstellers ist mit der Ladung zu diesem Termin der den Antrag enthaltende Schriftsatz zuzustellen.

^{IV} Die mündliche Verhandlung hat nur den nicht erledigten Teil des Rechtsstreits zum Gegenstande.

1) Geltungsbereich. A. Allgemeines. § 321 dient der Ergänzung eines lückenhaften Urteils, nicht aber der Richtigstellung einer falschen Entscheidung, BGH NJW **80**, 841 mwN. Die Vorschrift setzt voraus, daß das Urteil einen Punkt übergeht, den es hätte zu- oder absprechen müssen. Eine solche Unterlassung läßt sich nicht etwa in den Urteilsgründen nachholen. Wenn das Urteil als Teilurteil gedacht war, wenn es also absichtlich den Punkt aufspart, oder wenn das Urteil den Punkt für erledigt erklärt, dann versagt § 321. Die Vorschrift steht im Gegensatz zu § 319, was Düss BB **77**, 472 (abl Runge) verwischt. Wenn der Wille des Gerichts zweifelhaft ist, so stellt die Partei zweckmäßigerweise beide Anträge, vgl auch BGH NJW **80**, 841. § 321 gilt auch bei §§ 307 II, 331 II, III.

§ 321 ist unanwendbar, wenn der Anspruch nur in den Gründen übergangen worden ist, nicht in der Formel, oder umgekehrt, BGH VersR **82**, 70 mwN, StJ I 2 (§ 319 ist anwendbar), insofern offen BGH NJW **80**, 841, aM BAG NJW **59**, 1942, vgl auch Lindacher ZZP **88**, 73; wenn das Gericht eine Entscheidung in den Gründen ausdrücklich ablehnt; wenn es an einem Antrag fehlt, der übergangen sein sollte, BGH **LM** Nr 3. Aus dem Umstand, daß der fragliche Punkt weder im Tenor noch in den sonstigen Teilen der Entscheidung erörtert worden ist, läßt sich nicht stets schließen, daß das Gericht ihn übergangen hat, vgl Zweibr FamRZ **80**, 1144.

In Ehesachen gilt § 321 wegen des Grundsatzes der Einheitlichkeit der Entscheidung nicht, Einf 3 vor § 610; dort sind nur die etwaigen Rechtsmittel zulässig, Blomeyer ZPR § 87 III 1, Böttcher Festschrift für Rosenberg (1949) 73ff, aM Habscheid Streitgegenstand 247 wegen des Prinzipalantrags. Wegen des Verfahrens nach dem FGG vgl KG OLGZ **77**, 405.

B. Ergänzung und Rechtsmittel. Abgesehen von den Fällen A kann man keine Ergänzung mit Rechtsmitteln betreiben; da eine Entscheidung fehlt, fehlt eine Anfechtbarkeit. Daher läßt sich der übergangene Anspruch in der 2. Instanz nur als „neuer" Anspruch oder evtl als Klagerweiterung geltendmachen, § 264 Z 2, in der Revisionsinstanz gar nicht. Wenn ein Antrag des Bekl die Neufassung seiner Verurteilung bezweckt, so kann die etwa zulässige Berichtigung mit dem Rechtsmittel zusammentreffen, weil die Entscheidung im Grund nicht unvollständig ist, sondern falsch. Dies gilt, wenn beim Urteil nach § 302 der Vorbehalt fehlt, vgl aber auch § 302 Anm 3 B. Ist die Rechtshängigkeit erloschen, so ist auch eine neue Klage zulässig, BAG **8**, 20, KG Rpfleger **80**, 159 mwN.

2) Voraussetzungen, I. Es muß nach dem Tatbestand, auch nach dem gemäß § 320 berichtigten, ein Haupt- oder Nebenanspruch (dieser macht eine Nebenforderung geltend, § 4) oder der Kostenpunkt ganz oder teilweise übergangen worden sein. „Übergangen" heißt: versehentlich nicht beachtet, BGH NJW **80**, 841, Hamm FamRZ **81**, 190, zB beim gestempelten Versäumnis- oder Anerkenntnisurteil, das auf eine Klagschrift verweist, die keinen Kostenantrag enthält, vgl Stürner ZZP **91**, 359. „Übergangen" heißt nicht etwa: rechtsirrtümlich nicht beschieden, BGH **LM** § 253 Nr 7, Hamm FamRZ **81**, 190, LSG Hessen MDR **81**, 1052.

Das Übergehen eines Hilfsanspruchs genügt, wenn seine Prüfung geboten war, § 260 Anm 2 C, D. Die Übergehung des Kostenpunkts bei einem Streithelfer oder Streitgenossen genügt, BGH **LM** Nr 6 mwN. Ist für einen Streitgenossen in der Hauptsache nicht erkannt worden, so ist das Urteil ein Teilurteil; es ist nicht zu ergänzen, sondern es ist vielmehr ein Schlußurteil zu erlassen. Die höhere Instanz kann eine von der niederen Instanz übergangene Kostenentscheidung von Amts wegen nachholen, § 308 II.

§ 321 ist aber unanwendbar, wenn das Gericht nur einzelne Angriffs- oder Verteidigungsmittel übergangen hat, BGH NJW **80**, 841 mwN.

3) Verfahren, II – IV. A. Antrag. Nötig ist ein Antrag auf eine bestimmte Ergänzung. Er ist schriftlich einzureichen. Ihn kann nicht nur diejenige Partei stellen, deren Anspruch übergangen worden ist. Anwaltszwang herrscht wie sonst. Das Verfahren verläuft im einzelnen wie bei § 320 Anm 3. Die Antragsfrist beträgt 2 Wochen seit der Urteilszustellung, Karlsr OLGZ **78**, 487. Die Zustellung einer abgekürzten Ausfertigung genügt zum Fristbeginn nur, wenn das Urteil vor dem 1. 1. 1977 verkündet oder mangels einer mündlichen Verhandlung der GeschSt übergeben worden war, Art 10 Z 5 VereinfNov, s vor Einl I; der frühere II 3 ist entfallen, § 750 I 2 gilt nur für die Zwangsvollstreckung. Ein Antrag auf eine einstweilige Einstellung der Zwangsvollstreckung ist zulässig, § 707 Anm 5.

Ein Antrag auf Tatbestandsberichtigung verlängert die Frist nicht, so daß die Frist ohne Rücksicht auf einen Erfolg des Tatbestandsberichtigungsverfahrens zu wahren ist, StJ SchL II 1, aM BGH NJW **82**, 1822 mwN (die Frist beginne mit der Zustellung des Berichtigungsbeschlusses von neuem zu laufen). Ist die Kostenentscheidung gemäß § 101 I übergangen worden, so beginnt die Frist für den Streithelfer wegen der Ergänzung in diesem Punkt jedenfalls bei einem noch nicht rechtskräftigen Urteil erst mit seiner Zustellung an ihn, BGH **LM** Nr 6 mwN.

Es handelt sich um eine gesetzliche Frist, aber nicht um eine Notfrist. Darum kann sie weder abgekürzt noch verlängert werden. Ebensowenig ist eine Wiedereinsetzung zulässig, BGH MDR **80**, 388. Der Fristablauf wird von Amts wegen geprüft. Solange das Urteil nicht zugestellt wird, beginnt die Frist nicht zu laufen. Mit dem Fristablauf erlischt die Rechtshängigkeit des übergangenen Anspruchs, BGH **LM** § 322 Nr 54, KG Rpfleger **80**, 159 mwN, vgl auch Hamm Rpfleger **80**, 482. Zur Entscheidung zuständig ist dasjenige Gericht, das das Urteil erlassen hat.

B. Weiteres Verfahren. Die Entscheidung erfolgt auf eine notwendige mündliche Verhandlung, auch nach einem Urteil im schriftlichen Vorverfahren nach §§ 307 II, 331 II, III, freilich nicht im schriftlichen Verfahren, § 128 II, III, durch Urteil, auch bei einer Zurückweisung aus prozessualen Gründen. Die Verhandlung findet nur über die beantragte Ergänzung statt. Die Zulässigkeit des Antrags ist von Amts wegen zu prüfen. Da über den Ergänzungsanspruch neu zu verhandeln ist, dürfen andere Richter als beim ersten Urteil mitwirken. Die frühere eigentliche Entscheidung muß unberührt bleiben. Einen Ergänzungsanspruch des Bekl kann der Kläger anerkennen, § 307. Das Versäumnisverfahren verläuft wie sonst. Das alte Urteil trifft streng genommen eine Kostenentscheidung nur in seinem Entscheidungsbereich; bei einer Ergänzung ohne Kostenentscheidung ist aber anzunehmen, daß das Gericht die Ergänzung in das alte Kostenurteil einschließt.

4) Rechtsmittel. Das Ergänzungsurteil ist selbständig anfechtbar, BGH NJW **80**, 840. Es ist auch für die Beschwerdesumme als selbständig zu behandeln, BGH NJW **80**, 840 mwN. Ein nur über den Kostenpunkt ergangenes Ergänzungsurteil steht im selben Verhältnis zum ersten Urteil wie ein Schlußurteil zum Teilurteil. Ein Rechtsmittel ist daher nur gegen beide gemeinsam zulässig, vgl Zweibr FamRZ **83**, 621. Dies ist auf andere Nebenleistungen, zB Zinsen, nicht zu übertragen. Wenn das Urteil in Wahrheit nur eine Berichtigung nach § 319 vornimmt, so ist es wie eine bloße Berichtigung zu behandeln. Über die Berufungsfrist und die Verbindung der Berufungen vgl bei § 517.

5) Entsprechende Anwendbarkeit. § 321 ist entsprechend anwendbar beim Übergehen: **a)** des Vorbehalts eines Nachverfahrens, §§ 302, 599; **b)** der vorläufigen Vollstreckbarkeit, § 716, dazu BGH **LM** § 711 Nr 1; **c)** der Räumungsfrist gemäß § 721; **d)** des Vorbehalts beschränkter Haftung, § 305, Düss NJW **70**, 1689; § 786; **e)** der Bekanntmachungs-, Beseitigungs- und Vernichtungspflicht der §§ 23 UWG, 30 WZG; **f)** der Zulassung der Revision, aM zB BGH NJW **81**, 2755, Düss MDR **81**, 235 je mwN, Zweibr FamRZ **80**, 614; **g)** der Abwendung der Zwangsvollstreckung, §§ 711ff; **h)** der Befugnis zur Abwendung des Arrests, § 923, Hbg NJW **58**, 1145; **i)** falls im Teilurteil keine Kostenentscheidung ergangen ist und der Rest sich erledigt. LAG Hamm MDR **72**, 900 wendet § 321 in diesem Fall von Amts wegen an. Vgl aber auch § 301 Anm 1 aE.

Wegen des Beschlußverfahrens § 329 Anm 3 „§ 321".

6) VwGO: *Es gilt § 120 VwGO.*

Einführung vor §§ 322–327

Rechtskraft

Gliederung

1) **Begriffe**
   A. Äußere, formelle Rechtskraft
   B. Innere, materielle Rechtskraft
      a) Grundsatz
      b) Sachliche Rechtskraft
      c) Persönliche Rechtskraft
   C. Vollstreckbarkeit

2) **Wesen der inneren Rechtskraft**
   A. Meinungsstand
      a) Sachlichrechtliche Theorie
      b) Gemischtrechtliche Theorie
      c) Rechtsschöpfungslehre
   B. Kritik
   C. Prozessuale Bedeutung

3) **Wirkung der sachlichen Rechtskraft**
   A. Prozeßhindernis
   B. Unanfechtbarkeit
   C. Rechtsschutzbedürfnis
   D. Vorrang

4) **Wirkung der persönlichen Rechtskraft**
   A. Zwischen den Parteien
   B. Bindung für andere Staatsbehörden
   C. Bindung des Zivilrichters
      a) Vollstreckungs- oder Konkursgericht
      b) Strafurteil
      c) Freiwillige Gerichtsbarkeit
      d) Verwaltungsbehörde oder -gericht
      e) Weitere Fälle

5) **Amtsbeachtung**
   A. Grundsatz
   B. Einzelheiten

6) **Beseitigung der Rechtskraft**
   A. Zulässigkeit
   B. Sittenwidrigkeit
      a) Meinungsstand
      b) Kritik
   C. Erschleichung
   D. Unwirksamkeit einer Parteivereinbarung

7) *VwGO*

---

1) Begriffe. A. Äußere, formelle Rechtskraft. Sie bedeutet, daß das Urteil für dasselbe Verfahren unabänderlich ist, namentlich keinem Rechtsmittel mehr unterliegt. Die äußere Rechtskraft wird von § 705 geregelt. Mängel des Urteils sind vom Eintritt der äußeren Rechtskraft an nicht mehr beachtlich. Eine Ausnahme machen nur die Scheinurteile, Üb 3 B vor § 300; ihrem Scheindasein kann keine äußere Rechtskraft lebendigen Odem einblasen. Wiederaufnahmeklage, §§ 578ff, Vollstreckungsabwehrklage, § 767, Abänderungsklage, § 323, leiten ein neues Verfahren ein. Das muß man mitbeachten, wenn man wie Bruns JZ **59**, 149ff zwischen der Wirkung des Urteils und seiner Endgültigkeit unterscheidet und daher die äußere Rechtskraft als durch den Ablauf der Wiederaufnahmefrist auflösend bedingt sieht.

Wenn die ZPO von Rechtskraft spricht, meint sie meist die äußere Rechtskraft.

B. Innere, materielle Rechtskraft. a) Grundsatz. Sie bedeutet, daß die Gerichte in einem späteren Prozeß der Parteien über dieselbe Sache, gemessen am Streitgegenstand, § 2 Anm 2, an die Entscheidung gebunden sind, vgl BSG MDR **80**, 699. Demgegenüber stellt Schmidt Rpfleger **74**, 182 auf die Verhinderung einer zweiten, widersprechenden Entscheidung in einem neuen Verfahren ab. Die innere Rechtskraft setzt die äußere voraus.

b) Sachliche Rechtskraft. Die innere Rechtskraft äußert sich sachlich, für den prozessualen Anspruch.

c) Persönliche Rechtskraft. Die innere Rechtskraft äußert sich auch persönlich, für bestimmte Personen.

C. Vollstreckbarkeit. Sie ist von der Rechtskraft zu unterscheiden. Die Vollstreckbarkeit kann der inneren und äußeren Rechtskraft vorangehen. Das sachliche Recht knüpft nicht selten sachlichrechtliche Wirkungen an ein äußerlich rechtskräftiges Urteil, zB § 283 BGB.

2) Wesen der inneren Rechtskraft

Schrifttum: Gaul, Die Entwicklung der Rechtskraftlehre seit Savigny und der heutige Stand, Festschrift für Flume (1978) I 443 (Bespr Henckel ZZP **94**, 347).

A. Meinungsstand. Die Lehre ist stark umstritten. Welche Lehre „herrscht", ist zweifelhaft. Wichtige Theorien sind:

a) Sachlichrechtliche Theorie (Pagenstecher, Kohler; ihr zuneigend Pohle [österr] JurBl **57**, 117). Nach ihr gestaltet das Urteil die Rechtsbeziehungen der Parteien. Das richtige Urteil bestätigt ein subjektives Recht, das falsche vernichtet es. Es entsteht also immer ein Entscheidungsanspruch (Judikatsanspruch), ein Anspruch aus dem Urteil. Das Urteil beeinflußt auch die Rechtslage von Personen, die die Rechtskraft nicht berührt, RG **153**, 204. Eine

Abwandlung dieser Theorie unter Ablehnung des Judikatsanspruchs und unter Betonung der prozessualen Bindung aller Gerichte an die Entscheidungen findet sich bei Nikisch.

b) Prozeßrechtliche Theorie (Stein, Hellwig, Schwab JuS **76**, 73 mwN, Bötticher, Kritische Beiträge zur Lehre von der materiellen Rechtskraft im Zivilprozeß, 1930, Jauernig). Nach ihr wirkt das Urteil rein prozeßrechtlich, indem es den Richter an den Ausspruch des Urteils bindet.

c) Gemischtrechtliche Theorie, so offenbar StJSchL III 5a–c, Henckel 421: Der Gesetzgeber ist in seiner Ausgestaltung, der Richter in seiner Auslegung an sachlichrechtliche Wertungen gebunden; erst so sind die objektiven Grenzen der Rechtskraft ermittelbar; dazu Bötticher ZZP **85**, 15; ähnlich Rimmelspacher, wenn auch von einem sachlichrechtlichen Anspruchsbegriff aus (103, 175, 207: Rechtsposition nebst Rechtsbehelf; Bespr Habscheid ZZP **84**, 360).

d) Rechtsschöpfungslehre (Bülow). Nach ihr schafft der Richter durch sein Urteil überhaupt erst eine für den Einzelfall gültige Rechtsvorschrift.

B. Kritik. Den Vorzug verdient jedenfalls die prozessuale Lehre. Wenn der Richter das subjektive Recht erst durch sein Urteil schüfe, dann wären alle Rechtsgeschäfte nur Wünsche. Der Richter schafft nicht Recht, sondern wendet Recht an. Nur bei den Gestaltungsurteilen, Üb 2 B c vor § 300, gestaltet, „schafft" er Recht. Aber dort ist auch kein Recht als bestehend festzustellen, sondern erst an Hand des Gesetzes zu gestalten; auch ist dort die Rechtskraftwirkung außergewöhnlich, sie richtet sich nämlich für und gegen alle. Bildet der Richter das Recht fort, so gibt er kein Gesetz, sondern legt den Willen des Gesetzes in einem weiteren Sinne aus, denkt das Gesetz weiter. Der Richter gewährt oder versagt Rechtsschutz, Üb 1 B vor § 300.

Die innere Rechtskraft beruht auf der staatsrechtlichen Erwägung, daß die Rechtssicherheit, eine der Grundlagen des Staats, das Aufhören eines Streits um das Recht in einem gewissen Zeitpunkt gebietet. Ein Richterspruch kann nicht Unrecht zu Recht machen. Aber er kann gebieten, daß das Recht des einzelnen hinter der Sicherung der Allgemeinheit durch Rechtsfrieden zurücktritt, vgl auch Bruns FamRZ **57**, 201. „Ein Urteil bringt nicht Rechte zur Entstehung, sondern stellt nur fest, was Rechtens ist", RG **129**, 278. „Die Rechtskraft verändert nicht die materielle Rechtslage, sie ist keine causa für den Erwerb und Verlust von Rechten, sondern besteht in der bindenden Kraft der im Urteil enthaltenen Feststellung", BGH **3**, 85.

Weil das falsche Urteil die wahre Rechtslage nicht verändert, kann der Berechtigte sein Recht trotz der Rechtskraft immer dann zur Geltung bringen, wenn die Rechtskraft versagt, namentlich also gegenüber Dritten. Die Lehre von der inneren Rechtskraft ist der Angelpunkt des Zivilprozeßrechts.

C. Prozessuale Bedeutung. Die innere Rechtskraft liegt, wie die äußere, ganz auf prozessualem Gebiet. Die ZPO, vgl § 69, und das BGB, ganz im Bann römisch-rechtlicher Anschauungen, stehen auf einem anderen Boden. Erst die 2. BGB-Kommission verwies die Bestimmungen über die sachlichen Wirkungen der inneren Rechtskraft aus Gründen der Übersichtlichkeit in die ZPO. Folge: die Landesgesetze über die sachlichen Wirkungen sind durch § 322 aufgehoben worden; § 14 EG ZPO, Art 55ff EG BGB haben die landesrechtlichen Vorschriften über die persönlichen Wirkungen auf den Landesrecht vorbehaltenen Gebieten aufrechterhalten.

Die Frage nach der Tragweite und Bedeutung des Urteils richtet sich nach dem Prozeßrecht des erkennenden Gerichts. Dagegen richtet sich die Wirkung des Urteils auf einen späteren Prozeß nach dem für diesen geltenden Prozeßrecht. Dies gilt namentlich bei einem ausländischen Urteil.

3) Wirkung der sachlichen Rechtskraft

Schrifttum: Bader, Zur Tragweite der Entscheidung über die Art des Anspruchs bei Verurteilungen im Zivilprozeß, 1966; Eichfelder, Die Stellung der Gerichte ... und die Bindungskraft ihrer Entscheidungen, Diss Würzb 1980; Gaul, Die Entwicklung der Rechtskraftlehre seit Savigny und der heutige Stand, Festschrift für Flume (1978) 443; Georgiades, Die Anspruchskonkurrenz im Zivilrecht und Zivilprozeßrecht, 1968; Habscheid, Rechtsvergleichende Bemerkungen zum Problem der materiellen Rechtskraft des Zivilurteils, Festschrift für Fragistas (1967); Hopfgarten, Die materielle Rechtskraft im Zivilprozeß – eine Frage der Verwirkung? usw, Diss Münster 1978; Lüke, Die wiederholte Unterlassungsklage, Festschrift für Schiedermair (1976) 377; Otto, Die Präklusion, 1970; Peetz, Die materiellrechtliche Einordnung der Rechtsfolge und die materielle Rechtskraft usw, 1976 (Bespr Schwab ZZP **91**, 234); Rimmelspacher, Materiellrechtlicher Anspruch und Streitgegenstandsprobleme im Zivilprozeß, 1970; Schumann, Fehlurteil und Rechtskraft, Festschrift für Bötticher (1969) 289; Schwab, Die Bedeutung der Entscheidungsgründe, Festschrift für Bötticher (1969) 321; Simon, Die Behandlung einander widersprechender rechtskräftiger Zivilurteile usw, Diss Köln 1978; Zeuner, Rechtsvergleichende Bemerkungen zur objektiven Begrenzung der Rechtskraft im Zivilprozeß usw, Festschrift für Zweigert (1981).

A. Prozeßhindernis. Sachlich wirkt die Rechtskraft dahin, daß keine neue Verhandlung und Entscheidung über den rechtskräftig festgestellten Punkt mehr zulässig ist, „ne bis in idem", BGH NJW **79**, 1047, LG Wiesbaden MDR **79**, 236; Jauernig ZPR § 62 III 1, RoS § 152 II 2 je mwN. Die Rechtskraftwirkung tritt selbst dann ein, wenn das Urteil unter einer Mißachtung einer anderweitigen Rechtshängigkeit der Sache erzwungen ist, BGH NJW **83**, 515 mwN, oder wenn das Urteil wegen seiner Einstellung heute zu mißbilligen ist. Nur der Gesetzgeber kann dann helfen. Die Rechtskraft ist daher eine verneinende Prozeßvoraussetzung, ein Prozeßhindernis, Grdz 3 C vor § 253, BGH NJW **79**, 1408, StJ III 5, vgl Gaul Festschrift für Weber (1975) 169. Arens Rdz 353, Blomeyer ZPR § 88 III 2b, Grunsky 431 verbieten nicht eine neue Verhandlung, sondern nur eine widersprechende Entscheidung. Nach dieser sog Bindungslehre wäre die Klage in einem zweiten gleichen Prozeß bei einer Säumnis des Klägers gemäß § 331 II sachlich unbegründet. In Wahrheit ist sie im zweiten gleichen Prozeß unzulässig. Nach der sog Vermutungslehre, zB Pohle, Gedächtnisschrift für Calamandrei (1957) 377, schafft das rechtskräftige Urteil eine unwiderlegbare Vermutung dafür, daß die im Urteil ausgesprochene Rechtsfolge zu Recht besteht. Das ist zu blaß.

B. Unanfechtbarkeit. Die Rechtskraft macht den Anspruch grundsätzlich unanfechtbar. Das gilt unabhängig davon, ob er entstanden, klagbar, erzwingbar war. Die Rechtskraft gewährt Rechtsschutz ohne Rücksicht auf die wirkliche Rechtslage, selbst ohne Rücksicht darauf, ob der Anspruch wirklich erhoben worden war, BGH **34**, 339, BAG DB **81**, 2183, s aber § 308 Anm 1 D. Alle Einreden, die dem Anspruch beim Schluß der mündlichen Verhandlung entgegenstanden, sind entsprechend § 767 II ausgeschlossen, vgl BGH **83**, 280, Prölss VersR **76**, 428.

Dies gilt etwa dann, wenn die im Erstprozeß festgestellte Rechtsfolge für den Zweitprozeß vorgreift; wenn zB im Wechselprozeß die Gültigkeit des Wechsels rechtskräftig festgestellt worden ist, dann ist im Nachverfahren der Einwand eines unwirksamen Protestes unzulässig; wenn im Ehelichkeitsanfechtungsprozeß der Scheinvater als Erzeuger ausgeschlossen worden ist, dann ist im nachfolgenden Vaterschaftsfeststellungsprozeß eine Beweisaufnahme über seine Vaterschaft wegen § 640h unzulässig, Düss NJW **80**, 2760, Mü NJW **77**, 342 mwN.

Dieser Ausschluß findet über § 767 II hinaus auch bei Behauptungen des Klägers statt, die er im Vorprozeß hätte vorbringen können, BGH **LM** § 322 Nr 78 (im Ergebnis zustm Flieger MDR **78**, 534, krit Greger ZZP **89**, 335), vgl AG Nürnb VersR **79**, 1042. Jedes Urteil, auch das Feststellungsurteil, BGH **LM** § 254 (C) BGB Nr 5 (Mitverschulden), schließt die Parteien mit solchem Vorbringen aus. Dabei ist zu berücksichtigen, daß auch jedes Unterlassungsurteil die Feststellung einer Unterlassungsverpflichtung enthält, die bei einem späteren Schadensersatzprozeß eine nochmalige Untersuchung dieser Verpflichtung ausschließt, BGH **42**, 340.

C. Rechtsschutzbedürfnis. Ist der Streitgegenstand in beiden Prozessen derselbe, so ist eine neue Klage und Entscheidung nur dann zulässig, wenn für sie ein Rechtsschutzbedürfnis besteht, Grdz 5 vor § 253. Beispiele: Die Akten des Erstprozesses sind verloren, eine Urteilsausfertigung war nicht erteilt worden; die Scheidung ist rechtskräftig geworden, aber es fehlt eine Urteilsausfertigung nebst Rechtskraftbescheinigung, und inzwischen ist das erkennende Gericht weggefallen. Dann ist Feststellungsklage möglich, BGH **4**, 314. Über die Einrede der Aufrechnung § 322 Anm 3.

Eine spätere Tatsache berührt die Rechtskraft selbst dann nicht, wenn sie schon früher hätte herbeigeführt werden können, BGH **83**, 280 mwN und NJW **62**, 915 mwN, insofern offen BGH **LM** § 322 Nr 78 (krit Greger ZZP **89**, 335). Der Kläger kann dann auf Grund der späteren Tatsache neu klagen, der Beklagte kann die Zahlung der Urteilssumme im Zweitprozeß geltendmachen.

Die Rechtskraft wirkt grundsätzlich für immer. Veränderungen der tatsächlichen Verhältnisse sind im Rahmen von §§ 323, 324 zu berücksichtigen. Veränderungen der Rechtsprechung oder der Rechtsanschauung bleiben grundsätzlich außer Betracht, vgl BAG DB **76**, 151; sonst würde jegliche Rechtssicherheit entfallen, BGH DB **73**, 715. Auch ein rückwirkendes Gesetz kann ein vorher ergangenes Urteil nicht zerstören, weil es verfassungsrechtlichen Bestandsschutz genießt, krit ArbG Hagen DB **73**, 2195.

Gegenüber einem Leistungs- und Feststellungsurteil, das noch in die Zukunft wirkt, kann wegen eines neuen Gesetzes Vollstreckungsabwehrklage oder negative Feststellungsklage, bei einer Gestaltungsklage eine abermalige gegeben sein, Habscheid ZZP **78**, 401; noch weitergehend insofern BAG DB **76**, 151 mwN bei Ansprüchen, die sachlich in jedem Augenblick neu entstehen (dann trete uU keine Rechtskraft ein). Ist der Anspruch zu Unrecht, aber rechtskräftig abgewiesen worden, so kann er nicht mehr geltend gemacht werden; unrichtig deshalb BGH NJW **51**, 837.

Etwas anderes gilt, wenn das Gericht den Klagantrag im Vorprozeß nicht so umfassend verstanden hatte, wie er gemeint war.

D. Vorrang. Im Widerstreit zwischen der Rechtskraft und dem Verbot einer nachteiligen Abänderung geht die Rechtskraft vor. Im Widerstreit zwischen Rechtskraft und Rechtskraft geht diejenige aus dem jüngeren Urteil nur dann vor, wenn der neue Prozeß zulässig war. Denn andernfalls würde das jüngere Urteil gegen die öffentliche Ordnung verstoßen, Üb 3 C vor § 300, Gaul Festschrift für Weber (1975) 159 mwN. Über die Heilung von Verfahrensmängeln durch die Rechtskraft § 295 Anm 1 A.

4) Wirkung der persönlichen Rechtskraft

Schrifttum: Calavros, Urteilswirkung zu Lasten Dritter, 1978; Fenge, Rechtskrafterstreckung bei revokatorischen Ansprüchen aus Verstößen gegen die Verfügungsbeschränkungen der Zugewinngemeinschaft, Festschrift für Wahl (1973) 475; Kass, Prozeßstandschaft und Rechtskraftwirkung usw, Diss Ffm 1971; Schwab, Die prozeßrechtlichen Probleme des § 407 II BGB, Gedächtnisschrift für Bruns (1980) 181; vgl die Schrifttumsangaben bei § 325.

A. Zwischen den Parteien. Persönlich wirkt die Rechtskraft gegenüber Privatpersonen grundsätzlich nur zwischen den Parteien, BGH **52**, 151, denn Dritte können nicht unter dem Streit der Partei leiden. Über die zahlreichen Ausnahmen vgl § 325.

B. Bindung für andere Staatsbehörden. Sie läßt sich nicht allgemein beurteilen. Gebunden sind der Vollstreckungs- und der Konkursrichter. Nicht gebunden ist der Strafrichter, außer für die Zuerkennung einer Entschädigung. Den Richter der freiwilligen Gerichtsbarkeit binden rechtsgestaltende Entscheidungen, etwa eine Entmündigung, BayObLG Rpfleger **82**, 20 mwN, sowie Leistungs- und Feststellungsurteile im Rahmen ihrer Rechtskraft; zB kann der Nachlaßrichter einen Erbschein nicht derjenigen Partei erteilen, die als Erbe im Prozeß unterlegen ist, wohl aber einem Dritten, Pal-Edenhofer § 2359 BGB Anm 1a, s auch Keidel FGG § 127 Anm 24ff. Verwaltungsbehörden sind an das Urteil gebunden. Vgl auch § 17 GVG.

C. Bindung des Zivilrichters. Den Zivilprozeßrichter binden folgende Entscheidungen:

a) Vollstreckungs- oder Konkursgericht. Eine Entscheidung des Vollstreckungsgerichts oder des Konkursgerichts bindet, weil beide im weiteren Sinne im Zivilprozeß entscheiden.

b) Strafurteil. Ein Urteil des Strafrichters bindet nicht, § 14 EG ZPO, außer soweit er eine Entschädigung zugesprochen hat, § 406 III StPO.

c) Freiwillige Gerichtsbarkeit. Eine Entscheidung des Richters der freiwilligen Gerichtsbarkeit bindet, soweit ihre Rechtskraft zwischen den Parteien reicht, soweit diese Entscheidung ein Recht erzeugt, wie die Eintragung einer Aktiengesellschaft oder die Bestellung eines Vormunds, und soweit die Entscheidung schließlich im Rahmen der sachlichen Zuständigkeit jenes Richters gelegen hat. Darüber hinaus entsteht regelmäßig insoweit keine Bindung, also zB nicht für die Ablehnung der Feststellung der Nichtigkeit einer Annahme als Kind oder für eine Entscheidung des Kartellgerichts, Sieg VersR **77**, 493. Eine Nachprüfung des vorangegangenen Verfahrens ist unzulässig.

d) Verwaltungsbehörde oder -gericht. Eine Entscheidung einer Verwaltungsbehörde und eines Verwaltungsgerichts bindet, soweit deren Rechtskraft reicht, § 121 VwGO (im allgemeinen werden nur die Beteiligten und ihre Rechtsnachfolger gebunden; eine weitergehende Bindung tritt bei Statussachen ein, zB bei der Feststellung der Staatsangehörigkeit), soweit sie rechtsgestaltend wirkt und von der sachlich zuständigen Stelle vorgenommen wurde; vgl auch BGH **9**, 329; **20**, 379; **77**, 341 mwN.

e) Weitere Fälle. Ferner binden diejenigen Entscheidungen, die das Gesetz ausdrücklich als bindend bezeichnet. Vgl Ströbele, Die Bindung der ordentlichen Gerichte an Entscheidungen der Patentbehörden, 1975 (Bespr von Falck GRUR **76**, 48). Zur Bindung an Entscheidungen des BVerfG Klein NJW **77**, 697 mwN.

5) Amtsbeachtung. A. Grundsatz. Als öffentlichrechtliche Einrichtung von größter Bedeutung ist die Rechtskraft von Amts wegen zu beachten, zB BGH **LM** § 21 VAG Nr 2 und NJW **79**, 1408.

B. Einzelheiten. Der Einwand, die Sache sei unrichtig entschieden worden, ist unbeachtlich. Die Nichtbeachtung der Rechtskraft ist ein Mangel, der evtl die Restitutionsklage zuläßt, § 580 Z 7. Ein Urteil, das die Rechtskraft in derselben Sache aus einem unzulässigen Rechtsgrund beseitigt, Anm 6, verstößt zudem gegen die öffentliche Ordnung, weil das Gericht die Erschütterung der Rechtssicherheit nicht wissentlich fördern darf. Der Inhalt eines rechtskräftigen Urteils ist auch in der Revisionsinstanz frei zu würdigen. Die Rechtskraft führt zur Klagabweisung durch ein Prozeßurteil, Grdz 3 A b vor § 253, BGH **LM** § 268 aF Nr 1. Eine Sachabweisung ist mangels jeder Sachprüfung unmöglich; sie könnte lediglich hilfsweise zusätzlich zur jedenfalls notwendigen Prozeßabweisung erfolgen. Ist ein zweites Urteil zulässig, Anm 3 C, so hat es wie das erste zu lauten.

6) Beseitigung der Rechtskraft. A. Zulässigkeit. Die Beseitigung der Rechtskraft ist in folgenden Fällen möglich: **a)** Durch eine Wiedereinsetzung wegen Versäumung der Einspruchs- oder Rechtsmittelfrist, §§ 233 ff; **b)** durch eine Bestimmung des zuständigen Gerichts gemäß § 36 Z 5, 6; **c)** durch eine Abänderungsklage, § 323; **d)** durch eine Nachforderungsklage, § 324; **e)** durch eine Wiederaufnahmeklage, §§ 578 ff. Eine Änderung der Gesetzgebung wirkt regelmäßig nicht auf die Rechtskraft, sofern nicht das Gesetz eine Erneuerung des Streits ausdrücklich zuläßt, BGH **LM** Nr 10, vgl aber § 323 Anm 2 C, § 767 Anm 2 C. Der Fortbestand der Rechtskraft muß aber seine Grenze dort finden, wo eine Vollstreckung aus dem Urteil nach dem neuen Gesetz sittenwidrig wäre, § 767 Anm 2 B.

B. Sittenwidrigkeit. a) Meinungsstand. Die Frage, ob man die Rechtskraft mit Mitteln des sachlichen Rechts bekämpfen kann, ist umstritten; vgl zunächst Braun, Rechtskraft und Restitution, 1979 (Bespr Häsemeyer AcP **181**, 161); Dämmrich, Neues zur Anwendung der Arglisteinrede gegen rechtskräftige Urteile aus § 826 BGB, Diss Erlangen 1949; Dost, Die Erschütterung der Rechtskraft von Unterhaltsurteilen. Ein Beitrag zur Frage der mißbräuchlichen Ausnutzung rechtskräftiger Urteile, Diss Tüb 1946; Gaul JuS **62**, 2, AcP **168**, 53 und Gaul, Grundlagen des Wiederaufnahmerechts (1976) 30; Thumm, Die Klage aus § 826 BGB gegen rechtskräftige Urteile in der Rechtsprechung des Reichsgerichts und des Bundesgerichtshofes, 1959. Das Reichsgericht bejahte eine solche Möglichkeit in immer steigendem Maß. Bereits RG **46**, 79 gab gegenüber einem rechtskräftigen Urteil den Einwand der Arglist, § 826 BGB. Die Instanzgerichte verloren allmählich jeden Halt.

BGH NJW **51**, 759 hält § 826 BGB mit Rücksicht auf die verschiedenen Voraussetzungen von § 580 und § 826 BGB gegenüber dem rechtskräftigen Urteil für anwendbar. So auch BGH **50**, 115, Celle OLGZ **79**, 66 und MDR **82**, 408, Düss FamRZ **80**, 377, Bernhardt § 54 IV. Dies soll etwa bei einem Urteil gelten, das durch Irreführung des Gerichts arglistig erwirkt wurde, insbesondere durch falsche Zeugenaussagen oder unrichtige Parteierklärungen, oder dann, wenn eine Partei ein Urteil, dessen Unrichtigkeit ihr bekannt ist, sittenwidrig ausnutzt, vgl auch LG Hann NJW **79**, 222 (krit Braun NJW **79**, 2380).

Der BGH lehnt einen Schadensersatzanspruch ab, wenn sich der jetzige Kläger auf dieselben Behauptungen, Beweismittel und Rechtsausführungen wie im Vorprozeß beruft oder den früheren Vortrag mit Ausführungen oder Beweisanträgen ergänzt, die er schon im Vorprozeß hätte vorbringen können, BGH **40**, 130 (abl Gaul JZ **64**, 515), vgl auch BGH NJW **64**, 1277 und **LM** § 582 Nr 3.

b) Kritik. Diese Rechtsprechungsregeln führen zur praktischen Beseitigung der sachlichen Rechtskraftwirkung, zu einer schikanösen Vermehrung und Verteuerung des Prozessierens und zu einer bodenlosen Rechtsunsicherheit, vgl dazu sogar RG **156**, 269. Außerdem sind die Regeln des BGH in sich unsicher, vgl BGH **26**, 396. Gewiß soll das sachliche Recht siegen. Das Recht dient dem Leben. Darum ist eine Lehre falsch, die zu einem praktisch unbrauchbaren Ergebnis führt. Man darf aber deshalb nicht die tragenden Pfeiler jeder Rechtsordnung sprengen. Die Rechtssicherheit ist eines der größten Güter. Sie dient dem einzelnen wie der Allgemeinheit.

Überdies ist die Rechtsprechung des BGH unrichtig. So nahe bei flüchtiger Überlegung der Gedanke liegt, in solchen Fällen einen Rechtsmißbrauch anzunehmen, so abwegig ist er bei genauerer Prüfung. Gibt es einen schlimmeren Rechtsmißbrauch, als wenn der Sieger trotz Zahlung nochmals vollstreckt? Und trotzdem hat der Verurteilte nach dem ganz klaren Willen des Gesetzes dann nicht die Einrede aus § 826 BGB, sondern nur die Möglichkeit der Vollstreckungsabwehrklage, Lukes ZZP **72**, 113 (aM BGH **26**, 394, **40**, 130: Der Sieger habe eine Zwangsvollstreckung zu unterlassen und den Titel herauszugeben; ferner Gaul JuS **62**, 5: Es bestehe die Möglichkeit der Restitutionsklage; vgl aber Celle NJW **66**, 2020).

Man beachte auch, daß § 586 II die Wiederaufnahmeklage trotz schwerster Mängel mit dem Ablauf von 5 Jahren seit der Rechtskraft schlechthin verbietet, während nach BGH bei leichteren Mängeln gegebenenfalls noch eine spätere Anfechtung aus § 826 BGB zugelassen werden müßte. Dagegen auch Baumgärtel ZZP **86**, 361, Blomeyer ZPR § 107 II (es handele sich um eine Umgehung der Wiederaufnahmebestimmungen).

Die ganze unter der Führung des Reichsgerichts entwickelte Lehre klingt verlockend, wirkt aber als juristische Knochenerweichung verderblich und ist abzulehnen. Gegen den BGH auch Baumgärtel zuletzt in der Gedenkrede für Bruns (1980) 9 (er fordert im Anschluß an Bruns, auf dem „Irrweg" des BGH bei einer Klage aus § 826 BGB wenigstens an den Voraussetzungen des § 581 festzuhalten); Blomeyer ZPR § 107 II, 3; Gaul, Grundlagen der Wiederaufnahmegründe, 99ff; Jauernig NJW **57**, 404, ZZP **66**, 405 (mit Rücksicht auf die Gesetzeskonkurrenz zwischen §§ 580 ZPO, 826 BGB schließe die erstere Vorschrift als lex specialis die letztere aus, insofern aM Celle OLGZ **79**, 66); Reinicke NJW **52**, 3; RoS § 163; krit auch Sternel MDR **76**, 267; Bruns ZPR Rdz 298 wendet im Gegensatz zur eigenen früheren Auffassung § 826 BGB nur zu Randkorrekturen von Beschränkungen der Möglichkeiten einer Restitutionsklage an.

Beachtenswert BGH (2. ZS) **LM** § 322 Nr 10: Man dürfe nicht von einem als unrichtig erkannten Urteil Gebrauch machen. BGH **26**, 396 will einen Anspruch auf Unterlassung der Zwangsvollstreckung und auf Herausgabe eines Titels ausnahmsweise dann zubilligen, wenn zu der Ausnutzung des unrichtigen Urteils, dem Berechtigten als solchem bekannt sei, „besondere Umstände" hinzutreten, die die Ausnutzung in hohem Maße unbillig und geradezu unerträglich machen, läßt sich aber darüber nicht näher aus.

Der von der Rechtslehre entwickelte Scheinprozeß (simulierte Prozeß), dazu Costede, Scheinprozesse, Diss Gött 1968, ist ein Gedankenspiel. Kommt er einmal wirklich vor, so mögen die Parteien die Folgen ihres Tuns tragen, ebenso wenn eine Partei ein Versäumnisurteil gegen sich unter einer falschen Voraussetzung ergehen läßt, die dann nicht eintritt, BGH **13**, 73. Der besonders unerfreuliche Fall eines Unterhaltsurteils gegen den Scheinvater bei einem entgegenstehenden Abstammungsurteil ist durch das NichtehelG ausgeräumt, Üb vor § 642.

C. Erschleichung. Bei einer Erschleichung und bei gröbstem Mißbrauch der Rechtskraft genügt die Restitutionsklage zur Beseitigung von Schäden. Denn Erschleichung ist Prozeßbetrug, als solcher eine Straftat und daher ein Restitutionsgrund, § 580 Z 4. Erschleichung gibt auch einen Ersatzanspruch aus § 826 BGB, vgl § 138 Anm 1 G, Karlsr OLGZ **76**, 375; in diesem Sinn wohl auch Mü NJW **76**, 2137. Der Zustand voller Gerechtigkeit ist eine Utopie. Zahlen muß zB auch diejenige Partei, die der Richter unter Anwendung eines ganz falschen Gesetzes rechtskräftig verurteilt hat. Falsche Urteile sind häufiger als erschlichene.

D. Unwirksamkeit einer Parteivereinbarung. Die Parteien können die prozessualen Wirkungen der Rechtskraft nicht durch eine Vereinbarung beeinträchtigen. Sie können vor allem keinen Staatsakt, und das ist das rechtskräftige Urteil, durch einen Vergleich beseitigen. Zwar können sie auf die Urteilsfolgen verzichten oder darüber einen Vergleich schließen. Wenn die Sache aber irgendwie nochmals zur gerichtlichen Entscheidung gestellt wird, dann bleibt das rechtskräftige Urteil für den jetzt erkennenden Richter maßgebend. Die Parteien können nicht wirksam vereinbaren, die rechtskräftig entschiedene Sache einem Gericht oder Schiedsgericht erneut zu einer sachlichen Prüfung zu unterbreiten. Über die ausnahmsweise Zulässigkeit einer nochmaligen Klage Anm 3 C.

7) VwGO: *Die vorstehend dargelegten Grundsätze gelten auch im VerwProzeß, EF § 121 Rdz 4ff.*

322

Innere Rechtskraft. [1] **Urteile sind der Rechtskraft nur insoweit fähig, als über den durch die Klage oder durch die Widerklage erhobenen Anspruch entschieden ist.**

[II] **Hat der Beklagte die Aufrechnung einer Gegenforderung geltend gemacht, so ist die Entscheidung, daß die Gegenforderung nicht besteht, bis zur Höhe des Betrages, für den die Aufrechnung geltend gemacht worden ist, der Rechtskraft fähig.**

Schrifttum: Arens, Streitgegenstand und Rechtskraft im aktienrechtlichen Anfechtungsverfahren, 1960; Asper, Die Aufrechnung im Zivilprozeß, Diss Köln 1970; Becker, Zivilprozessuale Aspekte der Bindung der Gesellschafter einer Offenen Handelsgesellschaft an das von dieser erstrittene Zivilurteil über Gesellschaftsschulden, Diss Köln 1972; Claus, Die vertragliche Erstreckung der Rechtskraft, Diss Köln 1973; Deppert, Probleme der Prozeßaufrechnung, Diss Ffm 1971; Dietrich, Rechtskraft und neue Tatsachen, insbesondere beim Versäumnisurteil gegen den Kläger, Diss Freibg 1969; Rothweiler, Die Eventualaufrechnung und ihre prozessuale Behandlung, Diss Ffm 1972; Rüffer, Die formelle Rechtskraft des Scheidungsausspruches bei Ehescheidung im Verbundverfahren 1982 (Bespr Bergerfurth FamRZ **82**, 969, Heitzmann NJW **83**, 23). .

Gliederung

1) **Allgemeines**
   A. Rechtskraftfähigkeit, I
   B. Rechtskraftunfähigkeit, I
2) **Tragweite der inneren Rechtskraft, I**
   A. Grundsatz
      a) Entscheidungsumfang
      b) Auslegung
      c) Einzelheiten
   B. Anspruch

   C. Grenzen der Rechtskraft
      a) Tatsachenfeststellung
      b) Juristischer Obersatz
      c) Allgemeine Rechtsfolge
      d) Einreden usw
      e) Entscheidungsgründe
3) **Aufrechnung, II**
4) **Einzelfälle in Auswahl**
5) ***VwGO***

1) **Allgemeines. A. Rechtskraftfähigkeit, I.** Der inneren Rechtskraft fähig sind sämtliche Urteile ordentlicher Gerichte, die endgültig und vorbehaltslos über eine Rechtsfolge entscheiden. Dazu zählen auch das Anerkenntnis- und das Versäumnisurteil sowie ein abweisendes Prozeßurteil, Üb 2 A b vor § 300, BAG NJW **55**, 476, Stgt FamRZ **80**, 1117 mwN; aM sind nur die Vertreter der sachlichrechtlichen Rechtskraftlehre, Einf 2 vor § 322, weil sie diese Rechtskraft von ihrem Standpunkt aus nicht erklären können. Über die Tragweite der Rechtskraft Anm 2. Der inneren Rechtskraft fähig ist auch eine Entscheidung in der Zwangsvollstreckung nach § 766, dort Anm 3 E.
Wegen ausländischer Urteile § 328. Der inneren Rechtskraft fähig sind auch Urteile von Sondergerichten im Rahmen ihrer sachlichen Zuständigkeit; darüber hinaus sind solche Urteile wirkungslos, Üb 2 vor § 13 GVG. Anders verhält es sich mit Urteilen der Arbeitsgerichte und der in § 17 II GVG genannten Gerichte. Der inneren Rechtskraft fähig ist ferner ein Beschluß, sofern in ihm eine der äußeren Rechtskraft fähige Entscheidung steckt (ohne äußere Rechtskraft keine innere), § 329 Anm 3 ,,§§ 322–327". Hierher gehört schließlich die Eintragung in die Konkurstabelle, § 145 II KO, und zwar auch dem Konkursverwalter gegenüber.

B. Rechtskraftunfähigkeit, I. Keiner inneren Rechtskraft fähig sind: Zwischenurteile (der äußeren Rechtskraft sind sie in den Fällen der §§ 280 II, 304 fähig), außer Zwischenurteilen gegen Dritte; Endurteile auf Verweisung oder Zurückverweisung, BGH **LM** § 512 Nr 4. Über die unvollständige Rechtskraftwirkung des Schiedsspruchs vgl bei § 1040. Keine eigentliche Rechtskraftwirkung ist die Bindung des Vorbehaltsurteils oder der Vorabentscheidung nach § 304 für das Nachverfahren, Anm 4 ,,Grund des Anspruchs", § 318 Anm 1.

2) **Tragweite der inneren Rechtskraft, I. A. Grundsatz. a) Entscheidungsumfang.** Die innere Rechtskraft reicht so weit, wie über den Klag- oder Widerklaganspruch entschieden worden ist, s auch OGB BGH **60**, 396, ferner Einf 1 B, dh soweit der in der Urteilsformel enthaltene Gedanke reicht, also nur der vom Richter aus dem Sachverhalt gezogene und im Urteil ausgesprochene Schluß auf das Bestehen oder Nichtbestehen des Anspruchs, BGH **43**, 145, VersR **78**, 59 mwN, NJW **76**, 1095 (zustm Schwab FamRZ **76**, 268). Die Savignysche Lehre, daß sich die Rechtskraft auf die ,,in den Gründen enthaltenen Elemente des Urteils" erstrecke, schien verlassen.
Neuerdings wird aber mit Recht eine differenzierende Betrachtung und die Teilnahme zumindest der ,,tragenden" Entscheidungsgründe an einer ,,relativen" Rechtskraft verfochten, Greger ZZP **89**, 336, Schwab ZZP **91**, 235 mwN, vgl BGH **45**, 329, freilich auch BGH **LM** Vorb § 145 BGB Nr 14 aE. Lindacher ZZP **88**, 73 mwN sieht den Tenor, den Tatbestand und die Entscheidungsgründe als Einheit an und läßt die Gründe im Zweifel vorgehen. Zeuner, Die objektiven Grenzen der Rechtskraft usw, 1959, berücksichtigt die rechtlichen Sinnzusammenhänge; ähnlich Braun ZZP **89**, 104.

b) Auslegung. Auszulegen ist die Formel, soweit sie Zweifel läßt, unter Heranziehung des Tatbestands und der Entscheidungsgründe, BGH NJW **79**, 1047 und NJW **81**, 2306 je mwN, Ffm FamRZ **80**, 906, vgl KG OLGZ **74**, 312, BAG BB **76**, 1371, LSG Hann FamRZ **77**, 53, vgl auch Scheld FamRZ **78**, 652. Der im Urteil in Bezug genommene Parteivortrag im Prozeß ist ebenfalls zu berücksichtigen, BGH NJW **81**, 2306 mwN. Maßgeblich ist die Entscheidung der letzten Instanz, zB BGH **7**, 183, StJSchL VIII 1, ThP 5, abw Jauernig zB Festschrift für Schiedermair (1976) 297 (im Fall der Zurückweisung eines Rechtsmittels komme es ausschließlich auf den Ausspruch der Zurückweisung an; die dafür angeführten

Gründe hätten keinerlei Einfluß auf das angefochtene Urteil). Dasselbe gilt bei einer Vorabentscheidung über den Grund.

Wenn der Anspruch A die Voraussetzung eines Anspruchs B bildet, dann ist A ab Rechtskraft seiner Bejahung auch für B festgestellt, BGH **LM** § 169 BEG 1956 Nr 16 mwN (das Urteil betrifft das Verhältnis zwischen dem Haupt- und dem Zinsanspruch).

Bei einem Anerkenntnis- oder Versäumnisurteil dienen das Vorbringen des Klägers, § 313 Anm 7 A, und die Anerkenntniserklärung des Bekl der Auslegung. Auch im Verhältnis zueinander können die Parteien dem Urteil keinen anderen Inhalt geben, als das Gericht ihn nach dem Streitstoff geben konnte. Andererseits können die Parteien dem Urteil aber auch denselben Inhalt geben, den das Gericht gegeben hat, BGH **34**, 337. Wenn der Kläger zB nach der seinerzeit gegebenen Sachlage und nach seinem Verhalten die ganze Entschädigungsforderung geltend machen wollte, so ist sie insgesamt als im Streit befindlich anzusehen. Wenn das Gericht fälschlich über einen nicht erhobenen Anspruch als über einen erhobenen erkannt hat, dann erstreckt sich die Rechtskraft seiner Entscheidung auch auf diesen Anspruch, Einf 3 B vor §§ 322–327. Die Rechtskraft macht überhaupt alle Mängel des früheren Verfahrens unbeachtlich, BGH **LM** VAG § 21 Nr 2.

Wenn sich der im neuen Prozeß vorgetragene Sachverhalt seinem Wesen nach von demjenigen des Vorprozesses unterscheidet, dann steht der neuen Klage die innere Rechtskraft des Urteils auch dann nicht entgegen, wenn das Klageziel äußerlich unverändert geblieben ist und wenn der Kläger die zur Begründung der neuen Klage vorgebrachten Tatsachen schon im Vorprozeß hätte vortragen können, BGH NJW **81**, 2306.

Widersprechen sich die Entscheidungsgründe und die Urteilsformel, so geht die Formel vor, Celle OLGZ **79**, 196, denn die Gründe dienen der Auslegung der Formel, nicht der Änderung. Stützt sich eine Sachabweisung auf mehrere Gründe, so erwächst die Entscheidung für alle Gründe in Rechtskraft. Dies gilt zB dann, wenn das Gericht wegen fehlender Sachbefugnis und wegen Unbegründetheit des Anspruchs abweist. Die Rechtskraft ergreift sogar grundsätzlich die übersehenen rechtlichen Gesichtspunkte, BGH VersR **78**, 60 mwN (eine Ausnahme gilt evtl bei § 32); vgl freilich den nächsten Absatz dieser Anm. Soweit weitere Tatsachen zu prüfen sind, erwächst keine Rechtskraft, BGH VersR **73**, 157 (Anm Rimmelspacher ZZP **87**, 82).

Führt auch die Auslegung nicht weiter, so liegt kein vollstreckungsfähiger Titel vor, Hamm BB **83**, 1304.

c) Einzelheiten. Ist die Klage des Grundeigentümers auf Rückabtretung der Grundschuld abgewiesen worden, weil der Bekl diese erworben habe, so hat das Ergebnis auch Rechtskraft für einen Rechtsstreit des bisherigen Bekl gegen den früheren Kläger auf Duldung der Zwangsvollstreckung aus dieser Grundschuld, BGH JZ **64**, 257. Spricht das Gesetz einen aus mehreren Ansprüchen zusammengesetzten Anspruch zu, so muß ersichtlich sein, in welcher Höhe es die einzelnen Ansprüche berücksichtigt hat; andernfalls können die Ansprüche trotz eines Teilurteils weiter geltend gemacht werden, BGH **LM** § 253 Nr 7.

Ist ein Klaganspruch aus zwei voneinander unabhängigen Gründen geltend gemacht worden, etwa als Bürgschaft und Werklohnforderung, und zwar der eine nur hilfsweise, wird aber im abweisenden Urteil der Hilfsanspruch vergessen, so wird dieser Hilfsanspruch von der Rechtskraft des Urteils nicht erfaßt, sofern § 321 unanwendbar ist, BGH JZ **66**, 187. Der Kläger kann evtl auch einen Anspruch geltend machen, den er auf einen anderen Rechtsgrund stützt, mag er sich auch zahlenmäßig mit dem vorher abgewiesenen Anspruch decken und mag jener auch schon bereits damals vorgelegen haben, BGH MDR **61**, 934 (hierfür besteht keine Präklusionswirkung des Vorprozesses); insofern können die Ansprüche also ausgetauscht werden, Blomeyer NJW **70**, 182. Vgl auch § 32 Anm 2 B.

Wenn der Kläger zunächst auf einen vorher geltend zu machenden Ersatzanspruch verwiesen wurde, diesen dann aber nicht verwirklichen kann, dann kann der Anspruch abgewiesen werden, Anm 4 „Amtshaftung". Wenn die Genehmigung einer Behörde, die zur Leistung aus einem Urteil notwendig ist, versagt wird, dann kann die Klage, angepaßt an die behördlichen Gegebenheiten, wiederholt werden, BGH **38**, 146. Entsprechendes gilt, wenn ein nach dem Statut erforderlicher Beschluß der Generalversammlung nicht vorlag, BGH **LM** Nr 39. Es handelt sich dann um veränderte Tatbestände, während unveränderte, die zu den tragenden Gründen gehörten, nicht überprüfbar sind, Dietrich ZZP **83**, 212.

Werden Ehemann und Ehefrau aus Besitz in Anspruch genommen, so ist damit auch über den Anspruch gegen die Ehefrau als mittelbare Besitzerin entschieden, Lauterbach NJW **51**, 837 gegen BGH. Wenn sich das Gericht in den Entscheidungsgründen eines Teilurteils, das einen Anspruch über einen bestimmten Betrag hinaus abweist, bejahend über den restlichen Klaganspruch ausgesprochen hat, ohne ein Vorbehaltsurteil nach § 302 zu erlassen, dann kann es im Schlußurteil, das an sich einem zurückgestellten Aufrechnungseinwand gewidmet sein sollte, feststellen, daß der Klaganspruch überhaupt nicht bestand. Denn der Bekl hatte gegen die bejahende Stellungnahme im Teilurteil kein Rechtsmittel, so daß diese Feststellung für das Gericht auch nicht ausnahmsweise bindend war, BGH NJW 67, 1231.

Ist andererseits im Vorprozeß eine unbeschränkte Schadensersatzpflicht festgestellt worden, so kann im Leistungsprozeß nicht geltend gemacht werden, die Leistungspflicht sei schon vor dem Urteil im Vorprozeß erlassen, weil das im Widerspruch mit der festgestellten Rechtsfolge stehen würde, BAG **AP** Nr 11. Die Rechtskraft besteht stets nur soweit, wie über die Klage oder Widerklage entschieden worden ist. Ein Zwischenstreit der Parteien läßt sich nur durch eine Zwischenklage nach § 256 II rechtskräftig entscheiden, Stgt NJW 70, 569. S auch Anm 4 „Vorgreifliches Rechtsverhältnis".

B. Anspruch. Das ist der prozessuale Anspruch, Einl III 7 D, § 2 Anm 2 A, BGH VersR 78, 59 und NJW 81, 2306. Er umfaßt also eine Feststellung und eine Gestaltung, Grdz 2 B, C vor § 253. Eine Entscheidung über den Anspruch ist auch die Entscheidung über Prozeßvoraussetzungen, Grdz 3 A vor § 253. Daher handelt es sich darum, inwieweit das Urteil das Bestehen oder das Nichtbestehen einer Rechtsfolge der rechtsbegründenden Tatsachen feststellt, § 253 Anm 4 B. Der Einwand, die Sache sei bereits rechtskräftig entschieden worden, darf nicht dahingestellt bleiben, weil evtl eine Prozeßabweisung erfolgen muß und eine Sachentscheidung fehlerhaft wäre, BGH **LM** Nr 78 mwN.

C. Grenzen der Rechtskraft. Die Rechtskraft ergreift nicht die folgenden Situationen:

a) Tatsachenfeststellung. Die Rechtskraft ergreift grds nicht die tatsächlichen Feststellungen des Urteils, BGH NJW 83, 2032 mwN (im Ergebnis problematisch; abl Tiedtke NJW 83, 2014, Waldner JZ 83, 374, im Ergebnis zustm Messer JZ 83, 395). Beispiel: Die Feststellung der Nichtehelichkeit eines Kindes besagt nichts für den Ehebruch der Mutter.

b) Juristischer Obersatz. Die Rechtskraft ergreift auch nicht den juristischen Obersatz. Es bindet nur der Unterordnungsausschluß, nicht der Satz, der unterordnet. Dies gilt namentlich bei Reihen-, Teilbetrags- und Ratenprozessen. Bei allen diesen tritt also keine Rechtskraft für den nicht entschiedenen Teil oder Prozeß ein.

c) Allgemeine Rechtsfolge. Die Rechtskraft ergreift weiterhin nicht die allgemeine Rechtsfolge. Es bedarf hier derselben Einzelbeziehung wie bei der Klage. Beispiel: Rechtskräftig werden kann nicht die Verurteilung zur Zahlung von 100 DM, sondern nur die Verurteilung zur Zahlung von 100 DM aus einem bestimmten Kaufvertrag. Mit der Rechtskraft steht aber nicht etwa fest, daß ein Kaufvertrag geschlossen worden ist.

d) Einreden usw. Die Rechtskraft ergreift ferner nicht Einreden und sonstige Einwendungen des Bekl, wie ein Zurückbehaltungsrecht, eine Wandelung, ein geltend gemachtes Pfandrecht. Eine Ausnahme bildet die Aufrechnung, Anm 3, Düss FamRZ 80, 377 mwN.

e) Entscheidungsgründe. Die Rechtskraft ergreift schließlich grundsätzlich nicht die Entscheidungsgründe. Darum entsteht keine Rechtskraft für ein vorgreifliches Rechtsverhältnis, BGH **LM** 2. WoBauG Nr 18, BayObLG ZMR 83, 288 mwN, und für dessen rechtliche Bewertung (Vorsatz, Fahrlässigkeit), BGH **LM** § 322 Nr 2, BayObLG ZMR 83, 287 mwN. Vgl aber A. Wegen der leugnenden Feststellungsklage vgl Anm 4 „Feststellungsurteil".

3) Aufrechnung, II, dazu Kawano ZZP 94, 14. Rechnet der Bekl mit einer Gegenforderung auf, so wird die Entscheidung, daß diese Gegenforderung nicht besteht, bis zum aufgerechneten Betrag rechtskräftig; wegen der Rechtshängigkeit vgl §§ 145 Anm 4 E, 261 Anm 2 C. das ist eine willkürliche, ausdrückliche, der Ausdehnung auf andere Rechte unfähige Ausnahme von I, so daß II bei einer Abweisung aus anderen Gründen versagt. II gilt in folgenden Fällen: **a)** Wenn das Urteil ausspricht, daß die Gegenforderung schon vor der Aufrechnung nicht bestanden habe; **b)** wenn die Klage wegen des Verbrauchs durch die als begründet erachtete Aufrechnung abgewiesen wird, vgl BGH JZ 78, 33 (etwas anderes gilt, wenn das Gericht die Klagforderung für evtl nicht begründet erklärt, BGH **16**, 395), und zwar auch in dem Fall, daß der Vollstreckungsabwehrkläger eine Aufrechnungsforderung geltend gemacht hat, BGH **48**, 360. Demgemäß ist der Bekl beschwert, wenn die Klageforderung aus anderen Gründen hätte abgewiesen werden können.

Die Rechtskraft ergreift nur den zur Aufrechnung verwendeten Teil der Gegenforderung, nicht den überschießenden, vgl BGH **57**, 301, selbst wenn die gesamte Gegenforderung in den Entscheidungsgründen verneint wird. Eine Annahme der Rechtskraftwirkung auch für den die Klagsumme übersteigenden Teil der Aufrechnungsforderung ist ein Verfahrensfehler, Celle OLGZ 70, 5, der im Ergebnis nur zu einer Zurückverweisung führen kann.

Es ist unzulässig, die Entscheidung mit dem Argument zu begründen, die Klageforderung habe nicht bestanden oder sei durch die Aufrechnung getilgt, denn dabei bleibt die Rechtskraftwirkung ungewiß, vgl BGH **LM** Nr 21, KG DNotZ 73, 635. Ebensowenig darf das Gericht offenlassen, ob die Aufrechnung unzulässig ist; es darf die Aufrechnung also nicht für unbegründet erklären, ohne vorher über ihre Zulässigkeit entschieden zu haben. Denn die Unzulässigkeit würde der Geltendmachung der Aufrechnung in einem anderen Rechtsstreit nicht entgegenstehen. Wenn dieser Punkt unklar bleibt, muß er vAw ohne Verfahrensrüge berücksichtigt werden, BGH MDR **61**, 932.

Ist die im ersten Rechtszug erfolgte Aufrechnung unangefochten geblieben, so kann das Rechtsmittelgericht nicht erklären, die der Aufrechnung zugrunde liegende Forderung bestehe nicht, BGH **36**, 316. Ein mit seiner Aufrechnung abgewiesener Bekl muß Berufung oder Anschlußberufung einlegen, um die Aufrechnung weiterverfolgen zu können, LG Köln WM **77**, 186. Das ordentliche Gericht kann über eine zur Aufrechnung gestellte Forderung entscheiden, die an sich vor ein ArbG gehört, BGH **26**, 306. Das LwG kann über eine Forderung entscheiden, die vor ein ProzG gehört, BGH **40**, 338. Vgl ferner § 145 Anm 4 E. Wegen der Hilfsaufrechnung eines Bürgen § 325 Anm 6 „Bürge". Wegen des Streitwerts vgl Anh § 3 „Aufrechnung".

4) Einzelfälle in Auswahl (Fälle der erweiterten Rechtskraft § 325 Anm 6):
Abtretung. Der neue Gläubiger wird nur soweit gebunden, als das Urteil gegenüber dem bisherigen Gläubiger rechtskräftig ist, BGH **35**, 165. Es ist keine erneute Klage nur auf Grund einer weiteren Abtretungserklärung desselben Zedenten möglich, die schon im Vorprozeß des neuen Gläubigers hätte geltend gemacht werden können, BGH **LM** Nr 78 (krit Greger ZZP **89**, 332), vgl aber auch LG Wiesbaden MDR **79**, 236.
Amtshaftung. Wird die Amtshaftungsklage mit Rücksicht auf das Bestehen eines anderweitigen Ersatzanspruchs abgewiesen, so ist das nur eine Abweisung als zZt unbegründet, selbst wenn das Urteil ohne zeitliche Begrenzung ergeht, BGH VersR **73**, 444. Wird dann der anderweitige Ersatzanspruch mit Recht oder zu Unrecht abgewiesen, so ermöglicht dieser neue Sachverhalt eine Wiederholung des ersten Rechtsstreits, BGH **37**, 375, Baumann AcP **169**, 337 mwN.

Etwas anderes gilt, wenn die erste Klage wegen Versäumnis des Klägers abgewiesen wurde, § 330, da dann überhaupt eine Klagabweisung eingetreten ist, BGH **35**, 338; dazu Zeuner JZ **62**, 496 (er nimmt an, daß nur bei einer unberechtigten Abweisung des anderweitigen Ersatzanspruchs eine Wiederholung möglich sei; dagegen BGH **37**, 381).
Arrest und Einstweilige Anordnung oder Verfügung. A. Grundsatz. Vgl auch Werner, Rechtskraft und Innenbindung zivilprozessualer Beschlüsse im Erkenntnis- und summarischen Verfahren, 1982. Jede Rechtskraftwirkung zu leugnen, so offenbar Ffm FamRZ **82**, 1223, und dasselbe Gesuch mit derselben Glaubhaftmachung erneut zuzulassen, heißt zum Mißbrauch der Gerichte geradezu aufzufordern und bei der Vertretungskammer unter dem Vorwand der Dringlichkeit versuchen zu lassen, was man bei der ordentlichen Kammer nicht erreicht hat. Niemand darf eine doppelte Entscheidung derselben Sache verlangen, vgl Ffm NJW **68**, 2112, KG MDR **79**, 64, OVG Münst FamRZ **75**, 293 (zustm Baur). Falsch ist auch die Ansicht, ein solches Urteil sei keine „endgültige Entscheidung". Es ist eine solche, denn es entscheidet in diesem, dem vorläufigen Verfahren, endgültig über den Anspruch, so wie er erhoben worden ist und derzeit besteht, Ffm NJW **51**, 721.

B. Einzelfälle. Hier sind folgende Situationen zu unterscheiden:
a) Arrestanspruch. Wenn das Gericht den Rechtsschutz versagt, weil ein zu sichernder sachlichrechtlicher Anspruch fehle, § 916, so ist die Entscheidung endgültig. Ein neues Gesuch ist wegen der Rechtskraft unzulässig, es sei denn auf neue, nach der ersten Entscheidung entstandene Tatsachen gestützt, KG MDR **79**, 64.
b) Arrestgrund. Wenn das Gericht den Rechtsschutz versagt, weil ein Arrestgrund fehle, § 917, so liegt eine neue Sachlage vor, sobald ein Arrestgrund entsteht, so daß dann ein neues Gesuch zulässig wird, Düss NJW **82**, 2453.
c) Glaubhaftmachung. Wenn das Gericht den Antrag zurückweist, weil die Glaubhaftmachung von Arrestgrund oder -anspruch nicht ausreiche, dann kann man das Gesuch mit einer besseren Glaubhaftmachung erneuern, Düss NJW **82**, 2453, Zweibr FamRZ **82**, 414. Denn die bisherige Entscheidung erklärt das Gesuch nur für derzeit unbegründet.

Bei b und c muß eine Wiederholung des Antrags bei einem besonderen Rechtsschutzbedürfnis auch während eines schwebenden Rechtsmittelverfahrens wegen der Ablehnung des ersten Gesuchs möglich sein, Zweibr FamRZ **82**, 414. Das würde bei einem rechtskräftigen Sieg auf Grund des 2. Gesuchs eine Erledigung des ersten Verfahrens zur Folge haben, Stgt NJW **64**, 48, Zweibr FamRZ **82**, 414.

d) Vollziehung unstatthaft. Im Fall des § 929 II ist ein neuer Antrag zulässig, § 929 Anm 2 C.

e) Hauptprozeß. Innere Rechtskraft für den Anspruch selbst, also mit Wirkung für den Hauptprozeß, kann keine Arrest- oder Verfügungsentscheidung begründen, vgl BGH NJW **78**, 2158 mwN, Baur BB **64**, 615, vgl Jestaedt GRUR **81**, 154 mwN. Vgl auch § 945 Anm 3 C b.
Buße oder Entschädigungsurteil im Strafverfahren. Wird sie zugesprochen, so schafft die Entscheidung Rechtskraft nur, soweit sie zuerkennt. Das Absehen von einer Entscheidung schafft keine Rechtskraft. Vgl §§ 406 III, 405, 406 d StPO.
Ehe- und Kindschaftsurteil. Vgl §§ 638, 640h, dazu Düss NJW **80**, 2760, §§ 641k, 676. S auch „Gestaltungsurteil". Wird die Anfechtungsklage des Mannes gegen das Kind wegen einer Versäumung der Anfechtungsfrist oder mangels eines Anfechtungsrechts abgewiesen, so steht nur fest, daß dieser Mann die fehlende Abstammung nicht geltendmachen kann, Düss NJW **80**, 2760. Entsprechendes gilt, wenn im Prozeß auf eine Anfechtung des Vaterschaftsanerkenntnisses die Nichtvaterschaft nicht feststellbar ist, Düss NJW **80**, 2760 mwN. Eine Entscheidung über den öffentlichrechtlichen Versorgungsausgleich ist der sachlichen Rechtskraft fähig, BGH NJW **82**, 1647, KG FamRZ **82**, 1091 mwN. Die Rechtskraft ist auch dann zu beachten, wenn das Urteil unter einer Mißachtung einer anderweitigen Rechtshängigkeit der Sache ergangen ist, BGH NJW **83**, 515 mwN.
Eigentumsanspruch. Wegen der Rechtskraftwirkung eines Urteils auf Unterlassung s „Unterlassungsanspruch". Das Urteil, das eine Grundbuchberichtigung wegen wirksamer Auflassung ablehnt, schafft keine Rechtskraft für einen Bereicherungsanspruch wegen unberechtigten Eigentumserwerbs. Verlangt der Berichtigungsanspruch eine Eintragung als Eigentümer, so ist über das Eigentum selbst erkannt. Wird im Wege der Herausgabe aus einer Geschäftsführung das Miteigentum mindestens zur Hälfte geltend gemacht, ohne daß eine ganz bestimmte Quote eingeklagt wird, so ist der Anspruch auf das Miteigentum als solcher streitbefangen und hindert eine spätere Erhöhung des Anteils, BGH **36**, 365. Eine Klagabweisung erwächst gegenüber dem nicht klagenden Miteigentümer nicht in Rechtskraft, BGH **79**, 247 mwN.
Einreihung in eine Gehaltsgruppe. Da wegen § 308 im Vorprozeß nur geprüft werden durfte, ob die Merkmale der damals umstrittenen Gehaltsgruppe erfüllt waren, kann ein weiterer Prozeß über die Frage geführt werden, ob nunmehr die Merkmale einer höheren Gehaltsgruppe erfüllt sind, BAG NJW **71**, 1768 und BB **77**, 1356, aM BAG **18**, 330, Bötticher MDR **67**, 337.
Einstweilige Verfügung. S „Arrest, Einstweilige Anordnung oder Verfügung".
Erbrecht. Eine Abweisung mangels gesetzlicher Erbfolge ist für eine nachfolgende Klage auf Grund testamentarischer Erbfolge unschädlich, BGH NJW **76**, 1095 (zustm Schwab FamRZ **76**, 268).
Erledigung. Vgl § 91a Anm 2 D, LG Bochum MDR **82**, 675.
Fälligkeit. Es sind folgende Situationen zu unterscheiden:
    a) Sofortige Fälligkeit. Im allgemeinen ist die Fälligkeit eine Sachvoraussetzung. Fehlt sie und steht nicht fest, ob der Anspruch im übrigen unbegründet ist, so wird die Klage als „zur Zeit unbegründet" ohne weitere Prüfung des Anspruchs abgewiesen. Die Rechtskraftwirkung erstreckt sich dann nur auf die Frage der Fälligkeit, nicht auf die weiteren Voraussetzungen des Anspruchs.
    b) Künftige Fälligkeit. In den Fällen der §§ 257–259 ist die Fälligkeit eine Prozeßvoraussetzung. Eine Klagabweisung trifft nur die Fälligkeit. So steht bei einer Abweisung aus § 259 rechtskräftig nur fest, daß der geltend gemachte Besorgnisgrund nicht vorliegt.
Feststellungsurteil. Es sind folgende Situationen zu unterscheiden:
    a) Prozeßurteil. Eine Klagabweisung wegen Fehlens von Prozeßvoraussetzungen, insbesondere wegen Fehlens des rechtlichen Interesses an einer alsbaldigen Feststellung, ist ein Prozeßurteil ohne eine Rechtskraftwirkung in der Sache selbst und steht daher einer besser begründeten Feststellungs- oder Leistungsklage nicht entgegen.
    b) Sachurteil. Wenn ein Urteil in der Sache selbst ergeht, gilt:
        aa) Behauptende Klage. Bei einer behauptenden Feststellungsklage gilt: Hat sie Erfolg, so steht die Rechtsfolge fest. Wird sie abgewiesen, steht das Nichtbestehen der Rechtsfolge fest, BGH **LM** § 638 BGB Nr 12; evtl ist § 580 anwendbar. Während ein Grundurteil, § 304, nur im Umfang des erhobenen Anspruchs bindet, so daß für jede darüber hinausgehende Leistung der Grund neu zu prüfen ist, erstreckt sich beim Feststellungsurteil die Rechtskraft auf die Entstehung des Schadens auf Grund des schadenstiftenden Ereignisses, das der Gegenstand des Feststellungsrechtsstreits war. Über Beginn und Ende des Schadens braucht nichts gesagt zu sein, vielmehr erfaßt die Feststellung auch den seinerzeit gar nicht bekannten zukünftigen Schaden. Die Rechtskraft läßt eine solche Einwen-

dung nicht zu, die das Bestehen eines festgestellten Anspruchs betrifft und sich auf eine vorgetragene Tatsache stützt, die schon zur Zeit der letzten Tatsachenverhandlung vorgelegen hat, BGH NJW **82**, 2257. Im nachfolgenden Leistungsprozeß können Ansprüche, deren Entstehung durch das schadenstiftende Ereignis rechtskräftig feststeht, mit anderen Ansprüchen verbunden werden, die noch nicht Gegenstand des Feststellungsprozesses waren, BAG NJW **63**, 926.

bb) Leugnende Klage. Bei einer leugnenden Feststellungsklage gilt: Hat sie Erfolg, so steht das Nichtbestehen fest. Wird sie abgewiesen, so entscheiden die Gründe über den Umfang des Bestehens, BGH NJW **83**, 2032 mwN (im Ergebnis problematisch; abl Tiedtke NJW **83**, 2014, Waldner JZ **83**, 374, im Ergebnis zustm Messer JZ **83**, 395) und betr Vaterschaft BGH **LM** NEhelG Nr 2. Das abweisende Urteil stellt das Bestehen nur dann fest, wenn sich die Klage gegen einen bestimmten Anspruch oder einen bestimmten Rechtsgrund richtet, BGH **LM** § 209 BGB Nr 23.

Jedoch kann die Abweisung der negativen Feststellungswiderklage gegenüber einem der Höhe nach noch nicht abschließend bezifferten Zahlungsanspruch bedeuten, daß dieser Anspruch auch in seinem Restbetrag feststeht, BGH **LM** § 218 BGB Nr 4 (krit Schubert JR **76**, 19). Im späteren Leistungsprozeß können keine Tatsachen mehr vorgebracht werden, die im Feststellungsprozeß bei der mündlichen Verhandlung vorlagen, § 767, vgl Einf 3 C vor §§ 322–327 sowie unten bei „Schadensersatz".

Anders liegt es aber bei einem nur vorübergehenden Leistungsverweigerungsrecht, so daß zB die Einrede einer doppelten Inanspruchnahme seitens einer DDR-Stelle bei einer späteren Leistungsklage erhalten bleibt, BGH **LM** § 256 Nr 27.

Gesamtschuld. Das Urteil gegen einen Gesamtschuldner wirkt nicht für das Verhältnis der Gesamtschuldner untereinander. Der Ausgleichsanspruch verjährt nicht nach § 852 BGB. Dies gilt auch bei einem Ausgleichsanspruch aus § 17 StVG.

Gestaltungsurteil. Es hat ebenfalls eine Rechtskraftwirkung, KG FamRZ **82**, 1091. Diese wird auch die nicht durch die Gestaltungswirkung, dazu BAG BB **77**, 896, überflüssig, BGH **LM** § 826 (Fa) BGB Nr 6, BAG JZ **73**, 563, vgl Habscheid FamRZ **73**, 432. Mit der Rechtskraft steht das Bestehen des sachlichrechtlichen Anspruchs auf eine Rechtsänderung fest. Da das Urteil Rechte begründet oder vernichtet, Grdz 2 vor § 253, wirkt es für und gegen alle. Vgl Nicklisch, Die Bindung der Gerichte an gestaltende Gerichtsentscheidungen und Verwaltungsakte, 1966. Ein Schadensersatzanspruch für die Zeit nach der Rechtskraft ist nicht völlig ausgeschlossen, BAG JZ **73**, 564, s aber Einf 6 B vor §§ 322–327.

Gewerblicher Rechtsschutz. Das Urteil auf Unterlassung einer Patentverletzung schafft keine Rechtskraft für das Bestehen und den Umfang des Patents, vgl aber auch BGH **42**, 358, ferner unten „Unterlassungsanspruch". Das Urteil erstreckt sich nur auf die beanstandete Verletzungsform. Es erfaßt aber auch unwesentliche Änderungen. Entsprechendes gilt bei Wettbewerbsverboten.

Grund des Anspruchs. Eine Vorabentscheidung nach § 304, vgl dort und oben Anm 1, ist nur der äußeren Rechtskraft fähig. Das Grundurteil stellt nicht den Anspruch rechtskräftig fest, bindet aber im weiteren Verfahren nach § 318, vgl auch BGH NJW **82**, 1155, und zwar auch andere Gerichte, § 318 Anm 2. Die Bindung läßt sich ebensowenig wie die Rechtskraft beseitigen, vgl BGH **7**, 335.

Darum sind im Umfang der Rechtshängigkeit des Grundurteils im weiteren Verfahren nur später entstandene Einwendungen zulässig, auch Änderungen, die sich aus der Entscheidung über Klagegründe ergeben, die im Grundurteil versehentlich nicht berücksichtigt wurden; insofern besteht dann auch keine Bindung an das Grundurteil, BGH **LM** § 318 Nr 2. Keine Bindung besteht hinsichtlich des Betrags. Im Nachverfahren kann die Klage auch mit der Begründung ganz abgewiesen werden, es sei kein Schaden entstanden, BGH **LM** § 304 Nr 21.

Herausgabe. Das Urteil hat eine Rechtskraftwirkung auch für den Anspruch auf Herausgabe der Nutzungen nach §§ 292, 987 BGB, BGH NJW **83**, 165 mwN, aM Mädrich MDR **82**, 455, nicht aber auch für den Anspruch nach § 988 BGB, BGH NJW **83**, 165.

Hypothek. Die Abweisung der Klage des Hypothekenschuldners auf Löschungsbewilligung hat nur für das dingliche Hypothekenrecht eine Rechtskraftwirkung, steht also einer Klage aus § 767 wegen der persönlichen Haftung nicht entgegen, BGH **LM** Nr 16.

Kündigung. Die Ersetzung der Zustimmung des Betriebsrats gemäß § 103 BetrVG schafft keine rechtskräftige Feststellung, daß die Kündigung berechtigt war, Etzel DB **73**, 1023. Hat das Gericht die Wirksamkeit einer Kündigung rechtskräftig verneint, so kann diese Kündigung nicht auf Grund neuer Gründe zum Gegenstand eines weiteren Rechtsstreits gemacht werden, und zwar auch dann nicht, wenn die neuen Gründe im Vorprozeß nicht bekannt waren.

Möglich ist aber eine neue Kündigung aus anderen Gründen, selbst wenn die jetzt genannten Kündigungsgründe auch zZt des Vorprozesses objektiv schon vorgelegen hatten, nur dort nicht vorgebracht worden waren, weil sie nicht bekannt waren, BAG **AP** § 626 BGB Nr 11 (zustm Bötticher). Möglich ist auch eine neue Kündigung mit der Begründung, ein Arbeitsverhältnis habe nie bestanden, BAG NJW 77, 1896.

Leistungsurteil. Vgl zunächst bei „Feststellungsurteil". Das Leistungsurteil ergreift den in ihm steckenden Feststellungsausspruch, BGH **LM** § 169 BEG 1956 Nr 16. Weist das Gericht eine Klage auf Grundbuchberichtigung ab, weil die Grundbuchbelastung zu Recht bestehe, dann steht das Bestehen jener Belastung rechtskräftig fest.

Mietsache. Ist eine Räumungsklage abgewiesen worden, so steht damit nicht fest, daß diejenige Kündigung, auf die die Klage gestützt war, das Mietverhältnis nicht beendet hat, BGH **43**, 144. Ist eine Eigenbedarfsklage abgewiesen worden, so ist eine neue gleichartige Klage nur auf Grund wirklich neuer Tatsachen zulässig, LG Hbg MDR **78**, 847, abw Stadie MDR **78**, 800 mwN. Hat das Gericht die Räumungsklage wegen eines Wohnrechts des Bekl abgewiesen, so ist eine neue Räumungsklage aus Bereicherung nicht möglich. Hat das Gericht den Räumungsanspruch rechtskräftig abgewiesen, so kann er nicht bei einem Streit über eine Vertragsstrafe wieder aufgerollt werden, BGH NJW **58**, 790.

Wenn das Urteil einen Anspruch auf Räumung bejaht, so ist dies in einem späteren Prozeß bindend, in dem ein Anspruch darauf gestützt wird, daß der Bekl nicht geräumt habe, BGH **LM** Nr 65. Ein Abstand nach § 29 II des 1. BMG ist nicht mit demjenigen nach § 29a I des 1. BMG gleich, BGH **LM** Nr 82.

Nachforderung. Vgl Deupmann, Die Rechtskraftwirkung in Bezug auf Nachforderungen, Diss Köln 1950; Grasmeher, Abänderungsklage oder Zusatzklage auf Erhöhung einer im Vorprozeß gemäß Klageantrag zugesprochenen Rente? Diss Ffm 1959; Kratz, Die Abänderungs- und Nachtragsklage usw, Diss Köln 1970; Kuschmann, Die materielle Rechtskraft bei verdeckten Teilklagen in der Rechtsprechung des BGH, Festschrift für Schiedermair (1976) 351; Schmidt, Zur Frage der Rechtskrafterstreckung bei Teilklagen auf den noch nicht anhängig gemachten Rest der Forderung, Diss Mainz 1971.

Ob eine Nachforderung möglich ist, nachdem über dieselbe Sache bereits ein rechtskräftiges, wenigstens teilweise stattgebendes Urteil ergangen ist, ergibt die Auslegung des ersten Urteils, BGH NJW **79**, 720, Bbg NJW **74**, 2003 (krit Just NJW **75**, 436), Batsch ZZP **86**, 255 je mwN. Das mit der Nachforderungsklage befaßte Gericht muß die Auslegung des ersten Urteils nach seinem Inhalt vornehmen, BGH **34**, 339, insbesondere durch einen Vergleich der Anträge mit der Entscheidungsformel. Wenn der Kläger einen Schadensersatz in der beantragten Höhe aufgrund seiner Wahl nach dem mutmaßlichen Rechnungsbetrag erhalten hat, dann kann er nicht später den Unterschiedsbetrag der wahren Rechnung nachfordern, AG Landstuhl MDR **81**, 234, AG Nürnb VersR **79**, 1042.

Wenn der Kläger die Höhe des Betrags in das Ermessen des Gerichts gestellt hatte, dann hatte er grundsätzlich den vollen Betrag eingeklagt, BGH MDR **76**, 299 (Ausnahmen sind zB bei Enteignungsfolgeschäden möglich, Bbg NJW **74**, 2003, krit Just NJW **75**, 436). Hatte er lediglich eine Mindestforderung beziffert, so ist eine Nachforderung nicht ausgeschlossen. Vgl Lent NJW **55**, 1865. Der Vorbehalt einer Nachforderung ist dann also wegen § 308 I nicht erforderlich.

Es kommt nicht auf die Frage an, ob das Gericht den ihm unterbreiteten Tatsachenstoff umfassend berücksichtigt und zutreffend gewürdigt hat, BGH NJW **80**, 2754, vgl BGH VersR **81**, 281. Andernfalls könnte man ein rechtskräftiges Urteil schon mit der Behauptung angreifen, die Entscheidung beruhe auf einer unvollständigen Erfassung des Streitstoffs, BGH NJW **80**, 2754.

Da jedoch die Auslegung des Urteils nicht immer sicher ist (das Wort „mindestens" im Klagantrag bedeutet wohl meist, daß ein Anspruch jedenfalls in dieser Höhe angemessen sei, BGH **36**, 369, vgl aber auch BGH NJW **79**, 720), ist es notwendig, bei einem bloßen Teilanspruch die Klage auch eindeutig als Teilklage zu bezeichnen, BGH **34**, 341, Düss FamRZ **81**, 59, Bötticher MDR **62**, 725, Klauser MDR **81**, 714, aM Batsch ZZP **86**, 289 (eine Nachforderung sei auch dann zulässig, wenn im vorangegangenen Prozeß eine „erschöpfende" Forderung eingeklagt worden sei, sofern nicht die dortige rechtskräftige Entscheidung eine „Repräsentationswirkung" für den Gesamtanspruch habe). Vgl auch Pohle ZZP **77**, 98, Zeiss NJW **68**, 1305 zu vorbehaltlosen Nachforderungen.

Auch die Art der Klage kann ergeben, ob es sich um einen Teilanspruch oder um den vollen handelt, BGH **36**, 369. So wird Unterhalt meist voll eingeklagt, § 258 Anm 1, Ffm FamRZ **80**, 895, Schlesw SchlHA **79**, 227. Bei einer Klage auf die Zahlung eines über den freiwillig geleisteten Betrag hinausgehenden weiteren Betrags kann das Gericht in aller Regel nur auf der Basis der freiwilligen Grundzahlung über die Angemessenheit des verlangten Spitzenbetrags entscheiden. Daher erwächst nicht nur der Spitzenbetrag in Rechtskraft, aM offenbar Schlesw SchlHA **81**, 67. Ein Schadensersatzanspruch insbesondere nach einem Unfall wird keineswegs stets sogleich voll eingeklagt, vor allem dann nicht, wenn zunächst nur Krankenhauskosten, ein zeitlich begrenzter Verdienstausfall usw geltend gemacht werden und sonstige Schäden erst nacheinander feststellbar sind. Auch schließt eine Klage mit Ansprüchen, die nur auf das StVG gestützt werden, nicht eine weitere Klage mit einem Anspruch nach BGB aus, falls der Kläger nicht mit der ersten Klage auf weitere Ansprüche verzichten wollte; ein solcher Verzicht ist im allgemeinen nicht anzunehmen.

Etwas anderes gilt natürlich, wenn durch eine Widerklage das Nichtvorhandensein weiterer Ansprüche festgestellt worden ist. Eine Nachforderung ist aber auch immer dann zulässig, wenn das Gericht die erste Klage mangels Bedürftigkeit voll abgewiesen hatte, BGH NJW **82**, 1284 mwN, aM zB Karlsr FamRZ **80**, 1125, oder wenn entgegen dem früheren Urteil, das eine Bedürftigkeit nur für einen abgegrenzten Zeitraum bejaht hatte, die Bedürftigkeit auch für den Folgezeitraum besteht, Hamm FamRZ **82**, 920 (dann ist eine Klage nach § 323 zulässig), oder wenn erst nach der Rechtskraft weitere immaterielle Nachteile eingetreten oder erkennbar geworden sind, BGH NJW **80**, 2754 mwN, überhaupt dann, wenn spätere Ereignisse die Erfüllung beeinflussen und die Ansprüche erhöhen. Maßgebender Zeitpunkt ist die letzte Tatsachenverhandlung, AG Nürnb VersR **79**, 1042. Dergleichen kann zB bei einer Inflation eintreten; möglich ist aber auch dann, daß die Forderung endgültig getilgt ist, BGH **2**, 379 (betr einen Unterhaltsvergleich). Eine vorbehaltslose Annahme steht einer Nachforderung grundsätzlich nicht entgegen. Zur verdeckten Teilklage Kuschmann Festschrift für Schiedermair (1976) 351. Zur Auswirkung einer Teilklage auf die Verjährung des Restanspruches BGH **85**, 369.

Prozeßurteil, Üb 2 A b vor § 300. Es stellt nur die einschlägige Prozeßfrage fest, etwa die Unzulässigkeit des Rechtswegs. Es entscheidet nichts für die anderen Prozeßvoraussetzungen und erst recht nicht sachlich, vgl auch Hamm Rpfleger **83**, 362, ferner Baumgärtel/Laumen JA **81**, 215, StJSchuL VI 7a. Der wegen Unzuständigkeit des Gerichts abgewiesene Kläger kann also vor einem zuständigen Gericht neu klagen, vgl im Ergebnis BGH NJW **71**, 564 und VersR **78**, 60, ferner Baumgärtel/Laumen JA **81**, 215 mwN. Bei einer Änderung der Verhältnisse versagt die Rechtskraft, etwa beim Wegfall des Schiedsvertrags. Eine Prozeß- und Sachabweisung im selben Urteil ist eine prozessuale Ungeheuerlichkeit und schafft Rechtskraft nur als Prozeßurteil, BGH **4**, 58 (über die Behandlung in der höheren Instanz Üb 2 A vor § 300); wenn das Gericht (zulässig) neben der Prozeßabweisung hilfsweise auch eine Sachabweisung erklärt hat, so ist ebenfalls nur die Prozeßabweisung in Rechtskraft erwachsen. Ob eine Prozeß- oder eine Sachabweisung vorliegt, ergeben notfalls die Entscheidungsgründe.

Rentenurteil. Wenn es unzulässig den Endpunkt der Rente nicht bestimmt, dann ist die Rentendauer nicht rechtskräftig geklärt. Es ist dann eine Feststellungsklage zulässig, daß die Rente erloschen sei. Eine Änderung des Rentenurteils ist auch nach einem vorangegangenen Feststellungsurteil nur gemäß § 323 zulässig, BGH **LM** Nr 13.

Schadensersatz. Wenn das Feststellungsurteil eine Ersatzpflicht wegen einer Körperverletzung ausspricht, so ist der ursächliche Zusammenhang rechtskräftig entschieden. Wenn der Kläger Ersatz in Natur verlangt und das Urteil jeden Ersatzanspruch ablehnt, dann ist kein neuer Prozeß auf Geldersatz zulässig. Ist ein Lieferungsanspruch rechtskräftig abgewiesen worden, so ist kein neuer Prozeß auf Ersatz wegen unterlassener Lieferung zulässig. Wenn eine Schadensersatzverpflichtung durch ein Feststellungsurteil festgestellt wurde, so können im Leistungsrechtsstreit grundsätzlich keine Einwendungen mehr geltend gemacht werden, die sich gegen die Verpflichtung richten (Mitverschulden), mögen sie damals auch noch nicht bekannt gewesen sein, BGH VersR **62**, 96. S auch ,,Feststellungsurteil" und ,,Unterlassungsanspruch".

Schiedsvertrag. Bei einer Abweisung der Klage wegen der Einrede des Schiedsvertrags steht fest, daß ein Schiedsgericht zu entscheiden hat.

Stufenklage, § 254. Der Rechnungslegungsanspruch ist davon abhängig, daß der Hauptanspruch wahrscheinlich vorhanden ist. Werden der Rechnungslegungsanspruch oder der Auskunftsanspruch bejaht, so ist damit nicht schon dem Grunde nach auch die Zahlungs-

pflicht, BGH **LM** § 254 Nr 9, 10, Brschw FamRZ **79**, 929, oder die Herausgabepflicht bejaht, BGH NJW **64**, 2061, § 254 Anm 3 A a, StJ § 254 III 4, aM Blomeyer ZPR § 89 V 4 c im Anschluß an Zeuner, Objektive Grenzen der Rechtskraft 161.
Teilurteil. S Anm 2 A c sowie „Nachforderung".
Übergangener Anspruch. Ihm steht die Rechtskraft ebensowenig entgegen wie einer neuen Klage die Klagrücknahme.
Unterlassungsanspruch. Ist dieser zugesprochen worden, so ist damit auch festgestellt, Grdz 2 A a vor § 253, daß der Bekl eine bestimmte Handlung zu unterlassen hat, so daß diese Feststellung in einem späteren Schadensersatzprozeß nicht mehr Gegenstand der Urteilsfindung sein kann, BGH **42**, 358. Das Urteil hat für spätere Rechtsstreitigkeiten präjudizielle Bedeutung, Blomeyer ZPR § 89 V 2, Zeuner, Objektive Grenzen der Rechtskraft 21 ff, 58 ff, ohne daß es einer Zwischenfeststellungsklage bedurft hätte.

Wenn aber nur eine Unterlassung seit der Klagerhebung verlangt und zugesprochen wurde, dann steht auch bei derselben Vertragsgrundlage durch das stattgebende Urteil nur die Unterlassung seit der Klagerhebung fest, und zwar auch für den in einem späteren Rechtsstreit geltend gemachten Schadensersatzanspruch; für die Zeit vor der Klagerhebung muß die Verpflichtung neu untersucht werden, BGH **42**, 353, Karlsr GRUR **79**, 473. Dann hilft nur eine Zwischenfeststellungsklage über die Unterlassungspflicht auf Grund des Vertrages überhaupt.

Wenn das Urteil den Unterlassungsanspruch verneint, dann hat es als solches eine das Gegenrecht bejahende Feststellungswirkung, BGH NJW **65**, 42. Dieses Gegenrecht gilt also in einem weiteren Prozeß als festgestellt, jedoch nur in demjenigen Umfang, der für den Vorprozeß notwendig war, Zeuner Festschrift für Bötticher (1969) 421. Wenn das Urteil den Anspruch aber verneint, weil keine Wiederholungsgefahr bestehe, so verneint es damit nur das Rechtsschutzbedürfnis und sagt nichts über den Unterlassungsanspruch an sich, BGH **42**, 355. Vgl auch „Eigentumsanspruch", „Feststellungsurteil", „Schadensersatz".
Vermögensübernahme: Die Rechtskraftwirkung eines Urteils, das über einen Anspruch aus einer rechtsgeschäftlichen Verpflichtungserklärung entschieden hat, erfaßt nicht den in einem neuen Prozeß geltend gemachten Anspruch aus einer Gesamtvermögensübernahme nach § 419 BGB, auch wenn beiden Ansprüchen im Ausgangspunkt derselbe Vertrag zugrunde liegt, BGH NJW **81**, 2306 (krit Olzen JR **82**, 70).
Versäumnisurteil. Es ist der inneren und äußeren Rechtskraft fähig, insofern richtig LG Memmingen VersR **75**, 1061. Es unterscheidet sich von anderen Urteilen nur durch die Art seines Zustandekommens. Ein klagabweisendes Versäumnisurteil kann weiter als ein kontradiktorisches Urteil wirken, da es den Anspruch grundsätzlich überhaupt abweist, BGH **35**, 338, vgl aber auch § 330 Anm 2 B.
Vollstreckungsabwehrklage. Ist diese als unzulässig abgewiesen worden, so ist weder der dem Vollstreckungstitel zugrundeliegende Anspruch noch die Wirksamkeit der Klausel verneint worden, selbst wenn diese im abweisenden Urteil in Frage gestellt wurde, Kblz NJW **73**, 1756. Ist die Vollstreckungsabwehrklage als unbegründet abgewiesen worden, so kann ein Schadensersatzanspruch wegen der Zwangsvollstreckung aus dem Urteil, gegen das sich die Abwehrklage gerichtet hatte, nicht geltend gemacht werden, selbst wenn Schadensfolgen erst nach dem Urteil des Vorprozesses eingetreten sind.

Der Anspruch kann auch nicht auf Tatsachen gestützt werden, die nicht bekannt waren, aber zZt der letzten mündlichen Verhandlung des Vorprozesses objektiv vorlagen, BGH **LM** Nr 27. Hat die Abwehrklage Erfolg, so bleiben die materielle Rechtskraft des früheren Urteils und dessen Kostenentscheidung unberührt, BGH **LM** § 91 a Nr 33.
Vorgreifliche (präjudizielle) Rechtsverhältnisse und logische Schlußfolgerungen. Sie gehen nicht in Rechtskraft über. Daher stehen Willensmängel nicht fest, wenn die auf Vertrag gestützte Klage ihretwegen abgewiesen wurde. Ein Urteil auf Räumung wegen eines unsittlichen Vertrags stellt die Unsittlichkeit nicht rechtskräftig fest. Ein Urteil auf Zahlung von Zinsen schafft keine Rechtskraft für die Hauptforderung. Ein Urteil, durch das die Nichtehelichkeit eines während der Ehe geborenen Kindes festgestellt wird, stellt nicht einen Ehebruch der Mutter fest. Das Urteil auf einen Teilbetrag schafft keine Rechtskraft für die Mehrforderung, BGH NJW **81**, 1045, außer soweit es diese abspricht.

Dagegen entsteht eine Rechtskraft für einen weitergehenden Anspruch, wenn der Kläger vor der Beendigung des Vorprozesses von der Möglichkeit eines weitergehenden Anspruchs Kenntnis hatte. Wenn ein Anspruch in einem rechtskräftig festgestellten Urteil wurzelt, so steht seine Voraussetzung rechtskräftig fest, BGH **42**, 352; s „Herausgabe", „Unterlassungsanspruch". Diese Wirkung über den Prozeß hinaus gilt aber nur bei

Verschiedenheit der Prozesse, nicht im selben Prozeß, zB BVerwG **12**, 266, krit Zeuner Festschrift für Weber (1975) 454.

Wandlung. Wird die Wandlungsklage abgewiesen, weil die Kaufsache fehlerfrei sei, so bleibt eine Minderungsklage möglich, s ,,vorgreifliche Rechtsverhältnisse".

Widerspruchsklage, § 771. Sie schafft eine Rechtskraft nur wegen der Zulässigkeit der Zwangsvollstreckung und nicht wegen des Bestandes des die Veräußerung hindernden Rechts.

Zinsanspruch. Im Rechtsstreit um den Zinsanspruch darf das Gericht den rechtskräftig bejahten Hauptanspruch nicht mehr prüfen, BGH **LM** § 169 BEG 1956 Nr 16.

Zugewinngemeinschaft. Wenn ein Ehegatte über das Vermögen im ganzen oder über Haushaltsgegenstände ohne die Zustimmung des anderen Ehegatten verfügt, §§ 1365, 1369 BGB, und wenn er verurteilt wird, so wirkt das Urteil nicht auch gegen den anderen Ehegatten. Ein Urteil, durch das die Rückforderung eines Ehegatten, § 1368 BGB, abgewiesen wird, wirkt nicht auch gegen den anderen Ehegatten, da sonst dem nicht verfügenden Ehegatten das Rückforderungsrecht genommen würde, Baur FamRZ **58**, 257. Zu diesen Fragen auch Brox FamRZ **61**, 281. Wegen der Maßnahmen dieses Ehegatten gegen eine Zwangsvollstreckung § 739 Anm 4.

Zug um Zug. Das Urteil schafft eine Rechtskraft nur für die Leistungspflicht, nicht für die Gegenleistung, aM Zeuner, Objektive Grenzen der Rechtskraft 75 und Festschrift für Bötticher (1969) 418.

5) VwGO: Es gilt § 121 VwGO. Ergänzend ist **I** entsprechend anwendbar, BVerwG **17**, 293 (Feststellungsurteil), ebenso **II**, § 173 VwGO, BVerwG DÖV **72**, 575, Appel BayBVl **83**, 202 mwN, hM: Eine unterschiedliche Behandlung der Aufrechnung im VerwProzeß ist nicht gerechtfertigt; deshalb dürfen die VerwGerichte über das Bestehen einer streitigen privatrechtlichen Gegenforderung nicht entscheiden, § 302 Anm 6.

323 *Abänderungsklage.* [1] Tritt im Falle der Verurteilung zu künftig fällig werdenden wiederkehrenden Leistungen eine wesentliche Änderung derjenigen Verhältnisse ein, die für die Verurteilung zur Entrichtung der Leistungen, für die Bestimmung der Höhe der Leistungen oder der Dauer ihrer Entrichtung maßgebend waren, so ist jeder Teil berechtigt, im Wege der Klage eine entsprechende Abänderung des Urteils zu verlangen.

II Die Klage ist nur insoweit zulässig, als die Gründe, auf die sie gestützt wird, erst nach dem Schluß der mündlichen Verhandlung, in der eine Erweiterung des Klageantrages oder die Geltendmachung von Einwendungen spätestens hätte erfolgen müssen, entstanden sind und durch Einspruch nicht mehr geltend gemacht werden können.

III Das Urteil darf nur für die Zeit nach Erhebung der Klage abgeändert werden.

IV Die vorstehenden Vorschriften sind auf die Schuldtitel des § 641 p, des § 642 c, des § 642 d in Verbindung mit § 642 c und des § 794 Abs. 1 Nr. 1 und 5, soweit darin Leistungen der im Absatz 1 bezeichneten Art übernommen worden sind, entsprechend anzuwenden.

V Schuldtitel auf Unterhaltszahlungen, deren Abänderung im Vereinfachten Verfahren (§§ 641 l bis 641 t) statthaft ist, können nach den vorstehenden Vorschriften nur abgeändert werden, wenn eine Anpassung im Vereinfachten Verfahren zu einem Unterhaltsbetrag führen würde, der wesentlich von dem Betrag abweicht, der der Entwicklung der besonderen Verhältnisse der Parteien Rechnung trägt.

Schrifttum: Brüggemann, Gesetz zur vereinfachten Abänderung von Unterhaltsrenten (Kommentar), 1976; Brühl-Göppinger-Mutschler, Unterhaltsrecht, Band 2: Verfahrensrecht, 1976; Erting, Probleme der Abänderungsklage (§ 323 ZPO), Diss Bonn 1965; Georgiades, Die Abänderungsklage ausländischer Urteile im Inland, Festschrift für Zepos (1973) II 189; Grunsky, Veränderungen des Sachverhalts nach Verurteilung zu künftig fällig werdenden Leistungen, Gedächtnisschrift für Michelakis (1972) 377; Keitel, Rechtskräftiges Urteil und neue Tatsachen im Zivilprozeß, Diss Marbg 1971; Kratz, Die Abänderungs- und Nachtragsklage usw, Diss Köln 1970; Siehr, Ausländische Unterhaltsentscheidungen und ihre Abänderungen im Inland wegen veränderter Verhältnisse, Festschrift für Bosch (1976) 927 (rechtsvergleichend und international, zustm Grunsky ZZP **91**, 86); Wolfsteiner, Die vollstreckbare Urkunde, 1978.

2. Titel. Urteil§ 3231

Vorbem. IV geändert, V angefügt durch Art 2 Z 1 G v 29. 7. 76, BGBl 2029, in Kraft seit 1. 1. 77, Art 5 § 3.

Gliederung

1) **Allgemeines**
   A. Dogmatik
   B. Praxis
   C. Auslandsberührung
2) **Voraussetzungen, I**
   A. Verurteilung
   B. Wiederkehrende Leistung
   C. Änderung der Verhältnisse
   D. Wesentlichkeit der Änderung
3) **Klage, I–III**
   A. Grundsatz
   B. Verfahren
      a) Parteien
      b) Zuständigkeit
      c) Antrag
      d) Prüfungsumfang

   e) Maßgeblicher Zeitpunkt
   f) Einstellung der Zwangsvollstreckung
4) **Urteil, II, III**
   A. Verfahrensabschnitte
   B. Abänderungszeitraum
5) **Anderer Schuldtitel, IV**
   A. Geltungsbereich
      a) Abänderungsbeschluß
      b) Vergleich
      c) Vollstreckbare Urkunde
   B. Entsprechende Anwendbarkeit
6) **Vereinfachtes Verfahren, V**
   A. Abweichung vom richtigen Betrag
   B. Nach einem Beschluß
   C. Aussetzung
7) **VwGO**

1) Allgemeines. A. Dogmatik. Die dem § 767 nachgebildete Abänderungs- oder Umwandlungsklage des § 323 gibt dem Kläger bei einem Urteil auf eine wiederkehrende Leistung einen außerordentlichen, rein prozessualen Rechtsbehelf, vgl Düss FamRZ **81**, 267, Zweibr FamRZ **82**, 415, Langenfeld NJW **81**, 2379, Schreiber DB **82**, 979, zur Beseitigung der Wirkungen der inneren Rechtskraft an die Hand und eine erweiterte Möglichkeit, das Urteil mit späteren Tatsachen zu bekämpfen; vgl Anm 3 A.

Grund der Regelung ist die Erkenntnis, daß sich die Entwicklung der Verhältnisse für die ganze Wirkungsdauer des solchen Urteils idR nicht übersehen läßt, vgl BFH DB **81**, 723, Hamm FamRZ **82**, 949. Darum ist auch ein Betragsurteil in denjenigen Fällen verfehlt, in denen die wirtschaftliche Entwicklung ganz unübersehbar ist. Man darf den Bekl nicht auf § 323 verweisen, weil ihm damit Nachteile drohen würden.

Die Klage hat praktisch dasselbe Ziel wie die Vollstreckungsabwehrklage, § 767, Düss FamRZ **80**, 1046. Diese ist darum in geeigneten Fällen wahlweise neben § 323 zulässig und umgekehrt, aM Düss FamRZ **81**, 307 mwN, insofern auch zB Mutschler FamRZ **82**, 549, und zwar auch als Hilfsklage, Düss FamRZ **80**, 794, insofern auch zB Mutschler FamRZ **82**, 549. Das gilt etwa dann, wenn der Bekl behauptet, seine Leistungspflicht sei wegen eines Verzichts des Klägers weggefallen; vgl zB LG Köln MDR **58**, 522, das allerdings eine Klage aus § 767 ablehnt. Im Fall einer Verwirkung kommt freilich meist nur § 767 in Betracht, Düss FamRZ **81**, 884 mwN. Die Vollstreckungsabwehrklage ist an einen bestimmten Gerichtsstand gebunden, wirkt aber auch für die rückständigen Leistungen und gibt für diejenigen, die bei § 323 eine entsprechende Anwendung von § 769 ablehnen, Anm 3 B f, eine einfache Einstellung der ZwV, ist also häufig vorteilhafter. Andererseits ist die Klage aus § 323 auch dem Gläub gegeben.

Demgegenüber unterscheidet Blomeyer ZPR § 87 IV 5 C, ähnlich Hamm FamRZ **80**, 150: § 323 betreffe ,,Änderungen, durch welche die Vorausschau des Gerichts unrichtig wird", § 767 ,,Änderungen, die das Gericht nicht vorauszusehen hatte"; er faßt § 323 als Sonderregelung auf, die den § 767 ausschließe und auch den Gläub begünstige. Im Ergebnis ebenso Bbg FamZR **80**, 617 mwN, Schlosser FamRZ **73**, 427, Zeiss § 74 II, ähnl BGH FamRZ **77**, 462, Zweibr FamRZ **79**, 929 und 930. Zum Problem ferner Köhler FamRZ **80**, 1088, Meister FamRZ **80**, 864 mwN.

B. Praxis. Die Praxis unterscheidet freilich im allgemeinen nicht so scharf. Ist eine Abänderungsklage anhängig, so liegt im allgemeinen für eine Klage aus § 767 kein Rechtsschutzbedürfnis vor, und umgekehrt, vgl BGH **70**, 156 mwN, Ffm FamRZ **79**, 139 und **80**, 176, Köln NJW **51**, 849, vgl auch § 767 Anm 1 B d. Das Vertragshilfeverfahren und die Abänderungsklage stehen nebeneinander, BGH NJW **54**, 599. § 323 wird durch den Regelunterhalt und seine Abänderbarkeit oft ausgeschaltet, §§ 642, 642b. Wegen der Umstellung alter Titel vgl § 642 Anm 5, LG Mannh MDR **72**, 147, LG Schweinf FamRZ **72**, 315, LG Trier FamRZ **73**, 107 mwN, Schmidt FamRZ **72**, 280. Jedoch bleibt daneben auch eine Klage nach § 323 möglich, §§ 642b II, 642f, 643a. Zum Verhältnis zwischen § 323 und § 641 q Bre FamRZ **82**, 1035.

Im übrigen ist eine ,,Zusatzklage" nicht möglich, sondern allenfalls eine Abänderungsklage statthaft, Hamm FamRZ **80**, 480. Der ersteren fehlt grds das Rechtsschutzbedürfnis, soweit die letztere zulässig ist, Ffm FamRZ **83**, 796 (Ausnahme: Anm 5 A c). Zu dem Versuch, für Unterhaltsklagen bei einer Heraufsetzung der Richtsätze den § 323 mit Hilfe von § 258 auszuschalten, vgl § 258 Anm 1, § 322 Anm 4 „Nachforderung". I–IV sind neben einem Anpassungsverfahren nur bedingt zulässig, V, Anm 6.

C. Auslandsberührung. Ein ausländisches Urteil ist grundsätzlich abänderbar, soweit das nach dem Recht des Urteilsstaates sachlichrechtlich und prozessual zulässig ist, Düss FamRZ **82**, 632 mwN, Schlesw SchlHA **79**, 40, LG Mü JZ **76**, 610 mwN, abw zB BGH NJW **83**, 1977 mwN, (maßgeblich sei das sachlichrechtliche Unterhaltsstatut). Wegen der entsprechenden Anwendbarkeit des § 323 bei einem Anspruch nach dem Natotruppenstatut Karlsr VersR **76**, 197. Wegen des EuGÜbk Schlosser FamRZ **73**, 429.

2) Voraussetzungen, I. A. Verurteilung. § 323 verlangt eine Verurteilung, auch durch ein Anerkenntnisurteil, BGH NJW **81**, 2195, (ob der Titel in Verlust geraten ist, ist unerheblich) oder durch ein Versäumnisurteil, gegen das ein Einspruch nicht oder nicht mehr zulässig ist, vgl Zweibr FamRZ **83**, 291. Ein solches Urteil läßt also evtl wahlweise Berufung und die Abänderungsklage zu, Oldb FamRZ **80**, 394, Schlesw SchlHA **82**, 42, aM Hamm FamRZ **78**, 446, Wiecz C III 2. Im übrigen ist der Eintritt der Rechtskraft nicht vorausgesetzt, Mü FamRZ **81**, 462 mwN, sondern es kommt auf das nach dem Einzelfall zu klärende Rechtsschutzbedürfnis an, Oldb FamRZ **80**, 395 mwN; allerdings muß die Möglichkeit des Einspruchs bei der Entstehung des Grundes ausgeschlossen sein.

Auch ein klagabweisendes Urteil kann genügen, Karlsr FamRZ **81**, 389, Klauser MDR **81**, 712 je mwN, Saarbr FamRZ **82**, 711, abw AG Landstuhl MDR **82**, 60, aM Bre FamRZ **81**, 1076 mwN, RoS § 159 III 4. Allerdings kommt dann, wenn das Gericht die erste Unterhaltsklage wegen des Fehlens einer Bedürftigkeit voll abgewiesen hatte, eine neue Leistungsklage in Betracht, BGH **82**, 250 mwN (zustm Haase JR **82**, 246, krit Wax FamRZ **82**, 347), aM zB Karlsr FamRZ **80**, 1125. Wenn demgegenüber die im ersten Urteil nur für einen begrenzten Zeitraum bejahte Bedürftigkeit auch für den Folgezeitraum eintritt, ist die Klage nach § 323 zulässig, Hamm FamRZ **82**, 920.

Ein Feststellungsurteil genügt nicht, s aber Anm 5 B b. Eine einstweilige Verfügung genügt nicht, bei ihr gelten §§ 927, 936, Zweibr FamRZ **83**, 415 mwN; ebensowenig genügt eine einstweilige Anordnung, BGH NJW **83**, 1331, Düss FamRZ **81**, 295, Hamm FamRZ **80**, 1044 mwN, Schlesw SchlHA **81**, 148, aM Ffm FamRZ **80**, 175. Eine privatschriftliche Vereinbarung genügt nicht, Zweibr FamRZ **82**, 303. Gegen einen Schiedsspruch ist eine Abänderungsklage je nach dem Schiedsvertrag beim Schiedsgericht oder beim Staatsgericht zu erheben.

Ist vor der Scheidung ein Unterhaltsausspruch ergangen, so kann nicht schon deshalb seine Abänderung begehrt werden, weil nach der Scheidung Umstände neu eingetreten sind. Denn nunmehr ist Rechtsgrundlage nicht mehr § 1360 BGB, sondern die Regelung der §§ 1569ff BGB. Ein Anspruch aus dem alten Urteil ist überhaupt nicht mehr gegeben; man muß neu klagen, BGH **78**, 130 und FamRZ **82**, 783 und zwar auch bei einer gemischtnationalen Ehe), Oldb FamRZ **80**, 1002 mwN, vgl auch Bbg FamRZ **81**, 163 (zu § 767), Düss FamRZ **81**, 45, Griesche FamRZ , 1034, Klauser MDR **81**, 714, aM zB Hamm FamRZ **80**, 797 mwN, Schlesw SchlHA **80**, 162 mwN und 188, abw Deisendorfer FamRZ **78**, 168; vgl auch §§ 620ff, die den § 323 nicht automatisch ausschließen, Hamm NJW **78**, 1536, vgl auch Flieger MDR **80**, 803 je mwN. Entsprechendes gilt für den Zustand des Getrenntlebens, vgl Mü FamRZ **81**, 451, auch nach einem erneuten Zusammenleben, Stgt FamRZ **82**, 1012. Zur allgemeinen – auch vollstreckungsrechtlichen – Problematik Scheld Rpfleger **80**, 325 mwN.

Dagegen ist der Unterhaltsanspruch des minderjährigen Kindes mit dem des mittlerweile volljährig gewordenen jedenfalls dem Grunde nach identisch. Daher ist eine Abänderungsklage insoweit zulässig, Hamm (7. ZS) FamRZ **83**, 208, KG FamRZ **83**, 746 mwN, aM Hamm (3. ZS) FamRZ **83**, 206.

B. Wiederkehrende Leistung. Die Verurteilung muß auf wiederkehrende Leistungen im Sinne des § 258 gehen, die wenigstens teilweise in Zukunft fällig werden. Auch ein Unterhaltsurteil zugunsten des nichtehelichen Kindes gehört hierhin, nicht aber eine Kapitalzahlung in Raten. Wegen einer Kapitalabfindung Anm 5 B a.

C. Änderung der Verhältnisse. Es muß weiter eine Änderung der Verhältnisse bereits eingetreten sein, BGH **80**, 397. Die Änderung muß diejenigen Verhältnisse betreffen, die maßgeblich waren: **a)** für die Verurteilung; **b)** oder für deren Dauer; **c)** oder für die Höhe der Leistung. Die neuen Umstände können allgemein sein oder auch nur in der Person des Berechtigten oder Verpflichteten liegen.

Beispiele: Der Lebensbedarf des Unterhaltsberechtigten ist gestiegen, Hbg FamRZ 83, 211; der Kläger ist entgegen der Annahme im Urteil in einem gewissen Alter noch arbeitsfähig; das nichteheliche Kind hat die nächste Tabellenstufe erreicht, Schlesw SchlHA 79, 193; es verdient nach Vollendung des 16. Lebensjahres seinen Unterhalt ganz oder teilweise, § 1615h BGB; die Lebenskosten sind gestiegen, Hbg FamRZ 83, 932, LG Brschw MDR 50, 749, LG Schweinf NJW 62, 1518; die Leistungsfähigkeit des Unterhaltsverpflichteten ist gestiegen, vgl Hbg FamRZ 83, 211; eine jetzt ernsthafte Bemühung um Arbeit, Karlsr FamRZ 83, 931.

Eine bloße Änderung der Rechtsprechung genügt nicht, ebensowenig ein bloßer Wechsel in der Beurteilung der damals entscheidungserheblichen Umstände, und zwar dann nicht, wenn in einem zweiten Prozeß wegen eines weiteren Teils des Schadens schon eine andere Entscheidung ergangen ist, BGH VersR 81, 281 mwN, und unabhängig davon, ob das Gericht desjenigen Urteils, dessen Abänderung der Kläger jetzt beantragt, damals eine fehlerhafte Beurteilung vorgenommen hatte, BGH VersR 81, 281. Vielmehr müssen sich die tatsächlichen Verhältnisse nach dem Schluß der mündlichen Verhandlung des letzten Vorprozesses dauerhaft verändert haben, Karlsr FamRZ 83, 624, LG Kassel FamRZ 54, 87; das bloße Bekanntwerden einer schon vorher eingetretenen Veränderung reicht nicht aus, Klauser MDR 81, 711, ebensowenig schon der Eintritt der Volljährigkeit des Unterhaltsberechtigten, Hbg FamRZ 83, 211.

Weitere Beispiele: Preissteigerungen, denen das Lohnniveau gefolgt ist, LG Köln NJW 58, 637; der Anstieg einer Rente, die ein Dritter dem Unterhaltsberechtigten zahlt, LG Bln FamRZ 72, 368; ein Anstieg des allgemeinen Lebensstandards, LG Hann MDR 56, 102; der Eintritt eines Sonderbedarfs und dessen Erfüllung, Stgt FamRZ 78, 684; eine Änderung der Gesetzgebung nur dann, wenn die Anwendung des Gesetzes auf den neuen Sachverhalt eine wesentliche Abweichung von der früheren Beurteilung nach Höhe und Dauer verlangt, Kblz FamRZ 79, 703 mwN, abw BGH FamRZ 77, 462 (dann sei eher § 767 anwendbar).

Arbeitslosigkeit ist nur dann erheblich, wenn sie trotz aller Anstrengungen dauerhaft zu werden droht, LG Karlsr NJW 77, 540. Zwecks Umwandlung bisheriger Geldrenten nach §§ 1708 I, 1710 BGB in ein Urteil auf Leistung des Regelunterhalts ist sowohl ein Verfahren gemäß Art 12 § 14 NEhelG, § 642 Anm 5, als auch eine Abänderungsklage gemäß Art 12 § 16 NEhelG zulässig, LG Rottweil NJW 71, 2233, vgl auch Üb 2 vor § 642. Eine hochschwanger gewesene Frau kann sich nach der Geburt nicht darauf berufen, nicht mehr arbeiten zu können, Ffm NJW 82 1232.

Wenn das erste Urteil die damaligen Verhältnisse nicht gekannt oder bzw und deshalb falsch beurteilt hatte, dann greift § 323 nicht ein, Karlsr FamRZ 83, 625 mwN, Schlesw SchlHA 78, 198, vgl auch Anm 3 C. Auch neue Beweismöglichkeiten bedeuten keine Änderung der Verhältnisse. Eine rechtsgeschäftliche Änderung genügt ebenfalls nicht; dann ist § 767 beachtlich.

D. Wesentlichkeit der Änderung. Die Änderung muß wesentlich sein. Darüber entscheidet das Gericht bei der gebotenen Gesamtabwägung der in C genannten Fragen, Brschw FamRZ 83, 198, vgl LG Nürnb-Fürth FamRZ 76, 358. Wesentlich ist eine Änderung erst dann, wenn sich bei einer notwendigen Gesamtsaldierung ergibt, daß eine Abweichung von wenigstens etwa 10% eingetreten ist, Ffm FamRZ 78, 935 und 80, 895, KG FamRZ 83, 293 mwN, vgl auch BGH 34, 118, Schlesw SchlHA 78, 198, Zweibr FamRZ 81, 1190, Klauser MDR 81, 713. Die Beteiligten müssen beim Schluß der letzten mündlichen Verhandlung des Vorprozesses nicht imstande gewesen sein, die Änderung vorauszusehen, weil eine Änderung dem gewöhnlichen Verlauf, so wie man ihn damals annehmen durfte, widersprach, vgl Ffm FamRZ 78, 716, abw Köln NJW 79, 1662 (es stellt auf die tatsächliche Berücksichtigung im Urteil ab). Eine solche Situation kann auch vorliegen, wenn das Gericht damals eine Änderung annahm, wenn die Verhältnisse aber entgegen seiner Annahme gleich geblieben sind. Eine in wenigen Monaten bevorstehende Einstufung in eine höhere Altersgruppe zB der ,,Düsseldorfer Tabelle'' war vorhersehbar, KG FamRZ 83, 292 mwN, eine erst nach Jahren bevorstehende nicht, Düss FamRZ 82, 1230 mwN. Zur abweichend aufgebauten ,,Kieler Tabelle'' Schlesw SchlHA 83, 139, zur ,,Nürnberger Tabelle'' Nürnb FamRZ 81, 954. Richterliche ,,Übereinkünfte'' zur künftigen Anwendung derartiger Tabellen, vgl zB beim OLG Schlesw, dazu SchlHA 83, 18, sind im Ergebnis höchst problematische Selbstbeschränkungen der zB nach § 286 zwingend gebotenen Gesamtwürdigung jedes Einzelfalls.

Was im Vorprozeß verlangt worden war, ist unerheblich; der Kläger kann jetzt auch einen anderen Klagegrund heranziehen, der der Klage nicht zuwiderläuft. Beispiel: die frühere Klage stützte sich auf eine Haftpflicht, die Abänderungsklage stützt sich auf eine

Vertragsverletzung. § 323 gilt auch dann, wenn nach dem Unfall, auf den sich die frühere Klage stützte, unvorhergesehene Folgen einer schon damals vorhandenen Erkrankung eingetreten sind, auf denen die Erwerbsunfähigkeit jetzt beruht.

3) Klage, I–III. A. Grundsatz. Die Abänderungsklage ist eine Gestaltungsklage. Sie verfolgt keinen sachlichrechtlichen Anspruch, wie sich bei einer erstrebten Herabsetzung besonders klar zeigt. Sie bezweckt vielmehr die anderweitige Gestaltung der Rechtsbeziehungen aus dem alten Anspruch wegen einer Veränderung der Verhältnisse, vgl BGH **61**, 159. Deshalb versagt § 323 bei allen ein für allemal feststehenden Leistungen, wie Leibrenten, BayObLG DNotZ **80**, 96 mwN (die Parteien können sich freilich vertraglich der Regelung des § 323 unterwerfen); bei Überbau- und Notwegrenten, §§ 912 II, 917 II BGB.

Einredeweise kann man den Abänderungsanspruch nicht geltend machen, aM OGHZ NJW **49**, 144, aber so leicht darf man es mit der Rechtskraft nicht nehmen. Eine Verjährung des Abänderungsanspruchs tritt nicht ein, StJ III 1, offen BGH NJW **63**, 2079. In Familiensachen ist das Familiengericht zuständig, BGH NJW **78**, 1812, Düss FamRZ **80**, 794, Parche NJW **79**, 142. Auch ein familienrechtlicher Ausgleichsanspruch kann nicht unabhängig von § 323 zugelassen werden, BGH FamRZ **81**, 762.

B. Verfahren. a) Parteien. Klageberechtigt ist jeder Teil, nach einem Übergang der Forderung gemäß § 1542 RVO auch der Versicherungsträger, BGH **LM** § 1542 RVO Nr 67; bei einem Vollstreckungstitel, der einem Dritten ein Recht verschafft, auch der Dritte, Bbg FamRZ **79**, 1060, Heil NJW **69**, 1910, offen BGH NJW **83**, 685 mwN, aM zB Celle NJW **74**, 504, Hamm FamRZ **81**, 590, Saarbr NJW **69**, 435 (dann sei nur der Versprechende und der Versprechensempfänger klageberechtigt; s aber § 328 I BGB), falls der Dritte überhaupt wirksam berechtigt oder verpflichtet war, vgl § 794 Anm 2 C b bb. Die Identität der Parteien des Abänderungsverfahrens mit denjenigen des abzuändernden Titels ist eine Zulässigkeitsvoraussetzung der Abänderungsklage, BGH NJW **83**, 685 mwN.

b) Zuständigkeit. Die Klage leitet ein neues Verfahren ein. Sie ist im gewöhnlichen Gerichtsstand zu erheben, nicht in demjenigen des § 767. Zur sachlichen Zuständigkeit §§ 9 ZPO, 23–23c GVG. Eine neue Prozeßvollmacht ist nicht erforderlich, § 81 Anm 2 B h.

c) Antrag. Ein Antrag des Inhalts, daß keine Ansprüche mehr bestehen, stützt sich auf § 256 I. Eine Rückforderung oder eine Nachforderung für die Zeit vor der Erhebung der Abänderungsklage ist unzulässig, III. Eine Stufenklage ist zulässig, Hbg (2. FamS) FamRZ **83**, 626, aM Hbg (2 a. FamS) FamRZ **82**, 935.

d) Prüfungsumfang. Der neuen Verhandlung sind die tatsächlichen Feststellungen des früheren Urteils zugrunde zu legen, soweit die Veränderung der Verhältnisse sie nicht berührt hat. Die Rechtskraftwirkung ist nur für die Bemessung der Leistungen ausgeschaltet.

Der Kläger muß alle diejenigen Faktoren darlegen und beweisen, die für die Festsetzung der titulierten Unterhaltsrente maßgebend waren und die eine wesentliche Änderung der Verhältnisse ergeben. Es reicht also nicht aus, wenn er nur zu einem einzigen oder zu einzelnen von mehreren maßgeblich gewesenen Bemessungsfaktoren eine wesentliche Änderung darlegt, Düss FamRZ **81**, 587, Zweibr FamRZ **81**, 1102. Das Gericht darf die tatsächlichen Grundlagen des abzuändernden Titels durch dessen Auslegung ermitteln und dabei auch nach § 287 verfahren, Düss FamRZ **81**, 587.

Es ist also nur die Höhe der jetzt gegebenen Ansprüche zu prüfen, nicht aber die ursprüngliche Begründung nachzuprüfen, BGH FamRZ **83**, 261 mwN, Bbg FamRZ **81**, 1196, Düss zuletzt FamRZ **83**, 400, Ffm FamRZ **80**, 895, Hamm FamRZ **80**, 149, KG FamRZ **79**, 961 je mwN, Karlsr FamRZ **81**, 1199 und FamRZ **83**, 626 sowie 755, Köln FamRZ **81**, 998, Mü FamRZ **81**, 462, Schlesw (1. FamS) SchlHA **81**, 189, Stgt FamRZ **80**, 919, Zweibr FamRZ **81**, 675 und FamRZ **82**, 415, LG Mannh DAVorm **66**, 178, vgl auch BGH FamRZ **60**, 60 und NJW **63**, 2078, ferner zB Klauser MDR **81**, 711, ThP 4d, offen BSG MDR **72**, 1065, aM zB Ffm FamRZ **79**, 238, Hbg FamRZ **78**, 937 je mwN, vgl auch BVerfG **26**, 53 (die Festsetzung erfolge ohne Rücksicht auf das frühere Urteil oder den früheren Vergleich), LG Bonn FamRZ **64**, 316.

Diese letztere Ansicht setzt sich über den Gesetzestext hinweg. Er gestattet lediglich eine „entsprechende Abänderung des Urteils". Damit sind die seit dem Erlaß des Urteils eingetretenen Veränderungen gemeint, gemessen an den für die damalige Urteilsfindung als maßgeblich verwendeten Tatsachen. Durch die hier abgelehnte Auffassung würden uferlose Neufestsetzungen oder jedenfalls Versuche dazu die Folge sein, so daß zB der nur als notdürftig festgesetzte Unterhalt, § 1611 BGB, nunmehr voll oder jedenfalls nach einem anderen Maßstab als früher festgesetzt werden könnte. Vgl ferner Anm 2 C. Richtigerweise darf also nicht nachgeprüft werden, ob das Gericht die früheren Verhältnisse richtig beurteilt hat, etwa die Schadensursache, vgl auch Anm 1, 2 C. Ein Berufswechsel kann zur Abänderungsklage berechtigen.

Köln FamRZ **81**, 999 behandelt die Abänderungsklage dann, wenn die Verhältnisse bei der Entstehung des abzuändernden Vollstreckungstitels nicht mehr feststellbar sind, wie eine Erstklage.

e) Maßgeblicher Zeitpunkt, II. Nur solche Klagegründe genügen, die erst nach dem Schluß der letzten Tatsachenverhandlung, evtl also derjenigen in der Berufungsinstanz, Hamm FamRZ **80**, 1127, objektiv entstanden sind und deren Vorbringen im Verfahren auf Einspruch, auch auf einen solchen des Gegners, nicht möglich war, die also erst nach dem Ablauf der Einspruchsfrist entstanden sind, BGH NJW **82**, 1812 mwN, aM StJM § 767 Rdz 40. Ebenso wie bei § 767 kommt es nicht darauf an, ob die Partei von den Gründen Kenntnis hatte, BGH NJW **73**, 1328 mwN, Zweibr FamRZ **81**, 1190, ein dem Schutz der Rechtskraft dienender Satz, Hamm FamRZ **78**, 446, offen Hamm FamRZ **82**, 949. Im schriftlichen Verfahren und im Aktenlageverfahren entscheidet der dem Verhandlungsschluß gleichstehende Zeitpunkt, vgl bei §§ 128, 251 a. Ein nachträgliches mitwirkendes Verschulden ist zu berücksichtigen. Wurde die erste Abänderungsklage abgewiesen, weil die erforderliche Steigerung der Lebenskosten damals noch nicht erreicht war, dann darf und muß in einem weiteren Abänderungsprozeß die während des ersten Prozesses eingetretene Steigerung mit berücksichtigt werden, Ffm FamRZ **79**, 139 mwN. Vgl im übrigen bei § 767 II.

Nach einem Versäumnisurteil kommt es auf den Zustand an, den der damalige Kläger behauptete und der gemäß § 331 I 1 als zugestanden galt, Stgt FamRZ **82**, 92, Zweibr FamRZ **83**, 291, insofern aM Karlsr FamRZ **83**, 625.

f) Einstellung der Zwangsvollstreckung. Sie soll nach einer früher weitverbreiteten Meinung unzulässig sein. Indessen ist § 769 entsprechend anwendbar, denn die Verhältnisse liegen hier ganz ähnlich wie dort, Anm 1 A, B, BGH **LM** Nr 1, Ffm FamRZ **82**, 736 mwN (auch wegen § 641 g), KG FamRZ **78**, 529, insofern auch Karlsr NJW **75**, 314. Die Rechtsmittel sind dieselben wie bei § 769, vgl Hbg FamRZ **82**, 622 mwN, Hamm FamRZ **81**, 589; wegen einer weiteren sofortigen Beschwerde gegen die Entscheidung des LG als Beschwerdegericht bei einer Einstellung § 568 Anm 2, III; Karlsr NJW **75**, 314 hält die weitere sofortige Beschwerde für zulässig, Celle Rpfleger **62**, 25 hält sie für unzulässig, weil damit die sachlichen Aussichten der Klage geprüft würden. Wer eine entsprechende Anwendbarkeit des § 769 ablehnt, muß eine Einstellung der ZwV durch eine einstweilige Verfügung zulassen.

Bei einer ZwV während des Prozesses entsteht kein Schadensersatzanspruch entsprechend § 717, wenn das Urteil rechtskräftig war; auf die Rechtskraft muß man nämlich vertrauen dürfen.

4) Urteil, II, III. A. Verfahrensabschnitte. Wie bei allen Angriffen gegen ein rechtskräftiges Urteil zerfällt das Verfahren in mehrere Teile: **a)** Das Aufhebungsverfahren, iudicium rescindens, dh die Aufhebung des früheren Urteils; **b)** das Ersetzungsverfahren, iudicium rescissorium, dh die Ersetzung des früheren Urteils durch ein neues. Zu a gehört die Prüfung der Zulässigkeit der Klage, überhaupt der Prozeßvoraussetzungen. Nur bei ihrer Bejahung kommt es zum Abschnitt b. Das Urteil lautet auf Abweisung oder auf eine völlige Aufhebung der früheren Entscheidung oder auf eine Änderung der früheren Entscheidung nebst einer Neufestsetzung. Das Gericht kann also eine vom früheren Urteil zugebilligte Rente auch ganz wegfallen lassen.

Wenn das Urteil eine Änderung ohne die Angabe enthält, ab wann sie gültig sein soll, dann tritt sie mit dem Urteilserlaß ein, also mit der Urteilsverkündung, vgl Köln NJW **75**, 890 (es nennt evtl sogar erst den Zeitpunkt der Rechtskraft); bei § 310 III tritt die Änderung mit der Urteilszustellung ein.

B. Abänderungszeitraum. Nur für die Zeit seit der Erhebung der Abänderungsklage darf das frühere Urteil abgeändert werden, III, BGH NJW **82**, 1813 mwN, Hamm FamRZ **80**, 1127, Karlsr FamRZ **80**, 1149 mwN. Bei mehreren zeitlich aufeinander folgenden Abänderungsklagen ist das zuletzt ergangene Urteil als Ausgangspunkt maßgeblich, Düss FamRZ **81**, 59. Dieser Zeitpunkt, § 253 Anm 2 A, ist auch für eine weitergehende Änderung ausschlaggebend, die erst im Laufe des Verfahrens geltend gemacht wird. Denn III ist rein förmlich zu verstehen und beruht auf der Erwägung, daß vorher die Rechtskraftwirkung unangetastet war, zB RoS § 159 VI 4, ThP 5c, aM zB Gabius NJW **76**, 317. Vgl § 258 Anm 1. Die Herabsetzung eines monatlich zu zahlenden Unterhalts kommt erst vom Beginn desjenigen Monats an in Betracht, der dem Tag der Klagezustellung folgt, Stgt FamRZ

80, 394, insofern aM Karlsr FamRZ **80**, 918. Dasselbe gilt für eine Heraufsetzung, Karlsr FamRZ **83**, 717.

Ffm FamRZ **79**, 964, Kblz FamRZ **79**, 294 mwN lassen den Zugang des zunächst alleinigen Prozeßkostenhilfeantrags beim Gegner genügen. Das ist unrichtig, BGH NJW **82**, 1813 mwN, Köln FamRZ **82**, 834, und auch inkonsequent. Denn wenn § 270 III entsprechend anwendbar wäre (die Vorschrift ist unanwendbar, LG Freib FamRZ **72**, 398, Klauser MDR **81**, 712, insofern aM Odersky FamRZ **74**, 566), dann müßte ein Eingang beim Gericht ausreichen. Ein Eingang des Gesuchs um die Bewilligung einer Prozeßkostenhilfe beim Gegner ist außerdem unnötig, da gleichzeitig die Klage eingereicht werden kann und dann keine Benachteiligung des Antragstellers eintritt. Wie hier im Ergebnis auch BGH NJW **82**, 1051, Hbg FamRZ **82**, 623 je mwN.

Freilich kann die Zustellung einer Klage auch „im Rahmen des Verfahrens auf die Bewilligung der Prozeßkostenhilfe" schon in Wahrheit als eine echte Klagezustellung anzusehen sein, Köln FamRZ **80**, 1144 (sehr weitgehend).

In der Änderung liegt keine Urteilsänderung iS der ZPO, wie die Vollstreckungsabwehrklage zeigt, die auch den Titel an sich unberührt läßt. Dieser Standpunkt entspricht allein dem praktischen Bedürfnis. Der Umweg über § 767 ist unnötig. Die Rechtskraftwirkung des Abänderungsurteils besteht darin, daß die von ihm erledigten Änderungen bei zukünftigen Erörterungen nicht mehr erneut geprüft werden.

Meister FamRZ **80**, 869 hält III wegen Verstoßes gegen Art 3, 19 GG für nichtig. Leiser AnwBl **82**, 419 weist auf § 65 VII 1 Z 3, 4 GKG hin und hält den Anwalt, der diese Möglichkeit versäumt, für schadensersatzpflichtig.

III steht einem Schuldanerkenntnis nicht entgegen, Celle FamRZ **81**, 1201.

5) Anderer Schuldtitel, IV. A. Geltungsbereich. § 323 ist nach IV auf folgende anderen Schuldtitel entsprechend anwendbar:

a) Abänderungsbeschluß. Die Vorschrift gilt für einen Abänderungsbeschluß im Vereinfachten Verfahren, § 641 p I, Celle FamRZ **81**, 586, vgl freilich Anm 6.

b) Vergleich. Die Vorschrift gilt ferner für einen Prozeßvergleich und einen Vergleich vor einer Gütestelle, § 794 I Z 1, zB Zweibr FamRZ **81**, 1073. Eine Abänderung auf Zahlung des Regelunterhalts erfolgt dann nur, wenn auch die Abänderung auf einen höheren bezifferten Betrag möglich wäre, LG Gießen FamRZ **73**, 548 mwN, Odersky FamRZ **74**, 566. Auch IV hat rein prozessualen Inhalt, verlangt also einen sachlichrechtlichen Anspruch auf Abänderung. Dem Unterhaltsvertrag (abw LG Kassel NJW **75**, 267: nur dem unselbständigen) und ähnlichen Verträgen wohnt ja die Derzeitklausel (clausula rebus sic stantibus) stillschweigend inne, vgl auch Zweibr FamRZ **82**, 303.

Darum kommt es beim Vergleich auf die Geschäftsgrundlage an, vgl Ffm NJW **82**, 1233, KG FamRZ **78**, 938, Finger MDR **71**, 351, zB darauf, ob er nach dem Parteiwillen unabänderlich sein sollte, vgl Brschw FamRZ **79**, 929, AG Lörrach FamRZ **81**, 464. Auch der Parteiwille ist dem § 242 BGB unterstellt. Er ist auch bei einer Abänderung zu beachten, vgl Schlesw SchlHA **78**, 41, zB dann, wenn nur der notwendige Unterhalt zugebilligt wurde, nicht der standesgemäße, vgl BGH FamRZ **60**, 60. Wenn die Parteien im Vergleich seine Abänderbarkeit bis zu einer gewissen Grenze ausgeschlossen haben, dann ist regelmäßig davon auszugehen, daß die Parteien bei einer Überschreitung jener Grenze die Verhältnisse zZt des Vergleichsabschlusses nicht als gegeben ansehen wollten. Jedenfalls darf eine vertragliche Ausschließung der Abänderbarkeit wegen der erhöhten Unterhaltspflicht des Mannes infolge einer Wiederverheiratung nicht seine Unterhaltspflicht gegenüber der zweiten Ehefrau in Frage stellen, da diese letztere Unterhaltspflicht eine gesetzliche, unabdingbare Verpflichtung darstellt; vgl freilich § 1582 BGB.

Ein Vergleich über den Unterhaltsanspruch während des Getrenntlebens in der Ehe umfaßt grundsätzlich nicht den Unterhaltsanspruch nach der Scheidung, sofern er nicht auch dazu eine Einigung enthält, Anm 2 A, Hamm FamRZ **81**, 1075.

Auch ein Vergleich im Verfahren nach § 620ff untersteht grundsätzlich dem § 323, Zweibr FamRZ **80**, 69 mwN, AG Besigheim FamRZ **81**, 555, aM zB Celle FamRZ **80**, 611 (das OLG läßt eine leugnende Feststellungsklage oder eine Vollstreckungsabwehrklage nach § 767 zu), Karlsr FamRZ **80**, 609, Zweibr FamRZ **81**, 191 mwN (diese Gerichte lassen nur eine leugnende Feststellungsklage zu). Ein gerichtlich protokollierter Unterhaltsvergleich kann nicht nach den §§ 620ff geändert werden, sondern nur im Verfahren nach § 323, Hamm FamRZ **80**, 608, vgl Zweibr FamRZ **81**, 701. Kinder erwerben hier wie beim Scheidungsvergleich seit dem 1. 7. 77 einen Titel ohne förmlichen Beitritt, Köln FamRZ **83**, 88 mwN, Schlesw SchlHA **78**, 37, sofern § 1629 II 2, III BGB (Prozeßstandschaft des

2. Titel. Urteil § 323 5

klagenden Elternteils) anwendbar ist, Pal-Diederichsen BGB §§ 1585c BGB Anm 2c und § 1629 BGB Anm 5b cc.
Im übrigen erwirbt das Kind einen Titel grds nur nach einem förmlichen Beitritt, vgl (je zum alten Recht) Celle NJW **74**, 504, LG Bln FamRZ **73**, 99, Wächter FamRZ **76**, 253 je mwN, vgl § 794 Anm 2 B, aM Hamm FamRZ **80**, 1061, Karlsr FamRZ **80**, 1059. Dann ist das Kind also nicht an § 323 gebunden. Ein Vergleich im Verfahren nach § 620ff läßt sich aber meist ebenso wie eine einstweilige Anordnung durch eine anderweitige einstweilige Anordnung ändern, AG Hbg FamRZ **78**, 806. Ein außergerichtlicher Vergleich hat keine Rechtskraftwirkung und fällt deshalb nicht unter § 323, BGH FamRZ **60**, 60. Er unterliegt den allgemeinen Vorschriften; evtl ist eine Klage auf Feststellung eines anderen Inhalts ratsam. Bei mehreren wegen desselben Rechtsverhältnisses ergangenen Titeln ist stets nur der letzte maßgeblich, Ffm FamRZ **80**, 895.
Hat freilich das Kind rechtsfehlerhaft einen eigenen Titel erhalten, so unterliegt es grds dem § 323, Ffm FamRZ **83**, 756.
Ein unwirksamer Vergleich läßt keine Abänderungsklage, sondern nur die Fortsetzung des etwaigen bisherigen Prozesses, Anh § 307 Anm 6 B, oder einen ersten Prozeß zu, Zweibr FamRZ **83**, 930.
Bei einer Klage aus IV ist II unanwendbar, Finger MDR **71**, 352, und III ebenfalls unanwendbar, BGH (GSZ) **85**, 66 mwN (abl Grunsky ZZP **96**, 260, im Ergebnis zustm Schreiber JR **83**, 201), ferner zB Celle FamRZ **83**, 641, Schlesw SchlHA **78**, 117 (offen SchlHA **82**, 198), Stgt FamRZ **83**, 502. Finger MDR **71**, 353 mwN, insofern auch Staudigl FamRZ **80**, 222. Sonst wäre ein Prozeßvergleich ungünstiger als ein außergerichtlicher Vergleich. Außerdem hat die Regelung des III ihren Grund in der Rechtskraftwirkung eines Urteils. Schon deshalb ist eine Gleichstellung des gerichtlichen und des außergerichtlichen Vergleichs nicht möglich. Vielmehr ist der gerichtliche Vergleich einer vollstreckbaren, also auch der notariellen Urkunde, IV, gleichgestellt. Für deren Inhalt wäre eine derartige zeitliche Beschränkung der Abänderbarkeit unberechtigt, aM zB jetzt Ffm FamRZ **83**, 756 mwN, ferner Köln FamRZ **82**, 713 mwN.
Im übrigen ist aber von dem Prozeßvergleich und seinen Festsetzungen auszugehen, und zwar auch dann, wenn sie inzwischen schon geändert worden waren, BGH FamRZ **83**, 261. Sie sind grundsätzlich nicht abänderbar; wohl können die Leistungen der Höhe nach auf Grund derjenigen Veränderungen geändert werden, die nach dem Vergleich eingetreten sind, BGH NJW **63**, 2076.

c) Vollstreckbare Urkunde. Die Vorschrift ist ferner anwendbar auf eine vollstreckbare Urkunde, § 794 I Z 5, und auf eine solche gerichtliche oder notarielle Urkunde, in der sich der nichteheliche Vater verpflichtet, dem Kind den Regelunterhalt oder diesen mit einem Zuschlag oder Abschlag oder allein den Zuschlag zu zahlen, §§ 642c, 642d in Verbindung mit § 642c und § 62 BeurkG. Hierunter fällt auch eine Urkunde gemäß §§ 49, 50 JWG, BGH FamRZ **82**, 915, Düss FamRZ **81**, 587, Karlsr FamRZ **83**, 755, Stgt FamRZ **81**, 704, insofern richtig auch KG FamRZ **78**, 933, selbst wenn sie nach dem 1. 7. 1970 über einen bezifferten Betrag errichtet worden war.
Bei einer vollstreckbaren Urkunde, aber auch beim Prozeßvergleich, ist zu beachten, daß sich der Schuldner nur der geforderten Leistung darin unterworfen hat. Demgemäß erfolgt eine Abänderung auch nur im Rahmen der darin zugebilligten Höhe der Forderung und ihrer Veränderung durch die Verhältnisse, Karlsr FamRZ **83**, 755, LG Brschw NJW **60**, 1956. Es ist also nicht zulässig, den ursprünglichen Titel durch eine willkürliche Angleichung an eine Forderung beiseite zu schieben, die verhältnismäßig höher ist als die ursprünglich zugebilligte.

B. Entsprechende Anwendbarkeit. § 323 enthält einen allgemeinen Rechtsgedanken. Die Vorschrift ist daher auf andere Schuldtitel entspr anwendbar, die einem anderen Verfahren ergangen sind, sofern sie bürgerlichrechtliche Ansprüche zum Gegenstand haben, wenn eine sonst zuständige Stelle nicht vorhanden ist, BGH **28**, 337: **a)** bei einem Urteil auf eine Kapitalabfindung, weil dort dieselben Erwägungen stattfinden, zB RoS § 159 III (zustm Grunsky AcP **181**, 346), ThP 2, ZöV II 2, aM zB BGH **79**, 192 mwN (im wesentlichen zustm Nehls VersR **81**, 284); **b)** bei einem Urteil auf Feststellung einer Rente in gewisser Höhe, etwa zu 30%, oder gegenüber einer zur Rentenverpflichtung getroffenen Feststellung, wenn neue Ansprüche geltend gemacht werden können, und wenn bei einem Leistungsurteil die Voraussetzungen des § 323 gegeben wären, OGH NJW **47/48**, 521; gegenüber einer rechtskräftigen Festsetzung der künftig wiederkehrenden Leistungen durch das Entschuldungsamt, BGH **28**, 330; von im Vertragshilfeverfahren festgesetzten Leistungen, BGH **38**, 337; **c)** bei einem Unterlassungsurteil. So ist eine Klage auf Aufhebung eines

Verbots zulässig, wenn das Verbotene später erlaubt ist, wenn zB eine verbotene Behauptung später wahr wird.

Auf eine privatschriftliche Vereinbarung ist IV unanwendbar, Zweibr FamRZ **82**, 303 (es kann aber eine unzulässige Rechtsausübung vorliegen).

6) Vereinfachtes Verfahren, V. Wenn das Vereinfachte Verfahren statthaft ist, §§ 641 l–t, § 612 a BGB, Üb Köhler NJW **76**, 1532, Petermann Rpfleger **76**, 414, also im wesentlichen bei einem ehelichen Kind, so ist eine Abänderungsklage abgesehen vom Fall des IV (dort gilt § 641 p) nur bedingt zulässig, vgl Schlesw SchlHA **78**, 57, und zwar unter folgenden Voraussetzungen:

A. Abweichung vom richtigen Betrag. Das Vereinfachte Verfahren würde zu einem Ergebnis kommen, das wesentlich von demjenigen Betrag abweicht, der den Parteiverhältnissen Rechnung trägt. Die Anpassungsverordnung berücksichtigt ja nur die Entwicklung der allgemeinen Lebenskosten, nicht zB eine Geburt, einen Tod, eine Arbeitslosigkeit, eine Heirat, eine Krankheit, vgl Timm NJW **78**, 746. In solchen Fällen wäre ein Verfahren gemäß §§ 641 l ff sinnlos, zumal der Antragsgegner eine Abänderungsklage gemäß § 641 q erheben könnte. Eine Abweichung ist wesentlich, wenn die Parteiverhältnisse bei einer Gesamtabwägung zumindestens 10%, anm 2 C, D entspr, von der Entwicklung der allgemeinen Lebenskosten abweichen. Maßgeblich ist der Zeitpunkt der letzten mündlichen Verhandlung des Rechtsstreits einerseits, der Zeitpunkt der etwaigen Entscheidung gemäß § 641 p I andererseits.

B. Nach einem Beschluß. Wenn im Vereinfachten Verfahren bereits ein Beschluß ergangen war, dann ist eine Klage zulässig: **a)** Wegen einer wesentlichen Abweichung des Beschlusses von einem insgesamt angemessenen Ergebnis, § 641 q I, BGH FamRZ **82**, 916. Vgl A entspr; **b)** oder wegen einer inzwischen zustandegekommenen abweichenden Parteivereinbarung, § 641 q II. Beide Klagen sind Unterfälle des § 323, BGH FamRZ **82**, 916, Ffm FamRZ **78**, 348 mwN, jedoch geht § 641 q betr die Monatsfrist zur Klagerhebung vor, dort III.

C. Aussetzung. Eine Aussetzung des Rechtsstreits ist zwar bei A und B gemäß § 148 denkbar, idR muß aber die Abänderungsklage wegen ihrer umfassenderen Prüfung den Vorrang vor dem Vereinfachten Verfahren haben, vgl § 641 o II.

7) VwGO: Entsprechend anzuwenden, § 173 VwGO, auf Leistungsurteile im engeren Sinne, Ule VPrR § 58 I, RedOe § 107 Anm 9, auch auf entsprechende Vergleiche, VGH Mü BayVBl **78**, 53.

324 *Nachforderungsklage.* Ist bei einer nach den §§ 843 bis 845 oder §§ 1569 bis 1586 b des Bürgerlichen Gesetzbuchs erfolgten Verurteilung zur Entrichtung einer Geldrente nicht auf Sicherheitsleistung erkannt, so kann der Berechtigte gleichwohl Sicherheitsleistung verlangen, wenn sich die Vermögensverhältnisse des Verpflichteten erheblich verschlechtert haben; unter der gleichen Voraussetzung kann er eine Erhöhung der in dem Urteil bestimmten Sicherheit verlangen.

1) Allgemeines. §§ 843–845 BGB gewähren eine Geldrente bei einer Tötung, Körperverletzung, Freiheitsentziehung; §§ 1569 ff BGB gewähren eine solche bei der Scheidung. Das Gericht befindet, ob und in welcher Höhe der Ersatzpflichtige dem Berechtigten eine Sicherheit leisten muß. Hat das Gericht keine Sicherheit verlangt, so greift § 324 ein.

2) Nachforderungsklage. A. Grundsatz. Sie ist eine von der Abänderungsklage des § 323 wesentlich verschiedene Zusatzklage, mit der der Kläger eine Ergänzung des früheren Urteils wegen seines sachlichrechtlichen Sicherungsanspruchs betreibt. Die Grundsätze des § 323 finden darum hier keine Anwendung. Die Verurteilung auf die Geldrente braucht nicht rechtskräftig zu sein.

B. Verfahren. Klageberechtigt sind beide Teile. Der Berechtigte kann auf Sicherheit klagen; der Verpflichtete kann auf Aufhebung einer angeordneten Sicherheit wegen einer Besserung seiner Verhältnisse klagen.

Die Klage ist nur bei einer erheblichen Verschlechterung der Vermögensverhältnisse des Verpflichteten zulässig, nicht aus anderen Gründen, etwa bei einer bloßen Verschwendung. Zulässig ist auch eine Klage auf Erhöhung einer angeordneten Sicherheit. Warum nicht früher eine Sicherheit verlangt war, ist unerheblich. Die Veränderung muß nach dem Schluß der letzten Tatsachenverhandlung des Erstprozesses eingetreten sein. Es gilt der gewöhnliche Gerichtsstand.

Die Klage begründet ein neues Verfahren. Die Prozeßvollmacht des Vorprozesses genügt hier nicht. Einen sachlichrechtlichen Anspruch gibt § 324 nicht. Er setzt vielmehr einen solchen voraus. Dabei ist der Zeitpunkt des auf die Nachforderungsklage ergehenden Urteils maßgeblich. Eine Sicherheitsleistung wird nur für die Zukunft zugesprochen. Deshalb ist sie auf der Grundlage derjenigen Raten zu bemessen, die nach dem Urteil fällig werden.

C. Auf andere Renten ist § 324 nur anwendbar, soweit die sie anordnende Vorschrift auf die in § 324 genannten Bestimmungen verweist, so bei § 62 III HGB.

325 *Rechtskraft und Rechtsnachfolge.* I Das rechtskräftige Urteil wirkt für und gegen die Parteien und die Personen, die nach dem Eintritt der Rechtshängigkeit Rechtsnachfolger der Parteien geworden sind oder den Besitz der in Streit befangenen Sache in solcher Weise erlangt haben, daß eine der Parteien oder ihr Rechtsnachfolger mittelbarer Besitzer geworden ist.

II Die Vorschriften des bürgerlichen Rechts zugunsten derjenigen, die Rechte von einem Nichtberechtigten herleiten, gelten entsprechend.

III Betrifft das Urteil einen Anspruch aus einer eingetragenen Reallast, Hypothek, Grundschuld oder Rentenschuld, so wirkt es im Falle einer Veräußerung des belasteten Grundstücks in Ansehung des Grundstücks gegen den Rechtsnachfolger auch dann, wenn dieser die Rechtshängigkeit nicht gekannt hat. Gegen den Ersteher eines im Wege der Zwangsversteigerung veräußerten Grundstücks wirkt das Urteil nur dann, wenn die Rechtshängigkeit spätestens im Versteigerungstermin vor der Aufforderung zur Abgabe von Geboten angemeldet worden ist.

IV Betrifft das Urteil einen Anspruch aus einer eingetragenen Schiffshypothek, so gilt Absatz 3 Satz 1 entsprechend.

Schrifttum: Baur, Rechtsnachfolge in Verfahren und Maßnahmen des einstweiligen Rechtsschutzes? Festschrift für Schiedermair (1976) 19; Bettermann, Bindung der Verwaltung an zivilgerichtliche Urteile, Festschrift für Baur (1981) 273; Calavros, Urteilswirkungen zu Lasten Dritter, 1978 (Bespr Wolf AcP **180**, 430); Claus, Die vertragliche Erstreckung der Rechtskraft, Diss Köln 1973; Scholz-Mantel, Zum Begriff des Rechtsnachfolgers im Sinne des § 325 ZPO, Diss Würzb 1969; Schwab, Die prozeßrechtlichen Probleme des § 407 II BGB, Gedächtnisschrift für Bruns (1980) 181; vgl Einf 4 vor §§ 322–327.

1) Allgemeines. Grundsätzlich wirkt das rechtskräftige Urteil nur zwischen den Parteien. Das ist die notwendige Folge der Herrschaft der Parteien über den Prozeß. Diese Folge und der Grundsatz des rechtlichen Gehörs, Grdz 4 vor § 128, lassen es als unmöglich erscheinen, die Rechtskraft auf diejenigen zu erstrecken, die an der Gestaltung des Prozesses keinen Anteil hatten. Indessen verlangen die Rechtssicherheit und die Prozeßwirtschaftlichkeit in zahlreichen Fällen eine Erstreckung der Rechtskraft auf Dritte. Diese Erstreckung der Rechtskraft wird von §§ 325–327 und anderen Vorschriften geregelt. Soweit solche Vorschriften auf einem allgemeinen Rechtsgedanken beruhen, sind sie einer sinngemäßen Anwendung fähig; Beispiel: § 717 Anm 2 D.

Im Gegensatz zu einer Rechtskrafterstreckung, durch die der Dritte unmittelbar erfaßt wird, dazu Blomeyer ZPR §§ 91ff, liegt nach Schwab ZZP **77**, 124 vielfach nur eine Drittwirkung der Rechtskraft vor, die dem Dritten den Einwand nimmt, das im Vorprozeß zwischen den Parteien Entschiedene sei ihm gegenüber nicht maßgeblich, vgl Hbg VersR **73**, 564, zB wenn die Erbeneigenschaft des A im Rechtsstreit mit B festgestellt ist, so daß ein Nachlaßgläubiger nicht gegen A Ansprüche erheben kann. Die Wirkung, die das Urteil gegenüber dem Dritten hat, muß es auch in einem Rechtsstreit des Dritten gegenüber den Parteien des Vorprozesses haben, Schwab NJW **60**, 2171. Demgegenüber handelt es sich nach Blomeyer § 91 II um eine Rechtskrafterstreckung wegen einer zivilen Abhängigkeit.

In Baulandsachen ist § 325 unanwendbar, Mü MDR **72**, 787.

2) Regelmäßige Rechtskraftwirkung, I. A. Grundsatz. Das Urteil wirkt wie folgt:

a) Parteien. Das Urteil wirkt zwischen den Parteien, dh für und gegen die Personen, auf die es lautet, auch wenn es sich um ein Rechtsverhältnis handelt, an dem nur eine Prozeßpartei oder keine beteiligt ist, BGH **LM** Nr 4. Die Partei kraft Amts, Grd 2 C vor § 50, ist ein Dritter. Ist sie aber nach der Rechtshängigkeit bestellt worden, so steht sie dem Rechtsnachfolger gleich.

b) Dritter. Das Urteil wirkt ferner für und gegen diejenigen Personen, die nach dem Eintritt der Rechtshängigkeit Rechtsnachfolger einer Partei geworden sind. Insofern ergänzt § 325 den § 265. Unerheblich ist, ob und wann der Rechtsnachfolger in den Prozeß eingetreten ist. Jedoch wirkt das Urteil nur insoweit, als jemand Rechtsnachfolger ist, nicht auch im übrigen; vgl Anm 6 „Erbrecht".

Zwischen einer Partei und ihrem eigenen Rechtsnachfolger wirkt das Urteil nicht. Eine vor der Rechtshängigkeit eingetretene Nachfolge hat keine Wirkung, denn der Vorgänger ist nicht sachlich befugt und nicht prozeßführungsberechtigt, er kann darum seinen Nachfolger nicht binden.

Etwas anderes gilt nur **aa)** bei einer fehlenden Kenntnis von einer Abtretung, §§ 407 II, 408, 412, 413 BGB; **bb)** bei einem Zurückbehaltungsrecht nach § 372 II HGB; **cc)** bei Warenzeichen nach § 11 III WZG. Bei aa–cc tritt die Wirkung aber nur gegen den Nachfolger ein, nicht auch für ihn, vgl Anm 6 „Abtretung".

B. Rechtsnachfolger im einzelnen. Rechtsnachfolger ist hier, wie in § 265, jeder Nachfolger in das volle oder in das geminderte Recht des Vorgängers durch Rechtsgeschäft, Gesetz oder Staatsakt, § 265 Anm 4 A, auch durch Pfändung, BGH **86**, 339. Ob das Gericht die Nachfolge kennt und im Urteil berücksichtigt, ist unerheblich. Rechtsnachfolger ist auch derjenige, der Besitzmittler an der streitbefangenen Sache (weit auszulegen, § 265 Anm 2 A) geworden ist, § 868 BGB. Es bedurfte der Erwähnung dieses Falls in I nicht. Dies gilt auch bei Besitzklagen oder beim Eigen- und Fremdbesitz. Es entscheidet der Besitzerwerb nach der Rechtshängigkeit. Ältere Besitzer sind mit zu verklagen. Besitzdiener gehören nicht hierher; für und gegen sie wirkt das Urteil ohne weiteres.

Rechtsnachfolger ist ferner derjenige, der die Prozeßführung des anderen, Grdz 4 vor § 50, genehmigt hat, § 89 Anm 3, vgl auch BGH **LM** Nr 9. Für eine befreiende Schuldübernahme gilt dasselbe wie bei § 265 Anm 2 E, Schlesw JZ **59**, 668 (aM zB BGH **LM** Nr 14, zustm Henckel ZZP **88**, 329. Aber § 425 II BGB beweist als Ausnahme für den Übernehmer nichts); der nach § 419 I BGB mithaftende Übernehmer ist kein Rechtsnachfolger, BGH NJW **57**, 420. Ebensowenig ist Rechtsnachfolger, wer von dem zur Auflassung Verpflichteten erwirbt, BGH NJW **69**, 1479. Einzelfälle Anm 6 und Schwab ZZP **77**, 151.

3) Erwerb vom Nichtberechtigten, II. Die Vorschriften des sachlichen Rechts über den Erwerb vom Nichtberechtigten gelten auch für die Rechtskraftwirkung. Damit macht II eine Ausnahme von I, indem er den gutgläubigen Erwerber gegen die Rechtskraft schützt, soweit sein Recht von dem des Veräußerers unabhängig ist, wie bei §§ 892ff, 932ff BGB, 366ff HGB. Guter Glaube muß sich auf das Recht und auf die Rechtshängigkeit beziehen. II bezieht sich also auch auf den Fall des Erwerbs vom Berechtigten nach dem Eintritt der Rechtshängigkeit. Das einzelne richtet sich nach dem sachlichen Recht, namentlich auch die Frage, ob eine grobe Fahrlässigkeit bösen Glauben wirkt. Böser schadet, mag er sich auf die Mängel im Recht des Vorgängers beziehen oder nur auf die Rechtshängigkeit.

Für den gutgläubigen Rechtsnachfolger wirkt das Urteil ausnahmslos; gegen ihn wirkt es nur dann, wenn ihm sein guter Glaube nichts nützt. Kommt es auf den guten Glauben bezüglich der Rechtshängigkeit an, so kann man ihn durch die Eintragung der Rechtshängigkeit auf Grund einer einstweiligen Verfügung (ein urkundlich belegter Nachweis mit dem Antrag auf eine Grundbuchberichtigung, §§ 22, 29 GBO, genügt nicht) ins Grundbuch ausschließen, wenn ein Rechtsschutzbedürfnis dafür gegeben ist. Dabei sind im allgemeinen die Klagaussichten nicht zu prüfen, Mü NJW **66**, 1030.

Hat ein sachlich Unbefugter den Prozeß geführt, so gilt I, mag auch der Gegner den Unbefugten für befugt gehalten haben. Denn die Prozeßführung ist keine Verfügung. Dies gilt zB dann, wenn der eingetragene Nichtberechtigte verurteilt worden ist. Ausnahmen gelten bei §§ 409, 1058, 1412 BGB, vgl auch Anm 2 A aE.

4) Eingetragenes Recht, III, IV. A. Grundsatz. Diese Vorschriften geben Sonderrechte für Urteile bezüglich einer eingetragenen Reallast, Hypothek, Grundschuld, Rentenschuld, Schiffshypothek, ferner für ein Registerpfandrecht an einem Luftfahrzeug, auf das IV sinngemäß anzuwenden ist, § 99 I LuftfzRG. III, IV beziehen sich aber nicht auf die der Hypothek zugrunde liegende Forderung, BGH NJW **60**, 1348.

B. Einzelheiten. III enthält zwei Fälle:

a) Veräußerung, Satz 1. Die Vorschrift macht eine Ausnahme von II, indem sie die Regel I wiederherstellt. Auch der gutgläubige Erwerber ist hier nicht geschützt, wenn das belastete Grundstück, eingetragene Schiff usw nach der Rechtshängigkeit veräußert worden ist. Denn die Rechte des Gläubigers stehen höher. Die Rechtskraftwirkung für den Erwerber richtet sich aber nach I.

b) Ersteigerung, Satz 2. Die Vorschrift macht bei einem Grundstück, nicht auch bei einem Schiff, eine Unterausnahme von Satz 1 für den Fall eines Erwerbs in der Versteigerung; dann wirkt das Urteil gegen den Ersteher nur, wenn die Rechtshängigkeit spätestens

2. Titel. Urteil § 325 4–6

im Versteigerungstermin vor der Aufforderung zur Abgabe von Geboten angemeldet worden ist. Das Gesetz will eine Täuschung des Erstehers vermeiden, dessen guter Glaube übrigens keine Rolle spielt, § 817 Anm 3. Dasselbe gilt, wenn der Grundeigentümer eine Feststellung des Nichtbestehens einer Hypothek begehrt, nicht aber dann, wenn der Rechtsstreit schon vor der Versteigerung rechtskräftig entschieden worden ist.

5) **Erweiterung der Rechtskraftwirkung. A. Gegenüber mehreren Personen.** Eine erweiterte Rechtskraftwirkung ergibt sich in dieser Fallgruppe wie folgt:

a) **Gestaltungsurteil.** Das Gestaltungsurteil, Üb 2 B c vor § 300, wirkt immer für und gegen alle, denn es stellt nicht ein Recht als bestehend fest, sondern schafft eine neue Rechtslage. Manche halten das für seine Rechtskraftwirkung; praktisch ist diese Abweichung belanglos.

b) **Keine verschiedene Entschädigung.** Eine erweiterte Rechtskraftwirkung haben für und gegen sachlichrechtliche Berechtigte Urteile in Fällen, die keine verschiedene Entschädigung erlauben. Beispiele: betr den Pfandgläubiger nach § 856 IV, betr den Konkursgläubiger nach §§ 145 II, 147 S 1 KO. Diese Fälle sind selten. Sie ergreifen Gesamtschuldverhältnisse nicht. Die Rechtskraft des einem Bekl günstigen Urteils steht dem Ausgleichsanspruch nicht im Weg.

Ferner ergreifen sie nicht Ansprüche auf eine unteilbare Leistung. Die Logik entscheidet in solchen Fällen nicht; diese sonderbare Folge zeigt die Unzweckmäßigkeit der gesetzlichen Regelung der notwendigen Streitgenossenschaft. Darum kann einer von mehreren auf eine unteilbare Leistung Verklagten nicht die Unbeteiligten durch ein Anerkenntnis usw schädigen.

B. Gegenüber dem Einzelnen. Eine erweiterte Rechtskraftwirkung haben ferner gegenüber nur einzelnen Dritten Urteile außer nach § 325 in vielen Fällen, zB:

a) **Prozeßstandschaft usw.** Diese Wirkung ergibt sich im Fall einer Prozeßstandschaft und Prozeßgeschäftsführung, Grdz 4 vor § 50, BGH **LM** § 1169 Nr 1, Hamm FamRZ **81**, 589, Heitzmann ZZP **92**, 66. Das gilt beim Einziehungsabtretungsnehmer, sofern er sich auf die Ermächtigung gestützt hat, BGH **LM** Nr 4 und § 50 Nr 26, beim Nacherben, § 326, beim Testamentsvollstrecker, § 327, überhaupt bei Parteien kraft Amts. Damit wird aber nicht automatisch auch das Grundrecht des Rechtsnachfolgers verletzt, vgl BVerfG **25**, 262.

b) **Streithelfer.** Eine Erweiterung der Rechtskraft ergibt sich ferner gegenüber dem Streithelfer, § 68, und dem Streitverkündungsgegner, § 74 III.

c) **Sachliches Recht.** Eine Erweiterung der Rechtskraft ergibt sich schließlich oft nach Vorschriften des sachlichen Rechts. So wirkt das Urteil über eine Gesellschaftsschuld der OHG gegenüber den Gesellschaftern, § 128 HGB, das Urteil auf eine Gestaltung der Befriedigung aus kaufmännischen Zurückbehaltungsrecht regelmäßig gegenüber dem dritten Erwerber der zurückbehaltenen Sache, § 372 II HGB, das klagabweisende Urteil im Prozeß des Geschädigten mit dem Schädiger auch zugunsten des Versicherers und im Prozeß mit dem Versicherer auch zugunsten des Schädigers, § 3 Z 8 PflVG, und zwar sowohl bei gleichzeitiger als auch bei zeitlich getrennter Inanspruchnahme beider, BGH NJW **82**, 999 mwN.

Es gibt aber keine allgemeine Rechtskrafterstreckung schon auf Grund irgendeiner sachlichrechtlichen Mitschuld, Ffm FamRZ **83**, 173.

C. Über die Zwangsvollstreckung gegen einen Rechtsnachfolger vgl §§ 727, 731.

6) **Einzelfälle**

Abtretung

BGB § 407 II. Ist in einem nach der Abtretung zwischen dem Schuldner und dem bisherigen Gläubiger anhängig gewordenen Rechtsstreit ein rechtskräftiges Urteil über die Forderung ergangen, so muß der neue Gläubiger das Ureil gegen sich gelten lassen, es sei denn, daß der Schuldner die Abtretung bei dem Eintritte der Rechtshängigkeit gekannt hat.

Vgl Kornblum BB **81**, 1296, Schwab, Die prozeßrechtlichen Probleme des § 407 II BGB, Gedächtnisschrift für Bruns (1980) 181. Der neue Gläubiger ist nicht Rechtsnachfolger, wenn die Abtretung vor der Rechtshängigkeit erfolgt, vgl BGH **86**, 339. Bei § 407 II BGB tritt eine Rechtskrafterstreckung nicht zugunsten, sondern allenfalls zu Lasten des neuen Gläubigers ein, BGH **64**, 127 sowie MDR **75**, 572, Blomeyer NJW **70**, 180, abw v Olshausen JZ **76**, 85, Schwab 187. Wenn der Kläger vor oder in dem Prozeß abgetreten hat, dann darf der zur Leistung an ihn verurteilte Bekl seit der Kenntnis von dieser Abtretung nicht mehr an den Kläger leisten; unter Umständen sind die §§ 767, 769 anzuwenden. Wenn der Abtretende mit einer Ermächtigung des neuen Gläubigers klagt, dann wirkt das Urteil gegen den letzteren, BGH **LM** Nr 2 und 9. Der Erwerber eines rechtshängigen Anspruchs muß mit der Abweisung des Abtretenden rechnen, ist daher nicht gutgläubig. § 325 ist auch im Fall der Abtretung nach dem Eintritt der Rechtskraft anwendbar, BGH NJW **83**, 2032 mwN, Schwab Gedächtnisschrift für Bruns (1980) 189 mwN.

KG MDR **81**, 940 wendet II auf das Beweissicherungsverfahren entsprechend an.

Aufrechnung. BGH **LM** § 535 BGB Nr 70 läßt offen, ob I auf einen Fall des § 322 II anwendbar ist.

Bedingung. Wer infolge des Eintritts einer auflösenden Bedingung zurückerwirbt, ist nicht Rechtsnachfolger des bis dahin Berechtigten. Wer aufschiebend bedingt erwirbt, ist es mit dem Eintritt der Bedingung. Für den Käufer unter Eigentumsvorbehalt gilt aber I, wenn er besitzt.

Bürge. Wegen der dauernden Abhängigkeit der Bürgschaftsschuld, §§ 765 I, 767 I, 768 I BGB, erstreckt sich die Rechtskraft sowohl des stattgebenden als auch des abweisenden Urteils auf den Hauptschuldner, zum letzteren BGH **LM** § 768 BGB Nr 4 gegen BGH **3**, 390, ähnl RoS § 157 II 1 (spricht von der Drittwirkung der Rechtskraft), aM zB BGH **LM** § 283 BGB Nr 4, LG Memmingen VersR **75**, 1061 mwN. Zum Meinungsstand auch Fenge NJW **71**, 1920. Der Bürge kann sich Gehör über § 66 verschaffen, und zwar nach einem Versäumnisurteil gegen den Hauptschuldner, aM LG Memmingen VersR **75**, 1061. Falls der Hauptschuldner den Bürgen nicht vom Prozeß des Gläub gegen den Hauptschuldner informiert, kann der Bürge den Hauptschuldner gegebenenfalls belangen. Nach einer Abweisung der Klage gegen den Hauptschuldner ist also kein Versäumnisurteil gegen den Bürgen zulässig, Fenge NJW **71**, 1921.

Ein Urteil zwischen dem Hauptschuldner und dem Bürgen wirkt nicht stets im Verhältnis zwischen dem Gläub und dem Bürgen, BGH NJW **71**, 701. Ebensowenig wirkt ein Urteil zwischen dem Gläub und dem Bürgen, zB bei einer Hilfsaufrechnung des Bürgen mit einer Forderung des Hauptschuldners, im Verhältnis zwischen dem Hauptschuldner und dem Bürgen, BGH **LM** § 546 Nr 80. Ein „Prozeßbürge" anerkennt idR den Ausgang des Rechtsstreits als für sich verbindlich, insofern richtig BGH NJW **75**, 1121.

Buße oder Entschädigung im Strafverfahren. Ein Urteil, daß sie zuspricht, berührt nicht den Ersatzanspruch des Verletzten gegen einen am Strafverfahren unbeteiligten Dritten.

Ehe. Ein persönlicher Schuldtitel gegen einen Ehegatten wirkt beim Güterstand der Gütergemeinschaft mit einer gemeinschaftlichen Verwaltung des Gesamtguts nicht gegen den anderen Ehegatten, Ffm FamRZ **83**, 172.

Erbrecht. Eine Feststellung durch ein Urteil in einem Prozeß zwischen dem Erben und einem Dritten hat Wirkung auch gegenüber dem Nachlaßgläubiger und Nachlaßschuldner, Anm 1. Ein Urteil zwischen Erbbeteiligten wirkt wegen der Erbschaftssteuer auch für den Fiskus, aM Bettermann Festschrift für Baur (1981) 277 mwN. Die Rechtskraft gegen den Erblasser wirkt gegen den Erben, ändert aber nichts an der bereits vor der Rechtshängigkeit dieses Prozesses erworbenen eigenen Rechtsstellung, BGH MDR **56**, 542.

Gesellschaft. A. Grundsatz. Ein Urteil gegen die GmbH im Anfechtungsprozeß eines Gesellschafters wirkt auch im Verhältnis zu den Gesellschaftern. S auch „Juristische Person". Ein Urteil für und gegen die OHG wirkt grundsätzlich nicht für und gegen deren Gesellschafter, vgl Schiller NJW **71**, 412.

B. Ausnahmen. Es gelten folgende Einschränkungen des vorstehenden Grundsatzes:

a) Verurteilung. Eine rechtskräftige Verurteilung der Gesellschaft wirkt begrenzt gegen die Gesellschafter, § 129 HGB, vgl BGH **64**, 156. Sie beläßt nur persönliche Einreden und solche aus § 767, offen BGH **54**, 251. Auch findet keine ZwV gegen den Gesellschafter aus einem Urteil statt, das gegen die Gesellschaft ergangen ist, § 129 IV HGB. Der Gesellschafter kann im Prozeß des Gläub gegen ihn nicht den Inhalt eines gegen die Gesellschaft erstrittenen Urteils bestreiten. Vgl auch Schwab ZZP **77**, 151.

b) Sieg. Ein rechtskräftiger Sieg der Gesellschaft befreit die Gesellschafter, weil feststeht, daß die Gesellschaftsschuld nicht besteht. Dies gilt auch, wenn ein Gesellschafter im Prozeß ausgeschieden ist. Die erstinstanzliche Abweisung einer Klage gegen die KG erwächst nicht in sachlicher Rechtskraft, wenn die KG gemäß §§ 142, 161 II HGB erlischt und das Berufungsgericht die jetzt gegen den Rechtsnachfolger (§ 239) gerichtete Klage als unzulässig abweist, BGH **LM** § 239 Nr 9.

Gesetzlicher Übergang. Die Abweisung der Unterhaltsklage wirkt auch gegen den Träger der Sozialhilfe, § 90 BSHG, selbst wenn sie nur deshalb erfolgt ist, weil das Gericht fälschlich angenommen hat, daß der Anspruch wegen der Unterstützung der Kinder nach dem BSHG erloschen sei, BGH MDR **59**, 737.

2. Titel. Urteil §§ 325, 326

Dagegen wirkt eine Verurteilung zum Ersatz allen Unfallschadens nicht für den Sozialversicherungsträger, soweit Schadensersatzansprüche des Verletzten vor der Klagerhebung, Anm 2 A, auf den Versicherungsträger übergegangen sind, BGH MDR **64**, 588.
Hypothek. Wenn der Hypothekenkläger die Hypothek erworben hatte, als der Prozeß des Eigentümers gegen den früheren Hypothekengläub auf Feststellung des Nichtbestehens der Hypothekenschuld schwebte, und wenn der Hypothekenkläger die Rechtshängigkeit beim Erwerb kannte, so nützt ihm guter Glaube nichts.
Juristische Person. Die Organmitglieder sind als solche nicht Rechtsnachfolger früherer Organmitglieder, BGH MDR **58**, 319. Vgl auch „Gesellschaft".
Käufer. Er hat für eine neue Klage gegen den Besitzer kein Rechtsschutzbedürfnis, auch wenn der Besitzer ein Zurückbehaltungsrecht nicht geltend macht. Dann ist insofern nur eine negative Feststellungsklage möglich, BGH **LM** Nr 7.
Konkursverwalter. Ein Urteil gegen ihn wirkt gegen den Gemeinschuldner, BAG NJW **80**, 142 mwN.
Mieter. Ein Räumungsurteil gegen den Hauptmieter erstreckt sich auch auf den nach der Rechtshängigkeit aufgenommenen Untermieter. Daher ist eine Umschreibung möglich, § 727, LG Karlsr NJW **53**, 30. Bei einem Erwerb nach der Rechtshängigkeit nimmt Blomeyer ZPR § 93 III 2b wegen § 565 III BGB eine Rechtskrafterstreckung auch dann an, wenn der Untermieter den Besitz vor der Rechtshängigkeit erwarb, da er dann wegen § 985 BGB streitbefangen sei, aM Schwab ZZP **77**, 152 (Drittwirkung, Anm 1).
Nichtigkeit des Vertrags. Das Urteil betr einen Vertragspartner wirkt nicht betr andere Vertragspartner.
Nießbrauch. Ein Urteil für den die Miete pfändenden Gläub auf Mietzahlung im Prozeß gegen den Eigentümer wirkt nicht gegen den Nießbraucher des Grundstücks.
Patent. Ein Urteil gegen den Inhaber wirkt gegen einen einfachen Lizenznehmer, aber nicht gegen einen ausschließlichen. § 145 PatG steht einer Klage gegen andere als den bisherigen Bekl nicht entgegen, BGH **LM** § 54 PatG aF Nr 3.
Pfändungsgläubiger. Ein Urteil zwischen ihm und einem Drittschuldner über den Bestand der Forderung wirkt nicht gegenüber dem Schuldner. Ist eine zwischen dem Schuldner und dem Drittschuldner in einem Prozeß umstrittene Forderung (zulässig) gepfändet worden, dann wirkt das Urteil auch gegenüber dem Pfändungsgläubiger, BGH **86**, 339. Der Schuldner muß notfalls hinterlegen, BGH **86**, 340.
Schuldübernahme, befreiende: Hier findet eine Rechtskrafterstreckung statt, vgl auch Anm 2 B. Nach Blomeyer ZPR § 93 II tritt sie nur bei einer Schuldübernahme nach dem Eintritt der Rechtskraft ein, nach Bettermann, Vollstreckung des Zivilurteils in den Grenzen seiner Rechtskraft 72, tritt sie ohne Einschränkung ein.
Unterlassung. Die Rechtskraft eines entsprechenden Urteils wirkt nicht gegenüber dem Rechtsnachfolger des Schuldners, auch nicht dann, wenn bisher ein abänderbarer Zustand beeinträchtigt zu werden drohte. Denn auch dann muß das Verhalten des Rechtsnachfolgers zunächst einmal abgewartet werden; das übersieht Brehm JZ **72**, 225.
Versicherung. Vgl Anm 5 B c.
Vertrag zugunsten Dritter. Ein Urteil zwischen dem Versprechendem und dem Versprechensempfänger wirkt nicht für oder gegen den Dritten, BGH **3**, 385, aM Schwab ZZP **77**, 149.
Wohnungseigentümer. Ein Urteil wegen eines individuellen Anspruchs des einzelnen gegen einen Dritten wirkt nicht für und gegen die am Prozeß unbeteiligten übrigen Wohnungseigentümer, BGH NJW **74**, 1553.

7) *VwGO:* Es gilt § 121 VwGO. Bei Rechtskrafterstreckung ist der Rechtsnachfolger notwendig beizuladen, Kopp § 65 VwGO Rdz 19a mwN.

326 *Rechtskraft bei Erbnachfolge.* [I] Ein Urteil, das zwischen einem Vorerben und einem Dritten über einen gegen den Vorerben als Erben gerichteten Anspruch oder über einen der Nacherbfolge unterliegenden Gegenstand ergeht, wirkt, sofern es vor dem Eintritt der Nacherbfolge rechtskräftig wird, für den Nacherben.

[II] Ein Urteil, das zwischen einem Vorerben und einem Dritten über einen der Nacherbfolge unterliegenden Gegenstand ergeht, wirkt auch gegen den Nacherben, sofern der Vorerbe befugt ist, ohne Zustimmung des Nacherben über den Gegenstand zu verfügen.

1) Urteil vor dem Eintritt der Nacherbfolge, I. A. Grundsatz. Der Nacherbe ist Rechtsnachfolger nicht des Vorerben, sondern des Erblassers. Deshalb muß § 326 den § 325 I in einem gewissen Umfang für den Fall anwendbar machen, daß ein Urteil zwischen dem Vorerben und einem Dritten ergeht.

B. Fälle. Es sind folgende Situationen zu unterscheiden:

a) Vorerbe als Erbe. Das Urteil ergeht über einen gegen den Vorerben als Erben gerichteten Anspruch, I, also über eine Nachlaßverbindlichkeit, nicht über die Prozeßkosten: dann wirkt es bei einer Rechtskraft vor dem Eintritt der Nacherbfolge sachlich unberechtigt nur für den Nacherben. Das dem Vorerben ungünstige Urteil trifft den Nacherben nur gemäß § 2112ff BGB. Ist das Urteil teils günstig, teils ungünstig, so wirkt es, wenn eine Trennung möglich, also ein Teilurteil zulässig ist, nur, soweit es günstig lautet.

b) Gegenstand der Nacherbfolge. Das Urteil betrifft einen der Nacherbfolge unterliegenden Gegenstand: Dann muß man wiederum wie folgt unterscheiden:

aa) Sieg des Vorerben. Ein dem Vorerben günstiges Urteil wird vor dem Eintritt der Nacherbfolge rechtskräftig: es wirkt nur für den Nacherben.

bb) Unterliegen des Vorerben. Ein dem Vorerben ungünstiges Urteil wird vor dem Eintritt der Nacherbfolge rechtskräftig: es wirkt nur gegen den Nacherben, soweit der Vorerbe verfügen darf, namentlich also dann, wenn er befreiter Vorerbe ist, § 2136 BGB, II.

2) Nacherbfolge während der Rechtshängigkeit, II. A. Grundsatz. Wenn der Vorerbe nicht befugt war, über den Gegenstand zu verfügen, dann verliert er mit der Sachbefugnis das Prozeßführungsrecht. Die Klage ist wegen fehlender Sachbefugnis als unbegründet abzuweisen, wenn der Kläger sie nicht für erledigt erklärt; vgl aber § 2145 BGB.

B. Fälle. Wenn der Kläger verfügen konnte, dann sind folgende Situationen zu unterscheiden:

a) Eintritt des Nacherben. Der Nacherbe tritt nach § 242 in den Prozeß ein: Das Urteil ergeht auf seinen Namen. Eine spätere Prozeßführung des Vorerben selbst berührt den Nacherben nicht. Etwas anderes gilt bei der Prozeßführung des ProzBev des Vorerben, § 246.

b) Kein Eintritt des Nacherben. Der Nacherbe tritt nicht ein: Dann gilt § 239. Schlägt der Nacherbe aus und verbleibt die Erbschaft dem Vorerben, § 2142 II BGB, so bleibt die Unterbrechung des Rechtsstreits bestehen, bis der Vorerbe den Prozeß aufnimmt, StJ § 242 II 3.

Die ZwV erfolgt nach § 728 I.

3) VwGO: *Entsprechend anzuwenden, § 173 VwGO, in Ergänzung von § 121 VwGO.*

327 **Rechtskraft bei Testamentsvollstreckung.** ^I Ein Urteil, das zwischen einem Testamentsvollstrecker und einem Dritten über ein der Verwaltung des Testamentsvollstreckers unterliegendes Recht ergeht, wirkt für und gegen den Erben.

^{II} Das gleiche gilt von einem Urteil, das zwischen einem Testamentsvollstrecker und einem Dritten über einen gegen den Nachlaß gerichteten Anspruch ergeht, wenn der Testamentsvollstrecker zur Führung des Rechtsstreits berechtigt ist.

Schrifttum: Heintzmann, Die Prozeßführungsbefugnis, 1970.

1) Allgemeines. § 327 bezieht sich nur auf den Testamentsvollstrecker der §§ 2197ff BGB und beruht darauf, daß dieser Partei kraft Amtes ist, Grdz 2 C vor § 50, § 325 Anm 2 A a.

2) Urteil zwischen dem Testamentsvollstrecker und einem Dritten. Wenn ein rechtskräftiges Urteil zwischen dem Testamentsvollstrecker und einem Dritten ergeht, dann sind folgende Fälle zu unterscheiden:

A. Testamentsvollstreckung, I. Das Urteil betrifft ein der Verwaltung des Testamentsvollstreckers unterliegendes Recht: Es wirkt für und gegen den Erben. Dies gilt auch bei einer Feststellungsklage und einer Erbschaftsklage. Der Testamentsvollstrecker ist allein prozeßführungsberechtigt, § 2212 BGB. Die ZwV richtet sich nach § 728 II.

B. Nachlaßverbindlichkeit, II. Das Urteil betrifft eine Nachlaßverbindlichkeit: Es wirkt für und gegen den Erben nur insoweit, als der Testamentsvollstrecker nach § 2213 BGB prozeßführungsberechtigt ist. Die ZwV erfolgt nach §§ 728 II, 748, 780 II.

3) Prozeß des Erben. Ergeht das Urteil im Prozeß des Erben, so sind folgende Situationen zu unterscheiden:

A. Aktivprozeß. Ein behauptender Prozeß des Erben berührt den Testamentsvollstrecker nicht, weil der Erbe nicht prozeßführungsberechtigt ist, § 2212 BGB.
B. Passivprozeß. Ein leugnender Prozeß wirkt nur für den Testamentsvollstrecker, nicht gegen ihn, wenn der Erbe allein oder neben dem Testamentsvollstrecker prozeßführungsberechtigt ist, § 2213 BGB, StJ III 2. Ist der Testamentsvollstrecker allein prozeßführungsberechtigt, so berührt ihn das Urteil nicht. Prozessiert der Testamentsvollstrecker aus eigenem Recht, etwa wegen des Bestehens seines Amts, so wirkt das Urteil nur für und gegen ihn.
Der Nachlaßpfleger ist Vertreter der unbekannten Erben. Er fällt nicht unter § 327.

4) *VwGO*: Entsprechend anwendbar, § 173 VwGO, in Ergänzung zu § 121 VwGO.

328 *Ausländische Urteile.* [1] Die Anerkennung des Urteils eines ausländischen Gerichts ist ausgeschlossen:
1. wenn die Gerichte des Staates, dem das ausländische Gericht angehört, nach den deutschen Gesetzen nicht zuständig sind;
2. wenn der unterlegene Beklagte ein Deutscher ist und sich auf den Prozeß nicht eingelassen hat, sofern die den Prozeß einleitende Ladung oder Verfügung ihm weder in dem Staate des Prozeßgerichts in Person noch durch Gewährung deutscher Rechtshilfe zugestellt ist;
3. wenn in dem Urteil zum Nachteil einer deutschen Partei von den Vorschriften des Artikels 13 Abs. 1, 3 oder der Artikel 17, 18, 22 des Einführungsgesetzes zum Bürgerlichen Gesetzbuch oder von der Vorschrift des auf den Artikel 13 Abs. 1 bezüglichen Teiles des Artikels 27 desselben Gesetzes oder im Falle des § 12 Abs. 3 des Gesetzes über die Verschollenheit, die Todeserklärung und die Feststellung der Todeszeit vom 4. Juli 1939 (Reichsgesetzbl. I S. 1186) zum Nachteil der Ehefrau eines für tot erklärten Ausländers von der Vorschrift des Artikels 13 Abs. 2 des Einführungsgesetzes zum Bürgerlichen Gesetzbuch abgewichen ist;
4. wenn die Anerkennung des Urteils gegen die guten Sitten oder gegen den Zweck eines deutschen Gesetzes verstoßen würde;
5. wenn die Gegenseitigkeit nicht verbürgt ist.

[II] Die Vorschrift der Nummer 5 steht der Anerkennung des Urteils nicht entgegen, wenn das Urteil einen nichtvermögensrechtlichen Anspruch betrifft und nach den deutschen Gesetzen ein Gerichtsstand im Inland nicht begründet war oder wenn es sich um eine Kindschaftssache (§ 640) handelt.

Schrifttum: Basedow, Die Anerkennung von Auslandsscheidungen, Rechtsgeschichte, Rechtsvergleichung, Rechtspolitik, 1980; Beck, Die Anerkennung und Vollstreckung ausländischer gerichtlicher Entscheidungen in Zivilsachen nach den Staatsverträgen mit Belgien, Österreich, Großbritannien und Griechenland, Diss Saarbr 1969; Beiten, Die Behandlung mitteldeutscher auf DM-Ost gerichteter Leistungsureile in der Bundesrepublik, Diss Mü 1967; Beitzke, Anerkennung und Vollstreckung ausländischer gerichtlicher Entscheidungen in der BRD, JurA **71**, 30; Bülow-Böckstiegel, Der internationale Rechtsverkehr in Zivil- und Handelssachen, 2. Aufl 1973; Geimer, Zur Prüfung der Gerichtsbarkeit und der internationalen Zuständigkeit bei der Anerkennung ausländischer Urteile 1966; Geimer-Schütze, Internationale Urteilsanerkennung, Bd II (Österreich, Belgien, Großbritannien, Nordirland) 1971, Bd I (EuGÜbk) folgt; Graupner, Zur Entstehungsgeschichte des § 328, Festschrift für Ferid (1978) 183; Kropholler, Die deutsche Rechtsprechung auf dem Gebiete des Internationalen Privatrechts im Jahre 1971, Tüb 1973; Matscher ZZP **86**, 404; Mileller, Teilanerkennung für Urteile nach Urteilswirkungen usw, NJW **71**, 303; derselbe, Der Negative Internationale Kompetenzkonflikt usw, 1975; Müller-Gindulis, Das Internationale Privatrecht in der Rechtsprechung des BGH, 1971; Nagel, Internationales Zivilprozeßrecht, 1980 (Bespr Gottwald ZZP **94**, 354, Vollkommer Rpfleger **82**, 124); Reithmann, Internationales Vertragsrecht, 2. Aufl 1972; Riezler, Internationales Zivilprozeßrecht usw, 1949; Roth, Der Vorbehalt des ordre public gegenüber gerichtlichen Entscheidungen, 1967; Schröder, Internationale Zuständigkeit, 1971; Schwimann, Internationales Zivilverfahrensrecht, Wien 1979 (Bespr Firsching NJW **81**, 2625); Siehr, Auswirkungen des NichtehelG auf das Internationale Privat- und Verfahrensrecht, 1972; vgl auch Lutter, Europa und die nationale Gerichtsbarkeit, ZZP **86**, 107.

Einführung. A. Urteil der DDR, vgl grundsätzlich Einl III 8 B. Ein solches Urteil ist ohne ein Verfahren nach § 722 anzuerkennen, BGH **84**, 19 mwN, Ffm Rpfleger **58**, 281 und FamRZ **78**, 934, Hamm NJW **55**, 67, Karlsr NJW **57**, 1603, Stgt JZ **59**, 670, Beitzke JZ **83**,

§ 328 Einf A, B 2. Buch. 1. Abschnitt. Verfahren vor den LG

214, Biede DGVZ **79**, 153, Zorn NJW **62**, 1730. Gegenstimmen sind nur vereinzelt feststellbar, Düss FamRZ **79**, 313, Schütze JZ **82**, 637 mwN (sie unterscheiden zwischen einem Urteil vor dem 1. 1. 76 und später), Bbg FamRZ **81**, 1104 mwN (es läßt auch eine Klage nach § 722 I zu), Kblz NJW **62**, 1352 (es fordert eine negative Feststellungsklage nach § 722).

Dementsprechend können Einwendungen gegen den Titel der DDR erhoben werden, nämlich aus dem ordre public, BVerfG **11**, 160, **36**, 30, KG Rpfleger **82**, 433, LG Düss MDR **62**, 828; wegen Unzuständigkeit, Hamm NJW **70**, 388, KG NJW **70**, 391 und Rpfleger **82**, 433; wegen Versagung des rechtlichen Gehörs. Es findet also eine Anlehnung an § 328 statt, insofern auch Bbg FamRZ **81**, 1104, KG Rpfleger **82**, 433, ferner Biede DGVZ **79**, 153. Alle diese Einwendungen können aber nur auf dem Umweg des § 766 erhoben werden, so auch Adler/Alich ROW **80**, 143, aM Bbg FamRZ **81**, 1104 mwN. Hier muß der Erinnerungsführer behaupten, daß der Gläubiger aus einem in der BRD unwirksamen Titel vollstrecke oder daß das Umrechnungsverhältnis unrichtig sei, vgl auch BGH **36**, 11, und insofern muß man also den Grundsatz der ZPO einschränken, das sachliche Recht und das Vollstreckungsrecht getrennt zu halten. Ein abweichendes Verfahren steht im allgemeinen der Anerkennung nicht entgegen. So widerspricht das Kassationsverfahren der DDR nicht rechtsstaatlichen Grundsätzen, Stgt JZ **59**, 670.

Eine Entscheidung des staatlichen Notariats der DDR, in der rechtsstaatliche Grundsätze verletzt worden sind, ist nicht anzuerkennen, vgl aber BGH **52**, 123, ebensowenig die Entscheidung einer dortigen Verwaltungsbehörde, die zu einem Rechtsverlust führt, weil das Grundrecht der Justizgewährung nicht gewährt worden ist, KG OLGZ **65**, 214. – Besondere Vorschriften gelten für Vertriebene, §§ 86 ff BVFG (zum Teil ist § 766 anwendbar, zum Teil findet eine Vertragshilfe statt).

B. Scheidungsurteil der DDR. Ein solches Urteil ist in der BRep oder in Westberlin grundsätzlich wirksam, ohne daß es eines förmlichen Anerkennungsverfahrens bedürfte. Art 7 FamRÄndG ist also unanwendbar, BGH **85**, 18 und LM § 52 EheG Nr 11. Hat aber eine Partei zur Zeit des Urteilserlasses in der BRep oder in Westberlin einen Wohnsitz oder einen ständigen Aufenthalt gehabt, so ist das DDR-Urteil hier nicht wirksam, wenn die Ehe nicht auch nach dem Recht der BRep oder Westberlins geschieden worden wäre, BGH **38**, 1.

Hatte zZt der Klagerhebung nur ein Ehegatte seinen gewöhnlichen Aufenthalt in der DDR und hatten die Ehegatten zu diesem Zeitpunkt ihren letzten gemeinsamen gewöhnlichen Aufenthalt in der DDR, so bestand entspr §§ 606, 606a Z 2 eine Gerichtsbarkeit der DDR-Gerichte, also sowohl dann, wenn der Kläger im Zeitpunkt der Klagerhebung in der BRep wohnte, die Ehegatten aber ihren letzten gewöhnlichen Aufenthalt in der DDR hatten, wie auch dann, wenn der Kläger noch in der DDR wohnte, BGH **34**, 139, vgl auch BGH **7**, 221 (konkurrierende Gerichtsbarkeit), BGH **20**, 336 (keine ausschließliche westdeutsche Gerichtsbarkeit). Insoweit stünden also die Zuständigkeitsvorschriften einer Anerkennung nicht entgegen.

Die Anerkennung ist aber zu versagen, wenn ein Gericht der BRep ausschließlich zuständig war, BGH **30**, 1, oder wenn die Zuständigkeit eines Gerichts der DDR in einer Umgehungsabsicht begründet wurde, Celle NJW **59**, 2124. Zu prüfen ist ferner, ob grobe Verfahrensverstöße vorliegen, also ob das rechtliche Gehör gewährt wurde, ohne daß aber die persönliche Anwesenheit zu fordern ist, BGH FamRZ **61**, 210; ob nicht etwa die Rechtskraft einer Entscheidung eines Gerichts der BRep entgegensteht, ob zB die Klage in der BRep abgewiesen worden war, BGH FamRZ **61**, 471, dazu Habscheid FamRZ **61**, 523. Andererseits ist auch eine Rechtshängigkeit in der DDR zu beachten, Celle NJW **55**, 26, außer wenn der dortigen Entscheidung die Anerkennung mit großer Wahrscheinlichkeit zu versagen ist, BGH NJW **58**, 103.

Seit der EheVO vom 24. 11. 55 – das dürfte auch für das in der DDR geltende Familiengesetzbuch vom 20. 12. 65, GBl **66**, 1 gelten – lehnt der BGH, der interlokal eine entsprechende Anwendung von Art 17 EGBGB verneint, BGH **42**, 99, die Parität des DDR-Eherechts mit Rücksicht auf seine andersartigen ideologischen Grundlagen gegenüber demjenigen der BRep ab, BGH **34**, 143, **38**, 2. Für eine entsprechende Anwendung von Art 17 EGBGB sind zB Beitzke JZ **61**, 652, **63**, 512, Drobnig FamRZ **61**, 341, Erman-Marquordt Art 17 EGBGB Anm 16b (sie helfen demgemäß mit Art 17 IV EGBGB), Neuhaus FamRZ **64**, 23, Soergel-Kegel Art 17 EGBGB Anm 129f.

Der BGH erkennt demgemäß ein Auflösungsurteil eines DDR-Gerichtsvorsitzenden in den Fällen, in denen auch nur ein Ehegatte zZt des Urteilserlasses in der BRep seinen ständigen Aufenthalt hatte, nur unter der Voraussetzung an, daß die Ehe auch nach dem Recht der BRep aufgelöst worden wäre, da es sonst der hier ansässigen Partei zum Nachteil gereichen würde, § 328 I Z 3 entspr, BGH **38**, 1.

2. Titel. Urteil § 328 1 A

Das Urteil ist also nachzuprüfen. Dabei können die Parteien alle Tatsachen bis zum Zeitpunkt der Entscheidung des DDR-Urteils unabhängig davon vortragen, ob sie das auch im DDR-Verfahren getan haben oder nicht, BGH **38**, 6. Im Interesse der Rechtssicherheit gilt aber das DDR-Urteil solange, bis seine Unwirksamkeit für die BRep durch Urteil festgestellt worden ist, vgl § 23 EheG. Dies geschieht nur auf Klage des Beschwerten (Ehefeststellungsklage) innerhalb einer angemessenen Frist. Diese ist unter Heranziehung aller Umstände zu bestimmen, BGH **LM** Nr 12, insbesondere unter Abwägung der schutzwürdigen Interessen des anderen Ehegatten oder eines Dritten gegenüber den Interessen des in der BRep ansässigen Ehegatten, BGH **LM** Nr 17, zB unter Berücksichtigung der Wiederverheiratung des anderen Ehegatten.

Maßgebend ist, wann dem Beschwerten das Urteil bekannt geworden ist oder, falls es einen Verstoß gegen die guten Sitten oder den Zweck eines deutschen Gesetzes enthält, ohne Frist auf Klage des Staatsanwalts geschehen kann, BGH **34**, 149. Hieran hat sich auch nach dem Inkrafttreten des FamÄndG nichts geändert, BGH **LM** Nr 12. Der Staatsanwalt kann auch nach dem Tod eines Ehegatten Klage erheben, Ffm NJW **64**, 730. Erhebt der Beschwerte innerhalb einer angemessenen Frist keine Klage, so wirkt das gleichzeitig wie ein Verzicht auf Einwendungen entspr I Z 1–3. So auch Drobnig FamRZ **61**, 341 (eingehend).

C. Westberlin. Für Westberlin gilt in vermögensrechtlichen Sachen das in § 723 Anm 3 B Ausgeführte.

Gliederung

1) Anerkennung eines ausländischen Urteils
   A. Allgemeines
   B. Urteil
     a) Grundsatz
     b) Ehesache
   C. Amtsprüfung
   D. Vollstreckungsurteil
2) Unzuständigkeit, I Z 1
   A. Grundsatz
   B. Einzelheiten
   C. Rechtsweg
3) Versäumnisentscheidung, I Z 2
   A. Grundsatz
   B. Einlassung
   C. Zustellung
4) Benachteiligung in gewissen Fällen, I Z 3
   A. Geltungsbereich
     a) Eheerfordernisse
     b) Form der Eheschließung
     c) Scheidung
     d) Ehelichkeit
     e) Legitimation usw
     f) Eheschließung nach Todeserklärung
   B. Einzelheiten
   C. Verstoß
5) Sitten- und Ordnungswidrigkeit, I Z 4
   A. Grundsatz
   B. Verstoß gegen die guten Sitten
   C. Verstoß gegen den Zweck eines deutschen Gesetzes
6) Fehlen der Gegenseitigkeit, I Z 5
   A. Grundsatz
   B. Einzelheiten
7) Nichtvermögensrechtlicher Anspruch, II
   A. Grundsatz
   B. Ehesache
     a) Entscheidung
       aa) Begriff
       bb) Privatscheidung
       cc) Klagabweisung
       dd) Weitere Einzelfragen
     b) Antrag
     c) Entscheidung der Landesjustizverwaltung
     d) Entscheidung des Oberlandesgerichts
     e) Angehörige des Entscheidungsstaats
     f) Drittstaatsentscheidung
8) *VwGO*

Anhang: Übersicht über die Verbürgerung der Gegenseitigkeit für vermögensrechtliche Ansprüche nach § 328 I Z 5

1) Anerkennung eines ausländischen Urteils. A. Allgemeines. Wegen des vorrangigen EuGÜbk vgl SchlAnh V C, Geimer JZ **77**, 145, 213, zB betr Italien Kblz NJW **76**, 488, LG Ffm VersR **77**, 67.

Aus der Fassung der Eingangsworte von I ist weder der Schluß zu ziehen, daß die Anerkennung (zum Begriff Müller ZZP **79**, 199) die Regel sei, wie Habscheid FamRZ **73**, 431 meint, noch, daß sie die Ausnahme sei. Richtig ist lediglich: das ausländische Urteil wirkt nicht ohne weiteres in der Bundesrepublik, sondern muß nach § 328 geprüft werden, BGH **22**, 26. Die Vorschrift enthält die Voraussetzungen für eine Anerkennung, die nachzuweisen sind, Beitzke RabelsZtschr **66**, 649.

Dabei ist zwischen der Rechtskraftwirkung und der Vollstreckbarkeit zu entscheiden: die Anerkennung ist teilbar, BGH **42**, 194, **50**, 100, **52**, 251, Milleker NJW **71**, 303. Wenn zB der ausländische Staat auf Grund eines Urteils der Bundesrepublik in seinem Bereich keine ZwV gestattet, dann können seine Urteile doch in der Bundesrepublik hinsichtlich ihrer Rechtskraft anzuerkennen sein, während sie hinsichtlich ihrer Vollstreckbarkeit nicht automatisch anzuerkennen sind, §§ 722–723. Eine solche Differenzierung darf aber nicht zu einer Rechtlosstellung des Gläub geführt, Schütze NJW **73**, 2145. Im einzelnen Anm 6.

Wenn das ausländische Urteil voll anerkannt wird, dann wirkt es wie ein deutsches. Es genießt also sachliche Rechtskraft, insofern auch LG Münst NJW **80**, 534. Aus ihm kann vollstreckt werden. An das anerkannte Urteil können sich auch andere Wirkungen knüpfen, vor allem sachlichrechtliche, soweit sie dem deutschen Recht nicht völlig wesensfremd sind, Bernstein Festschrift für Ferid (1978) 89 mwN, abw Müller ZZP **79**, 203, 245.

Dem § 328 gehen Staatsverträge vor, Habscheid FamRZ **82**, 1142, auch solche der Länder aus der Zeit vor dem 1. 10. 1879. In Betracht kommen namentlich das HZPrÜbk, auch das HZPrAbk (nur wegen der Kostenentscheidung), das HUnthÜbk, der deutsch-schweizerische Vertrag, der deutsch-italienische Vertrag, Kblz NJW **76**, 488, der deutsch-österreichische Vertrag, der deutsch-belgische Vertrag, der deutsch-griechische Vertrag, der deutschniederländische Vertrag, der deutsch-britische Vertrag, sämtlich SchlAnh V; vgl auch Einl IV 3 A und B. In Betracht kommen ferner das CIM, das CIV; die Revidierte Rheinschiffahrtsakte idF vom 11. 3. 69, BGBl II 597, zuletzt geändert durch das Zusatzprotokoll Nr 3, BGBl **80** II 876, nebst G vom 27. 9. 52, BGBl 641; vgl ferner Anh § 328.

Eine Vereinbarung des Inhalts, ein ausländisches Urteil solle im Inland Rechtskraftwirkung haben, kann als ein sachlichrechtlicher Vergleich wirksam sein. Auch kann das ausländische Urteil ein Beweismittel sein. Eine Erfüllungsklage (actio iudicati) aus dem ausländischen Urteil gibt es nicht. Wenn das ausländische Urteil nicht anerkannt werden kann, so bleibt nur eine neue Klage übrig. Ist das ausländische Urteil anzuerkennen, so ist trotzdem eine selbständige Klage im Inland regelmäßig zulässig. Es ergeht dann ein mit dem ausländischen Urteil inhaltlich evtl übereinstimmendes Sachurteil, BGH NJW **64**, 1626, Geimer NJW **80**, 1234, ThP § 322 Anm 4b, vgl auch § 722 Anm 1C, insofern aM LG Münst NJW **80**, 535.

B. Urteil. a) Grundsatz. Unter „Urteil" versteht § 328 jede gerichtliche Entscheidung, die den Prozeß der Parteien in einem beiden Parteien Gehör gebenden Verfahren rechtskräftig entschieden hat. Die Form und Bezeichnung der Entscheidung ist unerheblich. Hierher gehören auch: ein Mahnbescheid; ein Versäumnisurteil; ein Kostenfestsetzungsbeschluß, ein unanfechtbarer österreichischer Zahlungsauftrag; eine Entscheidung über Unterhaltsgewährung im Eheverfahren.

Nicht hierher gehören: Ein Arrest oder eine einstweilige Verfügung, weil sie den Streit nicht erledigen (etwas anderes gilt, wenn sie eine vorläufige Verurteilung aussprechen, Grdz 2 vor § 916); ein Vergleich; ein Strafurteil, auch wenn es über einen Zivilanspruch entscheidet, aM Riezler IZPrR 530, trotz § 3 EGZPO.

Etwas anderes gilt, wenn ein Sondergericht über eine Zivilsache im staatlichen Auftrag entscheidet, etwa ein Börsenschiedsgericht, StJ III 2. Hierher kann evtl auch eine Entscheidung über einen Streit gehören, an dem volkseigene Betriebe beteiligt sind, Sonnenberger Studien des Institut für OstR **24**, 213. Ob eine Entscheidung der freiwilligen Gerichtsbarkeit hierher gehört, Hamm NJW **76**, 2080 mwN (freilich sei § 328 ein Ausdruck eines allgemeinen Rechtsgedankens, vgl auch BGH NJW **80**, 531), OVG Münst FamRZ **75**, 48 (krit Jayme), Habscheid FamRZ **81**, 1144 mwN, sofern sie im kontradiktorischen Verfahren ergeht, ist Fallfrage, vgl auch Makarov JZ **54**, 245. Auch ist zu beachten, daß zB das französische Recht in diesem Verfahren Urteile (jugements gracieux) kennt. BGH LM § 722 Nr 1 prüft einen auf Herausgabe eines Kindes gerichteten Beschluß eines österreichischen Gerichts, der im außerstreitigen Verfahren ergangen war, nach § 722. Die ausländische Gerichtsverfassung ist unerheblich.

Um ein Urteil eines ausländischen Gerichts handelt es sich schon dann, wenn die Entscheidung von einer mit staatlicher Autorität bekleideten Stelle erlassen wurde, die nach den ausländischen Gesetzen auf Grund eines prozessualen Verfahrens zur Entscheidung von privatrechtlichen Streitigkeiten berufen ist, BGH **20**, 329.

Deshalb gehören hierher auch ausländische Entscheidungen über die Anerkennung der Entscheidung eines anderen ausländischen Staates, so daß auf Grund eines Vollstreckungsvertrags der Bundesrepublik mit einem anderen Staat die durch diesen anerkannten Entscheidungen eines dritten Staates, mit dem seitens der Bundesrepublik die Gegenseitigkeit nicht verbürgt ist, in der Bundesrepublik zur Vollstreckung gebracht werden können, Schütze ZZP **77**, 287.

Die ausländische Entscheidung muß nach dem Recht des ausländischen Entscheidungsstaats wirksam ergangen sein, um im Inland anerkennungsfähig zu sein, Habscheid FamRZ **81**, 1143 mwN. Außerdem darf der ausländische Staat die Grenzen seiner Gerichtsbarkeit nicht überschritten haben, Habscheid FamRZ **81**, 1142 mwN.

b) Ehesache. Der Begriff Urteil ist in einer Ehesache noch weiter zu fassen. Für sie gilt Art 7 § 1 FamRÄG, der den § 328 insoweit abändert, vgl Anm 7. Es muß sich danach um eine Entscheidung handeln, die von einer ausländischen Behörde geschaffen wurde. Als ausländisch ist auch eine polnische Behörde östlich der Oder-Neiße-Linie anzusehen, BGH **LM** § 52 EheG Nr 11, BSG FamRZ **77**, 637, BayObLG NJW **76**, 1032.

Zu solchen Entscheidungen zählen nicht nur Urteile, sondern auch zB: eine Scheidungsbewilligung des Königs (Dänemark, Norwegen); eine kirchliche Entscheidung; eine Entscheidung einer anderen religiösen Einrichtung; eine Scheidung durch einen Scheidebrief, wenn zusätzlich ein Hoheitsakt vorliegt, auch derjenige einer staatlich anerkannten und ermächtigten Religionsgemeinschaft, Düss FamRZ **76**, 277 mwN (krit Otto), und wenn die nach dem dortigen Recht notwendige behördliche Registrierung vorgenommen war, Anm 7 B a.

C. Amtsprüfung. Ob die Voraussetzungen der Anerkennung vorliegen, hat das Gericht von Amts wegen zu prüfen, weil § 328 mit Ausnahme seiner Z 2 zwingendes öffentliches Recht ist, zB BGH **59**, 121, BayObLG NJW **76**, 1038 mwN (abl Geimer). Diejenige Partei, die sich auf das Urteil beruft, muß die Voraussetzungen der Anerkennung beweisen. Z 2 läßt einen Verzicht auf einen Mangel zu.

Fehlt eine Voraussetzung, so ist das ausländische Urteil und damit der daraufhin ergangene Kostenfestsetzungsbeschluß als solches unwirksam. Die ausländische Entscheidung kann aber in dem neuen Verfahren vor dem deutschen Gericht als Beweismittel bedeutsam sein, Bülow NJW **71**, 487, Schütze DB **77**, 2131. Andernfalls sind die Gerichte und im Rahmen des in Einf 4 vor §§ 322–327 Gesagten auch andere deutsche Behörden an die ausländische Entscheidung gebunden wie an ein inländisches Urteil und dürfen keinerlei sachliche Nachprüfung, révision au fond, vornehmen, BGH **53**, 363.

Der Inhalt der Rechtskraft und die persönliche Rechtskraftwirkung richten sich nach dem betreffenden ausländischen Recht, weil sie prozeßrechtlich sind. Dies gilt auch dann, wenn das ausländische Recht die Lehre von der Rechtskraft dem sachlichen Recht zuweist, StJ I 1 b. Es ist aber eine etwaige Rück- oder Weiterverweisung zu beachten, Müller ZZP **79**, 207. Jedoch gilt dies nur im Rahmen von Z 4, also zB nicht dann, wenn diese Wirkung dem Zweck eines deutschen Gesetzes zuwiderlaufen würde.

D. Vollstreckungsurteil. Ein gerichtlicher Ausspruch über die Anerkennung ergeht nur in der Form des Vollstreckungsurteils, § 722.

2) Unzuständigkeit, I Z 1

Schrifttum: Geimer, Zur Prüfung der Gerichtsbarkeit und der internationalen Zuständigkeit bei der Anerkennung ausländischer Urteile, 1966; Heldrich, Internationale Zuständigkeit und anwendbare Rechte, 1969; Matscher, Zuständigkeitsvereinbarungen im österreichischen und im internationalen Zivilprozeßrecht, 1967; Milleker, Der Negative Internationale Kompetenzkonflikt usw, 1975; Schröder, Internationale Zuständigkeit, 1971; Schütze ZZP **90**, 67.

A. Grundsatz. Die Anerkennung ist zu versagen, wenn die Gerichte des betreffenden Staats nach dem deutschen Recht unzuständig sind, BayObLG FamRZ **79**, 1015 und 1016. Es handelt sich hier also nicht um eine Zuständigkeit im Einzelfall, sondern um die allgemeine (internationale, KG OLGZ **76**, 39, Üb 1 C vor § 12) Zuständigkeit eines Gerichts dieses Staats, Habscheid FamRZ **81**, 1143 mwN. Irgendein Gericht des Staats müßte zZt der Geltendmachung der Anerkennung („sind"), Habscheid FamRZ **81**, 1143, in dem Urteilsstaat nach den deutschen Gesetzen zuständig sein, wenn diese dort gelten würden, BGH **52**, 37, Ffm NJW **79**, 1787 (abl Prütting MDR **80**, 368, Schröder NJW **80**, 473), Habscheid FamRZ **81**, 1143 mwN. BayObLG NJW **68**, 363, RoS § 158 I 3 b, ThP 2 stellen dabei auf den Zeitpunkt der Urteilsfällung im ausländischen Staat ab. Das wird aber nur der früheren Fassung „waren" gerecht, nicht der heutigen Fassung „sind". Die Zuständigkeit müßte also ohne Rücksicht darauf gegeben sein, ob nach den eigenen Gesetzen des Urteilsstaats eine Zuständigkeit gegeben war, BayObLG **80**, 55.

Die einmal begründete Zuständigkeit wirkt fort, § 261 III Z 2. Daher steht es zB der Anerkennung eines ausländischen Scheidungsurteils nicht entgegen, wenn ein deutscher Bekl nach der Einleitung des Scheidungsverfahrens seinen gewöhnlichen Aufenthalt in der Bundesrepublik nimmt, vgl auch Anm 7 B. Es ist keine Mängelheilung möglich.

B. Einzelheiten. Es darf kein ausschließlicher deutscher Gerichtsstand bestehen, BGH **52**, 37 und **LM** § 723 Nr 6 (Anm Geimer NJW **70**, 387; zur Anerkennung französischer „Garantieurteile" im übrigen Karlsr NJW **74**, 1059, Milleker ZZP **84**, 91, Bernstein Festschrift für Ferid, 1978, 88; Geimer ZZP **85**, 196; zur Anerkennung einer amerikanischen Entscheidung auf Grund eines „Impleader" Bernstein Festschrift für Ferid, 1978, 91), Hamm NJW **76**, 2080, KG OLGZ **75**, 121, **76**, 39, Habscheid FamRZ **81**, 1143. Wegen eines ausländischen Scheidungsurteils Anm 7 B.

Ein vereinbarter Gerichtsstand (eine Form ist für die Vereinbarung stets entbehrlich, BGH **59**, 23, Anm Geimer NJW **72**, 1622) genügt, soweit dieser Gerichtsstand nicht durch § 40 verboten wird, KG OLGZ **76**, 40. Dies gilt auch für eine Widerklage, BGH **59**, 116 (Anm Geimer NJW **72**, 2179), Walchshöfer NJW **72**, 2166. Ob das deutsche Recht einen entsprechenden Gerichtsstand kennt, ist belanglos, wenn sich nach deutschem Recht ein anderer Gerichtsstand ergeben würde.

Dem ausländischen Gerichtsstand des Vermögens steht ein Wohnsitz im Inland nicht entgegen. Eine vereinbarte Zuständigkeit durch anstandslose Entgegennahme einer Rechnung ist im Inland nicht anzuerkennen. Wegen der ausländischen Zuständigkeit betreffend eine Aufrechnung vgl § 145 Anm 4 E. Das deutsche Gericht ist an die tatsächlichen Feststellungen des ausländischen Urteils gebunden, RoS § 158 I 3b, aM zB Habscheid FamRZ **81**, 1143 mwN, aber nicht an eine ausländische prozessuale Wahrunterstellung, zB gemäß Art 149ff Code de Procédure Civile, Düss DB **73**, 1697. Der Nachweis der ausländischen Zuständigkeit läßt sich auch durch neu vorgebrachte Tatumstände führen.

C. Rechtsweg. Die Zulässigkeit des Rechtswegs fällt nicht unter Z 1. Sie ist überhaupt eine innere Angelegenheit jedes Staates und ist darum hier nicht zu prüfen.

3) Versäumnisentscheidung, I Z 2

Schrifttum: Linke, Die Versäumnisentscheidungen im deutschen, österreichischen, belgischen und englischen Recht, 1972.

A. Grundsatz. Eine ausländische Versäumnisentscheidung ist anzuerkennen, wenn sie gegen den Kläger oder gegen einen ausländischen Bekl ergangen ist. Wenn sie einen deutschen Bekl verurteilt, der sich auf den Prozeß nicht eingelassen hat, so muß ihm wenigstens die einleitende Ladung oder Verfügung in dem betreffenden Staat in Person oder anderswo mittels deutscher Rechtshilfe zugestellt worden sein. „Deutscher" muß der Bekl bei der Zustellung gewesen sein, BayObLG NJW **76**, 1033 (gegen das Inländerprivileg zB ZöG 5 B c), nicht notwendig später. Unerheblich ist, ob der Bekl einen ausländischen Rechtsnachfolger hat. Gegenüber einem Ausländer kann aber wegen eines Verstoßes gegen Art 103 I GG, vgl C, der Fall I Z 4 vorliegen, vgl Bernstein Festschrift für Ferid (1978) 78. Z 2 gilt nicht, wenn ein Ausländer später die deutsche Staatsangehörigkeit erworben hat. Es entscheidet, verfassungsrechtlich bedenklich, Geimer NJW **73**, 2139 mwN, allein die Staatsangehörigkeit. Der Wohnsitz bleibt außer Betracht. Bei anderen als natürlichen Personen ist der Sitz maßgeblich, Bernstein Festschrift für Ferid (1978) 78 mwN. Staatsverträge sind vorrangig, zB im Verhältnis zur Schweiz, KG FamRZ **82**, 382.

B. Einlassung. Der Begriff der „Einlassung" ist weit auszulegen, Habscheid FamRZ **81**, 1143. Hierher gehört jede anerkennende oder abwehrende Prozeßhandlung, Bernstein Festschrift für Ferid (1978) 79 mwN, Schütze ZZP **90**, 73 mwN, abw (noch weiter) Geimer NJW **73**, 2141. Zur Annahme einer Einlassung genügt selbst die Behauptung der Unzuständigkeit des Gerichts, BGH **73**, 381. Die Einlassung muß in einer beachtlichen Form geschehen, Matscher ZZP **86**, 415, also nicht durch eine deutsche Eingabe dort, wo man eine solche nicht beachtet. Sie kann auch durch einen gesetzlichen oder von der Partei gestellten Vertreter erfolgen, nicht aber durch einen ohne Wissen der Partei bestellten Abwesenheitspfleger. Eine Einlassung zur Hauptsache ist unnötig. Die Teilnahme am dänischen Separationsprozeß ist aber keine Einlassung, BayObLG **78**, 134. Nur die Prozeßeinleitung muß dem Bekl zugestellt worden sein; seine spätere Versäumnis ist unerheblich.

C. Zustellung. Die Zustellung muß „in Person" erfolgt sein. Eine Ersatzzustellung reicht nicht aus, krit Geimer NJW **73**, 2139. Ebensowenig reicht eine öffentliche Zustellung an einen Generalbevollmächtigten, einen gesetzlichen Vertreter, einen Prokuristen aus; die Zustellung müßte an diese persönlich erfolgt sein. Im übrigen entscheidet das betreffende ausländische Gericht. „Durch Gewährung deutscher Rechtshilfe" bedeutet: die Rechtshilfe muß nach der ZRHO erfolgt sein, Bernstein Festschrift für Ferid (1978) 80, oder durch ein deutsches Gericht, einen deutschen Konsul, einen deutschen Gesandten, nicht durch einen ausländischen Konsul oder in dessen Auftrag im Inland. Eine Zustellung in Person ist insoweit unnötig.

Die bloße Übersendung der Klageschrift an den deutschen Konsul ist kein Gesuch um Rechtshilfe. Wegen des Aufenthalts eines Deutschen im Drittstaat Geimer NJW **73**, 2140. § 187 ist auch bei der Klagezustellung anwendbar, BayObLG **78**, 133, Ffm MDR **78**, 943, aM Bernstein Festschrift für Ferid (1978) 82 mwN, vgl BGH **58**, 177, Hamm MDR **78**, 942.

Wegen der Verschaffung einer USA-jurisdiction durch Zustellung der „summons" Psolka VersR **75**, 405 (krit Bernstein aaO 77), durch Zustellung nach den „Long-Arm-Statutes" Bernstein aaO 82.

D. Verstoß. Ein Verstoß gegen Z 2 ist grundsätzlich unheilbar. Denn diese Vorschrift dient ausschließlich dem Schutz des Bekl, Geimer NJW **73**, 2143 mwN. Dies gilt auch bei einer Anerkennung von Entscheidungen in Ehesachen, aber nicht seitens des Erben, KG NJW **69**, 383, Jansen § 1 FamRÄndG 25, Kleinrahm-Partikel 114, aM Geimer NJW **73**, 2143. Freilich kann ein Verstoß gegen Art 103 I GG vorliegen. Dies ist von Amts wegen zu beachten, vgl Geimer NJW **73**, 2143, Linke 113. Z 2 ist in den Fällen des Art 55 § 1 CIM und CIV unanwendbar.

Eine Inhaltskontrolle der ausländischen Entscheidung ist im Rahmen von Z 2 unzulässig, Habscheid FamRZ **81**, 1143 mwN.

4) Benachteiligung in gewissen Fällen, I Z 3. A. Geltungsbereich. Die Vorschrift will Deutsche gegen die ausdrücklich verbotene Schlechterstellung gegenüber dem deutschen Recht schützen. Z 3 bezieht sich auf folgende Fälle:

a) Eheerfordernisse. Es geht um die sachlichrechtlichen und die förmlichen Erfordernisse der Eheschließung, Art 13 I EGBGB (mit dem GG vereinbar, BVerfG **31**, 58); nach Art 27 sind die deutschen Gesetze anzuwenden, wenn das fremde Recht sie für anwendbar erklärt.

b) Form der Eheschließung. Es geht um die Form einer im Inland geschlossenen Ehe. Sie richtet sich nach dem ausländischen Recht, Art 13 III EGBGB.

c) Scheidung. Es geht um die Scheidung. Sie richtet sich einschließlich ihrer vermögensrechtlichen Wirkungen nach der Staatsangehörigkeit des Ehemannes im Zeitpunkt der Klagerhebung, Art 17 I EGBGB, vgl BayObLG NJW **72**, 1627, vgl aber auch II, III. Gamillscheg Festschrift für Dölle II 302 rechnet hierzu auch, daß die Tatsachen unter Wahrung einer gleich starken Gewähr einer amtlichen Sachaufklärung ermittelt wurden. Das kommt einer révision au fond nahe, die nicht beabsichtigt ist. Außerdem ist das praktisch nicht ohne die Akten festzustellen, die nicht zu erlangen sein dürften. Auch aus den Urteilsgründen lassen sich solche Feststellungen praktisch nicht treffen. Ein Urteil, das auf gemeinsamen Antrag ergangen ist, ist nicht einer Partei nachteilig, vgl BGH **LM** Nr 8, Ffm MDR **80**, 321.

d) Ehelichkeit. Es geht um die Ehelichkeit des Kindes. Sie richtet sich nach inländischem Recht, wenn der Mann bei der Geburt des Kindes Deutscher war (evtl auch, wenn nur die Mutter Deutsche ist), Art 18 EGBGB; BGH **73**, 382 erstreckt Z 3 zumindest seit dem 1. 7. 70 auch auf das nichteheliche Kind.

e) Legitimation usw. Es geht um die Legitimation und Annahme als Kind. Geschieht sie durch einen Deutschen, so gilt das inländische Recht, Art 22 EGBGB.

f) Eheschließung nach Todeserklärung. Es geht um die Eheschließung der Ehefrau eines für tot erklärten Ausländers. Sie folgt evtl dem inländischen Recht, Art 13 II EGBGB, § 12 III VerschG.

B. Einzelheiten. In allen diesen Fällen darf das Urteil nicht zum Nachteil des Deutschen vom inländischen Recht abweichen. Dabei entscheidet nicht die Rechtsanwendung, sondern allein der Vergleich der Ergebnisse des ausländischen Urteils mit denjenigen, die ein entsprechender Rechtsstreit vor einem deutschen Gericht gehabt hätte. Dabei nimmt das deutsche Recht freilich grundsätzlich (Ausnahme: Z 4) hin, daß das ausländische Gericht auch bei einer Auslandsberührung sein eigenes Verfahrensrecht anwendet.

Daher ist für die Frage, ob ein Nachteil vorliegt, nur auf das materielle Recht abzustellen, BGH **73**, 384 mwN (zustm Basedow FamRZ **79**, 792), Habscheid FamRZ **81**, 1143. Maßgeblicher Zeitpunkt ist der Erlaß der ausländischen Entscheidung. Neue Tatsachen und Beweismittel sind beachtlich, wenn sie im ausländischen Verfahren hätten vorgebracht werden können, Düss FamRZ **76**, 357. Das deutsche Internationale Privatrecht ist am GG zu messen, BVerfG **31**, 58; dazu Sturm FamRZ **72**, 16.

C. Verstoß. Ein Verstoß ist unschädlich, wenn der Benachteiligte erst nach der Wirksamkeit der Entscheidung der Landesjustizverwaltung, Anm 7 Bc, Deutscher wurde, Stgt FamRZ **73**, 39. Z 3 gilt auch, wenn das ausländische Urteil im Prozeß zwischen zwei Deutschen erging, Düss FamRZ **76**, 356.

5) Sitten- und Ordnungswidrigkeit, I Z 4

Schrifttum: Baur, Einige Bemerkungen zum verfahrensrechtlichen ordre public, Festschrift für Guldener (1973) 1; Roth, Der Vorbehalt des ordre public gegenüber fremden gerichtlichen Entscheidungen, 1967.

A. Grundsatz. Ein sitten- oder ordnungswidriges ausländisches Urteil ist nicht anzuerkennen. Die Vorschrift ist dem Art 30 EGBGB nachgebildet. Eine sachliche Nachprüfung über die Frage der Sitten- oder Ordnungswidrigkeit hinaus ist auch bei einer Versäumnisentscheidung unstatthaft, vgl auch BGH NJW **80**, 531 mwN. Die Sittenwidrigkeit läßt sich nicht durch neue Angriffs- oder Verteidigungsmittel zu dem Streitstoff beweisen, der dem ausländischen Richter vorgelegen hat.

Wenn also im Ausland ein Versäumnisurteil ergangen ist und der Bekl keinen Einspruch einlegte, so daß jenes Urteil rechtskräftig wurde, dann lassen sich nicht neue Angriffs- oder Verteidigungsmittel nachholen. Für die Prüfung der Sitten- oder Ordnungswidrigkeit ist der Zeitpunkt der Anerkennung maßgeblich, BGH NJW **80**, 531 mwN.

Wegen der DDR und Westberlin s Vorbemerkung.

B. Verstoß gegen die guten Sitten. Der Begriff ist wie bei §§ 138, 826 BGB zu verstehen. Er umfaßt dasjenige, was dem Anstandsgefühl aller gerecht und billig Denkenden widerspricht, Habscheid FamRZ **81**, 1144. Die Entscheidung erfolgt nach richterlichem Ermessen. Wenn die Sittenwidrigkeit verkannt wurde, ist Revision zulässig. Sittenwidrigkeit liegt verfahrensmäßig nur dann vor, wenn das Verfahren von den Grundsätzen des deutschen Verfahrensrechts derart abweicht, daß das Urteil nach der deutschen Rechtsordnung nicht als in einem geordneten, rechtsstaatlichen Verfahren ergangen angesehen werden kann, BGH **48**, 331 und NJW **79**, 1106, BayObLG FamRZ **83**, 501, Habscheid FamRZ **81**, 1144, vgl auch Düss FamRZ **82**, 535.

Sittenwidrigkeit liegt verfahrensmäßig nicht schon dann vor, wenn der ausländische Richter von zwingenden Vorschriften des deutschen Verfahrensrechts abgewichen ist, BGH **53**, 357 (Anm Cohn NJW **70**, 1506) und **73**, 386 mwN, BayObLG NJW **74**, 418 (zustm Geimer) und BayObLG **81**, 356 (Verletzung des rechtlichen Gehörs), KG NJW **77**, 1017. Ein Verstoß gegen grundlegende Rechtssätze des deutschen sachlichen Rechts ist aber trotz § 723 beachtlich, BGH **53**, 366, BayObLG NJW **74**, 418 (zustm Geimer), KG Rpfleger **80**, 103.

Nicht zu prüfen ist, ob das ausländische Gericht sein Recht richtig erkannt, angewendet, fortentwickelt hat (Ausnahme: Rechtsbeugung), BayObLG JZ **68**, 70, Stgt FamRZ **73**, 39, Habscheid FamRZ **81**, 1144.

Die Sittenwidrigkeit kann liegen: **a)** Im Inhalt des Urteils. Beispiel: es verurteilt zur Zahlung einer Spielschuld, vgl auch BGH NJW **75**, 1600. Keine Sittenwidrigkeit liegt vor, wenn eine Scheidung schon wegen einer unheilbaren Zerrüttung erfolgt, Stgt FamRZ **73**, 39; **b)** oder in der Art seines Entstehens. Beispiel: Es hat eine inländische Rechtshängigkeit mit oder ohne deren Kenntnis übergangen, BayObLG FamRZ **83**, 501; es ist erschlichen, BGH **42**, 204, namentlich als Scheidungsurteil, vgl BayObLG **77**, 185, oder es ist kein rechtliches Gehör gewährt und damit das rechtsstaatliche Verfahren verletzt worden, KG NJW **77**, 1017, Geimer NJW **73**, 2139 mwN, Habscheid FamRZ **81**, 1144. Dies ist aber nicht anzunehmen, wenn ein englisches Gericht den Bekl wegen eines contempt of court von der weiteren Teilnahme ausgeschlossen hat, BGH **48**, 327, dazu Roth ZZP **69**, 152, oder wenn vor dem ausländischen Gericht ein Anwaltszwang fehlt, BayObLG NJW **74**, 418. Wenn ein Verstoß gegen den ordre public durch ein Rechtsmittel im Urteilsstaat beseitigt worden ist, kann sich der Bekl bei der Anerkennung nicht mehr auf den Verstoß berufen, Geimer NJW **73**, 2139.

C. Verstoß gegen den Zweck eines deutschen Gesetzes. Er liegt vor, wenn das fremde und das inländische Recht staatspolitisch oder sozial so verschieden sind, daß eine Anerkennung die Grundlage des deutschen staatlichen oder wirtschaftlichen Lebens angreifen würde, BGH NJW **75**, 1601. Es muß ein Verstoß gegen Grundwerte der deutschen Rechtsordnung vorliegen, Habscheid FamRZ **81**, 1144 mwN. Die Anwendung muß im Einzelfall einen Verstoß darstellen. Beispiele: eine schweizerische Eheschuldstrafe; das ausländische Gericht hat eine vorher eingetretene Rechtshängigkeit derselben Sache in der Bundesrepublik außer acht gelassen, Hamm NJW **76**, 2081 mwN. Es genügt aber weiter auch jeder Verstoß gegen die deutsche öffentliche Ordnung. Beispiele: das Urteil verlangt die Herstellung eines polizeiwidrigen Zustands; das Urteil verstößt gegen die deutsche Devisengesetzgebung, vgl BGH **22**, 29; das Urteil verstößt gegen die deutschen Vorschriften zum Börsentermingeschäft, BGH NJW **75**, 1600.

Kein Verstoß liegt vor, wenn das ausländische Recht keine Scheidung kennt, BGH NJW **64**, 976; die Rechtskraft steht dann einer neuen Scheidungsklage nach der Einbürgerung nicht entgegen. Eine in den USA geschlossene, dort anerkannte, formlose Ehe ist anzuerkennen.

6) Fehlen der Gegenseitigkeit, I Z 5

Schrifttum: Zur Rechtsprechung des BGH Schütze NJW **69**, 293, **73**, 2143, AWD **70**, 496. Gegen dieses Erfordernis Einmahl NJW **71**, 1490, Nagel JbIntRecht Bd **11**, 338, Süß Festgabe für Rosenberg (1949) 235.

A. Grundsatz. Ausländische Urteile sind nicht anzuerkennen, soweit die Gegenseitigkeit nicht verbürgt ist (Teilbarkeit, Anm 1 A). Die Gegenseitigkeit ist aber nur dann zu prüfen, wenn nicht Staatsverträge eingreifen, Anm 1 A. Z 5 hat neben den anderen Versagungsgründen eine selbständige Bedeutung. Wenn die Gegenseitigkeit nicht verbürgt ist, so erfolgt selbst dann keine Anerkennung, wenn nach dem deutschen Internationalen Privatrecht dasjenige Recht anzuwenden ist, dem das ausländische Gericht angehört, um dessen Urteil es sich handelt, BGH **LM** Nr 14. Gemeint ist die sachliche Gegenseitigkeit, § 110 Anm 3: die Prozeßlage darf im ausländischen Staat für Deutsche nicht ausnahmslos schlechter sein als umgekehrt, BGH **50**, 100, **53**, 334 (abl Geimer NJW **70**, 2163, krit Schütze NJW **73**, 2144), insbesondere im Hinblick auf die Vollstreckbarkeit, BGH **59**, 121.

Jedoch ist kein formaler und kleinlicher Maßstab anzulegen. Vielmehr ist eine differenzierende und großzügige Auffassung des Begriffs der Gegenseitigkeit geboten, BGH **52**, 256 (zustm Einmahl NJW **71**, 1487, aM Geimer NJW **69**, 2091). Eine völlige Übereinstimmung des Anerkennungsrechts ist ohnehin nicht zu verlangen; es können nur im wesentlichen gleichwertige Bedingungen gefordert werden, LG Mü JZ **76**, 610, Schütze NJW **73**, 2144. Dabei ist insbesondere darauf zu achten, welches Gewicht die einzelne Rechtsungleichheit in der Anerkennungspraxis hat, BGH **42**, 197.

Die Vorschrift ist nicht verfassungswidrig, BVerfG **30**, 409. Zu den sozialistischen Staaten Sonnenberger Studien des Instituts für OstR **24**, 211 ff.

B. Einzelheiten. Die Gegenseitigkeit ist also nur dann zu verneinen, wenn nennenswerte Erschwerungen vorliegen. Dies kann zB bei einem ausländischen Jurisdiktionsprivileg vorliegen, BGH **53**, 334 (krit Einmahl NJW **71**, 1488). Die Gegenseitigkeit ist trotzdem zu bejahen, falls sich die ausländische Partei bei einer umgekehrten Rolle nicht auf ihr Jurisdiktionsprivileg berufen könnte, zB wegen eines Verzichts oder einer rügelosen Einlassung, BGH **59**, 123 (betr Frankreich).

Die Gegenseitigkeit ist ferner zu verneinen: bei einer unbeschränkten sachlichen Nachprüfung, révision au fond, irgendwelcher Art (sie ist in Frankreich entfallen, BGH **59**, 123); wenn das ausländische Gericht die sachliche Zuständigkeit nachprüft, da darin eine Nachprüfung der Entscheidung liegt. Etwas anderes gilt daher, wenn es sich um eine bloße Formalität ohne besondere Bedeutung handelt, BGH **49**, 54.

Grundsätzlich wird kein Unterschied zwischen einer zusprechenden und einer abweisenden Entscheidung gemacht, Schütze NJW **73**, 2145. Es kommt trotz der Berücksichtigung der Einzelumstände wesentlich auf die grundsätzliche Anerkennung eines gleichartigen inländischen Urteils an. Die praktische Handhabung entscheidet. Wenn keine Praxis besteht, dann kommt es auf das Anerkennungsrecht des Urteilsstaats an, BGH **49**, 52, LG Mü JZ **76**, 610.

Die Verbürgung der Gegenseitigkeit ist trotz § 561 in der Revisionsinstanz nachprüfbar, weil diese Frage nicht den Tatbestand des Einzelfalls betrifft, § 549 Anm 2 B. Die Frage, was das fremde Recht bestimmt, ist nur eine Vorfrage der Verbürgungsfrage. Für die Prüfung, ob die Gegenseitigkeit verbürgt ist, ist der Zeitpunkt der Anerkennung maßgeblich, BGH **22**, 26, abw Schütze DB **77**, 2129. Vgl die Übersicht über die Gegenseitigkeit im Anh § 328. Zur Vollstreckbarkeit von Entscheidungen, die in einem Vertragsstaat anerkannt sind, Anm 1 B.

7) Nichtvermögensrechtlicher Anspruch, II

Schrifttum: Gamillscheg, Anerkennung ausländischer Eheurteile, in: Staudinger, EB BGB Teil III, 10./11. Aufl 1973; Kleinrahm-Partikel, Die Anerkennung ausländischer Entscheidungen in Ehesachen, 2. Aufl 1970.

A. Grundsatz. Wenn ein Urteil einen derartigen Anspruch betrifft (Begriff Üb 3 B b vor § 1), dann ist es trotz Z 5 anzuerkennen, wenn nach dem inländischen Recht ein inländischer Gerichtsstand fehlte, vgl auch § 40 II, oder wenn es sich um eine Kindschaftssache handelt, § 640. Der Haupt-Streitgegenstand entscheidet, die Kostenentscheidung folgt. Wenn die Gegenseitigkeit fehlt, könnte theoretisch ein Vergeltungsrecht anwendbar sein, § 24 EG ZPO; bisher gibt es dergleichen allerdings nicht.

B. Ehesache. In Ehesachen, nicht aber den interlokalen, Vorbem, gilt als vorrangige Sonderregelung, BGH NJW **83**, 515 mwN, BayObLG FamRZ **79**, 1015 und 1016, Art 7 § 1

FamRÄndG vom 11. 8. 61, BGBl 1221, geändert durch Art 11 Z 5 G v 14. 6. 76, BGBl 1421 (die Vorschrift ist mit dem GG vereinbar, BGH **82**, 40 mwN, Düss FamRZ **76**, 355 je mwN, vgl Hamm FamRZ **73**, 144, ferner KG FamRZ **82**, 382, krit Beitzke FamRZ **74**, 533, Geimer FamRZ **75**, 588 mwN).

Anerkennung ausländischer Entscheidungen in Ehesachen
§ 1¹ Entscheidungen, durch die im Ausland eine Ehe für nichtig erklärt, aufgehoben, dem Bande nach oder unter Aufrechterhaltung des Ehebandes geschieden oder durch die das Bestehen oder Nichtbestehen einer Ehe zwischen den Parteien festgestellt ist, werden nur anerkannt, wenn die Landesjustizverwaltung festgestellt hat, daß die Voraussetzungen für die Anerkennung vorliegen. Die Verbürgung der Gegenseitigkeit ist nicht Voraussetzung für die Anerkennung. Hat ein Gericht des Staates entschieden, dem beide Ehegatten zur Zeit der Entscheidung angehört haben, so hängt die Anerkennung nicht von einer Feststellung der Landesjustizverwaltung ab.
^{II} Zuständig ist die Justizverwaltung des Landes, in dem ein Ehegatte seinen gewöhnlichen Aufenthalt hat. Hat keiner der Ehegatten seinen gewöhnlichen Aufenthalt im Inland, so ist die Justizverwaltung des Landes zuständig, in dem eine neue Ehe geschlossen werden soll; die Justizverwaltung kann den Nachweis verlangen, daß das Aufgebot bestellt oder um Befreiung von dem Aufgebot nachgesucht ist. Soweit eine Zuständigkeit nicht gegeben ist, ist die Justizverwaltung des Landes Berlin zuständig.
^{III} Die Entscheidung ergeht auf Antrag. Den Antrag kann stellen, wer ein rechtliches Interesse an der Anerkennung glaubhaft macht.
^{IV} Lehnt die Landesjustizverwaltung den Antrag ab, so kann der Antragsteller die Entscheidung des Oberlandesgerichts beantragen.
^V Stellt die Landesjustizverwaltung fest, daß die Voraussetzungen für die Anerkennung vorliegen, so kann ein Ehegatte, der den Antrag nicht gestellt hat, die Entscheidung des Oberlandesgerichts beantragen. Die Entscheidung der Landesjustizverwaltung wird mit der Bekanntmachung an den Antragsteller wirksam. Die Landesjustizverwaltung kann jedoch in ihrer Entscheidung bestimmen, daß die Entscheidung erst nach Ablauf einer von ihr bestimmten Frist wirksam wird.
^{VI} Das Oberlandesgericht entscheidet im Verfahren der freiwilligen Gerichtsbarkeit. Zuständig ist das Oberlandesgericht, in dessen Bezirk die Landesjustizverwaltung ihren Sitz hat. Der Antrag auf gerichtliche Entscheidung hat keine aufschiebende Wirkung. § 21 Abs. 2, §§ 23, 24 Abs. 3, §§ 25, 28 Abs. 2, 3, § 30 Abs. 1 Satz 1 und § 199 Abs. 1 des Gesetzes über die Angelegenheiten der freiwilligen Gerichtsbarkeit gelten sinngemäß. Die Entscheidung des Oberlandesgerichts ist endgültig.
^{VII} Die vorstehenden Vorschriften sind sinngemäß anzuwenden, wenn die Feststellung begehrt wird, daß die Voraussetzungen für die Anerkennung einer Entscheidung nicht vorliegen.
^{VIII} Die Feststellung, daß die Voraussetzungen für die Anerkennung vorliegen oder nicht vorliegen, ist für die Gerichte und Verwaltungsbehörden bindend.

a) **Entscheidung.** Es muß eine Entscheidung vorliegen.
aa) **Begriff.** Zu den Entscheidungen gehören auch im Rahmen von Staatsverträgen erlassene Entscheidungen und nicht nur Urteile, sondern auch Entscheidungen von Verwaltungsbehörden, Hoheitsakte eines Staatsoberhaupts (Dänemark), Anm 1 B, außer wenn die Parteien Deutsche sind. Das Verfahren der ausländischen Stelle ist unerheblich. Die Entscheidung muß rechtskräftig sein, Düss FamRZ **76**, 356. Wenn zum Wirksamwerden der ausländischen Entscheidung eine Registrierung gehört, so muß diese bewirkt worden sein, BayObLG FamRZ **77**, 396, Düss NJW **75**, 1081 je mwN. Ein Urteil auf Trennung von Tisch und Bett ist bei Personen, die nicht Deutsche sind, anerkennungsfähig, vgl auch BGH **47**, 324. Der Tod eines Ehegatten hindert die Anerkennung nicht.
bb) **Privatscheidung.** Auch eine Privatscheidung ist grds anerkennungsfähig, vgl Partikel FamRZ **69**, 15, und zwar die einseitige wie die vertragliche, JM NRW FamRZ **74**, 193. Dies gilt unter der Voraussetzung, daß sämtliche Akte, an die Rechtswirkungen geknüpft werden, im Ausland erfolgen, BGH **82**, 46 mwN, BayObLG **82**, 259, zB die Ausfertigung und Übergabe des Scheidebriefs, Düss OLGZ **66**, 486, Stgt FamRZ **80**, 886 (Vorlagebeschluß), Kleinrahm-Partikel 68, aM JM NRW FamRZ **74**, 193 (s aber auch Düss FamRZ **76**, 277 mwN), Geimer NJW **67**, 1401; BayObLG **78**, 36, JM Stgt FamRZ **80**, 148 mwN wenden bei einer Scheidung vor dem ausländischen Konsul im Inland § 1 entsprechend an. Nach der hM muß auch eine Behörde irgendwie mitgewirkt haben, zB bei einem Sühneversuch oder bei der Registrierung, BGH **82**, 41, BayObLG **82**, 259 und 391 je mwN, Düss FamRZ **76**,

278, Stgt FamRZ **68**, 390 (die Entscheidung müsse mindestens registriert worden sein), insofern richtig auch JM Stgt FamRZ **80**, 147, aM Kleinrahm-Partikel 68ff, die unter Entscheidung nur den Akt verstehen wollen, dem es nach der ausländischen Rechtsordnung zukommt, die Scheidung, Aufhebung und dgl herbeizuführen.

Die letztere Meinung verdient den Vorzug, weil oft für einst deutsche Frauen bei einem hiesigen Scheidungsforum, § 606b Z 1, sonst jede Scheidungsmöglichkeit entfallen würde, während sich der Mann nach seinem Heimatrecht als geschieden betrachten kann, Kleinrahm-Partikel 162ff. Schon deshalb darf man die Privatscheidung nicht als gegen den deutschen ordre public schlechthin verstoßend ansehen dürfen, so allerdings Stgt StAZ **62**, 78. Vielmehr müssen die Auswirkungen im Einzelfall geprüft werden, BayObLG FamRZ **82**, 813 (wegen eines „talaq" in Beirut) und zwar nach Art 17, 30 EGBGB, nicht nach § 328, da die Privatscheidung ein privatrechtlicher Vorgang ist, BayObLG **77**, 182, Düss FamRZ **74**, 530 je mwN (im Ergebnis zustm Beitzke, der zutreffend auf Art 3 II GG hinweist und auf die „effektivere" Staatsangehörigkeit abstellt, aM Otto FamRZ **74**, 655).

Ist ein Deutscher an einer Privatscheidung im Ausland beteiligt, auch ein solcher, der neben der deutschen Staatsangehörigkeit noch eine andere hat, so wird die Entscheidung oft nicht anerkannt, vgl BayObLG **82**, 391 mwN. Ebensowenig kann eine inländische Privatscheidung irgendwelcher Art anerkannt werden, auch dann nicht, wenn Ausländer beteiligt sind, insofern richtig JM Stgt FamRZ **80**, 148, BayObLG **82**, 259 je mwN, Stgt FamRZ **80**, 886 (Vorlagebeschluß). Keine Anerkennung bedürfen Entscheidungen des Staates, dem beide Ehegatten zZt der Entscheidung angehört haben, KG OLGZ **76**, 152 und **77**, 457. Eine solche Anerkennung ist aber nicht unzulässig, sondern insbesondere bei Zweifeln zweckmäßig, Beitzke FamRZ **66**, 638.

cc) Klagabweisung. Auch eine klagabweisende Entscheidung kann anerkannt werden, Geimer NJW **67**, 1462. Da Art 7 § 1 sie nicht nennt, ist sie allerdings nur nach § 328 anzuerkennen, Beitzke DRiZ **46**, 173, Geimer NJW **67**, 1398, Kleinrahm-Partikel 79, StJ XI B 3 2, aM Wiecz F II a 1. Habscheid FamRZ **73**, 431 mwN wendet Art 7 § 1 an, soweit die Rechtskraft der abweisenden Entscheidung für und gegen alle wirke, also wenn die Entscheidung im Urteilsstaat eine positive oder negative Feststellung enthalte oder eine Nichtigkeitsklage abweise; sonst wendet auch er § 328 an.

dd) Weitere Einzelfragen. Die Landesjustizverwaltung kann nur dann anerkennen, wenn die Voraussetzungen des § 328, anders als bei einer Privatscheidung, s oben, erfüllt sind, BGH NJW **72**, 2188 (Anm Reinl FamRZ **73**, 203), BayObLG FamRZ **79**, 1014 und 1016, Bürgle NJW **74**, 2163 je mwN, aM Geimer NJW **76**, 1039: die Anerkennung dürfe wegen Unzuständigkeit nur dann versagt werden, wenn der Bekl die Unzuständigkeit gerügt habe (so auch Kblz FamRZ **74**, 192) oder wenn er zumindest das rechtliche Gehör gehabt habe, wofür bei der Bestellung eines Verfahrenspflegers eine öffentliche Zustellung ausreiche. Vgl § 606a Anm 2 B „Zu a–c"; das wird im allgemeinen voraussetzen, daß die Entscheidung begründet worden ist.

Insbesondere muß das ausländische Gericht beim Erlaß der Entscheidung international zuständig gewesen sein, vgl auch BGH **30**, 3, **34**, 137, BayObLG FamRZ **79**, 1015 und 1016 je mwN, Düss FamRZ **76**, 356. Die Entscheidung kann daher grundsätzlich nicht anerkannt werden, wenn eine ausschließliche deutsche Zuständigkeit bestand, § 606. Jedoch steht diese im Fall des § 606a der Anerkennung nicht entgegen; vgl dort und zB KG OLGZ **76**, 40 mwN. Abweichend von § 328 I Z 5 ist eine Verbürgung der Gegenseitigkeit keine Voraussetzung der Anerkennung. Im Anerkennungsverfahren erfolgt grds keine Prüfung der Zulässigkeit eines inländischen Scheidungsverfahrens, BayObLG FamRZ **83**, 501.

Ist die ausländische Scheidung eine Vorfrage, so erfolgt zunächst eine Entscheidung der Landesjustizverwaltung, BGH **82**, 37. Das deutsche Scheidungsverfahren wird also ausgesetzt, Schlesw SchlHA **78**, 56, Stgt FamRZ **74**, 460. Wird die Anerkennung versagt, weil § 328 entgegensteht, so erfolgt eine Aussetzung, um das Scheidungsverfahren im Inland durchzuführen, zB BayObLG **73**, 251, Hbg MDR **65**, 828, Schlesw SchlHA **78**, 54, Stgt FamRZ **74**, 460, insofern abw BGH NJW **83**, 515 (es handle sich um eine Fallfrage), aM BGH **82**, 37 (das Scheidungsgericht prüfe dann diese Frage als Vorfrage). Die Entscheidung der Vorfrage erfolgt im Rahmen der Hauptsache, wenn eine anerkennungsfähige Entscheidung überhaupt (noch) nicht vorliegt, Düss MDR **74**, 1023, Kleinrahm-Partikel 134.

Art 7 § 1 bezieht sich nicht auf die Nebenentscheidungen, die zugleich oder im Zusammenhang mit der Scheidung oder Aufhebung oder Nichtigkeit getroffen worden sind, also zB nicht auf die Entscheidung über das Sorgerecht, BGH **64**, 21 (zustm Geimer NJW **75**, 2141), Ffm NJW **77**, 504, Hamm FamRZ **75**, 428 je mwN, vgl Hamm NJW **76**, 2080, abw KG FamRZ **74**, 148, unklar Schlesw SchlHA **78**, 56. Einstweilige Anordnungen sind wegen ihrer nur vorläufiger Wirkung grundsätzlich nicht anerkennungsfähig, Anm 1 B, Düss FamRZ **83**, 422 mwN, zB eine „Ordonnance de nonconciliation" betreffend das Sorgerecht.

b) Antrag. Es ist ein Antrag erforderlich, BGH NJW **83**, 515. Ihn kann jeder stellen, der ein rechtliches Interesse an der Anerkennung glaubhaft macht, III, dazu zB BayObLG **77**, 182 und **80**, 54, Düss FamRZ **76**, 356. Das sind außer den Ehegatten, KG OLGZ **76**, 39, vor allem diejenigen Personen, deren Erbberechtigung von der Entscheidung abhängt. In Frage kommt aber auch der Sozialversicherungsträger, Jansen FGG-Komm I Anh II 34. Der Antrag ist formgebunden, Düss FamRZ **74**, 530. Für ihn besteht keine Frist, BayObLG FamRZ **79**, 1014 und BayObLG **80**, 54, **82**, 391, Düss NJW **75**, 1081 und FamRZ **76**, 355, KG FamRZ **82**, 382. Er kann nicht nur die Anerkennung bezwecken, sondern auch dahin gehen, daß die Voraussetzungen für die Anerkennung nicht vorliegen, VII. Der Antrag kann bis zum Zeitpunkt der Entscheidung der Landesjustizverwaltung geändert werden, Düss FamRZ **76**, 356.

II bestimmt die Zuständigkeit der Landesjustizverwaltung. Berlin ist auch dann zuständig, wenn der Antragsteller nicht Ehegatte war. Die Landesjustizverwaltung gewährt das rechtliche Gehör, Geimer NJW **74**, 1632, abw KG OLGZ **76**, 41. Sie prüft von Amts wegen, ob der Antrag wegen Rechtsmißbrauchs unbegründet ist, JM Stgt FamRZ **79**, 812.

c) Entscheidung der Landesjustizverwaltung. Sie ergeht auf die Feststellung, daß die Voraussetzungen der Anerkennung vorliegen oder nicht vorliegen, und zwar unter Berücksichtigung von §§ 328, 606ff. Bis zu dieser Entscheidung ist die ausländische Entscheidung wirkungslos, BGH NJW **83**, 515 mwN, so daß ein Rechtsschutzbedürfnis für das Nichtvorliegen der Anerkennungsvoraussetzungen nur ganz ausnahmsweise gegeben sein kann, BayObLG NJW **68**, 363, aM Geimer NJW **68**, 800. Die anerkennende Entscheidung wirkt auf den Zeitpunkt der Rechtskraft der anerkannten Entscheidung zurück, BGH NJW **83**, 515 mwN, BayObLG **77**, 183 mwN. Sie wird mit der Bekanntgabe an den Antragsteller wirksam. Jedoch kann die Landesjustizverwaltung in ihrer Entscheidung die Wirksamkeit erst nach einer bestimmten Frist eintreten lassen, V 3. Das ist zweckmäßig, wenn zu erwarten ist, daß der andere Ehegatte einen Antrag auf eine gerichtliche Entscheidung stellen wird.

Sowohl die bejahende als auch die verneinende sachliche Feststellung der Landesjustizverwaltung oder des gegen ihre Entscheidung angerufenen OLG ist für Gerichte und Verwaltungsbehörden bindend, VIII. Ein neuer Antrag auf eine entgegengesetzte Entscheidung ist unzulässig, vgl Habscheid FamRZ **73**, 432. Bindend ist auch schon die Entscheidung der Landesjustizverwaltung, daß ein positiver Feststellungsantrag unbegründet sei, BayObLG NJW **74**, 1630 mwN (insofern zustm Geimer), aM zB KG OLGZ **76**, 42.

Dagegen tritt keine Bindung ein, wenn die Landesjustizverwaltung den positiven Feststellungsantrag als unzulässig abweist. Sie kann diese Entscheidung auch bei einem Antrag eines weiteren Berechtigten oder beim Vorliegen neuer Tatsachen abändern, BayObLG NJW **74**, 1630 (insofern abl Geimer) und BayObLG **80**, 353. Die Wiederaufnahme des Verfahrens ist statthaft, Geimer NJW **74**, 1631 mwN, vgl Grdz 2 vor § 578.

d) Entscheidung des Oberlandesgerichts. Diese Entscheidung (in Bayern des BayObLG, vgl BayObLG NJW **76**, 1038, maßgeblich ist der Zeitpunkt der Antragstellung bei der Landesjustizverwaltung, BayObLG NJW **76**, 1032) kann vom Antragsteller bei einer Ablehnung seines Antrags auf Anerkennung, BayObLG NJW **74**, 1629, BayObLG **82**, 258, oder auf deren Aufhebung, BayObLG MDR **76**, 232 (zustm Geimer) oder auf Nichtanerkennung beantragt werden, IV. Der andere Ehegatte kann die Entscheidung des OLG dann beantragen, wenn eine Anerkennung erfolgte, V. Wenn beide Ehegatten bei der Landesjustizverwaltung erfolgreich eine Anerkennung beantragt hatten, kann die Entscheidung des OLG nicht herbeigeführt werden, BayObLG MDR **76**, 232 (zustm Geimer).

Man muß außerdem jedem ein Antragsrecht geben, der ein rechtliches Interesse an einer Entscheidung des OLG hat, also entspr III, insofern aM KG OLGZ **76**, 41 (es läßt auch keinen Beitritt zu). Zuständig ist ein Zivilsenat des OLG, in dessen Bezirk die Landesjustizverwaltung ihren Sitz hat. Der Antrag ist nicht fristgebunden, BayObLG **81**, 355, **82**, 258, Düss FamRZ **74**, 528. Die Form des Antrags richtet sich nach § 21 II FGG. Es besteht kein Anwaltszwang; Geimer NJW **74**, 1032 fordert die Einführung des Anwaltszwangs, dagegen Bürgle NJW **74**, 2167. Es können neue Tatsachen und Beweise vorgebracht werden, § 23 FGG.

Der Antrag hat keine aufschiebende Wirkung, VI 3. Das OLG kann jedoch durch eine einstweilige Anordnung die Vollziehung der angefochtenen Entscheidung der Landesjustiz-

2. Titel. Urteil § 328, Anh § 328

verwaltung vorläufig aussetzen, § 24 III FGG. Das ist bei einer Anfechtung einer anerkennenden Entscheidung immer dann zweckmäßig, wenn eine Wiederverheiratungsabsicht zu vermuten ist, vgl § 5 EheG.

Das OLG entscheidet im Verfahren der FGG. §§ 23 ff EGGVG sind also unanwendbar. Die Entscheidung des OLG muß begründet werden. Sie ist endgültig (diese Regelung ist mit dem GG vereinbar, Düss FamRZ **74**, 529, zustm Beitzke). Die Entscheidung des OLG hat eine allgemein bindende Wirkung, VIII. Wenn widersprechende Entscheidungen von Oberlandesgerichten bzw dem BGH vorliegen, besteht eine Vorlagepflicht, §§ 28 II, III FGG, BayObLG **78**, 34.

e) Angehörige des Entscheidungsstaats. Wenn beide Ehegatten beim Erlaß der ausländischen Entscheidung Angehörige des Entscheidungsstaats waren, dann bedarf die ausländische Entscheidung eines dortigen Gerichts (also enger als § 1 I 1) keiner Anerkennung, vgl Ffm FamRZ **80**, 730 (wegen des Sorgerechts nach einer Scheidung), und zwar auch dann nicht, wenn die beiden früheren Ehegatten in der BRD wohnen. Es tritt keine automatische Bindung ein, aM Ffm NJW **71**, 1528 (abl Beitzke FamRZ **71**, 347, Geimer NJW **71**, 2138). Die Prüfung beschränkt sich in diesem Fall auf die Frage, ob die Voraussetzungen der Z 4 vorliegen (Art 30 EGBGB), dazu Geimer JZ **69**, 14. Hatte aber ein Ehegatte außerdem die deutsche Staatsangehörigkeit, so wird er so behandelt, als wenn er nur diese hätte, so daß das Anerkennungsverfahren erforderlich ist, offen BGH NJW **83**, 515, abw BGH **75**, 40 (es komme darauf an, ob die deutsche Staatsangehörigkeit die effektive sei). Ob auch die deutsche Staatsangehörigkeit vorlag, wird vom Gericht auch dann geprüft, wenn es sich bei der ausländischen Entscheidung um eine Vorfrage handelt.

f) Drittstaatsscheidung. Sind Ausländer im dritten Staat geschieden worden, so wird im Anerkennungsverfahren geprüft, ob der Heimatstaat anerkennen würde, BayObLG FamRZ **76**, 702 mwN (nur im Ergebnis zustm Geimer FamRZ **75**, 586) und BayObLG **80**, 354 mwN, Mü NJW **64**, 983, aM KG NJW **64**, 981, Bürgle NJW **74**, 2166, Geimer NJW **74**, 1028 je mwN, s aber § 606 a Anm 2 B „zu a–c"; s auch PalHeldr EGBGB Art 17 Anm 6b zu cc. Bei einer Drittstaatsscheidung, an der ein Deutscher beteiligt war, genügt ein gewöhnlicher Aufenthalt, also ein längerer tatsächlicher Mittelpunkt des Daseins, BayObLG NJW **76**, 1038 und FamRZ **79**, 1016 mwN, eines der Ehegatten in dem Entscheidungsstaat, von Ungern-Sternberg FamRZ **73**, 574, großzügiger jetzt BayObLG **80**, 355 (der Senat verzichtet auf das Aufenthaltserfordernis).

8) VwGO: *Auch im VerwProzeß beurteilt sich die Anerkennung einer ausländischen Entscheidung nach den Grundsätzen des § 328 I Z 1, 2 und 4, vgl VGH Mü NVwZ **82**, 323.*

Anhang nach § 328
Übersicht über die Verbürgung der Gegenseitigkeit für vermögensrechtliche Ansprüche nach § 328 I Z 5

Vgl auch Einl IV Vorbem

Wegen des EuGÜbk Einl IV 2 und SchlAnh V C. Es bedeuten: „ja": die Gegenseitigkeit ist verbürgt; „nein": die Gegenseitigkeit ist nicht verbürgt. „Kosten" meint die dem Kläger oder seinem Streithelfer auferlegten, s auch Bülow-Böckstiegel, Der internationale Rechtsverkehr in Zivil- und Handelssachen, 2. Aufl 1973; Schütze NJW **69**, 293; ders, Die Geltendmachung deutscher Urteile im Ausland – Verbürgung der Gegenseitigkeit, 1977. Wegen Ehesachen vgl § 606 b.

Ägypten ja, Bülow-Arnold E V, Nagel ZZP **95**, 369
Äthiopien nein
Afghanistan nein
Albanien nein
Algerien maßgeblich ist der französisch-algerische Vollstreckungsvertrag von 1964, Nagel ZZP **95**, 369, aM 41. Aufl
Andorra nein
Argentinien nein, da eine sachliche Nachprüfung stattfindet, Bülow-Arnold E, zweifelnd Schütze NJW **73**, 2144
Australien nein, da möglicherweise eine sachliche Nachprüfung stattfindet, Bülow-Arnold E V; vgl jedoch für Western Australia die oder in Council, Gouvernement Gazette **73**, 85
Bangla Desh ja, aber zeitlich begrenzt, Schütze NJW **73**, 2144

Belgien ja für die Kosten, Art 18, 19 HZPrÜbk, SchlAnh V, im übrigen im Rahmen des deutsch-belgischen Abk v 30. 6. 58, Einl IV 3 B, SchlAnh V B 4. Wegen des EuGÜbk SchlAnh V C

Bolivien nein

Botswana ja, Schütze JR **78**, 55

Brasilien ja, im notwendigen Anerkennungsverfahren vor dem Supreme Tribunal Federal findet eine dem § 328 ähnliche Nachprüfung statt, also nicht eine sachlichrechtliche, vgl Bülow-Arnold E V

Bulgarien nein, da eine Anerkennung nur beim Vorliegen eines Staatsvertrags möglich ist

Chile nein, aM StJ VIII D

China (Volksrepublik) nein, Taiwan nein

Ceylon nein

Costa Rica ja, StJ VIII D

Cuba nein; aM StJ VIII D

Dänemark ja gemäß königlicher Anordnung v 13. 4. 38, deutsche Übersetzung BAnz Nr 105/53, BGH **22**, 27, vgl auch Schütze ZZP **90**, 71 mwN, Kosten gemäß Art 18, 19 HZPrÜbk, SchlAnh V A. Wegen des EuGÜbk SchlAnh V C

Deutsche Demokratische Republik Einl III 8 B

Dominikanische Republik nein

Ecuador ja, Art 451 Cod de proc civ, Bülow-Arnold E V 1 gg StJ VIII E Nr 16

Elfenbeinküste ja

Finnland ja für die Kosten, Art 18, 19 HZPrÜbk, SchlAnh V A, nein im übrigen, da eine Anerkennung nur beim Vorliegen eines Staatsvertrags erfolgt

Frankreich vgl zunächst das EuGÜbk, SchlAnh V C. Die Gegenseitigkeit ist im übrigen grundsätzlich zu bejahen. Auf eine révision au fond hat der CassHof seit dem Urteil v 7. 1. 64, Rev crit de dr int pr **64**, 344 (mit Note Batiffol), verzichtet, RabelsZ **65**, 405, und ist damit der Ansicht des Cour d'appel Paris, RabelsZ **57**, 533 (Anm Mezger) unter Aufgabe der früheren, mehr als ein Jahrhundert lang beibehaltenen Rechtsprechung beigetreten.

Die Nachprüfung erstreckt sich jetzt nur noch auf ähnliche Voraussetzungen wie bei § 328 I. Wenn das französische Gericht auch die Ordnungsmäßigkeit des ausländischen Verfahrens entsprechend dem angewandten Recht nachprüft, so dürfte das nicht wesentlich über § 328 I Z 2 hinausgehen, wie auch die Prüfung, ob das in der ausländischen Entscheidung angewandte Recht dem französischen Kollisionsrecht entspricht, als eine erweiterte ordre-public-Erwägung angesehen werden muß, vgl auch Raape IPR 139. Das hat auch BGH **50**, 109 (Anm Mormann **LM** Nr 20, Geimer NJW **68**, 2198, Mezger ZZP **82**, 306) bei der Vereinbarung eines französischen Gerichtsstands für Vertragssachen anerkannt.

Die Verbürgung der Gegenseitigkeit wird wohl von der deutschen Seite, BGH **53**, 332 (Anm Geimer NJW **70**, 2163), nicht aber von der französischen Seite verlangt. Das von BGH **42**, 197 aufgestellte Erfordernis, die Vollstreckung eines deutschen Urteils dürfe im anderen Land auf keine größeren Schwierigkeiten stoßen als die Vollstreckung im umgekehrten Falle, dürfte also erfüllt sein, Arnold AWD **67**, 131 mwN, LG Gießen MDR **66**, 986.

Ein französisches Urteil ist nicht anzuerkennen, wenn ein deutsches Urteil entsprechenden Inhalts in Frankreich wegen des dort geltenden sogenannten Jurisdiktionsprivilegs (Art 14, 15 code civil, dazu zB Geimer NJW **76**, 442) nicht anerkannt würde, BGH **53**, 332. Das gleiche gilt für sogenannte Garantieurteile, BGH **LM** § 723 Nr 6 (Anm Geimer NJW **70**, 387), Karlsr NJW **74**, 1059, vgl Milleker ZZP **84**, 91 und Geimer ZZP **85**, 196. Die Gegenseitigkeit ist für Kosten auf Grund der Art 18, 19 HZPrÜbk, SchlAnh V, anerkannt.

Die zwischen dem Saarland und Frankreich früher gegebene unmittelbare Wirkung der beiderseitigen Urteile, Art 30ff Anl 12 zum Saarvertrag, BGBl **56** II 1705, hat sich mit dem Ende der Übergangszeit (5. 7. 59) automatisch erledigt, Art 61 der Anlage.

Griechenland ja für die Kosten, Art 16 deutsch-griechisches Abkommen, s Einl IV 3 A, im übrigen im Rahmen des deutsch-griechischen Vertrags, SchlAnh V B6

Großbritannien einschließlich Schottland und Nordirland ja im Rahmen des Abk v 14. 7. 60, Einl IV 3 B, SchlAnh V B 5. Wg des EuGÜbk SchlAnh V C
Guatemala nein
Haiti nein
Honduras nein
Hongkong ja wie Großbritannien, Bek v 13. 8. 73, BGBl II 1306
Indien ja, jedoch zeitlich begrenzt, Schütze NJW **73**, 2144, vgl Bülow-Arnold E 935
Indonesien ungeklärt
Irak ungeklärt
Iran nein, da eine sachliche Nachprüfung stattfindet
Irland ungeklärt, Bülow-Arnold E V 1, aM Wiecz E V b, StJ VIII: ja. Schütze NJW **73**, 2144: grds ja, aber nein wegen Versäumnisurteile. Wg des EuGÜbk SchlAnh V C
Island Vgl zunächst wegen Nordirland bei „Großbritannien". Im übrigen ja wegen der Kosten, Art 18, 19 HZPrAbk, Einl IV 3 A, SchlAnh V A; auch im übrigen, Bülow-Arnold E V 1, aM ZöG V Üb
Israel ja wegen der Kosten, Art 18, 19 HZPrAbk, Einl IV 3 A; auch im übrigen, LG Bln NJW **71**, 331 u Anm Joel NJW **71**, 1529. Vgl ferner Schütze AWD **72**, 281; ders NJW **73**, 2144: Vollstreckungsurteile dort zeitlich begrenzt, daher zT nein
Italien ja, deutsch-italienisches Anerkenngs- und VollstrAbkommen, Einl IV 3 B, SchlAnh V. Nicht unter dieses fallendes Versäumnisurteil nein, AG Garmisch-Partenkirchen NJW **71**, 2135 m Anm Geimer NJW **72**, 1010, Schütze NJW **73**, 2144. Wegen des EuGÜbk SchlAnh V C
Japan ja für die Kosten, Art 18, 19 HZPrÜbk, BGBl **70** II 751, im übrigen nein
Jemen ja, abw Nagel ZZP **95**, 370 (die Lage sei ungeklärt)
Jugoslawien ja für die Kosten, Art 18, 19, HZPrÜbk, Einl IV 3 A, wohl auch im übrigen, LG Mü NJW **75**, 1609 und JZ **76**, 610 mwN, zweifelnd offenbar BGH NJW **76**, 800 und wegen einer Widerklage LG Bonn NJW **74**, 429
Kanada nein, in der Provinz Saskatchewan ähnlich Großbritannien, Bülow-Arnold E V 1 a
Kenia nein
Kolumbien nein
Libanon nein
Liberia nein
Libyen ja, Schütze NJW **69**, 295, StJ VIII D, abw Nagel ZZP **95**, 370 (die Lage sei ungeklärt), aM ZöG V Üb
Liechtenstein nein, Bülow-Arnold E V 956, StJSchL § 328 Anm VIII D, offen BGH **78**, 327, aM Wiecz § 328 Anm E V b
Luxemburg ja für die Kosten, Art 18, 19 HZPrÜbk, SchlAnh V A, im übrigen nein, da eine sachliche Nachprüfung stattfindet. Wegen des EuGÜbk SchlAnh V C
Madagaskar nein
Marokko grds ungeklärt, Nagel ZZP **95**, 370; nein bei einem Unterhaltsurteil gegen den nichtehelichen Vater, Schütze NJW **73**, 2144
Mexiko ja; aber ausgenommen der Bereich der mexikanischen Bundesgerichtsbarkeit; aM (nein) ZöG V Üb
Neuseeland noch nein, Bülow-Arnold E V, aM ZöGei SchlAnh V; jedoch ist eine Regelung zwischen beiden Staaten von der neuseeländischen Regierung angeregt worden. Bis zu ihrem Erlaß ist eine „order in council" (Entscheidung des neuseeländischen Exekutivrats, der sich aus Kabinettsmitgliedern zusammensetzt) erforderlich; sie setzt eine Anerkennung neuseeländischer Entscheidungen in der BRD voraus
Nicaragua ungeklärt
Niederlande ja für die Kosten, Art 18, 19 HZPrÜbk, und im Rahmen des deutsch-niederländischen Vertrags, SchlAnh V B 7. Wegen des EuGÜbk SchlAnh V C
Nigeria wohl ja
Norwegen ja für die Kosten, Art 18, 19 HZPrAbk, Einl IV 3 A, im übrigen nein, vgl auch Schütze ZZP **90**, 71 mwN, da die Anerkennung nur auf Grund eines Staatsvertrages erfolgt

Österreich ja im Rahmen des deutsch-österreichischen Vertrages v 6. 6. 59, Einl IV 3 B, SchlAnh V B 3; vgl. BGH NJW **64**, 1626 (zur Theorie der Anerkennung aus Entscheidungen nach dem österreichischen Recht s Matscher in Festschrift für Schima, 1969)

Pakistan ja, aber zeitlich begrenzt, Schütze NJW **73**, 2144, vgl. Bülow-Arnold E 966

Panama nein

Paraguay grds ja, aber nein wegen Versäumnisurteile, Schütze NJW **73**, 2144, aM (nein) StJ VIII

Peru nein, aM ZöG V Üb

Philippinen nein

Polen ja für die Kosten, Art 18, 19 HZPrÜbk, Einl IV 3 A, SchlAnh V A; sonst grds nein. Jedoch in Unterhaltssachen zwischen Eltern und Kindern ja, Art 1150 III des Zivilgesetzbuches der Volksrepublik Polen

Portugal, dazu Arnold AWD **70**, 550: Ja wegen der Kosten, Art 18, 19 HZPrAbk, Einl IV 3 A, SchlAnh V A, sonst nein, da die Nachprüfg erheblich weiter als nach § 328 geht, Bülow aaO

Rumänien nein, aM ZöG V Üb

San Domingo nein

San Marino nein

San Salvador nein

Saudi Arabien nein

Schweden ja wegen der Kosten, Art 18, 19 HZPrÜbk, SchlAnh V A, sonst nein, da ein Staatsvertrag fehlt

Schweiz ja, deutsch-schweizerisches Anerkennungs- und Vollstreckungsabkommen, SchlAnh V B 1

Singapur zweifelhaft, vgl Mitt der Bundesstelle für Außenhandelsinformation, Köln 1, Postfach 108007, Nr 36 von März 81

Sowjetunion nein

Spanien ja wegen der Kosten, Art 18, 19 HZPrAbk, Einl IV 3 A, nein wegen der Versäumnisurteile, Schütze NJW **73**, 2144

Süfafrikanische Union teilweise, BGH **42**, 197, **52**, 251

Syrien ja, BGH **49**, 50, Nagel ZZP **95**, 369

Thailand nein, BGH VersR **74**, 471

Tschechoslowakei nein, Bülow aaO, aM ZöG V Üb

Türkei ja wegen der Kostenentscheidung gegen den abgewiesenen Kläger, Art 3 deutsch-türkischer Vertrag, Einl IV 3 A, im übrigen nein, BGH **LM** Nr 14, zweifelnd auch AG Düss NJW **81**, 1913

Tunesien, ja, deutsch-tunesisches Anerkennungs- und Vollstreckungsabkommen, Einl IV 3 B, SchlAnh V B 8, Nagel ZZP **95**, 369

Ungarn wie Polen

Uruguay nein

Vatikan ja

Venezuela nein

Vereinigte Staaten, für jeden Staat besonders zu prüfen, Bülow-Arnold E V 1; wegen der Anerkennung ausländischer Urteile in den Staaten der USA Deutsch ZZP **71**, 321, Peterson, Anerkennung ausländischer Urteile im amerikanischen Recht, 1964 (Arbeiten zur Rechtsvergleichung Nr 18).

329 *Beschlüsse und Verfügungen.* [1] Die auf Grund einer mündlichen Verhandlung ergehenden Beschlüsse des Gerichts müssen verkündet werden. Die Vorschriften der §§ 309, 310 Abs. 1 und des § 311 Abs. 4 sind auf Beschlüsse des Gerichts, die Vorschriften des § 312 und des § 317 Abs. 2 Satz 1, Abs. 3 auf Beschlüsse des Gerichts und auf Verfügungen des Vorsitzenden sowie eines beauftragten oder ersuchten Richters entsprechend anzuwenden.

2. Titel. Urteil § 329 1 A

^{II} Nicht verkündete Beschlüsse des Gerichts und nicht verkündete Verfügungen des Vorsitzenden oder eines beauftragten oder ersuchten Richters sind den Parteien formlos mitzuteilen. Enthält die Entscheidung eine Terminsbestimmung oder setzt sie eine Frist in Lauf, so ist sie zuzustellen.

^{III} Entscheidungen, die einen Vollstreckungstitel bilden oder die der sofortigen Beschwerde oder der befristeten Erinnerung nach § 577 Abs. 4 unterliegen, sind zuzustellen.

Schrifttum: Brüggemann, Die richterliche Begründungspflicht. Verfassungsrechtliche Mindestanforderungen an die Begründung gerichtlicher Entscheidungen, 1971.

Gliederung

1) Allgemeines
   A. Beschluß
      a) Grundsatz
      b) Begründung
         aa) Notwendigkeit
         bb) Entbehrlichkeit
      c) Unterschrift
   B. Verfügung
2) Verkündung, I 1
3) Entsprechende Anwendung, I 2
   A. Grundsatz
   B. Einzelvorschriften

4) Nichtverkündeter Beschluß usw, II
   A. Entstehung
   B. Wirksamkeit
5) Formloe Mitteilung, II 1
6) Zustellung von Amts wegen, II 2, III
   A. Terminsbestimmung, Fristlaufbeginn, II 2
      a) Terminsbestimmung
      b) Fristlaufbeginn
   B. Vollstreckungstitel usw, III
      a) Vollstreckungstitel
      b) Befristetes Rechtsmittel
7) *VwGO*

1) Allgemeines. A. Beschluß. a) Grundsatz. § 329 gibt unvollständige Vorschriften über Beschlüsse und Verfügungen, vgl BGH NJW **83**, 123. Über deren Begriffe vgl Üb 1 A b, c vor § 300. Über die Notwendigkeit einer mündlichen Verhandlung vgl Üb 1 vor § 128. Eine schriftliche Abfassung ist nicht ausdrücklich vorgeschrieben, aber selbstverständlich; mündliche Äußerungen sind kein vollendeter Beschluß, vgl auch § 160 III Z 6. Das Gericht muß einen in der mündlichen Verhandlung zu Protokoll verkündeten Beschluß zumindest dann nachträglich begründen, wenn er anfechtbar ist. Daß es einen stillschweigenden Beschluß überhaupt nicht gebe, kann man nicht sagen; in besonderen Fällen mag ein Verhalten des Gerichts notwendig auf einen Beschluß hindeuten und mag in diesem Verhalten dessen Bekanntmachung zu finden sein.

b) Begründung. aa) Notwendigkeit. Eine Begründung ist bei einem Beschluß grundsätzlich eine Rechtspflicht, BVerfG **6**, 44, im Ergebnis wohl ebenso, wenn auch unklar BGH NJW **83**, 123 (er stellt auf Art 103 I GG ab und fordert eine Begründung jedenfalls bei einer schwerwiegenden Entscheidung), ferner zB Celle FamRZ **78**, 54 mwN, Hamm FamRZ **77**, 746, Kblz NJW **74**, 2055, Schlesw SchlHA **80**, 79, vgl Hornung Rpfleger **81**, 490, Schneider MDR **74**, 802. Denn sonst würde die Grundlage der Nachprüfbarkeit durch die Partei, vgl BVerfG **6**, 44, wie durch das Gericht fehlen, Hbg FamRZ **78**, 906 und Rpfleger **82**, 293. Das gilt auch bei § 281, dort Anm 3 B b bb ccc.

Die bloße Bezugnahme „auf zutreffende Gründe" eines Schriftsatzes oder einer (angefochtenen) Entscheidung kann ausreichen, Köln VersR **83**, 252. Man muß sich aber davor hüten, zu solcher „Begründungs-"Floskel zu greifen, statt den Sachverhalt umfassend nachzuprüfen, vgl § 286 Anm 2 B, D.

Soweit eine Begründung in Wahrheit oder schon äußerlich fehlt, liegt ein Verfahrensmangel vor, der zur Zurückverweisung führt, Celle NJW **66**, 936, Ffm Rpfleger **80**, 156, Mü Rpfleger **81**, 157 je mwN, LG Lübeck WM **77**, 39. Eine einfache Beschwerde zulässig ist, dann hat das untere Gericht, Düss OLGZ **72**, 245, bei § 11 RPflG, Anh § 153 GVG, die Rechtspflicht zur Nachholung der Begründung, falls es der Beschwerde nicht abhilft, Düss NJW **71**, 520, Karlsr NJW **71**, 764, KG NJW **74**, 2010 mwN, Schlesw SchlHA **82**, 43. Die bloße Wiedergabe des Gesetzestextes ist keine Begründung, Düss FamRZ **78**, 919.

Es würde auch den BGH ehren, entsprechend BVerfG GRUR **81**, 295 einen Beschluß, durch den er die Annahme einer Revision ablehnt, mit Gründen zu versehen, die nicht nur durch eine gelegentlich formelmäßige Verweisung auf BVerfG NJW **81**, 39 erkennbar machen, ob er diese Erfolgsaussicht geprüft hat.

bb) Entbehrlichkeit. Eine Begründung kann aber fehlen, wenn der Beschluß schlechthin unanfechtbar ist, zB bei § 696 I 3, oder wenn er in keine Rechte eines Betroffenen eingreift, vgl BVerfG NJW **57**, 298, zB dann, wenn er den übereinstimmenden Anträgen entspricht, oder wenn die Gründe schon allen bekannt sind, oder bei einem allseitigen Rechtsmittelverzicht, Köln MDR **71**, 225, auch wenn die der Entscheidung zugrundeliegenden Fragen auf der Hand liegen (Vorsicht!) oder sich aus dem Streitstoff selbst ergeben, KG FamRZ **76**, 99, Schlesw SchlHA **82**, 43, etwa bei einem Beweisbeschluß oder bei einer Wertfestsetzung für einen bezifferten Antrag, vgl auch Düss OLGZ **72**, 245, Schlesw SchlHA **75**, 180.

c) Unterschrift. Ein Beschluß muß unterschrieben sein, weil nur die Unterschrift seine Herkunft verbürgt, Kblz Rpfleger **74**, 260. Die Unterschrift des Vorsitzenden oder diejenigen des Vorsitzenden und des Berichterstatters genügen nicht, Rasehorn MDR **68**, 423, offen Kblz Rpfleger **74**, 260. Ein Handzeichen (Paraphe) ist keine hier ausreichende Unterschrift, vgl auch § 129 Anm 1 B, § 170 Anm 2 B, § 216 Anm 2 B, § 317 Anm 2 A, BGH **57**, 165, KG MDR **81**, 853.

B. Verfügung. Eine Verfügung des Vorsitzenden oder eines verordneten Richters ist wie ein Beschluß zu behandeln. Nur bedarf sie keiner Verkündung, wenn sie auf Grund einer mündlichen Verhandlung ergeht, sofern sie das Gericht nach II, III behandelt. Kein Richter braucht außerhalb seines Dienstes zu verfügen; er darf das aber tun.

2) Verkündung, I 1. Der Beschluß muß verkündet werden, wenn er auf eine notwendige oder auf eine freigestellte mündliche Verhandlung ergeht, Bre FamRZ **81**, 1091. Im schriftlichen Verfahren ist jetzt ebenfalls eine Verkündung notwendig, § 128 II 2, III 2, ZöV II 1. Wenn keine Verkündung, sondern eine Zustellung erfolgt, dann ist der Beschluß entstanden, man kann den Fehler aber rügen, Bre FamRZ **81**, 1091, Köln Rpfleger **82**, 113 je mwN, vgl BAG JZ **66**, 72, § 310 Anm 1 B. Stellt der Beschluß eine innere Maßnahme des Gerichts dar, so ist er den Parteien nicht bekanntzugeben.

3) Entsprechende Anwendung, I 2. A. Grundsatz. Die Vorschrift macht in lückenhafter Weise einige Vorschriften auf Beschlüsse und Verfügungen entsprechend anwendbar. Bei § 319 zeigt sich klar, daß der berüchtigte Umkehrschluß auf die Unanwendbarkeit anderer Vorschriften zu Unrichtigkeiten führt, Schmidt Rpfleger **74**, 178.

B. Einzelvorschriften. Im einzelnen gelten folgende Regeln:

§ 308 ist anwendbar, wie sich aus der Parteiherrschaft ergibt, Grdz 3 A vor § 128. Daher ergeht keine Entscheidung über den Antrag hinaus. Ein Beschluß, der aus dem Rahmen eines in sich geschlossenen Verfahrens herausfällt, wie ein Arrestbeschluß, enthält von Amts wegen eine Kostenentscheidung, vgl Kblz FamRZ **73**, 376 und Rpfleger **74**, 27.

§§ 309, 310 I (Besetzung des Gerichts, Verkündung) sind anwendbar, I 2.

§ 311 (Art der Verkündung): I–III sind grundsätzlich unanwendbar, LG Ffm Rpfleger **76**, 257; IV ist anwendbar, I 2.

§ 312 (Parteien und Verkündung) ist anwendbar, I 2.

§§ 313–313 b (Form und Inhalt) sind unanwendbar, Schneider MDR **78**, 528.

§ 314 (Tatbestand) ist im Verfahren mit mündlicher Verhandlung anwendbar, BGH **65**, 30, sonst unanwendbar, Köln MDR **76**, 848.

§ 315 (Unterschrift) vgl Anm 1.

§ 317 (Zustellung): I ist unanwendbar; II 1 (Erteilung von Ausfertigungen usw) ist anwendbar, I 2; II 2 (Ausfertigung) ist unanwendbar; III (Unterschrift) ist anwendbar, I 2, BGH NJW **80**, 1960 mwN, KG MDR **81**, 853; IV (abgekürzte Fassung) ist unanwendbar. Wegen des Fristbeginns bei der sofortigen Beschwerde § 577 Anm 2 A.

§ 318 (Bindung des Gerichts), dazu Werner, Rechtskraft und Innenbindung zivilprozessualer Beschlüsse im Erkenntnis- und summarischen Verfahren, 1982: Die Vorschrift ist teilweise anwendbar. Das Gericht ist an seinen Beschluß nur gebunden, solange er nicht abgeändert ist oder wenn er unabänderlich ist. Regelmäßig ist ein Beschluß frei abänderlich, solange das Gericht mit dem Gegenstand des Beschlusses befaßt ist, vgl auch § 567 Anm 2 B, krit Schmidt Rpfleger **74**, 182 mwN. Die Gegenmeinung führt zu einer sinnlosen Förmelei; auch § 571 läßt Abänderungen zu. Wegen § 519b vgl dort Anm 2 E.

Unabänderlich ist ein Beschluß: **aa)** im Verfahren auf Arrest oder einstweilige Verfügung. Das folgt daraus, daß das Gesetz seine Aufhebung an besondere Voraussetzungen und Verfahren knüpft; **bb)** auf Entmündigung oder deren Aufhebung. Denn dann ist nur eine Anfechtungsklage zulässig, vgl jedoch auch § 675 Anm 1; **cc)** auf Verweisung, §§ 281, 506. Denn diese nimmt dem bisherigen Gericht dessen Zuständigkeit; **dd)** wenn er der Rechtskraft fähig ist, § 577, Saarbr AnwBl **80**, 299 (wegen eines Kostenfestsetzungsbeschlusses), Schmidt Rpfleger **74**, 178 (Innenbindung), vgl aber Anm 4 (Bezeichnungen wie „urteilsähnlicher Beschluß", Düss MDR **50**, 491, oder „urteilsvertretender Beschluß", vgl auch BFH DB **79**, 2467, sind wenig brauchbar und unnötig).

§ 319 (Berichtigung) ist anwendbar, Hamm Rpfleger **76**, 146, MDR **77**, 760, KG FamRZ **75**, 104, Zweibr FamRZ **82**, 1031. Bei einem unanfechtbaren Beschluß wäre es unbegreiflich,

2. Titel. Urteil § 329 3, 4

wenn das Gericht seinen Schreibfehler nicht berichtigen dürfte. Es darf zB eine versehentliche Verweisung berichtigen. Wegen neuer Sachlage LG Nürnb-Fürth Rpfleger 78, 333.
§ 320 (Berichtigung des Tatbestands) ist unanwendbar, Köln MDR 76, 848.
§ 321 (Ergänzung) ist anwendbar, Mü AnwBl 78, 111, namentlich wegen des Kostenpunkts, KG Rpfleger 81, 318, also auch wegen der Kostenfestsetzung, KG Rpfleger 80, 159 mwN. Innere Gründe verlangen die Anwendbarkeit. Nur eine Förmelei würde ihr entgegenstehen. Daß § 321 eine mündliche Verhandlung verlangt, besagt nichts, vgl Zweibr FamRZ 80, 1144; auch der nach I 2 anwendbare § 310 I verlangt eine mündliche Verhandlung. Eine sinngemäße Anwendung bedeutet nicht bindende Anwendung. Eine Ergänzung durch Rechtsmittel (Beschwerde) ist unzulässig, Hamm Rpfleger 73, 409 mwN, § 321 Anm 1 B. Bei der Vollstreckbarerklärung eines Schiedsspruchs oder einer ausländischen Kostenentscheidung ist eine Ergänzung gar nicht zu entbehren. Vgl auch § 794 I Z 4a.

§§ 322–327 (Rechtskraft), dazu Werner, Rechtskraft und Innenbindung zivilprozessualer Beschlüsse im Erkenntnis- und summarischen Verfahren, 1982: Der Beschluß ist der äußeren Rechtskraft fähig. Wenn einfache Beschwerde zulässig ist, kann sie freilich nur durch eine Erschöpfung des Instanzenzugs oder durch einen Verzicht auf die Beschwerde eintreten. Der inneren Rechtskraft ist der Beschluß fähig, ArbG Marbg BB 76, 1132, soweit er eine entsprechende Entscheidung enthält, insofern unrichtig Koenigk NJW 75, 529, zB ein Kostenfestsetzungsbeschluß; ein Beschluß nach §§ 766, dort Anm 3 E; ein Beschluß aus § 888. Bei einem Beschluß nach § 91a tritt keine innere Rechtskraft in der Hauptsache ein (anders bei einem Urteil), dort Anm 2 C, insofern mißverständlich Koenigk NJW 75, 529 (die Rechtskraft trete auch bei einem Beschluß ein; gemeint ist das Urteil), vielmehr tritt die innere Rechtskraft nur wegen der Kosten ein, § 91a Anm 2 C.

§ 328 (ausländischer Beschluß) ist auf einen rechtskräftigen Beschluß anwendbar, etwa einen Kostenbeschluß, vgl § 328 Anm 1 B a.

4) Nicht verkündeter Beschluß usw, II. A. Entstehung. Entstanden ist ein nach II, III mitzuteilender Beschluß oder eine entsprechende Verfügung schon mit der Herausgabe durch den Urkundsbeamten der Geschäftsstelle in den Geschäftsgang, BGH 85, 364 mwN und VersR 74, 365, vgl Ffm NJW 74, 1389, nur grundsätzlich auch Kblz VersR 82, 1058, ferner Stgt AnwBl 80, 114, Karstendiek DRiZ 77, 277 mwN (jedenfalls, wenn der Beschluß dem Einfluß des Gerichts entzogen sei) sprechen bereits dann (zu III aF) von „erlassen", meinen aber nur die Beschwerdefähigkeit, nicht die Wirksamkeit.

Der Beschluß ist entstanden, sobald er die Akten endgültig verlassen hat, um nach außen zu dringen, also zB wenn sie der Urkundsbeamte der Geschäftsstelle dem Gerichtswachtmeister oder der Post zur Beförderung übergeben hat, Hamm BB 78, 574, was er ja auch in den Akten zu vermerken hat, oder sobald er sie ins Abtragefach gelegt hat, vgl (nur grundsätzlich) Kblz VersR 82, 1058, LG Schweinfurt MDR 74, 852 mwN. Bis dahin liegt ein innerer Vorgang des Gerichts vor, den das Gericht jederzeit beseitigen oder ändern darf und gegebenenfalls muß, Celle FamRZ 70, 533, Schlesw SchlHA 82, 43, LG Lübeck SchlHA 82, 200. Das gilt auch dann, wenn sich die Akten zB schon in der Kanzlei befinden, die eine Zustellung durch die Post abschließend vorbereiten soll, vgl auch Köln NJW 83, 460 mwN.

Nach der Herausgabe des Beschlusses kann keine Partei mehr seine Änderung, vgl BGH VersR 74, 365, oder die Berücksichtigung eines neuen Vortrags verlangen. Denn die Hinausgabe entspricht dem Schluß der mündlichen Verhandlung.

Freilich muß erkennbar eine vollständige Entscheidung vorliegen. Diese fehlt, soweit überhaupt keine Unterschrift vorliegt, insofern aM Kblz VersR 82, 1058.

B. Wirksamkeit. Wirksam wird ein Beschluß mit seiner ordnungsmäßigen Verkündung, BGH NJW 81, 1218, oder mit seiner gesetzmäßigen Mitteilung, BGH VersR 81, 679. Mit ihnen ist er „erlassen", Schlesw SchlHA 82, 43. Bis zu diesem Zeitpunkt berührt er die Parteien nicht, vgl BGH NJW 79, 2614, Stgt AnwBl 80, 114. In eilbedürftigen Sachen, also bei einer einstweiligen Einstellung, bei einem Arrest, bei einer einstweiligen Verfügung, entscheidet diejenige Bekanntmachung, die zuerst erfolgt, auch für die andere Partei, BGH 25, 63.

Ein formlos mitzuteilender Beschluß wird mit der ersten Hinausgabe der Entscheidung wirksam, BGH 25, 63, NJW 68, 49 (Legen ins Abtragefach), Celle FamRZ 79, 533, vgl auch Hbg JB 76, 185 (Absendung). Der maßgebende Zeitpunkt kann also nur aus dem Vermerk ersehen werden, der darüber in den Akten aufgenommen wurde. Jedoch ist die Wirksamkeit von jenem Aktenvermerk nicht abhängig. Das gilt zB bei einer telefonischen Mitteilung ohne einen Aktenvermerk, BGH 14, 152.

5) Formlose Mitteilung, II 1. Sie genügt grundsätzlich (Ausnahmen II 2, III) bei einem nicht verkündeten Beschluß des Gerichts, BGH VersR **81**, 1056, oder einer nicht verkündeten Verfügung des Vorsitzenden oder des beauftragten Richters oder des ersuchten Richters. Ausreichend sind dann: die Übersendung durch die Post; die Aushändigung durch einen Gerichtsboten; der Einwurf in einen Briefkasten; ein Telefonat, BGH **14**, 152; ein Telegramm; eine Erklärung des Urkundsbeamten der Geschäftsstelle. Ein unzustellbar zurückkommender Brief ist nicht mitgeteilt worden; § 175 I, 3 ist unanwendbar, weil es sich nicht um eine Zustellung durch Aufgabe zur Post handelt. Ein Aktenvermerk über die Mitteilung ist nicht notwendig, BGH **14**, 152, aber ratsam.

Die Voraussetzungen dieser Art der Mitteilung sind für jede Partei besonders zu prüfen, auch im Beschwerdeverfahren; für die eine Partei mag eine formlose Mitteilung genügen, während für die andere eine Zustellung notwendig sein kann.

Eine förmliche Zustellung statt einer formlosen Mitteilung genügt immer. Bei einer formlosen Mitteilung statt einer förmlichen Zustellung ist eine Entscheidung entstanden (BGH VersR **74**, 365: sie sei erlassen, s aber Anm 4 A), aber nicht wirksam geworden, so daß das Rechtsmittel zulässig ist, jedoch die Rechtsmittelfrist noch nicht zu laufen beginnt, BGH VersR **74**, 365, so auch im Ergebnis Köln Rpfleger **76**, 102, Stgt FamRZ **82**, 429 (diese Gerichte sprechen von der Wirksamkeit). Es ist allerdings eine Rüge erforderlich, vgl Anm 2. Wegen der ZwV vgl § 750 Anm 2 B.

6) Zustellung von Amts wegen, II 2, III. Eine solche Zustellung nach § 270 I, BGH **76**, 238, ist in folgenden Fällen notwendig:

A. Terminsbestimmung, Fristlaufbeginn, II 2. Die Amtszustellung ist ferner dann erforderlich, wenn es sich um eine der folgenden Arten von Entscheidungen handelt:

a) Terminsbestimmung. Die Entscheidung enthält eine Terminsbestimmung. Eine Ausnahme gilt bei der Ladung des Klägers zum ersten Verhandlungstermin beim AG, auch FamG, § 497 I, dort Anm 1, ferner bei einer mündlichen Mitteilung gemäß § 497 II.

b) Fristlaufbeginn. Die Entscheidung setzt eine eigentliche Frist, Üb 3A vor § 214, zB bei einer Frist in § 296 I genannten Art, insofern richtig BGH **76**, 241 und NJW **81**, 286, oder bei einer Bezeichnung als Feriensache in der Rechtsmittelinstanz gegenüber dem Rechtsmittelkläger, BGH **28**, 398, nicht aber bei einer uneigentlichen Frist, Üb 3B vor § 214, zB bei derjenigen des § 614 III, BGH NJW **77**, 718.

Eine Fristverlängerung bedarf keiner Zustellung, weil der Beginn der alten Frist bestehenbleibt, vgl auch Vollkommer Rpfleger **74**, 339.

B. Vollstreckungstitel usw, III. Die Amtszustellung ist erforderlich, wenn es sich um eine Entscheidung gemäß III handelt, also um eine Verfügung oder einen Beschluß, des Gerichts oder des Vorsitzenden oder des beauftragten Richters bzw ersuchten Richters, gleichgültig ob sie zu verkünden war oder nicht. Es muß außerdem eine der folgenden Voraussetzungen erfüllt sein:

a) Vollstreckungstitel. Die Entscheidung muß entweder einen Vollstreckungstitel bilden, dh äußerlich, § 794, und innerlich vollstreckungsfähig sein, zB auch bei einem Beschluß gemäß § 34 GKG, Düss OLGZ **65**, 191.

b) Befristetes Rechtsmittel. Oder die Entscheidung muß der sofortigen Beschwerde bzw der befristeten Erinnerung unterliegen, § 577 IV, § 11 I 2 RPflG, Anh § 153 GVG.

7) VwGO: I 1 *ist unanwendbar, da auch Urteile im VerwProzeß nicht verkündet werden müssen,* § 116 II VwGO; *I 2 ist entsprechend anzuwenden, weil* § 122 I VwGO *insoweit schweigt, EF* § 116 Rdz 20–21; *wegen der Anwendbarkeit der in I 2 genannten Bestimmungen vgl bei diesen. Statt* **II, III** *gilt* § 56 VwGO *(ohne wesentliche Unterschiede). Wegen der Erleichterung der Begründung s Art 2* § 7 EntlG.

Dritter Titel. Versäumnisurteil
Übersicht

Schrifttum: Kargados, Die Probleme des Versäumnisverfahrens usw (rechtsvergleichend), Diss Bln 1970; Linke, Die Versäumnisentscheidungen im deutschen, österreichischen, belgischen und englischen Recht usw, 1972 (Bespr Münzberg ZZP **93**, 101).

1) Allgemeines. A. Geltungsbereich. Die Versäumung einzelner Prozeßhandlungen wird durch §§ 230ff, 283, 296 geregelt. Titel 3 behandelt die Versäumnis von Terminen durch nur eine Partei und der Anzeigefrist des § 276 I 1. Die Säumnis beider Parteien wird in § 251a geregelt. Grundsätzliches über die Versäumung und Versäumnis Üb 1 vor § 230. Wegen Ehesachen vgl § 612 IV, V. Wegen des Statusverfahrens Prütting ZZP **91**, 197. In Entschädigungssachen ergeht kein Versäumnisurteil, § 209 III BEG. Im arbeitsgerichtlichen Verfahren enthalten §§ 55 II, 59 ArbGG Besonderheiten.

B. Sinn und Zweck. Das Versäumnisverfahren der §§ 330 ff ist aus dem französischen Jugement par défaut mit der Verschlechterung übernommen worden, daß eine vorherige streitige Verhandlung den Einspruch nicht ausschließt. Die damit gebotene Möglichkeit der Prozeßverschleppung ist durch die Zulässigkeit einer Aktenlageentscheidung gemildert. Einen erheblichen Vorteil bietet die Möglichkeit, ohne mündliche Verhandlung zu entscheiden, wenn die Voraussetzungen des § 331 III vorliegen. Seine Berechtigung findet das Versäumnisverfahren als solches in der Verletzung der durch das Prozeßrechtsverhältnis begründeten Mitwirkungspflicht, Grdz 2 D vor § 128. Das Gericht hat mit der Anberaumung des Termins und der Ladung der Partei grundsätzlich das Seinige zur Wahrung des Art 103 I GG getan, vgl aber § 337, BVerfG **36**, 301.

2) Voraussetzungen der Säumnis. Eine Säumnis liegt unter folgenden Voraussetzungen vor, von denen entweder diejenigen nach A bis C und E oder diejenigen nach D und E zusammentreffen müssen:

A. Terminsbestimmung. a) Verhandlungstermin. Es muß ein Termin zur mündlichen Verhandlung bestimmt worden sein, § 216. Es kann sich um den ersten oder um einen weiteren Verhandlungstermin handeln, § 332. Maßgeblich ist nur der zur Verhandlung bestimmte Terminsteil, vgl zB §§ 280, 347. Ein Verhandlungstermin nach §§ 921 I, 937 II reicht aus.

Wenn eine Beweisaufnahme vor dem Prozeßgericht stattfindet und der Termin mit der Beweisaufnahme beginnt, dann beginnt die Verhandlung erst nach dem Abschluß der Beweisaufnahme, § 370 Anm 1. Eine freigestellte mündliche Verhandlung, § 128 Anm 3, genügt nur im Verfahren auf einen Arrest oder auf eine einstweilige Verfügung, §§ 922 I, 936, 937 II. Es kommt auch ein Termin im Verfahren auf die Vollstreckbarerklärung eines Schiedsspruchs oder -vergleichs in Betracht, §§ 1042 a I, 1044 a III. Es ist für die Säumnis unerheblich, ob eine Vertagung beantragt worden war. Eine Säumnis fehlt aber, wenn das Verfahren unterbrochen oder ausgesetzt war oder ruht.

Ein Sühnetermin reicht als solcher nicht aus. Dasselbe gilt beim bloßen Verkündigungstermin, § 310.

b) Prozeßgericht. Der Verhandlungstermin muß vor dem Prozeßgericht bestimmt worden sein. Ausreichend sind: Der nach § 348 bestellte Einzelrichter; der Vorsitzende der Kammer für Handelssachen, § 349 II Z 5; der Einzelrichter des § 524 III Z 3.

Nicht ausreichend sind: Der beauftragte Richter, § 361; der ersuchte Richter, § 362.

c) Sachstandsmitteilung. Das Gericht muß der später säumigen Partei das tatsächliche (frühere) mündliche Vorbringen des Gegners und seine (früheren) Anträge rechtzeitig mitgeteilt haben, § 335 I Z 3.

d) Keine Unterbrechung. Das Verfahren darf nicht unterbrochen gewesen sein, §§ 239 ff.

B. Nichterscheinen, Nichtverhandeln. Der Termin muß versäumt worden sein. Die Partei muß also bis zu seinem Schluß, § 220 II, trotz ordnungsgemäßen Aufrufs, § 220 Anm 1 A, B, nicht erschienen sein oder nicht verhandelt haben, § 220 Anm 2, § 333. Säumnis liegt auch vor, wenn die Partei sich freiwillig nach dem Terminbeginn entfernt; wird sie aus sitzungspolizeilichen Gründen zwangsweise entfernt, so gilt dies als freiwilliges Sichentfernen, § 158. Nach einer streitigen Verhandlung ist auch im Anschluß an eine etwa inzwischen erfolgte Beweisaufnahme trotz des insoweit irreführenden Wortlauts des § 285 in demselben Termin keine Antragswiederholung notwendig, BGH NJW **74**, 2322, Hamm NJW **74**, 1097. Über die Zurückweisung von Parteien und Vertretern vgl §§ 157, 158. Als ausgeblieben gilt im Anwaltsprozeß eine Partei, die ohne zugelassenen Rechtsanwalt auftritt; zur Verfassungsmäßigkeit dieser Regelung Granderath MDR **72**, 828. Fehlt es am Verschulden, so ist § 337 S 1 beachtlich, vgl BGH NJW **76**, 196, BAG DB **77**, 919, Ffm MDR **76**, 585, Karlsr NJW **74**, 1096.

Im Zwischenstreit gegen den Zeugen, der seine Aussageverweigerung nach § 386 I, II ordnungsgemäß schriftlich oder zum Protokoll der Geschäftsstelle erklärt hat, findet wegen § 386 III kein Versäumnisverfahren statt, § 388.

Soweit ein Streitgehilfe, § 67, oder notwendiger Streitgenosse der Partei, § 62, verhandelt, ist sie selbst nicht säumig. Die bloße Nichtzahlung eines Kostenvorschusses nach § 65 GKG macht ein Versäumnisurteil gegen den erschienenen und verhandlungsfähigen und -bereiten Kostenschuldner nicht zulässig, BGH **62**, 178.

C. Ladung, Verkündung. Die Partei muß ordnungsgemäß geladen, § 335 I Z 2, oder der Termin muß ordnungsgemäß verkündet worden sein, § 218, vgl auch KG NJW **63**, 1408. Ein Mangel der Ladung hindert den Erlaß des Versäumnisurteils nicht, soweit die Partei erscheint, aber nicht verhandelt, § 337 Anm 1 A.

D. Schriftliches Verfahren. Im Falle des § 331 III muß statt der Voraussetzungen A–C folgendes vorliegen:

a) Aufforderung. Es muß eine ordnungsgemäße Aufforderung nach § 276 I 1, II ergangen sein, § 335 I Z 4.

b) Keine Verteidigungsanzeige. Es muß bis zur Übergabe des vom Gericht unterschriebenen Versäumnisurteils an die Geschäftsstelle, § 331 Anm 4 A d, der dortige Eingang einer rechtzeitigen Anzeige der Verteidigungsabsichten fehlen.

c) Antrag. Es muß ein Antrag des Klägers auf Erlaß eines Versäumnisurteils ohne mündliche Verhandlung vorliegen. Ein Antrag der Partei auf den Ausspruch der Versäumnisfolgen ist nur bei einer einseitigen Säumnis notwendig. Er ist ein Prozeßantrag, kein Sachantrag, § 297 Anm 1 A, aber beim Versäumnisverfahren gegen den Beklagten immer mit einem Sachantrag verbunden. Eine Parteivereinbarung, kein Versäumnisurteil zu beantragen, ist für das Gericht unbeachtlich, soweit doch ein Antrag vorliegt, es sei denn, der Antrag wäre arglistig, Einl III 6 A a.

d) Keine nachgeholte Erklärung. Es muß eine Erklärung des Beklagten bis zur Hinausgabe des unterschriebenen Versäumnisurteils ausbleiben.

E. Prozeßvoraussetzungen. In allen Fällen A–D müssen schließlich die von Amts wegen zur prüfenden Prozeßvoraussetzungen vorliegen.

3) Folgen der Versäumnis. A. Versäumnisurteil. Es kann ein Versäumnisurteil zulässig und notwendig sein. Dazu zählt jedes Urteil, das gegen die säumige Partei erlassen wird, ob auf Grund ihrer Säumnis oder sonst, BGH **37**, 82, Prütting ZZP **91**, 199 mwN. Ein Versäumnisurteil ergeht auch dann, wenn der Berufungskläger nicht erscheint und wenn nun eine unstatthafte oder nicht in der gesetzlichen Form oder Frist eingelegte Berufung als unzulässig verworfen wird, Blomeyer ZPR § 54 III 2, aM zB BGH **LM** § 554a Nr 9, BGH NJW **69**, 846, RoS § 142 I, StJSchuL III 3 vor § 330 (es ergehe ein kontradiktorisches Urteil, da die notwendige Entscheidung keine Folge der Säumnis sei, ein Versäumnisurteil aber nur ein solches Urteil sei, das aus der Säumnis die gesetzlichen Folgen ziehe; dieses ist jedoch eine unbegründete Einschränkung). Vgl auch BGH **LM** § 338 Nr 2.

Das Versäumnisurteil ist grundsätzlich ein Endurteil im Sinn von §§ 300 Anm 1 A, 704 Anm 1 A, BGH VersR **74**, 1100, BayObLG Rpfleger **82**, 4661; eine Ausnahme gilt im Fall des § 347 II. Es unterscheidet sich vom streitmäßigen Endurteil nur durch die Art seines Zustandekommens. Ob ein kontradiktorisches Urteil oder ein Versäumnisurteil vorliegt, hängt nicht von der Bezeichnung der Entscheidung ab, sondern von ihrem Inhalt, BGH VersR **76**, 251.

B. Streitmäßiges Urteil. Im Fall der Säumnis einer Partei kann aber auch gegen die nichtsäumige Partei ein Urteil zulässig und notwendig sein. Ein solches Urteil setzt einen Hinweis des Gerichts auf die Bedenken gegen das beantragte (echte) Versäumnisurteil voraus, Art 103 I GG, §§ 139, 278 III. Ist ein streitmäßiges, sog unechtes Versäumnisurteil, zB BGH NJW **69**, 846, LAG Hamm NJW **81**, 887. Für dieses Urteil gilt § 708 Z 2 nicht. Dahin gehört ein Urteil: **a)** nach § 331 II, III auf Klagabweisung; **b)** nach § 542 II auf Zurückweisung der Berufung; **c)** auf Prozeßabweisung gegen den erschienenen Kläger, Üb 2 A b vor § 300; **d)** auf Abweisung gegen den erschienenen Revisionskläger, BGH NJW **67**, 2162. Dagegen ist ein Urteil auf Verwerfung einer Klage oder eines Rechtsmittels des Säumigen als unzulässig immer ein echtes Versäumnisurteil. Im arbeitsgerichtlichen Verfahren gelten § 55 I Z 4, 5 ArbGG.

Das unechte Versäumnisurteil ist als streitiges Endurteil nur mit der Berufung oder Revision anfechtbar.

C. Rechtskraft. Das Versäumnisurteil ist als Endurteil der äußeren und inneren Rechtskraft fähig, § 322 Anm 4 „Versäumnisurteil". Gegen das echte Versäumnisurteil ist Einspruch statthaft, auch ein teilweiser Einspruch. Wenn er form- und fristgerecht eingelegt ist, versetzt er das Verfahren in den Stand vor dem Eintritt der Versäumung zurück, soweit er reicht. Die Sache fällt nicht der höheren Instanz an. Der Einspruch vernichtet das Versäumnisverfahren, wenn er auch das Versäumnisurteil nicht aus der Welt schafft. Ausnahme: zweites Versäumnisurteil im Fachsinn, § 345. Ein echtes Versäumnisurteil ist ohne Antrag und ohne Sicherheit für vorläufig vollstreckbar zu erklären, § 708 Z 2. Über formfehlerhafte Urteile Grdz 4 vor § 511.

3. Titel. Versäumnisurteil

D. Entscheidung nach Aktenlage. Sie ist immer ein Endurteil, das in jeder Beziehung dem streitmäßigen gleichsteht, also zwar eine Versäumnisfolge, aber keine eigentliche Versäumnisentscheidung. Die Überschrift des Titels 3 ist daher ungenau.

4) VwGO: *Ein Versäumnisverfahren gegen den Kläger oder den Beklagten ist unzulässig, weil § 102 II VwGO die Notwendigkeit einer streitigen Entscheidung bei Ausbleiben voraussetzt, OVG Münst JZ 64, 566, Ule VPrR § 43 II, und die VwGO den Einspruch, § 338, als Rechtsmittel nicht kennt, Rupp AöR 85, 191 (keine entsprechende Anwendung von § 635). In beiden Punkten aM Grunsky § 21 I: Aber § 102 II VwGO steht entgegen, weil ,,verhandelt und entschieden (werden)" an §§ 101, 107ff VwGO anknüpft und dort die Arten der Urteile abschließend aufgezählt werden.*

330 **Versäumnisurteil gegen den Kläger.** Erscheint der Kläger im Termin zur mündlichen Verhandlung nicht, so ist auf Antrag das Versäumnisurteil dahin zu erlassen, daß der Kläger mit der Klage abzuweisen sei.

Schrifttum: Dietrich, Rechtskraft und neue Tatsachen, insbesondere beim Versäumnisurteil gegen den Kläger, Diss Freibg 1969.

1) Voraussetzungen. Der Kläger bezahlt die Versäumung seiner durch das Prozeßrechtsverhältnis begründeten Förderungspflicht, Grdz 2 E vor § 128, mit einem Rechtsverlust. Er steht also schlechter als der Bekl. Die Voraussetzungen Üb 2 vor § 330 müssen vorliegen. Nötig ist ferner ein Antrag des Bekl. Er kann im Sachantrag liegen, BGH **37**, 83 (krit Münzberg JuS **63**, 220). Beim Fehlen jedes Antrags ist auch der Bekl säumig, § 333. Der Antrag ist beschränkbar, nach der Erledigung der Hauptsache auch auf die Kosten, § 91a Anm 3 A. Der Bekl muß die Erledigung darlegen. Er muß überhaupt den Sachverhalt darlegen und seinen Antrag begründen.

Der Antrag ist nicht ausdehnbar, § 335 I Z 3. Das Stellen und die Begründung des Antrags ist Verhandlung zur Hauptsache. Ein Einspruch beseitigt sie kraft gesetzlicher Unterstellung, § 342. Wenn der Bekl nur ein Prozeßurteil beantragt, dann ergeht es als echtes Versäumnisurteil, wenn der Antrag begründet ist, Üb 3 A vor § 330. Wenn der Bekl nicht verhandelt, § 333, und der erschienene Kläger keinen Sachantrag stellt, dann ist § 251a anwendbar. Ein Recht auf Vertagung hat der Bekl nicht, ZöSt I.

Die Vorschrift ist auch gegen den Widerkläger, ferner im Ehe-, Status- und Entmündigungsverfahren anwendbar.

2) Entscheidung. Das Versäumnisurteil gegen den Kläger ist ohne eine sachlichrechtliche Schlüssigkeitsprüfung auf eine Klagabweisung zu erlassen. Zu unterscheiden ist aber folgendes:

A. Unzulässigkeit der Klage. Zunächst sind die allgemeinen Prozeßvoraussetzungen und die besonderen Voraussetzungen des Versäumnisverfahrens zu prüfen. Wenn unheilbare Prozeßvoraussetzungen fehlen oder heilbare vom Kläger bemängelt werden, dann gilt folgendes:

a) Zurückweisungsbeschluß. Ist der Mangel behebbar oder fehlen die Voraussetzungen des Versäumnisverfahrens, so wird der Antrag nach § 335 zurückgewiesen und die abwesende Partei zu dem sogleich zu verkündenden oder zu bestimmenden neuen Termin förmlich geladen.

b) Prozeßabweisung. Ist der Mangel nicht behebbar, so findet eine Prozeßabweisung statt, Üb 2 A b vor § 300. Das Urteil ist ein echtes Versäumnisurteil, Üb 3 A vor § 330, Blomeyer § 54 III 2a, aM zB Jauernig § 66 III, RoS § 108 III 2, StJSchuL II 2, ZöSt II (es handle sich um ein unechtes Versäumnisurteil, BGH NJW **61**, 2207: Gegen einen Prozeßunfähigen sei kein Versäumnisurteil möglich, da die gesetzlichen Voraussetzungen fehlten). Wenn das Gericht sachlich unzuständig ist, so verweist es bei nachträglich eingetretener Unzuständigkeit auf Antrag des Bekl durch Beschluß, § 506. Eine Verweisung nach § 281 kommt nicht in Frage, weil diese Vorschrift nur dem Kläger ein Antragsrecht gibt.

B. Sachabweisung. Wenn die förmlichen Voraussetzungen vorliegen, dann muß das Gericht durch ein echtes Versäumnisurteil, das als Versäumnisurteil zu bezeichnen ist, § 313b I, grds eine Sachabweisung vornehmen (Ausnahmen bestehen bei § 113, wo die Klage mangels Kostensicherheit als zurückgenommen erklärt wird, sowie bei §§ 635, 638, 640, 881). BGH **35**, 341 gibt diesem Urteil aus Zweckmäßigkeitserwägungen eine volle Rechtskraftwirkung und erkennt den Klaganspruch damit schlechthin ab. Das kann zu unheilbaren Ergebnissen führen, wenn der Einspruch zur Zeit sinnlos wäre, zB wegen einer Stundung, und wenn der spätere Eintritt der Fälligkeit im Zweitprozeß unbeachtlich bleiben müßte. Denn das abweisende Versäumnisurteil des Vorprozesses braucht keine zur Abgrenzung seiner Rechtskraftwirkung ausreichenden Entscheidungsgründe aufzuweisen.

Deshalb ist eine neue Klage zulässig, wenn das abweisende Versäumnisurteil infolge einer späteren Veränderung der maßgeblichen Umstände unrichtig geworden ist. Die diesbezüglichen Tatsachen darf und muß der Kläger im Zweitprozeß beweisen, vgl Dietrich ZZP **84**, 436, ähnl Zeuner JZ **62**, 497 (jedoch ohne eine nachträgliche Klärungsmöglichkeit der zur Zeit des Vorprozesses maßgeblichen Umstände, soweit sie nicht aus dem Versäumnisurteil ersichtlich seien, insofern krit Dietrich ZZP **84**, 433).

C. Weitere Einzelfragen. Das Versäumnisurteil kann schon vor der schriftlichen Abfassung verkündet werden, § 331 II 1. Es bleibt auch beim Fehlen der entsprechenden Bezeichnung ein solches, soweit es nach seinem Inhalt (und den Akten) ein Versäumnisurteil ist, und umgekehrt, BGH VersR **76**, 251. Es muß wenigstens klar ergeben, ob eine Sach- oder eine Prozeßabweisung vorliegt, weil die Rechtskraftwirkung verschieden ist, § 322 Anm 4 „Prozeßurteil". Bei einem Prozeßurteil wählt man am besten die Formel: „... als unzulässig abgewiesen". Bei der Zustellung des Versäumnisurteils, die beim echten Versäumnisurteil gemäß § 317 I nur an den unterlegenen Kläger erfolgt (der Bekl erhält eine Ausfertigung, § 317 II), muß das Gericht von Amts wegen die Hinweise gemäß § 340 III 4 geben.

D. Gebühren: Des Gerichts: Bei einem unechtem Versäumnisurteil die volle Urteilsgebühr, bei einem echten keine, KV 1014–1017; des RA §§ 33, 38 BRAGO.

3) Rechtsbehelfe. Gegen einen Zurückweisungsbeschluß ist die sofortige Beschwerde zulässig, § 336 I 1. Gegen das echte Versäumnisurteil ist nur der Einspruch zulässig, § 338. Gegen das unechte Versäumnisurteil sind nur Berufung oder Revision zulässig. Maßgeblich ist, welches Urteil ergangen ist, nicht, welches hätte ergehen müssen.

331

Versäumnisurteil gegen den Beklagten. [I] Beantragt der Kläger gegen den im Termin zur mündlichen Verhandlung nicht erschienenen Beklagten das Versäumnisurteil, so ist das tatsächliche mündliche Vorbringen des Klägers als zugestanden anzunehmen. Dies gilt nicht für Vorbringen zur Zuständigkeit des Gerichts nach § 29 Abs. 2, § 38.

[II] Soweit es den Klageantrag rechtfertigt, ist nach dem Antrag zu erkennen; soweit dies nicht der Fall ist, ist die Klage abzuweisen.

[III] Hat der Beklagte entgegen § 276 Abs. 1 Satz 1, Abs. 2 nicht rechtzeitig angezeigt, daß er sich gegen die Klage verteidigen wolle, so trifft auf Antrag des Klägers das Gericht die Entscheidung ohne mündliche Verhandlung; dies gilt nicht, wenn die Erklärung des Beklagten noch eingeht, bevor das von den Richtern unterschriebene Urteil der Geschäftsstelle übergeben ist. Der Antrag kann schon in der Klageschrift gestellt werden.

1) Antrag, I. Wie jedes Versäumnisurteil, setzt auch dasjenige gegen den Bekl einen Antrag voraus. Es handelt sich um einen Prozeß-, nicht um einen Sachantrag, Üb 2 A b vor § 330. Der Klagantrag ersetzt den Antrag auf Erlaß eines Versäumnisurteils nicht, ZöSt II, abw BGH **37**, 83. Für eine Beschränkung und Erweiterung des Antrags gilt § 330 Anm 1. Der Kläger kann statt eines Versäumnisurteils eine Entscheidung nach Lage der Akten beantragen, § 331 a, oder eine Verweisung nach §§ 281, 506 beantragen. Eine Vertagung kann er regelmäßig nicht beanspruchen, Kramer NJW **77**, 1662. Ein Teilversäumnisurteil steht immer im Ermessen des Gerichts, § 301 II.

Die Antragstellung und die Begründung des Antrags ist Verhandlung zur Hauptsache. Nach einem Einspruch fällt diese Wirkung kraft gesetzlicher Unterstellung rückwirkend weg, § 342. Wenn der Kläger überhaupt keinen Antrag stellt, dann ist auch er säumig, § 333, so daß ein Fall des § 251 a vorliegt, Kramer NJW **77**, 1662. Das persönliche Erscheinen des Bekl läßt sich bei einer Säumnis auch dann nicht erzwingen, wenn es nach § 273 angeordnet worden war.

2) Unterstellung, I. A. Allgemeines. Wenn der Kläger das Versäumnisurteil beantragt, dann gilt sein tatsächliches Vorbringen als zugestanden. Das Gesetz unterstellt also ähnlich dem § 138 III ein Geständnis des Bekl.

B. Wirksamkeitsgrenzen. Das Geständnis kann nur in folgenden Grenzen unterstellt werden:

a) Umfang des Klagevortrags. Das Geständnis kann sich nur auf das mündliche vorgetragene und rechtzeitig schriftlich mitgeteilte tatsächliche Vorbringen beziehen, § 335 I Z 3.

3. Titel. Versäumnisurteil § 331 2, 3

Ein schriftliches oder in einem früheren Termin mündlich erfolgtes Vorbringen des Bekl bleibt unbeachtet. Eine Klagänderung ist zulässig, wenn sie rechtzeitig mitgeteilt worden war, §§ 335 I Z 3, 132; ihre Zulassung erfolgt wie sonst, § 263.

b) Parteiherrschaft. aa) Grundsatz, I 1. Das Geständnis kann nur im Rahmen der Parteiherrschaft stattfinden, Grdz 3 A vor § 128. Daher ist das Versäumnisurteil gegen den Bekl (anders als gegen den Kläger, § 330 Anm 1) im Ehe-, Status- und Entmündigungsverfahren unzulässig, §§ 612 IV, 640 I, 670 I, 679 IV, 684 IV, 686 IV. Im Scheidungsfolgeverfahren ist grds die Rechtskraft des streitigen Scheidungsurteils abzuwarten, §§ 623 I 1, 629 II 1.

Die Unterstellung versagt also dann, wenn ein Geständnis unwirksam wäre, dh namentlich bei Rechtsfragen, vgl Küppers NJW **76**, 489; unmöglichen, offenkundigen Tatsachen, BGH BB **76**, 489; bei sittenwidrigen, ordnungswidrigen Tatsachen; von Amts wegen zu beachtenden Punkten, wie der Zulassung des Rechtswegs, der Prozeßfähigkeit, vgl BGH NJW **61**, 2207, der Rechtskrafterstreckung gegen einen Bürgen, § 325 Anm 6 „Bürge" (das Verschweigen des Erlasses eines Urteils gegen den Hauptschuldner wäre ein Verstoß gegen die Wahrheitspflicht).

bb) Zuständigkeit, I 2. Die Zuständigkeit unterliegt nur noch stark eingeschränkter Parteiherrschaft. Schon nach dem früheren Recht genügte die bloße Behauptung, die Zuständigkeit sei vereinbart worden, ohne dazu ausreichende Tatsachen nicht, LG Brschw MDR **73**, 1027. Nach jetzigem Recht genügt die Behauptung der Vereinbarung gemäß § 29 II oder gemäß § 38 selbst dann nicht mehr, wenn dazu ausreichende Tatsachen vorgetragen wurden. I 2 verbietet die diesbezügliche Unterstellung.

Daher ist zur Zuständigkeit eine Amtsprüfung, Grdz 3 H vor § 128, bis zur vollen Überzeugung des Gerichts und daher unter Umständen ein voller Beweis notwendig, Ffm MDR **75**, 232, vgl Diederichsen BB **74**, 378, Unruh NJW **74**, 1113, und zwar auch im Urkundenprozeß, Ffm MDR **75**, 232. Freilich ist das Beweismittel beliebig. Daher braucht keineswegs starr ein Registerauszug, ThP 1 c, ZöSt II 3, aM Vollkommer Rpfleger **74**, 139, 252, oder selbst im Urkundenprozeß, § 597 Anm 2 B, eine Urkunde gefordert werden, Reinelt NJW **74**, 2313. Ein praktisch brauchbarer Grad von Gewissheit genügt, BGH **53**, 256, § 286 Anm 2 C, Einl III 2 A. Das Gericht muß seine Frage- und Hinweispflicht beachten, §§ 139, 278 III. Wegen des Verfahrens vgl § 335 Anm 2 B und Anm 5.

3) Entscheidung, II. A. Zurückweisung. Fehlen die Voraussetzungen eines Versäumnisurteils, Üb 2 vor § 330, so ist der Antrag durch Beschluß zurückzuweisen, § 335. Ist der Bekl prozeßunfähig, so findet eine Abweisung als unzulässig statt, BGH NJW **61**, 2207. Zum Ausbleiben des Revisionsbekl § 557 Anm 2.

B. Versäumnisurteil. Ein Versäumnisurteil gegen den Bekl ergeht, wenn die folgenden Voraussetzungen zusammentreffen:

a) Zulässigkeit. Es müssen die Prozeßvoraussetzungen und die allgemeinen Voraussetzungen des Versäumnisurteils vorliegen. Ein Verzicht auf die Einhaltung der Prozeßvoraussetzungen ist nicht zulässig. Es ist nicht zu prüfen, ob ein Anwalt eine ausreichende Prozeßvollmacht hat, § 88 II.

b) Begründetheit. Es muß ferner das tatsächliche mündliche Vorbringen des Klägers den Klagantrag rechtfertigen. Dabei sind die vom Kläger selbst vorgetragenen rechtshindernden und rechtsvernichtenden Tatsachen zu beachten, Köln VersR **74**, 563, zB eine Nichtigkeit wegen Sittenwidrigkeit. Wegen der Schlüssigkeit eines Hilfsantrags § 260 Anm 2 C, D. Wegen der Stufenklage § 254 Anm 2 C. Im Urkundenprozeß kommt kein Vorbehalt ins Versäumnisurteil, Furtner MDR **66**, 551, ZöSt II 4, abw Künkel NJW **63**, 1043, 2015, Moller NJW **63**, 2013.

Unbeachtlich sind dagegen Einwendungen des Bekl, dh Einreden im Sinne des bürgerlichen Rechts, zB Verjährung, Zurückbehaltungsrecht. Was nur schriftsätzlich angekündigt, aber nicht mündlich vorgetragen worden ist, bleibt hier unbeachtet, abw ThP 2. Es besteht eine Fragepflicht, §§ 139, 278 III.

Unzulässig ist ein Versäumnisurteil mit dem Ausspruch, der Anspruch sei dem Grund nach gerechtfertigt, § 304 Anm 4 A. Bei einem Schmerzensgeldanspruch, den der Kläger der Höhe nach in das Ermessen des Gerichts gestellt hat, kommt es darauf an, ob der Kläger diejenigen Tatsachen vorgetragen hat, die dem Gericht eine Bemessung ermöglichen, Kblz MDR **79**, 587; dann ist das Versäumnisurteil zu beziffern, BGH NJW **69**, 1427, Stgt MDR **60**, 930. Bei einer (nur) vom Kläger behaupteten Erledigung lautet das Versäumnisurteil: „Die Hauptsache ist erledigt". Bei der Zustellung des Versäumnisurteils sind von Amts wegen die Belehrungen gemäß § 340 III 4 vorzunehmen.

Gebühren: Des Gerichts KV 1014–1017; des RA §§ 33, 38 BRAGO.

C. Abweisung. Scheiden A und B aus, so ist die Klage abzuweisen. Es erfolgt eine Prozeßabweisung, wenn Prozeßvoraussetzungen endgültig fehlen und eine Verweisung nicht möglich ist (wenn sie nicht endgültig ausscheidet, gilt § 335 I Z 1). Es erfolgt eine Sachabweisung, soweit B b versagt. Dieses Urteil ist ein unechtes Versäumnisurteil, Üb 3 B vor § 330, insofern richtig LAG Hamm NJW **81**, 887. Es läßt daher nur Rechtsmittel zu, nicht den Einspruch. Bei einer Teilabweisung neben einem Teilversäumnisurteil sind teils Rechtsmittel, teils Einspruch zulässig.

4) Versäumnisurteil ohne mündliche Verhandlung, III. A. Zulässigkeit. Ein solches Versäumnisurteil kann als Ausnahme von § 335 I Z 2, Mü MDR **83**, 324, unter folgenden Voraussetzungen ergehen, die man eng auslegen muß, vgl BVerfG NJW **82**, 1453, Mü MDR **83**, 324 mwN:

a) Korrekte Aufforderung nach § 276. Es ist eine ordnungsgemäße Aufforderung an den Bekl nach § 276 I 1 Hs 1, II ergangen; soweit beim AG kein Anwaltszwang besteht, brauchte natürlich darauf nicht hingewiesen zu werden. Eine derartige Aufforderung ist nach einem Widerspruch des Antragsgegners gegen den Mahnbescheid unzulässig, § 697 Anm 3 B.

b) Fristablauf. Die Notfrist des § 276 I von meist 2 Wochen, bei einer Auslandszustellung länger, ist abgelaufen, und außerdem liegen folgende Voraussetzungen vor:

aa) Keine Antwort. Entweder hat der Bekl überhaupt nicht geantwortet.

bb) Keine Verteidigungsabsicht. Oder der Bekl hat mitgeteilt, er wolle sich gegen die Klage (überhaupt) nicht verteidigen. Eine Aufrechnung oder Hilfsaufrechnung wäre eine Verteidigung.

cc) Keine wirksame Verteidigungsanzeige. Oder der Bekl hat eine Verteidigungsabsicht mitgeteilt, jedoch ist diese Mitteilung trotz Anwaltszwangs ohne einen zugelassenen RA erfolgt (dessen Vollmacht ist nicht mehr zu prüfen, § 88 II).

c) Antrag. Der Kläger stellt den Antrag auf den Erlaß des Versäumnisurteils. Dieser Antrag kann schon in der Klageschrift gestellt werden, III 2. Ein Antrag auf eine Entscheidung ohne mündliche Verhandlung ist unnötig, aber natürlich zulässig. Das Gericht muß seine Fragepflicht ausüben, § 139, Kramer NJW **77**, 1658; wenn der Kläger keinen Antrag auf Versäumnisurteil stellt, dann ist § 251a anwendbar, vgl Anm 1, Kramer NJW **77**, 1662, aM Bergerfurth JZ **78**, 299, Brühl FamRZ **78**, 552. Es wird also kein Termin bestimmt, aM ThP 1 b. Auch insofern besteht eine Hinweispflicht, § 139.

d) Keine nachträgliche Verteidigungsanzeige. Bis zum Eingang des vollständigen, unterschriebenen Versäumnisurteils bzw des unechten Versäumnisurteils in der Geschäftsstelle der zuständigen Abteilung ist dort eine Verteidigungsanzeige des Bekl nicht wirksam eingegangen. Unerheblich ist ihr etwaiger Eingang auf der Verwaltungsgeschäftsstelle, Gerichtskasse, Posteinlaufstelle usw, Bergerfurth JZ **78**, 299. Es ist ratsam, die Eingänge sowohl des Urteils als auch der Verteidigungsanzeige auf der Abteilungsgeschäftsstelle mit der jeweiligen Uhrzeit zu versehen.

e) Weitere Einzelfragen. Das Gericht darf noch keinen Haupttermin anberaumt haben, Mü MDR **83**, 324. III ist in der Berufungsinstanz unanwendbar, Kramer NJW **77**, 1657, im arbeitsgerichtlichen Verfahren unanwendbar, Grunsky JZ **78**, 81 mwN (§ 55 II iVm I Z 5 ArbGG meint einen anderen Fall).

B. Unzulässigkeit. Es ergeht keine Entscheidung ohne mündliche Verhandlung, wenn eine der folgenden Situationen vorliegt:

a) Aufforderung nur nach § 275. Es ist eine Aufforderung nicht gemäß § 276 erfolgt, sondern gemäß § 275, vgl § 335 I Z 4.

b) Verteidigungsanzeige. Der Bekl hat die Anzeige der Verteidigungsabsicht zwar entschuldigt oder unentschuldigt verspätet eingereicht, sie ist aber noch vor dem Urteil auf der GeschSt eingegangen, Bergerfurth JZ **78**, 299, Franzki NJW **79**, 10, Rastätter NJW **78**, 95 je mwN, aM Jauernig ZPR § 66 III 3 (hier sei erst das Wiedereinsetzungsverfahren durchzuführen), ähnlich Unnützer NJW **78**, 986. Die Meldung eines RA zur Akte kann genügen, Bergerfurth JZ **78**, 299. Etwas anderes gilt, wenn der Anwalt zB nur Akteneinsicht begehrt.

c) Klagerwiderung. Der Bekl hat bis zum Eingang des Versäumnisurteils auf der GeschSt eine Klagerwiderung gemäß § 276 I 2 eingereicht, die eine Mitteilung der Verteidigungsabsicht umfaßt. In diesem Fall ist auch dann keine (nochmalige) Frist gemäß § 276 I 2 notwendig, wenn die erste Erwiderungsfrist fast oder schon abgelaufen ist, aM Kramer NJW **77**, 1661.

d) Fehlerhafte Aufforderung nach § 276. Die Aufforderung gemäß § 276 war irgendwie fehlerhaft. Sie enthielt zB einen Hinweis auf einen angeblichen, in Wahrheit nicht vorhandenen Anwaltszwang, § 335 I Z 4, dort Anm 5, Bergerfurth JZ **78**, 298.

e) Unklarer Antrag. Der Antrag auf Versäumnisurteil ist unklar, vgl auch § 308 Anm 1 A. Freilich hat das Gericht dann seine Fragepflicht zu erfüllen, § 139, Bergerfurth JZ **78**, 299. Der Bekl braucht zu einem nachgereichten Antrag des Klägers gemäß III nicht mehr gehört zu werden, ThP 1 b, aM zB Mü MDR **80**, 235 mwN.

C. Verfahren. a) Allgemeines. Die Entscheidung ergeht wie sonst. Es ist also das tatsächliche Vorbringen des Klägers in der Klageschrift als zugestanden anzusehen, I 1. Die Zuständigkeit ist von Amts wegen zu prüfen, I 2. Soweit danach der Klagantrag gerechtfertigt ist, ergeht ein Versäumnisurteil. Andernfalls ergeht eine Klagabweisung durch ein unechtes Versäumnisurteil, II, Celle NJW **80**, 2141 mwN (zustm Kniestedt, ferner Geffert NJW **80**, 2820), Bergerfurth JZ **78**, 299 mwN, Bischof NJW **77**, 1898, Schwab NJW **79**, 697, aM Nürnb NJW **80**, 461, Grunsky JZ **77**, 203 (statt einer Abweisung erfolge eine Terminsbestimmung), Schumann zB NJW **82**, 1272, ZöSt III 2 (sie sprechen unklar von einem „schriftlichen Versäumnisurteil gegen den Kläger"). Es kann also auch ein Urteil ergehen, das teilweise ein Versäumnisurteil, teilweise aber ein unechtes Versäumnisurteil ist, so jetzt auch ThP 2. Kramer NJW **77**, 1657 fordert vor dem Erlaß eines unechten Versäumnisurteils einen Hinweis des Gerichts an den Kläger gemäß § 278 III, allerdings nur bei einer unschlüssigen Hauptforderung, Kramer NJW **77**, 1659; dagegen Celle OLGZ **80**, 11. Ein Vorbringen des Klägers in einem weiteren Schriftsatz ist nur dann beachtlich, wenn der Bekl sich auch dazu äußern konnte, wozu ihm evtl eine weitere Frist zu setzen ist. Anders liegt es nur beim nachgereichten Antrag nach III, vgl B e.

b) Urteil. Im Urteil heißt es nicht, die Entscheidung ergehe auf die mündliche Verhandlung vom ..., sondern sie ergehe „auf Antrag ohne mündliche Verhandlung am ...". Die Kostenentscheidung und die Entscheidung zur vorläufigen Vollstreckbarkeit lauten wie sonst. Das Urteil wird nicht verkündet, sondern vAw zugestellt, §§ 310 III, 317 I 1, 2. Es findet keine Hinausschiebung dieser Maßnahme statt, denn § 317 I 3 gilt nur für verkündete Urteile. Bei der Zustellung muß das Gericht gemäß § 340 III 4 von Amts wegen auf die Folgen der verspäteten Einlegung eines etwaigen Einspruchs aufmerksam machen.

Das fertiggestellte, aber nicht mehr zulässige Versäumnisurteil, B c, bleibt bei den Akten, denn man muß nachprüfen können, warum es nicht wirksam geworden ist. Auf seine Existenz und seine Begründung darf keine Partei eine Ablehnung des Gerichts stützen, denn das Gericht mußte ja eine Entscheidung treffen, nur ist diese eben nicht mehr wirksam geworden. Andere Entscheidungen, etwa ein Beweisbeschluß, ergehen nicht gemäß III, sondern nur gemäß § 128 II, III oder nach einer nunmehr notwendigen mündlichen Verhandlung. §§ 319–321 sind anwendbar, s dort.

Das Versäumnisurteil gemäß III kann auch in Nichtferiensachen während der Gerichtsferien ergehen, AG BergGladb NJW **77**, 2080 (§ 200 I GVG tritt zurück; zustm Bruhn NJW **79**, 2522), aM zB Kblz NJW **79**, 1465 (abl Bruhn NJW **79**, 2522), Schwab NJW **79**, 697, ThP 1 d, ZöSt III 3.

c) Rechtsmittel. Die Rechtsmittel sind wie sonst statthaft.

331a
Entscheidung nach Aktenlage. **Beim Ausbleiben einer Partei im Termin zur mündlichen Verhandlung kann der Gegner statt eines Versäumnisurteils eine Entscheidung nach Lage der Akten beantragen; dem Antrag ist zu entsprechen, wenn der Sachverhalt für eine derartige Entscheidung hinreichend geklärt erscheint. § 251a Abs. 2 gilt entsprechend.**

1) Antrag. A. Antrag. § 331a mildert in jeder Instanz die Schädlichkeit der unbeschränkten Einspruchsfreiheit, indem er einen Antrag auf eine Entscheidung nach Aktenlage zuläßt, wenn der Kläger gegen den Bekl nach § 331 oder der Bekl gegen den Kläger nach § 330 ein Versäumnisurteil beantragen dürfte. Der Antrag ist ein Prozeßantrag, § 297 Anm 1 A, und muß gerade auf eine Entscheidung nach Aktenlage gehen. Er ist auch wegen eines Teils des Anspruchs zulässig. Die Partei kann allerdings auch hilfsweise ein Versäumnisurteil für den Fall beantragen, daß das Gericht eine Entscheidung nach Lage der Akten ablehnt. Ein Hilfsantrag auf ein Versäumnisurteil ist aber nicht für den Fall zulässig, daß eine Aktenlageentscheidung ungünstig ausfallen würde. Ein Aktenlageantrag nur für eine beschränkte, nicht abschließende Entscheidung, etwa hier auf den Erlaß eines Beweisbeschlusses, ist unzulässig, ThP 1 b. „Statt eines Versäumnisurteils": meint: auch eines unechten, zB bei § 331 II. Wenn die Partei überhaupt keinen Antrag stellt, dann liegt eine zweiseitige Säumnis vor, §§ 251a, 333. Der Termin zur mündlichen Verhandlung kann auch ein solcher sein, auf den hin vertagt wurde, § 332 Anm 1.

B. Auslegung. Oft ist zweifelhaft, was ein Antrag bezweckt. Die Auslegung muß zeigen, ob die Partei einen förmlichen Antrag aus § 331a stellt oder ob sie anheimstellt, aus § 251a von Amts wegen nach der Aktenlage zu entscheiden, oder ob sie eine schriftliche Entscheidung nach § 128 II beantragt und annimmt, der Gegner werde später erscheinen und sich anschließen. Angesichts der verschiedenen Tragweite aller dieser Maßnahmen für die Hauptsache und die Kosten muß das Gericht eine ganz eindeutige Erklärung herbeiführen, §§ 139, 278 III.

2) Entscheidung. A. Ermessen. Dem Antrag „ist zu entsprechen, wenn der Sachverhalt für eine derartige Entscheidung hinreichend geklärt erscheint". Trotz der Mußfassung steht die Entscheidung im Ermessen des Gerichts. Aber das Gericht muß hier, anders als bei § 251a, prüfen, ob nicht eine Aktenlageentscheidung möglich ist. Die Erfordernisse der Entscheidung sind dieselben wie bei § 251a. § 331a unterstellt nicht, wie § 331, ein Geständnis, sondern gibt nur die Möglichkeit für einen Antrag auf Aktenlageentscheidung. Daher kann ein früheres gegnerisches Bestreiten zur Beweislast führen. Einer Sachverhandlung bedarf es nicht, anders als bei §§ 330, 331. Die Entscheidung braucht kein Urteil zu sein. Sie kann gegen den Antragsteller ergehen, weil ihr das beiderseitige Vorbringen zugrunde liegt. Eine hinreichende Klärung ist hier dasselbe wie in § 251a.

Fehlt eine Voraussetzung des Antrags, so ist er zurückzuweisen, § 335, wobei der Vorsitzende einen neuen Termin bestimmen kann und muß. Der zurückweisende Beschluß ist unanfechtbar, § 336 II. Die Folge einer Entscheidung, die kein Urteil ist, lautet: Die Schriftsätze gelten als vorgetragen, Zulässigkeitsrügen gehen aber bei einer schriftlichen Einlassung verloren, § 296 III. Das Urteil ist kein Versäumnisurteil, sondern ein gewöhnliches Endurteil. Seine Voraussetzungen sind die eines streitmäßigen Urteils. Gegen ein Urteil ist nicht der Einspruch, sondern Berufung statthaft. Gebühren: Des Gerichts KV 1014–1017; des Anwalts § 33 BRAGO.

B. Entsprechende Anwendung des § 251a II. Sie bezieht sich nur auf ein Urteil, S 2. Ein solches verlangt eine frühere mündliche Verhandlung und die Anberaumung eines Verkündungstermins mit besonderer Benachrichtigung des Säumigen. In dieser Instanz muß streitig verhandelt worden sein. § 251a III ist nicht anwendbar gemacht worden; das Gericht darf nicht das Ruhen anordnen, weil damit auch der Nichtsäumige betroffen würde. Daß eine Vertagung zulässig ist, ergibt sich schon daraus, daß jedem Antrag auf eine Aktenlageentscheidung ein Hilfsantrag auf Verlegung innewohnt.

In den Fällen des unechten Versäumnisurteils, Üb 3 B vor § 330, ist eine Aktenlageentscheidung ohne die Beschränkung des § 251a II 1, 2 zulässig, namentlich dann, wenn Prozeßvoraussetzungen fehlen, StJSchuL II 2, ZöSt 2, aM ThP 1 d; denn dann hat niemand ein schutzwürdiges Interesse daran, daß erst später ein Urteil ergeht als bei einem Antrag auf Versäumnisurteil. § 251a II 4 bleibt auch dann anwendbar.

Im arbeitsgerichtlichen Verfahren sind §§ 53, 60 I 3, 64 VII ArbGG beachtlich; es genügt die Anwesenheit in einer früheren Güteverhandlung, ArbG Bln BB **75**, 746, ArbG Ffm BB **76**, 1611.

332 Begriff des Verhandlungstermins.

Als Verhandlungstermine im Sinne der vorstehenden Paragraphen sind auch diejenigen Termine anzusehen, auf welche die mündliche Verhandlung vertagt ist oder die zu ihrer Fortsetzung vor oder nach dem Erlaß eines Beweisbeschlusses bestimmt sind.

1) Allgemeines. § 332 bezieht sich auf Versäumnis- und Aktenlageentscheidungen, BGH NJW **64**, 658, nicht aber auf unechte Versäumnisurteile. Der Antrag nach § 331a kann in einem Termin gestellt werden, falls die andere Partei in diesem ausgeblieben ist, BGH NJW **64**, 658. § 332 macht eine Ausnahme vom Grundsatz der Einheitlichkeit der Verhandlung, Üb 2 B vor § 253, § 296a, indem das bisher vom Bekl Vorgetragene entfällt.

2) Verhandlungstermin. A. Grundsatz. Verhandlungstermin ist auch der Termin, auf den vertagt ist oder der der Fortsetzung der Verhandlung nach der Beweisaufnahme dienen soll, die aber grds zunächst durchgeführt werden muß, §§ 367, 370, es sei denn, der Termin fände auf Grund eines Einspruchs des Säumigen statt: Dann ergeht ein 2. Versäumnisurteil nach § 345. Erfaßt wird also hier jeder Verhandlungstermin, der nicht nur für einen Zwischenstreit bestimmt ist.

Sobald die Partei einen Sachantrag gestellt hat, ist sie in diesem Termin nicht mehr säumig, selbst wenn in ihm eine Beweisaufnahme folgte und wenn die Partei anschließend

3. Titel. Versäumnisurteil §§ 332, 333 1–3

den Sachantrag nicht wiederholte, § 285 Anm 1 A, BGH **63**, 95 (zustm Bassenge JR **75**, 200), Hamm MDR **74**, 407.

In einem späteren Termin ist bei § 331 das Vorbringen des Klägers als zugestanden zu unterstellen, als wäre es im ersten Termin vorgetragen. Prozeßhandlungen der Parteien in früheren Terminen, Geständnisse, Anerkenntnisse, Verzichte, die noch zu keinem Urteil führten, sowie Beweisaufnahmen verlieren, durch Einspruch auflösend bedingt, § 342, jede Bedeutung.

B. Ausnahmen. Es gelten folgende Einschränkungen: Das Gericht bleibt an seine End- und Zwischenurteile gebunden, § 318. Eine Vorabentscheidung nach § 304 bindet nur bei einer Säumnis des Bekl. Bei einer Säumnis des Klägers verliert dieses Zwischenurteil durch § 330 jede Bedeutung. Die frühere Verhandlung behält außerdem ihre Bedeutung für die Zuständigkeit, § 39, und für die Heilung von Mängeln der Klage, § 253 Anm 2 C.

333 *Nichtverhandeln des Erschienenen.* **Als nicht erschienen ist auch die Partei anzusehen, die in dem Termin zwar erscheint, aber nicht verhandelt.**

1) Vorbemerkung zu §§ 333, 334. § 333 setzt, wie § 334 deutlich zeigt, ein völliges Nichtverhandeln voraus. Beide Vorschriften gelten auch bei einer sitzungspolizeilichen Entfernung, § 158. Sie sind auf die Entscheidung nach Aktenlage anwendbar.

2) Nichtverhandeln. Wer nicht verhandelt, ist säumig. Verhandeln ist jede handelnde Teilnahme am Prozeßbetrieb in der mündlichen Verhandlung. Sie darf sich auf Prozeßvoraussetzungen beschränken, etwa auf die Zuständigkeit, BGH NJW **67**, 728. Es genügt nicht ein Antrag auf Aussetzung, auf Trennung, auf Verbindung, auf Ablehnung eines Richters. Im bloßen Stellen der Anträge liegt ein Verhandeln nur dann, wenn es ein sachliches Eingehen auf das Vorbringen des Gegners einschließt, Bbg OLGZ **76**, 353, Zweibr MDR **77**, 409, auch ein stillschweigendes. So enthält ein Widerklageantrag notwendig ein Eingehen auf die Klage. Ein Beweisantrag ist Verhandlung; ein bloßer Vertagungsantrag ist keine Verhandlung. Es handelt sich im einzelnen um eine Tatfrage, auch bei der Beurteilung einer Erörterung, insofern abw Kblz MDR **82**, 858. Wenn aber verhandelt ist, greift § 333 selbst dann nicht ein, wenn nach der Verhandlung die Vertretung niedergelegt oder die Fortsetzung der Verhandlung verweigert wird, BGH **LM** § 88 Nr 3, Celle MDR **61**, 61.

Sobald die Partei während des Termins einen Sachantrag stellt, ist sie nicht mehr säumig und kann eine Säumniswirkung auch nicht durch die anschließende Erklärung herbeiführen, sie nehme den Sachantrag zurück, Ffm MDR **82**, 153, oder verweigere jede weitere Erklärung, Celle MDR **61**, 61, oder „trete nicht auf". Sie *ist* ja bereits verhandelnd aufgetreten.

Wenn zunächst ua durch einen Antrag verhandelt und sodann Beweis erhoben wurde, dann schadet das Nichtverhandeln bei der abschließenden Erörterung wegen der Einheit der mündlichen Verhandlung nicht, § 285 Anm 1 A, BGH **63**, 95 (zustm Bassenge JR **75**, 200), Hamm NJW **74**, 1097. Etwas anderes gilt, wenn der Termin mit der Beweisaufnahme begonnen hat, Üb 2 A vor § 330. Das Unterlassen der Verhandlung über einen des Teilurteils fähigen Teilanspruch oder bloß über die Klage oder Widerklage ist Nichtverhandeln im Sinne des § 333 nur dann, wenn die Partei ausdrücklich zum Verhandeln aufgefordert worden ist. Auf den Grund des Nichtverhandelns kommt es nicht an, § 337 Anm 1 A. § 333 gilt auch dann, wenn die Partei nicht verhandeln darf.

3) Entscheidung. Es kommen die folgenden Entscheidungen in Betracht:

A. Antrag, aber keine Säumnis. Die Partei beantragt ein Versäumnisurteil, das Gericht verneint aber die Säumnis, weil es eine unvollständige Verhandlung annimmt, § 334: Es erfolgt eine Zurückweisung durch Beschluß oder durch streitmäßiges Endurteil in der Sache, zu dem der Antrag auf Versäumnisurteil eine ausreichende Unterlage gibt.

B. Antrag und Säumnis. Die Partei beantragt ein streitmäßiges Urteil, das Gericht nimmt eine volle Säumnis an: Es erfolgt eine Zurückweisung durch Beschluß, weil eine Versäumnisentscheidung einen besonderen Antrag verlangt. Gegen den Beschluß ist kein Rechtsbehelf gegeben, § 567; § 336 ist unanwendbar. Nach § 251 a ist zu verfahren, wenn kein zulässiger Antrag gestellt wurde, Bbg OLGZ **76**, 353. Das Gericht hat eine Frage- bzw Aufklärungspflicht, §§ 139, 278 III.

C. Kein Antrag, aber Säumnis. Das Gericht erläßt ein Versäumnisurteil ohne Antrag: Der Verurteilte kann Einspruch einlegen; der Gegner hat keinen Rechtsbehelf.

334
Teilweises Verhandeln. Wenn eine Partei in dem Termin verhandelt, sich jedoch über Tatsachen, Urkunden oder Anträge auf Parteivernehmung nicht erklärt, so sind die Vorschriften dieses Titels nicht anzuwenden.

1) Geltungsbereich. Vgl zunächst § 333 Anm 1. § 334 gilt also nicht, soweit ein Verhandeln über einen des Teilurteils fähigen Teilanspruch usw zulässig ist und stattfindet. § 334 greift zB dann ein, wenn eine Partei nach ihrer anfänglichen Verhandlung eine weitere Erklärung zu denselben Punkten verweigert, vgl auch Celle MDR **61**, 61. Wenn sich die Partei bei der Verhandlung im übrigen nicht zu Tatsachen, Urkunden, Anträgen auf Parteivernehmung erklärt, dann gelten die §§ 85 I, 138 III, IV, 427, 439 I, III, 446, 453, 454, 510; abgesehen davon ist ihr Verhalten frei zu würdigen, § 286. Eine Versäumnisentscheidung oder eine Entscheidung nach Aktenlage sind immer unzulässig. Wohl aber sind §§ 282, 296, 528 anwendbar.

335
Unzulässigkeit einer Versäumnisentscheidung. ^I Der Antrag auf Erlaß eines Versäumnisurteils oder einer Entscheidung nach Lage der Akten ist zurückzuweisen:
1. wenn die erschienene Partei die vom Gericht wegen eines von Amts wegen zu berücksichtigenden Umstandes erforderte Nachweisung nicht zu beschaffen vermag;
2. wenn die nicht erschienene Partei nicht ordnungsmäßig, insbesondere nicht rechtzeitig geladen war;
3. wenn der nicht erschienenen Partei ein tatsächliches mündliches Vorbringen oder ein Antrag nicht rechtzeitig mittels Schriftsatzes mitgeteilt war;
4. wenn im Falle des § 331 Abs. 3 dem Beklagten die Frist des § 276 Abs. 1 Satz 1 nicht mitgeteilt oder er nicht gemäß § 276 Abs. 2 belehrt worden ist.

^{II} Wird die Verhandlung vertagt, so ist die nicht erschienene Partei zu dem neuen Termin zu laden.

1) Unzulässigkeit einer Versäumnisentscheidung, I. § 335 faßt einige Fälle zusammen, in denen eine Versäumnisentscheidung unzulässig ist und daher der Antrag auf eine Versäumnisentscheidung durch einen zu verkündenden Beschluß, § 336, zurückgewiesen werden muß. Die Nov 24 hat die ursprünglich nur für Versäumnisurteile geltende Vorschrift auf die Entscheidung nach Aktenlage anwendbar gemacht, ohne die Verschiedenheit beider Urteile zu berücksichtigen; daher rühren Unstimmigkeiten. Eine Zurückweisung liegt in der Vertagung trotz eines Antrags auf eine Versäumnisentscheidung. Sie berührt die Rechtshängigkeit nicht. Das Gericht kann sofort einen neuen Termin bestimmen und dazu laden und trifft die unterlassenen Maßnahmen des § 276 jetzt. Wenn ein Versäumnisurteil zu Unrecht ergeht, dann kann es nur mit Einspruch angegriffen werden. Wird der Einspruch versäumt, so wird das Versäumnisurteil rechtskräftig.

2) Fehlende Nachweisung, Z 1. A. Grundsatz. Überflüssigerweise bestimmt Z 1, daß der Antrag zurückzuweisen ist, wenn der Erschienene einen von Amts wegen zu berücksichtigenden Punkt, Grdz 3 H vor § 128, nicht nachweisen kann. Hierher gehören alle sachlichen und förmlichen Voraussetzungen der Versäumnisentscheidung, die von Amts wegen zu prüfen sind, Üb 2 vor § 330, zB: Die Klagerhebung; die Zuständigkeit, vgl § 331 Anm 2 B b bb; die Kostensicherheitsleistung, § 110; die Anerkennung eines ausländischen Urteils, § 328; eine völlige Säumnis, § 333; beim AG (nur dort, § 88 II) die Vollmacht des Vertreters (Ausnahme: es tritt ein Anwalt auf). Wegen § 88 I vgl dort Anm 2 B.

B. Verfahren. Bei einem für den Erschienenen behebbaren Mangel ergeht ein Beschluß auf Zurückweisung. Bei einem für den Erschienenen unbehebbaren Mangel, etwa bei einem dauernden Mangel der Prozeßfähigkeit, BGH NJW **61**, 2207, oder beim Fehlen des nur dem Gegner zustehenden Verweisungsantrags oder dann, wenn die Partei seine Behebung ablehnt, wird die Klage durch unechtes Versäumnisurteil, Üb 3 B vor § 330, oder durch ein Urteil nach Aktenlage abgewiesen. Fehlt die Zuständigkeit, so wird auf Antrag auch verwiesen, §§ 281, 506. Es besteht eine Frage- und Aufklärungspflicht, §§ 139, 278 III. Die Behauptung einer Zuständigkeit aus §§ 29 II, 38 ist unbeachtlich, § 331 I 2, vgl auch § 40 II.

Wer ein Urteil begehrt, hat die Nachweise für die von Amts wegen zu beachtenden Umstände zu liefern, und zwar ohne Rücksicht auf die Parteistellung. Bei einem Antrag auf eine Entscheidung nach Aktenlage ist bei A eine Zurückweisung ganz unangebracht. Das

3. Titel. Versäumnisurteil §§ 335, 336

Gericht hat Beweis zu beschließen oder dem Kläger evtl eine Auflage nach § 283 zu machen; da das Verfahren dem streitigen entspricht, ist hier immer der Kläger beweispflichtig.

3) Mangel der Ladung, Z 2. Der Antrag ist zurückzuweisen, wenn der Säumige nicht ordnungsmäßig oder nicht rechtzeitig geladen worden ist, Üb 2 C vor § 330. Das gilt natürlich nur, soweit es einer Ladung bedarf, daher nicht bei § 331 III und nicht bei einem verkündeten Termin, § 218, wenn der Säumige zu demjenigen Termin geladen worden war, in dem verkündet ist, s aber II. Eine Bekanntmachung des Termins durch eine zulässige Mitteilung beim AG, § 497 II, steht der Ladung gleich. Die Ladungs- und Einlassungsfrist, §§ 217, 239 III, 274 III, 604 II, muß eingehalten sein; es ist eine ordnungsmäßige Zustellung notwendig, §§ 270, 329 II 2.

Unerheblich ist, ob derjenige rechtzeitig oder überhaupt vom Termin benachrichtigt wurde, der im Termin auch erschienen ist, § 337 Anm 1 A. Wer abwesend ist oder zwar erscheint, aber nicht verhandelt, kann nicht nach § 295 verzichten. Wenn die Klage erst nach einer Vertagung zugestellt wurde, dann gilt § 253 Anm 2. Z 2 gilt sowohl für das Versäumnisurteil als auch für die Aktenlageentscheidung.

4) Fehlende Mitteilung, Z 3. A. Grundsatz. Dem Säumigen muß jedes tatsächliche mündliche Vorbringen, also alles, was zur sachlichen Begründung des Versäumnisantrags nötig ist, und ferner jeder Sachantrag, § 297 Anm 1, rechtzeitig schriftsätzlich mitgeteilt worden sein, §§ 129a, 132, 226, 262, 274 III, 496. Prozeßanträge, § 297 Anm 1 A, gehören nicht hierher, namentlich nicht der Antrag auf Erlaß eines Versäumnisurteils, § 331 Anm 4 B e, auch nicht der Antrag, einen Vollstreckungsbescheid aufrechtzuerhalten, Karlsr OLGZ 68, 292. Eine weitere Form der Mitteilung ist nicht vorgeschrieben. Es ist also unerheblich, wie die Mitteilung nachgewiesen wird. Es genügt zB, daß eine Erwiderung bei den Akten oder im Besitz des Erschienenen ist. Ein Schriftsatz ist dann nicht erforderlich, wenn sich sämtliche Richter eines früheren mündlichen Vortrags aus einer Streitverhandlung erinnern oder wenn sich der Vortrag aus den Akten, insbesondere aus dem Protokoll ergibt. Eine Protokollierung vor dem Einzelrichter genügt. Das folgt aus dem Grundsatz der Einheit der Verhandlung, § 296a. Eine Abstandnahme von Tatsachen oder Anträgen bedarf als ein Weniger keiner Mitteilung. Wegen § 331 III vgl Anm 5.

B. Verfahren. Es sind folgende Situationen zu unterscheiden:

a) Versäumnisurteil. Es liegt ein Antrag auf Versäumnisurteil vor. Z 3 ist nur bei einer Säumnis des Bekl oder Widerbekl oder Rechtsmittelbekl anwendbar. Bei einer Säumnis des Klägers tritt der Rechtsverlust nach § 330 ohne weiteres ein.

b) Aktenlageentscheidung. Es liegt ein Antrag auf Aktenlageentscheidung vor, vgl insbesondere § 251a Anm 3 C. Darum ist eine „rechtzeitige Mitteilung" hier ganz im Sinne des § 251a Anm 3 D zu verstehen.

5) Mitteilung bzw Belehrung, Z 4. Vgl zunächst § 276 Anm 2 B, 4 B. Es ist unerheblich, ob der Antrag des Klägers nach § 331 III schon in der Klageschrift enthalten war. Freilich sind in der Regel zunächst die unterlassenen Maßnahmen vAw nachzuholen, Anm 1. Der Antrag nach § 331 III wird nicht fristgebunden mitgeteilt, auch nicht, falls er schon in der Klageschrift enthalten war, AG BergGladb NJW 77, 2080. Die Regelung ist im arbeitsgerichtlichen Verfahren unanwendbar, Philippsen pp NJW 77, 1135.

6) Vertagung, II. Ein unbedingter Anspruch auf Vertagung besteht nicht. Sie ist nur aus erheblichen Gründen zulässig, § 227 III, abw ZöSt II. Vertagt das Gericht, weil es dem Antrag auf eine Versäumnisentscheidung aus den Gründen Z 1–4 nicht stattgeben will, so ist der Säumige trotz § 218 zu dem neuen, wenn auch verkündeten Termin zu laden, § 274, LG Mannh NJW 59, 2071. Für andere Fälle gilt das nicht. Die Neuladung ist zB dann entbehrlich, wenn das Gericht auf Antrag des Erschienenen einen neuen Termin ordnungsgemäß verkündet hat. Wenn aber die Ladungsfrist zum früheren Termin nicht gewahrt war, dann ist immer eine neue Ladung notwendig, weil § 218 eine ordnungsmäßige Ladung voraussetzt, Mü VersR 74, 675 mwN.

7) Rechtsbehelfe. Vgl Anm 1 und § 336.

336 *Rechtsmittel bei Zurückweisung.* [I] Gegen den Beschluß, durch den der Antrag auf Erlaß des Versäumnisurteils zurückgewiesen wird, findet sofortige Beschwerde statt. Wird der Beschluß aufgehoben, so ist die nicht erschienene Partei zu dem neuen Termin nicht zu laden.

[II] **Die Ablehnung eines Antrages auf Entscheidung nach Lage der Akten ist unanfechtbar.**

1) Ablehnung eines Versäumnisurteils, I. A. Sofortige Beschwerde, I 1. Weist das Gericht den Antrag auf den Erlaß eines Versäumnisurteils aus § 335 oder aus einem anderen Grund zurück, so kann der Erschienene sofortige Beschwerde einlegen, KG MDR **83**, 412. Das gilt auch dann, wenn das Versäumnisurteil nur gegen einen Streitgenossen verweigert worden ist; wenn das Gericht den Beschluß in ein anderes Versäumnisurteil aufgenommen hat. Es gilt nicht, wenn das Gericht ein Teilversäumnisurteil abgelehnt hat, weil ein solches Urteil im gerichtlichen Ermessen steht, oder wenn das Gericht ein klagabweisendes sog unechtes Versäumnisurteil, Üb 3 B vor § 330, erlassen hat, ThP, ZöSt 19.

Ist nach einem Antrag auf Versäumnisentscheidung eine Vertagung oder eine Auflage erfolgt, so ist damit der Antrag zurückgewiesen, KG MDR **83**, 412, Mü MDR **56**, 684, Nürnb MDR **63**, 507, LAG Ffm NJW **63**, 2046, abw LAG Düss NJW **61**, 2371. Die sofortige Beschwerde geht verloren, wenn der Berechtigte im neuen Termin trotz eines Erscheinens des Gegners eine Vertagung beantragt, weil er damit eine neue Kette von Terminen eröffnet.

Die Beschwerdefrist von 2 Wochen beginnt mit der Verkündung des Beschlusses, § 577 II. Im Beschwerdeverfahren ist der Säumige nicht zu hören, KG MDR **83**, 412. Bei der Aufhebung des Beschlusses hat das Beschwerdegericht das weitere Verfahren der ersten Instanz zu überlassen, vgl I 2, KG MDR **83**, 412. Es ist keine weitere Beschwerde zulässig, KG MDR **83**, 412.

B. Keine Ladung, I 2. Zur neuen Verhandlung vor der unteren Instanz nach der Aufhebung ihres zurückweisenden Beschlusses ist dann der Gegner nicht zu laden. Wenn er erscheint, so würde es der Prozeßwirtschaftlichkeit widersprechen, ihn nicht ohne weiteres zur Verhandlung zuzulassen, StJSchuL I 2, ThP, ZöSt 1 b, aM RoS § 108 II 2 c (es sei die Zustimmung der anderen Partei notwendig, weil der Zustand des 1. Termins herzustellen sei). Es gibt kein späteres Versäumnisurteil von Amts wegen, vielmehr ist beim Ausbleiben des Beschwerdeführers oder dann, wenn er jetzt kein Versäumnisurteil mehr beantragt, § 251a anwendbar.

2) Entscheidung nach Aktenlage, II. Sie steht bei § 331a wegen der Spruchreife im richterlichen Ermessen. Deshalb läßt II jede Anfechtung der Ablehnung zu. Nach einer Ablehnung kann die Partei ein Versäumnisurteil beantragen, auch hilfsweise. Stellt sie keinen weiteren Antrag, so kann das Gericht vertagen, nicht das Ruhen anordnen, § 331a Anm 2 B.

337 *Vertagung von Amts wegen.* Das Gericht vertagt die Verhandlung über den Antrag auf Erlaß des Versäumnisurteils oder einer Entscheidung nach Lage der Akten, wenn es dafür hält, daß die von dem Vorsitzenden bestimmte Einlassungs- oder Ladungsfrist zu kurz bemessen oder daß die Partei ohne ihr Verschulden am Erscheinen verhindert ist. Die nicht erschienene Partei ist zu dem neuen Termin zu laden.

1) Vertagung. A. Grundsatz. Die Vorschrift ist wegen § 333 nur auf den Nichterschienenen anwendbar. Vor einem Antrag auf den Erlaß einer Versäumnisentscheidung darf das Gericht nur aus einem wichtigen Grund vertagen, § 227. Nach einem solchen Antrag muß es vertagen, wenn: **a)** die Einlassungsfrist oder Ladungsfrist, die der Vorsitzende bestimmt, §§ 226, 239 III, 274 III 3, 520 III 2, 555 II (also nicht die gesetzliche), nach seinem Ermessen für den nicht Erschienenen zu kurz war. Das kann namentlich bei einem Auswärtigen oder einem Abwesenden zutreffen; **b)** oder die Partei bzw ihr Vertreter, §§ 51 II, 85 II, nach der Vermutung des Gerichts schuldlos am Erscheinen verhindert ist, § 233 Anm 3, BGH VersR **81**, 1056. Hier genügt es, daß der Grund offenkundig, § 291, oder glaubhaft ist, § 294. Bei b muß ein unechtes Versäumnisurteil unzulässig sein.

§ 337 ist wegen § 333, dort Anm 2, auf die erschienene, aber nicht verhandelnde Partei selbst dann unanwendbar, wenn sie fehlerhaft geladen wurde, ZöSt I.

B. Entschuldigung. a) Vorliegen einer Entschuldigung. Als Entschuldigung reichen zB aus: Ein Anwalt bricht die kollegiale Vereinbarung, kein Versäumnisurteil zu nehmen, BGH NJW **76**, 196 (krit Peters NJW **76**, 675), Karlsr NJW **74**, 1096, vgl Mü MDR **79**, 501, aM Ffm MDR **76**, 586; er beantragt ein Versäumnisurteil, ohne sich wenigstens telefonisch nach dem Grund für das Ausbleiben des gegnerischen Kollegen zu erkundigen, Nürnb AnwBl **83**, 28 (sehr großzügig); der Gegenanwalt beantragt, insbesondere nach einer erheblichen Verzögerung des Aufrufs, LAG Hamm NJW **73**, 1950, entgegen der Übung bzw dem Standesrecht (es fordert eine Androhung des Antrags auf ein Versäumnisurteil) vorzei-

3. Titel. Versäumnisurteil §§ 337, 338

tig ein Versäumnisurteil, BGH NJW **76**, 196 (er hält eine Wartefrist von 15 Minuten für ausreichend), § 513 Anm 2, abw BAG NJW **65**, 1041; die Ladung der Partei und die Bestellungsanzeige ihres Anwalts § 176 Anm 2 B, haben sich gekreuzt, das Gericht hat ihn aber entgegen seiner Bitte vom Termin nicht verständigt, BAG DB **77**, 919; das Gericht hat einen Prozeßkostenhilfeantrag erst unmittelbar vor dem Termin zurückgewiesen, ZöSt 1; der Säumige hat trotz aller Bemühung, LAG Ffm NJW **73**, 1719, noch keinen Anwalt gefunden, Karlsr OLGZ **68**, 294 (vgl freilich jetzt § 78 b); sein Anwalt ist plötzlich erkrankt. Wegen des Rechts auf einen ungestörten Urlaub, BVerfG **25**, 166, ist tunlichst zu vertagen, falls die Zustellung oder die Ladung durch Niederlegung vermutlich während des Urlaubs des Empfängers erfolgte, vgl LG Mannh NJW **71**, 250. Dies gilt auch in Feriensachen. Ausreichende Gründe sind auch von Amts wegen zu beachten; sie brauchen sich nicht aus der Verhandlung oder aus den Akten zu ergeben.

b) Fehlen einer Entschuldigung. Als Entschuldigung reichen zB nicht aus: Eine gewisse, verkehrsbedingte Anfahrtsverzögerung. Denn mit ihr muß man rechnen, LAG Bln BB **76**, 420; eine krankheitsbedingte Arbeitsunfähigkeit, die aber die Reise- bzw Verhandlungsfähigkeit nicht beeinträchtigt, vgl Zweibr JB **76**, 1256 (betr einen Zeugen); die Annahme, das Verfahren ruhe, solange nicht ein entsprechender Beschluß des Gerichts ergangen ist, BGH VersR **81**, 1056; ein erst ganz kurz vor der mündlichen Verhandlung gestellter Vertagungsantrag ohne eine anschließende Rückfrage beim Gericht dazu, ob es ihm noch stillschweigend stattgeben werde, BGH NJW **82**, 889; grds das Nichtabholen einer ordnungsgemäß nach § 182 zugestellten Sendung, § 182 Anm 1, 3 B. Wegen eines ,,Kartellanwalts" vgl BGH NJW **78**, 428.

Der Anwalt muß alles Zumutbare für die Vertretung der Partei im Termin getan haben. Deshalb kann kein Anwalt grundsätzlich erwarten, bei seinem Ausbleiben werde das Gericht einen zufällig in einer anderen Sache im Saal oder gar irgendwo im Gerichtsgebäude anwesenden anderen Anwalt bitten, für den Abwesenden einen Sachantrag zu stellen. Selbst wenn das Gericht diesem ,,Vertreter" die Akten zur raschen Einarbeitung überlassen und ihn noch in den Sach- und Streitstand einführen würde, wäre eine solche Aktivität keineswegs mehr als Teil der prozessualen Fürsorgepflicht des Gerichts, Einl III 3 B, anzusehen. Das gilt selbst dann, wenn der anwesende Prozeßgegner mit solcher gerichtlicher Anwaltssuche einverstanden ist oder sie sogar erbittet, ohne das dem gegnerischen Anwalt zugesagt zu haben (andernfalls a). Ob das Gericht zu einer solchen, unter dem vorrangigen Gebot der Unparteilichkeit problematischen Aktivität bereit ist, das ist eine andere Frage. Soweit es die Suche nach einem verhandlungsbereiten Prozeßgegner der anwesenden Partei erlaubt, ist das Gericht allerdings nach § 139 I, II zur fördernden Überprüfung der Anträge der dann Auftretenden verpflichtet.

C. Verfahren. a) Erste Instanz. Die Vertagung erfolgt durch einen Beschluß. Die Anberaumung eines Verkündungstermins für eine Entscheidung nach Lage der Akten stellt keine Vertagung dar.

b) Rechtsmittel. Ein Verstoß macht das Versäumnisurteil auch dann gesetzwidrig, wenn die Tatsachen nicht erkennbar waren, und ermöglicht den Einspruch bzw gemäß § 513 II die Berufung, LAG Ffm NJW **73**, 1719. Gegen eine Vertagung ist sofortige Beschwerde zulässig, Mü MDR **56**, 684, § 336 Anm 1 A. Die höhere Instanz muß bei einem gesetzwidrigen Unterbleiben der Vertagung das Vorliegen einer Versäumung verneinen, vgl § 513 Anm 2, und den Rechtsstreit an das untere Gericht zurückverweisen, Nürnb AnwBl **83**, 29.

2) Neuer Termin. Er ist zu verkünden. Trotzdem ist die säumige Partei abweichend von § 218 zu laden. Der neue Termin ist ein regelrechter Verhandlungstermin. Der Säumige darf in ihm zur Sache verhandeln, abw LAG Düss NJW **61**, 2371 (nur zur Säumnisfrage), dadurch die Säumnisfolgen abwenden, LAG Ffm NJW **63**, 2046, und selbst eine Versäumnisentscheidung erwirken. Wenn der Säumige wieder ausbleibt, so ergeht gegen ihn auf Grund der neuen Verhandlung eine Versäumnisentscheidung.

338 *Einspruch.* **Der Partei, gegen die ein Versäumnisurteil erlassen ist, steht gegen das Urteil der Einspruch zu.**

Schrifttum: Fasching, Die Rechtsbehelfe gegen Versäumnisurteile im deutschen und im österreichischen Zivilprozeß, Festschrift für Baur (1981) 387; Gilles, Rechtsmittel im Zivilprozeß. Berufung, Revision und Beschwerde im Vergleich mit ... dem Einspruch usw, 1972.

1) Einspruch, dazu auch Bettermann ZZP **88**, 418 mwN. Das Versäumnisurteil unterscheidet sich von dem streitmäßigen Urteil ua durch die Zulässigkeit des Einspruchs. Der Einspruch ist kein Rechtsmittel, weil die Entscheidung durch ihn nicht der höheren Instanz anfällt und weil keine Nachprüfung des Versäumnisurteils eintritt. Er ist der einzige zulässige Rechtsbehelf gegen ein Versäumnisurteil, abgesehen von der Wiederaufnahmeklage und dem Fall §§ 345, 513 II. Eine Parteivereinbarung kann ein Versäumnisurteil nicht beseitigen. Einspruch ist gegen ein echtes Versäumnisurteil gegeben, Üb 3 A vor § 330, nicht gegen ein unechtes Versäumnisurteil, Üb 3 B vor § 330. Maßgeblich ist nicht die Bezeichnung, sondern die Art des Zustandekommens und der Inhalt der anzufechtenden Entscheidung, BGH VersR **74**, 1099 und VersR **76**, 251. Die etwaige Unzulässigkeit des inhaltlich aber eindeutig vorliegenden Versäumnisurteils ist für die Zulässigkeit des Einspruchs unerheblich, BGH VersR **73**, 715.

Der Einspruch kann auch gegen einen Teil des Streitgegenstands eingelegt werden, der teilurteilsfähig ist, und zwar evtl noch im Einspruchstermin, Donau MDR **55**, 23, vgl §§ 346, 514, 515, oder nur wegen der Kosten, § 340 II 2; § 99 I ist also unanwendbar. Er steht nur dem Säumigen zu, nicht dem Gegner. Wegen des Rechtsbehelfs bei einem formfehlerhaften Urteil vgl Grdz 4 vor § 511, Köln MDR **69**, 225 (Berufung bzw Revision gegen ein irrig als 2. Versäumnisurteil ergangenes).

2) Berufung. Gegen ein Versäumnisurteil ist Berufung gegeben: **a)** wenn Einspruch unzulässig ist und kein Fall der Versäumung vorlag, § 513 II; **b)** wenn ein unechtes Versäumnisurteil vorliegt, also nur ein scheinbares Versäumnisurteil, in Wahrheit ein streitmäßiges Urteil, Üb 3 B vor § 330.

3) Mischfälle. Gegen ein Urteil, das teilweise auf Grund einer Säumnis, teilweise trotz ihr und insoweit als sog unechtes Versäumnisurteil ergeht, ist teils Einspruch, teils Berufung statthaft, BAG NJW **66**, 212.

4) Aktenlageurteil. Ein Urteil nach Aktenlage unterliegt ausnahmslos den gewöhnlichen Rechtsmitteln.

339 *Einspruchsfrist.* **I** **Die Einspruchsfrist beträgt zwei Wochen; sie ist eine Notfrist und beginnt mit der Zustellung des Versäumnisurteils.**
II Muß die Zustellung im Ausland oder durch öffentliche Bekanntmachung erfolgen, so hat das Gericht die Einspruchsfrist im Versäumnisurteil oder nachträglich durch besonderen Beschluß, der ohne mündliche Verhandlung erlassen werden kann, zu bestimmen.

1) Regelfall, I. Die Einspruchsfrist, die mit dem Grundgesetz vereinbar ist, vgl auch BVerfG **36**, 302, beträgt im Anwaltsprozeß wie im Parteiprozeß zwei Wochen seit der Zustellung des Versäumnisurteils oder des Vollstreckungsbescheids, § 700. Im Arbeitsgerichtsprozeß ist § 64 VII ArbGG zu beachten, vgl Leser DB **77**, 2449. In jenem Verfahren beträgt die Frist eine Woche seit der Zustellung, § 59 S 1 ArbGG, BVerfG NJW **74**, 847, LAG Hamm DB **78**, 896 (nur dort ist eine Belehrung notwendig, § 59 S 3 ArbGG, ohne die die Frist trotz einer Zustellung nicht beginnt, BVerfG **36**, 303). Ausnahmen von diesen Fristen gelten bei einer Zustellung im Ausland oder bei einer öffentlichen Zustellung, BVerfG **36**, 305. Wegen einer Kurzausfertigung im arbeitsgerichtlichen Beschlußverfahren BAG NJW **74**, 1156, im arbeitsgerichtlichen Urteilsverfahren LAG Hbg NJW **75**, 951 mwN.

Die Frist ist eine Notfrist, § 223 III. Das Gericht muß sie von Amts wegen prüfen, § 341 I. Wegen der Notfrist ist eine Wiedereinsetzung zulässig, §§ 233 ff, jedoch keine Abkürzung oder Verlängerung, § 224 I. Die Notfrist beginnt mit der Zustellung des Versäumnisurteils im Prozeß, nicht etwa mit einer Zustellung außerhalb des Prozesses zur Streitverkündung. Maßgeblich ist die zeitlich letzte derjenigen Zustellungen, die vAw gemäß § 317 I erfolgen müssen, Ffm NJW **81**, 291, Nürnb NJW **78**, 832 mwN (krit Schneider), vgl Gilleßen-Jakobs DGVZ **77**, 110. Bei § 310 III ist also uU die Zustellung an den Gläubiger maßgeblich. Nicht maßgeblich ist die meist später beginnende Zustellung durch den Gläubiger gemäß § 750 I 2, vgl Bischof NJW **80**, 2236. Ein Zustellungsmangel heilt nicht, § 187 S 2.

Ein Einspruch ist bedingt und deshalb unstatthaft, wenn er bei § 310 I vor der Verkündung, Habscheid NJW **65**, 2375, ThP 1, ZöSt 1, abw StJSchul I, bei § 310 III vor der Zustellung eingelegt wird, Unnützer NJW **78**, 986, abw ThP 1 (bei § 310 III sei der Ein-

3. Titel. Versäumnisurteil §§ 339, 340 1, 2

spruch ab erster Hinausgabe durch die Geschäftsstelle zulässig). Bei § 310 I ist der Einspruch zulässig, der nach der Verkündung, aber vor der Zustellung eingelegt wird. Die 5-Jahres-Frist des § 586 ist unanwendbar. Möglicherweise muß der Einspruch aber als verwirkt angesehen werden, BGH **LM** Nr 2. Für den Fristbeginn ist unerheblich, ob das Versäumnisurteil zu Recht oder zu Unrecht erlassen wurde, BGH VersR **73**, 715, Franzki NJW **79**, 10.

2) Zustellung im Ausland usw, II. Bei einer Zustellung im Ausland, §§ 199 ff (wegen der DDR Einl III 8 B), die nur dann infrage kommt, wenn kein Zustellungsbevollmächtigter nach § 174 II besteht und eine Aufgabe zur Post nach § 175 I 2 ausscheidet, und bei einer öffentlichen Zustellung, §§ 203 ff, muß das Gericht, nicht der Vorsitzende, die Einspruchsfrist von Amts wegen im Versäumnisurteil bestimmen. Wenn das versäumt worden ist, dann wird die Frist durch einen besonderen Beschluß auf eine freigestellte mündliche Verhandlung bestimmt. Der Beschluß, der die Frist bestimmt, die ebenfalls eine Notfrist ist, ist grundsätzlich zu begründen, § 329 Anm 1 A b. Er ist dem Antragsteller formlos mitzuteilen, § 329 II 1, und dem Säumigen von Amts wegen zuzustellen, § 329 II 2. Die Bewilligung der öffentlichen Zustellung des Versäumnisurteils umfaßt eine Zustellung des Beschlusses. Die Einspruchsfrist läuft seit der Zustellung des Versäumnisurteils oder, bei einem besonderen Beschluß, seit dessen Zustellung, jedoch nicht vor der Zustellung des Versäumnisurteils. Die Bestimmung ist eine prozeßleitende Maßnahme. Sie ist daher stets unanfechtbar. Sie wirkt auch dann, wenn ihre Voraussetzungen fehlten und wenn nachher im Inland zugestellt wird.

Eine Zustellung durch Aufgabe zur Post nach § 175 II ist keine Zustellung im Ausland, § 175 Anm 1 C, § 199 Anm 1 A.

340 *Einspruchsschrift. Inhalt.* [I] Der Einspruch wird durch Einreichung der Einspruchsschrift bei dem Prozeßgericht eingelegt.

[II] Die Einspruchsschrift muß enthalten:
1. die Bezeichnung des Urteils, gegen das der Einspruch gerichtet wird;
2. die Erklärung, daß gegen dieses Urteil Einspruch eingelegt werde.
Soll das Urteil nur zum Teil angefochten werden, so ist der Umfang der Anfechtung zu bezeichnen.

[III] In der Einspruchsschrift hat die Partei ihre Angriffs- und Verteidigungsmittel, soweit es nach der Prozeßlage einer sorgfältigen und auf Förderung des Verfahrens bedachten Prozeßführung entspricht, sowie Rügen, die die Zulässigkeit der Klage betreffen, vorzubringen. Auf Antrag kann der Vorsitzende für die Begründung die Frist verlängern, wenn nach seiner freien Überzeugung der Rechtsstreit durch die Verlängerung nicht verzögert wird oder wenn die Partei erhebliche Gründe darlegt. § 296 Abs. 1, 3, 4 ist entsprechend anzuwenden. Auf die Folgen einer Fristversäumung ist bei der Zustellung des Versäumnisurteils hinzuweisen.

1) Einlegung, I. Man legt den Einspruch dadurch ein, daß man bei demjenigen Gericht, das das Versäumnisurteil erlassen hat, eine Einspruchsschrift einreicht. Beim AG kann das auch zu Protokoll jeder Geschäftsstelle geschehen, §§ 496 II, 129a, auch zu Protokoll des Richters, Einf 1 vor §§ 159–165. Zum Begriff der Einreichung § 496 Anm 2. Über die telegrafische Einlegung § 129 Anm 1 C, vgl auch BVerfG **36**, 304 (evtl erfolgt eine telefonische Aufgabe oder Durchsage). Wenn das Revisionsgericht ein streitmäßiges Urteil des OLG in ein Versäumnisurteil umändert, dann ist der Einspruch beim OLG einzureichen.

Der Einspruch ist unentbehrlich, um das Versäumnisurteil zu beseitigen. Die Parteien können ihn weder durch einen gemeinsamen Beschluß, ihn nicht geltend zu machen, noch durch gemeinsame Verhandlungsbereitschaft erübrigen. Wegen des einseitigen Verzichts § 346.

Im arbeitsgerichtlichen Verfahren sind §§ 59 S 2, 64 VII ArbGG zu beachten und besteht in der Berufungsinstanz kein Anwaltszwang, BAG NJW **57**, 1652.

2) Inhalt der Einspruchsschrift, II. A. Erfordernisse. Notwendig ist folgender Inhalt:
a) Die Bezeichnung des Versäumnisurteils. Anzugeben sind Gericht, Datum und Aktenzeichen; **b)** die Erklärung, man lege Einspruch ein. Jede Förmelei ist zu vermeiden. Wenn sich aus der Eingabe ergibt, daß der Säumige das Versäumnisurteil nicht hinnehmen will, dann sind damit die Anforderungen II Z 2 erfüllt. Eine Entschuldigung reicht nur aus, wenn erkennbar wird, daß der Absender auch etwaigen nachteiligen Folgen begegnen will, BAG NJW **71**, 1479; es ist aber eine großzügige Auslegung geboten. Deshalb ist ein verspäteter

Widerspruch gegen einen Mahnbescheid in einen Einspruch gegen den Vollstreckungsbescheid umdeutbar, abw **LG Dortm NJW 63**, 913; **c)** evtl die Bezeichnung desjenigen Teils des Versäumnisurteils, auf den sich der Einspruch beschränkt. Man kann einen beliebigen Teil anfechten oder die Anfechtung nur gegen einzelne der Gegner durchführen, vgl auch **Mü VersR 66**, 42; **d)** grundsätzlich gleichzeitig die Einspruchsbegründung, III, Anm 3 A–D.

Wenn ein Anwalt eine Berufung einlegt, dann ist zu prüfen, ob er wirklich (nur) eine Berufung oder nicht vielmehr (zumindest auch) einen Einspruch meint. Eine Unterschrift ist erforderlich, **BGH LM** § 338 Nr 1, **ThP** 1, aM (sie könne fehlen, soweit die Nämlichkeit und der Einreichungswille erkennbar sei) **LG Karlsr VersR 73**, 852 (auch wegen **BVerfG NJW 63**, 755), vgl **Späth VersR 72**, 24. Sehr weitgehend will **BAG BB 75**, 842 den Einspruch einer von zwei Gesellschaften dann, wenn in Wahrheit die andere verurteilt worden war, der letzteren Gesellschaft zugute halten.

B. Verstoß. Ein Verstoß gegen II führt zur Verwerfung des Einspruchs als unzulässig, § 341.

3) Einspruchsbegründung, III. Sie ist zur Vermeidung erheblicher Rechtsnachteile grds notwendig und nur nach einem Vollstreckungsbescheid entbehrlich, § 700 III 2 Hs 2, freilich auch dort zulässig.

A. Grundsatz, S 1. Die Einspruchsbegründung muß grundsätzlich bereits in der Einspruchsschrift erfolgen. Wenn die Einspruchsschrift noch vor dem Ablauf der Einspruchsfrist des § 339 eingeht, dann kann der Säumige die Einspruchsbegründung trotz des mißverständlichen Gesetzeswortlauts noch während der Einspruchsfrist ohne weiteres nachholen, **Mü NJW 77**, 1972, **Schlesw SchlHA 82**, 73, **Kramer NJW 77**, 1659, **Putzo AnwBl 77**, 434, vgl auch **BGH 75**, 140, **ThP** 2 d, aM **Nürnb NJW 81**, 2266 (die Mindestfrist zur Klagerwiderung, vgl § 276 I 1, 2, sei stets mitzubeachten). Die Begründungsfrist endet erst zusammen mit der Einspruchsfrist und nur dann, wenn das Gericht den Säumigen auf die Folgen einer Fristversäumnis spätestens bei der Zustellung des Versäumnisurteils hingewiesen hatte, III 4. Ein derartiger Hinweis braucht allerdings noch nicht im Versäumnisurteil selbst gegeben zu werden, wie **BR-Drs** 551/74 irrig meint.

B. Fristverlängerung, S 2. a) Grundsatz. Ausnahmsweise darf der Einspruch noch nach dem Ablauf der Einspruchsfrist begründet werden, wenn folgende Voraussetzungen zusammentreffen:

aa) Antrag. Es muß ein entsprechender Antrag gestellt worden sein. Anwaltszwang herrscht wie sonst.

bb) Weitere Anforderungen. Außerdem muß eine der beiden weiteren Voraussetzungen erfüllt sein:

aaa) Keine Verzögerung. Entweder darf durch eine Verlängerung der Begründungsfrist keine Verzögerung eintreten, § 296 Anm 2 C b aa.

bbb) Erhebliche Gründe. Oder der Antragsteller muß für die Notwendigkeit einer längeren Begründungsfrist erhebliche Gründe darlegen können. Eine Glaubhaftmachung ist hierzu nicht ausdrücklich vorgeschrieben, aber ratsam. In diesem Falle ist eine Verzögerung unschädlich. Es muß freilich abgewogen werden, wie lange die vorgebrachten Gründe eine Verzögerung rechtfertigen können. „Erheblich" bedeutet: weniger als „zwingend", aber mehr als „beachtlich". Vgl §§ 227 I, 519 II 3.

b) Weitere Einzelfragen. Eine Verlängerung nach dem Ablauf der ursprünglichen Begründungsfrist ist begrifflich möglich und wirksam, falls wenigstens der Verlängerungsantrag bei Gericht vor dem Ablauf der ursprünglichen Begründungsfrist eingegangen ist, § 519 Anm 2 entsprechend. Die Verlängerung erfolgt durch den Vorsitzenden oder den Einzelrichter nach seinem pflichtgemäßen Ermessen durch einen Beschluß. Er ist grundsätzlich zu begründen, § 329 Anm 1 A b. Die Verlängerung ist keine Notfrist. Sie ist formlos mitzuteilen, § 329 Anm 6 A b, denn der Beginn der alten Frist ist unverändert geblieben. Weitere Einzelheiten vgl § 519 Anm 1. Im arbeitsgerichtlichen Verfahren ist III anwendbar, **Lorenz BB 77**, 1003, III 2 großzügig anwendbar, **Philippsen pp NJW 77**, 1135.

C. Verspäteter Eingang, S 3. Wenn die Einspruchsbegründung nach dem Ablauf der gesetzlichen oder der richterlichen Frist eingeht, wird das Vorbringen als verspätet zurückgewiesen, sofern die Voraussetzungen des § 296 I, **BGH 75**, 141, oder des § 296 III, IV vorliegen. Das Vorbringen wird also nur dann zugelassen, wenn keine Verzögerung eintritt oder wenn die Verzögerung glaubhaft entschuldigt ist. Es reicht aus, daß das Gericht den Vortrag im Einspruchstermin erledigen kann, vgl **BGH 76**, 173. Das Gericht muß ihn sachgerecht vorbereiten, § 341 a I.

Die Vorschrift ist zB dann unanwendbar, wenn der Vorsitzende die Terminsverfügung zum versäumten Termin nur mit einem Handzeichen unterschrieben hatte, § 216 Anm 2 B, LAG Hamm MDR **82**, 1053 mwN.

D. Begründungsinhalt, S 1. Es gelten zumindest dieselben Anforderungen wie bei §§ 277 I, 282 I 1, III, Schlesw SchlHA **82**, 73. Die Anforderungen sind jedoch eher zu verschärfen, denn es ist schon zu einem Versäumnisurteil gekommen. Falls das Versäumnisurteil gegen den Kläger erging, muß er jetzt alle auch nur evtl möglichen Ergänzungen der Klageschrift vornehmen und zugleich auf eine etwaige bereits vorliegende Klagerwiderung antworten, Kramer NJW **77**, 1660.

Eine Bezugnahme auf frühere Schriftsätze kann allerdings genügen. In welchem Umfang der Einspruch begründet werden muß, hängt vom Verfahrensstadium mit ab, Kramer NJW **77**, 1659. Bei einem Teileinspruch ist es ratsam, die Abgrenzung nicht nur im Antrag, sondern auch in der Begründung so zu verdeutlichen, daß der Umfang der Rechtskraft des Versäumnisurteils eindeutig wird. Das Gericht hat auch insofern eine Fragepflicht, § 139.

E. Hinweispflicht, S 4. Zu ihrem Zeitpunkt s bei A. Inhaltlich muß der Hinweis so gehalten werden, daß im Parteiprozeß auch der nicht Rechtskundige ohne eine Nachfrage verstehen kann, was er beachten muß. Daher ist eine bloße Bezugnahme auf § 296 nur im Anwaltsprozeß ausreichend. Andererseits ist kein Roman notwendig. Grundsätzlich erfolgt nur eine Belehrung über die Folgen einer nicht fristgerechten Begründung, nicht auch eine Belehrung über die Dauer und die Einhaltung der Einspruchsfrist, Bischof ZRP **78**, 105. Bei Verwendung von Belehrungsformularen sollte das Gericht ein Exemplar zu den Akten nehmen, damit der Wortlaut der Belehrung ohne weiteres nachprüfbar ist.

F. Verstoß. Ein Verstoß gegen die Form oder die Frist des III, also auch das Fehlen einer jeglichen Begründung, ist wie bei C zu behandeln, BGH NJW **80**, 1103, Mü MDR **78**, 61 und OLGZ **79**, 233, Nürnb NJW **78**, 2251 mwN, Baur ZZP **91**, 331, Grunsky ZZP **92**, 108, Jauernig § 67 III. Eine Zurückweisung wegen Verspätung kommt also sowohl bei einem Verstoß gegen die gesetzliche Frist zur Einspruchsbegründung in Betracht, BGH NJW **81**, 928 (insofern zustm Deubner), als auch dann, wenn die Partei eine vom Vorsitzenden nach III 2 verlängerte Frist nicht eingehalten hat. Enthält die vorhandene und rechtzeitig eingegangene Einspruchsbegründung inhaltlich Mängel, so können diese natürlich erst im Rahmen von § 343 berücksichtigt werden.

Eine, wenn auch gesetzwidrige, Zulassung des verspäteten Vortrags ist unanfechtbar und für das Rechtsmittelgericht bindend, BGH NJW **81**, 928.

340 a
Einspruchsschrift. Zustellung. **Die Einspruchsschrift ist der Gegenpartei zuzustellen. Dabei ist mitzuteilen, wann das Versäumnisurteil zugestellt und Einspruch eingelegt worden ist. Die erforderliche Zahl von Abschriften soll die Partei mit der Einspruchsschrift einreichen.**

1) Zustellung, Mitteilung. Die Einspruchsschrift wird von Amts wegen zugestellt, § 270 I, und zwar an jeden Gegner des Einsprechenden. Die Zustellung erfolgt unverzüglich nach dem Eingang des Einspruchs, ohne daß der Einspruch auf seine Zulässigkeit geprüft wird. Zuständig ist der Urkundsbeamte der Geschäftsstelle, § 270 Anm 2 C. Er fertigt in der Regel die in S 2 vorgeschriebene Mitteilung ohne eine Vorlage beim Vorsitzenden an. Eine Ausnahme gilt nur dann, wenn der Vorsitzende angeordnet hat, ihm den Einspruch zuvor vorzulegen, oder wenn der Urkundsbeamte Zweifel über das Datum der Zustellung und/oder über den Zeitpunkt des Eingangs des Einspruchs hat. Einzelheiten wie § 519 a Anm 1, vgl auch § 553 a II 2. Eine etwaige Ladung zum Einspruchstermin, § 341 a, ist mit der Mitteilung nach § 340 a zu verbinden.

Der Sinn der Vorschrift besteht in einer Erleichterung des Verfahrens nach § 341 I–II, aber auch desjenigen nach § 341 a. Der Einspruch kann erst dann gemäß § 341 II als unzulässig verworfen werden, wenn eine dem Gegner zu setzende angemessene Äußerungsfrist abgelaufen ist, § 278 III, vgl BGH VersR **75**, 899. Denn der Gegner kann an einer mündlichen Verhandlung interessiert bzw durch einen Beschluß gemäß § 341 II und das dann notwendige weitere Verfahren beschwert sein.

2) Abschrift. Eine beglaubigte Abschrift ist nicht mehr erforderlich; wenn sie nicht mit eingereicht wurde, fertigt der Urkundsbeamte der Geschäftsstelle sie auf Kosten der Partei an, KV 1900 Z 1 b.

341 *Einspruchsprüfung.* **I Das Gericht hat von Amts wegen zu prüfen, ob der Einspruch an sich statthaft und ob er in der gesetzlichen Form und Frist eingelegt ist. Fehlt es an einem dieser Erfordernisse, so ist der Einspruch als unzulässig zu verwerfen.**

II Die Entscheidung kann ohne mündliche Verhandlung durch Beschluß ergehen. Sie unterliegt in diesem Falle der sofortigen Beschwerde, sofern gegen ein Urteil gleichen Inhalts die Berufung stattfinden würde.

Schrifttum: Rüßmann, Das Erfordernis einer Beschwer zur Geltendmachung von Rechtsbehelfen usw, Diss Ffm 1967.

1) Amtsprüfung, I. Das Gericht muß von Amts wegen prüfen, ob folgende unverzichtbaren Zulässigkeitsvoraussetzungen vorliegen: **a)** ob der Einspruch statthaft ist, § 338, ob also ein echtes Versäumnisurteil vorliegt und ob ein Einspruch eines Säumigen eingegangen ist, ferner ob der Einspruch nach § 238 II oder nach § 345 unzulässig ist; **b)** ob der Einspruch in der gesetzlichen Form und Frist eingegangen ist, §§ 339, 340; bei einem Verstoß gegen § 340 III gilt allerdings § 340 Anm 3 C, denn § 340 III erwähnt in Abweichung von §§ 519b I 1, 554a I 1 eine rechtzeitige Begründung nicht. Wenn der Säumige alle Unterlagen für die Fristwahrung und Formwahrung beigebracht hat, dann muß der Gegner ihn widerlegen, etwa eine frühere Urteilszustellung darlegen; **c)** ob kein wirksamer Verzicht auf den Einspruch und keine wirksame Einspruchsrücknahme vorliegen, § 346, vgl aber auch § 340 Anm 1.

Die Voraussetzungen a–c werden auch in der Berufungs- und Revisionsinstanz von Amts wegen geprüft, BGH **LM** Nr 2 mwN (es handele sich um „Prozeßfortsetzungsbedingungen"), BAG **AP** § 178 BGB Nr 1, und zwar vor der (erneuten) Prüfung der Begründetheit des Klaganspruchs. Daher ist sie zu Protokoll, § 160 III Z 6, vor einer Verweisung festzustellen. Im Fall eines diesbezüglichen Verstoßes muß das Gericht, an das verwiesen wurde, die Prüfung wegen der Bindungswirkung des Verweisungsbeschlusses vornehmen, BGH **NJW 76,** 676. Es findet aber keine Ermittlung von Amts wegen statt. § 295 ist unanwendbar.

Fehlt ein eindeutiger Zustellungsnachweis, so ist die Zustellung als nicht erfolgt zu behandeln, vgl Köln Rpfleger **76,** 102, Hamann NJW **70,** 744 (je zum alten Recht). Eine etwaige Gesetzwidrigkeit des Versäumnisurteils bleibt bis zur Feststellung der Ordnungsmäßigkeit des Einspruchs unbeachtlich; erst dann tritt eine Rückwirkung nach § 342 ein, falls nicht § 345 eingreift, dort Anm 1 A b. Die Regelung ist im arbeitsgerichtlichen Urteilsverfahren anwendbar, BAG NJW **78,** 2215, ArbG Rosenheim BB **78,** 310 (der Beschluß nach II erfolgt durch den Vorsitzenden, § 53 I ArbGG), Lorenz BB **77,** 1003, Philippsen pp NJW **77,** 1135.

2) Verfahren, I, II. A. Grundsatz. Eine mündliche Verhandlung ist freigestellt. Sie steht im freien, nicht nachprüfbaren Ermessen des Gerichts. Ein Antrag ist unnötig. Stets muß das rechtliche Gehör gewährt werden, soweit dies nicht schon geschehen ist, BGH VersR **75,** 899.

B. Urteil, I. Nach einer mündlichen Verhandlung gilt folgendes:

a) Einspruch zulässig. Dann gilt folgendes:

aa) Gegner des Einsprechenden verhandelt. Ist der Einspruch zulässig, so ergeht ein Zwischenurteil, § 303, oder die Zulässigkeit wird in den Gründen des Endurteils, auch eines Versäumnisurteils, angenommen.

bb) Gegner des Einsprechenden säumig. Dann ist das Versäumnisurteil aufzuheben und eine neue Entscheidung zu treffen, § 343, also auf Antrag des Einsprechenden ein (erstes) Versäumnisurteil gegen seinen Gegner zu erlassen. In ihm muß das Gericht wegen I 1, II 1 die Zulässigkeit des Einspruchs abweichend von § 313b in Entscheidungsgründen feststellen.

b) Einspruch unzulässig. Ist der Einspruch unzulässig, so wird er durch ein Endurteil verworfen. Dieses ist bei einer Säumnis des Einsprechenden ein echtes Versäumnisurteil, Üb 3 A vor § 330 (nach LAG Hbg NJW **75,** 952 mwN, ZöSt 2a ein unechtes Versäumnisurteil), offen Bbg JB **77,** 243, abw StJSchul II, ThP 3a. Es findet keine Sachprüfung statt. Mit ihm erledigt sich ohne weiteres eine etwa vor der Verwerfung zugelassene Verhandlung zur Hauptsache mit allen ihren Prozeßhandlungen. Einen neuen Einspruch gegen das Versäumnisurteil hindert das Verwerfungsurteil nicht, sofern der neue Einspruch den gesetzlichen Erfordernissen genügt, namentlich die Frist wahrt und eine rechtzeitige Begründung enthält, oder wenn Wiedereinsetzung gewährt wird, KG OLGZ **68,** 35. Eine ausdrückliche Aufrechterhaltung des mit dem Einspruch angefochtenen Versäumnisurteils ist zwar nicht notwendig, aber auch unschädlich, aM LAG Ffm BB **82**, 1925. Für die Kosten gilt § 97 I entsprechend. Die Entscheidung wird als ohne Sicherheitsleistung vorläufig vollstreckbar erklärt, § 708 Z 3.

c) Säumnis der Einsprechenden. Dann gilt folgendes:

aa) Einspruch zulässig. Die Voraussetzungen des I sind erfüllt, was der Erschienene nachweisen muß: Der Einspruch wird durch ein sog Zweites Versäumnisurteil verworfen, § 345.

bb) Einspruch unzulässig. Andernfalls wird der Einspruch durch echtes Versäumnisurteil als unzulässig verworfen, insofern auch ThP § 345 Anm 1a, aM Blunck MDR **73**, 473, RoS § 108 VII 4 (bei c erfolge stets ohne eine Zulässigkeitsprüfung eine Verwerfung gemäß § 345).

Die Entscheidung wird als ohne Sicherheitsleistung vorläufig vollstreckbar erklärt, § 708 Z 3.

C. Beschluß, II. Findet keine mündliche Verhandlung statt, so wird der Einspruch nach einer Anhörung des Gegners des Einsprechenden, § 340a Anm 1, BGH VersR **75**, 899, durch Beschluß gemäß II 1 als unzulässig verworfen. Dieser Beschluß muß begründet und beiden Parteien zugestellt werden, da er anfechtbar ist.

D. Erneute Einlegung. Man kann den bisher unzulässigen Einspruch erneut und damit evtl jetzt zulässig einlegen, solange seine Frist noch läuft und eine Verwerfungsentscheidung noch nicht rechtskräftig ist.

3) Rechtsmittel. A. Gegen Urteil. Gegen ein Endurteil, das den Einspruch als unzulässig verwirft, ist Berufung wie sonst zulässig. Gegen ein Versäumnisurteil, das den Einspruch verwirft, ist Berufung nur im Rahmen von § 513 II zulässig. In den Fällen B c bb ist auch ein neuer Einspruch gegen das alte Versäumnisurteil zulässig. Ist ein Mangel behebbar, so gilt § 335 Anm 2. Das die Zulässigkeit feststellende Zwischenurteil ist nur zusammen mit dem folgenden Endurteil anfechtbar.

B. Gegen erstinstanzlichen Beschluß. Gegen einen Beschluß, durch den das AG oder LG den Einspruch verwirft, ist die sofortige Beschwerde zulässig, soweit gegen ein Urteil des gleichen Inhalts die Berufung zulässig wäre, §§ 511, 511a. Soweit das rechtliche Gehör versagt worden war, kann die sofortige Beschwerde auch ohne eine Erreichung des Beschwerdewerts zulässig sein, LG Zweibr MDR **80**, 675, aM ThP § 4 b bb. Für die sofortige Beschwerde gegen einen Beschluß des AG besteht Anwaltszwang nur dann, wenn das FamG in einer Sache des § 78 I 2 Z 1–3 entschieden hat, § 569 II 2. Gegen die Verwerfung der sofortigen Beschwerde als unzulässig ist die weitere sofortige Beschwerde statthaft, BGH VersR **82**, 1169, BayObLG NJW **82**, 2453.

C. Gegen zweitinstanzlichen Beschluß. Gegen den Beschluß des Berufungsgerichts ist gemäß §§ 542 III, 567 III 2 ebenfalls sofortige Beschwerde zulässig, dazu BGH NJW **78**, 1437, soweit entweder gegen ein entsprechendes Urteil die zulassungsfreie Revision statthaft wäre oder soweit das OLG die sofortige Beschwerde zugelassen hat, BGH NJW **82**, 1104. Anwaltszwang besteht auch nur, wenn das FamG in 1. Instanz gemäß § 78 I 2 Z 1–3 entschieden hatte. Man kann die sofortige Beschwerde in Bayern beim BayObLG einlegen, BGH NJW **62**, 1617. Die weitere sofortige Beschwerde richtet sich nach § 568a, BGH VersR **82**, 1169.

341a *Termin zur mündlichen Verhandlung.* **Wird der Einspruch nicht durch Beschluß als unzulässig verworfen, so ist der Termin zur mündlichen Verhandlung über den Einspruch und die Hauptsache zu bestimmen und den Parteien bekanntzumachen.**

1) Terminsbestimmung. Mangels Verwerfung ohne mündliche Verhandlung, § 341 II, evtl also erst unverzüglich nach dem Eingang einer dem Gegner des Einsprechenden nach § 340a Anm 1 anheimgegebenen Äußerung, bestimmt das Gericht einen Termin und macht ihn den Parteien bekannt, selbst wenn der Einspruch evtl unzulässig ist, Schlesw SchlHA **77**, 128. Die Terminsbestimmung erfolgt durch den Vorsitzenden bzw den Einzelrichter des § 348 oder den Vorsitzenden der Kammer für Handelssachen, § 349, von Amts wegen. Er bestimmt den Termin zur mündlichen Verhandlung „(nur) über den Einspruch", § 146, oder „über den Einspruch und zur Hauptsache"; letzteres ist auch im Zweifel gemeint, BGH NJW **82**, 888 mwN. Die Ladungsfrist, § 217, ist gegenüber beiden Parteien zu wahren, Mü VersR **74**, 675, da die Bekanntmachung zwar nicht förmlich, aber der Sache nach eine Ladung ist.

Im übrigen muß der Vorsitzende den Termin aber nach §§ 216 II unverzüglich und nach § 272 III so früh wie möglich ansetzen, also auf den nächsten freien Terminstag, Deubner NJW **80**, 294, aM ZöSt 1. Das gilt erst recht seit dem Inkrafttreten der VereinfNov. Dies alles übersehen zB BGH NJW **80**, 1105, Hamm NJW **80**, 294, Mü OLGZ **79**, 481, bei der verfehlten Ansicht, im Rahmen von § 273 dürfe und müsse das Gericht selbst bei einem verspäteten Vortrag noch den Termin so weit hinausschieben, daß eine Verzögerung abgewendet werden könne. Das Gericht führt durch solche Handhabung gerade erst die Verzögerung herbei! Wie hier BGH NJW **81**, 286, ThP 2.

In einer Familiensache ist die Sonderregel des § 629 II 2 zu beachten.

2) Bekanntmachung. Der Urkundsbeamte der Geschäftsstelle führt die Bekanntgabe durch, § 274 I. Er stellt sie beiden Parteien zu. Spätestens gleichzeitig ist dem Einspruchsgegner die Einspruchsfrist zuzustellen, § 340a. Beim AG genügt bei der einlegenden Partei die mündliche Mitteilung, falls diese gemäß § 497 II möglich war. Die Bekanntmachung erfolgt gegenüber sämtlichen Streitgenossen. Sie ist dem Streithelfer dann zuzustellen, wenn er als solcher aufgetreten war. Wenn er Einspruch einlegt, wird auch die Hauptpartei geladen.

Bei einem Mangel der Ladung gilt § 335 I Z 2; es ist dann also keine neue Versäumnisentscheidung zulässig.

342 Wirkung des Einspruchs. Ist der Einspruch zulässig, so wird der Prozeß, soweit der Einspruch reicht, in die Lage zurückversetzt, in der er sich vor Eintritt der Versäumnis befand.

Schrifttum: Münzberg, Die Wirkungen des Einspruchs im Versäumnisverfahren, 1959.

1) Allgemeines. Der zulässige Einspruch bewirkt, soweit er reicht, § 340 II 2, außer im Fall des vorrangigen § 345, dort Anm 1 A b: **a)** Die Rechtskraft des Versäumnisurteils ist gehemmt, § 705 S 2. Die Zwangsvollstreckung wird nicht beeinflußt. Das Gericht kann die Zwangsvollstreckung aber einstellen, § 719 I; **b)** der Prozeß wird in den Stand vor dem Eintritt der Säumnis zurückversetzt. Beide Wirkungen treten kraft Gesetzes ein. Die Wiederherstellung des früheren Zustands hat zur Folge, daß alles als nicht geschehen unterstellt wird, was nach dem Eintritt der Säumnis geschehen ist. Es entfällt also auch eine Bindungswirkung des Versäumnisurteils, § 318.

2) Vorherige Verspätung. Somit gilt bei § 331 III ein Vorbringen als rechtzeitig, das an sich als verspätet behandelt worden wäre, wenn die Partei es innerhalb der Frist des § 340 III nachholt, BGH (8. ZS) **76**, 177 mwN und NJW **81**, 1379, vgl auch Düss NJW **81**, 2264, ferner zB Hamm NJW **80**, 294, KG NJW **80**, 2363, Mü NJW **79**, 2619 mwN, Oldb NJW **79**, 2619, LG Aachen MDR **78**, 851, jetzt auch Deubner NJW **83**, 403, Overrath DRiZ **80**, 254, offen BGH (7. ZS) **75**, 141 und NJW **80**, 1103 mwN, krit Franzki NJW **79**, 13, abw Schneider MDR **79**, 713, aM insofern Zweibr MDR **79**, 321 (vgl aber jetzt Zweibr MDR **80**, 585), LG Bln NJW **79**, 374, LG Freib/Br NJW **80**, 295, Deubner NJW **79**, 342, ferner aM offenbar LG Zweibr MDR **78**, 941, ferner LG Münst NJW **78**, 2558 (abl Messer), Kramer NJW **77**, 1660.

Damit können freilich die Bestrebungen der VereinfNov ebenso wie bei § 528 in höchst unerfreulicher Weise unterlaufen werden; Schneider NJW **80**, 947 spricht von einer „Flucht in das Versäumnisurteil", ebenso Leipold ZZP **93**, 251. Daran ändert entgegen BGH (8. ZS) **76**, 178 auch nicht das Kostenrisiko nach § 344 noch das Risiko der vorläufigen Vollstreckbarkeit des Versäumnisurteils noch der nur begrenzte Umfang solcher Maßnahmen etwas, die das Gericht nach §§ 341a, 273 treffen darf und muß. In vielen Fällen kann der zunächst Säumige nämlich alle diese Risiken durchaus hinnehmen, um überhaupt noch mit dem verspäteten Vortrag gehört zu werden, notfalls mit Hilfe von ihm selbst herbeigeschaffter (sistierter) Zeugen.

Aber der Wortlaut des Gesetzes ist eindeutig. Er muß selbst bei offenbaren gesetzgeberischen Unsauberkeiten wie hier respektiert werden. Zur Annahme eines bloßen Redaktionsversehens besteht keine ausreichende Möglichkeit. Mag das Gesetz schleunigst in diesem wesentlichen Punkt bereinigt werden.

3) Weitere Einzelfragen. Ferner ergeben sich folgende Konsequenzen: Frühere Anerkenntnisse, Geständnisse, sonstige Parteierklärungen, Beweisbeschlüsse und Beweiserhebungen und -ergebnisse treten wieder in Kraft; die nach § 332 vorgenommene Unterstellung des Wegfalls fällt also ihrerseits weg. Ebenso entfällt die Wirkung der Einlassung nach § 296 III durch Beantragung des Versäumnisurteils. Wenn der Kläger die Klage vorher ohne eine Einwilligung des Bekl zurücknehmen konnte, so kann er das jetzt noch tun, BGH **4**, 328.

In Kraft bleiben das Versäumnisurteil selbst, § 343 Anm 1 A, sowie alles, was die Unterstellung des § 332 unberührt ließ. So kann zB der Bekl einen einmal geheilten Mangel der Klage nicht erneut rügen. Im übrigen bindet ihn aber ein nach § 295 eingetretener Verzicht nicht mehr. Der säumig gewesene Bekl kann zB jetzt erstmalig die Rüge des Fehlens einer Kostensicherheitsleistung erheben, Bre NJW **62**, 1822. Wegen eines sofortigen Anerkenntnisses nach dem Einspruch § 93 Anm 2 A. Ein Zwischenurteil wird wieder bindend, § 318.

343 *Neue Entscheidung.* **Insoweit die Entscheidung, die auf Grund der neuen Verhandlung zu erlassen ist, mit der in dem Versäumnisurteil enthaltenen Entscheidung übereinstimmt, ist auszusprechen, daß diese Entscheidung aufrechtzuerhalten sei. Insoweit diese Voraussetzung nicht zutrifft, wird das Versäumnisurteil in dem neuen Urteil aufgehoben.**

1) Neue Entscheidung. A. Sachentscheidung. Das Versäumnisurteil kann als Staatsakt nicht mit dem Einspruch ohne weiteres verschwinden. Es bleibt bestehen, solange es nicht aufgehoben ist. Auf Grund der neuen mündlichen Verhandlung ist ein neues Urteil zu erlassen. § 343 gilt, soweit der Einspruch zulässig ist (andernfalls gilt § 341) und der Einsprechende nicht säumig ist; bei seiner Säumnis gilt § 345.

Das neue Urteil entscheidet über den Klaganspruch. Es lautet: **a)** bei einer inhaltlich im Ergebnis, wenn auch vielleicht mit anderer Begründung, gleichen Entscheidung auf Aufrechterhaltung des Versäumnisurteils, mag dieses der Klage stattgegeben oder sie abgewiesen haben; **b)** bei einer inhaltlich abweichenden Entscheidung auf Aufhebung des Versäumnisurteils (Aufhebungsverfahren) und anderweitige Entscheidung (Ersetzungsverfahren). Eine Aufhebung statt einer bloßen Änderung erfolgt aber nur, soweit sich sachlichrechtlich auch im Ergebnis etwas ändert, nicht bei einer bloßen Klarstellung oder Ergänzung der Urteilsformel. Denn sonst bestünde zB die Gefahr eines endgültigen Rangverlustes, Köln NJW **76**, 113 mwN, § 776 Anm 2. Stets ist auf Klarheit und Einfachheit der Urteilsformel zu achten; eine bloße „Aufrechterhaltung mit der Maßgabe" ist möglichst zu vermeiden.

Stets muß über die Kosten entschieden werden, § 344. Eine Vorabentscheidung über den Grund, § 304, darf das Versäumnisurteil nicht aufheben; diese Aufhebung ist der Entscheidung über den Betrag vorbehalten. Ein Zwischenurteil nach § 303 oder eine Verweisung berühren das Versäumnisurteil nicht. Wenn die Aufhebung versehentlich unterbleibt, ist das neue Urteil zu berichtigen, § 319. Soweit ein Kostenanspruch nach § 344 unterblieben ist, ist § 321 anwendbar. Wenn eine Berichtigung und Rechtsmittel versagen, bleibt die Möglichkeit einer Vollstreckungsabwehrklage zu prüfen, § 767. Bei einer Klagrücknahme hat das etwaige Kostenurteil das Versäumnisurteil aufzuheben. Eine außergerichtliche Erledigung des Prozesses läßt ein Versäumnisurteil bestehen. Seine Aufhebung ist nur im Rahmen eines sonst nötigen Verfahrens möglich, etwa bei einem Streit über die Wirksamkeit der Erledigungserklärung. In einer Familiensache ist die Sonderregel des § 629 II 2 zu beachten.

B. Zwangsvollstreckung. Soweit ein Sachausspruch des Versäumnisurteils aufrechterhalten bleibt, braucht derjenige, der es erfochten hat, für die bereits vorgenommene Zwangsvollstreckung keine Sicherheit nachzuleisten, BR-Drs 551/74 (zu § 709). Er darf aber die Zwangsvollstreckung, auch wegen der Kosten, nur gegen Sicherheitsleistung fortsetzen, § 709 S 2. Wegen der im Versäumnisurteil noch nicht getroffenen Entscheidungen sowie wegen der weiteren Kosten ist eine vorläufige Vollstreckbarkeit wie sonst möglich, §§ 708 Z 11 Hs 2, 709 S 1, Mertins DRiZ **83**, 228 mwN, abw zB ThP § 709 Anm 3 c.

Eine etwaige Einstellung der Zwangsvollstreckung erfolgt nach § 719.

344 *Versäumniskosten.* **Ist das Versäumnisurteil in gesetzlicher Weise ergangen, so sind die durch die Versäumnis veranlaßten Kosten, soweit sie nicht durch einen unbegründeten Widerspruch des Gegners entstanden sind, der säumigen Partei auch dann aufzuerlegen, wenn infolge des Einspruchs eine abändernde Entscheidung erlassen wird.**

1) Kostentrennung. § 344 macht eine Ausnahme von § 91, indem er die Versäumniskosten von den übrigen Prozeßkosten trennt. Er greift nur ein, soweit das Versäumnisurteil „in gesetzlicher Weise ergangen" ist. Daher ist die Gesetzlichkeit zunächst von Amts wegen zu prüfen. Ungesetzlich ist das Versäumnisurteil nur dann, wenn eine seiner Voraussetzungen fehlte, unabhängig davon, ob das Gericht dies wußte, ob zB der Mangel der Ladung,

BAG NJW **71**, 957, wegen einer falschen Beurkundung nicht zu ersehen war oder ob das Versäumnisurteil gegen einen Prozeßunfähigen ergangen war, BGH NJW **61**, 2207. Ferner: wenn § 335 verletzt ist; wenn gegen § 337 verstoßen wurde; wenn das Vorbringen des Klägers nicht dem § 331 II genügte; wenn der Gegner die Säumnis verschuldet hat.

Ob das Versäumnisurteil richtig ist oder einen Mangel hat, ist unerheblich. Wenn dem Säumigen aber ein Wiedereinsetzungsgrund zur Seite stand, dann kann § 344 nicht eingreifen; die diesbezüglichen Kosten trägt der Unterliegende.

Soweit der Einspruch verworfen wird, ist § 344 unanwendbar und § 341 anzuwenden.

2) Neue Entscheidung. A. Aufrechterhaltung. Erhält das neue Urteil das Versäumnisurteil aufrecht, so spielt die Gesetzlichkeit keine Rolle. Der verurteilte Säumige trägt dann die weiteren Kosten, § 91. Das ist aber in der Formel auszusprechen. Fehlt der Ausspruch, so ist das Urteil zu berichtigen oder zu ergänzen, §§ 319, 321 (StJ I will die alte Kostenentscheidung ohne weiteres auf die neuen Kosten beziehen; aber damit verändert sich ihr Inhalt).

B. Aufhebung. Hebt das neue Urteil das Versäumnisurteil auf, so ist über die gesamten Kosten anderweit zu entscheiden. Die Formel lautet etwa: „Der Beklagte trägt die Kosten seiner Säumnis, die übrigen Kosten trägt der Kläger." Bei einer teilweisen Aufhebung ist es etwa so: „Der Beklagte trägt die Kosten seiner Säumnis, die übrigen Kosten werden gegeneinander aufgehoben." Bei einer Klagrücknahme trägt der Bekl die Kosten seiner Säumnis, § 269 Anm 4 B. Bei einem Vergleich ist über die Kosten frei zu bestimmen, § 98, soweit die Parteien im Vergleich keine Kostenregelung getroffen haben, Mü Rpfleger **79**, 345. Bei einer Erledigung der Hauptsache lautet die Entscheidung wie bei einer Aufhebung des Versäumnisurteils. Ein Verschulden des Säumigen bleibt außer Betracht.

Ob infolge der Säumnis Mehrkosten entstanden sind und wie hoch sie sind, ist im Kostenfestsetzungsverfahren zu klären, § 104. Die Kostengrundentscheidung des § 344 ist auch und gerade vor dieser Klärung nötig. Zu den Kosten gehören die des Einspruchsverfahrens, nicht aber der der Zustellung des Versäumnisurteils oder ihrer vorläufigen Einstellung, Ffm Rpfleger **75**, 260, Mü Rpfleger **74**, 368, nicht aber zB die Prozeßgebühr des Anwalts der nicht säumigen Partei, Mü Rpfleger **81**, 495. „Durch einen unbegründeten Widerspruch" umfaßt zB Kosten einer Beweisaufnahme anläßlich eines Streits über die Rechtzeitigkeit des Einspruchs. Sind auch diese (wenn auch evtl fälschlich) dem Säumigen auferlegt worden, so findet insoweit keine Korrektur im Kostenfestsetzungsverfahren statt, KG MDR **74**, 149.

345 *Zweites Versäumnisurteil.* Einer Partei, die den Einspruch eingelegt hat, aber in der zur mündlichen Verhandlung bestimmten Sitzung oder in derjenigen Sitzung, auf welche die Verhandlung vertagt ist, nicht erscheint oder nicht zur Hauptsache verhandelt, steht gegen das Versäumnisurteil, durch das der Einspruch verworfen wird, ein weiterer Einspruch nicht zu.

Schrifttum: Hoyer, Das technisch zweite Versäumnisurteil, 1980.

1) Zweites Versäumnisurteil. A. Voraussetzungen. Das Gesetz meint hier nur ein zweites Versäumnisurteil im Fachsinn. Dieses verlangt **a)** eine Säumnis des Säumigen in dem nach § 341a bestimmten Termin oder im Vertagungstermin; **b)** oder das Erscheinen des Säumigen in diesem Termin, aber das Unterbleiben seiner Verhandlung zur Hauptsache. Eine Verhandlung nur zum Einspruch reicht nicht aus, vgl Münzberg ZZP **80**, 484. Ein bloßes Verlesen der Anträge ist regelmäßig keine Verhandlung zur Hauptsache, insofern zT unklar BGH **63**, 95. Ebensowenig reichen aus: Erörterungen; Erklärungen auf eine Anhörung usw, § 278 I, solange keine Anträge gestellt werden, §§ 39 Anm 2, 137 I; ein Verweisungsantrag, da er keine Verhandlung erfordert, aM insofern Wiecz A II a. Ausreichend ist eine Verhandlung zur örtlichen Unzuständigkeit, BGH NJW **67**, 728, LG Kiel NJW **63**, 661, oder ein Antrag auf den Erlaß eines Versäumnisurteils, LAG Bre NJW **66**, 1678.

§ 345 ist auch dann anwendbar, wenn das erste Versäumnisurteil gesetzwidrig ergangen ist, LAG Nürnb NJW **76**, 2231, Bergerfurth JZ **78**, 300 mwN, Jacobsen pp MDR **77**, 631 mwN (krit Flieger MDR **78**, 375), Löwe ZZP **83**, 269, RoS § 108 V 4a, StJSchuL I 1, abw zB insofern BGH **73**, 91 mwN (zustm Fuchs NJW **79**, 1306, Vollkommer ZZP **94**, 93 mwN), aM BAG NJW **74**, 1103, Stgt MDR **76**, 51, LAG Hamm NJW **81**, 887 (abl Marcelli NJW **81**, 2558) je mwN, Braun ZZP **93**, 471, Orlich NJW **80**, 1783, ThP 1 d, ZöSt 3 (§ 342 zwinge zu einer neuen Schlüssigkeitsprüfung. Aber § 345 geht als Spezialvorschrift vor und ist übrigens bei der Neufassung des § 700 III 3 im Zuge der VereinfNov 1977 nicht mitgeändert worden.

3. Titel. Versäumnisurteil §§ 345–347 1

Wenn im Einspruchstermin der Gegner des Einsprechenden säumig ist oder wenn nach dem ersten Versäumnisurteil eine streitige Verhandlung bzw eine Klagänderung, § 263, oder Klagerweiterung, § 261 II, oder einseitige Erledigungserklärung, Ulmer MDR **63**, 974, stattgefunden hat, vgl § 333 Anm 2, ist § 345 unanwendbar, BGH **63**, 96, Nürnb OLGZ **82**, 448 mwN. Der ProzBev muß grundsätzlich auch gegen einen anwaltlich vertretenen Gegner zur Vermeidung einer Schadensersatzpflicht nach § 345 vorgehen, LG Essen AnwBl **78**, 420.

B. Entscheidung. Es sind folgende Situationen zu unterscheiden:
  a) Versäumnis sogleich nach Einspruch. Im Fall des § 345 wird der Einspruch durch ein echtes Versäumnisurteil verworfen. Ein weiterer Einspruch ist dann unzulässig, insofern auch Orlich NJW **80**, 1783. Legt die Partei ihn ein, so ist er gemäß § 341 als unzulässig zu verwerfen und hemmt die Berufungsfrist nicht. War der Einspruch verspätet, so gilt § 341 Anm 2 B b. Über die weiteren Kosten entscheidet das Gericht entsprechend § 97. Das Versäumnisurteil ist gemäß § 708 Z 2 ohne Sicherheitsleistung für vorläufig vollstreckbar zu erklären.
  Eine Berufung ist nur zulässig, wenn ein Fall der Versäumung beim Erlaß des zweiten Versäumnisurteils fehlte, § 513 II; eine Versäumung beim Erlaß des ersten Versäumnisurteils reicht nicht aus, BAG DB **75**, 1372. Zur entsprechenden Anwendung des § 513 II BVerfG **61**, 80 mwN.
  b) Spätere Säumnis. Im Fall einer sonstigen späteren Versäumnis ergeht ein Versäumnisurteil wie sonst, §§ 330, 331, gegen das Einspruch zulässig ist, Nürnb OLGZ **82**, 448, auch wenn das Gericht irrig ein 2. Versäumnisurteil nach § 345 gefällt hat, Nürnb OLGZ **82**, 448 (in diesem Fall ist auch die Berufung statthaft und führt zur Korrektur des Tenors sowie zur Zurückverweisung). Gegen eine Verschleppung durch planmäßige Säumnis schützt die Möglichkeit einer Entscheidung nach Aktenlage.
  c) Säumnis des Gegners. Wenn der Gegner des vorher Säumigen nicht erscheint, dann ist das erste Versäumnisurteil auf Antrag durch ein technisch ebenfalls erstes weiteres Versäumnisurteil aufzuheben und anderweit zu erkennen, §§ 343, 344.

346 *Verzicht und Rücknahme.* **Für den Verzicht auf den Einspruch und seine Zurücknahme gelten die Vorschriften über den Verzicht auf die Berufung und über ihre Zurücknahme entsprechend.**

1) Geltungsbereich. Vgl zunächst §§ 514, 515, ferner BGH NJW **74**, 1248, wegen des Anwaltszwangs ferner § 78 Anm 1 A, C, § 269 Anm 3 A a. Wegen der Protokollierung § 160 Anm 4 J. Einen vor dem Erlaß des Versäumnisurteils einseitig erklärten Verzicht kann man ebenso wie einen auf eine Berufung vor dem Erlaß des Urteil erklärten Verzicht als prozessual wirksam ansehen. Wegen einer Vereinbarung über einen Verzicht oder eine Rücknahme § 340 Anm 1.
Der Verzicht ist formlos dem Gericht oder dem Gegner gegenüber möglich, BGH NJW **74**, 1248. Das Gericht muß den Verzicht von Amts wegen dem Gegner zustellen. Die Rücknahme hat dem Gericht gegenüber zu erfolgen. Nach dem Beginn der Verhandlung über den Einspruch und zur Hauptsache kann man den Einspruch nur mit Zustimmung des Gegners zurücknehmen, § 515 I. Die Kostenentscheidung erfolgt durch einen kurz zu begründenden, § 329 Anm 1 A b, zu verkündenden oder wegen § 329 III zuzustellenden, unanfechtbaren Beschluß.

347 *Widerklage u. a.* [I] **Die Vorschriften dieses Titels gelten für das Verfahren, das eine Widerklage oder die Bestimmung des Betrages eines dem Grunde nach bereits festgestellten Anspruchs zum Gegenstand hat, entsprechend.**
[II] **War ein Termin lediglich zur Verhandlung über einen Zwischenstreit bestimmt, so beschränkt sich das Versäumnisverfahren und das Versäumnisurteil auf die Erledigung dieses Zwischenstreits. Die Vorschriften dieses Titels gelten entsprechend.**

1) Widerklage usw, I. Die Widerklage steht der Klage auch für das Versäumnisverfahren gleich. Solange die Verhandlung über die Widerklage nicht von der Verhandlung über die Klage getrennt ist, § 145 II, schadet eine Säumnis zur Klage auch derjenigen zur Widerklage. Der Bekl kann also wegen beider Säumnisse eine Versäumnisentscheidung beantragen. Entsprechend kann der Kläger bei einer Säumnis des Bekl vorgehen. Wenn nur zur Klage oder nur zur Widerklage verhandelt wird, dann findet das Versäumnisverfahren statt, soweit nicht verhandelt wird. Die Erhebung der Widerklage im Termin, § 261 II, läßt wegen § 335 I Z 3 keine Versäumnisentscheidung über die Widerklage zu.

Die Vorabentscheidung über den Grund, § 304, kann nicht durch Versäumnisurteil erfolgen, § 304 Anm 4 A. Die Verhandlung über den Betrag betrifft trotz ihrer Beschränkung in Wahrheit den ganzen Anspruch. Deshalb ist die Klage bei einer Säumnis des Klägers auch im Nachverfahren abzuweisen. Bei einer Säumnis des Bekl bindet die Vorabentscheidung das Gericht, § 318. Daher ist ein Versäumnisurteil nur über den Betrag zu erlassen.

2) Zwischenstreit, II. Die Vorschrift betrifft nur den Zwischenstreit zwischen den Parteien. Sie verlangt weiter, daß die Verhandlung ausschließlich diesem Zwischenstreit dient. Wenn gleichzeitig zur Hauptsache verhandelt wird, ergeht ein Versäumnisurteil in der Hauptsache. In dem kaum je praktisch vorkommenden Fall II ergeht ein Versäumniszwischenurteil.

Beim Zwischenstreit mit einem Dritten ist kein Einspruch zulässig, sondern nur eine sofortige Beschwerde.

Vierter Titel. Verfahren vor dem Einzelrichter
Übersicht

1) Allgemeines. A. Sinn und Zweck. Der Sinn der §§ 348–350, 524 ist besonders seit der Nov 74 eine Entlastung des Kollegiums (dagegen zB Bull JR **75**, 450, Schumacher DRiZ **75**, 277, krit auch Pohl DRiZ **75**, 274) und eine Beschleunigung des Verfahrens, Stanicki DRiZ **79**, 343. Der früher grundsätzlich bloß vorbereitende Einzelrichter findet sich nur noch in der Kammer für Handelssachen und beim Berufungsgericht. Dafür ist bei der Zivilkammer der alleinentscheidende Einzelrichter eingeführt worden, der ohne Zustimmung der Parteien tätig werden kann, so daß sie einen natürlich oft abgewogeneren Spruch des Kollegiums nicht mehr erzwingen können. Andererseits sind die Stellung und das Ansehen der einzelnen Richterpersönlichkeit erheblich gestärkt worden, Schneider MDR **76**, 619. Rechtspolitisch Holch ZRP **80**, 38, Müller DRiZ **76**, 180, Schultze NJW **77**, 412, Schwarz SchlHA **76**, 87. Statistisches Material: Holch ZRP **80**, 38 mwN.

B. Begriffe. Begrifflich herrscht großes Durcheinander. Die ZPO kennt jetzt als einzelnen Richter: **a)** den Richter am Amtsgericht; **b)** bei der Zivilkammer den Einzelrichter, § 348. Er wird an Stelle des Kollegiums tätig, nicht in seinem Auftrag, Karlsr JB **76**, 372 mwN. Er wird umfassend tätig und entscheidet, sofern er die Sache nicht an das Kollegium zurückgibt. Ihn bestellt nicht der Vorsitzende, sondern das Kollegium nach den generell für das Geschäftsjahr gemäß § 21 g GVG vom Vorsitzenden getroffenen Anordnungen, Stanikki DRiZ **79**, 343; **c)** bei der Kammer für Handelssachen den Vorsitzenden, § 349. Er entscheidet zum Teil ohne Einverständnis der Parteien, zum Teil nur in ihrem Einverständnis, zum Teil bereitet er auch nur vor. Er heißt, anders als sein Gegenstück beim Berufungsgericht, nicht Einzelrichter. Er ist bei der Zivilkammer nicht mehr zulässig; **d)** beim Berufungsgericht den Einzelrichter, § 524. Seine Aufgaben entsprechen im wesentlichen denjenigen des Vorsitzenden der Kammer für Handelssachen, § 349. Er wird, anders als der Einzelrichter des § 348, nur ausnahmsweise und nur im Einverständnis der Parteien bis zum streitigen Endurteil tätig; **e)** den beauftragten Richter; **f)** den ersuchten Richter. Zu beiden (auch verordnete Richter oder Richterkommissare genannt) Einl III 7 C.

C. Geltungsbereich. Entsprechend anwendbar sind kaum §§ 348–350, sondern allenfalls § 524 beim Beschwerdegericht, da die Beschwerdeinstanz eher der Berufungsinstanz vergleichbar ist, vgl § 573 Anm 2; auch dann geht § 524 IV dem § 523 und damit dem § 348 vor. Bei einer Rückübertragung, § 348 IV 1, gilt dessen II entsprechend. In der Revisionsinstanz sind §§ 348–350 unanwendbar, § 557a. Unanwendbar sind die §§ 348–350 bei der Kammer für Baulandsachen, § 160 I 3 BBauG, und im FGG-Verfahren, KG MDR **79**, 681. Im arbeitsgerichtlichen Verfahren gilt § 55 ArbGG.

2) VwGO: Abgesehen von der Sonderregelung für Asylsachen in § 31 AsylVfG, die sich an § 4 EVwPO anlehnt (dazu Koch/Steinmetz DÖV **81**, 50, Ule DVBl **81**, 364 u ZBR **82**, 228 mwN, Kopp DVBl **82**, 616, Scholz DVBl **82**, 611, Trzaskalik NJW **82**, 1555) gibt es keinen Einzelrichter. Die VwGO kennt nur die Verhandlung und Entscheidung durch das Kollegium, §§ 5, 112, und die Beweisaufnahme durch den beauftragten Richter, §§ 87, 96 II; §§ 348–350 ZPO sollen auch nur das LG entlasten, Naujoks NJW **76**, 1672 gegen Lange NJW **76**, 942 (daß es nach VwGO keinen Einzelrichter gibt, wird durch die in § 180 VwGO für bestimmte Fälle von Ersuchen getroffene „Alleinrichter"-Regelung bestätigt, vgl Kopp NJW **76**, 1967).

4. Titel. Verfahren vor dem Einzelrichter § 348 1 A–C

348 *Einzelrichter.* **I** Die Zivilkammer kann den Rechtsstreit einem ihrer Mitglieder als Einzelrichter zur Entscheidung übertragen, wenn nicht
1. die Sache besondere Schwierigkeiten tatsächlicher oder rechtlicher Art aufweist oder
2. die Rechtssache grundsätzliche Bedeutung hat.

II Über die Übertragung auf den Einzelrichter kann die Kammer ohne mündliche Verhandlung entscheiden. Der Beschluß ist unanfechtbar.

III Der Rechtsstreit darf dem Einzelrichter nicht übertragen werden, wenn bereits im Haupttermin vor der Zivilkammer zur Hauptsache verhandelt worden ist, es sei denn, daß inzwischen ein Vorbehalts-, Teil- oder Zwischenurteil ergangen ist.

IV Der Einzelrichter kann nach Anhörung der Parteien den Rechtsstreit auf die Zivilkammer zurückübertragen, wenn sich aus einer wesentlichen Änderung der Prozeßlage ergibt, daß die Entscheidung von grundsätzlicher Bedeutung ist. Eine erneute Übertragung auf den Einzelrichter ist ausgeschlossen.

1) Übertragungsumfang, I. A. Gesamtübertragung. Nur zur Entscheidung darf die erstinstanzliche Zivilkammer den Rechtsstreit dem Einzelrichter übertragen. Der vorbereitende Einzelrichter ist abgeschafft; Ausnahmen gelten nur bei der Kammer für Handelssachen und beim Berufungsgericht, Köln NJW 76, 2219 mwN. Die Übertragung auf den Einzelrichter ist auch keineswegs eine bloß interne arbeitsorganisatorische Maßnahme, aM Ffm NJW 77, 813. Deshalb ist auch keine Übertragung unter dem Vorbehalt eines Rückrufs usw zulässig. Der Einzelrichter ist zur Rückübertragung vielmehr nur unter den Voraussetzungen IV befugt, Köln NJW 76, 1102.

Der Begriff „Rechtsstreit" umfaßt auch zB das Prozeßkostenhilfe-, Arrest-, einstweilige Verfügungsverfahren und andere Nebenverfahren mit oder ohne eine mündliche Verhandlung.

Mit der Übertragung auf ihn geht die gesamte Tätigkeit des Gerichts in dieser Sache unbegrenzt auf ihn über, vgl Köln NJW 77, 1159, Schultze NJW 77, 2295, zB auch im Nachverfahren, §§ 302, 600, ferner zB die Streitwertfestsetzung, die Einstellung der Zwangsvollstreckung nach §§ 707, 719, oder nach §§ 887ff, Kblz MDR 78, 851, Mü MDR 83, 499, eine Entscheidung nach §§ 319–321, die Entscheidung über die Ablehnung, Mü MDR 83, 498, oder in Kostenfestsetzungsverfahren, Stgt AnwBl 79, 22.

Der Einzelrichter ist nunmehr das erkennende Gericht, Schlesw SchlHA 78, 69. Auch vor ihm besteht ein Anwaltszwang wie sonst vor dem Prozeßgericht. Er kann erst auf Grund einer eigenen mündlichen Verhandlung entscheiden, § 309, Köln NJW 77, 1159. An seine Zwischenentscheidung ist das Kollegium nach einer Rückübertragung gebunden, § 318. § 140 ist im Verhältnis zwischen dem Einzelrichter und dem Kollegium unanwendbar. Sie sind auch nicht verschiedene Instanzen.

Allenfalls durch eine Zurückverweisung oder Rückübertragung bekommt die Zivilkammer oder deren Vorsitzender wieder irgend etwas mit der Sache zu tun, Putzo NJW 75, 187; schon seine Hilfe vor der Rückübertragung wäre verfassungsrechtlich bedenklich. In der Regel erfolgt die Zurückverweisung freilich an den Einzelrichter, Schlesw SchlHA 78, 69. Die Bestellung eines beauftragten oder ersuchten Richters durch die Zivilkammer ist nur zulässig, solange die Kammer noch oder wieder zuständig ist, Düss NJW 76, 1103 (ausf), Köln NJW 76, 1102, Schneider MDR 76, 617, krit Dinslage NJW 76, 1509.

Wegen der Übertragung nur der Beweisaufnahme § 375 Anm 1, 3. § 348 ist im FGG-Verfahren unanwendbar, Köln MDR 83, 327 mwN.

B. Ermessen. „Kann" bedeutet nicht bloß eine Zuständigkeit zur Übertragung, sondern eine Ermächtigung zu einer pflichtgemäßen Ermessensausübung, Müller DRiZ 76, 44, Schuster BB 75, 541, ThP 2c, und zwar unter Berücksichtigung der von den Parteien etwa vorgetragenen Argumente, §§ 253 III, 271 III, ähnl auch Baur ZZP 91, 330. Müller DRiZ 77, 305 will der Zivilkammer nur dann erlauben, von einer Übertragung abzusehen, wenn triftige, entspr § 21 g II GVG festgelegte Gründe dies erlauben; ähnl Schneider JB 75, 442. Schultze NJW 77, 2294 mwN will eine Übertragung auf den Einzelrichter nur in solchen Sachen erlauben, bei denen beide Parteien zustimmen oder die nach ihrer Schwierigkeit oder ihren Auswirkungen Amtsgerichtsprozessen vergleichbar sind.

C. Verfassungsmäßigkeit. Bettermann ZZP 91, 393, Kramer JZ 77, 15 halten I wegen eines Verstoßes gegen Art 101 I 2 GG für nichtig; krit auch Baur ZZP 91, 330, Féaux de la Croix Festschrift für Möhring (1975) 60; dagegen Rasehorn NJW 77, 791. Müller DRiZ 77, 305 hält eine verfassungskonforme Auslegung für möglich, so wohl auch Stanicki DRiZ 79,

342 mwN. In der Tat ist die gesetzliche Regelung verfassungsrechtlich bedenklich. Kissel DRiZ **81**, 219 hält § 348 auch im übrigen für verunglückt.

2) Unzulässigkeit einer Übertragung, I. Die Übertragung ist nur in dem einen oder anderen der beiden folgenden, eng auszulegenden Ausnahmefälle unzulässig, über die keineswegs der in Frage kommende Einzelrichter entscheidet (bedenklich daher Müller NJW **75**, 860, der ihm einen Vorschlag zubilligt und von einer „Zustimmung" des Kollegiums spricht), sondern über die das Kollegium befindet (zum Problem Féaux de la Croix Festschrift für Möhring, 1975, 60):

A. Besondere Schwierigkeit, Z 1. Der Einzelfall, die „Sache", muß eine besondere Schwierigkeit aufweisen. Nicht jede Schwierigkeit verbietet eine Übertragung auf den Einzelrichter, sondern nur eine besondere Schwierigkeit. Das ist eine Schwierigkeit, die erheblich über den Durchschnitt hinauszuwachsen droht oder schon derart entstanden ist. Ob dies der Fall ist, muß das Kollegium nach seinem pflichtgemäßen Ermessen unter Abwägung aller sachlichen und persönlichen Aspekte ohne den grundsätzlichen Vorrang des einen oder des anderen Gesichtspunkts prüfen. Das Kollegium soll und darf sich entlasten. Dies darf aber nicht zum voraussichtlich erheblichen Nachteil der Parteien geschehen. Unerheblich ist, ob die besondere Schwierigkeit tatsächlicher oder rechtlicher Art ist.

Die Übertragung ist zB in folgenden Fällen unzulässig: Die Sache hat einen ganz außergewöhnlichen Umfang (freilich gehört eine normale und einmal eine größere Stoffmenge zur einfachen Schwierigkeit des Richteralltags); die Parteien stehen sich höchst unversöhnlich gegenüber; es wird wahrscheinlich eine sehr komplexe Glaubwürdigkeitsprüfung notwendig werden; der Prozeß berührt ein entlegenes Sachgebiet, das der Einzelrichter nicht speziell beherrscht; der Einzelrichter ist ganz unerfahren. Sein Einsatz steht gemäß § 21g GVG abstrakt fest. Freilich darf nicht seinetwegen jede Übertragung unmöglich werden; die wirtschaftlichen, politischen, technischen Hintergründe sind nicht leicht zu erfassen, vgl Meyer-Ladewig NJW **78**, 858. Die Übertragung ist ferner zB dann unzulässig, wenn ausländisches Recht in großem Umfang angewandt werden muß.

Dagegen braucht der Umstand, daß es sich um eine lästige Punktensache handelt, keineswegs eine besondere Schwierigkeit zu bieten, Holtgrave DB **75**, 40, und steht daher der Übertragbarkeit auf den Einzelrichter nicht grundsätzlich entgegen.

B. Grundsätzliche Bedeutung, Z 2. Eine im Einzelfall auftauchende Rechtsfrage, die die Sache zur „Rechtssache" macht, muß eine grundsätzliche Bedeutung haben. Die letztere liegt evtl auch dann vor, wenn keine besondere Schwierigkeit im Sinn von I Z 1 erkennbar ist. Ob eine grundsätzliche Bedeutung gegeben ist, ist wie bei § 546 I 2 Z 1 zu beurteilen, vgl dort Anm 2 A a; vgl ferner §§ 72 II Z 1 ArbGG, 115 II Z 1 FGO, 162 I Z 1 SGG, 132 II Z 1 VwGO. Maßgeblich ist, ob die Entscheidung eine allgemeine Bedeutung hat, die über die Regelung der Rechtsbeziehung der Parteien hinausgeht, Holtgrave DB **75**, 40, sei es rechtlich oder wirtschaftlich, vgl BGH **2**, 397, BAG JZ **55**, 549, zB wenn typische Klauseln in AGB auszulegen sind, BAG JZ **55**, 550. Eine höchstrichterlich entschiedene Rechtsfrage hat keine grundsätzliche Bedeutung mehr, soweit nicht das Gericht anders entscheiden will, BGH MDR **75**, 927, BVerwG NJW **75**, 2037, oder sonst neuer Streit um sie entsteht.

3) Übertragungsverfahren, II, III. A. Auswahl des Einzelrichters. Personell kommt jedes Mitglied der Zivilkammer als Einzelrichter in Betracht, auch der Vorsitzende, Müller NJW **75**, 860. Jedoch ist das Kollegium an die vom Vorsitzenden gemäß § 21g III iVm II GVG vor dem Beginn des Geschäftsjahres aufgestellte Anordnung über die Grundsätze der Zuteilung gebunden. Diese Anordnung darf nur der Vorsitzende ändern, und auch er nur gemäß § 21g II Hs 2 GVG, Schuster NJW **75**, 1495. Müller NJW **75**, 860 hält § 21g GVG für verfassungsrechtlich bedenklich. Wenn die Übertragung auf den danach zuständigen Einzelrichter bedenklich ist, kann ein Fall I Z 1 vorliegen und ist nicht etwa der Vertreter zu bestimmen.

B. Auswahlzeitraum. Zeitlich gilt: Die Übertragung ist nur bis zum Beginn der umfassend vorbereiteten Verhandlung zur Hauptsache im Haupttermin zulässig, §§ 272 I, 278, mag dieser Termin ein früher erster Termin sein, aM Düss MDR **80**, 943, ThP 2d cc (aber auch ein früher erster Termin kann als der Haupttermin anzusehen sein, § 272 Anm 2), oder nach einem schriftlichen Vorverfahren stattfinden. Die Übertragung ist zugleich mit einem Beweisbeschluß der Kammer gemäß § 358a oder nach einem solchen Beweisbeschluß zulässig, Schlesw SchlHA **78**, 69. Die Übertragung ist auch im Haupttermin zulässig, solange noch die Einführung in den Sach- und Streitstand und/oder eine Erörterung im Sinn von § 278 I stattfindet. Grundsätzlich ist die Übertragung erst ab Antragstellung, § 137 I, zur Hauptsache, § 39 Anm 2, evtl unzulässig. Eine richterliche Manipulierung durch eine mißbräuchliche Nichtveranlassung einer Antragstellung kann freilich ebenfalls zur Unzulässigkeit der Übertragung führen, Oldb MDR **82**, 856. Ein Haupttermin vor dem AG bleibt im Fall der Verweisung an das LG unschädlich.

Zulässig ist die Übertragung auch dann noch für den Fall, daß das Kollegium nur über einzelne Angriffs- oder Verteidigungsmittel oder nur über den Anspruchsgrund verhandelt hat oder daß inzwischen ein Vorbehalts-, Teil- oder Zwischenurteil ergangen ist. Nach dessen Erledigung ist die Übertragung des restlichen Prozesses auf den Einzelrichter bis zur Antragstellung zur Hauptsache in demjenigen Haupttermin zulässig, der auf den Erlaß des Vorbehalts-, Teil- oder Zwischenurteils folgt. Die Übertragung ist daher evtl noch nach mehreren Haupt- oder sonstigen Terminen zulässig, soweit dort jeweils noch nicht zur Hauptsache verhandelt worden ist.

Ab Entscheidungsreife ist eine Übertragung stets unzulässig, ZöSt 3.

C. Spaltung, Aussetzung usw. Eine Spaltung des Rechtsstreits durch die Übertragung nur eines, wenn auch abgrenzbaren, Teils ist unzulässig. Auch eine Aussetzung, ein Ruhenlassen usw erlauben dergleichen nicht; „der" Rechtsstreit ist gemäß I alleiniger Gegenstand einer Übertragung oder Rückübertragung.

D. Anhörung. Die Anhörung der Parteien ist dann, wenn sie nicht gemäß §§ 253 III, 271 III erfolgt war, innerhalb einer angemessenen Frist nachzuholen. Zwar ist auch der Einzelrichter ein gesetzlicher Richter im Sinn von Art 101 I 2 GG, krit Müller NJW **75**, 860. Dennoch ist die Anhörung der Parteien gerade wegen der Unanfechtbarkeit der Übertragung eine Anstandspflicht.

E. Entscheidung. Die Entscheidung ergeht durch Beschluß ohne notwendige mündliche Verhandlung, II 1. Diesen Beschluß faßt das Kollegium und nicht etwa der Einzelrichter oder der Berichterstatter, vgl Ffm NJW **77**, 301. Der Beschluß ordnet nicht nur die Übertragung schlechthin an, sondern auch die Übertragung auf einen bestimmten Einzelrichter, so auch im Ergebnis Müller DRiZ **76**, 43 mwN, aM zB ThP 2 a, nur scheinbar aM Holch DRiZ **75**, 275. Es liegt ja ein vom Vorsitzenden gemäß § 21g II, III GVG aufgestellter Plan vor, den der Vorsitzende nur in den Fällen § 21g II letzter Hs GVG ändern darf. Der Vorsitzende ist am Beschluß auch dann beteiligt, wenn er selbst zum Einzelrichter bestellt wird.

Es ist ein Beschluß der gesamten Kammer notwendig. Bloße Formfehler sind heilbar, Köln NJW **76**, 680, etwa dann, wenn das Kollegium den Beschluß gefaßt hat, aber nur der Einzelrichter ihn unterschrieben hat. Eine echte bloße Selbstbestellung des Einzelrichters ist ein unheilbarer Mangel, der zur Zurückverweisung an die gesamte Kammer führt, Düss NJW **76**, 114, KG MDR **79**, 764, Köln NJW **76**, 1102, Schlesw SchlHA **82**, 198. Dasselbe gilt nach einer mißbräuchlichen Übertragung, Oldb MDR **82**, 856.

Eine formell ordnungsgemäße Übertragung ist unanfechtbar, II 2, Düss NJW **81**, 352 (zum neuen Recht), Schlesw SchlHA **78**, 69 (zum alten Recht). Trotzdem ist eine ganz kurze Begründung ratsam, § 329 Anm 1 A b, zumal bei einer völligen Verkennung der Voraussetzungen des Ermessens (nicht schon wegen der Versagung des rechtlichen Gehörs) Beschwerde denkbar ist, § 567 I, jedenfalls bei einer Entscheidung entgegen den Anträgen einer Partei, vgl auch § 707 Anm 4 B a. Die Entscheidung ist zu verkünden oder beiden Parteien formlos mitzuteilen, § 329 I, II 1, auch den Streithelfern usw.

Von ihrer Wirksamkeit an, § 329 Anm 4 B, ist die Entscheidung unabänderlich, da der Rechtsstreit nunmehr nur noch beim Einzelrichter schwebt. Den nächsten Termin bestimmt erst dieser Einzelrichter. Die schon laufenden Beweiserhebungen, zB durch Sachverständige, nehmen ihren Fortgang. Alle diesbezüglichen Entscheidungen liegen nunmehr nur beim Einzelrichter. Er nennt sich zB „als der zur Entscheidung (oder: der gemäß § 348 ZPO) berufene Einzelrichter der Zivilkammer X". Gegen seine Entscheidung ist der gegen die Entscheidung des Prozeßgerichts zulässige Rechtsbehelf statthaft, Kblz Rpfleger **78**, 329.

4) Rückübertragung, IV. A. Zulässigkeit. Die Rückübertragung vom Einzelrichter auf die Zivilkammer ist grundsätzlich unzulässig, vgl Ffm NJW **77**, 301. Das gilt insbesondere dann, wenn nunmehr ein Fall des I Z 1 eingetreten ist.

Die Rückübertragung ist ausnahmsweise unter folgenden Voraussetzungen zulässig: **a)** Es liegt eine Änderung der Prozeßlage vor; **b)** diese Änderung ist wesentlich, nicht bloß geringfügig oder zwar erheblich, aber schon zZt der Übertragung auf den Einzelrichter vorhersehbar gewesen. Beispiele: Ein völlig neuer Parteivortrag; ein völlig neues Beweisergebnis nach der Übertragung; eine Rechtsänderung; eine jetzt erst erklärte Haupt- oder Hilfsaufrechnung; eine Klagänderung; eine Widerklage; **c)** die Rechtssache und damit die

Entscheidung haben infolge der Voraussetzungen a–b eine grundsätzliche Bedeutung im Sinn von I Z 2 erhalten.

Eine Rückübertragung ist also keineswegs schon deshalb zulässig, weil sich der Einzelrichter der Sache in ihrem Umfang nicht mehr gewachsen fühlt (dies ist systemwidrig, Baur ZZP **91**, 330); er muß sich dann durchbeißen. Ebensowenig ist eine Rückübertragung schon wegen eines bloßen Irrtums der Zivilkammer darüber zulässig, es liege kein Fall von I Z 2 vor. Der Einzelrichter hat also keineswegs ein freies Ermessen, vgl (mit anderer Begründung) Kramer JZ **77**, 16, sofern aM Köln NJW **76**, 680. Holch ZRP **80**, 41 befürwortet eine Erweiterung der Möglichkeiten einer Rückübertragung und schlägt eine entsprechende Gesetzesänderung vor.

B. Verfahren. Das Verfahren der Rückübertragung ist nicht ganz eindeutig geregelt. Freilich ist klar, daß der Einzelrichter und nicht etwa das Kollegium über die Rückübertragung entscheidet, IV 1 aA, Ffm NJW **77**, 813 (vgl freilich Anm 1), Putzo NJW **75**, 187. Am besten wendet man II entspr an, so daß die Rückübertragung nach einer ohnehin gemäß IV 1 vorgeschriebenen Anhörung der Parteien, Anm 3 D, Köln NJW **76**, 680, durch einen Beschluß mit kurzer Begründung erfolgt. Eine Verfügung wie ein Beschluß ist als Entscheidung des Einzelrichters im Sinn von §§ 350, 160 III Z 6 unanfechtbar wie bei II 2, Düss OLGZ **76**, 358, Köln NJW **76**, 680, aM Müller DRiZ **77**, 307. Einzelheiten wie Anm 3 D, Köln NJW **76**, 680.

Eine teilweise Rückübertragung ist unzulässig, vgl Anm 3 C. Die Rückübertragung verträgt keine zeitliche Begrenzung, keine „Verwirkung", ist also auch dann zulässig, wenn eine wesentliche Änderung der Prozeßlage schon vor längerer Zeit eingetreten ist. Denn auch dann kann die Entscheidung des Prozesses von grundsätzlicher Bedeutung sein.

C. Erneute Übertragung. Eine erneute Übertragung auf den Einzelrichter ist schlechthin unzulässig, IV 2, selbst wenn für die von ihm vorgenommene Rückübertragung auf das Kollegium Gründe eindeutig fehlten oder nachträglich entfallen sind. Die durch eine Änderung des Geschäftsverteilungsplans eintretende Zuständigkeit eines anderen Kollegiums berechtigt diesen neuen Spruchkörper nicht zu einer Entscheidung über die Übertragung. Vielmehr wird der dort gemäß § 21 g GVG vorgesehene Einzelrichter ohne weiteres zuständig, Stanicki DRiZ **79**, 343.

Nur nach einer Zurückverweisung durch das Rechtsmittelgericht an das Kollegium beginnt das Verfahren des § 348 neu, vgl § 350 Anm 2, Karlsr Just **79**, 15, aM ThP 2c (es erfolge eine Zurückverweisung an das LG, dessen zuvor zulässig bestellter Einzelrichter zuständig bleibe), Köln NJW **76**, 1101 (die Zurückverweisung erfolge an den Einzelrichter). Eine Übertragung auf den Einzelrichter wäre alsdann keine Übertragung im Sinn von IV 2, sondern eine (weitere) Erstübertragung im Sinn von I.

5) *VwGO:* Eine entsprechende Regelung enthält § 31 AsylVfG für das Verfahren vor dem Verwaltungsgericht in Asylsachen, Üb 2 § 348.

349 *Vorsitzender der Kammer für Handelssachen.* [I] In der Kammer für Handelssachen hat der Vorsitzende die Sache so weit zu fördern, daß sie in einer mündlichen Verhandlung vor der Kammer erledigt werden kann. Beweise darf er nur insoweit erheben, als anzunehmen ist, daß es für die Beweiserhebung auf die besondere Sachkunde der ehrenamtlichen Richter nicht ankommt und die Kammer das Beweisergebnis auch ohne unmittelbaren Eindruck von dem Verlauf der Beweisaufnahme sachgemäß zu würdigen vermag.

[II] Der Vorsitzende entscheidet
1. über die Verweisung des Rechtsstreits;
2. über Rügen, die die Zulässigkeit der Klage betreffen, soweit über sie abgesondert verhandelt wird;
3. über die Aussetzung des Verfahrens;
4. bei Zurücknahme der Klage, Verzicht auf den geltend gemachten Anspruch oder Anerkenntnis des Anspruchs;
5. bei Säumnis einer Partei oder beider Parteien;
6. über die Kosten des Rechtsstreits nach § 91a;
7. im Verfahren über die Bewilligung der Prozeßkostenhilfe;
8. in Wechsel- und Scheckprozessen;
9. über die Art einer angeordneten Sicherheitsleistung;
10. über die einstweilige Einstellung der Zwangsvollstreckung;

4. Titel. Verfahren vor dem Einzelrichter § 349 1, 2

11. über den Wert des Streitgegenstandes;
12. über Kosten, Gebühren und Auslagen.
III Im Einverständnis der Parteien kann der Vorsitzende auch im übrigen an Stelle der Kammer entscheiden.
IV § 348 ist nicht anzuwenden.

Vorbem. II Z 7 idF Art 1 Z 5 G v 13. 6. 80, BGBl 677, in Kraft seit 1. 1. 81, Art 7 I.

Schrifttum: Sommermeyer, Die Kammer für Handelssachen, o. J.; Weil, Der Handelsrichter und sein Amt, 3. Aufl 1981.

1) Allgemeines. Während in der erstinstanzlichen Zivilkammer ein Einzelrichter nur noch dann zulässig ist, falls diesem der Rechtsstreit insgesamt zur Entscheidung übertragen ist, § 348, ist gerade diese Übertragung in der erstinstanzlichen Kammer für Handelssachen (wegen der Beschwerdeinstanz Üb 1 C vor § 348) unzulässig, IV, auch wegen der Stellung der Handelsrichter, vgl BGH **42**, 172. Hier darf und muß der Vorsitzende, den das Gesetz zwecks Vermeidung einer Verwechslung mit dem Einzelrichter der Zivilkammer nicht Einzelrichter nennt, grundsätzlich nur vorbereitend tätig werden, jedoch in zahlreichen Situationen allein entscheiden, II. Beim Einverständnis der Parteien darf er auch umfassend allein entscheiden, III. Er bestimmt nach pflichtgemäßem Ermessen, ob er den ersten Termin vor sich allein durchführt. Er wird jedenfalls bis zur mündlichen Verhandlung ohne eine förmliche Übertragung auf ihn tätig. Seine Stellung entspricht also keineswegs derjenigen des Einzelrichters des § 348, der unanwendbar ist, IV, wohl aber derjenigen des Einzelrichters des § 524; sie ist gegenüber der letzteren bei einer Beweiserhebung zum Teil enger, bei einer Entscheidung zum Teil weiter gefaßt.

Im Rahmen des § 349 ist der Vorsitzende weder ein beauftragter Richter noch ein ersuchter Richter, sondern das Prozeßgericht, Bergerfurth NJW **75**, 335. Der Vorsitzende kann beauftragte oder ersuchte Richter wie die Kammer für Handelssachen bestellen. Eine Versäumung von Vorbringen vor ihm kann eine Zurückweisung durch das Kollegium rechtfertigen, Bergerfurth NJW **75**, 335. Unstatthaft ist eine vorbereitende Tätigkeit des Vorsitzenden bei einem Arrest oder einer einstweiligen Verfügung, weil eine solche Tätigkeit mit deren Natur unvereinbar ist (Ausnahmen: Einverständnis, III, vgl auch Anm 3 B a), vgl Kblz NJW **55**, 555 (zum alten Recht). In der Berufungsinstanz geht § 524 vor, dort Anm 1, Putzo NJW **75**, 188, Schuster BB **75**, 541.

2) Tätigkeitsumfang, I. A. Förderungsgrundsatz, I 1. Der Vorsitzende hat die Sache so weit zu fördern, daß vor der gesamten Kammer für Handelssachen möglichst nur ein einziger Verhandlungstermin erforderlich ist. Was zulässig, ratsam, unzweckmäßig ist, muß der Vorsitzende nach seinem pflichtgemäßem Ermessen prüfen. Die Anhörung der Parteien ist, anders als bei § 348, nicht grundsätzlich vorgeschrieben, wohl aber evtl im Einzelfall zumindest ratsam.

Die Förderung umfaßt alle denkbaren Maßnahmen, insbesondere alle prozeßleitenden nach § 273, Fristsetzungen, zB nach §§ 275 I, III, IV, 276, und den Versuch einer gütlichen Einigung nach § 279; Ausnahmen können nur gemäß I 2 entstehen. So kann zB ein Termin vor dem Kollegium zunächst etwa wegen der Schwierigkeit und der Bedeutung der Sache ratsam sein, Bergerfurth NJW **75**, 332, dann aber wegen eines inzwischen eingegangenen Schriftsatzes nicht mehr ratsam bleiben, so daß stattdessen eine weitere Vorbereitung oder Entscheidung durch den Vorsitzenden nötig wird.

Während der Vorbereitung sind ehrenamtliche Richter weder zuzuziehen noch mitverantwortlich; es ist natürlich zulässig, daß der Vorsitzende mit ihnen informatorische Rücksprache nimmt. Verhandlungsreife vor dem Kollegium liegt vor, wenn nur noch solche Maßnahmen in Betracht kommen, die von ihm zu vollziehen sind, weil ihm sonst eine Überzeugungsbildung unmöglich würde, vgl Stürmer DRiZ **74**, 125 (zum alten Recht).

B. Beweis, I 2. a) Grundsatz. Eine Beweiserhebung durch den Vorsitzenden ist eine Ausnahme vom Grundsatz der Unmittelbarkeit der Beweisaufnahme, § 355 I 1. Daher darf die Vorschrift an sich nicht weit ausgelegt werden. I 2 geht als engere Spezialvorschrift dem § 358a grds vor. Freilich findet sich dort ein ähnlicher Grundgedanke. Daher ist § 358a zur Abgrenzung des nach I 2 Erlaubten als heranziehbar, zumal in beiden Vorschriften eine Förderungspflicht durch den Vorsitzenden vorgeschrieben ist. Daher dürfen die Befugnisse des Vorsitzenden nicht allzu eng begrenzt werden, Bergerfurth NJW **75**, 332. Er darf zB nach §§ 360, 366, 380, 387, 391 vorgehen.

b) Befugnis. Der Vorsitzende darf zB derart tätig werden, wenn zZ des Beweisbeschlusses voraussichtlich sowohl eine besondere Sachkunde der Beisitzer unerheblich ist als auch deren sachgemäße Beweiswürdigung auch ohne unmittelbaren eigenen Eindruck vom Verlauf der Beweisaufnahme möglich sein wird. Beide Voraussetzungen sind praktisch kaum trennbar. Wenn schon die Auswahl der Beweismittel, die Formulierung des Beweisbeschlusses, die Sichtung der Urkunden usw nur unter der Mitwirkung der ehrenamtlichen Richter sinnvoll sind, dann ist meist auch nur mit ihrer Hilfe eine sachgemäße Beweiswürdigung möglich.

c) Fehlen einer Befugnis. Umgekehrt setzen evtl nötige sachkundige Zusatzfragen an einen Zeugen oft schon einen sachkundigen Beweisbeschluß voraus, so daß eine Beratung der gesamten Kammer bereits zu der Frage notwendig wird, welche der angetretenen Beweise (zunächst) zu erheben sind. Die Notwendigkeit mehrerer Termine muß zwecks sachkundiger Beweisaufnahme hingenommen werden. Zwar darf der Vorsitzende seinen persönlichen Eindruck protokollieren, vgl § 285 Anm 2. Trotzdem muß die Beweisaufnahme evtl wiederholt werden, § 398, vgl BGH NJW **62**, 960. Darüber entscheidet das Kollegium nach seinem pflichtgemäßen Ermessen, BGH NJW **64**, 108. § 285 II ist anwendbar. Einen Eid bzw eine eidesgleiche Bekräftigung kann grundsätzlich nur die gesamte Kammer für Handelssachen abnehmen.

d) Verstoß. Ein Verstoß gegen I 2 ist zwar ein Verfahrensfehler, §§ 286, 355, 549; er läßt aber die Beweisaufnahme zunächst wirksam bleiben, § 355 II. § 295 ist anwendbar, BGH **40**, 179. Die Anfechtung ist nur zusammen mit derjenigen des Urteils möglich. Nach ihr erfolgt evtl eine Zurückverweisung, § 286 usw. Bei einer extrem unzweckmäßigen Entscheidung des Vorsitzenden, zB einer solchen, die hohe Gutachterkosten entstehen läßt, obwohl gegen die Notwendigkeit des Gutachtens gewichtige Gründe sprechen, ist evtl eine Kostenniederschlagung notwendig, Ffm NJW **71**, 1757 (zum alten Recht).

3) Entscheidungen des Vorsitzenden, II. A. Gesetzestext. Z 1–12 ermächtigt den Vorsitzenden zwecks rascherer Prozeßbeendigung auch ohne das Einverständnis der Parteien zu sämtlichen Entscheidungen im Sinn von § 160 III Z 6 (Urteil, Beschluß, Verfügung) in folgenden Fällen, vgl auch Bergerfurth NJW **75**, 333:

a) Verweisung, Z 1. In Betracht kommt jede Verweisung gleich welcher Art; zB wegen Unzulässigkeit des ordentlichen Rechtswegs, wegen sachlicher oder örtlicher Unzuständigkeit, gemäß §§ 17, 97, 99 GVG.

b) Zulässigkeitsrüge, Z 2. Hierher gehören alle Entscheidungen über eine Rüge der Unzulässigkeit, soweit abgesondert verhandelt wird, §§ 146, 280, 282 III, s auch Z 1. Der Vorsitzende kann zB ein Zwischen- oder Endurteil mit einer Klagabweisung als unzulässig fällen oder einen Verweisungsbeschluß erlassen. Vgl auch i, j.

c) Aussetzung. Z 3. Hierher gehört grundsätzlich jede Aussetzung, auch ein Ruhenlassen gemäß § 251 (es gehört zum Titel „Unterbrechung und Aussetzung", §§ 239–252), auch die Entscheidung über die Ordnungsmäßigkeit der Aufnahme eines unterbrochenen oder ausgesetzten Verfahrens, §§ 155, 250. § 251a fällt aber unter Z 5; die Aussetzung gemäß Art 100 I GG fällt wegen der gleichzeitigen Verweisung unter Z 1, aM ThP 2b (diese Entscheidung sei vom Kollegium zu treffen), ZöSt II 3 (es sei dann III anwendbar).

d) Klagerücknahme usw, Z 4. Hierher gehören alle Entscheidungen nach einer Klagerücknahme, § 269 III 3, entspr nach einer Einspruchsrücknahme oder dem Verzicht auf ihn, §§ 346, 515 III 2, ferner nach einem Anspruchsverzicht, § 306, einem Anerkenntnis, § 307, einer Berufungsrücknahme, §§ 515 III 2, 524 III 2, auch eine Entbindung, § 76, Entlassung, § 75, Übernahme, § 266.

e) Säumnis, Z 5. Hierher gehören alle Entscheidungen auf Grund einer Säumnis, mag sie einseitig oder zweiseitig sein. Hierher fällt auch eine Entscheidung nach § 331 II, denn auch das unechte Versäumnisurteil, Üb 3 B vor § 330, ergeht „bei Säumnis". Auch bei §§ 251a, 303, 331a, 335, 341, 345, ferner über ein Wiedereinsetzungsgesuch gegen die Versäumung der Einspruchsfrist, §§ 233, 238 II.

f) Erledigung, Z 6. Hierher gehört die Entscheidung nach beiderseitigen Erledigungserklärungen, § 91a, wegen der Kosten. Nicht bei einer einseitigen Erledigungserklärung, da dann die Entscheidung auch darüber, ob überhaupt erledigt ist, getroffen werden muß, § 91a Anm 2 D, E.

g) Prozeßkostenhilfe, Z 7. Hierher gehören alle Entscheidungen im Prozeßkostenhilfeverfahren, unabhängig davon, ob der Kläger oder der Bekl eine Prozeßkostenhilfe beantragt und ob die Entscheidung von den wirtschaftlichen Verhältnissen oder von der Erfolgsaussicht abhängt. Auch bei einer Entscheidung gemäß §§ 118 II, 124.

h) Wechsel- und Scheckprozeß, Z 8. Hierher gehören alle Entscheidungen im Wechsel- und Scheckprozeß, §§ 602, 605a, nicht im sonstigen Urkundenprozeß, §§ 592–595, 597–599, Bergerfurth NJW **75**, 333, da eine Auslegung der Urkunde oft von der Sachkunde

4. Titel. Verfahren vor dem Einzelrichter § 349 3 A–D

der ehrenamtlichen Richter abhängt und nur bei einem Wechsel oder Scheck meist allein Rechtsfragen erheblich sind. Der Vorsitzende darf jede Entscheidung fällen.

Z 8 gilt nicht für das Nachverfahren, § 600, Bergerfurth NJW **75**, 334, oder nach einem Abstand, § 596.

i) Sicherheitsleistung, Z 9. Hierher gehört die Entscheidung über die Art einer Sicherheitsleistung, § 108, auch für deren Höhe, § 112, oder für deren Frist, § 113, oder ihre Rückgabe, §§ 109, 715, nicht dazu, ob eine Sicherheitsleistung überhaupt zu verhängen ist, denn Z 9 setzt eine erfolgte Anordnung ausdrücklich voraus. Die Zuständigkeit des Rpfl bleibt unberührt.

j) Einstellung der Zwangsvollstreckung, Z 10. Hierher gehören alle Entscheidungen über eine einstweilige Einstellung der Zwangsvollstreckung, weil diese meist eilbedürftig ist. Unerheblich ist, ob die Einstellung mit einer Sicherheitsleistung oder ohne sie erfolgt. Der Vorsitzende kann aber nur bestimmen, soweit die Anordnung durch das Prozeßgericht erfolgen darf, zB nach §§ 707, 719, 769, nicht dann, wenn das Vollstreckungsgericht zuständig wäre, zB nach § 813a I.

k) Streitwert, Z 11. Hierher gehört jede Entscheidung über den Streitwert, wegen der Zuständigkeit oder der Kosten oder der Rechtsmittel.

l) Kosten, Z 12. Hierher gehört jede erstinstanzliche Entscheidung wegen der Kosten, Gebühren und Auslagen, auch zB bei einer Erinnerung gegen den Kostenfestsetzungsbeschluß, § 104 Anm 4 C, auch zB eine Abgabe an das Rechtsmittelgericht, dort b cc. Die Zuständigkeit des Rpfl bleibt unberührt.

B. Weitere Anwendungsfälle. Die Aufzählung des II ist lückenhaft, vgl auch Stgt Rpfleger **74**, 118 (zum alten Recht, gilt auch jetzt noch), Bergerfurth NJW **75**, 333. Schon die frühere Auslegung war denkbar engherzig. Dadurch wurde zur Entwertung der Stellung des vorbereitenden Einzelrichters alter Fassung beigetragen. Wenn der Vorsitzende die Sache bis zur Schlußverhandlung fördern soll, I 1, dann müssen ihm die dazu notwendigen Entscheidungen zustehen, soweit sie nicht den Streitstoff sachlich würdigen. Auch III ergibt nicht, daß die Entscheidung des Vorsitzenden außerhalb II nur im Einverständnis der Parteien zulässig wäre; III ergibt eher, daß diese Entscheidung auch im Einverständnis der Parteien erfolgen kann. Zwar hat der Gesetzgeber bei der Neufassung den Katalog der Zuständigkeiten des Vorsitzenden erweitert; dennoch fehlen regelungsbedürftige Fälle. II muß daher ergänzt werden, was freilich nur unter Beachtung der Grenzen des I zulässig ist.

Der Vorsitzende darf daher auch zB folgende Entscheidungen treffen:

a) Arrest, einstweilige Verfügung. Hierher gehören Entscheidungen bei einem Arrest und einer einstweiligen Verfügung, soweit die Entscheidung dringlich ist, § 944, Bergerfurth NJW **75**, 334. Gerade hier wäre eine Verdrängung durch II sinnwidrig. Allerdings darf der Vorsitzende bei diesen Verfahren nicht sonst entscheiden.

b) Beweissicherung. Hierher gehören Entscheidungen beim Beweissicherungsverfahren, §§ 486 I, 490, § 486 II scheidet hier ohnehin aus. Freilich ist I 2 zu beachten.

c) Prozeßabweisung. Der Vorsitzende entscheidet ferner bei einer Prozeßabweisung, soweit nicht II Z 2 anwendbar ist.

d) Streithelfer. Der Vorsitzende entscheidet auch über die Zulassung von Streithelfern, § 71, vgl Ffm NJW **70**, 817 (zum alten Recht).

e) Verbindung, Trennung. Der Vorsitzende entscheidet über eine Verbindung oder Trennung der bisher vom Vorsitzenden allein bearbeiteten Prozesse, §§ 145, 147, nicht der schon vor der gesamten Kammer für Handelssachen schwebenden Verfahren, vgl Stgt Rpfleger **74**, 118 (zum alten Recht).

f) Wiedereinsetzung. Der Vorsitzende entscheidet über den Antrag auf eine Wiedereinsetzung gegen eine beim Vorsitzenden versäumte Frist, vgl §§ 350, 237.

g) Zeugnisverweigerung. Der Vorsitzende entscheidet auch über die Folgen der Verweigerung des Zeugnisses, § 387, soweit die Beweisaufnahme gemäß I 2 durch den Vorsitzenden oder einen von ihm ersuchten Richter stattgefunden hat.

h) Feriensache. Der Vorsitzende entscheidet über die Fragen im Zusammenhang mit der Bezeichnung eines Rechtsstreits als Feriensache, § 200 IV 2 GVG.

i) Zwischenstreit mit Dritten. Der Vorsitzende entscheidet auch dann. Vgl § 303 Anm 1.

j) Beansprucherstreit; Urheberbenennung, §§ 75, 76. Der Vorsitzende entscheidet auch in einem solchen Fall.

C. Kammertermin. II gibt keine ausschließliche Zuständigkeit. Im Kammertermin entscheidet das Kollegium, Bergerfurth NJW **75**, 334; Ausnahmen gelten nach III.

D. Verstoß. Bei einem Verstoß gegen II gilt § 350.

4) Einverständnis der Parteien, III. Im Einverständnis der Parteien kann, nicht muß, der Vorsitzende auch außerhalb der Fälle II und Anm 3 B entscheiden, und zwar in vermögens- wie in nicht vermögensrechtlichen Sachen. Das Einverständnis muß unbedingt sein. Es ist auch für ein Verfahren ohne eine notwendige mündliche Verhandlung zulässig. Es ist namentlich nicht auf eine bestimmte Richterperson und, anders als bei § 128 II, auch nicht auf die nächste (Zwischen-)Entscheidung beschränkbar, Köln WertpMitt **72**, 1371. Das Einverständnis erstreckt sich freilich auch nicht automatisch auf eine spätere Widerklage, Nürnb MDR **78**, 323, oder auf eine sonstige spätere Erweiterung des Streitgegenstands, Nürnb MDR **78**, 323. Eine unzweideutige schlüssige Handlung reicht, Nürnb MDR **78**, 323 mwN. Das Einverständnis wirkt nur für den Erklärenden. Bei Streitgenossen ist uU eine Verfahrenstrennung notwendig. Der Streitgehilfe kann das Einverständnis wirksam erklären, soweit er sich dadurch nicht zur Partei in einem Widerspruch setzt, § 67.

Das Einverständnis ist eine unwiderrufliche Prozeßhandlung, Grdz 5 vor § 128, § 128 Anm 5 C. Der Vorsitzende erhält durch die Erklärung des Einverständnisses die unbeschränkte Stellung der Kammer für Handelssachen, auch im Rahmen der Zwangsvollstreckung, soweit dort das Prozeßgericht entscheidet, vgl Karlsr OLGZ **73**, 373, Bergerfurth NJW **75**, 335, RoS § 111 IV 1, ThP 3c, aM Wiecz C II a. Die Kostenfestsetzung erfolgt gemäß § 104 Anm 4 C.

5) § 348 ist unanwendbar, IV. Die Stellung des Vorsitzenden der KfH ist eben mit derjenigen des Einzelrichters einer Zivilkammer nicht vergleichbar, Anm 1, vgl auch § 114 GVG und BGH **42**, 172. Daher kann die Kammer für Handelssachen den Prozeß weder auf den Vorsitzenden noch gar auf einen der Handelsrichter übertragen. Ein Handelsrichter kann freilich verordneter Richter sein, §§ 361, 375, Anm 1.

6) Rechtsmittel. Vgl § 350.

350 *Rechtsmittel.* Für die Anfechtung der Entscheidungen des Einzelrichters (§ 348) und des Vorsitzenden der Kammer für Handelssachen (§ 349) gelten dieselben Vorschriften wie für die Anfechtung entsprechender Entscheidungen der Kammer.

1) Einhaltung der Zuständigkeit. Trifft der Einzelrichter bzw der Vorsitzende der Kammer für Handelssachen innerhalb seiner Zuständigkeit eine Entscheidung (Urteil, Beschluß, Verfügung, § 160 III Z 6), so steht sie solchen seines Kollegiums völlig gleich und ist eine Entscheidung „des Landgerichts". In keinem Fall kann man etwa wie bei § 140 gegen sie das Kollegium anrufen. Das Kollegium kann eine Entscheidung des Einzelrichters, § 348, nur nach einer Rückübertragung ändern, § 348 IV 1, und auch dann sowie in dem Fall, daß eine Entscheidung des Vorsitzenden der Kammer für Handelssachen zu ändern ist, nur wie eine eigene behandeln, § 318. Eine Zurückverweisung erfolgt an den Einzelrichter, Köln NJW **76**, 1102, abw ZöSt 2. Ein Einverständnis nach § 349 III bleibt freilich wirksam, Bergerfurth NJW **75**, 335.

2) Überschreitung der Zuständigkeit. Bei einer Überschreitung der Zuständigkeit des Einzelrichters bzw des Vorsitzenden der Kammer für Handelssachen erfolgt eine Zurückverweisung an das Kollegium, §§ 539, 551 Z 1, vgl auch KG Rpfleger **79**, 230, Karlsr Just **79**, 15, abw ZöSt 2 (nach einem Fehler des Einzelrichters grds an ihn); es kommt auch eine Nichtigkeitsklage in Betracht, § 579 I Z 1, aM ZöSt 2. § 295 ist ohnehin anwendbar, soweit nur ein Verstoß gegen die Geschäftsverteilung vorliegt, § 551 Anm 2, BGH NJW **64**, 201, abw zB Düss NJW **76**, 114. Bei § 349 gilt dies jetzt auch im übrigen ohne Beschränkung auf vermögensrechtliche Sachen, wie aus § 349 III ableitbar ist, wegen des Fehlens einer entspr Vorschrift in § 348 aber nicht beim Einzelrichter der Zivilkammer, solange er nicht zurückübertragen hat. Bei § 524 ist wegen dessen IV wie bei § 349 zu verfahren.

Hat fälschlich das Kollegium entschieden, ist seine Entscheidung unangreifbar, vgl auch § 10, Schneider DRiZ **78**, 336.

3) VwGO: Das Gleiche gilt für den Einzelrichter nach § 31 AsylVfG, Üb 2 § 348.

351–354 (weggefallen)

Fünfter Titel. Allgemeine Vorschriften über die Beweisaufnahme

Übersicht

1) Geltungsbereich. Während §§ 285 ff die Beweiswürdigung regeln, enthält Titel 5 als Ausführungsvorschriften zu § 284 allgemeine Vorschriften über das Beweisverfahren. Die Entscheidung, ob und zu welcher Behauptung das Gericht einen Beweis erheben darf und evtl muß, unterliegt grundsätzlich (mit wichtigen Ausnahmen) der Parteiherrschaft; eine vertragliche Beschränkung der Beweismittel ist grundsätzlich zulässig, BGH DB **73**, 1451, Einl III 2 A. Demgegenüber liegt die Durchführung des Beweisverfahrens als eines besonders gearteten Prozeßabschnitts weitgehend in der Entscheidung des Gerichts. Für dieses Verfahren gilt grundsätzlich der Amtsbetrieb; die Parteien dürfen mitwirken, aber nicht entscheidend eingreifen. Darum ist es kein „Nichtbetreiben" im Sinne des § 211 BGB, wenn sie nicht mitwirken.

Titel 5 gilt für sämtliche Beweismittel der ZPO. Das Geständnis ist kein Beweismittel, fällt also nicht unter den Titel 5. Wegen der amtlichen Auskunft vgl Üb 5 vor § 373, wegen der Parteivernehmung in Ehesachen § 613 Anm 2. Das Beweisverfahren gliedert sich in die Beweisanordnung und die Beweisaufnahme.

2) VwGO: *Wegen der im VerwProzeß zulässigen Beweismittel s § 96 I VwGO (zur amtlichen Auskunft vgl Üb 6 § 373). Nach § 98 VwGO sind ua §§ 358–370 entsprechend anzuwenden.*

355 **Unmittelbarkeit der Beweisaufnahme.** ^I Die Beweisaufnahme erfolgt vor dem Prozeßgericht. Sie ist nur in den durch dieses Gesetz bestimmten Fällen einem Mitglied des Prozeßgerichts oder einem anderen Gericht zu übertragen.

^{II} Eine Anfechtung des Beschlusses, durch den die eine oder die andere Art der Beweisaufnahme angeordnet wird, findet nicht statt.

Schrifttum: Bosch, Grundsatzfragen des Beweisrechts, 1963; Reichel, Die Unmittelbarkeit der Beweisaufnahme in der ZPO, Diss Gießen 1971; Rohwer, Materielle Unmittelbarkeit der Beweisaufnahme usw, Diss Kiel 1972; Schneider, Beweis und Beweiswürdigung, 3. Aufl 1979.

1) Unmittelbarkeit, I. A. Grundsatz. Die Beweisaufnahme erfolgt grundsätzlich vor dem Prozeßgericht, §§ 278 II, 370 I, vgl auch § 411 III. Das ist der Grundsatz der Unmittelbarkeit der Beweisaufnahme. Das Gesetz steht mit Recht auf dem Standpunkt, daß nur eine möglichst frisch unter dem persönlichen Eindruck des erkennenden Gerichts vorgenommene Beweisaufnahme eine einigermaßen gerechte Würdigung verbürgt. Daher darf der Sachverständige nur begrenzt Ermittlungen vornehmen, Üb 4 vor § 402. Zur Erleichterung der Durchführung dient § 160a. Eine Verletzung des Grundsatzes der Unmittelbarkeit ist ein Verfahrensfehler. Er liegt nicht schon vor, wenn das Gericht nicht sämtliche beantragten Beweismittel verwertet hatte, LAG Düss BB **78**, 1310, oder wenn es ein anderes Beweismittel hätte benutzen müssen.

Möglich ist eine Verwertung der Beweisaufnahme in einer anderen Sache. Mithin ist dies auch in einem Berufungsverfahren über das Schlußurteil nach einem vorherigen über ein Teilurteil in derselben Sache möglich, BGH MDR **61**, 312. Dies gilt aber nur, wenn die Parteien zustimmen, nicht aber dann, wenn sie eine neue Beweisaufnahme beantragen. So verhält es sich auch bei einer Augenscheinseinnahme, BGH **LM** § 445 Nr 3, oder bei der Vernehmung eines Zeugen im vorausgegangenen Prozeßkostenhilfeverfahren. Vgl auch § 286 Anm 4 B. Die Zustimmung wirkt grundsätzlich nur für eine Instanz, BGH JR **62**, 183. Wenn eine nochmalige Vernehmung des im Prozeßkostenhilfeverfahren Gehörten in der Berufungsinstanz beantragt wird, dann müssen die Zeugen im Hinblick auf den Grundsatz der Unmittelbarkeit nochmals vernommen werden, BGH **LM** Nr 4.

Unzulässig sind: Grundsätzlich der Ersatz der Vernehmung des Zeugen durch seine eidesstattliche Versicherung, BGH **LM** § 377 Nr 5; Ausnahmen § 377 III, IV; die Anhörung des Zeugen nur durch den Sachverständigen, Üb 4 vor § 402, demgemäß auch die Würdigung einer solchen Anhörung durch das Gericht, BGH NJW **55**, 671. BGH **23**, 214 unterstellt allerdings das Einverständnis der Parteien bei einer Materialsammlung durch den Sachverständigen, wenn die Partei beantragt, der Sachverständige möge die zugehörigen

Zeugen hören, wenn die Partei ferner an der Anhörung teilgenommen hat und wenn sie keine Einwendungen erhoben hat, selbst wenn das Verfahren des Sachverständigen bedenklich war. Richtigerweise muß das Gericht aber die Zeugen selbst in Gegenwart des Sachverständigen vernehmen. Wegen der Notwendigkeit einer wiederholten Vernehmung vgl C sowie § 398 Anm 2 A b.

Eine Meinungsbefragung durch eine Industrie- und Handelskammer verstößt nicht gegen den Unmittelbarkeitsgrundsatz, insbesondere wenn das Gericht Vorschläge über die Fragen macht, die an die Auskunftspersonen gestellt werden sollen, BGH GRUR **60**, 232, Üb 1 B vor § 402. Wenn eine gemeinsame Begutachtung durch mehrere Sachverständige angeordnet wurde, vor Gericht aber nur einer auftritt und das gemeinsame Ergebnis mitteilt, dann ist die Verwertung unzulässig, BGH NJW **59**, 1323.

Die Vorschrift ist im FGG-Verfahren anwendbar, § 15 FGG, Köln MDR **83**, 327. In Arbeitssachen gelten §§ 13, 58, 64 ArbGG.

B. Ausnahmen. Eine Abweichung ist nur dann erlaubt, soweit das Gesetz sie besonders vorsieht. Eine Übertragung der Beweisaufnahme ist unter den Voraussetzungen der §§ 372 II, 375, 402, 434, 451, Köln NJW **76**, 2218, statthaft: **a)** auf ein Mitglied des Prozeßgerichts, den beauftragten Richter, § 361, nicht aber auf zwei Mitglieder des Gerichts, BGH **32**, 235, BVerwG ZMR **73**, 336, Brüggemann JZ **52**, 173; **b)** auf ein anderes Gericht, das nur ein AG sein kann, §§ 156 ff GVG. § 362 II spricht von einem ersuchten Richter. Man faßt die Fälle a und b unter der Bezeichnung Richterkommissar („verordneter Richter") zusammen. Der Einzelrichter des § 348 und der Vorsitzende der Kammer für Handelssachen, § 349, sind während ihrer Tätigkeit das Prozeßgericht.

Der Richter des § 524 soll dann, wenn er nicht im Einverständnis der Parteien entscheidet, nur beschränkt Beweise erheben. Das Kollegium kann die vom Einzelrichter des § 524 vorgenommene Beweisaufnahme jederzeit wiederholen. Eine Übertragung nach I 2 ist ohne mündliche Verhandlung zulässig, weil sie insoweit die Beweisaufnahme evtl nur vorbereitet. Die Übertragung ist jederzeit ebenso widerruflich. Der Beweisbeschluß begrenzt die Befugnisse des verordneten Richters.

C. Richterwechsel. Ein Richterwechsel nach dem Abschluß der Beweisaufnahme hindert die Beweiswürdigung grundsätzlich nicht. Bei der Entscheidung dürfen die Richter aber nur das berücksichtigen, was auf der eigenen Wahrnehmung aller erkennenden Richter beruht, aktenkundig ist und Verhandlungsgegenstand war. Daher ist dann, wenn der persönliche Eindruck von einer Beweisperson erheblich ist, doch eine Wiederholung der Beweisaufnahme nötig, sofern der persönliche Eindruck nicht in einem früheren Protokoll niedergelegt wurde und in die Verhandlung eingeführt worden ist, BGH **53**, 257, vgl § 285 Anm 2. Eine solche Situation stellt ja auf die Glaubwürdigkeit statt auf die sachliche Beweiskraft ab.

2) Anfechtung des Beweisbeschlusses, II. A. Grundsatz. Mag das Prozeßgericht den Beweis selbst erheben oder ihn vom verordneten Richter erheben lassen; in jedem Fall ist eine Anfechtung des Beweisbeschlusses grds unstatthaft, auch wenn das Verfahren unrichtig oder unsachgemäß wird, vgl Ffm MDR **83**, 410, ferner Düss NJW **77**, 2320 mwN, Köln MDR **70**, 597, aM Müller DRiZ **77**, 307. Dies gilt auch dann, wenn ein Antrag auf Übertragung der Beweisaufnahme zurückgewiesen wird, oder dann, wenn das Gericht die Beweisaufnahme einem ausländischen Gericht überträgt. Vgl aber auch Einf 2 vor §§ 148–155 und § 252 Anm 1 A, dazu Bre NJW **69**, 1908 (läßt begrenzt Beschwerde zu, wenn das Gericht die Einholung eines erbbiologischen Gutachtens zurückstellt), § 364 Anm 3, § 372a Anm 5 A. Wegen Berufung und Revision § 375 Anm 3.

Eine Verletzung ist zumindest heilbar, § 295 Anm 2 A, D. Sie ist daher nur auf Rüge nachprüfbar. Die Rüge ist nicht möglich, wenn die Partei zugestimmt hat oder das Rügerecht verloren hat, § 375 Anm 3, BGH **40**, 170, BVerwG ZMR **73**, 336.

B. Ausnahmen. Ein Beschluß, der praktisch zum Verfahrensstillstand führt, zB evtl nach § 364, ist gemäß § 252 anfechtbar, dort Anm 1 B. Zur Anfechtbarkeit eines Beschlusses nach § 372a vgl dort Anm 5 B. Wegen Berufung und Revision § 375 Anm 3.

3) VwGO: *Statt* **I** *gilt § 96 VwGO (der in seinem II die Beweisaufnahme durch den verordneten Richter, Anm 1B, regelt), statt* **II** *gilt § 146 II VwGO. Zum Verzicht auf Rügen, § 295 ZPO, vgl BVerwG MDR* **73***, 338.*

356 *Beibringungsfrist.* Steht der Aufnahme des Beweises ein Hindernis von ungewisser Dauer entgegen, so ist eine Frist zu bestimmen, nach deren fruchtlosem Ablauf das Beweismittel nur benutzt werden kann, wenn nach der freien Überzeugung des Gerichts dadurch das Verfahren nicht verzögert wird. Die Frist kann ohne mündliche Verhandlung bestimmt werden.

1) Voraussetzungen. A. Hindernis. a) Grundsatz. Verspätete Beweismittel kann das Gericht nach § 296 zurückweisen. § 356 handelt von den rechtzeitig vorgebrachten Beweismitteln, bei denen aber die Beweisaufnahme auf ein beliebiges Hindernis stößt. Das Gesetz umschreibt den Begriff Hindernis nicht näher. Früher wurde auch ein vom Beweisführer verschuldetes Hindernis als ausreichend angesehen, vgl BGH **LM** Nr 2 und § 823 (Dc) BGB Nr 89, BAG NJW **77**, 728 mwN, Mü FamRZ **76**, 696, so jetzt offenbar auch noch ThP 1 c.

Seit der VereinfNov ist diese großzügige Auslegung nicht mehr möglich. Mit ihrer Hilfe könnte der bewußt verzögernde Beweisführer fast alle Beschleunigungsbestrebungen des Gesetzgebers auch an dieser Stelle glatt unterlaufen. Das kann nicht der Sinn des neuen Rechts sein. Es soll auch hier jede Prozeßverschleppung verhindern, ZöSt 1. Das alles verkennt BGH NJW **81**, 1319 mit der Ansicht, sogar ein vom Beweisführer bewußt, willkürlich und (bisher) grundlos erklärter Widerruf seines Einverständnisses mit der Verwertung einer Röntgenaufnahme sei als ein „Hindernis" zu betrachten. Demgegenüber gelten in einem solchen Fall die Regeln zur arglistigen Vereitelung der Beweisführung, § 444 Anm 2.

Der Gesetzgeber hat bedauerlicherweise eine Klärung des Begriffs Hindernis aus Anlaß der VereinfNov unterlassen. Man darf den Begriff indes jetzt nur noch dahin auslegen, daß nur ein solcher Vorgang ein Hindernis ist, der zwar vielleicht im Einfluß- und Risikobereich des Beweisführers liegt, den der Beweisführer nicht verschuldet hat. Angesichts der jetzt überall scharfen Anforderungen an die Prozeßförderungspflicht, § 282, sind entsprechend strenge Anforderungen auch hier zu stellen; leichte Fahrlässigkeit ist schädlich.

Freilich ist § 356 im Verfahren mit Amtsbetrieb praktisch kaum anwendbar.

b) Zeugnis NN. Das unter a Ausgeführte gilt insbesondere bei dem beliebten „Zeugnis NN" oder „Zeugnis XYZ", dem der Fall des „Zeugen X, dessen Anschrift nachgereicht wird", und auch des Zeugen (folgt Name), zu laden über die Hausbank der Partei (deren Name und Anschrift fehlt), oft gleichsteht. Dies mag ein zunächst ausreichender Beweisantritt sein, wenn zB der Beweisführer trotz aller Sorgfalt bisher außerstande war, einen Zeugen exakt namhaft zu machen, dessen Existenz ihm zwar zuverlässig oder hochgradig gewiß bekannt ist, den er aber im einzelnen noch nicht präzise genug ermitteln konnte. Wenn aber die fehlenden Angaben auf bloßer Nachlässigkeit der Partei, ihres gesetzlichen Vertreters, § 51 II, oder ihres Prozeßbevollmächtigten beruhen, § 85 II, so liegt in Wahrheit gar kein Hindernis vor, sondern bloße prozessuale Nachlässigkeit oder gar Verschleppungstaktik, Düss MDR **69**, 673, LG Ffm MDR **76**, 851, ZöSt 1 („prozessuale Unsitte"). Der Beweisführer ist ja gar nicht gehindert, sondern er hat die Klärung nur nicht rechtzeitig genug für nötig gehalten. Dies kann zB auch dann gelten, wenn er versäumt hat, sich eher nach der neuen Anschrift eines „Verzogenen" zu erkundigen. Man muß hierher unter Umständen sogar die bloße Angabe einer Anschrift des namentlich benannten Zeugen rechnen, an der eine Ersatzzustellung unzulässig wäre, also zB die Geschäftsanschrift, falls der Zeuge nicht zu den in §§ 183, 184 Genannten zählt und falls der Beweisführer die Privatanschrift hätte ermitteln können. Ob ein Hindernis vorliegt, ist also Fallfrage, ähnlich LG Fulda VersR **80**, 1031, Stürner, Die richterliche Aufklärungspflicht im Zivilprozeß (1982) 56, ZöSt 1. Der Beweisführer hat die Schuldlosigkeit wegen des Fehlenden darzulegen. Wenn eine Nachlässigkeit vorliegt, darf das Gericht auch nicht etwa nach § 139 das Fehlende herbeischaffen, § 139 Anm 2 D, Mayer NJW **83**, 858. Andernfalls würde es den § 356 aushöhlen. Vgl auch § 377 Anm 1 C.

Zur Beweiserleichterung im Wettbewerbsprozeß für den Fall unzumutbarer wirtschaftlicher Nachteile bei Benennung von Zeugen BGH NJW **83**, 171.

B. Ungewisse Dauer. Nur ein Hindernis von ungewisser Dauer ist beachtlich. Steht eine begrenzte Dauer bereits zeitlich fest, können §§ 148, 640f anwendbar sein. Steht fest, daß seine Beseitigung unmöglich sein wird, so versagt § 356. Dies gilt zB dann, wenn die Partei einen nach § 379 rechtmäßig angeforderten Vorschuß verweigert. Im übrigen ist darauf abzustellen, ob und welche Erklärungen die Partei dazu abgibt, wann sie das Hindernis beseitigen will, vgl LG Fulda VersR **80**, 1031. Zwar besteht auch insofern im Prinzip eine gewisse Fragepflicht, §§ 139, 273. Indessen darf die Partei nicht unter Berufung auf diese Vorschriften in Wahrheit erreichen, daß sie den § 356 unterlaufen kann. Daher sollte das Gericht nur dann nachfragen, wenn der Beweisführer von sich aus wenigstens angedeutet hat, daß und warum er zumindest bisher am Fehlen der erforderlichen Angaben schuldlos sei und daß und bis wann er das Fehlende nachreichen werde und könne, vgl auch ZöSt 1. Natürlich dürfen die Zumutbarkeitsanforderungen an den Beweisführer nicht überspannt werden.

C. Weitere Einzelfragen. § 356 gilt grundsätzlich für jede Art von Beweismittel, auch für die Parteivernehmung. Die Vorschrift ist aber für solche Sachverständige unanwendbar, die auswechselbar sind, BGH LM Nr 1 (er wendet § 356 allerdings im Ergebnis doch an, wenn der Beweisführer eine ärztliche Untersuchung verweigert), oder auf eine Urkunde; für sie gilt § 431.

2) Fristsetzung. A. Grundsatz. Liegt ein Hindernis von ungewisser Dauer vor, Anm 1, so hat das Gericht auf Antrag oder von Amts wegen dem Beweisführer eine Frist für die Beibringung zu setzen, BGH DB **73**, 426. Sie ist auch notwendig, solange ein Beschluß nicht rechtskräftig ist, durch den das Ablehnungsgesuch zurückgewiesen wurde, das einen Sachverständigen betraf, der den Beweisführer untersuchen sollte, BGH **LM** Nr 1. Es handelt sich um eine richterliche Frist. Ihre Berechnung erfolgt nach § 222, ihre Abkürzung richtet sich nach §§ 224, ihre Verlängerung nach § 225. Es handelt sich nicht um eine Notfrist. Deshalb ist eine Wiedereinsetzung nicht möglich. Das Prozeßgericht, also das Kollegium, nicht der Vorsitzende, so offenbar auch ThP 2 a, aM ZöSt 2 (er läßt eine Gegenvorstellung zu), freilich auch der Einzelrichter, setzt die Frist bei einer freigestellten mündlichen Verhandlung. Sie kann im Beweisbeschluß gesetzt werden, zB bei einer unvollständigen Zeugenanschrift. Gegen die Ablehnung einer Fristsetzung ist Beschwerde zulässig, § 567, gegen die Bestimmung der Frist kein Rechtsbehelf.

Solange der Antrag nicht eindeutig abgelehnt ist, liegt keine Entscheidung über ihn vor; das Gericht mag sich die Entscheidung bis zur Erledigung der übrigen Beweisaufnahme oder anderer Verfahrensereignisse vorbehalten wollen. Dies ist ihm ebenso freigestellt wie grundsätzlich die Frage, ob es sämtliche in Betracht kommenden Beweise sogleich erheben will; es muß zwar die §§ 273, 275, 278 II 1 beachten, darf aber schon wegen der auch von ihm zu beachtenden Prozeßwirtschaftlichkeit nicht gezwungen werden, seine Entscheidungen über den Umfang einer etwaigen Beweisaufnahme in einem Zeitpunkt zu treffen, in dem die Notwendigkeit einer Beweisaufnahme noch nicht für alle in Betracht kommenden Beweismittel feststeht.

B. Fristverstoß. Nach erfolglosem Fristablauf ist das Beweismittel für den Beweisführer unabhängig vom etwaigen Verschulden, ZöSt 2, nur noch benutzbar, soweit die Benutzung das Verfahren nach der freien Überzeugung des Gerichts nicht verzögert. Diese Folge tritt kraft Gesetzes ein, §§ 230, 231. Keine Verzögerung tritt ein, wenn die Partei den Zeugen im Termin stellt, ihn „sistiert", und wenn seine Vernehmung auch nach dem Terminsfahrplan dieses Sitzungstags möglich ist. Mitgebrachte Zeugen dürfen den Fahrplan nicht völlig durcheinanderbringen. § 273 ist in den Grenzen Anm 1 B auch hier beachtlich. Nach einem Einspruch ist die Frage der Verzögerung neu zu prüfen. Wegen einer etwaigen Umkehrung der Beweislast Anh § 286 Anm 3 C a.

3) Rechtsbehelfe. Die Entscheidung ist grds nur zusammen mit dem Endurteil anfechtbar, § 355 II, dann freilich evtl als Rüge eines Verfahrensfehlers, BGH NJW **74**, 188. Im Fall der bloßen Nichtentscheidung ist die Beschwerde zulässig, falls in dieser Untätigkeit eine Aussetzung liegen sollte, § 252, Köln FamRZ **60**, 409. Dies trifft allerdings nur selten zu.

4) VwGO: *Unanwendbar, weil in § 98 VwGO nicht genannt; wegen des Ermittlungsgrundsatzes, § 86 I VwGO, gibt es keinen Beweisführer, Einf 9 § 284.*

357
Parteiöffentlichkeit. **¹ Den Parteien ist gestattet, der Beweisaufnahme beizuwohnen.**
II Wird die Beweisaufnahme einem Mitglied des Prozeßgerichts oder einem anderen Gericht übertragen, so ist die Terminsbestimmung den Parteien ohne besondere Form mitzuteilen, sofern nicht das Gericht die Zustellung anordnet. Bei Übersendung durch die Post gilt die Mitteilung, wenn die Wohnung der Partei im Bereich des Ortsbestellverkehrs liegt, an dem folgenden, im übrigen an dem zweiten Werktage nach der Aufgabe zur Post als bewirkt, sofern nicht die Partei glaubhaft macht, daß ihr die Mitteilung nicht oder erst in einem späteren Zeitpunkt zugegangen ist.

1) Parteiöffentlichkeit, I. A. Teilnahmerecht. Die Parteien und die Streithelfer dürfen an jeder Beweisaufnahme, auch an einer auswärtigen, Mü Rpfleger **83**, 319, persönlich neben

5. Titel. Allgemeine Beweisaufnahmevorschriften   §§ 357, 358   1

ihrem ProzBev teilnehmen, vgl §§ 137 IV, 397 II. Diese sog Parteiöffentlichkeit ist eines der wichtigsten Parteirechte und der Eckpfeiler des Beweisaufnahmerechts, BSG MDR **77**, 346. Nur die Anwesenheit und Vorhaltungen der Partei nach § 397 bringen regelmäßig bei einer Zeugenvernehmung brauchbare Ergebnisse. Oft versäumt das Gericht ohne sie eine Frage, und oft kann sich ein Zeuge ohne diejenigen Anhaltspunkte nicht erinnern, die die Partei seinem Gedächtnis geben kann. Darum darf man von diesem Grundsatz anders als bei der Allgemeinöffentlichkeit, §§ 170 ff GVG, Ausnahmen nur nach § 157 II sowie kraft Sitzungsgewalt nach § 177 ff GVG machen, abw StJSchuL III 2, ZöSt 3 (sie wenden § 247 StPO entsprechend an. Aber dort herrschen Amtsermittlung und ein besonderes Gewaltverhältnis zur ,,Partei"). Beim Vorliegen eines erheblichen Grundes ist eine Terminsänderung notwendig, § 227. Für Anträge und Fragen herrscht Anwaltszwang wie sonst. Keine Beweisaufnahme ist eine vorbereitende Besichtigung, die ein Sachverständiger in Abwesenheit des Gerichts vornimmt. Auch dem technischen Berater der Partei ist die Anwesenheit zu gestatten, Düss MDR **79**, 409.

B. Zutrittsverweigerung. Wenn ein Dritter bei einer Beweisaufnahme in seinen Räumen einer Partei den Zutritt verweigert, dann kann das Gericht den Zutritt nicht erzwingen, Kblz NJW **68**, 897, Nürnß MDR **61**, 62, und kann keine ordnungsgemäße Beweisaufnahme stattfinden. Verhält sich der Gegner des Beweisführers so, so gilt zunächst dasselbe. Das Gericht muß aber seine Weigerung in der Regel zu seinem Nachteil würdigen, vgl Nürnb BayJMBL **61**, 9. Ein Zeuge muß die Parteien zulassen, § 219 Anm 1 C.

2) Parteinachricht, I, II. Eine rechtzeitige Benachrichtigung der Partei von dem Termin zur Beweisaufnahme ist für sie die Voraussetzung der Möglichkeit, ihn wahrzunehmen, BPatG GRUR **81**, 651. Die Terminsnachricht geht nur an den ProzBev, § 176, nicht notwendig an den Unterbevollmächtigten, Nürnb OLGZ **76**, 481. Ein verkündeter Beweistermin erfordert keine Ladung der Parteien oder ihrer ProzBev, § 218, wohl aber diejenige der Beweispersonen und diejenige nach § 141. Die Ladungsfrist, § 217 (sie gilt für alle Terminsarten iSv Üb 1 vor § 214), ist einzuhalten, Köln MDR **73**, 856, Teplitzky NJW **73**, 1675, ZöSt 2, aM zB StJSchuL II 1 b; vgl § 361 Anm 2. Der ProzBev muß aber schon Vorbereitungen zur Teilnahme am Beweistermin treffen, sobald er von dem Beweisbeschluß erfährt. Beim verordneten Richter, §§ 229, 361, 362, ist die Mitteilung der Form nach erleichtert, II.

Ein Verzicht auf die Terminsnachricht bedeutet in der Regel einen Verzicht auf das Recht der Anwesenheit. Das Gericht hat auf einen solchen Verzicht hinzuwirken, um die Grenze zur DDR zu überbrücken, soweit sie die Parteien hindert, an einer Beweisaufnahme teilzunehmen. Ein Rechtshilfeersuchen ist zwischen der DDR und der BRep auszuführen, Üb 5 vor § 156 GVG.

3) Verstoß. Ein Verstoß gegen § 357 macht die Beweisaufnahme unwirksam, BPatG GRUR **81**, 651. Wenn ausnahmsweise einwandfrei feststeht, daß die Anwesenheit der Partei am Ergebnis nichts geändert hätte, weil sie nur bestimmte belanglose Vorbehaltungen gemacht hätte, dann kann das Gericht die Wiederholung der Beweisaufnahme ablehnen. Die ausgebliebene Partei braucht nicht zu beweisen, daß der Zeuge auf die Fragen anders ausgesagt hätte. Eine Anfechtung seiner Entscheidung erfolgt nur zusammen mit derjenigen des Endurteils. Der Verstoß kann nach § 295 heilen, BGH **LM** § 13 StVO Nr 7.

4) *VwGO:* Es gilt § 97 *VwGO.*

358 Beweisbeschluß. Notwendigkeit. Erfordert die Beweisaufnahme ein besonderes Verfahren, so ist es durch Beweisbeschluß anzuordnen.

1) Besonderes Verfahren. Eine prozeßleitende Beweisanordnung ist immer notwendig. Sie liegt nicht schon stets in einer Anordnung nach § 273. Ein ausdrücklicher Beweisbeschluß ist stets zulässig und evtl ratsam, zB vorbeugend zur Klärung von Kostenfragen. Er ist auch in Kurzform erlaubt. Ein dem § 359 entsprechender Beschluß ist aber nur dann erforderlich, wenn die Beweisaufnahme ein besonderes Verfahren einleitet und daher eine Vertagung notwendig macht. Denn dann muß für das weitere Verfahren klarstehen, was zum Gegenstand haben soll. Wegen der nachträglichen Änderung oder Aufhebung § 360.

Ein Beweisbeschluß ist zB notwendig: Bei § 358 a; bei einer Parteivernehmung, § 450; wenn das Gericht bei einer freigestellten mündlichen Verhandlung eine solche anordnet; in den Fällen der §§ 128 a, 251 a, 331 a, weil er nach der Aktenlage die Grundlage für die weitere Verhandlung schafft.

Ein besonderer Beweisbeschluß ist zB unnötig, wenn das Gericht Beweiserhebungen nach § 118 II vornehmen will; bei bloßer Glaubhaftmachung, §§ 294 II, 920 II, 936; wenn das Gericht den Beweis sofort erheben will und kann, insofern richtig Ffm AnwBl **78**, 69.

Ein Verstoß heilt nach § 295. Die Entscheidung ist grds zusammen mit derjenigen des Endurteils anfechtbar, § 355 II. Eine Beschwerde kommt bei zu weiter Hinausschiebung der Beweisaufnahme in Betracht, § 252 Anm 1 A. Gebühren: des Gerichts keine; des RA § 31 I Z 3 BRAGO.

2) VwGO: Entsprechend anzuwenden, § 98 VwGO, EF § 86 Rdz 14, RedOe § 96 Anm 5 u § 98 Anm 2, Kopp § 98 Rdz 6.

358a *Beweis vor der mündlichen Verhandlung.* Das Gericht kann schon vor der mündlichen Verhandlung einen Beweisbeschluß erlassen. Der Beschluß kann vor der mündlichen Verhandlung ausgeführt werden, soweit er anordnet

1. eine Beweisaufnahme vor dem beauftragten oder ersuchten Richter,
2. die Einholung amtlicher Auskünfte,
3. die Einholung schriftlicher Auskünfte von Zeugen nach § 377 Abs. 3 und 4,
4. die Begutachtung durch Sachverständige,
5. die Einnahme eines Augenscheins.

1) Allgemeines. Während § 273 I dem Gericht, II dem Vorsitzenden oder dem von ihm bestimmten Richter zur Vorbereitung jedes Termins Befugnisse gibt, die eine Beweisaufnahme überflüssig machen oder im Termin erleichtern sollen, ermöglicht § 358a dem Gericht, also nicht dem Vorsitzenden, vgl BVerfG Rpfleger **83**, 258, auch nicht dem Einzelrichter des § 348, wohl aber dem Einzelrichter des § 524 und dem Vorsitzenden der Kammer für Handelssachen, § 349, im Rahmen jener Vorschriften eine so rechtzeitige Anordnung und teilweise Durchführung einer für notwendig gehaltenen Beweisaufnahme, daß deren Ergebnisse im Termin bereits verwertbar sind. Freilich überschneiden sich die Anwendungsbereiche beider Vorschriften. Daher ergibt evtl erst die Form der Anordnung, ob eine Maßnahme gemäß § 273 oder ein Beweisbeschluß gemäß § 358a vorliegt.

Im arbeitsgerichtlichen Verfahren gilt § 55 IV ArbGG.

2) Beweisanordnung, S 1. Schon vor der mündlichen Verhandlung kann eine Beweisaufnahme beschlossen werden. Der Beschluß ist also ab Klageingang, also schon vor dem Eintritt der Rechtshängigkeit zulässig. Dies gilt unabhängig davon, ob ein früher erster Termin oder ein schriftliches Vorverfahren geplant oder eingeleitet sind. Maßgeblich ist das pflichtgemäße Ermessen, Kblz NJW **79**, 374. Zweckmäßig ist eine Anordnung aber erst nach der Klärung, ob und wie etwa sich der Bekl verteidigen will, zumal bereits der Erlaß des Beschlusses unabhängig von seiner Durchführung Kosten verursachen kann, Hartmann § 31 BRAGO Anm 7 B f „Beweisanordnung", Hbg JB **79**, 374. Bei einer allzu verfrühten Anordnung sind die Kosten evtl gemäß § 8 GKG niederzuschlagen. Für den Erlaß des Beweisbeschlusses gilt § 359, für seine Änderung grundsätzlich § 360; sie ist jedoch evtl schon vor der mündlichen Verhandlung und daher gerade ohne eine solche zulässig, vgl Wenzel MDR **78**, 176, denn sonst würde der Hauptzweck des § 358a gefährdet werden, vgl Anm 1.

Der Beschluß darf jede nach der ZPO zulässige Beweiserhebung anordnen. Ausgeführt werden dürfen vor der mündlichen Verhandlung nur die in Z 1–5 abschließend genannten Maßnahmen, die von denjenigen nach § 273 zum Teil abweichen. Der Einzelrichter des § 524 bzw der Vorsitzende der KfH, § 349, können Beweis nur im Rahmen jener Vorschriften erheben.

Gebühren: Des Gerichts keine (wegen der Auslagen Anm 3 B c, d); des RA § 31 I Z 3 BRAGO.

3) Ausführung der Beweisaufnahme, S 2. A. Grundsatz. Die Ausführung der Beweisaufnahme ist vor der mündlichen Verhandlung nur in den folgenden Fällen zulässig. Es ist jeweils eine stufenweise Ausführung zulässig. Die Parteien usw werden wie bei einem Beweisbeschluß auf Grund einer mündlichen Verhandlung grds von der Entscheidung nach § 358a benachrichtigt, Ausnahme: § 218.

B. Einzelvoraussetzungen. Hier sind folgende Fälle zu unterscheiden:

a) Beauftragter Richter usw, Z 1. Die Beweisaufnahme findet unter den Voraussetzungen der §§ 375, 434 vor einem beauftragten oder ersuchten Richter statt, §§ 361, 362. Die Parteien haben ein Anwesenheitsrecht, § 357.

5. Titel. Allgemeine Beweisaufnahmevorschriften §§ 358a, 359 1, 2

b) Auskunft, Z 2. Es wird eine amtliche Auskunft eingeholt, vgl § 273 II Z 2, Üb 5 vor § 373.

c) Schriftliche Aussage, Z 3. Es wird eine schriftliche Zeugenauskunft gemäß §§ 377 III, IV, eingeholt. § 379 (Vorschußpflicht) ist entspr anwendbar, vgl Düss MDR **74**, 321 (zu § 272b aF), denn die Staatskasse soll keinen Schaden erleiden.

d) Gutachten, Z 4. Es wird ein schriftliches Sachverständigengutachten eingeholt, § 411 I. Ein Beweisantritt ist entbehrlich, § 144. Die Vorschrift sieht anders als § 273 II Z 4 keine Ladung des Sachverständigen vor und soll ja die Vorbereitung der mündlichen Verhandlung erleichtern. Deshalb bezieht sie sich nicht auf die Ladung eines Sachverständigen zur mündlichen Aussage. §§ 379, 402 (Vorschußpflicht) sind entspr anwendbar, vgl c. Das Gutachten wird nicht angefordert, wenn ein Vorschuß nicht zu erwarten ist, vgl BGH **LM** § 286 (F) Nr 1.

e) Augenschein, Z 5. Es wird ein Augenschein eingenommen, §§ 371 ff. Ein Beweisantritt ist entbehrlich, § 144. Die Parteien haben ein Anwesenheitsrecht, § 357. § 55 IV ArbGG nennt die Fälle d und e nicht. § 58 I 1 ArbGG steht der Augenscheinseinnahme entgegen, Eich DB **77**, 910.

4) Verstoß. Bei einem Verstoß ist der Grundsatz der Unmittelbarkeit der Beweisaufnahme verletzt. Dieser Verstoß ist jedoch heilbar, § 295 Anm 2 D. Ein Beschluß nur durch den Vorsitzenden statt durch das vollständige Kollegium bzw den Einzelrichter des § 348 ist ein unheilbarer Verstoß, § 295 Anm 3 B, da keine ordnungsgemäße Besetzung des Gerichts vorliegt, aM Zö St 1 d.

5) Rechtsbehelfe. Wegen der Rechtsbehelfe gegen eine prozeßleitende Anordnung des Vorsitzenden usw oder gegen deren Ablehnung s bei § 273; gegen einen Beschluß nach § 358a ist ein Rechtsmittel ebensowenig zulässig wie gegen einen sonstigen Beweisbeschluß; auch sind im übrigen § 355 ff direkt anwendbar

6) VwGO: *Trotz § 98 VwGO ist die Vorschrift unanwendbar, weil sie durch den weitergehenden § 96 II VwGO ersetzt ist,* RedOe § 98 Anm 2.

359 Beweisbeschluß. Inhalt. Der Beweisbeschluß enthält:

1. die Bezeichnung der streitigen Tatsachen, über die der Beweis zu erheben ist;
2. die Bezeichnung der Beweismittel unter Benennung der zu vernehmenden Zeugen und Sachverständigen oder der zu vernehmenden Partei;
3. die Bezeichnung der Partei, die sich auf das Beweismittel berufen hat.

1) Beweisbeschluß. Er ist eine prozeßleitende Anordnung in besonderer Form, ein (nur) für das Prozeßgericht jederzeit abänderlicher Ausspruch über die Notwendigkeit einer bestimmten Beweiserhebung. Er sollte vernünftigerweise möglichst umfassend sein. Wenn sich nach der Erledigung eines Teils des Beweisbeschlusses herausstellt, daß die restlich beschlossenen Maßnahmen überflüssig sind, dann kann das Gericht diesen Teil des Beweisbeschlusses unerledigt lassen. Eine hilfsweise Beweisanordnung ist bedenklich, außerdem wegen § 360 entbehrlich.

Beim Erlaß des Beschlusses muß sich das Gericht über die Erheblichkeit des Beweispunktes und über die Beweislast klar sein; zwecklose Beweiserhebungen wirken verschleppend und beweisen eine Hilflosigkeit des Gerichts. Dazu muß aber das Parteivorbringen, ein günstiges Beweisergebnis vorausgesetzt, ein lückenloses Bild des Streitstoffs geben. Trifft das nicht zu, dann ist die Sache für eine Beweiserhebung unter Umständen noch nicht reif; das Gericht hat sie evtl durch eingehende Erörterungen mit den Parteien vorzubereiten, §§ 139, 278 III. Wegen der Änderung des Beweisbeschlusses vgl § 360. Der Beweisbeschluß bedarf keiner Begründung, § 329 Anm 1 A b bb. Er ist zu verkünden; im Fall des § 358a sowie im schriftlichen Verfahren nach § 128 II und III ist er nach § 329 II mitzuteilen.

2) Inhalt. A. Grundsatz. Die Erfordernisse des § 359 sind wesentlich. Soweit das Prozeßgericht sie nicht beachtet hat, darf der ersuchte Richter die Erledigung des Beweisersuchens ablehnen, § 158 GVG.

B. Einzelvoraussetzungen. Notwendig sind folgende Einzelangaben:

a) Beweisthema, Z 1. Der Beweisbeschluß muß eine Bezeichnung der Beweispunkte (des Beweisthemas) in so bestimmter Fassung enthalten, daß für die Parteien, aber auch zB für den Zeugen deutlich wird, welche Aufklärung das Gericht braucht und wie die Beteiligten sich demgemäß vorbereiten müssen, vgl Düss OLGZ **74**, 492. Der verordnete Richter soll sich nicht alles erst aus der Akte zusammensuchen müssen, Kblz NJW **75**, 1036, Mü NJW **66**, 2125. Die Fassung kann in diesem Rahmen knapp sein. „Über den Unfallhergang vom ..." kann genügen, Düss OLGZ **74**, 492, Kblz NJW **75**, 1036 mwN. Eine Verweisung auf Schriftsätze und Protokolle genügt nur ausnahmsweise und nur, wenn dort bestimmte Stellen angezogen werden.

b) Beweismittel, Z 2. Der Beweisbeschluß muß ferner die Bezeichnung der Beweismittel enthalten. Zeugen, Sachverständige, zu vernehmende Parteien sind nach Namen, Stand und vollständiger ladungsfähiger Anschrift zu bezeichnen. Es muß erkennbar sein, ob die Beweisperson als sachverständiger Zeuge oder als Sachverständiger auftreten soll, Köln OLGZ **66**, 188. Für den Sachverständigen gelten Ausnahmen, §§ 372 II, 405.

c) Beweisführer, Z 3. Der Beweisbeschluß muß schließlich die Bezeichnung des Beweisführers enthalten. Wer behauptet hat oder wer beweispflichtig ist, das ist hier unerheblich, anders als bei der Prüfung der Notwendigkeit einer Beweiserhebung, Anm 1. Z 3 ist wichtig für den Fall, daß auf ein Beweismittel verzichtet wird, § 399.

d) Weitere Einzelheiten. Anzugeben sind ferner die Art der Beweiserhebung, sowie die Höhe des etwaigen Auslagenvorschusses und eine klare Angabe, ob und inwieweit zB eine Ladung von seiner Einzahlung oder von der Nachreichung einer fehlenden Anschrift abhängig ist, §§ 356, 379, 402. Wenn der verordnete Richter den Beschluß durchführen soll, dann empfiehlt sich weiter, den Grund der Übertragung auf ihn anzugeben, § 375 Anm 2.

Der sonstige Inhalt, zB die Terminsbestimmung oder eine Auflage, zählt nicht zum Beweisbeschluß.

3) Rechtsbehelf. Der Beweisbeschluß und seine Unterlassung sind grds nur zusammen mit dem Endurteil anfechtbar, § 355 II. Ausnahmen können gelten, soweit das Gericht das Verfahren praktisch aussetzt, § 252 Anm 1 B; vgl ferner § 372 a Anm 5 B a.

4) VwGO: *Entsprechend anzuwenden, § 98 VwGO, hinsichtlich Nr 1 u 2, und zwar für jeden Beweisbeschluß (aus § 96 II VwGO folgt keine Beschränkung der Nr 1 auf die Beweisaufnahme durch den ersuchten Richter, aM RedOe § 98 Anm 2). Die Beachtung von Nr 3 ist nur zweckmäßig, nicht aber wesentlich, weil es nach § 86 I VwGO auf den Beweisführer nicht ankommt, Einf 9 § 284 (§ 399 ZPO ist unanwendbar).*

360 **Änderung des Beweisbeschlusses.** Vor der Erledigung des Beweisbeschlusses kann keine Partei dessen Änderung auf Grund der früheren Verhandlungen verlangen. Das Gericht kann jedoch auf Antrag einer Partei oder von Amts wegen den Beweisbeschluß auch ohne erneute mündliche Verhandlung insoweit ändern, als der Gegner zustimmt oder es sich nur um die Berichtigung oder Ergänzung der im Beschluß angegebenen Beweistatsachen oder um die Vernehmung anderer als der im Beschluß angegebenen Zeugen oder Sachverständigen handelt. Die gleiche Befugnis hat der beauftragte oder ersuchte Richter. Die Parteien sind tunlichst vorher zu hören und in jedem Falle von der Änderung unverzüglich zu benachrichtigen.

1) Allgemeines. A. Aufhebung. Das Gericht kann seinen Beweisbeschluß als eine prozeßleitende Verfügung jederzeit von Amts wegen aufheben, etwa weil sich dessen Unerheblichkeit herausgestellt hat oder weil das Gericht auf Grund einer neuen Überlegung zB nunmehr gemäß § 287 schätzen will, LG Hbg MDR **73**, 942. Letzteres ist allerdings nur dann zulässig, wenn die Schätzung ohne Kosten stattfinden kann, denn sonst läge eine Änderung vor, weil doch wieder eine Beweisaufnahme notwendig würde. Die Aufhebung kann auch stillschweigend geschehen, etwa durch eine Vertagung zum Zweck der Verkündung eines Urteils. Daran ändert § 360 nichts. Wegen §§ 139, 278 III ist es aber evtl notwendig, den Parteien Gelegenheit zur Stellungnahme und zu weiteren Anträgen zu geben, vgl BVerwG NJW **65**, 413. Sonst droht Zurückverweisung, § 539, Köln MDR **72**, 520. § 360 betrifft nur eine Änderung des Beweisbeschlusses, dh seine Erfüllung mit einem anderen Inhalt.

B. Änderung von Amts wegen. a) Nach neuer Verhandlung. Von Amts wegen darf das Gericht seinen Beweisbeschluß nach einer neuen mündlichen Verhandlung unbeschränkt ändern, etwa wegen der inzwischen eingetretenen Entscheidungsunerheblichkeit des Beweisthemas.

b) Vor neuer Verhandlung. In dieser Situation darf das Gericht den Beweisbeschluß nur in folgenden Fällen ändern:

aa) Zustimmung des Gegners. Die Änderung ist zulässig, wenn der Gegner des Beweisführers zustimmt. Das Gericht muß bei einer beabsichtigten Änderung von Amts wegen die

5. Titel. Allgemeine Beweisaufnahmevorschriften §§ 360, 361

Zustimmungen beider Parteien einholen. Die Zustimmung muß schriftlich erfolgen. Sie ist eine unwiderrufliche Prozeßhandlung. Sie muß den Inhalt der Änderung decken.

bb) Berichtigung, Ergänzung. Die Änderung ist ferner zulässig, und zwar auch ohne eine Zustimmung, soweit das Gericht den bisherigen Beweisbeschluß lediglich berichtigen bzw die Beweistatsachen ergänzen will. Berichtigen bedeutet: in Einklang bringen entweder mit dem mangelhaft ausgedrückten wahren Willen des Gerichts oder mit dem mangelhaft gewürdigten Parteivortrag.

Die Grenze zwischen bloßer Berichtigung und einer Neuentscheidung ist so zu ziehen, daß die Änderung nicht das Beweisthema gänzlich ändern darf. Denn eine bloße Berichtigung von Schreibfehlern und dergleichen wäre schon nach § 319 zulässig, § 329 Anm 3 B „§ 319". Die Berichtigung kann auch die Art der Ausführung betreffen. Die Ergänzung darf neue Beweispunkte zufügen, soweit sie mit den alten im Zusammenhang stehen. Sie darf zB nicht die Beweiserhebung auf einen anderen Klagegrund ausdehnen.

cc) Ersetzung von Zeugen usw. Die Änderung ist auch zulässig, wenn das Gericht die im Beweisbeschluß angegebenen Zeugen und Sachverständigen durch andere oder durch Gegenzeugen ersetzen oder nur noch einige der bisher angegebenen Zeugen hören will. Der Beweispunkt muß derselbe bleiben.

c) § 358a. Die Änderung ist außerdem im Falle des § 358a zulässig, dort Anm 2.

C. Änderung auf Antrag. Auf Antrag braucht das Gericht nicht zu ändern, auch nicht im Einverständnis des Gegners. Vor der Erledigung des bisherigen Beweisbeschlusses ist ein Antrag auf eine Änderung nur auf Grund neuen Vorbringens statthaft. Freilich darf die Partei eine Verletzung von Verfahrensvorschriften rügen, zB über die Zulässigkeit des Beweisbeschlusses.

2) Verfahren. A. Zuständigkeit. Zur Änderung ist das Prozeßgericht zuständig. Die Befugnis steht auch dem Einzelrichter und dem verordneten Richter zu. Aber diese müssen zurückhaltend verfahren. Denn sie dürfen das Prozeßgericht nicht binden. § 360 will Weiterungen vermeiden, die durch die starre Bindung des verordneten Richters an den Beschluß erwachsen können. Deshalb darf der ersuchte Richter statt des angegebenen Zeugen einen anderen vernehmen, wenn sich herausstellt, daß dieser und nicht der angegebene Zeuge Bescheid weiß.

B. Anhörung. Die Parteien sind vor der Entscheidung in jedem Fall wenn möglich mündlich oder schriftlich zu hören. Untunlich ist ihre Anhörung zB, wenn die Zeit es nicht erlaubt, wenn etwa ein Zeuge schleunigst verreisen muß. In jedem Fall muß das Gericht die Parteien von der Änderung unverzüglich unterrichten, dh sobald es nach dem ordnungsgemäßen Geschäftsgang möglich ist. Außerdem müssen die Parteien zum Ergebnis Stellung nehmen können, § 285, BGH **LM** Nr 1. Die Anhörung erfolgt formlos. Ein Mangel der Anhörung oder der Benachrichtigung ist heilbar, § 295 Anm 2 A, D.

C. Rechtsmittel. Der Beschluß ist grds unanfechtbar, weil er mit dem Beweisbeschluß eine Einheit bildet, § 359 Anm 1. Das gilt auch dann, wenn das Gericht einen Änderungsantrag ablehnt. Eine unzulässige Änderung ist nur zusammen mit dem Endurteil anfechtbar. Wegen ausnahmsweiser Rechtsmittel § 359 Anm 3.

3) VwGO: Entsprechend anzuwenden, § 98 VwGO, jedoch kommt es auf Zustimmung, S 2, nicht an, weil § 96 II VwGO einen Beweisbeschluß ohne mündliche Verhandlung gestattet (aM RedOe § 98 Anm 2). Eine Änderung durch das Prozeßgericht ist daher jederzeit vAw zulässig, ebenso durch den verordneten Richter, S 3, im Rahmen des § 96 II VwGO, sonst durch ihn nur in den Fällen der Anm 1 B b u c, aM Kopp § 98 Rdz 1 (unanwendbar).

---

361 **Beauftragter Richter.** [I] Soll die Beweisaufnahme durch ein Mitglied des Prozeßgerichts erfolgen, so wird bei der Verkündung des Beweisbeschlusses durch den Vorsitzenden der beauftragte Richter bezeichnet und der Termin zur Beweisaufnahme bestimmt.

[II] Ist die Terminsbestimmung unterblieben, so erfolgt sie durch den beauftragten Richter; wird er verhindert, den Auftrag zu vollziehen, so ernennt der Vorsitzende ein anderes Mitglied.

1) Maßnahmen des Vorsitzenden, I. Der beauftragte Richter, Begriff Einl III 7 C a, darf nur ausnahmsweise tätig sein, § 355 Anm 1 B. Soll er die Beweisaufnahme vornehmen, so wählt ihn der Vorsitzende nach pflichtgemäßem Ermessen aus und bezeichnet ihn bei der Verkündung des Beweisbeschlusse namentlich, aM ZöSt 2 (aber das würde eine gegen

Art 101 I 2 GG verstoßende Auswechslung ermöglichen). Beschließt das Gericht nachträglich eine Erledigung durch ihn, so ist er beim Änderungsbeschluß, § 360, zu bezeichnen. Fällt er weg, so tritt sein Vertreter oder sein Nachfolger im Amt ohne weiteres an seine Stelle, soweit der Vorsitzende nichts anderes bestimmt. Anwaltszwang besteht nicht, § 78 II.

2) Maßnahmen des beauftragten Richters, I, II. Den Termin bestimmt der beauftragte Richter, ThP, aM Schneider DRiZ **77**, 14 (dieser bestimme ihn nur hilfsweise; man muß aber I mit einer Zäsur hinter, nicht vor den Worten ,,durch den Vorsitzenden" lesen). Der Termin wird entweder in der Sitzung bestimmt, dann verkündet ihn der Vorsitzende, oder später, dann ist er den Parteien von Amts wegen bekanntzugeben, und zwar immer ihren ProzBev, § 357 II. Die Ladungsfrist, § 217 (sie gilt für alle Terminsarten im Sinn von Üb 1 vor § 214) ist einzuhalten, Köln MDR **73**, 856, Teplitzky NJW **73**, 1675, ZöSt 1, aM ThP. Es besteht kein Anwaltszwang, § 78 II. Der beauftragte Richter hat im Rahmen des Auftrags die Befugnisse und Pflichten des Gerichts und des Vorsitzenden, § 229, und daher auch die Sitzungsgewalt, §§ 176 ff GVG. Daher darf er auch § 379 anzuwenden, aM ZöSt 2. Zum Güteversuch § 279 Anm 2 B. Wenn der beauftragte Richter im Beweistermin vertagt, dann verkündet er den neuen Termin.

3) Rechtsbehelf. Es ist zunächst das Prozeßgericht anzurufen, § 576. Zum weiteren Verfahren dort Anm 3.

4) VwGO: Entsprechend anzuwenden, § 98 *VwGO,* da eine Beweisaufnahme durch den beauftragten Richter zulässig ist, § 96 II *VwGO.*

362 *Ersuchter Richter.* [1] Soll die Beweisaufnahme durch ein anderes Gericht erfolgen, so ist das Ersuchungsschreiben von dem Vorsitzenden zu erlassen.
[II] Die auf die Beweisaufnahme sich beziehenden Verhandlungen übersendet der ersuchte Richter der Geschäftsstelle des Prozeßgerichts in Urschrift; die Geschäftsstelle benachrichtigt die Parteien von dem Eingang.

Schrifttum: Hartwig, Die Begriffe der Rechts- und der Amtshilfe und ihre Unterscheidung, Diss Kiel 1955; Nagel, Nationale und internationale Rechtshilfe im Zivilprozeß, 1971.

1) Ersuchen, I. Soll ein anderes Gericht die Beweisaufnahme vornehmen (ersuchter Richter), § 355 Anm 2 B b, so ist zunächst ein entsprechender Beschluß des Prozeßgerichts notwendig. § 362 regelt nur die Durchführung dieses Beschlusses. Zu ihrem Zweck erläßt der Vorsitzende oder der Einzelrichter ein Ersuchen. Das andere Gericht kann hier nur ein inländisches sein, §§ 156 ff GVG (Rechtshilfe), andernfalls ist § 383 nebst Anhang beachtlich. Das Ersuchen erfolgt durch eine prozeßleitende Verfügung; ihre Bezeichnung als Beschluß ist unschädlich. Sie ist klar und ausführlich genug zu fassen, so daß keine Weiterungen durch eine mangelhafte Erledigung zu befürchten sind. Der ersuchte Richter ist nicht darauf zu verweisen, sich die Beweisfragen aus langatmigen Parteischriftsätzen herauszuschälen, § 359 Anm 2 B a. Der Vorsitzende entscheidet unter Beachtung dieser Grundsätze nach pflichtgemäßem Ermessen darüber, ob dem ersuchten Richter die Gerichtsakten oder nur ein Auszug zu übersenden sind.

Der ersuchte Richter bestimmt den Termin und benachrichtigt die Parteien von Amts wegen gemäß § 357 II, dort Anm 2. Über die Ablehnung des Ersuchens vgl bei § 158 GVG. Es herrscht kein Anwaltszwang, § 78 II. Der ersuchte Richter ist an das Beweisthema gebunden, kann den Beweisbeschluß aber im übrigen gemäß § 360 ändern, §§ 229, 365, 400 ZPO, 180 GVG.

2) Übersendung der Beweisverhandlungen, II. Der ersuchte Richter hat sie in Urschrift der Geschäftsstelle des Prozeßgerichts zu übersenden. Erst diese benachrichtigt unverzüglich die Parteien formlos vom Eingang. § 299 sieht keine Pflicht der Geschäftsstelle vor, den Parteien das Beweisaufnahmeprotokoll auch von Amts wegen zu übersenden; schon wegen Art 103 I GG ist diese Maßnahme aber unentbehrlich und im übrigen auch allein praktisch und im Rahmen von KV 1900 Z 2 d auslagenfrei. Wegen des Verhandlungstermins § 370 II.

3) Rechtsbehelfe. Gegen den Übertragungsbeschluß: § 355 Anm 2. Gegen das Ersuchen des Vorsitzenden: keiner. Gegen eine Entscheidung des verordneten Richters: Beschwerde gegen die Gebührenfestsetzung unter den Voraussetzungen der §§ 401 ZPO, 16 II ZSEG, ferner Beschwerde gegen ein Ordnungsmittel nach § 181 GVG, § 576 Anm 2 A, im übrigen

Erinnerung an das Prozeßgericht, § 576 Anm 2, abw LG Frankenth NJW **61**, 1363 (sogleich Beschwerde). Gegen dessen Entscheidung: Beschwerde, § 576 Anm 3.

4) VwGO: *Entsprechend anzuwenden, § 98 VwGO, da eine Beweisaufnahme durch den ersuchten Richter zulässig ist, § 96 II VwGO.*

363 *Beweisaufnahme im Ausland. Ersuchen.* ¹ Soll die Beweisaufnahme im Ausland erfolgen, so hat der Vorsitzende die zuständige Behörde um Aufnahme des Beweises zu ersuchen.

ᴵᴵ Kann die Beweisaufnahme durch einen Bundeskonsul erfolgen, so ist das Ersuchen an diesen zu richten.

Schrifttum: Nagel, Nationale und internationale Rechtshilfe im Zivilprozeß, 1971; Schlemmer, Internationaler Rechtshilfeverkehr, 1970.

1) Allgemeines. Die deutsche Gerichtsbarkeit macht an den Grenzen Deutschlands halt (wegen der DDR Einl III 8 B). Ein deutsches Gericht kann zwar Zeugen, Sachverständige und Parteien aus dem Ausland ins Inland vorladen. Das ist aber meist zwecklos, weil das deutsche Gericht das Erscheinen aus dem Ausland nicht erzwingen kann, Jessnitzer Rpfleger **75**, 345. Im Ausland darf ein deutsches Gericht nur mit Genehmigung der deutschen und der fremden Regierung tätig werden. Eine bloß schriftliche Anhörung ausländischer Zeugen und Sachverständiger, §§ 377 III, IV, 411, ist nur dann statthaft, wenn das Ausland eine durch Strafe gesicherte eidesstattliche Versicherung kennt. Regelmäßig ist ein Ersuchen notwendig. BGH NJW **80**, 1849 läßt die Zulässigkeit einer Beweisaufnahme im Ausland vor der mündlichen Verhandlung offen. Der Antrag der Partei auf die Ladung der Beweisperson im Ausland erfordert keine genauere inhaltliche Bestimmung der zu stellenden Fragen; es genügt die Angabe der allgemeinen Richtung der beabsichtigten Fragen, BGH MDR **81**, 1014.

Ist die Befragung des Zeugen im Ausland unmöglich, dann kann das Gericht eine etwaige schriftliche Äußerung des Zeugen oder des Sachverständigen urkundenbeweislich verwerten. Hat die Partei auf eine Benachrichtigung vom Auslandstermin nicht verzichtet und ist sie nicht benachrichtigt worden, so darf das Ergebnis der Beweisaufnahme nur verwertet werden, wenn die Belange der nicht benachrichtigten Partei im Hinblick auf ihr Recht, den Beweispersonen Fragen und Vorhaltungen zu machen, nicht beeinträchtigt wurden, BGH **33**, 64. Die Gestellung von Zeugen und Sachverständigen aus dem Ausland darf das Gericht keiner Partei auferlegen. Freiwillig darf die Partei natürlich derart verfahren. Wegen des Haager Übereinkommens betr Beweisaufnahmen im Ausland vgl Anh § 363.

2) Ersuchen. Der Vorsitzende oder der Einzelrichter erläßt ein Ersuchen um eine Beweisaufnahme an die zuständige Behörde, und zwar wenn irgend möglich an den deutschen Konsul, der auch selbst Vernehmungen durchführen und Eide abnehmen kann, § 15 KonsG v 11. 9. 1974, BGBl 2317. Wegen der ZRHO Anh I § 168 GVG Anm 1 B. Soweit letzteres nicht geschieht, darf das Gericht die Anwendung der deutschen Vorschriften über die Beweisaufnahme nicht verlangen. Für die Benachrichtigung vom Eingang der Beweisverhandlungen und für die Terminsbestimmung gilt § 362 Anm 2 entspr.

3) VwGO: *Entsprechend anwendbar, § 98 VwGO, wenn auch kaum praktisch. Vielfach wird nur ein Ersuchen an einen Bundeskonsul in Frage kommen, weil ausländische Behörden meist Rechtshilfe nur in bürgerlichen Rechtsstreitigkeiten leisten. Etwas anderes gilt ab 1. 1. 83 (Bek v 29. 11. 82, BGBl II 1052) im Geltungsbereich des EuÜbk v 15. 3. 78, BGBl 81 II 550 (mit ZustmG v 20. 7. 81, BGBl II 533, u AusfG v 20. 7. 81, BGBl 665), vgl dessen Art 19 ff u dazu Jellinek NVwZ **82**, 539 (Vertragsstaaten: Belgien u Portugal, BGBl 82 II 1052). Für Ersuchen ans Ausland, Anm 2, kann i ü die ZRHO entsprechend angewendet werden, BVerwG VerwRspr **29**, 891.*

Anhang nach § 363

A. Haager Übereinkommen über die Beweisaufnahme im Ausland in Zivil- oder Handelssachen

vom 18. 3. 1970, BGBl 77 II 1472

Kapitel I. Rechtshilfeersuchen

Art. 1. ^I In Zivil- oder Handelssachen kann die gerichtliche Behörde eines Vertragsstaats nach seinen innerstaatlichen Rechtsvorschriften die zuständige Behörde eines anderen Vertragsstaats ersuchen, eine Beweisaufnahme oder eine andere gerichtliche Handlung vorzunehmen.

^{II} Um die Aufnahme von Beweisen, die nicht zur Verwendung in einem bereits anhängigen oder künftigen gerichtlichen Verfahren bestimmt sind, darf nicht ersucht werden.

^{III} Der Ausdruck „andere gerichtliche Handlung" umfaßt weder die Zustellung gerichtlicher Schriftstücke noch Maßnahmen der Sicherung oder der Vollstreckung.

Art. 2. ^I Jeder Vertragsstaat bestimmt eine Zentrale Behörde, die von einer gerichtlichen Behörde eines anderen Vertragsstaats ausgehende Rechtshilfeersuchen entgegennimmt und sie der zuständigen Behörde zur Erledigung zuleitet. Jeder Staat richtet die Zentrale Behörde nach Maßgabe seines Rechts ein.

^{II} Rechtshilfeersuchen werden der Zentralen Behörde des ersuchten Staates ohne Beteiligung einer weiteren Behörde dieses Staates übermittelt.

Bem. Vgl wegen Israel Bek v 5. 6. 81, BGBl II 374; wegen Singapur Bek v 21. 10. 81, BGBl II 962; wegen Finnland Bek v 5. 7. 82, BGBl II 682; wegen Barbados, Italien Bek v 9. 11. 82, BGBl II 998.

Art. 3. ^I Ein Rechtshilfeersuchen enthält folgende Angaben:
a) die ersuchende und, soweit bekannt, die ersuchte Behörde;
b) den Namen und die Anschrift der Parteien und gegebenenfalls ihrer Vertreter;
c) die Art und den Gegenstand der Rechtssache sowie eine gedrängte Darstellung des Sachverhalts;
d) die Beweisaufnahme oder die andere gerichtliche Handlung, die vorgenommen werden soll.

Das Rechtshilfeersuchen enthält außerdem je nach Sachlage
e) den Namen und die Anschrift der zu vernehmenden Personen;
f) die Fragen, welche an die zu vernehmenden Personen gerichtet werden sollen, oder die Tatsachen, über die sie vernommen werden sollen;
g) die Urkunden oder die anderen Gegenstände, die geprüft werden sollen;
h) den Antrag, die Vernehmung unter Eid oder Bekräftigung durchzuführen, und gegebenenfalls die dabei zu verwendende Formel;
i) den Antrag, eine besondere Form nach Artikel 9 einzuhalten.

^{II} In das Rechtshilfeersuchen werden gegebenenfalls auch die für die Anwendung des Artikels 11 erforderlichen Erläuterungen aufgenommen.

^{III} Eine Legalisation oder eine ähnliche Förmlichkeit darf nicht verlangt werden.

Art. 4. ^I Das Rechtshilfeersuchen muß in der Sprache der ersuchten Behörde abgefaßt oder von einer Übersetzung in diese Sprache begleitet sein.

^{II} Jeder Vertragsstaat muß jedoch, sofern er nicht den Vorbehalt nach Artikel 33 gemacht hat, ein Rechtshilfeersuchen entgegennehmen, das in französischer oder englischer Sprache abgefaßt oder von einer Übersetzung in eine dieser Sprachen begleitet ist.

^{III} Ein Vertragsstaat mit mehreren Amtssprachen, der aus Gründen seines innerstaatlichen Rechts Rechtshilfeersuchen nicht für sein gesamtes Hoheitsgebiet in einer dieser Sprachen entgegennehmen kann, muß durch eine Erklärung die Sprache bekanntgeben, in der ein Rechtshilfeersuchen abgefaßt oder in die es übersetzt sein muß, je nachdem, in welchem Teil seines Hoheitsgebiets es erledigt werden soll. Wird dieser Erklärung ohne hinreichenden Grund nicht entsprochen, so hat der ersuchende Staat die Kosten einer Übersetzung in die geforderte Sprache zu tragen.

^{IV} Neben den in den Absätzen 1 bis 3 vorgesehenen Sprachen kann jeder Vertragsstaat durch eine Erklärung eine oder mehrere weitere Sprachen bekanntgeben, in denen ein Rechtshilfeersuchen seiner Zentralen Behörde übermittelt werden kann.

5. Titel. Allgemeine Beweisaufnahmevorschriften Anh § 363 A

ᵛ Die einem Rechtshilfeersuchen beigefügte Übersetzung muß von einem diplomatischen oder konsularischen Vertreter, von einem beeidigten Übersetzer oder von einer anderen hierzu befugten Person in einem der beiden Staaten beglaubigt sein.

Bem. Vgl wegen Dänemark, Finnland, Frankreich, Luxemburg, Norwegen, Portugal, Schweden, des Vereinigten Königreichs, der Vereinigten Staaten Bek v 5. 9. 80, BGBl II 1290; wegen Finnland ferner Bek v 19. 2. 81, BGBl II 123; wegen Singapur Bek v 21. 10. 81, BGBl II 962.

Art. 5. Ist die Zentrale Behörde der Ansicht, daß das Ersuchen nicht dem Übereinkommen entspricht, so unterrichtet sie unverzüglich die Behörde des ersuchenden Staates, die ihr das Rechtshilfeersuchen übermittelt hat, und führt dabei die Einwände gegen das Ersuchen einzeln an.

Art. 6. Ist die ersuchte Behörde nicht zuständig, so wird das Rechtshilfeersuchen von Amts wegen unverzüglich an die nach den Rechtsvorschriften ihres Staates zuständige Behörde weitergeleitet.

Art. 7. Die ersuchende Behörde wird auf ihr Verlangen von dem Zeitpunkt und dem Ort der vorzunehmenden Handlung benachrichtigt, damit die beteiligten Parteien und gegebenenfalls ihre Vertreter anwesend sein können. Diese Mitteilung wird auf Verlangen der ersuchenden Behörde den Parteien oder ihren Vertretern unmittelbar übersandt.

Art. 8. Jeder Vertragsstaat kann erklären, daß Mitglieder der ersuchenden gerichtlichen Behörde eines anderen Vertragsstaats bei der Erledigung eines Rechtshilfeersuchens anwesend sein können. Hierfür kann die vorherige Genehmigung durch die vom erklärenden Staat bestimmte zuständige Behörde verlangt werden.

Bem. Vgl wegen Dänemark, Finnland, Schweden, des Vereinigten Königreichs, der Vereinigten Staaten Bek v 5. 9. 80, BGBl II 1290, ferner wegen des Vereinigten Königreichs Bek v 12. 11. 80, BGBl II 1440, wegen Israel Bek v 5. 6. 81, BGBl II 374, wegen Italien Bek v 9. 11. 82, BGBl II 998.

Art. 9. ᴵ Die gerichtliche Behörde verfährt bei der Erledigung eines Rechtshilfeersuchens nach den Formen, die ihr Recht vorsieht.

ᴵᴵ Jedoch wird dem Antrag der ersuchenden Behörde, nach einer besonderen Form zu verfahren, entsprochen, es sei denn, daß diese Form mit dem Recht des ersuchten Staates unvereinbar oder ihre Einhaltung nach der gerichtlichen Übung im ersuchten Staat oder wegen tatsächlicher Schwierigkeiten unmöglich ist.

ᴵᴵᴵ Das Rechtshilfeersuchen muß rasch erledigt werden.

Art. 10. Bei der Erledigung des Rechtshilfeersuchens wendet die ersuchte Behörde geeignete Zwangsmaßnahmen in den Fällen und in dem Umfang an, wie sie das Recht des ersuchten Staates für die Erledigung eines Ersuchens inländischer Behörden oder eines zum gleichen Zweck gestellten Antrags einer beteiligten Partei vorsieht.

Art. 11. ᴵ Ein Rechtshilfeersuchen wird nicht erledigt, soweit die Person, die es betrifft, sich auf ein Recht zur Aussageverweigerung oder auf ein Aussageverbot beruft,
a) das nach dem Recht des ersuchten Staates vorgesehen ist oder
b) das nach dem Recht des ersuchenden Staates vorgesehen und im Rechtshilfeersuchen bezeichnet oder erforderlichenfalls auf Verlangen der ersuchten Behörde von der ersuchenden Behörde bestätigt worden ist.

ᴵᴵ Jeder Vertragsstaat kann erklären, daß er außerdem Aussageverweigerungsrechte und Aussageverbote, die nach dem Recht anderer Staaten als des ersuchenden oder des ersuchten Staates bestehen, insoweit anerkennt, als dies in der Erklärung angegeben ist.

Bem. Zu I a LG Mü ZZP **95**, 363 (zustm Schlosser).

Art. 12. ᴵ Die Erledigung eines Rechtshilfeersuchens kann nur insoweit abgelehnt werden, als
a) die Erledigung des Ersuchens im ersuchten Staat nicht in den Bereich der Gerichtsgewalt fällt oder
b) der ersuchte Staat die Erledigung für geeignet hält, seine Hoheitsrechte oder seine Sicherheit zu gefährden.

^{II} Die Erledigung darf nicht allein aus dem Grund abgelehnt werden, daß der ersuchte Staat nach seinem Recht die ausschließliche Zuständigkeit seiner Gerichte für die Sache in Anspruch nimmt oder ein Verfahren nicht kennt, das dem entspricht, für welches das Ersuchen gestellt wird.

Art. 13. ^I Die ersuchte Behörde leitet die Schriftstücke, aus denen sich die Erledigung eines Rechtshilfeersuchens ergibt, der ersuchenden Behörde auf demselben Weg zu, den diese für die Übermittlung des Ersuchens benutzt hat.

^{II} Wird das Rechtshilfeersuchen ganz oder teilweise nicht erledigt, so wird dies der ersuchenden Behörde unverzüglich auf demselben Weg unter Angabe der Gründe für die Nichterledigung mitgeteilt.

Art. 14. ^I Für die Erledigung eines Rechtshilfeersuchens darf die Erstattung von Gebühren und Auslagen irgendwelcher Art nicht verlangt werden.

^{II} Der ersuchte Staat ist jedoch berechtigt, vom ersuchenden Staat die Erstattung der an Sachverständigen und Dolmetscher gezahlten Entschädigungen sowie der Auslagen zu verlangen, die dadurch entstanden sind, daß auf Antrag des ersuchenden Staates nach Artikel 9 Absatz 2 eine besondere Form eingehalten worden ist.

^{III} Eine ersuchte Behörde, nach deren Recht die Parteien für die Aufnahme der Beweise zu sorgen haben und die das Rechtshilfeersuchen nicht selbst erledigen kann, darf eine hierzu geeignete Person mit der Erledigung beauftragen, nachdem sie das Einverständnis der ersuchenden Behörde eingeholt hat. Bei der Einholung dieses Einverständnisses gibt die ersuchte Behörde den ungefähren Betrag der Kosten an, die durch diese Art der Erledigung entstehen würden. Durch ihr Einverständnis verpflichtet sich die ersuchende Behörde, die entstehenden Kosten zu erstatten. Fehlt das Einverständnis, so ist die ersuchende Behörde zur Erstattung der Kosten nicht verpflichtet.

Kapitel II. Beweisaufnahme durch diplomatische oder konsularische Vertreter und durch Beauftragte

Vorbem. Vgl wegen Singapur Bek v 21. 10. 81, BGBl II 962.

Art. 15. ^I In Zivil- oder Handelssachen kann ein diplomatischer oder konsularischer Vertreter eines Vertragsstaats im Hoheitsgebiet eines anderen Vertragsstaats und in dem Bezirk, in dem er sein Amt ausübt, ohne Anwendung von Zwang Beweis für ein Verfahren aufnehmen, das vor einem Gericht eines von ihm vertretenen Staates anhängig ist, wenn nur Angehörige desselben Staates betroffen sind.

^{II} Jeder Vertragsstaat kann erklären, daß in dieser Art Beweis erst nach Vorliegen einer Genehmigung aufgenommen werden darf, welche die durch den erklärenden Staat bestimmte zuständige Behörde auf einen von dem Vertreter oder in seinem Namen gestellten Antrag erteilt.

Bem. Vgl wegen Dänemark, Norwegen, Portugal, Schweden Bek v 5. 9. 80, BGBl II 1290.

Art. 16. ^I Ein diplomatischer oder konsularischer Vertreter eines Vertragsstaats kann außerdem im Hoheitsgebiet eines anderen Vertragsstaats und in dem Bezirk, in dem er sein Amt ausübt, ohne Anwendung von Zwang Beweis für ein Verfahren aufnehmen, das vor einem Gericht eines von ihm vertretenen Staates anhängig ist, sofern Angehörige des Empfangsstaats oder eines dritten Staates betroffen sind.
a) wenn eine durch den Empfangsstaat bestimmte zuständige Behörde ihre Genehmigung allgemein oder für den Einzelfall erteilt hat und
b) wenn der Vertreter die Auflagen erfüllt, welche die zuständige Behörde in der Genehmigung festgesetzt hat.

^{II} Jeder Vertragsstaat kann erklären, daß Beweis nach dieser Bestimmung ohne seine vorherige Genehmigung aufgenommen werden darf.

Bem. Vgl wegen Dänemark, Finnland, Frankreich, Luxemburg, Norwegen, Tschechoslowakei, des Vereinigten Königreichs, der Vereinigten Staaten Bek v 5. 9. 80, BGBl II 1290, ferner wegen des Vereinigten Königreichs Bek v 12. 11. 80, BGBl II 1440.

Art. 17. ^I In Zivil- oder Handelssachen kann jede Person, die zu diesem Zweck ordnungsgemäß zum Beauftragten bestellt worden ist, im Hoheitsgebiet eines Vertragsstaats ohne Anwendung von Zwang Beweis für ein Verfahren aufnehmen, das vor einem Gericht eines anderen Vertragsstaats anhängig ist,

5. Titel. Allgemeine Beweisaufnahmevorschriften **Anh § 363 A**

a) wenn eine von dem Staat, in dem Beweis aufgenommen werden soll, bestimmte zuständige Behörde ihre Genehmigung allgemein oder für den Einzelfall erteilt hat und
b) wenn die Person die Auflagen erfüllt, welche die zuständige Behörde in der Genehmigung festgesetzt hat.

II Jeder Vertragsstaat kann erklären, daß Beweis nach dieser Bestimmung ohne seine vorherige Genehmigung aufgenommen werden darf.

Bem. Vgl wegen Dänemark, Finnland, Frankreich, Luxemburg, Norwegen, des Vereinigten Königreichs, der Vereinigten Staaten Bek v 5. 9. 80, BGBl II 1290, ferner wegen des Vereinigten Königreichs Bek v 12. 11. 80, BGBl II 1440.

Art. 18. I Jeder Vertragsstaat kann erklären, daß ein diplomatischer oder konsularischer Vertreter oder ein Beauftragter, der befugt ist, nach Artikel 15, 16 oder 17 Beweis aufzunehmen, sich an eine von diesem Staat bestimmte zuständige Behörde wenden kann, um die für diese Beweisaufnahme erforderliche Unterstützung durch Zwangsmaßnahmen zu erhalten. In seiner Erklärung kann der Staat die Auflagen festlegen, die er für zweckmäßig hält.

II Gibt die zuständige Behörde dem Antrag statt, so wendet sie die in ihrem Recht vorgesehenen geeigneten Zwangsmaßnahmen an.

Bem. Vgl wegen der Tschechoslowakei, des Vereinigten Königreichs, der Vereinigten Staaten Bek v 5. 9. 80, BGBl II 1290, ferner wegen des Vereinigten Königreichs Bek v 12. 11. 80, BGBl II 1440, wegen Italien Bek v 9. 11. 82, BGBl II 998.

Art. 19. Die zuständige Behörde kann, wenn sie die Genehmigung nach Artikel 15, 16 oder 17 erteilt oder dem Antrag nach Artikel 18 stattgibt, von ihr für zweckmäßig erachtete Auflagen festsetzen, insbesondere hinsichtlich Zeit und Ort der Beweisaufnahme. Sie kann auch verlangen, daß sie rechtzeitig von Zeitpunkt und Ort benachrichtigt wird; in diesem Fall ist ein Vertreter der Behörde zur Teilnahme an der Beweisaufnahme befugt.

Art. 20. Personen, die eine in diesem Kapitel vorgesehene Beweisaufnahme betrifft, können einen Rechtsberater beiziehen.

Art. 21. Ist ein diplomatischer oder konsularischer Vertreter oder ein Beauftragter nach Artikel 15, 16 oder 17 befugt, Beweis aufzunehmen,
a) so kann er alle Beweise aufnehmen, soweit dies nicht mit dem Recht des Staates, in dem Beweis aufgenommen werden soll, unvereinbar ist oder der nach den angeführten Artikeln erteilten Genehmigung widerspricht, und unter denselben Bedingungen auch einen Eid abnehmen oder eine Bekräftigung entgegennehmen;
b) so ist jede Ladung zum Erscheinen oder zur Mitwirkung an einer Beweisaufnahme in der Sprache des Ortes der Beweisaufnahme abzufassen oder eine Übersetzung in diese Sprache beizufügen, es sei denn, daß die durch die Beweisaufnahme betroffene Person dem Staat angehört, in dem das Verfahren anhängig ist;
c) so ist in der Ladung anzugeben, daß die Person einen Rechtsberater beiziehen kann, sowie in einem Staat, der nicht die Erklärung nach Artikel 18 abgegeben hat, daß sie nicht verpflichtet ist, zu erscheinen oder sonst an der Beweisaufnahme mitzuwirken;
d) so können die Beweise in einer der Formen aufgenommen werden, die das Recht des Gerichts vorsieht, vor dem das Verfahren anhängig ist, es sei denn, daß das Recht des Staates, in dem Beweis aufgenommen wird, diese Form verbietet;
e) so kann sich die von der Beweisaufnahme betroffene Person auf die in Artikel 11 vorgesehenen Rechte zur Aussageverweigerung oder Aussageverbote berufen.

Art. 22. Daß ein Beweis wegen der Weigerung einer Person mitzuwirken nicht nach diesem Kapitel aufgenommen werden konnte, schließt ein späteres Rechtshilfeersuchen nach Kapitel I mit demselben Gegenstand nicht aus.

Kapitel III. Allgemeine Bestimmungen

Art. 23. Jeder Vertragsstaat kann bei der Unterzeichnung, bei der Ratifikation oder beim Beitritt erklären, daß er Rechtshilfeersuchen nicht erledigt, die ein Verfahren zum Gegenstand haben, das in den Ländern des „Common Law" unter der Bezeichnung „pre-trial discovery of documents" bekannt ist.

Bem. Vgl wegen Dänemark, Finnland, Frankreich, Luxemburg, Norwegen, Schweden, des Vereinigten Königreichs, Bek v 5. 9. 80, BGBl II 1290, ferner wegen Norwegen, Schweden und des Vereinigten Königreichs Bek v 12. 11. 80, BGBl II 1440, wegen Singapur Bek v 21. 10. 81, BGBl II 962, wegen Italien Bek v 9. 11. 82, BGBl II 998.

Art. 24. Jeder Vertragsstaat kann außer der Zentralen Behörde weitere Behörden bestimmen, deren Zuständigkeit er festlegt. Rechtshilfeersuchen können jedoch stets der Zentralen Behörde übermittelt werden.

Bundesstaaten steht es frei, mehrere Zentrale Behörden zu bestimmen.

Bem. Vgl wegen des Vereinigten Königreichs Bek v 5. 9. 80, BGBl II 1290, und v 12. 11. 80, BGBl II 1440.

Art. 25. Jeder Vertragsstaat, in dem mehrere Rechtssysteme bestehen, kann bestimmen, daß die Behörden eines dieser Systeme für die Erledigung von Rechtshilfeersuchen nach diesem Übereinkommen ausschließlich zuständig sind.

Art. 26. [I] Jeder Vertragsstaat kann, wenn sein Verfassungsrecht dies gebietet, vom ersuchenden Staat die Erstattung der Kosten verlangen, die bei der Erledigung eines Rechtshilfeersuchens durch die Zustellung der Ladung, die Entschädigung der vernommenen Person und die Anfertigung eines Protokolls über die Beweisaufnahme entstehen.

[II] Hat ein Staat von den Bestimmungen des Absatzes 1 Gebrauch gemacht, so kann jeder andere Vertragsstaat von diesem Staat die Erstattung der entsprechenden Kosten verlangen.

Art. 27. Dieses Übereinkommen hindert einen Vertragsstaat nicht,
a) zu erklären, daß Rechtshilfeersuchen seinen gerichtlichen Behörden auch auf anderen als den in Artikel 2 vorgesehenen Wegen übermittelt werden können;
b) nach seinem innerstaatlichen Recht oder seiner innerstaatlichen Übung zuzulassen, daß Handlungen, auf die dieses Übereinkommen anwendbar ist, unter weniger einschränkenden Bedingungen vorgenommen werden;
c) nach seinem innerstaatlichen Recht oder seiner innerstaatlichen Übung andere als die in diesem Übereinkommen vorgesehenen Verfahren der Beweisaufnahme zuzulassen.

Bem. Vgl wegen Dänemark, des Vereinigten Königreichs Bek v 5. 9. 80, BGBl II 1290, ferner wegen des Vereinigten Königreichs Bek v 12. 11. 80, BGBl II 1440.

Art. 28. Dieses Übereinkommen schließt nicht aus, daß Vertragsstaaten vereinbaren, von folgenden Bestimmungen abzuweichen:
a) Artikel 2 in bezug auf den Übermittlungsweg für Rechtshilfeersuchen;
b) Artikel 4 in bezug auf die Verwendung von Sprachen;
c) Artikel 8 in bezug auf die Anwesenheit von Mitgliedern der gerichtlichen Behörde bei der Erledigung von Rechtshilfeersuchen;
d) Artikel 11 in bezug auf die Aussageverweigerungsrechte und Aussageverbote;
e) Artikel 13 in bezug auf die Übermittlung von Erledigungsstücken;
f) Artikel 14 in bezug auf die Regelung der Kosten;
g) den Bestimmungen des Kapitels II.

Art. 29. Dieses Übereinkommen tritt zwischen den Staaten, die es ratifiziert haben, an die Stelle der Artikel 8 bis 16 des am 17. Juli 1905 in Den Haag unterzeichneten Abkommens über den Zivilprozeß und des am 1. März 1954 in Den Haag unterzeichneten Übereinkommens über den Zivilprozeß, soweit diese Staaten Vertragsparteien jenes Abkommens oder jenes Übereinkommens sind.

Art. 30. Dieses Übereinkommen berührt weder die Anwendung des Artikels 23 des Abkommens von 1905 noch die Anwendung des Artikels 24 des Übereinkommens von 1954.

Art. 31. Zusatzvereinbarungen zu dem Abkommen von 1905 und dem Übereinkommen von 1954, die Vertragsstaaten geschlossen haben, sind auch auf das vorliegende Übereinkommen anzuwenden, es sei denn, daß die beteiligten Staaten etwas anderes vereinbaren.

Art. 32. Unbeschadet der Artikel 29 und 31 berührt dieses Übereinkommen nicht die Übereinkommen, denen die Vertragsstaaten angehören oder angehören werden und die Bestimmungen über Rechtsgebiete enthalten, die durch dieses Übereinkommen geregelt sind.

Art. 33. [I] Jeder Staat kann bei der Unterzeichnung, bei der Ratifikation oder beim Beitritt die Anwendung des Artikels 4 Absatz 2 sowie des Kapitels II ganz oder teilweise ausschließen. Ein anderer Vorbehalt ist nicht zulässig.

[II] Jeder Vertragsstaat kann einen Vorbehalt, den er gemacht hat, jederzeit zurücknehmen; der Vorbehalt wird am sechzigsten Tag nach der Notifikation der Rücknahme unwirksam.

[III] Hat ein Staat einen Vorbehalt gemacht, so kann jeder andere Staat, der davon berührt wird, die gleiche Regelung gegenüber dem Staat anwenden, der den Vorbehalt gemacht hat.

Bem. Vgl wegen Dänemark, Finnland, Frankreich, Norwegen, Portugal, des Vereinigten Königreichs Bek v 5. 9. 80, BGBl II 1290, ferner wegen des Vereinigten Königreichs Bek v 12. 11. 80, BGBl II 1440.

Art. 34. Jeder Staat kann eine Erklärung jederzeit zurücknehmen oder ändern.

Art. 35. [I] Jeder Vertragsstaat notifiziert dem Ministerium für Auswärtige Angelegenheiten der Niederlande bei der Hinterlegung seiner Ratifikations- oder Beitrittsurkunde oder zu einem späteren Zeitpunkt die nach den Artikeln 2, 8, 24 und 25 bestimmten Behörden.

[II] Er notifiziert gegebenenfalls auf gleiche Weise

a) die Bezeichnung der Behörden, an die sich diplomatische oder konsularische Vertreter nach Artikel 16 wenden müssen, und derjenigen, die nach den Artikeln 15, 16 und 18 Genehmigungen erteilen oder Unterstützung gewähren können;
b) die Bezeichnung der Behörden, die den Beauftragten die in Artikel 17 vorgesehene Genehmigung erteilen oder die in Artikel 18 vorgesehene Unterstützung gewähren können;
c) die Erklärungen nach den Artikeln 4, 8, 11, 15, 16, 17, 18, 23 und 27;
d) jede Rücknahme oder Änderung der vorstehend erwähnten Behördenbezeichnungen und Erklärungen;
e) jede Rücknahme eines Vorbehalts.

Bem. Vgl wegen des Vereinigten Königreichs Bek v 12. 11. 80, BGBl II 1440, wegen Italien Bek v 9. 11. 82, BGBl II 998.

Art. 36. Schwierigkeiten, die zwischen Vertragsstaaten bei der Anwendung dieses Übereinkommens entstehen, werden auf diplomatischem Weg beigelegt.

Art. 37. [I] Dieses Übereinkommen liegt für die auf der Elften Tagung der Haager Konferenz für Internationales Privatrecht vertretenen Staaten zur Unterzeichnung auf.

[II] Es bedarf der Ratifikation; die Ratifikationsurkunden werden beim Ministerium für Auswärtige Angelegenheiten der Niederlande hinterlegt.

Art. 38. [I] Dieses Übereinkommen tritt am sechzigsten Tag nach der gemäß Artikel 37 Absatz 2 vorgenommenen Hinterlegung der dritten Ratifikationsurkunde in Kraft.

[II] Das Übereinkommen tritt für jeden Unterzeichnerstaat, der es später ratifiziert, am sechzigsten Tag nach Hinterlegung seiner Ratifikationsurkunde in Kraft.

Art. 39. [I] Jeder auf der Elften Tagung der Haager Konferenz für Internationales Privatrecht nicht vertretene Staat, der Mitglied der Konferenz oder der Vereinten Nationen oder einer ihrer Sonderorganisationen oder Vertragspartei des Statuts des Internationalen Gerichtshofs ist, kann diesem Übereinkommen beitreten, nachdem es gemäß Artikel 38 Absatz 1 in Kraft getreten ist.

[II] Die Beitrittsurkunde wird beim Ministerium für Auswärtige Angelegenheiten der Niederlande hinterlegt.

[III] Das Übereinkommen tritt für den beitretenden Staat am sechzigsten Tag nach Hinterlegung seiner Beitrittsurkunde in Kraft.

IV Der Beitritt wirkt nur für die Beziehungen zwischen dem beitretenden Staat und den Vertragsstaaten, die erklären, daß sie diesen Beitritt annehmen. Diese Erklärung wird beim Ministerium für Auswärtige Angelegenheiten der Niederlande hinterlegt; dieses Ministerium übersendet jedem der Vertragsstaaten auf diplomatischem Weg eine beglaubigte Abschrift dieser Erklärung.

V Das Übereinkommen tritt zwischen dem beitretenden Staat und einem Staat, der erklärt hat, daß er den Beitritt annimmt, am sechzigsten Tag nach Hinterlegung der Annahmeerklärung in Kraft.

Art. 40. I Jeder Staat kann bei der Unterzeichnung, bei der Ratifikation oder beim Beitritt erklären, daß sich dieses Übereinkommen auf alle oder auf einzelne der Hoheitsgebiete erstreckt, deren internationale Beziehungen er wahrnimmt. Eine solche Erklärung wird wirksam, sobald das Übereinkommen für den Staat in Kraft tritt, der sie abgegeben hat.

II Jede spätere Erstreckung dieser Art wird dem Ministerium für Auswärtige Angelegenheiten der Niederlande notifiziert.

III Das Übereinkommen tritt für die Hoheitsgebiete, auf die es erstreckt wird, am sechzigsten Tag nach der in Absatz 2 erwähnten Notifikation in Kraft.

Art. 41. I Dieses Übereinkommen gilt für die Dauer von fünf Jahren, vom Tag seines Inkrafttretens nach Artikel 38 Absatz 1 an gerechnet, und zwar auch für die Staaten, die es später ratifizieren oder ihm später beitreten.

II Die Geltungsdauer des Übereinkommens verlängert sich, außer im Fall der Kündigung, stillschweigend um jeweils fünf Jahre.

III Die Kündigung wird spätestens sechs Monate vor Ablauf der fünf Jahre dem Ministerium für Auswärtige Angelegenheiten der Niederlande notifiziert.

IV Sie kann sich auf bestimmte Hoheitsgebiete beschränken, für die das Übereinkommen gilt.

V Die Kündigung wirkt nur für den Staat, der sie notifiziert hat. Für die anderen Vertragsstaaten bleibt das Übereinkommen in Kraft.

Art. 42. Das Ministerium für Auswärtige Angelegenheiten der Niederlande notifiziert den in Artikel 37 bezeichneten Staaten sowie den Staaten, die nach Artikel 39 beigetreten sind,

a) jede Unterzeichnung und Ratifikation nach Artikel 37;
b) den Tag, an dem dieses Übereinkommen nach Artikel 38 Absatz 1 in Kraft tritt;
c) jeden Beitritt nach Artikel 39 und den Tag, an dem er wirksam wird;
d) jede Erstreckung nach Artikel 40 und den Tag, an dem sie wirksam wird;
e) jede Behördenbezeichnung, jeden Vorbehalt und jede Erklärung nach den Artikeln 33 und 35;
f) jede Kündigung nach Artikel 41 Absatz 3.

B. Aus dem Ausführungsgesetz
vom 22. 12. 77, BGBl 3105

§ 7. Die Aufgaben der Zentralen Behörde (Artikel 2, 24 Abs. 2 des Übereinkommens) nehmen die von den Landesregierungen bestimmten Stellen wahr. Jedes Land kann nur eine Zentrale Behörde einrichten.

§ 8. Für die Erledigung von Rechtshilfeersuchen ist das Amtsgericht zuständig, in dessen Bezirk die Amtshandlung vorzunehmen ist.

§ 9. Rechtshilfeersuchen, die durch das Amtsgericht zu erledigen sind (Kapitel I des Übereinkommens), müssen in deutscher Sprache abgefaßt oder von einer Übersetzung in diese Sprache begleitet sein (Artikel 4 Abs. 1, 5 des Übereinkommens).

§ 10. Mitglieder des ersuchenden ausländischen Gerichts können bei der Erledigung eines Rechtshilfeersuchens durch das Amtsgericht anwesend sein, wenn die Zentrale Behörde dies genehmigt hat.

§ 11. Eine Beweisaufnahme durch diplomatische oder konsularische Vertreter ist unzulässig, wenn sie deutsche Staatsangehörige betrifft. Betrifft sie Angehörige eines dritten Staates oder Staatenlose, so ist sie nur zulässig, wenn die Zentrale Behörde sie genehmigt hat (Artikel 16 Abs. 1 des Übereinkommens). Eine Genehmigung ist nicht erforderlich, wenn der Angehörige eines dritten Staates zugleich die Staatsangehörigkeit des Staates des ersuchenden Gerichts besitzt.

§ 12. (1) Ein Beauftragter des ersuchenden Gerichts (Artikel 17 des Übereinkommens) darf eine Beweisaufnahme nur durchführen, wenn die Zentrale Behörde sie genehmigt hat. Die Genehmigung kann mit Auflagen verbunden werden.

(2) Das Gericht, das für die Erledigung eines Rechtshilfeersuchens in derselben Angelegenheit nach § 8 zuständig wäre, ist befugt, die Vorbereitung und die Durchführung der Beweisaufnahme zu überwachen. Ein Mitglied dieses Gerichts kann an der Beweisaufnahme teilnehmen (Artikel 19 Satz 2 des Übereinkommens).

§ 13. Für die Erteilung der Genehmigung nach den §§ 10, 11 und 12 (Artikel 19 des Übereinkommens) ist die Zentrale Behörde des Landes zuständig, in dem die Beweisaufnahme durchgeführt werden soll.

§ 14. (1) Rechtshilfeersuchen, die ein Verfahren nach Artikel 23 des Übereinkommens zum Gegenstand haben, werden nicht erledigt.

(2) Jedoch können, soweit die tragenden Grundsätze des deutschen Verfahrensrechts nicht entgegenstehen, solche Ersuchen unter Berücksichtigung der schutzwürdigen Interessen der Betroffenen erledigt werden, nachdem die Voraussetzungen der Erledigung und das anzuwendende Verfahren durch Rechtsverordnung näher geregelt sind, die der Bundesminister der Justiz mit Zustimmung des Bundesrates erlassen kann.

§ 15. Der Bundesminister der Justiz wird ermächtigt, durch Rechtsverordnung, die der Zustimmung des Bundesrates bedarf, die nach den §§ 1 und 7 dieses Gesetzes errichteten Zentralen Behörden als die Stellen zu bestimmen, die gemäß den §§ 1 und 3 Abs. 2 des Gesetzes vom 5. April 1909 zur Ausführung des Haager Abkommens über den Zivilprozeß vom 17. Juli 1905 (RGBl. 1909 S. 430) und gemäß den §§ 1 und 9 des Gesetzes zur Ausführung des Haager Übereinkommens vom 1. März 1954 über den Zivilprozeß zur Entgegennahme von Anträgen und Ersuchen des Konsuls eines ausländischen Staates zuständig sind.

§§ 16, 17. Nicht abgedruckt.

C. Bekanntmachung
vom 21. 6. 79, BGBl II 780

Nach Artikel 3 Abs. 2 des Gesetzes vom 22. Dezember 1977 zu dem Haager Übereinkommen vom 15. November 1965 über die Zustellung gerichtlicher und außergerichtlicher Schriftstücke im Ausland in Zivil- oder Handelssachen und zu dem Haager Übereinkommen vom 18. März 1970 über die Beweisaufnahme im Ausland in Zivil- oder Handelssachen (BGBl. 1977 II S. 1452) wird bekanntgemacht, daß das Haager Übereinkommen vom 18. März 1970 über die Beweisaufnahme im Ausland in Zivil- oder Handelssachen nach seinem Artikel 38 Abs. 2 für die Bundesrepublik Deutschland am 26. Juni 1979 in Kraft treten wird. Die Ratifikationsurkunde der Bundesrepublik Deutschland ist am 27. April 1979 bei dem Ministerium für Auswärtige Angelegenheiten der Niederlande hinterlegt worden.

Die Bundesrepublik Deutschland hat bei Hinterlegung der Ratifikationsurkunde folgende Erklärungen abgegeben:

„A. Die Regierung der Bundesrepublik Deutschland gibt folgende Erklärungen nach Artikel 33 Abs. 1 des Übereinkommens vom 18. März 1970 ab:
Die Bundesrepublik Deutschland erklärt den in Artikel 33 Abs. 1 Satz 1 des Übereinkommens gegen die Anwendung des Artikels 4 Abs. 2 des Übereinkommens vorgesehenen Vorbehalt. Rechtshilfeersuchen, die nach Kapitel I des Übereinkommens zu erledigen sind, müssen gemäß Artikel 4 Abs. 1, 5 des Übereinkommens in deutscher Sprache abgefaßt oder von einer Übersetzung in diese Sprache begleitet sein.
Die Bundesrepublik Deutschland erklärt gemäß der in Artikel 33 Abs. 1 Satz 1 des Übereinkommens vorgesehenen Möglichkeit, einen Vorbehalt gegen die Anwendung der Bestimmungen des Kapitels II des Übereinkommens einzulegen, daß in ihrem Hoheitsgebiet eine Beweisaufnahme durch diplomatische oder konsularische Vertreter unzulässig ist, wenn sie deutsche Staatsangehörige betrifft.

B. Die Regierung der Bundesrepublik Deutschland gibt folgende Erklärungen nach Artikel 35 des Übereinkommens vom 18. März 1970 ab:
1. Für die Erledigung von Rechtshilfeersuchen ist das Amtsgericht zuständig, in dessen Bezirk die Amtshandlung vorzunehmen ist.
   Rechtshilfeersuchen sind an die Zentrale Behörde des Landes zu richten, in dem das jeweilige Ersuchen erledigt werden soll. Zentrale Behörde nach Artikel 2, 24 Abs. 2 des Übereinkommens ist für

Baden-Württemberg	das Justizministerium Baden-Württemberg D-7000 Stuttgart
Bayern	das Bayerische Staatsministerium der Justiz D-8000 München
Berlin	der Senator für Justiz D-1000 Berlin
Bremen	der Präsident des Landgerichts Bremen D-2800 Bremen
Hamburg	der Präsident des Amtsgerichts Hamburg D-2000 Hamburg
Hessen	der Hessische Minister der Justiz D-6200 Wiesbaden
Niedersachsen	der Niedersächsische Minister der Justiz D-3000 Hannover
Nordrhein-Westfalen	der Justizminister des Landes Nordrhein-Westfalen D-4000 Düsseldorf
Rheinland-Pfalz	das Ministerium der Justiz D-6500 Mainz
Saarland	der Minister für Rechtspflege D-6600 Saarbrücken
Schleswig-Holstein	der Justizminister des Landes Schleswig-Holstein D-2300 Kiel

2. Gemäß Artikel 8 des Übereinkommens wird erklärt, daß Mitglieder des ersuchenden Gerichts eines anderen Vertragsstaats bei der Erledigung eines Rechtshilfeersuchens durch das Amtsgericht anwesend sein können, wenn die Zentrale Behörde des Landes, in dem das Ersuchen erledigt werden soll, hierfür die vorherige Genehmigung erteilt hat.
3. Betrifft eine Beweisaufnahme durch diplomatische oder konsularische Vertreter gemäß Artikel 16 Abs. 1 des Übereinkommens Angehörige eines dritten Staates oder Staatenlose, so ist sie nur zulässig, wenn die Zentrale Behörde des Landes, in dem die Beweisaufnahme durchgeführt werden soll, sie genehmigt hat. Eine Genehmigung ist gemäß Artikel 16 Abs. 2 des Übereinkommens nicht erforderlich, wenn der Angehörige eines dritten Staates zugleich die Staatsangehörigkeit des Staates des ersuchenden Gerichts besitzt.
4. Ein Beauftragter des ersuchenden Gerichts darf eine Beweisaufnahme nach Artikel 17 des Übereinkommens nur durchführen, wenn die Zentrale Behörde des Landes, in dem die Beweisaufnahme durchgeführt werden soll, sie genehmigt hat. Die Genehmigung kann mit Auflagen verbunden werden. Das Amtsgericht, in dessen Bezirk Amtshandlungen auf Grund eines Rechtshilfeersuchens in derselben Angelegenheit vorzunehmen wären, ist befugt, die Vorbereitung und die Durchführung der Beweisaufnahme zu überwachen. Ein Mitglied dieses Gerichts kann gemäß Artikel 19 Satz 2 des Übereinkommens an der Beweisaufnahme teilnehmen.

5. Titel. Allgemeine Beweisaufnahmevorschriften Anh § 363, § 364 1–4

5. Die Bundesrepublik Deutschland erklärt gemäß Artikel 23 des Übereinkommens, daß in ihrem Hoheitsgebiet Rechtshilfeersuchen nicht erledigt werden, die ein Verfahren zum Gegenstand haben, das in den Ländern des ‚Common Law' unter der Bezeichnung ‚pretrial discovery of documents' bekannt ist."

1) Zum Geltungsbereich und zum Inkrafttreten vgl Einl IV 3, Hamm MDR **78**, 941. Zu den Vorbehalten verschiedener Staaten BGBl **80** II 1290, 1440, sowie bei den einzelnen Vorschriften. Zum Inhalt vgl Böckstiegel NJW **78**, 1076. Es sind folgende Ausführungs-VOen ergangen:

> Baden-Württemberg:
> Bayern: VO v 10. 5. 78, GVBl 177,
> Berlin:
> Bremen:
> Hamburg:
> Hessen: VO v 18. 4. 78, GVBl 251,
> Niedersachsen:
> Nordrhein-Westfalen: VO v 4. 4. 78, GVBl 166,
> Rheinland-Pfalz:
> Saarland: VO v 14. 6. 78, GVBl 617,
> Schleswig-Holstein: VO v 17. 3. 78, GVBl 112.

364 Beweisaufnahme im Ausland. Parteimitwirkung.

^I Wird eine ausländische Behörde ersucht, den Beweis aufzunehmen, so kann das Gericht anordnen, daß der Beweisführer das Ersuchungsschreiben zu besorgen und die Erledigung des Ersuchens zu betreiben habe.

^{II} Das Gericht kann sich auf die Anordnung beschränken, daß der Beweisführer eine den Gesetzen des fremden Staates entsprechende öffentliche Urkunde über die Beweisaufnahme beizubringen habe.

^{III} In beiden Fällen ist in dem Beweisbeschluß eine Frist zu bestimmen, binnen der von dem Beweisführer die Urkunde auf der Geschäftsstelle niederzulegen ist. Nach fruchtlosem Ablauf dieser Frist kann die Urkunde nur benutzt werden, wenn dadurch das Verfahren nicht verzögert wird.

^{IV} Der Beweisführer hat den Gegner, wenn möglich, von dem Ort und der Zeit der Beweisaufnahme so zeitig in Kenntnis zu setzen, daß dieser seine Rechte in geeigneter Weise wahrzunehmen vermag. Ist die Benachrichtigung unterblieben, so hat das Gericht zu ermessen, ob und inwieweit der Beweisführer zur Benutzung der Beweisverhandlung berechtigt ist.

1) Allgemeines. Vgl auch § 363 Anm 1. § 364 erlaubt es dem Gericht, die Besorgung der Beweisaufnahme im Ausland den Parteien zu überlassen. Die Vorschrift stellt aber nicht etwa diese Art der Erledigung und diejenige aus § 363 zur freien Wahl. Vielmehr besteht zumindest eine Anstandspflicht, wenn nicht eine Amtspflicht des Gerichts, immer dann nach § 363 zu verfahren, wenn das einfacher und sicherer zum Ziel führt, Köln NJW **75**, 2350 mwN, und wenn es sich nicht um einen Beweisantritt handelt, dem gegenüber Mißtrauen angebracht ist. Die Beweiswürdigung erfolgt grundsätzlich nach dem deutschen Prozeßrecht, Einl III 8 A.

2) Anordnungen. Das Gericht darf anordnen, daß der Beweisführer entweder das Ersuchen der ausländischen Behörde selbst zu besorgen habe oder daß ihm die Erledigung eines amtlichen Ersuchens auferlegt werde oder daß er eine öffentliche Urkunde über die ausländische Beweisaufnahme beizubringen habe. Über eine Frist und die Folgen ihrer Versäumung vgl § 356 Anm 2. IV ist auch im Falle des § 383 anwendbar, BGH **33**, 65. Die Benachrichtigung erfolgt formlos. Ihre Möglichkeit und die Rechtzeitigkeit sind nach dem Einzelfall zu beurteilen. Inwieweit ein Mangel die Beweisaufnahme unbenutzbar macht, steht zwar nach IV 2 im Ermessen des Gerichts; es muß aber zumindest den Art 103 I GG beachten, ThP. Ein Mangel ist jedenfalls heilbar, § 295.

3) Rechtsmittel. Bei einem Ermessensmißbrauch ist Beschwerde zulässig, Köln NJW **75**, 2349, § 252 Anm 1 B.

4) VwGO: *Unanwendbar trotz § 98 VwGO, da wegen des Untersuchungsgrundsatzes, § 86 I VwGO, kein Beweisführer im Sinne der ZPO vorhanden ist*, Einf 9 § 284 (vgl § 118 I 1 SGG), RedOe § 98 Anm 2, SchCl 439, Kopp § 98 Rdz 1.

365 *Abgabe durch den verordneten Richter.* **Der beauftragte oder ersuchte Richter ist ermächtigt, falls sich später Gründe ergeben, welche die Beweisaufnahme durch ein anderes Gericht sachgemäß erscheinen lassen, dieses Gericht um die Aufnahme des Beweises zu ersuchen. Die Parteien sind von dieser Verfügung in Kenntnis zu setzen.**

1) Weiterleitung. Der verordnete Richter darf ein anderes Gericht um die Durchführung der Beweisaufnahme ersuchen, ein ihm zugegangenes Ersuchen also dorthin abgeben, falls ihm nach dem Empfang des Auftrags oder des Ersuchens Gründe bekannt werden, die eine Abgabe als sachgemäß erscheinen lassen. Dies gilt etwa dann, wenn der zu vernehmende Zeuge jetzt in einem anderen Gerichtsbezirk wohnt. Ein früheres Entstehen der Gründe hindert nicht. Bei einer Verhinderung des ersuchten Gerichts gilt nicht § 365, sondern § 36, es sei denn, das Prozeßgericht stimmt der Abgabe zu. Eine Abgabe darf nur an ein deutsches AG erfolgen.

Das Ersuchen an ein ausländisches Gericht steht nur dem Vorsitzenden oder dem Einzelrichter zu, § 363 I. Wenn ein verordneter Richter statt des Prozeßgerichts erledigen soll, dann muß das Prozeßgericht entsprechend beschließen. Ob ausländische Behörden abgeben dürfen, richtet sich nach ihrem Recht, vgl Art 9, 12 Haager Übk, Anh A nach § 363. Der verordnete Richter hat die Parteien von der Abgabe formlos zu benachrichtigen.

2) Rechtsmittel. Die Abgabe unterliegt keinem Rechtsbehelf, sondern allenfalls einer Dienstaufsichtsbeschwerde, sofern nicht in der Abgabe eine Rechtshilfeverweigerung liegt; trifft das zu, so gilt § 159 GVG.

3) *VwGO:* *Entsprechend anzuwenden, § 98 VwGO, vgl § 361 Anm 3 und § 362 Anm 3, und zwar auch im Falle des § 96 II VwGO.*

366 *Zwischenstreit.* **I Erhebt sich bei der Beweisaufnahme vor einem beauftragten oder ersuchten Richter ein Streit, von dessen Erledigung die Fortsetzung der Beweisaufnahme abhängig und zu dessen Entscheidung der Richter nicht berechtigt ist, so erfolgt die Erledigung durch das Prozeßgericht.**
II Der Termin zur mündlichen Verhandlung über den Zwischenstreit ist von Amts wegen zu bestimmen und den Parteien bekanntzumachen.

1) Zwischenstreit. § 366 bezieht sich auf einen Streit, der bei der Beweisaufnahme vor dem verordneten Richter entsteht. Es kann sich handeln: Um einen Zwischenstreit zwischen den Parteien, § 303; oder um einen Zwischenstreit zwischen einer Partei und einem Zeugen oder Sachverständigen, §§ 387, 389, 400, 402; oder schließlich um eine Meinungsverschiedenheit zwischen den Parteien und dem Richter. Die Fortsetzung der Beweisaufnahme muß von der Erledigung des Streits abhängen. Der Richter darf zur Erledigung des Streits nicht zuständig sein. Hierher gehören alle Entscheidungen, die die Befugnis des verordneten Richters übersteigen, sich also nicht nur auf die Art der Erledigung des Auftrags oder Ersuchens beziehen.

Der verordnete Richter übt die Sitzungspolizei und die Ordnungsgewalt aus, § 180 GVG. Er ist zur Abänderung des Beweisbeschlusses im Rahmen der §§ 360, 365 befugt. Er nimmt die Aufgaben der §§ 229, 400, 402, 405, 406 IV wahr und entscheidet darüber hinaus zB über die Art eines Augenscheins. Er setzt, soweit überhaupt nach § 16 I ZSEG für ihn erforderlich, die Entschädigung fest, §§ 401, 402.

Unter § 366 fällt namentlich ein Streit über: Die Zulässigkeit von Fragen, § 397 III; die Verweigerung eines Zeugnisses oder Gutachtens, §§ 387, 389, 408; die Beeidigung, §§ 392, 393, 478 ff; eine Urkundenvorlegung, § 434.

2) Verfahren. Der verordnete Richter erledigt den Beweisbeschluß bis auf die streitigen Fragen. Sie behält er dem Prozeßgericht (dem Einzelrichter) vor. Er sendet sodann die Akten zunächst unverzüglich an das Prozeßgericht zurück und teilt diesem den Zwischenstreit verständlich mit. Das Prozeßgericht bestimmt von Amts wegen einen Verhandlungstermin, zu dem es die Parteien und die etwa sonst am Zwischenstreit Beteiligten von Amts wegen lädt. Seine Entscheidung ergeht durch ein Zwischenurteil, § 303, auch durch ein Versäumnisurteil, § 347 II.

3) Rechtsbehelfe. Gegen die Entscheidung des verordneten Richters: § 362 Anm 3. Gegen die Entscheidung des Prozeßgerichts die sich aus ihrer Art ergebenden.

4) *VwGO: Entsprechend anzuwenden, § 98 VwGO, vgl § 361 Anm 3 und § 362 Anm 3.*

5. Titel. Allgemeine Beweisaufnahmevorschriften §367 1–4

367 *Ausbleiben der Partei.* ¹ Erscheint eine Partei oder erscheinen beide Parteien in dem Termin zur Beweisaufnahme nicht, so ist die Beweisaufnahme gleichwohl insoweit zu bewirken, als dies nach Lage der Sache geschehen kann.

II Eine nachträgliche Beweisaufnahme oder eine Vervollständigung der Beweisaufnahme ist bis zum Schluß derjenigen mündlichen Verhandlung, auf die das Urteil ergeht, auf Antrag anzuordnen, wenn das Verfahren dadurch nicht verzögert wird oder wenn die Partei glaubhaft macht, daß sie ohne ihr Verschulden außerstande gewesen sei, in dem früheren Termin zu erscheinen, und im Falle des Antrags auf Vervollständigung, daß durch ihr Nichterscheinen eine wesentliche Unvollständigkeit der Beweisaufnahme veranlaßt sei.

1) Ausbleiben, I. Bleibt eine Partei oder bleiben beide Parteien im Beweistermin aus, so kann man nicht von einer Säumnis sprechen. Denn die Anwesenheit der Parteien ist nur deren Recht, § 357 Anm 1 A, nicht aber eine Voraussetzung zur Durchführung der Beweisaufnahme. Die Beweisaufnahme ist vielmehr vorzunehmen, soweit das in Abwesenheit der Partei geschehen kann. Das gilt vor dem Prozeßgericht und vor dem verordneten Richter.

Voraussetzung der Beweisaufnahme in Abwesenheit der Partei ist eine ordnungsmäßige Terminsbenachrichtigung der Partei, § 357 Anm 2. Fehlt sie, so kann sie eine Wiederholung der Beweisaufnahme nicht mehr fordern, falls sie ihr Rügerecht verloren hatte, BGH **LM** Nr 1. Im Fall des § 273 II ist dessen IV 1 zu beachten und darf beim Ausbleiben der Partei keine Beweisaufnahme außer einem Augenschein stattfinden. Etwas anderes gilt nur bei einem dann sofort zulässigen Beweisbeschluß nach Aktenlage, § 251 a, sofern die Parteien von der Ladung benachrichtigt worden waren, weil dann ihre Säumnis einen Verzicht auf die Parteiöffentlichkeit einschließt.

Die Folgen des Ausbleibens sind: Der Ausgebliebene ist mit seinen aus der Parteiöffentlichkeit folgenden Rechten für diese Instanz ausgeschlossen. Dies gilt zB für die Fragen, die er einem Zeugen vorgelegt hätte. Wenn das Ausbleiben die Beweisaufnahme verhindert, wie den Augenschein an der Person der Partei, dann ist die Partei für diese Instanz mit dem Beweismittel ausgeschlossen, vgl § 528, soweit sie beweispflichtig ist; andernfalls würdigt das Gericht das Ausbleiben frei. Im Fall des Ausbleibens der zu vernehmenden Partei gilt § 454.

Vor der Erledigung des Beweisbeschlusses darf das Gericht kein Versäumnisurteil erlassen; wohl aber nach ihr, § 370 Anm 1.

2) Nachholung, Vervollständigung, II. Die Beweisaufnahme ist nachzuholen oder zu vervollständigen, notfalls in der 2. Instanz: Immer, wenn die Nachholung das Verfahren nicht verzögert, dh wenn keine Vertagung notwendig wird, vgl auch § 296 Anm 2 C b aa; bei einer Verzögerung aber nur dann, wenn der Gegner des Ausgebliebenen einwilligt oder wenn der Ausgebliebene an seinem Verhalten schuldlos ist, vgl § 296 Anm 2 C b bb, und wenn er eine durch sein Ausbleiben verursachte wesentliche Unvollständigkeit glaubhaft macht, § 294. Eine Verhinderung des ProzBev entschuldigt hier nur ausnahmsweise, wenn die Partei selbst nicht verhindert war. Auch eine zur Beweisaufnahme nicht geladene Partei kann dann, wenn sie diesen Mangel im nächsten Termin nicht gerügt hatte, § 295 Anm 2 A, B, eine nachträgliche Beweisaufnahme nur noch wegen Unvollständigkeit beantragen, BGH **LM** StVO § 13 Nr 7. Die Partei muß eingehend darlegen, daß die Unvollständigkeit erhebliche Punkte betrifft. Insbesondere muß sie diejenigen Fragen angeben, die sie dem Zeugen vorgelegt hätte.

Wenn eine Beweisaufnahme vor dem Einzelrichter des § 524 stattfand, dann kann das Prozeßgericht sie vervollständigen. Die Vervollständigung ist nur auf Antrag des Ausgebliebenen und außer im Falle des § 400 nur beim Prozeßgericht zulässig. Ihre Anordnung erfolgt auf eine mündliche Verhandlung durch einen Beweisbeschluß des Prozeßgerichts, Nürnb OLGZ **76**, 482. Der Antrag wird durch ein Zwischenurteil nach § 303 oder im Endurteil zurückgewiesen. Unabhängig von II kann eine Wiederholung der Beweisaufnahme nach §§ 398, 402 notwendig sein.

3) Rechtsmittel. Die Anfechtung der Entscheidung des Gerichts ist immer nur zusammen mit der Anfechtung des Endurteils möglich. Ein Verstoß ist Revisionsgrund, wenn das Urteil auf ihm beruht.

4) VwGO: I ist entsprechend anzuwenden, § 98 VwGO, dagegen ist **II** unanwendbar wegen der Amtsermittlungen, § 86 I VwGO, so daß eine Beweisaufnahme bis zum Schluß der letzten Verhandlung immer nachgeholt oder ergänzt werden darf, RedOe § 98 Anm 2.

368 *Neuer Beweistermin.* Wird ein neuer Termin zur Beweisaufnahme oder zu ihrer Fortsetzung erforderlich, so ist dieser Termin, auch wenn der Beweisführer oder beide Parteien in dem früheren Termin nicht erschienen waren, von Amts wegen zu bestimmen.

1) Von Amts wegen. Die Durchführung der Beweisaufnahme erfolgt weitgehend im Amtsbetrieb, Üb 1 vor § 355. Daher sind §§ 251 a, 330 ff nur in der nach § 370 I bestimmten anschließenden Verhandlung anwendbar. Jeder neue Termin zur Beweisaufnahme ist bis zu deren Abschluß von Amts wegen zu bestimmen, auch wenn eine oder beide Parteien im früheren Beweistermin ausgeblieben sind. Der neue Termin wird verkündet, § 218, oder die Mitteilung von Amts wegen zugestellt, § 329 II 2; beim verordneten Richter genügt die formlose Mitteilung nach § 357 II. Eine Verkündung wirkt auch gegenüber der vom früheren Termin ordnungsgemäß benachrichtigten Partei, § 312. Die Beweispersonen sind (erneut) zu laden, §§ 377, 402.

2) *VwGO:* Entsprechend anwendbar, § 98 VwGO.

369 *Ausländische Beweisaufnahme.* Entspricht die von einer ausländischen Behörde vorgenommene Beweisaufnahme den für das Prozeßgericht geltenden Gesetzen, so kann daraus, daß sie nach den ausländischen Gesetzen mangelhaft ist, kein Einwand entnommen werden.

1) Form. § 369 betrifft die Form einer ausländischen Beweisaufnahme. Sie genügt, wenn eine der folgenden Voraussetzungen erfüllt ist:
A. Ausländisches Recht. Entweder muß sie den Bestimmungen des betreffenden ausländischen Rechts entsprechen. Hier gilt der Satz, daß sich die Form einer Rechtshandlung nach dem Ort der Vornahme richtet, vgl Art 14 HZPrÜbk, Anh I § 168 GVG, Grunsky ZZP **89**, 243.
B. Deutsches Recht. Oder sie muß den deutschen Prozeßvorschriften genügen.

2) Beweiswürdigung. Wenn die Form der Beweisaufnahme beiden Rechten nicht genügt, dann ist sie insoweit frei zu würdigen. Mängel heilen nach § 295. Die Ergebnisse Beweisaufnahme sind ausschließlich nach deutschem Recht zu würdigen.

3) *VwGO:* Entsprechend anzuwenden, § 98 VwGO, BVerwG **25**, 88 (vgl § 363 Anm 3).

370 *Verhandlungstermin.* **I** Erfolgt die Beweisaufnahme vor dem Prozeßgericht, so ist der Termin, in dem die Beweisaufnahme stattfindet, zugleich zur Fortsetzung der mündlichen Verhandlung bestimmt.

II In dem Beweisbeschluß, der anordnet, daß die Beweisaufnahme vor einem beauftragten oder ersuchten Richter erfolgen solle, kann zugleich der Termin zur Fortsetzung der mündlichen Verhandlung vor dem Prozeßgericht bestimmt werden. Ist dies nicht geschehen, so wird nach Beendigung der Beweisaufnahme dieser Termin von Amts wegen bestimmt und den Parteien bekanntgemacht.

1) Beweisaufnahme vor dem Prozeßgericht, I. Soll sie stattfinden, so ist der für sie bestimmte Termin kraft Gesetzes auch zur Fortsetzung der mündlichen Verhandlung bestimmt, auch über das Ergebnis der Beweisaufnahme, §§ 278 II, 285 I. Dies gilt selbst bei einem außerhalb der Gerichtsstelle stattfindenden (Lokal-)Termin, sofern dort die Öffentlichkeit gewahrt ist, § 295 Anm 3 B. Eine andere ausdrückliche Anordnung ist erlaubt, sollte aber nur ganz ausnahmsweise stattfinden, weil die Frische des Eindrucks der Beweisaufnahme sehr wichtig ist, BGH **LM** Art 103 GG Nr 21, und weil auch die Besetzung des Gerichts wechseln kann. Da eine mündliche Verhandlung erst nach der Beendigung der Beweisaufnahme stattfindet, § 367 I, wird ein Antrag auf eine Versäumnisentscheidung erst dann zulässig. Ein Verzicht auf die Beweisaufnahme oder auf ein Beweismittel erledigen insoweit, beschwören aber die Gefahr der Zurückweisung bei einer Erneuerung herauf, § 296.

Erledigt ist die Beweisaufnahme, wenn sie voll vorgenommen worden ist oder wenn feststeht, daß sie unausführbar ist, oder wenn diejenige Partei ausbleibt, ohne die eine Beweiserhebung unmöglich ist, § 367 Anm 1. Kann die Beweisaufnahme nur in diesem Termin nicht vollständig stattfinden, etwa weil der Sachverständige oder ein Zeuge ausgeblieben sind, dann muß das Gericht vor dem Eintritt in eine mündliche Verhandlung grds vertagen. Die sofortige anschließende Verhandlung ist aber dann zulässig und geboten, wenn das Gericht den verspätet benannten Zeugen zur „Rettung" des Beweistermins gemäß § 273 II Z 4, IV geladen hatte. Dann kommt es auch nicht auf eine Entschuldigung des Zeugen an.

Bei einem Versäumnisurteil ist die Beweisaufnahme grundsätzlich nicht zu berücksichtigen, §§ 330, 331 Anm 2 A (wegen der Ausnahme bei der Zuständigkeitsprüfung § 331 Anm 2 B b bb; wegen eines als unwahr erkannten Geständnisses Einf 3 vor § 288 und § 290 Anm 2 B). Etwas anderes gilt bei einer Entscheidung nach Aktenlage.

2) Beweisaufnahme vor dem verordneten Richter, II. Sieht der Beweisbeschluß sie vor, so kann der Vorsitzende sogleich einen Termin zur weiteren Verhandlung nach dem Schluß der Beweisaufnahme bestimmen. Das ist dann zweckmäßig, wenn er mit einer Erledigung vor dem Termin rechnen kann. Andernfalls bestimmt der Vorsitzende den Verhandlungstermin nach der Erledigung der Beweisaufnahme. Dann sind der Termin von Amts wegen durch Zustellung bekanntzugeben, § 329 II 2, die Ladungsfrist einzuhalten, § 217, und § 285 II zu beachten.

3) VwGO: Entsprechend anwendbar, § 98 VwGO sind sowohl I, BVerwG DÖV **81**, 536, als auch II.

Sechster Titel. Beweis durch Augenschein
Übersicht

1) Begriff. Augenschein ist eine unmittelbare Sinneswahrnehmung des Gerichts zur Beweisaufnahme, eine Kenntnisnahme von der äußeren Beschaffenheit einer Sache, eines Menschen oder eines Vorgangs. Eine Kenntnisnahme vom Inhalt eines Schriftstücks ist ein Urkundenbeweis, eine Kenntnisnahme von der Bekundung eines Menschen ist ein Zeugen- oder Sachverständigenbeweis. Der Unterschied liegt darin, daß der Augenschein nicht einen gedanklichen Inhalt übermittelt. Der Augenschein kann alle Sinne beanspruchen, das Gesicht, den Geruch, das Gefühl, den Geschmack, das Gehör (wegen Tonbandaufnahmen Anm 4).

Richtiger wäre es, von einem Wahrnehmungsbeweis zu sprechen. Sein Ergebnis ist die Beurteilung der vorgefundenen Tatsachen durch den Richter. Diese Beurteilung unterliegt ihrerseits der freien Würdigung des Prozeßgerichts. Wenn erst durch einen Ortstermin geklärt werden soll, was überhaupt streitig ist, dann kann eine Beweisaufnahme fehlen, Hamm Rpfleger **73**, 225.

Ein Foto oder eine Fotokopie sind bei der Wiedergabe eines Gedankeninhalts Urkunde, sonst (Kopie eines Fotos) Augenscheinsobjekt, abw BGH MDR **76**, 304. Vgl Üb 1 vor § 415.

2) Zulässigkeit. Eine Augenscheinseinnahme ist stets von Amts wegen zulässig, § 144. Sie steht im pflichtgemäßen Ermessen des Gerichts. § 244 StPO ist entspr anwendbar, § 286 Anm 3 B, BGH NJW **70**, 949. Sie ist auch zur Vorbereitung der mündlichen Verhandlung zulässig, § 273 II (trotz Wegfalls des früheren § 272b II Z 5) sowie § 358a Z 5, vgl aber auch Anm 1. Häufig verbindet sich der Augenschein mit einem anderen Beweis, etwa bei der Benutzung von Landkarten, Lichtbildern usw (Hilfsmittel des Augenscheinsbeweises). Ein gemischter Augenscheinsbeweis liegt vor, wenn der Augenschein außer dem Gericht gleichzeitig eine Hilfsperson unterrichtet, meist einen Sachverständigen, vgl BGH **LM** § 286 (B) Nr 28.

Das Gericht kann den Augenschein selbst oder durch einen verordneten Richter, ja selbst durch einen zuverlässigen Dritten einnehmen, der über seine Wahrnehmungen (mit)berichten soll, zB einen gerufenen Zeugen oder den Sachverständigen, Üb 4 vor § 402. Die Protokollierung erfolgt nach § 160 III Z 5. Ein Sachverständiger kann gemäß § 372 zugezogen werden. Wenn der Augenscheinseinnahme ein Hindernis entgegensteht, dann gilt § 356.

3) Pflicht zur Duldung des Augenscheins

Schrifttum: Steeger, Die zivilprozessuale Mitwirkungspflicht der Parteien beim Urkunden- und Augenscheinsbeweis, Diss Bln 1980.

A. Grundsatz. Prozeßrechtlich besteht eine Duldungspflicht an sich nur in den Fällen der §§ 372a, 654. Grundsätzlich braucht wegen Art 2 II GG keine Partei ihren Körper zur Augenscheinseinnahme bereitzustellen, Midderhoff DGVZ **82**, 83, also abgesehen von Entmündigungsverfahren des § 654 und vom Verfahren zum Zweck der Abstammungsfeststellung, unten C, eine Untersuchung auf den Geisteszustand oder eine körperliche Untersuchung zu dulden. Weigert sie sich berechtigt, so kann ein Gutachten nur auf Grund der sonst erwiesenen Tatsachen erstattet werden.

B. Prozessuale Parteipflicht. a) Voraussetzungen. Für die Partei begründet jedoch das öffentlichrechtliche Prozeßrechtsverhältnis die Pflicht, an der Erledigung des Prozesses mitzuwirken, Grdz 2 B vor § 128. Daraus folgt, daß keine Partei die Duldung des Augenscheins verweigern darf, wenn man sie ihr nach Treu und Glauben zumuten muß, BGH **LM** § 286 (B) Nr 11, ähnl Gerhardt AcP **169**, 309 (die Pflicht besteht nur bei einer sachlichrechtlichen Duldungspflicht oder bei einem Widerspruch zum bisherigen prozessualen Verhalten). Erzwingbar ist die Bereitstellung prozeßrechtlich nicht. Die Partei kann also zB eine Grundstücksbesichtigung verweigern, sie kann auch das Gericht am Betreten ihres Grundstücks hindern, Kblz NJW **68**, 897, auch im Beweissicherungsverfahren, Wussow NJW **69**, 1406. Grundsätzlich hat sie keine Pflicht, eine körperliche Untersuchung an ihrer Person zu dulden, vgl BayObLG MDR **72**, 871; wegen der Ausnahmen vgl C.

b) Weigerung der Partei. Wenn der Beweisführer sich weigert, die Untersuchung zu dulden, so ist er mit dem Beweismittel für diese Instanz ausgeschlossen, §§ 230, 367, unabhängig davon, ob er mit oder ohne Grund weigert. Wenn der Gegner die Weigerung erklärt, obwohl er sich bereitstellen müßte und könnte, BGH NJW **63**, 390, Peters ZZP **82**, 200, so vereitelt er die Beweisführung. Dann gilt der Beweis als erbracht, § 444 Anm 2 B. Weigert der Gegner die Bereitstellung in anderen Fällen, Kblz NJW **68**, 897, so ist seine Weigerung frei zu würdigen, § 286, BGH NJW **60**, 821, Wussow NJW **69**, 1406 betr im Beweissicherungsverfahren, und kann zB ein Gutachten einholen, BGH **LM** § 32 EheG Nr 3. Wenn der Augenschein amtlich angeordnet worden ist, gilt Entsprechendes, soweit sich der Beweispflichtige, Anh § 286, weigert.

C. Abstammungsuntersuchung. Einen Sonderfall bildet der Abstammungsprozeß. In ihm müssen sich Parteien und Dritte notfalls einer Blutentnahme (falls diese durch einen Medizinalassistenten erfolgt, vgl zB BGH NJW **71**, 1097) oder auch einer erbkundlichen Untersuchung unterwerfen, also einem Augenschein, § 372a. Über den Beweiswert von Blutgruppenuntersuchungen und erbkundlicher Untersuchungen § 372a Anm 3 A.

D. Weigerung eines Dritten. Wenn sonst ein Dritter die Bereitstellung verweigert, dann steht das der Weigerung der Partei gleich, soweit sie für den Dritten einzustehen hat. Dies gilt zB dann, wenn ein Dritter im Einverständnis der Partei eine einzusehende Urkunde verbrennt. Im übrigen ist die Weigerung der Partei nicht zur Last zu legen. Aus der Zeugnispflicht folgt grds keine Pflicht zur Duldung der Augenscheinseinnahme. Kein Dritter braucht seinen Körper bereitzustellen. Ein Zivilprozeß anderer Personen darf nur im Rahmen des gesetzlich Bestimmten in den Rechtskreis Dritter eingreifen. Ausnahmen bestehen im Abstammungsprozeß, C.

E. Sachlichrechtliche Pflicht. Häufig ergibt sich eine Pflicht zur Duldung aus dem sachlichen Recht. Sie kann sich zB aus einem Gesellschaftsverhältnis ergeben oder aus §§ 495 II, 809, 811 BGB, 418 HGB. In solchen Fällen muß der Beweisführer klagen und die Zwangsvollstreckung nach §§ 883, 888, 890 betreiben; evtl wird entspr § 431 eine Frist gesetzt, abw ThP Üb 2a vor § 371 (sie wenden § 356 an).

4) Schutz der Intimsphäre

Schrifttum: Kaissis, Die Verwertbarkeit materiellrechtswidrig erlangter Beweismittel im Zivilprozeß, 1978.

A. Tonaufzeichnung usw. a) Rechtsnatur. Tonbandaufnahmen und andere technische Aufzeichnungen, zB Schallplatten, Lochstreifen, Bildbänder, Videocassetten, Computerbescheide, sind meist (vgl aber Üb 1 vor § 415) Gegenstand des Augenscheins, BGH NJW **82**, 277, und zwar nicht nur wegen ihrer äußeren Beschaffenheit, Anm 1, BGH NJW **60**, 1582, vgl Baltzer, Gedächtnisschrift für Bruns (1980) 73, ferner Pleyer ZZP **69**, 322, Siegert NJW **57**, 690, während Henkel JZ **57**, 152, vgl auch Jöstlein DRiZ **73**, 409, sie insofern als Urkunde auffaßt; aber Urkunden sind nur schriftliche Verkörperungen eines Gedankens.

b) Grundsätzliche Unverwertbarkeit. Die unbefugte Verwertung des nicht öffentlich gesprochenen bzw geschriebenen Worts ist grundsätzlich unverwertbar, dazu grundsätzlich BGH NJW **64**, 1139 (Tagebuch, Strafverfahren), ferner (je zur Tonaufnahme) BGH (6. ZS) NJW **82**, 277, BAG NJW **83**, 1692, LG Ffm NJW **82**, 1056, Gamp DRiZ **81**, 41 je mwN, Kohlhaas NJW **72**, 238, abw BGH (8. ZS) NJW **82**, 1398. Denn sie selbst und auch ihre Verwertung stellt eine Verletzung des durch Art 1 und 2 GG geschützten Persönlichkeitsrechts dar, BAG NJW **83**, 1692, AG Lübeck MDR **81**, 940, vgl BGH **13**, 334, (Anm Coing JZ **54**, 698), Bußmann, Verhandlungen des 42. Deutschen Juristentages Bd I 27, 46, Pleyer ZZP **69**, 335 (er sieht in dem heimlich erlangten Beweismittel eine Verletzung des auch im Prozeß bestehenden Grundsatzes von Treu und Glauben), Habscheid ZZP **96**, 332, Siegert NJW **57**, 690, ähnl Baumgärtel ZZP **69**, 89. Das Gericht darf sich nicht zum Werkzeug einer nach § 201 I Z 2 StGB strafbaren Handlung des Beweisführers machen lassen, BGH NJW **82**, 277, BAG NJW **83**, 1692, Zeiss ZZP **89**, 389 mwN. Daran ändert auch der Umstand nichts, daß heute vielfach Abhör- und Mithöreinrichtungen üblich sind, aM BGH NJW **82**, 1398. Man darf auch eine Verweigerung des Betroffenen zur Verwertung einer unbefugten Aufzeichnung nicht zu seinem Nachteil beurteilen. Man darf auch über den Inhalt der unbefugt gebliebenen Aufzeichnung eine Zeugenaussage grds weder herbeiführen noch verwerten, Düss NJW **66**, 214 (Strafverfahren). Zur Unverwertbarkeit einer sog „Raumgesprächs-Aufzeichnung" auch BGH MDR **83**, 683 (StPO).

c) Ausnahmsweise Verwertbarkeit. Die Verwendung der mit Zustimmung des Betroffenen gemachten und daher befugten Aufzeichnung ist zulässig, BGH **27**, 284. Das gilt auch bei stillschweigender (nachzuweisender) Duldung, außer wenn dadurch etwa die Zeugenaussage selbst ersetzt werden soll, da dann der Unmittelbarkeitsgrundsatz verletzt wäre. Die Verwendung einer unbefugt entstandenen Aufzeichnung ist allenfalls bei Notwehr oder Nothilfe zulässig. Diese kann zB dann gegeben sein, wenn der Beleidiger seine Äußerungen schwerwiegender Art unter Vermeidung dritter Zuhörer wiederholt und dabei seine Absicht kundtut, weitere Beleidigungen auszusprechen, Ffm NJW **67**, 1047 (zustm Neumann-Duesberg bei Schulze Rechtssprechung zum Urheberrecht OLG St 4). BVerfG MDR **73**, 477 (Strafverfahren) stellt darauf ab, ob der Privatsphäre überwiegende berechtigte Interessen gegenüberstehen. BGH (6. ZS) NJW **82**, 278 mwN, Zeiss ZZP **89**, 399 erlauben die Verwertung solcher Aufnahmen, wenn die Schwere des Eingriffs in einem angemessenen Verhältnis zum erstrebten Zweck stehe; KG NJW **67**, 115 stellt (schlechter) auf das höhere Rechtsgut ab.

B. Mithören. BGH (8. ZS) NJW **82**, 1398 mwN läßt das Mithören eines Gesprächs zu, das von einem Apparat im Geschäftsraum eines Kaufmanns geführt wird. Schlund BB **76**, 1492 überträgt diese Erlaubnis auf den gesamten Geschäftsverkehr mit Ausnahme derjenigen, die zur Verschwiegenheit verpflichtet sei. Zeiss ZZP **89**, 398 wendet insofern § 446 entspr an. BAG NJW **83**, 1692, LAG Bln ZZP **96**, 113 (krit Gamp) verbieten mit Recht die Vernehmung des heimlichen Mithörers des vertraulichen Telefonats der Parteien an einer zweiten Ohrmuschel. Sie wäre mit dem Arglistverbot, Einl III 6 A a, unvereinbar.

C. Foto. Fotos sind als Gegenstand des Augenscheins unzulässig, falls sie unter Verletzung des allgemeinen Persönlichkeitsrechts entstanden sind oder verwertet werden sollen, vgl BGH **30**, 7 und **35**, 363. Die Lichtbildaufnahme eines im Freien spielenden Kindes ist kein Eingriff in sein Persönlichkeitsrecht, KG NJW **80**, 894. Im übrigen gilt A entsprechend.

5) *VwGO:* *Augenschein ist als zulässiges Beweismittel ausdrücklich genannt, § 96 I 2 VwGO. Einnahme stets vAw, § 86 I VwGO, auch vor der mündlichen Verhandlung, § 87 VwGO. §§ 371 ff gelten entsprechend, § 98 VwGO, soweit der Ermittlungsgrundsatz, § 86 I VwGO, nicht entgegensteht.*

371 *Beweisantritt.* **Der Beweis durch Augenschein wird durch die Bezeichnung des Gegenstandes des Augenscheins und durch die Angabe der zu beweisenden Tatsachen angetreten.**

Schrifttum: Söllner, Der Beweisantrag im Zivilprozeßrecht, Diss Erlangen 1972.

1) Beweisantritt. Er verlangt die Angabe des Gegenstandes des Augenscheins und der Beweispunkte. Der Gegenstand ist möglichst genau zu bezeichnen, BGH **66**, 68; sonst, aber auch ohne jeden Antrag, sind evtl §§ 144, 358 a Z 5 anwendbar. Wenn zB ein Schriftwerk stark verstümmelt sein soll, dann hat die Partei die betreffenden Stellen zu bezeichnen und darf das Gericht nicht darauf verweisen, sie sich selbst herauszusuchen. Bei einem Streit über die Nämlichkeit einer Person oder Sache entscheidet das Prozeßgericht gemäß §§ 286, 366. Der Beweisführer muß die Nämlichkeit beweisen, solange das Gericht von Amts wegen Augenschein erhebt. Das Gericht darf einen förmlichen Beweisantritt nur unter den Voraussetzungen § 286 Anm 3 B ablehnen (mangels gerichtlicher Sachkunde ist § 372 anwendbar), BGH **LM** § 909 BGB Nr 14. Denn im Ermessen des Gerichts steht nur eine von Amts wegen erfolgende Augenscheinseinnahme. Auslagenvorschuß: § 68 GKG.

Wer einen Augenschein nur zur Unterrichtung des Gerichts beantragt, stellt keinen Beweisantrag.

2) Verstoß. Er ist ein (gemäß § 295 heilbarer) Verfahrensmangel. Dieser kann zur Zurückverweisung führen, § 539.

3) *VwGO:* *Nur eingeschränkt entsprechend anwendbar, § 98 VwGO, vgl § 373 Anm 3.*

§ 372

Beweisaufnahme. I Das Prozeßgericht kann anordnen, daß bei der Einnahme des Augenscheins ein oder mehrere Sachverständige zuzuziehen seien.

II Es kann einem Mitglied des Prozeßgerichts oder einem anderen Gericht die Einnahme des Augenscheins übertragen, auch die Ernennung der zuzuziehenden Sachverständigen überlassen.

1) Allgemeines. Das Gericht kann und soll wegen des Grundsatzes der Unmittelbarkeit der Beweisaufnahme, § 355 Anm 1 A, den Augenschein in der Regel selbst, evtl außerhalb der Gerichtsstelle einnehmen, § 219, § 166 GVG. Das Ergebnis ist zu protokollieren, § 160 III Z 5, und zwar so, daß das Protokoll auch anderen ein Bild des vorgefundenen Sachverhalts vermittelt. Eine weitergehende Würdigung im Protokoll ist unnötig und schon wegen § 42 nicht ratsam. Wenn das Prozeßgericht in derselben Besetzung wie bei der Augenscheinseinnahme entscheidet und wenn das Endurteil weder der Berufung noch der Revision unterliegt, dann ist ein Protokoll entspr § 161 I Z 1 entbehrlich, BGH **LM** § 161 aF Nr 2. Dann muß aber der Tatbestand ausreichende Feststellungen enthalten, BGH **LM** § 1362 BGB Nr 2, BAG NJW **57**, 1492. Wegen eines Richterwechsels § 309 Anm 1.

2) Sachverständiger, I. Das Prozeßgericht darf und muß evtl, § 286 Anm 3 C, BGH **LM** § 909 BGB Nr 14, abw ZöSt 1 (Ermessen), einen Sachverständigen in folgenden Fällen zuziehen: **a)** Dem Gericht fehlt die nötige Sachkunde zur Wahrnehmung des Wesentlichen. Der Sachverständige soll das Gericht also unterstützen; **b)** der Sachverständige soll Unterlagen für ein Gutachten gewinnen können. Wenn eine Augenscheinseinnahme durch den Richter unzweckmäßig ist, dann darf er sich einer Mittelsperson bedienen. Der männliche Richter hat sich zB vom körperlichen Zustand einer Frau durch eine Frau überzeugen zu lassen, deren Befund dann sein Augenschein ist. Das hat sich aber auf unumgängliche Ausnahmefälle zu beschränken. Zu ihnen gehört auch die Untersuchung nach § 372a, dort Anm 3, oder eine Meinungsforschung, Üb 1 B vor § 402.

a) oder **b)** sind auch zwecks Auswertung technischer Aufzeichnungen zulässig, zB solcher eines Computers, Jöstlein DRiZ **73**, 411. Die Mittelsperson ist als Sachverständiger zu behandeln, wenn sie sachkundig sein muß oder wenn das Gericht die nötigen Versuche nicht selbst sachgemäß vornehmen kann. Sonst wird die Mittelsperson wie ein Zeuge, aber nicht als ein Zeuge behandelt.

3) Verordneter Richter, II. Das Gericht darf den Augenschein und die Ernennung eines Sachverständigen nach pflichtgemäßem Ermessen, das aber auch hier den Grundsatz der Unmittelbarkeit der Beweisaufnahme beachten sollte, § 355 Anm 1 A, einem verordneten Richter überlassen. Es darf ihm auch die Zuziehung überlassen. Die Regeln des § 375 sind auch nicht entspr anwendbar. § 160 III Z 5 ist anwendbar, ThP b, aM ZöSt 2. Wegen der Auswahl des Sachverständigen gilt § 405.

Das Gericht kann einem Sachverständigen im Rahmen seiner Beauftragung als solcher die Augenscheinseinnahme gestatten oder überlassen, Üb 4 vor § 402.

4) Rechtsbehelfe. Vgl § 355 Anm 2.

5) VwGO: Entsprechend anwendbar, § 98 VwGO, auch II (also keine Übertragung auf mehrere Mitglieder des Prozeßgerichts, BVerwG **25**, 253, **41**, 174, aM RedOe § 96 Anm 2; ein Verstoß begründet aber nur eine verzichtbare Verfahrensrüge, BVerwG **41**, 174, EF § 96 Rdz 1).

§ 372a

Untersuchungen zur Abstammungsfeststellung. I Soweit es in den Fällen der §§ 1591 und 1600o des Bürgerlichen Gesetzbuches oder in anderen Fällen zur Feststellung der Abstammung erforderlich ist, hat jede Person Untersuchungen, insbesondere die Entnahme von Blutproben zum Zwecke der Blutgruppenuntersuchung, zu dulden, soweit die Untersuchung nach den anerkannten Grundsätzen der Wissenschaft eine Aufklärung des Sachverhalts verspricht und dem zu Untersuchenden nach der Art der Untersuchung, nach den Folgen ihres Ergebnisses für ihn oder einen der im § 383 Abs. 1 Nr. 1 bis 3 bezeichneten Angehörigen und ohne Nachteil für seine Gesundheit zugemutet werden kann.

II Die Vorschriften der §§ 386 bis 390 sind entsprechend anzuwenden. Bei wiederholter unberechtigter Verweigerung der Untersuchung kann auch unmittelbarer Zwang angewendet werden, insbesondere die zwangsweise Vorführung zum Zwecke der Untersuchung angeordnet werden.

1) Allgemeines. Gegenüber den früheren Regelungen enthält § 372a ganz wesentliche Milderungen durch eine Erweiterung der Weigerungsgründe. Soweit Eingriffe gemacht werden, also bei der Entnahme einer Blutprobe, enthält die Vorschrift eine gesetzliche Einschränkung des Rechts auf körperliche Unversehrtheit, die nach Art 2 II 2 GG möglich ist und daher nicht gegen dieses verstößt, BVerfG **5**, 15, Mü NJW **77**, 342. Gleichzeitig liegt ein Fall einer Pflicht zur Duldung des Augenscheins vor, Üb 3 vor § 371. Ferner liegt eine Ausnahme von der Regel vor, daß kein Dritter seinen Körper im Prozeß anderer bereitstellen muß, KG OLGZ **82**, 64 mwN. Sie kann hier sogar erzwungen werden, Üb 3 D vor § 371.

§ 372a ist unanwendbar, wenn die Partei ein neues außergerichtliches Gutachten iSv § 641 i I beschaffen will, § 641 i Anm 2, Celle FamRZ **71**, 593, LG Bln FamRZ **78**, 836, von Schlabrendorff BVerfG **35**, 62.

2) Allgemeine Voraussetzungen. § 372a setzt voraus: **a)** einen Rechtsstreit oder ein Verfahren der freiwilligen Gerichtsbarkeit; **b)** die Notwendigkeit einer Untersuchung zur Feststellung der Abstammung, Oldb NJW **73**, 1419. Die Anwendbarkeit der Vorschrift ist nicht auf familienrechtliche Streitigkeiten beschränkt, sondern erstreckt sich zB auch auf einen Streit um Unterhalt, Erbrecht, Namen. Es ist auch nicht erforderlich, daß gerade über eine Abstammung gestritten wird. § 372a ist nur hilfsweise anwendbar, BGH JZ **51**, 643. Zwang ist nicht erlaubt, solange sich die Abstammung ebenso sicher anderweitig ermitteln läßt. Zunächst ist die Ermittlung notwendig, wann und mit wem Geschlechtsverkehr stattfand, Stgt OLGZ **74**, 377. Zwang ist ferner nicht erlaubt, wenn gar die Partei eine Untersuchung ins Blaue hinein verlangt, Bbg FamRZ **75**, 51, KG FamRZ **74**, 102 mwN, Stgt NJW **72**, 2226. Das ist aber nur selten der Fall, Einf 6 vor § 284, § 286 Anm 2 A, aM Nürnb FamRZ **71**, 590 (es sei nie der Fall).

Auch hier müssen angetretene Beweise grundsätzlich erschöpft werden, BGH NJW **64**, 1179, abw Karlsr NJW **62**, 1305. Es ist also zumindest ein Blutgruppengutachten erforderlich, auch wenn kein Anhalt für einen Mehrverkehr besteht, KG NJW **74**, 608. Das Gericht muß im Kindschaftsprozeß einen Beweis von Amts wegen auch zu solchen Tatsachen erheben, die von keiner Partei vorgebracht wurden, sich aber sonst als erheblich ergeben haben, § 640 I, vgl Leipold FamRZ **73**, 77; vgl aber auch § 640 d. Eine Untersuchung ist nicht erforderlich, wenn sie entscheidungsunerheblich ist, etwa deshalb, weil die Anfechtungsfrist abgelaufen ist, Oldb NJW **73**, 1419.

3) Untersuchungen, I

Schrifttum: Beitzke in Ponsold, Lehrbuch der gerichtlichen Medizin, 3. Aufl 1967 (568); Beitzke-Hosemann-Dahr-Schade, Vaterschaftsgutachten für die gerichtliche Praxis, 3. Aufl 1978 (Bespr Brühl NJW **79**, 594, Mutschler FamRZ **79**, 980); Brühl-Göppinger-Mutschler, Unterhaltsrecht, Bd 2: Verfahrensrecht, 1976; Hummel NJW **80**, 1320; Hummel/Gerchow (Herausgeber): Festschrift für Essen-Möller (1982); Krüpe, Das forensische Blutgruppengutachten nach dem heutigen Wissensstand, 1970; Scholl NJW **80**, 1323; Selbherr, Der Gedanke der Zumutbarkeit im Zivilprozeßrecht unter besonderer Berücksichtigung der Untersuchungsduldungspflicht (§ 372a), Diss Tüb 1962; Spielmann/Seidl NJW **80**, 1322; Kretschmer, Eingriffe in die körperliche Integrität im Zivilprozeß usw, Diss Würzb 1976. Zur biostatistischen Auswertung von Blutgruppengutachten zwecks positiven Vaterschaftsnachweises: Essen-Möller Mitt Anthrop Ges (Wien) **68**, 368; Dt Z ges ger Med **31**, 70; Fiedler, Das Ärztliche Laboratorium **4**, 125; Hummel NJW **81**, 605 mwN; Reissig Z Rechtsmed **69**, 118; Scholl NJW **79**, 1913.

A. Prüfungsreihenfolge. Im Abstammungsprozeß ist das Gericht faktisch vom Sachverständigen vollständig abhängig, Pieper ZZP **84**, 32. Deshalb sollte das Gericht trotz seines (theoretischen) Ermessens über die Art der Untersuchung die von den Sachverständigen meist empfohlene Prüfungsreihenfolge einhalten, vgl BGH **61**, 170:

a) Blutgruppengutachten. Zunächst empfiehlt sich eine Blutgruppenuntersuchung, BGH **40**, 367, KG NJW **74**, 608. Sie kann heute nicht nur zum sicheren Ausschluß der Vaterschaft ohne Möglichkeit eines Gegenbeweises führen, BGH NJW **64**, 1179, sondern auch die Vaterschaft als (abstufbar) wahrscheinlich bis hin zum Beweise darlegen, BGH **61**, 170. Zum Beweiswert der zahlreichen Blutgruppenfaktoren vgl die Richtlinien des BGesundhBl **73**, 149 (Neufassung zu erwarten) und BGH **21**, 337. Zu dem SEP-System BGH LM § 1591 BGB Nr 12. Übersicht bei Rittner NJW **74**, 590 (er schlägt für Problemfälle eine serologische Zweistufenprüfung vor) sowie Oepen/Ritter NJW **77**, 2107, Roth-Stielow NJW **77**, 2114. Zu Fehlerquellen Pietrusky NJW **49**, 617 und Blutgruppengutachten 2. Aufl 1956.

§ 372a 3 A   2. Buch. 1. Abschnitt. Verfahren vor den LGen

Wenn seit dem letzten Gutachten neue Blutgruppensysteme entwickelt wurden (zum HLA-System BGH NJW **78**, 1684 mwN und **LM** § 1600 o BGB Nr 8, Anm Mutschler JR **76**, 114 mwN, BGH **LM** § 1600 o BGB Nr 12, Hbg MDR **77**, 316 mwN, Karlsr OLGZ **80**, 384, Stgt NJW **76**, 1159, AG Essen FamRZ **75**, 227, krit Schemel; Gumbel NJW **77**, 1486 mwN; Hummel NJW **81**, 609; zum HLA- und Es-D-System Bre NJW **78**, 1202), dann muß das Gericht einem neuen Beweisantrag stattgeben, falls davon eine weitere Aufklärung zu erwarten ist, wobei rein theoretische Möglichkeiten unbeachtlich bleiben, BGH **LM** § 1591 BGB Nr 13 und § 1600 o BGB Nr 7. Es ist auch ein Wiederaufnahmeverfahren möglich, § 641 i. Zum weiterführenden serologischen Gutachten Goedde/Hirth/Benkmann NJW **76**, 2296.

b) Biostatistische Zusatzbegutachtung. Es kann eine biostatistische (serostatistische) Zusatzberechnung (begründet von Essen-Möller) notwendig oder doch ratsam sein. Sie erlaubt uU eine klare Vaterschaftsfeststellung und hat schon deshalb eine erhebliche Bedeutung, Hbg MDR **77**, 316 mwN, KG FamRZ **75**, 285 betr Türken, Maier FamRZ **73**, 126, krit BGH NJW **80**, 637, Hbg NJW **73**, 2255 betr ausländische Bevölkerungsgruppen, Ritter FamRZ **73**, 126, Spielmann-Seidl NJW **73**, 2230. Vgl dazu den Anh der Richtlinien des Bundesgesundheitsamts BGesundhBl **15**, 31 und 92. Durch die biostatistische Zusatzberechnung kann das Ergebnis eines erbbiologischen Gutachtens fragwürdig werden, Stgt NJW **74**, 1432, LG Gött NJW **65**, 351. Die Zusatzberechnung ist stets nötig, falls sich beim Blutgruppengutachten kein Ausschluß ermöglichen läßt. Sie hat Vorrang vor der Einholung eines erbbiologischen Gutachtens, Stgt NJW **74**, 1432. Zimmermann NJW **73**, 546 befürwortet wegen der unterschiedlichen Voraussetzungen der diesbezüglichen Methoden die Anwendung zweier von ihnen nebeneinander.

Eine Wahrscheinlichkeit von 99,85% kann die Möglichkeit eines Gegenbeweises ausschließen, AG Bln-Schönebg FamRZ **74**, 205, und kann c) erübrigen, zumindest dann, wenn kein Verdacht auf Mehrverkehr besteht, BGH FamRZ **74**, 88, vgl Kblz **75**, 51 (Essen-Möller: 99,6%, Hummel: 70%), Oldb FamRZ **79**, 969, Odersky FamRZ **74**, 563, aber sogar bei der Möglichkeit eines Mehrverkehrs die ausreichende Annahme einer überwiegenden Wahrscheinlichkeit der Vaterschaft des Bekl rechtfertigen, BGH **LM** § 1600 o BGB Nr 11. Zu Dirnenfällen BGH NJW **82**, 2124.

c) Tragezeitgutachten. Als Ergänzung von a) und b) empfiehlt sich evtl die Einholung eines Ferment-Tragezeitgutachtens, BGH **LM** § 1600 o BGB Nr 13, KG FamRZ **75**, 270.

d) Erbbiologisches Gutachten. Das Gericht muß ein anthropologisch-erbbiologisches Gutachten einholen, BGH NJW **64**, 1179, StJSchuL IV 2 vor § 371, ThP 1 c, ZöSt 2 c, aM Celle NJW **71**, 1086, wenn auch nach b) und c) Zweifel bleiben, § 286 Anm 2 C, 3 C, zB weil doch noch Mehrverkehr möglich ist, BGH **LM** § 1600 o BGB Nr 4 (abl Maier NJW **74**, 1427), insbesondere wenn nach der Methode Essen-Möller eine Wahrscheinlichkeit von nur 85% entsteht, BGH **LM** § 1600 o BGB Nr 10 (abl Westphal NJW **76**, 1151), Karlsr FamRZ **77**, 342, oder gar eine solche von nur 79%, BGH **LM** § 1600 o BGB Nr 6 (krit Ankermann NJW **75**, 592), oder gar nur 70%, Karlsr FamRZ **74**, 266 (KG FamRZ **74**, 469: stets bei weniger als 99%, ähnl Hbg FamRZ **75**, 103). Auch dieses Gutachten kann bereits für sich allein die Vaterschaft ausschließen, BGH **7**, 116, oder die Vaterschaftsfeststellung ermöglichen, BGH **40**, 378, Nürnb FamRZ **72**, 219.

Zu seinem Beweiswert allgemein BGH **LM** § 286 (B) Nr 14 (krit Ritter FamRZ **73**, 126), Stgt NJW **74**, 1432, Oepen/Ritter NJW **77**, 2109, Roth-Stielow NJW **77**, 2114, bei Einmalfällen BGH NJW **54**, 83, Hamm NJW **62**, 679, bei dem Kind einer Prostituierten BGH **LM** § 1600 o BGB Nr 14, KG MDR **70**, 765, Köln NJW **73**, 562, Stgt NJW **76**, 1158, zur Erschütterung der Glaubwürdigkeit der Zeugen BGH JZ **51**, 197, BGH NJW **64**, 1179, zur Stichhaltigkeit von Blutgruppengutachten und erbbiologischen Gutachten trotz Mehrverkehrs BGH FamRZ **74**, 644.

Neuere statistische Untersuchungen zeigen übrigens, daß die Aussage der Kindesmutter über den wahren Vater jedenfalls in Zweimannfällen recht oft zutrifft. Schon deshalb darf das Gericht der Kindesmutter entgegen KG FamRZ **74**, 468 mwN keineswegs grundsätzlich mißtrauen.

Über die Wahrscheinlichkeitsstufen im erbbiologischen Gutachten BGH FamRZ **74**, 86, Stgt FamRZ **73**, 465, Leipold FamRZ **73**, 73, Oepen NJW **70**, 499 je mwN. Eine bloße „Wahrscheinlichkeit" kann die Aussagekraft einer biostatistischen Zusatzberechnung kaum verstärken, BGH FamRZ **74**, 86; eine „größte Wahrscheinlichkeit" reicht zumindest iVm 97% nach der Methode Essen-Möller aus, BGH FamRZ **74**, 87. Bei a) bis c) sollten nur die vom BGesundhAmt anerkannten Sachverständigen zugezogen werden.

Die Methode eines Chromosomenvergleichs ist noch nicht praxisreif.

6. Titel. Beweis durch Augenschein § 372a 3, 4

e) Zeugungsfähigkeitsprüfung. Trotz einer nach a) bis d) sehr hohen Wahrscheinlichkeit kann die Prüfung der Zeugungsfähigkeit nötig werden, BGH LM § 1600o BGB Nr 5, vgl aber auch hier § 286 Anm 3 C.

f) Identitätsprüfung. Schließlich ist stets eine Identitätsprüfung notwendig. Die bloße Verweigerung der Unterschrift des zur Blutentnahme Bereiten kann ein Ordnungsmittel usw auslösen, Köln FamRZ **76**, 548.

B. Art des Beweismittels. Die Untersuchung nach § 372a ist immer eine Beweisaufnahme, ein Augenschein. Die Anordnung der Untersuchung erfolgt auf Antrag einer Partei, aber auch von Amts wegen. Eine Anordnung nach § 273 II ist unzulässig. Im übrigen kann die Untersuchung bei jeder Beweiserhebung angeordnet werden, auch durch Beschluß nach § 358 A Z 4. Wenn das Gericht die Untersuchung bei einem Dritten anordnet, dann beschließt es damit dessen Vernehmung als Zeuge. Wegen der Blutentnahme bei einem Toten Düss FamRZ **78**, 206.

4) Duldungspflicht, I. A. Grundsatz. Die Duldungspflicht besteht an sich nur in einem sehr beschränkten Rahmen, Üb 3 vor § 371. § 372a erweitert sie aber unter den in Anm 2 genannten, streng zu prüfenden Voraussetzungen. Sie kann internationalrechtlich fehlen, zB Köln FamRZ **83**, 826 betr Italien (zustm Grunsky). Es handelt sich um eine Augenscheinseinnahme und bei Einhaltung der Voraussetzungen B auch nicht um einen unzulässigen Ausforderungsbeweis, Einf 6 vor § 284. Daher sind die §§ 383–385 unanwendbar, wenn auch ähnliche Erwägungen bei der Beurteilung der Zumutbarkeit eine Rollen spielen können, vgl auch dazu Sautter AcP **161**, 236.

Ihr ist jede Person unterworfen. Das gilt nicht nur für die am Rechtsstreit beteiligten Personen, also auch für Streithelfer und Streitverkündungsgegner, sondern für alle, die sachlich berührt sind, die also irgendwie für die Abstammung in Betracht kommen, zB für den angeblichen Mehrverkehr, wenn entsprechende tatsächliche Anhaltspunkte vorhanden sind, Karlsr FamRZ **73**, 48, oder für einen vermutlichen Erzeuger, der nicht als Zeuge benannt worden ist, oder für den möglichen Großvater. Der Zeuge ist lediglich auf die Einwendungen B beschränkt.

Wo der zur Duldung der Untersuchung Verpflichtete im Inland wohnt, ist unerheblich. Ein Deutscher, der sich im Ausland aufhält, unterliegt der Pflicht ebenfalls, weil sie eine öffentlichrechtliche Staatsbürgerpflicht ist. Freilich ist die Untersuchung dann oft kaum durchführbar, erst recht nicht bei einem jetzt im Ausland lebenden Ausländer, vgl Karlsr FamRZ **77**, 342. Dabei ist freilich evtl eine internationale Rechtshilfe möglich, Hausmann FamRZ **77**, 302 mwN.

Der Verpflichtete muß tätig mitwirken, soweit das nötig ist, er muß also etwaige Fragen beantworten, der Vorladung des Sachverständigen zur Blutentnahme usw Folge leisten, sich einer längeren Beobachtung unterziehen, evtl auch eine Klinik zu diesem Zweck aufsuchen.

B. Voraussetzungen im einzelnen. Die Duldungspflicht besteht nur unter den folgenden Voraussetzungen:

a) Erforderlichkeit. Die Untersuchung muß notwendig sein, Anm 2a.

b) Aufklärbarkeit. Die Untersuchung muß nach den anerkannten wissenschaftlichen Grundsätzen eine Aufklärung des Sachverhalts versprechen, BGH JZ **51**, 643. Die Aufklärbarkeit muß feststellen. Es reicht also nicht aus, daß neue, noch unsichere Methoden erprobt werden sollen. Aber auch die Anwendung erprobter Methoden reicht nicht aus, wenn sie nicht zum Ziel führen können. Wenn sich das während der Untersuchung herausstellt, so muß sie abgebrochen werden.

c) Zumutbarkeit. Es sind die Belange des zu Untersuchenden und diejenigen der Parteien abzuwägen. Entscheidend ist die Zumutbarkeit der Untersuchung, vgl Ffm NJW **79**, 1257. Die Untersuchung muß im einzelnen nach folgenden Merkmalen zumutbar sein:

aa) Art der Untersuchung. Die Untersuchung muß ihrer Art nach zumutbar sein. Ein rein vermögensrechtlicher Streit erfordert evtl keine Duldung einer solchen Untersuchung, Bosch DRiZ **51**, 110. Unzumutbar ist die Untersuchung auch dann, wenn der Beweis auf andere Weise erbracht werden kann.

bb) Ergebnisfolgen. Die Untersuchung muß nach den Ergebnisfolgen für den zu Untersuchenden oder einer der in § 383 I Z 1–3 genannten Personen zumutbar sein. Insbesondere muß geprüft werden, ob der zu Untersuchende sich selbst oder durch seine Untersuchung eine der genannten Personen der Gefahr einer strafgerichtlichen Verfolgung aussetzen würde. Ob diese Gefahr hinter den Belangen des anderen Teils zurücktreten muß, das richtet sich nach dem Einzelfall. Es ist also nicht ohne weiteres aus solchen Motiven ein Weigerungsgrund gegeben, BGH **40**, 375 und NJW **64**, 1179, Ffm NJW **79**, 1257 mwN. Sieg

MDR **80**, 24 fordert, § 81 c III StPO bei der Auslegung des § 372a zu berücksichtigen, damit nicht § 81 c III StPO unterlaufen werden könne, aM ThP 3 b bb.

Es ist kein Weigerungsgrund, daß möglicherweise die Nichtehelichkeit des Kindes festgestellt wird und es damit der bisherigen Unterhaltsanspruch verlieren könnte, Köln NJW **52**, 149, oder daß die nichteheliche Vaterschaft mit ihren vermögensrechtlichen Folgen festgestellt, Karlsr FamRZ **62**, 395, oder die Nichtvaterschaft festgestellt sei, vgl auch KG NJW **69**, 2208, aM Mü NJW **77**, 341 mwN, oder die Mutter oder Zeugen hätten einen Mehrverkehr eidlich verneint, Hamm JMBl NRW **52**, 167, Mü JZ **52**, 426. Ein solcher Weigerungsgrund würde auf eine Vereitelung der Abstammungsfeststellung überhaupt hinauslaufen. Ebensowenig kann die Untersuchung mit der Begründung verweigert werden, der Verweigernde habe bereits in einem Unterhaltsprozeß des Kindes gegen ihn gesiegt, Nürnb NJW **55**, 1883 (zustm Beitzke). Noch weniger reicht ein Vermögensnachteil aus.

cc) Gesundheitsgefahr. Die Untersuchung muß ferner nach ihren möglichen nachteiligen Folgen für die Gesundheit des zu Untersuchenden zumutbar sein. Ein Verweigerungsrecht besteht zB bei einer Gefahr eines wesentlichen psychischen Schadens, etwa einer sog Spritzenphobie, Kblz NJW **76**, 379. Dagegen ist die Verweigerung nicht schon deshalb zulässig, weil der Verweigernde ein Zeuge Jehovas ist, Düss FamRZ **76**, 52.

Zur Verweigerung genügt eine schriftliche Erklärung nebst Glaubhaftmachung der Gründe, § 386, 294. Der Weigernde muß seine Gründe auf seine Kosten darlegen, weil er sich einer allgemeinen staatsbürgerlichen Pflicht entziehen will. Seine Unkosten werden ihm dann, wenn seine Verweigerung Erfolg hat, unter sinngemäßer Anwendung von § 11 ZSEG erstattet.

5) Prüfung der Weigerung, II. A. Grundsatz. Im Prüfungsverfahren finden §§ 386–390 sinngemäß Anwendung. Diese setzen eine Ladung gemäß § 377 II Z 1–3 voraus, wie auch § 386 III zeigt. Daher muß ein Ordnungsmittel angedroht worden sein, Köln FamRZ **76**, 548 mwN. Für den sich weigernden Dritten (Zeugen) besteht kein Anwaltszwang. §§ 387 II, 569 II 2, wohl aber wie sonst für die Parteien des Hauptverfahrens, auch für sich weigernde Partei. Wegen der Weigerung des Minderjährigen § 383 Anm 2.

B. Einzelvoraussetzungen. Im einzelnen sind folgende Situationen zu unterscheiden:

a) Verweigerung mit Grundangabe. Bei einer Verweigerung mit einer Begründung, vgl §§ 386, 387, tritt ein Zwischenstreit ein. Auch ein Dritter kann ihn auslösen. Im Zwischenstreit wird nicht über den ja unanfechtbaren Beweisbeschluß entschieden, sondern nur darüber, ob das Beweismittel sachlich geeignet ist, ob ein solcher Beweis also überhaupt möglich ist. Dabei ist von der Rechtsansicht des Prozeßgerichts im Hauptprozeß auszugehen, Oldb NJW **73**, 1419, ähnlich Mü NJW **77**, 342 mwN, ferner zB Weber NJW **63**, 574.

Gegen das Zwischenurteil ist sofortige Beschwerde zulässig, § 387 III. Sie steht bei einer Anordnung der Untersuchung dem zu Untersuchenden zu, bei einer Ablehnung der Untersuchung jeder Partei des Hauptprozesses. Sie hat eine aufschiebende Wirkung. Erst nach dem Eintritt der Rechtskraft des Zwischenurteils darf das Gericht denjenigen, der sich weiter weigert, in die dadurch verursachten Kosten und ein Ordnungsgeld verurteilen, ersatzweise in eine Ordnungshaft, § 390 I, Zweibr FamRZ **79**, 1072. Eine Festsetzung der Ordnungsmittel ist hier ohne ein vorheriges Zwischenurteil unzulässig.

Bei einer wiederholten Verweigerung darf das Gericht die zwangsweise Vorführung des zu Untersuchenden anordnen, aber auch jeden anderen geeigneten Zwang anwenden. Das Gericht darf also zB anordnen, daß notfalls Gewalt anzuwenden sei. Die Gewaltanwendung verlangt aber besondere Vorsicht. Die Vorführung wird in der Regel durch den für den Aufenthaltsort des Vorzuführenden zuständigen Gerichtsvollzieher durchgeführt, und zwar auch durch diesen, wenn er dazu eine größere Entfernung zurücklegen muß, LG Regensb DGVZ **80**, 172. Eine bloße Terminsversäumung darf nicht durch ein Ordnungsmittel geahndet werden, da es sich um einen Augenscheinsbeweis handelt und § 380 nicht anwendbar ist, Düss FamRZ **71**, 666, Neust NJW **57**, 1155 (es wendet die Vorschrift nur für die Kostenverurteilung entspr an), Nürnb MDR **64**, 242, ThP 4, ZöSt 3 (unklar 2), abw Celle MDR **60**, 679, Karlsr FamRZ **62**, 395. Zur Beweiswürdigung bei einer endgültigen unberechtigten Weigerung vgl § 444 Anm 2 B.

b) Verweigerung ohne Grundangabe. Bei einer Verweigerung ohne Angabe von Gründen findet kein Zwischenverfahren statt; das Gericht ordnet sofort Maßnahmen nach § 390 an, Karlsr FamRZ **62**, 395, Köln FamRZ **76**, 548. Wegen der bloßen Terminsversäumung vgl a).

6) VwGO: *Entsprechend anwendbar, § 98 VwGO, da § 372a nicht nur in familienrechtlichen Streitigkeiten gilt, Anm 2, aM Koehler § 98 Anm II 3a. Die Notwendigkeit, die Abstammung festzustellen, wird jedoch im VerwProzeß sehr selten eintreten.*

Siebenter Titel. Zeugenbeweis
Übersicht

Schrifttum: Altewilla, Forensische Psychologie, 2. Aufl 1971; Arntzen, Psychologie der Zeugenaussage, 2. Aufl 1982 (Bespr Bender NJW 83, 2067); derselbe, Vernehmungspsychologie, 1978; Bender-Röder-Nack, Tatsachenfeststellung vor Gericht, Band I: Glaubwürdigkeits- und Beweislehre, 1981, Band II: Vernehmungslehre, 1981; Blomeyer, Schadensersatzansprüche des im Prozeß Unterlegenen wegen Fehlverhaltens Dritter, 1972; Döhring, Die Erforschung des Sachverhalts im Prozeß, 1964; Kube/Leineweber, Polizeibeamte als Zeuge und Sachverständige, 1976; Oestreich, Der Jurist im Spannungsfeld der Psychologie, in: Festschrift für die Deutsche Richterakademie, 1983; Trankell, Der Realitätsgehalt von Zeugenaussagen, 1971, dazu Bruns ZZP 86, 393, Herren JZ 72, 512.

Gliederung

1) Allgemeines
   A. Zeugenbegriff
   B. Behördliches Zeugnis
   C. Vernehmungsprobleme
      a) Allgemeine Fehlerquellen
      b) Individualität des Zeugen
   D. Spitzel
2) Zeugnisfähigkeit
   A. Grundsatz
   B. Übersicht über die Zeugnisfähigkeit

3) Zeugnispflicht
   A. Inländer
   B. Ausländer
   C. Verfahren
4) Zeugnisform
   A. Grundsatz
   B. Verstoß
5) Amtliche Auskunft
6) *VwGO*

1) Allgemeines. A. Zeugenbegriff. Der Zeuge soll sein Wissen über bestimmte Tatsachen (Begriff Einf 4 A vor § 284) bekunden. Das gilt auch beim Zeugen vom Hörensagen, Stgt NJW 72, 67, und beim sachverständigen Zeugen, § 414 Anm 2. Der Sachverständige liefert im Gegensatz zum behördlichen Gutachten, Üb 1 C vor § 402, und evtl abweichend von der amtlichen Auskunft, Üb 5 vor § 373, lediglich dem Richter auf Grund seiner Sachkunde Erfahrungssätze oder Schlußfolgerungen, mit deren Hilfe der Richter aus Tatsachen die richtigen Schlüsse zieht, BPatG GRUR 78, 359, Mü AnwBl 74, 355. Der Zeuge ist unvertretbar, der Sachverständige ist vertretbar, Üb 1 A vor § 402. Der zum Augenschein hinzugerufene Dritte, Üb 2 vor § 371, ist Zeuge.

B. Behördliches Zeugnis. Das Gesetz erwähnt mehrfach behördliche Zeugnisse, zB in § 202 II. Sie sind demgegenüber schriftliche Bescheinigungen einer Behörde oder Amtsperson. Sie werden als Urkunden verwertet. Mit dem Zeugenbeweis haben sie nichts gemeinsam. Über die Ersetzung des Zeugenbeweises durch den Urkundenbeweis § 286 Anm 4.

C. Vernehmungsprobleme. Der Zeugenbeweis ist ein ungewisser, schlechter Beweis, Bosch Grundsatzfragen des Beweisrechts 14, Teplitzky JuS 68, 71. Die Zeugenvernehmung ist eine schwierige, nur begrenzt erlernbare Kunst. Der Vernehmende muß sich vor allem über die Fehlerquellen klar sein:

a) Allgemeine Fehlerquellen. Sie sind in der Schwäche der menschlichen Natur begründet. Hierher gehören: Unzuverlässigkeit des Gedächtnisses (die Erinnerungsstärke nimmt außerordentlich schnell ab); Mangelhaftigkeit der Wahrnehmung. Bei einer Wahrnehmung aus einem gewissen Abstand kann der verschiedene Standpunkt der Zeugen für jeden ein ganz anderes Bild ergeben. Aber auch bei einer guten Wahrnehmungsfähigkeit ist noch nicht gesagt, daß der Zeuge dasjenige gut und richtig wiedergeben kann, was er wahrgenommen hat. Auch der Eid hilft in solchen Fällen oft nicht; Beeinflußbarkeit durch eigene und fremde Gedanken über den Vorgang; Zuneigung und Abneigung, besonders stark bei Schätzungen, die als solche schon wegen der geringen Möglichkeiten der Nachprüfung eine große Fehlerquelle sind; politische und religiöse Einstellung usw.

b) Individualität des Zeugen. Fehlerquellen sind ferner in der Person des Zeugen gegeben: In seiner Bildung, Erziehung, Begabung, Urteilskraft, in seinen persönlichen Beziehungen zu den Parteien; in seinem Gesundheitszustand. Werden Vernehmungen wiederholt, so ist vielfach die Erinnerung an die frühere Vernehmung, insbesondere an bestimmte Formulierungen stärker als die Erinnerung an den eigentlichen Vorgang. Für den Richter ist es schwierig, den Zeugen aus seiner Gedankenbahn und oft auch aus seiner Bequemlichkeit herauszubringen. Eine große Lügenquelle bei Männern wie Frauen ist die Hysterie. Sie ist sehr oft kaum erkennbar.

Hat der Richter von all dem keine Vorstellung, so fehlt ihm jeder Maßstab zur Würdigung der Aussage. Die Vernehmung erfordert Geduld und Einfühlungsvermögen. Der Richter muß den Zeugen zum Sprechen bringen und die Sprache des Zeugen verstehen. Über Beeinflussungsfragen § 396 Anm 1.

Jeder Richter sollte sich darüber klar sein, daß die Aussage auch des begabtesten und gewissenhaftesten Zeugen vielen solcher Fehlerquellen ausgesetzt ist, Bruns ZZP **86**, 397 und **91**, 67, Knippel MDR **80**, 113 (er will den Zeugenbeweis sogar „wenigstens ‚nach Kräften' ausschalten"). Wer hätte nicht schon die feste Überzeugung von der Richtigkeit einer Tatsache gehabt, die sich nachher doch als falsch herausstellte? Welcher Richter dürfte sich auf die Erinnerung eines Zeugen an weit zurückliegende Vorgänge verlassen, wenn er doch leicht wahrnehmen kann, daß er selbst sich im Tatbestandsberichtigungsverfahren nach wenigen Wochen nicht mehr gut erinnert? Die Überschätzung des Zeugenbeweises oder gar der beschworenen Aussage ist verhängnisvoll. Es ist ein Denkmal der Menschenkunde, wenn Art 1341ff Code Civil den Zeugenbeweis bei einem Streitwert über einen bestimmten Betrag hinaus (ursprünglich 150 frs) ausschließen.

D. Spitzel. Unzulässig ist die Vernehmung, unverwertbar die Aussage des Spitzels, sofern sein Verhalten einen Verstoß gegen das allgemeine Persönlichkeitsrecht darstellt, dazu Pal-Thomas § 823 Anm 15. Eine Ausnahme gilt nicht schon dann, wenn ein Beweis nicht anders möglich ist, BGH **LM** § 373 Nr 6. Sonst würde nämlich ein Anreiz zur Arglist gegeben werden, abw Zeiss ZZP **89**, 396. Ein Verstoß dieser Art kann allerdings durch Rügeverzicht heilen, § 295 I. Zulässig ist die Verwertung der Aussage eines Polizisten über die Erklärung eines Beschuldigten, selbst wenn jener nicht gemäß § 136 I 2 StPO belehrt worden war. Unzulässig ist die Verwertung, wenn der Beschuldigte auch nur eventuell sein Aussageverweigerungsrecht nicht kannte oder bei dessen Kenntnis nicht ausgesagt hätte, Celle VersR **77**, 361.

2) Zeugnisfähigkeit. A. Grundsatz. Eine allgemeine Zeugnisunfähigkeit kennt das Gesetz nicht. Im Einzelfall ist zeugnisfähig, wer nicht als Partei und nicht als gesetzlicher Vertreter vernommen werden darf. Dies ergibt sich aus §§ 445 ff. Das Gesetz will jede Person für das Beweisverfahren nutzbar machen. Entscheidend ist der Zeitpunkt der Vernehmung, BGH **LM** § 448 Nr 4. Die rechtskräftig ausgeschiedene Partei sowie der frühere gesetzliche Vertreter sind jetzt zeugnisfähig, aber nicht wegen einer noch offenen Kostenfrage, aM KG MDR **81**, 765. Sie darf die Zeugenstellung aber nicht erschleichen, die Partei darf die erschlichene nicht ausnutzen, das Gericht diese nicht verwerten, vgl Einl III 6 A. Die Bekundung eines später in den Prozeß eingetretenen Zeugen bleibt eine Zeugenaussage, Karlsr VersR **79**, 1033. Das Gericht würdigt sie nach § 286.

B. Übersicht über die Zeugnisfähigkeit. Vgl Bergerfurth JZ **71**, 84. Es bedeuten: „Ja": die Person ist zeugnisfähig; „Nein": die Person ist zeugnisunfähig.

Beistand: Ja, wenn er nicht gleichzeitig Partei ist.
Ehegatte: Der Mann ja, wenn nicht die Frau in seiner Vertretung klagt. Die Frau ja, wenn der Mann nicht in ihrer Vertretung klagt.
Einziehungsabtretung: Für den Abtretenden grundsätzlich ja, BGH NJW **72**, 1580, aM Rüßmann AcP **172**, 545. Nein, wenn er die Absicht hat, sich die Stellung eines Zeugen zu verschaffen, um als Zeuge zu lügen, § 138 BGB, A, Henckel Festschrift für Larenz (1973) 647 mwN. aber auch 651: meist handelt es sich um eine Frage der Glaubwürdigkeit.
  Für den Abtretungsnehmer ja, Neust MDR **58**, 848, Nürnb BB **67**, 227 und VersR **69**, 46.
Dritter: Ja, soweit er am Prozeß formell nicht beteiligt ist, auch wenn ihn sein Ausgang wirtschaftlich oder immateriell berührt. S jeweils auch bei den weiteren Stichworten.
Erbe: Ja im Prozeß des Testamentsvollstreckers. Ja für den am Nachlaßprozeß derzeit formell nicht beteiligten Miterben, ZöSt § 373 Anm 2a.
Gemeinschuldner: S „Konkurs".
Genossenschaft: Nein für die Vorstandsmitglieder.
Gerichtspersonen: Ja, vgl aber für Richter und UdG §§ 41 Z 5, 49.
Gesellschaft: Generell gilt folgendes: nein für die gesetzmäßigen Vertreter, vgl BGH **LM** § 373 Nr 4; nein für den satzungsmäßigen Vertreter, § 30 BGB, aM Barfuß NJW **77**, 1273, ThP 3b, ZöSt § 373 Anm 2b; ja für den Leiter einer Zweigniederlassung, Barfuß NJW **77**, 1274 mwN.
  AG: ja für den Aktionär im Prozeß der Gesellschaft, Barfuß NJW **77**, 1274, ja für ein Aufsichtsratsmitglied, außer wenn es ausnahmsweise zugleich gesetzlicher Vertreter der Gesellschaft ist, Barfuß NJW **77**, 1274, ja, soweit ein besonderer Vertreter gemäß § 147 III

AktG bestellt worden ist, Hueck Festschrift für Bötticher (1969) 202; nein grundsätzlich für ein Vorstandsmitglied, Barfuß NJW 77, 1274.

GmbH: ja für den Gesellschafter, Barfuß NJW 77, 1274, ja für den Aufsichtsrat, soweit ein besonderer Vertreter in Fällen entsprechend § 147 III AktG bestellt worden ist, vgl Hueck Festschrift für Bötticher (1969) 202, 214; nein für den Geschäftsführer, Barfuß NJW 77, 1274.

KG: ja für den Kommanditisten, weil er nicht selbst vertretungsberechtigt ist, BGH **LM** § 373 Nr 4, Barfuß NJW 77, 1274 mwN, und zwar auch dann, wenn ihm Prokura erteilt worden ist, BAG BB 80, 580, ja für den persönlich haftenden Gesellschafter einer in Liquidation befindlichen KG, der nicht Liquidator ist, BGH 42, 230; nein für den Geschäftsführer im Prozeß der KG, LG Oldb BB 75, 983, Barfuß NJW 77, 1274 mwN, nein grundsätzlich für den Komplementär, ArbG Wiesbaden DB 78, 2036.

OHG: Ja für den Gesellschafter nur dann, wenn er nicht selbst vertretungsberechtigt ist, § 125 HGB, BGH **LM** § 373 Nr 4, Kämmerer NJW 66, 805, RoS § 123 II 2, StJSchuL I 2 vor § 373, ThP 3b vor § 373, ZöSt § 373 Anm 2a, aM zB Hueck, Recht der OHG, 4. Aufl, 336: nein für alle Gesellschafter, weil sie in ihrer Gesamtheit Partei seien, vgl auch BGH 34, 297, aber auch BGH 42, 231 und Fischer **LM** § 445 Nr 5 Anm; ja für den früheren Gesellschafter, A.

Konkurs: Ja für den Gemeinschuldner im Prozeß der Konkursmasse, s freilich auch ,,Streithelfer". Nein für den Konkursgläubiger, Düss NJW 64, 2357.

Öffentlichrechtliche Körperschaft: Ja für ein Gemeinderatsmitglied im Prozeß der Gemeinde, BayObLG 62, 361. Nein für das Vertretungsorgan, Barfuß NJW 77, 1274 mwN, zB für den Bürgermeister, BGH **LM** § 373 Nr 1.

Partei: Nein, auch nicht bei der Partei kraft Amtes, Grdz 2 C vor § 50. Ja für die nicht prozeßfähige Partei; ja für die prozeßfähige Partei, wenn sie nicht nach § 455 II vernommen werden kann, BGH NJW 65, 2253. Vgl auch A.

Prokurist: Ja, weil er nicht gesetzlicher Vertreter ist, vgl BAG BB 80, 580.

Prozeßbevollmächtigter: Ja, Hamm MDR 77, 143 mwN.

Streitgenosse: Ja, wenn er rechtskräftig oder durch einen Vergleich ausgeschieden ist; wenn er Tatsachen bekunden soll, die ausschließlich für andere Streitgenossen in Betracht kommen können, BAG BB 72, 1455, Düss MDR 71, 56 mwN und FamRZ 75, 101, KG OLGZ 77, 245, Denck VersR 79, 974, aM zB Köln VersR 73, 285. Ja, wenn nur noch ein Beschluß nach § 269 III oder nach § 515 III fehlt, KG MDR 81, 765. Nein, wenn nur noch eine Vorabentscheidung nach § 304 erfolgt oder wenn er nur noch wegen der streitigen Kosten beteiligt ist, KG MDR 81, 765. Nein für den notwendigen Streitgenossen, § 62.

Streithelfer: Ja für den gewöhnlichen, ThP 3b, aM Wiecz § 373 B II a 4 (er sieht ihn als Partei an), nein für den streitgenössischen, § 69.

Streitverkündungsgegner: Ja.

Verein: Ja für das Mitglied des beklagten, nicht rechtsfähigen Vereins; für das Mitglied des rechtsfähigen Vereins in dessen Prozeß. Nein für ein Vorstandsmitglied, Barfuß NJW 77, 1273. S auch ,,Gesellschaft – generell".

Vertreter, gesetzlicher, BGH FamRZ 64, 152: Ja, soweit eine Amtspflegschaft oder -vormundschaft vorliegt, §§ 1706, 1630 BGB, Karlsr FamRZ 73, 104. Ja, soweit die Partei nach § 455 II 1 vernehmungsfähig ist. Ja, soweit er im Einzelfall nicht Vertreter sein kann, etwa wegen der Bestellung eines Pflegers nach § 1909 BGB, oder soweit der Vertretene prozeßfähig bleibt, wie bei § 1910 BGB. Ja, soweit er nicht mehr gesetzlicher Vertreter ist, A. Nein, soweit er im Prozeß nicht als gesetzlicher Vertreter auftritt, weil § 455 seine Parteivernehmung auch dann zuläßt, Barfuß NJW 77, 1274 mwN. ZB nein für die Mutter des nichtehelichen Kindes, soweit sie die volle elterliche Gewalt hat. Dann wird sie als Partei vernommen, §§ 613, 640; für den Vormund, den Gegenvormund, einen Pfleger, einen stellvertretenen Vorstand; bei einer Gesamtvertretung, auch wenn nicht alle auftreten, StJSchuL I 3, ZöSt § 373 Anm 2 b; für das Mitglied einer den Fiskus vertretenen Kollegialbehörde. Zulässig ist die Verwertung einer Aussage, wenn offen geblieben ist, ob der Aussagende noch gesetzlicher Vertreter war, wenn er also entweder Partei oder Zeuge ist, wenn aber beide Parteien seine Zeugenvernehmung beantragt haben, BGH **LM** § 373 Nr 3. Wegen des satzungsmäßigen Vertreters s ,,Gesellschaft – generell".

C. Verstoß. Die Vernehmung einer Partei als Zeugen und umgekehrt kann regelmäßig kein unheilbarer Mangel des Verfahrens mehr sein, BGH NJW 65, 2254 und WertpMitt 77, 1007. Denn der Zeuge und die Partei sind eidlich und uneidlich zu vernehmen; die Aussagen beider sind frei zu würdigen, vgl Köln VersR 73, 285, auch beim Zweifel, ob der Vernommene Zeuge oder Partei war, BGH **LM** § 373 Nr 3; deshalb hat ein Verstoß eine wesentliche prozessuale Bedeutung nur dann, wenn ein Zeugnisverweigerungsrecht bestand. Denn dann ist aus der Weigerung regelmäßig nichts zu folgern, während aus der Weigerung, sich als Partei vernehmen zu lassen, Schlüsse zu Ziehen sind, § 446.

3) Zeugnispflicht. A. Inländer. Das Erscheinen, §§ 380ff, grundsätzlich die Ablegung des Zeugnisses und die Eidesleistung, §§ 391ff, §§ 383ff, sind öffentlichrechtliche Pflichten jedes ordnungsmäßig als Zeuge Geladenen, auch des Ausländers, der der inländischen Gerichtsgewalt untersteht, §§ 18ff GVG. Das Gericht kann sie erzwingen, §§ 380, 390, Nürnb Rpfleger **79**, 234 mwN. In gewissen Fällen gewährt das Gesetz ein Zeugnisverweigerungsrecht, das teils allein in der Person des Zeugen seine Begründung findet, teils in seinen Beziehungen zum Staat, zB VO vom 24. 4. 74, BGBl 1022, nebst Bek vom 10. 6. 74, BGBl II 933 betr die Ständige Vertretung der DDR, oder in seinen Beziehungen zu den Parteien. Wegen der Pflicht zur Bildung einer körperlichen Untersuchung § 372a Anm 4.

B. Ausländer. Vgl Hecker, Handbuch der konsularischen Praxis, 1982. Wegen ausländischer Konsulatsangehöriger Art 43–45 Wiener Übk v 24. 4. 63, BGBl **69** II 1587, dazu G v 26. 8. 69, BGBl II 1585, für BRep in Kraft seit 7. 10. 71, Bek v 30. 11. 71, BGBl II 1285. In Geltung im Verhältnis zu Algerien, Argentinien, Belgien, Bolivien, Brasilien, Chile, Costa Rica, Dominikanische Rep, Ecuador, Frankreich, Gabun, Ghana, Hlg Stuhl, Honduras, Bek v 30. 11. 71, BGBl II 1285, Fidschi, Kolumbien, Lesotho, Luxemburg, Portugal, Rumänien, Vereinigtem Königreich, Bek v 15. 2. 73, BGBl II 166 und v 11. 5. 82, BGBl II 542, Australien, Dänemark, Bek v 24. 5. 73, BGBl II 550, Guyana, Vietnam, Bek v 4. 12. 73, BGBl II 1755, Laos, Bek v 12. 6. 74, BGBl II 945, Oman, Ruanda, Schweden, Bek v 26. 8. 74, BGBl II 1225, Kanada, Tonga, Bek v 10. 10. 74, BGBl II 1322, Neuseeland, Bek v 16. 12. 74, BGBl **75** II 42, Libanon, Iran, Bek v 15. 7. 75, BGBl II 1121, Griechenland, Kuwait, Nicaragua, Bek v 15. 12. 75, BGBl **76** II 35, Jamaika, Türkei, Bek v 22. 3. 76, BGBl II 450, Pakistan, Bek v 17. 5. 76, BGBl II 642 (betr FakultativProt; wg Bangladesch Bek v 3. 4. 78, BGBl II 484), Zypern, Bek v 23. 6. 76, BGBl II 1082, Zaire, Bek v 17. 9. 76, BGBl II 1697, Äquatorial-Guinea, Bek v 19. 11. 76, BGBl II 1936, Vereinigte Arabische Emirate, Bek v 2. 5. 77, BGBl II 449, Korea (Rep), Marokko, Tansania, Bek v 13. 10. 77, BGBl II 1183, Indien, Bek v 26. 1. 78, BGBl II 171, Haiti, Bek v 3. 4. 78, BGBl II 484, Peru, Bek v 8. 5. 78, BGBl II 791, Island, Bek v 20. 10. 78, BGBl II 1315, Dschibuti, Syrien, Bek v 5. 1. 79, BGBl II 50, Benin, Bek v 29. 5. 79, BGBl II 682, Seschellen, Volksrepublik China, Bek v 9. 8. 79, BGBl II 950, Kap Verde, Bek v 10. 10. 79, BGBl II 1141, Norwegen, Bek v 17. 4. 80, BGBl II 619, Malawi, Bek v 10. 8. 80, BGBl II 1167, und v 22. 5. 81, BGBl II 323 (betr das Fakultativprotokoll), Finnland, Suriname, Bek v 18. 11. 80, BGBl II 1477, Malawi, Bek v 22. 5. 81, BGBl II 323, Bhutan, Bek v 3. 11. 81, BGBl II 1020, Polen, Bek v 4. 12. 81, BGBl II 1079, St. Christoph-Nevis, Anguilla, Bermuda, Britisches Antarktis-Territorium, Britisches Territorium im Indischen Ozean, Britische Jungferninseln, Kaimaninseln, Falklandinseln und Nebengebiete, Gibraltar, Guernsey, Hongkong, Insel Man, Jersey, Montserrat, Pitcairn, Henderson, Ducieinsel und Oenoinsel, St. Helena und Nebengebiete, die britischer Staatshoheit unterstehenden Stützpunktgebiete Akrotiri und Dhekelia auf der Insel Zypern, Turks- und Caicosinseln, Bek v 11. 5. 82, BGBl II 542, Kiribati, Bek v 30. 6. 82, BGBl II 674, Indonesien, Bek v 24. 9. 82, BGBl II 945, Tuvalu, Bek v 6. 12. 82, BGBl II 1060, Mosambik, São Tomé und Principe, Bek v 5. 7. 83, BGBl II 477.

C. Verfahren. Regelmäßig wird das Zeugnis während einer gerichtlichen Vernehmung abgelegt, in bestimmten Fällen auch schriftlich, § 377. Die Zeugnispflicht umfaßt die Pflicht, das Gedächtnis durch eine nicht ungewöhnliche, zeitraubende und mühevolle Vorbereitung aufzufrischen, Peters ZZP **87**, 487, vgl auch § 163 StGB. Wer das unterläßt, sagt leichtfertig aus. Wer nichts weiß und nie etwas gewußt hat, braucht sich natürlich die Kenntnis nicht zu verschaffen. Zu eigenen Feststellungen ist kein Zeuge verpflichtet, Köln NJW **73**, 1983. Ein Zeuge hat die Pflicht, sich im Abstammungsstreit Blutproben entnehmen zu lassen und sich sonstigen erbkundlichen Untersuchungen zu unterwerfen, § 372a. Es ist unzulässig, den Zeugen durch irgendwelche Klagen gegen ihn zu beeinflußen, Mü NJW **71**, 618. Der Zeuge darf einen RA als Beistand hinzuziehen, solange nicht dadurch eine wirksame Rechtspflege gefährdet ist, vgl BVerfG **38**, 112; eine solche Gefährdung liegt nicht schon dann vor, wenn das Gericht nichtöffentlich verhandelt. Der Beistand hat kein eigenes Fragerecht.

4) Zeugnisform. A. Grundsatz. Der Zeuge ist grundsätzlich uneidlich zu vernehmen. Er wird nur wegen der etwaigen Bedeutung seiner Aussage oder zur Herbeiführung einer wahrheitsgemäßen Aussage beeidigt, § 391. Ein auch nur versuchter Prozeßbetrug durch falsche Zeugenaussage ist Straftat, § 263 StGB. Auch abgesehen davon kann die falsche

Aussage nach § 153 StGB strafbar sein. Der Zeuge darf die Eidesleistung wegen gewisser Beziehungen zu den Parteien oder wegen gewisser Beteiligung an der Sache verweigern, § 391 Anm 4.

B. Verstoß. Alle Verstöße gegen die Form der Vernehmung sind heilbar, § 295. Das gilt namentlich für die Beeidigung, auch soweit sie auf einen Gerichtsbeschluß beruht, vgl bei § 391. Unheilbar ist ein Verstoß, wenn der Beibringungsgrundsatz, Grdz 3 B vor § 128, versagt. Das gilt zB im Eheverfahren.

5) Amtliche Auskunft. Sie ist im Gesetz erwähnt, aber nicht geregelt, §§ 273 II Z 2, 358a Z 2, 437 II. Sie ist ein selbständiges Beweismittel, also nicht (nur) eine Urkunde, vgl Ffm FamRZ **80**, 706, und immer zulässig, BGH NJW **79**, 268 mwN, abw Koch/Steinmetz MDR **80**, 902 mwN. Sie ersetzt besonders bei einer Behörde die Zeugen- oder Sachverständigenvernehmung, BGH **LM** § 402 Nr 16. Das Gericht erfordert sie auf Antrag oder von Amts wegen. Das braucht aber nicht gemäß § 377 III zu geschehen, BGH **LM** § 272b aF Nr 4 (Freibeweis, Einf 3 A c vor § 284). Soweit es sich nicht um einen Rechtshilfeverkehr mit dem Ausland handelt, § 199 Anm 2, erfordert das Gericht die amtliche Auskunft unmittelbar, also ohne Vermittlung der obersten Landesbehörde, und zwar auch im Verkehr mit obersten Bundesbehörden. Entgegenstehende Erlasse binden den Richter und sein Hilfspersonal nicht, Scheld DRiZ **60**, 182. Die Auskunft darf sich nur auf Tatsachen beziehen, zu deren Wahrnehmung freilich eine besondere Sachkunde gehören kann, was Tipke NJW **76**, 2200 (betr Steuern) miterwähnen sollte. Eine amtliche Auskunft, die ein Gutachten einschließt, ist ein echtes Sachverständigengutachten, BGH **62**, 95 und BB **76**, 480 mwN, vgl LG Bln MDR **74**, 763 (abl Schneider); vgl zur Abgrenzung Üb 1 C vor § 402.

Dies gilt zB für eine Äußerung einer Fachbehörde; des Gutachterausschusses gemäß BBauG; die Äußerung der Anwaltskammer gemäß §§ 3, 12 BRAGO (letztere trotz §§ 73 II Z 8, 75 BRAO). Gerade das letztere Gutachten beschränkt sich freilich durchweg auf die Erörterung von Rechtsfragen, dient also nicht der Klärung streitiger Tatsachen, insofern richtig Ffm MDR **83**, mwN, ferner LG Kempten MDR **80**, 412. Für die Eigenschaft solcher Auskunft als Gutachten ist unerheblich, ob §§ 402ff vollständig oder nur teilweise anwendbar sind, aM Celle NJW **73**, 203 (aber das Gericht ist an ein Gutachten ohnehin nicht gebunden), Köln Rpfleger **74**, 444, Mü NJW **75**, 884 je mwN.

Unanwendbar sind insofern freilich alle Vorschriften, die auf die Einzelperson eines Sachverständigen zugeschnitten sind, BGH **62**, 95, insofern richtig Ffm MDR **83**, 327 mwN, Pieper ZZP **84**, 22, vgl zB § 406 Anm 1, § 411 Anm 5. Ein solches Gutachten wird kostenlos erstattet, vgl §§ 3 III 3, 12 II 2 BRAGO. Keine Partei kann der Verwertung eines solchen Gutachtens widersprechen. Liegt aber ein Ablehnungsgrund wegen Befangenheit vor, so muß das Gericht ihn bei der Würdigung eines solchen Gutachtens berücksichtigen, BGH **62**, 94 und **LM** § 402 Nr 16. Die Versagung einer Aussagegenehmigung erstreckt sich nicht stets auf das Verbot einer schriftlichen Auskunft der Behörde, BGH NJW **79**, 268.

6) VwGO: Zeugenbeweis wird als zulässiges Beweismittel ausdrücklich genannt, § 96 I 2 *VwGO*. Er wird stets vAw angeordnet und durchgeführt, § 86 I *VwGO*, auch vor der mündlichen Verhandlung, § 96 II *VwGO*. §§ 373ff gelten nach § 98 *VwGO* entsprechend, soweit der Ermittlungsgrundsatz, § 86 I *VwGO*, nicht entgegensteht. Die amtliche Auskunft, Anm 5, ist als selbständiges Beweismittel ebenfalls zulässig, BVerwG **73**, 1, **31**, 212, DÖV **83**, 647, wie § 99 *VwGO* (Sonderregelung) u § 87 *VwGO* iVm § 273 II Z 2 ergeben. Um Auskunft können, da § 96 I *VwGO* keine abschließende Aufzählung der Beweismittel enthält, auch sachkundige Personenvereinigungen ersucht werden, BVerwG DÖV **58**, 795. Die Auskunft unterliegt der freien Beweiswürdigung, BVerwG **73**, 1.

373

Beweisantritt. Der Zeugenbeweis wird durch die Benennung der Zeugen und die Bezeichnung der Tatsachen, über welche die Vernehmung der Zeugen stattfinden soll, angetreten.

Schrifttum: Söllner, Der Beweisantrag im Zivilprozeß, Diss Erlangen 1972.

1) Zeugenbenennung. Wer Zeugenbeweis antritt, hat den Zeugen zu benennen. Er muß ladungsfähige Personalien und eine ladungsfähige Anschrift angeben. Wegen der Berufung auf ein ,,Zeugnis NN'' vgl § 356 Anm 1 A a, b. Die Wahl des Worts Zeuge ist unnötig. Es muß aber klar sein, daß ein bestimmte Person zeugenmäßig aussagen soll. Über eine urkundenbewisliche Verwertung von Zeugenaussagen § 286 Anm 4.

2) Tatsachenbezeichnung. Der Beweisführer muß diejenigen Tatsachen angeben, die der Zeuge bekunden soll. Begriff der Tatsache Einf 4 vor § 284. Es genügt eine innere Tatsache oder eine Vermutungstatsache (hypothetische Tatsache), ferner eine Tatsache, deren Wahrnehmung eine besondere Sachkunde erfordert, vgl § 414. Die Tatsache ist ausreichend bestimmt zu bezeichnen. Es sind also bestimmte Einzelheiten anzugeben. Über den Ausforschungsbeweis Einf 6 vor § 284. Warum der Zeuge die Wahrnehmung machen mußte, braucht man nicht anzugeben.

Schlüsse aus nicht nachprüfbaren Tatsachen sind keine Zeugenaussagen. Ebensowenig kann ein Zeuge zur Abgabe einer rechtsgeschäftlichen Willenserklärung angehalten werden, Nürnb BayJMBl **56**, 17. Nicht ausreichend ist auch der Antrag, der Zeuge solle eine „Notwehr" beweisen, Köln MDR **76**, 407. Das Gericht muß seine Fragepflicht ausüben, § 139, ThP, insofern aM Köln MDR **76**, 408; zur Fristsetzung vgl aber § 356 Anm 1 A a.

3) VwGO: Entsprechend anzuwenden auf Beweisanträge in der mündlichen Verhandlung, § 86 II VwGO, sonst nur Ordnungsvorschrift, § 98 VwGO, für die Anregungen zur Beweisaufnahme, §§ 82 u 85 VwGO, die ohne Bindung an Beweisanträge vAw angeordnet wird, § 86 I VwGO.

374 (weggefallen)

375
Beweisaufnahme. **I** Die Aufnahme des Zeugenbeweises darf einem Mitglied des Prozeßgerichts oder einem anderen Gericht nur übertragen werden:

1. wenn zur Ausmittlung der Wahrheit die Vernehmung des Zeugen an Ort und Stelle dienlich erscheint oder nach gesetzlicher Vorschrift der Zeuge nicht an der Gerichtsstelle, sondern an einem anderen Ort zu vernehmen ist;
2. wenn der Zeuge verhindert ist, vor dem Prozeßgericht zu erscheinen;
3. wenn sich der Zeuge in so großer Entfernung von dem Prozeßgericht aufhält, daß seine Vernehmung vor diesem unzweckmäßig erscheint.

II Der Bundespräsident ist in seiner Wohnung zu vernehmen.

1) Grundsatz, I. Die Unmittelbarkeit der Beweisaufnahme ist beim Zeugenbeweis besonders wichtig. Denn bei ihm kommt es sehr auf den persönlichen Eindruck an. Das Gesetz legt den größten Wert darauf, daß die Ausnahmen der Z 1–3 nur zurückhaltend, auf das Notwendige beschränkt, Anwendung finden. Vgl § 355 Anm 1 A. Daher hat das Prozeßgericht, auch der Einzelrichter, § 348 Anm 1, den man nicht mit dem „Mitglied des Gerichts" in I verwechseln darf, die Beweisaufnahme grundsätzlich selbst vorzunehmen, mag sie auch noch so zeitraubend und schwierig sein, § 278 II 1, vgl schon (zum alten Recht) Düss NJW **76**, 1103 (ausführlich); vgl ferner Stgt MDR **80**, 1030 (zum Verfahren nach dem FGG). Der verordnete Richter darf nicht am Sitz des Prozeßgerichts nach § 375 amtieren.

Das Kollegialgericht darf die Beweisaufnahme zwar auch nach neuem Recht unter den gesetzlichen Voraussetzungen an sich sehr wohl einem seiner Mitglieder übertragen, insofern aM Schneider NJW **77**, 302 (er liest den § 278 II 1 falsch). Eine solche Übertragung darf aber keineswegs systematisch erfolgen, Düss (17.ZS) NJW **76**, 1104 und (20.ZS) MDR **77**, 499, vgl Düss (16.ZS) NJW **77**, 2320, Köln NJW **76**, 1101, ferner Müller DRiZ **76**, 181, insofern auch Schneider MDR **76**, 617, krit Dinslage NJW **76**, 1509, Nagel DRiZ **77**, 322. Schultz MDR **75**, 547 erwägt es, bei zu viel Mißbrauch eine Gesetzesänderung vorzunehmen. Die Vorschrift ist im FGG-Verfahren anwendbar, Köln MDR **83**, 327.

In Arbeitssachen gelten die teilweise abweichenden §§ 13, 58, 64 VII ArbGG.

2) Voraussetzungen, I. Die Übertragung der Beweisaufnahme auf einen verordneten Richter ist nur dann zulässig, BGH **40**, 179, Düss NJW **76**, 1103 und **77**, 2320, vgl Werner/Pastor NJW **75**, 329, wenn nach einer sorgfältigen Prüfung eine der folgenden Voraussetzungen vorliegt (dabei ist § 278 II 1 zwar beachtlich, aber entgegen Schneider JB **77**, 145 kein absolutes Hindernis):

A. Zweckdienlichkeit, Z 1. Eine Vernehmung an Ort und Stelle, wenn auch im Gerichtsbezirk, kann die Wahrheitsermittlung fördern. Beispiele: Der Zeuge ist einem anderen, behinderten Zeugen gegenüberzustellen; er macht seine Aussage zweckmäßig im Anblick des Tatorts; nur dort kann man mit einer brauchbaren oder ehrlichen Aussage rechnen. Natürlich darf und muß grds auch das Prozeßgericht einen Ortstermin wahrnehmen, § 219, sollte das aber nur dann tun, wenn Aufwand und Nutzen in einem richtigen Verhältnis stehen, ZöSt 1, aM ThP 2 „Nr 3". Dies ist freilich recht häufig der Fall.

7. Titel. Zeugenbeweis §§ 375, 376

Die örtliche Zuständigkeit liegt am Tatort usw, evtl auch dann im Ausland, wenn der Zeuge grenznah im Inland wohnt, Mü NJW **62**, 57.

B. Pflicht zur auswärtigen Vernehmung, Z 1. Der Zeuge muß nach gesetzlichen Vorschriften an einem anderen Ort zu vernehmen sein, vgl § 382. Hier gilt das zu A Gesagte entsprechend. Für den Bundespräsidenten gilt II, für ein Parlaments- oder Regierungsmitglied § 382.

C. Verhinderung, Z 2. Der Zeuge muß am Erscheinen verhindert sein, und zwar für längere Zeit, etwa durch Krankheit, hohes Alter oder Gehunfähigkeit. Der in der Wohnung zu vernehmende Zeuge darf dem Gericht, den Parteien, den ProzBev und den zB für eine Gegenüberstellung erforderlichen Personen, auch dem Sachverständigen, den Zutritt grds trotz seines Hausrechts wegen der Zeugnispflicht, Üb 3 vor § 373, nicht verweigern; andernfalls verweigert er das Zeugnis. Reisekosten sind kein Verhinderungsgrund, § 401, sondern notfalls vorzuschießen, § 14 ZSEG sowie Hartmann Anh I, II § 17 ZSEG.

D. Weite Entfernung, Z 3. Der Zeuge muß sich so weit vom Gerichtsort entfernt aufhalten, daß seine Vernehmung vor dem Prozeßgericht unzweckmäßig ist. Ob dies zutrifft, richtet sich nach der Lage des Falls, auch nach der Geschäftslage des Prozeßgerichts, A. Der ersuchte Richter darf die Vernehmung nur unter den Voraussetzungen § 158 GVG Anm 2 ablehnen. Zu würdigen sind: Die Bedeutung des Prozesses; die Schwierigkeit der Beweisfragen; der Wert eines persönlichen Eindrucks vom Zeugen; die entstehenden Kosten; die bestehenden Verkehrsverbindungen. Ein Aufenthalt in demselben Landgerichtsbezirk bedeutet idR keine weite Entfernung. Wegen der Reisekosten C.

3) Verfahren. Vgl § 357 Anm 2.

4) Verstoß. Ein Verstoß ist ein erheblicher Verfahrensmangel, der evtl eine Ablehnung ermöglicht, Schneider JB **77**, 1341 mwN, und der außerdem Berufung oder Revision zum Zweck einer Zurückverweisung ermöglicht, Düss NJW **76**, 1103, abw Rasehorn NJW **77**, 792, und zwar nach einer unbeschränkten Übertragung auf den Einzelrichter an ihn, Köln NJW **76**, 1101, andernfalls an das Kollegium, Dinslage NJW **76**, 1509, das an den Einzelrichter verweisen kann. § 355 II steht nicht entgegen, Düss NJW **76**, 1104, insofern richtig Schneider DRiZ **77**, 15 mwN (es besteht ein praktisches Bedürfnis; BGH **32**, 233, **40**, 179 läßt offen), insofern abw Köln (8. ZS) NJW **77**, 250.

Zulässig ist es, auf das Rügerecht zu verzichten, § 295 I, BGH NJW **79**, 2518 mwN, Schultze NJW **77**, 412, KG (12.ZS) VersR **80**, 654 mwN, abw Köln (4.ZS) NJW **77**, 250, Müller DRiZ **77**, 307, Rasehorn NJW **77**, 792, insofern aM KG (ebenfalls 12.ZS) MDR **79**, 765, Düss (17.ZS) NJW **76**, 1105, (20.ZS) zuletzt BB **77**, 1377. Den letzteren ist aber darin zuzustimmen, daß ein systematisch erwirkter Rügeverzicht als Rechtsmißbrauch unbeachtlich ist, insofern wohl ebenso BGH NJW **79**, 2518, ferner Köln (15.ZS) OLGZ **77**, 493, aM Köln (4.ZS) **77**, 250. Bei einer Rüge ist iRv Z 1–3 nur zu prüfen, ob das Gericht über deren Voraussetzungen hinaus das Vorliegen von § 75 bejaht hat.

Die Entscheidung des Gerichts kann nur zusammen mit seinem Endurteil angefochten werden.

5) Vernehmung des Bundespräsidenten, II. Sie erfolgt in seiner Wohnung, und zwar nach den allgemeinen Vorschriften, da Z 1 vorliegt. Präsidenten der deutschen Länder, die die frühere Fassung erwähnte, gibt es nicht, § 219 Anm 2.

6) VwGO: *I ist nicht entsprechend anwendbar, § 98 VwGO, weil § 96 II VwGO keine Beschränkung für den Zeugenbeweis enthält, Kopp § 98 Rdz 1 (jedoch sollte § 96 II nach den Grundsätzen des § 375 I angewendet werden, vgl Ule DVBl **79**, 806 mwN). II gilt entsprechend, § 98 VwGO.*

376 **Genehmigung zur Vernehmung.** **I** **Für die Vernehmung von Richtern, Beamten und anderen Personen des öffentlichen Dienstes als Zeugen über Umstände, auf die sich ihre Pflicht zur Amtsverschwiegenheit bezieht, und für die Genehmigung zur Aussage gelten die besonderen beamtenrechtlichen Vorschriften.**

II **Für die Mitglieder der Bundes- oder einer Landesregierung gelten die für sie maßgebenden besonderen Vorschriften.**

III **Eine Genehmigung in den Fällen der Absätze 1, 2 ist durch das Prozeßgericht einzuholen und dem Zeugen bekanntzumachen.**

§ 376 2. Buch. 1. Abschnitt. Verfahren vor den LGen

^{IV} Der Bundespräsident kann das Zeugnis verweigern, wenn die Ablegung des Zeugnisses dem Wohl des Bundes oder eines deutschen Landes Nachteile bereiten würde.

^V Diese Vorschriften gelten auch, wenn die vorgenannten Personen nicht mehr im öffentlichen Dienst sind, soweit es sich um Tatsachen handelt, die sich während ihrer Dienstzeit ereignet haben oder ihnen während ihrer Dienstzeit zur Kenntnis gelangt sind.

Schrifttum: Kube/Leineweber, Polizeibeamte als Zeugen und Sachverständige, 1980; Merkl, Die Zeugenaussage nichtbeamteter Personen des öffentlichen Dienstes usw, Diss Regensb 1973.

Vorbem. A. Bundesbeamte. Für sie gelten §§ 61, 62 BBG idF v 3. 1. 77, BGBl 3 (die nach § 46 DRiG, SchlAnh I A, auf Richter im Bundesdienst entspr anwendbar sind):

BBG § 61. ^I Der Beamte hat, auch nach Beendigung des Beamtenverhältnisses, über die ihm bei seiner amtlichen Tätigkeit bekanntgewordenen Angelegenheiten Verschwiegenheit zu bewahren. Dies gilt nicht für Mitteilungen im dienstlichen Verkehr oder über Tatsachen, die offenkundig sind oder ihrer Bedeutung nach keiner Geheimhaltung bedürfen.

^{II} Der Beamte darf ohne Genehmigung über solche Angelegenheiten weder vor Gericht noch außergerichtlich aussagen oder Erklärungen abgeben. Die Genehmigung erteilt der Dienstvorgesetzte oder, wenn das Beamtenverhältnis beendet ist, der letzte Dienstvorgesetzte.

^{III} *(Hier ohne Bedeutung)*

^{IV} Unberührt bleibt die gesetzlich begründete Pflicht des Beamten, Straftaten anzuzeigen und bei Gefährdung der freiheitlichen demokratischen Grundordnung für deren Erhaltung einzutreten.

BBG § 62. ^I Die Genehmigung, als Zeuge auszusagen, darf nur versagt werden, wenn die Aussage dem Wohle des Bundes oder eines deutschen Landes Nachteile bereiten oder die Erfüllung öffentlicher Aufgaben ernstlich gefährden oder erheblich erschweren würde.

^{II} Die Genehmigung, ein Gutachten zu erstatten, kann versagt werden, wenn die Erstattung den dienstlichen Interessen Nachteile bereiten würde.

^{III} Ist der Beamte Partei oder Beschuldigter in einem gerichtlichen Verfahren oder soll sein Vorbringen der Wahrnehmung seiner berechtigten Interessen dienen, so darf die Genehmigung auch dann, wenn die Voraussetzungen des Absatzes 1 erfüllt sind, nur versagt werden, wenn die dienstlichen Rücksichten dies unabweisbar erfordern. Wird sie versagt, so hat der Dienstvorgesetzte dem Beamten den Schutz zu gewähren, den die dienstlichen Rücksichten zulassen.

^{IV} Über die Versagung der Genehmigung entscheidet die oberste Aufsichtsbehörde.

B. Landesbeamte. Für sie gilt als Rahmenvorschrift § 39 BRRG idF v 3. 1. 77, BGBl 22 (mit §§ 61, 62 BBG fast wörtlich gleich). Die entsprechenden Bestimmungen der Beamtengesetze der Länder stimmen damit im wesentlichen überein (und sind nach den Landesrichtergesetzen auf Richter im Landesdienst entspr anwendbar):

Baden-Württemberg: §§ 73, 74 LBG v 27. 5. 71, GBl 225, sowie § 8 LRiG v 19. 7. 72, GBl 431;

Bayern: Art 69, 70 BayBG idF v 17. 11. 78, GVBl 832, sowie Art 2 BayRiG v 11. 1. 77, GVBl 27;

Berlin: §§ 26, 27 LBG v 1. 1. 72, GVBl 288, sowie BlnRiG v 27. 4. 70, GVBl 642;

Bremen: §§ 61, 62 BreBG v 8. 5. 73, GBl 132, sowie § 4 BreRiG v 15. 12. 64, GVBl 187;

Hamburg: §§ 65, 66 HbgBG idF v 29. 11. 77, GVBl 367, sowie § 4 HbgRiG v 15. 6. 64, GVBl 109;

Hessen: §§ 75, 76 HessGB v 16. 2. 70, GVBl 110, sowie § 2 HessRiG v 19. 10. 62, GVBl 455;

Niedersachsen: §§ 68–70 NdsBG v 18. 3. 74, GVBl 147, sowie NdsRiG v 14. 12. 62, GVBl 265;

Nordrhein-Westfalen: §§ 64, 65 NRWBG v 1. 5. 82, GVBl 234, sowie § 4 NRWRiG v 29. 3. 66, GVBl 217;

Rheinland-Pfalz: § 70 RhPfBG v 14. 7. 70, GVBl 242, sowie RhPfRiG v 16. 3. 75, GVBl 117;

Saarland: §§ 74, 75 SaarlBG v 1. 9. 71, ABl 613, sowie SaarlRiG v 1. 4. 75, ABl 566;

7. Titel. Zeugenbeweis § 376 1, 2

Schleswig-Holstein: §§ 77, 78 SchlHBG v 10. 5. 79, GVBl 301, sowie § 6 SchlHRiG v 21. 5. 71, GVBl 300.

1) Notwendigkeit der Genehmigung, I, II, V. A. Betroffener Personenkreis. Eine Genehmigung zur Aussage als Zeuge brauchen Richter, Beamte und andere Personen des öffentlichen Dienstes, also auch solche, die nicht Beamte im staatsrechtlichen Sinne sind. Unter I fallen die Beamten usw des Bundes, der Länder, der Kommunen, der einer staatlichen Aufsicht unterstellten Körperschaften, Anstalten und Stiftungen des öffentlichen Rechts, vgl § 2 I BBG, also auch Kirchenbeamte, ferner Schiedsrichter, BGH **23**, 141, Mitglieder eines Ehrengerichts. Für die Vernehmung gehören hierher auch die im Vorbereitungsdienst beschäftigten Beamten.

Notare, Notarvertreter und Notarverweser brauchen eine Befreiung durch die Beteiligten; wenn diese verstorben sind oder wenn die Befreiung nur mit unverhältnismäßigen Schwierigkeiten zu erlangen ist, wird die Aussagegenehmigung durch den Landgerichtspräsidenten erteilt, §§ 18, 92 Z 1 BNotO, und zwar auch auf Grund des Antrags einer Prozeßpartei, Köln DNotZ **81**, 717 mwN. Eine sonstige Genehmigung brauchen sie nicht, da sie keine Beamten sind, Seybold-Hornig BNotO § 18 Anm 27.

Nicht hierher gehören Ehrenbeamte wie Schöffen, ehrenamtliche Richter der Arbeitsgerichte, vgl aber auch § 383 Anm 3 C, ferner nicht ausländische Beamte. Für die Angestellten und Arbeiter im öffentlichen Dienst ist die Schweigepflicht in den Tarifverträgen geregelt, so zB für die Angestellten des Bundes und der Länder in § 9 des BAT vom 23. 2. 61, MinBlFin 214, für die Arbeiter des Bundes § 11 des Manteltarifvertrags für Arbeiter des Bundes vom 27. 2. 74, MinBlFin 210, der Länder in § 11 des Manteltarifvertrages für Arbeiter der Länder vom 14. 1. 59, für Soldaten, § 14 G vom 22. 4. 69, BGBl III 51-1.

Bei den Mitgliedern der Bundes- oder der Länderregierungen, also dem Bundeskanzler und den Bundesministern, Art 62 GG, gelten §§ 6, 7 BMinG idF vom 27. 7. 71, BGBl 1166 (die Bundesregierung erteilt die Aussagegenehmigung), sowie den Ministerpräsidenten und den Länderministern sind die für diese maßgebenden besonderen Bestimmungen zu beachten.

Wegen der Vorgänge bei der Beratung und der Abstimmung Üb vor § 192 GVG.

B. Aussageverweigerungsrecht. Vgl Lenckner NJW **65**, 321 (ausf). Die Genehmigung zur Vernehmung ist von dem Zeugnisverweigerungsrecht zu unterscheiden. Über das letztere § 383 ff. Die ausnahmsweise Zeugnispflicht aus § 385 macht eine etwa notwendige Genehmigung nicht entbehrlich.

2) Genehmigung, III. A. Allgemeines. Über die Versagungsgründe vgl § 61 BBG. Die Entscheidung über die Genehmigung ist ein Verwaltungsakt, OVG Münster NJW **61**, 476, und wird vom Gericht in keiner Weise nachgeprüft, Hamm MDR **77**, 849. Diese Regelung ist allerdings wegen Art 97, 101 I GG problematisch, Zezschwitz NJW **72**, 796 betr StPO. Die betroffene Partei kann aber vor dem VG klagen, BGH Warn **69**, 20, BVerwG NJW **71**, 160, Hamm MDR **77**, 849. Dem Gericht steht eine solche Möglichkeit nicht offen. Das Gericht muß evtl der Partei eine Frist gemäß § 356 setzen, Hamm MDR **77**, 849, und den Rechtsstreit evtl auch aussetzen, § 148, EF § 98 Rdnr 4 mwN, vgl auch § 111 BNotO.

Eine Genehmigung ist in den Fällen entbehrlich, in denen der Fiskus Beweisführer ist und die vorgesetzte Dienststelle des Beamten den Fiskus im Prozeß vertritt. Wer die vorgesetzte Stelle ist, das richtet sich nach dem in Betracht kommenden Staatsrecht, vgl auch die Vorbemerkung. Dasselbe gilt für die Frage, wer bei einem Wechsel der Dienststellung die Genehmigung erteilen muß. Beim Ausgeschiedenen ist der letzte Dienstherr zuständig, hilfsweise beim Bundesbeamten der Bundesinnenminister, Art 13 G v 28. 11. 52, BGBl 749, dazu Vfg v 18. 4. 67 betr Vorgänge vor dem 8. 5. 45. Eine Versagung der Genehmigung ist der obersten Aufsichtsbehörde vorbehalten, § 62 IV BBG. Das Verbot einer mündlichen Aussage erstreckt sich nicht stets auf die Erteilung einer schriftlichen Auskunft, Üb 5 vor § 373, vgl BGH NJW **79**, 268.

B. Verfahren. Das Prozeßgericht hat die Genehmigung einzuholen und dem Zeugen bekanntzugeben, III. Der verordnete Richter ist dazu nicht zuständig. Die Einholung erfolgt schon vor der Zeugenladung, denn nur diese Reihenfolge ist prozeßwirtschaftlich. Bei einem Rechtshilfeersuchen eines ausländischen Gerichts holt das ersuchte Gericht die Genehmigung ein. Die Genehmigung wird zusammen mit der Ladung bekanntgegeben. Andernfalls braucht der Zeuge nicht zu erscheinen, wenn er das Zeugnis schriftlich verweigert, vgl § 386 III. Die Genehmigung muß eingeholt werden, sobald die Aussage auch nur möglicherweise unter die Amtsverschwiegenheit fällt. Dies ist der grundsätzlich bei jeder Aussage über dienstliche Vorgänge zu erwarten.

Der Beamte muß sein Weigerungsrecht aber auch selbst prüfen und im Zweifel selbst eine Entscheidung seiner vorgesetzten Dienstbehörde einholen. Er hat insofern zumindest eine Obliegenheit. Ein Verstoß kann Rechtsfolgen nach § 380 auslösen. Die Genehmigung kann nicht von der Beachtung des Beratungsgeheimnisses, §§ 43, 45 I 2 DRiG usw, befreien.

Das alles gilt auch bei der Vernehmung eines Polizeibeamten, zB zu einem Verkehrsunfall. Die etwaige „Entbindung" durch die Partei(en) befreit ihn noch nicht von der Schweigepflicht, die er über alle Dienstvorgänge als Teil seiner ihm vom Dienstherrn auferlegten und daher nur von diesem wirksam zu lösenden Dienstpflicht eingegangen ist. Man kann auch keineswegs von einer allgemein, noch dazu etwa vor dem Eintritt des historischen Vorgangs des Sachverhalts, erteilten stillschweigenden Genehmigung sprechen. Sie wäre bei Erteilung „im voraus" auch überhaupt nicht mit der Fürsorgepflicht des Dienstherrn vereinbar, die zu einer Einzelfallprüfung zwingt.

Die Erteilung der Genehmigung gilt mangels abweichenden Inhalts für alle Rechtszüge, BGH DB **69**, 703, aber nur in diesem Prozeß, freilich auch für abgetrennte Teile usw, nicht aber in einem Parallelverfahren, auch nicht im Prozeß auf Grund einer weiteren Teilklage.

Die Verweigerung der Genehmigung ohne eine ausdrückliche Beschränkung auf diese Instanz ist auch für die nächste Instanz verbindlich, so daß ein neuer Vernehmungsantrag unbeachtlich ist, sofern die nächste Instanz nun nicht doch noch mit einer Genehmigung rechnen kann, BGH **LM** Nr 1. Im Zweifel muß sich das Gericht insoweit erkundigen, § 273.

3) Bundespräsident, IV. Er darf das Zeugnis verweigern, soweit IV nach seinem nicht nachprüfbaren Ermessen zutrifft.

4) Angehöriger der Streitkräfte. Wegen der Einholung der Genehmigung in besonderen Fällen bei den Angehörigen der ausländischen Streitkräfte Art 38 ZAbkNTrSt, SchlAnh III.

5) VwGO: Entsprechend anzuwenden, § 98 VwGO, RedOe § 98 Anm 5.

377 **Ladung von Zeugen im allgemeinen.** ¹ Die Ladung der Zeugen ist von der Geschäftsstelle unter Bezugnahme auf den Beweisbeschluß auszufertigen und von Amts wegen mitzuteilen. Sie wird, sofern nicht das Gericht die Zustellung anordnet, formlos übersandt.

^{II} Die Ladung muß enthalten:
1. die Bezeichnung der Parteien;
2. den Gegenstand der Vernehmung;
3. die Anweisung, zur Ablegung des Zeugnisses bei Vermeidung der durch das Gesetz angedrohten Ordnungsmittel in dem nach Zeit und Ort zu bezeichnenden Termin zu erscheinen.

^{III} Bildet den Gegenstand der Vernehmung eine Auskunft, die der Zeuge voraussichtlich an der Hand seiner Bücher oder anderer Aufzeichnungen zu geben hat, so kann das Gericht anordnen, daß der Zeuge zum Termin nicht zu erscheinen braucht, wenn er vorher eine schriftliche Beantwortung der Beweisfrage unter eidesstattlicher Versicherung ihrer Richtigkeit einreicht.

^{IV} Das gleiche kann auch in anderen Fällen geschehen, sofern das Gericht nach Lage der Sache, insbesondere mit Rücksicht auf den Inhalt der Beweisfrage, eine schriftliche Erklärung des Zeugen für ausreichend erachtet und die Parteien damit einverstanden sind.

1) Ladung, I. A. Wohnsitz im Inland. Zeugen sind von Amts wegen zu laden. Die Parteien können einen Zeugen stellen, dh ihn veranlassen, freiwillig zu erscheinen, ihn sistieren, ihn aber nicht laden (anders § 220 StPO). Eine öffentliche Zustellung ist unzulässig. Wegen der Ladung von Angehörigen der ausländischen Streitkräfte usw Art 37 ZAbkNTrSt, SchlAnh III. Wegen eines grenznah im Inland wohnenden Ausländers Mü NJW **62**, 57. Im arbeitsgerichtlichen Verfahren gilt der leicht abweichende § 58 II ArbGG.

Einige fremde Konsuln haben nach Staatsverträgen oder nach der Meistbegünstigungsklausel das Recht, in ihrer Wohnung oder schriftlich vernommen zu werden, nämlich die Konsuln von Argentinien, Belgien, Bolivien, Bulgarien, Finnland, Frankreich, Großbritannien, Griechenland, Honduras, Italien, Japan, Luxemburg, Nicaragua, Paraguay, Salvador, Schweden, Siam, Sowjetunion, Spanien, Südafrika, Türkei, Ungarn, Vereinigte Staaten von Amerika (s StJSchuL III 2).

B. Wohnsitz im Ausland. Ein im Ausland wohnender Zeuge ist im allgemeinen nicht durch eine Zustellung nach §§ 199 ff zu laden, weil das meist keinen Erfolg verspricht. Es bleibt nur die Vernehmung im Ausland nach § 363, Anh § 363, möglich. Wegen einer schriftlichen Aussage im Ausland § 363 Anm 1.

C. Form der Ladung. Die Ladung geschieht von Amts wegen. Wegen eines Vorschusses § 379. Eine besondere Form ist nicht erforderlich, vgl § 329 Anm 5. Eine förmliche Zustellung ist nur dann vorzunehmen, wenn das Prozeßgericht oder der verordnete Richter sie besonders anordnet, etwa in eiligen Fällen oder wenn Anlaß zu der Annahme besteht, der Zeuge werde sich der Vernehmung entziehen wollen. Freilich gibt in solcher Situation regelmäßig auch ein Einschreibebrief mit Rückschein eine genügende Gewähr.

Immerhin ist eine förmliche Zustellung, bei der das Gericht ja sofort aus der Akte ersehen kann, ob, wann (und ob unter einer den §§ 181 ff entsprechenden Weise) der Zeuge die Ladung erhalten hat, recht häufig ratsam und auch als praktischer Regelfall keineswegs unzulässig, vor allem nicht in Urlaubszeiten oder bei Überlastung des Gerichts. Dieser Weg ermöglicht beim Ausbleiben eher, wenigstens zunächst nach § 380 vorzugehen und auch dadurch zur Prozeßbeschleunigung beizutragen. Das Gericht darf sehr wohl aus diesen Erwägungen darauf bestehen, eine auch den §§ 181 ff, insbesondere dem § 183 entsprechende volle Zeugenanschrift zu erhalten, vgl § 356 Anm 1 A b, und braucht sich nicht damit abspeisen zu lassen, es dürfe ja auch gemäß I 1 und damit zB unter der Anschrift des privaten Arbeitgebers laden.

Hat das Gericht objektiv überflüssigerweise eine Zustellung angeordnet, so sind die diesbezüglichen Auslagen deshalb auch keine unrichtige Sachbehandlung im Sinn von § 8 GKG, solange die Maßnahme jedenfalls nicht schlechthin unnötig war.

Den Minderjährigen lädt das Gericht zu Händen des oder der gesetzlichen Vertreter (einer genügt), § 171 I, III.

2) Inhalt der Ladung, II. Sie hat auf den Beweisbeschluß Bezug zu nehmen, I. Sie hat ferner die Parteien, § 253 Anm 3, und den Gegenstand der Vernehmung anzugeben und zum Erscheinen im Saal des Prozeßgerichts oder des verordneten Richters, § 375 Anm 2, oder beim Ortstermin dort, § 219 Anm 1 B, beim Haustermin zum Sich-Bereithalten dort, § 219 Anm 1 C, unter der Androhung von Ordnungsmitteln aufzufordern. Z 1–3 sind wesentlich; werden sie nicht beachtet, so dürfen keine Ordnungsmittel verhängt werden, Ffm MDR **79**, 236 mwN. Beim Gegenstand der Vernehmung genügt allerdings meist eine ungefähre, stichwortartige Angabe. Der Zweck der Mitteilung liegt darin, dem Zeugen eine ausreichende Vorbereitung zu ermöglichen. Die Übersendung des – auch evtl auszugsweisen – Beweisbeschlusses kann je nach Fall notwendig, aber auch unzweckmäßig sein.

3) Schriftliche Anhörung, III, IV. A. Grundsatz. Das Gericht darf eine schriftliche Zeugenaussage nach pflichtgemäßem Ermessen anordnen, sollte das aber nur zurückhaltend tun. Denn bei dieser Art der Beweisaufnahme fehlen der persönliche Eindruck und der heilsame Einfluß der Parteiöffentlichkeit, BPatG GRUR **78**, 359. Deshalb kommt es auch nur ausnahmsweise auf die Belastung des Gerichts an. Das Gericht muß prüfen, ob es mit einer einigermaßen selbständigen Abfassung der Erklärung durch den Zeugen rechnen kann.

Die schriftliche Zeugenaussage besteht in der schriftlichen Beantwortung der Beweisfrage unter der eidesstattlichen Versicherung einer richtigen Antwort. Diese eidesstattliche Versicherung ist notwendig, weil bei der schriftlichen Aussage der persönliche Eindruck des Gerichts vom Zeugen wegfällt. Wenn die eidesstattliche Versicherung fehlt oder nicht die ganze Bekundung deckt, dann fehlt eine Zeugenaussage, KG BB **75**, 849. Eine ordnungsgemäße Aussage ist Zeugenbeweis, nicht Urkundenbeweis, Schultze NJW **77**, 412. Eine nicht ordnungsgemäße schriftliche Aussage ist urkundenbeweislich verwertbar, falls die Partei zustimmt, nicht aber dann, wenn die Partei die Vernehmung des Zeugen beantragt, KG BB **75**, 849, § 286 Anm 4 D. Eine spätere mündliche Vernehmung im Anschluß an eine ordnungsmäßige schriftliche Aussage ist eine wiederholte Vernehmung iSv § 398, BGH **LM** Nr 4. Das Gericht darf eine solche mündliche Vernehmung immer anordnen.

Die eidesstattliche Versicherung der Richtigkeit der schriftlichen Aussage, vgl § 294 Anm 3, ersetzt dann nicht die Beeidigung. Wenn das Gericht den Zeugen unbedingt zur Vernehmung lädt, dann kann es nicht auch eine schriftliche Aussage verlangen. Wohl aber kann das Gericht den Zeugen für den Fall laden, daß nicht innerhalb einer zu bestimmenden Frist eine schriftliche Aussage eingeht. Die schriftliche Aussage ist noch kritischer zu würdigen als die mündliche. Die Anordnung wie die Ausführung der schriftlichen Aussage sind vor der mündlichen Verhandlung zulässig, § 358a Z 3.

B. Voraussetzungen. Eine schriftliche Anhörung ist in folgenden Fällen zulässig:

a) Bücher, Aufzeichnungen, III. Der Zeuge soll eine Auskunft geben, die er voraussichtlich nur an Hand seiner Bücher oder an Hand anderer Aufzeichnungen geben kann. Hier handelt es sich im wesentlichen um die Wiedergabe schriftlicher Aufzeichnungen, die besondere Fragen erübrigen. Der Zeuge braucht die nicht in seinem Besitz befindlichen Unterlagen nicht zu beschaffen, auch wenn er sie zB verliehen hat. Hier kann es im Einzelfall allerdings auf die Zumutbarkeit ankommen. Erst recht braucht er die Unterlagen nicht erst herzustellen. Ein Einverständnis der Parteien mit der Auskunft ist entbehrlich. Das Gericht darf von Amts wegen eine schriftliche Auskunft verlangen.

b) Andere Fälle, IV. In anderen Fällen, IV, ergibt sich:

aa) Schriftliche Erklärung ausreichend. Das Gericht muß nach der Sachlage eine schriftliche Erklärung für ausreichend halten. Dabei sind alle Umstände zu würdigen, zB der Bildungsgrad des Zeugen, seine persönliche Zuverlässigkeit, die Schwierigkeit der Beweisfrage. Es muß ein vollwertiger Ersatz einer mündlichen Aussage zu erwarten sein. Im Kindschaftsprozeß darf eine schriftliche Aussage wegen des Amtsermittlungsprinzips auch ohne eine solche Erwartung angeordnet werden, LG Mannh NJW **70**, 1929.

bb) Zustimmung. Außerdem müssen beide Parteien zustimmen. Die Zustimmung muß eindeutig und unbedingt sein. Sie kann auch durch eine schlüssige Handlung erfolgen. Sie ist bis zum Schluß der mündlichen Verhandlung zulässig, auf die der Beweisbeschluß ergeht. Eine spätere schriftliche Zustimmung genügt nicht. Es handelt sich um eine unwiderrufliche Parteiprozeßhandlung, Grdz 5 B, G vor § 128. Wenn eine Partei später die mündliche Vernehmung des Zeugen beantragt, so ist das ein Antrag auf eine wiederholte Vernehmung, A.

cc) Schriftliches Verfahren. Im Verfahren nach § 128 III, nicht zu verwechseln mit dem schriftlichen Vorverfahren, §§ 272 ff, und auch nicht mit dem schriftlichen Verfahren nach § 128 II, kann das Gericht gemäß § 128 III 3 wie nach § 377 IV vorgehen.

C. Unzulässigkeit. Unzulässig ist eine schriftliche Anhörung, solange noch keine streitige Einlassung des Gegners vorliegt, Hamm NJW **66**, 1370, oder wenn der Zeuge zeugnisunfähig ist, Üb 2 vor § 373. Wenn der Zeuge vielleicht einen Zeugnis- oder Eidesverweigerungsgrund hat, dann ist er darüber schriftlich zu belehren, soweit das ausreicht. Andernfalls muß er vorgeladen werden. Im Ehe-, Kindschafts- und Entmündigungsverfahren besteht kein Verbot; ein Verzicht auf eine Beeidigung im Sinne des § 617 liegt nicht vor; aber in diesem Verfahren ist eine schriftliche Anhörung noch zurückhaltender vorzunehmen als sonst, idR empfiehlt sie sich nicht. Eine Ausdehnung der Einschränkung auf alle Amtsverfahren oder auf alle von Amts wegen zu beachtenden Punkte ist nicht notwendig.

D. Verfahren. Die Anordnung der schriftlichen Anhörung erfolgt durch das Prozeßgericht, nicht durch den verordneten Richter. Dieser hat seinen Auftrag so zu erledigen, wie das Prozeßgericht es ihm vorschreibt, und darf nicht die bessere Aussage durch die schlechtere ersetzen. Die Anordnung erfolgt nur auf einen Beweisantrag oder nach § 273, sofern nicht der Amtsermittlungsgrundsatz herrscht. Ein förmlicher Beweisbeschluß ist nur bei den §§ 358, 358a notwendig; das übersieht BGH **LM** Nr 5; in den Fällen nach dem BEG herrscht ohnehin eine Erleichterung, BGH **LM** Nr 4. Wegen der Rechtsnatur als Zeugen-, nicht als Urkundenbeweis, Anm 3 A, erfolgt die schriftliche Befragung nicht etwa durch den Beweisführer, BGH MDR **70**, 135. Die Anordnung kann mit einer Terminsbestimmung verbunden werden. Der Zeuge braucht nicht im Termin zu erscheinen, wenn er vorher eine genügende formgerechte schriftliche Äußerung einreicht und wenn er nicht ausdrücklich auch für einen solchen Fall vorgeladen wurde. Wenn er die schriftliche Äußerung später einreicht, kann das Gericht sie trotzdem gelten lassen. Eine Pflicht zur schriftlichen Aussage besteht nicht, eine solche Aussage kann auch nicht durch Zwangs- oder Ordnungsmittel erzwungen werden.

Wenn die schriftliche Aussage verweigert wird, bleibt nur eine unverzügliche Bestimmung eines möglichst baldigen Termins, § 216 Anm 2 C, sowie die Ladung des Zeugen übrig. Vom Eingang der Äußerung und auch von ihrem Ausbleiben sind die Parteien zu benachrichtigen, § 362 II entspr. Evtl ist § 283 zu beachten, BGH **LM** Art 103 GG Nr 21. Wenn der Zeuge bedingt geladen worden war, A, dann ist bei seinem Ausbleiben und seiner Äußerung nach § 380 zu verfahren.

4) Verstoß. Ein Verstoß des Gerichts ist ein Verfahrensfehler. Er kann nach § 295 heilen.

5) Rechtsbehelfe. Vgl § 355 Anm 2.

7. Titel. Zeugenbeweis §§ 377–379 1 A, B

6) **VwGO: I** und **II** sind entsprechend anzuwenden, § 98 VwGO, ebenso **III** und **IV**, BVerwG **2**, 310, **34**, 77 u VerwRspr **31**, 885, vgl RedOe § 98 Anm 6. Der im Verstoß gegen III und IV liegende Verfahrensmangel ist entsprechend § 295 heilbar, BVerwG NJW **61**, 379.

378 *Zeugenladung von Soldaten.* (weggefallen)

379 *Zeugenvorschuß.* Das Gericht kann die Ladung des Zeugen davon abhängig machen, daß der Beweisführer einen hinreichenden Vorschuß zur Deckung der Auslagen zahlt, die der Staatskasse durch die Vernehmung des Zeugen erwachsen. Wird der Vorschuß nicht innerhalb der bestimmten Frist gezahlt, so unterbleibt die Ladung, wenn die Zahlung nicht so zeitig nachgeholt wird, daß die Vernehmung durchgeführt werden kann, ohne daß dadurch nach der freien Überzeugung des Gerichts das Verfahren verzögert wird.

1) Vorschuß, S 1. A. Allgemeines. a) Ermessen. Die Vorschrift dient der Beschleunigung, aber nicht der Bestrafung des Säumigen, BGH NJW **82**, 2561 nwN. Das Gericht ist auch nicht dazu da, fiskalische Interessen höher zu bewerten als den ohnehin kaum noch durchführbaren Grundsatz der Zügigkeit des Verfahrens. Ihm gegenüber muß auch ein Kosteninteresse einer Partei zurücktreten. Das Gericht sollte besonders bei Anordnungen nach §§ 273, 358 a mit einer Vorschußanforderung zurückhalten. Es darf aber natürlich auch nicht die Ladung als zu kostspielig ablehnen, vgl BVerfG NJW **79**, 413. Das Gericht kann nach pflichtgemäßem Ermessen die Ladung des Zeugen davon abhängig machen, daß der Beweisführer einen Vorschuß zahlt, der die voraussichtlichen Auslagen für den Zeugen deckt. Die frühere Sollvorschrift ist bewußt abgeschwächt worden; die jetzige Kannvorschrift bedeutet also nicht etwa nur eine Zuständigkeitsregelung, sondern die Einräumung eines echten Ermessensspielraums für das Gericht, abw Schmid MDR **82**, 96. § 379 hat als eine zivilprozessuale Sonderregel gegenüber dem nur allgemein geltenden § 68 I 2 GKG Vorrang, BT-Drs 551/74, Schmid MDR **82**, 94, und zwar auch als späteres Gesetz, vgl auch § 71 GKG. Wegen des Vorschusses für einen Soldaten SchlAnh II B Z 22.

b) Beweisführer. Die Vorschrift betrifft nur den Beweisführer. Sie gilt nicht für diejenige Partei, die zwar die Beweislast hat, aber keinen diesbezüglichen Beweis antritt, § 359 Z 3. Wenn beide Parteien Beweisführer sind, entscheidet die Beweislast; sonst könnte eine Partei durch Nichtzahlung den Beweis vereiteln. Einzelheiten Schneider ZZP **76**, 194. Freilich besteht trotzdem eine Gesamtschuld, Düss MDR **74**, 321, abw Schmid MDR **82**, 96, ZöSt 4. Tritt ein Streithelfer den Beweis an, so ist seine Partei die Beweisführerin. Der verordnete Richter darf der Anordnung des Prozeßgerichts keine Bedingungen beifügen, also nicht eigenmächtig nach § 379 verfahren.

c) Sachlicher Geltungsbereich. Bei einer Anordnung aus § 273 II Z 4 ist § 379 entspr anwendbar, § 273 II 2. Die Vorschrift ist unanwendbar, soweit eine Partei Auslagenfreiheit hat, Hartmann § 2 GKG Anm 7, oder eine Prozeßkostenhilfe erhalten hat, § 122 I Z 1a (Zeugengebühren sind als Auslagen Teil der Gerichtskosten, § 1 I GKG, KV 1904), II. Freilich muß der nicht mittellose Widerkläger evtl den Vorschuß zahlen, soweit die Kosten der Klage und der Widerklage getrennt werden können, KG OLGZ **71**, 424. § 379 ist ferner dann unanwendbar, wenn das Gericht (im Zivilprozeß freilich kaum je und nicht nach § 144 I) durch das Prozeßgericht (wegen des verordneten Richters § 405) einen Zeugen von Amts wegen vernimmt, da das Abhängigmachen der Ausführung seiner Amtspflicht widersprechen würde, KG MDR **72**, 744, vgl auch Hartmann § 68 GKG Anm 3B, Schmid MDR **82**, 96 je mwN.

Bei der ZwV werden von Amts wegen nur die allgemeinen Voraussetzungen der ZwV und die besonderen Erfordernisse der einzelnen Vollstreckungsmaßnahmen geprüft, nicht darüber hinausgehende Erfordernisse. Insofern hat die Partei eine Beweislast und daher auch evtl die Pflicht zur Zahlung eines Auslagenvorschusses, KG OLGZ **68**, 445.

B. Verfahren. Die Auflage des Vorschusses erfolgt in einer prozeßleitenden Anordnung nach § 273, im Beweisbeschluß oder später, notfalls mehrfach, vgl aber Ffm OLGZ **68**, 436, aM Mü MDR **78**, 412. Das Gericht kann nur die Ladung von der Zahlung abhängig machen, nicht die Vernehmung. Die Auflage ist zu verkünden oder dem Zahlungspflichtigen förmlich zuzustellen, soweit sie eine Frist setzt, die regelmäßig unentbehrlich ist, § 329 II 2. Der Zeuge, der ohne Einforderung eines Vorschusses erscheint, ist also zu vernehmen, falls seine Vernehmung noch erforderlich ist, BGH NJW **82**, 2560 mwN.

Wenn der Zeuge auf Erstattung seiner Auslagen verzichtet hat, was zulässig ist, aber ganz ihm zu überlassen ist (ein Hinweis auf die Möglichkeit des Verzichts und eine entsprechende Anheimgabe ist keine Amtspflicht), dann bestehen wegen § 15 I ZSEG keine diesbezüglichen Ladungshindernisse mehr. Eine Verzichtserklärung ist nur wegen Täuschung, Drohung, Irrtums, Fortfalls der Geschäftsgrundlage widerruflich, Mü NJW 75, 2108 mwN. Der Widerruf muß unverzüglich erklärt werden, § 9 V 1 ZSEG entspr.

Der Vorschuß ist zu beziffern. Eine nachträgliche Erhöhung ist zulässig, Mü MDR 78, 412, ZöSt I 5, aM Ffm OLGZ 68, 436. Das Gericht muß der Partei zur Zahlung eine Frist setzen, II. Diese ist von vornherein so zu bemessen, daß der Beweisführer sie einhalten kann. Es handelt sich um eine richterliche Frist; ihre Abkürzung oder Verlängerung richtet sich nach § 224 III.

Eine Androhung der Versäumnisfolgen, D, ist unnötig, Ffm OLGZ 68, 436.

C. Rechtsbehelfe. Für denjenigen, der eine Prozeßkostenhilfe erhalten hat, und seinen Gegner ist die einfache Beschwerde zulässig, § 127 II, weil die Vorschußanordnung die Prozeßkostenhilfe der Sache nach teilweise entzieht, KG OLGZ 71, 424. Gegen die Anordnung eines Vorschusses ist eine Gegenvorstellung möglich, Üb 1 C vor § 567, jedoch keine Beschwerde zulässig, Ffm Rpfleger 73, 63 mwN. Diese Anordnung kann erst zusammen mit der Hauptsache angefochten werden. Eine Aufhebung oder eine nachträgliche Bewilligung der Prozeßkostenhilfe machen den Beschluß unwirksam.

D. Versäumnisfolgen, S 2. Hat die Partei einen ordnungsgemäß angeforderten Vorschuß nicht fristgerecht gezahlt, so unterbleibt die Ladung unabhängig von einer Androhung, Ffm OLGZ 68, 436, und wenn die Zahlung nicht so zeitig nachgeholt wird, daß die Ladung und Vernehmung des Zeugen ohne jede Verzögerung des Verfahrens durchführbar ist, Weber MDR 79, 799. Das Gericht hat auch insofern ein freies Ermessen, S 2, vgl bei § 278 II, 356 S 1, 528 II. Sonst wird der Beweisführer mit dem Beweismittel grds nicht ausgeschlossen, § 230, BGH NJW 82, 2560 mwN, Weber MDR 79, 799, ZöSt II, aM (§ 296 sei voll anwendbar) zB Hamm MDR 73, 592. Ein Ausschluß kommt freilich zB unter den Voraussetzungen der §§ 282 I, 296 II, 528 II in Betracht, BGH NJW 82, 2560 (krit Deubner). Wenn der Zeuge trotz des fehlenden Vorschusses erscheint, ist er zu vernehmen, Ffm OLGZ 68, 436, und hat auch beim Unterbleiben der Vernehmung evtl einen Entschädigungsanspruch, Hartmann § 1 ZSEG Anm 3 C, großzügiger Stgt MDR 64, 857. Der Beweisbeschluß ist nicht aufzuheben. Wenn der verordnete Richter vernehmen sollte, kann der Beweisführer nicht etwa die Vernehmung vor dem Kollegium verlangen.

2) VwGO: Unanwendbar, § 98 VwGO, wegen des Amtsverfahrens, § 86 I VwGO, Anm 1 A (in §§ 118 I 1 SGG und 82 FGO ist § 379 ausdrücklich ausgenommen), VGH Stgt DÖV 54, 348 (zu § 402), Kopp § 98 Rdz 1. Die Vorschußregelung in § 68 GKG (ohne die Säumnisfolge gemäß Anm 1 D) gilt auch für die Verwaltungsgerichte.

380 Folgen des Ausbleibens.

I Einem ordnungsgemäß geladenen Zeugen, der nicht erscheint, werden, ohne daß es eines Antrages bedarf, die durch das Ausbleiben verursachten Kosten auferlegt. Zugleich wird gegen ihn ein Ordnungsgeld und für den Fall, daß dieses nicht beigetrieben werden kann, Ordnungshaft festgesetzt.

II Im Falle wiederholten Ausbleibens wird das Ordnungsmittel noch einmal festgesetzt; auch kann die zwangsweise Vorführung des Zeugen angeordnet werden.

III Gegen diese Beschlüsse findet die Beschwerde statt.

Vorbem. A. I, II idF Art 98 Z 5 EGStGB v 2. 3. 74, BGBl 469, in Kraft seit 1. 1. 75.

B. Dazu bestimmt das EGStGB:

Art. 6 **I** Droht das Bundesgesetz Ordnungsgeld oder Zwangsgeld an, ohne dessen Mindest- oder Höchstmaß zu bestimmen, so beträgt das Mindestmaß fünf, das Höchstmaß tausend Deutsche Mark. Droht das Landesgesetz Ordnungsgeld an, so gilt Satz 1 entsprechend.

II Droht das Gesetz Ordnungshaft an, ohne das Mindest- oder Höchstmaß zu bestimmen, so beträgt das Mindestmaß einen Tag, das Höchstmaß sechs Wochen. Die Ordnungshaft wird in diesem Fall nach Tagen bemessen.

Art. 7 **I** Ist dem Betroffenen nach seinen wirtschaftlichen Verhältnissen nicht zuzumuten, das Ordnungsgeld sofort zu zahlen, so wird ihm eine Zahlungsfrist bewilligt oder gestattet, das Ordnungsgeld in bestimmten Teilbeträgen zu zahlen. Dabei kann angeordnet werden, daß die Vergünstigung, das Ordnungsgeld in bestimmten Teilbeträgen zu zahlen, entfällt, wenn der Betroffene einen Teilbetrag nicht rechtzeitig zahlt.

II Nach Festsetzung des Ordnungsgeldes entscheidet über die Bewilligung von Zahlungserleichterungen nach Abs. 1 die Stelle, der die Vollstreckung des Ordnungsgeldes obliegt. Sie kann eine Entscheidung über Zahlungserleichterungen nachträglich ändern oder aufheben. Dabei darf sie von einer vorausgegangenen Entscheidung zum Nachteil des Betroffenen nur auf Grund neuer Tatsachen oder Beweismittel abweichen.

III Entfällt die Vergünstigung nach Abs. 1 Satz 2, das Ordnungsgeld in bestimmten Teilbeträgen zu zahlen, so wird dies in den Akten vermerkt. Dem Betroffenen kann erneut eine Zahlungserleichterung bewilligt werden.

IV Über Einwendungen gegen Anordnungen nach den Abs. 2 und 3 entscheidet die Stelle, die das Ordnungsgeld festgesetzt hat, wenn einer anderen Stelle die Vollstreckung obliegt.

Art. 8 I Kann das Ordnungsgeld nicht beigetrieben werden und ist die Festsetzung der für diesen Fall vorgesehenen Ordnungshaft unterblieben, so wandelt das Gericht das Ordnungsgeld nachträglich in Ordnungshaft um. Das Gericht entscheidet nach Anhörung der Beteiligten durch Beschluß.

II Das Gericht ordnet an, daß die Vollstreckung der Ordnungshaft, die an Stelle eines uneinbringlichen Ordnungsgeldes festgesetzt worden ist, unterbleibt, wenn die Vollstreckung für den Betroffenen eine unbillige Härte wäre.

Art. 9 I Die Verjährung schließt die Festsetzung von Ordnungsgeld und Ordnungshaft aus. Die Verjährungsfrist beträgt, soweit das Gesetz nichts anderes bestimmt, zwei Jahre. Die Verjährung beginnt, sobald die Handlung beendet ist. Die Verjährung ruht, solange nach dem Gesetz das Verfahren zur Festsetzung des Ordnungsgeldes nicht begonnen oder nicht fortgesetzt werden kann.

II Die Verjährung schließt auch die Vollstreckung des Ordnungsgeldes und der Ordnungshaft aus. Die Verjährungsfrist beträgt zwei Jahre. Die Verjährung beginnt, sobald das Ordnungsmittel vollstreckbar ist. Die Verjährung ruht, solange
1. nach dem Gesetz die Vollstreckung nicht begonnen oder nicht fortgesetzt werden kann,
2. die Vollstreckung ausgesetzt ist oder
3. eine Zahlungserleichterung bewilligt ist.

1) Ausbleiben, I. A. Ordnungsgemäße Ladung. Nachteilige Folgen hat das Ausbleiben nur des vermutlich nach Form und Inhalt, Ffm MDR **79**, 236, ordnungsmäßig geladenen Zeugen, § 377 Anm 1, 2, auch des nur prozeßleitend nach § 273 II Z 4 geladenen, Celle OLGZ **77**, 366, nicht desjenige des zu einer schriftlichen Äußerung nach § 377 III, IV aufgeforderten Zeugen. Äußert dieser sich nicht, so ist er zu laden. Nur das Ausbleiben des zum Erscheinen verpflichteten Zeugen kann nachteilige Folgen haben. Wegen Ausnahmen von dieser Pflicht §§ 375 II, 377 III, IV, 382, 386 III. Er erscheint nicht, wenn er sich zwischen dem Aufruf, § 220 I, und seiner Entlassung entfernt, wenn er in vorwerfbar vernehmungsunfähigem Zustand, zB betrunken, auftritt, Bergerfurth JZ **71**, 85, Kaiser NJW **68**, 185, und daher/oder nach § 158 bzw nach § 177 GVG sitzungspolizeilich entfernt werden muß (im letzteren Fall gelten nur §§ 177, 178 GVG).

§ 380 ist unanwendbar, soweit die Ladung des Zeugen unstatthaft war, Üb 2 B vor § 373, zB gegenüber der Mutter des nichtehelichen Kindes, soweit sie nicht Amtspflegerin ist, Karlsr FamRZ **73**, 104, oder wenn der Zeuge nicht rechtzeitig geladen war (§ 217 ist unanwendbar), oder wenn der Zeuge zwar verspätet erscheint, aber vor Einleitung einer Maßnahme nach I, oder wenn er auf eine Ladung nach Kenntnis vom Termin verzichtet hatte (das ist aber nicht mit einer mündlichen oder telefonischen Ladung zu verwechseln), oder wenn das Gericht ihm das Beweisthema nicht mitgeteilt hatte, Celle OLGZ **77**, 366, Ffm MDR **79**, 236. Wenn er nach dem Erlaß einer Maßnahme nach § 380 erscheint, gilt § 381 I 2.

Die bloße Tatsache des Ausbleibens reicht zunächst aus. Das Gericht prüft eine Entschuldigung nur gemäß § 381.

B. Ladungsnachweis. Es genügt der Nachweis, daß die Ladung hinausgegangen ist. Nicht erforderlich ist der Nachweis, daß sie dem Zeugen auch zugegangen ist, § 381. Immerhin muß der Zugang wahrscheinlich und darf nicht möglicherweise ausgeschlossen sein. Für die Zeit des Zugangs darf man § 357 II entsprechend heranziehen. Eine Ladungsfrist braucht nicht eingehalten zu werden. Allerdings muß dem Zeugen genügend Zeit zum Erscheinen (nicht unbedingt zur Vorbereitung) bleiben. Die erforderliche Belehrung des

Zeugen bei der Ladung muß die Art des möglichen Ordnungsmittels angeben, braucht aber nicht dessen Höhe, sondern allenfalls dessen Rahmen zu nennen, aM Kblz VersR **74**, 1230.

C. Maßnahmen, I. a) Allgemeines. Das Gericht, auch der verordnete Richter, § 400, hat beim Vorliegen der Voraussetzungen A, B ein Wahlrecht weder zum Ob des Ordnungsmittels, c, noch zum Nebeneinander von Ordnungsmittel und Kosten, b. Das gilt unabhängig davon, ob der Beweisführer auf die Vernehmung verzichtet und ob der Gegner zustimmt. Das Gericht verhängt stets Kosten und Ordnungsmittel nebeneinander, ,,zugleich", I 2. Bei allen in der BRep geladenen Zeugen ergeht von Amts wegen ein Beschluß. Das Gericht hat insofern kein Ermessen, weil der Zwang zum Erscheinen öffentlichrechtlich ist. Ffm NJW **72**, 2093 (zustm ZöSt 1) wendet §§ 153 I StPO, 47 OWiG entspr an, falls das Ausbleiben keine Nachteile zur Folge hat; ähnlich, aber mit Recht eher strenger, Schmid MDR **80**, 116 mwN (betr OWiG, StPO). Die Kostenlast, b, darf aber nicht dadurch auf die Parteien übergehen. Der Beschluß ist zu verkünden oder den Parteien formlos mitzuteilen (dies ist wegen der Kosten notwendig), dem Zeugen als Vollstreckungstitel zuzustellen, § 329 III.

b) Kostenauferlegung. Der Zeuge hat die durch sein Ausbleiben entstandenen Kosten zu tragen. Dazu zählen zB Fahrtkosten, Mü NJW **68**, 1727, auch die Kosten der Parteien. Sie sind insoweit antrags- und bei einer Ablehnung beschwerdeberechtigt. Nicht hierher zählt der Zeitverlust des Anwalts, denn er erhält nur eine Pauschgebühr, aM Hahn AnwBl **76**, 122. Der Beschluß ist zur Kostenfestsetzung geeigneter Titel, § 794 I Z 3. Wenn diese Kosten nicht beigetrieben werden können, dann hat der im Prozeß Unterlegene sie zu erstatten, soweit die andere Partei die Erfolgslosigkeit der Beitreibung nachweist, § 104, Mü NJW **68**, 1727.

c) Ordnungsmittel. Dem Zeugen werden Ordnungsmittel auferlegt. Auch diese sind Rechtsnachteile ohne Strafcharakter, wie Art 5 EGStGB klarstellt, Köln NJW **78**, 2516 mwN (krit Schneider NJW **79**, 987). Es wird ein Ordnungsgeld verhängt. Es beträgt 5–1000 DM, Art 6 I EGStGB, Vorbem B. Zugleich muß das Gericht ohne ein Wahlrecht zwingend ersatzweise eine Ordnungshaft von einem Tag bis zu 6 Wochen verhängen, Art 6 II 1 EGStGB, Vorbem B. Art 7 des 1. StrRG v 25. 6. 69, BGBl 645, hindert nicht, Düss MDR **73**, 592, Hamm NJW **73**, 1133. Die Festsetzung erfolgt jedoch nicht nach Wochen, sondern stets nach Tagen. LG Kiel JB **76**, 114 empfiehlt schon beim ersten Mal 100 DM, Schalhorn JB **76**, 114 empfiehlt 150 DM.

Gegenüber einem minderjährigen Zeugen ist abweichend von § 381 eine Prüfung der Schuldfähigkeit nötig, Hamm NJW **65**, 1613, LG Bre NJW **70**, 1430. Der gesetzliche Vertreter ist nicht als solcher, sondern nur insoweit dem § 380 unterworfen, als er selbst Zeuge ist. Die etwaige Stundung, Gewährung von Raten und deren Änderungen oder Wegfall richten sich nach Art 7 StGB, Vorbem B. Wenn das Gericht eine ersatzweise Ordnungshaft nicht festgesetzt hatte, ist Art 8 EGStGB zu beachten, Vorbem B. Eine etwaige Niederschlagung richtet sich nach Art 8 II EGStGB, die Verjährung nach Art 9 EGStGB, dazu Hamm BB **78**, 574. Das Ordnungsmittel, auch ein nachträgliches, muß vom Richter angeordnet werden. Dasselbe gilt vor der Gewährung nachträglicher Raten, Art 7 II EGStGB.

Für die Vollstreckung ist grundsätzlich der Rpfl zuständig, soweit sich nicht der Richter im Einzelfall die Vollstreckung ganz oder teilweise vorbehält, § 31 III RPflG, Anh § 153 GVG, Mümmler JB **75**, 582. Jedoch darf eine Ordnungshaft auch im Rahmen der Vollstreckung nur vom Richter angedroht oder angeordnet werden, § 4 II Z 2a RPflG. Die Kosten und das Ordnungsgeld werden nach § 1 I Z 3, 4 JBeitrO in Verbindung mit §§ 3, 4 EBAO beigetrieben, Mümmler JB **75**, 582.

2) Wiederholtes Ausbleiben, II. A. Begriff. Wiederholtes Ausbleiben liegt vor, wenn das Gericht schon einmal aus demselben Anlaß auf eine Maßnahme nach I gegen den Zeugen erkannt hat, mag sie damals auch nicht vollstreckt worden sein. Dies gilt jedoch nicht, wenn die damalige erste Maßnahme nach § 381 I 2 aufgehoben worden ist.

B. Rechtsfolgen. Es ist noch einmal Ordnungsgeld und ersatzweise Ordnungshaft festzusetzen. Das Gericht kann auch die Vorführung des Zeugen anordnen. Sie geschieht nicht durch die Polizei, sondern durch den Gerichtswachtmeister oder den Gerichtsvollzieher, § 26 GVKostG, und zwar auch bei einem Soldaten, SchlAnh II. Der für den Wohnsitz des Zeugen zuständige Gerichtsvollzieher muß auch dann tätig werden, wenn er zur Vorführung eine größere Strecke zurücklegen muß, LG Regensb DGVZ **80**, 172, ZöSt 2. Der Vorführungsbefehl wird am besten bei der Ausführung der Vorführung zugestellt. In Bayern ist die Zuziehung polizeilicher Vollzugsorgane statthaft, GVBl **53**, 189. Die Kosten der

7. Titel. Zeugenbeweis §§ 380, 381 1

Vorführung, §§ 26, 35, 37 GVKostG, sind Kosten des Ausbleibens. Vgl §§ 3 III, 4 GVKostG, 21, 27 VII KostVfg, Hartmann VII A.

Das Gericht kann dem Zeugen auch die durch sein erneutes Ausbleiben verursachten weiteren Kosten auferlegen. Zwar nennt II jetzt nur noch ,,das Ordnungsmittel"; wie § 381 I 1 zeigt, unterscheidet das Gesetz zwischen diesem Ordnungsmittel und der Auferlegung von Kosten. Die Nichterwähnung der Kosten in II beruht aber darauf, daß auch bei einem wiederholten Ausbleiben I 1 anwendbar ist; sonst würden die weiteren Kosten in der Luft hängen und würde der hartnäckig ausbleibende Zeuge besser als vorher dastehen.

Auch eine dritte und weitere Auferlegung von Kosten nebst Feststellung von Ordnungsmitteln ist zulässig. Der Wortlaut steht nicht entgegen; der Ton ruht auf ,,noch", nicht auf ,,einmal". Es wäre sonderbar, wenn ein Zeuge durch dauernden Ungehorsam seiner Zeugnispflicht entgehen könnte, KG NJW **60**, 1726, ThP 2 c, ZöSt 2, aM zB Celle OLGZ **75**, 327 (ausf), StJSchuL V. Das gilt auch vor der Vollstreckung des früheren Ordnungsmittels.

3) Beschwerde, III. Der Zeuge kann sich nachträglich gemäß § 381 entschuldigen. Er kann sich statt dessen oder daneben gegen einen Beschluß nach I oder II beschweren. Seine Eingabe ist schon wegen der Kosten einer erfolglosen Beschwerde sorgfältig nach ihrem Sinn auszulegen. Im Zweifel muß das Gericht zunächst nach § 381 prüfen (Verhältnismäßigkeitsgrundsatz). Gegen die Entscheidung des verordneten Richters ist zunächst die Anrufung des Prozeßgerichts vorgesehen, § 576, ThP 3 b, abw LG Frankenth NJW **61**, 1363. Es besteht kein Anwaltszwang, §§ 78 II, 569 II 2. Die Beschwerde hat eine aufschiebende Wirkung, § 572 I. Die Beschwerde gegen einen Beschluß des OLG ist unzulässig, § 567 II. Eine weitere Beschwerde ist zulässig, weil keine Kostenentscheidung iSv § 568 III vorliegt. Die Parteien haben das Beschwerderecht nur nach Anm 1 C b. Insofern ist auch eine Verfassungsbeschwerde denkbar, BVerfG **25**, 304, **33**, 257.

Hamm Rpfleger **80**, 72, ZöSt 3, wohl auch Bbg MDR **82**, 585 wenden bei einer erfolgreichen Beschwerde § 467 I StPO entsprechend an, LG Mainz Rpfleger **74**, 75 wendet in einem solchen Fall § 467 II StPO entsprechend an. Düss Rpfleger **79**, 467, LAG Ffm MDR **82**, 612 halten § 467 StPO für gänzlich unanwendbar. Karlsr Justiz **77**, 98 läßt die unterliegende Partei solche Kosten tragen. Celle NdsRpfl **82**, 45 wendet § 11 ZSEG an. Zur Problematik beim BFH-EntlG vgl BFH BB **82**, 2095 (Anrufung des Großen Senats).

4) VwGO: Entsprechend anzuwenden, § 98 VwGO; die Festsetzung eines Ordnungsgeldes nach Ergehen des Endurteils hält OVG Bre, VerwRspr **31**, 760, für unzulässig. Für die Beschwerde, III, gelten §§ 146ff VwGO, nicht aber § 146 III, da es sich nicht um eine Kostenentscheidung handelt, oben Anm 3. Eine Beschwerde entfällt in Sachen nach LAG, WehrpflG, KriegsdienstverwG und ZivildienstG, da der Ausschluß dieses Rechtsmittels auch für Dritte gilt, vgl BVerwG NJW **62**, 1459. Gegen Entscheidungen des verordneten Richters ist zunächst das Prozeßgericht anzurufen, § 151 VwGO, vgl BFH BStBl **74** II 660 (zu § 133 FGO).

381 *Unterbleiben und Änderung der Rechtsnachteile.* **I** Die Festsetzung eines Ordnungsmittels und die Auferlegung der Kosten sowie die Anordnung der zwangsweisen Vorführung unterbleiben, wenn der Zeuge glaubhaft macht, daß ihm die Ladung nicht rechtzeitig zugegangen ist, oder wenn sein Ausbleiben genügend entschuldigt ist. Erfolgt die Glaubhaftmachung oder die genügende Entschuldigung nachträglich, so werden die gegen den Zeugen getroffenen Anordnungen wieder aufgehoben.

II Die Anzeigen und Gesuche des Zeugen können schriftlich oder zum Protokoll der Geschäftsstelle oder mündlich in dem zur Vernehmung bestimmten neuen Termin angebracht werden.

1) Ahndungsfreiheit des Zeugen, I. A. Voraussetzungen. Jeder Rechtsnachteil für den ausgebliebenen Zeugen unterbleibt, wenn einer der beiden Fälle vorliegt:

a) Keine rechtzeitige Ladung. Der Zeuge macht nach § 294 glaubhaft, daß ihm die Ladung nicht rechtzeitig zugegangen ist. Da aber ein Rechtsnachteil eine vermutlich ordnungsgemäße Ladung voraussetzt, § 380 Anm 1 A, hat der Zeuge das Fehlen des Zugangs erst dann glaubhaft zu machen, wenn der Zugang wirklich zu vermuten ist, nicht schon dann, wenn alles dafür spricht, daß der Zeuge die Ladung nicht oder nur verspätet erhalten hat.

b) Entschuldigung. Der Zeuge entschuldigt sein Ausbleiben genügend. Hier ist nach dem Gesetzestext nicht stets eine Glaubhaftmachung nötig (hinter ,,. . . zugegangen ist" steht ein Komma). Im Rahmen des pflichtgemäßen Ermessens kann das Gericht aber verlangen, daß der Zeuge den Entschuldigungsgrund glaubhaft macht. Es müssen Umstände vorliegen, die das Ausbleiben nicht als pflichtwidrig erscheinen lassen, Ffm NJW **57**, 1725. Evtl ist ein ärztliches Attest einzureichen. Dessen Kosten werden dem Zeugen nach § 11 ZSEG ersetzt, wenn seine Entschuldigung durchgreift. Was als Entschuldigung genügt, ist eine Frage des Einzelfalls. § 233 ist entsprechend, wenn auch nicht so scharf, anwendbar, aM ThP 1 b (aber warum denn nicht? I spricht klar von ,,Entschuldigung"; vgl auch Üb 3 A vor § 373). Das Gericht muß von Amts wegen prüfen.

Entschuldigen mögen: Unaufschiebbare Geschäfte, abw Hamm MDR **74**, 330; berufsbedingte, also bei strenger Prüfung wirklich unvermeidbare Abwesenheit (der Anwaltspflicht geht aber die Zeugenpflicht vor, vgl BFH NJW **75**, 1248, ZöSt 1); eine erhebliche Verkehrsstörung (keine bloß unerhebliche, Schlesw MDR **78**, 323); eine Erkrankung; ein Todesfall im engen Familien- oder Berufskreis; der berechtigte Wunsch, an einem gleichzeitig anberaumten, trotz eines Verlegungsantrags nicht verlegten Gerichtstermin in einer anderen Sache teilzunehmen, selbst wenn dort keine Anwesenheitspflicht bestand, sondern ,,nur" Nachteile für den Fall des Ausbleibens drohten, BFH DB **81**, 924; beim Anwalt als Zeugen andere Termine, die freilich nicht automatisch vorgehen, BAG NJW **75**, 1248.

Nicht entschuldigen mögen: Ein Irrtum über den Terminstag; ein Vergessen, Mü NJW **57**, 306; die vorwerfbar verspätete Mitteilung einer an sich ausreichenden Entschuldigung, Düss MDR **69**, 149; eine Arbeitsunfähigkeit ohne Reise- und Verhandlungsunfähigkeit, Zweibr JB **76**, 1256; viele Sorgen, BFH DB **77**, 2312; Erübrigung der Vernehmung, abw Ffm NJW **72**, 2093, ThP § 380 Anm 2 e (dann *solle* eine Maßnahme nach § 380 unterbleiben); Verkehrsverzögerungen, mit den ein umsichtig planender Zeuge (unter Berücksichtigung seiner etwaigen Ortskenntnis) rechnen konnte, zB Parknot in der Nähe des Gerichts. Ein Anwalt darf den Zeugen keineswegs von sich aus abbestellen, § 85 II, vgl auch Stgt JZ **78**, 690 (zu § 141); der Zeuge muß stets vorsorglich beim Gericht rückfragen, bevor er einfach ausbleibt, und darf das Ausbleiben einer Antwort keineswegs stets als stillschweigende Zustimmung ansehen, aM ZöSt 1. Der Zeuge braucht allerdings nicht von vornherein stets ,,auf Verdacht" ladungsbereit zu sein, vgl Schmid NJW **81**, 858.

Ein Beschluß ist nur dann erforderlich, wenn die Partei wegen der Kosten eine Maßnahme beantragt, § 380 Anm 1 C b.

c) Unverzügliche Mitteilung. Der Zeuge muß die ausreichende Verhinderung unverzüglich, also ohne schuldhaftes Zögern, mitgeteilt haben, § 121 I BGB. Nur auf diese Weise hilft er unnütze Termine zu vermeiden, was eine selbstverständliche Nebenpflicht desjenigen ist, der erscheinen soll. Daher bleibt der Kostenbeschluß zB dann bestehen, wenn der Zeuge die Nachricht von der Verhinderung vermeidbar spät abgesandt hat, Düss MDR **69**, 149, ZöSt Anm 2, aM zB Bre OLGZ **78**, 117 mwN (aber der Gesetzeswortlaut ist mehrdeutig, außerdem müßte die unterliegende Partei evtl die vom Zeugen trotz entschuldeten Ausbleibens verschuldeten Terminskosten tragen). Es kann je nach Lage des Falls für den Zeugen zumutbar sein, seine Absage telefonisch oder telegrafisch durchzugeben; die diesbezüglichen Auslagen bekommt er nach § 11 ZSEG ersetzt. Zulässig ist auch hier eine nachträgliche Ermäßigung.

B. Entscheidung. Kostenbeschluß und Ordnungsmittel sind aufzuheben, wenn die Entschuldigung oder deren Glaubhaftmachung nachträglich eingehen. Statt einer Entschuldigung ist auch Beschwerde nach § 380 III zulässig, dort Anm 3. Es hebt auf, wer erlassen hat, das Prozeßgericht aber auch für den verordneten Richter, § 576 I. Zulässig ist auch eine Ermäßigung. Wegen Stundung und Raten Art 7 EGStGB, Vorbem B vor § 380. Der Beschluß ist dem Zeugen und, soweit Kosten in Frage kommen, den Parteien von Amts wegen mitzuteilen, § 329 II 2.

2) Anbringung, II. Der Zeuge kann seine Gesuche schriftlich, zu Protokoll der Geschäftsstelle oder im Vernehmungstermin mündlich anbringen. Es besteht kein Anwaltszwang, § 78 II. Auf eine Terminsverlegung ist § 227 unanwendbar.

3) Rechtsmittel. Bei einer Zurückverweisung des Gesuchs ist die einfache Beschwerde zulässig, § 567. Beschwerde gegen die Aufhebung des Kostenbeschlusses hat auch die Partei, soweit sie beschwert ist, § 380 Anm 1 C b.

4) VwGO: *Entsprechend anzuwenden, § 98 VwGO. Die nachträgliche Entschuldigung, Anm 1 B, muß innerhalb der Beschwerdefrist, § 147 VwGO, eingehen,* vgl BFH NJW **70**, 79.

382 *Vernehmung an bestimmten Orten.* **I** Die Mitglieder der Bundesregierung oder einer Landesregierung sind an ihrem Amtssitz oder, wenn sie sich außerhalb ihres Amtssitzes aufhalten, an ihrem Aufenthaltsort zu vernehmen.

II Die Mitglieder des Bundestages, des Bundesrates, eines Landtages oder einer zweiten Kammer sind während ihres Aufenthaltes am Sitz der Versammlung dort zu vernehmen.

III Zu einer Abweichung von den vorstehenden Vorschriften bedarf es:
für die Mitglieder der Bundesregierung der Genehmigung der Bundesregierung,
für die Mitglieder einer Landesregierung der Genehmigung der Landesregierung,
für die Mitglieder einer der im Absatz 2 genannten Versammlungen der Genehmigung dieser Versammlung.

1) Geltungsbereich. Wegen der Mitglieder der Bundesregierung und der Landesregierungen § 376 Anm 1 A. Als Mitglieder einer 2. Kammer kommen diejenigen des Senats in Bayern in Frage, Bay Verfassung Art 34 ff. Die Vernehmung erfolgt am Sitz des Gerichts, § 219, also nicht im Dienstsitz oder in der Wohnung (dort ist nur der Bundespräsident zu vernehmen, § 375 II). Das Prozeßgericht bestimmt im Beweisbeschluß oder später, ob es selbst oder ob der verordnete Richter die Vernehmung durchführt. Die Genehmigung zu einer Abweichung hat das Gericht oder der Beweisführung durch den Justizminister einzuholen, auch wenn der Zeuge mit dem Erscheinen vor dem Prozeßgericht oder sonst mit der Abweichung einverstanden ist, ZöSt 2, abw StJSchuL IV. Die Vorschrift ist von Amts wegen zu beachten. Ein Verstoß beseitigt die Pflicht zum Erscheinen und macht § 380 unanwendbar, läßt aber die Vernehmung wirksam. Keine Genehmigung ist bei Abgeordneten notwendig, wenn der Vernehmungstermin außerhalb einer parlamentarischen Sitzungswoche liegt, ständige Praxis des zuständigen Bundestagsausschusses. Wann die Sitzungswochen liegen, ist bei der Verwaltung des Parlaments zu erfahren.

2) *VwGO: Entsprechend anwendbar, § 98 VwGO.*

Einführung vor §§ 383–389
Zeugnisverweigerung

Schrifttum: Gebhard, Das Zeugnisverweigerungsrecht der Presse im Zivilprozeß, 1974; Groß, Zum Zeugnisverweigerungsrecht der Mitarbeiter von Presse und Rundfunk, Festschrift für Schiedermair (1976) 223; Hopt, Schadensersatz aus unberechtigter Verfahrenseinleitung, 1968; Pietsch, Berufliche Privilegien und Zeugnisverweigerungsrechte usw, Diss Gött 1973.

1) Verweigerungsgrund. Das Zeugnisverweigerungsrecht ist in den §§ 383–389 im wesentlichen abschließend geregelt. Seine ausdehnende Auslegung ist unstatthaft, vgl zB Nürnb NJW **66**, 1926, aber auch BVerfG NJW **73**, 2196. § 383 regelt, wer überhaupt schweigen darf, § 384 regelt das Schweigerecht zu einzelnen Fragen, § 385 enthält Ausnahmen von §§ 383–384, §§ 386 ff regeln das Verfahren. Ganz ausnahmsweise kann das Zeugnisverweisungsrecht unmittelbar aus dem GG folgen, vgl Art 47 GG, abgedruckt Vorb bei § 383, BVerfG **38**, 114 mwN (vgl jetzt § 383 I Z 5). Unstatthaft ist auch die Ausdehnung durch eine Vereinbarung etwa einer Schweigepflicht, Nürnb BayJMBl **54**, 66.

Die Aussageverweigerung bedeutet, anders als § 252 StPO, kein absolutes Verwertungsverbot früherer Aussagen oder der Vernehmung einer früheren Vernehmungsperson, vgl allerdings BGHSt **2**, 351 und BGH NJW **68**, 1246.

2) Verweigerungsmitteilung. Den Rechtsgrund der Weigerung hat der Zeuge anzugeben. Nach dem Beweggrund ist er nicht zu fragen. Einem erneuten Antrag auf seine Vernehmung ist nach seiner Weigerung nur dann stattzugeben, wenn anzunehmen ist, daß der Zeuge jetzt zur Aussage bereit ist, Köln NJW **75**, 2074. Der Weigerungsberechtigte kann seine Bereitschaft zur Aussage jederzeit zurücknehmen. Eine abgegebene Aussage bleibt bestehen. Der Widerruf seiner Bereitschaft ist frei zu würdigen, vgl auch Brschw NdsRpfl **60**, 162. Eine teilweise Zeugnisverweigerung ist zulässig, soweit eine weitergehende zulässig ist. Über das Eidesverweigerungsrecht § 391 Anm 4. Partei ist bei §§ 383–385 auch der streitgenössische Streithelfer, Üb 2 B vor § 373 „Streithelfer".

3) Minderjähriger. Ein Minderjähriger entscheidet grundsätzlich selbst, ob er verweigern will, Düss FamRZ **73**, 547, vgl auch den Grundgedanken des § 1626 II BGB. Nur bei fehlendem Verständnis für das Verweigerungsrecht ist die Zustimmung des gesetzlichen

Vertreters zur Aussage, nicht jedoch stets zur Weigerung, erforderlich, BayObLG NJW **67**, 207, Stgt FamRZ **65**, 516, StJSchuL I 1 b, ZöSt I, vgl auch BGH (St) **14**, 159. Ist nur ein Elternteil Partei, dann muß der andere zustimmen, Stgt NJW **71**, 2237. Für den Vertreter ist uU ein Ergänzungspfleger zu bestellen, Hamm OLGZ **72**, 157, Schoene NJW **72**, 931. Auch bei einer Zustimmung des gesetzlichen Vertreters oder Ergänzungspflegers kann der Minderjährige die Aussage unter den gesetzlichen Voraussetzungen verweigern und ist entsprechend zu belehren, BayObLG NJW **67**, 2273, Stgt FamRZ **65**, 515.

4) *VwGO:* Entsprechend anwendbar, § 98 VwGO.

383 *Zeugnisweigerung wegen persönlicher Beziehungen.* [I] Zur Verweigerung des Zeugnisses sind berechtigt:

1. der Verlobte einer Partei;
2. der Ehegatte einer Partei, auch wenn die Ehe nicht mehr besteht;
3. diejenigen, die mit einer Partei in gerader Linie verwandt oder verschwägert, in der Seitenlinie bis zum dritten Grad verwandt oder bis zum zweiten Grad verschwägert sind oder waren;
4. Geistliche in Ansehung desjenigen, was ihnen bei der Ausübung der Seelsorge anvertraut ist;
5. Personen, die bei der Vorbereitung, Herstellung oder Verbreitung von periodischen Druckwerken oder Rundfunksendungen berufsmäßig mitwirken oder mitgewirkt haben, über die Person des Verfassers, Einsenders oder Gewährsmanns von Beiträgen und Unterlagen sowie über die ihnen im Hinblick auf ihre Tätigkeit gemachten Mitteilungen, soweit es sich um Beiträge, Unterlagen und Mitteilungen für den redaktionellen Teil handelt;
6. Personen, denen kraft ihres Amtes, Standes oder Gewerbes Tatsachen anvertraut sind, deren Geheimhaltung durch ihre Natur oder durch gesetzliche Vorschrift geboten ist, in betreff der Tatsachen, auf welche die Verpflichtung zur Verschwiegenheit sich bezieht.

[II] Die unter Nummern 1 bis 3 bezeichneten Personen sind vor der Vernehmung über ihr Recht zur Verweigerung des Zeugnisses zu belehren.

[III] Die Vernehmung der unter Nummern 4 bis 6 bezeichneten Personen ist, auch wenn das Zeugnis nicht verweigert wird, auf Tatsachen nicht zu richten, in Ansehung welcher erhellt, daß ohne Verletzung der Verpflichtung zur Verschwiegenheit ein Zeugnis nicht abgelegt werden kann.

Vorbem. I Z 6 wird ergänzt durch **Art 47 GG:**

GG Art. 47. Die Abgeordneten sind berechtigt, über Personen, die ihnen in ihrer Eigenschaft als Abgeordnete oder denen sie in dieser Eigenschaft Tatsachen anvertraut haben, sowie über diese Tatsachen selbst das Zeugnis zu verweigern. Soweit dieses Zeugnisverweigerungsrecht reicht, ist die Beschlagnahme von Schriftstücken unzulässig.

Schrifttum: Baumann, Die Auseinanderentwicklung der Prozeßrechte usw (betr § 383 III ZPO), Festschrift für Baur (1981) 187; Gabrian, Das Zeugnisverweigerungsrecht der Abgeordneten, Diss Köln 1953; Gebhard, Das Zeugnisverweigerungsrecht der Presse im Zivilprozeß, 1973; Pietsch, Berufliche Privilegien und Zeugnisverweigerungsrechte usw, Diss Gött 1974.

1) Allgemeines. Das Zeugnisverweigerungsrecht nach § 383 fußt auf den persönlichen Beziehungen des Zeugen zu einer Partei.

Z 1–3 gründen sich auf einen Interessenwiderstreit infolge von Familienbanden. In diesen Fällen ist eine Weigerung schlechthin erlaubt; eine Ausnahme gilt nur nach § 385. Es genügt, daß die Beziehung zu einem von mehreren Streitgenossen oder zu einem Streitgehilfen, auch zum Streitverkündeten nach (nicht vor) dessen Beitritt besteht, es sei denn, daß die Beweisfrage diesen gar nicht berührt. Daher ist eine Weigerung bei einer notwendigen Streitgenossenschaft immer allgemein berechtigt. Die Beziehungen zu einer Partei kraft Amtes, Grdz 2 C vor § 50, geben kein Verweigerungsrecht. Denn sie hat in dieser Eigenschaft keine der in § 383 geschützten persönlichen Beziehungen zur Partei. Bei Beziehungen zu dem eigentlich Betroffenen, für den eine Partei kraft Amts auftritt, sind §§ 383 Z 1–3, 384 Z 1 und 2 entspr anwendbar, vgl auch Lent ZZP **52**, 14.

7. Titel. Zeugenbeweis § 383 1–3

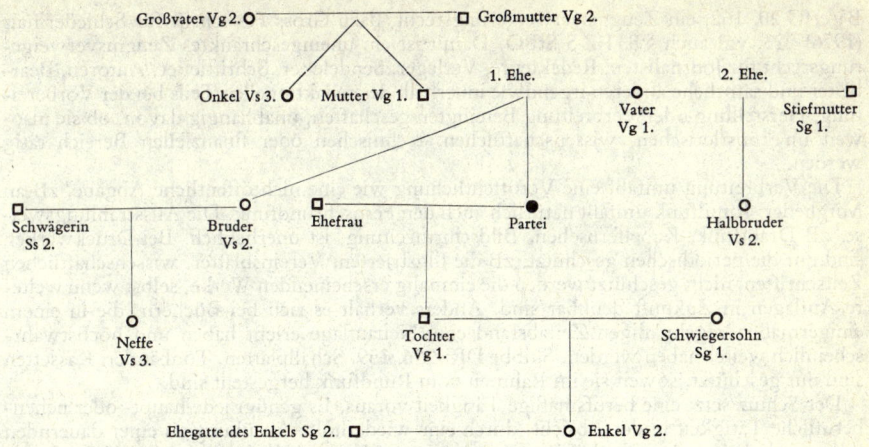

Erläuterung: V = Verwandtschaft, S = Schwägerschaft, g = in gerader Linie, s = in der Seitenlinie, 1, 2, 3 = Bezeichnung des Grades. – Anmerkung: In der geraden Linie fordert das Gesetz keine Gradnähe

Z 4–6 fußen auf einem Interessenwiderstreit infolge einer Treupflicht. Sie greifen dann ein, wenn der Anvertrauende auf die Geheimhaltung des Anvertrauten bauen darf, auch ohne daß er dem anderen eine Schweigepflicht auferlegt hätte, KG FamRZ **75**, 165. Es genügen eine berechtigte Erwartung; die Sitte; eine gesetzliche Pflicht. Die Tatsache braucht dem Zeugen nicht gerade von der Partei anvertraut worden zu sein. Sagt der Zeuge aus, so muß er, auch im Falle der Z 4 oder 5, die Wahrheit sagen. Z 5 festigt auch unabhängig von einem Anvertrauen das Berufsgeheimnis der Presse, § 385 Anm 2 B. S auch Einf vor § 383.

2) Weigerung wegen Familienbande, Z 1–3. Das Zeugnis verweigern dürfen Verlobte, Ehegatten, Verwandte und Verschwägerte der Partei nach Z 1–3. Diese Voraussetzungen richten sich nach dem bürgerlichen Recht. Sie begünstigen also auch die als Kind Angenommenen, § 1754 BGB. Bei Verlobten ist ein ernstliches, schon und noch bestehendes Eheversprechen notwendig; nicht ausreichend ist ein nichtiges Eheversprechen, abw Schlesw SchlHA **69**, 198 (Verlöbnis der Ehefrau des Vermißten). Die Verlobung eines Minderjährigen ohne Genehmigung derjenigen, die die Personensorge über ihn haben, ist schwebend unwirksam, Pal-Diederichsen Einf 1 vor § 1297 BGB, ZöSt II, aM zB Staud-Dietz Vorbem 32 vor § 1297 BGB. Ein Ehegatte ist auch nach der Scheidung zur Aussageverweigerung berechtigt, auch bei einer nichtigen Ehe oder als Witwe(r), Nürnb MDR **75**, 937.

Auch nach der Auflösung der Annahme als Kind oder nach einer Anfechtung der Ehelichkeit besteht das Verweigerungsrecht fort. Der Grund muß bei der Vernehmung vorliegen. Wegen des Minderjährigen grds Einf 3 vor §§ 383-389.

3) Weigerung wegen Treupflicht. A. Geistliche, Z 4. Sie können die Aussage über dasjenige verweigern, was ihnen als Seelsorgern anvertraut ist. Die Art und Weise dieser Kenntnisnahme ist dann unerheblich, BGH **40**, 288. Eine lediglich erzieherische, verwaltende, fürsorgende Tätigkeit ist keine seelsorgerische, Nürnb FamRZ **63**, 260, Dallinger JZ **53**, 436. Freilich liegt oft Anscheinsbeweis für beides vor. Hierher gehört jeder Religionsdiener einer Glaubensgemeinschaft, der als Seelsorger tätig ist, nicht nur bei einer staatlich anerkannten Gemeinschaft, da das Vertrauensverhältnis geschützt wird, aM ZöSt II (er wendet Z 6 an). Es ist unerheblich, ob er zur Geheimhaltung verpflichtet ist. Gemäß Art 9 Reichskonkordat vom 20. 7. 33, RGBl II 679, das einem innerstaatlichen Gesetz gleichzuachten ist und weitergilt, Erler SJZ **46**, 198, sind katholische Geistliche auch bei einer Entbindung von der Verschwiegenheitspflicht zur Zeugnisverweigerung weiterhin berechtigt, LG Nürnb-Fürth FamRZ **64**, 513. In Bayern erstreckt sich dieses Verweigerungsrecht mit Rücksicht auf die Parität der Glaubensbekenntnisse, Art 144 III BayVerf, auch auf die evangelischen Geistlichen, LG Nürnb-Fürth FamRZ **64**, 513, vgl schon LG Fulda SJZ **50**, 826. Das einem Dritten Mitgeteilte müssen diese Personen aber bekunden.

Ein Vermögenserwerb für die Kirche fällt nicht unter Z 4.

B. Personen, die bei periodischen Druckwerken oder Rundfunksendungen mitwirken oder mitgewirkt haben, Z 5. Sie haben als Folge der Pressefreiheit, Art 5 I 2 GG, vgl

BVerfG 20, 162, ein Zeugnisverweigerungsrecht, dazu Gross Festschrift für Schiedermair (1976) 223; vgl auch § 53 I Z 5 StPO. Damit ist ein uneingeschränktes Zeugnisverweigerungsrecht für Journalisten, Redakteure, Verleger, Sendeleiter, Schriftleiter, Autoren, Bearbeiter und sämtliche anderen irgendwie innerhalb des redaktionellen Teils bei der Vorbereitung, Herstellung oder Verbreitung Beteiligten geschaffen, unabhängig davon, ob sie insoweit im künstlerischen, wissenschaftlichen, technischen oder finanziellen Bereich tätig werden.

Die Verbreitung umfaßt eine Veröffentlichung wie eine nichtöffentliche Abgabe, zB an Mitglieder. Rundfunk umfaßt natürlich auch den Fernsehrundfunk. Die Ausstrahlungsweise, zB Drahtfunk, Kabelfernsehen, Bildschirmzeitung, ist unerheblich. Bei Druckwerken sind nur die periodischen geschützt, zB die Illustrierten, Vereinsblätter, wissenschaftlichen Zeitschriften; nicht geschützt werden die einmalig erscheinenden Werke, selbst wenn weitere Auflagen in Zukunft denkbar sind. Anders verhält es sich bei Büchern, die in einem einigermaßen regelmäßigen Zeitabstand eine Neuauflage erlebt haben und höchstwahrscheinlich weiter haben werden, Skibbe DRiZ **76**, 159. Schallplatten, Tonbänder, Kassetten sind nur geschützt, soweit sie im Rahmen vom Rundfunk hergestellt sind.

Der Schutz setzt eine berufsmäßige Tätigkeit voraus. Es genügt jede haupt- oder nebenberufliche Tätigkeit in der Absicht, durch eine wiederholte Ausübung zu einer dauernden oder wiederkehrenden Beschäftigung zu kommen. Insoweit ist auch der freie Mitarbeiter geschützt, Löffler NJW **78**, 913. Unerheblich ist, ob die Tätigkeit entgolten wird. Das Zeugnisverweigerungsrecht umfaßt die Person des Verfassers, des Einsenders oder des sonstigen Informanten, und zwar auch dann, wenn er auf eine Verschwiegenheit des Zeugen keinen Wert (mehr) legt, § 385 Anm 2 B, sowie den gesamten Inhalt der Information gleich welcher Art, zB den Wortlaut des Manuskripts, Notizen über Quellen, Hintermänner, aber auch etwaige Honorare, Spesen und dergleichen, soweit sie für das Druckwerk oder die Sendung aufgewendet oder gedacht sind.

Geschützt sind auch die noch nicht veröffentlichten und nicht mehr zur Veröffentlichung geplanten Informationen. Die Art der Mitwirkung des Informanten wie des Zeugen ist unerheblich. Geschützt ist also zB auch derjenige, der seinen Beitrag selbst im Rundfunk spricht. Der Anzeigenteil wird nicht geschützt. Entscheidend ist, für welchen Teil der Beitrag bestimmt ist, nicht, in welchem Teil der Beitrag tatsächlich verwendet worden ist. Zu den Einzelfragen Löffler NJW **78**, 913, Kunert MDR **75**, 885 (ausf).

C. Personen, denen kraft ihres Amtes, Standes oder Gewerbes geheimzuhaltende Tatsachen anvertraut sind, Z 6. Sie müssen über das Anvertraute schweigen, vgl BVerfG NJW **72**, 2214. Hierher gehören zB: Beamte jeder Art, soweit eine Verschwiegenheitspflicht besteht, wie bei einem Richter, §§ 43, 45 DRiG und die Landesrichtergesetze, oder bei einem Steuerbeamten. Für Beamte gelten zunächst ohnehin die in und bei § 376 genannten Vorschriften. Ferner gehören hierher: ehrenamtliche Richter; Rechtsanwälte, natürlich auch als Verteidiger, ferner Notare, Patentanwälte, zur Stellung des Anwalts KG FamRZ **75**, 165, Brück NJW **69**, 906; Prozeßvertreter; Ärzte, Zahnärzte und andere im Gesundheitsdienst, etwa Apotheker, Hebammen, Heilgehilfen, Krankenschwestern und Krankenpflegerinnen unabhängig von der Ausbildung (die tatsächliche Tätigkeit ist maßgeblich); Dolmetscher, Übersetzter, Steuerberater, BGH DB **83**, 1921, Steuerbevollmächtigte, Wirtschaftsprüfer, Abschlußprüfer, §§ 163 ff AktG; Bankangestellte, Aufsichtsratsmitglieder, Spieker NJW **65**, 1937; Schriftleiter, soweit sie nicht unter Z 5 fallen; öffentlich bestellte Vermessungsingenieure; der Geschäftsführer eines Kassenärztevereins über dessen Einnahmen; evtl ein Eheberater, vgl auch BVerfG JZ **73**, 780 (StPO); die in § 203 StGB Genannten, Frels VersR **76**, 513 (dort zu I Z 6). Überhaupt erstreckt sich die Schweigepflicht auf Büropersonal und Gehilfen, bei einem Anwalt auch auf die Sozien.

Nicht hierher gehören Kaufleute, Kommissionäre, Testamentsvollstrecker, Tierärzte, BVerfG NJW **75**, 588, Sozialarbeiter und -pädagogen, Blau NJW **73**, 2234.

Über den Umfang der Geheimhaltungspflicht Anm 1. Das Zeugnisverweigerungsrecht bezieht sich nicht nur auf eine unmittelbar mitgeteilte Tatsache; es genügt, daß der Zeuge die Kenntnis in der seine Schweigepflicht begründenden Eigenschaft irgendwie erlangt hat, vgl BGH DB **83**, 1921. Die Geheimhaltungspflicht kann sich auch auf die Begründung erstrecken, daß nichts geschehen ist; auch auf eigene Handlungen, wenn sie mit dem Anvertrauten in engstem Zusammenhang stehen, zB StJSchL 7, aM Mü MDR **81**, 854. Die Schweigepflicht braucht nicht einer Partei gegenüber zu bestehen, aM LG Oldb AnwBl **74**, 48. Sie kann auch dann bestehen, wenn zB der Steuerberater beide Parteien beraten hat, BGH DB **83**, 1921.

Wegen des Zeugnisverweigerungsrechts der Abgeordneten des Bundestags Vorbem.

Entsprechendes gilt für die Landtagsabgeordneten auf Grund der Länderverfassungen oder auf Grund von Z 6.

D. Wegfall der Schweigepflicht. Die Schweigepflicht fällt bei Z 4, 6 weg: **a)** Wenn sich die Tatsache in der Öffentlichkeit abgespielt hat; **b)** im Rahmen der Ermächtigung, wenn sie zur Weitergabe an Dritte mitgeteilt worden ist, Düss MDR **75**, 1025; **c)** wenn eine höhere sittliche Pflicht oder ein bedeutender öffentlicher Belang zum Reden verpflichten; **d)** wenn derjenige den Zeugen von der Schweigepflicht befreit, dem gegenüber die Schweigepflicht besteht, § 385 Anm 2 A; **e)** kraft einer Sondervorschrift, zB § 53b II 2, 3 FGG betr den Versorgungsausgleich, Hillermeier FamRZ **76**, 581.

Die Schweigepflicht erlischt grundsätzlich nicht mit dem Tod des Begünstigten, BayObLG NJW **66**, 1664, Düss NJW **59**, 821, LSG Mü NJW **62**, 1789, dazu Schmidt NJW **62**, 1745. Etwas anderes gilt nur, wenn kein weiterer Grund zur Geheimhaltung mehr besteht, Köln OLGZ **82**, 4. Der Arzt darf trotz seiner Schweigepflicht über den Geisteszustand des Verstorbenen zur Beurteilung von dessen Testierfähigkeit aussagen, LG Augsb NJW **64**, 1186 (abl Lenckner), insoweit aM LSG Mü NJW **62**, 1789, ZöSt I, vgl auch § 385 I Z 1.

Vgl im übrigen unter E und Anm 5 sowie § 385 Anm 2 A. Bei Z 5 erfolgt keine Einschränkung des Zeugnisverweigerungsrechts, auch nicht durch den Wegfall einer etwaigen Schweigepflicht, vgl § 385 Anm 2 B. Das Gericht würdigt die Verweigerung einer Entbindung von der Schweigepflicht beim nicht Beweispflichtigen nach § 286 frei, BGH DB **83**, 1921.

E. Einige Einzelfälle

Anwalt und Notar: Der Anwalt ist im Prozeß und außerhalb des Prozesses wegen aller Umstände schweigepflichtig, die ihm anläßlich der Beauftragung anvertraut wurden, Köln MDR **73**, 857, Mü AnwBl **75**, 159. Die Schweigepflicht erstreckt sich auch auf eine Tatsache, die der Anwalt bei einer Syndikustätigkeit für den Arbeitgeber erfahren hat, LG Mü AnwBl **82**, 197. Nicht schweigepflichtig ist er wegen der ihm vor der Beauftragung bekanntgewordenen Umstände, Bbg MDR **69**, 768. Die Schweigepflicht erstreckt sich auch auf die dem Anwalt bekannten Auswirkungen, Köln MDR **73**, 857; auf die von ihm selbst wahrgenommenen Tatsachen, Schlesw DNotZ **50**, 170, vgl auch § 18 BNotO und dazu Düss OLGZ **79**, 466, Saarbr NJW **65**, 2114, wenn es sich um solche im beruflichen Verkehr handelt, Düss MDR **51**, 681. Zum Umfang Mü AnwBl **75**, 159 (ausf). Für den Notar gilt dasselbe, auch wenn er beide Parteien beraten hat, zB Kanzleiter DNotZ **81**, 662, StJSchL 7, aM Mü MDR **81**, 854 (die Amtshandlung selbst unterliege im Gegensatz zu den vom Notar wahrgenommenen Tatsachen keiner Schweigepflicht).

Arzt: Vgl auch D d. Sein Verweigerungsrecht umfaßt alles, was er als Arzt mit oder ohne Kenntnis des Patienten erfahren hat. Wenn er als gerichtlicher Sachverständiger im Strafverfahren tätig war, dann ist durch die Verwertung seiner Aussage im Urteil die Sache noch nicht offenkundig geworden, auch erledigt sich seine Schweigepflicht nicht durch einen entsprechenden Auftrag auch für den Zivilprozeß, BGH **40**, 288. Über die Vorlage des Krankenblattes BGH NJW **78**, 2338, Nürnb NJW **58**, 272, Franzki DRiZ **77**, 37. Problematisch läßt LG Hanau NJW **79**, 2357 evtl eine vermutbare Aussageerlaubnis des Patienten ausreichen. Verfehlt geben BGH NJW **68**, 2290, LG Hanau NJW **79**, 2357, vgl auch Kohlhaas NJW **53**, 401, dem Arzt das Recht zu einer Güterabwägung zwischen dem Geheimhaltungsbedürfnis und einer gerechten und richtigen Entscheidung. Der Arzt ist zwar verpflichtet, dem Ehegatten von der syphilitischen Erkrankung des anderen Ehegatten eine Mitteilung zu machen, nicht aber im Ehescheidungsprozeß, in dem sich der andere Ehegatte durch Bezugnahme auf das Zeugnis des Arztes zusätzliche Argumente verschaffen will.

Über eine Geisteskrankheit des inzwischen verstorbenen Patienten bei der Errichtung seines Testaments darf der Arzt aussagen, Düss NJW **59**, 821. Zur Schweigepflicht im Bereich der Sozialgerichtsbarkeit Schmidt NJW **62**, 1745. Nur der Patient kann entbinden, nicht schon der Dritte, der den Arzt hinzuzog oder beauftragte, Karlsr NJW **60**, 1392. Nach dem Tod des Patienten entbindet eine Erlaubnis des Erben oder der Hinterbliebenen den Arzt im übrigen nicht automatisch, insofern richtig LG Hanau NJW **79**, 2357, noch strenger LSG Mü NJW **62**, 1790. Rechtsvergleichend Nagel DRiZ **77**, 33. Vgl auch § 385 Anm 2 A.

Auskunftei: Der Geschäftsinhaber, der in der üblichen Weise eine Auskunft eingeholt hat, ist zum Schweigen verpflichtet. Der Inhaber einer Auskunftei darf die Aussage verweigern, soweit er über Auskünfte aussagen soll, die er nicht gerade dem Beweisführer mitgeteilt hat. Er darf die Auskunft nicht über eine Frage verweigern, ob ihm ein ganz bestimmtes Gerücht zugegangen sei, wohl aber darüber, von wem er diese Kenntnis habe. Der Angestellte einer Auskunftei darf das Zeugnis ebenso wie der Inhaber verweigern.

Bankier: Er ist über seine Geschäftsbeziehung zum Kunden schweigepflichtig, vgl BGH BB **53**, 993 und NJW **67**, 2012, Haß SchlHA **74**, 197, Müller NJW **63**, 835. Er muß über das Konto des Erblassers gegenüber jedem Miterben aussagen.

Diplompsychologe: Er hat ein Schweigerecht und eine Schweigepflicht, die sich auch auf seine Mitarbeiter erstreckt, Kaiser NJW **71**, 492. Falls er im öffentlichen Dienst steht, gilt § 376. **Psychotherapeut:** Es gilt Z 5 (nicht für Gruppenpatienten, diese fallen auch nicht unter § 384), dazu krit Vogel NJW **72**, 2209.

Erbe und Testamentsvollstrecker eines Schweigepflichtigen, etwa eines Arztes: Er ist wegen der aus dem Nachlaß ersichtlichen Punkte ebenso gebunden wie der Verstorbene. S auch § 385 Anm 2 A.

Wirtschaftsprüfer: Er ist schweigepflichtig sowohl für die beratende wie auch für die prüfende Tätigkeit, Nürnb BB **64**, 827.

4) Belehrung, II. Verlobte, Gatten, Verwandte und Verschwägerte der Z 1–3 sind über ihr Verweigerungsrecht zu belehren. Wenn dem Zeugen das erforderliche Verständnis fehlt, gilt Anm 2. Bosch Grundsatzfragen 46 fordert klare Altersgrenzen und will eine Belehrung des Zeugen grundsätzlich erst ab 14 Jahren zulassen. Eine Belehrung ist bei Z 4–6 und immer bei einer erneuten Vernehmung unnötig (dies ist anders als bei § 52 II StPO), sollte aber erfolgen, Gottwald BB **79**, 1781, vgl § 384 Anm 1.

Die Belehrung muß so klar gefaßt werden, daß der Zeuge Grund und Umfang des Schweigerechts erkennen und abwägen kann. Die Belehrung ist zu protokollieren.

5) Beschränkte Vernehmung, III. Die in Z 4–6 Genannten hat der Richter von Amts wegen mit solchen Fragen zu verschonen, die sie nur unter Verletzung einer gesetzlichen oder vertraglichen Schweigepflicht beantworten könnten, ThP 5, aM BGH NJW **77**, 1198. Das gilt auch dann, wenn die Schweigepflicht gegenüber der Allgemeinheit und nicht nur gegenüber einem Einzelnen besteht. Eine Vernehmung von Richtern, Schöffen, anderen ehrenamtlichen Richtern über Vorgänge bei der Beratung und Abstimmung ist stets unzulässig.

6) Verstoß. Vgl Üb 4 B vor § 371. Wenn ein Zeugnisverweigerungsgrund unrichtigerweise verneint wird, dann darf die anschließend vorgenommene Aussage nicht verwertet werden, BayObLG **56**, 391, vgl § 286 Anm 3 B d. Wenn die Belehrung nach II unterbleibt, ist die Aussage unbenutzbar, abw Gottwald BB **79**, 1781. Wird sie trotzdem benutzt wird, liegt ein Revisionsgrund vor, BayObLG NJW **57**, 386, Peters ZZP **76**, 160. Ein Verstoß heilt aber nach § 295, BGH NJW **64**, 450, auch in Ehesachen. Bei der Einholung einer schriftlichen Aussage, § 377 III, IV, ist eine Belehrung in das Ersuchen aufzunehmen, was die Einholung oft unzweckmäßig macht. Ein Verstoß gegen III führt nicht zur Unverwertbarkeit dieses Teils der Aussage, BGH NJW **77**, 1198 (krit Gießler NJW **77**, 1185), ZöSt IV. Jedenfalls ist auch dieser Verstoß heilbar, § 295.

7) VwGO: Entsprechend anwendbar, § 98 VwGO.

384 *Zeugnisverweigerung aus sachlichen Gründen.* Das Zeugnis kann verweigert werden:

1. über Fragen, deren Beantwortung dem Zeugen oder einer Person, zu der er in einem der im § 383 Nr. 1 bis 3 bezeichneten Verhältnisse steht, einen unmittelbaren vermögensrechtlichen Schaden verursachen würde;
2. über Fragen, deren Beantwortung dem Zeugen oder einem seiner im § 383 Nr. 1 bis 3 bezeichneten Angehörigen zur Unehre gereichen oder die Gefahr zuziehen würde, wegen einer Straftat oder einer Ordnungswidrigkeit verfolgt zu werden;
3. über Fragen, die der Zeuge nicht würde beantworten können, ohne ein Kunst- oder Gewerbegeheimnis zu offenbaren.

1) Allgemeines. Vgl zunächst Einf vor §§ 383–389. § 384 gibt ein Zeugnisverweigerungsrecht aus sachlichen Gründen für bestimmte Punkte. Eine Belehrung ist hier nicht vorgeschrieben, Gottwald BB **79**, 1781, aber empfehlenswert, vgl auch Klemp BB **76**, 914 und § 383 Anm 4. Der Richter kann die Frage und muß sie zumindest auf Verlangen stellen, der Zeuge braucht sie aber nicht zu beantworten. Das gilt auch dann, wenn die Bejahung

Unehre bringen würde, eine Verneinung aber möglich ist, BGH **26**, 391, Hbg FamRZ **65**, 277. Eine besondere Glaubhaftmachung der Tatsache, die die Weigerung begründen soll, ist nicht notwendig, falls sich das Weigerungsrecht aus dem Inhalt der Frage ergibt. Sonst gilt § 386 I. Die Meinung, der Zeuge müsse alle Weigerungsgründe gleichzeitig vorbringen, ist im Gesetz nicht begründet, § 386 I beweist für sie nichts.

2) Drohender Vermögensschaden, Z 1. Der Zeuge darf das Zeugnis über solche Fragen verweigern, deren Beantwortung ihm oder einem Angehörigen im Sinn von § 383 I Z 1–3 einen unmittelbaren Vermögensschaden verursachen würde. Vorsicht ist bei einer derartigen Pauschalbehauptung geboten, OVG Lüneb NJW **78**, 1494. Der Schaden muß eine unmittelbare Folge der Aussage und nicht erst eine Folge der Entscheidung im Prozeß sein. Die Antwort muß solche Tatsachen preisgeben, die ohne weiteres die Grundlage eines Anspruchs bilden. Es genügt aber auch, wenn die Antwort die Durchführung eines Anspruchs erleichtern würde, Celle NJW **53**, 426, Stgt NJW **71**, 945. Es reicht aus, daß ein Erwerb preisgegeben werden müßte, der nach dem AnfG anfechtbar wäre, BGH **74**, 382.

Ein mittelbarer Schaden, etwa für das Geschäft eines Kaufmanns oder für einen Angestellten, genügt nicht, demgemäß auch nicht ein bloß denkbarer, noch nicht objektiv zu befürchtender, vielmehr bisher nur subjektiv befürchteter Nachteil, etwa bei der Beförderung, Nürnb BayJMBl **63**, 10. Auch ein schon bestehender Nachteil reicht als solcher nicht aus, ZöSt II 1, abw Celle NJW **53**, 426, Stgt NJW **71**, 945.

Z 1 ist auch dann anwendbar, wenn der Schaden eine Körperschaft betrifft, deren Vertreter der Zeuge ist, Sichtermann MDR **52**, 144, aM StJSchuL I 1 (der Zeuge sei als solcher kein Vertreter), ZöSt II 1. Aber der Vertreter ist Zeuge und der Grund, einen Meineid zu verhüten, trifft auch bei ihm zu. § 385 I begrenzt das Schweigerecht.

3) Unehre, Z 2. A. Grundsatz. Ein Weigerungsrecht besteht bei solchen Fragen, deren Beantwortung dem Zeugen oder einem Angehörigen im Sinn von § 383 I Z 1–3 zur Unehre gereichen oder die Gefahr einer Verfolgung wegen einer Straftat oder einer Ordnungswidrigkeit zuziehen oder erhöhen würde. Zur Unehre gereicht alles, was unter Würdigung aller Umstände des Falls das Ansehen des Zeugen in sittlicher Beziehung herabsetzen könnte, vgl BGHSt **5**, 25 (Meineidvorstrafe), ferner Stgt FamRZ **81**, 67, also auch eine auf Grund der wahren Aussage zu erwartende Entscheidung, aM Bender/Röder/Nack Rdz 170. Dabei ist an die Wertordnung des GG anzuknüpfen, nicht an frühere Wertvorstellungen, Stgt FamRZ **81**, 67, OVG Lüneb NJW **78**, 1494. Eine Schmälerung seiner Ehre braucht nicht vorzuliegen. Auch ein verstorbener Ehegatte und daher seine Hinterbliebenen sind geschützt, Nürnb MDR **75**, 937. Ob eine Auskunft über einen nichtehelichen Geschlechtsverkehr gegeben werden muß, läßt sich nur von Fall zu Fall beantworten. Nach einem Ehebruch hat auch der nicht verheiratete Partner durchweg ein Aussageverweigerungsrecht, vgl Stgt FamRZ **81**, 67. Wenn ein Widerspruch zu einer früheren Aussage vor Gericht vorliegt, ist § 153 StGB beachtlich.

Es entscheidet nicht die Ansicht des Richters, sondern die Ansicht der betreffenden Gegend und der betreffenden Kreise, soweit diese Ansicht außerdem mit der allgemeinen Rechtsauffassung vereinbar ist, so in Wahrheit auch OVG Lüneb NJW **78**, 1494 mwN. Jede entfernte Möglichkeit einer Verfolgung genügt für das Aussageverweigerungsrecht. Beispiel: Es würde zulässig werden, ein Strafverfahren wieder aufzunehmen. Es genügt, daß die Gefahr aus der Aussage nur in Verbindung mit anderen Umständen folgt.

Eine ehrengerichtliche oder dienstrechtliche Verfolgung genügt nicht; eine entsprechende Tatsache kann aber zur Unehre gereichen. Ein Schriftleiter gehört nicht hierher, weil Z 2 den Inhalt der Aussage betrifft; anwendbar mögen aber die §§ 383 I Z 5, 384 Z 3 sein.

B. Geltendmachung. Der Zeuge braucht sich über eine allgemein unter Z 2 fallende Handlung nicht zu äußern, auch wenn er sie verneinen könnte, BGH **26**, 400; denn Z 2 schützt schon gegen die Bloßstellung, die durch die Frage eintreten könnte, BGH NJW **53**, 1922 (Eidesfähigkeit). Der Zeuge braucht den Weigerungsgrund nicht glaubhaft zu machen. Andernfalls müßte er ja offenbaren. Eine Weigerung kann ein Beweisgrund nur im Zusammenhang mit der Lage des Falls sein, nicht für sich allein. Zu weitgehend und nicht mit § 286 vereinbar ist es, die Verwertung der Zeugnisverweigerung als „zweifellos prozessual unzulässig" anzusehen, so von Godin SJZ **49**, 657; dagegen auch Wiecz §§ 383 B, 384 A II. Ein Beweisanzeichen kann die Weigerung durchaus sein, vgl Klemp BB **76**, 914.

4) Geheimnis, Z 3. Das Weigerungsrecht greift für Fragen durch, bei deren Beantwortung der Zeuge ein Kunst- oder Gewerbegeheimnis offenbaren müßte. Geheimnis ist eine Tatsache, die nur bestimmten Personen bekannt ist und bekannt sein soll. Geschützt ist das eigene oder ein fremdes Gewerbe, zu dessen Geheimhaltung der Zeuge verpflichtet ist, Gottwald BB **79**, 1781, Schlosser ZZP **95**, 365 je mwN, aM zB wohl Düss MDR **78**, 147, Stgt WRP **77**, 127, ferner LG Mü ZZP **95**, 364 (diese Gerichte schützen nur das eigene Geschäftsgeheimnis. Das fremde Geschäftsgeheimnis fällt aber ohnehin meist unter § 383 I Z 6, Gottwald BB **79**, 1781). Die Vorschrift ist eng auszulegen, Hbg MDR **77**, 761.

Hierher gehören: Alle Vorgänge, an deren Geheimhaltung ein Gewerbetreibender ihrer Natur nach ein erhebliches, unmittelbares Interesse hat, Düss MDR **78**, 147, Hbg MDR **77**, 761, zB eine Auskunft über einen Bankkredit; über Bedingungen und Abschlüsse; über Preisabreden; über die Verfasserschaft eines Zeitungsaufsatzes, StJSchuL I 3; über steuerliche Verhältnisse, Düss MDR **78**, 147; ferner Tatsachen, aus denen sich Vorgänge ergeben können, wegen derer ein Weigerungsrecht besteht. Die Schweigepflicht gegenüber dem Unternehmer berechtigt die Gefolgschaft zur Zeugnisverweigerung, Hbg MDR **77**, 761, Gottwald BB **79**, 1781 ebenso eine vertragliche Schweigepflicht über ein Kunst- und Gewerbegeheimnis gegenüber einem Dritten, wie bei einer Auskunftei, vgl auch § 383 I Z 6. Eine Entbindung durch einen anderen läßt ein Schweigerecht hier unberührt, ThP 2.

Nicht geschützt ist ein politisches Parteigeheimnis, OVG Lüneb NJW **78**, 1494.

5) Verstoß. Vgl Üb 4 B vor § 371, § 383 Anm 6. Ein Verstoß kann ein Rechtsmittel begründen, BayObLG NJW **57**, 386.

6) VwGO: Entsprechend anwendbar, § 98 VwGO.

385 Ausnahmsweise Zeugnispflicht. [I] In den Fällen des § 383 Nr. 1 bis 3 und des § 384 Nr. 1 darf der Zeuge das Zeugnis nicht verweigern:

1. über die Errichtung und den Inhalt eines Rechtsgeschäfts, bei dessen Errichtung er als Zeuge zugezogen war;
2. über Geburten, Verheiratungen oder Sterbefälle von Familienmitgliedern;
3. über Tatsachen, welche die durch das Familienverhältnis bedingten Vermögensangelegenheiten betreffen;
4. über die auf das streitige Rechtsverhältnis sich beziehenden Handlungen, die von ihm selbst als Rechtsvorgänger oder Vertreter einer Partei vorgenommen sein sollen.

[II] Die im § 383 Nr. 4, 6 bezeichneten Personen dürfen das Zeugnis nicht verweigern, wenn sie von der Verpflichtung zur Verschwiegenheit entbunden sind.

Schrifttum: Merkl, Die Zeugenaussage nichtbeamteter Personen des öffentlichen Dienstes usw, Diss Regensb 1973.

1) Zeugnispflicht der Angehörigen, I. Wer nach § 383 Z 1–3 oder wer nach § 384 I Z 1, nicht aber nach § 384 I Z 2, allgemein das Zeugnis verweigern dürfte, muß trotzdem und unabhängig von einem unmittelbaren Schaden aussagen, soweit seine Aussage einen der folgenden Fälle betrifft:

A. Rechtsgeschäft, Z 1. Es muß um die Zuziehung als Zeuge bei einem Rechtsgeschäft, dh bei jeder Rechtshandlung, gehen. Der Zeuge mag als Förmlichkeitszeuge aufgetreten sein, etwa bei einer Testamentserrichtung.

Nicht umfaßt wird seine Zuziehung zu anderen Zwecken oder seine zufällige Anwesenheit vor der Zuziehung oder nach der etwaigen Entlassung. Wer sich auf die Zeugnispflicht beruft, muß die Art der Zuziehung beweisen.

B. Geburt usw, Z 2. Es muß um Geburten, Heiraten, Sterbefälle von Familienmitgliedern des Zeugen gehen. Eine Verwandtschaft ist unnötig, eine häusliche Gemeinschaft reicht nicht aus. Die Ursache, etwa die Erzeugung, fällt nicht unter Z 2.

C. Vermögensangelegenheit, Z 3. Es muß um Vermögensangelegenheiten gehen, die durch das Familienverhältnis bedingt sind. Ob der Prozeß darauf beruht, ist unerheblich. Bestimmte Tatsachen müssen ihre Grundlage im Familienverhältnis haben, nicht nur aus einem solchen erwachsen können. Beispiele: Ein Mitgiftversprechen; ein Unterhaltsanspruch, Düss FamRZ **80**, 617 mwN (nicht aber nach seinem Übergang kraft Gesetzes, etwa nach §§ 90, 91 BSHG oder nach § 37 BAföG, da der Anspruch durch solche Überleitung seinen Charakter ändert, insofern aM Düss FamRZ **80**, 617); ein Abfindungsvertrag; ein güterrechtlicher Vertrag; eine Altenteilsregelung; eine Erbausschlagung.

Nicht hierher gehören zB: Die Höhe des Pflichtteils; ein außerehelicher Geschlechtsverkehr ohne Zeugung; die Höhe des in die Ehe Eingebrachten. Z 3 gilt auch für solche Personen, die außerhalb der Familie stehen.

D. Eigene Handlung, Z 4. Es kann sich um die Begründung eines Rechtsverhältnisses oder um Vorgänge während seines Bestehens bis zur Beendigung handeln. Es muß um eigene Handlungen des Zeugen gehen, die sich auf den Prozeß beziehen, soweit er Rechtsvorgänger oder Vertreter einer Partei ist. Zum Begriff des Rechtsvorgängers § 265 Anm 4 A. Vertreter: Der gesetzliche Vertreter oder ein sonstiger Vertreter im weitesten Sinn, aber nur ein rechtlicher, nicht ein tatsächlicher, etwa als Wortführer, Ratgeber, Köln NJW 55, 1561, aM ZöSt I. Gemeint ist auch der Vertreter des Rechtsvorgängers.

„Handlungen" meint: Eine wirkliche Tätigkeit, aber auch bloße Wahrnehmungen, aM ZöSt I. Es genügt nicht, daß die Partei für Handlungen oder Unterlassungen des Zeugen als eines bloßen Verrichtungsgehilfen einstehen müßte. Die Vorschrift ist auch auf eine bloße Behauptung, es sei entsprechend gehandelt worden, anwendbar („sein sollen").

2) Treupflichtiger, II. A. Betroffener Personenkreis. a) Rechtsträger. Wer nach § 383 I Z 4, 6 das Zeugnis verweigern dürfte, muß trotzdem aussagen, wenn er von der Schweigepflicht befreit ist, aber nur, soweit die Befreiung sachlichrechtlich wirksam ist. Befreien müssen alle, zu deren Gunsten die Bindung besteht, zB der Patient, nicht derjenige, der die Untersuchung veranlaßt hat oder bezahlt hat, Karlsr NJW 60, 1392. Unzulässig ist nach dem katholischen Kirchenrecht eine Entbindung von dem Beichtgeheimnis durch die kirchlichen Vorgesetzten, vgl auch § 383 Anm 3 A. Bei öffentlichen Beamten tritt zu II noch § 376 hinzu.

b) Befreiungsbefugnis. Befreien dürfen zB: Der Generalbevollmächtigte, Celle NJW 55, 1844; grundsätzlich der Konkursverwalter, Nürnb MDR 77, 145 mwN (auch wegen der Ausnahmen); der gesetzliche Vertreter. Wer an Stelle des Verstorbenen in persönlichen Dingen, § 383 Anm 3 D, entbinden kann (aM SG Mü NJW 62, 1789: das Recht sei nicht vererblich, ebenso LG Augsb NJW 64, 1186), das richtet sich nach dem Willen des Verstorbenen, gegebenenfalls nach dem mutmaßlichen Willen, Nürnb MDR 75, 937, Bosch Grundsatzfragen des Beweisrechts 89, Erdsiek NJW 63, 632. Es kann zB der Arzt (vgl aber § 383 Anm 3 E „Arzt"), oder der Anwalt sein, nicht ohne weiteres ein Erbe oder der Erben, Stgt MDR 83, 236, sondern vielleicht ein persönlich Näherstehender, vgl BGH 15, 259, unter Umständen auch der Steuerberater, Stgt MDR 83, 236. Ist im Testament darüber etwas gesagt, so braucht dazu die Testamentsform nicht innegehalten worden zu sein, so daß auch eine mündliche Erklärung genügen kann, Bosch 93.

Zwar kann der Rechtsinhaber die Befreiungsbefugnis übertragen, auch über den Todesfall hinaus, sogar formlos, Mü AnwBl 75, 159. Der ProzBev darf aber trotz § 81 nicht ohne weiteres befreien, Mü OLG 23, 182, ThP 2. Denn die Befreiung ist die Ausübung eines höchstpersönlichen Rechts, vgl ZöSt II 2. Das Gericht muß also zunächst anheimgeben, eine Befreiung des Auftraggebers oder sonstigen Berechtigten nachzureichen, vgl aber auch § 356 Anm 1 A a.

c) Befreiungserklärung. Die Befreiung erfolgt durch eine Erklärung gegenüber dem Zeugen, dem Gericht oder dem Gegner. Sie liegt schon in der Benennung des Zeugen durch den Rechtsträger selbst, nicht schon durch seinen ProzBev, b. Sie muß eindeutig in Kenntnis des Weigerungsrechts erfolgt sein. Eine mutmaßliche Befreiung ist unbeachtlich, Lenckner NJW 64, 1188. Im Prozeß ist die Befreiung als Prozeßhandlung nur dann widerruflich, wenn sie nicht gegenüber dem Gegner erklärt worden war, sondern nur gegenüber dem Zeugen vor dessen Vernehmung, vgl Grdz 5 G vor § 128, StJSchuL II 3, ZöSt II 3, aM Celle NdsRpfl 62, 260 (sie sei solange widerruflich, als auf den Zeugen verzichtet werden könne). Eine Versagung ist regelmäßig nicht als arglistige Vereitelung der Beweisführung anzusehen, weil hier ein Recht des Versagenden ausgeübt wird; die Versagung kann aber frei gewürdigt werden, § 286. Eine wirksame Befreiung zwingt zur Aussage; ob die Befreiung wirksam ist, muß vom Gericht erst entschieden werden.

B. Nicht betroffener Personenkreis. II nennt die in § 383 I Z 5 Genannten nicht. Sie behalten also ihr Zeugnisverweigerungsrecht auch dann, wenn sie von ihrer etwaigen Schweigepflicht entbunden worden sind, Groß NJW 75, 1764, ja sogar dann, wenn ihr Informant ausdrücklich wünscht, daß sie aussagen. Das Berufsgeheimnis ist also vorrangig selbst vor dem berechtigten Interesse des Informanten an einer Preisgabe. Eine daraus folgende etwaige Haftung bleibt unberührt. Jedoch gibt es keine strafrechtlichen Garantenhaftung des leitenden Redakteurs usw mehr.

3) Verstoß. Vgl Üb 4 B vor § 371, § 383 Anm 6. Ein Verstoß kann ein Rechtsmittel begründen, BayObLG NJW 57, 386.

4) VwGO: *Entsprechend anwendbar, § 98 VwGO.*

386 **Zeugnisweigerung. Erklärung.** ¹ Der Zeuge, der das Zeugnis verweigert, hat vor dem zu seiner Vernehmung bestimmten Termin schriftlich oder zum Protokoll der Geschäftsstelle oder in diesem Termin die Tatsachen, auf die er die Weigerung gründet, anzugeben und glaubhaft zu machen.

^{II} Zur Glaubhaftmachung genügt in den Fällen des § 383 Nr. 4, 6 die mit Berufung auf einen geleisteten Diensteid abgegebene Versicherung.

^{III} Hat der Zeuge seine Weigerung schriftlich oder zum Protokoll der Geschäftsstelle erklärt, so ist er nicht verpflichtet, in dem zu seiner Vernehmung bestimmten Termin zu erscheinen.

^{IV} Von dem Eingang einer Erklärung des Zeugen oder von der Aufnahme einer solchen zum Protokoll hat die Geschäftsstelle die Parteien zu benachrichtigen.

1) Erklärung, I, II. Der zeugnisverweigernde Zeuge hat die Weigerung entweder vor dem Termin schriftlich oder zu Protokoll der Geschäftsstelle oder mündlich im Termin und daher stets ohne Anwaltszwang zu erklären, § 78 II. Den Weigerungsgrund hat er anzugeben, und zwar so, daß der Richter die Berechtigung der Weigerung nachprüfen kann. Dabei braucht der Zeuge aber nicht genau dasjenige preiszugeben, was er gerade verschweigen darf und will. Falsche Angaben sind nach § 153 StGB strafbar; darüber ist der Zeuge zu belehren.

Eine Glaubhaftmachung erfolgt nach § 294, auch durch eine eidesstattliche Versicherung. Das Gericht kann sie fordern, vgl BGH NJW **72**, 1334 (Zweifelhaftigkeit eines Verlöbnisses). Eine Glaubhaftmachung ist nicht erforderlich, wenn die Beweisfrage den Weigerungsgrund glaubhaft macht, wie meist bei § 384 Z 2. Öffentliche Beamte, § 155 Z 3 StGB, nicht auch Geistliche privater Religionsgemeinschaften oder Rechtsanwälte, dürfen durch eine Versicherung auf den Diensteid glaubhaft machen.

2) Recht zum Ausbleiben, III. Nur derjenige Zeuge darf ausbleiben, der seine Weigerung vor dem Termin schriftlich oder zu Protokoll der GeschSt erklärt und glaubhaft gemacht hat und dessen Zeugnisverweigerungsrecht die ganzen Beweisfragen deckt. Wenn die Erklärung unzureichend, offenbar grundlos oder unglaubhaft ist, dann ist der Zeuge beim Ausbleiben nach § 380 mit einem Ordnungsmittel zu belegen, bei seinem Erscheinen nach § 390 zu behandeln.

Wenn sich die Weigerung als unbegründet herausstellt, dann ist ein Ordnungsmittel nur bei schlechtem Glauben des Zeugen möglich. Bei einer Verweigerung der schriftlichen Aussage, § 377 III, IV, erfolgt kein Ordnungsmittel, weil kein Zwang zulässig ist. Dann bleibt nur übrig, den Zeugen vorzuladen. Eine erneute Ladung erfolgt allenfalls, wenn eindeutig feststeht, daß der Zeuge nun doch aussagen will, Köln NJW **75**, 2074.

3) Benachrichtigung, IV. Von der vor dem Termin erklärten Weigerung hat die GeschSt mit Rücksicht auf § 387 beide Parteien formlos zu benachrichtigen. Ein Verstoß ist prozessual belanglos.

4) VwGO: *Entsprechend anwendbar, § 98 VwGO.*

387 **Zwischenstreit über die Zeugnisverweigerung.** ¹ Über die Rechtmäßigkeit der Weigerung wird von dem Prozeßgericht nach Anhörung der Parteien entschieden.

^{II} Der Zeuge ist nicht verpflichtet, sich durch einen Anwalt vertreten zu lassen.

^{III} Gegen das Zwischenurteil findet sofortige Beschwerde statt.

1) Vorbemerkung zu §§ 387–389. Die Zeugnisverweigerung kann einen Zwischenstreit zwischen dem Zeugen und dem Beweisführer begründen, soweit der Zeuge sie nach § 386 ausreichend erklärt hat. Andernfalls sind §§ 380, 390 anwendbar. Wenn der Beweisführer die Weigerung anerkennt, verzichtet er auf das Zeugnis. Wenn er ohne eine Rüge zur Hauptsache verhandelt, verliert er sein Recht, eine Entscheidung über die Berechtigung zur Weigerung zu verlangen, § 295, BGH **LM** § 295 Nr 9. Wenn der Gegner die Vernehmung verlangt, § 299, führt er den Zwischenstreit durch, Hbg MDR **63**, 852. Die Prozeßparteien sind nur dann notwendige Streitgenossen dieses Zwischenstreits, wenn beide Parteien die Weigerung bekämpfen.

Zwischen dem Zeugen und derjenigen Partei, die den Zeugen in seiner Weigerung unterstützt, besteht eine notwendige Streitgenossenschaft. „Anhörung der Parteien" bedeutet, daß zunächst beide zur Weigerung zu hören sind. Erst ihre Antwort ergibt die Parteirollen.

7. Titel. Zeugenbeweis §§ 387, 388

§§ 387, 388 betreffen die Weigerung vor dem Prozeßgericht, § 389 betrifft die Weigerung vor dem verordneten Richter. Der Einzelrichter ist beim Verfahren vor ihm das Prozeßgericht. Zur Anwendbarkeit im finanzgerichtlichen Verfahren BFH BB **78**, 1052.

2) Verfahren, I, II. Es ist ein Amtsverfahren, weil es Teil der Beweisaufnahme ist. Es findet also möglichst sofort statt, § 278 II 1. Parteien des Zwischenstreits sind einerseits der Beweisführer, andererseits der Zeuge. Der Prozeßgegner des Beweisführers ist Streitgenosse dessen, den er im Zwischenstreit unterstützt, Köln JMBlNRW **73**, 209. Die Parteien sind mündlich zu hören, soweit sie erschienen sind. Sind sie ausgeblieben, so entscheidet das Gericht auf Grund des ihm vorliegenden Stoffs. Die Versäumnisfolgen nach §§ 330 ff treten weder gegenüber einer Partei des Hauptprozesses noch gegenüber dem Zeugen ein. Vielmehr gilt dann § 388. In einer mündlichen Verhandlung im Zwischenstreit besteht für die Parteien des Hauptprozesses ein Anwaltszwang wie sonst, für den Zeugen nicht. Zu einem schriftlichen Zwischenstreit muß im Fall des § 128 II (nicht III) auch der Zeuge sein Einverständnis geben. Denn der Zeuge ist im Zwischenstreit Partei. Wenn der Zeuge seine Weigerung nicht begründet, kommt es gar nicht zu einem Zwischenstreit. Er ist dann vielmehr als ein grundlos Verweigernder zu behandeln, § 386 Anm 2 und § 390 Anm 2. Verfahren beim Ausbleiben des Zeugen: § 388.

3) Entscheidung, I. Die Entscheidung erfolgt durch das Prozeßgericht, auch durch den Vorsitzenden der Kammer für Handelssachen. Sie ergeht durch ein Zwischenurteil. Es lautet auf die (Feststellung der) Berechtigung oder Nichtberechtigung zur genau anzugebenden Aussageverweigerung. Es schafft Rechtskraft nur für den vorgebrachten Grund. Es muß auch dann ergehen, wenn das Gericht die Weigerung billigt. Ein im mündlichen oder schriftlichen Zwischenstreit ergehendes Zwischenurteil ist auch dem Zeugen zuzustellen, Ffm OLGZ **68**, 290. Wenn keine Beschwerde statthaft ist, dann genügt eine Entscheidung in den Gründen des Endurteils.

Die durch den Zwischenstreit zusätzlich zum Hauptprozeß entstandenen Kosten, Mü Rpfleger **69**, 358, trägt entspr § 91 der Unterliegende, also evtl der Zeuge. Etwas anderes gilt, wenn der an sich zeugnisbereite Zeuge nur deshalb nicht aussagt, weil die Partei ihn nicht von der Schweigepflicht befreit.

Gebühren: Des Gerichts keine, des Anwalts keine, § 37 Z 3 BRAGO.

4) Sofortige Beschwerde, III. Gegen das Zwischenurteil haben die sofortige Beschwerde nur der Zeuge und der Prozeßgegner im Zwischenstreit, abw Ffm MDR **83**, 236 mwN (nur der Zeuge), die andere Partei nur im Fall des § 399. Eine Beschwerde ist nicht gegen eine Entscheidung des OLG zulässig, auch nicht, wenn behauptet wird, die dem Urteil des OLG zugrundeliegende Beweiswürdigung sei wegen einer Verkennung des § 383 unrichtig, BGH MDR **66**, 915. Sofortige Beschwerde ist aber gegen eine Entscheidung des LG als Berufungsgericht zulässig, Mü JZ **52**, 426, vgl auch § 567 Anm 5.

Wenn fälschlich im Endurteil entschieden worden ist, dann ist trotzdem sofortige Beschwerde gegeben, außer wenn es sich um ein Urteil des OLG handelt, § 567 III. Die Form richtet sich nach § 569. Die Frist des § 577 II läuft seit der Zustellung des Zwischenurteils, die von Amts wegen erfolgt, § 270 III, § 317 I. Eine aufschiebende Wirkung besteht nur für den Zeugen (§ 390 spricht von „rechtskräftig"), mittelbar damit freilich für das weitere Verfahren. Die Fortsetzung des Verfahrens findet stets im Amtsbetrieb statt, § 370 II.

Im Verfahren nach § 8 ZDG ist kein Rechtsmittel zulässig.

5) *VwGO:* *Entsprechend anzuwenden, § 98 VwGO, VG Bre NJW 68, 1946 mwN. Gegen das Zwischenurteil, III, findet Beschwerde statt, § 146ff VwGO, der das Gericht wegen des Grundsatzes der Bindung an Urteile, § 318, entgegen § 148 VwGO nicht abhelfen darf, OVG Lüneb VerwRspr 11 Nr 23 u AS 33, 432, EF § 98 Rdz 11, Kopp § 98 Rdz 11 (nach anderen, zB RedOe § 98 Anm 7, tritt an die Stelle des Zwischenurteils der Beschluß. Aber diese Ansicht entfernt sich ohne zwingenden Grund von § 387, da die VwGO auch in § 158 II die Beschwerde gegen ein Urteil zuläßt, Koehler § 98 Anm II 4 d; dagegen spricht ferner, daß die VwGO insoweit von § 118 I SGG abweicht). Wie hier auch BFH BStBl 71 II 808 (zu § 82 FGO).*

388 **Zwischenstreit über die schriftliche Zeugnisweigerung.** Hat der Zeuge seine Weigerung schriftlich oder zum Protokoll der Geschäftsstelle erklärt und ist er in dem Termin nicht erschienen, so hat auf Grund seiner Erklärungen ein Mitglied des Prozeßgerichts Bericht zu erstatten.

1) Geltungsbereich. § 388 bezieht sich nur auf einen Zwischenstreit nach § 387. Er setzt voraus, daß die Weigerung nach § 386 ordnungsmäßig erklärt worden ist; sonst gilt § 386

Anm 2. Ein Versäumnisverfahren gegen den Zeugen findet nicht statt. Denn er ist ja dann zum Erscheinen nicht verpflichtet, § 386 III. Vielmehr wird nach § 388 Bericht erstattet und ein Zwischenurteil nach § 387 gefällt.

2) *VwGO:* *Entsprechend anwendbar, § 98 VwGO.*

389 *Zeugnisweigerung vorm verordneten Richter.* **I** Erfolgt die Weigerung vor einem beauftragten oder ersuchten Richter, so sind die Erklärungen des Zeugen, wenn sie nicht schriftlich oder zum Protokoll der Geschäftsstelle abgegeben sind, nebst den Erklärungen der Parteien in das Protokoll aufzunehmen.

II Zur mündlichen Verhandlung vor dem Prozeßgericht werden der Zeuge und die Parteien von Amts wegen geladen.

III Auf Grund der von dem Zeugen und den Parteien abgegebenen Erklärungen hat ein Mitglied des Prozeßgerichts Bericht zu erstatten. Nach dem Vortrag des Berichterstatters können der Zeuge und die Parteien zur Begründung ihrer Anträge das Wort nehmen; neue Tatsachen oder Beweismittel dürfen nicht geltend gemacht werden.

1) Weigerung, I. Weigert ein Zeuge das Zeugnis vor dem verordneten Richter, so hat dieser die nicht schriftlich oder zu Protokoll der Geschäftsstelle nach § 386 I abgegebenen Erklärungen des Zeugen und die Erklärungen der Parteien zu Protokoll zu nehmen. Dieses Protokoll gibt die abschließende Unterlage für die Entscheidung des Prozeßgerichts (des Einzelrichters). Die etwa vor dem verordneten Richter erschienenen Parteien des Hauptprozesses können zum Protokoll auf den Zeugen verzichten, § 399. Andernfalls verfährt das Prozeßgericht nach § 387 und nach II, III. Soweit der Zeuge vor dem Einzelrichter von vornherein die Aussage verweigert hat, ist allein § 387 anwendbar,
Die Vorschrift ist im Verfahren nach § 372 a entspr anwendbar.

2) Verfahren, II, III. Das Prozeßgericht, auch das Gericht der internationalen Rechtshilfe, LG Mü ZZP **95**, 363 (zustm Schlosser), lädt den Zeugen und die Parteien von Amts wegen zur mündlichen Verhandlung. Der Zeuge erhält Zeugengebühren, soweit das Gericht ihn im Termin vernimmt. Denn dann hat es ihn trotz seiner bisherigen Stellung einer Partei des Zwischenstreits nunmehr doch noch als Zeugen „herangezogen", Hartmann § 1 ZSEG Anm 3 A, B b, aM ThP, ZöSt 2 je mwN und 41. Aufl. Die Ladung des Zeugen als einer der Parteien des Zwischenstreits ist wesentlich. Der Zeuge kann die Weigerung im Termin zwar nicht auf den bisherigen Rechtsgrund, wohl aber auf einen neuen stützen und seine schon vor dem verordneten Richter vorgebrachten Tatsachen erläutern. Weder er, noch die Parteien des Hauptprozesses können im Termin neue Tatsachen zur bisherigen Aussageverweigerung vortragen, ZöSt 3, aM ThP. Ein Zwischenurteil ergeht wie bei § 387.

3) Verstoß. Wenn kein Verfahren nach § 389 eingeleitet worden ist, dann liegt in einer rügelosen Verhandlung ein Verzicht auf die Rügemöglichkeit, § 295. Ein ohne Ladung des Zeugen ergangenes Zwischenurteil ist auf Grund des zulässigen Rechtsmittels aufzuheben und führt zur Zurückverweisung, § 539.

4) *VwGO:* *Entsprechend anwendbar, § 98 VwGO.*

390 *Zeugniszwang.* **I** Wird das Zeugnis oder die Eidesleistung ohne Angabe eines Grundes oder aus einem rechtskräftig für unerheblich erklärten Grund verweigert, so werden dem Zeugen, ohne daß es eines Antrages bedarf, die durch die Weigerung verursachten Kosten auferlegt. Zugleich wird gegen ihn ein Ordnungsgeld und für den Fall, daß dieses nicht beigetrieben werden kann, Ordnungshaft festgesetzt.

II Im Falle wiederholter Weigerung ist auf Antrag zur Erzwingung des Zeugnisses die Haft anzuordnen, jedoch nicht über den Zeitpunkt der Beendigung des Prozesses in dem Rechtszuge hinaus. Die Vorschriften über die Haft im Zwangsvollstreckungsverfahren gelten entsprechend.

III Gegen die Beschlüsse findet die Beschwerde statt.

1) Allgemeines. § 380 regelt die Folgen des bloßen Ausbleibens eines Zeugen, § 390 regelt die Folgen einer unberechtigten Zeugnis- oder Eidesverweigerung. Ob in der Entfer-

7. Titel. Zeugenbeweis   § 390 1–5

nung nach dem Beginn der Vernehmung eine Zeugnisverweigerung liegt, das hängt von der Lage des Falls ab, § 157 Anm 3, § 158 Anm 2, 3, § 177 GVG Anm 2. Über eine freiwillige oder gewaltsame Entfernung vgl auch § 380 Anm 1 A. Eine Pflicht, sich Blut zur Blutprobe entnehmen zu lassen, hat der Zeuge im Rahmen des § 372a; die Beweisaufnahme ist Augenschein, gehört also an sich nicht hierher, vgl aber § 372a II. Die Zeugnisverweigerung kann einen sachlichrechtlichen Ersatzanspruch begründen. § 390 ist auf eine Weigerung vor dem Prozeßgericht und auf eine solche vor dem verordneten Richter anwendbar, § 400.

2) **Voraussetzungen, I.** § 390 setzt voraus, daß eine der beiden unter A und B genannten Situationen vorliegt und daß außerdem stets die unter C genannte Lage eingetreten ist.
  A. Keine Grundangabe. Der Zeuge darf keinen zulässigen, ernstgemeinten Grund angegeben haben; andernfalls gilt § 387. Unbeachtlich ist die allgemeine Angabe, der Zeuge stehe unter Zeitnot, Bbg BayJMBl **52**, 237. Bei jedem noch so unsinnigen Grund eine Entscheidung des Prozeßgerichts zu verlangen, wäre eine sture Wortauslegung. Der Zeuge ist nach dem Grund zu befragen. Eine bloße Eidesverweigerung ist nach § 391 Anm 2 C zu prüfen.
  B. Verwerfung. Der etwa angegebene Grund muß durch ein rechtskräftiges Zwischenurteil nach § 388 verworfen worden sein. Die vorläufige Vollstreckung reicht also nicht aus.
  C. Ladung. Stets muß eine ordnungsgemäße Ladung erfolgt sein, § 377 Anm 1, 2, vgl Kblz FamRZ **74**, 384.

3) **Kosten, Ordnungsmittel, I.** Dem Zeugen sind von Amts wegen durch einen Beschluß des Prozeßgerichts oder des verordneten Richters, § 400, die Kosten der Weigerung aufzuerlegen. Zugleich (also kein Wahlrecht des Gerichts) muß ein Ordnungsgeld und ebenfalls zugleich hilfsweise eine Ordnungshaft festgesetzt werden. Einzelheiten Vorbem B vor § 380 und § 380 Anm 1 C, 2 B. Ein Antrag der Partei ist auch hier zulässig, weil der Beschluß sie betrifft. Ein nachträglicher Verzicht auf den Zeugen ändert an dem Verfahren nichts. Ordnungsmittel nach I sind neben Maßnahmen nach § 380 zulässig. Gleichzeitig ordnet das Gericht einen neuen Beweistermin an, § 368, und lädt den Zeugen neu. Die Zustellungen erfolgen gemäß § 329 II 2, III.

4) **Zwangshaft, II.** Wenn der Zeuge das Zeugnis wiederholt verweigert, dann ordnet das Gericht nur auf Antrag des Beweisführers, nach seinem Verzicht (§ 399) auch seines Prozeßgegners (außer bei § 653 II 2, § 680 III) die Zwangshaft an. Eine Wiederholung liegt vor, wenn der Zeuge nach der Verhängung (nicht notwendig der Vollstreckung) einer der Maßnahmen nach I wiederum grundlos oder aus dem bereits für unerheblich erklärten oder aus einem neuen, nicht ausreichenden Grund schweigt, insofern aM ThP 2. Ein weiteres Ordnungsmittel ist dann neben oder statt der in II genannten Zwangshaft und abweichend von § 380 Anm 2 B unzulässig. Das Unterlassen des Antrags ist ein Verzicht auf den Zeugen, auch seitens des Gegners des Beweisführers, der eine Vernehmung nach § 399 verlangt. Eine zweite Haftanordnung in derselben Instanz ist unzulässig. Der Beschluß ist zu verkünden oder dem Zeugen von Amts wegen zuzustellen. In ihm erfolgt keine zeitliche Begrenzung der Haft, da Art 6 II EGStGB, Vorbem B vor § 380, nur die Ordnungshaft meint, nicht die Zwangshaft, wie ein Vergleich mit seinem I zusätzlich verdeutlicht, wo zwischen einem Ordnungsgeld und einem Zwangsgeld unterschieden wird. Zum Charakter der Zwangshaft vgl auch BVerfG **43**, 105/6. Wegen eines strafunmündigen Zeugen LG Bre NJW **70**, 1429.
  Auf die Zwangshaft sind §§ 904ff anwendbar. Die erzwingende Partei erteilt dem Gerichtsvollzieher den Auftrag zur Verhaftung. Die frühere Vorschußpflicht nach § 911 aF ist entfallen. Die Haft endet mit der Ablegung des Zeugnisses, mit dem Verzicht beider Parteien auf das Zeugnis, mit dem Verzicht der erzwingenden Partei auf die Haftfortdauer, mit Ablauf von 6 Monaten, § 913, mit der Beendigung des Prozesses oder mit der Beendigung des Abschnittes der Instanz, die den Zeugen betrifft. In der 2. Instanz ist bei einer neuen Weigerung eine nochmalige Haftanordnung mit einer Gesamtdauer von höchstens 6 Monaten zulässig, § 913.
  Gebühren: Des Gerichts keine, des Anwalts keine, § 37 Z 3 BRAGO.

5) **Rechtsbehelfe, III.** Gegen den Beschluß ist einfache Beschwerde des Zeugen mit aufschiebender Wirkung zulässig, § 572. Neue Tatsachen, auch eine ausreichende Begründung der Weigerung, sind nachschiebbar. Die Partei hat bei einer Ablehnung des Kostenbeschlusses ein Beschwerderecht. Bei einer Ablehnung oder Aufhebung der Zwangshaft hat die beeinträchtigte Partei sofortige Beschwerde aus § 793, weil die Entscheidung das

Zwangsvollstreckungsverfahren betrifft. Gegen einen Beschluß des OLG ist keine Beschwerde zulässig, § 567 III.

6) *VwGO:* *Entsprechend anwendbar, § 98 VwGO. Bei wiederholter Weigerung ist wegen des Amtsverfahrens, § 86 I VwGO, kein Antrag,* **II,** *erforderlich. Rechtsmittel,* **III,** *ist die Beschwerde nach §§ 146 ff VwGO.*

391 Beeidigung. Ein Zeuge ist, vorbehaltlich der sich aus § 393 ergebenden Ausnahmen, zu beeidigen, wenn das Gericht dies mit Rücksicht auf die Bedeutung der Aussage oder zur Herbeiführung einer wahrheitsgemäßen Aussage für geboten erachtet und die Parteien auf die Beeidigung nicht verzichten.

Schrifttum: Jackel, Zur Zulässigkeit des Eideszwangs, Diss Gött 1972.

1) Allgemeines. Die Nov 33 hat mit der alten Vorschrift gebrochen, einen Zeugen grundsätzlich zu beeidigen. Denn die Eidesinflation drohte dem Eid jeden Wert zu nehmen; vgl auch BGH DRiZ **67,** 361. § 391 ist aber nicht dahin zu verstehen, daß das Gericht, wie in der Praxis so häufig, dazu krit zB Bull SchlHA **76,** 38, jedem Zeugen blindlings aufs Wort glauben soll. Das wäre um so unerträglicher, als die Fehlerquellen bei Zeugenaussagen sehr groß sind, die Vernehmung oft mangelhaft ist, zu beiden Üb 1 C vor § 373, und der Zeuge beim uneidlichen Lügen geringere Gefahr läuft. Seitdem § 153 StGB die vorsätzliche falsche uneidliche Aussage bestraft, ist die Gefahr geringer, aber nicht ausgeräumt.

Der Zeuge muß auf die Strafbarkeit auch einer falschen uneidlichen Aussage hingewiesen werden, § 395. In Arbeitssachen gelten §§ 58 II 1, 64 VII ArbGG. Im Verfahren nach § 20 ZDG steht die Beeidigung im Ermessen des Gerichts, ebenso bei § 15 I 2 FGG, BayObLG **74,** 259.

2) Voraussetzungen. Sämtliche Zeugen sind zunächst uneidlich zu vernehmen. Für die Beeidigung ist zu unterscheiden:

A. Eidesunfähigkeit. Dauernd unvereidigt bleiben die unter § 393 fallenden Personen.

B. Verzicht. Eine Beeidigung ist verboten, soweit beide Parteien wirksam auf sie verzichten, Schultze NJW **77,** 412. Der Verzicht kann stillschweigend erfolgen. Der Verzicht ist eine ihrer Natur nach unwiderrufliche Parteiprozeßhandlung, Grdz 5 B, G vor § 128. Ein Verzicht nach der Vernehmung bezieht sich im Zweifel nur auf die gemachte Aussage, nicht auf spätere Aussagen. Die Aussage ist frei zu würdigen, weil die Parteien das Gericht in der Beweiswürdigung nicht binden können. Wenn das Gericht der unbeeidigten Aussage nicht glauben will, dann muß es darauf hinweisen, § 139. Der Verzicht wirkt nur in dieser Instanz. Daher kann das höhere Gericht eine entscheidungserhebliche Aussage ohne Wiederholung der Vernehmung beeiden lassen.

Ein Verzicht ist in Ehe-, Familien-, Kindschafts- und Entmündigungsverfahren unwirksam, §§ 617, 640, 641, 670, 679, 684, 686.

C. Eidesverweigerungsrecht. Ein Recht zur Verweigerung des Eides oder der eidesgleichen Bekräftigung sieht die ZPO auch nach der Eidesnov 74 nicht ausdrücklich vor. Im § 63 StPO äußert sich aber ein allgemeiner Rechtsgedanke: Wer kein Zeugnis abzulegen braucht, den kann man unmöglich zum Eid oder zur eidesgleichen Bekräftigung zwingen, auch wenn er schon ausgesagt hat, vgl BGH **43,** 368. Die Zeugnisverweigerungsberechtigten dürfen also den Eid wie eine eidesgleiche Bekräftigung ohne Angabe weiterer Gründe verweigern, ja selbst wenn keine Gründe iSv §§ 481 II, III, 481 I vorliegen, auch trotz eines etwaigen entgegenstehenden Beschlusses des Gerichts. Das Gericht muß sie sogar entsprechend belehren, § 139. Es würdigt die Weigerung nach § 286. Ein Verfahren nach § 387 findet also in diesem Fall nicht statt.

D. Ermessensfreiheit. Bei anderen Zeugen kann das Prozeßgericht eine Beeidigung anordnen, wenn die Parteien nicht auf sie verzichten, Anm 4, und das Gericht eine Beeidigung für notwendig hält, also nach seinem pflichtgemäßen Ermessen, so in Wahrheit auch BVerwG NJW **78,** 389 mwN. Das Ermessen kann dann, wenn keine Beeidigung durchgeführt wird, auf Überschreitung oder auf Mißbrauch nachgeprüft werden, BGH NJW **65,** 1530. Ein Urteil, wie sich der Zeuge verhalten wird, läßt sich im allgemeinen erst nach der Anordnung der Beeidigung gewinnen.

Etwas anderes gilt dann, wenn ganz konkrete Umstände schwerwiegende Zweifel an der Glaubwürdigkeit wegen einer erheblich gebliebenen Tatsache aufkommen lassen, BGH **LM** Nr 2, oder wenn Tatsachen vorliegen, die den Beweiswert der Aussage erheblich mindern oder ihr den Beweiswert nehmen, etwa beeidigte Aussagen anderer Zeugen oder der Partei,

BGH **43**, 371. Aber auch die beeidigte Aussage enthebt den Richter nicht der Notwendigkeit, die Wahrhaftigkeit zu würdigen. Andernfalls würde es sich um eine verbotene Beweisregel handeln, § 286 II, vgl auch Grunsky ZZP **79**, 143, Schneider MDR **69**, 429, abschwächend auch BGH DRiZ **67**, 361.

E. Notwendigkeit der Beeidigung. Die Beeidigung ist notwendig, soweit wenigstens einer der folgenden Gründe vorliegt:

a) Bedeutung der Aussage. Wenn die Entscheidung von der Aussage abhängt, so ist die Beeidigung im allgemeinen geboten, Hopt JZ **74**, 555. Das Gesetz will ja nur überflüssige Eide vermeiden, vgl BGH NJW **72**, 574. Ein Zweifel an der Glaubwürdigkeit liegt in der Anordnung nicht.

b) Wahrheit der Aussage. Die Beeidigung ist auch erforderlich, soweit das Gericht die Änderung einer abgegebenen Aussage erwartet oder soweit das Gericht seine Zweifel an der Wahrheit der Aussage beseitigen oder mindern will, vgl A.

Der Richter sollte sich nie zu sehr auf seinen zudem kurzen persönlichen Eindruck verlassen, auch nicht jedem Zeugen vertrauen. Man vergesse nicht, daß die hinter dem falschen Eid stehende schwere Strafandrohung eine starke Wirkung äußert, Bull SchlHA **76**, 38, insbesondere bei einem religiösen Menschen, Heimann-Trosien JZ **73**, 609. Wenn auch nur entfernt eigene Belange des Zeugen im Spiele sein können, sollte der Zeuge beeidigt werden. Niemand ist ganz sachlich, wenn er selbst betroffen ist.

Wenn widersprechende Aussagen nur durch Erinnerungsfehler erklärlich sind, dann ist ein Eid nicht geboten, Köln MDR **71**, 933. Das Gericht kann die Beeidigung eines Teils der Aussage anordnen. Zweckmäßig ist das nur bei einem teilweisen Eidesverweigerungsrecht.

3) Anordnung der Beeidigung. Sie erfolgt durch das Prozeßgericht, durch einen verordneten Richter nur, soweit das Prozeßgericht ihn dazu ermächtigt hat, was im Rahmen des § 375 zulässig ist und im Beweisbeschluß stehen sollte, oder auch ohne Ermächtigung, wenn der Richter auf Grund seines persönlichen Eindrucks der Aussage mißtraut, vgl § 360 Anm 2 A, StJSchuL I 4, aM RoS § 123 VI, ThP 1, ZöSt 4. Hat das Prozeßgericht oder der verordnete Richter grundlos vereidigt, so schadet das prozessual nicht, soweit nicht die Beeidigung unstatthaft war. Das Gesetz will Eide ersparen, nicht eine eidliche Aussage entwerten.

War eine Beeidigung überhaupt oder nach der vorgenommenen Art (zB als Zeugeneid statt als Sachverständigenbehandlung) unzulässig, so ist die eidliche Aussage als eine uneidliche zu würdigen. Andernfalls liegt ein Verfahrensfehler vor, der zur Zurückverweisung führen kann, § 539. Unterbleibt die Beeidigung, weil das Gericht irrig ein Eidesverweigerungsrecht oder einen Verzicht annimmt, dann ist auch das ein Verfahrensmangel. Diese Mängel sind, außer in Ehesachen usw, §§ 617, 640, 641, 670, 679, 684, 686, nach § 295 heilbar. Das Gericht muß die Nichtbeeidigung einer entscheidungserheblichen Aussage begründen, um die Nachprüfung seines Ermessens zu ermöglichen, Schneider NJW **66**, 334, ZöSt 4, offen BGH **43**, 368, aM BGH NJW **52**, 384.

Das Berufungsgericht kann die Beeidigung einer in der 1. Instanz gemachten Aussage anordnen. Im Beweissicherungsverfahren ist das anordnende Gericht zuständig.

Die Anordnung erfolgt durch einen Beschluß, der zu verkünden ist und mangels mündlicher Verhandlung den Parteien und dem Zeugen formlos mitgeteilt wird.

4) Rechtsmittel. Die Entscheidung ist praktisch eine Ergänzung des Beweisbeschlusses und deshalb nur zusammen mit dem Endurteil anfechtbar, §§ 355 II, 360.

5) VwGO: Entsprechend anzuwenden, § 98 VwGO, da auch im VerwProzeß das Gericht nicht unnötig beeidigen soll, Anm 1, und die Aussage frei würdigen kann, § 108 I VwGO; demgemäß ist die Beeidigung auch unter den Voraussetzungen des § 391 kein ,,Muß", steht vielmehr im richterlichen Ermessen, BVerwG NJW **78**, 388, Anm 2 D. Ein Verzicht bindet das Gericht nicht, § 86 I VwGO, vgl § 617.

392 **Nacheid.** Die Beeidigung erfolgt nach der Vernehmung. Mehrere Zeugen können gleichzeitig beeidigt werden. Die Eidesnorm geht dahin, daß der Zeuge nach bestem Wissen die reine Wahrheit gesagt und nichts verschwiegen habe.

1) Eideszeit. Der Zeuge ist, wenn überhaupt, § 391, nach seiner Vernehmung zu beeidigen (Nacheid), üblicherweise und zweckmäßig nach der Verlesung seiner Aussage. Ein Voreid ist unzulässig, aber bei einer Eidesverletzung ebenfalls eine Straftat. Über die Bedeutung des „nichts verschwiegen" ist manchmal eine Belehrung notwendig. Daß der Zeuge nichts hinzusetzen darf, versteht sich von selbst. Trotzdem sollte er auch darüber belehrt werden. Form der Eidesleistung: §§ 478 ff, § 188 GVG. Im Fall einer Ergänzung der Aussage nach der Beeidigung gilt § 398 III.

2) VwGO: Entsprechend anwendbar, § 98 VwGO.

393 *Notwendige uneidliche Vernehmung.* Personen, die zur Zeit der Vernehmung das sechzehnte Lebensjahr noch nicht vollendet oder wegen mangelnder Verstandesreife oder wegen Verstandesschwäche von dem Wesen und der Bedeutung des Eides keine genügende Vorstellung haben, sind unbeeidigt zu vernehmen.

1) Geltungsbereich. § 393 betrifft nur die Beeidigung. Er ändert nichts an der grundsätzlichen Notwendigkeit einer Vernehmung, § 286 Anm 3 A, vgl auch BGH NJW **67**, 360. Die Regelung ist von Amts wegen zu beachten.

Uneidlich sind ausnahmslos zu vernehmen: Eidesmündige, Unreife, Verstandesschwache. Die Reife ist im Einzelfall zu prüfen. Im Fall der vorübergehenden Eidesunfähigkeit, etwa eines Betrunkenen oder Übermüdeten, muß das Gericht die Beeidigung vertagen. Aussagen der unter § 393 fallenden Personen sind frei zu würdigen. Der Richter kann ihnen glauben, er kann ihnen auch mißtrauen.

2) Verstoß. Wenn eine Beeidigung zu Unrecht vorgenommen wurde oder unterblieb, gilt § 391 Anm 3.

3) VwGO: Entsprechend anwendbar, § 98 VwGO.

394 *Einzelvernehmung.* **I** Jeder Zeuge ist einzeln und in Abwesenheit der später abzuhörenden Zeugen zu vernehmen.

II Zeugen, deren Aussagen sich widersprechen, können einander gegenübergestellt werden.

1) Einzelvernehmung, I. Die Zeugen sind einzeln zu vernehmen. Wegen der Ausschließung der Öffentlichkeit vgl § 172 GVG. Wegen der Ordnungs- und Zwangsmittel vgl §§ 177 ff GVG. Vernommene und entlassene Zeugen dürfen als Zuhörer anwesend bleiben, § 169 GVG, noch nicht entlassene müssen es, § 380. Auf den Sachverständigen ist § 394 nicht anzuwenden, wohl aber auf den sachverständigen Zeugen, § 414. Entfernen darf sich ein Zeuge erst nach seiner Entlassung, die im Schluß des Termins liegt, vorher aber nur mit Zustimmung der Parteien anzuordnen ist.

2) Gegenüberstellung, II. Nur bei widersprechenden Aussagen kann das Gericht, auch der verordnete Richter, Zeugen einander gegenüberstellen. Ein Recht auf eine Gegenüberstellung hat die Partei nicht, BAG NJW **68**, 566. Eine Gegenüberstellung ist stets eine Vernehmung, evtl eine wiederholte Vernehmung, § 398.

3) Verstoß. Bei einem Verstoß gegen § 394 entscheidet eine freie Würdigung über den Wert der Aussagen unter Berücksichtigung einer möglichen Beeinflussung, Düss MDR **79**, 409. Ein Verstoß begründet keine Revision, weil § 394 eine bloße Ordnungsvorschrift ist.

4) VwGO: Entsprechend anwendbar, § 98 VwGO.

395 *Vernehmung zur Person.* **I** Vor der Vernehmung wird der Zeuge zur Wahrheit ermahnt und darauf hingewiesen, daß er in den vom Gesetz vorgesehenen Fällen unter Umständen seine Aussage zu beeidigen habe.

II Die Vernehmung beginnt damit, daß der Zeuge über Vornamen und Zunamen, Alter, Stand oder Gewerbe und Wohnort befragt wird. Erforderlichenfalls sind ihm Fragen über solche Umstände, die seine Glaubwürdigkeit in der vorliegenden Sache betreffen, insbesondere über seine Beziehungen zu den Parteien vorzulegen.

1) Ermahnung, I. Der Zeuge ist vor seiner Vernehmung zur Wahrheit zu ermahnen und auf die Möglichkeit einer Beeidigung und die Strafbarkeit einer eidlichen oder uneidlichen falschen Aussage hinzuweisen, § 153 StGB. Die „vom Gesetz vorgesehenen Fälle" braucht der Richter dem Zeugen nicht aufzuzählen. Dies gilt auch bei einem Zeugnisverweigerungsberechtigten. Er ist gemäß § 383 II zu belehren. Über das Eidesverweigerungsrecht ist ein Zeuge, § 391 Anm 2 C, erst vor der Beeidigung zu belehren. I ist bloße Ordnungsvorschrift; deren Verletzung ist prozessual belanglos.

2) Allgemeine Fragen (Generalfragen), II. Beim Beginn der Vernehmung ist der Zeuge nach seinem Vor- und Zunamen, dem Alter, dem Stand, dem Gewerbe, dem Wohnort zu befragen. Nach Art 136 II Weimarer Verfassung, der Bestandteil des GG ist, Art 140 GG, ist niemand verpflichtet, seine religiöse Überzeugung zu offenbaren. Demgemäß darf das Gericht nur insoweit danach fragen, als davon Rechte und Pflichten abhängen, also nicht anläßlich der Generalfragen. Denn diese Fragen dienen der Feststellung der Nämlichkeit.

Nach gerichtlichem Ermessen („erforderlichenfalls") hat das Gericht auch Glaubwürdigkeitsfragen zu stellen. Sie können die Glaubwürdigkeit im allgemeinen oder im Einzelfall betreffen. Allgemeine Fragen sind schonend zu stellen. Nach einer Vorstrafe wegen Meineids fragt man nicht ohne Anhaltspunkt. Der Zeuge braucht über Vorstrafen evtl erst nach einer Belehrung Auskunft zu geben, § 51 II BZRG. Eine Pflicht des Zeugen, den Verlust seiner Eidesfähigkeit anzugeben, besteht nicht, BGH NJW **53**, 1922; vgl § 384 Z 2.

Die Glaubwürdigkeit ist im Einzelfall sorgfältig zu ermitteln. Persönliche Beziehungen und Beeinflussungen, oft ganz unbewußte, spielen beim Zeugen erfahrungsgemäß eine gewaltige Rolle, BPatG GRUR **78**, 359. Eine Beeidigung nur wegen der aus II zu stellenden Fragen ist unstatthaft.

3) VwGO: Entsprechend anwendbar, § 98 *VwGO*.

396 **Vernehmung zur Sache.** I Der Zeuge ist zu veranlassen, dasjenige, was ihm von dem Gegenstand seiner Vernehmung bekannt ist, im Zusammenhang anzugeben.

II **Zur Aufklärung und zur Vervollständigung der Aussage sowie zur Erforschung des Grundes, auf dem die Wissenschaft des Zeugen beruht, sind nötigenfalls weitere Fragen zu stellen.**

III **Der Vorsitzende hat jedem Mitglied des Gerichts auf Verlangen zu gestatten, Fragen zu stellen.**

Schrifttum: Arntzen, Vernehmungspsychologie, 1978; Bender/Röder/Nack, Tatsachenfeststellung vor Gericht, Bd II: Vernehmungslehre, 1981; Hoffmann, Die Zeugnisberichtigung, Diss Köln 1966; vgl auch die Hinweise vor Üb 1 v § 373.

1) Vernehmung, I. Über die Kunst der Zeugenvernehmung vgl Üb 1 C vor § 373. Ein sehr verbreiteter und abträglicher Unfug sind die Beeinflussungs- (Suggestiv-) Fragen. Sie können vom Richter, von den Parteien, vom Prozeßbevollmächtigten ausgehen. Sie legen dem Zeugen, meist ganz ohne Absicht, eine bestimmte Anwort in den Mund und führen damit zu einer einseitigen Bekundung auch gewissenhafter Zeugen. Sie sind grundsätzlich zu vermeiden. Sie sind Parteien und Prozeßbevollmächtigten zu untersagen.

Die Parteibefragung, § 397, hat überhaupt erst dann einzusetzen, wenn der Zeuge bereits im Zusammenhang ausgesagt hat. Gerade die Aussage im Zusammenhang wird vom Gesetz vorgeschrieben, damit der Zeuge unbeeinflußt aussagt. Darum ist es nur begrenzt zulässig und oft gefährlich, ihm von vornherein ganz spezielle Frage vorzulegen, die das Beweisthema nur teilweise behandeln, BAG NJW **83**, 1693. Er ist zunächst nur über den Beweissatz im allgemeinen zu befragen. Häufig empfiehlt sich eine genaue Protokollierung von Frage und Antwort, um die Beeinflussung ersichtlich zu machen.

Der Zeuge darf seine Aussage schriftlich übergeben oder Notizen benutzen. Das Gericht darf und sollte ihm aber klarmachen, daß seine durch solche Unterlagen (zunächst) nicht gestützte Erzählung evtl wertvoller ist. Es muß schriftliche Unterlagen Punkt für Punkt erörtern. Den Parteien ist zu gestatten, den Zeugen zu jedem Punkt zu befragen, § 397. Das Schriftstück ist zu verlesen und als Anlage zum Protokoll zu nehmen. Ersetzen kann das Schriftstück die Vernehmung nur im Rahmen des § 377 III, IV; entsprechend ist ein nachträglich eingereichtes Schriftstück benutzbar. Notfalls ist das Schriftstück zur Beifügung einer eidesstattlichen Versicherung zurückzugeben. Das Protokoll muß ergeben, daß der Zeuge frei ausgesagt hat. Einwendungen gegen die Protokollierung: § 160 IV, § 164 II. Über die Verpflichtung des Zeugen zur Nachforschung vgl Üb 3 vor § 373.

Der Zeuge darf sich auch (auf eigene Kosten) eines Rechtsbeistands bedienen, Art 2 I GG, vgl BVerfG NJW **75**, 103, diesem freilich nicht die ganze Aussage oder die Formulierung entscheidungserheblicher Antworten überlassen; letzteres könnte einer Aussageverweigerung gleichkommen. Das Gericht muß nach den Gesamtumständen gemäß seiner Fürsorgepflicht, Einl III 3 B, auch insofern hilfreich steuern.

2) Fragerecht, II, III. Nachdem der Zeuge im Zusammenhang ausgesagt hat, stellt der Vorsitzende notfalls weitere Fragen. Dabei soll er feststellen, worauf die Kenntnis des Zeugen beruht, namentlich ob auf eigener zuverlässiger Wahrnehmung, auf fremder Mitteilung oder gar auf bloßer Phantasie, BPatG GRUR **78**, 359. Der Vorsitzende muß jedem Mitglied des Gerichts auf Verlangen Fragen erlauben. Beanstandet ein Richter oder eine Partei eine Frage als unzulässig, so entscheidet das Gericht, § 140. Unsachliche Fragen schneidet der Vorsitzende ab.

Daß sich die Fragen im engsten Raum des Beweisbeschlusses halten müßten, ist ein verbreiteter und schädlicher juristischer Aberglaube. Prozeßwirtschaftlichkeit und Wahrheitsermittlung verlangen weitherzige Fragestellung.

3) Verstoß. Ein Verstoß ist ein Verfahrensfehler. Er kann nach § 295 heilen. Andernfalls kann die Aussage unverwertbar sein, BGH NJW **61**, 2168.

4) VwGO: Entsprechend anwendbar, § 98 VwGO.

397 *Parteibefragung des Zeugen.* ¹ Die Parteien sind berechtigt, dem Zeugen diejenigen Fragen vorlegen zu lassen, die sie zur Aufklärung der Sache oder der Verhältnisse des Zeugen für dienlich erachten.

II Der Vorsitzende kann den Parteien gestatten und hat ihren Anwälten auf Verlangen zu gestatten, an den Zeugen unmittelbar Fragen zu richten.

III Zweifel über die Zulässigkeit einer Frage entscheidet das Gericht.

Schrifttum: Vgl vor Üb 1 vor § 373.

1) Fragerecht, I, II. Parteien, Streithelfer, Prozeßbevollmächtigte, Streitgenossen, soweit sie der Beweissatz berührt, dürfen dem Zeugen durch den Vorsitzenden alle Fragen vorlegen lassen, die sie für aufklärungsfördernd halten. Das folgt auch aus § 357. Dieses Vorlagerecht hat die Partei auch im Anwaltsprozeß. Auch dem Staatsanwalt muß man dieses Recht einräumen, soweit er mitwirken darf und mitwirkt.

Das Recht der unmittelbaren Befragung hat in erster Linie das Gericht. Das Ziel ist aber nicht die Vernehmung durch das Gericht, sondern die Vorlegung und unmittelbare Stellung von Fragen der Partei, BGH MDR **81**, 1014. Ein RA kann als Prozeßbevollmächtigter verlangen, daß der Vorsitzende ihm die unmittelbare Stellung einer zulässigen Frage erlaubt, auch wenn der Vorsitzende seine Frage nicht für sachdienlich hält. Die Partei selbst darf dieses Recht erbitten, hat jedoch im Anwaltsprozeß grundsätzlich persönlich keinen Anspruch darauf. Eine Versagung empfiehlt sich freilich nur dann, wenn Unsachlichkeit, Erregung usw der Partei kein sachliches Ergebnis erwarten lassen. Es besteht ein Befragungsrecht immer nur wegen bestimmter Fragen. Das Gericht darf den Parteien also die Vernehmung nicht ganz überlassen. Es darf und muß sich notfalls einschalten, auch nach § 136 II, 157 II sowie nach §§ 177, 178 GVG. Im Einverständnis mit der schriftlichen Befragung nach § 377 IV liegt ein Verzicht auf ein Fragerecht nach § 397. Notfalls ist § 398 anwendbar.

Ein Kreuzverhör ist der ZPO unbekannt und auch nicht erforderlich, soweit das Gericht einen der Psychologie der Zeugenaussage angepaßten Vernehmungsstil entwickelt, Baumgärtel Gedenkrede auf Bruns (1980) 15. Das Fragerecht besteht nur im Vernehmungstermin. Es ist aber statthaft, daß die Partei dem Vorsitzenden vorher abgefaßte Fragen überreicht und darum bittet, sie im Termin stellen zu dürfen. Über die Zulassung einer späteren Frage entscheidet das Gericht nach § 398, BGH **35**, 370.

Die Vorschrift gilt entspr im FGG-Verfahren, KG NJW **62**, 2114.

2) Zulässigkeit, III. Vgl v Lanzenauer DRiZ **66**, 223 (ausf). Das Gericht muß das Beweismittel erschöpfen helfen, § 286 Anm 3 A. Bei einem Zweifel über die rechtliche Zulässigkeit einer Frage entscheidet das Gericht. Unzulässig sind Fragen, die gegen §§ 376, 383 III verstoßen, solche, die offenbar nicht zum Beweissatz gehören (s dazu aber § 396 Anm 2), Suggestivfragen, Ausforschungsversuche, Einf 6 vor § 284, und bereits beantwortete Fragen. Auf unsachliche Fragen bezieht sich III nicht. Der Vorsitzende verhindert sie. Die Entscheidung über die Zulässigkeit einer Frage ergeht durch das Prozeßgericht oder den Einzelrichter auch bei einer Vernehmung durch den verordneten Richter, der aber vorläufig entscheiden darf, §§ 398 II, 400. Die Entscheidung ergeht auf mündliche Verhandlung durch einen Beschluß. Er ist grds (kurz) zu begründen, § 329 Anm 1 A b. Dem Zeugen steht eine Entscheidung über die Zulässigkeit einer an ihn gerichteten Frage nicht zu.

3) Rechtsmittel. Die Entscheidung ist stets nur zusammen mit dem Endurteil anfechtbar, § 355 II.

4) VwGO: *Es gilt § 97 S 2 u 3 VwGO, Kopp § 98 Rdz 1. Das darin den Beteiligten gewährte Recht, Zeugen und Sachverständige unmittelbar zu befragen, steht auch den RAen der Beteiligten zu.*

398 Wiederholte und nachträgliche Vernehmung.
I Das Prozeßgericht kann nach seinem Ermessen die wiederholte Vernehmung eines Zeugen anordnen.

II Hat ein beauftragter oder ersuchter Richter bei der Vernehmung die Stellung der von einer Partei angeregten Frage verweigert, so kann das Prozeßgericht die nachträgliche Vernehmung des Zeugen über diese Frage anordnen.

III Bei der wiederholten oder der nachträglichen Vernehmung kann der Richter statt der nochmaligen Beeidigung den Zeugen die Richtigkeit seiner Aussage unter Berufung auf den früher geleisteten Eid versichern lassen.

Schrifttum: Hoffmann, Die Zeugnisberichtigung, Diss Köln 1966.

1) Allgemeines. Wenn der Zeuge prozeßordnungsgemäß vernommen worden ist, so wäre es ein Mißbrauch des Zeugniszwangs, ihn ohne genügenden Grund in derselben Sache erneut zu vernehmen, Nürnb OLGZ **76**, 481. Dieselbe Sache ist auch die zurückverwiesene, nicht auch die Berufungsverhandlung auf ein Schlußurteil, nach dem ein Teilurteil ergangen war, BGH **LM** § 355 Nr 6. Ein Zeuge, der das Zeugnis ordnungsmäßig verweigert hat, ist nicht neu zu vernehmen, soweit nicht Tatsachen dafür vorliegen, daß er jetzt zur Aussage bereit ist.

2) Wiederholte Vernehmung, I. A. Voraussetzungen. a) Ermessen. Das Prozeßgericht ordnet eine Wiederholung der vor ihm oder vor dem verordneten Richter stattgefundenen Vernehmung desselben Zeugen über denjenigen Gegenstand, zu dem er schon ausgesagt hat, Schlesw OLGZ **80**, 58, und in demselben Prozeß, BGH **35**, 370, auch nach einem Beweissicherungsverfahren, BGH NJW **70**, 1920, nach seinem pflichtgemäßen Ermessen an, BGH **LM** Nr 8 und MDR **79**, 482 je mwN sowie GRUR **81**, 534, wenn ihm die erste Aussage aus irgendwelchen Gründen nicht genügt, etwa weil es den Zeugen einem anderen Zeugen gegenüberstellen will, § 394 II. Die wiederholte Vernehmung wird von Amts wegen oder auf Antrag angeordnet.

b) Pflicht. Das Gericht muß die Wiederholung der Vernehmung anordnen, soweit eine der folgenden Voraussetzungen vorliegt:

aa) Mangelhafte Vernehmung. Die Wiederholung ist notwendig, soweit die frühere Vernehmung verfahrensmäßig nicht ordnungsgemäß war, etwa wegen einer Unzulänglichkeit des Protokolls des Erstgerichts, BGH DRiZ **63**, 441, zB seiner Mehrdeutigkeit, BGH MDR **79**, 481, und soweit der Mangel nicht nach § 295 geheilt ist.

bb) Parteiabwesenheit. Die Wiederholung ist bei einer früheren Parteiabwesenheit im Falle des § 367 II erforderlich.

cc) Andere Glaubwürdigkeitsbeurteilung. Die Wiederholung ist notwendig, soweit das Gericht die Glaubwürdigkeit des Zeugen anders als der Erstrichter beurteilen will, weil dazu ein neuer unmittelbarer Eindruck notwendig ist, BGH NJW **82**, 109 und VersR **83**, 560, 675 je mwN, Schultze NJW **77**, 412, und zwar sowohl im Verhältnis zwischen dem Einzelrichter und der Kammer (dem Senat) als auch im Verhältnis zwischen der letzteren und dem Berufungsgericht, BGH **LM** Nr 8 und 9, MDR **79**, 482 und GRUR **81**, 534 je mwN. Dabei muß das Berufungsgericht berücksichtigen, daß sich nicht stets alle Grundlagen der Würdigung des erstinstanzlichen Gerichts aus dem Protokoll ergeben, BGH NJW **82**, 109 und 1052.

dd) Andere Sachwürdigung des Berufungsgerichts. Die Wiederholung ist schließlich erforderlich, soweit das Berufungsgericht die beeidete Aussage des Zeugen anders als der Erstrichter würdigen will, BGH NJW **74**, 56, oder eine andere Aussage des Zeugen anders als der Erstrichter würdigen will, soweit das letztere nicht ohne einen unmittelbaren Eindruck geschehen kann, BGH VersR **72**, 951, FamRZ **77**, 537, NJW **82**, 109 und 1052 mwN, und zwar auch dann, wenn das Berufungsgericht die protokollierte Aussage anders versteht als der Erstrichter, BGH FamRZ **77**, 537 und MDR **79**, 482. Das gilt auch nach einer schriftlichen Beantwortung gemäß § 377 III, IV, BGH **LM** § 377 Nr 4, abw ZöSt 1 (nur bei § 377 III) oder bei einer Parteivernehmung, BGH NJW **74**, 56 sowie MDR **82**, 297.

c) Keine Notwendigkeit. Eine erneute Vernehmung durch das Berufungsgericht ist entbehrlich, wenn der Erstrichter die Aussage des Zeugen abgesehen von den Fällen b) als unergiebig, Schlesw OLGZ **80**, 58, oder als unerheblich, BGH NJW **72**, 584, oder überhaupt nicht gewürdigt hatte, BGH **LM** § 391 Nr 2, offen BGH VersR **81**, 1079; wenn das Berufungsgericht die Beweisbedürftigkeit verneint; wenn der Erstrichter die Aussage nur zusammen mit anderen Beweismitteln, Schneider NJW **74**, 842, oder nur eine Aussage aus einem anderen Verfahren als Urkunde gewürdigt hatte, Köln MDR **72**, 957; wenn der Erstrichter einen sachverständigen Zeugen gehört hatte, das Berufungsgericht nun dessen schriftliches Gutachten aus einem anderen Verfahren erstmals (als Urkunde) verwerten will, BGH **LM** § 283 (Ea) BGB Nr 56; wenn das Berufungsgericht einen objektiven, von der Aussage nicht erfaßten Umstand anders als der Erstrichter würdigen will, Oldb NdsRpfl **75**, 88.

B. Verfahren. Die Anordnung der erneuten Vernehmung erfolgt durch einen unanfechtbaren Beschluß, auch ohne mündliche Verhandlung, vgl § 360 S 2. Ein Antrag auf erneute Vernehmung ist abzulehnen, wenn nicht ersichtlich ist, warum die neue Aussage anders ausfallen soll als die frühere, Schlesw OLGZ **80**, 59, oder wenn sie bei einem anderen Ausfall unglaubhaft wäre. Dies gilt auch in Ehe-, Familien-, Kindschaftssachen und in der 2. Instanz. Maßgebend ist nicht der Inhalt des Beweisbeschlusses, sondern der Inhalt der Aussage, Schlesw OLGZ **80**, 58.

C. Neue Tatsache. Eine Vernehmung über neue Tatsachen fällt nicht unter § 398. Das Gericht darf sie nur gemäß § 286 Anm 3 B oder § 296 II ablehnen, vgl auch § 367 II. In diesem Falle ist der Zeuge auch dann, wenn er früher beeidigt worden war, jetzt uneidlich zu vernehmen, sofern nicht das Gericht aus den Gründen des § 391 seine Beeidigung beschließt, was hier schon vor der Vernehmung geschehen kann.

3) Nachträgliche Vernehmung, II. Wenn ein verordneter Richter sich geweigert hat, eine von einer Partei angeregte Frage zu stellen, dann kann und muß evtl das Prozeßgericht auf Antrag oder von Amts wegen die nachträgliche Vernehmung über diese Frage anordnen. Es ergeht ein unanfechtbarer Beschluß wie bei Anm 2 B; evtl ist dann aber eine Rüge aus § 286 möglich (die Beweisangebote seien nicht erschöpft). Er bindet den verordneten Richter, § 158 GVG. Das Prozeßgericht kann den Zeugen über die Frage natürlich auch selbst vernehmen. Wenn beantragt wird, den Zeugen im Hinblick auf seinen persönlichen Eindruck nochmals vor dem voll besetzten Gericht zu vernehmen, dann gilt I, BGH **40**, 179.

4) Berufung auf den Eid, III. Die nachträgliche oder wiederholte Vernehmung geschieht nach §§ 391, 394–397. Das Gericht befindet also erneut über die Beeidigung. In beiden Fällen läßt III die Berufung auf den früher geleisteten Eid nach dem pflichtgemäßen Ermessen des Gerichts zu. Diese Versicherung deckt den Voreid und den Nacheid, § 392, weil dessen Inhalt sich auf die neue Aussage bezieht, also erneut versichert. Ein gerichtlicher Hinweis auf den Eid genügt nicht. Die Berufung auf den Eid ist nur dann zulässig, wenn eine Beeidigung noch zulässig ist.

Auch bei einer Wiederholung der Vernehmung 1. Instanz in der 2. Instanz ist die Berufung auf den Eid möglich. Eine schriftliche Versicherung ist unstatthaft. Bei einer nachträglichen schriftlichen Vernehmung ist nach § 377 III, IV zu verfahren, muß also eine eidesstattliche Versicherung vorliegen.

Ein Verstoß heilt nach § 295, wie ein Verstoß gegen die Beeidigungsvorschriften überhaupt, § 391 Anm 2 C.

5) VwGO: Entsprechend anwendbar, § 98 *Vw*GO.

399
Verzicht auf Zeugen. **Die Partei kann auf einen Zeugen, den sie vorgeschlagen hat, verzichten; der Gegner kann aber verlangen, daß der erschienene Zeuge vernommen und, wenn die Vernehmung bereits begonnen hat, daß sie fortgesetzt werde.**

1) Verzicht des Beweisführers. Der Beweisantritt ist als eine Parteiprozeßhandlung, Grdz 5 B vor § 128, grds unwiderruflich. Der Beweisführer, § 379 Anm 1 A b, kann trotzdem bis zur Beendigung der Vernehmung ohne Zustimmung des Gegners auf seine Zeugen verzichten, vgl auch Grdz 5 G vor § 128. Der Verzicht unterliegt dem Anwaltszwang, wird

7. Titel. Zeugenbeweis §§ 399, 400

in der mündlichen Verhandlung erklärt, auch zu Protokoll des verordneten Richters, er kann aber auch schriftlich erklärt werden. Er erfolgt ausdrücklich oder durch eine schlüssige Handlung, zB wenn die Partei einen unberücksichtigten Beweisantrag nicht aufgreift, obwohl der Zeuge anwesend ist, insbesondere wenn dies nach einer Beweisaufnahme geschieht, die erkennbar vom Gericht als erschöpfend vorgenommen angesehen wird, BGH **LM** § 286 (E) Nr 12 und 13, oder wenn der Beweisführer dem Weggang des Zeugen nicht widerspricht. Die bloße Nichtverlesung eines Beweisantrags ist grds kein Verzicht. Evtl muß das Gericht aber fragen, § 139.

Ein Stillschweigen bei einer noch ausstehenden Beweisaufnahme ist kein Verzicht. Während der Vernehmung ist ein Verzicht auf weitere Fragen (nur auf diese) noch zulässig. Soweit der Zeuge schon ausgesagt hat, ist ein Verzicht nicht mehr wirksam; das Gericht muß dann die Vernehmung insoweit nach § 286 würdigen.

2) Vernehmungsantrag des Prozeßgegners. Der Gegner kann stets die Vernehmung des erschienenen Zeugen oder die Fortsetzung der Vernehmung verlangen. Wenn er das unterläßt und sich später auf den Zeugen beruft, dann kann dieser Antrag nach § 296 zurückgewiesen werden. Im Zwischenstreit nach § 387 ist der Beweisführer Partei, Hbg FamRZ **65**, 277.

3) Wirkung des Verzichts. Der Zeuge ist nach einem Verzicht des Beweisführers und beim Fehlen eines Vernehmungsantrags des Prozeßgegners nicht zu vernehmen, eine begonnene Vernehmung ist abzubrechen. Nur im Amtsverfahren, Grdz 3 G vor § 128, und bei § 144 darf das Gericht ihn trotzdem vernehmen. Der Verzicht wirkt nur für die jeweilige Instanz, auch wenn der Beweisführer oder beide Parteien weitergehende Erklärungen abgeben; diese letzteren muß das höhere Gericht frei würdigen. Ein Widerruf des Verzichts bzw eine erneute Benennung des Zeugen ist in der 1. Instanz oder in der Berufungsinstanz in den Grenzen der §§ 296, 528 sowie § 67 ArbGG zulässig, BAG NJW **74**, 1350 mwN.

4) Verstoß. Soweit das Gericht die Vernehmung entgegen § 399 vorgenommen oder fortgesetzt hat, ist die Aussage wegen eines Verstoßes gegen die Parteiherrschaft, Grdz 3 A vor § 128, unverwertbar. Die Würdigungsfreiheit, Grdz 3 E vor § 128, setzt ja einen wirksam gebliebenen Beweisantritt voraus.

5) VwGO: *Unanwendbar trotz § 98 VwGO wegen des Ermittlungsgrundsatzes, § 86 I VwGO, Kopp § 98 Rdz 1. Der Gegner (und die anderen Beteiligten) können aber einen Antrag nach § 86 II VwGO stellen, vgl RedOe § 98 Anm 8.*

400 **Befugnisse des verordneten Richters.** Der mit der Beweisaufnahme betraute Richter ist ermächtigt, im Falle des Nichterscheinens oder der Zeugnisverweigerung die gesetzlichen Verfügungen zu treffen, auch sie, soweit dies überhaupt zulässig ist, selbst nach Erledigung des Auftrages wieder aufzuheben, über die Zulässigkeit einer dem Zeugen vorgelegten Frage vorläufig zu entscheiden und die nochmalige Vernehmung eines Zeugen vorzunehmen.

1) Geltungsbereich. A. Ermächtigung. Die Aufzählung des § 400 ist unvollständig. Der verordnete Richter darf folgende Anordnungen treffen:
a) Ausbleiben des Zeugen. Der Richter darf beim Ausbleiben des Zeugen nach § 380 verfahren.
b) Zeugnisverweigerung. Er darf bei einer Zeugnisverweigerung nach § 390 vorgehen.
c) Wiederaufhebung. Er darf die Anordnungen nach a und b wieder aufheben, § 381, und zwar auch nach der Erledigung seines Auftrags.
d) Vorläufige Entscheidung. Er darf über die Zulässigkeit einer Frage, § 397, vorläufig entscheiden. Die Ablehnung einer Frage hat er zu protokollieren, § 160 IV; eine wörtliche Aufnahme der Frage ist unnötig. Endgültig entscheidet das Prozeßgericht, § 398 II.
e) Nochmalige Vernehmung. Er darf die nochmalige Vernehmung, § 398 I, II, vornehmen.
f) Prozeßleitung. Er darf und muß alle prozeßleitenden Verfügungen im Rahmen seines Auftrags treffen, zB laden, vertagen.
g) Sitzungspolizei. Er darf und muß die Sitzungspolizei ausüben, § 180 GVG.
h) Zeugengeld. Er darf und muß die erforderlichen Anweisungen zur Entschädigung des Zeugen treffen, § 401.
i) Beweisbeschlußänderung. Er darf, nie muß, schließlich den Beweisbeschluß im Rahmen des § 360 ändern.

B. Fehlen einer Ermächtigung. Der verordnete Richter darf nicht zB: Eine schriftliche Aussage nach § 377 anordnen, dort Anm 3 D; einen Zwischenstreit entscheiden, namentlich über eine Zeugnisverweigerung oder eine Eidesverweigerung oder eine Beeidigung.

C. Weitere Einzelfragen. Ein Widerspruch gegen eine Anordnung nach A a–b begründet keinen Zwischenstreit. Das Prozeßgericht bindet der verordnete Richter nur mit sitzungspolizeilichen Maßnahmen und Gebührenfestsetzung.

2) Verstoß. Wenn der verordnete Richter eine Frage zu Unrecht zuläßt, dann entscheidet das Prozeßgericht im Urteil über die Würdigung der Antwort. Bei einem sonstigen Verstoß ist das Prozeßgericht anzurufen, § 576 I. Im Zwischenstreit gilt § 366. Erst gegen die Entscheidung des Prozeßgerichts ist grds gemäß § 576 II die Beschwerde zulässig, ZöSt 2, abw LG Frankenthal NJW **61**, 1363. Gegen eine sitzungspolizeiliche Maßnahme ist direkt Beschwerde an das übergeordnete Gericht nach § 181 GVG zulässig.

3) *VwGO:* Entsprechend anwendbar, § 98 VwGO, vgl § 361 Anm 3 und § 362 Anm 3.

401 *Zeugengebühren.* Der Zeuge wird nach dem Gesetz über die Entschädigung von Zeugen und Sachverständigen entschädigt.

1) Entschädigung. Die „Zeugengebühr", in Wahrheit eine Entschädigung für Auslagen und Zeitverlust, richtet sich nach dem ZSEG, dazu Hartmann V. Der Vorschuß aus der Staatskasse richtet sich nach § 14 ZSEG. Ein Soldat ist wie ein sonstiger Zeuge zu behandeln, Z 18 ff SchlAnh II.

2) *VwGO:* Entsprechend anwendbar, § 98 *VwGO;* die Geltung des ZSEG ergibt sich unmittelbar aus dessen § 1.

Achter Titel. Beweis durch Sachverständige
Übersicht

Schrifttum: Asmus, Das Sachverständigenverfahren, Diss Hbg 1962; Blomeyer, Schadensersatzansprüche des im Prozeß Unterlegenen wegen Fehlverhaltens Dritter, 1972; Bremer, Der Sachverständige, 2. Aufl 1973 (Bespr Stürner ZZP **88**, 457); Döbereiner-von Keyserlingk, Sachverständigenhaftung, 1979; Jessnitzer, Der gerichtliche Sachverständige, 8. Aufl 1980; Kessler, Die tatsächliche Grundlage des Sachverständigengutachtens usw, Diss Freibg 1974; Klocke, Der Sachverständige und sein Auftraggeber, 1981; Kruchen, Der gerichtliche Sachverständige als Organ der Zivilrechtspflege, Diss Ffm 1973; Lebrecht, Betrachtungen zum technischen Sachverständigenwesen usw, 1974; Mehring, Der Sachverständige im Verwaltungsprozeß, Diss Mü 1982; Müller, Der Sachverständige im gerichtlichen Verfahren, 2. Aufl 1978; Pieper, Rechtsstellung des Sachverständigen und Haftung für fehlerhafte Gutachten, Gedächtnisschrift für Bruns (1980) 167; Pieper/Breunung/Stahlmann, Der Sachverständige im Zivilprozeß usw, 1981 (Bespr Blankenburg AcP **182**, 582); Wellmann-Schneider-Hüttemann-Weidhaas, Der Sachverständige in der Praxis, 4. Aufl 1981; Werner, Der Bauprozeß usw, 2. Aufl 1977.

Gliederung

1) Begriff und Funktion
  A. Abgrenzung vom Zeugen
  B. Meinungsforschungsinstitut
  C. Fachbehörde
  D. Dolmetscher
2) Hinzuziehungsgrundsätze
  A. Hinzuziehungsfreiheit
  B. Hinzuziehungspflicht
  C. Verfahren
  D. Nachprüfungspflicht

3) Rechtsstellung des Sachverständigen
  A. Tätigkeitspflicht
  B. Haftung
4) Ermittlungen des Sachverständigen
5) Privatgutachten
6) Amtliche Auskunft
7) *VwGO*

1) Begriff und Funktion. A. Abgrenzung vom Zeugen. Der Zeuge bekundet sein Wissen über bestimmte Tatsachen, Begriff Einf 4 A vor § 284. Der Sachverständige gibt dem Richter allgemeine Erfahrungssätze aus seinem Fachgebiet, mittels deren der Richter die nötigen Schlüsse zieht, BPatG GRUR **78**, 359, Mü AnwBl **74**, 355, oder er zieht die Schlüsse selbst und läßt dem Richter nur die rechtliche Beurteilung. In jedem Fall muß der Sachverständige die Tatsachen, die seiner Überzeugung zugrunde liegen, und die von ihm benutzten Erfahrungssätze derart angeben, daß das Gericht wie die Parteien ihre Richtigkeit und Vollständigkeit sowie die Ermittlungsumstände nachprüfen können, also zB die Personalien der vom Sachverständigen befragten Personen, aM Ffm FamRZ **80**, 932, Oldb BB **73**, 19, vgl aber Anm 4. Außerdem muß das Gericht das Gutachten auf seinen Überzeugungswert nachprüfen können, BGH **LM** § 144 Nr 4, LG Lüneb MDR **77**, 494, LG Mannh MDR **78**, 406 mwN.

Der Sachverständige ist also trotz einer praktisch oft streitentscheidenden Tätigkeit, zumindest einer oft erheblichen Teilnahme am Entscheidungsvorgang, insofern richtig Pieper Gedächtnisschrift für Bruns (1980) 169, nicht Richter, kein Angehöriger der staatlichen Rechtspflege, vgl auch Kblz Rpfleger **81**, 37, sondern Helfer und Berater des Richters, Pieper ZZP **84**, 30 („Gehilfe", so Düss MDR **79**, 409, wertet unzeitgemäß ab, Jessnitzer DB **73**, 2497). Der Sachverständige ist nicht Beweismittel. Das Gericht darf dem Sachverständigen nicht die Entscheidung überlassen. Das Gericht muß das Gutachten eingehend darauf prüfen, ob es überzeugt. Das Gericht darf aber trotz der Notwendigkeit einer freien Beweiswürdigung nicht ohne eine genügende eigene Sachkenntnis über das Gutachten hinweggehen, sondern muß notfalls ein Gegen- oder Obergutachten einholen, vgl zB BGH NJW **78**, 752 (dies sei bei Schriftgutachten sogar in der Regel notwendig). Schon der Beweisbeschluß darf dem Sachverständigen nicht die Prüfung von Rechtsfragen übertragen, wie derjenigen, ob Fahrlässigkeit oder ein Kunstfehler vorliege; der Sachverständige hat nur die zugehörigen Tatsachen zu liefern.

Freilich kennt das Recht den Sachverständigen auch als Richter. Dahin gehören die Handelsrichter. Als Vertreter des Richters kann der Sachverständige bei einer Augenscheinseinnahme tätig werden, vgl § 372 Anm 2. Dies gilt zB bei einer Blutgruppenuntersuchung oder einer erbbiologischen Untersuchung, § 372a Anm 3. Der Zeuge ist unvertretbar, der Sachverständige grundsätzlich vertretbar.

B. Meinungsforschungsinstitut. Besonders im Wettbewerbs- und Warenzeichenrechts wird viel von der Meinungsbefragung durch anerkannte Spezialinstitute Gebrauch gemacht, zB um den Grad der Bekanntheit einer Marke, die Kennzeichnungskraft einer Ausstattung, die Verwechslungsgefahr oder die Verkehrsauffassung bei einer angeblich irreführenden oder vergleichenden Werbung beim Verbraucher festzustellen, an den die sonst um Auskunft ersuchten Industrie- und Handelskammern nicht immer herankommen. Vgl zur Problematik Benda JZ **72**, 497; Bußmann in Publizistik Jahrgang 2 Heft 1; Sauberschwarz, Gutachten von Markt- und Meinungsforschungsinstituten als Beweismittel im Wettbewerbs- und Warenzeichenprozeß usw, 1969; Vöge NJW **57**, 1306; ferner zur technischen Seite Noelle-Neumann-Schramm, Umfragepraxis in der Rechtspraxis, Weinheim 1961. Die Befragung findet durch hierfür geschulte Leute auf Grund bestimmter Fragen statt, in denen vor allem nicht schon eine bestimmte Beantwortung vorweggenommen sein darf. Je nach Lage werden auch den Befragten Bildzeichen vorgelegt. Der Kreis der Befragten wird nach bestimmten Gesichtspunkten ausgewählt, damit er einen für die Frage maßgebenden Bevölkerungsdurchschnitt darstellt.

Auch hier handelt es sich bei der Auskunftserteilung um ein Sachverständigengutachten, BGH JZ **63**, 225, krit ThP § 404 Anm 2 b, das der Leiter des Unternehmens an Hand der erarbeiteten Feststellungen abgibt, Mü GRUR **56**, 379. In der Befragung durch das Personal des Instituts ist nicht schon eine Vernehmung zu sehen, die allerdings unzulässig wäre, da sie allein Sache des Gerichts ist, Anm 4; es handelt sich vielmehr um die Abfragung eines ausgewählten Bevölkerungsteils nach für alle gleichen Fragen und um die Registrierung ihrer Antworten. In ähnlicher Weise beschaffen sich auch die Industrie- und Handelskammern die Unterlagen für ihre Auskünfte; dazu § 355 Anm 1. Diese ebenso wie die Institute bleiben also Hilfspersonen des Richters. Auf Erfordern müssen, soweit sich daraus der Begründung des Gutachtens ergibt, die Unterlagen offengelegt, BGH MDR **80**, 308; vgl auch BayObLG DB **83**, 2029, ferner Stern NJW **69**, 2259, die Art des Zustandekommens des Gutachtens dargelegt und bei begründeten Bedenken gegen die Ordnungsmäßigkeit des Gutachtens die Mitarbeiter des Instituts einschließlich der Befrager als Zeugen gestellt werden, Anm 4, § 410 Anm 1.

Zweckmäßig ist eine genaue Ausarbeitung der Fragen unter Heranziehung der Parteien und des Sachverständigen, die sich auch wegen der durch die Auslagen sehr hohen Kosten derartiger Gutachten empfiehlt; bei einer sogenannten Mehr-Themen-Befragung, einem „Omnibus", können schnell 15 000 DM Kosten entstehen, bei einer Sonderbefragung leicht ca 30–70 000 DM. Ob die Institute in der Lage sind, auch schwierigere Feststellungen zu treffen, etwa diejenige, ob sich ein Zeichen schon in der Vergangenheit oder von einem bestimmten Zeitpunkt ab durchgesetzt hat, ist allerdings zweifelhaft. In solchen Fällen kann ein derartiges Gutachten oft nur die Auskünfte anderer Stellen unterstützen, die ohnehin wegen ihrer geringeren Kosten vorzuziehen sein dürften.

Bedenklich bleibt die Anordnung eines derartigen Gutachtens oder die Verwertung eines solchen Privatgutachtens dann, wenn die Partei, gegen die es ausgefallen ist, aus geldlichen Gründen nicht in der Lage ist, ein Gegengutachten zu liefern. Dann siegt der Kapitalkräftigere, da die Voraussetzungen für ein Teilarmenrecht schwerlich gegeben sein werden, der Gegner sie auch nicht wird dartun wollen. BGH **21**, 195 hat anläßlich der Aufhebung des zweitinstanzlichen Urteils und einer Zurückverweisung die Befragung eines anerkannten Meinungsforschungsinstituts anheimgegeben, ohne näher auf die obigen Fragen zum Wert des Beweismittels einzugehen.

C. Fachbehörde. Titel 8 hat es nur mit dem Sachverständigen als Beweismittel zu tun. Er kennt nur die Einzelperson des Sachverständigen, nicht, wie andere Gesetze, zB § 83 StPO, auch Fachbehörden. Daraus folgt aber nur, daß die Parteien keinen Anspruch auf die Einholung des Gutachtens einer Fachbehörde haben. Nicht kann man aus der gesetzlichen Regelung folgen, daß ein Gutachten einer Fachbehörde unbenutzbar wäre, vgl aber auch § 406 Anm 1. Im Gegenteil sehen einige Gesetze solche Gutachten besonders vor, zB §§ 29 PatG, 14 WZG, 136 ff BBauG, BGH **62**, 93, §§ 24, 24 c, 36 GewO, § 91 HandwO. Obwohl in derartigen Fällen eine mündliche Vernehmung nur eingeschränkt möglich ist, zB durch die Anhörung eines vom Gutachterausschuß zu benennenden Mitglieds, BGH **62**, 95, liegt ein wirklicher Sachverständigenbeweis und nicht ein Urkundenbeweis vor, Üb 5 vor § 373. Bei privaten Organisationen muß das Gutachten den verantwortlichen Verfasser nennen, Karlsr MDR **75**, 670. Wegen der amtlichen Auskunft Üb 5 vor § 373.

D. Dolmetscher. Vgl § 185 GVG Anm 1 B.

2) Hinzuziehungsgrundsätze. A. Hinzuziehungsfreiheit. Der Richter darf sein Wissen auch anderswoher holen, soweit es Fachkenntnisse erfordert. Er darf das Fachschrifttum benutzen, sich überhaupt beliebig amtlich oder privat unterrichten. Das kann zB auch durch häufige Bearbeitung ähnlich liegender Sachen geschehen, BGH **44**, 82. Er darf auch Gutachten aus anderen Prozessen urkundenbeweislich verwerten; die Partei hat insofern weder ein Widerspruchsrecht noch ein Ablehnungsrecht.

B. Hinzuziehungspflicht. Den Sachverständigen zieht das Gericht grundsätzlich nach seinem pflichtgemäßen Ermessen hinzu. Die Hinzuziehung ist evtl vor der Herabsetzung einer Anwaltsvergütung, § 3 III 2 Hs 1 BRAGO, ferner beim Streit um eine Rahmengebühr, § 12 II BRAGO, und ferner insoweit eine Pflicht des Gerichts, als es sich keine genügende Sachkunde zutraut, BayObLG **72**, 240. Sie kann auf Antrag, aber auch von Amts wegen geschehen, vgl §§ 144 I, 273 II Z 4, 372 II. Das Gericht sollte sich eine eigene Sachkunde nur dann zutrauen, wenn es die Frage wirklich beherrscht, vgl § 286 Anm 3 C. Wenn das Gericht der 2. Instanz der Sachkunde der ehrenamtlichen Richter der Kammer für Handelssachen traut, dann braucht es keinen Sachverständigen zuzuziehen. Das Gericht kann den Sachverständigen bei der Beweisaufnahme zuziehen, kann ihm aber auch das Ergebnis der Beweisaufnahme oder bestimmte Fragen vorlegen. Es kann ihm weiter die Beschaffung der Unterlagen des Gutachtens überlassen. Es kann ihn um ein Gutachten auf Grund der Gerichtsakten ersuchen.

C. Verfahren. Die Auswahl des Sachverständigen liegt grundsätzlich (Ausnahmen § 487 Anm 2 A c) allein beim Gericht. Die Zuziehung, Auswahl und Vernehmung des Sachverständigen, bei einem schriftlichen Gutachten dessen Nachprüfung, sind keineswegs leichte Aufgaben. Das Gericht sollte einen Sachverständigen nur im Notfall zuziehen. Denn die Auswahl geeigneter Kräfte (eine Befragung der Handelskammer, Handwerkskammer und dergl kann zweckmäßig sein) ist schwierig, vgl Nicklisch BB **81**, 1653, und die Fehlerquellen sind zahlreich. Oft sind wirklich tüchtige Kräfte schwer heranzuziehen; untüchtige sind schlimmer als Laien. Zur Parapsychologie Wimmer NJW **76**, 1131. Ungeschicklichkeiten des Gerichts im Umgang mit dem Sachverständigen, aber auch Voreingenommenheit des Sachverständigen und seine persönlichen Beziehungen, wie zB eine Abneigung gegen Mitbewerber, die Hoffnung auf Aufträge der Partei, eine Angst vor der Verstimmung eines Einflußreichen, spielen eine große, meist nicht erkennbare Rolle. Das Gericht muß dem Sachverständigen im Rahmen der zumutbaren Anleitung die etwa schon feststehenden oder eben noch gerade vom Sachverständigen zu ermittelnden Tatsachen, Anm 4, möglichst genau angeben oder umschreiben, vgl BGH NJW **62**, 1770. Zur Verbesserung der Zusammenarbeit Erdlenbruch DRiZ **73**, 77, Franzki DRiZ **76**, 97.

D. Nachprüfungspflicht. Der Richter muß das Gutachten auf seine logische und wissenschaftliche Begründung nach Kräften nachprüfen, BGH BB **76**, 481. Er darf nicht einfach

8. Titel. Beweis durch Sachverständige **Übers § 402** 2–4

nachplappern, § 286 Anm 3 C, vgl auch BGH **LM** § 411 Nr 3. Die Begründung muß ergeben, warum der Richter weiteren Anregungen der Parteien nicht nachzugeben brauchte, BGH **44**, 81. Über den Beweiswert erbbiologischer Gutachten § 372a Anm 3 A d. Rechtsgutachten sollte ein Gericht grundsätzlich nur bei einem ausländischen Recht anfordern.

3) Rechtsstellung des Sachverständigen. A. Tätigkeitspflicht. Die Sachverständigenpflicht ist öffentlichrechtlich, Deutsch Festschrift für Ferid (1978), 131, StJSchL V 1 vor § 402. Sie verpflichtet den inländischen Sachverständigen (nicht den ausländischen, Deutsch Festschrift für Ferid 1978, 132) zur Vorbereitung und Erstattung des Gutachtens, soweit das Gericht ihn ordnungsgemäß ernannt hat, LSG Essen NJW **83**, 360. Sie greift aber, anders als die Zeugenpflicht, nur gegenüber bestimmten Personen durch, eben weil der Sachverständige grundsätzlich vertretbar ist, Anm 1 A. Der Sachverständige übt keine öffentliche Gewalt aus. Er ist nicht Vertragspartner der Parteien.

B. Haftung. Für den gerichtlich beauftragten Sachverständigen besteht grds keine Amtshaftung, BGH **59**, 310, Friedrichs DRiZ **73**, 113 mwN, vgl aber auch Arndt DRiZ **73**, 272, Pieper Gedächtnisschrift für Bruns (1980) 176. Er kann bei Fahrlässigkeit haften, falls das Gutachten beeidigt wurde, § 410, bei grober Fahrlässigkeit evtl auch ohne Beeidigung, BVerfG NJW **79**, 305, sonst bei (auch bedingtem) Vorsatz, BGH **62**, 56, vgl Mü MDR **83**, 404 mwN, ZöSt 6, krit zB Damm JuS **76**, 359, Hoffmann, Die Haftung des ... Sachverständigen, Diss Marb 1978, Schneider JB **75**, 433, Pieper Gedächtnisschrift für Bruns (1980) 172, Speckmann MDR **75**, 461 mwN (er erwägt einen Aufopferungsanspruch); zum IPR der Arzthaftung Deutsch Festschrift für Ferid (1978) 131. Für einen für das Ergebnis des Gutachtens nicht ursächlichen Fehler bei der Vorbereitung kann er nach § 823 BGB haften, BGH **59**, 310. Wegen des Privatgutachtens Üb 5 vor § 402.

4) Ermittlungen des Sachverständigen. Der Sachverständige darf Parteien und Zeugen über wesentliche Streitpunkte grundsätzlich nicht selbständig vernehmen, BGH **23**, 213 und NJW **55**, 671. Wird eine derartige Vernehmung vom Gericht gewertet, so verstößt es gegen den Grundsatz der Unmittelbarkeit, BGH FamRZ **64**, 78, vgl auch § 355 Anm 1 A, § 357 I. Natürlich darf aber zB ein Arzt Fragen wegen derjenigen Erscheinungen stellen, die ein Geschädigter dem fraglichen Ereignis zuschreibt. Dabei hat der Sachverständige grundsätzlich die Pflicht zur persönlichen Aufnahme der Anamnese, Friedrichs NJW **72**, 1116. Der Sachverständige kann auch dann eigene Ermittlungen verwenden, wenn die ermittelten Tatsachen unstreitig oder durch die Beweiserhebung bestätigt worden sind, BGH VersR **60**, 998, oder wenn die Parteien zustimmen, BGH **23**, 214, oder der Sachverständige eine Behördenauskunft einholt und zum Bestandteil des Gutachtens macht, Köln NJW **62**, 2161. Keineswegs darf sich aber der Richter die Aufklärung eines wichtigen Sachverhalts aus der Hand nehmen lassen, wenn es hierbei auf das Fachwissen des Sachverständigen nicht ankommen kann, BGH **37**, 394, Pieper ZZP **84**, 23. Denn es ist allein Sache des Gerichts, den Sachverhalt festzustellen, der rechtlich zu beurteilen ist, BGH **23**, 213, vgl auch Wilden **LM** § 144 Nr 2. Demgemäß darf sich das Gericht auch nicht mit den Feststellungen des Sachverständigen über die Vorgeschichte einer Krankheit begnügen, wenn die Richtigkeit dieser Feststellungen angegriffen wird, BGH **LM** § 144 Nr 3; es wird meist den Arzt als Zeugen hören müssen, möglichst bei gleichzeitiger Anwesenheit des Untersuchten; ein Verstoß ist freilich heilbar, BGH **23**, 207. Der Sachverständige muß das Gericht evtl um eine Weisung bitten, von welchem Sachverhalt er ausgehen soll, Jessnitzer DB **73**, 2497, und muß insbesondere die tatsächlichen Grundlagen seines Gutachtens darlegen, also alle in Betracht kommenden Varianten, Friedrichs NJW **72**, 1116, damit das Gericht, notfalls mit Hilfe eines weiteren Sachverständigen, das Gutachten nachprüfen kann, BGH **LM** § 144 Nr 4, vgl Anm 1 A.

Die vom Sachverständigen in Abwesenheit des Gerichts ermittelten Tatsachen enthalten, streng genommen, ein (sachverständiges) Zeugnis. Der Sachverständigeneid deckt sie aber im allgemeinen, §§ 410, 414 Anm 2, abw ThP Vorb 3 c, d vor § 402 (bei der Ermittlung gegenwärtiger Tatsachen sei er Augenscheinsgehilfe), aM ZöSt 2 (er wendet stets § 414 an). Der Sachverständige muß bei Besichtigungen, Jessnitzer 178, bei der Beschaffung des Untersuchungsguts, Kblz MDR **78**, 148, und bei Befragungen idR (Ausnahmen: Meinungsforscher, Anm 1 B, und § 294 II, Nürnb MDR **77**, 849) die Parteien zuziehen, BGH **LM** § 406 Nr 5, Düss MDR **79**, 409, Köln MDR **74**, 589, abw Mü Rpfleger **83**, 320 (es handle sich um eine Fallfrage), und ihren technischen Beratern die Anwesenheit gestatten, Düss MDR **79**, 409; sonst setzt er sich der Gefahr der Ablehnung aus, BGH NJW **75**, 1363, Düss MDR **79**, 409, abw BGH MDR **74**, 382.

Freilich darf der Sachverständige nicht anläßlich seiner Ermittlungen mit einer Partei oder beiden Parteien verhandeln, Jessnitzer DB **73**, 2498. Hat er gegen diese Grundsätze verstoßen, so ist sein Verhalten frei zu würdigen, insbesondere wenn kein Antrag nach § 411 III gestellt wird, BGH **LM** § 823 (Ea) BGB Nr 56; vgl aber auch § 406 Anm 2 B. Verhindert eine Partei die Tätigkeit des Sachverständigen, so nimmt sie ihr Beweisanerbieten zurück. Bei einer Beweisaufnahme von Amts wegen wird ihr Verhalten frei gewürdigt. Wenn eine Partei den Beweis arglistig vereitelt, gilt der Beweis als erbracht, § 444 sinngemäß. Ob eine Partei dem Sachverständigen Zutritt zu ihren Räumen und eine Untersuchung ihres Körpers gestatten muß, das hängt davon ab, ob man ihr diesen Eingriff nach Treu und Glauben zumuten kann; zum Problem BAG § 402 Nr 1, Schmidt-Futterer MDR **75**, 4 (betr Mieterhöhung). Vgl ferner Üb 3 B vor § 371 und § 372a.

5) Privatgutachten, dazu Graf von Hardenberg Diss Erlangen 1975. Das ist ein Gutachten, das sich eine Partei bei einem von ihr ausgewählten Sachverständigen beschafft. Es ist als Parteivorbringen zu würdigen, insofern richtig BPatG GRUR **76**, 609, wenn die Partei sie einreicht und zum Gegenstand der Verhandlung macht. Es ist dann auch ohne Einverständnis des Gegners urkundenbeweislich benutzbar, BGH **LM** § 286 (E) Nr 7 und NJW **82**, 2875, LG Regensb VersR **77**, 1119, RoS § 124 I, aM BAG DB **61**, 1104, insofern auch BPatG GRUR **76**, 609.

Das Gericht darf das Privatgutachten zu seiner Unterrichtung und als Hilfsmittel zur freien Würdigung benutzen, insofern richtig BPatG GRUR **76**, 609, an Stelle eines gerichtlich erforderten Gutachtens aber nur beim Einverständnis der Parteien oder wenn das Gericht es für ausreichend hält, § 286, BGH **LM** § 286 (E) Nr 7, LG Brschw WM **77**, 11. Dies ist bei einem Ablehnungsrecht, § 406 Anm 2 B, bedenklich, Hamm VersR **73**, 416. Wenn ein Privatgutachter nur zu seinen Feststellungen vernommen wird, so ist er ein sachverständiger Zeuge, BGH **LM** § 414 Nr 2. Der Privatgutachter haftet nach dem Vertragsrecht, BGH NJW **67**, 719, auch nach §§ 823 ff BGB.

6) Amtliche Auskunft. Über sie vgl Üb 5 vor § 373. Die Auskunft einer nichtamtlichen Stelle ist entsprechend dem Privatgutachten zu behandeln.

7) VwGO (Skouris, Grundlagen des Sachverständigenbeweises im VerwVerf und im VerwProzeß, AöR **107**, 216-258; Mehring, Der Sachverständigenbeweis im VerwProzeß, Diss Mü 1982): Sachverständigenbeweis ist als zulässiges Beweismittel ausdrücklich genannt, § 96 I 2 VwGO. Die Zuziehung erfolgt stets vAw, § 86 I VwGO, auch vor der mündlichen Verhandlung, § 87 VwGO. §§ 402 ff gelten entsprechend, § 98 VwGO, soweit Unterschiede der beiden Verfahren nicht entgegenstehen. Zur Verwertbarkeit eines von der VerwBehörde veranlaßten Gutachtens vgl BVerwG **18**, 216, NJW **80**, 900 u NVwZ **82**, 309.

402 *Anwendbarkeit der Vorschriften für Zeugen.* **Für den Beweis durch Sachverständige gelten die Vorschriften über den Beweis durch Zeugen entsprechend, insoweit nicht in den nachfolgenden Paragraphen abweichende Vorschriften enthalten sind.**

1) Anwendbare Vorschriften. Die Bestimmungen über den Zeugenbeweis sind wie folgt entsprechend anwendbar:

§§ 283, 296 (Zurückverweisung) sind dann unanwendbar, wenn eine Amtspflicht zur Zuziehung besteht, weil das Gericht eine eigene Sachkunde verneint. Über Privatgutachen Üb 5 vor § 402.

§ 373 (Beweisantritt) ist durch § 403 ersetzt.

§ 375 (Beweisaufnahme durch den verordneten Richter), sowie

§ 376 (Genehmigung zur Vernehmung von Beamten) mit den einschlägigen Vorschriften, vgl bei § 376, sind anwendbar. Nach § 39 III 2 BRRG und ähnlichen Vorschriften in den Landesbeamtengesetzen, Vorbem B vor § 376, kann die Genehmigung zur Erstattung eines Gutachtens versagt werden, wenn die Erstattung den dienstlichen Interessen Nachteile bereiten würde. Die Unmittelbarkeit der Beweisaufnahme spielt aber hier sehr oft keine Rolle; dann ist eine Übertragung auf den verordneten Richter unbedenklich.

§ 377 I, II (Ladung), IV (schriftliches Gutachten) ist anwendbar, vgl auch § 411 Anm 4; III, IV (dazu BGH **6**, 399) passen nur für den Zeugen und sind daher unanwendbar (statt dessen gilt § 411).

§ 379 (Vorschuß) ist grds anwendbar. Das gilt auch dann, wenn das Gericht gemäß § 144 I diesen Sachverständigen von Amts wegen einschalten könnte, Düss MDR **74**, 321, ZöSt § 379 Anm I 2, abw BGH MDR **76**, 396, Pietzcker GRUR **76**, 213. Sobald es das freilich auch tut, ist § 379 unanwendbar, vgl BGH FamRZ **69**, 477, KG MDR **62**, 744. Die Vorschrift ist im übrigen nur dann anwendbar, wenn sich der Beweisführer auf den Sachver-

8. Titel. Beweis durch Sachverständige §§ 402, 403 1

ständigen beruft, BGH **LM** § 379 Nr 1, Mü MDR **78**, 412 mwN, bei einer Gutachtenerläuterung also derjenige, der die Vorladung und Erläuterung beantragt, BGH NJW **64**, 658. Die Vorschrift gilt auch beim schriftlichen Gutachten, § 411 I, BGH **6**, 398 und NJW **64**, 658, sowie bei § 411 III, BGH MDR **64**, 502, abw ZöSt § 379 Anm 3. Eine nachträgliche Erhöhung des Vorschusses ist zulässig, falls die zunächst angeforderte Summe nicht zur Sicherstellung der Kostenzahlung ausreicht, Mü MDR **78**, 412, Schmid MDR **82**, 96 je mwN, aM Ffm OLGZ **68**, 436. Natürlich ist bei einer Nachforderung Zurückhaltung ratsam, KG MDR **83**, 678, Schmid MDR **82**, 96.

§ 379 ist bei der amtlichen Auskunft unanwendbar, zB bei derjenigen der Rechtsanwaltskammer, Üb 5 vor § 373, insofern auch Mü NJW **75**, 884, ebenso bei einer Anordnung der Vernehmung von Amts wegen, § 144 I, BGH FamRZ **79**, 477 (dann ist aber evtl § 68 III GKG zu beachten, BGH JB **76**, 469); § 379 ist ebenfalls unanwendbar, falls Akten zwecks Begutachtung dem Sachverständigen bereits übersandt worden sind, Ffm OLGZ **68**, 438, insofern aM Mü MDR **78**, 412. Selbst beim Ausbleiben des Vorschusses ist eine Ladung des Sachverständigen von Amts wegen möglich, BGH JB **76**, 469. Der Beweisantrag wird evtl als verspätet auch dann zurückgewiesen, wenn die vom Einzelrichter gesetzte Frist zur Zahlung des Vorschusses erfolglos verstrichen ist und die Zahlung erst im Kammer- oder Senatstermin erfolgt (ein Verschulden ist auch hier unerheblich), Hamm MDR **73**, 592.

Soweit der Dolmetscher als Sachverständiger tätig wird, § 185 GVG Anm 1 B, kommt eine Vorschußpflicht zwar grundsätzlich in Betracht. Sie entfällt freilich meist deshalb, weil ihn das Gericht von Amts wegen zuziehen muß, vgl auch KG NJW **73**, 436, Jessnitzer, Dolmetscher (1982) 7. Abschnitt 2 II, insofern auch Schmid MDR **82**, 97.

§ 380 (Folgen des Ausbleibens) ist durch § 409 ersetzt.

§§ 381–384 (Unterbleiben und Änderung von Ordnungsmitteln, Vernehmung am bestimmten Ort, Weigerung des Gutachtens) sind anwendbar. § 383 I Z 6 gibt dem Sachverständigen zwar ein Schweigerecht betreffend konkrete Vergleichswohnungen, insofern richtig LG Krefeld BB **79**, 191 mwN; dann ist sein Gutachten jedoch evtl unverwertbar, insofern zu großzügig LG Krefeld BB **79**, 191.

§ 385 (ausnahmsweise Zeugnispflicht) ist unanwendbar.

§§ 386–389 (Weigerung des Gutachtens) sind anwendbar.

§ 390 (Zeugniszwang) ist durch § 409 ersetzt.

§ 391 (Beeidigung) ist anwendbar; daneben gilt § 410. Die Beeidigung steht im pflichtmäßigen, nicht im freien Ermessen, Hopt JZ **74**, 555, vgl aber § 391 Anm 2 B; bei Bedenken gegen die Sachkunde des Sachverständigen ist besser ein anderer Sachverständiger zuzuziehen.

§§ 392, 393 (Beeidigung) sind durch § 410 ersetzt.

§§ 394–398 (Vernehmung) sind anwendbar. Eine Einzelvernehmung, § 394 Anm 1 A, ist aber nicht notwendig. Die Ermahnung, § 395 I, ist beim allgemein beeidigten Sachverständigen nur anfangs notwendig. Die Parteien haben ein Fragerecht, § 397, vgl § 411 Anm 5. Der Antrag zur Ladung des Sachverständigen ist nicht von einer inhaltlich genauen Bestimmung der zu stellenden Fragen abhängig; es genügt die Angabe der allgemeinen Fragerichtung, BGH MDR **81**, 1014. Die nochmalige Vernehmung eines Sachverständigen, vgl auch § 412 Anm 1, der zuvor ein Blutgruppengutachten erstattet hat, kann bei einem Ergänzungsantrag, daß inzwischen durch weitere Blutgruppensysteme die Vaterschaft ausgeschlossen werden könne, nicht abgelehnt werden, BGH NJW **64**, 1184. Wegen des Beweiswerts von Blutgruppen- und erbbiologischen Gutachten § 372a Anm 3 A. Ob das Gericht den ersten Sachverständigen nach der Anhörung eines anderen wiederum vernehmen will, ist Ermessensfrage, BGH MDR **68**, 133.

§ 399 ist anwendbar, aM 41. Aufl; das Gericht kann nach § 144 vorgehen.

§ 400 (verordneter Richter) ist anwendbar, jedoch nur unter Beachtung von §§ 408, 409.

§ 401 ist durch § 413 ersetzt.

§ 283 (Zurückweisung) ist unanwendbar, weil eine Amtspflicht zur Zuziehung besteht, wenn das Gericht eine eigene Sachkunde verneint. Über Privatgutachten Üb 5 vor § 402.

2) **VwGO:** *Entsprechend anwendbar, § 98 VwGO. Einzelheiten bei den genannten Vorschriften.*

403 *Beweisantritt.* **Der Beweis wird durch die Bezeichnung der zu begutachtenden Punkte angetreten.**

Schrifttum: Söllner, Der Beweisantrag im Zivilprozeß, Diss Erlangen 1972.

1) **Beweisantritt.** Man tritt den Sachverständigenbeweis durch die Bezeichnung der zu begutachtende Punkte an. Die Benennung eines bestimmten Sachverständigen ist grund-

sätzlich unnötig; ihn wählt das Gericht von Amts wegen aus, § 404 (Ausnahme § 487 Anm 2 A c). Eine ganz allgemeine Angabe genügt. Denn wenn das Gericht ein Gutachten für nötig hält, muß es ein solches von Amts wegen einholen, §§ 3, 144, 287, 442, und zwar evtl schon vor der Verhandlung, § 358 a. Da das Gericht die Beweiserhebung immer ablehnen kann, soweit es sich für genügend sachkundig hält und halten darf, ist der Beweisantritt nur eine Anregung; im übrigen gilt § 286 Anm 3 C. Vgl auch Üb 2 vor § 402.

Im Beweisführungsverfahren geht § 487 vor.

2) *VwGO:* Nur eingeschränkt entsprechend anwendbar, § 98 VwGO, vgl § 373 Anm 3.

404 *Auswahl.* ^I Die Auswahl der zuzuziehenden Sachverständigen und die Bestimmung ihrer Anzahl erfolgt durch das Prozeßgericht. Es kann sich auf die Ernennung eines einzigen Sachverständigen beschränken. An Stelle der zuerst ernannten Sachverständigen kann es andere ernennen.

^{II} Sind für gewisse Arten von Gutachten Sachverständige öffentlich bestellt, so sollen andere Personen nur dann gewählt werden, wenn besondere Umstände es erfordern.

^{III} Das Gericht kann die Parteien auffordern, Personen zu bezeichnen, die geeignet sind, als Sachverständige vernommen zu werden.

^{IV} Einigen sich die Parteien über bestimmte Personen als Sachverständige, so hat das Gericht dieser Einigung Folge zu geben; das Gericht kann jedoch die Wahl der Parteien auf eine bestimmte Anzahl beschränken.

1) **Auswahl, I–III. A. Ermessensspielraum, I.** Das Gericht wählt Sachverständige in beliebiger Zahl aus, stets aber einen bestimmten Sachverständigen, nicht zB eine Universitätsklinik als solche, Mü NJW **68**, 202, Laufs NJW **76**, 1124. Wird ein Klinikleiter angeschrieben, so wünscht das Gericht im allgemeinen dessen persönliche Stellungnahme und Verantwortung, überläßt ihm aber im Zweifel, inwieweit er Hilfspersonen zuzieht. Das ist zwar oft unvermeidbar, BVerwG NJW **69**, 1591, Hanack NJW **61**, 2042, Pieper ZZP **84**, 23, und grundsätzlich zulässig, soweit die Hilfspersonen geeignet und zuverlässig sind und der Sachverständige die Verantwortung behält, BGH VersR **72**, 929, Ffm Rpfleger **77**, 382 mwN (notfalls empfiehlt sich ein Antrag auf seine mündliche Vernehmung), ThP 2 b, ZöSt 1, offen BGH **76**, 292 mwN wegen des sog Zusatzgutachtens eines vom Sachverständigen mit der Genehmigung des Gerichts bestellten anderen Sachverständigen, Meyer DRiZ **81**, 25, Rolauffs DRiZ **81**, 28, aM Friederichs DRiZ **80**, 425, Louwen DRiZ **80**, 429 je mwN. Indessen muß das Gericht im Beweisbeschluß wenigstens klarstellen, wem es den (Haupt-)Auftrag in erster Linie erteilt, LSG Essen NJW **83**, 360. Im übrigen kann die Zuziehung solcher Hilfspersonen im Einzelfall bedenklich sein, Friedrichs NJW **72**, 1115, Stern NJW **69**, 2259. Der Sachverständige hat zumindest die Pflicht, den Umfang der Tätigkeit der Hilfspersonen im Gutachten darzulegen und ihrer Ansicht ausdrücklich zuzustimmen, BSG NJW **73**, 1438, Ffm Rpfleger **77**, 382. Der Sachverständige muß außerdem angeben, welche Ausbildung seine Hilfskräfte erhalten haben, Ffm FamRZ **81**, 485. Das Gericht kann Teamarbeit anordnen oder vorschlagen, muß aber völlig klarstellen, wer neben oder vor dem anderen verantwortlich sein soll.

Die Anhörung der Partei vor der Ernennung des Sachverständigen ist nicht vorgeschrieben, aber wegen des etwaigen Ablehnungsrechts nach § 406 zu empfehlen. Die 2. Instanz kann die Sachverständigen der 1. Instanz oder andere wählen. Die Auswahl ist ein Teil des Beweisbeschlusses und steht im pflichtgemäßen Ermessen des Gerichts. Es kann und muß evtl seine Auswahl ändern, zB wegen Ungeeignetheit oder Überlastung des bisherigen Sachverständigen.

Es liegt ein Ermessensmißbrauch vor (Verstoß gegen § 286, dort Anm 3 B, C, auf Revision nachprüfbar, BAG NJW **71**, 263), wenn trotz eines weitergehenden Beweisanerbietens nur ein Sachverständiger mit Kenntnissen für sein Teilgebiet vernommen wird, BGH **9**, 98, oder wenn sein Gebiet keine nachprüfbaren Ergebnisse aufweist, vgl Wimmer NJW **76**, 1131 (Parapsychologie). Bei einem Wechsel eines Sachverständigen, I 3, ist eine mündliche Verhandlung entbehrlich, § 306 S 2. Die Partei hat einen Anspruch auf Anhörung eines Gegen- oder Obergutachters bei widersprechenden Gutachten nur ausnahmsweise, zB bei groben Mängeln, bei besonders schwierigen oder umstrittenen Fragen, BGH MDR **53**, 605.

B. Vorrang des öffentlichen Sachverständigen, II. Für gewisse Arten von Gutachten sind Sachverständige von Bundes- oder Landesstellen öffentlich bestellt, Üb 1 C vor § 402.

8. Titel. Beweis durch Sachverständige §§ 404–406

Sie haben dann bei der Auswahl den Vorzug. Die Namen der öffentlich bestellten Sachverständigen sind in einer Liste zu vereinigen. II ist nur eine Sollvorschrift, von der das Gericht nach pflichtmäßigem Ermessen abweichen kann, Bleutge BB **73**, 1417, wenn zB ein besonders hohes Maß von Sachkunde nötig ist oder wenn gegen die Person des Bestellten Bedenken bestehen. Trotz eines Antrags auf Ernennung eines öffentlich bestellten Sachverständigen ist ein Auftrag an den Gutachterausschuß nach §§ 136ff BBauG zulässig, BGH **62**, 94, vgl Üb 5 vor § 373, StJSchl I 7, aM Düss MDR **68**, 766 (krit Behmer und Meyer NJW **68**, 1482). Ein Verstoß ist auch sonst prozessual belanglos. Im Beweissicherungsverfahren vgl § 487 Anm 2 A c.

C. Bezeichnung durch die Partei, III. Das Gericht kann die Parteien zur Benennung geeigneter Sachverständiger auffordern. Wegen IV empfiehlt sich dies oft.

2) Einigung, IV. Einigen sich die Parteien über bestimmte Personen, so bindet diese Einigung das Gericht. Das Gericht kann nur vorher oder nachher die Zahl der Sachverständigen beschränken. Wenn die Parteien die Zahl aber nicht einhalten, darf das Gericht wieder ganz frei wählen. Es darf neben den Gewählten andere Sachverständige bestimmen, für sie aber wegen der Beauftragung von Amts wegen kein Vorschuß fordern. IV hat nur die Bedeutung, daß der vereinbarte Sachverständige unbedingt zu hören ist (aM StJ IV: die gerichtliche Bestellung eines Sachverständigen sei neben der Bestellung der vereinbarten unzulässig. Aber unzweifelhaft könnte das Gericht nachher andere hören. Warum die unnütze Weiterung?). Es handelt sich um eine einseitig unwiderrufliche Prozeßhandlung, Grdz 5 G vor § 128. Anwaltszwang besteht wie sonst. Die Einigung ist nur beim Eingang der Einigungsmitteilung beider Parteien bis zur Ernennung eines Sachverständigen oder bis zur Ermächtigung des verordneten Richters nach § 405 zulässig. Das Gericht kann eine Einigung anregen, aber nicht erzwingen.

Eine Einigung nach IV ist kein Schiedsgutachtervortrag, dazu Grdz 3 vor § 1025.

3) Rechtsbehelfe. Gegen die Auswahl ist kein Rechtsbehelf gegeben, auch nicht bei einer Verletzung von II, Mü MDR **71**, 494, vgl auch § 406 Anm 5 B (Sachverständigenablehnung in der Revisionsinstanz).

4) VwGO: *I bis III sind entsprechend anwendbar, § 98 VwGO, **IV** ist unanwendbar wegen des Untersuchungsgrundsatzes, § 86 I VwGO, allgM, BVerwG VerwRspr **31**, 383 mwN.*

405 *Auswahl durch den verordneten Richter.* Das Prozeßgericht kann den mit der Beweisaufnahme betrauten Richter zur Ernennung der Sachverständigen ermächtigen. Er hat in diesem Falle die in dem vorstehenden Paragraphen dem Prozeßgericht beigelegten Befugnisse auszuüben.

1) Ermächtigung. Der verordnete Richter ist an die Auswahl des Prozeßgerichts grds gebunden, § 144 I. Es kann ihn aber, auch ohne Anhörung der Parteien, zur Ernennung des Sachverständigen ermächtigen, weil er die Verhältnisse oft besser kennt oder noch Ermittlungen nach einer geeigneten Person anstellen muß. Dies kann nur im Rahmen des § 375 geschehen, auch nachträglich. Vgl auch § 402 Anm 1 „§ 375". Der Beschluß ist zu verkünden oder formlos mitzuteilen. Zulässig ist auch die Ermächtigung eines ausländischen Richters. Der verordnete Richter bestimmt auch die Zahl der Sachverständigen, § 404 I, kann nach § 360 aber auch andere wählen und entscheidet über ein Ablehnungsgesuch, § 406 IV. Eine Einigung der Parteien nach § 404 IV bindet auch ihn; sie kann auch vor ihm geschehen, muß ihm aber vor der Ernennung mitgeteilt werden.

2) Rechtsbehelfe. Gegen die Ermächtigung und gegen die Ernennung keiner, § 355 II.

3) VwGO: *Entsprechend anwendbar, § 98 VwGO, ohne Beschränkung auf den Rahmen des § 375, § 96 II VwGO (jedoch sollte diese Vorschrift nach den Grundsätzen des § 375 I angewendet werden, vgl Ule DVBl **79**, 806 mwN).*

406 *Ablehnung.* ¹ Ein Sachverständiger kann aus denselben Gründen, die zur Ablehnung eines Richters berechtigen, abgelehnt werden. Ein Ablehnungsgrund kann jedoch nicht daraus entnommen werden, daß der Sachverständige als Zeuge vernommen worden ist.

II Das Ablehnungsgesuch ist bei dem Gericht oder Richter, von dem der Sachverständige ernannt ist, vor seiner Vernehmung, bei schriftlicher Begutachtung vor Einreichung des Gutachtens anzubringen. Nach diesem Zeitpunkt ist die Ablehnung nur zulässig, wenn glaubhaft gemacht wird, daß der Ablehnungsgrund vorher nicht geltend gemacht werden konnte. Das Ablehnungsgesuch kann vor der Geschäftsstelle zu Protokoll erklärt werden.

^{III} Der Ablehnungsgrund ist glaubhaft zu machen; zur Versicherung an Eides Statt darf die Partei nicht zugelassen werden.

^{IV} Die Entscheidung ergeht von dem im zweiten Absatz bezeichneten Gericht oder Richter; eine mündliche Verhandlung der Beteiligten ist nicht erforderlich.

^V Gegen den Beschluß, durch den die Ablehnung für begründet erklärt wird, findet kein Rechtsmittel, gegen den Beschluß, durch den sie für unbegründet erklärt wird, findet sofortige Beschwerde statt.

1) Allgemeines. § 406 behandelt die Ablehnung eines Sachverständigen, die auch bei der Zuziehung von Amts möglich ist. Einen sachverständigen Zeugen, § 414, kann man nicht ablehnen. Als solcher kommt auch der erfolgreich abgelehnte Sachverständige in Betracht, BGH MDR **74**, 382. Der Gutachterausschuß der §§ 136 ff BBauG ist eine Fachbehörde zur Ermittlung des Verkehrswerts von Grundstücken, Üb 5 vor § 373, Düss NJW **68**, 1095. Man kann ihn nicht ablehnen, BGH **62**, 94, BFH BB **81**, 1825. Entsprechendes gilt bei der amtlichen Auskunft, zB der Anwaltskammer; vgl Üb 5 vor § 373, KG NJW **71**, 1848, Nürnb NJW **67**, 401. Für den Dolmetscher gilt § 406 entspr, § 191 GVG. Bei einem Gutachten einer Privatorganisation braucht die Partei die Ablehnbarkeit erst vom Zeitpunkt der Kenntnis des verantwortlichen Verfassers an zu prüfen, Karlsr MDR **75**, 670. Im Verfahren auf einen Arrest oder eine einstweilige Verfügung ist § 406 anwendbar, Nürnb NJW **78**, 954, ebenso im Prozeßkostenhilfeverfahren, vgl schon BGH VRS **29**, 430, sowie im FGG-Verfahren, KG NJW **65**, 1086. Im Beweissicherungsverfahren ist keine Ablehnung möglich, § 487 Anm 2 A c, infolgedessen auch nicht im zugehörigen Hauptsacheprozeß wegen der Verwertbarkeit jenes Gutachtens, aM Müller NJW **82**, 1966 mwN. Der Sachverständige hat kein dem § 48 entsprechendes Selbstablehnungsrecht, vgl aber § 408 I. Eine bedingte Ablehnung ist unzulässig, Stgt NJW **71**, 1090.

2) Ablehnungsgründe, I. A. Grundsatz. Da der Sachverständige Gehilfe des Richters ist, können ihn beide Parteien aus denselben Gründen ablehnen wie einen Richter. Befangenheit liegt also vor, wenn ein Grund gegeben ist, der bei verständiger Würdigung ein Mißtrauen der Partei von ihrem Standpunkt aus rechtfertigen kann, BGH NJW **75**, 1363, Ffm VersR **81**, 557, vgl Kblz Rpfleger **81**, 37. Eine offenkundige Pflichtwidrigkeit ist nicht erforderlich, Mü NJW **70**, 1240. War der Sachverständige parteiisch, so liegt eine Besorgnis der Befangenheit vor. Der Streithelfer kann den von der Hauptpartei gewünschten Sachverständigen nicht ablehnen. Eine Ausschließung des Sachverständigen kennt die ZPO nicht, aber die Ausschließungsgründe des § 41 berechtigen zur Ablehnung außer bei § 41 Z 5, BGH **LM** § 209 BEG 1956 Nr 37. I 2 nennt zwar nur die frühere Vernehmung als Zeugen; indessen kann eine frühere Vernehmung als Sachverständiger genausowenig oder noch weniger schaden. Eine Mitwirkung bei der Entscheidung im Sinne des § 41 Z 6 liegt in dem früheren Gutachten nicht, ThP 1 a, aM Kahlke ZZP **94**, 68.

B. Beispiele für eine begründete Ablehnung: Regelmäßig die Erstattung eines entgeltlichen Privatgutachtens in der Sache, BGH NJW **72**, 1134, Ffm MDR **69**, 225, Hamm VersR **73**, 416, Karlsr VersR **73**, 865; eine Tätigkeit für den Haftpflichtversicherer einer Partei, BGH **LM** § 356 Nr 1, Ffm MDR **69**, 225 (Ausnahmen sind denkbar, zB ein Verzicht durch Einverständnis mit der Beauftragung, Mü MDR **71**, 494, oder bei einer ständigen Tätigkeit für fast sämtliche Versicherungsträger, Karlsr VersR **73**, 865); eine gleichartige Tätigkeit für einen Dritten, der dasselbe Interesse wie die Prozeßpartei hatte, Ffm NJW **83**, 581; eine Behandlung als Arzt, Celle NdsRpfl **66**, 197, Stgt NJW **58**, 2122 und MDR **62**, 910, oder Tierarzt, wenn die Zweckmäßigkeit der Maßnahme in Frage steht (nicht auf jede Behandlung hin); ein jetziges oder früheres Angestelltenverhältnis zu einer Partei, so auch im wesentlichen für Beamte, soweit der Dienstzweig ihrer Behörde in Betracht kommt, Hbg MDR **83**, 412, vgl freilich OVG Bln NJW **70**, 1390; Feindschaft oder Freundschaft zu einer Partei (so können heftige Angriffe einer Partei auf den Sachverständigen diesem die Unbefangenheit nehmen; eine bewußte Reizung ist aber selbst bei einer verständlich scharfen Reaktion des Sachverständigen kein Ablehnungsmittel, Düss BB **75**, 628).

Weitere Beispiele: Die Eigenschaft als Mitbewerber einer Partei (je nach Sachlage); die Hinzuziehung nur einer Partei zur Vorbereitung (Ausnahme: § 294 II, Nürnb MDR **77**, 849), BGH NJW **75**, 1363, Düss BB **72**, 1248 (abw Düss BB **75**, 627), Hamm VersR **80**, 722 mwN, Kblz VersR **77**, 231 (Ausnahmen sind denkbar, zB bei einer ärztlichen Untersuchung im Intimbereich, zu dem Saarbr OLGZ **80**, 40 wohl zu großzügig auch die Mundhöhle zählt, oder wenn die Partei anderswie Kenntnis vom Termin hatte, Oldb MDR **78**, 1028) Kblz MDR **78**, 148, aM LG Bln MDR **64**, 423; das Unterlassen der Hinzuziehung beider Parteien, KG MDR **82**, 762; die Tätigkeit als Schiedsgutachter für den Gegner oder als Schiedsrichter in einer anderen Sache gegenüber einem Dritten, BGH NJW **72**, 827, Grdz 3 E vor § 1025; wenn ein Obermeister ein Innungsmitglied begutachten soll, LG Mönchengl NJW **76**, 1642; die Ablehnung der Durchführung einer Besichtigung in Anwesenheit des technischen Beraters der Partei, Düss MDR **79**, 409, solange er nicht objektiv stört; falsche Angaben über die tatsächlichen Grundlagen des Gutachtens, Ffm FamRZ **80**, 932; grobe Beleidigungen gegenüber dem Patienten, BGH NJW **81**, 2010; unter Umständen die Annahme einer privaten Zusatzvergütung (zu ihr grds Hartmann ZSEG Grdz 2 A).

C. Beispiele für eine unbegründete Ablehnung: Ein Mangel an Sachkunde, Ffm FamRZ **80**, 932 mwN, Mü Rpfleger **80**, 303; Unzulänglichkeit oder Fehler des Gutachtens, Mü Rpfleger **80**, 303 mwN (sie können freilich das Gutachten entwerten); der Umstand, daß schon ein Gegengutachten vorliegt, daß der Sachverständige in einem anderen, gleichliegenden Prozeß oder in der Vorinstanz ungünstig begutachtet hat, BGH **LM** § 209 BEG 1956 Nr 37, vgl auch Stgt MDR **64**, 63 (Strafverfahren); der Umstand, daß die Partei das Gutachten nebst der Gebührenrechnung angegriffen hat, Mü Rpfleger **80**, 303, und daß der Sachverständige sich sachlich verteidigt hat, Celle MDR **70**, 243, wenn auch nach einem unberechtigten Ablehnungsantrag evtl in scharfer Weise, Düss BB **75**, 627, selbst wenn er einen Strafantrag stellt, vgl auch Mü NJW **71**, 384; die Befragung des bei einer Partei (Gemeinde) gebildeten Gutachterausschusses durch den Sachverständigen ohne Zuziehung der anderen Partei bei der Vorbereitung, Düss BB **72**, 1248; die spätere Wahl des Gutachters in diesen Ausschuß, Düss BB **75**, 627; der Umstand, daß ein früherer Schüler des Sachverständigen schon ein Gutachten erstattet hatte, Schlesw SchlHA **79**, 23; eine frühere gewerbliche Zusammenarbeit mit dem Privatgutachter des Prozeßgegners des Beweisführers, Ffm VersR **81**, 557; Verwandschaft zwischen dem Sachverständigen und seinem Gehilfen, solange dieser keinen Einfluß auf den Inhalt des Gutachtens nimmt, Köln VersR **81**, 756; allgemeine wirtschaftliche Beziehungen zu einer Partei, Köln MDR **59**, 1017; eine frühere Zeugenaussage, BGH MDR **61**, 397, abw Kahlke ZZP **94**, 60.

3) Ablehnungsgesuch, II, III. A. Vor der Sachverständigentätigkeit, II 1. Die Partei muß ein Ablehnungsgesuch bei demjenigen Richter anbringen, der den Sachverständigen ernannt hat, Düss MDR **56**, 305, Hbg NJW **60**, 874, ThP 2 a, aM Köln MDR **77**, 57, also evtl beim Einzelrichter, §§ 348, 524, oder beim Vorsitzenden der Kammer für Handelssachen, § 349, oder beim verordneten Richter im Fall des § 405. Es besteht kein Anwaltszwang, II 3, § 78 II. Das Gesuch ist erst nach der Ernennung des Sachverständigen zulässig, Mü NJW **58**, 1192, Schneider MDR **75**, 353. Es ist grds nur bis zum Beginn der Vernehmung des Sachverständigen zur Sache, bei einer schriftlichen Begutachtung gemäß § 411 bis zum Eingang des Gutachtens zulässig. Eine Belehrung und eine Beeidigung des Sachverständigen hindern die Zulässigkeit eines Ablehnungsgesuchs nicht. Ebensowenig hindert die Einreichung eines nur vorbereitenden Gutachtens auf Anordnung des ersuchten Richters.

B. Nach der Sachverständigentätigkeit, II 2. Nach der Vernehmung oder schriftlichen Begutachtung ist die Ablehnung nur dann zulässig, wenn die Partei nach § 294 glaubhaft macht, daß sie den Sachverständigen nicht früher ablehnen konnte, etwa dann, wenn das Gutachten selbst erst den Ablehnungsgrund ergibt, evtl erst im höheren Rechtszug, Düss WertpMitt **70**, 1305. Der Ablehnungsantrag muß aber nunmehr unverzüglich eingereicht werden, Karlsr BB **77**, 1425, Kblz OLGZ **80**, 38 je mwN, abw Köln MDR **83**, 412 (nach angemessener Überlegungsfrist), aM Schneider MDR **75**, 355 (er brauche nicht einer ruhigen Klärung entzogen zu werden. Aber diese ist idR immerhin nicht iSv § 121 BGB schuldhaft). Erst recht darf man das Ablehnungsgesuch nicht mehr nach dem Ablauf einer Frist zur Stellungnahme zum Gutachten stellen, Saarbr OLGZ **82**, 366. Sonst geht das Ablehnungsrecht verloren, und zwar für alle Instanzen, weil nicht erst der Schluß der mündlichen Verhandlung den Verlust herbeigeführt hat. Wenn es zweckmäßig ist, zum Gutachten eine Stellungnahme einzuholen, darf diese abgewartet werden, aM Nürnb MDR **70**, 150 (aber eine Ablehnung auf Verdacht ist unzulässig). Bei einer Einigung auf eine bestimmte Person nach § 404 IV entscheidet der Zeitpunkt der Einigung.

Während der Gerichtsferien läuft eine normale Frist nicht, vgl § 223 I 1, Saarbr OLGZ **80**, 37.

Die Partei verliert das Ablehnungsrecht, wenn sie nicht zeitig sorgfältige Erkundigungen nach der Person und dem Verfahren des Sachverständigen eingezogen hat, Oldb MDR **78**,

1028 mwN, aM Schneider MDR **75**, 354 mwN (schädlich sei nur eine positive Kenntnis des Ablehnungsgrunds); denn der Fall liegt hier anders als beim Richter: schon die Förderungspflicht der Partei, Grdz 2 E vor § 128, verlangt eine Erkundigung. Auch nach dem Verlust des Ablehnungsrechts kann die Partei alle Ablehnungsgründe in der mündlichen Verhandlung vorbringen; das Gericht muß sie bei der Beweiswürdigung berücksichtigen, BGH NJW **81**, 2010, und notfalls einen neuen Sachverständigen hören, soweit es nicht schon über die Ablehnung sachlich entschieden hat. Eine Sachverhandlung führt zum Verlust der bis dahin bekannten Ablehnungsgründe, Karlsr NJW **58**, 188.

Wenn das Gericht ein zweites Gutachten desselben Sachverständigen einfordert, hat es den Verlust des Ablehnungsrechts erneut zu prüfen. Etwas anderes gilt, wenn der Sachverständige nur sein früheres Gutachten erläutern soll; sonst könnte eine Partei ein ihr ungünstiges Gutachten leicht ausschalten.

Unter den Voraussetzungen II 2 ist die Ablehnung auch nach dem Erlaß des Berufungsurteils bis zu seiner Rechtskraft zulässig, Düss NJW **56**, 305, ThP 2b, ZöSt 3a, aM Karlsr NJW **58**, 188. Die Ablehnung des im Beweissicherungsverfahren tätig gewordenen Sachverständigen ist im nachfolgenden Hauptsacheprozeß auch dann zulässig, wenn der Ablehnende die Ablehnungsgründe schon vor der Einbringung des Gutachtens im Beweissicherungsverfahren kannte, Mü NJW **81**, 2309.

C. Glaubhaftmachung, III. Die Partei muß ihr Ablehnungsgesuch nach § 294 glaubhaft machen, darf dies aber nicht durch eine eidesstattliche Versicherung tun. Ein Antrag auf eine Befragung des Sachverständigen kann genügen, ZöSt 3a.

4) Entscheidung, IV. Sie erfolgt bei freigestellter mündlicher Verhandlung, abw Düss JMBl NRW **70**, 235, durch das Prozeßgericht oder den Einzelrichter, außer in denjenigen Fällen, in denen der verordnete Richter den Sachverständigen ernannt hat, § 405 S 2. Das übersieht Schneider DRiZ **77**, 14 (die Entscheidung erfolge stets durch das Prozeßgericht). Wenn der Rechtsstreit in der höheren Instanz anhängig ist, dann erfolgt die Entscheidung durch jenes Gericht, Köln MDR **77**, 57 mwN. Eine Anhörung des Sachverständigen ist unnötig, Mü WRP **76**, 396 und Rpfleger **81**, 73, Schlesw SchlHA **79**, 23, ThP 2c, insofern aM Kblz NJW **77**, 395 (aber eine dem § 44 III entsprechende Vorschrift fehlt), ZöSt 3b (aber der Sachverständige ist nicht Partei); zu seiner etwaigen Stellungnahme ist aber die ablehnende Partei zu hören, Kblz VersR **77**, 231. Bis zur Entscheidung über den Ablehnungsantrag dürfen die Partei die Einlassung zur Sache nicht verweigern, Werthauer NJW **62**, 1235, und das Gericht das Gutachten nicht verwerten, Düss JZ **77**, 565.

Die Entscheidung erfolgt immer durch einen Beschluß, der baldmöglichst nach dem Eingang des Gesuchs zu fällen ist, BGH **28**, 306, BayObLG Rpfleger **82**, 423, Karlsr BB **77**, 1424, Schlesw SchlHA **82**, 30. Er ist grds zu begründen, § 329 Anm 1 A b. Er wird dann, wenn dem Ablehnungsantrag stattgegeben wird, den Parteien formlos mitgeteilt, wenn er aber zurückgewiesen wird, dem Antragsteller förmlich zugestellt, § 329 III. Die Entscheidung liegt nicht schon in der Vernehmung des Sachverständigen; ein Stillschweigen ist kein Beschluß. Eine Entscheidung erst in den Gründen der Sachentscheidung ist unzulässig und läßt sich auch nicht in einen versteckten Beschluß umdeuten, aM offenbar ThP 3a. Sie führt grds zur Aufhebung und Zurückverweisung, BSG MDR **76**, 83, BayObLG Rpfleger **82**, 434, Köln MDR **74**, 761, Schlesw SchlHA **82**, 30, freilich nur durch das Berufungsgericht, Düss JZ **77**, 565 mwN, Hamm MDR **74**, 499, und nur dann, falls der Ablehnungsantrag form- und fristgemäß gestellt worden war, BayObLG Rpfleger **82**, 434 mwN. In der Revisionsinstanz erfolgt keine diesbezügliche Aufhebung, BGH **LM** § 404 Nr 3 und NJW **79**, 720, KG NJW **65**, 1086, aM BAG **AP** Nr 1, BSG MDR **76**, 83.

Gebühren: Keine, § 37 Z 3 BRAGO.

5) Rechtsbehelfe, V. A. Stattgebende Entscheidung. Der Beschluß, der dem Ablehnungsantrag stattgibt, ist unanfechtbar, Düss JZ **77**, 565, auch wenn ihn der verordnete Richter im Rahmen seiner Zuständigkeit erlassen hat. Wegen der Urteilsgründe Anm 4.

B. Zurückweisung des Ablehnungsgesuchs. Gegen den Beschluß, der den Ablehnungsantrag als unzulässig oder unbegründet zurückweist, hat der Ablehnende sofortige Beschwerde ohne aufschiebende Wirkung, Düss JZ **77**, 565, auch gegen denjenigen des LG als Berufungsgericht, Celle NJW **67**, 1474. Für sie besteht Anwaltszwang. Eine weitere Verhandlung oder gar ein Urteil sind wegen § 572 I zwar nicht rechtsfehlerhaft, BFH BB **79**, 412, sollten aber nur bei einer offenbar aussichtslosen Beschwerde ergehen, BGH **LM** § 356 Nr 1. Die Anfechtung zusammen mit derjenigen des Endurteils erfolgt nur dann, wenn das Gericht fälschlich, Anm 4, nicht besonders entschieden hat, aber auch sie ist wegen §§ 567 III, 548 nicht mehr in der Revisionsinstanz zulässig, Anm 4. Wenn erst auf Grund

8. Titel. Beweis durch Sachverständige §§ 406–408

einer Beschwerde die Ablehnung Erfolg hat, ist eine weitere Beschwerde unzulässig, ZöSt 3c. Wenn der verordnete Richter entschieden hat, wird das Kollegium nach § 576 nur bei einer Zurückweisung des Gesuchs angerufen. Gegen die Entscheidung des LG nach § 74a V ZVG ist sofortige Beschwerde zulässig, Ffm Rpfleger **77**, 66. In einer Vormundschaftssache ist die sofortige Beschwerde auch im Interesse des Mündels zulässig, BayObLG **83**, 20.

6) VwGO: Entsprechend anwendbar, § 98 VwGO. Die Ablehnungsgründe, **I**, werden durch § 54 II u III VwGO ergänzt, RedOe § 98 Anm 10; ,,Mitwirkung" iSv § 54 II VwGO ist nicht die Vernehmung als Sachverständiger, Anm 2 A. Rechtsmittel gegen einen zurückweisenden Beschluß des VG, V, ist die Beschwerde nach §§ 146ff VwGO. Zur Ablehnung wegen der Zugehörigkeit zu einem auf Grund eines Gesetzes berufenen Gutachterausschuß vgl VGH Mannh NJW **69**, 524, zur Ablehnung eines im Dienst der Beklagten stehenden Beamten vgl OVG Bln NJW **70**, 1390 (keine Befangenheit schlechthin).

407 *Begutachtungspflicht.* **I** Der zum Sachverständigen Ernannte hat der Ernennung Folge zu leisten, wenn er zur Erstattung von Gutachten der erforderten Art öffentlich bestellt ist oder wenn er die Wissenschaft, die Kunst oder das Gewerbe, deren Kenntnis Voraussetzung der Begutachtung ist, öffentlich zum Erwerb ausübt oder wenn er zur Ausübung derselben öffentlich bestellt oder ermächtigt ist.

II Zur Erstattung des Gutachtens ist auch derjenige verpflichtet, der sich hierzu vor Gericht bereit erklärt hat.

1) Allgemeines. Der Sachverständige ist im Gegensatz zum Zeugen, auch zum sachverständigen, vertretbar. Darum besteht grundsätzlich keine Pflicht zur Begutachtung. Der Ernannte kann grundsätzlich die Tätigkeit unbedingt und ohne Angabe von Gründen ablehnen.

2) Begutachtungspflicht, I, II. Ausnahmsweise ist man zur Erstattung des Gutachtens in folgenden Fällen verpflichtet:

A. Öffentliche Bestellung als Sachverständiger, I. Zur Tätigkeit für das Gericht ist zunächst derjenige verpflichtet, der für Gutachten der betreffenden Art öffentlich bestellt ist, nur für solche Gutachten. S dazu § 404 Anm 1 B.

B. Öffentliche Ausübung der Wissenschaft usw zum Erwerb, I. Zur Tätigkeit für das Gericht ist ferner derjenige verpflichtet, der die zum Gutachten nötige Wissenschaft, Kunst oder Gewerbetätigkeit öffentlich ausübt, dh der Allgemeinheit gegenüber, unabhängig davon, ob dies für eigene oder fremde Rechnung, mit oder ohne Bestellung oder Ermächtigung geschieht. Gewerbe ist hier jede dauernde Erwerbstätigkeit in Handel, Industrie, Landwirtschaft, freiem Beruf usw, also auch als Arzt, Arbeitnehmer, Schriftsteller.

C. Öffentliche Bestellung als Wissenschaftler usw, I. Zur Tätigkeit für das Gericht ist ferner derjenige verpflichtet, der zur Ausübung einer unter B genannten Tätigkeit öffentlich bestellt ist, auch wenn er sie nicht oder zB wegen der Pensionierung nicht mehr ausübt. Eine Bestellung liegt in einer Zulassung, zB des Anwalts oder Arztes.

D. Bereiterklärung, II. Zur Tätigkeit für das Gericht ist schließlich derjenige verpflichtet, der sich vor Gericht dazu bereit erklärt hat, II, sei es allgemein für Gutachten bestimmter Art oder im Einzelfall. Die Erklärung kann auch stillschweigend durch die Entgegennahme des Auftrags bzw durch ein Erscheinen und das Unterlassen einer unverzüglichen Ablehnung der Tätigkeit erfolgt sein. Sie kann auch vor dem verordneten Richter abgegeben werden. In Betracht kommt zB ein Mitarbeiter des Institutsleiters, Köln MDR **82**, 677.

3) VwGO: *Entsprechend anwendbar, § 98 VwGO.*

408 *Gutachtenweigerungsrecht.* **I** Dieselben Gründe, die einen Zeugen berechtigen, das Zeugnis zu verweigern, berechtigen einen Sachverständigen zur Verweigerung des Gutachtens. Das Gericht kann auch aus anderen Gründen einen Sachverständigen von der Verpflichtung zur Erstattung des Gutachtens entbinden.

II Für die Vernehmung eines Richters, Beamten oder einer anderen Person des öffentlichen Dienstes als Sachverständigen gelten die besonderen beamtenrechtlichen Vorschriften. Für die Mitglieder der Bundes- oder einer Landesregierung gelten die für sie maßgebenden besonderen Vorschriften.

§§ 408, 409 2. Buch. 1. Abschnitt. Verfahren vor den LGen

III Wer bei einer richterlichen Entscheidung mitgewirkt hat, soll über Fragen, die den Gegenstand der Entscheidung gebildet haben, nicht als Sachverständiger vernommen werden.

1) Allgemeines. § 408 betrifft nur den Sachverständigen, den § 407 zur Begutachtung verpflichtet; andere Sachverständige können frei ablehnen, § 407 Anm 1. Zum Aussageverweigerungsrecht Müller in der medizinische Sachverständige **75**, 52 (ausf).

2) Befreiung, I. A. Verweigerungsrecht, I 1. Jeder Sachverständige darf die Erstattung eines Gutachtens aus den Gründen der §§ 383–384 verweigern. Das Verfahren verläuft auch hier nach den §§ 386–389. Es entscheidet das Prozeßgericht; der verordnete Richter nur dann, wenn er einen Sachverständigen durch einen anderen ersetzt, §§ 360, 404 ff, oder wenn er einen Sachverständigen nach I 2 entläßt.

B. Entbindung, I 2. Das Gericht kann einen Sachverständigen aus Zweckmäßigkeitsgründen von seiner Verpflichtung befreien, auch wenn er an sich kein Verweigerungsrecht hat. Zuständig ist das Prozeßgericht, auch der Einzelrichter oder der verordnete Richter, § 360 S 3. Die Entscheidung erfolgt auf Grund einer freigestellten mündlichen Verhandlung, auch von Amts wegen. Gründe zur Freistellung sind etwa: fehlende Sachkunde; Überlastung des Sachverständigen; Verschleppung des Gutachtens. Die Entscheidung ergeht nach dem pflichtgemäßen Ermessen, und zwar durch einen Beschluß; § 386 ff sind hier unanwendbar. Der Beschluß ist grds zu begründen, § 329 Anm 1 b.

3) Vernehmungsverbot, II. Bei Richtern, Beamten und anderen Personen des öffentlichen Dienstes, Begriff § 376 Anm 1. Verweist das Gesetz wie bei der Zeugenvernehmung auf die besonderen beamtenrechtlichen Vorschriften. Entsprechendes gilt bei den Mitgliedern der Bundes- und der Landesregierungen; vgl § 376 Anm 1 A. Die von einem Beamten etwa zur gutachtlichen Nebentätigkeit erforderliche Genehmigung muß der Beamte selbst einholen; vgl §§ 64 ff BBG. Wegen der Entscheidungsform Anm 2 B.

4) Befreiung, III. Befreit werden soll, wer bei einer richterlichen Entscheidung mitgewirkt hat, und zwar bei Fragen, über die entschieden worden ist. Dies ist weit zu verstehen; eine Mitwirkung bei einem Schiedsspruch oder einer Entscheidung eines Ehrengerichts, Dienststrafgerichts, Seeamts genügt. Da es sich um eine bloße Sollvorschrift handelt, ist ein Verstoß prozessual belanglos. Aus §§ 43, 45 III DRiG ergibt sich eine Verpflichtung zur Verweigerung. §§ 386 ff sind hier unanwendbar. Wegen der Entscheidungsform usw Anm 2 B.

5) Rechtsbehelfe. Eine Entscheidung ist nur zusammen mit dem Endurteil anfechtbar.

6) VwGO: *Entsprechend anwendbar, § 98 VwGO.*

409 *Folgen von Ausbleiben oder Weigerung.* **I** Im Falle des Nichterscheinens oder der Weigerung eines zur Erstattung des Gutachtens verpflichteten Sachverständigen werden diesem die dadurch verursachten Kosten auferlegt. Zugleich wird gegen ihn ein Ordnungsgeld festgesetzt. Im Falle wiederholten Ungehorsams kann das Ordnungsgeld noch einmal festgesetzt werden.

II Gegen den Beschluß findet Beschwerde statt.

1) Kosten, Ordnungsmittel, I. A. Grundsatz. § 409 nötigt das Gericht („werden auferlegt", „wird festgesetzt") zu Maßnahmen gegen den zum Tätigwerden verpflichteten, nach §§ 402, 380 I ordnungsgemäß geladenen, auch nicht nach §§ 402, 381 entschuldigen, auch nicht unter §§ 375 II, 382 fallenden, nicht erschienenen oder das Gutachten verweigernden Sachverständigen. Wer das Gutachten verweigern darf, braucht nicht zu erscheinen, wenn er nach § 386 III verfährt; ausbleiben darf also auch derjenige, der zur Erstattung nicht verpflichtet ist, § 407, nicht aber der zur Erstattung Bereite, § 407 Anm 2 D, Köln MDR **82**, 677. Wegen einer Verweigerung erfolgen erst dann Maßnahmen, wenn die Verweigerung ohne Grundangabe erfolgt oder rechtskräftig für unbegründet erklärt worden ist, §§ 386 ff. Im Fall der Verschleppung eines schriftlichen Gutachtens ist § 411 anwendbar. Dem Nichterscheinen steht das Sichentfernen vor dem Aufruf, § 220 I, oder eine Entfernung nach § 158 gleich.

Demgegenüber gilt bei einer bloßen Verzögerung des Gutachtens § 411 II. Freilich kann ein allzu langes Hinauszögern eine Verweigerung darstellen, § 411 Anm 4 C.

B. Verfahren, Entscheidung, I. Die Anordnung erfolgt durch einen Beschluß. Er ist grundsätzlich zu begründen, § 329 Anm 1 A b, zu verkünden oder den Parteien wegen der

8. Titel. Beweis durch Sachverständige   §§ 409–411

Kosten formlos mitzuteilen, § 329 II 1, dem Sachverständigen jedoch als Vollstreckungstitel zuzustellen, § 329 III, ThP § 380 Anm 2 d, insofern aM ZöSt 2. Der Beschluß verurteilt immer in die Kosten und zugleich (ohne Wahlrecht des Gerichts) zu einem Ordnungsgeld von 5–1000 DM, Art 6 I EGStGB, Vorb B vor § 380. Ordnungs- oder Zwangshaft und Vorführung sind unstatthaft. Bei wiederholtem Ungehorsam gilt dasselbe wie bei § 380, es ist also auch ein zweites, drittes oder weiteres Ordnungsgeld, auch in stets steigender Höhe, jedoch auch jetzt keine Haft zulässig. Einzelheiten wie § 380 Anm 1 C, 2 B.

2) Rechtsbehelf, II. Gegen den Beschluß ist die einfache Beschwerde mit aufschiebender Wirkung zulässig, § 572 I. Im Fall des § 567 III ist auch hier keine Beschwerde zulässig. Näheres § 380 Anm 3.

3) VwGO: *Entsprechend anwendbar, § 98 VwGO, jedoch ist Rechtsmittel, II, die Beschwerde nach §§ 146 ff VwGO.*

410 **Beeidigung.** **I** Der Sachverständige wird vor oder nach Erstattung des Gutachtens beeidigt. Die Eidesnorm geht dahin, daß der Sachverständige das von ihm erforderte Gutachten unparteiisch und nach bestem Wissen und Gewissen erstatten werde oder erstattet habe.

II Ist der Sachverständige für die Erstattung von Gutachten der betreffenden Art im allgemeinen beeidigt, so genügt die Berufung auf den geleisteten Eid; sie kann auch in einem schriftlichen Gutachten erklärt werden.

1) Einzelbeeidigung, I. A. Grundsatz. Der Sachverständige ist grundsätzlich uneidlich zu vernehmen, §§ 391, 402. Zu beeidigen ist er nur wegen der Bedeutung des Gutachtens oder zur Herbeiführung eines wahrheitsgemäßen Gutachtens. Dazu wird selten Anlaß sein. Das Gericht hat die freie Wahl, ob es einen Voreid oder einen Nacheid abnimmt; der erstere ist vorzuziehen, weil sonst bei einem Nachtrag ein neuer Eid oder eine Versicherung nach § 398 III nötig würde. Das Gericht kann auch statt einer Beeidigung einen anderen Sachverständigen bestellen, § 412. Zur Zuständigkeit der Eidesanordnung § 391 Anm 2 D. Der Eid deckt ein späteres schriftliches Gutachten, ferner Aussagen über den Befund und Quellen der Wahrnehmung. Bei weiteren tatsächlichen Bekundungen ist § 391 anzuwenden, also evtl ein Zeugeneid (Nacheid). Ein Parteiverzicht führt zur Unzulässigkeit der Beeidigung, § 391 Anm 3. Der Eid des sachverständigen Zeugen, § 414, deckt kein Gutachten. Das Verfahren richtet sich im übrigen nach §§ 478 ff. Wegen des Dolmetschereids § 189 GVG sowie in Bayern G vom 20. 7. 64, GVBl 147.

B. Verstoß. Im Fall der unberechtigten Eidesverweigerung gilt § 409. Ein Verstoß gegen § 410 ist nach § 295 heilbar. § 410 ist kein Schutzgesetz iSv § 823 II BGB, BGH **42**, 318, Celle NJW **60**, 387, Mü VersR **77**, 483, ZöSt 3, abw Andresen NJW **62**, 1760, aM Pieper Gedächtnisschrift für Bruns (1980) 171.

2) Allgemeinbeeidigung, II. Ob Sachverständige allgemein vereidigt werden sollen, II, ist Landessache. Eine solche Vereidigung erfolgt besonders bei häufig zuzuziehenden Sachverständigen. Es genügt dann die Berufung auf den ein für allemal geleisteten Eid, auch wenn eine Verwaltungsbehörde ihn abgenommen hat, sofern er sich auch auf Gutachten solcher Art erstreckte, bei Erstattung eines schriftlichen Gutachtens auch eine schriftliche derartige Berufung. Einen solchen Sachverständigen braucht das Gericht nicht im Einzelfall nach § 395 I zu ermahnen. Wegen der Gebühren für die allgemeinen Beeidigten vgl § 2 I (Anl 6) JVKostO.

3) VwGO: *Entsprechend anwendbar, § 98 VwGO.*

411 **Schriftliches Gutachten.** **I** Wird schriftliche Begutachtung angeordnet, so hat der Sachverständige das von ihm unterschriebene Gutachten auf der Geschäftsstelle niederzulegen. Das Gericht kann ihm hierzu eine Frist bestimmen.

II Versäumt ein zur Erstattung des Gutachtens verpflichteter Sachverständiger die Frist, so kann gegen ihn ein Ordnungsgeld festgesetzt werden. Das Ordnungsgeld muß vorher unter Setzung einer Nachfrist angedroht werden. Im Falle wiederholter Fristversäumnis kann das Ordnungsgeld in der gleichen Weise noch einmal festgesetzt werden. § 409 Abs. 2 gilt entsprechend.

III Das Gericht kann das Erscheinen des Sachverständigen anordnen, damit er das schriftliche Gutachten erläutere.

1) Allgemeines. Der gesetzliche Regelfall ist die Vernehmung des Sachverständigen. Die Parteien können sie nicht durch die gemeinsame Einreichung eines schriftlichen Gutachtens ersetzen; die Auswertung eines nicht nach I angeordneten Gutachtens wäre ein Urkundenbeweis, vgl BSG NJW **65**, 368. Dagegen kann das Gericht nach seinem pflichtgemäßen Ermessen eine schriftliche Begutachtung anordnen, BGH **6**, 398, und tut das zweckmäßigerweise auch meist zunächst, um notfalls nach III zu verfahren. Dies ist der Fall des § 411. Die Vorschrift gilt auch im Beweissicherungsverfahren, § 492 Anm 1.

2) Schriftliches Gutachten, I 1. Das Gericht befindet über die Notwendigkeit einer Vernehmung nach seinem pflichtgemäßen Ermessen. Die Parteien brauchen, anders als bei § 377 IV, nicht zuzustimmen. Ihre Zustimmung schließt einen Antrag nach III nicht aus, Anm 5 A b. Sie dürfen die Ladung des Sachverständigen verlangen, um Fragen zu stellen, BGH **6**, 398. Vgl auch Anm 4. Der Sachverständige darf andere Sachverständige befragen oder sich auf das Schrifttum berufen und andere Hilfspersonen hinzuziehen, § 404 Anm 1 A. Das Gutachten muß eigenhändig unterschrieben sein. Eine eidesstattliche Versicherung ist nur dann notwendig, wenn das Gericht sie als Eidesersatz verlangt, vgl §§ 391, 402. Sie ist dann entspr § 410 zu fassen; beim allgemein vereidigten Sachverständigen gilt § 410 II. Die Parteien tragen das Gutachten nach § 285 II vor oder nehmen gemäß § 137 III Bezug. Bei einem Zweifel an der Echtheit der Unterschrift ist eine Vernehmung notwendig. Häufig empfiehlt sich vor der Erstattung des schriftlichen Gutachtens ein Unterrichtungstermin. Auch der verordnete Richter darf eine schriftliche Begutachtung anordnen, wenn sein Auftrag ihn darin nicht beschränkt.

Dem Sachverständigen sind alle beim Gericht befindlichen, seinem Gutachten möglicherweise nützlichen Gegenstände, Akten und Hilfsakten auszuhändigen, zuverlässigen Sachverständigen sogar die Gerichtsakten, falls notwendig. Schwierige Rechtsbegriffe sind dem Sachverständigen zu umschreiben; notfalls muß ein ergänzendes Gutachten eingeholt werden oder die Vernehmung des Sachverständigen angeordnet werden, BAG NJW **72**, 2279. S über das Gutachten auch Üb 2 vor § 402 und über ein Privatgutachten Üb 5 vor § 402.

3) Frist, I 2. Das Gericht kann dem Sachverständigen zur Erstattung des Gutachtens eine Frist setzen. Es handelt sich um eine richterliche Frist; ihre Verkürzung, eine Zustimmung des Sachverständigen vorausgesetzt, und ihre Verlängerung richten sich nach §§ 224, 225.

4) Ordnungsgeld, II. A. Nachfrist. Ein Ordnungsgeld gegen den Sachverständigen wegen einer Fristversäumung setzt eine Nachfrist voraus, die mit der Androhung eines, nicht notwendig schon dann bestimmten, Ordnungsgelds verbunden ist. Die Frist muß so bemessen sein, daß sie in Verbindung mit der ersten Frist zur Anfertigung des Gutachtens genügt. Eine Verlängerung dieser Frist erfolgt nur nach § 225 II, also nach einer Anhörung des Gegners. Denn schon die Nachfrist ist eine Verlängerung. Bei der Versäumung einer zweiten Nachfrist liegt eine wiederholte Fristversäumung vor. Dann ist ein nochmaliges Ordnungsgeld „in der gleichen Weise", nicht notwendig in der gleichen Höhe, zulässig. Es muß also eine Festsetzung, wenn auch nicht eine Vollstreckung, vorangegangen sein. Mü VersR **80**, 1078 fordert schon für die Fristsetzung einen Beschluß und gibt dem Sachverständigen gegen den Beschluß die Beschwerde nach II 4 in Verbindung mit § 409 II.

B. Verschulden. Voraussetzung für die Verhängung eines Ordnungsgelds ist weiterhin stets, daß der Sachverständige schuldhaft handelte. Ein Verschulden liegt schon dann vor, wenn er den etwaigen Hinderungsgrund nicht rechtzeitig angezeigt hat, wenn er also zB weder einen Mitarbeiter vorschlägt noch bei einer Verzögerung wenigstens einen festen Termin nennt und ihn dann auch einhält, selbst bei einer Überlastung, Celle NJW **72**, 1524, abw Franzki DRiZ **74**, 307, ZöSt 2.

C. Weitere Einzelfragen. Im einzelnen zum Ordnungsgeld § 380 Anm 1 C, Anm 2 B. Ordnungshaft ist hier unzulässig. Eine hartnäckige Versäumung kann das Gericht als Weigerung des Gutachters auffassen; also darf das Gericht dann den Sachverständigen nach § 409 behandeln oder gebührenlos entlassen, Düss MDR **74**, 588. Überhaupt ist bei Schwierigkeiten mit dem ersten Sachverständigen im Auftrag an einen anderen Sachverständigen ratsam, Franzki DRiZ **74**, 307. Eine Ahndung aus § 411 hindert Maßnahmen nach § 409 nicht und umgekehrt.

D. Rechtsbehelfe. Wegen der Rechtsmittel, auch gegen die Androhung, Mü VersR **80**, 1078, vgl § 409 II.

5) Anordnung des Erscheinens, III. A. Grundsatz. a) Ermessen. Das Prozeßgericht oder der verordnete Richter können und müssen im Rahmen eines pflichtgemäßen Ermessens, BGH NJW **82**, 2875 mwN, das Erscheinen des Sachverständigen zur Erläuterung seines

8. Titel. Beweis durch Sachverständige §§ 411, 412 1

Gutachtens anordnen. Die Anordnung ist zB dann notwendig, wenn Zweifel oder Unklarheiten zu beseitigen sind, BGH NJW **82**, 2875 mwN und NJW **83**, 341.

b) Antrag. Wollen die Parteien Fragen stellen, so müssen sie diese Anordnung beantragen, brauchen auch nur die Fragestellung anzugeben, nicht die Fragen im einzelnen, BGH NJW **61**, 2308, Oldb OLGZ **70**, 481. Ein Antrag ist so rechtzeitig vor demjenigen Termin zu stellen, in dem das Gutachten vorgetragen und damit in den Rechtsstreit eingeführt wird, § 285 II, daß die Ladung des Sachverständigen noch möglich ist, BGH BB **69**, 655 sowie VersR **72**, 928 und NJW **75**, 2142, BAG BB **81**, 54, Celle MDR **69**, 930, Kblz OLGZ **75**, 379. Andernfalls sind § 296 II, § 398, BGH MDR **68**, 133, § 528 II anwendbar. Nach einem rechtzeitigen Antrag muß das Gericht ihm stattgeben, da es sich um die der Partei zustehende Befragung handelt, §§ 402, 397, BGH **6**, 401 und VersR **72**, 928, BAG BB **81**, 54, BSG NJW **61**, 2087, BVerwG NJW **61**, 2082, Kblz Rpfleger **80**, 194. Demgemäß reicht es jedenfalls nicht aus, daß die Partei nach einem schriftlichen Sachverständigengutachten den Antrag, ihn vernehmen zu können, erst im nächsten Termin stellt, Düss BauR **78**, 412, aM 41. Aufl, oder sogar erst nach diesem oder gar erst in der Berufungsinstanz, soweit sie ihr Fragerecht früher ausüben konnte, BGH **35**, 370, ThP 3, ZöSt 1 c, aM Wiecz A II b 1, BGH **35**, 370 und MDR **64**, 998.

Wenn der Antrag offensichtlich mißbräuchlich in einer Verschleppungsabsicht gestellt wird, so wird er abgelehnt, BGH **24**, 14, BAG MDR **68**, 529, Oldb OLGZ **70**, 481. Dies gilt zB dann, wenn gar keine Zweifel mehr bestehen, sondern wenn nur auf das Gericht eingewirkt werden soll, Oldb MDR **75**, 408 (die Grenzen sind freilich fließend), oder bei einer grob fahrlässigen Verspätung des Sachverständigen, BGH VersR **72**, 928, Celle MDR **69**, 930. Wenn die Anordnung der Vernehmung des Sachverständigen auf Grund eines Antrags einer Partei erfolgt, dann kann das Gericht seine Ladung davon abhängig machen, daß die Partei einen entsprechenden Vorschuß für ihn zahlt, §§ 402, 379, BGH NJW **64**, 658, es sei denn, das Gericht hätte das schriftliche Gutachten von Amts wegen eingeholt.

Wohnt der Sachverständige im Ausland, so ist das allein kein Grund, den Antrag einer Partei abzulehnen, er möge sein Gutachten mündlich erläutern; allerdings ist dann § 363 entsprechend anwendbar, BGH DB **80**, 1794, so daß das Gericht den Sachverständigen nicht dazu zu bewegen versuchen braucht, zur Befragung vor dem Prozeßgericht zu erscheinen, BGH MDR **80**, 931. Wenn der Sachverständige verstorben ist, muß ein neuer beauftragt werden, BGH NJW **78**, 1633.

B. Ausnahmen. Nach dem Eingang eines Gutachtens als amtlicher Auskunft, Üb 5 vor § 373, wird grundsätzlich kein persönliches Erscheinen gemäß III angeordnet. Dies gilt zB beim Gutachten einer Rechtsanwaltkammer nach §§ 3, 12 BRAGO, insoweit ebenso Ffm MDR **83**, 327 mwN, Mü NJW **75**, 884, aM ZöSt 1. Wohl aber können zB bestimmte Mitglieder eines Gutachterausschusses nach §§ 136ff BBauG geladen werden, BGH **62**, 95 mwN; im übrigen können Maßnahmen nach I, III vAw nötig sein, BGH BB **76**, 481. Dabei ist das Ermessen des Berufungsgerichts in der Revisionsinstanz nur auf etwaigen rechtsfehlerhaften Gebrauch nachprüfbar, BGH VersR **81**, 547 mwN.

6) *VwGO: Entsprechend anwendbar, § 98 VwGO. Wollen die Beteiligten an den Sachverständigen Fragen stellen, so muß ihrem Antrag, nach III sein Erscheinen anzuordnen, stattgegeben werden, BVerwG MDR 73, 339. Stattzugeben ist auch dann, wenn der Antrag vor der mündlichen Verhandlung gestellt wird, vgl BFH BStBl 70 II 460; er ist jedenfalls in der ersten Verhandlung über das Gutachten rechtzeitig gestellt, BVerwG MDR 73, 339. Der Antrag muß erkennen lassen, in welcher Richtung eine weitere Aufklärung herbeigeführt werden soll, BVerwG VerwRspr 32, 895 mwN. Zur Frage, wann die Anordnung vAw geboten sei, vgl BVerwG DVBl 60, 287. Die Parteien können nicht die Vernehmung eines Privatgutachters verlangen, BVerwG VerwRspr 32, 895.*

412 **Neues Gutachten.** I Das Gericht kann eine neue Begutachtung durch dieselben oder durch andere Sachverständige anordnen, wenn es das Gutachten für ungenügend erachtet.

II Das Gericht kann die Begutachtung durch einen anderen Sachverständigen anordnen, wenn ein Sachverständiger nach Erstattung des Gutachtens mit Erfolg abgelehnt ist.

1) Neue Begutachtung, I. A. Grundsatz. Das Gericht würdigt das zunächst erstattete Gutachten grundsätzlich frei, § 286 Anm 3 C, vgl Üb 1 A vor § 402 und § 402 Anm 1 „§§ 394–398". Vielfach ist das Gericht aber faktisch vom Sachverständigen abhängig, Pieper ZZP **84**, 29, vgl BGH VersR **69**, 886, s auch § 286 Anm 3 C. Wenn das Gutachten ihm nicht zur Gewinnung einer Überzeugung reicht, dann muß das Gericht ein neues Gutachten desselben oder eines anderen Sachverständigen anfordern, vgl BGH VersR **81**, 752. Das bezeichnet BGH NJW **78**, 752 bei einem Schriftgutachten sogar idR als notwendig. Bei der Entscheidung, ob ein weiterer Gutachter zu beauftragen ist, ist § 244 IV StPO rechtsähnlich anwendbar, BGH **53**, 258, vgl auch (für FGG-Verfahren) BayObLG MDR **71**, 765. Soweit nur die Partei ein weiteres Gutachten für erforderlich hält, ist § 398 anwendbar, ZöSt 2.

B. Obergutachtens. a) Begriff. Obergutachter ist ein Sachverständiger, der auf Grund überragender Sachkunde oder besonderer Autorität die durch gegensätzliche Auffassung mehrerer Sachverständiger entstehenden Zweifel zu klären hat, Jessnitzer 15. Abschn B.

b) Notwendigkeit. Es besteht nur ausnahmsweise eine Pflicht zur Einholung eines sog Obergutachtens, BGH BB **80**, 863, so bei besonders schwierigen Fragen; Zweifeln an der Sachkunde des Sachverständigen; überlegenen Forschungsmitteln des weiteren Gutachters, BGH **53**, 258 und BB **80**, 863, KG VersR **74**, 347, **76**, 391; groben Mängeln des erstatteten Gutachtens, BGH BB **80**, 863. Vgl § 286 Anm 3 C. Die Kostenfrage ist nicht allein maßgeblich, aber mitbeachtlich (Grundsatz der Verhältnismäßigkeit). Die Einholung eines Obergutachtens ist also eine Ermessensfrage, BGH NJW **70**, 949 und BB **80**, 863, BayObLG **71**, 147, ebenso die nochmalige Anhörung des Sachverständigen, nachdem ein anderer Gutachter gehört worden ist, BGH BB **80**, 863. Es ist kein Obergutachten notwendig, wenn das erste Gutachten ohne erkennbare Fehler und im übrigen überzeugend erstattet ist, BGH BB **80**, 863, Bre NJW **70**, 1236.

2) Weitere Begutachtung, II. Nach einer erfolgreichen Ablehnung eines Sachverständigen im Anschluß an sein Gutachten ist ein weiterer Auftrag an einen anderen Sachverständigen Ermessenssache des Gerichts. Der Abgelehnte kann sachverständiger Zeuge sein, § 414, BGH NJW **65**, 1492.

3) Verfahren, I, II. Die Anordnung erfolgt auch ohne mündliche Verhandlung, § 360 S 2, und auch durch den verordneten Richter, § 360 S 3. Die Anordnung erfolgt durch einen Beschluß. Er gehört immer zum Beweisbeschluß. Das Gericht muß eine Abweichung vom Gutachten sorgfältig begründen, § 329 Anm 1 A b, BGH **LM** § 286 (B) Nr 2.

4) Rechtsbehelf. Eine Beschwerde gegen den Beschluß ist weder bei der Anordnung noch bei der Ablehnung zulässig, LG Mannh MDR **69**, 931.

5) VwGO: Entsprechend anwendbar, § 98 VwGO. Bei der Ermessensentscheidung über die Einholung eines neuen Gutachtens, Anm 1, hat das Gericht in Ausübung seines Rechts zur freien Beweiswürdigung, § 108 I 1 VwGO, zu verfahren, BVerwG DVBl **65**, 915. Die Einholung eines neuen bzw Obergutachtens ist geboten, wenn die vorliegenden Gutachten sich in der Beurteilung widersprechen, BVerwG DVBl **60**, 287, oder wenn das Gericht an der Richtigkeit des vorliegenden Gutachtens zu zweifeln Anlaß hat, BVerwG VerwRspr **31**, 382 mwN, zB weil es grobe Mängel oder unlösbare Widersprüche aufweist oder weil es von falschen sachlichen Voraussetzungen ausgeht, BVerwG **35**, 50, oder weil Bedenken gegen die Sachkunde oder Unparteilichkeit des Sachverständigen bestehen, BVerwG **31**, 149. Das gleiche gilt, wenn das Gericht ohne eigene Fachkunde von dem vorliegenden Gutachten abweichen will, BVerwG **41**, 359.

413 *Sachverständigengebühren.* Der Sachverständige wird nach dem Gesetz über die Entschädigung von Zeugen und Sachverständigen entschädigt.

1) Allgemeines. Maßgebend ist das ZSEG, vgl Hartmann V. Wenn der Sachverständige die Unverwertbarkeit seines Gutachtens verschuldet, zB deswegen, weil eine Partei ihn erfolgreich abgelehnt hat oder weil er die Beweisfrage nicht beantwortet hat oder bei einer Beschränkung auf die Mitteilung des Untersuchungsergebnisses, Ffm MDR **77**, 762, dann kann er in entsprechender Anwendung von § 628 I 2 BGB seinen Anspruch verlieren.

Das gilt aber nicht, wenn er nur leicht fahrlässig handelte, BGH **LM** ZSEG Nr 4 mwN, Düss VersR **81**, 538, Ffm Rpfleger **77**, 382, Kblz Rpfleger **81**, 37 mwN, Mü Rpfleger **81**, 208, Stgt Rpfleger **76**, 189 (dann ist auch nicht § 8 GKG anwendbar), LG Bre NJW **77**, 2126 mwN, abw Müller JR **81**, 55, aM zB Hbg MDR **65**, 755, LG Bielef MDR **75**, 238 mwN.

Soldaten sind wie andere Sachverständige zu behandeln, Z 18ff SchlAnh II.

Zur Haftung des Sachverständigen Üb 3 B vor § 402.

2) VwGO: Entsprechend anwendbar, § 98 VwGO. Die Geltung des ZSEG für alle Gerichte ergibt sich zudem aus seinem § 1.

414 *Sachverständige Zeugen.* Insoweit zum Beweise vergangener Tatsachen oder Zustände, zu deren Wahrnehmung eine besondere Sachkunde erforderlich war, sachkundige Personen zu vernehmen sind, kommen die Vorschriften über den Zeugenbeweis zur Anwendung.

1) Allgemeines. Man muß folgende Beweismittel auseinanderhalten: **a)** den Sachverständigen. Er bleibt das, auch wenn er sich die Kenntnis der für sein Gutachten notwendigen Tatsachen erst verschaffen muß, Üb 4 vor § 402; **b)** den Zeugen und Sachverständigen. Das ist derjenige, der seine ohne einen Zusammenhang mit einem gerichtlichen Sachverständigenauftrag gemachten Wahrnehmungen bekunden und aus ihr Schlüsse ziehen soll. Er hat evtl den Zeugen- und den Sachverständigeneid zu leisten. Er kann, soweit er als Sachverständiger beansprucht worden ist, die Gebühren eines Sachverständigen fordern, selbst wenn er nur als sachverständiger oder „gewöhnlicher" Zeuge geladen worden war; **c)** den sachverständigen Zeugen, § 414.

2) Sachverständiger Zeuge. Er ist ein Zeuge, der die zu bekundenden Tatsachen nur kraft seiner Sachkunde ohne Zusammenhang mit einem gerichtlichen Sachverständigenauftrag wahrgenommen hat, BGH MDR **74**, 382. Maßgebend ist, ob er unersetzbar ist (dann ist er ein sachverständiger Zeuge) oder ob er auswechselbar ist (dann ist er Sachverständiger), vgl auch Üb 4 vor § 402. Seine Eigenschaft kann sich gegenüber der Ladung durch die Art der tatsächlichen Heranziehung ändern, Düss VersR **83**, 544, Hbg JB **75**, 83 je mwN, Hamm NJW **72**, 2004, vgl BGH **LM** Nr 2 (betrifft einen Privatgutachter). Er ist im ersteren Fall Zeuge und untersteht ausnahmslos den Vorschriften über den Zeugenbeweis. Der Arzt ist zB sachverständiger Zeuge, wenn er über eine bestimmte Krankheit aussagt, aber Sachverständiger und Zeuge, wenn er die Ursache und die Wirkung dieser Krankheit bekundet. Der erfolgreich abgelehnte Sachverständige kann sachverständiger Zeuge sein, BGH NJW **65**, 1492.
Der sachverständige Zeuge kann zB nicht abgelehnt werden, freilich besteht insofern eine freie Beweiswürdigung, BGH **LM** Nr 2; es findet keine gerichtliche Auswahl statt; von seiner Anhörung kann nicht wegen fehlender Sachkunde abgesehen werden; er leistet einen Zeugeneid; er erhält Zeugengebühren, Hamm NJW **72**, 2004. Die von ihm bekundeten Tatsachen sind notfalls unter Hinzuziehung eines Sachverständigen nachzuprüfen.

3) VwGO: *Entsprechend anwendbar, § 98 VwGO.*

Neunter Titel. Beweis durch Urkunden

Übersicht

Schrifttum: Reithmann, Allgemeines Urkundenrecht, Begriffe und Beweisregeln, 1972; Schreiber, Die Urkunde im Zivilprozeß, 1982.

1) Begriff und Rechtsnatur. Urkunde im Sinne der ZPO ist die schriftliche Verkörperung eines Gedankens, FG Bln NJW **77**, 2232, vgl auch BGH **65**, 301; anders als im StGB, Dreher § 274 StGB Anm 2 A, gehören Grenzzeichen und dergleichen, zB Siegel, Fahrzeug- oder Motorziffern, die keiner Aussage, sondern einer Kennzeichnung dienen, zum Augenscheinsbeweis. Dasselbe gilt für Tonbandaufnahmen, Schallplatten und Fotos, Üb 4 A, B vor § 371. Unerheblich ist, in welchen üblichen oder vereinbarten Schrift- oder Druckzeichen die Urkunde abgefaßt ist; worauf sie geschrieben oder gedruckt wurde; ob sie unterschrieben ist; welche Bedeutung sie hat und welchem Zweck sie dienen soll. Eine Fotokopie kann – auch unbeglaubigt – eine Urkunde sein, BGH MDR **76**, 304, FG Bln NJW **77**, 2232, Heuer NJW **82**, 1506, StJSchuL I 3, offen Köln FamRZ **83**, 711, vgl aber auch Üb 1 vor § 371 sowie BGH NJW **71**, 1812, Kienapfel NJW **71**, 1780, ZöSt II. Computerbescheide und ähnliche technische Aufzeichnungen sind Urkunden, soweit sie – wenn auch programmierte – Gedanken verkörpern; abw Baltzer Festschrift für Bruns (1980) 80 mwN, Lampe NJW **70**, 1100 (§§ 415 ff gelten entsprechend). Wegen der Verwertbarkeit personenbezogener Daten ist das BDSG zu beachten. Gegenstand des Beweises ist der gedankliche Inhalt der Urkunde.

2) Arten. Die ZPO unterscheidet die öffentliche Urkunde (Begriff § 415 Anm 2, Beweiskraft §§ 417, 418) und die Privaturkunde, (Begriff § 416 Anm 1, Beweiskraft § 416 Anm 2, 3). Maßgeblich ist nicht der Inhalt, sondern die Form, BayObLG Rpfleger **75**, 316. Beide Urkunden können räumlich verbunden sein, zB bei einer öffentlich beglaubigten Urkunde. Ferner wird zwischen der Urschrift und der Abschrift unterschieden; unter der letzteren ist wieder eine Ausfertigung und eine beglaubigte Abschrift (Begriff beider § 170 Anm 2 A, B) hervorgehoben.

3) Beweiskraft. A. Äußere (formelle) Beweiskraft. Die äußere Beweiskraft, §§ 415 ff, bezeugt, daß der Aussteller die in der Urkunde niedergelegte Erklärung wirklich abgegeben hat. Ob diese Erklärung richtig oder falsch ist, gehört zur inneren Beweiskraft. Die äußere Beweiskraft erfordert den Nachweis der Echtheit der Urkunde. Für ihn stellt die ZPO bindende Beweisregeln auf und schließt insofern § 286 aus..

B. Innere (materielle) Beweiskraft. Sie hat die sachliche Bedeutung der Erklärung für den Beweissatz zum Gegenstand. Die innere Beweiskraft ist nach freier richterlicher Überzeugung zu würdigen, § 286; nach ihr entscheidet sich zB, ob die Urkunde ein Schuldanerkenntnis enthält, ob sie eine Mängelrüge ist. Wenn die in der Urkunde enthaltene Erklärung nicht als Beweispunkt in Frage kommt, sondern als Indiz, Einf 3 b vor § 284, dann würdigt das Gericht frei, was die Abgabe der Erklärung für den Beweissatz besagt. Beispiele: Ob in der Mängelrüge ein außergerichtliches Geständnis des Vertragsschlusses liegt; ob die vom Arzt aufgezeichnete Krankengeschichte die Krankheit beweist. Hierbei kommt es auf die Glaubwürdigkeit des Ausstellers an. Nur bei öffentlichen Zeugnissen einer Behörde oder Urkundsperson stellt das Gesetz diese Glaubwürdigkeit durch gesetzliche Beweisregeln fest, zB in §§ 415, 165.

C. Zeugenaussage, Auskunft, Zeugnis. Über eine urkundenbewisliche Verwertung von Zeugenaussagen vgl § 286 Anm 4 D; über amtliche Auskünfte und behördliche Zeugnisse vgl Üb 5 vor § 373.

D. Parteibeweis. Der Urkundenbeweis ist regelmäßig ein Parteibeweis. Eine Erhebung vAw ist nur zulässig: **a)** im Amtsverfahren, vgl §§ 616, 640, 653; **b)** nach §§ 142, 143, 273, also wenn sich eine Partei auf die Urkunde bezogen hat, bei Akten und zur Vorbereitung der mündlichen Verhandlung. Bei § 358 a nur indirekt, nämlich iRv Z 2, 3; **c)** bei Vollkaufleuten und gewissen Streitpunkten über die Vorlegung von Handelsbüchern und Tagebüchern der Handelsmakler, §§ 45, 47, 102 HGB.

Bei b) und c) können die Parteien die Verwertung durch deren vereinbarten Ausschluß verhindern.

E. Zuverlässigkeit. Die Urkunde ist das einzige zuverlässige Beweismittel, das allen anderen Beweismitteln weit vorzuziehen ist. Einen gegenüber einer Urkunde versuchten Zeugenbeweis muß man mit dem größten Mißtrauen betrachten. Meist soll er dem Beweisführer das rechtswidrige Lossagen von der niedergelegten Vereinbarung ermöglichen. Die Rechtssicherheit verlangt, daß eine Urkunde nicht ohne zwingende Not angetastet wird. Über mündliche Abreden neben Urkunden vgl Anh § 286 Anm 4 „Form".

4) Ersetzung zerstörter und abhanden gekommener gerichtlicher und notarischer Urkunden. Vgl hierzu §§ 46, 68 BeurkG sowie VO vom 18. 6. 42, RGBl 395 = BGBl III 315-4 (dazu aber § 57 X BeurkG), § 6 ZustErgG vom 7. 8. 52, BGBl 407. Sie erfolgt durch eine beglaubigte Abschrift einer noch vorhandenen Ausfertigung oder beglaubigten Abschrift; sonst muß der Inhalt der Urkunde durch einen Beschluß des Gerichts oder des Notars festgestellt werden.

5) *VwGO*: Urkundenbeweis ist als zulässiges Beweismittel ausdrücklich genannt, § 96 I 2 *VwGO*. Er wird stets vAw erhoben, § 86 I *VwGO*, auch vor der mündlichen Verhandlung, §§ 87, 96 II *VwGO*; §§ 415 ff gelten entsprechend, § 98 *VwGO*, soweit Unterschiede der beiden Verfahrensarten nicht entgegenstehen. Sondervorschriften gelten für die Aktenvorlage durch Behörden, § 99 *VwGO*.

415 *Beweiskraft öffentlicher Urkunden über Erklärungen.*

I Urkunden, die von einer öffentlichen Behörde innerhalb der Grenzen ihrer Amtsbefugnisse oder von einer mit öffentlichem Glauben versehenen Person innerhalb des ihr zugewiesenen Geschäftskreises in der vorgeschriebenen Form aufgenommen sind (öffentliche Urkunden), begründen, wenn sie über eine vor der Behörde oder der Urkundsperson abgegebene Erklärung errichtet sind, vollen Beweis des durch die Behörde oder die Urkundsperson beurkundeten Vorganges.

II Der Beweis, daß der Vorgang unrichtig beurkundet sei, ist zulässig.

1) Allgemeines. § 415 gibt eine gesetzliche Beweisregel für öffentliche Urkunden, vgl auch BGH NJW **80**, 1000. Urkunden, die seinen Erfordernissen genügen, genießen „öffentlichen Glauben". Fehlt ein Erfordernis, so tritt eine freie Beweiswürdigung ein. Öffentlich nur verwahrte oder beglaubigte Urkunden sind keine öffentlichen Urkunden, BGH MDR

80, 299, sondern Privaturkunden mit einer öffentlichen Beglaubigung der Unterschrift oder des Handzeichens. Deutsche Konsuln sind zur Unterschriftsbeglaubigung befugt, § 17 KonsG. Über Lichtbilder von Urkunden (Fotokopien) vgl RGBl 42 I 609; ihre strafrechtliche Beurteilung ist strenger, BGH NJW 71, 1812, Kienapfel NJW 71, 1781.

2) Begriff der öffentlichen Urkunde, I. A. Behörde. Notwendig ist die Ausstellung durch eine öffentliche Behörde oder eine mit öffentlichem Glauben versehene Person. Öffentliche Behörde ist eine solche Behörde, die durch den erkennbar gewordenen Staatswillen als dauernder Träger staatlicher Hoheitsrechte so anerkannt und eingerichtet ist, daß sie nicht vom Dasein eines einzelnen Beamten abhängt, BGH 6, 306. Ob das zutrifft, richtet sich nach dem am Ausstellungsort der Urkunde geltenden Verwaltungsrecht, vgl Wiedenbrüg NJW 73, 301. Öffentliche Behörden sind alle Gerichte, vgl KG MDR 82, 330, alle Bundesbehörden, die Deutsche Bundesbahn, Köln OLGZ 81, 18 mwN, die Deutsche Bundespost, alle Landes-, Gemeindebehörden, amtliche Berufsvertretungen, öffentlichrechtliche Versicherungsanstalten, kirchliche Behörden, Universitäten, auch ausländische Behörden, vgl aber über die letzteren § 438.

B. Mit öffentlichem Glauben versehene Person. Das ist eine durch eine staatliche Ermächtigung allgemein oder beschränkt zur Beurkundung bestellte oder ermächtigte Person. Beispiele: Der Notar, BGH 78, 39, der Urkundsbeamte der Geschäftsstelle, Mü OLGZ 80, 468, der Gerichtsvollzieher, der Standesbeamte, der Gerichtswachtmeister bei Zustellungen, Postbedienstete nach Art 79 WG, Berufs- und Honorarkonsuln iRv §§ 10ff KonsG, dazu Geimer DNotZ 78, 15. Auch ausländische Beamte können Urkundspersonen im Sinne des § 415 sein, vgl aber § 438.

Nicht hierhin gehören zB: Der Handelsmakler nach §§ 93ff HGB; der amtlich anerkannte Sachverständige nach dem Straßenverkehrsrecht und dgl; der RA beim Empfangsbekenntnis, Bbg JB 78, 243.

C. Sachliche Zuständigkeit. Notwendig ist die Einhaltung der Grenzen der Amtsbefugnisse oder des zugewiesenen Geschäftskreises. Es genügt nicht, daß die Ausstellung der Amtsstelle nicht verwehrt oder ihr gebräuchlich ist. Ihre Vollmacht wird zwar vermutet, BGH NJW 54, 108. Maßgebend ist die sachliche Zuständigkeit. Diese dürfte zB dann fehlen, wenn ein Ermittlungsrichter bei einer Zeugenvernehmung Erklärungen des Zeugen protokollieren läßt, die den letzten Willen des Zeugen enthalten, vgl BayObLG 79, 237. Die örtliche Zuständigkeit berührt zwar die innere Beweiskraft insofern, als bei ihrem Fehlen die Urkunde unwirksam sein kann, nicht aber die äußere, Üb 3 A, B vor § 415. Auch privatrechtliche Urkunden einer öffentlichen Behörde über in ihrem Amtsbereich fallende Privatrechtsgeschäfte sind öffentliche Urkunden; damit geschieht aber deren Ausstellung noch nicht immer in Ausübung öffentlicher Gewalt, BGH 6, 307.

Auch eine sog Eigenurkunde des Notars, die er errichtet, um eine zuvor beurkundete oder beglaubigte Erklärung eines Beteiligten zu berichtigen oder zu ergänzen oder sie inhaltlich zB an grundbuchrechtliche Erfordernisse anzupassen, ist eine öffentliche Urkunde, wenn der Notar sie unterzeichnet und gesiegelt hat, BGH 78, 39.

D. Form. Notwendig ist schließlich die Beobachtung der vorgeschriebenen Form, dh aller wesentlichen Formvorschriften, vgl §§ 159 ff, 190 ff ZPO, Art 80 ff WG, §§ 8 ff BeurkG, dazu DVO v 1. 8. 70, BayJMBL 67, zB die persönliche Entgegennahme der Erklärung, BGH NJW 63, 1012, Verlesung des gesamten in der Niederschrift des Notars enthaltenen Erklärungsinhalts, zumindest soweit er beurkundungsbedürftig ist, BayObLG 73, 213, sowie die Unterschrift und Siegelung. Sie ist nur aus der Urkunde selbst oder aus Vorgängen zu entnehmen, die mit ihrer Errichtung in einem unmittelbaren Zusammenhang stehen, nicht aus außerhalb liegenden Umständen. Die Einhaltung einer Sollvorschrift ist nicht notwendig. Aus dem Erklärungsinhalt kann nichts gegen die Eigenschaft als öffentliche Urkunde hergeleitet werden. Hierfür sind lediglich die formalen Voraussetzungen des § 415 maßgeblich, BGH NJW 63, 1630 (Sparbuch einer öffentlichen Sparkasse) und NJW 66, 1808, BayObLG 54, 329. Wegen eines Formmangels Anm 1 und § 416 Anm 1 A.

3) Beweiskraft, I. A. Grundsatz. § 415 gibt unter der Voraussetzung der Echtheit, Einf 1 vor § 437, und äußerlichen Mangelfreiheit der Urkunde, § 419, eine gesetzliche Beweisregel nur für die Abgabe der Erklärung, nicht für deren inhaltliche Richtigkeit. Erklärung ist dabei jede Willensäußerung, zB eine Grundstücksauflassung. Die Beurkundung von Tatsachen fällt unter § 418. Zur Beweiskraft der notariellen Urkunde BGH NJW 63, 1012, LG Bln DNotZ 63, 250. Aber nicht jede öffentliche Urkunde hat diese Beweiskraft, sondern nur diejenige aber eine vor der Behörde oder der Urkundsperson abgegebene Erklärung. Das ist nur eine solche Urkunde, in der die beurkundende Behörde am zu beurkundenden

Vorgang nicht beteiligt ist, zB §§ 167ff FGG, nicht aber eine öffentliche Urkunde, die eine von der Behörde selbst abgegebene Erklärung enthält, die je nach ihrem Inhalt hoheitsrechtlich (Gerichtsentscheidung, Polizeiverfügung, Steuerbescheid) oder zB gewerberechtlich sein kann (Mietvertrag, Kaufvertrag, Personen- und Güterbeförderungsvertrag), BGH **6**, 308. Insofern gelten §§ 417, 418, BayObLG Rpfleger **75**, 316.

B. Beurkundeter Vorgang. Der beurkundete Vorgang ist voll bewiesen. Jede andere Beweiswürdigung schließt § 415 in Abweichung von § 286 aus. Daher besteht grundsätzlich auch kein Anlaß mehr dazu, den Aufnehmenden als Zeugen zu vernehmen, Reithmann DNotZ **73**, 154. ,,Vorgang" begreift in sich: den Ort; die Zeit; die Anwesenheit der Urkundsperson, vgl BGHSt **26**, 47; den Inhalt der Erklärung einschließlich der Vollständigkeit der Wiedergabe des geäußerten rechtsgeschäftlichen Willens, Reithmann DNotZ **73**, 154, und deren Herkunft von einer bestimmten Person, aM ThP 2 b; nicht, daß sie ,,persönlich bekannt ist", Reithmann DNotZ **73**, 156. Wenn die Erklärung ein Anerkenntnis der Echtheit eines übergebenen Schriftstücks enthält, dann erstreckt sich die Beweisregel auch auf dieses Schriftstück. Einen weiteren Beweis für den Vorgang darf das Gericht nicht verlangen.

Die Richtigkeit und die Wirksamkeit der abgegebenen Erklärung gehören nicht hierher. Vgl auch Üb 3 vor § 415.

4) Gegenbeweis, II. A. Unrichtigkeit der ganzen Beurkundung. Ein Gegenbeweis ist dahin zulässig, daß der Vorgang unrichtig beurkundet worden sei, BayObLG Rpfleger **81**, 358 mwN. Er muß die Beurkundung der abgegebenen Erklärung betreffen. Beispiele: Zeit, Ort, Nämlichkeit des Beurkundenden. Nicht hierher gehört, daß der Erklärende etwas beim Vorlesen überhört habe, so jetzt auch BGH **71**, 262 mwN, aM zB RoS § 122 III 2a; denn ein Genehmigen ohne Kenntnis ist ein Willensmangel, so daß allenfalls eine Anfechtung möglich ist, so jetzt auch BGH JZ **78**, 565 mwN, aM zB RoS § 122 III 2a. Folglich ist eine Anfechtung notwendig. Zulässig, aber mit Vorsicht zu behandeln ist der Nachweis, der Erklärende habe widersprochen. Ein Zweifel kann genügen, Einf 3 B b vor § 284, aM BGH **16** 227, ZöSt II.

Eine Parteivernehmung ist zum Gegenbeweis unzulässig, BGH NJW **65**, 1714, BayObLG **78**, 286 mwN, vgl freilich BGH NJW **78**, 1481 mwN, aM 41. Aufl. Über den Nachweis der Unrichtigkeit des Protokolls vgl §§ 164, 165, S 2, über den Nachweis der Unrichtigkeit des Urteilstatbestands vgl § 314 S 2. Er gilt nicht außerhalb jenes Verfahrens, BGH NJW **63**, 1062. Inhaltliche Unrichtigkeiten oder Willensmängel unterliegen demgegenüber der freien Beweiswürdigung nach § 286, BGH WertpMitt **79**, 1157.

B. Unrichtigkeit eines Teils der Beurkundung. Welche Bedeutung eine nachgewiesene Unrichtigkeit eines Teils der Beurkundung für die Wirksamkeit der ganzen Erklärung hat, ist eine Frage des Einzelfalls. Evtl fehlt bei einer Nichtigkeit eines Teils eine wesentliche Form. Unrichtig ist auch die unvollständige Urkunde.

5) VwGO: *Entsprechend anwendbar, § 98 VwGO. Die Abweichung von dieser Beweisregel ist also unzulässig, Ule VPrR § 30 II 1; aM RedOe § 98 Anm 13 (keine starre Bindung, die mit § 86 I VwGO unvereinbar wäre: Aber § 415 gilt auch für ZPO-Verfahren mit Ermittlungsgrundsatz und im Verfahren der Sozialgerichte, § 118 I SGG, vgl Meyer-Ladewig Rdz 13).*

416 *Beweiskraft von Privaturkunden.* **Privaturkunden begründen, sofern sie von den Ausstellern unterschrieben oder mittels notariell beglaubigten Handzeichens unterzeichnet sind, vollen Beweis dafür, daß die in ihnen enthaltenen Erklärungen von den Ausstellern abgegeben sind.**

1) Begriffe. A. Privaturkunde. § 416 betrifft nur die unterschriebene Privaturkunde, dh jede unterschriebene nichtöffentliche Urkunde einschließlich der öffentlich beglaubigten, § 415 Anm 1. Ihr steht die öffentliche Urkunde gleich, der ein wesentliches Erfordernis fehlt, BGH **37**, 90. Andere Privaturkunden sind nach § 286 frei zu würdigen; so Handelsbücher, bei denen Eintragungen zu Lasten des Kaufmanns regelmäßig ein außergerichtliches Geständnis sind; das vom Erblasser nicht unterschriebene Nottestament, BGH **LM** Nr 1, BayObLG **79**, 238; eine Rechnung ohne Unterschrift, vgl KG VersR **73**, 1145.

B. Unterschrift. Der Aussteller, also derjenige, der die Erklärung in der Urkunde abgibt, muß die Urkunde unterschrieben haben. Die Unterschrift muß den ganzen Text decken, nicht nur neben ihm oder im Text stehen, vgl aber BGH NJW **74**, 1083 (unterschriftlich gedeckte Änderung). Eine Blankounterschrift genügt. Erforderlich ist eine Unterschrift mit einem Namen, der den Aussteller hinreichend kennzeichnen muß. Regelmäßig genügt der

9. Titel. Beweis durch Urkunden §§ 416, 417 1, 2

Familienname, je nach der Art der Urkunde, etwa bei Familienbriefen, auch der Vorname. Im Handelsverkehr genügt die kaufmännische Firma, § 17 HGB. Nach Lage des Falls genügt auch ein Deckname oder Spitzname, vgl BayObLG Rpfleger **79**, 337 mwN. Datum und Ort sind für die Unterschrift entbehrlich.

Die Unterschrift muß nicht unbedingt eigenhändig oder handschriftlich sein. Bleistift, Handstützung genügen. Der Vertreter kann mit dem Namen des Vertretenen unterschreiben, soweit er dazu bevollmächtigt ist. Sie muß aber mit Wissen und Willen des Ausstellers vorgenommen worden sein. Eine Unterstempelung und ein Telegramm, selbst ein fernmündlich aufgegebenes oder übermitteltes, oder ein Fernschreiben oder Telebrief usw genügen nach Lage des Falls. Wegen der Handzeichen vgl §§ 126, 129 BGB, 183 FGG. Die sachlichrechtliche Gültigkeit der Unterschrift ist unabhängig von § 416 nach dem sachlichen Recht zu prüfen, zB nach § 126 BGB.

Beim Fehlen der Unterschrift ist das Schriftstück gemäß § 286 zu würdigen, Köln DB **83**, 105.

2) Beweiskraft. A. Grundsatz. § 416 gibt unter der Voraussetzung der Echtheit, Einf 1 vor § 437, und äußerlichen Mängelfreiheit der Urkunde, § 419, eine gesetzliche Beweisregel, die die freie Beweiswürdigung nach § 286 ausschließt. Die Vorschrift bezieht sich nur auf die äußere Beweiskraft, Üb 3 A vor § 415. Über den Unterschied zwischen § 416 und § 440 vgl § 440 Anm 1.

B. Beweisregel. Die in der Urkunde enthaltene Erklärung ist vom Aussteller abgegeben, BayObLG **82**, 448, also geäußert und abgesandt. Ein Gegenbeweis gegen die äußere Beweiskraft ist begrifflich undenkbar. Dies gilt auch bei einem Mißbrauch einer Blankounterschrift, vgl auch BGH NJW **64**, 656. Doch läßt sich dort die Vermutung des § 440 durch einen Gegenbeweis entkräften.

C. Innere Beweiskraft. Die Beweisregel ergreift nicht den Inhalt der Erklärung, BayObLG **82**, 448, Karlsr MDR **78**, 667, und anders als § 415 nicht die Umstände ihrer Abgabe, wie Zeit und Ort oder ihr wirksames Zustandekommen, also auch nicht den Zugang. So beweist ein in der Urkunde enthaltenes Datum nur, daß es angegeben, nicht, daß es richtig angegeben ist, KG MDR **77**, 674. In allen diesen Punkten ist, nach § 286 jeder Beweis und Gegenbeweis zulässig. Es ist jeder Gegenbeweis zulässig, zB derjenige der Erschleichung der Unterschrift oder derjenige einer verabredungswidrigen Niederschrift. Eine Parteivernehmung ist unzulässig, vgl § 415 Anm 4 A, BGH MDR **65**, 818.

Bei einer Vertragsurkunde besteht zwischen den Vertragspartnern (also nicht gegenüber einem Dritten) aber die Vermutung, daß sie den endgültigen, wohlüberlegten Willen der Parteien enthalte; sie hat die Vermutung der Vollständigkeit und Richtigkeit für sich, KG OLGZ **77**, 487. Ein Gegenbeweis mündlicher Abreden ist deshalb nur dann zulässig, wenn die Partei bestimmte Tatsachen für eine unrichtige oder unvollständige Beurkundung anführt. Wenn die mündliche Abrede nicht dem Inhalt der Urkunde widerspricht, dann genügt der Nachweis, daß die Parteien die Abrede bei und nach der Beurkundung als Vertragsbestandteil betrachtet haben, vgl auch zB BGH NJW **80**, 1680, KG OLGZ **77**, 487.

Unzulässig ist der Einwand, der Aussteller habe die Urkunde nicht gelesen oder nicht verstanden, BGH NJW **73**, 282. Evtl ist aber eine Anfechtung wegen Irrtums, Drohung oder Täuschung möglich. Die Auslegung der Parteien bindet das Gericht regelmäßig nicht. Es darf aber der Erklärung keinen Sinn beilegen, den ihr die Parteien bei der Unterschrift nicht geben wollten. Der abgestempelte Frachtbrief hat ausnahmsweise eine volle Beweiskraft nach Art 8 § 3 CIM. Trotz § 416 ist eine Inhaltskontrolle von Allgemeinen Geschäftsbedingungen zulässig, Liebs AcP **174**, 31.

3) VwGO: *Entsprechend anwendbar, § 98 VwGO, vgl § 415 Anm 5.*

417 Beweiskraft einer öffentlichen Urkunde mit behördlicher Erklärung.
Die von einer Behörde ausgestellten, eine amtliche Anordnung, Verfügung oder Entscheidung enthaltenden öffentlichen Urkunden begründen vollen Beweis ihres Inhalts.

1) Geltungsbereich. § 417 betrifft diejenige öffentliche Urkunde, § 415 Anm 2, die echt, Einf 1 vor § 437, und äußerlich mangelfrei ist, § 419, und die nicht etwas bezeugt, sondern etwas anordnet oder entscheidet, dh die Willenserklärung einer Behörde enthält, wie ein Urteil, einen Verwaltungsakt, einen Erbschein; vgl auch § 415 Anm 3 A.

2) Beweiskraft. Als gesetzliche Beweisregel gilt: Der Inhalt der Urkunde ist voll bewiesen, also auch das Ergehen der Anordnung usw einschließlich ihrer Begleitumstände, zB der teilnehmenden Personen, des Orts und des Zeitpunkts. Nicht bewiesen sind die Motive der Behörde, BGH NJW **64**, 558, Neustadt NJW **64**, 2163, und die sachliche Richtigkeit dieses Inhalts. Gegenbeweis gegen die Echtheit ist statthaft. Er ist auch gegen die Richtigkeit der Angaben über Ort und Zeit statthaft; das Fehlen einer dem § 415 II entsprechenden Vorschrift rechtfertigt bei der sachlichen Gleichartigkeit keine förmelnde Auslegung, aM ThP 2 mwN. Eine Abweichung der Urkunde vom mündlichen Verordneten betrifft ihren Inhalt. Eine Anfechtung der in der Urkunde enthaltenen Anordnung usw ist nach den allgemeinen Vorschriften zulässig, zB mit Rechtsmitteln.

3) *VwGO:* Entsprechend anwendbar, § 98 VwGO, vgl § 415 Anm 5.

418 *Beweiskraft öffentlicher Urkunden über Vorgänge.* **I** Öffentliche Urkunden, die einen anderen als den in den §§ 415, 417 bezeichneten Inhalt haben, begründen vollen Beweis der darin bezeugten Tatsachen.

II Der Beweis der Unrichtigkeit der bezeugten Tatsachen ist zulässig, sofern nicht die Landesgesetze diesen Beweis ausschließen oder beschränken.

III Beruht das Zeugnis nicht auf eigener Wahrnehmung der Behörde oder der Urkundsperson, so ist die Vorschrift des ersten Absatzes nur dann anzuwenden, wenn sich aus den Landesgesetzen ergibt, daß die Beweiskraft des Zeugnisses von der eigenen Wahrnehmung unabhängig ist.

1) Geltungsbereich. A. Begriff. Öffentliche Urkunden mit einem anderen Inhalt als dem in §§ 415, 417 bezeichneten sind solche über eigene Wahrnehmungen oder Handlungen der Behörde oder Urkundsperson oder über fremde Wahrnehmungen (sog Zeugnisurkunde), wenn nach dem Gesetz die Beweiskraft von eigenen Wahrnehmungen unabhängig ist. Eine Urkunde kann teils nach § 418, teils nach §§ 415, 417 zu beurteilen sein.

B. Beispiele der Anwendbarkeit. Hierher gehören: Ein Augenscheinsprotokoll; eine Unterschriftsbeglaubigung; ein Vollstreckungsprotokoll; der Wechselprotest; das Rechtskraftzeugnis, BGH **LM** Nr 1, Hamm FamRZ **82**, 509; mwN; die Zustellungsurkunde, BGH **LM** § 341 Nr 2, BFH BB **78**, 245 und BB **81**, 230, Hamm FamRZ **81**, 916, Köln MDR **83**, 139; ein postalischer Niederlegungsvermerk, BGH VersR **77**, 152, Hamm MDR **82**, 501; eine Eingangsbescheinigung oder ein Eingangsstempel, BGH VersR **82**, 652 mwN, KG VersR **76**, 887, offen BGH VersR **77**, 721; eine amtliche Auskunft, Hamm FamRZ **81**, 916; das Zeugnis des Grundbuchamts; ein Testamentseröffnungsprotokoll, BayObLG JB **77**, 262. Beispiele für die zweite Art: die standesamtliche Urkunde.

C. Beispiele der Unanwendbarkeit. Nicht hierher gehören: Eine Konsulatsbescheinigung über die Staatsangehörigkeit; eine Feststellung des Notars über die Testierfähigkeit, OGHZ **2**, 45.

2) Beweisregel, I, III. A. Eigene Wahrnehmung der Behörde, I. Unter der Voraussetzung der Echtheit, Einf 1 vor § 437, und äußerlichen Mangelfreiheit, § 419, ist die in der Urkunde bezeugte Tatsache bewiesen (also wie bei § 415), vgl BGH **LM** § 341 Nr 2. Über die Reichweite der Beweisregel § 165 Anm 1. Zu den Tatsachen gehören: Die Echtheit der Unterschrift bei der öffentlichen Beglaubigung; Ort und Zeit; der Familienstand des in einem Beglaubigungsvermerk Genannten; der Vermerk der Telegraphenverwaltung auf einem Telegramm über die Ankunftszeit und dgl. Eingangsbescheinigungen oder -stempel bescheinigen den Eingang zu einer bestimmten Zeit, BGH VersR **73**, 187, nicht den Tag der Erteilung oder die Prüfung durch einen Beamten.

Die Postzustellungsurkunde erbringt im Fall einer Niederlegung keinen Beweis dafür, daß der Empfänger den Benachrichtigungsschein nicht nur „rechtlich", sondern auch tatsächlich erhalten hat, Hamm MDR **82**, 501.

B. Fremde Wahrnehmung, III. Einschränkungen gelten bei solchen Urkunden, die nicht auf einer eigenen Wahrnehmung beruhen, zB bei einer Bescheinigung auf Grund des Akteninhalts, BGH **LM** Nr 3, s III. Hierher gehört zB die Bescheinigung des Sozialamts, daß die Stadtkasse an den Gläubiger eines Unterhaltstitels eine Sozialhilfe gezahlt habe, Hbg FamRZ **81**, 980.

3) Gegenbeweis, II. A. Zulässigkeit. Ein solcher ist bei sämtlichen derartigen Urkunden bei I und III zulässig, vgl zB BGH VersR **73**, 187 (Eingangszeit), BGH NJW **76**, 149 und FamRZ **83**, 896, Köln MDR **83**, 139 (Zustellungsort), BFH DB **76**, 1800 und BB **81**, 230, Karlsr MDR **76**, 161 (Zustellungsart), § 190 Anm 1, BGH VersR **82**, 652 mwN, Ffm AnwBl **78**, 310, KG VersR **76**, 887, Schulte NJW **75**, 2209 mwN gegen Hamm NJW **75**,

9. Titel. Beweis durch Urkunden **§§ 418–420** 1

2209 (Zustellungszeit). Eine Parteivernehmung ist grds zulässig, vgl § 415 Anm 4 A, aM ThP 2a; sie kann freilich nur Indizien widerlegen, Üb 3 B vor § 415. Gegenbeweis ist dann erbracht, wenn er jede Möglichkeit der Richtigkeit ausschließt, also nicht schon dann, wenn er etwas glaubhaft macht, es sei denn eine Glaubhaftmachung hatte schon zum Haupt„beweis", Einf 3 B a vor § 284, genügt, § 294, BGH VersR **73**, 187 und FamRZ **83**, 896, BFH BB **78**, 245, LAG Mannh JZ **83**, 621 (insofern zustm Braun), aM BGH VersR **83**, 491, StJSchuL § 294 II 2, also nicht schon durch bloßes Bestreiten der Wohnung, Köln MDR **83**, 140. Freilich gelten keine besonders erschwerenden Beweisregeln, BGH VersR **77**, 721.

B. Unzulässigkeit. Ein Bundesgesetz kann den Gegenbeweis beschränken oder ausschließen, BGH **LM** Nr 3, zB §§ 165 S 2, 314 S 2. Landesgesetze können die Möglichkeit des Gegenbeweises ausschließen, soweit nicht die Bundesgesetzgebung entgegensteht oder nicht eine Urkunde auf Grund einer bundesgesetzlichen Vorschrift errichtet worden ist.

4) VwGO: *Entsprechend anwendbar, § 98 VwGO, vgl § 415 Anm 5, BVerwG VerwRspr* **29**, *1021 und MDR* **69**, *951 (gerichtlicher Eingangsstempel), Buchholz 310 § 98 VwGO Nr 20 mwN (Zustellungsurkunde) sowie Buchholz 406.11 § 10 BBauG Nr 10 (Vermerk auf Bebauungsplan), vgl auch BFH BStBl* **73** *II 271 (aM BStBl* **69** *II 444).*

419 *Fehlerhafte Urkunden.* **Inwiefern Durchstreichungen, Radierungen, Einschaltungen oder sonstige äußere Mängel die Beweiskraft einer Urkunde ganz oder teilweise aufheben oder mindern, entscheidet das Gericht nach freier Überzeugung.**

1) Geltungsbereich. § 419 gilt für öffentliche und für Privaturkunden, die äußere Mängel aufweisen, wie unterschiedliche Schriftfarben, Durchstreichungen, BGH VersR **68**, 309, Flecke, das Fehlen von Teilen, Risse, Radierungen, Einschaltungen, dh äußerlich erkennbare Einfügungen zB in freie Zeilen, BGH NJW **66**, 1657, oder am Rand, Kblz DNotZ **77**, 48, Zerknitterung oder ein sonst auffälliges Schriftbild, Zusammenkleben von Teilen. Nicht erforderlich ist, daß die unterzeichnete Urkunde nachträglich verändert wurde; es genügt, daß das nach ihrem Erscheinungsbild nur möglich ist, BGH NJW **80**, 893.

Nicht hierher gehören: Änderungen, die auf einer gesetzlichen Vorschrift beruhen und selbst eine öffentliche Beurkundung darstellen, wie ein Randvermerk auf einer standesamtlichen Urkunde, vgl §§ 12, 22, 29, 31 PStG, Zusätze und Streichungen nach dem FGG; ein Formmangel, zB nach §§ 126 BGB, 8ff BeurkG. Ob ein äußerer Mangel vorliegt, ist Tatfrage, BGH NJW **80**, 893. Das Gericht kann aus dem Aussehen und der Anordnung der Urkunde unabhängig von den Parteien selbständig seine Schlüsse ziehen.

2) Beweiskraft. Für sie entfallen bei einer äußerlich fehlerhaften Urkunde die gesetzlichen Beweisregeln der §§ 415–418, auch wenn sämtliche Beteiligten den Mangel genehmigen; das Gericht würdigt die Urkunde dann insgesamt frei nach § 286, auch gegenüber § 440 II. Danach kann es der Urkunde trotz der Mängel eine volle Beweiskraft beimessen, BGH NJW **80**, 893. Es kann ein bis auf die Unterschrift durchstrichenes Indossament als Blankoindossament ansehen oder ihm die Beweiskraft versagen. Wenn die Urkunde zerrissen ist, dann ist zu würdigen, ob das nicht die Aufhebung der beurkundeten Vereinbarung beweist. Der Notar muß handschriftliche Änderungen durch eine besondere Unterzeichnung beurkunden; dann besteht eine volle Beweiskraft trotz der Einschaltungen und Durchstreichungen; sonst ist § 419 anzuwenden, BGH BB **56**, 542, vgl Kblz DNotZ **77**, 48, aber auch BGH NJW **74**, 1083. Einfügungen am Schluß der Urkunde beeinträchtigen ihre Beweiskraft nicht.

Besonders bei einem Vollstreckungstitel sind allerdings strenge Anforderungen erforderlich; ein handschriftlicher Zusatz darf nicht geeignet sein, den Vollstreckungsschuldner zu irritieren, LG Bre DGVZ **82**, 8.

3) VwGO: *Entsprechend anwendbar, § 98 VwGO.*

420 *Vorlegung durch den Beweisführer.* **Der Beweis wird durch die Vorlegung der Urkunde angetreten.**

Schrifttum: Söllner, Der Beweisantrag im Zivilprozeßrecht, Diss Erlangen 1972; Steeger, Die zivilprozessuale Mitwirkungspflicht der Parteien beim Urkunden- und Augenscheinsbeweis, Diss Bln 1980.

1) Allgemeines zu §§ 420–436. Man tritt Urkundenbeweis an: **a)** durch eigene Vorlegung der Urkunde, § 420; **b)** durch den Antrag, dem Gegner die Vorlegung aufzugeben,

§§ 421 ff; **c)** durch den Antrag, eine Frist zur Herbeischaffung der Urkunde zu setzen, wenn ein Dritter die Urkunde besitzt, §§ 428 ff; **d)** durch den Antrag auf eine Einforderung der Urkunde bei einer öffentlichen Behörde, §§ 432 ff. Vom Beweisantritt zu unterscheiden ist die Beweisführung. Sie verlangt den Vortrag oder die Inbezugnahme der Urkunde, § 137 III. Eine Einreichung in der mündlichen Verhandlung ist eine Inbezugnahme. Das Vorlesen des Textes der Urkunde ist regelmäßig entbehrlich, § 137 III. Die etwaige Zurückweisung des Beweismittels erfolgt nach § 296.

2) Vorlegung. A. Vorzulegendes Exemplar. Wer eine Urkunde in Händen hat oder sie sich ohne eine gerichtliche Hilfe beschaffen kann, tritt Beweis dadurch an, daß er das Original vorlegt, nicht bloß eine beglaubigte, BGH NJW **80**, 1047, oder gar eine unbeglaubigte Abschrift oder Fotokopie usw, LG Mainz WM **79**, 117. Freilich mag deren Übereinstimmung mit dem Original unstreitig werden, etwa infolge einer rügelosen Einlassung des ProzGegners zum Inhalt, Köln DB **83**, 105. Die Vorlegung einer Sammlung von Urkunden, etwa einer Behörden- oder Privatakte oder eines Briefwechsels, ist nur dann ein Beweisantritt, wenn der Vorlegende die einzelnen beweisenden Urkunden bezeichnet, etwa nach Blättern oder Stellen, BGH DRiZ **63**, 60. Das Gericht braucht sie nicht herauszusuchen. Dasselbe gilt bei umfangreichen Urkunden, etwa bei Büchern. Das Erbieten zur Vorlesung ist nur bei § 434 ein Beweisantritt. Einen Anspruch auf eine Vertagung zur Herbeischaffung der Urkunde gibt es nicht.

Die Vorlegung der Urkunde vor dem verordneten Richter ohne eine Aufforderung des Prozeßgerichts ist kein Beweisantritt.

B. Verfahren. Vorzulegen ist die Urkunde spätestens, evtl gemäß §§ 134, 356, 273 II 1 früher, bis zum Schluß der mündlichen Verhandlung. Bei verspäteter Vorlegung kann § 296 anwendbar sein. Wenn der Beweisführer die Urkunde nicht genau bezeichnet oder nur einen Teil der Urkunde vorlegt, muß das Gericht ihn auf das Fehlen des restlichen Teils hinweisen und ihm Gelegenheit zur Vervollständigung geben und den Urkundenteil notfalls frei würdigen. Nur im Falle des § 142 I muß es die vollständige Vorlegung anordnen. Die Beweisaufnahme findet durch Einsicht in die Urkunde statt, Schlesw SchlHA **79**, 183. Auch der Gegner darf sie einsehen. Wegen des Verbleibens bei den Gerichtsakten und über das Rechtsverhältnis zwischen dem Staat und dem Einreicher §§ 142 Anm 2, 134 Anm 3. Für Handelsbücher geben die §§ 46, 47 HGB Sondervorschriften; es ist regelmäßig keine Kenntnis vom vollen Inhalt zu nehmen.

3) *VwGO:* Nur eingeschränkt entsprechend anwendbar, § 98 VwGO, vgl § 373 Anm 3, aM RedOe § 98 Anm 13, Kopp § 98 Rdz 1: unanwendbar, so daß es auf die Vorlage der Urkunde nicht ankommt.

421 *Vorlegung durch den Gegner.* Befindet sich die Urkunde nach der Behauptung des Beweisführers in den Händen des Gegners, so wird der Beweis durch den Antrag angetreten, dem Gegner die Vorlegung der Urkunde aufzugeben.

1) Geltungsbereich. § 421 behandelt den Fall, daß sich die Urkunde nach der Behauptung des Beweisführers im Zeitpunkt der Antragstellung „in den Händen" des Gegners befindet. Im allgemeinen wird das dahin verstanden, daß der Gegner die Urkunde im unmittelbaren Besitz hat. Man kann aber darunter auch den Fall verstehen, daß der Gegner nur mittelbarer Besitzer ist und daß der Besitzmittler ihm die Urkunde überlassen muß, StJSchuL III, Wiecz A II, ZöSt. Dann tritt man den Beweis durch den Antrag an, dem Gegner die Vorlegung der Urkunde aufzugeben.

Im Urkundenprozeß ist § 421 unanwendbar, § 595 III, im Ehe- und Entmündigungsverfahren nur beschränkt wirksam, ZöSt.

2) Verfahren. Antragsberechtigt ist jeder Streitgenosse, sofern er einen Vorlegungsanspruch hat, § 422. Der Streithelfer ist aus Gründen antragsberechtigt, die in seiner Person oder in derjenigen der Partei liegen, sofern die Partei nicht widerspricht, § 67. Der streitgenössische Streithelfer, § 69, ist wie ein Streitgenosse antragsberechtigt. Antragsgegner ist derjenige, der beim Beweisantritt Gegenpartei ist, also evtl auch jeder gegnerische Streitgenosse und streitgenössische Streithelfer. Andere Streithelfer sind immer Dritte. Der gesetzliche Vertreter muß die Urkunde dann vorlegen, wenn die Partei es tun muß, mag die Urkunde in seinem Besitz oder in demjenigen der Partei sein.

Der Beweisantritt erfolgt spätestens in der mündlichen Verhandlung; vgl aber § 420 Anm 2 B, § 424 Anm 1 A. Eine Aufforderung nach § 143 ist kein Antrag. Für das schriftliche

9. Titel. Beweis durch Urkunden §§ 421, 422 1, 2

Verfahren und das Verfahren nach Lage der Akten genügt ein schriftsätzlicher Antrag. Für den Inhalt des Antrags ist § 424 zu beachten. Einer Herausgabeklage fehlt meist das Rechtsschutzbedürfnis; sie kann in einen Antrag nach § 421 umzudeuten sein, Ffm MDR 80, 228.

3) VwGO: *Nur eingeschränkt entsprechend anwendbar, § 98 VwGO, vgl § 373 Anm 3.*

422 *Vorlegungspflicht nach bürgerlichem Recht.* **Der Gegner ist zur Vorlegung der Urkunde verpflichtet, wenn der Beweisführer nach den Vorschriften des bürgerlichen Rechts die Herausgabe oder die Vorlegung der Urkunde verlangen kann.**

1) Allgemeines. Eine prozessuale Pflicht zur Vorlegung einer Urkunde besteht nur: Bei bei bürgerlichrechtlicher Vorlegungspflicht, BGH **LM** § 810 BGB Nr 6, nicht auch bei einer öffentlichrechtlichen, zB nach §§ 299, 915 ZPO oder nach § 45 HGB; ferner § 422; bei einer Bezugnahme im Prozeß, § 423; schließlich zur Schriftvergleichung, § 441 III. Eine allgemeine Pflicht zur Vorlegung, vgl bei der Zeugnispflicht, gibt es nicht.

2) Vorlegungspflicht. A. Prozessuale Voraussetzungen. Notwendig sind ein Beweisinteresse, nicht unbedingt ein rechtliches Interesse im strengen Sinn; ferner ein unmittelbarer oder mittelbarer Besitz des Gegners an der Urkunde, § 421 Anm 1 A; ein prozessualer oder sachlichrechtlicher Vorlegungsanspruch; schließlich eine Vorlegungsanordnung. Die Verpflichtung geht nicht auf eine Vorlegung an den Beweisführer an einen bestimmten Ort, wie bei § 811 BGB; ihr Inhalt ist eine Vorlegung vor dem Prozeßgericht. Sie ist nur gegenüber einem Dritten durch eine selbständige Klage nach § 429 S 2 erzwingbar, Ffm MDR **80**, 228 mwN. Die Folgen der Unterlassung bestimmen sich im bisherigen Prozeß nach §§ 426ff. Wenn sich der Gegner zur Vorlegung bereiterklärt, schließt er einen Vorlegungsvertrag.

B. Sachlichrechtliche Voraussetzungen. Das bürgerliche Recht sieht eine Vorlegungs- oder Herausgabepflicht vor zB in §§ 371, 402, 716, 985, 1144 BGB, 118, 157, 166, 338 HGB, 111 II AktG, Art 50 WG, § 836 III ZPO; in § 809 BGB nur, wenn der Anspruch „in Ansehung der Sache" besteht, dh in Ansehung der Urkunde als solcher. Die wesentlichste Bestimmung gibt

> **BGB § 810.** Wer ein rechtliches Interesse daran hat, eine in fremdem Besitze befindliche Urkunde einzusehen, kann von dem Besitzer die Gestattung der Einsicht verlangen, wenn die Urkunde in seinem Interesse errichtet oder in der Urkunde ein zwischen ihm und einem anderen bestehendes Rechtsverhältnis beurkundet ist oder wenn die Urkunde Verhandlungen über ein Rechtsgeschäft enthält, die zwischen ihm und einem anderen oder zwischen einem von beiden und einem gemeinschaftlichen Vermittler gepflogen worden sind.

Die drei Fälle des § 810 schließen einander nicht aus, sondern bisweilen treffen mehrere gleichzeitig zu. Sie sind einer sinngemäßen Anwendung fähig.

C. Beispiele einer Vorlegungspflicht. Sie besteht: Bei §§ 402, 444, 675, 681, 716, 810, 952, 1799 BGB, für Versicherungsscheine zugunsten Dritter; für Briefwechsel über Rechtsgeschäfte, bei denen der Beweisführer beteiligt ist; für Quittungen; für Rechnungen; für gerichtliche Entscheidungen, die den anderen betreffen. Der Miterbe hat ein Einsichtsrecht bei Büchern, in die ein anderer Miterbe Eintragungen über die Verwaltung der Erbschaft gemacht hat. Der Handlungsagent kann die Bücher des Geschäftsherrn zur Ermittlung seines Provisionsanspruchs einsehen, der Patient die Arztunterlagen einsehen, Daniels NJW **76**, 347 mwN, aM zB BGH VersR **63**, 168 (dann gelten §§ 142, 423, Daniels NJW **76**, 349); vgl auch Uhlenbruck NJW **80**, 1339, Wasserburg NJW **80**, 620.

D. Beispiele des Fehlens einer Vorlegungspflicht. Sie fehlt: Bei einer streng vertraulich erteilten Auskunft; bei Briefen des Erblassers, die nicht als Beweismittel verfaßt sind; wenn die Partei aus der Urkunde erst Unterlagen für einen Anspruch gewinnen will, etwa für einen Ersatzanspruch aus den Handakten eines RA oder aus der Schadensmeldung des Schädigers an seinen Haftpflichtversicherer, Düss VersR **80**, 270; für Aufzeichnungen, die sich eine Partei zum privaten Gebrauch gemacht hat, BGH **60**, 292.

E. Handelsbuch. § 45 HGB läßt die Anordnung der Vorlegung von Handelsbüchern eines Vollkaufmanns von Amts wegen zu. Er gibt aber der Partei keinen Anspruch auf die Vorlegung. Vielmehr bleibt es insoweit bei den allgemeinen Regeln. Gemeinschaftliche Urkunden sind nur insoweit Handelsbücher, als der bestimmte Eintrag eine Rechtsbeziehung zum Gegner betrifft. Um eine Handelssache braucht es sich nicht zu handeln.

3) *VwGO:* Unanwendbar trotz § 98 VwGO wegen des Amtsverfahrens, § 86 I VwGO, das keinen Beweisführer kennt. Das Gericht ordnet Vorlegung vAw an, näheres RedOe § 98 Anm 14.

423 *Vorlegungspflicht bei Bezugnahme.* Der Gegner ist auch zur Vorlegung der in seinen Händen befindlichen Urkunden verpflichtet, auf die er im Prozeß zur Beweisführung Bezug genommen hat, selbst wenn es nur in einem vorbereitenden Schriftsatz geschehen ist.

1) **Geltungsbereich.** Vgl zunächst § 422 Anm 1. § 423 gibt einen rein prozessualen Verpflichtungsgrund. Er gilt auch für den Streithelfer. Wer auf eine Urkunde zur Beweisführung und nicht nur auf den Inhalt Bezug nimmt, wenn auch nur in einem vorbereitenden Schriftsatz, ist dem Gegner zur Vorlegung verpflichtet, soweit er die Urkunde in Händen hat. Eine Bezugnahme durch einen Zeugen genügt insoweit nicht. Ein späterer Verzicht des Gegners auf das Beweismittel beseitigt die Pflicht nicht. Über die Pflicht zur Niederlegung der Urkunde auf der Geschäftsstelle vgl §§ 134, 142 II.

2) **Verstoß.** Das Gericht kann bei einer Nichtvorlage das Gegenteil des bestrittenen Urkundeninhalts als bewiesen erachten.

3) *VwGO:* Unanwendbar trotz § 98 VwGO, vgl § 422 Anm 3.

424 *Vorlegungsantrag.* Der Antrag soll enthalten:
1. die Bezeichnung der Urkunde;
2. die Bezeichnung der Tatsachen, die durch die Urkunde bewiesen werden sollen;
3. die möglichst vollständige Bezeichnung des Inhalts der Urkunde;
4. die Angabe der Umstände, auf welche die Behauptung sich stützt, daß die Urkunde sich in dem Besitz des Gegners befindet;
5. die Bezeichnung des Grundes, der die Verpflichtung zur Vorlegung der Urkunde ergibt. Der Grund ist glaubhaft zu machen.

1) **Vorlegungsantrag. A. Allgemeines.** § 424 ist trotz seiner Fassung eine Mußvorschrift. Die Sollfassung besagt nur, daß die Erfordernisse spätestens in der mündlichen Verhandlung vorliegen müssen. Fehlen sie dann, so ist der Antrag zurückzuweisen. Man muß aber auch hier die allgemeine Prozeßförderungspflicht, § 282, und die Regeln zur Zurückweisung nach § 296 beachten. Der Antrag ist ein Prozeßantrag, § 297 Anm 1 B. Deshalb ist eine Verlesung in der mündlichen Verhandlung nicht erforderlich. Der Antrag muß sämtliche Erfordernisse der Z 1–5 erfüllen.

B. Einzelfragen. a) Urkundenbezeichnung, Z 1. Man muß die Urkunde so genau bezeichnen, daß ihre Nämlichkeit nach Aussteller und Datum feststeht. Die Bezeichnung als „Korrespondenz" oä genügt nicht. Denn ein Ausforschungsbeweis ist auch hier unzulässig, vgl Einf 6 vor § 284. Freilich kann der Beweisführer zB bei § 254 nicht sofort alles angeben. Wegen Z 5 muß man zB angeben, ob eine Niederschrift (Vorlegungspflicht) oder ein einseitiger Aktenvermerk besteht, BGH **60**, 292.

b) **Tatsachen, Z 2.** Zum Tatsachenbegriff Einf 4 A vor § 284. Zum Ausforschungsbeweis Einf 6 vor § 284.

c) **Urkundeninhalt, Z 3.** Diese Angabe hat Bedeutung für den Fall des § 427.

d) **Besitzumstände, Z 4.** Wenn der Gegner den Besitz der Urkunde leugnet, findet eine Vorlegungsvernehmung statt, § 426. Dasselbe gilt dann, wenn er ihr Dasein leugnet. Ist das Gericht aber vom Nichtbestehen der Urkunde überzeugt, so ist eine Vorlegungsvernehmung unstatthaft, § 445 II. Bei Z 4 ist eine Glaubhaftmachung unnötig.

e) **Vorlagepflicht, Z 5.** Hier ist eine Glaubhaftmachung notwendig, § 294. Wegen des Antrags auf Vorlegung der Handelsbücher § 422 Anm 2 E.

2) *VwGO:* Unanwendbar trotz § 98 VwGO, vgl § 422 Anm 3.

425 *Vorlegungsanordnung.* Erachtet das Gericht die Tatsache, die durch die Urkunde bewiesen werden soll, für erheblich und den Antrag für begründet, so ordnet es, wenn der Gegner zugesteht, daß die Urkunde sich in seinen Händen befinde, oder wenn der Gegner sich über den Antrag nicht erklärt, die Vorlegung der Urkunde an.

1) Verfahren. A. Begründeter Antrag. Wenn die Beweistatsache erheblich, § 286 Anm 3 B, das Beweismittel geeignet und der Vorlegungsantrag begründet sind, §§ 422 ff, so kann eintreten: **a)** der Gegner leugnet den Besitz. Dann verläuft das Verfahren nach § 426; **b)** der Gegner leugnet die Pflicht zur Vorlegung. Es entsteht ein Zwischenstreit. Die Entscheidung ergeht durch ein Zwischenurteil nach § 303 oder im Endurteil; **c)** der Gegner gibt den Besitz der Urkunde und seine Vorlegungspflicht zu, § 288, oder er erklärt sich nicht, § 138 II, III. Dann ordnet das Gericht die Vorlegung durch einen Beweisbeschluß an, § 425.

B. Unbegründeter Antrag. Wenn der Vorlegungsantrag unbegründet ist oder wenn die Urkunde gar nicht besteht, § 424 Anm 1, dann weist das Gericht den Antrag durch einen Beschluß, bei einem Zwischenstreit durch ein Zwischenurteil nach § 303 oder im Endurteil zurück.

2) Rechtsmittel. Die Entscheidung über den Vorlegungsantrag ist grds nicht anfechtbar. Eine Ausnahme gilt beim Teilurteil.

3) VwGO: Unanwendbar trotz § 98 VwGO, vgl § 422 Anm 3.

426

Vorlegungsvernehmung. Bestreitet der Gegner, daß die Urkunde sich in seinem Besitz befinde, so ist er über ihren Verbleib zu vernehmen. In der Ladung zum Vernehmungstermin ist ihm aufzugeben, nach dem Verbleib der Urkunde sorgfältig zu forschen. Im übrigen gelten die Vorschriften der §§ 449 bis 454 entsprechend. Gelangt das Gericht zu der Überzeugung, daß sich die Urkunde im Besitz des Gegners befindet, so ordnet es die Vorlegung an.

1) Voraussetzungen. Der Gegner des Beweisführers ist über den Verbleib der Urkunde zu vernehmen, wenn die Urkunde erheblich ist, wenn er zur Vorlegung für verpflichtet erklärt worden ist, §§ 422, 423, 425, wenn er den Besitz oder das Vorhandensein der Urkunde bestreitet, wenn ein Beweisantritt nach § 421 und ein Vorlegungsantrag nach § 424 vorliegen und wenn das Gericht die Urkunde für existent hält. Eine Glaubhaftmachung des Besitzes oder auch nur des Daseins der Urkunde ist nicht erforderlich.

Soweit eine Vorlegungsvernehmung unstatthaft ist, etwa weil feststeht, daß die Urkunde nicht besteht, lehnt das Gericht sie durch einen Beschluß und nach einem etwaigen Zwischenstreit durch ein Zwischenurteil nach § 303 oder in den Gründen des Endurteils ab.

2) Vernehmung. A. Anordnung, S 1–3. Die Vernehmung ist durch einen Beweisbeschluß anzuordnen, § 450 I 1. Ein besonderer Antrag ist nicht erforderlich. Der Antrag liegt schon im Beweisantritt. Der Gegner ist persönlich mit Zustellungsurkunde zu laden, § 450 I 2. In der Ladung ist ihm aufzugeben, nach dem Verbleib der Urkunde sorgfältig zu forschen. Von Streitgenossen ist nur der Vorlegungspflichtige zu vernehmen. Wenn sich der Antrag gegen alle richtet, gilt § 449. Für einen Prozeßunfähigen ist der gesetzliche Vertreter zu vernehmen. Sind mehrere gesetzliche Vertreter vorhanden, so vernimmt das Gericht nach seinem Ermessen einen von ihnen oder alle, § 455 I sinngemäß; § 455 II ist nicht anwendbar. Bei einer Behörde ist derjenige Beamte zu vernehmen, der den Fiskus usw im Prozeß vertritt.

B. Durchführung. Sie erfolgt durch das Prozeßgericht oder durch einen verordneten Richter, §§ 451, 375. Sie erstreckt sich darauf, welche Nachforschungen der Gegner angestellt hat; wohin er etwa die Urkunde verbracht hat; welche Ansprüche er auf ihren Besitz oder ihre Rückgabe oder ihre Vorlegung hat (der Anspruch ist pfändbar, Grdz 9 vor § 704 „Vorlegung"). Die Vernehmung erfolgt grundsätzlich uneidlich; eine Beeidigung steht gemäß § 452 im pflichtgemäßen Ermessen des Gerichts. Eine völlige oder teilweise Auskunftsverweigerung würdigt das Gericht frei, § 453 II. Bei einer Säumnis des Gegners verläuft das Verfahren nach § 454.

3) Entscheidung nach Vernehmung, S 4. A. Besitz. Wenn das Gericht zu der Überzeugung kommt, daß der Gegner die Urkunde im unmittelbaren oder mittelbaren Besitz hat, § 421 Anm 1, dann ordnet es durch einen Beschluß die Vorlegung an. Dasselbe gilt bei einer Würdigung der Säumnis als Auskunftsverweigerung. Legt der Gegner dann nicht vor, so ist § 427 anwendbar.

B. Kein Besitz. Wenn das Gericht nicht zur Überzeugung nach a) kommt, so gilt folgendes:

a) Nachforschung vorgenommen. Wenn das Gericht die Nachforschungspflicht für erfüllt hält, weist es den Vorlegungsantrag durch einen Beschluß, durch ein Zwischenurteil nach § 303 oder ein Endurteil zurück.

b) Nachforschung unterlassen. Wenn der Gegner die Nachforschung unterlassen oder nicht sorgfältig vorgenommen hat, ist § 427 anwendbar.

c) Urkunde arglistig beseitigt. Wenn der Gegner so handelte, ist § 444 anwendbar, vgl auch BGH NJW **63**, 390.

4) Rechtsmittel. Eine Anfechtung ist in allen Fällen nur zusammen mit derjenigen des Endurteils möglich, vgl § 355 II.

5) *VwGO:* *Entsprechend anwendbar, § 98 VwGO, wenn das Gericht die Vernehmung für erforderlich hält, § 86 I VwGO.*

427 Folgen der Nichtvorlegung usw.

Kommt der Gegner der Anordnung, die Urkunde vorzulegen, nicht nach oder gelangt das Gericht im Falle des § 426 zu der Überzeugung, daß er nach dem Verbleib der Urkunde nicht sorgfältig geforscht habe, so kann eine vom Beweisführer beigebrachte Abschrift der Urkunde als richtig angesehen werden. Ist eine Abschrift der Urkunde nicht beigebracht, so können die Behauptungen des Beweisführers über die Beschaffenheit und den Inhalt der Urkunde als bewiesen angenommen werden.

1) Voraussetzungen. Es muß eine der folgenden Voraussetzungen vorliegen:

A. Keine Vorlegung. Entweder muß der vorlegungspflichtige Gegner des Beweisführers die Urkunde, deren Vorlegung das Gericht nach den §§ 425, 426 angeordnet hat, nicht vorgelegt haben.

B. Keine Nachforschung. Oder der vorlegungspflichtige Gegner muß bei seiner Vernehmung erklärt haben, er habe die Urkunde nicht im unmittelbaren oder mittelbaren Besitz, § 421 Anm 1, und das Gericht muß nach freier, nicht nachprüfbarer Überzeugung annehmen, er habe nicht sorgfältig genug nach dem Verbleib der Urkunde geforscht, § 426 Anm 2 A, B.

2) Folgen. A. Abschrift vorgelegt. Wenn der Beweisführer eine Abschrift der Urkunde vorlegt, kann das Gericht diese als richtig ansehen. Es darf aber auch der Abschrift mißtrauen und die Behauptungen des Beweisführers über die Beschaffenheit und den Inhalt der Urkunde frei würdigen. Das ist meist dann ratsam, wenn der Beweisführer eine Abschrift nachträglich einreicht.

B. Keine Abschrift vorgelegt. Wenn der Beweisführer keine Abschrift beibringt, kann das Gericht dies wie bei A frei würdigen. Hält das Gericht danach die Behauptungen des Beweisführers über die Beschaffenheit und den Inhalt der Urkunde für bewiesen, so würdigt es immer noch frei, welche Bedeutung dieser Umstand für den Prozeß hat.

3) Verfahren. Das Gericht hat kein Zwangsmittel. Es muß einen Gegenbeweis, aber auch § 445 II beachten. Es entscheidet nach pflichtgemäßem Ermessen im Endurteil. Der Gegner kann die Vorlegung in der 2. Instanz unter den Voraussetzungen des § 533 nachholen. Das Berufungsgericht ist an die Würdigung der ersten Instanz nicht gebunden. Wenn das Gericht die Vorlegung nach §§ 142 ZPO, 45, 102 HGB usw angeordnet hat, dann ist die Nichtvorlegung ohne weiteres frei zu würdigen, § 286, allenfalls entsprechend § 427, BAG DB **76**, 1020 mwN.

4) *VwGO:* *Entsprechend anwendbar, § 98 VwGO, jedoch ist „Beweisführer" jeder Beteiligte, der sich auf eine Urkunde beruft, Einf 9 § 284.*

428 Vorlegung durch Dritte. Beweisantritt.

Befindet sich die Urkunde nach der Behauptung des Beweisführers in den Händen eines Dritten, so wird der Beweis durch den Antrag angetreten, zur Herbeischaffung der Urkunde eine Frist zu bestimmen.

1) Geltungsbereich. §§ 428–431 behandeln die Vorlegung, wenn ein Dritter die Urkunde im unmittelbaren Besitz hat und der Beweisführer sie nicht von dort herbeischaffen kann oder will. Wegen mittelbaren Besitzes vgl § 421 Anm 1. Dritter ist jeder, der weder Beweisführer noch Gegner ist, vgl § 421 Anm 1. Der Beweis wird durch den Antrag angetreten, zur Herbeischaffung der Urkunde eine Frist zu setzen. Ein bloßer Antrag auf Herbeischaffung genügt nicht, ist aber in einen Antrag auf Fristsetzung umdeutbar. Eine Frist wird mit oder ohne mündliche Verhandlung und auch auf ein schriftliches Gesuch gesetzt, § 431 I. Es genügt nicht, den Dritten als Zeugen zu benennen und das Gericht zu bitten, dem Zeugen

9. Titel. Beweis durch Urkunden §§ 429–431

aufzugeben, die Urkunde mitzubringen. Im Urkundenprozeß ist § 428 unanwendbar, § 595 III. Im Ehe-, Familien- und Kindschaftsverfahren ist § 428 anwendbar.

2) VwGO: *Entsprechend anwendbar, § 98 VwGO, jedoch mit den gleichen Einschränkungen wie bei § 373 Anm 3.*

429 *Vorlegung durch Dritte. Pflicht.* **Der Dritte ist aus denselben Gründen wie der Gegner des Beweisführers zur Vorlegung einer Urkunde verpflichtet; er kann zur Vorlegung nur im Wege der Klage genötigt werden.**

1) Vorlegungspflicht. Für den Dritten, der die Urkunde im unmittelbaren Besitz hat (wegen des mittelbaren Besitzes § 421 Anm 1), besteht die Vorlegungspflicht in demselben Umfang wie für den Gegner des Beweisführers, nur daß die Vorlegung zur Schriftvergleichung wegfällt, vgl § 422 Anm 1. Ist der Dritte Streithelfer und nimmt er auf die Urkunde Bezug, so ist § 423 anwendbar. Der Dritte muß stets dem Prozeßgericht oder im Fall des § 434 dem verordneten Richter vorlegen und dem Gegner die Einsicht in die Urkunde gestatten. Denn seine Pflicht stützt sich zwar auf das bürgerliche Recht, ist aber prozessual beeinflußt, vgl § 422 Anm 2 A. Das Gericht hat kein Zwangsmittel.

2) Erzwingung. Der Beweisführer muß auf die Vorlegung der Urkunde an das Gericht klagen. Der Gerichtsstand ist derjenige des Dritten. Kläger ist die Partei, nicht der Streithelfer; er kann aber auch diesem Prozeß beitreten oder selbst klagen, wenn er einen eigenen Vorlegungsanspruch hat. Zur Begründung gehört der Nachweis der Fristsetzung nach § 430. Mit dem Wegfall der Notwendigkeit einer Vorlage erledigt sich die Hauptsache. Es sind alle Beweismittel statthaft. Es findet keine Vorlegungsvernehmung statt. Die ZwV richtet sich nach § 883, dort Anm 4. Mit der Erledigung des Hauptprozesses fällt die Klage.

3) VwGO: *Entsprechend anwendbar, § 98 VwGO, soweit nicht § 99 VwGO eingreift, RedOe § 98 Anm 14.*

430 *Vorlegung durch Dritte. Gesuch.* **Zur Begründung des nach § 428 zu stellenden Antrages hat der Beweisführer den Erfordernissen des § 424 Nr. 1 bis 3, 5 zu genügen und außerdem glaubhaft zu machen, daß die Urkunde sich in den Händen des Dritten befinde.**

1) Antragserfordernisse. Form und Inhalt des Antrags richten sich nach § 424 Z 1–3, 5. Außerdem muß der Beweisführer glaubhaft machen, § 294, daß sich die Urkunde im unmittelbaren Besitz des Dritten befindet; vgl aber auch § 421 Anm 1. Beispiel: Er muß glaubhaft machen, daß sich ein herbeizuschaffender Scheck in den Händen einer Bank befindet und daß ihm die Bank zur Vorlegung verpflichtet ist. Wenn der unmittelbare Besitz des Dritten unstreitig ist, dann braucht dies nicht glaubhaft gemacht zu werden. Er muß außerdem die Beweiserheblichkeit der Urkunde und seinen sachlichrechtlichen Vorlegungsanspruch glaubhaft machen.

2) VwGO: *Nur eingeschränkt entsprechend anwendbar, § 98 VwGO, vgl § 373 Anm 3.*

431 *Vorlegung durch Dritte. Frist.* [I] **Ist die Tatsache, die durch die Urkunde bewiesen werden soll, erheblich und entspricht der Antrag den Vorschriften des vorstehenden Paragraphen, so hat das Gericht eine Frist zur Vorlegung der Urkunde zu bestimmen. Die Frist kann ohne mündliche Verhandlung bestimmt werden.**
[II] **Der Gegner kann die Fortsetzung des Verfahrens vor dem Ablauf der Frist beantragen, wenn die Klage gegen den Dritten erledigt ist oder wenn der Beweisführer die Erhebung der Klage oder die Betreibung des Prozesses oder der Zwangsvollstreckung verzögert.**

1) Fristsetzung, I. A. Verfahren. Voraussetzung ist, wie bei § 425, daß die Beweistatsache erheblich und daß der Antrag begründet ist. Dann setzt das Gericht zur Vorlegung der Urkunde durch einen Beschluß eine Frist. Er ist kein Beweisbeschluß. Denn hier bereitet anders als beim nachrangigen § 425 die Fristsetzung den Beweis erst vor. Eine mündliche Verhandlung ist entbehrlich. Anders als beim nachrangigen § 356 kann das Gericht die Erheblichkeit auch ohne mündliche Verhandlung prüfen. Die Frist ist eine richterliche. Ihre Verkürzung und Verlängerung richten sich nach §§ 224ff. Sie ist so zu bemessen, daß sie voraussichtlich zur Durchführung des Prozesses gegen den Dritten genügt. Sie wird durch die Einreichung der Urkunde zu den Akten gewahrt.

B. Rechtsbehelfe. Bei einer Fristsetzung grds keiner, vgl § 355 II. Bei einer zu langen Frist oder einer Versagung des Fortsetzungsantrags nach II Beschwerde, § 252 entspr, StJSchuL, Wiecz, ZöSt 1, aM ThP 1 c und 41. Aufl. Bei einer Zurückweisung des Antrags nach I Beschwerde, § 567. Bei einer Friständerung § 225 Anm 1 B.

2) Weiteres Verfahren, II. Das Gericht setzt das Verfahren nur auf Grund des Terminsantrags einer Partei fort. Der Beweisführer kann ihn jederzeit stellen. Er hat die Urkunde einzureichen, was auch erst im Termin geschehen kann. Etwas anderes gilt nur dann, wenn der Beweisführer auf eine Erledigung seines Antrags verzichtet oder im Prozeß gegen den Dritten nichts erreicht hat. Der Gegner des Beweisführers darf die Ladung dann beantragen, wenn dieser die Erhebung der Klage, die Fortführung des Prozesses oder die Fortführung der ZwV verzögert. Dann kann der Beweisführer die Urkunde nur durch eine Vorlegung als Beweismittel benutzen.

3) *VwGO*: *Entsprechend anwendbar, § 98 VwGO, vgl § 429 Anm 3.*

432 *Vorlegung durch die Behörde.*

I Befindet sich die Urkunde nach der Behauptung des Beweisführers in den Händen einer öffentlichen Behörde oder eines öffentlichen Beamten, so wird der Beweis durch den Antrag angetreten, die Behörde oder den Beamten um die Mitteilung der Urkunde zu ersuchen.

II Diese Vorschrift ist auf Urkunden, welche die Parteien nach den gesetzlichen Vorschriften ohne Mitwirkung des Gerichts zu beschaffen imstande sind, nicht anzuwenden.

III Verweigert die Behörde oder der Beamte die Mitteilung der Urkunde in Fällen, in denen eine Verpflichtung zur Vorlegung auf § 422 gestützt wird, so gelten die Vorschriften der §§ 428 bis 431.

1) Beweisantritt, I. A. Geltungsbereich. § 432 regelt den Fall, daß sich die vom Beweisführer als Beweismittel angezogene öffentliche oder private Urkunde im unmittelbaren Besitz einer öffentlichen Behörde (Begriff § 415 Anm 2 A) oder einer Person des öffentlichen Dienstes (Begriff § 376 Anm 1 A) in dessen dienstlicher Eigenschaft befindet. Dies gilt aber nur dann, wenn nicht die durch die Behörde vertretene Stelle Partei ist (sonst gelten §§ 421–427), wenn kein Fall nach II vorliegt und wenn kein Vorlegungsanspruch nach §§ 429, 422 besteht, vgl III.

Die Vorschrift ist im Urkundenprozeß unanwendbar, § 595 III.

B. Verfahren. Der Beweis wird durch den Antrag angetreten, die Behörde oder den Beamten um eine Mitteilung der Urkunde zu ersuchen. Der Antrag braucht nicht den §§ 424, 428, 430 zu genügen. Er muß aber ausreichende Anhaltspunkte für die Beweiserheblichkeit der Tatsache und für den unmittelbaren Besitz (bei mittelbarem Besitz vgl § 421 Anm 1) der Behörde usw ergeben. Der Antrag muß ferner die Urkunde so genau bezeichnen, daß die Behörde usw das Ersuchen im ordnungsmäßigen Geschäftsgang erledigen kann. Unerlaubt ist auch hier ein Antrag nur zur Ausforschung von Beweismitteln aus den Akten, Einf 6 vor § 284, Teplitzky JuS **68**, 72.

C. Entscheidung. Die Urkunde wird durch einen Beweisbeschluß eingefordert. Die Zurückweisung des Antrags erfordert keinen besonderen Beschluß, aM 41. Aufl. Wenn die Akten den Parteien unzugänglich sind, zB evtl Ermittlungsakten oder wegen eines Datenschutzes, vgl § 299 Anm 1 A b, dann ist ihre Einforderung abzulehnen (aM StJSchuL I 2. Aber was die Parteien nicht einsehen dürfen, können sie nicht vortragen und ist unverwertbar). Es ist den Parteien überlassen, vorher die Genehmigung zur Einsicht zu erwirken. Das Ersuchen erfolgt von Amts wegen. Über eine amtliche Auskunft vgl Üb 5 vor § 373.

D. Rechtsmittel. Die Entscheidung ist allenfalls zusammen mit dem Endurteil anfechtbar, § 355 II.

2) Parteibeschaffung, II. Wenn sich der Beweisführer die Urkunde nach einer gesetzlichen Vorschrift selbst beschaffen kann, dann muß er den Beweis nach § 420 antreten. Wenn dies nur dem Gegner des Beweisführers möglich ist, dann ist I anwendbar. II gilt auch dann, wenn der Beweisführer eine Ausfertigung oder eine beglaubigte Abschrift beibringen kann, wie bei Registerauszügen, Testamenten, Grundbuchabschriften, Urteilen, vgl § 435. Etwas anderes gilt bei Patenterteilungsakten, weil bei ihnen kein Anspruch auf eine Erteilung von Abschriften besteht. Die Möglichkeit einer Einsicht steht I nicht entgegen.

9. Titel. Beweis durch Urkunden §§ 432–435 1

3) Verhalten der Behörde, III. A. Verfahren. Die Behörde oder der Beamte prüft nach dem für diese geltenden Verwaltungsrecht, ob die Urkunde übersandt werden darf oder muß. Vgl Art 35 I GG, § 168 GVG. Sie hat meist ein pflichtgemäßes Ermessen, BVerwG MDR **69**, 75. Wegen der Herausgabe von Akten betr der Intimsphäre, zB Scheidungsakten, § 299 Anm 4 und BVerfG **34**, 209. Wegen des Datenschutzes § 299 Anm 1 A b. Nicht den Parteien zugängliche Akten sind unverwertbar. Von der Ablehnung und dem Eingang der Urkunde hat die Geschäftsstelle die Parteien zu benachrichtigen, § 362 II. Wenn die Urkunde eingeht, ist sie in der mündlichen Verhandlung vorzulegen. Im schriftlichen Verfahren und im Verfahren nach Lage der Akten ist die Urkunde nach der Benachrichtigung ohne weiteres verwertbar.

B. Rechtsbehelfe. Bei einer unbegründeten Weigerung sind die im Verwaltungsrecht möglichen Rechtsbehelfe und eine Klage vor dem Verwaltungsgericht zulässig. Eine Beschwerde nach § 159 GVG versagt immer dann, wenn keine Rechtshilfe in Frage kommt. Wenn eine Vorlegungspflicht nach § 422 besteht, ist eine Klage gegen den Beamten oder die von ihm vertretene Stelle zulässig, eine Zulässigkeit des Rechtswegs vorausgesetzt.

4) VwGO: *I* ist eingeschränkt entsprechend anwendbar, § 98 VwGO, vgl § 373 Anm 3. Statt *II* und *III* gilt § 99 VwGO.

433 (weggefallen)

434 *Vorlegung vorm verordneten Richter.* Wenn eine Urkunde bei der mündlichen Verhandlung wegen erheblicher Hindernisse nicht vorgelegt werden kann oder wenn es bedenklich erscheint, sie wegen ihrer Wichtigkeit und der Besorgnis ihres Verlustes oder ihrer Beschädigung vorzulegen, so kann das Prozeßgericht anordnen, daß sie vor einem seiner Mitglieder oder vor einem anderen Gericht vorgelegt werde.

1) Systematik. § 434 macht eine Ausnahme von § 355 I. Die Möglichkeit einer Einsicht durch das Prozeßgericht an Ort und Stelle, § 219 I, ist wahlweise neben § 434 gegeben.

2) Voraussetzungen. § 434 erlaubt die Vorlegung der Urkunde vor einem verordneten Richter, wenn eine der folgenden Voraussetzungen vorliegt:

A. Hindernis. Entweder kann die Vorlegung in der mündlichen Verhandlung wegen erheblicher Hindernisse nicht stattfinden. Das diesbezügliche Vorbringen wird frei gewürdigt.

B. Vorlegung bedenklich. Oder die Vorlegung ist wegen der Wichtigkeit der Urkunde oder der Besorgnis ihres Verlustes oder ihrer Beschädigung bedenklich. Dies gilt namentlich bei Grund-, Register- oder Nachlaßakten. Solche Akten sollte das ersuchte Gericht überhaupt nicht versenden. Regelmäßig genügt außerdem die Einreichung einer beglaubigten Abschrift, § 432 Anm 2.

3) Entscheidung. Die Anordnung nach § 434 erfolgt nach pflichtgemäßem Ermessen durch einen Beweisbeschluß, §§ 358, 360. Der verordnete Richter muß eine beglaubigte Abschrift der Urkunde zu den Akten nehmen und die von den Parteien etwa geäußerten Bedenken gegen die Echtheit oder deren Zugeständnis protokollieren. Vor ihm besteht kein Anwaltszwang, § 78 Anm 2 A b. Weiteres Verfahren §§ 362 II, 367, 370.

4) Rechtsmittel. Die Entscheidung ist nur zusammen mit dem Endurteil anfechtbar, § 355 II.

5) VwGO: Entsprechend anwendbar, § 98 VwGO.

435 *Beglaubigte Abschriften öffentlicher Urkunden.* Eine öffentliche Urkunde kann in Urschrift oder in einer beglaubigten Abschrift, die hinsichtlich der Beglaubigung die Erfordernisse einer öffentlichen Urkunde an sich trägt, vorgelegt werden; das Gericht kann jedoch anordnen, daß der Beweisführer die Urschrift vorlege oder die Tatsachen angebe und glaubhaft mache, die ihn an der Vorlegung der Urschrift verhindern. Bleibt die Anordnung erfolglos, so entscheidet das Gericht nach freier Überzeugung, welche Beweiskraft der beglaubigten Abschrift beizulegen sei.

1) Systematik. Privaturkunden sind grds in Urschrift vorzulegen, § 420 Anm 2 A, weil nur so die Feststellung ihrer Echtheit, § 439, und Fehlerfreiheit, § 419, möglich ist, BGH

NJW 80, 1048. Freilich kann ausnahmsweise schon dann eine beglaubigte Abschrift genügen, § 420 Anm 2 A. Bei öffentlichen Urkunden läßt § 435 statt der Vorlegung der Urschrift die Vorlegung einer beglaubigten Abschrift zu, weil sich die Urschrift meist in einer amtlichen Verwahrung befindet, BGH NJW 80, 1048.

2) Öffentliche Urkunde. Zu ihrem Begriff § 415 Anm 2. Dahin zählt zB auch eine beglaubigte Fotokopie, aber nicht die Fotokopie einer beglaubigten Abschrift; dieser Weg ist aber nur dann zulässig, wenn die Beglaubigung den Erfordernissen einer öffentlichen Urkunde genügt. Damit gibt § 435 die Beweisregel, daß eine ordnungsmäßig beglaubigte Abschrift einer öffentlichen Urkunde dieselbe Beweiskraft hat wie die Urkunde selbst, mag auch die Beglaubigung von einer anderen Behörde herrühren.

Mit einer solchen Urkunde nicht zu verwechseln ist eine öffentlich beglaubigte Urkunde, § 415 Anm 1. Die Erfordernisse der Urschrift und der Zuständigkeit zur Beglaubigung richten sich nach dem maßgeblichen Bundes- oder Landesrecht. Die Ausfertigung einer öffentlichen Urkunde ist immer nur eine Abschrift. Sie läßt den Gegenbeweis zu. Ein Auszug aus einer öffentlichen Urkunde fällt nicht unter § 435. In manchen Fällen ist er selbst eine öffentliche Urkunde.

2) Anordnung. Wenn das Gericht gegen die Richtigkeit der beglaubigten Abschrift einer öffentlichen Urkunde Bedenken hat, dann kann es dem Beweisführer die wahlweise Vorlegung der Urschrift oder eine Glaubhaftmachung der Hinderungsgründe aufgeben. Die Anordnung erfolgt durch einen Beweisbeschluß auf Grund einer mündlichen Verhandlung oder ohne solche in Ergänzung eines Beweisbeschlusses, § 360. Wenn der Beweisführer beiden Anordnungen nicht nachkommt, dann würdigt das Gericht die beglaubigte Abschrift frei, § 286, so wohl auch BGH NJW 80, 1048.

3) Rechtsmittel. Die Entscheidung ist nur zusammen mit dem Endurteil anfechtbar.

4) VwGO: Entsprechend anwendbar, § 98 VwGO.

436 *Verzicht auf die Urkunde.* **Der Beweisführer kann nach der Vorlegung einer Urkunde nur mit Zustimmung des Gegners auf dieses Beweismittel verzichten.**

1) Zustimmungsbedürftigkeit. Bis zur Vorlegung einer Urkunde kann der Beweisführer einseitig auf sie verzichten. Der Gegner kann aber die Vorlegung der einmal in Bezug genommenen Urkunde verlangen, § 423. Wenn die Urkunde erst einmal vorgelegt worden ist, gleichviel von wem, dann kann der Beweisführer nur mit Zustimmung des Gegners auf sie verzichten. Verzicht und Zustimmung sind unwiderruflich, vgl auch Grdz 5 G vor § 128. Die Zustimmung kann auch durch eine schlüssige Handlung erfolgen. Dann scheidet die Urkunde für die Beweiswürdigung aus. Ob das Gericht trotzdem die Vorlegung aus §§ 142ff von Amts wegen nach §§ 358, 358 a anordnen darf, das hängt davon ab, ob nicht eine zulässige Verfügung über die Beweisfrage vorliegt, ThP, aM StJSchuL II (die Anordnung der Vorlegung sei unbedingt zulässig. Aber das widerspricht dem Beibringungsgrundsatz).

2) VwGO: Unanwendbar trotz § 98 VwGO wegen des Untersuchungsgrundsatzes, § 86 I VwGO, Kopp § 98 Rdz 1.

Einführung vor §§ 437–443
Echtheit von Urkunden

1) Echtheit. Nur die echte Urkunde ist beweiskräftig. Die Urkunde ist im Sinne der ZPO dann echt, wenn sie von derjenigen Person herrührt, von der sie nach der Behauptung des Beweisführers bzw im Verfahren mit Amtsermittlung, Grdz 3 G vor § 128, der durch den Urkundeninhalt begünstigten Partei herrühren soll; anders ist es im Strafrecht, § 267 StGB. Soweit die Urkunde dem Willen dieser Person entspricht, ist es unerheblich, ob sie selbst unterschrieben hat, abw 41. Aufl. Der Klärung der Echtheit dienen bei der öffentlichen Urkunde §§ 437, 438, bei der privaten §§ 439, 440, bei beiden §§ 441ff. Beim Vorliegen eines Feststellungsinteresses kann man die Echtheit auch mit einer Feststellungsklage aus § 256 geltend machen. Das kommt allerdings praktisch nicht vor. Eine Zwischenklage nach § 280 ist unzulässig, weil es sich nicht um ein Rechtsverhältnis handelt.

2) Unverfälschtheit. Von der Echtheit ist die Unverfälschtheit zu unterscheiden, also das Fehlen nachträglicher Veränderungen. Es läßt sich mit allen Beweismitteln beweisen.

9. Titel. Beweis durch Urkunden §§ 437, 438 1, 2

437 *Echtheit inländischer öffentlicher Urkunden.* I Urkunden, die nach Form und Inhalt als von einer öffentlichen Behörde oder von einer mit öffentlichem Glauben versehenen Person errichtet sich darstellen, haben die Vermutung der Echtheit für sich.

II Das Gericht kann, wenn es die Echtheit für zweifelhaft hält, auch von Amts wegen die Behörde oder die Person, von der die Urkunde errichtet sein soll, zu einer Erklärung über die Echtheit veranlassen.

1) Vermutung der Echtheit, I. § 437 stellt eine einfache Rechtsvermutung für die Echtheit inländischer öffentlicher Urkunden, Anm 2, auf. Dazu gehört auch die sog Eigenurkunde, in der ein Notar nicht seine Wahrnehmung, sondern eine Willenserklärung, eigene Verfahrenserklärungen niedergelegt, BGH DNotZ **81**, 118, Hieber DNotZ **54**, 461, Reithmann DNotZ **83**, 439, aM zB Hornig DNotZ **54**, 467. Die Vermutung gilt nur insoweit, als die Urkunde nicht im Sinne des § 419 fehlerhaft ist. Inländische öffentliche Urkunden bedürfen nach § 1 G vom 1. 5. 1878, RGBl 89, idF des BeurkG keiner Amtsbekräftigung (Legalisation). Die Vermutung bezieht sich nur auf die Herkunft der Urkunde, nicht auf ihren Inhalt (dafür gelten §§ 415 ff) oder die Zuständigkeit der ausstellenden Behörde.

2) Zweifel an der Echtheit, II. Die Vermutung des § 437 ist durch einen Gegenbeweis zu entkräften, § 292. Wenn das Gericht die Echtheit nach pflichtgemäßem Ermessen für zweifelhaft hält, muß es von Amts wegen, auch ohne mündliche Verhandlung, die ausstellende Behörde oder Urkundsperson um eine Auskunft über die Echtheit ersuchen; das Wort „kann" stellt, wie so oft, nur die Zuständigkeit klar und eröffnet kein weiteres Ermessen. Der Ersuchte muß sich erklären, vgl auch Art 35 I GG. Die Vermutung gilt bis zur Feststellung der Unechtheit.

3) VwGO: *Entsprechend anwendbar, § 98 VwGO, jedoch sind Ermittlungen, II, stets vAw zulässig, § 86 I VwGO; abw RedOe § 98 Anm 15: als zwingende Bestimmung im VerwProzeß nicht heranzuziehen.*

438 *Echtheit ausländischer öffentlicher Urkunden.* I Ob eine Urkunde, die als von einer ausländischen Behörde oder von einer mit öffentlichem Glauben versehenen Person des Auslandes errichtet sich darstellt, ohne näheren Nachweis als echt anzusehen sei, hat das Gericht nach den Umständen des Falles zu ermessen.

II Zum Beweise der Echtheit einer solchen Urkunde genügt die Legalisation durch einen Konsul oder Gesandten des Bundes.

Schrifttum: Bülow/Böckstiegel, Der Internationale Rechtsverkehr in Zivil- und Handelssachen, 2. Aufl ab 1973, Teil D; Hecker, Handbuch der konsularischen Praxis, 1982; Kierdorf, Die Legalisation von Urkunden, 1975 (Bespr Fasching ZZP **89**, 220, Jansen JR **77**, 527).

1) Echtheit, I. Öffentliche Urkunden (Begriff § 415 Anm 2), die von einer ausländischen Amtsperson, wenn auch evtl im Inland, ausgestellt wurden, haben bis zum Vorliegen einer etwaigen Legalisation, Anm 2 A, keine Vermutung der Echtheit für sich. Das Gericht entscheidet über die Echtheit nach pflichtgemäßem Ermessen unabhängig von Parteierklärungen, etwa von Erklärungen über die Echtheit; Wiecz A I will § 439 I und II entspr anwenden. Wegen der Übersetzung fremdsprachiger Urkunden vgl RGBl **42** I 609. Soweit von der Echtheit auszugehen ist, hat die ausländische öffentliche Urkunde dieselbe Beweiskraft wie die deutsche.

2) Amtsbekräftigung, II. A. Grundsatz. Amtsbekräftigung (Legalisation) ist die Bescheinigung der Herkunft einer Urkunde die durch dazu berufene Amtsstelle der BRep, Bülow DNotZ **55**, 9, Wagner DNotZ **75**, 581. Vgl dazu die folgenden Ländervorschriften:
Baden-Württemberg: VO vom 12. 11. 80, GBl 586
Bayern: VO vom 12. 1. 81, GVBl 1
Berlin:
Bremen:
Hamburg:
Hessen: AnO vom 19. 1. 81, GVBl 25
Niedersachsen:
Nordrhein-Westfalen:
Rheinland-Pfalz: AnO vom 16. 1. 81, GVBl 18

Saarland: VO vom 21. 1. 81, ABl 101
Schleswig-Holstein:
Die Amtsbekräftigung durch einen Konsul, §§ 13, 14 KonsG vom 11. 9. 74, BGBl 2317, oder durch einen Gesandten der BRep genügt immer zum Nachweis der Echtheit einer ausländischen öffentlichen Urkunde. Vgl auch § 415 Anm 2 B. Die Zuständigkeit der ausländischen Behörde und die Formgültigkeit des Akts sind frei zu prüfen. Meist wird freilich kein Anlaß zu Zweifeln bestehen. Nach § 2 G vom 1. 5. 1878, RGBl 89, idF des BeurkG begründet die Amtsbekräftigung nur die Annahme der Echtheit; praktisch ist diese Abweichung unerheblich. Die Partei darf die Unechtheit der Urkunde oder der Amtsbekräftigung nachweisen, § 292. Vgl auch §§ 18, 61 ZRHO.

B. Zweiseitige Staatsverträge. Zahlreiche Staatsverträge machen eine Amtsbekräftigung entbehrlich; Urkunden, die in diesen Staaten öffentlich ausgestellt oder beglaubigt sind, stehen inländischen Urkunden gleich; vgl Einl IV Anm 1.

Das gilt für Belgien, Abk v 13. 5. 75, BGBl 80 II 815, nebst G v 25. 6. 80, BGBl II 813, dazu VO v 15. 10. 80, BGBl 2002 und Bek v 9. 3. 81, BGBl II 142, ferner für gewisse Behörden in Dänemark, Abk v 17. 6. 1936, RGBl II 214, auf Grund Bek v 30. 6. 1953, BGBl II 186, Frankreich gemäß Abk v 13. 9. 71 nebst G v 30. 7. 74, BGBl II 1074, berichtigt durch BGBl II 1100 (betr öffentliche und gewisse private Urkunden; in Kraft seit 1. 4. 75, Bek v 6. 3. 75, BGBl II 353. Einzelheiten Arnold DNotZ **75**, 581), Griechenland infolge des deutsch-griechischen Rechtshilfeabk v 11. 5. 1938 Art 24 (bezüglich der von Gerichten aufgenommenen oder aufgestellten Urkunden, sowie notarieller Urkunden, die vom Präsidenten des Gerichtshofs 1. Instanz beglaubigt worden sind), RGBl **39** II 849, wieder in Kraft aGrd Bek v 26. 6. 1952, BGBl II 634, Großbritannien und Nordirland gemäß Art VI Abs 3 des deutsch-britischen Abk v 14. 7. 60, SchlAnh V B 5, Italien gemäß Vertrag v 7. 6. 69 nebst G v 30. 7. 74, BGBl II 1069 (betr öffentliche, einschließlich diplomatischer und konsularischer Urkunden; in Kraft seit 5. 5. 75, Bek v 22. 4. 75, BGBl II 660; dazu Bek v 30. 6. 75, BGBl II 931, betr die Zuständigkeit, ferner von VO v 24. 9. 74, BGBl II 2353, ferner zB DVO SchlH v 23. 12. 74, GVBl **75**, 4. Einzelheiten Arnold DNotZ **75**, 581), Luxemburg gemäß Abk v 7. 12. 62, BGBl **64** II 194 (in Kraft seit 7. 9. 66, BGBl II 592), Österreich (bezügl gerichtlicher und notarieller Urkunden sowie Personenstandsurkunden), Vertrag v 21. 6. 1923, RGBl **24** II 61, aGrd Bek v 13. 3. 1952, BGBl II 436, der Schweiz, Vertrag v 14. 2. 07, RGBl **07**, 411, dazu Bek v 18. 7. 77, BGBl II 658, u 8. 1. 82, BGBl II 80, Portugal, Bek v 18. 5. 82, BGBl II 550 (betr Personenstandsurkunden).

C. Konsularverträge. Außerdem bestimmt eine Reihe von Konsularverträgen, daß ausländische Konsuln Rechtsgeschäfte und Verträge aufnehmen, bestätigen, beglaubigen und mit ihrem Siegel versehen dürfen und daß solche Urkunden sowie Auszüge aus ihnen und Übersetzungen den inländischen öffentlichen Urkunden gleichstehen: Spanien v 12. 1. 72, RGBl 211; Türkei v 28. 5. 29, RGBl **30** II 748, auf Grund Bek v 29. 5. 52, BGBl II 608, USA Abk v 3. 6. 53, Bek v 20. 11. 54, BGBl II 721, 1051.

D. Europäisches Übereinkommen. Das Europäische Übereinkommen zur Befreiung der von diplomatischen oder konsularischen Vertretern errichteten Urkunden von der Legalisation v 7. 6. 68, BGBl 71 II 86, dazu G v 19. 2. 71, BGBl II 85, befreit solche Urkunden von der Legalisation (ohne die Notwendigkeit einer Apostille zu schaffen), die von diplomatischen oder konsularischen Vertretern amtlich in einem Mitgliedstaat errichtet sind und entweder in einem anderen Mitgliedstaat oder vor dem diplomatischen oder konsularischen Vertreter eines anderen Mitgliedstaats in einem Nichtmitgliedstaat vorgelegt werden sollen.

Das Übereinkommen ist für die BRep in Kraft seit 19. 9. 71, Bek v 27. 7. 71, BGBl II 1023. Es gilt im Verhältnis zu Frankreich, den Niederlanden nebst Surinam und den niederländischen Antillen, Schweiz, Vereinigtem Königreich nebst Man, Zypern, Bek v 27. 7. 71, BGBl II 1023, Italien, Bek v 30. 11. 71, BGBl II 1313, Guernsey, Jersey, Bek v 10. 1. 72, BGBl II 48, Österreich, Bek v 15. 6. 73, BGBl II 746, Liechtenstein, Bek v 7. 8. 73, BGBl II 1248, Schweden, Bek v 23. 11. 73, BGBl II 1676, Griechenland, Bek v 26. 3. 79, BGBl II 338, Luxemburg, Bek v 3. 8. 79, BGBl II 938, Norwegen, Bek v 13. 7. 81, BGBl II 561, Spanien, Bek v 28. 6. 82, BGBl II 639, Portugal, Bek v 26. 1. 83, BGBl II 116.

E. Haager Übereinkommen. Durch das Haager Übereinkommen v 5. 10. 61 zur Befreiung ausländischer öffentlicher Urkunden von der Legalisation, BGBl **65** II 876, dazu G vom 21. 6. 65, BGBl II 875, tritt an die Stelle der Legalisation die Apostille, die die zuständige Behörde des Errichtungsstaates auf der Urkunde oder einem damit verbundenen Blatt anbringt. Das Übereinkommen gilt für Urkunden eines staatlichen Gerichts oder einer

Amtsperson als Organ der Rechtspflege einschließlich derjenigen Urkunden, die von der Staatsanwaltschaft oder einem Vertreter des öffentlichen Interesses, dem UdG oder einem GVz ausgestellt sind; für Urkunden der Verwaltungsbehörden, soweit sie sich unmittelbar auf den Handelsverkehr oder das Zollverfahren beziehen; für notarielle Urkunden; für amtliche Bescheinigungen auf Privaturkunden, so auch bei der Beglaubigung von Unterschriften; nicht jedoch für Urkunden von diplomatischen oder konsularischen Vertretern. Zur Ausstellung der Apostille VO v 23. 2. 66, BGBl 138.

Das Übereinkommen ist für die BRep in Kraft seit 13. 2. 66, Bek v 12. 2. 66, BGBl II 106. In Geltung im Verhältnis zu Frankreich, Jugoslawien, Niederlanden, Vereinigtem Königreich und zahlreichen Besitzungen, Bek v 12. 2. 66, BGBl II 106, niederländische Antillen und Surinam, Bek v 17. 5. u 17. 7. 67, BGBl II 1811, 2082, Österreich, Malawi, Bek v 18. 1. 68, BGBl II 76, Malta, Bek v 19. 2. 68, BGBl II 131, Portugal, Bek v 21. 1. 69, BGBl II 120 und Bek v 25. 2. 70, BGBl II 121, Japan, Bek v 4. 7. 70, BGBl II 752, Fidschi, Bek v 12. 7. 71, BGBl II 1016, Tonga, Bek v 16. 3. 72, BGBl II 254, Liechtenstein, Lesotho, Bek v 20. 9. 72, BGBl II 1466, Ungarn, Bek v 10. 1. 73, BGBl II 65, Schweiz, Bek v 8. 3. 73, BGBl II 176, Zypern, Bek v 13. 4. 73, BGBl II 391, Belgien, Bek v 7. 1. 76, BGBl II 199, Bahamas, Bek v 5. 1. 77, BGBl II 20, Surinam auch seit seiner Unabhängigkeit, Bek v 1. 6. 77, BGBl II 593, Italien, Bek v 23. 1. 78, BGBl II 153, Israel, Bek v 23. 8. 78, BGBl II 1198, Spanien, Bek v 30. 10. 78, BGBl II 1330, Seschellen, Swasiland, Bek v 30. 4. 79, BGBl II 417, Luxemburg, Bek v 30. 5. 79, BGBl II 684, Vereinigte Staaten, Bek v 16. 9. 81, BGBl II 903, Norwegen, Bek v 8. 7. 83, BGBl II 478.

F. Übereinkommen der Europäischen Gemeinschaft. Wegen des EuGÜbk SchlAnh V C 1 (Art 49).

3) *VwGO:* Entsprechend anwendbar, § 98 VwGO, aM RedOe § 98 Anm 15.

439 *Erklärung über die Echtheit von Privaturkunden.* ^I Über die Echtheit einer Privaturkunde hat sich der Gegner des Beweisführers nach der Vorschrift des § 138 zu erklären.

^{II} Befindet sich unter der Urkunde eine Namensunterschrift, so ist die Erklärung auf die Echtheit der Unterschrift zu richten.

^{III} Wird die Erklärung nicht abgegeben, so ist die Urkunde als anerkannt anzusehen, wenn nicht die Absicht, die Echtheit bestreiten zu wollen, aus den übrigen Erklärungen der Partei hervorgeht.

1) Allgemeines. Eine Privaturkunde hat keine gesetzliche Echtheitsvermutung. Der Beweisführer hat die Urkunde grundsätzlich urschriftlich vorzulegen, § 420 Anm 2 A. In der Vorlegung liegt die Behauptung der Echtheit, Begriff Einf 1 vor §§ 437–443. Der Gegner darf die Echtheit bestreiten, Grdz 3 C vor § 128. Daraus ergibt sich die Erklärungspflicht. Wenn der Gegner die Richtigkeit einer beigebrachten Abschrift nicht bestreitet, dann genügt deren Vorlegung, § 420 Anm 2 A. Das Gericht muß insofern seine Fragepflicht ausüben, § 139. Sondervorschriften bestehen im Verfahren vor dem AG, § 510, und in Ehe-, Familien- und Kindschaftssachen, §§ 617, 640.

2) Erklärung, I, II. A. Grundsatz, I. Der Gegner hat sich unverzüglich, §§ 282, 296, spätestens aber am Schluß der letzten Tatsachenverhandlung über die Echtheit zu erklären. Tut er das nicht, dann greift das unterstellte Geständnis des III ein, Anm 3. Eine Erklärung mit Nichtwissen ist bei einer eigenen oder bei einer in Gegenwart des Erklärenden von anderen unterschriebenen Urkunde unzulässig, § 138 IV. Die sog Anerkennung der Urkunde ist kein Anerkenntnis nach § 307, sondern ein gerichtliches Geständnis, und darum nur nach § 290 widerruflich. Eine Anerkennung vor dem Beginn des Prozesses ist ein außergerichtliches Geständnis. Soweit der Gegner die Echtheit bestreitet, ist § 440 anwendbar.

B. Unterschriebene Urkunde, II. Wenn die Urkunde mit einem Namen unterschrieben ist, § 416 Anm 1 B, nicht unbedingt mit dem eigenen, auch mit einem beglaubigten Handzeichen, dann ist die Erklärung über die Echtheit der Unterschrift abzugeben. Wenn eine Unterschrift fehlt oder wenn ein Handzeichen unbeglaubigt ist, dann ist die Erklärung über die Echtheit des Textes abzugeben.

3) Unterlassene Erklärung, III. Die Vorschrift ist wegen der Verweisung in I auch auf § 138 III überflüssig, aber als vorhandene Sonderregel vorrangig. Wenn der Gegner des Beweisführers die Echtheit nicht ausdrücklich oder schlüssig bestreitet, dann gilt die Urkunde als anerkannt (unterstelltes Geständnis, vgl § 138 Anm 4).

Das gilt nicht, soweit die Geständniswirkung versagt, also vor allem bei von Amts wegen zu beachtenden Punkten, vgl § 288 Anm 3 B.

4) VwGO: *Trotz der Verweisung in § 98 VwGO ist § 439 wegen des Ermittlungsgrundsatzes, § 86 I VwGO, ebenso unanwendbar wie § 138 III und §§ 288–290, vgl § 617.*

440 Beweis der Echtheit von Privaturkunden.
I Die Echtheit einer nicht anerkannten Privaturkunde ist zu beweisen.

II Steht die Echtheit der Namensunterschrift fest oder ist das unter einer Urkunde befindliche Handzeichen notariell beglaubigt, so hat die über der Unterschrift oder dem Handzeichen stehende Schrift die Vermutung der Echtheit für sich.

1) Allgemeines. Der Unterschied zwischen § 440 und § 416 ist gering. Beide betreffen nur die äußere Beweiskraft. § 416 besagt: Wenn unterschrieben wurde, dann ist die Erklärung abgegeben. § 440 betrifft nur die Echtheit. Er besagt: Wenn die Unterschrift echt ist, dann ist die Erklärung echt. Wenn die Erklärung echt ist, dann ist sie auch abgegeben, es sei denn, daß das bürgerliche Recht zur Wirksamkeit eine Begebung der Urkunde verlangt. Diese Begebung beweisen weder § 440 noch § 416. Wohl aber ist die Begebung dann zu vermuten, wenn der Erklärungsempfänger im Besitz der Urkunde ist, vgl den Grundgedanken des § 1006 BGB. Dabei ist zB trotz § 416 der Nachweis zulässig, daß die Urkunde vor der Begebung gestohlen wurde. Willensmängel betreffen dagegen nur die innere Beweiskraft, § 416 Anm 2 C.

2) Beweis, I. Bei einer Privaturkunde ist zwischen der Echtheit der Unterschrift und der Echtheit der Schrift zu unterscheiden, dh des durch die Unterschrift Gedeckten. Wenn die Echtheit der Urkunde weder anerkannt noch nach § 439 III zu unterstellen ist, dann muß sie der Beweisführer beweisen, Köln DB **83**, 105. Es sind alle Beweismittel zulässig, auch eine Schriftvergleichung, §§ 441, 442, und Parteivernehmung. Das Gericht kann auch die Echtheit nach freier Beweiswürdigung bejahen, § 286 Anm 2 A, Köln DB **83**, 105, wenn so erhebliche Gründe für sie sprechen, daß ein Bestreiten notwendig ist. Dies gilt etwa dann, wenn bei einem nach Form und Inhalt einwandfreien Handelsbuch jede Begründung für eine Bemängelung fehlt. Dies gilt für alle Prozeßarten. Vgl auch § 439 Anm 1.

3) Vermutung, II. A. Echtheit der Schrift. Wenn die Echtheit der Namensunterschrift feststeht oder wenn ein Handzeichen notariell beglaubigt worden ist, dann besteht eine widerlegbare Rechtsvermutung, abw Rosenberg Beweislast 221 FN 1 (eine Beweisregel, vgl § 445 II), daß die Schrift echt ist. Es ist also nur die Echtheit der Unterschrift zu beweisen. Echt ist die Urkunde auch dann, wenn andere sie mit dem Willen des Ausstellers für ihn unterschrieben haben, wenn er die Unterschrift genehmigt oder bei einer mechanischen Unterschrift den Auftrag zum Stempeln, bei Telegrammen den Auftrag zur Absendung gegeben hat. Die Beglaubigung der Unterschrift ist nach § 418 zu behandeln. Der Aussteller kann den Gegenbeweis führen, § 292, etwa eine Ausfüllung oder Einfügung ohne oder gegen eine Vereinbarung, (Blankettmißbrauch), Düss VersR **79**, 627. Der Gegner muß dagegen beweisen, daß die nachträgliche Ausfüllung oder Einfügung mit dem Einverständnis des Ausstellers erfolgte, BGH DB **65**, 1665. Eine Indossamentsunterschrift deckt den Inhalt der Hauptwechselerklärung. Vgl auch § 437 Anm 1.

B. Willen des Ausstellers. Die Vermutung der Echtheit der Schrift enthält die Vermutung, daß die Schrift mit dem Willen des Ausstellers über der Unterschrift stehe. Daher genügt zB nicht, daß die Schrift nachträglich zugefügt ist. Derjenige, der Mängel behauptet, muß beweisen, daß die Schrift nicht mit seinem Willen dort steht.

C. Einschränkungen. § 419 schränkt den § 440 ein. Bei fehlerhaften Urkunden ist frei zu würdigen, ob infolge des Mangels die Vermutung des § 440 entfällt. Dies gilt namentlich bei Ausbesserungen oder dann, wenn die Unterschrift nicht das ganze Schriftstück deckt. Wenn die Vermutung versagt, dann ist der gesamte Inhalt der Urkunde frei zu würdigen.

4) VwGO: *I ist insoweit unanwendbar, § 98 VwGO, als es danach auf die Anerkennung der Urkunde durch einen Beteiligten ankommt, da die Echtheit ggf v Aw zu ermitteln ist, § 86 I VwGO. II ist entsprechend anwendbar, § 98 VwGO.*

441 Schriftvergleichung. Verfahren.
I Der Beweis der Echtheit oder Unechtheit einer Urkunde kann auch durch Schriftvergleichung geführt werden.

II In diesem Falle hat der Beweisführer zur Vergleichung geeignete Schriften vorzulegen oder ihre Mitteilung nach der Vorschrift des § 432 zu beantragen und erforderlichenfalls den Beweis ihrer Echtheit anzutreten.

9. Titel. Beweis durch Urkunden §§ 441–443

III Befinden sich zur Vergleichung geeignete Schriften in den Händen des Gegners, so ist dieser auf Antrag des Beweisführers zur Vorlegung verpflichtet. Die Vorschriften der §§ 421 bis 426 gelten entsprechend. Kommt der Gegner der Anordnung, die zur Vergleichung geeigneten Schriften vorzulegen, nicht nach oder gelangt das Gericht im Falle des § 426 zu der Überzeugung, daß der Gegner nach dem Verbleib der Schriften nicht sorgfältig geforscht habe, so kann die Urkunde als echt angesehen werden.

IV Macht der Beweisführer glaubhaft, daß in den Händen eines Dritten geeignete Vergleichungsschriften sich befinden, deren Vorlegung er im Wege der Klage zu erwirken imstande sei, so gelten die Vorschriften des § 431 entsprechend.

Schrifttum: Michel, Schriftvergleichung, in: Handwörterbuch der Kriminologie Bd 3, 93 (1975); derselbe, Gerichtliche Schriftvergleichung usw, 1982; vgl ferner zur Graphologie: Knobloch, Graphologie, 1971; Pfanne, Lehrbuch der Graphologie, 1961.

1) Begriffe. A. Schriftvergleichung. Das ist die Untersuchung eines handschriftlichen Erzeugnisses zur Ermittlung seiner Echtheit oder Unechtheit sowie zur Identifizierung des Schrifturhebers, BAG BB **82**, 117, Michel ZSW **81**, 262 (ausf). Sie ist bei sämtlichen Urkunden zulässig. Sie erstreckt sich auf die Schrift und auf die Unterschrift, auf eine Unechtheit und auf eine Verfälschung, Einf 2 vor §§ 437–443.

Die Schriftvergleichung liefert einen Indizienbeweis. Sie geschieht durch einen Augenschein, BAG BB **82**, 117, und zwar durch den Vergleich der streitigen mit unbestrittenen echten oder als echt zu vermutenden, § 437, oder zu erweisenden Schriftstücken. Sie untersteht insofern den Vorschriften des Urkundenbeweises. §§ 144, 372 sind auch im Fall der Hinzuziehung eines Sachverständigen unanwendbar. Eine Schriftvergleichung sollte nur zurückhaltend erfolgen. Denn diese Methode bringt Unsicherheiten, vgl Michel ZSW **81**, 266.

B. Graphologie. Man muß von der Schriftvergleichung die Graphologie unterscheiden. Diese untersucht, ob die Handschrift eines Schreibers auch einen Rückschluß auf seinen Charakter zuläßt, BAG BB **82**, 117, Michel ZSW **82**, 262.

2) Verfahren. Zur Anfertigung von Urkunden darf das Gericht den Gegner des Beweisführers anhalten, vgl Üb 3 B vor § 371. Freilich hat das Gericht kein Zwangsmittel. Wenn die Partei aber die Anfertigung verweigert, vereitelt sie regelmäßig den Beweis. Dann gilt § 444 entspr, aM ZöSt 2 (§ 446). Die Vergleichsstücke müssen Gegenstand der mündlichen Verhandlung sein. Das Gericht darf nicht von Amts wegen Schriftstücke aus Akten oder Beiakten heranziehen; es kann aber deren Heranziehung anregen. Notfalls ist eine Vorlegungsvernehmung statthaft, III.

3) VwGO: **I** ist entsprechend anwendbar, § 98 VwGO, **II** und **III** mit Einschränkungen, § 373 Anm 3, weil das Gericht die Echtheit einer Urkunde vAw zu ermitteln hat. Kommt ein anderer Beteiligter einer Anordnung des Gerichts, **III**, nicht nach, so ergibt sich III 3 aus § 108 I 1 VwGO. Entsprechend anwendbar ist auch **IV**, vgl § 431.

442 *Schriftvergleichung. Würdigung.* Über das Ergebnis der Schriftvergleichung hat das Gericht nach freier Überzeugung, geeignetenfalls nach Anhörung von Sachverständigen, zu entscheiden.

1) Verfahren. Die Vornahme einer Schriftvergleichung, § 441 Anm 1 A, ist eine Beweisaufnahme. Daher muß die Parteiöffentlichkeit gewahrt bleiben, § 357. § 442 stimmt mit § 286 inhaltlich überein, BGH NJW **82**, 2874. Über das Ergebnis entscheidet das Gericht ganz frei, BGH NJW **82**, 2874. Die Hinzuziehung von Schriftsachverständigen, vgl Mü NJW **70**, 1925, Deitigsmann JZ **53**, 494, Langenbruch JR **50**, 212, steht im pflichtgemäßen Ermessen, § 286 Anm 3 C. Die Parteien dürfen anwesend sein, § 357. Ein schriftliches Gutachten ist zulässig, § 411.

2) VwGO: Entsprechend anwendbar, § 98 VwGO.

443 *Verwahrung verdächtiger Urkunden.* Urkunden, deren Echtheit bestritten ist oder deren Inhalt verändert sein soll, werden bis zur Erledigung des Rechtsstreits auf der Geschäftsstelle verwahrt, sofern nicht ihre Auslieferung an eine andere Behörde im Interesse der öffentlichen Ordnung erforderlich ist.

1) Verfahren. Die Urkunden werden nicht Bestandteil der Gerichtsakten, § 299 Anm 1 A a. Als Ausnahme vom jederzeitigen Rückforderungsrecht, § 134 Anm 3, sind aber etwa unechte oder verfälschte Urkunden jeder Art, die dem Gericht vorliegen, bis zur Beendigung des Prozesses auf der Geschäftsstelle zurückzuhalten, sofern nicht die öffentliche Ordnung, dh irgendein Grund des öffentlichen Wohls, die Auslieferung an eine Behörde verlangt, etwa an die Staatsanwaltschaft oder an den Standesbeamten zur Berichtigung eines standesamtlichen Registers. Der Urkundsbeamte klärt vor einer Rückgabe vor dem Prozeßende die Entbehrlichkeit beim Vorsitzenden.

2) VwGO: *Entsprechend anwendbar, § 98 VwGO.*

444 Vereitelung des Urkundenbeweises.
Ist eine Urkunde von einer Partei in der Absicht, ihre Benutzung dem Gegner zu entziehen, beseitigt oder zur Benutzung untauglich gemacht, so können die Behauptungen des Gegners über die Beschaffenheit und den Inhalt der Urkunde als bewiesen angesehen werden.

Schrifttum: Stürner, Die Aufklärungspflicht der Parteien des Zivilprozesses, 1976.

1) Direkte Anwendbarkeit. § 444 eine Folge der Förderungspflicht der Parteien, die ihrerseits dem Prozeßrechtsverhältnis entfließt. Darum gilt, was in ihm für Arglist bestimmt ist, schon bei bloßer Fahrlässigkeit, BSG NJW **73**, 535, Grdz 2 E vor § 128.
Wenn eine Partei eine Urkunde beseitigt oder verdirbt, um ihre Benutzung dem Gegner unmöglich zu machen, dann kann das Gericht nach pflichtgemäßem Ermessen die Behauptungen des Gegners über die Beschaffenheit und den Inhalt der Urkunde als bewiesen ansehen. Eine Erschwerung der Benutzung genügt nicht, wohl aber ein teilweises Unmöglichmachen; dann tritt je nach der Lage des Falls eine Teilwirkung ein. Es kommt nur darauf an, ob dem Beweisführer gegenüber arglistig und rechtswidrig gehandelt wurde; ob der Gegner die Urkunde in seiner Eigenschaft als Eigentümer vernichten oder beschädigen durfte, ist unerheblich. Das Gericht kann auch eine vom Beweisführer beigebrachte Abschrift für richtig ansehen.

2) Erweiterte Anwendbarkeit. A. Grundsatz. § 444 enthält einen allgemeinen Rechtsgedanken, Anh § 286 Anm 3 C a, vgl BGH NJW **76**, 1316 und **78**, 2156, Gerhardt AcP **169**, 315, insofern grds richtig auch Gottwald BB **79**, 1783. Die Vorschrift hat also über ihren Wortlaut hinausgehende Bedeutung, vgl auch Anm 1: Eine arglistige oder fahrlässige Vereitelung der Beweisführung kann im Rahmen freier Beweiswürdigung für die Richtigkeit des gegnerischen Vorbringens gewertet werden, Ffm NJW **80**, 2758 mwN, ohne daß diese Wertung aber zu einer Beweisregel erstarren darf.

B. Anwendungsfälle. § 444 ist zB anwendbar, vgl auch § 286 Anm 3 C b: Bei einem schuldhaft vereitelten Augenschein, BayObLG **2**, 184, vgl auch LG Stade VersR **80**, 100; wenn eine Probe nicht aufbewahrt worden ist, BGH **6**, 227; bei einer nach dem HGB aufzubewahrenden Urkunde, Düss MDR **73**, 592; wenn eine Partei einen Zeugenbeweis unmöglich macht, wenn sie das zuvor wirksam erteilte Einverständnis zur Verwertung einer Röntgenaufnahme ohne Grundangabe widerruft, aM BGH VersR **81**, 533, vgl aber § 356 Anm 1 A a.
Eine bloße Verweigerung der Befreiung eines Zeugen von der Schweigepflicht, § 385 II, ist aber nur ausnahmsweise unerlaubt, Düss MDR **76**, 762; vgl freilich auch Ffm NJW **80**, 2758. Niemand braucht dem Gegner ein an sich verschlossenes Beweismittel zugänglich zu machen; man verteidigt ja im Zivilprozeß eigene Belange, Düss MDR **76**, 762. Da es sich bei der Vereitelung um eine prozessuale Pflichtverletzung handelt, genügt ein Handeln von solchen Personen, für die man einstehen muß.
Jedoch kann eine unberechtigte Verweigerung der eigenen Blutentnahme (Augenscheinsbeweis, § 372a Anm 3 B) im allgemeinen wegen des ungewissen Ausgangs nicht zu einem für den Verweigernden ungünstigen Ergebnis führen, eher schon dann, wenn man nach einer ungünstig verlaufenen ersten Untersuchung eine zweite Kontrolluntersuchung verweigert, LG Kassel NJW **57**, 1193.

3) VwGO: *Entsprechend anwendbar, § 98 VwGO, OVG Hbg NVwZ **83**, 564, und zwar auch in der Erweiterung, Anm 2, da der allgemeine Rechtsgedanke nicht nur für das Zivilverfahren zutrifft und dem Grundsatz der freien Würdigung des Gesamtergebnisses der Verhandlung, § 108 I 1 VwGO, entspricht, BVerwG **10**, 270 (eingehend).*

Zehnter Titel. Beweis durch Parteivernehmung
Übersicht

Schrifttum: Polyzogopoulos, Parteianhörung und Parteivernehmung usw, 1976 (Bespr Kollhosser ZZP **91**, 102); Tsai, Eine rechtsvergleichende Studie der europäischen Parteivernehmung, Festschrift für Rammos (1979) 907.

1) Allgemeines. A. Rechtsnatur. Die Nov 1933 hat den althergebrachten Parteieid durch die Parteivernehmung ersetzt. Die Parteivernehmung nach §§ 445 ff ist immer eine Beweisaufnahme, auch wenn fälschlich kein Beweisbeschluß erlassen wurde. Jede Parteivernehmung beschränkt sich auf Tatsachen.

B. Abgrenzung zur Parteianhörung. Die Parteivernehmung ist scharf von der Anhörung der persönlich erschienenen Partei zur Aufklärung des Sachverhalts nach § 141 zu sondern. Die letztere dient nicht der Beweiserhebung über streitige Tatsachen, sondern der Vervollständigung des Prozeßstoffs, BGH KTS **75**, 113, Stgt JZ **78**, 690, in den Grenzen des § 139. Die Parteivernehmung ist ein Beweismittel für streitige Parteibehauptungen. Das Gericht ordnet das persönliche Erscheinen einer Partei von Amts wegen durch Beschluß an und erzwingt es notfalls; eine Parteivernehmung erfolgt nur auf einen Beweisbeschluß, BGH KTS **75**, 113, und zwar nur hilfsweise; das Gericht kann sie nicht erzwingen. Im Termin zur persönlichen Vernehmung kann sich die Partei vertreten lassen; im Beweistermin zur Parteivernehmung kann sie dies nicht tun. Die Ladung zum Beweistermin erfolgt durch eine förmliche Zustellung, die Ladung zum Aufklärungstermin kann formlos erfolgen.

2) Zulässigkeit. A. Grundsatz. Die Parteivernehmung ist zulässig: **a)** auf Antrag, und zwar **aa)** die des Gegners des Beweisführers, wenn dieser keine anderen Beweismittel vorbringt oder den Beweis mit solchen nur unvollkommen oder gar nicht geführt hat, § 445, BGH **33**, 63; **bb)** des Antragstellers im Einverständnis des Gegners, § 447; **b)** von Amts wegen, wenn das Gericht einigen Beweis für erbracht hält, § 448. Das Gericht kann dann eine oder beide Parteien vernehmen.

Unzulässig ist eine Parteivernehmung im Verfahren auf die Bewilligung einer Prozeßkostenhilfe § 118, sowie über Tatsachen zur Begründung einer Restitutionsklage, § 581 II.

B. Vernehmung nur einer Partei. Abweichend vom österreichischen Recht sind nicht grundsätzlich beide Parteien zu vernehmen. Das Gesetz will das Recht, die eigene Behauptung beweismäßig zu bestärken, grundsätzlich nicht dem Beweispflichtigen geben, vgl § 445 Anm 2 C. Diesem gibt die Parteiöffentlichkeit, § 357, ein ausreichendes Mittel an die Hand, die Aussage zu überwachen.

C. Eid. Die Vernehmung erfolgt zunächst uneidlich. Nur dann, wenn eine uneidliche Bekundung das Gericht nicht voll überzeugt, kann das Gericht entsprechend dem früheren richterlichen Eid die Partei oder dann, wenn beide Parteien über verschiedene Tatsachen vernommen wurden, beide beeidigen, § 452. Auch eine eidliche Parteiaussage wird vom Gericht frei gewürdigt, § 453. Das ist ein großer Fortschritt gegenüber den früheren Vorschriften, die gerade diesem äußerlich bedenklichen Eid zwingend eine volle Beweiskraft beilegt. Vgl auch § 453 Anm 1 A.

D. Hilfsbeweis. Der Beweis durch eine Parteivernehmung ist ein Hilfsbeweis, BGH **LM** § 398 Nr 7. Die Parteivernehmung sollte eigentlich oft eher den Vorrang haben, vgl Bender-Röder-Nack 168. Sie ist unabhängig von diesem Problem mit großer Vorsicht zu betrachten. Vollkommen redliche Parteien sind trotz des Wahrheitszwangs schwerlich in der Mehrheit. Es ist auch nicht einmal immer möglich, in der eigenen Sache ein Sachverhalt einwandfrei wiederzugeben.

3) Sonderfälle. Das Gericht kann eine Partei außerdem vernehmen: **a)** in Ehesachen, § 613. Auch diese Vernehmung kann Beweiszwecken dienen; **b)** über einen Schaden, § 287; **c)** über einen Urkundenbesitz, § 426. Das Gericht kann die Parteien ferner nach den §§ 118 a, 141, 273 II Z 3 zur Aufklärung hören. Eine Eidesleistung der Partei kennt die jetzige ZPO abgesehen von § 452 nicht mehr.

4) VwGO: *An die Stelle der Parteivernehmung tritt die in § 96 I 2 VwGO genannte Vernehmung der Beteiligten, § 63 VwGO, die von der Anhörung zu unterscheiden ist, BVerwG NJW 81, 1748. Sie ist stets vAw zulässig, § 86 I VwGO. Da es auf Anträge nicht ankommt, sind nach § 98 VwGO nur §§ 450–455 entsprechend anwendbar, nicht auch § 448, BVerwG VerwRspr 21, 370. Der Grundsatz, daß die Vernehmung eines Beteiligten nur als letztes Beweismittel in Frage kommt, § 448 Anm 1, gilt aber auch im VerwProzeß, § 450 Anm 4.*

445 *Antragsvernehmung des Beweisgegners.* **I** Eine Partei, die den ihr obliegenden Beweis mit anderen Beweismitteln nicht vollständig geführt oder andere Beweismittel nicht vorgebracht hat, kann den Beweis dadurch antreten, daß sie beantragt, den Gegner über die zu beweisenden Tatsachen zu vernehmen.

II Der Antrag ist nicht zu berücksichtigen, wenn er Tatsachen betrifft, deren Gegenteil das Gericht für erwiesen erachtet.

Schrifttum: Söllner, Der Beweisantrag im Zivilprozeßrecht, Diss Erlangen 1972.

1) Allgemeines. Anknüpfend an den früheren Rechtszustand macht § 445 die Parteivernehmung zu einem hilfsweisen Beweis. Er kommt erst dann in Betracht, wenn die anderen vorgebrachten Beweismittel erschöpft sind. Daher muß derjenige, der in der 1. Instanz eine Parteivernehmung hinter anderen Beweismitteln beantragt hatte, den Antrag in der 2. Instanz bei einer Erledigung dieser Beweismittel wiederholen. Das Gericht hat aber insofern eine Fragepflicht, § 139. Es besteht kein Zwang zum Vorbringen anderer Beweismittel. § 445 unterscheidet sich also von § 448. Es braucht nicht schon eine Wahrscheinlichkeit für eine Behauptung zu bestehen, § 448 Anm 1 A. Der Antrag ist vielmehr ein Beweisantrag wie jeder anderer.

2) Antrag auf Vernehmung des Gegners, I. A. Grundsatz. § 445 unterscheidet zwei Fälle:

a) Unvollständigkeit anderen Beweises. Der Beweispflichtige hat nur einigen Beweis erbracht, dh er hat das, was er zu beweisen hat, Anh § 286, nur einigermaßen wahrscheinlich gemacht, nicht aber eine an Sicherheit grenzende Wahrscheinlichkeit dargetan. Wenn das Gericht dieser Meinung ist, so muß es den Beweispflichtigen befragen, § 139, ob er nicht eine Parteivernehmung beantragen will.

b) Fehlen anderen Beweises. Der Beweispflichtige tritt freiwillig oder notgedrungen überhaupt keinen anderen Beweis an. Er kann sich von vornherein auf den Antrag auf Parteivernehmung beschränken. Es hindert auch nicht grundsätzlich, daß die Partei später andere Beweismittel vorbringt. Freilich wird dann kein vernünftiger Richter diese anderen Beweismittel unerledigt lassen, falls sie nur irgend Erfolg versprechen; er wird dann aber die Parteivernehmung aussetzen, § 450 II, denn sie ist immerhin im allgemeinen ein Beweismittel geringeren Grades. Die Parteivernehmung kann aber nicht mit der Begründung abgelehnt werden, das Gericht verspreche sich von ihr wegen des Bestreitens der Partei keinen Erfolg.

B. Zusätzliche Beweiserhebung. Andererseits ist es zulässig, andere Beweise selbst nach einer eidlichen Parteivernehmung über den beschworenen Beweissatz zu erheben. Die Verletzung der Hilfsstellung gibt kein Rechtsmittel.

C. Beweislast. Der Richter hat hier die Beweislast sorgfältig zu prüfen. Es ist unmöglich, der beweispflichtigen Partei solange, wie noch nicht einiger Beweis für sie spricht, ihre Beweislast dadurch abzunehmen (dann läge also § 448 vor), daß man sie über ihre eigenen Behauptungen bekunden und beschwören läßt. Auch wegen der Folgen des Widerstands, §§ 446, 453 II, ist die Beweislast wichtig. Die Partei, die prozessual zu Unrecht zu einer Aussage veranlaßt wird, kann sich ohne jeden Schaden dagegen sträuben. Wenn sie aussagt, ist ihre Aussage im Prozeß nicht zu verwerten, ebensowenig wie ein anderes unzulässiges Beweismittel, Wiecz D I a 1, b 2, aM StJ III. Dies gilt auch dann, wenn die Aussage beschworen worden ist.

Ein Verstoß gegen die Regel begründet die Revision. Er ist freilich nach § 295 heilbar, vgl auch Anh § 286 Anm 1 B. Daß die Beweislast vielfach für sachlichrechtlich gehalten wird, ist unerheblich, da § 447 auch ohne Rücksicht auf die Beweislast eine Parteivernehmung gestattet. Eine Partei, die vorsichtshalber die Vernehmung des Gegners beantragt, übernimmt damit nicht die Beweislast. Vgl auch § 447 Anm 1 A.

D. Vernehmungsgegenstand. Das Gericht darf eine Partei nur über Tatsachen vernehmen, aber ohne Begrenzung auf eigene Handlungen und Wahrnehmungen. Zum Begriff der Tatsache vgl Einf 4 vor § 284. Die Vernehmung erstreckt sich also nicht auf Rechtsfragen, allgemeine Erfahrungssätze, rein juristische oder technische Urteile. Unerheblich ist, ob die Tatsache eine äußere oder innere ist; ob es sich um eine Vermutungstatsache (hypothetische) oder um eine negative Tatsache handelt; ob die zu bekundende Handlung unsittlich oder strafbar ist. Eine Einschränkung wie beim Zeugnis gibt es nicht. Es gibt aber auch keinen Aussagezwang. Es kann sich um eine eigene oder um eine fremde Tatsache handeln. Die Tatsache muß bestimmt sein. Sie ist im Beweisbeschluß anzugeben, § 359. Unzulässig

10. Titel. Beweis durch Parteivernehmung §§ 445, 446 1, 2

ist die Ausforschung des Gegners, zB eine Fachprüfung durch einen Sachverständigen vor dem Prozeßgericht, BGH **LM** Nr 3 a.

E. Gegner. Es genügt immer ein Antrag auf Vernehmung des Gegners. Wenn sie aus Streitgenossen besteht, greift § 449 ein; ist der Gegner gesetzlich vertreten, so gilt § 455. Antragsberechtigt sind die Partei, ihr gesetzlicher Vertreter, ihr Prozeßbevollmächtigter, jeder Streitgenosse für sich, der Streithelfer, soweit die Partei nicht widerspricht, § 67.

3) Unzulässigkeit, II. Der Antrag ist unzulässig, wenn das Gericht das Gegenteil der zu bekundenden Tatsachen für erwiesen erachtet. Diese Vorschrift soll unnütze Parteivernehmungen ersparen, ein wünschenswertes Ziel. Denn die Vernehmung bringt diejenige Partei in Gewissensnot, die ihre eigene Prozeßlage womöglich eidlich gefährden soll. Darum gilt II unabhängig davon, ob eine Beweisaufnahme geschehen ist oder nicht, also auch dann, wenn die Beweistatsache unmöglich ist, oder dann, wenn eine gesetzliche Beweisregel oder eine durchgreifende Lebensregel der Behauptung unwiderleglich entgegensteht. Eine Vernehmung zur Widerlegung einer Rechtsvermutung läßt § 292 ausdrücklich zu.

Einen Indizien- oder Anscheinsbeweis kann man durch den Antrag auf Parteivernehmung wegen seiner Unsicherheit angreifen, nicht aber wegen II die einzelnen bewiesenen Tatsachen (Indizien, Einf 3 C b vor § 284). Man kann auch die innere Beweiskraft einer Urkunde beim Feststehen der äußeren angreifen (Begriffe Üb 3 A, B vor § 415). – Es genügt nicht, daß das Gericht das Gegenteil für wahrscheinlich hält, BGH **33**, 65. Die Tatsache, die das Gericht mit der Vernehmungstatsache nicht vereinbaren kann, ist im Urteil festzustellen.

446 *Widerstand des zu vernehmenden Gegners.* Lehnt der Gegner ab, sich vernehmen zu lassen, oder gibt er auf Verlangen des Gerichts keine Erklärung ab, so hat das Gericht unter Berücksichtigung der gesamten Sachlage, insbesondere der für die Weigerung vorgebrachten Gründe, nach freier Überzeugung zu entscheiden, ob es die behauptete Tatsache als erwiesen ansehen will.

1) Widerstand des Gegners. Das Gericht kann eine förmliche Parteiaussage nicht direkt erzwingen. Das Prozeßrechtsverhältnis, Grdz 2 B vor § 128, zwingt aber jede Partei grds zur Mitarbeit an der Wahrheitsfindung. Hier setzt § 444 ähnlich wie § 446 an. Die Vorschrift setzt einen Widerstand des Vernehmungsgegners voraus, also der nicht beweispflichtigen Partei, § 445 Anm 2 C. Er kann entweder ausdrücklich vorliegen, etwa dann, wenn der Gegner es ablehnt, sich vernehmen zu lassen, oder stillschweigend, etwa dann, wenn er keine Erklärung abgibt. Das Gericht braucht ihn auf ein Verweigerungsrecht nicht hinzuweisen, Celle VersR **77**, 361, vgl aber § 451 Anm 1 „§ 395". Die Erklärung ist bis zum Schluß der mündlichen Verhandlung abzugeben, § 138 Anm 3; im schriftlichen Verfahren erfolgt sie schriftlich. Das Schweigen ist nur dann als Unterlassen anzusehen, wenn das Gericht den Gegner zur Erklärung aufgefordert hatte.

Die Erklärung muß unbedingt sein. Sie ist in der 2. Instanz nach § 533 widerruflich, in der 1. Instanz entsprechend (also nicht im übrigen). Sie wird beim AG gemäß § 510a protokolliert, sonst gemäß § 160 III Z 3. Wenn die Partei erscheint und aussagt, jedoch nicht zu einem wesentlichen Punkt, dann ist sie insofern nunmehr als verweigernd anzusehen. Das gilt aber nur dann, wenn der Richter sie ausdrücklich nach dem wesentlichen Punkt befragt hat; ob dies geschehen ist, ist im Protokoll festzuhalten.

2) Folgen. Das Gericht würdigt die Weigerung frei. Keineswegs darf es unbedingt nachteilige Schlüsse aus ihr ziehen. Es kann einen vernünftigen Weigerungsgrund geben, Düss WertpMitt **81**, 369. Die gesamte Sachlage ist zu berücksichtigen, namentlich dasjenige, was die Partei zur Begründung ihrer Weigerung angibt. Unsittlichkeit, Unehrenhaftigkeit, Strafbarkeit der zu bekundenden Handlung, Geschäfts- und Betriebsgeheimnisse, insofern abw Gottwald BB **79**, 1783, Schamgefühl, die Befürchtung von Nachteilen außerhalb des Prozesses, eine organisationsbedingte generelle Unkenntnis, (nur) insofern richtig LG Düss DB **73**, 729, können zur Weigerung berechtigen. Das ist aber frei zu würdigen. Eine Verweigerung nur zu einzelnen Punkten kann durchaus berechtigt und sachlich unschädlich sein. Die Weigerung ist nicht für sich allein ein Beweisgrund; immer müssen andere Umstände hinzutreten.

Bloße Widerspenstigkeit ist kein Entschuldigungsgrund und ist nachteilig zu würdigen. Das Gericht kann die behauptete Tatsache für erwiesen ansehen. Es kann auch ihre bloße Wahrscheinlichkeit annehmen und daraufhin den Beweispflichtigen nach § 448 vernehmen.

447 *Vereinbarte Parteivernehmung.* Das Gericht kann über eine streitige Tatsache auch die beweispflichtige Partei vernehmen, wenn eine Partei es beantragt und die andere damit einverstanden ist.

1) Voraussetzungen. A. Unabhängigkeit von einer Beweislast. § 447 sieht von der Beweislast ganz ab. Wenn beide Parteien einverstanden sind, dann kann das Gericht nach pflichtgemäßen Ermessen, § 286 Anm 3 A, B, eine beliebige von ihnen vernehmen, vorausgesetzt, daß eine Partei die Vernehmung beantragt. Also kann sich der Beweispflichtige zur Parteiaussage erbieten und das Gericht kann, nicht muß, ihn vernehmen, falls der Gegner zustimmt. Das Einverständnis ist eine Parteiprozeßhandlung, Grdz 5 B vor § 128. Anwaltszwang besteht wie sonst. Im Schweigen des Gegners liegt keineswegs stets eine Zustimmung, LG Krefeld VersR **79**, 634. Außerdem liegt im Erbieten eine Anregung zur Amtsvernehmung nach § 448. Der Antrag ist jedenfalls nach der Vernehmung nicht rücknehmbar, vgl Hbg MDR **64**, 414.

B. Praktische Brauchbarkeit. Vorsicht beim Erbieten ist zu empfehlen. Denn wenn sich die Partei erst einmal auf ihre Aussage bezieht, dann verweigert sie die Aussage, § 446, falls das Gericht die Vernehmung beschlossen hat und die Partei nun ihre Bezugnahme zurücknimmt. Ferner birgt eine formelmäßige Bezugnahme auf die Aussage des beweispflichtigen Gegners die Gefahr, daß dieser die Bezugnahme aufgreift und sich zur Aussage bereit erklärt. Dann ist das Einverständnis unwiderruflich, Grdz 5 G vor § 128, wie erst recht nach der Vernehmung, Hbg MDR **64**, 414, abw StJSchuL I 2, ZöSt 2 (von Anfang an unwiderruflich). Die nicht beweispflichtige Partei kann dem ihr etwa drohenden Nachteil nur entgehen, wenn sie andere Beweise antritt. Denn diese sind vorher zu erledigen, §§ 450, 445 Anm 1. Nach der Erledigung ist eine neue Lage eingetreten; das vorher erklärte Einverständnis dauert nicht an.

C. Verfahren. Das Gericht muß wegen dieser Gefahr die Rechtslage mit den Parteien erörtern, §§ 139, 278 III, damit Fehler möglichst vermieden und bedenkliche Erklärungen der Schriftsätze in der mündlichen Verhandlung nicht abgegeben werden. Zulässig ist die Erklärung: „Beweis: Vernehmung des Gegners, falls ich beweispflichtig bin" oder „mit der Vernehmung des Gegners bin ich einverstanden, falls ich beweispflichtig bin". Wird das Einverständnis in der Verhandlung erklärt, so wird es gemäß § 160 III Z 3 protokolliert.

2) Beweiswürdigung. Die Würdigung der Aussage und der Verweigerung erfolgt wie sonst, §§ 453, 446. Die Aussage der beweispflichtigen Partei wird im allgemeinen geringe Bedeutung haben, vor allem dann, wenn sie uneidlich erfolgt.

448 *Vernehmung von Amts wegen.* Auch ohne Antrag einer Partei und ohne Rücksicht auf die Beweislast kann das Gericht, wenn das Ergebnis der Verhandlungen und einer etwaigen Beweisaufnahme nicht ausreicht, um seine Überzeugung von der Wahrheit oder Unwahrheit einer zu erweisenden Tatsache zu begründen, die Vernehmung einer Partei oder beider Parteien über die Tatsache anordnen.

1) Voraussetzungen. A. Schon einiger Beweis. § 448 gibt dem Gericht ein wichtiges, aber auch gefährliches, verführerisches Machtmittel zur Ergänzung der Beweise in die Hand. Ein zurückhaltender Gebrauch ist zu empfehlen. Auch das übersieht Hbg MDR **82**, 340. Jede Partei muß zunächst die üblichen Beweismittel benutzen, Hbg MDR **70**, 58, soweit ihr das zumutbar ist. Voraussetzung der Parteivernehmung von Amts wegen ist, daß das Ergebnis der Verhandlung und einer im übrigen völlig durchgeführten Beweisaufnahme noch nicht ganz ausreicht. Es muß also schon einiger Beweis erbracht sein: es muß eine gewisse Wahrscheinlichkeit für die Richtigkeit der Behauptung bestehen, BGH **LM** Nr 5 und MDR **83**, 478 (zustm Baumgärtel), Celle VersR **79**, 179, Hamm VersR **75**, 750, KG OLGZ **77**, 245 je mwN (eine Ausnahme besteht, soweit eine Ermittlung von Amts wegen erfolgt, vgl Hamm FamRZ **78**, 205), Mü VersR **82**, 679, Stgt VersR **80**, 934, Karlsr VersR **81**, 540, LG Krefeld VersR **79**, 634. Das besagt nicht, daß eine vorherige Beweisaufnahme nötig wäre; auch die Lebenserfahrung oder eine formlose Parteianhörung kann einigen Beweis liefern, Bender-Röder-Nack 241, auch die Persönlichkeit der Partei, Celle VersR **82**, 500.

Feststellungen in einem Strafverfahren erbringen keineswegs stets schon „einigen Beweis", aM Hbg MDR **82**, 340 (aber eine solche Automatik könnte Fehler des Strafrichters auch zivilrechtlich wegen der Tragweite der Parteivernehmung als des letzten Beweismittels nochmals verhängnisvoll wirken lassen. Der Zivilrichter wäre im oft entscheidenden Punkt der Beweislast entgegen § 14 II Z 1 EG ZPO, vgl § 149 Anm 1, praktisch an den Strafrichter gebunden).

Wenn gar nichts erbracht ist, wenn sich also zB nur widersprechende Behauptungen gegenüberstehen, ist eine Amtsvernehmung grundsätzlich unzulässig, BGH VersR **69**, 220, VersR **76**, 588, Karlsr VersR **82**, 53. Sie wäre dann nämlich Willkür. Mit ihr würde das Gericht die notwendigen Folgen der Beweisfälligkeit beseitigen und gegen den Beibringungsgrundsatz verstoßen, Grdz 3 vor § 128, BGH MDR **65**, 287, Theda VersR **74**, 216. Die Zulässigkeit der Parteivernehmung von Amts wegen muß im Zeitpunkt der Ausführung vorliegen, BGH MDR **65**, 287. § 448 dient ähnlichen Zwecken wie vor der Nov 1933 der richterliche Eid. Der Wegfall der förmlichen Eidesnorm und der Beweisbindung gibt dem § 448 aber eine erhöhte Bedeutung.

B. Bestimmte Tatsache. Es muß sich um eine zu erweisende Tatsache handeln. Begriff der Tatsache Einf 4 vor § 284. Es erfolgt keine Vernehmung nur zur Klärung, BGH VersR **77**, 1125. Die Tatsache muß behauptet und bestritten sein; § 448 beseitigt den Beibringungsgrundsatz nur für den Beweis.

2) Anordnung. A. Ermessen. Die Formulierung „kann anordnen" stellt hier, wie oft, in die Zuständigkeit, also ins pflichtgemäße, nicht völlig freie Ermessen, BGH VersR **75**, 156, VersR **76**, 587 und MDR **83**, 478, ZöSt 1, aM ThP 2. Das Gericht muß in jedem Fall prüfen, ob nicht die Voraussetzung einer Amtsvernehmung vorliegt, bevor es eine Partei für beweisfällig erklärt. Das Gericht muß sogar solche Prüfung vornehmen, bevor es eine Vernehmung nach § 445 anordnet. Das Gericht kann von einer Vernehmung etwa wegen der Persönlichkeit der Partei oder der Länge der verflossenen Zeit absehen, überhaupt immer dann, wenn ihm die Vernehmung doch keine Überzeugung verschaffen würde. § 295 ist anwendbar, BGH VersR **81**, 1176 mwN.

Das Berufungsgericht prüft die Ausübung des Ermessens nach; das Revisionsgericht prüft nur die rechtlichen Voraussetzungen und die Grenzen der Ermessensausübung nach, BGH **LM** Nr 5 und VersR **75**, 156, vgl Einl III 4 B b. Es liegt ein Revisionsgrund vor, wenn sich das Berufungsgericht seiner Pflicht nicht bewußt war, BGH VersR **76**, 587. Deshalb muß der Tatrichter grds in nachprüfbarer Weise darlegen, weshalb er von der Parteivernehmung abgesehen hat, BGH MDR **83**, 479 (zustm Baumgärtel). Auch wenn in den Gründen des Urteils nichts dazu gesagt worden ist, muß aber davon ausgegangen werden, daß das Gericht sein Ermessen ausgeübt hat, so daß es einer besonderen Begründung zu der Frage bedarf, inwiefern das Gericht § 448 verletzt habe, BGH **LM** Nr 2.

B. Vernehmung einer oder beider Parteien. Das Gericht kann ohne Rücksicht auf die Beweislast, BGH VersR **59**, 199, die Vernehmung einer oder beider Parteien anordnen. Es muß sich darüber klar bleiben, daß es sich hier nicht um eine Anhörung zur Klärung handelt, wie bei § 141, sondern um ein Beweismittel. Deshalb kommt eine Vernehmung beider Parteien eigentlich nur dann in Frage, wenn das Gericht von beiden eine inhaltlich annähernd gleiche Bekundung erwartet, ähnl ZöSt 2, abw StSchuL III 2, RoS § 125 II 6, ThP 2. Der Beweisgegner kann zB bei einer Gegenüberstellung seine Behauptung fallenlassen, vgl auch § 452 Anm 1 B. Eine Vernehmung des Beweispflichtigen ist unzulässig, wenn für seine Behauptung noch nichts erbracht ist. Wenn man dann etwa den Gegner dazu vernehmen wollte, so würde das darauf hinauslaufen, daß die beweispflichtige Partei den Gegenbeweis für eine völlig unbewiesene Behauptung führen sollte, vgl BGH **30**, 64 (zu § 581 II). Das Gericht muß schon in diesem Verfahrensabschnitt die spätere Beeidigung mitbedenken und deshalb denjenigen ausscheiden, den es für unglaubwürdig hält.

C. Abwägungspflicht. Das Gericht muß bei der Auswahl der Partei alle Umstände abwägen. So die Vertrauenswürdigkeit, wobei die Art der Prozeßführung mitspricht. Wer unanständig, etwa entgegen § 138 I prozessiert, der verdient nicht die Vertrauensmaßnahme der Amtsvernehmung; sie soll ja Beweis liefern. Ferner muß das Gericht die Wahrscheinlichkeit der Behauptungen prüfen. Darum ist behauptete Unglaubwürdigkeit schon hier, nicht erst vor einer Beeidigung, zu prüfen und sind Hilfstatsachen, dh solche, die die Glaubwürdigkeit betreffen, schon jetzt zu klären. Hat das Gericht alle Umstände geprüft, so kann auch der Bekl zu seiner Entlastung vernommen weden, BGH **LM** Nr 3, oder der Verletzte über den Unfallhergang.

D. Form. Die Anordnung der Vernehmung erfolgt nach § 450 I 1. Er muß das Beweisthema nennen und verdeutlichen, daß mehr als eine Anhörung nach § 141 geplant ist, BAG NJW **63**, 2340.

E. Verstoß. Soweit das Gericht sein Ermessen fehlerhaft gebraucht und daher eine entscheidungserhebliche Vernehmung abgelehnt hat, ist das Urteil aufzuheben und die Sache zurückzuverweisen, BGH MDR **83**, 448 (zustm Baumgärtel).

449 *Streitgenossen. Besteht die zu vernehmende Partei aus meheren Streitgenossen, so bestimmt das Gericht nach Lage des Falles, ob alle oder nur einzelne Streitgenossen zu vernehmen sind.*

1) Streitgenossen. Wenn das Gericht eine Partei vernehmen will, die aus mehreren Streitgenossen besteht, dann muß es prüfen, ob es alle oder einige von ihnen vernehmen will. Dies gilt auch bei notwendigen Streitgenossen oder streitgenössischen Streithelfern, § 69. Eine Zeugenvernehmung findet aber statt, soweit der Beweis nur die anderen Streitgenossen betrifft, Üb 2 B vor § 373 „Streitgenosse". Wegen des Beweisantritts vgl § 445 Anm 2 E. Das Gericht bemüht nicht diejenigen Streitgenossen umsonst, denen von vornherein jede Kenntnis abgehen muß, ebensowenig diejenigen, auf deren Bekundung von vornherein nichts zu geben wäre. Das gilt auch im Falle des § 445; es handelt sich also um eine Abweichung vom Grundsatz des § 286 Anm 3 A. Es sollte aber zumindest den vom Beweisführer namentlich benannten Streitgenossen vernehmen.

Das Gericht prüft nach pflichtgemäßem Ermessen unter Würdigung aller Umstände. Bei der Ausschaltung einzelner Streitgenossen ist Vorsicht zu empfehlen. Das Gericht kann seine Anordnung ändern, § 360 S 2 entspr, also nachträglich noch andere Streitgenossen hören. Auch hier hat das Gericht die spätere Beeidigung im Auge zu behalten.

450 *Beweisbeschluß. Hilfsnatur der Vernehmung.* [I] *Die Vernehmung einer Partei wird durch Beweisbeschluß angeordnet. Die Partei ist, wenn sie bei der Verkündung des Beschlusses nicht persönlich anwesend ist, zu der Vernehmung unter Mitteilung des Beweisbeschlusses persönlich durch Zustellung von Amts wegen zu laden.*

[II] *Die Ausführung des Beschlusses kann ausgesetzt werden, wenn nach seinem Erlaß über die zu beweisende Tatsache neue Beweismittel vorgebracht werden. Nach Erhebung der neuen Beweise ist von der Parteivernehmung abzusehen, wenn das Gericht die Beweisfrage für geklärt erachtet.*

1) Beweisbeschluß, I. A. Grundsatz, I 1. Jede Parteivernehmung, auch die nach § 448, ist durch einen Beweisbeschluß anzuordnen, der dem § 359 genügen muß. Es soll klar sein, daß mehr als eine Anhörung nach § 141 und ob eine Vernehmung von Amts wegen oder auf Antrag stattfinden wird. Ein Verstoß ist nach § 295 heilbar, BGH NJW **59**, 1433 und FamRZ **65**, 212. Der Beschluß ist ebenso frei abänderlich wie jeder andere Beweisbeschluß, § 360 S 2 entspr. Er ist zu verkünden. Eine anwesende Partei ist sofort zu vernehmen, § 278 II 1, Stgt JZ **78**, 690.

B. Ladung, I 2. Wenn die zu vernehmende Partei bei der Verkündung nicht anwesend war, wird sie von Amts wegen zum Vernehmungstermin geladen, und zwar: **a)** unter einer Mitteilung des Beweisbeschlusses wenigstens seinem Inhalt nach. Andernfalls wären §§ 446, 453 II unanwendbar; **b)** persönlich, also nicht unter Ausschluß der Ersatzzustellung, sondern unter eigener Anschrift und nicht unter derjenigen des ProzBev, BGH NJW **65**, 1598. Es ist eine förmliche Zustellung notwendig; eine formlose Mitteilung des Termins genügt keineswegs. Auch der anderen Partei ist eine Terminsmitteilung zuzustellen, § 329 II 2. Eine Androhung der Folgen eines Ausbleibens, §§ 446, 453 II, ist grds nicht erforderlich; vgl freilich Einl III 3 B.

2) Aussetzung usw, II. A. Grundsatz, II 1. Das Gericht kann bei den §§ 445, 447, 448 die Ausführung durch einen Beschluß oder stillschweigend aussetzen, wenn irgendeine Partei nach dem Erlaß des Beschlusses neue Beweismittel zum Beweissatz vorbringt. Das ist immer dann Amtspflicht, wenn die neuen Beweismittel Erfolg versprechen, § 445 Anm 1, aM ThP 2, ZöSt 2 (auch dann nur Sollvorschrift). Denn die Parteivernehmung ist ein Hilfsmittel, wie schon daraus folgt, daß sie das unsicherste Beweismittel ist. Darum ist den Parteien ein anderweiter Beweisantritt zu gestatten, wenn das Prozeßgericht die Beweisaufnahme durchführt. Wenn der verordnete Richter die Partei vernehmen soll, §§ 375, 451, hat er entsprechende Anträge aufzunehmen und sie dem Prozeßgericht zu unterbreiten. Wenn die Parteien schriftlich neue Beweise beantragen, hat das Prozeßgericht auch ohne mündliche Verhandlung, § 360, zunächst darüber zu befinden. § 296 gilt auch hier.

10. Titel. Beweis durch Parteivernehmung §§ 450, 451 1, 2

B. Klärung der Beweisfrage, II 2. Wenn das Gericht die Beweisfrage für geklärt hält, dann muß es den Beweisbeschluß unerledigt lassen, besser ihn aufheben. Eine Parteivernehmung ist jetzt also unzulässig, BGH NJW **74**, 56. Das folgt schon aus § 445 II. Auch ohne eine neue Beweiserhebung kann das Gericht abweichend von seiner früheren Meinung zu dieser Überzeugung kommen. Auch dann muß es den Beweisbeschluß aufheben, § 360 Anm 1.

3) Rechtsmittel. Die Entscheidung, auch ihr Unterbleiben, ist stets nur zusammen mit dem Endurteil anfechtbar, § 355 II.

4) VwGO: I ist entsprechend anwendbar, § 98 VwGO, so daß auch im VerwProzeß stets ein formeller Beweisbeschluß nötig ist, BVerwG **14**, 146, **17**, 127 (Verstoß ist heilbar, § 295). Auch **II** ist entsprechend anwendbar, so daß die Vernehmung eines Beteiligten erst in Frage kommt, wenn andere Beweismittel nicht zur Verfügung stehen, und unterbleiben darf, wenn nichts für die Wahrscheinlichkeit der Behauptung spricht, BVerwG stRspr, DÖV **80**, 650, OVG Münst DÖV **81**, 384, RedOe § 98 Anm 16, EF § 96 Rdz 8, aM Kretschmer NJW **65**, 383 (Hauptbeweismittel). In Kriegsdienstverweigerungssachen ist die Vernehmung idR geboten, BVerwG NVwZ **82**, 40.

451 *Ausführung der Vernehmung.* Auf die Vernehmung einer Partei gelten die Vorschriften der §§ 375, 376, 395 Abs. 1, Abs. 2 Satz 1 und der §§ 396, 397, 398 entsprechend.

Vorbem. Fassg G v 12. 9. 50, BGBl 533, 575. Sprachlich verunglückt (offenbar Redaktionsfehler).

1) Entsprechende Anwendbarkeit. Sie gilt grds abschließend für folgende Vorschriften:

§ 375: Unmittelbarkeit der Beweisaufnahme. Das Prozeßgericht muß die Vernehmung grds selbst durchführen. Ein verordneter Richter darf nur in den Fällen des § 375 I Z 1–3 beauftragt werden. Ein Verstoß ist heilbar, § 295 Anm 2 D, BGH NJW **64**, 108. Bei der Parteivernehmung muß das noch viel mehr gelten als bei der Zeugenvernehmung. Denn bei diesem unsicheren Beweismittel kommt auf den persönlichen Eindruck so gut wie alles an; gibt er doch eine wesentliche Grundlage für die Beeidigung.

§ 376: Eine Genehmigung zur Aussage ist wie bei Zeugen notwendig.

§ 395: I ist wie folgt anwendbar: Es ist eine Ermahnung zur Wahrheit und ein Hinweis auf eine mögliche Beeidigung erforderlich. Es besteht keine Belehrungspflicht über ein Aussageverweigerungsrecht, Celle VersR **77**, 361. Freilich ist ein Hinweis auf §§ 446, 453 II ratsam.

II 1 ist anwendbar. II 2: Glaubwürdigkeitsfragen sind nicht vorgeschrieben. Trotzdem ist klar, daß das Gericht sie evtl stellen muß. Es sind durchaus Umstände denkbar, die eine Partei in einem Prozeß besonders unglaubwürdig oder auch vermehrt glaubwürdig machen. Man denke nur an einen Unfallprozeß, bei dem die Partei evtl wenig Interesse am Ausgang hat, weil sie versichert ist, oder umgekehrt an einen Prozeß, bei dem eine große Haftung der Partei im Hintergrund steht.

§ 396: Die Partei hat ihre Aussage im Zusammenhang zu machen, erst dann stellen Gericht und Parteien Fragen. Vgl dazu und über die Kunst der Vernehmung Üb 1 C vor § 373. Die Parteivernehmung ist noch schwieriger als diejenige eines Zeugen, weil niemand in eigener Sache objektiv sein kann und weil es für den Richter sehr schwer ist, das wahre Bild des Sachverhalts in diesem Hohlspiegel zu erkennen.

§ 397: Die Befragung durch die Gegenpartei erfolgt wie bei einem Zeugen.

§ 398: Eine wiederholte oder nachträgliche Vernehmung erfolgt wie bei einem Zeugen. Eine andere Würdigung der in der Vorinstanz beeidigten Aussage ist nur nach einer erneuten Vernehmung der Partei zulässig, BGH **LM** § 398 Nr 7.

Wegen der Protokollierung vgl §§ 160 III Z 4, 162. Im Fall § 161 I Z 1 ist eine Wiedergabe des wesentlichen Inhalts der Aussage im Urteil unentbehrlich.

2) Unanwendbarkeit. Sie gilt grds für alle nicht in § 451 genannten Vorschriften, zB für:

§ 394: Eine Einzelvernehmung ist unzulässig, wenn beide Parteien zu vernehmen sind. Die Einzelvernehmung müßte das ganz wesentliche Fragerecht der Partei ausschalten. Gerade hier ist die Parteiöffentlichkeit, § 357, unentbehrlich.

§ 399: (Verzicht auf die Vernehmung): Es ist aber zulässig, daß eine Partei im Falle des § 445 ihren Antrag zurücknimmt, was einem Verzicht gleichkommt. Die Wirkung ist, daß die Partei unvernommen bleibt. Eine Neubenennung in der ersten Instanz oder in der

Berufungsinstanz ist wie bei § 399 Anm 2 möglich (Widerruf des Verzichts), BAG NJW **74**, 1350 mwN.

§ 401 (Entschädigung für Zeitversäumnis usw): Der mittellosen Partei sind jedoch dann, wenn sie Gegenstand der Beweisaufnahme ist, die Reisekosten zum Termin aus der Staatskasse zu ersetzen und vorzuschießen, KV 1907. Vgl dazu die bundeseinheitlichen AV über die Bewilligung von Reiseentschädigung an mittellose Personen usw, auch in Arbeitssachen, Hartmann ZSEG Anh I, II. Wegen eines Reisekostenvorschusses bzw -ersatzes beim Soldaten SchlAnh II B Z 23, 24. Diese Kosten sind als Teil der Prozeßkosten erstattungsfähig.

3) VwGO: Entsprechend anwendbar, § 98 VwGO. Einzelheiten bei den einzelnen Vorschriften.

452 *Beeidigung der Partei.* I Reicht das Ergebnis der unbeeidigten Aussage einer Partei nicht aus, um das Gericht von der Wahrheit oder Unwahrheit der zu erweisenden Tatsache zu überzeugen, so kann es anordnen, daß die Partei ihre Aussage zu beeidigen habe. Waren beide Parteien vernommen, so kann die Beeidigung der Aussage über dieselben Tatsachen nur von einer Partei gefordert werden.

II Die Eidesnorm geht dahin, daß die Partei nach bestem Wissen die reine Wahrheit gesagt und nichts verschwiegen habe.

III Der Gegner kann auf die Beeidigung verzichten.

IV Die Beeidigung einer Partei, die wegen wissentlicher Verletzung der Eidespflicht rechtskräftig verurteilt ist, ist unzulässig.

1) Beeidigung, I. A. Grundsatz der Uneidlichkeit. Jede Parteivernehmung geschieht zunächst uneidlich. Die vorsätzlich falsche uneidliche Aussage kann ein zumindest versuchter Prozeßbetrug sein. Sie kann darüber hinaus ersatzpflichtig machen, § 138 Anm 1 G, H. Jedoch steht die uneidliche falsche Aussage der Partei sonst nicht unter Strafe, da § 153 StGB sie nicht betrifft. Ein fahrlässiger Falscheid ist eine Straftat, § 163 StGB.

Wenn eine uneidliche Bekundung ausreicht, um dem Gericht die Grundlagen einer Entscheidung zu geben, dann unterbleibt die Beeidigung. Sie unterbleibt auch dann, wenn das Gericht die Aussage für unglaubwürdig hält und sich auch keine Abänderung durch eine Beeidigung verspricht; unnütze Eide sind zu vermeiden. Freilich muß das Gericht diese Erwägungen im Urteil anstellen und ausreichend begründen, BGH NJW **64**, 1027.

B. Beeidigungspflicht. Das Gericht muß aber eine Beeidigung des Gegners in Erwägung ziehen, wenn es von der Unwahrheit des Bestreitens durch den nicht beweispflichtigen Gegner nicht überzeugt ist, der auf Grund einer eigenen Handlung oder Wahrnehmung nur eine eindeutige Auskunft geben könnte, oder wenn das Gericht sonst Zweifel über die Richtigkeit des Bestreitens hat. Das Gericht kann auch dem Eid einer sonst vertrauensunwürdigen Person nach Lage des Falls eine ausreichende Überzeugungskraft beimessen, § 453 Anm 1 A.

Im einzelnen gilt hier verstärkt, was bei § 448 Anm 2 C ausgeführt ist. „Kann" bedeutet auch hier nur die gesetzliche Ermächtigung; das Gericht muß beeidigen, wenn es sich davon einen Erfolg verspricht, § 286 Anm 3 A, § 453 Anm 1 A. Es darf beide Parteien nur insoweit vereidigen, als sie über verschiedene Tatsachen vernommen worden sind und nicht eine Tatsache in Abhängigkeit von der anderen steht.

C. Eid nur einer Partei. Dieselbe Tatsache darf nur eine Partei beschwören. Wenn beide Parteien über dieselbe Tatsache vernommen worden sind, dann hat das Gericht ohne Rücksicht auf die Beweislast zu beschließen. Es kommt auch auf die Glaubwürdigkeit an. Es ist jedenfalls nicht derjenigen Partei die Eidesmöglichkeit zu geben, gegen die schon einiger Gegenbeweis vorliegt; vgl § 448 Anm 2 B, C. Wenn eine von beiden Parteien gesetzwidrig vernommen wurde, etwa der Beweispflichtige nach § 445, dann ist von der Beeidigung dieser Partei abzusehen; ihr Eid wäre bedeutungslos. § 379 der österreichischen ZPO läßt eine Vertagung zu, wenn es angemessen erscheint, der Partei vor dem Eid eine Überlegungsfrist zu bewilligen; das ist auch im deutschen Zivilprozeß oft zweckmäßig. Ein übereilter Eid ist ein Unglück für beide Parteien.

2) Eidesbeschluß, I. Für den Beschluß ist nur das Prozeßgericht zuständig, nicht der verordnete Richter. Der Vorsitzende der Kammer für Handelssachen bzw der Einzelrichter sind zwar im Rahmen ihrer Aufgabe zuständig, §§ 349 III, 524 IV, sollten aber diesen Beschluß dem Prozeßgericht überlassen, soweit sie nicht in der Sache zu entscheiden haben.

10. Titel. Beweis durch Parteivernehmung §§ 452–454

Der Beschluß erfolgt nur auf eine mündliche Verhandlung. Er ist zu verkünden. Es bedarf keines Beschlusses, wenn die Beeidigung unterbleiben soll. Die Eidesabnahme erfolgt nach §§ 478 ff.

3) Eidesnorm, Verzicht, II, III. Es ist nur ein Nacheid zulässig. Ein Voreid wäre aber nicht bedeutungslos. Vgl im einzelnen die Anm zu § 391. Form der Eidesleistung: § 481.

4) Eidesunfähigkeit, IV. Eine wissentliche Verletzung der Eidespflicht ist nicht bloß der Meineid, sondern jede vorsätzliche, nicht auch eine fahrlässige, Eidesstraftat. Die Unfähigkeit tritt erst mit einer rechtskräftigen Verurteilung ein. Doch wird das Gericht dann die Beeidigung ohnedies nicht anordnen, wenn es wesentliche Bedenken hat.

Wegen eines Minderjährigen und Prozeßunfähigen § 455.

5) Eidesverweigerung. Vgl §§ 446, 453 II.

6) Rechtsmittel. Die Entscheidung, auch ihr Unterbleiben, ist nur zusammen mit dem Endurteil anfechtbar, vgl § 391 Anm 5.

7) VwGO: I, II und **IV** sind entsprechend anwendbar, § 98 VwGO, **III** ist unanwendbar wegen des Untersuchungsgrundsatzes. Beeidigung steht im Ermessen des Gerichts; ihre Ablehnung bedarf nicht der Begründung nach § 86 II VwGO, BVerwG Buchholz 310 § 98 Nr 14.

453 *Beweiswürdigung.* [1] **Das Gericht hat die Aussage der Partei nach § 286 frei zu würdigen.**

[II] **Verweigert die Partei die Aussage oder den Eid, so gilt § 446 entsprechend.**

1) Aussagewürdigung, I. A. Grundsatz. Das Gesetz gibt keine Beweisregel. Das Gericht würdigt die uneidliche und die eidliche Parteiaussage nach den Umständen ihrer Angabe und nach ihrem Inhalt frei nach § 286. Es kann also der unbeeidigten Aussage glauben, der eidlichen mißtrauen. Bei der Parteiaussage entscheidet mehr als bei anderen Beweismitteln der persönliche Eindruck, vgl auch § 285 Anm 2, § 349 Anm 2 B, § 524 Anm 3 B. Deshalb läßt sich ohne ihn die Unglaubwürdigkeit nicht feststellen, BGH **LM** § 398 Nr 7. Bei einem Richterwechsel muß die Vernehmung evtl wiederholt werden. Zur Geständniswirkung § 288 Anm 1 B.

B. Verhältnis zur Zeugenaussage. Einer Zeugenaussage ist die Parteibekundung regelmäßig nicht gleichzustellen. Dies gilt vor allem dann, wenn die Partei zulässigerweise, § 451 Anm 2 „§ 394", an den Zeugenvernehmungen teilgenommen und die Einstellung des Gerichts kennengelernt hat. Dennoch ist der Ermessensspielraum nicht stets größer als bei der Würdigung anderer Beweismittel, BGH **LM** § 398 Nr 7.

2) Weigerungswürdigung, II. Eine Aussageverweigerung oder eine Eidesverweigerung ist nach § 446 zu behandeln. Das Gericht kann also nach Lage des Falles die behauptete Tatsache als erwiesen ansehen, kann sie aber auch anders würdigen. Das Urteil muß die angestellten Erwägungen erkennen lassen. Zwangsmaßnahmen gegen die Partei sind unstatthaft.

3) VwGO: I entspricht § 108 I VwGO, **II** ist entsprechend anwendbar, obwohl in § 98 VwGO § 446 ZPO nicht genannt ist: Die freie Würdigung der Weigerung folgt aus § 108 I VwGO.

454 *Säumnis der zu vernehmenden Partei.* [1] **Bleibt die Partei in dem zu ihrer Vernehmung oder Beeidigung bestimmten Termin aus, so entscheidet das Gericht unter Berücksichtigung aller Umstände, insbesondere auch etwaiger von der Partei für ihr Ausbleiben angegebener Gründe, nach freiem Ermessen, ob die Aussage als verweigert anzusehen ist.**

[II] **War der Termin zur Vernehmung oder Beeidigung der Partei vor dem Prozeßgericht bestimmt, so ist im Falle ihres Ausbleibens, wenn nicht das Gericht die Anberaumung eines neuen Vernehmungstermins für geboten erachtet, zur Hauptsache zu verhandeln.**

1) Ausbleiben, I. A. Grundsatz. I findet nur dann Anwendung, wenn der Termin zur förmlichen Vernehmung oder Beeidigung der Partei gesetzmäßig vorgesehen war, wenn also nicht nur gemäß §§ 141, 273 II Z 3, 279 II Anordnungen ergangen waren. Die Partei hat grds kein Recht auf eine Vertagung, kann freilich entschuldigt sein, Anm 2. Wenn der Termin zur Parteivernehmung in Anwesenheit der Partei verkündet wird, bedarf es keiner

Ladung, § 450 I. Das Gericht muß die Partei persönlich laden, § 450 I 2, und die Ladungsfrist beachten, § 217.

B. Freie Würdigung. Das Gericht würdigt das Ausbleiben frei. Es hat dabei alle Umstände zu berücksichtigen, vor allem die mitgeteilten Entschuldigungsgründe. Solche kann die Partei ohne Anwaltszwang vorbringen. Das Gericht kann die Aussage oder die Beeidigung als verweigert ansehen. Eine endgültige Entscheidung dazu bringt aber erst das Urteil. Denn die ausgebliebene Partei kann sich jederzeit zur Aussage und Beeidigung bereiterklären, auch ohne daß sie sich für ihr vorheriges Verhalten genügend entschuldigt.

§ 454 sieht keine Ordnungs- oder Zwangsmittel und auch keine Verurteilung in die durch das Ausbleiben entstandener Kosten vor, Oldb Rpfleger 65, 316, vgl ferner § 446 Anm 1. Freilich kann das Gericht § 95 anwenden, auch eine Verzögerungsgebühr festsetzen, § 34 GKG, Anh § 95, oder das Verhalten der Partei bei einer erneuten Säumnis anders würdigen. Da hier keine gesetzliche Folge der Versäumung ist, sondern im Ermessen des Gerichts steht, ist darüber ein besonderer Beschluß zu fassen und zu verkünden. Er ist unanfechtbar. Der verordnete Richter stellt nur das Ausbleiben zu Protokoll fest und prüft, ob er vertagen muß, Anm 2 A; die Würdigung dieses Verhaltens der Partei muß vom Prozeßgericht vorgenommen werden, ZöSt 2, abw ThP 2 d (er könne nach seinem Ermessen einen neuen Termin bestimmen).

2) Verfahren, II. A. Grundsatz. Das Gericht muß von Amts wegen vertagen, wenn es die Partei für entschuldigt hält. Dann darf es auch nicht die Aussage für verweigert ansehen. Es beraumt zweckmäßig einen Verkündungstermin an, wenn es damit rechnet, daß die Partei schuldlos säumig ist. Es ist aber auch eine Versäumnisentscheidung unter den Voraussetzungen der §§ 330 ff, 367 I, 370 I statthaft, wenn auch kein ProzBev erschienen ist.

B. Verhandlung zur Hauptsache. Wenn das Gericht die Aussage für verweigert erklärt, dann ist zur Hauptsache zu verhandeln und zu entscheiden. Evtl wird ein Verkündungstermin angesetzt, wenn noch mit einer nachträglichen Entschuldigung gerechnet werden kann. Wenn ein Urteil ergeht, ist dagegen nur die Berufung zulässig. Wenn die Partei anwaltlich nicht vertreten ist, kann ein Versäumnisurteil beantragt werden, soweit Anwaltszwang besteht. Nach einem Einspruch kann sich die Partei wieder zur Aussage oder Beeidigung erbieten. Wenn der verordnete Richter das Ausbleiben feststellt und nicht vertagen muß, Anm 1 B, dann ist von Amts wegen ein Verhandlungstermin vor dem Prozeßgericht anzuberaumen. In diesem Termin kann das Prozeßgericht die Aussage für verweigert erklären. Wenn aber die vernehmende Partei erscheint, wird sie vernommen bzw vereidigt.

3) VwGO: *Entsprechend anwendbar, § 98 VwGO.*

455 *Prozeßunfähigkeit.* **¹ Ist eine Partei nicht prozeßfähig, so ist vorbehaltlich der Vorschrift im Absatz 2 ihr gesetzlicher Vertreter zu vernehmen. Sind mehrere gesetzliche Vertreter vorhanden, so gilt § 449 entsprechend.**

II Minderjährige, die das sechzehnte Lebensjahr vollendet haben, sowie Volljährige, die wegen Geistesschwäche, Verschwendung, Trunksucht oder Rauschgiftsucht entmündigt sind oder unter vorläufige Vormundschaft gestellt sind, können über Tatsachen, die in ihren eigenen Handlungen bestehen oder Gegenstand ihrer Wahrnehmung gewesen sind, vernommen und auch nach § 452 beeidigt werden, wenn das Gericht dies nach den Umständen des Falles für angemessen erachtet. Das gleiche gilt von einer prozeßfähigen Person, die in dem Rechtsstreit durch einen Pfleger vertreten wird.

1) Regelfall, I. Für eine prozeßunfähige Person, § 52, ist regelmäßig ihr gesetzlicher Vertreter (Begriff Grdz 2 B vor § 50) als Partei zu vernehmen, BGH NJW 65, 2254, vgl Köln MDR 76, 937, Barfuß NJW 77, 1274 mwN. Der Vertretene kann dann Zeuge sein. Es entscheidet die gesetzliche Vertretung im Zeitpunkt der Eidesleistung. Bei einem Wechsel der Vertretung nach dem Zeitpunkt der Anordnung ist deshalb der neue gesetzliche Vertreter in den Beschluß aufzunehmen; der frühere kann Zeuge sein. Bei mehreren gesetzlichen Vertretern gilt § 449 entspr. Bei der Offenen Handelsgesellschaft sind die nicht von der Geschäftsführung ausgeschlossenen Gesellschafter gesetzliche Vertreter, § 125 HGB. Vgl im übrigen wegen der Vernehmungsfähigkeit als Partei Üb 2 B vor § 373 „Partei", „Vertreter, gesetzlicher".

2) Minderjährige usw, II. A. Anwendungsbereich. Das Gericht darf sich mit der Vernehmung des gesetzlichen Vertreters begnügen. Es kann aber stattdessen nach pflichtgemäßen Ermessen den Prozeßunfähigen selbst vernehmen, wenn er **a)** ein Minderjähriger über 16 Jahre alt ist; **b)** ein wegen Geistesschwäche (also nicht wegen Geisteskrankheit) oder Verschwendung, Trunksucht oder Rauschgift entmündigter Volljähriger ist; **c)** ein wegen dieser Umstände nach § 1906 BGB unter vorläufige Vormundschaft gestellter Volljähriger ist; **d)** ein durch einen Pfleger nach § 1910 BGB in diesem Prozeß vertretener Prozeßfähiger ist, also ein unterstellt Prozeßunfähiger, § 53. Notwendig ist aber, daß die Beweistatsachen in Handlungen dieser Personen bestehen oder Gegenstand ihrer Wahrnehmung gewesen sind. Handlungen des Gegners, des Rechtsvorgängers oder des Vertreters der Partei scheiden aus.

Auf andere Personen, zB den Gemeinschuldner, ist II unanwendbar.

B. Beeidigung. Die Beeidigung der genannten Personen setzt weiter voraus, daß das Gericht sie den Umständen des Falles nach angemessen findet. Dabei sind alle Umstände zu würdigen, vor allem auch persönliche Eigenschaften, etwa die Einsichtsfähigkeit oder Zuverlässigkeit.

C. Anordnung. Der Beweisbeschluß oder Beeidigungsbeschluß muß den Vertretenen besonders bezeichnen. Die Gründe, warum er und nicht der Vertreter vernommen wird, sind im Urteil zu erörtern. Das Gericht kann zunächst den Vertreter oder zunächst den Vertretenen vernehmen; der eine mag ja nichts wissen, der andere wohl. Es ist auch zulässig, beide zu beeidigen, wenn ihre Aussagen sich nicht widersprechen.

3) VwGO: Entsprechend anwendbar, § 98 VwGO.

456–477 (weggefallen)

Elfter Titel. Abnahme von Eiden und Bekräftigungen

Übersicht

Schrifttum: Jaekel, Zur Zulässigkeit des Eideszwanges, Diss Gött 1972.

1) Beteuerungsarten. Die ZPO kennt die folgenden vier formell-feierlichen Beteuerungsarten:

A. Eid. Er besteht mindestens aus den Worten „Ich schwöre es". Er darf nur aus Glaubens- oder Gewissensgründen und gemäß § 391 Anm 4 verweigert werden. Nach Wahl des Schwörenden erfolgt der Eid **a)** entweder mit einem Zusatz „so wahr mir Gott helfe". Dies ist ein Eid mit religiöser Beteuerung; **b)** oder ohne jeden Zusatz. Dies ist ein Eid ohne religiöse Beteuerung; **c)** oder mit einem Zusatz einer Beteuerungsformel einer Religions- oder Bekenntnisgemeinschaft. Dies ist auch als weiterer Zusatz zu a) denkbar.

B. Eidesgleiche Bekräftigung. Sie erfordert mindestens das Wort „Ja". Ihre Ableistung ist Pflicht, sofern keine Eidespflicht besteht. Sie darf nicht wegen Glaubens-, Gewissens- oder anderer Bedenken irgendwelcher, zB weltanschaulicher Art verweigert werden, sondern nur gemäß § 391 Anm 4. Sie wird nach Wahl des Bekräftigenden abgeleistet **a)** entweder mit einem Zusatz einer Beteuerungsformel einer Religions- oder Bekenntnisgemeinschaft; **b)** oder ohne jeden Zusatz.

C. Eidesstattliche Versicherung.

D. Berufung auf einen Diensteid. Diese erfolgt nach § 386 II, auf einen früheren sonstigen Eid oder auf eine frühere eidesgleiche Bekräftigung.

2) Strafbarkeit. Der Meineid ist strafbar, § 154 StGB. Dem Eid steht strafrechtlich die Bekräftigung sowie die Berufung auf den früheren Eid oder auf eine frühere Bekräftigung gleich, § 155. Strafbar sind ferner der fahrlässige Falscheid, § 163 StGB, und eine falsche eidesstattliche Versicherung, § 156 StGB. Weitere Einzelheiten vgl §§ 157–163 StGB.

3) Anwendungsbereich. Titel 11 gilt bei: Zeugen; Sachverständigen; Dolmetschern; vernommenen Parteien. Er gilt entsprechend bei der Abnahme von eidesstattlichen Versicherungen, soweit seine Vorschriften mit denen über die eidesstattliche Versicherung vereinbar sind. Er gilt ferner entsprechend beim Affidavit, Bambring DNotZ **76**, 728, 737.

4) Übergangsrecht. Vor dem 1. 1. 75 nach dem damaligen Recht ordnungsgemäß geleistete Eide und Beteuerungen bleiben wirksam. Eine Berufung auf sie ist ohne Ableistung nach den Formeln des neuen Rechts zulässig, soweit eine Berufung überhaupt statthaft ist.

478 Leistung in Person. Der Eid muß von dem Schwurpflichtigen in Person geleistet werden.

1) Höchstpersönlich. Jede Vertretung bei der Eidesleistung ist unzulässig. Der gesetzliche Vertreter muß selbst schwören.

2) VwGO: Entsprechend anwendbar, § 98 VwGO.

479 Leistung beim verordneten Richter. ^{I} Das Prozeßgericht kann anordnen, daß der Eid vor einem seiner Mitglieder oder vor einem anderen Gericht geleistet werde, wenn der Schwurpflichtige am Erscheinen vor dem Prozeßgericht verhindert ist oder sich in großer Entfernung von dessen Sitz aufhält.

^{II} Der Bundespräsident leistet den Eid in seiner Wohnung vor einem Mitglied des Prozeßgerichts oder vor einem anderen Gericht.

1) Verhinderung usw, I. Regelmäßig ist der Eid vor dem Prozeßgericht zu leisten. Dieses kann aber bei einer Behinderung oder bei einer weiten Entfernung des Schwurpflichtigen die Leistung vor einem verordneten Richter anordnen. Die Anordnung ergeht auch ohne mündliche Verhandlung. Sie erfolgt durch einen unanfechtbaren Beschluß, auch wenn der Eid im Ausland zu leisten ist. Über einen vor dem verordneten Richter entstehenden Zwischenstreit über die Abnahme des Eides entscheidet das Prozeßgericht, § 366. Die Parteien dürfen bei jeder Beeidigung anwesend sein.

2) Bundespräsident, II. Der Bundespräsident ist stets in seiner Wohnung zu beeidigen. Dazu zählen der Amtssitz wie jede Privatwohnung nach seiner Wahl. Es reicht aus, daß ein Mitglied des Prozeßgerichts oder ein anderes, vollständig besetztes Gericht den Eid abnehmen. Das Erscheinen des vollständig besetzten Prozeßgerichts zur Beeidigung kann bei geringer Entfernung als nobile officium geboten sein und beeinträchtigt die Wirksamkeit der (dann vom Vorsitzenden vorzunehmenden) Beeidigung natürlich nicht.

3) Exterritorialer usw. Exterritoriale und ausländische Konsuln, die in ihrer Wohnung als Zeugen zu vernehmen sind, § 377 Anm 1, sind dort zu beeidigen.

4) VwGO: Entsprechend anwendbar, § 98 VwGO.

480 Eidesbelehrung. Vor der Leistung des Eides hat der Richter den Schwurpflichtigen in angemessener Weise über die Bedeutung des Eides sowie darüber zu belehren, daß er den Eid mit religiöser oder ohne religiöse Beteuerung leisten kann.

1) Sinn der Belehrung. Vor allem soll der Schwurpflichtige de Ernst des Augenblicks und die Tragweite des Eids erkennen, um selbstkritisch prüfen zu können, ob er bei seiner Aussage bleiben will. Daneben soll allen Beteiligten auch so zur Wahrheitsermittlung verholfen werden. Unerläßlich ist ein Hinweis auf die Strafbarkeit eines falschen Eides. Auch die Strafbarkeit des fahrlässigen Falscheides soll angesprochen werden. Wenn die Belehrung schon vor dem Beginn der Aussage erfolgt war, dann wird sie wiederholt, falls dies ratsam oder gar notwendig erscheint. Das Gericht muß belehren, nicht die Partei.

Wegen eines etwaigen späteren Strafverfahrens ist der gesamte Vorgang der Beeidigung sorgfältig zu protokollieren, zumal ein Eid immer ein wesentlicher Vorgang iSv § 160 II ist. Ein Verstoß kann ein Verfahrensmangel sein. Deshalb sind auch Vorhaltungen oder Bedenken einer Partei gegen eine Beeidigung zu protokollieren, auch wenn sie dergleichen nicht beantragt hat.

2) Art und Umfang der Belehrung. Die Belehrung erfolgt in angemessener Weise. Sie ist der Sprachkenntnis anzupassen, der Intelligenz, der Verständigkeit, aber auch der bisherigen Glaubwürdigkeit des Schwurpflichtigen und der Situation. Bei einem ausländischen Zeugen ist unter Umständen eine ausführliche Darlegung der Möglichkeiten des § 481 notwendig; dabei ist der Dolmetscher zu einer besonderen Sorgfalt anzuhalten. Andererseits braucht das Gericht die verschiedenen Möglichkeiten des § 481 nicht schematisch herunterzuleiern.

Stets ist auf die Wahlfreiheit des Schwurpflichtigen hinzuweisen, mit oder ohne religiöse Beteuerung zu schwören. Ein Hinweis auf die Möglichkeit einer bloßen eidesgleichen Bekräftigung, § 484, erfolgt grundsätzlich nur dann, wenn der Schwurpflichtige sich gegen eine Eidesleistung unter Berufung auf Glaubens- oder Gewissensgründe wehrt. Es ist also nicht stets ein Hinweis „auf Verdacht" notwendig.

Die Parteiabwesenheit bei der Belehrung wie bei der Eidesleistung ist nach § 367 zu beurteilen.

3) VwGO: Entsprechend anwendbar, § 98 VwGO.

481

Eidesleistung. [I] Der Eid mit religiöser Beteuerung wird in der Weise geleistet, daß der Richter die Eidesnorm mit der Eingangsformel:
„Sie schwören bei Gott dem Allmächtigen und Allwissenden"
vorspricht und der Schwurpflichtige darauf die Worte spricht (Eidesformel):
„Ich schwöre es, so wahr mir Gott helfe."

[II] Der Eid ohne religiöse Beteuerung wird in der Weise geleistet, daß der Richter die Eidesnorm mit der Eingangsformel:
„Sie schwören"
vorspricht und der Schwurpflichtige darauf die Worte spricht (Eidesformel):
„Ich schwöre es."

[III] Gibt der Schwurpflichtige an, daß er als Mitglied einer Religions- oder Bekenntnisgemeinschaft eine Beteuerungsformel dieser Gemeinschaft verwenden wolle, so kann er diese dem Eid anfügen.

[IV] Der Schwörende soll bei der Eidesleistung die rechte Hand erheben.

[V] Sollen mehrere Personen gleichzeitig einen Eid leisten, so wird die Eidesformel von jedem Schwurpflichtigen einzeln gesprochen.

Schrifttum: Niemeier, Ich schwöre, Teil 1–2, 1968; Teutsch, Die Entwicklung der Theorie einer nichtreligiösen Eidesformel usw, Diss Köln 1966.

1) Eidesteile, I, II. Der Eid besteht stets aus den folgenden drei Teilen:

A. Eingangsformel. Zunächst spricht der Richter die Eingangsformel.

B. Eidesnorm. Sodann spricht der Richter die Eidesnorm: „daß Sie nach bestem Wissen und Gewissen die reine Wahrheit gesagt und nichts verschwiegen haben".

C. Eidesformel. Schließlich antwortet der Schwurpflichtige mit der von ihm gewählten Eidesformel.

Jeder Teil kann je nach Art des Schwurpflichtigen wie des Eides unterschiedlich lauten. Ein falscher Wortlaut gefährdet hier, wo das Gesetz die Form zur höchsten Wichtigkeit erhebt, die Gültigkeit des Eides und beeinträchtigt damit oft die Verwertbarkeit des Beschworenen in einer nicht mehr wiedergutzumachenden Weise. Deshalb ist äußerste Sorgfalt notwendig. Ein Protokoll „X leistete den Eid" oder gar mit dem Zusatz „... vorschriftsmäßig" reicht zwar sogar im Sinn von § 165 aus; jedoch sollte das Gericht im Zweifel näher protokollieren, ob es gemäß I, II, III oder gemäß § 484 verfahren ist.

Dem Eid vorangehen muß die Belehrung, § 480. Natürlich ist einem Ausländer gegenüber eine wörtliche Übersetzung sämtlicher Teile des Eides unentbehrlich. Daß dies geschehen ist, sollte (nicht: muß) besonders protokolliert werden.

2) Eidesarten, I–III. A. Grundsatz. Wenn das Gericht die Beeidigung beschließt, besteht grundsätzlich ein Eideszwang, von dem es Ausnahmen nur aus Glaubens- oder Gewissensgründen gibt, § 484. Dagegen hat der Schwurpflichtige die freie Wahl, ob er gemäß I, II oder III schwören will. Eine Belehrung erfolgt allerdings nur über das Wahlrecht zwischen I und II, § 480, nicht über die Möglichkeit des III; über diese wird der Schwurpflichtige nur dann belehrt, wenn er „angibt", er wolle zusätzlich eine Formel gemäß III verwenden. Mit diesen Wahlmöglichkeiten ist die Freiheit des Schwurpflichtigen erschöpft. Wenn er zB die Eidesart I wählt, so kann er nicht dessen Teile ändern oder ablehnen. Die Eidesnorm ist ohnehin zwingend.

B. Einzelheiten. Es sind folgende Vorschriften zu beachten: Beim Zeugen § 392; beim Sachverständigen § 410 I; bei der vernommenen Partei § 452 II; beim Dolmetscher § 189 GVG; bei der Offenbarungsversicherung §§ 807 II, 883 II, III oder die Urteilsformel. Da es nach III genügt, daß der Schwurpflichtige „angibt", die fragliche Formel verwenden zu wollen, darf das Gericht die Wahrheit seiner Behauptung über die Mitgliedschaft in der

Religions- oder Bekenntnisgemeinschaft sowie die Existenz und die Üblichkeit der angeblich besonderen Beteuerungsformel jedenfalls solange nicht prüfen, wie keine begründeten Zweifel vorliegen. Überhaupt ist eine diesbezügliche Nachprüfung durchweg untunlich, da die Formel des III nur derjenigen des I oder des II angefügt werden darf und da deshalb die Wirkung des Eides jedenfalls zivil-prozessual durch die Formel nicht beeinträchtigt wird, ebensowenig übrigens die Strafbarkeit.

Wegen Mohammedanern Jünemann MDR **70**, 727. Zu den Bekenntnisgemeinschaften iSv III zählen auch weltliche; es ist also eine weite Auslegung erforderlich. Heimann-Trosien hält schon JZ **73**, 612 „bei Lenin" für zulässig, will uU sogar auf „ich schwöre es" verzichten; das letztere geht jedenfalls zu weit. Wegen der Eidesverweigerung vgl auch § 391 Anm 4.

3) **Handerheben, IV.** Es handelt sich um eine Sollvorschrift. Der Verstoß ist prozessual belanglos. Ein „Abschwören" durch Weghalten der linken Hand usw kann beachtlich sein, wenn der Schwurpflichtige dadurch zu erkennen gibt, daß er in Wahrheit nicht schwören will; dergleichen ist notfalls als Verweigerung zu beurteilen. Darüber besteht eine Belehrungspflicht, §§ 139, 278 III.

4) **Beeidigung mehrerer, V.** Sie ist bei Zeugen zulässig, § 392. Mehrere Offenbarungsversicherungen sind getrennt aufzunehmen, zumal sie meist verschiedene Prozesse betreffen.

5) *VwGO: Entsprechend anwendbar, § 98 VwGO.*

482 (weggefallen)

483 Stumme.
^I Stumme, die schreiben können, leisten den Eid mittels Abschreibens und Unterschreibens der die Eidesnorm enthaltenden Eidesformel.

^{II} Stumme, die nicht schreiben können, leisten den Eid mit Hilfe eines Dolmetschers durch Zeichen.

1) **Anwendungsbereich.** Die Vorschrift gilt für Stumme und Taubstumme. Wenn bei ihnen die Möglichkeit einer Verständigung fehlt, dann sind sie eidesunfähig. Auf Taube ist die Vorschrift anwendbar; wenn sie lesen können, leisten sie den Eid nach I, andernfalls leisten sie den Eid durch Nachsprechen der verdolmetschten Formel. Bei einem Schwerhörigen gilt § 483 notfalls entspr.

2) *VwGO: Entsprechend anwendbar, § 98 VwGO.*

484 Eidesgleiche Bekräftigung.
^I Gibt der Schwurpflichtige an, daß er aus Glaubens- oder Gewissensgründen keinen Eid leisten wolle, so hat er eine Bekräftigung abzugeben. Diese Bekräftigung steht dem Eid gleich; hierauf ist der Verpflichtete hinzuweisen.

^{II} Die Bekräftigung wird in der Weise abgegeben, daß der Richter die Eidesnorm als Bekräftigungsnorm mit der Eingangsformel:
„Sie bekräftigen im Bewußtsein Ihrer Verantwortung vor Gericht"
vorspricht und der Verpflichtete darauf spricht:
„Ja".

^{III} § 481 Abs 3, 5, § 483 gelten entsprechend.

1) **Glaubens- oder Gewissensgründen, I.** Nur aus einem dieser Gründe darf der an sich Schwurpflichtige jeden Eid ablehnen. Andere Gründe können zwar dazu führen, daß das Gericht nur den Eid ohne religiöse Beteuerung, § 481 II, oder nur den Eid mit einer besonderen Beteuerungsformel verlangen kann, § 481 III; solche anderen Gründe ändern aber nichts an der Eidespflicht und den Folgen der Eidesverweigerung. Wegen der Hinweispflicht § 480 Anm 2; vgl aber auch I 2. „Gewissensgründe" erfassen auch nichtreligiöse Motive, also auch weltanschauliche. Durch die Fassung „gibt an" verwehrt das Gesetz dem Gericht grundsätzlich die Überprüfung der Wahrheit der Gründe, also der wirklichen Überzeugung des den Eid Verweigernden, zumindest solange keine begründeten Zweifel bestehen; auch im übrigen ist eine Überprüfung durchweg untunlich. Denn wer den Eid verweigert, muß eine eidesgleiche Bekräftigung abgeben, die dem Eid zivil- wie strafrechtlich gleichsteht, I 2.

Natürlich ist der Verweigernde aber zu belehren, daß statt § 484 die Möglichkeiten des § 481 II, III bestehen. Das Protokoll wird wie bei § 481 Anm 1 angelegt. Eine Verweigerung sowohl des Eids als auch der eidesgleichen Bekräftigung ist nur gemäß § 391 Anm 4 zulässig und andernfalls als Eidesverweigerung zu ahnden, selbst wenn sie auf Glaubens- oder Gewissensgründe gestützt wird. Das Gericht muß besonders darauf hinweisen, daß die eidesgleiche Bekräftigung dem Eid gleichsteht. Dies geschieht in angemessener Weise, vgl auch dazu § 480 Anm 2.

2) Bekräftigungsarten, II, III. Die Bekräftigung besteht wie der Eid aus drei Teilen: **a)** der vom Richter gesprochenen Eingangsformel, II; **b)** der ebenso vom Richter vorgesprochenen Bekräftigungsnorm, der der sonst jeweils anwendbaren Eidesnorm wörtlich entspricht, vgl § 481 Anm 2; **c)** der vom Verpflichteten gesprochenen Bekräftigungsformel „Ja". Der Verpflichtete darf wie bei § 481 III, dort Anm 2, eine zusätzliche Beteuerungsformel anfügen, III. Er ist nicht verpflichtet, die Hand zu heben, denn III verweist nicht auf § 481 IV. Wegen einer eidesgleichen Bekräftigung mehrerer, vgl § 481 V. Wegen der Bekräftigung Stummer usw vgl § 483. Strafbarkeit: Üb 2 vor § 478.

3) VwGO: *Entsprechend anwendbar, § 98 VwGO.*

Zwölfter Titel. Sicherung des Beweises
Übersicht

Schrifttum: Jakobs, Vorprozessuale Zuständigkeit, Diss Mannh 1975; Kroppen/Heyers/Schmitz, Beweissicherung im Bauwesen, 1982 (Bespr Glaser MDR **83**, 704, Jagenburg NJW **83**, 558); Motzke, Die Vorteile des Beweissicherungsverfahrens in Baustreitigkeiten, 1981; Oesau, Beweissicherung bei Ladungsschäden, 1980; Werner/Pastor, Der Bauprozeß usw, 4. Aufl 1983; Schilken ZZP **92**, 238; Wussow, Das gerichtliche Beweissicherungsverfahren in Bausachen, 1979 (Bespr Schmalzl NJW **80**, 878).

1) Allgemeines. Die Sicherung des Beweises, der Beweis zum ewigen Gedächtnis, entstammt dem kanonischen Recht. Das Gericht ordnet sie unter den Voraussetzungen des § 485 nach pflichtgemäßem Ermessen an, wenn noch kein Prozeß anhängig ist oder wenn in einem anhängigen das Prozeßgericht noch keine Beweisaufnahme beschlossen hat, Düss MDR **81**, 324, oder keine solche durchführen kann, zB wegen einer Aussetzung des Hauptverfahrens. Die Beweissicherung bezweckt mit Beweismitteln der ZPO die Klärung von Tatsachen. Sie gehört daher zum Prozeßrecht, Karlsr MDR **82**, 1027, Schilken ZZP **92**, 238, und zwar auch dann, wenn sie außerhalb eines Prozesses erfolgt, Schilken ZZP **92**, 239 mwN (insofern aM StJSchuL I vor § 485), da in der Regel das Prozeßgericht zuständig ist, § 486 I, auch das nach § 486 II und III zuständige AG als solches gemeint ist. Art und Zweck des Beweissicherungsverfahrens bedingen die Unanwendbarkeit des § 200 I GVG, Karlsr Just **75**, 271, sofern es nicht zu den in §§ 200 II, 202 GVG genannten Verfahren gehört, § 200 GVG Anm 3, und der Vorschriften über eine Unterbrechung, eine Aussetzung und eine Zurückstellung sowie die Unzulässigkeit einer Ablehnung des Sachverständigen, § 487 Anm 2 A c. Das rechtliche Gehör ist zu gewähren, Art 103 I GG; freilich reicht eine Anhörung nach der Anordnung der Beweissicherung aus, Karlsr MDR **82**, 1027.

§§ 485–487 sind vor den Finanzgerichten entsprechend anwendbar, BFH NJW **70**, 1392.

Das Verfahren auf einen Arrest oder eine einstweilige Verfügung bezweckt weit mehr als eine bloße Tatsachenklärung, nämlich die Sicherung einer Zwangsvollstreckung bzw eines Anspruchs oder der einstweiligen Zustandsregelung, Grdz 2 A, B vor § 916.

2) Kosten. Im isolierten Beweissicherungsverfahren ergeht keine Kostenentscheidung, BGH **20**, 15, Düss NJW **72**, 296, vgl Hbg JB **78**, 239, ferner Hamm Rpfleger **82**, 80, insofern unklar BGH DB **83**, 225, abw Altenmüller NJW **76**, 98 (nach einer Ablehnung, Aufhebung, Rücknahme, dazu KG Rpfleger **79**, 143, Erledigung der Hauptsache müsse das Beweissicherungsgericht über die Kosten entscheiden). Der Antragsteller trägt seine gerichtlichen und außergerichtlichen Kosten zunächst selbst, ebenso der Antragsgegner. Eine Kostenentscheidung erfolgt auch nicht bei einer Ablehnung des Beweissicherungsantrags, Düss NJW **72**, 296, LG Aachen AnwBl **83**, 185 mwN, LG Kassel AnwBl **81**, 448, aM Schlesw SchlHA **75**, 88, Altenmüller NJW **76**, 92, Wiecz § 490 B 1 (der Antragsteller sei kostenpflichtig).

Soweit es zum Hauptprozeß kommt, gehören die Kosten des Beweissicherungsverfahrens unabhängig von dessen Verwertung, Nürnb NJW **72**, 771, zu den Kosten des Rechtsstreits, insofern richtig BGH NJW **83**, 284, Ffm AnwBl **81**, 195, Mü Rpfleger **81**, 203, soweit in beiden Verfahren eine Identität der Parteien, KG MDR **76**, 846 mwN (KG MDR

81, 940 nennt auch den Fall der Abtretung), und eine Identität der Streitgegenstände vorliegt, Hbg MDR **83**, 409 mwN, Hamm Rpfleger **79**, 268, Köln JB **78**, 1820, insofern auch Schlesw SchlHA **78**, 221, aM zB Ffm AnwBl **81**, 195, Hamm JB **82**, 920. Dann ist eine besondere Kostenentscheidung nicht erforderlich, BGH **20**, 15, Schlesw JB **76**, 1546, außer falls offen ist, wer gewinnt, etwa wegen der Rüge der Zuständigkeit eines Schiedsgerichts (dann muß über die Kosten im Schiedsgerichtsverfahren entschieden werden), Hbg MDR **71**, 832. Soweit die Kosten des nachfolgenden Hauptprozesses gegeneinander aufgehoben werden, hat keine Partei einen Erstattungsanspruch wegen der Gerichtskosten des vorangegangenen Beweissicherungsverfahrens. Denn sie sind außergerichtliche Kosten des Hauptprozesses, § 92 Anm 1 C a, Hamm Rpfleger **82**, 80.

Nach einem Verfahren außerhalb eines anhängigen Prozesses muß man auf Grund eines sachlichrechtlichen Anspruchs notfalls auf die Erstattung der Kosten klagen, BGH **45**, 257, Düss NJW **72**, 296, Köln VersR **71**, 425, LG Frankenth MDR **81**, 940, vgl Hbg JB **78**, 239. Bei mehreren Rechtsstreiten erfolgt eine Aufteilung im Verhältnis der Streitwerte, Düss NJW **76**, 115, KG MDR **75**, 412, Köln NJW **72**, 953. Vgl ferner § 91 Anm 5. Eine Vorschußpflicht besteht gemäß § 68 GKG.

Gebühren: Des Gerichts: KV 1140; des RA: §§ 48, 37 Z 3 BRAGO. Wert: Anh § 3 Anm 3 ,,Beweissicherung".

3) *VwGO: Beweissicherung, Anm 1, ist auch im VerwProzeß zulässig. §§ 485–494 sind gemäß § 98 VwGO entsprechend anwendbar.*

485 *Zulässigkeit.* **Auf Gesuch einer Partei kann die Einnahme des Augenscheins und die Vernehmung von Zeugen und Sachverständigen zur Sicherung des Beweises angeordnet werden. Der Antrag ist nur zulässig, wenn der Gegner zustimmt oder zu besorgen ist, daß das Beweismittel verloren oder seine Benutzung erschwert werde, oder wenn der gegenwärtige Zustand einer Sache festgestellt werden soll und der Antragsteller ein rechtliches Interesse an dieser Feststellung hat.**

1) Geltungsbereich. § 485 ist nur bei einem Beweis durch Zeugen, auch durch sachverständige Zeugen, durch Sachverständige, auch mittels eines schriftlichen Gutachtens, und durch Augenschein, auch nach § 441, anwendbar. Bei Urkunden und bei der Parteivernehmung gibt es keine Beweissicherung. Doch ist bei Urkunden ein Augenschein, auch eine Zeugen- und Sachverständigenvernehmung möglich, zB um die Echtheit festzustellen. In Entschädigungssachen bringt § 209 IV BEG eine Sondervorschrift.

2) Antrag. Die Anordnung erfolgt nur auf Grund eines Antrags einer Partei, auch eines Wohnungseigentümers oder Wohnungseigentumsverwalters wegen eines Mangels am Gemeinschaftseigentum, BGH DB **80**, 204, BayObLG ZMR **79**, 21. Sie steht immer im pflichtgemäßen Ermessen des Gerichts. Das Gericht muß also dem Antrag stattgeben, wenn nach seinem Ermessen dessen Voraussetzungen vorliegen, es darf also dann nicht etwa willkürlich oder als unzweckmäßig zurückweisen, Schilken ZZP **92**, 267 mwN. Das Gericht hat die Erheblichkeit der Beweistatsachen nicht zu prüfen (Kosten: evtl § 96), BGH **17**, 117, Mü Rpfleger **73**, 446. Das Gericht darf aber einen offenbar nutzlosen, zB im Urteilsverfahren endgültig als unerheblich beurteilten Antrag zurückweisen, weil es nicht für Leerlaufarbeit da ist, Mü OLGZ **75**, 52, Schilken ZZP **92**, 265 mwN. Der Antragsgegner kann einen Gegenantrag auf Beweissicherung stellen, § 487 Anm 2 A c, und hat gegen dessen Ablehnung die Beschwerde, § 567, Wussow NJW **69**, 1405, abw Schilken ZZP **92**, 256.

3) Zulässigkeit. Die Anordnung der Beweissicherung ist zulässig, sofern eine der drei folgenden Voraussetzungen vorliegt.

A. Zustimmung des Gegners. Eine Zustimmung des Gegners genügt. Die Erklärung muß gegenüber dem Gericht erfolgen, mündlich, schriftlich oder zu Protokoll der Geschäftsstelle. Sie ist mindestens glaubhaft zu machen, § 294, vgl § 487 Z 4, StJSchuL III 2, ThP § 487 zu Z 4, ZöSt 1, aM Schilken ZZP **92**, 266 (es sei ein Vollbeweis nötig). Ein Widerruf ist nur wegen Arglist und dergleichen zulässig, Wussow NJW **69**, 1401.

Die Rücknahme des Gesuchs ist nicht von der Zustimmung des Antraggegners abhängig.

B. Verlustgefahr, Erschwerungsgefahr. Ob die Besorgnis des Verlusts oder der Erschwerung der Benutzung des Beweismittels vorliegen, ist nach den Umständen zu beurteilen, die im Zeitpunkt der Anordnung vorliegen. Beispiele: Hohes Alter, KG JB **77**, 1627, abw Nürnb BayJMBl **53**, 36; eine gefährliche Erkrankung des Zeugen; drohende Verjährung; eine erhebliche Verteuerung der Beweisaufnahme; der Verderb einer Sache; ihre

12. Titel. Sicherung des Beweises §§ 485, 486 1

Veränderung; eine Beweiserhebung im Ausland (nicht bei einer mißbräuchlichen Herbeiführung einer solchen Lage, Schilken ZZP **92**, 261). Wenn die Beweisaufnahme erschwert ist, dann ist auch ihre Benutzung erschwert.

Das Gericht hat das Beweissicherungsinteresse und die Lage des etwaigen Antragsgegners abzuwägen. Eine engherzige Auslegung schädigt die Partei. Es reicht auch aus, daß sich der Beweisbeschluß des Prozeßgerichts nicht auf das Beweismittel erstreckt, wenn der Verlust bis zur höheren Instanz zu besorgen ist. Da die Partei nämlich gegen den Beweisbeschluß keinen Rechtsbehelf hat, § 360, ist der Schaden dann endgültig.

Keine Besorgnis liegt vor, wenn die Erhaltung möglich und für den Antragsteller zumutbar ist, Wussow NJW **69**, 1402, oder wenn die ortsübliche Vergleichsmiete festgestellt werden soll, LG Mannh WM **76**, 58.

C. Interesse an einer Zustandsfeststellung. Ausreichend ist der Wunsch nach einer Feststellung des gegenwärtigen Zustands einer Sache, wenn der Antragsteller an dieser Feststellung ein rechtliches Interesse hat. Beispiele: Feststellung der Mängel einer Kaufsache; der Mängel eines Bauwerks. Man muß den Zustand nicht in allen Einzelheiten behaupten, LG Ffm JR **66**, 182, abw LG Bln-Charlottenb MDR **61**, 152, aber doch zB Baumängel so bezeichnen, daß zB der Sachverständige weiß, was er untersuchen soll, Wussow NJW **69**, 1402; Mängel einer Mietsache. Der gegenwärtige Zustand umfaßt evtl auch solche Tatsachen, die erst zB durch Aufgraben ermittelt werden können, Weyer NJW **69**, 2233.

Wenn aber die Ursache des Zustands ermittelt werden soll, dann ist dies nur gemäß A oder B möglich, Wussow NJW **69**, 1403. Ebensowenig gehören die zur Beseitigung notwendigen Maßnahmen hierher, ThP 1 c aa, LG Heilbronn BauR **80**, 93, Schilken ZZP **92**, 263, aM Düss BauR **78**, 506, oder gar deren Kosten, Schilken ZZP **92**, 263, ZöSt § 487 Anm II. Freilich muß das Gericht diese für die Streitwertfestsetzung doch ermitteln lassen.

Das rechtliche Interesse ist weit zu verstehen. Es liegt vor, wenn der Zustand der Sache die Grundlagen eines beliebigen sachlichrechtlichen Anspruchs des Antragstellers oder eines anderen gegen ihn bilden kann, zB wenn der Vermieter Fenster erneuern (und die Miete deshalb erhöhen) will, die der Mieter repariert hatte, LG Ffm WM **82**, 218. Weitere Fälle: §§ 459ff, 478, 480, 493, 510, 515, 524, 633ff BGB, 388, 407 II, 417 I HGB. Auch ein mittelbares Interesse genügt, etwa aus einer Rückhaftung gegenüber einem Dritten.

Das rechtliche Interesse ist glaubhaft zu machen, § 487 Z 4 sinngemäß, § 294, ZöSt § 487 Anm II „Nr 4". Wenn das sachliche Recht einen Anspruch auf Feststellung des Zustands außerhalb des Prozesses gibt, dann entfällt die Notwendigkeit der Glaubhaftmachung. Beispiel: § 438 II, III HGB. Nicht erforderlich ist eine Veränderungsgefahr, Wussow NJW **69**, 1402.

Nicht ausreichend ist der Wunsch, die ortsübliche Vergleichsmiete festzustellen, sofern der Wohnungszustand unstreitig ist, LG Mannh WM **76**, 58, oder festzustellen, in welchem Umfang eine Mietminderung möglich ist, LG Hann WM **80**, 221. Eine Klagrücknahme kann das rechtliche Interesse beseitigen.

4) *VwGO: Entsprechend anwendbar, § 98 VwGO.*

486 **Gesuch. Zuständigkeit.** I **Das Gesuch ist bei dem Gericht anzubringen, vor dem der Rechtsstreit anhängig ist; es kann vor der Geschäftsstelle zu Protokoll erklärt werden.**

II **In Fällen dringender Gefahr kann das Gesuch auch bei dem Amtsgericht angebracht werden, in dessen Bezirk die zu vernehmenden Personen sich aufhalten oder der in Augenschein zu nehmende Gegenstand sich befindet.**

III **Bei dem bezeichneten Amtsgericht muß das Gesuch angebracht werden, wenn der Rechtsstreit noch nicht anhängig ist.**

1) **Gesuch, I.** Es ist in der mündlichen Verhandlung, schriftlich oder zu Protokoll jeder GeschSt zu stellen, § 129a. Es besteht kein Anwaltszwang, § 78 II. Für die Verhandlung über das Gesuch besteht allerdings Anwaltszwang wie sonst. Es läuft selbst neben dem Rechtsstreit her, BGH **59**, 326. Es begründet keine Rechtshängigkeit, ThP 1 d, ZöSt 1, abw Schilken ZZP **92**, 251, 256, und unterbricht die Verjährung, soweit das Gesetz dies bestimmt, wie bei §§ 477 II, 490, 639 BGB, Karlsr MDR **82**, 1027, und sofern es vom Gläubiger gestellt wird, LG Kaisersl VersR **73**, 868, statthaft ist, BGH NJW **83**, 1901, und nicht nur nach § 494 erfolgt, BGH NJW **80**, 1458. Die Rücknahme des Gesuchs hebt die Verjährungsunterbrechung auf, BGH NJW **73**, 698. Das Gesuch erhält den Anspruch oder die Einrede nach §§ 478, 485, 639 BGB, 414 HGB. Wenn das Gericht einem formungültigen Gesuch stattgibt, gilt dasselbe.

2) Zuständigkeit, I–III. Die Zuständigkeit ist teilweise zur Wahl des Antragstellers gestellt, teilweise vorgeschrieben. Im einzelnen gilt folgendes:

A. Rechtsweg. Der ordentliche Rechtsweg muß gegeben sein, § 13 GVG. Vgl bei II, III aber auch § 46 II ArbGG, ferner § 164 FGG.

B. Anhängigkeit. Ab Anhängigkeit, nicht nur Rechtshängigkeit, Ffm NJW **65**, 306 (Begriffe § 261 Anm 1 A), und bis zu deren Beendigung ist das Prozeßgericht der Instanz zuständig. Evtl ist also auch das Berufungsgericht zuständig. Dies gilt sogar für das Revisionsgericht, das zu derartigen Prozeßhandlungen nicht berufen ist, soweit es sich nicht auf Tatsachen bezieht, die das Revisionsgericht selbst festzustellen hat, BGH **17**, 117, BVerwG NJW **61**, 1228, ThP 2 b, ZöSt 2 b, aM StJSchuL I 2. Die Folge ist allerdings, daß das Berufungsgericht wegen der Möglichkeit der Aufhebung seines Urteils eine Beweiserhebung nicht ablehnen darf, weil es diese für unnötig gehalten hat. Das Gericht kann die Beweisaufnahme auch einem verordneten Richter übertragen; § 375 beschränkt das Gericht hier nicht, weil sein Grund versagt und weil außerdem der Antragsteller nach II das AG anrufen darf.

C. Dringende Gefahr. Im Fall einer dringenden Gefahr sind nach der Wahl des Antragstellers das Prozeßgericht oder das AG des Aufenthalts des zu vernehmenden Zeugen oder Sachverständigen zuständig, Schlesw MDR **74**, 762, oder das AG der zu besichtigenden Sache, unabhängig davon, ob ein richterlicher Augenschein beantragt wird oder ob ein Sachverständiger gehört werden soll, Schlesw MDR **74**, 762, abw Hamm ZMR **79**, 277 (zuständig sei dann nur das AG der zu besichtigenden Sache). Ob eine dringende Gefahr vorliegt, entscheidet das AG nach pflichtgemäßem Ermessen. Sie muß glaubhaft gemacht werden, § 294.

D. Vor Anhängigkeit. Vor der Anhängigkeit des Prozesses ist das unter C bezeichnete AG zuständig.

E. Mehrere Amtsgerichte. Wenn mehrere AG in Frage kommen, zB bei mehreren Zeugen in verschiedenen Bezirken, dann fehlt ein einheitlicher Gerichtsstand; es ist dann § 36 Z 3 entspr anzuwenden.

F. Zuständigkeitsübergang. In den Fällen C, D geht die Zuständigkeit auf das Prozeßgericht über, sobald es die Beweiswertung einleitet, Mü OLGZ **82**, 200. Im übrigen bleibt das AG auch bei nachträglicher Anhängigkeit des Hauptprozesses vor dem LG zuständig.

3) VwGO: Entsprechend anwendbar, § 98 VwGO. Zuständig, **I**, ist ebenso wie im Zivilverfahren nicht das Revisionsgericht, BVerwG NJW **61**, 1228, auch nicht bei Nichtzulassungsbeschwerde, OVG Münst AS **32**, 235. An die Stelle des AG, **II u III**, tritt das danach örtlich zuständige VG. Wegen der Bestimmung des örtlich zuständigen Gerichts vgl BVerwG **12**, 363.

487 Gesuch. Erfordernisse. Das Gesuch muß enthalten:

1. die Bezeichnung des Gegners;
2. die Bezeichnung der Tatsachen, über welche die Beweisaufnahme erfolgen soll;
3. die Bezeichnung der Beweismittel unter Benennung der zu vernehmenden Zeugen und Sachverständigen;
4. die Darlegung des Grundes, der die Besorgnis rechtfertigt, daß das Beweismittel verloren oder seine Benutzung erschwert werde. Dieser Grund ist glaubhaft zu machen.

1) Allgemeines. Die Erfordernisse des § 487 sind sämtlich wesentlich. Fehlt ein Erfordernis, so ist der Antrag zurückzuweisen. § 487 ist aber unvollständig, vgl Anm 2A, e, f.

2) Erfordernisse. A. Mindestangaben. Das Gesuch muß folgende Angaben enthalten:

a) Bezeichnung des Gegners, Z 1. Der Antragsteller muß grundsätzlich den Antragsgegner so genau wie in einer Klageschrift den Bekl bezeichnen, § 253 Anm 3 A. Er muß alle in Betracht kommenden Gegner benennen. Soweit ihm eine Benennung nicht zumutbar möglich ist, ist § 494 anzuwenden.

b) Bezeichnung der Beweistatsachen, Z 2. Der Antragsteller muß die Beweistatsachen grds wie bei § 371 angeben. Ihre Angabe in großen Zügen genügt allerdings, Düss MDR **81**, 324 mwN, Hbg MDR **78**, 845, abw ThP, aM StJSchuL § 485 Anm V. Da die Beweiserhebung auf Kosten des Antragstellers stattfindet, sind keine hohen Anforderungen zu stellen. Die Erheblichkeit ist nicht zu prüfen, § 485 Anm 2. Freilich darf das Verfahren nicht zu einem Ausforschungsbeweis ausarten, Einf 6 vor § 284, Düss MDR **81**, 324. Deshalb muß der Antragsteller zumindest über den Zustand einer beweisbedürftigen Sache in einem ihm zumutbaren Umfang bestimmte Behauptungen aufstellen, Düss MDR **81**, 324, StJSchuL § 485 Anm V. Auch kann die Angabe des Anspruchs zweckmäßig sein, ZöSt I.

c) Bezeichnung der Beweismittel, Z 3. Der Antragsteller muß die von ihm gewünschten Beweismittel angeben. Er darf einen bestimmten Sachverständigen benennen, mag dieser nach § 404 II bestellt worden sein oder nicht. Das Gericht muß den benannten Sachverständigen bestellen, § 404 I ist unanwendbar, da eine Würdigung des Gutachtens erst bei seiner Verwertung in der Beweisaufnahme erfolgt, LG Bln NJW **71**, 251, StJSchuL II 3. Wiecz B III, ZöSt II, aM Schmid JR **82**, 321 mwN. Der Antragsteller kann die Auswahl des Sachverständigen aber schon zur Vermeidung seiner Befangenheit auch dem Gericht überlassen, zB LG Köln NJW **78**, 1866 mwN, ThP, ZöSt II, aM zB Mü MDR **76**, 851. Er kann die Auswahl des Sachverständigen auch an einen bestimmten Kreis binden, etwa an „einen von der Handelskammer zu benennenden Sachverständigen".

Der Antragsgegner hat kein Ablehnungsrecht, zumal das Gericht an eine etwaige Benennung durch den Antragsteller gebunden ist; es findet lediglich eine Beurteilung der Situation im Prozeß statt, zB Mü VersR **77**, 939, Oldb MDR **77**, 499 mwN, StJSchul II 3, im Ergebnis auch ZöSt § 406 Anm 1, aM zB Düss MDR **82**, 414, Köln OLGZ **72**, 475, Nürnb NJW **78**, 954, LG Bln MDR **77**, 57, Müller NJW **82**, 1966 je mwN; aber der Antragsgegner kann seinerseits einen Beweissicherungsantrag stellen, um auf diese Weise seinen Sachverständigen einführen, Oldb MDR **77**, 500, aM Wussow NJW **69**, 1401. Von Amts wegen wird kein zusätzlicher Sachverständiger bestellt, Wussow NJW **69**, 1404, aM ZöSt II mwN.

d) Darlegung und Glaubhaftmachung des Besorgnisgrundes, Z 4. Der Antragsteller muß den Grund, der die Besorgnis des Verlusts des Beweismittels oder der Erschwerung seiner Benutzbarkeit rechtfertigt, darlegen und nach § 294 glaubhaft machen. Über die Ausnahmen vgl § 485 Anm 3. Die Fassung des Gesetzes ist hier also zu allgemein, aber auch zu eng.

e) Weitere Glaubhaftmachung. Der Antragsteller muß ferner die etwaige Zustimmung des Antragsgegners sowie das eigene rechtliche Interesse nach § 294 glaubhaft machen, soweit diese nötig sind.

f) Anhängigkeit der Hauptsache. Schließlich muß der Antragsteller die Anhängigkeit der Hauptsache darlegen, soweit sie nicht nach § 486 II fehlen kann.

B. Weitere Einzelfragen. Eine Glaubhaftmachung ist entbehrlich, soweit der Antragsgegner zustimmt. Wegen des Anwaltszwangs § 486 Anm 1.

3) VwGO: *Entsprechend anwendbar, § 98 VwGO.*

488, 489 (weggefallen)

490 *Entscheidung.* ¹ Über das Gesuch kann ohne mündliche Verhandlung entschieden werden.

II In dem Beschluß, durch welchen dem Gesuch stattgegeben wird, sind die Tatsachen, über die der Beweis zu erheben ist, und die Beweismittel unter Benennung der zu vernehmenden Zeugen und Sachverständigen zu bezeichnen. Der Beschluß ist nicht anfechtbar.

1) Entscheidung. Über das Gesuch entscheidet das Gericht bei freigestellter mündlicher Verhandlung, § 128 Anm 3. Das Gericht muß dem Antragsgegner das rechtliche Gehör gewähren, Art 103 I GG, vgl auch Wussow NJW **69**, 1403. Das kann auch nach der Anordnung der Beweissicherung geschehen, Karlsr MDR **82**, 1027, ThP. Die Entscheidung über den Antrag ergehen durch einen Beschluß. Wenn er stattgibt, ist er inhaltlich ein Beweisbeschluß, § 359. Der Antrag wird zurückgewiesen, wenn das Gericht unzuständig ist (dies wird von Amts wegen geprüft); wenn die Voraussetzungen der §§ 485, 487 fehlen; wenn eine Beweisaufnahme unzulässig ist. Das Gericht muß die Entscheidung grundsätzlich begründen § 329 Anm 1 A b, abw LG Ffm JR **66**, 182, ZöSt (nur bei einer Abweichung vom Antrag). Sie ist zu verkünden oder bei einer Ablehnung dem Antragsteller, nach der Anhörung des Antragsgegners auch ihm, beim Stattgeben beiden Parteien, formlos mitzuteilen, § 329 II 1. Sie wird nur dann förmlich zugestellt, wenn gleichzeitig ein Termin bestimmt wird, BGH **LM** § 411 Nr. 8. Die Entscheidung ist jederzeit abänderlich, Schilken ZZP **92**,

257. Es ist statthaft und oft angebracht, die Entscheidung zugleich auf einen etwaigen, vom Gegner angetretenen Gegenbeweis zu erstrecken.

2) Rechtsbehelfe. Beim Stattgeben oder bei der Ablehnung der Aufhebung eines angeordneten Beschlusses ist kein Rechtsbehelf zulässig, LG Mannh MDR **78**, 323. Bei einer Zurückweisung, die als eine teilweise Zurückweisung auch in einer Änderung des früheren Beschlusses liegen kann, ist die einfache Beschwerde zulässig, § 567, I, Karlsr MDR **82**, 1027 mwN. Die Beschwerde ist auch dann zulässig, wenn fälschlich eine Verfügung des Vorsitzenden ergangen ist, die aber erkennen läßt, daß das Kollegium entschieden hat, Karlsr OLGZ **80**, 63; das letztere übersieht ZöSt 2. Eine Anregung zu einer Änderung oder Aufhebung von Amts wegen ist stets zulässig, Wussow NJW **69**, 1403. Eine Beschwerde gegen einen anordnenden Beschluß ist grundsätzlich in eine solche Anregung umzudeuten, Karlsr MDR **82**, 1027. Wegen Einwendungen gegen die Ordnungsmäßigkeit der Durchführung vgl § 492 Anm 1.

3) VwGO: Entsprechend anwendbar, § 98 VwGO. Der ablehnende Beschluß ist mit der Beschwerde, §§ 146ff VwGO, anfechtbar; § 146 II VwGO steht nicht entgegen, weil es sich nicht um die Ablehnung eines Beweisantrages iSv § 86 II VwGO handelt, OVG Münst NJW **69**, 1318 mwN.

491 *Ladung des Gegners.* ¹ Der Gegner ist, sofern es nach den Umständen des Falles geschehen kann, unter Zustellung des Beschlusses und einer Abschrift des Gesuchs zu dem für die Beweisaufnahme bestimmten Termin so zeitig zu laden, daß er in diesem Termin seine Rechte wahrzunehmen vermag.
II Die Nichtbefolgung dieser Vorschrift steht der Beweisaufnahme nicht entgegen.

1) Ladungspflicht, I. Das Gericht muß den Beweisführer und seinen Gegner zum etwaigen Beweistermin von Amts wegen laden, § 214. Soweit der Sachverständige Ermittlungen anstellt, gilt Üb 4 vor § 402. Das Gericht braucht keine Ladungsfrist einzuhalten. Doch muß die Ladung so zeitig geschehen, daß der Gegner seine Rechte im Termin wahren kann, Art 103 I GG, §§ 357, 397, 402, Teplitzky NJW **73**, 1675. Gleichzeitig mit dem Beschluß ist der etwaige Termin zu bestimmen. Er entfällt, soweit nur ein schriftliches Gutachten ohne mündliche Erläuterung erfolgt.

2) Verstoß, II. Bei einem Verstoß findet die Beweisaufnahme trotzdem statt, II, auch beim bloßen Ausbleiben einer Partei, § 367. Unterlassene Ladung wirkt sich aber nach § 493 II aus.

3) VwGO: Entsprechend anwendbar, § 98 VwGO; die Ladung wird vAw zugestellt, § 56 VwGO.

492 *Beweisaufnahme.* ¹ Die Beweisaufnahme erfolgt nach den für die Aufnahme des betreffenden Beweismittels überhaupt geltenden Vorschriften.
II Das Protokoll über die Beweisaufnahme ist bei dem Gericht, das sie angeordnet hat, aufzubewahren.

1) Verfahren, I. Die Beweisaufnahme geschieht nach §§ 355ff, §§ 371ff, auch § 375, aM ThP wegen § 486 II, III (aber das ist ein Sonderfall der Zuständigkeit). Eine Beeidigung findet also nur unter den Voraussetzungen des § 391 statt, und zwar bei einer Anhängigkeit des Hauptprozesses nur infolge einer Anordnung des Prozeßgerichts, ZöSt 1. Über Einwendungen gegen ihre Zulässigkeit entscheidet das Gericht im Termin durch Beschluß. Bei einer Beweisaufnahme vor dem verordneten Richter entscheidet als Prozeßgericht dasjenige Gericht, das die Beweisaufnahme angeordnet hat. Die Einholung einer schriftlichen Zeugen- oder Sachverständigenaussage ist wegen der Verweisung von I auch auf §§ 402ff und damit auf § 411 zulässig, ThP, StJSchuL I, im Ergebnis ebenso Schilken ZZP **92**, 257 mwN, offen BGH **LM** § 411 Nr 8, abw ZöSt 1 (beim Zeugen nur mit Zustimmung des Antragsgegners). Wegen der Ermittlungen durch den Sachverständigen vgl Üb 4 vor § 402. Wenn die Partei Ermittlungen durch das Gericht wünscht, ist ein Antrag auf richterlichen Augenschein (in Gegenwart auch des Sachverständigen) ratsam.

Gegen die Zurückweisung einer Einwendung ist kein Rechtsbehelf zulässig, § 490 II, soweit er nicht aus §§ 371–414 folgt. Zurückgewiesene Einwendungen kann die Partei noch

12. Titel. Sicherung des Beweises   §§ 492, 493   1–3

im Prozeß vorbringen, zB den Sachverständigen ablehnen, § 487 Anm 2 A c. Die Unterlassung einer möglichen und zumutbaren Einwendung im Beweissicherungsverfahren kann entspr § 444 deren Unbeachtlichkeit im Hauptprozeß bewirken, Wussow NJW **69**, 1406.

Das Verfahren endet: Mit der Zurücknahme des Gesuchs, BGH **60**, 212; mit der Rechtskraft des ablehnenden Beschlusses, Hbg MDR **78**, 845; bei einem lediglich schriftlich eingeholten Gutachten mit der Mitteilung des Gutachtens an die Parteien, BGH **53**, 47, offen BGH **60**, 212 mwN; bei einer mündlichen Begutachtung oder bei einer mündlichen Erläuterung des zuvor schriftlichen Gutachtens, die auch der Antragsgegner beantragen darf, BGH **6**, 401, Schilken ZZP **92**, 256, mit der Verlesung des Protokolls oder mit der Vorlage des Protokolls, nicht erst mit seiner Übermittlung oder mit der Festsetzung des Streitwerts, BGH **60**, 212.

2) Protokollaufbewahrung, II. Das Protokoll über die Beweisaufnahme bleibt beim anordnenden Gericht; vgl auch § 362 II.

3) VwGO: *Entsprechend anwendbar, § 98 VwGO.*

493 *Benutzung im Prozeß.* [I] Jede Partei hat das Recht, die Beweisverhandlungen in dem Prozeß zu benutzen.
[II] War der Gegner in einem Termin zur Beweisaufnahme nicht erschienen, so ist der Beweisführer zur Benutzung der Beweisverhandlung nur dann berechtigt, wenn der Gegner rechtzeitig geladen war oder wenn der Beweisführer glaubhaft macht, daß ohne sein Verschulden die Ladung unterblieben oder nicht rechtzeitig erfolgt sei.

1) Benutzungsrecht, I, II. Im Benutzungsrecht liegt ein Hauptsinn des Beweissicherungsverfahrens. Jede Partei darf die Beweisverhandlung im Hauptprozeß benutzen: **a)** Immer, wenn der Gegner erschienen war; **b)** immer, wenn er rechtzeitig geladen war; **c)** wenn der Beweisführer eine schuldlose Unterlassung oder Verspätung der Ladung nach § 294 glaubhaft macht. Dazu genügt es, daß er einen gehörigen Antrag eingereicht hat, weil das Gericht von Amts wegen lädt. Er muß aber eine ladungsfähige Anschrift des Gegners angegeben haben. Die Schuldlosigkeit kann darin liegen, daß sich der Zustellungsbeamte versehen hat. Wenn die Ladung ohne Schuld des Antragstellers trotz objektiv bestehender Ladungsmöglichkeit unterblieben war, dann darf der Antragsteller eine Wiederholung der Beweisaufnahme verlangen.

Die Rüge des Mangels muß sofort bei der Benutzung der Beweisverhandlung erfolgen, sonst ist ein Verzicht anzunehmen, § 295. Mangels eines Termins, zB dann, wenn das Gutachten nur schriftlich zu erstatten war, ist II unanwendbar, BGH **LM** § 411 Nr 8. Wegen Ermittlungen durch den Sachverständigen (sie sind kein Termin nach II) vgl Üb 4 vor § 402; mithin ist bei einem Verstoß, zB bei einer fehlenden „Ladung" zur Ortsbesichtigung, bei Mängeln der Identität der Parteien des Beweissicherungs- und des Hauptverfahrens, KG MDR **76**, 847, die Verwertbarkeit des schriftlichen Gutachtens frei zu würdigen, aM Köln MDR **74**, 589, ThP, ZöSt 2 (das Gutachten sei dann unverwertbar); vgl also auch § 406 Anm 2 B. Wegen der Ablehnbarkeit des Sachverständigen (nach der Erstattung des Beweissicherungsgutachtens) im nachfolgenden Hauptprozeß § 406 Anm 3 B.

2) Bewertung. Die Beweiserhebung steht einer im Hauptprozeß geschehenen gleich, BGH **LM** 411 Nr 8. Eine Verhandlung über ihr Ergebnis ist notwendig, § 285; ein Verstoß ist heilbar, § 295. Eine Ergänzung oder Wiederholung vor dem Prozeßgericht ist zulässig und erfolgt nach § 398, BGH **LM** § 411 Nr 8. Darum findet auch keine urkundenbeisliche Benutzung statt, wenn eine solche Benutzung im Hauptprozeß unzulässig wäre, etwa weil sie eine Zeugenvernehmung ersetzen soll. Das gilt auch im Urkundenprozeß.

3) VwGO: *Entsprechend anwendbar, § 98 VwGO, dh einer Benutzung der Beweisverhandlung durch die Partei bedarf es nicht, vielmehr darf das Gericht die Verhandlung im Rechtsstreit als Beweisaufnahme verwerten (Amtsverfahren, § 86 VwGO), wenn nicht II vorliegt; dessen Anwendung folgt aus §§ 97 S 1, 108 II VwGO. Ob II gegeben ist, prüft das Gericht im Amtsverfahren (§ 86 VwGO), also bedarf es keiner Glaubhaftmachung durch den Antragsteller („Beweisführer").*

494 *Ohne Gegner.* ^I Wird von dem Beweisführer ein Gegner nicht bezeichnet, so ist das Gesuch nur dann zulässig, wenn der Beweisführer glaubhaft macht, daß er ohne sein Verschulden außerstande sei, den Gegner zu bezeichnen.

^{II} Wird dem Gesuch stattgegeben, so kann das Gericht dem unbekannten Gegner zur Wahrnehmung seiner Rechte bei der Beweisaufnahme einen Vertreter bestellen.

1) Zulässigkeit, I. § 494 macht eine Ausnahme von § 487 Z 1, weil die Bezeichnung des Gegners auf dieser Entwicklungsstufe bisweilen unmöglich ist; der Schädiger kann zB unbekannt sein, etwa als ein flüchtender Unfallverursacher, BGH NJW 80, 1458. Darum ist eine Beweissicherung auch ohne eine Bezeichnung des Gegners dann zulässig, wenn der Beweisführer glaubhaft macht, daß er den Gegner ohne eigenes Verschulden nicht benennen kann, § 294. Da die Gefahr des Mißbrauchs nicht unbeträchtlich ist und die Stellung des Gegners im kommenden Prozeß erschweren kann, sind an die Zumutbarkeit der Nachforschungen strenge Anforderungen zu stellen.

2) Vertreter, II. Das Gericht kann nach seinem pflichtgemäßen Ermessen dem unbekannten Gegner einen Vertreter bestellen, der ein gesetzlicher Vertreter nach § 51 ist. Der Bestellte ist zur Übernahme des Amtes nicht verpflichtet. Der Antragsteller trägt seine Vergütung; sie ist im nachfolgenden Hauptprozeß erstattungsfähig. Der Vertreter hat keinen Anspruch gegen die Staatskasse; darum ist § 68 GKG unanwendbar.

II ist entspr anwendbar, wenn die Partei gestorben oder ihr gesetzlicher Vertreter weggefallen ist.

3) VwGO: Entsprechend anwendbar, § 98 VwGO; „Beweisführer" ist der Antragsteller, § 485.

Zweiter Abschnitt. Verfahren vor den Amtsgerichten
Grundzüge

Schrifttum: Steinbach/Kniffka, Strukturen des amtsgerichtlichen Zivilprozesses: Methoden und Ergebnisse einer rechtstatsächlichen Aktenuntersuchung, 1982 (Bespr Bender ZZP 96, 408).

1) Entwicklung. Grundsätzlich verfehlt regelt die ZPO das für die Rechtsuchenden wichtigste Verfahren, das amtsgerichtliche, hilfsweise hinter dem landgerichtlichen. Nach der ZPO von 1877 stimmte das landgerichtliche Verfahren mit dem amtsgerichtlichen im wesentlichen überein und war für den amtsgerichtlichen Betrieb wenig geeignet. Erhebliche Abweichungen brachte namentlich die Nov 1909 in der Richtung der Vereinfachung und Beschleunigung des Verfahrens. Die Nov 1924 unterwarf das Verfahren vor dem Landgericht starken Änderungen in derselben Richtung; das VereinhG brachte auch für das landgerichtliche Verfahren den Amtsbetrieb. Dadurch trat wieder eine Angleichung der beiden Verfahren ein, besonders nachdem das Güteverfahren durch das VereinhG in Wegfall gekommen war. Die VereinfNov hat weitere Besonderheiten des amtsgerichtlichen Verfahrens abgebaut, unter anderem die viel zu wenig ausgenutzte Möglichkeit der sog Sofortklage, § 500 aF, und das Schiedsverfahren, § 510c aF.

2) Allgemeines. Grundlegende Abweichungen des amtsgerichtlichen Verfahrens sind: Das grundsätzliche Fehlen des Anwaltszwangs (Ausnahme: § 78 I 2 Z 1–3); die grundsätzliche Entbehrlichkeit einer Vorbereitung durch Schriftsätze, § 129 I (Ausnahme: § 129 II sowie vor allem §§ 275–277); die Verbindung der Funktionen des Vorsitzenden und des Kollegiums in demselben Richter. Das Verfahren vor dem Amtsgericht ist das Verfahren der kleineren Streitwerte; klein vergleichsweise, für die Parteien oft groß, ja lebenswichtig. Darum bedarf gerade der Prozeß vor dem Amtsgericht der schärfsten Zusammenfassung und einer möglichsten Beschleunigung. Der Richter hat gerade hier oft eine erhebliche Fürsorgepflicht nach §§ 139, 278 III.

3) VwGO: Das Verfahren vor den Verwaltungsgerichten ähnelt dem amtsgerichtlichen Verfahren in mehreren Punkten. Diese und andere Abweichungen vom landgerichtlichen Verfahren sind bei der Erläuterung des für dieses geltenden Vorschriften dargestellt.

495 *Allgemeine Vorschrift.* Für das Verfahren vor den Amtsgerichten gelten die Vorschriften über das Verfahren vor den Landgerichten, soweit nicht aus den allgemeinen Vorschriften des ersten Buches, aus den nachfolgenden besonderen Bestimmungen und aus der Verfassung der Amtsgerichte sich Abweichungen ergeben.

Verfahren vor den Amtsgerichten §§ 495–497

1) Systematik. Im allgemeinen gleichen sich das Verfahren vor dem LG und das vor dem AG. Abweichungen ergeben sich aus den Sondervorschriften des 2. Abschnitts. Sie gehen auch den allgemeinen Bestimmungen des 1. Buches vor.

495 a (weggefallen)

496
Klage usw. Die Klage, die Klageerwiderung sowie sonstige Anträge und Erklärungen einer Partei, die zugestellt werden sollen, sind bei dem Gericht schriftlich einzureichen oder mündlich zum Protokoll der Geschäftsstelle anzubringen.

1) Allgemeines. Die Klage, die Klagerwiderung, unerheblich ob sie auf eine Aufforderung nach §§ 275, 276 oder ohne eine solche erfolgt, ferner die Klagrücknahme, außerdem Sachanträge und Parteierklärungen, für die die Zustellung besonders angeordnet ist, sind nach Wahl der Partei entweder schriftlich einzureichen, § 133 Anm 2, oder zu Protokoll der Geschäftsstelle jedes AG zu erklären, § 129a, sofern das Gericht keinen Schriftsatz nach § 129 II anordnet. Das gilt auch für alle andren Eingaben an das Gericht. Im Mahnverfahren gilt § 702.

Bei der Einreichung soll die Partei die für die Zustellung nötige Zahl von Abschriften beifügen, § 133 I. Wenn sie das unterläßt, fertigt die Geschäftsstelle von Amts wegen auch ohne eine Anweisung des Richters die Abschriften auf Kosten der Partei an, KV 1900 Z 1 b. Die Urschrift des Protokolls bleibt bei den Akten oder wird gemäß § 129a unverzüglich weitergesandt. Der Urkundsbeamte der Geschäftsstelle bzw bei der Klage, Klagerwiderung oder in schwierigen Fällen der Rpfl, § 24 II Z 2, 3 RPflG, Anh § 153 GVG, hat dann, wenn er ein Protokoll aufnimmt, die Pflicht, die Partei sachgemäß zu belehren. Er muß insbesondere darauf achten, daß die Klage dem § 253 genügt. Er darf auch wegen §§ 129a, 270 III die Aufnahme keineswegs ablehnen; eine Ausnahme gilt nur bei offenbar sinnlosen Erklärungen, Schimpfereien und dgl, Einl III 6 B, vgl freilich auch Einl III 3 B.

2) Einreichung. Die Einreichung ist bewirkt mit der Empfangnahme durch einen zuständigen, zur Vornahme des Eingangsvermerks befugten Beamten, BGH NJW **74**, 1326 mwN. Das ist regelmäßig der Urkundsbeamte der Geschäftsstelle, BGH **2**, 31, bzw der Rpfl, Anm 1, und zwar bei jedem AG, § 129a, auch der Urkundsbeamte der Briefannahmestelle. Es kann aber auch der zuständige Amtsrichter oder der Vorsitzende oder ein Mitglied eines Zivilkollegiums oder der Präsident des zuständigen Gerichts sein. Nicht zuständig ist ein Unterbeamter. Auch ein Einwurf in den Briefkasten genügt für eine etwaige Wiedereinsetzung, § 233 Anm 4 „Gericht". Wenn das Gericht die Posteingänge nach einer Vereinbarung mit der Post abholt, genügt der Eingang beim Postamt. Wegen der gleichzeitigen Einreichung des Antrags auf die Bewilligung einer Prozeßkostenhilfe und der Klageschrift § 117 Anm 2 D, § 253 Anm 2 A. Wenn es sich nicht um eine Zustellung handelt, genügt eine Drahtung, § 129 Anm 1 C. Der Nachweis der Einreichung erfolgt durch den dienstlichen Eingangsvermerk. Er ist eine öffentliche Urkunde mit der Beweiskraft des § 418 und läßt einen Gegenbeweis zu.

Die Abgabe bei der Gerichtskasse genügt zur Einreichung zwecks Wahrung einer Klagefrist selbst bei einer entsprechenden Übung nicht, AG Köln WM **81**, 113.

497
Ladungen. I Die Ladung des Klägers zu dem auf die Klage bestimmten Termin ist, sofern nicht das Gericht die Zustellung anordnet, ohne besondere Form mitzuteilen. § 270 Abs. 2 Satz 2 gilt entsprechend.

II Die Ladung einer Partei ist nicht erforderlich, wenn der Termin der Partei bei Einreichung oder Anbringung der Klage oder des Antrages, auf Grund dessen die Terminsbestimmung stattfindet, mitgeteilt worden ist. Die Mitteilung ist zu den Akten zu vermerken.

1) Ladung des Klägers zum ersten Termin, I. Die Ladung zum Termin erfolgt auch im landgerichtlichen Verfahren vAw, §§ 214, 274. Von der Regel des § 329 II 2 (Zustellung der Terminsladung) enthält § 497 I eine Abweichung: Den Kläger lädt der Urkundsbeamte der Geschäftsstelle zum ersten Verhandlungstermin (nur zu diesem) mangels einer abweichenden Anweisung des Richters formlos, vgl auch Zweibr FamRZ **82**, 1097. Es gilt dann die Zugangsvermutung des § 270 II 2.

Hartmann

2) Andere Ladungen. Alle anderen Ladungen, auch diejenige des Bekl zum ersten Termin, geschehen durch eine förmliche Zustellung, § 329 II 2, soweit nicht § 497 II eingreift. Bei einer freigestellten mündlichen Verhandlung, § 128 Anm 3, bei einer Terminsverlegung, § 227, und in den Fällen der §§ 238, 251a, 341a, 366 II, 370 II tritt an die Stelle der Ladung die Bekanntmachung des Termins. Die Ladungsfrist richtet sich nach § 217, die Einlassungsfrist nach § 274 III, eine Abkürzung nach § 226.

3) Mitteilung statt Ladung, II. A. Voraussetzungen. Es bedarf keiner Ladung, wenn der Termin bei der Einreichung oder Anbringung einer Erklärung, auch zB des Einspruchs, der beantragenden Partei mündlich oder schriftlich mitgeteilt wird. Die Anwendung auf fast gleichliegende Fälle ist an sich zulässig; das gilt zB dann, wenn die Mitteilung der Partei bei einem späteren Erscheinen gemacht wird. Besser ist es aber, dergleichen zu vermeiden. Der Gegner ist immer durch Zustellung zu laden. Einen weiteren Fall der Entbehrlichkeit der Ladung enthält § 218.

B. Vermerk. Die Mitteilung ist mit der Unterschrift des Urkundsbeamten der Geschäftsstelle zu den Gerichtsakten zu vermerken. Der ordnungsmäßige Vermerk ist eine öffentliche Urkunde und weist die Ladung nach, auch für ein Versäumnisurteil. Briefe gehen äußerst selten verloren. Dem Verurteilten entsteht insoweit kein wirklicher Schaden, als er Einspruch einlegen kann. Die Gerichtskosten sind ihm dann, wenn er die Ladung glaubhaft nicht erhalten hat, nicht aufzuerlegen, vielmehr nach § 8 GKG niederzuschlagen, vgl BVerfG NJW **74**, 133; die Zwangsvollstreckung ist ohne Sicherheitsleistung einzustellen. § 344 greift nicht ein, weil das Versäumnisurteil nicht „in gesetzlicher Weise ergangen" ist. Eine Entscheidung nach Aktenlage ist ohne einen Ladungsnachweis nicht möglich. Der Beweis der Unrichtigkeit des Vermerks ist statthaft.

C. Weitere Einzelheiten. Eine Mitteilung an den ProzBev oder den gesetzlichen Vertreter genügt. Eine Mitteilung an Verwandte, Boten und dgl reicht nicht aus. Bei einer Anordnung des persönlichen Erscheinens nach § 141 ist eine Mitteilung nur an den ProzBev unzulässig. II gilt auch für Streithelfer, nicht aber für sonstige Dritte. Die Bereitschaft zur Entgegennahme der Mitteilung oder deren Quittierung sind unnötig. Der Urkundsbeamte der Geschäftsstelle muß sich aber vergewissern, daß die Partei die Bedeutung einer mündlichen Mitteilung verstanden hat. Bei ihr ist eine Belehrung über die Folgen des Ausbleibens sowie die Übergabe einer Terminnotiz und ein entsprechender Vermerk ratsam. Die Mitteilung einer Abkürzung der Einlassungs- oder Ladungsfrist ist besonders zu den Akten zu vermerken.

498 *Protokollzustellung.* Ist die Klage zum Protokoll der Geschäftsstelle angebracht worden, so wird an Stelle der Klageschrift das Protokoll zugestellt.

1) Klagerhebung. Bei einer Klage zu Protokoll der Geschäftsstelle wird das Protokoll dem Bekl von Amts wegen zugestellt, § 270 I. Das löst die Wirkung der Klagerhebung aus, §§ 253 I, 261 I, sofern das Protokoll den Anforderungen des § 253 II–IV entspricht, von denen § 498 natürlich nicht entbindet. § 270 II, III ist direkt anwendbar (der frühere § 496 III–IV ist entfallen). Eine Einreichung iSv § 270 III liegt erst mit dem Eingang beim zuständigen AG vor, § 129 a II 2. Erst dieses geht nach § 498 vor.

499 *Anerkenntnisfolgen.* Mit der Aufforderung nach § 276 ist der Beklagte auch über die Folgen eines schriftlich abgegebenen Anerkenntnisses zu belehren.

1) Belehrungspflicht. Im schriftlichen Vorverfahren, das auch beim AG zulässig ist, ergeht wie sonst gemäß § 276 I 1, II eine Aufforderung zu einer etwaigen Verteidigungsanzeige; ein Hinweis auf einen Anwaltszwang ergeht nur, sofern dieser nach §§ 495, 78 gegeben ist. Zugleich entsteht eine Belehrungspflicht dahin, daß ein etwaiges schriftliches teilweises oder unbeschränktes Anerkenntnis gemäß § 307 II auf Antrag des Klägers zu einem entsprechenden Anerkenntnisurteil auch ohne die mündliche Verhandlung führt.

Eine Belehrung erfolgt auch dann, wenn der Bekl durch einen RA vertreten ist, ferner dann, wenn der Antrag des Klägers noch nicht gemäß § 307 II 2 in der Klageschrift erfolgt ist, denn der Kläger darf den Antrag nachschieben, auch nach Eingang des Anerkenntnisses des Bekl. Eine Belehrung über die Kostenfolgen des sofortigen Anerkenntnisses ist nicht notwendig und wegen der nicht ganz einfachen Voraussetzungen des § 93 nur insofern ratsam, als sein Wortlaut mitgeteilt werden sollte. Eine Belehrung über den Inhalt der Anerkenntniserklärung ist weder notwendig noch ratsam. Keine Belehrung erfolgt über eine Anerkennungsfrist; ein Hinweis auf ein mögliches Versäumnisurteil ohne mündliche Verhandlung ist ohnehin gemäß § 276 II notwendig.

2) Verstoß. Ein Verstoß gegen die Belehrungspflicht, der auch bei einer falschen, unvollständigen, verspäteten Belehrung vorliegen kann, hindert ein Anerkenntnisurteil nach § 307 II nicht, sofern wenigstens eine ordnungsgemäße Belehrung nach § 276 I 1, II erfolgt ist, so wohl auch Bischof NJW **77**, 1899, aM ZöSt. Natürlich braucht auch hier ein Hinweis auf einen Anwaltszwang nur in den Fällen § 78 I 2 Z 1–3 zu erfolgen. Erst recht bleibt ein Anerkenntnisurteil nach § 307 I zulässig.

499 a–503 (weggefallen)

504 Unzuständigkeit.
Ist das Amtsgericht sachlich oder örtlich unzuständig, so hat es den Beklagten vor der Verhandlung zur Hauptsache darauf und auf die Folgen einer rügelosen Einlassung zur Hauptsache hinzuweisen.

1) Belehrungspflicht. Die Vorschrift soll eine Erschleichung der sachlichen oder örtlichen Zuständigkeit des AG verhindern, vgl Einl III 6 A a, § 2 Anm 3, Üb 4 A vor § 12. Auf die ursprüngliche, LG Hbg MDR **78**, 940, Zeiss § 15 VI 1, ZöV § 39 Anm 2 c, aM Müller MDR **81**, 11, ThP, ZöSt 2 (auch auf die später eintretende) sachliche bzw funktionelle und/oder örtliche Unzuständigkeit und auf die Folgen einer rügelosen Einlassung, §§ 39, 282 III, 296 III, hat das AG den Bekl vor dessen Verhandlung zur Hauptsache, § 39 Anm 2, von Amts wegen hinzuweisen. Auch das Familiengericht hat diese Pflicht, Stgt FamRZ **80**, 385. Es handelt sich um eine Erweiterung der Pflichten des § 139. Sie besteht auch, soweit der Bekl anwaltlich vertreten ist oder sein muß. Keine Hinweispflicht besteht bei einer internationalen Unzuständigkeit, Ffm NJW **79**, 1787 mwN (abl Prütting MDR **80**, 368, Schröder NJW **80**, 479). Nach einem Mahnverfahren ist § 696 zu beachten; § 39 ist erst im Streitverfahren anwendbar. Im arbeitsgerichtlichen Verfahren gilt § 504 entpr, § 46 II 1 ArbGG, BAG NJW **65**, 127.

2) Verstoß. Solange eine Belehrung unterbleibt, für die meist mehr als ein bloßer Hinweis auf den Gesetzestext notwendig ist, Bischof NJW **77**, 1900, entsteht eine sonst fehlende Zuständigkeit trotz einer rügelosen Verhandlung des Bekl zur Hauptsache nicht, § 39 S 2. Deshalb ist ein Protokoll über die Belehrung dringend ratsam, § 160 II, obwohl es sich nicht um eine Förmlichkeit iSv § 159 handelt. Die Rüge des Bekl ist bis zu derjenigen Verhandlung zur Hauptsache zulässig, die auf eine ordnungsgemäße Belehrung folgt. Die übrigen Prozeßhandlungen beider Parteien bleiben freilich wirksam. Die Mehrkosten infolge einer verspäteten Belehrung sind evtl niederzuschlagen, § 8 GKG; § 281 III 2 ist nur bei einer ordnungsgemäßen Belehrung anwendbar.

505 (weggefallen)

506 Nachträgliche sachliche Unzuständigkeit.
I Wird durch Widerklage oder durch Erweiterung des Klageantrages (§ 264 Nr. 2, 3) ein Anspruch erhoben, der zur Zuständigkeit der Landgerichte gehört, oder wird nach § 256 Abs. 2 die Feststellung eines Rechtsverhältnisses beantragt, für das die Landgerichte zuständig sind, so hat das Amtsgericht, sofern eine Partei vor weiterer Verhandlung zur Hauptsache darauf anträgt, durch Beschluß sich für unzuständig zu erklären und den Rechtsstreit an das zuständige Landgericht zu verweisen.

II Die Vorschriften des § 281 Abs. 2, Abs. 3 Satz 1 gelten entsprechend.

1) Voraussetzungen. Die Vorschrift ist eine Ausnahme von § 261 III 2. Auch sie soll eine Zuständigkeitserschleichung verhindern, vgl § 504 Anm 1. § 506 bezieht sich auf das Streitverfahren und nur auf die nachträglich eintretende sachliche Unzuständigkeit, nicht auf die ursprüngliche. Bei der letzteren gilt § 281. § 506 ist zusammen mit § 281 anwendbar, wenn das AG für die Klage weder örtlich noch sachlich zuständig ist, dann kann das AG die Sache an das übergeordnete oder an ein anderes LG verweisen, sobald beide Anträge vorliegen.

§§ 506–510 1 2. Buch. 2. Abschnitt

Die ursprüngliche sachliche Zuständigkeit kann verloren gehen: Durch eine Widerklage, § 33; durch eine Klagerweiterung, § 264 Z 2, 3; durch eine Klagänderung, § 263; durch eine Zwischenklage, § 256 II. Nicht: durch einen Anspruch nach § 510b; durch einen Ersatz- oder Bereicherungsanspruch aus §§ 302 IV 4, 600 II 2, 717 II, 1042 c II 2. Eine Widerklage auf eine verneinende Feststellung gegenüber einer Teilleistungsklage wegen des überschießenden Teils ist voll statthaft, Anh § 253 Anm 1 B. Wenn die Widerklage die Zuständigkeit des AG übersteigt, ist zu verweisen. Eine Prozeßverbindung nach § 147 macht das AG nicht zuständig. Ausnahmen gelten dann, wenn der Kläger einen einheitlichen Anspruch zur Erschleichung der Zuständigkeit zerlegt hatte, § 2 Anm 3, oder im Falle des § 112 II GenG (dabei ist sofortige Beschwerde zulässig).

2) Verweisung, I, II. A. Antrag. Die Verweisung erfolgt nicht von Amts wegen, sondern immer nur auf Antrag. Antragsberechtigt ist abweichend von § 281 jede Partei, aber nur bevor sie selbst zur Hauptsache weiter verhandelt. Der Gegner muß die Verweisung vor seiner Einlassung auf den neuen Anspruch beantragen, vgl freilich §§ 39 S 2, 40 II, LG Hbg MDR 78, 940. Die Verweisung ist auch bei einer Säumnis des Gegners zulässig. Dann muß das LG, an das die Verweisung erfolgt, die Zulässigkeit des Einspruchs prüfen, ThP 2 d.

Mangels Antrags ist § 39 anwendbar; zum Fehlen einer Belehrungspflicht in diesem Fall. § 504 Anm 1. Auf Grund einer Zulässigkeitsrüge erfolgt notfalls eine Prozeßabweisung durch Urteil des AG.

B. Verfahren. a) Stattgabe. Die Verweisung erfolgt nur an das zuständige LG, und zwar durch einen zu verkündenden Beschluß, in der höheren Instanz im Urteil. Sondergerichte kommen hier nicht in Frage. Der Beschluß ist unanfechtbar und bindet das LG unbedingt. Vgl auch im übrigen die Anm zu § 281; wegen der Verweisung an die KfH § 96 GVG Anm 2. Das LG darf die sachliche Zuständigkeit weder gegenüber einem verweisenden AG noch gegenüber einem verweisenden ArbG nachprüfen, §§ 281 II 2 ZPO, 48 I ArbGG, kann aber evtl an das letztere weiterverweisen, § 281 Anm 3 B b, ZöSt 2 c, so wohl auch ThP 3 a. Die Prüfung der sachlichen Zuständigkeit schließt diejenige der örtlichen ein, § 281 Anm 3 B b aa. Daher kann das LG nicht örtlich weiterverweisen. Wenn die Sache von einem anderen AG wegen örtlicher Unzuständigkeit an das LG verwiesen hat, dann kann das LG nicht aus Gründen der örtlichen Unzuständigkeit eine Verweisung an das dem ersten AG vorgeordnete LG vornehmen, Mü OLGZ 65, 187. Eine Verweisung wegen örtlicher Unzuständigkeit durch das AG bindet auch das LG, § 281 II 2. § 281 III 1 ist anwendbar, § 281 III 2 ist unanwendbar.

Eine Verweisung vom LG als Berufungsgericht an die erstinstanzliche Zivilkammer ist unzulässig, da § 506 nur im Verfahren vor dem AG gilt und nicht die funktionelle Zuständigkeit betrifft, ThP 2 c, ZöSt 2 b, aM Oldb NJW 73, 810.

Es bleibt jedesmal zu prüfen, ob diejenigen Mehrkosten, die dem Anspruchsinhaber durch die Verweisung erwachsen, ihm oder dem Gegner aufzuerlegen sind. Den ersteren treffen sie, wenn er sie hätte vermeiden können, zB bei einer Beauftragung mehrerer Anwälte.

Wenn die Unzuständigkeit von Amts wegen zu beachten ist oder wenn der Gegner sie rechtzeitig rügt und wenn trotz Ausübung der richterlichen Fragepflicht, § 139, keine Partei einen Verweisungsantrag stellt, dann ist die Klage als unzulässig abzuweisen, Üb 2 A b vor § 300.

b) Zurückweisung. Die Zurückweisung des Verweisungsantrags geschieht dann, wenn es sich um einen Antrag des Gegners derjenigen Partei handelt, die den neuen Anspruch erhoben hat, durch Zwischenurteil, § 280 II, andernfalls durch ein Zwischenurteil nach § 303 oder im Endurteil.

507–509 (weggefallen)

510
Erklärung über Urkunden. **Wegen unterbliebener Erklärung ist eine Urkunde nur dann als anerkannt anzusehen, wenn die Partei durch das Gericht zur Erklärung über die Echtheit der Urkunde aufgefordert ist.**

1) Systematik. § 510 erweitert die Aufklärungspflicht des § 139 bei Privaturkunden in Abweichung von § 439 III. Das Protokoll braucht die Aufforderung zur Erklärung nicht zu enthalten; der Tatbestand des Urteils muß sie aber ergeben.

510 a *Protokoll.* Andere Erklärungen einer Partei als Geständnisse und Erklärungen über einen Antrag auf Parteivernehmung sind im Protokoll festzustellen, soweit das Gericht es für erforderlich hält.

1) Protokollinhalt. Ins Protokoll gehören alle Einzelheiten gemäß § 160, den § 510 a nicht etwa verdrängt, sondern überflüssigerweise ergänzt: „Andere Erklärungen", deren Feststellungen vorgeschrieben sind, fallen ohnehin unter § 160 III Z 3, auch wenn das Gericht sie nicht für erforderlich halten sollte, und was „erforderlich" ist, fällt ohnehin unter § 160 II, was nicht, kann nach derselben Vorschrift ohnehin wegbleiben. § 160 IV gilt auch beim AG.

510 b *Urteil auf Vornahme einer Handlung.* Erfolgt die Verurteilung zur Vornahme einer Handlung, so kann der Beklagte zugleich auf Antrag des Klägers für den Fall, daß die Handlung nicht binnen einer zu bestimmenden Frist vorgenommen ist, zur Zahlung einer Entschädigung verurteilt werden; das Gericht hat die Entschädigung nach freiem Ermessen festzusetzen.

1) Allgemeines. § 510 b soll eine Vereinfachung und Beschleunigung dadurch erreichen, daß er über § 259 hinausgehend dem Kläger ermöglicht, von vornherein dreierlei zu beantragen: **a)** die Verurteilung zur Vornahme einer Handlung; **b)** eine Fristsetzung für diese Vornahme; **c)** eine Verurteilung zur Entschädigung für den Fall eines fruchtlosen Fristablaufs. Die Vorschrift schafft keinen eigenen Anspruch, sondern setzt das Bestehen einer im sachlichen Recht vorgesehenen Vergütung für den Fall der Nichterfüllung der Handlungspflicht voraus, Anm 2 B, vgl § 283 BGB (das „Interesse" des § 893), Birmanns DGVZ 81, 148 mwN. Daher ist mit ihrer rechtskräftigen Zubilligung jeder Ersatzanspruch verbraucht. Eine „Verurteilung zur Vornahme einer Handlung" ist eine solche, die nach §§ 887–889 zu vollstrecken wäre, wenn auch die Zwangsvollstreckung im Einzelfall unzulässig sein mag.

Die Vorschrift ist auf eine Duldung oder auf die Herausgabe von Sachen nicht anwendbar, vgl BAG **5**, 78, ferner Köln OLGZ **76**, 478. Im arbeitsgerichtlichen Verfahren gilt § 61 IV ArbGG.

2) Voraussetzungen. A. Antrag. erforderlich ist ein Antrag des Klägers. Das Gericht entscheidet also nicht von Amts wegen. Der Antrag ist mündlich oder schriftlich bis zum Schluß der letzten mündlichen Verhandlung zulässig. Eine Begründung ist nicht erforderlich. Der Antrag macht den Anspruch auf den Ersatzbetrag rechtshängig. Da ihn aber § 510 b als Zwischenantrag behandelt, bewirkt er keine Anspruchshäufung nach § 260 und begründet deshalb keine Zusammenrechnung der Streitwerte nach § 5. Wenn er die sachliche Zuständigkeit des AG übersteigt, ist das unerheblich; insofern kommt keine Verweisung an das LG in Betracht. Eine Belehrung über die Beschränkungen der Zwangsvollstreckung durch § 888 a ist geboten, § 139. Nach einer Verweisung aus § 506 ist der Antrag nicht mehr zulässig.

B. Prüfungspflicht. Das Gericht darf keineswegs davon absehen, sich mit dem Antrag näher zu befassen, und zwar auch dann nicht, wenn die Beschaffung der Unterlagen schwierig ist. Das Wort „kann" in Hs 2 stellt, wie so oft, nicht ins Ermessen (das tut erst Hs 2), sondern nur in die Zuständigkeit, aM ThP 3 a, ZöSt 3 (aber der Kläger hat ein Rechtsschutzinteresse am Verfahren nach § 510 b).

C. Entschädigungsanspruch. Das Gericht muß prüfen, ob dem Kläger ein Entschädigungsanspruch nach sachlichem Recht zusteht und in welcher Höhe er in Betracht kommt, § 287. § 510 b gibt nicht selbst einen sachlichrechtlichen Anspruch, sondern erleichtert nur die Durchführung eines solchen. Der Bekl muß alle sachlichrechtlichen Einwendungen gegen den Anspruch vorbringen. Eine Aufrechnung ist unzulässig, weil der Anspruch noch nicht aufrechnungsfähig ist, § 387 BGB.

3) Entscheidung. Es sind folgende Entscheidungen möglich:

A. Keinerlei Anspruch. Im Fall einer Verneinung des Anspruchs auf die Vornahme der Handlung wird der Entschädigungsanspruch abgewiesen.

B. Vornahmeanspruch, aber kein Entschädigungsanspruch. Wenn der Anspruch auf die Vornahme der Handlung bejaht wird, ein Entschädigungsanspruch aber verneint wird, wird der Bekl zur Vornahme der Handlung verurteilt und die Klage im übrigen abgewiesen.

C. Vornahmeanspruch und Entschädigungsanspruch. Wenn beide Ansprüche bejaht werden, wird der Bekl zur Vornahme der Handlung verurteilt; ihm wird zugleich eine Frist gesetzt, er wird zugleich für den Fall des fruchtlosen Ablaufes zur Entschädigung verurteilt. Evtl wird die Zuvielforderung abgewiesen. Zu entscheiden ist auch über die Höhe der Entschädigung. Ein Urteil auf eine Fristsetzung und eine Zahlung allein ist nur im Fall des § 255 statthaft.

Auf die Bemessung der Entschädigung ist § 287 anwendbar. Die Höhe der Entschädigung ist frei abzuschätzen; das besagt auch § 510b Hs 2. Das ganze Urteil ist für vorläufig vollstreckbar zu erklären, obwohl § 888a die Zwangsvollstreckung begrenzt. Eine Vollstreckungsklausel ist ohne den Nachweis der Nichtvornahme der Handlung zu erteilen, § 751 Anm 1, Birmanns DGVZ **81**, 148 mwN, aM Köln MDR **50**, 432. Die Vornahme der Handlung oder der Fall, daß der Bekl nach dem Urteilserlaß nicht mehr imstande ist, sie vorzunehmen, eröffnen den Weg der Vollstreckungsabwehrklage, § 767.

510c (weggefallen)

Drittes Buch
Rechtsmittel

Bearbeiter: Dr. Albers

Grundzüge

1) Begriff und Wesen
(Neueres **Schrifttum:** Gilles, Rechtsmittel im ZivProzeß, 1972; dazu Bettermann ZZP **88**, 365; Schumann, Die Berufung in Zivilsachen, 2. Aufl 1980).

A. Rechtsbehelf ist jedes prozessuale Mittel zur Verwirklichung eines Rechts. Es kann das erste Mittel sein, wie die Klage, oder ein späteres, wie Einspruch, Widerspruch, Erinnerung und Wiederaufnahmeklage. **Rechtsmittel sind nach ZPO** (anders nach § 839 III BGB) **nur Berufung, Revision und Beschwerde,** also die Rechtsbehelfe, die eine Entscheidung vor ihrer Rechtskraft der Nachprüfung einer höheren Instanz unterbreiten.

B. Zum Wesen der Rechtsmittel gehört die Hemmungswirkung (Suspensiveffekt): das Rechtsmittel hemmt den Eintritt der Rechtskraft, § 705 Anm 2. Diese Wirkung kommt einem nicht statthaften Rechtsmittel iSv Anm 2 B a nicht zu, StJMü § 705 Rdz 4, ThP I 1 vor § 511, RoS § 137 II (vgl die Fälle in § 705 Anm 1 C a und b aa und bb). Dagegen hemmt das im Einzelfall unzulässige Rechtsmittel bis zu seiner Verwerfung die Rechtskraft, § 519b Anm 2 A u § 705 Anm 2 A, überwM, LSG Essen FamRZ **82**, 1037 (zustm Rüffer FamRZ **82**, 1039 mwN).

Die Hemmung erfaßt bei Berufung auch den nicht angefochtenen Teil der Entscheidung, solange eine Partei auch den nicht angefochtenen Rest durch Erweiterung des Rechtsmittels oder Anschließung der Nachprüfung des höheren Gerichts unterwerfen kann, BGH **7**, 143, so zB bei der Berufung nur wegen einer Folgesache im Verbund, § 623. Der nicht angefochtene Teil wird somit erst mit Schluß der mündlichen Verhandlung der Berufungsinstanz rechtskräftig, JW **30**, 2954; dagegen kann auch nicht mit Teilurteil über den nicht angefochtenen Rest angegangen werden, Mü NJW **66**, 1082. Er wird weiter rechtskräftig bei Verzicht auf Rechtsmittel, wo für den Gegner jede Beschwer fehlt, BGH **7**, 143. Werden bei Berufungseinlegung lediglich beschränkte Anträge angekündigt, so ist das idR noch keine Rechtsmittelbegrenzung, BGH NJW **58**, 343; infolgedessen kann auch nach Zurückverweisung auf Revision die Berufung um den zunächst nicht in die Berufungsinstanz gezogenen Rest erweitert werden, BGH **LM** § 536 Nr 9. Die Vollstreckbarkeit wird durch ein Rechtsmittel nur gehemmt, wo das Gesetz das besonders bestimmt.

C. Zum Wesen der Rechtsmittel gehört weiter die Anfallwirkung (Devolutiveffekt): die Zuständigkeit zur weiteren Behandlung fällt der höheren Instanz an. Dies gilt auch bei der Beschwerde, §§ 567, 577; der untere Richter kann freilich der einfachen (nicht der sofortigen) Beschwerde durch Abhilfe den Boden entziehen, § 571. Aus dieser Wirkung folgt der Grundsatz, daß kein unteres Gericht eine Entscheidung des höheren nachprüfen darf (Ausnahme s § 924 Anm 2 B).

2) Zulässigkeit und Begründetheit. A. Bei jedem Rechtsbehelf, also auch jedem Rechtsmittel, ist zu unterscheiden zwischen seiner Zulässigkeit und seiner sachlichen Berechtigung (Begründetheit).

B. Zulässigkeit ist eine besondere Prozeßvoraussetzung für die zur Entscheidung berufene Instanz, s Grdz 3 § 253. Fehlt sie, so ist das Rechtsmittel ohne Sachprüfung durch Prozeßurteil, Üb 2 § 300, als unzulässig zu verwerfen, Jauernig Festschr Schiedermair S 289, RoS § 137 I; die Rechtskraftwirkung ergreift die Sache selbst nicht. Fehlt die sachliche Berechtigung, so ist das Rechtsmittel als unbegründet zurückzuweisen; dieses Sachurteil äußert Rechtskraftwirkung in der Sache. Die Zulässigkeit darf bei Berufung und Revision auch dann nicht offen bleiben, wenn das Rechtsmittel unbegründet ist, ua deshalb, weil vom Inhalt des Urteiles die Wiederholbarkeit des Rechtsmittels und das Schicksal der unselbständigen Anschließung abhängen, RoS § 137 I, Jauernig Festschr Schiedermair S 289ff, ebenso die Zuständigkeit nach § 584, § 584 Anm 2 (wegen der Beschwerde s Üb 3 § 567).

Die Zulässigkeit im weiteren Sinne kann man spalten in **a)** die Statthaftigkeit, dh Zulässigkeit nach der Art der Entscheidung oder nach der Person, vgl RG HRR **30**, 825: Legt ein Unberechtigter ein Rechtsmittel ein, so gibt es keine Anfechtung wegen Irrtums, Grdz 5 E § 128, vielmehr ist das Rechtsmittel auf Kosten des Unberechtigten zu verwerfen, RG aaO,

b) die Zulässigkeit im engeren Sinne, dh im Einzelfall. So ist eine statthafte Berufung unzulässig im engeren Sinne, wenn die Beschwer fehlt.

C. Die Zulässigkeit eines Rechtsmittels setzt voraus: a) Erlaß (Verkündung oder Zustellung) einer mit diesem Rechtsmittel angreifbaren Entscheidung. Dabei bleibt gleich, ob die Entscheidung richtig und mängelfrei ist. Einen Rechtssatz, daß erhebliche Verfahrensmängel die Anrufung der höheren Instanz gegen eine sonst unanfechtbare Entscheidung ermöglichen, gibt es nicht, BGH **LM** § 511 Nr 8, s § 547 Anm 1. **b)** Einlegung des Rechtsmittels durch eine anfechtungsberechtigte Person, vgl dazu § 511 Anm 2. Anfechtungsberechtigt ist ein Prozeßunfähiger insoweit, als er geltend macht, zu Unrecht sei seine Prozeßfähigkeit verneint worden, BGH NJW **83**, 996 mwN u Hamm AnwBl **82**, 70 mwN (ganz hM), oder es habe kein Sachurteil gegen ihn ergehen dürfen, BGH FamRZ **72**, 35, ferner stets, wenn sich die Klage gegen seine zwangsweise Unterbringung richtet, BVerfG **10**, 302, BVerwG **1**, 229, OVG Bln NJW **73**, 868; **c)** Wahrung von Form und Frist, falls das Rechtsmittel befristet ist, **d)** Beschwer des Rechtsmittelklägers, zu der nur ausnahmsweise noch ein Rechtsschutzbedürfnis, Grdz 5 § 253, hinzutreten muß, unten Anm 3 C, vgl BGH **LM** § 511 Nr 11; **e)** in den meisten Fällen eine Beschwerdesumme, s § 511a Anm 3 A; **f)** bei Berufung und Revision (ausnahmsweise auch bei Beschwerde) eine formelle Begründung.

3) Beschwer

(**Schrifttum:** Baur, Festschrift für Lent, 1957, S 1ff; Ohndorf, Die Beschwer und die Geltendmachung der Beschwer als Rechtsmittelvoraussetzungen im dt ZPR, 1972; Kahlke ZZP **94**, 423).

A. Allgemeines. Ein Rechtsmittel ist nur zulässig, wenn die angefochtene Entscheidung eine Beschwer des Rechtsmittelführers enthält und wenn mit ihm die Beseitigung dieser Beschwer erstrebt wird, BGH FamRZ **82**, 1197 mwN, Karlsr FamRZ **80**, 682 (in diesem Fall wird dem Rechtsmittelführer die Möglichkeit eröffnet, das Rechtsmittel auch zur Erweiterung der Anträge zu benutzen, BGH FamRZ **82**, 1198, § 523 Anm 1). Streit besteht aber darüber, wie die Beschwer beschaffen sein muß RoS § 137 II 3 und Baur, aaO und JZ **65**, 186, bejahen eine solche nur bei Abweichung der Entscheidung vom gestellten Antrag (formelle Beschwer), Brox ZZP **81**, 379 fordert eine materielle Beschwer, dh die Nachprüfung, ob die ergangene Entscheidung dem Rechtsmittelkläger einen rechtlichen Nachteil bringt, die Urteilswirkungen aber eine von ihnen ihn belasten, wobei, auch von Grunsky ZZP **76**, 165 und bei StJ Allg Einl V 2b vor § 511, die Entscheidungsgründe in weiterem Maße, als durch die Rspr anerkannt, herangezogen werden. Bettermann ZZP **82**, 44 hält eine formelle oder eine materielle Beschwer für erforderlich und genügend.

a) Die Rspr fordert **für den Kläger** im allgemeinen die **formelle Beschwer,** vgl BGH NJW **75**, 539. Sie bejaht also eine Beschwer, **wenn die Entscheidung der Vorinstanz dem Rechtsmittelkläger etwas versagt, was er beantragt hat,** RG **100**, 208, stRspr. Bei unklarer Urteilsformel ist dies durch Heranziehung der Gründe zu ermitteln, BGH **LM** § 546 Nr 14. Beispiele für Beschwer: Verurteilung des Beklagten zu einer Zug-um-Zug-Leistung statt ohne diese Einschränkung (auch dann, wenn der unstreitige Tatbestand das Erbringen der Gegenleistung ergibt, BGH NJW **82**, 1048) oder Verurteilung nach dem Hilfsantrag, wo der Hauptantrag weiter ging, auch bei gleicher Höhe beider Anträge, wenn es sich um verschiedene Ansprüche handelt und der Hauptanspruch verneint wird: es entscheidet bei verschiedenen Ansprüchen die Rechtskraftwirkung, also worüber rechtskräftig entschieden werden sollte und worüber tatsächlich entschieden wurde, BGH **26**, 296, während, wenn nur ein Anspruch vorhanden ist, der aber rechtlich anders als vom Kläger bewertet wird (Kauf statt Pacht), bei demselben Streitgegenstand Beschwer nur insoweit vorliegen kann, als weniger zugesprochen ist, BGH MDR **59**, 486. Demgemäß ist Beschwer gegeben bei: Verurteilung im Grundurteil nur aus StraßenverkehrsG, wenn gleichzeitig der Anspruch auch mit unerlaubter Handlung begründet wird, selbst bei summenmäßig voller Verurteilung im Nachverfahren (anders, wenn die Tragweite beider Gründe gleich ist, § 521 Anm 1 B), BGH **LM** § 66 Nr 1; Einschränkung der Verurteilung in der Formel vor Vorabentscheidung nach § 304 (anders, wo dies nur in den Gründen geschieht), RG **97**, 29; vollständige Abweisung eines unbestimmten Klagebegehrens, BGH VersR **75**, 856, bei Teilabweisung in deren Umfang: Zusprechen eines Weniger, wo der Kläger einen in das richterliche Ermessen gestellten Betrag fordert (zB Schmerzensgeld), der zugesprochene aber hinter dem von ihm als Mindestbetrag bezeichneten zurückbleibt, Fenn ZZP **89**, 128 mwN, bei wesentlicher Unterschreitung auch dann, wenn keine Teilabweisung ausgesprochen ist, BGH VersR **79**, 472: der Kläger muß also verbindlich zu erkennen geben, welche Vorstellungen er hat,

BGH NJW **82**, 340, MDR **78**, 44; Verschweigen führt zur Verneinung der Beschwer, BGH NJW **82**, 340, Oldb VersR **79**, 657 mwN, insbesondere wenn der Kläger die Höhe seines Begehrens voll dem Ermessen des Gerichts unterstellt, BGH **45**, 91, was dann nicht der Fall ist, wenn er sich eine Streitwertfestsetzung zu eigen macht, BGH VersR **79**, 472, oder wenn der Streitwert als bestimmender Faktor höher als das Zugesprochene angegeben wird, BGH **45**, 91, KG VersR **72**, 279 (zur Beschwer bei unbestimmtem Klagantrag: Röhl ZZP **85**, 66; Zeuner, Festschrift Baur, 1981; Lindacher AcP **182**, 270); Beschwer für den Kläger liegt auch im Unterbleiben einer verfahrensrechtlich nötigen Kostenentscheidung, RG HRR **33**, 1619, deshalb auch, wenn die Kosten einem Dritten auferlegt sind, weil dann zwischen den Parteien überhaupt noch keine Kostenentscheidung ergangen ist, BGH NJW **59**, 291; ferner, wenn statt der vom Kläger beantragten Erledigung der Hauptsache auf Klagabweisung erkannt ist, auch wenn es dem Kläger nur oder überwiegend um eine Änderung der Kostenentscheidung geht, BGH NJW **72**, 112, dazu Zeiss JR **72**, 68; bei Aufhebung und Zurückverweisung in 2. Instanz, wenn der Berufungskläger Zurückweisung der Berufung beantragt hatte, BGH FamRZ **83**, 581 mwN, und auch dann, wenn der in 1. Instanz abgewiesene Kläger so beantragt hat, tatsächlich aber sein Sachbegehren weiterverfolgt, BGH NJW **65**, 441 (aM Baur JZ **65**, 186), da der Antrag nur ein Prozeßantrag und die Sache selbst dem Berufungsgericht angefallen ist.

b) Der Beklagte wird auch bei Fehlen oder Fortfall eines vollstreckungsfähigen Inhalts durch eine Verurteilung beschwert, da er Abweisung mangels Rechtsschutzbedürfnisses des Klägers erreichen kann, vgl Blomeyer ZPR § 97 II 1, Habscheid NJW **64**, 234, aM Bre NJW **64**, 259. Überhaupt wird man mit den Genannten und BGH NJW **55**, 545 für den Beklagten, der Abweisungsanträge nicht zu stellen brauchte, immer dann eine Beschwer als gegeben ansehen, wenn er eine zu seinen Gunsten abweichende Entscheidung erlangen kann (**materielle Beschwer**), Karlsr MDR **82**, 417 mwN, aM StJGr Allg Einl § 511 Rdz 53 u 59, RoS § 137 II 3c, Baur Festschrift für Lent S 1. Fälle: Verurteilung des Beklagten zum Ersatz jeden Schadens statt zu angemessener Entschädigung (Aufopferungsanspruch), BGH **22**, 46; Zurückverweisung statt Sachabweisung, BGH **31**, 361; Prozeß- statt Sachabweisung, BGH **28**, 349; Abweisung wegen Eventualaufrechnung statt ohne Berücksichtigung einer solchen, BGH **26**, 297 (ebenso bei Abweisung wegen Prinzipalaufrechnung, Bettermann NJW **72**, 2286, abw BGH **57**, 301); Abweisung als zZt unbegründet, wenn der Beklagte die endgültige Abweisung erstrebt, BGH **24**, 284, Hamm WertpMitt **81**, 62; Verurteilung trotz Tilgung der Forderung zwischen den Instanzen, wenn sie nach Meinung des Beklagten erst nach der Verurteilung fällig wurde, BGH NJW **75**, 539; Zwischenurteil, das den vom Kläger beantragten Parteiwechsel auf der Beklagtenseite gegen den Willen des alten und des neuen Beklagten für zulässig erklärt, BGH NJW **81**, 989 (Beschwer für beide); Anerkenntnisurteil, Karlsr MDR **82**, 417.

c) Beschwer fehlt zB: Für den Beklagten bei Klagabweisung wegen zulässiger und begründeter Erfüllung statt als unbegründet, RG **41**, 378, ebenso bei Klagabweisung als unbegründet statt als unzulässig, da die materielle Abweisung weitergehende Folgen hat, BVerwG MDR **77**, 867; für den Beklagten bei Abweisung als unzulässig wegen mangelnden Rechtsschutzinteresses statt Abweisung wegen Unzulässigkeit des Rechtsweges, BGH **LM** § 511 Nr 6; bei Verwerfung als unzulässig trotz Rechtsmittelrücknahme, RG JW **35**, 2635; für den Beklagten, wenn die Haftungsbeschränkung nach § 12 StVG nicht im Tenor ausgesprochen ist, die Gründe aber zweifelsfrei eine Leistungspflicht nur nach StVG ergeben, BGH NJW **82**, 447; für den Beklagten bei Verurteilung auf Hilfsanspruch zur Leistung an einen Dritten statt auf Hauptanspruch zur Leistung an den Kläger, RG **152**, 297; bei Erledigung der Hauptsache zwischen Urteil und Rechtsmittel, § 91a Anm 4, str, vgl Düss OLGZ **72**, 39, Zweibr OLGZ **75**, 44, OVG Münst NJW **73**, 1763 mwN (Beschwer fehlt nicht, wenn nach klagabweisendem Urteil eine Gesetzesänderung die Klage begründet sein läßt, der Kläger aber ein schutzwürdiges Interesse an der Erlangung eines Titels trotz Bereitschaft des Beklagten zu außergerichtlicher Anerkennung hat, BGH **LM** § 546 Nr 6); wenn sich das Rechtsmittel allein gegen die Urteilsbegründung richtet und nicht eine andere, sondern dieselbe Entscheidung nur mit einer anderen Begründung erstrebt wird, BGH NJW **82**, 579 mwN, Celle OLGZ **79**, 194, stRspr (dagegen ist der Unterlegene durch ein Urteil beschwert, wenn sich die nachteilige Bedeutung des Tenors aus den Gründen ergibt, BGH **24**, 284).

d) In **Ehesachen** ist die Rechtslage teilweise eine andere, Üb 4 B § 606. Beschwer ist unnötig für Rechtsmittel der Enteignungsbehörde im **Baulandverfahren**, BGH MDR **75**, 827: hier genügt das Anstreben einer abweichenden Entscheidungsformel (in der Regel nicht aber der Angriff gegen die Begründung, vgl BVerwG MDR **77**, 867; anders kann es bei Aufhebungs- und Bescheidungsurteilen, zB nach § 166 BBauG, liegen, Maetzel in Festschrift für den BayVGH, 1979, S 29–38). Beschwer im Kostenpunkt allein genügt nicht, § 99, vgl oben.

B. Beschwer muß bei Rechtsmitteleinlegung vorliegen, vgl StJ § 91a V 1 u II 2 vor § 511 (hier allerdings mit der Einschränkung, daß es bei Berichtigung von Unrichtigkeiten oder bei Ergänzungsurteil auf den Schluß der mündlichen Verhandlung ankomme); späterer Wegfall schadet regelmäßig nicht, BGH **1**, 29, also auch nicht, wenn die Klagforderung nach Abweisung und Rechtsmitteleinlegung erfüllt wird, vgl auch BAG JZ **66**, 73, § 511a Anm 4 bei „§ 4", auch nicht Wegfall des Rechtsschutzinteresses, BAG DB **61**, 1428; doch muß der Rechtsmittelkläger da die Hauptsache für erledigt erklären (es gilt dann § 91a); widrigenfalls ist als unbegründet zurückzuweisen, RG **66**, 47.

Das Rechtsmittel kann nicht erst eine Beschwer schaffen, oben 3 A. Es darf also nicht nur zum Zweck der Klagerweiterung, Karlsr MDR **81**, 235 mwN, oder der Widerklage eingelegt werden, RoS § 137 II 3a, oder bei vorhandener Beschwer sich nicht dagegen wenden, sondern nur die Möglichkeit schaffen, eine neue, der Sache nach in die 1. Instanz gehörige Angelegenheit in der Berufungsinstanz zu verfolgen, BAG DB **61**, 920, Oldb NdsRpfl **83**, 142 mwN (Beschwer ist aber zu bejahen, wenn der Kläger mit der Auskunftsklage abgewiesen ist und Berufung mit Antrag auf Zahlung einlegt, BGH **52**, 169). Das Rechtsmittel darf auch nicht allein einen noch in der 1. Instanz anhängigen, dort nicht beschiedenen Anspruch betreffen, BGH FamRZ **83**, 459, BGH **30**, 216. Ebensowenig darf ein in 1. Instanz beschiedener, aber nicht in die 2. Instanz gelangter Anspruch zum Gegenstand eines Rechtsmittels in der 3. Instanz gemacht werden, BGH FamRZ **83**, 684. Aus demselben Grunde kann der obsiegende Streithelfer des Klägers nicht nach Seitenwechsel auf Seiten des Beklagten Berufung einlegen, KG JR **49**, 349.

C. Trotz Beschwer kann für die Berufung ausnahmsweise das **Rechtsschutzbedürfnis** fehlen, RG **160**, 208, BGH WertpMitt **74**, 665. Das ist zB der Fall, wenn der Urteilsausspruch und der mit der Berufung verfolgte Antrag gleichwertig sind, BGH NJW **79**, 428.

4) Rechtsmittel bei mangelhafter Entscheidung. Siehe über solche Üb 3 § 300. **Schrifttum:** Jauernig, Das fehlerhafte Zivilurteil, 1958.

A. Scheinurteile, Ffm FamRZ **78**, 430, sind keine Urteile und daher keinem Rechtsmittel unterworfen, das aber zulässig ist, wenn Scheinwirkungen (zB Mitteilung des Urteils oder Erteilung einer vollstreckbaren Ausfertigung) eingetreten sind, BGH NJW **64**, 248. Solche Scheinurteile sind selten; hierhin gehört die Entscheidung durch ein Nichtgericht, nicht aber die nicht ordnungsgemäße Verkündung, Schlesw SchlHA **79**, 21. Gegen sie ist sonst ggf Klage auf Feststellung zulässig, daß der Gegner aus ihnen keine Rechte herleiten kann. Alle anderen Entscheidungen sind als Staatshoheitsakt nun einmal da; sie wirken bis zu ihrer Beseitigung durch ein Rechtsmittel. Über die scheinbare Ausnahme beim Aussetzungsbeschluß s § 248 Anm 2.

B. Formfehlerhafte (inkorrekte) Entscheidungen sind der Art nach falsche, etwa ein Versäumnisurteil statt eines streitmäßigen Urteils, oder zweifelhafte. Bei ihnen ist das statthafte Rechtsmittel oft zweifelhaft, worin eine große Gefahr für die Parteien liegt. Dazu gibt es unterschiedliche Lehrmeinungen: **a)** die subjektive: maßgebend ist, wie tatsächlich entschieden ist, also die prozessuale Form der Entscheidung; der Wille des Gerichts ist zur Auslegung heranzuziehen; **b)** die objektive: maßgebend ist, welche Entscheidung bei richtiger Behandlung hätte erlassen werden müssen; **c)** die vermittelnde: wahlweise ist das Rechtsmittel zulässig, das der getroffenen Entscheidung, oder das, das der richtigen Entscheidung entspricht, sog **Grundsatz der Meistbegünstigung** (hM, StJ III 1 vor § 511, RoS § 136 II 2, Jauernig § 72 IX, Blomeyer ZRP § 96 II, ThP Vorbem § 2 § 511, BGH NJW **79**, 43 u 658, ZZP **92**, 362 m zustm Anm Gottwald, BayObLG NJW **78**, 903). An sich gewährleistet nur die subjektive Theorie die erforderliche Sicherheit, weil bei ihr jede Partei weiß, woran sie ist; zudem läßt sich folgerichtig nur auf dem weiterbauen, was geschehen ist, und nicht auf dem, was hätte geschehen sollen. Gleichwohl hat sich der Grundsatz der Meistbegünstigung durchgesetzt. Danach ist sowohl das richtige als auch das der Entscheidungsform entsprechende Rechtsmittel gegeben, BGH **40**, 265, es sei denn, daß einer Partei durch den Fehler des Gerichts ein Vorteil erwachsen würde, den sie sonst nicht gehabt hätte, also eine sonst unanfechtbare Entscheidung anfechtbar würde, BGH **46**, 112, NJW **69**, 845. Fehler des Gerichts dürfen nicht zu Lasten der Partei gehen, BGH **LM** § 511 Nr 13, KG OLGZ **68**, 34. Bei der Unsicherheit der Rspr ist den Parteien anzuraten, im Zweifel jedes möglicherweise in Betracht kommende Rechtsmittel einzulegen, was dann so zu verstehen ist, daß das Rechtsmittelgericht nicht über das andere Rechtsmittel entscheiden soll; diese bedingte Art des Rechtsmittels ist unbedenklich, BGH **LM** § 232 Nr 32. Notfalls hat das zu Unrecht angegangene Gericht die Sache entsprechend § 281 zu verweisen, BGH NJW **79**, 43 u **80**, 1282. Freilich entstehen der Partei uU dadurch besondere Kosten. Daß eine Partei eine Instanz verliert, beweist nichts gegen die Richtigkeit der Auslegung einer Verfahrensvorschrift. **Die ZPO gewährleistet nicht unter allen Umständen jeder Partei den vollen Instanzenzug,** stRspr.

C. Das Rechtsmittelgericht hat das Verfahren in der Verfahrensart weiterzubetreiben, die der wahren Natur seines Prozeßgegenstandes entspricht, und in der Form zu entscheiden, die bei korrekter Entscheidung der Vorinstanz und dem danach gegebenen Rechtsmittel allein zulässig wäre, BGH MDR **66**, 232, BVerwG NJW **82**, 2460 mwN, VGH Mannh VBlBW **82**, 292 mwN, str, aM StJ Vorbem III 1a § 511, abw BVerwG **18**, 195 u OVG Münst NJW **74**, 1102 (Wahlrecht des Rechtsmittelgerichts).

D. Einige Beispiele für Anfechtung formfehlerhafter Entscheidungen:

Beschluß und Urteil. Beschluß statt Urteil gibt Beschwerde, BGH **21**, 147. Urteil statt Beschluß gibt Berufung, so namentlich im Arrest- u einstw VfgVerfahren, ebenso bei unzulässigem Kostenurteil statt Entscheidung durch Beschluß über die Kosten, BGH MDR **59**, 554, MDR **66**, 232. Anders bei bloßer Erörterung in den Gründen, zB über Ablehnung eines Sachverständigen, RG **60**, 110, oder eines Aussetzungsantrages, Hamm MDR **48**, 182.

Streitmäßiges oder Versäumnisurteil. Bei Zweifel fragt sich, ob das Gericht eine Folge der Versäumnis (nach hM der völligen, s Üb 2 § 330) aussprechen wollte. Wenn nein, liegt ein streitmäßiges Urteil vor, selbst wo ein Versäumnisurteil richtig war, und umgekehrt, LArbG Hamm NJW **52**, 559, vgl auch RG **90**, 43, stRspr.

Verweisung. Hat das Gericht, an das verwiesen ist, in 1. Instanz erkannt statt in zweiter, ist Berufung zulässig, RG **119**, 380.

Zwischenurteil. Nennt sich ein unzulässiges Zwischenurteil Teilurteil, so ist Berufung zulässig, vgl BGH ZZP **92**, 362 m zust Anm Gottwald. Nennt sich ein Zwischenurteil über den Grund, § 304, Zwischenurteil aus § 303 oder ist ein solches Urteil bei sachlicher Prüfung ein Grundurteil: Berufung, stRspr. Gegen ein Zwischenurteil aus § 280 ist Berufung gegeben, auch wenn es unzulässig war, RG HRR **30**, 444. Bei unzulässigem Urteil aus § 256 II, das in Wahrheit ein Zwischenurteil aus § 303 ist, ist Berufung zulässig, RG HRR **35**, 380. Ein unzulässig erlassenes Zwischenurteil bindet nicht, BGH **8**, 383.

5) Die Verfassungsbeschwerde ist kein zusätzliches Rechtsmittel, BVerfG **1**, 4; s Zuck, VerfBeschw Rdz 7 ff, Rupp ZZP **82**, 1. Vielmehr gewährt sie Rechtsschutz zur prozessualen Durchsetzung der Grund- und diesen gleichgestellten Rechte.

6) VwGO: *Die allgemeinen Grundsätze, Anm 1–3, gelten auch hier; zur Beschwer des Klägers bei einem stattgebenden Bescheidungsurteil, § 113 IV 2 VwGO, s BVerwG LS DÖV **82**, 785. Zur formfehlerhaften Entscheidung, Anm 4, im VerwProzeß vgl Maetzel MDR **69**, 345, VGH Mannh NJW **82**, 2460.*

Erster Abschnitt. Berufung

Übersicht

Schrifttum: Schumann, Die Berufung in Zivilsachen, 2. Aufl, 1980; Bischof, Der Zivilprozeß nach der VereinfNov, 1980.

1) Berufung findet statt gegen Endurteile 1. Instanz. Sie eröffnet eine neue Instanz; der gesamte, von ihr betroffene Prozeßstoff ist grundsätzlich neu zu prüfen und zu würdigen. Neue Tatsachen und Beweismittel (nova) dürfen nach Maßgabe der §§ 527, 528 in den Prozeß eingeführt werden. Wegen der Frage, ob sich das Berufungsverfahren erledigen kann, s § 91a Anm 4, Schulz JZ **83**, 331 mwN.

2) Über die Berufung gegen Urteile des AG entscheidet das LG, teils die ZivK, teils die KfH, §§ 72, 100 GVG, in Kindsch- u FamSachen das OLG, § 119 Z 1 GVG; wegen der Berufung gegen Urteile der Schiffahrtsgerichte s § 14 GVG Anm 2. Über die Berufung gegen Urteile des LG entscheidet das OLG, § 119 Z 3 GVG. Die Berufung gegen ein Urteil des **ArbG** geht ans LArbG: Das arbeitsgerichtliche Berufungsverfahren ist das landgerichtliche mit erheblichen Abweichungen, §§ 64 ff ArbGG; vgl dazu die Anm der folgenden §§.

3) Gebühren des Gerichts § 11 I GKG u KVerz 1020–1028, 1060, des RA 13/10 der Gebühren des § 31, § 11 BRAGO.

4) VwGO: *Gegen Endurteile (einschließlich der Teilurteile) und gegen Zwischenurteile, §§ 108 u 109 VwGO, sowie gegen GerBescheide, Art 2 § 1 EntlG, des VG findet die Berufung an das OVG (VGH) statt, § 124 I VwGO, soweit sie nicht beschränkt, § 131 VwGO und Art 2 § 4 EntlG, oder ausgeschlossen ist, zB nach § 339 LAG. Für das Berufungsverfahren gelten die erstinstanzlichen Vorschriften mit gewissen Abweichungen, § 125 I VwGO. Die Vorschriften der ZPO sind nach § 173 VwGO entsprechend anzuwenden, sofern die VwGO schweigt und die grundsätzlichen Unterschiede der beiden Verfahrensarten nicht entgegenstehen; vgl die Schlußanmerkungen zu den folgenden §§.*

511 Statthaftigkeit. Die Berufung findet gegen die im ersten Rechtszuge erlassenen Endurteile statt.

Vorbem. In **arbeitsgerichtlichen Streitigkeiten** gilt das gleiche, § 64 ArbGG.

1) Statthaftigkeit. A. Berufung ist statthaft, Grdz 2 § 511, gegen erstinstanzliche Endurteile; sie ist zulässig, wenn und soweit die allgemeinen Voraussetzungen ihrer Zulässigkeit vorliegen, Grdz 2 § 511. Ob Statthaftigkeit eines andern Rechtsbehelfs die Berufung ausschließt, ist nur nach Lage des Falls zu beantworten. Vgl auch Grdz 4 D § 511.

B. Endurteil ist ein Urteil, das den Prozeß für die Instanz endgültig entscheidet, § 300 Anm 1. Gleich bleibt, ob das Kollegium oder der Einzelrichter erkannt hat. Ein Urteil ist es erst, wenn es verkündet oder nach § 310 III zugestellt ist; vgl § 516 Anm 1. Endurteile sind auch Teilurteile, § 301, und ein Ergänzungsurteil, § 321, weiter das Prozeßurteil, Üb 2 § 300, die Ablehnung der Aufnahme des Verfahrens wegen fehlender Sachlegitimation des Nachfolgers nach Unterbrechung, § 239, ua. Den Endurteilen stehen für Rechtsmittel gleich das Vorbehaltsurteil, §§ 302, 599, die Vorabentscheidung über den Grund, § 304, das Zwischenurteil über Rügen der Unzulässigkeit der Klage, § 280, sowie ein Zwischenurteil, das die WiedEins ablehnt, BGH NJW **82**, 184 mwN, oder den vom Kläger beantragten Parteiwechsel auf der Beklagtenseite gegen den Willen des alten und der neuen Beklagten für zulässig erklärt, BGH NJW **81**, 989, nicht aber andere Zwischenurteile, vgl BGH NJW **52**, 25.

Nicht berufungsfähig sind von Endurteilen regelmäßig das Versäumnisurteil, § 513 (Ausnahme: § 513 II), das Ausschlußurteil beim Aufgebot, § 957, eine Kostenentscheidung, wenn nicht gleichzeitig Berufung in der Sache eingelegt wird, § 99 (unschädlich, wenn es dem Kläger bei Klagabweisung entgegen Erledigungsantrag vorwiegend oder nur auf eine Änderung der Kostenentscheidung ankommt, solange er den Sachantrag weiter verfolgt, BGH NJW **72**, 112; zur Anfechtung der Kostenentscheidung des Schlußurteils nach Teilurteil s § 99 Anm 2 B).

2) Berufungsberechtigt ist derjenige, gegen den sich das Urteil richtet, BGH **4**, 328, aber auch derjenige, der durch eine unrichtige Bezeichnung im Urteil betroffen ist, BGH MDR **78**, 307 mwN. Zur Berechtigung eines Prozeßunfähigen vgl Grdz 2 C § 511. Als Berufungsberechtigte kommen idR in Betracht: **a)** als Berufungskläger aa) eine Partei 1. Instanz, bb) eine Person, deren Eintritt als Partei die 1. Instanz abgelehnt hat, §§ 239, 265, 266, oder die gegen ihren Willen vom Gericht in das Verfahren einbezogen worden ist, BGH NJW **81**, 989 (Parteiwechsel auf der Beklagtenseite), cc) ein Streithelfer, auch in Verbindung mit seinem Beitritt: für ihn kommt nur die Beschwer der Partei in Betracht, Gorski NJW **76**, 811 gg Köln NJW **75**, 2108; jedoch hat ein Dritter, der im Anfechtungsprozeß des Vaters dem Kinde beigetreten ist, ein selbständiges Recht, Berufung einzulegen, § 640h Anm 1, str; legen die Hauptpartei und der Streithelfer Berufung ein, so handelt es sich bei der Erklärung des Streithelfers nicht um eine selbständige Berufung, BGH JZ **82**, 429; dd) der Staatsanwalt im Eheprozeß nach § 634, ee) jeder Gläubiger bei der Hinterlegungsklage aus § 856 II; **b)** als Berufungsbeklagte nur eine Partei 1. Instanz, nie Dritte wie der Streithelfer oder der eigene Streitgenosse. Streitgenossen stehen behauptend und leugnend selbständig da. Bei notwendiger Streitgenossenschaft, § 62, wirkt die Berufung eines Streitgenossen für den untätigen. Über Streithelfer s auch §§ 67 Anm 3, 69 Anm 2 B.

3) VwGO: *Es gelten §§ 124 I, 131. Zur Zulassungsberufung nach § 32 II AsylVfG vgl Ritter NVwZ **83**, 202.*

1. Abschnitt. Berufung § 511a 1, 2

511a *Berufungssumme.* **I** In Rechtsstreitigkeiten über vermögensrechtliche Ansprüche ist die Berufung unzulässig, wenn der Wert des Beschwerdegegenstandes siebenhundert Deutsche Mark nicht übersteigt.

II Der Berufungskläger hat diesen Wert glaubhaft zu machen; zur Versicherung an Eides Statt darf er nicht zugelassen werden.

Vorbem. A. Berufungssumme. Sie ist durch Art 2 Z 2 des Gesetzes zur Erhöhung von Wertgrenzen in der Gerichtsbarkeit v 8. 12. 82, BGBl 1615, mWv 1. 1. 83, Art 7, von 500,01 auf 700,01 DM erhöht worden. **Übergangsrecht** in Art 5 Z 2: **Die Vorschriften des neuen Rechts über die Zulässigkeit von Rechtsmitteln sind nur anzuwenden, wenn die anzufechtende Entscheidung nach dem Inkrafttreten dieses Gesetzes verkündet oder statt einer Verkündung zugestellt worden ist.** Die bisherige Berufungssumme von 500,01 DM bleibt danach maßgeblich, soweit die anzufechtende Entscheidung bis zum 31. 12. 82 verkündet oder statt einer Verkündung zulässigerweise zugestellt worden ist. Verkündung bzw Zustellung müssen also spätestens am 31. 12. 82 wirksam erfolgt sein; evtl kann bei Streitgenossen für den einen altes, für den anderen neues Recht anzuwenden sein. Bei Verkündung kommt es auf die Zustellung nicht an. Der Ablauf der Berufungsfrist ist ohne Bedeutung, Schaich NJW **83**, 554.

B. In arbeitsgerichtlichen Streitigkeiten ist die Berufung in nichtvermögensrechtlichen Streitigkeiten unbeschränkt zulässig, § 64 I ArbGG, dagegen in vermögensrechtlichen Streitigkeiten davon abhängig, daß der Wert des Beschwerdegegenstandes, Anm 3, 800 DM übersteigt oder das ArbGer die Berufung aus den in § 64 III ArbGG genannten Gründen (grundsätzliche Bedeutung, bestimmte Tarifvertragssachen, Divergenz) mit Bindungswirkung, § 64 IV ArbGG, zugelassen hat, § 64 II ArbGG, Philippsen pp NJW **79**, 1333, Grunsky BB **79**, 951, Dütz RdA **80**, 91.

1) Allgemeines. Da § 511a dem § 546 aF nachgebildet ist, betreffen die im folgenden aufgeführten Entscheidungen zumeist die Revisionssumme. Das **Erreichen der Berufungssumme ist Voraussetzung der Zulässigkeit der Berufung,** nicht ihrer sachlichen Berechtigung. Erweist sich die Berufung als in geringerer Höhe begründet, so ist sachlich zu entscheiden, der Mehranspruch also abzuweisen. Wegen Ausnahmen vgl Anm 6.

2) Berufungssumme (Rechtsmittelsumme). **A.** Eine Berufungssumme besteht nur für die **Berufung in vermögensrechtlichen Streitigkeiten** (Begriff Üb 3 § 1). Die Natur des Anspruchs entscheidet, auch wenn die Berufung nur eine Prozeßvoraussetzung betrifft. Demgemäß ist der Auskunftsanspruch, §§ 1605 u 1361 IV 4 BGB, vermögensrechtlich, BGH NJW **82**, 1651. Rechtsstreitigkeiten über die Gültigkeit von Satzungsbestimmungen usw einer AktGes, deren Unternehmensgegenstand geschäftlicher Art ist, betreffen stets vermögensrechtliche Streitigkeiten, BGH NJW **82**, 1525. Ansprüche auf Ehrenschutz sind nur dann vermögensrechtlich, wenn das Begehren in wesentlicher Weise auch zur Wahrung wirtschaftlicher Belange dienen soll, BGH MDR **83**, 655 mwN. Eine nichtvermögensrechtliche Streitigkeit wird nicht dadurch zu einer vermögensrechtlichen, daß der Kläger (einseitig) die Hauptsache für erledigt erklärt, BGH NJW **82**, 767. Betrifft die Berufung einen nichtvermögensrechtlichen Anspruch, der mit einem vermögensrechtlichen verbunden ist, so gilt **a)** keine Berufungssumme, wenn der vermögensrechtliche Anspruch nur ein Ausfluß des andern ist (Beispiel: Anspruch auf Widerruf, verbunden mit Schadensersatzanspruch); **b)** sind die Ansprüche voneinander rechtlich unabhängig, so ist für den vermögensrechtlichen die Berufungssumme nötig und nach § 5 zu berechnen. Einredeweises Vorbringen bleibt außer Betracht. Wegen Aufrechnung s Anm 4 (zu § 5). Werden mehrere Urteile angefochten, so muß für jedes die Berufungssumme erreicht sein, RG **163**, 252.

B. Erreicht der Streitwert nicht die erforderliche Berufungssumme und liegt keiner der Ausnahmefälle, Anm 6, vor, so ist das Urteil in vermögensrechtlichen Streitigkeiten unanfechtbar (krit dazu Kahlke ZRP **81**, 268 mit Vorschlägen de lege ferenda). Amtsgerichtliche Urteile sind gleichwohl nach allgemeinen Grundsätzen für vorläufig vollstreckbar zu erklären und werden erst mit dem Ablauf der Berufungsfrist rechtskräftig, auch wenn feststeht, daß die Berufungssumme nicht erreicht wird, vgl § 705 Anm 1 C u Anm 2.

Unanfechtbarkeit tritt auch bei Verletzung des Rechts auf rechtliches Gehör ein, BVerfG NJW **82**, 1454 mwN, BGH **43**, 19, NJW **78**, 1585, BayVerfGH BayVBl **83**, 367, und ebenso bei anderen schweren Fehlern, Waldner NJW **80**, 217 gegen Lüke NJW **79**, 2049 (eine Gegenvorstellung wegen Verletzung des rechtlichen Gehörs, Üb 1 Ca § 567, auch gegen unanfechtbare Urteile zuzulassen, ist ohne Gesetzesänderung nicht möglich, aM Seetzen NJW **82**, 2342; zu befürworten ist dagegen in diesem Fall die Zulassung einer Wiederaufnahmeklage entspr § 579 I Z 4, Braun NJW **81**, 425 u **83**, 1403). Einen zweiten Rechtszug braucht der Gesetzgeber auch bei Grundrechtsverletzungen nicht bereitzustellen, BVerfG **28**, 96, **42**, 248, NVwZ **83**, 405. Selbst bei schweren Fehlern versagt meist auch die Verfassungsbeschwerde, vgl BVerfG EuGRZ **80**, 93, sofern nicht der Anspruch auf rechtliches Gehör verletzt ist, BVerfG NJW **82**, 1453 u 1454, vgl Deubner NJW **80**, 263, oder Willkür vorliegt, BVerfG NJW **82**, 983, **80**, 1737.

3) Beschwerdewert, I. A. Der Wert des Beschwerdegegenstandes **muß 700 DM übersteigen.** Das gilt für alle Sachen. Dieser sog Beschwerdewert ist vom Streitwert zu unterscheiden. **Der Beschwerdegegenstand wird durch die Beschwer,** Grdz 3 § 511, **und durch die Anträge des Berufungsklägers bestimmt,** die für den Umfang der Nachprüfung maßgeblich sind; er kann nie höher sein als die Beschwer. Ist also das Gericht dem Antrag auf Erledigterklärung nicht gefolgt, sondern hat es die Klage abgewiesen, verfolgt der Kläger jenen Antrag aber weiter, so bemißt sich der Beschwerdewert nur nach dem Kosteninteresse, BGH **LM** § 9a Nr 11, ebenso idR bei einem Rechtsmittel des Beklagten gegen ein die Erledigung aussprechendes Urteil, zu beidem BGH NJW **69**, 1173. Wegen des maßgebenden Zeitpunkts für die Berechnung s unten Anm 4 (bei § 4). Zu berücksichtigen sind nur Anträge, die auch zulässig begründet sind, BGH BB **76**, 815 mwN. Bei **Zweifeln,** ob der Beschwerdewert erreicht ist, empfiehlt sich Berufungseinlegung ohne Rücksicht auf den Ausgang einer Streitwertbeschwerde, vgl Mü NJW **78**, 1489.

B. Der Beschwerdewert läßt sich nicht nachträglich oder künstlich herstellen, BGH NJW **73**, 370 mwN. So nicht durch Erstrecken der Klage auf einen Anspruch, der in Widerspruch mit der Sach- und Rechtslage nur zwecks Erreichung der Summe aufrechterhalten wird, BGH **LM** § 91a Nr 11; nicht durch Klagerweiterung, RG LZ **25**, 211; nicht durch Erhebung einer unzulässigen Feststellungs- oder Zwischenfeststellungsklage, BGH NJW **73**, 370, einer unzulässigen Widerklage oder Nichtbeachtung eines Verzichts, RG **139**, 222, durch nachträgliche Verrechnung von Gegenleistungen statt wie bisher auf Haupt- nun auf Nebenansprüche (Zinsen, Kosten). Den Beschwerdewert begrenzt nach oben, nicht nach unten, der Streitwert, stRspr. Der Berufungsbeklagte kann die Berufung nicht durch Verzicht auf einen Teil seines Anspruchs unzulässig machen, RG **165**, 87.

C. Einzelheiten: Mehrere Teilurteile sind nicht zusammenzurechnen. Bei Vorabentscheidung nach § 304 entscheidet allein der bisher verlangte Betrag. Bei gleichzeitiger Berufung gegen Vorabentscheidung und Schlußurteil ist Beschwerdewert für beide nötig, RG DR **40**, 1147. Bei Urteilen über Rügen der Zulässigkeit der Klage ist der Streitwert Beschwerdewert; so auch bei Einrede mangelnder Kostensicherheit. Beim Ergänzungsurteil sind die Beschwerdewerte dieses Urteils und des Haupturteils zusammenzurechnen (aM RG HRR **27**, 1151, sogar für den Fall, daß das Gericht den Anspruch übersehen hatte: Siehe aber § 517, der die Zusammengehörigkeit klarstellt; man sollte keine Entlastung durch Förmelei versuchen). Ein im Prozeß erhobener Entschädigungsanspruch aus §§ 302 IV, 717 II, III bleibt außer Betracht, sofern er nicht alleiniger Streitgegenstand oder durch Widerklage erhoben ist, RG **63**, 369. Bei Streit um die Zug-um-Zug zu erbringende Gegenleistung ist diese maßgeblich, BGH NJW **73**, 654. Stellt der Berufungskläger einen Haupt- und einen Hilfsantrag, genügt es, wenn einer von ihnen die Berufungssumme übersteigt, KG OLGZ **79**, 348, Schumann NJW **82**, 2802. Sind in erster Instanz Haupt- und Hilfsantrag zugesprochen, so sind die Werte zusammenzurechnen. Sind Haupt- und Hilfsantrag abgewiesen, gilt das gleiche, es sei denn, beide Anträge verfolgen wirtschaftlich das gleiche Ziel: dann ist der höhere Wert maßgeblich, Schumann NJW **82**, 2802 mwN. Ist der Hauptantrag abgewiesen, aber der Hilfsantrag zugesprochen, so entscheidet für die Höhe der Beschwer die des Hauptantrages, nicht des Unterschiedes zum Hilfsantrag, BGH **26**, 295. Ist Leistung beantragt, aber nur dem hilfsweise geltend genannten Feststellungsanspruch entsprochen, so ist unter Anwendung der wirtschaftlichen Betrachtungsweise nicht die Höhe des Anspruchs, sondern das Interesse des Klägers an dem Zusprechen der Leistungsklage die Beschwer, BGH NJW **61**, 1466. Bei Streitgenossen ist, wenn nur einer das Rechtsmittel einlegt, sein Teil maßgebend, RG **46**, 398; so auch bei notwendiger Streitgenossenschaft, RG JW **99**, 432. Sinkt durch Zurücknahme des Rechtsmittels durch einen Streitgenossen der Wert unter die erforderliche Summe, so ist das Rechtsmittel der übrigen unzulässig, BGH NJW **65**, 761. Bei unteilbarer Leistung oder Gesamthaftung kommt der ganze Streitwert in Frage, vgl BGH NJW **62**, 345. Erklärt das Urteil die Hauptsache für erledigt, so gilt größtenteils § 91a. Bei Teilerledigung erfolgt keine Hinzurechnung dieser Kosten, vielmehr muß der Rest der Hauptsache die Berufungssumme erreichen, BGH NJW **62**, 2252.

4) Berechnung, § 2. Der Beschwerdewert ist in sinngemäßer Anwendung der §§ 3–9 zu bestimmen:

§ 3. Über den Streitwert der Berufungsinstanz entscheidet das Berufungsgericht nach freiem Ermessen; eine Nachprüfung erfolgt in der Revisionsinstanz nur auf Ermessensfehler, BGH NJW **82**, 1765, soweit es um die Berufungssumme geht, dagegen uneingeschränkt hinsichtlich der Revisionssumme, § 546 II, § 546 Anm 3 A. Der Wert richtet sich ganz nach dem Interesse des Rechtsmittelklägers an der Abänderung, BGH WertpMitt **77**, 582, wird aber nach oben durch den Streitwert begrenzt, Anm 3 B. Die Wertfestsetzung gehört zur Prüfung der Zulässigkeit des Rechtsmittels, Parteierklärungen über die Höhe binden nicht. Gegenleistungen bleiben unberücksichtigt, auch wo sie von vornherein angeboten sind, s Anh § 3 unter „Gegenseitiger Vertrag". Ist eine Zug-um-Zug zu erbringende Gegenleistung allein Gegenstand des Rechtsmittels, so ist ihr Wert maßgeblich, nach oben begrenzt durch den Wert des Klaganspruchs, BGH NJW **73**, 654 m zustm Anm Kuntze JR **73**, 423. Bei einer Zinsforderung mit ungewissem Erfüllungszeitpunkt ist der Beschwerdewert nach freiem Ermessen festzusetzen, BGH MDR **82**, 36.

§ 4. Maßgebender Zeitpunkt für die Berechnung ist die Einlegung des Rechtsmittels. Eine bis dahin eingetretene Erhöhung oder Minderung nach Umfang oder Wert ist zu berücksichtigen, allgM. Spätere Veränderungen kommen nur in Betracht, soweit sie auf willkürlicher Beschränkung des Rechtsmittelklägers beruhen, was auch der nach dem in der mündlichen Verhandlung gestellten Berufungsantrag beurteilt, BGH NJW **83**, 1063 mwN (stRspr); wegen möglicher Berufungserweiterung s auch § 519 Anm 3 B. Ermäßigt der Berufungskläger die Anträge aus freien Stücken oder durch den bisherigen Verlauf des Rechtsstreits bestimmt (zB durch eigene Zahlung) unter die Rechtsmittelgrenze, so wird das Rechtsmittel unzulässig, BGH NJW **51**, 274; anders, wenn die Zahlung und damit die Ermäßigung nicht freiwillig erfolgten, BGH **LM** § 546 Nr 8 u 54 (etwa zur Abwendung der Zwangsvollstreckung, was ausdrücklich erklärt werden muß, Hamm NJW **74**, 1843), oder ob die Abweisungsantrag aufrecht erhalten bleibt und die Erledigungserklärung nur hilfsweise erfolgt, BGH NJW **67**, 564.

Zinsen sind nicht einzurechnen, auch wo sie zum Kapital geschlagen sind, RG DJ **35**, 1742, auch nicht die darauf entfallende Umsatzsteuer, BGH JZ **76**, 789, abw KG NJW **80**, 1856. Sind sie durch rechtskräftige Entscheidung über die Hauptsache zur Hauptsache geworden, so ist der Wert der Verzinsung entscheidend, Schlesw SchlHA **55**, 362, wobei das Interesse an ihrer Beseitigung sich nach wirtschaftlichen Gesichtspunkten bemißt, Ffm FamRZ **82**, 806. Entsprechendes gilt, wenn der Hauptanspruch durch Teilurteil erledigt wird und das Schlußurteil nur wegen der Zinsen erkennt, auch wenn gegen beide Rechtsmittel eingelegt werden, BGH **29**, 126, ferner dann, wenn Gegenstand der Revision eine Zinsforderung und Gegenstand der Anschlußrevision die Hauptforderung ist, BFH BStBl **77** II 36.

§ 5. Zusammenzurechnen ist bei Streitgenossen, auch gewöhnlichen, soweit ihr Rechtsmittel einheitlich ist, RG **161**, 351 (s für Streitgenossen auch 3 C); bei Rechtsmitteln gegen Streitgenossen erfolgt Zusammenrechnung, soweit die Beschwer sich nicht deckt, BGH **23**, 339, BAG NJW **70**, 1812 mwN. Klage und Widerklage sind mehrere Ansprüche auch für das Rechtsmittel derselben Partei, also zusammenzurechnen, hM, abw LG Gießen NJW **75**, 2206 m abl Anm H. Schmidt (dazu E. Schneider NJW **76**, 112); ebenso Klage u Hilfswiderklage, wenn der Eventualfall eintritt, BGH NJW **73**, 98. Anders für Rechtsmittel verschiedener Beteiligter oder wo Klage und Widerklage denselben Streitgegenstand betreffen, RG JW **29**, 3161. Zusammenzurechnen sind unbeschränkt berufungsfähige Ansprüche mit anderen, RG **164**, 326. Wegen Haupt- und Hilfsantrag s Anm 3 C. Beschwerdewert bei **Aufrechnung,** § 322 II (wegen Kostenstreitwert s Anh § 3 „Aufrechnung"), Pfennig NJW **76**, 1075: Zuerkannte Klagforderung und aberkannte Gegenforderung sind zusammenzurechnen, BGH **48**, 212 (vgl § 19 III GKG, dazu Hartmann Anm 4), auch bei für unbegründet gehaltener Prinzipalaufrechnung gegen eine unbestrittene Klagforderung, Bettermann NJW **72**, 2285, RoS § 137 FN 27 gegen BGH **57**, 301 u Mattern NJW **69**, 1088, nicht aber bei Verurteilung des Bürgen, der erfolglos mit einer Forderung des Hauptschuldners aufgerechnet hat, BGH NJW **73**, 146; dagegen Zusammenrechnung, wenn vorsorglich auch auf Aufrechnung gestützte Vollstreckungsabwehrklage abgewiesen wird, BGH **48**, 356; keine Zusammenrechnung bei Verurteilung des Beklagten wegen unzulässiger oder nicht zugelassener Aufrechnung, BGH JB **74**, 1249, ebensowenig bei Klagabweisung aufgrund prinzipaler oder eventueller Aufrechnung, BGH **KR** § 19 GKG Nr 33: Hier wird der Beschwerdewert für jede Partei durch die Höhe der verrechneten Forderung bestimmt, Bettermann NJW **72**, 2285. Bei Gesamtschuld ist der geforderte Betrag nur einmal, aber in voller Höhe auch gegen den Beklagten anzusetzen, von dem der Kläger weniger verlangt, RG HRR **40**, 1304.

§ 7. Der Rechtsmittelkläger kann sich nicht auf das höhere Interesse des Gegners an einer Grunddienstbarkeit berufen, wohl aber auf sein eigenes höheres Interesse, BGH **23**, 205.

§ 8. In den Rechtsmittelzügen ist die gesamte streitige Zeit allein nach § 8 zu berechnen, da § 4 I gegenüber dieser Sondernorm nicht zur Anwendung kommt, BGH **LM** § 4 Nr 12.

§ 9. Zwischen Klagerhebung und Rechtsmitteleinlegung fällig werdende wiederkehrende Leistungen sind nicht hinzuzurechnen.

Entsprechend anwendbar ist auch **§ 148 KO**, allgM.

5) Glaubhaftmachung, II. Den Beschwerdewert hat der Rechtsmittelkläger bis zum Ablauf der Berufungsfrist nach § 294 glaubhaft zu machen, wobei seine eigene eidesstattliche Versicherung ausgeschlossen ist. Mangels Glaubhaftmachung, die bis zur Verwerfung nach § 519b nachgeholt werden darf, ist nach § 3 zu schätzen, RG HRR **30**, 1262.

Den Beschwerdewert setzt das Berufungsgericht durch besonderen Beschluß oder in den Gründen der Entscheidung über das Rechtsmittel fest. Die **Festsetzung** kann nur zusammen mit dem Urteil angefochten werden, KG MDR **59**, 136, NJW **70**, 255. Beruht die Festsetzung auf § 3, kann der BGH sie nur auf Ermessensfehler prüfen, BGH NJW **82**, 1765. Wegen ihrer Bedeutung für den Kostenstreitwert s § 24 GKG, Einf 1 und 2 § 3.

6) Berufung ohne Berufungssumme. Keiner Berufungssumme bedarf es **a) in nichtvermögensrechtlichen Streitigkeiten,** Üb 3 § 1; **b) für die Berufung gegen Versäumnisurteile,** § 513 II 2; **c)** in entsprechender Anwendung dieser Bestimmung für die Berufung bei schuldloser oder nur scheinbarer **Versäumung der Frist des § 128 II bzw III** für die Einreichung von Schriftsätzen, Kramer NJW **78**, 1416, ThP § 128 Anm IV 4, Zö § 128 B I 3d, weil eine solche Analogie unter dem Gesichtspunkt des wirksamen Grundrechtsschutzes geboten ist, BVerfG **60**, 98 = NJW **82**, 1454, **61**, 78 u 119, dazu Seetzen NJW **82**, 2337; **d) für die Anschlußberufung,** § 521 Anm 1 B; **e) im Verfahren vor den Schiffahrtsgerichten,** § 9 G v 27. 9. 52, BGBl 641, idF des G v 14. 5. 65, BGBl 389.

7) VwGO: *Die Zulässigkeit der Berufung hängt nur in den Fällen des Art 2 § 4 EntlG von einer Berufungssumme ab, vgl § 2 Anm 4.*

512 **Vorentscheidungen der 1. Instanz.** Der Beurteilung des Berufungsgerichts unterliegen auch diejenigen Entscheidungen, die dem Endurteil vorausgegangen sind, sofern sie nicht nach den Vorschriften dieses Gesetzes unanfechtbar oder mit der Beschwerde anfechtbar sind.

Vorbem. Entsprechend anwendbar ist § 512 im **Verfahren der Arbeitsgerichte,** Grunsky ArbGG § 64 Rdz 22. Zu den erst mit dem Endurteil anfechtbaren Entscheidungen gehört hier auch das Grundurteil nach § 304, § 61 III ArbGG.

1) Grundsatz. Das Berufungsgericht hat auch die dem angefochtenen Endurteil vorausgegangenen Entscheidungen nachzuprüfen, zB alle Zwischenurteile nach § 303, Beweisbeschlüsse, Beschlüsse über Trennung und Verbindung und andere prozeßleitende Anordnungen des Gerichts. Einer Rüge bedarf es dazu nicht, BGH **4**, 7.

2) Ausnahmen. Nicht nachzuprüfen hat das Berufungsgericht die vorausgegangenen **Entscheidungen des Erstgerichts, die a) selbständig anfechtbar sind,** und zwar entweder mit der Berufung (Zwischenurteil nach § 280, Grundurteil § 304) oder mit der Beschwerde (zB Ablehnung eines Sachverständigen, BGH **28**, 305, Zwischenurteile im Streit zwischen der Partei und einem Dritten), oder aber **b) schlechthin unanfechtbar sind,** weil das Gesetz ein Rechtsmittel ausdrücklich ausschließt (zB §§ 46 II, 268, 281 II, 348 II 2), was auch für die verfahrenswidrige Zulassung neuen Vorbringens entgegen § 296 gilt, Köln NJW **80**, 2361. An die unter a) oder b) fallenden Entscheidungen der Vorinstanz ist das Berufungsgericht gebunden. Gleich bleibt, ob eine solche Entscheidung in das Endurteil aufgenommen worden ist, BGH **46**, 116 zu § 548; ebenso kommt es nicht darauf an, ob die selbständige Entscheidung im Falle a) angefochten worden ist und ob über die Anfechtung schon befunden war, StJGr Rdz 5. Die Bindung erstreckt sich aber nur auf die Entscheidung selbst, nicht auch auf ihre Begründung oder die aus ihr zu ziehenden Folgerungen, BGH LM Nr 4 (Verweisungsbeschluß).

3) VwGO: *Entsprechend anwendbar, § 173, zur Ergänzung von § 128 VwGO, EF § 128 Rdz 1, Kopp § 128 Rdz 3 und 4.*

512 a **Örtliche Zuständigkeit.** Die Berufung kann in Streitigkeiten über vermögensrechtliche Ansprüche nicht darauf gestützt werden, daß das Gericht des ersten Rechtszuges seine örtliche Zuständigkeit mit Unrecht angenommen hat.

Vorbem. Entsprechend anwendbar im **Verfahren der Arbeitsgerichte,** § 64 VI ArbGG, BAG **AP** Nr 1 u NJW **83**, 839, vgl Grunsky ArbGG § 64 Rdz 31.

1. Abschnitt. Berufung §§ 512, 513

1) Allgemeines. § 512a will vermeiden, daß die Sacharbeit der Vorinstanz aus förmlichen Gründen hinfällig wird. **Er bezieht sich nur auf vermögensrechtliche Ansprüche,** Begriff Üb 3 § 1. Sind solche mit anderen verbunden, so gilt das entsprechend, was in § 511a Anm 2 A gesagt ist. Die Vorschrift verstößt nicht gegen Art 3 oder 101 GG, BGH **24,** 50. Weiter geht für die Revisionsinstanz § 549 II, s dortige Erläuterungen.

2) Ortliche Zuständigkeit. A. Hat die 1. Instanz ihre örtliche Zuständigkeit, §§ 12–35, ausdrücklich oder stillschweigend bejaht, so **läßt sich keine Anfechtung auf örtliche Unzuständigkeit stützen,** auch nicht für den Rechtsmittelbeklagten, DR **41,** 1499. Dies gilt auch bei ausschließlicher Zuständigkeit, RG JW **32,** 1893, im Verfahren nach §§ 899ff, JW **32,** 182, oder bei begründeter gleichzeitiger Bemängelung der sachlichen Zuständigkeit. Die Vorschrift gilt auch, wenn über die örtliche Zuständigkeit abgesondert verhandelt und entschieden worden ist, § 280, Schlesw FamRZ **78,** 429. Die Gründe der Bejahung der örtlichen Zuständigkeit bleiben gleich, mag der Grund unrichtige Rechtsauffassung sein, etwa darüber, welche Behörde vertritt, § 18, RG **93,** 351, oder ein Irrtum über Tatsachen. Hat das untere Gericht seine Zuständigkeit verneint, so gilt keine Einschränkung, BAG NJW **83,** 839 mwN. Erledigt die die Zuständigkeit bejahende Entscheidung auch andere Fragen, so ist sie insoweit nach allgemeinen Vorschriften anfechtbar, BGH NJW **53,** 222.

Die entgegen § 512a eingelegte Berufung ist unbegründet, weil der geltend gemachte Angriff, nicht das Rechtsmittel versagt, Waldner ZZP **93,** 333 mwN, BGH MDR **80,** 203 (zu § 549 II). Etwas anderes gilt dann, wenn das Urteil ausschließlich über die örtliche Zuständigkeit ergeht und sie bejaht; hier ist die Berufung unzulässig, Waldner ZZP **93,** 333, § 280 Anm 3 A.

B. Nicht zur örtlichen Zuständigkeit gehört die Exterritorialität, §§ 18–20 GVG, RG **157,** 93. Auch die Bejahung der internationalen Zuständigkeit, Üb 1 C § 12, fällt nicht unter § 512a, BGH (GSZ) **44,** 46 (mit Bespr Neuhaus JZ **66,** 239, vgl BAG NJW **71,** 2143 m Anm Geimer NJW **72,** 407) und stRspr, BGH NJW **82,** 1947 mwN, weil es sich um etwas begrifflich anderes handelt, nämlich um die Frage, ob überhaupt ein deutsches oder ein ausländisches Gericht in der vermögensrechtlichen Sache (wegen nichtvermögensrechtlicher Sachen s § 606b Anm 2 B) zuständig sei, vgl auch Matthies NJW **53,** 547. Entsprechendes gilt für die inländische Zuständigkeit im Verhältnis zur DDR, BGH NJW **82,** 1947, zustm Böhmer JR **83,** 24.

3) Entsprechende Anwendung. § 512a ist entsprechend anwendbar auf die Beschwerde, HRR **25,** 225, und zwar auf jede (aM JW **28,** 745).

4) *VwGO:* *Entsprechend anzuwenden, § 173 VwGO, EF § 128 Rdz 1 u § 52 Rdz 40, BVerwG DÖV **76,** 751, OVG Lünebg VerwRspr **29,** 751 mwN, OVG Hbg FamRZ **77,** 152, OVG Saarlouis NJW **76,** 1909, aM RedOe § 128 Anm 2, Kopp § 45 Rdz 4 mwN, Ule VPrR § 17 III. Der Begriff der vermögensrechtlichen Streitigkeit ist nicht eng zu fassen, vgl Noll, Die Streitwertfestsetzung im VerwProzeß, 1970, Rdz 147ff.*

513 **Versäumnisurteile.** **¹** Ein Versäumnisurteil kann von der Partei, gegen die es erlassen ist, mit der Berufung nicht angefochten werden.

² Ein Versäumnisurteil, gegen das der Einspruch an sich nicht statthaft ist, unterliegt der Berufung insoweit, als sie darauf gestützt wird, daß der Fall der Versäumung nicht vorgelegen habe. § 511a ist nicht anzuwenden.

Vorbem. Im **Verfahren der Arbeitsgerichte** ist § 513 entsprechend anwendbar, Grunsky ArbGG § 64 Rdz 3, auch II 2, § 64 VI ArbGG, nachdem gemäß § 64 II ArbGG die Berufung in vermögensrechtlichen Streitigkeiten ebenso wie nach § 511a vom Wert des Beschwerdegegenstandes abhängt, Philippsen pp NJW **79,** 1334, Dütz RdA **80,** 91, LAG Hamm NJW **81,** 887; vgl zum früheren Recht Eich DB **77,** 911.

1) Grundsatz, I. Ein echtes, also gegen die säumige Partei ergangenes Versäumnisurteil, Üb 3 A § 330, **unterliegt nur dem Einspruch, nicht der Berufung.** Unechte VersUrt und Aktenlageentscheidungen, §§ 331a, 251a, sind berufungsfähig, darum bleibt immer zu prüfen, ob nicht eine Aktenlageentscheidung vorliegt, vgl RG **159,** 360. Für die Entscheidung, ob ein VersUrt vorliegt, ist nicht die Bezeichnung, sondern der Inhalt des Urteils maßgeblich, BGH VersR **76,** 251. Die Berufung führt zum gewöhnlichen Verfahren, in dem der Säumige die in der Berufungsinstanz zulässigen Einwendungen erheben kann. Ob ein Fall der Säumnis vorlag, ist nur beim zweiten VersUrt im Fachsinn, § 345, von Bedeutung, vgl auch § 345 Anm 1. Erläßt das Gericht ein VersUrt aus § 345 auf Verwerfung statt eines gewöhnlichen VersUrt, so ist Einspruch gegeben. Siehe wegen eines formfehlerhaften VersUrt sonst Grdz 4 § 511. Beschwert ein VersUrt den Kläger, so steht ihm die Berufung zu. Da der Beklagte Einspruch einlegen darf, ist bei beiderseitiger Anfechtung zweckmäßigerweise zunächst über den Einspruch zu entscheiden; den Rest berührt diese Entscheidung nicht. Wegen der Ehesachen s § 612.

2) **Berufung, II** (Schrifttum: Braun ZZP **93**, 443; Vollkommer ZZP **94**, 91). Sie kommt nur in Betracht, **wo der Einspruch unstatthaft ist,** was nur zutrifft bei einem zweiten VersUrt im Fachsinn, § 345, und wo ein VersUrt die WiedEins ablehnt, § 238 II (dieser Fall ist kaum praktisch). Das Erreichen der **Berufungssumme,** § 511a, **ist nicht erforderlich, II 2,** damit das rechtliche Gehör, Art 103 I GG, gesichert wird, Kramer NJW **78**, 1416; wegen der entsprechenden Anwendung dieser Bestimmung im Rahmen des § 128 II u III vgl § 511a Anm 6.

Voraussetzung, dazu Schumann **AP** Nr 5, ist weiter: Entweder **fehlende Säumnis** (Beispiele: fehlende oder verspätete Ladung; unwirksame Zustellung; fehlender Aufruf, LG Hbg NJW **77**, 1459; mangelnder Antrag auf VersUrt; Unterbrechung des Verfahrens), **oder unabwendbare Säumnis,** BAG NJW **72**, 790, **im Einspruchstermin** (auf Säumnis in der Verhandlung vor Erlaß des 1. VersUrt kommt es nicht an, hM, BGH **73**, 87 mwN). Dahin gehören auch die verspätete Bewilligung der rechtzeitig beantragten Prozeßkostenhilfe, HRR **40**, 1082, uU auch Nichtabwarten des erheblich verspäteten Aufrufs, LArbG Hamm MDR **73**, 618, oder überraschender Aufruf einer Sache trotz Rückstands in anderen, Peters NJW **76**, 675, ferner der Bruch der anwaltlichen Vereinbarung, kein VersUrt zu nehmen, BGH NJW **76**, 196, oder der Verstoß gegen die Zusage des gegnerischen RA, er werde für die andere Partei einen RA in Untervollmacht auftreten lassen, Karlsr NJW **74**, 1096, oder ein Verstoß gegen örtliche Übung und anwaltliches Standesrecht, BGH NJW **76**, 106, Nrnbg AnwBl **83**, 28, Ffm AnwBl **80**, 151, abl Peters NJW **76**, 675 (vgl aber zum Vorrang der Interessen des Mandanten BGH NJW **78**, 428, Nrnbg AnwBl **83**, 28); vgl § 337 Anm 1 B. Verwirft das 2. VersUrt den (zulässigen) Einspruch gegen einen **Vollstreckungsbescheid,** so kann die Berufung auf die verfahrensrechtliche Unzulässigkeit des Vollstreckungsbescheids gestützt werden, BGH **73**, 87, zustm Vollkommer ZZP **94**, 91, Peetz **LM** Nr 3, Orlich NJW **80**, 1782.

Nicht hierher gehören die Nichtabholung einer nach § 182 zugestellten Ladung, abw LAG Mannh JZ **83**, 620 (krit Braun), eine im Rahmen des Gesetzes liegende, aber zu kurz bemessene Ladungsfrist, die Ablehnung der vorher beantragten Terminsverlegung, BGH VersR **82**, 268 mwN, und auch der unzulässige Erlaß des 1. VersUrt, etwa bei fehlender Säumnis, Braun ZZP **93**, 443, BAG **AP** Nr 6 m abl Anm Vollkommer, vgl BGH **73**, 87 mwN, aM Vollkommer ZZP **94**, 93 mwN. Daß das aus anderen Gründen gesetzwidrige Ergehen des 2. VersUrt die Berufung eröffnet, wird von der hM abgelehnt; aM Orlich NJW **80**, 1782 u Vollkommer ZZP **94**, 91 (beide mwN), für den Fall der Unzulässigkeit der Klage oder ihrer Unschlüssigkeit auch Zö-Schneider III 1, Braun ZZP **93**, 443, Schumann ZZP **96**, 210 mwN, LAG Hamm NJW **81**, 887, Fuchs NJW **79**, 1306, dagegen Marcelli NJW **81**, 2558.

Der Berufungskläger muß das Fehlen oder die Unabwendbarkeit der Säumnis vollständig nach allen Richtungen in der Begründungsschrift schlüssig vortragen, BAG NJW **72**, 790, **AP** Nr 5 m Anm Schumann; die Bezugnahme auf eine Urkunde genügt nicht, BGH NJW **67**, 728. Anderenfalls ist die Berufung als unzulässig zu verwerfen. Bleibt die Behauptung beweislos oder ist sie widerlegt, wird die Berufung als unbegründet zurückgewiesen. Eine Anschlußberufung ist nicht zulässig, da nur darüber entschieden wird, ob ein Fall der Säumnis vorgelegen hat oder nicht, Bonn (LG) NJW **66**, 602.

3) **Unanwendbar** sind die Beschränkungen des § 513 auf die nach § 167 BBauG erlassenen Urteile der Baulandgerichte, Ernst-Zinkahn-Bielenberg § 167 Rdz 6.

4) **VwGO:** *Unanwendbar, vgl Üb 4 § 330.*

514 **Verzicht auf Berufung.** Die Wirksamkeit eines nach Erlaß des Urteils erklärten Verzichts auf das Recht der Berufung ist nicht davon abhängig, daß der Gegner die Verzichtleistung angenommen hat.

Vorbem. Im **Verfahren der Arbeitsgerichte** ist § 514 anwendbar, § 64 VI ArbGG, Grunsky ArbGG § 64 Rdz 12.

1) **Allgemeines.** § 514 behandelt den **Verzicht auf die Berufung nach Urteilsverkündung.** Nach allgM ist aber auch ein vorher vereinbarter Verzicht zulässig, BGH **28**, 48; er folgt aus der Möglichkeit, den Rechtsweg vertraglich auszuschließen, vgl Habscheid NJW **65**, 2369, Zeiss NJW **69**, 166. Für diesen Verzicht besteht kein Anwaltszwang; die Erklärung ist aber unwirksam, wenn der Vertreter einer jur Person den Verzicht unter offensichtli-

chem Mißbrauch seiner Vertretungsmacht erklärt, BGH MDR **62**, 374. **Der vorherige Verzicht** ist ein sachlich-rechtliches Rechtsgeschäft, BGH **2**, 114, **28**, 48, Blomeyer ZPR § 98 I 3; aM Baumgärtel Prozeßhandlungen 206: rein prozessual. Er ist nie einseitig und untersteht ganz dem bürgerlichen Recht, kann infolgedessen auch zugunsten eines Dritten wirken; ebenso RoS § 137 II 5, Nürnb BayJMBl **51**, 229. Auch stillschweigender Verzicht ist möglich; ein solcher Wille muß dann aber aus den Umständen eindeutig hervorgehen, BGH MDR **64**, 883. Nach bürgerlichem Recht richtet sich beim Verzicht auch die Bedeutung und Behandlung eines Willensmangels, RG HRR **27**, 651, sowie einer etwa notwendigen Genehmigung des Vormundschaftsgerichts. Ein solcher Verzicht beendet den Rechtsstreit nicht, macht aber die Berufung unzulässig. Zu beachten ist er nur auf Einrede: Da ein vorheriger Verzicht nicht bewirkt, daß das Urteil mit Verkündung rechtskräftig wird, BGH **28**, 52, aM Habscheid NJW **65**, 2372, kommt es auf die Beachtung der Rechtskraft nicht an; außerdem können die Parteien, da es sich um einen außergerichtlichen Vertrag handelt, diesen auch wieder aufheben, falls nicht schon Rechtskraft eingetreten ist, ferner ist die Gegeneinrede der Arglist mögl, BGH JZ **53**, 153. Dasselbe gilt für die Ausschließung der Berufung durch außergerichtlichen Vergleich, vgl RG HRR **34**, 969. Entsprechend § 514 ist der Verzicht auf andere Rechtsmittel und auf den Einspruch zu behandeln. Über den **Verzicht in Ehe- und Kindschaftssachen** s unten Anm 3 u §§ 617, 640.

2) Verzicht nach Urteil. A. Der Verzicht auf die Berufung (andere Rechtsmittel und Einspruch, Anm 1) nach Urteilsverkündung **ist eine einseitige Prozeßhandlung,** bedarf also keiner Annahme, untersteht auch nicht bürgerlich-rechtlichen Vorschriften, Grdz 5 D § 128, bedarf zB nicht der Genehmigung des Vormundschaftsgerichts, Blomeyer ZPR § 98 I 1. Er ist unwiderruflich, außer wo ein Restitutionsgrund vorliegt, RG DR **43**, 620, und auch nicht anfechtbar wegen Willensmangels nach den Grundsätzen des bürgerlichen Rechts, Grdz 5 E 128, RG **105**, 335, Stgt SJZ **46**, 176, das überhaupt für ihn nicht gilt; ebenso Blomeyer ZPR § 98 I 1 u 2, abw Orfanides, Die Berücksichtigung von Willensmängeln im Zivilprozeß, 1982. Somit läßt RG LZ **28**, 963 zu Unrecht den Einwand zu, der Verzicht verstoße als durch Ausnutzung einer Notlage erreicht gegen § 138 II BGB; allenfalls könnte ein Ersatzanspruch aus unerlaubter Handlung bestehen. Der Einführung eines außergerichtlichen Verzichts kann aber die Gegeneinrede des Rechtsmißbrauchs entgegengesetzt werden, BGH **LM** Nr 3 u NJW **68**, 794. Zulässig ist der Verzicht auch nach Berufungseinlegung ohne Einhaltung der Form der Rücknahme, RG **161**, 357, jedoch ist Einwilligung des Gegners erforderlich, wenn er sich dem Rechtsmittel angeschlossen und mündlich verhandelt hat, Celle NJW **63**, 1113, hM.

a) Der Verzicht ist zu erklären entweder gegenüber dem Gericht in mündlicher Verhandlung (dann ist formgerechte Protokollierung nötig, Hamm Rpfleger **82**, 111) oder schriftlich, auch vorm verordneten Richter. Dafür besteht dort, wo er vorgeschrieben ist, Anwaltszwang, dh der Verzicht muß durch einen prozeßbevollmächtigten RA erklärt werden, nicht durch einen nur eigens für den Verzicht ohne Information zugezogenen, RG DR **44**, 466, Stgt SJZ **46**, 176, oder gar durch einen Referendar, da dies keine ordnungsmäßige Vertretung ist, BGH **2**, 112; anders liegt es allenfalls, wenn der RA in einer Verhandlungspause informiert wird und, da er der Partei eine sachgemäße Wahrnehmung ihrer Interessen gewährleisten soll, nach Hinweis auf die Bedeutung des Verzichts diesen erklärt, vgl Zweibr OLGZ **67**, 26. Eine abweichende Meinung vertritt Jagusch SJZ **47**, 381, der das formale Auftreten genügen und nur eine standesrechtliche Nachprüfung zulassen will, ebenso Mü OLGZ **67**, 23, da die Wirksamkeit der vom RA vorgenommenen Prozeßhandlung nicht von der ordnungsgemäßen Wahrnehmung seiner Pflichten abhängen könne. Prozeßunfähigkeit des Verzichtenden macht im Anwaltsprozeß den Verzicht nicht unwirksam, sondern berechtigt nur zur Nichtigkeitsklage, § 579 Z 4, RG **110**, 230. Die Prozeßvollmacht ermächtigt zum Verzicht, auch in Ehesachen, RG **105**, 352.

b) Der Verzicht kann auch gegenüber dem Gegner erklärt werden, und zwar schriftlich oder mündlich, dagegen Zeiss NJW **69**, 166 (bei Erklärung vor Gericht ist dies aber idR nicht gewollt, sondern die Erklärung nur an das Gericht gerichtet). Der Verzicht unterliegt dann nicht dem Anwaltszwang, BGH NJW **74**, 1248, str, aM RoS § 137 II 5. Wegen eines stillschweigenden Verzichts s bei c).

c) In allen Fällen ist das Wort „Verzicht" nicht erforderlich, aber immer nötig, daß der klare, eindeutige Wille der Partei zum Ausdruck kommt, sie wolle ernsthaft und endgültig sich mit dem Urteil zufrieden geben und es nicht anfechten, BGH NJW **74**, 1248 mwN. Es können zB genügen: einseitige schriftliche Anzeige, die Parteien hätten sich verglichen, RG **105**, 353; mündlicher außergerichtlicher Verzicht gegenüber dem Gegner, RG **59**, 346; Beschränkung der Berufung auf einen Teilbetrag, wo Verzichtsabsicht eindeutig erhellt,

RG JW **30**, 3549; Erklärung, man gebe sich mit dem ergangenen Urteil zufrieden, RG JW **35**, 120, Kläger lege keine Berufung ein, BGH **LM** Nr 6, die Berufung habe sich erledigt, RG **161**, 355. Ein Verzicht ist auch stillschweigend möglich, zB durch Erfüllung, nicht jedoch, wenn diese unter dem erkennbaren Vorbehalt der Richtigkeit des Urteils, etwa nur zur Abwendung der Zwangsvollstreckung erfolgt, BGH NJW **81**, 1779 mwN.

Keinen Verzicht enthält zB die Erklärung, es werde nicht beabsichtigt, ein Rechtsmittel einzulegen, mit gleichzeitiger Bitte, Kostenrechnung zu übersenden, BGH **LM** Art 19 GG Nr 21, oder der Antrag auf Kostenerstattung; kein (Teil-)Verzicht liegt in der Stellung eines eingeschränkten Antrags nach Berufungseinlegung ohne Antrag, vgl BGH NJW **83**, 1562 mwN; erst recht nicht in der Erklärung, daß der Berufungskläger die Beschränkung als vorläufig ansehe, BGH **LM** § 318 Nr 2.

Im Einzelfall ist die Bedeutung eine Frage der Auslegung unter Würdigung aller Umstände, vgl BGH NJW **74**, 1248, Hamm FamRZ **79**, 944; dabei ist Vorsicht geboten, Grunsky Anm NJW **75**, 935. Inhalt und Tragweite eines gegenüber dem Gericht erklärten Verzichts sind danach zu beurteilen, wie die Erklärung bei objektiver Betrachtung zu verstehen ist, so daß es auf die Auffassungen der Verfahrensbeteiligten und des protokollierenden Richters auch dann, wenn sie übereinstimmen, nicht ankommt, BGH NJW **81**, 2816.

B. Teilverzicht auf einen von mehreren Ansprüchen oder auf den abtrennbaren Teil eines Anspruchs ist statthaft, RG **55**, 277, zB bei Verbundurteilen, § 629, ein Verzicht nur hinsichtlich des Scheidungsausspruchs, vgl BGH NJW **81**, 2816. Von Streitgenossen verzichtet jeder für sich. Bei notwendiger Streitgenossenschaft, § 62, wirkt der Verzicht eines Streitgenossen **a)** außerhalb der Verhandlung nur gegen ihn (wenn aber ein anderer Streitgenosse ein Rechtsmittel einlegt, ist der Verzichtende trotzdem Partei, RG **157**, 38, § 62 Anm 4 C b), **b)** in der mündlichen Verhandlung gegen alle unter den Voraussetzungen des § 62 oder bei unterlassenem Widerspruch.

3) Wirkung des Verzichts. Das Rechtsmittel ist, falls der Verzicht der anderen Partei gegenüber erklärt wird, auf Einrede als unzulässig zu verwerfen, BGH **LM** Nr 3. Die vertragliche Aufhebung des Verzichts ist vor Rechtskraft zulässig, RG **150**, 395, nach Rechtskraft unzulässig, RG JW **37**, 1438. Anschlußberufung, § 521, bleibt möglich. Ist der Verzicht dem Gericht gegenüber durch einen bevollmächtigten und zugelassenen RA erklärt, so erfolgt die Prüfung vAw und führt ggf zur Verwerfung eines etwa eingelegten Rechtsmittels durch Beschluß als unzulässig, BGH **27**, 60. Mit Rücksicht auf den Grundsatz der Einheitlichkeit der Entscheidung und der Möglichkeit, daß in **Ehesachen** auch der nicht beschwerte Ehegatte Rechtsmittel zum Zwecke der Klagerücknahme und Eheaufrechterhaltung einlegen kann, müssen beide Ehegatten auf Rechtsmittel verzichten, um ein Scheidungsurteil rechtskräftig zu machen, BGH **4**, 314, Oske MDR **72**, 14 mwN, bei Verbundurteilen, § 629, außerdem alle anderen Beteiligten, § 629a Anm 1 B.

4) VwGO: Entsprechend anzuwenden, § 173 VwGO, Kopp § 126 Rdz 6. Der Verzicht auf die Berufung wird in § 127 VwGO, der § 521 nachgebildet ist, als zulässig vorausgesetzt. Seine Wirkungen sind die in Anm 3 dargestellten.

515 *Zurücknahme der Berufung.* **I** Die Zurücknahme der Berufung ist ohne Einwilligung des Berufungsbeklagten nur bis zum Beginn der mündlichen Verhandlung des Berufungsbeklagten zulässig.

II Die Zurücknahme ist dem Gericht gegenüber zu erklären. Sie erfolgt, wenn sie nicht bei der mündlichen Verhandlung erklärt wird, durch Einreichung eines Schriftsatzes.

III Die Zurücknahme hat den Verlust des eingelegten Rechtsmittels und die Verpflichtung zur Folge, die durch das Rechtsmittel entstandenen Kosten zu tragen. Auf Antrag des Gegners sind diese Wirkungen durch Beschluß auszusprechen. Der Beschluß bedarf keiner mündlichen Verhandlung und ist nicht anfechtbar.

Vorbem. Im **Verfahren der Arbeitsgerichte** ist § 515 entsprechend anwendbar, § 64 VI ArbGG.

Gliederung

1) Allgemeines
2) Zulässigkeit der Berufungsrücknahme
3) Rücknahmeerklärung
4) Wirkung
  A. Verlust des Rechtsmittels
  B. Kosten
  C. Ausspruch durch Beschluß
5) Streit über Rücknahme
6) *VwGO*

1. Abschnitt. Berufung § 515 1–3

1) Allgemeines. In der Berufungsinstanz sind **zu unterscheiden a) Berufungsrücknahme:** Sie erledigt nur die eingelegte Berufung, s Anm 4; **b) Verzicht auf Berufung:** Er gibt jeden Anspruch auf Nachprüfung und Abänderung der Entscheidung auf, § 514; **c) Klagrücknahme:** Sie erledigt die Klage, § 269; **d) Verzicht auf den Anspruch,** § 306. Was die Partei erklären will, ist notfalls durch Auslegung und Ausübung des Fragerechts, § 139, zu ermitteln. Auch die Erledigungserklärung des Berufungsklägers kann ausnahmsweise eine Rechtsmittelzurücknahme sein, so wenn er ohne weiteres Interesse an der Klagedurchführung die Hauptsache für erledigt erklärt; das ist aber dann nicht der Fall, wenn er entgegen III die Kosten dem Gegner auferlegt wissen will, BGH **34**, 200.

2) Zulässigkeit der Berufungsrücknahme, I. A. Sie ist ähnlich der Klagerücknahme geregelt. **a) Bis zum Beginn der mündlichen Verhandlung des Berufungsbeklagten, aber noch nach der eigenen, darf der Berufungskläger unbeschränkt und einseitig zurücknehmen.** Ein Verhandeln zu Prozeßvoraussetzungen der Berufungsinstanz schadet nicht; der Berufungsbeklagte handelte arglistig, wenn er den Berufungskläger an der Rücknahme der als unzulässig bekämpften Berufung hindern wollte, hM, StJGr 3. Dagegen schadet Verhandeln zu allgemeinen Prozeßvoraussetzungen. Bloßes Verlesen des Antrags ist keine Verhandlung. Anders liegt es beim Verlesen eines Anschließungsantrags, weil Anschließung die Berufung voraussetzt, hM. Eine einseitige Verhandlung des Berufungsbeklagten schließt die freie Rücknehmbarkeit jedenfalls dann aus, wenn beide Parteien erschienen waren, BGH MDR **67**, 32, Münzberg ZZP **94**, 330. Sie steht aber der Rücknahme nicht entgegen, wenn das in diesem Termin gegen den Berufungskläger beantragte Versäumnisurteil nicht erlassen werden darf oder zwar erlassen wird, von ihm aber mit dem zulässigen Einspruch angefochten wird, BGH NJW **80**, 2313 m krit Anm Münzberg ZZP **94**, 330. **b) Nach Beginn der mündlichen Verhandlung des Berufungsbeklagten ist die Rücknahme nur mit dessen Einwilligung möglich.** Dies gilt bis zur Beendigung der Berufungsinstanz, RG HRR **30**, 1157. Sie ist beendet mit Rechtskraft oder Revisionseinlegung, § 176 Anm 2 D, nicht vorher: Weder Urteilsverkündung noch Zurückverweisung noch ein Nachverfahren hindern die Rücknahme. Die Einwilligung ist entsprechend dem in § 269 Anm 2 C Gesagten zu erklären; sie kann auch von der nicht vertretenen Partei selbst oder von dem Anwalt 1. Instanz erklärt werden, vgl § 78 Anm 1 C. Bei Weigerung bleibt die Berufung wirksam. Die Einwilligung ist unwiderruflich, Grdz 5 G § 128, § 128, ihre Versagung ebenfalls, doch hindert sie eine neue Rücknahme mit Einwilligung nicht, RG **159**, 298. **c)** In beiden Fällen ist **Verfügungsbefugnis des Rechtsmittelklägers** nötig; sie fehlt ihm, wenn nach Einlegung des Rechtsmittels der Konkurs eröffnet worden ist, BGH WertpMitt **78**, 523. Jedoch kann der Prozeßunfähige eine von ihm selbst eingelegte Berufung stets wirksam zurücknehmen, Grdz 2 C § 511.

B. Zulässigkeit der Berufung ist nicht Voraussetzung ihrer Rücknahme. Rücknahme ist im ganzen möglich oder für einen abtrennbaren Teil, RG **134**, 132. Teilrücknahme liegt vor, wo nach voller Anfechtung (die in Berufung ohne Antrag nicht liegt, BGH NJW **68**, 2106 u Blomeyer NJW **69**, 50) ein beschränkter Antrag gestellt ist, RG JW **37**, 811. Eine Erweiterung auf diesen Teil ist dann nicht mehr statthaft, RG JW **30**, 2955, auch nicht bei späterer Bewilligung der Prozeßkostenhilfe, RG **142**, 65.

C. Die vertragliche Verpflichtung zur Berufungsrücknahme ist statthaft und entsprechend der außergerichtlichen Verpflichtung zur Klagrücknahme, etwa durch Vergleich, zu behandeln, s § 269 Anm 2 B. Betreibt der Berufungskläger die Berufung, so führt die Einrede der prozessualen Arglist zu ihrer Verwerfung als unzulässig, Kblz HEZ **1**, 315, vgl RG **123**, 85 (anders RG JW **24**, 966: die sachlich-rechtliche Grundlage entzogen, darum Zurückweisung). Die Mitteilung, man habe Auftrag zur Rücknahme gegeben, ist weder eine Rücknahme noch auch nur ein Vertragsantrag, RG ZZP **55**, 425. Späterer Streit über den sachlichen Inhalt des Vergleichs macht die erklärte Rücknahme nicht hinfällig, RG **152**, 324. Eine Anfechtung wegen Willensmangels ist ausgeschlossen, schon weil der Schwebezustand sich mit einem geordneten Prozeßgang nicht verträgt, RG **152**, 324.

3) Rücknahmeerklärung, II. A. Die Erklärung der Berufungsrücknahme ist entsprechend der Erklärung der Klagrücknahme geregelt, s § 269 Anm 3. **Sie ist Prozeßhandlung und,** wenn wirksam, vgl B, **unwiderruflich,** vgl auch Bre NJW **56**, 1037 (auch keine Beseitigung durch Parteivereinbarung, RG **150**, 394) und den Grundsätzen des bürgerlichen Rechts nicht unterworfen, s Grdz 5 D, E § 128. Deshalb ist jede Anfechtung und jeder Widerruf wegen Irrtums ausgeschlossen, auch dann, wenn die Gegenpartei diesen verursacht hat, aM Hannover (LG) NJW **73**, 1757, abw Orfanides, Die Berücksichtigung von Willensmängeln im Zivilprozeß, 1982. **Ausnahmsweise ist Widerruf statthaft,** wo das Berufungsurteil der Restitutionsklage aus § 580 unterläge, weil da ein vorheriges Urteil ein sinnloser Umweg wäre, RG 150, 395; im Gegensatz zu dieser Entscheidung ist jedoch in den Fällen einer Eides- oder Wahrheitspflichtverletzung ein Widerruf nur dann möglich, wenn das Strafverfahren durchgeführt ist, sofern ein solches nicht etwa unmöglich ist, BGH 12, 286; ist es unmöglich, so ist ein Widerruf später als 5 Jahre ausgeschlossen, BGH MDR 58, 670. Auch wenn die Voraussetzungen des § 581 noch nicht erfüllt sind, ist Widerruf aber nur innerhalb eines Monats nach Kenntnis der dazu berechtigenden Tatsachen möglich, BGH 33, 73. Abweichend von dieser Rspr hält Gaul ZZP 74, 49 u 75, 267 zur Geltendmachung des Widerrufs stets die Wiederaufnahmeklage für notwendig, will also der Wiedereröffnung die Prüfung der Zulässigkeit und des Grundes der Wiederaufnahme vorschalten. Als Prozeßhandlung ist der Widerruf auch in der Revisionsinstanz nachprüfbar, RG 134, 132. Eine unwirksame Rücknahme kann, wenn sie vom Gegner angenommen worden ist, vertraglich zur Rücknahme verpflichten, s Anm 2 C.

B. Erklärung: Sie ist abzugeben **a)** mündlich in mündlicher Verhandlung zu Protokoll, § 160 III Z 8, **b)** sonst durch Einreichung eines Schriftsatzes auf der Geschäftsstelle des Berufungsgerichts, mag auch die Berufung bei einem anderen Gericht wirksam eingelegt sein, zB nach § 13 BinnSchVerfG, BGH VersR 77, 574; die erforderliche Zahl von Abschriften ist beizufügen, § 253 V; die Geschäftsstelle stellt zu, § 270. Immer besteht für die Abgabe der Erklärung Anwaltszwang, § 78, jedoch kann die vom vorinstanzlichen RA oder von der Partei selbst eingelegte Berufung in gleicher Weise zurückgenommen werden, vgl BVerwG 14, 19, LG Bre NJW 79, 987, weitergehend BFH BStBl 81 II 395: immer auch durch die Partei selbst (für Klagrücknahme § 78 Anm 1 C und § 269 Anm 3 B). Die Erklärung braucht nicht notwendig ausdrücklich, muß aber eindeutig und bedingungslos sein. Jede Rücknahme muß einwandfrei ergeben, auf welche Berufung sie sich bezieht, RG HRR 30, 352. Eine Rücknahme unter offensichtlichem Mißbrauch der Vertretungsmacht durch den Vertreter einer jur Person ist unwirksam, BGH **LM** Nr 13.

C. Bei Streitgenossen handelt jeder selbständig. Bei notwendiger Streitgenossenschaft, § 62, verliert jeder Streitgenosse durch seine Rücknahme nur das eigene Rechtsmittel, bleibt aber trotzdem wegen der Berufung des anderen Streitgenossen Berufungskläger, RG 157, 38. Hatte er allein Berufung eingelegt, so können die anderen die Berufung aufrechterhalten. Der Streithelfer darf die Berufung der eigentlichen Partei nicht zurücknehmen, § 67 Anm 2 D.

D. Eine Beschränkung des Berufungsantrags kann sein **a)** Verzicht auf den Restanspruch, **b)** teilweise Klagrücknahme, **c)** teilweise Berufungsrücknahme (aber nur, wenn ein weitergehender Antrag gestellt war), **d)** Erklärung, das Verfahren insoweit einstweilen nicht zu betreiben. Die Erklärung zu a steht einer späteren Erweiterung der Berufung nicht entgegen, RG 152, 44, während durch Erklärungen zu a–c ein endgültiger Zustand geschaffen würde, vgl aber auch Anm 4 A. Für Berufungsrücknahme spricht keine Vermutung, vgl RG JW 35, 2281. Vielmehr ist durch Auslegung zu ermitteln, was vorliegt; das Revisionsgericht prüft frei nach, RG aaO.

4) Wirkung, III. A. Der Berufungskläger verliert das eingelegte Rechtsmittel, also nur diese Berufung, nicht das Recht der Berufung überhaupt, wie die Fassung klarstellt. Das entspricht dem Bedürfnis und der Regelung der Klagrücknahme. Hat der Berufungskläger mehrmals Berufung wegen desselben Anspruchs eingelegt, so erledigt eine Rücknahme regelmäßig sämtliche Berufungen. Anders liegt es, wenn er etwa nur eine der Berufungen als überflüssig zurücknehmen will. Was er will, ist festzustellen. Betrifft die Rücknahme nur die eingelegte Berufung, so kann der Berufungskläger diese in der Notfrist erneuern. Rechtskräftig wird das angefochtene Urteil mit Verlust der eingelegten Berufung nicht. Die Rechtskraft tritt, wenn Rücknahmefrist abgelaufen ist, mit Rücknahme ein; keine Rückdatierung entsprechend § 269, KG JZ 52, 424, Blomeyer ZPR § 88 I 2b, aM Bötticher JZ 52, 424, vgl auch § 519b Anm 2 A.

B. Der Berufungskläger muß die Kosten der Berufung tragen, soweit nicht durch **Vergleich** (auch außergerichtlichen), BGH NJW 61, 460, KG VersR 74, 979, **oder rechtskräftiges Urteil bereits über sie befunden ist.** Neben § 515 III sind §§ 95–97 unanwendbar; der Berufungskläger ist ohne jede Prüfung in diese Kosten zu verurteilen, JW 30, 2995 (auch keine Verurteilung des RA, der ohne Prozeßvollmacht Berufung eingelegt hat, wohl aM Köln NJW 72, 1330). Auch § 98 ist unanwendbar, wenn die Berufung in Erfüllung eines außergerichtlichen Vergleichs ohne Kostenregelung zurückgenommen wird, Brschw NdsRpfl 77, 104 (unter zu enger Beschränkung auf bestimmte Fälle). Bei Rücknahme in

FamS, die im Verbund FolgeS sind, § 623, richtet sich die Kostenentscheidung einheitlich nach III und nicht teilweise nach § 13a FGG, Bbg **KR** Nr 39, Düss JB **80**, 1735, Mü FamRZ **79**, 734, str, aM Hbg FamRZ **79**, 326. Streitwert: Die gerichtlichen und außergerichtlichen Kosten bis zum Antrag auf Verlusterklärung und auf Kostenentscheidung, BGH **15**, 394 gegen RG **155**, 382.

Im Falle **unselbständiger Anschlußberufung** trägt bei Zurücknahme der Hauptberufung vor Beginn der mündlichen Verhandlung oder ihrer Verwerfung als unzulässig wegen mangelnder Begründung der Berufungskläger die Kosten auch der Anschlußberufung, sofern diese zulässig war, BGH **4**, 229, BGH – GS – NJW **81**, 1790, Bbg JB **79**, 904 (aM Brschw NJW **75**, 2302: § 91 a entsprechend), einschließlich der durch eine etwaige Säumnis des Anschlußberufungsklägers entstandenen Mehrkosten, Düss MDR **83**, 64 mwN, desgleichen die Kosten der mit der Anschlußberufung erhobenen Widerklage, Karlsr OLGZ **66**, 42 (nicht aber Mehrkosten wegen Erweiterung der Widerklage auf einen Dritten, Köln VersR **77**, 62). Hingegen trägt die Kosten der unselbständigen Anschlußberufung der Anschlußberufungskläger, wenn die Anschlußberufung unzulässig war, BGH NJW **83**, 578 mwN, oder wenn die zurückgenommene Berufung von vornherein unzulässig war, vgl BGH JZ **77**, 105 mwN, BFH BStBl **77**, II 430, Hamm **KR** Nr 38, oder vor Einlegung der Anschlußberufung zurückgenommen wurde, mag ihm das auch unbekannt sein, BGH **17**, 399 u **67**, 307, desgleichen, wenn er in die Zurücknahme der Hauptberufung eingewilligt hat, sofern die Einwilligung erforderlich war, BGH – GS – NJW **81**, 1790 (wenn sie nicht erforderlich war, aber erteilt wurde, stellt es BGH **4**, 242 dahin, ebenso BVerwG **26**, 301), abw Karlsr Just **79**, 61 (Kostenteilung). Wird nur die Anschlußberufung zurückgenommen, treffen die Kosten den Anschlußberufungskläger.

Die lediglich zur Fristsicherung eingelegte zweite und dann „zurückgenommene" Berufung hat nicht die Kostenfolge des § 515, da ihr keine selbständige Bedeutung zukommt, BGH **LM** Nr 11.

Die Verfahrensgebühr, KVerz 1020, ermäßigt sich bei Rücknahme vor Anordnung nach § 273, Beweisbeschluß oder Terminsbestimmung auf ½, KVerz 1021.

C. Beide Wirkungen sind endgültig und durch keine Vereinbarung zu beseitigen, (wegen einer gegen Treu und Glauben verstoßenden und deshalb unbeachtlichen Berufungsrücknahme s aber Einl III 6 A vor § 1). **Sie sind auf Antrag des Berufungsbeklagten durch unanfechtbaren Beschluß auszusprechen,** der auf freigestellte mündliche Verhandlung ergeht. Der Antrag muß durch einen beim Rechtsmittelgericht zugelassenen RA gestellt werden, BGH NJW **78**, 1262 mwN (abl Anm Vollkommer Rpfleger **78**, 173), sehr str, aM (Antrag auch durch RA der Vorinstanz) u a Bergerfurth AnwZwang Rdz 246 und Hartmann § 78 Anm 1 C mwN, StJGr Rdz 23, ThP 5c, Vollkommer Rpfleger **74**, 91 u E. Schneider JB **74**, 839 mwN; notfalls ist für die Stellung des Antrags Prozeßkostenhilfe zu bewilligen, Schlesw SchlHA **76**, 112, wenn dafür ein Bedürfnis besteht, BGH JB **81**, 1169. Die Formel hinsichtlich des Rechtsmittelverlusts lautet etwa: „Der Berufungskläger ist der am ... eingelegten Berufung verlustig." Auf einen solchen Beschluß hat der Berufungsbeklagte ein gesetzliches Recht, BGH MDR **72**, 945. Das Rechtsschutzbedürfnis ist regelmäßig dadurch gegeben, daß dieser Beschluß die Rücknahme jedem Zweifel entzieht, StJ IV 1. Aber an einem Kostenausspruch besteht kein schutzwürdiges Interesse, wenn darüber ein Vergleich geschlossen ist und der Gegner die übernommenen Kosten unstreitig bezahlt hat, BGH MDR **72**, 945 mwN m Anm Pietzcker GRUR **72**, 726, oder wenn keine erstattungsfähigen Kosten entstanden sind, BGH JB **81**, 1169. Der Berufungsbeklagte kann sich auf die Erwirkung eines Beschlusses über die Kostentragung oder die Verlustfolge beschränken, allgM. Der Verlustigkeitsbeschluß ergeht gebührenfrei. Er ist unanfechtbar, auch bei Ablehnung des Antrags, Zweibr JB **79**, 1717.

5) Bei Streit darüber, ob die Rücknahme wirksam erklärt oder mit Erfolg angefochten oder widerrufen ist, ist der Verlust des Rechtsmittels durch (unanfechtbaren) Beschluß festzustellen, BGH **46**, 112, StJ IV, str, vgl Zeihe NJW **74**, 383, Budach SchlHA **77**, 35 mwN; wird unrichtigerweise der Verlust des Rechtsmittels durch Urteil festgestellt, so ist dagegen keine Revision zulässig, BGH **46**, 113 (krit RoS § 138 III 5, Gaul ZZP **81**, 273). Zuständig für den Beschluß ist auch der Einzelrichter, § 524 III Z 2. Gegen den Beschluß ist WiedAufn zulässig, RoS § 160 III 1. Verneint das Gericht die Wirksamkeit der Rücknahme, so entscheidet es durch Zwischenurteil, § 303, oder in den Gründen des Endurteils, das auf die fortgesetzte Verhandlung ergeht, ThP § 269 Anm 5f.

6) *VwGO*: Es gelten § 126 *VwGO* und wegen der Kosten § 155 II *VwGO*. § 126 II 2 *VwGO sieht einen Beschluß nur über die Kostenfolge vor und weicht insofern von der Regelung bei Klage-*

rücknahme, § 92 II VwGO, ab; trotzdem ist III (ebenso wie § 269 III) ergänzend anwendbar, § 173 VwGO, so daß im Einstellungsbeschluß auch der Verlust des Rechtsmittels festzustellen ist, enger EF § 126 Rdz 9 (nicht nötig, aber zulässig).

516 Berufungsfrist. Die Berufungsfrist beträgt einen Monat; sie ist eine Notfrist und beginnt mit der Zustellung des in vollständiger Form abgefaßten Urteils, spätestens aber nach Ablauf von fünf Monaten nach der Verkündung.

Vorbem. A. Der bei der Neufassung durch Art 1 Z 61 VereinfNov aufgehobene letzte Satzteil ist durch Art 1 Z 6 G v 13. 6. 80, BGBl 677, wieder eingefügt worden (dazu Schuster ZZP **93**, 404). Übergangsrecht in **Art 5 Z 3 Satz 1 G v 13. 6. 80: Für Entscheidungen, die vor dem Inkrafttreten dieses Gesetzes verkündet worden sind und gegen die ein Rechtsmittel noch zulässig ist, beginnt die in den §§ 516, 552 der Zivilprozeßordnung bezeichnete Frist von fünf Monaten mit dem Inkrafttreten dieses Gesetzes** (Satz 2 betrifft Verbundurteile, s Anh § 629a). Das Gesetz ist nach seinem Art 7 II Z 2 am 22. 6. 1980 in Kraft getreten, so daß die Frist mit Ablauf des 21. 11. 1980 endete, BGH VersR 83, 558.

B. Im **Verfahren der Arbeitsgerichte** beträgt die Berufungsfrist ebenfalls 1 Monat, § 66 I 1 ArbGG; Halbsatz 2 gilt entsprechend, § 64 VI ArbGG, mit den sich aus § 9 V ArbGG ergebenden Maßgaben, Dütz RdA 80, 84, also ohne den letzte Satzteil.

1) Die Berufungsfrist beträgt einen Monat; sie ist eine nach § 222 zu berechnende Notfrist, § 223, wird also durch die Gerichtsferien nicht berührt. Die Frist darf nicht verlängert oder abgekürzt werden, § 224. Gegen ihre Versäumung ist WiedEins zulässig, § 233. Die Frist beginnt mit der (wirksamen) Zustellung des vollständigen Urteils, Anm 2, spätestens aber nach Ablauf von 5 Monaten nach der Verkündung, Anm 3. Das Ende der Frist errechnet sich nach § 222; wird ein Urteil am 31. 1. zugestellt, läuft sie mit dem 28. 2. ab, bei Zustellung am 28. 2. mit dem 31. 3., Celle OLGZ **79**, 360. Wegen der Wirkung einer Unterbrechung des Verfahrens auf den Fristenlauf s § 249 Anm 2; eine während der Unterbrechung eingelegte Berufung ist wirksam, BGH **50**, 400 u VersR 82, 1054. Eine Berichtigung nach §§ 319, 320 verlängert die Berufungsfrist im allgemeinen nicht, § 319 Anm 3 B, wohl aber dann, wenn erst aus ihr hervorgeht, daß der Partei die Rechtsmittelmöglichkeit eröffnet ist, BGH VersR 81, 549 mwN; über den Fall des Ergänzungsurteils s § 517.

Die Frist wird gewahrt durch Einreichung der Berufungsschrift, § 518 Anm 1. Der Berufungskläger hat einen Anspruch auf volle Ausnutzung der Frist, BVerfG NJW 75, 1405 u 80, 580; deshalb ist es Amtspflicht der Justizverwaltung, die Einreichung nach Dienstschluß zu ermöglichen, zB durch die Einrichtung eines Nachtbriefkastens und das Festhalten des Eingangs auf Fernschreiben, BVerfG NJW 76, 747, dazu Vollkommer Rpfleger 76, 240. Zum Umfang der Nachprüfung bei Zweifeln über den rechtzeitigen Eingang vgl BGH VersR 76, 192. Die Beweislast für die Wahrung der Frist liegt beim Berufungskläger.

Ergeht vor dem Ablauf der Berufungsfrist (ausnahmsweise) bereits ein Urteil der Berufungsinstanz, so steht einer erneuten Berufungseinlegung entweder die Rechtskraft oder ein der Rechtshängigkeit entsprechendes Prozeßhindernis entgegen, das vAw zu beachten ist. Dagegen hindert die Verwerfung durch Beschluß idR nicht die erneute Einlegung innerhalb der Frist, § 519b Anm 2 D.

2) Die Berufungsfrist beginnt mit der Zustellung des in vollständiger Form abgefaßten Urteils durch das Gericht, § 317 I; eine etwaige Zustellung durch eine Partei ist ohne Bedeutung, Bischof NJW 80, 2235. Die Zustellung eines aGrd des § 313a abgefaßten Urteils setzt die Frist auch dann in Lauf, wenn dessen Voraussetzungen nicht vorlagen, Stgt FamRZ **83**, 81.

Notwendig für den Fristbeginn ist eine wirksame Zustellung, BGH in stRspr, zB VersR **83**, 273, VersR 82, 971, NJW 81, 874, § 317 Anm 2. Die Frist wird nicht in Lauf gesetzt, wenn das zugestellte Urteil formell fehlerhaft war, BGH NJW 80, 1849 (Verstoß gegen § 315 I 2), oder die zugestellte Ausfertigung den Anforderungen nicht genügt, BGH FamRZ 82, 482, VersR 81, 576, wofür Unleserlichkeit einzelner Seiten nicht ausreicht, BGH VersR 80, 772; Abweichungen von der Urschrift schaden nur dann, wenn sie wesentlich sind, so daß das Auslassen der Kostenentscheidung, BGH VersR 82, 70, oder des Ausspruchs der Abweisung im übrigen, BGH 67, 284, die Wirksamkeit der Zustellung nicht berührt. Immer kommt es darauf an, ob die zugestellte Ausfertigung formell und inhaltlich geeignet war, der Partei die Entscheidung über das Einlegen eines Rechtsmittels zu ermöglichen, BGH VersR 82, 70. Nimmt das Urteil auf ein anderes Urteil zwischen den Parteien Bezug, so muß dieses Urteil zugestellt sein, wenn die Zustellung des bezugneh-

1. Abschnitt. Berufung §§ 516, 517

menden Urteils die Frist auslösen soll, Zö-Schneider 4b. Wegen des Fristbeginns bei Berichtigung des Urteils s Anm 1.

Die Berufungsfrist beginnt für jeden Beteiligten getrennt mit der Zustellung an ihn, RG JW **31**, 1337, vgl auch RedOe § 124 VwGO Anm 12. Dies gilt auch bei notwendiger Streitgenossenschaft, § 62 Anm 4 A; ein Rechtsmittel muß fristgerecht gegen alle notwendigen Streitgenossen eingelegt sein, BGH **23**, 73. Für Streithelfer s § 67 Anm 3 A, für streitgenössische Streithelfer § 69 Anm 2 B. Hat ein Beteiligter mehrere ProzBev, ist die zeitlich erste Zustellung maßgeblich, BVerwG NJW **80**, 2269 mwN.

Der Nachweis der Zustellung wird an Hand der Gerichtsakten geführt. Eine etwaige Unklärbarkeit (fehlendes Datum, Unleserlichkeit) geht zu Lasten des Berufungsklägers, BVerwG Rpfleger **82**, 385, jedoch nicht bei Unklarheit über das Datum des anwaltlichen Empfangsbekenntnisses, wenn der RA eines der in Frage kommenden Daten bestätigt, BGH VersR **81**, 354; das Rechtsmittelgericht ist bei gegebenem Anlaß verpflichtet, zur Aufklärung vAw beizutragen, BGH VersR **80**, 90. Mängel der Zustellung sind nicht durch Parteivereinbarung heilbar, RG **103**, 339, auch nicht nach § 187. Eine Vereinbarung kann auch nicht eine geschehene Zustellung beseitigen, weil sich die Berufungsfrist nicht verlängern läßt, RG Recht **31**, 663. Die Parteien haben aber die Möglichkeit, die Zustellung hinausschieben zu lassen, § 317 I 3.

Vor der Zustellung eines Urteils ist die Berufung statthaft, vgl BGH MDR **64**, 43, nicht aber vor der Verkündung, Anm 3 C.

3) Spätestens beginnt die Berufungsfrist nach Ablauf von 5 Monaten nach der Verkündung des Urteils. Die Vorschrift soll verhindern, daß die Rechtskraft eines Urteils allzu lange in der Schwebe bleibt, nämlich dann, wenn die Zustellung an einen Beteiligten unterblieben oder unwirksam ist. Auf die Kenntnis von dem Urteil kommt es nicht an, so daß die Frist auch gegenüber einem Prozeßunfähigen läuft. Notfalls muß WiedEins helfen, s unten.

A. **Die Fünfmonatsfrist beginnt** mit der Verkündung des Urteils, § 310, die auch im schriftlichen Verfahren, § 128 II u III, und bei einer Entscheidung nach Aktenlage zu erfolgen hat. Daß die Zustellung hinausgeschoben wird, § 317 I 3, ändert daran nichts. Es handelt sich um eine uneigentliche Frist, Üb 3 § 214, so daß eine Abkürzung oder Verlängerung nicht in Betracht kommt. Auf die Frist ist § 187 S 1 nicht anwendbar, BGH **32**, 373. Konkurseröffnung u dgl unterbricht sie nicht, RG HRR **32**, 171. Nur der 6. Monat ist eine Notfrist, § 223. WiedEins ist nur gegen den Ablauf dieser Notfrist zulässig.

B. Daß das vollständige Urteil innerhalb der 5 Monate **nicht zu den Akten gelangt,** sollte angesichts des § 310 II nicht vorkommen. Notfalls muß die Partei durch Dienstaufsichtsbeschwerde darauf hinwirken, daß die Justizverwaltung Maßnahmen nach § 26 II DRiG trifft. Geht das Urteil dennoch der Partei zu spät zu, so kann das ein Wiedereinsetzungsgrund sein, aM BGH **2**, 347 u NJW **70**, 424: trotz des hohen Kostenrisikos muß danach die Partei ohne Kenntnis der Entscheidungsgründe innerhalb der Frist von 6 Monaten Berufung einlegen, also ins Blaue hinein, was schwerlich verlangt werden kann.

C. **Fehlt die Verkündung** (oder Zustellung in den Fällen des § 310 III), läuft keine Frist. Bevor das Urteil auf diese Weise rechtlich existent geworden ist, § 310 Anm 1 A, ist auch kein Rechtsmittel statthaft, weil dies ein bedingtes und darum unmögliches Rechtsmittel wäre; daran ändert auch eine fernmündliche Durchsage des Tenors durch das Gericht nichts, vgl VGH Mannh DVBl **75**, 381 m Anm Grunsky (anders bei Beschlüssen, § 567 Anm 2). Tritt jedoch das Urteil den Parteien gegenüber als bestehend in Erscheinung, etwa durch Erteilung einer Ausfertigung durch die Geschäftsstelle, ist die Berufung statthaft, Ffm FamRZ **78**, 430.

4) Fristversäumnis führt zur Verwerfung der Berufung, § 519b. Die Frist ist auch dann einzuhalten, wenn die Nichtigkeit des angefochtenen Urteils geltend gemacht wird, vgl § 579 II, VGH Mü BayVBl **83**, 502.

5) *VwGO:* Es gilt § 124 II.

517 *Berufungsfrist bei Ergänzungsurteil.* Wird innerhalb der Berufungsfrist ein Urteil durch eine nachträgliche Entscheidung ergänzt (§ 321), so beginnt mit der Zustellung der nachträglichen Entscheidung der Lauf der Berufungsfrist auch für die Berufung gegen das zuerst ergangene Urteil von neuem. Wird gegen beide Urteile von derselben Partei Berufung eingelegt, so sind beide Berufungen miteinander zu verbinden.

§§ 517, 518 1   3. Buch. Rechtsmittel

Vorbem. Im **Verfahren der Arbeitsgerichte** ist § 517 entsprechend anwendbar, § 64 VI ArbGG, Grunsky ArbGG § 64 Rdz 2.

1) Allgemeines. § 517 trifft die Fälle des § 321 und seiner sinngemäßen Anwendbarkeit, s § 321 Anm 5, nämlich die Urteilsergänzung. Das ergänzte und das ergänzende Urteil sind selbständige Teilurteile, gegen die getrennte Berufungsfristen laufen. Das Ergänzungsurteil kann mangels wirksamer Zustellung des ergänzten Urteils vor diesem rechtskräftig werden, RArbG JW **37**, 2863.

2) Sonderregelungen des § 517. § 517 trifft den Fall, daß das ergänzte Urteil noch nicht rechtskräftig ist, wenn die Ergänzungsentscheidung ergeht.

A. Die Zustellung des Ergänzungsurteils setzt die Frist für das ergänzte Urteil neu in Lauf, BGH VersR **81**, 57; Voraussetzung dafür ist, daß die Frist bei Ergehen des Ergänzungsurteils noch nicht abgelaufen war, BGH **LM** Nr 2. Äußerster Termin ist in diesem Fall der Ablauf von 6 Monaten seit Verkündung des Ergänzungsurteils. Die Rücknahme oder Verwerfung der Berufung gegen das ergänzte Urteil als unzulässig ändert nichts an dem Neubeginn der Berufungsfrist auch für dieses Urteil. Wegen der Möglichkeit einer Urteilsergänzung nach Fristablauf ist in jedem Fall rechtzeitige Berufung gegen ein unvollständiges Urteil zu empfehlen. Über ergänzende Kostenurteile s § 321 Anm 4.
Berichtigungen des Urteils aus §§ 319, 320 ändern nichts an der Berufungsfrist, BGH MDR **70**, 757, s aber § 319 Anm 3 B. Ebensowenig berührt ein Zusatzurteil nach § 239 IV gegen den Rechtsnachfolger eines Verstorbenen die Frist, RG **140**, 353.

B. Legt dieselbe Partei gegen beide Urteile Berufung ein, so muß das Gericht in Abweichung von § 147 die Berufungen verbinden.

3) VwGO: Entsprechend anzuwenden, § 173 VwGO, für den Fall des § 120 VwGO, Kopp § 120 Rdz 11.

518 *Berufungseinlegung.* ^I Die Berufung wird durch Einreichung der Berufungsschrift bei dem Berufungsgericht eingelegt.

^{II} Die Berufungsschrift muß enthalten:
1. die Bezeichnung des Urteils, gegen das die Berufung gerichtet wird;
2. die Erklärung, daß gegen dieses Urteil Berufung eingelegt werde.

^{III} Mit der Berufungsschrift soll eine Ausfertigung oder beglaubigte Abschrift des angefochtenen Urteils vorgelegt werden.

^{IV} Die allgemeinen Vorschriften über die vorbereitenden Schriftsätze sind auch auf die Berufungsschrift anzuwenden.

Vorbem. Im **Verfahren der Arbeitsgerichte** ist § 518 entsprechend anwendbar, § 64 VI ArbGG, Grunsky ArbGG § 64 Rdz 15–18; jedoch weicht die Rspr des BAG teilweise von derjenigen des BGH ab, vgl Anm 2 B d.

Gliederung

1) Berufungseinlegung   2) Berufungsschrift
   A. Einreichung   3) Anlagen
   B. Form   4) Allgemeine Vorschriften
   C. Mehrere Berufungsschriften 5) VwGO

1) Berufungseinlegung, I. A. Einreichung. Sie geschieht durch Einreichung der Berufungsschrift bei dem zZt der Einreichung zuständigen Berufungsgericht. Nötig ist danach stets eine schriftliche Erklärung, unten 1 B, so daß eine mündliche oder fernmündliche Einlegung ausscheidet, vgl Friedrichs NJW **81**, 1422 mwN. „Eingereicht" ist die Berufungsschrift, wenn sie in die Verfügungsgewalt des Berufungsgerichts gelangt, nicht erst dann, wenn sie von dem zu ihrer Entgegennahme zuständigen Bediensteten der Geschäftsstelle amtlich in Empfang genommen wird. Diese Einschränkung wäre mit dem GG nicht vereinbar, BVerfG NJW **80**, 580, **81**, 1951 u **82**, 1804, so daß die entgegenstehende Rspr des BGH (2, 31, **65**, 10, **LM** § 519 Nr 7, VersR **76**, 641) überholt ist, BGH NJW **81**, 1216 mwN, VersR **81**, 653 u 1182, vgl auch BGH MDR **82**, 557.

Demgemäß wird die Berufungsfrist gewahrt durch die Abgabe auf der Annahmestelle oder den Einwurf in den Briefkasten des Gerichts (nicht nur den Nachtbriefkasten), BGH NJW **81**, 1216 (zustm Grundmann JR **81**, 331), jedenfalls dann, wenn nach den Umständen mit seiner Leerung noch am selben Tag zu rechnen ist, BGH NJW **81**, 1789 (aber auch sonst, weil Gewahrsam für den Zugang genügt, BVerfG NJW **81**, 1951), ebenso durch das Hineinlegen in ein Fach des zuständigen Gerichts auf der Annahmestelle, BVerfG NJW **81**, 1951, mag auch der Schriftsatz falsch adressiert sein, Lang AnwBl **82**, 63, oder den Eingang des Fernschreibens in der nicht besetzten Fernschreibstelle, vgl BVerwG NJW **74**, 73, BFH BStBl **76** II 570. Immer muß die Berufungsschrift rechtzeitig in den Gewahrsam des Berufungsgerichts gelangen, wofür der Einwurf in einen von der Justizverwaltung eingerichteten, auch für dieses Gericht bestimmten Briefkasten oder die Abgabe bei einer solchen gemeinsamen Annahmestelle genügt, BGH VersR **81**, 1182, stRspr, Ffm VersR **82**, 449 (auch zur Organisation u Funktion der gemeinsamen Annahmestellen), wenn klar zum Ausdruck gebracht ist, für welches Gericht sie bestimmt ist, BGH JB **83**, 613. Die Frist wird nicht gewahrt, wenn die unrichtig adressierte Berufungsschrift zwar rechtzeitig in den gemeinsamen Briefkasten gelangt, jedoch erst verspätet das richtige Berufungsgericht erreicht, BGH NJW **83**, 123 (Klarstellung zu BGH AnwBl **81**, 499, wo besondere Umstände vorlagen), aM BayObLG MDR **82**, 601, auch 41. Aufl (die frühere Rspr, BGH NJW **75**, 2294 mwN, BAG NJW **75**, 184, wird danach insoweit aufrechterhalten, obwohl dies im Hinblick auf die Rspr des BVerfG Bedenken begegnet, Lang AnwBl **82**, 63, vgl BGH VersR **82**, 471). Ist ein auswärtiger Spruchkörper eines Gerichts zuständig, genügt auch die fristgerechte Einreichung beim Stammgericht, BGH NJW **67**, 107 mwN, oder bei einem anderen auswärtigen Spruchkörper dieses Gerichts, BAG LS NJW **82**, 1119, BFH BB **81**, 1759.

In **Kartellsachen** kann die Berufung gegen das Urteil des LG stets wirksam bei dem diesem LG allgemein vorgeordneten OLG eingelegt werden, mag das LG auch ausdrücklich als Kartellgericht entschieden haben; das OLG hat die Berufung dann ggf auf Antrag entsprechend § 281 an das für Kartellsachen bestimmte OLG zu verweisen, BGH **71**, 367 m Anm K. Schmidt BB **78**, 1538. In **Patentsachen**, Anh I § 78b GVG, ist die Berufung gegen das Urteil eines nach § 143 II PatG zuständigen LG bei dem ihm übergeordneten OLG auch dann einzulegen, wenn es sich sachlich nicht um eine PatS handelt, BGH **72**, 1. Hat ein **FamGericht** in einer Nichtfamiliensache entschieden oder umgekehrt eine allgemeine Abt des AG in einer FamS, so kann die Berufung wirksam sowohl beim OLG als auch beim LG eingelegt werden; die Sache ist ggf auf Antrag entsprechend § 281 an das zuständige Berufungsgericht zu verweisen, § 119 GVG Anm 1 B.

B. Berufungsschrift. Sie kann telegrafisch oder durch Fernschreiber, BGH **79**, 314 u BGH (St) NJW **82**, 1470 mwN, oder durch die Post im Telekopierverfahren (Telebrief), BFH NJW **82**, 2520 u BGH NJW **83**, 1498 mwN, unmittelbar dem Gericht übermittelt werden, § 129 Anm 1 C u D (fraglich ist, ob die Einschaltung Dritter in den Beförderungsvorgang zu einer anderen Beurteilung nötigt, dafür BGH **79**, 319 u NJW **82**, 1470, dagegen Buckenberger NJW **83**, 1475, VGH Mü BB **77**, 568). In allen anderen Fällen muß die Berufungsschrift als bestimmender Schriftsatz von einem beim Berufungsgericht zugelassenen RA **handschriftlich eigenhändig unterschrieben sein,** BGH VersR **83**, 487, NJW **80**, 291 mwN (Rspr ist nach wie vor streng, daher Sorgfalt geboten! Krit Vollkommer, Formenstrenge u proz Billigk, 1973). Wegen der Unterschriftserfordernisse vgl auch § 129 Anm 1 B. Bei fehlender Unterschrift ist die Berufung unzulässig. Eine nachträgliche Unterzeichnung nach Fristablauf hat keine rückwirkende Kraft, BGH (Anm Späth) VersR **80**, 331.

Danach **genügt nicht** (Faksimile-)Stempel, BGH NJW **76**, 966, ebensowenig bloßes Handzeichen (Paraphe), BGH NJW **75**, 1704 mwN, BFH BStBl **72** II 427 (zum Unterschied zwischen Paraphe und Unterschrift BGH NJW **82**, 1467, BVerwG VerwRspr **30**, 880), auch nicht eine Unterschrift in Schreibmaschinenschrift, Kblz LS VersR **82**, 275, oder eine vervielfältigte Unterschrift, aM BVerwG NJW **71**, 1054. Einreichung einer Fotokopie oder Lichtpause von einer handschriftlich unterzeichneten Berufungsschrift reicht nicht aus, BGH NJW **62**, 1505. Erst recht kann die fehlende Unterschrift nicht dadurch ersetzt werden, daß der RA den Schriftsatz persönlich dem Gericht übergibt, BGH VersR **83**, 271 u NJW **80**, 291 (zustm Zeiss JR **80**, 207), Mü NJW **79**, 2570 mwN, es sei denn, der RA läßt sich die Einlegung vom Gericht bescheinigen, Ffm NJW **77**, 1246. Dagegen **genügt** Blankounterschrift (Fertigung der eigentlichen Schrift durch einen Beauftragten), BGH NJW **66**, 351, ferner Unterzeichnung eines Anschreibens, BFH (GrS) NJW **74**, 1582, oder eines sonstigen fristgerecht eingehenden Schriftsatzes, in dem eindeutig gesagt wird, die Berufung sei mit dem nicht ordnungsmäßig unterzeichneten Schriftsatz eingelegt, zB Unterzeichnung eines Beglaubigungsvermerks auf der Abschrift eines vom Unterzeichner stammenden Schriftstücks, BGH **LM** § 519 Nr 14, BAG MDR **73**, 794 u NJW **79**, 183, oder einer sog zweiten Urschrift, mag ein solches Schriftstück nach der Einreichung auch an den RA zurückgegeben worden sein, Schlesw VersR **83**, 65.

Der unterzeichnende RA muß wirksam bevollmächtigt und **beim Berufungsgericht zugelassen** sein; bei Konzentration der Zuständigkeit bei einem OLG genügt idR die Zulassung bei dem sonst zuständigen OLG, zB nach §§ 169 III BBauG, 51 III 2 PatG, 27 III 2 UWG u 105 IV 2 UrhG, § 14 III AGBG, vgl Anh § 78b GVG. Die Unterschrift eines Vertreters genügt, wenn er beim Berufungsgericht zugelassen ist, BGH NJW **55**, 546, oder wenn er nach § 53 BRAO bestellt ist, BGH AnwBl **82**, 246, ohne daß er ausdrücklich klarstellen muß, daß er als Vertreter handelt, BGH NJW **66**, 1362; der nicht beim Berufungsgericht zugelassene Abwickler der Praxis eines Simultananwalts kann auch nach 6 Monaten seiner Tätigkeit, § 55 BRAO, wirksam Berufung einlegen, wenn dem Simultananwalt unbeschränkt Auftrag zur Prozeßvertretung erteilt war, Hbg AnwBl **72**, 187 gegen Nürnb AnwBl **71**, 103 u Hbg MDR **66**, 684. Ungenügend ist aber die Einreichung durch einen nicht beim Berufungsgericht zugelassenen RA, auch wenn der zugelassene RA ihn beauftragt hat, mit seinem Namen zu zeichnen, BGH NJW **76**, 1268, oder die Einreichung genehmigt, Bre OLGZ **65**, 41.

Die Zulassung des RA (Vereidigung ist unerheblich, BVerfG **34**, 325) bzw seine Vertretungsbefugnis muß bei Absendung der Berufungsschrift bestehen, nicht notwendig bei ihrem Eingang, aM Ffm Rpfleger **71**, 229 m krit Anm Vollkommer. Das gleiche gilt für das Bestehen der Prozeßvollmacht. Über den Beitritt eines Streitgehilfen bei Einlegung s § 66 Anm 3, über die Verbindung mit Aufnahme des Prozesses s § 250 Anm 1.

Eine beglaubigte Abschrift ist dem Gegner ohne Terminsbestimmung vAw zuzustellen, § 519a.

C. Die Einreichung mehrerer Berufungsschriften desselben Inhalts kann sich bei Befürchtung eines Formfehlers empfehlen. Darin liegen keine selbständigen Berufungen, es ist also nicht eine zu verwerfen (wegen der Folgen der Rücknahme einer von mehreren Berufungen vgl BGH **24**, 180). Gegen ein Urteil gibt es nur ein Rechtsmittel, über das also einheitlich zu entscheiden ist, BGH **45**, 383, BAG MDR **73**, 83 mwN, BB **77**, 500: Erfüllt eine der Berufungsschriften die Zulässigkeitsvoraussetzungen, so ist in der Sache zu entscheiden, BGH stRspr, zB VersR **78**, 721, BayObLG BayVBl **81**, 153 mwN; sind alle Berufungsschriften unzulässig, so ist einheitlich zu verwerfen; erweist sich infolge einer Entscheidung des Revisionsgerichts dann ein Rechtsmittel als zulässig, so ist das in anderer Form eingelegte gegenstandslos, BGH **45**, 380, Düss OLGZ **79**, 454. Mehrkosten sind nicht erstattungsfähig.

2) Berufungsschrift, II. A. Sämtliche in II aufgeführten Erfordernisse sind wesentlich; ein Mangel macht die Berufung unzulässig. Eine Ergänzung ist bis zum Ablauf der Berufungsfrist möglich, ganz hM. Dies gilt auch für die fehlende Unterschrift, BGH NJW **76**, 966, **LM** § 519 Nr 63. Es genügt, wenn innerhalb der Frist mehrere Schriftsätze vorliegen, die insgesamt eine formgerechte Berufung ergeben, BAG MDR **82**, 965.

B. Wesentlich sind: a) Bezeichnung des angefochtenen Urteils, Z 1. Wie dies geschieht, bleibt gleich; nur darf kein Zweifel an der Nämlichkeit bestehen, BFH NJW **73**, 2048, so daß bei Gericht und Gegner Gewißheit darüber herrschen muß, welches Urteil angefochten ist, BGH VersR **83**, 250 mwN. Es genügt, daß für beide diese Gewißheit innerhalb der Frist des § 516 besteht, BGH MDR **78**, 308, wobei für das Gericht die Kenntnis der Geschäftsstelle ausreicht, BAG NJW **79**, 2000 (BGH VersR **83**, 250 läßt dies offen). Unter Umständen schadet dann selbst eine unrichtige Angabe des Aktenzeichens und des Verkündungsdatums nicht, BGH **LM** Nr 10, JB **77**, 192. Demgemäß ist bei versehentlich falscher Bezeichnung die Richtigstellung innerhalb der Frist möglich, was auch durch Einreichung des richtigen Urteils geschehen kann, wenn der Rechtsmittelbeklagte über das Urteil, das angefochten werden soll, nicht im Zweifel sein kann, BGH **LM** § 554a Nr 5; eine Berichtigung nach Ablauf der Berufungsfrist ist ausgeschlossen, BGH MDR **78**, 308. Auch die Angabe des Aktenzeichens kann genügen; regelmäßig nötig, aber nicht allein ausreichend ist die Nennung des Datums der Verkündung oder die Angabe von Parteien und Gericht. Die Verweisung auf das beigefügte Urteil genügt. Ist das Urteil eindeutig bezeichnet, so kann der Berufungskläger die Berufung nicht nachträglich auf ein anderes Urteil beziehen, RG Warn **29**, 107. Liegt der Berufungsschrift ein anderes Urteil bei als das in ihr genannte, so entscheidet die Angabe in der Berufungsschrift.

Besteht innerhalb der Frist des § 516 bei Gericht und Gegner nicht die erforderliche Gewißheit, so ist die Berufung ohne Rücksicht darauf unzulässig, ob die Bearbeitung des Rechtsstreits durch das Fehlen der nötigen Angaben verzögert wird, BGH VersR **83**, 250 mwN. Das Gericht und seine Geschäftsstelle haben keine Prüfungs- und Nachforschungspflichten, BAG NJW **73**, 1391 u **79**, 2000.

b) Die Erklärung, daß der Berufungskläger gegen dieses Urteil Berufung einlege, Z 2.
Der Gebrauch des Wortes „Berufung" ist unnötig, wenn der Wille, gerade dieses Rechtsmittel einzulegen, klar erhellt, RG **141**, 351; also reicht es nicht aus, wenn erst der Inhalt der Schrift ausgelegt werden muß, BGH **LM** § 518 II Z 2 Nr 3. Unter Umständen ist eine Umdeutung („Revision" statt Berufung) möglich, BGH **LM** ZPO Allg Nr 5, aber mit Rücksicht auf die Belange der Gegenseite mit Zurückhaltung.

Eine **bedingte oder hilfsweise Berufung ist unzulässig,** allgM, BVerfG **40**, 272 (einschränkend für den im ZivProzeß nur nach BEG möglichen Fall der Einlegung von Revision und Nichtzulassungsbeschwerde). Ob eine Berufung bedingt eingelegt worden ist, muß ggf durch Auslegung ermittelt werden, BVerfG aaO, BFH NJW **76**, 141 u NVwZ **83**, 439. Beispiel: Berufungseinlegung für den Fall, daß dafür Prozeßkostenhilfe bewilligt wird, BGH **4**, 54, BAG **AP** Nr 5 (zustm Baumgärtel), BVerwG **59**, 305. Ist dem darauf gerichteten Antrag eine den §§ 518, 519 genügende Schrift beigefügt, wird aber in dem Antrag selbst diese Schrift als Entwurf bezeichnet und erklärt, die Einlegung des Rechtsmittels erfolge nach Bewilligung der Prozeßkostenhilfe, so fehlt die bestimmte Erklärung, daß Berufung eingelegt wird, BGH MDR **61**, 398. Hingegen ist zulässig eine Berufung mit der Bitte, sie erst nach Bewilligung der Prozeßkostenhilfe in den Geschäftsgang zu nehmen, BGH **LM** § 518 Nr 2.

Die Angabe, in welchem Umfang Berufung eingelegt wird, ist in der Berufungsschrift entbehrlich. Erfolgt sie dennoch, so steht das, wenn nicht ein ausdrücklicher (teilweiser) Berufungsverzicht ausgesprochen ist, einem weitergehenden Antrag innerhalb der Begründungsfrist nicht entgegen, BGH NJW **83**, 1562 mwN; vgl auch Grdz 1 B § 511.

c) Einlegung durch einen beim Berufungsgericht zugelassenen RA (nach § 11 II ArbGG durch jeden RA und im dort bezeichneten Rahmen ggf auch durch einen Verbandsvertreter), mag er auch noch nicht vereidigt sein, BVerfG **34**, 325, vgl Anm 1 B.

d) Die klare Angabe, für wen und gegen wen der RA Berufung einlegt, BGH **65**, 114 mwN, was innerhalb der Rechtsmittelfrist im Wege der Auslegung aus der Berufungsschrift oder doch aus den Umständen mit ausreichender Deutlichkeit zu erkennen sein muß, stRspr, BGH VersR **80**, 1027 mwN. Grundsätzlich müssen Berufungskläger und Berufungsbeklagter unter Angabe der Parteirolle mit Namen und Anschrift bezeichnet werden. Jedoch macht das Fehlen der Anschrift des Berufungsbeklagten und seines RA die Berufung nicht unzulässig, BGH **65**, 114 (abweichend wegen der Besonderheiten des Verfahrens der Arbeitsgerichte BAG, zuletzt NJW **83**, 903 mwN; jedoch genügt dort die Angabe von Namen und Anschrift des Rechtsmittelbeklagten, BAG VersR **76**, 104, und ist ein Verstoß unschädlich, wenn die fehlende Anschrift der GeschStelle bekannt ist, BAG NJW **79**, 2000; gegen diese vom BGH abweichende Rspr Grunsky **AP** Nr 33). Richtet sich die Berufung gegen mehrere Streitgenossen, genügt idR die Nennung des an erster Stelle stehenden, BGH NJW **69**, 928; anders liegt es aber, wenn von 3 Streitgenossen nur 2 genannt werden, BGH NJW **61**, 2347. Sind mehrere einfache Streitgenossen Berufungskläger, müssen alle genannt werden, BGH VersR **76**, 492. Die fehlende Bezeichnung eines Streithelfers ist unschädlich, BAG NJW **78**, 392. Eine falsche Bezeichnung der Gegenpartei schadet nur, wenn die richtige dem Berufungsgericht und dem unbefangenen Leser nicht deutlich erkennbar ist, RG **144**, 315, wobei auch das der Rechtsmittelschrift etwa beigefügte Urteil herangezogen werden kann. Kein wesentlicher Mangel ist es, wenn Parteien nur mit ihrem Namen bezeichnet werden, sofern die Anschrift ohne weiteres festzustellen ist, BGH **LM** Nr 4 (abw BAG NJW **60**, 1319). Wenn der Kläger Berufungsführer ist, wird das Rechtsmittel idR für den an erster Stelle Genannten eingelegt, BGH VersR **83**, 778. Ist der Name des Rechtsmittelklägers überhaupt nicht genannt, so schadet das dann nicht, wenn er aus sonstigen innerhalb der Notfrist eingereichten Unterlagen hervorgeht, BAG NJW **73**, 2318, zweifelnd BAG NJW **73**, 1949 (vgl auch Grunsky zu **AP** § 553 Nr 1 u 2); deshalb reicht es nicht aus, wenn der Name nur aus den Gerichtsakten zu ermitteln ist und diese dem Rechtsmittelgericht nicht innerhalb der Notfrist vorliegen, BGH **21**, 168.

3) Anlagen der Berufungsschrift, III. Der Berufungskläger soll ihr eine Ausfertigung oder beglaubigte Abschrift des angefochtenen Urteils beifügen. Es handelt sich um eine bloße Ordnungsvorschrift, deren Beachtung aber wichtig ist, weil sich aus dem Urteil Umstände ergeben können, die für die Auslegung der Berufungsschrift wesentlich sind, Anm 2 B.

4) Allgemeine Bestimmungen über vorbereitende Schriftsätze, IV. Ihre Beachtung, §§ 130 ff, ist durch Ordnungsvorschrift vorgeschrieben. Der Berufungskläger darf, nicht muß, die Berufungsbegründung in die Berufungsschrift aufnehmen.

5) VwGO: *Es gilt § 124 II u III 1.*

519 *Berufungsbegründung.* ¹ Der Berufungskläger muß die Berufung begründen.

II Die Berufungsbegründung ist, sofern sie nicht bereits in der Berufungsschrift enthalten ist, in einem Schriftsatz bei dem Berufungsgericht einzureichen. Die Frist für die Berufungsbegründung beträgt einen Monat; sie beginnt mit der Einlegung der Berufung. Die Frist kann auf Antrag von dem Vorsitzenden verlängert werden, wenn nach seiner freien Überzeugung der Rechtsstreit durch die Verlängerung nicht verzögert wird oder wenn der Berufungskläger erhebliche Gründe darlegt.

III Die Berufungsbegründung muß enthalten:
1. die Erklärung, inwieweit das Urteil angefochten wird und welche Abänderungen des Urteils beantragt werden (Berufungsanträge);
2. die bestimmte Bezeichnung der im einzelnen anzuführenden Gründe der Anfechtung (Berufungsgründe) sowie der neuen Tatsachen, Beweismittel und Beweiseinreden, die die Partei zur Rechtfertigung ihrer Berufung anzuführen hat.

IV In der Berufungsbegründung soll ferner der Wert des nicht in einer bestimmten Geldsumme bestehenden Beschwerdegegenstandes angegeben werden, wenn von ihm die Zulässigkeit der Berufung abhängt.

V Die allgemeinen Vorschriften über die vorbereitenden Schriftsätze sind auch auf die Berufungsbegründung anzuwenden.

Vorbem. Im **Verfahren der Arbeitsgerichte** (Urteilsverfahren) ist § 519 entsprechend anwendbar, § 64 VI ArbGG, Philippsen pp NJW **77**, 1136, jedoch mit der Maßgabe, daß die Begründungsfrist in § 66 I 1 ArbGG (ebenfalls 1 Monat) und ihre Verlängerung in § 66 I 4 ArbGG (nur einmal möglich, LAG Bre MDR **83**, 789), das Vorbringen neuer Angriffs- und Verteidigungsmittel durch den Berufungskläger (und den Berufungsbeklagten) in § 67 II 1 ArbGG geregelt sind.

Schrifttum: Sell, Probleme der Rechtsmittelbegründung im ZivProzeß, 1974; Grunsky, Zum Umfang der Dispositionsbefugnis des Rechtsmittelklägers bei der Bestimmung des Verfahrensgegenstandes, ZZP **88**, 49; Gilles, Rechtsmitteleinlegung, Rechtsmittelbegründung und nachträgliche Parteidispositionen über das Rechtsmittel, AcP **177**, 191; E. Schneider MDR **79**, 1.

Gliederung

1) Begründungszwang, I
2) Begründungsfrist, II
   A. Beginn und Ende
   B. Verlängerung
   C. Versäumung
3) Inhalt, III
   A. Allgemeines
   B. Anträge
   C. Berufungsgründe
   D. Folgen von Verstößen
4) Sonstiger Inhalt, IV, V
5) *VwGO*

1) Begründungszwang, I, II. § 519 ist dem § 554 nachgebildet, weist aber mehrere durch die Verschiedenheit der Rechtsmittel begründete Abweichungen auf. Der **Berufungskläger muß seine Berufung begründen; den Umfang bestimmt III abschließend.** Dieser Begründungszwang ist mit dem GG vereinbar, vgl BVerfG NJW **74**, 133. Er gilt auch in Arrest- und Verfügungssachen, deren Eiligkeit einer ordnungsmäßigen Begründung nicht im Wege steht, str. Die Partei darf die Berufung der Streitgehilfen begründen und umgekehrt. Jeder Streitgenosse begründet nur für sich; bei notwendiger Streitgenossenschaft s § 62 Anm 4 B. Die Berufungsbegründung kann bereits in der Berufungsschrift enthalten sein, BGH VersR **80**, 580. Sie darf auch, wie es der Regel entspricht, in einem besonderen Schriftsatz erfolgen, auch in mehreren rechtzeitig eingereichten Schriftsätzen. Ergibt sich aus dem Schriftsatz eindeutig, daß damit die Berufung begründet worden ist, so ist die Erklärung des RA, er habe das nicht gewollt, unbeachtlich, BGH **LM** § 529 Nr 15. Ein fristgerechter Antrag auf Prozeßkostenhilfe, der formell und inhaltlich § 519 entspricht, ist idR zur Begründung bestimmt und ausreichend, BGH VersR **77**, 570.

Die Begründung muß von einem beim Berufungsgericht zugelassenen RA unterzeichnet sein, vgl § 518 Anm 1, hM, BGH NJW **80**, 291 mwN (eingehend) gegen Ffm NJW **77**, 1246 (Anm Späth VersR **77**, 339) ua. Für die Formerfordernisse gilt das in § 518 Anm 1 B Gesagte; daß wohl die Berufung, nicht aber die Begründung auch telegrafisch, fernschriftlich oder durch Telebrief eingereicht werden könne, vgl BGH NJW **80**, 291, ist schwerlich mit dem Grundsatz zu rechtfertigen, daß Ausnahmen nur dort zugelassen werden sollten, wo dies dringend geboten ist, aM Stgt VersR **82**, 1082. Wegen der Verweisung auf ein anderes Schriftstück vgl Anm 3 C a.

2) Begründungsfrist, II. A. Beginn und Ende. Die Frist beträgt 1 Monat seit Einreichung der Berufungsschrift, § 518, und wird auch nicht etwa durch einen Antrag auf Prozeßkostenhilfe gehemmt, BGH **7**, 280, ebensowenig durch einen Antrag auf WiedEins (und gleichzeitige Erneuerung der Berufung), BGH VersR **81**, 1032, oder durch Verwerfung der Berufung und Aufhebung des Verwerfungsbeschlusses, BGH MDR **67**, 838. Für die Berechnung gilt § 222; wegen der Berechnung der neuen Frist s § 224 Anm 4. Fällt der Anfang der Frist in die Gerichtsferien, so endet sie am 15. 10., stRspr, BGH VersR **82**, 651, **81**, 459, **5**, 276 m zustm Anm Conrad **LM** § 233 Nr 17.

Die Frist wird durch Einreichung der Begründungsschrift beim Berufungsgericht gewahrt, vgl § 518 Anm 1. Auf die Einordnung in die Akte kommt es nicht an, BGH VersR **82**, 673 (auch Angabe eines falschen Aktenzeichens ist unschädlich).

Wird eine 2. Berufungsschrift sicherheitshalber eingereicht, weil die erste Berufung vielleicht unwirksam ist, so ist die 2. Berufung, falls die erste doch formrichtig ist, so lange wirkungslos, als nicht etwa diese unwirksam (zB durch Rücknahme) wird; erst dann richtet sich die Begründungsfrist nach der Einlegung der 2. Berufung, BGH **24**, 179. Ist die Begründungsfrist, aber noch nicht die Berufungsfrist (infolge Nichtzustellung des Urteils) abgelaufen oder die Rechtsmitteleinlegung unwirksam, BGH **36**, 259, so ist die eingegangene Berufungsbegründung als zulässige Wiederholung der Berufung anzusehen, BGH **LM** § 518 Nr 9, vgl BAG **AP** § 518 Nr 2. Auch bei Versäumung der Berufungsfrist beginnt die Begründungsfrist mit der Berufungseinlegung, BGH NJW **71**, 1217, selbst wenn statt der Bezugnahme auf die verspätet eingereichte Berufungsschrift, § 236 Z 3, eine neue eingereicht wird, BGH VersR **77**, 137; auf die Entscheidung über die WiedEins darf also nicht gewartet werden, da sie die Frist nicht beeinflußt, BGH VersR **77**, 573 mwN.

Die Begründungsfrist ist keine Notfrist. Trotzdem ist WiedEins nach § 233 I statthaft. Die Frist für den WiedEinsAntrag beginnt nicht erst mit der gerichtlichen Mitteilung, daß die Begründungsfrist versäumt ist, sondern schon mit der Erlangung sicherer Kenntnis davon, daß mit der Einhaltung dieser Frist nicht zu rechnen ist, BGH VersR **81**, 280. Über die WiedEins entscheidet das Berufungsgericht, das Revisionsgericht nur dann, wenn der Antrag übergangen worden ist, BGH NJW **82**, 887 gegen FamRZ **80**, 347, vgl § 519b Anm 3 B.

B. Verlängerung. Die Frist verlängern darf der Vorsitzende auf im Anwaltszwang zu stellenden Antrag, in dem der Grund glaubhaft zu machen ist, § 224 II. Eine Verkürzung der Frist durch den Vorsitzenden ist unzulässig, weil § 519 die §§ 224 II, 226 I ausschließt, Schlesw SchlHA **76**, 28.

a) Die Frist darf **auch nach Fristablauf** verlängert werden, sofern dies bis zum Ablauf des letzten Tages der Frist beantragt worden ist (so auch die neueren VerfOrdnungen, §§ 139 VwGO, 164 SGG, 120 FGO), ebenso jetzt BGH – GrZS – NJW **82**, 1651 mwN (unter Aufgabe der früheren abw Rspr, vgl 40. Aufl) auf die Vorlage BGH NJW **82**, 51 und zuvor schon für das Verfahren der Arbeitsgerichte BAG (GrS) NJW **80**, 309. Die Frage, ob die Verlängerung spätestens innerhalb eines Monats nach Ablauf der ursprünglichen Begründungsfrist erfolgen muß, BAG (GrS) NJW **80**, 309 in Anlehnung an § 74 I 2 ArbGG, dürfte in der Praxis kaum Bedeutung erlangen.

b) Verlängern darf der Vorsitzende, wenn nach seiner freien (nicht nachprüfbaren) Überzeugung der Rechtsstreit durch die Verlängerung **nicht verzögert wird** (zB wenn über die Berufung ohnehin erst nach geraumer Zeit entschieden werden kann) **oder wenn der Berufungskläger erhebliche Gründe darlegt** (glaubhaft macht), Franzki DRiZ **77**, 168 (Einverständnis des Gegners allein genügt nicht). Erhebliche Gründe sind zB Vergleichsgespräche, Abwarten einer bevorstehenden Grundsatzentscheidung u dgl, aber auch Arbeitsüberlastung des RA und Personalschwierigkeiten in seiner Kanzlei, Putzo NJW **77**, 7, E. Schneider MDR **77**, 89. Ebensowenig wie schematische Verlängerung ist engherzige Ablehnung angebracht, zumal die Verlängerung oft eine sorgfältigere Begründung bewirkt, Baumgärtel-Hohmann S 181.

Die Ablehnung des Antrags auf Verlängerung sollte kurz begründet werden. Wegen der Mitteilung siehe unter c). Die Ablehnung ist unanfechtbar, § 225 III, BGH VersR **80**, 772.

c) Die **Fristverlängerung** bedarf zum Wirksamwerden, da hier keine (neue) Frist in Lauf gesetzt, sondern nur die alte erstreckt wird, nicht der Zustellung; es genügt die formlose, zB telefonische Übermittlung an den RA des Berufungsklägers (und ggf auch den RA des Anschlußberufungsklägers, § 522a II), gleichgültig, ob dies auf Veranlassung des Gerichts oder des RA geschieht, BGH **LM** § 329 Nr 2. Ein entsprechender Aktenvermerk ist zwar zweckmäßig, für die Rechtswirksamkeit aber nicht erforderlich, BGH **14**, 152. Der Berufungskläger muß sich selbst vergewissern, ob verlängert ist, BGH **10**, 307. Die Mitteilung an den Berufungsbeklagten geschieht ebenfalls formlos, ist für die Wirksamkeit der Verlängerung auch belanglos, HRR **31**, 54.

Über wiederholte Verlängerung, die im Verfahren der Arbeitsgerichte nach § 66 I 4 ArbGG nicht zulässig ist, s § 225 Anm 2; wegen der Nichtübereinstimmung der Frist auf Ausfertigung und Urschrift vgl § 170 Anm 2 C. Das Fehlen des Antrags macht die Verlängerung nicht nichtig, BGH **LM** § 554 Nr 3. Eine irrtümliche Verlängerung durch einen nach der Geschäftsverteilung nicht zuständigen Vorsitzenden ist nicht unwirksam, BGH **37**, 125. Die Verlängerung auf Antrag des Streithelfers wirkt auch zugunsten der Hauptpartei, BGH NJW **82**, 2069.

Eine Frist, die über den Antrag hinaus verlängert ist, kann voll ausgenutzt werden, BAG NJW **62**, 1413. Die verlängerte Frist wird durch die Gerichtsferien auch dann gehemmt, wenn bis zu einem bestimmten, in die Gerichtsferien fallenden Tag verlängert worden ist, BGH NJW **73**, 2110 (Verlängerung bis 15. 9.). Ist dagegen die Frist auf einen nach den Gerichtsferien liegenden Zeitpunkt verlängert worden, so ist davon auszugehen, daß mit ihr der Ablauf der Frist kalendermäßig genau bestimmt werden soll, BGH VersR **82**, 546 (Verlängerung bis 16. 9. einschließlich). Zur Berechnung der Frist bei Verlängerung vor Unterbrechung wegen Konkurses vgl BGH **64**, 1.

C. Versäumung der Frist. Sie führt dazu, daß die spätere Begründung unbeachtlich ist, BGH NJW **57**, 424, und die Berufung verworfen wird, § 519b. Eine Verwerfung kommt aber nicht in Betracht, wenn eine bedürftige Partei bei Fehlen weiterer anwaltlicher Vertretung am letzten Tag einen Antrag auf Prozeßkostenhilfe einreicht, BGH VersR **77**, 721.

3) Inhalt der Berufungsbegründung, III–IV. A. Allgemeines. Die Berufungsbegründung ist ein wirksames Mittel, den Berufungskläger im Interesse der sorgfältigen Vorbereitung und Beschleunigung des Berufungsverfahrens dazu zu zwingen, sein Vorbringen aus dem 1. Rechtszug straff zusammenzufassen und darauf zu prüfen, inwieweit es angesichts der abweichenden Auffassung des Erstrichters noch aufrechterhalten oder ergänzt und dem Berufungsrichter unterbreitet werden soll, BGH WertpMitt **77**, 941. Späteres Vorbringen kann zurückgewiesen werden, § 527. III–IV gelten entsprechend im Verfahren der Arbeitsgerichte, §§ 66 I, 64 VI ArbGG.

B. Anträge. Die Begründung muß die Anfechtungserklärung und die Berufungsanträge enthalten, Z 1. Anträge können nicht mehr wirksam gestellt werden, wenn die Berufung vor Einreichung der Begründung wegen Ablaufs der Begründungsfrist in den Ferien unzulässig geworden war, BGH MDR **77**, 649. **Aus der Begründung muß klar ersichtlich sein, inwieweit der Berufungskläger das Urteil anficht und welche Abänderungen er beantragt.** Dazu bedarf es nicht unbedingt bestimmt gefaßter Anträge, wenn nur die innerhalb der Frist eingegangenen Schriftsätze ein bestimmtes Begehren eindeutig aufzeigen, BGH VersR **82**, 974, VersR **75**, 48, JZ **51**, 84. So genügt die Angabe, man fechte das Urteil voll an; es reicht auch aus, wenn sich dieses Ziel zwangsläufig aus dem Inhalt der Berufungsbegründung ergibt, BGH VersR **82**, 974. Dagegen genügt nicht, daß sich der Umfang der Anfechtung aus einem anderen, nicht bei den Akten befindlichen oder nicht von einem beim Berufungsgericht zugelassenen RA oder einem diesem Gleichstehenden, § 78 Anm 1 D a, § 518 Anm 1, unterzeichneten Schriftstück ergibt, vgl C. Es genügt nicht die Angabe des Streitwerts im Kopf der Berufungsschrift, RG **115**, 191. Eine Berufungsschrift, die nichts enthält als die Berufungseinlegung, kann genügen, wo der ganze Sachverhalt eindeutig ergibt, welcher Antrag gestellt wird, RG JW **32**, 2873, nie, wo der Antrag vorbehalten ist, RG HRR **29**, 1166, oder nur vorbehalten sein kann, vgl RG HRR **30**, 448.

Spätere Erweiterungen und Beschränkungen sind zulässig, §§ 263, 264, 530 I, RG JW **30**, 3549, allgM, auch im Patentnichtigkeitsstreit, BGH **17**, 305, Erweiterungen müssen sich aber auf die fristgerecht vorgebrachten Anfechtungsgründe stützen: neue Anfechtungsgründe dürfen nach Ablauf der Frist nicht mehr vorgebracht werden, BGH in stRspr, NJW **83**, 1063 mwN, FamRZ **82**, 1197, Kblz WRP **81**, 115 mwN. Beschränkt der Rechtsmittelkläger die Berufung bei der Einlegung, ist er dadurch nicht an einer Erstreckung auf andere Teile des Urteils gehindert, wenn dies in der Begründung geschieht und kein wirksamer Rechtsmittelverzicht vorliegt, BGH NJW **81**, 2360 mwN. Zur Nichtberücksichtigung eines eingeschränkten Berufungsantrages bei der Festsetzung des Kostenwerts s BGH (GrZS) NJW **78**, 1263, dazu abl Hartmann § 14 GKG Anm 1 mwN, ua Baumgärtel/Klingmüller VersR **80**, 420. Durch willkürliche Beschränkung auf einen die Berufungssumme nicht erreichenden Betrag wird die Berufung unzulässig, BGH NJW **83**, 1063 mwN. Eine Erweiterung nach Ablauf der Begründungsfrist kann nie eine anfänglich unzulässige Berufung, § 511a, zulässig machen, vgl BGH **LM** § 546 Nr 14, Grdz 3 B § 511 u § 511a Anm 4 bei „, § 4"; dabei ist aber zu berücksichtigen, daß eine unbeschränkt eingelegte Berufung, mag auch der Antrag niedriger sein, auch den Rest mangels eines ausdrücklichen Verzichts auf diesen nicht rechtskräftig werden läßt, so daß eine Erweiterung der Berufungsanträge im Rahmen der fristgerecht eingereichten Begründung (nicht darüber hinaus) bis zur letzten mündlichen Verhandlung erfolgen kann, BGH NJW **83**, 1063 mwN; auch nach Zurückverweisung ist eine Erweiterung möglich, BGH MDR **68**, 135.

C. Berufungsgründe. Die Berufungsbegründung muß die Berufungsgründe und etwaiges neues Vorbringen enthalten, Z 2 (Lang AnwBl **82**, 241). Formelhafte, nichtssagende Redewendungen sind keine zulässige Berufungsbegründung, BGH RzW **73**, 116. Angaben, wie „das frühere Vorbringen wird wiederholt, neues wird vorbehalten", führen zur Verwerfung wegen Unzulässigkeit, auch wenn derselbe RA wie in der 1. Instanz vertritt, BGH **LM** Nr 31, vgl Schumann Rdz 179 u 180. Andererseits kann der Vorschrift auch schon durch kurze, auf die wesentlichen Gesichtspunkte beschränkte Ausführungen in der Berufungsschrift genügt werden, BGH VersR **80**, 580. Die Berufung bedarf neben dem Antrag keiner weiteren Begründung, wenn der Berufungskläger nur den Vorbehalt seiner Rechte im Nachverfahren, § 599, erreichen will, Hamm MDR **82**, 415.

a) Der Berufungskläger muß die Begründungsfrist dazu verwenden, eine auf den zur Entscheidung stehenden Fall zugeschnittene Begründung zu liefern, die erkennen läßt, in welchen Punkten tatsächlicher oder rechtlicher Art das angefochtene Urteil nach Ansicht des Berufungsklägers unrichtig ist, BGH NJW **81**, 1620 u **75**, 1032 (unerheblich ist es, ob die Begründung schlüssig oder rechtlich haltbar ist, BGH NJW **81**, 1453, VersR **77**, 152). Auch in einfach liegenden Sachen muß erkennbar sein, weshalb die Beurteilung durch die Vorinstanz unrichtig ist, BGH MDR **81**, 656. Bei teilbarem Streitgegenstand (Einzelposten) muß sich die Begründung mit allen für fehlerhaft gehaltenen Punkten befassen, BGH WertpMitt **77**, 941, ebenso bei Hilfsansprüchen, BGH **22**, 278. Nicht anders ist es, wenn das angefochtene Urteil auf mehrere selbständige Erwägungen gestützt ist, BVerwG NJW **80**, 2268 mwN, etwa wenn mehrere Grundlagen für denselben Anspruch verneint sind, so daß dann also eine Auseinandersetzung mit dem angegriffenen Urteil zu erfolgen hat, soweit die Anspruchsgrundlagen aufrechterhalten werden, BGH NJW **71**, 807 m krit Anm Dehner NJW **71**, 1565, abl auch Schwab ZZP **84**, 445. Stützt sich die Berufung ausschließlich auf neue Tatsachen und Beweismittel, so entfällt die Auseinandersetzung mit den Gründen des angefochtenen Urteils, BGH MDR **67**, 755. Soll die Nichterhebung von Beweisen gerügt werden, so muß das angegeben werden; das geschieht nicht schon durch eine allgemeine Bezugnahme auf die erstinstanzliche Schriftsätze (idR ist dann die Rüge aus § 286 in der Revisionsinstanz ausgeschlossen), BGH **35**, 103, dagegen Ordemann JR **64**, 295 (ausnahmsweise kann die Nichtberücksichtigung von global in Bezug genommenem Vorbringen Art 103 GG verletzen, BVerfG NJW **82**, 1636 u **74**, 133). Wird die Berufung nur auf Verfahrensfehler gestützt, ist zur Begründung nicht mehr erforderlich als in der Revisionsinstanz, BGH VersR **76**, 727. Begründet werden muß auch der Antrag hinsichtlich der Zinsen; andernfalls ist das Urteil insoweit ohne Nachprüfung zu bestätigen, E. Schneider MDR **75**, 806. Zu den Gründen der Anfechtung gehören auch die besonderen Gründe, die die Berufung regelwidrig zulässig machen, wie etwa, daß im Fall des § 513 (dort Anm 2) keine Versäumnis vorlag, BGH NJW **67**, 728. Der maßgebliche rechtliche Gesichtspunkt kann uU in einem einzigen Satz dargelegt werden, BGH RzW **73**, 116.

Einzelheiten aus der Rspr: Der Berufungskläger muß auf die einzelnen Vorgänge eingehen, die er anders gewürdigt sehen will, RArbG JW **34**, 2805; es ist aber keine ausreichende Begründung, wenn sie sich bei einem Punkt erschöpft, durch den der Berufungskläger nicht beschwert ist, BAG **AP** Nr 6. Formularmäßige Sätze oder Redewendungen genügen nicht, BGH RzW **73**, 116, auch nicht bloße Richtpunkte, BGH VersR **76**, 588, so nicht die Behauptung, das Gericht habe einige von mehreren Posten unrichtig oder unzureichend gewürdigt, RG JW **35**, 3101, es habe trotz Antrags bestimmte Akten nicht herangezogen, aus denen sich ein vollständiges Bild ergebe, BGH **LM** Nr 24. Die bloße Berufung auf Zeugen und Sachverständige ist keine bestimmte Bezeichnung der Berufungsgründe, RG JW **34**, 3199. Entbehrlich ist eine Begründung zu vom Vorderrichter nicht erörterten Hilfsanträgen, RG **149**, 203. Hat er aus formalen Gründen abgewiesen, so genügt, auch im Hinblick auf § 538, die Erörterung hierzu, Düss OLGZ **66**, 431, Wieczorek C IV a.

Der unterzeichnende RA muß eine **selbständige Arbeit** leisten und die Verantwortung für die Berufungsbegründung durch seine Unterschrift übernehmen. Deshalb ist die Einreichung einer fremden Begründung mit Vorbehalt unzureichend, BFH NJW **82**, 2896 (zustm Offerhaus), ebenso die rein formale Unterschrift unter der erkennbar von einem Dritten verfaßten Schrift, BGH JR **54**, 463, aM BAG NJW **61**, 1599 (Unterschrift genügt, wenn nicht der Unterzeichnende zu erkennen gibt, daß er die Verantwortung nicht übernehmen will oder den Inhalt nicht gekannt haben kann). Grundsätzlich muß davon ausgegangen werden, daß der Berufungsanwalt die mit der Begründung zusammenhängenden Pflichten kennt, also wirklich das Urteil geprüft hat und das Ergebnis dann vorträgt, wenn er den Schriftsatz des Korrespondenzanwalts übernimmt, BGH VersR **62**, 1204.

Verweisungen auf andere Schriftstücke reichen idR nicht aus, außer wenn sich dieses Schriftstück bei den Akten befindet, als Berufungsbegründung inhaltlich ausreicht, der Gegenpartei bekannt ist und von einem beim Berufungsgericht zugelassenen RA unterzeichnet ist, BGH **7**, 171. Deshalb genügt die Bezugnahme auf eine Begründung in parallel liegenden Verfügungssachen, sofern diese vom Berufungsanwalt in jenem Verfahren unterzeichnet ist und in diesem eine beglaubigte Abschrift vorliegt, BGH **13**, 248, ebenso die Begründung für zwei Sachen in einem einzigen Schriftsatz, falls dies genügend erkennbar ist (unzweckmäßig und gefährlich!), BGH MDR **63**, 483, auch die eigenverantwortliche Bezugnahme auf ein von einem anderen Berufungsanwalt unterzeichnetes Gesuch um Prozeßkostenhilfe, BGH **LM** Nr 5 (nach BGH **LM** § 48 II EheG Nr 14 reicht sogar eine stillschweigende Bezugnahme aus: bedenklich), oder die Verweisung auf eine den Anforderungen genügende Anlage, wenn der RA sich ihren Inhalt klar zu eigen macht, BGH bei Lang AnwBl **82**, 242. Unzureichend ist dagegen die Bezugnahme auf das Gesuch eines nicht beim Berufungsgericht zugelassenen RA, BGH **7**, 174, oder der Partei selbst, RG JW **34**, 2975, ferner die Verweisung zB auf Parallelakten, RG HRR **34**, 1560, auf erstinstanzliches Vorbringen, auch wenn es sich nur um eine einzige Rechtsfrage handelt, BGH NJW **59**, 885, und die Rechtsauffassung des Berufungsklägers in dem angefochtenen Urteil wiedergegeben ist, BGH NJW **81**, 1620 (zu eng), ebenso die Verweisung auf eine Stellungnahme des Berufungsanwalts zum Prozeßkostenhilfeantrag der Gegenpartei, BGH MDR **58**, 763, auf ein der Begründung beigefügtes ausführliches Rechtsgutachten, auch wenn es alles Nötige enthält, RG DR **40**, 2025 (zu eng), auf ein anliegendes Sachverständigengutachten, BGH MDR **63**, 483, auf eine Anlage zum Gesuch um Prozeßkostenhilfe, die der Berufungsanwalt aber nicht unterzeichnet hat, BGH **LM** Nr 37 (sehr eng). Es reicht auch nicht aus, daß in einem innerhalb der Frist eingegangenen unterzeichneten Schriftsatz erklärt wird, die Berufung sei in einem anderen, nicht unterzeichneten Schriftsatz begründet worden, BGH **37**, 156 (sehr eng). Ebensowenig genügt es, daß in einem unterzeichneten Streitverkündungsschriftsatz erwähnt wird, daß die Berufung begründet worden sei, aber nur ein ununterschriebener Schriftsatz beiliegt, BGH NJW **62**, 1724.

Eine **Beschränkung der Berufungsgründe** auf ein einzelnes Urteilselement, zB Verschulden, mit Bindungswirkung für das Rechtsmittelgericht, Grunsky ZZP **84**, 148, wird überwiegend für nicht zulässig gehalten, weil die Rechtsanwendung grundsätzlich nicht zur Disposition der Parteien steht, vgl § 559 II 1, ThP Anm 3 Nr 2a. Eine solche Beschränkung dient aber der Konzentration des Streitstoffs und der beschleunigten Herstellung des Rechtsfriedens. Sie wird deshalb in den Fällen, in denen der Verzicht auf eine volle Nachprüfung nicht notwegig zu einer auf unrichtigen Prämissen beruhenden Entscheidung führt, zuzulassen sein, wenn ihr weder öffentliche Interessen (zB daran, daß eine gegen ein gesetzliches Verbot oder die guten Sitten verstoßende Entscheidung nicht hingenommen werden darf) noch Interessen des Rechtsmittelbeklagten entgegenstehen; letzteres ist dann nicht der Fall, wenn der Rechtsmittelkläger bereit ist, sich mit einem ihm ungünstigen Teil der Gründe abzufinden, oder wenn auch der Rechtsmittelbeklagte ein für ihn ungünstiges Urteilselement nicht mehr in Zweifel zieht, vgl Bamberg NJW **79**, 2316. Jedoch muß die Begründung des angefochtenen Urteils in diesem Punkt jedenfalls vertretbar sein, KG NJW **83**, 291 (wertende Ausfüllung des unbestimmten Rechtsbegriffs der Sittenwidrigkeit).

b) Der Berufungskläger muß die Begründungsfrist weiter dazu benutzen, **sein beabsichtigtes neues Vorbringen, dh neue Tatsachen, Beweismittel und Beweiseinreden, anzugeben.**

D. Folgen von Verstößen, vgl auch Anm 2 aE: **a)** Fehlt jede Begründung oder bezeichnet die eingereichte die Berufungsgründe nicht ausreichend: Verwerfung als unzulässig, § 519b;

eine neue Berufung innerhalb der Frist ist zulässig, BGH **45**, 382, vgl § 519b Anm 2 D aE. Ist nur einer von mehreren Punkten zureichend begründet, so ist die Berufung nur insoweit zulässig, BGH WertpMitt **77**, 941. Wird Berufung nur hinsichtlich eines Teilbetrages einer Gesamtforderung eingelegt, so macht die unterlassene Aufteilung auf die einzelnen selbständigen Ansprüche, § 253 Anm 5 B, die Berufung noch nicht unzulässig, da der Mangel noch behoben werden kann, BGH **20**, 219. Ob die Begründung rechtlich haltbar und tatsächlich richtig ist, hat für die Zulässigkeit keine Bedeutung, BGH VersR **77**, 152. b) Genügt die Berufungsbegründung den Anforderungen, fehlt aber die gebotene Angabe der neuen Tatsachen usw: Verwirkung nach §§ 527, 529 I. Es ist also **größte Sorgfalt und Vorsicht geboten.**

4) Sonstiger Inhalt. Die Berufungsbegründungsschrift soll weiter den Beschwerdewert, § 511a Anm 3, angeben, wo von ihm die Zulässigkeit der Berufung abhängt, **IV.** Es handelt sich um eine Sollvorschrift; Nachholung ist bis zum Beschluß aus § 519b zulässig. Schließlich sind die **allgemeinen Vorschriften über vorbereitende Schriftsätze** anwendbar, s §§ 129ff, **V.** Über Abschriften und Zustellungen s § 519a.

5) *VwGO*: *Unanwendbar, da für den Berufungsantrag § 124 III 1 VwGO gilt und die zur Begründung dienenden Tatsachen und Beweismittel nur angegeben werden „sollen", § 124 III 2 VwGO. Zur Beschränkung der Anfechtung bei einem VerwAkt mit teilbarem Inhalt vgl OVG Lüneb NJW **68**, 125.*

519 a *Zustellung.* **Die Berufungsschrift und die Berufungsbegründung sind der Gegenpartei zuzustellen. Mit der Zustellung der Berufungsschrift ist der Zeitpunkt mitzuteilen, in dem die Berufung eingelegt ist. Die erforderliche Zahl von beglaubigten Abschriften soll der Beschwerdeführer mit der Berufungsschrift oder der Berufungsbegründung einreichen.**

Vorbem. Im **Verfahren der Arbeitsgerichte** ist § 519a entsprechend anwendbar, § 64 VI ArbGG.

1) Zustellung. § 519a ist den §§ 553a II, 554 V nachgebildet. Berufungsschrift und Berufungsbegründung bleiben bei den Gerichtsakten. **Dem Gegner des Berufungsklägers ist eine beglaubigte Abschrift von Amts wegen zuzustellen, §§ 523, 270,** und zwar dem **Prozeßbevollmächtigten 2. Instanz, in dessen Ermangelung nach § 210a.** Der Berufungskläger soll die nötige Zahl von beglaubigten Abschriften einreichen. Ein Verstoß gegen die Einreichungspflicht zieht keine prozessualen Folgen nach sich, RG **145**, 237, vielmehr stellt die GeschStelle die Abschriften auf Kosten des Berufungsklägers her, § 210. Verfahren bei Streitgenossen: **a)** ein Streitgenosse ist Berufungskläger: Zustellung an alle übrigen Streitgenossen, die das Urteil betrifft, § 63; **b)** ein Streitgenosse ist Berufungsbeklagter: Zustellung an die Streitgenossen, gegen die sich die Berufung ausdrücklich richtet, bei fehlender Beschränkung an alle, zu deren Gunsten das Urteil lautet. Aufgetretenen Streithelfern ist immer zuzustellen, § 67. Nachträge zur Berufungsbegründung sind zuzustellen, soweit sie in der Begründungsfrist eingehen. Die Zustellung ist möglichst zu beschleunigen, aber an eine Frist nicht gebunden. Wie S 2 u 3 zeigen, scheidet eine Zustellung nach § 198 aus.

Die Zulässigkeit der Berufung hängt nicht von der Zustellung ab, BGH **50**, 400; ihre Unterlassung ist nach § 295 heilbar, BGH **65**, 116 mwN. Keine Terminsbestimmung vor Zustellung.

2) Mitteilung. Mit der Zustellung der Berufungsschrift hat die GeschStelle dem Berufungsbeklagten den Zeitpunkt der Berufungseinlegung mitzuteilen; wenn er sich aus dem Eingangsstempel auf der beglaubigten Abschrift ergibt, so genügt das. Zweck der Vorschrift ist es, dem Gegner eine Prüfung zu ermöglichen, ob die Frist gewahrt ist. Dem Berufungskläger ist wegen § 519 II 2 der Zeitpunkt auf Antrag mitzuteilen, StJGr Rdz 6, vgl § 213a.

3) *VwGO*: *Es gelten §§ 125 I, 81 II, 85 VwGO. S 2 ist entsprechend anzuwenden, § 173 VwGO, damit der Berufungsgegner die Wahrung der Frist, § 124 II VwGO, prüfen kann, vgl Anm 2.*

§ 519b *Prüfung der Zulässigkeit.* **[I]** Das Berufungsgericht hat von Amts wegen zu prüfen, ob die Berufung an sich statthaft und ob sie in der gesetzlichen Form und Frist eingelegt und begründet ist. Mangelt es an einem dieser Erfordernisse, so ist die Berufung als unzulässig zu verwerfen.

[II] Die Entscheidung kann ohne mündliche Verhandlung durch Beschluß ergehen; sie unterliegt in diesem Falle der sofortigen Beschwerde, sofern gegen ein Urteil gleichen Inhalts die Revision zulässig wäre.

Vorbem. Im **Verfahren der Arbeitsgerichte** ist § 519b nach § 64 VI ArbGG entsprechend anwendbar, wie auch § 66 II 2 ArbGG zeigt. Die Verwerfung der Berufung ohne mündliche Verhandlung ergeht durch Beschluß der Kammer des LAG, § 66 II 2; hingegen ist die sofortige Beschwerde nach II nur zulässig, wenn das LAG sie im Beschluß wegen der Bedeutung der Rechtssache zugelassen hat, § 77 ArbGG, BAG LS NJW 80, 1128 (keine Nichtzulassungsbeschwerde).

Gliederung

1) Prüfung von Amts wegen
2) Entscheidung
   A. Verwerfung
   B. Zulässigkeit
   C. Zeitpunkt
   D. Bindende Kraft

3) Rechtsmittel
   A. Endurteil
   B. Beschluß
   C. Zwischenurteil
   D. Sonstiges

4) **VwGO**

1) Prüfung von Amts wegen (auch durch den Einzelrichter) **muß jeder Sachentscheidung vorausgehen.** Zu prüfen sind: **a)** die funktionelle Zuständigkeit; **b)** die Statthaftigkeit der Berufung, also Berufungsfähigkeit, Beschwer, Berufungsberechtigung, § 511; **c)** die Berufungssumme, § 511a; **d)** Form und Frist der Einlegung, §§ 516–518, auch WiedEins; **e)** Form und Frist der Berufungsbegründung, § 519; **f)** die ausnahmsweisen Erfordernisse des § 513; **g)** das Fehlen von Prozeßhindernissen 2. Instanz wie zB ein Verzicht auf die Berufung; **h)** das Fehlen von Hindernissen jeder Entscheidung, wie Unterbrechung, Gerichtsferien u dgl. Dies geschieht, soweit es möglich ist, ohne mündliche Verhandlung. Erledigt eine Urteilsberichtigung aus § 319 die Berufung, so ist sie nicht unzulässig, sondern unbegründet, RG JW **25**, 2006, vgl Grdz 3 B § 511.

Das Berufungsgericht hat dabei nicht unter Ausschöpfung aller Möglichkeiten den Sachverhalt selbst aufzuklären, RG **160**, 338. Die Prüfung von Amts wegen beschränkt sich vielmehr auf den dem Gericht vorliegenden oder offenkundigen Prozeßstoff, BGH VersR **82**, 492, NJW **76**, 149. Das Revisionsgericht hat die Zulässigkeit ebenfalls von Amts wegen zu prüfen, BGH NJW **82**, 1873.

Auch die Zustellung des Urteils ist vAw zu prüfen. Ob sich das Kollegium mit einer vom Einzelrichter vorgenommenen Prüfung begnügen will, steht bei ihm. Die Berufungssumme ist bis zur Beschlußfassung, frühestens bis zum Ablauf der Frist, glaubhaft zu machen.

2) Entscheidung, I, II. A. Verwerfung Die Entscheidung kann lauten auf Verwerfung der Berufung als unzulässig, auch hinsichtlich nur einer Berufung, wenn zweimal Berufung eingelegt ist, RG DR **40**, 1786, vgl auch § 515 Anm 4 B. Sie ergeht **a) durch Urteil, wenn die Entscheidung auf mündliche Verhandlung ergeht,** und zwar durch Endurteil. Ob eine mündliche Verhandlung stattfinden soll, steht im freien Ermessen des Gerichts; am Platz ist sie überall, wo eine Klärung durch Aussprache zu erwarten steht. Bei Ausbleiben des Berufungsklägers darf ein Urteil nach Aktenlage auch ohne frühere mündliche Verhandlung ergehen, weil eine solche für die Entscheidung belanglos wäre, RG **159**, 360; **b) wenn die Entscheidung nicht auf mündliche Verhandlung ergeht, durch Beschluß;** es bleibt also gleich, ob früher einmal zur Sache, aber nicht zur Zulässigkeit, verhandelt ist, BGH NJW **79**, 1891 mwN. Darum hindert auch eine Verhandlung vor dem Einzelrichter den Beschluß des Kollegiums nicht, RG HRR **30**, 1264. Beschluß ist auch zulässig über die WiedEins gegen Versäumung der Berufungsfrist, RG **125**, 70. Zu einer beabsichtigten Beschlußverwerfung sind die **Parteien zu hören,** Art 103 GG, BGH VersR **82**, 246, BAG NJW **71**, 1823, vgl auch §§ 125 II 3 VwGO u 158 II 2 SGG. Der Beschluß ist zu begründen, BGH NJW **83**, 123.

Zu verwerfen ist nur die eingelegte Berufung: ein Verlust des Rechtsmittels tritt regelmäßig nicht ein (s dazu § 515 Anm 4), so daß eine Neueinlegung innerhalb der Berufungsfrist statthaft ist. Legt die Partei eine 2. Berufung ein, bevor über die erste entschieden ist, so ist einheitlich zu entscheiden; ist eine Berufung ordnungsmäßig, so ergeht eine Entscheidung in der Sache, BGH NJW **68**, 49, BAG MDR **73**, 83, die andere Berufung hat dann keine selbständige Bedeutung.

Urteil und Beschluß beseitigen die Hemmungswirkung ex nunc, überwM, BGH **4**, 294 (Anm Paulsen **LM** § 546 Nr 7), StJMü § 705 Rdz 7, Rüffer FamRZ **82**, 1039 mwN, während nach der Gegenmeinung, zB RG DR **43**, 619, BFH JZ **72**, 167, Hamm Rpfleger **77**, 445 mwN, RoS § 151 II 1 b, die Hemmung mit Ablauf der Rechtsmittelfrist entfällt, vgl § 705 Anm 2 A aE. Sowohl das Urteil als auch der Beschluß stellen mit Rechtskraftwirkung klar, daß die Berufung wegen eines bestimmten Mangels unzulässig ist, BGH NJW **81**, 1962. Wegen der Erneuerung der Berufung s unten D; die rechtskräftige Verwerfung macht deshalb das angefochtene Urteil nur nach den Umständen des Falls rechtskräftig.

Der Beschluß ist wegen der Kosten Vollstreckungstitel, § 794 Anm 6, macht aber das angefochtene Urteil nicht entspr § 708 Z 10 vorläufig vollstreckbar, LG Stgt NJW **73**, 1050.

Keine Gerichtsgebühr entsteht für den Verwerfungsbeschluß, § 11 I GKG u KVerz 1020ff; die Verfahrensgebühr, KVerz 1020, wird voll erhoben.

B. Zulässigkeit der Berufung. Die Entscheidung kann auch lauten auf Zulässigkeit der Berufung. Sie ergeht auf mündliche Verhandlung durch Zwischenurteil nach § 303, sonst durch Beschluß. Ein solcher Beschluß ist nicht üblich. Regelmäßig beraumt der Vorsitzende Termin an, wenn er keine Bedenken hat. Aber auch wenn das Kollegium die Berufung ausdrücklich durch Beschluß für zulässig befunden hat, steht das einer späteren Verwerfung regelmäßig nicht entgegen.

C. Zeitpunkt der Entscheidung. Darüber bestimmt das Gesetz nichts. Sobald die Unzulässigkeit feststeht, ist zu verwerfen. Dabei ist für die Beurteilung der Zeitpunkt der Entscheidung maßgebend, RG JW **35**, 2632, wobei für die Wertberechnung § 4 heranzuziehen ist, s § 511a Anm 4. Namentlich, wenn das Urteil nicht berufungsfähig ist, kann die Berufung sofort wegen Unzulässigkeit verworfen werden. Förmliche Mängel der Berufungsschrift lassen sich jedoch in der Berufungsfrist heilen, eine unzulängliche Berufungsbegründung in der Begründungsfrist ergänzen; darum ist die Berufung in diesen Fällen zweckmäßigerweise nicht vor Fristablauf zu verwerfen. Der Eingang einer Berufungsbegründung nach Fristablauf ist unbeachtlich, BGH NJW **57**, 424. Wegen Fristversäumung darf die Berufung nicht als unzulässig verworfen werden, bevor über einen rechtzeitig gestellten Verlängerungsantrag entschieden worden ist, BGH VersR **82**, 1191. Ebenso scheidet eine Verwerfung bei Fristablauf aus, wenn eine bedürftige Partei bei Fehlen weiterer anwaltlicher Vertretung am letzten Tag ein Gesuch um Prozeßkostenhilfe einreicht, BGH VersR **77**, 721.

D. Bindende Kraft der Entscheidung. Jedes **Urteil** bindet, § 318. Doch entscheidet das zulassende Zwischenurteil nur über die derzeitige Sach- und Rechtslage, hindert also eine andere Entscheidung bei Veränderung nicht. Der **zulassende Beschluß** ist frei abänderlich, § 329 Anm 3 „zu § 318" (aM StJ III D 1, BGH NJW **54**, 880); wollte man das Berufungsgericht an seinen Beschluß binden, so könnte der Fall eintreten, daß es sich nachträglich von der Unzulässigkeit der Berufung überzeugt, dann aber gezwungen wäre, trotzdem in der Sache tätig und dann in der Revisionsinstanz wegen Unzulässigkeit der Berufung aufgehoben zu werden, Hbg NJW **55**, 1481, vgl auch § 238 Anm 2 A. Der **verwerfende Beschluß** ist unabänderlich, weil er an Stelle eines Urteils steht, so daß auf ihn § 318 entsprechend anzuwenden ist, Jauernig MDR **82**, 286 zu BGH NJW **81**, 1962 mwN, BAG NJW **71**, 1823 mwN; deshalb ist auch bei Mißgriffen des Gerichts eine Abänderung ausgeschlossen, abw ZöSchn III 1. Daß Verwerfungsbeschlüsse des OLG nicht geändert werden dürfen, ergibt sich überdies daraus, daß gegen sie sofortige Beschwerde gegeben ist (§ 577 III), aM Ffm NJW **70**, 715. Etwas anderes muß jedoch gelten, wenn der Beschluß auf einer Verletzung von Grundrechten beruht, zB auf einem Verstoß gegen Art 103 GG (rechtliches Gehör) oder gegen Art 101 GG (gesetzlicher Richter), BVerfG NJW **80**, 2698 u NJW **83**, 1900 mwN, vgl Üb 1 Ca § 567.

Neben der sofortigen Beschwerde muß der Berufungskläger ggf auch WiedEins beim OLG beantragen, BGH NJW **68**, 107, auch wenn die Frist in Wahrheit nicht versäumt war, Köln OLGZ **73**, 41. Die WiedEins, die nach § 238 III unanfechtbar ist und keiner Nachprüfung in höherer Instanz unterliegt, BGH NJW **82**, 887, macht den Verwerfungsbeschluß gegenstandslos, BGH NJW **68**, 107; gegen die Versagung der WiedEins ist sofortige Beschwerde zulässig, BGHZ **21**, 147, s E. Schneider JB **74**, 1502, deren Erfolg die auf Fristversäumung gestützte Verwerfung gegenstandslos macht, BGH NJW **68**, 107.

Eine Erneuerung der Berufung in der Berufungsfrist ist zulässig, BGH **45**, 382 u VersR **81**, 576 mwN, ebenso die Erneuerung der Berufungsbegründung in der Begründungsfrist. Jedoch steht die verwerfende Entscheidung einer Erneuerung entgegen, wenn wegen ihrer

Bindungswirkung entsprechend § 318 der Erlaß einer sachlich widersprechenden neuen Entscheidung ausgeschlossen ist, Jauernig MDR **82**, 286; das ist der Fall, wenn die neue Berufung nicht den früheren Mangel vermeidet, sondern auf denselben prozessualen Sachverhalt gestützt wird, BGH NJW **81**, 1962.

3) Rechtsmittel, II. A. Endurteil. Gegen die Entscheidung durch Endurteil findet nur die Revision nach allgemeinen Grundsätzen statt, also nach § 547 (nur) gegen Urteile des OLG, soweit die Revision nicht ausgeschlossen ist, zB nach § 545 II oder § 629. Endurteile des LG als Berufungsgericht sind unanfechtbar.

B. Beschluß. Gegen die Entscheidung durch Beschluß ist die sofortige Beschwerde gegeben, wenn ein Urteil desselben Inhalts revisibel wäre, also unter den vorstehend genannten Voraussetzungen nur gegen Beschlüsse des OLG. Wird durch Beschluß zugelassen, so tritt dieser an Stelle eines Zwischenurteils, RG JW **31**, 1759, ist also nicht anfechtbar, § 303 Anm 3; seine Nachprüfung erfolgt zugleich mit der Entscheidung in der Sache in der Revisionsinstanz. Eine Beschwer in der Hauptsache ist stets nötig; sie fehlt zB, wo die Berufung zurückgenommen ist. Eine Beschwer im Kostenpunkt genügt nicht, RG JW **31**, 2022. Dadurch, daß das Berufungsgericht auf erneute Berufung derselben Partei WiedEins bewilligt, wird die Beschwerde nicht unzulässig, BGH BB **78**, 925.

Die Beschwerde muß ein beim BGH zugelassener RA unterzeichnen, sofern sie dort und nicht beim OLG, § 577 Anm 3, eingelegt wird, RG JW **35**, 2287. Ihre Einlegung vor Beginn der Notfrist ist zulässig, RG JW **30**, 3550. Die Frist, § 577 II, beginnt mit ordnungsgemäßer, also vAw zu bewirkender Zustellung, BGH **LM** § 577 Nr 2. Ein Recht zur Änderung des angefochtenen Beschlusses steht dem Berufungsgericht nicht zu, § 577 III; dies gilt auch in den Fällen unten D (aE), weil hierfür kein Bedürfnis besteht.

Die sofortige Beschwerde, die sich zutreffend gegen die vom OLG ausgesprochene Verwerfung der Berufung richtet, weil irrtümlich die Überschreitung der Berufungsfrist angenommen wurde, ist gleichwohl zurückzuweisen, wenn die Berufung nicht fristgemäß begründet wurde, BGH VersR **82**, 240, NJW **59**, 724. Neue Tatsachen und Beweise können zum Nachweis, daß die Berufung rechtzeitig eingelegt oder begründet wurde, gemäß § 570 vorgebracht werden, BGH **LM** § 570 Nr 1.

Auf WiedEinsGründe kann die sofortige Beschwerde nur dann gestützt werden, wenn das OLG in dem Beschluß zugleich die WiedEins abgelehnt hat, nicht aber sonst, BGH NJW **82**, 887 mwN, abw BGH FamRZ **80**, 347. Die WiedEins ist bei dem nach § 237 dafür zuständigen Gericht zu betreiben, ggf mit den dafür vorgesehenen Rechtsmitteln, Anm 2 D. Allerdings kann das Übergehen der WiedEins im Verwerfungsbeschluß ein Verfahrensfehler sein, der zur Zurückverweisung führt, BGH NJW **82**, 887, wenn nicht die WiedEins nach dem Akteninhalt ohne weiteres zu gewähren ist, BGH NJW **82**, 1873.

C. Zwischenurteil. Die Entscheidung durch Zwischenurteil, § 303, ist nur zusammen mit dem Endurteil anfechtbar.

D. Sonstiges. Im übrigen gibt es keinen Rechtsbehelf. So sind namentlich Entscheidungen des LG über die Zulässigkeit einer Berufung gegen das Urteil eines AG unanfechtbar, Mü MDR **71**, 588 mwN; allenfalls kann ggf nachträglich WiedEins gewährt werden, die den Verwerfungsbeschluß beseitigt, RoS § 140 I 1 b, oben Anm 2 D. Daher ist größte Vorsicht und Anhörung der Parteien bei jedem Zweifel geboten, ehe eine Berufung verworfen wird. Zulässig ist (auch gegen Beschlüsse) die Wiederaufnahme, BGH **62**, 18, BAG NJW **55**, 926, StJGr Rdz 29 vor § 578.

Nur ausnahmsweise können (und müssen) verwerfende Beschlüsse auf Gegenvorstellung geändert werden, nämlich dann, wenn durch sie der Anspruch auf rechtliches Gehör, Art 103 GG, oder das Recht auf den gesetzlichen Richter, Art 101 GG, verletzt worden ist, oben Anm 2 D, Üb 1 C a § 567. Dies gilt nicht für Urteile, vgl § 511a Anm 2 B.

4) VwGO: Es gilt § 125 II VwGO.

520 *Mündliche Verhandlung; Vorverfahren.* ^{I} Wird die Berufung nicht durch Beschluß als unzulässig verworfen, so ist der Termin zur mündlichen Verhandlung zu bestimmen und den Parteien bekanntzumachen. Von der Bestimmung eines Termins zur mündlichen Verhandlung kann zunächst abgesehen werden, wenn zur abschließenden Vorbereitung eines Haupttermins ein schriftliches Vorverfahren erforderlich erscheint.

^{II} Der Vorsitzende oder das Berufungsgericht kann dem Berufungsbeklagten eine Frist zur schriftlichen Berufungserwiderung und dem Berufungskläger eine Frist zur schriftlichen Stellungnahme auf die Berufungserwiderung setzen. Im Falle des Absatzes 1 Satz 2 wird dem Berufungsbeklagten eine Frist von mindestens einem Monat zur schriftlichen Berufungserwiderung gesetzt. § 277 Abs. 1, 2, 4 gilt entsprechend.

III Mit der Bekanntmachung nach Absatz 1 Satz 1 oder der Fristsetzung zur Berufungserwiderung nach Absatz 2 Satz 2 ist der Berufungsbeklagte darauf hinzuweisen, daß er sich vor dem Berufungsgericht durch einen bei diesem Gericht zugelassenen Rechtsanwalt vertreten lassen muß. Auf die Frist, die zwischen dem Zeitpunkt der Bekanntmachung des Termins und der mündlichen Verhandlung liegen muß, sind die Vorschriften des § 274 Abs. 3 entsprechend anzuwenden.

Vorbem. Im **Verfahren der Arbeitsgerichte** gilt § 520 nicht. Vielmehr muß die Berufung innerhalb eines Monats nach Zustellung der Berufungsbegründung (einmalige Verlängerung durch den Vorsitzenden ist möglich) beantwortet werden, § 66 I 2–4 ArbGG, dazu Dütz RdA **80**, 93; die Bestimmung des Termins muß unverzüglich erfolgen, § 66 II 1 ArbGG, idR nach Eingang der Berufungsbeantwortung.

1) Allgemeines. Die Maßnahmen zur Konzentration des Verfahrens im 1. Rechtszug, namentlich diejenigen nach § 296, sind auch im Berufungsverfahren anzuwenden, § 523. Zusätzliche Regelungen enthält § 520.

2) Terminsbestimmung, I, III 2. A. Im Berufungsverfahren ist ein Termin nicht in allen Fällen sogleich zu bestimmen, wenn Berufung (und Berufungsbegründung) vorliegen. Das Berufungsgericht hat die Wahl zwischen Terminierung, I 1, und Vorbereitung durch ein schriftliches Vorverfahren, I 2. Die Entscheidung trifft der Vorsitzende nach freiem Ermessen; zuständig ist auch der Einzelrichter, § 524.

B. Der Vorsitzende (Einzelrichter) kann entweder einen **frühen ersten Verhandlungstermin** iSv §§ 272 II, 275 ansetzen oder (nur der Vorsitzende) einen **Haupttermin** iSv § 278, letzteres dann, wenn ein besonderes Vorverfahren nach § 276 entbehrlich erscheint, RoS § 140 II 1, E. Schneider MDR **78**, 91, aM Franzki DRiZ **77**, 168 (nur Haupttermin). Der Vorsitzende (in der mündlichen Verhandlung das Berufungsgericht) kann in diesem Fall Fristen setzen, nämlich dem Berufungsbeklagten zur Berufungserwiderung und dem Berufungskläger zur Replik, **II 1.** Für diese Fristen ist keine Mindestdauer vorgeschrieben, doch wird eine kürzere Frist als 2 Wochen, § 277 III, nur ausnahmsweise in Frage kommen (Eilverfahren, offensichtlich unbegründete Berufung). Eine Fristverlängerung ist unter den Voraussetzungen des § 224 II möglich. Für den Inhalt der schriftlichen Erklärung und die dafür erforderlichen Belehrungen gilt 277 I, II u IV, **II 3**; s die dortigen Erläuterungen und wegen der insoweit im Berufungsverfahren geltenden Anforderungen § 527 Anm 2 A. Maßnahmen nach § 273 zwischen Terminierung und Termin sind zulässig und vielfach geboten.

C. Die **Einlassungsfrist, III 2,** ist nur dem Berufungsbeklagten gegenüber zu wahren; gegenüber dem Berufungskläger genügt die Einhaltung der Ladungsfrist. Sind die Fristen nicht gewahrt, kann kein Versäumnisurteil, § 542, ergehen. Die Dauer der Einlassungsfrist bestimmt sich entsprechend § 274 III, diejenige der Ladungsfrist nach § 217 (im Wechsel- und Scheckprozeß nach § 604). Wegen der Möglichkeit der Abkürzung s § 226.

3) Schriftliches Vorverfahren, I 2, II. Hält der Vorsitzende (Einzelrichter) ein schriftliches Vorverfahren iSv § 276 für erforderlich, so **muß** er (in der mündlichen Verhandlung das Berufungsgericht) **dem Berufungsbeklagten eine Frist** von mindestens 1 Monat zur schriftlichen Berufungserwiderung setzen, **II 2;** eine Fristsetzung für die Replik ist in sein Ermessen gestellt, II 1. Es handelt sich um richterliche Fristen, für die §§ 221, 222, 224 und 225 gelten; die verspätete Beauftragung eines beim OLG zugelassenen RA ist kein erheblicher Grund für die Verlängerung der Erwiderungsfrist, Schlesw SchlHA **78**, 117. Wegen der entsprechenden Anwendung von § 277 I, II u IV s Anm 2. Ein Verstoß gegen die Belehrungspflicht, § 277 II, ist ein Verfahrensmangel und schließt eine Versäumnisentscheidung aus. Spätestens nach Eingang der Replik sollte in jedem Fall terminiert werden.

4) Hinweise an den Berufungsbeklagten, III 1. Mit der Bekanntmachung eines Termins, I 1, oder der Fristsetzung zur Berufungserwiderung, II 2, muß der Berufungsbeklagte darauf hingewiesen werden, daß er sich vor dem Berufungsgericht durch einen bei diesem zugelassenen **RA vertreten** lassen muß. Ein Verstoß hiergegen schließt eine Versäumnisentscheidung aus.

5) VwGO: *Wegen eigener Regelung, §§ 125, 85, 87, 96 II u 102 VwGO, ist § 520 unanwendbar.*

§ 521

521 *Anschließung; Zulässigkeit.* ^I Der Berufungsbeklagte kann sich der Berufung anschließen, selbst wenn er auf die Berufung verzichtet hat oder wenn die Berufungsfrist verstrichen ist.

^{II} Die Vorschriften über die Anfechtung des Versäumnisurteils durch Berufung sind auch auf seine Anfechtung durch Anschließung anzuwenden.

Vorbem. Im **Verfahren der Arbeitsgerichte** ist § 521 entsprechend anwendbar, § 64 VI ArbGG, vgl Grunsky ArbGG § 64 Rdz 20.

Schrifttum: Baur, Ist die Anschlußberufung ein Rechtsmittel?, Festschrift für Fragistas (1966) S. 359ff; Klamaris, Das Rechtsmittel der Anschlußberufung, 1975 (dazu Fenn FamRZ **76**, 259 und Gilles ZZP **91**, 128 sowie **92**, 152); Heintzmann, Zur Rechtskraft des Scheidungsausspruchs (Gedanken zum Anschlußrechtsmittel im Scheidungsverbund), FamRZ **80**, 112.

1) Anschließung, I. A. Allgemeines. Jede durch ein Urteil beschwerte Partei darf Berufung einlegen; uU dürfen es also beide Parteien. Richten sich die Berufungen gegen dasselbe Urteil, so ist über sie einheitlich zu verhandeln und zu entscheiden; eine Prozeßverbindung kommt nicht in Frage, weil keine getrennten Prozesse vorliegen. Anders liegt es bei Berufungen gegen verschiedene Urteile, wenn auch in derselben Streitsache. Vgl auch § 517. Aus der Hemmungswirkung der Berufung, Grdz 1 § 511, fließt das **Recht des Berufungsbeklagten, statt der selbständigen Berufung die Anschließung an die Berufung des Berufungsklägers zu wählen.** Er muß eines von beiden wählen, wenn er mehr erreichen will als die Zurückweisung der Berufung, namentlich wenn er in 2. Instanz die Klage erweitern oder Widerklage erheben, BGH **LM** Nr 4, oder die Scheidung erreichen will, Ffm FamRZ **80**, 710. Jedoch ist eine Anschlußberufung nicht nötig, wenn die Zurückweisung der Berufung mit der Maßgabe begehrt wird, daß nunmehr an einen Zessionar zu zahlen sei, BGH MDR **78**, 398, abl Grunsky ZZP **91**, 316. Eine Anschließung ist auch nicht nur wegen der Kosten nötig, weil das Gericht über sie vAw entscheidet und auch nachteilig abändern darf, und wegen der Zwischenanträge aus §§ 302 IV, 717 II, III usw; zulässig ist Berufung oder Anschließung auch da.

Die Anschließung ist entweder unselbständig, dh von der Berufung abhängig: gewöhnliche Anschließung. Das ist kein Rechtsmittel, sondern eine bloße Auswirkung des Rechts des Berufungsbeklagten, im Rahmen der fremden Berufung auch einen angriffsweise wirkenden Antrag zu stellen und die Grenzen der neuen Verhandlung mitzubestimmen, BGH NJW **82**, 1708 mwN, aM ua StJGr 6, Baur Festschr Fragistas S 359. Dieses Recht ist die notwendige Folge der Ausgestaltung der Berufungsinstanz als zweite Tatsacheninstanz; ohne Anschließung wäre neuer Prozeßstoff oft nur einseitig und unvollständig zu würdigen. Dieses Recht kann aber grundsätzlich nicht so weit gehen, daß noch beim Gericht 1. Instanz anhängige Teilansprüche durch Anschließung in die Berufungsinstanz gezogen werden, BGH FamRZ **83**, 459, BGH **30**, 213 unter Aufgabe von BGH NJW **54**, 640, vgl auch § 537 Anm 1 B, § 301 Anm 1; das verbietet sich schon deshalb, weil die Partei die Sache nicht willkürlich dem Gericht, bei dem sie anhängig ist, entziehen kann. Oder die Anschließung ist **selbständig, von der Berufung unabhängig.** Das ist sie, wenn sie in der Berufungsfrist eingelegt wird. Selbständig, eine gewöhnliche Berufung, wird sie aber erst mit der Rücknahme oder Rückwerfung der Berufung, s § 522; bis dahin ist sie eine echte Anschließung, s § 522 Anm 2, RG **148**, 135, RoS § 139 II 2. Eine dritte Art, die gleichzeitig unselbständig und selbständig wäre, gibt es nicht, Walsmann Anschlußberufung S 213.

Für die **Prozeßkostenhilfe** ist jede Anschließung als selbständige Berufung zu behandeln; vgl wegen der Kosten § 515 Anm 4 B. **Hilfsanschließung,** Eventualanschließung, für den Fall des Erfolgs der Berufung ist als unselbständige Anschließung statthaft, BGH **LM** § 556 Nr 3, vgl auch Karlsr NJW **65**, 47. Unstatthaft ist sie als selbständige Berufung, weil insofern eine bedingte Berufung oder Klage vorliegen würde. Anschließung an die Anschließung des Gegners ist als Erweiterung oder Änderung der Berufung aufzufassen, StJ III. Die **Umdeutung** (§ 140 BGB) einer mangels Beschwer unzulässigen Berufung in eine Anschließung ist möglich, wenn sie als abhängige Berufung aufrechterhalten wird, BGH JZ **55**, 218, Fenn ZZP **89**, 130 mwN.

Die zur Begründung einer (zulässigen) Anschließung **erstmals vorgebrachten Tatsachen** können ggf als verspätet zurückgewiesen werden, BGH NJW **82**, 1708. Für die Geltendmachung unselbständiger Angriffs- und Verteidigungsmittel, die sich allein gegen die erstinstanzliche Verurteilung richten und keine neuen Ansprüche einführen, gelten die §§ 523, 282 u 296 II sowie § 528 uneingeschränkt; die Begründung selbständiger Angriffe unterliegt keiner Beschränkung, wenn § 530 nicht entgegensteht, BGH aaO. Die Beschränkungen des § 527 gelten auch für die Anschlußberufung.

B. Voraussetzungen. Sie sind auch in der Revisionsinstanz vAw zu prüfen. Die der **selbständigen Anschließung** sind die der Berufung, § 522 II. Sie wird aber, solange die Hauptberufung nicht zurückgenommen oder über sie entschieden ist, ebenso wie die unselbständige Anschließung behandelt, RG **156**, 242, aM Wieczorek B I e. Erst dann ist zu prüfen, ob die Voraussetzungen für eine selbständige Berufung vorliegen, § 522 Anm 2; solange hatte sie jedenfalls die Wirkung der unselbständigen Anschlußberufung. Da die selbständige Anschließung eine Berufung ist, kann sich der Berufungskläger ihr seinerseits anschließen.

Die **unselbständige Anschließung** verlangt eine zulässige Berufung, § 521, also eine Hauptberufung oder eine selbständige Anschlußberufung (es gibt keine Anschließung an eine unselbständige Anschlußberufung, Düss FamRZ **82**, 923). Sie muß sich gegen das mit der Berufung angefochtene Urteil, BGH NJW **83**, 1318 mwN (allgM), und gegen den Rechtsmittelführer richten, BGH NJW **82**, 226 mwN (bei gewöhnlicher Streitgenossenschaft muß sie den Streitgenossen betreffen, der Berufung eingelegt hat); sie kann sich auch nicht gegen eine bisher nicht beteiligte Partei richten, BGH **LM** Nr 4. Immer muß der Anschlußberufungskläger ein dem Ziel des Berufungsklägers entgegengesetztes Ziel verfolgen; deshalb ist die Anschließung eines Streitgenossen mit demselben Antrag wie demjenigen des Berufungsklägers unzulässig. Gleich bleibt, ob die Partei oder ein Streitgehilfe Berufungskläger ist, OLG **20**, 299. Gegenstand der Anschließung können auch andere Ansprüche als die mit der Berufung verfolgten sein, wenn über sie in demselben Urteil entschieden worden ist und der Berufungskläger sie nicht fallen gelassen hat (durch Klagrücknahme oder Verzicht auf den Anspruch), StJGr 7; der Verzicht auf die Berufung hindert nicht, s unten. Die Anschließung darf aber nicht noch in der 1. Instanz anhängige Teilansprüche betreffen, oben Anm 1 A. Ist die Berufung vor Einlegung der Anschlußberufung zurückgenommen, so ist die unselbständige Anschlußberufung selbst dann unzulässig, wenn die Zurücknahme nicht bekannt war, BGH **17**, 399. Entsprechendes gilt für die Verwerfung der Berufung nach § 519 b. Eine Berufungssumme ist für die unselbständige Anschließung nicht erforderlich, RG **156**, 242, hM.

a) Die unselbständige Anschlußberufung verlangt **keine Beschwer** (Begriff Grdz 3 § 511), BGH NJW **80**, 702 mwN, BAG NJW **76**, 2143 mwN, BVerwG **29**, 264, Fenn ZZP **89**, 121 mwN, Jauernig § 72 VIII, ThP 3, aM StJGr 6, Baur Festschr Fragistas S 368ff, Gilles ZZP **92**, 159ff (dieselben Grenzen wie bei selbständiger Berufung). Sie ist zulässig selbst bei völligem Sieg, in bezug auf Ansprüche oder auch nur wegen der Kosten, RG **156**, 242 (str, aM mit beachtlichen Gründen Gilles ZZP **92**, 159) oder wegen der Vollstreckbarkeit, nicht bloß für die Begründung, etwas über das Zugesprochene hinaus zu erreichen; so etwa durch Klageerweiterung (aber nicht hinsichtlich eines bereits rechtskräftig abgewiesenen Teilanspruchs, BGH **LM** Nr 10), Umwandlung oder Widerklage, §§ 264 Z 2, 3, 530 I, BGH NJW **82**, 1708, oder um den günstigeren Hilfsanspruch statt des zugesprochenen Hauptanspruchs durchzusetzen, RG **87**, 240, oder um für den Fall der verfahrensrechtlich begründeten Aufhebung des eine einstwVfg enthaltenden Urteils ein inhaltlich gleiches Urteil zu erreichen, Karlsr NJW **65**, 47. Zulässig ist eine Anschließung auch, um einen abgewiesenen Teil des Anspruchs im Nachverfahren wegen des Restanspruchs geltend zu machen, BGH **37**, 133.

Die unselbständige Anschließung ist aber unzulässig, wenn mit ihr noch in unterer Instanz anhängige und nicht beschiedene Ansprüche geltend gemacht werden, BGH NJW **83**, 1313. Sie ist ferner nicht statthaft, um eine Verurteilung auch aus einem anderen in der 1. Instanz verneinten Klagegrund zu erreichen, wenn der Anspruch in seinem vollen Umfange zugesprochen worden ist, BGH NJW **58**, 868 (s aber Grdz 3 A § 511), ebenso, wenn der einheitliche prozessuale Anspruch auf verschiedene sich ausschließende Klagegründe gestützt ist, von denen jeder den Anspruch in voller Höhe rechtfertigt, BGH aaO, da das eine Anschlußberufung nur zur Abänderung der Gründe wäre. Letzteres ist zu verneinen, also eine Anschlußberufung zulässig, wenn die Klage in den Entscheidungsgründen nur als zZ unbegründet abgewiesen ist und völlige Abweisung verlangt wird, BGH **24**, 279.

b) **Der Ablauf der Berufungsfrist steht der Anschließung nicht entgegen.** Solange der Berufungsbeklagte neuen Streitstoff in den Prozeß einführen darf, solange steht ihm die unselbständige Anschließung offen, RG HRR **32**, 382, also bis zum Schluß der letzten mündlichen Verhandlung, BGH NJW **82**, 1708, mangels einer solchen bis zum Verwerfungsbeschluß aus § 519b, und auch nach Zurückverweisung, RG **110**, 231, Klamaris S 204, str. Die Rücknahme oder Verwerfung einer Berufung des Anschließenden, gleichviel aus welchem Grund, läßt ihm das Recht, sich wegen desselben Anspruchs der gegnerischen Berufung anzuschließen, RG **110**, 232. Über die Einwirkung von Rücknahme und Verwerfung der gegnerischen Berufung s § 522. Die bloße Beschränkung der Anträge des Berufungsklägers beeinträchtigt das Anschließungsrecht nicht. So kann sich der Berufungsbeklagte bei einer Berufung hinsichtlich der Klage nur wegen der Widerklage anschließen, RG **46**, 373. Die Bindung des Gerichts an seine Entscheidung, § 318, kann die Anschließung beeinträchtigen. Daher ist keine Anschließung statthaft, soweit die Berufung des Anschließenden wegen desselben Anspruchs zurückgewiesen worden ist, wohl aber, wenn eine frühere unselbständige Anschließung verworfen ist.

c) **Der Verzicht auf die Berufung hindert nicht.** Anders liegt es beim Verzicht auf die Anschließung, der entsprechend § 514 vor Einlegung eines Rechtsmittels, an das die Anschließung erfolgen könnte, zulässig ist, Hamm FamRZ **79**, 944 mwN, abw die hM, ThP § 629a Anm 1a bb, Schlesw FamRZ **81**, 380, Düss FamRZ **80**, 817 u **79**, 1048, Rüffer FamRZ **79**, 412 mwN; vor Erlaß der Entscheidung ist ein Verzicht aber nur im Wege der außergerichtlichen Vereinbarung möglich, aM Heintzmann FamRZ **80**, 115: stets unwirksam. Ein Verzicht ist noch nicht in der vorbehaltlosen Zahlung der Urteilssumme zu sehen, Schlesw SchlHA **55**, 362, kann aber ausnahmsweise im Verzicht auf die Berufung liegen, Hamm FamRZ **79**, 944. Der Verzicht auf den Anspruch und das Anerkenntnis des Berufungsklägers, §§ 306, 307, stehen der Anschließung entgegen, weil sie endgültig über den prozessualen Anspruch verfügt haben (aM StJ I 3, Wieczorek B II b 1, Ffm NJW **57**, 1641).

d) Wegen der **Anschlußberufung bei Entscheidung im Verbund**, § 629, s § 629a Anm 1 B.

2) Anschließung bei Versäumnisurteil, II. Gegen ein solches Urteil darf sich der in 1. Instanz Säumige der Berufung nur anschließen, **wenn der Einspruch unstatthaft ist und sich die Anschließung auf Fehlen einer Versäumung stützt, § 513.** Ein Urteil, das teils streitmäßiges, teils Versäumnisentscheidung ist, ist eine Verbindung zweier Urteile, die für die Anfechtung selbständig zu behandeln sind.

3) VwGO: *Für die Anschließung des Berufungsbeklagten und anderer Beteiligter gilt statt* **I** *die entsprechende Vorschrift des § 127 S 1 VwGO.* **II** *ist unanwendbar, weil der VerwProzeß kein Versäumnisurteil kennt, Üb 4 § 330.*

522 *Anschließung: Unwirksamwerden; selbständige Anschließung.* **I** *Die Anschließung verliert ihre Wirkung, wenn die Berufung zurückgenommen oder als unzulässig verworfen wird.*

II *Hat der Berufungsbeklagte innerhalb der Berufungsfrist sich der erhobenen Berufung angeschlossen, so wird es so angesehen, als habe er die Berufung selbständig eingelegt.*

Vorbem. Im **Verfahren der Arbeitsgerichte** ist § 522 entsprechend anwendbar, § 64 VI ArbGG, Grunsky ArbGG § 64 Rdz 20.

1) Unselbständige Anschließung, I. Begriff s § 521 Anm 1. **Sie wird unwirksam a) mit Berufungsrücknahme**, § 515. Stimmt der Berufungsbeklagte der Rücknahme zu, so verzichtet er damit, auch für die Zukunft, auf eine Anschließung und kann daher keine Kostenerstattung verlangen, § 515 Anm 4 B. Weigert er die notwendige Zustimmung, so ist die Rücknahme unwirksam und berührt seine Anschließung nicht, RG **85**, 84. Die Rücknahme der eigenen Berufung steht einer späteren Anschließung nicht im Weg, § 521 Anm 1 B. Erklären die Parteien die **Hauptsache für erledigt**, so kommt es darauf an, ob das als Berufungsrücknahme gemeint ist, da nur dann die Unwirksamkeit der Anschlußberufung eintritt, BGH NJW **64**, 108, aM Habscheid/Lindacher NJW **64**, 2395: keine Sachentscheidung mit Rücksicht auf die Akzessorietät der unselbständigen Anschlußberufung. Ein **Vergleich** über den mit der Berufung verfolgten Anspruch macht die Anschließung unwirksam, BAG NJW **76**, 2143.

Die Anschließung wird ferner unwirksam **b) mit Verwerfung der Berufung als unzulässig**, § 519b. Die Zurückweisung als unbegründet durch streitiges Urteil oder durch Versäumnisurteil, RG **103**, 125, stört nicht, Düss FamRZ **82**, 922 mwN (die Anschließung bleibt dann wirksam, auch wenn über die Hauptberufung entschieden worden ist, bevor der Anschließungsantrag in mündlicher Verhandlung gestellt worden ist, aM BGH **37**, 131). Gegen den gerichtlichen Ausspruch der Unwirksamkeit gibt es kein Rechtsmittel, BGH FamRZ **81**, 657 m Anm Borgmann. Wegen der Kosten s § 515 Anm 4 B.

Wegen der Möglichkeiten zu a u b kann über eine unselbständige Anschlußberufung **in der Sache nicht vorweg durch Teilurteil** entschieden werden, BGH **20**, 312; wohl aber kann die Anschlußberufung durch Teilurteil als unzulässig verworfen werden, BGH NJW **80**, 2313. Ebenso ist ein Teilurteil (gleich welchen Inhalts) über die Berufung zulässig, StJGr 7 mwN.

2) Selbständige Anschließung, II. Begriff s § 521 Anm 1. Ist die Anschlußberufung in der Berufungsfrist eingelegt, so **verliert sie durch Berufungsrücknahme oder -verwerfung ihre Wirksamkeit nicht**, wird damit vielmehr selbständig. Ihre Stellung im übrigen regelt das Gesetz nicht ausdrücklich. Nach § 522a III muß die Anschließungsschrift im wesentlichen den Anforderungen an eine Berufungsschrift genügen. Daraus folgt, daß die selbständige Anschließung als eine bei Anschließung eingelegte selbständige Berufung zu behandeln ist. Darum müssen Berufungssumme und Beschwer vorliegen. Beides ist aber erst zu prüfen, wenn die Hauptberufung wegfällt, RG **137**, 233. Siehe auch § 521 Anm 1 A. Hatte sich die Partei nur wegen der Kosten oder nur zur Klageerweiterung angeschlossen, so ist ihre Anschlußberufung als unzulässig zu verwerfen, Walsmann Anschlußberufung s 220, HRR **30**, 1971, str. Hatte die Partei auf Berufung verzichtet, so hat sie damit auf selbständige Anschließung verzichtet; § 521 I steht nicht entgegen, denn er betrifft nur die unselbständige Anschließung, Wieczorek § 521 B 1, StJ II 2. Die Rücknahme der selbständigen Anschlußberufung schließt das Recht zur unselbständigen Anschließung nicht aus.

3) VwGO: Es gilt § 127 S 2 VwGO.

522a
Form und Begründung der Anschließung. **I** Die Anschließung erfolgt durch Einreichung der Berufungsanschlußschrift bei dem Berufungsgericht.

II Die Anschlußberufung muß vor Ablauf der Berufungsbegründungsfrist (§ 519 Abs. 2) und, sofern sie nach deren Ablauf eingelegt wird, in der Anschlußschrift begründet werden.

III Die Vorschriften des § 518 Abs. 2, 4, des § 519 Abs. 3, 5 und der §§ 519a, 519b gelten entsprechend.

Vorbem. Im **Verfahren der Arbeitsgerichte** ist § 522a uneingeschränkt entsprechend anwendbar, § 64 VI ArbGG, Grunsky ArbGG § 64 Rdz 28, so daß die Einlegung zu Protokoll nicht formgerecht ist, BAG NJW **82**, 1175.

1) Einlegung, I. Die Anschließung geschieht **allein durch Einreichung** (Begriff § 518 Anm 1) **der Anschlußschrift, nie durch Vortrag in der mündlichen Verhandlung** (mag er auch protokolliert werden) oder auf andere Weise, allgM, BAG NJW **82**, 1175 mwN. Die Einreichung im Termin genügt; aber nach Schluß der mündlichen Verhandlung ist keine Anschließung mehr zulässig, BGH NJW **61**, 2309. Der Form genügt auch die Einreichung der vorbehaltenen Anschließung, die dann durch mündliche Erklärung vorbehaltlos gemacht wird, BGH **33**, 173, NJW **83**, 1313. Parteizustellung der Anschließungsschrift ist keine Einreichung, sondern Ankündigung des Vortrags und enthält darum keine Erhebung. Der Gebrauch des Wortes „Anschließung" oder einer ähnlichen Wendung ist unnötig, Hbg WRP **82**, 343. Stillschweigende Anschließung liegt zB schon im Verlesen eines Antrags auf Abänderung, RG HRR **32**, 1790, ebenso im Stellen eines erweiterten Antrages nach schriftsätzlicher Ankündigung, BGH NJW **54**, 266; s auch Anm 3.

Nach Rücknahme der Berufung kann die unselbständige Anschließung nicht mehr erklärt werden (wohl aber kann ein Formmangel noch nach Rücknahme der Berufung geheilt werden, Ffm FamRZ **80**, 710). Ist die unselbständige Anschließung vor Schluß der mündlichen Verhandlung wirksam erklärt worden, so bleibt sie wirksam, wenn danach über die Hauptberufung sachlich entschieden wird, bevor der Anschließungsantrag in mündlicher Verhandlung gestellt worden ist, Düss FamRZ **82**, 922 gegen BGH **37**, 131.

2) Begründung, II. Der Anschließende muß die Anschließung begründen. Er muß entsprechend § 519 III, s § 522a III, eine der Berufungsbegründung entsprechende schriftliche Erklärung abgeben. Sie muß enthalten: die Erklärung, inwieweit er das Urteil anficht und welche Abänderungen er beantragt (Anschließungsanträge), sowie die Anschließungsgründe und das neue Vorbringen. Über den Inhalt im einzelnen s § 519 Anm 3.

Eine nachträgliche Änderung der Anträge ist im selben Umfang gestattet wie bei der Berufung; eine Erweiterung der unselbständigen Anschließung ist zulässig, solange auch eine erstmalige Anschließung möglich ist, also nicht mehr nach Beendigung der Anhängigkeit der Hauptberufung, Düss FamRZ **82**, 923. Enthält die Anschließung neue Ansprüche, so werden diese gemäß § 261 rechtshängig. Fußt die Anschließung nur auf neuen Anträgen, macht sie zB eine Klageerweiterung geltend, dann entfallen die Anschließungsgründe, vgl BGH **LM** § 826 (ge) BGB Nr 2.

Die **Begründung ist zu geben a)** bei Einlegung vor Ablauf der Berufungsbegründungsfrist des § 519 II bis zu deren Ablauf. Die Verlängerung der Berufungsbegründungsfrist verlängert zwangsläufig die Anschließungsbegründungsfrist, StJ III. Darum ist der Verlängerungsbeschluß auch dem Anschließenden mitzuteilen; vgl § 519 Anm 2 B C. Eine Verlängerung der Anschließungsbegründungsfrist allein kann der Anschließende nicht verlangen, Köln JMBlNRW **75**, 265; dazu besteht auch kein Bedürfnis, weil er warten darf, bis er begründen kann; **b)** bei späterer Einlegung ist die Anschlußberufung in der Anschließungsschrift zu begründen.

Zulässig ist die Anschließung aber auch trotz II ohne Beifügung einer schriftlichen Begründung, wenn sie sich auf einen den Parteien nach Umfang und Bedeutung bereits bekannten Punkt bezieht, BGH **LM** § 826 (G e) BGB Nr 2 (bedenklich wegen der möglichen Unklarheiten, dagegen auch Gilles ZZP **92**, 159), etwa einen Scheidungsgegenantrag betrifft, Ffm FamRZ **80**, 710, ferner überhaupt solange, als Anschlußberufung noch würde eingelegt werden können, dh grundsätzlich bis zur letzten mündlichen Verhandlung, da in der verspäteten Einreichung der Begründung die Wiederholung der Anschließung zu sehen ist, BGH NJW **54**, 109, ebenso BAG **AP** Nr 4 (Anm Baumgärtel). „Muß" bedeutet auch in II keine echte Mußvorschrift, weil durch die unselbständige Anschlußberufung kein neuer Rechtsgang eröffnet wird, sie vielmehr nur der besseren Ausnutzung des schon laufenden dient. § 519b soll nach III nur entsprechend angewendet werden; eine „gesetzliche Frist" kommt für die Anschlußberufung aber nicht in Betracht, RG **170**, 18, RoS § 139 VI, aM StJ I.

Die **Folgen der Versäumung** sind dieselben wie bei § 519 III: Unterlassene Begründung, wo nötig (s oben), macht die Anschließung mit Kostenfolge für den Anschlußberufungskläger, BGH (GrS) **4**, 230, unzulässig; unterlassene Ankündigung neuen Vorbringens wirkt nach §§ 527, 529 I. Eine unselbständige Anschlußberufung darf als unzulässig erst nach abschließender Verhandlung über die eigentliche Berufung verworfen werden, BGH **LM** Nr 2.

Wegen der **Zurückweisung** sonst verspäteten Vorbringens s § 521 Anm 1 A aE.

3) Entsprechende Anwendung, III. Entsprechend anwendbar sind: **§ 518 II, IV.** Zur Bezeichnung des angefochtenen Urteils genügt der notwendige Hinweis auf die Berufung des Gegners, RG HRR **32**, 1790. Ferner ist die Erklärung der Anschließung erforderlich; es genügt aber jede Erklärung, die ihrem Sinn nach, wenn auch nur für einen gewissen Fall, eine vorteilhafte Änderung des Urteils erstrebt, RG **103**, 170, nicht nur eine Abwehr. Bei der Entscheidung über die Zulässigkeit der Berufung ist immer zu prüfen, ob sich die Berufung nicht als Anschließung halten läßt. – **§ 519 III, V** vgl dort. Bei Klagerweiterung, neuem Anspruch, Widerklage wird die entsprechende Gebühr fällig, § 61 GKG; die Anschließung ist aber nicht von der Zahlung abhängig. – **§ 519a.** Anschließungsschrift und -begründung sind dem Gegner vAw zuzustellen. Bei Einreichung in der mündlichen Verhandlung genügt die Übergabe einer beglaubigten Abschrift, Düss FamRZ **82**, 922 mwN. Die Zeit der Einreichung hat die GeschStelle dem Gegner mitzuteilen, was wegen § 522 wichtig ist. – **§ 519b.** Die Prüfung der Zulässigkeit der Anschließung hat vAw vor jeder Sachprüfung zu geschehen. Die Entscheidung ergeht durch Urteil oder Beschluß wie bei § 519b Anm 2. Nötig ist die gleichzeitige Verhandlung über die Berufung und die Anschließung, Anm 2 aE. Der Lauf der Anschließungsfrist hindert die Entscheidung über die Berufung nicht. Eine unwirksam gewordene Anschließung, § 522 I, läßt sich nicht wiederholen; über ihre Wiederholung nach Verwerfung s § 522 Anm 2.

4) VwGO: *Statt I gilt § 127 S 1 VwGO, der die Anschließung in den Formen des § 124 II VwGO und in der mündlichen Verhandlung zu Protokoll zuläßt. II ist unanwendbar, weil die VwGO keinen Zwang zur Berufungsbegründung kennt. Zu III vgl bei den einzelnen Vorschriften.*

1. Abschnitt. Berufung §§ 523, 524 1

523 *Verfahren im allgemeinen.* Auf das weitere Verfahren sind die im ersten Rechtszuge für das Verfahren vor den Landgerichten geltenden Vorschriften entsprechend anzuwenden, soweit sich nicht Abweichungen aus den Vorschriften dieses Abschnitts ergeben.

Vorbem. Im **Verfahren der Arbeitsgerichte** ist § 523 entsprechend anwendbar, § 64 VI ArbGG, so daß im Berufungsverfahren vor dem LAG § 46ff ArbGG nur insoweit gelten, als sie in § 64 VII ArbGG ausdrücklich genannt werden. Grunsky ArbGG § 64 Rdz 10.

1) Erläuterung. Grundsätzlich richtet sich das Berufungsverfahren nach den für das landgerichtliche Verfahren gegebenen Vorschriften, mögen diese im 2. Buch stehen, in anderen Büchern oder in anderen Gesetzen. Anwendbar sind vor allem auch die Bestimmungen über die Rechtshängigkeit, § 261, Ffm FamRZ **80**, 710, über die Erweiterung der Klage, §§ 263 u 264 Z 2, BGH FamRZ **82**, 1198 (nur im Rahmen der fristgerecht eingereichten Begründung, BGH FamRZ **82**, 1197), über die Verweisung, § 281 (auch im Verhältnis verschiedener Berufungsgerichte bei wahlweise zulässiger Einlegung, BGH NJW **79**, 43 u **80**, 1282 betr FamS, BGH **71**, 367 betr KartellS), über die Konzentration des Verfahrens, s § 520 Anm 1 u § 527 Anm 3, also insbesondere die §§ 282 II, 296 II, BGH NJW **82**, 1708 (zur Zurückweisung von Angriffs- und Verteidigungsmitteln, die erstmals mit der Anschlußberufung vorgebracht werden, krit Deubner, zustm Olzen JR **82**, 417), über die Beweiswürdigung, § 286, BGH NJW **82**, 2874, über die Entbehrlichkeit von Tatbestand und Gründen im Urteil, § 313a, s § 543 Anm 1, und über die abgekürzte Urteilsform, § 313b. Wegen der Klagänderung s § 528 Anm 2, wegen Widerklage und Aufrechnung s § 530.

Die Vorschriften des 1. Buchs sind nicht entsprechend, sondern unmittelbar anwendbar. Von den Vorschriften des amtsgerichtlichen Verfahrens sind in der Berufungsinstanz anwendbar: § 506, Verweisung wegen nachträglicher sachlicher Unzuständigkeit, und § 510b, Verurteilung zu Handlung und Entschädigung. Einzelnes s §§ 506 Anm 2, 510b Anm 2.

2) VwGO: *Es gilt § 125 I (inhaltsgleich).*

524 *Einzelrichter.* ¹ Zur Vorbereitung der Entscheidung kann der Vorsitzende oder in der mündlichen Verhandlung das Berufungsgericht die Sache dem Einzelrichter zuweisen. Einzelrichter ist der Vorsitzende oder ein von ihm zu bestimmendes Mitglied des Berufungsgerichts, in Sachen der Kammern für Handelssachen der Vorsitzende.

II Der Einzelrichter hat die Sache so weit zu fördern, daß sie in einer mündlichen Verhandlung vor dem Berufungsgericht erledigt werden kann. Er kann zu diesem Zweck einzelne Beweise erheben; dies darf nur insoweit geschehen, als es zur Vereinfachung der Verhandlung vor dem Berufungsgericht wünschenswert und von vornherein anzunehmen ist, daß das Berufungsgericht das Beweisergebnis auch ohne unmittelbaren Eindruck von dem Verlauf der Beweisaufnahme sachgemäß zu würdigen vermag.

III Der Einzelrichter entscheidet
1. über die Verweisung nach § 100 in Verbindung mit den §§ 97 bis 99 des Gerichtsverfassungsgesetzes;
2. bei Zurücknahme der Klage oder der Berufung, Verzicht auf den geltend gemachten Anspruch oder Anerkenntnis des Anspruchs;
3. bei Säumnis einer Partei oder beider Parteien;
4. über die Kosten des Rechtsstreits nach § 91a;
5. über den Wert des Streitgegenstandes;
6. über Kosten, Gebühren und Auslagen.

IV Im Einverständnis der Parteien kann der Einzelrichter auch im übrigen entscheiden.

Vorbem. Im **Verfahren der Arbeitsgerichte** ist § 524 unanwendbar, § 64 VI 2 ArbGG, jedoch darf der Vorsitzende in bestimmten Fällen allein entscheiden, § 64 VII iVm § 55 I, II u IV ArbGG.

Schrifttum: E. Schneider DRiZ **78**, 335.

1) Allgemeines. Anstelle der §§ 348–350 gilt für das Berufungsverfahren § 524. Danach hat der Einzelrichter im wesentlichen die Aufgabe, die Entscheidung vorzubereiten. Zur

Entscheidung ist er nur ausnahmsweise berufen, III und IV (abweichend § 348 für das erstinstanzliche Verfahren). Die gegen § 348 bestehenden verfassungsrechtlichen Bedenken, dort Anm 1 (vgl auch Schultze NJW **77**, 2294 u Schumann ZZP **96**, 197, beide mwN), greifen deshalb gegenüber § 524 nicht durch.

Einzelrichter kann der Vorsitzende oder ein Mitglied des Berufungsgerichts sein, bei der KfH nur der Vorsitzende, I 2.

2) Zuweisung an den Einzelrichter, I 1. A. Sie ist statthaft in allen Berufungsverfahren, auch in Arrest- und einstwVfgsSachen, nicht aber in Baulandsachen, §§ 169 I 2, 160 I 3 BBauG, BGH **86**, 112 (bei Verstoß gilt § 295 I). Die **Entscheidung** über die Zuweisung erfolgt nach Ermessen, wobei die Zweckmäßigkeit den Ausschlag gibt. Deshalb ist dort, wo es nur um Rechtsfragen geht, eine Zuweisung idR nur dann auszusprechen, wenn ein Vergleich möglich erscheint. Dagegen ist die Zuweisung regelmäßig geboten, wenn der Streitstoff aufbereitet werden muß, namentlich in tatsächlich schwierigen oder umfangreichen Sachen (Bauprozesse).

B. Die **Zuweisung außerhalb der mündlichen Verhandlung erfolgt durch den Vorsitzenden, in der mündlichen Verhandlung durch das Berufungsgericht.** Letzteres ist ausschließlich zuständig, wenn einmal mündlich verhandelt worden ist; denn dann hat allein das Gericht über den Fortgang des Verfahrens zu bestimmen, vgl Mü NJW **62**, 1114. Der Vorsitzende weist durch Verfügung zu, das Gericht durch Beschluß. Wegen der Bekanntgabe an die Parteien vgl § 329 I u III. Eine Anfechtung ist ausgeschlossen.

C. Bestimmung des Einzelrichters, I 2. Bei der KfH wird durch die Zuweisung der Vorsitzende Einzelrichter, bei der ZivK und dem OLG ist seine Bestimmung Sache des Vorsitzenden auch dann, wenn das Berufungsgericht die Zuweisung ausgesprochen hat. Der Vorsitzende bestimmt entweder sich selbst oder ein Mitglied des Gerichts, das nach dem Mitwirkungsplan, § 21g GVG, zur Mitwirkung berufen ist, idR den Berichterstatter. Eine Bekanntgabe an die Parteien ist nicht nötig, die Anfechtung der Bestimmung ausgeschlossen.

D. Eine **Aufhebung der Zuweisung an den Einzelrichter** ist nicht vorgesehen, aber zulässig, wenn dies zur sachgemäßen Erledigung erforderlich ist. Der Vorsitzende kann die Bestimmung der Person des Einzelrichters jederzeit ändern.

3) Förderung der Sache durch den Einzelrichter, II. A. Er hat die Sache so weit zu fördern, daß nach Möglichkeit eine einzige Verhandlung vor dem Berufungsgericht zur Erledigung genügt, vgl § 349 Anm 2. Auch im Berufungsverfahren hat der Einzelrichter, wenn kein Vergleich zustandekommt, den ganzen Streitstoff erschöpfend mit den Parteien zu erörtern und festzulegen.

B. Zu diesem Zweck kann er einzelne Beweise erheben. In Punktsachen u dgl wird der Einzelrichter häufig mit Nutzen alle Beweise erheben; der Wortlaut („einzelne") steht nicht entgegen, weil er den Grundsatz enthält, aber nicht ausschließt, daß dem Kollegium eine Beweisaufnahme erspart bleibt, bei der es auf einen persönlichen Eindruck nicht ankommt. Entscheidend ist stets, ob die Beweisaufnahme durch den Einzelrichter **zur Vereinfachung der Verhandlung vor dem Berufungsgericht wünschenswert und** (kumulativ) **von vornherein anzunehmen ist, daß das Berufungsgericht das Beweisergebnis auch ohne unmittelbaren Eindruck von dem Verlauf der Beweisaufnahme sachgemäß zu würdigen vermag.** Diese zwingende, von § 349 I 2 abweichende Regelung schränkt den dem Einzelrichter nach der Gesetzesfassung eingeräumten Beurteilungsspielraum im Interesse der Unmittelbarkeit der Beweisaufnahme ein, die im 2. Rechtszug besondere Bedeutung hat, § 355. Bei der Nachprüfung im Revisionsverfahren kommt es demgemäß darauf an, ob die Beweiserhebung durch den Einzelrichter vertretbar war oder nicht. Nur im letzten Fall kann ein Verfahrensfehler bejaht werden, zB dann, wenn nur ein Zeuge zu vernehmen war (keine Vereinfachung der Verhandlung vor dem Berufungsgericht) oder wenn von Anfang an klar war, daß das Kollegium den persönlichen Eindruck brauchte. Ein Verstoß ist aber nach § 295 heilbar, § 355 Anm 1, BGH **86**, 113 mwN, aM Werner u Pastor NJW **75**, 331 (zu §§ 348, 349). Stellt sich heraus, daß ein **persönlicher Eindruck nötig** ist, so ist der Antrag auf nochmalige Vernehmung durch das Berufungsgericht zu stellen, § 398 I. Nur ausnahmsweise wird es genügen, daß der Einzelrichter seinen Eindruck zu Protokoll nimmt, § 285 Anm 2. Eidlich sollte der Einzelrichter weder Zeugen noch Parteien vernehmen, Parteien möglichst überhaupt nicht, weil solche Vernehmungen wegen ihrer Bedeutung idR dem Kollegium vorbehalten bleiben sollten. Immer darf der Einzelrichter einen umfassenden Beweisbeschluß erlassen und dessen Erledigung oder Aufhebung dem Kollegium anheimstellen. Bei extremer Unzweckmäßigkeit, zB hohen Kosten eines Gutachtens, gegen dessen Erforderlichkeit gewichtige Gründe sprechen, kann eine Niederschlagung der Kosten nötig werden, Ffm NJW **71**, 1757; das ändert nichts an der Wirksamkeit des Beweisbeschlusses.

C. Hält der Einzelrichter die Sache für reif zur Schlußverhandlung, so legt er sie dem Vorsitzenden zur Terminsbestimmung vor. Zur Endentscheidung ist er nur bei IV befugt; eine Endentscheidung ist aber auch die Bestrafung wegen einer Zuwiderhandlung gegen einen Duldungs- oder Unterlassungstitel, Hbg MDR **64**, 1014. Die Parteien haben auf den Abschluß des Verfahrens vor dem Einzelrichter keinen Einfluß. Bei Meinungsverschiedenheiten zwischen dem Einzelrichter und dem Kollegium über die weitere Behandlung der Sache entscheidet dieses; es kann die Zuweisung an den Einzelrichter aus diesem Grunde widerrufen.

4) Entscheidung, III. A. Die **Aufzählung** der Fälle, in denen der Einzelrichter im Berufungsverfahren ohne Einverständnis der Parteien entscheiden darf, ist vorbehaltlich des in Anm 4 B Gesagten **abschließend**. Sie entspricht mit einigen Abweichungen dem Katalog in § 349 II. Der Einzelrichter entscheidet danach stets über **a) Z 1:** Verweisung nach § 100 iVm §§ 97–99 GVG, also von der ZivK an die KfH oder umgekehrt, nicht dagegen in anderen Fällen, ferner über **b) Z 2:** Folgen der Klagrücknahme, § 269, der Berufungsrücknahme, § 515, und bei Verzicht oder Anerkenntnis, § 349 Anm 3 d, **c) Z 3:** bei Säumnis einer oder beider Parteien, § 349 Anm 3 e, auch in Statussachen, § 612 Anm 2 B–D, weiter über **d) Z 4:** Kosten des Verfahrens nach § 91 a, § 349 Anm 3 f, **e) Z 5:** Wert des Streitgegenstandes für das Berufungsverfahren, wenn er es beendet hat, § 349 Anm 3 g, und über **f) Z 6:** Kosten, Gebühren und Auslagen, soweit sie in dem durch den Einzelrichter beendeten Berufungsverfahren entstanden sind, § 349 Anm 31.

B. Ferner steht dem Einzelrichter die Entscheidung zu kraft der Zuweisung dann, wenn sie unlösbar zu seiner Tätigkeit gehört, nämlich über **a)** Verbindung und Trennung bei ihm schwebender Verfahren, Stgt Rpfleger **74**, 118, **b)** WiedEins in bei ihm versäumte Fristen, **c)** Zulassung eines Streithelfers, Ffm NJW **70**, 817, **d)** Folgen einer Zeugnisverweigerung oder Zwangsmaßnahmen in der Beweisaufnahme, solange die Sache nicht an das Kollegium zurückgegeben ist, Köln MDR **74**, 238, **e)** Bezeichnung als Feriensache, § 200 IV GVG.

C. Nicht dagegen darf der Einzelrichter im Berufungsverfahren ohne Einverständnis der Parteien entscheiden über die Aussetzung des Verfahrens, im Verfahren der Prozeßkostenhilfe, in Wechsel- und Scheckprozessen, über die Art einer angeordneten Sicherheit und über die einstweilige Einstellung der Zwangsvollstreckung, weil diese Entscheidungen in § 524 III abweichend von § 349 II fehlen. Ein einleuchtender Grund für diese Unterscheidung ist freilich kaum zu finden. Außerdem entfällt die Entscheidungsbefugnis des Einzelrichters schlechthin in Beschwerdesachen auch dann, wenn sie in einer ihm zugewiesenen Sache entstehen.

5) Entscheidung im Einverständnis der Parteien, IV. Abweichend vom früheren Recht darf der Einzelrichter auch im Berufungsverfahren anstelle des Kollegiums entscheiden, wenn die Parteien sich damit einverstanden erklären. Dies gilt auch in nichtvermögensrechtlichen Streitigkeiten. Vgl im Einzelnen § 349 Anm 4.

6) VwGO: Da die VwGO die Einrichtung des Einzelrichters nicht kennt, Üb 3 § 348, ist § 524 unanwendbar, und zwar auch in Asylsachen (§ 31 AsylVfG gilt nur für das VG).

525 *Mündliche Verhandlung und Anfallwirkung.* **Vor dem Berufungsgericht wird der Rechtsstreit in den durch die Anträge bestimmten Grenzen von neuem verhandelt.**

Vorbem. Im **Verfahren der Arbeitsgerichte** ist § 525 entsprechend anwendbar, § 64 VI ArbGG, Grunsky ArbGG § 64 Rdz 25.

1) Verhandlung. In der Berufungsinstanz ist der gesamte Streitstoff, soweit die Entscheidung der Berufungsinstanz angefallen ist, Grdz 1 § 511, **neu zu erörtern und zu würdigen.** Das bedeutet indessen nicht, daß zu verhandeln und zu würdigen ist, als habe keine erste Instanz stattgefunden; vielmehr ist auf der Grundlage des angefochtenen Urteils und der früheren Verhandlung zu verfahren. Neues Vorbringen ist bis zum Schluß der mündlichen Verhandlung statthaft, soweit es §§ 527 ff erlauben, darüber hinaus nicht; die Nichtbeachtung tatsächlichen Vorbringens kann den Anspruch auf rechtliches Gehör verletzen, BVerfG NJW 80, 278. Unabänderliche Prozeßhandlungen behalten ihre Wirkung für die Berufungsinstanz. Abänderliche sind, wenn die Voraussetzungen ihrer Änderung vorliegen, in der Berufungsinstanz abänderlich. Beweisaufnahmen bleiben voll wirksam, vgl § 526 Anm 1 B. Berufungsanträge sind zu verlesen, § 297. Das Gericht hat auf sachdienliche Anträge hinzuwirken, § 139.

2) Begrenzung durch Anträge. Die Anträge ziehen, entsprechend § 308, dem Gericht die Grenzen. Eine Beschränkung der Anträge ist keine teilweise Berufungsrücknahme, wenn die Berufungsschrift keinen Antrag enthielt (wohl aber sonst), ihre Erweiterung ist kein neuer Anspruch, weil entscheidend ist, welche Anträge die Parteien in der mündlichen Verhandlung stellen (anders liegt es für die Frage der Zulässigkeit der Berufung). Hat der abgewiesene Kläger nur wegen eines Teils Berufung eingelegt, so ist das ergehende Urteil kein Teilurteil, sondern ein abschließendes Endurteil, weil eine Erweiterung der Anträge nur bis zum Schluß der letzten mündlichen Verhandlung zulässig ist. Die äußerste Grenze des zulässigen Berufungsantrags ist der Klagantrag, soweit nicht eine Klagerweiterung stattfinden darf. Über Hilfsanträge s § 537 Anm 1. Zurückverweisen darf das Berufungsgericht nur nach §§ 538 f. Über Entscheidung ohne mündliche Verhandlung s § 128 II.

3) VwGO: *Es gilt § 128 S 1 VwGO.*

526 *Vortrag des Akteninhalts 1. Instanz.* [1] Bei der mündlichen Verhandlung haben die Parteien das durch die Berufung angefochtene Urteil sowie die dem Urteil vorausgegangenen Entscheidungen nebst den Entscheidungsgründen und den Beweisverhandlungen insoweit vorzutragen, als dies zum Verständnis der Berufungsanträge und zur Prüfung der Richtigkeit der angefochtenen Entscheidung erforderlich ist.

[II] Im Falle der Unrichtigkeit oder Unvollständigkeit des Vortrags hat der Vorsitzende dessen Berichtigung oder Vervollständigung, nötigenfalls unter Wiedereröffnung der Verhandlung, zu veranlassen.

Vorbem. Im **Verfahren der Arbeitsgerichte** entsprechend anwendbar, § 64 VI ArbGG.

1) Mündliche Verhandlung, I. § 526 bezieht sich auf sie. Im schriftlichen Verfahren, § 128 II, und im Aktenlageverfahren ist der Akteninhalt Grundlage der Entscheidung.

A. Für die **mündliche Verhandlung** vor dem Berufungsgericht gelten die §§ 136 ff, § 523 Anm 1. Abweichend von § 137 I beginnt sie jedoch mit der Prüfung der Formalien der Berufung, soweit dies nicht bereits vorher geschehen ist, etwa in einem Termin vor dem Einzelrichter oder beauftragten Richter. Der weitere Gang der Verhandlung entspricht demjenigen des Haupttermins in 1. Instanz, vgl die Erläuterungen zu § 278. Nach § 526 haben die Parteien, dh in aller Regel der Berufungskläger, dabei den gesamten erstinstanzlichen Prozeßstoff vorzutragen. In der Praxis wird dieser Vortrag durch Bezugnahme, § 137 III, ersetzt, was durchaus genügt, da alle Anwesenden aus den Akten kennen, vgl Schumann Rdz 511 u 512. Der Vorsitzende hat hier wie auch sonst darauf hinzuwirken, daß etwaige Widersprüche im tatsächlichen Vortrag oder Unklarheiten in prozessualer Hinsicht ausgeräumt werden.

B. Die **erstinstanzlichen Beweishandlungen** bleiben wirksam. Zeugenaussagen bleiben also Zeugen- und werden nicht etwa Urkundenbeweis, BAG DB 67, 868. Die Parteien können sie nicht beseitigen. Sie können aber im Rahmen des Beibringungsgrundsatzes ihre Verwertung unterbinden, indem sie die unter Beweis gestellte Tatsache nicht vortragen oder über sie verfügen. Zeugenaussagen 1. Instanz über die Höhe des Anspruchs sind im Berufungsverfahren über den Grund, § 304, urkundenbeweislich benutzbar; jede Partei kann jedoch Vernehmung des Zeugen beantragen, RG 105, 220.

Eine Wiederholung der Beweisaufnahme kann das Gericht jederzeit auch vAw anordnen, und zwar grundsätzlich nach Ermessen, BGH NJW 82, 108, 72, 585. Eine Pflicht zur erneuten Vernehmung von Zeugen oder Parteien besteht, wenn das Berufungsgericht sich von der Würdigung der persönlichen Glaubwürdigkeit lösen will, die das Erstgericht aufgrund seines persönlichen Eindrucks gewonnen hat, BGH NJW 82, 108, MDR 79, 481 mwN, stRspr; auch andere Umstände können die erneute Vernehmung gebieten, zB dann, wenn die Entscheidung von der Glaubwürdigkeit eines Zeugen abhängt, die der erstinstanzliche Richter nicht in Zweifel gezogen hatte, BGH NJW 82, 108. Dagegen ist eine abweichende Würdigung des Inhalts der protokollierten Aussage ohne neue Vernehmung zulässig, vgl E. Schneider NJW 74, 841 (eingehend).

1. Abschnitt. Berufung §§ 526, 527 1, 2

2) Aufklärungspflicht, II. II ist eine überflüssige Wiederholung des § 139. Der Vorsitzende muß besonders klären, ob die Parteien ein Vorbringen 1. Instanz etwa nicht mehr aufrechterhalten und welche neuen Angriffs- oder Verteidigungsmittel sie im Rahmen des Novenrechts, §§ 527 ff, vorbringen wollen, vgl Schumann Rdz 391. Der Tatbestand des Urteils muß sich darüber auslassen.

3) VwGO: *Unanwendbar; der Vortrag des wesentlichen Inhalts der Akten ist Sache des Gerichts,* §§ 125 I, 103 II VwGO.

527 *Verspätetes Vorbringen.* **Werden Angriffs- oder Verteidigungsmittel entgegen § 519 oder § 520 Abs. 2 nicht rechtzeitig vorgebracht, so gilt § 296 Abs. 1, 4 entsprechend.**

Vorbem. Im **Verfahren der Arbeitsgerichte** ist § 527 nicht entsprechend anwendbar; an seiner Stelle gilt § 67 II 2 ArbGG (mit im Wesentlichen gleichem Inhalt).

Schrifttum: Grunsky JZ **77**, 206; Putzo NJW **77**, 7; E. Schneider MDR **77**, 89.

1) Allgemeines. Die Vorschrift dient der Beschleunigung und Konzentration des Berufungsverfahrens, indem sie bestimmt, daß verspätetes Vorbringen nicht berücksichtigt werden darf, wenn es nicht besonders zugelassen wird. In dieser Beschränkung liegt kein Verstoß gegen das GG, vgl Deubner NJW **76**, 2113. **Nicht** anwendbar ist § 527 in **Ehe- und Kindschaftssachen,** §§ 615 II, 640 I.

2) Verspätetes Vorbringen. A. Beide Parteien dürfen **Angriffs- und Verteidigungsmittel,** s § 282 II, nicht zeitlich unbeschränkt in das Berufungsverfahren einführen, § 523 iVm §§ 282, 296. Das gilt sowohl für die Wiederholung von Vorbringen der 1. Instanz als auch für neues Vorbringen (dieses unterliegt außerdem den Beschränkungen des § 528); darauf, ob es sich um Tatsachen handelt, die in 1. Instanz vorgebracht werden konnten, oder um andere, kommt es bei § 527 nicht an, M. Wolf ZZP **94**, 314.

Neue Anträge gehören nicht hierher, ebensowenig Anregungen zu Punkten, die vAw zu beachten sind. Für die Erweiterung und Änderung der Klage gelten §§ 263 u 264, § 523, vgl § 528 Anm 2 A. Das sie begründende Vorbringen unterliegt dem § 527, Schneider MDR **82**, 627.

Die Angriffs- und Verteidigungsmittel (zB in 1. Instanz entschuldbar unterbliebenes Bestreiten der Zinsforderung, BGH WertpMitt **77**, 172) **müssen vorgebracht werden a)** vom **Berufungskläger** in der Berufungsbegründung, § 519 III, vgl dazu § 519 Anm 3 C, **b)** wenn **Fristen** gesetzt sind, § 520 II, vom **Berufungsbeklagten** (und ggf vom **Berufungskläger,** falls er erst durch die Berufungserwiderung zu weiterem Vorbringen veranlaßt wird) **innerhalb dieser Fristen.** Der Berufungsbeklagte hat dabei seine Verteidigungsmittel insoweit vorzubringen, als es nach der Prozeßlage einer sorgfältigen und auf Förderung des Verfahrens bedachten Prozeßführung entspricht, §§ 520 II u 277 I; in erster Instanz unberücksichtigt gebliebene Angriffsmittel müssen nur dann ausdrücklich erneut geltend gemacht werden, wenn konkrete Anhaltspunkte für eine abweichende Beurteilung durch das Berufungsgericht gegeben sind, so daß ohne solchen Anhalt zunächst eine pauschale Verweisung genügt, BGH NJW **82**, 581, vgl auch BVerfG NJW **74**, 133, **78**, 413 m Anm Jekewitz. Nach dem maßgeblichen Zeitpunkt entstandene Angriffs- und Verteidigungsmittel dürfen zeitlich unbegrenzt vorgebracht werden, soweit dadurch nicht die Prozeßförderungspflicht verletzt wird, Anm 3.

Für den Streithelfer gelten diese Beschränkungen nicht unmittelbar. Sein Vortrag ist aber unbeachtlich, wenn er als Vortrag der Hauptpartei zurückzuweisen wäre, wobei das Verschulden, unten B, aus der Person der Hauptpartei zu beurteilen ist, vgl Fuhrmann NJW **82**, 978.

B. Ist danach ein **Vorbringen verspätet,** gilt **§ 296 I und IV** entsprechend: Das Vorbringen ist nur zuzulassen, wenn nach der freien Überzeugung des Gerichts die Zulassung die Erledigung des Rechtsstreits nicht verzögern würde oder wenn die Partei die Verspätung genügend entschuldigt. **a) Verzögerung.** Ob das zutrifft, bestimmt sich allein nach der Prozeßlage zZt des Vorbringens, vgl im Einzelnen § 296 Anm 2 C b aa u § 528 Anm 3 C b. Das Berufungsgericht muß bei Nichtzulassung die Verzögerung in den Gründen nachprüfbar feststellen und die Möglichkeit ihrer Vermeidung erörtern, falls die Verzögerung nicht offensichtlich ist, BGH NJW **71**, 1565. **b) Genügende Entschuldigung.** Die Partei muß auf Verlangen des Gerichts die Entschuldigungsgründe glaubhaft machen, § 296 IV. Hat das Gericht Zweifel, darf es nicht zulassen. Eine hinreichende Entschuldigung liegt zB vor, wenn die Tatsachen erst später bekannt werden oder wenn die Partei nicht erkennen konnte, daß es auf ein bestimmtes Vorbringen ankam, oder wenn sie aus berechtigter Furcht vor unzumutbaren Unannehmlichkeiten zurückhielt. Vgl § 296 Anm 2 C b bb.

C. Entscheidung über Zulassung. Vorher ist den Parteien Gelegenheit zur Äußerung zu geben, E. Schneider JR **65**, 329, Düss MDR **71**, 670. Liegen die zu B genannten Voraussetzungen für eine Zulassung nicht vor, muß das Berufungsgericht das verspätete Vorbringen zurückweisen, Stgt NJW **81**, 2581 mwN. Es muß die Nichtzulassung unter Angabe von Tatsachen so begründen, daß die Revisionsinstanz ihre gesetzlichen Voraussetzungen nachprüfen kann; anders liegt es nur, wenn der Prozeßverlauf das Nötige klar ergibt. Eine Zurückweisung verspäteten Vorbringens durch Teilurteil ist ausgeschlossen, BGH **77**, 306, NJW **81**, 1217.

Hat das Berufungsgericht die Begriffe der Verzögerung oder des Verschuldens verkannt oder jede Prüfung verabsäumt, so liegt ein Verfahrensmangel vor. Die Zurückweisung eines verspäteten Vorbringens, dessen Berücksichtigung die Erledigung nicht verzögert hätte, verletzt zudem den Anspruch der Partei auf rechtliches Gehör, BVerfG NJW **80**, 277 (dazu Deubner NJW **80**, 263); dies gilt jedoch dann nicht, wenn die Partei in 1. Instanz von der Möglichkeit der Äußerung aus von ihr zu vertretenden Gründen keinen Gebrauch gemacht hat, BayVerfGH NJW **80**, 278. Hat das Berufungsgericht ein Vorbringen zu Unrecht zugelassen, ist das mit der Revision nicht angreifbar, Putzo NJW **77**, 8, RoS § 140 IV 2f, BGH NJW **81**, 928; denn das Geschehene zu beseitigen, dient weder der Beschleunigung noch der Wahrheitsfindung, BGH NJW **60**, 100, StJ § 529 Anm III 7b, Deubner NJW **82**, 1710 u NJW **81**, 930.

3) Verletzung der Prozeßförderungspflicht. Auch in der Berufungsinstanz haben die Parteien die vor allem durch § 282 konkretisierte Prozeßförderungspflicht, § 523. Soweit nicht § 527 eingreift, können bei Verletzung dieser Pflicht Angriffs- und Verteidigungsmittel in Ausübung pflichtgemäßen Ermessens zurückgewiesen werden, Stgt NJW **81**, 2581, wenn ihre Zulassung nach der freien Überzeugung des Gerichts die Erledigung des Rechtsstreits verzögern würde, Anm 2 B, oder die Verspätung auf grober Nachlässigkeit beruht (insoweit enger als nach § 520), §§ 296 II, 523, Putzo NJW **77**, 7, Grunsky JZ **77**, 206; dazu § 296 Anm 3 Cb bb. Für neues Vorbringen gilt insoweit § 528 II; s dort Anm 3 B u C (auch zu den Grenzen der Prozeßförderungspflicht des Siegers erster Instanz). Wegen der Folgen einer verfahrensfehlerhaften Zurückweisung s Anm 2 C.

4) VwGO: Die Vorschrift ist unanwendbar, weil weder § 519 noch § 520 entsprechend anzuwenden ist und zudem der Ermittlungsgrundsatz gilt, überwM, BVerwG Buchholz 310 § 86 I VwGO Nr 113, OVG Münst HessStädte- u GemZeitg **78**, 327, Ule DVBl **81**, 365 mwN, aM Kreitl BayVBl **82**, 359 u Kopp § 173 Rdz 3 mwN (differenzierend).

528 *Neues und zurückgewiesenes Vorbringen.* **I** Neue Angriffs- und Verteidigungsmittel, die im ersten Rechtszug entgegen einer hierfür gesetzten Frist (§ 273 Abs. 2 Nr. 1, § 275 Abs. 1 Satz 1, Abs. 3, 4, § 276 Abs. 1 Satz 2, Abs. 3, § 277) nicht vorgebracht worden sind, sind nur zuzulassen, wenn nach der freien Überzeugung des Gerichts ihre Zulassung die Erledigung des Rechtsstreits nicht verzögern würde oder wenn die Partei die Verspätung genügend entschuldigt. Der Entschuldigungsgrund ist auf Verlangen des Gerichts glaubhaft zu machen.

II Neue Angriffs- und Verteidigungsmittel, die im ersten Rechtszug entgegen § 282 Abs. 1 nicht rechtzeitig vorgebracht oder entgegen § 282 Abs. 2 nicht rechtzeitig mitgeteilt worden sind, sind nur zuzulassen, wenn ihre Zulassung nach der freien Überzeugung des Gerichts die Erledigung des Rechtsstreits nicht verzögern würde oder wenn die Partei das Vorbringen im ersten Rechtszug nicht aus grober Nachlässigkeit unterlassen hatte.

III Angriffs- und Verteidigungsmittel, die im ersten Rechtszug zu Recht zurückgewiesen worden sind, bleiben ausgeschlossen.

Vorbem. Im **Verfahren der Arbeitsgerichte** ist § 528 II und III entsprechend anwendbar, jedoch mit der Maßgabe, daß die im 1. Rechtszug nicht innerhalb einer Frist vorgebrachten neuen Angriffs- und Verteidigungsmittel nur zuzulassen sind, wenn ihre Zulassung die Erledigung des Rechtsstreits nicht verzögern würde oder die Partei die Verspätung genügend entschuldigt, § 67 I ArbGG. Solche Angriffs- und Verteidigungsmittel sind, soweit sie danach zulässig sind, vom Berufungskläger in der Berufungsbegründung, vom Berufungsbeklagten in der Berufungsbeantwortung vorzubringen, § 67 II 1 ArbGG; bei späterem

Vorbringen sind sie nur zuzulassen, wenn sie nach diesen Zeitpunkten entstanden sind oder das verspätete Vorbringen nach freier Überzeugung des LAG nicht auf Verschulden der Partei beruht, § 67 II 2 ArbGG. Vgl dazu Dütz RdA **80**, 94.

Schrifttum: Grunsky JZ **77**, 206; Putzo NJW **77**, 7; E. Schneider MDR **77**, 89; Kramer NJW **78**, 1411; Deubner NJW **79**, 337 u JuS **82**, 174; M. Wolf ZZP **94**, 310; Lüke JuS **81**, 505.

Gliederung

1) Allgemeines

2) Angriffs- und Verteidigungsmittel, I–III
   A. Klagänderung
   B. Widerklage und Aufrechnung

3) Zulassung neuen Vorbringens, I, II
   A. nach Abs. 1

   B. nach Abs. 2
   C. Entscheidung

4) **Ausschluß von Vorbringen, III**
   A. Geltungsbereich
   B. Voraussetzungen
   C. Entscheidung

5) **VwGO**

1) Allgemeines. In der Berufungsinstanz ist neues Vorbringen grundsätzlich zulässig, § 525, muß aber nach §§ 519 und 520 rechtzeitig erfolgen, § 527. Damit aber die in der 1. Instanz geltende Prozeßförderungspflicht nicht durch Nachholung von Vorbringen in 2. Instanz entwertet wird, schränkt § 528 einen neuen Sachvortrag im Berufungsverfahren ein, und zwar weitergehend als früher § 529. Die nach GG unbedenklichen Vorschriften in I u II (BVerfG NJW **83**, 1307 u **82**, 1453, BVerfG **36**, 92, dazu Deubner NJW **76**, 2113, BayVerfGH BayVBl **79**, 301) sollen unnötigen Verzögerungen und unnötige Belastungen der Parteien vermeiden. Im Spannungsverhältnis zwischen dem Streben nach Beschleunigung und der Suche nach der richtigen (gerechten) Entscheidung müssen die Gerichte aber darauf bedacht sein, die sachgerechte Entscheidung nur in Grenzen an Fristversäumnissen scheitern zu lassen, BGH NJW **83**, 822 mwN, da die Präklusionsvorschriften im Hinblick auf ihre einschneidenden Folgen strengen Ausnahmecharakter haben, BVerfG NJW **83**, 1308 u **82**, 1635.

Nicht anzuwenden ist § 528 in Ehe- und Kindschaftssachen, §§ 615 II, 640 I, wegen des Untersuchungsgrundsatzes auch nicht in Verfahren nach BEG, Weiß RzW **78**, 41, und nach §§ 157 ff BBauG.

2) Angriffs- und Verteidigungsmittel, I–III. Hierher gehören Behauptungen, Bestreiten, Einwendungen, Einreden, Beweisanträge und Beweiseinreden, § 282 I, **nicht** aber der Angriff selbst, nämlich Klage, Widerklage, Berufungsanträge, Klagerweiterung, Klagänderung.

A. Klagänderung (E. Schneider MDR **82**, 626). Für sie gilt dasselbe wie in der 1. Instanz, allgM, BGH FamRZ **79**, 573 mwN; s die Erläuterungen zu den §§ 263, 264. Die Klagänderung setzt aber ein zulässiges Rechtsmittel voraus; namentlich ist erforderlich, daß mindestens ein Teil der durch das angefochtene Urteil gesetzten Beschwer, Grdz 3 B § 511, Gegenstand der Berufung ist, Schneider MDR **82**, 627, Zweibr OLGZ **70**, 176, Karlsr MDR **81**, 235, Oldb NdsRpfl **83**, 142 mwN. Eine Erweiterung der Klage ist nur im Rahmen der fristgerecht eingereichten Begründung zulässig, BGH FamRZ **82**, 1197.

Klagänderung sind auch der Wechsel der Kläger und der Beitritt weiterer Kläger in 2. Instanz, BGH **65**, 268 mwN (aM Baumgärtel JZ **75**, 668: Beitritt ist hier unzulässig); dagegen ist ein Wechsel auf der Beklagtenseite, BGH NJW **74**, 750, ebenso wie die Erstreckung der Klage auf weitere Beklagte, BGH **21**, 287 und NJW **62**, 635, in der 2. Instanz nur zulässig, wenn der neue Beklagte zustimmt oder die Verweigerung seiner Zustimmung rechtsmißbräuchlich wäre, BGH **65**, 268, Mü OLGZ **77**, 483 (vgl Franz NJW **72**, 1743), zB dann, wenn anstelle einer GmbH eine Kommanditgesellschaft in Anspruch genommen wird, deren einziger Komplementär die GmbH ist, LG Kblz MDR **80**, 407.

Die weitherzige Zulassung der Klagänderung auch in 2. Instanz dient der Prozeßwirtschaftlichkeit; zu den maßgeblichen Gesichtspunkten vgl BGH NJW **77**, 49, § 263 Anm 4 B. Schuldhaftes Nichtvorbringen in der 1. Instanz steht der Zulassung ebensowenig entgegen wie der Verlust einer Instanz, LG Köln MDR **74**, 147. Aber die Klagänderung ist nicht zuzulassen, wenn mit der geänderten Klage ein völlig neuer Streitstoff zur Entscheidung gestellt wird, so daß (nur) deshalb eine Beweisaufnahme nötig ist, Düss VersR **76**, 151. Die Entscheidung des Berufungsgerichts, daß keine Klagänderung vorliege oder sie zuzulassen sei, ist unanfechtbar, § 268, BGH JZ **53**, 607. Hat es die Sachdienlichkeit nicht geprüft, kann der BGH dies nachholen, BGH FamRZ **79**, 573.

Ändert der Berufungskläger zulässigerweise die Klage, so gelten für die Verspätung des sie stützenden Vorbringens § 296 u § 527, § 523. Eine Zurückweisung nach § 528 ist ausgeschlossen, BGH NJW **81**, 287 (Klagerweiterung). Jedoch muß etwas anderes gelten, wenn die neuen oder geänderten Anträge auf Vorbringen gestützt wird, mit dem der Kläger zu dem zuvor rechtshängig gewesenen Teil der Streitsache ausgeschlossen wäre, Schneider MDR **82**, 628, offen gelassen in BGH NJW **82**, 1534.

B. Wegen der **Widerklage** und der **Aufrechnung** im Berufungsrechtszug vgl § 530 und die dortigen Erläuterungen.

3) Zulassung neuen Vorbringens. Angriffs- und Verteidigungsmittel, Anm 2, sind neu, wenn sie in der 1. Instanz nicht vorgebracht worden sind, ferner dann, wenn sie vorgebracht, aber später fallengelassen worden sind, zB ein Beweisangebot, Mü NJW **72**, 2047, und auch dann, wenn sie im ersten Rechtszug verspätet vorgebracht sind, BGH NJW **82**, 2559. Sofern sie nicht schon nach § 527 zurückzuweisen sind, bedürfen sie der Zulassung unter den Voraussetzungen von I und II. Da diese Beschränkung einen Verstoß gegen die Prozeßförderungspflicht voraussetzt, gilt sie nicht für Tatsachen, die erst nach Schluß der letzten mündlichen Verhandlung erster Instanz entstanden sind, und auch nicht für Vorbringen, das erst durch das angefochtene Urteil, BGH NJW **83**, 999 (zustm Deubner), oder durch einen neuen Vortrag der Gegenpartei bzw eine Klagänderung veranlaßt worden ist, BGH NJW **81**, 287, M. Wolf ZZP **94**, 317: die Präklusion greift nicht ein, wenn die Partei keine Veranlassung hatte, schon früher von der prozessualen Bedeutung des späteren Vorbringens auszugehen, BVerfG NJW **83**, 1308. Wegen neuen Vorbringens des Streithelfers s § 527 Anm 2 A aE.

A. Ist das Vorbringen **in 1. Instanz entgegen einer hierfür gesetzten Frist**, §§ 273 II Z 1, 275 I 1, III u IV, 276 I 2 u III, 277, **unterblieben**, so darf es **nur zugelassen werden, I,** wenn nach der freien Überzeugung des Gerichts seine Zulassung die Erledigung des Rechtsstreits nicht verzögern würde oder wenn die Partei die Verspätung genügend entschuldigt (und den Grund dafür glaubhaft macht, I 2); vgl für die 1. Instanz § 296 I. Nicht hierher gehört die Versäumung der Frist des § 128, Kramer NJW **78**, 1411: Insoweit ist eine Zurückweisung nur nach II möglich.

Auf Vorbringen in der ersten Instanz, das dort wegen Verspätung hätte zurückgewiesen werden können, ist I nicht entsprechend anzuwenden, BGH NJW **81**, 1217.

B. Ist dagegen das Vorbringen **entgegen der Prozeßförderungspflicht**, § 282 I, unterblieben oder entgegen § 282 II nicht rechtzeitig mitgeteilt worden, so darf es **nur zugelassen werden, II,** wenn nach der freien Überzeugung des Gerichts die Zulassung die Erledigung des Rechtsstreits nicht verzögern würde oder wenn die Partei das Vorbringen in 1. Instanz nicht aus grober Nachlässigkeit, Begriff 296 Anm 3 C, unterlassen hat, zB aufgrund einer irrigen, vom Gericht erkennbar nicht geteilten Rechtsansicht, KG NJW **77**, 395. Trotz Verzögerung ist also hier, anders als in den Fällen des I, bei einfacher Nachlässigkeit zuzulassen, BGH NJW **81**, 287.

C. Für die **Entscheidung über die Zulassung** eines Vorbringens gilt folgendes:

a) Der **Verstoß gegen prozessuale Pflichten,** I u II, ist vorweg nach objektiven Maßstäben zu prüfen. Ein solcher Verstoß scheidet zB aus, wenn die Frist, I, nicht wirksam gesetzt worden war, BGH stRspr, NJW **81**, 1217 mwN, § 296 Anm 2 A, oder wenn das Gericht für ihre Überschreitung mitverantwortlich war, BGH NJW **83**, 2030 (unwirksame Fristverlängerung durch den Vorsitzenden), Schneider MDR **82**, 902. Dieser Grundsatz gilt auch für die Entscheidung, ob die Partei ihre Prozeßförderungspflicht verletzt hat, II. An einer Verletzung fehlt es zB in allen oben vor A genannten Fällen.

Hinsichtlich eines objektiven Verstoßes bestehende Zweifel schließen eine Zurückweisung des Vorbringens nach I oder II aus, Deubner NJW **83**, 1000, da feststehen muß, daß die säumige Partei gegen ihre Pflichten verstoßen hat, BVerfG NJW **83**, 1308.

b) Sind die Voraussetzungen gegeben, kommt es darauf an, ob **die Erledigung verzögert würde.** Dies bestimmt sich nach der Prozeßlage zZt des verspäteten Vorbringens, BGH **75**, 138 u **76**, 135, NJW **82**, 1536. So liegt keine Verzögerung vor, wenn nach an sich verspätetem Beweisantritt die Parteien ins Verfahren nach § 128 II übergehen, ihnen danach Ergänzung ihres Vorbringens und Beweisführung aufgegeben wird und erst nach einiger Zeit das Urteil ergeht, BGH **31**, 214, ebenso nicht, wenn sich der Gegner sofort erklären kann und nicht zur Verweigerung der Einlassung berechtigt ist, BVerfG EuGRZ **79**, 366. Ein verspätetes Angriffs- oder Verteidigungsmittel darf nicht durch Teilurteil zurückgewiesen werden, wenn es ohne Verzögerung des Schlußurteils noch berücksichtigt werden kann, BGH **77**, 306 m abl Anm Deubner NJW **80**, 2356.

1. Abschnitt. Berufung § 528 3 C

Eine **Verzögerung** ist dann anzunehmen, wenn der Berufungsrechtszug verzögert wird, gleichgültig, ob das rechtzeitige Vorbringen die gleiche Verzögerung bedeutet hätte, BGH NJW **82**, 1536 mwN, oben § 296 Anm 2 Cb aa. Das ist bei einem Vorbringen in der mündlichen Verhandlung idR der Fall, Nürnb LS NJW **81**, 1680. Bei vorherigem Vortrag muß eine Verzögerung ggf durch Ausnutzung der Möglichkeiten des § 273 oder des § 358a ausgeschlossen werden, BGH **75**, 138, Deubner JuS **82**, 175, M. Wolf ZZP **94**, 315, § 296 Anm 1 B c. Dies gilt immer dann, wenn es um die Klärung bestimmter Punkte durch Vernehmung einzelner Zeugen oder der Parteien geht (das Gericht muß entsprechend terminieren und Ladungshindernisse zu beseitigen versuchen, BGH NJW **74**, 1512), zB Klärung nur einer Tatfrage von begrenztem Umfang, wenn auch durch mehrere Zeugen, BGH NJW **75**, 1744, **80**, 1848. Häufig versagen die Möglichkeiten der §§ 273 und 358a dagegen bei der Notwendigkeit einer umfangreichen Beweisaufnahme, BGH NJW **71**, 1564, zB Vernehmung von 8 Zeugen, Kblz NJW **79**, 374, oder dann, wenn die sofort mögliche Beweisaufnahme die Erhebung nicht sofort zu erhebender Folgebeweise erforderlich machen würde, BGH NJW **83**, 1495 u NJW **82**, 1536 (BGH NJW **64**, 107 ist überholt); immer wird es darauf ankommen, ob die Beweisaufnahme sich bis zum Schluß der mündlichen Verhandlung abschließen läßt, BGH MDR **69**, 643. Eilanordnungen braucht das Gericht idR nicht zu treffen, um ein verspätetes Vorbringen durch vorbereitende Maßnahmen auszugleichen, BGH NJW **80**, 1102, teilweise krit E. Schneider MDR **80**, 488; es hat aber ggf die Sistierung ausländischer Zeugen anheimzugeben, BGH NJW **80**, 1848. Jedoch kann ungeachtet der Maßnahmen nach den §§ 273 und 358a eine Verzögerung iSv § 528 eintreten, nämlich dann, wenn der geladene Zeuge zur mdl Verh nicht erscheint, LG Kblz NJW **82**, 289 (zustm Deubner, auch JuS **82**, 174), oder wenn die Vernehmung des auf das verspätete Vorbringen hin benannten Gegenzeugen eine Vertagung erfordert, LG Ffm NJW **81**, 2266. Darauf, ob die Erfolglosigkeit der Maßnahme auf dem Verhalten der Partei beruht oder nicht, kommt es in diesem Zusammenhang nicht an, aM BGH NJW **82**, 2559, abl Deubner.

Das Berufungsgericht muß ggf die Verzögerung in den Gründen nachprüfbar feststellen und die Möglichkeit ihrer Vermeidung erörtern, falls die Verzögerung nicht offensichtlich ist, BGH NJW **71**, 1565. Steht die Verzögerung nicht fest, muß das Vorbringen zugelassen werden.

c) Steht eine Verzögerung fest, ist festzustellen, ob die **Partei die Verspätung** (nicht die Verzögerung) **verschuldet** hat, wobei der Maßstab in den Fällen von I strenger ist; s § 527 Anm 2 Bb. Dabei gilt der Grundsatz, daß idR von einem verschulden der Partei, die obgesiegt hat, nicht gesprochen werden kann, wenn sie die Rechtslage ebenso wie letztlich ein Kollegialgericht der ersten Instanz beurteilet und ihr Vorbringen entsprechend beschränkt hat, BGH NJW **83**, 931 mwN. Grobe Nachlässigkeit, II, ist idR gegeben, wenn in 2. Instanz das Gegenteil des Vortrags 1. Instanz behauptet wird, Celle MDR **62**, 222, oder wenn der Entlastungsbeweis gegenüber einer auf § 831 gestützten Klage erst in 2. Instanz angetreten wird, RG JW **31**, 3312, oder wenn die Partei trotz begründeter Entschuldigung für die Nichteinhaltung der Klagerwiderungsfrist noch bei Verschulden der mdl Verh nicht vorträgt, LG Kblz NJW **82**, 289 m zustm Anm Deubner (zur Verspätung im Rahmen eines ,,Anwaltskartells" Düss NJW **82**, 1888). Grobe Nachlässigkeit kann auch vorliegen, wenn die Partei bei knapper Zeit für die Auseinandersetzung mit einem Gutachten es versäumt hat, um Vertagung zu bitten, Hbg MDR **82**, 60. Den Vorwurf grober Nachlässigkeit kann man dem Sieger 1. Instanz nur ausnahmsweise machen, nämlich dann, wenn es zweifelsfrei erkennbar war, daß es auf das zurückgehaltene Vorbringen ankam, BGH NJW **81**, 1378 mwN (zu einer vom Berufungsgericht für erforderlich gehaltenen Ergänzung seines Vorbringens muß es ihm idR durch einen entsprechenden Hinweis Zeit und Gelegenheit geben). Überhaupt keine Nachlässigkeit liegt vor, wenn das Verteidigungsmittel für den damaligen Streitgegenstand ohne Bedeutung war, BGH **12**, 52, oder dafür in 1. Instanz kein geeignetes Beweismittel zur Verfügung stand, BGH NJW **71**, 1040, oder die Tatsachen erst nach Schluß der ersten Instanz bekannt geworden sind.

Sache der Partei ist es, das für die Zulassung Erforderliche vorzutragen (und im Fall von I glaubhaft zu machen), also darzulegen, daß kein Verschulden, I, bzw keine grobe Nachlässigkeit, II, vorliege, BGH NJW **82**, 2559; das Gericht hat nach freier Überzeugung, also idR ohne Beweisaufnahme, zu entscheiden. Bleiben Zweifel, darf es nicht zulassen. Das Verschulden, im Falle von II also die grobe Nachlässigkeit, muß in den Gründen nachprüfbar festgestellt werden, BGH NJW **83**, 1496.

c) Wegen der **Entscheidung** s § 527 Anm 2 C; dort auch Näheres zu den Folgen einer verfahrensfehlerhaften Zurückweisung. Hat sich das Berufungsgericht nicht auf II gestützt, darf der BGH die Zurückweisung nicht mit dieser Begründung aufrechterhalten, BGH NJW **82**, 1710, abl Deubner.

4) Zu Recht zurückgewiesene Angriffs- und Verteidigungsmittel bleiben in der 2. Instanz ausgeschlossen, III. Auf eine Verzögerung im Berufungsrechtszug kommt es abweichend von I und II hier nicht an, BGH NJW **79**, 2109 und **80**, 945. Darin liegt kein Verstoß gegen Art. 3 oder Art. 103 GG, weil diese Abweichung von dem sachgerechten Streben des Gesetzgebers getragen wird, die Maßnahmen zur Konzentration und Beschleunigung des Verfahrens in der 1. Instanz wirksam zu machen, und eine verfassungskonforme Handhabung möglich ist, BVerfG **55**, 72 zu Düss NJW **79**, 1719 (m abl Anm Dengler NJW **80**, 163), BGH NJW **80**, 945 und 1102. Allerdings erreicht III den mit ihm verfolgten Zweck nicht immer; seine scharfe Sanktion verführt dazu, ein in der 1. Instanz von der Zurückweisung bedrohtes Vorbringen zurückzuhalten, um dessen Zulassung in der 2. Instanz zu erreichen. Diese Auswirkung muß jedoch bis zu der wünschenswerten Berichtigung durch den Gesetzgeber, Hartmann NJW **78**, 1463, hingenommen werden, zumal das Zurückhalten im Hinblick auf I u II mit beträchtlichem Risiko verbunden sein kann, dazu Deubner JuS **82**, 174.

A. Geltungsbereich. Der Ausschluß nach III gilt nur für solches Vorbringen, das in erster Instanz nach § 296 II zurückgewiesen oder nach § 296 I oder III nicht zugelassen worden ist, nicht aber für andere Fälle der Nichtberücksichtigung eines Vortrags, also zB nicht für die Nichtzulassung nach § 296a, BGH NJW **79**, 2109, für das Unterbleiben einer Zeugenvernehmung wegen der Nichtzahlung des Auslagenvorschusses, BGH NJW **80**, 343 u **82**, 2559, oder für die Versäumung der Frist des § 128, Kramer NJW **78**, 1411. Unanwendbar ist III erst recht, wenn das verspätete Vorbringen in erster Instanz zugelassen worden ist, mag dies auch zu Unrecht geschehen sein, BGH NJW **81**, 928, oder mag es mangels Substantiierung erfolglos geblieben sein, Köln NJW **80**, 2361. Eine entsprechende Anwendung auf neues Vorbringen, das in erster Instanz wegen Verspätung hätte zurückgewiesen werden müssen, ist selbst dann ausgeschlossen, wenn die Partei dieses Vorbringen bewußt zurückgehalten hat, BGH NJW **81**, 1218 gg Ffm MDR **80**, 943, abw unter dem Gesichtspunkt des Rechtsmißbrauchs M. Wolf ZZP **94**, 318ff.

Nicht jedes Angriffs- und Verteidigungsmittel, das nach § 296 mit Recht zurückgewiesen oder nicht zugelassen worden ist, bleibt in der 2. Instanz ausgeschlossen. Überhaupt nicht unter diese Bestimmung fällt Vorbringen zu Umständen, die vom Berufungsgericht vAw zu prüfen sind, vgl § 561 Anm 3 B. Darüber hinaus ist III **einschränkend auszulegen**, M. Wolf ZZP **94**, 325: Der Ausschluß gilt nicht für solches Vorbringen, das in der 2. Instanz (offenkundig oder) unstreitig wird, BGH NJW **80**, 945 mwN, insoweit zustm E. Schneider, oder das hier durch präsente Urkunden bewiesen wird, vgl § 561 Anm 3 E, Dengler NJW **80**, 163, ferner nicht für Vorbringen, wenn Wiederaufnahmegründe vorliegen, und auch nicht für Vorbringen, dessen Wiederholung durch einen neuen Sach- und Streitstand bedingt ist, M. Wolf ZZP **94**, 326, so daß zurückgewiesenes Vorbringen gegenüber einem erstmals verfolgten Hilfsanspruch wiederholt werden darf, Ffm MDR **83**, 235.

Die von Bender/Belz/Wax Rdz 179 vertretene Auffassung, daß der Gegner die Einlassung auf ein wiederholtes Vorbringen nicht verweigern dürfe und das Gericht bei wahrheitswidrigem Bestreiten Beweis erheben müsse, ist dagegen mit III schwerlich vereinbar; das gleiche dürfte für den Vorschlag gelten, seine Auswirkungen dadurch zu mildern, daß in 1. Instanz Vorbringen auf Probe oder unter Vorbehalt der Zulassung durch das Gericht möglich sei, Deubner NJW **78**, 355, abl Lüke JuS **81**, 506. Da die Grundsätze der Konzentration und der Beschleunigung nicht Selbstzweck sind, sondern den Interessen der Parteien dienen, ist aber zu erwägen, an sich zu Recht zurückgewiesenes Vorbringen in der 2. Instanz auf übereinstimmende Bitten beider Parteien dennoch zuzulassen, E. Schneider NJW **79**, 2506, abw Lange DRiZ **80**, 413 (beide zu § 296).

B. Voraussetzungen. Zu Recht ist ein Vorbringen zurückgewiesen worden, wenn in der 1. Instanz das Gericht § 296 objektiv zutreffend angewendet hat. Das Berufungsgericht hat die Entscheidung darüber vollen Umfangs nachzuprüfen, zB ob die Frist des § 276 wirksam gesetzt worden ist, BGH NJW **81**, 2255. Die Zurückweisung durch die 1. Instanz ist nicht zu beachten, wenn nicht ausgeschlossen werden kann, daß der Eintritt der Voraussetzungen des § 296 I auf einer rechtsfehlerhaften Behandlung durch das Gericht beruht, Oldb NJW **80**, 295 m Anm Deubner; dies gilt aber nicht, wenn in 2. Instanz feststeht, daß es auch bei Vermeidung des Fehlers zur Zurückweisung nach § 296 I kommen mußte, KG MDR **83**, 235 (zum Verfahren bei unzulässig verweigerter Einlassung des Gegners). Ist die Entscheidung zu Unrecht auf § 296 I gestützt worden, so kann das Berufungsgericht die Zurückweisung nicht auf § 296 II gestützt nachholen, BGH NJW **81**, 2255, insoweit zustm Deubner, aM KG MDR **81**, 853 mwN.

Maßgeblich für die Nachprüfung ist die Lage zur Zeit der erstinstanzlichen Entscheidung, so daß ein damals objektiv rechtmäßig zurückgewiesenes Vorbringen ausgeschlossen ist, Grunsky JZ **77**, 206 (wegen der Einschränkungen siehe oben A). Auf die Kenntnis des Gerichts 1. Instanz kommt es demgemäß ebensowenig an, Weil JR **78**, 493 gegen LG Paderborn NJW **78**, 381, wie darauf, ob in der 2. Instanz die ausreichende Entschuldigung nachgeholt wird, Ffm NJW **79**, 375. Dies ist unbeachtlich, es sei denn, daß zwingende Gründe die rechtzeitige Entschuldigung verhindert haben, Zö-Schneider VI 2a, offen gelassen BGH NJW **80**, 1102, dazu E. Schneider MDR **80**, 488.

Die rechtmäßige Zurückweisung eines Vorbringens der Hauptpartei schließt auch den Streithelfer mit diesem Vorbringen in zweiter Instanz aus, Fuhrmann NJW **82**, 979.

C. Entscheidung. Je nach dem Ergebnis dieser Nachprüfung gilt hinsichtlich des zurückgewiesenen oder nicht zugelassenen Vorbringens: Ist es zu Recht zurückgewiesen worden (und liegt keiner der Ausnahmefälle vor, oben A), bleibt es für die 2. Instanz ausgeschlossen; dann ist hierzu ein Zeuge in der Berufungsinstanz auch dann nicht zu vernehmen, wenn er zu neuem Vorbringen zu hören ist, BGH NJW **80**, 1102 gegen Hamm MDR **79**, 148, dazu E. Schneider MDR **80**, 488. Hat die 1. Instanz das Vorbringen zu Unrecht nicht berücksichtigt, so ist es zuzulassen, gleichviel, ob das zu einer Verzögerung in 2. Instanz führt oder nicht; ist das Vorbringen nach § 296 I zu Unrecht zurückgewiesen worden, darf das Berufungsgericht die Zurückweisung nicht auf § 296 II gestützt nachholen, BGH NJW **80**, 343, NJW **81**, 2255 m insoweit zustm Anm Deubner. Ist ein Vorbringen in 1. Instanz zu Unrecht zugelassen worden, so bleibt es zulässig, weil die Zulassung unanfechtbar ist, BGH NJW **81**, 928 m Anm Deubner, LG Freiburg NJW **80**, 295, Putzo NJW **77**, 8.

Die Zulassung entgegen III ist unanfechtbar, ThP 6, § 527 Anm 2 C, aM Deubner NJW **81**, 930.

5) VwGO: Die Vorschrift ist unanwendbar, § 527 Anm 4, weil § 128 S 2 VwGO eine Beschränkung neuen Vorbringens nicht zuläßt, überwM, BVerwG Buchholz 310 § 86 I VwGO Nr 113 und § 95 VwGO Nr 6 (zu III), OVG Münst HessStädte- u GemZeitg **78**, 327, Ule DVBl **81**, 365 mwN, aM Kreitl BayVBl **82**, 359 u Kopp § 173 VwGO Rdz 3 mwN (differenzierend).

529 Rügen der Unzulässigkeit der Klage.

[I] Verzichtbare Rügen, die die Zulässigkeit der Klage betreffen und die entgegen §§ 519 oder 520 Abs. 2 nicht rechtzeitig vorgebracht werden, sind nur zuzulassen, wenn die Partei die Verspätung genügend entschuldigt. Dasselbe gilt für verzichtbare neue Rügen, die die Zulässigkeit der Klage betreffen, wenn die Partei sie im ersten Rechtszug hätte vorbringen können.

[II] In Streitigkeiten über vermögensrechtliche Ansprüche prüft das Berufungsgericht die ausschließliche Zuständigkeit oder die Zuständigkeit des Arbeitsgerichts nicht von Amts wegen; eine Rüge des Beklagten ist ausgeschlossen, wenn er im ersten Rechtszug ohne die Rüge zur Hauptsache verhandelt hat und dies nicht genügend entschuldigt.

[III] § 528 Abs. 1 Satz 2 gilt entsprechend.

Vorbem. Im **Verfahren der Arbeitsgerichte** sind I u III entsprechend anzuwenden, § 64 VI ArbGG; statt II gilt § 67a ArbGG, der das gleiche unter dem Blickwinkel der Arbeitsgerichte bestimmt.

1) Verzichtbare Rügen der Unzulässigkeit der Klage, I. Bei diesen Rügen, § 296 III, handelt es sich um Vorbringen des Beklagten gegen die Zulässigkeit der Klage, vgl § 282 Anm 5 (auch zu den Einzelfällen). Vorbringen des Klägers zur Rechtfertigung der Zulässigkeit fällt unter § 528 II (aM Schröder ZZP **91**, 310: Aber die scharfe Sanktion in I zielt darauf ab, eine Prüfung der Zulässigkeit abzuschneiden, wenn bereits sachlich entschieden worden ist.)

Die Rügen hat der Beklagte als Berufungskläger in der **Berufungsbegründung, § 519 III,** im übrigen **innerhalb der ihm gesetzten Fristen, § 520 II,** geltend zu machen. Geschieht dies nicht, sind sie nur zuzulassen, wenn die Partei die Verspätung genügend entschuldigt, I 1; vgl dazu § 527 Anm 2 Bb.

Dasselbe gilt für verzichtbare **neue Rügen,** I 2, dh solche, die erstmals in der Berufungsinstanz geltend gemacht werden, obwohl sie schon in 1. Instanz hätten vorgebracht werden können, § 282 III. Dann sind sie nur bei genügender Entschuldigung zuzulassen, BGH NJW **81**, 2646, gleichviel, ob §§ 519 III, 520 beachtet worden sind. Das Verschulden wird nicht dadurch ausgeschlossen, daß der Beklagte sich in erster Instanz mit beachtlichen Gründen in der Sache selbst verteidigt hat: § 282 III zwingt ihn, Zulässigkeitsrügen sogleich zu erheben, Ffm MDR **82**, 329.

Der Entschuldigungsgrund ist entsprechend § 528 I 2 glaubhaft zu machen, III. Auf eine Verzögerung der Erledigung durch die Rüge kommt es nicht an.

2) Sachliche Zuständigkeit, II. Wegen § 512a gilt II nur für die Fälle der sachlichen Zuständigkeit. Er greift ein bei vermögensrechtlichen Streitigkeiten, Begriff Üb 1 § 1.

A. Das Berufungsgericht prüft die ausschließliche Zuständigkeit oder die Zuständigkeit des Arbeitsgerichts nicht vAw, II 1. Halbs. Dies gilt auch dann, wenn die 1. Instanz mit einer entsprechenden Rüge befaßt war. Damit verliert die ausschließliche Zuständigkeit weiter an Bedeutung, vgl § 549 II für die Revisionsinstanz.

B. Hat der Beklagte in 1. Instanz zur Hauptsache verhandelt (auch im Verfahren nach § 128 II) **und den Mangel der Zuständigkeit nicht gerügt**, so ist auch eine **Rüge in der Berufungsinstanz ausgeschlossen, wenn der Beklagte die Unterlassung nicht genügend entschuldigt, II 2. Halbs.** Der Entschuldigungsgrund ist entsprechend § 528 I 2 glaubhaft zu machen, III. Anders liegt es nur bei zulässiger Klageänderung in der Berufungsinstanz; dann kann der Beklagte die Unzuständigkeit rügen, BAG **AP** § 61 ArbGG Nr 3. Die Regelung in II gilt auch bei der Entscheidung einer Baulandsache durch die ZivK, KG OLGZ **72**, 292, bei der Verhandlung einer Patentsache vor einem dafür nicht zuständigen LG, Anh § 78 GVG, BGH **8**, 21, ZZP **82**, 297, oder einer Kartellsache vor einem nicht zuständigen Spruchkörper, BGH **36**, 108, wenn nicht zur Entscheidung der kartellrechtlichen Vorfrage durch den Kartellsenat der Rechtsstreit ausgesetzt, § 96 II GWB, worden ist, BGH **37**, 194, ebenso, wenn die Sache nach Ergehen eines Grundurteils des Betragsverfahrens in die 1. Instanz zurückverwiesen worden ist, BGH NJW **60**, 1951.

C. Nicht unter II fallen die Zuständigkeit in **nichtvermögensrechtlichen Sachen,** die **funktionale Zuständigkeit,** Üb 1 § 1, und die **internationale Zuständigkeit,** Üb 1 C § 12. Da § 23b I GVG nicht die sachliche Zuständigkeit, sondern die Geschäftsverteilung innerhalb des AG regelt, gilt II insoweit nicht, BGH NJW **79**, 43; demgemäß darf das Urteil eines LG in einer vermögensrechtlichen FamS aufgehoben und die Sache ans FamGericht zurückverwiesen werden, Mü FamRZ **78**, 603. Die Unzuständigkeit des AG nach § 942 II fällt nicht unter II, oben § 942 Anm 5 B, aM Karlsr NJW **80**, 1759.

3) VwGO: I und III sind unanwendbar, § 128 S 2 VwGO. Entsprechend anzuwenden hinsichtlich der sachlichen Zuständigkeit ist **II,** so daß in vermögensrechtlichen Sachen die Zuständigkeit nicht vAw zu prüfen ist, BVerwG **2**, 290 u **11**, 128, EF § 128 Rdz 1, str, s RedOe § 128 Anm 2 mwN.

530 *Widerklage und Aufrechnung.* [I] Die Erhebung einer Widerklage ist nur zuzulassen, wenn der Gegner einwilligt oder das Gericht die Geltendmachung des mit ihr verfolgten Anspruchs in dem anhängigen Verfahren für sachdienlich hält.

[II] Macht der Beklagte die Aufrechnung einer Gegenforderung geltend, so ist die hierauf gegründete Einwendung nur zuzulassen, wenn der Kläger einwilligt oder das Gericht die Geltendmachung in dem anhängigen Verfahren für sachdienlich hält.

Vorbem. Im **Verfahren der Arbeitsgerichte** entsprechend anwendbar, § 64 VI ArbGG, Grunsky ArbGG § 67 Rdz 10.

1) Widerklage, I. Für ihre Zulassung (nicht aber für die Zwischenfeststellungswiderklage iSv § 256 II, BGH **53**, 92) gilt das gleiche wie für die Klagänderung, § 528 Anm 2: Auch sie hat das Gericht zuzulassen, wenn der Gegner einwilligt (dafür genügte die rügelose Einlassung, worauf nach § 139 hinzuweisen ist, E. Schneider MDR **77**, 973) oder das Gericht die Geltendmachung in 2. Instanz für sachdienlich hält. Freilich belastet die Widerklage idR den Gegner mehr als eine Klagänderung und verlangt darum eine schärfere Prüfung der Sachdienlichkeit; sachdienlich wird regelmäßig die Gesamtbereinigung der Folgen desselben Ereignisses (Unfall) sein. Nicht zuzulassen ist eine Widerklage, wenn der Beklagte deswegen bereits anderweit Klage erhoben hat, Ffm MDR **80**, 235. Liegen die Voraussetzungen für die Zulassung nicht vor, so ist die Widerklage durch Prozeßurteil abzuweisen BGH **33**, 401; das gleiche gilt, wenn ihre Erhebung an sich unzulässig ist, Düss FamRZ **82**, 511. Wegen unrichtiger Ablehnung der Zulassung s § 565 Anm 3 A. Die Zulassung ist mit der

Revision nicht angreifbar, BGH MDR **76**, 395. Eine etwaige Präklusion, § 528, mit Vorbringen der Parteien zur Klage erstreckt sich nicht auf den Gegenstand der Widerklage, BGH NJW **81**, 1217 (vgl auch BGH NJW **82**, 1534), krit Schneider MDR **82**, 628.

2) Aufrechnung, II (dazu E. Schneider MDR **75**, 979). **A.** Die Vorschrift will die Prozeßverschleppung durch eine unbegründete Aufrechnung verhüten. Sie ist auch anwendbar auf die Abrechnung (Verrechnung von Gegenforderungen) und auf das Zurückbehaltungsrecht bei beiderseits fälligen Geldforderungen, Celle OLGZ **72**, 477 (nicht auch in anderen Fällen), dagegen nicht auf die Minderung u dgl. II trifft nur die Aufrechnung **durch den Beklagten;** dabei genügt die hilfsweise Aufrechnung, Ffm MDR **80**, 235, aM E. Schneider MDR **75**, 982. Gleich bleibt, ob der Beklagte Berufungskläger oder Berufungsbeklagter ist, ob er die Aufrechnung innerhalb oder außerhalb des Prozesses erklärt und ob seine Forderung mit der Klagforderung in rechtlichem Zusammenhang steht (wenn nicht, gelten §§ 145 III, 302), BGH NJW **66**, 1029. Der Kläger darf im Rahmen der §§ 282, 523, 528 unbeschränkt aufrechnen; das gilt auch für den Vollstreckungsabwehrkläger, § 767, RG HRR **34**, 914 (zur Gegenaufrechnung des Klägers Braun ZZP **89**, 93). Dazu, daß andererseits eine nicht zugelassene Aufrechnung auch nicht mit dieser Klage, bei welcher der Beklagte dann Kläger wäre, geltend gemacht werden darf, vgl § 767 Anm 4 B.

B. Die Aufrechnung des Beklagten im Berufungsrechtszug **bedarf der Zulassung, wenn sie neu** ist. Das ist der Fall bei ihrer erstmaligen Erklärung in der Berufungsinstanz, aber auch dann, wenn sie in 1. Instanz erklärt, aber fallen gelassen oder nach § 296 zurückgewiesen worden ist, BGH MDR **75**, 1008; sie ist dagegen nicht neu, wenn die Aufrechnung in 1. Instanz mangels Substantiierung unberücksichtigt geblieben ist, E. Schneider MDR **75**, 981 u 1008, Saarbr MDR **81**, 679, aM BGH MDR **75**, 1008 (offen gelassen BGH NJW **83**, 931). Nicht anwendbar ist II, wenn das Gericht des ersten Rechtszuges sich mit einer Hilfsaufrechnung nicht befaßt, sondern die Klage schon aus anderen Gründen abgewiesen hat, BGH NJW **83**, 931 mwN. Für den zu einer nicht neuen Aufrechnung vortragenden Tatsachenstoff gilt § 528, BGH aaO, Saarbr MDR **81**, 679.

Zuzulassen ist die Aufrechnung, wenn **a)** **der Kläger einwilligt** (seine rügelose Einlassung genügt, worauf nach § 139 hinzuweisen ist, E. Schneider MDR **77**, 973), **b)** das Gericht die Geltendmachung in 2. Instanz für **sachdienlich** hält, dazu eingehend BGH NJW **77**, 49 mwN: Maßgeblich ist einerseits die Prozeßwirtschaftlichkeit, andererseits die Frage, ob das Gericht zur Beurteilung neuen Streitstoffs genötigt wird; dabei ist zu berücksichtigen, ob der Prozeß sonst entschieden werden könnte, zumal, wenn die Aufrechnung in der letzten mündlichen Verhandlung erklärt wird. Die Hilfsaufrechnung ist nicht zuzulassen, wenn der Beklagte wegen seiner Gegenforderung bereits anderweit Klage erhoben hat, Ffm MDR **80**, 235. Der Zulassung steht nicht entgegen, daß die Aufrechnung in 1. Instanz erklärt werden konnte oder daß eine Instanz verloren geht. Daß die Forderungen in rechtlichem Zusammenhang stehen, nötigt nicht zur Zulassung, E. Schneider MDR **75**, 982. Auch wenn die Gegenforderung erst nach Schluß der 1. Instanz entstanden ist oder aufrechenbar wird oder einem neuen Anspruch entgegentritt, braucht die Aufrechnung nicht zugelassen zu werden, BGH **17**, 125; ebensowenig, wenn der Beklagte sich die Forderung erst zu diesem Zeitpunkt zwecks Aufrechnung hat abtreten lassen, BGH **5**, 373. In solchen Fällen muß das Berufungsgericht aber näher begründen, warum es die Sachdienlichkeit verneint, BGH **55**, 34. Hingegen kommt bei Abstandnahme vom Urkundenprozeß in 2. Instanz die Nichtzulassung der Aufrechnung nur ganz ausnahmsweise in Betracht, da sonst der Kläger durch Abstandnahme den Beklagten der Aufrechnungsmöglichkeit im Nachverfahren berauben könnte, BGH **29**, 342.

Die Zulassung wegen Sachdienlichkeit ist unangreifbar, BGH NJW **53**, 607, die Verneinung der Sachdienstlichkeit nur darauf nachprüfbar, ob dieser Rechtsbegriff verkannt und damit die Grenzen des Ermessens überschritten sind, BGH NJW **77**, 49 mwN.

3) VwGO: Entsprechend anzuwenden, § 173, Ule VPrR § 41 III, und zwar I in Ergänzung von § 89 *VwGO* (aM BSG **17**, 139 zu § 100 SGG), II auch dann, wenn der Anfechtungskläger die Aufrechnung erklärt, BVerwG ZBR **74**, 158, vgl Pietzner *VerwArch* **74**, 75 mwN.

531 *Verlust des Rügerechts.* Die Verletzung einer das Verfahren des ersten Rechtszuges betreffenden Vorschrift kann in der Berufungsinstanz nicht mehr gerügt werden, wenn die Partei das Rügerecht bereits im ersten Rechtszuge nach der Vorschrift des § 295 verloren hat.

Vorbem. Im **Verfahren der Arbeitsgerichte** entsprechend anwendbar, § 64 VI ArbGG.

1) Erläuterung. Alle in 1. Instanz vor Schluß der letzten mündlichen Verhandlung eingetretenen Ausschließungen dauern in 2. Instanz fort. Dahin gehört der Rügeverlust aus § 295. Spätere Mängel, zB bei der Zustellung des Urteils, lassen sich noch rügen. In der 2. Instanz ist § 295 selbstständig anwendbar. Daher wird zB eine erneute unzulässige Zeugenvernehmung durch den Rügeverlust in 1. Instanz nicht gedeckt.

2) *VwGO: Entsprechend anzuwenden,* § 173 *VwGO, vgl* § 295 *Anm 4.*

532 *Gerichtliches Geständnis.* **Das im ersten Rechtszuge abgelegte gerichtliche Geständnis behält seine Wirksamkeit auch für die Berufungsinstanz.**

Vorbem. Im **Verfahren der Arbeitsgerichte** entsprechend anwendbar, § 64 VI ArbGG.

1) Erläuterung. Das gerichtliche Geständnis **wirkt für die 2. Instanz fort,** auch wenn es mit einer entsprechenden (unwirksamen) Einschränkung nur für die erste erklärt ist. Sein Widerruf ist nur entsprechend § 290 zulässig. Dagegen ist die Rüge zulässig, die 1. Instanz habe irrig ein Geständnis angenommen, RG Warn **27**, 38. Über die Bedeutung des § 138 III s dort Anm 4. Ein außergerichtliches Geständnis 1. Instanz und sein Widerruf sind frei zu würdigen.

2) *VwGO: Unanwendbar, weil das gerichtliche Geständnis wegen* § 86 I *VwGO nicht die Wirkungen der* §§ 288–290 *hat.*

533 *Parteivernehmung.* **I Das Berufungsgericht darf die Vernehmung oder Beeidigung einer Partei, die im ersten Rechtszuge die Vernehmung abgelehnt oder die Aussage oder den Eid verweigert hatte, nur anordnen, wenn es der Überzeugung ist, daß die Partei zu der Ablehnung oder Weigerung genügende Gründe hatte und diese Gründe seitdem weggefallen sind.**

II War eine Partei im ersten Rechtszuge vernommen und auf ihre Aussage beeidigt, so darf das Berufungsgericht die eidliche Vernehmung des Gegners nur anordnen, wenn die Vernehmung oder Beeidigung im ersten Rechtszuge unzulässig war.

Vorbem. Im **Verfahren der Arbeitsgerichte** entsprechend anwendbar, § 64 VI ArbGG.

1) Allgemeines. Die Partei hat sich auf den Antrag auf Parteivernehmung zu erklären, wenn es das Gericht verlangt, § 446. Sie kann ablehnen; dann ist damit der Beweisantritt erledigt und das Gericht zieht seine Schlüsse. Sie kann sich auch bereit erklären; dann ist geeignetenfalls ihre Vernehmung zu beschließen. Die Partei kann dann aber immer noch die Aussage verweigern. Sie kann auch, wo ihre Beeidigung beschlossen war, noch den Eid weigern. Die Verweigerung der Aussage oder des Eids ist statthaft sowohl bei der vereinbarten Vernehmung, § 447, als auch bei der Amtsvernehmung, § 448. In allen diesen Fällen ist die Weigerung in der 1. Instanz nicht unbedingt endgültig.

2) Nicht vernommene Partei. In allen Punkten der Anm 1 kann die Partei die **unterlassene Erklärung nachholen oder die Weigerung in Bereiterklärung verwandeln.** Dann stellt sie das Gericht vor eine neue Entscheidung. Es hat nunmehr zu prüfen: **a)** ob die Vernehmung oder Beeidigung noch nötig ist; **b)** ob die Partei in 1. Instanz grundlos verweigert hat (dann ist die Vernehmung abzulehnen) oder ob sie damals einen genügenden Grund hatte, der jetzt fortgefallen ist. Das zweite muß die Partei glaubhaft machen. Nur wo das Gericht dies nach seiner freien Überzeugung bejaht, darf es die Vernehmung oder Beeidigung anordnen. Es kann auch genügen, wenn rein persönliche Gründe fortgefallen sind, wenn etwa die Partei aus begreiflichem Schamgefühl nicht aussagen wollte, die Hemmung aber jetzt überwindet. Hatte das untere Gericht aus der Säumigkeit der Partei gemäß § 454 ihre Weigerung gefolgert, so hat das Berufungsgericht erneut darüber zu befinden, ob dieser Schluß berechtigt war, StJ I 3.

3) Beeidigte Partei, II. A. Hat eine Partei in 1. Instanz ihre Aussage beeidet, **so verbietet II grundsätzlich die eidliche,** nicht die uneidliche, **Vernehmung ihres Gegners.** Dies gilt auch dann, wenn das Gericht 1. Instanz der eidlichen Aussage nicht geglaubt hat und wenn ihr auch das Berufungsgericht nicht glaubt, § 453. Das Gericht soll nun einmal nicht Eid gegen Eid stellen. Darum gilt II auch dort, wo das Berufungsgericht selbst eidlich vernommen hat. Nur, wo die Beeidigung unzulässig war, ist anders zu verfahren. Der unzulässige Eid, etwa der dem Beweisführer entgegen § 445 I und ohne Vorliegen der §§ 447, 448 abgenommene, hat keine Beweiskraft.

B. Verstoß gegen II macht den zweiten Eid bedeutungslos; denn es handelt sich um zwingendes Recht und das Gericht handelt außerhalb seiner Befugnisse.

4) VwGO: I ist unanwendbar, weil das Gericht nach § 86 I VwGO die Vernehmung eines Beteiligten stets vAw anordnen kann und ggf muß. **II** ist entsprechend anzuwenden, § 173 VwGO, da der Grundgedanke, Anm 3 A, auch für den VerwProzeß zutrifft; ein solcher Fall wird aber kaum jemals praktisch werden.

534 *Vorläufige Vollstreckbarkeit.* ^{I} Ein nicht oder nicht unbedingt für vorläufig vollstreckbar erklärtes Urteil des ersten Rechtszuges ist, soweit es durch die Berufungsanträge nicht angefochten wird, auf Antrag von dem Berufungsgericht durch Beschluß für vorläufig vollstreckbar zu erklären. Die Entscheidung kann ohne mündliche Verhandlung ergehen; sie ist erst nach Ablauf der Berufungsbegründungsfrist zulässig.

^{II} Eine Anfechtung der Entscheidung findet nicht statt.

Vorbem. Im **Verfahren der Arbeitsgerichte** entsprechend anwendbar, § 64 VI iVm § 64 VII, in den Fällen des § 62 ArbGG.

1) Allgemeines. § 534 bezweckt den Schutz des aus einem Urteil Berechtigten vor den Nachteilen der Hemmungswirkung, Grdz 1 B § 511, indem er dem Berufungsbeklagten ermöglicht, alsbald aus dem nicht angefochtenen Teil des Urteils ohne Sicherheitsleistung zu vollstrecken. **Unanwendbar** ist die Bestimmung in EheS, § 704 II, einschließlich der FolgeS, § 623.

2) Vollstreckbarbeschluß I, A. Er setzt voraus: a) daß das Urteil 1. Instanz gar nicht oder nur bedingt, dh gegen Sicherheit, § 709, für vorläufig vollstreckbar erklärt ist oder dem Schuldner die Abwendung der Zwangsvollstreckung erlaubt. Nicht hierher gehört ein Urteil, das ohne Vollstreckungserklärung vollstreckbar ist; **b)** daß das Urteil nur zu einem abtrennbaren Teil angegriffen ist; **c)** den Antrag einer Partei, das Urteil vorweg für vorläufig vollstreckbar zu erklären. Er kann vor der mündlichen Verhandlung gestellt werden, und zwar im Anwaltszwang, also stets durch den zweitinstanzlichen RA, aM Ffm FamRZ 79, 538; die Prozeßkostenhilfe für die Berufungsinstanz umfaßt auch dieses Nebenverfahren.

B. Entscheidung stets durch Beschluß (mündliche Verhandlung nicht vorgeschrieben, aber statthaft) **nach Ablauf der Begründungsfrist.** Er ergeht ohne sachliche Nachprüfung. Der Beschluß muß unbedingt sein und darf keine Abwendung der Zwangsvollstreckung gestatten. Der Einzelrichter ist zuständig. Der Beschluß macht den nicht angefochtenen Teil des Urteils nicht rechtskräftig, erhält vielmehr die Hemmungswirkung, Grdz 1 § 511; eine Feststellung durch Teilurteil, daß ein Urteil nicht angefochten ist, ist unzulässig, Mü NJW 66, 1082. Wenn die Berufungsanträge nachträglich erweitert werden, wird dadurch der Beschluß nicht berührt. Über die Kosten des Verfahrens ist im Beschluß nach §§ 91 ff zu entscheiden, Hamm NJW 72, 2314. **Gebühren:** Gericht keine, RA §§ 49 II, 37 Z 7 BRAGO.

C. Anfechtung, II. Der stattgebende und der zurückweisende Beschluß sind **jeder Anfechtung entzogen.** Den zurückweisenden darf das Gericht auf neuen Antrag jederzeit ändern. Eine Änderung des stattgebenden ist wegen der Folgen für die Zwangsvollstreckung unzulässig.

3) VwGO: Entsprechend anzuwenden, § 173 VwGO, auf Leistungsurteile. Bei Anfechtungs- und Verpflichtungsklagen kommt § 534 nur für einen abtrennbaren Kostenteil in Betracht, da in diesen Fällen nach § 167 II VwGO nur der Kostenausspruch vorläufig vollstreckbar sein kann; deshalb ist § 534 unanwendbar, wenn auch nur ein Beigeladener das Urteil voll angefochten hat, OVG Lüneb MDR 75, 175.

535 (aufgehoben)

536 *Beschränkung der Abänderung.* Das Urteil des ersten Rechtszuges darf nur insoweit abgeändert werden, als eine Abänderung beantragt ist.

Vorbem. Im **Verfahren** der **Arbeitsgerichte** entsprechend anwendbar, § 64 VI ArbGG, Grunsky ArbGG § 64 Rdz 26.

Schrifttum: Kapsa, Das Verbot der reformatio in peius im Zivilprozeß, 1976 (Bespr von Klamaris ZZP **91**, 222).

1) Abänderungsbegrenzung. §§ 536, 525 ziehen die Grenzen der Anfallswirkung der Berufung, s Grdz 1 § 511. **A. Das Berufungsgericht darf das Urteil nur im Rahmen der in der Berufungsinstanz gestellten Anträge abändern.** Darin stecken zwei Verbote: **a)** das der Änderung zum Vorteil des Berufungsklägers, dh über seine Anträge hinaus (reformatio in melius), **b)** das der Änderung zu seinem Nachteil (reformatio in peius). Es entscheiden die Anträge bei Schluß der mündlichen Verhandlung, BGH NJW **63**, 444 u **83**, 1063; was die Anträge nicht angreifen, ist für das Gericht unantastbar, mag es noch so falsch sein. In der Berufungsbegründung können Anträge nicht mehr wirksam gestellt werden, wenn die Berufung schon vorher, zB wegen Ablaufs der Begründungsfrist in den Gerichtsferien, unzulässig geworden ist, BGH MDR **77**, 649. Die Bindung an die Anträge gilt auch bei Zurückverweisung, Jessen NJW **78**, 1616.

B. Das Verbot der vorteilhaften Änderung entspricht der erstinstanzlichen Bindung des Gerichts an die Anträge, § 308. Eine andere Begründung für das Zugesprochene oder die Verurteilung zu einem Weniger sind statthaft. Siehe auch bei § 308.

C. Der Berufungskläger hat (außer bei Anschließung des Berufungsbeklagten) **eine Abänderung zu seinem Nachteil nie zu befürchten;** das Gericht darf die Verurteilung unter keinen Umständen erweitern, RG JW **36**, 2544; wegen der Ausnahmen s Anm 3. Den Maßstab zur Beantwortung der Frage, ob ein Nachteil entsteht, gibt die innere Rechtskraftwirkung, s Einf 2 § 322. Werden mehrere Ansprüche geltend gemacht, gilt das Verbot für jeden von ihnen, auch dann, wenn sie auf einem einheitlichen Klaggrund beruhen, RoS 141 II 2a gegen Karlsr NJW **56**, 1245.

Beispiele für eine unzulässige nachteilige Änderung: Bei der Abweisung der Klage wegen Aufrechnung darf auf die Berufung des Klägers nicht die Klage aus anderen Gründen abgewiesen werden, BGH WertpMitt **72**, 53 gegen BGH **16**, 394 und v. Gerkan ZZP **75**, 218, und umgekehrt auf die Berufung des Beklagten diesem die Gegenforderung nicht abgesprochen werden, BGH **36**, 319; bei Verurteilung Zug um Zug darf auf die Berufung des Klägers die Klage nicht abgewiesen, auf die Berufung des Beklagten das Recht auf die Gegenleistung nicht verneint werden, RoS § 141 II 2c; wird die Klage als zZt unbegründet abgewiesen, so darf sie auf die Berufung des Klägers nicht als schlechthin unbegründet abgewiesen werden, RoS § 141 II 2e, Zö-Schneider II 1, str, aM ThP 3b, Düss LS MDR **83**, 413, Stgt NJW **70**, 569 mwN: aber die Rechtskraftwirkung geht in diesem Fall über die des angefochtenen Urteils hinaus.

Dagegen liegt **keine nachteilige Änderung** vor, wenn im Berufungsurteil Vorsatz an Stelle der vom Erstrichter angenommenen Fahrlässigkeit angenommen wird, da die Gründe nicht in Rechtskraft erwachsen, BGH **LM** § 322 Nr 2, ebenso nicht, wenn nur Rechnungsposten geändert werden, ohne daß der Berufungskläger im Ergebnis weniger erhält, BGH **36**, 321 (wohl aber greift das Verbot der Schlechterstellung ein, wenn die Posten verschiedenen Ansprüchen entstammen, BGH **LM** Nr 4). S auch § 559 Anm 1.

3) Ausnahmen vom Grundsatz. § 536 hängt eng mit der Parteiherrschaft und dem Beibringungsgrundsatz, Grdz 3 § 128, zusammen. Darum muß das Verbot der Schlechterstellung versagen, wo diese Prinzipien nicht gelten. Das ergibt folgende Ausnahmen:

a) in **Ehesachen** herrscht der Grundsatz der Einheitlichkeit der Entscheidung, Einf 3 § 610; das Verschlechterungsverbot gilt auch für den Bereich öff-rechtlichen Versorgungsausgleichs, BGH NJW **83**, 173 mwN, str, aM Karlsr u Zweibr FamRZ **81**, 802, Hamm FamRZ **81**, 803, Düss FamRZ **81**, 172, Mü FamRZ **81**, 167 u **80**, 699.

b) Bei der Entscheidung über die **Prozeßkosten** kommt es auf die Anträge nicht an, § 308 II, so daß insoweit eine Schlechterstellung möglich ist, BGH WertpMitt **81**, 46, § 308 Anm 2; dies gilt auch dann, wenn die Entscheidung einen Streitgenossen betrifft, der rechtskräftig aus dem Prozeß ausgeschieden ist, BGH MDR **81**, 928.

c) Die **Klagabweisung als unzulässig** darf das Rechtsmittelgericht auf die Berufung des Klägers in eine Abweisung als unbegründet ändern, hM, BGH **23**, 50, **46**, 281, NJW **70**, 1683 mwN, RoS § 141 II 2d, StJGr I. Voraussetzung für eine derartige Änderung, die aus Gründen der Prozeßwirtschaftlichkeit zuzulassen ist, muß aber in der Revisionsinstanz sein, daß ein Schlüssigmachen des Anspruchs nicht mehr zu erwarten ist, § 563 Anm 1 C, und in der Berufungsinstanz, daß das Fragerecht dahingehend ausgeübt worden ist. Das gleiche gilt umgekehrt für den Fall, daß der Beklagte gegen ein Prozeßurteil Berufung einlegt und Sachabweisung beantragt; die Zurückverweisung kann nunmehr dazu führen, daß die Klage aufgrund der vom Beklagten begehrten sachlichen Prüfung als begründet angesehen wird, BGH **LM** Nr 8.

d) In Fällen, in denen zwingende, vAw zu beachtende Verfahrensvorschriften verletzt worden sind, darf das Berufungsgericht auf die Berufung des Klägers auch den zu seinen Gunsten lautenden, von ihm nicht angefochtenen Teil des Urteils frei ändern, zB bei Fehlen von Prozeßvoraussetzungen, Übersehen der Rechtskraft oder unzulässigem Teilurteil, Köln VersR **74**, 64, Düss NJW **76**, 114, ThP 3a aa, sehr str, aM VGH Kassel NJW **80**, 358 mwN, RoS § 141 II 2d, StJGr I 2a, Blomeyer ZPR § 99 II, zweifelnd BGH NJW **70**, 1683 m Anm Berg JR **71**, 159.

4) **VwGO:** *Es gilt (inhaltsgleich) § 129 VwGO.*

537 *Nachprüfung von Streitpunkten.* Gegenstand der Verhandlung und Entscheidung des Berufungsgerichts sind alle einen zuerkannten oder aberkannten Anspruch betreffenden Streitpunkte, über die nach den Anträgen eine Verhandlung und Entscheidung erforderlich ist, selbst wenn über diese Streitpunkte im ersten Rechtszuge nicht verhandelt oder nicht entschieden ist.

Vorbem. Im **Verfahren der Arbeitsgerichte** entsprechend anwendbar, § 64 VI ArbGG.

1) Anfallswirkung. A. § 537 regelt den **Umfang der Anfallswirkung,** Grdz 1 § 511, im Rahmen von § 536 dahin, daß der Inhalt des erstinstanzlichen Urteils, das Zu- oder Absprechen des Anspruchs, dem Berufungsgericht zeigt, inwieweit es zu entscheiden hat. Jede Partei hat grundsätzlich ein Recht auf zweimalige gerichtliche Entscheidung über jeden prozessualen Anspruch (Begriff Einl III 7 D). § 537 ist insofern ungenau, als Gegenstand der Entscheidung des Berufungsgerichts auch die zulässigen Ansprüche 2. Instanz sind.

B. Ansprüche, über die das angefochtene Urteil überhaupt nicht entschieden hat, wofür die Urteilsformel maßgebend ist, **fallen der Berufungsinstanz nicht an,** somit zB nicht vorbehaltene Ansprüche bei Teil- oder Vorbehaltsurteil. Ausnahmen gelten für neue Ansprüche und in den Fällen, in denen eine Abänderung des Urteils in eine Klagabweisung den Restanspruch bedeutungslos macht, BGH VersR **77**, 430; dann hat die höhere Instanz geeignetenfalls ganz abzuweisen, wofür kein besonderer Antrag erforderlich ist, RG **171**, 131; für den Streitwert bleibt dabei das Mitabgewiesene außer Betracht, BGH NJW **59**, 1827 (bei dann uneingeschränkter Revision gilt für diese aber der volle Streitwert, BGH **LM** § 559 Nr 14), zustimmend Blomeyer ZPR § 99 IV. Das Berufungsgericht kann zB den Herausgabeanspruch nach Verneinung der Auskunftpflicht abweisen, den Ersatzanspruch nach Abweisung des Rechnungslegungsanspruchs, den Auskunfts- und Schadensersatzanspruch nach Abweisung des Unterlassungsanspruchs, BGH **LM** § 16 UWG Nr 14, BGH **42**, 358. Möglich ist auch die Heranziehung des noch in 1. Instanz anhängigen Teils dadurch, daß beide Parteien einverstanden sind, Ffm FamRZ **80**, 710, StJGr 2, Zö-Schneider IV 2, zB wenn sich der Berufungsbeklagte insoweit rügelos auf den das Ganze betreffenden Abweisungsantrag einläßt, BGH **8**, 386, BGH **LM** § 303 Nr 4, str, offen gelassen BGH VersR **83**, 735 mwN. Das muß aber Ausnahme bleiben, so daß die Berufungsinstanz grundsätzlich nicht über den noch in 1. Instanz anhängigen Teil mitentscheiden kann, mögen auch die abweisenden Gründe des Berufungsgerichts ebenso für den Rest zutreffen, BGH VersR **77**, 430, noch weniger über die dort noch anhängige Widerklage, BGH **30**, 213 m Anm Schwab NJW **59**, 1824 (unter Aufgabe von BGH NJW **54**, 640 und unter Berufung auf Lent ebda; s auch Johannsen **LM** zu Nr 9), und zwar auch nicht hinsichtlich der Widerklage in einer EheS, Düss OLGZ **65**, 186. Hat das LG unzulässigerweise ein Teilurteil erlassen, § 301 Anm 2, so kann das Berufungsgericht auch über den danach noch in 1. Instanz verbliebenen Teil mitentscheiden, falls es das für zweckmäßig hält, § 540, da dann nur einheitlich entschieden werden kann, BGH NJW **83**, 1311. Ist durch Prozeßurteil abgewiesen, so darf das Berufungsgericht trotzdem im Fall des § 540 sachlich entscheiden; vgl Üb 2 A § 300, § 536 Anm 3c. Einen übergangenen Anspruch darf das Berufungsgericht nicht erledigen; seinetwegen findet Ergänzung nach § 321 statt, RG **75**, 293. Beantragt der Berufungskläger die Aufhebung des seinen Anspruch abweisenden Urteils und Zurückverweisung, so muß das Berufungsgericht in der Sache selbst entscheiden, wenn die Sache entscheidungsreif ist, da der Kläger sie mit der Berufung weiterverfolgt, sie also dem Rechtsmittelgericht angefallen ist, vgl BGH NJW **65**, 441, Grdz 3 A § 511.

C. Beruhen ein Haupt- und ein Hilfsanspruch auf demselben Klaggrund, so erledigt die Entscheidung über den einen auch den andern. Bei wirklich hilfsweiser Anspruchshäufung, § 260 Anm 2 C, D, ist zu unterscheiden: **a)** der Hauptanspruch ist zugesprochen.

Dann fällt durch die Berufung des Beklagten der Hilfsanspruch ohne weiteres, also ohne daß Anschlußberufung erforderlich ist, der Berufungsinstanz an, RG **105**, 242, stRspr; weist das Berufungsgericht den Hauptanspruch ab, so muß es über den Hilfsanspruch erkennen, ohne daß ein besonderer Antrag erforderlich ist, BGH **LM** § 525 Nr 1 u **41**, 39; aM Brox, Festschrift Heymann S 135: Anschlußberufung des Klägers erforderlich, da über den Hilfsanspruch in 1. Instanz überhaupt nicht entschieden ist, auch bei Ungleichheit der Streitgegenstände eine Schlechterstellung des Beklagten nicht ausgeschlossen ist, die Entscheidung nicht seinem Antrag entspricht; ebenso StJ I 1 b. **b)** Der Hilfsanspruch ist zugesprochen. Legt der Beklagte Berufung ein, so ist nur diese im Streit, kann also über den abgewiesenen Hauptanspruch nicht entschieden werden, falls nicht der Kläger Anschlußberufung einlegt, BGH **41**, 38. Gibt das Berufungsgericht ihm statt, ist auch eine rechtskräftige Entscheidung über den Hilfsanspruch aufgehoben, BVerwG DVBl **80**, 597. **c)** Ist der Hauptanspruch aberkannt, über den Hilfsantrag nicht entschieden, so gilt § 321; ist die Frist verstrichen, so ist die Berufung des Klägers zulässig, mit der er auch den Hilfsantrag geltend machen kann.

D. Der Begriff der Streitpunkte umfaßt den gesamten Streitstoff, also Behauptungen, Beweisantritte, Hilfsanträge (im Gegensatz zu Hilfsansprüchen), Klaggründe, auch hilfsweise Klaggründe bei einheitlichem Antrag, überhaupt alles, was zu einem einheitlichen prozessualen Anspruch gehört. **Alle solchen Streitpunkte sind Gegenstand der Verhandlung und Entscheidung des Berufungsgerichts,** auch wenn in 1. Instanz nicht über sie verhandelt und entschieden ist. Einer besonderen Anfechtung oder Rüge bedarf es nicht. Hat die 1. Instanz nur einen von mehreren Klaggründen desselben Anspruchs geprüft, so muß die Berufungsinstanz sämtliche Klaggründe erledigen. Hat die 1. Instanz unter Zurückweisung der Einwendungen des Beklagten nur wegen seiner Aufrechnung abgewiesen, so kann der Beklagte bei Berufung des Klägers ohne Einlegung eines eigenen Rechtsmittels wiederum auf die anderen Einwendungen zurückgreifen, BGH **16**, 394. Ist bei gegenseitigem Abrechnungsverhältnis die Klage abgewiesen und der Widerklage stattgegeben worden, weil hierfür die Forderungen ein Guthaben ergeben, so kann der Kläger, der die Widerklage mit seiner Berufung abgewiesen haben will, auch dann, wenn er die Abweisung seiner Klage nicht angreift, den Forderungen des Widerklägers die Forderungen, die er in 1. Instanz geltend gemacht hat, entgegenstellen, da die Rechtskraft sich nur darauf erstreckt, daß der Kläger aus dem Abrechnungsverhältnis nichts zu fordern hat, Mü OLGZ **66**, 180. Hat die 1. Instanz wegen Rechtskraft abgewiesen und verneint die 2. Instanz diesen Grund, so gelten §§ 538 I Nr 2 u 540, § 536 Anm 3e. Wegen der Entscheidung über die Aufrechnung bei fälschlicherweise ergangenem Vorbehaltsurteil vgl § 302 Anm 3 A.
Wegen der Beschränkung der Berufung auf einzelne Urteilselemente s § 519 Anm 3 C a aE.

2) Entscheidung des Berufungsgerichts: A. Ungünstige. Sie lautet entweder **a)** auf Verwerfung der Berufung als unzulässig, s bei § 519b, oder **b)** auf Zurückweisung der Berufung als unbegründet, wenn das Berufungsgericht zu derselben Urteilsformel gelangt wie das 1. Gericht, sei es auch aus ganz anderen Gründen.

B. Günstige. Sie lautet auf Änderung des Urteils. Gibt das Berufungsgericht der Berufung statt, so zerfällt seine Entscheidung in 2 Teile: **a)** die ändernde (kassatorische) Entscheidung (im Fall des § 539 bleibt es dabei), **b)** die ersetzende (reformatorische) Entscheidung, dh die Ersetzung des aufgehobenen Urteils durch ein anderes. Das gilt auch dort, wo sich die Sach- oder Rechtslage nach dem Urteil 1. Instanz geändert hat.

C. Hat die 1. Instanz unzulässigerweise zugleich sowohl eine Prozeß- als auch eine Sachabweisung ausgesprochen, so hat das Berufungsgericht zunächst die Prozeßabweisung zu überprüfen; nur wenn es die zu ihr führenden Gründe verneint, hat es sachlich zu erkennen (anders die Revisionsinstanz, Üb 2 A § 300), RG **158**, 155.

3) *VwGO:* Entsprechend anwendbar, § 173 *VwGO,* in Ergänzung von § 128 *VwGO.*

538 *Notwendige Zurückverweisung.* [1] **Das Berufungsgericht hat die Sache, insofern ihre weitere Verhandlung erforderlich ist, an das Gericht des ersten Rechtszuges zurückzuverweisen:**

1. **wenn durch das angefochtene Urteil ein Einspruch als unzulässig verworfen ist;**
2. **wenn durch das angefochtene Urteil nur über die Zulässigkeit der Klage entschieden ist;**
3. **wenn im Falle eines nach Grund und Betrag streitigen Anspruchs durch das angefochtene Urteil über den Grund des Anspruchs vorab entschieden oder die**

Klage abgewiesen ist, es sei denn, daß der Streit über den Betrag des Anspruchs zur Entscheidung reif ist;
4. wenn das angefochtene Urteil im Urkunden- oder Wechselprozeß unter Vorbehalt der Rechte erlassen ist;
5. wenn das angefochtene Urteil ein Versäumnisurteil ist.
II Im Falle der Nummer 2 hat das Berufungsgericht die sämtlichen Rügen zu erledigen.

Vorbem. Im **Verfahren der Arbeitsgerichte** entsprechend anwendbar, § 64 VI, Grunsky ArbGG § 68 Rdz 2–5, BAG MDR **82**, 694.

Schrifttum: E. Schneider MDR **74**, 624 u **77**, 709; Bettermann ZZP **88**, 386 ff.

1) Gemeinsame Bemerkungen zu §§ 538, 539. In aller Regel hat das Berufungsgericht in der Sache selbst zu entscheiden, s § 537 Anm 1 D u 2. Eine **Zurückverweisung, dh die Beschränkung auf die aufhebende (kassatorische) Entscheidung, ist nur im Rahmen der §§ 538 f zulässig, nie aus Zweckmäßigkeitsgründen,** RG HRR **31**, 1255. § 538 zwingt zur Zurückverweisung, § 539 stellt sie dem Gericht anheim; jedoch wird der Zwang des § 538 durch die Kannvorschrift des § 540 gelockert. Auf den Mangel der nicht erfolgten Zurückverweisung kann die Partei gemäß § 295 verzichten, BGH **LM** Nr 11. Das Urteil des Berufungsgerichts ist ein Endurteil, das den Prozeß für die Instanz erledigt, RG **102**, 218, stRspr. Die Kostenentscheidung ist dem Schlußurteil vorzubehalten, § 97 Anm 1; die Gerichtskosten der Berufungsinstanz werden nur bei offensichtlichen schweren Verfahrensfehlern nach § 8 GKG niederzuschlagen sein, und zwar vom Berufungsgericht, vgl Hartmann § 8 GKG Anm 2 B b aa mwN.

Die Zurückverweisung begründet einen tatsächlichen Stillstand des Verfahrens, Üb 1 § 239, bis zur Terminsbestimmung, die vAw erfolgt. Die Zurückverweisung überläßt die ersetzende Entscheidung, § 537 Anm 2, ganz dem unteren Gericht. Das neue Verfahren setzt das frühere erstinstanzliche Verfahren fort, sofern es nicht nach § 539 aufgehoben ist. Die Richter, die an der aufgehobenen Entscheidung mitgewirkt haben, sind im neuen Verfahren nicht ausgeschlossen, § 565 Anm 1 B. Das untere Gericht ist bei seiner Entscheidung an die Rechtsauffassung des höheren gebunden, soweit nicht neuer Streitstoff zu beurteilen ist, vgl § 565 II, BGH **LM** § 512 Nr 4. Diese interprozessuale Bindung gilt aber nur, soweit das obere Gericht erkannt hat, nicht für sonst von ihm angestellte Erwägungen, BGH **31**, 363. An die eigene Entscheidung bleibt das untere Gericht gebunden, § 318, soweit diese Entscheidung nicht aufgehoben ist. Neues Vorbringen ist, davon abgesehen, voll zulässig.

Bei Berufung gegen das neue Urteil der unteren Instanz ist das Berufungsgericht durch sein früheres Urteil gebunden, § 318, ebenso das Revisionsgericht, da das Berufungsurteil insofern rechtskräftig geworden ist, BGH **25**, 204; diese Bindung an die Rechtsauffassung des Berufungsgerichts gilt für das Revisionsgericht auch im Fall der Sprungrevision gegen das neue Urteil der 1. Instanz, BVerwG MDR **78**, 342. Die Bindung erfaßt auch die Zuständigkeit, zB als FamSenat, BGH FamRZ **82**, 789.

Die Bindung besteht immer nur in derselben Sache, in einem neuen Rechtsstreit auch dann nicht, wenn er dieselben Rechtsfragen betrifft und von denselben Parteien geführt wird, BVerwG NVwZ **82**, 120.

2) Die notwendige Zurückverweisung, § 538 steht unter dem Vorbehalt des § 540, s die dortigen Anm. Die Hervorhebung bestimmter Fälle beruht auf der rechtlichen Notwendigkeit einer weiteren Sachverhaltsaufklärung. Ist eine solche unnötig, so entfällt ohnehin eine Zurückverweisung, zB dort, wo das Berufungsgericht durch Prozeßurteil abweist, Üb 2 § 300, oder wo seine Entscheidung den ihm unterbreiteten Prozeßstoff endgültig erledigt, RG JW **31**, 2569, stRspr. Wegen einer weiteren Ausnahme s Z 3 Ende. Ist der vom Grund der Zurückverweisung betroffene Prozeßteil abtrennbar, so ist allein seinetwegen zurückzuverweisen, andernfalls wegen des ganzen Prozesses. Die Zurückverweisung geschieht immer vAw. Ergibt das Urteil, daß der Prozeß in 1. Instanz fortzusetzen ist, so ist ein ausdrücklicher Ausspruch entbehrlich, so etwa bei Z 4. Die Zurückverweisung an eine andere Kammer oder Abteilung ist unstatthaft und unbeachtlich. § 538 gilt auch im Verfahren des Arrests und der einstw Vfg. Die Nachholung der unterbliebenen Zurückverweisung durch Ergänzung des Urteils nach § 321 ist nach dessen Wortlaut unmöglich; nach seinem Sinn und aus Gründen der Prozeßwirtschaftlichkeit muß man sie zulassen (aM StJ VIII). Anwendbar ist jedenfalls § 319, Wieczorek B III a.

3) Fälle notwendiger Zurückverweisung: A. Wenn das Urteil einen **Einspruch nach § 341 als unzulässig verworfen** hat, **Z 1;** denn nur die Entscheidung über die Zulässigkeit ist dem Berufungsgericht angefallen. Dies gilt aber nur, wenn das Berufungsgericht die Berufung für begründet befindet, weil sonst keine weitere Verhandlung nötig ist, Anm 2. Die Vorschrift ist sinngemäß anwendbar, wenn das Berufungsgericht einen verworfenen Wiedereinsetzungsgrund gegen die Versäumung der Einspruchsfrist durchgreifen läßt, § 233.

B. Wenn das Urteil **nur über die Zulässigkeit der Klage** entschieden hat, **Z 2, II,** gleichviel, ob abgesondert verhandelt ist, § 280, ob zu Unrecht entschieden ist, ob der Mangel durch Rüge geltend gemacht war, § 282 III, ob vAw wegen mangelnder Vertretung abgewiesen war, Nürnb OLGZ **67**, 426. Über die Bedeutung hilfsweiser sachlicher Erörterungen s Üb 2 A § 300 aE, dazu E. Schneider MDR **83**, 105 gg KG OLGZ **71**, 176. Ist die Rüge als unbegründet verworfen, so muß das Berufungsgericht über sämtliche anderen Rügen, die die Zulässigkeit der Klage betreffen, entscheiden, II, und je nachdem abweisen oder unter Zurückverweisung die Berufung zurückweisen. Aus dem Grund der Vorschrift, dem unvollständigen Anfall, A, und den §§ 280, 282 III idF der VereinfNov folgt, daß Z 2 sich auf alle Prozeßhindernisse und sämtliche Prozeßvoraussetzungen bezieht, auch auf solche, die vAw zu beachten sind, Zweibr NJW **77**, 1928; vgl aber auch §§ 536 Anm 3 c, 563 Anm 1 C. Zurückzuverweisen ist auch dann, wenn nach Klagabweisung wegen Prozeßunfähigkeit der gesetzliche Vertreter die Prozeßführung genehmigt, Nürnb OLGZ **67**, 426.

Z 2 ist entsprechend anwendbar, wenn ein Anerkenntnisurteil ohne wirksames Anerkenntnis ergangen ist, LG Fürth NJW **76**, 633. Dagegen ist Z 2 unanwendbar bei einer Abweisung aus sachlichen Gründen. Daher darf nicht zurückverwiesen werden, wenn das Berufungsgericht entgegen der 1. Instanz Verjährung verneint, BGH **50**, 27, Prütting DRiZ **77**, 78, aM Hamm MDR **77**, 585 mwN, E. Schneider MDR **76**, 52, und ebensowenig bei Verneinung der Sachbefugnis durch die 1. Instanz, BGH NJW **75**, 1785 (eingehend), NJW **78**, 1430.

C. Wenn ein Urteil im **Urkunden- oder Wechselprozeß,** auch im Scheckprozeß, § 605a, **dem Beklagten seine Rechte vorbehält, Z 4.** Eine Zurückverweisung ist dort nur bei Bestätigung möglich, da aber wieder bedeutungslos, weil nur das Vorverfahren angefallen ist, das Nachverfahren somit nur in der 1. Instanz stattfinden kann. Über den Fall, daß das Berufungsgericht den Vorbehalt macht, s § 600 Anm 1 B. Nicht zurückzuverweisen ist, wenn erst in der Berufungsinstanz vom Urkundenprozeß Abstand genommen wird, StJ V, E. Schneider MDR **74**, 628, aM Kblz NJW **56**, 427. Dagegen ist entsprechend Z 4 zurückzuverweisen, wenn die Klage im Urkunden- oder Wechselprozeß abgewiesen ist und das Berufungsgericht ein Vorbehaltsurteil erläßt, Mü OLGZ **66**, 36. Z 4 gilt auch für den Vorbehalt der Aufrechnung, § 302, durch das Berufungsgericht, Düss MDR **73**, 856, Bettermann ZZP **88**, 396.

D. Wenn sich die **Berufung gegen ein Versäumnisurteil** richtet, **Z 5.** Über ihre Zulässigkeit s § 513. Auf ein unechtes Versäumnisurteil, Üb 3 § 330, ist Z 5 nicht anwendbar; bei ihm muß das Berufungsgericht den Prozeß voll erledigen.

E. Bei Vorabentscheidung über den Grund oder bei Klagabweisung zum Grund, § 304, außer bei F, **Z 3.** Die Vorschrift fällt mit dieser Abgrenzung aus dem Rahmen. Anwendbar ist Z 3 nur, wo Grund und Betrag schon in 1. Instanz streitig waren; Zurückverweisung ist auch zulässig, wenn der Kläger im Berufungsverfahren von der Feststellungsklage zur Leistungsklage übergeht, Ordemann MDR **63**, 891, oder wenn das LG Feststellungs- und Leistungsklage abgewiesen hat, das Berufungsgericht aber den Zahlungsanspruch dem Grunde nach bejaht, E. Schneider MDR **74**, 626 gegen BGH VersR **62**, 255 (Zurückverweisung nur wegen des Zahlungsanspruchs). Bei Abweisung im 1. Urteil bleibt gleich, ob die 1. Instanz das Verfahren auf den Grund beschränkt hatte, RG **73**, 65, ferner ob der Betrag erst in 2. Instanz beziffert ist, RG **77**, 397, aM StJ V 1. Voraussetzung ist immer, daß die 1. Instanz den Grund verneint hat. Darunter fällt nicht die Abweisung wegen fehlenden Schadens, RG **59**, 427 (aM StJ V 2). Die Aufrechnung gehört, soweit sie die Klagforderung ausräumt, zum Grund; deshalb muß das Berufungsinstanz sie erledigen, RG **61**, 412. Ist die Widerklage auf einen Mehrbetrag des Eingeklagten abgewiesen, so ist über den Betrag erkannt und nicht zurückzuverweisen. Stellt aber die 2. Instanz bei Abweisung wegen Aufrechnung einen Mehrbetrag der Gegenforderung fest, so ist bei Widerklage zurückzuverweisen, RG **101**, 43. Stehen Klage und Widerklage in unlöslichem Zusammenhang, so ist auch wegen der Widerklage zurückzuverweisen, wo an sich nur die Klage betroffen wäre. RG **101**, 42. War in 1. Instanz nur der Betrag streitig und ist in 2. Instanz auch der Grund bestritten, so muß das Berufungsgericht selbst entscheiden, RG **77**, 398.

Voraussetzung der Zurückverweisung ist, daß das Berufungsgericht den Grund voll erledigt hat, also über jeden, erforderlichenfalls auch den hilfsweise geltend gemachten, entschieden ist (auch wenn der Grund erst in der Berufungsinstanz geltend gemacht worden ist) und außerdem über die gegen den Grund gerichteten Einreden. Der 1. Instanz darf nur die Entscheidung über den Betrag bleiben. Findet das Berufungsgericht die Klage unbegründet, so hat es abzuweisen; hält es entgegen der 1. Instanz die Klage dem Grunde nach für gerechtfertigt, so genügt nicht Aufhebung und Zurückverweisung, vielmehr hat das Berufungsgericht den Grund selbst zu erledigen und ein Grundurteil zu erlassen, wenn es wegen des Betrages nach Z 3 zurückverweist, BGH NJW **78**, 1430 mwN. Hatte die 1. Instanz vorabentschieden, so bedarf es nicht unbedingt des Ausspruchs der Zurückverweisung; er ist aber immer zu empfehlen, damit keine Zweifel entstehen. Hat die 1. Instanz wegen fehlender Prozeßvoraussetzungen abgewiesen, so ist nach Z 2 zu verfahren.

Entsprechend anzuwenden ist Z 3 auf die Stufenklage, § 254 Anm 3 B. Demgemäß ist eine Zurückverweisung zulässig, wenn die 1. Instanz die Klage insgesamt abgewiesen hat und das Berufungsgericht zur Auskunftserteilung verurteilt, BGH NJW **82**, 235.

F. Ist der Streit über den Betrag spruchreif, so entscheidet das Berufungsgericht über ihn ohne Zurückverweisung, Z 3, eine der Prozeßbeschleunigung dienende regelwidrige Vorschrift. Nach ihrem Zweck ist sie anwendbar auch, wo die 1. Instanz den Grund voll bejaht hat und Anschließung fehlt, RG **132**, 104. Spruchreif ist die Entscheidung über den Betrag, wo kein weiteres Verfahren mehr nötig ist; es darf also auch keine Beweisaufnahme außer durch Urkundenbeweis erforderlich sein. Ist nur ein Teil spruchreif, so ergeht ein Teilurteil und ist nur wegen des Rests zurückzuverweisen.

G. Notwendig ist die Zurückverweisung auch bei **Aufhebung eines den Scheidungsantrag abweisenden Urteils,** wenn über eine FolgeS zu entscheiden ist, **§ 629b** (§ 540 gilt insoweit nicht).

4) *VwGO:* An Stelle der §§ 538–540 gilt § 130 VwGO, dazu Bettermann DVBl **61**, 65. *Ergänzend anzuwenden,* § 173 VwGO, ist § 538 I Z 3 im Hinblick auf § 111 VwGO, OVG Lüneb DVBl **61**, 91.

539
Zurückverweisung wegen Verfahrensmangels. Leidet das Verfahren des ersten Rechtszuges an einem wesentlichen Mangel, so kann das Berufungsgericht unter Aufhebung des Urteils und des Verfahrens, soweit das letztere durch den Mangel betroffen wird, die Sache an das Gericht des ersten Rechtszuges zurückverweisen.

Vorbem. Im **Verfahren der Arbeitsgerichte** ist § 539 schlechthin unanwendbar, § 68 ArbGG, auch bei schwersten Verstößen, Grunsky ArbGG § 68 Rdz 6, BAG MDR **82**, 694.

Schrifttum: E. Schneider MDR **73**, 449; Bettermann ZZP **88**, 386ff.

1) Zurückverweisung. A. § 539 behandelt die freigestellte Zurückverweisung; siehe dazu § 538 Anm 1. Sie steht immer im Ermessen des Berufungsgerichts; nur Voraussetzungen und Grenzen des Ermessens sind in der Revisionsinstanz nachprüfbar, Einl III 4 B; beschwert ist die Partei, die um eine Sachentscheidung gebeten hatte, BGH **31**, 358. Hat das Berufungsgericht die Zurückverweisung auch sachlichrechtlich begründet, prüft das Revisionsgericht auch das, nicht nur, ob der vom Berufungsgericht gerügte Verfahrensmangel vorgelegen hat, BGH **31**, 358, ohne daß freilich diese sachlichrechtlichen Überlegungen dann für die unteren Instanzen Bindungswirkung, § 565 II, haben. Das Berufungsgericht darf aber immer den Mangel selbst beseitigen und außer in den Fällen des § 538, da aber auch bei Vorliegen des § 540, selbst sachlich entscheiden, sogar in den Fällen des § 551, Mü NJW **53**, 187. § 540 unterstreicht nochmals den Gesichtspunkt der Sachdienlichkeit. Zurückverweisung bedeutet für die Parteien eine Verzögerung und Verteuerung. Sie darf nie in schulmeisterlicher Belehrung oder aus Bequemlichkeit geschehen, sondern nur in besonders schwerwiegenden und dazu geeigneten Fällen, namentlich dann, wenn das Berufungsgericht eine zeitraubende Sachaufklärung auf sich nehmen müßte, vgl § 540 Anm 2.

B. Voraussetzung der Zurückverweisung nach § 539 ist, daß der erste Rechtszug an einem **wesentlichen Mangel im Verfahren leidet, nicht in der Rechtsfindung** (in procedendo, nicht in iudicando), §§ 295 Anm 1, 554 Anm 4 D. Wesentlich ist der Mangel, wenn er bewirkt, daß das Verfahren keine ordnungsmäßige Entscheidungsgrundlage ist, BGH NJW **57**, 714. Es genügt, daß er für die Entscheidung ursächlich war oder sie auch nur beeinflußt hat. Maßgeblich für die Beurteilung der Frage, ob ein wesentlicher Verfahrensfehler vorliegt, ist der materiellrechtliche Standpunkt des ersten Richters ohne Rücksicht darauf, ob er zutrifft oder nicht, BGH NJW **83**, 823 mwN, stRspr.

Beispiele für wesentliche Verfahrensmängel: Verstöße iSv § 551, zB Verstöße gegen die Vorschriften über die Öffentlichkeit, § 170 GVG Anm 1, oder über die Beratung, § 193 GVG, VGH Kassel AS **30**, 163, oder falsche Besetzung des Gerichts, BayObLG DRiZ **80**, 72 (betr § 105 GVG), Ffm FamRZ **78**, 520 (betr § 23 b III 2 GVG), (auch nur teilweise) fehlende Gründe, Hamm NJW **79**, 434, und sonstige vAw zu beachtende Revisionsgründe; Verurteilung nach Klagantrag ohne Prüfung der Aufrechnung; völliges Übergehen eines unter Beweis gestellten schlüssigen Einwands, Köln JMBlNRW **75**, 113; Unterlassen einer notwendigen Beweiserhebung aus irrigen Erwägungen zum Verfahrensrecht, BGH JZ **77**, 232, Düss FamRZ **83**, 394 (zur Frage, ob dazu auch die Beweislastregeln zählen, Düss MDR **82**, 502 m krit Anm E. Schneider); uU Übergehen eines Vertagungsantrages und von Beweisanträgen, Köln JB **77**, 410; Versagung rechtlichen Gehörs, Köln MDR **71**, 933, oder des Rechts auf Parteiöffentlichkeit; grobe Verstöße gegen § 139, dazu Mayer NJW **83**, 859, oder § 278, Köln NJW **73**, 1848 mwN, NJW **80**, 2361 u MDR **82**, 761; Verletzung von § 278 III, dort Anm 6, Köln MDR **80**, 320 u VersR **83**, 691; fehlerhafte Anwendung von § 296, BGH NJW **83**, 832 (eingehend), Karlsr Just **79**, 14, Nürnb MDR **75**, 849; unzulässige Vorabentscheidung nach § 304 bei Fehlen seiner Voraussetzungen, RG **90**, 239; gesetzwidrige Verkündung, BGH (GrZS) **14**, 39, Schlesw SchlHA **79**, 21; fehlerhafte Bescheidung der Ablehnung eines Sachverständigen im Urteil, Schlesw SchlHA **82**, 30, Düss JZ **77**, 565, wenn das Ablehnungsgesuch zulässig war, Karlsr BB **77**, 1424, oder Verletzung der Verfahrensvorschriften über die Ablehnung von Richtern, Ffm NJW **76**, 1545; unzulässiges Teilurteil, Ffm MDR **83**, 498, Köln VersR **76**, 395 (s aber auch § 536 Anm 3 d); Behandlung einer Klage aus § 323 nach den Grundsätzen der Erstklage, Zweibr FamRZ **81**, 415; Entscheidung durch Einzelrichter, § 348, bei fehlender oder fehlerhafter Bestellung, Schlesw SchlHA **82**, 198, KG MDR **79**, 764 mwN, Düss JMBlNRW **79**, 15 (zurückzuverweisen ist in diesen Fällen an die Kammer), oder ohne notwendige mündliche Verhandlung, Köln NJW **77**, 1159 (nicht aber Entscheidung durch die Kammer ohne Zurückübertragung, Ffm NJW **77**, 813); Tatbestand genügt nicht den Mindestvoraussetzungen, § 313 Anm 6, BGH JZ **77**, 232 (nicht bei anderen Mängeln); unstreitiges erhebliches Vorbringen wird in den Urteilsgründen nicht berücksichtigt, Köln ZIP **83**, 869.

Ob in der Überschreitung der Grenzen der Parteianträge, § 308, ein wesentlicher Verfahrensmangel liegt, ist Frage des Falls; es kann auch ein Irrtum in der Urteilsfindung vorliegen (str, vgl BSG NJW **73**, 2079). Ungenügend ist das bloße Nichtvernehmen eines einzelnen Zeugen, BGH **31**, 362; wohl aber genügt das Übergehen der zulässigerweise angebotenen und erheblichen Beweise, BGH NJW **51**, 481, Düss MDR **82**, 502 u Mü NJW **72**, 2049. Kein Verfahrensmangel liegt vor, wenn die 1. Instanz unzutreffend wegen fehlender Prozeßvoraussetzungen abgewiesen hat (dann § 538 Z 2). Auch eine rechtlich falsche Beurteilung verfahrensrechtlicher Vorgänge kann einen inhaltlichen Mangel (in iudicando) begründen. Maßgebend für die Beurteilung ist immer die Rechtsanschauung des ersten Richters, BGH **18**, 107, **31**, 362.

C. Die **Zurückverweisung** geschieht vAw, und zwar immer durch Endurteil § 538 Anm 1. Gegen sie kann mit der Revision nur geltend gemacht werden, daß das Gesetz in bezug auf das Verfahren verletzt sei, was nach § 554 III Z 3 gerügt werden muß, BGH MDR **83**, 749 (dann dürfen auch die zugrunde liegenden sachlich-rechtlichen Ausführungen überprüft werden).

Zurückzuverweisen ist an das Erstgericht, nicht an eine andere Abteilung oder Kammer, s § 538 Anm 2, wohl aber an den Einzelrichter, wenn ihm ein Verfahrensfehler unterlaufen ist, Köln NJW **76**, 1101. Siehe wegen des weiteren Verfahrens in 1. Instanz § 538 Anm 1. Das neue Urteil kann dem Berufungskläger günstiger oder ungünstiger sein.

2) Aufhebung des Verfahrens. Das Berufungsgericht muß bei Zurückverweisung das Verfahren 1. Instanz aufheben, soweit es von dem Mangel betroffen ist. Aufzuheben ist nur der betroffene Teil, falls er abtrennbar ist. Die Abtrennung kann sachlich geschehen, aber auch zeitlich, etwa bis zu einem bestimmten Zwischenurteil.

3) VwGO: Vgl § 538 Anm 4.

540 *Abstandnahme von Zurückverweisung.* In den Fällen der §§ 538, 539 kann das Berufungsgericht von einer Zurückverweisung absehen und selbst entscheiden, wenn es dies für sachdienlich hält.

Vorbem. Im **Verfahren der Arbeitsgerichte** entsprechend anwendbar, § 64 VI, für die Fälle des § 538, vgl Grunsky ArbGG § 68 Rdz 5.

Schrifttum: Bettermann ZZP **88**, 386 ff.

1. Abschnitt. Berufung §§ 540–542

1) Allgemeines. § 540 mildert den Zwang zur Zurückverweisung, den § 538 an sich ausspricht; er weist ferner den Richter bei Zurückverweisung wegen Verfahrensmangels, § 539, nochmals auf den Gesichtspunkt der Sachdienlichkeit hin, ist also, da das schon nach § 539 zu prüfen ist, insofern überflüssig. Anwendbar ist § 540 sowohl bei einem klagabweisenden Endurteil wie bei einem Zwischenurteil nach §§ 280, 304. Möglich ist auch ein Teilurteil und Zurückverweisung im übrigen sowie bei fehlerhaftem Teilurteil Urteil über das Ganze, § 537 Anm 1 B. **Nicht anwendbar** ist § 540 im Fall des § 629b, § 538 Anm 3 G.

2) Das Gericht muß die eigene Entscheidung für sachdienlich halten. Bei der Ermessensausübung ist die Prozeßwirtschaftlichkeit (namentlich die Eilbedürftigkeit) einschließlich der durch die Zurückverweisung eintretenden Verteuerung gegen das Interesse an der Einhaltung der Verfahrensvorschriften abzuwägen: Je näher die Sache der Entscheidungsreife ist, um so weniger sachdienlich ist eine Zurückverweisung, die den Parteien Zeit und Geld kostet, vgl Schumann Rdz 457ff, Mayer NJW **83**, 859. Die Sachdienlichkeit muß dargetan sein, und das Revisionsgericht prüft auf Rüge die Einhaltung der Ermessensgrenzen, BGH NJW **69**, 1669; deshalb besteht für das Berufungsgericht Begründungszwang, BGH **23**, 36. Eine Überraschung der Parteien ist unzulässig, vgl § 139 Anm 2 E.

Sachdienlich wird die eigene Entscheidung des Berufungsgerichts insbesondere dann sein, wenn eine weitere Sachentscheidung in der 1. Instanz nicht notwendig, die Sache also schon völlig geklärt ist, vgl auch § 538 Anm 2; daran ändert dann eine unvorschriftsmäßige Besetzung im 1. Rechtszuge nichts, Mü MDR **55**, 426. Jedoch wird die Partei auch vielfach das Absehen von der Zurückverweisung in Kauf nehmen müssen, zB wenn die Betragsfrage zwar nicht ohne Beweisaufnahme, aber ziemlich einfach zu entscheiden ist (§ 540 führt also zur Erweiterung des § 538 I Z 3), und auch sonst, wenn die Spruchreife unschwer herbeigeführt werden kann, zB durch Vernehmung eines Zeugen, ThP 2. Möglich ist auch die Bejahung der Sachdienlichkeit, wenn nach Abweisung aus Prozeßgründen nunmehr sachlich abgewiesen werden soll, § 536 Anm 3c, vor allem, wenn die 1. Instanz eine Hilfsbegründung beigefügt hatte, Ffm NJW **62**, 1920. Das Absehen von der Zurückverweisung ist auch möglich, wenn der Vorbehalt nach § 302 unzulässig war, BGH **LM** § 302 Nr 4. Dagegen fehlt die Sachdienlichkeit, wenn ein neues Vorbringen nicht berücksichtigt werden darf, zB nach §§ 527, 528, oder wenn ein Teilurteil unzulässig war, weil dann über den gesamten Streitstoff einheitlich verhandelt und entschieden werden muß, Ffm MDR **83**, 498 (vgl aber § 536 Anm 3 d). Das gleiche gilt, wenn der Verbund, § 623, wiederhergestellt werden muß, § 628 Anm 2 B a.

Vereinbaren können die Parteien eine Entscheidung über die ganze Sache seitens des Berufungsgerichts nicht, da sie den Instanzenzug nicht abändern können. Immerhin kann (nicht muß, so aber StJGr II 2) bei übereinstimmender Anregung der Parteien die Sachdienlichkeit in einem anderen Lichte erscheinen, vgl ThP 2, Bettermann DVBl **61**, 72. Trotzdem ist eine Zurückverweisung aber dann geboten, wenn die Erledigung der Sache durch das Berufungsgericht einen erheblichen Zeitaufwand fordern würde, Schumann Rdz 470, 471.

3) VwGO: Vgl § 538 Anm 4.

541 (aufgehoben)

542 Versäumnisverfahren.
I Erscheint der Berufungskläger im Termin zur mündlichen Verhandlung nicht, so ist seine Berufung auf Antrag durch Versäumnisurteil zurückzuweisen.

II Erscheint der Berufungsbeklagte nicht und beantragt der Berufungskläger gegen ihn das Versäumnisurteil, so ist das tatsächliche mündliche Vorbringen des Berufungsklägers als zugestanden anzunehmen. Soweit es den Berufungsantrag rechtfertigt, ist nach dem Antrag zu erkennen; soweit dies nicht der Fall ist, ist die Berufung zurückzuweisen.

III Im übrigen gelten die Vorschriften über das Versäumnisverfahren im ersten Rechtszug sinngemäß.

Vorbem. Im **Verfahren der Arbeitsgerichte** entsprechend anwendbar, § 64 VI u VII iVm § 59 ArbGG.

1) Allgemeines. Das Versäumnisverfahren im Berufungsrechtszug ist grundsätzlich dasselbe wie in 1. Instanz, III. Deshalb sind auch hier die Grundlagen des ganzen Verfahrens vorweg zu prüfen. **a) Zulässigkeit der Berufung,** § 519b I 1: Ergibt sich, daß die Berufung unzulässig ist, muß sie auch im Versäumnisverfahren verworfen werden, gleichgültig, welche Partei säumig ist; das Urteil ist ein streitmäßiges Urteil (unechtes Versäumnisurteil), RoS § 142 I, ThP 1, BGH NJW **69**, 845, wenn nicht die Verwerfung mindestens teilweise auf zwangsläufigen Folgen der Säumnis beruht, BGH NJW **57**, 1840 (zu § 239 IV). **b) Zulässigkeit des Verfahrens 1. Instanz:** Fehlt eine Prozeßvoraussetzung oder leidet das angefochtene Urteil an einem Mangel, der ihm die Eignung als Grundlage des weiteren Verfahrens nimmt (zB der Einspruch gegen ein Versäumnisurteil ist zu Unrecht als zulässig angesehen worden, das angefochtene Urteil ist ein unzulässiges Teilurteil oder während der Unterbrechung des Verfahrens ergangen), so ist ohne Rücksicht darauf, welche Partei säumig ist, das angefochtene Urteil aufzuheben und die Klage abzuweisen oder an die 1. Instanz zurückzuverweisen. Auch hier ist das Urteil des Berufungsgerichts stets ein streitmäßiges Urteil, kein Versäumnisurteil, BGH DRiZ **62**, 24, NJW **61**, 2207.

2) Versäumnisurteil gegen den Berufungskläger, I. Liegt keiner der Fälle der Anm 1 vor, ergeht bei Säumnis, Üb 2, § 330, auf Antrag des Berufungsbeklagten, § 330 Anm 1, gegen den Berufungskläger ohne weitere Prüfung Versäumnisurteil auf Zurückweisung der Berufung.

3) Versäumnisurteil gegen den Berufungsbeklagten, II. A. Ist nicht die Berufung zu verwerfen oder über die Klage durch streitmäßiges Urteil (unechtes Versäumnisurteil) zu entscheiden, Anm 1, so ist bei Säumnis, Üb 2 § 330, des Berufungsbeklagten **das tatsächliche mündliche Vorbringen des Berufungsklägers als zugestanden anzunehmen, II 1.** Darauf, ob der Berufungsbeklagte das Vorbringen früher bestritten hat, kommt es nicht an; auch die Feststellungen im angefochtenen Urteil und etwasige Beweisergebnisse bleiben außer Betracht (abweichend die bis 1977 geltende Fassung), ebenso sonstige Umstände, die für die Unrichtigkeit des Vorbringens sprechen können, BGH MDR **79**, 930. Im Hinblick auf § 532 ist jedoch ein in 1. Instanz abgelegtes Geständnis zu berücksichtigen, ThP 5 c, offen gelassen vom BGH aaO. Als zugestanden ist auch neues Vorbringen anzunehmen, selbst dann, wenn es nach §§ 527–529 nicht zuzulassen wäre (die abweichende Regelung im RegEntw der VereinfNov ist nicht Gesetz geworden); jedoch bleibt es beim Ausschluß nach § 528 III, aM 38. Aufl. Voraussetzung für den Erlaß des Versäumnisurteils ist in jedem Fall die rechtzeitige Mitteilung, § 335 I Z 3.

B. Erlaß des Versäumnisurteils, II 2. Rechtfertigt das als zugestanden fingierte Vorbringen des Berufungsklägers seinen Berufungsantrag, so ist auf seinen Antrag, § 331 Anm 1, durch Versäumnisurteil zu erkennen: Hat der Kläger Berufung eingelegt, muß sich daraus die Schlüssigkeit der Klage ergeben, ist der Beklagte Berufungskläger, muß sein Vorbringen zur (auch teilweisen) Unbegründetheit der Klage führen, Putzo NJW **77**, 8. Andernfalls ist die Berufung durch (unechtes) Versäumnisurteil, Üb 3 B § 330, zurückzuweisen.

4) Im übrigen gelten bei Säumnis die **Vorschriften über das Versäumnisverfahren 1. Instanz sinngemäß, III,** so daß §§ 330, 331 a–347 anzuwenden sind, also auch § 340 III 4 (Hinweis auf die Folgen der Fristversäumung bei Zustellung des Versäumnisurteils, § 340 Anm 3 E). Bei zweiseitiger Säumnis gilt § 251 a, § 523. Die zur Aktenlageentscheidung nötige mündliche Verhandlung muß in 2. Instanz stattgefunden haben (ebenso nach § 331 a). Zur Zuständigkeit des Einzelrichters vgl § 524 Anm 4. Gegen die Verwerfung des Einspruchs durch Beschluß ist sofortige Beschwerde zulässig (§§ 341 II, 567 III 2, 568 a), vgl § 341 Anm 3. In vermögensrechtlichen Angelegenheiten ist gegen den Beschluß des OLG sofortige Beschwerde an den BGH gegeben, wenn gegen ein Urteil gleichen Inhalts die Revision stattfinden würde, BGH NJW **78**, 1437, VersR **82**, 272; der BGH ist nicht befugt, die Annahme entsprechend § 554 b abzulehnen, BGH NJW **78**, 1437 (anders nach § 568 a).

5) Wegen der Versäumnisentscheidung in **Ehe- und KindschS** s §§ 612 IV, 640 I, in **Entmündigungssachen** s § 670.

6) VwGO: Unanwendbar, Üb 4 § 330.

543 Abfassung des Urteils.

^I Im Urteil kann von der Darstellung des Tatbestandes und, soweit das Berufungsgericht den Gründen der angefochtenen Entscheidung folgt und dies in seinem Urteil feststellt, auch von der Darstellung der Entscheidungsgründe abgesehen werden.

^{II} Findet gegen das Urteil die Revision statt, so soll der Tatbestand eine gedrängte Darstellung des Sach- und Streitstandes auf der Grundlage der mündlichen Vorträge der Parteien enthalten. Eine Bezugnahme auf das angefochtene Urteil sowie auf Schriftsätze, Protokolle und andere Unterlagen ist zulässig, soweit hierdurch die

1. Abschnitt. Berufung § 543 1–3

Beurteilung des Parteivorbringens durch das Revisionsgericht nicht wesentlich erschwert wird.

Vorbem. Im **Verfahren der Arbeitsgerichte** ist § 543 für Urteile entsprechend anwendbar, § 64 VI ArbGG, Philippsen pp NJW **79**, 1334 mwN. Bei möglicher Nichtzulassungsbeschwerde, § 72a ArbGG, gilt II, str, aM Dütz RdA **80**, 94 mwN: Aber das BAG braucht im Fall der Zulassung eine Grundlage, Anm 2 B. Wegen der zulässigen Bezugnahme auf den Tatbestand des Urteils 1. Instanz und des Absehens von der Darstellung der Entscheidungsgründe s BAG MDR **81**, 83.

Schrifttum: E. Schneider MDR **81**, 969 u **78**,1, JuS **78**, 334.

1) Allgemeines. Über §§ 313a, 313b hinaus, die nach § 523 auch für das Berufungsverfahren gelten, sind für Berufungsurteile zur Vereinfachung und Beschleunigung des Verfahrens **Abweichungen von** § 313 zugelassen.

2) Tatbestand, § 313 I Z 5. **A. Von seiner Darstellung kann abgesehen werden, I**, und zwar auch in den Fällen des § 313a II, sofern es sich um ein irrevisibles Urteil handelt und sich gegenüber der 1. Instanz keine Änderungen ergeben; neues Vorbringen und neue Feststellungen müssen gebracht werden, wobei eine Bezugnahme nach § 523 iVm § 313 II 2 zulässig ist, E. Schneider MDR **81**, 970. Weicht der Tatbestand von der 1. Instanz nicht ab, ist eine förmliche Bezugnahme überflüssig, vgl die Beispiele bei E. Schneider JuS **78**, 334. Danach kann auch bei Urteilen des OLG, die nicht der Revision unterliegen, in diesen Fällen von der Darstellung des Tatbestandes abgesehen werden. Davon ist aber nur Gebrauch zu machen, wenn an der Unzulässigkeit der Revision nicht der geringste Zweifel besteht, also nicht bei Unsicherheit über die Höhe der Beschwer, BGH VersR **79**, 865, E. Schneider MDR **81**, 969: Die Folgen eines Verstoßes, unten C, treffen die Parteien schwer.

B. Für **Urteile,** die nach §§ 546, 547 der **Revision unterliegen,** gilt eine **Sondervorschrift, II,** um dem Revisionsgericht eine Nachprüfung zu ermöglichen, § 561: Der Tatbestand soll eine gedrängte Darstellung des Sach- und Streitstandes auf der Grundlage der mündlichen Vorträge der Parteien enthalten, **II 1;** vgl § 313 II. Dabei ist die Bezugnahme auf das angefochtene Urteil, Schriftsätze, Protokolle und andere Unterlagen zulässig, wenn hierdurch die Beurteilung des Parteivorbringens durch das Revisionsgericht nicht wesentlich erschwert wird, **II 2;** vgl hierzu § 313 Anm 6. Voraussetzung dafür ist, daß der Tatbestand vollständig, in sich klar und richtig ist, BAG NJW **82**, 1832, und daß sich die Unterlagen bei den Akten befinden. Die in Bezug genommenen Originalurkunden dürfen also nicht nach Abschluß der Instanz an die Partei zurückgegeben worden sein, BGH NJW **81**, 1621 (krit E. Schneider MDR **81**, 970), es sei denn, die Vollständigkeit und Identität der wieder eingereichten Unterlagen ist unbestritten, BGH NJW **82**, 2071. Zulässig ist auch die Bezugnahme auf ein in derselben Instanz zwischen den Parteien ergangenes früheres Urteil, BGH NJW **81**, 1046. Die Bezugnahme auf den Tatbestand der 1. Instanz genügt, wenn der Sachverhalt nicht streitig ist, in der 2. Instanz nichts neues vorgetragen wird und lediglich um eine Rechtsfrage gestritten wird, BAG NJW **81**, 2078. In allen diesen Fällen ist die förmliche Bezugnahme nach II 2 unerläßlich, BGH WertpMitt **80**, 253.

C. Ein **Verstoß** gegen I u II ist kein absoluter Revisionsgrund; Mängel des Tatbestands sind jedoch vAw zu beachten und führen ggf zur Zurückverweisung, § 551 Anm 8 C. Enthält das Urteil eines OLG keinen Tatbestand, so verfällt es aufgrund einer zulässigen Revision grundsätzlich der Aufhebung, BGH **73**, 248 (dies gilt auch dann, wenn das OLG die Beschwer auf weniger als 60000 DM festgesetzt hatte, BGH ZIP **83**, 493); in diesem Fall sind die Kosten nach § 8 GKG niederzuschlagen, BGH **KR** Nr 27. Das gleiche gilt, wenn der Tatbestand unzureichend ist; wenn die Parteien nur um eine Rechtsfrage streiten, dürfen die Anforderungen geringer sein, BGH NJW **81**, 1848. Überhaupt nötigt das Fehlen eines gesonderten Tatbestandes oder seine Unzulänglichkeit nicht zur Aufhebung, wenn der Sach- und Streitstand sich aus den Entscheidungsgründen in einem für die Beurteilung der aufgeworfenen Rechtsfrage ausreichenden Umfang ergibt, BGH NJW **82**, 447 u **83**, 1901 mwN.

3) Entscheidungsgründe, § 313 I Z 6, **I**, vgl E. Schneider MDR **81**, 970. Soweit das Berufungsgericht den Entscheidungsgründen der 1. Instanz folgt, genügt es, dies im Berufungsurteil festzustellen. Diese Voraussetzung kann auch bei einzelnen Teilen der Begründung erfüllt sein; dann ist die abweichende Beurteilung in anderen Punkten vom Berufungsgericht zu begründen, zB tatsächliche Feststellungen. Eine eigene Beweiswürdigung muß im Berufungsurteil dargestellt werden, § 286 I 2, E. Schneider MDR **78**, 2; erst recht müssen neu vorgebrachte Angriffs- und Verteidigungsmittel in den Gründen beschieden werden, BGH NJW **80**, 2418. Von den Möglichkeiten des I ist stets mit Fingerspitzengefühl und

Albers 1115

Takt Gebrauch zu machen, Hartmann NJW **78**, 1464: Auf neue Argumente einer Partei sollte das Berufungsgericht immer eingehen, wenn sie nicht ganz abwegig sind; so zutreffend Bender/Belz/Wax Rdz 187. Ein **Verstoß** fällt unter § 551 Z 7.

4) VwGO: Es gelten §§ 125 I, 117 III VwGO für den Tatbestand und Art 2 § 6 EntlG für die Entscheidungsgründe, so daß § 543 nicht entsprechend anwendbar ist, vgl BSG in stRspr, DRiZ **79**, 316 m zustm Anm Heinze SGb **80**, 543; wegen der Zurückweisung der Berufung durch einstimmigen Beschluß der Berufsrichter vgl Art 2 § 5 EntlG.

544 *Prozeßakten.* I Die Geschäftsstelle des Berufungsgerichts hat innerhalb vierundzwanzig Stunden, nachdem die Berufungsschrift eingereicht ist, von der Geschäftsstelle des Gerichts des ersten Rechtszuges die Prozeßakten einzufordern.

II Nach Erledigung der Berufung sind die Akten der Geschäftsstelle des Gerichts des ersten Rechtszuges nebst einer beglaubigten Abschrift des in der Berufungsinstanz erlassenen Urteils zurückzusenden.

Vorbem. Entsprechend anwendbar im **Verfahren der Arbeitsgerichte**, § 64 VI ArbGG.

1) Erläuterung. Auf die Einforderung der Akten, I, sind diese unter allen Umständen sofort einzusenden, auch wenn ein Teil des Prozesses noch in 1. Instanz schwebt. Nach Erledigung der Berufung, dh nach Erlaß des Endurteils, sind die Akten 1. Instanz zurückzusenden. Ob die Akten 2. Instanz beizufügen sind, bestimmt die AktenO, Üb 2 § 153 GVG. Die Übersendung einer beglaubigten Abschrift des Urteils mit allem, was zum Urteil gehört, wie Verkündigungsvermerk, Berichtigungsbeschluß u dgl, ist zwingenden Rechts. Das gleiche gilt für andere Endentscheidungen des Berufungsgerichts, zB Beschlüsse nach § 515 III.

2) VwGO: *Entsprechend anzuwenden,* § 173 VwGO.

Anhang nach § 544

Rechtsentscheid in Wohnraummietsachen

Art. III 3. MietRÄndG I Will das Landgericht als Berufungsgericht bei der Entscheidung einer Rechtsfrage, die sich aus einem Mietvertragsverhältnis über Wohnraum ergibt oder der Bestand eines solchen Mietvertragsverhältnisses betrifft, von einer Entscheidung des Bundesgerichtshofs oder eines Oberlandesgerichts abweichen, so hat es vorab eine Entscheidung des im Rechtszug übergeordneten Oberlandesgerichts über die Rechtsfrage (Rechtsentscheid) herbeizuführen; das gleiche gilt, wenn eine solche Rechtsfrage von grundsätzlicher Bedeutung ist und sie durch Rechtsentscheid noch nicht entschieden ist. Dem Vorlagebeschluß sind die Stellungnahmen der Parteien beizufügen. Will das Oberlandesgericht von einer Entscheidung des Bundesgerichtshofs oder eines anderen Oberlandesgerichts abweichen, so hat es die Rechtsfrage dem Bundesgerichtshof zur Entscheidung vorzulegen. Über die Vorlage ist ohne mündliche Verhandlung zu entscheiden. Die Entscheidung ist für das Landgericht bindend.

II Sind in einem Land mehrere Oberlandesgerichte errichtet, so können die Rechtssachen, für die nach Absatz 1 die Oberlandesgerichte zuständig sind, von den Landesregierungen durch Rechtsverordnung einem der Oberlandesgerichte oder dem Obersten Landesgericht zugewiesen werden, sofern die Zusammenfassung der Rechtspflege in Mietsachen, insbesondere der Sicherung einer einheitlichen Rechtsprechung dienlich ist. Die Landesregierungen können die Ermächtigung auf die Landesjustizverwaltungen übertragen.

Vorbem. Die Vorschrift bezog sich zunächst nur auf Rechtsfragen, die sich aus den §§ 556a bis 556c BGB (Sozialklausel) ergeben. Sie ist durch G v 5. 6. 80, BGBl 657, inWv 1. 7. 80 ausgeweitet worden, um die Einheitlichkeit der Rspr in Mietrechtsstreitigkeiten über Wohnraum zu sichern.

Schrifttum (außer den Kommentaren zum MietRÄndG): Köhler, Die Rechtsentscheide zur Wohnraummiete, 1982; Landfermann/Heerde (Hrsg), Sammlung der Rechtsentscheide in Wohnraummietsachen, Bd I u II (1982); Müller/Oske/Becker/Blümel, Rechtsentscheide im Mietrecht, Bd 1 (1982); Dänzer-Vanotti NJW **80**, 1777; Landfermann WM **81**, 217; Sonnenschein NJW **82**, 1249.

1) Allgemeines. Da das LG, das abweichen will, vor seiner Entscheidung einen Vorbescheid des vorgeordneten Gerichts vAw herbeizuführen hat, handelt es sich nicht um ein

1. Abschnitt. Berufung **Anh § 544** 2, 3

Rechtsmittel der Parteien und damit auch nicht um eine Verlängerung des Instanzenzuges. Infolgedessen entstehen auch keine Gerichts- oder Anwaltskosten.

2) Die Vorlage, I. Voraussetzungen: **a)** Das LG als Berufungsgericht will bei einer Rechtsfrage, die sich aus einem Mietvertragsverhältnis über Wohnraum ergibt oder den Bestand eines solchen Mietvertragsverhältnisses betrifft, vgl § 29a, von der Entscheidung eines OLG oder des BGH – Urteil oder Beschluß – abweichen, mag diese Entscheidung auch nicht in einer Wohnraummietsache ergangen sein, Köhler S 11 (die Abweichung von der Entscheidung eines Strafsenats genügt nicht, Karlsr NJW **82**, 344). Beim BGH entscheidet die zuletzt vertretene Ansicht, § 136 GVG Anm 1. Ein Abweichen von der Entscheidung eines OLG liegt auch vor, wenn die Rechtsfrage von mehreren OLG verschieden beurteilt ist. Hat ein OLG die Frage abweichend beurteilt, so ist Vorlage nötig, wenn es nicht etwa seine Ansicht ausdrücklich aufgegeben hat. Eine Vorlage ist nicht nötig, wenn das LG der Rechtsansicht des BGH folgen, aber von der eines OLG abweichen will. Es muß sich um eine Abweichung in der Hauptsache handeln, nicht in einem Beschwerdeverfahren über Nebenpunkte, Köhler S 12, offen gelassen Hamm NJW **81**, 2585. Oder die Vorlage erfolgt, **b)** wenn die Rechtsfrage in diesem Bereich von grundsätzlicher Bedeutung (iSv § 546 I Z 2, Karlsr OLGZ **82**, 85) ist, vgl § 546 Anm 3, was das LG entscheidet; sie darf noch nicht durch Rechtsentscheid entschieden sein, Karlsr WM **82**, 10, Stgt ZMR **82**, 176, allgM.

In beiden Fällen muß es sich um eine Rechtsfrage des materiellen Mietrechts handeln; eine rein verfahrensrechtliche Frage in einem Mietprozeß darf nicht vorgelegt werden, Hamm NJW **81**, 2585 u **82**, 1401 mwN. Die Vertragsauslegung ist grundsätzlich Sache des Tatrichters und kann deshalb nicht Gegenstand einer Vorlage sein, es sei denn, es handelt sich um häufig wiederkehrende, typische Klauseln, BGH NJW **82**, 2186 mwN, aM Ffm OLGZ **81**, 219. Auch die Frage der Verwirkung gehört zur tatrichterlichen Würdigung, Karlsr ZMR **82**, 184.

Das LG erläßt in solchen Fällen einen unanfechtbaren Vorlagebeschluß, der eine präzise Formulierung der Rechtsfrage, Schlesw WM **83**, 75, und die Darlegung der Voraussetzungen, Karlsr ZMR **83**, 134, enthalten muß und nur in ganz klar liegenden Fällen nicht begründet zu werden braucht, BayObLG NJW **81**, 580, Sonnenschein NJW **82**, 1250 mwN. Dem Beschluß sind die Stellungnahmen der Parteien, die in jedem Fall einzuholen sind, beizufügen, I 2. Eine mündliche Verhandlung über die beabsichtigte Vorlage braucht nicht stattzufinden, aM Maetzel NJW **68**, 1461. Nach Erledigung der Hauptsache kann der Vorlagebeschluß aufgehoben und damit der Antrag auf Rechtsentscheid zurückgenommen werden, BayObLG NJW **81**, 580. Mit Beendigung der Instanz durch Rücknahme oder Vergleich wird die Vorlage hinfällig.

Entscheidet das LG ohne Vorlage, obwohl sie erforderlich gewesen wäre, so wird dadurch die Wirksamkeit des Urteils nicht beeinflußt. Die Ablehnung des Antrags auf Vorlage ist unanfechtbar, Dänzer-Vanotti NJW **80**, 1778.

3) Der Rechtsentscheid, I. Zuständig ist das OLG (Zuweisungen nach II: in **Bay** ObLG, VO v 9. u 18. 1. 68, GVBl 4, 17, BayObLG NJW **81**, 2818 mwN; in **Nds** OLG Oldb, VO v 22. 5. u 13. 6. 68, GVBl 87, 107; in **NRW** OLG Hamm, VO v 9. 7. u 7. 8. 68, GVBl 240, 252). Es prüft, ob es sich um eine Rechtsfrage handelt, ob sie in den Bereich der Vorschrift fällt, und ob die Stellungnahme des LG von der Entscheidung eines OLG oder des BGH abweicht oder ob es sich um eine noch nicht entschiedene Rechtsfrage von grundsätzlicher Bedeutung handelt, BayObLG NJW **81**, 580 mwN, Hamm NJW **81**, 2585 u **82**, 1403, Karlsr OLGZ **82**, 87 u NJW **82**, 889. Ferner hat das OLG zu prüfen, ob die Frage in diesem Fall entscheidungserheblich ist; dabei hat es aber von der dem Vorlagebeschluß zugrunde liegenden Rechtsauffassung des LG auszugehen, sofern sie nicht offensichtlich unhaltbar ist, Köhler S 13, Landfermann WM **81**, 220, Karlsr OLGZ **81**, 354 u **82**, 85, Just **81**, 43, WM **83**, 166, Kblz WM **83**, 73, Oldb NdsRpfl **81**, 39, str, weitergehend die hM, Sonnenschein NJW **82**, 1250 mwN, BayObLG FamRZ **83**, 701 u NJW **81**, 580 mwN, Hbg NJW **81**, 2308 u WM **83**, 13 mwN, Hamm DWW **81**, 149, Celle DWW **81**, 151: Aber für den Rechtsentscheid kann schwerlich etwas anderes gelten als für sonstige Vorlagen, zB an das BVerfG, § 1 GVG Anm 3 C b aa, oder an oberste Gerichte, zB nach § 28 II FGG, BGH MDR **82**, 126, oder § 29 II 2 EGGVG, BGH **77**, 211, die von der Rechtsauffassung des vorlegenden Gerichts auszugehen haben; ebensowenig wie diese Gerichte darf aber für die Hauptsache nicht zuständige OLG dem LG die Entscheidung vorschreiben, Köhler S 13, vgl § 567 Anm 5 C.

Kommt das OLG zu dem Ergebnis, daß die Vorlage unzulässig ist, weil es sich zB nicht um eine unter die Vorschrift fallende Rechtsfrage handelt, lehnt es den Erlaß eines Rechtsentscheides ab und gibt die Akten zurück. Das gleiche gilt, wenn die Vorlegungsvoraussetzungen zwischenzeitlich entfallen sind, Karlsr NJW **82**, 344, Hbg WM **82**, 290, zB anderweit ein der Ansicht des LG entsprechender Rechtsentscheid ergangen ist, vgl Hamm NJW **82**, 1403, Ffm WM **83**, 73. Sonst entscheidet es die Rechtsfrage, ohne daß dagegen ein Rechtsmittel gegeben wäre, nicht aber den Fall. Liegt eine Entscheidung des BGH oder eines anderen OLG zu der Frage vor, so muß es, wenn es nicht im Sinn des BGH oder des anderen OLG entscheiden will, seinerseits dem BGH vorlegen, I 3; das gleiche gilt bei der Abweichung von einer Entscheidung des GmS, § 18 II G v 19. 6. 68, BGBl 661, abgedr Anh § 546. Die Abweichung von der Entscheidung eines Strafsenats begründet keine Vorlagepflicht, Stgt NJW **81**, 2356. Das OLG darf dem BGH keine andere Rechtsfrage als die ihm vom LG gestellte vorlegen (auch keine Vorfrage), BGH NJW **81**, 1040. Die Entscheidung des OLG bzw des BGH ergeht ohne mündliche Verhandlung, I 4, durch Beschluß; die Gerichtsferien hindern die Entscheidung nicht, Zweibr WM **81**, 273, Karlsr ZMR **83**, 244. Das LG hat dann seiner Entscheidung der Rechtssache die Ansicht des OLG oder BGH über die Rechtsfrage zugrunde zu legen, I 5; das AG ist (nur) im Fall der Zurückverweisung gebunden, Dänzer-Vanotti NJW **80**, 1779.

4) Kosten. Durch die Vorlage oder die Entscheidung des OLG bzw BGH entstehen keine zusätzlichen gerichtlichen oder außergerichtlichen Kosten, da es sich um einen gerichtsinternen Vorgang handelt, Schmidt-Futterer/Blank G 32.

Zweiter Abschnitt. Revision
Übersicht

1) Die Revision ist „ein wie die Berufung frei gestaltetes, jedoch auf die rechtliche Würdigung des Rechtsstreits beschränktes Rechtsmittel", Mat 362. Als wahres Rechtsmittel unterscheidet sie sich wesentlich von der französisch-rechtlichen cassation: **a)** sie dient zwar in erster Linie der Erhaltung der Rechtseinheit und der Fortentwicklung des Rechts, gibt aber in beschränktem Umfang auch den Parteien eine weitere Instanz für ihre Belange, **b)** das Revisionsgericht hebt nicht ausschließlich auf, sondern ersetzt uU auch die angefochtene Entscheidung durch eine andere, **c)** das Revisionsgericht prüft das Urteil auf Gesetzesverletzung und ist auf die Nachprüfung der gerügten Punkte nur bei Verfahrensrügen beschränkt. **Vgl im übrigen Grdz § 511.**

2) A. Die **Revision findet statt a)** gegen Berufungsurteile des OLG, außer im Verfahren des Arrests und der einstwVfg, **b)** gegen erstinstanzliche Urteile des LG, sofern die Parteien die Übergehung des OLG vereinbaren (Sprungrevision). Abgesehen von drei Ausnahmen, §§ 547 und 566a sowie die Revision gegen ein 2. Versäumnisurteil, § 546 Anm 1, findet die Revision gegen Berufungsurteile nur bei Zulassung durch das OLG, bei vermögensrechtlichen Ansprüchen außerdem bei einer Beschwer von mehr als 40 000 DM statt. **Revisionsgericht ist der BGH.** Wegen des BayObLG als Revisionsgericht s § 7 EGZPO.

B. Im Verfahren der Arbeitsgerichte gelten die Vorschriften der ZPO mit Abänderungen, vgl dazu die Anm bei den folgenden §§, namentlich § 546 Anm 4; ausgenommen sind § 549 II, BAG NJW **83**, 839, und § 566a, da die Sprungrevision besonders geregelt ist, §§ 72 V, 76 ArbGG.

G. Gebühren: Gericht § 11 I GKG und KVerz 1030–1038, RA 13/20 der Gebühren des § 31; die Prozeßgebühr beträgt 20/20 bei Vertretung durch einen BGH-Anwalt, § 11 BRAGO.

3) VwGO: Revision, Anm 1, ist statthaft **a)** gegen Urteile des OVG (VGH) mit Ausnahme der Urteile über einstwAnOen, §§ 132, 136 VwGO, **b)** gegen Urteile des VG, wenn es sich um eine Sprungrevision handelt, § 134 VwGO, oder die Berufung bundesgesetzlich ausgeschlossen ist wie durch § 339 LAG, § 135 VwGO. Außer bei Rüge wesentlicher Verfahrensmängel, § 133 VwGO, bedarf die Revision der Zulassung. Über die Revision und die Nichtzulassungsbeschwerde, § 132 III–V VwGO, entscheidet das BVerwG. Die Vorschriften der ZPO sind nach Maßgabe des § 173 VwGO entsprechend anwendbar.

Anhang
Überleitungsvorschriften des Gesetzes v 8. 7. 75, BGBl 1863

Art. 3

1. Die Vorschriften des neuen Rechts über die Zulässigkeit und über die Annahme der Revision und ihre Begründung, über die Bestimmung des zuständigen Revisionsgerichts und über die anwaltliche Prozeßgebühr im Revisionsverfahren sind nur anzuwenden, wenn die mündliche Verhandlung, auf die das anzufechtende Urteil ergeht, nach dem Inkrafttreten dieses Gesetzes geschlossen worden ist.

2. Bei Entscheidungen, die auf eine vor dem Inkrafttreten des neuen Rechts geschlossene mündliche Verhandlung ergehen, richtet sich die Zulässigkeit der Revision und die Bestimmung des zuständigen Revisionsgerichts auch dann nach dem bisher geltenden Recht, wenn die Entscheidung nach dem Inkrafttreten des neuen Rechts verkündet oder von Amts wegen zugestellt wird.

3. Über eine Revision, deren Zulässigkeit sich nach dem bisher geltenden Recht richtet, kann das Revisionsgericht nach Artikel 1 Nr. 2, 3 des Gesetzes zur Entlastung des Bundesgerichtshofes in Zivilsachen vom 15. August 1969 (Bundesgesetzbl. I S. 1141), geändert durch Gesetz vom 7. August 1972 (Bundesgesetzbl. I S. 1383), § 35a der Bundesgebührenordnung für Rechtsanwälte, entscheiden.

Erläuterung. Zu Z 1 u 2: Inkrafttreten des Gesetzes am 15. 9. 75, Art 5. Im Verfahren nach § 128 II aF war die Hinausgabe des Urteils zur Zustellung maßgeblich, BGH NJW **76**, 1454. **Zu Nr 3:** Art 1 Z 2 BGH-EntlG betrifft Entscheidungen ohne mündliche Verhandlung durch Beschluß nach Gehör des Beteiligten, Art 1 Z 3 betrifft die Anberaumung des Termins in anderen Fällen; vgl Erl in der 33. Aufl, Üb § 545 Anh.

545

Statthaftigkeit. ^I Die Revision findet gegen die in der Berufungsinstanz von den Oberlandesgerichten erlassenen Endurteile nach Maßgabe der folgenden Vorschriften statt.

^{II} Gegen Urteile, durch die über die Anordnung, Abänderung oder Aufhebung eines Arrestes oder einer einstweiligen Verfügung entschieden wird, ist die Revision nicht zulässig. Dasselbe gilt für Urteile über die vorzeitige Besitzeinweisung im Enteignungsverfahren oder im Umlegungsverfahren.

Vorbem. In **arbeitsrechtlichen Streitigkeiten** findet die Revision gegen Endurteile der LAG statt, wenn sie vom LAG zugelassen wird, § 72 I ArbGG; gegen Urteile, die über die AnO, Änderung oder Aufhebung eines Arrests oder einer einstwVfg entschieden haben, ist die Revision unzulässig, § 72 IV ArbGG, vgl § 546 Anm 4.

1) Statthaftigkeit. A. Grundsatz, I. Die Revision findet statt gegen **Endurteile des OLG,** die in der Berufungsinstanz erlassen worden sind, nach Maßgabe der §§ 546 ff. Daraus ergeben sich Beschränkungen der Revisibilität ebenso wie die Erweiterung auf erstinstanzliche Endurteile des LG im Fall der Sprungrevision, § 566a. Im übrigen entspricht I dem § 511; s dort wegen des Begriffs des Endurteils. Revisionsfähig sind von den Zwischenurteilen nur die selbständig anfechtbaren, zB nach § 280 II, BGH JR **81**, 147 (Parteiwechsel auf der Beklagtenseite); ein Zwischenurteil, durch das ohne gleichzeitige Verwerfung der Berufung die WiedEins abgelehnt wird, ist wie ein Endurteil zu behandeln, BGH **47**, 289 und VersR **79**, 960. Zulässig wird die Revision auch nicht dadurch, daß das OLG unrichtigerweise auf ein nichtberufungsfähiges Zwischenurteil sachlich entschieden hat, BGH NJW **52**, 25, wohl aber dann, wenn es sich nur der Fassung nach um ein Zwischenurteil, in Wirklichkeit aber um ein Endurteil handelt, BGH **38**, 335. Wegen der Anfechtung formfehlerhafter Urteile s im übrigen Grdz 4 § 511; sie sind nur dann anfechtbar, wenn ein ordnungsmäßig erlassenes Urteil revisionsfähig wäre, OGH **1**, 1. Über die notwendige Beschwer vgl Grdz 3 § 511. Zurückverweisende Berufungsurteile beschweren denjenigen, der die Erledigung betreibt, BGH **31**, 358. Eine nachteilige Änderung, § 536 Anm 2, beschwert nur die benachteiligte Partei. Zulässig ist die Revision auch mit dem Antrag, die eigene Berufung für unzulässig zu erklären, wenn auf diese sachlich (auf unselbständige Anschließung des Gegners) zuungunsten des Berufungsklägers entschieden worden ist, BGH FamRZ **56**, 19. Die Erhebung des Kompetenzkonflikts, § 17a GVG Anm 1, hindert die Entscheidung des Revisionsgerichts nicht.

B. Abweichungen: a) Urteile in Arrest- und Verfügungssachen, §§ 922, 925, 926 f, 936, sind ohne Rücksicht auf ihren Inhalt nicht revisibel, **II 1;** dies gilt auch dann, wenn sie die Berufung als unzulässig verwerfen, BGH NJW **68**, 699, Jauernig § 74 II. Gleich bleibt, ob das Urteil dem Gesuch stattgibt oder es zurückweist. Dagegen ist die Revision gegeben, wenn über einen Ersatzanspruch aus § 945 entschieden worden ist; das gleiche gilt auch sonst, wenn es sich nicht um die Anordnung eines Arrests handelt, zB bei der Zulassung eines ausländischen Arrestbefehls zur Vollstreckung, BGH **74**, 278 (zu Art 24 u 25 EuGÜbh, §§ 14 u 17 AusfG, Schlußanh V C 1 u 2). Nicht revisibel sind Urteile über die Aufhebung oder Bestätigung einer gemäß § 11 ba-wü PresseG getroffenen Anordnung, auf die die Vorschriften über die einstwVfg für entsprechend anwendbar erklärt sind, BGH NJW **65**, 1230. **b)** Keine Revision findet ferner statt gegen Urteile über die Anordnung,

Änderung oder Aufhebung einer **vorzeitigen Besitzeinweisung** im Enteignungs- oder Umlegungsverfahren, §§ 116, 177 BBauG, **II 2**, weil hier die gleiche Sach- und Interessenlage besteht, vgl zum früheren Recht BGH **43**, 168, Vogel NJW **75**, 1302. **c)** Nicht revisibel sind ferner **isolierte Kostenentscheidungen**, § 99 Anm 2; bei einem Teilanerkenntnis endet der Rechtszug hinsichtlich der diesen Teil betreffenden Kosten auch bei einheitlicher Kostenentscheidung beim OLG, BGH **58**, 341 (VersR **70**, 573 und **71**, 126 sind überholt). **d)** Grundsätzlich sind auch **Versäumnisurteile** der Revision entzogen, §§ 566, 513 II.

C. Sonderregelungen gibt § 621 d für FamS des § 621 I Z 4, 5 u 8 sowie § 629 a I für FolgeS nach § 621 I Z 7 u 9.

2) VwGO: Statt **I** gilt § 132 I VwGO, statt **II** § 136 VwGO (für einstwAnO, § 123 VwGO, da es im VerwProzeß keinen Arrest gibt, Grdz 5 § 916; die Vorschrift ist wegen Art 2 § 3 EntlG zZt gegenstandslos).

546 Zulassung der Revision; Revisionssumme.

I In Rechtsstreitigkeiten über vermögensrechtliche Ansprüche, bei denen der Wert der Beschwer vierzigtausend Deutsche Mark nicht übersteigt, und über nichtvermögensrechtliche Ansprüche findet die Revision nur statt, wenn das Oberlandesgericht sie in dem Urteil zugelassen hat. Das Oberlandesgericht läßt die Revision zu, wenn
1. die Rechtssache grundsätzliche Bedeutung hat oder
2. das Urteil von einer Entscheidung des Bundesgerichtshofes oder des Gemeinsamen Senats der obersten Gerichtshöfe des Bundes abweicht und auf dieser Abweichung beruht.

Das Revisionsgericht ist an die Zulassung gebunden.

II In Rechtsstreitigkeiten über vermögensrechtliche Ansprüche setzt das Oberlandesgericht den Wert der Beschwer in seinem Urteil fest. Das Revisionsgericht ist an die Wertfestsetzung gebunden, wenn der festgesetzte Wert der Beschwer vierzigtausend Deutsche Mark übersteigt.

Vorbem. Wegen des **Verfahrens der Arbeitsgerichte** s Anm 4.

Schrifttum: Prütting, Die Zulassung der Revision, 1977 (Bespr Grunsky ZZP **91**, 107); Weyreuther, Revisionszulassung usw, 1971; Tiedtke WertpMitt **77**, 666; Salger/Münchbach DRiZ **77**, 263; Ullmann GRUR **77**, 527; Kaempfe NJW **79**, 1134; Nirk BB **80**, 553; Krämer FamRZ **80**, 971.

Gliederung

1) **Allgemeines**
   A. Grundsatz
   B. Sonderregelungen für FamS
2) **Zulassungsgebundene Revision**
   A. Anwendungsbreich
   B. Voraussetzungen der Zulassung
   C. Entscheidung
   D. Wirkung

3) **Zulassungsfreie Revision**
   A. Anwendungsbereich
   B. Ablehnung der Annahme
4) **Arbeitsgerichtsverfahren**
5) **VwGO**

1) Allgemeines. A. Grundsatz. § 546 schränkt den Grundsatz des § 545 ein, indem die Revision in bestimmten Fällen an eine Zulassung durch das Berufungsgericht gebunden wird. Zulassungsfrei sind danach die nicht durch § 546 erfaßten Revisionen, nämlich die Wertrevision, § 546 Anm 3, die Revision in den Fällen des § 547 und die Sprungrevision, 566 a; das Revisionsgericht hat jedoch die Möglichkeit, die Annahme einer Wert- oder Sprungrevision abzulehnen, §§ 554 b, 566 a III. Zulassungsfrei ist auch die Revision gegen ein 2. Versäumnisurteil, BGH NJW **79**, 166 m Anm Grunsky ZZP **92**, 371 u Kniesch JA **79**, 326.

B. Sonderregelungen gelten für Familiensachen, §§ 621 d, 629 a. Danach ist in vermögensrechtlichen Streitigkeiten die zulassungsfreie Revision ausgeschlossen, wenn es sich materiell um eine FamS handelt (auf die Entscheidung durch den FamSenat, § 119 II iVm § 23 b I GVG, kommt es nicht an), BGH NJW **81**, 346 mwN. Deshalb hängt in FamS die Statthaftigkeit der Revision immer von ihrer Zulassung ab. Das gilt auch dann, wenn das Berufungsgericht verkannt hat, daß es sich um eine FamS handelte, und deshalb irrtümlich einen Fall der zulassungsfreien Revision angenommen hat, BGH in stRspr, JZ **83**, 347 (abl Walter), NJW **81**, 346, NJW **80**, 785 u 1626 (scharf abl ua Walter S 148 und Jauernig § 91 V 3, die die Möglichkeit der Ergänzung nach WiedEins in die Frist des § 321 II befürworten, sowie Krämer FamRZ **80**, 971, der in solchen Fällen eine Bindung des BGH an diese Rechtsauffassung annimmt; es ist in der Tat schwer erträglich, daß die Parteien auf diese Weise um die Revisionsmöglichkeit gebracht werden können).

2) Zulassungsgebundene Revision, I. A. Anwendungsbereich. Mit Ausnahme der in Anm 1 A genannten Fälle der zulassungsfreien Revision bedarf die Revision der Zulassung in Rechtsstreitigkeiten **a) über nichtvermögensrechtliche Ansprüche** (im prozessualen Sinn), Üb 3 § 1, namentlich also in Ehe- und Kindschaftssachen, **b) über vermögensrechtliche Ansprüche, bei denen der Wert der Beschwer 40 000 DM nicht übersteigt.** Begriff der vermögensrechtlichen Streitigkeit: Üb 3 § 1 u § 511a Anm 2 A; dazu kann auch ein auf Verletzung des Persönlichkeitsrechts gestütztes negatives Klagebegehren gehören, BGH NJW **74**, 1470, und ausnahmsweise eine ausschließlich auf die Verteidigung der Ehre gerichtete Klage, wenn wirtschaftliche Belange des Klägers für sein Begehren in wesentlicher Weise mitbestimmend waren, BGH MDR **83**, 655 mwN, NJW **81**, 2062 (sehr weitgehend).

a) Der **Wert der Beschwer** ist vom Wert des Beschwerdegegenstandes, § 511a Anm 3, zu unterscheiden: Ob die Revision der Zulassung bedarf, hängt nicht von den Revisionsanträgen, sondern allein davon ab, inwieweit das Berufungsurteil eine Partei beschwert, sie also durch den Urteilstenor belastet wird, Grdz 3 § 511, BGH VersR **82**, 269. Bei Verurteilung mehrerer Streitgenossen kann das Urteil von jedem von ihnen ohne Zulassung angefochten werden, wenn die Summe aller Einzelbelastungen 40 000 DM übersteigt, mag auch die Belastung des einzelnen diese Summe nicht übersteigen, BGH NJW **81**, 578 mwN. Nicht zusammenrechenbar ist dagegen die Beschwer beider Parteien, BGH aaO. Übersteigt aber bei unterschiedlicher Beschwer nur diejenige einer Partei die Wertgrenze, dürfte auch für die Revision der anderen Partei eine Zulassung entbehrlich sein, Arnold JR **75**, 489 (aber das OLG ist nicht gehindert, vorsorglich zuzulassen und dadurch den BGH zu binden); jedenfalls muß dies insoweit gelten, als eine Anschlußrevision statthaft ist, § 556 Anm 1. Maßgeblich für die Beschwer ist der Wert bei Erlaß des Berufungsurteils, weil nur dieser Wert als Grundlage für die Entscheidung über die Zulassung in Frage kommt; später eintretende Wertänderungen, zB durch Zahlung, berühren also die Zulässigkeit der Revision nicht, BGH MDR **78**, 210. Bei einer Entscheidung durch Teil- und Schlußurteil (oder mehrere Teilurteile) kommt es auf die Beschwer durch die jeweilige Entscheidung an, so daß keine Zusammenrechnung stattfindet, BGH NJW **77**, 1152 (jedoch ist die Revision wegen der Gesamtkostenentscheidung im Schlußurteil stets zulässig, wenn das Teilurteil revisibel ist, BGH **LM** Nr 18).

b) Der Wert muß vom OLG **im Urteil festgesetzt** werden, **II 1**; nach § 2 gelten **§§ 3–9 entsprechend,** s Erläuterungen dazu. Wegen der Frage der Zusammenrechnung von Klagforderung und zur Aufrechnung gestellter Gegenforderung s § 511a Anm 4 (zu § 5), zur Bewertung der Stufenklage BGH NJW **64**, 2061 u **70**, 1083. In Nichtigkeits- und Anfechtungsprozessen ist nach § 247 I AktG auch hier die Bedeutung der Sache für die Gesellschaft mit zu berücksichtigen, BGH ZIP **81**, 1335. Die Einzelfestsetzung für mehrere Klaganträge ist geboten, um die Revisibilität jedes Anspruchs klarzustellen, vgl BAG BB **77**, 500.

Eine Bindung des Revisionsgerichts, II 2, besteht nur bei einer Festsetzung auf mehr als 40 000 DM, nicht dagegen bei einer Festsetzung auf einen geringeren Betrag, so daß in diesem Fall das Berufungsurteil nicht schon deshalb rechtskräftig wird (und für seinen Tatbestand § 543 II gilt), BGH NJW **79**, 927, VersR **79**, 865. Die Festsetzung hindert den BGH nicht, einen abweichenden Kostenstreitwert für die Revisionsinstanz festzusetzen, BGH MDR **82**, 737 (zustm Lappe NJW **83**, 1472).

B. Voraussetzungen der Zulassung, I 2. a) Grundsätzliche Bedeutung der Rechtssache, Z 1 (de Lousanoff NJW **77**, 1042, Prütting S 101 ff, Weyreuther Rdz 52–90). Nötig ist Vorliegen einer klärungsbedürftigen (BVerwG DVBl **70**, 901) Rechtsfrage von allgemeiner Bedeutung (BGH **2**, 396, BVerwG **13**, 90), die höchstrichterlich ocnh nicht entschieden sein darf (enge Ausnahmen sind denkbar, BAG **2**, 26, BSG NJW **71**, 78). Die Auswirkungen der Entscheidung dieser Rechtsfrage dürfen sich nicht in der Regelung der Beziehungen zwischen den Prozeßbeteiligten oder der Regelung einer von vornherein überschaubaren Anzahl gleichgelagerter Fälle erschöpfen, sondern müssen eine unbestimmte Vielzahl von Fällen betreffen, BFH **89**, 117, Hamm FmRZ **77**, 318. Die Auswirkungen dürfen nicht auf tatsächlichem Gebiet liegen, so daß es nicht genügt, wenn vom Ausgang des Prozesses ein größerer Personenkreis betroffen ist, BGH NJW **70**, 1549, BVerwG **13**, 90, Hamm aaO.

Rechtliche Auswirkungen dürfen nicht ausgelaufenes oder auslaufendes Recht betreffen, BVerwG in stRspr, VerwRspr **31**, 364. Sonstige Auswirkungen, zB die wirtschaftliche Tragweite (BGH **2**, 396, BAG **2**, 26, BSG **2**, 129), können nach Lage des Falles ausreichen, die grundsätzliche Bedeutung zu begründen, jedoch genügen dafür die Vermögensinteressen des jeweiligen Klägers oder Beklagten für sich allein nicht, BGH BB **78**, 1694. Der typische Fall ist die fehlende höchstrichterliche Klärung einer schwierigen Rechtsfrage, Prütting MDR **80**, 369 gegen Ffm NJW **79**, 1787.

Zuzulassen ist die Revision nur dann, wenn es für die Entscheidung auf die Rechtsfrage ankommt, BVerwG Buchholz 310 § 132 VwGO Nr 213, bei mehreren gleichwertigen Begründungen also nicht schon wegen grundsätzlicher Bedeutung nur einer dieser Begründungen, BVerwG Buchholz 310 § 132 VwGO Nr 176, **und wenn die Rechtsfrage zum revisiblen Recht gehört,** § 549, also nicht wegen der Frage der örtlichen Zuständigkeit, vgl BGH MDR **80**, 203. Danach ist die Zulassung möglich (und idR geboten), wenn die vom Berufungsgericht bejahte Verfassungsmäßigkeit eines Bundes- oder Landesgesetzes fraglich ist, unzutreffend Celle FamRZ **78**, 518; das gleiche gilt für die Vereinbarkeit des Landesrechts mit Bundesrecht, § 549 Anm 1 B.

b) **Rechtsprechungsdivergenz,** Z 2 (Prütting S 210ff, Weyreuther Rdz 91–131). Nur die **Abweichung von einer Entscheidung** (nicht notwendig Urteil) **des BGH** oder des **GmS,** Anh § 140 GVG, rechtfertigt die Zulassung, nicht die Abweichung von einem anderen obersten Bundesgericht, ebensowenig vom RG, OGHBZ oder einem Landesgericht; jedoch wird die Rechtssache in solchen Fällen oft grundsätzliche Bedeutung haben, vgl Tiedemann MDR **77**, 813 (eine Abweichung vom BVerfG oder EuGH rechtfertigt die Zulassung wegen grundsätzlicher Bedeutung, BVerwG in stRspr, Buchholz 310 § 132 VwGO Nr 214, und wird idR zur Zulassung führen müssen, Güssregen DÖD **81**, 154). Gleichgültig ist, ob die Abweichung das sachliche oder das Verfahrensrecht betrifft. Nicht erforderlich ist es, daß es sich bei der Entscheidung des Berufungsgerichts einerseits und des BGH bzw GmS andererseits um dieselbe Vorschrift handelt; es genügt, daß den verschiedenen Bestimmungen derselbe Rechtsgrundsatz zugrunde liegt, BGH **9**, 180, BAG NJW **55**, 480. Keine Divergenz liegt vor, wenn das Urteil mit einer älteren Entscheidung übereinstimmt, aber von einer neueren Entscheidung abweicht, wenn diese ihrerseits für sich in Anspruch nimmt, nicht von der früheren Rspr abzuweichen, vgl E. Schneider MDR **83**, 21.

Die **Zulassung wegen Abweichung ist nur dann gerechtfertigt,** wenn die Entscheidung des BGH oder des GmS von der abweichenden Beantwortung der Rechtsfrage getragen wird, BGH **2**, 396 (das BAG verlangt, daß das Berufungsgericht mit einem tragenden abstrakten Rechtssatz von einem abstrakten Rechtssatz der anderen Entscheidung abweicht und läßt demgemäß die Nichtanwendung eines Rechtssatzes nicht genügen, BAG MDR **83**, 524). Danach reicht nicht aus die Abweichung von einer Hilfsbegründung, einer von mehreren gleichwertigen Begründungen, einem Hinweis auf die weitere Behandlung der Sache nach Zurückverweisung oder einem ausdrücklichen obiter dictum (abw für das Abweichen von einer von mehreren tragenden Begründungen BAG NJW **81**, 366 zu den §§ 72 u 72a ArbGG). Jedoch ist die Zulassung bei beachtlichen Bedenken gegen die Vereinbarkeit beider Entscheidungen geboten, weil dies der Wahrung der Rechtseinheit dient und zudem die Nichtzulassung unanfechtbar ist.

Zuzulassen ist die Revision nur dann, wenn auch **das Berufungsurteil auf der abweichenden Beantwortung der Rechtsfrage beruht und diese zum revisiblen Recht, § 549, gehört,** also nicht bei Abweichung in einer Hilfsbegründung oder in einer von mehreren gleichwertigen Begründungen, BAG NJW **81**, 1687.

C. Entscheidung über die Zulassung, I 1. a) Das Berufungsgericht **muß zulassen,** wenn die gesetzlichen Voraussetzungen, I 2, erfüllt sind, ohne daß es eines Antrages bedarf. Die Zulassung kann auch beschränkt werden, dazu Tiedtke WertpMitt **77**, 666 (eingehend und krit). Geschieht das nicht, so wirkt die Zulassung zugunsten aller Beteiligten, so daß der Revisionsbeklagte ohne besondere Zulassung Anschlußrevision einlegen darf, BVerwG NVwZ **82**, 372.

Hat das Berufungsgericht die Zulassung beschränkt, so prüft der BGH die Wirksamkeit dieser Beschränkung. Bei Unwirksamkeit ist die Revision voll zugelassen, hM, Tiedtke WertpMitt **77**, 668, zB bei einer Beschränkung auf einzelne rechtliche Gesichtspunkte, BGH NJW **82**, 1535 mwN; das gleiche gilt bei fehlender Klarheit der Beschränkung, BGH NJW **82**, 1940. Beispiele für wirksame Beschränkung, vgl BGH NJW **82**, 1873 mwN: Zulassung nur für einen von mehreren Streitgenossen, soweit es sich nicht um notwendige handelt, BGH **LM** Nr 9, so daß die von den anderen eingelegte Revision unzulässig ist; wirksam ist auch die Zulassung für einen von mehreren Ansprüchen, über die das OLG entschieden hat, wenn sich die Beschränkung des Zulassungsgrundes auf diesen Anspruch klar aus dem Urteil ergibt, BGH 48, 136; ebenso für eines von mehreren Verteidigungsmitteln, wenn es sich um einen selbständigen und abtrennbaren Teil handelt, bejaht für Aufrechnungseinwand, BGH 53, 152, dazu Pawlowski JZ 70, 506, Rietschel bei **LM** Nr 74, Weyreuther S 22 und Grunsky ZZP 84, 137, ferner Prütting S 238ff (weitergehend); ebenso für Klage oder Widerklage, Weyreuther Rdz 47; ferner für den abtrennbaren Teil eines einheitlichen Anspruchs, wenn darüber ein Teilurteil ergehen könnte, BGH NJW 79, 767, und der Teil sich anhand des Urteils betragsmäßig feststellen läßt, BGH FamRZ 82, 684; ebenso für den Grund des Anspruchs, wenn nicht mehrere Anspruchsgründe mit sich daraus ergebenden unterschiedlichen Forderungsbeträgen in Betracht kommen, BGH NJW 82, 2380; ferner für den Einwand des Mitverschuldens, § 254 BGB, wenn er dem Betragsverfahren hätte vorbehalten werden können, BGH 76, 397 mwN, uU auch für einzelne Mitverschuldenseinwendungen, wenn es sich nicht um ein einheitlich zu würdigendes Verhalten handelt, BGH NJW 81, 287, oder für einen Posten der Unterhaltsbemessung, BGH NJW 79, 767; für Teile des Streitstoffs, über die durch Zwischenurteil hätte entschieden werden dürfen, BGH NJW 83, 2084 (Zulässigkeit der Klage). Ist die Zulassung beschränkt, so gilt sie für jeden Beteiligten, der durch diesen Teil der Entscheidung betroffen ist, BGH JR 81, 147 (Parteiwechsel auf der Beklagtenseite). Dies alles gilt in vermögensrechtlichen Angelegenheiten aber dann **nicht,** wenn die Gesamtbeschwer aller Ansprüche 40000 DM übersteigt und daher § 554b eingreift, BGH NJW 77, 1639. Im übrigen darf die Zulassung der Revision nicht auf diejenige Partei beschränkt werden, zu deren Nachteil die Rechtsfrage entschieden worden ist, Tiedtke WertpMitt 77, 673, Prütting S 231, aM BGH 7, 62. Ist die Beschränkung nicht klar ausgesprochen, so ist die Revision unbeschränkt zugelassen, BGH **LM** Nr 38a. Die Verbindung eines nichtvermögensrechtlichen, zur Revision nicht zugelassenen Anspruchs mit einem revisiblen vermögensrechtlichen Anspruch macht den ersteren nur dann revisibel, wenn die Entscheidung über den revisiblen Anspruch für jenen vorgreiflich ist, BGH 35, 304. Die Zulassung ist auch erforderlich, wenn das OLG die Wiederaufnahmeklage in einer nichtvermögensrechtlichen Sache als unzulässig verworfen hat, BGH NJW 64, 2303 (zustm Anm v Bötticher), vgl auch BGH 47, 21.

b) **Entscheidung im Urteil.** Die Zulassung muß sich aus dem Urteil eindeutig ergeben. Es empfiehlt sich, die Entscheidung über die Zulassung (und in Zweifelsfällen auch diejenige über die Nichtzulassung) immer in die Urteilsformel aufzunehmen: Zwar ist dies nicht vorgeschrieben, aber eine zur Selbstkontrolle des Gerichts nützliche Übung, wie sie seit langem in der Verwaltungsgerichtsbarkeit herrscht. Die eindeutige Zulassung in den Gründen genügt, BGH in stRspr, Weyreuther Rdz 164 mwN; sie ist unwiderleglicher Beweis dafür, daß die Zulassung zZt der Urteilsverkündung beschlossen war, BGH NJW 56, 831, BSG 8, 148. Schweigen im Urteil bedeutet Nichtzulassung, Zweibr FamRZ 80, 614: ein Grund mehr für das Gericht, sich deutlich im Urteil zu erklären.

Ist die Zulassung beschlossen, aber versehentlich nicht in das Urteil aufgenommen, so ist die **Berichtigung,** § 319, zulässig, und dies nicht nur, wenn die Zulassung mitverkündet war, BAG SAE 74, 1 m krit Anm Otto; ausreichend und erforderlich ist vielmehr, daß sich das Versehen zweifelsfrei aus dem Zusammenhang des Urteils selbst oder doch aus anderen für den Außenstehenden offenbaren Umständen ergibt, BGH 78, 22 mwN. Gegen den ablehnenden Beschluß des OLG gibt es kein Rechtsmittel, BGH WertpMitt 82, 491. Ist über die Zulassung nicht beschlossen worden, so kann dies durch **Ergänzung entsprechend § 321** nachgeholt werden, ebenso StJGr 13, Zö-Wolfsteiner 4, Jauernig § 74 II 3, Walter S 147 (ferner JZ 83, 348 u FamRZ 79, 673), Krämer FamRZ 80, 971 u NJW 81, 800, Lindacher FamRZ 80, 953, Schlesw SchlHA 78, 102 (zu § 621e II). Abw die hM, BGH NJW 81, 2755 mwN, BGH WertpMitt 82, 491, BAG BB 81, 616, RoS § 143 I 1 d, Zö-Schneider III 12b, ThP 5a, Düss MDR 81, 235: Da die Zulassung auf andere Weise nicht nachgeholt werden kann, Anm 2 D b, sollte der betroffenen Partei aber jedenfalls diese (ohnehin begrenzte) Möglichkeit eröffnet werden, da nicht einzusehen ist, warum für diese wichtige Entscheidung etwas anderes gelten muß als für die Kosten und sonstige übergangene Nebenentscheidungen, § 321 Anm 5, zumal jedes Berufungsurteil eines OLG jetzt auch eine Entscheidung über die Zulassung und/oder die Festsetzung der Beschwer enthalten muß; überdies kann die unterbliebene Zulassung Art 101 I 2 GG verletzen, vgl BVerfG 42, 241, so daß die Ergänzung in diesen Fällen verfassungsrechtlich geboten ist, Walter JZ 83, 348 mwN, Krämer FamRZ 80, 971, dagegen BGH NJW 81, 2755 mit (nicht überzeugendem) Hinweis auf BVerfG 54, 277 (zu § 554b). In den in Anm 1 B genannten Fällen drängt sich die Ergänzung geradezu auf.

§ 546 2, 3

D. Wirkung der Entscheidung. a) Das Revisionsgericht ist an die Zulassung gebunden, I 3, und zwar ausnahmslos (auch bei Zulassung aufgrund irriger Annahme einer Beschwer unter 40000,01 DM, insofern zweifelnd BGH MDR **80,** 203, und bei Zulassung aufgrund irriger Annahme einer nichtvermögensrechtlichen Streitigkeit, in beiden Fällen aM E. Schneider MDR **81,** 971 f), so daß der BGH die Wirksamkeit der Zulassung bei formeller Ordnungsmäßigkeit, Prütting S 264, nicht prüfen darf, aM ua StJ 14, Lässig NJW **76,** 271. Die frühere Streitfrage, ob auch bei offensichtlich gesetzwidriger Zulassung eine Bindung eintritt, ist mit dieser Bestimmung bejahend beantwortet worden, Vogel NJW **75,** 1301. Hat aber das OLG die Beschwer auf über 40000 DM festgesetzt und zugleich die Revision zugelassen, ist der BGH daran nicht gebunden; er muß vielmehr über die Annahme nach § 554b entscheiden, BGH NJW **80,** 786.

Mit der Zulassung ist aber nicht über die Zulässigkeit der Revision entschieden: Sie kann aus anderen Gründen unzulässig sein, zB nach § 545 II oder bei Revision gegen ein Berufungsurteil über ein Zwischenurteil, § 303, weil insofern keine Anfechtbarkeit gegeben ist, BGH NJW **52,** 25, oder wenn das Rechtsschutzbedürfnis fehlt, BGH **LM** Nr 21. Die Zulassung der Revision wegen einer nach § 549 I oder II irrevisiblen Rechtsfrage macht das Rechtsmittel nicht unzulässig, sondern unbegründet, BGH MDR **80,** 203 m im Ergebnis zustm Waldner ZZP **93,** 332, § 549 Anm 6.

b) Die Nichtzulassung der Revision (Krämer FamRZ **80,** 971). Gegen sie gibt es kein Rechtsmittel, abgesehen von § 220 BEG (Nichtzulassungsbeschwerde). Sie ist grundsätzlich unabänderlich, was nicht gegen das GG verstößt, und ebenfalls für den BGH bindend, BGH NJW **80,** 344. Die unterlassene Zulassung darf weder das OLG (vorbehaltlich des § 321, Anm 1 C b) noch der BGH nachholen, BGH FamRZ **80,** 551 mwN. Ohne die erforderliche Zulassung ist die Revision auch dann nicht statthaft, wenn das OLG irrtümlich einen Fall der zulassungsfreien Revision, Anm 1 A, angenommen und deshalb nicht geprüft hat, ob die Voraussetzungen der Zulassung gegeben waren, etwa weil es verkannt hat, daß es sich um eine FamS handelte, BGH NJW **81,** 346 mwN, vgl Anm 1 B. Allenfalls das Übersehen eines zwingenden Zulassungsgrundes kann wegen Verletzung des Art 101 I 2 GG eine Verfassungsbeschwerde begründen, vgl Krämer FamRZ **80,** 971. Bei nichtvermögensrechtlichen Streitigkeiten gibt es also fast niemals eine Abhilfemöglichkeit, während in vermögensrechtlichen Sachen uU (aber auch nicht immer, Anm 1 B) die zulassungsfreie Revision gegeben ist, Anm 3 A. **Im Zweifel sollte das Berufungsgericht sich stets für die Zulassung entscheiden** und dann, wenn auch nur die Möglichkeit besteht, daß die zulassungsfreie Revision ausgeschlossen ist, Anm 1 B, vorsorglich die Revision zulassen, vgl BGH NJW **81,** 346.

3) Zulassungsfreie Revision. A. Anwendungsbereich. Keiner Zulassung bedarf die Revision in den in Anm 1 A genannten Fällen, namentlich in **vermögensrechtlichen Streitigkeiten, in denen der Wert der Beschwer 40000 DM übersteigt** (dies gilt nicht für FamS, Anm 1 B). Wegen der Beschwer ist auf das in Anm 2 Aa Gesagte zu verweisen. Darauf, in welchem Umfang Revision eingelegt wird, kommt es nicht an: Eine Wertgrenze sieht das Gesetz, anders als nach § 511a für die Berufung, nicht vor, BGH NJW **81,** 1564 mwN. Allerdings wird der sich aus den Revisionsanträgen ergebende Beschwerdewert 500 DM übersteigen müssen, StJGr 22.

Den Wert der Beschwer muß das Berufungsgericht **im Urteil festsetzen;** notfalls ist das Urteil zu ergänzen, § 321, weil für die zwingend vorgeschriebene Festsetzung nichts anderes als für die Kostenentscheidung gelten kann, Anm 2 C b. **Das Revisionsgericht ist gebunden,** wenn der Wert auf **mehr als 40000 DM** festgesetzt ist, II 2 (bei bezifferter Festsetzung gilt die Bindung nur insoweit, als das Revisionsgericht nicht von weniger als 40000,01 DM ausgehen darf, E. Schneider JB **77,** 619). Durch die Festsetzung auf einen geringeren Betrag tritt keine Bindung ein. Wenn das Berufungsgericht die Revision nicht zugelassen hat, kann deshalb **Revision mit der Begründung eingelegt werden, die Revisionssumme sei erreicht, § 544 IV.** Der BGH muß dann die Wertfestsetzung prüfen und ggf berichtigen. Der Antrag auf Heraufsetzung der Beschwer kann auf neue Tatsachen gestützt werden; diese sind glaubhaft zu machen, BGH NJW **81,** 579, VersR **82,** 269. Die Heraufsetzung bewirkt, daß die Revision „annahmefähig" wird. Durch die Festsetzung des Beschwer tritt für die Festsetzung des Kostenwerts, § 25 GKG, keine Bindung ein, BGH VersR **82,** 591.

B. Das Revisionsgericht kann die Annahme der Revision ablehnen, § 554b; Einzelheiten siehe dort. Dies gilt für die Revision in vermögensrechtlichen Streitigkeiten, in denen die Revisionssumme erreicht ist, und für die Sprungrevision, § 566a III, nicht jedoch für die Revision nach § 547 und für die Revision gegen ein 2. Versäumnisurteil, BGH NJW **79,** 166 m Anm Grunsky ZZP **92**, 371 u Kniesch JA **79**, 326. Bis zur Ablehnung ist die Sache im Revisionsrechtsweg anhängig, so daß eine Aussetzung nach § 148 zulässig ist, BGH NJW **82**, 830.

4) Für **arbeitsgerichtliche Streitigkeiten** wurde das Revisionsverfahren durch G v 21. 5. 79, BGBl 545, mWv 1. 7. 79 umgestaltet (ÜbergangsR: § 121 ArbGG); Grunsky BB **79**, 952, Philippsen pp NJW **79**, 1334, Dütz RdA **80**, 95 (keine verfassungsrechtlichen Bedenken, BVerfG BB **80**, 1749). Danach gilt folgendes: **A.** Die Revision bedarf stets der **Zulassung**, § 72 I ArbGG; sie muß zugelassen werden, wenn die Rechtssache grundsätzliche Bedeutung hat oder wenn das Urteil des LAG von einer Entscheidung des GmS, des BAG oder, solange eine einschlägige Entscheidung des BAG nicht ergangen ist (dazu BAG MDR **83**, 522), von der Entscheidung einer anderen Kammer desselben LAG oder eines anderen LAG abweicht und das Urteil auf dieser Abweichung beruht, § 72 II ArbGG. An die Zulassung ist das BAG gebunden, § 72 III ArbGG. **Keine Revision** ist zulässig gegen ein Urteil in Sachen des Arrests oder einer einstw Vfg, § 72 IV ArbGG. **B.** Hat das LAG die Revision nicht zugelassen, so steht der beschwerten Partei dagegen die **Nichtzulassungsbeschwerde** offen, und zwar unbeschränkt bei einer verkannten Divergenz und beschränkt auf bestimmte Tarifstreitigkeiten, wenn eine grundsätzliche Bedeutung der Sache geltend gemacht wird, § 72 a I ArbGG; bei einer Nichtzulassungsbeschwerde kommt es für die Frage, ob eine Divergenz vorliegt, auch auf den Zeitpunkt der Entscheidung über die Beschwerde an, BAG MDR **83**, 522. Übersicht über die Rspr bei Birkner-Kuschyk NJW **82**, 205. Verfahrensverstöße begründen nicht die grundsätzliche Bedeutung, BAG NJW **80**, 1815, auch auf falsche Gesetzesauslegung kann die Beschwerde nicht gestützt werden, BAG LS NJW **81**, 303 u 2717; zur Beschwerde wegen der ,,Auslegung" eines Tarifvertrages vgl BAG NJW **81**, 1975. Die Beschwerde ist beim BAG innerhalb einer Notfrist von 1 Monat nach Zustellung des vollständigen Urteils schriftlich einzulegen, § 72a II 1 ArbGG (die Einlegung beim LAG wahrt die Frist nicht, BAG NJW **81**, 1007); innerhalb einer Notfrist von 2 Monaten ab jener Zustellung ist die Beschwerde unter Darlegung der Zulassungsgründe zu begründen, § 72a III ArbGG (in beiden Fällen ist WiedEins statthaft, aber keine Verlängerung der Frist). Förmliche Belehrung, § 9 V ArbGG, ist nicht erforderlich, BAG NJW **80**, 2599 (dagegen Frohner BB **81**, 1164). Zu den Anforderungen an eine solche Beschwerde vgl BAG MDR **83**, 523, NJW **82**, 595 u 846 sowie NJW **80**, 1814 u **81**, 1687 (Divergenz) und MDR **80**, 437 (Tarifauslegung). Die Beschwerde hat aufschiebende Wirkung, § 72a IV ArbGG. Wird ihr stattgegeben, beginnt mit der Zustellung des Beschlusses des BAG die Revisionsfrist, § 72a V 7 ArbGG; die Revision kann vom BAG auch hinsichtlich nur eines von mehreren Klagebegehren zugelassen werden, BAG NJW **82**, 351. Die Zurückweisung ist unabänderlich, BAG BB **80**, 891.

5) **VwGO**: Eigene Regelung in §§ *132, 133 VwGO*, ergänzt durch *§ 18 I G v 19. 4. 68*, Anh § 546.

Anhang nach § 546.
Erweiterung der Revisions- und Vorlegungsgründe durch G v 19. 6. 68, BGBl 661.

§ 18 **I** Hat ein Gericht die Revision oder die Rechtsbeschwerde zuzulassen, wenn es von einer Entscheidung eines obersten Gerichtshofs abweicht, so ist die Revision oder die Rechtsbeschwerde auch zuzulassen, wenn das Gericht von einer Entscheidung des Gemeinsamen Senats abweicht. Findet die Revision oder die Rechtsbeschwerde an einen obersten Gerichtshof bei einer Abweichung von dessen Entscheidung ohne Zulassung statt, so ist die Revision oder Rechtsbeschwerde auch bei einer Abweichung von einer Entscheidung des Gemeinsamen Senats zulässig.

II Hat ein Gericht eine Sache dem obersten Gerichtshof vorzulegen, wenn es von dessen Entscheidung abweichen will, so hat das Gericht dem obersten Gerichtshof auch vorzulegen, wenn es von einer Entscheidung des Gemeinsamen Senats abweichen will.

Erläuterung. Zum G zur Wahrung der Einheitlichkeit der Rspr der obersten Gerichtshöfe des Bundes s Anh § 140 GVG. § 18 I ist für das Zivilverfahren gegenstandslos, weil I 1 in § 546 I 2 Z 2 übernommen ist und I 2 nicht in Betracht kommt (anders nach FGG), ebenso für das Arbeitsgerichtsverfahren, nachdem die dafür geltenden Vorschriften angepaßt worden sind, vgl jetzt § 72 II Z 2 ArbGG idF der Bek v 2. 7. 79, BGBl 853. **§ 18 II** gilt im Zivilverfahren ua beim Rechtsentscheid, Anh § 544, und im Verfahren nach § 29 EGGVG.

547 Revision ohne Zulassung und ohne Revisionssumme. Die Revision findet stets statt, soweit das Berufungsgericht die Berufung als unzulässig verworfen hat.

Vorbem. Gilt nicht im **Verfahren der Arbeitsgerichte,** Grunsky ArbGG § 72 Rdz 8, weil es auch insofern der Zulassung der Revision bedarf, § 72 ArbGG (vgl § 77 ArbGG für die sofortige Beschwerde nach § 519b).

1) Allgemeines. Über §§ 545–547 hinaus gibt es keine Möglichkeit der Revision, § 546 Anm 1; lediglich im Entschädigungsverfahren ist § 547 dahin erweitert, daß die Revision auch bei Streit über die Zulässigkeit des Rechtswegs statthaft ist, § 221 BEG. Insbesondere ist dem Zivilprozeßrecht ein Grundsatz, daß erhebliche Verfahrensmängel die Anrufung der höheren Instanzen eröffnen, fremd, BGH **LM** § 511 Nr 8.

2) Verwerfung der Berufung. Anders als nach früherem Recht ist die Revision nur bei Verwerfung der Berufung unbeschränkt zulässig, nicht auch dann, wenn das Berufungsgericht sie nach Meinung des Berufungsklägers zu Unrecht als zulässig behandelt hat, Vogel NJW **75**, 1301. Bei Verwerfung der Berufung durch Urteil ist Zulassung, § 546 I, unnötig und Nichtannahme, § 554b, ausgeschlossen. Die Revision ist auch dann zulässig, wenn das Berufungsgericht die Berufung der Hauptpartei verworfen und gleichzeitig (rechtsirrig) die Berufung des Streithelfers als unbegründet zurückgewiesen hat, weil es in diesem Fall nur eine Berufung gibt, BGH NJW **82**, 2069. Auch die Verwerfung einer Anschlußberufung eröffnet die Revision, BGH NJW **80**, 2313; die bloße Feststellung, es liege keine Anschließung vor, ist dagegen keine Verwerfung. Wohl aber ist die Revision gegen ein 2. Versäumnisurteil ohne Einschränkung (Revisionssumme bzw Zulassung) statthaft, BGH NJW **79**, 166 m Anm Grunsky ZZP **92**, 371 (BAG NJW **73**, 870 ist überholt). Gegen ein die Berufung als unzulässig verwerfendes Versäumnisurteil ist die Revision jedenfalls dann gegeben, wenn nicht formell, sondern aus sachlich-rechtlichen Erwägungen entschieden worden ist, BGH JR **58**, 102. § 547 setzt voraus, daß der Revisionskläger am Rechtsstreit noch beteiligt ist, BGH NJW **82**, 2070 (zurückgewiesener Streithelfer).

§ 547 gilt nicht bei Verwerfung der Berufung in den Fällen des § 545 II (Arrest, einstw Vfg, Besitzeinweisung), Holtgrave DB **75**, 1687, aM H. Schneider NJW **75**, 1538. Unanwendbar ist § 547 ferner in den Fällen des § 629a I, dort Anm 2. Auch ein Urteil, das eine gegen ein Berufungsurteil gerichtete Restitutionsklage als unzulässig abweist, ist nicht nach § 547, sondern nur unter den Voraussetzungen des § 546 revisibel, BGH NJW **82**, 2071.

3) VwGO: Eigene Regelung in § 133.

548 Vorentscheidung der Vorinstanz. Der Beurteilung des Revisionsgerichts unterliegen auch diejenigen Entscheidungen, die dem Endurteil vorausgegangen sind, sofern sie nicht nach den Vorschriften dieses Gesetzes unanfechtbar sind.

Vorbem. Im **Verfahren der Arbeitsgerichte** entsprechend anwendbar, § 72 V ArbGG.

1) Erläuterung. A. § 548 entspricht dem § 512; s die dortigen Erläuterungen. Enthält eine Vorentscheidung, auf der das Urteil beruht, einen Revisionsgrund, so ist das Urteil selbst revisibel; vgl aber auch § 551 Anm 1. Vorausgegangen und nachprüfbar ist auch ein Zwischenurteil nach § 303, nicht aber ein solches des OLG nach § 387, BGH MDR **66**, 915.

B. An unanfechtbare Entscheidungen ist das Revisionsgericht gebunden. Dahin gehören **a)** alle nach § 567 unanfechtbaren Entscheidungen (zB der eine Protokollberichtigung ablehnende Beschluß, § 164 Anm 4, BVerwG DÖV **81**, 180), mag die Entscheidung auch fälschlich in den Gründen des Urteils stecken, weil das die Partei nicht beschwert, RG **106**, 57, insbesondere die nach § 567 III 1 unanfechtbaren Entscheidungen des OLG, zB über die Ablehnung eines Richters, BayVerfGH BayVBl **83**, 367 mwN; **b)** alle besonders anzufechtenden, zB selbständig angreifbare Zwischenurteile, BVerwG NJW **80**, 2268; **c)** die nach ausdrücklicher gesetzlicher Vorschrift unanfechtbaren.

Die vom Berufungsgericht aus der Entscheidung gezogenen Folgerungen binden das Revisionsgericht nicht, BGH **LM** Nr 2 u 6, StJ § 145 Anm III 3. So ist die Ablehnung eines Vertagungsantrags stets unanfechtbar, RG **81**, 321, vgl auch § 252 Anm 1 B. Liegt darin aber die Versagung rechtlichen Gehörs, so kann sie die Revision begründen, RG **160**, 157. Auch in der Zurückweisung des Vertreters eines Prozeßbevollmächtigten kann eine Versagung des rechtlichen Gehörs liegen, RG **83**, 2. Wegen der einer WiedEins stattgebenden Entscheidung vgl § 238 Anm 2 C.

2. Abschnitt. Revision §§ 548, 549 1, 2

2) VwGO: *Entsprechend anzuwenden, § 173 VwGO, in Ergänzung von § 137 VwGO, BVerwG NJW 80, 2268, DÖV 77, 368. Nachprüfbar ist der Beschluß des OVG über die Ablehnung der WiedEins, BVerwG 13, 141, vgl § 238 Anm 4, aber auch der nicht anfechtbare Beschluß des VG über eine Richterablehnung in LAG-Sachen, BVerwG NJW 64, 1870 (dazu Bach NJW 65, 1263) und WehrpflS, BVerwG RiA 76, 153 mwN, weil ein solcher Beschluß nach ZPO anfechtbar wäre, BVerwG 50, 36 mwN (nicht nachprüfbar ist aber der entsprechende Beschluß eines OVG, BVerwG Buchholz 303 § 548 Nr 1). Auch bei unanfechtbarer Entscheidung hat das Revisionsgericht die daraus vom Berufungsgericht gezogenen Folgerungen nachzuprüfen, Anm 1 B.*

549 **Gesetzesverletzung als Revisionsgrund.** ¹ Die Revision kann nur darauf gestützt werden, daß die Entscheidung auf der Verletzung des Bundesrechts oder einer Vorschrift beruht, deren Geltungsbereich sich über den Bezirk eines Oberlandesgerichts hinaus erstreckt.

II Das Revisionsgericht prüft nicht, ob das Gericht des ersten Rechtszuges sachlich oder örtlich zuständig oder ob die Zuständigkeit des Arbeitsgerichts begründet war.

Vorbem. Im Verfahren der Arbeitsgerichte gilt § 73 ArbGG (I stellt auf die Verletzung jeder Rechtsnorm ab, II schließt die Prüfung nur bei Bejahung der örtlichen Zuständigkeit bzw des Rechtsweges aus, BAG NJW 83, 839).

1) Allgemeines. A. § 549 enthält keine Prozeßvoraussetzung der Revision, sondern **ein Erfordernis ihrer sachlichen Berechtigung,** stRspr. Der Text sollte daher statt „die Revision kann nur darauf gestützt werden" besser „die Revision ist nur dann begründet" sagen. Unzulässig ist die Revision, wenn die Revisionsbegründung gar keine Gesetzesverletzung ordnungsmäßig rügt, §§ 554, 554a. Dann ist die Revision als unzulässig zu verwerfen; bei Verkennung der Schranken des § 549 ist sie als unbegründet zurückzuweisen.

B. Für den Erfolg der Revision ist die **Verletzung eines Gesetzes** nötig. Verletzung rechtsphilosophischer Grundsätze, allgemeiner Auslegungsregeln u dgl begründet die Revision nur, wenn diese Regeln dem revisiblen Recht entfließen, RG 104, 30; s auch § 550 Anm 2. Die Revision läßt sich auf die Verletzung revisibler Normen durch Anwendung nicht revisibler stützen, RG 102, 271, zB bei Annahme einer Bindung durch Bundesrecht bei der Auslegung einer nicht revisiblen Norm, BVerwG VerwRspr 27, 787, nicht aber auf die Verletzung nicht revisibler Normen, auf die eine revisible verweist, StJ IV F. Revisibel ist die Entscheidung aber, wenn das nicht revisible Landesrecht von der Anwendung von solchem absieht und Bundesrecht gelten läßt. Regelmäßig wird der Landesgesetzgeber wohl durch die Verweisung auf Bundesrecht (zu ihren Grenzen vgl BVerfG NJW 78, 1475 und dazu Baden NJW 79, 623 mwN) dieses nur als Landesrecht übernehmen wollen, BGH 10, 371, aM Wieczorek B III b 2 (vgl auch Anm 4 B).

2) Gesetzesverletzung, I. A. Die Revision ist nur dann sachlich begründet, Anm 1, wenn ein **Gesetz verletzt** (s auch § 550) **und diese Verletzung für die Entscheidung ursächlich ist** („auf der Verletzung ... beruht"). Dazu genügt bei Verfahrensfehlern, daß ohne die Verletzung möglicherweise anders erkannt wäre; jedoch kann die Revision auf einen in 1. Instanz begangenen Verstoß nur gestützt werden, wenn auch das Berufungsurteil mit dem Verfahrensmangel behaftet ist, BGH NJW 58, 1398, **LM** Nr 45; auf die Ursächlichkeit kommt es nicht an bei den sog unbedingten Revisionsgründen, § 551. Fehler des materiellen Rechts müssen die falsche Entscheidung verursacht haben, § 563.

In Betracht kommen alle Gesetze, die auf die Entscheidung anzuwenden sind. Das sind die bei Verkündung des Revisionsurteils geltenden, § 300 Anm 3 B, sofern sie das Berufungsgericht berücksichtigen müßte, wenn es in diesem Zeitpunkt zu entscheiden hätte, BVerwG MDR 73, 785; darauf, ob das Berufungsgericht sie bei seinem Urteil berücksichtigen konnte, kommt es nicht an, BGH WertpMitt 82, 299. Anzuwenden sind daher alle Gesetze, die unmittelbar in das streitige Rechtsverhältnis eingreifen, so daß auch zu beachten ist, wenn sich das Gesetz Rückwirkung beilegt, BGH 36, 351; denn das Revisionsgericht hat die Aufgabe, richtig nach dem geltenden Recht zu entscheiden, BGH in stRspr, BGH 9, 101, 24, 159, in Abwendung von der stRspr des RG. Dies gilt auch für nicht angewendetes ausländisches Recht, BGH 36, 351, § 562 Anm 1.

B. Ausländisches Recht ist nicht revisibel, stRspr, sofern nicht zumindest auch deutsches Recht verletzt ist, BGH WertpMitt 81, 190 mwN. Irrevisibel ist ausländisches Recht

§ 549 2, 3   3. Buch. Rechtsmittel

auch dann, wenn es tatsächlich übereinstimmt mit revisiblem deutschem Recht oder mit allgemeinen Rechtsanschauungen, BGH NJW **63**, 252; denn auch dann bildet dieses Recht mit der gesamten ausländischen Rechtsordnung eine Einheit, kann also nicht vom deutschen Gesichtspunkt aus ausgelegt werden, BGH NJW **59**, 1873 (österr HGB). Das gilt auch dann, wenn zB aufgrund des Abkommens zur Vereinheitlichung des Wechselrechts das ausländische Wechselgesetz den gleichen Inhalt wie das deutsche hat, BGH **LM** Art 92 WG Nr 1; vgl auch § 562. Nicht nachprüfbar ist auch das Recht der DDR, BGH **LM** Nr 23; wohl aber ist zu prüfen, ob das fremde Recht dem ordre public widerspricht, OGHZ NJW **51**, 73. Mit Rücksicht auf die Nichtrevisibilität des ausländischen Rechts darf der Tatrichter nicht unentschieden lassen, ob ausländisches oder deutsches Recht anwendbar ist, BGH NJW **63**, 252, Hausmann FamRZ **81**, 833; trotzdem ist der Unterlegene nicht beschwert, wenn die Entscheidung nach allen in Betracht kommenden Rechten gerechtfertigt ist, RG **167**, 280. Das Revisionsgericht untersucht, welches Recht in Betracht kommt; ist es das ausländische, so ist der Revisionsangriff unzulässig, BGH NJW **63**, 252. Die Verletzung deutschen zwischenstaatlichen Privatrechts durch Anwendung fremden statt deutschen Rechts begründet die Revision. Die Verbürgung der Gegenseitigkeit betrifft auch das deutsche Recht, § 328 Z 5, RG **115**, 105; insofern ist also auch nicht revisibles ausländisches Recht nachzuprüfen, BGH **42**, 198, **49**, 52, da es um eine Vorfrage für die Anwendbarkeit deutschen Rechts geht, ebenso hinsichtlich der Verbürgung der Gegenseitigkeit iSv § 110, BGH **37**, 264, WertpMitt **82**, 194. Das gleiche gilt bei Prüfung der internationalen Zuständigkeit in vermögensrechtlichen Sachen, § 512a Anm 2. Die Anwendung ausländischen Rechts ist auch nachprüfbar, soweit das nach deutschem IPR anwendbare ausländische Recht auf deutsches Recht zurückverweist, BGH NJW **58**, 750, nicht aber, wenn das ausländische Recht weiterverweist, BGH **45**, 351. BGH **3**, 342 entnimmt die Beweislastverteilung dem sachlichen ausländischen Recht und hält sie deshalb für irrevisibel, Anh § 286 Anm 1 B; nachprüfbar ist aber, ob das Berufungsgericht ein Vorbringen, das es entsprechend der ausländischen Regelung für wesentlich gehalten hat, unbeachtet gelassen hat. Nachprüfbar ist auch, ob der Richter das ausländische Recht zulänglich ermittelt hat und nicht ein Verstoß gegen § 293 vorliegt, BGH MDR **57**, 31, Dölle Festschrift Nikisch 195, vgl aber auch BGH NJW **63**, 252 (nicht nachprüfbar, auch nicht über § 293, ob Ausführungen des Berufungsgerichts über ausländisches Recht erschöpfend sind). Siehe zur Revisibilität bei internationalem Privatrecht und interlokalem Privatrecht auch Koehler JR **50**, 230, ferner wegen Nichtanwendung später erlassenen oder dem Berufungsgericht unbekannten ausländischen Rechts oben A aE und § 562 Anm 1.

3) Bundesrecht, I. A. Die Abgrenzung von Bundes- und Landesrecht enthalten Art 70ff GG, die Gebiete der ausschließlichen Bundesgesetzgebung zählt Art 73 auf. Das **bürgerliche Recht, die Gerichtsverfassung, das gerichtliche Verfahren, die Gesetzgebung über die Rechtsanwaltschaft gehören zur konkurrierenden Gesetzgebung, Art. 74,** nicht aber die Materien, für die der Bund Rahmenvorschriften erlassen kann, Art 75, s aber Anm 4 B zu BGH **34**, 378. In diesem Zusammenhang ist zu beachten:

Art. 124 GG. **Recht, das Gegenstände der ausschließlichen Gesetzgebung des Bundes betrifft, wird innerhalb seines Geltungsbereiches Bundesrecht.**

Art. 125 GG. **Recht, das Gegenstände der konkurrierenden Gesetzgebung des Bundes betrifft, wird innerhalb seines Geltungsbereiches Bundesrecht,**
1. **soweit es innerhalb einer oder mehrerer Besatzungszonen einheitlich gilt,**
2. **soweit es sich um Recht handelt, durch das nach dem 8. Mai 1945 früheres Reichsrecht abgeändert worden ist.**

Zum früheren Reichsrecht gehören alle durch die Reichsgesetzgebung für das ganze Reich erlassenen Rechtsnormen, auch die zu Reichsgesetzen gemachten Gesetze des Norddeutschen Bundes (§ 2 G v 16. 4. 1871). Zwischenstaatliche Verträge wurden durch die Veröffentlichung ihrer Ratifikation im RGBl Reichsrecht, RG MuW **30**, 411.

B. Bundesrecht ist auch dann revisibel, wenn es nicht über einen OLG Bezirk hinaus gilt. Dazu gehören außer allen Normen, die im BGBl veröffentlicht sind (einschließlich völkerrechtlicher Abk) **a) das frühere Reichsrecht,** sofern es sich um Gegenstände der ausschließlichen Gesetzgebung des Bundes (Art 73 GG) handelt, **Art 124 GG,** oder bei Gegenständen der konkurrierenden Gesetzgebung, wenn es wenigstens in einer Besatzungszone einheitlich galt, **Art 125 Z 1.** Dem Reichsrecht gleichzuachten sind im Sinne des § 549 nicht Ländergesetze, die aufgrund des Gesetzes über den Neuaufbau des Reichs seit 1934 durch die Landesregierungen erlassen wurden, BGH **18**, 134. **b) Sonstiges Recht, das ein-**

2. Abschnitt. Revision § 549 3, 4

heitlich in einer oder mehreren Besatzungszonen galt, Art 125 Z 1. c) Nach dem 8. 5. 1945 erfolgte Abänderungen des früheren Reichsrechts, Art 125 Z 2, also insbesondere die jedes Landes, da zonale oder mehrzonale Änderungen auch unter Z 1 fallen. **Abänderung ist auch die Ersetzung,** aber nicht eine Neuregelung mit völliger Umgestaltung. – Unter „Recht" ist nur die einzelne Norm, nicht das ganze Gesetz zu verstehen, vgl BGH **LM** Nr 44. Bei Streit über das Fortgelten von Recht als Bundesrecht ist auszusetzen und das BVerfG anzurufen, Art 126 GG.

4) Sonstige Vorschriften, I. A. Sonstige Vorschriften sind alle nach den Grundsätzen des öffentlichen Rechts des Bundes, des Reiches und der Länder über die Quellen objektiven Rechts gültig geschaffenen **Normen des objektiven Rechts.** Hierhin gehören somit: sachlich-rechtliche und prozessuale Rechtsnormen eines inländischen Normgebers (auch Rechtsverordnungen wie die EVO) oder einer zur Normsetzung befugten supranationalen Einrichtung, zB EWG; das von den früheren Inhabern der obersten Regierungsgewalt ausgehende Besatzungsrecht, OHG NJW **49,** 147, zB das MRG 53, Schlußanh IV, BVerwG **57,** 40; Gewohnheitsrecht (revisibel ist die Verkennung des Begriffs des Gewohnheitsrechts, auch wo es irrevisibles Landesrecht betrifft, RG DR **40,** 587; Beweiserhebung über das Bestehen von Bundesgewohnheitsrecht durch den BGH: NJW **65,** 1862); völkerrechtliche Normen; Ortssatzungen mit dem Charakter objektiven Rechts; VerwVorschriften, die nicht nur interne Anweisungen an die Behörden sind, sondern objektives Recht enthalten; Richtlinien über die Gewährung von Ministerialzulagen, BGH **LM** Nr 46 (ggf sind sie aber irrevisibles Landesrecht); die Bestimmungen über die Ausgestaltung der zwischen öffentlich-rechtlichen Versicherungsanstalten und ihren Versicherungsnehmern bestehenden Versicherungsverhältnissen, gleichgültig, ob in Form von allgemeinen Versicherungsbedingungen oder in der eines Gesetzes, BGH **6,** 376, ferner zwischen Versicherungsträgern abgeschlossene Schadensteilungsabkommen typischer Art, BGH **20,** 389, Pfennig VersR **52,** 417; Satzungen öffentlich-rechtlicher Körperschaften, die auf Gesetz beruhen, BGH **LM** § 242 (Cd) Nr 2 BGB, wie die der Knappschaftsvereine, RG **76,** 207, oder der Landschaften, RG **64,** 214; allgemeine Geschäftsbedingungen, BGH MDR **74,** 293 mwN, aber nicht ausländische, auch nicht, wenn danach Lücken durch deutsches Recht ausgefüllt werden sollen, das Berufungsgericht sie aber dahin auslegt, daß solche Lücken nicht vorhanden sind, BGH **LM** Nr 73. Tarifordnungen geben, anders als Tarifverträge, Gesetzesrecht (nach § 73 I ArbGG ist aber auch die Verletzung der Rechtsnormen eines Tarifvertrages nachprüfbar, BAG **1,** 262). Revisibel ist das Deutsche Arzneibuch, weil es zwar landesgesetzlich eingeführt ist, aber eine bewußte Vereinheitlichung bedeutet, RG **154,** 137, aus den gleichen Erwägungen allgemeine Versicherungsbedingungen, die durch Landesgesetz eingeführt sind, BGH **4,** 220, **6,** 375. Vgl auch § 550 Anm 2 „Auslegung", „mustermäßige Vertragsbedingungen". – **Nicht** hierher gehören Handels- und Börsengebräuche, Verwaltungsvorschriften für den inneren Dienst, Genossenschaftssatzungen.

B. Revisibel ist die sonstige Vorschrift grundsätzlich nur, wenn sich ihr Geltungsbereich über den Bezirk eines OLG hinaus erstreckt. Anders als nach der bis zum 15. 9. 75 geltenden Fassung braucht sie nicht (auch) im Bezirk des Berufungsgerichts zu gelten. Die Vorschrift muß somit **a)** durch das Berufungsurteil verletzt sein; nicht notwendig ist, daß sie noch heute wirksam ist, vielmehr entscheidet, ob die Norm im konkreten Fall angewendet wurde oder anzuwenden war, BGH **24,** 255, **b)** über den Bezirk eines OLG hinaus, gleich für welches Gebiet (Beispiel: Anwendung einer für Teile von SchlH und Nds geltenden Norm durch ein hbg Gericht), als Rechtsnorm nach Anm 1 gelten (wegen formularmäßig verbindlicher Verträge vgl BGH MDR **74,** 292). Das gilt zB für die Hausgesetze des hohen Adels, RG JW **37,** 2788, ebenso für über einen OLG-Bezirk hinausgehendes Besatzungsrecht, OGH NJW **49,** 147. Erforderlich ist, daß die Vorschrift in OLG-Bezirken gilt, von denen der Rechtszug zum BGH führt, so daß die Geltung in der DDR die Revisibilität nicht begründet, BGH NJW **80,** 636 mwN. Die Voraussetzung ist auch nicht gegeben, wenn Senate des OLG an andere Orte detachiert sind (Darmstadt und Kassel von Ffm), BGH **LM** Nr 44. Als Bezirk kommt nur die Einteilung zZt der Revisionsverhandlung in Frage, nicht etwa eine frühere andere, BGH **10,** 367. Die Revisionsfähigkeit kann also durch Aufteilung oder Zusammenlegung der Bezirke wechseln, da entscheidend ist, daß die Rspr einheitlich ist, RG HRR **37,** 1034, gleichgültig, ob das Landesgesetz noch gilt, BGH **LM** Nr 39; daß ein anderes Gericht die Vorschrift als interlokales Recht anwenden muß, genügt nicht, BGH **24,** 256, ebensowenig die tatsächliche Übereinstimmung der Vorschriften in mehreren Bezirken, BGH **7,** 299, StJ IV B 2.

Eine inhaltsgleiche Regelung des Landesrechts stellt die Revisibilität aber dann her, wenn die Übereinstimmung bewußt und gewollt aufrechterhalten oder herbeigeführt wird, BGH

§§ 549, 550 1   3. Buch. Rechtsmittel

7, 299, BSG **13,** 191 u **38,** 29 (zu § 162 SGG), zB zum Zweck der Vereinheitlichung, BGH DÖD **76,** 160 mwN (DienstO der SozVers), oder wenn die Übereinstimmung auf einem bundesrechtlichen Rahmengesetz beruht, zB dem BRRG, BGH **34,** 378 (§ 122 II Hess BeamtG). Mit Rücksicht auf die damalige besondere Gesetzgebungslage hat der OGH bei gleichlautenden VOen der OLGPräs, NJW **49,** 546, die Revision zugelassen. Revisibilität ist auch dann gegeben, wenn eine an sich nicht revisible PolizeiVO aus dem ihr zugrunde liegenden revisiblen Landesrecht einen Rechtsbegriff übernimmt (hinsichtlich der Anwendung dieses Begriffs), BGH **46,** 17. In AGBG-Sachen ist Revisionsgrund die Anwendung dieses Gesetzes, so daß es auf den Geltungsbereich der AGB nicht ankommt, Sieg VersR **77,** 493.

Daß die Auslegung einer Vorschrift, auch einer rein örtlichen, von der Auslegung eines Bundesrecht gewordenen Reichsgesetzes oder eines Bundesgesetzes abhängt, macht sie nicht revisibel. Allgemeine Rechtsgrundsätze sind Teil der Vorschrift, die sie ergänzen, RG **109,** 10, auch solche des BGB, RG **136,** 222, können also insofern der Revision entzogen sein. Nicht das Gesetz als Ganzes kommt in Betracht, sondern die fragliche Bestimmung. Eine Vorschrift wird nicht dadurch revisibel, daß bei ihrer Auslegung Begriffe und Grundsätze anzuwenden sind, die das RG (BGH) entwickelt hat, RG HRR **29,** 1780.

5) Folgen der Nichtrevisibilität. Unbeachtlich sind Rügen aus §§ 139, 286, RG **159,** 51, außer wenn das Berufungsgericht Beweise für Tatsachen, die nach seiner Auslegung des irrevisiblen Rechts erheblich sind, übergangen hat, BGH NJW **52,** 142.

6) Zuständigkeit, II. Über §§ 10 u 512a hinaus ist jede **Prüfung der örtlichen und sachlichen Zuständigkeit des ersten Rechtszuges sowie der Zuständigkeit der Arbeitsgerichte in der Revisionsinstanz schlechthin ausgeschlossen,** BGH MDR **80,** 203, und zwar ohne Rücksicht darauf, ob das erstinstanzliche Gericht seine Zuständigkeit bejaht oder verneint hat und wie das Berufungsgericht darüber entschieden hat, BAG NJW **83,** 839 mwN, ZöSchn II, aM 41. Aufl. Da die Parteien in den Vorinstanzen Gelegenheit haben, diese Fragen zu klären, ist die Beschränkung im Interesse der Beschleunigung und der Prozeßwirtschaftlichkeit gerechtfertigt. II gilt auch in Ehe- und Kindschaftssachen sowie für Urteile, die ausschließlich über die Zuständigkeit entscheiden.

Eine statthafte Revision, der es aber nur um eine solche irrevisible Frage geht, ist unbegründet, nicht unzulässig, BGH MDR **80,** 203, im Erg zustm Waldner ZZP **93,** 332 (der die Revision aber dann für unzulässig hält, wenn das Berufungsgericht zurückverwiesen hat, weil es die örtliche Zuständigkeit im Gegensatz zur ersten Instanz bejaht hat). Geht es nur um die örtliche Zuständigkeit und ist die Revision deswegen (fehlerhaft) zugelassen, so sind die Kosten nach § 8 GKG niederzuschlagen, BGH aaO.

Unberührt bleibt die Prüfung der funktionellen Zuständigkeit, Üb 2 C § 1 (zB, wenn das OLG irrig einen Fall des § 119 Z 1 GVG bejaht hat, offen gelassen BGH FamRZ **82,** 789), ebenso die der internationalen Zuständigkeit, Üb 1 C § 12, und der interlokalen Zuständigkeit im Verhältnis zur DDR, § 512a Anm 2 B, sowie des Rechtswegs nach § 13 GVG. Auf Rechtsfehler bei der Beantwortung dieser Fragen kann eine Revision also gestützt werden.

7) VwGO: Statt **I** gilt § 137 I VwGO, BVerwG Buchholz 310 § 40 VwGO Nr 202, der eine abweichende Regelung der Revisibilität enthält (voll revisibel ist ferner Landesbeamtenrecht, § 127 BRRG). **II** ist entsprechend anwendbar, § 173 VwGO, BVerwG MDR **78,** 340 (jedoch mit Ausnahme der Regelung gegenüber dem Arbeitsgericht, die nur im Verhältnis zu den Zivilgerichten paßt), aM Kopp § 45 Rdz 4 mwN, Ule VPrR § 17 III.

550 **Begriff der Gesetzesverletzung.** Das Gesetz ist verletzt, wenn eine Rechtsnorm nicht oder nicht richtig angewendet worden ist.

Vorbem. Im Verfahren der Arbeitsgerichte entsprechend anwendbar, § 72 V ArbGG, Grunsky § 73 Rdz 1.

Neues Schrifttum: Nierwetberg, Die Unterscheidung von Tatfrage und Rechtsfrage, JZ **83,** 237; Henke, Die Tatfrage, 1966, und ZZP **81,** 196, 321; Kuchinke, Grenzen der Nachprüfbarkeit tatrichterlicher Würdigungen und Feststellungen in der Revisionsinstanz, 1964.

1) Regel. Das Gesetz (Begriff § 1 GVG Anm 2, vgl § 549 Anm 1–4) **ist verletzt, wenn es entweder gar nicht oder unrichtig angewandt ist.** Seine unrichtige Anwendung kann beruhen **a)** auf einer Verkennung der Merkmale der richtigen Norm; **b)** auf einer Einordnung der richtig erkannten Merkmale unter eine falsche Norm (unrichtige Subsumtion);

dahin gehört auch ein Verstoß gegen die Denkgesetze; **c)** auf einem Widerspruch zwischen den tatsächlichen Annahmen und dem im Tatbestand festgehaltenen Verhandlungsergebnis; dagegen kennt die ZPO nicht den Revisionsgrund der Aktenwidrigkeit, BGH MDR **81**, 654. Die Abgrenzung von Rechts- und Tatfragen ist oft schwierig, ihre Handhabung ist bisweilen unberechenbar, vgl auch Üb 1 § 545.

2) Einzelfälle:

Auslegung. A. von gerichtlichen und behördlichen Entscheidungen und Willensakten ist stets voll nachprüfbar, RG **102**, 3 (Vfg eines Landrats zu Grundstückskauf), BGH **LM** § 549 Nr 59 (Eintragung im Grundbuch), BGH **86**, 110 mwN (Verwaltungsakte), also auch, ob ein VerwAkt oder ein bürgerlich-rechtlicher Vertrag vorliegt, BGH **28**, 34, und welche Anforderungen an einen VerwAkt zu stellen sind, BVerwG MDR **73**, 526, ferner die Art einer zwischen der BRep und einem fremden Staat getroffenen Vereinbarung, BGH **32**, 84.

B. von Willenserklärungen ist nur eingeschränkt nachprüfbar, dazu E. Schneider MDR **81**, 885, krit May NJW **83**, 980 unter Hinweis auf die Rspr des BSG. Tatfrage ist, welche Erklärung abgegeben, Rechtsfrage, ob die Auslegung mit den Denkgesetzen oder dem Wortlaut vereinbar ist und ob nicht anerkannte Auslegungsgrundsätze, etwa §§ 133, 157, BGB, verletzt sind, RG **156**, 133, BGH **9**, 276, oder wesentlicher Auslegungsstoff außer acht gelassen ist, RG **154**, 320, BAG NJW **56**, 1732. Nur insoweit ist dem Revisionsgericht eine Überprüfung gestattet, BVerwG NVwZ **82**, 196 mwN, Köln MDR **82**, 1030. Bei immer wiederkehrenden, gleichlautenden Klauseln, zB in Schiedsverträgen, obliegt es dem Revisionsgericht, eine Auslegungsregel zu finden, die dem Richter angibt, was „im Zweifel" gewollt ist, BGH **53**, 320. Ist im Wege der ergänzenden Vertragsauslegung als Schwerpunkt eines Vertrages über nach Deutschland einzuführende Ware ein einheitliches Recht festgestellt, so ist diese Würdigung, wenn die Feststellungen des Berufungsgerichts alle hierfür maßgebenden Umstände herangezogen haben, für das Revisionsgericht maßgebend, BGH NJW **61**, 25 (von BGH **44**, 186 dahingestellt gelassen). Nicht notwendig ist es, daß gesetzliche Auslegungsregeln verletzt sind, StJ § 549 III B 4. Willensmängel betreffen das Bestehen, nicht die Auslegung.

Das Revisionsgericht kann eine notwendige, vom Berufungsgericht unterlassene Auslegung selbständig vornehmen, wenn das Berufungsgericht alle erforderlichen Feststellungen getroffen hat, und zwar auch dann, wenn mehrere Auslegungsmöglichkeiten bestehen, BGH **65**, 107 mwN (WertpMitt **75**, 470 ist aufgegeben); das gleiche gilt bei in sich widersprüchlicher oder sonst fehlerhafter Auslegung durch das Berufungsgericht, BGH FamRZ **80**, 1104, E. Schneider MDR **81**, 886.

C. von Prozeßhandlungen. Ihre Auslegung und Würdigung unterliegt der freien Nachprüfung, stRspr. Das gilt überhaupt für das Verhalten der Parteien im Prozeß, RG **168**, 57, ihre verfahrensrechtlichen Erklärungen, BGH **4**, 334, auch in einem anderen Verfahren, solange dort nicht eine rechtskräftige Entscheidung über die Erklärung getroffen ist, BGH NJW **59**, 2119. Frei nachprüfbar sind ein Prozeßvergleich (aM RG **154**, 320 in zivilistischer Auffassung des Vergleichs), die Klage, RG HRR **35**, 817, der Verzicht auf Rechtsmittel nach § 514, RG **104**, 136 (nicht aber der vertragliche Verzicht, weil er privatrechtlich ist, § 514 Anm 1, RG aaO).

D. von Urkunden. Nachzuprüfen ist ihre Einordnung als behördlicher Akt oder bürgerlich-rechtliche Erklärung, BGH **28**, 39. Ihre inhaltliche Auslegung ist nur nachprüfbar, soweit sie gegen Auslegungsregeln verstößt, wobei auch Umstände außerhalb der Urkunde von Bedeutung sein können, RG **136**, 424, BGH **LM** § 133 BGB Nr B 1 (Testament). Das zu B Gesagte gilt auch hier. Nachprüfbar ist es auch, wenn ein eindeutiger Inhalt angenommen und damit die Auslegungsfähigkeit verneint wird, BGH **32**, 63.

E. von Satzungen der Kapitalgesellschaften. Sie sind nachprüfbar, BGH **9**, 281, soweit es sich um die satzungsmäßige Regelung körperschaftlicher Fragen handelt, BGH **14**, 25, also um eine solche, die von vornherein für einen unbestimmten Personenkreis bestimmt ist; deshalb gilt das Entsprechende für Stiftungsurkunden, BGH NJW **57**, 708. Maßgebend sind objektive Auslegungsgrundsätze. Eine Satzung (Gesellschaftsvertrag) ist grundsätzlich nur aus sich heraus auslegbar, so daß eine einheitliche Auslegung der Satzung gewährleistet ist, RG JW **39**, 354; für die Allgemeinheit unerkennbare Erwägungen und Absichten der Gesellschafter sind also unverwertbar, RG **159**, 326. Die Auslegung von individualrechtlichen Bestimmungen eines solchen Gesellschaftsvertrages ist hingegen Tatfrage; also ist die Nachprüfung beschränkt auf gesetzliche Auslegungsregeln oder die Verletzung von Denk- und Erfahrungssätzen, BGH **LM** § 549 Nr 25, vgl auch Nr 24a. Vgl auch unten ,,mustermäßige Vertragsbestimmungen''.

F. von Satzungen von Vereinen. Sie sind nachprüfbar, falls Mitglieder über einen OLG-Bezirk hinaus Wohnsitz haben, Warn **37**, 127, desgleichen solche des nicht rechtsfähigen Vereins, BGH **21**, 374.

G. von Stiftungssatzungen. Sie sind stets nachprüfbar, BGH **LM** § 85 BGB Nr 1.

Beweiswürdigung. Sie liegt auf tatsächlichem Gebiet, ist aber nachprüfbar, wenn das Urteil nicht den gesamten Inhalt der Verhandlung und des Beweisergebnisses berücksichtigt, RG LZ **32**, 1250, oder wenn durch die Beweiswürdigung Verfahrensvorschriften verletzt sind, BGH NJW **74**, 56, oder wenn die Beweiswürdigung auf rechtlich unzutreffenden Voraussetzungen beruht, Köln MDR **82**, 678. Dazu gehört auch die Mitteilung an die Parteien, wenn ein Zeuge erklärt hat, er könne nur nach Einsicht seiner Unterlagen eine vollständige Aussage machen, das Gericht aber die Einsicht nicht für erforderlich gehalten hat, BGH NJW **61**, 363. Nur beschränkt nachprüfbar sind auch Feststellungen über den Beweiswert von Erfahrungssätzen auf naturwissenschaftlichem Gebiet, BGH NJW **73**, 1411.

Einordnung unter die Norm (Subsumtion). In der Revisionsinstanz ist eine Nachprüfung zulässig zB wegen der Frage: Ob das Verhalten einer Partei gegen Treu und Glauben verstößt, RG **100**, 135; ob ein Verstoß gegen die guten Sitten vorliegt, BGH **LM** § 138 BGB (C d) Nr 2, stRspr; ob Arglist, Irrtum, Fahrlässigkeit, Vorsatz, mitwirkendes Verschulden gegeben ist, vgl RG **105**, 119, stRspr (hingegen ist die Verteilung der Verantwortlichkeit Sache des Tatrichters, BGH **LM** § 561 Nr 8–10); nachprüfbar ist auch, ob der Unterschied von einfacher und grober Fahrlässigkeit erkannt ist, hingegen ist die Entscheidung, ob im Einzelfall grobe Fahrlässigkeit vorliegt, Tatfrage, BGH **10**, 17 (aM BAG **AP** § 23 BetrVG Nr 1, das in der Frage, ob ein Verhalten im gegebenen Fall als grobe Pflichtverletzung anzusehen ist, ebenfalls eine Rechtsfrage sieht, wenn auch besonderer Art, da der Tatbestand unter einen sog unbestimmten Rechtsbegriff einzureihen ist); stets ist nachzuprüfen, ob gegen Rechtsvorschriften, anerkannte Bewertungsmaßstäbe, Denkgesetze, allgemeine Erfahrungssätze verstoßen, insbesondere eine etwaige Notwendigkeit beiderseitiger Interessenabwägung nicht erkannt oder sonstige Gesichtspunkte unzureichend berücksichtigt sind. Revisibel ist ferner: Ob eine Nachfrist aus § 326 BGB angemessen war; ob ein Vertrag zustandegekommen ist; ob ein Mangel erheblich ist, BGH **10**, 242; ob ein Rat schuldhaft erteilt ist; ob Verschulden in der Auswahl vorliegt, § 831 BGB; ob ein Verzicht wirksam erklärt ist; ob rechnerische Erwägungen zutreffen. Ein Irrtum ist dabei Gesetzesverletzung, RG JW **27**, 2135. Das Revisionsgericht kann seine eigene Lebenserfahrung verwerten. Die Verletzung allgemeiner Auslegungsgrundsätze bei der Auslegung irrevisiblen Rechts ist nicht nachprüfbar, BVerwG JZ **73**, 26.

Erfahrungssätze, allgemeine (Begriff Einf 4 D § 284). Sie sind nicht etwa beweisbedürftige Tatsachen, sondern haben die Natur von Rechtsnormen, die als Maßstab zur Beurteilung von Tatsachen dienen, und sind daher nachprüfbar, stRspr, OHG MDR **50**, 156, BVerwG GemT **74**, 304 mwN. Darum muß der angewandte Erfahrungssatz den Urteilsgründen klar zu entnehmen sein, RG HRR **30**, 653. Abweichungen von Erfahrungssätzen bedürfen besonderer Begründung, RG JW **27**, 377. Gleich bleibt, wie das Gericht den Satz ermittelt hat. Etwas anderes sind wissenschaftliche Grundsätze, BayObLG **20**, 195. Der allgemeine Sprachgebrauch beruht auf einem allgemeinen Erfahrungssatz, RG **105**, 419.

Ermessensvorschriften. Über sie s Einl III 4 B. Die unsachgemäße Handhabung des Ermessens kann auch eine Versagung des rechtlichen Gehörs enthalten, s § 548 Anm 1.

Kündigung. Ob Tatsachen im Einzelfall ein wichtiger Grund sind, ist Tatfrage, BAG **2**, 208. Ob aber ein bestimmtes Handeln an sich ein wichtiger Grund sein kann, ist revisibel, RG JW **38**, 1403.

Mustermäßige (typische) Vertragsbedingungen. Sie liegen vor, wo sich beide Vertragsteile gewissen Vertragsbedingungen unterwerfen, die als allgemeine Norm gleicherweise für eine Vielheit von Vertragsverhältnissen in weiteren Gebieten bestimmt sind, RG **150**, 116, RArbG JW **38**, 2061. So liegt es namentlich im Speditions-, Versicherungs-, Bankgewerbe, bei Lieferung elektrischer Kraft und ähnlichen vordruckartigen Abschlüssen. Gleich bleibt, ob die Bestimmungen äußerlich solche des Einzelfalls scheinen, wenn nur derselbe Wortlaut allgemein gebraucht wird, RG **135**, 137, BGH **6**, 376. Solche muster-

2. Abschnitt. Revision §§ 550, 551 1

mäßigen Vertragsbedingungen sind revisibel, wenn sie über den Bezirk des Berufungsgerichts hinaus Anwendung finden und ihre Auslegung verschiedenen OLGen obliegen kann, weil die Rechtseinheit eine verschiedene Auslegung verbietet, vgl BGH MDR **74**, 293; infolgedessen sind sie nicht revisibel, wenn ein einziger örtlicher Gerichtsstand vereinbart ist, so daß für den Normalfall nur ein OLG zuständig ist, BGH **LM** § 549 Nr 66. Nicht dahin gehören zB allgemeine Verfügungen, durch die der Vorstand einer privaten Versicherungsgesellschaft die Ansprüche der Angestellten regelt; sie sind Bestandteil des Dienstvertrags und enthalten reines Privatrecht, RG Recht **27**, 2277. Das gleiche gilt für die Wertbewerbsklausel im Einzelarbeitsvertrag, BArbG **AP** Nr 7. Vgl auch § 549 Anm 4 A.

Sollvorschriften. Ihre Verletzung begründet nie die Revision.

Tatbestand. Ein ganz fehlender Tatbestand ist immer ein Revisionsgrund, § 551 Anm 8 C, ein unzulänglicher dann, wenn er keine Grundlage für die rechtliche Überprüfung schafft, BGH NJW **79**, 927, BAG NJW **81**, 2078, beide mwN. So liegt es auch, wenn der Tatbestand auf Schriftsätze Bezug nimmt, die wechselnde Angaben enthalten, RG JW **33**, 2393, oder auf Unterlagen, die nach Abschluß der Instanz der Partei zurückgegeben worden sind, BGH NJW **81**, 1621. Ist das Urteil trotz § 310 II nicht innerhalb von 3 Monaten nach Verkündung zu den Akten gebracht, so daß eine Tatbestandsberichtigung nicht mehr beantragt werden konnte, § 320 II 3, so ist die Fehlerhaftigkeit des Tatbestands nur dann Revisionsgrund, wenn sie entscheidungserheblich ist, BGH **32**, 23.

Vaterschaftsfeststellung. Bei der Anwendung des § 1600o II BGB erstreckt sich die Prüfung nur darauf, ob das Berufungsgericht bei der Bewertung der an der Vaterschaft bestehenden Zweifel ein extrem hohes oder extrem niedriges Irrtumsrisiko in Kauf genommen hat, BGH in Rspr, FamRZ **75**, 645 (gegen die Zubilligung eines solchen Beurteilungsspielraums Büdenbender FamRZ **75**, 194).

Verkehrsauffassung. Soweit sie nicht entsprechend den Erfahrungssätzen zu behandeln ist, gehört sie dem Gebiet der tatrichterlichen Feststellung an, BGH **LM** § 561 Nr 15.

Vertragsverletzung. Positive Vertragsverletzung, ernstliche und endgültige Erfüllungsweigerung sind Rechtsbegriffe. Ihre Verkennung begründet die Revision. Sie sind aber vom Revisionsgericht regelmäßig nicht abschließend zu beurteilen, da die tatsächlichen Unterlagen wesentlich sind; solche Beurteilung bände auch gegenüber zulässigem neuem Vorbringen nicht, RG HRR **35**, 1130.

3) *VwGO:* *§ 550 ist entsprechend anzuwenden, § 173 VwGO, in Ergänzung zu § 137 I VwGO, BVerwG NVwZ 82, 196 mwN.*

551 *Unbedingte Revisionsgründe.* **Eine Entscheidung ist stets als auf einer Verletzung des Gesetzes beruhend anzusehen:**
1. **wenn das erkennende Gericht nicht vorschriftsmäßig besetzt war;**
2. **wenn bei der Entscheidung ein Richter mitgewirkt hat, der von der Ausübung des Richteramts kraft Gesetzes ausgeschlossen war, sofern nicht dieses Hindernis mittels eines Ablehnungsgesuchs ohne Erfolg geltend gemacht ist;**
3. **wenn bei der Entscheidung ein Richter mitgewirkt hat, obgleich er wegen Besorgnis der Befangenheit abgelehnt und das Ablehnungsgesuch für begründet erklärt war;**
4. **wenn das Gericht seine Zuständigkeit oder Unzuständigkeit mit Unrecht angenommen hat;**
5. **wenn eine Partei in dem Verfahren nicht nach Vorschrift der Gesetze vertreten war, sofern sie nicht die Prozeßführung ausdrücklich oder stillschweigend genehmigt hat;**
6. **wenn die Entscheidung auf Grund einer mündlichen Verhandlung ergangen ist, bei der die Vorschriften über die Öffentlichkeit des Verfahrens verletzt sind;**
7. **wenn die Entscheidung nicht mit Gründen versehen ist.**

Vorbem. Im **Verfahren der Arbeitsgerichte** gelten dieselben unbedingten Revisionsgründe, § 72 V ArbGG, falls die Revision zugelassen worden ist, § 72 I ArbGG.

1) **Allgemeines.** § 551 enthält die Revisionsgründe, deren Vorliegen eine unwiderlegliche Vermutung für die Ursächlichkeit der Gesetzesverletzung begründet, sog **unbedingte (absolute) Revisionsgründe.** Auch bei fehlender Ursächlichkeit ist die Entscheidung

§ 551 1, 2   3. Buch. Rechtsmittel

aufzuheben, § 563 ist insoweit unanwendbar (s aber Anm 8). Die unbedingten Revisionsgründe sind nicht zu verwechseln mit den vAw zu beachtenden Punkten. Unheilbar nichtig machen die unbedingten Revisionsgründe das Urteil nicht, wie § 586 beweist, RG **121**, 198. Ihre **Nachprüfung ist auch nur möglich, wenn die Revision zulässig ist,** BGH **2**, 278. Die Revision kann auf sie nur gestützt werden, wenn sie in der letzten Tatsacheninstanz vorgelegen haben, so daß ihr Vorliegen beim LG im allgemeinen, s aber § 566a Anm 2, die Revision nicht begründet, vgl BGH **LM** § 549 Nr 45; es fehlt dann die Ursächlichkeit. Anders liegt es, wenn der Verfahrensverstoß auch für die Berufungsentscheidung dadurch ursächlich geworden ist, daß das landgerichtliche Ergebnis, das auf dem Fehler beruhte, vom Berufungsgericht als solches übernommen wurde. Bei Z 5 muß die Genehmigung auch des erstinstanzlichen Verfahrens vorliegen.

2) **Unvorschriftsmäßige Besetzung des Gerichts, Z 1.** Hierher gehören §§ 10, 21 e ff, 59 ff, 75, 105–110, 115–120, 122, 192 GVG, 16 ff, 35 ff, 41 ff ArbGG und die ergänzenden oder ändernden Vorschriften, 309 ZPO. Zu beachten sind auch die Vorschriften des DRiG (Schlußanh I A), zB § 8 Anm 1 B, 18 Anm 4, 21 Anm 5, 28 Anm 4, bei der Beantwortung der Frage, ob die entscheidende Person die Eigenschaft als Richter hatte, § 18 DRiG, und ob Richter der richtigen Art die Richterbank bildeten, § 28 DRiG. Die maßgebende Besetzung für Urteile im schriftlichen Verfahren ist die der dem Urteil zugrunde liegenden letzten Beratung, BGH MDR **68**, 314. Stützt bei beiderseitiger Revision sich nur eine Partei auf unrichtige Besetzung, so wird bei Bejahung dieser Rüge der Rechtsstreit in vollem Umfang an das Vordergericht zurückverwiesen, BGH **LM** Nr 45. Die Rüge aus Z 1 ist unverzichtbar, § 295 II, BVerwG ZBR **82**, 30. Sie ist nur dann ordnungsgemäß erhoben, wenn die erforderlichen Tatsachen angegeben werden; der Rügende muß über ihm nicht bekannte geschäftsinterne Vorgänge, die für die Besetzungsfrage maßgeblich gewesen sein können, zweckentsprechende Aufklärung gesucht haben, BVerwG LS NJW **82**, 2394 (keine Rüge „auf Verdacht").

Unter Z 1 fällt die Mitwirkung eines Nichtrichters, zB eines nicht vereidigten ehrenamtlichen Richters, BVerwG **73**, 79 mwN. Hierhin gehört auch die Rüge, daß die Geschäftsverteilung, § 21 e GVG, gesetzwidrig zustande gekommen sei, ferner, daß nicht die nach der Geschäftsverteilung berufenen Richter mitgewirkt hätten (aber eine unvorschriftsmäßige Besetzung liegt nicht vor, wenn ihre Mitwirkung auf bloßem Irrtum über die Geschäftsverteilung beruht, BGH NJW **76**, 1688 mwN). Bei dieser Rüge müssen die Tatsachen angegeben werden, inwiefern die Geschäftsverteilung gesetzwidrig war, BGH NJW **57**, 1244, **LM** § 554 Nr 16. Das Erfordernis darf aber nicht überspannt werden, so daß die Erklärung genügen kann, im Geschäftsverteilungsplan seien Hilfsrichter nicht vorgesehen, BGH **LM** Nr 27.

Gesetzwidrig ist es, wenn eine Justizverwaltungsstelle irgendeinen bestimmenden Einfluß auf die Zuteilung einer Sache im einzelnen Fall nimmt (Beispiel: Bestimmung des zeitlichen Eingangs oder der Reihenfolge durch einen Geschäftsstellenbeamten, der dementsprechend dann die Sachen den Kammern zuteilt), BGH **40**, 91, vgl auch BGHSt **15**, 116.

Die Rüge ist ferner begründet, wenn der Einzelrichter an Stelle des Kollegiums entscheidet, nicht aber im umgekehrten Fall. Eine Überlastung des Vorsitzenden dadurch, daß er den Vorsitz in 2 Senaten führe, was an sich zulässig ist, kann nicht eingewendet werden, wenn der Vorsitzende den Vorsitz gehabt hat, BGH NJW **67**, 1567. Geisteskrankheit eines Richters steht dem Fehlen der staatsrechtlichen Voraussetzungen des Richteramts gleich. Blindheit schadet nur, soweit sie die Auffassung und Beurteilung der betreffenden Sache behindert, BGHSt **4**, 191, **5**, 354, BVerwG **65**, 240, BSG NJW **71**, 1382 (Notwendigkeit, sich einen auf persönlicher Wahrnehmung beruhenden Eindruck zu verschaffen); Taubheit schadet hingegen immer, da die Mitwirkung eines tauben Richters mit dem Grundsatz der Unmittelbarkeit und Mündlichkeit unvereinbar ist, BGHSt **4**, 193. Die auch nur kurzfristige körperliche Abwesenheit eines Richters während der letzten mündlichen Verhandlung macht das Gericht zu einem nicht vorschriftsmäßig besetzten, BAG NJW **58**, 924, ebenso die nicht nur ganz kurze Beeinträchtigung der Wahrnehmungsfähigkeit eines Richters zB durch Gebrechen, Schwäche, Schlaf oder geistige Abwesenheit, BVerwG NJW **81**, 413 mwN, ZBR **82**, 30. Das gleiche gilt bei einem Verstoß gegen § 193 GVG (Teilnahme einer gerichtsfremden Person an der Beratung und Abstimmung), VGH Kassel NJW **81**, 599. Dagegen greift die Rüge nicht durch, wenn der Vorsitzende die Verhandlung nicht sicher und sachgerecht geführt hat, BVerwG VerwRspr **32**, 504.

Ein Schreibfehler im Urteilskopf beweist noch keine falsche Besetzung. Hat ein Richter, der nicht mitgewirkt hat, unterschrieben, so kann das auch nach Einlegung der Revision berichtigt werden, BGH **18**, 353.

Der Urkundsbeamte gehört nicht dem „erkennenden" Gericht an; seinetwegen kann nur § 549 in Frage kommen.

3) Ausschließung vom Richteramt, Z 2, § 41, außer wenn ein dieserhalb gestelltes Ablehnungsgesuch endgültig zurückgewiesen ist, § 46 II. Im Wiederaufnahmeverfahren ist ein Richter nicht deshalb ausgeschlossen, weil er an dem ersten Urteil beteiligt war, ganz hM, BGH NJW **81**, 1273 mwN. Eine Mitwirkung bei der Beweisaufnahme oder Verkündung schadet nicht. Für den Urkundsbeamten gilt Z 2 nicht.

4) Erfolgreiche Ablehnung eines Richters, Z 3. S §§ 42 bis 48. Auch die Selbstablehnung gehört hierhin. Die erfolglose Ablehnung oder das Fehlen einer Entscheidung über die Ablehnung genügt nicht. Auf den Urkundsbeamten ist Z 4 unanwendbar.

5) Verkannte Zuständigkeit, Z 4. Nach der Neufassung des § 549 II gilt Z 4 (nur) für die funktionale oder internationale bzw interlokale Zuständigkeit, § 549 Anm 6. Nicht hierher gehört die Entscheidung über die Zulässigkeit des Rechtswegs, auch nicht die Entscheidung der ZivK statt der KfH und umgekehrt. Auch ein Verstoß gegen das Aussetzungsverbot des § 96 II GWB fällt nicht unter Z 4, BGH WuW **83**, 135.

6) Mangelnde Vertretung im Prozeß, sofern nicht die Partei die Prozeßführung ausdrücklich oder stillschweigend genehmigt hat, Z 5. Hierher gehören alle Fälle fehlender ordnungsmäßiger Vertretung einer Partei im Verfahren, mögen sie auf sachlichem oder Prozeßrecht beruhen. Revision kann im Interesse der Partei auch derjenige einlegen, den das Urteil zu Unrecht als gesetzlichen Vertreter behandelt. Beschwert ist nur die betroffene Partei, nicht auch der Gegner, BGH **63**, 78 gegen RG **126**, 263. Über die Genehmigung der Prozeßführung s § 56 Anm 1 C, § 89 Anm 3. Nicht hierher gehört der Erlaß eines Urteils ohne mündliche Verhandlung trotz fehlenden Einverständnisses, BSG MDR **82**, 700 mwN.

7) Verletzung der Vorschriften über die Öffentlichkeit, Z 6. Siehe §§ 169 ff GVG, außer § 171 I Halbsatz 2, der ins Ermessen stellt. Ist die Ausschließung zu Unrecht unterblieben, so steht das überall da gleich, wo die Unterlassung das Ergebnis beeinflussen konnte. So bei Vernehmung des zu Entmündigenden, RG JW **38**, 1046, bei allen Vernehmungen in Ehe- und Kindschaftssachen sowie dort, wo aus sittlich bedenklichen Dingen die Partei oder ein Zeuge sich scheuen konnte, die volle Wahrheit zu sagen. Ein Protokollvermerk, es sei kein Unbeteiligter zugegen gewesen, ersetzt den Ausschluß nicht, RG aaO. Maßgebend ist die Schlußverhandlung; eine frühere kommt nur dann in Frage, wenn der damalige Verstoß für die Entscheidung ursächlich gewesen sein kann. Ein Verstoß lediglich bei der Urteilsverkündung ist unschädlich, BVerwG VerwRspr **32**, 504. Über Unverzichtbarkeit s Üb 2 § 169 GVG.

8) Fehlende Begründung der Entscheidung, Z 7. Die hier geltenden Auslegungsgrundsätze werden auch bei § 73 IV Nr 6 GWB und § 100 III Z 5 PatG, BGH **39**, 333 mwN, die gleichlautend sind, verwendet.

A. Eine **Begründung fehlt,** wenn (zB wegen fehlender und nicht ersetzbarer Unterschrift eines Richters, BGH MDR **77**, 488 m Anm E. Schneider MDR **77**, 748) kein ordnungsmäßiges Urteil vorliegt oder ein grober Verstoß gegen die Begründungspflicht, § 313 I Z 6 u II, begangen ist: das Urteil muß entweder zu Unrecht gar nicht begründet sein oder die Gründe müssen für einzelne oder alle geltend gemachten Ansprüche oder für geltend gemachte Angriffs- oder Verteidigungsmittel fehlen, BGH FamRZ **83**, 354, vorausgesetzt, daß die letzteren den mit der Revision erstrebten Erfolg herbeigeführt hätten, BGH **39**, 337, etwa eine rechtsvernichtende Einrede, RG HRR **25**, 1688. Hierhin gehört zB auch das Fehlen der Begründung für die Zurückweisung des Einwands der Sittenwidrigkeit, RG DR **43**, 453.

Gründe sind durch nichtssagende Redensarten nicht zu ersetzen. „Die Einrede der Verjährung ist begründet", oder „der Einwand ist unbeachtlich" sind keine Begründung. Gründe fehlen auch, wenn sie unverständlich oder verworren sind, wenn zB unklar bleibt, ob das Gericht sachlich oder prozessual abweist, oder wenn jede Beweiswürdigung fehlt, BGH **39**, 333. Dagegen kommt es auf die Richtigkeit der Gründe nicht an, BGH NJW **81**, 1046; denn Anforderungen iSv Z 7 genügen die oberflächlichsten, falschesten und unzulänglichsten Gründe, eine fehlerhafte Beweiswürdigung, die Übergehung erheblicher Tatumstände u ä, RG **109**, 203, RG JW **25**, 761. Es genügt auch, falls ein selbständiger Rechtsbehelf nicht ausdrücklich erledigt ist, wenn sich die Gründe für seine Ablehnung aus der gesamten Würdigung ergeben, RG JW **34**, 2140. Die Gesetzesauslegung bedarf keiner bis ins einzelne gehenden Begründung, RG HRR **25**, 1911, auch nicht ein vAw zu beachtender unstreitiger

Punkt. Die bloße Bezugnahme auf die Gründe des angefochtenen Urteils genügt nur im Rahmen des § 543, BAG NJW **81**, 2078.

Die **Bezugnahme auf das Urteil in einer anderen Sache** genügt nur dann, wenn es zwischen denselben Parteien ergangen oder im Prozeß vorgetragen bzw sonst den Parteien bekannt geworden ist, BGH NJW **81**, 1046, Köln OLGZ **80**, 1, VGH Kassel AS **30**, 165; zulässig ist auch die Bezugnahme auf eine gleichzeitig zwischen den Parteien ergehende Entscheidung, BGH NJW **71**, 39. Abweichend von der Regel, Anm 1, ist hier die Ursächlichkeit des Mangels nötig, weil es andernfalls doch wieder zur gleichen Entscheidung käme, so namentlich bei Übergehung eines Beweismittels, RG **156**, 119 (aM RG JW **29**, 325).

B. Z 7 kann anwendbar sein, wenn die Urteilsgründe bei Ablauf der 5-Monate-Frist des § 552 noch nicht vorlagen, BGH **7**, 155, **32**, 24, und dem Revisionskläger dadurch verfahrensrechtliche Nachteile entstehen, BGH NJW **61**, 1815, vgl StJGr II 7 d. Anders liegt es im Arbeitsgerichtsverfahren, weil die Revisionsfrist erst mit dem Zugang bzw (mit der zuzustellenden Urteilsausfertigung zu verbindenden) Rechtsmittelbelehrung beginnt und darüber hinaus nur eine Jahresfrist läuft, § 9 V ArbGG, BAG NJW **81**, 2078 mwN, NJW **82**, 302. Eine Überschreitung der Jahresfrist für die Zustellung des vollständigen Urteils muß hingegen in allen Gerichtsbarkeiten als Fall der Z 7 angesehen werden, BAG MDR **82**, 694, BSG MDR **82**, 878 mwN; ähnlich BVerwG **50**, 278 u NJW **83**, 466 mwN für den Fall, daß weitere Umstände hinzukommen, die die schon aus dem Zeitablauf folgenden Zweifel an der Beurkundungsfunktion des Urteils zur Gewißheit verdichten.

C. Ein **Mangel des Tatbestandes** fällt unter § 549, § 550 Anm 2. Fehlt er ganz oder läßt das Urteil sonst nicht erkennen, welchen Streitstoff das Berufungsgericht seiner Entscheidung zugrundegelegt hat, so ist dieser Mangel vAw zu berücksichtigen; er führt zur Zurückverweisung, BGH NJW **79**, 927 u NJW **81**, 1621 mwN, **40**, 84, BAG NJW **81**, 2078 mwN.

9) § 551 ist keiner Ergänzung oder sinngemäßen Anwendung zugänglich. Eine Ausnahme muß insoweit gelten, als fehlende **Parteifähigkeit** stets ursächlich und darum ein unbedingter Revisionsgrund ist.

10) *VwGO:* Es gilt § 138 *VwGO*, der § 551 nachgebildet ist, aber die Versagung des rechtlichen Gehörs ausdrücklich aufführt (dazu Kopp § 138 Rdz 5), dagegen Nr 4 (mangelnde Zuständigkeit) nicht nennt. Für die fehlende Begründung gelten die in Anm 8 dargestellten Regeln, BVerwG NJW **54**, 1542, DÖV **64**, 563.

552

Revisionsfrist. **Die Revisionsfrist beträgt einen Monat; sie ist eine Notfrist und beginnt mit der Zustellung des in vollständiger Form abgefaßten Urteils, spätestens aber mit dem Ablauf von fünf Monaten nach der Verkündung.**

Vorbem. A. Halbs 2 idF des Art 1 Z 6 G v 13. 6. 80, BGBl 677, mWv 22. 6. 80. Übergangsrecht: Vorbem § 516.

B. Im **Verfahren der Arbeitsgerichte** beträgt die Frist ebenfalls einen Monat, § 74 I ArbGG; Halbs 2 ist entsprechend anwendbar, § 72 V ArbGG, nach Maßgabe des § 9 V ArbGG, nicht aber der letzte Satzteil.

1) **Erläuterung.** § 552 entspricht dem § 516; s die dortigen Erläuterungen. § 517 (Frist bei Ergänzungsurteil) ist sinngemäß anwendbar, BGH **LM** § 517 Nr 1.

2) *VwGO: Es gilt § 139 I 1 VwGO.*

553

Revisionseinlegung. **I Die Revision wird durch Einreichung der Revisionsschrift bei dem Revisionsgericht eingelegt. Die Revisionsschrift muß enthalten:**
1. **die Bezeichnung des Urteils, gegen das die Revision gerichtet wird;**
2. **die Erklärung, daß gegen dieses Urteil die Revision eingelegt werde.**

II Die allgemeinen Vorschriften über die vorbereitenden Schriftsätze sind auch auf die Revisionsschrift anzuwenden.

1) **Erläuterung.** § 553 entspricht § 518 I, II, IV; s deshalb die dortigen Erläuterungen, auch zu den Erfordernissen der Einreichung. Wegen der bay Revisionen vgl § 7 EGZPO. Im **Verfahren der Arbeitsgerichte** ist § 553 entsprechend anwendbar, § 72 V ArbGG.

2) *VwGO: Es gilt § 139 I 1 und II VwGO.*

553 a *Zustellung der Revisionsschrift.* ¹ Mit der Revisionsschrift soll eine Ausfertigung oder beglaubigte Abschrift des angefochtenen Urteils vorgelegt werden.

II Die Revisionsschrift ist der Gegenpartei zuzustellen. Hierbei ist der Zeitpunkt mitzuteilen, in dem die Revision eingelegt ist. Die erforderliche Zahl von beglaubigten Abschriften soll der Beschwerdeführer mit der Revisionsschrift einreichen.

Vorbem. Im **Verfahren der Arbeitsgerichte** entsprechend anwendbar, § 72 V ArbGG.

1) **Erläuterung.** § 553a entspricht den §§ 518 III, 519a; s die Erläuterungen dazu.

2) *VwGO:* **I** ist unanwendbar, weil die Revision beim iudex a quo einzulegen ist, § 139 I 1 VwGO. *II 2 ist entsprechend anzuwenden, § 173, vgl § 519a Anm 3 (§ 141 VwGO verweist auf die Vorschriften für die Berufung).*

554 *Revisionsbegründung.* ¹ Der Revisionskläger muß die Revision begründen.

II Die Revisionsbegründung ist, sofern sie nicht bereits in der Revisionsschrift enthalten ist, in einem Schriftsatz bei dem Revisionsgericht einzureichen. Die Frist für die Revisionsbegründung beträgt einen Monat; sie beginnt mit der Einlegung der Revision und kann auf Antrag von dem Vorsitzenden verlängert werden.

III Die Revisionsbegründung muß enthalten:

1. die Erklärung, inwieweit das Urteil angefochten und dessen Aufhebung beantragt werde (Revisionsanträge);
2. in den Fällen des § 554 b eine Darlegung darüber, ob die Rechtssache grundsätzliche Bedeutung hat;
3. die Angabe der Revisionsgründe, und zwar:
   a) die Bezeichnung der verletzten Rechtsnorm;
   b) insoweit die Revision darauf gestützt wird, daß das Gesetz in bezug auf das Verfahren verletzt sei, die Bezeichnung der Tatsachen, die den Mangel ergeben.

IV Wenn in Rechtsstreitigkeiten über vermögensrechtliche Ansprüche der von dem Oberlandesgericht festgesetzte Wert der Beschwer vierzigtausend Deutsche Mark nicht übersteigt und das Oberlandesgericht die Revision nicht zugelassen hat, soll in der Revisionsbegründung ferner der Wert der nicht in einer bestimmten Geldsumme bestehenden Beschwer angegeben werden.

V Die Vorschriften des § 553 Abs. 2 und des § 553a Abs. 2 Satz 1, 3 sind auf die Revisionsbegründung entsprechend anzuwenden.

Vorbem. Im **Verfahren der Arbeitsgerichte** entsprechend anwendbar, jedoch kann die einmonatige Begründungsfrist, § 74 I 1 ArbGG, nur einmal bis zu einem weiteren Monat verlängert werden, § 74 I 2 ArbGG.

1) **Allgemeines.** § 554 entspricht größtenteils dem § 519; s darum die Erläuterungen zu dieser Vorschrift. Abweichungen enthalten namentlich III Z 2 u 3, IV.

2) **Begründungszwang, I. Der Revisionskläger muß seine Revision zu jedem einzelnen Beschwerdepunkt mit selbständigem Streitstoff begründen,** RG **113**, 168. Daher ist die Revision mangels Begründung unzulässig, wenn nur der Angriff gegen einen nicht revisiblen Teil mit Gründen versehen ist (hingegen ist sie unbegründet, wenn sie nur auf irrevisible Normen gestützt wird, BGH MDR **80**, 203). Die Bezugnahme auf lange Schriftsätze ist keine Begründung, RG **95**, 72, ebenso nicht eine solche auf die Revisionsbegründung in anderen Akten, gleichviel, ob sie dem Revisionsgericht vorliegen, RG **145**, 267; vgl auch § 519 Anm 3 C. Zulässig ist die Verweisung auf eine andere Revisionsbegründung in derselben Sache, etwa für einen Streitgenossen. Auf Nachforschungen des Gerichts in den Akten darf sich der Revisionskläger nicht verlassen, RG **136**, 249.

Den wesentlichen Inhalt der Begründung schreibt III vor. IV und V sind Ordnungsvorschriften. Doch ist weiter zu beachten, daß die Revisionsschrift ein bestimmender Schriftsatz ist, § 129 Anm 1. Sie muß daher die eigenhändige, handschriftliche Unterschrift eines beim Revisionsgericht zugelassenen RA oder eines diesem Gleichstehenden, § 518 Anm 1, tragen.

3) Begründungsfrist, II. A. Die Begründungsfrist beträgt **1 Monat seit Einreichung der Revisionsschrift** (Berechnung nach § 222, HRR **35**, 209). Obwohl es sich um eine Notfrist handelt, ist WiedEins nach § 233 I statthaft. Bei WiedEins wegen Versäumung der Revisionsfrist beginnt die Begründungsfrist mit der verspäteten Revisionseinlegung, RG JW **37**, 1666. Der Fristablauf hindert nicht die Berichtigung offenbarer Unrichtigkeiten in Antrag oder Begründung, JW **34**, 176.

B. Eine Verkürzung der Frist durch den Vorsitzenden ist unzulässig, weil § 554 gegenüber § 224 II eine Sondervorschrift gibt. **Verlängern** darf der Vorsitzende auf im Anwaltszwang zu stellenden Antrag ohne jede Glaubhaftmachung eines wichtigen Grundes, auch dann, wenn dadurch eine Verzögerung eintritt (anders bei der Berufung, § 519 II 3). Wegen der Verlängerung nach Fristablauf s § 519 Anm 2. Der Vorsitzende entscheidet über den Antrag nach freiem Ermessen, das nicht der Prüfung des Revisionsgerichts unterliegt. Die beiderseitigen Belange sind abzuwägen. Dem Revisionskläger muß genügend Zeit zur Sammlung und Sichtung des Streitstoffs bleiben. Eine automatische Verlängerung widerspricht dem Sinn des Prozeßrechts. Die förmliche Zustellung der Verfügung ist entbehrlich, s §§ 224 Anm 3, 519 Anm 2 B c. Ihre Mitteilung an den Gegner geschieht formlos, ist für die Wirksamkeit der Verlängerung auch belanglos, HRR **31**, 54. Die Verfügung des Vorsitzenden bleibt auch bei fehlerhaftem Antrag (nicht unterschrieben) wirksam, BGH **LM** Nr 3. Über wiederholte Verlängerung s § 225 Anm 2. Stellt der Prozeßbevollmächtigte im Glauben, die Begründungsfrist sie noch nicht abgelaufen, einen Verlängerungsantrag, so ist darin nicht der Antrag auf WiedEins zu sehen, BGH **LM** § 234 (A) Nr 13.

4) Revisionsbegründung, II–IV. A. Revisionsanträge, Z 1: Es gilt dasselbe wie für die Berufungsanträge, § 519 Anm 3 B, also sind **förmliche Anträge nicht unbedingt nötig,** BGH **LM** § 546 Nr 14. Es muß aber klar ersichtlich sein, ob das ganze Urteil oder welcher abtrennbare Teil aufgehoben werden soll. Eine Erweiterung noch nach Ablauf der Begründungsfrist bis zum Ende der mündlichen Verhandlung ist zulässig, sofern sich die Partei im Rahmen der geltend gemachten Revisionsgründe hält, nicht darüber hinaus, BGH **12**, 67. Ebenso ist eine Anpassung der Begründung an neue Umstände zulässig. Unzulässig ist eine Revision, wenn sie vom Erblasser eingelegt (aber nicht begründet) worden ist und der Erbe nur den Antrag auf Vorbehalt der beschränkten Erbenhaftung stellt, BGH **54**, 204. Vgl ü auch §§ 559 Anm 1 und wegen der Zulässigkeit der Revision bei Streitwertänderung § 511a Anm 4 zu „§ 4" u § 519 Anm 3 B. Wegen der Hemmungswirkung, Grdz 1 § 511, wird der nicht angefochtene Teil des Berufungsurteils vor der Revisionsentscheidung nicht ohne weiteres rechtskräftig, BGH **7**, 143. Wird der zuerkannte Teil des Anspruchs zwangsläufig durch den in der Revisionsinstanz geltend gemachten Antrag ausgeschlossen, so ist Gegenstand des Revisionsantrags auch der zuerkannte Teil, BGH MDR **59**, 482.

B. Darlegung der grundsätzlichen Bedeutung, Z 2: Im Hinblick darauf, daß der BGH die Annahme einer nach § 546 I zulässigen Revision mit einer Beschwer von mehr als 40000 DM ablehnen darf, wenn die Rechtssache keine grundsätzliche Bedeutung hat, § 554b I, muß die Revisionsbegründung eine Darlegung darüber enthalten, ob diese Voraussetzung zutrifft; dazu genügt, daß sich die grundsätzliche Bedeutung aus dem Zusammenhang der Revisionsbegründung eindeutig ergibt, BGH **66**, 273 m Anm Prütting ZZP **90**, 77. Fehlt diese Darlegung, so ist die Revision nicht unzulässig, ThP 3. Das Revisionsgericht darf (und muß ggf) die Revision trotzdem annehmen, und zwar nicht nur aus einem anderen Annahmegrund, § 554b Anm 1 B, sondern auch wegen grundsätzlicher Bedeutung, wenn die Annahme nur wegen Erfolgsaussicht begehrt wird. Dies entspricht der Rspr in den vergleichbaren Fällen einer nur auf einen Grund gestützten Nichtzulassungsbeschwerde, Redeker-v Oertzen § 132 VwGO Anm 24. Es handelt sich bei III 2 danach im Ergebnis nur um eine Ordnungsvorschrift, Prütting ZZP **92**, 372.

C. Revisionsgründe, Z 3: Der Revisionskläger muß zu jedem einzelnen Streitpunkt mit selbständigem Streitstoff eine sorgfältige, über Umfang und Zweck keinen Zweifel lassende Begründung geben, und zwar nicht nur für verfahrens-, sondern auch für sachlich-rechtliche Revisionsangriffe, BGH **LM** Nr 22, MDR **74**, 1015 (die Wiedergabe der Gründe des die Revision nach BEG zulassenden Beschlusses reicht idR nicht aus); vgl BFH BStBl **77** II 217 (ungenügend ist die pauschale Bezeichnung der Rechtsansicht der Vorinstanz als „unhaltbar" unter Angabe einer Literaturstelle), dazu krit Hermstädt BB **77**, 885 unter Hinweis auf RG **123**, 38. Ist das Berufungsurteil auf mehrere, voneinander unabhängige, selbständig tragende Erwägungen gestützt, muß der Revisionskläger für jede dieser Erwägungen darlegen, warum sie die Entscheidung nicht tragen; andernfalls ist die Revision insgesamt unzulässig, BVerwG NJW **80**, 2268 mwN. Praktisch genügt freilich die sorgfältige Rüge eines Verfahrensverstoßes; denn das Revisionsgericht muß, sofern es überhaupt sachlich nachprüft, sachlich-rechtliche Mängel vAw beachten. Darum kann der Revisionskläger sachlich-rechtliche Rügen bis zuletzt, sogar mündlich, nachschieben, wie durch die Aufhebung des früheren VI klargestellt ist. Darauf, ob die Begründung den Revisionsangriff trägt, kommt es im Rahmen der Prüfung der Zulässigkeit der Revision nicht an, BGH NJW **81**, 1453. Wegen Verfahrensverstößen s § 559.

D. Nötig, Z 3a, ist ausnahmslos die Bezeichnung der verletzten Rechtsnorm, der sachlich-rechtlichen oder prozeßrechtlichen. Unzulänglich ist die Angabe, das sachliche Recht sei verletzt, stRspr, oder das Urteil verletze das HGB. Die angeblich verletzten Rechtsnormen sind möglichst genau zu bezeichnen. Der Gesetzesparagraph ist nicht unbedingt anzugeben, falsche Anführung schadet nicht, BAG NJW **57**, 1492. Das einzelne hängt von der Lage des Falls ab. Es genügt zB die Rüge der Verletzung der Vorschriften über den Handelskauf oder der Auslegungsregeln. Die Umdeutung einer sachlich-rechtlichen Rüge in eine Verfahrensrüge läßt RG HRR **26**, 1429 nicht zu. In der rechtlich falschen Beurteilung einer verfahrensrechtlichen Vorschrift findet RG **132**, 335 uUmst einen Mangel des Inhalts; so dort, wo das Berufungsgericht die Voraussetzungen einer Aktenlageentscheidung des Erstrichters verkannt hat. Nicht genügt die ernstgemeinte Anführung irgendeines Rechtssatzes, der für die Entscheidung überhaupt nicht in Betracht kommen kann, ebenso StJ III A 2. Wegen der Zulässigkeit der Verweisung auf ein anderes Schriftstück s Anm 2.

E. Nötig ist bei behauptetem Verfahrensverstoß, Z 3b, die Angabe der verletzten Rechtsnorm und der die Verletzung begründenden Tatsachen; eines von beiden genügt nicht. Die Vorschrift ist streng auszulegen, RG **126**, 249; ergibt sich ohne weiteres, daß das Urteil auf der gerügten Gesetzesverletzung beruhen kann, so genügt das, sonst sind die Tatsachen anzugeben, die eine andere Entscheidung als möglich erscheinen lassen, BGH **LM** Nr 23. Sind die Parteien gemäß § 613 zu Beweiszwecken vom OLG vernommen und ist der Inhalt ihrer Aussagen weder in der Sitzungsniederschrift noch im Urteil niedergelegt, so ist das Urteil grundsätzlich auch ohne eine dahingehende Revisionsrüge aufzuheben, der Mangel also, obwohl in § 551 nicht erwähnt, vAw zu beachten, da das Revisionsgericht dann seiner Aufgabe der Nachprüfung des Urteils überhaupt nicht nachkommen kann, BGH **40**, 84; vgl § 551 Anm 8 C.

Verfahrensmängel können auf falschen Maßnahmen des Gerichts beruhen oder auf unrichtiger Beurteilung von Tatsachen. Beispiele: gesetzwidrige Besetzung des Gerichts; Verletzung des Grundsatzes der Mündlichkeit; Verletzung der Aufklärungspflicht: Ist sie bei Beweisantritten versäumt, so muß der Revisionskläger die Tatsachen angeben, die der Beweis ergeben hätte, RG HRR **30**, 1662. War ein Beweismittel trotz Beweisbeschluß nicht beschafft, so muß die Partei auf Beweiserhebung bestanden haben, RG JW **38**, 539. Hierhin gehören ferner: die Rüge, daß sich das Gericht zu Unrecht an die tatsächlichen Feststellungen des Schiedsgerichts gebunden gehalten habe, BGH **27**, 252 gegen RG **132**, 335; Überschreitung der Ermessensgrenzen; Nichtzulassung neuen Vorbringens entgegen § 528; Verkündungsmängel; mangelhafter Tatbestand (gänzlich fehlender Tatbestand ist vAw zu beachten, BGH NJW **79**, 927); unrichtige Beweiswürdigung; Unzulässigkeit eines Teilurteils, BGH **16**, 74, oder einer Vorabentscheidung nach § 304, RG **75**, 19 (sachlich-rechtlich sind die Frage nach der Tragweite der Streithilfewirkung, BGH **16**, 228, und das Hinausgehen über die Anträge, BSG NJW **73**, 2079 mwN); Erlaß eines Prozeßurteils statt Sachprüfung, RG **145**, 46.

Auch die unbedingten Revisionsgründe, § 551, sind zu rügen. Die Tatsachen, die den Mangel ergeben sollen, sind bestimmt zu bezeichnen, BAG **AP** Nr 3; allgemeine Rügen, Verweisungen auf Schriftsätze oder auf die vom Vorderrichter getroffenen einschlägigen Feststellungen genügen nicht, RG **117**, 170, BGH **14**, 209, also zB nicht, daß ein Gutachten nicht dem neuesten Stand der medizinischen Wissenschaft entspreche; vielmehr ist anzugeben, welche in der Fachliteratur oder sonst erörterten Erkenntnisse die Sachverständigen hätten verwerten müssen und inwiefern dann ein anderes Ergebnis zu erwarten gewesen wäre, BGH **44**, 81; ebenso genügt für die Rüge der nicht ordnungsmäßigen Besetzung nicht die Angabe, daß ein Beisitzer in mehreren Sitzungen den Vorsitz geführt habe, BGH **LM** § 551 Z 1 Nr 10. BGH **LM** Nr 16 läßt die Angabe, daß der Hilfsrichter nicht zur Beseitigung eines nur vorübergehenden, auf andere Weise nicht zu behebenden Mangels herangezogen worden sei, nicht genügen, sondern verlangt Einzelheiten (Anlaß der Abordnung der einzelnen Hilfsrichter und deren Zeitpunkte), womit die Anforderungen überspannt werden, vgl § 551 Anm 2. Unzureichend ist die allgemeine Bezugnahme auf umfangreiche Strafakten statt der Angabe der Aktenstellen, wegen deren Nichtberücksichtigung das Urteil mangelhaft sein soll, BGH **LM** § 280 Nr 6. Beim nicht vernommenen Zeugen ist die Entscheidungserheblichkeit der in sein Wissen gestellten Tatsachen anzugeben.

F. Ausnahmen von E: a) keiner Rüge bedürfen die vAw zu beachtenden Punkte, zB die Prozeßvoraussetzungen und Prozeßfortsetzungsvoraussetzungen wie Zulässigkeit des Rechtswegs, Rechtsschutzbedürfnis, Zulässigkeit des Rechtsmittels, BAG NJW **62**, 318 (vorschriftsmäßige Besetzung des Gerichts, § 551 Z 1, gehört nicht hierher, RG **121**, 5), Fehlen des Tatbestands im Urteil, BGH NJW **79**, 927, bei Revision gegen ein Grundurteil dessen Voraussetzungen, BGH NJW **75**, 1968; einer Rüge bedarf es ferner nicht, wenn über einen Antrag nicht entschieden ist, da § 308 das sachliche Prozeßrecht, § 308 Anm 1 D, betrifft, BGH **LM** § 308 Nr 7; **b)** wenn in Ehesachen die Revision ohne Beschwer zulässig ist, Üb 4 B § 606, genügt die Angabe des Grundes der Revision, zB die beabsichtigte Klagrücknahme, vgl Ffm MDR **57**, 46 (betrifft Berufung).

G. Wegen der **Feststellung der Tatsachen** zu E u F vgl § 561 Anm 3 C.

H. Angaben zum Wert der Beschwer, wenn sie nicht in einer bestimmten Geldsumme besteht, **IV,** sind nur in Rechtsstreitigkeiten über vermögensrechtliche Ansprüche nötig, in denen der vom OLG festgesetzte Wert 40000 DM nicht übersteigt und das OLG die Revision nicht zugelassen hat, § 546 I. Dann nämlich muß der BGH bei trotzdem eingelegter Revision die Wertfestsetzung prüfen und ggf ändern, § 546 Anm 3. Ein Verstoß gegen IV hat keine prozessualen Folgen.

5) *VwGO:* Es gilt § 139 I und II VwGO, II 2 (Beginn mit der Einlegung der Revision) ist nicht entsprechend anzuwenden, § 173 VwGO, BVerwG **36**, 341.

554a *Prüfung der Zulässigkeit.* **I** Das Revisionsgericht hat von Amts wegen zu prüfen, ob die Revision an sich statthaft und ob sie in der gesetzlichen Form und Frist eingelegt und begründet ist. Mangelt es an einem dieser Erfordernisse, so ist die Revision als unzulässig zu verwerfen.

II Die Entscheidung kann ohne mündliche Verhandlung durch Beschluß ergehen.

Vorbem. Im **Verfahren der Arbeitsgerichte** entsprechend anwendbar, §§ 72 V u 74 II 2 ArbGG, Grunsky, § 74 Rdz 13, 14.

1) Erläuterung. § 554a entspricht dem § 519b; s die dortigen Erläuterungen. Voraussetzung der sachlichen Revisionsprüfung ist, daß die Berufung zulässig war; daher hat das Revisionsgericht auch deren Zulässigkeit vAw zu prüfen, BGH NJW **82**, 1873 mwN. Hat das OLG die Notwendigkeit der WiedEins übersehen, so ist zurückzuverweisen, BGH NJW **82**, 887, wenn nicht ohne weiteres WiedEins zu gewähren ist, BGH NJW **82**, 1873. Über die WiedEins wegen Versäumung der Frist für die Revision kann durch Beschluß entschieden werden, der dann das Revisionsgericht bindet, also unabänderlich ist, da er einem Urteil gleichsteht, RG **125**, 71, vgl BGH NJW **54**, 880 (anders in der Berufungsinstanz, § 519b Anm 2 E); die Bindung gilt aber nicht für andere Zulässigkeitsvoraussetzungen, zB Erreichen der Revisionssumme, BGH **LM** § 21 VAG Nr 2. Die Mitteilung des Berichterstatters, daß der Senat der Ansicht sei, die Frist sei gewahrt, ist kein Beschluß, der Senat ist bei der endgültigen Prüfung an diese Meinungsäußerung also nicht gebunden, BGH **9**, 22. Der verwerfende Beschluß ist in jedem Fall unabänderlich, BGH NJW **81**, 1962 mwN, BFH BStBl **79** II 574, wenn er nicht auf einer Verletzung von Grundrechten beruht, § 519b Anm 2 D, vgl Üb 1 C a § 567; jedoch ist Wiederaufnahme zulässig, BGH NJW **83**, 883 mwN. **Gerichtsgebühr für die Verwerfung:** keine; die Verfahrensgebühr wird voll erhoben, § 11 I GKG und KVerz 1030 ff.

2) *VwGO:* Es gelten §§ 143, 144 I VwGO.

554b *Ablehnung der Annahme.* **I** In Rechtsstreitigkeiten über vermögensrechtliche Ansprüche, bei denen der Wert der Beschwer vierzigtausend Deutsche Mark übersteigt, kann das Revisionsgericht die Annahme der Revision ablehnen, wenn die Rechtssache keine grundsätzliche Bedeutung hat.

II Für die Ablehnung der Annahme ist eine Mehrheit von zwei Dritteln der Stimmen erforderlich.

III Die Entscheidung kann ohne mündliche Verhandlung durch Beschluß ergehen.

Vorbem. Gilt nicht im **Verfahren der Arbeitsgerichte,** § 546 Anm 4.

2. Abschnitt. Revision § 554b 1, 2

Schrifttum: Prütting, Die Zulassung der Revision, 1977, S 271 ff; Kaempfe, Diss. Marburg 1979; Vogel NJW **75**, 1297; Bausewein JZ **78**, 53; Grunsky JZ **79**, 129; Kroitzsch GRUR **79**, 294; Kaempfe NJW **79**, 1134.

1) Allgemeines. In Rechtsstreitigkeiten über vermögensrechtliche Ansprüche, bei denen **der Wert der Beschwer 40 000 DM übersteigt,** ist die **Revision ohne Zulassung** statthaft, § 546 Anm 3 A; auf den Beschwerdegegenstand kommt es nicht an, so daß die Revisionsanträge die Beschwer nicht auszuschöpfen brauchen, Arnold JR **75**, 489. Über den Fall, daß nur die Beschwer einer Partei die Wertgrenze übersteigt, s § 546 Anm 2 A b. Das Revisionsgericht kann jedoch die **Annahme der Revision ablehnen.** Das gilt auch dann, wenn das OLG die Beschwer auf über 40 000 DM festgesetzt und zugleich die Revision zugelassen hat, BGH NJW **80**, 786. Die Vorschrift ist in der gebotenen verfassungskonformen Auslegung mit dem GG vereinbar, BVerfG **54**, 277 (Plenarentscheidung), Anm 1 B.

A. Das **Revisionsgericht darf die Annahme nicht ablehnen,** wenn die Rechtssache **grundsätzliche Bedeutung** hat, § 546 Anm 2 B a. Das gleiche wird bei Divergenz, § 546 Anm 2 B b, gelten müssen, weil die Abweichung von einer Entscheidung des BGH oder des GmS idR die grundsätzliche Bedeutung der Sache begründet, H. Schneider NJW **75**, 1540, aM Schroeder JB **75**, 1019: Annahme nach pflichtgemäßem Ermessen. Grundsätzliche Bedeutung wird auch anzunehmen sein, wenn die Vorinstanzen eine nach Art 177 EWGV gebotene Vorlage an den EuGH unterlassen haben, Paetow MDR **77**, 463. Maßgeblicher Zeitpunkt für die Prüfung der grundsätzlichen Bedeutung ist die Einlegung der Revision. Ob die Annahme wegen grundsätzlicher Bedeutung geboten ist, hat das Revisionsgericht auch dann zu prüfen, wenn die Revisionsbegründung nur einen anderen Annahmegrund, Anm 1 B, ergibt, vgl § 554 Anm 4 B aE.

B. Bei verfassungskonformer Auslegung des § 554 b darf das Revisionsgericht die Annahme einer zulässigen Revision ohne grundsätzliche Bedeutung **nur dann ablehnen,** wenn die **Revision im Endergebnis keine Aussicht auf Erfolg hat,** BVerfG **54**, 277 (Plenarentscheidung), dazu Prütting ZZP **95**, 76, Berkemann JR **81**, 190, Krämer NJW **81**, 799, E. Schneider MDR **81**, 462; darauf, ob der Rechtsfehler im Berufungsurteil minder schwerer oder vertretbarer Art ist, kommt es ebensowenig an wie darauf, ob das Urteil den Revisionsführer in unerträglicher Weise beschwert. Danach kann der BGH die Frage, ob die Rechtssache grundsätzliche Bedeutung hat, oben A, offen lassen, wenn die Revision Aussicht auf Erfolg hat. Bleiben Zweifel an den Erfolgsaussichten, ist die Revision stets anzunehmen, weil für die Ablehnung besondere Gründe vorliegen müssen, BVerfG **54**, 277. Verfassungsrechtlich unbedenklich ist es jedoch, die Annahme abzulehnen, wenn die Revision nur in unbedeutenden Nebenpunkten aussichtsreich ist, BVerfG NJW **79**, 533. Insoweit darf der BGH pflichtgemäßes Ermessen ausüben; denn § 554 b bezweckt die Entlastung des Revisionsgerichts. Nach Ermessen darf die Revision auch angenommen werden, wenn weder grundsätzliche Bedeutung noch Erfolgsaussicht vorliegt, zB dann, wenn der BGH einer ständigen Rspr des Berufungsgerichts entgegentreten will.

C. Im Rahmen des zu A und B Gesagten ist auch die **teilweise Annahme** zulässig, wenn dafür ein Grund nur bei einem Teil des Klaganspruchs (oder bei einem von mehreren selbständigen Klagansprüchen) besteht, mag sein Wert der Revisionsgrenze auch nicht übersteigen, BGH **69**, 93, dazu Lässig NJW **77**, 2212, und BGH NJW **79**, 550. Die Annahme kann bei einem nach Grund und Höhe streitigen Anspruch auf die Höhe beschränkt werden, BGH LS NJW **79**, 551 m Anm Musielak ZZP **92**, 462.

D. Dies alles gilt auch für die **Sprungrevision, § 566 a III, nicht dagegen** für die ebenfalls zulassungsfreie Revision nach § 547 und für die Revision gegen ein 2. Versäumnisurteil, BGH NJW **79**, 166. Ihre Annahme darf nicht abgelehnt werden.

2) Verfahren. Da über die Annahme oft im Frühstadium des Revisionsverfahrens entschieden wird, müssen schon in der Revisionsbegründung Ausführungen zur grundsätzlichen Bedeutung gemacht werden, § 554 III Z 2. Unterrichtung und Anhörung der Beteiligten vor der Entscheidung ist nicht vorgeschrieben, gleichwohl muß rechtliches Gehör gewährt werden (eine besondere Anhörung ist nicht nötig, wenn die Revisionsbegründung die grundsätzliche Bedeutung ergibt, Mü MDR **77**, 673); auch für den Revisionsbeklagten besteht Vertretungszwang. Für die **Ablehnung der Annahme** ist eine **Mehrheit** von ⅔ der Stimmen erforderlich, **II.** Die Entscheidung kann ohne mündliche Verhandlung durch **Beschluß** ergehen, **III,** aber auch nach mündlicher Verhandlung durch Urteil. Der ablehnende Beschluß muß erkennen lassen, daß die Annahme abgelehnt worden ist, weil der BGH die Erfolgsaussicht der Revision verneint hat, BVerfG **55**, 205, wobei verfassungsrechtlich die

Bezugnahme auf § 554b „in der Auslegung des BVerfG" genügt, BVerfG **50**, 287, was wenig befriedigt, Krämer NJW **81**, 799. Deshalb sollte eine knappe weitergehende Begründung die Regel sein, H. Schneider NJW **75**, 1541, da es ein nobile officium jeder letzten Instanz ist, jedenfalls gewichtige Argumente der Rechtsuchenden zu bescheiden, und anderenfalls der Revisionskläger, der schon mit der Revision Verletzung des Verfassungsrechts gerügt hat, außerstande ist, eine Verfassungsbeschwerde substantiiert zu begründen, Krämer NJW **81**, 799 u FamRZ **80**, 971. Ein Kostenausspruch ist erforderlich, §§ 97, 308 II; bei vorheriger Teilerledigung ergeht keine Entscheidung nach § 91a im Fall der Nichtannahme, BGH MDR **77**, 912. Zur Erstattungsfähigkeit der Gebühren eines postulationsunfähigen RA vgl KG MDR **81**, 324 gg Mü MDR **79**, 66.

Wirkung: Die Nichtannahme steht in ihren Auswirkungen einem Beschluß nach § 554a gleich; bis dahin ist die Sache im Revisionsrechtszug anhängig, so daß das Verfahren nach § 148 ausgesetzt werden darf, BGH NJW **82**, 830. Die Entscheidung über die Nichtannahme darf nicht geändert werden, BGH NJW **81**, 55. Eine Mitteilung über die Annahme ist nicht vorgeschrieben, aber im Interesse der Beteiligten geboten, wenn nicht sogleich Termin anberaumt wird, H. Schneider NJW **75**, 1541 (jedoch besteht keine Bindung des Revisionsgerichts).

3) VwGO: Die Vorschrift ist unanwendbar, weil sie auf das Zivilverfahren zugeschnitten ist.

555 Verhandlungstermin.

I Wird nicht durch Beschluß die Revision als unzulässig verworfen oder die Annahme der Revision abgelehnt, so ist der Termin zur mündlichen Verhandlung von Amts wegen zu bestimmen und den Parteien bekanntzumachen.

II Auf die Frist, die zwischen dem Zeitpunkt der Bekanntmachung des Termins und der mündlichen Verhandlung liegen muß, sind die Vorschriften des § 274 Abs. 3 entsprechend anzuwenden.

Vorbem. Im **Verfahren der Arbeitsgerichte** gilt § 74 II 1 ArbGG.

1) Erläuterung. Zur mündlichen Verhandlung kommt es, wenn **a)** die Revision nicht gemäß § 554a verworfen wird oder **b)** in den Fällen des § 554b ihre Annahme nicht abgelehnt wird. Ihre Verwerfung oder Nichtannahme (durch Urteil) ist auch dann noch zulässig. Vgl im übrigen zu § 520.

2) VwGO: I ist entsprechend anwendbar bei Nichtverwerfung der Revision, § 173 *VwGO*, **II** wird durch § 102 I *VwGO* (Ladungsfrist) ersetzt.

556 Anschließung.

I Der Revisionsbeklagte kann sich der Revision bis zum Ablauf eines Monats nach der Zustellung der Revisionsbegründung anschließen, selbst wenn er auf die Revision verzichtet hat.

II Die Anschließung erfolgt durch Einreichung der Revisionsanschlußschrift bei dem Revisionsgericht. Die Anschlußrevision muß in der Anschlußschrift begründet werden. Die Vorschriften des § 521 Abs. 2, der §§ 522, 553, des § 553a Abs. 2 Satz 1, 3, des § 554 Abs. 3 und des § 554a gelten entsprechend. Die Anschließung verliert auch dann ihre Wirkung, wenn die Annahme der Revision nach § 554b abgelehnt wird.

Vorbem. Im **Verfahren der Arbeitsgerichte** entsprechend anwendbar, § 72 V ArbGG.

Schrifttum: H. Schneider Festschrift Baur, 1981, S 615–625.

1) Erläuterung. § 556 entspricht im allgemeinen den §§ 521, 521a; siehe darum die Erläuterungen zu diesen. Die Revisionsanschließung kann, wie die Berufungsanschließung, selbständig oder unselbständig sein. Nur die selbständige verlangt die Statthaftigkeit und die anderen Voraussetzungen der Revision, so daß eine unselbständige Anschlußrevision ggf auch ohne Zulassung statthaft ist, BVerwG NVwZ **82**, 372. Beschränkt sich die Hauptrevision auf einen Anspruch, für die die Revision nach §§ 546, 547 zulässig ist, kann Anschlußrevision nicht wegen eines anderen Anspruchs eingelegt werden, für den Revision nicht zulässig ist, BGH NJW **62**, 797 (Revisionssumme) sowie BAG MDR **83**, 348 u BGH NJW **68**, 1476 (Zulassung), es sei denn, die Teilentscheidung hängt rechtlich von dem mit der Revision anfechtbaren Teil ab, BGH **35**, 302. Denkbar ist, wenn der Gegner Revision eingelegt hat, die Umdeutung der unzulässigen Revision in eine unselbständige Anschlußrevision, wenn dahingehende Erklärungen abgegeben werden, wobei es dann auf die Revisionssumme nicht ankommt, BGH JZ 55, 218.

Auch wenn die unselbständige Anschließung kein Rechtsmittel ist, § 521 Anm 1 A a, BGH – GS – NJW **81**, 1790 mwN, setzt sie in der Revisionsinstanz **Beschwer** durch das Berufungsurteil voraus, BGH FamRZ **83**, 684 mwN, BSG VersR **74**, 855 (vgl BVerwG MDR **77**, 867), weil sie nach § 561 I 1 nicht dazu dienen kann, Widerklage zu erheben, BGH **24**, 284, oder neue Ansprüche einzuführen, RoS § 145 I 4. Erst recht kann ein in 1. Instanz beschiedener, aber nicht in die 2. Instanz gelangter Anspruch nicht zum Gegenstand einer Anschließung in 3. Instanz gemacht werden, BGH NJW **83**, 1858.

Frist für die Anschließung: Nicht bis zum Schluß der mündlichen Verhandlung, § 521, sondern bis zum Ablauf eines Monats nach Zustellung der Revisionsbegründung; dies gilt auch in den Fällen des § 554b, BGH – GS – NJW **81**, 1790. Es handelt sich nicht um eine Notfrist, § 223. Eine Fristverlängerung für die Revisionsbegründung auf Antrag des Revisionsbeklagten kommt nicht in Betracht, da § 554 II nicht genannt wird, BGH VersR **77**, 152 mwN; aber bei Versäumung der Frist zur Einlegung der Anschlußrevision ist Wiedereinsetzung möglich, BGH **LM** § 233 Nr 15. Für die selbständige Anschließung läuft eine eigene Begründungsfrist nach § 554 II. **Die unselbständige Anschließung ist in der Anschlußschrift zu begründen, II.** Wiedereinsetzung gegen Fristversäumung nach § 233 ist auch insoweit zulässig. Im Einklang mit BGH NJW **61**, 1816 ist S 2 nicht wörtlich aufzufassen; vielmehr genügt es, wenn die Begründung innerhalb der Frist des Abs I nachgebracht wird, RoS § 145 II 2.

Entsprechend anwendbar sind nach II 3: § 521 II: Anschließung bei Versäumnisurteil, siehe dazu § 521 Anm 2. – **§ 522:** Die in der Revisionsfrist eingelegte Anschließung gilt als selbständige Revision, wenn ihre Voraussetzungen vorliegen. Rücknahme der Revision oder Verzicht machen sie also nicht hinfällig. – **§ 553:** Einlegung. – **§ 553a II S 1, 3:** Zustellung der Anschlußbegründung, Begründungsnachträge sind in der Begründungsfrist zulässig. Die Worte ,,in der Anschlußschrift" schließen sie nicht aus, StJ III. – **§ 554a:** Prüfung der Zulässigkeit. – Über § 522 I hinaus verliert die unselbständige Anschließung auch dann ihre Wirkung, wenn die **Annahme der Revision gemäß § 554b abgelehnt wird, II 4.** Die Kosten des Revisionsverfahrens fallen dann beiden Parteien im Verhältnis des Wertes von Revision und Anschlußrevision zur Last, BGH – GS – NJW **81**, 1790, überwiegend zustm Prütting ZZP **95**, 499 (allerdings seien dem Revisionsbeklagten allein die Mehrkosten seiner Anschlußrevision aufzuerlegen), abl Waldner JZ **82**, 634; dabei sind die Werte von Revision und Anschlußrevision zusammenzurechnen, BGH-GS-NJW **79**, 878, krit Waldner JZ **82**, 635.

2) *VwGO*: Für die Anschlußrevision gelten die §§ 127 u § 141 VwGO, BVerwG **36**, 224. Die Anschlußrevision bedarf keiner eigenen Revisionszulassung, BVerwG NVwZ **82**, 372. Wegen der Form vgl EF § 127 Rdz 10 (Einlegung auch beim Revisionsgericht, BVerwG **15**, 316).

557

Verfahren im allgemeinen. Auf das weitere Verfahren sind die im ersten Rechtszuge für das Verfahren vor den Landgerichten geltenden Vorschriften entsprechend anzuwenden, soweit sich nicht Abweichungen aus den Vorschriften dieses Abschnitts ergeben.

Vorbemerkung. Im **Verfahren der Arbeitsgerichte** entsprechend anwendbar, Grunsky ArbGG § 72 Rdz 60.

1) Grundsatz. § 557 entspricht dem § 523; siehe die Erläuterungen zu diesem. **Anwendbar sind nur die Vorschriften über das landgerichtliche Verfahren 1. Instanz, nicht die über das Berufungsverfahren,** außer nach § 566.

2) Versäumnisverfahren. Vorschriften fehlen. § 542 ist unanwendbar, jedoch gelten die Grundsätze der dortigen Anm 1 u 2 auch hier, nicht aber Anm 3. Entsprechend anwenden sind die erstinstanzlichen Vorschriften. **Fälle: a)** Revision ist unzulässig: stets Verwerfung; ein unterstelltes Geständnis kommt nicht in Betracht, § 554a. Ein Urteil ist stets streitmäßig (unechtes Versäumnisurteil), BGH **LM** § 554a Nr 9, § 542 Anm 1. **b)** Revision ist zulässig: bei Säumnis des Revisionsklägers Versäumnisurteil auf Zurückweisung, § 330, § 542 Anm 2. Bei Säumnis des Revisionsbeklagten ist auf Grund einseitiger Verhandlung zu entscheiden, da die Voraussetzungen einer Aktenlageentscheidung, § 331a, nicht gegeben sind, § 331 nicht zutrifft. Erweist sich die Revision auf Grund des festgestellten Sachverhalts, § 561, und etwaigen neuen zulässigen Vorbringens, das nach § 331 I als zugestanden gilt, RoS § 147 V 2, als begründet, ist gegen den Revisionsbeklagten durch echtes Versäumnisurteil zu erkennen, BGH **37**, 79, andernfalls ist sie durch streitmäßiges Urteil zurückzuweisen, BGH NJW **67**, 2162 m Anm Baumgärtel JR **68**, 303. **c)** Wegen **Ehe-** und **Kindschaftssachen** s §§ 612 IV, 640 I, wegen **Entmündigungssachen** § 670.

3) VwGO: *Es gilt § 141 VwGO.*

557 a *Einzelrichter.* Die Vorschriften der §§ 348 bis 350 sind nicht anzuwenden.

1) Erläuterung. Der Einzelrichter, §§ 348–350, scheidet aus, weil die Revisionsinstanz keine Tatsacheninstanz ist. Das gleiche gilt für das Verfahren der Arbeitsgerichte, s Vorbem § 524; auch eine Alleinentscheidung durch den Vorsitzenden, § 55 ArbGG, ist im Revisionsverfahren nicht statthaft, § 72 VI ArbGG.

2) VwGO: *Gegenstandslos, Üb 3 § 348.*

558 *Verfahrensmängel.* Die Verletzung einer das Verfahren der Berufungsinstanz betreffenden Vorschrift kann in der Revisionsinstanz nicht mehr gerügt werden, wenn die Partei das Rügerecht bereits in der Berufungsinstanz nach der Vorschrift des § 295 verloren hat.

Vorbemerkung. Im **Verfahren der Arbeitsgerichte** entsprechend anwendbar, § 72 V ArbGG.

1) Erläuterung. § 558 entspricht dem § 530; s die dortigen Erläuterungen. Verfahrensverstöße der Revisionsinstanz fallen unter § 295. Wurde in 1. Instanz erfolglos gerügt, so kann die Partei die Rüge wiederholen, soweit das Urteil des OLG auf dem Verstoß beruht.

2) VwGO: *Entsprechend anzuwenden, § 173 VwGO, BVerwG **14**, 146 u DÖD **68**, 94, vgl § 530 Anm 2.*

559 *Umfang der Revisionsprüfung.* I Der Prüfung des Revisionsgerichts unterliegen nur die von den Parteien gestellten Anträge.

II Das Revisionsgericht ist an die geltend gemachten Revisionsgründe nicht gebunden. Auf Verfahrensmängel, die nicht von Amts wegen zu berücksichtigen sind, darf das angefochtene Urteil nur geprüft werden, wenn die Mängel nach den §§ 554, 556 gerügt worden sind.

Vorbem. Im **Verfahren der Arbeitsgerichte** entsprechend anwendbar, Grunsky ArbGG § 74 Rdz 8.

Schrifttum: Rimmelspacher, Zur Systematik der Revisionsgründe im Zivilprozeß, ZZP **84**, 41; Martin, Prozeßvoraussetzungen und Revision, 1974.

1) Parteianträge, I. A. Nicht anders als in der Berufungsinstanz ziehen in der Revisionsinstanz die Parteianträge die **Grenzen der Anfallswirkung,** Grundzüge 1 § 511. Siehe darum die Erläuterungen zu §§ 536, 537, § 537 Anm 1 B, auch wegen Mitabweisung noch in den Vorinstanzen anhängiger Ansprüche u des maßgebenden Streitwertes. Maßgebend sind nicht die Anträge der Revisionsschrift oder Revisionsbegründung, sondern die nach § 297 in mündlicher Verhandlung verlesenen; wegen der Zulässigkeit der Revision bei Streitwertänderungen s § 511a Anm 4 bei „§ 4"; siehe auch § 554 Anm 4.

Über Abänderung des Urteils zum Vorteil oder Nachteil siehe § 536 Anm 2. Keine nachteilige Abänderung ist die Verwerfung der Berufung mangels Beschwer statt der ausgesprochenen Zurückweisung, RG **151**, 46, oder wenn das OLG die Klage als unzulässig abgewiesen hat und dieses Urteil auf Revision des Beklagten, der eine Sachabweisung erzielen möchte, aufgehoben, damit aber die Möglichkeit eröffnet wird, daß nunmehr dem sachlich-rechtlichen Antrag stattgegeben wird, BGH MDR **62**, 976; denn mit der Aufhebung des OLGUrteils und Zurückverweisung sind die Anträge der Berufungsinstanz wieder maßgebend. Hatte das Berufungsgericht den Hauptanspruch abgewiesen und den Hilfsanspruch zuerkannt und erkennt das Revisionsgericht auf Revision des Klägers den Hauptanspruch zu, so muß es zur Klarstellung den Ausspruch des Berufungsgerichts über den Hilfsanspruch aufheben. Erfolgt, da weitere Feststellungen erforderlich sind, Zurückverweisung, so wird regelmäßig auch Aufhebung hinsichtlich des Hilfsanspruchs erfolgen,

2. Abschnitt. Revision **§ 559** 1–3

BGH **21**, 16, Blomeyer ZPR § 99 IV 2 a. Spricht das Berufungsgericht daraufhin dem Kläger den Hauptanspruch nicht zu, so muß es wegen § 318 sein Urteil über den Hilfsanspruch wiederherstellen, da das Revisionsgericht darüber nicht entschieden hat, § 565 II also nicht vorliegt und auch nur so eine Schlechterstellung des Klägers vermieden wird; aM Brox, Festschrift Heymann (1965) S 138 hinsichtlich § 318, der infolgedessen die Aufhebung der Entscheidung über den Hilfsanspruch durch das Revisionsgericht verwirft.

B. Der Revisionsbeklagte kann sich, auch ohne ein Rechtsmittel einzulegen, darauf berufen, daß, wenn die Klage nur auf Grund seiner eventuellen Aufrechnung abgewiesen ist, seine übrigen Einwendungen rechtsirrtümlich zurückgewiesen worden seien, BGH **16**, 395. Er kann bis zum Schluß der mündlichen Verhandlung bestimmen, seinem Vortrag in der Vorinstanz zuwiderlaufende Feststellungen des Berufungsgerichts für den Fall bemängeln, daß das Revisionsgericht die Entscheidung des Berufungsgerichts mit der von ihm gegebenen Begründung für unrichtig hält, BGH MDR **76**, 138. Diese Gegenrügen darf es nicht ohne weiteres der Entscheidung zum Nachteil des Revisionsklägers zugrundelegen, BGH LM § 561 Nr 12. Bemängelt der Revisionsbeklagte die Feststellungen des Berufungsgerichts nicht, muß das Revisionsgericht sie hinnehmen, BAG NJW **65**, 2268.

2) Verfahrensmängel, II 2. A. Soweit sich die Revision auf Verfahrensmängel stützt, sind **nur die nach §§ 554, 556 vorgebrachten Revisionsgründe zu prüfen, wenn sie nicht in der Revisionsinstanz von Amts wegen zu berücksichtigen sind,** unten C. Ob ein Verfahrensmangel vorliegt, ist nach rechtlichen Gesichtspunkten zu beurteilen, nicht nach Äußerlichkeiten, wie Aufnahme der verletzten Vorschrift in die ZPO oder ins BGB. Verstöße gegen die Verteilung der Beweislast gehören nicht zu den der Rüge bedürfenden Verfahrensmängeln, Anh § 286 Anm 1 B. Vgl im übrigen § 554 Anm 4 und zur Feststellung von Tatsachen § 561 Anm 3 C.

B. Ein Verfahrensmangel muß in der Revisionsbegründung oder in rechtzeitigen Nachträgen **gerügt sein**; vgl aber auch § 554 Anm 4 D. Dahin gehört auch, daß eine tatsächliche Feststellung ohne zureichende Unterlage getroffen ist, vgl RG MuW **32**, 239. Die mündliche Nachholung einer in der Begründung nicht enthaltenen Verfahrensrüge ist unstatthaft. Die Unzuständigkeit eines nicht zum Gericht für Patentsachen bestellten LG kann nur gerügt werden, vgl auch § 528 Anm 2 A, wenn sie schon in den Tatsacheninstanzen eingewendet ist und in der schriftlichen Revisionsbegründung vorgebracht ist, BGH **49**, 99. Jede Rüge eines Verfahrensmangels ist rücknehmbar.

C. Oder der Verfahrensmangel muß in der Revisionsinstanz von Amts wegen zu beachten sein. Dahin gehören die Verfahrensverstöße der Revisionsinstanz selbst, ferner die früherer Instanzen, soweit sie das Revisionsverfahren berühren, wie Verstöße bei unverzichtbaren Prozeßvoraussetzungen und sonstigen unverrückbaren Grundlagen des Verfahrens, etwa § 565 II. Beispiele: der Umfang der inneren Rechtskraft eines Vorprozeßurteils, Fehlen der bestimmten Angabe des Gegenstandes und Grundes des erhobenen Anspruchs, BGH **11**, 184, 195 (Nachholungsmöglichkeit in der Revisionsinstanz), bei Verurteilung Zug um Zug die nicht hinreichende Bestimmtheit der Gegenleistung, so daß die Vollstreckung gehindert wird, BGH **45**, 287, Zulässigkeit des Einspruchs gegen ein Versäumnisurteil, BGH NJW **76**, 1940, Zulässigkeit der Berufung, BGH **7**, 284, also auch Rechtzeitigkeit und begründete Wiedereinsetzung, Unterbrechung des Verfahrens, Prozeßfähigkeit einer Partei, BGH NJW **83**, 997, unzulässige sachliche Prüfung durch das Berufungsgericht, RG **161**, 219, unzureichender Tatbestand, § 313 I Z 5, BGH **40**, 84, NJW **79**, 927. Hierher gehört weiter das Fehlen des rechtlichen Interesses bei der Feststellungsklage, weil es das in die Gesetzesmerkmale aufgenommene Rechtsschutzbedürfnis ist.

D. Der Verfahrensmangel kann auch mit beachtlichen Verfahrensmängeln oder beachtlichen sachlich-rechtlichen Verstößen unlöslich **zusammenhängen**, vgl RG **64**, 280. So sind auch die sachlich-rechtlichen Ausführungen nachzuprüfen, die Grundlage für eine Zurückverweisung sind, BGH **31**, 364.

3) Sonstige Gesetzesverletzungen sind vom Revisionsgericht zu berücksichtigen, gleichviel, ob die Partei gerügt hat oder nicht, II 1. Rügt also die Revision auch nur einen Verfahrensverstoß, so muß das Revisionsgericht das ganze Urteil auf die Gesetzmäßigkeit seiner Begründetheit nachprüfen, stRspr. Fehlt irgendeine ausreichende Rüge, so darf das Revisionsgericht keinerlei sachlich-rechtlichen Verstoß beachten, weil die Unzulässigkeit der Revision jegliche Sachprüfung abschneidet. II 1 gilt aber nur für die Revision und Anschlußrevision, nicht für die Partei, die das Rechtsmittel nicht eingelegt hat. Eine ungünstigere Beurteilung auf Grund von deren Vorbringen wäre reformatio in peius zum Nachteil des Gegners, BayObLG **50/51**, 57. Maßgebendes Recht ist das im Zeitpunkt der Revisionsverhandlung geltende, s dazu § 549 Anm 2 A.

4) VwGO: *Die Bindung an die Anträge ergibt sich aus §§ 141, 129 VwGO, im übrigen gilt § 137 III VwGO. Entsprechend anzuwenden, § 173 VwGO, ist § 559 insoweit, als Verfahrensrügen grundsätzlich bis zum Ablauf der Revisionsbegründungsfrist geltend gemacht werden müssen, BVerwG DÖD* **67**, *230.*

560 *Vorläufige Vollstreckbarkeit.* Ein nicht oder nicht unbedingt für vorläufig vollstreckbar erklärtes Urteil des Berufungsgerichts ist, soweit es durch die Revisionsanträge nicht angefochten wird, auf Antrag von dem Revisionsgericht durch Beschluß für vorläufig vollstreckbar zu erklären. Die Entscheidung kann ohne mündliche Verhandlung ergehen; sie ist erst nach Ablauf der Revisionsbegründungsfrist zulässig.

Vorbem. Im **Verfahren der Arbeitsgerichte** entsprechend anwendbar, § 72 V ArbGG.

1) Erläuterung. § 560 entspricht § 534 I; siehe daher die Erläuterungen zu dieser Vorschrift.

2) VwGO: *Entsprechend anzuwenden, § 173 VwGO, vgl § 534 Anm 3.*

561 *Tatsächliche Grundlagen der Nachprüfung.* [I] Der Beurteilung des Revisionsgerichts unterliegt nur dasjenige Parteivorbringen, das aus dem Tatbestand des Berufungsurteils oder dem Sitzungsprotokoll ersichtlich ist. Außerdem können nur die im § 554 Abs. 3 Nr. 3 Buchstabe b erwähnten Tatsachen berücksichtigt werden.

[II] Hat das Berufungsgericht festgestellt, daß eine tatsächliche Behauptung wahr oder nicht wahr sei, so ist diese Feststellung für das Revisionsgericht bindend, es sei denn, daß in bezug auf die Feststellung ein zulässiger und begründeter Revisionsangriff erhoben ist.

Vorbem. Im **Verfahren der Arbeitsgerichte** entsprechend anwendbar, § 72 V ArbGG.

1) Allgemeines. § 561, der den § 549 für die Revisionsinstanz ergänzt, bezieht sich nicht auf Rechtsausführungen, sondern nur auf tatsächliches Vorbringen.

2) Berücksichtigung von Parteivorbringen. A. Grundsätzlich prüft das Revisionsgericht nur auf Gesetzesverletzung; irgendwelche tatsächlichen Feststellungen liegen ihm im allgemeinen nicht ob. Es hat das Parteivorbringen zugrunde zu legen, wie es der Tatbestand des Berufungsurteils oder der nach § 548 in Betracht kommenden Entscheidung und die Sitzungsprotokolle ergeben, BGH **LM** Nr 5. Zu diesen gehören die in ihnen in bezug genommenen Schriftstücke, BGH NJW **83**, 885, die das Revisionsgericht auch selbständig auslegen kann, BGH **LM** § 133 BGB (A) 2. Das Protokoll geht dem Tatbestand vor, § 314. Daneben sind Erfahrungstatsachen zu berücksichtigen, soweit sie das Revisionsgericht kennt, nicht solche, die erst aus einem neu eingereichten Gutachten erhellen, RG **145**, 396. Ist der Tatbestand widersprüchlich, so ist er ohne Beweiskraft und Bindungswirkung für das Revisionsgericht, BGH **LM** § 314 Nr 2. Schweigt der Tatbestand, so kann ein Parteivorbringen nicht auf andere Weise dargetan werden, BGH NJW **83**, 885.

B. Letzter denkbarer Zeitpunkt für tatsächliches Vorbringen ist der **Schluß der letzten mündlichen Verhandlung der letzten Tatsacheninstanz.** Weder offenkundige noch zugestandene neue Tatsachen sind zu beachten. Die nach dem Berufungsurteil eingetretene Fälligkeit des Klaganspruchs ist keine neue Tatsache, wenn sie das Berufungsurteil in ihrer Bedeutung für den Anspruch bereits gewürdigt hat, also zu berücksichtigen, BGH **LM** § 240 BGB Nr 1. Nicht zu beachten ist die Veräußerung des Streitgegenstandes, überhaupt grundsätzlich alles, was nach dem oben genannten Zeitpunkt liegt, so auch die Fortdauer des Getrenntlebens der Ehegatten, BGH NJW **79**, 105 (anders uU, wenn das Berufungsgericht Feststellungen zum Scheitern der Ehe getroffen hat, siehe oben); wegen der Ausnahmen siehe Anm 3. Der Kläger darf auch noch in der Revisionsinstanz Feststellung zur Konkurstabelle statt Zahlung begehren, ebenso BGH **LM** Nr 14; abgesonderte Befriedigung kann er nicht fordern, RG JW **32**, 168, vgl aber auch BGH **LM** § 146 KO Nr 4. War auf Rechnungslegung geklagt und nur zur Auskunftserteilung verurteilt, kann der Kläger mit Anschlußrevision Vorlage der Abrechnungen, § 259 I BGB, fordern und damit den ursprünglichen Antrag teilweise wieder aufgreifen. Unzulässig sind auch die Berichtigung

2. Abschnitt. Revision § 561 2, 3

von Tatsachen, hM, ein Zurückgreifen auf abgewiesene erstinstanzliche Anträge, über die vor dem Berufungsgericht nicht mehr verhandelt wurde, OGHZ **1**, 72, neue Hilfsanträge, mögen auch alle zu ihrer Beurteilung dienlichen Tatsachen vorgetragen, ihre rechtliche Würdigung durch das Berufungsgericht aber nicht erforderlich gewesen sein, BGH NJW **61**, 1468.

C. **Unbeachtet bleiben weiter:** Klageänderung, BGH **28**, 131 (falls es sich nicht nur um Beschränkung handelt, BGH **26**, 37), also namentlich Erhebung neuer Ansprüche, Klagerweiterung, OGHZ MDR **49**, 679, BGH **LM** § 146 KO Nr 5, demgemäß auch die Erhebung einer Widerklage, BGH **24**, 285; erstmalige Erhebung einer Zwischenfeststellungsklage, § 256 II, jedenfalls dann, wenn sie schon in der Berufungsinstanz möglich gewesen wäre und dort der zugrunde liegende Sachverhalt ungeklärt geblieben ist, BAG LS NJW **82**, 790; Umwandlung des Hilfsantrags zum Hauptantrag, BGH **28**, 131, siehe auch Fischer zu **LM** Nr 20 (zu beachten aber Umwandlung des Haupt- zum Hilfsantrag, BGH MDR **75**, 126); Übergang von einer auf Forderung gestützten Zahlungsklage auf eine Wertersatzklage nach AnfG, BGH KTS **77**, 105; eine neu betätigte Zurückbehaltung, RG Warn **17**, 201; Abtretungen, RG Warn **30**, 145, wohl aber, wenn die Abtretung schon vom Berufungsurteil festgestellt und es sich nur um eine Richtigstellung, § 265 Anm 3 B, handelt, BGH **26**, 37 (Antrag auf Zahlung an Abtretungsempfänger); Beweissicherungsergebnisse, soweit sie nach dem Berufungsurteil eingetreten sind, RG JW **12**, 802. **Zu beachten dagegen:** Einrede der beschränkten Erbenhaftung, wenn ihre frühere Erhebung nicht möglich oder nicht geboten war, RG DR **44**, 294, BGH **17**, 73; Klagrücknahme in der Revisionsinstanz, RG Warn **23**, 26; Verzicht auf den Anspruch, RG JW **24**, 965; einseitige Erledigungserklärung jedenfalls dann, wenn das erledigende Ereignis außer Streit ist, BGH WertpMitt **82**, 620 mwN; Vernichtung des Patents, BGH NJW **82**, 830 (stRspr), ebenso Teilvernichtung oder Klarstellung, BGH **LM** § 6 PatG Nr 9, Erlöschen des Patents, RG JW **36**, 190, aber nicht eine in der Revisionsinstanz erstmalig entgegengehaltene Vorveröffentlichung, BGH **40**, 332, in der Regel auch nicht Ansprüche aus einer erst nach der letzten Tatsachenverhandlung bekanntgemachten Patentanmeldung, BGH NJW **64**, 590 (BGH **3**, 365 betraf die Ausnahmelage nach dem Kriege); Nichtigerklärung eines Bebauungsplans nach § 47 VwGO, BGH WertpMitt **82**, 299.

3) **Ausnahmsweise zu beachten sind neue Tatsachen: A. Soweit sie zur Begründung einer Verfahrensrüge rechtzeitig in der Revisionsbegründung vorgebracht sind, § 554 III Z 3b.** Nachholung ist nicht erlaubt.

B. **Soweit sie in der Revisionsinstanz von Amts wegen zu prüfen sind** (dagegen Rimmelspacher, Prüfung von Amts wegen im Zivilprozeß 1966, S 41, 194: Bindung auch insoweit an die im Berufungsurteil enthaltene Tatsachenfeststellung). Also ist ein neuer Vortrag namentlich dann zu berücksichtigen, wenn er die Fragen betrifft, ob die Prozeßvoraussetzungen und die Prozeßfortsetzungsbedingungen erfüllt sind, BGH **85**, 290 mwN, MDR **83**, 574, BAG NJW **82**, 788 mwN. Beispiele: Rechtsweg (ohne Bindung an die Würdigung einer Vereinbarung der Parteien durch das Berufungsgericht, BGH **56**, 368); Prozeßfähigkeit, BGH NJW **83**, 997 mwN, BGH JR **71**, 159 m Anm v Berg u JR **72**, 246 m Anm v Bökelmann; Prozeßführungsbefugnis, BGH **31**, 282, namentlich auch bei Konkurseröffnung oder -einstellung, BGH **28**, 13, NJW **75**, 442 mwN; Rechtsschutzbedürfnis, RG **160**, 212, BGH **LM** § 546 Nr 21; Wegfall des Feststellungsinteresses (Folge ist Prozeßabweisung durch das Revisionsgericht), BGH **18**, 106; die Erledigung durch außergerichtlichen Vergleich, BAG NJW **82**, 788 (nicht durch außergerichtlichen Vergleich, offen gelassen von BGH **22**, 370, einschränkend BAG NJW **82**, 788: nur dann, wenn die Vereinbarung unstreitig ist oder die Parteien ihren Abschluß übereinstimmend angezeigt haben); Unterbrechung des Verfahrens; Zulässigkeit des Einspruchs gegen ein Versäumnisurteil, BGH NJW **76**, 1940; im Aufhebungsprozeß Zustellung und Niederlegung des Schiedsspruchs, BGH **85**, 290 u MDR **80**, 210; im Anfechtungsprozeß außerhalb des Konkurses Abweisung der Klage gegen den Schuldner, BGH MDR **83**, 574; die Wahrung der Berufungs- und Berufungsbegründungsfrist, da es sich um Voraussetzungen für das Berufungsverfahren handelt, BGH **7**, 284. Neue Tatsachen sind auch beachtlich bei der Prüfung, ob Wiedereinsetzung gerechtfertigt ist, als Vorfrage für die Zulässigkeit der Berufung, BGH **LM** § 234 Nr 1 b.

C. **Soweit sie das Verfahren nach Erlaß des Berufungsurteils betreffen,** RG JW **35**, 2132, wie Aufnahme eines unterbrochenen Verfahrens oder erklärter, nicht nur versprochener Revisionsverzicht, RG **161**, 352.

Unter A–C fallende Tatsachen bedürfen der Feststellung. Bestreitet sie der Revisionsbeklagte nicht, dürfen sie als unstreitig berücksichtigt werden, BGH DRiZ **73**, 13. Handelt es

§ 561 3–5

sich um Prozeß- oder Rechtsmittelvoraussetzungen, zB richtige Besetzung des Berufungsgerichts, kann auch eine Beweisaufnahme stattfinden, BGH NJW **76**, 1940 mwN (möglich ist aber auch Zurückverweisung). Kein sog Freibeweis, Einf 2 B § 284, hM, dazu Werp DRiZ **75**, 278.

D. Vorbringen, das im Wiederaufnahmeverfahren berücksichtigt werden müßte (in den Fällen § 580 Z 1– 5 aber nur nach ergangenem Strafurteil, BGH **5**, 299), also auch das Auffinden einer neuen Urkunde, § 580 Z 7 b, kann ausnahmsweise zugelassen werden, BGH **3**, 65, **5**, 240. Maßgebend ist die Verfahrenslage, so wenn ohne deren Berücksichtigung die Entscheidung des Revisionsgerichts zu einem früher ergangenen rechtskräftigen Urteil in Widerspruch stehen würde oder im anhängigen Verfahren noch weitere unrichtige Urteile ergehen würden; nicht zu berücksichtigen sind sie, also auf Restitutionsklage zu verweisen, wenn das Verfahren dann beendet wird, BGH **18**, 59. Über die Anwendung späterer Gesetze siehe § 549 Anm 2 A.

E. Sonstige Tatsachen, die nach der letzten mündlichen Verhandlung vor dem Berufungsgericht entstanden sind, können zumindest dann berücksichtigt werden, wenn sie unstreitig oder aus anderen Gründen nicht beweisbedürftig sind und keine schützenswerten Interessen der anderen Partei entgegenstehen, stRspr, BGH **85**, 290, MDR **81**, 1013 mwN, ua NJW **79**, 105 u MDR **80**, 925 (weitergehend StJ II 2g, RoS § 146 II 3 h, Mattern JZ **63**, 652; immer zu berücksichtigen). Beispiele: Patenterteilung oder -beseitigung, BGH **3**, 365, NJW **51**, 70; materielle Folgen der Konkurseröffnung und der Konkursaufhebung, BGH NJW **75**, 442 (Kläger) u MDR **81**, 1013 (Beklagter); nach § 638 RVO bindende Entscheidungen über die Anerkennung eines Arbeitsunfalls, BGH MDR **80**, 925 (zustm Gitter SGb **81**, 452); Erwerb der deutschen Staatsangehörigkeit in Ehe- und Kindschaftssachen, BGH **53**, 131 m Anm v Johannsen LM Nr 38, StAZ **75**, 338, FamRZ **82**, 795; Übergang zur einverständlichen Scheidung, § 630; überlange Dauer eines ausländischen Scheidungsverfahrens BGH NJW **83**, 1270; Eintritt der Volljährigkeit, vgl BGH **53**, 131; Änderungen im Personenstand, BGH **54**, 135 (Anerkennung der Vaterschaft) u NJW **83**, 451 mwN (Eintragung als eheliches Kind). Wegen des vom Berufungsgericht festgestellten Fälligkeitstermins s Anm 2 B.

4) Tatsächliche Feststellungen, II. A. Feststellungen des Berufungsgerichts über eine tatsächliche Behauptung einer Partei **binden das Revisionsgericht** grundsätzlich, mögen sie im Tatbestand oder in den Urteilsgründen stehen. Die Grundlage der Feststellung bleibt gleich; sie mag Beweiswürdigung, gerichtliches Geständnis, Offenkundigkeit, gesetzliche Vermutung, Auslegung, auch eines Schiedsvertrages, BGH **24**, 15, sein; handelt es sich um die Auslegung einer Rechtsnorm (Tarifvertrag § 549 Anm 4 A), so sind dazu vom Berufungsgericht getroffene Feststellungen unbeachtlich, BAG NJW **63**, 76. Die Revision kann Verkennung der Begriffe der Offenkundigkeit, der Grundlagen der Beweiswürdigung, also Unvollständigkeit der Unterlagen, unvollständige Verwertung (uU auch Verteilung des Schadens nach § 254 BGB, BGH NJW **52**, 1329, MDR **64**, 397), Verletzung der Auslegungsregeln usw rügen. Tatrichterliche Würdigung ist, inwieweit sich das Berufungsgericht einem Gutachten anschließt; daß der Sachverständige Verhandlungsstoff übersehen hat, ist erheblich nur, falls das Gutachten nicht mehr schlüssig ist, RG DR **40**, 1148. Ob ein Vertrag öff-rechtlich oder privatrechtlich ist, ist keine tatbestandliche Feststellung, sondern rechtliche Würdigung, also besteht keine Bindung an die Beurteilung des Berufungsgerichts, BGH **35**, 70. Auf entbehrliches Hilfsvorbringen braucht das Berufungsgericht nicht einzugehen, diesbezügliche tatsächliche Feststellungen sind aber prozessual nicht fehlerhaft, RG **166**, 267.

B. Beachtlich ist immer, daß eine tatsächliche **Feststellung unter Verletzung einer Verfahrensvorschrift** getroffen, daß etwa die Aufklärungspflicht, § 139, verletzt ist. Bei Auslegung von Willenserklärungen ist nur zu prüfen, ob die Auslegung möglich ist und keine Auslegungsgrundsätze verletzt sind, RG **104**, 219. Richtige Anwendung der Denkgesetze und allgemeine Erfahrungssätze (siehe auch Anm 2 A) sind nachprüfbar. Dazu und wegen mustermäßiger Vertragsbedingungen s § 550 Anm 2.

5) VwGO: *Es gilt § 137 II VwGO, der II entspricht. Da neue Tatsachen nicht vorgebracht werden dürfen, Anm 2, ist I 1 entsprechend anzuwenden, § 173 VwGO, BVerwG DÖD* **66**, *177. In Ergänzung von § 139 II 2 VwGO ist auch I 2 entsprechend anzuwenden. Vgl im übrigen Anm 3 B u C; Vorbringen, das zu einer Wiederaufnahme führen müßte, kann auch im Verwaltungsprozeß unter besonderen Umständen noch im Revisionsverfahren berücksichtigt werden, BVerwG* **10**, *357. Zur Möglichkeit tatsächlicher Feststellungen durch das Revisionsgericht vgl BVerwG NJW* **68**, *2308.*

562 **Nichtrevisibles Recht.** Die Entscheidung des Berufungsgerichts über das Bestehen und den Inhalt von Gesetzen, auf deren Verletzung die Revision nach § 549 nicht gestützt werden kann, ist für die auf die Revision ergehende Entscheidung maßgebend.

Vorbemerkung. Im **Verfahren der Arbeitsgerichte** kann die Revision auf die Verletzung jeder Rechtsnorm gestützt werden, § 73 I ArbGG.

1) Erläuterung. Die Entscheidung des Berufungsgerichts über Bestehen und Inhalt **nichtrevisiblen Rechts bindet das Revisionsgericht wie eine tatsächliche Feststellung,** § 561. Deshalb darf das Berufungsgericht nicht dahingestellt sein lassen, ob es auf Grund revisiblen oder nichtrevisiblen Rechtes geurteilt hat, auch bei Gleichheit beider Rechte, vgl zB § 549 Anm 2 B; wohl aber darf das das Revisionsgericht, weil dadurch keine Partei beschwert wird, RG **167**, 280, BGH **LM** § 549 Nr 6. Eine andere Auslegung des nichtrevisiblen Rechts als die des Berufungsgerichts ist dem Revisionsgericht verwehrt, stRspr. Voraussetzung ist freilich, daß nicht laut revisiblen Recht die nichtrevisible Norm unanwendbar ist; das ist nachzuprüfen, RG **127**, 96. Ebenso bleibt zu prüfen, ob das Gericht nicht bei Anwendung des nichtrevisiblen Rechts revisibles verletzt hat, zB ob nicht älteres nichtrevisibles Recht durch jüngeres revisibles ersetzt ist, oder ob bei Anwendung irrevisiblen Rechts irrig Bindung durch revisibles Recht angenommen wurde, BVerwG VerwRspr **27**, 787. Das Revisionsgericht kann auch irrevisibles Landesrecht auf einen Tatbestand anwenden, den das Berufungsgericht übersehen und nicht gewürdigt hat, falls dessen Entscheidung nicht etwa die Unanwendbarkeit ergibt, BGH **24**, 159; das gilt jedenfalls auch für vom Berufungsgericht nicht angewendetes ausländisches Recht, das erst nach dessen Urteil ergangen ist und deshalb nicht angewendet werden konnte, BGH **36**, 353, oder dem Berufungsgericht unbekannt war, da es sich nicht um die Nachprüfung der Auslegung eines irrevisiblen Gesetzes durch das Berufungsgericht, sondern um dessen Anwendung überhaupt handelt, BGH **40**, 197, zustimmend Dölle Festschrift Riese, 1964, S 282; vgl auch § 565 IV und dort Anm 3 A. Eine beiläufige Bemerkung, nach ausländischem Recht gelte dasselbe wie nach BGB, ist keine maßgebliche Feststellung nichtrevisiblen Rechts, RG **61**, 348. Keine Nachprüfung, wenn eine nicht erschöpfende Anwendung ausländischen Rechts gerügt wird, wobei dann unerheblich ist, ob die Vorschrift zu Unrecht angewendet oder nicht angewendet wurde, BGH NJW **63**, 252; dagegen begründet Nichtermittlung des ausländischen Rechts die Revision, BGH MDR **57**, 33. Prozessuale Mängel sind Revisionsgrund nur, wo das Verfahren vom Standpunkt der Auslegung des nichtrevisiblen Rechts durch das Berufungsgericht zu beanstanden ist, RG JW **33**, 2582. Sonst ist zB die Zuständigkeit nach Vorschriften des ausländischen Rechts nicht nachprüfbar, RG **85**, 155, auch nicht hinsichtlich einer Vorfrage (ausländische Staatsangehörigkeit des Ehemannes), von der die Zuständigkeit in Ehesachen abhängt, BGH **27**, 47, s auch § 606b Anm 2 B, wohl aber, wenn sich die Rechts- oder Parteifähigkeit danach entscheidet, BGH NJW **65**, 1666. Vgl ferner § 549 Anm 2 B.

2) *VwGO:* *Entsprechend anzuwenden,* § 173 VwGO, *BVerwG ZMR* **79***, 71. Keine Beschränkung gilt für das Revisionsgericht, wenn die Vorinstanz kein Landesrecht zugrunde gelegt hat, BVerwG Buchholz 415.1 AllgKommR Nr 32 mwN, ua BVerwG* **12***, 296.*

563 **Revisionszurückweisung.** Ergeben die Entscheidungsgründe zwar eine Gesetzesverletzung, stellt die Entscheidung selbst aber aus anderen Gründen sich als richtig dar, so ist die Revision zurückzuweisen.

Vorbem. Im **Verfahren der Arbeitsgerichte** entsprechend anwendbar, § 72 V ArbGG.

Schrifttum: Bettermann ZZP **88**, 372ff.

1) Revisionszurückweisung: A. Die **Revision ist zurückzuweisen, wenn sie unbegründet ist.** Äußerliche Änderungen am Berufungsurteil sind zulässig, zB klarere Fassung der Urteilsformel oder Berichtigung des Urteilskopfes. Eine Zurückverweisung ist in solchen Fällen immer unnötig.

B. Die Revision ist ferner zurückzuweisen, wenn sie zwar begründet ist, **das Revisionsgericht aber aus anderen Gründen zu demselben Ergebnis kommt.** Hier zeigt sich die Natur der Revision als eines wahren Rechtsmittels, weil hier nicht nur aufzuheben, sondern auch in der Sache zu erkennen ist, Üb 1 § 545. Darum muß das Revisionsgericht prüfen, ob das Urteil nicht aus anderen als den angegebenen sachlich-rechtlichen oder prozessualen Gründen zutrifft; dabei muß es auch nichtrevisible Vorschriften beachten, BGH **10**, 350, und ggf von seinem Befugnis zur Selbstauslegung, § 550 Anm 2, Gebrauch machen, E. Schneider MDR **81**, 885. Deshalb kommt es nicht zur Aufhebung, wenn eine Feststellung unter Versagung rechtlichen Gehörs getroffen worden ist, es auf sie aber nach Auffassung des Revisionsgerichts nicht ankommt, BVerwG **15**, 24, **24**, 264. Die Revision ist auch zurückzuweisen, wenn das Berufungsurteil auf Grund des nach seinem Erlaß ergangenen neuen Rechts aufrechtzuerhalten ist, BGH NJW **51**, 922. Die eigene Entscheidung des Revisionsgerichts setzt volle Entscheidungsreife voraus.

C. Die Revision ist schließlich dann zurückzuweisen, wenn sie zwar begründet, **der Verfahrensmangel aber in der Revisionsinstanz zu beseitigen ist, oder wenn das Urteil den Revisionskläger als noch zu günstig nicht beschwert,** StJ II. Beispiel: es stellt sich die „Abweisung als unzulässig" durch das Berufungsgericht als unrichtig heraus; dann kann das Revisionsgericht, wenn der Klagevortrag völlig unschlüssig und nicht damit zu rechnen ist, daß er schlüssig gemacht werden könnte, die Klage als unbegründet abweisen, ohne daß hierin eine Abänderung zum Nachteil liegt, da die Revision Aufhebung und Zurückverweisung erstrebt und damit die Möglichkeit einer sachlichen Abweisung eröffnet, BGH **33**, 398, **46**, 281, BVerwG ZBR **81**, 339, StJ § 565 Anm III 1 a, Bettermann ZZP **88**, 405, Bötticher ZZP **65**, 464, Blomeyer ZPR § 99 II, Fischer bei **LM** § 563 Nr 5, § 536 Anm 3 d (aM RoS § 147 II 2 b, vgl auch Johannsen bei **LM** § 563 Nr 4). Hat das Berufungsgericht die Zulässigkeit der Klage aus Rechtsirrtum verneint, so muß allerdings grundsätzlich zurückverwiesen werden, auch wenn das Berufungsgericht Feststellungen getroffen und Ausführungen gemacht hat, daß das Rechtsmittel auch sachlich unbegründet wäre. Diese gelten für das Revisionsgericht als ungeschrieben, da die Rechtskraftwirkungen der Prozeß- und Sachabweisung ganz verschieden sind, BGH stRspr, MDR **76**, 138 mit weiteren Nachweisen (gilt auch in Verfahren nach BEG, BGH RzW **77**, 79). Es liegt aber dann anders, wenn die sachlichen Feststellungen für einen Teil des Verfahrens zulässig waren und sich zwangsläufig die sachliche Entscheidung auch für den Prozeßteil ergeben hätte, der vom Berufungsgericht für unzulässig gehalten wurde, BGH **46**, 281 (das Berufungsgericht hielt den Hauptantrag entgegen der Ansicht des Revisionsgerichts für unzulässig, entschied aber sachlich über den Hilfsantrag; die dortigen sachlich-rechtlich erschöpfenden Feststellungen ergaben zwangsläufig die Entscheidung für den bisher nur prozeßrechtlich entschiedenen Hauptantrag). Vgl auch BGH **4**, 58, ferner § 565 Anm 3 A. Möglich ist auch die sachliche Abweisung der Feststellungsklage, die das Berufungsgericht wegen Fehlens rechtlichen Interesses als unzulässig abgewiesen hat, BGH WertpMitt **78**, 471, vgl auch § 564 Anm 1 b. Über den Wegfall der Beschwer s Grdz 3 B § 511.

Unanwendbar ist § 563 in den Fällen des § 551 (für § 551 Z 4 u 7 differenzierend Bettermann ZZP **88**, 378 ff), offen gelassen BGH NJW **81**, 1046 (zu § 551 Z 7).

2) *VwGO: Es gilt § 144 IV VwGO (gleichlautend).*

564 *Aufhebung des Urteils.* ¹ Insoweit die Revision für begründet erachtet wird, ist das angefochtene Urteil aufzuheben.

ᴵᴵ Wird das Urteil wegen eines Mangels des Verfahrens aufgehoben, so ist zugleich das Verfahren insoweit aufzuheben, als es durch den Mangel betroffen wird.

Vorbemerkung. Die Vorschrift ist im **Verfahren der Arbeitsgerichte** entsprechend anwendbar, § 72 V ArbGG.

Schrifttum: Grunsky, Beschränkungen bei der Einlegung eines Rechtsmittels und bei der Aufhebung des angefochtenen Urteils, ZZP **84**, 129.

1) Erläuterung. Regelmäßig ist die anderweite Entscheidung des Revisionsgerichts nur aufhebend (iudicium rescindens). Das Revisionsgericht hebt auf, wenn die Revision begründet ist. Es kann aber auch nur insoweit aufheben, als das Urteil einen Mangel enthält, zB nicht genügend klare ziffernmäßige Angaben der Gegenleistung bei Zug-um-Zug-Urteil, BGH **45**, 287, StJ I 2, aM Reinicke NJW **67**, 515; möglich ist dann aber auch die volle Aufhebung, BGH NJW **66**, 2356. **Eine ersetzende Entscheidung** (iudicium rescissorium) **steht dem Revisionsgericht nur offen a) in den Fällen § 565 III ZPO, b) in den Fällen § 563 Anm 1 B, C,** bei denen die Ersetzung freilich äußerlich unsichtbar bleibt. Hat das Berufungsgericht eine Feststellungsklage mangels rechtlichen Interesses abgewiesen ohne sachliche Hilfsbegründung, läßt das Urteil aber eine solche zu, so kann das Revisionsgericht sachlich abweisen, BGH NJW **54**, 150. Wird das Berufungsurteil, das als unbegründet abgewiesen hat, nur wegen eines Hilfsantrags aufgehoben und zurückverwiesen, so ist die

2. Abschnitt. Revision §§ 564, 565 1

Revision hinsichtlich des Hauptanspruchs zurückzuweisen, BGH NJW 56, 1154. § 538 gilt nicht im Verhältnis von Revisionsgericht zu Berufungsgericht; das Revisionsgericht kann abschließend sachlich entscheiden, wo das Berufungsgericht wegen Unzuständigkeit abgewiesen, das LG aber sachlich erkannt hat, § 563 Anm 1 C. Aufzuheben ist regelmäßig nur das Berufungsurteil, bei ersetzender Entscheidung auch das Urteil 1. Instanz. § 564 II entspricht dem § 539; siehe die dortigen Erläuterungen. Das Verfahren 1. Instanz ist nur im Rahmen der §§ 565 III oder 566a aufzuheben.

2) *VwGO:* Abs. I liegt auch § 144 III VwGO zugrunde. Abs. II ist entsprechend anwendbar, § 173 VwGO, Koehler § 144 Anm IV 1.

565 *Zurückverweisung; ersetzende Entscheidung.* **¹ Im Falle der Aufhebung des Urteils ist die Sache zur anderweiten Verhandlung und Entscheidung an das Berufungsgericht zurückzuverweisen. Die Zurückverweisung kann an einen anderen Senat des Berufungsgerichts erfolgen.**

II Das Berufungsgericht hat die rechtliche Beurteilung, die der Aufhebung zugrunde gelegt ist, auch seiner Entscheidung zugrunde zu legen.

III Das Revisionsgericht hat jedoch in der Sache selbst zu entscheiden:
1. wenn die Aufhebung des Urteils nur wegen Gesetzesverletzung bei Anwendung des Gesetzes auf das festgestellte Sachverhältnis erfolgt und nach letzterem die Sache zur Endentscheidung reif ist;
2. wenn die Aufhebung des Urteils wegen Unzuständigkeit des Gerichts oder wegen Unzulässigkeit des Rechtswegs erfolgt.

IV Kommt in den Fällen der Nummern 1 und 2 für die in der Sache selbst zu erlassende Entscheidung die Anwendbarkeit von Gesetzen, auf deren Verletzung die Revision nach § 549 nicht gestützt werden kann, in Frage, so kann die Sache zur anderweiten Verhandlung und Entscheidung an das Berufungsgericht zurückverwiesen werden.

Vorbem. Im **Verfahren der Arbeitsgerichte** sind I–III entsprechend anwendbar, § 72 V ArbGG, vgl Grunsky ArbGG § 72 Rdz 61, 62.

Schrifttum zu II: Tiedtke, Die innerprozessuale Bindungswirkung von Urteilen der obersten Bundesgerichte, 1976; Bettermann DVBl **55**, 22; Bötticher MDR **61**, 805; Götz JZ **59**, 681.

1) Zurückverweisung, I. A. Hebt das Berufungsgericht das Urteil auf, so **muß es zurückverweisen,** weil es eigene Tatsachenfeststellungen regelmäßig nicht treffen kann, darum aber auch **nur, wo solche Feststellungen nötig sind,** III Z 1. Ist das nicht der Fall, so ist unter Umständen auch über Ansprüche zu entscheiden, die wegen § 546 nicht revisibel sind, BGH **10**, 357. Zurückzuverweisen ist regelmäßig ans Berufungsgericht. Dessen Geschäftsverteilung entscheidet darüber, welchem Senat die weitere Bearbeitung obliegt, RG JW **24**, 965. Hat das Berufungsgericht nur über Rügen der Unzulässigkeit der Klage entschieden, so ist, wenn das Revisionsgericht sie verwirft, zurückzuverweisen, BGH **11**, 222, siehe aber auch § 563 Anm 1 C, dabei ist eine Zurückverweisung an das LG möglich, BGH **LM** § 50 Nr 2; ebenso, wenn das LG ein unzulässiges Teilurteil erlassen hat, das Berufungsgericht also seinerseits gemäß § 539 zurückzuverweisen hätte, BGH **16**, 82. Andererseits kann auch das Revisionsgericht von einer Zurückverweisung an das LG trotz § 538 I Z 3 absehen, wenn es die Entscheidung durch das Berufungsgericht gemäß § 540 für sachdienlich hält, BGH **LM** § 1 UWG Nr 24, **LM** § 540 Nr 5, oder das Berufungsgericht selbst entscheiden kann (Aufrechnung), BGH **25**, 368. Wegen der Zurückverweisung nach Sprungrevision s § 566a V, wegen der Zurückverweisung in **Scheidungs- und Folgesachen** §§ 629b u c.

B. Das Revisionsgericht darf auch an einen anderen, bestimmt zu bezeichnenden Senat zurückverweisen, I 2. So auch bei Teilurteil; der neue Senat hat dann auch den Rest zu erledigen, weil eine Trennung untunlich ist, BGH **LM** § 765 BGB Nr 1. Der neue Senat muß die Sache bearbeiten, außer wenn er nicht mehr besteht; Bearbeitung durch einen anderen Senat ist unverzichtbarer Revisionsgrund, stRspr. Die früheren Richter sind als solche nicht ausgeschlossen, BVerwG BayVBl **73**, 26, NJW **75**, 1241; ob sie wegen ihrer Mitwirkung abgelehnt werden können, hängt von den Umständen des Einzelfalls ab, Schmid NJW **74**, 729, ebenso zur Wiederaufnahme Zweibrücken MDR **74**, 406 (abzulehnen Stemmler NJW **74**, 1545: abstraktes Recht zur Ablehnung).

2) Anderweite Verhandlung und Entscheidung, II. A. In der neuen Verhandlung vor dem Berufungsgericht ist das Revisionsurteil zum Gegenstand der Verhandlung zu machen. Maßgebend ist die unter Heranziehung der Gründe auszulegende Urteilsformel. **Das Gericht der Zurückverweisung ist an die Punkte des Revisionsurteils gebunden, die für die Aufhebung ursächlich (tragend) gewesen sind, nicht nur an die dem Revisionsurteil „unmittelbar" zugrunde liegende rechtliche Würdigung,** BGH **22**, 373, BAG **10**, 359, BVerwG **42**, 243; abweichend Tiedtke (vor Anm 1) S 87ff. Die Bindung bezieht sich deshalb auf alle Rechtsgründe, die eine Bestätigung des Berufungsurteils ausschlossen, BVerwG **42**, 243 (für Prozeßvoraussetzungen). Handelte es sich dabei um einen Rechtsbegriff, der Teil eines allgemeinen Rechtsgrundsatzes ist, so ergreift die Bindung auch letzteren, BGH **6**, 76. Ebenso ist das Berufungsgericht an die rechtliche Beurteilung der Revisionsvoraussetzungen gebunden, wenn sich an ihren tatsächlichen Grundlagen nichts geändert hat, BGH **22**, 370, ferner an Feststellungen des Revisionsgerichts zur Legitimation, BGH **LM** Abs 3 Nr 10. Die Bindung besteht nur in derselben Sache, nicht in gleichliegenden anderen, RG JW **37**, 2229. Im übrigen entscheidet die Lage bei Schluß der neuen letzten Tatsachenverhandlung, RG JW **31**, 2024. Die Bindung ergreift die Würdigung eines Einwands, auch eines das Verfahren betreffenden, RG HRR **33**, 1539. Fingerzeige, die das Revisionsgericht für die weitere Behandlung gibt, binden nicht; das Berufungsgericht muß allseitig prüfen, RArbG HRR **33**, 1432. Hat das Revisionsgericht wegen verfahrensrechtlicher Mängel aufgehoben, ist das Berufungsgericht also hinsichtlich der sachlich-rechtlichen Beurteilung ganz frei, auch nicht an seine eigene frühere Beurteilung gebunden, BGH **3**, 321. Ob das Revisionsurteil falsch ist, etwa ein Gewohnheitsrecht übersehen hat, bleibt gleich. Technische Regeln oder Erfahrungssätze, die das Revisionsgericht seiner Entscheidung zugrunde gelegt hat, binden weder den Tatrichter noch die Parteien, BGH NJW **82**, 1049.

Die **Bindung des Berufungsgerichts entfällt,** Tiedtke (vor Anm 1) S 158ff, wenn es nach neuer Verhandlung einen anderen Sachverhalt zugrunde legen muß, Anm 2 C, wenn eine nachträgliche Rechtsänderung die Auffassung des Revisionsgerichts gegenstandslos macht oder wenn die Rechtsansicht, auf der die Aufhebung beruht, vom Revisionsgericht inzwischen in anderer Sache selbst aufgegeben worden ist oder ihr eine Entscheidung des BVerfG oder des GmS entgegensteht, vgl Anm 2 D.

Nur in derselben Sache besteht die Bindung. In einem neuen Rechtsstreit ist die Bindungswirkung auch dann nicht zu beachten, wenn er dieselben Rechtsfragen betrifft und von denselben Parteien geführt wird, BVerwG NVwZ **82**, 120.

B. Im einzelnen bestehen viele Zweifel. Bindend sind zB die Auslegung von Prozeßhandlungen, etwa Erklärungen in vorbereitenden Schriftsätzen, RG **136**, 207, und die Auslegung des Klageantrags, BGH NJW **63**, 956. Hat das Revisionsgericht einen Einwand übergangen, hindert das die Bindung nicht, RG HRR **25**, 1168; denn es lag der ganze Prozeßstoff dem Revisionsgericht vor. Parteifähigkeit ist auch ohne Änderung des Sachverhalts erneut zu prüfen, wenn sie nicht ausdrücklich und abschließend erörtert worden ist, BGH **LM** Abs 2 Nr 9. Die Meinung, Bindung bestehe, wo das Revisionsgericht eine bestimmte Frage im Gegensatz zum Berufungsgericht abschließend beantwortet habe, RG **90**, 23, ist zu mißbilligen. Jedes Urteil gründet sich auf Tatsachen, die dem Gericht vorlagen; nur Rechtskraft kann Geltendmachung neuer Tatsachen ausschließen; so auch RG HRR **42**, 498: Bindung nur für solche rechtsirrtümlich befundene Rechtssätze und Subsumtionen, die zur Aufhebung geführt haben; ebenso BGH **3**, 321, so daß eine andere Auslegung als im ersten (aufgehobenen) Urteil möglich bleibt, BGH NJW **69**, 661. Weitergehend BAG MDR **61**, 885 mit Anm v Bötticher, das auch eine Bindung an die Gründe annimmt, die die notwendige Voraussetzung für die unmittelbaren Aufhebungsgründe sind, so auch KG NJW **62**, 1114; noch weiter Wieczorek Anm C III b 5: auch solche Billigung des Berufungsurteils, die nicht anläßlich eines Revisionsangriffs erfolgte. Hat das Revisionsgericht ein Schiedsgutachten als offenbar unbillig beurteilt und dem Berufungsgericht die Bestimmung der Leistung durch Urteil aufgegeben, so darf es jedenfalls ohne Änderung der maßgeblichen Tatsachengrundlage das Schiedsgutachten im neuen Urteil nicht anerkennen, BGH WertpMitt **82**, 102. Erklärt das Revisionsgericht eine Annahme des Berufungsgerichts für rechtlich bedenkenfrei, so bindet das nur, wo es ausnahmsweise der Aufhebung zugrunde liegt, Schönke § 88 IV 3a, vgl BGH **6**, 76; weitergehend Bötticher MDR **61**, 807, der unter Zurückweisung der Ansicht von Wieczorek für das Revisionsurteil Zwischenurteilscharakter annimmt, so daß gemäß § 318 auch die Zurückweisung von Revisionsangriffen an der Bindung teilnehme. Nichtrevisibles Recht kann das Berufungsgericht anders als zuvor würdigen, oder eine von der Rechtsauffassung des Revisionsgerichts unabhängige Entscheidung treffen, etwa Prozeßabweisung aussprechen, wo das Revisionsgericht sachlich geprüft hat. Nach EuGH nimmt die Bindung dem nachgeordneten Gericht nicht das Recht zur Vorlage nach Art 177 EWG-Vertrag (§ 1 GVG Anm 3 C c), NJW **74**, 440.

C. Abgesehen von der Bindung, A, befindet sich die zurückverwiesene Sache in derselben prozessualen Lage wie bei Erlaß des Berufungsurteils. Es findet eine ganz neue Verhandlung statt, in der neue Anträge, Ansprüche, Einreden, Beweise, Anschließung zulässig sind, soweit sie überhaupt das Verfahren erlaubt. Ist also mit der Berufung das ungünstige Urteil nur zT angefochten worden, ohne daß im übrigen ein Rechtsmittelverzicht vorlag, so kann nach Zurückverweisung auch der übrige Teil nun in die Berufung hereingezogen werden, BGH NJW **63**, 444, vgl auch Grdz 1 B § 511. Früher für das Gericht maßgebende Vorgänge wie Geständnisse behalten ihre Wirksamkeit, ebenso frühere Beweisaufnahmen und tatsächliche Feststellungen, soweit nicht der Parteivortrag etwas anderes ergibt. Das Berufungsgericht darf aber sein neues Urteil auf ganz neuen tatsächlichen und rechtlichen Grundlagen aufbauen, RG **129**, 225. Beispiel: Das Revisionsgericht hat die Kündigung eines Dienstvertrages von der Zustimmung einer anderen Stelle abhängig gemacht; das Berufungsgericht darf aussprechen, es bedürfe gar keiner Kündigung, weil der Vertrag auf bestimmte Zeit geschlossen sei. Vom Revisionsgericht für erheblich erklärte Tatsachen muß das Berufungsgericht feststellen und nach der Rechtsauffassung des Revisionsgerichts würdigen, RG **76**, 189. Zu der Frage, aus welchen Gründen die Bindung entfällt, vgl Anm 2 A aE.

D. Das **neue Urteil** darf in diesem Rahmen, Anm 2 C, dem Revisionskläger ungünstiger sein als das alte; vgl auch § 559 Anm 1. Nur an seine nicht aufgehobenen früheren Urteile ist das Berufungsgericht nach § 318 gebunden, RG **35**, 407. Das neue Urteil des Berufungsgerichts unterliegt der Revision nach allgemeinen Grundsätzen, nur tritt als revisible Gesetzesverletzung die des § 565 I, II hinzu. Bei erneuter Revision ist das Revisionsgericht an sein früheres Urteil gebunden, GmS NJW **73**, 1273, Düss FamRZ **81**, 808, aM Tiedtke (vor Anm 1) S 246 ff, krit Sommerlad NJW **74**, 123 (mit GG vereinbar, BVerfG **4**, 1). Keine Bindung besteht bei Änderung der tatsächlichen Verhältnisse oder bei einer den Prozeß ergreifenden Rechtsänderung, BGH **9**, 101, oder bei Ergehen einer entgegenstehenden Entscheidung des BVerfG, BFH BStBl **63** III 541, oder bei Aufgabe der dem ersten Revisionsurteil zugrundeliegenden Rechtsmeinung durch das Revisionsgericht, GmS NJW **73**, 1273. Das Revisionsgericht ist auch an die Ansicht des Berufungsgerichts über die Zulässigkeit des Rechtswegs gebunden, wenn dieses darüber entschieden und dann unangefochten zurückverwiesen hatte, dann aber gegen das 2. Berufungsurteil Revision eingelegt ist, BGH **25**, 203. Soweit das Berufungsgericht neu würdigen darf, entfällt auch die Bindung des Revisionsgerichts, RG JW **29**, 509.

E. Ein **Verstoß gegen II** ist von Amts wegen zu beachten, Wieczorek C IIId mwN.

3) Ersetzende Entscheidung III, IV. A. Das Revisionsgerichts entscheidet ausnahmsweise abschließend, ersetzt also die Entscheidung des Berufungsgerichts durch eine andere, wenn es ausschließlich wegen falscher Einordnung (Subsumtion) aufhebt und die Sache spruchreif ist, III Z 1. Es dürfen keinerlei sachlich-rechtliche oder prozessuale Voraussetzungen mehr der Klärung bedürfen; das Revisionsgericht muß bei Klageabweisung demnach der Überzeugung sein, daß weitere klagebegründende Tatsachen nicht vorgetragen werden können, Johannsen zu **LM** Nr 5, vgl auch BGH **LM** Nr 6a (für den Fall, daß das Revisionsgericht im Gegensatz zum Berufungsgericht die Zulässigkeit der Berufung bejaht, aber trotzdem nicht zurückverweist, sondern selbst entscheidet, weil mit Rücksicht auf die eindeutige, sachlich keiner Ergänzung mehr fähige Rechtslage die Zurückverweisung nunmehr nur die gleiche Entscheidung durch das Berufungsgericht zur Folge haben könnte), BGH **33**, 399 (Bejahung der Zulässigkeit der Widerklage im Gegensatz zum Berufungsgericht und sachliche Abweisung, weil Klage und Widerklage denselben Streitgegenstand betreffen und die Widerklage auf Grund des festgestellten Sachverhalts entscheidungsreif ist); vgl auch § 563 Anm 1 C. Endentscheidungen des Revisionsgerichts sind hier auch die Vorabentscheidung nach § 304, RG **50**, 224, Zurückverweisung an das LG, RG JW **31**, 2487, Verwerfung als unzulässig. Überhaupt spricht das Revisionsgericht eine Prozeßabweisung bei Entscheidungsreife (vgl auch B) immer selbst aus, RG **45**, 399, auch dann, wenn der zur Prozeßabweisung führende Umstand (Fortfall des Feststellungsinteresses) erst in der Revisionsinstanz eingetreten ist, BGH **18**, 98. Es kann auch Wiedereinsetzung gegen Versäumung der Berufungsfrist erteilen, die Berufung für zulässig erklären und dann zurückverweisen, RG **70**, 127.

B. Ebenso, wenn das Revisionsgericht nur wegen Unzuständigkeit des Gerichts oder Unzulässigkeit des Rechtswegs aufhebt, III Z 2. Dies gilt im Hinblick auf § 549 II nur für fehlende funktionale oder internationale Zuständigkeit und Unzulässigkeit des Rechtswegs. In diesen Fällen ist Zurückverweisung verboten; ggf ist an das zuständige Gericht zu verweisen, BGH **16**, 345, § 17 GVG, bzw die Klage abzuweisen.

C. Zurückverweisung steht im **Ermessen** des Revisionsgerichts, wenn bei der nach III vom Revisionsgericht zu erlassenden Entscheidung nichtrevisibles Recht in Frage kommt, **IV.** Entscheidet es auch da selbst, so beurteilt es das nichtrevisible Recht frei, soweit es nicht nach § 562 gebunden ist. Wird das Urteil wegen Nichtanwendung irrevisiblen Rechts aufgehoben, entscheidet die Prozeßwirtschaftlichkeit, ob Revisions- oder Berufungsgericht entscheidet, BGH **36**, 356, **49**, 387, vgl auch § 562 Anm 1.

4) *VwGO:* Statt Abs. **I** 1 u Abs. **III** gilt § 144 III, statt Abs. **II** § 144 VI VwGO, der ebenso wie § 565 II ausgelegt wird, vgl Jessen NJW **70**, 183 (Zurückverweisung an das VG ist zulässig, vgl BVerwG **28**, 317, dazu Bettermann NJW **69**, 170). Entsprechend anzuwenden, § 173 VwGO, ist Abs. **I** 2, BVerwG NJW **64**, 1736. Zur Ergänzung von § 144 III Nr 2 VwGO ist auch **IV** entsprechend anzuwenden, BVerwG **19**, 204 und FEVS **80**, 274, aM EF § 137 Rdz 1.

565 a *Begründung bei Verfahrensrügen.* **Die Entscheidung braucht nicht begründet zu werden, soweit das Revisionsgericht Rügen von Verfahrensmängeln nicht für durchgreifend erachtet. Dies gilt nicht für Rügen nach § 551.**

Vorbem. Im **Verfahren der Arbeitsgerichte** entsprechend anwendbar, weil der bisherige § 75 III ArbGG ersatzlos gestrichen worden ist, Philippsen pp NJW **79**, 1335, Dütz RdA **80**, 97.

1) **Erläuterung.** Es handelt sich um eine Vereinfachung für die Entscheidung über Verfahrensrügen, auch wenn sie neben Sachrügen geltend gemacht werden. Sieht der BGH sie als nicht gerechtfertigt an, so bedarf es dafür keiner Begründung; eine Ausnahme gilt für die Verfahrensrügen des § 551.

2) *VwGO: Die Vorschrift ist, weil auf das Zivilverfahren zugeschnitten, unanwendbar.*

566 *Anwendbare Vorschriften des Berufungsverfahrens.* **Die für die Berufung geltenden Vorschriften über die Anfechtbarkeit der Versäumnisurteile, über die Verzichtleistung auf das Rechtsmittel und seine Zurücknahme, über die Vertagung der mündlichen Verhandlung, über die Rügen der Unzulässigkeit der Klage, über den Vortrag der Parteien bei der mündlichen Verhandlung und über die Einforderung und Zurücksendung der Prozeßakten sind auf die Revision entsprechend anzuwenden.**

Vorbem. Im **Verfahren der Arbeitsgerichte** entsprechend anwendbar, § 72 V ArbGG, vgl Grunsky ArbGG § 72 Rdz 60.

1) **Erläuterung.** Entsprechend anwendbar von den Vorschriften fürs Berufungsverfahren sind auf das Revisionsverfahren **die Vorschriften über a) die Anfechtbarkeit eines Versäumnisurteils, §§ 513, 521 II,** wobei die Revision ohne Beschränkung (Revisionssumme bzw Zulassung) statthaft ist, BGH NJW **79**, 166, s § 546 Anm 1. Die Revision kann aber nur dann Erfolg haben, wenn das Berufungsgericht durch irrige Annahme einer Versäumung das Gesetz verletzt hat. Weder Einspruch noch Revision ist gegeben, wo das Versäumnisurteil die Berufung unter Versagung der Wiedereinsetzung wegen Fristversäumung als unzulässig verwirft, § 238 II S 2, Üb 3 A § 330, RG **140**, 79, BGH NJW **69**, 845; **b) Verzicht auf die Revision, § 514.** Ein außergerichtl Vergleich, daß Revision ausgeschlossen sein soll, ist zwar eine rein sachlich-rechtliche Verpflichtung zum Verzicht; RG HRR **34**, 969 (stRspr) hält ihn deshalb in der Revisionsinstanz für unbeachtlich; dies verstößt aber gegen den Grundsatz der Prozeßwirtschaftlichkeit, siehe § 561 Anm 3 E; **c) Rücknahme der Revision, §§ 515, 522;** die Rücknahmeerklärung unterliegt dem Anwaltszwang, aM BFH BStBl **81** II 395: zur Vermeidung einer unbilligen Förmelei; **d) Vertagung** der mündlichen Verhandlung. Diese Bezugnahme ist versehentlich stehengeblieben, obwohl für das Berufungsverfahren eine Vorschrift fehlt (früher § 524 aF), und deshalb inhaltslos; **e) Rügen der Unzulässigkeit der Klage, § 529.** Die Revisionsinstanz läßt nur unverzichtbare oder rechtzeitig vorgebrachte Rügen zu, weil eine in den Vorinstanzen eingetretene Ausschließung

fortdauert. Die Rüge mangelnder Kostensicherheit ist nur zulässig, § 111, wenn ihre Voraussetzungen in der Revisionsinstanz entstanden sind (nicht, wenn sie in der Berufungsinstanz geltend gemacht werden konnte, dort aber Sicherheit nur für die Kosten erster und zweiter Instanz verlangt wurde, BGH NJW 81, 2646) oder wenn sie ohne Verschulden in der Berufungsinstanz nicht vorgebracht wurde, BGH NJW 81, 2646, 37, 266; **f) den Vortrag der Parteien, § 526; g) Einforderung und Rücksendung der Akten, § 544.** Über das Versäumnisverfahren in der Revisionsinstanz siehe § 557 Anm 2.

2) *VwGO*: Es gilt die allgemeine Verweisung auf die Vorschriften über die Berufung, § 141 VwGO.

566 a *Sprungrevision.* ¹ Gegen die im ersten Rechtszug erlassenen Endurteile der Landgerichte kann mit den folgenden Maßgaben unter Übergehung der Berufungsinstanz unmittelbar die Revision eingelegt werden.

II Die Übergehung der Berufungsinstanz bedarf der Einwilligung des Gegners. Die schriftliche Erklärung der Einwilligung ist der Revisionsschrift beizufügen; sie kann auch von dem Prozeßbevollmächtigten des ersten Rechtszuges abgegeben werden.

III Das Revisionsgericht kann die Annahme der Revision ablehnen, wenn die Rechtssache keine grundsätzliche Bedeutung hat; § 554b Abs. 2, 3 ist anzuwenden. Die Revision kann nicht auf Mängel des Verfahrens gestützt werden.

IV Die Einlegung der Revision und die Erklärung der Einwilligung (Absatz 2) gelten als Verzicht auf das Rechtsmittel der Berufung.

V Verweist das Revisionsgericht die Sache zur anderweitigen Verhandlung und Entscheidung zurück, so kann die Zurückverweisung nach seinem Ermessen auch an dasjenige Oberlandesgericht erfolgen, das für die Berufung zuständig gewesen wäre. In diesem Falle gelten für das Verfahren vor dem Oberlandesgericht die gleichen Grundsätze, wie wenn der Rechtsstreit auf eine ordnungsmäßig eingelegte Berufung beim Oberlandesgericht anhängig geworden wäre.

VI Die Vorschrift des § 565 Abs. 2 ist in allen Fällen der Zurückverweisung entsprechend anzuwenden.

VII Von der Einlegung der Revision nach Absatz 1 hat die Geschäftsstelle des Revisionsgerichts innerhalb vierundzwanzig Stunden der Geschäftsstelle des Landgerichts Nachricht zu geben.

Vorbem. Für das **arbeitsgerichtliche Verfahren** gelten die besonderen Bestimmungen des § 76 ArbGG, die eine Zulassung der Sprungrevision vorsehen und entsprechende Regelungen wie in III 2 u IV enthalten sowie auf V–VII verweisen, § 76 VI ArbGG.

1) Statthaftigkeit, I, II. A. Die Sprungrevision soll es ermöglichen, daß die Parteien Rechtsfragen grundsätzlicher Art, die sicher bis in die letzte Instanz gehen, unter Ausschaltung des OLG unmittelbar dem Revisionsgericht unterbreiten. Die Revisionsfrist beginnt mit der Zustellung des vollständigen Urteils, spätestens aber nach Ablauf von 5 Monaten nach der Verkündung, § 516. Wegen III muß die Revisionsbegründung entsprechend § 554 III Z 2 Darlegungen über die grundsätzliche Bedeutung enthalten, Vogel NJW **75**, 1302; wegen der Folgen eines Verstoßes hiergegen s § 554 Anm 4 B.

B. Sprungrevision findet statt gegen erstinstanzliche Endurteile der LGe (nicht der AGe, auch wenn die Berufung ans OLG geht, § 119 GVG) und alles, was ihnen an Anfechtbarkeit gleichsteht, **soweit sie berufungsfähig sind, §§ 511, 511a,** auch dann, wenn die Revision gegen ein vergleichbares Urteil des OLG von einer Zulassung abhängt, § 546 I, also ohne Rücksicht auf den Wert der Beschwer und auch in nichtvermögensrechtlichen Streitigkeiten, BGH **69**, 354 mwN, aM Jaeger DRiZ **77**, 65. Das Revisionsgericht kann die Annahme **ablehnen,** wenn die Rechtssache keine grundsätzliche Bedeutung hat, Anm 4 A. Daß bereits Berufung eingelegt ist, hindert nicht; die Worte „unter Übergehung der Berufungsinstanz" nötigen zu solch sachlich grundloser Auslegung nicht, sondern besagen nur „unter Übergehung einer Entscheidung 2. Instanz". Aber **Sprungrevision ist ausgeschlossen,** wenn eine Revision entfällt, wie gegen Urteile in Arrest- und Verfügungssachen, § 545 II.

C. Nötig ist schriftliche Einwilligung des Gegners in die Sprungrevision, auch telegrafisch, BGH **LM** Nr 2. Mündliche Einwilligung genügt nicht, kann aber ein bindender

Vertrag nach § 514 Anm 1 sein und die Berufung unzulässig machen. Für die Einlegung besteht Anwaltszwang, RG HRR **31**, 1485; berechtigt zur Erklärung ist der RA 1. Instanz oder der Revisionsinstanz, in Baulandsachen jeder RA, BGH NJW **75**, 830. Erklärung durch die Partei selbst ist unbeachtlich, RG **118**, 294. **Die Einwilligung ist der Revisionsschrift beizufügen; Nachbringung genügt bis zum Ende der Revisionsfrist,** BVerwG **39**, 315, ohne daß die Rechtsmitteleinlegung dann nochmals wiederholt werden müßte, BGH **16**, 195. Ist Sprungrevision unzulässig, so macht das ebensowenig wie Rücknahme der Sprungrevision die Berufung wieder zulässig, RG **146**, 210. Bei Streitgenossen ist die Zulässigkeit für jeden gesondert zu beurteilen; Verschiedenheit in der Handhabung kann zur Prozeßtrennung, § 145, nötigen. Bei notwendiger Streitgenossenschaft gilt das gleiche wie bei Rechtsmittelverzicht, § 514 Anm 2 B.

2) Mängel des Verfahrens, III 2. Auf sie läßt sich eine Sprungrevision nicht stützen, außer wo sie von Amts wegen zu beachten sind, RG **154**, 146, s § 554 Anm 4 E. Das Fehlen eines ordnungsmäßigen Tatbestands ist von Amts wegen zu beachten, weil es eine zuverlässige rechtliche Nachprüfung unmöglich macht, § 559 Anm 2 C. Schließlich ist ein Verfahrensmangel zu beachten, wo er die Grundlage eines sachlich-rechtlichen Irrtums ist, wie bei ordnungswidriger Klage und Unterbrechung der Verjährung, RG JW **32**, 1016. III ist aber nach RG **158**, 319 keine Prozeßvoraussetzung, sondern wie § 549 ein sachliches Erfordernis; ist darum ein Verfahrensmangel prozeßgerecht vorgebracht, so ist sachlich zu prüfen und geeignetenfalls sachlich zurückzuweisen.

3) Verzicht auf Berufung, IV. Einlegung der Sprungrevision und Einwilligung dazu sind ein unwiderleglich vermuteter Verzicht auf die Berufung, die eingelegte und die nicht eingelegte. Sie ist also auch zulässig, wo Berufung eingelegt und zurückgenommen ist, RG **154**, 146. Auch in einer mündlichen Vereinbarung kann ein Verzicht liegen. Dagegen enthält die bloße Abgabe der Einwilligungserklärung seitens einer Partei nur eine bedingte Bindung (aM StJ III); legt also der Gegner Berufung ein, so kann es auch derjenige, der die Erklärung seinerseits abgegeben hat. Das bloße Nachsuchen der Einwilligung ist belanglos.

4) Verfahren des Revisionsgerichts. A. Da Sprungrevision ohne Zulassung und ohne Rücksicht auf den Wert der Beschwer zulässig ist, I, kann das Revisionsgericht die **Annahme ablehnen,** wenn die Rechtssache keine grundsätzliche Bedeutung hat, vgl § 554b Anm 1, **III** 1 (Jauernig § 74 II 5 will nach Ablehnung der Annahme abweichend von IV die Berufung wieder zulässig sein lassen und Wiedereinsetzung gegen Ablauf der Berufungsfrist gewähren; für diese Ansicht sprechen die vergleichbaren Regelungen für den Fall der Nichtzulassung der Sprungrevision in § 76 III ArbGG und § 134 II VwGO). Dabei gelten § 554b II u III. Entsprechend anzuwenden sind auch §§ 554 III Z 2, 556 II 4, Vogel NJW **75**, 1302.

B. Sonst gelten **die allgemeinen Verfahrensvorschriften.** Der Revisionsbeklagte kann sich der Sprungrevision anschließen; dazu bedarf er weder der Zustimmung des Gegners noch einer gesonderten Revisionszulassung, wo diese erforderlich ist, BVerwG **65**, 31 mwN, es sei denn, die Anschließung betrifft einen anderen selbständigen Anspruch, § 556 Anm 1. Das Revisionsgericht kann **zurückverweisen, V u VI, a) ans LG, auch an eine andere Kammer.** Dieses ist ebenso gebunden wie das Berufungsgericht. Gegen das neue Urteil des LG ist Berufung statthaft; auch das Berufungsgericht ist dann an das Urteil des Revisionsgerichts gebunden. Aber auch erneute Sprungrevision ist statthaft, auch bei Verstoß gegen VI, weil der Weg übers OLG ein sinnloser Umweg wäre; – **b) ans OLG, das an sich für die Berufung zuständig war.** Diese Zurückverweisung ist die regelrechte. In diesem Fall darf das OLG nicht seinerseits wegen eines Verfahrensmangels nach § 539 ans LG zurückverweisen, weil das Revisionsgericht die Sache dem LG ausdrücklich entzogen hat. Das Verfahren vor dem OLG ist genauso, wie wenn das OLG früher mit der Sache befaßt gewesen wäre, JW **28**, 1876. Die Zulässigkeit der Berufung ist nicht mehr zu prüfen.

5) Nachricht, VII. Die Geschäftsstelle muß von der Einlegung der Sprungrevision die Geschäftsstelle des LG binnen 24 Stunden benachrichtigen. Das ist wegen der Erteilung des Rechtskraftzeugnisses, § 706 II, wichtig. Ein Notfristzeugnis der Geschäftsstelle des OLG beweist nicht unbedingt den Eintritt der Rechtskraft. Da indessen die Einlegung der Sprungrevision die Einwilligung des Gegners voraussetzt, kann kaum ein Schaden entstehen.

6) VwGO: Es gelten § 134 VwGO statt I–IV, ferner § 144 V und VI statt V u VI; dazu Schaeffer NVwZ **82**, 21, Maetzel MDR **66**, 94, BVerwG NVwZ **82**, 372. VII ist unanwendbar, weil die Sprungrevision beim VG einzulegen ist, § 139 I VwGO.

Dritter Abschnitt. Beschwerde

Übersicht

1) Allgemeines. A. Die Beschwerde ist ein Rechtsmittel zur selbständigen Anfechtung weniger wichtiger Entscheidungen. Andere derartige Entscheidungen sind nur zusammen mit dem Endurteil oder gar nicht anfechtbar. Die Beschwerde findet statt nach der allgemeinen Vorschrift des § 567 und dort, wo sie das Gesetz besonders zuläßt. Sie ist vielgestaltig geregelt; Abschnitt 3 gibt nur einige allgemeine Vorschriften. Gegner ist bei der Beschwerde niemals das Gericht oder der Richter. Diese können auch nicht Beschwerdeführer sein. Anders liegt es nur bei Rechtshilfe, § 159 GVG, bei der es sich aber im Grund um gerichtliche Verwaltung handelt. Die Beschwerde steht meist nur einer Partei zu, bisweilen beiden, manchmal auch Dritten. Die befristete Beschwerde heißt sofortige. Eine Beschwerde gegen eine Beschwerdeentscheidung, die sog weitere Beschwerde, ist nur beschränkt zugelassen.

Von diesen Beschwerden ist die Rechtsbeschwerde zu unterscheiden, die in § 621e und in Sondergesetzen, zB dem PatG, vorgesehen ist und ihre Hauptbedeutung im Verf der freiwilligen Gerichtsbarkeit hat, § 27 FGG. Sie ist ähnlich wie die Revision ausgestaltet.

Eine besondere Beschwerde ist die Nichtzulassungsbeschwerde bei Ablehnung der Zulassung der Revision im Verfahren der Entschädigungsgerichte, § 220 BEG, und im Verfahren der Arbeitsgerichte, § 72a ArbGG.

B. Dienstaufsichtsbeschwerde. Sie gehört dem Justizverwaltungsrecht an, ist kein ordentlicher Rechtsbehelf und gibt der höheren Verwaltungsstelle nur eine Anregung zum Einschreiten, unterliegt der ZPO also nicht.

C. Gegenvorstellung. Sie ist von der prozessualen Beschwerde zu unterscheiden, da sie auf Änderung einer Entscheidung ohne Anrufung der übergeordneten Instanz gerichtet ist (Ratte, Wiederholung der Beschwerde und Gegenvorstellung, 1975, Bespr Fenn ZZP **90**, 111; H. Schmidt, Bonner Diss, 1971; StJ vor § 567 VI 3 u § 567 IV 5; RoS § 60 II u § 148 II 5; Zö-Schneider § 567 Anm IX–XII; Baumgärtel MDR **68**, 970; E. Schneider DRiZ **65**, 290; Bowitz BayVBl **77**, 663). Da eine gesetzliche Regelung dieses formlosen Rechtsbehelfs fehlt, ist vieles streitig. Er ist nur beschränkt zuzulassen, um zu vermeiden, daß die Vorschriften über die prozessuale Beschwerde unterlaufen werden.

a) Als **unstatthaft** ist die Gegenvorstellung anzusehen, wenn die Entscheidung kraft Gesetzes unabänderlich ist, zB der Beschluß über die Verwerfung der Revision, BFH BStBl **79** II 574, oder wenn die Entscheidung mit einem förmlichen Rechtsmittel angefochten werden kann oder konnte, ferner dann, wenn sie die Hauptsache oder ein selbständiges Nebenverfahren beendet hat (zB auf einfache oder sofortige Beschwerde), KG FamRZ **75**, 103 (weitergehend Düss MDR **77**, 235), oder wenn sie unabhängig davon in materielle Rechtskraft erwachsen ist, schließlich auch dann, wenn die Möglichkeit besteht, den Antrag oder die Beschwerde zu erneuern. In diesen Fällen ist die Gegenvorstellung auch dann nicht zulässig, wenn die Entscheidung in offensichtlichem Widerspruch zum Gesetz steht, aM Ffm AnwBl **80**, 70 (bei offenbar unrichtiger Würdigung der Zulässigkeitsvoraussetzungen), Schlesw NJW **78**, 1016 mwN (bei Annahme unrichtiger tatsächlicher Voraussetzungen), zweifelnd BVerfG NJW **80**, 2698 mwN. Ausnahmsweise ist sie aber dann als **statthaft** anzusehen, wenn mit ihr die Verletzung des Anspruchs auf rechtliches Gehör (Art 103 GG) gerügt wird, BVerfG NJW **80**, 2698, VGH Mannh AS **13**, 102, Nürnb NJW **79**, 169, oder wenn ein Verstoß gegen das Verfahrensgrundrecht auf Entscheidung durch den gesetzlichen Richter (Art 101 GG) geltend gemacht wird, BVerfG NJW **83**, 1900 mwN, Düss DRiZ **80**, 110, weil sonst der Umweg über die Verfassungsbeschwerde eingeschlagen werden müßte, vgl Seetzen NJW **82**, 2342, Schumann ZZP **96**, 209, beide mwN. Im übrigen bleiben im wesentlichen als Gegenstand der Gegenvorstellung Zwischenentscheidungen über Verfahrensfragen oder in unselbständigen Nebenverfahren übrig sowie solche, in denen das Gericht gesetzlich ermächtigt ist, seine Entscheidung zu ändern, Schlesw NJW **78**, 1016, zB nach § 360 (Beweisbeschluß), § 25 I 3 GKG (dazu E. Schneider, Streitwert, 278: Zulässig nur innerhalb der Frist des § 25 I 4 GKG), § 10 BRAGO, BPatG GRUR **80**, 331 (nur innerhalb der Frist des § 10 III 3 BRAGO).

b) Erforderlich ist auch hier ein **Rechtsschutzbedürfnis** im Einzelfall, E. Schneider MDR **72**, 567. Daran fehlt es, wenn die Partei durch die Entscheidung nicht beschwert ist. Nicht schutzwürdig wäre auch das Bestreben, eine vollständig abgeschlossene Angelegenheit, zB die Kostenabrechnung, durch eine nachträglich gegen den Streitwertbeschluß gerichtete Gegenvorstellung wieder aufzurollen.

c) Bei zulässiger Gegenvorstellung richtet sich das **Verfahren** nach den für die prozessuale Beschwerde geltenden Vorschriften (rechtliches Gehör ist der Gegenseite bei möglicher nachteiliger Änderung zu gewähren, BVerfG **55**, 5). Ein förmlicher Beschluß ist nur bei Erfolg nötig, sonst genügt die formlose Mitteilung, daß es bei der Entscheidung bleibt. Soweit überhaupt eine Kostenentscheidung ergehen darf, ist entsprechend §§ 91 ff zu entscheiden. Es entstehen keine Gerichtsgebühren, idR auch keine RAGebühren, § 37 BRAGO.

d) In keinem Fall ist gegen die Entscheidung über eine Gegenvorstellung ein Rechtsmittel gegeben, BGH VersR **82**, 598. Auch der Gegner hat **kein Rechtsmittel,** es sei denn, daß er es gegen eine ihm ungünstige Erstentscheidung gehabt hätte.

2) Beschwerdegericht ist gegenüber einer Entscheidung des AG das LG (anders in Fam- und KindschS, § 119 Z 2 GVG, und in den Fällen der §§ 159, 181 GVG: OLG), des LG das OLG, des ArbG das LArbG. Entscheidungen des OLG sind grundsätzlich unanfechtbar, § 567 III, mit Ausnahme der dort genannten Fälle (§§ 519b, 542 III u 568a) sowie mit der weiteren Ausnahme der Nichtzulassung der Revision in Entschädigungssachen, § 220 BEG. Bei ihnen geht die Beschwerde an den BGH. Im Verfahren der Arbeitsgerichte heißt das Rechtsmittel Revisionsbeschwerde, § 77 ArbGG, bzw ebenfalls Nichtzulassungsbeschwerde, § 72a ArbGG, und geht an das Bundesarbeitsgericht, § 77 ArbGG. Wegen der Beschwerde nach dem RPflG vgl Anh § 153 GVG, wegen der Beschwerde in FolgeS vgl § 629a II.

3) Auch bei der Beschwerde ist zu unterscheiden zwischen Zulässigkeit und Begründetheit, s Grdz 2 § 511. Auch bei ihr muß eine Beschwer vorliegen, s dort Grdz 3, und darf eine Sachprüfung idR erst nach Bejahung der Zulässigkeit eintreten. Eine schwierige Prüfung der Zulässigkeit (etwa durch eine Beweisaufnahme) darf aber unterbleiben, wenn die Beschwerde ohnedies als unbegründet zurückgewiesen werden muß und dem Beschwerdeführer keine weiteren Nachteile (zB wegen der Rechtskraft) entstehen, BFH BStBl **77** II 313, Hamm MDR **79**, 943, KG NJW **76**, 2353, Köln NJW **74**, 1515 (zustm Gottwald NJW **74**, 2241), vgl BVerfG **6**, 7 (anders die hM, RoS § 137 I); wegen der weiteren Beschwerde in diesem Fall s § 568 Anm 2 B a. Im Beschwerdeverfahren ist § 512a entsprechend anwendbar, eine Beschwerde wegen fehlender örtlicher Zuständigkeit also ausgeschlossen; denn der Grund der Vorschrift trifft auf die Beschwerde als das geringere Rechtsmittel zu, Mü ZZP **52**, 326. Deshalb ist im Beschwerdeverfahren beim BGH auch § 549 II entsprechend anzuwenden. Jede Beschwerde setzt ein Rechtsschutzbedürfnis voraus; fehlt es, ist sie als unzulässig zu verwerfen, KG FamRZ **77**, 562.

4) Die **Beschwerdeentscheidung** ergeht regelmäßig ohne mündliche Verhandlung; eine solche ist aber freigestellt. **Gebühren** des Gerichts § 11 I GKG und KVerz 1150–1151, des RA 3/10 der Gebühren des § 31, § 61 BRAGO.

5) *VwGO: Das Beschwerdeverfahren ist in den §§ 146 ff VwGO besonders geregelt. Die Beschwerde ist danach immer fristgebunden, § 147 VwGO; das Gericht kann (und muß ihr ggf) abhelfen, § 148 I VwGO. Neben den Vorschriften der VwGO sind nur einige Bestimmungen des 3. Abschnitts entsprechend anzuwenden, § 173 VwGO. Eine im VerwProzeß (und im Verfahren der Sozial- und Finanzgerichte) entwickelte Besonderheit ist die an das (Berufungs- bzw) Revisionsgericht gehende Nichtzulassungsbeschwerde, §§ 131 III u IV, 132 III–V VwGO.*

567 Zulässigkeit.

^I **Das Rechtsmittel der Beschwerde findet in den in diesem Gesetz besonders hervorgehobenen Fällen und gegen solche eine mündliche Verhandlung nicht erfordernde Entscheidungen statt, durch die ein das Verfahren betreffendes Gesuch zurückgewiesen ist.**

^{II} **Die Beschwerde gegen Entscheidungen über Kosten, Gebühren und Auslagen ist nur zulässig, wenn der Wert des Beschwerdegegenstandes einhundert Deutsche Mark übersteigt.**

^{III} **Gegen die Entscheidungen der Oberlandesgerichte ist eine Beschwerde nicht zulässig. § 519b, § 542 Abs. 3 in Verbindung mit § 341 Abs. 2, § 568a bleiben unberührt.**

Vorbem. Im **Verfahren der Arbeitsgerichte** gelten die Vorschriften der ZPO für die Beschwerde gegen Entscheidungen der AGe entsprechend, § 78 I 1 ArbGG; eine III entsprechende Regelung für Entscheidungen des LAG enthalten §§ 70 u 77 ArbGG, dazu Philippsen pp NJW 77, 1137. Wegen der Beschwerde gegen die Nichtzulassung der Revision, § 72a ArbGG, s § 546 Anm 5.

1) Zulässigkeit, I. A. Die **Beschwerde ist statthaft, wo sie das Gesetz ausdrücklich zuläßt.** Das trifft für die ZPO zu für die einfache Beschwerde in § 78a II, 78b II, 78 C III, 127, 141 III, 380, 390, 402, 409, 621e, 640, 641d, für die sofortige in §§ 46, 49, 71, 91a, 99 II, 104, 107, 109, 135, 252, 271 III 5, 319, 336, 372a II, 387, 406, 519b, 620c, 641p III, 642a–d, 642f, 643 II, 643a IV 2, 644, 656, 663, 678, 680, 685, 721 VI, 793, 794a IV, 934 IV, 936, 952, 1022, 1023, 1042c, 1044a III, 1045.

B. Die **Beschwerde ist weiter statthaft, wo das Gericht ein das Verfahren betreffendes Gesuch durch eine keine mündliche Verhandlung erfordernde Entscheidung zurückgewiesen hat.** Dies gilt auch, wo mündliche Verhandlung freigestellt ist, § 128 Anm 3. Es kann sich um einen Beschluß handeln, eine Verfügung des Vorsitzenden oder des verordneten Richters oder auch um ein zwischen Parteien und Dritten ergehendes Zwischenurteil. Über die Behandlung formfehlerhafter Entscheidungen s Grdz 4 B § 511.

Verfahren ist im Sinn des § 567 der Prozeß schlechthin, RG **47**, 365. Keine Beschwerde findet statt, auch nicht für den Gegner, wo dem Gesuch stattgegeben ist, und ebensowenig dort, wo die Partei nur die Amtstätigkeit des Gerichts angeregt hat, Ffm MDR **83**, 411, oder das Gericht nur eine Vorentscheidung getroffen hat, JW **35**, 3646. Bloßer Widerspruch gegen einen Antrag des Gegners ist kein das Verfahren betreffendes Gesuch iSv § 567, auch dann nicht, wenn es die Form eines Antrags auf Aufhebung einer Entscheidung u dgl hat, Bbg FamRZ **83**, 519 mwN. Dagegen ist Beschwerde auch dort statthaft, wo die Handlung im freien Ermessen des Gerichts steht, StJ III 3 u 4, sofern nur über ein Gesuch entschieden worden ist, vgl Merle NJW **69**, 1859. Ein Gesuch iSv § 567 ist ua dann zurückgewiesen und deshalb Beschwerde zulässig, wenn ein Gericht durch Abgabe der Sache die Entscheidung in einem bestimmten Rechtsweg oder in einem bestimmten Verfahren ablehnt, Köln OLGZ **79**, 19 mwN, Celle NdsRpfl **78**, 33, str, aM ua Karlsruhe NJW **69**, 1442 (wegen Abgabe nach § 46 WEG vgl i ü Anh II § 281 Anm 2 D). Dagegen gibt es keine Beschwerde gegen die AnO der mündlichen Verhandlung bei einstw Vfg, RG **54**, 348, oder gegen Prozeßtrennung, § 145. Wo mündliche Verhandlung geboten war, scheidet Beschwerde aus, mag die Verhandlung nicht zu Unrecht unterblieben sein. Hat sie überflüssigerweise stattgefunden, so wird die Beschwerde nicht unstatthaft. Unstatthaft ist eine Beschwerde gegen die Untätigkeit des Gerichts, etwa weil es ein das Verfahren betreffendes Gesuch nicht beschieden hat.

C. Die **Beschwerde ist auch statthaft wegen greifbarer Gesetzwidrigkeit,** wenn eine Entscheidung dieser Art, dieses Inhalts oder von diesem Gericht gesetzlich überhaupt nicht vorgesehen ist, hM, RoS § 148 III 3c, StJ I 4, BGH **28**, 350 u **21**, 146, BFH BStBl **77** II 628, Köln NJW **81**, 2263 mwN. So zB, wenn ein AG nach § 281 ans OLG verweist, § 281 Anm 3 B c, wenn ein Beschluß statt eines Urteils ergeht, Köln OLGZ **72**, 42, wenn eine Terminierung den Rechtsschutz einer Partei schmälert und für sie jede verständige Rechtsgrundlage fehlt, Köln NJW **81**, 2263, nicht aber, wenn der Anspruch auf rechtliches Gehör verletzt wird, BGH NJW **78**, 1585 mwN, BFH BStBl **77** II 628, LAG Hamm MDR **72**, 362, aM E. Schneider DRiZ **83**, 24 mwN (zu § 281), Ffm MDR **79**, 940; jedoch ist hier stets eine Gegenvorstellung zuzulassen, Üb 1 C a § 567. Ein bloßer Verstoß gegen (sonstige) wesentliche Verfahrensvorschriften genügt auch sonst nicht für die Statthaftigkeit der Beschwerde, BGH VersR **75**, 343, Mü NJW **74**, 151. Auch bei Verletzung von Grundrechten braucht von Verfassungs wegen kein Instanzenzug eröffnet zu werden, BVerfG **39**, 96, **42**, 248. Vgl auch § 707 Anm 4 A und wegen der Gegenvorstellung Üb 1 C a § 567.

D. Das Gesetz **schließt die Beschwerde in vielen Fällen aus,** wo sie an sich statthaft wäre, so in §§ 127, 567 II.

E. Die Vorschriften der ZPO über die Beschwerde sind **vielfach nach anderen Gesetzen anwendbar,** zB nach §§ 19 II 2 BRAGO, 14 III KostO. Unanwendbar sind die Vorschriften bei der Beschwerde nach GBO und FGG.

2) Weitere Voraussetzungen der Zulässigkeit. Es sind **dieselben wie bei anderen Rechtsmitteln,** s Grdz 2 u 3 § 511. Die Beschwerde ist erst **nach der Entstehung,** § 329 Anm 4, des anzufechtenden Beschlusses statthaft, Ffm NJW **74**, 1389, Kblz Rpfleger **82**, 295 mwN; jedoch tritt bei vorheriger Beschwerde mit der späteren Bekanntgabe die Heilung des Mangels ein (auch ohne Erneuerung der Beschwerde), aM Kblz VersR **82**, 1058, enger KG OLGZ **77**, 129 (zum FGG). Überhaupt ist wegen Art 19 IV GG die Beschwerde in Sachen größter Eilbedürftigkeit schon vorher zuzulassen, sobald das Gericht die Entschei-

§ 567 2, 3   3. Buch. Rechtsmittel

dung formlos (auch telefonisch) mitteilt, Grunsky DVBl **75**, 382 mwN, VGH Mü NJW **78**, 2469 mwN, Ffm NJW **74**, 1389, aM VGH Mannh DVBl **75**, 381; vgl auch § 329 Anm 5.

A. Die **Beschwer** muß bei Einlegung der Beschwerde vorliegen, und zwar für jeden von mehreren Beschwerdeführern, E. Schneider MDR **73**, 979. Sie fehlt zB, wo die Aufhebung der angefochtenen Entscheidung für den Beschwerdeführer im vorliegenden Fall bedeutungslos ist. Für eine rein theoretische Entscheidung ist Beschwerde nicht gegeben, auch nicht zur bloßen Erlangung einer obergerichtlichen Entscheidung für gleichliegende Fälle, HRR **38**, 1643. Eine Teilabhilfe, § 571, berührt die Beschwer nicht, KG NJW **58**, 2023.

B. Eine Frist läuft für die einfache Beschwerde nicht. Man kann Beschwerde jederzeit einlegen, solange eine Beschwer vorliegt.

Eine **wiederholte Beschwerde** ist statthaft, wenn nicht zur Sache selbst entschieden, sondern wegen Nichtbeachtung von Ordnungsvorschriften die Beschwerde verworfen worden ist und der Fehler behoben wird, BayObLG MDR **81**, 942 mwN, nicht dagegen in anderen Fällen, also namentlich nicht bei Erschöpfung des Beschwerderechtszuges durch eine Sachentscheidung, Mü MDR **83**, 585 mwN. Ob eine Wiederholung auch dann zulässig ist, wenn sich nach der Beschwerdeentscheidung ein neuer Sachverhalt ergeben hat, Schneider DRiZ **65**, 288, ist str (offen gelassen von BayObLG MDR **81**, 942); mit Recht weist StJGr 4 darauf hin, daß es bei Änderung des Sachverhalts ohne große praktische Bedeutung ist, ob man eine wiederholte Beschwerde zuläßt oder den Betroffenen auf einen neuen Antrag verweist (so Bamberg NJW **65**, 2407), weil in beiden Fällen zunächst das Erstgericht zu entscheiden hat. Deshalb besteht für eine wiederholte Beschwerde kein Bedürfnis; vielmehr ist grundsätzlich ein neuer Antrag beim Gericht 1. Instanz zu stellen (sofern dies zulässig ist).

Dem Recht, eine (erste) Beschwerde einzulegen, kann aber der vAw zu berücksichtigende **Einwand der Verwirkung** entgegenstehen, Ffm FamRZ **80**, 475 und MDR **77**, 586 mwN, Hamm FamRZ **80**, 193: Wer allzulange einen sein Recht verletzenden Zustand duldet, mißbraucht sein Recht, wenn er eine Änderung des Zustands verlangt, auf den sich der Gegner einrichten durfte und eingerichtet hat; dazu BFH BStBl **76** II 194 mwN, ua BVerfG **32**, 305, BSG NJW **72**, 2103, vgl auch BGH **43**, 293.

C. Beschwerdeberechtigt sind **a)** die in § 511 Anm 2 Genannten, **b)** Dritte, über deren Rechte oder Pflichten entschieden ist. **Verzicht** auf die Beschwerde macht sie unzulässig; das zu § 514 Gesagte gilt auch hier. Wegen **Anschlußbeschwerde** s § 577 Anm 1 B.

3) Beschwerdesumme, II. A. Der Beschwerdewert (Begriff § 511a Anm 3) muß bei einer Beschwerde gegen Entscheidungen über Gebühren, Kosten und Auslagen 100 DM übersteigen. In Betracht kommen also alle Entscheidungen über Gebühren und Auslagen des Staates, der Parteien und der Anwälte in gerichtlichen Verfahren, E. Schneider JB **74**, 168, also solche gemäß §§ 91a II, 99 II, 104 III, 107 III, 269 III ZPO, 5 II, 25 II, 34 II GKG, 9 II, 19 II BRAGO, 9 GVKostG; keine Beschwerde ist statthaft zur Herbeiführung einer unterlassenen Kostenentscheidung, § 99 I, Essen (LG) NJW **70**, 1688, aM bei Ordnungsbeschlüssen gegen Zeugen Hbg HbgJVBl **75**, 106. Die Wertbegrenzung gilt auch für die Streitwertbeschwerde, § 25 II 1 GKG, die die Grundlage für eine Kostenberechnung bilden soll, s auch Einf 2 § 3. Darauf, ob die Beschwerde von einem am Rechtsstreit unbeteiligten Dritten erhoben wird, kommt es nicht an, aM OVG Münst NJW **72**, 118 (zu § 146 VwGO).

Wert ist der Unterschiedsbetrag zwischen dem in der angefochtenen Entscheidung zugebilligten und dem in der Beschwerdeinstanz beantragten Betrag, dh der Differenz, um die sich der Beschwerdeführer verbessern will, bei Kostenteilung also höchstens die auf den Beschwerdeführer entfallende Quote, LAG Hamm **KR** Nr 11 m zustm Anm E. Schneider. Maßgeblich ist der Wert bei Einlegung der Beschwerde, Hamm MDR **71**, 1019 mwN, so daß spätere Verminderungen außer Betracht bleiben, soweit sie nicht auf willkürlicher Beschränkung des Beschwerdeantrags beruhen, Ffm LS **KR** Nr 12, § 511a Anm 4 bei § 4. Bei Teilabhilfe, § 571, kommt es darauf an, welche Beschwerdesumme verblieben ist, Hamm JB **82**, 582 m Anm Mümmler 40. Aufl. Umsatzsteuer ist zu berücksichtigen, E. Schneider JB **74**, 966 mwN. Der Wert ist glaubhaft zu machen.

Eine weitere Beschwerde in diesen Fällen ist unzulässig, § 568 III. Die Wertbegrenzung gilt nicht bei Absetzung von Kosten im Mahnverfahren, LG Hbg AnwBl **79**, 274 mwN, StJ V 1.

B. Besonderes gilt für die sog **Durchgriffserinnerung, §§ 11 und 21 RPflG**, s Anh § 153 GVG. Ob der Beschwerdewert erreicht ist, hat hier das Gericht 1. Instanz zu beurteilen. Verneint es, muß es selbst (endgültig) entscheiden, auch wenn der Beschwerdewert bis zu seiner Entscheidung unter 100 DM sinkt, Kblz MDR **76**, 940 mwN; bejaht es, hat es dem

3. Abschnitt. Beschwerde § 567 3–5

Beschwerdegericht vorzulegen, das zurückverweisen muß, wenn der Beschwerdewert nicht erreicht ist, Hamm RPfleger **71**, 215, aM KG RPfleger **71**, 15 und Ffm RPfleger **71**, 396, dagegen Göppinger JR **71**, 450.

4) Entscheidungen des OLG sind unanfechtbar, III 1. A. Sie sind auch als Entscheidung des Einzelrichters **jeder Beschwerde entzogen, auch wo sie erstinstanzlich ergehen oder einen Beteiligten betreffen, der nicht Prozeßbeteiligter ist,** BGH VersR **75**, 343. Ebensowenig eröffnet die Versagung rechtlichen Gehörs in diesen Fällen die Beschwerde, BGH NJW **78**, 1585 mwN, Anm 1 C. Doch ist eine Beschwerde immer dort als Antrag auf Nachprüfung aufzufassen, wo das OLG seinen Beschluß ändern darf; zur Gegenvorstellung bei Verletzung des rechtlichen Gehörs vgl Üb 1 Ca § 567 und Seetzen NJW **82**, 2342 mwN. Aus III 1 folgt, daß bei Teilerledigung oder Teilanerkenntnis der Instanzenzug hinsichtlich der diesen Teil betreffenden Kosten immer beim OLG endet; bei einheitlicher Kostenentscheidung ist insoweit also auch keine Revision zulässig, BGH **40**, 265 und **58**, 342 (VersR **70**, 576 ist aufgegeben). Verletzt eine dem Endurteil vorangegangene Entscheidung einen obersten Prozeßgrundsatz, so ist sie auf Revision trotz III nachzuprüfen, RG **83**, 3; Beschwerde ist aber auch da unstatthaft, RG **144**, 87. Anders liegt es zB bei § 707 II S 2, s dort Anm 4. – Auf entsprechende Beschlüsse 2. Instanz des LG ist III unanwendbar, vgl aber Anm 5.

B. Ausnahmsweise unterliegen der (sofortigen) **Beschwerde Beschlüsse des OLG** (nicht des LG), **III 2, die a) eine Berufung als unzulässig verwerfen, § 519b, b) den Einspruch gegen ein Versäumnisurteil verwerfen, § 542 III iVm § 341 II, c) über die Beschwerde gegen eine solche Beschlußverwerfung entscheiden, § 568a.** Vgl im einzelnen die Erläuterungen zu diesen Vorschriften. Auch im Fall b) ist der BGH nicht befugt, die Annahme entsprechend § 554b abzulehnen, BGH NJW **78**, 1437.

5) Ein allgemeiner Rechtssatz, daß der Beschwerderechtszug nicht länger als der Rechtszug in der Hauptsache sein dürfe, besteht nicht; Nebenentscheidungen können also in eine Instanz kommen, die für die Hauptentscheidung nicht offen steht, hM, StJ I 3, RoS § 148 III 2, Göppinger ZZP **68**, 140, Mü NJW **66**, 1082; Sonderbestimmungen, die eine Beschränkung des Beschwerderechtszuges auf den Rechtszug der Hauptsache aussprechen, unten A, bestätigen der allgemeinen Regel, die sich auch daraus ergibt, daß die allgemeine Beschränkung in § 5 I der 4. VereinfVO im Jahre 1950 durch das VereinhG nicht übernommen worden ist. Die jetzige Regelung ist aber verfehlt, weil sie ermöglicht, auf dem Umweg über eine Beschwerde die Hauptsache (als solche oder doch als Vorfrage) an ein insoweit nicht zur Entscheidung berufenes Gericht zu bringen, und dazu führen kann, daß die Beschwerdeentscheidung über eine prozessuale Vorfrage die bereits ergangene Entscheidung zur Hauptsache in ihrem Bestand berührt, dazu Kahlke ZZP **95**, 288.

A. Eine Beschränkung des Beschwerderechtszuges auf den Rechtszug der Hauptsache ergibt sich aus Sonderbestimmungen, zB § 127 II 2 (vgl dort Anm 7 Bb), LG Bre MDR **81**, 54 u E. Schneider MDR **81**, 798, ferner § 568 III sowie § 25 II 2 GKG. Im Verfahren der Wiederaufnahme gegen Beschlüsse, Grdz 2d § 578, ist eine Beschwerde, § 591, nur insoweit zulässig, als sie gegen Beschlüsse der mit dem Verfahren befaßten Gerichte überhaupt stattfindet, BGH WertpMitt **81**, 102.

B. Im übrigen sind für Beschwerden gegen Beschlüsse des LG als Berufungs- oder Beschwerdegericht in folgenden Fällen **Ausnahmen von der Regel** zu machen (vgl StJ u RoS aaO; Übersicht über die Rspr bei Stüben ZZP **83**, 9ff):

a) Keine Beschwerde ist gegeben, wenn es sich um einen die Hauptsache oder ein selbständiges Nebenverfahren beendenden Beschluß des dafür letztinstanzlichen Gerichts handelt, also nicht gegen einen Beschluß des LG als Beschwerdegericht in Sachen des Arrests oder der einstwVfg, KG MDR **52**, 627, Köln JMBlNRW **60**, 139, ebensowenig gegen Beschlüsse des LG als Berufungs- oder Beschwerdegericht nach § 91a, Frankfurt MDR **68**, 333, nach § 99, nach § 269 III, Celle NJW **60**, 1816.

b) Eine Beschwerde findet ferner nicht statt gegen Beschlüsse des LG als Berufungs- oder Beschwerdegericht über Anträge, die Nebenpunkte der Entscheidung in der Hauptsache betreffen, zB wegen der vorläufigen Vollstreckbarkeit (§§ 707, 719, 769, 771), Köln MDR **58**, 244, KG NJW **59**, 53, dazu Lent JR **59**, 222 und Grunz JR **60**, 93, aM Zweibr OLGZ **72**, 307, ferner keine Beschwerde gegen solche Beschlüsse des LG nach § 319, Karlsruhe MDR **68**, 421 m abl Anm v E. Schneider, str, aM auch Hamm MDR **69**, 850, KG NJW **72**, 262 und Düss NJW **73**, 1132 (beide mwN): zulässig ist die Beschwerde hier, wenn sie nicht zur Nachprüfung in der Sache nötigt.

c) Wenn die in der Hauptsache zu treffende Entscheidung Vorfrage ist, bleibt die Beschwerde gegen LGEntscheidungen 2. Instanz statthaft, jedoch unterliegt die Beurteilung der Sache selbst nicht der Prüfung des OLG, Celle MDR **72**, 333 m Anm der Redaktion, so zB in den Fällen des § 78a, Schlesw SchlHA **61**, 143 und Karlsr MDR **60**, 845, und des § 252, vgl dort Anm 1 B, Celle NJW **75**, 2208.

Entsprechendes gilt dann, wenn das erstinstanzliche Gericht entschieden hat und die Hauptsache nicht an das Berufungsgericht gelangen kann, zB wegen Nichterreichens der Berufungssumme (oder sonstiger Unanfechtbarkeit), LG Bre MDR **81**, 59 (weitergehend Jauernig § 75 I, Hamm FamRZ **80**, 386 mwN, Hartmann § 127 Anm 7 B b: Beschwerde unzulässig).

6) VwGO: *Eigene Regelung in* § 146 I u II *VwGO sowie* § 152 I *VwGO (Beschwerde gegen Entscheidungen des OVG). Zur formlosen Vorwegmitteilung eiliger Entscheidungen, Anm 2, vgl Korber NVwZ* **83**, *85.*

568 *Beschwerdegericht; weitere Beschwerde.* ¹ Über die Beschwerde entscheidet das im Rechtszuge zunächst höhere Gericht.

II Gegen die Entscheidung des Beschwerdegerichts ist, soweit nicht in ihr ein neuer selbständiger Beschwerdegrund enthalten ist, eine weitere Beschwerde nicht zulässig.

III Entscheidungen der Landgerichte über Prozeßkosten unterliegen nicht der weiteren Beschwerde.

Vorbem. Im **Verfahren der Arbeitsgerichte,** Vorbem § 567, entscheidet über die Beschwerde das LAG, § 78 I 2 ArbGG. Eine weitere Beschwerde findet außer im Fall des § 568a nicht statt, § 78 II ArbGG.

Schrifttum: Bettermann ZZP **77**, 3.

1) Über die Beschwerde entscheidet das im Instanzenzug nächsthöhere Gericht. Ist ans LG verwiesen, so sind die bisherigen Entsch des AG solche des LG, so daß nicht dieses über eine Beschwerde gegen jene, sondern nur das OLG über diese entscheiden kann, Köln JMBlNRW **67**, 149. Gegen eine Entscheidung des verordneten Richters oder des Urkundsbeamten geht zunächst die Erinnerung ans Gericht des Richters, § 576; bei Entscheidungen des Rechtspflegers gilt die Sonderregelung in §§ 11, 21 RPflG, Anh § 153 GVG. Wegen der Zuständigkeit der KfH s §§ 94ff GVG.

2) Weitere Beschwerde, II. A. Sie ist abgesehen von § 568a nur denkbar, wo in 1. Instanz das AG entschieden hat, § 567 III, vgl auch § 91a Anm 5 (keine weitere Beschwerde, sondern eine Erstbeschwerde liegt vor, wenn sie sich gegen eine Entscheidung des Landgerichts richtet, mit der dieses über die Beschwerde gegen den Beschluß des AG über die Verwerfung eines Ablehnungsgesuches befunden hat, Köln MDR **79**, 850). Beschwerdeberechtigt sind bei ihr beide Parteien. Für den Beschwerdeführer müssen aber die Voraussetzungen des § 567 vorliegen; denn die weitere Beschwerde ist keine Oberbeschwerde, sondern eine erste Beschwerde gegen eine Beschwerdeentscheidung, RG VZS **57**, 318. Darum ist zB keine weitere Beschwerde statthaft, wenn die Beschwerdeentscheidung einem Gesuch stattgibt oder wenn das Beschwerdegericht die Ablehnung eines Sachverständigen für begründet erklärt hat, § 406 V. Ob die weitere Beschwerde die einfache oder die sofortige ist, hängt bei Stattgeben von der Natur der Beschwerdeentscheidung ab, bei Zurückweisung oder Verwerfung von der Natur der ersten Entscheidung. Wegen der Möglichkeit der Abänderung der Beschwerdeentscheidung bei Unzulässigkeit der weiteren Beschwerde vgl Üb 1 C § 567.

B. Jede weitere Beschwerde setzt voraus, daß die Beschwerdeentscheidung einen **neuen selbständigen Beschwerdegrund** gibt (dazu eingehend E. Schneider AnwBl **78**, 338 und MDR **79**, 881). Er muß selbständig die Beschwerde tragen und darf nicht schon in einer Entscheidung der voraufgegangenen Rechtszüge enthalten sein, Hamm MDR **70**, 516, Köln MDR **70**, 597. Er fehlt also immer, wenn Beschwerdeentscheidung und erste Entscheidung übereinstimmen; bei Entscheidungen des Rpflegers, § 11 RPflG, genügt bei Nichtabhilfe Übereinstimmung des RPflegers mit dem Beschwerdegericht, Hamm RPfleger **71**, 104 (anders jedoch, wenn das AG eine abweichende Entscheidung getroffen hat, Celle OLGZ **72**, 479, KG NJW **75**, 224).

a) Die weitere Beschwerde ist somit **statthaft,** wenn die **Beschwerdeentscheidung die Beschwerde als unzulässig verwirft.** Ob das der Fall ist, richtet sich nach dem Inhalt, nicht nach dem Wortlaut der Beschwerdeentscheidung, Köln JMBlNRW **83**, 64, Hamm KTS **78**,

46. Es genügt, daß das Beschwerdegericht die Sachprüfung aus irgendwelchen Gründen ablehnt, sofern sie nicht schon die 1. Instanz aus denselben Gründen abgelehnt hat, s Hamm Rpfleger **56**, 197; der Beschwerdeführer muß also irgendwie zusätzlich beschwert sein, was nicht der Fall ist, wenn die Beschwerde aus dem richtigen Grunde irrig als unzulässig statt als unbegründet zurückgewiesen worden ist, Hamm KTS **78**, 46. Der Verwerfung als unzulässig steht es gleich, wenn das Beschwerdegericht die Zulässigkeit offen gelassen und das Rechtsmittel als unbegründet zurückgewiesen hat, Üb 3 § 567, E. Schneider MDR **83**, 104.

b) Die weitere Beschwerde ist ferner statthaft, wenn die Beschwerdeentscheidung **die Beschwerde als unbegründet zurückweist, sofern die Beschwerdeentscheidung dem Beschwerdeführer irgendwie nachteiliger ist als die erste.** Auch hier entscheidet nur der Inhalt der Entscheidung. Daß sich die Beschwerdeentscheidung auf neue Tatsachen oder andere Rechtserwägungen stützt, ist kein neuer Grund. Beispiele für Zulässigkeit: Zurückweisung aus sachlichen Gründen statt aus förmlichen, falls das den Beschwerdeführer beschwert, etwa ihm die weitere Rechtsverfolgung abschneidet; Aufrechterhaltung der sachlich ablehnenden Entscheidung aus förmlichen Gründen, etwa wegen tändigkeitUnzus, RG **35**, 375. Beispiele für Unzulässigkeit: Zurückweisung eines Arrestgesuchs aus rechtlichen statt aus tatsächlichen Gründen, RG JW **01**, 59; nur tatsächliche, nicht rechtliche Verschlechterung der Lage des Beschwerdeführers, RG SeuffArch **60**, 66.

c) Die weitere Beschwerde ist auch dann statthaft, wenn die Beschwerdeentscheidung **auf einer Verletzung wesentlicher Vorschriften des Beschwerdeverfahrens beruht** (so die überwiegende Ansicht in der Rspr, vgl BVerfG NJW **79**, 538 mwN, die zwar, wie Bettermann ZZP **77**, 45 ff u **90**, 419 ff darlegt, Bedenken begegnet, außer wenn die unzulässige Beschwerde als unbegründet zurückgewiesen wurde, ebenso StJGr Rdz 8, RoS § 149 VI 2 c, aber inzwischen zu prozessualem Gewohnheitsrecht erstarkt ist, Hamm NJW **79**, 170). Diese Erweiterung der Zulässigkeitsvoraussetzung ist bei Verletzung eines Grundrechts, zB des Anspruchs auf rechtliches Gehör, verfassungsrechtlich geboten, BVerfG NJW **79**, 538; sie entspricht im übrigen den Bedürfnissen eines wirksamen Rechtsschutzes, Köln DB **75**, 1266, E. Schneider MDR **72**, 914. Es muß sich um eine wesentliche Vorschrift handeln, dh um fundamentale Grundsätze des Verfahrensrechts, Karlsr ZIP **82**, 193 (zustm Schneider); Fehler in der Sachbegründung eröffnen die weitere Beschwerde auch dann nicht, wenn gerügt wird, das Beschwerdegericht habe verfassungswidriges materielles Recht angewendet, Mü MDR **83**, 413. Neu ist der Verstoß, wenn er nicht schon vom Erstgericht begangen worden ist, Ffm MDR **81**, 411 mwN (anders für den Fall, daß beide Vorinstanzen auf Grund der Verletzung der Aufklärungspflicht oder des Anspruchs auf rechtliches Gehör übereinstimmend entschieden haben, Köln MDR **81**, 591 u NJW **79**, 1834). Außerdem muß die angefochtene Entscheidung auf ihm beruhen.

Unter diesen Voraussetzungen sind Beispiele für **Zulässigkeit**: unvorschriftsmäßige Besetzung des Beschwerdegerichts sowie alle sonstigen Gründe des § 551; Verstoß gegen § 308 I, Köln NJW **80**, 1531; völliges Übergehen von erheblichem Vorbringen, Kblz MDR **79**, 765; Nichtbeachtung neuer Tatsachen und Beweismittel, Ffm MDR **81**, 411, Mü RPfleger **72**, 459, zB von nach Beschlußfassung, aber vor Hinausgabe, § 329 Anm 4, eingegangenem neuem Vorbringen, BayObLG MDR **81**, 409 (enger Köln JMBlNRW **81**, 101), vorausgesetzt, daß sich durch dessen Berücksichtigung eine günstigere Entscheidung ergäbe, Hbg MDR **64**, 423; Versagung rechtlichen Gehörs, etwa durch Versäumung der Anhörung einer Partei zum Beweisergebnis, BVerfG NJW **79**, 538 mwN, oder unterlassene Anhörung des Schuldners, Köln Rpfleger **80**, 176; Entscheidung im Verfahren ohne einstwVfg ohne mündliche Verhandlung, wo diese erforderlich war; Überraschungsentscheidung unter Verletzung von § 139, Köln MDR **83**, 325, und/oder Verstoß gegen § 278 III, Köln NJW **80**, 1531; Verstoß gegen das Gebot, divergierende Entscheidungen in derselben Sache zu vermeiden, Köln ZIP **81**, 433.

Beispiele für **Unzulässigkeit**: regelmäßig, daß nicht der Eingang der Beschwerdebegründung abgewartet worden ist, weil sie der Beschwerdeführer sofort einreichen muß (verständige Handhabung geboten); Verstoß gegen § 47, wenn der Ablehnungsantrag später zurückgewiesen worden ist, KG MDR **77**, 673; bei Verletzung der Ermittlungspflicht durch das Beschwerdegericht ist zu unterscheiden, Hamm MDR **72**, 521: Kein neuer selbständiger Beschwerdegrund, wenn der Verstoß auf unrichtigen sachlichrechtlichen Erwägungen beruht, wohl aber, wenn das Beschwerdegericht auf Grund einer unzutreffenden Bewertung verfahrensrechtlicher Vorschriften Ermittlungen unterlassen hat.

d) Weitere Beschwerde ist schließlich statthaft, wenn das Beschwerdegericht **ganz oder teilweise dem Antrag des Beschwerdeführers entsprochen** hat. Dann steht die weitere

Beschwerde zu: dem Gegner bei abweichender Entscheidung, wenn die übrigen Voraussetzungen erfüllt sind, dem Beschwerdeführer, wenn ihn die Beschwerdeentscheidung selbständig beschwert, also nicht, weil dem Begehren zT (übereinstimmend in beiden Instanzen) nicht entsprochen ist, Kblz MDR **78**, 412 mwN.

3) Unzulässigkeit weiterer Beschwerde, III. Vgl auch § 567 Anm 5. **A.** Die weitere Beschwerde ist unzulässig, mag durch Urteil oder Beschluß entschieden sein: **a) gegen Entscheidungen der LG über Prozeßkosten, III und § 567 II.** Beispiele: Entscheidungen über Wertfestsetzung und über Kostentragung (auch nach § 91a, KG MDR **78**, 498), über deren Betrag und Beitreibung, § 567 Anm 3 (auch dann, wenn die Durchgriffserinnerung, §§ 11 u 21 RPflG, vom LG als unzulässig verworfen worden ist), über die Festsetzung der Vergütung des Zwangsverwalters, Ffm Rpfleger **83**, 36, oder des Konkursverwalters, KG MDR **80**, 322 mwN, oder eines Sequesters, Schlesw JB **79**, 610, oder eines Mitglieds des Gläubigerausschusses, HRR **25**, 618, 619, über die Entschädigung von Zeugen und Sachverständigen, Düss MDR **83**, 764, Hbg JR **82**, 933, über die Erteilung der Vollstreckungsklausel zu einem Kostenfestsetzungsbeschluß, RG **49**, 387, über Zwangsvollstreckungskosten und deren Beitreibung, Ffm RPfleger **76**, 368, Stgt Just **80**, 47, über die Kosten der Vollziehung einer einstw Vfg, Hamm **KR** Nr 8. Dies gilt auch für Ablehnungen entsprechender Anträge, aM Zö-Schneider III 3. Die Verurteilung des vorläufigen Vertreters nach § 89 gehört nicht hierher, da sie gegen einen Dritten ergeht, § 89 Anm 2 B; keine weitere Beschwerde an den BGH, StJ § 89 IV I; **b) gegen einen die Prozeßkostenhilfe versagenden oder entziehenden Beschluß**, § 127 II 3; **c) in Gebührensachen,** s § 567 Anm 3. Auch im Kostenfestsetzungsverfahren der freiwilligen Gerichtsbarkeit, FGG § 13a (Bezugnahme auf §§ 103–107 ZPO), ist die weitere Beschwerde unzulässig, BGH **33**, 205; **d) in FamS,** soweit sie in § 621e II nicht zugelassen ist; **e) im Unterhaltsverfahren,** §§ 641p III 2, 642a III 3.

B. In diesen Fällen ist die **weitere Beschwerde schlechthin ausgeschlossen.** Sie wird zumindest im Regelfall auch dadurch nicht eröffnet, daß das Beschwerdegericht bei seinen Entscheidung den Grundsatz des rechtlichen Gehörs verletzt hat, hM, KG MDR **80**, 322 mwN, Zö-Schneider III 4, Wiecz B III b 2, aM Stgt ZZP **79**, 305 m abl Anm Fenn; vgl auch § 567 Anm 1 C. Das gleiche gilt bei anderen schweren Verfahrensmängeln.

4) VwGO: *Beschwerdegericht, I, ist das OVG, ausnahmsweise das BVerwG, § 152 I VwGO. Eine weitere Beschwerde, II und III, ist dem VerwProzeß unbekannt, auch im Fall des § 99 II VwGO, BVerwG NJW **61**, 1836.*

568a **Weitere Beschwerde im Versäumnisverfahren.** Beschlüsse des Oberlandesgerichts, durch die über eine sofortige Beschwerde gegen die Verwerfung des Einspruchs gegen ein Versäumnisurteil entschieden wird, unterliegen der weiteren sofortigen Beschwerde, sofern gegen ein Urteil gleichen Inhalts die Revision stattfinden würde; §§ 546, 554b gelten entsprechend.

Vorbem. Gilt entsprechend im **Verfahren der Arbeitsgerichte** für Beschwerdeentscheidungen des LAG nach § 70 ArbGG, § 78 II ArbGG, Philippsen pp NJW **77**, 1137, Dütz RdA **80**, 97 (keine Nichtzulassungsbeschwerde).

1) Erläuterung. Die Vorschrift eröffnet die **sofortige weitere Beschwerde gegen Beschlüsse des OLG**, durch die über eine Beschwerde gegen die **Verwerfung des Einspruchs gegen ein Versäumnisurteil,** § 341 II 2, entschieden ist, und zwar auch dann, wenn das OLG die sofortige Beschwerde als unzulässig verworfen hat, BayObLG LS NJW **82**, 2453. Hierhin gehört auch die Verwerfung des Einspruchs gegen einen Vollstreckungsbescheid, § 700 I, BGH VersR **82**, 1168.
A. Voraussetzung ist, daß gegen ein Urteil gleichen Inhalts die Revision stattfinden würde. Entsprechend §§ 546, 554b ist also die weitere sofortige Beschwerde statthaft, **a)** bei Beschwer bis 40000 DM nur aufgrund einer Zulassung durch das OLG, **b)** bei höherer Beschwer stets, jedoch mit der Möglichkeit der Nichtannahme durch den BGH, vgl die Erläuterungen zu beiden Vorschriften, ferner **c)** in den Fällen des § 547 ohne jede Einschränkung, BGH NJW **79**, 218. **B. Verfahren:** Sofortige Beschwerde nach § 577, s dort Anm. Zuständig ist der BGH, § 133 Z 2 GVG, BayObLG LS NJW **82**, 2453. **Gebühren:** Gericht § 11 GKG und KV 1151, RA § 61 BRAGO.

2) VwGO: *Unanwendbar, Üb 4 § 330.*

3. Abschnitt. Beschwerde § 569 1, 2

569 *Einlegung.* ᴵ Die Beschwerde wird bei dem Gericht eingelegt, von dem oder von dessen Vorsitzenden die angefochtene Entscheidung erlassen ist; sie kann in dringenden Fällen auch bei dem Beschwerdegericht eingelegt werden.

ᴵᴵ Die Beschwerde wird durch Einreichung einer Beschwerdeschrift eingelegt. Sie kann auch durch Erklärung zu Protokoll der Geschäftsstelle eingelegt werden, wenn der Rechtsstreit im ersten Rechtszug nicht als Anwaltsprozeß zu führen ist oder war, wenn die Beschwerde einen Beschluß nach § 78a Abs. 2 oder die Prozeßkostenhilfe betrifft oder wenn sie von einem Zeugen oder Sachverständigen erhoben wird.

Vorbem. II 2 idF des Art 1 Z 7 G v 13. 6. 80, BGBl 677, mWv 1. 1. 81. **Im Verfahren der Arbeitsgerichte** ist § 569 entsprechend anwendbar, § 78 I 1 ArbGG.

1) Stelle der Einlegung, I. Regelmäßig ist die Beschwerde einzulegen beim **Gericht der angefochtenen Entscheidung** (iudex a quo), damit dieses ggf von seiner Befugnis zur Abhilfe, § 571, Gebrauch machen kann. Eine Beschwerde „an das Revisionsgericht durch das Berufungsgericht" ist beim Berufungsgericht eingelegt, RG DR **39**, 1189. Die Beschwerde darf **nur in dringenden Fällen auch beim Beschwerdegericht** (iudex ad quem) eingelegt werden. Ob der Fall dringend ist, darüber entscheidet das Beschwerdegericht nach freiem Ermessen. Bejaht es die Dringlichkeit, entscheidet es, ohne vorher eine Entscheidung über die Nichtabhilfe herbeizuführen, § 571 Anm 1 C. Verneint es die Dringlichkeit, so darf es nicht verwerfen, sondern hat dem unteren Gericht Gelegenheit zum Befinden über die Abhilfe zu geben, § 571 Anm 1 C. Ein dringender Fall liegt bei Gefahr im Verzug vor. Es muß nach dem Zweck der Vorschrift aber auch genügen, daß Abhilfe durch das Gericht der Entscheidung ersichtlich nicht zu erwarten ist, Ffm FamRZ **81**, 579. Wegen einer **Beschwerde vor Verkündung oder Zustellung** s § 567 Anm 2.

2) Beschwerdeschrift, II 1. A. Man legt Beschwerde ein durch **Einreichung** (Begriff § 518 Anm 1), die auch telegrafisch, fernschriftlich oder durch Telebrief erfolgen kann, § 129 Anm 1 C u § 518 Anm 1 B, **einer Beschwerdeschrift.** Außer beim AG und den sonst in § 569 II S 2 genannten Fällen besteht Anwaltszwang: ein beim Gericht der Einreichung zugelassener RA muß unterzeichnen, Bre FamRZ **77**, 399, allg Praxis; vgl auch § 78 Vorbem und § 577 Anm 3. Dies gilt auch bei Einreichung beim Obergericht in dringenden Fällen, aM Celle FamRZ **82**, 321, Ffm FamRZ **81**, 580; hat ein beim unteren Gericht zugelassener RA unterzeichnet, so heilt die Abgabe durch das Obergericht wegen fehlender Dringlichkeit. Bei der sog **Durchgriffserinnerung** gegen Entscheidungen des Rechtspflegers, §§ 11 und 21 RPflG, besteht für die Einlegung des Rechtsmittels (und bis zur Vorlage beim Beschwerdegericht) kein Anwaltszwang, Bre NJW **72**, 1241, Zweibr NJW **73**, 908, str, aM Stgt NJW **71**, 1707, vgl Göppinger JR **71**, 451. Legt die Staatsanwaltschaft Beschwerde ein, § 634, so muß die beim Gericht der Einreichung oder beim OLG bestehende Staatsanwaltschaft unterzeichnen. Die erforderliche Schriftform ist dort, wo kein Anwaltszwang besteht, auch gewahrt, wenn der Schriftsatz einer Körperschaft oder Anstalt des öff Rechts oder einer Behörde neben den maschinenschriftlich wiedergegebenen Namen des Verfassers einen Beglaubigungsvermerk (auch ohne Dienstsiegel) trägt, GmS NJW **80**, 172.

B. Auf die Beschwerdeschrift ist § 518 anzuwenden. Sie muß deshalb enthalten: **a)** die **Bezeichnung der angefochtenen Entscheidung, b)** die **Erklärung, daß man Beschwerde einlege.** Der Gebrauch des Wortes Beschwerde ist unnötig; eine ausdrücklich so bezeichnete Gegenvorstellung ist aber jedenfalls dann keine Beschwerde, wenn der Schriftsatz von einem RA stammt, BGH VersR **82**, 598. Ob mit der Bitte um Überprüfung eine Beschwerde gemeint ist, muß durch Rückfrage geklärt werden, Neustadt MDR **59**, 309. Es muß aber, wo auch ein anderer Rechtsbehelf denkbar ist, etwa Berufung, die Absicht, Beschwerde einzulegen, eindeutig erhellen; **c)** die **klare Bezeichnung dessen, für den ein Vertreter Beschwerde einlegt.** Die Beschwerdeschrift ist ein bestimmender Schriftsatz, § 129 Anm 1, er muß darum die eigenhändige handschriftliche Unterschrift des Beschwerdeführers oder seines Bevollmächtigten tragen, BFH NJW **73**, 1016, s auch oben A. **d)** Die Beschwerde muß ferner **unbedingt** sein, § 518 Anm 2 Bb (zur Nichtzulassungsbeschwerde nach BEG BVerfG **40**, 272, vgl auch BFH NVwZ **83**, 439). Sie ist darum erst nach Erlaß der Entscheidung zulässig, vgl aber § 567 Anm 2. Eine Hilfsbeschwerde (Eventualbeschwerde) gegen eine erst bevorstehende Entscheidung gibt es nicht mit Ausnahme des § 577 IV. Unschädlich ist die Bedingung, daß das Gericht nicht abhilft, weil das Gesetz das Abhilferecht gibt.

Albers

C. Ein Beschwerdeantrag ist nicht vorgeschrieben, aber dringend anzuraten, ua wegen § 567 II, E. Schneider JB **74,** 167. Ergibt die Beschwerdeschrift in Verbindung mit dem Akteninhalt nicht eindeutig, welche Abänderung der Beschwerdeführer erstrebt, so hat das Gericht das durch Rückfrage zu klären, § 139. Der Beschwerdeführer darf seinen Antrag bis zur Entscheidung ändern, erweitern und beschränken.

D. Eine **Begründung der Beschwerde ist nicht vorgeschrieben,** aber ebenfalls dringend zu empfehlen. Sie ist grundsätzlich sofort einzureichen. Das Gericht braucht sie nicht zu fordern, RG **152,** 318, wird aber in der Regel darauf hinwirken, daß sie innerhalb angemessener Frist beigebracht wird.

E. Bei einem **Verstoß gegen die zwingenden Formvorschriften, A und B, ist die Beschwerde unzulässig.**

3) Erklärung zu Protokoll, II 2. A. Der Beschwerdeführer darf seine Beschwerde zu Protokoll der GeschStelle erklären: **a) wenn der Prozeß im 1. Rechtszug nicht als Anwaltsprozeß zu führen ist,** § 78 I, gleichviel, wer Beschwerde einlegt und wie die Zuständigkeit des AG begründet ist (diese Erleichterung gilt also nicht für die FamS des § 78 I 2); daß das einleitende Gesuch, zB im Arrestverfahren, nicht dem Anwaltszwang unterliegt, genügt nicht, Ffm MDR **83,** 233 mwN; **b) wenn der Prozeß nicht als Anwaltsprozeß zu führen war,** wo er also beendet ist oder in 2. Instanz beim LG schwebt; auch die Beschwerde gegen eine Entscheidung des LG fällt dann also unter II 2, hM, ThP 3b aa, zB bei Ablehnung eines Richters des Berufungsgerichts, KG MDR **83,** 60, nicht aber bei Anfechtung eines vom LG als 1. Instanz erlassenen Beschlusses nach § 890, Stgt WRP **82,** 604. Bei einer Verweisung oder Abgabe ans LG besteht von da ab Anwaltszwang, BGH VersR **83,** 785 (§§ 281, 506), BGH JZ **79,** 535 mwN (§§ 696, 700); **e) wenn die Beschwerde die Prozeßkostenhilfe betrifft; d) wenn sich ein Zeuge oder Sachverständiger beschwert,** §§ 380, 390, 409, 411. Dasselbe gilt für die Beschwerde der aus §§ 141 III, 273 IV, 613 II beschwerten Partei, ebenso für den zur Blutentnahme bestellten Dritten, der wegen Nichterscheinens, vgl aber § 372a Anm 5, gemaßregelt ist (Augenscheinsobjekt), Düss JMBlNRW **64,** 30.

B. Gleich bleibt, ob die Partei das Gesuch zu Protokoll erklären durfte, auf das die angefochtene Entscheidung ergangen ist. „Rechtsstreit" bedeutet in II jedes Verfahren nach ZPO, Hbg MDR **81,** 939. Bei A a–d genügt auch eine Einlegung zum Sitzungsprotokoll; es kann unmöglich schaden, daß der Richter mitbeurkundet, Einf 1 §§ 159ff, oder auch allein beurkundet, BGH Rpfleger **82,** 411 mwN (für das Strafverfahren), RoS § 149 I 2, ThP 3a, Zö-Schneider 9a, str, aM LG Oldb NdsRpfl **82,** 85, LG Bln Rpfleger **74,** 407 mwN. In anderen Fällen bleibt nur die Einlegung nach II 1, Nrnbg MDR **63,** 508: Schriftliche Einlegung durch die Partei selbst oder einen Bevollmächtigten.

C. Zuständig ist nicht nur die GeschStelle des Gerichts, bei dem die Beschwerde einzulegen ist, I, sondern die GeschStelle eines jeden AG, § 129a. Eine fernmündliche Einlegung ist auch dann unzulässig, wenn der UrkBeamte darüber einen Vermerk aufnimmt, hM, BGH (St) NJW **81,** 1627, vgl Friedrichs NJW **81,** 1422 mwN.

D. Der Anwaltszwang entfällt in diesem Umfang für die Einlegung der Beschwerde, § 78 II. Für das weitere Verfahren bleibt er nach Maßgabe des § 573 II bestehen, also namentlich für eine etwaige mündliche Verhandlung, vgl Bergerfurth AnwZwang Rdz 262 f.

4) VwGO: Es gilt § 147.

570 Neues Vorbringen. Die Beschwerde kann auf neue Tatsachen und Beweise gestützt werden.

Vorbem. Im **Verfahren der Arbeitsgerichte** entsprechend anwendbar, § 78 I 1 ArbGG.

1) Erläuterung. § 570 gilt auch für die sofortige und jede weitere Beschwerde, nicht aber für die Rechtsbeschwerde. Die Beschwerde kann sich auf vor oder nach der ersten Entscheidung eingetretene neue Tatsachen und Beweise stützen, allgM. §§ 528, 530 vertragen sich nicht mit der freien Natur der Beschwerde und sind darum unanwendbar, BVerfG NJW **82,** 1635 mwN. Unanwendbar ist auch § 296; das folgt aus der Bindungswirkung, BVerfG **40,** 88, von BVerfG NJW **82,** 1635, obwohl die Entscheidung nicht gebilligt werden kann, Schumann NJW **82,** 1612. Dagegen gilt § 282 entsprechend, so daß das Beschwerdegericht Fristen setzen und ggf nach § 283 S 2 verfahren darf, Köln ZIP **81,** 92.

Da neues Vorbringen zulässig ist, darf der Beschwerdeführer zB vorbringen, daß er mit einer Gegenforderung aufrechne, OLG **37**, 125. Eine Ausnahme macht die sofortige Beschwerde gegen eine Kostenentscheidung nach § 91a, da diese unter Berücksichtigung des bisherigen Sach- und Streitstandes ergeht, die Anführung neuer Tatsachen und Beweise diesem summarischen Verfahren also widersprechen würde.

Neue Ansprüche sind ausgeschlossen, weil der Gegenstand der Beschwerde derjenige der Vorinstanz ist. Deshalb ist zB die Einführung neuer Ablehnungsgründe, § 42, nicht zulässig, Zweibr MDR **82**, 412. Eine Antragsänderung ist in den Grenzen der §§ 263ff zulässig, ThP 2; sie darf jedoch nicht zu einer Änderung des Verfahrensgegenstandes führen, StJGr 1.

Bei Obsiegen aufgrund neuen Vorbringens gilt für die Kosten § 97 II.

2) VwGO: *Entsprechend anzuwenden, § 173 VwGO, weil für das Berufungsverfahren das gleiche gilt, § 128 S 2 VwGO.*

571 *Verfahren des unteren Gerichts.* **Erachtet das Gericht oder der Vorsitzende, dessen Entscheidung angefochten wird, die Beschwerde für begründet, so haben sie ihr abzuhelfen; andernfalls ist die Beschwerde vor Ablauf einer Woche dem Beschwerdegericht vorzulegen.**

Vorbem. Im **Verfahren der Arbeitsgerichte** entsprechend anwendbar, § 78 I 1 ArbGG.

1) Abhilfe. A. Das untere Gericht hat die Amtspflicht, zunächst zu prüfen, ob die Beschwerde begründet ist. Dabei muß es vorgebrachte neue Tatsachen beachten, JW **36**, 1480. **Hält es die Beschwerde für begründet, so muß es ihr abhelfen, also seine Entscheidung abändern, und zwar durch eine Entscheidung derselben Art.** Diese ist zu verkünden oder in derselben Weise bekanntzugeben, § 329 III, wie die angefochtene Entscheidung. Geeignetenfalls ist teilweise abzuhelfen. Abgeholfen werden kann auch einer unzulässigen Beschwerde, hM, StJ I, Nürnb MDR **61**, 509; die Beschwerde muß aber statthaft sein, § 567 Anm 1. Vorheriges Gehör des Gegners ist vor jeder, auch der teilweisen, Abhilfe erforderlich. Das untere Gericht darf dazu eine mündliche Verhandlung anordnen; zweckmäßig wird sie des Zeitverlusts wegen selten sein. Das untere Gericht muß, wo es voll abhilft, über die Kosten der Beschwerde befinden, soweit eine Kostenentscheidung zu treffen ist, § 573 Anm 2 G, vgl Gubelt MDR **70**, 895 mwN insbesondere auch zur Rechtslage bei teilweiser Abhilfe (hier entscheidet das untere Gericht, soweit nötig, über die erstinstanzlichen Kosten, während über die Beschwerdekosten nach Vorlegung, auch bei Rücknahme der restlichen Beschwerde, einheitlich das obere Gericht befindet, KG DR **40**, 2190). Zuständig für die Abhilfeentscheidung ist der Einzelrichter, soweit die Beschwerde sich gegen seine Entscheidung richtet, § 350 (aM zum früheren Recht Hamm Rpfleger **74**, 202).

Hält das untere Gericht die Beschwerde für gerechtfertigt, aber seine Entscheidung aus einem anderen Rechtsgrund für richtig, legt es die Beschwerde mit neuer Begründung im Nichtabhilfebeschluß dem Beschwerdegericht vor, vgl Zö-Schneider IV 3b, abw hM, vgl StJ II 3, RoS § 149 IV 1 u jetzt auch ThP 1c, BFH BStBl **76** II 595 mwN: Abhilfe durch Erlaß eines neuen Beschlusses mit Gründen. Da dann erneut Beschwerde eingelegt werden muß, ist dies ein unnötiger Umweg, zumal auch nach dieser Meinung eine unwesentliche Ergänzung der Gründe zulässig ist, BFH BStBl **77** II 164, und im Falle der Nichtabhilfe eine Zurückverweisung nur bei schwerwiegenden Mängeln des angefochtenen Beschlusses, zB Versagung des rechtlichen Gehörs, in Frage kommt, BFH BStBl **77** II 331; überzeugen die neuen Gründe des Nichtabhilfebeschlusses den Beschwerdeführer, so kann und wird er die Beschwerde zurücknehmen oder für erledigt erklären, um Kosten zu sparen. In solchen Fällen ist der Nichtabhilfebeschluß den Beteiligten stets bekanntzugeben, vgl Anm 2.

B. Volle Abhilfe erledigt die Beschwerde. Die Beschwerde des Gegners gegen die Abhilfeentscheidung ist eine erste Beschwerde, RG **62**, 12. Wird nicht voll abgeholfen, muß wegen der insofern nicht verbrauchten Beschwerde vorgelegt werden; für die Erreichung der Beschwerdesumme gilt dann die alte Beschwer, KG NJW **58**, 2023, aM Hamm JB **70**, 47, vgl § 567 Anm 3.

C. Entbehrlich ist das Nichtabhilfeverfahren, wenn es dazu führen würde, daß wegen der Eilbedürftigkeit die Entscheidung des Beschwerdegerichts zu spät kommen würde. In solchen Fällen ist die Beschwerde sofort vorzulegen oder, wenn sie gemäß § 569 I (dringender Fall) unmittelbar beim Beschwerdegericht eingelegt worden ist, von diesem ohne Rückgabe an das Erstgericht, Anm 2, zu bearbeiten, StJGr 2, ThP 1 b.

2) Vorlegung. Hilft das untere Gericht nicht ab und ist eine Beschwerde überhaupt statthaft, RG **130**, 348, StJ Anm II 1, oder ist wenigstens ihre Statthaftigkeit zweifelhaft, **so**

legt das untere Gericht die Sache binnen 1 Woche mit seinem Beschluß dem Beschwerdegericht vor (wegen der Sonderregelung der sog Durchgriffserinnerung, §§ 11 und 21 RPflG, s Anh § 153 GVG). Unterläßt es die Vorlegung, so darf der Beschwerdeführer seine Beschwerde nochmals unmittelbar beim Beschwerdegericht einreichen (dringender Fall, § 569 I). Die Frist ist eine uneigentliche, Üb 3 § 214; ihre Versäumung ist prozessual ohne Bedeutung.

Über die Nichtabhilfe wird stets durch Beschluß entschieden, auch im Fall des § 11 II 3 RPflG, Kblz Rpfleger **74**, 260 (Verfügung genügt nicht). Fehlt der Beschluß, so muß ihn das Beschwerdegericht anfordern, falls nicht ein dringender Fall vorliegt, Anm 1 C, ThP § 569 Anm 1 b. Eine Begründung des Beschlusses ist nicht nötig. Wenn aber im angefochtenen Beschluß eine erforderliche Begründung fehlt, § 329 Anm 1 a, muß sie im Nichtabhilfebeschluß nachgeholt werden, Schlesw SchlHA **77**, 14, KG NJW **74**, 2010, E. Schneider NJW **66**, 1367 (dann ist sie den Beteiligten mitzuteilen, damit sie sich darauf einstellen, zB die Beschwerde zurücknehmen können). Sonst ist die Bekanntgabe der Nichtabhilfe und der Vorlegung an die Beteiligten nicht erforderlich (Ausnahme: Anm 1 A aE), aber schon aus praktischen Gründen ratsam (andere Verfahrensordnungen enthalten eine entspr Vorschrift, §§ 148 II VwGO, 174 SGG, 130 II FGO).

Die Vorlegung läßt die Entscheidung dem oberen Gericht anfallen, Grdz 1 § 511; wird die Beschwerde vorher zurückgenommen, ist die Kostenentscheidung Sache der unteren Instanz, Celle MDR **60**, 507. Nach der Vorlegung ist keine Abhilfe durch das untere Gericht mehr möglich, jedoch wird vor der Entscheidung über die Abhilfe auf neues erhebliches Vorbringen einzugehen und die Erledigung nicht der Beschwerdeinstanz zu überlassen sein; dann aber ist eine etwa erforderliche Beweiserhebung innerhalb der Wochenfrist anzuordnen, Ffm OLGZ **68**, 44 (wenn dies möglich ist und die Parteien nicht mit einer dadurch verzögerten Abgabe einverstanden sind). Schriftsätze, die nach der Vorlegung beim Ausgangsgericht eingehen, sind unverzüglich an das Beschwerdegericht weiterzuleiten, BVerfG JMBlNRW **83**, 74, Zö-Schneider Anm III.

Dem BGH ist eine offensichtlich unstatthafte Beschwerde nicht vorzulegen, es sei denn, daß der Beschwerdeführer ausdrücklich darauf besteht, Köln Rpfleger **75**, 67; eine solche Beschwerde kann das OLG selbst verwerfen, Zweibr JB **80**, 304. Eine Vorlage nach Rücknahme nur wegen der Kostenentscheidung ist ebenfalls nicht nötig; diese ist Sache des OLG, BGH **LM** § 567 Nr 2.

3) VwGO: *Es gilt § 148.*

572 *Aufschiebende Wirkung.* ^I Die Beschwerde hat nur dann aufschiebende Wirkung, wenn sie gegen eine der in den §§ 380, 390, 409, 613, 656, 678 erwähnten Entscheidungen gerichtet ist.

^{II} Das Gericht oder der Vorsitzende, dessen Entscheidung angefochten wird, kann anordnen, daß ihre Vollziehung auszusetzen sei.

^{III} Das Beschwerdegericht kann vor der Entscheidung eine einstweilige Anordnung erlassen; es kann insbesondere anordnen, daß die Vollziehung der angefochtenen Entscheidung auszusetzen sei.

Vorbem. Im Verfahren der Arbeitsgerichte entsprechend anwendbar, § 78 I 1 ArbGG.

1) Aufschiebende Wirkung, I. A. Regelmäßig hindert die Beschwerde weder den Fortgang des Verfahrens noch die Vollstreckung der angefochtenen Entscheidung. **Alleinige Ausnahmen: a)** §§ 380, 390, 409, 411: Ordnungsmittel gegen Zeugen und Sachverständige, **b)** Ordnungsmittel gegen Beteiligte in EheS (und KindschaftsS, § 640), § 613; **c)** § 656: Unterbringung des zu Entmündigenden in einer Heilanstalt, **d)** § 678: Aufhebung der Entmündigung. Dazu treten: **e)** §§ 141 III, 273 III: Ordnungsmittel gegen eine Partei, deren persönliches Erscheinen angeordnet war, **f)** § 411 II: Versäumung der Frist zur Erstattung eines Gutachtens, **g)** § 387 III: Zwischenurteil wegen Zeugnisverweigerung, **h)** § 900 V: Beschluß über die Pflichten zur Abgabe der eidesstattlichen Versicherung, **i)** § 181 II GVG: Vollstreckung der Ordnungsmittel, **k)** § 74 KO: Entscheidung im Konkursverfahren, **l)** § 80 III VerglO: Versagung der Vergleichsbestätigung, **m)** §§ 80 II, 112 III GenG, **n)** § 63 I GWB **o)** §§ 75 I, 103 PatG.

B. Die aufschiebende Wirkung beginnt in den Ausnahmefällen mit der Einlegung der Beschwerde. Bis dahin ist die Zwangsvollstreckung statthaft. Deren Einstellung erfolgt nach § 732 II; eine Ausfertigung ist dem Gerichtsvollzieher nach § 775 Z 2 vorzulegen.

3. Abschnitt. Beschwerde §§ 572, 573 1, 2

2) Vorläufige Maßnahmen, II, III. A. Gericht der angefochtenen Entscheidung, II. Das Gericht oder der Vorsitzende (wenn er die Entscheidung erlassen hat) kann anordnen, daß die Vollziehung auszusetzen sei. Die Anordnung wirkt wie eine Einstellung der Zwangsvollstreckung ohne Sicherheit.
B. Beschwerdegericht, III. Die gleiche Befugnis steht dem Beschwerdegericht zu. Es ist aber nicht darauf beschränkt. Vielmehr kann es im Wege der einstw AnO auch andere Maßnahmen treffen, die es für geboten hält.
C. Gemeinsames. Alle Anordnungen dürfen auch vAw ergehen. Sie sind den Beteiligten bekanntzugeben, § 329 III.
Gegen die AnO oder ihre Ablehnung gibt es keinen Rechtsbehelf, KG NJW **71**, 473 mwN, auch wenn die Beschwerde in der Zwangsvollstreckung erhoben worden ist; denn § 793 liegt nicht vor, da es sich um keine Entscheidung in der Zwangsvollstreckung handelt, StJGr II 2. Das Gericht darf aber seine einstw AnO (das Beschwerdegericht auch eine AnO des Erstrichters, Wieczorek B IV) ändern oder wieder aufheben; auch dagegen gibt es keinen Rechtsbehelf, JW **38**, 1841. Ausnahmsweise ist Beschwerde gegeben, wenn die AnO wegen funktioneller Unzuständigkeit nicht erlassen werden durfte, Stgt MDR **76**, 852.

3) VwGO: Statt I und II gilt § 149 I *VwGO*. Entsprechend anzuwenden, § 173 *VwGO*, ist III, EF § 149 Rdz 3, Ule *VPrR* § 64 III, VGH Mannh BWVBl **80**, 21 mwN, aM für den Geltungsbereich der FGO BFH BStBl **82**, II 264 mwN: Aber der iudex ad quem darf nicht stärker eingeengt sein als im Zivilprozeß, zumal im Berufungsverfahren § 719 entsprechend gilt, § 167 I *VwGO*. Durch einstw AnO des Beschwerdegerichts, Anm 2 B, kann auch die Vollziehung des VerwAktes einstweilen ausgesetzt werden, wenn das Erstgericht eine Maßnahme nach § 80 V *VwGO* abgelehnt hat, aM VGH Mü NVwZ **82**, 685 mwN (u BFH aaO); eine solche Maßnahme ist zulässig und bei zweifelhaftem Ausgang des Beschwerdeverfahrens geboten, wenn sonst vollendete Tatsachen geschaffen werden würden, ebenso Trzaskalik JZ **83**, 422.

573 **Verfahren des Beschwerdegerichts; mündliche Verhandlung.** ¹ Die Entscheidung über die Beschwerde kann ohne mündliche Verhandlung ergehen.
II Ordnet das Gericht eine schriftliche Erklärung an, so kann sie durch einen Anwalt abgegeben werden, der bei dem Gericht zugelassen ist, von dem oder von dessen Vorsitzenden die angefochtene Entscheidung erlassen ist. In den Fällen, in denen die Beschwerde zum Protokoll der Geschäftsstelle eingelegt werden darf, kann auch die Erklärung zum Protokoll der Geschäftsstelle abgegeben werden.

Vorbem. Im **Verfahren der Arbeitsgerichte** entsprechend anwendbar, § 78 I 1 ArbGG.

1) Allgemeines. Die ZPO regelt das Beschwerdeverfahren lückenhaft. Darum fehlt es nicht an Zweifelsfragen. Da die Beschwerde ein der Berufung angenähertes, wenn auch geringeres Rechtsmittel ist, sind die Vorschriften über das Berufungsverfahren sinngemäß anwendbar, soweit es die Natur der Beschwerde zuläßt. Vgl Grdz § 511.

2) Verfahren bis zur Entscheidung. A. Beschwerdepartei können auch Dritte sein, namentlich Zeugen. Die Parteistellung ergibt sich aus der Lage des Einzelfalls. Bisweilen fehlt ein Gegner. Wegen der **Einlegung der Beschwerde** s § 569. Eine **Frist** besteht nur für die sofortige Beschwerde, § 577; s aber § 567 Anm 2 B. Die gesetzwidrige Annahme der **örtlichen Zuständigkeit** kann der Beschwerdeführer in vermögensrechtlichen Sachen (Begriff Üb 3 § 1) nicht bemängeln; § 512a gilt sinngemäß, dortige Anm 3.

B. Anwendbar sind: a) das 1. Buch der ZPO. Dies gilt namentlich für die Vorschriften über Verbindung und Trennung, Aussetzung und Unterbrechung, Ausschließung und Ablehnung, Prozeßvollmacht, Streitwertfestsetzung und Kosten. **b)** Buch 2 ist nur nach Lage des Falls gemäß der Natur der Sache und nur entsprechend anwendbar. Immer anwendbar sind die Vorschriften über das Beweisverfahren (dann ist also ein Protokoll oder mindestens die Aufnahme des Beweisergebnisses in den Beschluß erforderlich) und die Vorschriften über die Entscheidung durch Beschluß, § 329. Eine Zurückweisung verspäteten Vorbringens ist hier unstatthaft und unnötig, s § 570 Anm 1; notfalls ist zur Äußerung eine Frist zu setzen, § 282, vgl § 570 Anm 1 (keine Anwendung von § 296, wohl aber von § 283 S 2). Eine Verweisung entsprechend § 281 ist zulässig, und zwar auch im Verhältnis OLG/LG in FamS, BGH NJW **79**, 43.

C. Die Anhörung des Gegners ist immer nützlich und wegen Art 103 I GG erforderlich, ehe eine ihm nachteilige Entscheidung ergeht, BVerfG stRspr, NJW **74**, 133 mwN. Gegner in diesem Sinne sind auch sonstige Betroffene, zB die Partei selbst bei Beschwerde ihres RA gegen den Streitwert, vgl E. Schneider DRiZ **78**, 204. Vom Gericht gesetzte und etwa (auch stillschweigend) verlängerte Äußerungsfristen sind zu beachten, so daß vorher nicht entschieden werden darf, BVerfG **12**, 110; darüber hinaus ist alles Vorbringen, daß bis zur Hinausgabe der Entscheidung eingeht, vom Beschwerdegericht zu beachten, BayObLG MDR **81**, 409. Die Anhörung des Beschwerdeführers zur Äußerung des Gegners ist nur nötig, wenn diese neues, für die Entscheidung maßgebliches Vorbringen enthält. Das Beschwerdegericht muß prüfen, ob rechtliches Gehör gewährt ist; im schriftlichen Verfahren verlangt das BVerfG den Nachweis des Zugangs, NJW **74**, 133 (dagegen Scheld Rpfleger **74**, 212 m zutreffendem Hinweis auf § 270 II 2). Mündliche Verhandlung ist nie geboten, immer freigestellt, § 128 Anm 3.

D. Außer beim AG (und auch dort in den Fällen des § 78 I 2) **besteht Anwaltszwang, auch wo die Einlegung der Beschwerde außerhalb des Anwaltszwangs statthaft ist**, § 569 II (§ 387 II gilt nur für die 1. Instanz), hM, StJ I 2. Das gilt auch für die sog Durchgriffserinnerung, §§ 11 u 21 RPflG, nach ihrer Vorlage an das Beschwerdegericht, Bre NJW **72**, 1241, Ffm NJW **71**, 1188. Indessen darf auf beiden Seiten auch ein beim unteren Gericht zugelassener RA eine angeordnete schriftliche Erklärung abgeben. Er wird damit nicht Prozeßbevollmächtigter der Beschwerdeinstanz, RG HRR **33**, 536. Die Beiordnung eines RA im Wege der Prozeßkostenhilfe ist also beim unteren Gericht zu beantragen, Kblz NJW **61**, 2119. **Nur wo das Gesetz die Erklärung der Beschwerde zu Protokoll der Geschäftsstelle zuläßt, § 569 II, genügt eine ebensolche Erklärung im Verfahren.** Dann reicht somit auch eine gewöhnliche schriftliche Erklärung aus, § 569 Anm 3. In einer etwaigen mündlichen Verhandlung ist auch dann die Vertretung durch einen beim Beschwerdegericht zugelassenen RA nötig, vgl Bergerfurth AnwZwang Rdz 262f.

E. Die Rücknahme der Beschwerde ist zulässig bis zur Hinausgabe der Beschwerdeentscheidung, Anm 3, und danach noch im Verfahren einer etwaigen weiteren Beschwerde bis zu dessen Beendigung, vgl BGH MDR **82**, 989. Einer Einwilligung des Gegners bedarf es nicht. Über die Wiederholung der zurückgenommenen Beschwerde s § 567 Anm 2 B. Ist die Rücknahme vereinbart, so ist eine Wiederholung unzulässig, weil dann auf das Beschwerderecht verzichtet ist, JW **30**, 3866 (anders begründet).

F. Erledigung der Hauptsache ist auch hier möglich, § 91a Anm 4. Ob allein die Beschwerde für erledigt erklärt werden kann, ist str, § 91a Anm 4, vgl Schulz JZ **83**, 331. Durch eine Entscheidung zur Hauptsache erledigt sich die Beschwerde nicht immer, Kahlke ZZP **95**, 288, vgl § 46 Anm 2 B.

3) Entscheidung. A. Die ungünstige Entscheidung kann lauten: a) auf Verwerfung als unzulässig, § 574; bei Wegfall der Beschwer nach Einlegung der Beschwerde gilt dagegen das in Grdz 3 B § 511 Gesagte; **b) auf Zurückweisung als unbegründet.** Das Beschwerdegericht hat die angefochtene Entscheidung voll zu überprüfen. Bei Ermessensentscheidungen darf es sich nicht auf eine bloße Ermessenskontrolle iSv § 114 VwGO beschränken, sondern muß eigenes Ermessen ausüben, Zö-Schneider § 568 Anm II 7 u § 570 Anm II 4; das gilt auch dann, wenn der Sachverhalt unverändert geblieben ist, aM Walter JR **83**, 158 (unter Hinweis auf Behrens, Die Nachprüfbarkeit zivilrechtlicher Ermessensentscheidungen, 1979, S 78).

B. Die günstige Entscheidung lautet auf Stattgeben und zerfällt wie die entsprechende Entscheidung bei der Berufung und der Revision in zwei Teile, die aufhebende und die ersetzende. Diese kann das Beschwerdegericht dem unteren Gericht übertragen; s dazu § 575 Anm 1. Das Verbot der nachteiligen Abänderung, § 536, gilt hier in demselben Umfang wie bei der Berufung.

C. Die Entscheidung ergeht immer durch Beschluß, auch wenn ein End- oder Zwischenurteil angefochten ist. Maßgeblicher Zeitpunkt ist bei mündlicher Verhandlung deren Schluß, sonst der Augenblick der Hinausgabe, denn erst diese entspricht dem Schluß der Verhandlung, § 329 Anm 4. Sofern nicht zulässigerweise Schriftsatzfristen angeordnet worden waren, § 570 Anm 1, ist Vorbringen, das zwischen Beschlußfassung und Hinausgabe eingeht, zu berücksichtigen, BVerfG JMBlNRW **83**, 74; deshalb ist in diesen Fällen grundsätzlich neu zu beraten und zu beschließen.

Eine Begründung der Entscheidung schreibt das Gesetz nicht vor, noch weniger einen Tatbestand. Eine Begründung ist aber nötig, wenn die weitere Beschwerde statthaft ist, und auch sonst geboten, wenn es sich um eine ablehnende Entscheidung oder eine stattgebende,

3. Abschnitt. Beschwerde §§ 573–575

die den Gegner beschwert, handelt. Besteht volle Übereinstimmung mit der Vorinstanz und ist kein neues Vorbringen zu berücksichtigen, ist eine Begründung entbehrlich (Zurückweisung „aus den zutreffenden Gründen der angefochtenen Entscheidung"), Köln JMBlNRW 83, 64 (vgl auch Art 2 §§ 2, 6 u 7 EntlG).

Der Beschluß nach mündlicher Verhandlung ist zu verkünden; sonst ist der Beschluß vAw nach § 329 III bekanntzugeben, und zwar immer dem Beschwerdeführer und dort, wo ein Gegner vorhanden ist, auch diesem, wenn er auch nicht gehört ist. Urschriftlich oder abschriftlich ist er dem unteren Gericht mitzuteilen.

D. Eine **Rechtskraftwirkung** kann nur in Frage kommen, wo eine äußerlich rechtskräftig werdende Entscheidung vorliegt; ihr Umfang richtet sich nach § 322. Dies gilt zB für den Kostenfestsetzungsbeschluß. Daher tritt mit Beschwerdeeinlegung auch die Hemmungswirkung, Grdz 1 § 511, ein. Wegen einer Wiederholung der Beschwerde vgl § 567 Anm 2 B. Die Beschwerdeentscheidung ist im Rahmen ihres Inhalts Vollstreckungstitel, § 794 Anm 6.

E. Kosten der Beschwerde, vgl Gubelt MDR **70**, 896 mwN: Bei Verwerfung oder Zurückweisung trägt sie der Beschwerdeführer, § 97 I, ebenso bei Rücknahme, § 515 III sinngemäß, BGH LM § 515 Nr 1; wird die Hauptsache für erledigt erklärt, so gilt § 91 a. Bei Erfolg oder Teilerfolg sind für die außergerichtlichen Kosten §§ 91 ff maßgeblich. Die außergerichtlichen Kosten sind dem Beschwerdegegner nur aufzuerlegen, wo er vorhanden ist, mag er auch nicht gehört sein, und wo es sich um eine selbständige Entscheidung im größeren Rahmen handelt, etwa bei Beschwerde eines Dritten und bei Beschwerde in der Zwangsvollstreckung, also überall, wo das Beschwerdeverfahren nicht ein wesentliches Stück des Hauptprozesses ist. Zur Kostenentscheidung bei **mehreren Beschwerden** vgl E. Schneider MDR **73**, 979 (eingehend). **Gebühren:** Gericht § 11 GKG und KV 1150, 1151, RA § 61 BRAGO.

4) VwGO: *Das gleiche wie I bestimmen §§ 150, 101 III VwGO. II ist gegenstandslos, weil es bei VG und OVG keinen Anwaltszwang gibt, § 67 II VwGO. Auch die VwGO regelt das Verfahren des Beschwerdegerichts lückenhaft; ergänzend heranzuziehen sind, soweit nicht ZPO nach § 173 VwGO entsprechend anzuwenden ist, die Allgemeinen Verfahrensvorschriften, §§ 54–67, und die Bestimmungen über die Berufung, §§ 125–130. Anschlußbeschwerde ist entsprechend § 127 VwGO statthaft,* OVG Münst MDR **59**, 605. *Wegen der Entscheidung vgl Anm 3.*

574 *Prüfung der Zulässigkeit.* **Das Beschwerdegericht hat von Amts wegen zu prüfen, ob die Beschwerde an sich statthaft und ob sie in der gesetzlichen Form und Frist eingelegt ist. Mangelt es an einem dieser Erfordernisse, so ist die Beschwerde als unzulässig zu verwerfen.**

Vorbem. Im **Verfahren der Arbeitsgerichte** entsprechend anwendbar, § 78 I 1 ArbGG.

1) Erläuterung. § 574 entspricht dem § 519b; s daher die dortigen Erläuterungen. Die Verwerfung erfolgt nur durch Beschluß, § 573 Anm 3. Über den für die Zulässigkeit der Beschwerde maßgebenden Zeitpunkt s § 573 Anm 3. Die Prüfung der Zulässigkeit muß idR jeder Sachentscheidung vorausgehen; wegen der Ausnahme s Üb 3 § 567. Dort auch näheres über die Voraussetzungen der Zulässigkeit. Trotz Unzulässigkeit der Beschwerde eines vollmachtlosen Vertreters hat das Beschwerdegericht eine vorinstanzliche Sachentscheidung in eine Verwerfungsentscheidung zu ändern, wenn der Mangel der Vollmacht bereits damals bestanden hat, Köln MDR **82**, 239. Unentwegt eingelegte unzulässige Beschwerden in derselben Sache darf das Gericht unbeachtet lassen, Köln Rpfleger **80**, 233.

2) VwGO: *Entsprechend anzuwenden, § 173 VwGO, weil für die Berufung das gleiche gilt, § 125 II VwGO.*

575 *Zurückverweisung.* **Erachtet das Beschwerdegericht die Beschwerde für begründet, so kann es dem Gericht oder Vorsitzenden, von dem die beschwerende Entscheidung erlassen war, die erforderliche Anordnung übertragen.**

Vorbem. Im **Verfahren der Arbeitsgerichte** entsprechend anwendbar, § 78 I 1 ArbGG.

Schrifttum: E. Schneider MDR **78**, 525, JB **80**, 481.

1) Zulässigkeit. § 575 betrifft den Fall, daß das Beschwerdegericht die angefochtene Entscheidung aufhebt und eine neue für nötig hält. Es braucht sie dann nicht selbst an die

§§ 575, 576 1, 2   3. Buch. Rechtsmittel

Stelle der alten zu setzen, sondern **kann entweder schlechthin zurückverweisen, vgl §§ 538, 539 u 565 I, oder mit der Maßgabe, daß dem unteren Gericht oder, wo der Vorsitzende entschieden hat, diesem** nur die zur Ausführung **erforderliche Anordnung übertragen wird,** BGH 51, 134.

Wegen der Fälle, die eine uneingeschränkte Zurückverweisung rechtfertigen, vgl § 539 Anm 1 B. Immer muß es sich um einen Fehler im Verfahren handeln, wozu uU auch das Fehlen der Gründe in einem Beschluß des Gerichts nach § 11 RPflG gehört, Mü Rpfleger 81, 157, Ffm MDR 80, 234, LG Bln Rpfleger 81, 311. Dagegen ist ein Zurückverweisungsgrund nicht gegeben, wenn das untere Gericht ohne Verfahrensfehler sachlich entschieden hat, von der abweichenden Rechtsauffassung des Beschwerdegerichts aus aber noch andere Punkte der Aufklärung bedürfen, KG NJW 82, 2327 mwN. Kein Verfahrensfehler liegt auch dann vor, wenn das Gericht die Ankündigung der Überschreitung einer Schriftsatzfrist nicht beachtet, falls die bereits verstrichene Frist bereits sehr großzügig bemessen war, Köln JMBlNRW 83, 64.

Wenn eine Zurückverweisung in Betracht kommt, sollte das Beschwerdegericht aber nur dann zurückverweisen, wenn umfangreichere Ermittlungen nötig sind; es darf nicht insgesamt aufheben und zurückverweisen, wenn die Beschwerde gegen Pfändungsmaßnahmen teilweise unbegründet ist, E. Schneider MDR 80, 727. Eine unzulässige Zurückverweisung durch das Erstbeschwerdegericht rechtfertigt die Zurückverweisung aus dem Beschwerdegericht durch das Gericht der weiteren Beschwerde, ohne daß es einer Rüge durch den Beschwerdeführer bedarf, KG NJW 82, 2327. Das Gericht der weiteren Beschwerde kann auch an das Erstgericht zurückverweisen; dagegen ist keine Zurückverweisung an eine andere Abteilung oder Kammer zulässig (§ 565 I 2 ist nicht entsprechend anwendbar). Die Zurückverweisung an die 1. Instanz macht die Rücknahme der Beschwerde unmöglich; die Rücknahme des Antrags bleibt erlaubt, HRR 32, 560.

2) Bindung des unteren Gerichts. Die Zurückverweisung bindet das untere Gericht an die Rechtsauffassung des oberen in derselben Weise wie die Zurückverweisung aus der Revisionsinstanz gemäß § 565 II, vgl dort Anm 2. Bei Übertragung der erforderlichen Anordnung ergibt sich der Umfang der Bindung aus der vom Beschwgericht gewollten Bedeutung dieser Maßnahme, dazu BGH 51, 136. Eine neue Beschwerde gegen die dann ergehende Entscheidung ist nach allgemeinen Grundsätzen statthaft; das Beschwerdegericht ist an seine frühere Entscheidung gebunden, Hamm OLGZ 67, 56.

3) VwGO: *Entsprechend anzuwenden,* § 173 *VwGO, weil für die Berufung,* § 130 *VwGO, und die Revision,* § 144 III *VwGO, entsprechendes gilt,* OVG *Lüneb NdsRPfl* 80, 18, OVG *Münst DVBl* 83, 952; vgl auch BFH *BStBl* 75 II 465 mwN u 80 II 657. *Das untere Gericht ist entsprechend* § 144 VI *VwGO gebunden.*

576   *Verordneter Richter und Urkundsbeamter.* **I** Wird die Änderung einer Entscheidung des beauftragten oder ersuchten Richters oder des Urkundsbeamten der Geschäftsstelle verlangt, so ist die Entscheidung des Prozeßgerichts nachzusuchen.

II Die Beschwerde findet gegen die Entscheidung des Prozeßgerichts statt.

III Die Vorschrift des ersten Absatzes gilt auch für den Bundesgerichtshof und die Oberlandesgerichte.

Schrifttum: Kunz, Erinnerung und Beschwerde, 1980 (Bespr Mohrbutter KTS 81, 276).

Vorbem. Im **Verfahren der Arbeitsgerichte** entsprechend anwendbar, § 78 I 1 ArbGG, Grunsky Rdz 5.

1) Allgemeines. § 576 betrifft die sog **Erinnerung**, die kein Rechtsmittel und **unbeschränkt gegeben** ist. Für den **Rechtspfleger** trifft die entsprechende Regelung § 11 RpflG, abgedruckt Anh § 153 GVG.

2) Erinnerung, I. A. Die **Beschwerde ist versagt und nur die Anrufung des Gerichts gestattet gegen a) eine Entscheidung des verordneten Richters,** weil er bis auf kleine Ausnahmen an den Auftrag dieses Gerichts gebunden ist; **b) eine Entscheidung des Urkundsbeamten;** dieselbe Regelung enthält § 4 II Z 3 RpflG, s Anh § 153 GVG. Besonders geregelt ist die Anrufung des Gerichts beim Kostenfestsetzungsbeschluß durch befristete Erinnerung, ferner beim Mahnbescheid durch Widerspruch, beim Vollstreckungsbescheid durch Einspruch, ferner in §§ 159, 181 GVG und in Kostenvorschriften. Nach dem Text ist das „Prozeßgericht" zuständig. Das trifft nur für den verordneten Richter zu; beim Ur-

3. Abschnitt. Beschwerde §§ 576, 577 1

kundsbeamten entscheidet das Gericht, dem dieser angehört, gegebenenfalls das Vollstrekkungsgericht. Der Einzelrichter ist Prozeßgericht. Die Erinnerung ist schlechthin immer zulässig, auch wo eine Beschwerde versagen müßte, beim verordneten Richter auch dort, wo er selbständig entschieden hat, zB nach § 380, hM.

B. Erklärung schriftlich oder zu Protokoll der Geschäftsstelle; sie ist zu richten beim verordneten Richter an ihn oder das Prozeßgericht, beim Urkundsbeamten an dessen Gericht. **Kein Anwaltszwang,** weil gleich bleibt, an wen sich die Erinnerung richtet, und der Anwaltszwang somit immer nach § 78 II entfällt. Verordneter Richter und Urkundsbeamter haben (wenn nicht gegen eine Entscheidung des Gerichts sofortige Beschwerde zulässig wäre, vgl § 11 II 1 RPflG) entsprechend § 571 ihre Entscheidung nachzuprüfen und geeigentenfalls abzuhelfen. Über das Verfahren bei sofortiger Beschwerde s § 577 IV.

3) Weiteres Verfahren. Eine mündliche Verhandlung über die Erinnerung ist nur nötig, wo das Gericht ohne sie nicht unmittelbar hätte entscheiden dürfen. Die Entscheidung ergeht durch Beschluß, der zu verkünden oder nach § 329 III bekanntzugeben ist. **Gegen diese Entscheidung ist die Beschwerde nur nach allgemeinen Grundsätzen gegeben, also nicht etwa überall dort, wo Erinnerung zulässig ist.** Insbesondere gibt es gegen die Entscheidung eines OLG keinen Rechtsbehelf. Eine hilfsweise Einlegung ist nur bei sofortiger Beschwerde statthaft, s § 569 Anm 2 B.

4) VwGO: *Es gelten §§ 151, 152 II VwGO (eigenständige, aber ähnliche Regelung).*

577 **Sofortige Beschwerde.** ¹ Für die Fälle der sofortigen Beschwerde gelten die nachfolgenden besonderen Vorschriften.

II Die Beschwerde ist binnen einer Notfrist von zwei Wochen, die mit der Zustellung, in den Fällen der §§ 336 und 952 Abs. 4 mit der Verkündung der Entscheidung beginnt, einzulegen. Die Einlegung bei dem Beschwerdegericht genügt zur Wahrung der Notfrist, auch wenn der Fall für dringlich nicht erachtet wird. Liegen die Erfordernisse der Nichtigkeits- oder der Restitutionsklage vor, so kann die Beschwerde auch nach Ablauf der Notfrist innerhalb der für diese Klagen geltenden Notfristen erhoben werden.

III Das Gericht ist zu einer Änderung seiner der Beschwerde unterliegenden Entscheidung nicht befugt.

IV In den Fällen des § 576 muß auf dem für die Einlegung der Beschwerde vorgeschriebenen Wege die Entscheidung des Prozeßgerichts binnen der Notfrist nachgesucht werden. Das Prozeßgericht hat das Gesuch, wenn es ihm nicht entsprechen will, dem Beschwerdegericht vorzulegen.

Vorbem. Im *Verfahren der Arbeitsgerichte* entsprechend anzuwenden, § 78 I 1 ArbGG.
Schrifttum: Lüke JuS **79**, 863.

1) Sofortige Beschwerde, I. A. Sie ist eine Unterart, der einfachen Beschwerde, steht nie neben dieser zur Wahl **und findet nur in den vom Gesetz besonders bezeichneten Fällen statt**; vgl § 567 Anm 1. Von der einfachen Beschwerde unterscheidet sie sich namentlich durch die Befristung.

B. Anschlußbeschwerde (s auch Fenn, Die Anschlußbeschwerde im ZivProzeß und im Verfahren der Freiwilligen Gerichtsbarkeit, 1961, dazu Bötticher, AcP **162**, 174, und Ruppert DRiZ **73**, 8) muß in entsprechender Anwendung der §§ 521ff auch in der Form der unselbständigen Anschließung als zulässig angesehen werden, hM, RoS § 149 II, StJGr § 573 II, Wieczorek § 567 A II a 7, Jauernig § 75 II, Kirchner NJW **76**, 610, BGH **71**, 314 u FamRZ **79**, 231 gegen BGH **19**, 196 (betr streitmäßige FGGSachen), KG MDR **79**, 763, BayObLG FamRZ **78**, 599, Ffm FamRZ **77**, 400, alle mwN, aM BAG AP § 89 ArbGG Nr 3 (für das arbeitsgerichtliche Beschlußverfahren, dagegen Bötticher), Mü NJW **74**, 2011. Die Zulassung einer Anschließung ist insbesondere für das Kostenfestsetzungsverfahren eine praktische Notwendigkeit, Kblz JB **80**, 1091, ebenso bei dem Kostenstreit nach Erledigung der Hauptsache, § 91 a, insoweit aM Mü NJW **74**, 2011 (unzulässig). Wegen der unselbständigen Anschlußbeschwerde in FamS vgl § 621 e Anm 4 B.

Soweit für die Beschwerde eine Wertgrenze besteht, zB nach § 567 II, gilt diese nicht für die Anschließung, Kblz JB **80**, 1091. Die Voraussetzungen sind auch sonst dieselben wie diejenigen der Anschlußberufung, vgl § 521 Anm 1 B.

Einzulegen ist die Anschlußbeschwerde beim Erstgericht oder beim Beschwerdegericht, § 569 u § 577 II 2, nach Vorlage der Beschwerde nur bei diesem. Zulässig ist die Einlegung nur bis zum Schluß der mündlichen Verhandlung, die zur Entscheidung über die Beschwerde angeordnet ist, oder ohne eine solche bis zur Hinausgabe des Beschwerdebeschlusses, § 573 Anm 3 C. Nimmt der Beschwerdeführer die Beschwerde zurück, so treffen ihn die Kosten der unselbständigen Anschlußbeschwerde, Düss MDR **61**, 243.

2) Beschwerdefrist, II. A. Für die sofortige Beschwerde läuft eine **Notfrist von 2 Wochen.** Berechnung: § 222. Hat der Rechtspfleger entschieden, so ist zunächst innerhalb der 2-Wochen-Frist Erinnerung an den Richter einzulegen, § 11 I 2 RpflG, abgedruckt Anh § 153 GVG.

Die Frist beginnt regelmäßig mit Zustellung des Beschlusses, die in der Regel vAw zu geschehen hat, §§ 270 I, 329 III. Die Frist beginnt aber erst, wenn der mit Gründen versehene Beschluß zugestellt wird, da hier das gleiche gilt wie für Berufung und Revision, vgl §§ 516, 552. Ist die Zustellung unterblieben oder unwirksam, so beginnt die Frist entsprechend diesen Vorschriften 5 Monate nach Bekanntgabe, Bischof NJW **80**, 2237, Hbg MDR **83**, 410 mwN (zu § 21 II RPflG), hM, StJGr 3, ThP 3 a cc. Mit Verkündung beginnt die Frist in den Fällen der §§ 336 (Ablehnung eines Versäumnisurteils) und 952 IV (Ablehnung eines Ausschlußurteils).

Eine Abkürzung oder Verlängerung der Frist ist nicht zulässig. WiedEins ist statthaft, §§ 233 ff. Die Einlegung der Berufung wahrt die Notfrist nicht; es ist aber zu prüfen, ob nicht nur ein falscher Ausdruck gewählt ist. Mit Fristablauf wird der Beschluß rechtskräftig. Daher ist von da ab keine Abänderung mehr zulässig (über den Kostenfestsetzungsbeschluß s § 107); vgl aber auch Anm 4.

Die Beweislast für die Einhaltung der Frist trägt der Beschwerdeführer, BVerwG Rpfleger **82**, 385.

B. Liegen die Voraussetzungen einer Wiederaufnahmeklage vor, so ist sofortige Beschwerde noch in der Frist des § 586 zulässig, II 3. Die sofortige Beschwerde schließt die Wiederaufnahme aus, s Grdz 2 § 578. Die Vorschrift gewährt aber nicht etwa eine Wiederaufnahme, wo sie nach Buch 4 ausgeschlossen ist, vgl Grdz 2d § 578.

3) Einlegung, II 2. Die Einlegung vor Zustellung ist nach Hinausgabe des Beschlusses statthaft, vgl § 567 Anm 2. Eingelegt wird die sofortige Beschwerde durch **Einreichung** (Begriff § 518 Anm 1) der Beschwerdeschrift, in den Fällen des § 569 II auch zu Protokoll der Geschäftsstelle. Sie darf nach freier Wahl **beim Beschwerdegericht oder beim unteren Gericht** eingelegt werden; die Einlegung bei diesem ist oft vorteilhafter, weil es gleich die Akten beifügen kann. Die Vertretungsmöglichkeit durch den nur beim unteren Gericht zugelassenen RA endet mit der Einlegung der Beschwerde bei diesem Gericht (Ausnahme: § 573 II). Die Einlegung beim Beschwerdegericht durch einen dort nicht zugelassenen RA wahrt die Frist nicht, es sei denn, die Beschwerdeschrift gelangt noch innerhalb der Frist an das untere Gericht, § 569 Anm 2 A, § 519b Anm 3 B.

Für die Anforderungen, die an die Beschwerdeschrift zu stellen sind, gilt das in § 518 Anm 2 Bb Gesagte entsprechend, § 569 Anm 2. Danach genügt die innerhalb der Frist erfolgende Bezugnahme auf einen vorher eingereichten Schriftsatz, der keine Rechtsmittelerklärung enthält, Ffm Rpfleger **83**, 117 (betr Erinnerung).

4) Abhilfe, III. Abhilfe, § 571, ist bei einer der sofortigen Beschwerde unterliegenden Entscheidung **schlechthin verboten.** Für die Zeit ab Rechtskraft versteht sich das von selbst; dann ist nur die Wiederaufnahme zulässig, Grdz 2d § 578, so auch Baumgärtel MDR **68**, 972. Für die Zeit zwischen der Hinausgabe des Beschlusses durch die GeschSt, Köln JMBlNRW **81**, 101, und dem Eintritt der Rechtskraft ist das Verbot trotz der sich daraus uU ergebenden Folgen zu beachten; also ist auch in Fällen, in denen die Entscheidung unanfechtbar, keine Änderung statthaft, str, ebenso E. Schneider DRiZ **65**, 291, StJGr IV und Blomeyer § 105 V 6. Da bei fehlendem oder mangelhaftem rechtlichem Gehör eine Gegenvorstellung statthaft ist, Üb 1 Ca § 567, wird insoweit auch eine Abhilfe zuzulassen sein, vgl Kunz, Erinnerung und Beschwerde, 1980, S 223 ff. Die entsprechende Anwendung der §§ 319, 321 ist zulässig und geboten, StJGr und Blomeyer aaO.

5) Fälle des § 577 IV. A. Entscheidungen des verordneten Richters und des Urkundsbeamten unterliegen einer da ausnahmsweise zulässigen Hilfsbeschwerde **(Eventualbeschwerde).** Es ist wie sonst sofortige Beschwerde einzulegen, die aber nur als befristete Erinnerung gilt, vgl § 329 III; erst wenn das Gericht ihr nicht stattgibt, ist der Rechtsbehelf als sofortige Beschwerde zu behandeln. Der Beschwerte legte somit zwei Rechtsbehelfe gleichzeitig ein: unbedingte Erinnerung und bedingte Beschwerde. Die Notfrist läuft ab Zustellung der Entscheidung des verordneten Richters oder des Urkundsbeamten; der Rechtsbehelf muß den Vorschriften für die sofortige Beschwerde genügen. Siehe aber auch

§ 766 Anm 2 B. Eine entsprechende Regelung bei Entscheidungen des **Rechtspflegers** enthält § 11 RpflG, abgedruckt Anh § 153 GVG.

B. Eingelegt wird die Hilfsbeschwerde durch Einreichung einer Schrift beim Prozeßgericht oder dort, wo Erklärung zu Protokoll genügt, auch zu Protokoll der Geschäftsstelle des Prozeßgerichts. Einreichung beim verordneten Richter oder beim Beschwerdegericht genügt hier nicht, StJGr V 2, Augsburg (LG) NJW **71**, 2317. Anwaltszwang wie bei § 569 II. Hält das Prozeßgericht den Antrag für begründet, so hilft es durch Abänderung der Entscheidung ab. Andernfalls legt es die Sache dem Beschwerdegericht vor wie bei § 571. Eine Mitteilung des Vorlegungsbeschlusses ist hier unnötig. Die „sofortige" Erinnerung gegen Entscheidungen des **Rechtspflegers** ist stets bei dem Gericht einzulegen, dem er angehört, Köln MDR **75**, 671 mwN.

6) *VwGO: Die VwGO kennt nur eine Art der Beschwerde, §§ 146ff, Üb 5 § 567. § 577 ist deshalb im VerwProzeß unanwendbar (wegen §§ 25 GKG, 10, 19 BRAGO s Hartmann, KostG, zu diesen Bestimmungen).*

Viertes Buch
Wiederaufnahme des Verfahrens

Bearbeiter: Dr. Dr. Hartmann

Gründzüge

Schrifttum: Behre, Der Streitgegenstand des Wiederaufnahmeverfahrens, 1968; Dorndorf, Rechtsbeständigkeit von Entscheidungen und Wiederaufnahme des Verfahrens in der freiwilligen Gerichtsbarkeit, 1969; Gaul, Die Grundlagen des Wiederaufnahmerechts und die Ausdehnung der Wiederaufnahmegründe, 1956 (Bespr Bruns FamRZ 57, 201); Gilles, Rechtsmittel im Zivilprozeß. Berufung, Revision und Beschwerde im Vergleich mit der Wiederaufnahme des Verfahrens usw, 1972 (106ff); Keitel, Rechtskräftiges Urteil und neue Tatsachen im Zivilprozeß, Diss Marbg 1971; Schiedermair, Zum Verhältnis von Wiederaufnahmeverfahren und Vorprozeß, 1963.

Gliederung

1) **Allgemeines**
   A. Zweck des Verfahrens
   B. Geltungsbereich
   C. Hilfsnatur
   D. Anwendbarkeit außerhalb des Zivilprozesses
2) **Statthaftigkeit**
   A. Endurteil
   B. Vollstreckungsbescheid
   C. Konkurstabelle
   D. Beschluß
3) **Verfahren**
   A. Einteilung
      a) Zulässigkeitsprüfung
      b) Aufhebendes Verfahren
      c) Ersetzendes Verfahren
   B. Verzicht auf die Wiederaufnahme
4) **VwGO**

1) Allgemeines. A. Zweck des Verfahrens. Über die Wirksamkeit eines fehlerhaften Urteils Üb 3 vor § 300. Regelmäßig sind solche Urteile durch Einspruch oder durch Rechtsmittel zu bekämpfen. Die äußere Rechtskraft macht sie unanfechtbar, wenn man von dem seltenen Fall eines Scheinurteils absieht. In der Unanfechtbarkeit kann für den Benachteiligten eine Unbilligkeit liegen. Der Mangel mag ihm erst nach dem Ablauf der Anfechtungsfrist bekannt geworden sein. Dem soll die Wiederaufnahme abhelfen. Sie wirkt zwar wie ein Rechtsmittel, ist aber ein außerordentlicher Rechtsbehelf zur Beseitigung der Rechtskraftwirkung, BGH **84**, 27. Die ZPO gestaltet sie als ein besonderes, durch eine Klage einzuleitendes Verfahren. Wegen der Möglichkeit einer Verfassungsbeschwerde vgl Grdz 5 vor § 511. Eine Einzelbeschwerde nach der MRK kann nicht zur Aufhebung der Entscheidung führen, vgl Bächle NJW **64**, 1993, Schorn Rpfleger **67**, 259, Summerer DÖV **64**, 649.

B. Geltungsbereich. Wiederaufnahmeklagen sind: **a)** die Nichtigkeitsklage, § 579. Sie wird durch einige schwere prozessuale Mängel unabhängig von deren Ursächlichkeit für das Urteil begründet; **b)** die Restitutionsklage, § 580. Sie beruht auf einer Unrichtigkeit der Urteilsunterlage. Beide Klagen bezwecken die rückwirkende Aufhebung des Urteils. Sie leiten einen neuen Prozeß ein. Das Gesetz behandelt ihn aber in bestimmten Beziehungen als die Fortsetzung des alten Verfahrens.

Das Anwendungsgebiet der Wiederaufnahme beschränkt sich auf die im Gesetz bezeichneten Fälle. Die außerordentliche Natur des Rechtsbehelfs verbietet grundsätzlich eine ausdehnende Auslegung, vgl Düss FamRZ **80**, 377. Es darf auch nicht schon wegen des fehlenden rechtlichen Gehörs eine Rechtsfortbildung im Sinne einer ausdehnenden Auslegung stattfinden, Brschw OLGZ **74**, 53, aM Braun NJW **81**, 428 und NJW **83**, 1403. Vgl aber auch § 579 Anm 1 A, 5 B. Es ist eine Verkennung der Einrichtung der Wiederaufnahme, wenn Gerichte gelegentlich versuchen, mit Hilfe der Wiederaufnahme jedes ihnen unrichtig scheinende Urteil zu beseitigen. Unzulässig ist auch der Versuch, das Anwendungsgebiet der Wiederaufnahme unter einer Umgehung der Prozeßvorschriften mit Hilfe des sachlichen Rechts zu erweitern. Solche Versuche beeinträchtigen nur die Rechtssicherheit und bringen auf diese Weise mehr Schaden als ein vereinzeltes unrichtiges Urteil. Eine Ausnahme bildet nur die Urteilserschleichung. Vgl Einf 6 vor §§ 322–327.

Die Wiederaufnahme hat keine Hemmungswirkung, Grdz 1 vor § 511.

4. Buch. Wiederaufnahme des Verfahrens **Grdz § 578** 1, 2

C. Hilfsnatur. Der Grundsatz der Prozeßwirtschaftlichkeit, Grdz 2 F vor § 128, verlangt die Erledigung von Wiederaufnahmegründen nach Möglichkeit im anhängigen Prozeß. Darum läßt sich das Wiederauffinden einer Urkunde, § 580 Z 7 b, noch in der Revisionsinstanz vorbringen, offen BGH **3**, 65, abw BGH **5**, 247 (er stellt auf die Lage des Einzelfalls ab); vgl § 561 Anm 3 C. Darum kann die Partei beim Vorliegen eines Wiederaufnahmegrunds ihre Prozeßhandlungen widerrufen, zB ein Anerkenntnis oder eine Rechtsmittelrücknahme.

D. Anwendbarkeit außerhalb des Zivilprozesses. Über die Wiederaufnahme gegen eine Entscheidung auf Zahlung einer Entschädigung (Buße) im Strafverfahren s § 406c StPO und im Konkursverfahren BAG NJW **55**, 926. Über die Wiederaufnahme in Sachen nach dem BEG 1956 vgl dessen § 209 und wegen der Klage gegen den Zweitbescheid BGH **LM** § 195 BEG 1956 Nr 21. §§ 578 ff sind in einer sog echten Streitsache der freiwilligen Gerichtsbarkeit entsprechend anwendbar, BGH FamRZ **80**, 990, KG OLGZ **69**, 114, Mü FamRZ **82**, 314, zB beim Versorgungsausgleichsverfahren, Mü FamRZ **82**, 314, oder in einer WEG-Sache, BayObLG NJW **74**, 1147. Über die Wiederaufnahme in LAG-Sachen BVerwG MDR **74**, 780. Vgl Anm 2 D.

2) Statthaftigkeit. Die Wiederaufnahme ist in folgenden Fällen statthaft:
A. Endurteil. Es geht um ein formell rechtskräftiges Endurteil, § 578 Anm 2, sei es ein Prozeß- oder ein Sachurteil, Versäumnis- oder Anerkenntnisurteil. Es kann sich auch um ein Urteil in einem Verfahren auf einen Arrest oder um eine einstweilige Verfügung, Mü JZ **56**, 122, ferner um ein Urteil in einer Ehesache handeln, im wesentlichen zustm StJGr I 2, aM Ffm FamRZ **78**, 923, auch nach der Wiederverheiratung eines Ehegatten, BGH **LM** § 578 Nr 1 und 2, ThP 3 a vor § 578, ZöSchn § 578 Anm V 1. Allerdings ist auch hier Rechtsmißbrauch verboten, BGH **30**, 140 (krit Müller-Freienfels, Boehmer NJW **59**, 2185, Rüßmann AcP **167**, 410 mwN), vgl Ffm FamRZ **78**, 922. Die Wiederaufnahme ergreift Folgesachen, sofern sie nicht beschränkt wird. In einer Ehesache ist die Wiederaufnahme nach dem Tod der Partei unzulässig, auch wenn es nur um die Kosten geht, BGH **43**, 239, vgl Jauernig FamRZ **61**, 98. Der Grundsatz der Einheit der Entscheidung in Ehesachen besteht insofern hier nicht. Es ist also möglich, daß eine Wiederaufnahme nur wegen eines von mehreren Anträgen, § 610, oder eines Gegenantrages (Widerklage) oder nur wegen des damaligen Schuldausspruchs erfolgt, Hbg FamRZ **81**, 962 mwN. Wegen Kindschaftssachen § 641 i, vgl BGH **61**, 186, Hamm FamRZ **72**, 215. Die Wiederaufnahme ist auch gegen ein in einem Wiederaufnahmeverfahren ergangenes rechtskräftiges Urteil zulässig, BFH BB **79**, 1705.
Die Wiederaufnahme nur wegen der Kosten ist entsprechend § 99 I unzulässig. Ein nichtiges Urteil, Grdz 3 B, C vor § 300, bedarf keiner Wiederaufnahme.
B. Vollstreckungsbescheid. Es geht um einen unanfechtbaren Vollstreckungsbescheid, vgl. § 584 II.
C. Konkurstabelle. Es geht um eine Eintragung in die Konkurstabelle, weil sie einem rechtskräftigen Urteil gleichsteht, § 145 II KO. Vgl auch D.
D. Beschluß. Es geht um einen rechtskräftigen oder unanfechtbaren Beschluß, soweit er auf einer Sachprüfung beruht, etwa bei §§ 91 a, 519b II, 554a, zB BAG NJW **55**, 926, LG Bln JR **57**, 344, LG Stgt ZZP **69**, 176, BGH **62**, 19 und NJW **83**, 883 je mwN, § 554b, BGH WertpMitt **80**, 1350. Rechtsmißbrauch ist aber auch hier verboten, vgl BGH VersR **74**, 168. Dies gilt aber auch außerhalb des Erkenntnisverfahrens, namentlich in der Zwangsvollstreckung, Brschw OLGZ **74**, 52, und in der Zwangsversteigerung, Hamm Rpfleger **78**, 423 (zustm Kirberger), KG Rpfleger **76**, 368 mwN, Köln Rpfleger **75**, 406 (grundsätzlich sei die Wiederaufnahme statthaft, jedoch unstatthaft gegen einen Zuschlagsbeschluß – ähnlich Stgt NJW **76**, 1324 –, dagegen Kirberger ebenda, Braun NJW **76**, 1924 mwN; BayVGH Rpfleger **76**, 350 – zustm Kirberger –: Die Wiederaufnahme sei zumindest dann statthaft, wenn das rechtliche Gehör verletzt worden sei), Mü JZ **52**, 283, LG Bln JR **57**, 344, RoS § 160 III 3, StJGr V 1 vor § 578, ähnlich ZöSchn VI 11, offen BGH VersR **74**, 168, aM KG JR **58**, 146. Es mag sich auch um einen Beschluß im Konkursverfahren handeln, der nicht zu C zählt, Karlsr NJW **65**, 1023.
Freilich kann das Wiederaufnahmeverfahren keine zusätzliche Instanz eröffnen, BGH ZIP **81**, 209.
Der Beschluß hat denselben Wirkungsbereich wie das Urteil. In manchen Fällen regelt das Gesetz willkürlich, was zu wählen ist. Die Zulassung der Wiederaufnahme ist darum ein Bedürfnis, BAG NJW **55**, 926, vgl ArbG Marbg BB **76**, 1132.

Kein Bedürfnis besteht für die Wiederaufnahme, und deshalb ist sie unstatthaft, wenn die sofortige Beschwerde nach § 577 II ausreicht. Wegen des ZVG Braun NJW **76**, 1923, Kirberger Rpfleger **75**, 43 je mwN.

Bei der Wiederaufnahme gegenüber einem Beschluß leitet der Antrag das Verfahren ein, und es findet ein Beschlußverfahren mit einer freigestellten mündlichen Verhandlung statt, BGH NJW **83**, 883 mwN, Brschw OLGZ **74**, 52, vgl auch BFH BB **79**, 1705 rechte Spalte. Wenn der Urkundsbeamte der Geschäftsstelle den Beschluß erlassen hat, findet auch das Wiederaufnahmeverfahren vor ihm statt.

3) Verfahren. A. Einteilung. Das Wiederaufnahmeverfahren zerfällt in die folgenden drei Teile, BGH NJW **79**, 427, ThP 2, ZöSchn § 578 Anm X, aM BSG NJW **69**, 1079:

a) Zulässigkeitsprüfung. Zunächst erfolgt die Prüfung der Zulässigkeit der Klage, § 589 I. Die Unzulässigkeit der Klage führt zu ihrer Verwerfung durch ein Prozeßurteil, Üb 2 A b vor § 300.

b) Aufhebendes Verfahren. Sodann erfolgt die Prüfung des Wiederaufnahmegrundes im sog aufhebenden Verfahren (iudicium rescindens), §§ 579, 580, 582. Sie führt zur Sachabweisung oder zur Aufhebung des Urteils. Diese Aufhebung ist rechtsgestaltend und rückwirkend. Das Gericht kann sie entweder in einem besonderen Zwischenurteil, Hbg FamRZ **81**, 961, oder im Endurteil aussprechen.

c) Ersetzendes Verfahren. Schließlich erfolgt die neue Verhandlung und die ersetzende Entscheidung (iudicium rescissorium), § 590. Bei einem ungünstigen Ergebnis ist nicht die Klage abzuweisen, sondern die frühere Entscheidung zu bestätigen.

d) Gemeinsame Einzelheiten. In die Prüfung des jeweils späteren Verfahrensabschnitts darf das Gericht immer erst dann eintreten, wenn die Prüfung des vorhergehenden Verfahrensabschnitts abgeschlossen ist. Das ergibt sich schon aus den verschiedenartigen Entscheidungen mit den ihnen eigenen Wirkungen sowie daraus, daß nicht sachlich entschieden werden kann, ehe die Zulässigkeit feststeht, vgl BGH **LM** § 580 Nr 4. Die Prüfungsergebnisse lassen sich aber in einer einheitlichen Entscheidung zusammenfassen, OGH NJW **50**, 105, BGH **LM** § 580 Z 7b Nr 4.

Die allgemeinen Prozeßvoraussetzungen, Grdz 1 ff vor § 253, müssen in jedem Verfahrensabschnitt vorliegen. Zur Zuständigkeit enthält § 584 eine Sonderregelung. Es muß eine Beschwer durch das angefochtene Urteil vorliegen, § 578 Anm 1 A. Es ist eine Klagefrist zu beachten, § 586. Die Parteiherrschaft, Grdz 3 A vor § 128, findet bei der Prüfung des Wiederaufnahmegrundes nicht statt. Die Frage der Wirksamkeit eines Staatsaktes der Willkür der Parteien zu überantworten, wäre mit dem Ansehen der Behörden unvereinbar. Daher sind die Wiederaufnahmetatsachen von Amts wegen zu prüfen.

B. Verzicht auf die Wiederaufnahme. Ein Verzicht auf das Recht, ein Wiederaufnahmeverfahren zu fordern, ist zulässig und entsprechend dem Rechtsmittelverzicht, §§ 514, 566, zu behandeln. Die Partei kann den Verzicht erst nach dem Erlaß des fehlerhaften Urteils und in Kenntnis des Mangels erklären. Ein vorheriger Verzicht wäre wirkungslos, weil er zwingende Vorschriften verletzen würde. Die Folge eines wirksamen Verzichts ist die Verwerfung der Klage als unzulässig.

4) VwGO: Die Vorschriften der ZPO über die Wiederaufnahme gelten kraft Verweisung, § 153 I VwGO (nicht aber, auch nicht entsprechend, im Verfahren der Verwaltungsbehörden, OVG Münst NJW **63**, 732, RedOe § 153 Anm 1; hier gelten §§ 51 VwVfG, 44ff SGB X). Daher sind die vorstehend dargelegten Grundsätze auch in der Verwaltungsgerichtsbarkeit anwendbar; zur Wiederaufnahme bei Beschlüssen und wegen des Ausschlusses im NormenkontrollVerf vgl § 578 Anm 4.

578 Allgemeines.

I Die Wiederaufnahme eines durch rechtskräftiges Endurteil geschlossenen Verfahrens kann durch Nichtigkeitsklage und durch Restitutionsklage erfolgen.

II Werden beide Klagen von derselben Partei oder von verschiedenen Parteien erhoben, so ist die Verhandlung und Entscheidung über die Restitutionsklage bis zur rechtskräftigen Entscheidung über die Nichtigkeitsklage auszusetzen.

1) Allgemeines. A. Beschwer. Jede Wiederaufnahmeklage setzt eine Beschwer voraus, BGH **39**, 179. In Ehesachen ist eine Beschwer auch dann möglich, wenn das Gericht den Anträgen voll entsprochen hat, § 641i II, BGH **39**, 179. Zur Beschwer Grdz 3 vor § 511. Die Wiederaufnahme ist zwar kein Rechtsmittel, aber sie steht an Stelle eines Rechtsmittels, Grdz 1 A vor § 578, und kann darum nicht in einem weiteren Umfang als ein Rechtsmittel

4. Buch. Wiederaufnahme des Verfahrens § 578 1–3

statthaft sein. Eine Beschwerdesumme fehlt hier. Sie betrifft, wie auch die Berufungsbegründung usw, nicht die Statthaftigkeit, sondern die Zulässigkeit im engeren Sinne. Wenn im Kostenpunkt kein Rechtsmittel statthaft ist, dann ist auch keine Wiederaufnahme statthaft.

B. Parteien. Parteien sind grds nur diejenigen des Vorprozesses, nicht ein Sonderrechtsnachfolger, BGH **59**, 373. Das gilt jedenfalls dann, wenn der Schuldner eine Wiederaufnahme gegen den Gläubiger betreibt, falls dieser die Forderung abgetreten hat und falls der Titel auf den Rechtsnachfolger umgeschrieben worden ist, BGH **29**, 329 (er läßt offen, ob die Klage auch gegen den neuen Gläubiger zulässig ist). Dies muß aber auch dann gelten, wenn der frühere Gläubiger die Forderung abgetreten hat und nun der neue Gläubiger eine Wiederaufnahmeklage erhebt, falls der Schuldner nicht einer Klagerhebung durch den Rechtsnachfolger zustimmt, § 265 II 2. Denn der Schuldner ist gemäß § 265 geschützt, und der bisherige Gläubiger soll als Zeuge ausgeschaltet werden; so auch Johannsen zu **LM** Nr 3, offen ThP 2, aM RoS § 162 II 2. Ein Streithelfer kann klagen, wenn er beitreten konnte oder beigetreten ist, § 66 Anm 3. Er hat aber nur die Stellung des Streithelfers.

Wenn der Kaganspruch während der Rechtshängigkeit abgetreten worden war, dann ist der ursprüngliche Kläger zu verklagen, nicht der neue Gläubiger. Denn die Abtretung ist dem Schuldner oft nicht genau bekannt. Im Eheverfahren kann der Rechtsnachfolger wegen § 619 nur wegen der Kosten Partei sein, BGH **43**, 239, Jauernig FamRZ **61**, 98. Nach einem Ehenichtigkeitsprozeß kann auch der Staatsanwalt Partei sein. Die Natur der Wiederaufnahmeklage verbietet die Verbindung mit anderen Klagen. § 260 ist unanwendbar. Notwendige Streitgenossen des Prozesses sind in jedem Wiederaufnahmeverfahren hinzuziehen.

Eine Prozeßvollmacht des Vorprozesses gilt grds auch im Wiederaufnahmeverfahren, § 81 Anm 2 Bb.

C. Klagewiederholung. Eine Wiederholung der Wiederaufnahmeklage ist zulässig; **a)** nach einer Verwerfung der früheren Wiederaufnahmeklage als unzulässig; **b)** nach einer Zurückweisung der früheren Wiederaufnahmeklage als unbegründet nur, soweit sich die wiederholte Klage auf neue Gründe stützt, denn die Rechtskraftwirkung ergreift nur einen vorgebrachten Grund.

2) Klagen, I. Jede Wiederaufnahmeklage setzt den Abschluß des vorangegangenen Verfahrens durch ein rechtskräftiges Endurteil beliebiger Art und beliebigen Inhalts voraus, Grdz 2 A vor § 578. Es ist unerheblich, in welcher Instanz jenes Urteil ergangen ist, also auch grds in der Revisionsinstanz, vgl BGH **3**, 65, **5**, 240, **18**, 60 (krit ZöSchn VI 6). Erforderlich ist seine äußere Rechtskraft, § 705. Es genügen auch: ein Vollstreckungsbescheid, § 584 II, Grdz 2 B vor § 578; ein Anerkenntnisurteil; ein Versäumnisurteil; ein Prozeßurteil, weil das Bedürfnis zur Entscheidung auch dann besteht; eine Eintragung in der Konkurstabelle, § 145 II KO, Grdz 2 C vor § 78.

Es genügen nicht: Ein Vorbehaltsurteil, §§ 302, 599; ein Zwischenurteil, §§ 280, 303, auch nicht ein selbständig anfechtbares, wie die Vorabentscheidung aus § 304, BGH NJW **63**, 587, Wilts NJW **63**, 1532. Denn ein Bedürfnis besteht dann wegen § 583 nicht, Gilles ZZP **78**, 483, RoS § 160 III 2, StJGr Rdz 4, ThP 1a, abw ZöSchn VI 3, offen BGH **LM** § 304 Nr 12. Wenn ein Betragsverfahren anhängig ist, sind die Wiederaufnahmegründe dort geltend zu machen, BGH JZ **63**, 450. Wenn das Verfahren durch einen Vergleich beendet worden ist, steht dieser der Wiederaufnahme nicht entgegen, wenn er ein voraufgegangenes Urteil bestehen läßt, wie zB bei der Rücknahme einer Berufung, abw BSG NJW **68**, 2396. Über den Titel Grdz 2 B–D vor § 578.

3) Aussetzung, II. Die Verbindung der Nichtigkeitsklage und der Restitutionsklage ist unstatthaft. Wenn beide Klagen eingereicht werden, muß das Gericht von Amts wegen die Klagen trennen, § 145, und die Verhandlung über die Restitutionsklage bis zur Entscheidung über die Nichtigkeitsklage aussetzen. Denn die Nichtigkeitsklage wirkt stärker als die Restitutionsklage. Eine Entscheidung über die Trennung und Aussetzung erfolgt durch einen Beschluß. Er ist als prozeßleitende Anordnung auch ohne eine mündliche Verhandlung zulässig.

Das Verfahren wird nach der rechtskräftigen Erledigung der Nichtigkeitsklage auf Betreiben einer Partei fortgesetzt. Beim Erfolg der Nichtigkeitsklage wird die ausgesetzte Restitutionsklage in der Hauptsache gegenstandslos, ZöSchn XI. Wenn die Partei gegen das rechtskräftige Urteil eine Wiederaufnahmeklage erheben könnte, dann darf sie schon im rechtshängigen Prozeß bindende Erklärungen widerrufen, zB die Berufungsrücknahme. Sie muß das sogar wegen § 582 tun. Eine vorherige Bestrafung, § 581, ist in diesem Fall nicht Voraussetzung.

4) VwGO: Nach § 153 I anzuwenden. Die Klage kann auch von einem Beigeladenen, § 65 VwGO, erhoben werden, dessen rechtliche Interessen durch ein rechtskräftiges Urteil berührt werden, OVG Lüneb DÖV **60**, 239. Klagebefugt sind ferner die in § 153 II VwGO genannten Beteiligten. Dem Endurteil stehen gleich: rechtskräftiger Vorbescheid, § 84 VwGO, GerBescheid, Art 2 § 1 EntlG, und ein das Verfahren rechtskräftig beendender Beschluß, zB Zurückweisung der Nichtzulassungsbeschwerde, BVerwG, DVBl **60**, 641 (gegen einen Beschluß ist statt der Klage ein Antrag gegeben, VGH Kassel DÖV **69**, 647, über den durch Beschluß zu entscheiden ist). Keine Wiederaufnahmeklage gibt es gegen Beschlüsse nach §§ 80 V oder 123 VwGO, RedOe § 153 Anm 1, aM Kopp § 153 Rdz 5, und gegen Prozeßvergleiche, BVerwG **28**, 332, wohl aber in Verf nach der WehrbeschwO, sofern in vergleichbaren Fällen für Beamte der VerwRechtsweg gegeben wäre, BVerwG NJW **77**, 642. Im NormenkontrollVerf, § 47 VwGO, ist eine Wiederaufnahme ausgeschlossen, RedOe § 47 Anm 38, aM für den Fall der Abweisung Kopp § 153 Rdz 2.

579 Nichtigkeitsklage.

I Die Nichtigkeitsklage findet statt:
1. wenn das erkennende Gericht nicht vorschriftsmäßig besetzt war;
2. wenn ein Richter bei der Entscheidung mitgewirkt hat, der von der Ausübung des Richteramts kraft Gesetzes ausgeschlossen war, sofern nicht dieses Hindernis mittels eines Ablehnungsgesuchs oder eines Rechtsmittels ohne Erfolg geltend gemacht ist;
3. wenn bei der Entscheidung ein Richter mitgewirkt hat, obgleich er wegen Besorgnis der Befangenheit abgelehnt und das Ablehnungsgesuch für begründet erklärt war;
4. wenn eine Partei in dem Verfahren nicht nach Vorschrift der Gesetze vertreten war, sofern sie nicht die Prozeßführung ausdrücklich oder stillschweigend genehmigt hat.

II In den Fällen der Nummern 1, 3 findet die Klage nicht statt, wenn die Nichtigkeit mittels eines Rechtsmittels geltend gemacht werden konnte.

III (weggefallen)

Schrifttum: Mauel, Die Überbesetzung der Kammern und Senate im Hinblick auf § 579 Abs 1 Ziff 1 ZPO und Art 101 Abs 1 GG, Diss Köln 1962.

1) Allgemeines, I. Die vier Fälle der Nichtigkeitsklage sind diejenigen des § 551 Z 1–3, 5 (es handelt sich um unbedingte Revisionsgründe. Bei Z 2 findet sich in § 579 der Zusatz: „oder eines Rechtsmittels"). Vgl daher auch die Erläuterungen zu § 551. Eine ausdehnende Auslegung ist grundsätzlich unstatthaft, Grdz 1 vor § 578; s aber Anm 5 und 7 sowie § 79 II 2 BVerfGG für den Fall, daß das BVerfG eine entscheidungserhebliche Vorschrift in einem anderen Verfahren für nichtig erklärt hat. Die Nichtigkeitsgründe sind wegen des öffentlichen Interesses am grundsätzlichen Fortbestand der Rechtskraft von Amts wegen zu prüfen. Der Kläger muß als Zulässigkeitsvoraussetzung Tatsachen behaupten, die einen der in § 579 genannten Verstöße bedeuten *können,* BFH BB **68**, 573, KG OLGZ **69**, 114. Auch II ist von Amts wegen zu beachten. Das Gericht prüft auch von Amts wegen, ob der behauptete Grund *wirklich* besteht (Begründetheitsprüfung). Der Kläger trägt aber die Beweislast. Denn Amtsprüfung bedeutet keine Amtsermittlung, Grdz 3 H vor § 128. Ein Geständnis und ein Anerkenntnis sind frei zu würdigen, vgl auch Grdz 3 A c vor § 578. Der Parteiherrschaft unterliegt ganz allgemein die Genehmigung einer unzureichenden Prozeßvertretung. Denn die Partei könnte die Genehmigung auch im Prozeß erteilen.

2) Ungesetzliche Richterbank, Z 1. Z 1 betrifft die unvorschriftsmäßige Besetzung eines gerichtsverfassungsmäßig bestehenden Gerichts, vgl § 551 Anm 2, zB einen Verstoß gegen § 309. Gegen ein Scheinurteil, Üb 3 B vor § 300, ist notfalls eine Feststellungsklage nach § 256 I zulässig, nicht aber eine Nichtigkeitsklage. Gegenüber einem arbeitsgerichtlichen Urteil kann die Nichtigkeitsklage nicht auf einen Mangel des Verfahrens bei der Berufung der ehrenamtlichen Richter, § 6 I ArbGG, oder auf solche Umstände gestützt werden, die die Berufung eines ehrenamtlichen Richters zu seinem Amt ausschließen, § 79 ArbGG.

3) Ausschließung, Z 2. Z 2 betrifft den Fall der Ausschließung eines Richters, der bei der Entscheidung mitgewirkt hat, § 41. Der Erfolg kann nach der Urteilsverkündung, aber vor einer Entscheidung nach §§ 320, 321 eingetreten sein, ZöSchn II 3. Es ist unerheblich, ob der Kläger den Ausschließungsgrund geltend machen konnte. Wenn er aber die Ausschließung mittels eines Ablehnungsgesuchs oder Rechtsmittels erfolglos geltend gemacht hatte, dann ist die Wiederaufnahme gemäß Hs 2 unzulässig. Als Richter gelten auch der Rpfl, soweit er rechtmäßig eine richterliche Entscheidung erlassen hat, etwa einen Vollstreckungsbescheid, und der Urkundsbeamte, § 49.

4) Ablehnung, Z 3. Z 3 betrifft den Fall der erfolgreichen Ablehnung eines Richters, der bei der Entscheidung mitgewirkt hat, § 42. Der Erfolg kann auch hier nach der Urteilsverkündung, aber vor einer Entscheidung nach §§ 320, 321 eingetreten sein, ZöSchn II 3. Die bloße damalige Ablehnbarkeit reicht nicht aus, BGH NJW 81, 1274. Wenn die Partei den Richter erfolglos abgelehnt hatte, sei es auch nur in einer Instanz oder durch ein Rechtsmittel, dann ist die Nichtigkeitsklage gemäß II unstatthaft. Als Richter gelten auch der Rpfl, soweit er rechtmäßig eine richterliche Entscheidung erlassen hat, etwa einen Vollstreckungsbescheid, und der Urkundsbeamte, § 49.

5) Mangelnde Vertretung, Z 4. A. Zulässigkeit. Hier ist eine Nichtigkeitsklage zB zulässig: Wenn das Versäumnisurteil einem vollmachtlosen Vertreter zugestellt wurde und rechtkräftig geworden ist; wenn das Versäumnisurteil gegen den fälschlich Geladenen ergangen ist; wenn das Urteil einem Geschäftsunfähigen zugestellt wurde und rechtskräftig geworden ist, vgl § 56 Anm 1 C; wenn die Partei im Vorprozeß prozeßunfähig war, selbst wenn das Gericht sie für prozeßfähig gehalten hatte, BGH 84, 27 mwN, aM zB StJGr Rdz 2. Wenn der Kläger behauptet, eine Partei sei geisteskrank gewesen, muß er beweisen, daß sie bei der Erteilung der Vollmacht bereits krank war und daß die Krankheit bis zum Ende des Vorprozesses fortbestand, BGH MDR 64, 126, Hbg FamRZ 81, 962, Stgt FamRZ 80, 379.

Weitere Fälle der Zulässigkeit: Trotz einer Unterbrechung vor dem Schluß der mündlichen Verhandlung ist ein Urteil auf Grund dieser Verhandlung ergangen, BGH MDR 67, 565 (freilich kann eine Mängelheilung durch eine wirksame Genehmigung eingetreten sein, BGH FamRZ 63, 133. Diese liegt allerdings nicht schon in einer bloßen Untätigkeit des gesetzlichen Vertreters, LG Hbg MDR 71, 850); eine in Wahrheit prozeßunfähige Partei ohne gesetzlichen Vertreter hat ein Rechtsmittel zurückgenommen, BGH FamRZ 63, 131 und JZ 58, 130 (abw Rosenberg FamRZ 58, 95), freilich kommt binnen der Notfrist des § 586 ein Widerruf der Rücknahme in Betracht, BSG NJW 79, 1224.

B. Unzulässigkeit. Unzulässig ist die Klage zB: Wenn der gesetzliche Vertreter fehlerhaft bestellt worden war; wenn der Prozeßauftrag sittenwidrig war, OGH NJW 51, 72; wenn öffentlich zugestellt worden war, offen ThP 2, anders bei Erschleichung dieser Zustellung, Grdz 1 B vor § 578, Brüggemann JR 69, 370, vgl auch BGH 57, 108 (zu § 878), aM Ffm NJW 57, 307, ZöSchn II 4 b; bei einer schuldlosen Unkenntnis einer öffentlichen, korrekten Zustellung, aM Hamm MDR 79, 766; wenn dem richtigen Vertreter falsch zugestellt wurde; überhaupt bei Zustellungsmängeln, Ffm NJW 57, 307; wenn die Partei gar nicht vertreten war (dann kommt Einspruch in Betracht); wenn das Urteil für oder gegen eine in Wahrheit gar nicht bestehende Partei ergangen ist; wenn ein Miterbe die Teilungsversteigerung beantragt hat, obwohl eine Testamentsvollstreckung besteht, und wenn dann ein rechtskräftiger Zuschlagsbeschluß ergangen ist, Schneider Rpfleger 76, 386.

Eine Verletzung des rechtlichen Gehörs eröffnet entgegen Hamm MDR 79, 766, Braun NJW 83, 1403 mwN keine entsprechende Anwendbarkeit von Z 4 (mehr), Seetzen NJW 82, 2340, ZöSchn II 4, offen ThP 2. Das gilt trotz der Tendenz des BVerfG, auf Gehörverletzung gestützte Verfassungsbeschwerden bei niedrigem Beschwerdewert abzulehnen. Dieses Problem läßt sich nur durch den Gesetzgeber lösen, so auch Schneider NJW 81, 1196. Ein Verstoß gegen § 640 e fällt nicht unter Z 4, Grunsky FamRZ 66, 642.

C. Weitere Einzelheiten. Eine Prozeßführung setzt die Kenntnis der Sachlage voraus, mindestens einen Zweifel an der Vertretungsbefugnis. Der Bekl kann die Vertretungsbefugnis noch im Wiederaufnahmeverfahren erteilen. Dann trägt der Kläger unter Umständen die Kosten. Die Klage steht dem Gegner des nicht ordnungsgemäß Vertretenen nicht zu, BGH 63, 79 mwN, BFH 96, 387.

6) Mangelnde Parteifähigkeit. Ausnahmsweise ist Z 4 auf diesen Fall auszudehnen, wie ja auch § 551 diesen Fall betrifft, BGH NJW 59, 291, Kblz NJW 77, 57. Etwas anderes gilt nur dann, wenn das Gericht oder der Nichtigkeitskläger die Parteifähigkeit ausdrücklich bejaht haben.

7) Hilfsnatur, II. Die Vorschrift ist als eine Zulässigkeitsvoraussetzung von Amts wegen zu beachten. Bei Z 1 und 3 ist die Klage unmittelbar unstatthaft, wenn der Partei ein Rechtsmittel zustand und wenn sie bei der ihr zuzumutenden prozessualen Sorgfalt von dem Rechtsmittel hätte Gebrauch machen können (der Text ist zu eng). Vgl § 582. Ebensowenig fällt unter II eine Erinnerung nach § 104 III, §§ 11 I 2, 21 II 1 RPflG, ZöSchn III 2. Die

Möglichkeit des Einspruchs bleibt allerdings außer Betracht. Denn er würde an denselben Richter gehen, dessen Mitwirkung gerügt wird, Wiecz A II a, aM RoS § 161 I 2, StJGr III, ThP 3, ZöSchn III 2.

Bei Z 2 und 4 darf die Partei zwischen der Möglichkeit des Rechtsmittels und (nach Rechtskraft) der Klage wählen, BGH **84**, 27.

8) *VwGO:* Nach § 153 I anzuwenden.

580 *Restitutionsklage.* Die Restitutionsklage findet statt:

1. wenn der Gegner durch Beeidigung einer Aussage, auf die das Urteil gegründet ist, sich einer vorsätzlichen oder fahrlässigen Verletzung der Eidespflicht schuldig gemacht hat;
2. wenn eine Urkunde, auf die das Urteil gegründet ist, fälschlich angefertigt oder verfälscht war;
3. wenn bei einem Zeugnis oder Gutachten, auf welches das Urteil gegründet ist, der Zeuge oder Sachverständige sich einer strafbaren Verletzung der Wahrheitspflicht schuldig gemacht hat;
4. wenn das Urteil von dem Vertreter der Partei oder von dem Gegner oder dessen Vertreter durch eine in Beziehung auf den Rechtsstreit verübte Straftat erwirkt ist;
5. wenn ein Richter bei dem Urteil mitgewirkt hat, der sich in Beziehung auf den Rechtsstreit einer strafbaren Verletzung seiner Amtspflichten gegen die Partei schuldig gemacht hat;
6. wenn das Urteil eines ordentlichen Gerichts, eines früheren Sondergerichts oder eines Verwaltungsgerichts, auf welches das Urteil gegründet ist, durch ein anderes rechtskräftiges Urteil aufgehoben ist;
7. wenn die Partei
   a) ein in derselben Sache erlassenes, früher rechtskräftig gewordenes Urteil oder
   b) eine andere Urkunde auffindet oder zu benutzen in den Stand gesetzt wird, die eine ihr günstigere Entscheidung herbeigeführt haben würde.

Schrifttum: Braun, Rechtskraft und Restitution, 1979 (Bespr Häsemeyer AcP **181**, 161); Johannsen, Rechtfertigung und Begrenzung der Wiederaufnahme des Verfahrens nach § 580 ZPO, Festschrift zum Deutschen Juristentag (1964), 81; Keitel, Rechtskräftiges Urteil und neue Tatsachen im Zivilprozeß, Diss Marbg 1971.

Gliederung

1) Allgemeines
 A. Statthaftigkeit
 B. Nachschieben von Gründen
2) Fälle, Z 1–5
 A. Falsche eidliche Parteiaussage, Z 1
 B. Urkundenfälschung, Z 2
 C. Falsches Zeugnis oder Gutachten, Z 3
 D. Erschleichung des Urteils, Z 4
 E. Amtspflichtverletzung des Richters, Z 5
 F. Ursächlichkeit, Z 1–5
3) Aufhebung eines Urteils, Z 6
4) Auffinden einer Urkunde, Z 7
 A. Grundsatz
 B. Früheres Urteil, Z 7 a

 C. Andere Urkunde, Z 7 b
  a) Begriff
  b) Errichtungszeitpunkt
   aa) Allgemeine Urkunde
   bb) Geburtsurkunde
   cc) Weitere Sonderfälle
 D. Beweiseignung
  a) Gegenstand
  b) Grenzen neuer Beweismittel
  c) Zulässigkeit und Begründetheit
 E. Beweismittel
 F. Auffinden usw
5) *VwGO*

1) Allgemeines. A. Statthaftigkeit. Die Restitutionsklage ist ein außerordentlicher Rechtsbehelf. Die Rechtssicherheit verbietet seine Anwendung in anderen als den besonders angeordneten Fällen, BGH **38**, 336; vgl auch Grdz 1 B vor § 578, aM StJGr I 1. Deshalb ist auch eine bloße Änderung der Rechtsansichten kein Restitutionsgrund, BAG **AP** Nr 1. Die Restitutionsklage soll verhindern, daß das Ansehen der Gerichte und das Vertrauen in die Rechtsprechung durch ein Urteil beeinträchtigt werden, dessen Grundlagen für jedermann erkennbar unerträglich erschüttert sind, BGH **38**, 336 und **57**, 214. Die Restitutionsklage ist gegen Urteile aller Instanzen statthaft, auch gegen ein Prozeßurteil, Üb 2 A b vor § 300.

Die Klage ist nicht statthaft: Gegen ein Vorbehaltsurteil (soweit man dort eine Wiederaufnahme zuläßt), wenn der Restitutionsgrund im Nachverfahren vorgebracht werden kann; gegen einen Arrest oder eine einstweilige Verfügung wegen deren vorläufiger Natur und der anderen gegen sie gegebenen Rechtsbehelfe, aM Mü JZ **56**, 122 (die Restitutionsklage sei jedenfalls dann statthaft, wenn im Eilverfahren ein aufhebendes Urteil ergangen sei).

Über andere Titel vgl Grdz 2 B–D vor § 578. Grundsätzlich besteht keine Ausnahme, soweit das Revisionsgericht selbst tatsächliche Feststellungen zu treffen hat, § 561 Anm 3, vgl aber BGH **LM** § 341 Nr 2. Insoweit ist aber das Revisionsgericht und nicht das Berufungsgericht als Wiederaufnahmegericht tätig. Zur Restitutionsklage im Wettbewerbsrecht von Falck GRUR **77**, 308. Wegen der Vaterschaft vgl § 641i, auch schon Köln FamRZ **55**, 52, ferner allgemein zu neuartigen Beweisverfahren ZöSchn I 2 a (Z 7b kann entsprechend anwendbar sein), aM Hamm JMBlNRW **50**, 239.

B. Nachschieben von Gründen. Der Restitutionsgrund muß immer ein wirklicher sein, nicht nur ein vorgestellter. Wenn einmal die Frist des § 586 gewahrt ist, dann darf der Kläger neue Restitutionsgründe nachschieben; vgl § 588 Anm 2 A. Man kann keine Restitutionsklage erheben, um einen neuen Klagegrund nachzuschieben, denn auf neue Klagegründe erstreckt sich die Rechtskraftwirkung nicht. Etwas anderes gilt wegen der Einheitlichkeit der Entscheidung in Ehesachen. Durch den Restitutionsgrund muß dem Urteil eine seiner Grundlagen entzogen werden.

2) Fälle, Z 1–5. A. Falsche eidliche Parteiaussage, Z 1. Gemeint ist eine von der Partei nach § 426 S 3 oder nach § 452 beschworene Aussage. Es genügt jede vorsätzliche oder fahrlässige Verletzung der Eidespflicht, §§ 154, 163 StGB. Es reicht auch eine eidesgleiche Bekräftigung, § 484 I 2, § 155 Z 1 StGB, oder eine Berufung auf einen früheren Eid aus, § 155 Z 2 StGB. Eine eidesstattliche Versicherung fällt unter Z 4. Das Urteil beruht auch dann auf der Aussage, wenn sie nur teilweise falsch war. Denn bereits dieser Umstand nimmt ihr jede Glaubwürdigkeit. Es reicht auch aus, daß die Aussage nur in einem Nebenpunkt falsch war, OGH NJW **50**, 105. Es genügt auch, daß der Eid in einem Vorprozeß geleistet worden ist, auf dessen Urteil das jetzige Urteil beruht.

Es ist nicht erforderlich, daß das frühere Urteil beim Fehlen der Falschaussage für den jetzigen Kläger günstiger ausgefallen wäre, ThP 2.

B. Urkundenfälschung, Z 2. Sie ist nach den §§ 267ff StGB zu beurteilen. Eine versehentlich falsche Beurkundung reicht nicht aus. Unerheblich ist, wer Täter war und ob die Partei von der Tat eine Kenntnis hatte. Das Urteil beruht auch dann auf der Urkunde, wenn es die Urkunde als bloßes Anzeichen benutzt hat.

C. Falsches Zeugnis oder Gutachten, Z 3. Wegen der Fassung dieser Vorschrift vgl die Vorbemerkung. Eine Erklärung nach § 377 III, IV zählt hierher. Maßgeblich sind §§ 153–156, 163 StGB. Sachverständiger ist auch der Dolmetscher, §§ 189, 191 GVG. Das Urteil muß sich auf die Aussage mindestens in Verbindung mit einem anderen Beweismittel stützen. Es ist nicht erforderlich, daß die Aussage oder das Gutachten in demselben Prozeß gemacht wurden. Es genügt, daß die Aussage in irgendeinem Punkt falsch war. Denn damit wird die ganze Aussage unglaubhaft. Vgl auch im übrigen A. Die falsche Aussage eines anderen als eines in Z 3 Genannten reicht nicht, OVG Kblz RdL **74**, 333.

D. Erschleichung des Urteils, Z 4. Das Urteil muß durch eine beliebige Straftat erschlichen worden sein, etwa durch einen Betrug oder durch eine Untreue. Dies gilt auch bei einem Anerkenntnisurteil, KG OLGZ **78**, 116. Ausschlaggebend ist die Erschleichung der Rechtskraft. Deshalb kann die Straftat auch nach der Verkündung des Urteils begangen worden sein. Wenn das Rechtsmittel auf Grund einer Straftat zurückgenommen wurde, dann kann die Rücknahme widerrufen werden. Der Widerruf darf aber erst nach der Durchführung des Strafverfahrens geltend gemacht werden, BGH **12**, 284 und MDR **58**, 670.

Hierher gehört auch eine Erschleichung durch eine falsche eidesstattliche Versicherung. Täter kann jede Partei oder ihr Vertreter sein, KG OLGZ **78**, 116, auch ein ProzBev. Unter Z 4 fällt die wissentlich unwahre Parteibekundung, aber auch schon die wissentlich unwahre Parteibehauptung; auch sie stellt einen zumindest versuchten Prozeßbetrug dar, § 138 Anm 1 H. Regelmäßig fällt auch eine Erschleichung der öffentlichen Zustellung unter § 263 StGB und ist dann ein Restitutionsgrund. Über die Unzulässigkeit der Ausdehnung der Z 4 mittels sachlichrechtlicher Vorschriften Einf 6 vor §§ 322–327.

E. Amtspflichtverletzung des Richters, Z 5. S §§ 331ff StGB. Ein bloßes Disziplinarvergehen reicht nicht aus. Der Richter muß bei dem Urteil mitgewirkt haben; eine Mitwirkung bloß bei den vorangegangenen Verhandlungen, etwa einem Beweisbeschluß, reicht nicht aus. Dem Richter steht beim Vollstreckungsbescheid der Rpfl gleich.

F. Ursächlichkeit, Z 1–5. Ein ursächlicher Zusammenhang zwischen einer Straftat und dem Urteil muß in allen Fällen A bis E bestehen, vgl auch Riezler AcP **139**, 187. Die Ursächlichkeit für einen des Teilurteils fähigen Teil der angefochtenen Entscheidung reicht aus, KG NJW **76**, 1356. Dieser Zusammenhang fehlt dann, wenn das Beweismittel im Urteil gar nicht benutzt worden ist. Die bloße Erwähnung reicht nicht; das Beweismittel muß für die Entscheidung (mit)tragend gewesen sein; vgl freilich A. Dies ist in den Fällen A bis C möglich. Ein Vollstreckungsbescheid stützt sich lediglich auf die unwidersprochene Vorbringen des Antragstellers. Deshalb kann bei ihm Z 2 nicht eingreifen, ZöSchn II 2, aM Gaul JuS **62**, 12. Dasselbe gilt bei einem rechtskräftigen Versäumnisurteil, abw ZöSchn II 2, aM StJGr I 1, nicht aber in einer Ehesache, in der der Antragsgegner bzw der Bekl nicht vertreten war, BGH **LM** Z 7b Nr 2. Im zweiten Verfahrensabschnitt, Grdz 3 A b vor § 578, ist noch nicht zu prüfen, ob die Entscheidung etwa auch ohne dieses Beweismittel und die zu D und E genannten Tatsachen ebenso gelautet hätte, OGH NJW **50**, 105.

3) Aufhebung eines Urteils, Z 6. Die Restitutionsklage kann sich stützen auf die Aufhebung: eines beliebigen Urteils eines ordentlichen Gerichts, früheren Sondergerichts oder Verwaltungsgerichts, zu denen hier auch ein Finanz- oder Sozialgericht zählt; einer sonstigen abschließenden Verwaltungsentscheidung, die einem Urteil ungefähr gleichkommt, zB eines feststellenden Verwaltungsakts, etwa über den Vertriebenenstatus, BPatG GRUR **79**, 435 mwN, oder über die Unwirksamkeit eines Gebrauchsmusters, BPatG GRUR **80**, 852 mwN, oder über die Zustimmung der Hauptfürsorgestelle zur Kündigung eines Schwerbehinderten, BAG NJW **81**, 2024 mwN; einer Entscheidung im streitigen FGG-Verfahren, Grdz 1 D vor § 578, Haueisen NJW **65**, 1214; einer Entscheidung des EuGH; eines Schiedsspruchs, § 1040. Das angegriffene Urteil muß irgendwie auf dem aufgehobenen Urteil beruhen, BPatG GRUR **80**, 853 mwN, also mindestens eine tatsächliche Feststellung aus ihm benutzen, abw BFH NJW **78**, 511 (das angegriffene Urteil müsse unmittelbar auf dem aufgehobenen beruhen). Eine Bindungswirkung ist aber unnötig, vgl KG OLGZ **69**, 121. Eine Aufhebung im Wiederaufnahmeverfahren genügt. Im übrigen gilt Anm 2 F entsprechend.

4) Auffinden einer Urkunde, Z 7. A. Grundsatz. Dieser Fall ist praktisch bei weitem der wichtigste. Restitutionsgrund ist, daß die Partei eine Urkunde der in Z 7a und b bezeichneten Art auffindet.

B. Früheres Urteil, Z 7a. Ein solches Urteil, dessen Rechtskraft den Streitfall erfaßte, also „in derselben Sache" erging, KG OLGZ **69**, 121, braucht nicht zwischen denselben Parteien ergangen zu sein; es genügt, wenn sich die Rechtskraftwirkung auf die Parteien erstreckt, § 325. Das frühere Urteil muß vor dem angefochtenen rechtskräftig geworden, darf aber erst nach dem Schluß des Vorprozesses aufgefunden worden sein. Auch ein nach § 328 anzuerkennendes ausländisches Urteil oder ein inländischer oder ausländischer Schiedsspruch, § 1040, reichen aus. Zum Problem der konkursmäßigen Zweittitulierung Gaul Festschrift für Weber (1975) 155.

C. Andere Urkunde, Z 7b. a) Begriff. Hierher zählt eine solche Urkunde im Sinne der ZPO, die geeignet wäre, das Ergebnis des früheren Verfahrens für den Kläger günstig zu beeinflussen. In Betracht kommt nur eine schriftliche Urkunde, BGH **65**, 301 mwN, vgl Üb 1 vor § 415. Ausreichend ist auch ein Zettel in einer Zahlenschrift und dergleichen, evtl auch eine Fotokopie, FG Bln NJW **77**, 2232. Keine Urkunden sind Gegenstände der Augenscheinseinnahme, BGH MDR **76**, 304, wie Fotos, BGH **65**, 302 mwN. Wegen neuer Gutachten über die Vaterschaft § 641i, dazu BGH NJW **73**, 1927, Celle FamRZ **74**, 382. Die Urkunde braucht keine Unterschrift zu tragen, auch kein Original zu sein.

Z 7b ist nicht anwendbar, wenn zB eine neue, anders begründete amtliche Auskunft auf Grund desselben Sachverhalts ergangen ist, Üb 5 vor § 373, Ffm FamRZ **80**, 706. Die Vorschrift ist ferner dann nicht anwendbar, wenn Niederschriften vom Zeugen oder Sachverständigen aufgefunden werden, vgl BGH **80**, 305. Denn diesen Niederschriften kommt nicht eine Urkundenbedeutung im vorstehenden Sinne zu. Die Vernehmung jener Personen kann ja jederzeit beantragt werden. Dadurch würden die Niederschriften ihren Wert verlieren. Es würde also ein Zeugenbeweis oder Sachverständigenbeweis benutzt werden, also ein Beweismittel, das nicht in § 580 genannt ist.

Urkunde im Sinne von Z 7 ist daher nur eine solche, die durch ihren eigenen Beweiswert einen Mangel des früheren Verfahrens offenbaren kann, BGH **38**, 336 **46**, 303, NJW **80**, 1000, Ffm FamRZ **80**, 706, Gaul FamRZ **63**, 179, und die einen solchen Beweiswert, vgl

BGH **31**, 356 und **57**, 212, BFH NJW **78**, 511, auch im damaligen Verfahren gehabt hätte. Es reicht nicht aus, daß die Urkunde offenbaren kann, daß der im Vorprozeß nicht gehörte Aussteller eine solche Äußerung getan hat, daß er also nur mit Hilfe der Urkunde in das Verfahren eingeführt werden soll, vgl BGH **38**, 337, MDR **65**, 816 und VersR **74**, 168. Ebensowenig reicht es aus, daß sich der zu erweisende Vorgang nach dem Inhalt der Urkunde so zugetragen hat, daß die Urkunde also höchstens einen Zeugenwert hat. Denn ein neuer Zeuge ist kein Wiederaufnahmegrund, BGH MDR **65**, 816, VersR **74**, 123 mwN, BSG NJW **69**, 1017, Saarbr DAVorm **75**, 32.

b) Errichtungszeitpunkt. aa) Allgemeine Urkunde. Die Urkunde muß grds errichtet worden sein, solange ihre Benutzung im Vorprozeß noch möglich war, ihre Benutzung muß auch erst im Wege eines zulässigen Rechtsmittels, BGH VersR **74**, 169, **75**, 260. Die Urkunde muß also beim nicht berufungsfähigen Urteil vor den durch §§ 282, 296 gesetzten Endpunkten, spätestens aber vor dem Ende der letzten mündlichen Verhandlung, BGH **30**, 60, Henke JR **60**, 86, beim berufungsfähigen vor dem Ablauf der Berufungsfrist, beim Versäumnisurteil vor dem Ablauf der Einspruchsfrist errichtet worden sein, BGH **46**, 305. Eine nach diesen Zeitpunkten, aber vor der Verkündung des unanfechtbaren Urteils errichtete Urkunde genügt grundsätzlich nicht. Denn eine Wiedereröffnung der Verhandlung liegt im allgemeinen im Ermessen des Gerichts, § 156, BGH **30**, 64 und NJW **80**, 1000, Köln NJW **73**, 2031 (krit Bosch FamRZ **73**, 546). Ungeeignet sind also ein späteres Vaterschaftsanerkenntnis, grds Düss FamRZ **69**, 651, ferner Neustadt NJW **54**, 1372, oder ein später erlassener Strafbefehl, BGH NJW **80**, 1000.

bb) Geburtsurkunde. Ausnahmsweise darf die Geburtsurkunde, die die Empfängniszeit beweisen soll, später errichtet worden sein, wenn der Beginn der Empfängniszeit vor der letzten mündlichen Verhandlung im Vorprozeß oder vor dem Ablauf der Berufungsfrist lag, BGH **2**, 245, **6**, 354, **46**, 300 (Anm Gaul ZZP **81**, 279), Nürnb NJW **75**, 2024, und nach dem im Urteil festgestellten Zeitpunkt des letzten ehelichen Verkehrs, wenn das Ende der Empfängniszeit aber noch vor dem Ende der Ehe lag (die Möglichkeit des ehelichen Verkehrs nach der letzten mündlichen Verhandlung ist dann für § 580 unerheblich), BGH **LM** Z 7b Nr 19, Köln NJW **73**, 2031. Denn die Geburtsurkunde kann wegen der Empfängniszeit nur zurückliegende Tatsachen beweisen, BSG NJW **63**, 971, KG NJW **76**, 245 mwN, aM BGH **34**, 77, Hamm FamRZ **63**, 138.

cc) Weitere Sonderfälle. Ausreichend sind ferner: Ein Beschreibungsvermerk des Standesbeamten, KG NJW **76**, 245, ThP 2e, ZöSchn III 2b bb, aM BGH **34**, 77 und zwar auch ein solcher über die Legitimation durch eine nachfolgende Eheschließung, BGH **5**, 157; eine Einbürgerungsurkunde, BGH MDR **77**, 212, Hamm DAVorm **76**, 139.

D. Beweiseignung. a) Gegenstand. Die Urkunde muß diejenigen Tatsachen beweisen, die bei ihrer Errichtung vorlagen. Dafür ist ein Erbschein untauglich. Denn er ist nur ein Ausweis über erbrechtliche Verhältnisse, BVerwG NJW **65**, 1292, vgl Schlesw SchlHA **52**, 95. Ferner ist es ausnahmsweise ausreichend, wenn ein Patentmuster oder ein Gebrauchsmuster erst nach der letzten Tatsachenverhandlung des Verletzungsprozesses im Nichtigkeitsverfahren rückwirkend vernichtet wurde, von Falck GRUR **77**, 312. Eine „günstigere Entscheidung" wäre auch dann „herbeigeführt", wenn den Anträgen voll entsprochen worden war, wenn aber eine günstigere Entscheidung wegen der Unkenntnis der Urkunde nicht möglich war. Dies setzt voraus, daß der Restitutionskläger mit dem damals erzielten Ergebnis nicht in jedem Fall zufrieden war, BGH **39**, 184, vgl BSG NJW **75**, 752. Das Vorbringen ist aus Gründen der Prozeßwirtschaftlichkeit noch in der Revisionsinstanz möglich, § 561 Anm 3 C, offen BGH **3**, 65. Das in Anm 2 F Gesagte gilt auch hier.

b) Grenzen neuer Beweismittel. Es genügt, daß die Urkunde selbst die neuen Tatsachen, die durch die Urkunde bewiesen werden sollen, BGH **LM** § 578 Nr 1, in Verbindung mit dem Prozeßstoff des Vorprozesses, aber auch nur mit diesem, BGH **57**, 215, **LM** Z 7b Nr 19 und VerR **75**, 260, BAG NJW **68**, 862, Celle NJW **62**, 1401, Ffm VersR **74**, 62, Köln JMBlNRW **65**, 126, ein günstigeres Ergebnis bewirkt hätte, BGH **6**, 354. Ein solches wäre zB gewesen: Ein vor der letzten mündlichen Verhandlung erklärtes Geständnis; ein Vaterschaftsanerkenntnis für den seinerzeit behaupteten Ehebruch, BGH **39**, 185 und FamRZ **63**, 350, vgl Bbg NJW **57**, 1604, Düss FamRZ **69**, 651, Schrodt JR **58**, 303, ZöSchn III 2c bb, aM Bosch FamRZ **58**, 186, StJgR 27, aber nicht etwa nur zusammen mit dem jetzt Vorgetragenen, BGH **38**, 333, oder zusammen mit den auf Grund der Urkunde zu vernehmenden Zeugen, BAG NJW **68**, 862, oder einem nachträglichen Geständnis, BGH NJW **80**, 1001 mwN, oben C.

Also sind auch neu vorgetragene andere Beweismittel für die Zulässigkeitsprüfung bedeutungslos, Celle NJW **62**, 1401, aM ZöSchn III 2g. Ebenso bedeutungslos ist, ob dahingehende Beweise im Vorprozeß erhoben worden sind; vielleicht sind sie gerade nur in Verbindung mit der Urkunde bedeutungsvoll. Die Urkunde hätte keine „günstigere Entscheidung herbeigeführt", wenn das Urteil des Vorprozesses sie ausdrücklich als unerheblich würdigte, Ffm MDR **82**, 61. Die fragliche Tatsache kann, BGH NJW **53**, 1263, Gaul ZZP **73**, 423, braucht aber im Vorprozeß nicht vorgetragen worden zu sein. Sie kann sogar absichtlich verschwiegen worden sein, BGH JZ **51**, 560.

Es ist also der gesamte Prozeßstoff neu zu würdigen, so wie er in der letzten Tatsachenverhandlung des Vorprozesses vorlag, also vom Standpunkt des damals entscheidenden Gerichts aus, BGH **LM** Z 7 b Nr 4, BAG NJW **68**, 862. Zu berücksichtigen sind also der gesamte Vortrag, die damals erhobenen Beweise, auch die nur angetretenen Beweise, in Verbindung mit der Rechtsansicht auf Grund der Rechtsansicht des Restitutionsgerichts, BVerwG **34**, 113. Dies geschieht durch eine tatrichterliche Feststellung und Würdigung, OGH NJW **50**, 65, BAG **AP** Nr 2, 3 und 7 (krit Baumgärtel). Auf die Einlassung des Restitutionsbekl kommt es nicht an, also auch nicht auf sein Zugeben, BGH VersR **75**, 260 mwN.

c) Zulässigkeit und Begründetheit. Für die Zulässigkeit der Restitutionsklage ist es ausreichend, daß mit der Urkunde etwas bewiesen werden *soll*. Ob es auch bewiesen werden *kann,* das ist eine Frage der Begründetheit, BGH **57**, 212 (unter ausdrücklicher Aufgabe von BGH RzW **65**, 467), BGH NJW **70**, 1320 und NJW **80**, 1000, ZöSchn III 2 c dd, aM BSG NJW **69**, 1079. Unzureichend ist es, daß die Urkunde nur möglicherweise eine günstigere Entscheidung herbeigeführt hätte. Einen neuen Klagegrund kann man mit Hilfe von Z 7 b nur nachschieben, soweit einer neuen Klage die Rechtskraft entgegenstünde.

E. Beweismittel. Die Ausstellungszeit und die Echtheit der Urkunde lassen sich mit allen Beweismitteln, außer dem Antrag auf eine Parteivernehmung, § 581 II, beweisen, § 581 Anm 2 aE. Die Urkunde muß urkundenbeweislich verwendbar sein, außer wenn Einigkeit über ihren Inhalt besteht. Ein mittelbarer Beweis genügt nicht. Es genügt also zB eine Urkunde nicht, wenn zu ihrer Bestätigung ein Zeuge notwendig ist oder wenn sie aus einem nach der letzten Verhandlung errichteten Gutachten besteht, Ffm VersR **74**, 62. Es steht der Wiederaufnahme nicht unbedingt entgegen, daß die Urkunde mangelhaft ist. Die Urkunde braucht der Klage nicht beizuliegen. Der Restitutionskläger kann noch in der mündlichen Verhandlung ihr Vorhandensein und ihren Inhalt urkundenbeweislich dartun.

F. Auffinden usw. Für beide Fälle der Z 7 gilt: Aufgefunden ist die Urkunde nur dann, wenn ihre Existenz oder ihr Verbleib der Partei schuldlos, also trotz aller zumutbaren Sorgfalt, bisher unbekannt waren, Ffm MDR **82**, 61, vgl BSG NJW **75**, 752 mwN, wenn sie also für jede Art des Urkundenbeweises unzugänglich war, oder wenn die Erheblichkeit der Urkunde für den Prozeß ganz fern lag. Es genügt nicht, daß die Partei bzw ihr gesetzlicher Vertreter oder ProzBev schuldhaft, §§ 51 II, 85 II, keine Kenntnis vom Inhalt hatte, vgl § 582, LG Hamm NJW **79**, 222.

Deshalb findet keine Wiederaufnahme zB in folgenden Fällen statt: Man findet nachträglich eine Patentschrift oder eine Gebrauchsmusteranmeldung auf, denn diese waren, ebenso wie die Patenterteilungsakten, zugänglich; es ergeht später ein abweichendes Urteil in einer anderen Sache, BFH NJW **78**, 511; eine gleichwertige andere Urkunde wird benutzbar; der Kläger wußte, daß eine Urkunde über das streitige Rechtsverhältnis bei einer bestimmten Behörde lag, Ffm MDR **82**, 61; es war überhaupt eine Urkunde bereits veröffentlicht, BVerwG ZMR **74**, 184 (Bebauungsplan), bekannt und unstreitig, BAG NJW **58**, 1605; das Gericht hat die Urkunde im Vorprozeß (mit)verwertet, selbst wenn die Partei von ihr erst im Urteil erfuhr, BGH MDR **65**, 817; vgl aber Art 103 I GG, Grdz 1 A vor § 578.

Die Möglichkeit der Benutzung der Urkunde darf erst nach dem Abschluß der letzten Tatsachenverhandlung des Vorprozesses entstanden sein, so daß die Partei den Urkundenbeweis im Vorprozeß nicht mehr hätte antreten können, BGH **LM** § 582 Nr 3, Ffm VersR **74**, 63. Die Zulässigkeit eines Urkundenbeweisantritts führte zur Möglichkeit der Benutzung der Urkunde. Es schadet aber nicht, daß die Partei denselben Beweis mit anderen Mitteln führen konnte. Gegenüber einem früheren gerichtlichen Geständnis hat eine aufgefundene Urkunde nur dann eine Bedeutung, wenn die Partei das Geständnis gleichzeitig widerruft, § 290.

Eine neue Auskunft eines Versicherungsträgers reicht nicht zur Wiederaufnahme aus, wenn er eine im früheren Prozeß erteilte Auskunft ausdrücklich unter einen Vorbehalt gestellt hatte, Kblz FamRZ **80**, 813. Ebensowenig reicht es zur Wiederaufnahme aus, daß die Partei es unterlassen hatte, eine versicherungsrechtlich erhebliche Tatsache vorzubringen, die in einer der Entscheidung zugrunde gelegten Auskunft des Versicherers noch nicht berücksichtigt worden war, Bre FamRZ **80**, 1136.

5) *VwGO:* Anzuwenden nach § 153 I. Wiederaufnahme wegen falschen Zeugnisses oder Gutachtens, *Z 3,* setzt auch einen subjektiven Verstoß gegen die Wahrheitspflicht voraus, BVerwG **11**, 124. Ein nachträglich erstattetes ärztliches Gutachten ist keine neue Urkunde iSv **Z 7b**, BVerwG aaO, auch nicht ein nachträglich erteilter Erbschein, BVerwG **20**, 344; vgl auch BVerwG Buchholz 310 § 153 Nr 14 u Nr 18. Siehe iü RedOe § 153 Anm 7.

581 *Strafurteil als Voraussetzung. Beweis.* [I] In den Fällen des vorhergehenden Paragraphen Nummern 1 bis 5 findet die Restitutionsklage nur statt, wenn wegen der Straftat eine rechtskräftige Verurteilung ergangen ist oder wenn die Einleitung oder Durchführung eines Strafverfahrens aus anderen Gründen als wegen Mangels an Beweis nicht erfolgen kann.

[II] Der Beweis der Tatsachen, welche die Restitutionsklage begründen, kann durch den Antrag auf Parteivernehmung nicht geführt werden.

1) Strafverfahren, I. § 581 setzt für Restitutionsklagen aus § 580 Z 1–5 voraus, daß wegen der Straftat die eine oder die andere der beiden folgenden Voraussetzungen eingetreten sind:

A. Verurteilung. Es muß entweder eine rechtskräftige Verurteilung erfolgt sein, BGH NJW **59**, 1780. Ob sie vorliegt, das ergeben die Formel und die Begründung des Strafurteils. Sie liegt nicht vor, wenn der Täter freigesprochen wurde, ein Freispruch steht der Unmöglichkeit der Durchführung des Strafverfahrens nicht gleich. Ein ausländisches Strafurteil reicht aus. Es reicht nicht aus, daß ein Strafverfahren noch möglich wäre, BGH **5**, 299 und **12**, 284.

B. Unmöglichkeit der Strafverfolgung. Oder es muß eine Strafverfolgung aus anderen Gründen als dem Mangel an Beweisen unmöglich sein. Diese Unmöglichkeit mag sich aus den verschiedensten Gründen ergeben, etwa: Wegen einer Amnestie, BGH VersR **62**, 177; wegen Verjährung; wegen der Geringfügigkeit der Tat; wegen des Todes des Beschuldigten (mit ihm endet das Strafverfahren von Amts wegen, es erfolgt also keine Einstellung, Düss MDR **69**, 1017); wegen Abwesenheit des Beschuldigten, zB wegen eines Auslandsaufenthalts; infolge einer Niederschlagung des Verfahrens.

Nicht ausreichend ist ein Mangel an Beweisen für die Merkmale der Straftat oder die Merkmale der strafrechtlichen Schuld. Es findet insofern keine selbständige strafrechtliche Prüfung durch den Zivilrichter statt, BGH VersR **62**, 175. Zum Nachweis des Vorliegens genügt eine Erklärung der Staatsanwaltschaft, daß sie das Verfahren aus anderen Gründen als wegen Mangels an Beweisen nicht durchführen könne. Unter Umständen, zB bei einer nachträglichen Geisteskrankheit des Täters (anders liegt es bei einer Geisteskrankheit während der Tat, Celle NJW **58**, 467, aM ZöSchn I 5b mwN), genügt sogar eine einstweilige Einstellung des Verfahrens. Es kommt auch eine Einstellung nach § 154 StPO in Betracht, Hbg MDR **78**, 851 mwN. Eine bloß unterstellte Aussage reicht auch bei § 153 StPO nicht aus, Kblz MDR **79**, 410.

C. Einzelfragen. Die Entscheidungen im Strafverfahren usw binden das Gericht bei der Entscheidung über die Zulässigkeit der Wiederaufnahme BGH **50**, 122. Eine Aussetzung nach § 149 kommt nicht in Betracht, BGH **50**, 122, abw ZöSchn I 4a (falls die rechtskräftige Beendigung des Strafverfahrens kurz bevorstehe). Im übrigen ist das Gericht frei, also schon im Aufhebungsverfahren, BGH **85**, 32 mwN (zustm Grunsky JZ **83**, 114, krit Schubert JR **83**, 115), aM Arens, Willensmängel bei Parteihandlungen im Zivilprozeß (1968) 69, Gaul, Die Grundlagen des Wiederaufnahmerechts und die Ausdehnung der Wiederaufnahmegründe (1956) 77. Es ist auch zu der Frage nicht mehr gebunden, ob die Tat begangen worden ist, BGH **50**, 123, während die Verurteilung Voraussetzung für die Zulässigkeit der Restitutionsklage ist, Grdz 3 A a–c vor § 578, § 14 Z 1 EG ZPO. Für die Geltendmachung im rechtshängigen Prozeß durch den Widerruf einer bindenden Erklärung gilt I nicht. § 581 gilt auch für die Aufhebung eines Schiedsspruchs, § 1041 Anm 9.

2) Beweis durch Restitutionstatsachen, II. Bei sämtlichen Restitutionsgründen, nicht nur bei § 580 Z 1–5, BGH **30**, 61, ist wegen der Notwendigkeit der Amtsprüfung, Grdz 3 A c vor § 578, ein Beweis der klagebegründenden Tatsachen durch den auf §§ 445, 447 gestützten Antrag auf Parteivernehmung grds unzulässig. Die gegenteilige Ansicht von Hbg MDR **47**, 257 ist mit dem Gesetz nicht vereinbar, BGH **30**, 62, ZöSchn II. Der Grund der Vorschrift nötigt zu ihrer Ausdehnung auf die bindende Wirkung eines Geständnisses und eines Anerkenntnisses. Beide sind frei zu würdigen. Eine Vernehmung der Partei von Amts wegen ist beim Vorliegen der Voraussetzungen des § 448 zulässig. Diese Voraussetzungen liegen aber nicht vor, wenn nichts für die Behauptung der beweispflichtigen Partei spricht, sondern wenn die Richtigkeit der Behauptung des Gegners wahrscheinlich ist, BGH **30**, 63.

Wenn der Beweis für den die Restitution bildenden Grund erbracht ist, zB für das Auffinden der Urkunde, dann ist der Beweis für den Errichtungszeitpunkt, § 580 Anm 4 Cb, ausnahmsweise mit allen Mitteln möglich, BGH **30**, 62, § 580 Anm 4 E.

3) *VwGO*: *Anzuwenden nach § 153 I. Doch ist II gegenstandslos, da §§ 445–449 im VerwProzeß nicht gelten, § 98 VwGO, also Amtsvernehmung stets zulässig ist.*

582 *Hilfsnatur der Restitutionsklage.* **Die Restitutionsklage ist nur zulässig, wenn die Partei ohne ihr Verschulden außerstande war, den Restitutionsgrund in dem früheren Verfahren, insbesondere durch Einspruch oder Berufung oder mittels Anschließung an eine Berufung, geltend zu machen.**

1) Hilfsnatur. A. Allgemeines. Die Vorschrift legt die Hilfsnatur der Restitutionsklage fest. Sie meint über den Wortlaut hinaus, daß jedes Angriffs- oder Verteidigungsmittel ausgeschlossen ist, das man bei gehöriger Sorgfalt im Vorprozeß hätte geltend machen, zB hätte herbeiführen können, Bre FamRZ **80**, 1135, Mü FamRZ **82**, 314. Sie nennt nur den Fall, daß die Partei den Restitutionsgrund nicht im Vorprozeß mit Aussicht auf Erfolg geltend machen konnte, auch nicht gemäß § 528. Naturgemäß steht aber der Fall gleich, daß die Partei den Grund dort nur ohne Verschulden erfolglos geltend gemacht hat, LAG Ffm NJW **65**, 1886, Schlosser ZZP **79**, 191, ZöSchn I 1, aM StJGr I. Dasselbe gilt für den Fall, daß der Partei kein anderes Mittel zur Geltendmachung des Restitutionsgrundes offen steht, s § 580 Anm 1 A.

Die Voraussetzung des § 582 ist von Amts wegen zu prüfen. Der Restitutionskläger muß ihr Vorliegen beweisen, BGH **LM** Nr 3. Die Prüfung gehört trotz des Wortlauts „ist nur zulässig" zum zweiten Verfahrensabschnitt, Grdz 3 A b vor § 578, OGH NJW **50**, 65, StJGr III 2 vor § 578, ZöSchn I 2, aM BGH **LM** Nr 1, Gaul FamRZ **60**, 320, RoS § 162 IV 1, ThP 1.

B. Verschulden. Ob ein prozessuales Verschulden, Einl III 7 A, der Partei, ihres Vertreters oder ihres Prozeßbevollmächtigten vorlag, §§ 51 II, 85 II, Gaul ZZP **73**, 418, ist nach einem strengen Maßstab zu prüfen, BGH **LM** Nr 3. Denn es handelt sich um den Bestand eines rechtskräftigen Urteils. Der Kläger muß zB bei § 580 Z 7 beweisen, daß er die Urkunde sorgfältig aufbewahrt und nach ihrem Verlust eifrig geforscht hat, BGH **LM** Nr 3 und **LM** § 86 ADSp Nr 4.

Ein Verschulden liegt zB in folgenden Fällen vor: Der Kläger konnte im früheren Verfahren in die Urkunde Einsicht nehmen, etwa in eine Patenterteilungsakte oder in ein Register; er hat die Möglichkeit unterlassen, eine erfolgversprechende Auskunft einzuholen; er hat es versäumt, sich im Vorprozeß zur Beschaffung der Urkunde eine Frist nach § 428 setzen zu lassen, vgl auch BGH NJW **54**, 557; die Partei hat nicht versucht, ihre durch einen Prozeßbetrug veranlaßte Rechtsmittelrücknahme zu widerrufen, BGH **LM** § 515 Nr 10. Überhaupt genügt jedes leichte Verschulden, BGH **LM** Nr 3.

Wenn die Partei von dem Restitutionsgrund keine Kenntnis hatte, fehlt ein Verschulden. Es kann auch bei einem Rechtsirrtum fehlen; freilich muß ein Anwalt Rechtsprechung und Schrifttum sorgfältig prüfen, Karlsr NJW **65**, 1023, vgl § 233 Anm 4 „Rechtsanwalt: Gesetzesunkenntnis". Insbesondere hat man keine Kenntnis von dem, was man vergessen hat, und Vergessen ist nicht immer schuldhaft. Das kann auch bei einem Irrtum über die Erheblichkeit gelten, vgl freilich BGH VersR **62**, 176.

C. Restitutionsgrund. Er ist bei § 580 Z 1–5 die Straftat, nicht die Bestrafung; die letztere ist nur eine Voraussetzung der Zulässigkeit der Wiederaufnahme des Verfahrens. Bei § 580 Z 7b sind das Vorhandensein der Urkunde und die Möglichkeit ihrer Benutzung der Restitutionsgrund.

2) Maßgebender Zeitpunkt für die Geltendmachung im Vorprozeß. Das ist bei einem Urteil erster Instanz der Ablauf der Berufungsfrist; bei einem Berufungsurteil der Schluß der zweitinstanzlichen mündlichen Verhandlung, weil Restitutionstatsachen später meist nicht mehr vorgebracht werden können, §§ 156, 561, BGH **30**, 60; bei einem Revisionsurteil der Schluß der mündlichen Verhandlung der Berufungsinstanz wie oben, BGH **5**, 240 und **18**, 59; bei einem Versäumnisurteil 1. und 2. Instanz der Ablauf der Einspruchsfrist; im Fall der Zulässigkeit eines Nachverfahrens oder Betragsverfahrens der Schluß der dortigen mündlichen Verhandlung, BGH JZ **63**, 450, Gilles ZZP **78**, 486, Wilts NJW **63**, 1532.

4. Buch. Wiederaufnahme des Verfahrens　　　　　　　　§§ 582–584　1, 2

Eine Restitutionsklage ist unzulässig, wenn gegen den Ablauf einer Notfrist eine Wiedereinsetzung in den vorigen Stand möglich war, Nürnb WertpMitt 60, 1157. Die Zeit zwischen dem Schluß der mündlichen Verhandlung und der Verkündung der Entscheidung bleibt außer Betracht. Denn das Gericht braucht dann keinen Schriftsatz mehr entgegenzunehmen, § 133 Anm 2 B, und die Verhandlung keineswegs stets wieder zu eröffnen, § 156 Anm 2 A, vgl auch Gaul FamRZ 60, 320.

3) **VwGO:** Anzuwenden nach § 153 I; zur Frage des Verschuldens bei unterlassener Akteneinsicht BVerwG Buchholz 310 § 153 Nr 14.

583 *Vorentscheidungen.* Mit den Klagen können Anfechtungsgründe, durch die eine dem angefochtenen Urteil vorausgegangene Entscheidung derselben oder einer unteren Instanz betroffen wird, geltend gemacht werden, sofern das angefochtene Urteil auf dieser Entscheidung beruht.

1) **Allgemeines.** § 583 entspricht den §§ 512, 548. Es gelten folgende Abweichungen: § 583 erfaßt auch eine unanfechtbare Vorentscheidung oder eine solche, die mit Beschwerde anfechtbar ist, und zwar auch eine Vorentscheidung der unteren Instanz, auch einen Beschluß oder eine Verfügung. Wenn eine höhere Instanz die Vorentscheidung erlassen hat, zB nach §§ 538, 565 III, dann geht die Restitutionsklage immer an die höhere Instanz. Denn keine untere Instanz darf die Entscheidung einer höheren nachprüfen. Mit der Aufhebung des Urteils der höheren Instanz entfällt die Entscheidung der unteren. Die Vorentscheidung ist mit dem Endurteil aufzuheben. Zu den Vorentscheidungen gehören das Vorbehaltsurteil, §§ 302, 599, und das selbständig anfechtbare Zwischenurteil, wie die Vorabentscheidung nach § 304. Gegen beide ist keine selbständige Restitutionsklage möglich, vgl § 578 Anm 2. Das Urteil muß auf der Vorentscheidung beruhen, wenn auch der Mangel für das Urteil selbst keine Bedeutung haben mag, zB bei § 579 I Z 1.

Wegen §§ 579 I 2, II, 582 kann zunächst ein Rechtsmittel gegen die Vorentscheidung oder die Geltendmachung des Anfechtungsgrundes im etwaigen Nachverfahren nötig sein, ZöSchn IV.

Jedes Teilurteil ist selbständig anfechtbar und anzufechten, BGH MDR 59, 1002, schon wegen der Kostenfolgen, BGH NJW 80, 1000.

2) **VwGO:** Anzuwenden nach § 153 I, bei Beschlüssen des OVG unter der Voraussetzung, daß auch ein Urteil des OVG in der Sache ergangen ist, RedOe § 153 Anm 5.

584 *Zuständigkeit.* ¹ Für die Klagen ist ausschließlich zuständig: das Gericht, das im ersten Rechtszug erkannt hat; wenn das angefochtene Urteil oder auch nur eines von mehreren angefochtenen Urteilen von dem Berufungsgericht erlassen wurde oder wenn ein in der Revisionsinstanz erlassenes Urteil auf Grund des § 580 Nr. 1 bis 3, 6, 7 angefochten wird, das Berufungsgericht; wenn ein in der Revisionsinstanz erlassenes Urteil auf Grund der §§ 579, 580 Nr. 4, 5 angefochten wird, das Revisionsgericht.

ⁿ Sind die Klagen gegen einen Vollstreckungsbescheid gerichtet, so gehören sie ausschließlich vor das Gericht, das für eine Entscheidung im Streitverfahren zuständig gewesen wäre.

1) **Allgemeines.** § 584 begründet für alle Wiederaufnahmeklagen eine örtliche und sachliche ausschließliche Zuständigkeit, auch eine internationale, BGH **LM** § 632 Nr 1. § 40 II ist also unanwendbar. § 281 (Verweisung) ist anwendbar, Zeihe NJW 71, 2292. Die Frist ist bei einer Verweisung bereits durch die Anrufung des unzuständigen Gerichts stets gewahrt, § 586 Anm 1 A. Dem in § 584 genannten Urteil steht ein Beschluß gleich, Grdz 2 D vor § 578, zB auch ein Beschluß nach §§ 554a, 519b. Wegen einer Kindschaftssache § 641i III.

2) **Zuständigkeit. A. Erstinstanzliches Gericht.** Grundsätzlich das Gericht der 1. Instanz des Vorprozesses ausschließlich zuständig, auch der Einzelrichter; ggf das Familiengericht, BGH 84, 25, Stgt FamRZ 80, 379 mwN, Parche NJW 79, 142, ZöSchn I, vgl Einl III 9, § 261 Anm 6, offen Hbg FamRZ 81, 961, aM zB KG FamRZ 79, 526 (es läßt das Prozeßgericht an das Familiengericht verweisen), Köln FamRZ 78, 359, Mü FamRZ 78, 360. Wenn das Urteil in einem Nachverfahren oder in dem Verfahren über den Betrag, § 304, vom Berufungsgericht erlassen wurde, dann ist das Berufungsgericht zuständig. Wenn ein Wiederaufnahmeverfahren vorangegangen ist, dann ist für die Wiederaufnahmeklage das Ge-

richt jenes Verfahrens zuständig, BGH BB **79**, 1705. Wegen der Ausschließung eines Richters § 41 Anm 2 F, wegen der Ablehnung eines Richters § 42 Anm 2 B „Frühere Mitwirkung".

B. Berufungsgericht. Das Berufungsgericht ist in den folgenden beiden Fällen zuständig:
a) Frühere eigene Entscheidung. Das Berufungsgericht ist zuständig, wenn es das Urteil oder eines von mehreren angegriffenen Urteilen erlassen hat, selbst wenn er die Berufung zurückgewiesen hat. Dies gilt aber nur insoweit, als das Berufungsgericht sachlich entschieden hat. Soweit das erstinstanzliche Urteil nicht mit Berufung angefochten worden war, bleibt das erstinstanzliche Gericht zuständig. Hat das Berufungsgericht die Klage insgesamt abgewiesen, dann bleibt es zuständig, selbst wenn die erste Instanz nur einen von mehreren Klagegründen bejaht hatte, BGH JZ **60**, 256, Pohle MDR **60**, 129. Hat es die Berufung als unzulässig verworfen, so geht die Klage gegen das Urteil der 1. Instanz an diese, vgl auch Mü FamRZ **82**, 314 (wegen der Verwerfung einer Beschwerde im FGG-Verfahren als unzulässig), es sei denn, der Wiederaufnahmegrund läge in der Verwerfung, ThP 2a. Hat das Berufungsgericht zurückverwiesen, so ist dasjenige Gericht zuständig, das das mit der Wiederaufnahmeklage angegriffene Urteil erlassen hat; das Berufungsgericht ist auch dann zuständig, wenn beide Urteile angegriffen sind, vgl auch BGH LM § 304 Nr 12.

Die Kostenfestsetzung für das Wiederaufnahmeverfahren erfolgt stets beim Rpfl des erstinstanzlichen Gerichts, Mü Rpfleger **73**, 318.

b) Restitutionsklage gegen Revisionsurteil. Das Berufungsgericht ist ferner zuständig, wenn das Revisionsgericht erkannt hat und wenn es sich um eine Restitutionsklage nach § 580 Z 1–3, 6, 7 (wegen Z 4 vgl C) handelt. Denn hier stehen Tatsachenergänzungen in Frage. Dies gilt aber nur bei einem Sachurteil. Wenn das Revisionsgericht nicht auf Grund eigener tatsächlicher Feststellungen erkannt hat, § 580 Anm 1 A, dann ist das Revisionsgericht selbst zuständig.

C. Revisionsgericht. Das Revisionsgericht ist zuständig, wenn es sachlich erkannt hat und wenn keiner der Fälle des § 580 Z 1–3, 6, 7 vorliegt, BGH WertpMitt **80**, 1350. Daher ist es bei der Nichtigkeitsklage zuständig, auch wenn zB die Besetzung des Berufungsgerichts gerügt wird, BVerwG NJW **74**, 2328, und bei der Restitutionsklage aus § 580 Z 4, 5. Es ist ferner zuständig, sofern es selbst tatsächliche Feststellungen getroffen hatte, BGH **62**, 18.

Das Berufungsgericht ist aber dann zuständig, wenn die Sache an die Vorinstanz zurückverwiesen worden ist oder wenn die Revision als unzulässig verworfen worden ist, BGH **14**, 257. Hamm Rpfleger **78**, 424. Denn in diesen Fällen hat das Revisionsgericht nicht die Sache entschieden.

Wenn die Revision als unbegründet zurückgewiesen wurde, auch durch einen Beschluß nach dem BGHEntlG, BGH **61**, 96, dann hat das Revisionsgericht sachlich erkannt, BGH **14**, 257. Daher ist es auch zuständig, soweit sein Verfahren unmittelbar von dem Nichtigkeitsgrund betroffen ist, vgl BVerwG NJW **74**, 2329, etwa wegen einer dauernden Prozeßunfähigkeit, BGH **61**, 100.

Wenn dagegen mit einer Klage aus § 580 Z 4 auch und in erster Linie das Berufungsurteil angegriffen wird, dann ist das Berufungsgericht zuständig, BGH **61**, 98. Das LG ist dann zuständig, wenn die Sache an dieses Gericht zurückverwiesen worden ist oder wenn sein Urteil bestätigt worden ist, § 566a.

D. Streitgericht nach Vollstreckungsbescheid. Für eine Wiederaufnahmeklage gegen einen Vollstreckungsbescheid ist dasjenige Gericht zuständig, das für das Streitverfahren örtlich wie sachlich objektiv zuständig gewesen wäre, II, also dasjenige Gericht, an das die Sache etwa gemäß § 696 V hätte verwiesen werden müssen. In der Regel ist das Wohnsitzgericht zuständig, und zwar je nach der Höhe des Streitwerts das AG oder das LG. Wegen der Ausschließlichkeit des Gerichtsstands nach II, Anm 1, ist eine Gerichtsstandsvereinbarung auch insoweit unbeachtlich.

3) *VwGO: I* *ist anzuwenden nach § 153 I VwGO; die Vorschrift gilt entsprechend, wenn das OVG erstinstanzlich entschieden hat, BVerwG DÖD **64**, 130. **II** ist unanwendbar, weil der VerwProzeß kein Mahnverfahren kennt, Grdz 4 § 688.*

585 *Verfahren im allgemeinen.* **Für die Erhebung der Klagen und das weitere Verfahren gelten die allgemeinen Vorschriften entsprechend, sofern nicht aus den Vorschriften dieses Gesetzes sich eine Abweichung ergibt.**

1) Verfahren. Das Verfahren richtet sich grundsätzlich nach den für die Instanz geltenden allgemeinen Vorschriften. Die Klage ist nach § 253 zu erheben, auch vor einer höheren

Instanz. Freilich geben §§ 587, 588 für den Klaginhalt vorrangige Sonderregeln. Man kann den Wiederaufnahmeantrag beschränken, soweit eine Teilaufhebung in Betracht kommt, § 590 Anm 2. Anwaltszwang herrscht wie sonst, §§ 78 I, 78a. Die Klage ist dem ProzBev des Vorprozesses zuzustellen, §§ 176, 178, auch in einer Ehesache. Hat die Partei bei einer Wiederaufnahmeklage in der Rechtsmittelinstanz dort noch keinen ProzBev bestellt gehabt oder war er gelöscht worden, so muß man an den erstinstanzlichen ProzBev zustellen. Die Prozeßvollmacht gilt auch für das Wiederaufnahmeverfahren, § 81. Etwas anderes gilt nur in einer Ehesache, § 609. Die Verbindung mit einer anderen Klage ist wegen der verschiedenen rechtlichen Natur der Klagen unstatthaft, aM ThP mwN. Eine Ablehnung des Richters ist möglich, § 42 Anm 2 B „Frühere Mitwirkung", Düss NJW **72**, 1221. In Ehesachen besteht nach der Scheidung nicht die Pflicht des Klägers zur Zahlung eines Prozeßkostenvorschusses entsprechend §§ 1360a IV und 1361a IV BGB, Hamm MDR **72**, 240. Der Kläger kann die Erstattung des auf das Vorprozeßurteil Geleisteten mit einem Zwischenantrag nach § 256 II verlangen.

Die Klagrücknahme erfolgt nach § 269. Hauptsache ist schon diejenige der Aufhebungsverhandlung. Die Klage hat keine Hemmungswirkung, Grdz 1 vor § 511. Das Gericht kann die Verhandlung über die drei Abschnitte des Verfahrens, Grdz 3 A vor § 578, trennen, braucht das aber nicht zu tun. Über die Möglichkeit einer Klagänderung s § 588 Anm 2 A. Das Versäumnisverfahren verläuft wie sonst. Vgl auch § 590. Wenn das OLG die Wiederaufnahmeklage in einer nichtvermögensrechtlichen Sache durch ein Urteil als unzulässig verworfen hat, ist die Revision nur auf Grund einer besonderen Zulassung möglich, BGH NJW **64**, 2303.

2) Neuer Anspruch. Es ist im ersetzenden Verfahren zulässig, soweit ihn der Stand des Verfahrens im Vorprozeß zuließ. Dies gilt namentlich für eine Widerklage. Im aufhebenden Verfahren ist ein neuer Anspruch unzulässig.

3) VwGO: *Anzuwenden nach § 153 I.*

586 *Klagefrist.* ^I Die Klagen sind vor Ablauf der Notfrist eines Monats zu erheben.

^{II} Die Frist beginnt mit dem Tage, an dem die Partei von dem Anfechtungsgrund Kenntnis erhalten hat, jedoch nicht vor eingetretener Rechtskraft des Urteils. Nach Ablauf von fünf Jahren, von dem Tage der Rechtskraft des Urteils an gerechnet, sind die Klagen unstatthaft.

^{III} Die Vorschriften des vorstehenden Absatzes sind auf die Nichtigkeitsklage wegen mangelnder Vertretung nicht anzuwenden; die Frist für die Erhebung der Klage läuft von dem Tage, an dem der Partei und bei mangelnder Prozeßfähigkeit ihrem gesetzlichen Vertreter das Urteil zugestellt ist.

1) Regelfristen, I, II. A. Notfrist, I. Für die Klagen läuft eine Notfrist, § 223 III, von grds 1 Monat. Ausnahmsweise ist die Frist länger, falls nämlich die Rechtsmittelfrist länger als 1 Monat war, BGH **57**, 213, KG OLGZ **69**, 114; in BEG-Sachen läuft zB für das entschädigungspflichtige Land eine Notfrist von 3 Monaten, bei einem Wohnsitz des Restitutionsklägers außerhalb Europas von 6 Monaten, BGH **LM** § 209 BEG 1956 Nr. 53, BGH **57**, 213. Die Einhaltung der Frist ist eine Zulässigkeitsvoraussetzung, Grdz 2 A d vor § 578. Sie ist von Amts wegen zu prüfen, BGH **5**, 159. Die Frist wird nach §§ 222, 223 berechnet. Sie kann weder abgekürzt noch verlängert werden, § 224 II. Ein Prozeßkostenhilfegesuch reicht nicht, BGH **19**, 22, Lange JR **50**, 538. § 270 III ist anwendbar.

Eine Wiedereinsetzung ist zulässig, BGH VersR **62**, 176, auch nach einem Wiedereinsetzungsgesuch. Eine Klagerhebung vor dem unzuständigen Gericht wahrt die Frist mangels einer den §§ 518, 553 entsprechenden Bestimmung stets, BGH **35**, 378, vgl BAG NJW **58**, 1605 (betr § 529 II), ferner BSG NJW **70**, 967, Köln FamRZ **73**, 544, Zeihe NJW **71**, 2294, ZöSchn II 4, nicht etwa nur dann, wenn das Gericht nach § 506 verweist, insofern aM ThP 1; denn dann wäre wegen § 281 II die notwendige Rückwirkung nicht möglich. Eine Klage ist schon vor dem Beginn der Frist statthaft, selbst vor der Zustellung des Urteils. Wenn die Klage vor dem Eintritt der Rechtskraft des Urteils erhoben wird, dann heilt deren Eintritt. S auch § 588 Anm 2 A. Der Kläger kann neben dem einen Klagegrund einen anderen, für den die Frist verstrichen ist, nicht mehr geltend machen, BGH VersR **62**, 175.

Grundsätzlich kann man einen Restitutionsgrund nur innerhalb der Monatsfrist nachschieben, BGH VersR **62**, 165.

Wenn nacheinander mehrere Urkunden aufgefunden oder benutzbar werden, dann entsteht jeweils eine neue Frist, solange noch keine Restitutionsklage erhoben worden ist, auch wenn die erste Frist ungenützt blieb und eine weitere Urkunde dasselbe beweisen soll, BGH **57**, 214, ThP 1a, aM Schlesw SchlHA **52**, 189.

Unanwendbar ist die Regelung: in Kindschaftssachen, § 641 i IV; in einem Verfahren gemäß § 181 SGG, BSG NJW **73**, 1343.

B. Fristbeginn, II 1. Zum Fristbeginn notwendig sind die Rechtskraft des Urteils, § 705, und eine Kenntnis der Partei oder ihres gesetzlichen Vertreters oder ProzBev, §§ 51 II, 85 II, Gaul ZZP **73**, 418, oder Generalbevollmächtigten oder des sachbearbeitenden Terminsvertreters der Behörde, BGH MDR **63**, 119, von allen den Wiederaufnahmegrund bildenden Tatsachen (eine Ausnahme besteht nach III). Diese Kenntnis muß alle Voraussetzungen der Statthaftigkeit der Klage umfassen. Daher ist zB im Fall des § 581 ein rechtskräftiges Strafurteil notwendig. Bei § 580 Z 1–5 ist die Kenntnis einer rechtskräftigen Bestrafung oder der Unmöglichkeit eines Strafverfahrens notwendig, BGH **1**, 155. Bei einer Amnestie ist die Zurückweisung der Beschwerde gegen eine Einstellung notwendig, vgl. Ffm NJW **50**, 317. Beim Tod eines Zeugen, § 580 Z 3, ist die Kenntnis von diesem Umstand ausreichend, Düss MDR **69**, 1017.

Bei § 580 Z 7b muß der Kläger die Urkunde aufgefunden haben und imstande sein, sie zu benutzen. Nicht erforderlich ist, daß er auch ihre Benutzbarkeit erkannt hat, sofern objektiv mit der Benutzbarkeit zu rechnen war. Bei einer nachträglich errichteten Geburtsurkunde ist grds die Kenntnis der Geburt maßgeblich, Köln JMBlNRW **65**, 126. Wenn eine Geburtsurkunde erst nach der Rechtskraft des früheren Urteils bekannt geworden ist, dann entscheidet wegen § 1593 BGB die Rechtskraft desjenigen Urteils, das die Nichtehelichkeit feststellt, BGH **45**, 356, Nürnb NJW **75**, 2024.

Wenn die Urkunde im Besitz eines Dritten ist, muß er zur Vorlegung verpflichtet sein. Über die Auffindung von Urkunden § 580 Anm 4 F. Es kommt nicht darauf an, ob der Kläger Kenntnis von der rechtlichen Bedeutung des Grundes, auch der Urkunde erlangt hat, BGH VersR **62**, 176, Düss MDR **69**, 1017 mwN, KG OLGZ **69**, 119. Eine Kenntnis des ProzBev ist nur dann der Partei zuzurechnen, wenn der Auftrag des Bevollmächtigten zur Vertretung noch in demjenigen Zeitpunkt bestand, in dem er die Kenntnis erhielt, BGH **31**, 354, oder wenn die Partei den ProzBev mit einer Strafanzeige beauftragt hatte und wenn diese Anzeige gerade der Vorbereitung des Restitutionsverfahrens diente, BGH MDR **78**, 1016. Eine Kenntnis erhält man nur durch ein sicheres Wissen, BGH VersR **62**, 176, nicht schon durch ein bloßes Gerücht.

Die Glaubhaftmachung erfolgt nach § 589 II.

C. Fünfjahresfrist, II 2. Der Ablauf von 5 Jahren seit dem Eintritt der Rechtskraft macht jede Anfechtung unstatthaft. Es handelt sich um eine uneigentliche Frist, Üb 3 B vor § 214, KG Rpfleger **76**, 368. Die Fristhemmungsgründe des § 203 BGB sind nicht anwendbar, BGH **19**, 20. Eine Abkürzung oder Verlängerung der Frist ist unzulässig. Die Frist hemmt die Verjährung gemäß § 203 BGB nicht, BGH **19**, 20. Eine Wiedereinsetzung ist nicht möglich. Die Frist beginnt grds mit dem Eintritt der Rechtskraft, KG Rpfleger **76**, 368 (betr Beschlüsse), Schmahl NJW **77**, 27, abw Braun NJW **77**, 28, und zwar auch ohne eine Kenntnis des Anfechtungsgrundes, vgl BGH **50**, 120, und unabhängig von I, abgesehen von den Fällen III. Die Frist wird durch die Klagerhebung gewahrt, evtl auch durch die Klageinreichung, § 270 III, nicht aber schon durch die Einreichung eines Prozeßkostenhilfegesuchs, BGH **19**, 22. Der Fristablauf heilt alle Fehler des Urteils. Das beweist, daß der Mangel eine unheilbare Nichtigkeit bewirkt. Die Regelung ist im Zusammenhang mit § 339 unanwendbar, dort Anm 1.

Bruns ZPR Rdz 298 schlägt de lege ferenda vor, die Frist des II 2 vor einer Durchführung der Zwangsvollstreckung ganz entfallen zu lassen und sie nach der Durchführung der Zwangsvollstreckung auf 10 Jahre zu verlängern.

2) Mangelnde Vertretung, III. A. Sinn der Regelung. Der Zweck von III ist, dem durch den Mangel der Vertretung Benachteiligten durch die Nichtigkeitsklage eine Möglichkeit der Wiederaufnahme zu geben, weil das Urteil trotz des Mangels rechtskräftig werden konnte, § 56 Anm 1 C, BGH FamRZ **63**, 132.

B. Einzelfragen. Im Falle des § 579 I Z 4 beginnt die Frist abweichend von der Fünfjahresfrist des II 2 frühestens mit der Zustellung des vollständigen Urteils an die Partei selbst, bei mangelnder Prozeßfähigkeit der Partei mit der Zustellung an ihren gesetzlichen Vertreter, BGH MDR **63**, 391, KG OLGZ **71**, 63. Daher ist mangels einer wirksamen Urteilszustellung eine Nichtigkeitsklage ohne Rücksicht auf die Länge der Zeit möglich. Eine Zustellung an die Partei persönlich kommt freilich dann nicht in Betracht, wenn sie prozeßunfähig ist, Hbg FamRZ **81**, 961. Eine Zustellung an den ProzBev ist unerheblich, weil es auf ihn für den Fristablauf nicht ankommt. Wenn aus dem Urteil die mangelnde Vertretung nicht zu ersehen ist, gilt II, Hamm DRZ **49**, 448, KG NJW **70**, 817. Dasselbe gilt, wenn der Gegner klagt, BGH **63**, 80 mwN, aM StJGr III 2. Andererseits beginnt die Frist auch dann erst mit der Zustellung an den gesetzlichen Vertreter, wenn der Vertretungsmangel der Partei schon vorher bekannt war, KG NJW **70**, 817 und FamRZ **79**, 526. Aus § 578 folgt, daß das Urteil rechtskräftig sein muß; III besagt nichts dagegen. Eine Ersatzzustellung oder eine öffentliche Zustellung genügt. Sie kann ebenso wie eine sonst unverschuldete Unkenntnis eine Wiedereinsetzung rechtfertigen. Eine wirksame Zustellung ist für den Fristbeginn unerläßlich, BGH FamRZ **63**, 131.

Rechtsmißbrauch, Einl III 6 A a, wird auch hier nicht geschützt, abw wohl BGH FamRZ **63**, 131 (betr Verwirkung).

Eine Zustellung vor dem Eintritt der Rechtskraft des Urteils setzt die Notfrist nicht in Lauf, weil zu jenem Zeitpunkt noch gar keine Klage statthaft ist. Deshalb ist dann eine erneute Zustellung nach dem Eintritt der Rechtskraft notwendig, StJGr III 2, aM Köln OLGZ **77**, 120, ThP 2, ZöSchn IV 2 (die Frist beginne dann mit dem Zeitpunkt der nachfolgenden Rechtskraft).

3) VwGO: Anzuwenden nach § 153 I. Für die Frist gilt § 58 VwGO nicht, EF § 58 Rdz 17.

587 **Wesentliche Erfordernisse der Klagschrift.** In der Klage muß die Bezeichnung des Urteils, gegen das die Nichtigkeits- oder Restitutionsklage gerichtet wird, und die Erklärung, welche dieser Klagen erhoben wird, enthalten sein.

1) Mußinhalt. Die Klageschrift muß entsprechend § 518 II folgende Angaben enthalten (und reicht dann aus):

A. Urteilsbezeichnung. Notwendig ist die Bezeichnung des angegriffenen Urteils. Die irrige Angabe des erstinstanzlichen statt des ersetzenden Berufungsurteils reicht aus, wenn das Klageziel erkennbar ist, BAG **AP** § 580 Nr 4.

B. Klagebezeichnung. Notwendig ist ferner die Erklärung, daß der Kläger eine Nichtigkeitsklage oder Restitutionsklage erhebt. Der Gebrauch dieser Worte ist aber nicht wesentlich. Der Klaginhalt muß nur die Natur der Klage klar ergeben.

C. Anwaltsbezeichnung. Notwendig ist ferner die Einlegung durch einen beim Gericht zur Klagerhebung zugelassenen Rechtsanwalt, falls Anwaltszwang besteht.

D. Parteien- und Gerichtsbezeichnung. Notwendig ist schließlich eine eindeutige Bezeichnung des Klägers und des Bekl sowie des Gerichts, § 253 II Z 1. Bei einer Zustellung an den früheren prozeßbevollmächtigten Anwalt ist bei der Ladung eine Aufforderung zur Bestellung eines Anwalts nicht erforderlich.

E. Weitere Einzelfragen. Ein bestimmter Antrag sowie eine Bezeichnung des Wiederaufnahmegrundes sind nicht zwingend vorgeschrieben, § 588 I Z 1. Die ganze Regelung ist recht willkürlich; ein Begründungszwang wäre folgerichtig und notwendig. Vgl. im übrigen die Erläuterungen zu § 518 II Z 1.

Der Wechsel von der Restitutions- zur Nichtigkeitsklage und umgekehrt ist eine Klagänderung, § 263.

2) Verstoß. Ein Verstoß führt zur Verwerfung der Klage als unzulässig, § 589 I.

3) VwGO: Anzuwenden nach § 153 I.

588 **Unwesentliche Erfordernisse der Klagschrift.** ¹ Als vorbereitender Schriftsatz soll die Klage enthalten:
1. die Bezeichnung des Anfechtungsgrundes;
2. die Angabe der Beweismittel für die Tatsachen, die den Grund und die Einhaltung der Notfrist ergeben;
3. die Erklärung, inwieweit die Beseitigung des angefochtenen Urteils und welche andere Entscheidung in der Hauptsache beantragt werde.

II Dem Schriftsatz, durch den eine Restitutionsklage erhoben wird, sind die Urkunden, auf die sie gestützt wird, in Urschrift oder in Abschrift beizufügen. Befinden sich die Urkunden nicht in den Händen des Klägers, so hat er zu erklären, welchen Antrag er wegen ihrer Herbeischaffung zu stellen beabsichtigt.

1) Allgemeines. § 588 ist eine bloße Sollvorschrift. Ihre Befolgung ist aber geeignetenfalls nach § 273 zu betreiben. Die Angaben der Klageschrift sind rein vorbereitend; das Nähere bleibt einem weiteren Schriftsatz oder der mündlichen Verhandlung vorbehalten.

2) Sollinhalt, I. Die Klageschrift soll folgende Angaben enthalten:

A. Grundbezeichnung, Z 1. Man Soll eine Bezeichnung des Anfechtungsgrundes beifügen. Die Klagefrist ist aber auch dann gewahrt, wenn der Anfechtungsgrund nicht genannt wird. Daher darf der Kläger neue Gründe beliebig nachschieben, sofern sie nicht bei der Klagerhebung durch Fristablauf vernichtet waren, BGH VersR **62**, 175. Er darf auch solche Gründe nachschieben, die nach der Klagerhebung erwachsen; auch für solche Gründe läuft keine Frist, auch nicht die Fünfjahresfrist, § 586 II. Das Nachschieben eines Nichtigkeitsgrundes bei der Nichtigkeitsklage oder eines Restitutionsgrundes bei der Restitutionsklage ist keine Klagänderung; wohl aber ist das Nachschieben eines Nichtigkeitsgrundes bei der Restitutionsklage und umgekehrt eine Klagänderung.

B. Beweismittelbezeichnung, Z 2. Man soll ferner die Beweismittel für den Grund und die Einhaltung der Notfrist angeben. In Frage kommen nur gesetzliche Beweismittel und ein gesetzlicher Beweisantritt. Ein Antrag auf Parteivernehmung ist unzulässig, § 581 II. Eine Glaubhaftmachung erfolgt gemäß § 294.

C. Antrag, Z 3. Man soll schließlich einen Antrag zur Wiederaufnahme (Urteilsaufhebung) und zur Hauptsache beifügen. Der zweite Antrag ist in der mündlichen Verhandlung unentbehrlich, § 308, der erste kann sich aus dem zweiten ergeben. Wegen der Einheit der mündlichen Verhandlung, Üb 2 B vor § 253, des ersetzenden Verfahrens, Grdz 3 A c vor § 578, kann sich der Antrag zur Hauptsache aus dem im Vorprozeß gestellten ergeben, Gilles ZZP **78**, 472. Eine Klagerweiterung ist möglich, BGH **LM** § 304 Nr 12.

3) Urkundenbeifügung, II. Die erforderlichen Urkunden sind beizufügen. Auch dies ist eine Sollvorschrift. Denn wenn die Angabe des Anfechtungsgrundes nicht wesentlich ist, Z 1, dann kann es auch nicht die Urkundenbeifügung zum Nachweis des Grundes sein, BGH **5**, 157.

4) Verstoß. Ein Verstoß (nur) gegen § 588 bleibt grds ohne prozessuale Folgen; jedoch sind §§ 282, 296 zu beachten.

5) VwGO: Einzuwenden nach § 153 I.

589 *Prüfung der Zulässigkeit.* ¹ Das Gericht hat von Amts wegen zu prüfen, ob die Klage an sich statthaft und ob sie in der gesetzlichen Form und Frist erhoben sei. Mangelt es an einem dieser Erfordernisse, so ist die Klage als unzulässig zu verwerfen.

II Die Tatsachen, die ergeben, daß die Klage vor Ablauf der Notfrist erhoben ist, sind glaubhaft zu machen.

1) Zulässigkeit. A. Amtsprüfung, I 1. § 589 entspricht den §§ 519b I, 554a; s dort. Eine wesentliche Abweichung ist, daß bei § 589 die Prüfung nur in der mündlichen Verhandlung geschehen darf. Die Prüfung erstreckt sich auf die allgemeinen Prozeßvoraussetzungen wie bei jeder Klage und auf die besonderen Voraussetzungen der betreffenden Wiederaufnahmeklage, und zwar: die Statthaftigkeit, §§ 578, 583; die Wahrung der Form, §§ 253, 587; die Wahrung der Frist, § 586, in diesem Verfahrensabschnitt, Grdz 3 A a vor § 578. Die Prüfung erstreckt sich dagegen nicht auf die Voraussetzungen des § 582, OGH NJW **50**, 65, aM BGH **LM** § 582 Nr 1.

Es findet eine Amtsprüfung statt, und zwar noch in der Revisionsinstanz, BGH **LM** § 580 Z 7b Nr 7, aber keine Amtsermittlung, Grdz 3 H vor § 128. Das Gericht prüft auch, ob eine Wiedereinsetzung gewährt worden ist, BGH **5**, 159. Der Kläger hat diejenigen Tatsachen glaubhaft zu machen, § 294, die eine Fristwahrung ergeben. Er hat also das für die Glaubhaftmachung Erforderliche bereitzuhalten. Der Restitutionsbekl hat dasselbe für seine Entgegnungen zu tun und darf sich auf eine bloße Glaubhaftmachung beschränken, BGH **31**, 355. Ein Geständnis und ein Anerkenntnis sind frei zu würdigen.

2) Entscheidung, I 2. Wenn ein wesentliches Erfordernis der Zulässigkeit fehlt, etwa die Behauptung eines Nichtigkeitsgrundes, vgl Bschw OLGZ **74**, 52, dann ist die Klage auf

Grund einer mündlichen Verhandlung, auch einer nach § 590 II abgesonderten, durch ein Prozeßurteil, Üb 2 A b vor § 300, als unzulässig zu verwerfen; vgl auch § 590 Anm 4 A. Das Gericht kann die Zulässigkeit durch ein Zwischenurteil nach § 303 oder im Endurteil bejahen.

Die als unzulässig verworfene Klage läßt sich innerhalb der Frist des § 586 mit besserer Begründung wiederholen, BGH **LM** § 580 Z 7b Nr 4.

3) Glaubhaftmachung, II. Die Glaubhaftmachung der Fristeinhaltung erfolgt nach § 294. Sie genügt für das ganze Verfahren. Eine Würdigung der in der Hauptsache angetretenen Beweise hat hier zu unterbleiben.

4) VwGO: Anzuwenden nach § 153 I.

590 *Neue Verhandlung.* **I** Die Hauptsache wird, insoweit sie von dem Anfechtungsgrunde betroffen ist, von neuem verhandelt.

II Das Gericht kann anordnen, daß die Verhandlung und Entscheidung über Grund und Zulässigkeit der Wiederaufnahme des Verfahrens vor der Verhandlung über die Hauptsache erfolge. In diesem Falle ist die Verhandlung über die Hauptsache als Fortsetzung der Verhandlung über Grund und Zulässigkeit der Wiederaufnahme des Verfahrens anzusehen.

III Das für die Klagen zuständige Revisionsgericht hat die Verhandlung über Grund und Zulässigkeit der Wiederaufnahme des Verfahrens zu erledigen, auch wenn diese Erledigung von der Feststellung und Würdigung bestrittener Tatsachen abhängig ist.

Schrifttum: Gilles, Der Umfang von Aufhebung und Neuverhandlung im zivilprozessualen Wiederaufnahmeverfahren, Diss Ffm 1965; Oberndörfer, Die Rückwirkung und ihre Begrenzung bei der Aufhebung eines Gestaltungsurteils im zivilprozessualen Wiederaufnahmeverfahren, Diss Erlangen 1962.

1) Allgemeines. A. Dreiteilung des Verfahrens. Vgl zunächst Grdz 3 A vor § 578. Nachdem das Gericht über die Zulässigkeit der Klage befunden hat, § 589, hat es über den Grund der Wiederaufnahme zu verhandeln, §§ 579, 580, vgl BGH **LM** § 580 Nr 4. Wenn das Gericht ihn verneint, und zwar nach der erforderlichen Prüfung von Amts wegen, BGH WertpMitt **72**, 27, auch durch das Revisionsgericht (es muß die notwendigen tatsächlichen Feststellungen ausnahmsweise selbst treffen), dann weist es die Klage durch ein Sachurteil als unbegründet ab, BGH **57**, 216 und **LM** § 580 Z 7b Nr 4, ThP 1a, anders auch in Wahrheit nicht BSG NJW **69**, 1079 (dort keine Behauptung eines Wiederaufnahmegrunds und daher keine Zulässigkeit, vgl § 579 Anm 1). Wenn das Gericht den Grund bejaht, dann kann es das in einem Zwischenurteil nach § 303 oder im Endurteil tun, BGH NJW **79**, 428 und NJW **82**, 2449 mwN. Das Gericht hebt dann die angefochtene Entscheidung auf (aufhebende Entscheidung, iudicium rescindens). Darauf ist neu zur Hauptsache zu verhandeln und eine neue Entscheidung an die Stelle der alten zu setzen (ersetzende Entscheidung, iudicium rescissorium). Sie kann sachlich die alte bestätigen, Anm 3. Die drei Entscheidungen lassen sich in einem Endurteil verbinden. Vgl auch OGH NJW **50**, 105.

B. Abgesonderte Verhandlung. Das Gericht kann eine abgesonderte Verhandlung über die Zulässigkeit und/oder den Grund anordnen, BGH NJW **79**, 428. Es muß dies tun, wenn verschiedene Verfahrensarten in Frage kommen, also im Urkundenprozeß, soweit die Wiederaufnahmeklage gegen das Vorbehaltsurteil für zulässig erachtet wird, s dazu § 578 Anm 2, § 580 Anm 1 A. Dagegen sind der Grund und die Zulässigkeit der Wiederaufnahme im Eheverfahren, Familienverfahren und Kindschaftsverfahren nach §§ 606ff, 640 zu behandeln, aM Celle MDR **53**, 304. Das Revisionsgericht darf ersetzend nur dann entscheiden, wenn nur sein Verfahren betroffen ist. Davon abgesehen muß das Revisionsgericht durch ein Zwischenurteil über die Zulässigkeit und den Grund erkennen und die Sache zurückverweisen, soweit Feststellungen des Berufungsgerichts betroffen sind, vgl BGH NJW **79**, 428.

2) Verhandlungsumfang. Die neue Verhandlung zur Hauptsache erstreckt sich nur auf den vom Anfechtungsgrund betroffenen Teil des Verfahrens. In diesen Grenzen ist sie eine neue, unabhängige Verhandlung. Wegen des nicht betroffenen Rests wird das alte Verfahren fortgesetzt. Inwieweit das Verfahren betroffen ist, das ist nach der Lage des Falles zu entscheiden. Bei § 580 Z 5 erfolgt stets eine neue Verhandlung über die gesamte Sache, KG NJW **76**, 1356 mwN.

Eine Abtrennung ist für einen abtrennbaren Teil möglich, sei es sachlich oder zeitlich (bis zu einem bestimmten Zwischenurteil oder Teilurteil, wegen der Einheitlichkeit der Verhandlung aber nicht bis zu einem Termin), aM Gilles ZZP **80**, 398 (es sei eine tatsächliche Abtrennung erforderlich), vgl auch StJ II 1. Die andere Partei kann früher nicht vorgebrachte Scheidungsgründe vortragen, aM Kblz NJW **64**, 358. Denn der Prozeß ist insoweit in die Lage vor dem Erlaß des Urteils zurückversetzt. Alle Tatsachen, Beweismittel, Ansprüche, Prozeßhandlungen, die damals zulässig waren, sind es auch jetzt, soweit die Instanz dies zuläßt. Frühere Bindungen, etwa durch ein Anerkenntnis oder Geständnis oder infolge einer Mängelheilung, § 295, wirken weiter, soweit sie nicht von der Anfechtung betroffen sind.

Soweit das alte Verfahren bleibt, sind neue Angriffs- und Verteidigungsmittel ausgeschlossen, weil insofern der Schluß der alten mündlichen Verhandlung weiterwirkt. Davon abgesehen entscheidet der Schluß der jetzigen Verhandlung.

3) Ersetzende Entscheidung. A. Urteilsarten. Die Entscheidung ergeht auf Grund einer neuen Würdigung des Streitstoffs, soweit das Gericht nicht gebunden ist, Anm 2. Soweit die Bindung reicht, bleibt auch die alte Urteilsbegründung wirksam. Die Entscheidung lautet:

a) Ablehnung. Soweit das Gericht die Wiederaufnahmeklage als unbegründet abweist, lautet das Urteil auf eine Bestätigung des alten Urteils, nicht auf eine Klagabweisung, Zeuner MDR **60**, 87, ZöSchn II 4, aM Gilles ZZP **78**, 467 und **80**, 419. In Wahrheit ist das eine Aufhebung und eine Ersetzung; es wäre aber nutzlos, beides auszusprechen, StJGr IV.

b) Stattgeben. Soweit das Gericht der Wiederaufnahmeklage stattgibt, lautet das Urteil auf eine Aufhebung des alten Urteils und eine neue Entscheidung. Das gilt auch dann, wenn das neue Urteil zu demselben Ergebnis kommt, RoS § 162 IV 3, aM StJGr Rdz 10, ThP 3 (man könne auch nach § 343 vorgehen). Die neue Entscheidung kann auch ein Prozeßurteil, Üb 2 A b vor § 300, sein. Das neue Urteil ist rechtsgestaltend und rückwirkend. Das alte Urteil gilt bei einer Aufhebung als von Anfang an nicht vorhanden.

c) Kosten. Für die Prozeßkosten gilt das neue Verfahren als die Fortsetzung des früheren. Deshalb erfolgt eine einheitliche Kostenentscheidung, Hbg FamRZ **81**, 963, StJGr VIII. Streitwert: § 3 Anh „Nichtigkeitsklage". Zinsen und Kosten sind nicht hinzuzurechnen, Hbg MDR **69**, 228.

B. Erstattungsanspruch. Das abgeänderte Urteil gibt dem Sieger einen Anspruch auf Erstattung des auf das alte Urteil Geleisteten, aber ohne Zinsen. § 717 ist unanwendbar, ZöK 2, aM ThP 3. Eine Schadensersatzklage läßt sich mit der Wiederaufnahmeklage verbinden. Der Zinsanspruch ist nur als ein sachlichrechtlicher Ersatzanspruch zu begründen. Durch eine Aufhebung des Scheidungsurteils wird aber eine stattgefundene Auseinandersetzung nicht hinfällig, wenn die Ehe wieder geschieden wird, vgl Stgt SJZ **49**, 115, Grdz 2 A vor § 578.

4) Versäumnisverfahren. A. Säumnis des Klägers. In diesem Fall sind die Zulässigkeit und der Anfechtungsgrund von Amts wegen zu prüfen. Fehlt eines dieser Erfordernisse, so wird die Klage durch ein echtes Versäumnisurteil verworfen, vgl § 542 Anm 1, aM BGH **LM** § 589 Nr 2, ThP 4, ZöSchn § 589 Anm I 2a (durch ein unechtes Versäumnisurteil). Wenn die Voraussetzungen bejaht werden, erfolgt eine Sachabweisung durch ein echtes Versäumnisurteil entsprechend § 330, BGH MDR **66**, 40.

B. Säumnis des Beklagten. In diesem Fall erfolgt eine Prüfung wie bei A. Beim Fehlen der Voraussetzungen wird die Klage durch ein unechtes Versäumnisurteil verworfen. Werden Zulässigkeit und Anfechtungsgrund bejaht, so verläuft das Verfahren wie sonst in der betreffenden Instanz. Wenn der Anfechtungsgrund das Verfahren nur teilweise betrifft, dann ist mit dieser Einschränkung zu erkennen. § 542 II ist anwendbar.

C. Weitere Einzelheiten. Eine Entscheidung nach Aktenlage erfolgt nach allgemeinen Grundsätzen. Ein Urteil zur Hauptsache setzt eine Verhandlung über die Hauptsache im Wiederaufnahmeverfahren voraus.

5) VwGO: *Anzuwenden nach § 153 I. Über die Wiederaufnahme des Verfahrens gegen Beschlüsse, durch die die Beschwerde gegen die Nichtzulassung eines Rechtsmittels zurückgewiesen worden ist, ist durch Beschluß zu entscheiden, BVerwG DVBl* **60**, *641; vgl auch VGH Kassel DÖV* **69**, *647. Die Kostenentscheidung ergeht nach allgemeinen Regeln mit Sondervorschrift für die erfolgreiche Wiederaufnahme in § 154 IV VwGO.*

§ 591

591 *Rechtsmittel.* **Rechtsmittel sind insoweit zulässig, als sie gegen die Entscheidungen der mit den Klagen befaßten Gerichte überhaupt stattfinden.**

1) Allgemeines. Das ersetzende Urteil ist immer ein Urteil derjenigen Instanz, die es erlassen hat. Deshalb ist der gegen ein derartiges Urteil gegebene Rechtsbehelf statthaft. Es entscheidet der gegenwärtige Rechtszustand, BAG NJW **58**, 1605. Daher ist es unerheblich, ob das Rechtsmittel der Revision auch gegen das frühere Urteil zur Zeit seines Erlasses möglich gewesen wäre, BAG NJW **58**, 1605. Gegen ein landgerichtliches Berufungsurteil ist kein Rechtsmittel zulässig, Kiel SchlHA **48**, 114. Demgemäß ist auch keine Beschwerde gegen einen die Prozeßkostenhilfe versagenden Beschluß zulässig, wenn das LG als Berufungsinstanz entscheidet, § 127 S 2, KG JR **68**, 387, ebensowenig gegen einen Beschluß, durch den das OLG die Wiederaufnahme eines Zwangsversteigerungsverfahrens abgelehnt hat, BGH ZIP **81**, 809.

Revision ist nur unter den Voraussetzungen der §§ 546 ff gegeben. Freilich ist § 547 unanwendbar, BGH NJW **64**, 2303 und MDR **82**, 838. § 554b ist anwendbar. Das Gericht muß die Revision, soweit erforderlich, im Urteil in der Wiederaufnahmesache selbst zugelassen haben. Das Urteil beseitigt auch die rechtlichen Wirkungen eines Scheidungsurteils.

Gegen ein die Wiederaufnahme bewilligendes Zwischenurteil ist gemäß § 280 II 1 das gegen ein Endurteil statthafte Rechtsmittel gegeben, BGH MDR **79**, 297.

Gegen die Versagung einer Prozeßkostenhilfe durch das LG wegen der Nichtigkeitsklage gegen ein Berufungsurteil ist keine Beschwerde zulässig, KG JR **63**, 387.

Die Rechtskraftwirkung des neuen Urteils erstreckt sich immer nur auf den jeweiligen Anfechtungsgrund. Sie hindert daher eine neue Klage aus einem anderen Grund nicht. Dabei ist natürlich auch § 586 zu beachten. Die neue Klage muß sich evtl gegen die beiden Urteile richten. Eine Wiederaufnahmeklage gegen das neue Urteil ist nach allgemeinen Grundsätzen zulässig. BFH BB **79**, 1705, vgl Gaul ZZP **73**, 421.

2) *VwGO:* *Anzuwenden nach § 153 I.*

Fünftes Buch
Urkunden- und Wechselprozeß

Bearbeiter: Dr. Dr. Hartmann

Grundzüge

Schrifttum: Gross, Die besonderen Verfahrensarten. Urkunden- und Wechselprozeß usw, 1959.

1) Zweck und Bedeutung. Der Urkundenprozeß, von dem der Wechselprozeß und der Scheckprozeß nur eine Abart sind, hat seine Eigentümlichkeit weniger in der Beschleunigung des Verfahrens als vielmehr in der Gewährung eines vorläufigen gerichtlichen Beistands aufgrund einer unvollständigen, aber zur Erreichung des Zwecks regelmäßig ausreichenden Sachprüfung, Hamm NJW **76**, 247, zumal er eine direkte Zwangsvollstreckung zur Folge haben kann. Insofern ähnelt er dem Arrestverfahren.

Der Urkundenprozeß hat keine sehr große praktische Bedeutung; anders ist es beim Wechselprozeß. Im Urkundenprozeß findet nur eine beschränkte Sachprüfung statt. Beachtlich sind nur der Anspruchsgrund sowie die durch Urkunden sofort beweisbaren Einwendungen des Beklagten, §§ 595 II, 598. Eine Widerklage ist unstatthaft, § 595 I. Zu einem endgültigen Ergebnis, und zwar einem Urteil mit innerer Rechtskraft, führt der Urkundenprozeß nur, wenn die Sache selbst nicht streitig wird. Andernfalls endet er mit einem Vorbehaltsurteil, §§ 597 II, 599; erst das Nachverfahren bringt die endgültige Entscheidung. Da der im Nachverfahren unterliegende Kläger dem Beklagten für die vorgenommene Zwangsvollstreckung Ersatz leisten muß, §§ 600 II, 302 IV, bietet der Urkundenprozeß, abgesehen vom Wechsel- und Scheckprozeß, bei dem die Verhältnisse meist klar liegen, unter Umständen mehr Gefahren als Vorteile.

2) Mahnverfahren. Beim AG gibt es ein Urkunden-, Wechsel- oder Scheckmahnverfahren in besonderer Ausgestaltung, § 703a II.

3) Arbeitsgerichtsverfahren. Im arbeitsgerichtlichen Verfahren sind die Vorschriften des 5. Buches unanwendbar, § 46 II 2 ArbGG, aM zB Hamm NJW **80**, 1399 mwN (zur Zuständigkeitsfrage).

4) VwGO: §§ 592 ff sind unanwendbar, weil der Verwaltungsprozeß ein Urteil auf Grund unvollständiger Sachprüfung, Anm 1, nicht kennt, der Anwendung also die grundsätzlichen Unterschiede der beiden Verfahrensarten entgegenstehen, § 173 VwGO.

592

Zulässigkeit. Ein Anspruch, welcher die Zahlung einer bestimmten Geldsumme oder die Leistung einer bestimmten Menge anderer vertretbarer Sachen oder Wertpapiere zum Gegenstand hat, kann im Urkundenprozeß geltend gemacht werden, wenn die sämtlichen zur Begründung des Anspruchs erforderlichen Tatsachen durch Urkunden bewiesen werden können. Als ein Anspruch, welcher die Zahlung einer Geldsumme zum Gegenstand hat, gilt auch der Anspruch aus einer Hypothek, einer Grundschuld, einer Rentenschuld oder einer Schiffshypothek.

1) Allgemeines. A. Prozeßvoraussetzungen. § 592 enthält die besonderen Prozeßvoraussetzungen des Urkundenprozesses. Sie sind von Amts wegen zu prüfen und unterliegen nicht der Parteiherrschaft. Es müssen zusammentreffen:

a) Klagart. Er muß eine Leistungsklage auf eine bestimmte Geldsumme oder eine Menge anderer vertretbarer Sachen vorliegen.

b) Urkundenbeweis. Weitere Prozeßvoraussetzung ist die Beweisbarkeit sämtlicher klagebegründenden Tatsachen durch Urkunden.

c) Weitere Voraussetzungen. Daneben müssen die allgemeinen Prozeßvoraussetzungen vorliegen, zB das Rechtsschutzbedürfnis, Hamm NJW **76**, 247. Die Verbindung des Urkundenprozesses mit einem ordentlichen Prozeß oder mit einem Scheck- oder Wechselprozeß ist unstatthaft. Die Rechtshängigkeit greift im Verhältnis vom ordentlichen Prozeß zum Urkundenprozeß und umgekehrt durch, vgl Hamm NJW **78**, 58. Eine Vereinbarung über einen Erfüllungsort bzw Gerichtsstand ist von Amts wegen zu prüfen, Ffm WertpMitt **74**, 1082.

Eine Ausländersicherheitsleistung des ursprünglichen Klägers, auf ihn kommt es auch im Rechtsmittelzug an, BGH **37**, 266, wegen der Kosten ist gemäß § 110 II Z 2 nicht erforderlich, unabhängig von der Staatsangehörigkeit des Bekl, Düss NJW **73**, 2165.

B. Verfahrenswahl. Die Wahl des Urkundenprozesses statt des ordentlichen Prozesses steht immer im Ermessen des Klägers. Er muß die Wahl des Urkundenprozesses eindeutig erklären, § 593 Anm 1. Er braucht nicht etwa diejenigen etwaigen Mehrkosten, die sich im ordentlichen Prozeß ergeben, schon wegen dieser Verfahrenswahl zu tragen. Er kann diese Wahl noch während des Urkundenprozesses ändern, § 596. Ein vertragsmäßiger Ausschluß des Urkundenprozesses ist als ein privatrechtlicher Vertrag über prozessuale Beziehungen, Grdz 5 C vor § 128, wirksam, BGH DB **73**, 1451, freilich nur auf Grund einer Rüge des Bekl zu beachten, § 597 Anm 2 C. Ein Urkunden-, Wechsel- oder Scheckmahnbescheid leitet ohne weiteres in den entsprechenden Prozeß über. Ein Übergang aus dem gewöhnlichen Mahnverfahren in einen Urkunden-, Wechsel- oder Scheckprozeß ist nicht möglich.

2) Leistungsanspruch. A. Nur Leistungsklage. Der Urkundenprozeß läßt nur eine Leistungsklage zu. Zulässig sind: Eine Klage vor dem Eintritt der Fälligkeit nach §§ 257ff, also auch eine Klage auf künftige Leistung, OGH **4**, 227, oder eine Klage auf eine Leistung Zug um Zug; etwas anderes gilt im Mahnverfahren. Eine Klagerhebung gilt als Kündigung. Die beschränkte Erbenhaftung hindert eine Klagerhebung nicht, weil sie nur die Zwangsvollstreckung betrifft. Zulässig ist eine Klage auf Zahlung an einen Dritten, BGH NJW **53**, 1707 (Kaution); eine Haftungsklage; eine Klage auf die Hinterlegung einer Geldsumme, aM ZöSchn I 1a; ein Honoraranspruch des Anwalts, vgl LG Köln NJW **63**, 306; wegen des Wechselprozesses vgl § 602 Anm 2.

Unstatthaft sind: Die Klage auf eine nicht vertretbare Leistung; eine Feststellungsklage, BGH **16**, 213 und WertpMitt **79**, 614, auch nach § 256 II, oder eine Klage auf Vornahme einer Handlung, zB einer Willenserklärung, Köln MDR **59**, 1017, oder Unterlassung, s aber B c; eine Gestaltungsklage; eine Klage auf die Befreiung von einer Geldschuld; eine Klage auf Feststellung zur Konkurstabelle, § 146 II KO. Wenn daher die Konkurseröffnung einen Urkundenprozeß unterbricht, dann geht er kraft Gesetzes in das ordentliche Verfahren über, Hamm MDR **67**, 929, ThP 2, aM StJSchl Rdz 2, Wiecz B I a 2, ZöSchn I 3 (sie halten auch den Urkundenprozeß für eine derartige Feststellungsklage für geeignet).

B. Anspruchsarten. Der Anspruch muß auf eines der folgenden Ziele gehen:

a) Geld. Er muß entweder auf eine bestimmte Geldsumme gehen. Es genügt, daß sie sich aus einer einfachen und klaren Berechnung ergibt, vgl BayObLG DNotZ **76**, 367. Der Anspruch kann auch auf eine Mietforderung lauten, LG Hbg ZMR **75**, 80, LG Kblz NJW **56**, 1285.

b) Andere vertretbare Sache. Der Anspruch kann auch auf eine bestimmte Menge anderer vertretbarer Sachen, § 91 BGB, oder von Wertpapieren (Begriff § 821 Anm 1) gehen, auch solchen, die nicht auf den Inhaber lauten. Nicht ausreichend ist ein Anspruch auf Wertpapiere aus dem Nummernverzeichnis einer Bank, weil sie abgesondert sind.

c) Weitere Anspruchsarten. Ansprüche anderer Art auf ein Tun oder Unterlassen sind im Urkundenprozeß nicht statthaft. Davon sind folgende Fälle ausgenommen: Ein Anspruch aus einer Hypothek, Grundschuld, Rentenschuld, Schiffshypothek und, da § 592 sinngemäß anwendbar ist, § 99 I LuftfzRG, ein Anspruch aus einem Registerpfandrecht an einem Luftfahrzeug; ein Anspruch aus einer Reallast, § 1107 BGB. Der Grund dieser Ausnahmen besteht darin, daß es sich dabei der Sache nach nur um Ansprüche auf Duldung der Zwangsvollstreckung handelt. Darum gelten diese Ausnahmen auch für andere derartige Duldungsansprüche, zB gegen den Testamentsvollstrecker.

C. Anspruchsgrund. Er ist unter den Voraussetzungen A–B und Anm 1 für die Statthaftigkeit unerheblich.

3) Urkundenbeweis. A. Grundsatz, S 1. Sämtliche klagebegründenden, also zur Schlüssigkeit notwendigen Tatsachen müssen im Umfang der Beweisbedürftigkeit, BGH **62**, 286, ThP 3a, aM Gloede MDR **74**, 895, durch nach §§ 593 II, 595 III vorlegbare Urkunden zu beweisen sein. Zu diesen Tatsachen gehören die Sachbefugnis und die Vertretungsmacht, Karlsr BB **71**, 1384. Urkundlich zu beweisen ist also zB die Abtretung oder die Vollmacht desjenigen, der eine Urkunde als Vertreter unterschrieben hat. Hat der Unterzeichner den Kläger vertreten und genehmigt dieser durch Klagerhebung, so ist ein Urkundenbeweis für die Vertretungsmacht entbehrlich. Zum Klagegrund gehört ferner die Fälligkeit des Anspruchs. Eine Klage ist aber als Kündigung auslegbar und macht deshalb eine Urkunde über die Kündigung entbehrlich. Urkundlich zu beweisen ist ferner eine Genehmigung des Vormundschaftsgerichts oder eine Vorleistungspflicht des Bekl.

Hat der Kläger bei einem gegenseitigen Vertrag nach § 320 BGB vorgeleistet und macht er dies durch seine Erwiderung auf die Einrede des Bekl geltend, so gehört dies nicht zum Klagegrund. Etwas anderes gilt dann, wenn der Kläger nach einer ausdrücklichen Abmachung oder kraft Gesetzes vorzuleisten hatte und vorgeleistet hat. Beim Bürgschaftsanspruch ist die Begründung der Hauptschuld urkundlich darzutun. Bei einer Klage auf Dienstlohn ist die Leistung der Dienste urkundlich darzulegen. Des Urkundenbeweises bedürfen ferner: nachgeschobene Klagegründe; eine Klageergänzung auf eine Einwendung; ein Nebenanspruch, außer im Wechselprozeß, § 605 II, und außer den Kosten.

B. Ausnahmen, S 2. Keines Urkundenbeweises bedürfen: Das Prozeßführungsrecht, vgl StJSchl IV 2 (etwas anderes ist die Sachbefugnis, s vorher); Prozeßvoraussetzungen, Grdz 3 A vor § 253, BAG NJW **72**, 1216, Mü BayJMBl **56**, 35; Zulässigkeitsrügen, § 282 III; die Prozeßfähigkeit; die Rechtshängigkeit in einem anderen Verfahren; Gerichtsstandsvereinbarungen; zugestandene, § 288, oder offenkundige Tatsachen, § 291, vgl LG Hbg MDR **74**, 49 (betr eine Prolongationsvereinbarung bei Konkursreife), vgl auch Gloede MDR **74**, 897; dasjenige, was sonst keines Beweises bedarf, wie: unstreitige oder als zugestanden geltende Tatsachen, § 138 III, IV, BGH **62**, 286 (abl Bull NJW **74**, 1514, Gloede MDR **74**, 895, Stürner JZ **74**, 579), Köln DB **83**, 105, ZöSchn III 3 b, § 597 Anm 2 B, oder Erfahrungssätze; das ausländische Recht, § 293, Dölle Festschrift für Nikisch 196; die Nämlichkeit der Partei, zB die Inhaberschaft des Einzelkaufmanns, oder in dem Fall eines Inhaberwechsels nach der Begründung des Anspruchs die Berechtigung des derzeitigen Inhabers. Das Gericht kann auch aus dem Parteiverhalten Schlüsse ziehen, die umstrittene Tatsache also auch ohne jede Beweisaufnahme für wahr halten, § 286 Anm 2 A, Köln DB **83**, 105. Es kann bei Nebenforderungen und dgl von der Möglichkeit einer freien Beweiswürdigung einen weitgehenden Gebrauch machen, da ja das Verfahren nur einen vorläufigen Charakter hat. Jedenfalls genügt aber eine bloße Glaubhaftmachung nicht.

C. Urkunde. Der Urkundenbeweis ist durch Urkunden im Sinne der ZPO zu führen, also durch schriftliche Urkunden, Üb 1 vor § 415. Ausreichend ist auch eine gedruckte Urkunde oder ein Telegramm, weil die Unterschrift weder begrifflich noch für die Beweiskraft ein wesentlicher Teil der Urkunde ist. Es genügt eine Urkunde jeder Art, Köln DB **83**, 105. Die Urkunde braucht nicht Trägerin des Rechts selbst zu sein, BGH WertpMitt **67**, 367. Ausreichend ist auch eine fremdsprachige Urkunde ohne Übersetzung; vgl freilich § 142 III. Ausreichend ist auch ein Beweisprotokoll, Mü NJW **53**, 1835. Doch sind die Grenzen zwischen dem Zeugenbeweis und dem Urkundenbeweis nicht zu verwischen.

Ein Beweissicherungsprotokoll ist als ein mittelbarer Zeugenbeweis unzulässig, aM ZöSchn IV 2b, ebenso eine privatschriftliche Zeugenbekundung, auch eine eidesstattliche, wenn sie die persönliche Vernehmung ersetzen soll, BGH **1**, 220, Ffm WertpMitt **75**, 87, Mü NJW **53**, 1835, ZöSchn IV 2a, aM StJSchl 17. Eine Erklärung in einer amtlich beglaubigten Urkunde ist verwendbar. Ausreichend ist auch eine eigene Urkunde der Partei, etwa ein Handelsbuch oder ein Schlußschein; es kann mindestens dem Anzeichenbeweis dienen. Der Schuldner braucht aber an der Urkundenerrichtung nicht mitgewirkt zu haben. Ob die Vorlegung der Urkunde notwendig ist, das richtet sich nach dem sachlichen Recht und nach dem Prozeßrecht, § 595 III. Ein Antrag auf Aktenbeiziehung reicht nicht aus, § 420. Bei einem Orderpapier oder einem Inhaberpapier weist der Besitz aus. Der Beweis der Echtheit richtet sich nach § 595. Ein Prozeßvergleich kann reichen, wenn zB wegen irgendeiner Unklarheit über ihn ein Rechtsschutzbedürfnis trotz dieses ja schon vorliegenden Vollstrekkungstitels besteht, vgl BGH NJW **61**, 1116, Hamm NJW **76**, 246.

Ist das Beweismittel im Urkundenprozeß zulässig, so darf und muß das Gericht es auf seinen Beweiswert frei prüfen, § 286, BGH WertpMitt **67**, 367, Karlsr BB **71**, 1384. Die Echtheit der Urkunde ist gemäß §§ 437ff zu prüfen. Nur insoweit ist auch ein Antrag auf eine Parteivernehmung zulässig, § 595 II.

4) Verstoß. Soweit auch nur eine der besonderen Voraussetzungen Anm 1 Aa, b fehlt, muß das Gericht die Klage als in der gewählten Prozeßart unstatthaft abweisen, § 597 II. Soweit eine allgemeine Prozeßvoraussetzung, Anm 1 Ac, ist die Klage als (überhaupt) unzulässig abzuweisen, selbst wenn außerdem eine der besonderen Voraussetzungen fehlt.

Soweit das Gericht einen im Urkundenprozeß unzulässigen Beweis im Urteil verwertet, liegt ein Verfahrensfehler vor, Karlsr BB **71**, 1384. Er kann zur Zurückverweisung nach § 539 führen. Das höhere Gericht darf ein solches Beweismittel (auch eine unzulässig geschaffene Urkunde) nicht verwerten.

5. Buch. Urkunden- und Wechselprozeß §§ 593–595

593 *Klageschrift.* [I] Die Klage muß die Erklärung enthalten, daß im Urkundenprozeß geklagt werde.
[II] Die Urkunden müssen in Urschrift oder in Abschrift der Klage oder einem vorbereitenden Schriftsatz beigefügt werden. Im letzteren Falle muß zwischen der Zustellung des Schriftsatzes und dem Termin zur mündlichen Verhandlung ein der Einlassungsfrist gleicher Zeitraum liegen.

1) Erklärung, I. Die Klageschrift ist zunächst wie im Normalprozeß zu erheben, § 253. Sie muß als eine Prozeßvoraussetzung aber außerdem die Erklärung enthalten, daß der Kläger im Urkundenprozeß klagt. Das bedeutet die Unterwerfung des Klägers unter dieses besondere Verfahren und den Hinweis an den Bekl darauf. Darum genügt es, daß der Wille des Klägers eindeutig ersichtlich ist, BGH BB **77**, 1176. Wenn die Erklärung fehlt, wird die Klage im ordentlichen Verfahren anhängig und ist eine Überleitung in den Urkundenprozeß nur entsprechend § 263 möglich, BGH **69**, 68 (er bejaht die Sachdienlichkeit nur ganz ausnahmsweise); es erfolgt also keine Heilung nach § 295.

Der Kläger kann sich im Urkundenprozeß auf den mit zulässigen Urkunden beweisbaren Teil eines Anspruchs beschränken.

Wegen des Mahnverfahrens vgl § 703 a.

2) Urkundenbeifügung, II. A. Grundsatz, II 1. Es handelt sich um eine Vorschrift zum Schutz des Bekl. Sämtliche Urkunden, die die klagebegründenden Tatsachen beweisen, § 592 Anm 3 A, sind der Klage oder einem vorbereitenden Schriftsatz urschriftlich oder abschriftlich beizufügen. II verlangt nicht eine Beglaubigung der Abschrift. Erklärungen, die in der Klage enthalten sind, wie die Kündigung, bedürfen keines weiteren Belegs. Ein Auszug genügt, wenn er dem Bekl das Nötige mitteilt. Die Beifügung einer Übersetzung aus einer fremden Sprache ist nicht vorgeschrieben; sie ist aber auf Anordnung des Gerichts beizufügen, § 142 III. Eine formlose Mitteilung des Schriftsatzes genügt, § 270 II. Die bloße Urkundenniederlegung bei der Geschäftsstelle reicht nicht aus.

B. Frist, II 2. Liegen die Urkunden der Klage nicht bei, so muß zwischen der Zustellung der Klage und dem Termin zur maßgebenden mündlichen Verhandlung, dh der letzten Tatsachenverhandlung, die Einlassungsfrist der fraglichen Instanz und der fraglichen Prozeßart liegen. Eine Verletzung dieser Vorschrift begründet regelmäßig die Revision nicht, weil das Urteil im allgemeinen nicht auf ihr beruhen kann. Die Frist muß auch bei einer Vorlegung der Urkunden in der mündlichen Verhandlung gewahrt werden, es sei denn, daß die Fristwahrung sinnlos wäre, etwa weil sich der Bekl schon auf die Urkunden erklärt hat. Andernfalls muß das Gericht dem Kläger vernünftigerweise eine Frist zur Behebung des Mangels bewilligen und deshalb vertagen. Bei einer Vertagung ist die Einlassungsfrist zu wahren, die von der Urkundenvorlegung an berechnet wird.

C. Berufungsverfahren. Für die Berufungsinstanz gilt dasselbe. Die Urkundenvorlegung ist noch dort statthaft, sofern die Einlassungsfrist bis zur Berufungsverhandlung gewahrt ist.

D. Versäumnisverfahren. Über das Versäumnisverfahren vgl § 597 Anm 3.

E. Verzichtbarkeit, II. II ist eine zwingende Vorschrift. Der Bekl kann aber auch auf ihre Einhaltung verzichten, § 295, StJSchl Rdz 5, ThP 2, ZöSchn II 5, abw RoS § 164 III 1.

594 (weggefallen)

595 *Widerklage, Beweismittel.* [I] Widerklagen sind nicht statthaft.
[II] Als Beweismittel sind bezüglich der Echtheit oder Unechtheit einer Urkunde sowie bezüglich anderer als der im § 592 erwähnten Tatsachen nur Urkunden und Antrag auf Parteivernehmung zulässig.
[III] Der Urkundenbeweis kann nur durch Vorlegung der Urkunden angetreten werden.

1) Widerklage, I. Sie ist unstatthaft, auch wenn sie nach § 592 zum Urkundenprozeß geeignet wäre, ThP 1, wohl auch ZöSchn I 2, aM StJSchl Rdz 1. Eine trotzdem erhobene Widerklage ist durch ein Prozeßurteil als im Urkundenprozeß unstatthaft abzuweisen, Üb 2 A b vor § 300, offen ThP 1. Freilich ist eine Trennung entsprechend § 147 denkbar,

§§ 595, 596 1   5. Buch. Urkunden- und Wechselprozeß

ZöSchn I 1. Im Nachverfahren ist die Widerklage zulässig. Ein Gegenantrag aus §§ 600 II, 304 II oder § 717 II 2 ist keine Widerklage und deshalb zulässig, sofern er sich zum Urkundenprozeß eignet, § 592. Eine Streitverkündung und Streithilfe sind zulässig.

2) Beweismittel, II. A. Grundsatz. Klagebegründende Tatsachen lassen nur den Beweis durch Urkunden zu, § 592, nicht den Beweis durch eine Parteivernehmung. Alle anderen Tatsachen erlauben nur den Beweis durch Urkunden oder durch den Antrag auf Parteivernehmung, §§ 445, 447. Die Zulässigkeit ist von der Notwendigkeit einer Vertagung unabhängig; vgl freilich §§ 282, 296, 528, 529. Dies gilt namentlich für: Einreden; Erwiderungen auf Einreden; die Echtheit oder die Unechtheit einer Urkunde. Die Beschränkung der Beweismöglichkeit gilt auch für: die Beseitigung der Geständniswirkung, aM StJ IV; die Begründung des Vertragshilfeantrags, Celle NdsRpfl **49**, 38. Eine Schriftvergleichung, § 441, ist ein Augenscheinsbeweis und deshalb unzulässig. § 446 ist anwendbar. Die Vernehmung einer Partei von Amts wegen nach § 448 ist unzulässig, selbst wenn die Partei sofort aussagen kann.

B. Ausnahmen. Für alle Prozeßvoraussetzungen, die von Amts wegen zu beachten sind, § 592 Anm 1, und für Prozeßhindernisse, über die der Bekl verfügen darf, kann keine von beiden Einschränkungen gelten, BAG NJW **72**, 1216. Für sie und überhaupt für alle prozeßrechtlich erheblichen Tatsachen, wie die Unterbrechung oder eine Aussetzung, sind sämtliche Beweismittel zulässig.

3) Beweisantritt, III. Er erfolgt nur durch die Vorlegung der Urkunde, nicht schon durch einen Antrag nach §§ 421, 428, 431. Eine Bezugnahme auf Akten des Gerichts, nicht nur der Abteilung oder der Kammer, ist zulässig, auch auf eine Akte eines anderen Gerichts, die dem Prozeßgericht vorliegt, Karlsr Just **68**, 260. Unzulässig ist aber eine Bezugnahme auf solche Akten, die erst herbeigeschafft werden müssen, Mü NJW **53**, 1835. Von Amts wegen findet keine Beiziehung statt, auch nicht nach § 273 II Z 2, Karlsr Just **68**, 260.

Es ist nicht erforderlich, die Urkunde zu übergeben. Es ist unerheblich, ob die Urkunde schon vorher nach § 593 mitgeteilt worden war. In einem späteren Termin ist die Vorlegung der Urkunde nur dann notwendig, wenn sie einer neuen Beweisaufnahme dient.

596 *Abstand vom Urkundenprozeß.* **Der Kläger kann, ohne daß es der Einwilligung des Beklagten bedarf, bis zum Schluß der mündlichen Verhandlung von dem Urkundenprozeß in der Weise abstehen, daß der Rechtsstreit im ordentlichen Verfahren anhängig bleibt.**

1) Abstand. A. Grundsatz, Bedeutung. Der Kläger darf bis zum Schluß der mündlichen Verhandlung einseitig von dem Urkundenprozeß Abstand nehmen. Damit nimmt er seinen Antrag auf eine Verhandlung im Urkundenprozeß, § 593 I, zurück. In dieser Erklärung liegt aber keine Klagerücknahme. Der Kläger kann auch dann Abstand nehmen, wenn der Urkundenprozeß unstatthaft ist. Er vermeidet damit eine Prozeßabweisung, BGH **80**, 100 (abl Zeiss JR **81**, 333). Das Gericht muß auf sachdienliche Antragstellung hinwirken, §§ 139, 278 III. Der Bekl kann natürlich nicht Abstand nehmen. Ein Abstand für einen zum Teilurteil geeigneten Teil des Anspruchs ist zulässig und kann eine Trennung nach § 145 herbeiführen. Statthaft ist auch ein Übergang vom Wechsel- oder Scheck- zum Urkundenprozeß (und umgekehrt), was keine Abstandnahme im Sinn von § 596 ist; unstatthaft ist ein wechselrechtlich begründeter Antrag im Wechselprozeß, hilfsweise im Urkundenprozeß, BGH NJW **82**, 524 mwN. Möglich ist auch ein Übergang vom Urkunden-, Wechsel- oder Scheckanspruch zum Grundgeschäft in das ordentliche Verfahren, § 263, ZöSchn III 2.

B. Berufung. In zweiter Instanz ist § 263 entsprechend anwendbar, BGH **69**, 69 mwN, auch wenn die erste Instanz abgewiesen hat, Ffm MDR **77**, 236. Es steht nicht entgegen, daß damit das in der ersten Instanz schwebende Nachverfahren gegenstandslos wird, BGH **29**, 339. Die zulassende Entscheidung ist unanfechtbar, BGH NJW **65**, 1599. Wenn das Berufungsgericht die Sachdienlichkeit verneint, muß es zurückverweisen, Schlesw SchlHA **66**, 88. Der Rechtsstreit bleibt dann im Urkundenprozeß anhängig.

C. Revision. In der Revisionsinstanz ist ein Abstand nicht mehr möglich.

D. Abstandserklärung. Die Erklärung des Klägers erfolgt entweder in der mündlichen Verhandlung bis zu deren Schluß und noch nach einer Erledigung der Hauptsache oder schriftlich im schriftlichen Verfahren nach § 128 II, III oder im Aktenlageverfahren, § 251 a. Der Kläger kann seine Erklärung auch bei einer Säumnis des Bekl abgeben. Die Erklärung muß eindeutig, unbedingt und vorbehaltlos sein. Sie kann auch durch eine schlüssige Handlung erfolgen, zB durch eine ausdrückliche Zustimmung zur Erhebung eines vom Bekl angetretenen, im Urkundenprozeß eigentlich unzulässigen Beweises. Die bloße Bezugnahme auf ein im Urkundenprozeß unzulässiges Beweismittel bedeutet aber keine Abstandserklärung, BGH WertpMitt **79**, 803. Ein Abstand unter der Bedingung, daß das Gericht den Urkundenprozeß für unstatthaft halte, hindert eine Prozeßabweisung nicht, ebensowenig ein bloßer Antritt des Zeugenbeweises. Das Gericht muß aber §§ 139, 278 III beachten. Eine Teilabstandnahme ist unbeachtlich. Freilich mag das Gericht nach § 145 vorgehen. Die Erklärung des Abstands ist in erster Instanz nicht von einer Einwilligung des Bekl abhängig. Sie kann vor oder nach der Beweisaufnahme und auch nach dem Erlaß eines Versäumnisurteils erfolgen.

Die Erklärung des Abstands ist eine unwiderrufliche Prozeßhandlung. Sie ist unanfechtbar, Grdz 5 E und G vor § 128. Die Erklärung bewirkt einen tatsächlichen Stillstand des Verfahrens bis zu einer neuen Ladung. Wenn der Bekl bei der Erklärung anwesend ist, kann der Kläger eine sofortige Verhandlung im ordentlichen Verfahren verlangen. Der Bekl hat grundsätzlich keinen Vertagungsanspruch. Er muß stets mit einer Abstandserklärung des Klägers rechnen. Die Beweisbeschränkungen entfallen. Neue Beweisangebote sind grds zulässig. Wenn der Kläger aber neue Tatsachen oder Beweismittel geltend macht oder der Bekl Zeit braucht, um seine erst jetzt erheblichen Einwendungen oder Beweismittel vorzutragen, dann sind §§ 227 oder 283 zu beachten, Hamm NJW **74**, 1515. Mit einer Aufrechnung darf der Bkl dann, wenn die Abstandnahme in zweiter Instanz erfolgt, nur ausnahmsweise ausgeschlossen werden, BGH **29**, 342. Entsprechendes gilt für eine Widerklage.

Bei einer Säumnis des Bekl ergeht keine Versäumnisentscheidung ohne eine rechtzeitige schriftsätzliche Ankündigung des Abstands, weil sie auf einer anderen Tatsachenwürdigung beruht, § 335 I Z 3. Auch beim AG ist die Abstandnahme als Sachantrag vorher durch Zustellung dem Gegner mitzuteilen, §§ 495, 270 II. Zum neuen Termin lädt das Gericht die Parteien unter Einhaltung der Ladungsfrist, § 217. Die Einlassungsfrist des § 274 III muß dann beachtet werden, wenn diejenige des Urkundenprozesses nicht eingehalten wurde, aM ZöSchn II 3.

2) Rechtshängigkeit. Die Abstandnahme läßt die Rechtshängigkeit mit ihren prozessualen und sachlichrechtlichen Wirkungen fortdauern. Alle bisherigen Prozeßhandlungen bleiben voll wirksam. Dies gilt zB für ein Geständnis und für Beweisverhandlungen. Ebenso bleiben wirksam: Bisherige Entscheidungen; die Zuständigkeit; die Befreiung von einer Sicherheitsleistung; ein eingetretener Ausschluß. Ist der Ausschluß aber durch den Schluß der mündlichen Verhandlung eingetreten, so ist eine Nachholung zulässig. Denn die Verhandlung gilt als Einheit.

Die Kosten sind einheitlich zu behandeln. Die Mehrkosten des ordentlichen Verfahrens treffen den Unterliegenden.

597 *Klagabweisung.* **I** Insoweit der in der Klage geltend gemachte Anspruch an sich oder infolge einer Einrede des Beklagten als unbegründet sich darstellt, ist der Kläger mit dem Anspruch abzuweisen.

II Ist der Urkundenprozeß unstatthaft, ist insbesondere ein dem Kläger obliegender Beweis nicht mit den im Urkundenprozeß zulässigen Beweismitteln angetreten oder mit solchen Beweismitteln nicht vollständig geführt, so wird die Klage als in der gewählten Prozeßart unstatthaft abgewiesen, selbst wenn in dem Termin zur mündlichen Verhandlung der Beklagte nicht erschienen ist oder der Klage nur auf Grund von Einwendungen widersprochen hat, die rechtlich unbegründet oder im Urkundenprozeß unstatthaft sind.

1) Sachabweisung, I. Der Urkundenprozeß führt zu einer Verurteilung des Bkl unter einem Vorbehalt, § 599, oder zur Klagabweisung. Diese ist eine Sachabweisung, wenn die Klage nach dem eigenen sachlichen Vorbringen des Klägers oder auf Grund von Einwendungen des Bekl sachlich unbegründet ist, vgl BGH **70**, 267, oder wenn der Kläger auf den Anspruch verzichtet, § 306. Dies gilt auch bei einer mangelhaften Einzelbegründung. Es ist also eine Teilabweisung zulässig, § 301 I. Bei einer Säumnis des Klägers ist zunächst die Statthaftigkeit des Urkundenprozesses zu prüfen. Wenn das Gericht sie bejaht, dann ist eine sachabweisende Versäumnisentscheidung zulässig, § 330. Andernfalls erfolgt nur eine Prozeßabweisung, Schlesw SchlHA **55**, 23, denn der Beklagte kann im Säumnisverfahren nicht mehr erreichen als im ordentlichen Verfahren, vgl § 330 Anm 2, ThP 2a, aM StJSchl II 2.

Die Rechtskraftwirkung der Sachabweisung ergreift den Anspruch selbst. Man kann ihn daher auch nicht mehr im ordentlichen Prozeß geltend machen.

2) Prozeßabweisung, II. A. Gewöhnliche Prozeßabweisung. Die Abweisung kann eine gewöhnliche Prozeßabweisung der Klage als „unzulässig" sein, Üb 2 A b vor § 300. Sie muß zB dann erfolgen, wenn allgemeine Prozeßvoraussetzungen fehlen, § 592 Anm 1 A c. Denn diese sind auch im Urkundenprozeß von Amts wegen zu prüfen. Die Rechtskraftwirkung ergreift, wie stets, nur den betreffenden Mangel.

B. Unstatthaftigkeit der Prozeßart. a) Grundsatz. Ist die Klage in der gewählten Prozeßart unstatthaft, so erfolgt grds ebenfalls eine Prozeßabweisung eben als zB „im Urkundenprozeß unstatthaft", sofern nicht b) vorliegt. Dies gilt zB beim Fehlen der besonderen Prozeßvoraussetzungen des Urkunden- oder Wechselprozesses, vgl § 592 Anm 1 A a, b, B, dh wenn der Urkundenprozeß nicht statthaft ist oder wenn der Kläger einen ihm obliegenden Beweis nicht mit den im Urkundenprozeß statthaften Beweismitteln geführt hat. Das letztere trifft zu, wenn für die klagebegründenden Tatsachen der Urkundenbeweis, im übrigen der Beweis durch Urkunden oder durch Parteivernehmung versagen, § 595 Anm 2 A. Die Voraussetzungen des Urkundenprozesses sind auch bei einer Säumnis des Bekl von Amts wegen zu prüfen, BGH **62**, 290, Ffm MDR **75**, 232. Unerheblich sind dabei, wie stets bei der Prüfung der Prozeßvoraussetzungen, etwaige Einwendungen des Bekl. Denn ohne eine vorherige Prüfung der Prozeßvoraussetzungen darf keine Sachprüfung stattfinden, nur grds richtig Ffm MDR **82**, 153, ferner ThP 2c, insofern aM BGH **LM** Nr 3 (s aber Grdz 3 A b vor § 253).

Diese Voraussetzungen sind der Parteivereinbarung verschlossen. Die Beifügung der Urkunden, § 593 II, gehört nicht zu ihnen, eine Prozeßvoraussetzung ist nur die Beweisbarkeit durch Urkunden. Ein wirksamer Prozeßvertrag, Einl III 2 A, den Anspruch nicht im Urkundenprozeß geltend zu machen, § 592 Anm 1 B, führt zur Unstatthaftigkeit dieser Verfahrensart, BGH WertpMitt **73**, 144.

b) Ausnahmen. Darum genügt es, daß der Bekl die klagebegründenden Tatsachen nicht ernstlich bestreitet oder zugesteht oder daß sie offenkundig sind, um den Urkundenprozeß statthaft zu machen, BGH **62**, 289 mwN und **70**, 267, aM Ffm MDR **82**, 153 (die Beweisbarkeit sei stets eine Zulässigkeitsvoraussetzung), Bull NJW **74**, 1514 (die Urkundenvorlage sei die „Eintrittskarte" in den Urkundenprozeß), Gloede MDR **74**, 895, Stürner NJW **72**, 1257 mwN und JZ **74**, 681, ThP 2b. Auch § 138 III gilt hier, BGH MDR **76**, 561, aM RoS § 164 III 5 c, insofern auch StJSchl III 1.

Bei einem Anerkenntnis ergeht ein Anerkenntnisurteil nach § 307 ohne eine Prüfung der Statthaftigkeit des Urkundenprozesses und ohne einen Vorbehalt, § 599 I. Die Prüfung der allgemeinen Prozeßvoraussetzungen, wie diejenige der Zuständigkeit, geht der Prüfung der besonderen Voraussetzungen vor.

BGH **80**, 99 (abl Zeiss JR **81**, 333) weist auch dann nach II ab, wenn der Bekl zwar nicht seine in erster Linie erhobenen Einwendungen, wohl aber eine Hilfsaufrechnung mit den im Urkundenprozeß zulässigen Beweismitteln bewiesen hat.

C. Rechtskraft. Die Rechtskraftwirkung einer Abweisung nach B a) berührt nur das Urkundenverfahren. Sie steht einem neuen Urkundenprozeß entgegen, nicht einem solchen im ordentlichen Verfahren, vgl BGH **LM** Nr 3. Ein Nachverfahren findet bei einer Abweisung nach II nicht statt, weil ja keine Verurteilung des Bekl erfolgt, § 599 I. Wenn die Klage wegen eines Beweismangels abgewiesen wurde, dann hindert die Rechtskraft nur einen neuen Urkundenprozeß mit denselben Beweismitteln.

3) Versäumnisverfahren. Bei einer Säumnis des Bekl gelten nur die Echtheit einer ordnungsmäßig mitgeteilten Urkunde und die Übereinstimmung der Abschrift mit der Urschrift als zugestanden, § 331 I 1. Deshalb ist eine Vorlegung der Urkunde nicht notwendig, StJSchl 5, aM ZöSchn II 6b. Nur Wechsel und sonstige Orderpapiere und Inhaberpapiere sind zum Nachweis der Inhaberschaft vorzulegen. Für den Sachvortrag gilt die Unterstellung des Geständnisses nicht, II, insbesondere auch nicht für die Behauptung einer Gerichtsstandsvereinbarung, §§ 38 II, 331 I 2. Das folgt aus der Beschränkung des Beweises auf Urkunden. Darum ist die Klage entweder durch ein Prozeßurteil nach Anm 2 B abzuweisen oder, wenn die vorgelegten Urkunden den Klagantrag rechtfertigen, ein vorbehaltloses Versäumnisurteil zu erlassen. Die Vertretungsmacht desjenigen, der eine Urkunde für einen anderen unterzeichnet hat, wird sich meist ausreichend aus den Umständen ergeben. Notfalls ist die Vertretungsmacht durch einen Auszug aus dem Handelsregister usw nachzuweisen. Wenn dieser Nachweis zu erwarten ist, dann ist nach § 335 I Z 3 zu vertagen.

598 *Zurückweisung von Einwänden.* **Einwendungen des Beklagten sind, wenn der dem Beklagten obliegende Beweis nicht mit den im Urkundenprozeß zulässigen Beweismitteln angetreten oder mit solchen Beweismitteln nicht vollständig geführt ist, als im Urkundenprozeß unstatthaft zurückzuweisen.**

1) Allgemeines. § 598 betrifft nur sachlichrechtlich begründete, also schlüssige, aber nicht mit zulässigen Beweismitteln bewiesene Einwendungen (Begriff Üb 3 A vor § 253) des Bekl. Sachlichrechtlich unbegründete, also unschlüssige Einwendungen sind schon in den Gründen des Vorbehaltsurteils endgültig als unbegründet abzuweisen, also mit Wirkung für das Nachverfahren, BGH WertpMitt **79**, 272, ZöSchn I 2b, abw ThP 2b (im Nachverfahren sei der Vortrag neuer Tatsachen für die Schlüssigkeit der Einwendung sowie neuer Tatsachen und Beweismittel für deren Begründetheit zulässig). Sachlichrechtlich begründete Einwendungen bleiben dem Nachverfahren aufgespart.

Dies gilt auch für die Hauptaufrechnung, selbst wenn die Tatsache ihrer Erklärung aus einer Urkunde des Klägers ersichtlich ist, BGH **LM** Nr 1, insofern abw ZöSchn II 1. §§ 145 III, 302 sind gegenüber der Sondervorschrift des § 598 unanwendbar, zB Joch NJW **74**, 1956 mwN, RoS § 164 III 4c, insofern auch ZöSchn II 1, abw ThP 2a, aM Celle NJW **74**, 1474, StJSchl III 1. Bei einer Hilfsaufrechnung kommt es darauf an, ob die in erster Linie erhobenen Einwendungen mit zulässigen Beweismitteln bewiesen sind; ist das nicht der Fall, so muß das Gericht die Klage dann gemäß § 598 selbst als unstatthaft zurückweisen, wenn die Hilfsaufrechnungstatsachen zulässig beweisbar oder bewiesen sind, BGH **80**, 97, abw ZöSchn II 3 mwN (er wendet § 597 II an). Wenn der Bekl erklärt, er trete gar keinen Beweis an, dann gilt § 598. Denn vorbehaltlich einer Zurückweisung wegen Verspätung ist ein Beweis bis zum Schluß der letzten Tatsachenverhandlung zulässig.

Der Kläger kann mit einer im Urkundenprozeß rechtshängigen Forderung in einem anderen Prozeß aufrechnen, BGH **57**, 242. Dasselbe gilt mit einer im Wechselprozeß rechtshängigen Forderung, BGH MDR **77**, 1013.

2) Zurückweisung. Das Gericht hat alle nicht zulässig bewiesen, entscheidungserheblichen, also schlüssigen Einwände in den Entscheidungsgründen des Vorbehaltsurteils als im Urkundenprozeß unstatthaft zurückzuweisen, vorausgesetzt, daß den Bekl die Beweislast trifft, was also zu prüfen ist. Diese Einwendungen darf die Partei im, dann gemäß § 599 I zuzulassenden Nachverfahren mit allen Beweismitteln der ZPO weiterverfechten, vgl BGH **70**, 267.

599 *Vorbehaltsurteil.* ^I **Dem Beklagten, welcher dem geltend gemachten Anspruch widersprochen hat, ist in allen Fällen, in denen er verurteilt wird, die Ausführung seiner Rechte vorzubehalten.**

^{II} **Enthält das Urteil keinen Vorbehalt, so kann die Ergänzung des Urteils nach der Vorschrift des § 321 beantragt werden.**

^{III} **Das Urteil, das unter Vorbehalt der Rechte ergeht, ist für die Rechtsmittel und die Zwangsvollstreckung als Endurteil anzusehen.**

1) Allgemeines. A. Vorbehaltlose Verurteilung. Der Bekl ist vorbehaltlos zu verurteilen, wenn die allgemeinen Prozeßvoraussetzungen vorliegen, § 592 Anm 1 A c, und der Bekl **a)** zumindest (zulässigerweise) für den Urkundenprozeß vorbehaltlos anerkennt, § 307. Im Fall eines insofern widersprüchlichen oder unklaren Vortrags kann das Gericht den Erlaß eines Anerkenntnisurteils ablehnen, Hbg NJW **55**, 238. Das Anerkenntnisurteil wird in der Praxis im Kostenpunkt oft als Vorbehaltsurteil behandelt, zB Mü MDR **63**, 603, Schriever MDR **79**, 24 mwN, aM zB Hbg MDR **55**, 238, Häsemeyer ZZP **85**, 226, RoS § 164 III 5 d; oder **b)** wenn er stets säumig ist oder nicht verhandelt.

Es müssen außerdem die besonderen Prozeßvoraussetzungen vorliegen, § 592 Anm 1 A a–b, B, § 597 Anm 3. Dies gilt auch dann, wenn er in einer früheren Verhandlung dem Anspruch widersprochen hatte.

B. Widerspruch. Widerspricht der Beklagte dem Anspruch in der mündlichen Verhandlung, so kann das nur dazu führen, daß entweder die Klage abgewiesen wird oder daß das Gericht dem Bekl bei einer Verurteilung die Ausführung seiner Rechte vorbehalten muß. Das gilt selbst dann, wenn der Widerspruch zulässigerweise, BGH **82**, 119, keine Begründung enthält oder wenn sich die gegebene Begründung als (sogar von vornherein offensichtlich) objektiv nicht ausreichend herausstellt. Ein schriftlicher Widerspruch ist nur im schriftlichen Verfahren oder im Aktenlageverfahren zulässig. Der Widerspruch muß deutlich sein. Er kann aber in einer schlüssigen Handlung liegen. Er liegt in jeder Verteidigung gegen eine unbedingte Verurteilung, Köln NJW **54**, 1085, zB im Klagabweisungsantrag, Hamm MDR **82**, 415, oder in der Behauptung, der Bekl hafte nur Zug um Zug oder nur beschränkt als Erbe, insofern aM ThP 2d. Der Bekl kann den Widerspruch zurücknehmen. Eine Aussetzung des Verfahrens widerspricht meist der Natur des Urkundenprozesses, § 148 Anm 2 A, BGH ZZP **87**, 86, Hamm NJW **76**, 247.

Die Vorschrift findet bei einer Vorlage gemäß Art 100 I GG keine Anwendung, § 302 Anm 1, ebensowenig natürlich beim Versäumnisurteil gegen den Bekl, § 331 Anm 3 B b.

Im Fall der anfänglichen oder späteren Säumnis des Bekl liegt kein Widerspruch vor. Daher darf das Gericht in das Versäumnisurteil keinen Vorbehalt aufnehmen, Furtner MDR **66**, 553, Künkel NJW **63**, 1044, ZöSchn II 2, aM Moller NJW **63**, 2013, auch nicht auf Grund eines Klägerantrags, zB Lent NJW **55**, 68, ZöSchn II 2 mwN, aM zB LG Freib NJW **55**, 68.

2) Vorbehaltsurteil, I, II. A. Vorbehaltsausspruch. Der Vorbehalt ist von Amts wegen zu machen, Künkel NJW **63**, 1043, und in die Urteilsformel aufzunehmen, BGH NJW **81**, 394. Ein Vorbehalt bloß in den Gründen wäre unbeachtlich. Freilich ist die Urteilsformel unter Heranziehung von Tatbestand und Entscheidungsgründen auszulegen, § 322 Anm 2 A b. Das Gericht bezeichnet den Vorbehalt nur als denjenigen der ,,Ausführung der Rechte (im Nachverfahren)".

Der Vorbehalt ist im Fall einer Abweisung der Klage unzulässig, BGH WertpMitt **81**, 386, ZöSchn I 3, aM Grunsky ZZP **77**, 468.

Die Kostenentscheidung ist nach §§ 91 ff zu treffen. Natürlich ist auch sie vom Vorbehalt mitbetroffen. Eine Kostenübernahme meint im Zweifel auch die Kosten des Nachverfahrens, Hamm Rpfleger **75**, 322. Im Fall beiderseitiger Erledigungserklärungen entscheidet das Gericht durch einen Vorbehaltsbeschluß nach § 91 a unter Berücksichtigung des wahrscheinlichen Ausgangs eines (sonst erfolgten) Nachverfahrens, Hamm MDR **63**, 317, vgl Kastendiek MDR **74**, 980, abw ZöSchn IV 2 (er will durch einen erst im Nachverfahren anfechtbaren Vorbehaltsbeschluß entscheiden). Zur Problematik Göppinger ZZP **70**, 221. Wegen der vorläufigen Vollstreckbarkeit Anm. 3.

B. Verstoß. Ist der Vorbehalt unterlassen worden, dann darf der Bekl eine Ergänzung nach II in Verbindung mit § 321 beantragen. Da das Urteil falsch ist, darf er auch ein Rechtsmittel einlegen und braucht die Berufung nicht weiter zu begründen, wenn er nur das Fehlen des Vorbehalts rügt, Hamm MDR **82**, 415. Nur das Rechtsmittel bleibt ihm offen, wenn die Frist des § 321 II bereits abgelaufen ist. Wenn der Kläger den Vorbehalt für falsch hält, dann muß er im Urkundenprozeß Rechtsmittel einlegen. Im Nachverfahren ist der Vorbehalt nicht mehr zu beseitigen, BGH NJW **62**, 336.

Wird ein vorbehaltloses Urteil rechtskräftig, so gibt es keine Abhilfe mehr. Es bindet dann die rechtliche Beurteilung der Schlüssigkeit und der Einwendungen im Nachverfahren, BGH **LM** Nr 3, vgl § 600 Anm 1 C. Das Urteil braucht nicht bestimmte Einwendungen aufzuführen. Denn im Nachverfahren sind nicht nur die nach § 598 vorbehaltenen Einwendungen zulässig.

Auch die höhere Instanz muß von Amts wegen den Vorbehalt machen, wenn sie eine Klagabweisung in eine Verurteilung ändert, vgl Mü BayJMBl **55**, 196, oder eine vorbehaltlose Verurteilung in eine solche nach I ändert. Eine Wiederholung des erstinstanzlichen Vorbehalts ist bei einer Zurückweisung des Rechtsmittels nicht erforderlich.

3) Natur des Vorbehaltsurteils, III. Das Vorbehaltsurteil ist ein durch seine Aufhebung im Nachverfahren auflösend bedingtes Urteil. Es gilt für die Rechtsmittel und die Zwangsvollstreckung als ein Endurteil. Es ist daher der äußeren Rechtskraft fähig, BGH **69**, 272 mwN. Sie tritt mit dem Ablauf der Rechtsmittelfrist ein. Der Eintritt der Rechtskraft macht das Vorbehaltsurteil endgültig vollstreckbar. Schon vorher ist das Vorbehaltsurteil gemäß § 708 Z 4 für vorläufig vollstreckbar zu erklären, BGH **69**, 272. Eine Einstellung der Zwangsvollstreckung erfolgt gemäß § 707. Mit Rücksicht auf die Strenge des Wechselverfahrens ist aber eine scharfe Prüfung erforderlich.

Die Einstellung der Zwangsvollstreckung ergeht also nicht ohne weiteres bis zum rechtskräftigen Abschluß des Nachverfahrens. Denn sonst würde der Wechselprozeß seinen Sinn verlieren. Vielmehr muß das Vorbringen des Schuldners voraussichtlich im Nachverfahren zu einer Aufhebung des Urteils führen, LG Hbg MDR **74**, 676, Berg DRiZ **51**, 57 mwN. Eine einstweilige Verfügung auf Einstellung der Zwangsvollstreckung ist unstatthaft. Denn die Einstellung nach § 707 ist prozessual einfacher.

Bei einer Aufhebung des Vorbehaltsurteils im Nachverfahren endet die Vollstreckbarkeit des Vorbehaltsurteils, vgl auch § 775 Z 1, und wird der Kläger nach § 600 II ersatzpflichtig. Eine Vollstreckungsabwehrklage wegen versäumter Einwendungen ist nicht zulässig. Alle dorthin gehörenden Einwendungen sind vielmehr im Nachverfahren vorzubringen. Der inneren Rechtskraft ist das Vorbehaltsurteil nicht fähig, BGH **LM** Nr 4. Es bindet aber in den entschiedenen Teilen dieses und jedes andere Gericht, in jeder Instanz, § 318, besonders für die Prozeßvoraussetzungen und die sachlichen Voraussetzungen, ohne deren Beurteilung die Entscheidung nicht möglich war, § 600 Anm 1 C. Für den Verzicht auf den Vorbehalt gilt, was über den Verzicht auf den Einspruch bei § 346 Anm 1 gesagt ist.

4) Rechtsmittel. Vgl zunächst Anm 2 B. Es sind die normalen Rechtsmittel gegen ein Endurteil statthaft.

600 *Nachverfahren.* [I] Wird dem Beklagten die Ausführung seiner Rechte vorbehalten, so bleibt der Rechtsstreit im ordentlichen Verfahren anhängig.

[II] Soweit sich in diesem Verfahren ergibt, daß der Anspruch des Klägers unbegründet war, gelten die Vorschriften des § 302 Abs. 4 Satz 2 bis 4.

[III] Erscheint in diesem Verfahren eine Partei nicht, so sind die Vorschriften über das Versäumnisurteil entsprechend anzuwenden.

Schrifttum: Schrader, Das prozessuale Verhältnis von Vor- und Nachverfahren im Urkunden- und Wechselprozeß, Diss Ffm 1970.

1) Nachverfahren, I. A. Allgemeines. Das Vorbehaltsurteil läßt die Sache im ordentlichen Verfahren rechtshängig, BGH **86,** 270 mwN, Hbg NJW **83,** 526. Dieses, das Nachverfahren, dient dazu, die im Vorverfahren unvollständige Klärung zu vervollständigen und an die Stelle der vorläufigen Vorbehaltsentscheidung eine endgültige Entscheidung zu setzen, BGH **69,** 273. Das Nachverfahren setzt also das Vorverfahren fort; das Nachverfahren bildet mit dem Vorverfahren einen einheitlichen Prozeß, Düss MDR **83,** 496, Hamm Rpfleger **75,** 322 mwN und JB **76,** 1644, Nürnb NJW **82,** 392. Das gilt auch nach einem Urkundenmahnverfahren, § 703a II Z 4 S 2. Es bleiben namentlich der Streitgegenstand, die Parteirollen, die Zuständigkeit, alle sachlichrechtlichen und prozessualen Folgen der Rechtshängigkeit bestehen, vgl Hamm NJW **78,** 58. Das Nachverfahren ist kraft Gesetzes Feriensache, sofern der Anspruch nicht jetzt auch auf den der Scheckzahlung zugrundeliegenden Vertrag gestützt wird, BGH VersR **78,** 255. Ein Anerkenntnis im Nachverfahren kann nie ein sofortiges im Sinne des § 93 sein. Da es sich nicht um eine Nachprüfung des Vorverfahrens handelt, ist der Richter des Vorverfahrens im Nachverfahren nicht ausgeschlossen, auch nicht in der höheren Instanz.

Das Nachverfahren beginnt mit der Verkündung des Vorbehaltsurteils, nicht erst mit dessen Rechtskraft, BGH **LM** Nr 4. Das Nachverfahren ist von einem einzureichenden Antrag abhängig. Auf ihn hin bestimmt das Gericht einen Verhandlungstermin und läßt die Parteien. Das Gericht kann aber auch sofort nach einer Abstandserklärung, § 596 Anm 1 D (dort auch zur Wahrung etwaiger Zwischenfristen) oder nach der Verkündung des Vorbehaltsurteils im Nachverfahren verhandeln, BGH **LM** Nr 4, und die Akten oder deren Doppel anschließend an das etwaige Rechtsmittelgericht leiten. Die Anträge lauten: **a)** des Klägers: das Urteil für vorbehaltlos zu erklären; **b)** des Bekl: das Vorbehaltsurteil aufzuheben und die Klage abzuweisen.

B. Zuständigkeit. Zuständig ist stets das Gericht der ersten Instanz, Ffm MDR **77,** 236. Wenn das Berufungsgericht oder das Revisionsgericht den Vorbehalt macht, dann hat es entsprechend §§ 304, 538 I Z 4 in die erste Instanz zurückzuverweisen. Denn der Bekl würde sonst diejenige Instanz verlieren, die ihm allein die volle Bewegungsfreiheit gibt, Düss MDR **73,** 857 mwN, Ffm MDR **77,** 236, RoS § 164 III 6, ThP 1, aM zB Mü OLGZ **66,** 34, StJSchl Rdz 14 (es bestehe eine bloße Befugnis zur Zurückverweisung), vgl § 302 Anm 3 B. Nach einer Abstandsnahme erst in der Berufungsinstanz ist freilich eine Zurückverweisung nicht mehr zulässig, Schneider MDR **74,** 628 mwN. Eine Parteivereinbarung über die Zuständigkeit ist unzulässig, weil die Zuständigkeit hier eine geschäftliche ist. Eine Aussetzung des Nachverfahrens bis zur Rechtskraft einer Entscheidung im Vorverfahren verstößt gegen den Sinn und Zweck der Verfahrensart, BGH **LM** Nr 4, und ist unzulässig.

C. Wirkung des Vorverfahrens. Im Nachverfahren sind die im Vorverfahren nicht rein förmlich erledigten Punkte nicht mehr zu prüfen. Das Vorverfahren behält grundsätzlich seine volle Geltung, soweit nicht seine eigentümliche Bindung etwas anderes bewirkt, BGH zB NJW **68**, 2244, insoweit auch BGH **82**, 118 mwN, vgl ferner zB RoS § 164 III 6, ThP 2a, abw Bilda NJW **83**, 143 mwN, aM Stürner ZZP **85**, 436 und **87**, 87 (eine Bindung erfolge nur, soweit die vorläufige Vollstreckbarkeit reiche). Namentlich bleiben die früheren Prozeßhandlungen wirksam, soweit sie die Parteien binden, wie ein Geständnis, Ffm NJW **68**, 2385, und die Anerkennung der Echtheit von Urkunden. Ebenso wirksam bleiben die Prozeßvoraussetzungen, zB: Die Zulässigkeit des Urkundenprozesses, BGH NJW **62**, 446 und ZZP **87**, 86; der ordentliche Rechtsweg, BGH MDR **76**, 206, BAG NJW **72**, 1216; die Statthaftigkeit des Vorverfahrens, Stürner ZZP **85**, 436; die Rechtsfähigkeit und die Parteifähigkeit, Köln MDR **72**, 957; die Prozeßführungsbefugnis, Mü BayJMBl **56**, 35; eine Prozeßkostenhilfe.

Es ist unerheblich, ob das Vorliegen der Prozeßvoraussetzungen ausdrücklich festgestellt wurde oder ob das frühere Verfahren stillschweigend von ihrem Vorliegen ausging. Eine Ausschließung durch eine Versäumung im Urkundenprozeß wirkt, soweit sie vor dem Schluß der mündlichen Verhandlung im Vorverfahren eingetreten ist. Sie wirkt nicht, soweit sie durch diesen Schluß eintrat, weil die Einheit der Verhandlung dann eine Nachholung des Versäumten gestattet.

Die rechtliche Behandlung im Vorverfahren bindet für das Nachverfahren, auch soweit sie nur mittelbar ausgesprochen worden ist, BGH **LM** § 599 Nr 3, wenn ohne diese Feststellung ein Urteil im Wechselverfahren nicht hätte ergehen können. So bindet zB: Die Beurteilung der Fälligkeit, BGH WertpMitt **57**, 66; der Formgültigkeit des Wechsels, BGH WertpMitt **69**, 1279, Ffm NJW **68**, 2385; die Wirksamkeit des Begebungsvortrags, BGH WertpMitt **79**, 272; ein stattgebendes Wechselurteil stets hinsichtlich der Rechtswirksamkeit des Wechselprotests.

Eine im Vorverfahren sachlich abgeurteilte Einwendung läßt sich im Nachverfahren nicht wiederholen; dann ist nur das Rechtsmittel gegen das Urteil im Urkundenverfahren zulässig, BGH **LM** Nr 4, aM Stürner ZZP **87**, 87. Etwas anderes gilt für eine nach § 598 zurückgewiesene Einwendung. Wenn die Einwendung im Wechselverfahren mit den dort zur Verfügung stehenden Mitteln nicht hinreichend begründet werden konnte, dann kann sie im Nachverfahren wiederum erhoben werden, BGH **LM** § 599 Nr 4. Eine im Vorverfahren verwirkte Verfahrensrüge, § 295, ist im Nachverfahren unstatthaft. Wegen der gleichzeitigen Verhandlung über die Berufung gegen das Vorbehaltsurteil und gegen das Urteil des Nachverfahrens BGH **69**, 271.

D. Neue Prüfung. Im Nachverfahren neu zu prüfen bleiben: **a)** neue Tatsachen; **b)** Verteidigungs- und Beweismittel, die wegen Verzögerung zurückgewiesen worden sind, § 296. Denn was den Urkundenprozeß verzögerte, das braucht das ordentliche Verfahren nicht zu verzögern, LG Bln MDR **83**, 235 mwN; **c)** neue Angriffs- und Verteidigungsmittel, unabhängig davon, wann sie entstanden sind und ob sie auch durch einen Urkundenbeweis erweisbar sind oder waren, BGH NJW **60**, 100, Köln MDR **59**, 133; **d)** Einwendungen, die nach § 598 zurückgewiesen worden sind; **e)** Einwendungen, die als ungenügend begründet zurückgewiesen worden sind, nicht aber als widerlegt zurückgewiesen worden sind. Der Bekl kann die Echtheit einer Parteiurkunde auch noch dann bestreiten, wenn er sich dazu im Urkundenprozeß nicht erklärt hatte, BGH **82**, 119. Ein Gegenbeweis gegen den im Urkundenprozeß geführten Beweis ist nach den allgemeinen Grundsätzen zulässig, also auch ein Zeugenbeweis, obwohl im Urkundenverfahren die Partei eidlich vernommen wurde, Hgb NJW **53**, 1070. Die unterlassene Erklärung auf einen Antrag auf Parteivernehmung, § 446, ist nachholbar. Eine Klagänderung ist wie sonst zulässig, BGH **17**, 31 (er fordert prozeßwirtschaftliche Gründe). Eine Widerklage ist grds zulässig; freilich kann man im ordentlichen Nachverfahren keine Urkunden- oder Wechselwiderklage erheben, Anh § 253 Anm C, ZöSchn II 2, aM StJSchl 19.

2) Urteil im Nachverfahren, II. A. Bestätigung. Das Urteil kann auf einen Wegfall des Vorbehalts lauten. Die Formel lautet etwa: „Das Urteil ... wird bestätigt; der Vorbehalt fällt weg." Mit der Rechtskraft dieses Urteils entfällt die dem Vorbehaltsurteil innewohnende auflösende Bedingung, § 599 Anm 3. Dem Bekl sind die weiteren Kosten aufzuerlegen; die Kosten des Vorverfahrens trägt er wegen des Wegfalls des Vorbehalts schon nach dem früheren Urteil (StJSchl VI 1 erstreckt fälschlich die frühere Kostenentscheidung auf spätere Kosten). Das Urteil im Nachverfahren ist ohne eine Sicherheitsleistung für vorläufig vollstreckbar zu erklären, § 708 Z 5.

B. Abweisung. Das Urteil kann auf eine Aufhebung des Vorbehaltsurteils und eine Abweisung der Klage lauten. Mit der Rechtskraft dieses Urteils ist die auflösende Bedingung eingetreten und der Vorbehalt gegenstandslos geworden, BGH **LM** Nr 4. Der Kläger muß dann entsprechend § 302 IV 2–4 dem Bekl denjenigen Schaden voll ersetzen, der dem Bekl durch eine Vollstreckung des Vorbehaltsurteils oder zur Abwendung seiner Vollstreckung erwachsen ist. S darüber § 302 Anm 5. Über die gesamten Kosten ist neu zu erkennen. Zu den Prozeßkosten gehören die Kosten des Urkundenprozesses. Der siegende Bekl ist evtl an den Kosten zu beteiligen, § 97 II. Das Urteil ist ohne eine Sicherheitsleistung für vorläufig vollstreckbar zu erklären, § 708 Z 11.

C. Rechtsmittel gegen das Urteil im Nachverfahren sind wie sonst gegeben. Ein Rechtsmittel des Bekl gegen das Vorbehaltsurteil verliert die Beschwer, sobald das Gericht die Klage im Nachverfahren abweist, ThP 3c. Die Bindungswirkung, Anm 1 C, gilt auch im Rechtsmittelverfahren, Köln MDR **72**, 957.

3) Versäumnisverfahren im Nachverfahren, III. Es sind folgende Fälle zu unterscheiden: **a)** bei einer Säumnis des Klägers wird das Vorbehaltsurteil aufgehoben und die Klage durch ein echtes Versäumnisurteil abgewiesen; **b)** bei einer Säumnis des Bekl wird der Vorbehalt in Wegfall gebracht; alles Bestreiten bleibt außer Betracht, § 331. Ein unechtes Versäumnisurteil gegen den Kläger, Üb 3 vor § 330, ist grds nicht möglich, weil die Prozeßvoraussetzungen und die Schlüssigkeit der Klage durch das Vorbehaltsurteil bindend feststehen. Eine Ausnahme kann gelten, wenn die Klage nachträglich unzulässig wird, ThP 3b. Eine Entscheidung nach Aktenlage, §§ 331a, 251a, ist wie sonst zulässig.

601 (weggefallen)

602 Wechselprozeß. Zulässigkeit. Werden im Urkundenprozeß Ansprüche aus Wechseln im Sinne des Wechselgesetzes geltend gemacht (Wechselprozeß), so sind die nachfolgenden besonderen Vorschriften anzuwenden.

1) Allgemeines. Wie der Wortlaut der Vorschrift besagt, ist der Wechselprozeß eine Unterart des Urkundenprozesses. Darum gelten für den Wechselprozeß dieselben Vorschriften wie im Urkundenprozeß mit einigen Abweichungen, die sich aus §§ 603–605, aus dem WG und aus § 13 EG ZPO ergeben.

2) Voraussetzungen. A. Anspruchsarten. Welche Ansprüche dem Wechselprozeß unterliegen, ist umstritten. Manche meinen, es seien nur die unter § 592 fallenden Ansprüche. Es besteht aber auch kein äußerer und innerer Grund, zB einen Bereicherungsanspruch aus Art 89 WG dem Wechselprozeß zu entziehen, wie Wiecz B II b 1 meint. In Wahrheit gehören hierher sämtliche Ansprüche aus einem Wechsel im Sinne des WG, RoS § 159 I, auch der Anspruch auf die Herausgabe eines abhanden gekommenen Wechsels, Art 16 II WG, insofern aM ThP b, ZöSchn I 4.

Der Ersatzanspruch wegen einer unterlassenen Benachrichtigung nach Art 45 VI WG ist kein Anspruch auf einen Wechsel, Baumbach-Hefermehl Art 45 WG Anm 6.

B. Verfahrenswahl. Ob der Kläger den Wechselprozeß wählt, steht ihm frei. Der Kläger kann im Wechselprozeß aus dem Wechsel und daneben (nur, BGH **53**, 17) aus dem Grundgeschäft im ordentlichen Prozeß klagen, vgl Karlsr NJW **60**, 1955. Er kann auch vom Wechsel- zum Urkundenprozeß übergehen, vgl BGH **53**, 17; er kann aber nicht hilfsweise im Wechselprozeß, BGH **53**, 17, und auch nicht im ordentlichen und zusätzlich im Wechselprozeß, schließlich nicht im Wechselprozeß, hilfsweise im Urkundenprozeß klagen; vielmehr ist dann eine unbedingte Abstandnahme vom Wechselprozeß notwendig, BGH NJW **82**, 523. Der Wechselprozeß steht auch bei einem Anspruch aus einem ausländischen Wechsel oder aus einem gemischtsprachigen Wechsel, BGH NJW **82**, 523, oder aus einem ungültigen Wechsel offen. Er ist aber nicht für die Feststellung im Konkurs zulässig, § 592 Anm 2 A. Unerheblich ist, ob der Kläger wechselmäßig berechtigt ist. Es reicht aus, daß er aus dem Wechsel berechtigt ist. Hierher gehört zB der Anspruch des Pfändungspfandgläubigers und des Abtretungsnehmers. Unerheblich ist auch, ob der Bekl kraft seiner Unterschrift oder kraft Gesetzes haftet.

Eine Wechselklage ist zB zulässig: Gegen den Erben; gegen den Gesellschafter der OHG, ebenso BGH **LM** Nr 1, oder einer KG; gegen den Erwerber des Handelsgeschäfts nach § 25 HGB; gegen den Vermögensübernehmer nach § 419 BGB (anders bei § 414 BGB). Unzulässig ist eine Wechselklage gegen den Bürgen nach dem BGB. Denn dieser haftet nicht aus dem Wechsel, anders als der Wechselbürge, Art 30 ff WG.

Der Kläger darf einen Anspruch aus einem anderen Rechtsgrund auch nicht hilfsweise stellen, BGH NJW **82**, 2258 mwN, auch nicht hilfsweise im gerichtlichen Urkundenprozeß, BGH NJW **82**, 2258 mwN.

3) Verfahren. A. Grundsatz. Das Verfahren verläuft wie im Urkundenprozeß. Daher sind sämtliche klagebegründenden Tatsachen durch Urkunden zu beweisen, § 592, zB die Protesterhebung bei einem Rückgriff und die Berechtigung desjenigen, der hat protestieren lassen, soweit sie sich nicht aus dem Wechsel oder nach einer freien Würdigung der Umstände ergibt. Über die Vorlegung des Wechsels beim Gericht vgl §§ 593 Anm 2, 597 Anm 3. Über die Vorlegung an den Verpflichteten und über Nebenforderungen vgl § 605. Sachlich zuständig ist auf Grund eines Antrags, § 96 GVG, die Kammer für Handelssachen, auch bei einer Klage im ordentlichen Verfahren, § 95 I Z 2 GVG. Ihr Vorsitzender kann im Wechselprozeß allein entscheiden, § 349 II Z 8, freilich nicht im Nachverfahren. Wegen des ausländischen Rechts § 592 Anm 3 C. Für einen Wechsel- oder Scheckanspruch auf Grund eines Arbeitsverhältnisses ist das ordentliche Gericht zuständig, nicht das ArbG, Hamm NJW **80**, 1399 mwN, § 603 Anm 1 A. Das Wechselverfahren, auch das Nachverfahren, ist Feriensache, § 200 II Z 6 GVG, BGH **18**, 173 und MDR **77**, 649, aber nicht, wenn der Kläger sich im Nachverfahren auch auf den dem Wechsel zugrundeliegenden Vertrag beruft, BGH **37**, 371; bei einer bloßen derartigen Hilfsbegründung bleiben bereits versäumte Fristen unheilbar, BGH MDR **77**, 650.

B. Urteil. Das Urteil braucht trotz Art 39 I WG nicht auf eine Zahlung Zug um Zug gegen eine Aushändigung des Wechsels zu lauten. Denn die Hingabe des Wechsels ist eine Art Quittung. Der Wechsel ist aber bei einer Zwangsvollstreckung oder bei einer freiwilligen Zahlung zu übergeben, § 726 Anm 3 B.

C. Nachverfahren. Im Nachverfahren sind nur solche Einreden zulässig, die dem Schuldner nach dem sachlichen Wechselrecht, Art 17 WG, gegen den jeweiligen Kläger zustehen. Dazu kann bei einer Nämlichkeit des Wechselgläubigers und des Partners des Grundgeschäfts der Einwand einer unzulässigen Rechtsausübung zählen, BGH **57**, 300.

603 *Gerichtsstand.* **I Wechselklagen können sowohl bei dem Gericht des Zahlungsortes als bei dem Gericht angestellt werden, bei dem der Beklagte seinen allgemeinen Gerichtsstand hat.**

II Wenn mehrere Wechselverpflichtete gemeinschaftlich verklagt werden, so ist außer dem Gericht des Zahlungsortes jedes Gericht zuständig, bei dem einer der Beklagten seinen allgemeinen Gerichtsstand hat.

1) Zahlungsort, I. A. Allgemeines. § 603 will das Vorgehen des Wechselgläubigers dadurch erleichtern, daß er den bestehenden allgemeinen und besonderen Gerichtsständen einen nicht ausschließlichen neuen hinzufügt, den des Zahlungsorts. Eine Vereinbarung des Gerichtsstands ist nur gemäß §§ 38 ff zulässig; man kann auch einen ausschließlichen Gerichtsstand vereinbaren, BGH **49**, 126; §§ 6 a, b AbzG, Anh § 29, gehen aber vor, BGH **62**, 111, Stgt MDR **73**, 321, LG Mannh NJW **70**, 2112, Löwe NJW **71**, 1829, Meyer MDR **71**, 812, ZöSchn II 3, aM Evans – von Krbek NJW **75**, 862 mwN. Der Gerichtsstand gilt auch internationalrechtlich, Üb 1 C vor § 12, selbst wenn zB der Schweizer Staatsbürger nach schweizerischem Recht wegen eines persönlichen Anspruchs ausschließlich vor dem Gericht seines Wohnorts verklagt werden soll, Düss NJW **69**, 380. Für eine Klage im Urkundenprozeß oder für das gewöhnliche Mahnverfahren gilt § 603 nicht, wohl aber für ein Wechselmahnverfahren des § 703 a II.

§ 603 betrifft nicht die sachliche Zuständigkeit. Auf Antrag ist am LG die Kammer für Handelssachen unter den Voraussetzungen des § 95 I Z 2, 3 GVG zuständig. Zuständig ist das ordentliche, nicht das Arbeitsgericht, Kirchner BB **65**, 1233, Lieseke DRiZ **70**, 318, ZöSchn III, abw Bassenge SchlHA **68**, 201, aM Mü NJW **66**, 1418. Die durch ein Vorbehaltsurteil festgestellte Zuständigkeit des ordentlichen Gerichts bleibt im Nachverfahren bestehen, BAG NJW **72**, 1216.

Die Vorschrift gilt nicht, soweit der Kläger einen Anspruch aus einem Wechsel im ordentlichen Prozeß geltend macht, ZöSchn I. Beim Übergang ins ordentliche Verfahren gilt aber § 261 III Z 2.

B. Ort. Den Zahlungsort ergibt der Wechseltext, Art 1 Z 5, Art 2 III, Art 75 Z 4 WG. Es kann nur ein einziger Zahlungsort gelten. Über die im Sinne des Art 88 WG benachbarten Orte s VOen v 26. 2. 34, RGBl 161, und v 7. 12. 35, RGBl 1432. Zerfällt eine politische

Gemeinde in mehrere Gerichtsbezirke, so ist bei einer Bezeichnung nach der Straße und der Hausnummer dasjenige Gericht zuständig, zu dem das Haus gehört; andernfalls ist jedes der Gerichte zuständig. Ein inländischer Zahlungsort begründet auch die internationale Zuständigkeit, Düss NJW **69**, 380. Vgl Art 2ff EuGÜbk, SchlAnh V C 1.

2) Mehrere Beklagte, II. Wenn der Kläger mehrere Wechselverpflichtete als Streitgenossen verklagt, dann ist außer den in Anm 1 bezeichneten Gerichten auch noch jedes Gericht zuständig, bei dem ein Streitgenosse seinen allgemeinen Gerichtsstand hat. Hier bestimmt also der Kläger den Gerichtsstand, abweichend von § 36 Z 3. Das Urteil gegen diejenigen Bekl, denen die Klage zugestellt worden ist, ist auch dann zulässig, wenn die Klage den anderen Bekl nicht zugestellt ist.

Wenn jedoch die Zuständigkeit nur damit zu begründen ist, daß ein Bekl seinen allgemeinen Gerichtsstand im Gerichtsbezirk hat, dann muß die Klage bis zum Schluß der mündlichen Verhandlung diesem Bekl zugestellt worden sein. Die Reihenfolge ist unerheblich. Belanglos ist auch, ob die Klage statthaft und begründet ist. Eine Erschleichung des Gerichtsstands gibt auch hier die Rüge der prozessualen Arglist, Üb 4 vor § 12. Spätere Vorgänge beeinflussen die Zuständigkeit so wenig wie sonst, § 261 III Z 2. Dies gilt zB für eine Klagrücknahme betr einen Bekl.

II ist unanwendbar, soweit der Kläger eine Gerichtsstandsvereinbarung geltend macht, die er nicht mit allen Wechselschuldnern getroffen hat, ZöSchn IV 2.

604 *Klage, Ladungsfrist.* ^I Die Klage muß die Erklärung enthalten, daß im Wechselprozeß geklagt werde.

^{II} Die Ladungsfrist beträgt mindestens vierundzwanzig Stunden, wenn die Ladung an dem Ort, der Sitz des Prozeßgerichts ist, zugestellt wird. In Anwaltsprozessen beträgt sie mindestens drei Tage, wenn die Ladung an einem anderen Ort zugestellt wird, der im Bezirk des Prozeßgerichts liegt oder von dem ein Teil zu dessen Bezirk gehört; dies gilt nicht für Meß- und Marktsachen.

^{III} In den höheren Instanzen beträgt die Ladungsfrist mindestens vierundzwanzig Stunden, wenn die Zustellung der Berufungs- oder Revisionsschrift oder der Ladung an dem Ort erfolgt, der Sitz des höheren Gerichts ist; mindestens drei Tage, wenn die Zustellung an einem anderen Ort erfolgt, der ganz oder zum Teil in dem Landgerichtsbezirk liegt, in dem das höhere Gericht seinen Sitz hat; mindestens eine Woche, wenn die Zustellung sonst im Inland erfolgt.

1) Klage, I. I entspricht dem nachrangigen § 593 I; s dort Anm 1. Der Wille, im Wechselprozeß zu klagen, muß schon in der Klageschrift (oder im Antrag auf den Wechselmahnbescheid) eindeutig zum Ausdruck kommen. Eine Bezeichnung als „Klage im Urkundenprozeß" leitet einen gewöhnlichen Urkundenprozeß ein. Eine Bezeichnung als „Wechselklage" genügt. Denn niemand nennt eine Klage aus einem Wechsel im ordentlichen Verfahren eine Wechselklage. Die Erklärung ist nicht nachholbar.

2) Ladungsfrist, II, III. A. Erste Instanz. Die Ladungsfrist beträgt abweichend von § 217 in der ersten Instanz: **a)** stets 24 Stunden, wenn die Klage am Ort des Prozeßgerichts zuzustellen ist. Der Gerichtsbezirk entscheidet nicht; **b)** im Anwaltsprozeß abgesehen von einer Meß- oder Marktsache 3 Tage, wenn die Klage an einem anderen Ort im Bezirk des Prozeßgerichts zuzustellen ist. Dabei ist der wirkliche Sitz des Gerichts unerheblich. Es genügt, daß ein Teil des Zustellungsorts zum Bezirk des Prozeßgerichts gehört. Im Falle des § 239 III ist die vom Vorsitzenden bestimmte Frist einzuhalten. Ort ist die politische Gemeinde. Nach Art 88 WG kann der Justizminister bestimmen, daß Nachbarorte als ein Ort gelten; vgl § 603 Anm 1 B.

Die Einlassungsfrist richtet sich nach § 274 III.

B. Höhere Instanz. In der höheren Instanz beträgt die Frist: **a)** 24 Stunden, wenn die Zustellung am Gerichtssitz stattzufinden hat; **b)** 3 Tage, wenn die Zustellung in dem Landgerichtsbezirk des Gerichtssitzes stattzufinden hat; **c)** 1 Woche, wenn die Zustellung in einem anderen deutschen Landgerichtsbezirk stattzufinden hat oder wenn die öffentliche Zustellung erforderlich ist; **d)** die vom Vorsitzenden bestimmte Frist im Falle des § 239 III.

C. Fristkürzung. Eine Abkürzung aller dieser Fristen kann nach § 226 erfolgen.

D. Öffentliche Zustellung. Sie ist auch zulässig, wenn eine Auslandszustellung unverhältnismäßig viel Zeit benötigen würde, § 203 II, Hbg MDR **70**, 426.

§ 605 Beweisvorschriften.

605 *Beweisvorschriften.* ¹ Soweit es zur Erhaltung des wechselmäßigen Anspruchs der rechtzeitigen Protesterhebung nicht bedarf, ist als Beweismittel bezüglich der Vorlegung des Wechsels der Antrag auf Parteivernehmung zulässig.

II Zur Berücksichtigung einer Nebenforderung genügt, daß sie glaubhaft gemacht ist.

1) Vorlegung, I. Die Vorlegung des Wechsels ist nur dann ein Teil des Klagegrundes, wenn zur Erhaltung des Wechselanspruchs ein Protest notwendig ist, wenn also der Kläger einen Rückgriff nimmt, Art 43 ff WG. Dann muß der Kläger die Vorlegung urkundlich beweisen, § 592. Wenn die Vorlegung des Wechsels nur die Bedeutung hat, den Klageanlaß festzulegen, dann kann der Kläger sie in Abweichung von § 592 durch einen Antrag auf Parteivernehmung unter Beweis stellen, zB im Fall eines Rückgriffs nach Art 46 WG oder eines Anspruchs gegen den Annehmer nach Art 53 I letzter Hs WG. Die praktische Tragweite der Erleichterung besteht also darin, daß sich mit ihrer Hilfe der Anspruch auf Verzugszinsen ab Vorlegung oder Verfalltag bis zur Klagerhebung begründen läßt. Bei einer Säumnis des Bekl gilt die behauptete Vorlegung als zugestanden, § 331.

2) Nebenforderungen, II. Sie sind dann zu berücksichtigen, wenn sie nach § 294 glaubhaft gemacht worden sind. Dahin gehören Provision, Protestkosten, Porto usw, Art 48, 49, 52 WG. Bei solchen Nebenforderungen sind die Sätze üblich und feststehend. Eine Glaubhaftmachung genügt auch für Einwendungen gegenüber solchen Nebenforderungen. Wenn der Kläger bei einem Anspruch auf Verzugszinsen die Vorlegung des Wechsels nach II glaubhaft machen müßte, dann kann er den Anspruch auch durch einen Antrag auf Parteivernehmung glaubhaft machen. Denn er kann statt der Glaubhaftmachung auch den vollen Beweis mit den im Urkundenprozeß zulässigen Beweismitteln antreten. Das empfiehlt sich bei einer Versäumnis des Bekl zu tun. Denn dann darf der Kläger nicht glaubhaft machen.

605 a *Scheckprozeß.* Werden im Urkundenprozeß Ansprüche aus Schecks im Sinne des Scheckgesetzes geltend gemacht (Scheckprozeß), so sind die §§ 602 bis 605 entsprechend anzuwenden.

1) Geltungsbereich. Der Scheckprozeß ist eine Abart des Urkundenprozesses. Er entspricht ohne jede Abweichung dem Wechselprozeß. Es gelten:
§ 602: die §§ 603 bis 605 sind anwendbar.
§ 603: Gerichtsstand. Das ordentliche Gericht, das seine sachliche Zuständigkeit im Scheckprozeß bejaht hat, bleibt zuständig, wenn sich im Nachverfahren ergibt, daß der Scheck im Rahmen eines Arbeitsverhältnisses begeben worden war, BGH **LM** § 36 Z 6 Nr 8, BAG NJW **72**, 1216. Vgl § 603 Anm 1 A. Der Zahlungsort ergibt sich aus Art 1 Z 4 ScheckG.
§ 604: Die Klagschrift muß der Sache nach eindeutig ergeben, daß der Kläger im Scheckprozeß klagt. Bei der völligen Gleichheit des Verfahrens mit dem Wechselprozeß genügt aber auch die Angabe, die Klage werde „im Wechselprozeß" erhoben. Eine „Klage im Urkundenprozeß" leitet lediglich einen Urkundenprozeß ein, weder einen Wechselprozeß noch einen Scheckprozeß. Die Ladungsfrist ist verkürzt. Über Nachbarorte im Sinne von Art 55 III ScheckG, Art 4 EGScheckG § 603 Anm 1 B.
Auch der Scheckprozeß ist Feriensache, § 200 II Z 7 GVG, auch im Nachverfahren, BGH VersR **77**, 546, es sei denn, der Kläger stütze die Klage jetzt hilfsweise auch auf den Begebungsvertrag, BGH VersR **78**, 255.
§ 605: Der Beweis erfolgt durch die Vorlegung, vgl Art 29 ScheckG. Für die Nebenforderungen genügt die Glaubhaftmachung.

2) Mahnverfahren. Wegen des Mahnverfahrens vgl § 703a.

Sechstes Buch. Familiensachen. Kindschaftssachen. Unterhaltssachen. Entmündigungssachen

Bearbeiter: Dr. Albers

Einführung

1) Das 6. Buch enthält Sondervorschriften für Verfahren, in denen die gewöhnlichen Bestimmungen über den Prozeß (vor allem wegen des hier oft eingreifenden öffentlichen Interesses) nicht passen.

2) Der erste Abschnitt regelt das Verfahren in **FamilienS**, § 23 GVG, nämlich in EheS, § 606 I (Titel 1), anderen FamilienS, § 621 I (Titel 2), Scheidungs- und FolgeS (Titel 3) sowie Nichtigkeits- und Feststellungssachen (Titel 4). In allen diesen Sachen ist in erster Instanz das FamGer zuständig. Der Rechtszug geht an OLG und BGH, §§ 119, 133 GVG. Dieser Abschnitt gilt seit dem 1. 7. 1977 in der Fassung des 1. EheRG.

3) Im zweiten Abschnitt sind besondere Vorschriften für **Kindschaftssachen,** § 640 II, zusammengefaßt. Zuständig ist hier das AG, § 23a GVG. Der Rechtszug geht an OLG und BGH, §§ 119, 133 GVG.

4) Der dritte Abschnitt regelt das Verfahren über den **Unterhalt Minderjähriger,** und zwar im Titel 1 das Vereinfachte Verfahren zur Änderung von Unterhaltstiteln zugunsten ehelicher Kinder und in Titel 2 das Verfahren über den Unterhalt des nichtehelichen Kindes. Zuständig ist in beiden Fällen das AG, § 23a GVG, jedoch nicht als FamGer, so daß der Rechtszug zum LG geht, § 72 GVG.

5) Der vierte Abschnitt enthält das Verfahren in **Entmündigungssachen.** Er regelt die Entmündigung wegen Geisteskrankheit oder -schwäche sowie wegen Verschwendung, Trunk- oder Rauschgiftsucht. Das Beschlußverfahren findet vor dem AG statt, das Urteilsverfahren vor dem LG.

6) VwGO: *Die Vorschriften des 6. Buches sind nicht entsprechend anzuwenden; jedoch gibt § 617 Fingerzeige für die Anwendung des § 173 VwGO.*

Erster Abschnitt. Verfahren in Familiensachen

Grundzüge

1) Begriff. A. FamS sind a) EheS, § 606, und **b)** andere FamS, § 621. Über sie entscheidet grundsätzlich das FamGer (AG), § 23b GVG. Der Rechtszug geht, ebenso wie in Kindschaftssachen, über das OLG zum BGH, §§ 119, 133 GVG.

B. Keine FamS iSv Abschnitt 1 sind **a)** Kindschaftssachen, obwohl das Verfahren demjenigen in FamS stark angenähert ist, und **b)** Unterhaltssachen, soweit über sie im gewöhnlichen Streitverfahren entschieden wird (Sonderbestimmungen im 3. Abschnitt), für die das LG 2. Instanz bleibt, §§ 23a, 72 GVG.

2) Verfahren in FamS. Es wird nach der Umgestaltung, die der 1. Abschnitt durch das 1. EheRG, dazu unten 3, gefunden hat, durch die Zuständigkeitskonzentration beim FamGer und einen dreistufigen Rechtszug (FamGer, OLG, BGH) gekennzeichnet, in Scheidungssachen außerdem durch den Grundsatz, daß über Scheidungs- und FolgeS, § 622, idR im sog Verbund verhandelt und entschieden wird, § 623. Im übrigen gelten für EheS, § 606, die Vorschriften über das Verfahren vor dem LG mit Sonderbestimmungen, in anderen FamS, § 621 I, je nach ihrem Gegenstand entweder ZPO oder FGG, § 621a, mit Sonderbestimmungen. Gemeinsame Vorschriften bestehen hinsichtlich des Anwaltszwanges in §§ 78, 78a und wegen der Prozeßkosten in § 93a. Die Vorwegleistungspflicht für die Gerichtskosten, § 65 GKG (Anh § 271), besteht auch hier, nicht aber in FolgeS iSv § 623.

3) Verfahrensreform. Durch das 1. EheRG ist der 1. Abschnitt zT tiefgreifend umgestaltet worden (Material: RegEntw BTDr 7/650, 2. Ber des RAussch BTDr 7/4361). Schrifttum in Auswahl: Bergerfurth FamRZ **76**, 581; Brüggemann FamRZ **77**, 1; Diederichsen NJW **77**, 649; Jauernig FamRZ **77**, 761; Jayme NJW **77**, 1378; Kissel DRiZ **78**, 225; Lüke AcP **178**, 1; Diederichsen ZZP **91**, 397; Parche NJW **79**, 141; Walter FamRZ **79**, 204/259/ 396/663; Bosch FamRZ **80**, 1; Heintzmann FamRZ **80**, 112; Bosch Festschrift Baur, 1981, S

297; zu kostenrechtlichen Fragen vgl Mümmler JB **77**, 593, **78**, 785, **79**, 1 sowie H. Schmidt JB **79**, 1249. Die Änderungen sind seit dem 1. 7. 77 in Kraft, ebenso die darauf bezüglichen Bestimmungen der VereinfNov

Erster Titel. Allgemeine Vorschriften für Ehesachen
Übersicht

1) Begriff. EheS sind nach § 606: Verfahren auf **a)** Scheidung, § 622, **b)** Aufhebung oder Nichtigerklärung, **c)** Feststellung des Bestehens oder Nichtbestehens einer Ehe, **d)** Herstellung des ehelichen Lebens. Näheres dazu s § 606 Anm 2.

Verbietet das nach IPR anzuwendende ausländische Recht eine Scheidung iS des BGB, so darf darauf nicht erkannt werden, wohl aber bei Ausländern auf Trennung von Tisch und Bett entsprechend ihrem Heimatrecht, falls nach deutschem Recht auf Scheidung erkannt werden könnte, BGH **47**, 324, Bbg FamRZ **79**, 514 mwN, und die Zuständigkeit im Inland nach § 606b gegeben ist; entsprechendes gilt für die Bestätigung einverständlicher Ehetrennungen nach italienischem Recht, AG Offenbach FamRZ **78**, 509 m zustm Anm Jayme, und den Ausspruch der bürgerlichen Wirkungen einer religiös geschlossenen italienischen Ehe, Ffm FamRZ **78**, 510. Auch insofern handelt es sich um EheS, so daß das FamGer zuständig ist, Ffm FamRZ **83**, 618, AG Besigheim Just **83**, 52, Schlesw SchlHA **82**, 74, Mü NJW **78**, 1117, Ffm FamRZ **79**, 814, AG Hersbruck FamRZ **80**, 452 m redakt Anm, Hausmann FamRZ **79**, 816 mwN. Dabei sind im Verf die Erfordernisse des fremden Rechts ggf zu beachten, Köln FamRZ **83**, 922 mwN.

Keine EheS sind dagegen: andere FamS, § 621, auch wenn sie FolgeS, § 623, sind; Klagen Dritter oder gegen Dritte, die den Bestand der Ehe betreffen; Klagen der Ehefrau aus § 12 BGB.

2) Verfahren in Ehesachen. Vgl Grdz 2. Im 1. Rechtszug gelten die Vorschriften für das Verfahren vor den LG entsprechend, § 608, soweit in den §§ 606ff und 622ff nichts anderes bestimmt ist (für FolgeS gilt je nach ihrem Gegenstand ZPO oder FGG mit Sonderbestimmungen, §§ 621 a ff).

3) Wesentliche Bestimmungen für Ehesachen (wegen des Verbundes mit FolgeS s Üb § 622): **a)** Der Gerichtsstand ist besonders geregelt und ausschließlich, §§ 606ff, **b)** die Prozeßfähigkeit ist erweitert, § 607, **c)** Klagenhäufung und Widerklage sind beschränkt, § 610, **d)** Klagänderung und neues Vorbringen werden erleichtert, §§ 611, 615, Parteiherrschaft und Beibringungsgrundsatz sind weitgehend ausgeschaltet, §§ 612, 616 und 617, **e)** Aussetzung, § 614, Parteivernehmung, § 613, und Versäumnisurteil, § 612, sind zT abweichend geregelt, **f)** es gilt der Grundsatz der Einheitlichkeit der Entscheidung, Einf § 610, **g)** Nichtigkeits- und Feststellungsurteile wirken auch bei Abweisung für und gegen alle, §§ 636a, 638, andere Urteile in Ehesachen, zB Scheidungsurteile, dagegen nur bei Ausspruch der Eheauflösung (Gestaltungswirkung).

4) Wesentliche Besonderheiten für die höheren Instanzen: A. a) Der Grundsatz der Einheitlichkeit der Entscheidung, Einf 3 §§ 610–617, läßt eine Beschränkung der Revision auf einen Anspruch oder ein selbständiges Verteidigungsmittel zu, BGH FamRZ **73**, 86, befreit aber die Rechtsmittelinstanz in gewissem Umfang von der Bindung an die Anträge dieser Instanz. So ist trotz fehlender Berufung eine auf Klage ergangene Verurteilung aufzuheben, wenn bei der Verhandlung auf die Berufung des Widerklägers sich das Fehlen einer Prozeßvoraussetzung, zB der Zuständigkeit nach § 606, erweist, RG **143**, 134. Die Einschränkung der Parteiherrschaft und des Beibringungsgrundsatzes führt dazu, daß sachlich-rechtliche und verfahrensrechtliche Verstöße vAw zu beachten sind. **b)** Wo keine Beschwer nötig ist, s B, genügt zur Begründung, daß die Aufrechterhaltung der Ehe erstrebt wird. **c)** In der Berufungsinstanz ist verspätetes Vorbringen nur beschränkt zurückweisbar, § 615 II. Über den Verzicht auf Rechtsmittel s § 617 Anm 4 B. Eine Beschwerdesumme kommt nicht in Betracht.

B. Eine Beschwer (Grdz 3 § 511, auch wegen des Schrifttums), ist da entbehrlich, wo der Sieger die Urteilsfolgen durch Antragsrücknahme oder Verzicht beseitigen will, stRspr, zB wenn der Antragsteller, der die Scheidung erreicht hatte, den Scheidungsanspruch fallen lassen will, hM, BGH NJW **70**, 46, Düss FamRZ **77**, 130 mwN (abw für Antragsrücknahme Jauernig § 91 II 17, weil der Antrag ohnehin zwischen den Instanzen zurückgenommen werden kann). Das gleiche gilt dort, wo die in 1. Instanz erklärte Zustimmung zur Scheidung aus eheerhaltenden Gründen widerrufen werden soll, Stgt NJW **79**, 662. Auch kann eine Partei, die mit dem Scheidungsantrag durchgedrungen ist, mit der Berufung nunmehr Herstellung der Ehe verlangen, Kiel HRR **39**, 1422, oder unter Verzicht auf ihr Scheidungsrecht auf Feststellung klagen, daß sie nicht verpflichtet sei, die eheliche Gemeinschaft wiederherzustellen, BGH NJW **64**, 298. Auch ist in diesen Fällen für die Zulässigkeit des Rechtsmittels kein besonderes Rechtsschutzbedürfnis nötig, Habscheid NJW **57**, 1365, Düss FamRZ **77**, 130. Aber das Rechtsmittel ist mangels Rechtsschutzbedürfnisses unzulässig, wenn die Rücknahme nur der Vorbereitung eines neuen Scheidungsantrags dienen soll, BGH MDR **60**, 386.

Wenn dem Antrag voll entsprochen worden ist, ist das Rechtsmittel trotz fehlender Beschwer ferner zulässig, wenn der Rechtsmittelkläger sich auf ihm günstige, in der Vergangenheit liegende Tatsachen beruft, die er ohne Verschulden vorher nicht habe geltend machen können, BGH NJW **39**, 182, NJW **72**, 1710; so kann ein nachträglich bekannt gewordener Aufhebungsgrund statt zugesprochener Scheidung geltend gemacht werden, Hamm FamRZ **63**, 255. Das Inkrafttreten des 1. EheRG stellt aber keinen Ausnahmefall dar, BGH NJW **78**, 887 mwN, str, aM Hamm NJW **78**, 277. Eine Beschwer liegt auch darin, daß einem ausländischen Ehegatten die Anwendung seines Heimatrechts vorenthalten worden ist, BGH NJW **82**, 1940.

Handelt es sich um den Beklagten, so richtet sich die Beschwer nicht nach dessen Antrag, sondern nach dem sachlichen Inhalt des Urteils, BGH NJW **55**, 545. Eine Beschwer liegt auch dann vor, wenn auf einen Gegenantrag, der nur für den Fall der Scheidung gestellt worden war, geschieden worden ist, der Scheidungsantrag des Gegners aber abgewiesen wurde, Bre NJW **63**, 1157. Ferner ist der Beklagte dann beschwert, wenn dem Scheidungsantrag vor der Entscheidung über eine FolgeS stattgegeben worden ist, § 628, BGH NJW **79**, 1603; er kann dann Berufung mit dem Ziel der Wiederherstellung des Verbundes einlegen, § 628 Anm 2 B a. Trotz formeller Beschwer kann aber das Rechtsschutzbedürfnis fehlen, zB dann, wenn der Urteilsausspruch und der mit dem Rechtsmittel verfolgte Antrag gleichwertig sind, BGH NJW **79**, 428 mwN. Auch genügt nicht das Anstreben einer anderen Begründung, Karlsr FamRZ **80**, 682.

Für Rechtsmittel des Staatsanwalts in Nichtigkeitssachen, § 632, kommt es auf Beschwer nicht an. Er braucht nur eine anderslautende Entscheidung anzustreben, vgl BVerwG MDR **77**, 868 (hinsichtlich des Vertreters des öffentlichen Interesses im Verwaltungsprozeß, der eine entsprechende Stellung hat).

5) Prozeßkostenvorschuß: § 1360a IV BGB; s auch § 620 S 1 Z 9.

6) Gebühren: Für das Gericht entstehen die gewöhnlichen Gebühren, § 11 I GKG und KVerz 1010ff, für den RA die gewöhnlichen Gebühren, § 31 BRAGO, jedoch die Verhandlungsgebühr auch für die nichtstreitige Verhandlung, § 33 I Z 3 BRAGO, Ziemer NJW **78**, 1419, Hbg NJW **78**, 1443. Wert: §§ 19a, 12 II GKG.

606 *Gerichtsstand.* **I** Für Verfahren auf Scheidung, Aufhebung oder Nichtigerklärung einer Ehe, auf Feststellung des Bestehens oder Nichtbestehens einer Ehe zwischen den Parteien oder auf Herstellung des ehelichen Lebens (Ehesachen) ist das Familiengericht ausschließlich zuständig, in dessen Bezirk die Ehegatten ihren gemeinsamen gewöhnlichen Aufenthalt haben. Fehlt es bei Eintritt der Rechtshängigkeit an einem solchen Aufenthalt im Inland, so ist das Familiengericht ausschließlich zuständig, in dessen Bezirk einer der Ehegatten mit den gemeinsamen minderjährigen Kindern den gewöhnlichen Aufenthalt hat.

II Ist eine Zuständigkeit nach Absatz 1 nicht gegeben, so ist das Familiengericht ausschließlich zuständig, in dessen Bezirk die Ehegatten ihren gemeinsamen gewöhnlichen Aufenthalt zuletzt gehabt haben, wenn einer der Ehegatten bei Eintritt der Rechtshängigkeit im Bezirk dieses Gerichts seinen gewöhnlichen Aufenthalt hat. Fehlt ein solcher Gerichtsstand, so ist das Familiengericht ausschließlich zuständig, in dessen Bezirk der gewöhnliche Aufenthaltsort des Beklagten oder, falls ein solcher im Inland fehlt, der gewöhnliche Aufenthaltsort des Klägers gelegen ist. Haben beide Ehegatten das Verfahren rechtshängig gemacht, so ist von den Gerichten, die nach Satz 2 zuständig wären, das Gericht ausschließlich zuständig, bei dem das Verfahren zuerst rechtshängig geworden ist; dies gilt auch, wenn die Verfahren nicht miteinander verbunden werden können. Sind die Verfahren am selben Tage rechtshängig geworden, so ist § 36 entsprechend anzuwenden.

III Ist die Zuständigkeit eines Gerichts nach diesen Vorschriften nicht begründet, so ist das Familiengericht beim Amtsgericht Schöneberg in Berlin ausschließlich zuständig.

§ 606 1, 2   6. Buch. 1. Abschnitt. Verfahren in Familiensachen

Gliederung

1) Allgemeines
2) Begriff der Ehesache
   A. Verfahren auf Scheidung
   B. Verfahren auf Aufhebung
   C. Verfahren auf Nichtigerklärung
   D. Verfahren auf Feststellung
   E. Verfahren auf Herstellung

3) Örtliche Zuständigkeit
   A. Regelgerichtsstand
   B. Ersatzgerichtsstand
4) Hilfszuständigkeiten
5) Ausschließliche Zuständigkeit
6) Rechtshängigkeit und Zuständigkeit

1) Allgemeines. § 606 regelt die örtliche Zuständigkeit in Ehesachen. Er geht auch § 15 vor, Düss FamRZ **68**, 467 m zustm Anm Beitzke. Ausgangspunkt ist der gewöhnliche Aufenthalt. Wegen dieses Begriffs s Anm 3 A, wegen der ausschließlichen Zuständigkeit s Anm 5 und § 606a, wegen der internationalen Zuständigkeit s § 606b und wegen des Verhältnisses zur DDR vgl Vorbem B § 606b und Einf B § 328.
   Sachlich zuständig ist ausschließlich das FamGer, § 23b I Z 1 GVG.
   In allen Ehesachen sind die Zuständigkeit des Gerichts und die Staatsangehörigkeit der Ehegatten (diese wegen § 606b) in allen Instanzen vAw zu prüfen, BGH **53**, 130, erstere mit der sich aus § 549 II ergebenden Einschränkung. Eine fremde Staatsangehörigkeit neben der deutschen bleibt außer Betracht, Otto FamRZ **74**, 655 mwN, BGH NJW **79**, 1776, Hamm FamRZ **75**, 630, aM Düss FamRZ **74**, 528. Das gilt auch dann, wenn ein Deutscher jenseits der Oder/Neiße-Linie für Polen optiert, Celle NJW **52**, 475. Wegen Österreich s G v 17. 5. 56, BGBl **431**; dazu Hoffmann StAZ **56**, 153, Maßfeller StAZ **57**, 113 und 142. Wegen der Staatsangehörigkeit der kollektiv eingebürgerten Volksdeutschen s G v 22. 2. 55, BGBl 65; dazu Schätzel StAZ **55**, 73, Makarov JZ **55**, 661, Pal-Heldrich Vorbem 7a Art 7 EGBGB. Wer unter Art 116 I GG fällt, ohne die deutsche Staatsangehörigkeit zu besitzen, steht auch verfahrensrechtlich den deutschen Staatsangehörigen gleich, FamRÄndG Art 9 II Z 5.
   Die Zuständigkeit gilt auch für die Widerklage bzw den Gegenantrag. Der besondere Gerichtsstand des § 33 versagt, § 33 II. Wegen der Zuständigkeit des Gerichts der EheS für sonstige FamS s § 621 II, III, wegen des sog Entscheidungsverbundes bei Scheidungs- und FolgeS s § 623.
   Mit der Zuständigkeit eines deutschen Gerichts nach §§ 606, 606b ist für die Ehesache auch seine internationale Zuständigkeit, Üb 1 C § 12, gegeben, BGH NJW **76**, 1590. Näheres s § 606b Anm 2.

2) Begriff der Ehesache, I. EheS sind nur (einschließlich der Wiederaufnahmeverfahren, BGH FamRZ **82**, 789, Stgt FamRZ **80**, 379):
   A. Verfahren auf Scheidung, §§ 1564–1568 BGB, §§ 622ff; wegen der Trennung von Tisch und Bett nach ausländischem Recht s Üb 1 § 606.
   B. Verfahren auf Aufhebung einer Ehe, §§ 28ff EheG, Finger NJW **81**, 1534. Das der Klage stattgebende Urteil löst die Ehe für die Zukunft auf, § 29 EheG. Bei Anwendung ausländischen Rechts ist auch eine rückwirkende Auflösung möglich, RG **151**, 227.
   C. Verfahren auf Nichtigerklärung einer Ehe, §§ 17, 18, 20 und 21 EheG, s §§ 631ff. Ein stattgebendes Urteil vernichtet die Ehe mit Rückwirkung. Nach Auflösung der Ehe aus anderem Grund ist die Klage durch den Staatsanwalt möglich, § 24 EheG.
   D. Verfahren auf Feststellung des Bestehens oder Nichtbestehens einer Ehe zwischen den Parteien, § 638. Sie fällt unter § 256 I, verlangt also dessen besondere Voraussetzungen und kann nur eingreifen, wo nicht die Nichtigkeit der Ehe durch Urteil, C, auszusprechen oder die Ehe durch Aufhebungsurteil, B, zu lösen ist. Möglich ist die Klage auf Feststellung, daß die Ehe auf Grund eines nach ausländischem Recht wirksamen Akts aufgelöst, AG Hbg StAZ **80**, 311 (Privatscheidung), oder getrennt ist, AG Hbg StAZ **81**, 83. Eine Klage auf Feststellung der Wirksamkeit eines ausländischen Eheurteils entbehrt wegen Art 7 § 1 FamÄndG, § 328 Anm 7, des Rechtsschutzbedürfnisses, es sei denn, daß ein Antrag auf Anerkennung nach dieser Vorschrift nicht gestellt werden kann oder soll (zB bei vorrangiger Rechtshängigkeit eines inländischen Scheidungsverfahrens). Wohl aber ist eine Klage auf Feststellung des Bestehens der Ehe trotz eines in der DDR ergangenen Scheidungsurteils möglich, Einf B § 328, ebenso die Klage auf Feststellung des Verschuldens, wenn in jenem Urteil ohne Schuldfeststellung geschieden worden ist, BGH MDR **77**, 126 mwN, was wegen Art 12 Z 3 1. EheRG weiterhin für den Unterhaltsanspruch Bedeutung haben kann, vgl Engelhardt JZ **76**, 576; bei einem ausländischen Urteil ist eine solche Klage jedenfalls dann unzulässig, wenn die Parteien auf die Feststellung der Schuld verzichtet haben, BGH

1. Titel. Allgemeine Vorschriften für Ehesachen § 606 2, 3

MDR **77**, 126. Ausnahmsweise können auch andere Feststellungsklagen zulässig sein, zB darauf, daß ein Gatte getrennt leben darf, vgl E. Die Klage ist aber nicht als allgemeine Feststellungsklage zulässig, so daß ein Dritter eine solche Klage nicht erheben darf, Hamm FamRZ **80**, 706.

E. Verfahren auf Herstellung des ehelichen Lebens, dazu Heinz DRiZ **74**, 87. Die Klage verneint nicht nur das Scheidungsbegehren, RG **160**, 251, sondern umfaßt alles, was § 1353 BGB „eheliche Lebensgemeinschaft" nennt, wobei die personenrechtliche Seite stark im Vordergrund steht. Zulässig ist danach eine Klage auf Erfüllung einzelner Pflichten, wenn hierdurch die Gemeinschaft wieder hergestellt wird, BGH FamRZ **71**, 633, Hamm FamRZ **83**, 937, Hbg FamRZ **82**, 507, vgl die Übersicht bei Bergerfurth Rdz 393. Nicht hierher gehören eine Klage auf Gewährung von Unterhalt schlechthin, Mü NJW **63**, 49, und die Geltendmachung anderer vermögensrechtlicher Ansprüche, so daß eine Klage auf Mitwirkung bei der Zusammenveranlagung zur Steuer, Hamm aaO, Mü FamRZ **83**, 614 mwN, Tiedtke FamRZ **78**, 385 gegen LG Mü FamRZ **78**, 126, und auf Zahlung eines Anteils am Lohnsteuerjahresausgleich, Hbg FamRZ **82**, 507, keine EheS sind. Der Kläger muß selbst zur Herstellung bereit sein, RG **151**, 163. Eine Klage auf Herstellung der ehelichen Gemeinschaft meint meist zugleich die häusliche Gemeinschaft, RG **137**, 104. Für einen eingeschränkten Anwendungsbereich dieser Klagemöglichkeit spricht sich Wacke FamRZ **77**, 507 aus.

Klagen auf Feststellung des Rechts zum Getrenntleben, das Gegenstück der Herstellungsklage, sind ebenfalls möglich, Bergerfurth Rdz 393ff, Wacke FamRZ **77**, 508, Zweibr FamRZ **81**, 186, Schlesw FamRZ **76**, 276. Das Feststellungsinteresse, § 256 I, kann auch nach jetzigem Eherecht gegeben sein, Bbg FamRZ **79**, 804, AG Merzig FamRZ **80**, 244, aM AG Groß-Gerau FamRZ **79**, 504. Es bedarf aber besonders eingehender Prüfung im Hinblick auf die Bedeutung eines Rechts zum Getrenntleben für die Rechtsstellung des Klägers und besteht namentlich dann nicht, wenn beide Eheleute mit dem Getrenntleben eindeutig einverstanden sind, KG FamRZ **82**, 272, Düss FamRZ **72**, 208. Die bloße Eröffnung der Möglichkeit, eine einstwAnO über das Getrenntleben oder über die Zuweisung der Ehewohnung zu erreichen, § 620 I Z 5 u 7, begründet noch kein Rechtsschutzbedürfnis für diese Klage, Bbg FamRZ **79**, 804, aM Bre NJW **78**, 2102. Soweit das Vormundschaftsgericht zuständig ist, § 1357 II BGB, ist die Klage durch Prozeßurteil abzuweisen. Eine Zwangsvollstreckung aus dem stattgebenden Urteil in der Sache selbst ist ausgeschlossen, § 888 II, vgl § 888 Anm 4 A.

Ehestörungsklagen, Pal-Diederichsen Einf 1 § 1353, sind keine Ehesachen iSv § 606, ohne daß es darauf ankommt, ob sich eine solche Klage gegen den Ehegatten oder den Dritten richtet, KG FamRZ **83**, 616 mwN, Hamm MDR **81**, 415, Düss FamRZ **81**, 577, Karlsr FamRZ **80**, 139, aM Walter S 9 u JZ **83**, 476, Celle NJW **80**, 711. Solche Begehren sind deshalb auch dann, wenn ein Scheidungsverfahren eingeleitet ist oder die Eheleute getrennt leben, im Wege des allgemeinen Zivilprozesses zu verfolgen. Unzulässig sind Klagen auf Unterlassung des Ehebruchs, auch aus unerlaubter Handlung, weil jeder unmittelbare mittelbare staatliche Zwang mit dem Wesen der Ehe unvereinbar ist, BGH **37**, 41.

3) Örtliche Zuständigkeit nach dem Familienmittelpunkt. A. Regelgerichtsstand ist für In- und Ausländer das FamGer des gemeinsamen gewöhnlichen Aufenthalts der Gatten, **I 1**.

a) „Gewöhnlicher Aufenthalt", der nach deutschem Recht zu bestimmen ist, BGH **27**, 48, ist der tatsächliche Mittelpunkt des Lebens, der Ort, an dem sich die Person hauptsächlich (nicht unbedingt ständig) aufzuhalten pflegt, insbesondere der Ort, an dem nicht nur vorübergehend gewohnt und geschlafen wird, BGH NJW **75**, 1968 mwN, Rolland Rdz 8. Dieser Gesichtspunkt ist auch bei einem ausländischen Diplomaten maßgeblich, LG Köln MDR **62**, 903, ohne Rücksicht auf seine jederzeitige Verwendbarkeit an einem anderen Ort. Nicht erforderlich ist die Absicht, für einige Zeit den Ort zum Daseinsmittelpunkt zu machen, auch nicht die polizeiliche Meldung. Vielmehr handelt es sich um einen rein tatsächlichen Vorgang, ohne daß wie bei der Wohnsitzbegründung ein rechtsgeschäftlicher Wille hinzukommen müßte, BGH NJW **75**, 1068. Der Mittelpunkt des gemeinsamen ehelichen Lebens entscheidet: Eine vorübergehende Abwesenheit wie Wehrdienst oder Tätigkeit für eine deutsche Firma im Ausland ändert nichts am bisherigen Aufenthalt.

„Gemeinsam" ist der Aufenthalt nur, wenn die Ehegatten zusammen leben, nicht dagegen bei Getrenntleben. Führt jedoch der Zwang der Verhältnisse zum Getrenntleben, so haben die Ehegatten bei Rückkehrwillen trotzdem einen gemeinsamen Aufenthalt, Hamm MDR **57**, 171, also auch dann, wenn ein Ehegatte wegen seiner Arbeit an einem anderen Ort ein Zimmer bewohnt, aber an den Wochenenden oder im Urlaub mit seiner Ehefrau regelmäßig zusammenlebt, Schlesw SchlHA **63**, 125. Anders liegt es dagegen bei zwangsweiser Verbringung eines Ehegatten an einen anderen Ort, Soergel-Kegel Art 29 EGBGB Rdz 22, jedenfalls dann, wenn der Zwangsaufenthalt (Strafhaft) länger dauert.

b) Der gemeinsame gewöhnliche Aufenthalt muß im Inland liegen, vgl I 2, also in der Bundesrepublik (einschließlich Berlin). Liegt er dagegen in der DDR, so besteht keine Zuständigkeit nach § 606 I, Vorbem B § 606b, LG Hbg FamRZ **73**, 263. Haben die Ehegatten ausnahmsweise einen weiteren gemeinsamen gewöhnlichen Aufenthaltsort dort oder im Ausland, BayObLG FamRZ **80**, 883, so bleibt dieser für die inländische Zuständigkeit außer Betracht, str, vgl BayObLG aaO.

c) Der gemeinsame gewöhnliche Aufenthalt im Inland muß bei Eintritt der Rechtshängigkeit bestehen, sonst greift I 2 ein. Rechtshängig wird eine EheS mit Zustellung der Klage bzw des Scheidungsantrags, § 622, s §§ 261 I, 253, sofern die Zustellung zu dem Zweck erfolgt, die Rechtshängigkeit herbeizuführen. Eine Zustellung allein im Verfahren der Prozeßkostenhilfe ist deshalb für die Zuständigkeit ohne Bedeutung, BGH FamRZ **80**, 131.

B. Ersatzgerichtsstand: Fehlt es bei Eintritt der Rechtshängigkeit an einem gemeinsamen gewöhnlichen Aufenthalt der Ehegatten im Inland, so ist das FamGer zuständig, in dessen Bezirk einer der Ehegatten (nicht notwendig der Kläger bzw Antragsteller) mit den gemeinsamen minderjährigen Kindern den gewöhnlichen Aufenthalt hat, **I 2.** Die Zuständigkeit knüpft hier an den räumlichen Mittelpunkt der Restfamilie an und trägt der Regelung des § 621 II 1 Rechnung, nach der das Gericht der EheS auch für die die Kinder betreffenden Verfahren des § 621 I Z 1–4 zuständig ist. Der gewöhnliche Aufenthalt, Anm 3 A a, kann auch in einem sog Frauenhaus sein, Hbg FamRZ **83**, 612 u **82**, 85. Wegen mehrerer gewöhnlicher Aufenthalte s Anm 3 A b.

Erforderlich ist, daß alle minderjährigen Kinder mit einem der getrenntlebenden Gatten einen gemeinsamen gewöhnlichen Aufenthalt haben; eine vorübergehende Abwesenheit, zB in einem Internat oder wegen Wehrdienstes, bleibt außer Betracht, Diederichsen NJW **77**, 650, aM ThP 3b. Auch hier kommt es nur auf den tatsächlichen Vorgang des Zusammenlebens an, vgl BGH FamRZ **75**, 272. Der Eintritt der Volljährigkeit während des Verfahrens berührt die Zuständigkeit nicht, § 261 III Z 2, StJSchl Rdz 13. Sind dagegen die Kinder bei Klageerhebung nicht mehr volljährig oder leben sie verteilt bei beiden Gatten oder Dritten, zB den Großeltern, so gilt II, Sedemund-Treiber DRiZ **76**, 332, Brüggemann FamRZ **77**, 7, Zö-Philippi 4b, ThP 3b; für die Anwendung von I 2 in dem Fall, daß ein Teil der Kinder bei einem Ehegatten und ein Teil bei einem Dritten lebt, mit beachtlichen Gründen Hamm FamRZ **80**, 1137, Ffm FamRZ **80**, 376 und Mü FamRZ **79**, 152 (abzulehnen AG Hersbruck FamRZ **79**, 717, das § 36 I 2 FGG entsprechend anwendet).

4) Hilfszuständigkeiten, II, III. A. Versagt I, hat also bei Eintritt der Rechtshängigkeit weder das Ehepaar noch der mit allen minderjährigen Kindern zusammenlebende Ehegatte seinen gewöhnlichen Aufenthalt im Inland, so gilt folgendes:

a) Zuständig ist das FamGer, in dessen Bezirk die Gatten ihren gemeinsamen gewöhnlichen Aufenthalt zuletzt gehabt haben, wenn dieser Ort im Inland liegt, so daß es auf einen solchen Aufenthalt in der DDR nicht ankommt, Anm 3 A b, und wenn einer der Gatten (nicht notwendig der Kläger) bei Eintritt der Rechtshängigkeit, Anm 3 A c, dort noch seinen gewöhnlichen Aufenthalt hat, **II 1;**

b) fehlt es an einem solchen letzten gemeinsamen gewöhnlichen Aufenthalt, ist das FamGer des gewöhnlichen Aufenthaltsorts des Beklagten im Inland zuständig, **II 2;**

c) hilfsweise, also wenn der Beklagte seinen gewöhnlichen Aufenthalt nicht im Inland hat, ist das FamGer des gewöhnlichen Aufenthaltsorts des Klägers im Inland zuständig, **II 2;** das gilt auch dann, wenn der Aufenthalt des Beklagten unbekannt ist, hM, BGH NJW **83**, 285 mwN;

d) wenn alle diese Gerichtsstände versagen, ist ganz hilfsweise das FamGer beim AG Schöneberg in Berlin zuständig, **III.**

B. Wenn beide Ehegatten das Verfahren rechtshängig machen, ist von den nach II 2 zuständigen Gerichten dasjenige zuständig, bei dem das Verfahren zuerst rechtshängig geworden ist, **II 3 Halbs 1** (zum Begriff s Anm 3a c). Dies gilt auch dann, wenn die beiden Verfahren nicht miteinander verbunden werden können, II 3 Halbs 2, vgl §§ 610, 633. Der Zeitpunkt der Rechtshängigkeit des einen Verfahrens legt also für alle Ehesachen zwischen denselben Gatten den Gerichtsstand fest, so daß, wenn zuerst ein Antrag auf Scheidung rechtshängig geworden ist, die von dem anderen Gatten beabsichtigte Nichtigkeitsklage bei demselben FamGer anhängig gemacht werden muß, obwohl das nicht durch Widerklage geschehen kann, § 610; diese Notwendigkeit besteht nur dann nicht, wenn der Scheidungs-

1. Titel. Allgemeine Vorschriften für Ehesachen   §§ 606, 606a 1, 2

antrag vorher zurückgenommen oder rechtskräftig abgewiesen worden ist. Sind die Verfahren am selben Tag rechtshängig geworden, so gilt § 36 entsprechend, II 4, so daß das zuständige FamGer durch das im Rechtszuge zunächst höhere Gericht bestimmt wird. Das beim unzuständigen Gericht anhängige Verfahren ist auf Antrag des Klägers (Antragstellers im Fall der Scheidung) zu verweisen, § 281; geschieht dies nicht, ist die Klage (Scheidungsantrag) als unzulässig abzuweisen.

5) Ausschließliche Zuständigkeit. Die Gerichtsstände des § 606 sind als ausschließliche bezeichnet. Das sind sie aber nicht in dem Sinne, daß Deutsche in Ehesachen nur vor einem deutschen Gericht Recht nehmen könnten, vgl § 606a. Deutsche Ehegatten, die sich im Ausland aufhalten, können sich vielmehr auch dort scheiden lassen; ebenso kann der Deutsche, dessen Ehegatte sich im Ausland aufhält, statt im eigenen Gerichtsstand, Anm 4 A c, auch im Ausland Klage erheben, dies sogar dann, wenn beide Ehegatten nach Deutschland zurückgekehrt sind, vorausgesetzt, daß dann ihr letzter gemeinsamer gewöhnlicher Aufenthalt im Ausland lag, § 606a Z 2.

6) Rechtshängigkeit und Zuständigkeit. War das angerufene Gericht zZt der Klageerhebung zuständig, so bleibt dieses Gericht auch weiter zuständig, § 261 III (s auch Anm 4 B wegen der Klage des anderen Ehegatten). Das gilt auch für § 606b, also zB bei Auswanderung der Parteien während des Verfahrens, Hbg NJW 50, 509; wegen der Voraussetzungen der Anerkennung s aber § 606b Anm 3 C. Ist die Sache bei einem unzuständigen Gericht rechtshängig geworden und ändern sich danach die Zuständigkeitsvoraussetzungen, muß die Sache auf Antrag an das nunmehr zuständige FamGer verwiesen werden, nicht etwa an das bei Eintritt der Rechtshängigkeit zuständige Gericht, Hbg FamRZ 83, 612.

606a *Anerkennung und Zuständigkeit.* Die Vorschriften des § 606 stehen der Anerkennung einer von einer ausländischen Behörde getroffenen Entscheidung nicht entgegen,
1. wenn der Beklagte eine fremde Staatsangehörigkeit besitzt,
2. wenn der Beklagte seinen gewöhnlichen Aufenthalt im Ausland hat oder wenn die Ehegatten ihren gemeinsamen gewöhnlichen Aufenthalt zuletzt im Ausland gehabt haben oder
3. wenn der Beklagte die Anerkennung der Entscheidung beantragt.

1) Allgemeines. Die Anerkennung ausländischer Entscheidung in Ehesachen richtet sich nach Art 7 FamRÄndG, vgl dazu § 328 Anm 7 B. Danach ist die Entscheidung anzuerkennen, wenn die Voraussetzungen des § 328 gegeben sind, wobei aber Art 7 § 1 I 2 zu beachten ist. Die Anerkennung ist also ua zu versagen, wenn die Gerichte des betreffenden Staates nach deutschem Recht unzuständig sind, § 328 Anm 2. § 606a nennt die Fälle, in denen die Anerkennung trotz der nach § 606 gegebenen ausschließlichen Zuständigkeit (s auch § 606 Anm 5) erfolgen kann, erweitert also die genannten Anerkennungsbestimmungen im Interesse der Parteien durch eine erhebliche Lockerung der Zuständigkeitsvorschriften. Wegen der Anerkennung von Eheurteilen der DDR s § 328 Einf B.

2) Anerkennungserleichterungen. A. Voraussetzungen. Sie müssen im Zeitpunkt der ausländischen Entscheidung vorliegen, § 328 Abm 7 Ba, so daß die internationale Zuständigkeit des ausländischen Gerichts nach den in jenem Zeitpunkt maßgeblichen Normen zu beurteilen ist, hM, ua BayObLG StAZ 75, 130, Staud-Gamillscheg EGBGB § 328 ZPO Rdz 99, 231 ff, StJSchl Rdz 6, aM Neuhaus RabelsZ 67, 579. Wegen des Begriffs der von einer ausländischen Behörde in Ehesachen getroffenen Entscheidung vgl § 328 Anm 1 B.

B. Anerkennung. Ihr steht die ausschließliche Zuständigkeit nach § 606 nicht entgegen, wenn **a)** der Beklagte eine fremde Staatsangehörigkeit besitzt, **Z 1**. Maßgebend ist nur seine Staatsangehörigkeit zur Zeit der Entscheidung im Ausland, während der Kläger Deutscher sein oder gewesen sein kann. Auch auf seinen gewöhnlichen Aufenthalt oder den letzten gemeinsamen gewöhnlichen Aufenthalt der Eheleute kommt es nicht aus. Der Beklagte braucht nicht vor einem Gericht seines Heimatstaates verklagt worden zu sein, so daß es sich dann um die Anerkennung der Entscheidung eines dritten Staates handelt. Ist der Beklagte staatenlos, so kommen nur Z 2 und 3 zur Anwendung. Wegen der Doppelstaater s § 606 Anm 1 und Düss MDR 74, 1023 (Beklagter darf nicht auch deutscher Staatsangehöriger sein).

Ferner steht § 606 nicht entgegen, **b)** wenn der Beklagte seinen gewöhnlichen Aufenthalt im Ausland hat, **Z 2**, was nach deutschem Recht zu beurteilen ist. Entscheidend ist nur der Aufenthalt des Beklagten. Die Staatsangehörigkeit beider Parteien ist gleichgültig.

Der Anerkennung steht § 606 auch nicht entgegen, **c)** wenn die Ehegatten ihren gemeinsamen gewöhnlichen Aufenthalt zuletzt im Ausland gehabt haben, **Z 2**. Haben sie sich zuletzt gemeinsam in Deutschland aufgehalten, entfällt die Anerkennungsmöglichkeit aus diesem Grunde; sie ist aber gegeben, wenn die Ehegatten seit ihrer Rückkehr nach Deutschland getrennt leben. Bestand in den Fällen b) und c) ein gewöhnlicher Aufenthalt auch im Inland, was möglich ist, so gilt Z 2 gleichwohl, Zö-Geimer 2d, str, vgl Bay BayObLG FamRZ **80**, 883.

Die ausschließliche Zuständigkeit nach § 606 steht schließlich nicht entgegen, **d)** wenn der Beklagte die Anerkennung der Entscheidung beantragt, **Z 3**. Auch hier kommt es nur auf den Beklagten an. Nur er (oder sein Bevollmächtigter) darf den Antrag stellen, nicht dagegen sein gesetzlicher Vertreter oder Rechtsnachfolger, Bürgle NJW **74**, 2166 gegen Geimer NJW **74**, 1026. Die Staatsangehörigkeit des Beklagten ist insofern gleichgültig. Unerheblich ist ein etwaiger Widerspruch des Klägers.

C. Zu a–c: Streitig ist, ob § 606a nur eine Ausnahme zu § 606 schafft, also die Zuständigkeit des Urteilsgerichts nach § 328 I Z 1 außerdem noch zu prüfen ist, mithin dieses Gericht auch entsprechend § 606b zuständig gewesen sein muß, oder ob bei Vorliegen einer der Tatbestände des § 606a ohne weiteres anzuerkennen ist (Übersicht: BayObLG NJW **72**, 1626). Die erste, jetzt herrschende Meinung, ua RoS § 158 II 4, Kleinrahm-Partikel S 106, StJSchl Rdz 1 und in der Rechtsprechung namentlich BayObLG NJW **72**, 1626 und FamRZ **75**, 215 mwN, hebt hervor, daß § 606b in § 606a nicht genannt ist und sich für die scheidungsbegehrenden Eheleute die Möglichkeit der Vereinbarung eines ausländischen Scheidungsgerichts ergeben könnte, die § 40 II widerspricht. Dem ist zuzustimmen, Pal-Heldrich Art 17 EGBGB Anm 6b, ThP 2, Zö-Geimer § 328 Anm 5 B, § 606a Anm 3, und auch Staud-Gamillscheg EGBGB § 328 Rdz 144. Das ausländische Gericht ist demnach nur dann iSv § 328 I Z 1 zuständig zur Ehescheidung, wenn im Einzelfall die ausschließliche Zuständigkeit deutscher Gerichte (§ 606) durchbrochen ist (§ 606a) und Anknüpfungspunkte für die internationale Zuständigkeit gerade des erkennenden ausländischen Gerichts gegeben sind.

606 b *Internationale Zuständigkeit.* Besitzt keiner der Ehegatten die deutsche Staatsangehörigkeit, so kann von einem deutschen Gericht in der Sache nur entschieden werden,

1. wenn der gewöhnliche Aufenthaltsort des Mannes oder der Frau im Inland gelegen ist und nach dem Heimatrecht des Mannes die von dem deutschen Gericht zu fällende Entscheidung anerkannt werden wird oder auch nur einer der Ehegatten staatenlos ist;

2. wenn die Frau zur Zeit der Eheschließung deutsche Staatsangehörige war und sie auf Aufhebung oder Nichtigerklärung der Ehe oder auf Feststellung des Bestehens oder Nichtbestehens der Ehe oder der Staatsanwalt auf Nichtigerklärung der Ehe klagt.

Vorbem. A. § 606b gilt nicht im Verhältnis zur DDR, BGH **34**, 134. Ihre Bewohner, die die Staatsangehörigkeit der DDR besitzen, sind keine Ausländer, sondern Deutsche, und zumindest im Bereich des GG wie Bürger der Bundesrepublik zu behandeln, BVerfG NJW **73**, 1544. Die Gerichte in der Bundesrepublik sind für sie nicht zuständig, wenn beide Ehegatten ihren gewöhnlichen Aufenthalt in der DDR haben; für ihre Zuständigkeit genügt es, wenn der klagende Ehegatte seinen gewöhnlichen Aufenthalt im Geltungsbereich der ZPO oder im Ausland hat, § 606, BGH NJW **56**, 1031. Wegen der Anerkennung von Urteilen s Einf B § 328.

B. Wegen der Flüchtlinge, heimatlosen Ausländer und Asylberechtigten vgl die im Anh I–V erörterten Vorschriften.

Schrifttum: Nagel, Internationales Zivilprozeßrecht für deutsche Praktiker, 1980, Abschnitt III; Otto, Ehe- und Familiensachen mit Auslandsbeteiligung, 3. Aufl 1983; Rahm-Liermann, Handbuch des Familiengerichtsverfahrens, 1979, Abschnitt VII.

1) Allgemeines. Während 606a die Möglichkeiten der Anerkennung ausländischer Entscheidungen in Ehesachen durch Einschränkung der Beachtung deutscher Zuständigkeitsvorschriften erweitert, geht § 606b von dem Bestreben aus, möglichst zu vermeiden, daß in Deutschland erlassene Urteile in Ehesachen im Ausland nicht anerkannt werden. Er engt also die deutsche internationale Zuständigkeit, Üb 1 C § 12, für Ausländerehesachen durch das Erfordernis der Anerkennung erheblich ein, Z 1, außer wenn es sich um den Bestand der

1. Titel. Allgemeine Vorschriften für Ehesachen §606b 1, 2

Ehe einer früheren deutschen Frau handelt, Z 2. Auch für die Trennung von Tisch und Bett nach ausländischem Recht, Üb 1 § 606, gelten die Erfordernisse des § 606b, AG Besigheim Just **83**, 52, str, aM AG Hbg FamRZ **80**, 578 m krit Anm Neuhaus.

Bei Verkennung der Voraussetzungen entfaltet das deutsche Urteil gleichwohl Gestaltungswirkung und schafft Rechtskraft, Staudinger-Gamillscheg Rdz 209. Ob es dann, wenn die Auflösung der Ehe Vorfrage für eine nach ausländischem Recht zu treffende Entscheidung ist, stets beachtet werden muß, ist str, vgl Hausmann FamRZ **81**, 833.

2) Internationale Zuständigkeit deutscher Gerichte in Ausländerehesachen. A. Deutsche Staatsangehörige. Die deutsche Zuständigkeit ist gegeben, wenn auch nur einer der Gatten die deutsche Staatsangehörigkeit besitzt, BGH **75**, 243, mag er daneben auch noch eine andere haben, BGH NJW **79**, 1776. Dies gilt auch, wenn der Staatsanwalt oder der Gatte der früheren Ehe die Nichtigkeitsklage, § 632 II, erhebt, BGH NJW **76**, 1590. Der Erwerb der Staatsangehörigkeit während des Scheidungsverfahrens genügt, BGH NJW **70**, 1007.

Deutschen Staatsangehörigen stehen gleich: Deutsche iSv Art 116 I GG, die nicht eingebürgert sind, § 606 Anm 1, Flüchtlinge nach der Genfer Konvention und als asylberechtigt anerkannte Ausländer, Celle FamRZ **74**, 314 (vgl jetzt § 3 AsylVfG), sowie Flüchtlinge iS des Gesetzes vom 22. 7. 80, BGBl 1057, und heimatlose Ausländer iS des Gesetzes vom 25. 4. 51, BGBl 269 (für Berlin G vom 28. 2. 52, GVBl 126), vgl Anh I–V.

B. Nichtdeutsche. a) Z 1: Besitzt kein Gatte die deutsche Staatsangehörigkeit und ist auch keiner von ihnen den deutschen Staatsangehörigen gleichgestellt, so ist die deutsche internationale Zuständigkeit nur gegeben, wenn der Mann oder die Frau den gewöhnlichen Aufenthalt im Inland hat und **aa)** entweder einer von ihnen staatenlos ist (wegen der Verschleppten und Flüchtlinge, die in EheS wie Deutsche zu behandeln sind, vgl Anh I, wegen des Personalstatuts der Staatenlosen Art 12 des Übk v 28. 9. 54, BGBl 76 II 474, in Kraft ab 24. 1. 77, Bek v 20. 2. 77, BGBl II 235, mit Liste der Vertragsstaaten, vgl Pal-Heldrich Anh Art 29 EGBGB) oder **bb)** wenn die deutsche Entscheidung anerkannt wird.

Die Anknüpfung allein an das Heimatrecht des Mannes verstößt gegen Art 3 GG, Celle FamRZ **82**, 813, KG NJW **80**, 535, Köln NJW **80**, 2026 m insoweit zustm Anm Steimel und Geimer FamRZ **80**, 787 u 789, Berkemann FamRZ **77**, 295 mwN, Jayme NJW **77**, 1379, str, vgl Winkler v. Mohrenfels ZZP **94**, 71 mwN, offengelassen BGH NJW **80**, 47 mwN (vgl aber BGH **86**, 57 zu Art 17 I EGBGB, zustm Otto NJW **83**, 1262, u zu Art 15 EGBGB BVerfG NJW **81**, 1968, dazu v. Bar NJW **83**, 1929). Im Interessse der Rechtssicherheit die gleichheitswidrige Vorschrift nach Art 20 II GG weiter anzuwenden, Pal-Heldrich 15 a vor Art 7 EGBGB, Ffm FamRZ **79**, 487, dürfte nicht angängig sein, Jayme NJW **77**, 1378, LG Hbg NJW **79**, 501; eine verfassungskonforme Auslegung dahin, daß das Erfordernis entfällt, Zö-Geimer V 4, oder die Anerkennung nach dem Heimatrecht eines Ehegatten, AG Gelnhausen NJW **82**, 1234, oder jedenfalls nach dem Heimatrecht des die Scheidung beantragenden Ehegatten genügt, AG Groß-Gerau FamRZ **81**, 51, scheidet ebenfalls aus, weil damit die Grenzen einer solchen Auslegung überschritten werden, Winkler v. Mohrenfels ZZP **94**, 71, aM Köln NJW **80**, 2026 m abl Anm Steimel u Geimer aaO, zweifelnd KG NJW **80**, 535. Vielmehr besteht, da § 606b nachkonstitutionell ist, Vorlagepflicht nach Art 100 GG, wenn die Frage erheblich für die Entscheidung ist, § 1 GVG Anm 3 C, Winkler v. Mohrenfels aaO, Berkemann NJW **80**, 2027, Celle FamRZ **82**, 813. Daran fehlt es, wenn die Gatten demselben Staat angehören, Stgt FamRZ **82**, 817, AG Besigheim Just **83**, 52, oder die Anerkennung des Urteils nach beiden Heimatrechten gesichert ist, BGH **86**, 59, Celle FamRZ **82**, 813, AG Eggenfeldes LS IPrax **82**, 78 m red Anm, LG Mü FamRZ **77**, 332 mit Anm Hepting, oder nach IPR für beide Gatten deutsches materielle Recht anzuwenden ist, Celle FamRZ **74**, 324 mwN, Hirschberg NJW **72**, 364. Auf die Anerkennung kommt es ferner nicht an, wenn nach ausländischem Recht eine Ehe überhaupt nicht besteht, sie in Deutschland aber wirksam ist, Stgt FamRZ **80**, 783 mwN, oder wenn die Ehe nach dem Heimatrecht der Ehegatten bereits als aufgelöst gilt, BGH NJW **82**, 517, oder wenn die Klage auf die Feststellung gerichtet ist, daß eine nach dem Heimatrecht beider Ehegatten gültige Privatscheidung, AG Hbg FamRZ **80**, 453, oder eine Ehetrennung durch ein kirchliches Gericht im Inland wirksam ist (bzw in diesem Fall die Trennung durch Urteil begehrt wird), AG Hbg StAZ **81**, 83 m insoweit zustm Anm Gottwald.

Nötig ist in allen Fällen auch eine Zuständigkeit nach § 606. Wegen der Anerkennung im Einzelfall s Anm 3.

b) Z 2: Die Zuständigkeit deutscher Gerichte ist weiter gegeben, wenn die Frau bei der Eheschließung deutsche Staatsangehörige war und sie die Aufhebungs-, Nichtigkeits- oder Ehefeststellungsklage oder der Staatsanwalt die Nichtigkeitsklage erhebt, nicht also bei

Herstellungsklagen oder Scheidungsanträgen. Mit dieser Bestimmung sichert § 606 b die Anwendung des deutschen materiellen Eherechts namentlich zugunsten der deutschen Frau. Ein Verstoß gegen Art 3 II GG liegt darin nicht, StJSchl III 2a, Zö-Geimer IV 2.

C. Maßgeblicher Zeitpunkt. Über die Zuständigkeit entscheiden die Verhältnisse bei der Entscheidung. Ist sie jedoch einmal gegeben, so dauern die sie begründenden Umstände nach § 261 III Z 2 fort, BGH **34**, 140, StJSchl § 606 Rdz 10. Hinsichtlich des Anerkennungserfordernisses scheidet eine solche Fortdauer dagegen aus, StJSchl aaO, Staud-Gamillscheg Rdz 168 ff, 177 ff, str, aM für einen Sonderfall (Flüchtling) Celle FamRZ **74**, 314 mwN (jede Fortdauer lehnt ab Damrau, Festschrift Bosch S 103 ff).

D. Rechtshängigkeit im Ausland. Sie ist nur zu beachten, wenn das fremde Urteil hier anzuerkennen ist oder sein wird, § 261 Anm 2 B. Die Rechtshängigkeit steht jedoch dem Scheidungsbegehren des deutschen Ehegatten im Inland nicht entgegen, wenn eine Sachentscheidung in dem ausländischen Verf nicht zu erwarten ist, BGH FamRZ **82**, 917, oder der deutsche Ehegatte nach Lage des Falles durch die Sperrwirkung des ausländischen Verfahrens, § 261 III Z 1, eine unzumutbare Beeinträchtigung des Rechtsschutzes erleiden würde, BGH NJW **83**, 1269 (überlange Dauer des ausländischen Verf).

3) Anerkennung im Sinne von Z 1. A. Unzureichend ist, daß das ausländische Recht fremde Gerichte nicht ausschließt, RG **125**, 353. Die Ablehnung durch eine ausländische Verwaltungsbehörde genügt, um die Anerkennung zu verneinen, auch dort, wo ausländische Gerichte zuständig sind, RG **143**, 132. Zur Begründung der deutschen Zuständigkeit reicht eine große Wahrscheinlichkeit der Anerkennung aus, KG NJW **80**, 535, Hamm FamRZ **80**, 449, RoS § 166 III 1 a. Bei zu erwartender Anerkennung ist eine etwaige Rechtshängigkeit im Ausland zu beachten, Mü NJW **72**, 2186.

Die Anerkennung muß auch in der Revisionsinstanz vAw geprüft werden, um eine einheitliche Beurteilung der Zuständigkeit für Angehörige desselben Landes zu erreichen, RoS § 166 III 1 a, Hanisch NJW **67**, 1210, aM BGH **27**, 47 m abl Anm Zweigert JZ **59**, 412. Der Fortfall des Anerkennungserfordernisses durch Erwerb der deutschen Staatsangehörigkeit ist in der Revisionsinstanz stets vAw zu berücksichtigen, BGH **53**, 128, StAZ **75**, 328. Wegen des maßgeblichen Zeitpunktes vgl i ü Anm 2 C.

B. Übersicht über die Anerkennung deutscher Eheurteile im Ausland. Es bedeuten: „Ja" Anerkennung zu erwarten, „Nein" Anerkennung nicht zu erwarten. **Schrifttum:** StJSchl VII; Wiecz C III e; Bergerfurth Rdz 178; Pal-Heldrich Art 17 EGBGB Anm 6a; Rahm VIII 84 ff; Staud-Gamillscheg § 606 b.

Ägypten nein, soweit es sich um Mohammedaner handelt, Celle FamRZ **74**, 314
Algerien zweifelhaft, Bergerfurth Rdz 178
Argentinien ja, wenn beide Parteien ihren Wohnsitz im Urteilsstaat haben und die Ehe ohne Umgehungsabsicht im Ausland geschlossen worden ist, KG NJW **80**, 535 (str, ob es zusätzlich darauf ankommt, daß die Scheidung im Heiratsstaat anerkannt wird, so LG Hbg FamRZ **74**, 460)
Australien ja bei Domizil in der Bundesrepublik, Bergerfurth Rdz 178
Belgien ja im Rahmen von Art 1, 2 u 4 dt-belg Abk, Schlußanh V B 4, Köln NJW **76**, 1040
Brasilien ja, nach Art 49 G Nr 6515, StAZ **78**, 144, ab 27. 12. 77, Bergerfurth Rdz 178 u Rahm VIII 96
Chile nein, Lg Hbg IPRspr **77** Nr 132, str, vgl Bergerfurth Rdz 178 u Rahm VIII 96
China ja, LG Hbg IPRspr **77** Nr 130, Luther Festschrift Ferid, 1978, S 291 (nicht aber Taiwan), str, Rahm VIII 97
Columbien zweifelhaft nach Einführung der Scheidung von Zivilehen, Poggi-Reber StAZ **78**, 204
Dänemark ja, KG DR **40**, 1383, LG Hbg IPRspr **73** Nr 146 u **74** Nr 67
Ecuador nein jedenfalls dann, wenn die Ehe in Ecuador geschlossen worden ist, Bergerfurth Rdz 178
Finnland ja, wenn der letzte gemeinsame Wohnsitz oder der des Beklagten im Inland liegt
Frankreich ja, wenn ein Franzose durch Klageerhebung in der Bundesrepublik oder als Beklagter durch ausdrückliche Unterwerfung unter die deutsche Gerichtsbarkeit auf die stets gegebene französische Zuständigkeit verzichtet oder der beklagte Ehegatte seinen Wohnsitz in der Bundesrepublik hat, Mü NJW **66**, 2274, dazu Helmreich NJW **67**, 507, LG Hbg IPRspr **75**, Nr 150: Zwar erfordert die (nur deklaratorische) transcription ein Exequaturverfahren, das aber nicht weitergeht als die Prüfung nach § 328, Kassationshof FamRZ **65**, 46 m Anm Sonnenberger, so daß RG **150**, 379 nicht mehr zutrifft, vgl Mezger Festschr Lewald, 1953, 317, Schwenn JZ **55**, 569, Serick FamRZ **55**, 311 (zum Schuldausspruch vgl BGH NJW **82**, 1940)

1. Titel. Allgemeine Vorschriften für Ehesachen **§ 606b** 3 B

Ghana ja, LG Weiden IPRspr **74** Nr 162
Griechenland ja im Rahmen von Art 2, 3 u 4 dt-griech Abk, Schlußanh V B 6, dazu Düss LS FamRZ **82**, 486, IPG **78** Nr 1, Hamm NJW **78**, 2452, Ffm FamRZ **75**, 693 (nach griechischem Recht dürfte es genügen, wenn die Ehegatten ihren letzten gemeinsamen gewöhnlichen Aufenthalt in der BRep hatten, Jayme IPrax **83**, 129), vorausgesetzt, daß die in Deutschland geschlossene Ehe formgültig nach deutschem Recht geschlossen wurde, LG Düss FamRZ **72**, 298; zum Schuldspruch nach griechischem Recht Ffm FamRZ **81**, 783, zustm Henrich IPrax **82**, 9
Großbritannien ja im Rahmen von Art 4 I c dt-brit Abk v. 14. 7. 60, Schlußanh V B 5, mit Unterzeichnungsprotokoll sowie des Recognition of Divorces and Legal Separations Act 1971, Ffm FamRZ **76**, 640, Meister FamRZ **77**, 108 mwN, Farnborough NJW **74**, 396, Schurig FamRZ **72**, 288; jedoch ist ein AG (FamGer) kein „oberes Gericht" iS v Art 1 II a des Abk, Schütze RIW **80**, 170
Indien wohl ja, Bergerfurth Rdz 178 u Rahm VIII 110
Indonesien ja, wenn indonesisches IPR beachtet ist, LG Hbg StAZ **77**, 339
Irak nein, Hamm FamRZ **74**, 26
Iran ja, Köln FamRZ **80**, 886, Ffm FamRZ **80**, 358, LG Hbg StAZ **77**, 339, LG Paderborn FamRZ **73**, 377, Krüger FamRZ **72**, 545, str (heutiger Rechtszustand ist ungewiß, Müller NJW **81**, 481; AG Hbg IPrax **83**, 75 bejaht die Anerkennung bei Wohnsitz des Klägers im Gerichtsstaat)
Irland nein, wenn nicht die Parteien ihr Domizil im Urteilsstaat haben, Rahm VIII 114
Island ja, RG **151**, 103
Israel zweifelhaft, Bergerfurth Rdz 178; ja jedenfalls dann, wenn nicht beide Ehegatten die israelische Staatsangehörigkeit haben, LG Bre FamRZ **66**, 636, oder beide außer der israelischen die deutsche Staatsangehörigkeit besitzen, Hbg MDR **72**, 421, während sonst nach einem israelischen Gesetz von 1953 die dortigen Rabbinatsgerichte ausschließlich zuständig sind, Beitzke MDR **72**, 421 (der dt-israel Vertrag, Schlußanh V B 9, gilt nicht für Familienstandssachen)
Italien ja, wenn die Gatten ihren Wohnsitz oder Residenzort in Deutschland haben (Art 3 u 13 des dt-ital Abk v 9. 3. 36, Schlußanh V B 2), Schlesw SchlHA **82**, 74, wenn zumindest der Beklagte hier seinen Wohnsitz hat, Stgt IPRax **81**, 142, bzw sich hier gewöhnlich aufhält, Düss FamRZ **81**, 147 mwN, sofern die Parteien in Italien eine Zivilehe geschlossen haben, LG Rottweil FamRZ **72**, 301 m zustm Anm Jayme; nach neuerem italienischem Recht kann die Ehefrau einen selbständigen Wohnsitz begründen, so daß die Anerkennung eines deutschen Urteils in Italien ausgeschlossen ist, wenn die beklagte Frau getrennt von ihrem Mann außerhalb der Bundesrepublik lebt, Luther NJW **81**, 2606, Düss FamRZ **78**, 418 gg Düss FamRZ **76**, 352 m abl Anm Jayme. Teilweise abw und weitergehend Hausmann FamRZ **81**, 1179: Anerkennung, wenn lediglich der beklagte Ehegatte seinen Wohnsitz in Deutschland hat oder die deutsche Staatsangehörigkeit besitzt, sowie dann, wenn der Antragsgegner Italiener ist und in Deutschland weder Wohnsitz noch gewöhnlichen Aufenthalt hat, sofern nur der Antragsteller Deutscher ist und seinen Wohnsitz im Inland hat. Entsprechendes gilt für Trennungsklagen, AG Hersbruck FamRZ **80**, 452. Voraussetzung für die Anerkennung in Italien ist die Beachtung bestimmter Vorschriften des italienischen Prozeßrechts, Luther NJW **81**, 2605 mwN und Jayme IPrax **82**, 56 (abl zu Karlsr IPrax **82**, 75), Hausmann FamRZ **79**, 816 mwN (zum Erfordernis eines Versöhnungsversuchs und der auch in der BRep zulässigen Mitwirkung des Staatsanwalts am Verf Luther und Jayme aaO, Jayme IPrax **82**, 204, Köln FamRZ **83**, 922, Ffm IPrax **83**, 193 sowie AG Besigheim Just **83**, 52 mwN, zustm Jayme IPrax **83**, 193, abw Ffm FamRZ **83**, 618, Stgt LS NJW **83**, 1984; zum Verbundverfahren Hamm NJW **81**, 2648; zum Schuldspruch bei Trennungsurteil Ffm FamRZ **79**, 813; zur AnO an den italienischen Standesbeamten, die Scheidung einzutragen, LG Darmstadt FamRZ **74**, 192, zustm Jayme)
Japan wohl ja, Bergerfurth Rdz 178 u Rahm VIII 119
Jordanien ja bei gewöhnlichem Aufenthalt beider Parteien in der BRep und Anwendung jordanischen Rechts, IPG **78** Nr 21, Hbg IPrax **81**, 181, anders wohl bei einer nach islamischem Recht geschlossenen Ehe zweier Moslems, Rahm VIII 120. 1
Jugoslawien nach IPR-G, IPrax **83**, 6, ja, wenn nicht der jugoslawische Beklagte dort seinen Wohnsitz hat, nein bei vorheriger Rechtshängigkeit in Jugoslawien, Rahm VIII 121; vgl Grbin StAZ **82**, 156 u Lipowschek StAZ **83**, 40 (zum Wohnsitz der Gastarbeiter, vgl Stgt FamRZ **82**, 817)
Korea ja, LG Hbg IPRspr **77** Nr 67

Libanon wohl ja, LG Mü FamRZ **77**, 332, jedenfalls bei Anwendung religiösen Rechts, Bergerfurth Rdz 178
Liechtenstein zweifelhaft, Bergerfurth Rdz 178
Luxemburg nein, AG Wittlich FamRZ **80**, 782, abw Staud-Gamillscheg Rdz 308: ja bei beiderseitigem Wohnsitz in der Bundesrepublik, vgl auch Rahm VIII 128
Marokko nein
Mexico ja bei gewöhnlichem Aufenthalt des Klägers im Urteilsstaat, Stgt FamRZ **74**, 459, vgl Jayme FamRZ **73**, 5
Neuseeland wohl ja, Bergerfurth Rdz 178
Niederlande ja, wenn das Verf ordnungsgemäß u das ausländische Gericht international zuständig ist oder die Gegenpartei dem Verf zustimmt, dazu Rahm VIII 134
Norwegen ja, RG **168**, 50, wenn der Gegner in der BRep wohnt oder der Antragsteller seit zwei Jahren hier wohnhaft ist, Rahm VIII 136 (der dt-norweg Vertrag, Schlußanh V B 10, gilt nicht für Familienstandssachen)
Österreich ja, wenn das deutsche Gericht nach § 76 österr Jurisdiktionsnorm (idF v 3. 5. 74, österr BGBl Nr 283) zuständig war, einer der Beteiligten zZt des Scheidungsverfahrens also seinen gewöhnlichen Aufenthalt in der Bundesrepublik hatte, Karlsr FamRZ **80**, 682, Hoyer FamRZ **78**, 299 (zum Schuldausspruch Karlsr FamRZ **80**, 682)
Pakistan ja, Bergerfurth Rdz 178
Paraguay nein, Rahm VIII 140
Peru nein, weil Peru die ausschließliche Zuständigkeit beansprucht, Samtleben IPrax **82**, 119, AG Ebersberg IPrax **82**, 160
Philippinen nein, Rahm VIII 142
Polen ja, BayObLG StAZ **76**, 162, KG FamRZ **74**, 461
Portugal ja, wenn beide Ehegatten ihren Wohnsitz in der Bundesrepublik haben und das deutsche Gericht nach portugiesischem Recht örtlich zuständig war, Celle FamRZ **82**, 813, Hamm FamRZ **80**, 449, LG Hbg FamRZ **74**, 257 u IPRspr **76** Nr 47; dies gilt seit 1975 auch für die nach 1940 kanonisch geschlossenen Ehen, Bergerfurth Rdz 178
Rumänien ja, Rahm VIII 145
Schweden ja, LG Bln IPRspr **62/63** Nr 176, KG JR **39**, 187, RG HansGZ **36** B 400; vgl auch Rabelsz **66**, 512
Schweiz ja im Rahmen von Art 3ff des dt-schweiz Abk, Schlußanh V B 1, KG JW **36**, 3577 mwN, vgl Mü NJW **72**, 2186, Sturm Festschrift Beitzke, 1979, 803
Spanien früher nein, LG Mü FamRZ **74**, 257, jedoch dürfte nach der neueren spanischen Gesetzgebung (Texte StAZ **82**, 86, Darstellung Kneip FamRZ **82**, 445) die Anerkennung eines deutschen Scheidungs- oder Trennungsurteils zwischen spanischen Staatsangehörigen zu erwarten sein, Hbg StAZ **82**, 246, Ffm MDR **82**, 586, Rau IPrax **81**, 189, zweifelnd Rahm VIII 150
Südafrikanische Union ja, Bergerfurth Rdz 178 u Rahm VIII 151 (jedenfalls bei Wohnsitz in der BRep)
Syrien nein, Rahm VIII 153
Taiwan nein, Luther Festschr Ferid, 1978, 291
Trinidad und Tobago ja, LG Hbg IPRspr **77** Nr 131
Tschechoslowakei ja, LG Wiesbaden FamRZ **72**, 208, bei persönlicher Zustellung der Ladung und Ermittlung der materiellen Wahrheit, Rahm VIII 158
Tunesien ja im Rahmen von Art 28 des st-tunes Vertrages, Schlußanh V B 8, wenn der Beklagte seinen gewöhnlichen Aufenthalt zZt der Einleitung des Verfahrens oder beide Ehegatten ihren letzten gemeinsamen gewöhnlichen Aufenthalt in Deutschland hatten, Art 32 II
Türkei früher nein, Köln NJW **80**, 2026, seit 1982 ja bei Anwendung des nach türkischem IPR maßgeblichen Rechts, Ansay StAZ **83**, 29
UdSSR wohl ja, wenn im Zeitpunkt der Entscheidung wenigstens ein Gatte außerhalb der UdSSR lebt, Celle FamRZ **82**, 813, vgl Bergerfurth Rdz 178, abw LG Mü FamRZ **74**, 257
Ungarn zweifelhaft; bei inländischem Wohnsitz ist wohl mit Anerkennung zu rechnen, §§ 71 u 73 der GesVO Nr 13/79, StAZ **80**, 78, aM Rahm VIII 162
Vereinigte Staaten ja, wenn nach dem Recht des jeweiligen Einzelstaates die Jurisdiktion des deutschen Gerichts gegeben ist, vgl Grasmann FamRZ **64**, 345, Rheinstein RabelsZ **68**, 527, LG Stgt NJW **70**, 1512 (New Mexico), Ffm FamRZ **73**, 33 (New York), LG Weiden NJW **74**, 2190 (Massachusetts), LG Hbg IPRspr **74** Nr 65 (Georgia), LG Bbg IPRspr **76** Nr 155 (South Carolina); vgl auch BGH **27**, 51 (District of Columbia).

1. Titel. Allgemeine Vorschriften für Ehesachen Anh I, II § 606 b

Anhang

I. AHKG 23 über die Rechtsverhältnisse verschleppter Personen und Flüchtlinge

v 17. 3. 1950, ABlAHK 140 (auszugsweise)

Schrifttum: Pal-Heldrich Anh II 2 Art 29 EGBGB.

Art. 3. Bei bürgerlichen Rechtsstreitigkeiten, die im Sechsten Buch der Zivilprozeßordnung geregelt sind, finden deren Vorschriften auf verschleppte Personen und Flüchtlinge Anwendung, als ob sie deutsche Staatsangehörige wären.
(Abs 2 ist gegenstandslos)

Vorbem. Ein gleichlautendes G gilt in **Berlin,** KommG 9 v 28. 8. 1950, VOBl 458, m Änderungsgesetz 14 vom 13. 4. 1951, VOBl 332.

1) Allgemeines. Um verschleppten Personen und Flüchtlingen (wegen des Begriffs unten Art 10) die Möglichkeit zu geben, vor ihrer Auswanderung insbesondere ihre Familienverhältnisse zu ordnen, werden sie nach Art 1 AHKG, auch wenn sie eine fremde Staatsangehörigkeit haben, entsprechend der Regelung in Art 29 EGBGB wie Staatenlose behandelt. Wegen der Rechtsstellung der heimatlosen Ausländer iS des Gesetzes v 25. 4. 51 s Pal-Heldrich Anh I zu Art 29 EGBGB.

2) Prozeßrechtlich bringt Art 3 AHKG 23 die Ergänzung, daß diese Personen bei allen bürgerlichen Rechtsstreitigkeiten, die im 6. Buch der ZPO geregelt sind, also in Ehe-, Kindschafts- und Entmündigungssachen wie deutsche Staatsangehörige zu behandeln sind. In allen diesen Fällen ist die deutsche Gerichtsbarkeit gegeben; insbesondere entfällt § 606 b Z 1. Das deutsche Gericht ist mithin auch für die Scheidungsklage der polnischen Frau zuständig, deren polnischer Ehemann in Polen zurückgeblieben ist, auch wenn die polnischen Behörden das deutsche Scheidungsurteil nicht anerkennen. Auch § 606 b Z 2 kommt Frauen zugute, die Verschleppte oder Flüchtlinge iS des Gesetzes sind, weil sie zu behandeln sind, als ob sie Deutsche wären (eine weitergehende Regelung als in Art 1, vgl Anm 1, was Schwenn SJZ **50,** 656 hier nicht berücksichtigt). Für die Streitigkeiten des 6. Buches ist ferner ebenso wie bei Deutschen Prozeßkostenhilfe zu gewähren, es besteht insofern auch keine Verpflichtung zur Sicherheitsleistung, § 110.

3) Verschleppte und Flüchtlinge nach AHKG 23.

Art 10. Im Sinne dieses Gesetzes bedeutet:
a) der Ausdruck „verschleppte Personen und Flüchtlinge" Personen, die nicht die deutsche Staatsangehörigkeit besitzen oder deren Staatsangehörigkeit nicht festgestellt werden kann, sofern sie ihren Aufenthalt im Gebiet der Bundesrepublik haben und eine amtliche Bescheinigung darüber besitzen, daß sie der Obhut der internationalen Organisation unterstehen, die von den Vereinten Nationen mit der Betreuung der verschleppten Personen und Flüchtlinge beauftragt ist;
b) ...

Verschleppte Personen und Flüchtlinge sind nur solche Personen, die nicht die deutsche Staatsangehörigkeit besitzen. Das ist also jedenfalls zunächst zu prüfen. Erforderlich ist **a)** daß die Person eine fremde Staatsangehörigkeit besitzt oder daß ihre Staatsangehörigkeit in tatsächlicher (zB nicht in Deutschland – § 4 Reichs- u Staatsangehörigkeitsgesetz – gefundene Findelkinder) oder rechtlicher Beziehung nicht festgestellt werden kann. Steht eine frühere Staatsangehörigkeit fest, läßt sich aber nicht festellen, ob diese verloren und eine neue erworben wurde, so ist von der früheren Staatsangehörigkeit auszugehen; war das also die deutsche, so ist G 23 unanwendbar.
b) Aufenthalt im Bundesgebiet; der gewöhnliche Aufenthalt braucht es nicht zu sein. **c)** Eine amtliche Bescheinigung, daß die Person der Obhut der internationalen Organisation untersteht, die von der UNO mit der Betreuung der verschleppten Personen und Flüchtlinge beauftragt ist.

II. Rechtsstellung heimatloser Ausländer im Bundesgebiet

Ges v 25. 4. 51, BGBl I 269

Schrifttum: Pal-Heldrich Anh II 3 Art 29 EGBGB.

Der Begriff des heimatlosen Ausländers deckt sich etwa mit dem des AHKG; §§ 1 und 2 des Gesetzes. Voraussetzung ist also, daß er **a)** nicht Deutscher iSv Art 116 GG ist, vgl dazu § 606 Anm 1, **b)** am 30. 6. 50 seinen Aufenthalt im Geltungsbereich des GG oder in Berlin hatte oder die Rechtsstellung eines heimatlosen Ausländers erwirbt. Nicht geregelt (wohl aber durch die Flüchtlingskonvention, Anh I Vorbem) sind also die Rechtsbeziehungen der Flüchtlinge im dritten Lande. Nach § 11 sind die heimatlosen Ausländer iS des Gesetzes im Verfahren vor allen deutschen Gerichten (auch hinsichtlich der Prozeßkostenhilfe und der Sicherheitsleistung) den deutschen Staatsangehörigen gleichgestellt, so daß § 606b Z 1 auch für jene entfällt; vgl Anh I Anm 2.

III. Genfer Flüchtlingskonvention
v 28. 7. 51, BGBl 53 II 559

Schrifttum: Pal-Heldrich Anh II 4 Art 29 EGBGB; Hirschberg NJW **72**, 361; Marx ZRP **80**, 192

Das Abk über die Rechtsstellung der Flüchtlinge (teilweise abgedruckt und erläutert bei Pal-Heldrich Anh II 4 Art 29 EGBGB, dort auch Näheres über den Geltungsbereich) ist in der Bundesrepublik seit dem 24. 12. 1953 in Kraft, G v 1. 9. 53, BGBl II 559. Es wird ergänzt durch das Protokoll v 31. 1. 69, BGBl 69 II 1294, in Kraft seit dem 5. 11. 69, BGBl 70 II 194. Das Abk enthält im wesentlichen fremdenrechtliche Bestimmungen. Der Begriff des Flüchtlings wird in Art 1 definiert; eine wichtige Erweiterung enthält Art 1 des Protokolls v 31. 1. 67, BGBl 69 II 1293. Dem AHKG 23 geht das Abkommen als spätere Regelung seit seinem Inkrafttreten vor.

Nach Art 12 I bestimmt sich das Personalstatut jedes Flüchtlings iSv Art 1 u Art I des Protokolls, dh seine Rechtsstellung, nach dem Recht des Landes seines Wohnsitzes oder, in Ermangelung eines Wohnsitzes, nach dem Recht seines Aufenthaltslandes, BayObLG FamRZ **75**, 223, Bbg FamRZ **82**, 506. Die unter Art 12 I fallenden Flüchtlinge, die ihren Wohnsitz bzw Aufenthalt in der BRep haben, genießen hinsichtlich des Zugangs zu den Gerichten nach Art 16 II dieselbe Behandlung wie Deutsche, so daß sie auch hinsichtlich der internationalen Zuständigkeit wie Deutsche zu behandeln sind, das Erfordernis der Anerkennung durch den Heimatstaat also entfällt, BGH NJW **82**, 2732 mwN, Jayme IPrax **81**, 75, hM. Ein besonderes Anerkennungsverfahren ist ebensowenig nötig wie die Asylberechtigung, Hirschberg NJW **72**, 312. Der Status als Flüchtling schließt aber die Anerkennung einer von dem Gericht des Heimatstaats erlassenen Entscheidung nicht aus, BGH FamRZ **79**, 577.

IV. Asylberechtigte

Schrifttum: Pal-Heldrich Anh II 5 Art 29 EGBGB; Marx ZRP **80**, 192 (zu § 44 AuslG aF); Materialien: JZ-Gesetzgebungsdienst **82**, 118.

Auf Asylberechtigte war schon bisher der Geltungsbereich der Genfer Flüchtlingskonvention, Anh III, durch § 44 AuslG ausgedehnt, vgl 40. Aufl. Statt dessen gilt seit dem 1. 8. 82 (§ 45 I AsylVfG)

§ 3 Asylverfahrensgesetz v 16. 7. 82, BGBl 946

(1) Asylberechtigte genießen im Geltungsbereich dieses Gesetzes die Rechtsstellung nach dem Abkommen über die Rechtsstellung der Flüchtlinge vom 28. Juli 1951 (BGBl. 1953 II S. 559).

(2) Unberührt bleiben die Vorschriften, die den Asylberechtigten eine günstigere Rechtsstellung einräumen.

Die Vorschrift gilt für Ausländer, die als Asylberechtigte iSv Art 16 II 2 GG vom Bundesamt für die Anerkennung ausländischer Flüchtlinge anerkannt sind, §§ 1, 4 u 7ff AsylVfG. Wegen der internationalen Zuständigkeit in EheS ist auf das zur Genfer Flüchtlingskonvention Gesagte, Anh III, zu verweisen, Erlischt die Asylberechtigung nach Klagerhebung, § 15 AsylVfG, so berührt das die internationale Zuständigkeit deutscher Gerichte nicht, § 261 III 1, Celle FamRZ **74**, 314, aM StJSchl § 606b Rdz 4; das Gleiche gilt für den Widerruf und die Rücknahme der Anerkennung, § 16 AsylVfG.

V. Gesetz über Maßnahmen für im Rahmen humanitärer Hilfsaktionen aufgenommene Flüchtlinge
v 22. 7. 1980, BGBl I 1057

Schrifttum: Pal-Heldrich Anh II 6 Art 29 EGBGB; Jayme IPRax **81**, 73

Der Anwendungsbereich der Genfer Flüchtlingskonvention, Anh III, wird durch § 1 des Gesetzes auf Ausländer ausgedehnt, die im Rahmen humanitärer Hilfsaktionen der Bundesrepublik Deutschland auf Grund der Erteilung einer Aufenthaltserlaubnis vor der Einreise in der Form des Sichtvermerks oder auf Grund einer Übernahmeerklärung nach § 22 AuslG im Geltungsbereich dieses Gesetzes aufgenommen worden sind. Diese Flüchtlinge genießen danach die Rechtsstellung nach den Art 2–34 der Genfer Flüchtlingskonvention, ohne daß sie als Asylberechtigte anerkannt zu werden brauchen. Wegen der internationalen Zuständigkeit in EheS ist demgemäß auf das in Anh III Gesagte zu verweisen, vgl Jayme IPRax **81**, 75.

607 *Prozeßfähigkeit.* **I** In Ehesachen ist ein in der Geschäftsfähigkeit beschränkter Ehegatte prozeßfähig; dies gilt jedoch insoweit nicht, als nach § 30 des Ehegesetzes nur sein gesetzlicher Vertreter die Aufhebung der Ehe begehren kann.

II Für einen geschäftsunfähigen Ehegatten wird das Verfahren durch den gesetzlichen Vertreter geführt. Der gesetzliche Vertreter ist jedoch zur Erhebung der Klage auf Herstellung des ehelichen Lebens nicht befugt; für den Scheidungsantrag oder die Aufhebungsklage bedarf er der Genehmigung des Vormundschaftsgerichts.

1) Beschränkt Geschäftsfähige, I. A. Prozeßfähigkeit. I macht eine Ausnahme von § 52 wegen des höchstpersönlichen Charakters der Ehe. In Ehesachen sind für jede Parteirolle voll prozeßfähig, und zwar auch für die Parteivernehmung, weil § 607 dem § 455 I vorgeht: a) Minderjährige, § 106 BGB, b) wegen Geistesschwäche, Verschwendung, Trunksucht oder Rauschgiftsucht Entmündigte oder nach § 1906 BGB unter vorläufige Vormundschaft Gestellte, § 114 BGB, so daß der in der Geschäftsfähigkeit selbst Beschränkte Vollmacht erteilen muß, nicht ein ihm etwa bestellter Pfleger; § 53 gilt hier nicht, Hbg MDR **63**, 761, Wieczorek B III, aM BGH **41**, 307, StJSchl Rdz 2, RoS § 166 IV 1 a, Zö-Philippi 1. Geisteskranke, auch solche unter vorläufiger Vormundschaft, fallen unter II; ein wegen Geistesschwäche entmündigter Ehegatte kann (ebenso wie ein nichtentmündigter Ehegatte) aber wegen der besonderen Natur seiner geistigen Störungen für einen bestimmten Kreis seiner Angelegenheiten, die mit seinem Eheprozeß zusammenhängen, geschäfts- und damit prozeßunfähig sein, BGH MDR **71**, 465.

B. Ausnahme. Die Aufhebungsklage wegen beschränkter Geschäftsfähigkeit bei Eheschließung oder -bestätigung darf nur der gesetzliche Vertreter erheben, § 30 EheG. Die von einem gesetzlichen Vertreter erhobene Aufhebungsklage läßt sich mit anderen Klagen, für die die Partei prozeßfähig ist, nicht verbinden. Für den Gegner der Aufhebungsklage gilt die Regel, er ist also unter den in I 1 genannten Voraussetzungen prozeßfähig. Eine Widerklage, etwa auf Scheidung, ist im Ausnahmefall unzulässig, weil die Partei nicht im selben Prozeß teils prozeßfähig, teils prozeßunfähig sein kann, aM StJSchL Rdz 3, Gernhuber FamRZ § 14 II 3: Widerklage gegen die Partei selbst.

C. Geltungsbereich. Diese Prozeßfähigkeit gilt nur für Ehesachen, § 606 Anm 2, also nicht auch für die mit einer Scheidungssache verbundenen FolgeS, RegEntwBegr, nicht für die Zwangsvollstreckung, StJSchl Rdz 4, nicht auch nicht für das Verfahren wegen des Gebührenanspruchs des Prozeßbevollmächtigten aus der Ehesache, Hamm FamRZ **60**, 161.

2) Geschäftsunfähige, II. A. Prozeßunfähigkeit. Geisteskranke und wegen Geisteskrankheit Entmündigte sind auch in Ehesachen prozeßunfähig. Für sie führt den Prozeß ihr gesetzlicher Vertreter, **II 1**, der notfalls nach § 1910 II BGB, BayObLG FamRZ **66**, 151 (ohne daß es für die Pflegerbestellung auf ein Interesse des Gebrechlichen ankommt), § 1906 BGB oder § 57 ZPO zu bestellen ist. Über den Eintritt der Geschäftsunfähigkeit im Prozeß s §§ 241, 246; der gesetzliche Vertreter kann ohne vormundschaftsgerichtliche Genehmigung das Verfahren aufnehmen. Der prozeßfähig gewordene Gatte tritt ohne weiteres selbst in den Prozeß ein.

Die Herstellungsklage, § 606 Anm 2, darf der gesetzliche Vertreter nicht erheben, **II 2**, der Geschäftsfähige kann sie nicht erheben. Sie ist dem Geschäftsunfähigen also ganz verschlossen.

B. Genehmigungserfordernis. Scheidungs- und Aufhebungsklage, § 606 Anm 2, darf der gesetzliche Vertreter nur mit Genehmigung des Vormundschaftsgerichts erheben, weil der Wille der Partei selbst zu prüfen ist. Die Genehmigung läßt sich nachholen und heilt dann auch noch in der Revisionsinstanz den Mangel der Vertretungsbefugnis. Der Rechtspfleger ist für diese Genehmigung nicht zuständig, § 14 Z 14 RPflG.

608 *Allgemeine Verfahrensvorschriften.* **Für Ehesachen gelten im ersten Rechtszug die Vorschriften über das Verfahren vor den Landgerichten entsprechend.**

1) Allgemeines. Da das für alle EheS ausschließlich zuständige FamGer bei dem AG gebildet wird, § 23b GVG, bedarf es für den 1. Rechtszug einer Bestimmung, daß in EheS, § 606 Anm 2, nicht die dafür nicht geeigneten §§ 495ff, sondern die Vorschriften über das Verfahren vor den LG entsprechend gelten. Für das Verfahren in den höheren Instanzen (OLG, BGH) gelten die Vorschriften über die Berufung und die Revision unmittelbar, soweit nicht das 6. Buch etwas anderes bestimmt, zB für Scheidungs- und FolgeS. Wegen des Anwaltszwanges s 78a I 2.

§ 608 gilt nur für EheS, dagegen für andere FamS, § 621, grundsätzlich nicht. Dies gilt auch dann, wenn sie als FolgeS eines Scheidungsverfahrens anhängig sind, § 623. Hier greift § 624 III ein, vgl dort Anm 4.

2) Entsprechende Geltung der landgerichtlichen Verfahrensvorschriften. A. Den Bestimmungen des 1. Abschnitts des 2. Buches (und den unmittelbar geltenden Vorschriften des 1. Buches) gehen die besonderen Vorschriften des 6. Buches vor. Wegen der Einzelheiten ist auf die Erläuterungen zu den §§ 609ff, 631ff und für Scheidungs- und FolgeS auf die Erläuterungen zu den §§ 622ff zu verweisen.

B. In EheS, Anm 1, gelten die Vorschriften über das Verfahren vor den LG entsprechend, soweit sie nicht ausdrücklich von der Anwendung ausgeschlossen oder wegen der Besonderheiten des Eheverfahrens nicht anwendbar sind.

a) Entsprechend anzuwenden aus dem 1. Abschnitt des 2. Buches sind ua: § 216 (dazu KG FamRZ 83, 821), § 253 (im Scheidungsverfahren mit Änderung durch § 622), § 256 I, § 261, § 269 (vgl § 626), § 270 (mit Ergänzung durch § 612 II, III), §§ 271–277 (ohne § 272 III, § 612 I und eingeschränkt durch § 611), §§ 278, 279 (mit Erweiterung durch § 614), 280, 281, 282 u 283, §§ 284–286 (mit Änderung durch § 616), §§ 291–295, 299, 299a, §§ 300, 301, 303, 308–322, 328 (mit Einschränkung durch § 606a), § 329, § 330, §§ 331a ff (auf Versäumnisurteile gegen den Kläger, § 612 IV), §§ 355–444, §§ 445ff (Ergänzung durch § 613), §§ 485ff.

b) Nicht entsprechend gelten ua: § 260 (ersetzt durch § 610), §§ 263, 264, 267–268, § 272 III (§ 612 I), §§ 275 I 1, III u IV, 276 (§ 611 II), §§ 288–290 (§ 617), § 296 (§ 615 I), § 301 (§ 610), §§ 306, 307 (§ 617), §§ 330ff (für Versäumnisurteile gegen den Beklagten, § 612 IV), §§ 348–350.

609 *Prozeßvollmacht.* **Der Bevollmächtigte bedarf einer besonderen, auf das Verfahren gerichteten Vollmacht.**

1) Vollmacht. Wegen ihrer höchstpersönlichen Natur muß in allen EheS, § 606, der Prozeßbevollmächtigte einer jeden Partei, nicht nur des Klägers, eine besondere Vollmacht nachweisen, § 80. Sie muß auf das jeweilige Verfahren gerichtet sein, dh zur Vertretung in einem Verfahren der betreffenden Art, zB in einem Scheidungsverfahren, ermächtigen. Stellt eine Partei einen Antrag in einer anderen Verfahrensart, geht etwa der Kläger von der Nichtkeits- zur Aufhebungsklage über, so erfordert dieser Antrag eine neue Vollmacht. Auf einzelne Klaggründe ist innerhalb derselben Sache nicht abzustellen.

Die Vollmacht für die Scheidungssache umfaßt nach § 82 jedes Verfahren über eine einstwAnO, § 620, Bergerfurth AnwZwang Rdz 340, und erstreckt sich auf die FolgeS, § 624 I; sie darf nur von einem beteiligten Dritten, § 623 Anm 4 A, auf eine im Verbund stehende FolgeS beschränkt werden, aM Zö-Philippi 1, ThP § 624 Anm 1, Bergerfurth AnwZwang Rdz 340. Umgekehrt reicht eine Vollmacht für eine selbständig geltend zu machende Ehewirkungssache, § 621, für das Scheidungsverfahren nicht aus, Diederichsen NJW 77, 606.

Für die Vollmacht gelten iü die Vorschriften der §§ 78ff. Auch § 81 (Umfang und Bestellung durch den Prozeßbevollmächtigten 1. Instanz) und § 85 II (Vertreterverschulden) sind anwendbar, vgl dazu § 85 Anm 3.

2) Mangel der Vollmacht. Auch insoweit sind die allgemeinen Vorschriften anzuwenden. Der Mangel ist demnach vAw zu berücksichtigen, wenn nicht als Bevollmächtigter ein RA auftritt, § 88 II, wegen des Anwaltszwanges, § 78 I 2, also idR nur auf Rüge, § 88 I, Hamm LS NJW 79, 2316, Ffm FamRZ 79, 323 mwN, aM StJSchl Rdz 5, Bergerfurth Rdz 37. Wegen der Heilung des Mangels durch nachträgliche Genehmigung vgl § 89.

1. Titel. Allgemeine Vorschriften für Ehesachen **Einf §§ 610–617** 1–3

Einführung zu §§ 610–617 Klaggruppen des Eheprozesses

1) Allgemeines. Die §§ 610–617 enthalten die besondere Gestaltung der Parteiherrschaft, Grdz 3 § 128, und des Zusammenfassungsgrundsatzes, Üb 2 E § 253, in EheS. Sie führen zu erheblichen Abweichungen vom ordentlichen Verfahren.

2) Die Klaggruppen. Es sind zwei Gruppen von Eheverfahren zu unterscheiden: a) Scheidungs-, Aufhebungs- und Herstellungsverfahren, b) Nichtigkeits- und Feststellungsverfahren. In Gruppe a) erfaßt die Klage bzw der Antrag das gesamte eheliche Verhältnis und macht es zum Gegenstand des Streits (mit Ausnahme der Herstellungsklage). Darum gilt dort: Klagänderung ist innerhalb der Gruppe unbeschränkt zulässig, § 611; Anspruchshäufung ist erleichtert, § 615; in Scheidungs- und Aufhebungssachen ist nur eine einheitliche Entscheidung möglich. S auch Üb 3 § 606.

3) Einheitlichkeit der Entscheidung (dazu krit StJSchl § 610 Rdz 5 ff). **A. Allgemeines.** Scheidungsantrag und Aufhebungsklage unterwerfen den Bestand der Ehe der richterlichen Entscheidung, Hamm FamRZ **81**, 61, die Herstellungsklage nicht. Darum macht die Erhebung eines Scheidungs- oder Aufhebungsbegehrens den Bestand der Ehe in vollem Umfang rechtshängig, aM StJSchl § 610 Rdz 9. Es können also nicht mehrere derartige Verfahren nebeneinander herlaufen, vgl BGH FamRZ **67**, 460. Auch der Gegner muß seine Begehren in diesem Prozeß durch Gegenanträge geltend machen und kann nicht selbständig vorgehen; stellt er einen Scheidungsantrag, so wird dieser idR als Gegenantrag aufzufassen und darauf hinzuwirken sein, daß er seinen Antrag als Gegenantrag stellt, BGH FamRZ **83**, 39 mwN. Die Rechtshängigkeit ist darum stets vAw zu beachten. Der spätere Antrag ist mit dem früheren zu verbinden; notfalls ist er durch Prozeßurteil abzuweisen, BGH aaO. Vgl auch § 606 Anm 4 B.

B. Die Einheitlichkeit der Beurteilung **verbietet auch Teilurteile**, § 301, über Antrag oder Gegenantrag, weil damit eine endgültige Entscheidung getroffen wäre oder der Bestand der Ehe vielleicht gleichzeitig der Beurteilung verschiedener Instanzen unterläge, so namentlich bei streitmäßigem Urteil über den Antrag und Versäumnisurteil über den Gegenantrag, Jauernig § 91 II 13, aM StJSchl § 610 Rdz 11. Unzulässig ist deshalb die Aufhebung der Ehe auf Klage ohne gleichzeitige Entscheidung über einen Scheidungsgegenantrag. Wird ein angekündigter Gegenantrag nicht gestellt und ist der Antrag entscheidungsreif, so ist durch Befragung zu klären, ob der Gegenantrag aufrechterhalten wird. Ist genügende Auskunft nicht zu erlangen, sind die möglichen Beweise aber erschöpft, auch die für eine Scheidung sprechenden, § 616 I, so ist ggf der Gegenantrag in dem Urteil über den Antrag abzuweisen; jedenfalls muß eine einheitliche Entscheidung ergehen. Im Verhältnis der Herstellungsklage zum Scheidungs- oder Aufhebungsverfahren ist ein Teilurteil zwar denkbar, weil es der Auflösung der Ehe nicht entgegensteht, aber durchaus zu widerraten. Abtrennung und Aussetzung sind ebenso zu behandeln, wenn sie widersprechende Entscheidungen ermöglichen.

C. Für Hilfsanträge gelten die allgemeinen Grundsätze. Sofern nicht die Anträge ausdrücklich gleichgeordnet sind, was das Gericht notfalls nach § 139 zu klären hat, darf die Entscheidung über den Hilfsantrag, wenn die rechtlichen Wirkungen verschieden sind, nicht vorweggenommen werden. Auch Anträge auf Aufhebung und Scheidung darf eine Partei nicht in beliebiger Reihenfolge stellen, weil die Folgen bei einem stattgebenden Urteil nicht stets die gleichen sind, § 37 II EheG. Begehrt der Antragsteller die Scheidung, der Gegner die Aufhebung, so ist bei begründetem Antrag einheitlich nur auf Aufhebung zu erkennen, § 18 1. DVO zum EheG (abgedruckt bei § 610). Ein Verstoß hiergegen ist prozessual belanglos.

D. In der Rechtsmittelinstanz geht der Grundsatz der Einheitlichkeit der Entscheidung dem Verbot nachteiliger Abänderung (§§ 536, 539) vor, weil es sich beim Bestand der Ehe um eine öffentlich-rechtliche Frage größter Tragweite handelt. Die Bindung des Berufungsgerichts an die Anträge bleibt grundsätzlich bestehen, aber nur insoweit, als es die Einheitlichkeit der Entscheidung erlaubt.

Ist der Scheidungsantrag abgewiesen und der Herstellungswiderklage stattgegeben worden, so erledigt sich dieser Ausspruch, wenn der Antragsteller in der nächsten Instanz die Scheidung erreicht, BGH JZ **65**, 580. Ist unter Verletzung des Grundsatzes der Einheitlichkeit der Entscheidung teils durch Versäumnisurteil entschieden worden, teils durch streitmäßiges Urteil, so ist dagegen Berufung oder Revision bzw Einspruch mit der Folge gegeben, daß in der Rechtsmittelinstanz einheitlich zu entscheiden ist, RoS § 166 III 6 (idR ist Zurückverweisung geboten), aM StJSchl § 610 Rdz 11. Da ein unzulässiges Teilurteil eine unmögliche prozeßrechtliche Lage schafft, B, hat es die höhere Instanz vAw zu beseitigen, RG **107**, 351. Die Partei darf ein teilweise zurückgenommenes oder durch Teilverzicht beschränktes Rechtsmittel durch Klagerweiterung, neuen Anspruch oder Widerklage ausdehnen, auch bei Teilrücknahme (nicht dagegen bei Teilverzicht) erneut auf den abgeschlossenen Teil erstrecken, vgl § 515 Anm 3 D u 4 A.

E. Für das Wiederaufnahmeverfahren gelten diese Grundsätze nicht, weil die Rechtsgestaltung schon mit Rechtskraft des Urteils eingetreten war. Daher ist die Wiederaufnahme mit dem Antrag, auch auf Gegenantrag (Widerklage) zu scheiden, zulässig, OGH NJW **50**, 65, str, vgl auch Celle MDR **53**, 304.

610 Klagenhäufung, Widerklage.

^I Die Verfahren auf Herstellung des ehelichen Lebens, auf Scheidung und auf Aufhebung können miteinander verbunden werden.

^{II} Die Verbindung eines anderen Verfahrens mit den erwähnten Verfahren, insbesondere durch die Erhebung einer Widerklage anderer Art, ist unstatthaft. § 623 bleibt unberührt.

1. DVO z EheG § 18. Wird in demselben Rechtsstreit Aufhebung und Scheidung der Ehe begehrt und sind die Begehren begründet, so ist nur auf Aufhebung der Ehe zu erkennen.

1) Klagenhäufung, I, II. A. Allgemeines. Die Vorschrift, die durch § 633 ZPO und § 18 1. DVO zum EheG ergänzt wird, regelt die Anspruchshäufung abweichend von § 260: Innerhalb der in Einf 2 § 610 genannten zwei Klaggruppen ist eine Klagverbindung statthaft; die Verbindung der Klage aus einer Gruppe mit der Klage aus einer anderen Gruppe ist verboten, §§ 610 u 633.

Verbunden werden die Verfahren entweder durch den Kläger (Antragsteller), § 260, oder nachträglich durch das Gericht, § 147. Scheidungsantrag und Aufhebungsklage einerseits, Herstellungsklage andererseits laufen einander zuwider, so daß ihre Verbindung immer nur eine hilfsweise ist. Die Aufhebungsklage geht dem Scheidungsantrag vor; sind beide Ansprüche in demselben Verfahren erhoben, so ist ggf die Ehe aufzuheben, § 18 1. DVO zum EheG. Verboten ist die Verbindung einer beliebigen Eheklage mit einer Klage, die nicht Eheklage ist, etwa mit einer solchen wegen vermögensrechtlicher, durch die Ehe begründeter Ansprüche oder wegen Fragen der Kindererziehung.

Unberührt bleibt § 623, II 2, dh zwischen einer Scheidungssache und einer FamS, § 621 I, als FolgeS besteht grundsätzlich Verhandlungs- und Entscheidungsverbund, s Erläuterungen zu § 623. Das Verfahren über eine einstwAnO nach den §§ 620ff ist stets Teil des Eheverfahrens, ohne daß es einer Verbindung bedarf. Eine Verbindung von FamS und NichtFamS ist unzulässig, BGH NJW **81**, 2418 mwN

B. Eine Widerklage (Gegenantrag) ist nur im Rahmen der zulässigen Klagenverbindungen, Anm 1, statthaft, und zwar auch als bedingte Widerklage, etwa auf Herstellung des ehelichen Lebens für den Fall der Abweisung des Scheidungsantrags. Wer mit der Herstellungsklage abgewiesen ist, kann nachträglich gegenüber dem Scheidungsgegenantrag seinerseits Scheidung beantragen, RG **122**, 211, ebenso die Scheidungsgründe seiner Klage, die er zurückgenommen hat, im Wege des Gegenantrages gegen den noch schwebenden Gegenantrag der anderen Partei wieder geltend machen, BGH LM § 166 Nr 9. Für die Widerklage in der Berufungsinstanz gilt § 530 I nicht, § 611 Anm 1. In der Revisionsinstanz ist keine Widerklage zulässig.

2) Wirkungen. Das Verbot des § 610 II ist zwingenden Rechts, so daß die Einwilligung des Gegners belanglos ist. Es ist vAw zu beachten. Unzulässig gehäufte Ansprüche sind nach § 145 abzutrennen, KG FamRZ **83**, 616. Ist eine Abtrennung nicht möglich, zB wenn in erster Linie Nichtigkeitsklage und hilfsweise Scheidungsantrag erhoben ist, so ist die Prozeßabweisung, Üb 2 § 300, des Hilfsanspruchs geboten. Zulässig ist der Übergang vom Scheidungsantrag zur Nichtigkeitsklage, Bre NJW **56**, 515.

3) Einheitlichkeit der Entscheidung. Siehe darüber Einf 3 § 610.

1. Titel. Allgemeine Vorschriften für Ehesachen §§ 611, 612

611 *Neues Vorbringen.* ⅠBis zum Schluß der mündlichen Verhandlung, auf die das Urteil ergeht, können andere Gründe, als in dem das Verfahren einleitenden Schriftsatz vorgebracht worden sind, geltend gemacht werden.

ⅡDie Vorschriften des § 275 Abs. 1 Satz 1, Abs. 3, 4 und des § 276 sind nicht anzuwenden.

1) Neue Klaggründe, I. A. Allgemeines. In Abweichung von den §§ 263, 264 u 269 läßt I innerhalb der beiden Klaggruppen, Einf 2 § 610, bis zum Schluß der mündlichen Verhandlung neue Klaggründe und Klagtatsachen für den alten Anspruch zu, aber auch ganz neue Ansprüche und sogar Widerklage. Demgemäß liegt im Übergang von der Härtescheidung, § 1565 II BGB, zur Scheidung wegen Zerrüttung, § 1565 I BGB, oder zur Fristenscheidung, § 1566 II BGB, oder zur einverständlichen Scheidung, § 1566 I BGB, keine Verfahrensänderung, weil Scheidungstatbestand in allen diesen Fällen das Scheitern der Ehe ist, Hbg FamRZ **79**, 702, Zö-Philippi 2, abw Jauernig § 91 II 12. Eine Widerklage ist auch bedingt zulässig, § 610 Anm 1 B. Der Übergang von einer Gruppe zur anderen, also von der Nichtigkeits- oder Feststellungsklage zum Scheidungsantrag oder zur Herstellungs- oder Aufhebungsklage (bzw umgekehrt), ist nach den für die Klagänderung geltenden Grundsätzen zulässig, Bre NJW **56**, 515. In der Revisionsinstanz freilich läßt die Natur dieses Rechtsmittelverfahrens keine Klagänderung und auch keine neuen Tatsachen und Ansprüche zu.

Anders als nach § 616 aF hat die Abweisung einer früheren Scheidungs- oder Aufhebungsklage keine Ausschlußwirkung; es gilt vielmehr insoweit nur die allgemeine Rechtskraftwirkung, § 322. Der Kläger (Antragsteller) darf also auch Umstände vorbringen, die ihm vor der Entscheidung des Vorprozesses bekanntgeworden waren, die er aber nicht vorgebracht hat.

B. Berufungsverfahren. Die Einlegung der Berufung nur zu dem Zweck, Neues geltend zu machen, ist in EheS in gewissem Rahmen statthaft, Üb 4 B § 606. Sie ist aber nicht zulässig, wenn die Partei alles erhalten hat, was sie beantragt hatte, StJSchl Rdz 9, mag auch die Begründung sie beschweren, Karlsr FamRZ **80**, 682. Für die Erhebung der Widerklage gilt § 530 I nicht, so daß es auf Einwilligung des Gegners oder Sachdienlichkeit nicht ankommt; die Widerklage (Gegenantrag) verlangt die Einlegung der Anschlußberufung, Ffm FamRZ **80**, 710. Der Übergang vom Scheidungsgegenantrag zur Aufhebungswiderklage ist möglich, HRR **39**, 414.

2) Zurückweisung verspäteten Vorbringens, II. Wegen des Grundsatzes, I, daß neues Vorbringen nicht eingeschränkt wird, darf das Gericht den Parteien keine Fristen mit Ausschlußwirkung setzen, § 275 I 1, III u IV, und kein schriftliches Vorverfahren veranlassen, § 276. Unanwendbar sind auch alle Vorschriften, die ihrerseits diese Bestimmungen voraussetzen, ThP 3, zB § 277. Dagegen gelten § 273 II Z 1, StJSchl Rdz 13, die allgemeine Prozeßförderungspflicht, § 282 I u II, sowie die Sondervorschrift für Rügen der Unzulässigkeit der Klage, § 282 III, auch in EheS. Nicht rechtzeitiges Vorbringen darf nur nach § 615 I zurückgewiesen werden, s die dortigen Erläuterungen. Dies alles gilt auch für die Berufungsinstanz.

612 *Mündliche Verhandlung, Versäumnisverfahren.* ⅠDie Vorschrift des § 272 Abs. 3 ist nicht anzuwenden.

ⅡDer Beklagte ist zu jedem Termin, der nicht in seiner Gegenwart anberaumt wurde, zu laden.

ⅢDie Vorschrift des Absatzes 2 ist nicht anzuwenden, wenn der Beklagte durch öffentliche Zustellung geladen, aber nicht erschienen ist.

ⅣEin Versäumnisurteil gegen den Beklagten ist unzulässig.

ⅤDie Vorschriften der Absätze 2 bis 4 sind auf den Widerbeklagten entsprechend anzuwenden.

1) Terminbestimmung, I. § 272 III ist unanwendbar, da das Gesetz Ehesachen nicht als eilbedürftig anerkennt: Die Bestimmung, daß die mündliche Verhandlung so früh wie möglich stattfinden soll, paßt vor allem nicht ins Verbundverfahren, § 623, weil die Verhandlung über FolgeS vielfach Vorbereitungen durch Einschaltung Beteiligter voraussetzt, dazu KG FamRZ **83**, 821. Die Pflicht zur Vorwegleistung der Prozeßgebühr, § 65 I GKG, gilt auch hier; s Anh § 271.

2) Ladung des Beklagten, II u III. A. Abweichend von § 218 ist der Beklagte (Antragsgegner) **zu jedem Verhandlungstermin,** auch einem verkündeten, zu laden, **II;** dies gilt nicht für bloße Verkündungstermine, in denen der Beklagte nichts ausführen kann. Die Ladung entfällt, wenn der Termin in Gegenwart des Beklagten (Antragsgegners) verkündet worden ist. Nach allgemeinen Regeln genügt die Gegenwart des Prozeßbevollmächtigten und kommt es auf die der Partei selbst nicht an, str, aM wohl Zö-Philippi 2. Unnötig ist die Ladung überall dort, wo die Bekanntmachung des Termins genügt, zB bei § 370.

B. War die Ladung zum Termin öffentlich zugestellt, §§ 203 ff, und ist der **Beklagte (Antragsgegner) nicht erschienen,** so ist II unanwendbar, **III.** Er braucht in diesem Fall also nicht erneut (durch öffentliche Zustellung) geladen zu werden. Wird aber seine Anschrift nachträglich bekannt, so ist er neu zu laden, BayObLG HEZ **2,** 141.

C. Das für die Ladung des Beklagten (Antragsgegners) Bestimmte, II u III, gilt **entsprechend für den Widerbeklagten, V.**

3) Versäumnisverfahren, IV u V (Prütting ZZP **91,** 201). **A. Allgemeines.** § 612 ordnet das Versäumnisverfahren in Ehesachen nicht abschließend, so daß auf die allgemeinen Vorschriften ergänzend zurückzugreifen ist, § 608 Anm 2 B a. Nichtverhandeln steht auch hier dem Ausbleiben gleich. Über die Behandlung formfehlerhafter Urteile s Grdz 4 § 511.

B. Säumnis des Klägers (Antragstellers im Scheidungsverfahren): Bei Nichtigkeits- und Feststellungsklagen lautet das Versäumnisurteil auf Klagrücknahme, §§ 635, 638, iü nach §§ 330 ff wie gewöhnlich. Auch eine Aktenlageentscheidung ist möglich.

C. Säumnis des Beklagten (Antragsgegners im Scheidungsverfahren): Ein Versäumnisurteil gegen den Beklagten ist unzulässig, **IV.** Wohl aber kann das Gericht alle in seiner Macht stehenden Aufklärungsmaßnahmen treffen, also mit dem Kläger einseitig streitmäßig verhandeln, vorausgesetzt, daß die ordnungsmäßige Ladung des Beklagten, II u III, und die rechtzeitige Zustellung der Sachanträge, § 335 Z 3, feststehen. Der Beklagte (Antragsgegner) ist zu späteren Terminen zu laden. Zulässig ist auch eine Aktenlageentscheidung auf Grund des schriftlichen Vorbringens, aber kein Urteil, vgl § 331 a iVm IV, Levis ZZP **56,** 199.

D. Säumnis beider Parteien: Möglich, aber kaum zu empfehlen, ist eine Aktenlageentscheidung; sonst kommt das Ruhen des Verfahrens oder eine Vertagung in Betracht, § 251 a. Gegen ein streitmäßiges Urteil gibt es auch bei Säumnis einer oder beider Parteien nur die Berufung.

E. Versäumnisverfahren in höherer Instanz (wegen der Zuständigkeit des Einzelrichters s § 524 III Z 3). Beklagter iSv II u IV ist stets der Beklagte 1. Instanz, niemals der Rechtsmittelbeklagte als solcher.

Berufungsinstanz (Furtner JuS **62,** 255): **a)** Säumnis des Berufungsklägers: Das Versäumnisurteil lautet auf Zurückweisung der Berufung auch dort, wo er in 1. Instanz Beklagter war, weil er zurücknehmen darf, BGH **46,** 304, Kblz FamRZ **83,** 759, Prütting ZZP **91,** 201, beide mwN; der Berufungsbeklagte ist aber darüber hinaus auch berechtigt, ein Sachurteil zu seinen Gunsten zu erwirken, Kblz FamRZ **83,** 759, Hamm FamRZ **82,** 295, beide mwN, wenn dafür ein Rechtsschutzbedürfnis besteht, Hamm FamRZ **82,** 296; gegen den Berufungskläger (Beklagten) darf kein Versäumnisurteil ergehen, wenn der Kläger in der Berufungsinstanz die Klage geändert hat, da der Beklagte hier nicht durch seine Säumnis den neuen Klaggrund zugestehen kann, Saarbr OLGZ **66,** 554. **b)** Säumnis des Berufungsbeklagten **aa)** als Kläger: Gegen ihn ist ein Versäumnisurteil nur zulässig, wenn es auf Grund des in 1. Instanz festgestellten Sachverhalts, bei dem § 617 beachtet wurde, ergeht, StJSchl Rdz 13, str, aM Prütting ZZP **91,** 207 (kein Versäumnisurteil), Stgt NJW **76,** 2305 (§ 635 anzuwenden); bei Nichtigkeits- und Feststellungsklage gilt das zu B Gesagte. Sonst kann kein Versäumnisurteil gemäß § 542 II ergehen, und zwar wegen § 617; vielmehr ist einseitig streitig zu verhandeln; **bb)** als Beklagter: Hier kann wegen § 617 kein Versäumnisurteil ergehen, sondern nur eine einseitige Streitverhandlung stattfinden. In allen Fällen ist eine Aktenlageentscheidung wie sonst zulässig, § 331 a, die aber nicht als Urteil gegen den Beklagten ergehen darf, Prütting ZZP **91,** 201.

Revisionsinstanz: a) Säumnis des Revisionsklägers: Das Versäumnisurteil lautet auf Zurückweisung der Revision; **b)** Säumnis des Revisionsbeklagten (Klägers 1. Instanz): § 331 ist anzuwenden, falls, vgl § 617, der Tatbestand des Berufungsurteils den Antrag rechtfertigt, StJSchL Rdz 15, aM Prütting ZZP **91,** 208 (kein Versäumnisurteil, sondern streitmäßiges Urteil auf Grund von § 561).

1. Titel. Allgemeine Vorschriften für Ehesachen §§ 612, 613 1, 2

4) Widerklage, V. Das Versäumnisverfahren bei der Widerklage ist dasselbe wie bei der Klage: **a)** In 1. Instanz ist nach dem in Anm 3 B–D Gesagten zu verfahren; ist die Klage oder die Widerklage entscheidungsreif, die andere Partei aber säumig, so kann, obwohl ein Teil entscheidungsreif ist, erst entschieden werden, wenn es auch der andere Teil ist, Einf 3 B § 610. **b)** In 2. Instanz: **aa)** Ist nur wegen der Klage oder nur wegen der Widerklage Berufung eingelegt, so ist ein Versäumnisurteil gegen den Kläger zulässig. Über die Notwendigkeit der einheitlichen Entscheidung s Einf 3 § 610; die erstinstanzliche Entscheidung ist notfalls in die Formel aufzunehmen. **bb)** Ist wegen Klage und Widerklage Berufung eingelegt, so kann ein Versäumnisurteil nur gegen den Berufungskläger ergehen, wenn er als Kläger und Widerbeklagter oder als Beklagter und Widerkläger unterlegen ist, nicht aber gegen den Berufungsbeklagten, Jena HRR **29**, 441. Bei Berufung beider Parteien ist kein Versäumnisurteil möglich, weil es niemals gegen den Berufungsbeklagten als Beklagten ergehen darf, Bre NJW **56**, 108, und auch ein Teilversäumnisurteil wegen des Grundsatzes der einheitlichen Entscheidung unzulässig ist.

613 *Anhörung und Vernehmung der Parteien.* ¹ Das Gericht soll das persönliche Erscheinen der Ehegatten anordnen und sie anhören; es kann sie als Parteien vernehmen. Ist ein Ehegatte am Erscheinen vor dem Prozeßgericht verhindert oder hält er sich in so großer Entfernung von dessen Sitz auf, daß ihm das Erscheinen nicht zugemutet werden kann, so kann er durch einen ersuchten Richter angehört oder vernommen werden.

II Gegen einen zur Anhörung oder zur Vernehmung nicht erschienenen Ehegatten ist wie gegen einen im Vernehmungstermin nicht erschienenen Zeugen zu verfahren; auf Ordnungshaft darf nicht erkannt werden.

1) Allgemeines (Göppinger JB **76**, 1429). Die Vorschrift ergänzt § 141 für das Verfahren in EheS in beiden Tatsacheninstanzen (FamGer u OLG). Hier soll das Gericht das persönliche Erscheinen der Ehegatten anordnen und sie anhören, um den Sachverhalt aufzuklären, § 141 I, oder auch aus anderen Gründen, namentlich um sie über die Tragweite der Scheidung und ihre Folgen zu unterrichten, vgl § 625 I 2, und ggf auch auf eine gütliche Erledigung hinzuwirken, § 279, vor allem aber auch zu dem Zweck, sich den in EheS besonders wichtigen persönlichen Eindruck zu verschaffen. Deshalb kommt es auf die anwaltliche Vertretung und die Einlassung der Partei für ihre Anhörung nicht an, StJSchl Rdz 5, Ambrock 1 b, Rolland Rdz 4.

Das Gericht kann einen oder beide Gatten auch förmlich als Partei vernehmen, §§ 450 ff; die Vernehmung gibt ihm Gelegenheit, vAw Ermittlungen anzustellen, § 616. Eine Beweisaufnahme ist nur die Vernehmung. Welche Art der Aufklärung bezweckt wird, ist durch das Protokoll klarzustellen, vgl BGH FamRZ **69**, 82. Angehört und vernommen werden kann auch ein Prozeßunfähiger, BGH **LM** § 619 Nr. 4.

Das Erscheinen der Partei kann in beiden Fällen erzwungen werden, II. Die Anhörung oder Vernehmung berührt die prozessuale Stellung der Beteiligten nicht; insbesondere führt sie nicht dazu, daß die Rücknahme der Klage (des Scheidungsantrags) danach der Einwilligung der Gegenpartei bedürfte, Karlsr FamRZ **79**, 63.

Für Folge S, § 623, gilt § 613 nicht. Insbesondere scheidet eine zwangsweise Vorführung von Beteiligten hier aus, Hbg FamRZ **83**, 409.

2) Anhörung und Vernehmung, I. A. Allgemeines. Das persönliche Erscheinen der Parteien ist idR anzuordnen (Sollvorschrift); wird ohne triftigen Grund davon abgesehen, hat das allerdings keine prozessualen Folgen. Das gleiche gilt für die Anhörung. Dagegen richtet sich die Anordnung der Parteivernehmung nach den dafür geltenden Vorschriften. „Kann" stellt nicht in das Ermessen des Gerichts; vielmehr muß es die Parteivernehmung beschließen, § 450, wenn es sich Gewißheit über einen erheblichen, entweder bestrittenen oder nach § 616 vAw zu ermittelnden Umstand verschaffen will. Auf die Voraussetzungen der §§ 445–448 kommt es dabei nicht an, vgl § 617. Vielmehr darf das Gericht eine oder beide Parteien nach seinem Ermessen vernehmen.

B. Verfahren: a) Die Anordnung wird, soweit nicht § 273 II Z 3 eingreift, durch Beschluß des Gerichts getroffen (§ 450 II gilt nicht). Die Ladung zum Erscheinen ist vAw stets der Partei mitzuteilen, § 141 II sinngemäß; in ihr muß auf die Folgen des Ausbleibens, II, hingewiesen werden, § 141 III 3 sinngemäß. Eine Vertretung, § 141 III 2, ist hier ausgeschlossen. Die Ladung zur Parteivernehmung ist vAw zuzustellen, § 450 I 2.

b) Die Anhörung erfolgt ebenso wie die Vernehmung in der mündlichen Verhandlung auch ohne anwaltliche Vertretung der Partei, Anm 1. Sie darf beim OLG idR nicht durch den Einzelrichter erfolgen, § 524 II. Für die Vernehmung gelten die §§ 451–453 (ohne § 452 III, § 617). Wegen des Protokolls s §§ 160 III Z 4 u 161; bei einem Verstoß gegen diese Vorschriften ist das Urteil auch ohne Revisionsrüge aufzuheben, BHG **40**, 84.

c) Eine Übertragung auf den ersuchten Richter, II, ist nur zulässig, wenn die Partei am Erscheinen vor dem Prozeßgericht überhaupt verhindert ist, zB wegen Krankheit, oder wenn ihr das Erscheinen wegen großer Entfernung nicht zugemutet werden kann (abweichend von § 141 I entbindet ein sonstiger wichtiger Grund nicht von der Pflicht zum Erscheinen). „Kann" ist auch hier nicht als Ermessen zu verstehen, sondern als Ermächtigung. Im Ersuchen des Prozeßgerichts muß der Gegenstand der Anhörung hinreichend deutlich formuliert werden; bei Ersuchen um Parteivernehmung ist ein Beweisbeschluß erforderlich, aM Düss OLGZ **68**, 57. Zu der Frage, ob ein Richter auf Probe das Ersuchen erledigen darf, vgl Bergerfurth FamRZ **82**, 564.

d) Gebühren: Bei Gericht entstehen keine Gebühren; der RA erhält eine ¼-Gebühr, § 31 I Z 3 BRAGO, mit Anordnung der Anhörung oder Vernehmung. Zur Frage, ob die Anordnung, I, iSv KV 1012 als Anordnung nach § 273 anzusehen ist, vgl Hartmann KV 1012 Anm 3.

3) Ordnungsmittel, II. Gegen einen zur Anhörung oder Vernehmung nicht erschienenen Ehegatten ist wie gegen einen ausgebliebenen Zeugen zu verfahren, jedoch darf auf Ordnungshaft nicht erkannt werden, auch nicht ersatzweise. Ordnungsmittel zur Erzwingung einer Erklärung oder Aussage sind ausgeschlossen. Bei Ausbleiben sind der Partei die Kosten aufzuerlegen und ist gegen sie ein Ordnungsgeld zu verhängen, was auch wiederholt geschehen kann, § 380. Die Verhängung ist auch dann zulässig, wenn die Partei sich nicht eingelassen hat, Düss FamRZ **81**, 1096, KG NJW **70**, 287, aM Celle NJW **70**, 1698, setzt aber stets die ordnungsgemäße Ladung und damit die Einhaltung der Ladungsfrist voraus, Zweibr FamRZ **82**, 1097. Bei wiederholtem Ausbleiben ist auch die zwangsweise Vorführung zulässig, § 380 II.

Die Entscheidung ergeht durch Beschluß, § 380. Gegen ihn ist die Beschwerde zulässig, die aufschiebende Wirkung hat, § 572. Wegen des Unterbleibens und der Aufhebung von Ordnungsmitteln s § 381 (dazu Bbg MDR **82**, 585), wegen der Befugnisse des ersuchten Richters s § 400.

614

Aussetzung. ¹ Das Gericht soll das Verfahren auf Herstellung des ehelichen Lebens von Amts wegen aussetzen, wenn es zur gütlichen Beilegung des Verfahrens zweckmäßig ist.

ᴵᴵ Das Verfahren auf Scheidung soll das Gericht von Amts wegen aussetzen, wenn nach seiner freien Überzeugung Aussicht auf Fortsetzung der Ehe besteht. Leben die Ehegatten länger als ein Jahr getrennt, so darf das Verfahren nicht gegen den Widerspruch beider Ehegatten ausgesetzt werden.

ᴵᴵᴵ Hat der Kläger die Aussetzung des Verfahrens beantragt, so darf das Gericht über die Herstellungsklage nicht entscheiden oder auf Scheidung nicht erkennen, bevor das Verfahren ausgesetzt war.

ᴵⱽ Die Aussetzung darf nur einmal wiederholt werden. Sie darf insgesamt die Dauer von einem Jahr, bei einer mehr als dreijährigen Trennung die Dauer von sechs Monaten nicht überschreiten.

ⱽ Mit der Aussetzung soll das Gericht in der Regel den Ehegatten nahelegen, eine Eheberatungsstelle in Anspruch zu nehmen.

1) Allgemeines (Heintzmann FamRZ **75**, 377, Theile DRiZ **78**, 81). Die allgemeinen Vorschriften über die Aussetzung, §§ 148ff, 246ff, gelten auch in EheS. Ihnen fügt § 614 weitere Aussetzungsgründe für Herstellungs- und Scheidungsverfahren, § 606 Anm 2, hinzu, dh für die Fälle, in denen eine Aufrechterhaltung der Ehe im öffentlichen Interesse liegt. Daher gilt § 614 nicht für Nichtigkeits- und Feststellungsverfahren (mit Ausnahme der Klage, nicht zur Herstellung verpflichtet zu sein, Hamm FamRZ **57**, 53), auch nicht für das Aufhebungsverfahren und demgemäß nicht für ein dort hilfsweise erhobenes Scheidungsbegehren.

Eine Aussetzung nach § 614 ist in allen Instanzen zulässig, nicht nur beim FamGer, solange die Höchstdauer, IV, nicht ausgeschöpft ist. Die AnO des Ruhens des Verfahrens,

1. Titel. Allgemeine Vorschriften für Ehesachen **§ 614** 1–6

§ 251, wird durch § 614 nicht ausgeschlossen, Karlsr NJW **78**, 1388, darf aber im Hinblick auf § 623 nicht auf den verfrüht erhobenen Scheidungsantrag beschränkt werden, KG FamRZ **78**, 34 (gegen das Ruhen des Verfahrens bei voreiligem Scheidungsantrag Bergerfurth Nachtr Rdz 63).

2) Aussetzung von Amts wegen, I, II. Ohne Antrag des Klägers (Antragstellers) soll das Gericht ein Herstellungsverfahren aussetzen, wenn es zur gütlichen Beilegung des Verfahrens zweckmäßig ist, **I**, ein Scheidungsverfahren, wenn nach seiner freien Überzeugung Aussicht auf Fortsetzung der Ehe besteht, **II**. Die Entscheidung ist nicht in das Ermessen des Gerichts gestellt: Die Sollvorschrift bedeutet, daß es aussetzen muß, wenn es die Voraussetzungen nach seiner freien Überzeugung für gegeben hält (Beurteilungsermächtigung), wozu es keiner Feststellung nach allgemeinen Beweisgrundsätzen bedarf; dafür, daß die Ehe noch zu retten ist, müssen aber konkrete Anhaltspunkte vorliegen, Düss FamRZ **78**, 609.
Nicht ausgesetzt werden darf ein Scheidungsverfahren, wenn die Gatten länger als ein Jahr getrennt leben, § 1567 BGB, und beide der Aussetzung widersprechen, **II 2**, weil dann vom Scheitern der Ehe auszugehen ist, § 1566 I BGB. Eine Aussetzung vAw ist trotz der Vermutung des § 1565 II BGB auch bei mehr als dreijähriger Trennung zulässig, aber dann, wenn der Antragsteller ihr widerspricht, nur ausnahmsweise sinnvoll, Brüggemann FamRZ **77**, 11.

3) Aussetzung auf Antrag des Klägers (Antragstellers), III. Ein Herstellungs- oder Scheidungsverfahren muß das Gericht auf Antrag des Klägers aussetzen, mag es das für zweckmäßig halten oder nicht; es darf auch nicht statt dessen das Ruhen des Verfahrens nach § 251a anordnen, KG FamRZ **81**, 582. Kläger ist auch der Antragsteller im Scheidungsverfahren, § 622. Auf einen Widerspruch des Gegners kommt es nicht an, und zwar auch dann nicht, wenn die Gatten länger als 3 Jahre getrennt leben, krit Heintzmann FamRZ **75**, 378.
Nicht auszusetzen ist aber, wenn das Ansuchen mißbräuchlich ist, zB die Erlangung wirtschaftlicher Vorteile bezweckt, oder wenn der Antragsteller selbst unter keinen Umständen zur Fortsetzung der Ehe bereit ist, Bre FamRZ **77**, 399, Düss FamRZ **74**, 311, oder wenn der einseitige Scheidungsantrag abweisungsreif ist, weil etwa das Begehren verfrüht erhoben worden ist, StJSchl Rdz 12. Das gleiche gilt, wenn auch der Gegner die Scheidung begehrt (bei bloßer Zustimmung, § 630 I Z 1, genügt der Antrag des Antragstellers, StJSchl Rdz 10), es sei denn, hinsichtlich des Scheidungsbegehrens des Antragsgegners liegen die Voraussetzungen von II 1 vor, LG Bonn NJW **72**, 1056 mwN.

4) Dauer und Wiederholung der Aussetzung, IV. Die Aussetzung darf insgesamt die Dauer von 1 Jahr nicht überschreiten, gleichgültig, wie lange die Ehe besteht und ob die Gatten getrennt leben; lediglich bei einer mehr als dreijährigen Trennung beträgt die Höchstdauer der Aussetzung 6 Monate, **IV 2**. Innerhalb der Höchstdauer bestimmt das Gericht den Zeitraum der Aussetzung nach pflichtgemäßem Ermessen. Eine Abkürzung ist nicht zulässig, wohl aber die Aufhebung der Antragsaussetzung, III, auf Antrag des Klägers, und der Amtsaussetzung, I u II, vAw (ggf auf Anregung einer Partei), jedoch beides nur wegen veränderter Umstände.
Die einmalige Wiederholung der Aussetzung ist zulässig, **IV 1**, aber nur bis zur Gesamthöchstdauer. Ihre AnO erfolgt vAw, I u II, oder auf Antrag des Klägers, III.

5) Verfahren, I–IV, V. Durch konkret zu begründenden Beschluß, Düss FamRZ **78**, 609, auf Grund mündlicher Verhandlung oder im Verfahren nach § 128 II darf wegen der notwendigen Einheitlichkeit der Entscheidung, Einf 3 § 610, nur das ganze Verfahren ausgesetzt werden; bei einer Häufung von Scheidungs- und Aufhebungsbegehren ist sie also ausgeschlossen, nicht dagegen bei einer Häufung von Scheidungs- und Herstellungsverfahren, Anm 1. Zuständig ist das Gericht der Instanz, also das FamGer, solange keine Berufung eingelegt ist. Mit der Aussetzung soll das Gericht den Parteien nahelegen, eine **Eheberatungsstelle** in Anspruch zu nehmen, **V**, dazu Theil DRiZ **78**, 81; trotz der Bedeutung einer solchen Beratung für die Aufrechterhaltung der Ehe hat der Gesetzgeber es bei einer bloßen Empfehlung ohne Sanktionen bewenden lassen.
Rechtsbehelfe, § 252: Gegen die Aussetzung des Verfahrens ist die einfache Beschwerde gegeben, gegen die Ablehnung des Antrags des Klägers, III, die sofortige Beschwerde. Die Ablehnung einer Anregung des Beklagten, das Verfahren vAw auszusetzen, I u II, ist unanfechtbar, Düss NJW **73**, 232.

6) Wirkungen der Aussetzung. Sie ergeben sich aus § 249, BGH NJW **77**, 717 zu § 620 aF (eine während der Aussetzung eingelegte Berufung ist wirksam, § 249 II). Dies gilt auch in den Fällen von III. Daß hier lediglich kein Urteil ergehen dürfe, Oldb NJW **69**, 102, ist mit dem Zweck der Aussetzung schwerlich vereinbar, da gerade die Vertiefung der Gegensätze durch weitere Schriftsätze und/oder eine Beweisaufnahme verhindert werden soll, vgl Bergerfurth Rdz 63, Rolland Rdz 15. Deshalb darf auch in FolgeS keine Verhandlung stattfinden, § 623, solange der Verbund besteht; auch eine Vorwegentscheidung über die elterliche Sorge nach § 627 ist ausgeschlossen. In dringenden Fällen hilft eine einstwAnO, § 620, die auch während der Aussetzung zulässig ist, Celle NdsRpfl **75**, 71.

Eine förmliche Aufnahme des Verfahrens, § 250, nach Ablauf der Aussetzung ist nicht nötig, etwaige Fristen beginnen ohne weiteres wieder zu laufen, BGH **LM** § 249 Nr 2. Aber das Betreiben des Verfahrens nach Aussetzung ist Sache der Parteien, weil ein Tätigwerden des Gerichts vAw dem Sinn des § 614 widersprechen würde, Düss FamRZ **78**, 920, Bergerfurth Rdz 69. Eine neue Klage ist unzulässig, mag auch das Verfahren jahrelang nicht betrieben worden sein, BGH FamRZ **67**, 460.

615 *Zurückweisung verspäteten Vorbringens.* ¹ **Angriffs- und Verteidigungsmittel, die nicht rechtzeitig vorgebracht werden, können zurückgewiesen werden, wenn ihre Zulassung nach der freien Überzeugung des Gerichts die Erledigung des Rechtsstreits verzögern würde und die Verspätung auf grober Nachlässigkeit beruht.**

^{II} **§§ 527, 528 sind nicht anzuwenden.**

1) Allgemeines. In Ergänzung von § 611 regelt § 615 die Zurückweisung verspäteten Vorbringens. Er tritt in allen EheS, § 606 Anm 2, an die Stelle von § 296. Diese Abweichung rechtfertigt sich aus der Erwägung heraus, daß Beschränkungen des Vorbringens ohnehin nicht eingreifen können, soweit nach § 616 der Ermittlungsgrundsatz gilt und nach § 617 hinsichtlich anderer Tatsachen eine Geständniswirkung ausgeschlossen ist. Hinzu kommt, daß ein Eheverfahren grundsätzlich keiner Beschleunigung unterliegt, und daß in diesem Verfahren, vor allem in Scheidungssachen, die Parteien mit Rücksicht auf ihre enge Bindung Prozeßmaterial aus guten Gründen zurückhalten können. Daher wird ein Vorbringen nur insoweit ausgeschlossen, als es nötig ist, um grob nachlässige Verzögerungen des Verfahrens zu verhindern.

2) Zurückweisung in 1. Instanz, I. Im Eheverfahren können neue Klaggründe bis zum Schluß der mündlichen Verhandlung vorgebracht werden, ebenso neue Begehren und Widerklagen (Gegenanträge), § 611 Anm 1. Demgemäß erstreckt sich I nur auf solche Angriffs- und Verteidigungsmittel, § 282 Anm 2, die sich nicht auf neue Klaggründe oder Begehren beziehen, es sei denn, sie werden nach deren Einführung zurückgehalten, StJSchl Rdz 4. Sie sind nicht rechtzeitig vorgebracht, wenn die Partei ihrer Prozeßförderungspflicht nach § 282 I u II nicht nachkommt. Ihre Zurückweisung regelt I übereinstimmend mit § 296 II, vgl die dortigen Erläuterungen. Ausgeschlossen ist eine Zurückweisung von Angriffs- und Verteidigungsmitteln, hinsichtlich derer das Gericht nicht an den Beibringungsgrundsatz gebunden ist, Anm 1. Überhaupt ist in EheS die Möglichkeit der Zurückweisung zurückhaltend zu nutzen.

3) Zurückweisung in 2. Instanz, II. Für das Verfahren vor dem OLG gelten §§ 527 u 528 nicht, so daß insofern eine Zurückweisung nur nach I in Frage kommt. Anwendbar ist dagegen § 529 I (verspätetes Vorbringen von verzichtbaren Rügen der Unzulässigkeit der Klage). Unanwendbar aber ist § 530 I, obwohl er in II nicht genannt wird: Wegen des Grundsatzes der Einheitlichkeit der Entscheidung ist eine Widerklage (Gegenantrag) in 2. Instanz unbeschränkt zulässig, § 611 Anm 2.

4) Zurückweisung verspäteten Vorbringens in FolgeS. Ist eine Scheidungssache mit FolgeS verbunden, § 623, gilt § 615 nur für die Scheidungssache. Soweit auf FolgeS die Vorschriften der ZPO anzuwenden sind, § 621a Anm 1, also in den Fällen des § 621 I Z 4, 5 u 8, gelten die allgemeinen Vorschriften, insbesondere auch § 296. Verspätetes Vorbringen kann allerdings die Erledigung nur dann verzögern, wenn dadurch der Abschluß aller im Verbund stehenden Verfahren hinausgeschoben wird, weil über sie grundsätzlich zusammen mit der Scheidungssache einheitlich durch Urteil entschieden werden muß, § 629 I.

616 *Amtsermittlungen.* ¹ **Das Gericht kann auch von Amts wegen die Aufnahme von Beweisen anordnen und nach Anhörung der Ehegatten auch solche Tatsachen berücksichtigen, die von ihnen nicht vorgebracht sind.**

^{II} **Im Verfahren auf Scheidung oder Aufhebung der Ehe oder auf Herstellung des ehelichen Lebens kann das Gericht gegen den Widerspruch des die Auflösung der**

1. Titel. Allgemeine Vorschriften für Ehesachen § 616 1–3

Ehe begehrenden oder ihre Herstellung verweigernden Ehegatten Tatsachen, die nicht vorgebracht sind, nur insoweit berücksichtigen, als sie geeignet sind, der Aufrechterhaltung der Ehe zu dienen.

III Im Verfahren auf Scheidung kann das Gericht außergewöhnliche Umstände nach § 1568 des Bürgerlichen Gesetzbuchs nur berücksichtigen, wenn sie von dem Ehegatten, der die Scheidung ablehnt, vorgebracht sind.

1) Allgemeines. A. § 616 ergänzt den § 617. In demselben Umfang, in dem § 617 die Parteiherrschaft und den Beibringungsgrundsatz einschränkt, greift der Ermittlungsgrundsatz ein. Dabei sind die in Einf 2 § 610 genannten Gruppen von Ehesachen zu unterscheiden, vgl Anm 2 u Anm 3. Das in I verwendete Wort „kann" bezeichnet die Befugnis des Gerichts und zugleich seine Verpflichtung: Es hat alle Ermittlungen anzustellen, die Erfolg versprechen, und eine Unterlassung ist revisibel, soweit durch die Ermittlung ein anderes Ergebnis erzielt werden könnte (Eheerhaltung). In der Berufungsinstanz zieht die Anfallwirkung, § 525, Grdz 1 § 511, dem § 616 Grenzen; war zB auf Antrag und Gegenantrag geschieden und legt nur der Gegner Berufung ein, so sind neue Tatsachen zum Gegenantrag nicht zu prüfen, RG **126**, 302, Einf 3 D § 610. Das Revisionsgericht darf überhaupt nicht ermitteln, soweit es um die Sache selbst geht, weil es insofern keine neuen Tatsachen berücksichtigen darf.

B. Zu allen Punkten, bei denen das Gericht ermittelt, sind vor oder nach der Beweisaufnahme die Parteien zu hören, soweit sie durch einen RA vertreten sind, weil sonst ein rechtliches Gehör unmöglich wäre. Dabei genügt die Gelegenheit zur Äußerung. Ein Verstoß ist Revisionsgrund.

2) Nichtigkeits- und Feststellungsprozesse, I. Bei ihnen erstreckt sich das Ermittlungsrecht auch auf die Nichtigkeit oder das Nichtbestehen der Ehe, ergreift also den ganzen Bestand der Ehe unabhängig vom Parteiwillen, weil öffentliche Belange die Feststellung der vollen Wahrheit gebieten. Das Gericht darf nichtvorgebrachte Tatsachen berücksichtigen und eine Beweiserhebung vAw anordnen, aber in der Berufungsinstanz auch hier nur, soweit es mit der Sache befaßt ist, Anm 1 A, RG **151**, 182. Die Quelle der gerichtlichen Erkenntnis bleibt gleich, auch ein privates Wissen des Gerichts (nicht nur eines einzelnen Richters) genügt. Über die Parteivernehmung vgl § 613 Anm 2, wegen der Ausübung der Fragepflicht vgl § 139.

3) Scheidungs-, Aufhebungs- und Herstellungsklagen, II und III. A. Allgemeines. Bei diesen Klagen tritt die Unterscheidung zwischen ehefeindlichen und ehefreundlichen Tatsachen zutage. Freilich erstreckt sich das Ermittlungsrecht grundsätzlich auch auf ehefeindliche Tatsachen, dies aber nur dort, wo die eine Eheauflösung erstrebende oder die Herstellung verweigernde Partei nicht widerspricht, vgl auch § 617 Anm 1. Ein Widerspruch der Partei liegt schon dann vor, wenn sie ihrerseits Tatsachen behauptet, die mit den ehefeindlichen Tatsachen unvereinbar sind, vgl BGH NJW **80**, 1335, Bem zu § 640 d. Widerspricht sie, so darf das Gericht ausschließlich ehefreundliche Tatsachen berücksichtigen. Dahin gehören zB die Zumutbarkeit der Ehefortsetzung, § 32 II EheG, das Bestehen der häuslichen Gemeinschaft, § 1567 BGB, die Erwartung einer Wiederherstellung der Lebensgemeinschaft, § 1565 BGB, und das Interesse der Kinder, § 1568 BGB. Insbesondere sind alle tatsächlichen Voraussetzungen für die Einhaltung der Trennungsfristen, § 1566 BGB, unter Ausschöpfung des Ermittlungsgrundsatzes festzustellen, so daß das Gericht sich auch insoweit nicht mit übereinstimmenden Angaben der Parteien begnügen darf, Theile DRiZ **77**, 275, StJSchl Rdz 5. Eine Erleichterung der sog verdeckten Konventionalscheidung würde dem mit § 630 verfolgten Schutzzweck zuwiderlaufen, StJSchl Rdz 8. Stets, auch bei Widerspruch nach II, darf das Gericht aus allen Tatsachen ehefreundliche rechtliche Entscheidungsfolgerungen ziehen. Parteivereinbarungen über das Verfahren, etwa die Ausschaltung eines Beweismittels, binden das Gericht nur, soweit sie sich auf ehefeindliche Tatsachen beziehen, StJSchl Rdz 13. Dies alles gilt grundsätzlich auch für Entscheidungen, die im Verbund, § 623, ergehen; jedoch lassen sich die Grenzen der Verwertbarkeit dann oft nur schwer ziehen, vgl § 624 Anm 1.

B. Härteklausel. Abweichend von II darf das Gericht außergewöhnliche Umstände, auf Grund derer die Scheidung für den sie ablehnenden Gatten eine schwere Härte darstellen würde, nach § 1568 BGB nur berücksichtigen, wenn dieser Gatte sie vorgebracht hat, **III**. Also gibt es insofern keine Ermittlung vAw, weil es Sache des Gatten ist, die Scheidung seiner an sich gescheiterten Ehe zu verhindern. Über die Möglichkeit der Berufung auf die Härteklausel ist er aber vom Gericht zu belehren, wenn er keinen Prozeßbevollmächtigten

Albers

oder Beistand, § 625, hat. Die Einschränkung nach III gilt nicht für die Aufrechterhaltung der Ehe im Interesse gemeinsamer Kinder, § 1568 BGB, so daß hier vollen Umfangs vAw zu ermitteln ist, StJSchl Rdz 7, oben Anm 3 A.

C. Anwaltszwang. Alle ehefreundlichen Tatsachen kann die Partei selbst vorbringen, ebenso kann sie Beweisanträge, soweit sie der Aufrechterhaltung der Ehe dienen, ohne anwaltliche Vertretung stellen. Auch die Berufung auf die Härteklausel untersteht als eine der Aufrechterhaltung der Ehe dienende Prozeßhandlung nicht dem Anwaltszwang, Zö-Philippi 4, Bergerfurth FamRZ **76**, 584, str, vgl Bergerfurth AnwZwang Rdz 331 mwN.

617 *Einschränkung der Parteiherrschaft.* Die Vorschriften über die Wirkung eines Anerkenntnisses, über die Folgen der unterbliebenen oder verweigerten Erklärung über Tatsachen oder über die Echtheit von Urkunden, die Vorschriften über den Verzicht der Partei auf die Beeidigung der Gegenpartei oder von Zeugen und Sachverständigen und die Vorschriften über die Wirkung eines gerichtlichen Geständnisses sind nicht anzuwenden.

1) Allgemeines. § 617 regelt die Beschränkung der Parteiherrschaft. Den Beibringungsgrundsatz, Grdz 3 § 128, läßt er im allgemeinen unberührt; insofern können die Parteien über den Streitstoff verfügen, mithin auch auf Klaggründe verzichten. Sonst aber besteht eine Einschränkung mit Rücksicht auf den auch öffentlich-rechtlichen Charakter der Ehe. Über Vergleiche s Anm 4 A, über Rechtsmittelverzichte s Anm 4 B.

2) Anerkenntnis, Verzicht. Ein in Ehesachen abgegebenes Anerkenntnis wirkt niemals nach § 307, sondern ist immer frei zu würdigen, § 286. Ein Anerkenntnisurteil ist undenkbar; auch § 93 ist unanwendbar.

Der Verzicht auf den Klaganspruch, § 306, ist zulässig, eine Zustimmung des Gegners dafür nicht erforderlich. Bei der Nichtigkeits- und der Feststellungsklage kann er nur die Wirkung äußern, daß die Klage als zurückgenommen gilt, vgl § 635, RoS § 166 VI 8b. Der Verzicht auf den Scheidungsanspruch schließt die erneute Geltendmachung des Scheidungsbegehrens auf Grund neuer Tatsachen nicht aus, Nürnb MDR **50**, 289. Der Verzicht, nachdem gegen die Abweisung des Antrags ein Rechtsmittel eingelegt worden ist, bedeutet regelmäßig die Rücknahme dieses Rechtsmittels; er ist auch dann möglich, wenn nur die andere Partei Berufung eingelegt hat, Oldb JZ **52**, 566. Ein Verzichtsurteil setzt den Antrag des Beklagten voraus. In diesem Fall erfolgt auch keine Erledigungserklärung durch Urteil auf Antrag des Klägers.

3) Andere Fälle. Weiter ist die Parteiherrschaft ausgeschlossen für **a)** die Folgen des Unterbleibens oder der Verweigerung einer Erklärung über Tatsachen oder die Echtheit einer Urkunde, §§ 138, 439; das Unterlassen und die Weigerung sind frei zu würdigen; **b)** den Verzicht auf die Beeidigung der Gegenpartei, § 452 III, weil damit die Parteiaussage den Wert einer eidlichen Aussage erhielte; **c)** den Verzicht auf die Beeidigung von Zeugen und Sachverständigen, §§ 391 und 410, aus demselben Grunde wie zu b). Ein Verstoß gegen die Belehrungspflicht des § 383 II ist auch hier heilbar. Wegen schriftlicher Zeugenbekundungen s § 377 Anm 3 C. Ein schriftliches Gutachten, wie nach § 411, ist zulässig, RG HRR **33**, 1255. Schließlich ist die Parteiherrschaft auch ausgeschlossen für **d)** das gerichtliche Geständnis, § 288; es ist frei zu würdigen. Aus § 617 ergibt sich, daß eine urkundenbeweisliche Verwertung von Zeugenaussagen aus dem Verfahren der Prozeßkostenhilfe, § 118 II, nur beschränkt statthaft ist, vgl JW **36**, 2163.

4) Vergleich und Rechtsmittelverzicht. A. Vergleich (Göppinger, Vereinbarungen anläßlich der Ehescheidung, 3. Aufl 1978; StJSchl Rdz 6ff). Er ist bei Scheidungs- und Aufhebungsklagen zulässig, da § 72 EheG aufgehoben worden ist, **a)** zur Beendigung des Verfahrens, also zB über die Rücknahme der Klage bzw des Antrags oder eines Rechtsmittels oder eine Erledigungserklärung bei Aussöhnung, StJSchl Rdz 6; **b)** über das weitere Verfahren, zB über die Rücknahme der Widerklage bzw des Gegenantrags oder die Beschränkung des Vortrags auf bestimmte Gründe, Anm 1, § 616 II, vgl BGH **41**, 166; **c)** im übrigen, namentlich hinsichtlich der Folgen der Scheidung, in einem (schon durch den Antrag auf Protokollierung des Vergleichs eingeleiteten) Verfahren nach § 620, StJSchl Rdz 8–10.

Hinsichtlich der Kosten des Eheverfahrens ist ein Vergleich Vollstreckungstitel, § 794 I Z 1, in den zu a) genannten Fällen, nicht dagegen bei einem Teilvergleich über einzelne FolgeS, StJSchl Rdz 16, und auch nicht bei Beschränkung auf den Kostenpunkt, BGH **5**, 251, LG Hannover NdsRPfl **70**, 174, ebensowenig bei einer Protokollierung nach Rechts-

1. Titel. Allgemeine Vorschriften für Ehesachen **§§ 617–619** 1

kraft, BGH **15**, 190; dagegen ist der Vergleich Vollstreckungstitel hinsichtlich der Kosten bei seiner Protokollierung nach einem Urteil, sofern er einen Rechtsmittelverzicht enthält, Bbg JB **75**, 630, oder auch bei Rechtsmittelverzicht unmittelbar nach seiner Protokollierung, Mü MDR **76**, 406. In allen anderen Fällen ergeht eine Kostenentscheidung nach § 93a, StJSchl Rdz 16. Wegen der Gebühren des RA vgl § 36 I BRAGO.

B. Rechtsmittelverzicht. Er fällt nicht unter § 617, sondern ist auch in Ehesachen grundsätzlich unbeschränkt zulässig, BGH NJW **74**, 1248, Oske MDR **72**, 14. Aus Erwägungen, die mit dem Wesen der Ehe zusammenhängen, bestehen aber mehrfache Einschränkungen: **a)** Ein vorheriger Verzicht untersteht ganz dem bürgerlichen Recht, § 514 Anm 1. Er muß mit Rücksicht auf die Einheitlichkeit der Entscheidung und die Möglichkeit, daß in Ehesachen auch der nichtbeschwerte Ehegatte ein Rechtsmittel zum Zwecke der Aufrechterhaltung der Ehe einlegen kann, beiderseitig sein, vgl BGH **4**, 314. **b)** Der Verzicht nach Ergehen eines Urteils macht das trotzdem eingelegte Rechtsmittel unzulässig, s unten. Ist der Verzicht gegenüber dem Gericht erklärt, so ist er vAw zu berücksichtigen, BGH **27**, 61; es handelt sich um eine unwiderrufliche Prozeßhandlung. Der Verzicht ist nicht schon dann unwirksam, wenn er, wie auch eine Rechtsmittelrücknahme, zu einer dem Gesetz widersprechenden Lösung der Ehe führt, BGH NJW **68**, 794. Der nachherige Verzicht kann auch dem Gegner gegenüber erklärt werden, gibt aber lediglich eine Einrede, macht also das Urteil nicht schon vor Ablauf der Rechtsmittelfrist rechtskräftig, BGH ZZP **66**, 148, Hbg MDR **67**, 766, aM Düss NJW **65**, 403, das auch solche Urteile (schwerlich zu Recht, Wüstenberg NJW **65**, 699) den vermögensrechtlichen Gestaltungsurteilen gleichstellt, vgl auch Habscheid NJW **65**, 2339.

Die Prozeßvollmacht ermächtigt auch hier zum Verzicht. Wegen der Form s § 514 Anm 2 A. Die Gegeneinrede, daß eine außergerichtliche Erklärung ohne Zuziehung eines RA auf einer schwerwiegenden Beeinträchtigung der freien Entschließung beruhe, ist zulässig, BGH NJW **68**, 794.

618 *Zustellung und Beginn der Rechtsmittelfrist.* § 317 Abs. 1 Satz 3 gilt nicht für Urteile in Ehesachen.

1) Erläuterung. Für die Zustellung aller Urteile in EheS, gleich welcher Art, gelten die allgemeinen Vorschriften: sie sind beiden Parteien vAw zuzustellen, § 270 I, jedoch verkündete Versäumnisurteile gegen den Kläger, § 612 IV, nur ihm, § 317 I 1. Für Urteile in EheS gilt § 317 I 3 nicht. Der Vorsitzende darf die Zustellung eines verkündeten Urteils nicht auf Antrag der Parteien hinausschieben, weil die der Vorschrift zugrundeliegende Erwägung, den Parteien vor Einlegung eines Rechtsmittels Gelegenheit zu Vergleichsverhandlungen zu geben, für EheS nicht zutrifft. Wegen anderer FamS s § 621 c, wegen der Entscheidungen im Verbund s § 629 Anm 2 A.

2) Zustellung. Zuzustellen, Anm 1, ist ggf den Prozeßbevollmächtigten, § 176, dem Staatsanwalt, wenn er Partei ist (§§ 632, 634), nicht aber den gewöhnlichen Streithelfer, soweit er in EheS vorhanden ist. Wegen der Zustellung von Verbundurteilen an weitere Beteiligte s § 629 Anm 2 A. Die Zustellung setzt für jeden Beteiligten die Rechtsmittelfrist besonders in Lauf. Eine Parteizustellung ist hier, wie auch sonst, wirkungslos. Zu benachrichtigen ist das Standesamt, MiZi VII Z 4, ggf auch das Vormundschaftsgericht (sonstige FamGer).

619 *Tod einer Partei.* Stirbt einer der Ehegatten, bevor das Urteil rechtskräftig ist, so ist das Verfahren in der Hauptsache als erledigt anzusehen.

1) Tod einer Partei. Der Tod eines Gatten vor Rechtskraft des Urteils erledigt jeden Eheprozeß in der Hauptsache. Die mit einem statthaften, aber unzulässigen Rechtsmittel angefochtene Entscheidung wird erst mit der Rechtskraft der das Rechtsmittel verwerfenden Entscheidung rechtskräftig, Rüffer FamRZ **82**, 1039 mwN (zu LSG Essen FamRZ **82**, 1037). Sofern ein Eheurteil eines OLG mit Verkündung rechtskräftig wird, § 705 Anm 1 C, kann nach seinem Erlaß keine Erledigung eintreten, Hamm NJW **78**, 382. Die Erledigung kann auch bei Nichtigkeitsklagen eintreten. Ist nach Auflösung der Ehe nur der Staatsanwalt klageberechtigt, § 24 I EheG, so richtet sich die Klage gegen den Überlebenden.

Die Erledigung hat zur Folge, daß das verkündete, aber noch nicht rechtskräftige Urteil ohne weiteres in der Hauptsache wirkungslos wird, BHG NJW **81**, 686 mwN, Ffm FamRZ

81, 192. Die Erledigung erstreckt sich auch auf die Entscheidung über die FolgeS Versorgungsausgleich, BGH NJW 81, 686 (offengelassen, ob dies auch für andere FolgeS gilt oder eine solche FolgeS entsprechend § 626 II als selbständige FolgeS fortgeführt werden kann, vgl § 626 Anm 3 B). Eine einstwAnO aus § 620 tritt mit dem Tod eines Gatten außer Kraft, § 620 f.

Eines besonderen Beschlusses über die Wirkungslosigkeit bedarf es nicht, Ffm FamRZ 81, 192. Jedoch kann bei Zweifeln über die Voraussetzung das Rechtsschutzbedürfnis für einen solchen Beschluß gegeben sein, zB hinsichtlich der FolgeS Versorgungsausgleich (auf Antrag ist hier die Erledigung des Versorgungsausgleichsverfahrens durch Beschluß auszusprechen, Celle NdsRpfl 81, 197); zuständig dafür ist das Gericht, das das Urteil erlassen hat. Nach einhelliger Meinung ist gegen ein wirkungslos gewordenes Urteil ein Rechtsmittel nicht zulässig, und zwar auch dann nicht, wenn damit nur die Wirkungslosigkeit festgestellt werden soll, BGH NJW 81, 686, Zweibr FamRZ 80, 716.

Die Wirkungslosigkeit erstreckt sich nicht auf die Entscheidung über die Kosten, so daß insofern eine Fortsetzung des Verfahrens zulässig ist, BGH FamRZ 82, 156 mwN. Über die Kosten ist nicht nach § 91a, sondern auch bei FolgeS nach § 93a zu entscheiden, und zwar auch dann, wenn die Erledigung in der Rechtsmittelinstanz eintritt, BGH FamRZ 83, 683.

Auch nach dem Tod eines Gatten ist eine Prozeßabweisung zulässig, RG 149, 112, ebenso die Verwerfung eines Rechtsmittels als unzulässig nach dem Tod des Gegners, BGH NJW 74, 368, desgleichen die Zurücknahme der Klage nach dem Tode des Beklagten vor der 1. mündlichen Verhandlung, Mü NJW 70, 1799, weil es in allen diesen Fällen beim Fortbestehen der Ehe bleibt. Demgemäß kann umgekehrt die Berufung gegen ein die Scheidung aussprechendes Urteil nach dem Tod eines Ehegatten nicht mehr wirksam zurückgenommen werden, Kblz FamRZ 80, 717. Soweit die Ehe vermögensrechtliche, namentlich erbrechtliche oder familienrechtliche Wirkungen hat und ihr Bestehen streitig ist, kann es auch nach dem Tod eines Gatten in einem neuen Prozeß festgestellt werden, ggf auf Zwischenantrag. Eine Fortsetzung des Eheverfahrens ist auch insofern unzulässig.

§ 619 ist vAw zu beachten, so daß der Tod eines Gatten vom Gericht ohne Bindung an das Parteivorbringen zu prüfen ist, RG HRR 32, 1611. Das Verfahren wird nach § 239 unterbrochen, wenn nicht der Fall des § 246 I vorliegt, BGH NJW 81, 686; eine Aussetzung nach dieser Vorschrift kommt nicht in Betracht, Schlesw SchlHA 74, 103.

2) Wiederaufnahme. Für eine Wiederaufnahme gegen ein Scheidungs- oder Aufhebungsurteil ist nach dem Tod eines Ehegatten kein Raum, weil eine neue Sachentscheidung nicht ergehen kann, BGH 43, 239, StjSchl Rdz 11, RoS § 166 IV 14b, str, aM Blomeyer § 120 VII 3 unter Hinweis darauf, daß bei einem im Wiederaufnahmeverfahren ergangenen abweichenden Scheidungsurteil die Ehe erst durch den Tod aufgelöst wäre, was Bedeutung für die die Wiederaufnahme betreibenden Erben hätte; dagegen Jauernig FamRZ 61, 101, der die Erben nicht für die richtige Partei in einem solchen Wiederaufnahmestreit hält. Auch eine Wiederaufnahme wegen der Kosten ist nicht zulässig, da § 99 I entsprechend anzuwenden ist, BGH 43, 244. Dagegen ist bei einer Nichtigkeitsklage die Wiederaufnahme durch oder gegen den Staatsanwalt hinsichtlich des überlebenden Gatten statthaft, § 636.

Einführung zu §§ 620–620g
Einstweilige Anordnungen

1) Allgemeines. §§ 620–620g geben die Möglichkeit zum Erlaß einstweiliger Anordnungen in jedem beliebigen Eheprozeß, soweit die deutschen Gerichte zur Entscheidung zuständig sind. Sie schützen insoweit auch Ausländer (s auch Art 14 EGBGB). Die einstwAnO ist mit einer einstwVfg aus den §§ 935, 940 nicht zu verwechseln; eine solche ist nicht zulässig, sobald und solange eine Ehesache anhängig ist, in der nach § 620 eine einstwAnO ergehen darf, allgM, Hassold FamRZ 81, 1036, BGH FamRZ 79, 473, Zweibr FamRZ 83, 619, Bre FamRZ 82, 1034, Hamm NJW 82, 1108, Ffm FamRZ 81, 188, vgl § 620a Anm 2A, § 621f Anm 1. Eine zuvor ergangene einstwVfg ist auf Widerspruch jedenfalls bei entsprechendem Willen der Parteien in ein Verfahren nach § 620 überzuleiten und der Widerspruch als Antrag nach § 620b zu behandeln, Düss FamRZ 82, 408, Ffm FamRZ 81, 188, aM (ua aus kostenrechtlichen Gründen) Hbg FamRZ 82, 409 mwN, Hamm FamRZ 80, 160; ein etwaiges Berufungsverfahren dürfte sich erledigen (Kosten nach § 91a), aM Klauser MDR 81, 716: Fortsetzung des Verfahrens.

A. Verhältnis zu anderen Verfahren. Für die ordentliche Klage fehlt, soweit das billigere und einfachere Verfahren nach § 620 eingreift, idR das Rechtsschutzbedürfnis, es sei denn, das Verfahrensergebnis des Verfahrens nach § 620 ist demjenigen des anderen Verfahrens

1. Titel. Allgemeine Vorschriften für Ehesachen **Einf §§ 620–620 g, § 620**

nicht gleichwertig, Bre FamRZ **82**, 1034 mwN (im Ergebnis weitergehend). Demgemäß ist zu unterscheiden:

Hinsichtlich des Unterhalts und des Prozeßkostenvorschusses hat eine Partei grundsätzlich die Wahl zwischen Klage und einstwAnO und darf beide Verfahren nebeneinander betreiben, hM, BGH NJW **79**, 1508, Ffm FamRZ **81**, 65, beide mwN. Jedoch fehlt der Klage idR das Rechtschutzbedürfnis nicht nur dann, wenn im Verfahren über eine einstwAnO ein abschließender Vergleich geschlossen, Schlesw SchlHA **81**, 112, sondern auch dann, wenn die AnO erlassen worden ist, KG FamRZ **83**, 620, aM Ffm FamRZ **81**, 65, Zweibr FamRZ **80**, 1041, Bre NJW **78**, 2103, offengelassen von Saarbr FamRZ **79**, 537; zumindest darf in einem solchen Fall für die Klage Prozeßkostenhilfe idR nicht bewilligt werden, Hamm FamRZ **81**, 708. Wegen der Vollstreckungsabwehrklage und der leugnenden Feststellungsklage bzw Leistungsklage vgl § 620 b Anm 1 A. Die Sicherung künftiger Unterhaltsansprüche durch Arrest steht dem FamGer zu, wenn es Gericht der Hauptsache ist, § 621 Anm 1, aber in jedem Fall dem Erlaß einer einstwAnO aus § 620 nicht entgegen. Wegen des Verhältnisses zur einstwVfg s oben.

Soweit die einstwAnO reicht, ist dem Vormundschaftsgericht die Entscheidung entzogen, Brüggemann FamRZ **77**, 12. Der Einleitung oder Fortführung eines isolierten FGG-Verfahrens nach § 1672 oder § 1634 BGB steht nicht entgegen, daß ein Scheidungsverfahren anhängig ist (oder wird) und in ihm die Möglichkeit besteht, die elterliche Sorge oder den Umgang mit dem Kind nach § 620 zu regeln, BGH NJW **82**, 2561 mwN, Hbg FamRZ **82**, 722 mwN, KG FamRZ **81**, 83, Karlsr FamRZ **80**, 1054 mwN, Stgt FamRZ **80**, 400, str, aM Karlsr FamRZ **79**, 1044, Düss FamRZ **78**, 806, vgl Schlüter/König FamRZ **82**, 1164. Auch die Anhängigkeit eines Verfahrens nach § 620 steht einem entsprechenden FGG-Verfahren nicht entgegen, vgl BGH FamRZ **80**, 131, Hamm FamRZ **79**, 1045, str, aM Karlsr FamRZ **79**, 1044. Ist vor Anhängigkeit der EheS im isolierten FGG-Verf eine erstinstanzliche Eilregelung erlassen worden, so bleibt diese unberührt; das Verf wird nicht etwa in das Verf nach § 620 übergeleitet, so daß über ein Rechtsmittel im bisherigen Verf zu entscheiden ist, Bre FamRZ **82**, 1033.

In isolierten Verfahren nach ZPO oder FGG sind Eilmaßnahmen nach den jeweils maßgeblichen Vorschriften zulässig, vgl zum FGG Göppinger AcP **169**, 513 mwN, BGH FamRZ **78**, 886, KG FamRZ **79**, 859. Dies gilt auch dann, wenn daneben wahlweise das Verf nach § 620 zur Verfügung steht, also zB in Sorgerechtssachen, Ffm FamRZ **83**, 91, KG FamRZ **81**, 83.

B. Prozeßkostenhilfe. Die Bewilligung für den Eheprozeß umfaßt den Antrag aus § 620 nicht, Schneider MDR **81**, 799, Karlsr Just **80**, 152, KG AnwBl **80**, 302, Bergerfurth Anw-Zwang Rdz 343, str, aM Zö-Philippi § 624 Anm 2a. Die gesonderte Bewilligung unter Beiordnung eines RA ist aber grundsätzlich geboten, v. Stosch-Diebitsch NJW **75**, 152, Bbg FamRZ **79**, 527, Düss NJW **75**, 936, da für die EheS Anwaltszwang besteht, § 78 I 2, und in Scheidungssachen das Gericht notfalls einen Beistand beiordnen muß, also ohnehin idR ein RA tätig wird; vgl auch § 624 Anm 3. Die gesonderte Bewilligung darf ggf auch nicht an § 115 III scheitern, so daß nach Gewährung von PKH für die Scheidungssache nur die Erfolgsaussichten des Antrags auf einstwAnO zu prüfen sind, Schneider MDR **81**, 799.

C. Feriensache. Das Verfahren nach den §§ 620 ff ist Feriensache, § 200 I Z 2 GVG.

2) Anspruch auf Anordnung. Wenn § 620 sagt: „das Gericht kann regeln", so stellt er damit die Entscheidung nicht in das freie Ermessen, sondern in die Zuständigkeit: Falls eine einstwAnO zulässig und notwendig ist, muß das Gericht sie erlassen (so auch StJSchl § 620 Rdz 14 mit der Bezeichnung „pflichtmäßiges Ermessen"). Im Verfahren richtet sich die Prozeßfähigkeit nach § 607; der beschränkt Geschäftsfähige darf aber Zahlung nur an seinen gesetzlichen Vertreter verlangen.

620 *Einstweilige Anordnungen.* **Das Gericht kann im Wege der einstweiligen Anordnung auf Antrag regeln:**
1. die elterliche Sorge für ein gemeinschaftliches Kind;
2. den Umgang des nicht sorgeberechtigten Elternteils mit dem Kinde;
3. die Herausgabe des Kindes an den anderen Elternteil;
4. die Unterhaltspflicht gegenüber einem Kinde im Verhältnis der Ehegatten zueinander;
5. das Getrenntleben der Ehegatten;

Albers

6. den Unterhalt eines Ehegatten;
7. die Benutzung der Ehewohnung und des Hausrats;
8. die Herausgabe oder Benutzung der zum persönlichen Gebrauch eines Ehegatten oder eines Kindes bestimmten Sachen;
9. die Verpflichtung zur Leistung eines Prozeßkostenvorschusses.
Im Falle des Satzes 1 Nr. 1 kann das Gericht eine einstweilige Anordnung auch von Amts wegen erlassen.

Vorbem. Redaktionell geänd dch Art 9 § 2 G v 18. 7. 79, BGBl 1061, mWv 1. 1. 80.

Schrifttum: Walter FamRZ **79**, 681; Klauser MDR **81**, 711 (betr Abänderung).

Gliederung

1) Allgemeines
2) Voraussetzungen
3) Elterliche Sorge
4) Regelung des Umgangs
5) Herausgabe des Kindes
6) Unterhaltspflicht gegenüber einem Kinde
7) Getrenntleben
8) Unterhalt eines Ehegatten
9) Benutzung der Ehewohnung und des Hausrats
   A. Allgemeines
   B. Einzelheiten
   C. Verhältnis zu anderen Rechtsbehelfen
10) Herausgabe persönlicher Sachen
11) Leistung eines Prozeßkostenvorschusses

1) Allgemeines. A. § 620 regelt den Gegenstand einer einstwAnO abschließend, jedoch ohne Einengung auf den Wortlaut: Eine einstwAnO darf auch in solchen Angelegenheiten erlassen werden, die in untrennbarem Zusammenhang mit einem der Tatbestände des § 620 stehen. Dazu gehören wegen des Zusammenhangs mit Z 5 und 7 etwa Anträge auf Untersagung von Belästigungen, Bedrohungen und Mißhandlungen, str, wie hier Hamm NJW **82**, 1108, Saarbr FamRZ **81**, 64 mwN, Hbg FamRZ **78**, 804, aM Düss MDR **74**, 582 (aber nach Schaffung des FamGer gehören auch diese Verfahren in seine Hand), ferner wegen des Zusammenhangs mit Z 5 und 7 auch Anträge auf ein Verbot des Wegschaffens von Hausrat, aM Bülow/Stössel MDR **78**, 465.

§ 620 enthält eine prozessuale Regelung, begründet dagegen keine materiellrechtlichen Ansprüche, Stgt FamRZ **72**, 373 (zu § 627 aF). Demgemäß entscheidet immer dann, wenn durch einstwAnO Ansprüche geregelt werden sollen, das jeweils anzuwendende materielle Recht, ob und ggf mit welchem Inhalt eine AnO erlassen werden darf, so daß insofern nach IPR ausländisches Recht anzuwenden sein kann, Hamm NJW **77**, 1597, vgl Goerke FamRZ **74**, 75; näheres bei den einzelnen Bestimmungen. Deutsches Recht ist in diesen Fällen nur dann anwendbar, wenn Art 30 EGBGB eingreift oder die Ermittlung des ausländischen Rechts so zeitraubend ist, daß die einstwAnO nicht in angemessener Zeit erlassen werden könnte, Düss FamRZ **74**, 132 (abw StJSchl Rdz 2, Hamm aaO: in diesem Fall freie Interessenabwägung). differenzierend Kreuzer NJW **83**, 1943; vgl § 293 Anm 2.

B. Einstweilige Maßnahmen über § 620 hinaus dürfen nur durch einstwVfg bzw einstwAnO nach FGG oder HausratsVO von dem für die Hauptsache zuständigen Gericht getroffen werden. Beispiele: Wenn die EheS noch nicht anhängig iSv § 620a II 1 ist, Ffm FamRZ **79**, 156 (vgl auch Anm 9 C), oder wenn eine Regelung nicht zwischen Ehegatten getroffen werden soll, aber auch dann, wenn es sich um andere als die in Z 7 u 8 genannten Gegenstände handelt, Düss NJW **67**, 453, oder um die Sicherung des Eigentums im Hinblick auf eine künftige Auseinandersetzung, Schlesw SchlHA **49**, 132, um die Wiedereinräumung des Mitbesitzes, Hamm MDR **77**, 58, um das Verbot der Veräußerung eines Grundstücks, Mü FamRZ **69**, 151, um die Zuteilung eines Sparkassenguthabens, Kiel SchlHA **48**, 79, um die Betätigung im Betrieb des anderen Gatten, Brschw NdsRpfl **57**, 152 u ä. Umgekehrt ist im Bereich des § 620 kein Raum für eine einstwVfg oder sonstige Eilmaßnahme, Einf 1, zB kann bei Anhängigkeit der EheS keine einstwAnO nach § 13 IV HausratsVO erlassen werden, Anm 9 C.

C. Anwendbar ist § 620 in jeder Ehesache, § 606 Anm 2, auch zwischen Ausländern; die Zuständigkeit nach § 606b braucht dabei noch nicht festzustehen, Hamm NJW **77**, 1597. Voraussetzung ist aber auch hier das Bestehen der deutschen Gerichtsbarkeit, so daß gegen Exterritoriale, § 18 GVG, keine einstwAnO ergehen darf, Mü FamRZ **72**, 210. Nötig ist ferner die Zuständigkeit des Gerichts nach § 606, s Erl § 620a. Vor dem in § 620a II 1

1. Titel. Allgemeine Vorschriften für Ehesachen § 620 1–5

bezeichneten Zeitpunkt ist keine einstwAnO nach § 620 zulässig, oben Anm 1 B, wohl aber während der Aussetzung des Verfahrens nach § 614, Celle NdsRpfl **75**, 71, § 614 Anm 6.

D. Die Entscheidung ergeht stets durch Beschluß, § 620a. Rechtsmittel: § 620c. Wegen Aufhebung und Änderung der einstwAnO s § 620b, wegen ihres Außerkrafttretens s § 620f. Jede einstwAnO ist Vollstreckungstitel, § 794 I Z 3a, und wird demgemäß nach den Vorschriften des ZPO vollstreckt, Hamm NJW **79**, 988; das gilt auch in den Fällen der Z 2 u 3, Zweibr FamRZ **80**, 1038, str, vgl Anm 4 u 5. Das Verfahren ist immer **Feriensache,** § 200 I Z 2 GVG.

2) Voraussetzungen. Das Gericht wird grundsätzlich nur auf Antrag tätig, § 620a Anm 2, nur hinsichtlich der Regelung der elterlichen Sorge für ein gemeinschaftliches Kind, Z 1, auch vAw, S 2. Die einstwAnO darf nur ergehen, wenn **a)** das materielle Recht eine solche Regelung zuläßt, Anm 1 A, **b)** ein Regelungsbedürfnis besteht, so daß der Antrag abzulehnen ist, wenn die Parteien sich geeinigt haben. Hat ein anderes Gericht eine Regelung getroffen, so bleibt es dabei, bis sie geändert worden ist, und ist kein Raum für eine einstwAnO, Köln FamRZ **83**, 517, abw Schlüter/König FamRZ **82**, 1164 mwN. Nur wenn das FamGer der EheS zuständig geworden ist, § 621 I u III, kann es diese Regelung selbst ändern und demgemäß auch eine einstwAnO erlassen. Liegen die Voraussetzungen vor, so muß das Gericht die Anordnung treffen; denn es ist dazu da, den Parteien zweckvoll zu helfen. „Kann" stellt nicht in sein Ermessen, sondern bedeutet Ermächtigung, Einf 2 § 620.

Im einzelnen gilt für die in § 620 genannten Fälle das Folgende:

3) Elterliche Sorge für ein gemeinschaftliches Kind, Z 1. A. Wenn deutsches Recht anzuwenden ist, gilt § 1671 BGB entspr, § 1672 BGB, als Richtlinie für die einstwAnO, Karlsr FamRZ **80**, 726, Mü FamRZ **78**, 54, und bestimmen sich Inhalt und Grenzen der AnO nach den §§ 1626ff BGB. Zu beachten ist das Haager Abkommen über den Schutz Minderjähriger vom 5. 10. 61, Pal-Heldrich Anh 4 Art 23 EGBGB, das dem innerstaatlichen Recht vorgeht, vgl BGH **78**, 293, Düss FamRZ **80**, 728, Stgt NJW **80**, 1227 mwN. Hiernach (und bei fehlender Weiter- oder Zurückverweisung auf deutsches Recht) ist ggf das maßgebliche ausländische Recht anzuwenden, KG DR **41**, 2073, aM Mü NJW **60**, 1771, Ffm OLGZ **71**, 57.

B. Zulässig sind in diesem Rahmen Maßnahmen aller Art, die die elterliche Sorge für Personen und Vermögen des Kindes (einschließlich seiner Vertretung) ganz oder teilweise regeln, zB den Aufenthalt des Kindes, Walter S 136, Köln FamRZ **79**, 320, seine Erziehung und Pflege oder die Verwaltung seines Vermögens. Unzulässig ist die Übertragung der elterlichen Sorge auf einen in der Geschäftsfähigkeit beschränkten Gatten, § 1673 II BGB, Mü OLGZ **66**, 308, zulässig dagegen die Übertragung auf einen Vormund oder Pfleger (der vom Vormundschaftsgericht auszuwählen und zu bestellen ist, BayObLG FamRZ **77**, 822): Seit § 1672 BGB auch auf § 1671 V BGB verweist, dürfte die frühere Streitfrage (vgl KG FamRZ **79**, 633 gegen KG NJW **78**, 648 u **79**, 433) erledigt sein. Wegen der Beachtung von bereits getroffenen Entscheidungen des Vormundschafts- oder Familiengerichts s Anm 2b; für Änderungen gilt § 1696 BGB. Soweit die einstwAnO reicht, ist dem Vormundschaftsgericht die Entscheidungsgewalt auch aus § 1666 BGB entzogen, Brüggemann FamRZ **77**, 12. Die Möglichkeit, in einer anhängigen EheS eine einstwAnO zu erreichen, macht ein Verfahren vor dem Vormundschaftsgericht nicht unstatthaft, Einf 1 § 620.

Die Notwendigkeit der einstwAnO ist besonders sorgfältig zu prüfen, Düss FamRZ **78**, 535 u 604 (nur wegen besonderer Umstände des Einzelfalles ist eine Regelung durch einstwAnO geboten). Jede Entscheidung hat sich ausschließlich am Wohl des Kindes zu orientieren, § 1671 BGB, vgl Karlsr FamRZ **80**, 726, Hamm FamRZ **79**, 854. Eine einstwAnO ist auch dann zulässig, wenn die Eltern noch nicht getrennt leben, aber bereits getroffene Maßnahmen zur Trennung lediglich im Hinblick auf das Kind noch nicht vollzogen haben, KG DAVorm **80**, 415.

4) Regelung des Umgangs mit dem Kinde, Z 2. Bei Anwendung deutschen Rechts ist Richtschnur § 1634 II BGB. Zulässig ist auch hier jede Maßnahme, die zum Wohl des Kindes geboten ist; wegen des Haager Abkommens über den Schutz Minderjähriger vom 5. 10. 61 s Anm 3 A. Die Vollstreckung richtet sich nach ZPO, § 794 I Z 3a, nicht nach FGG (auch für einen gerichtlichen Vergleich, soweit er wirksam ist), str, bejahend Hamm FamRZ **80**, 707, Zweibr FamRZ **80**, 1038 u **79**, 842, verneinend Bergerfurth Rdz 93, Köln FamRZ **82**, 508 mwN, Mü FamRZ **79**, 1047, Düss FamRZ **79**, 834 (§ 33 FGG).

5) Herausgabe des Kindes an den anderen Elternteil, Z 3 (BGH **67**, 255 ist überholt), Christian DAVorm **83**, 417. Maßgeblich ist auch insofern allein das Kindeswohl, vgl § 1632 BGB. Wegen des Haager Abkommens über den Schutz Minderjähriger vom 5. 10. 61 s

Albers 1243

Anm 3 A. Die Zwangsvollstreckung aus einer einstwAnO nach Z 3 erfolgt nach ZPO, § 749 I Z 3a, nicht nach § 33 FGG, Düss FamRZ **83**, 422, Bre FamRZ **82**, 92, Hamm FamRZ **79**, 316, Mü FamRZ **79**, 317, str, aM Schüler ZBlJugR **81**, 173, Bergerfurth Rdz 94, Köln FamRZ **82**, 508 mwN, Ffm FamRZ **80**, 1038 mwN, AG Bonn FamRZ **79**, 844.

Wegen der Herausgabe der persönlichen Sachen nach Z 8 s Anm 10. Außerhalb einer EheS gilt dafür § 50d FGG.

6) Unterhaltspflicht gegenüber einem Kinde, Z 4. Die Regelung wirkt nicht zugunsten des Kindes, BGH FamRZ **83**, 892, sondern ergeht nur im Verhältnis der Gatten zueinander, also darüber, inwieweit ein jeder zu leisten hat, Hbg FamRZ **82**, 412 mwN; die Ansprüche der Kinder bleiben unberührt, Celle NJW **74**, 504, weil die Regelung des § 1629 III BGB nur für Scheidungssachen gilt, Bergerfurth FamRZ **82**, 564 mwN, Köln FamRZ **83**, 646, Hbg FamRZ **82**, 425 u 426, Stgt LS FamRZ **82**, 945. Liegt ein rechtskräftiger Titel zugunsten des Kindes vor, fehlt idR das Rechtsschutzbedürfnis für eine einstwAnO zugunsten eines Elternteils, Oldb MDR **64**, 764, es sei denn, der Vollstreckung stehen Hindernisse entgegen. Zur Herabsetzung des in einem anderen Verfahren festgesetzten Unterhalts bietet § 620 keine Grundlage, AG Mönchen-Gladbach FamRZ **81**, 187, AG Dachau FamRZ **79**, 841; vgl auch Anm 8 A. Ein Auskunftsanspruch aus § 1605 BGB kann nicht durch einstwAnO geregelt werden, Düss FamRZ **83**, 514, Stgt FamRZ **80**, 1138, offen gelassen von Hamm FamRZ **83**, 515 (das mit Recht bei Erlaß einer solchen einstwAnO ein Beschwerderecht wegen greifbarer Gesetzwidrigkeit verneint, aM Düss aaO).

B. Die Unterhaltspflicht gegenüber dem Kind bestimmt sich nach materiellem Recht, also uU nach ausländischem Recht, Mü FamRZ **73**, 94, Stgt FamRZ **72**, 373 (nach dem Haager Unterhaltsübereinkommen v. 24. 10. 56, BGBl 61 II 1013, vgl Pal-Heldrich Anh Art 21 EGBGB, ist ohne Rücksicht auf die Staatsangehörigkeit deutsches Recht maßgeblich, wenn das Kind seinen gewöhnlichen Aufenthalt in der Bundesrepublik hat, BGH NJW **73**, 950). Für die Bemessung der Zahlung gibt die RegelUnterhVO v. 27. 6. 70, BGBl 1010, zZ idF v 28. 9. 79, BGBl 1601, mit Änderung v 10. 8. 81, BGBl 835, einen Anhalt, § 1610 III BGB, Mü FamRZ **73**, 94. Der Antrag darf nicht willkürlich unter einer aufschiebenden Bedingung gestellt werden, etwa der Übertragung der elterlichen Sorge und ihrer Wirksamkeit, Zweibr FamRZ **82**, 1094.

7) Getrenntleben der Ehegatten, Z 5. Nach heutigem Scheidungsrecht spielt ein Recht zum Getrenntleben kaum eine Rolle. Leben die Gatten ohnehin endgültig getrennt, so fehlt idR das Rechtsschutzbedürfnis für eine einstwAnO, Ffm FamRZ **72**, 208. Es ist aber für alle Regelungen zu bejahen, die die Art und Weise des Getrenntlebens betreffen, zB wenn einem Gatten der Bezug einer neuen Wohnung ermöglicht werden soll, die aus rechtlichen oder tatsächlichen Gründen nur ihm allein zur Verfügung gestellt werden kann, RegEntwBegr. Wegen der Einzelmaßnahmen hinsichtlich der Ehewohnung, des Hausrats und der Gebrauchsgegenstände s Z 7 u 8. Unzulässig sind über das Getrenntleben hinausgehende einstwAnOen wie Verbote des Zusammenlebens mit einem Dritten, StJ § 627 aF III 1. Wegen des Verbots von Belästigungen u dgl s Anm 1 A.

8) Unterhalt eines Ehegatten, Z 6. A. Maßgeblich ist das materielle Recht, also §§ 1360 bis 1361 BGB bzw das nach IPR anzuwendende ausländische Recht, StJSchl Rdz 8, Ffm OLGZ **71**, 47, Stgt FamRZ **72**, 372, Düss FamRZ **74**, 132 (nur notfalls Rückgriff auf das BGB, wenn Eile geboten ist, mit evtl späterer Änderung nach § 620b), aM Karlsr StAZ **76**, 19 (zum früheren Recht). Deutsches Recht ist auch dann anzuwenden, wenn ein Gatte Deutscher ist, die Ehe bisher im Inland geführt worden ist und beide Gatten hier ihren gewöhnlichen Aufenthalt haben, BGH IPRax **81**, 59, zustm Henrich IPRax **81**, 48. Bei freiwilliger Zahlung eines Teils ist das Rechtsschutzbedürfnis für eine einstwAnO über den ganzen Betrag anzuerkennen, Köln MDR **72**, 421.

Liegt ein rechtskräftiger Unterhaltstitel vor, kann durch einstwAnO nur eine weitere Leistung zugesprochen werden, Klauser MDR **81**, 714 mwN; das gleiche gilt für einen Vergleich, sofern dadurch der Unterhalt nicht endgültig geregelt ist, Hbg FamRZ **81**, 904, Rolland Rdz 37. In allen anderen Fällen, also bei abschließenden Regelungen in einem Vergleich und für die Ermäßigung titulierter Forderungen, bleibt nur der Weg über § 323, Hamm FamRZ **80**, 608, Zweibr FamRZ **80**, 69, AG Besigheim FamRZ **81**, 555, AG Mönchen-Gladbach FamRZ **81**, 187 (weitergehend: stets Klage aus § 323, ebenso Zö-Ph II 1 c bb).

Der Auskunftsanspruch aus § 1361 IV 4 BGB kann nicht durch einstwAnO geregelt werden, Düss FamRZ **83**, 514, Stgt FamRZ **80**, 1138, offen gelassen von Hamm FamRZ **83**, 515 (das mit Recht bei Erlaß einer solchen AnO ein Beschwerderecht wegen greifbarer

Gesetzwidrigkeit verneint, aM Düss aaO). Auch die Feststellung, daß kein Unterhalt geschuldet werde, kann nicht Gegenstand einer einstwAnO sein, Zweibr FamRZ **83**, 940.

B. Unterhalt ist nur in Geld zuzusprechen, nie in Natur, und auch nur vom Eingang des Antrags ab, nicht für die Vergangenheit, Kblz FamRZ **75**, 51. Eine Regelung kann ausnahmsweise auch bei Zusammenleben der Gatten, KG FamRZ **73**, 262, getroffen werden. IdR ist die Verpflichtung zur Leistung einer monatlichen vorauszuzahlenden Rente auszusprechen, bei außerordentlichen Bedürfnissen auch die Verpflichtung zu einer einmaligen Zahlung, Ffm FamRZ **61**, 531 (Verteidigung im Strafprozeß). Die Bemessung erfolgt nach den üblichen Maßstäben. Schulden aus anzuerkennenden Verpflichtungen, zB aus gemeinsamen Anschaffungen, sind in angemessenen Raten zu berücksichtigen, Düss FamRZ **74**, 90. Unzulässig ist die Festsetzung eines an den Sozialversicherungsträger zu zahlenden Beitrages, Saarbr FamRZ **78**, 501.

Vollstreckt wird die AnO nach ZPO. Anwendbar ist auch das EuG-Übk, Schlußanh V C 1, BGH FamRZ **80**, 672.

C. Wegen des Verhältnisses zwischen einstwAnO und Unterhaltsklage vgl Einf 1 § 620.

9) Benutzung der Ehewohnung und des Hausrats, Z 7.
A. Allgemeines. Die Regelung ist unabhängig vom materiellen Recht, also ohne Rücksicht auf dingliche oder obligatorische Rechte zu treffen, Schlesw SchlHA **74**, 111. Niemals darf eine endgültige Entscheidung ergehen, weil nur die Benutzung geregelt werden darf, Hbg FamRZ **83**, 621 (betr Auflösung des Mietverhältnisses). Darüber ist nach Billigkeit und Zweckmäßigkeit in Anlehnung an § 1361a BGB, §§ 2–6 HausratsVO, vgl Pal-Diederichsen Anh II 1587p BGB, zu entscheiden; dies gilt auch dann, wenn die Ehegatten Deutsche sind, Stgt FamRZ **78**, 686 (keine Anwendung fremden Rechts). Wenn Räume sowohl Wohnzwecken als auch gewerblichen Zwecken dienen, ist auf die Fortführung des Gewerbes Rücksicht zu nehmen, Zweibr FamRZ **72**, 511. Wegen des Geltungsbereichs von Z 7 vgl auch § 621 Anm 1 G.

B. Einzelheiten: a) Ehewohnung. Eine Regelung setzt voraus, daß der Antragsteller die Wohnung (auch) für sich selbst weiter benötigt, Hbg FamRZ **83**, 621 mwN. Zulässig ist sie für Erst- und Zweitwohnungen, in EheS deutscher Staatsangehöriger auch für eine ausländische Ferienwohnung, KG FamRZ **74**, 198. Möglich ist auch die Zuweisung der ganzen Wohnung an einen Gatten, und zwar nicht nur dann, wenn auf andere Weise eine Gefahr für Leib, Leben oder Gesundheit des Gatten und/oder der Kinder nicht beseitigt werden kann, Bergerfurth Rdz 99, Karlsr FamRZ **82**, 1220, Hbg FamRZ **81**, 64 mwN, Oldb MDR **79**, 851, enger als Köln FamRZ **82**, 403 mwN, Ffm FamRZ **82**, 484; eine solche Zuweisung muß aber nötig sein, um das Getrenntleben der Ehegatten zu ermöglichen, Hamm FamRZ **79**, 59, nämlich deshalb, weil ein Zusammenleben unerträglich geworden ist, Köln FamRZ **80**, 275, und ein Getrenntleben innerhalb der Wohnung unmöglich, Schlesw SchlHA **78**, 20, oder nicht zumutbar ist, Karlsr FamRZ **82**, 1220, sowie dem anderen Ehegatten die Aufgabe der Wohnung zuzumuten ist, Hbg FamRZ **81**, 64. Aus besonderen Gründen kann eine Zuweisung der ganzen Wohnung auch sonst geboten sein, zB dann, wenn der andere Gatte nach langem Getrenntleben unter Berufung auf sein Recht in die Wohnung eingedrungen ist, Ffm MDR **77**, 145. Darauf, ob die Wohnung später dem anderen Ehegatten mit Wahrscheinlichkeit zugewiesen werden wird, ist idR nicht abzustellen, aM Hbg FamRZ **81**, 64. Zulässig ist das Verbot, die Wohnung zu betreten, Hamm NJW **82**, 1108, und umgekehrt das Gebot, das Betreten zu gestatten, KG FamRZ **73**, 202, ferner auch die Regelung der Telefonbenutzung, KG OLGZ **72**, 60 (idR Alleinbenutzung durch den darauf angewiesenen Gatten, Karlsr FamRZ **67**, 45), uU auch ein Rauchverbot für bestimmte Räume, Celle FamRZ **77**, 203, ebenso das Verbot von Belästigungen u dgl, Anm 1 A, Hamm NJW **82**, 1108.

b) Hausrat. Auch ohne gleichzeitige Regelung der Wohnungsbenutzung, zB bei einverständlichem Getrenntleben, ist die Zuweisung des nötigen Hausrats zulässig, ggf verbunden mit einer einstwAnO auf Herausgabe (daß Z 7 abweichend von Z 8 die Herausgabe nicht erwähnt, besagt nichts, vgl Anm 10). Die getrennte Lebensführung muß aber die Herausgabe gerade der geforderten Gegenstände nötig machen, Düss NJW **67**, 453. Zum Hausrat ist der gemeinsame Pkw nur dann zu rechnen, wenn er ganz oder überwiegend dazu bestimmt ist, für das eheliche und familiäre Zusammenleben benutzt zu werden, Zweibr FamRZ **83**, 616 (dazu BGH FamRZ **83**, 794), BayObLG FamRZ **82**, 399 mwN, str; unter Z 8 fallen nur Sachen, die zum Gebrauch eines Gatten bestimmt sind. Zulässig ist auch ein Verbot des Wegschaffens von Hausrat, aM Bülow/Stössel MDR **78**, 465 (einstwVfg). Bei der Zuweisung von Hausrat kann auch entsprechend § 1361a III 2 BGB eine Vergütung festgesetzt werden, str.

c) Vollstreckung. Sie richtet sich nach ZPO, Hbg FamRZ **79**, 1046 mwN.

§§ 620, 620a   6. Buch. 1. Abschnitt. Verfahren in Familiensachen

C. Verhältnis zu anderen Rechtsbehelfen. Während des Eheprozesses ist eine auf § 985 BGB gestützte Herausgabeklage in beiden Fällen unzulässig, BGH **67**, 217. Das gleiche gilt für eine entsprechende einstwVfg, BGH FamRZ **82**, 1200, Schlesw SchlHA **79**, 161. Vor Anhängigkeit, § 620a II 1, einer EheS kann eine Regelung entsprechend § 1361a BGB, §§ 18a, 13 IV HausratsVO in einem isolierten FGG-Verfahren getroffen werden, hM, Bosch FamRZ **80**, 6, AG Schwetzingen FamRZ **83**, 589 mwN, KG FamRZ **82**, 272, Düss FamRZ **80**, 50, Zweibr FamRZ **80**, 141, mwN, Celle NdsRpfl **80**, 11, Bbg FamRZ **79**, 804, Hamm FamRZ **79**, 582, Mü FamRZ **79**, 429 mwN, Oldb NdsRpfl **79**, 122, str, aM Flieger MDR **81**, 457 mwN, Hamm FamRZ **80**, 999 u **79**, 805 u 919, Karlsr FamRZ **80**, 998; zuständig ist auch insofern das FamGer, § 621 Anm 1 G. Jedoch setzt der Erlaß einer solchen AnO voraus, daß die Ehegatten eine Auflösung ihrer Ehe beabsichtigen, Hbg FamRZ **80**, 250, Zweibr FamRZ **80**, 252, str', aM Zweibr FamRZ **80**, 569, Hamm FamRZ **79**, 582. Nach Anhängigkeit der EheS darf keine einstwAnO nach § 13 IV HausratsVO ergehen, Karlsr FamRZ **82**, 274. Wegen der Anfechtung vgl § 621e Anm 5.

10) Herausgabe oder Benutzung persönlicher Sachen, Z 8. Die Regelung ist zulässig, wenn es sich um Sachen handelt, die zum persönlichen Gebrauch eines Ehegatten oder eines Kindes bestimmt sind, zB Schmuck, Kleidung, Akten, Fahrzeuge (zB Zweitwagen) sowie Haustiere. Die Abgrenzung zum Hausrat ist fließend; nur einer bestimmten Person dienende Sachen, zB ein Kinderbett, fallen auch unter Z 8, nicht dagegen Sparbücher und Geld, Hamm FamRZ **80**, 708. Wegen der Regelung im Einzelnen s Anm 9 B b.

11) Leistung eines Prozeßkostenvorschusses, Z 9. A. Allgemeines. Voraussetzung ist eine Verpflichtung nach materiellem Recht, ggf also nach ausländischem Recht, Goerke FamRZ **74**, 57, Mü FamRZ **80**, 448, Düss FamRZ **78**, 908, hM, Rahm VIII 36. Nach deutschem Recht ist § 1360a IV BGB anzuwenden, sonst das nach IPR maßgebliche Recht, Köln MDR **73**, 674, dazu Kallenborn, Prozeßkostenvorschußpflicht unter Ehegatten usw, 1968 (vgl für CSSR Düss OLGZ **75**, 458, Großbritannien Hamm NJW **71**, 2137, Italien Düss OLGZ **69**, 457, Jugoslawien Wuppermann NJW **70**, 2144, Niederlande Düss FamRZ **75**, 44, USA Düss FamRZ **75**, 43). Ist die Ermittlung des ausländischen Rechts mit großen Schwierigkeiten verbunden, muß deutsches Recht aushelfen, Düss FamRZ **74**, 456 mwN. Für Sonderfallgestaltungen, die den Gerichten des Ursprungslandes nicht vorgelegt werden, darf der deutsche Richter das ausländische Recht auch weiterentwickeln, AG Charlottenb IPrax **83**, 128.

B. Einzelheiten. Die AnO ist zulässig für jede Instanz und jede EheS, auch für das Verfahren nach § 620, nicht jedoch für FamS, § 621, die FolgeS einer Scheidungssache sind, BGH MDR **81**, 1001, und für andere Verfahren, Düss NJW **76**, 1851 (hier gelten §§ 127a, 621f). Nach Verkündung des Urteils besteht kein Rechtsschutzbedürfnis mehr für diese Instanz, Nürnb NJW **59**, 292.

a) Nach § 1360a IV BGB, dazu Pal-Diederichsen Anm 3 u Koch NJW **74**, 87, entscheidet die Billigkeit. Deshalb darf keine AnO für ein offensichtlich aussichtsloses oder mutwilliges Begehren ergehen. Abzulehnen ist sie auch bei völliger Mittellosigkeit des verpflichteten Gatten, weil dann kein schutzwürdiges Interesse an einer AnO besteht. Dem mittellosen Beklagten wird der Vorschuß in aller Regel zu bewilligen sein.

b) Die AnO kann auch auf den Vorschuß für einen bestimmten Kostenteil beschränkt werden. Die Höhe richtet sich einerseits nach dem wirklichen Bedarf zZt der Bewilligung, andererseits nach der eigenen Leistungsfähigkeit des Antragstellers. Zweckmäßig ist hinsichtlich der Gerichtskosten und der Kosten des RA nach Ende der Instanz eine AnO auf unmittelbare Zahlung an das Gericht bzw den RA. Für die Zwangsvollstreckung aus der AnO, § 794 I Z 3a, gilt § 850d. Der Vorschuß ist ggf nach der Scheidung zurückzuzahlen, vgl Kuch DAVorm **81**, 7.

C. Wegen des Verhältnisses zwischen einstwAnO und Klage auf Vorschuß vgl Einf 1 § 620.

620a *Verfahren bei einstweiliger Anordnung.* **I** Der Beschluß kann ohne mündliche Verhandlung ergehen.

II Der Antrag ist zulässig, sobald die Ehesache anhängig oder ein Antrag auf Bewilligung der Prozeßkostenhilfe eingereicht ist. Der Antrag kann zu Protokoll der Geschäftsstelle erklärt werden. Der Antragsteller soll die Voraussetzungen für die Anordnung glaubhaft machen.

1. Titel. Allgemeine Vorschriften für Ehesachen § 620a 1, 2

III Vor einer Anordnung nach § 620 Satz 1 Nr. 1, 2 oder 3 sollen das Kind und das Jugendamt angehört werden. Ist dies wegen der besonderen Eilbedürftigkeit nicht möglich, so soll die Anhörung unverzüglich nachgeholt werden.

IV Zuständig ist das Gericht des ersten Rechtszuges, wenn die Ehesache in der Berufungsinstanz schwebt, das Berufungsgericht.

Vorbem. III idF des Art 4 G v. 18. 7. 79, BGBl 1061, in Kraft ab 1. 1. 80, II 1 idF des Art 1 Z 8 G v 13. 6. 80, BGBl 677, mWv 1. 1. 81.

1) Zuständigkeit, IV. A. Ausschließlich zuständig ist das Gericht des 1. Rechtszuges der EheS, also das nach §§ 606, 606b zuständige FamGer, bis zur Rechtskraft des Urteils oder Einlegung der Berufung in der EheS. Das Berufungsgericht (OLG) ist zuständig nach Einlegung der Berufung in der EheS, zB gegen den Scheidungsausspruch, für alle Anträge auf Erlaß einer einstwAnO; nach Einlegung der Berufung oder Beschwerde nur in einer FolgeS, zB wegen der elterlichen Sorge, bleibt für jede einstwAnO das FamGer zuständig, BGH NJW **79**, 2519 mwN, Hamm FamRZ **80**, 67, hM, und zwar auch für diejenigen AnOen, deren Gegenstand dieser FolgeS entspricht oder mit ihr zusammenhängt, BGH NJW **80**, 188, BayObLG MDR **79**, 1031 (abw für § 621f BGH FamRZ **81**, 759). Diese Meinung hat den Wortlaut des Gesetzes für sich, wird aber den Bedürfnissen der Praxis schwerlich gerecht: Vielleicht sieht das (in der FolgeS meist letztinstanzlich entscheidende) OLG die Sache ganz anders; für dessen Zuständigkeit deshalb Düss FamRZ **81**, 690 mwN (eingehend), krit auch Rolfs, FamRZ **80**, 870 (auch dazu, daß das Beschwerdegericht in diesen Fällen auch keine einstw AnO nach § 24 II FGG erlassen darf). Die Zuständigkeit des OLG dauert bis zur Rechtskraft des Berufungsurteils oder Einlegung der Revision. Nach ihrer Einlegung ist wieder das erstinstanzliche FamGer zuständig, niemals das Revisionsgericht (BGH), BGH NJW **80**, 1392 mwN, hM.

B. Die Zuständigkeit ist vAw zu prüfen. Maßgeblich ist die Zuständigkeit bei Einreichung des Antrags, AG Charlottenb DAVorm **82**, 383 mwN; sie wird durch spätere Ereignisse nicht berührt, § 261 III Z 2, BayObLG FamRZ **79**, 941. Das Berufungsgericht darf an das FamGer verweisen, Köln FamRZ **79**, 529 (und umgekehrt). Bei Verweisung der Scheidungssache an das (jetzt) zuständige FamGer, § 606 Anm 6, ist auch ein noch unbeschiedener Antrag an dieses Gericht zu verweisen, Hbg FamRZ **83**, 614. Die Zuständigkeit entfällt im Hinblick auf § 620f mit dem rechtskräftigen Abschluß der EheS, so daß danach keine einstwAnO ergehen darf, Düss FamRZ **77**, 260; das Gleiche gilt, wenn nur ein Verfahren nach §§ 114ff anhängig ist und die Prozeßkostenhilfe unanfechtbar abgelehnt wird, Hamm FamRZ **82**, 721. Wegen der Abänderung s § 620b Anm 1. Das Berufungsgericht wird durch eine unanfechtbare einstwAnO des FamGer nicht gehindert, im Rahmen seiner Zuständigkeit seinerseits eine abweichende einstwAnO zu erlassen, § 620b, KG FamRZ **82**, 1031.

C. Die internationale Zuständigkeit ist mit der örtlichen Zuständigkeit, §§ 606 und 606b, gegeben; eine einstwAnO darf ergehen, auch wenn noch ungeklärt ist, ob das Eheurteil iSv § 606b anerkannt wird, Hamm NJW **77**, 1597. Für die Zuständigkeit geltende Sondervorschriften, zB das Haager Abkommen über den Schutz Minderjähriger v 5. 10. 61, § 620 Anm 3 A, gehen in den Fällen des § 620 Z 1–3 vor, dazu Siehr IPrax **82**, 85, Stgt NJW **80**, 1227 mwN, Schlesw SchlHA **78**, 54.

2) Zulässigkeit, II. A. Antragsverfahren: a) Grundsätzlich ist der Antrag einer Partei der EheS erforderlich (Ausnahme: unten Anm 2 B). Der Antrag ist zulässig, sobald die EheS anhängig ist, dh die Klage bzw der Antrag nach § 622 beim Gericht eingegangen ist, AG Pinneberg FamRZ **82**, 407, oder ein Antrag auf Bewilligung der Prozeßkostenhilfe (für die EheS) eingereicht ist, **II 1** (auf die Erfolgsaussichten des Scheidungsantrags kommt es idR nicht an, AG Lörrach NJW **78**, 1330). Vorher ist eine Regelung nur durch einstwVfg zulässig, so namentlich für den Prozeßkostenvorschuß, Düss NJW **78**, 895, (aM Oldb FamRZ **78**, 526), oder durch eine AnO im FGG-Verf, so insbesondere hinsichtlich der Ehewohnung, § 620 Anm 9 C. Ist der Antrag auf Bewilligung der Prozeßkostenhilfe unanfechtbar abgelehnt worden, so kann eine einstwAnO nicht mehr begehrt werden, Hamm FamRZ **82**, 721. Antragsberechtigt ist jeder Ehegatte, soweit er prozeßfähig ist, § 607; ein beschränkt Geschäftsfähiger darf aber Zahlung nur an seinen gesetzlichen Vertreter verlangen.

b) Der Antrag kann schriftlich oder auch zu Protokoll der Geschäftsstelle erklärt werden, **II 2**. Also besteht kein Anwaltszwang für den Antrag, § 78 II, auch wenn er beim Berufungsgericht gestellt wird, Anm 1 A. Das gleiche gilt für das sich anschließende schriftliche Verfahren sowie für Änderungsanträge nach § 620b, ThP Anm 1 b, Düss FamRZ **78**, 709,

Ffm FamRZ **77**, 799, str, aM StJSchl Rdz 7, RoS § 169 II 4, Bergerfurth AnwZwang Rdz 341 mwN. Da das Verfahren Teil der EheS ist, Zö-Philippi 2, StJSchl § 78 Rdz 3, besteht dagegen nach ganz hM Anwaltszwang für die mündliche Verhandlung, Ffm FamRZ **77**, 799, insbesondere auch für einen gerichtlichen Vergleich über die Scheidungsfolgen, Bergerfurth AnwZwang Rdz 353, Hamm NJW **75**, 1709 mwN, einschränkend Brüggemann FamRZ **77**, 290 mwN. AnwZwang besteht auch im Gütetermin, § 279 I 1 iVm § 608, Jost NJW **80**, 329, Jedoch gilt § 279 I 2 iVm § 608, so daß der AnwZwang im Gütetermin vor dem ersuchten oder beauftragten Richter (des Berufungsgerichts) entfällt, vgl Anh § 307 Anm 4 F. Die Beiordnung eines RA im Wege der Prozeßkostenhilfe wird idR geboten sein, Einf 1 B § 620, jedenfalls dann, wenn er gemäß § 624 II die entsprechende FolgeS betreibt, Bbg FamRZ **79**, 527.

Die Vollmacht für die Ehesache umfaßt jedes AnO-Verfahren, StJSchl § 609 Rdz 1, vgl § 609 Anm 1.

c) Im Antrag ist eine bestimmte Maßnahme zu begehren. Ferner sollen die Voraussetzungen für die beantragte einstwAnO glaubhaft gemacht werden, **II 3**, vgl § 294; das gilt auch in Verfahren, die der Sache nach FGG-Verfahren sind, aM Mü FamRZ **78**, 54. Zu den Voraussetzungen gehören die Aussichten der Rechtsverfolgung oder -verteidigung in der Hauptsache nicht; bei offenbarer Aussichtslosigkeit ist der Antrag aber zurückzuweisen, sofern nicht sofort eingegriffen werden muß, etwa im Interesse eines Kindes. Ein zurückgewiesener Antrag kann mit besserer Begründung wiederholt werden, § 620b I.

B. Amtsverfahren: Nur im Fall der § 620 S 1 Z 1, also hinsichtlich der Regelung der elterlichen Sorge, ist ein Antrag nicht erforderlich, § 620 S 2. Das zuständige Gericht kann von dem in II 1 bezeichneten Zeitpunkt ab auch vAw tätig werden. Wegen des Anwaltszwanges s oben A b. Das Amtsverfahren greift auch bei einer einstwAnO nach § 628 II ein, § 628 Anm 3.

3) Verfahren, I, III. A. Sondervorschriften. Die Parteien der EheS sind, da sie Beteiligte sind, stets zu hören, Anm 3 B a. In Fällen nach § 620 S 1 Z 1 (Sorgerecht) empfiehlt sich ihre persönliche Anhörung entspr § 50a I 2 FGG (Zweibr FamRZ **82**, 945 hält sie für notwendig). Darüber hinaus ordnet III das rechtliche Gehör Nichtbeteiligter an: In den Fällen des § 620 S 1 Z 1, 2 u 3 sollen das Kind und das nach § 11 JWG zuständige Jugendamt vor dem Erlaß einer einstw AnO (nicht auch vor ihrer Ablehnung) oder, wenn dies wegen der besonderen Eilbedürftigkeit nicht möglich ist, unverzüglich nach dem Erlaß der AnO gehört werden. Ein Verstoß hat keine prozessualen Folgen. Auf Grund der nachträglichen Anhörung kann das Gericht die AnO vAw aufheben oder ändern, § 620b I 2.

Das Verfahren zur Anhörung des Kindes richtet sich nach § 50b FGG, Luthin FamRZ **79**, 989 u **81**, 112, Fehmel DAVorm **81**, 170 (die Vorschrift steht mit dem GG im Einklang, BVerfG **55**, 171). Danach ist das mindestens 14jährige, nicht geschäftsunfähige Kind hinsichtlich der Personensorge stets zu hören, § 50b II 1 FGG, ein jüngeres Kind unter den Voraussetzungen des § 50b I FGG, und zwar idR persönlich und mündlich; das Gericht darf nur in diesen Fällen von der Anhörung nur aus schwerwiegenden Gründen absehen, § 50b III FGG. Vgl hierzu Diederichsen NJW **80**, 10.

B. Allgemeine Vorschriften. Abgesehen von diesen Bestimmungen gelten die allgemeinen Vorschriften der ZPO für das Beschlußverfahren auch in Verfahren, die der Sache nach FGG-Verfahren sind, § 608. Die Bewilligung von Prozeßkostenhilfe setzt in allen Verfahren nach § 620 einen gesonderten Antrag, § 114, voraus, Düss FamRZ **82**, 1096, vgl Einf 1 B § 620.

a) **Verfahren:** Beteiligt am Verfahren sind nur die Parteien der EheS. Außerhalb der durch § 50b FGG geregelten Fälle, Anm 3 a, kann sich die Anhörung der Kinder empfehlen, zB im Verfahren nach § 620 S 1 Z 8, ebenso der in § 7 HausratsVO genannten Personen im Fall des § 620 S 1 Z 7. Die mündliche Verhandlung ist freigestellt, I, aber oft zweckmäßig, um ohne erneute Verhandlung, § 620b II, den Sachverhalt aufzuklären und ggf ein Rechtsmittel, § 620c, zu eröffnen. Das Gehör des Gegners ist vor Erlaß einer einstwAnO immer erforderlich, Art 103 I GG; in Eilfällen ist es unverzüglich nachzuholen, vgl III 1. Das Gericht kann Beweise jeder Art erheben, sich aber auch mit der Glaubhaftmachung, § 294, begnügen. An das Vorbringen der Parteien ist es nicht gebunden; vielmehr gilt überall der Untersuchungsgrundsatz, § -16, also nicht nur in den Verfahren, die der Sache nach FGG-Verfahren sind, zu eng Mü FamRZ **78**, 54 mwN. Ein Vergleich ist grundsätzlich zulässig, aber nicht über die Regelung der elterlichen Sorge, Kblz FamRZ **78**, 605.

c) **Entscheidung:** Sie ergeht durch Beschluß, I, der zu verkünden oder zuzustellen ist, § 329; in der Berufungsinstanz ist der Einzelrichter nur im Einverständnis mit den Parteien

1. Titel. Allgemeine Vorschriften für Ehesachen §§ 620a, 620b 1 A

zuständig, § 524 IV, weil § 627 III 5 aF nicht übernommen worden ist. Eine Kostenentscheidung ergeht nur ausnahmsweise, § 620 g. Eine Begründung ist bei Entscheidungen auf Grund mündlicher Verhandlung in den Fällen des § 620c S 1 nötig, s § 329 Anm 1 A (aM Diederichsen NJW **77**), ebenso in den Fällen des § 620d; in allen anderen Fällen ist sie idR geboten. Rechtsbehelfe: §§ 620b u c.

Eine einstwAnO erwächst hinsichtlich der geltend gemachten Ansprüche nicht in materielle Rechtskraft, Grunsky JuS **76**, 278 mwN. Sie ist Vollstreckungstitel, § 794 I Z 3a; vollstreckt wird nach ZPO auch in den Verfahren, die der Sache nach FGG-Verfahren sind, Zweibr FamRZ **80**, 1038, Kblz FamRZ **78**, 605 mwN, str, vgl § 620 Anm 4, 5 u 9 B.

d) Gebühren: Für Entscheidungen nach § 620 S 1 Z 4 u 6–9 entsteht für das Gericht ½ Gebühr, KV 1161 (mehrere Entscheidung in einem Rechtszug gelten als eine Entscheidung), für den RA in allen Fällen die gewöhnlichen Gebühren, § 31 BRAGO, jedoch in jedem Rechtszug für Verfahren gleicher Art nur einmal, § 41 BRAGO (deshalb ist keine Kostenfestsetzung für das einzelne Verfahren vor Abschluß der Ehesache möglich, KG MDR **82**, 328). Wert: Für Verfahren nach § 620 S 1 Z 4, 6 u 7 gilt § 20 II GKG, sonst § 12 GKG; für den RA besteht für Verfahren nach § 620 S 1 Z 1–3 eine Sonderregelung in § 8 II 3 BRAGO.

620 b *Aufhebung und Änderung, Antrag auf mündliche Verhandlung.*
[I] Das Gericht kann auf Antrag den Beschluß aufheben oder ändern. Das Gericht kann von Amts wegen entscheiden, wenn die Anordnung die elterliche Sorge für ein gemeinschaftliches Kind betrifft oder wenn eine Anordnung nach § 620 Satz 1 Nr. 2 oder 3 ohne vorherige Anhörung des Jugendamts erlassen worden ist.

[II] Ist der Beschluß oder die Entscheidung nach Absatz 1 ohne mündliche Verhandlung ergangen, so ist auf Antrag auf Grund mündlicher Verhandlung erneut zu beschließen.

[III] Schwebt die Ehesache in der Berufungsinstanz, so ist das Berufungsgericht auch zuständig, wenn das Gericht des ersten Rechtszuges die Anordnung oder die Entscheidung nach Absatz 1 erlassen hat.

Vorbem. Redaktionell geändert dch Art 9 § 2 G v 18. 7. 79, BGBl 1061, mWv 1. 1. 80.

1) Aufhebung und Änderung, I, III. A. Allgemeines. Da es sich bei § 620 nur um eine einstweilige Regelung handelt, ist die Entscheidung nicht unabänderlich. Das Gericht kann vielmehr den Beschluß aufheben oder ändern, I, und zwar sowohl den eine einstwAnO erlassenden als auch den sie ablehnenden Beschluß, mag die Entscheidung nach mündlicher Verhandlung oder ohne sie ergangen sein. Eine Änderung der Sach- oder Rechtslage ist nicht Voraussetzung, Hbg FamRZ **80**, 905 (aM für den Fall, daß mündlich verhandelt worden war, ua Saarbr FamRZ **79**, 537, KG FamRZ **78**, 431): die abweichende Beurteilung desselben Sachverhalts reicht aus, weil die Änderungsmöglichkeit das meist fehlende Rechtsmittel, § 620c, ersetzt, Klauser MDR **81**, 717. § 620b I 1 gilt auch dann, wenn die einstwAnO nach Beantragung der Prozeßkostenhilfe erlassen worden ist und diese dann abgelehnt wird, Schlesw SchlHA **81**, 81. Ein im Verfahren nach § 620 geschlossener **Vergleich** kann nicht nach § 620b geändert werden; wohl aber hat das Gericht in Verfahren nach § 620 Z 4 u 6 die Möglichkeit, bei wesentlicher Änderung der für den Vergleich maßgeblichen Verhältnisse durch einstwAnO eine abweichende Regelung zu treffen, Flieger MDR **80**, 803, Köln FamRZ **83**, 622, Hamm FamRZ **82**, 409 mwN, Hbg FamRZ **82**, 412. Auch insoweit darf die Vollziehung entspr § 620 e ausgesetzt werden; die Entscheidung darüber ist unanfechtbar, § 620 e Anm 2, Köln FamRZ **83**, 622.

Zuständig ist das Gericht, bei dem die EheS schwebt, II u III, Düss FamRZ **78**, 200. Das ist das FamGer, wenn das OLG die einstwAnO entweder als Beschwerdegericht, § 620c, oder zwar als Berufungsgericht erlassen hat, aber die EheS noch oder wieder, zB nach Zurückverweisung, § 629b I, Köln FamRZ **79**, 529, beim FamGer anhängig ist. Das Berufungsgericht (OLG) ist dagegen nur zuständig, wenn die EheS bei ihm anhängig ist, III; wird ein Verbundurteil nur wegen einer FolgeS angefochten, so bleibt das FamGer für die Aufhebung oder Änderung auch dann zuständig, wenn die einstwAnO mit der beim OLG anhängigen FolgeS zusammenhängt, § 620a Anm 1 A. Die Zuständigkeit des OLG endet mit der Rechtskraft sowohl des abweisenden Urteils, vgl § 620f, als auch des Scheidungsurteils; in diesem Fall wird das FamGer zuständig, bei dem die betreffende FolgeS anhängig ist.

Zeitlich ist eine Änderung oder Aufhebung möglich bis zum Außerkrafttreten der einstwAnO, § 620f, StJSchl Rdz 14 u ThP 1 d, so daß § 620b anwendbar bleibt, wenn die einstwAnO den Rechtsstreit überdauert, was namentlich bei Scheidung, Aufhebung oder Nichtigerklärung der Ehe der Fall ist, § 620f Anm 1. Nach hM ist allerdings eine Änderung nach Rechtskraft eines Urteils auf Scheidung usw ausgeschlossen, BGH NJW **83**, 1331 (ebenso Zö-Ph § 620a Anm I 2, Griesche FamRZ **81**, 1035, Klauser MDR **81**, 717, Mü FamRZ **81**, 912, Hamm FamRZ **80**, 1043, Hbg FamRZ **80**, 904, Karlsr FamRZ **80**, 608, AG Pinneberg SchlHA **80**, 19, offengelassen v Düss FamRZ **80**, 1044). Solange danach die Möglichkeit einer Änderung oder Aufhebung nach § 620b besteht, ist der Umweg über ein neues selbständiges Verfahren nicht nötig, HbG NJW **78**, 1272, Mü MDR **80**, 148, Hamm FamRZ **80**, 277. Anders aber die hM, die eine Klage aus § 767 zuläßt, ThP 1 e, Flieger MDR **80**, 803, Mü FamRZ **81**, 912 mwN, Nürnb MDR **79**, 149, Schlesw SchlHA **79**, 163, Walter FamRZ **79**, 685, ferner Celle FamRZ **80**, 610, Saarbr FamRZ **80**, 385 und Heinze MDR **80**, 895 mwN (§ 767 jedenfalls bei Erfüllung); dagegen scheidet § 323 hier wie auch sonst bei einstwAnOen aus, § 323 IV, BGH NJW **83**, 1331, u FamRZ **83**, 892. Jedenfalls kann im Hinblick auf § 620f der beschwerten Partei auch bei Anhängigkeit des Scheidungsverfahrens die Erhebung einer leugnenden Feststellungsklage hinsichtlich des Unterhalts (bzw einer Leistungsklage) nicht verwehrt werden, und zwar auch dann nicht, wenn noch die Möglichkeit einer Änderung nach § 620b gegeben ist, hM, Gießler FamRZ **82**, 129, Hassold FamRZ **81**, 1036, Griesche FamRZ **81**, 1034, alle mwN, BGH NJW **83**, 1330, Kblz FamRZ **81**, 1092, Hamm FamRZ **81**, 693, Düss FamRZ **81**, 480, Karlsr FamRZ **81**, 295 mwN, Ffm FamRZ **81**, 65 u **80**, 1139, Düss FamRZ **80**, 1044 mwN, Hbg FamRZ **80**, 904. Auf Grund dieser Klage darf aber angesichts der §§ 620b und 620e die Zwangsvollstreckung aus der einstwAnO nicht entspr § 769 oder § 707 eingestellt werden, Hamm NJW **83**, 460 (abl Gießler FamRZ **83**, 518), Schlesw SchlHA **83**, 140 mwN, Bre FamRZ **81**, 981, da dafür zumindest das Rechtsschutzbedürfnis fehlt, Köln FamRZ **81**, 379, aM Gießler FamRZ **82**, 129, Karlsr FamRZ **81**, 295, Ffm FamRZ **80**, 1139.

B. Verfahren. a) Die Aufhebung oder Änderung einer einstwAnO setzt mit einer Ausnahme, I 2, den Antrag einer Partei der EheS voraus, **I 1**. Eine Beschwer durch den ersten Beschluß ist nicht nötig. Der Antrag ist an keine Frist gebunden, muß aber begründet werden, § 620d. Für ihn besteht kein Anwaltszwang, § 620a II 2, s § 620a Anm 2 A b.

Eine Aufhebung oder Änderung vAw ist möglich, wenn die einstwAnO die elterliche Sorge, § 620 S 1 Z 1, betrifft oder wenn eine AnO nach § 620 S 1 Z 2 oder 3 ohne vorherige Anhörung des Jugendamtes ergangen ist, s § 620a III, **I 2**. Hier rechtfertigt das öffentliche Interesse eine Richtigstellung auch gegen den Willen der Partei; ist dagegen die AnO in diesen Fällen abgelehnt worden, so ist für eine neue Entscheidung ein Antrag erforderlich.

b) Das weitere Verfahren richtet sich nach § 620a, s dortige Erläuterungen, die Aussetzung der Vollziehung nach § 620e. Die Entscheidung ergeht durch begründeten Beschluß, § 620d. Dieser Beschluß kann ebenfalls nach I aufgehoben oder geändert werden. Wegen der Rechtsmittel vgl § 620c. Gebühren: Für das Gericht entstehen keine Gebühren, KV 1161; der RA erhält zusätzlich zu den bereits entstandenen Gebühren die gewöhnlichen Gebühren, § 31 BRAGO, aber in jedem Rechtszug nur einmal, § 41 BRAGO (volle Prozeßgebühr nur bei Stellung eines Antrags).

C. Folgen. Eine Aufhebung oder Änderung kann auch mit Rückwirkung erfolgen, wenn es im Interesse eines Gatten oder eines Kindes geboten ist, zB idR bei Änderung des Unterhalts mit Rückwirkung auf den Zeitpunkt des Antrags jedenfalls dann, wenn der Änderungsantrag alsbald nach Erlaß der einstwAnO gestellt wird, Stgt LS NJW **81**, 2476. Bei der Vollstreckung aus dem geänderten oder aufgehobenen Beschluß gelten §§ 775, 776 entsprechend, LG Darmstadt MDR **58**, 694. Für einen Schadensersatzanspruch entsprechend § 945 ist kein Raum, Kblz FamRZ **81**, 1094, wohl aber ggf für einen Ausgleich nach Bereicherungsrecht, § 620f Anm 4. Kostenvorschüsse sind nur zu erstatten, wenn sich die wirtschaftliche Lage des Empfängers wesentlich gebessert hat oder die Rückforderung aus anderen Gründen der Billigkeit entspricht, BGH NJW **71**, 1261. Alle Ausgleichsansprüche sind durch Klage im allgemeinen Verfahren geltend zu machen.

2) Antrag auf mündliche Verhandlung, II, III. Ist der Beschluß über Erlaß oder Ablehnung einer einstwAnO, § 620a I, oder die Entscheidung über eine Aufhebung oder Änderung dieses Beschlusses, § 620b I, ohne mündliche Verhandlung ergangen, so ist auf Antrag auf Grund mündlicher Verhandlung erneut zu beschließen, **II**. Dieser Antrag ist der einzige Rechtsbehelf, solange das Gericht ohne mündliche Verhandlung entschieden hat. Ist der Beschluß nach § 620a I oder die Entscheidung nach § 620b I dagegen auf Grund mündlicher

1. Titel. Allgemeine Vorschriften für Ehesachen **§§ 620b, 620c** 1

Verhandlung ergangen, so ist immer ein Antrag auf Aufhebung oder Änderung nach I möglich, jedoch nur in den Fällen des § 620c stattdessen gleich die sofortige Beschwerde.
   Der Antrag auf mündliche Verhandlung ist an keine Frist gebunden; vgl iü Anm 1 B a. Für ihn besteht kein Anwaltszwang, § 620a Anm 2 A b, abw Brüggemann FamRZ **77**, 289. Für seine Begründung gilt § 620d. Wegen der Zuständigkeit, I u III, s Anm 1a, wegen des Verfahrens s Anm 1 B. Die Vollziehung kann auf Grund des Antrages nach § 620e ausgesetzt werden.
   Das Gericht entscheidet durch begründeten Beschluß, § 620d. Gegen ihn ist die sofortige Beschwerde nur nach Maßgabe des § 620c statthaft.

620 c *Rechtsmittel.* **Hat das Gericht des ersten Rechtszuges auf Grund mündlicher Verhandlung die elterliche Sorge für ein gemeinschaftliches Kind geregelt, die Herausgabe des Kindes an den anderen Elternteil angeordnet oder die Ehewohnung einem Ehegatten ganz zugewiesen, so findet die sofortige Beschwerde statt. Im übrigen sind die Entscheidungen nach den §§ 620, 620b unanfechtbar.**

Vorbem. Redaktionell geändert dch Art 9 § 2 G v 18. 7. 79, BGBl 1061, mWv 1. 1. 80.

1) Sofortige Beschwerde, S 1. A. Allgemeines. Sie ist nur statthaft, wenn das Gericht **a)** des 1. Rechtszuges (FamGer) auf Grund mündlicher Verhandlung durch Beschluß nach § 620a I oder durch Entscheidung nach § 620b I a die elterliche Sorge für ein gemeinschaftliches Kind geregelt hat, was auch dann der Fall ist, wenn durch die Aufhebung einer einstwAnO zugunsten eines Elternteils der Sache nach eine Regelung zugunsten des anderen getroffen worden ist, Karlsr FamRZ **79**, 840, nicht aber sonst, Köln FamRZ **83**, 732 (die Ablehnung der Änderung einer einstwAnO ist dagegen nie beschwerdefähig, Bre FamRZ **81**, 1091); eine Teilregelung, zB hinsichtlich des Rechts zur Aufenthaltsbestimmung, genügt, Bbg FamRZ **83**, 82, Hamm NJW **79**, 49, Köln FamRZ **79**, 320. Ferner ist die sofortige Beschwerde statthaft, wenn das FamGer auf Grund mündlicher Verhandlung **b)** die Herausgabe des Kindes an den anderen Elternteil angeordnet oder **c)** die Ehewohnung einem Ehegatten ganz zugewiesen hat. Hat das FamGer nach einer mündlichen Verhandlung weitere Ermittlungen veranlaßt, so ist die alsdann im schriftlichen Verfahren erlassene Entscheidung nicht mehr „auf Grund" der mündlichen Verhandlung ergangen, so daß die sofortige Beschwerde nicht gegeben ist, Bbg FamRZ **81**, 294.
   In den genannten drei Fällen ist eine Überprüfung der Entscheidung wegen ihrer Bedeutung für die Betroffenen gerechtfertigt; bei Ablehnung einer einstwAnO gilt dies nicht, so daß die Beschwerde in diesem Fall auch dann, wenn die Entscheidung auf Grund mündlicher Verhandlung ergangen ist, nicht statthaft ist, Bre FamRZ **81**, 1091, Hamm FamRZ **80**, 1141, unten Anm 2. Über die sofortige Beschwerde entscheidet das OLG, § 119 GVG.

B. Verfahren. Die sofortige Beschwerde steht den Parteien der EheS zu, sofern sie durch die Entscheidung beschwert sind. Für die Anfechtung einer einstwAnO auf Herausgabe des Kindes fehlt die Beschwer, wenn das Kind entsprechend einer AnO nach § 1632 II BGB aF herausgegeben worden ist, Oldb FamRZ **78**, 437, aM BayObLG Rpfleger **77**, 125, offengelassen Düss FamRZ **81**, 85. Dritte sind nicht beschwerdeberechtigt, auch nicht das Kind, Zö-Ph III 1, und das Jugendamt, KG NJW **79**, 2251 mwN.
   Einzulegen ist die sofortige Beschwerde innerhalb der Frist des § 577 II beim FamGer oder beim OLG durch Einreichung einer Beschwerdeschrift, § 569 Anm 2 A u § 577 Anm 3; die Rechtskraft des Eheurteils steht nicht entgegen, Zweibr FamRZ **77**, 261. Anwaltszwang, § 78 I, besteht sowohl für die sofortige Beschwerde, hM, Ffm FamRZ **83**, 516, Karlsr FamRZ **81**, 379, beide mwN, als auch für die Gegenäußerung, § 573 II 1, Brüggemann FamRZ **77**, 289; gegenüber dem FamGer genügt die Zulassung beim FamGer oder dem übergeordneten LG, § 78 I 2, gegenüber dem OLG ist die Zulassung dort erforderlich, § 78 I 1, Ffm FamRZ **83**, 516. Die Beschwerde muß mit der Einlegung, spätestens jedoch innerhalb der Einlegungsfrist begründet werden, § 620d, hM, Karlsr NJW **81**, 2070 mwN (eingehend), aM KG FamRZ **82**, 946 mwN. Mehrere Beschwerdeschriftsätze einer Partei in derselben Sache sind hier (wie auch sonst) idR nur ein Rechtsmittel, Kblz FamRZ **80**, 905.
   Das Familiengericht darf nicht abhelfen, § 577 III. Nur das OLG kann die Vollziehung aussetzen, § 620e. Über die Beschwerde ist durch begründeten Beschluß zu entscheiden, § 620d. Eine weitere Beschwerde ist ausgeschlossen.
   Gebühren: Für das Gericht gilt KV 1180, für den RA § 61 BRAGO.

§§ 620 c, 620 d

2) Unanfechtbare Entscheidungen, S 2. Abgesehen von den in Anm 1 genannten drei Fällen sind alle übrigen Entscheidungen nach den §§ 620, 620b unanfechtbar, dh nicht mit der sofortigen Beschwerde angreifbar, was verfassungsrechtlich nicht zu beanstanden ist, BVerfG NJW **80**, 386, vgl auch Mü NJW **78**, 1635.

Unanfechtbar sind danach alle Entscheidungen des Berufungsgerichts (OLG) sowie diejenigen Entscheidungen des FamGer, die **a)** ohne mündliche Verhandlung ergangen sind (deshalb muß auch in den Fällen der Anm 1 ggf zunächst ein Antrag nach § 620 b II gestellt werden, wenn es sich um die Hauptsache handelt), oder **b)** zwar auf Grund einer solchen Verhandlung ergangen sind, aber **aa)** andere Fälle als die der Anm 1 betreffen, zB eine von § 620g abweichende Kostenentscheidung, Ffm FamRZ **80**, 387, oder keine Endentscheidungen sind, zB eine solche über die Aussetzung der Vollziehung, § 620e Anm 2, oder über die Wertfestsetzung nach § 25 GKG bzw § 10 BRAGO, Hbg FamRZ **80**, 906, aM KG FamRZ **80**, 1142, oder **bb)** in diesen Fällen eine einstwAnO abgelehnt haben, Hamm FamRZ **80**, 1141, Zweibr FamRZ **80**, 70 mwN, oder die Änderung einer einstwAnO abgelehnt haben, Bre FamRZ **81**, 1091. Deshalb ist niemals Beschwerde gegen die Versagung der Prozeßkostenhilfe gegeben (S 2 geht § 127 II vor), hM, Köln FamRZ **80**, 1142, Hamm FamRZ **80**, 386, Celle FamRZ **80**, 175, aM Schlesw SchlHA **82**, 71.

Ausnahmen von der Unanfechtbarkeit sind bei greifbarer, grober Gesetzwidrigkeit zuzulassen, Düss FamRZ **83**, 514, Hamm FamRZ **83**, 515, beide mwN. Die sofortige Beschwerde entsprechend S 1 ist also statthaft, wenn eine Entscheidung dieser Art oder dieses Inhalts überhaupt nicht ergehen durfte, Ffm FamRZ **79**, 320, Hamm NJW **79**, 988, zB die einstwAnO die Übereignung von Hausrat regelt. Das gleiche gilt, wenn eine Sachentscheidung abgelehnt worden ist, obwohl die gesetzlichen Voraussetzungen vorlagen, Hbg FamRZ **79**, 528 u **78**, 804 mwN; vgl dazu Walter S 137 (krit) und §§ 567 Anm 1 C, 707 Anm 4 A. Auch bei Verletzung von Grundrechten, etwa des Rechts auf Gehör (Art 103 GG) oder des Rechts auf den gesetzlichen Richter (Art 101 GG), dürfte die Beschwerde statthaft sein, wenn das FamGer dem Mangel nicht abhilft, vgl Üb 1 C a § 567. Hierher gehören aber nicht sonstige, auch schwere, Verfahrensfehler, zB die Entscheidung ohne den erforderlichen Antrag nach § 620b II 1, Zweibr FamRZ **80**, 386, und auch nicht die (unzulässige) Regelung eines Auskunftsanspruchs durch einstwAnO, Hamm FamRZ **83**, 515, aM Düss FamRZ **83**, 514, Stgt FamRZ **80**, 1138 u 41. Aufl.

Die Unanfechtbarkeit der Entscheidung steht einer abweichenden einstwAnO in der Berufungsinstanz nicht entgegen, § 620 b, KG FamRZ **82**, 1031. Soweit es sich um eine einstwAnO auf Unterhaltsgewährung handelt, steht den Parteien der Weg der negativen Feststellungsklage, § 620 b Anm 1 A, bzw der Leistungsklage offen.

620 d
Begründungszwang. In den Fällen der §§ 620b, 620c sind die Anträge und die Beschwerde zu begründen; das Gericht entscheidet durch begründeten Beschluß.

1) Erläuterung. In den Fällen der §§ 620b u 620c sind die Anträge, dh auf Aufhebung oder Änderung, § 620b I, und auf mündliche Verhandlung, § 620b II, und ebenso die sofortige Beschwerde, § 620c, zu begründen. Im letzten Fall muß die Begründung in der Beschwerdeschrift enthalten sein, mindestens aber innerhalb der Beschwerdefrist nachgeholt werden, hM, Karlsr NJW **81**, 2070 mwN: daß die fristgerechte Nachholung genügt, entspricht praktischer Handhabung, weil die Begründung in diesem Fall ohnehin die Wiederholung der Beschwerde bedeutet; die Nachholung bis zur Entscheidung zuzulassen, KG FamRZ **82**, 946, Doms NJW **80**, 2450 mwN, wird dem Zweck der §§ 620c, 620d nicht gerecht, Karlsr aaO. Wegen der Einzelheiten s Erläuterungen zu den §§ 620b u 620c.

Über die vorgenannten Anträge und die sofortige Beschwerde entscheidet das Gericht (FamGer bzw OLG) durch begründeten Beschluß. Das Gesetz sieht eine Ausnahme von der Begründungspflicht, § 329 Anm 1, nicht vor. Selbstverständlich kann die Begründung kurz sein. Das Beschwerdegericht darf auch entsprechend § 543 I auf die Gründe der angefochtenen Entscheidung verweisen, § 573 Anm 3 C.

Eine Begründung der einstwAnO bei (erstmaliger) Entscheidung ist nicht ausdrücklich vorgeschrieben. Abgesehen von Ausnahmefällen besteht aber schon deshalb die Rechtspflicht zur Begründung, § 329 Anm 1, weil die Parteien nur dann die Anträge nach § 620b bzw die sofortige Beschwerde nach § 620c begründen können.

1. Titel. Allgemeine Vorschriften für Ehesachen §§ 620e, 620f 1, 2

620e *Aussetzung der Vollziehung.* Das Gericht kann in den Fällen der §§ 620b, 620c vor seiner Entscheidung die Vollziehung einer einstweiligen Anordnung aussetzen.

1) Allgemeines. Gegen eine einstwAnO stehen den Parteien folgende Rechtsbehelfe offen: immer der Antrag auf Aufhebung oder Änderung nach § 620b I, bei einer Entscheidung ohne mündliche Verhandlung der Antrag auf erneute Entscheidung nach § 620b II, in bestimmten Fällen die sofortige Beschwerde nach § 620c. § 620e gibt dem Gericht die Möglichkeit, vor seiner Entscheidung über einen dieser Rechtsbehelfe die Vollziehung der einstwAnO auszusetzen. Für das allgemeine Beschwerdeverfahren enthält § 572 eine entsprechende Regelung.

2) Aussetzung der Vollziehung. Voraussetzung ist die Einlegung eines der in Anm 1 genannten Rechtsbehelfe. Aussetzen darf das Gericht, das über diesen Rechtsbehelf zu entscheiden hat, also das FamGer in den Fällen des § 620b und allein das OLG (nicht auch das FamGer) im Falle der sofortigen Beschwerde, § 620c. Die Entscheidung ergeht durch Beschluß auf Antrag oder vAw, sobald der Rechtsbehelf eingelegt ist, im Fall des § 620b I 2 auch schon vorher vAw. Die Aussetzung steht im pflichtgemäßen Ermessen des Gerichts. Sie hat die Wirkungen des § 775 Z 2.

Der Beschluß des FamGer über die Aussetzung oder ihre Ablehnung ist unanfechtbar, hM, Köln FamRZ **83**, 622 mwN, KG FamRZ **81**, 65, Hamm FamRZ **80**, 174 mwN, § 620c Anm 2; dies gilt unabhängig davon, ob gegen die einstwAnO selbst ein Rechtsmittel gegeben ist, insoweit einschränkend Zweibr FamRZ **81**, 189. Gegen einen Beschluß des OLG gibt es ohnehin kein Rechtsmittel, § 567 III. Der Aussetzungsbeschluß tritt mit der Entscheidung über den Rechtsbehelf außer Kraft.

Im Verfahren über die Aussetzung der Vollziehung entstehen weder für das Gericht noch für den RA Gebühren.

620f *Geltungsdauer der Anordnung.* Die einstweilige Anordnung tritt beim Wirksamwerden einer anderweitigen Regelung sowie dann außer Kraft, wenn der Scheidungsantrag oder die Klage zurückgenommen wird oder rechtskräftig abgewiesen ist oder wenn das Eheverfahren nach § 619 in der Hauptsache als erledigt anzusehen ist. Auf Antrag ist dies durch Beschluß auszusprechen. Gegen die Entscheidung findet die sofortige Beschwerde statt.

1) Allgemeines. Um nach Möglichkeit einen Zustand ohne Regelung zu verhüten, bleibt eine nach § 620 getroffene einstwAnO grundsätzlich bis zum Wirksamwerden einer anderen Regelung in Kraft, wenn nicht das Gericht ihre Geltung befristet hat, etwa bis zur Rechtskraft des Scheidungsurteils, was zulässig ist und sich oft empfiehlt, vgl Bbg FamRZ **82**, 86 (in diesem Fall greift § 620f nicht ein). Sie erlischt nicht stets mit dem rechtskräftigen Abschluß der EheS, sondern nur in bestimmten Fällen, überdauert also namentlich bei Scheidung, Aufhebung oder Nichtigerklärung der Ehe den Rechtsstreit (abw § 627 aF). Dies gilt auch für eine einstwAnO über den Unterhalt, weil ihr Gegenstand insoweit auch der nacheheliche Unterhalt ist, BGH NJW **81**, 978 u **83**, 1330, Stgt FamRZ **81**, 694, Karlsr FamRZ **80**, 608 mwN; auch diese einstwAnO tritt nicht mit der Rechtskraft des Scheidungsausspruchs außer Kraft, so daß weiterhin aus ihr vollstreckt werden darf, BGH NJW **83**, 1330.

Entsprechend anwendbar ist § 620f auf Vergleiche, die eine einstwAnO ersetzen und keine abw Regelung ihrer Geltungsdauer enthalten, Ffm FamRZ **83**, 202, Zö-Philippi III.

2) Außerkrafttreten bei anderweitiger Regelung. Die einstwAnO tritt beim Wirksamwerden einer anderweitigen Regelung außer Kraft, **S 1**. Bei dieser Regelung kann es sich um einen Vergleich, Köln FamRZ **78**, 912, oder eine gerichtliche Entscheidung handeln, zB um ein Urteil in einer FolgeS, § 629 I, oder um einen Beschluß in einer FamS, § 621, oder um einen Beschluß nach § 620b. Die Kostenentscheidung des Scheidungsurteils ist keine anderweitige Regelung in Bezug auf die Pflicht zur Zahlung des Prozeßkostenvorschusses, Düss FamRZ **81**, 295; ebenso berührt die Abweisung der Unterhaltsklage nicht den Bestand einer den Vorschuß für diese Klage betreffenden einstwAnO, Nürnb MDR **80**, 236, aM Köln FamRZ **78**, 912. Auch die Versagung von Prozeßkostenhilfe führt nicht zum Außerkrafttreten der einstwAnO, Schlesw SchlHA **81**, 81.

Nach rechtskräftigem Abschluß des Scheidungsverfahrens kann eine einstwAnO über den Unterhalt nicht im Wege der Änderungsklage gemäß § 323 geändert werden, § 323 IV,

BGH NJW **83**, 1331, Celle FamRZ **80**, 610 gegen Ffm FamRZ **80**, 175. Dagegen dürfen nachträglich entstandene rechtshemmende und rechtsvernichtende Einwendungen mit der Vollstreckungsabwehrklage, § 767, geltend gemacht werden, BGH NJW **83**, 1330, Mü FamRZ **81**, 912, Kblz FamRZ **81**, 1093, also namentlich die Erfüllung des Anspruchs, Klauser MDR **81**, 718 mwN, Bbg FamRZ **83**, 84; die Klage kann jedoch nicht allein auf die Rechtskraft der Scheidung gestützt werden, BGH aaO, Bbg FamRZ **83**, 84 mwN. Die Entscheidung über diese Klage berührt den Bestand der einstwAnO aber nicht, Ffm FamRZ **82**, 719. Sie tritt vielmehr nur bei Wirksamwerden eines Urteils außer Kraft, das auf eine Zahlungsklage bzw eine negative Feststellungsklage ergeht, hM, Hassold FamRZ **81**, 1036, Klauser MDR **81**, 717 mwN, Hbg DAVorm **82**, 266, Stgt FamRZ **81**, 694, Karlsr u Düss LS FamRZ **81**, 295, Zweibr FamRZ **81**, 190, Hamm FamRZ **81**, 693, 80, 277 u 1043, Hbg FamRZ **80**, 904, vgl dazu § 620b Anm 1 A. Dabei genügt es nicht, daß das Urteil das Erlöschen des Anspruchs auf ehelichen Unterhalt bei Rechtskraft der Scheidung feststellt; vielmehr muß es auch darüber befinden, inwieweit ein Anspruch auf nachehelichen Unterhalt besteht, Hbg FamRZ **81**, 982. Bei Erhebung der negativen Feststellungsklage kann die Zwangsvollstreckung aus der einstwAnO einstweilen eingestellt werden, BGH NJW **83**, 1331 mwN, ganz hM, Klauser MDR **81**, 717.

Eine gerichtliche Entscheidung braucht nicht rechtskräftig zu sein (RegEntwBegr), so daß ihre Wirksamkeit, § 16 I FGG, bzw ihre vorläufige Vollstreckbarkeit, §§ 708ff, genügt, Kblz FamRZ **81**, 1093. Jedoch ist nötig, daß die vorläufige Vollstreckbarkeit uneingeschränkt besteht, also weder eine Sicherheitsleistung voraussetzt noch vom Pflichtigen nach § 711 abgewendet werden kann, Ffm FamRZ **82**, 410 mwN (differenzierend Karlsr FamRZ **82**, 1221: aGrd eines nur eingeschränkt vorläufig vollstreckbaren Urteils tritt die einstwAnO außer Kraft, soweit das Urteil weniger oder keinen Unterhalt zuerkennt, nicht aber sonst).

3) Außerkrafttreten in anderen Fällen. Kommt es nicht zu einer anderweitigen Entscheidung oder sonstigen Regelung, so tritt die einstwAnO außer Kraft, wenn **a)** der Scheidungsantrag, § 622, bzw die Klage in einer anderen EheS zurückgenommen wird, oder **b)** der Antrag bzw die Klage in der Ehesache rechtskräftig abgewiesen ist, oder **c)** das Eheverfahren nach § 619 infolge des Todes eines Ehegatten in der Hauptsache als erledigt anzusehen, **S 1**. Ist nur ein Verfahren auf Bewilligung der Prozeßkostenhilfe anhängig, so tritt die einstwAnO nur in den Fällen a) und c) außer Kraft, im Fall b) ist sie nach § 620b aufzuheben, vgl FamRZ **79**, 899.

Das Außerkrafttreten ist in diesen Fällen auf Antrag, nicht vAw, durch Beschluß auszusprechen, **S 2**, vgl § 269 III. Zuständig ist das Gericht, das die einstwAnO erlassen hat, § 620a IV. Gegen die Entscheidung ist stets, also nicht nur in den Fällen des § 620c S 1, sofortige Beschwerde statthaft, **S 3**, über die das OLG entscheidet, § 119 GVG, vgl Erläuterungen zu § 620c. § 620b gilt hier nicht.

Für die Gebühren des Gerichts gilt KV 1180.

4) Wirkungen des Außerkrafttretens. Die Zwangsvollstreckung aus der einstwAnO ist einzustellen, § 775 Z 1. Einwendungen sind nach § 766 bei dem nach § 802 zuständigen Vollstreckungsgericht geltend zu machen, Düss FamRZ **78**, 913; dies gilt auch bei Erlöschen der einstwAnO infolge einer Befristung, Anm 1, Bbg FamRZ **82**, 86. Ein Antragsverfahren, § 620b, und ein Beschwerdeverfahren, § 620c, erledigen sich, das Antragsverfahren jedoch insoweit nicht, als es sich um eine Änderung des Unterhalts für die Zeit vor dem Erlöschen der einstwAnO handelt, vgl Karlsr OLGZ **75**, 55, str, enger Düss FamRZ **72**, 369, Köln FamRZ **64**, 48 für das frühere Recht.

Das Außerkrafttreten der einstwAnO führt nicht zur Anwendung der §§ 717 II, 945. Jedoch sind Bereicherungs- und Schadensersatzansprüche nach allgemeinen Vorschriften nicht ausgeschlossen, allgM, BGH **24**, 269, Kblz FamRZ **81**, 1094, Klauser MDR **81**, 718 mwN. Sie sind im Klageverfahren geltend zu machen.

620 g *Kosten des Anordnungsverfahrens.*

Die im Verfahren der einstweiligen Anordnung entstehenden Kosten gelten für die Kostenentscheidung als Teil der Kosten der Hauptsache; § 96 gilt entsprechend.

Schrifttum (zum früheren Recht): E. Schneider MDR **70**, 804; Crispin NJW **71**, 442; Schellberg NJW **71**, 1345.

1) Grundsatz. Die in der Hauptsache ergehende Kostenentscheidung, § 93a, ergreift ohne weiteres sämtliche Anordnungsverfahren dieser EheS, sofern das Gericht dabei nicht § 96 anwendet. Diese Regelung gilt auch für unzulässige Anträge nach § 620, aM Schellberg NJW **71**, 1345 (Anwendung von § 91 I). Nach § 96 darf das Gericht auch dem Sieger die Kosten eines erfolglosen AnO-Verfahrens auferlegen; das wird idR geschehen, wenn der Antrag unzulässig oder unbegründet war, Hamm NJW **71**, 2079.

Als Teil der Kosten der Hauptsache gelten die Kosten nicht nur bei einer Entscheidung durch Urteil oder Beschluß, sondern auch im Falle eines das AnO-Verfahren beendenden Vergleichs, der über die Kosten dieses Verfahrens keine Bestimmung enthält, KG MDR **75**, 763, LG Aachen NJW **73**, 2025; denn § 620g ist gegenüber § 98 die spezielle Norm, Bergerfurth NJW **72**, 1840, str, aM Karlsr MDR **82**, 1025 mwN, zum früheren Recht Kblz MDR **77**, 57 u JB **77**, 557, Hamm NJW **75**, 741 mwN. Bei einem Vergleich in FolgeS, § 623, gilt § 93a, Bergerfurth FamRZ **76**, 583.

2) Ausnahmen. In einigen Fällen gilt § 620g nicht, so daß eine besondere Kostenentscheidung zu erlassen ist:

a) bei Rücknahme des Antrags (dann § 269 III), Düss FamRZ **78**, 910, E. Schneider JB **74**, 843, str, aM Ffm FamRZ **80**, 387 mwN, Köln **KR** Nr 7, offen gelassen von KG MDR **82**, 328;

b) wenn das AnO-Verfahren in der Hauptsache für erledigt erklärt wird (dann §§ 93a, 91a), Köln JMBlNRW **73**, 185, E. Schneider JB **74**, 843, str, aM Schellberg NJW **71**, 1345, differenzierend Mü MDR **74**, 761 mwN, Bre FamRZ **78**, 133;

c) wenn die einstwAnO nach Erlaß des Urteils ergeht (dann § 93a), Hbg MDR **76**, 586 mwN;

d) im Beschwerdeverfahren, wenn die Beschwerde (auch teilweise) zurückgewiesen (dann § 97) oder zurückgenommen wird (dann § 515 III entspr), Düss MDR **76**, 763, Bre **KR** Nr 1; erledigt sich die Hauptsache in der Beschwerdeinstanz, so gilt § 620g nur für die Kosten der ersten Instanz, für diejenigen der Beschwerdeinstanz hingegen § 91a, Düss FamRZ **80**, 1047;

e) wenn die einstwAnO nach Stellen eines Antrags im Prozeßkostenhilfeverfahren ergangen ist, aber das Scheidungsverfahren nicht anhängig wird (dann § 93a), Hamm FamRZ **81**, 189.

3) Kostenentscheidung. Sie ist für sich allein in jedem Fall unanfechtbar. Das gilt auch dann, wenn über die Kosten eine selbständige Entscheidung nach den in Anm 2 genannten Vorschriften ergeht, Kblz **KR** Nr 6, und auch dann, wenn das FamGer irrtümlich eine erforderliche Kostenentscheidung unterlassen hat, § 620c Anm 2, aM Hamm FamRZ **81**, 189.

Zweiter Titel
Verfahren in anderen Familiensachen
Übersicht

1) Der 2. Titel enthält die Verfahrensvorschriften für die in § 621 I genannten FamS, die keine EheS sind. Auch für sie ist das FamGer ausschließlich zuständig, § 23b GVG, bei Anhängigkeit einer EheS grundsätzlich das dafür zuständige Gericht (Entscheidungskonzentration). Der Rechtszug geht einheitlich an das OLG, § 119 GVG, und den BGH, § 133 GVG.

2) Das Verfahren in FamS richtet sich danach, ob es sich um zivilprozessuale Streitigkeiten handelt (§ 621 I Z 4, 5 u 8) oder um Verfahren der Freiwilligen Gerichtsbarkeit (§ 621 I Z 1–3, 7 u 9). Für erstere gilt die ZPO mit den Sonderbestimmungen des 2. Titels, für letztere das durch diese Sonderbestimmungen modifizierte FGG. Einzelheiten s § 621a Anm 2 u 3.

3) Für FolgeS, dh mit einer Scheidungssache verbundene FamS, gelten die Bestimmungen des 3. Titels. Sie bleiben aber gleichwohl FamS, unterliegen also auch dann nicht den Verfahrensvorschriften für EheS.

621 *Zuständigkeit für andere Familiensachen.*[1] Für Familiensachen, die
1. die Regelung der elterlichen Sorge für ein eheliches Kind, soweit nach den Vorschriften des Bürgerlichen Gesetzbuchs hierfür das Familiengericht zuständig ist,
2. die Regelung des Umgangs des nicht sorgeberechtigten Elternteils mit dem Kinde,

3. die Herausgabe des Kindes an den anderen Elternteil,
4. die gesetzliche Unterhaltspflicht gegenüber einem ehelichen Kinde,
5. die durch Ehe begründete gesetzliche Unterhaltspflicht,
6. den Versorgungsausgleich,
7. die Regelung der Rechtsverhältnisse an der Ehewohnung und am Hausrat (Verordnung über die Behandlung der Ehewohnung und des Hausrats – Sechste Durchführungsverordnung zum Ehegesetz – vom 21. Oktober 1944, Reichsgesetzbl. I S. 256),
8. Ansprüche aus dem ehelichen Güterrecht, auch wenn Dritte am Verfahren beteiligt sind,
9. Verfahren nach den §§ 1382 und 1383 des Bürgerlichen Gesetzbuchs

betreffen, ist das Familiengericht ausschließlich zuständig.

II Während der Anhängigkeit einer Ehesache ist das Gericht ausschließlich zuständig, bei dem die Ehesache im ersten Rechtszug anhängig ist oder war. Ist eine Ehesache nicht anhängig, so richtet sich die örtliche Zuständigkeit nach den allgemeinen Vorschriften.

III Wird eine Ehesache rechtshängig, während eine Familiensache der in Absatz 1 genannten Art bei einem anderen Gericht im ersten Rechtszug anhängig ist, so ist diese von Amts wegen an das Gericht der Ehesache zu verweisen oder abzugeben. § 281 Abs. 2, 3 Satz 1 gilt entsprechend.

FGG § 64k (bis zum 31. 12. 79: § 64a). II Wird eine Ehesache rechtshängig, so gibt das Familiengericht im ersten Rechtszug bei ihm anhängige Verfahren der in § 621 Abs. 1 Nr. 1–3, 9 der Zivilprozeßordnung bezeichneten Art von Amts wegen an das Gericht der Ehesache ab. § 281 Abs. 2, 3 Satz 1 der Zivilprozeßordnung gilt entsprechend.

Vorbem. I redaktionell geändert dch Art 9 § 2 G v 18. 7. 79, BGBl 1061, mWv 1. 1. 80.

Schrifttum: Klauser MDR **79**, 627 u **80**, 809; Walter FamRZ **79**, 259; Bosch FamRZ **80**, 1; Böttcher RPfleger **81**, 3 u 44; Thalmann DRiZ **82**, 445 (zur Registrierung und Geschäftsbehandlung); Walter JZ **83**, 476; Lappe, Kosten in FamS, 4. Aufl, 1983.

Gliederung

1) Familiensachen
A. Elterliche Sorge
B. Regelung des Umgangs mit dem Kind
C. Herausgabe des Kindes
D. Unterhaltspflicht der Eltern
E. Gesetzliche Unterhaltspflicht zwischen den Ehegatten
F. Versorgungsausgleich
G. Rechtsverhältnisse an der Ehewohnung und am Hausrat
H. Eheliches Güterrecht
I. Verfahren nach §§ 1382, 1383 BGB

2) Sachliche Zuständigkeit

3) Allgemeine örtliche Zuständigkeit

4) Besondere örtliche Zuständigkeit
A. Allgemeines
B. Verweisung und Abgabe

1) Familiensachen. Den Begriff der FamS definiert § 23b GVG. Für die dort genannten Angelegenheiten mit Ausnahme der EheS gilt der 2. Titel. Bei diesen anderen FamS handelt es sich um Ehewirkungssachen, Diederichsen NJW **77**, 604; ihnen ist gemeinsam, daß sie einen ehelichen Familienverband (Eltern und Kinder) und nur einen solchen betreffen, so daß Streitigkeiten über Ansprüche aus nichtehelichen Lebensgemeinschaften, Schlesw SchlHA **83**, 141 (aM Hamm FamRZ **83**, 273), und über Angelegenheiten nichtehelicher Kinder, Kropp DRiZ **79**, 84, sowie zwischen anderen Verwandten ausscheiden, Brüggemann FamRZ **77**, 14. Im Rahmen der Ehewirkungssachen gilt § 621 in weitestem Umfang, also ua für Unterhaltsklagen erwachsener Kinder gegen ihre Eltern.

Ob ein Rechtsstreit eine FamS ist, richtet sich nach der tatsächlichen Begründung des geltend gemachten Anspruchs, BGH in stRspr seit NJW **80**, 2476, BayObLG FamRZ **83**, 199 mwN. Die rechtliche Einordnung durch den Antragsteller ist dagegen ohne Bedeutung, Walter JZ **83**, 54. Daß für die Entscheidung aufgrund des Verteidigungsvorbringens familienrechtliche Fragen eine Rolle spielen, macht das Verfahren nicht zur FamS, stRspr, BGH NJW **80**, 2476, BayObLG FamRZ **81**, 688.

Bei mehrfacher Klagbegründung für denselben Anspruch genügt es, daß ein Klaggrund unter § 621 fällt, BGH NJW **83**, 1913, zustm Walter FamRZ **83**, 363. Wegen Haupt- und Hilfsansprüchen vgl Anm 2.

2. Titel. Verfahren in anderen Familiensachen § 621 1

Die Vorschrift erfaßt auch jedes Umkehr- oder Spiegelbildverfahren, zB die Rückgewähr von Unterhaltsleistungen, BGH NJW **78,** 1531, und von Kostenvorschüssen nach § 1360a IV BGB, Zweibr FamRZ **81,** 1090, und jedes **Änderungsverfahren,** zB Klagen aus § 323 in einer FamS, BGH NJW **78,** 1811, Hamm NJW **78,** 281, oder Klagen aus § 826 BGB gegen das Urteil in einer FamS, Karlsr FamRZ **82,** 400, und Wiederaufnahmeklagen in FamS, vgl Stgt FamRZ **80,** 379 mwN, Brschw NJW **78,** 56 (betr EheS).

§ 621 gilt auch für **Zwangsvollstreckungsverfahren** in FamS, die dem Prozeßgericht übertragen sind, Düss NJW **78,** 1012, jedenfalls dann, wenn der Titel eine FamS zum Gegenstand hat, BGH NJW **81,** 346, **80,** 1393, **79,** 2046, **78,** 1811 (Klage aus § 767), BGH NJW **79,** 929 (Klage aus § 771), BGH FamRZ **79,** 219 (Klage aus § 774), Hbg FamRZ **81,** 980, Stgt Rpfleger **79,** 145 u Düss FamRZ **80,** 378 (VollstrKlausel). Dagegen genügt nicht, daß in einem solchen Fall Schadensersatz, zB nach § 893 ZPO, verlangt wird, Kblz FamRZ **82,** 507, oder daß über die Klage aus § 771 nur nach der familienrechtlichen Anspruchsgrundlage entschieden werden kann, Stgt FamRZ **82,** 401 gegen Mü FamRZ **78,** 603 (Einwand gegen Teilungsversteigerung), aM 40. Aufl. Darauf, ob das FamGer seine Zuständigkeit für das Erkenntnisverfahren zu Recht bejaht hat, sollte es nicht ankommen, aM Düss FamRZ **81,** 577. Außer Betracht bleibt, ob der Titel vor dem 1. 7. 77 geschaffen worden ist, BGH FamRZ **79,** 573, Hbg FamRZ **82,** 524. FamS sind auch Verfahren wegen der Vollstreckung aus ausländischen Titeln, BGH LS NJW **80,** 2025, Ffm IPrax **81,** 213 m Anm Rauch IPrax **81,** 199, Rahm VIII 243.

FamS sind auch **Arrestverfahren** zur Sicherung eines in I genannten Anspruchs, BGH NJW **80,** 191 mwN, Hamm NJW **82,** 1711, Karlsr LS FamRZ **81,** 63 (jedenfalls dann, wenn sie beim Gericht der Hauptsache schweben) und Verfahren wegen der Vollstreckung ausländischer Titel über Unterhaltsansprüche iSv § 621, BGH LS NJW **80,** 2025, Bbg FamRZ **80,** 66, Köln FamRZ **79,** 718. Ebenso sind FamS die **Kostenverfahren,** die zu einer FamS gehören, zB nach § 104, BGH FamRZ **81,** 21 u **78,** 585, oder § 19 BRAGO, KG FamRZ **78,** 428, oder § 133 iVm § 128 BRAGO, wenn ein AG Beratungshilfe für eine FamS gewährt hat, Schlesw LS SchlHA **83,** 55. Hierher gehören auch Honorarklagen des RA aus einer FamS, Hbg FamRZ **79,** 1036, jedenfalls dann, wenn der RA den Gerichtsstand des Hauptprozesses wählt, KG FamRZ **81,** 1089, vgl auch BayObLG LS NJW **82,** 587, aM Zweibr FamRZ **82,** 85, Hamm FamRZ **81,** 689 u 1089; keine FamS ist dagegen die Klage gegen einen RA aus der Führung einer FamS, Ffm FamRZ **81,** 978, oder der Streit über einen Anspruch aus der Kostenregelung eines Vertrages über eine FamS, Schlesw SchlHA **82,** 75. Hat die Hauptsache sowohl eine FamS als auch eine Nicht-FamS zum Gegenstand, ist das Verfahren über die Kosten insgesamt FamS, wenn die Kosten einheitlich die gesamte Hauptsache betreffen und eine Zuordnung bestimmter Teile der im Streit befindlichen Kosten zu dem Teil der Hauptsache, der nicht FamS ist, nicht möglich ist, BGH NJW **81,** 346.

Andererseits ist nicht jeder Streit zwischen Ehegatten oder innerhalb der Familie eine FamS, zB nicht erbrechtliche oder gesellschaftsrechtliche Auseinandersetzungen, Hamm FamRZ **78,** 346, oder die Schadensersatzklage wegen Verletzung der Pflicht zur ehelichen Lebensgemeinschaft, auch nicht die Klage der Ehefrau auf Ablegung des vom Ehemann bei der Heirat erschlichenen Namens der Frau, Brschw FamRZ **79,** 913, oder die Klage auf Mitwirkung bei der gemeinschaftlichen Steuererklärung, Ffm FamRZ **80,** 274, Karlsr NJW **79,** 881, Tiedtke FamRZ **78,** 386 (wegen der Zustimmung zum sog begrenzten Realsplitting s aber unten E). Keine FamS sind Verfahren, die durch eine FamS nur veranlaßt werden, Ffm MDR **78,** 315, und auch nicht die Zwangsvollstreckung als solche, Celle FamRZ **79,** 57, sowie Verfahren, die im 8. Buch dem Vollstreckungsgericht zugewiesen sind (einschließlich der dazugehörigen Prozeßkostenhilfe), BGH NJW **79,** 1048.

Bei Streitigkeiten aus Vereinbarungen, die etwa für den Fall der Scheidung getroffen worden sind, kommt es auf den Gegenstand an: Werden in einer Vereinbarung sowohl FamS als auch Nicht-FamS geregelt und ist eine Zuordnung bestimmter Ansprüche nur zu einem der beiden Regelungsbereiche nicht möglich, so ist der Rechtsstreit über die Vereinbarung hinsichtlich sämtlicher Ansprüche FamS, BGH NJW **80,** 2529, KG FamRZ **81,** 193. Betrifft dagegen die vertragliche Regelung keine FamS, so wird der Streit darüber nicht allein dadurch zur FamS, daß in ihr auch Angelegenheiten iSv § 621 I geregelt sind, BGH NJW **80,** 1636. Im Zweifel ist die Zuständigkeit des FamGer anzunehmen, BayObLG MDR **83,** 583.

Die Abgrenzung, wann eine FamS die in I aufgeführten Angelegenheiten „betrifft", ist vielfach im Einzelfall schwierig, vgl Klauser MDR **80,** 809.

A. Die Regelung der elterlichen Sorge für ein eheliches Kind, soweit nach den Vorschriften des BGB hierfür das FamGer zuständig ist, I Z 1, nämlich nach § 1671 BGB (elterliche Sorge nach Scheidung), BayObLG NJW **77**, 1733, § 1672 BGB (elterliche Sorge bei Trennung) und § 1678 II BGB (Ausübung bei Ruhen der elterlichen Sorge) sowie nach § 1696 (Änderung), Karlsr FamRZ **79**, 57. FamS ist auch eine sog Herstellungsklage aus § 1618a BGB, zweifelnd Zettel DRiZ **81**, 212, ebenso der Streit der Eltern um die Bestattung eines Kindes, LG Paderborn FamRZ **81**, 700. Bei Übertragung des Sorgerechts auf einen Vormund oder Pfleger, § 1671 V BGB, fällt nur die Anordnung dieser Übertragung in die Zuständigkeit des FamGer; die Auswahl und Bestellung des Vormunds oder Pflegers sowie alle weiteren Maßnahmen (außer der Aufhebung) sind dagegen Sache des Vormundschaftsgerichts, BGH NJW **81**, 2460 mwN, hM, Schlüter/König FamRZ **82**, 1163 mwN. Das FamGer darf Maßnahmen auch hinsichtlich ausländischer ehelicher Kinder treffen, sofern es international zuständig ist, Anm 4; in unaufschiebbaren Fällen darf dies auch dann geschehen, wenn im Aufenthaltsstaat keine Regelung getroffen worden ist, Karlsr NJW **79**, 500.

Nicht in die Zuständigkeit des FamGer, sondern in diejenige des Vormundschaftsgerichts fällt ein Verfahren, das lediglich die Übertragung des Aufenthaltsbestimmungsrechts zum Gegenstand hat, BGH **78**, 50. Das gleiche gilt für Einzelanordnungen, die nur auf § 1666 BGB gestützt werden können, BGH FamRZ **80**, 1108, Schlüter/König FamRZ **82**, 1162 mwN, Zweibr DAVorm **81**, 308 (jedoch darf das FamGer ein von ihm aGrd der §§ 1671 u 1696 BGB eingeleitetes Verf nicht im Hinblick auf § 1666 BGB an das Vormundschaftsgericht abgeben, Hbg FamRZ **82**, 943). Nicht unter Z 1 fällt auch der Antrag, einem Ehegatten zu untersagen, beim Auszug aus der Ehewohnung die Kinder mitzunehmen und für sie einen neuen Aufenthalt zu begründen, Mü FamRZ **79**, 1037, oder die Kinder sonst an sich zu bringen, AG Besigheim FamRZ **83**, 295. In keinem Fall ist Z 1 auf das nichteheliche Kind anzuwenden, mag es auch nach dem maßgeblichen ausländischen Recht die Stellung eines ehelichen Kindes haben, KG FamRZ **78**, 352.

B. Die Regelung des Umgangs des nicht sorgeberechtigten Ehegatten mit dem Kinde, I Z 2, nach § 1634 BGB. Auf den Grund für den Verlust des Sorgerechts ist dabei nicht abzustellen, BGH FamRZ **81**, 691. Hierin gehören auch Verfahren, die lediglich Maßnahmen nach § 33 FGG zur Durchsetzung der von einem anderen Gericht getroffenen Entscheidung betreffen, BGH NJW **78**, 1112, KG MDR **79**, 943. FamS ist auch eine Regelung nach § 1634 BGB, die auf Grund von § 1666 BGB zu treffen ist, BGH NJW **81**, 2067 mwN, Walter S 18, str, aM Schlüter/König FamRZ **82**, 1160 mwN. Dagegen ist die Regelung des Umgangsrechts der Großeltern keine FamS, BayObLG ZBlJugR **81**, 272, und auch nicht die Regelung für nichteheliche Kinder, BayObLG FamRZ **82**, 958 mwN.

C. Die Herausgabe des Kindes an den anderen Elternteil, I Z 3, nach § 1632 II BGB (Schüler ZBlJugR **82**, 173; Christian DAVorm **83**, 417). Keine FamS ist das Verfahren über die Herausgabe an einen Vormund oder Pfleger, so daß dafür allein das Vormundschaftsgericht zuständig ist, ThP 2c, Schlüter/König FamRZ **82**, 1161 mwN. Dies gilt auch dann, wenn die Bestellung eine Scheidungsfolgemaßnahme nach § 1671 V BGB ist, vgl BGH NJW **81**, 2460, aM KG NJW **78**, 894.

Die Herausgabe eines nichtehelichen oder eines für ehelich erklärten Kindes gehört nicht hierin, Ffm FamRZ **80**, 288, Hamm FamRZ **79**, 314, Kropp aaO, Walter S 21.

D. Die gesetzliche Unterhaltspflicht (der Eltern) gegenüber einem ehelichen Kinde, I Z 4, nach den §§ 1601–1615 BGB einschließlich der Auskunft nach § 1605 BGB, BGH NJW **82**, 1651, Kblz FamRZ **81**, 992, und des Prozeßkostenvorschusses nach § 1610 II BGB, Kblz FamRZ **82**, 402. Hierin gehören auch Änderungsklagen, § 323, BGH FamRZ **79**, 789, und Klagen aus § 641g im VereinfVerf, Hamm FamRZ **80**, 190 mwN, sowie Vollstreckungsabwehrklagen, § 767. FamS iSv Z 4 sind ferner Klagen aus übergeleiteten Ansprüchen, §§ 90 BSHG, 82 JWG u 37 BAföG aF, BGH VersR **79**, 375 u FamRZ **81**, 657, Ffm FamRZ **80**, 618, Brschw DAVorm **79**, 344, Mü NJW **78**, 550 mwN (darauf, ob das Kind minderjährig ist, kommt es nicht an, Diederichsen NJW **77**, 1776, str), ferner die Klage des Kindes gegen den Vermögensübernehmer, § 419 BGB, Ffm FamRZ **83**, 196 mwN, str, vgl Walter FamRZ **83**, 363, und die Klage des Unterhaltsgläubigers gegen den Unterhaltsschuldner auf Auskunft, aM Nürnb FamRZ **79**, 524, ebenso wie die Klage auf Rückgewähr des Unterhalts, BGH NJW **78**, 1531. Das gleiche gilt für den Streit aus einer Vereinbarung der Eltern zur Regelung ihrer Unterhaltspflicht, BGH NJW **78**, 1811, und zwar für Klagen sowohl auf Befreiung von der Unterhaltspflicht, BGH NJW **79**, 552, Brschw FamRZ **83**, 197, als auch auf Erstattung bereits erbrachter Leistungen, BGH NJW **79**, 659, ebenso wie für Klagen aus einer Vereinbarung, die die Sicherung gesetzlicher oder vertraglich ausgestalteter gesetzlicher Unterhaltsansprüche des Kindes zum Gegenstand hat, BayObLG MDR **83**, 583; keine FamS ist der Streit über Schadensersatz wegen Verletzung der Freihaltungsverpflichtung, Schlesw SchlHA **82**, 76. FamS ist auch der Streit um den Ausgleich des Kindergeldes, BGH **71**, 264, BGH FamRZ **80**, 345 mwN, Kblz FamRZ **79**, 610, nicht aber die Bestimmung des Bezugsberechtigten, Schlesw SchlHA **83**, 55 mwN, BayObLG Rpfleger **81**, 357. Unter Z 4 fällt auch die Klage auf Vollstreckbarerklärung eines ausländischen Urteils, BGH LS NJW **80**, 2025, Bbg FamRZ **80**, 66, LG Tübingen FamRZ **79**, 610, abw für Entscheidungen nach dem Haager VollstrÜbk, Schlußanh V A 2, Celle DAVorm **79**, 533.

Andere Unterhaltsstreitigkeiten sind keine FamS und gehören in das Verfahren vor dem AG, § 23a Z 2 GVG, Brüggemann FamRZ **77**, 14. Dies gilt zB für Klagen der Eltern gegen ein Kind, Ffm FamRZ **83**, 200 u **81**, 184 (anders nur bei Klage auf Rückgewähr des Unterhalts, BGH NJW **78**, 1531, und auf Auskunft nach § 1605 BGB, Kblz FamRZ **81**, 992), ferner für Klagen der Großeltern gegen einen Elternteil auf Erstattung von Unterhalt, Mü FamRZ **78**, 348, und Klagen des Enkels gegen die Großeltern, BGH NJW **78**, 1633 mwN, erst recht für Klagen aus § 1615b BGB, Mü FamRZ **78**, 349. Ebenfalls keine FamS ist die Klage eines Dritten auf Erstattung von Unterhaltsleistungen, BGH NJW **79**, 660, zB des Scheinvaters nach erfolgreicher Anfechtung der Ehelichkeit, BayObLG NJW **79**, 1050. Nicht unter Z 4 fällt auch die Klage, die aus der Gewährung von Kost und Wohnung für ein volljähriges, nicht unterhaltsberechtigtes Kind herrührt, Oldb FamRZ **81**, 185. Ebensowenig gehört der Streit der Eltern über die Kosten der Beisetzung eines Kindes hierhin, Schlesw SchlHA **81**, 67.

Die Prozeßstandschaft des sorgeberechtigten Elternteils während des Scheidungsverfahrens nach § 1629 III BGB gilt nur im Verbundverfahren, § 623, nicht im isolierten Unterhaltsprozeß, Bergerfurth FamRZ **82**, 563 mwN, str.

E. Die durch Ehe begründete gesetzliche Unterhaltspflicht, I Z 5, nach den §§ 1360–1361, 1569–1586b BGB, einschließlich der Änderungsklage, § 323, BGH FamRZ **79**, 907 mwN, und der Vollstreckungsabwehrklage, § 767, BGH NJW **79**, 2046, sowie der Klage aus § 826 BGB gegen ein Unterhaltsurteil, Düss FamRZ **80**, 376, und der Klage auf Schadensersatz wegen Schlechterfüllung der Unterhaltspflicht, Schlesw FamRZ **83**, 394 (Aufgabe von SchlHA **80**, 45). Hierhin gehören auch Prozesse wegen der Auskunftspflicht des Unterhaltsschuldners, BGH NJW **82**, 1651, und solche aus einer gepfändeten, Hamm FamRZ **78**, 602, oder übergeleiteten Unterhaltsforderung, oben Anm D. FamS ist auch die Klage auf Zustimmung zum sog begrenzten Realsplitting, weil sie eine Nebenpflicht aus dem Unterhaltsrecht betrifft, Mü FamRZ **83**, 594, Bbg FamRZ **82**, 301, Ffm FamRZ **81**, 293, Kblz FamRZ **80**, 791, AG Ravensburg FamRZ **80**, 681, Kuch FamRZ **79**, 562. Auch ein Anspruch auf Erstattung von Umzugskosten kann unter Z 5 fallen, BGH FamRZ **80**, 45. FamS ist auch der Streit um die Zahlung einer Morgengabe nach ausländischem Recht, KG FamRZ **80**, 470 betr Jordanien, Köln IPrax **83**, 73, Hbg IPrax **83**, 76 u AG Hbg IPrax **83**, 74 betr Iran (dazu Heldrich IPrax **83**, 64; Bre FamRZ **80**, 606 wendet I Z 8 an), ebenso der Streit um die Entschädigungspflicht des Ehemannes nach einseitiger Scheidung gemäß tunesischem Recht, Mü IPrax **81**, 22, zustm Jayme IPrax **81**, 9. Die Streitigkeit aus einer Unterhaltsvereinbarung ist nur dann FamS, wenn sie eine gesetzliche Unterhaltspflicht dem Grunde und/oder der Höhe nach festlegt, BGH NJW **79**, 2517 u 789, Hamm FamRZ **78**, 197.

Nicht unter Z 5 fällt eine Klage auf Mitwirkung bei der Zusammenveranlagung zur Einkommensteuer, Hamm FamRZ **83**, 937, Mü FamRZ **83**, 614, Kblz FamRZ **82**, 942, Ffm FamRZ **80**, 274, Karlsr NJW **79**, 881, Tiedtke FamRZ **78**, 387 zu LG Mü FamRZ **78**, 126, oder wegen der Geltendmachung von Sonderausgaben, aM Kblz FamRZ **80**, 685 u 791: anders als bei Streitigkeiten wegen der Zustimmung zum sog Realsplitting handelt es sich hier nicht um eine Nebenpflicht aus dem Unterhaltsrecht, krit Walter JZ **83**, 476. Keine FamS ist auch der Streit um die Bestimmung des Anspruchsberechtigten nach § 3 IV BKKG, Hamm MDR **80**, 765 gegen Ffm FamRZ **79**, 1038. Ebensowenig gehört der Streit aus einer Vereinbarung über die Verteilung des Lohnsteuerjahresausgleichs hierhin, Schlesw SchlHA **81**, 68.

Ebensowenig sind Ansprüche aus einer nichtehelichen Lebensgemeinschaft FamS, weil es sich nach dem tatsächlichen Vorbringen nicht um eine Ehewirkungssache handelt, aM Hamm FamRZ **83**, 273: darauf, ob der Kläger sich auf eine entsprechende Anwendung von § 1361 BGB stützt, kommt es nicht an, Walter JZ **83**, 54.

F. Der Versorgungsausgleich, I Z 6, nach §§ 1587–1587p BGB einschließlich des Auskunftsanspruchs, §§ 1587a I, 1587k I BGB, BGH NJW **81**, 1508; dazu kann auch ein nach rechtskräftiger Entscheidung über den Versorgungsausgleich erhobener Auskunftsanspruch gehören, Karlsr FamRZ **82**, 1028 (Übersicht bei v. Maydell FamRZ **81**, 509 u 623). Die Vorschrift ist mit dem GG vereinbar, BVerfG FamRZ **83**, 787. In Fällen mit Auslandsberührung entscheidet das Scheidungsfolgenstatut, wobei Art 17 III EGBGB anzuwenden ist, BGH **75**, 247, FamRZ **82**, 152 u 797.

G. Die Regelung der Rechtsverhältnisse an der Ehewohnung und am Hausrat, I Z 7, nach der HausratsVO (6. DVO z EheG) v 21. 10. 44, zuletzt geändert durch Art 11 Z 3 1. EheRG, abgedruckt und erläutert bei Pal-Diederichsen Anh § 1587p, Rolland Anh I. Darunter fällt auch der Streit getrennt lebender Ehegatten über die Rückschaffung eigenmächtig entfernten Hausrats, BGH FamRZ **82**, 1200, zustm Walter JZ **83**, 54 mwN, aM Düss FamRZ **83**, 164, Ffm FamRZ **81**, 184. Hierhin gehört ferner der Streit darüber, ob ein Ehegatte den anderen in die Wohnung aufnehmen muß, aM Düss FamRZ **80**, 1138. Das gleiche gilt für die Entscheidung über einen Feststellungsantrag, wenn zwischen geschiedenen Ehegatten streitig ist, ob eine Vereinbarung über die Verteilung des Hausrats wirksam getroffen ist, Knütel FamRZ **81**, 548, Hamm FamRZ **80**, 609. FamS ist auch das Arrestverfahren bei dem Gericht der Hauptsache, wenn ein Ausgleichsanspruch nach § 8 III S 2 HausratsVO gesichert werden soll, Karlsr LS FamRZ **81**, 63. Zum Begriff des Hausrats vgl § 620 Anm 9 B b.

Nicht unter Z 7 fällt dagegen ein Streit über zivilrechtliche Ansprüche aus einem Auseinandersetzungsvertrag, BGH FamRZ **79**, 789, oder über Schadensersatzansprüche wegen der Veräußerung oder des sonstigen Verlusts von Hausratgegenständen, BGH NJW **80**, 2476 u 192, Ffm FamRZ **81**, 375. Nicht hierher gehört auch der Streit über die anteilige Erstattung einer Mietkaution, Hamm FamRZ **80**, 469, oder über die Zahlung einer Nutzungsentschädigung, Hbg FamRZ **82**, 941. Das gleiche gilt für die Herausgabe persönlichen Eigentums, abw § 620 S 1 Z 8, so daß insofern Klage vor dem dafür zuständigen Gericht erhoben werden muß, Zweibr FamRZ **82**, 942 u **83**, 615, Karlsr FamRZ **79**, 609, krit Wacke FamRZ **77**, 528.

Andererseits ist eine vom Gericht zu treffende Regelung hinsichtlich des Hausrats im Falle des Getrenntlebens, § 18a HausratsVO, eine FamS, BGH NJW **83**, 47 mwN. Das gleiche gilt für die Regelung hinsichtlich der Wohnung vor Einleitung des Scheidungsverfahrens, auf die §§ 1361a III u IV BGB, 18a HausratsVO entsprechend anzuwenden sind, § 620 Anm 9 C, so daß auch hier das FamGer zu entscheiden hat, AG Schwetzingen FamRZ **83**, 589 mwN, Brschw FamRZ **80**, 568, Zweibr FamRZ **80**, 569 mwN, Düss FamRZ **80**, 50, Köln FamRZ **79**, 53, Oldb NdsRpfl **79**, 122, str, vgl § 620 Anm 9 C.

H. Ansprüche aus dem ehelichen Güterrecht, auch wenn Dritte am Verfahren beteiligt sind, I Z 8, nach den §§ 1363–1563 BGB, soweit sie im Zivilprozeß zu verfolgen sind, BGH NJW **82**, 2556 (deshalb gehört das FGG-Verf über die Ersetzung der Zustimmung, § 1365 II BGB, nicht hierher). Darunter fällt der Streit über die Auseinandersetzung des Gesamtgutes, §§ 1471ff BGB, Karlsr FamRZ **82**, 286, zustm Bölling, und über das Rückgriffsrecht aus § 1481 BGB, Schlesw SchlHA **79**, 143, nicht dagegen den Streit über die Zulässigkeit der Teilungsversteigerung eines gemeinschaftlichen Grundstücks, Stgt FamRZ **82**, 401, Zweibr FamRZ **79**, 839, aM Mü FamRZ **78**, 603. FamS ist auch die Inanspruchnahme eines Ehegatten auf Haftung nach den Vorschriften über die Gütergemeinschaft, BGH FamRZ **80**, 551 u NJW **80**, 1626; das gleiche gilt für die Klage des anderen Ehegatten aus § 1368 BGB gegen den Dritten, BGH FamRZ **81**, 1045, abl Spall und zustm Bosch. Hierin gehört auch die Klage auf Auskunft über das Anfangsvermögen, Schlesw SchlHA **83**, 141. Unter Z 8 fällt ferner der Streit darüber, ob die Geschäftsgrundlage einer während der Ehe getroffenen güterrechtlichen Auseinandersetzungsvereinbarung infolge der Scheidung weggefallen ist, BGH NJW **80**, 2477. Auch Ansprüche, die in einer Vereinbarung zumindest auch zur Regelung der güterrechtlichen Beziehungen begründet werden, sind dem ehelichen Güterrecht iSv Z 8 zuzurechnen, BGH in stRspr, FamRZ **83**, 365 u 156, NJW **82**, 941, **81**, 128 u **80**, 2529; eine Beschränkung auf gesetzliche Ansprüche enthält Z 8 nicht, BGH FamRZ **83**, 365 mwN. Wenn in einer solchen Vereinbarung auch Ansprüche zur Auseinandersetzung der allgemeinen vermögensrechtlichen Beziehungen der Ehegatten begründet werden, so ist der Rechtsstreit hinsichtlich sämtlicher Ansprüche FamS, wenn eine Zuordnung bestimmter Ansprüche nur zu einem der beiden Regelungsbereiche nicht möglich ist, BGH NJW **80**, 2529. Regeln die Ehegatten in einem Vertrag güterrechtliche Ansprüche zugunsten eines Dritten, so ist auch dieser Anspruch familienrechtlicher Natur, BGH NJW **83**, 928, insoweit zustm Walter JZ **83**, 348.

Keine FamS iSv Z 8 ist dagegen der Streit aus Vereinbarungen, die nicht als Regelung der güterrechtlichen Verhältnisse iSv § 1408 BGB angesehen werden können, BGH NJW **78**,

1923, BayObLG FamRZ **83**, 198 mwN, auch nicht die Klage auf Schadensersatz wegen Verfügungen des einen Ehegatten über Vermögenswerte des anderen, Hamm FamRZ **80**, 66, oder der Streit über Ansprüche, die sich auf ein während der Ehe erworbenes, inzwischen versteigertes Grundstück beziehen, Mü FamRZ **82**, 942, BayObLG NJW **80**, 194. Keine FamS ist ferner der Streit über Ansprüche, die auf Schenkungswiderruf gestützt werden, LG Bonn FamRZ **80**, 359, oder der Streit geschiedener Ehegatten, die in Zugewinngemeinschaft gelebt haben, aus einer Miteigentumsgemeinschaft, BayObLG FamRZ **81**, 376. Auch das Verfahren über die Ersetzung der Zustimmung nach § 1365 II BGB ist keine FamS, BGH NJW **82**, 2556 mwN. Das gleiche gilt für die Klage auf Rückzahlung einer Mitgift nach ausländischem Recht, AG Hbg IPrax **83**, 76. Wegen des Streits um die Morgengabe nach ausländischem Recht s Anm 1 E.

Dritte sind am Verfahren beteiligt nicht nur dann, wenn sie Hauptintervenient oder Streithelfer sind, sondern auch dann, wenn sie in einem Rechtsstreit zwischen den Ehegatten Streitgenossen sind oder auch allein in einen Streit mit einem Ehegatten verwickelt sind, BGH FamRZ **80**, 551 mwN. Deshalb gehört hierher die Inanspruchnahme eines Ehegatten auf Grund güterrechtlicher Vorschriften durch einen Gläubiger des anderen Ehegatten, BGH NJW **80**, 1626, ebenso wie die Klage des anderen Ehegatten aus § 1368 BGB gegen einen Dritten, BGH FamRZ **81**, 1045.

I. Verfahren nach den §§ 1382 und 1383 BGB, I Z 9, dh wegen Stundung der Ausgleichsforderung (§ 1378 BGB) und der Übertragung bestimmter Vermögensgegenstände auf den Gläubiger dieser Forderung, §§ 1382 V bzw 1383 III BGB.

2) Sachliche Zuständigkeit, I. In allen FamS ist das AG sachlich zuständig, § 23a Z 2, 4 u 5 GVG, § 64k I FGG, § 11 I u II HausratsVO; daß diese Angelegenheiten vor das beim AG gebildete FamGer gehören, ergibt sich aus § 23b GVG. Aus I folgt, daß die Zuständigkeit ausschließlich und die Entscheidungsbefugnis des FamGer zwingend, dh der Verfügung des Präsidiums nach § 21e GVG entzogen ist, BGH NJW **78**, 1531. Der Streit zwischen dem FamGer und einer anderen Spruchabteilung desselben AG ist entsprechend § 36 Nr 6 zu erledigen, § 281 ist unanwendbar, BGH **71**, 16; das gleiche gilt für einen Zuständigkeitsstreit zwischen dem FamGer und dem Vormundschaftsgericht, BGH **78**, 108 mwN; vgl § 36 Anm 3 E. Der Rpfl ist für FamS nicht zuständig, § 14 Z 2, 2a 7, 15 u 16 RpflG, Bbg Rpfleger **82**, 25 (zu § 1587d BGB).

Eine Verbindung von FamS mit anderen Sachen in einer Klage ist unzulässig, BGH NJW **81**, 2418 mwN, so daß die Ansprüche ggf zu trennen und dann teilweise zu verweisen bzw abzugeben sind, soweit dies zulässig ist, KG FamRZ **83**, 616. Werden eine Nichtfamiliensache und eine FamS als Haupt- und Hilfsanspruch geltend gemacht, so ist zunächst das Gericht zuständig, das über den Hauptanspruch zu entscheiden hat; eine Verweisung (Abgabe) wegen des Hilfsanspruchs kann erst nach der Entscheidung über den Hauptanspruch erfolgen, BGH NJW **80**, 1283. Gegenüber dem Antrag in einer FamS ist ein Gegenantrag (Widerklage), der keine FamS ist, unzulässig, Düss FamRZ **82**, 511.

Über Rechtsmittel in FamS, § 621e, entscheiden das OLG und der BGH, §§ 119, 133 GVG.

3) Allgemeine örtliche Zuständigkeit, II 2. Wenn in der Bundesrepublik keine EheS anhängig ist, dazu Anm 4, richtet sich die örtliche Zuständigkeit nach den allgemeinen Vorschriften. In FamS nach I Z 4, 5, 8 u 9 ergibt sich das zuständige Gericht aus den §§ 12ff, BGH NJW **80**, 1393. In den übrigen FamS entscheidet über die örtliche Zuständigkeit bei I Z 1–3 § 36 FGG, bei I Z 6 § 45 FGG und bei I Z 7 § 11 HausratsVO, abgedruckt Anh § 281. Demgemäß laufen vor Anhängigkeit der EheS andere FamS aus derselben Familie uU vor verschiedenen Gerichten, Hagena FamRZ **75**, 381, Brüggemann FamRZ **77**, 16.

Die internationale Zuständigkeit, Üb 1c § 12, wird im FamS nach I Z 4, 5, 8 u 9 idR durch die örtliche Zuständigkeit des deutschen Gerichts begründet, sofern nicht internationale Verträge eingreifen, Anm 4 A.

4) Örtliche Zuständigkeit bei Anhängigkeit einer EheS, II 1, III. A. Allgemeines. Während der Anhängigkeit einer EheS, § 606 Anm 2, ist für alle FamS das FamGer ausschließlich zuständig, bei dem die EheS im 1. Rechtszug anhängig ist oder war, **II 1.** Die Vereinbarung eines anderen Gerichtsstandes ist unzulässig. Damit wird die Entscheidung bei dem Gericht der EheS konzentriert und zugleich die Grundlage für den Verbund im Scheidungsverfahren, § 623, geschaffen, wenn auch die ScheidungsS noch im 1. Rechtszug schwebt. Anhängig wird die EheS mit der Einreichung der Klagschrift bzw des Scheidungsantrags, §§ 253, 622. Wird eine FamS anhängig, wenn die EheS bereits in eine höhere Instanz gelangt ist, so ist für diese FamS das FamGer nach II 1 zuständig, aM Düss FamRZ

§§ 621, 621 a 6. Buch. 1. Abschnitt. Verfahren in Familiensachen

78, 258. Kommt es zur Zurückverweisung einer (isolierten) FamS an die 1. Instanz, greift II 1 mit der Folge ein, daß die FamS sogleich dem FamGer der EheS zuzuleiten ist, BGH NJW **80**, 1392, StJSchl Rdz 17. Die Zuständigkeit dauert nach Beendigung der EheS für die vorher anhängig gewesene FamS fort, § 261 III Z 2, BGH NJW **81**, 126, aM Schlesw SchlHA **80**, 43. Für einen Unterhaltsrechtsstreit erlischt die Zuständigkeit nach II 1, wenn die Anhängigkeit der EheS endet, bevor die Unterhaltsklage dem Beklagten zugestellt worden ist, BGH NJW **81**, 126. Wenn nach rechtskräftigem Abschluß der EheS eine FolgeS anhängig bleibt, wird dadurch keine Zuständigkeit für weitere FamS begründet, BGH NJW **82**, 1000.

Die Zuständigkeit nach II begründet für das deutsche Gericht die internationale Zuständigkeit, Üb 1 C § 12, so daß sich die aus II 1 ergebende Zuständigkeit des Gerichts der Scheidungssache auch auf die damit im Verbund stehenden FolgeS erstreckt, BGH NJW **80**, 47, Mü FamRZ **82**, 315, Düss FamRZ **81**, 1005. Etwas anderes gilt, wenn eine Sonderregelung entgegensteht, zB in den Fällen von I Z 1–3 das Haager Abk zum Schutz Minderjähriger, § 620 Anm 3, vgl Stgt NJW **80**, 1227 mwN, Düss FamRZ **80**, 728 mwN, Jayme FamRZ **79**, 21 (zur Zuständigkeit in dringenden Fällen Karlsr NJW **79**, 500), und in den Fällen von I Z 4 u 5 das EuGÜbk, Art 5 Z 2, Schlußanh V C. Ist die EheS im Ausland anhängig, wird die internationale Zuständigkeit deutscher Gerichte, soweit sie nach II 2 örtlich zuständig sind, durch II 1 nicht ausgeschlossen, Düss LS IPrax **83**, 129, zustm Jayme, Ffm FamRZ **82**, 528, Mü FamRZ **79**, 153.

Die Zuständigkeit des Gerichts der EheS nach II 1 tritt an die Stelle der örtlichen Zuständigkeit, die nach II 2 gegeben wäre. Die ausschließliche Zuständigkeit des Prozeßgerichts für die Vollstreckungsabwehrklage, §§ 767 I u 802, wird dagegen nicht durch die Zuständigkeit des Gerichts der EheS ersetzt, es sei denn, daß mit dieser Klage eine Regelung für den Fall der Scheidung begehrt wird, BGH NJW **80**, 1393.

B. Verweisung und Abgabe, III. a) Ist die EheS anhängig und wird später eine FamS bei einem anderen Gericht anhängig, so gelten für die Verweisung in den ZPO-Verfahren § 281, in FGG-Verfahren die Bestimmungen über die Abgabe wegen Unzuständigkeit (wegen der jeweils maßgeblichen Verfahrensvorschriften s § 621 a Anm 1). Ist umgekehrt eine FamS im 1. Rechtszug anderweitig anhängig und wird nun die EheS rechtshängig, § 261, so ist die FamS vAw an das Gericht der EheS zu verweisen oder abzugeben, **III 1**. Die Verweisung ist zulässig in zivilprozessualen FamS bis zur Verkündung eines Urteils, die Abgabe in FamS nach FGG bis zur Einlegung eines Rechtsmittels, Hagena FamRZ **75**, 382, str (aM KG FamRZ **79**, 1062 mwN: auch hier nur bis zum Erlaß einer Entscheidung, nicht mehr danach, Brüggemann, FamRZ **77**, 17. Im Fall der Zurückverweisung ist die FamS sogleich dem Gericht der EheS zuzuleiten, BGH NJW **80**, 1392, StJSchl Rdz 17.

b) Für die Überleitung gilt § 281 II u III 1 entsprechend, **III 2**. Nach diesen Vorschriften ist sie unanfechtbar und für das Gericht der EheS hinsichtlich der FamS bindend, was aber nicht die Weiterverweisung hindert, wenn die EheS verwiesen werden muß. Die Verweisung (Abgabe) einer FamS an das AG – FamGer – ist für das AG als Ganzes bindend, nicht dagegen auch für das FamGer dieses AG, so daß es nicht gehindert ist, die Sache ggf an die allgemeine Prozeßabteilung zu verweisen oder abzugeben, BayObLG FamRZ **80**, 1034; einen etwa entstehenden Streit zwischen beiden Abteilungen hat entsprechend § 36 das zunächst höhere Gericht zu entscheiden, BayObLG FamRZ **81**, 62. Die Kosten des übergeleiteten Verfahrens gelten als Kosten des Verfahrens bei dem Gericht der EheS; da § 281 III 2 nicht entsprechend anwendbar ist, dürfen dem obsiegenden Kläger bzw Antragsteller etwaige Mehrkosten nicht auferlegt werden.

Entsprechendes gilt nach § 64k II FGG für Verfahren nach I Z 1–3 u 9 (und entsprechend für Verfahren nach I Z 6) sowie nach § 11 III HausratsVO (abgedruckt Anh § 281) für Verfahren nach I Z 7, so daß die Überleitung auf das Gericht der EheS in allen Fällen gesichert ist.

c) Wegen der Abgabe von einer Abteilung an die andere innerhalb desselben FamGer s § 23 b II 2 GVG.

621 a *Verfahren in anderen Familiensachen.* [1] Für die Familiensachen des § 621 Abs. 1 Nr. 1 bis 3, 6, 7, 9 bestimmt sich, soweit sich aus diesem Gesetz oder dem Gerichtsverfassungsgesetz nichts Besonderes ergibt, das Verfahren nach den Vorschriften des Gesetzes über die Angelegenheiten der freiwilligen Gerichtsbarkeit und nach den Vorschriften der Verordnung über die Behandlung der Ehewohnung und des Hausrats. An die Stelle der §§ 2 bis 6, 8 bis 11, 13, 16

2. Titel. Verfahren in anderen Familiensachen §621a 1–3

Abs. 2, 3 und des § 17 des Gesetzes über die Angelegenheiten der freiwilligen Gerichtsbarkeit treten die für das zivilprozessuale Verfahren maßgeblichen Vorschriften.
II Wird in einem Rechtsstreit über eine güterrechtliche Ausgleichsforderung ein Antrag nach § 1382 Abs. 5 oder nach § 1383 Abs. 3 des Bürgerlichen Gesetzbuchs gestellt, so ergeht die Entscheidung einheitlich durch Urteil. § 629a Abs. 2 gilt entsprechend.

FGG § 64k (bis 31. 12. 79: § 64a). **III In Angelegenheiten, die vor das Familiengericht gehören, gelten die Vorschriften des Zweiten und des Dritten Titels des Ersten Abschnitts im Sechsten Buch der Zivilprozeßordnung sowie § 119 Abs. 1 Nr. 1, 2, § 133 Nr. 2 des Gerichtsverfassungsgesetzes. Soweit § 621a der Zivilprozeßordnung vorsieht, daß Vorschriften des Gesetzes über die Angelegenheiten der Freiwilligen Gerichtsbarkeit anzuwenden sind, tritt an die Stelle des Vormundschaftsgerichts das Familiengericht.** . . .

Vorbem. I 2 idF des Art 1 Z 9 G v 13. 6. 80, BGBl 677, mWv 1. 1. 81.

1) Allgemeines. Die den FamGer zugewiesenen FamS, § 621 I, sind teils Zivilprozesse, § 621 I Z 4, 5 u 8, teils Angelegenheiten der Freiwilligen Gerichtsbarkeit, § 621 I Z 1–3, 6, 7 u 9. Daher kann über sie nicht nach einheitlichem Verfahrensrecht entschieden werden. Vielmehr gelten, soweit nicht Sondervorschriften eingreifen, für sie entweder ZPO oder FGG (letzteres trotz § 64k III 1 wegen der in § 621a I enthaltenen Rückverweisung, J. Blomeyer FamRZ **72**, 434), aber mit der Anpassung durch I 2. Diese Aufspaltung der Verfahrensvorschriften in anderen FamS gilt auch insoweit, als über sie als FolgeS, § 623, im Verbund mit der Scheidungssache entschieden wird, § 624 Anm 4. Ohne Scheidungsantrag führt die gleichzeitige Anhängigkeit mehrerer anderer FamS nicht zu einem Verbund; möglich ist nur ihre Verbindung, soweit dafür die gesetzlichen Voraussetzungen gegeben sind.

2) FamS nach § 621 I Z 4, 5 u. 8. Bei ihnen handelt es sich der Sache nach um Zivilprozesse. Für sie gelten daher die Vorschriften der ZPO über das streitige Verfahren, und zwar grundsätzlich das Verfahren vor den AG betreffenden, § 621 I Z 4 u 5 iVm § 23a ZPO, in Verfahren nach § 621 I Z 8 nach Maßgabe des § 621b III. Danach ist zB eine Stufenklage, § 254, zulässig, BGH NJW **82**, 1645 u **79**, 1603, Mü NJW **79**, 114; unzulässig ist dagegen die Verbindung von FamS mit anderen Sachen, BGH NJW **79**, 429 u 659, ebenso wie eine Widerklage, die keine FamS ist, Düss FamRZ **82**, 511, vgl § 621 Anm 2. Wegen des Anwaltszwanges s §§ 78 I 2, 78a; danach kann der Anwaltszwang, abgesehen von Verfahren nach § 621 I Z 8, für selbständige Prozesse nicht eingreifen, Diederichsen NJW **77**, 605. Sondervorschriften enthalten die §§ 621b–d, ferner die §§ 623ff für die Verfahren in diesen Angelegenheiten, soweit sie als FolgeS betrieben werden, vgl § 624 Anm 4. Gerichtskosten werden nach GKG erhoben.

3) FamS nach § 621 I Z 1–3, 6, 7 u 9. A. Allgemeines. Grundsätzlich bestimmt sich das Verfahren in diesen Angelegenheiten nach FGG bzw HausratsVO, soweit sich aus ZPO oder GVG nichts Besonderes ergibt, **I 1**. Deshalb unterliegt zB auch der Auskunftsanspruch nach § 1587e I BGB, § 621 I Z 6, den Verfahrensregeln des FGG, BGH NJW **81**, 1508 mwN, kann aber gleichwohl entsprechend § 254 in Gestalt eines Stufenverfahrens geltend gemacht werden, Hamm FamRZ **80**, 64. Aus dem GVG ergibt sich, daß der Instanzenzug vom FamGer zum OLG und BGH geht, §§ 119 u 133, und daß für die Öffentlichkeit der Verhandlung eine Sondervorschrift besteht, § 170. Aus der ZPO ergeben sich Abweichungen vom gewöhnlichen FGG-Verfahren nach § 621a I 2 u II sowie aus § 621e und den §§ 623ff (FolgeS). Eine entsprechende Modifikation enthält § 64k III 1 u II FGG, so daß die Verfahrensvorschriften für alle FamS ineinander verzahnt sind.

B. Anwendung des FGG: a) Anstelle der in I 2 genannten Bestimmungen treten die für den Zivilprozeß maßgeblichen Vorschriften. **Es werden demgemäß ersetzt:**

§ 2 FGG durch die §§ 156ff GVG,
§§ 3–5 FGG durch die §§ 15, 35, 36 u 37 ZPO, Düss FamRZ **78**, 621, Bre FamRZ **79**, 861, aber auch durch § 281, so daß eine bindende Verweisung von FamGer zu FamGer wegen örtlicher Unzuständigkeit in einer isolierten FamS zulässig ist, BGH MDR **78**, 564, NJW **79**, 43 (nicht dagegen ist § 261 anwendbar, Schlüter/König FamRZ **82**, 1162, str);
§ 6 FGG durch die §§ 41ff ZPO;
§§ 8–10 FGG durch die §§ 172–197, 199ff GVG, dazu Borgmann AnwBl **77**, 243, so daß isoliert durchgeführte FamS keine Feriensachen sind, hM, BayObLG FamRZ **80**, 908 mwN, wenn nicht die in § 200 II Z 2 GVG genannten Voraussetzungen vorliegen;

§ 11 FGG durch die Bestimmungen der ZPO über die Erklärung zur Protokoll, namentlich auch § 129a;
§ 13 FGG durch die §§ 78ff ZPO;
§ 16 II u III FGG durch die Vorschriften der ZPO über die Bekanntmachung und Zustellung gerichtlicher Verfügungen, §§ 310ff und 329, Stgt FamRZ **82**, 429, sowie §§ 166ff, so daß auch § 171 gilt, Saarbr NJW **79**, 2620 (für die Bekanntmachung auch an das Kind gilt aber § 59 II FGG);
§ 17 FGG durch die §§ 222ff ZPO;
§ 22 II FGG (Wiedereinsetzung), obwohl die Vorschrift in I nicht genannt wird, durch die §§ 233ff ZPO, BGH NJW **79**, 109 u **82**, 225, FamRZ **81**, 657 m Anm Borgmann.

Ergänzend gelten im FGG-Verfahren:
§ 254 ZPO (Stufenklage), Hbg FamRZ **81**, 1095, Hamm FamRZ **80**, 64 (betr Versorgungsausgleich);
§ 256 ZPO (Feststellung), BGH NJW **82**, 387 (für das Versorgungsausgleichsverfahren, § 621 I Z 6), dazu Liermann NJW **82**, 2229 (auch für Verf nach der HausratsVO u nach §§ 1382, 1383 BGB, § 621 a I Z 7 u 9);
§ 301 ZPO (Teilentscheidung), BGH FamRZ **83**, 38 u 890 (betr Versorgungsausgleich), vgl § 263 Anm 4 C; auf ein Rechtsmittel gegen eine unzulässige Teilentscheidung darf das Obergericht über den noch in der unteren Instanz anhängigen Teil mitentscheiden, nicht aber sonst, BGH NJW **83**, 1311 u FamRZ **83**, 890 (betr Versorgungsausgleich).

b) Anzuwenden bleiben von den allgemeinen Vorschriften des FGG:
§ 7 FGG (Handlungen eines unzuständigen oder ausgeschlossenen Richters);
§ 12 FGG (Amtsermittlung), BGH FamRZ **83**, 263; zur Auskunftspflicht der Ehegatten im Verf über den Versorgungsausgleich vgl Friederici NJW **83**, 790;
§ 13a FGG (Kosten), Hamm LS FamRZ **82**, 1093, Oldb FamRZ **80**, 1135, Hbg FamRZ **79**, 326, aM Mü FamRZ **79**, 734, Düss JB **80**, 1735, Ffm LS FamRZ **82**, 1093, vgl § 621e Anm 4 B a;
§ 14 FGG (Prozeßkostenhilfe entsprechend den §§ 114ff ZPO);
§ 15 FGG (Beweiserhebung und Glaubhaftmachung);
§ 16 I FGG (Wirksamwerden gerichtlicher Verfügungen), BGH NJW **80**, 1688 (anders aber in FolgeS, § 629d Anm 3); § 534 kann auch nicht entspr angewendet werden, Karlsr FamRZ **83**, 731;
§ 18 FGG (Änderung gerichtlicher Verfügungen), jedoch wegen § 621e III iVm § 18 II FGG nicht bei Endentscheidungen, Schlesw FamRZ **81**, 372, so daß eine rechtskräftige Entscheidung über den Versorgungsausgleich nur im WiedAufnVerf korrigiert werden kann, Maier/Hermann NJW **80**, 11, BGH JZ **82**, 684 mwN (zustm Walter/Henssler);
§ 31 FGG (Rechtskraftzeugnis);
§ 32 FGG (wirksam bleibende Rechtsgeschäfte);
§ 33 FGG (Ordnungsmittel), namentlich bei Herausgabe eines Kindes, Schüler ZBlJugR **81**, 173, auch auf Grund einer vorläufigen AnO oder einer einstwAnO nach § 50d FGG (anders nach § 620), Zettel DRiZ **81**, 216, Bre FamRZ **82**, 92, ferner zur Erzwingung von Auskünften zum Versorgungsausgleich, § 11 G v 21. 2. 83, BGBl 105, Friederici NJW **83**, 791;
§ 34 FGG (Akteneinsicht).

Die Bestimmungen über Rechtsmittel, **§§ 11ff FGG,** gelten nur mit den sich aus § 621e ergebenden Beschränkungen. Danach gilt folgendes: **§ 19** ist anwendbar, aber nicht auf Endentscheidungen; anzuwenden ist **§ 20**, § 621e Anm 1 B; **§ 20a II** wird modifiziert, § 621e Anm 2 A; **§ 21** wird durch § 621e Anm III ersetzt, dort Anm 4 A; **§ 22** wird durch § 621e III 2 modifiziert, dort Anm 4 A; anwendbar sind dagegen **§ 23**, BGH FamRZ **83**, 263, KG FamRZ **81**, 60, und **§ 24 I u III**, Bre NJW **79**, 1051; **§ 28** ist gegenstandslos, § 621e.
Ergänzend gilt ferner **§ 621f** (einstwAnO über Kostenvorschuß).

c) Grundsätzlich unberührt bleiben die besonderen Vorschriften des FGG über einzelne Angelegenheiten, wobei an die Stelle des Vormundschaftsgerichts das FamGer tritt, § 64k III 2 FGG. In den FamS des § 621 I Z 1–3 u 9 sind deshalb anzuwenden:
§§ 35 ff FGG (Anhörungsrecht des Jugendamtes: §§ 48a, 52a JWG);
§§ 50a ff (Anhörung der Eltern und Kinder, dazu Luthin FamRZ **81**, 111 ff u 1149, **79**, 986 ff, Fehmel DAVorm **81**, 170, Diederichsen NJW **80**, 10, Freund DRiZ **82**, 268, Rotax DRiZ **83**, 466), auch § 50d (einstwAnO in isolierten FamS);
§§ 53b–g FGG in den Fällen des § 621 I Z 6 (Versorgungsausgleich), dazu Diederichsen NJW **77**, 656, v. Maydell FamRZ **81**, 509 u 623; § 53 b I gilt dabei nicht nur im ersten Rechtszug, sondern auch in der Beschwerdeinstanz, BGH NJW **83**, 824; zu § 53b II (Beteiligte) im Hin-

blick auf das G v 21. 2. 83, BGBl 105, vgl Friederici NJW **83**, 791 u Hahne/Glockner FamRZ **83**, 226.

Unberührt bleiben ferner in Verfahren nach § 621 I Z 7 die Vorschriften der **HausratsVO**, dazu Pal-Diederichsen Anh § 1587p.

C. Gerichtskosten werden nach KostO bzw § 21 HausratsVO erhoben, Hartmann § 1 GKG Anm 5. Bei einer Entscheidung über eine FGG-FamS als FolgeS gilt dagegen GKG, § 1 II GKG.

4) Sondervorschriften für FamS nach § 621 I Z 9, II. Grundsätzlich gilt auch hier FGG, Anm 3. Ist jedoch in den Fällen der §§ 1382 V, 1383 III BGB ein Rechtsstreit über die Ausgleichsforderung, § 1378 BGB, anhängig, so ergeht die Entscheidung einheitlich durch Urteil in diesem Rechtsstreit. Über einen solchen Entscheidungsverbund s § 629 I. Die Anfechtung regelt sich entsprechend § 629a II, s dort. In diesen Fällen ist die Anrufung des FamGer unzulässig, auch nach rechtskräftiger Beendigung des Rechtsstreits. Unberührt bleibt jedoch § 1382 VI BGB, Pal-Diederichsen § 1382 Anm 4 u 5. Wegen der Gerichtsgebühren für Beschwerdeverfahren s KV 1130ff.

621 b *Verfahren über Ansprüche aus dem ehelichen Güterrecht.* ^{I} In Familiensachen des § 621 Abs. 1 Nr. 8 soll die Klageschrift, wenn der Streitgegenstand nicht in einer bestimmten Geldsumme besteht, die Angabe des Wertes des Streitgegenstandes enthalten.

^{II} Mit der Zustellung der Klageschrift oder, wenn ein Mahnverfahren vorausgegangen ist, mit der Zustellung der Anspruchsbegründung ist der Beklagte auf die Voraussetzungen, unter denen der Anwaltsprozeß stattfindet, und auf das Antragsrecht nach § 78a Abs. 3 Satz 2, 3 hinzuweisen.

^{III} Ist der Rechtsstreit als Anwaltsprozeß zu führen, so gelten die Vorschriften über das Verfahren vor den Landgerichten entsprechend.

1) Allgemeines. In FamS, die Ansprüche aus dem ehelichen Güterrecht betreffen, § 621 I Z 8, gelten die Vorschriften der ZPO, § 621a Anm 2. Wenn sie nicht als FolgeS, § 623, anhängig sind, gilt für sie Anwaltszwang, falls der Gegenstand an Geld oder Geldeswert 3000,– DM übersteigt, § 78 I 2 Z 3; ggf ist darüber, ob Anwaltszwang besteht, zu entscheiden, § 78a.

2) Inhalt und Zustellung der Klageschrift, I u II. Für den Anwaltsprozeß in diesen Sachen, Anm 1, geht das Gericht von den Streitwertangaben in der Klageschrift aus, soweit es nicht anderweitig entscheidet, § 78a I. Daher soll die Klageschrift die Angabe des Wertes des Streitgegenstandes enthalten, wenn er nicht in einer bestimmten Geldsumme besteht, **I**. Ein Verstoß hiergegen führt nicht zur Abweisung der Klage, sondern löst die Hinweispflicht des Gerichts und ggf die Entscheidung zum Anwaltsprozeß aus, § 78a III. Mit der Zustellung der Klageschrift bzw der Anspruchsbegründung bei vorangegangenem Mahnverfahren, § 697, ist der Beklagte auf die Voraussetzungen, unter denen der Anwaltsprozeß stattfindet, Anm 1, und darauf hinzuweisen, **II**, daß das Gericht auf seinen innerhalb von 2 Wochen zu stellenden Antrag über den Anwaltsprozeß zu entscheiden hat, § 78a III 2 u 3. Ohne diese Belehrung wird die Frist nicht in Lauf gesetzt; außerdem kann kein Versäumnisurteil ergehen, Ambrock 2.

3) Verfahren im Anwaltsprozeß, III. Ist der Rechtsstreit nach § 78a als Anwaltsprozeß zu führen, Anm 1 u 2, so gelten die Vorschriften für das Verfahren vor den LG entsprechend, obwohl das Verfahren vor dem AG (FamGer) stattfindet. Andernfalls sind die Bestimmungen über das amtsgerichtliche Verfahren maßgeblich. In beiden Fällen sind die §§ 621c und 621d anzuwenden.

621 c *Zustellung und Beginn der Rechtsmittelfrist.* § 317 Abs. 1 Satz 3 ist auf Endentscheidungen in Familiensachen nicht anzuwenden.

1) Erläuterung. Für alle FamS gelten die §§ 310ff, 329, vgl § 621a Anm 3 B a. Jedoch darf das Gericht die Zustellung des Urteils nicht hinausschieben, weil § 317 I 3 unanwendbar ist. Hier gilt das gleiche wie in EheS. Wegen der Einzelheiten s also Erläuterungen zu § 618.

§§ 621 d, 621 e   6. Buch. 1. Abschnitt. Verfahren in Familiensachen

621 d *Revision.* **¹** Gegen die in der Berufungsinstanz erlassenen Endurteile über Familiensachen des § 621 Abs. 1 Nr. 4, 5, 8 findet die Revision nur statt, wenn das Oberlandesgericht sie in dem Urteil zugelassen hat; § 546 Abs. 1 Satz 2, 3 gilt entsprechend.

II Die Revision findet ferner statt, soweit das Berufungsgericht die Berufung als unzulässig verworfen hat.

1) Rechtsmittel. Welche Rechtsmittel gegen Entscheidungen in (isoliert durchgeführten) FamS des § 621 I Z 4, 5 u 8 statthaft sind, bestimmt sich nach der ZPO, § 621 a Anm 2. Für die Beschwerde und die Berufung, die an das OLG gehen, § 119 GVG, gelten keine Besonderheiten, wohl aber für die Revision, I u II. Anzuwenden auf die Berufung sind daher die §§ 511 ff, auch § 511 a, weil diese Angelegenheiten (auch ein Auskunftsanspruch) zu den vermögensrechtlichen Ansprüchen gehören, BGH NJW **82**, 1651. Wegen der Rechtsmittel in FamS, für die das FGG maßgeblich ist, § 621 a Anm 3, s § 621 e, wegen der Rechtsmittel gegen Entscheidungen im Verbund, § 623, s § 629 a.

2) Revision, I u II. Gegen die in der Berufungsinstanz erlassenen Endurteile über die in Anm 1 genannten FamS ist Revision nur statthaft, **a)** wenn das OLG sie in dem Urteil zugelassen hat, wobei § 546 I 2 u 3 entsprechend gilt, **I**, s § 546 Anm 2; eine Zulassung ist auch erforderlich, wenn das OLG den Einspruch gegen ein Versäumnisurteil als unzulässig verworfen hat, BGH NJW **82**, 1104. Die Revision ist ferner statthaft, **b)** soweit das OLG die Berufung als unzulässig verworfen hat, **II**, und zwar durch Urteil, weil bei einer Beschlußverwerfung § 519 b II gilt; Einzelheiten s Erläuterungen zu § 547. Diese Regelung ist mit dem Grundgesetz vereinbar, BVerfG FamRZ **82**, 243.

Sonst ist in den genannten FamS die Revision ausgeschlossen, insbesondere gibt es bei Beschwer von mehr als 40000 DM in vermögensrechtlichen FamS keine zulassungsfreie Annahmerevision, §§ 545, 546 I 1, 554b, BGH FamRZ **80**, 551, NJW **79**, 550. Maßgeblich für diese mit Art 3 GG vereinbare Beschränkung, BGH NJW **79**, 2046, ist die materielle Rechtsnatur der Streitigkeit als FamS, nicht die Entscheidung durch einen FamSenat, BGH in stRspr, zuletzt FamRZ **83**, 156 u 364. Hat das OLG den Rechtsstreit nicht als FamS angesehen und deshalb irrig einen Fall der zulassungsfreien Revision angenommen, so wird die Revision dadurch nicht zulässig, weil weder der BGH noch das OLG die erforderliche Zulassung nachholen kann, BGH in stRspr, JZ **83**, 347 (abl Walter), krit Bosch FamRZ **82**, 243 mwN, aM Krämer FamRZ **80**, 974 u NJW **81**, 799 (der in solchen Fällen eine Bindung des BGH an die Entscheidung des OLG wie bei der Wertfestsetzung, § 546 II 2, annimmt), vgl § 546 Anm 1 B; dies gilt auch dann, wenn das FamGer die Sache an das LG verwiesen und über die Berufung nicht der FamSenat entschieden hat, BGH FamRZ **83**, 364, abl Bosch. Eine Nachholung der Zulassung im Wege der Urteilsergänzung nach § 321 (unter Gewährung von WiedEins wegen der dafür geltenden Frist, Walter S 148 u Jauernig § 91 V 3), durch die die Folgen dieser Rechtsansicht gemildert werden könnten, wird von der Rechtsprechung abgelehnt, BGH NJW **81**, 2755 mwN, str, vgl § 546 Anm 2 C b. Macht der Kläger nebeneinander eine FamS und eine anderweitige vermögensrechtliche Sache anhängig, so sind für die letztere die §§ 545, 546 ohne Einschränkung maßgeblich, BGH NJW **80**, 1636.

Das Revisionsverfahren richtet sich iü nach den allgemeinen Vorschriften.

3) Endentscheidungen durch Beschluß. Sie sind in den Fällen des § 567 III 2 und des § 568 a anfechtbar, jedoch nur auf Grund einer Zulassung, die hier ebenfalls nicht nachgeholt werden kann, BGH FamRZ **81**, 445. Gegen Zwischenentscheidungen kann der BGH weder mit Beschwerde, BGH NJW **79**, 766, noch mit weiterer Beschwerde angerufen werden, §§ 567 III 1 und 568 III 1, BGH **72**, 170.

Wegen der Rechtsmittel gegen Endentscheidungen in FamS, für die das FGG maßgeblich ist, § 621 a Anm 3, s § 621 e.

621 e *Rechtsmittel gegen Endentscheidungen in FGG-Sachen.* **¹** Gegen die im ersten Rechtszug ergangenen Endentscheidungen über Familiensachen des § 621 Abs. 1 Nr. 1 bis 3, 6, 7, 9 findet die Beschwerde statt.

II In den Familiensachen des § 621 Abs. 1 Nr. 1 bis 3, 6 findet die weitere Beschwerde statt, wenn das Oberlandesgericht sie in dem Beschluß zugelassen hat; § 546 Abs. 1 Satz 2, 3 gilt entsprechend. Die weitere Beschwerde findet ferner statt, soweit das Oberlandesgericht die Beschwerde als unzulässig verworfen hat. Die

2. Titel. Verfahren in anderen Familiensachen § 621e 1

weitere Beschwerde kann nur darauf gestützt werden, daß die Entscheidung auf einer Verletzung des Gesetzes beruht.

III Die Beschwerde wird durch Einreichung der Beschwerdeschrift bei dem Beschwerdegericht eingelegt. Die §§ 516, 517, 519 Abs. 1, 2, §§ 552, 554 Abs. 1, 2, § 577 Abs. 3 gelten entsprechend.

IV Für die weitere Beschwerde müssen die Beteiligten sich durch einen beim Bundesgerichtshof zugelassenen Rechtsanwalt als Bevollmächtigten vertreten lassen.

FGG § 64k (bis 31. 12. 79: § 64a) III 3 § 57 Abs. 2 dieses Gesetzes gilt entsprechend für die Beschwerde nach den §§ 621e, 629a Abs. 2 der Zivilprozeßordnung, steht jedoch der Beschwerdeberechtigung des Jugendamtes nicht entgegen.

Gliederung

1) Allgemeines
2) Befristete Beschwerde
   A. Endentscheidung
   B. Beschränkungen nach FGG bzw HausratsVO
   C. Verfahren
3) Weitere Beschwerde gegen Endentscheidungen
   A. Grundsatz
   B. Ausschluß
   C. Rechtsnatur
   D. Verfahren
4) Besonderheiten des Verfahrens
   A. Einlegung und Begründung
   B. Weiteres Verfahren
5) Anfechtung von vorläufigen Maßnahmen nach FGG bzw HausratsVO

1) Allgemeines. A. Welche Rechtsmittel in den in I genannten isolierten FamS statthaft sind, bestimmt sich nach FGG bzw HausratsVO, § 621a Anm 3, iVm der jeweils maßgeblichen Einzelvorschrift, zB § 19 BRAGO. Daran ändert § 621e nichts; er gestaltet lediglich die Beschwerde gegen Endentscheidungen in der Weise aus, daß sie der in zivilprozessualen FamS statthaften Berufung bzw Revision angeglichen wird, II–IV (befristete Beschwerde). Hinsichtlich der Anfechtung aller anderen Entscheidungen (Verfügungen) bleibt es also bei FGG bzw HausratsVO, jetzt ganz hM, BGH NJW **79**, 39 mwN, zustm Baumgärtel JZ **79**, 274, BGH NJW **79**, 820, Walter FamRZ **79**, 667 mwN.

Für die Anfechtung von Entscheidungen in FolgeS, § 623, gilt nicht § 621e, sondern § 629a. Wegen der Anfechtung von vorläufigen Maßnahmen (einstwAnOen) s Anm 5.

B. Die Beschwerde bzw weitere Beschwerde gegen Endentscheidungen in den FamS des I richtet sich demgemäß nach den §§ 19ff FGG bzw den §§ 13 u 14 HausratsVO iVm FGG, soweit § 621e nichts Abweichendes bestimmt. Für die Beschwerdeberechtigung gilt § 20 FGG:

I Die Beschwerde steht jedem zu, dessen Recht durch die Verfügung beeinträchtigt ist.

II Soweit eine Verfügung nur auf Antrag erlassen werden kann und der Antrag zurückgewiesen worden ist, steht die Beschwerde nur dem Antragsteller zu.

Aus I ergibt sich das Beschwerderecht nicht nur der Ehegatten, sondern auch sonstiger Beteiligter, zB in den Fällen des § 621 I Z 7 des Vermieters usw nach § 7 HausratsVO oder bei Entscheidungen nach § 621 I Z 6 aller Versorgungsträger, Hahne/Glockner FamRZ **83**, 226, soweit sie durch die Entscheidung in ihrer Rechtsstellung oder ihren Rechten beeinträchtigt sind, dh schon dann, wenn die Entscheidung über den Versorgungsausgleich mit einem im Gesetz nicht vorgesehenen Eingriff in ihre Rechtsstellung verbunden ist, ohne daß es auf eine finanzielle Mehrbelastung ankommt, BGH NJW **81**, 1274, **80**, 1960 u **79**, 108, Bbg FamRZ **83**, 77, Köln FamRZ **81**, 290, KG FamRZ **80**, 1033, Zweibr FamRZ **80**, 170 (zur Beschwer durch die Entscheidung, daß ein Versorgungsausgleich ganz oder teilweise nicht stattfinde, vgl Philippi FamRZ **82**, 1057). Ist ein Versorgungsträger in diesem Verfahren entgegen § 53b II 1 FGG nicht beteiligt worden, ist ihm aber die Entscheidung zugestellt worden, so kann er den Verfahrensmangel nur mit dem gesetzlich vorgesehenen Rechtsbehelf, in erster Linie also mit der fristgebundenen Beschwerde nach § 621e geltend machen, nicht dagegen durch einen Antrag auf Feststellung der Nichtigkeit, BGH NJW **80**, 2418, Nürnb NJW **80**, 290.

Alle diese Stellen haben ebenso wie die sonstigen Beteiligten ein eigenes Beschwerderecht, soweit sie in dem dargelegten Sinne beschwert sind. Die Einlegung der Beschwerde durch einen Ehegatten gegen die Entscheidung über den Versorgungsausgleich hat keine Wirkung zugunsten des Versorgungsträgers usw (keine notwendige Streitgenossenschaft),

BGH FamRZ **81**, 657, krit Borgmann; dieser kann, falls er nicht selbst Beschwerde eingelegt hat, auch keine weitere Beschwerde einlegen, wenn die Beschwerdeentscheidung keine Änderung zu seinen Ungunsten enthält, BGH NJW **80**, 1960.

Nach Maßgabe des § 59 FGG ist auch das minderjährige Kind zur Beschwerde berechtigt, vgl § 624 IV 2 für FolgeS; die Entscheidung ist ihm deshalb auch selbst bekanntzumachen, § 59 II FGG, und es darf dann auch selbst einen RA bestellen und nach § 621f einen Vorschuß verlangen, Brüggemann FamRZ **77**, 20, vgl Lappe Rpfleger **82**, 10. Die Beschwerdeberechtigung nach § 57 I Z 9 FGG ist dagegen durch § 57 II FGG iVm § 64k III 3 FGG ausgeschlossen, was aber nach dieser Vorschrift der Beschwerdeberechtigung des Jugendamtes nicht entgegensteht, Düss FamRZ **83**, 421, vgl Rüffer FamRZ **81**, 420.

2) Befristete Beschwerde gegen Endentscheidungen, I. A. Endentscheidung. Die Beschwerde ist im Rahmen des FGG bzw der HausratsVO grundsätzlich statthaft, was I zur Klarstellung wiederholt. Soweit es sich um eine Endentscheidung handelt, gelten für sie jedoch die besonderen Bestimmungen des III, Anm 4. Die Beschwerde unterliegt iü den Beschränkungen nach FGG bzw HausratsVO, unten B. Sie kann auf abtrennbare Teile der Entscheidung beschränkt werden, Oldb JB **81**, 589; Voraussetzung ist, daß der Teil von der Entscheidung über den Rest unabhängig ist, Ffm FamRZ **83**, 405 (zum Versorgungsausgleich).

Endentscheidung ist jede Entscheidung des Richters (und des Rpfl nach § 1587d BGB), die das Verfahren abschließt; dazu gehören auch eine Zwischenentscheidung über die Zuständigkeit, vgl § 280 II, Stgt FamRZ **78**, 442, und jede Teilentscheidung, Stgt FamRZ **78**, 443, ebenso wie die Entscheidung über einen Auskunftsanspruch zum Versorgungsausgleich, BGH NJW **81**, 1508, Schlesw SchlHA **80**, 70, die Anordnung nach § 1587d BGB, Düss FamRZ **82**, 81, die Genehmigung einer Vereinbarung nach § 1587o BGB, Stgt FamRZ **82**, 1079 mwN, hM, offen gelassen von Ffm FamRZ **83**, 610 (abw Philippi FamRZ **82**, 1057), sowie die Entscheidung über einen nach Abschluß des Verfahrens erneut gestellten Antrag auf Durchführung des Versorgungsausgleichs, Nürnb NJW **80**, 790. Endentscheidung ist auch die isolierte Kostenentscheidung, so daß § 20a II FGG durch § 621e modifiziert wird, abw hM, Walter S 133, Düss FamRZ **82**, 186, Karlsr Just **80**, 151 u FamRZ **78**, 732, Mü FamRZ **79**, 733, ferner die Entscheidung über eine nachträgliche Räumungsfrist nach HausratsVO, Karlsr Just **79**, 438, Mü NJW **78**, 548, zweifelnd Stgt FamRZ **80**, 467.

Nicht hierhin gehört die Festsetzung oder Androhung eines Zwangsmittels nach § 33 FGG, BGH NJW **81**, 177 mwN, str, aM Hamm FamRZ **80**, 481, und auch nicht die förmliche Zwischenentscheidung über die Ehezeit nach § 1587 II BGB, Hbg FamRZ **80**, 1133, Düss FamRZ **78**, 515, aM Hamm FamRZ **80**, 897. Auch einstwAnOen in FGG-FamS sind keine Endentscheidungen, BGH NJW **79**, 39. Soweit eine Beeinträchtigung iSv § 20 I FGG vorliegt, bleibt es in solchen Fällen also ggf bei der unbefristeten Beschwerde nach § 19 I FGG, vgl dazu Anm 5. Die Beschwerde nach § 621e setzt nicht nur eine Beschwer, Anm 1 B, voraus. Erforderlich ist zusätzlich, ebenso wie bei der Berufung und Revision, daß mit dem Rechtsmittel die Beseitigung dieser Beschwer erstrebt wird, BGH NJW **83**, 179, vgl Grdz 3 B § 511.

B. Beschränkungen nach FGG bzw HausratsVO. Die dort vorgesehenen Beschränkungen der Beschwerde gelten auch für die Beschwerde gegen Endentscheidungen. **a)** Ausgeschlossen ist die Beschwerde, soweit dies gesetzlich bestimmt ist, zB die Beschwerde über Kosten, wenn nicht gegen die Entscheidung in der Hauptsache ein Rechtsmittel eingelegt wird, § 20a I FGG. **b)** Beschränkt ist die Beschwerde gegen eine isolierte Kostenentscheidung durch § 20a II FGG (Beschwerdewert muß 100 DM übersteigen; Erhöhung auf 200 DM ist beabsichtigt, Schlußanh VIII). Ferner gilt in einer FamS nach § 621 I Z 7 **§ 14 HausratsVO**:

> Eine Beschwerde nach § 621e der Zivilprozeßordnung, die sich lediglich gegen die Entscheidung über den Hausrat richtet, ist nur zulässig, wenn der Wert des Beschwerdegegenstandes eintausend Deutsche Mark übersteigt.

Durch Art 3 G v. 8. 12. 82, BGBl 1615, ist die Beschwerdesumme mWv 1. 1. 83 von 500 auf 1000 DM erhöht worden (Übergangsrecht in Vorbem § 511a).

C. Verfahren. Über die Beschwerde entscheidet das OLG, § 119 GVG. Wegen der Beschwerdeberechtigung s Anm 1 B. Grundsätzlich sind die Vorschriften des FGG anwendbar, § 621a I, zB auch § 53 b I, BGH NJW **83**, 824; dies gilt nicht, soweit diese Vorschriften durch § 621e modifiziert werden, so hinsichtlich der Einlegung und des weiteren Verfahrens, Anm 4.

2. Titel. Verfahren in anderen Familiensachen § 621 e 3, 4

3) Weitere Beschwerde gegen Endentscheidungen, II. A. Grundsatz. In den Fällen der Beschwerde, Anm 2, findet gegen Endentscheidungen die weitere Beschwerde statt, **a)** wenn das OLG sie in dem Beschluß zugelassen hat, wobei § 546 I 2 u 3 entsprechend gilt, **II 1**, vgl § 621 d Anm 2; eine Berichtigung ist zulässig, wenn die Zulassung gewollt war, Schlesw SchlHA **78**, 102, während eine Ergänzung der unterbliebenen Zulassung nach § 321 unzulässig und wirkungslos ist, BGH NJW **81**, 2755, § 621 d Anm 2. Die weitere Beschwerde ist ferner statthaft, **b)** soweit das OLG die Beschwerde als unzulässig verworfen hat, **II 2**, vgl § 621 d Anm 2. Dabei kommt es nicht auf die Formulierung, sondern auf den Inhalt der Entscheidung an, BGH NJW **82**, 448.

Gegen andere als Beschwerdeendentscheidungen des OLG gibt es keine Beschwerde an den BGH, zB nicht gegen Entscheidungen über eine Beschwerde gegen Zwischenentscheidungen, BGH NJW **79**, 820 u 39, und erst recht nicht bei Versagung der Prozeßkostenhilfe für die Beschwerde, BGH NJW **79**, 766.

Die weitere Beschwerde setzt eine Benachteiligung durch die Beschwerdeentscheidung voraus, BGH NJW **80**, 1960. Zu der Frage, wann eine solche Benachteiligung durch eine Entscheidung über den Versorgungsausgleich für Träger der gesetzlichen Versicherung vorliegt, vgl oben Anm 1 B.

B. Ausschluß. Die weitere Beschwerde ist ausgeschlossen, **a)** in FamS des § 621 I Z 7 u 9 schlechthin, also auch dann, wenn die Erstbeschwerde als unzulässig verworfen worden ist, weil II 2 sich nicht auf diese FamS bezieht, BGH NJW **80**, 402 mwN; **b)** in FamS des § 621 I Z 6, wenn es sich um die in § 53 g II FGG genannten Entscheidungen nach den §§ 1587 d, 1587 g III, 1587 i III, 15871 III 3 BGB oder nach § 53 e II u III FGG handelt. **c)** Ist die weitere Beschwerde durch die maßgebliche Einzelvorschrift, zB § 19 II 3 BRAGO, ausgeschlossen, so bleibt es dabei, BayObLG LS **KR** § 19 BRAGO Nr 39.

C. Rechtsnatur. Die weitere Beschwerde ist Rechtsbeschwerde: sie kann nur darauf gestützt werden, daß die Entscheidung auf einer Verletzung des Gesetzes beruht, **II 3**, vgl § 27 FGG iVm §§ 550, 551, 561 u 563, s die dortigen Erläuterungen, Schneider MDR **81**, 885 (über die Befugnis zur Selbstauslegung), BayObLG NJW **77**, 1733. Demgemäß können Tatsachen, die nach dem für die Entscheidung des OLG maßgeblichen Zeitpunkt eingetreten sind, nicht berücksichtigt werden, § 561, BGH NJW **83**, 1908 (Ausnahmen s § 561 Anm 3). Jedoch kann die weitere Beschwerde in den Fällen des II 2 (Verwerfung der Beschwerde als unzulässig) auf neue Tatsachen gestützt werden, BGH NJW **79**, 876.

D. Verfahren. Über die weitere Beschwerde entscheidet der BGH, § 133 GVG. Wegen der Beschwerdeberechtigung s Anm 1, wegen der Einlegung und des weiteren Verfahrens s Anm 4. Die grundsätzlich anwendbaren Vorschriften des FGG, § 621 a Anm 3 B, werden durch § 621 e modifiziert.

4) Besonderheiten des Verfahrens, III, IV. A. Einlegung und Begründung. Eine Rechtsmittelbelehrung ist nicht nötig, BGH FamRZ **80**, 555. Die Beschwerde und die weitere Beschwerde werden durch Einreichung einer Beschwerdeschrift bei dem Beschwerdegericht (iudex ad quem) eingelegt, **III 1**, nach § 7 II u VI EGZPO ggf beim BayObLG, BGH Rpfleger **79**, 257 m zustm Anm Keidel, BayObLG FamRZ **80**, 908 mwN (IV begründet nicht die alleinige Zuständigkeit des BGH). III schließt § 21 FGG aus, so daß die Beschwerdeschrift unterzeichnet sein muß, vgl. § 518 Anm 1 B, Düss FamRZ **77**, 744, abw die hM, KG FamRZ **79**, 966 mwN (u a StJSchl Rdz 3, Zö-Philippi V 1, Celle FamRZ **78**, 139), und auch inhin Einlegung zu Protokoll ausscheidet, str, v. Hornhardt FamRZ **78**, 170 mwN, ebenso die Einlegung beim Vorderrichter. Aber es genügt, daß ein Protokoll (auch) vom Beschwerdeführer unterzeichnet wird, Rolfs FamRZ **78**, 477, und daß die Schrift innerhalb der Frist beim Beschwerdegericht eingeht, BGH NJW **78**, 1165, Rolfs FamRZ **78**, 477 (auch zu Fragen der Wiedereinsetzung). Für die Beschwerdeschrift gilt § 184 GVG gemäß § 621 a I 3, Kblz FamRZ **78**, 714.

Nötig ist eine Begründung der Rechtsmittel, III 2 iVm §§ 519 I u 554 I. Da auf § 519 III nicht verwiesen wird, braucht die Begründung keinen Antrag zu enthalten, BGH NJW **82**, 226, **81**, 2361, **79**, 766, und auch nicht den an eine Berufungsbegründung zu stellenden Anforderungen zu genügen. Nötig ist, daß in ihr eine mit der Beschwerde bekämpfte Beschwer geltend gemacht wird, BGH NJW **83**, 179. Dafür ist eine kurze Darstellung ausreichend (aber auch erforderlich), warum der Beschwerdeführer sich durch die Entscheidung beschwert fühlt, dh was er an ihr mißbilligt, BGH NJW **83**, 179 u **79**, 1989, Karlsr FamRZ **82**, 397, Düss FamRZ **80**, 813, Oldb FamRZ **80**, 474. Bei Angriffen auf die Entscheidung über den Versorgungsausgleich brauchen Berechnungen der Anwartschaften nicht dargelegt zu werden, BGH VersR **81**, 277. Wenn darauf nicht eindeutig verzichtet ist, kann das Begehren auch nach Ablauf der Frist erweitert werden, Oldb JB **81**, 589. Im Verbund, § 623, kann die Beschwerde in der Begründungsschrift – ggf als Berufung – auf andere Teile des Verbundurteils, § 629a, erstreckt werden, BGH NJW **81**, 2360, und nur im Rahmen der Begründung später erweitert werden, Zweibr FamRZ **82**, 621, im Erg zustm Liermann FamRZ **82**, 987.

Hinsichtlich der Fristen für die Beschwerde und ihre Begründung gelten die Vorschriften für die Berufung bzw Revision entsprechend, **III 2.** Die Beschwerde ist also innerhalb eines Monats nach der von Amts wegen veranlaßten förmlichen Zustellung, Stgt FamRZ **82**, 429, oder spätestens innerhalb von 6 Monaten seit Verkündung oder sonstiger Bekanntmachung einzulegen, §§ 516, 517 u 552, und innerhalb eines weiteren Monats, § 519 II u 554 II, mit Verlängerungsmöglichkeit zu begründen, vgl die dortigen Erläuterungen. Demgemäß beträgt die Frist, innerhalb deren eine Entscheidung des Rpfl nach § 1587d BGB gem § 11 I RpflG mit der Erinnerung anfechtbar ist, ebenfalls einen Monat und nicht zwei Wochen gemäß § 22 I FGG, KG FamRZ **81**, 374.

Die Versäumung der Frist hat die Unzulässigkeit des Rechtsmittel zur Folge, BGH NJW **79**, 1989. Da im FGG eine § 62 entsprechende Bestimmung fehlt, kommt die Wahrung der Frist durch einen Beteiligten einem anderen nicht zugute, BGH FamRZ **81**, 657, krit Borgmann. Wiedereinsetzung ist nach § 621a iVm § 233 zulässig, BGH NJW **79**, 876 u 109. Über einen erstmalig im Verfahren der weiteren Beschwerde vor dem BGH gestellten Antrag auf Wiedereinsetzung wegen Versäumung der Frist zur Einlegung der Beschwerde beim OLG entscheidet der BGH, BGH FamRZ **80**, 347 mwN.

Anwaltszwang: Für die Einlegung und Begründung der Beschwerde besteht kein Anwaltszwang (zT anders bei FolgeS, vgl §§ 624, 625), hM, Bergerfurth FamRZ **81**, 582 mwN, BGH MDR **82**, 740 mwN, Celle FamRZ **78**, 139, str, aM Mü FamRZ **81**, 382 mwN, vgl auch v. Hornhardt FamRZ **78**, 170. Für die weitere Beschwerde müssen sich die Beteiligten in jedem Fall durch einen beim BGH zugelassenen RA als Bevollmächtigten vertreten lassen, **IV**, jedoch im Falle des § 7 EGZPO in bayerischen Sachen nach Maßgabe des § 8 EGZPO.

B. Weiteres Verfahren. Das FamGer bzw das OLG darf dem Rechtsmittel nicht abhelfen, **III 2** iVm § 577 III. Da die befristete Beschwerde an die Stelle der sofortigen Beschwerde tritt, ist eine Änderung auch nach § 18 FGG ausgeschlossen, § 621a Anm 3 Bb. Eine unselbständige Anschlußbeschwerde ist statthaft, obwohl § 521 in III nicht erwähnt wird, BGH NJW **83**, 176 u **82**, 224 mwN, MDR **82**, 655, Ffm FamRZ **81**, 291, Köln FamRZ **79**, 846, BayObLG FamRZ **77**, 467, Ambrock III 2; dies gilt überall dort, wo das Verbot der Schlechterstellung eingreift, BGH NJW **83**, 176. Bei Teilanfechtung erwachsen die nicht angefochtenen Teile in Rechtskraft, wenn sie nicht mehr anfechtbar sind, zB wegen Rechtsmittelverzichts, K.H. Schwab FamRZ **76**, 661, Oldb JB **81**, 589; vgl auch § 629a Anm 1 B.

Das weitere Verfahren richtet sich nach FGG, § 621a I, nicht nach den §§ 567ff ZPO; die praktischen Unterschiede sind allerdings gering. Auch in der Beschwerdeinstanz gilt demgemäß § 53b I FGG (nicht § 128 ZPO), BGH NJW **83**, 824.

a) Beschwerde. Neue Tatsachen und Beweismittel dürfen vorgebracht werden, § 23 FGG, so daß die Begründung auch nach Ablauf der Frist, Anm 4 A, ausgewechselt werden darf, Köln FamRZ **79**, 935; ebenso ist die Erweiterung, Änderung oder Ersetzung der Anträge zulässig, oben A. Die Beschwerde hat keine aufschiebende Wirkung, § 24 I FGG, jedoch ist die Aussetzung der Vollziehung, § 24 III FGG, möglich, Bre NJW **79**, 1051.

Ein im Fall des § 621 I Z 6 eingelegtes Rechtsmittel führt zur Nachprüfung der Entscheidung über den öff-rechtlichen Versorgungsausgleich im Rahmen der gestellten Anträge, so daß auch Berechnungen nur in diesem Rahmen geändert werden dürfen. Die Frage, inwieweit hier das Verbot der Schlechterstellung (reformatio in peius) gilt, war in der Rspr str, vgl BGH NJW **83**, 174 mwN u 41. Aufl. Der BGH hat die Geltung des Verbots zunächst für den Streit der Ehegatten um die Herabsetzung des Ausgleichsanspruchs unter Billigkeitsgesichtspunkten, BGH NJW **83**, 176, und dann allgemein bejaht, BGH NJW **83**, 173 (eingehend). Das Verbot besagt insbesondere, daß die Entscheidung weder in der Höhe des Ausgleichsbetrages noch in der Form des Versorgungsausgleichs zum Nachteil des Rechtsmittelführers geändert werden darf, BGH NJW **83**, 1378.

Wegen der Zulässigkeit einer Teilentscheidung s § 623 Anm 4 C, wegen der unselbständigen Anschlußbeschwerde s § 629a Anm 2 B.

Das Beschwerdegericht darf die Sache entsprechend § 538 I Z 3 zurückverweisen, wenn sie im 1. Rechtszug völlig unzureichend aufgeklärt worden ist, BGH FamRZ **82**, 152 mwN.

2. Titel. Verfahren in anderen Familiensachen   §§ 621e, 621f 1, 2

Die Kostenentscheidung ergeht nach § 13a FGG, Hbg FamRZ **79**, 326, Oldb NdsRpfl **80**, 180, Hamm LS FamRZ **82**, 1093, aM Düss JB **80**, 1735 u Bbg **KR** § 515 Nr 39 (§ 515 III), Ffm FamRZ **82**, 1093 (§ 93a bei Rücknahme der Beschwerde eines Versorgungsträgers). Wegen der Begründung der Beschwerdeentscheidung s § 25 FGG, wegen ihres Wirksamwerdens s § 26 FGG.

b) Weitere Beschwerde. Die Beschwerdevorschriften (ohne § 23 FGG) gelten entsprechend, § 29 IV FGG. Es handelt sich um eine Rechtsbeschwerde, Anm 3 C, jedoch kann sie im Fall des II 2 (Verwerfung der Beschwerde als unzulässig) auf neue Tatsachen gestützt werden, BGH NJW **79**, 876. Eine Anschlußbeschwerde, § 629a Anm 2 B, ist hier entspr § 556 I nur bis zum Ablauf eines Monats nach der Zustellung der Begründung des Hauptrechtsmittels zulässig, BGH NJW **83**, 578. Wegen der FolgeS s § 629a Anm 3.

c) Gebühren: Für das Gericht gelten KV 1120ff, für den RA § 63 I Z 1 u III (Hausrats-VO), i ü § 118 BRAGO, BGH DAVorm **81**, 654 (in isolierten FamS nicht § 61a BRAGO).

5) Anfechtung von vorläufigen Maßnahmen nach FGG bzw HausratsVO. a) Im selbständigen Verfahren nach § 621 I Z 7 ist eine einstwAnO nach § 13 IV HausratsVO unanfechtbar, Zweibr FamRZ **83**, 518, Karlsr FamRZ **82**, 274, Zweibr FamRZ **80**, 902 mwN, Ffm FamRZ **80**, 174, Hamm FamRZ **78**, 257 u 361 (abw Köln FamRZ **83**, 732, AG Schwetzingen FamRZ **83**, 589, KG FamRZ **82**, 272, Oldb FamRZ **82**, 273, Bbg FamRZ **81**, 1094, Düss FamRZ **81**, 872, Karlsr FamRZ **80**, 902: unbefristete Beschwerde nach § 19 I FGG), ebenso eine einstwAnO über den Kostenvorschuß in den FamS des § 621 I Z 1–3, 6–9, § 621f II. **b)** In Verfahren nach § 621 I Z 9 darf eine einstwAnO nur zusammen mit der Endentscheidung angefochten werden, § 53a III 2 FGG. **c)** Sonst sind vorläufige Maßnahmen nach Maßgabe des FGG unbeschränkt mit der Beschwerde anfechtbar, insbesondere ist die Beschwerde gemäß § 19 FGG nicht entsprechend § 620c eingeschränkt, BGH NJW **79**, 39 mwN.

621 f *Einstweilige Anordnung über Kostenvorschuß.* **I** In einer Familiensache des § 621 Abs. 1 Nr. 1 bis 3, 6 bis 9 kann das Gericht auf Antrag durch einstweilige Anordnung die Verpflichtung zur Leistung eines Kostenvorschusses für dieses Verfahren regeln.

II Die Entscheidung nach Absatz 1 ist unanfechtbar. Im übrigen gelten die §§ 620a bis 620g entsprechend.

1) Allgemeines. Aus der Vorschußpflicht der Ehegatten, § 1360a IV, folgt die Notwendigkeit, für die Durchsetzung dieses Anspruchs ein schnell zum Ziel führendes Verfahren zu schaffen. Das ist in § 620 S 1 Z 9 für EheS und in § 127a für Unterhaltssachen, § 621 I Z 4 u 5, geschehen. Die entsprechende Regelung für die übrigen FamS des § 621 enthält § 621f; sie greift, ebenso wie § 127a, auch dann ein, wenn die darunter fallende FamS die FolgeS einer Scheidungssache ist, BGH FamRZ **81**, 759. Auch zwischen geschiedenen Ehegatten kann eine Vorschußpflicht bestehen; sie erstreckt sich auch auf Zugewinnausgleichsprozesse, Hamm FamRZ **81**, 275. Die Regelung beschränkt sich aber nicht auf den Vorschuß für einen Ehegatten, sondern gilt auch im Verhältnis zu einem Kind, sofern darauf ein Anspruch besteht. Das Verfahren ist Feriensache, § 200 I Z 2 GVG. Der Erlaß einer einstwVfg ist in diesem Umfang unzulässig, Düss FamRZ **80**, 175.

2) Einstweilige Anordnung. In Verfahren nach § 621 I Z 1–3, 6–9 kann das Gericht die Verpflichtung zur Leistung eines Kostenvorschusses durch einstwAnO regeln, **I.** Erforderlich ist der Antrag eines Beteiligten. §§ 620a–620g gelten entsprechend, II 2, s die dortigen Erläuterungen. Demgemäß besteht kein Anwaltszwang, § 620a II 2. Zuständig ist das FamGer; die entsprechende Anwendung des § 620a IV führt dazu, daß das OLG (nur und stets dann) zuständig ist, wenn die FamS, für die der Vorschuß begehrt wird, in der Beschwerde- oder Berufungsinstanz bei ihm schwebt, zB als (allein angefochtene) FolgeS iSv § 623 I, BGH FamRZ **81**, 759, BayObLG MDR **80**, 584.

Die Entscheidung ergeht durch Beschluß. Sie ist unanfechtbar, **II 1**, vgl §§ 127a II, 620c. Die einstwAnO ist Vollstreckungstitel, § 794 I Z 3a. Gebühren: Für das Gericht ½ Gebühr für die Entscheidung (in einem Verfahren nur einmal auch für mehrere), wenn es sich um eine FolgeS handelt, § 1 II GKG, KG 1162; für den RA die gewöhnlichen Gebühren, § 31, in jedem Rechtszug nur einmal, § 41 BRAGO (Ermäßigung der Prozeßgebühr bei Einigung). Der Wert entspricht dem begehrten Vorschuß, § 8 BRAGO.

Dritter Titel. Scheidungs- und Folgesachen
Übersicht

Für Scheidungssachen gelten die allgemeinen Vorschriften über EheS, §§ 606–620g; Sondervorschriften enthält der 3. Titel. Das FamGer, § 23b GVG, ist jedoch auch für andere FamS, § 621, zuständig. Wird in ihnen eine Entscheidung für den Fall der Scheidung begehrt und sind sie bei demselben Gericht anhängig, hat es über sie als FolgeS im sog Verbund zu verhandeln und zu entscheiden, §§ 623 ff. Dadurch wird erreicht, daß den Ehegatten schon bei der Scheidung vor Augen geführt wird, welche Folgen die Auflösung der Ehe für sie und die Kinder hat, und daß derjenige Gatte, der sich der Scheidung nicht mit Erfolg widersetzen kann, seine Rechte gegenüber dem anderen Gatten schon im Zeitpunkt der Scheidung durchsetzen kann, RegEntwBegr. Besonderes gilt für die einverständliche Scheidung nach § 1565 iVm § 1566 I BGB, § 630.

622 *Scheidungsverfahren als Antragsverfahren.* **I** Das Verfahren auf Scheidung wird durch Einreichung einer Antragsschrift anhängig.

II Die Antragsschrift muß vorbehaltlich des § 630 Angaben darüber enthalten, ob
1. gemeinschaftliche minderjährige Kinder vorhanden sind,
2. ein Vorschlag zur Regelung der elterlichen Sorge unterbreitet wird,
3. Familiensachen der in § 621 Abs. 1 bezeichneten Art anderweitig anhängig sind.
Im übrigen gelten die Vorschriften über die Klageschrift entsprechend.

III Bei der Anwendung der allgemeinen Vorschriften treten an die Stelle der Bezeichnungen Kläger und Beklagter die Bezeichnungen Antragsteller und Antragsgegner.

Schrifttum: Bergerfurth Rdz 78 ff; Stollenwerk, Antragsschrift in Scheidungs- und Folgesachen, 3. Auflage 1979; Vespermann, Scheidungs- und Scheidungsverbundverfahren, 1980; Vogel, Die Scheidungsantragsschrift, AnwBl **82**, 457 (eingehend).

1) Allgemeines. Nach § 1564 BGB wird das Scheidungsbegehren durch Antrag geltend gemacht, nicht durch Klage. Darin kommt zum Ausdruck, daß das Scheidungsverfahren sich sowohl sachlich-rechtlich, §§ 1565 ff BGB, als auch prozessual, vgl §§ 612 u 617, vom gewöhnlichen Streitverfahren unterscheidet. Die Folgerungen daraus zieht § 622. I ü gelten die §§ 606 ff. Die Vorwegleistungspflicht nach § 65 GKG, Anh § 271, besteht auch hier; wegen der FolgeS vgl Anm 4.

2) Antragsverfahren, I, III. A. Allgemeines. Das Verfahren auf Scheidung wird durch Einreichung einer Antragsschrift anhängig, **I.** Diese Antragsschrift tritt bei Anwendung der Vorschriften des 1., 2. u 6. Buches (§§ 606–620g) an die Stelle der Klage; sie ist demgemäß dem anderen Ehegatten zuzustellen, § 253, wodurch die Rechtshängigkeit, § 261, eintritt. Ebenso wird eine Widerklage durch Einreichung einer Antragsschrift (Gegenantrag) anhängig (nicht auch durch Erklärung zu Protokoll, aM Ffm FamRZ **82**, 809); sie kann ein eigenes Scheidungsbegehren zum Gegenstand haben, hM, Bergerfurth FamRZ **82**, 564 mwN.

B. Parteibezeichnung. Bei Anwendung der allgemeinen Vorschriften treten an die Stelle der Bezeichnungen Kläger und Beklagte die Bezeichnungen Antragsteller und Antragsgegner, **III.** Sachlich ändert sich dadurch nichts. Im Falle des Gegenantrags sind beide Gatten sowohl Antragsteller als auch Antragsgegner, bei beiderseitigem Antrag, § 630, sind sie nur Antragsteller. In einer Rechtsmittelinstanz werden die Parteien als Berufungsführer und Berufungsgegner usw zu bezeichnen sein, um die Verwendung der Bezeichnung Kläger bzw Beklagter auch hier zu vermeiden, aM Brüggemann FamRZ **77**, 7. Bei einer Verbindung von Aufhebungs- und Scheidungsbegehren, § 610, bleibt es dagegen bei diesen Bezeichnungen.

3) Inhalt der Antragsschrift, II. A. Notwendige Angaben. Wegen der Besonderheiten des Scheidungsverfahrens muß die Antragsschrift bestimmte Angaben enthalten, nämlich darüber, **a)** ob gemeinschaftliche minderjährige Kinder (ggf welche) vorhanden sind, **II 1 Z 1**, Vogel AnwBl **82**, 485, **b)**, ob ein Vorschlag zur Regelung der elterlichen Sorge (ggf welcher) unterbreitet wird, **II 1 Z 2**, weil die Angaben für eine ggf vAw einzuleitende Regelung dieser Frage nötig sind, §§ 620 S 1 Z 1, 623 III, ferner **c)** darüber, ob FamS der in § 621 I bezeichneten Art anderweitig anhängig sind, **II 1 Z 3**, damit diese Verfahren auf das Scheidungsgericht übergeleitet werden können, §§ 621 III, 64k II FGG. Wegen zusätzlicher

Angaben im Verfahren auf Scheidung nach § 1565 iVm § 1566 I BGB s § 630 I. Die Verwendung von Formularen ist nicht schlechthin unzulässig, Friederici MDR **78**, 726 gg Celle FamRZ **78**, 257.

Ein Verstoß gegen II 1 Z 1–3 kann durch Einreichung eines ergänzenden Schriftsatzes geheilt werden. Notfalls ist der Antrag durch Prozeßurteil zurückzuweisen, vgl dazu § 253 Anm 2 B–D.

B. Sonstiger Inhalt. Im übrigen gelten die Vorschriften über die Klagschrift entsprechend, II 2. Anzuwenden ist § 253 I, II, IV u V iVm §§ 130–133, § 608, nicht dagegen § 253 III; vgl dazu die Erläuterungen zu § 253 u Vogel AnwBl **82**, 461. Nötig sind ferner Angaben über den den Zuständigkeit nach § 606 ergebenden Umstand sowie über den Zeitpunkt und die Art der Trennung, ggf auch über die Staatsangehörigkeit wegen § 606b. Die Angabe des Zeitpunkts des letzten Verkehrs ist nicht notwendig, aber ratsam, Bergerfurth FamRZ **77**, 529, wenn es darauf ankommt, § 1565 II BGB.

4) **Anträge in FolgeS**, § 623. Sie können in die Antragsschrift, I, aufgenommen werden. Jedoch empfiehlt sich eine schriftsatzmäßige Trennung ebenso wie die Anlegung besonderer Unterakten bei Gericht schon wegen der §§ 624 IV, 627–629, Bergerfurth FamRZ **76**, 582. Für FolgeS besteht keine Vorwegleistungspflicht, § 65 II GKG, Anh § 271.

623 *Verhandlungs- und Entscheidungsverbund.* ᴵ Soweit in Familiensachen des § 621 Abs. 1 eine Entscheidung für den Fall der Scheidung zu treffen ist und von einem Ehegatten rechtzeitig begehrt wird, ist hierüber gleichzeitig und zusammen mit der Scheidungssache zu verhandeln und, sofern dem Scheidungsantrag stattgegeben wird, zu entscheiden (Folgesachen). Wird bei einer Familiensache des § 621 Abs. 1 Nr. 8 ein Dritter Verfahrensbeteiligter, so wird diese Familiensache abgetrennt.

ᴵᴵ Das Verfahren muß bis zum Schluß der mündlichen Verhandlung erster Instanz in der Scheidungssache anhängig gemacht sein. Satz 1 gilt entsprechend, wenn die Scheidungssache nach § 629b an das Gericht des ersten Rechtszuges zurückverwiesen ist.

ᴵᴵᴵ Für die Regelung der elterlichen Sorge für ein gemeinschaftliches Kind und für die Durchführung des Versorgungsausgleichs in den Fällen des § 1587b des Bürgerlichen Gesetzbuchs bedarf es keines Antrags. Eine Regelung des Umgangs mit dem Kinde soll im allgemeinen nur ergehen, wenn ein Ehegatte dies anregt.

ᴵⱽ Die vorstehenden Vorschriften gelten auch für Verfahren, die nach § 621 Abs. 3 an das Gericht der Ehesache übergeleitet worden sind, soweit eine Entscheidung für den Fall der Scheidung zu treffen ist.

Vorbem. Redaktionell geändert dch Art 9 § 2 G v 18. 7. 79, BGBl 1061, mWv 1. 1. 80.

Schrifttum: Rüffer FamRZ **79**, 405 (betr Rechtskraftprobleme); Konzen JR **78**, 362 u 403; Diederichsen NJW **77**, 651; K. H. Schwab FamRZ **76**, 658; Sedemund-Treiber DRiZ **76**, 335; Hagena FamRZ **75**, 387.

Gliederung

1) Allgemeines
2) Verhandlungs- und Entscheidungsverbund
   A. Allgemeines
   B. Voraussetzungen
3) Eintritt des Verbundes
   A. Amtsverfahren
   B. Antragsverfahren
4) Verhandlung und Entscheidung im Verbund
   A. Allgemeines
   B. Verhandlung
   C. Entscheidung
   D. Anfechtung
5) Auflösung des Verbundes
   A. Abtrennung
   B. Rücknahme des Antrags oder sonstige Erledigung der FolgeS
   C. Rücknahme des Scheidungsantrags
   D. Gerichtliche Entscheidung
6) Übergeleitete Verfahren

1) **Allgemeines.** § 623 schafft einen Verhandlungs- und Entscheidungsverbund zwischen Scheidungssachen und FamS des § 621 I, soweit in ihnen eine Entscheidung für den Fall der Scheidung zu treffen ist, dh eine **Regelung der Scheidungsfolgen (FolgeS)**; für die einver-

ständliche Scheidung gilt die Sonderbestimmung des § 630. Danach besteht kein Verbund mit einem Rechtsstreit über den Vorsorgeunterhalt, § 1361 I 2 BGB, BGH NJW **82**, 1988, wohl aber mit Klagen, die auf eine anderweitige Regelung für die Zeit nach der Scheidung zielen (§ 767 bzw neue Klage), BGH **78**, 130, JR **81**, 242, Celle FamRZ **78**, 814. Der Verbund ergreift jede FolgeS (im Rahmen von § 621 I Z 8 auch den Streit um den Wert des Eingebrachten, § 1478 I BGB, BGH NJW **82**, 2373, und die Auseinandersetzung des Gesamtgutes der Gütergemeinschaft, Karlsr FamRZ **82**, 286 m zustm Anm Bölling), und zwar sowohl eine im Scheidungsverfahren anhängig gemachte als auch eine übergeleitete FolgeS. Trotzdem bleibt für das Verfahren in FolgeS das dafür geltende Recht maßgeblich, s § 621a Anm 2 u 3.

Der Verbund gilt nicht in Aufhebungssachen, Zweibr FamRZ **82**, 375, aM LG Darmstadt FamRZ **78**, 44, sowie in Feststellungs- und Nichtigkeitssachen, BGH NJW **82**, 2386 mwN, so daß hier auch kein Versorgungsausgleich vAw durchzuführen ist, Mü FamRZ **80**, 565. Trifft ein Aufhebungsbegehren mit einem Scheidungsantrag zusammen, § 610 Anm 1, so gilt für FolgeS ein vorläufiger Verhandlungsverbund, Bergerfurth FamRZ **76**, 582, aM Stgt FamRZ **81**, 579.

Ein Verbund zwischen der Scheidungssache und FolgeS besteht auch insofern, als über Ansprüche aus dem maßgeblichen ausländischen Recht zu entscheiden ist, die den FamS des § 621 I ähnlich sind, zB über den Streit um die Morgengabe nach jordanischem Recht, KG FamRZ **80**, 471, oder nach iranischem Recht, AG Hbg IPrax **83**, 74, oder bei Streit über eine Entschädigung für die einseitige Scheidung nach tunesischem Recht, Mü IPrax **81**, 33, zustm Jayme IPrax **81**, 9. Folgerichtig dürfte auch der Verbund zwischen einer Ehetrennungsklage nach ausländischem Recht, Üb 1 § 606, und den damit zusammenhängenden, § 621 I entsprechenden FolgeS zu bejahen sein, Ffm IPrax **83**, 193, zustm Jayme, Hamm NJW **81**, 2648, AG Hbg FamRZ **80**, 579, aM Kblz FamRZ **80**, 713.

2) Verhandlungs- und Entscheidungsverbund, I–IV. A. Allgemeines. Über FolgeS, Anm 1, ist gleichzeitig und zusammen mit der Scheidungssache zu verhandeln, sofern dem Scheidungsantrag stattgegeben wird, zu entscheiden, **I 1**. Das gilt in erster Linie für streitige Scheidungssachen, für einverständliche Scheidungssachen insofern, als ein Gatte in anderen als den von § 630 III erfaßten FolgeS eine gerichtliche Regelung begehrt. FolgeS stehen nicht nur im Verhältnis zur Scheidungssache, sondern auch untereinander im Verbund. Soweit die Scheidungssache und (alle oder einzelne) FolgeS in die Rechtsmittelinstanz gelangen, besteht auch dort der Verbund, § 629a, Oldb FamRZ **80**, 71, nicht aber dann, wenn nur mehrere FolgeS in die Rechtsmittelinstanz gelangen, BGH NJW **80**, 2135, Heintzmann FamRZ **80**, 120, aM Düss FamRZ **80**, 72, abl Kemnade. In diesem Fall sind daher Teil- und Grundurteile möglich, BGH aaO u NJW **82**, 1937.

Die Vorschrift ist zwingend, vgl auch § 628 Anm 2 A aE, so daß ein Rügeverlust, § 295, nicht in Betracht kommt, aM Köln FamRZ **80**, 388. Der bestehende Verbund kann nur unter den in Anm 5 genannten Voraussetzungen aufgelöst werden.

B. Voraussetzungen. a) Scheidungs- und FolgeS müssen bei demselben FamGer anhängig sein; die Abgabe von einer Abteilung an die andere sichert § 23 II 2 GVG. Anderweitig anhängige FamS sind nach Maßgabe des § 621 III vAw an das Scheidungsgericht zu verweisen oder abzugeben, also nicht, wenn sie in höherer Instanz schweben, Hagena FamRZ **75**, 388. Auf die Überleitung hat das Scheidungsgericht durch Unterrichtung des anderen Gerichts hinzuwirken. Solange eine FamS nicht an das Scheidungsgericht gelangt, kann der Verbund nicht wirksam werden.

b) Der Verbund kann auch eintreten, Anm 3, wenn zunächst ein Rechtsmittel in einer Scheidungssache und dann ein Rechtsmittel in einer nicht verbundenen FamS an das dasselbe Rechtsmittelgericht gelangt, Hagena FamRZ **75**, 394 (§ 629a II ist entsprechend anzuwenden).

c) Bei Zurückverweisung, § 629b, kann der Verbund nachträglich eintreten, nämlich durch Verweisung oder Abgabe, § 621 III, oder durch entsprechenden Antrag der Parteien, Anm 3 B, Diederichsen NJW **77**, 653.

3) Eintritt des Verbundes, I–III. Unter den Voraussetzungen der Anm 2 B entsteht der Verbund, wenn in einer FamS des § 621 I eine Entscheidung für den Fall der Scheidung zu treffen ist, **I 1**.

A. Amtsverfahren. Ohne entsprechendes Begehren eines Ehegatten tritt der Verbund ein, wenn über die Regelung der elterlichen Sorge, § 621 I Z 1, und/oder die Durchführung des Versorgungsausgleichs, § 621 I Z 6, in den Fällen des § 1587b BGB (nicht sonst) zu entscheiden ist, **III 1** (was AG Gelsenkirchen, FamRZ **78**, 598, für verfassungswidrig hält, soweit es um den Versorgungsausgleich geht). Eines Begehrens der Entscheidung bedarf es ferner nicht bei der Regelung des Umgangs mit einem Kind, § 621 I Z 2; jedoch soll diese Regelung im allgemeinen nur ergehen, wenn ein Ehegatte dies anregt, **III 2** (eine Anregung ist auch der Vorschlag nach § 630 I Z 2, Düss JB **81**, 933). Anhängig wird ein Verfahren nach III nicht kraft Gesetzes mit Eingang des Scheidungsantrages, sondern erst aufgrund einer einleitenden richterlichen Maßnahme, Hbg FamRZ **83**, 614.

B. Antragsverfahren. In allen anderen Fällen tritt der Verbund nur dann ein, wenn die Entscheidung in einer FamS des § 621 I für den Fall der Scheidung rechtzeitig von einem der Ehegatten begehrt wird. Dies gilt für FamS des § 621 I Z 3–5 u 6 (abgesehen von dem Fall des § 1587b), also namentlich in Verfahren über den schuldrechtlichen Versorgungsausgleich, § 1587f BGB, Schlesw SchlHA **79**, 163, das mit Recht darauf hinweist, daß an den erforderlichen Antrag uU keine hohen Anforderungen zu stellen sind, ferner für die FamS des § 621 I Z 7–9 (auch hier bedarf es zur Einleitung des Verfahrens im Verbund nicht der Stellung eines bestimmten Sachantrags, Düss JB **81**, 933, Zweibr FamRZ **80**, 1143). Wegen der Geltendmachung von Ansprüchen im Stufenverfahren entsprechend § 254 vgl Anm 4 C.

Die FamS muß in allen diesen Fällen bis zum Schluß der mündlichen Verhandlung 1. Instanz in der Scheidungssache anhängig gemacht sein, dh ein entsprechender Antrag (nicht unbedingt ein völlig bestimmter Sachantrag) auf Entscheidung muß spätestens bis zu diesem Zeitpunkt beim Scheidungsgericht gestellt werden, Köln FamRZ **79**, 1027, und zwar im Anwaltszwang, § 78 I 2, **II 1**; der Zeitpunkt verschiebt sich durch die Gewährung eines Schriftsatznachlasses nach § 283, Köln FamRZ **83**, 289. Eine bloße Erörterung mit dem Ziel der Einbeziehung einer FamS genügt nicht, Düss JB **81**, 933. Entsprechendes gilt, wenn die Scheidungssache nach Aufhebung eines die Scheidung ablehnenden Urteils gemäß § 629b an das FamGer zurückverwiesen ist, **II 2**, so daß der Antrag dann bis zum Schluß der erneuten mündlichen Verhandlung erster Instanz gestellt werden darf und muß. Ist der Antrag verspätet, so ist das Begehren als selbständige FamS zu behandeln, für die ausschließlich die §§ 621ff gelten. Eine Rücknahme des Sachantrags ist jederzeit zulässig; für zivilprozessuale FolgeS gilt dann § 269, Diederichsen NJW **77**, 653, für FGG-FolgeS gilt § 13a FGG, § 621a Anm 3 B b. Eine Rücknahme kann auch im Verzicht auf eine Verbundentscheidung liegen. Bei einem Verstoß gegen § 623 kommt dagegen ein Rügeverlust nach § 295 nicht in Betracht, aM Köln FamRZ **80**, 388.

Gegen die Ablehnung des Antrags, über eine FolgeS im Verbund zu entscheiden, gibt es keine Beschwerde, vgl StJSchl Rdz 14, offengelassen Schlesw SchlHA **78**, 41.

4) Verhandlung und Entscheidung im Verbund, I. A. Allgemeines. Über FolgeS, Anm 1, ist gleichzeitig und zusammen mit der Scheidungssache zu verhandeln, also auch dann, wenn für sie das FGG gilt, § 621a. Beteiligt sind immer die Ehegatten, niemals ein gemeinschaftliches minderjähriges Kind (daher kann im Fall des § 621 I Z 4 ein Elternteil, solange die Scheidungssache anhängig ist, Unterhaltsansprüche eines Kindes gegen den anderen Elternteil im eigenen Namen geltend machen, § 1629 III BGB, vgl dazu im Einzelnen Bergerfurth FamRZ **82**, 563 mwN). Wohl aber sind beteiligt ein volljähriges Kind wegen des Unterhalts, StJSchl § 624 Rdz 36, und Dritte in FGG-Verfahren, § 621a Anm 3, zB nach § 7 HausratsVO (Vermieter), § 53b FGG (Träger der Rentenversicherung oder der Versorgungslast) oder § 48a JWG (Jugendamt). Für alle Beteiligten gilt Anwaltszwang, § 78, KG NJW **79**, 2251 mwN, Ffm FamRZ **79**, 1049, str, vgl § 629a Anm 3. Wegen der oft wechselnden Parteistellung in den einzelnen Sachen empfiehlt es sich, in den Entscheidungen die Gatten als „Ehemann" und „Ehefrau", andere Beteiligte mit ihren Namen zu bezeichnen, Diederichsen NJW **77**, 652.

Einstweilige Regelungen ergehen durch einstwAnO im Scheidungsverfahren, §§ 620ff. I ü richtet sich das Verfahren nach den für die FolgeS jeweils maßgeblichen Vorschriften, § 621a Anm 3 u 3, so daß auch im Verbund ZPO oder FGG mit den sich aus § 621a ergebenden Modifikationen anzuwenden ist, § 624 Anm 1. Die Aussetzung des Verfahrens wegen einer FolgeS erfaßt das ganze Verfahren, so daß über andere im Verbund stehende FamS nicht verhandelt und entschieden werden darf, Oldb FamRZ **80**, 71, zustm Kemnade FamRZ **80**, 73.

Zur Streitwertfestsetzung in den in III genannten Fällen vgl Schneider MDR **83**, 355 mwN.

B. Verhandlung. Die vorgeschriebene gemeinsame Verhandlung dient der Erörterung aller verbundenen Angelegenheiten und der Aufklärung des Sachverhalts nach den dafür maßgeblichen Bestimmungen, § 624 Anm 1; daneben kann der Richter alle anderen, durch

ZPO bzw FGG eröffneten Möglichkeiten nutzen, freilich unter Beschränkung auf die danach zu behandelnde Angelegenheit, StJSchl Rdz 16. Die Beteiligung Dritter legt eine getrennte Vorbereitung nahe, vgl § 624 III. Notwendig ist nur eine gemeinsame Schlußverhandlung, in der alle Ergebnisse des bisherigen Verfahrens verwertet werden dürfen, StJSchl Rdz 2, soweit § 616 II nicht entgegensteht; immer darf das Vorbringen in einer FGG-FolgeS auch in zivilprozessualen FolgeS berücksichtigt werden (und umgekehrt), vgl Konzen JR **78**, 405, KG FamRZ **78**, 609, was für ein in zivilprozessualen FolgeS zulässiges Versäumnisurteil, § 629 II, Bedeutung erlangen kann.

C. Entscheidung. Soweit eine Entscheidung für den Fall der Scheidung zu treffen ist, dh die Gatten eine Regelung von Scheidungsfolgen begehren oder darüber vAw zu entscheiden ist, Anm 3, und keine verbindliche Einigung der Gatten vorliegt, ist über den Scheidungsantrag gleichzeitig und zusammen mit der FolgeS zu entscheiden, wenn dem Scheidungsantrag stattgegeben wird (bei seiner Abweisung erübrigt sich eine Regelung der Scheidungsfolgen, § 629 III). Die Entscheidung ergeht dann einheitlich durch Urteil, auch wenn in der FolgeS sonst durch Beschluß zu entscheiden wäre, § 629; wegen der Ausnahmen s §§ 627 u 628. Das sog Verbundurteil muß hinsichtlich der FolgeS, auch wenn für sie sonst das FGG gilt, § 624 Anm 4, Tatbestand und Entscheidungsgründe enthalten, § 313a II 1, vgl § 313a Anm 5a, Hamm FamRZ **79**, 168, offen gelassen BGH NJW **81**, 2816, Stgt FamRZ **83**, 81 (das aber einen Verzicht aller Beteiligten für zulässig hält). Wegen des Eintritts der Rechtskraft s § 629a Anm 1 B.

Betrifft die FolgeS den nachehelichen Unterhalt, § 621 I Z 4, oder den Ausgleich des Zugewinns, § 621 I Z 5, so kann der Auskunftsanspruch mit einer Stufenklage nach § 254 im Verbundverfahren geltend gemacht werden BGH NJW **82**, 1645 u NJW **79**, 1603, abw Zweibr FamRZ **80**, 1142; über diesen Anspruch darf vor der Entscheidung über den Scheidungsantrag erkannt werden, BGH aaO, und zwar durch Teilurteil, so daß in das Verbundurteil erst die Entscheidung über die letzte Stufe eingeht, BGH aaO, Düss FamRZ **80**, 260, Mü NJW **79**, 114. Entsprechendes gilt für den im Rahmen einer FolgeS über den Versorgungsausgleich, § 621 I Z 6, geltend gemachten Auskunftsanspruch nach § 1587e I BGB, Bergerfurth FamRZ **82**, 565, Hbg FamRZ **81**, 1095, aM Bre FamRZ **79**, 834, wobei es ohne Bedeutung ist, daß dieser Anspruch im FGG-Verfahren geltend zu machen ist, Hamm FamRZ **80**, 64.

Im übrigen ist (auch über den Versorgungsausgleich) eine Teilentscheidung, § 301, zulässig, wenn sie von dem weiteren Verfahrensgang nicht mehr berührt werden kann, BGH FamRZ **83**, 38, Köln FamRZ **81**, 903, zustm Schmeiduch, Bre NJW **80**, 706, offen gelassen KG NJW **82**, 1543 mwN, aM (Teilentscheidung über den Versorgungsausgleich unzulässig) Kblz FamRZ **81**, 901, KG FamRZ **81**, 289, Mü FamRZ **79**, 1025.

D. Anfechtung. Trotz des einheitlichen Urteils können der Scheidungsausspruch und jede FolgeS getrennt angefochten werden, s § 629a.

5) Auflösung des Verbundes. Er tritt ein durch

A. Abtrennung: FolgeS können grundsätzlich nicht abgetrennt werden, § 145 gilt für sie nicht. Abgetrennt wird eine FolgeS nur **a)** wenn bei einer FamS des § 621 I Z 8 ein Dritter Verfahrensbeteiligter wird, I 2, weil die Beteiligung am Güterrechtsstreit nicht seine Einbeziehung in das höchstpersönliche Scheidungsverfahren rechtfertigt, **b)** durch Vorwegentscheidung nach § 627, **c)** entsprechend I 2 eine Unterhaltssache, wenn das Kind volljährig wird und damit die Prozeßstandschaft des sorgeberechtigten Elternteiles nach § 1629 III BGB endet, Bergerfurth FamRZ **82**, 564;

B. Rücknahme des Antrags oder sonstige Erledigung der FolgeS: Diese Möglichkeit entfällt, soweit die Gatten nicht verfügungsberechtigt sind, also zB bei einer Regelung der elterlichen Sorge, §§ 623 III, 627; hier endet das vAw eingeleitete Verfahren mit der Volljährigkeit des Kindes, Stgt NJW **80**, 129;

C. Rücknahme des Scheidungsantrags, § 626, **oder seine sonstige Erledigung,** zB durch Tod, § 619. Wird eine FolgeS als selbständige FamS fortgeführt, § 626 II, so bleibt das Gericht der Scheidungssache zuständig, § 261 III Z 2, Brüggemann FamRZ **77**, 22; das Verfahren richtet sich nach den §§ 621a ff. Eine Beistandschaft, § 625, erlischt, die Prozeßvollmacht, § 624 I, gilt jedoch fort, ebenso die Bewilligung der Prozeßkostenhilfe, § 624 II;

D. gerichtliche Entscheidung: Der Verbund wird aufgelöst **a)** für alle FolgeS mit Abweisung des Scheidungsantrags, § 629 III, **b)** für bestimmte FolgeS mit Stattgabe des Scheidungsantrags, § 628. Wegen der Fortführung als selbständige FamS, § 629 III 2 u 3, s vorstehend C.

3. Titel. Scheidungs- und Folgesachen　　　　§§ 623, 624　1–3

6) Übergeleitete Verfahren, IV. Das in den Anm 2–4 Gesagte gilt auch für Verfahren, die nach § 621 III auf das Scheidungsgericht übergeleitet (verwiesen oder abgegeben) worden sind. Soweit ein Antrag erforderlich ist, Anm 3, muß ein Ehegatte bis zum Schluß der mündlichen Verhandlung 1. Instanz, II, erklären, daß er das vor der Scheidung eingeleitete Verfahren auf eine Regelung der Scheidungsfolgen umstellt. Sonst wird das Verfahren vom jetzt zuständigen Scheidungsgericht als selbständige FamS weitergeführt, §§ 621 a ff, ohne daß eine Verbindung mit der Scheidungssache zulässig ist, § 610 II.

624 *Sondervorschriften für das Verfahren in Folgesachen.* ^{I} Die Vollmacht für die Scheidungssache erstreckt sich auf die Folgesachen.

^{II} Eine Bewilligung der Prozeßkostenhilfe für die Scheidungssache erstreckt sich auf die Folgesachen, soweit sie nicht ausdrücklich ausgenommen werden.

^{III} Die Vorschriften über das Verfahren vor den Landgerichten gelten entsprechend, soweit in diesem Titel nichts Besonderes bestimmt ist.

^{IV} Vorbereitende Schriftsätze, Ausfertigungen oder Abschriften werden am Verfahren beteiligten Dritten nur insoweit mitgeteilt oder zugestellt, als das mitzuteilende oder zuzustellende Schriftstück sie betrifft. Dasselbe gilt für die Zustellung von Entscheidungen an Dritte, die zur Einlegung von Rechtsmitteln berechtigt sind.

Vorbem. II idF des Art 1 Z 10 G v 13. 6. 80, BGBl 677, mWv 1. 1. 81.

1) Allgemeines. Grundsätzlich bleiben für FolgeS die Verfahrensvorschriften maßgeblich, die für diese FamS gelten. Trotz des Verbundes ist also ZPO oder FGG mit den sich aus § 621 a ergebenden Modifikationen anzuwenden, vgl § 621 a Anm 2 u 3. Soweit sie FolgeS sind, bringen die §§ 624 ff Sondervorschriften. Von ihnen abgesehen, ist also ggf unterschiedlich zu verfahren, sofern dies nach ZPO bzw FGG geboten ist; so gilt auch dann, wenn es sich um eine FolgeS handelt, im Versorgungsausgleichsverf nicht § 128, sondern § 53 b FGG, und zwar auch im Beschwerdeverf, BGH NJW **83**, 824. Freilich läßt sich eine solche Trennung nicht immer durchführen; außerdem würde eine kleinliche Aufspaltung dem Sinn des Verhandlungs- und Entscheidungsverbundes widersprechen. Ist zB in einer Kindessache der Untersuchungsgrundsatz nach FGG voll angewendet worden, so dürfen die Ergebnisse auch für die EheS (trotz § 616 II) und für alle FolgeS (in zivilprozessualen FolgeS trotz des Verhandlungsgrundsatzes) uneingeschränkt verwertet werden, StJSchl Rdz 2.

2) Vollmacht, I. Für das Verfahren in einer FolgeS gilt ebenso wie für die Scheidungssache Anwaltszwang, § 78 I 2 Z 2. Die Vorschriften über die Vollmacht sind einheitlich in allen FolgeS anzuwenden, s § 621 a Anm 3. Die Vollmacht für die Scheidungssache, § 609, erstreckt sich auch auf die FolgeS, I, nicht aber umgekehrt. Damit wird sichergestellt, daß die Parteien von vornherein auch in FolgeS anwaltlich vertreten sind; vgl iü § 625. Bei Abtrennung dauert die Vollmacht fort, § 623 Anm 5. Sie darf nur von einem beteiligten Dritten, § 623 Anm 4a, auf eine FolgeS beschränkt werden, aM Zö-Philippi I, ThP 1, Bergerfurth AnwZwang Rdz 340, vgl § 609 Anm 1.

3) Prozeßkostenhilfe, II. Für die Prozeßkostenhilfe gelten einheitlich die §§ 114 ff ZPO, auf die auch § 14 FGG verweist, s § 621 a Anm 3. Die Bewilligung der Prozeßkostenhilfe für die Scheidungssache erstreckt sich auf die FolgeS, soweit sie nicht ausdrücklich ausgenommen werden. Danach umfaßt die Bewilligung ohne weiteres alle FolgeS, wenn sie erst nach der Bewilligung anhängig gemacht werden, Bergerfurth Rdz 191 c; etwas anderes gilt, wenn eine FolgeS ausdrücklich von der Prozeßkostenhilfe ausgenommen wird, was auch noch geschehen kann, wenn diese FolgeS anhängig gemacht und geprüft worden ist, StJSchl Rdz 35, ThP 2, Stgt FamRZ **80**, 1053, Schlesw SchlHA **79**, 143. Für diese Auslegung spricht, daß gebührenrechtlich Scheidungssache und FolgeS als dieselbe Angelegenheit gelten, § 7 III BRAGO, Stgt aaO, und daß § 122 BRAGO (abgedr bei § 121) die Beiordnung ausdrücklich auf Vergleiche in FolgeS erstreckt, Chemnitz AnwBl **81**, 113, vgl dazu Zweibr JB **81**, 1218 m Anm Mümmler. Der durch § 124 festgelegte Bestandsschutz der Bewilligung steht einer nachträglichen Beschränkung nicht entgegen, weil bei der „Automatik", II, kein Vertrauenstatbestand geschaffen wird, aM Schneider MDR **81**, 795. Abweichend bejaht die hM eine Erstreckung nur für diejenigen FolgeS, die ohne Antrag zur Entscheidung stehen, § 623 Anm 3 B, oder für die bei der Bewilligung ein Antrag schon vorlag oder doch im Prozeßkostenhilfeverfahren angekündigt worden war, Herpes FamRZ **81**, 734, Schneider

MDR **81**, 795, Zö-Ph II 1 C, Schlesw SchlHA **83**, 140, Bbg JB **81**, 1098 m zustm Anm Mümmler, Düss FamRZ **81**, 806, Mü MDR **81**, 325 mwN, Karlsr FamRZ **80**, 1054, Hbg FamRZ **81**, 581 u **80**, 1052, KG FamRZ **80**, 714 u 715, Zweibr FamRZ **80**, 180, Zö-Philippi 2. Die Bewilligung dauert bei Abtrennung der FolgeS fort, § 623 Anm 5.

Für einen aussichtslosen Scheidungsantrag oder Gegenantrag ist Prozeßkostenhilfe nicht zu bewilligen, Schlesw SchlHA **78**, 116, Ffm NJW **79**, 823. Iü kommt es allein auf das zweckentsprechende Verhalten im gesamten Verbundverfahren an, so daß Prozeßkostenhilfe auch dann für das ganze Verfahren bewilligt werden darf, wenn eine Verteidigung gegen den Scheidungsantrag überhaupt nicht beabsichtigt ist, vgl Celle MDR **83**, 323 u Ffm DAVorm **83**, 306 mwN, oder keinen Erfolg verspricht, Köln FamRZ **82**, 1224 mwN, Düss FamRZ **81**, 256, Ffm FamRZ **80**, 716, Bbg JB **80**, 765, Köln NJW **78**, 2303, Hamm NJW **78**, 171 u 895, Schlesw SchlHA **78**, 116, sehr str, aM KG FamRZ **80**, 714 mwN, Düss FamRZ **79**, 158 u 159, Zweibr FamRZ **79**, 847 (Bewilligung ggf nur für einzelne FolgeS), Karlsr FamRZ **79**, 847 (jedenfalls ist ein RA nur bei Erfolgsaussicht beizuordnen); vgl auch § 114 Anm 2 B a. Prozeßkostenhilfe ist aber abzulehnen, wenn die Rechtsverfolgung in der FolgeS aussichtslos, Hbg FamRZ **81**, 581, oder mutwillig ist, zB wegen Verweigerung der Mitwirkung beim Versorgungsausgleich, Hamm FamRZ **80**, 180; soweit es um das Sorgerecht geht, wird eine Ablehnung nur ausnahmsweise in Betracht kommen, vgl Hbg aaO. Die Beiordnung eines RA ist idR auch für isolierte FolgeS geboten, Schlesw SchlHA **78**, 117.

Aus II läßt sich für die Anordnungsverfahren, §§ 620 ff, nichts herleiten. Auf sie erstreckt sich die für die Scheidungssache bewilligte Prozeßkostenhilfe nicht, Schneider MDR **81**, 799, Karlsr Just **80**, 152, KG AnwBl **80**, 302, str, vgl Einf 1 B § 620.

4) Anwendung der landgerichtlichen Verfahrensvorschriften, III. Nach § 608 gelten für die Scheidungssache die Vorschriften über das landgerichtliche Verfahren entsprechend, s dortige Erläuterungen. Diese Regelung wird durch III auf FolgeS erstreckt, für die ZPO maßgeblich ist, § 621 a Anm 2. In FolgeS nach § 621 I Z 4, 5 u 8 sind daher ohne Rücksicht darauf, ob für sie als selbständige FamS die §§ 495 ff gelten, die landgerichtlichen Verfahrensvorschriften anzuwenden, soweit der 3. Titel nichts Besonderes bestimmt. Solche Bestimmungen enthalten § 624 IV und die §§ 625–630; zu terminieren ist erst bei Entscheidungsreife der FolgeS, KG FamRZ **83**, 821, wenn nicht die Scheidungssache sofort abweisungsreif ist, dazu Braeuer FamRZ **83**, 822. Hinsichtlich der FolgeS nach § 621 I Z 1–3, 6, 7 u 9 bleibt es dagegen bei der Anwendung des FGG (nach Maßgabe des § 621 a I), wie die §§ 624 IV 2 und 629 a II zeigen, Zö-Philippi III. Deshalb gilt insoweit auch nicht § 313 a, sondern FGG, für den Versorgungsausgleich also § 53 b III FGG, Stgt FamRZ **83**, 82 mwN.

5) Beteiligung Dritter, IV. Infolge des Verbundes, § 623, können am Verfahren auch Dritte beteiligt sein, § 623 Anm 4a. Wegen der höchstpersönlichen Natur des Scheidungsverfahrens dürfen vorbereitende Schriftsätze, Ausfertigungen und Abschriften (aller Art), solchen Dritten nur insoweit mitgeteilt oder zugestellt werden, als das Schriftstück sie betrifft, **IV 1**; dasselbe gilt für die Zustellung von Entscheidungen an Dritte, die zwar nicht am Verfahren der 1. Instanz beteiligt sind, aber zur Einlegung von Rechtsmitteln berechtigt sind, **IV 2**, zB ein gemeinschaftliches Kind nach § 59 FGG in einer seine Rechtsstellung berührenden FolgeS. Der Urheber des Schriftstücks, dh das Gericht oder der RA, hat dafür zu sorgen, daß die Vorschrift eingehalten wird, also etwa Auszüge aus der Entscheidung herzustellen bzw getrennte Schriftsätze einzureichen. Wegen der Beteiligung Dritter an einer mündlichen Verhandlung s § 623 Anm 4 A.

Jede Entscheidung, die (auch) über eine FolgeS des § 621 I Z 1–3 ergeht, muß nicht nur dem gesetzlichen Vertreter zugestellt werden, § 171, Saarbr NJW **79**, 2620, sondern auch dem mindestens 14 Jahre alten minderjährigen Kind, das nicht geschäftsunfähig ist, bekanntgemacht werden; ebenso ist sie dem Jugendamt wegen § 57 I Z 9 FGG, § 64 k III 3 FGG zuzustellen. Entsprechendes gilt für die Zustellung von Entscheidungen, die in FolgeS des § 621 I Z 4–8 ergehen, zB an den am Versorgungsausgleich Beteiligten, § 53 b FGG, sowie andere Beteiligte, zB den Vermieter nach § 7 HausratsVO. Vgl zu diesen Fragen Heintzmann FamRZ **80**, 115 und Rüffer FamRZ **79**, 410.

625 Beiordnung eines Rechtsanwalts.

[1] Hat in einer Scheidungssache der Antragsgegner keinen Rechtsanwalt als Bevollmächtigten bestellt, so ordnet das Prozeßgericht ihm von Amts wegen zur Wahrnehmung seiner Rechte im ersten Rechtszug hinsichtlich des Scheidungsantrags und der Regelung der elterlichen Sorge für ein gemeinschaftliches Kind einen Rechtsanwalt bei, wenn diese Maßnahme nach der freien Überzeugung des Gerichts zum Schutz des Antragsgeg-

ners unabweisbar erscheint; § 78 c Abs. 1, 3 gilt sinngemäß. **Vor einer Beiordnung soll der Antragsgegner persönlich gehört und dabei besonders darauf hingewiesen werden, daß die Familiensachen des § 621 Abs. 1 gleichzeitig mit der Scheidungssache verhandelt und entschieden werden können.**

II Der beigeordnete Rechtsanwalt hat die Stellung eines Beistandes.

Vorbem. I redaktionell geändert dch Art 9 § 2 G v 18. 7. 79, BGBl 1061, mWv 1. 1. 80, I 1 idF des Art 1 Z 11 G v 13. 6. 80, BGBl 677, mWv 1. 1. 81 (Übergangsrecht: Vorbem § 114).

1) **Allgemeines.** In Scheidungs- und FolgeS besteht für beide Parteien Anwaltszwang, § 78 I 2. Trotzdem braucht der Antragsgegner keinen RA zum Prozeßbevollmächtigten zu bestellen, wenn er keinen Sachantrag stellen will, zB bei einverständlicher Scheidung, § 1565 iVm § 1566 BGB. Jede Partei benötigt aber im Scheidungsverfahren anwaltliche Beratung, vor allem auch wegen der Scheidungsfolgen. Diese Beratung über die Scheidung und die Regelung der elterlichen Sorge stellt § 625 sicher. Unberührt bleiben die Vorschriften über die Prozeßkostenhilfe, dazu Kblz MDR 77, 233; den dafür erforderlichen Antrag darf der nach § 625 beigeordnete RA als Beistand für die Partei stellen, Brüggemann FamRZ 77, 8.

2) **Beiordnung eines RA, I.** Hat in einer Scheidungssache der Antragsgegner keinen RA als Bevollmächtigten bestellt, so hat das FamGer wie folgt zu verfahren:

A. **Vorbereitung.** Zunächst soll es, dh muß es abgesehen von besonderen Ausnahmefällen, den Antragsgegner persönlich hören, § 613, wobei es ihn über die Tragweite der Scheidung und seine Rechte aufzuklären sowie besonders darauf hinzuweisen hat, daß etwaige FolgeS im Verbund mit der Scheidungssache verhandelt und entschieden werden können, I 2. Das Gericht wird, soweit es erforderlich ist, dem Antragsgegner auch nahelegen, einen RA zum Prozeßbevollmächtigten zu bestellen.

B. **Beiordnung.** Geschieht dies nicht, so ordnet das Prozeßgericht (FamGer) dem Antragsgegner (auch wenn er nicht bedürftig iSv § 114 I ist) vAw einen RA bei, wenn diese Maßnahme nach seiner freien Überzeugung zum Schutz des Antragsgegners unabweisbar erscheint, I 1. Das ist der Fall, wenn das Gericht nach Sachlage zu dem Ergebnis kommt, daß der Schutz des Antragsgegners auf andere Weise nicht sichergestellt werden kann, weil er aus Unkenntnis, mangelnder Übersicht über seine Lage und die Folgen der Scheidung, Uneinsichtigkeit oder auch unter dem Einfluß des anderen Ehegatten seine Rechte in unvertretbarer Weise nicht hinreichend wahrnimmt, RegEntwBegr. Danach kommt eine Beiordnung nicht in Betracht, wenn der Antragsgegner in voller Kenntnis aller Umstände aus vernünftigen Gründen keinen Prozeßbevollmächtigten bestellt, und auch dann nicht, wenn der Scheidungsantrag eindeutig unschlüssig ist, Hamm FamRZ 82, 86. Fordert der Schutz eines Kindes die sachgemäße Beratung des Antragsgegners, wird diesem immer ein RA beizuordnen sein, vgl Jost NJW 80, 332.

a) Die Beiordnung erstreckt sich auf die Scheidungssache und, wenn gemeinschaftliche Kinder vorhanden sind, auf die Regelung der elterlichen Sorge, die vAw zu treffen ist, § 623 III, I 1 1. Halbs. Für andere FolgeS ist eine Beiordnung nach § 625 nicht zulässig, auch nicht zur Regelung des Umgangs mit einem Kinde, aM Zö-Philippi II 3, Diederichsen NJW 77, 606. Der RA ist zur Annahme verpflichtet, § 48 I Z 3 BRAO, kann aber die Aufhebung der AnO aus wichtigem Grunde verlangen, § 48 II BRAO, Anh § 155 GVG.

b) Für die Auswahl des RA durch das Gericht gilt § 78 c I, für die Beschwerde gegen die Verfügung des Gerichts § 78 c III, I 1 2. Halbs; über die Beschwerde entscheidet das OLG, § 119 GVG. Dagegen ist keine Beschwerde gegen die Ablehnung eines Antrags auf Beiordnung, aM Ambrock 2, sowie gegen die Beiordnung als solche zulässig, StJSchl Rdz 3, sehr str, aM Bergerfurth AnwZwang Rdz 337, Walter S 180, Hamm FamRZ 82, 86 mwN, Düss FamRZ 78, 918, KG FamRZ 78, 607; die Beschwerde ist auch dann nicht zulässig, wenn das Gericht den Antrag der Partei auf Aufhebung ablehnt (aM Brüggemann, FamRZ 77, 8) oder wenn sich die Partei schon vorher gegen die Beiordnung ausgesprochen hatte (aM Oldb FamRZ 80, 179), weil die Voraussetzungen des § 567 I in keinem dieser Fälle erfüllt sind, vgl dort Anm 1 B.

c) Durch die Beiordnung entstehen bei dem Gericht keine Gebühren.

3) **Stellung des beigeordneten RA, II.** Solange der Antragsgegner dem RA keine Prozeßvollmacht erteilt, hat dieser die Stellung eines Beistands, § 90. Er ist daher darauf beschränkt, den Antragsgegner über die Tragweite der Scheidung und ihre Folgen aufzuklären, ihn zu beraten und (nur neben ihm) schriftlich und mündlich vorzutragen, § 90 II. Der

beigeordnete RA hat gegen den Antragsgegner Anspruch auf die Vergütung eines zum Prozeßbevollmächtigten bestellten RA, § 36a I BRAGO, also auf Gebühren nach § 31 BRAGO (Wert: § 12 GKG iVm § 9 BRAGO). Er kann jedoch keinen Vorschuß fordern, weil auf § 78c II nicht verwiesen wird. Ist der Antragsgegner mit der Zahlung im Verzug, kann der RA in entsprechender Anwendung der §§ 121 ff BRAGO eine Vergütung aus der Landeskasse verlangen, § 36a II BRAGO.

626 *Rücknahme des Scheidungsantrages.* **I** Wird ein Scheidungsantrag zurückgenommen, so gilt § 269 Abs. 3 auch für die Folgesachen. Erscheint die Anwendung des § 269 Abs. 3 Satz 2 im Hinblick auf den bisherigen Sach- und Streitstand in den Folgesachen der in § 621 Abs. 1 Nr. 4, 5, 8 bezeichneten Art als unbillig, so kann das Gericht die Kosten anderweitig verteilen. Das Gericht spricht die Wirkungen der Zurücknahme auf Antrag eines Ehegatten aus.

II Auf Antrag einer Partei ist ihr durch Beschluß vorzubehalten, eine Folgesache als selbständige Familiensache fortzuführen. Der Beschluß bedarf keiner mündlichen Verhandlung. In der selbständigen Familiensache wird über die Kosten besonders entschieden.

1) Allgemeines. Für die Rücknahme des Scheidungsantrags, § 622, gilt § 269; die Rücknahme ist in jeder Verfahrenslage möglich, wenn der Beklagte anwaltlich nicht vertreten war, also nicht zur Hauptsache verhandeln konnte, mag er auch geladen und erschienen sein, § 269 Anm 2 D. Ein Widerruf der Rücknahme ist auch mit Zustimmung des Gegners nicht zulässig, Mü FamRZ 82, 510. Die Auswirkungen der Rücknahme auf die im Verbund stehenden FolgeS regelt § 626.

2) Wirkung der Rücknahme für FolgeS, I. Da in ihnen nur eine Regelung für den Fall der Scheidung erstrebt wird, § 623 I, werden alle FolgeS mit der Rücknahme des Scheidungsantrags gegenstandslos, wenn keine Partei einen Antrag nach II stellt, **I 1** iVm § 269 III 1. In diesem Fall ist die FolgeS als nicht anhängig gewesen anzusehen; eine in ihr ergangene Entscheidung (Urteil, § 629, oder Beschluß bei Vorwegentscheidung, § 627) wird wirkungslos, ohne daß es ihrer ausdrücklichen Aufhebung bedarf.

Die Kosten trägt der Antragsteller der Scheidungssache, soweit über sie noch nicht rechtskräftig erkannt ist, **I 1** iVm § 269 III 2, ohne Rücksicht darauf, welcher Ehegatte Antragsteller der FolgeS war. Eine andere Verteilung der Kosten kann das Gericht in den ZPO-Sachen des § 621 I Z 4, 5 u 8 vornehmen, wenn die Kostenbelastung des Antragstellers der Scheidungssache im Hinblick auf den bisherigen Sach- und Streitstand in der FolgeS als unbillig erscheint, **I 1**, etwa weil der die FolgeS betreibende Antragsgegner der Scheidungssache in der FolgeS übersteigerte Ansprüche erhoben hat; vgl § 93a II.

Die Wirkungen der Rücknahme spricht das Gericht auf Antrag eines Ehegatten aus, **I 3**, also nicht vAw, aber auch auf Antrag des Rücknehmenden. Dies gilt auch für die abweichende Kostenregelung nach I 2. Die Entscheidung ergeht nach freigestellter mündlicher Verhandlung durch Beschluß; Gebühren für das Gericht entstehen dadurch nicht. Gegen die Entscheidung ist die sofortige Beschwerde, **I 1** iVm § 269 III 5, an das OLG gegeben, § 119 GVG. Wegen der Einzelheiten s § 577.

3) Fortführung von FolgeS, II. A. Wird der Scheidungsantrag zurückgenommen, so hat das Gericht einer Partei auf ihren Antrag vorzubehalten, eine FolgeS als selbständige FamS fortzuführen, **II 1**; ein sonst Beteiligter, § 623 Anm 4 A, hat kein Antragsrecht. Die Wirkungen der Rücknahme, Anm 2, treten dann hinsichtlich dieser FolgeS nicht ein. Der Antrag kann nur solange gestellt werden, wie das Verfahren, zB durch Beschluß nach § 269 III, nicht abgeschlossen ist.

Die Entscheidung über die Fortführung ergeht durch Beschluß, der keiner mündlichen Verhandlung bedarf, **II 2**, und unanfechtbar ist, soweit er dem Antrag stattgibt. Die Fortführung kommt nur in Frage, wenn die bisherige FolgeS unabhängig von einem Scheidungsverfahren anhängig gemacht werden kann, zB Unterhaltssachen und Hausratssachen, § 18a HausratsVO, Diederichsen NJW 77, 657; ein Verfahren wegen des Versorgungsausgleichs kann deshalb nicht fortgeführt werden, es sei denn, die Rücknahme des Scheidungsantrags wird nach der Anerkennung einer ausländischen Scheidung erklärt, KG NJW 79, 1107. Ob für eine Fortführung ein Bedürfnis besteht, ist dagegen nicht zu prüfen, aM Oldb FamRZ 83, 95; diese Frage ist im weiteren Verf über die FolgeS zu entscheiden. Soweit der Antrag abgelehnt wird, ist dagegen Beschwerde nach den §§ 567ff (in zivilprozessualen FolgeS) bzw § 19 FGG zulässig, §§ 624 III, 621e; sie geht an das OLG, § 119 GVG. Im Verfahren des FamGer entstehen für das Gericht keine Gebühren.

Die selbständige FamS bleibt beim FamGer der Scheidungssache anhängig, Brüggemann FamRZ **77**, 22. Das weitere Verfahren richtet sich nach den §§ 621 a ff, nicht nach den §§ 623 ff; wegen § 624 I u II s aber § 623 Anm 5. Soweit der Antrag auf Regelung einer Scheidungsfolge gerichtet war, muß er umgestellt werden, zB auf Unterhalt bei bestehender Ehe, StJSchl Rdz 3. Die Prozeßstandschaft nach § 1629 III BGB endet, so daß das Kind automatisch in den Unterhaltsprozeß eintritt, Bergerfurth FamRZ **82**, 564. Über die Kosten wird in der selbständigen FamS besonders entschieden, **II 3**, und zwar nach den allgemeinen Vorschriften, nicht nach § 93 a.

B. II ist entsprechend anzuwenden auf andere Fälle, in denen der Scheidungsantrag gegenstandslos wird, namentlich beim Tod eines Ehegatten, StJSchl § 619 Rdz 5, aM Rolland § 619 Rdz 10 ff: Fortführung des Verfahrens ohne Vorbehalt, noch anders KG NJW **78**, 1812: Erledigung der FolgeS nach § 619. Eine Fortführung kommt in diesen Fällen nur dann in Betracht, wenn der Streit gegen den überlebenden Gatten oder die Erben des verstorbenen Gatten fortgesetzt werden kann, zB wegen des Unterhalts eines volljährigen Kindes. Das ist bei dem Streit um den Versorgungsausgleich nicht der Fall, so daß sich diese FolgeS im Falle des § 619 erledigt, ohne daß eine Fortführung nach II möglich ist, BGH FamRZ **81**, 245 (für andere FolgeS offen gelassen).

Entsprechend anzuwenden ist II auch dann, wenn der Scheidungsantrag dadurch gegenstandslos wird, daß die Ehe durch ein (im Inland) anzuerkennendes Urteil rechtskräftig geschieden wird, offen gelassen von Oldb FamRZ **83**, 94. Der Antrag kann aber nur bis zum Ergehen einer Entscheidung gestellt werden, die das Ende der Rechtshängigkeit bestätigt.

627 *Vorwegentscheidung über die elterliche Sorge.* ¹ Beabsichtigt das Gericht, von einem übereinstimmenden Vorschlag der Ehegatten zur Regelung der elterlichen Sorge für ein gemeinschaftliches Kind abzuweichen, so ist die Entscheidung vorweg zu treffen.

ᴵᴵ Über andere Folgesachen und die Scheidungssache wird erst nach Rechtskraft des Beschlusses entschieden.

Vorbem. I redaktionell geänd dch Art 9 § 2 G v 18. 7. 79, BGBl 1061, mWv 1. 1. 80.

1) Vorwegentscheidung über die elterliche Sorge, I. Über eine FamS des § 621 I Z 1, die FolgeS geworden ist, § 623 III, ist im Verbund mit der Scheidungssache zu entscheiden, § 623 I, dh einheitlich durch Urteil, § 629. Eine Ausnahme macht § 627: Beabsichtigt das Gericht, von einem übereinstimmenden Vorschlag der Ehegatten abzuweichen, weil dies zum Wohle des Kindes erforderlich ist, § 1671 III BGB, so ist die Entscheidung über die Regelung der elterlichen Sorge für den Fall der Scheidung nicht im Verbund, sondern vorweg zu treffen, und zwar ausnahmslos (Mußvorschrift). Dadurch wird den Ehegatten ermöglicht, sich darauf einzustellen, daß ihre gemeinsamen Vorstellungen über den besonders bedeutsamen Punkt der elterlichen Sorge sich nicht verwirklichen lassen.

Die Entscheidung ergeht durch Beschluß nach Anhörung der Parteien, § 613. Gegen ihn ist Beschwerde und, wenn das FamGer entschieden hat, ggf weitere Beschwerde gegeben, § 621 e. Jedoch ist der Beschluß des OLG, das erstmals vom Vorschlag der Eltern abweichen will, unanfechtbar, § 133 GVG. Wirksam wird der Beschluß in jedem Fall erst mit der Rechtskraft des Scheidungsausspruchs, § 629 d. Wegen der Kosten s § 93 a I.

2) Entscheidung über die Scheidungssache und andere FolgeS, II. Über sie wird erst nach Rechtskraft des Beschlusses nach I entschieden. Damit erhalten die Parteien Gelegenheit, ihre Anträge hinsichtlich der Scheidung und ihrer Folgen danach einzurichten, daß über die elterliche Sorge in einem bestimmten Sinne endgültig entschieden worden ist. Daher muß das Rechtsmittelgericht, Anm 1, wenn es die Vorwegentscheidung aufhebt, weil es dem gemeinsamen Vorschlag der Eltern folgen will, in der Sache selbst entscheiden und eine entsprechende Regelung treffen; eine Zurückverweisung entsprechend § 629 b kommt nicht in Betracht.

628 *Vorwegentscheidung über den Scheidungsantrag.* ¹ Das Gericht kann dem Scheidungsantrag vor der Entscheidung über eine Folgesache stattgeben, soweit

1. in einer Folgesache nach § 621 Abs. 1 Nr. 6 oder 8 vor der Auflösung der Ehe eine Entscheidung nicht möglich ist,

2. in einer Folgesache nach § 621 Abs. 1 Nr. 6 das Verfahren ausgesetzt ist, weil ein Rechtsstreit über den Bestand oder die Höhe einer auszugleichenden Versorgung vor einem anderen Gericht anhängig ist, oder
3. die gleichzeitige Entscheidung über die Folgesache den Scheidungsausspruch so außergewöhnlich verzögern würde, daß der Aufschub auch unter Berücksichtigung der Bedeutung der Folgesache eine unzumutbare Härte darstellen würde.
Hinsichtlich der übrigen Folgesachen bleibt § 623 anzuwenden.

II Will das Gericht nach Absatz 1 dem Scheidungsantrag vor der Regelung der elterlichen Sorge für ein gemeinschaftliches Kind stattgeben, so trifft es, wenn hierzu eine einstweilige Anordnung noch nicht vorliegt, gleichzeitig mit dem Scheidungsurteil eine solche einstweilige Anordnung.

Vorbem. II redaktionell geändert dch Art 9 § 2 G v 18. 7. 79, BGBl 1061, mWv 1. 1. 80.

Schrifttum: Walter JZ **82**, 835 u FamRZ **79**, 674; van Els FamRZ **83**, 438 (auch de lege ferenda).

1) Allgemeines. Neben § 627, der eine Vorwegentscheidung über die elterliche Sorge ermöglicht, sieht § 628 eine weitere Ausnahme vom Entscheidungsverbund vor, indem unter bestimmten Voraussetzungen eine Vorwegentscheidung über den Scheidungsantrag (und etwaige weitere FolgeS) zugelassen wird, durch die eine FolgeS vom Verfahren „abgekoppelt" wird. Die Wirkung unterscheidet sich von derjenigen der Trennung, § 145, Anm 2 B b.

2) Abkoppelung von FolgeS, I. A. Voraussetzungen der Vorwegentscheidung. a) Das Gericht kann ausnahmsweise dem Scheidungsantrag vor der Entscheidung über die FolgeS stattgeben und über etwaige andere FolgeS entscheiden, wenn in einer FolgeS nach § 621 I Z 6 oder 8 vor der Auflösung der Ehe eine Entscheidung nicht möglich ist, **I Z 1**, etwa weil die Regelung des Versorgungsausgleichs oder einer güterrechtlichen Frage eine erst nachher eintretende Änderung der rechtlichen oder tatsächlichen Verhältnisse voraussetzt, zB die durch Scheidung bewirkte Auflösung einer Gesellschaft, Hagena FamRZ **75**, 395. Die bloße Unzweckmäßigkeit einer Entscheidung im Verbund genügt nicht, also nicht der Umstand, daß sich die künftigen Verhältnisse noch nicht übersehen lassen, vgl J. Blomeyer ZRP **74**, 121.

b) Eine Vorwegentscheidung in der Scheidungssache und etwaigen anderen FolgeS ist ferner zulässig, wenn in einer FolgeS nach § 621 I Z 6 das Verfahren ausgesetzt ist, § 53 c FGG, weil ein Rechtsstreit über den Bestand oder die Höhe einer auszugleichenden Versorgung vor einem anderen Gericht anhängig ist, **I Z 2**; die gleichzeitige Entscheidung über die FolgeS würde in diesem Fall die Erledigung der Scheidung unzumutbar verzögern, weil das Verfahren vor dem anderen Gericht (Verwaltungsgericht, Sozialgericht) idR langwierig sein wird.

c) Eine Vorwegentscheidung über die Scheidung und etwaige andere FolgeS ist schließlich auch dann zulässig, wenn die gleichzeitige Entscheidung über eine FolgeS den Scheidungsausspruch so außergewöhnlich verzögern würde, daß der Aufschub auch unter Berücksichtigung der Bedeutung der FolgeS eine unzumutbare Härte darstellen würde, **I Z 3**. Danach müssen beide Merkmale, Verzögerung und Härte, vorliegen. Ob das der Fall ist, hängt einerseits von der Dauer der Verzögerung, andererseits von der Bedeutung der FolgeS namentlich für die Kinder ab, Übersicht bei v. Maydell FamRZ **81**, 628, zur Berücksichtigung des Kindeswohls van Els FamRZ **83**, 438. Deshalb ist eine Abkoppelung von FolgeS iSv § 621 I Z 1 (vgl dazu II) oder § 621 I Z 4 u 5, wenn es um den notwendigen Bedarf geht, nur ganz ausnahmsweise gerechtfertigt. „Außergewöhnlich" ist eine Verzögerung nur, wenn die normale Dauer des Verbundverfahrens überschritten wird, Ffm FamRZ **81**, 579, Schlesw SchlHA **81**, 67 (dazu Walter JZ **82**, 835); auf den Grund der Verzögerung kommt es nicht an, Ffm NJW **78**, 1389. Ebensowenig sind übereinstimmende Interessen der Parteien, Ffm FamRZ **80**, 177, Hbg FamRZ **78**, 42, oder ihr Einverständnis von Bedeutung, Schlesw SchlHA **80**, 18. Deshalb rechtfertigt die gewöhnliche Dauer der Entscheidung über eine FolgeS, etwa den Versorgungsausgleich, für sich allein nicht die Abkoppelung dieser FolgeS, Zweibr FamRZ **83**, 623. Immer kommt es auf die Verzögerung in der Instanz an, so daß eine Abtrennung nicht auf die Dauer eines etwaigen Rechtsmittelverfahrens über den Versorgungsausgleich gestützt werden darf, aM AG Augsb LS FamRZ **81**, 1192.

Dagegen kann eine Abkoppelung in Betracht kommen, wenn eine Partei die Klärung des Versorgungsausgleichs behindert, indem sie Auflagen des Gerichts nicht befolgt und dadurch die Entscheidung außergewöhnlich verzögert, Hamm FamRZ **80**, 1049, Celle

FamRZ **79**, 523, enger Köln FamRZ **83**, 290 mwN. Die Abkoppelung kann auch gerechtfertigt sein, wenn während des Getrenntlebens erheblicher Unterhalt zu zahlen ist, während die Entscheidung über den Scheidungsantrag auf Grund einer Vereinbarung die Unterhaltspflicht wegfallen läßt, Ffm FamRZ **81**, 579, oder wenn die FolgeS erst kurz vor der Entscheidungsreife der anderen Verbundsachen anhängig gemacht wird, Karlsr FamRZ **79**, 947 (dazu Walter JZ **82**, 837). Eine unzumutbare Härte durch die Aufrechterhaltung des Verbundes wird durch eine mehrjährige Trennung für sich allein nicht begründet, jedoch kann es bei jahrzehntelanger Trennung anders liegen, Oldb FamRZ **79**, 619.

d) Eine Erweiterung der Voraussetzungen durch Berücksichtigung anderer Umstände, zB die Ungeklärtheit einer Rechtsfrage, ist unzulässig, Zweibr FamRZ **82**, 946. Vielmehr sind Z 1–3 eng auszulegen, um den Zweck des Verbundes, Üb § 622, nicht zu vereiteln, Hamm FamRZ **79**, 163, Ffm FamRZ **78**, 363. Dieser Zweck besteht bei kinderloser Ehe allerdings nicht darin, zusätzlich zu den Scheidungssperren des materiellen Rechts den Bestand der Ehe zu schützen, Ffm FamRZ **79**, 1013.

Die Voraussetzungen der Vorwegentscheidung sind jeder Parteidisposition entzogen, Ffm FamRZ **80**, 177, so daß es auf ihr Einverständnis nicht ankommt, Schlesw SchlHA **80**, 18. Deshalb kann bei einem Verstoß des Gerichts gegen § 628 auch keine Heilung nach § 295 eintreten, aM Düss FamRZ **82**, 146.

B. Verfahren. a) Eine Vorwegentscheidung über den Scheidungsantrag und etwaige andere FolgeS ist auch in 2. Instanz möglich, wenn die in Anm 2 genannten Voraussetzungen erst dann vorliegen, Düss FamRZ **78**, 527; maßgeblich ist die Tatsachenlage im Zeitpunkt der Berufungsverhandlung, Schlesw SchlHA **80**, 18. Dagegen kann I in der Rechtsmittelinstanz nicht angewendet werden, wenn das FamGer im Verbund über die Scheidung und die FolgeS entschieden hat, aber das Urteil nur hinsichtlich der letzteren angefochten worden ist: eine Herausnahme der FolgeS, durch die der Scheidungsanspruch wirksam werden würde, ist in diesem Fall nicht statthaft, Zö-Philippi 3, BGH NJW **81**, 55 mwN (krit Anm Oehlers FamRZ **81**, 248), KG NJW **80**, 843, str, aM ua Walter FamRZ **79**, 676, Saarbr FamRZ **82**, 947, Schlesw SchlHA **80**, 134, Oldb FamRZ **80**, 612 mwN, Ffm FamRZ **80**, 280, Saarbr FamRZ **80**, 282.

Ob das Gericht von der Möglichkeit der Auflösung des Verbundes Gebrauch macht, hat es nach pflichtgemäßem Ermessen zu entscheiden, KG NJW **79**, 168. Abgetrennt werden darf nur eine FolgeS als solche; danach dürfen nicht einzelne Unterhaltsansprüche voneinander getrennt werden, Karlsr FamRZ **82**, 318, ebenso ist eine Vorabentscheidung über Elemente des Versorgungsausgleichs unzulässig, Mü FamRZ **79**, 1025. Ein besonderer Beschluß über die Auflösung ist nicht nötig, aber zulässig, Karlsr FamRZ **78**, 362. Gegen ihn ist keine Beschwerde zulässig, vgl § 145 Anm 2 B, BGH NJW **79**, 1603 u 821; das gleiche gilt für die durch Beschluß ausgesprochene Ablehnung einer Vorwegentscheidung, Hamm NJW **79**, 1309, KG FamRZ **79**, 615 mwN, str, aM Walter S 156, Ffm FamRZ **79**, 62: aber die Voraussetzungen des § 567 I liegen auch hier nicht vor. Iü ergeht die Entscheidung durch das Urteil, in dem die Scheidung ausgesprochen und ggf über andere FolgeS entschieden wird, § 629.

Ob die Voraussetzungen der Vorwegentscheidung vorlagen und das Ermessen richtig ausgeübt wurde, ist im Berufungsrechtszug voll nachprüfbar (aM Hamm FamRZ **79**, 166), bei einem vorangegangenen Beschluß auch dieser, BGH NJW **79**, 1603. Berufung kann auch mit dem Ziel eingelegt werden, lediglich die Vorwegentscheidung zu beseitigen und dadurch den Verbund wiederherzustellen, BGH NJW **79**, 1603, Karlsr FamRZ **82**, 318 mwN, Schlesw SchlHA **80**, 18, KG NJW **79**, 168; die Rüge, die Auflösung des Verbundes sei zu Unrecht erfolgt, ist im Wege der Anfechtung des Scheidungsausspruchs zu erheben, BGH NJW **83**, 1318. Bei einem Verstoß gegen § 628 I ist dann aGrd eines zulässigen Rechtsmittels das Scheidungsurteil aufzuheben und ggf der Verbund wiederherzustellen, BGH NJW **81**, 55 u 234, **83**, 1318. Sind die FolgeS im ersten Rechtszug anhängig, zwingt der Verstoß idR zur Zurückverweisung, damit im Verbund entschieden werden kann, Karlsr FamRZ **82**, 320, Hamm FamRZ **79**, 61, Hbg MDR **79**, 679.

Wegen der Rechtsmittel s iü die Erläuterungen zu § 629a.

b) Wirkungen der Abkoppelung. Hinsichtlich der nicht abgetrennten FolgeS bleibt § 623 anzuwenden, I 2. Über sie ist also im Verbund mit der Scheidungssache zu entscheiden, und zwar idR durch Urteil, § 629.

Das Verfahren über abgetrennte FolgeS ist auch dann fortzusetzen, wenn der Scheidungsantrag in einer höheren Instanz anhängig ist, BGH NJW **79**, 1605, KG FamRZ **82**, 320. Für dieses Verfahren gelten weiterhin die Vorschriften über FolgeS, BGH NJW **81**, 55 u **79**, 821, und zwar auch dann, wenn das vorab ergangene Scheidungsurteil rechtskräftig wird, BGH

NJW **81**, 233; demgemäß besteht weiterhin Anwaltszwang, § 78 I 2 Z 2, hM, BGH NJW **81**, 233 mwN, Düss FamRZ **80**, 388, Kblz FamRZ **80**, 280. Ist das Verfahren über den Versorgungsausgleich von dem Verbund abgetrennt worden, so ist nach Rechtskraft des Scheidungsurteils auch dann noch über diese FolgeS zu entscheiden, wenn die geschiedenen Ehegatten einander inzwischen wieder geheiratet haben, Kblz FamRZ **81**, 60.

Für das weitere Verfahren gilt das für die jeweilige FolgeS maßgebliche Recht, also ZPO bzw FGG mit den sich aus den §§ 621a und 624ff ergebenden Modifikationen, § 624 Anm 1. Demgemäß ergeht die Entscheidung in diesem Restverfahren entsprechend § 629 I einheitlich durch Urteil, § 629 Anm 2, wenn auch über eine FolgeS nach § 621 I Z 4, 5 oder 8 zu entscheiden ist, sonst durch Beschluß auf Grund des FGG, Hamm FamRZ **80**, 702 mwN, str. In beiden Fällen ist ggf eine Gesamtkostenentscheidung, § 93a I u II, zu treffen; auch gebührenrechtlich bleiben die abgekoppelten Verfahren FolgeS, Karlsr MDR **80**, 412 mwN, str. Im erstinstanzlichen Verf über eine abgetrennte FGG-FolgeS richtet sich das Verf allein nach FGG, so daß zB für sie nicht § 128, sondern § 53b FGG gilt, Hamm FamRZ **80**, 703, Celle FamRZ **79**, 599, str, offen gelassen von BGH NJW **83**, 824 mwN.

Wegen der Rechtsmittel s die Erläuterungen zu § 629a.

3) Einstweilige Anordnung, II. Will das Gericht nach I Z 3 (ausnahmsweise) dem Scheidungsantrag vor der Regelung der elterlichen Sorge, § 621 I Z 1, stattgeben, so trifft es hierüber vAw gleichzeitig mit dem Scheidungsurteil eine vorläufige Regelung durch einstwAnO, es sei denn, daß schon eine entsprechende einstwAnO nach § 620 vorliegt. Es handelt sich um eine Mußvorschrift, so daß richterliches Ermessen ausscheidet. Das Verfahren und die Rechtsbehelfe richten sich nach den §§ 620a ff, str, aM Bergerfurth Rdz 18, Ffm FamRZ **79**, 1040. In anderen FolgeS bleibt es den Parteien überlassen, eine einstwAnO zu beantragen, solange die Scheidungssache noch im Verbund anhängig ist.

629

Entscheidung im Verbund. [1] Ist dem Scheidungsantrag stattzugeben und gleichzeitig über Folgesachen zu entscheiden, so ergeht die Entscheidung einheitlich durch Urteil.

[II] Absatz 1 gilt auch, soweit es sich um ein Versäumnisurteil handelt. Wird hiergegen Einspruch und auch gegen das Urteil im übrigen ein Rechtsmittel eingelegt, so ist zunächst über den Einspruch und das Versäumnisurteil zu verhandeln und zu entscheiden.

[III] Wird ein Scheidungsantrag abgewiesen, so werden die Folgesachen gegenstandslos. Auf Antrag einer Partei ist ihr in dem Urteil vorzubehalten, eine Folgesache als selbständige Familiensache fortzusetzen. § 626 Abs. 2 Satz 3 gilt entsprechend.

1) Allgemeines. Nach § 623 I ist, soweit nicht die Ausnahmen (§§ 627 u 628) eingreifen, über FolgeS grundsätzlich gleichzeitig und zusammen mit der Scheidungssache zu entscheiden, sofern dem Scheidungsantrag stattgegeben wird (Entscheidungsverbund). § 629 enthält die Ausgestaltung dieses Grundsatzes.

2) Stattgebendes Scheidungsurteil, I u II. A. Ist dem Scheidungsantrag stattzugeben und gleichzeitig über im Verbund stehende, also nicht nach § 627 oder § 628 abgetrennte FolgeS zu entscheiden, § 623 Anm 4 B, so ergeht die Entscheidung einheitlich durch Urteil, I (wegen der Entscheidung über den Auskunftsanspruch im Rahmen einer Stufenklage und wegen der sonstigen Zulässigkeit einer Teilentscheidung s § 623 Anm 4c). Ob für die FolgeS die Vorschriften des FGG maßgeblich sind, § 621a Anm 3, ist ohne Bedeutung. Für das Urteil gelten die §§ 308ff; es ist gemäß § 310 allen Beteiligten zuzustellen, also ggf auch nach Maßgabe des § 624 IV 2 dem Kind und dem Jugendamt, § 624 Anm 5 aE, und den am Versorgungsausgleich Beteiligten, dazu Heintzmann FamRZ **80**, 115 (eingehend). Wegen der Rechtskraft der vor dem 22. 6. 80 erlassenen, nicht allen Beteiligten zugestellten Urteile vgl Art 5 Z 3 u 4 G v 13. 6. 80, BGBl 677, abgedruckt Anh § 629a.

Ist der Versorgungsausgleich nach § 1408 II oder § 1587o BGB ausgeschlossen, so ist dies in der Formel des Scheidungsurteils anzusprechen, Philippi FamRZ **82**, 1057, abw Ffm FamRZ **83**, 610. Bei Scheidung oder Trennung von Ausländern ist Verschulden festzustellen, wenn das nach Art 17 EGBGB maßgebliche Recht dies vorsieht, BGH NJW **82**, 1940 mwN, zustm Henrich IPrax **83**, 163, Ffm FamRZ **81**, 783 u **79**, 814, ggf auch die Mitschuld des anderen Ehegatten, mag es sich auch um die deutsche Ehefrau handeln, Ffm FamRZ **79**, 587. Der Schuldausspruch gehört in die Gründe, nicht in den Tenor, BGH aaO mwN, krit Henrich IPrax **83**, 163 (Aufnahme in den Tenor, wenn der Schuldanspruch nach materiel-

3. Titel. Scheidungs- und Folgesachen §§ 629, 629a

lem Recht Bedeutung hat), str, aM Ffm FamRZ **81**, 783, zustm Henrich IPrax **82**, 9. Eine einverständliche Scheidung, § 630, dürfte nicht als solche im Tenor zu kennzeichnen sein, aM Diederichsen NJW **77**, 658, ThP § 630 Anm 5b.

Über die Kosten ist nach § 93a zu entscheiden. Wegen der Rechtsmittel s § 629a. Gebühren: Für die Gerichtskosten gelten Scheidungssache und FolgeS als ein Verfahren, dessen Gebühren, KV 1110ff, nach dem zusammengerechneten Wert erhoben werden, § 19a GKG iVm § 12 II u ggf § 17a GKG. Für den RA sind die Verfahren eine Angelegenheit, § 7 III BRAGO, für die die gewöhnlichen Gebühren, § 31 BRAGO, anfallen.

B. Versäumnisurteil (Konzen JR **78**, 366). **a)** Eine Entscheidung durch einheitliches Urteil, I, ergeht auch insoweit, als es sich um ein Versäumnisurteil handelt, **II 1**. Das kann nur in FolgeS eintreten, für die ZPO gilt, also in Sachen nach § 621 I Z 4, 5 u 8, § 621a Anm 2; wegen der Berücksichtigung des Vorbringens in anderen FolgeS § 623 Anm 4a. Auch wenn die Säumnis vor der Schlußverhandlung eintritt, ist ein beantragtes Versäumnisurteil nach den §§ 330, 331 I u II also erst zusammen mit dem Scheidungsausspruch und etwaigen Entscheidungen über weitere FolgeS zu erlassen. Das setzt voraus, daß die Partei auch in der Schlußverhandlung säumig ist, Diederichsen NJW **77**, 658, Bender-Belz-Wax Rdz 312. Ein Versäumnisurteil nach § 331 III ist im Verbund nicht möglich. Auch das Versäumnisurteil darf nicht für vorläufig vollstreckbar erklärt werden, § 629d, StJSchl Rdz 2.

b) Soweit das einheitliche Urteil als Versäumnisurteil ergangen ist, kann dagegen Einspruch, §§ 338ff, iü das sonst zulässige Rechtsmittel eingelegt werden, § 629a. Geschieht beides, so ist zunächst über den Einspruch und das Versäumnisurteil zu verhandeln und zu entscheiden, **II 2**, um dem Verurteilten die volle Tatsacheninstanz zu erhalten. Hinsichtlich dieses Teils fällt die Sache dem Rechtsmittelgericht also erst dann an, wenn gegen die Entscheidung über den Einspruch und das Versäumnisurteil nach allgemeinen Vorschriften ein Rechtsmittel eingelegt ist, §§ 343, 345, 511, 513, 566. In diesem Fall ist darüber vom Rechtsmittelgericht im Verbund mit den anderen Teilen des angefochtenen Urteils einheitlich durch Urteil zu erkennen, §§ 623 I, 629 I. Andernfalls beschränkt sich der Verbund auf die dem Rechtsmittelgericht sogleich angefallenen Entscheidungen; jedoch besteht kein Verbund, wenn nur FolgeS in die Rechtsmittelinstanz gelangen, BGH FamRZ **80**, 773.

3) Abweisung des Scheidungsantrags, III. A. Da in FolgeS nur für den Fall der Scheidung zu entscheiden ist, § 623 I, hat sich das Urteil im Fall der Abweisung auf den Scheidungsantrag zu beschränken; die FolgeS wird damit gegenstandslos, **III 1**, ohne daß dies ausgesprochen werden müßte, was aber zur Klarstellung ratsam ist. Nötig ist die Rechtskraft der Abweisung, vgl § 629b. Wegen der Kostenfolge s § 93a II, wegen der Rechtsmittel s § 629a. Gebühren entstehen wie im Fall der Stattgabe des Scheidungsantrags, Anm 2 A. Über den Fall, daß das abweisende Urteil vom Rechtsmittelgericht aufgehoben wird, s § 629b.

B. Fortführung einer FolgeS. Auf Antrag einer Partei ist ihr im Urteil vorzubehalten, eine FolgeS als selbständige FamS fortzusetzen, **III 2**; vgl dazu § 626 Anm 3. Wegen der Rechtsmittel s § 629a. Fortgesetzte Sachen, die nicht mehr auf Regelung der Scheidungsfolgen gerichtet sein können, werden nach den Vorschriften für FamS, §§ 621a ff, verhandelt und entschieden, also nicht im Verbund; sie bleiben beim Gericht der Scheidung anhängig. Die Prozeßstandschaft nach § 1629 III BGB endet, so daß das Kind automatisch in den Unterhaltsprozeß eintritt, Bergerfurth FamRZ **82**, 564. In der selbständigen FamS wird über die Kosten besonders entschieden, **III 3**, § 626 II 3, und zwar nach den allgemeinen Vorschriften, nicht nach § 93a.

629a *Rechtsmittel im Entscheidungsverbund.* [I] Gegen Urteile des Berufungsgerichts ist die Revision nicht zulässig, soweit darin über Folgesachen der in § 621 Abs. 1 Nr. 7 oder 9 bezeichneten Art erkannt ist.

[II] Soll ein Urteil nur angefochten werden, soweit darin über Folgesachen der in § 621 Abs. 1 Nr. 1 bis 3, 6, 7, 9 bezeichneten Art erkannt ist, so ist § 621e entsprechend anzuwenden. Wird nach Einlegung der Beschwerde auch Berufung oder Revision eingelegt, so gelten § 623 Abs. 1, § 629 Abs. 1 entsprechend.

Vorbem. Wegen der Rechtskraft von Verbundurteilen aus der Zeit vor dem 22. 6. 80 nach Art 5 G v 13. 6. 80, BGBl 677, s Anh §§ 629d.

Schrifttum: Adelmann, Rechtskraft von Verbundentscheidungen Rpfleger **80**, 264; Heintzmann, Zur Rechtskraft des Scheidungsausspruchs (Gedanken zum Anschlußrechtsmittel im Scheidungsverbund), FamRZ **80**, 112 (u FamRZ **81**, 329); Henrich, Die Bedeutung von Teilrechtskraftzeugnissen in Scheidungsurteilen, die im Verbund ergangen sind, StAZ **81**, 69; Rüffer, Die formelle Rechtskraft des Scheidungsausspruchs bei Scheidung im Verbundverfahren, 1982 (Bespr: Bergerfurth FamRZ **82**, 969; Heintzmann NJW **83**, 23; Göppinger AcP **183**, 111).

1) Allgemeines.
A. Grundsatz. Hat das Gericht nur über den Scheidungsantrag entschieden, nämlich im Fall seiner Abweisung, § 629 III, oder beim Fehlen von im Verbund stehenden FolgeS, so gelten für die Rechtsmittel die allgemeinen Vorschriften, §§ 511 ff u 545 ff (die Revision ist nach den §§ 546 u 547 statthaft). Ergeht ein Urteil im Entscheidungsverbund, § 629, über den Scheidungsantrag und eine FolgeS, so gilt grundsätzlich das gleiche: es kann mit Berufung bzw Revision angefochten werden (wegen der Versäumnisurteile s § 629 Anm 2 B), und zwar sowohl vollen Umfangs als auch teilweise; jedoch ist in der Revisionsinstanz die Entscheidung über FolgeS § 621 I Z 7 u 9 der Nachprüfung entzogen, Anm 2.

Der Verbund setzt sich in der Rechtsmittelinstanz fort, § 623 Anm 2 a; dies gilt jedoch nicht, wenn nur FolgeS in diese Instanz gelangen, BGH FamRZ **83**, 39, NJW **82**, 1937 u **80**, 2135. Das Verfahren richtet sich nach den §§ 511 ff bzw §§ 545 ff auch in allen FolgeS, soweit nicht II eingreift. Die Berufung kann in der Begründung auf FGG-FolgeS beschränkt werden; sie wird damit zur Beschwerde, II, BGH NJW **81**, 2360. Bei späterer Beschränkung dieser Art bleibt das Rechtsmittel eine Berufung, Bbg FamRZ **82**, 506.

Die Rechtsmittelfrist läuft für jeden Beteiligten getrennt. Sie beginnt für alle spätestens mit dem Ablauf von 5 Monaten nach der Verkündung, §§ 516, 552 idF des Art 1 Z 6 G v 13. 6. 80, BGBl 677 (Übergangsrecht: Anh § 629 a). Für die isolierte Anfechtung von FGG-FolgeS enthält II Sonderbestimmungen. Es empfiehlt sich, zunächst schlechthin Berufung einzulegen und das Rechtsmittel ggf in der Begründung auf einen bestimmten Teil zu beschränken, zB auf die Sorgerechtsentscheidung (damit wird das Rechtsmittel zur Beschwerde, II, siehe oben). Wegen der Bezeichnung der Parteien im Rechtsmittelverfahren s § 622 Anm 2.

B. Teilanfechtung. Wenn ein Urteil zT angefochten wird, also nur hinsichtlich des Scheidungsantrags oder (von einem Ehegatten oder einem Drittbeteiligten, zB dem Jugendamt) nur wegen einer FolgeS, so richtet sich die Statthaftigkeit des Rechtsmittels für FolgeS nach den dafür geltenden besonderen Vorschriften. Danach ist die Revision in FolgeS iSv § 621 I Z 4, 5 u 8 (auch bei einer Beschwer von mehr als 40000 DM) von ihrer Zulassung abhängig, soweit die Berufung nicht als unzulässig verworfen worden ist, § 621 d; ferner ist die Revision für FolgeS iSv § 621 I Z 7 u 9 ausgeschlossen, **I**. Die Prozeßstandschaft nach § 1629 III BGB wirkt auch in der Berufungsinstanz fort, wenn lediglich eine den Unterhalt des Kindes betreffende FolgeS dorthin gelangt, Celle FamRZ **79**, 629. Wird gegen ein Verbundurteil wegen der Entscheidung in nur einer FolgeS ein Rechtsmittel eingelegt, so wird dadurch die Möglichkeit eröffnet, andere in demselben Urteil enthaltene FolgeS-Entscheidungen, auch wenn sie antragsgemäß ergangen sind, mit dem dafür gegebenen Rechtsmittel im Wege der Erweiterung des Antrages zur Prüfung des höheren Gerichts zu stellen, BGH NJW **83**, 177, Celle FamRZ **81**, 379.

Im Fall einer Teilanfechtung erwachsen die anderen Teile nicht in Rechtskraft, solange von einem Beteiligten ein **Anschlußrechtsmittel** eingelegt werden kann, §§ 521 I u 556 I; die Anschließung des Rechtsmittelgegners gibt dem Rechtsmittelführer seinerseits wieder die Möglichkeit der Anschließung. Ist nur die Entscheidung in einer FolgeS angefochten, so kann ein Drittbeteiligter in einer anderen FolgeS kein Anschlußrechtsmittel einlegen, weil er in der angefochtenen Sache nicht Rechtsmittelgegner ist, Rüffer FamRZ **79**, 413, offen gelassen in BGH NJW **82**, 226 u **83**, 177. Wohl aber steht das Recht zur Anschließung den Ehegatten zu, wenn sie von dem Rechtsmittel betroffen sind (kein Rechtsschutzinteresse besteht für eine Anschließung, wenn damit dasselbe Ziel wie mit dem Rechtsmittel des Drittbeteiligten verfolgt wird, BGH NJW **82**, 224). Dabei ist die Anschlußberufung zB wegen des Scheidungsausspruchs auch dann zulässig, wenn für die Entscheidung über die angefochtene FolgeS das FGG maßgeblich ist, also wenn das erste Rechtsmittel eine Beschwerde nach II ist, BGH NJW **80**, 702 mwN, Heintzmann FamRZ **81**, 330 (unter Hinweis auf Art 5 Z 4 G v 13. 6. 80, Anh § 629 a); ebenso ist die Anschlußbeschwerde wegen eines FGG-FolgeS zulässig, wenn sich das Hauptrechtsmittel dieselbe (oder eine andere) FGG-FolgeS betrifft, BGH NJW **82**, 225, und zwar auch im Verf über den Versorgungsausgleich, BGH NJW **83**, 176 u 578, weil dort das Verbot der Schlechterstellung des Rechtsmittelführers ebenfalls gilt, BGH NJW **83**, 173. Immer muß sich die Anschließung gegen dieselbe

Entscheidung wie das Hauptrechtsmittel richten, so daß die Anschließung wegen des durch Urteil ergangenen Scheidungsausspruchs unzulässig ist, wenn sich das Hauptrechtsmittel auf die Entscheidung über eine nach § 628 abgetrennte FolgeS bezieht, BGH NJW **83**, 1318.

Rechtskräftig werden deshalb die nicht angefochtenen Teile einer Verbundentscheidung ohne Rücksicht auf ihre isolierte Anfechtbarkeit nicht schon mit der Verkündung des Urteils, Hamm NJW **80**, 713 u KG FamRZ **80**, 472 mwN, sondern erst dann, wenn alle Beteiligten wirksam auf Rechtsmittel, Anschlußrechtsmittel und auch einen Antrag nach § 629c verzichtet haben, Schlesw SchlHA **81**, 50, Düss FamRZ **80**, 709, Celle FamRZ **80**, 70, KG NJW **80**, 843, Mü FamRZ **79**, 444, Karlsr NJW **79**, 1211; dazu eingehend Henrich StAZ **81**, 69, Rüffer FamRZ **79**, 405, beide mwN. Für den Verzicht gelten die Vorschriften der ZPO, § 514 u § 521 Anm 1 B c; auch vor Einlegung eines Rechtsmittels kann auf die Anschließung verzichtet werden, Hamm FamRZ **83**, 823, str, aber die hM, Köln FamRZ **83**, 824.

Berufungsurteile, in denen nur über den Scheidungsantrag entschieden worden ist, ohne daß die Revision zugelassen wäre, werden mit ihrer Verkündung rechtskräftig, § 705 Anm 1 C, überwM, Stgt FamRZ **83**, 84 (weitergehend), Bbg FamRZ **82**, 317, Hamm FamRZ **81**, 1194, alle mwN.

C. Entscheidung. Die Entscheidung über Berufung oder Revision ergeht im allgemeinen Verfahren nach der ZPO. Für die Kosten gilt § 93a auch dann, wenn nur einzelne FolgeS angefochten werden; in diesem Fall ist bei erfolgreicher Anfechtung nur über die Kosten der 2. Instanz zu befinden, Mü FamRZ **80**, 473. Die Kostenentscheidung richtet sich auch bei Rücknahme des Rechtsmittels stets nach der ZPO, vgl Anm 3.

Für das Gericht entstehen Gebühren nach KV 1120ff, 1130ff, für den RA die gewöhnlichen Gebühren für die Rechtsmittelinstanz.

2) Beschränkung der Revision in FolgeS, I. Wegen der geringeren Bedeutung der FamS des § 621 I Z 7 u 9 schließt § 621e die weitere Beschwerde im Verfahren außerhalb einer Scheidungssache aus. Dementsprechend ist die Revision nicht zulässig, soweit über diese FolgeS im Verbund durch Urteil erkannt ist. Das gilt ohne Rücksicht darauf, welchen Inhalt das Urteil hat, also auch dann, wenn die Berufung als unzulässig verworfen worden ist, BGH FamRZ **80**, 670. Die trotzdem eingelegte Revision ist in diesem Umfang zu verwerfen, § 554a.

3) Selbständige Anfechtung der Entscheidung in FolgeS, II. A. Beschwerde. Ein nach § 629 ergangenes einheitliches Urteil kann auch wegen eines Teils angefochten werden, und zwar mit der Berufung bzw der Revision, soweit das Rechtsmittel nach allgemeinen Vorschriften statthaft ist, Anm 1. Davon macht II für FolgeS nach § 621 I Z 1–3, 6, 7 u 9 eine Ausnahme: Da es sich um Sachen handelt, für die das FGG maßgeblich ist, § 621a Anm 3, ist für die isolierte Anfechtung der im Urteil getroffenen Entscheidung insoweit nicht Berufung oder Revision gegeben, sondern die Beschwerde entsprechend § 621e, **II 1**. Über die Einzelheiten vgl die Erläuterungen zu § 621e; eine unselbständige Anschlußbeschwerde ist zulässig, § 621e Anm 4 B. Die angefochtene FolgeS bleibt FamRZ **79**, 908. Ist Beschwerde eingelegt, so kann das Rechtsmittel in der Begründungsschrift – nunmehr als Berufung – auf andere Teile des Urteils erstreckt werden, gegen die die Berufung gegeben ist, wenn hierauf nicht verzichtet worden ist, BGH NJW **81**, 2360.

Anders als nach § 621e besteht für die Einlegung der Beschwerde Anwaltszwang, § 78 I 2, BGH VersR **80**, 262, FamRZ **79**, 232 u 908. Dies gilt jedoch nicht für das Jugendamt und für die Träger der gesetzlichen Rentenversicherung bzw der Versorgungslast, Zö-Philippi 4, BGH NJW **80**, 2260 u 1958 mwN, NJW **79**, 108 m krit Anm Oehlers FamRZ **79**, 114. Angesichts dieser inzwischen ständigen Rechtsprechung des BGH, der die Beschwerdegerichte sich im Interesse der Beteiligten anzuschließen haben, läßt sich die Gegenmeinung, Stgt Just **80**, 200, KG NJW **79**, 2251 mwN, Oldb FamRZ **79**, 1050, Walter FamRZ **79**, 671 mwN, nicht mehr aufrechterhalten, obwohl die Berufung des BGH auf § 29 I 3 FGG kaum zu überzeugen vermag, vgl Walter S 143, Plagemann SGb **81**, 81.

Über die Beschwerde entscheidet das OLG durch Beschluß; die Regeln über den Verbund gelten hier nicht, BGH FamRZ **80**, 773. Dagegen ist die weitere Beschwerde nur in den Fällen des § 621 I Z 1–3 u 6 unter den Voraussetzungen des § 621e II zulässig: sie ist also in FolgeS nach § 621 I Z 7 u 9 ausgeschlossen, und zwar auch dann, wenn die Erstbeschwerde als unzulässig verworfen worden ist, BGH NJW **80**, 402.

Wegen der Kosten vgl Anm 1 C. § 97 I u II gelten auch hier, § 97 III, dazu Tietze FamRZ **83**, 291. Bei Rücknahme der Beschwerde gilt in allen Fällen § 515 III entsprechend, nicht etwa (ganz oder teilweise) § 13a FGG, Düss FamRZ **80**, 1052, Mü FamRZ **79**, 734, Bre **KR**

§ 515 Nr 31, Hamm **KR** § 515 Nr 33 m abl Anm v. Eicken und zustm Anm Lappe, aM Stgt FamRZ **83**, 936 mwN, Hbg FamRZ **79**, 326. Für das Gericht entstehen Gebühren in allen Fällen, § 1 II GKG, nach KV 1120 ff, 1130 ff, für den RA die vollen Gebühren des § 31 nach § 11 I 2 u 3 BRAGO, s § 61 a BRAGO.

B. Mehrere Rechtsmittel. Wird in diesen Fällen nach Einlegung der Beschwerde auch Berufung (oder nach Einlegung der weiteren Beschwerde Revision) eingelegt, gleichgültig, ob vom Beschwerdeführer oder vom Beschwerdegegner, so gelten die §§ 623 I u 629 I entsprechend, II 2. Über alle Rechtsmittel ist demgemäß im Verbund zu verhandeln und ggf einheitlich durch Urteil zu entscheiden. Gegen ein Urteil des OLG ist die Revision nach allgemeinen Vorschriften zulässig, §§ 546 u 547.

4) **Wiederaufnahme,** §§ 579 ff. Sie ist auch hinsichtlich einzelner FolgeS zulässig, soweit die Entscheidung nicht ohnehin später geändert werden darf, zB nach § 1696 BGB, und berührt dann die Rechtskraft des Scheidungsanspruchs nicht; dementsprechend läßt auch die Fortsetzung des Verfahrens nach einem für unwirksam gehaltenen Prozeßvergleich in einer FolgeS den Scheidungsausspruch unberührt, Bergerfurth FamRZ **82**, 565. Die Wiederaufnahme der Scheidungssache ergreift auch die im Verbund entschiedene FolgeS, Bergerfurth FamRZ **76**, 583.

Anhang nach § 629 a

Rechtskraft von Verbundurteilen aus der Zeit vor dem 22. 6. 1980

1) Nach den §§ 516 und 552 in der Fassung der VereinfNov wurde die **Rechtsmittelfrist** auch für Verbundurteile, § 629 a Anm 1 A, nur durch die Zustellung in Lauf gesetzt. Das bedeutete wegen der Möglichkeit der Anschließung, § 629 a Anm 1 B, daß ein Verbundurteil auch hinsichtlich des Scheidungsausspruchs erst rechtskräftig wurde, wenn es allen Beteiligten, auch zB einem Kind, zugestellt worden war und die Rechtsmittelfrist für alle abgelaufen war (oder alle Beteiligten verzichtet hatten, § 629 a Anm 1 B aE). In Verkennung der Rechtslage waren jedoch nicht selten Rechtskraftzeugnisse erteilt worden, ohne daß die Zustellung an alle anderen Beteiligten geprüft wurde. Die etwa aufgrund eines solchen Zeugnisses geschlossene neue Ehe war eine Doppelehe und unterlag der Nichtigkeitsklage, vgl Heintzmann FamRZ **80**, 112, Mü FamRZ **80**, 565.

2) Durch G vom 13. 6. 80, BGBl 677, wurden sodann die §§ 516 und 552 mWv 22. 6. 80 dahin geändert, daß die Frist für die Berufung bzw Revision ohne Rücksicht auf die Zustellung **spätestens mit dem Ablauf von 5 Monaten nach der Verkündung zu laufen beginnt,** wie dies vor der VereinfNov der Fall war; wegen des Beginns dieser Frist für vorher verkündete Entscheidungen vgl die Vorbem zu den §§ 516 und 552. In den Übergangsvorschriften dieses Gesetzes ist auch die Frage geregelt, wie es sich mit Verbundurteilen verhält, für die **vor dem Inkrafttreten am 22. 6. 80 zu Unrecht ein Rechtskraftzeugnis** erteilt worden ist (**Schrifttum:** Graßhoff NJW **81**, 437; Heintzmann FamRZ **81**, 329; Otto StAZ **80**, 227; Schuster ZZP **93**, 405).

Art 5 G v 13. 6. 80, BGBl 677

1. (siehe Vorbem § 114)
2. (betr die Anwendung völkerrechtlicher Vereinbarungen)
3. **Für Entscheidungen, die vor dem Inkrafttreten dieses Gesetzes verkündet worden sind und gegen die ein Rechtsmittel noch zulässig ist, beginnt die in den §§ 516, 552 der Zivilprozeßordnung bezeichnete Frist von fünf Monaten mit dem Inkrafttreten dieses Gesetzes. Gegen Urteile nach § 629 Abs. 1 und 2 der Zivilprozeßordnung, die bei Inkrafttreten dieses Gesetzes zu Unrecht mit einem Rechtskraftvermerk versehen sind, können Rechtsmittel nach dem Inkrafttreten dieses Gesetzes nicht mehr eingelegt werden.**
4. **Ist ein Urteil nach § 629 Abs. 1 und 2 der Zivilprozeßordnung bei Inkrafttreten dieses Gesetzes zu Unrecht mit einem Rechtskraftvermerk versehen, so ist es in dem bescheinigten Umfang als an dem angegebenen Tag rechtskräftig geworden anzusehen. Dies gilt nicht, wenn**
   a) **auf Grund eines anhängigen Rechtsmittelverfahrens gegen das Urteil der Rechtskraftvermerk zu beseitigen ist oder**
   b) **gegen die Entscheidung über einen Antrag nach § 706 Abs. 1 der Zivilprozeßordnung eine Erinnerung oder Beschwerde anhängig ist.**
5. **§ 20 Abs. 2 des Ehegesetzes ist auch anzuwenden, wenn das Urteil über die Scheidung oder Aufhebung der früheren Ehe vor dem Inkrafttreten dieses Gesetzes rechtskräftig geworden ist.**

3. Titel. Scheidungs- und Folgesachen   Anh § 629a, § 629b

Z 3 S 1 gilt auch für Verbundurteile, so daß diese Urteile, wenn sie nicht bis zum Ablauf der dort genannten Frist angefochten worden sind und vor dem 22. 6. 80 kein Rechtskraftzeugnis erteilt worden ist, mit Ablauf des 22. 12. 80 rechtskräftig wurden; ein solches Urteil wird (bzw wurde) jedoch wirkungslos, wenn einer der Ehegatten vor der Erledigung des Rechtsmittelverfahrens (bzw vor dem 22. 12. 80) verstirbt, Graßhoff NJW **81**, 437. In die Rechtsmittelfrist ist die vor dem 22. 6. 80 verstrichene Zeit nicht einzurechnen, Heintzmann FamRZ **81**, 330 gg Grunsky NJW **80**, 2042. Sind Verbundurteile bis zum 22. 6. 80 zu Unrecht mit einem Rechtskraftvermerk versehen worden, so gelten **Z 3 S 2** und **Z 4**, nach denen diese Urteile einer Anfechtung entzogen werden und ihre Rechtskraft (vorbehaltlich der in Z 4 S 2 genannten Ausnahmen) rückwirkend fingiert wird; diese Fiktion tritt auch dann ein, wenn ein Ehegatte vor oder nach dem 22. 6. 80 verstorben ist (abw für den ersteren Fall Heintzmann FamRZ **81**, 330 im Hinblick auf § 619: aber die Heilungswirkung dürfte auch diesen Fall erfassen, also § 619 insoweit ausschalten, da das Gesetz den Rechtszustand absichern will, auf den sich alle Beteiligten in ihren Dispositionen eingerichtet hatten). Die materielle Rechtslage wird durch **Z 5** im gleichen Sinne klargestellt, indem der durch Art 4 Z 16 des Gesetzes eingefügte Abs 2 des § 20 EheG auch in den Fällen der fingierten Rechtskraft nach Z 4 S 1 für anwendbar erklärt wird; Näheres bei Pal-Diederichsen § 20 EheG Anm 4.

Eine etwaige Nichtigkeitsklage wegen Doppelehe, Anm 1, erledigt sich nach Z 4 S 1, wenn nicht die Ausnahmen in Z 4 S 2 eingreifen. In dem (seltenen) Fall, daß die Nichtigkeit der neuen Ehe am 22. 6. 80 schon rechtskräftig ausgesprochen worden war, dürfte die Wiederaufnahme entsprechend § 579 Z 7a zulässig sein.

629 b *Zurückverweisung nach Abweisung des Scheidungsantrags.* **I** Wird ein Urteil aufgehoben, durch das der Scheidungsantrag abgewiesen ist, so ist die Sache an das Gericht zurückzuverweisen, das die Abweisung ausgesprochen hat, wenn bei diesem Gericht eine Folgesache zur Entscheidung ansteht. Dieses Gericht hat die rechtliche Beurteilung, die der Aufhebung zugrunde gelegt ist, auch seiner Entscheidung zugrunde zu legen.

II Das Gericht, an das die Sache zurückverwiesen ist, kann, wenn gegen das Aufhebungsurteil Revision eingelegt wird, auf Antrag anordnen, daß über die Folgesachen verhandelt wird.

1) Zurückverweisung nach Abweisung des Scheidungsantrags, I. Mit der Abweisung des Scheidungsantrags werden alle FolgeS gegenstandslos, § 629 III. Sie fallen bei Anfechtung des Urteils dem Rechtsmittelgericht nicht an, weil über sie nicht entschieden worden ist. Wird das abweisende Urteil aufgehoben, muß die Sache an das Gericht zurückverwiesen werden, das die Abweisung ausgesprochen hat, wenn bei diesem Gericht eine FolgeS zur Entscheidung ansteht, I 1. Das ist stets dann der Fall, wenn dort eine FolgeS im Zeitpunkt des abweisenden Urteils anhängig war und diese FolgeS sich nicht inzwischen erledigt hat, also nicht nur dann, wenn das Urteil einen Vorbehalt nach § 629 III 2 enthält. Eine FolgeS braucht aber nicht unbedingt anhängig zu sein. Es genügt, daß eine Sorgerechtsregelung oder ein Versorgungsausgleich gemäß § 623 III iVm durchgeführt werden soll, Karlsr FamRZ **81**, 191 mwN, Celle FamRZ **79**, 234, aM Ffm FamRZ **80**, 283: keine Zurückverweisung, wenn beim FamGer bislang keine FolgeS anhängig geworden ist.

Die Zurückverweisung ist zwingend vorgeschrieben, so daß Zweckmäßigkeitserwägungen ausscheiden müssen; zurückzuverweisen ist also auch dann, wenn die Voraussetzungen der Scheidung gegeben sind und sich die Beteiligten über alle notwendigen und anhängigen FolgeS geeinigt bzw der vorgesehenen Lösung zugestimmt haben, aM Köln FamRZ **80**, 1048, und ebenfalls in dem Fall, daß bei einverständlicher Scheidung nur über eine einzige, im Grunde entscheidungsreife FolgeS zu befinden ist, aM Ffm FamRZ **80**, 710. Zurückzuverweisen ist an das Gericht, bei dem die FolgeS ansteht; das ist das OLG, wenn es erstmals den Scheidungsantrag abgewiesen hat und die FolgeS in die Berufungsinstanz gelangt war, vgl §§ 627 u 628, sonst das FamGer, aM Diederichsen NJW **77**, 660 (stets das FamGer), ThP 2 (differenzierend). Dieses Gericht hat die rechtliche Beurteilung, die der Aufhebung zugrundeliegt, auch seiner Entscheidung zugrundezulegen, I 2, vgl § 565 II; das Gleiche gilt für die Selbstbindung des zurückverweisenden Gerichts, Düss FamRZ **81**, 808.

Mit der Zurückverweisung wird der Verbund, § 623 I, wiederhergestellt, so daß etwa selbständig fortgeführte FamS wieder FolgeS werden und neue FolgeS vAw, § 623 III, oder durch Überleitung, § 621 III, oder auf Antrag einer Partei entstehen können, Diederichsen NJW **77**, 653. Die erneute Entscheidung ergeht einheitlich durch Urteil. Über die Kosten der Berufung, § 93a, kann vorweg im zurückverweisenden Urteil entschieden werden, Zweibr FamRZ **82**, 293, Celle FamRZ **79**, 234.

§§ 629b, 629c 1, 2   6. Buch. 1. Abschnitt. Verfahren in Familiensachen

§ 629b ist entspr anzuwenden, wenn das FamGer den Antrag auf Aufhebung der Ehe abgewiesen hat und in 2. Instanz (hilfsweise) Antrag auf Scheidung gestellt wird, Hbg FamRZ **82**, 1211.

War das Gericht, das die Abweisung ausgesprochen hat, örtlich unzuständig und wird die Scheidungssache deshalb vom Berufungsgericht an das (jetzt) zuständige Gericht verwiesen, § 606 Anm 6, so entfällt eine Zurückverweisung, Hbg FamRZ **83**, 612; die beim unzuständigen Gericht wieder aufgelebten FolgeS sind entspr § 621 II an das (jetzt) zuständige FamGer zu verweisen bzw abzugeben.

2) Verfahren bei Anfechtung der Zurückverweisung, II. Mit Einlegung der Revision gegen das Urteil des OLG tritt die Hemmungswirkung ein, Grdz 1 B § 511. In diesem Fall kann das Gericht, an das zurückverwiesen ist, auf Antrag anordnen, daß über die bei ihm zur Entscheidung anstehende FolgeS, Anm 1 B, verhandelt wird. Den dazu erforderlichen Antrag darf jede Partei stellen. Die Entscheidung darüber ergeht nach Ermessen unter Abwägung der Eilbedürftigkeit der FolgeS und der voraussichtlichen Dauer des Revisionsverfahrens. Die Ablehnung des Antrags unterliegt der Beschwerde, § 567 I. Gegen den die Verhandlung anordnenden Beschluß gibt es kein Rechtsmittel. Erst nach Rechtskraft des zurückverweisenden Urteils darf über die FolgeS (im Verbund) entschieden werden, § 629 I. Eine Vorwegentscheidung nach § 627 ist auch hier zulässig.

629 c *Erweiterte Aufhebung in dritter Instanz.* **Wird eine Entscheidung auf Revision oder weitere Beschwerde teilweise aufgehoben, so kann das Gericht auf Antrag einer Partei die Entscheidung auch insoweit aufheben und die Sache zur anderweitigen Verhandlung und Entscheidung an das Berufungs- oder Beschwerdegericht zurückverweisen, als dies wegen des Zusammenhangs mit der aufgehobenen Entscheidung geboten erscheint.**

1) Allgemeines. Durch Revision oder weitere Beschwerde, § 629a II, fällt trotz des Verbundes die Sache dem BGH nur insoweit an, als die Entscheidung angefochten ist. **A. Revision nur in der Scheidungssache.** Beschränkt sich die (nur kraft Zulassung statthafte) Revision auf die Scheidungssache, so entscheidet der BGH nur hierüber: Weist er die Scheidungsantrag ab, wird die Entscheidung in FolgeS gegenstandslos, § 629 III; hebt er ein abweisendes Urteil auf, muß die Sache zurückverwiesen werden, § 629b I. § 629 gilt für diese Fälle nicht, StJSchl Rdz 3.

B. Rechtsmittel (auch) in einer FolgeS. Wird auch oder nur gegen die Entscheidung in einer FolgeS Revision eingelegt oder weitere Beschwerde erhoben, so hängt die Statthaftigkeit des Rechtsmittels zwar grundsätzlich von seiner Zulassung ab, §§ 546, 621d, 629a II iVm § 621e II. Bei Zulassung des Rechtsmittels nur wegen eines Teiles der Entscheidung ist aber hinsichtlich der übrigen Teile Revision oder weitere Beschwerde statthaft, soweit diese Teile rechtlich von der anfechtbaren Teilentscheidung abhängen, BGH **35**, 302. Unter den Angelegenheiten, die in die 3. Instanz gelangen können, besteht jedoch nicht oder doch nicht immer eine rechtliche, sondern oft nur eine tatsächliche Abhängigkeit. Wegen der gebotenen Einheitlichkeit der Entscheidung eröffnet § 629c den Parteien die Möglichkeit, eine Nachprüfung auch solcher Teile der Entscheidung herbeizuführen, die der 3. Instanz nicht angefallen sind, Sedemund-Treiber DRiZ **76**, 337.

2) Erweiterte Nachprüfung. Wird eine Entscheidung auf Revision oder weitere Beschwerde vom BGH teilweise aufgehoben, so kann er diese Entscheidung auch hinsichtlich anderer Teile nachprüfen, die nicht mit Revision oder weiterer Beschwerde angefochten worden sind, soweit dies wegen des Zusammenhangs mit der aufgehobenen Entscheidung geboten erscheint, zB im Falle der Anfechtung der Regelung der elterlichen Sorge hinsichtlich der nicht angefochtenen Regelung des Umgangs mit dem Kind. Das gilt grundsätzlich auch hinsichtlich der Ehesache, wenn dem BGH nur eine FolgeS angefallen ist; jedoch wird die Ehesache von der FolgeS nur ausnahmsweise abhängig sein, zB die einverständliche Scheidung, § 630, von der Befolgung des gemeinsamen Vorschlags für die Regelung des Sorgerechts, StJSchl Rdz 2, abw Heintzmann FamRZ **80**, 114. Die erweiterte Nachprüfung (und Aufhebung) in der dritten Instanz bezieht sich aber nur auf solche Teile des erstinstanzlichen Verbundurteils, die in die zweite Instanz gelangt waren, Mü FamRZ **79**, 942, Saarbr FamRZ **79**, 729, Rüffer FamRZ **79**, 415, aM Heintzmann FamRZ **80**, 114. Die Befugnis nach § 629c besteht nicht, wenn das Rechtsmittel ohne Erfolg bleibt.

Die Einbeziehung nicht angefochtener Teile erfolgt nur auf Antrag einer Partei, nicht notwendigerweise des Rechtsmittelführers. Der Antrag muß bis zum Schluß der mündli-

3. Titel. Scheidungs- und Folgesachen §§ 629 c–630

chen Verhandlung gestellt sein (Hilfsantrag, der mit der Verwerfung oder Zurückweisung des Rechtsmittels gegenstandslos wird); ggf hat das Gericht darauf hinzuweisen, StJSchl Rdz 4. Ein Verzicht auf das Antragsrecht ist auch schon vor der Entscheidung des Revisionsgerichts zulässig, Mü FamRZ **79**, 444, Rüffer FamRZ **79**, 415, abw Heintzmann FamRZ **80**, 114 (ein schon nach Abschluß der 1. Instanz erklärter Verzicht sei unwirksam). Die Einbeziehung vAw ist nicht vorgesehen, auch nicht hinsichtlich der Fälle des § 623 III.

3) Entscheidung. Unter den Voraussetzungen der Anm 2 kann der BGH die Entscheidung auch hinsichtlich nicht angefochtener Teile aufheben und die Sache zur anderweitigen Verhandlung und Entscheidung an das OLG zurückverweisen, soweit dies wegen des Zusammenhangs, Anm 2, geboten erscheint. Die Fassung der Vorschrift ergibt, daß der BGH nach seinem pflichtgemäßen Ermessen zu entscheiden hat, Rolland Rdz 3. Wegen des Verbundes, §§ 623 I u 629 I, darf er dann über diese Teile nicht in der Sache selbst entscheiden, sondern muß dies dem OLG überlassen.

4) Beschränkung auf Verfahren in 3. Instanz. Da der Umfang der Anfechtung in 2. Instanz allein von der Entschließung der Parteien abhängt, besteht hier kein Bedürfnis, in die Entscheidung nicht angefochtene Teile einzubeziehen. Den Parteien steht es frei, solche Teile ggf im Wege der Anschließung (und Gegenanschließung), § 629a Anm 1 B, zur Entscheidung des OLG zu stellen.

629 d *Wirksamwerden der Entscheidung in Folgesachen.* **Vor der Rechtskraft des Scheidungsausspruchs werden die Entscheidungen in Folgesachen nicht wirksam.**

1) Allgemeines. In FolgeS wird eine Entscheidung nur für den Fall der Scheidung getroffen, § 623 I, und zwar grundsätzlich im Verbund mit der Entscheidung über den Scheidungsantrag, § 629 I. Mit der Abweisung dieses Antrags werden die FolgeS gegenstandslos, § 629 III. Wegen dieser Abhängigkeit von der Scheidungssache bestimmt § 629 d, daß Entscheidungen in FolgeS vor der Rechtskraft des Scheidungsausspruchs nicht wirksam werden. Wegen der Wiederaufnahme s § 629a Anm 4.

2) Zivilprozessuale FolgeS, § 621 I Z 4, 5 u 8. Urteile in Scheidungssachen dürfen nicht für vorläufig vollstreckbar erklärt werden, § 704 II. Auch wenn die Entscheidung in einer zivilprozessualen FolgeS, § 621a Anm 2, nicht angefochten wird, darf aus ihr vor Rechtskraft des Scheidungsausspruchs nicht vollstreckt werden, so daß auch insoweit der Ausspruch der vorläufigen Vollstreckbarkeit entfällt, aM Schlesw SchlHA **82**, 43; dies gilt auch bei Versäumnisurteilen, § 629 II. Wird nur die Entscheidung in einer solchen FolgeS angefochten, so tritt die Vollstreckbarkeit erst mit der Rechtskraft dieser Entscheidung ein. § 534 ist in allen diesen Fällen unanwendbar. Soweit erforderlich, kann das Gericht in der Schwebezeit eine einstwAnO, § 620, erlassen, die bis zum Wirksamwerden der Entscheidung über die FolgeS gilt, § 620f, K. H. Schwab FamRZ **76**, 659.

3) FGG-FolgeS, § 621 I Z 1–3, 6, 7 u 9. Für diese Sachen, § 621a Anm 3, schließt § 629 d die Anwendung von § 16 FGG aus. Es gilt entsprechendes wie bei Anm 2. Die Wirksamkeit (und damit die Vollstreckbarkeit) tritt erst mit Rechtskraft ein. Dies gilt auch im Fall des § 627.

630 *Sonderbestimmungen für die einverständliche Scheidung.* **I Für das Verfahren auf Scheidung nach § 1565 in Verbindung mit § 1566 Abs. 1 des Bürgerlichen Gesetzbuchs muß die Antragsschrift eines Ehegatten auch enthalten:**
1. **die Mitteilung, daß der andere Ehegatte der Scheidung zustimmen oder in gleicher Weise die Scheidung beantragen wird;**
2. **den übereinstimmenden Vorschlag der Ehegatten zur Regelung der elterlichen Sorge für ein gemeinschaftliches Kind und über die Regelung des Umgangs des nicht sorgeberechtigten Elternteils mit dem Kinde;**
3. **die Einigung der Ehegatten über die Regelung der Unterhaltspflicht gegenüber einem Kinde, die durch die Ehe begründete gesetzliche Unterhaltspflicht sowie die Rechtsverhältnisse an der Ehewohnung und am Hausrat.**

II Die Zustimmung zur Scheidung kann bis zum Schluß der mündlichen Verhandlung, auf die das Urteil ergeht, widerrufen werden. Die Zustimmung und der Widerruf können zu Protokoll der Geschäftsstelle oder in der mündlichen Verhandlung zur Niederschrift des Gerichts erklärt werden.

III Das Gericht soll dem Scheidungsantrag erst stattgeben, wenn die Ehegatten über die in Absatz 1 Nr. 3 bezeichneten Gegenstände einen vollstreckbaren Schuldtitel herbeigeführt haben.

Vorbem. I redaktionell geänd dch Art 9 § 2 G v 18. 7. 79, BGBl 1061, mWv 1. 1. 80.

Schrifttum: Vogel, Die Scheidungsantragsschrift, AnwBl **82**, 457; Stollenwerk, Antragsschrift in Scheidungs- u FolgeS, 3. Aufl 1979; Jost NJW **80**, 327 (betr Anwaltszwang); Bergerfurth FamRZ **76**, 582 u **77**, 227; Damrau NJW **77**, 1169; Scheld FamRZ **77**, 226 u JR **78**, 49; Vogts FamRZ **77**, 778 u **78**, 169 gg Rolfs FamRZ **78**, 169 (für Übergangsfälle).

1) Allgemeines. Nach § 1565 I 1 iVm § 1566 I BGB ist eine Ehe zu scheiden, wenn die Gatten seit 1 Jahr getrennt leben und beide die Scheidung beantragen oder der Antragsgegner ihr zustimmt, sog offene Konventionalscheidung. Nur für sie, nicht auch für andere Fälle der einverständlichen Scheidung vor Ablauf eines Jahres (verdeckte Konventionalscheidung), gilt § 630, hM, Köln FamRZ **78**, 25 mwN, Scheld JR **78**, 49, aM Diederichsen NJW **77**, 655, Bergerfurth Rdz 103; ein Ausweichen der Partei in die Form einer nur scheinbar streitigen Scheidung läßt sich nicht durch Ausdehnung des § 630, sondern nur durch Ausschöpfung des Untersuchungsgrundsatzes, § 616 Anm 3, verhindern, vgl Bergerfurth Rdz 108. Nach § 630 ist die offene Konventionalscheidung von der Regelung der wichtigsten Scheidungsfolgen abhängig. Das soll den Parteien Anlaß geben, ihren Schritt gründlich zu bedenken, und damit übereilten und später bereuten Scheidungen vorbeugen, RegEntwBegr. Aus demselben Grund ist es gerade hier Aufgabe des Gerichts, die Parteien über die Bedeutung der Scheidung zu belehren und dem Antragsgegner ggf einen Beistand beizuordnen, § 625, sowie die Voraussetzungen der Scheidung, vor allem das Getrenntleben, sorgfältig zu prüfen, § 616, vgl Bergerfurth Rdz 106. Den Gatten bleibt es unbenommen, beiderseitige Scheidungsanträge auch dann, wenn sie mindestens 1 Jahr getrennt leben, auf den Generaltatbestand des § 1565 I BGB zu stützen, Köln FamRZ **79**, 236.

Wenn nach Art 17 EGBGB ausländisches Recht anzuwenden ist, greift § 630 nicht ein, AG Hbg IPrax **83**, 74. Etwas anderes gilt nur dann, wenn dieses Recht mit den §§ 1565 I 1 u 1566 I BGB übereinstimmende Voraussetzungen kennt, Jayme NJW **77**, 1381.

2) Antragsschrift, I. A. Erfordernisse. Das Verfahren zur einverständlichen Scheidung wird durch Einreichung einer Antragsschrift anhängig, § 622 I; beantragen beide Gatten die Scheidung, was nicht gleichzeitig zu geschehen braucht, muß jeder von ihnen eine solche Schrift einreichen, die den Anforderungen des § 622 II genügt. Zusätzlich muß die Antragsschrift enthalten:

a) die Mitteilung, daß der andere Gatte der Scheidung zustimmen oder in gleicher Weise die Scheidung beantragen wird, **I Z 1**; die Beifügung einer entsprechenden Erklärung ist nicht erforderlich, Diederichsen NJW **77**, 654, aber ratsam. Die Mitteilung entfällt, wenn dem Gericht die Zustimmung oder der Scheidungsantrag des anderen Gatten schon vorliegt, StJSchl Rdz 2; wegen des Widerrufs s Anm 3;

b) den übereinstimmenden Vorschlag der Ehegatten zur Regelung der elterlichen Sorge für ein gemeinschaftliches Kind, § 621 I Z 1, und über die Regelung des Umgangs des danach nicht sorgeberechtigten Elternteils mit dem Kinde, § 621 I Z 2, **I Z 2**; diese Vorschläge müssen alle erforderlichen Einzelheiten der erstrebten Regelung enthalten, Diederichsen NJW **77**, 654. Der Vorschlag enthält das Begehren nach einer Umgangsregelung, so daß das Gericht über beide FolgeS, §§ 623 ff, zu entscheiden hat, § 623 III, Düss JB **81**, 933.

c) die Einigung der Ehegatten über die Regelung der Unterhaltspflicht gegenüber einem Kinde, § 621 I Z 4, über die durch die Ehe begründete gesetzliche Unterhaltspflicht, § 621 I Z 5, sowie über die Rechtsverhältnisse an der Ehewohnung und am Hausrat, § 621 I Z 7, **I Z 3**.

Zu b) und c) genügt die Mitteilung über einen Vorschlag oder eine Einigung nicht und noch viel weniger die bloße Behauptung einer Einigung. Vielmehr ist die Vorlage eines Einigungspapiers, D. Schwab FamRZ **76**, 503, nötig, für das kein Anwaltszwang besteht, Brüggemann FamRZ **77**, 587. Nur so kann das Einverständnis von vornherein klargestellt werden, Rolland Rdz 5, Brüggemann FamRZ **77**, 9, Diederichsen NJW **77**, 654, Damrau NJW **77**, 1171, aM Sedemund-Treiber DRiZ **76**, 337, Bergerfurth FamRZ **76**, 583. Enthalten die Anträge beider Gatten sich widersprechende Angaben, so genügt keiner von ihnen dem § 630. Auf die Erklärungen zu b) und c) ist § 607 entsprechend anwendbar, Brüggemann FamRZ **77**, 9, so daß sie auch ein beschränkt prozeßfähiger Gatte wirksam abgeben kann. Wegen des zu c) erforderlichen Titels s Anm 4.

3. Titel. Scheidungs- und Folgesachen § 630 2–4

B. Mängel der Antragsschrift. Alle danach nötigen Erklärungen, Z 1–3, sind ebenso wie die Angaben nach § 622 II notwendiger Inhalt der Antragsschrift. Eine inhaltliche Nachprüfung findet nicht statt, weil das Gericht an den Vorschlag, Z 2, ohnehin nicht gebunden ist, § 1671 III BGB, und die Einigung, Z 3, bis zur Entscheidung tituliert sein muß, III; aM Rolland Rdz 8. Auf eine fehlende Erklärung oder sonstige Mängel hat das Gericht hinzuweisen. Sie können nachträglich behoben werden, und zwar durch Nachreichung im Anwaltszwang oder durch Erklärung zu Protokoll ohne Anwaltszwang. Kommt es zu keiner Nachbesserung, kann der Antragsteller seinen Antrag auf eine streitige Scheidung umstellen, Hbg FamRZ **79**, 702, worauf er hinzuweisen ist. Andernfalls muß der Scheidungsantrag bei Fehlen auch nur einer notwendigen Erklärung durch Prozeßurteil abgewiesen werden, überwM, ThP 2, Brüggemann FamRZ **77**, 10, Damrau NJW **77**, 1169, Diederichsen NJW **77**, 654, aM StJSchl Rdz 1, Rolland Rdz 2, Schlosser FamRZ **78**, 319, Brehm JZ **77**, 596, D. Schwab FamRZ **76**, 503 (materiellrechtliche Scheidungsvoraussetzung).

3) Zustimmung zur Scheidung, II. Die nach § 1566 I BGB nötige Zustimmung muß bei Erlaß des Urteils vorliegen. Widerrufen werden kann sie bis zum Schluß der mündlichen Verhandlung, auf die das Urteil ergeht, **II 1**, später nicht; der Widerruf ist auch in einer Rechtsmittelinstanz zulässig, hM, StJSchl Rdz 10, Rolland Rdz 14, Bergerfurth Rdz 113. Der wirksame Widerruf oder das Fehlen der Zustimmung führt zur Abweisung des Scheidungsantrags als unbegründet, Damrau NJW **77**, 1170, falls der Antragsteller nicht zur streitigen Scheidung übergeht, § 611, Diederichsen NJW **77**, 654. Die erneute Erklärung der Zustimmung ist zulässig.

Zustimmung und Widerruf können zu Protokoll der Geschäftsstelle oder in der mündlichen Verhandlung zur Niederschrift des Gerichts erklärt werden, **II 2**. Jedoch können beide Erklärungen auch in anderer Form abgegeben werden, nämlich nicht nur in notarieller Urkunde, sondern auch durch Schriftsatz des bevollmächtigten RA, Damrau NJW **77**, 1169 gg Brüggemann FamRZ **77**, 9, weil II nur die Befreiung vom Anwaltszwang bedeutet, § 78 II. Zustimmung und Widerruf sind Prozeßhandlungen, LG Düss Rpfleger **80**, 187. Sie kann entsprechend § 607 auch ein beschränkt prozeßfähiger Gatte wirksam vornehmen, StJSchl Rdz 2.

Im Falle des Widerrufs werden die Erklärungen nach I Z 2 u 3 gegenstandslos, AG Bln-Charlottenbg FamRZ **81**, 787.

4) Vollstreckbarer Titel, III. Für den Scheidungsausspruch genügt die Einigung über die in I Z 3 genannten Folgen noch nicht (wohl aber für die Bewilligung der Prozeßkostenhilfe, KG FamRZ **80**, 580 mwN). Vielmehr soll das Gericht dem Antrag erst stattgeben, wenn die Parteien über diese Gegenstände einen vollstreckbaren Schuldtitel herbeigeführt haben, also ein (auch nur vorläufig vollstreckbares) Urteil oder einen sonstigen Titel, § 794, zB einen vor dem Gericht oder einer Gütestelle geschlossenen Vergleich, aber auch eine notarielle Urkunde, K. H. Schwab FamRZ **76**, 662; vgl dazu Jost NJW **80**, 329. Sind im Scheidungsverfahren nicht beide Parteien anwaltlich vertreten, so genügt eine nach § 127a BGB zu Protokoll genommene Privatvereinbarung den Anforderungen von III nicht, Bergerfurth AnwZwang Rdz 355, aM Tiarks NJW **77**, 2303. Stets ist erforderlich, daß in dem Titel eine Regelung für den Fall der Scheidung getroffen worden ist, vgl §§ 623 u 621 I, so daß zB ein Unterhaltsurteil nach § 1361 BGB nicht genügt, Damrau NJW **77**, 1173. Nachgeprüft werden darf der Titel im Scheidungsverfahren nur auf seine Wirksamkeit, StJSchl Rdz 4 u 9, also auf ordnungsmäßige Vertretung der Parteien bei der Vereinbarung, auf Geltung gegenüber den in § 7 HausratsVO genannten Personen oder auf Nichtigkeit zB nach § 1614 I BGB, nicht aber darüber hinaus auf seine Richtigkeit oder Angemessenheit.

Die Titulierung ist Sachurteilsvoraussetzung, so daß sie im Scheidungsverfahren durch gerichtlichen Vergleich geschaffen werden kann, der aber nur dann ein wirksamer Vollstreckungstitel ist, wenn er entweder nach § 279 I 2 vor dem verordneten Richter geschlossen wird oder beide Parteien durch RAe vertreten sind, Anh § 307 Anm 4 F, str, vgl Hamm FamRZ **79**, 848 mwN, aM im Hinblick auf I Z 3 u II 2 sowie darauf, daß im isolierten Verfahren kein Anwaltszwang besteht, Philippi FamRZ **82**, 1083, AG Hersbruck FamRZ **80**, 358, beide mwN. Die Einhaltung der Form eines Titels ist nicht nötig, wenn die Vereinbarung keinen vollstreckbaren Inhalt hat, etwa weil keine Ansprüche bestehen, oder wenn die Auseinandersetzung über Wohnung und Hausrat bereits stattgefunden hat, StJSchl Rdz 9, Tiarks NJW **77**, 2303. Fehlt der Titel, ist der Scheidungsantrag durch Prozeßurteil abzuweisen: „Soll" stellt hier nicht in das Ermessen, sondern bedeutet „darf" mit der Maßgabe, daß bei einem Verstoß gegen III die Verfahrensrüge nicht durchgreift, BegrRAusschBT, Ambrock III, Diederichsen NJW **77**, 655, aM K. H. Schwab FamRZ **76**,

662, Rolland Rdz 10: Eine Abweichung von II sei in besonderen Fällen gestattet. Abzuweisen ist der Scheidungsantrag auch dann, wenn der Titel zwar geschaffen, aber dann wieder beseitigt worden ist, zB ein Vergleich durch eine neue Vereinbarung. Diese Folge kann der Antragsteller durch Umstellung seines Begehrens auf eine streitige Scheidung, § 611, vermeiden.

5) Sonstiges Verfahren bei einverständlicher Scheidung. A. Einzelheiten. Das Verfahren des FamGer weicht nicht von sonstigen Scheidungsverfahren ab. Über nicht in I Z 3 genannte und deshalb nicht von III erfaßte Gegenstände hat das Gericht als FolgeS zu entscheiden, und zwar grundsätzlich im Verbund mit der Scheidungssache, §§ 623 ff, über die elterliche Sorge im Fall des § 627 vorweg, umgekehrt nach § 628 uU nachträglich, Rolland Rdz 13. Über die FolgeS des § 623 III wird vAw entschieden, also auch über den in § 630 nicht genannten Versorgungsausgleich nach § 1587b BGB, Diederichsen NJW **77**, 6555, wenn nicht eine Einigung nach § 1587o BGB zu genehmigen ist, Brüggemann FamRZ **77**, 10.

Ein Versäumnisurteil auf Abweisung des Antrags, § 612, kommt nur in Frage, wenn der nichtsäumige Gatte seine Zustimmung widerrufen bzw seinen Antrag zurückgenommen hat und der andere Gatte in Kenntnis davon säumig ist, StJSchl § 612 Rdz 7. Im Tenor des Urteils dürfte die Scheidung nicht als einverständliche zu kennzeichnen sein, § 629 Anm 2. Die Begründung braucht nur die Voraussetzungen der §§ 1565 I 1 u 1566 BGB sowie diejenigen des § 630 zu ergeben, ThP 5 b.

B. Rechtsmittel. Gegen das Urteil, § 629 I, sind die gewöhnlichen Rechtsmittel statthaft, vgl Erläuterungen zu § 629a. Eine Anfechtung des Scheidungsausspruchs zwecks Aufrechterhaltung der Ehe (durch Rücknahme des eigenen Antrags oder Widerruf der Zustimmung) führt zur Fortführung des Verfahrens als Verfahren auf streitige Scheidung, wenn der Gegner nunmehr Scheidung aus anderen Gründen begehrt, § 611.

Vierter Titel. Verfahren auf Nichtigerklärung und auf Feststellung des Bestehens oder Nichtbestehens einer Ehe

Übersicht

NichtigkKl u Kl auf Feststellg des Bestehens od Nichtbestehens einer Ehe sind **EheS**, § 606, für die die allg Vorschr des 1. Titels (§§ 606–620g) gelten. Der 4. Titel bringt für sie **Sonderbestimmungen**, u zwar §§ 631–637 für die NichtigkKl u § 638 für die FeststKl, ua üb die Mitwirkg des **StAnw** im NichtigkVerf, § 632. Beide Kl sind **FamS**, jedoch sind die Vorschr über FolgeS in ihnen nicht anzuwenden. **Zuständig** ist das beim AG gebildete FamGer, § 23b GVG (wg der örtl Zuständigkeit s § 606ff); der Rechtszug geht ans OLG, § 119 GVG, u den BGH, § 133 GVG.

631 *Nichtigkeitsklage.* **Für die Nichtigkeitsklage gelten die in den nachfolgenden Paragraphen enthaltenen besonderen Vorschriften.**

1) Erläuterung. Wg des Begriffs der Nichtigkeitsklage s § 606 Anm 2 C. **Vom 1. Titel sind anwendbar:** §§ 606, 606a, 606b, 607–609, 611–613, 615–618, 619 (mit Einschränkungen), 620–620g. **Unanwendbar ist der 3. Titel** (FolgeS). Ist die Ehe nach dem maßgebenden ausld Recht „ungültig", sind also nur die Wirkungen anders, so lautet das Urt auf Ungültigkeit, RG **151**, 226. Die in den Gründen getroffene Feststellung üb die Kenntnis des Nichtigkeitsgrundes bei Eingehung der Ehe bindet den Strafrichter ebensowenig, wie sie im vermögensrechtl Rechtsstreit gemäß § 26 EheG maßgebend ist; sie ist aber wesentlich für die Kostenentsch, § 93a III. Die Kostenentsch bei Kl des StAnw, § 637, u bei Kl aus § 20 EheG, § 93a IV, ergeht nach §§ 91 ff. **Geb:** Ger u RA die gewöhnl Geb, Wert nach § 12 II GKG.

632 *Nichtigkeitsklage: Beteiligte.* **I Die Nichtigkeitsklage des Staatsanwalts ist gegen beide Ehegatten und, wenn einer von ihnen verstorben ist, gegen den überlebenden Ehegatten zu richten. Die Nichtigkeitsklage des einen Ehegatten ist gegen den anderen Ehegatten zu richten.**

II Im Falle der Doppelehe ist die Nichtigkeitsklage des Ehegatten der früheren Ehe gegen beide Ehegatten der späteren Ehe zu richten.

4. Titel. Verfahren auf Nichtigerklärung usw. §§ 632–634 1

1) Klagrecht. A. Die Nichtigkeitsklage kann erheben, § 24 EheG: **a)** der Staatsanwalt; **b)** jeder Ehegatte, im Fall des § 20 EheG (Doppelehe) auch der der früheren Ehe, zB also der zu Unrecht im Standesamtsregister als tot Eingetragene. Ist die Ehe aufgelöst, so ist nur der Staatsanwalt klagberechtigt. Der **Staatsanwalt** vertritt dabei den Staat. Er wahrt die Belange der Allgemeinheit u muß pflichtmäßig klagen, wenn sie sein Einschreiten erfordern; seine Kl kann aber ausnahmsweise unzul RAusübg sein (nicht jedoch schon dann, wenn die Verbindg üb 25 Jahre besteht u aus ihr Kinder hervorgegangen sind, BGH NJW **75**, 872 m Anm Ruthe FamRZ **75**, 332). Für ihn besteht kein Anwaltszwang. Zu handeln hat jeweils der Staatsanwalt der betreffenden Instanz, beim FamGer also an sich der StAnw beim AG, dessen Aufgaben aber überall von der Staatsanwaltschaft beim LG wahrgenommen werden, Brüggemann FamRZ **77**, 5. Ein Dritter (außer dem früheren Ehegatten im Fall des § 632 II) ist nie klagberechtigt; hat er ein Recht od eine Verpflichtung, die von der Gültigkeit der Ehe abhängen, so muß er sich an den Staatsanwalt wenden.

B. Sind mehrere klagberechtigt, so ist jeder selbständig; das Ger kann mehrere Klagen verbinden, § 147. Der Ehegatte der früheren Ehe kann im Fall der Doppelehe als streitgenössischer, § 69, Streithelfer dem Staatsanwalt od dem klagenden Ehegatten beitreten. Der Staatsanwalt ist nie Streithelfer. Die Kinder sind nicht entsprechend § 640e zu laden, da ihre Rechtsstellung durch die Entscheidung nicht berührt wird.

C. Keine Klagebefugnis wegen unzulässiger Rechtsausübung hat ein Ehegatte, wenn die erste Ehe nicht mehr besteht und er sich von der zweiten Ehe unter starkem Verstoß gegen sittliche Verpflichtungen nur lösen will, um eine dritte Ehe einzugehen, BGH **30**, 140 (einschränkend BGH **37**, 56), etwa mit dem Partner der ersten Ehe, BGH NJW **64**, 1853. Vgl Pal-Diederichsen § 24 EheG Anm 24 EheG Anm 2 mwN.

2) Richtiger Beklagter ist, wo ein Ehegatte klagt, der andere Ehegatte, wo der Staatsanwalt od bei Doppelehe der frühere Ehegatte klagt, beide Ehegatten. Sie sind in diesem Fall notwendige Streitgenossen, § 62, ohne daß sie aber denselben Standpunkt vertreten müßten. Auch wenn der Antr eines Ehegatten sich gg den anderen Ehegatten richtet, kann der bekl Ehegatte doch nicht dem Staatsanwalt als Streitgehilfe beitreten, Mü NJW **57**, 954. Nach dem Tod eines Ehegatten geht die Klage des Staatsanwalts gg den überlebenden Ehegatten.

3) Für die **Zuständigkeit** gelten §§ 606, 606b. Die internationale Zuständigkeit, Üb 1 C § 12, für eine Klage nach II ist gemäß § 606 gegeben, wenn einer der Gatten der späteren Ehe Deutscher ist, BGH NJW **76**, 1590.

633 *Nichtigkeitsklage: Klagenhäufung u Widerklage.* **¹ Mit der Nichtigkeitsklage kann nur eine Klage auf Feststellung des Bestehens oder Nichtbestehens einer Ehe zwischen den Parteien verbunden werden.**

II Eine Widerklage ist nur statthaft, wenn sie eine Nichtigkeitsklage oder eine Feststellungsklage der im Absatz 1 bezeichneten Art ist.

1) Erläuterung. Mit der Nichtigkeitsklage läßt sich nur die Feststellungsklage verbinden (wg der zwei Gruppen von Eheklagen s Einf 2 § 610). Die Feststellungsklage steht nur den Ehegatten offen, die Nichtigkeitsklage auch dem Staatsanwalt. Die zu verbindende Klage u eine Widerklage müssen dieselbe Ehe betreffen. Bei unzulässiger Verbindung ist die hilfsweise erhobene Klage abzuweisen, zur Prozeßtrennung ist kein Raum. Eine Verbindung mehrerer Nichtigkeitsklaggründe ist nicht geboten. Daher erfaßt die Rechtskraft nur den geltend gemachten Nichtigkeitsgrund; so auch Bötticher, Festgabe Rosenberg S 94, aM Jauernig, Verh-, Inquisitionsmaxime, Streitgegenstand S 58: alle Gründe, da das Ger vAw alle zu untersuchen hatte, § 616 I.

634 *Nichtigkeitsklage: Staatsanwalt.* **Der Staatsanwalt kann, auch wenn er die Klage nicht erhoben hat, den Rechtsstreit betreiben, insbesondere selbständig Anträge stellen und Rechtsmittel einlegen.**

1) Erläuterung. Der Staatsanwalt kann, auch wo er nicht klagt, den Prozeß betreiben; er hat alle Rechte einer Prozeßpartei. Er kann für u gg die Ehe tätig werden. Schließt er sich einer Partei an, so wird er deren notwendiger Streitgenosse, § 62, nie Streithelfer. Aus seiner öff-rechtl Stellung folgt, daß er Rechtsmittel ohne Beschwer einlegen kann, also auch dort, wo nach seinen Anträgen erkannt ist, Üb 4 B § 606.

635 *Nichtigkeitsklage: Versäumnisverfahren.* Das Versäumnisurteil gegen den im Termin zur mündlichen Verhandlung nicht erschienenen Kläger ist dahin zu erlassen, daß die Klage als zurückgenommen gelte.

1) Erläuterung. Bei Säumnis ist auch hier eine Aktenlageentscheidung zulässig. Da aber öff-rechtl Belange im Spiel sind, ist vollste Aufklärung des Sachverhalts Voraussetzung eines Urt. **Versäumungsurteil ergeht a)** gg den Kl auf Erklärung der Klage als zurückgenommen, s § 269, **b)** gg den Bekl nie, § 612 IV. In höherer Instanz: **a)** gg den Rechtsmittelbekl als Bekl kein VersUrt, als Kl wie in 1. Instanz, str, s § 612 Anm 2 E, aM Prütting ZZP **91**, 204 gg Stgt NJW **76**, 2305; **b)** gg den Rechtsmittelkl stets VersUrt auf Zurückweisung des Rechtsmittels, § 635 ist hier nicht anzuwenden, StJSchl Rdz 2, Prütting ZZP **91**, 201.

636 *Nichtigkeitsklage: Tod eines Gatten.* Hat der Staatsanwalt die Nichtigkeitsklage zu Lebzeiten beider Ehegatten erhoben, so ist, wenn ein Ehegatte stirbt, § 619 nicht anzuwenden. Das Verfahren wird gegen den überlebenden Ehegatten fortgesetzt.

1) Erläuterung. § 636 macht eine Ausnahme von § 619, der bestimmt, daß der Tod eines Ehegatten im Prozeß den Eheprozeß erledigt. Hat der Staatsanwalt die Nichtigkeitsklage gegen beide Ehegatten erhoben, so setzt sich das Verf nach dem Tod eines Ehegatten gegen den überlebenden fort. Dagegen erledigt der Tod beider Ehegatten oder des überlebenden Ehegatten auch hier.

636a *Nichtigkeitsklage: Urteilswirkung.* Das auf eine Nichtigkeitsklage ergehende Urteil wirkt, wenn es zu Lebzeiten beider Ehegatten oder, falls der Staatsanwalt die Nichtigkeitsklage erhoben hatte, des Längstlebenden von ihnen rechtskräftig geworden ist, für und gegen alle.

1) Erläuterung. § 636a hat praktische Bedeutung nur, soweit er **abweisenden Urteilen Rechtskraftwirkung für und gegen alle** zuspricht, jedoch nur bezüglich des geltend gemachten Nichtigkeitsgrundes. Daß ein Gestaltungsurteil diese Wirkung hat, versteht sich von selbst. Eine Ausnahme für den Fall der Doppelehe kennt das Gesetz nicht. BGH **30**, 149 hält aber trotzdem für möglich, daß die auf Doppelehe gestützte Nichtigkeitsklage wegen unzulässiger Rechtsausübung (die BGH NJW **64**, 1853 zB darin sieht, daß sich der Kläger wieder dem Partner der ersten, inzwischen geschiedenen Ehe zuwenden will) nur mit Wirkung gegen den Kläger abgewiesen wird, wenn er aus sittlich verwerflichen Gründen die Nichtigkeit erstrebt, und daß demgemäß andere Klageberechtigte (wie auch der Kläger, falls der bisherige Abweisungsgrund wegfällt) diese nochmals erheben können; damit wird freilich in bedenklicher Weise das Gebot des § 636a im Interesse der Aufrechterhaltung einer Art 6 I GG widersprechenden Doppelehe beiseite geschoben und eine (praktisch völlig unnötige) Rechtslage geschaffen, die der Staatsanwalt mit Rücksicht auf jene Bestimmung sofort zu beseitigen verpflichtet ist; wie hier Ramm JZ **63**, 83, Wieczorek HdAusg B; vgl auch StJSchl § 632 Rdz 6. § 636a verlangt, daß das Nichtigkeitsurteil zu Lebzeiten beider Gatten oder des überlebenden Gatten rechtskräftig geworden ist.

637 *Nichtigkeitsklage: Kosten.* In den Fällen, in denen der als Partei auftretende Staatsanwalt unterliegt, ist die Staatskasse zur Erstattung der dem obsiegenden Gegner erwachsenen Kosten nach den Vorschriften des fünften Titels des zweiten Abschnitts des ersten Buchs zu verurteilen.

1) Erläuterung. Ist der Staat Partei, §§ 632, 634, 636, so trägt er bei Unterliegen die Kosten. Wegen der Gerichtskosten s § 2 GKG. Im übrigen ist § 93a III, IV anzuwenden.

638 *Feststellungsklage.* Die Vorschriften der §§ 633 bis 635 gelten für eine Klage, welche die Feststellung des Bestehens oder Nichtbestehens einer Ehe zwischen den Parteien zum Gegenstand hat, entsprechend. Das Urteil, durch welches das Bestehen oder Nichtbestehen der Ehe festgestellt wird, wirkt, wenn es zu Lebzeiten beider Parteien rechtskräftig geworden ist, für und gegen alle.

1) Erläuterung. Zum Begriff der Ehefeststellungsklage s § 606 Anm 2 D. Auch bei ihr besteht ein öff Interesse daran, eine unwirksame Ehe auch als solche zu kennzeichnen. Darum sind §§ 633 bis 635 entspr anwendbar. Rechtskraftwirkung (S 2) tritt entspr § 636a ein. Deswegen ist Beiladung (entspr § 65 VwGO) der Kinder geboten, Grunsky § 30 III; die Unterlassung führt zur Unwirksamkeit des Urteils, die mit Rechtsmitteln, nach Rechtskraft mit WiedAufnKl der Beteiligten entspr § 579 I Z 4 bzw mit Feststellungsklage des Kindes geltend gemacht werden kann, Redeker-vOertzen § 65 Anm 23–26, str, vgl Wilde NJW **72**, 1262 u 1653 (StJSchl Rdz 4 tritt für Wirksamkeit ein und verweist das Kind auf die Verfassungsbeschwerde, dagegen will Zeuner, Rechtl Gehör usw, 1974, § 640h entspr anwenden, dazu Wolf ZZP **90**, 119). Das Familienbuch darf nur aGrd eines rechtskräftigen Feststellungsurteils berichtigt werden, also nicht mehr, wenn ein Ehegatte vorher stirbt, LG Bochum StAZ **83**, 31.

639 (aufgehoben dch § 43 I der 1. DVO zum EheG vom 27. 7. 1938, RGBl I 923)

Zweiter Abschnitt
Verfahren in Kindschaftssachen

Schrifttum: Roth-Stielow, Der Abstammungsprozeß, 1974; Odersky NEhelG, 4. Aufl, 1978; Siehr, Auswirkungen des NEhelG auf das Internat Privat- u VerfR, 1972; Siehr, Die gerichtl VaterschFeststell u ihre rechtl Hindernisse im NEhelR der EWG-Staaten, FamRZ **74**, 401; weitere Angaben bei den einzelnen Vorschriften.

Übersicht

1) Den Verfahrensvorschriften des **2. Abschnitts** für Familienstands-, Kindschafts- u Statussachen fügte das NEhelG die für das Verf auf VaterschFeststellg u auf Anfechtg der Anerkenng der Vatersch bei, u zwar **alle zusammenfassend als Kindschaftssachen**. Demgemäß enthalten §§ 640 bis 640h die allg Vorschr, §§ 641–641k Sondervorschr für das Verf zur Feststellg der nichtehel Vatersch. Das staatl Interesse fordert ebso wie in Ehesachen die Inquisitionsmaxime. Die Parteiherrschaft wird dementsprechend zurückgedrängt. Hängt die Entsch in einer anderen Sache von einer Vorfrage aus dem KindschRecht ab, so hat das Ger auszusetzen, damit zunächst diese in dem für sie vorgesehenen Verf entschieden werden kann, §§ 153, 154 II; der Behandlg eines ehel Kindes als nichtehel würde § 1593 BGB, einer anderen Vatersch, als durch Anerkenng od rechtskräftiges Urt festgestellt, § 1600a enttgegstehen.

Die Verhandlung in KindschSachen ist ebso wie die in Ehesachen nicht öffentl, § 170 GVG.

2) Übergangsrecht.

NichtehelG Art. 12 § 2 ^I Hat ein Mann vor dem Inkrafttreten dieses Gesetzes in einer öffentlichen Urkunde seine Vaterschaft anerkannt oder in einem vollstreckbaren Schuldtitel sich zur Erfüllung eines Anspruchs nach § 1708 des Bürgerlichen Gesetzbuchs verpflichtet, so ist er als Vater im Sinne dieses Gesetzes anzusehen. Das gleiche gilt, wenn ein Mann in einer rechtskräftigen Entscheidung, die vor dem Inkrafttreten dieses Gesetzes erlassen worden ist, zur Erfüllung eines Anspruchs nach § 1708 des Bürgerlichen Gesetzbuchs verurteilt worden ist. Die vorstehenden Vorschriften sind nicht anzuwenden, wenn beim Inkrafttreten dieses Gesetzes sowohl der Mann als auch die Mutter und das Kind verstorben sind.

^{II} Die Vaterschaft kann durch Klage oder Antrag auf Feststellung, daß der Mann nicht der Vater des Kindes ist, angefochten werden. Berechtigt anzufechten sind der Mann, die Mutter und das Kind sowie nach dem Tode des Mannes auch seine Eltern, seine überlebende Ehefrau und seine Abkömmlinge, nach dem Todes des Kindes auch sein überlebender Ehegatte und seine Abkömmlinge. Nach dem Tode eines Elternteils steht das Anfechtungsrecht dem überlebenden Elternteil zu. § 1600k Abs. 1 bis 3 und § 1600l des Bürgerlichen Gesetzbuchs sowie die Vorschriften der Zivilprozeßordnung über die Anfechtung der Anerkennung der Vaterschaft sind entsprechend anzuwenden; die Vorschriften über das Anfechtungsrecht der Eltern des Mannes gelten dabei für seine überlebende Ehefrau und seine Abkömmlinge sinngemäß. Es wird vermutet, daß der Mann der Mutter in der Empfängniszeit beigewohnt hat; im übrigen bestimmt sich die Vermutung der Vaterschaft nach § 1600o Abs. 2 des Bürgerlichen Gesetzbuchs. Für das Ver-

fahren über die Anfechtung der Vaterschaft durch Antrag beim Vormundschaftsgericht gilt § 94 Abs. 1 Nr. 7 der Kostenordnung entsprechend.

Schrifttum: Palandt-Diederichsen Anh § 1600o BGB; Roth-Stielow Rdz 130–133.

Bem. Ein nach I verpflichteter Mann ist übergangsrechtl als Vater anzusehen, wenn die Verpflichtg nach früherem Recht wirksam ist, Köln NJW **74**, 953 mwN; diese Regelg ist verfassungsrechtl unbedenklich, BGH NJW **73**, 996. War die Verpflichtg nichtig, so ist stets Kl auf Feststellg der Abstammg gegeben, Bosch FamRZ **74**, 267. Sonst ist Anfechtg, II, dch erweiterten Kreis von Berechtigten u ohne zeitliche Beschränkg möglich. Frühere Abweisg der negativen FeststKl ohne positive Feststellg der Vatersch steht nicht entgg, BGH NJW **71**, 1659. Kl ist FeststellgKl; keine Einstellg der ZwV aus dem alten Titel, Düss NJW **72**, 215, Köln NJW **73**, 195 (auch keine eAnO nach § 641d). Für die Entkräftg der Vermutg, II 4, LG Hbg FamRZ **70**, 668, gilt § 1600o II BGB. Zum Fall der Anerkenng dch mehrere Männer vor dem 1. 7. 70 s Roth-Stielow Rdz 134. Ist eine Kl des Kindes vor dem 1. 7. 70 ohne Statusfolge abgewiesen, so ist Kl gg denselben Mann auf Feststellg der Vaterschaft mit Statusfolge unbefristet zulässig, BGH FamRZ **74**, 84.

NichtehelG Art. 12 § 12. Für einen Rechtsstreit in Kindschaftssachen, der vor dem Inkrafttreten dieses Gesetzes anhängig geworden ist, bleibt das bisher geltende Verfahrensrecht maßgebend. Die Vorschriften des § 3 stehen der Fortführung eines Rechtsstreits, der die Feststellung des Bestehens oder Nichtbestehens der nichtehelichen Vaterschaft zum Gegenstand hat, nicht entgegen.

Bem. Die Fortsetzg der positiven FeststKl des Kindes, BGH NJW **73**, 996, ist ebso zulässig wie die Fortsetzg der negativen FeststKl, BGH NJW **71**, 1659, u zwar unter Anwendg von Art 12 § 3 II.

NichtehelG Art. 12 § 13. Für das Verhältnis einer vor dem Inkrafttreten dieses Gesetzes erlassenen Entscheidung über Ansprüche nach § 1708 des Bürgerlichen Gesetzbuchs und einer abweichenden Entscheidung über die Vaterschaft ist § 644 der Zivilprozeßordnung in der Fassung des Familienrechtsänderungsgesetzes vom 11. August 1961 (Bundesgesetzbl. I S. 1221) weiterhin anzuwenden. Dies gilt auch in den Fällen des § 3 Abs. 2.

Bem. Die früher möglichen Abweichungen eines Unterhaltsurt vom VaterschUrt sollen weiter nach § 644 aF behandelt werden. Das gilt auch für das Verhältnis von Unterhalts-Entsch zu einer solchen üb die Anfechtg der Vatersch nach Art 12 NichtehelG § 3 II (dazu Odersky FamRZ **75**, 448, Heimann-Trosien JR **76**, 235); dann greift § 644 I aF ein. Keine einstw Einstellg der ZwV bei Anfechtg der Vatersch, Köln NJW **73**, 195, Celle NdsRpfl **75**, 120 mwN.

640 *Kindschaftssachen; anwendbare Eheverfahrensvorschriften.* [I] In Kindschaftssachen sind die Vorschriften der §§ 609, 611 Abs. 2, §§ 612, 613, 615, 616 Abs. 1, §§ 617, 618, 619, 635 entsprechend anzuwenden.

[II] Kindschaftssachen sind Rechtsstreitigkeiten, welche zum Gegenstand haben

1. die Feststellung des Bestehens oder Nichtbestehens eines Eltern-Kindes-Verhältnisses zwischen den Parteien; hierunter fällt auch die Feststellung der Wirksamkeit oder Unwirksamkeit einer Anerkennung der Vaterschaft,
2. die Anfechtung der Ehelichkeit eines Kindes,
3. die Anfechtung der Anerkennung der Vaterschaft oder
4. die Feststellung des Bestehens oder Nichtbestehens der elterlichen Sorge der einen Partei für die andere.

Vorbem. II Z 4 redaktionell geändert dch Art 9 § 2 G v 18. 7. 79, BGBl 1061, mWv 1. 1. 80.

1) Kindschaftssachen, II, sind:
a) Die Feststellung des Bestehens oder Nichtbestehens eines Eltern-Kindes-Verhältnisses zwischen den Parteien, also ob das Kind untergeschoben ist, RG **76**, 283, oder ob das Kind aus einer Nichtehe stammt (Kinder aus nichtigen Ehen sind ehelich, § 1591 I BGB); **b) die Feststellung der nichtehelichen Vaterschaft,** § 1600n BGB, wozu auch die einstwVfg nach § 1615o BGB und die einstwAnO, § 641d, gehören, so daß für Rechtsmittel das OLG zuständig ist, § 119 GVG, Köln NJW **72**, 829, str für § 1615o, wie hier Büdenbender S 49, aM Göppinger FamRZ **75**, 196, Roth-Stielow Rdz 18; zur Frage, ob die

6. Buch. 2. Abschnitt. Verfahren in Kindschaftssachen § 640 1–3

Vaterschaftsklage auch gegen den anerkennungswilligen Erzeuger erhoben werden darf, vgl Brüggemann FamRZ **79**, 381 (bejahend); **c) die Feststellung der Wirksamkeit oder Unwirksamkeit einer Anerkennung der nichtehelichen Vaterschaft.** Allerdings kann sich auf die anfängliche Unwirksamkeit einer Anerkennung, § 1600f, jeder berufen; trotzdem kann eine gerichtliche Feststellung nötig werden. §§ 640a II, 640b, 640d u 640g sind auf diese Feststellungsklage nicht anwendbar, da sie für die Anfechtung einer zunächst wirksamen Ehelichkeit oder der Anerkennung der Vaterschaft gelten, wohl aber §§ 641 ff. **d) die Klage, daß die Annahme an Kindesstatt, §§ 1741 ff, an einem unheilbaren Mangel leidet,** während die Wirkung einer Legitimation durch nachfolgende Eheschließung ebenso wie die der Ehelicherklärung ohnehin entfällt, wenn sich ergibt, daß der Ehemann der Mutter, § 1719, oder der Antragsteller, § 1723, 1735 S 2, nicht der Vater des Kindes ist; denn das ist durch Anfechtung der Anerkennung der Vaterschaft geltend zu machen, die dann, wenn sie Erfolg hat, ohne weiteres ergibt, daß die Voraussetzungen der Legitimation oder Ehelicherklärung nicht gegeben waren. Immerhin sind auch FeststellungsVerf möglich, § 641, die dann zu den KindschSachen gehören; **e) die Anfechtung der Ehelichkeit; f) die Anfechtung der Anerkennung der Vaterschaft,** sowohl aus formalen Gründen, §§ 1600b–e BGB, als auch wegen fehlender Abstammung, § 1600f BGB, entsprechend auch die Anfechtung der Anerkennung der Mutterschaft, Pal-Heldrich Art 20 EGBGB Anm 3; **g) die Feststellung des Bestehens oder Nichtbestehens der elterlichen Sorge der einen Partei für die andere,** so wenn die Gültigkeit der Volljährigkeitserklärung, § 3 BGB, streitig ist.

Bei ehelichen Kindern handelt es sich stets um Rechtsstreitigkeiten zwischen beiden oder einem Elternteil und dem Kind, nie um einen solchen der Eltern untereinander oder der Eltern bzw des Kindes mit einem Dritten; anders bei Anfechtung der Anerkennung der Vaterschaft, § 1600l. Kindesherausgabestreitigkeiten unter Eltern regelt das FamGer, §§ 23b GVG, im Verf nach §§ 621 ff, gegenüber einem Dritten das VormundschGer, § 1632 III BGB. Unterhaltsprozesse, § 642, fallen nicht unter § 640.

2) Anders als bei der Feststellungsklagen, § 256 I, bedarf es bei **Z 1 keines besonderen Feststellungsinteresses oder Rechtsschutzbedürfnisses,** da die Berufung auf die Klagevoraussetzungen das Feststellungsinteresse in sich trägt, BGH NJW **73**, 51, Wieser ZZP **86**, 315. Zur Zulässigkeit der Klage gegen den anerkennungswilligen Erzeuger vgl Brüggemann FamRZ **79**, 381. Solange die Ehelichkeit eines Kindes nicht mit Erfolg angefochten worden ist, ist die Klage auf Feststellung der nichtehelichen Vaterschaft ebensowenig wie eine entsprechende allgemeine Feststellungsklage möglich, BGH NJW **81**, 1372 mwN. **Unzulässig ist eine Beschränkung der Feststellung** auf bestimmte Rechtswirkungen der Vaterschaft, zB bei ausländischen Vätern auf die Unterhaltspflicht, BGH FamRZ **79**, 793 u NJW **73**, 948 mwN mit Anm Göppinger JR **73**, 332, Oldb NJW **73**, 422, aM u a Düss OLGZ **72**, 216, Henrich StAZ **71**, 157 für den Fall, daß das maßgebliche materielle Recht eine Feststellung der Vaterschaft verbietet.

Für das **Verfahren** gelten die Vorschriften des 1.–3. Buches (einschließlich § 85 II, früher § 232 II, BVerfG NJW **73**, 1315) mit den sich aus §§ 640aff ergebenden Abweichungen. Zur Begründung der Anfechtungsklage reicht der Vortrag aus, das Kind sei von einem anderen gezeugt worden, obwohl auch der Anfechtende in der gesetzlichen Empfängniszeit mit der Mutter verkehrt habe, OLG Mü FamRZ **82**, 1239 gegen Roth-Stielow Rdz 153, offen gelassen von Köln FamRZ **83**, 736, abw Hamm FamRZ **82**, 956. Prozeßkostenhilfe kann auch einem Beteiligten bewilligt werden, der dem Antrag eines anderen Beteiligten nichts entgegenzusetzen hat, Künkel DAVorm **83**, 348 mwN, aM Kblz FamRZ **83**, 734, oder die Unterstützung dieses Antrags beabsichtigt, Celle FamRZ **83**, 735 (Aufgabe von MDR **71**, 489), Ffm DAVorm **83**, 306, oder selbst ein entspr Rechtsschutzziel verfolgt, AG Hbg DAVorm **82**, 1087, aM Köln DAVorm **83**, 227; vgl § 624 Anm 3.

3) Entsprechend anzuwenden sind, I,

§ 609: Die Bevollmächtigten jeder Partei brauchen eine besondere, auf das Verf gerichtete Vollmacht.

§ 611 II: Keine Anwendung des § 275 I 1, III, IV und des § 276.

§ 612: Kein VersUrt gegen den Beklagten, gegen den Kläger nur mit der Wirkung, daß die Klage als zurückgenommen gilt, § 635. W des VersUrt in höherer Instanz s § 612 Anm 2 E: Danach ist es gegen den Beklagten als Berufungskläger grundsätzlich zulässig, vgl Karlsr DAVorm **76**, 627.

§ 613: Anhörung und Vernehmung der Parteien wie im Eheprozeß.

§ 615: Zurückweisung verspäteten Vorbringens nur in engen Grenzen.

§ 616 I: Amtsermittlung wie im Eheprozeß, weil § 1600o BGB zur Klärung der biologischen Vaterschaft zwingt, dazu ausführlich Johannsen, Festschrift Bosch S 469–492, Roth-Stielow Rdz 144ff, BGH FamRZ **82**, 692, **78**, 586, **74**, 369, NJW **74**, 2026, NJW **76**, 366. Wegen Blutgruppenuntersuchung und erbbiologischer Gutachten bei Abstammungsklagen s § 372a Anm 3 A. Die Beweismittel sind mit der sich aus § 640d ergebenden Einschränkung zu erschöpfen, BGH **61**, 168, so daß das Gericht alle angetretenen oder erreichbaren Beweise erheben muß, es sei denn, daß sie keine weitere Aufklärung versprechen (strenger Maßstab anzulegen), BGH NJW **76**, 366. Auch ohne Anhaltspunkte für Mehrverkehr ist idR ein Blutgruppengutachten nötig, KG OLGZ **74**, 219, dagegen ist ein erbbiologisches Gutachten idR nur bei Zweifeln erforderlich, BGH **40**, 378 (vgl zu einem Einmannfall BGH NJW **64**, 1179), Zweibr DAVorm **81**, 465. Wegen der Aussetzung des Verf s § 640f. Vgl iü Pal-Diederichsen § 1591 BGB Anm 4 u Anh § 286 Anm 4 ,,Vaterschaft". – Wegen der Beweislast für das Verstreichen der Frist des § 1594 BGB vgl BGH NJW **78**, 1629.

§ 617: Einschränkung der Parteiherrschaft. Kein bindendes Geständnis oder Anerkenntnis, außer im Fall des § 641c. Kein Verzicht auf Parteibeeidigung. Klagrücknahme: § 617 Anm 4 C.

§ 618: Kein Hinausschieben der Urteilsverkündung auf Antrag der Partei.

§ 619: Tod einer Partei vor Rechtskraft des Urteils erledigt den Prozeß, er kann nicht gegen Verwandte oder Erben fortgesetzt werden, RG **163**, 101; jedoch ist Aufnahme durch die Eltern möglich, § 640g. Erledigt ist auch das Begehren auf Regelunterhalt, § 643, Stgt FamRZ **73**, 466. Hatten die Eltern gemeinsam geklagt, §§ 1595a, 1600g II BGB, so tritt die Erledigung erst mit dem Tod beider ein, Roth-Stielow Rdz 60.

§ 635: Vgl oben bei § 612 (VersUrt).

640a

Hilfsweiser Gerichtsstand. **I** Hat der Beklagte im Inland keinen allgemeinen Gerichtsstand, so ist das Amtsgericht zuständig, in dessen Bezirk der Kläger seinen allgemeinen Gerichtsstand hat. Ist auch für diesen ein allgemeiner Gerichtsstand im Inland nicht begründet, so ist das Amtsgericht Schöneberg in Berlin zuständig, falls auch nur eine der Parteien die deutsche Staatsangehörigkeit besitzt.

II Für die Klage auf Anfechtung der Ehelichkeit eines Kindes oder auf Anfechtung der Anerkennung der Vaterschaft ist, wenn auch nach den vorstehenden Vorschriften ein Gerichtsstand im Inland nicht begründet ist und die Mutter die deutsche Staatsangehörigkeit besitzt oder zur Zeit ihres Todes besessen hat, das Amtsgericht, in dessen Bezirk die Muter im Inland ihren Wohnsitz oder gewöhnlichen Aufenthalt hat oder zur Zeit des Todes gehabt hat, sonst das Amtsgericht Schöneberg in Berlin zuständig.

1) Allgemeines. Die Zuständigkeit des § 640a ist nur eine hilfsweise; einen besonderen Gerichtsstand gibt es nicht, sondern nur den allgemeinen.

2) Zuständigkeit. A. Örtlich zuständig für Kindschaftsklagen ist das **Gericht des allgemeinen Gerichtsstandes des Beklagten**, §§ 12ff. So bei inländischem Gerichtsstand auch eines Ausländers, ohne daß es auf die Anerkennung der deutschen Entscheidung ankäme, da eine § 606b entsprechende Vorschrift fehlt, BGH NJW **82**, 1215. Hilfsweise kommt der allgemeine Gerichtsstand des Klägers in Betracht, I 1. Fehlt auch dieser, kommt es darauf an, ob wenigstens eine der Parteien die deutsche Staatsangehörigkeit besitzt; dann ist das AG Schöneberg in Berlin zuständig. Sind beide Parteien Ausländer und hat keine einen allgemeinen Gerichtsstand in der BRep, so ist für die Klage in der BRep keine internationale Zuständigkeit gegeben, Üb 1 C § 12. Für die einstwVfg nach § 1615o BGB ist das Gericht der Hauptsache zuständig, § 937, daneben das Gericht der Statusklage, Pal-Diederichsen § 1615o Anm 1. Soll die Ehelichkeit, § 1599 BGB, oder die Anerkennung der Vaterschaft, §§ 1600gff, angefochten werden und ist nach obigem ein Gerichtsstand nicht gegeben, so entscheidet, ob die Mutter des Kindes die deutsche Staatsangehörigkeit hat oder bei ihrem Tode gehabt hat. Auch wenn keine der Parteien die deutsche Staatsangehörigkeit hat, kann die Anfechtungsklage bei dem AG erhoben werden, in dessen Bezirk die Mutter im Inland ihren Wohnsitz oder gewöhnlichen Aufenthalt hat, § 16 Anm 2, oder zZt ihres Todes gehabt hat, äußerstenfalls beim AG Schöneberg in Berlin. Für eine Klage auf Feststellung der Wirksamkeit oder Unwirksamkeit einer Anerkennung gilt dieser Gerichtsstand nicht, § 640 Anm 1c. Der Begriff Inland ist ebenso wie in § 606 zu verstehen, umfaßt also auch hier nicht die DDR, KG NJW **64**, 1577, vgl § 606 Anm 3 A b u § 641a Anm 1.

B. Sachlich zuständig ist das AG, § 23a Z 1 GVG.

C. Die **Zuständigkeit** ist in jeder Lage des Verf **von Amts wegen zu prüfen**, weil § 40 II eine Vereinbarung ausschließt; auch § 512a ist nicht anwendbar, Kblz DAVorm **76**, 147. Mit der örtlichen Zuständigkeit eines deutschen Gerichts ist auch seine **internationale Zuständigkeit** für die Anfechtungsklage gegeben, BGH NJW **82**, 1215, Kblz NJW **75**, 1085.

640 b
Prozeßfähigkeit. **In einem Rechtsstreit, der die Anfechtung der Ehelichkeit eines Kindes oder die Anfechtung der Anerkennung der Vaterschaft zum Gegenstand hat, sind die Parteien prozeßfähig, auch wenn sie in der Geschäftsfähigkeit beschränkt sind; für das Kind gilt dies nur, wenn es volljährig ist. Ist eine Partei geschäftsunfähig oder ist das Kind nicht volljährig, so wird der Rechtsstreit durch den gesetzlichen Vertreter geführt; dieser kann die Klage nur mit Genehmigung des Vormundschaftsgerichts erheben.**

1) **Allgemeines.** Diese Abweichung von §§ 51 ff bezieht sich nur auf die Anfechtung der Ehelichkeit und der Anerkennung der Vaterschaft, also nicht auch auf die Feststellung der Unwirksamkeit einer Anerkennung, § 640 Anm 1 d.

2) Die Vorschrift **ergänzt die materiellrechtliche Regelung** der §§ 1595, 1597, 1600k I, II BGB in prozessualer Hinsicht und bezieht sich auch auf die Eltern oder den Elternteil, die nach dem Tode des Mannes anfechten können, §§ 1595a III, 1600g II BGB. Da der Ehemann der Mutter nicht zur Vertretung des beklagten Kindes befugt ist, ist auch die Mutter von der Vertretung ausgeschlossen, solange ihnen die Vertretung gemeinsam zusteht, Zweibr FamRZ **80**, 911 mwN. Die Mutter bedarf auch nach rechtskräftiger Scheidung zur Alleinvertretung des Kindes der Übertragung der elterlichen Sorge durch das Vormundschaftsgericht, BGH NJW **72**, 1708.

640 c
Klagenverbindung; Widerklage. **Mit einer der im § 640 bezeichneten Klagen kann eine Klage anderer Art nicht verbunden werden. Eine Widerklage anderer Art kann nicht erhoben werden. § 643 Abs. 1 Satz 1 bleibt unberührt.**

1) **Klagenverbindung.** Mit einer Kindschaftssache kann keine Klage anderer Art verbunden werden; eine Ausnahme bildet die Verbindung einer Klage auf Feststellung des Bestehens der nichtehelichen Vaterschaft mit der Klage auf Leistung des Regelunterhalts, § 643 S 1 (aber nicht zugunsten von Kindern in der DDR, Celle FamRZ **75**, 509). Wohl kann aber (anders als früher) eine KindschSache mit jeder Art KindschSache, § 640, verbunden werden, zB die Feststellung der Unwirksamkeit der Anerkennung der nichtehelichen Vaterschaft mit der Anfechtung dieser Vaterschaft. Gegebenenfalls hilft Trennung und Aussetzung, § 148 (Übergangsrecht: Art 12 § 18 II NichtehelG, Üb 3 § 642); hat das AG zugleich über beziffertem Unterhalt entschieden, so hat das OLG als Berufungsgericht, § 119 Z 1 GVG, zu trennen und den Streit über den Unterhalt an das AG zurückzuverweisen, BGH NJW **74**, 751.

2) **Widerklage.** Hier gilt bezüglich der in § 640 bezeichneten Klagen dasselbe. Bei der vom gesetzlichen Vertreter erhobenen Anfechtungswiderklage des Kindes ist das durch seinen gesetzlichen Vertreter vertretene Kind der Widerkläger, Köln NJW **72**, 1721. Zulässig ist auch eine im Wege der Widerklage erhobene Anfechtungsklage mit demselben Antrag, weil der Kläger die Klage zurücknehmen oder die Entscheidung sonst durch Säumnis oder Verzicht vereiteln könnte und dem Kind für die Anfechtung der Ehelichkeit auch andere Gründe als dem Mann zur Verfügung stehen können, hM, StJSchl Rdz 4, Köln NJW **72**, 1721.

640 d
Einschränkung der Amtsermittlung. **Ist die Ehelichkeit eines Kindes oder die Anerkennung der Vaterschaft angefochten, so kann das Gericht gegen den Widerspruch des Anfechtenden Tatsachen, die von den Parteien nicht vorgebracht sind, nur insoweit berücksichtigen, als sie geeignet sind, der Anfechtung entgegengesetzt zu werden.**

Bem. In Kindschaftssachen herrscht die **Inquisitionsmaxime**. Klagen auf Anfechtung der Ehelichkeit eines Kindes und auf Anerkennung der Vaterschaft richten sich gegen den bisher feststehenden Status des Kindes. Dementsprechend dürfen entsprechend § 622 Tatsachen, die von den Parteien nicht vorgebracht sind, **gegen den Widerspruch des Anfechtenden** nicht berücksichtigt werden, wenn sie dem Anfechtungsbegehren günstig sind, mögen sie durch das Gericht (im Wege der Amtsermittlung) oder von einer Partei in den Rechtsstreit eingeführt werden; ein Widerspruch ist dabei schon dann gegeben, wenn der Anfechtungskläger seinerseits Tatsachen behauptet, die mit jenen Tatsachen unvereinbar sind, BGH NJW **80**, 1335.

640 e *Ladung des anderen Elternteils od des Kindes.* **Ist an dem Rechtsstreit ein Elternteil nicht als Partei beteiligt, so ist er unter Mitteilung der Klage zum Termin zur mündlichen Verhandlung zu laden. Hat die Mutter die Anerkennung der Vaterschaft angefochten, so ist das Kind unter Mitteilung der Klage zum Termin zur mündlichen Verhandlung zu laden. Der Elternteil oder das Kind kann der einen oder anderen Partei zu ihrer Unterstützung beitreten.**

    1) Allgemeines. A. Da durch die Entscheidung seine rechtlichen Interessen berührt werden, ist der am Rechtsstreit **nicht beteiligte Elternteil** in allen KindschSachen (§ 640 II), das **Kind** nur bei Anfechtung der Vaterschaftsanerkennung durch die Mutter (§ 640 II Z 3) **unter Mitteilung der Klage zum Termin zur mündlichen Verhandlung zu laden,** S 1 u 2. Ein Hinweis auf die Rechtslage und die Möglichkeit des Beitritts ist ratsam, aber nicht zwingend geboten, aM Roth-Stielow Rdz 40. Die Ladung zum ersten Termin genügt, Brüggemann FamRZ **69**, 123; ist sie unterblieben, muß die Ladung nachgeholt und damit rechtliches Gehör gewährt werden, StJSchl Rdz 9.

    B. Im Rechtsstreit über die Anfechtung der Ehelichkeit kann **der Mann, der als außerehelicher Erzeuger in Betracht kommt,** nach Maßgabe der Vorschriften über die Nebenintervention, Saarbr DAVorm **81**, 306, dem beklagten Kind beitreten und gegen ein der Anfechtungsklage stattgebendes Urteil Rechtsmittel einlegen, hM, BGH NJW **82**, 177 u 1652, **80**, 1693 (offengelassen, ob er auch dem Vater beitreten und gegen ein klagabweisendes Urteil Rechtsmittel einlegen darf). Noch weiter gehen StJSchl Rdz 7 und Zö-Philippi, die eine Pflicht zur (Bei-)Ladung des dem Gericht bekannten Dritten annehmen, weil nur so die Rechte aller Beteiligten wirksam gewahrt werden können, vgl § 640h; diese Rechtsansicht hat der BGH (NJW **82**, 1652) jedoch nicht gebilligt. Wegen der Streitverkündung durch das Kind vgl § 641b.

    2) Wirkungen. Die Ladung gibt nicht die Stellung eines Beteiligten (anders als die Beiladung nach § 65 VwGO). Vielmehr ist dem Geladenen freigestellt, **der einen oder der anderen Partei zu ihrer Unterstützung beizutreten,** S 3, und zwar als streitgenössischer Streithelfer, § 69. Dies gilt für die Mutter auch dann, wenn das Kind durch einen von ihr als gesetzlicher Vertreterin bestellten RA vertreten wird, Düss FamRZ **80**, 1147. Beitritt auch ohne Ladung ist zulässig. Die unterbliebene Ladung kann, ebenso wie eine Beiladung nach § 65 VwGO, im Berufungsrechtszug **nachgeholt** werden, Düss FamRZ **71**, 377; dann ist nicht nur die Klage, sondern auch das Urteil beizufügen, Roth-Stielow Rdz 41. Da die **Unterlassung der Ladung** (oder die Ladung ohne Mitteilung der Klage) ein schwerer Verfahrensmangel ist, kommt auch eine Zurückverweisung, § 539, in Betracht, Kblz DAVorm **81**, 55; sie ist im Revisionsverfahren zwingend geboten, ebenso zur notwendigen Beiladung das BVerwG in stRspr, EF § 65 VwGO Rdz 39 (der Mangel ist vAw zu beachten, BVerwG **18**, 124, NJW **74**, 384, jetzt auch BSG NJW **74**, 2304); vgl dazu auch § 666 Anm 2. Wegen der **Urteilswirkung** s §§ 640h, 641k.

640 f *Aussetzung wegen Gutachtens.* **Kann ein Gutachten, dessen Einholung beschlossen ist, wegen des Alters des Kindes noch nicht erstattet werden, so hat das Gericht, wenn die Beweisaufnahme im übrigen abgeschlossen ist, das Verfahren von Amts wegen auszusetzen. Die Aufnahme des ausgesetzten Verfahrens findet statt, sobald das Gutachten erstattet werden kann.**

    1) Allgemeines. Während zur Ausschließg der Vatersch insbes mit Blutgruppengutachten, die dch Tragzeitgutachten u andere Beweismittel unterstützt werden, gearbeitet wird, die im allg sofort eingeholt werden können, ist der positive VaterschBeweis weit schwieriger. Er wird sich fast immer in erster Linie auf ein anthropologisch-erbbiologisches Gutachten stützen; vgl zu diesen Fragen § 372a Anm 3 A u Pal-Diederichsen § 1591 BGB Anm 4a, b. Ein solches Gutachten kann aber oft erst nach Vollendg des 3. Lebensjahres zum Erfolg führen. Der Einholg steht auch das eidl Abstreiten der Mutter nicht entgg, BGH NJW **64**,

6. Buch. 2. Abschnitt. Verfahren in Kindschaftssachen §§ 640f–640h 1

1179; kein Ausforschgsbeweis, Teplitzky NJW **65**, 335. Auch die Amtsermittlg kann die Einholg eines solchen Gutachtens nötig machen.

2) Aussetzung. Das Gericht hat, falls ein derartiges Gutachten notwendig ist, die Bew-Aufn abzuschließen u vAw das Verf auszusetzen; der Einzelrichter ist dafür in 2. Instanz nur mit Einverständnis der Pt zuständig, § 524 Anm 4 C. Dagg ist Beschwerde gegeben, § 252, Nürnb FamRZ **71**, 590. Ist die Erstatg des Gutachtens möglich, ist vorher das Verf aufzunehmen.

640 g *Tod des Mannes; Aufnahme durch die Eltern.* [1] Hat der Mann die Klage auf Anfechtung der Ehelichkeit des Kindes oder auf Anfechtung der Anerkennung der Vaterschaft erhoben und stirbt er vor der Rechtskraft des Urteils, so ist § 619 nicht anzuwenden, wenn zur Zeit seines Todes seine Eltern oder ein Elternteil noch leben. Die Eltern können das Verfahren aufnehmen; ist ein Elternteil gestorben, so steht dieses Recht dem überlebenden Elternteil zu.

[II] War der Mann nichtehelich, so bleibt sein Vater außer Betracht.

[III] Wird das Verfahren nicht innerhalb eines Jahres aufgenommen, so ist der Rechtsstreit in der Hauptsache als erledigt anzusehen.

1) § 640g wandelt für Anfechtungsklagen des Mannes § 619 ab, der nach § 640 I entspr anzuwenden ist. Stirbt der Mann während der Anfechtungsklage, so tritt die Erledigung in der Hauptsache nur ein, wenn seine beiden Eltern verstorben sind. Andernfalls ist § 239 anzuwenden, da die Eltern (wenn ein Teil verstorben ist: der Überlebende, war der Mann nichtehel: dessen Mutter, II) entspr ihrem selbständigen Anfechtungsrecht, vgl §§ 1595a, 1600g II BGB, ein Aufnahmerecht haben; Form: § 250. Dies gilt auch, wenn das Urt zwar erlassen, aber noch nicht rechtskräftig war. Die Sache erledigt sich, wenn innerhalb eines Jahres seit dem Tode des Mannes das Verf nicht aufgenommen wird. Auf Kenntnis vom Rechtsstreit kommt es nicht an. Kommt es zur Aufnahme, so wirkt auch dieses Urt für u wider alle, § 640h. War das Kind Kl, § 1599 I, 1600g BGB, so gilt § 619, da § 640g unanwendbar ist.

640 h *Urteilswirkung.* Das Urteil wirkt, sofern es bei Lebzeiten der Parteien rechtskräftig wird, für und gegen alle. Ein Urteil, welches das Bestehen des Eltern-Kindes-Verhältnisses oder der elterlichen Sorge feststellt, wirkt jedoch gegenüber einem Dritten, der das elterliche Verhältnis oder die elterliche Sorge für sich in Anspruch nimmt, nur dann, wenn er an dem Rechtsstreit teilgenommen hat.

Vorbem. Redaktionell geändert dch Art 9 § 2 G v 18. 7. 79, BGBl 1061, mWv 1. 1. 80.

1) Grundsatz: Wirkung für und gegen alle. § 640h S 1 entspricht dem § 636a: s die Erläuterungen zu diesem.

Das eine Kindschaftssache, § 640, positiv oder negativ entscheidende Urteil wirkt über § 325 hinaus (mit der sich aus S 2 ergebenden Einschränkung) für u gg alle, so daß bei erfolgreicher AnfechtgsKl in allen späteren Verf davon auszugehen ist, daß der ehel Scheinvater als Erzeuger ausscheidet, Mü NJW **77**, 341; entsprechend ist die Lage, wenn die Klage auf Feststellung der nichtehelichen Vaterschaft abgewiesen worden ist und das Kind später die Feststellung der nichtehelichen Vaterschaft eines Dritten begehrt, StJSchl Rdz 8 u 9 (krit Zeuner, Festschrift Schwind, 1978, S 383–396). Das alles gilt auch für das nach Aufnahme dch die Eltern od einen Elternteil ergangene Urt, § 640g. Eine Folge hiervon ist die Notwendigk der Gewährg des rechtl Gehörs für diejenigen, in deren Status dch das Urt eingegriffen wird, Art 103 I GG, also zB der Mutter im Ehelichkeitsanfechtungsprozeß. Deshalb hat Ladg des anderen Elternteils od des Kindes zu erfolgen, § 640e. Sie können als Streithelfer beitreten; vgl auch Schlosser, Gestaltgsklagen § 22 II 2, III 1. Dies kann auch derjenige, der nach erfolgreicher Anfechtung als Vater in Anspruch genommen werden kann, BGH FamRZ **80**, 559 mwN, § 640e Anm 1 B; er hat ein selbständiges Recht, Berufung einzulegen, BGH aaO, aM Hamm NJW **78**, 1258, ohne daß es auf einen Widerspruch der Hauptpartei ankommt, aM Hamm LS FamRZ **80**, 392. Das Urt bindet alle Behörden, zB den Richter der freiwilligen Gerichtsbarkeit, selbst ggü abweichenden standesamtl Urkunden.

Ist dagegen eine nach (dem inzwischen aufgehobenen) § 1595a BGB vom Staatsanwalt erhobene Anfechtgsklage abgewiesen worden, so steht das einer Anfechtg der Ehelichk seitens des Kindes, § 1596 BGB, nicht entgg, BGH **43**, 94. Eine Abweisung mit der Begründung, daß dem Kläger kein Anfechtungsrecht zustehe oder daß er die Frist versäumt habe, steht der Klage eines anderen Berechtigten ebenfalls nicht entgegen. Ebenso hindert die Rechtskraft eines Urteils, durch das die Klage des Mannes auf Anfechtung seines Vaterschaftsanerkenntnisses abgewiesen worden ist, dann nicht die Anfechtungsklage des Kindes, wenn das Urteil damit begründet worden ist, die Nichtvaterschaft sei nicht feststellbar, Düss NJW **80**, 2760.

2) Ein das Bestehen des Eltern- und Kindesverhältnisses oder der elterlichen Sorge feststellendes Urteil wirkt nicht gegenüber dem Dritten, der am Rechtsstreit nicht teilgenommen hat, S 2, aber das elterl Verhältnis od die elterl Sorge für sich in Anspruch nimmt; denn es kann nicht ohne weiteres in seinen Status eingegriffen werden. Dies gilt auch für Ladg, § 640e, weil ihm der Beitritt freisteht, Roth-Stielow Rdz 50, aM Odersky Anm 3. Der nichtbeteiligte Dritte kann seinerseits klagen, u zwar notwendig gg beide Parteien, da sonst das frühere Urt seine Wirkg für den Nichtverklagten wg S 2 behalten würde. Das vom Dritten erstrittene Urt hebt das frühere dch seine Wirkg nach § 640h voll auf. **Anders liegt es bei der Feststellung der nichtehelichen Vatersch** ggü dem Dritten, der sie für sich in Anspruch nimmt: Ihre Wirkg tritt auch ohne Teilnahme ein, § 641k.

641 *Besondere Vorschriften für Feststellung der nichtehelichen Vaterschaft.* Auf einen Rechtsstreit, der die Feststellung des Bestehens oder Nichtbestehens der nichtehelichen Vaterschaft sowie der Vaterschaft zu einem durch nachfolgende Ehe legitimierten oder zu einem für ehelich erklärten Kinde zum Gegenstand hat, sind die nachfolgenden besonderen Vorschriften anzuwenden.

Bem. §§ 641a–k ergänzen §§ 640–640h für die Feststellung der nichtehelichen Vaterschaft, zT bringen sie Abweichungen. Sie gelten auch für Streitigkeiten üb die anfängl Wirksamk od Unwirksamk einer VaterschAnerkenng, nicht aber für Verf nach § 640 II Z 2–4, Kblz DAVorm **76**, 147. Anzuwenden sind sie auch, wenn die Vatersch eines dch nachfolgende Ehe legitimierten od für ehel erklärten Kindes streitig ist; denn Legitimation u Ehelicherklärg treten nur ein, wenn der richtige Vater die Mutter geheiratet hat, § 1719 BGB, od der Mann der Vater des Kindes ist, § 1735 S 2 BGB, § 640 Anm 1d.

641a *Örtliche Zuständigkeit.* **I** Ausschließlich zuständig ist das Amtsgericht, bei dem die Vormundschaft oder die Pflegschaft für das Kind anhängig ist. Ist eine Vormundschaft oder Pflegschaft im Inland nicht anhängig, so ist das Amtsgericht ausschließlich zuständig, in dessen Bezirk das Kind seinen Wohnsitz oder bei Fehlen eines inländischen Wohnsitzes seinen gewöhnlichen Aufenthalt hat. Hat das Kind im Inland weder Wohnsitz noch gewöhnlichen Aufenthalt, so ist der Wohnsitz oder bei Fehlen eines inländischen Wohnsitzes der gewöhnliche Aufenthalt des Mannes maßgebend. Hat auch der Mann im Inland weder Wohnsitz noch gewöhnlichen Aufenthalt und ist der Mann oder das Kind Deutscher, so ist das Amtsgericht Schöneberg in Berlin ausschließlich zuständig.

II Die Vorschriften des Absatzes 1 stehen der Anerkennung einer Entscheidung, die ein Gericht oder eine Behörde eines ausländischen Staates getroffen hat, nicht entgegen, wenn zur Zeit der Einleitung des Verfahrens das Kind oder der Beklagte in dem ausländischen Staat seinen Wohnsitz oder gewöhnlichen Aufenthalt gehabt hat oder beide Parteien diesem Staat angehört haben.

1) Allgemeines. Der Gesetzgeber ist bestrebt, möglichst **einen einheitlichen Gerichtsstand** zu geben, in dem alle Klagen, in denen das Bestehen od das Nichtbestehen einer nichtehel Vatersch festgestellt werden soll, anhängig gemacht werden können, gleichgültig, wer Kl od Bekl ist, u macht diesen zu einem **ausschließlichen.** Das trifft auch für die hilfsweisen Gerichtsstände zu, bei denen die Sache in der Reihenfolge des I anhängig zu machen ist, wenn die Voraussetzungen für den näheren nicht gegeben sind. **Inland** umfaßt hier nicht die DDR, § 640a Anm 2 B, Schlesw OLGZ **80**, 49, Celle FamRZ **75**, 509. Zum ÜbergangsR s Art 12 § 21 NEhelG, Üb 3 § 642. Mit der örtlichen Zuständigkeit eines deutschen Gerichts ist auch seine **internationale Zuständigkeit** gegeben, Kblz NJW **75**, 1085.

6. Buch. 2. Abschnitt. Verfahren in Kindschaftssachen §§ 641a–641c

2) Die Gerichtsstände. Grundsätzlich bestimmt sich die Zuständigkeit nach Wohnsitz oder gewöhnlichem Aufenthalt. Die Staatsangehörigkeit ist nur im Falle d) Anknüpfungspunkt. Zuständig ist das AG, wo **a)** die Vormundschaft od Pflegschaft üb das Kind, vgl § 1706 BGB, anhängig ist, also wo das Mündel zZt, zu welcher die AnO der Vormundschaft erforderl wird, seinen Wohnsitz hat, § 36 I 1 FGG, das ist im allg der Wohnsitz der Mutter, § 11 BGB I 1. **b)** Ist eine Vormundschaft od Pflegschaft im Inland nicht anhängig, weil die Mutter die uneingeschränkte elterliche Sorge hat, §§ 1705, 1707 Z 1 u 2 BGB, od eine Vormundschaft im Ausland geführt wird, § 47 I FGG, das AG des Wohnsitzes des Kindes, § 11 BGB, mangels eines solchen im Inland das seines gewöhnlichen Aufenthalts, I 2. **c)** Hat das Kind im Inland weder Wohnsitz noch gewöhnlichen Aufenthalt, so ist die Klage, gleichgültig, ob es seitens des Mannes od des Kindes geschieht, bei dem AG des Wohnsitzes des Mannes, bei Fehlen eines solchen bei dem seines gewöhnlichen Aufenthaltes zu erheben, I 3. **d)** Ist auch das nicht möglich, zB weil Mann u Kind im Ausland wohnen, so kommt es auf die Staatsangehörigkeit des Mannes od Kindes an: Ist einer von ihnen Deutscher, besteht eine ausschließliche Zuständigkeit beim AG Schöneberg in Berlin.

3) Anerkennung ausländischer Entscheidungen, II. Die ausschließl Zuständigkeit hat den Zweck, bei Zutreffen der angegebenen Tatbestände den inländischen Gerichtsstand zu sichern, u die Folge, daß ausländische Entsch, die das nicht beachtet haben, nicht anerkannt werden. Davon macht II insofern eine Ausnahme, als Entsch ausländischer Gerichte od Behörden dann anerkannt werden, wenn das Kind od der Mann, falls er Bekl ist, zZt der Einleitg des Verf in dem ausländischen Staat Wohnsitz od gewöhnl Aufenthalt hatte. Das gleiche gilt, wenn beide Parteien dem Staat im Zeitpunkt der Einleitg des Verf, betr das Bestehen od Nichtbestehen der nichtehel Vatersch, angehören; auf Wohnsitz od Aufenthalt kommt es dann nicht an. Anders natürlich, wenn der Mann gg das Kind in einem Staat klagt, in dem dieses weder wohnt noch sich aufhält, u beide auch nicht dessen Staatsangehörigk haben. Zur Anerkennung eines in der DDR erwirkten Titels vgl KG FamRZ **82**, 1240.

641 b *Streitverkündung.* Ein Kind, das für den Fall des Unterliegens einen Dritten als Vater in Anspruch nehmen zu können glaubt, kann bis zur rechtskräftigen Entscheidung des Rechtsstreits dem Dritten gerichtlich den Streit verkünden.

1) Allgemeines. Kommen mehrere Männer in Betracht, so würde eine nacheinander erhobene VaterschKlage die Feststellg uU erhebl hinziehen, eine Klage gg alle in Betracht Kommenden das klagende Kind stark mit Kosten für die der Abweisungen belasten. Eine Möglichk der Feststellg ergäbe sich noch, wenn die mehreren Männer sich freiwillig einer Blutprobe unterzögen u damit die Nichtväter ausgeschlossen werden. Doch ist dies schwer zu erreichen.

2) Als Möglichkeit, einen anderen Mann als Vater in Anspruch zu nehmen, ergäbe sich dann noch der Eintritt des Dritten in das schwebende Verf im Wege der Klageänderung, § 263 Anm 2 C, der aber an der Ablehng des Dritten scheitern kann, BGH NJW **62**, 635. Hier hilft § 641 b dem Kind dadch, daß es dem Mann, der nicht Bekl ist, den Streit verkünden kann, § 72, was auch bei Nichtbeteiligg des Dritten die Wirkg des § 68, § 74 Anm 3, hat, dazu ausführl Wieser FamRZ **71**, 393. Tritt der Dritte bei, so wird er notwendiger Streitgenosse, Roth-Stielow Rdz 47. Diese Möglichkeit hat der Dritte auch ohne Streitverkündg, § 66, BGH FamRZ **80**, 559, hM, vgl § 640e Anm 1 B.

641 c *Anerkennung u Zustimmung vor Gericht.* Die Anerkennung der Vaterschaft, die etwa erforderliche Zustimmung des gesetzlichen Vertreters des Anerkennenden sowie die Zustimmung des Kindes und seines gesetzlichen Vertreters können auch in der mündlichen Verhandlung zur Niederschrift des Gerichts erklärt werden.

1) Allgemeines. Grundsätzl ist in KindschSachen, § 640 II, ein Anerkenntnis ausgeschlossen, §§ 640 I, 617. § 641c bringt im Interesse des Kindes eine abweichende Regelg, die in allen Instanzen gilt u die Form des § 1600n ersetzt. Ein Prozeßvergleich, § 794 I Z 1, würde nicht der Bedeutg der Anerkennung mit Rücksicht auf die Wirkg für u gg alle gerecht, vgl § 1600a BGB.

Albers

2) Erklärung zur Niederschrift des Gerichts. Der Rechtsstreit, § 1600n BGB, kann dch Anerkenng der Vatersch in der mdl Verh zur Niederschrift des Gerichts, §§ 159ff, beendet werden. Ebso kann die Zustimmg des gesetzl Vertreters des Mannes u die Zustimmg des Kindes u seines gesetzl Vertreters erklärt werden. Jedoch muß auch das Nachbringen der Zustimmg u Erklärungen dieser Personen in der Form u Frist des § 1600e als zulässig angesehen werden. Mit der Abgabe dieser Erklärungen ist die Sache in der Hauptsache erledigt; üb die Kosten ist nach § 91a zu entsch. Anhängig bleibt ein etwaiger Antrag nach § 643 I 1; für ihn gelten weiterhin die Vorschr für KindschSachen, Hamm NJW **72**, 1094.

641 d *Einstweilige Anordnung.* ^I In einem Rechtsstreit auf Feststellung des Bestehens der Vaterschaft kann das Gericht auf Antrag durch einstweilige Anordnung bestimmen, daß der Mann dem Kinde Unterhalt zu zahlen oder für den Unterhalt Sicherheit zu leisten hat, und die Höhe des Unterhalts regeln.

^{II} Der Antrag ist zulässig, sobald die Klage eingereicht ist. Er kann vor der Geschäftsstelle zu Protokoll erklärt werden. Der Anspruch und die Notwendigkeit einer einstweiligen Anordnung sind glaubhaft zu machen. Die Entscheidung ergeht auf Grund mündlicher Verhandlung durch Beschluß. Zuständig ist das Gericht des ersten Rechtszuges und, wenn der Rechtsstreit in der Berufungsinstanz schwebt, das Berufungsgericht.

^{III} Gegen einen Beschluß, den das Gericht des ersten Rechtszuges erlassen hat, findet die Beschwerde statt. Schwebt der Rechtsstreit in der Berufungsinstanz, so ist die Beschwerde bei dem Berufungsgericht einzulegen.

^{IV} Die entstehenden Kosten gelten für die Kostenentscheidung als Teil der Kosten der Hauptsache; § 96 gilt sinngemäß.

Schrifttum: Brühl-Göppinger-Mutschler Rdz 1637–1673; Büdenbender, Der vorläufige Rechtsschutz … im Nichtehelichenrecht (Bespr Leipold ZZP **91**, 331) S 76ff; derselbe FamRZ **81**, 320ff; Leipold S 168ff; Lüderitz Festschrift Bosch S 613ff; Roth-Stielow Rdz 317–323, alle mwN.

1) Allgemeines. Ähnlich wie im Ehestreit, §§ 620ff., kann in einem **Rechtsstreit auf Feststellung des Bestehens der Vaterschaft** (nicht bei Anfechtung der Vaterschaft oder der Anerkennung der Vaterschaft, Kblz FamRZ **74**, 383, auch wenn das Kind FeststWiderkl erhebt, Köln NJW **73**, 195, Düss NJW **73**, 1331, auch nicht bei negativer FeststKl des Mannes, hM, Odersky II 1a, Bergerfurth FamRZ **70**, 362, Habscheid FamRZ **74**, 343, Düss FamRZ **73**, 212, wohl aber bei positiver FeststWiderkl des Kindes, Büdenbender S 79) nach Erhebung der Klage **der laufende Unterhalt des Kindes durch einstwAnO vorläufig gesichert** werden, bis das Gericht in getroffener Feststellung auf den Regelunterhalt erkannt werden kann, §§ 643, 641 II, III, und das Kind damit einen anderen dauernden Schuldtitel erlangt, die einstwAnO sich also erübrigt, § 641e I; s auch § 641f. Der Erlaß eines erstinstanzlichen Urteils nach § 643 steht der einstwAnO nicht entgegen, Kblz FamRZ **75**, 51; dabei ist zu beachten, daß ein vollstreckbarer Unterhaltstitel bei Verurteilung nach § 643 I erst nach Rechtskraft des Abstammungsurteils zulässig ist, KG NJW **71**, 331. Diese vorläufige Sicherung des Unterhalts steht neben der einstwVfg, durch die der Kindesunterhalt für die ersten 3 Monate gesichert wird, **§ 1615 o BGB**, dazu Büdenbender S 46ff. Letztere kann bereits vor der Geburt beantragt werden, § 1615o BGB, während die einstwAnO nur den laufenden Unterhalt ab Antrag im Rechtsstreit betreffen kann. Sie kann aber für das ganze Verfahren ergehen, sofern die AnO nicht vorher aufgehoben oder geändert wird. Möglich ist sie auch während der Aussetzung des Verfahrens, § 640f. Keinesfalls schafft die Ablehnung der einstwVfg Rechtskraft für die AnO. Eine einstwVfg nach **§ 940** ist nur ausnahmsweise zulässig, nämlich dann, wenn der Erzeuger die Vaterschaft vor Klagerhebung anerkennt, Büdenbender S 138.

2) Zahlung oder Sicherheit, I. A. Die einstwAnO **muß notwendig** sein. Eine Notwendigkeit besteht **nicht**, wenn der Vater freiwillig zahlt, das Kind eigenes Vermögen oder Einkommen hat oder die Mutter oder ein Verwandter Unterhalt leistet, Lüderitz S 621 mwN, wohl aber, wenn das Kind Sozialhilfe erhält, aM Düss FamRZ **75**, 504 m abl Anm Büdenbender mwN. Entfällt eine AnO auf Zahlung, weil der Unterhalt des Kindes anderweit gewährleistet ist, so kann die **AnO auf Sicherheitsleistung** lauten (auch durch Zahlung auf Sperrkonto, Stgt DAVorm **82**, 292, KG FamRZ **76**, 98 mwN); dafür genügt es nicht, daß das Kind selbst nicht über Mittel verfügt, aM Zweibr FamRZ **81**, 391, vielmehr müssen

6. Buch. 2. Abschnitt. Verfahren in Kindschaftssachen § 641 d 2–5

konkrete Anhaltspunkte dafür bestehen, daß die Beitreibung nach Feststellung der Vaterschaft auf Schwierigkeiten stoßen wird, Büdenbender FamRZ **81**, 320, Lüderitz S 623ff. Für die Sicherheit gelten §§ 108f. Die Leistung ist in beiden Fällen beziffert festzusetzen, Stgt Just **77**, 201 mwN (keine Verpflichtung zur Leistung von Regelunterhalt und keine Festsetzung nach § 642a, nur ausnahmsweise Unterschreitung des Regelbedarfs iSv § 1615f I 2 BGB), und zwar ab Eingang des Antrags, Kblz FamRZ **75**, 51. Ihre Höhe kann je nach veränderten Umständen, zB Sonderbedarf, mit Rückwirkung geändert werden, auch die Sicherheit, Kblz FamRZ **75**, 229. Zulässig ist auch die Verpflichtung zur Zahlung an das Jugendamt, Stgt FamRZ **73**, 383, auch auf dessen Sperrkonto (statt Sicherheit), Kblz MDR **73**, 316; in diesem Fall ist dem Beklagten auf Antrag zu gestatten, statt dessen Sicherheit durch Bürgschaft einer Großbank zu leisten, Stgt Justiz **75**, 436.

B. Voraussetzung ist **Glaubhaftmachung der Abstammung und der Notwendigkeit einer einstwAnO, II 3,** dazu Büdenbender FamRZ **81**, 320. Zur Begründung des Anspruchs genügt die Glaubhaftmachung der Beiwohnung in der Empfängniszeit, weil dann die Vermutung des § 1600o II BGB eingreift. Sie wird durch Glaubhaftmachg **schwerwiegender Zweifel** entkräftet, vgl BGH DAVorm **81**, 51 u 274, Lüderitz FamRZ **66**, 620. Macht der Gegner Mehrverkehr glaubhaft, reicht das zur Entkräftung aus (abgesehen von wahllosem Verkehr), solange nicht durch medizinisches Gutachten der andere Mann ausgeschlossen wird od für die Vaterschaft des in Anspruch genommenen Mannes die größere Wahrscheinlichkeit dargetan wird, vgl Büdenbender S 97ff u FamRZ **75**, 189, Ankermann NJW **74**, 584, dazu Brühl FamRZ **75**, 242. Ob bei geringerer Wahrscheinlichkeit statt Zahlung Sicherheit angeordnet werden darf, ist str, dafür die hM, Lüderitz S 619, Leipold FamRZ **73**, 70, Kblz FamRZ **75**, 230, dagg Büdenbender S 117ff mwN. Glaubhaft zu machen ist auch die Notwendigkeit einer einstwAnO; handelt es sich um eine AnO auf Sicherheitsleistung, so sind auch die Umstände glaubhaft zu machen, aus denen sich eine Gefährdung der Betreibung ergibt, oben A.

3) Verfahren, II. Voraussetzung des Antrags ist die Einreichung der Klage bei Gericht, II 1; der Antrag kann auch zusammen mit der Klage gestellt werden. Daß die Klage schon zugestellt ist, § 270, ist nicht erforderlich. Ist für den Rechtsstreit keine Zuständigkeit gegeben, § 641a, so ist der Antrag unzulässig. Der Antrag kann vor der Geschäftsstelle zu Protokoll erklärt werden, II 2. Beweise sind zu benennen, eidesstattliche Versicherungen oder sonstige Urkunden beizufügen. Die Glaubhaftmachung muß sich auf den Grund des Anspruchs, daß also der Bekl der Vater des Kindes ist, Anm 2, ferner aber auch auf die Notwendigkeit einer solchen AnO erstrecken, Anm 2 B; wenn Stgt NJW **72**, 1429 fordert, daß die Unterstützung des Kindes unabweisbar sein muß, so geht das über den Gesetzeswortlaut hinaus.

Die Entscheidung ergeht durch Beschluß in dem Rechtszug, wo die Sache schwebt (aber nicht in der Revisionsinstanz, Anm 4), II 5, stets auf Grund mündlicher Verhandlung, II 4, in der Berufungsinstanz demnach nicht durch den Einzelrichter. Für die Verhandlung besteht Anwaltszwang, § 78. Das Gericht soll die Parteien, besonders den Beklagten hören, und auf Grund einer Prognose über den Ausgang des Hauptprozesses sowie in Würdigung der glaubhaft gemachten wirtschaftlichen und sonstigen Umstände über die Art der AnO und über die Höhe beschließen (zeitraubende Ermittlungen verfehlen den Zweck der Vorschrift, Kemper FamRZ **73**, 524), Anm 2 A.

4) Rechtsmittel, III. Gegen den Beschluß des AG ist Beschwerde an das OLG gegeben, § 119 Z 2 GVG. Einzulegen ist sie beim AG, § 569 I. Ist die Hauptsache inzwischen ans OLG gelangt, § 119 Z 1 GVG, so ist die Beschwerde dort einzulegen, III 2. Befindet sich die Sache in der Revision, so ist, mangels einer gegenteiligen Bestimmung und da der Grundsatz des I weiter besteht, wiederum das AG zuständig, Hamm FamRZ **71**, 596, Büdenbender S 81, so daß eine Beschwerde beim AG einzulegen ist und an das OLG geht. Gegen Beschlüsse des OLG gibt es keine Beschwerde.

5) Kosten des Anordnungsverfahrens (ähnlich § 620g; vgl auch dort). Über sie wird zusammen mit den Kosten der Hauptsache entschieden. Für einen erfolglosen Antrag können dem sonst obsiegenden Kläger also Kosten auferlegt werden. Eine besondere Kostenentscheidung ergeht aber bei Zurückweisung des Antrags und Zurückweisung der Beschwerde. – **Gebühren:** Gericht ½ für die Entscheidung, KV 1163 (mehrere Entscheidungen in einem Rechtszug gelten als eine Entscheidung), RA § 41 BRAGO. Wert: Dreimonatiger Bezug, § 20 II GKG. Für die Beschwerde: Gericht 1 Geb, KVerz 1180, RA § 61 BRAGO.

Albers

641e **Aufhebung der einstweiligen Anordnung.** ^{I} Die einstweilige Anordnung tritt, wenn sie nicht vorher aufgehoben wird, außer Kraft, sobald das Kind gegen den Mann einen anderen Schuldtitel über den Unterhalt, der nicht nur vorläufig vollstreckbar ist, erlangt.

^{II} Ist rechtskräftig festgestellt, daß der Mann der Vater des Kindes ist, und ist der Mann nicht zugleich verurteilt, den Regelunterhalt zu zahlen, so hat auf Antrag des Mannes das Gericht des ersten Rechtszuges eine Frist zu bestimmen, innerhalb derer das Kind wegen seiner Unterhaltsansprüche die Klage zu erheben hat. Wird die Frist nicht eingehalten, so hat das Gericht auf Antrag die Anordnung aufzuheben. Das Gericht entscheidet durch Beschluß; der Beschluß kann ohne mündliche Verhandlung ergehen. Die Entscheidung über den Antrag nach Satz 2 unterliegt der sofortigen Beschwerde.

^{III} Ist der Mann rechtskräftig verurteilt, den Regelunterhalt, den Regelunterhalt zuzüglich eines Zuschlags oder abzüglich eines Abschlags oder einen Zuschlag zum Regelunterhalt zu zahlen, so hat auf Antrag des Mannes das Gericht des ersten Rechtszuges eine Frist zu bestimmen, innerhalb derer das Kind die Festsetzung des Betrages nach § 642a Abs. 1 oder nach § 642d oder § 643 Abs. 2 in Verbindung mit § 642a Abs. 1 zu beantragen hat. Absatz 2 Satz 2 bis 4 gilt entsprechend.

Schrifttum: Brühl-Göppinger-Mutschler Rdz 1674–1680.

1) Allgemeines, I. Die eAnO kann entspr § 927 jederzeit auf entsprechenden Antr **wegen veränderter Umstände geändert** oder aufgehoben werden ohne den Umweg üb § 323, zB wenn die Vatersch weniger wahrscheinl geworden ist, Grunsky JuS **76**, 286, nicht aber, wenn der Rechtsstreit zu Gunsten des Kindes beendet ist. Die AnO soll den Unterhalt des Kindes sicherstellen, bis die aGrd eines anderen Titels, der nicht nur vorläufig vollstreckbar ist, den Unterhalt erhält; denn die vorl Vollstreckbarkeit kann von einer Sicherheitsleistg abhängig sein, die Vollstreckg kann dch eine solche auch abgewendet werden, § 711. Ist ein nicht nur vorl vollstreckbarer Titel, der auf einen bestimmten Betrag geht, vorhanden, **tritt die einstw AnO außer Kraft,** da ihr Zweck erfüllt ist. Eine entspr Feststellg dch das Ger ist nicht erforderlich.

2) Fristbestimmung für die Erhebung der Unterhaltsklage, II. Im allg wird das Ger, das die Vatersch feststellt, bei entspr Antrag den Bekl zum Regelunterhalt verurteilen, § 643, der nach Rechtskraft des Feststellungsurteils auf Antrag betragsmäßig festgesetzt wird, § 643 II. Ist ein solcher Ausspruch üb den Regelunterhalt mangels Antrags des Kindes nicht erfolgt, so kann der Mann beantragen, daß das Ger des ersten Rechtszuges, also das AG, dem Kind aufgibt, innerhalb einer bestimmten Frist Unterhaltsklage, § 642, gg den Vater zu erheben. Erfolgt durch den Rpfleger, § 20 Z 14 RpflG. Voraussetzg für eine derartige Fristsetzg ist, daß nicht etwa schon eine solche Klage erhoben ist. Wird die Frist nicht eingehalten, so erfolgt auf Antrag des Vaters, der ihn zugleich mit dem Antrag auf Klageerhebg stellen kann, Aufhebg der UnterhaltsAnO durch Beschl, der ohne mdl Verh ergehen kann. Eine Kostenentscheidg ist erforderl, da § 641d nicht gilt. Gg den Beschluß des Ger, sowohl den aufhebenden wie den die Aufhebg ablehnenden, ist sof Beschw zulässig, II 4. **Gebühren:** Ger keine, RA § 41 BRAGO (zusammen mit dem Verf nach § 641d nur eine Angelegenheit).

3) Fristbestimmung für den Antrag auf Festsetzung des Betrages des Regelunterhalts, III. Auch wenn der Mann zur Zahlg des Regelunterhalts verurteilt ist, lautet das Urt nicht auf einen Betrag; auch der Zu- u Abschlag wird nur in Prozenten ausgedrückt, § 642d. Zudem unterliegt der Regelbedarf bestimmten Vorschr, zB §§ 1615f, g u h, u ist nicht vom Ermessen des Ger abhängig. Es ist also möglich, daß der sich dann ergebende Betrag höher od geringer ist als der Betrag der AnO, sich also Rückstände, vgl § 1615d, zu Lasten des Vaters od Überzahlungen ergeben. Um einer Verzögerung entgegenzutreten, kann der Mann, wenn er zwar zur Zahlg des Regelunterhalts entspr III verurteilt ist, das Kind aber bisher keinen Festsetzgsantrag gestellt hat, beantragen, daß dem Kind eine Frist zur Stellg eines derartigen Festsetzungsantrags, §§ 642a I, 642d, 643 II gesetzt wird. Geschieht dch den Rpfleger, § 20 Z 14 RpflG. Wird die Frist vom Kind nicht eingehalten, so ist die AnO aufzuheben. Im übrigen gilt, auch hinsichtl des Rechtsmittels, Anm 2. Wird der Betrag festgesetzt, so tritt die AnO außer Kraft, weil das Kind nunmehr gg den Mann einen ausreichenden Schuldtitel hat. **Gebühren:** Anm 2 aE.

6. Buch. 2. Abschnitt. Verfahren in Kindschaftssachen   §§ 641f–641i

641f *Außerkrafttreten der einstweiligen Anordnung.* **Die einstweilige Anordnung tritt ferner außer Kraft, wenn die Klage zurückgenommen wird oder wenn ein Urteil ergeht, das die Klage abweist.**

Bem. Es handelt sich um einen weiteren Fall, s § 641e I, des Außerkrafttretens von Gesetzes wegen ohne Feststellg dch das Gericht. Voraussetzung: Rücknahme der Klage od abweisendes Urt, bei diesem bereits mit Verk, da damit das Ger erklärt, daß es eine Vatersch des Bekl nicht feststellen kann (Begr RegEntw). Bei Einlegg der Bfg muß das Kind also den Erlaß einer neuen AnO beantragen.

641g *Schadensersatzpflicht des Kindes.* **Ist die Klage auf Feststellung des Bestehens der Vaterschaft zurückgenommen oder rechtskräftig abgewiesen, so hat das Kind dem Manne den Schaden zu ersetzen, der ihm aus der Vollziehung der einstweiligen Anordnung entstanden ist.**

Bem. Entspr §§ 717 II, 945 trifft das Kind bei Zurücknahme der Feststellungsklage od ihrer rechtskräftigen Abweisg der Schaden, §§ 249ff BGB, der dem Bekl aus der Vollziehg der AnO entstanden ist, auch der dch eine Sicherheitsleistg, § 641d Anm 2. Die Möglichkeit, gemäß § 1615b BGB gg den wirkl Erzeuger vorgehen zu können, mindert den Schaden nicht; das Kind kann aber Rückabtretg dieses Anspruchs verlangen u dann gg den Erzeuger gemäß § 1615a BGB vorgehen, Büdenbender S 134.

641h *Urteilsformel bei Abweisung der negativen Feststellungsklage.* **Weist das Gericht eine Klage auf Feststellung des Nichtbestehens der nichtehelichen Vaterschaft ab, weil es den Kläger oder den Beklagten als Vater festgestellt hat, so spricht es dies in der Urteilsformel aus.**

Bem. Mit der negativen Feststellungsklage bezweckt der Kläger, daß er aus der Reihe der möglichen Väter ausscheidet, er also nicht mehr als Vater in Anspruch genommen werden kann, da das Urt für u gg alle wirkt. Würde Klageabweisg erfolgen, weil er als Vater festgestellt wurde, so wäre ein Urteilsausspruch: „Die Klage wird abgewiesen" wenig deutlich. Der Zusatz „Der Kl ist der Vater" hilft dem ab, was wg der Wirkg für u gg alle, § 640h, § 1600a BGB, die sonst nur aus den Gründen abgelesen werden könnte, BGH 7, 183, wünschenswert ist; Göppinger FamRZ 70, 124, Gravenhorst FamRZ 70, 127 halten eine negative Feststellungsklage dieser Art für unzulässig, auch fehle das Feststellungsinteresse, da die Rechtswirkungen der Vatersch erst vom Zeitpunkt ihrer Feststellg an geltend gemacht werden können, § 1600a S 2 BGB. Dagg spricht aber § 641 und der ausdrückl in § 641h vorgesehene Ausspruch, um Klarheit bei Klageabweisg u positiver Feststellg der Vatersch für jedermann zu schaffen. Bei Unklärbarkeit bestehen schwerwiegende Zweifel iSv § 1600o II 2 BGB, BGH NJW 73, 1924 u 2249; dann ist festzustellen, daß der Kl nicht als Vater angesehen werden kann, Nürnb FamRZ 72, 219, ebso Zö-Karch § 640 Anm 1 C, Gerhardt Festschr Bosch S 291ff, abw (Entsch immer nur auf Feststellg od Verneing der Vatersch) Roth-Stielow Rdz 328, Gaul Festschr Bosch S 247ff.

641i *Restitutionsklage.* **I Die Restitutionsklage gegen ein rechtskräftiges Urteil, in dem über die Vaterschaft entschieden ist, findet außer in den Fällen des § 580 statt, wenn die Partei ein neues Gutachten über die Vaterschaft vorlegt, das allein oder in Verbindung mit den in dem früheren Verfahren erhobenen Beweisen eine andere Entscheidung herbeigeführt haben würde.**

II Die Klage kann auch von der Partei erhoben werden, die in dem früheren Verfahren obgesiegt hat.

III Für die Klage ist das Gericht ausschließlich zuständig, das im ersten Rechtszug erkannt hat; ist das angefochtene Urteil von dem Berufungs- oder Revisionsgericht erlassen, so ist das Berufungsgericht zuständig. Wird die Klage mit einer Nichtigkeitsklage oder mit einer Restitutionsklage nach § 580 verbunden, so bewendet es bei § 584.

IV § 586 ist nicht anzuwenden.

Schrifttum: Brühl-Göppinger-Mutschler Rdz 1794–1800; Gaul Festschrift Bosch (1976) S 241ff.

1) Allgemeines. Das Ziel des Vaterschaftsprozesses ist, den wirklichen Vater zu ermitteln. Die weitere Entwicklung der Wissenschaft auf diesem Gebiet soll genutzt werden können, um gegebenenfalls zu einem richtigeren Ergebnis als zZt des Urteils zu kommen. Deshalb erweitert § 641i die Wiederaufnahmegründe. Er ermöglicht es nicht, von der Einhaltung der Anfechtungsfrist des § 1600h I BGB abzusehen, BGH **81**, 357.

2) Besonderer Restitutionsgrund. Er ist gegen ein rechtskräftiges Urteil, in dem über die Vaterschaft entschieden ist, gegeben, also dann, wenn über die Abstammung eines nichtehelich geborenen Kindes entschieden, BGH NJW **75**, 1465, dh die Vaterschaft festgestellt oder die Feststellungsklage abgewiesen worden ist, Hamm FamRZ **72**, 215, oder wenn die Ehelichkeit eines Kindes erfolgreich angefochten worden ist, BGH **61**, 186 (Anm Johannsen **LM** Nr 1). Die Voraussetzung liegt nicht vor, wenn die Anfechtung erfolglos geblieben ist, BGH NJW **75**, 1465 (aM Köln FamRZ **81**, 195 mwN, StJSchl Rdz 1, Braun NJW **75**, 2196, Gaul S 268ff), oder wenn Abstammungsklage erhoben wird, nachdem die Unterhaltsklage nach altem Recht abgewiesen ist, BGH FamRZ **74**, 87. Darauf, ob das Urteil vor dem 1. 7. 70 rechtskräftig geworden ist, kommt es nicht an, Celle FamRZ **74**, 381.

Zusätzlich zu den Wiederaufnahmegründen des § 580 ist der besondere Restitutionsgrund gegeben, diese nicht aus. Aber es ist kein Wiederaufnahmegrund, daß seit Rechtskraft des Urteils neue Erkenntnisse und Methoden gewonnen sind; es genügt auch nicht, daß die Partei mit der Klage die Einholung eines neuen Gutachtens beantragt, Hbg DAVorm **80**, 486: Das neue Gutachten muß jedenfalls bis zum Schluß der mdl Verh in der Tatsacheninstanz vorliegen. Ist zur Erstattung des Gutachtens die Untersuchung einer anderen Person erforderlich, besteht, wenn sich diese der Untersuchung nicht freiwillig unterzieht, wenig Aussicht, da die Mitwirkungspflicht, § 372a, nur im gerichtlichen Verfahren nach Anordnung des Gerichts besteht, Hausmann FamRZ **77**, 307 mwN, Stgt FamRZ **82**, 193 u StAZ **76**, 168, aM Odersky II 4, dagegen zutreffend Roth-Stielow Rdz 137, 138.

Das **neue Gutachten,** dh ein solches, das im Vorprozeß nicht vorgelegen hat, kann bis zum Schluß der mdl Verh in der Tatsacheninstanz vorgelegt werden und dadurch die bis dahin unzulässige Klage zulässig machen, BGH NJW **82**, 2128. Es muß sich konkret auf den im Vorprozeß zur Entscheidung gestellten Sachverhalt beziehen, dh auf die Frage, von wem das Kind abstammt (nicht notwendig darauf, ob gerade der Beklagte als Vater ausscheidet), BGH FamRZ **80**, 880. Es genügt für die Wiederaufnahme, wenn es im Vorprozeß allein oder mit den früheren Beweisergebnissen zusammen möglicherweise eine andere Entscheidung herbeigeführt haben würde, BGH NJW **82**, 2125 u 2128 mwN, Brschw DAVorm **82**, 198, Köln FamRZ **81**, 195, Mü DAVorm **81**, 140; dazu ist ausreichend, daß das neue Gutachten das frühere Beweisergebnis grundlegend erschüttert, Hamm DAVorm **81**, 472. Ein Privatgutachten kann genügen, StJSchl Rdz 2, Gaul S 263, aM Hamm DAVorm **81**, 472. Darauf, ob im Vorprozeß aufgrund eines Gutachtens entschieden ist, kommt es ebensowenig an wie darauf, ob das neue Gutachten auf Erkenntnissen, die damals noch nicht vorlagen, oder auf neuen Methoden beruht, BGH **61**, 186, Hamm FamRZ **80**, 392; unerheblich ist auch, ob das im Vorprozeß nicht verwertete Gutachten vor oder nach dessen Abschluß erstattet wurde, Johannsen **LM** Nr 1. Dagegen muß es Mindestanforderungen genügen, ua anerkannten Grundsätzen der Wissenschaft entsprechen, Gaul S 257; ein abstraktes Gutachten darüber, daß eine im Vorprozeß verwendete, aber nicht für tauglich gehaltene Methode inzwischen anerkannt sei, reicht nicht aus, zweifelnd Gaul S 260.

3) Klageberechtigte, II, sind der, dessen Vaterschaft festgestellt wurde, ferner das Kind, auch wenn es obgesiegt hat. Es hat Anspruch darauf, daß der richtige Vater festgestellt wird; der bisher Festgestellte wird aber wegen § 1600a BGB so lange als sein Vater angesehen, bis das Urteil, in dem die Feststellung erfolgte, beseitigt ist. Die Erben des als Vater festgestellten Mannes sind nicht klageberechtigt, Stgt FamRZ **82**, 193.

4) Verfahrensrechtliches, III, IV. Zuständig ist das Gericht des 1. Rechtszuges; ist das angefochtene Urteil vom Berufungs- oder Revisionsgericht erlassen, so ist immer das Berufungsgericht zuständig, III 1. Für sog Altfälle bestimmt sich die erstinstanzliche Zuständigkeit nach den jetzigen Verfahrensvorschriften, Köln FamRZ **81**, 195, str, aM StJSchl III 2, Odersky IV 1. Ist aber die Klage gemäß § 641i mit einer Nichtigkeitsklage od einer Restitutionsklage gemäß § 580 verbunden, so entscheidet üb die Zuständigkeit § 584, III 2; gegebenenfalls kann dann also auch das Revisionsgericht zuständig sein. Verfahrensmäßig gilt iü nichts Besonderes, vgl Grdz 3 A § 578. Eine Frist, innerhalb derer die Restitutionsklage erhoben werden muß, besteht nicht, weil § 586 nicht anzuwenden ist, IV. **Gebühren:** Für das Gericht und den RA ist das Verfahren ein neuer Rechtsstreit.

641 k *Drittwirkung des Vaterschaftsfeststellungsurteils.* Ein rechtskräftiges Urteil, welches das Bestehen der Vaterschaft feststellt, wirkt gegenüber einem Dritten, der die nichteheliche Vaterschaft für sich in Anspruch nimmt, auch dann, wenn er an dem Rechtsstreit nicht teilgenommen hat.

Bem. Diese Abweichung von § 640h steht in Einklang damit, daß einem Dritten auch keine Anfechtung der Anerkennung zugebilligt ist, § 1600g I BGB. Darin liegt kein Verstoß gegen Art 3 GG, weil diese Unterscheidungen sachlich gerechtfertigt sind, Roth-Stielow Rdz 51 gg Grunsky StAZ **70**, 254. Die Vorschrift betrifft außer Entscheidungen, durch die die Vaterschaft festgestellt ist, auch Entscheidungen, die die Wirksamkeit einer Anerkennung der Vaterschaft feststellen, § 640 II Nr 1 Halbs 2, aber natürlich nicht den Streit um ein eheliches Kind, § 640h S 2 (Vater, der Rechte an dem verwechselten Kind seiner Ehefrau geltend macht, Beisp des RegEntw).

Dritter Abschnitt
Verfahren über den Unterhalt Minderjähriger
Grundzüge

1) Inhalt. Nach der Umgestaltung durch G v 29. 7. 76, BGBl 2029, beschränkt sich der 3. Abschnitt nicht mehr auf das Verf über den Regelunterhalt nichtehelicher Kinder. Daneben enthält er Vorschriften, die allgem für **Unterhaltsansprüche Minderjähriger** gelten.

2) 1. Titel. Er bringt Sonderbestimmungen für das **Verfahren zur vereinfachten Änderung von Unterhaltstiteln** zugunsten von Minderjährigen; er gilt nicht für Titel über den Regelunterhalt nichtehelicher Kinder, § 641l Anm 2 B. Das Verf gilt nicht als FamS. Zuständig ist das **AG**, § 23a GVG; das Verfahren ist durch § 20 Z 10 RPflG dem Rpfl übertragen. Rechtsmittelgericht ist das **LG**, § 72 GVG.

3) 2. Titel. Nach seinen Vorschriften richtet sich das **Verfahren über den Regelunterhalt nichtehelicher Kinder,** nicht auch das sonstige Unterhaltsverf. Zuständig ist das **AG**, § 23a GVG. Wegen der Übertragung auf den **Rpfl** s § 20 Z 11 RPflG. Der Rechtszug geht an das **LG**, § 72 GVG.

Erster Titel
Vereinfachtes Verfahren zur Abänderung von Unterhaltstiteln
Übersicht

1) Allgemeines. Mit G v 29. 7. 76, BGBl 2029, ist dch Einfügung des **§ 1612a BGB**, abgedr bei § 641l, die Möglichkeit geschaffen worden, die für ein minderjähriges Kind zu entrichtenden **Unterhaltsrenten der allgemeinen Entwicklung der wirtschaftlichen Verhältnisse anzupassen.** Auf Grund dieser Vorschrift können Schuldtitel über künftig fällig werdende Unterhaltszahlungen im VereinfVerf des 1. Titels abgeändert werden. Eine Änderung durch Klage nach § 323 ist nur unter den Voraussetzungen des § 323 V (s dort Anm 6), Timm NJW **78**, 746, Puls DAVorm **78**, 235, und wegen einer Anpassung an veränderte wirtschaftliche Verhältnisse vor dem ersten Stichtag (1. 7. 75), Schlesw SchlHA **78**, 57, möglich. Das Vereinf Verf ist auf zügige Erledigung in einem schematisierendem Verf ausgerichtet; deshalb sind Einwendungen und Rechtsmittel nur beschränkt zulässig. Es hat praktische Bedeutung vor allem für Titel zugunsten ehelicher Kinder. Die Änderung von Titeln über den Regelunterhalt nichtehelicher Kinder richtet sich allein nach §§ 642b ff.

2) Inkrafttreten. Die Vorschriften des 1. Titels idF des Art 2 Z 3 G v 29. 7. 76 sind ab **1. 1. 77** in Kraft, Art 5 § 3 S 1 Ges; § 641n S 3 ist ab 1. 7. 77 in Kraft, s dort Vorbem. Anwendbar sind die Vorschriften aGrd der AnpassungsVO 1977 v 22. 6. 77, BGBl 977, ab 1. 7. 77 (vgl jetzt die AnpassungsVO 1981 v 10. 8. 81, BGBl 835). Wegen des Wirksamwerdens der Anpassung s § 1612a II 3 u 4 BGB, abgedr bei § 641l.

3) Material zum G v 29. 7. 76 (sog DynamisierungsG): RegEntw BTDr 7/4791, Bericht des RAussch BTDr 7/5311. **Schrifttum:** Brüggemann, Komm, 1976; Arnold JR **77**, 137; Behr Rpfleger **77**, 432; Franz FamRZ **76**, 65 u **77**, 24; Köhler NJW **76**, 1532; Puls DAVorm **76**, 601; Schroeder JB **76**, 1281; Klauser DAVorm **82**, 132.

§ 641 l

641 l *Voraussetzungen des VereinfVerf; Zuständigkeit.* ^I Urteile auf künftig fällig werdende wiederkehrende Unterhaltszahlungen können auf Grund des § 1612a des Bürgerlichen Gesetzbuchs und einer nach diesen Vorschriften erlassenen Rechtsverordnung (Anpassungsverordnung) auf Antrag im Vereinfachten Verfahren abgeändert werden. Das Vereinfachte Verfahren zur Abänderung von Unterhaltstiteln gilt nicht als Familiensache.

^{II} Absatz 1 gilt entsprechend, wenn sich die Verpflichtung zu den Unterhaltszahlungen aus einem anderen Schuldtitel ergibt, aus dem die Zwangsvollstreckung stattfindet.

^{III} Ausschließlich zuständig ist das Amtsgericht, bei dem der Unterhaltsberechtigte seinen allgemeinen Gerichtsstand hat. Hat der Unterhaltsberechtigte im Inland keinen allgemeinen Gerichtsstand, so ist das Amtsgericht Schöneberg in Berlin ausschließlich zuständig. Wird die Abänderung eines Schuldtitels der § 641p beantragt, so ist das Amtsgericht ausschließlich zuständig, das diesen Titel erstellt hat.

^{IV} Eine maschinelle Bearbeitung ist zulässig.

^V Die Landesregierungen werden ermächtigt, durch Rechtsverordnung Vereinfachte Verfahren zur Abänderung von Unterhaltstiteln einem Amtsgericht für den Bezirk mehrerer Amtsgerichte zuzuweisen, wenn dies ihrer schnelleren und rationelleren Erledigung dient. Die Landesregierungen können die Ermächtigung durch Rechtsverordnung auf die Landesjustizverwaltungen übertragen. Mehrere Länder können die Zuständigkeit eines Amtsgerichts über die Landesgrenzen hinaus vereinbaren.

*BGB § 1612a*¹. Ist die Höhe der für einen Minderjährigen als Unterhalt zu entrichtenden Geldrente in einer gerichtlichen Entscheidung, einer Vereinbarung oder einer Verpflichtungsurkunde festgelegt, so kann der Berechtigte oder der Verpflichtete verlangen, daß der zu entrichtende Unterhalt gemäß den Vorschriften des Absatzes 2 der allgemeinen Entwicklung der wirtschaftlichen Verhältnisse angepaßt wird. Die Anpassung kann nicht verlangt werden, wenn und soweit bei der Festlegung der Höhe des Unterhalts eine Änderung der Geldrente ausgeschlossen worden oder ihre Anpassung an Veränderungen der wirtschaftlichen Verhältnisse auf andere Weise geregelt ist.

^{II} Ist infolge erheblicher Änderungen der allgemeinen wirtschaftlichen Verhältnisse eine Anpassung der Unterhaltsregeln erforderlich, so bestimmt die Bundesregierung nach Maßgabe der allgemeinen Entwicklung, insbesondere der Entwicklung der Verdienste und des Lebensbedarfs, durch Rechtsverordnung (Anpassungsverordnung) den Vomhundertsatz, um den die Unterhaltsrenten zu erhöhen oder herabzusetzen sind. Die Verordnung bedarf der Zustimmung des Bundesrates. Die Anpassung kann nicht für einen früheren Zeitpunkt als den Beginn des vierten auf das Inkrafttreten der Anpassungsverordnung folgenden Kalendermonats verlangt werden. Sie wird mit der Erklärung wirksam; dies gilt nicht, wenn sich die Verpflichtung zur Unterhaltszahlung aus einem Schuldtitel ergibt, aus dem die Zwangsvollstreckung stattfindet.

^{III} Der Unterhaltsbetrag, der sich bei der Anpassung ergibt, ist auf volle Deutsche Mark abzurunden, und zwar bei Beträgen unter fünfzig Pfennig nach unten, sonst nach oben.

^{IV} Von der in einer Anpassungsverordnung vorgesehenen Anpassung sind diejenigen Unterhaltsrenten ausgeschlossen, die in den letzten zwölf Monaten vor dem Wirksamwerden der Anpassung festgesetzt, bestätigt oder geändert worden sind.

^V Das Recht des Berechtigten und des Verpflichteten, auf Grund allgemeiner Vorschriften eine Änderung des Unterhalts zu verlangen, bleibt unberührt.

Vorbem. Wegen des Inkrafttretens und des Schrifttums s Üb § 641 l.

1) Allgemeines. § 641 l regelt die Voraussetzungen des VereinfVerf zur Änderung von Unterhaltstiteln. Er verweist auf § 1612a BGB, so daß Gegenstand und Umfang der Anpassung danach zu bestimmen sind. Das VereinfVerf tritt in diesem Umfang an die Stelle der Klage nach § 323, s § 323 V; vgl § 641 m Anm 1 B f, § 641 o Anm 1 B. Die Klage aus § 323 ist demgemäß unzulässig, soweit das VereinfVerf eingreift, Schlesw SchlHA **78**, 57, Köhler NJW **76**, 1532. Wird dagegen eine Anpassung wegen einer Änderung der persönlichen Verhältnisse begehrt (erhöhter Bedarf, gestiegene Leistungsfähigkeit), ist dies durch Klage nach § 323 geltend zu machen, Oldb DAVorm **79**, 497, und zwar auch noch nach Anhän-

1. Titel. VereinfVerf zur Abänderung von Unterhaltstiteln **§ 641 l** 1–4

gigkeit des VereinfVerf, § 641 m Anm 1 B f u § 641 o Anm 1 B, und nach Änderung des Titels im VereinfVerf, BGH DAVorm **82**, 767.

2) Gegenstand der Anpassung, I, II. A. Nach §§ 641 l ff können im VereinfVerf aGrd des § 1612a BGB angepaßt werden **a) Urteile** (auch nicht rechtskräftige) **auf künftig fällig werdende wiederkehrende Unterhaltszahlungen, I,** für die eine Anpassung nach § 1612a BGB in Betracht kommt, dh Urteile über eine für einen Minderjährigen als Unterhalt zu entrichtende Geldrente, ferner **b)** wenn sich die Verpflichtung zur Unterhaltszahlung aus ihnen ergibt, **andere Titel, aus denen die Zwangsvollstreckung stattfindet, II,** ohne Rücksicht darauf, ob sie ihre Grundlage in der ZPO haben, also auch vollstreckbare Urk nach § 50 JWG und § 10 KonsularG, nicht aber aus vorläufigen Titeln wie einstwAnOen, Arnold JR **77**, 140. **c) In beiden Fällen** bleibt außer Betracht, ob der Minderjährige ein eheliches oder nichteheliches Kind ist (wegen der Ausnahme für Titel über den Regelunterhalt s unten B). Ebenso kommt es nicht darauf an, ob der Minderjährige in dem Titel selbst als Gläubiger bezeichnet wird oder etwa ein Elternteil, der den Unterhaltsanspruch in eigenem Namen erhoben hat, § 1629 III BGB, zB nach § 620 oder im Scheidungsverfahren nach § 621 als FolgeS.

B. Ausnahmen. Nicht erfaßt durch §§ 641 l ff werden Titel über Unterhaltsrenten, wenn und soweit, § 1612a I 2 BGB, **a)** bei der Festlegung der Höhe des Unterhalts eine **Änderung der Geldrente ausgeschlossen** worden ist, etwa in einem gerichtlichen Vergleich, oder **b)** ihre Anpassung an die Veränderung der wirtschaftlichen Verhältnisse **auf andere Weise geregelt** ist, entweder **aa) durch Gesetz,** zB für die Festsetzung des Regelunterhalts eines nichtehelichen Kindes durch die §§ 642 ff, oder **bb)** durch die Parteien selbst im Wege der **Vereinbarung,** zB in einem gerichtlichen Vergleich. Die abweichende Regelung der Anpassung muß sich aber aus dem Vollstreckungstitel selbst ergeben, § 641 o I 2. Halbs; andernfalls ist der Verpflichtete auf die Klage gegen die Entscheidung im VereinfVerf beschränkt, § 641 q II. **c)** Außerdem gilt das VereinfVerf **nicht für einen Titel,** der in den **letzten 12 Monaten** vor dem Wirksamwerden der Anpassung, § 1612a II 2 BGB, errichtet, bestätigt oder geändert worden ist, § 1612a IV, sofern dies durch einen Vollstreckungstitel geschehen ist, s oben b; dabei handelt es sich nicht um eine Wartefrist, Behr NJW **79**, 199, sondern um einen Ausschluß der Anpassung, LG Brschw DAVorm **81**, 492 u LG Wuppertal DAVorm **81**, 73, beide mwN, LG Hbg DAVorm **81**, 74, str, aM LG Stgt FamRZ **81**, 72, LG Tübingen DAVorm **81**, 129. **d)** Ferner gilt das VereinfVerf **nicht für Titel,** die die Unterhaltsrente **nicht in einem festen Betrag** ausweisen, zB ein Urteil über den Gesamtunterhalt für mehrere Kinder, und **e)** auch **nicht für Titel,** die für oder gegen einen anderen als den Antragsgegner des VereinfVerf errichtet worden sind, zB einen Rechtsvorgänger, solange sie nicht umgeschrieben sind.

C. Ausländische Titel. Sie werden nur erfaßt, wenn auf den Unterhaltsanspruch deutsches Recht anzuwenden ist und ein inländischer Gerichtsstand gegeben ist, Arnold JR **77**, 140.

3) Umfang der Anpassung. Er ergibt sich materiell aus § 1612a BGB iVm der jeweils geltenden AnpassungsVO, zZt VO v 10. 8. 81, BGBl 835, für die Zeit seit 1. 7. 75, Art 5 G v 29. 7. 76. Einzelheiten s bei § 641 p.

4) Zuständigkeit, I 2, III. V. A. Sachlich ausschließlich zuständig ist das AG, § 23a Z 2 GVG. Da das VereinfVerf in Abweichung von § 23b I Z 5 GVG auch dann, wenn es sich um den Unterhalt eines ehelichen Kindes handelt, nicht als FamS gilt, I 3, können diese Verf und die entsprechenden Verf nach § 642b, die als Massenverf ausgestaltet sind, bei einer Abteilung des AG zusammengefaßt werden. Übertragung auf den Rpfl: § 20 Z 10 RPflG, Anh § 153 GVG.

B. Örtlich ausschließlich zuständig für die Änderung im VereinfVerf ist **a)** das AG, bei dem der Unterhaltsberechtigte, dh idR der Antragsteller (der Minderjährige), seinen allgemeinen Gerichtsstand hat, §§ 12–16, **III 1.** Ist der Unterhalt in einem einheitlichen Titel für mehrere Berechtigte festgesetzt worden, muß jeder von ihnen das VereinfVerf bei dem für ihn zuständigen AG betreiben; eine Verweisung ist nicht möglich. **b) Fehlt** es an einem allgemeinen Gerichtsstand im Inland, dh im Geltungsbereich der ZPO, ist das AG Schöneberg in Berlin ausschließlich zuständig, **III 2. c)** Ist ein **Titel im VereinfVerf geändert worden,** § 641 p, ist für eine erneute Änderung das AG, das den zu ändernden Beschluß erlassen hat, ausschließlich zuständig, **III 3,** vgl § 642b Anm 3.

In allen diesen Fällen handelt es sich um ausschließliche Zuständigkeiten, so daß keine abweichende Vereinbarung zulässig ist, § 40 II.

C. Zusammenfassung, V. Um eine schnelle und rationelle Erledigung dieser Massenverf zu erleichtern, besteht die Möglichkeit, sie bei einem AG zusammenzufassen.

5) Grundzüge des Verfahrens, IV. Wegen der Eigenart des VereinfVerf, das auf zügige Erledigung ohne besondere Förmlichkeiten angelegt ist, ist eine Bearbeitung mit Hilfe automatischer Datenverarbeitungsanlagen zulässig; s dazu § 641 s. Das Verf wird nur auf Antrag eingeleitet, I 1, vgl § 641 m. Antragsteller ist bei Heraufsetzung der Gläubiger, bei Herabsetzung der Schuldner, niemals ein Dritter. Einzelheiten des weiteren Verf ergeben sich aus §§ 641 n–641 r, s die dortigen Erläuterungen.

641 m *Erfordernisse des Antrags; Zurückweisung.* ¹ Der Antrag muß enthalten:

1. die Bezeichnung der Parteien, ihrer gesetzlichen Vertreter und des Prozeßbevollmächtigten des Antragstellers;
2. die Bezeichnung des angerufenen Gerichts;
3. die Bezeichnung des abzuändernden Titels;
4. die Angabe der Anpassungsverordnung, nach der die Abänderung des Titels begehrt wird;
5. die Angabe eines bestimmten Änderungsbetrags, wenn der Antragsteller eine geringere als die nach der Anpassungsverordnung zulässige Abänderung begehrt;
6. die Erklärung, daß kein Verfahren nach § 323 anhängig ist, in dem die Abänderung desselben Titels begehrt wird.

II Dem Antrag ist eine Ausfertigung des abzuändernden Titels, bei Urteilen des in vollständiger Form abgefaßten Urteils, beizufügen. Ist ein Urteil in abgekürzter Form abgefaßt, so ist eine unter Benutzung einer beglaubigten Abschrift der Klageschrift hergestellte Ausfertigung oder, wenn bei dem Prozeßgericht die Akten insoweit noch aufbewahrt werden, neben der Ausfertigung des Urteils eine von dem Urkundsbeamten der Geschäftsstelle des Prozeßgerichts beglaubigte Abschrift der Klageschrift beizufügen. Der Vorlage des abzuändernden Titels bedarf es nicht, wenn dieser von dem angerufenen Gericht im Vereinfachten Verfahren auf maschinellem Weg erstellt worden ist; das Gericht kann dem Antragsteller die Vorlage des Titels aufgeben.

III Entspricht der Antrag nicht diesen und den in § 641 l bezeichneten Voraussetzungen, so ist er zurückzuweisen. Die Zurückweisung ist nicht anfechtbar.

1) Erfordernisse des Antrags, I. A. Antragsberechtigung. Antragsberechtigt sind ausschließlich die im abzuändernden Titel aufgeführten Beteiligten. Handelt es sich um einen Scheidungsfolgenvergleich alten Rechts, sind die Kinder nicht Beteiligte, so daß der frühere Ehegatte den Antrag nur im eigenen Namen, nicht im Namen der Kinder stellen darf; ergeht ein unanfechtbarer Änderungsbeschluß auf den Namen der Kinder, so berührt dies seine Wirksamkeit nicht, Ffm FamRZ 83, 734 u 755.

B. Form. Die einzuhaltenden Förmlichkeiten des Antrags, durch den das VereinfVerf eingeleitet wird, insbesondere die Benutzung von Vordrucken, sind in den §§ 641 r und 641 t geregelt.

C. Inhalt. Der Antrag muß enthalten **a) die Bezeichnung der Parteien, ihrer gesetzlichen Vertreter und des Prozeßbevollmächtigten des Antragstellers, I Z 1,** und zwar in einer Weise, die seine Zustellung an den Antragsgegner und später die Vollstreckung aus der Entscheidung ohne Schwierigkeiten ermöglicht, so daß idR die Namen und die Postanschrift anzugeben sind; die ProzVollmacht für den UnterhaltsProz genügt für das VereinfVerf, Brüggemann Rdz 1; **b) die Bezeichnung des angerufenen Gerichts, I Z 2; c) die Bezeichnung des abzuändernden Titels, I Z 3; d) die Angabe der AnpassungsVO,** nach der die Anpassung des Titels begehrt wird, **I Z 4;** dabei kann es sich um die zeitlich letzte VO, § 1612a II BGB, aber auch um eine frühere VO handeln, sofern der Titel ihr noch nicht angepaßt worden ist; **e) die Angabe eines bestimmten Änderungsbetrages nur dann,** wenn der Antragsteller eine geringere als die nach der jeweils in Betracht kommenden, I Z 4, AnpassungsVO zulässige Abänderung begehrt, **I Z 5,** sonst nicht, weil das Gericht ohnehin den Änderungsbetrag vAw ausrechnen muß; enthält der Antrag eine nicht erforderliche Betragsangabe, so wird sie nicht berücksichtigt, § 641 p I 3, es sei denn, es ist eindeutig ersichtlich, daß der Antragsteller bewußt weniger begehrt, als er nach der AnpassungsVO verlangen könnte; **f) die Erklärung, daß kein Verfahren nach § 323 anhängig ist**, in dem die Änderung desselben Titels begehrt wird, **I Z 6**, damit keine widersprechenden Entscheidungen ergehen; ist ein solches Verf anhängig, § 323 V, so ist das VereinfVerf unzulässig, zweifelnd BGH FamRZ **83**, 915; wird es später anhängig, gilt § 641 o II, s § 641 o Anm 1 B. Auf andere ÄnderungsVerf bezieht sich die Bestimmung nicht, Brüggemann Rdz 8.

2) Vorlage des abzuändernden Titels, II. A. Grundsatz. Dem Antrag ist eine Ausfertigung des abzuändernden Titels beizufügen, II 1, damit geprüft werden kann, ob eine Änderung zulässig ist, § 641 l Anm 2 B. Eine beglaubigte Abschrift genügt nicht. Handelt es sich um ein Urteil, muß eine Ausfertigung in vollständiger Form vorgelegt werden, II 1; ist es nur in abgekürzter Form abgefaßt, § 313b II, gelten die Sondervorschriften des II 2.

B. Ausnahme. Der Vorlage bedarf es nicht, wenn der Titel von dem angerufenen Gericht im VereinfVerf auf maschinellem Weg erstellt worden ist, II 3 1. Halbs, weil sich dann alles Nötige aus dieser Entscheidung, § 641 p, ergibt und bereits geprüft ist, ob eine Änderung im VereinfVerf zulässig ist; in Zweifelsfällen kann das Gericht (der Rpfl) dem Antragsteller trotzdem die Vorlage des Titels aufgeben, II 3 2. Halbs.

3) Mängel des Antrags, III. A. Zurückweisung. Entspricht der Antrag nicht diesen oder den in § 641 l bezeichneten Voraussetzungen, so muß das Gericht (der Rpfl) dem Antragsteller Gelegenheit geben, die Mängel zu beheben. Ist dies nicht möglich oder kommt der Antragsteller der Aufforderung nicht nach, ist der Antrag zurückzuweisen, III 1 (bei Unzuständigkeit ist zu verweisen, § 281). Die Zurückweisung ist danach immer dann zulässig und geboten, wenn ohne Anhörung des Antragsgegners festgestellt werden kann, daß die formellen oder materiellen Voraussetzungen des VereinfVerf nicht gegeben sind, s § 641 n, und dieser Mangel nicht behoben werden kann, Brüggemann Rdz 19. Demgemäß ist der Antrag auch zurückzuweisen, wenn es sich um einen vom VereinfVerf nicht erfaßten Titel, § 641 l Anm 2 B, handelt oder ein Verf nach § 323 anhängig ist, I Z 6.

Die Entscheidung ergeht durch Beschluß, der nach § 91 über die Kosten zu entscheiden hat; er ist insoweit Vollstreckungstitel, § 794 I Z 2b. Gebühren: Gericht keine, RA 5/10 für das Verf, § 43a BRAGO.

B. Behelfe des Antragstellers. Im Fall der Zurückweisung kann er **a)** bei formellen Mängeln einen neuen, nunmehr mangelfreien Antrag stellen oder **b)** befristete Erinnerung einlegen, § 11 I RPflG, Anh § 153 GVG; der Rpfl darf ihr nicht abhelfen. Gegen die Entscheidung des Richters, § 11 II RPflG, gibt es kein Rechtsmittel, III 2, auch nicht bei Zurückweisung wegen Fehlens der materiellen Voraussetzungen, § 1612a BGB, Bre Rpfleger **81**, 116, LG Hbg DAVorm **81**, 74, LG Düss Rpfleger **81**, 362, LG Heilbronn DAVorm **78**, 478, aM LG Bochum DAVorm **78**, 600.

641 n *Anhörung des Antragsgegners.* **Erscheint nach dem Vorbringen des Antragstellers das Vereinfachte Verfahren zulässig, so teilt das Gericht dem Antragsgegner den Antrag oder seinen Inhalt mit. Zugleich teilt es ihm mit, in welcher Höhe und von wann an eine Abänderung in Betracht kommt, und weist darauf hin, daß Einwendungen der in § 641 o Abs. 1 Satz 1, 2 bezeichneten Art binnen zwei Wochen geltend gemacht werden können. § 270 Abs. 2 Satz 2 gilt entsprechend.**

1) Mitteilung des Antrags, S 1. Erscheint nach dem Vorbringen des Antragstellers das VereinfVerf zulässig, § 641 m Anm 3, so teilt das Gericht (der Rpfl) dem Antragsgegner den Antrag oder seinen Inhalt mit. Erforderlich ist also die Übersendung der Antragsschrift oder einer (auch maschinell hergestellten) Mitteilung, die alle Angaben dieser Schrift enthält. Eine Zustellung ist nicht notwendig, so daß die formlose Übersendung genügt. Natürlich kann die förmliche Zustellung sich aus besonderen Gründen empfehlen.

2) Weitere Mitteilungen und Hinweise, S 2. Zugleich mit der Mitteilung des Antrags, Anm 1, teilt das Gericht (der Rpfl) dem Antragsgegner mit, in welcher Höhe und von wann an, §§ 1612a II 2 BGB, 641 p I 2, eine Änderung in Betracht kommt. Es weist ihn ferner darauf hin, daß Einwendungen der in § 641 o I 1, II bezeichneten Art, die im VereinfVerf allein zulässig sind, binnen 2 Wochen geltend gemacht werden können; zweckmäßig ist ferner eine Belehrung über die Form, § 641 r, Brüggemann Rdz 2. Zustellung ist nicht nötig, Anm 1. Unterbleibt der Hinweis, hat das keine proz Folgen; es handelt sich nicht um eine Ausschlußfrist, § 641 o I 3.

§§ 641n, 641o 1–3   6. Buch. 3. Abschnitt. Verf über den Unterhalt Minderj.

3) Bewirken der Mitteilung, S 3. Werden die Mitteilungen und Hinweise, Anm 1 u 2, dem Antragsgegner zugestellt, weil dies aus besonderen Gründen geboten ist, rechnen die Zweiwochenfristen des S 2 und des § 641p I 1 von der Zustellung an. Im Regelfall, dh bei Übersendung durch die Post, gilt § 270 II 2 entsprechend, s § 270 Anm 3 B.

641o *Weiteres Verfahren; Einwendungen des Gegners.* **I** Der Antragsgegner kann nur Einwendungen gegen die Zulässigkeit des Vereinfachten Verfahrens, die Höhe des Abänderungsbetrags und den Zeitpunkt der Abänderung erheben; die Einwendung, daß nach § 1612a Abs. 1 Satz 2 des Bürgerlichen Gesetzbuchs eine Anpassung nicht verlangt werden kann, kann nur erhoben werden, wenn sich dies aus dem abzuändernden Titel ergibt. Ferner kann der Antragsgegner, der den Anspruch anerkennt, hinsichtlich der Verfahrenskosten geltend machen, daß er keinen Anlaß zur Stellung des Antrags gegeben habe (§ 93). Die Einwendungen sind zu berücksichtigen, solange der Abänderungsbeschluß nicht verfügt ist.

II Ist gleichzeitig ein Verfahren nach § 323 anhängig, so kann das Gericht das Vereinfachte Verfahren bis zur Erledigung des anderen Verfahrens aussetzen.

1) Weiteres Verfahren. A. Allgemeines. Das Verf ist als schriftliches Verfahren des Rpfl ausgestaltet und auf Beschleunigung durch Rationalisierung ausgerichtet. Eine maschinelle Bearbeitung ist zulässig, §§ 641 l IV, 641 s, die Verwendung von Vordrucken vorgesehen, §§ 641 r, 641 t. Prozeßkostenhilfe kommt praktisch nicht in Betracht, weil für das Verf keine Gerichtskosten erhoben werden und die Beiordnung eines RA wegen des formalisierten VerfAblaufs idR ausscheidet. Eine mdl Verh findet nicht statt, § 641p I 1, jedoch ist die Anhörung der Parteien durch den Rpfl nicht ausgeschlossen und zweckmäßig, wenn sie sich über die Änderung einigen wollen, § 641 r S 4. Wegen der Entscheidung und der Rechtsmittel s § 641p.

B. Aussetzung. Um eine Zweigleisigkeit auszuschließen, hat das Gericht (der Rpfl) die Möglichkeit, das VereinfVerf auszusetzen, wenn eine Abänderungsklage, § 323 V, anhängig wird, II, was den Parteien offensteht, § 1612a V BGB, BGH FamRZ **83**, 915 mwN. Über eine Anpassung nach § 1612a kann dann in diesem Proz erkannt werden; ein änderndes Urteil erledigt das VereinfVerf. Wegen des Falles, daß bei Stellung des Antrags ein Proz nach § 323 anhängig war, s § 641 m Anm 1 B f. Auch nach Änderung des Titels im VereinfVerf darf der Antragsteller (und ebenso wohl auch der Antragsgegner), gestützt auf vorher entstandene Änderungsgründe, eine Abänderung des ursprünglichen Titels nach § 323 verlangen, BGH aaO, Bre FamRZ **83**, 1035.

2) Einwendungen des Antragsgegners, I. A. Beschränkungen. Im Interesse eines möglichst zügigen und einfachen Verf ist der Antragsgegner (vorbehaltlich einer Änderungsklage, § 641q) auf bestimmte Einwendungen beschränkt, I 1–3, nämlich auf solche gegen **a)** die **Zulässigkeit des VereinfVerf, I 1,** § 641l Anm 2 u § 641 m Anm 3, wozu auch der Ausschlußgrund des § 1612a IV BGB gehört, Brüggemann Rdz 13; die Einwendung, daß die Anpassung ausgeschlossen oder anderweitig geregelt sei, § 1612a I 2 BGB, kann er nur erheben, wenn sich dies aus dem abzuändernden Titel ergibt, I 2 2. Halbs (wegen der Klage im anderen Fall s § 641q), was auch dann der Fall ist, wenn der Unterhalt in dem maßgeblichen Vergleich etwa doppelt so hoch festgesetzt worden ist, als dies den üblichen Sätzen entsprach, Hamm LS NJW **80**, 1112. **b)** Zulässig sind weiter Einwendungen gegen die **Höhe des Änderungsbetrags und den Zeitpunkt der Änderung, I 1;** die dafür notwendigen Angaben kann der Antragsgegner der Mitteilung nach § 641 n S 2 entnehmen. **c)** Im Fall der **Anerkennung der Anpassung** darf der Antragsgegner hinsichtlich der Verfahrenskosten geltend machen, daß er keinen Anlaß zur Stellung des Antrags gegeben habe (§ 93), I 2.

B. Zeitpunkt. Alle zulässigen Einwendungen sind zu berücksichtigen, solange der Änderungsbeschluß, § 641p, nicht verfügt worden ist, I 3. Daraus ergibt sich, daß die Frist des § 641 n S 2 keine Ausschlußfrist ist. Verfügt ist der Beschluß mit der Unterzeichnung durch den Rpfl und der Hinausgabe an die GeschSt. Später eingegangene Einwendungen können mit der sofortigen Beschwerde, § 641p III, weiterverfolgt werden.

3) Einwendungen des Antragstellers. Sie sind nicht ausgeschlossen, zB hinsichtlich der vom Rpfl beabsichtigten Änderung des Betrags und des maßgeblichen Zeitpunkts, § 641n S 2. Gegeneinwendungen gegenüber dem Vorbringen des Antragsgegners darf er immer

1. Titel. VereinfVerf zur Abänderung von Unterhaltstiteln §§ 641o, 641p 1, 2

erheben; dazu ist ihm vom Rpfl Gelegenheit zu geben, wenn dieser dem Vorbringen folgen will (rechtliches Gehör, Art 103 GG). Zu berücksichtigen sind Ausführungen des Antragstellers ebenfalls bis zu dem in I 3 genannten Zeitpunkt.

641 p *Entscheidung und Rechtsmittel.* [I] Ist der Antrag nicht zurückzuweisen, so wird der Titel nach Ablauf von zwei Wochen nach Bewirken der Mitteilung gemäß § 641n ohne mündliche Verhandlung durch Beschluß abgeändert. Der Titel darf nur für die Zeit nach Einreichung oder Anbringung des Antrags abgeändert werden. Betragsangaben in dem Antrag werden nur im Falle des § 641m Abs. 1 Nr. 5 berücksichtigt. In dem Beschluß sind auch die bisher entstandenen erstattungsfähigen Kosten des Verfahrens festzusetzen, soweit sie ohne weiteres ermittelt werden können; es genügt, daß der Antragsteller die zu ihrer Berechnung notwendigen Angaben dem Gericht mitteilt.

[II] In dem Beschluß ist darauf hinzuweisen, welche Einwendungen mit der sofortigen Beschwerde geltend gemacht werden können und unter welchen Voraussetzungen der Antragsgegner eine Abänderung im Wege der Klage nach § 641q verlangen kann.

[III] Gegen den Beschluß findet die sofortige Beschwerde statt. Mit der sofortigen Beschwerde kann nur geltend gemacht werden, daß das Vereinfachte Verfahren nicht statthaft sei, der Abänderungsbetrag falsch errechnet sei, der Zeitpunkt für die Wirksamkeit der Abänderung falsch bestimmt sei oder die Kosten unrichtig festgesetzt seien. Eine weitere Beschwerde findet nicht statt.

1) Zurückweisung des Antrags. Sie ist auch nach Anhörung des Antragsgegners zulässig, wie I 1 ergibt, und auszusprechen, wenn sich im Verf nach §§ 641n u 641o herausstellt, daß der Antrag unzulässig ist, § 641m Anm 3 A, oder in der Sache keinen Erfolg haben kann, etwa weil die Anpassungsmöglichkeit schon durch eine vorangegangene Änderung ausgeschöpft ist. Für Rechtsbehelfe gilt § 641 m III 2, s dort Anm 3 B.

2) Änderungsbeschluß, I. A. Verfahren. Ist der Antrag nicht zurückzuweisen, Anm 1, wird der Unterhaltstitel ohne mündliche Verhandlung durch Beschluß des Rpfl geändert, jedoch erst nach Ablauf von 2 Wochen nach Bewirken der Mitteilungen gemäß § 641n, I 1, damit der Antragsgegner Einwendungen erheben kann, § 641o. Daher muß das Gericht (der Rpfl) prüfen, ob die Mitteilungen und Hinweise nach § 641n erfolgt sind; sonst ist dies nachzuholen, und zwar unter Hinweis auf die dann in Lauf gesetzte Frist.

B. Inhalt. a) Der **materielle Inhalt** ergibt sich aus § 1612a BGB, abgedr bei § 641l.
b) Der Titel darf nur **für die Zeit nach Einreichung oder Anbringung des Antrags,** § 641l, geändert werden, I 2; ist er gestellt worden, bevor nach § 1612a II 3 BGB eine Anpassung verlangt werden kann, so gilt dieser Zeitpunkt. **c)** In dem Beschluß muß der **Änderungsbetrag** angegeben werden; Angaben des Antragstellers werden nur im Fall des § 641m I Z 5 berücksichtigt, I 3, dh nur dann, wenn er bewußt eine geringere als die nach § 1612a BGB zulässige Anpassung begehrt, § 641m Anm 1 B e. **d)** Der Beschluß muß ferner eine **Kostenentscheidung** nach §§ 91ff enthalten, ggf auch nach § 93, dazu § 641o I 2. **Gebühren:** Gericht 10 DM, KV 1164, RA 5/10 für das Verf, § 43a BRAGO. **e)** Die bisher entstandenen **erstattungsfähigen Kosten des Verfahrens** sind in dem Beschluß **festzusetzen,** soweit sie ohne weiteres ermittelt werden können; es genügt, daß der Antragsteller die zu ihrer Berechnung notwendigen Angaben dem Gericht mitteilt, I 4 (falls § 92 anzuwenden ist, weil der Antrag nur teilweise Erfolg hat, gilt entsprechendes für den Antragsgegner). Sind Ermittlungen nötig, zB wegen der Auslagen der Parteien oder wegen ihrer RAKosten, kann davon abgesehen werden und die Festsetzung im Verf nach §§ 103ff erfolgen. **f)** Der Änderungsbeschluß ist (auch wegen der Kosten) **Vollstreckungstitel,** § 794 I Z 2b. Die ZwV aus ihm (und aus einem selbständigen Kostenfestsetzungsbeschluß) ist mit einer Wartefrist von 1 Monat, § 798a, also nicht vor Ablauf der Klagefrist des § 641q III, zulässig.

C. Belehrungen, II. In dem Änderungsbeschluß ist darauf hinzuweisen, welche Einwendungen mit der sofortigen Beschwerde geltend gemacht werden können, III, und unter welchen Voraussetzungen der Antragsgegner eine Änderung im Wege der Klage, § 641 q, verlangen kann. Über diese Angaben hinaus, die anderenfalls dem Antragsgegner wenig nützen, ist auch über Form und Frist der sofortigen Beschwerde zu belehren. Ein Verstoß ist prozessual ohne Folgen, wird jedoch Anlaß zur WiedEins bei Fristversäumnis oder zur Nichterhebung von Kosten, § 8 GKG, geben können, abw Brüggemann Rdz 16: Immer WiedEinsGrund.

3) Rechtsmittel. Gegen den Änderungsbeschluß ist die sofortige Beschwerde, III 1, nach Maßgabe des § 11 RPflG gegeben. **A. Erinnerung.** Zunächst ist die befristete Erinnerung, § 11 I RPflG, einzulegen. Kein AnwZwang; Frist wie bei § 577. Der Rpfl darf nicht abhelfen, sondern muß dem Richter vorlegen, § 11 II 1 u 2 RPflG. Der Richter entscheidet über das Rechtsmittel, wenn er es für zulässig und begründet hält, § 11 II 3 RPflG; hiergegen ist die sofortige Beschwerde gegeben, § 11 III RPflG iVm III 1, für die § 577 gilt. Hilft der Richter nicht ab, legt er die Erinnerung dem LG vor und unterrichtet hiervon die Beteiligten, § 11 II 4 RPflG; in diesem Fall gilt die Erinnerung als sofortige Beschwerde gegen den Änderungsbeschluß, § 11 II 5 RPflG. Vgl dazu § 104 Anm 4.

B. Beschwerde, III 2. Während das Vorbringen der Erinnerung keinen Beschränkungen unterliegt, aM ThP 2, ist die sofortige Beschwerde, dh sowohl die erstmalige gegen die Entscheidung des Richters auf Erinnerung als auch die als sofortige Beschwerde geltende Durchgriffserinnerung (s Anm 3 A), nur statthaft, wenn der Beschwerdeführer geltend macht, daß das VereinfVerf nicht statthaft sei (dies gilt nur für den Antragsgegner), so daß die fehlende örtliche Zuständigkeit und behebbare Mängel des Antrags nicht mehr gerügt werden dürfen, Arnold JR 77, 142, oder daß der Änderungsbetrag falsch errechnet oder der Zeitpunkt für das Wirksamwerden falsch bestimmt sei, oben Anm 2 B b, oder daß Kosten unrichtig festgesetzt seien (diese Einwendungen können von beiden Parteien erhoben werden), III 2. Andere Einwendungen sind unzulässig. Wird die Kostenfestsetzung selbständig angefochten, gilt dafür die Wertgrenze des § 567 II.

Über die sofortige Beschwerde entscheidet das LG, § 72 GVG, durch Beschluß. Sie hat keine aufschiebende Wirkung; die Vollziehung kann nach § 572 II, III ausgesetzt werden. Das Verfahren richtet sich nach §§ 573 ff. Kosten: §§ 97, 91 ff. Gebühren: Gericht KV 1181 (wegen des Erinnerungsverf und der Rücknahme des Rechtsmittels s § 11 VI RPflG), RA § 61 BRAGO. Gegen die Entscheidung des LG gibt es keine weitere Beschwerde, III 3.

641 q

Änderungsklage. **I** Führen Abänderungen eines Schuldtitels im Vereinfachten Verfahren zu einem Unterhaltsbetrag, der wesentlich von dem Betrag abweicht, der der Entwicklung der besonderen Verhältnisse der Parteien Rechnung trägt, so kann der Antragsgegner im Wege der Klage eine entsprechende Abänderung des letzten im Vereinfachten Verfahren ergangenen Beschlusses verlangen.

II Der Antragsgegner kann die Abänderung eines im Vereinfachten Verfahren ergangenen Beschlusses im Wege der Klage auch verlangen, wenn die Parteien über die Anpassung eine abweichende Vereinbarung getroffen hatten.

III Die Klage nach den Absätzen 1 oder 2 ist nur zulässig, wenn sie innerhalb eines Monats nach Zustellung des Beschlusses erhoben wird.

IV Das Urteil wirkt auf den in dem Beschluß bezeichneten Zeitpunkt zurück. Die im Verfahren über den Abänderungsantrag nach § 641 m entstandenen Kosten werden als Teil der Kosten des entstehenden Rechtsstreits behandelt.

1) Allgemeines. Wegen der Eigenart des VereinfVerf ist der Antragsgegner auf verfahrenstypische Einwendungen beschränkt, §§ 641 o I, 641 p III 2, und mit allen übrigen Einwendungen in diesem Verf ausgeschlossen. Ergänzend sieht § 641 q vor, daß er solche Einwendungen gegen die Anpassung des Titels in einem besonderen Klageverfahren durchsetzen kann. Wegen des Verhältnisses dieses Verf zur Klage aus § 323 s dort Anm 6.

2) Voraussetzungen der Änderungsklage, I, II. Der Antragsgegner kann im Wege der Klage eine entsprechende Änderung des letzten im VereinfVerf ergangenen Beschlusses verlangen, wenn der darin endgültig festgesetzte Unterhaltsbetrag wesentlich von dem Betrag abweicht, der der Entwicklung der besonderen Verhältnisse der Parteien Rechnung trägt, I. Maßgeblich ist demnach, ob der nach § 641 p ergangene Beschluß mit dem von der Anpassungsregelung unberührt bleibenden materiellen Unterhaltsrecht, § 1612 a V, unvereinbar ist, etwa weil die Leistungspflicht des Antragsgegners sich gegenüber dem Durchschnitt erheblich vermindert hat oder weil das Kind volljährig geworden ist, Stgt DAVorm **82**, 117. Die Abweichung des im Änderungsbeschluß festgesetzten Betrags von dem im Einzelfall richtigen Betrag muß wesentlich sein; es gilt hier das gleiche wie bei einer Änderungsklage nach § 323 V, s § 323 Anm 6.

Der Antragsgegner kann die Änderung eines im VereinfVerf ergangenen Beschlusses, nicht nur des letzten, im Wege der Klage auch verlangen, wenn die Parteien über die

1. Titel. VereinfVerf zur Abänderung von Unterhaltstiteln **§§ 641 q, 641 r 1**

Anpassung des Unterhalts eine abweichende Vereinbarung getroffen haben, II. Eine solche Vereinbarung schließt die Anpassung nach § 1612a BGB aus, § 1612a I 2, darf aber im VereinfVerf nicht berücksichtigt werden, wenn sie sich nicht aus dem Titel selbst ergibt, § 641 o I 1 2. Halbs. Die als Abhilfe zugelassene Klage ist also mangels Rechtsschutzbedürfnisses abzuweisen, wenn die Vereinbarung im VereinfVerf berücksichtigt werden durfte; dann war es Sache des Antragsgegners, diese zulässige Einwendung zu erheben.

Sonstige Einwendungen sind im Klageverfahren ausgeschlossen, zB die Rüge formeller Mängel des VereinfVerf. Sie dürfen nur nach § 641 p geltend gemacht werden, Hamm FamRZ **80**, 190.

3) Gemeinsame Vorschriften, III, IV. A. Klage. Die Klage des Antragsgegners ist gegen den Antragsteller zu richten und geht auf Aufhebung oder Änderung des letzten Beschlusses, I, bzw eines im VereinfVerf ergangenen Beschlusses, II. Die Klage aus § 641 q ist gegen den Antragsteller zu richten, der in dem letzten Änderungsbeschluß als Gläubiger bezeichnet worden ist, mag dies auch fälschlich ein Kind anstatt des selbst berechtigten Elternteiles sein, Ffm FamRZ **83**, 734 u 755. Sie ist nur zulässig, wenn sie innerhalb eines Monats nach Zustellung des angefochtenen Beschlusses erhoben wird, III (auch schon vor Rechtskraft, Arnold JR **77**, 143). Will der Antragsgegner außer der Einwendung nach II auch Einwendungen nach § 641 o I verfolgen, muß er ggf sowohl Klage erheben als auch Erinnerung, § 641 p Anm 3 A, einlegen (die Klage ist dann bis zur Entscheidung über die Erinnerung auszusetzen, § 148). Eine solche Zweigleisigkeit kann im Fall von I nicht eintreten, weil sich dort die Klage gegen den letzten Beschluß richtet, also den Abschluß des VereinfVerf voraussetzt. Zur Frage, inwieweit daneben die allgemeine Abänderungsklage, § 323, zulässig ist, vgl § 323 Anm 6, BGH FamRZ **83**, 915 mwN, Bre FamRZ **83**, 1035 u Ffm FamRZ **83**, 755.

B. Verfahren. Sachlich ausschließlich zuständig ist das AG, § 23a Z 2 GVG, und zwar das FamGer, § 23b I Z 5 GVG, weil es sich um Unterfälle des § 323, § 323 Anm 6 B, und damit um eine FamS handelt, Walter S 44, Hamm FamRZ **80**, 190 mwN (§ 641 l I 2 gilt nur für das VereinfVerf). Für die örtliche Zuständigkeit gelten die allgemeinen Vorschriften, §§ 12 ff, nicht etwa § 641 l III; vgl dazu § 323 Anm 3 B. Das Verfahren entspricht dem des § 323. Das Prozeßgericht kann die ZwV aus dem Änderungsbeschluß entspr § 769 einstellen, Ffm FamRZ **82**, 736, s § 323 Anm 3 D. Rechtsmittelgericht ist das OLG, § 119 I Z 1 GVG.

C. Entscheidung. Das auf die Klage ergehende Urteil wirkt auf den im Beschluß bezeichneten Zeitpunkt der Anpassung zurück, IV 1, beseitigt oder ändert den Beschluß also nicht nur ex nunc. Die Rückwirkung wird in dem Urteil zweckmäßigerweise auszusprechen sein.

D. Kosten. Über sie ist nach §§ 91 ff zu entscheiden; die Gebühren des Gerichts und des RA sind die des gewöhnlichen Streitverf. Die im Verfahren über den Änderungsantrag nach § 641 m entstandenen Kosten werden als Kosten des entstehenden Rechtsstreits behandelt, IV 2. An Stelle der Kostenentscheidung des Beschlusses nach § 641 p tritt also die Kostenentscheidung des Urteils, so daß der Antragsgegner von Kosten freigestellt wird, wenn der Beschluß aufgehoben wird. Die Regelung wird durch die Anrechnung der im VereinfVerf entstandenen Gebühren auf die des Prozesses ergänzt, s KV 1011, § 43a II BRAGO. Hinsichtlich der Kosten eines Erinnerungs- oder Beschwerdeverfahrens bleibt es bei der dort getroffenen Entscheidung.

641 r *Formerleichterungen; Einigung.* Im Vereinfachten Verfahren können die Anträge und Erklärungen vor dem Urkundsbeamten der Geschäftsstelle abgegeben werden. Soweit Vordrucke eingeführt sind, werden diese ausgefüllt; der Urkundsbeamte vermerkt unter Angabe des Gerichts und des Datums, daß er den Antrag oder die Erklärung aufgenommen hat. Soweit Vordrucke nicht eingeführt sind, ist für den Abänderungsantrag bei dem zuständigen Gericht die Aufnahme eines Protokolls nicht erforderlich. Erscheinen die Parteien vor Gericht und einigen sie sich über die Abänderung, so ist diese Einigung als Vergleich zu Protokoll zu nehmen.

1) Protokollerklärungen. Im VereinfVerf können Anträge und Erklärungen vor dem Urkundsbeamten der Geschäftsstelle abgegeben werden, S 1. Das gilt auch für das Beschwerdeverfahren, so daß dort ebenfalls kein AnwZwang besteht, § 78 II. Die Abgabe auch vor dem UrkB eines anderen AG als des für das VereinfVerf zuständigen AG ist zulässig, § 129a I; wegen des Wirksamwerdens in diesem Fall s § 129a II.

2) Vordrucke. Soweit Vordrucke für Anträge und Erklärungen der Parteien eingeführt werden, müssen sich die Parteien ihrer bedienen, § 641 t II. Diese Vordrucke werden durch den Urkundsbeamten ausgefüllt; er vermerkt unter Angabe des Gerichts und des Datums, daß er den Antrag oder die Erklärung aufgenommen hat, S 2. Für den Vermerk, der an Stelle der Beglaubigung eines Protokolls tritt, kann ein Stempel verwendet werden. Soweit Vordrucke nicht eingeführt sind, ist für den das VereinfVerf einleitenden Antrag, § 641 m, bei dem zuständigen Gericht die Aufnahme eines Protokolls nicht erforderlich, S 3, so daß ein einfacher Vermerk genügt. Diese Erleichterung gilt nicht für andere Erklärungen und auch nicht für den Änderungsantrag, wenn er von einem anderen als dem zuständigen AG aufgenommen wird, § 129a I.

3) Einigung. Erscheinen die Parteien vor Gericht und einigen sie sich über die Abänderung, so ist diese Einigung als Vergleich zu Protokoll zu nehmen, S 4. Die Vorschrift stellt klar, daß ein gerichtlicher Vergleich, § 794 I Z 1, vor dem Rpfl des nach § 641l III zuständigen AG geschlossen werden kann. Erforderlich ist eine Einigung der auf Ladung, § 141, oder freiwillig erschienenen Parteien vor ihm; sie können auch eine vom Anpassungsgesetz abweichende Vereinbarung treffen, Behr Rpfleger **77**, 437. Für das darüber aufzunehmende Protokoll gelten §§ 160 ff.

641 s *Maschinelle Bearbeitung.* **I** Sind bei maschineller Bearbeitung Beschlüsse, Verfügungen und Ausfertigungen mit einem Gerichtssiegel versehen, so bedarf es einer Unterschrift nicht.

II Der Bundesminister der Justiz wird ermächtigt, durch Rechtsverordnung mit Zustimmung des Bundesrates den Verfahrensablauf zu regeln, soweit dies für eine einheitliche maschinelle Bearbeitung der Verfahren erforderlich ist (Verfahrensablaufplan).

1) Erläuterung. Für die nach § 641l IV zulässige Bearbeitung mit automatischen Datenverarbeitungsanlagen enthält § 641 s Sonderbestimmungen. Sind maschinell hergestellte Beschlüsse, Verfügungen und Ausfertigungen (insbesondere auch vollstreckbare Ausfertigungen, §§ 724, 725) mit einem Gerichtssiegel versehen, so bedarf es keiner Unterschrift des Rpfl oder UrkB, I. Das gleiche gilt im Mahnverf, § 703b I. Der BJM ist ermächtigt, durch RVO mit Zustimmung des BRats den VerfAblauf zu regeln, soweit dies für eine einheitliche maschinelle Bearbeitung der Verf erforderlich ist, dh einen sog Verfahrensablaufplan aufzustellen, II. Diese Regelung entspricht derjenigen für das Mahnverf, § 703b II.

641 t *Vordrucke.* **I** Der Bundesminister der Justiz wird ermächtigt, durch Rechtsverordnung mit Zustimmung des Bundesrates zur weiteren Vereinfachung des Abänderungsverfahrens Vordrucke einzuführen.

II Soweit nach Absatz 1 Vordrucke für Anträge und Erklärungen der Parteien eingeführt sind, müssen sich die Parteien ihrer bedienen.

1) Erläuterung. Da das Verf auf Beschleunigung und Rationalisierung ausgerichtet ist, dürfen zu seiner weiteren Vereinfachung Vordrucke eingeführt werden, I. Das ist durch die VO v 24. 6. 77, BGBl 978 (geändert durch VO v 24. 11. 80, BGBl 2163), geschehen (für nichtmaschinelle Bearbeitung: § 1, für maschinelle: § 2), jedoch nicht für Verf, die auf Antrag des Unterhaltsverpflichteten eingeleitet werden. Soweit danach Vordrucke für Anträge und Erklärungen der Parteien eingeführt worden sind, müssen die Parteien sich dieser Vordrucke bedienen, II. Wegen ihrer Ausfüllung durch den UrkB s § 641 r S 2. In anderer Form abgegebene Erklärungen und Anträge genügen nicht den Formvorschriften. Falls die Beanstandung nicht behoben wird, ist die damit bezweckte Prozeßhandlung nicht wirksam vorgenommen, so daß ein solcher Antrag als unzulässig zurückzuweisen, eine Einwendung nicht zu berücksichtigen ist. Für Rechtsbehelfe sind Vordrucke nicht vorgesehen.

Zweiter Titel

Verfahren über den Regelunterhalt nichtehelicher Kinder

Übersicht

1) Allgemeines. Wegen seines Zusammenhangs mit der Vaterschaftsklage, vgl §§ 643, 643a, ist der 2. Titel in das 6. Buch aufgenommen worden. Er hat nichts mit den für die Abschnitte 1, 2 u 4 bestimmenden Eigentümlichkeiten des Statusverf zu tun. Unterhaltsklagen nichtehelicher Kinder gehören ins gewöhnliche Verf, sind keine Kindschaftssachen, § 23a Z 2 GVG, und keine FamS, § 23b GVG. Zuständig ist das AG, § 23 GVG; Berufung und Beschwerde gehen an das LG, § 72 GVG.

2) Regelunterhalt. Der 2. Titel enthält nur Sondervorschriften für das Verfahren über den Regelunterhalt, nicht auch für sonstige Unterhaltsklagen nichtehelicher Kinder. Er regelt die Verurteilung zur Leistung des Regelunterhalts, § 642, und seine Festsetzung und Neufestsetzung, §§ 642a–f. §§ 643 u 643a betreffen den Regelunterhalt im Vaterschaftsprozeß, § 644 bringt einige Ergänzungen.

Alle diese Vorschriften beziehen sich auf den Regelunterhalt iSv § 1615f BGB, der sich nach einem von der BReg aGrd statistischer Erhebungen festgesetzten Regelbedarf richtet; auf diesen werden gewisse Beträge wie Kindergeld, Kinderzuschläge usw unter den Voraussetzungen des § 1615g BGB angerechnet, vgl Kemper FamRZ 73, 520 mwN, Odersky Rpfleger **74**, 41 (zu § 12 IV BKKG). Der Regelunterhalt kann, wenn es die Lebensstellung beider Eltern, § 1615c BGB, erfordert und die Leistungsfähigkeit des Verpflichteten, gemeinhin des Vaters, § 1603 BGB, es zuläßt, mit einem Zuschlag versehen („mindestens", § 1615f I), aber auch aGrd der Leistungsverhältnisse des Vaters herabgesetzt werden, § 1615h BGB (Abschlag). Zu- und Abschlag werden im Vomhundertsatz des Regelbedarfs ausgedrückt, § 642d II. Ist auf Regelunterhalt erkannt oder auf diesen mit Zu- oder Abschlag, § 642d I, kann bei deren Änderung, ohne daß es eines Verf nach § 323 bedürfte, im BeschlußVerf der bisherige Unterhaltsbetrag geändert werden; das Gleiche gilt, wenn sich ein sonstiger Faktor der bisherigen Berechnung geändert hat, §§ 642, 642b, 642d. Eine Ausnahme gilt hier nur, wenn zusammen mit der Feststellung des Bestehens der nichtehelichen Vaterschaft auf den Regelunterhalt erkannt ist, § 643, nämlich insofern, als dann eine Abänderung stets nur im Wege der Klage erreicht werden kann, § 643a.

Festgesetzt worden ist der Regelbedarf erstmals durch VO v 27. 6. 70, BGBl 1010, die jetzt idF der VO v 28. 9. 79, BGBl 1601, mit Änderung v 10. 8. 81, BGBl 835, gilt; vgl zur VO v 30. 7. 76 Schroeder JB **76**, 1163, und zur VO v 15. 3. 74 Odersky Rpfleger **74**, 209, iü Pal-Diederichsen Anh §§ 1615f, 1615g BGB.

Eine Verurteilung zur Leistung von Regelunterhalt an Kinder in der DDR kommt nicht in Betracht, Celle FamRZ **75**, 509.

3) Übergangsrecht. Das NichtehelG stellt den Grundsatz auf, daß die Rechtswirkungen der Vaterschaft, also auch die Unterhaltspflicht, nur geltend gemacht werden können, wenn die Vaterschaft feststeht, und zwar mit Wirkung für und gegen alle, § 1600a. Das war vor dem Inkrafttreten des NichtehelG nicht so: Unterhalt konnte vom Zahlvater verlangt werden, § 1717 aF. Es war infolgedessen möglich, daß der blutmäßig festgestellte Vater mit dem auf Unterhalt in Anspruch genommenen nicht übereinstimmte, vgl § 644 aF. Art 12 §§ 18–21 NichtehelG glich schwebende Unterhaltsprozesse des Kindes gegen seinen Vater dem obigen Grundsatz an; wegen der Einzelheiten s 34. Aufl.

4) Schrifttum. Brühl-Göppinger-Mutschler, UnterhR, 2. Teil, 1976; Büdenbender, Der vorläufige Rechtsschutz im NEhelR, 1974; Kemper, Zur Systematik des Regelunterh-VerfR, FamRZ **73**, 520; Klinkhardt, Die Geltendmachung von Unterhaltsansprüchen nichtehelicher Kinder gegenüber ausländischen Vätern, 1971; Odersky, NEhelG, 4. Aufl, 1978.

642 *Unterhaltsklage: Grundsatz.* Das nichteheliche Kind kann mit der Klage gegen seinen Vater auf Unterhalt, anstatt die Verurteilung des Vaters zur Leistung eines bestimmten Betrages zu begehren, beantragen, den Vater zur Leistung des Regelunterhalts zu verurteilen.

1) Allgemeines. Das NichtehelG geht von dem Grundsatz aus, daß Rechtswirkungen gegen den Vater nur geltend gemacht werden können, wenn die Vaterschaft mit Wirkung für und gegen alle feststeht. Der Vater muß die Vaterschaft anerkannt haben oder sie muß durch gerichtliches Urteil festgestellt sein, § 1600a BGB. Ein Unterhaltsurteil ohne eine solche Anerkennung oder Feststellung, die spätestens zugleich mit dem Unterhaltsurteil, § 643, erfolgen muß, ist nicht möglich, es gibt also keine Zahlvaterschaft mehr; deshalb sind auch Urteile, die bezüglich der Vaterschaft eines Kindes verschieden lauten, nicht mehr möglich, vgl § 644 aF. Daß die Vaterschaft mit Wirkung für und gegen alle feststeht, § 1600a BGB, gehört für die Unterhaltsklage zum Klagegrund.

2) Regelunterhalt. Wegen der Klage auf Leistung des Regelunterhalts s Üb 2 § 642, wegen des Rechtszuges dort Üb 1. Für die Klage gelten die allgemeinen Vorschriften, auch das 2. Buch, ThP Anm 2 vor § 642, so daß die Präklusionsvorschriften, §§ 282 u 296, anzuwenden sind.

3) Bezifferter Unterhalt. Unterhaltsklage kann auch auf einen bestimmten Betrag erhoben werden. Jede Änderung, auch wenn sie nicht die allgemeinen Verhältnisse betrifft, macht dann aber eine Abänderungsklage erforderlich, die nur Erfolg haben kann, wenn sich die Verhältnisse wesentlich geändert haben, § 323 I. Eine Verbindung mit der Vaterschaftsklage ist ausgeschlossen, § 640 c.

4) Erhöhter oder herabgesetzter Unterhalt. Im Unterhaltsstreit muß alles, was auf die Höhe Einfluß haben könnte, soweit es in der letzten Tatsachenverhandlung vorlag und nicht in das FestsetzungsVerf gehört, § 642a Anm 2, geltend gemacht werden, §§ 323 II, 767 II. Gegebenenfalls kann auf Regelunterhalt mit Zu- oder Abschlag geklagt werden, § 642d. Die Verurteilung bedeutet auch, daß der Vater nunmehr die Unterhaltsbeträge, die fällig geworden sind, bevor die Vaterschaft anerkannt oder festgestellt wurde, § 1615d BGB, zu zahlen hat. Wird Stundung oder Erlaß für diese rückständigen Beträge verlangt, so ist darüber im Unterhaltsprozeß zu entscheiden; später könnte der Vater mit Einwendungen nicht mehr gehört werden. Wird Erlaß verlangt, so ist auch zu erwägen, ob die unbillige Härte, auf die sich der Vater beruft, durch Herabsetzung des Unterhalts unter den Regelunterhalt für die Vergangenheit oder durch Stundung vermieden werden kann, § 1615i BGB.

5) Umstellung alter Titel. Die Einrichtung des Regelunterhalts mit seinem vereinfachenden Verf ist auch für vor dem NichtehelG erwirkte rechtskräftige Unterhaltsurteile, vor Inkrafttreten des Gesetzes errichtete Schuldtitel gemäß § 794 Z 1 u 5 sowie für solche gemäß § 49 II JWG auf Antrag jeder Partei anwendbar, LG Gießen FamRZ **73**, 548.

Umstellung rechtskräftiger Unterhaltstitel

NichtehelG Art 12 § 14. **I** Ist in einem rechtskräftigen Urteil, das vor dem Inkrafttreten dieses Gesetzes erlassen ist, auf Zahlung einer Geldrente nach § 1708 Abs. 1, § 1710 des Bürgerlichen Gesetzbuchs erkannt, so wird auf Antrag der Partei für die Zeit nach der Antragstellung das Urteil in ein Urteil auf Leistung des Regelunterhalts (§ 642 Abs. 1 der Zivilprozeßordnung) abgeändert und gleichzeitig der Betrag des Regelunterhalts festgesetzt. Dies gilt entsprechend für Schuldtitel des § 794 Abs. 1 Nr. 1, 5 der Zivilprozeßordnung und des § 49 Abs. 2 des Gesetzes für Jugendwohlfahrt, die vor dem Inkrafttreten dieses Gesetzes errichtet worden sind.

II Der Antrag ist nur zulässig, wenn der Antragsteller glaubhaft macht, daß erfolglos versucht worden ist, im Wege der gütlichen Einigung einen zur Zwangsvollstreckung geeigneten Schuldtitel über die Unterhaltsverpflichtung zu errichten, die sich aus den Vorschriften dieses Gesetzes ergibt.

III Das Gericht soll darauf hinwirken, daß sich die Parteien zur Vermeidung einer Klage nach § 16 gütlich einigen; es kann mit den Parteien mündlich verhandeln. Kommt eine Einigung zustande, so ist sie zu gerichtlichem Protokoll zu nehmen. Für die Einigung gelten die Vorschriften der Zivilprozeßordnung über den Vergleich in bürgerlichen Rechtsstreitigkeiten entsprechend.

IV Die Entscheidung ergeht durch Beschluß. Gegen die Entscheidung findet die sofortige Beschwerde statt; eine weitere Beschwerde ist ausgeschlossen. Die Entscheidung ist erst mit der Rechtskraft wirksam.

V Im übrigen sind die Vorschriften der Zivilprozeßordnung sinngemäß anzuwenden.

Bem. Es entscheidet der Rpfl, § 20 Z 11 RPflG, durch Beschluß, gegen den sofortige Beschwerde möglich ist, IV. Eine Änderung des Regelunterhalts, ohne daß die Voraussetzungen nach § 323 I vorzuliegen brauchen, ist nur durch Klage nach Art 12 § 16 zu erreichen. Streitwert: Unterschied zwischen dem bisherigen Geldrente und dem Betrag des beantragten Regelunterhalts unter Berücksichtigung von § 13 I GKG aF (§ 17 I nF), Art 12 § 15 III NichtehelG. Zur Kostenfrage (GKG u BRAGO) Markl ZBlJR **72**, 106 (zum bisherigen Recht).

Befristete Änderungsklage

NichtehelG Art 12 § 16. Den Parteien ist im Falle des § 14 Abs. 1, 4 vorbehalten, im Wege einer Klage eine abweichende Entscheidung über den Unterhalt zu verlangen. § 643a Abs. 2 Satz 1, 3, Absatz 4 Satz 1 der Zivilprozeßordnung ist entsprechend anzuwenden.

642 a *Festsetzung des Unterhaltsbetrages.* ¹ Auf Grund eines rechtskräftigen oder für vorläufig vollstreckbar erklärten Urteils, das einen Ausspruch nach § 642 enthält, wird der Betrag des Regelunterhalts auf Antrag durch Beschluß gesondert festgesetzt.

^{II} Die Entscheidung kann ohne mündliche Verhandlung ergehen.

^{III} Gegen die Entscheidung findet die sofortige Beschwerde statt. Eine weitere Beschwerde ist ausgeschlossen.

^{IV} Ausschließlich zuständig ist das Amtsgericht, bei dem der Unterhaltsberechtigte seinen allgemeinen Gerichtsstand hat. Hat der Unterhaltsberechtigte im Inland keinen allgemeinen Gerichtsstand, so ist das Amtsgericht Schöneberg in Berlin ausschließlich zuständig.

^V Eine maschinelle Bearbeitung ist zulässig. § 641l Abs. 5, §§ 641r, 641s, 641t gelten entsprechend.

Schrifttum: Brühl-Göppinger-Mutschler Rdz 1504–1516.

1) Allgemeines. Das Urteil spricht bei entsprechendem Antrag nur aus, daß der Beklagte zur Zahlung des Regelunterhalts, gegebenenfalls mit Zu- oder Abschlag, verpflichtet ist. Einen Betrag nennt es nicht. Dieser wird erst in einem besonderen Verf der Verurteilung durch Beschluß festgesetzt; dazu gehört auch die Festsetzung der nach dem Grundtitel, § 643, anzurechnenden Sozialleistungen iSv § 1615g BGB, LG Regensbg FamRZ **77**, 343. Maßgeblicher Zeitpunkt dafür ist der des Titels, LG Nürnb-Fürth DAVorm **76**, 527. Das FestsetzungsVerf dient also lediglich der betragsmäßigen Feststellung. Einwendungen gegen den Grund des Anspruchs sind ausgeschlossen, Brüggemann DAVorm **79**, 81; Entscheidungen über ein Mehr oder Weniger, Stundung oder Erlaß können in diesem Verf nicht erfolgen, § 642 Anm 4. Es ist demgemäß, ähnlich wie das KostenfestsetzungsVerf, vom Urteil in seinem Bestand abhängig; wird dieses aufgehoben, weil die Vaterschaft nicht besteht, so entfällt ohne weiteres auch der Beschluß, der die Höhe des Unterhalts festsetzte.

2) Festsetzung, I, II, IV u V. Sie erfolgt aGrd eines Urteils, wenn es rechtskräftig oder vorläufig vollstreckbar ist, I. Ausschließlich örtlich zuständig ist das AG, bei dem der Unterhaltsberechtigte seinen allgemeinen Gerichtsstand hat, §§ 12ff, IV 1; fehlt es an einem solchen im Inland, in dem Geltungsbereich der ZPO, ist das AG Schöneberg in Berlin ausschließlich zuständig, IV 2, vgl auch § 641l III. Die Zusammenfassung der Verf bei einem AG aGrd einer RVO ist möglich, V 2 iVm § 641l V.

Das Verfahren ist dem Rpfl übertragen: § 20 Z 11 RPflG. Ebenso wie im VereinfVerf nach §§ 641lff ist maschinelle Bearbeitung zulässig, V 1 (vgl § 641l IV); die Aufstellung eines VerfAblaufplanes durch RVO des BJM ist vorgesehen, V 2 iVm § 641s II. Wegen der Entbehrlichkeit der Unterschrift unter maschinell hergestellten gerichtlichen Äußerungen und Ausfertiggen s V 2 iVm § 641s I.

A. Antrag, I. Das Verfahren wird durch Antrag eingeleitet, den auch der Vater stellen darf, um Klarheit über die Höhe der Zahlung zu gewinnen, aM Zö-Philippi IV 2. Der Antrag kann ebenso wie alle anderen Erklärungen vor dem UrkB gestellt werden, ggf unter Verwendung hierfür vorgeschriebener Vordrucke, V 2 iVm §§ 641r u 641t. Er muß den begehrten Betrag beziffern, LG Bochum FamRZ **80**, 937 mwN, str, abw überwM: Zö-Philippi IV 2, Odersky § 642b IV 3, LG Hbg DAVorm **81**, 410 mwN. Eine Begründung ist zu empfehlen. Beizufügen sind außer dem Urteil etwaige Bescheinigungen über Kindergeld und sonstige für den Kindesunterhalt bestimmte Bezüge, § 1615g BGB.

Der Antrag ist dem Gegner zuzustellen. Vor der Entscheidung muß ihm rechtliches Gehör gewährt werden.

B. Entscheidung, II. Die Entscheidung (durch Beschluß) kann ohne mdl Verh ergehen. Sie kann dem im Ausland wohnenden Vater nicht wirksam nach § 175 zugestellt werden, bevor ihm die Antragsschrift wirksam zugestellt worden ist, LG Aachen Rpfleger **83**, 74. Festzusetzen ist nicht nur der Unterhaltsbetrag, für den der vor der BReg festgesetzte Regelbedarf, § 1615f II BGB, die Grundlage bildet, sondern auch Rückstände, § 1615d BGB, bei denen das auf einstwAnO Gezahlte, § 641d, zu berücksichtigen ist. Ist die vorläufige Vollstreckbarkeit des Urteils von einer Sicherheit abhängig, § 711, so ist das im Beschluß zu erwähnen; abhängig von der Leistung der Sicherheit ist nicht die Festsetzung, wohl aber die Vollstreckung, die nach einer Wartefrist von 1 Woche, § 798, aGrd des Beschlusses erfolgen kann, § 794I Z 2 a. Eine vollstreckbare Ausfertigung, § 724, ist erforderlich. Gebühren: Gericht 10 DM für die Entscheidung nur in den Fällen des § 642c, KV

1165, RA ⁵⁄₁₀ der Gebühren des § 31 in denselben Fällen, § 43b BRAGO. Der Wert ist entsprechend § 20 II GKG festzusetzen.

3) Rechtsmittel, III. Gegen den Beschluß des Rpfl ist binnen der Notfrist von 2 Wochen Erinnerung an den Richter zulässig, § 11 I RpflG. Entscheidet der Richter, so ist die sofortige Beschwerde ans LG gegeben, gegen dessen Entscheidung keine weitere Beschwerde stattfindet. Also besteht derselbe Rechtszug wie gegen Unterhaltsurteile, §§ 23a Z 2, 72 GVG; denn Unterhaltssachen sind keine Kindschaftssachen. Gebühren: Gericht 1 Gebühr bei Verwerfung oder Zurückweisung, KV 1181, RA § 61 BRAGO.

642b Neue Festsetzung bei Änderung.

^{I} Wird der Regelbedarf, nach dem sich der Regelunterhalt errechnet, geändert, so wird der Betrag des Regelunterhalts auf Antrag durch Beschluß neu festgesetzt. Das gleiche gilt, wenn sich ein sonstiger für die Berechnung des Betrages des Regelunterhalts maßgebender Umstand ändert. § 323 Abs. 2, 3 und § 642a Abs. 2 bis 5 gelten entsprechend. Wird die Abänderung eines Schuldtitels des § 642a beantragt, so ist das Amtsgericht ausschließlich zuständig, das diesen Titel erstellt hat.

^{II} Ist gleichzeitig ein Verfahren nach § 323 anhängig, so kann das Gericht das Verfahren nach Absatz 1 bis zur Erledigung des anderen Verfahrens aussetzen.

Schrifttum: Brühl-Göppinger-Mutschler Rdz 1517–1531; Kemper DAVorm **80**, 1 (zur örtlichen Zuständigkeit).

1) Neufestsetzung, I 1, 2. Während früher bei Änderung der Verhältnisse ein Verf nach § 323 erforderlich wurde, erübrigt sich das nun durch Neufestsetzung. Sie kann erfolgen, wenn der Regelbedarf durch VO der BReg neu festgesetzt wird, § 1615f II BGB, oder wenn sich ein sonstiger Umstand, der für die Berechnung des Regelunterhalts eine Rolle gespielt hat oder spielen kann, geändert hat, §§ 1615g, h BGB, zB bei einer Änderung der Bezüge, die auf den Regelbedarf anzurechnen sind, § 1615g BGB, LG Würzb DAVorm **78**, 290, oder bei Eintritt des Kindes in eine höhere Altersstufe, Kemper FamRZ **73**, 525 mwN, oder auch bei (gefestigter) Änderung der Rechtsprechung, LG Heilbronn DAVorm **83**, 395, LG Stgt DAVorm **82**, 395. Es darf nicht möglich gewesen sein, diese Veränderungen schon im Festsetzungsverf nach § 642a vorzubringen, I 3 iVm § 323 II, LG Deggendorf DAVorm **78**, 71.

Die Neufestsetzung darf für die Zeit ab Eingang des Antrags (Odersky FamRZ **73**, 529) erfolgen, I 3 iVm § 323 III, nicht erst ab Zustellung oder Mitteilung an den Gegner, hM, Zö-Philippi III 3, ThP 3 c, abw Br-G-M Rdz 1523 mwN, Gabius NJW **76**, 316, LG Münst Rpfleger **81**, 117 mwN, LG Hbg DAVorm **80**, 402 (aber hier muß das gleiche gelten wie nach § 641p I 2, aM LG Berlin DAVorm **80**, 667). Geht der Antrag vor Inkrafttreten der ÄndVO ein, so ist die Neufestsetzung erst von da an zulässig; auf die spätere Zustellung oder Mitteilung des Antrags kommt es auch hier nicht an, AG Charlottenb DAVorm **80**, 484 mwN, str.

Eine Änderung kann auch dann verlangt werden, wenn sich bei der Neufestsetzung ein geringerer Betrag ergibt, LG Stade Rpfleger **74**, 441 m zustm Anm Odersky, str; dann ist aber nur ein Antrag des Vaters zulässig, LG Wuppertal Rpfleger **75**, 370 m krit Anm Odersky.

Eine Änderung des Titels durch Gewährung eines Abschlages oder dgl ist danach ausgeschlossen. Vielmehr sind Zu- und Abschläge betragsmäßig mit festzusetzen, ebenso die Beträge für spätere Altersstufen, LG Wuppertal DAVorm **77**, 185 mwN.

2) Verfahrensrechtliches, I 3, 4. Ausschließlich örtlich zuständig ist das AG, bei dem der Unterhaltsberechtigte seinen allgemeinen Gerichtsstand hat, hilfsweise das AG Schöneberg in Berlin, I 3 iVm § 642a IV. Dieses Gericht ist auch dann zuständig, wenn der Regelunterhalt zuletzt in einer Verpflichtungserklärung nach § 642c festgelegt worden war, BGH FamRZ **80**, 675. Ist der Unterhalt vom Gericht gesondert festgesetzt, § 642a, so ist das AG, das den zu ändernden Beschluß erlassen hat, ausschließlich zuständig, I 4, BGH NJW **78**, 1059; dies gilt auch dann, wenn es sich bei diesem Beschluß nicht um eine Erstfestsetzung, sondern um eine Neufestsetzung des ursprünglich von einem anderen Gericht festgesetzten, BGH NJW **80**, 1281 mwN, oder in einer Verpflichtungserklärung nach § 642c bezifferten Regelunterhalts gehandelt hat, BGH NJW **80**, 1284, oder um die Überleitung eines Titels alten Rechts, LG Brschw Rpfleger **80**, 235. Darauf, ob der zu ändernde Beschluß vor oder nach Inkrafttreten der Neufassung des I (1. 1. 77) erlassen worden ist, kommt es nicht an, BGH NJW **78**, 1487.

2. Titel. Verf über den Regelunterhalt nichtehelicher Kinder   §§ 642b–642d

Der Gegner ist am Verfahren zu beteiligen; ihm den Antrag zuzustellen, ist (wenn nicht nötig, vgl BGH NJW **80**, 1281, so doch) schon wegen Art 103 I GG zu empfehlen. Eine maschinelle Bearbeitung ist auch hier zulässig, I 3 iVm § 642a V. Können sich die Parteien nicht einigen und diese Einigung bei Gericht oder Jugendamt in vollstreckbarer Form zu Protokoll geben, was gebührenfrei ist, §§ 55a KostO, Markl ZBlJR **72**, 109, so entscheidet auf Antrag der Rpfl durch Beschluß, § 20 Z 11 RPflG. S iü § 642a Anm 2 u 3 (Rechtsmittel). Gebühren: Gericht 10 DM für die Entscheidung, KVerz 1166, RA ⁵⁄₁₀ der Gebühren des § 31, § 43b Z 2 BRAGO.

3) Änderungsklage, II. Möglich bleibt auch die Änderungsklage, § 323, soweit für sie ein Rechtsschutzbedürfnis besteht. Diese Klage ist zB das geeignete Mittel, wenn ein höherer Unterhalt als der Regelunterhalt aus einer Besserung der Lebensstellung des Vaters, § 1615c BGB, also seiner größeren Leistungsfähigkeit hergeleitet wird, aber auch dann, wenn besondere Ereignisse deren Verminderung, § 1615h BGB, bewirkt haben. Ist eine solche Klage nach § 323 anhängig, kann das Verfahren auf Neufestsetzung ausgesetzt werden, II. Voraussetzung ist, daß das Vorbringen in jener Klage gewisse Aussichten hat, so daß eine Aussetzung abzulehnen ist, wenn es wenig erfolgversprechend ist. Die Aussetzung des Änderungsprozesses wegen des Verfahrens nach § 642b kommt nicht in Betracht.

642c *Ausdehnung auf gerichtlichen Vergleich und notarielle Urkunden.* Die Vorschriften der §§ 642a, 642b gelten entsprechend, wenn
1. in einem Vergleich der in § 794 Abs. 1 Nr. 1 bezeichneten Art der Vater sich verpflichtet hat, dem Kinde den Regelunterhalt zu zahlen;
2. in einer Urkunde, die von einem deutschen Gericht oder von einem deutschen Notar innerhalb der Grenzen seiner Amtsbefugnisse in der vorgeschriebenen Form aufgenommen worden ist, der Vater eine Verpflichtung der in Nummer 1 bezeichneten Art übernommen und sich der Festsetzung des Betrages des Regelunterhalts in einem Verfahren nach den §§ 642a, 642b unterworfen hat.

Bem. Die Verf der Festsetzung des Betrags des Regelunterhalts, § 642a, wie auch der Neufestsetzung wegen veränderter Umstände, § 642b, können auch bei einem gerichtlichen Vergleich, § 794 I Z 1, bei einer gerichtlichen, § 794 I Z 5, § 62 Z 2 BeurkG, oder notariellen Urk sowie bei einer vom Jugendamt aufgenommenen Urk, § 50 II JWG (dazu Kemper FamRZ **73**, 526), zur Anwendung kommen, wenn der Vater sich darin verpflichtet hat, dem Kinde den Regelunterhalt zu zahlen. Im Fall der gerichtlichen oder notariellen Urk ist ferner erforderlich, daß sich der Vater der Festsetzung des Betrages des Regelunterhalts nach §§ 642a, 642b unterwirft. Wird im Vergleich oder in der Urk die derzeitige Summe bereits zahlenmäßig genannt, so kommt in den Fällen 1 und 2 nur die Möglichkeit einer Neufestsetzung, § 642b, in Betracht.

Zuständig für die gerichtliche Erstfestsetzung ist das in § 642a IV genannte Gericht, das nach § 642b I 3 auch über eine Neufestsetzung zu entscheiden hat, wenn der Regelunterhalt zuletzt in einer Verpflichtungserklärung iSv § 642c festgelegt worden war, BGH NJW **80**, 2086; wegen der Zuständigkeit für eine Neufestsetzung in anderen Fällen s § 642b Anm 3. Gebühren: Gericht 10 DM für die Entscheidung, KVerz 1165, RA ⁵⁄₁₀ der Gebühren des § 31, § 43b Z 1 BRAGO.

642d *Zu- und Abschlag zum Regelunterhalt.* I Die §§ 642 bis 642c sind auf die Verurteilung oder Verpflichtung des Vaters zur Leistung des Regelunterhalts zuzüglich eines Zuschlags oder abzüglich eines Abschlags oder zur Leistung eines Zuschlags zum Regelunterhalt sinngemäß anzuwenden.

II Der Zuschlag oder der Abschlag ist in einem Vomhundertsatz des Regelbedarfs (§ 1615f Abs. 1 Satz 2, Abs. 2 des Bürgerlichen Gesetzbuchs) zu bezeichnen. Der Unterhaltsbetrag, der sich infolge des Zuschlags oder des Abschlags ergibt, ist auf volle Deutsche Mark abzurunden, und zwar bei Beträgen unter fünfzig Pfennig nach unten, sonst nach oben.

Schrifttum: Kemper FamRZ **73**, 520.

1) Allgemeines. Die vereinfachte Fest- und Neufestsetzung ist auch dann möglich, wenn von vornherein ein gegenüber dem Regelunterhalt erhöhter Unterhalt (Zuschlag) oder ein niedrigerer (Abschlag) zu leisten ist.

2) Regelunterhalt mit Zu- oder Abschlag, I. Die Unterhaltsklage kann auch auf den Regelunterhalt zuzüglich eines Zuschlags gerichtet werden, wenn nämlich die Lebensstellung beider Eltern, insbesondere des Vaters (da die Mutter im allgemeinen ihren Beitrag zum Unterhalt eines minderjährigen unverheirateten Kindes durch dessen Pflege und Erziehung leistet, § 1606 III 2 BGB), das zuläßt. Ist der Vater nur zum Regelunterhalt verurteilt, so kann auch auf einen Zuschlag zu diesem besonders geklagt werden („zu verurteilen, daß der Beklagte einen Zuschlag von ... zum Regelunterhalt zu zahlen hat"); denn der Regelunterhalt ist ein Mindestunterhalt („mindestens", § 1615f I 1 BGB). Ebenso ist möglich, daß von vornherein der Regelunterhalt abzüglich eines Abschlags verlangt wird, § 642, weil der Regelunterhalt als solcher den Betrag, den der Vater leisten kann, wesentlich übersteigt. Mit einem solchen Antrag wird also einer Herabsetzungsklage, § 323, § 1615h BGB, zuvorgekommen. Auch Vergleiche und die in § 642c Z 2 genannten Verpflichtungsurkunden sowie vom Jugendamt aufgenommene Urk, § 50 II JWG, können auf Regelunterhalt mit Zu- oder Abschlag lauten. Die Festsetzung in allen diesen Fällen erfolgt durch den Rpfl, § 20 Z 11 RpflG, aGrd des ergangenen Urteils. Gebühren: § 642a Anm 2. Der Wert ist entsprechend § 20 II GKG festzusetzen.

3) Höhe des Zu- und Abschlags, II. Sie wird durch Vergleich des Regelunterhalts mit dem Betrag, den der Verpflichtete leisten kann, §§ 1615c, 1615h, 1603, 1610 BGB, ermittelt. Ausgedrückt wird das in einem Vomhundertsatz des Regelbedarfs, den die BReg durch RVO festsetzt, § 1615f II BGB, so daß sich mit diesem zahlenmäßig auch der Zu- und Abschlag ändert. Andererseits ändert die Anrechnung von Kindergeld u dergl auf den Regelbedarf, § 1615g BGB, nicht die Höhe des Zu- oder Abschlags; sie bleiben konstant. Der Unterhaltsbetrag ist abzurunden, II 2, um das Rechnen in Pfennigbeträgen auszuschließen (entsprechend § 5 RegelunterhVO).

642e *Sicherheitsleistung bei Stundung.* Das Gericht kann die Stundung rückständigen Unterhalts von einer Sicherheitsleistung abhängig machen.

Bem. Ergibt der Unterhaltsrechtsstreit einen größeren Rückstand von Beträgen, die fällig geworden sind, bevor der Vater die Vaterschaft anerkannt oder zur Unterhaltszahlung verurteilt worden ist, so ist Stundung (zB auch durch Ratenzahlung) möglich, § 1615i I BGB. § 642e ermöglicht, die Stundung von einer Sicherheitsleistung abhängig zu machen, für die § 108 gilt.

642f *Änderung der Stundungsentscheidung.* [I] Hat das Gericht rückständigen Unterhalt gestundet, so kann die Entscheidung auf Antrag aufgehoben oder geändert werden, wenn sich die Verhältnisse nach der Entscheidung wesentlich geändert haben oder der Vater mit einer ihm obliegenden Unterhaltsleistung in Verzug gekommen ist. § 642a Abs. 2, 3 gilt entsprechend, es sei denn, das Verfahren ist mit einem Verfahren nach § 323 verbunden.

[II] Ist in einem Schuldtitel des § 642c, des § 642d in Verbindung mit § 642c oder des § 794 Abs. 1 Nr. 1 oder 5 die Zahlungsverpflichtung für rückständige Beträge in einer der Stundung entsprechenden Weise beschränkt, so ist Absatz 1 entsprechend anzuwenden.

Schrifttum: Brühl-Göppinger-Mutschler Rdz 1532–1535.

1) Allgemeines. Ob die rückständigen Unterhaltsbeträge gestundet werden, wird im Unterhaltsprozeß entschieden, § 642 Anm 4. Hier handelt es sich lediglich um die Frage, ob spätere Ereignisse eine Änderung veranlassen können.

2) Aufhebung und Änderung, I, II. Sie sind möglich bei wesentlichen Veränderungen der Verhältnisse, die für die Entscheidung maßgebend waren, also bei einer erheblichen Besserung, die dann zu einer Aufhebung der Stundung oder Zahlung in höheren Raten, bzw bei einer erheblichen Verschlechterung, die zu einer weiteren Hinausschiebung führen könnte. Ist mit der Stundung, wie in der Regel, eine Abzahlung verbunden und kommt der Schuldner mit einer Rate in Verzug, so kann die Stundung aufgehoben werden. Das alles gilt auch für die Stundung in einem gerichtlichen Vergleich, in den § 642c Z 2 genannten Urk oder in einer Urk gemäß § 794 I Z 5, und zwar auch dann, wenn die Zahlungen in einer Weise beschränkt sind, die einer Stundung gleichkommt. Ist aber in diese Urk keine Ratenzahlung aufgenommen, kann das auch jetzt nicht geschehen. War seinerzeit ein Stundungsantrag abgelehnt worden, kann ein Antrag auf nunmehrige Stundung wegen einer Verschlechterung gegenüber damals keinen Erfolg haben, da inzwischen gezahlt sein muß.

3) Verfahren. Zuständig ist das AG nach den allgemeinen Bestimmungen, da ein besonderer Gerichtsstand nicht genannt ist. Erforderlich ist ein Antrag. Es entscheidet der Rpfl durch Beschluß, § 20 Z 11 RpflG. Eine Entscheidung ohne mdl Verh ist möglich. Die Anhörung des Kindes ist zwar nicht ausdrücklich vorgeschrieben, aber erforderlich, da auch die Verhältnisse des Berechtigten zu berücksichtigen sind. Schwebt gleichzeitig ein Rechtsstreit nach § 323, so ist die Verbindung mit diesem zweckmäßig, da hier die besonderen Leistungsverhältnisse und Bedürfnisse ebenfalls zu beurteilen sind. Es ergeht dann ein einheitliches Urteil, so daß auch die Möglichkeit einer sofortigen Beschwerde, die sonst gegen die Entscheidung in der Stundungssache gegeben wäre, § 642a Anm 3, entfällt. Gebühren: Gericht 10 DM für die Entscheidung, KV 1168, RA 5/10 der Gebühren des § 31, § 43b Z 4 BRAGO.

643 *Regelunterhalt im Vaterschaftsprozeß: Verurteilung.* ^I Wird auf Klage des Kindes das Bestehen der nichtehelichen Vaterschaft festgestellt, so hat das Gericht auf Antrag den Beklagten zugleich zu verurteilen, dem Kinde den Regelunterhalt zu leisten. Herabsetzung des Unterhalts unter den Regelunterhalt sowie Erlaß und Stundung rückständiger Unterhaltsbeträge können in diesem Verfahren nicht begehrt werden.

^{II} § 642a gilt entsprechend mit der Maßgabe, daß der Betrag des Regelunterhalts nicht vor Rechtskraft des Urteils, das die Vaterschaft feststellt, festgesetzt wird.

Schrifttum: Kemper FamRZ **73**, 520; Brühl-Göppinger-Mutschler Rdz 1440ff.

1) Allgemeines. Voraussetzung für die Verpflichtung zur Leistung des Unterhalts ist, daß, wenn die Vaterschaft nicht anerkannt ist, sie durch Urteil festgestellt wird, § 1600n BGB. Um nach der Vaterschaftsfeststellung dem Kinde einen weiteren Rechtsstreit wegen des Unterhalts zu ersparen, gibt § 643 einen Weg, der die Vaterschaftsfeststellung mit der Verpflichtung zur Unterhaltszahlung verbindet, ohne die Feststellung jener durch diese zu belasten. Der in diesem Verbund gestellte Antrag auf Verurteilung zum Regelunterhalt ist also Teil des Kindschaftsprozesses und damit auch für diesen Antrag das OLG das Berufungsgericht, BGH NJW **72**, 111. Dies gilt bei der (zulässigen) alleinigen Anfechtung der Unterhaltsentscheidung, Düss NJW **81**, 2476 mwN, ebenso wie dann, wenn das AG nach Erledigung der Klage auf Feststellung der nichtehelichen Vaterschaft nur über den Regelunterhalt und (unter Verstoß gegen § 640c) über einen bezifferten Unterhaltsbetrag entschieden hat, BGH NJW **74**, 751, und ebenso dann, wenn eine solche Entscheidung nach Rechtskraft eines Teilurteils über die Vaterschaft ergangen ist, BGH NJW **80**, 292. Ein VersUrt gegen den Beklagten ist daher unzulässig, §§ 640 I, 612 IV, KG DAVorm **78**, 467. Die Verurteilung zur Leistung von Regelunterhalt an Kinder in der DDR kommt nicht in Betracht, Celle FamRZ **75**, 509.

2) Verurteilung zum Regelunterhalt, I. Schafft das Urteil durch die Feststellung der Vaterschaft die Voraussetzung für eine Unterhaltspflicht des Vaters, so spricht das Urteil, in dem die Vaterschaft festgestellt wird, bei entsprechendem Antrag des Kindes zugleich aus, daß der Vater den Regelunterhalt, Üb 1 § 642, zu zahlen hat. Das Kind, das den Anspruch auf Regelunterhalt nach Forderungsübergang auf einen Dritten von diesem zurückerworben hat, darf den Antrag jedenfalls dann stellen, wenn es den ganzen Regelunterhalt verlangt, BGH NJW **82**, 515. Ob eine Abweichung vom Regelunterhalt nach oben oder unten stattfindet, die Rückstände gestundet oder erlassen werden können, wird im Verbundverfahren nicht untersucht, I 2: Ein dahinzielender Antrag müßte als unzulässig abgewiesen werden, Zweibr FamRZ **80**, 1066. Die Untersuchung etwaiger Abweichungen vom Regelunterhalt ist nämlich einem besonderen Verfahren vorbehalten, § 643a; das gilt auch für die Prüfung, ob die Voraussetzungen des § 1615 III BGB erfüllt sind, BGH FamRZ **81**, 763. Dagegen ist schon im Verfahren nach § 643 zu berücksichtigen, ob der Unterhaltsanspruch erfüllt worden ist, Düss NJW **81**, 2476, str, und ob rückständiger Unterhalt von einem Dritten gezahlt und demgemäß die Forderung in dieser Höhe auf ihn übergegangen ist, § 1615b BGB, BGH NJW **81**, 393, Karlsr DAVorm **82**, 214, aM Celle NdsRpfl **79**, 142 mwN (Prüfung im Anpassungsverf nach § 643a). Die Verurteilung zum Regelunterhalt ist abhängig von der Vaterschaftsfeststellung, so daß bei deren Wegfall auf Rechtsmittel hin auch die Verurteilung zum Regelunterhalt entfällt. Gegen diese Verurteilung kann isoliert Berufung eingelegt werden, Düss NJW **81**, 2476 mwN. Zu einer sofortigen Vollstreckung kann das Unterhaltsurteil nicht führen; denn es darf nicht für vorläufig vollstreckbar erklärt werden, § 740 II 2.

Ein gleichzeitiger Urteilsausspruch auf Leistung des Regelunterhalts kann nicht erfolgen, wenn die Mutter den nunmehr festgestellten Vater geheiratet hat; denn dann ist das Kind durch die Heirat der Eltern ehelich geworden, § 1719, sein Unterhaltsanspruch ergibt sich aus § 1601 BGB ohne Heranziehung des Regelunterhalts, der eine Besonderheit des Nichtehelichenrechts ist. Deshalb kann der Vater für die Vergangenheit aber dennoch zur Leistung des Regelunterhalts verpflichtet werden. Zum Einfluß der Adoption auf die Verurteilung zum Regelunterhalt vgl Zopfs FamRZ **79**, 385 und Ruthe FamRZ **79**, 388; der Einwand der nachrangigen Unterhaltsverpflichtung des als Vater festgestellten Mannes gegenüber dem bei dem Adoptionsbewerber befindlichen Kind hat zur Folge, daß für die Zeit der vorrangigen Verpflichtung des Adoptionsbewerbers das Regelunterhaltsbegehren als unbegründet abzuweisen ist, Stgt FamRZ **80**, 497.

3) Betragsfestsetzung, II. Sie kann erst nach Rechtskraft des Vaterschaftsurteils erfolgen, und zwar nach § 642a durch den Rpfl. Rechtsmittel ist die sofortige Beschwerde, § 642a Anm 3, also nicht das gegen das Urteil gegebene Rechtsmittel; denn es handelt sich bei der Festsetzung der Unterhaltshöhe nicht um eine Kindschaftssache, vgl Üb 1 § 642.

643a **Änderung des Regelunterhalts.** [I] Den Parteien ist im Falle des § 643 Abs. 1 Satz 1 vorbehalten, von der Rechtskraft des Urteils an im Wege einer Klage auf Abänderung der Entscheidung über den Regelunterhalt zu verlangen, daß auf höheren Unterhalt, auf Herabsetzung des Unterhalts unter den Regelunterhalt oder auf Erlaß rückständiger Unterhaltsbeträge erkannt wird, oder Stundung rückständiger Unterhaltsbeträge zu beantragen.

[II] Das Urteil darf, wenn die Klage auf höheren Unterhalt oder auf Herabsetzung des Unterhalts unter den Regelunterhalt nicht bis zum Ablauf von drei Monaten nach Rechtskraft des Beschlusses, der den Betrag des Regelunterhalts festsetzt, erhoben wird, nur für die Zeit nach Erhebung der Klage abgeändert werden. Die Klage auf Erlaß und der Antrag auf Stundung rückständiger Unterhaltsbeträge sind nur bis zum Ablauf dieser Frist zulässig. Ist innerhalb der vorgenannten Frist ein Verfahren nach Absatz 1 anhängig geworden, so läuft die Frist für andere Verfahren nach Absatz 1 nicht vor Beendigung des ersten Verfahrens ab.

[III] Ist die Frist nach Absatz 2 noch nicht abgelaufen, so ist das Gericht ausschließlich zuständig, das im ersten Rechtszug über die Klage auf Feststellung des Bestehens der nichtehelichen Vaterschaft erkannt hat.

[IV] Sind mehrere Verfahren nach Absatz 1 anhängig, so ordnet das Gericht die Verbindung zum Zwecke gleichzeitiger Verhandlung und Entscheidung an. Ist nur ein Antrag auf Stundung gestellt, so wird durch Beschluß entschieden; § 642a Abs. 2, 3 gilt entsprechend.

Schrifttum: Kemper FamRZ **73**, 523; Brühl-Göppinger-Mutschler Rdz 1490–1503.

1) Allgemeines. Nach § 643 wird neben der Feststellung der Vaterschaft ohne weitere Prüfung auf Regelunterhalt erkannt, um das FeststellungsVerf nicht verzögernd mit Nachforschungen zum Unterhalt zu belasten. Der Gesetzgeber geht dabei davon aus, daß es in der großen Mehrzahl der Fälle beim Regelunterhalt bleibt. Halten die Parteien Ergänzungen oder Abstriche für erforderlich, können sie das in einer besonderen Klage geltend machen, sobald das Feststellungsurteil, das auch die Verpflichtung zur Leistung des Regelunterhalts ausspricht, rechtskräftig geworden ist. Auf Unterhaltsvereinbarungen ist § 643a nicht entsprechend anzuwenden, Odersky FamRZ **73**, 529.

2) Änderungsklage, I, IV 2. Was infolge der Pauschalverurteilung im Vaterschaftsprozeß nicht möglich war, kann hier nachgeholt werden, also Abänderung des Regelunterhalts durch Heraufsetzung, weil der Vater hierzu in der Lage ist, bzw durch Herabsetzung, weil der Regelunterhalt wesentlich über dem Betrage liegt, den der Vater sonst leisten müßte, § 1615h BGB. Ebenso kann auf Erlaß rückständiger Unterhaltsbeträge geklagt oder Stundung solcher Beträge beantragt werden, § 1615i BGB, BGH FamRZ **81**, 763. Wird nur ein Antrag auf Stundung gestellt, so wird über diesen im abgekürzten BeschlußVerf, ohne daß eine mdl Verh immer erforderlich wäre, IV 2 iVm § 642a II, durch den Rpfl, § 20 Z 11 RpflG, entschieden. Rechtsmittel hiergegen ist die sofortige, aber keine weitere Beschw,

2. Titel. Verf über den Regelunterhalt nichtehelicher Kinder **§§ 643a, 644** 1

IV 2 iVm § 642a III, dort Anm 3. Die Voraussetzungen des § 323 brauchen nicht vorzuliegen, LG Verden FamRZ **71**, 45.

3) Fristen, II. Um möglichst bald Klarheit über die Höhe des Unterhalts zu schaffen, ist eine Frist von 3 Monaten vorgesehen. Die Frist beginnt mit Rechtskraft des Festsetzungsbeschlusses, § 643 II; die Erhebung der Nichtigkeitsklage ändert daran nichts, aM AG Herford MDR **80**, 149 (Beginn der Frist, wenn die Vaterschaft im Wiederaufnahmeverfahren erneut und endgültig festgestellt ist). § 270 III ist anzuwenden, LG Kempten DAVorm **82**, 386 mwN.

Die Frist hat verschiedene Wirkungen: **a)** Wird auf Erlaß rückständiger Unterhaltsbeträge geklagt oder die Stundung ebensolcher Beträge beantragt, so ist das nur bis zum Ablauf der Frist zulässig, II 2. **b)** Die Klage auf höheren Unterhalt oder Herabsetzung unter den Regelunterhalt innerhalb der Frist erstreckt sich auch auf zurückliegende, § 1615d BGB, Unterhaltsbeträge. Nach Ablauf der Frist gibt sie nur die Möglichkeit einer Abänderung für die Zeit nach Erhebung der Klage, II 1; jedoch wird das Verlangen nach Erfüllung von in der Vergangenheit entstandenem Sonderbedarf, § 1613 II, durch den Fristablauf nicht berührt.

Ist innerhalb der 3-Monatsfrist ein Verf der in Anm 2 genannten Art anhängig geworden, so läuft die Frist für andere Verf dieser Art nicht vor Beendigung des anhängigen ab, II 3; den Parteien soll damit die Möglichkeit gegeben werden, in dem anhängigen Verf weitere Ansprüche oder Verteidigungsmittel geltend zu machen, LG Aachen MDR **82**, 677. Ist also innerhalb der Frist ein höherer Unterhalt beantragt und wird diese Klage nach Fristablauf zurückgenommen, so kann der Verpflichtete bis dahin noch Erlaßklage erheben, obwohl die 3 Monate verstrichen sind, da „Beendigung" auch Klagerücknahme deckt. Die Frist läuft dann für die Erlaßklage nicht vor Rücknahme ab. Ist die Klage auf höheren Unterhalt aber erst nach Ablauf der 3-Monatsfrist erhoben, entfällt auf jeden Fall eine Erlaßklage, da im Zeitpunkt der Klageerhebung in der anderen Sache die Frist für die Erhebung einer Erlaßklage bereits abgelaufen war. II 3 gilt auch dann, wenn zunächst nur Erhöhung ab Klagerhebung und erst nach Fristablauf Erhöhung für die davor liegende Zeit begehrt wird, LG Kaiserslautern NJW **75**, 1037, dagegen seinem Zweck nach nicht in dem Fall, in dem derselbe Kläger vor Beendigung des ersten Verfahrens einen neuen Prozeß nach I beginnt, LG Aachen MDR **82**, 677.

4) Zuständigkeit, III. Auch diese beeinflußt der Fristablauf insofern, als für eine innerhalb von 3 Monaten seit Rechtskraft des Festsetzungsbeschlusses erhobene Klage gemäß I das Gericht zuständig ist, das im 1. Rechtszug über die Feststellung der nichtehelichen Vaterschaft entschieden hat. Die Zuständigkeit ist ausschließlich, ihre Nichtbeachtung kann also das Verstreichen der 3-Monatsfrist für die Klage beim zuständigen Gericht zur Folge haben. Das gilt auch für den Stundungsantrag. Nach Fristablauf richtet sich die Zuständigkeit für die Klage bzw den Stundungsantrag nach den allgemeinen Vorschriften. Im Bereich des EuG-Übk, Schlußanh V C, gelten dessen Zuständigkeitsregeln, vgl Art 2–5.

5) Gleichzeitige Anhängigkeit mehrerer Verfahren. Sie hat, da notwendigerweise ein Zusammenhang besteht, die Verbindung zur Folge, IV 1. Voraussetzung ist die Anhängigkeit aller Verf bei demselben Gericht. Nach Verbindung ergeht die Entscheidung einheitlich durch Urteil.

644 *Klagen Dritter.* ¹ Macht ein Dritter, der dem Kind Unterhalt gewährt hat, seine Ansprüche gegen den Vater geltend, so sind die §§ 642e, 642f entsprechend anzuwenden.

II Eine Klage wegen der Ansprüche nach den §§ 1615k, 1615l des Bürgerlichen Gesetzbuchs kann auch bei dem Gericht erhoben werden, bei dem wegen des Unterhaltsanspruchs des nichtehelichen Kindes gegen seinen Vater eine Klage im ersten Rechtszug anhängig ist. Für das Verfahren über die Stundung des Anspruchs nach § 1615l des Bürgerlichen Gesetzbuchs gelten die §§ 642e, 642f entsprechend.

1) Unterhaltgewährung durch Dritten, I. Auf ihn sind die Unterhaltsansprüche des Kindes gegen den Vater übergegangen, § 1615b BGB. Der Vater hat dieselben Einwendungen wie gegen das Kind, §§ 412, 404 BGB, kann also auch gegen den Dritten Herabsetzung, Erlaß und Stundung des rückständigen Unterhalts verlangen, § 1615i BGB. Auf Grund der entsprechenden Anwendung kann die Stundung von einer Sicherheitsleistung abhängig gemacht werden, § 642e, auch kann die Stundungsentscheidung auf Antrag bei Änderung der Verhältnisse oder wenn der Vater mit einer Rate in Verzug kommt, geändert oder aufgehoben werden, § 642f. Die Entscheidung über die Stundung kann ohne mdl Verh durch den Rpfl ergehen, § 20 Z 11 RpflG; gegen sie sind Rechtsmittel wie nach § 642a III gegeben, vgl § 642f I 2.

2) Entsprechende Anwendung bei Entbindungskosten und Unterhalt der Mutter, II. Die Klage wegen dieser Ansprüche, §§ 1615k u l BGB, ist grundsätzlich im allgemeinen Gerichtsstand zu erheben, kann aber, falls eine Unterhaltsklage des nichtehelichen Kindes im ersten Rechtszug, also beim AG, bereits anhängig ist, ebenfalls bei diesem Gericht erhoben werden; die Klage auf Feststellung der Vaterschaft mit Antrag aus § 643 genügt nicht, Büdenbender FamRZ **83**, 307. Die Klagen können auch verbunden werden. Bei Stundungsanträgen für den Unterhalt der Mutter gilt das in Anm 1 Gesagte.

Vierter Abschnitt

Verfahren in Entmündigungssachen

Übersicht

1) Die Geschäftsfähigkeit gehört dem bürgerlichen Recht an. Gesetz oder Anordnung des Richters können sie beschränken oder aufheben. Die Anordnung heißt Entmündigung (krit de lege ferenda Stöcker DAVorm **82**, 719). Sie ist nach § 6 BGB statthaft: **a)** wegen Geisteskrankheit mit der Folge der Geschäftsunfähigkeit, § 104 Z 3 BGB, wegen Geistesschwäche mit der Folge der beschränkten Geschäftsfähigkeit, § 114 BGB; **b)** wegen Verschwendung, Trunksucht oder Rauschgiftsucht, hierzu Löwisch NJW **75**, 15, mit der Folge der beschränkten Geschäftsfähigkeit, § 114 BGB. Bei der Entmündigung übt das Gericht kein Ermessen aus; es hat aber den Verfassungsgrundsatz der Verhältnismäßigkeit zu beachten, LG Ravensburg FamRZ **81**, 394. Ein vorläufiges Verf in Gestalt der Einrichtung einer vorläufigen Vormundschaft, § 1906 BGB, wickelt sich ganz in den Bahnen der freiwilligen Gerichtsbarkeit ab. Das eigentliche Entmündigungsverf findet nach ZPO statt, obwohl es auch zur freiwilligen Gerichtsbarkeit gehört. – Wegen des zwischenstaatlichen Entmündigungsrechts s Anh § 645.

2) Verfahren. A. Auf dieses sind die **Vorschriften der ZPO voll anwendbar, soweit nicht die Natur des Verfahrens etwas anderes verlangt;** FGG ist auch nicht ergänzend anzuwenden. Parteiherrschaft und Beibringungsgrundsatz, Grdz 3 § 128, scheidet das Gesetz in ähnlichem Umfang wie bei der Ehenichtigkeitsklage aus, weil die Bestimmungen über die Geschäftsfähigkeit dem Verkehr dienen, also die Allgemeinheit angehen. Darum findet ein Ermittlungsverf statt, an dem bei Entmündigung wegen Geisteskrankheit und Geistesschwäche der Staatsanwalt als Vertreter der Allgemeinheit mitwirkt. Dem Vormundschaftsgericht obliegt es, etwa erforderliche Maßnahmen zum Schutz des zu Entmündigenden zu treffen.

Das Verf ist zunächst ein Beschlußverf mit freigestellter mdl Verh; die Entmündigung oder ihre Aufhebung unterliegt einer Überprüfung im Streitverf mit notwendigen mdl Verh. Parteien kennt das Beschlußverf nicht. Der zu Entmündigende ist aber nicht bloßer Untersuchungsgegenstand, sondern hat eine ähnliche Stellung wie der Private im Verwaltungsgerichtsverf. Er ist insoweit prozeßfähig, wie § 664 II zeigt, KG FamRZ **81**, 396.

B. Auf das Beschlußverfahren anwendbar sind **aus dem ersten Buch** die Vorschriften über Ausschließung und Ablehnung, Prozeßfähigkeit und gesetzliche Vertretung, ProzBev und Beistände, Prozeßkostenhilfe, Prozeßkosten und Amtszustellung (zuzustellen ist dem ProzBev, RG **135**, 182, str; Ersatzzustellung wie sonst), Protokoll, Termine, Fristen. **Aus Buch 3** sind die Vorschriften über die Beschwerde anwendbar. Wegen der Öffentlichkeit s § 171 GVG; auf die Entmündigung wegen Verschwendung, Trunksucht oder Rauschgiftsucht ist die Beschränkung der Öffentlichkeit nicht ausgedehnt.

3) Üb die Eintragung ins Bundeszentralregister s §§ 3, 10, 19, I, 20 BZRG idF v 22. 7. 76, BGBl 2005. Näheres bei den einzelnen Vorschriften.

645 *Sachliche Zuständigkeit.* **¹ Die Entmündigung wegen Geisteskrankheit oder wegen Geistesschwäche erfolgt durch Beschluß des Amtsgerichts.**
II Der Beschluß wird nur auf Antrag erlassen.

1) Ausschließlichkeit, I. Die Entziehung oder Beschränkung der Geschäftsfähigkeit wegen Geisteskrankheit oder Geistesschwäche ist ausschließlich durch Beschluß des AG nach §§ 645 ff möglich. Der die Entmündigung aussprechende Beschluß wirkt für und gegen alle;

er bindet andere Gerichte und Behörden, BayObLG FamRZ **81**, 916. Der Beschluß ist ein Urteil in einer Rechtssache iSd StHG, BGH **46**, 106. Feststellungsklage oder Zwischenantrag auf Feststellung des geistigen Mangels ist unstatthaft. Wohl aber läßt sich der Mangel im Rahmen eines anderen Prozesses mit Wirkung nur für diesen Prozeß feststellen.

2) Antrag, II. A. Entmündigung setzt einen Antrag voraus. Er muß bis zum Beschluß fortbestehen, und zwar bis zu dem des Beschwerdegerichts. Es genügt andererseits, wenn er dann vorliegt. Der Antragsteller muß prozeßfähig sein, weil er eine Prozeßhandlung vornimmt. Der Antrag entfließt der besonderen Stellung des Berechtigten und ist darum höchstpersönlich, somit unvererblich, kann aber durch den gesetzlichen Vertreter des Berechtigten gestellt werden, dem die Vertretung in den die Person betreffenden Angelegenheiten zusteht, § 646 Anm 1 C. Fällt der Antragsteller weg, so ist das Verfahren einzustellen, soweit nicht ein anderer Beigetretener, § 646, es fortsetzt, str. So, wenn der Antragsteller stirbt oder sein Antragsrecht verliert, wenn etwa seine Ehe mit dem zu Entmündigenden geschieden ist, OLG **19**, 143. Der Antrag muß die gewünschte Art der Entmündigung angeben. Ist nur Entmündigung wegen Geistesschwäche beantragt, so ist Entmündigung wegen Geisteskrankheit unzulässig, Hamm MDR **71**, 582. Der Antrag ist noch in der Beschwerdeinstanz rücknehmbar; die Rücknahme zieht die Einstellung des Verfahrens nach sich.

B. Verbindung von Anträgen auf beliebige Entmündigungsarten, auch wegen Verschwendung und Trunksucht, ist zulässig, obwohl das Verf nicht ganz gleichgestaltet ist. Andernfalls träte eine Häufung der Verf ein; denn bei Einleitung der Entmündigung läßt sich oft nicht übersehen, welcher Grund zur Entmündigung führen wird (RG **108**, 308). Entmündigung ist aber immer nur aus einem Gesichtspunkt statthaft; wegen einer Ausnahme § 680 s Anm 1 (weitergehend StJ § 680 I). Sie läßt sich auch später nur aus einem stärker wirkenden Grund wiederholen. Wer zB wegen Geistesschwäche entmündigt ist, den kann das Gericht später wegen Geisteskrankheit entmündigen; nicht aber umgekehrt. „Ergänzung" durch Hinzunahme eines neuen, wenn auch gleichwertigen Grundes ist unzulässig; man kann nicht einen Entmündigten nochmals mit gleicher Wirkung entmündigen. Auf Anfechtungsklage läßt sich eine Entmündigung in eine gleichwertige oder schwächere umwandeln, nicht dagegen in eine stärkere.

C. Entmündigung eines Minderjährigen ist zulässig, wie § 646 I S 2 zeigt. Die Entmündigung bedeutet für ihn immer eine Minderung seiner Rechte, vgl § 2229 BGB, wirkt sich zudem nach Volljährigkeit voll aus.

3) Entscheidung auf den Antrag. Bei Stattgeben leitet das AG das Verf ein, §§ 648 u 649, indem es entweder einen besonderen Beschluß erläßt oder in die Sachprüfung eintritt; erforderlich ist, da die Einleitung dem Eintritt der Rechtshängigkeit entspricht, ThP § 650 Anm 1, die Zustellung des Beschlusses, § 329, bzw des Antrags. Die Zurückweisung des Antrags erfolgt durch Beschluß, der dem Antragsteller, Staatsanwalt und dem zu Entmündigenden vAw zuzustellen ist, § 662; dagegen sof Beschwerde, § 663. Gegen die Einleitung gibt es auch für den zu Entmündigenden keinen Rechtsbehelf, was mit dem GG vereinbar ist, allgM, Waldner NJW **82**, 317, KG FamRZ **81**, 397 mwN.

Gebühren: Gericht ½ für das Verf, § 11 I GKG u 1141 KVerz, RA die in § 44 BRAGO genannten Gebühren. Wert: § 12 II GKG; das Gericht wird idR von 4000 DM ausgehen und bei Vorhandensein von Vermögen etwa ⅓ davon als Wert ansetzen.

Anhang nach § 645 ZPO
Zwischenstaatliches Entmündigungsrecht

1) Die Auslandsentmündigung eines Deutschen durch eine Behörde seines gewöhnlichen Aufenthalts ist anzuerkennen, wenn kein Verstoß gegen den ordre public vorliegt, auch nach deutschem Recht ein Entmündigungsgrund gegeben, die Entmündigung mindestens in letzter Instanz durch ein unabhängiges Gericht ausgesprochen ist und die Wirkungen von denen des deutschen Rechts nicht erheblich zum Nachteil des deutschen Entmündigten abweichen; daneben bleibt aber die deutsche Zuständigkeit für die Entmündigung und deren Aufhebung bestehen, BGH **19**, 240, krit zu den Voraussetzungen StJSchl § 648 Rdz 5 u 6 (entspr Anwendung von § 328). **Inlandsentmündigung eines Ausländers** ist unter den Voraussetzungen des Art 8 EGBGB zulässig, StJSchl § 648 Rdz 14, soweit nicht das HEntmAbk eingreift; nötig ist also, daß der Ausländer Wohnsitz, hilfsweise Aufenthalt im Inland hat oder das maßgebliche ausländische Recht die internationale Zuständigkeit im

Inland begründet, StJSchl § 648 Rdz 14; anzuwenden ist § 648 I ZPO. Die Entmündigung des **Ausländers durch seine Heimatbehörde** ist in Deutschland immer anzuerkennen, wie aus Art 8, 7 EGBGB folgt, aM Pagenstecher RabelsZ **49**, 189, hat aber nur Wirkungen nach deutschem Recht, wenn diese weniger weit gehen, RG **80**, 262. Wegen der Verschleppten und Flüchtlinge s Anh § 606b.

2) Besondere Vorschriften enthält das **HEntmündigungsAbk vom 17. 7. 1905, RGBl 1912, 463**. Über seinen Geltungsbereich s Einl IV Vorbem und dort 2 C. Es legt die Staatsangehörigkeit zugrunde und stimmt im wesentlichen mit dem deutschen Recht überein; vgl auch Pal-Heldrich Anh Art 8 EGBGB. Das Abkommen lautet:

Art. 1. Für die Entmündigung ist das Gesetz des Staates, dem der zu Entmündigende angehört (Gesetz des Heimatstaats), maßgebend, unbeschadet der in den folgenden Artikeln enthaltenen Abweichungen.

Art. 2. Die Entmündigung kann durch die zuständigen Behörden des Staates, dem der zu Entmündigende angehört, ausgesprochen und die Vormundschaft wird gemäß dem Gesetze dieses Staates angeordnet werden, abgesehen von den in den folgenden Artikeln vorgesehenen Fällen.

Art. 3. ^{I} Befindet sich in einem Vertragsstaat der Angehörige eines anderen Vertragsstaats in einem Zustand, für den das Gesetz seines Heimatstaats die Entmündigung vorsieht, so können alle erforderlichen vorläufigen Maßregeln zum Schutze seiner Person und seines Vermögens durch die örtlich zuständigen Behörden getroffen werden.

^{II} Hiervon ist der Regierung des Staates, dem er angehört, Mitteilung zu machen.

^{III} Die Maßregeln fallen weg, sobald die örtlich zuständigen Behörden von den Behörden des Heimatstaats die Mitteilung erhalten, daß vorläufige Maßregeln getroffen seien oder daß die Rechtslage der Person, um die es sich handelt, durch eine Entscheidung geregelt sei.

Art. 4. Die Behörden des Staates, in dessen Gebiet ein zu entmündigender Ausländer seinen gewöhnlichen Aufenthalt hat, haben von diesem Sachverhalte, sobald er ihnen bekannt geworden ist, den Behörden des Staates, dem der Ausländer angehört, Nachricht zu geben; hierbei haben sie den Antrag auf Entmündigung, falls sie mit einem solchen Antrag befaßt worden sind, und die etwa getroffenen vorläufigen Maßregeln mitzuteilen.

Art. 5. Die in den Artikeln 3, 4 vorgesehenen Mitteilungen werden auf diplomatischem Wege bewirkt, sofern nicht der unmittelbare Verkehr zwischen den beiderseitigen Behörden zugelassen ist.

Art. 6. Solange nicht die Behörden des Heimatstaats auf die im Artikel 4 vorgesehene Mitteilung geantwortet haben, ist in dem Lande des gewöhnlichen Aufenthalts von jeder endgültigen Maßregel Abstand zu nehmen. Erklären die Behörden des Heimatstaats, daß sie nicht einschreiten wollen, oder antworten sie nicht innerhalb einer Frist von sechs Monaten, so haben die Behörden des gewöhnlichen Aufenthalts über die Entmündigung zu befinden; sie haben hierbei die Hindernisse zu berücksichtigen, die nach der Antwort der Behörden des Heimatstaats eine Entmündigung im Heimatland ausschließen würden.

Art. 7. Falls die Behörden des gewöhnlichen Aufenthalts auf Grund des vorstehenden Artikels zuständig sind, kann der Antrag auf Entmündigung von den Personen und aus den Gründen gestellt werden, die zugleich von dem Gesetze des Heimatstaats und dem Gesetze des Aufenthalts des Ausländers zugelassen sind.

Art. 8. ^{I} Ist die Entmündigung durch die Behörden des gewöhnlichen Aufenthalts ausgesprochen, so wird die Verwaltung in Ansehung der Person und des Vermögens des Entmündigten gemäß dem Gesetze des Ortes angeordnet; für die Wirkungen der Entmündigung ist dasselbe Gesetz maßgebend.

^{II} Schreibt jedoch das Gesetz des Heimatstaats des Entmündigten vor, daß die Fürsorge von Rechts wegen einer bestimmten Person zukommt, so ist diese Vorschrift tunlichst zu beachten.

Art. 9. ^{I} Eine Entmündigung, die nach vorstehenden Bestimmungen von den zuständigen Behörden ausgesprochen wird, ist, soweit es sich um die Geschäftsfähigkeit des Entmündigten und die Vormundschaft über ihn handelt, in allen Vertragsstaaten wirksam, ohne daß es einer Vollstreckbarkeitserklärung bedarf.

II Jedoch können Maßregeln zum Zwecke der Veröffentlichung, die das Gesetz des Ortes für eine durch die Behörden des Landes ausgesprochene Entmündigung vorschreibt, von diesem Gesetze gleicherweise auf die durch eine ausländische Behörde etwa ausgesprochene Entmündigung für anwendbar erklärt oder durch gleichartige Maßregeln ersetzt werden. Die Vertragsstaaten haben sich gegenseitig durch Vermittelung der Niederländischen Regierung die Vorschriften mitzuteilen, die sie in dieser Hinsicht erlassen haben.

Art. 10. I Ist eine Vormundschaft gemäß Artikel 8 eingeleitet, so steht dies der Anordnung einer neuen Vormundschaft gemäß dem Gesetze des Heimatstaats nicht entgegen.

II Von dieser Anordnung ist sobald wie möglich den Behörden des Staates Mitteilung zu machen, in dessen Gebiete die Entmündigung ausgesprochen worden ist.

III Das Gesetz dieses Staates entscheidet darüber, in welchem Zeitpunkt die Vormundschaft, die dort eingeleitet ist, endigt. Von diesem Zeitpunkt an ist für die Wirkungen der durch die ausländischen Behörden ausgesprochenen Entmündigung das Gesetz des Heimatstaats des Entmündigten maßgebend.

Art. 11. I Eine Entmündigung, die durch die Behörden des gewöhnlichen Aufenthalts ausgesprochen ist, kann von den Behörden des Heimatstaats gemäß ihren Gesetzen aufgehoben werden.

II Die örtlich zuständigen Behörden, welche die Entmündigung ausgesprochen haben, können sie ebenfalls aufheben, und zwar aus allen den Gründen, die in dem Gesetze des Heimatstaats oder in dem Gesetze des Ortes vorgesehen sind. Der Antrag kann von jedem gestellt werden, der hierzu nach dem einen oder dem anderen dieser Gesetze ermächtigt ist.

III Die Entscheidungen, welche eine Entmündigung aufheben, sind ohne weiteres und ohne daß es einer Vollstreckbarkeitserklärung bedarf, in allen Vertragsstaaten wirksam.

Art. 12. Die vorstehenden Bestimmungen finden Anwendung, ohne daß zwischen beweglichem und unbeweglichem Vermögen des Entmündigten zu unterscheiden ist; ausgenommen sind Grundstücke, die nach dem Gesetze der belegenen Sache einer besonderen Güterordnung unterliegen.

Art. 13. Die in diesem Abkommen enthaltenen Regeln gelten in gleicher Weise für die Entmündigung im eigentlichen Sinne, für die Anordnung einer Kuratel, für die Bestellung eines gerichtlichen Beistandes sowie für alle anderen Maßregeln gleicher Art, soweit sie eine Beschränkung der Geschäftsfähigkeit zur Folge haben.

Art. 14. I Dieses Abkommen findet nur Anwendung auf die Entmündigung von solchen Angehörigen eines Vertragsstaats, welche ihren gewöhnlichen Aufenthalt im Gebiet eines der Vertragsstaaten haben.

II Jedoch findet der Artikel 3 dieses Abkommens auf alle Angehörigen der Vertragsstaaten Anwendung.

(Es folgen hier nicht interessierende Vorschriften über Ratifikation, Beitritt usw.)

646 *Antragsberechtigte.* I Der Antrag kann von dem Ehegatten, einem Verwandten oder demjenigen gesetzlichen Vertreter des zu Entmündigenden gestellt werden, dem die Sorge für die Person zusteht. Gegen eine Person, die unter elterlicher Sorge oder unter Vormundschaft steht, kann der Antrag von einem Verwandten nicht gestellt werden. Gegen einen Ehegatten kann der Antrag von einem Verwandten nur gestellt werden, wenn der andere Ehegatte zur Stellung des Antrages dauernd außerstande oder sein Aufenthalt dauernd unbekannt ist oder wenn die häusliche Gemeinschaft der Ehegatten aufgehoben ist.

II In allen Fällen kann auch der Staatsanwalt bei dem übergeordneten Landgericht den Antrag stellen.

Vorbem. I 2 redaktionell geändert dch Art 9 § 2 G v 18. 7. 79, BGBl 1061, mWv 1. 1. 80.

1) Antragsrecht. A. Antragsberechtigt ist **immer** der Ehegatte unter der Voraussetzung, daß die Ehe noch besteht. Das Antragsrecht entfällt durch Scheidung, Aufhebung oder Nichtigerklärung der Ehe, LG Ravensburg FamRZ **81**, 394. Die tatsächliche Trennung der Ehegatten hindert nicht. Die minderjährige Ehefrau ist nicht prozeßfähig; somit ist für sie ihr gesetzlicher Vertreter antragsberechtigt, § 645 Anm 2.

B. Antragsberechtigt sind ferner **Verwandte aller Grade im Sinn des § 1589 BGB, also auch nichteheliche.** Auch gesetzliche Vertreter von Verwandten sind antragsberechtigt, BayObLG 22, 296, jedoch nicht Verschwägerte. Dies gilt für Verwandte aber nur dann, wenn der zu Entmündigende nicht unter elterlicher Sorge oder Vormundschaft steht; die Pflegschaft steht gleich, wenn der Pfleger ein eigenes Antragsrecht hat, unten C. Gegen einen Ehegatten kann den Entmündigungsantrag regelmäßig nur der andere Ehegatte stellen. Der Verwandte eines Ehegatten ist dazu nur berechtigt, **a)** wenn der andere Ehegatte zur Stellung des Antrags dauernd außerstande ist, etwa wegen Gebrechlichkeit, ein Pfleger aber nicht bestellt ist, oder wegen langen Auslandsaufenthalts; **b)** wenn der Aufenthalt des anderen Ehegatten dauernd, also nicht nur vorübergehend, unbekannt ist; **c)** wenn die häusliche Gemeinschaft der Ehegatten aufgehoben ist. Es kommt insofern also auf den tatsächlichen Zustand an, nicht auf Veranlassung oder Schuldfrage.

C. Antragsberechtigt ist ferner **der gesetzliche Vertreter, dem die Sorge für die Person zusteht,** also dann, wenn der zu Entmündigende unter elterlicher Sorge oder Vormundschaft steht; ist der zu Entmündigende verheiratet, ist daneben der Ehegatte antragsberechtigt. Wer gesetzlicher Vertreter ist, sagt das sachliche Recht, s § 51 Anm 2; der vorläufige Vormund ist es nicht. Vater und Mutter kommen, soweit sie nicht gesetzlicher Vertreter sind, nur als Verwandte in Frage. Die Bestellung eines Pflegers zum Zweck des Antrags ist unstatthaft, da der Antrag nicht zu den Angelegenheiten des zu Entmündigenden selbst gehört, Pal-Diederichsen § 1910 Anm 2c. Hat der zu Entmündigende aber einen Pfleger, § 1910 BGB, so ist dieser, falls er auch für alle die Person betreffenden Angelegenheiten bestellt ist, antragsberechtigt, LG Ravensburg FamRZ **81**, 394.

D. Antragsberechtigt ist **immer der Staatsanwalt,** und zwar der beim übergeordneten LG oder OLG, nicht der Amtsanwalt. Er hat vom Standpunkt der Allgemeinheit aus zu handeln, also die Amtspflicht einzugreifen, wo deren Belange berührt sind.

E. Antragsberechtigt ist außerdem **das Landesjugendamt bei Ausführung der Fürsorgeerziehung,** § 69 V JWG.

2) Mehrere Antragsteller. Die späteren sind als Streitgenossen des ersten zu behandeln, so auch der Staatsanwalt. Fällt ein Berechtigter weg, so geht das Verf wegen des anderen weiter. Fallen alle weg, so ist einzustellen. Ein neues Verf ist dann nur auf neuen Antrag einzuleiten, etwa den des Staatsanwalts.

647 *Form und Inhalt des Antrags.* **Der Antrag kann bei dem Gericht schriftlich eingereicht oder zum Protokoll der Geschäftsstelle angebracht werden. Er soll eine Angabe der ihn begründenden Tatsachen und die Bezeichnung der Beweismittel enthalten.**

1) Erläuterung. Die Form des Antrags entspricht dem § 496 I. Für den **Inhalt** gibt § 647 nur eine Ordnungsvorschrift. Jedenfalls muß der Antrag angeben, welche Art der Entmündigung stattfinden soll, § 645 Anm 2. Die Einleitung des Verfahrens ist abzulehnen, wenn der Antrag keine die Entmündigung rechtfertigende Tatsache enthält, LG Düss Rpfleger **77**, 166. Sind die Angaben über Tatsachen und BewMittel ungenügend, so hat das Gericht eine Ergänzung zu verlangen, soweit nicht seine Kenntnis ausreicht. Die Vollmacht eines Vertreters ist einzureichen, §§ 80, 88. Wegen des Begriffs der Einreichung vgl § 496 Anm 2. Die sachlich-rechtlichen Wirkungen der Einreichung des Antrags ergeben sich aus §§ 1906, 2229 III BGB.

648 *Zuständigkeit.* **¹ Für die Einleitung des Verfahrens ist das Amtsgericht, bei dem der zu Entmündigende seinen allgemeinen Gerichtsstand hat, ausschließlich zuständig.**

II Gegen einen Deutschen, der im Inland keinen allgemeinen Gerichtsstand hat, kann der Antrag bei dem Amtsgericht gestellt werden, in dessen Bezirk der zu Entmündigende den letzten Wohnsitz im Inland hatte; wenn er einen solchen Wohnsitz nicht hatte, gelten die Vorschriften des § 15 Abs. 1 Satz 2 entsprechend.

1) Allgemeines. § 648 bezieht sich unmittelbar nur auf die Einleitung des Verfahrens, § 645 Anm 3. Die einmal begründete Zuständigkeit bleibt aber; nur läßt § 650 eine Überweisung zu. § 281 ist anwendbar, auch wenn der zu Entmündigende schon persönlich gehört war, BGH **LM** Nr 2.

Verfahren in Entmündigungssachen §§ 648–650 1 A

2) Zuständigkeit nach I. Ausschließlich zuständig ist das **AG, bei dem der zu Entmündigende bei Eingang des Antrags seinen allgemeinen Gerichtsstand, §§ 12 ff, hat.** Es genügt aber, daß die Zuständigkeit bei Hinausgabe des Beschlusses, § 329 Anm 4, vorliegt. Bei mehreren Wohnsitzen ist der erste Antrag maßgebend, vgl § 35. Ob der zu Entmündigende einen Wohnsitz begründen konnte, richtet sich nach sachlichem Recht; die Frage der Geisteskrankheit ist also uU schon jetzt zu prüfen. I gilt auch für Ausländer (internationale Zuständigkeit), dabei ist aber Art 8 EGBGB zu beachten; er muß also seinen Wohnsitz oder jedenfalls seinen Aufenthalt im Inland haben. Die Ausschließlichkeit bezieht sich nicht auf die internationale Zuständigkeit, so daß die Auslandsentmündigung eines Deutschen anerkannt werden kann, Anh § 645 Anm 1.

3) Zuständigkeit nach II. Der Antrag gegen einen deutschen Staatsangehörigen, der im Inland bei Antragstellung keinen allgemeinen Gerichtsstand hat, ist beim AG des letzten bekannten inländischen Wohnsitzes zu stellen, hilfsweise beim AG, das für den Sitz der Bundesregierung zuständig ist. Ist die Entmündigung eines Deutschen im Ausland wirksam ausgesprochen, Anh § 645 Anm 1, so kann sie dementsprechend im Gerichtsstand des § 648 II aufgehoben oder durch eine Entmündigung nach deutschem Recht ersetzt werden, BGH **19**, 240.

649 *Ärztliches Zeugnis.* Das Gericht kann vor der Einleitung des Verfahrens die Beibringung eines ärztlichen Zeugnisses anordnen.

1) Einleitung des Verfahrens. Wie beim Prozeß sind bei der Prüfung, ob das Verf einzuleiten ist (§ 645 Anm 3), zwei Teile zu unterscheiden: **a) zunächst sind die förmlichen Voraussetzungen, entsprechend den Prozeßvoraussetzungen, zu prüfen.** Ihr Vorliegen braucht das AG nicht durch förmlichen Beschluß festzustellen; es genügt, daß sie der endgültig ergehende Beschluß ergibt. Fehlen sie aber, so ist Zurückweisung des Antrags ohne Sachprüfung geboten. Ein etwa besonders ergehender zulassender Beschluß ist unanfechtbar, StJSchl Rdz 1; gegen den zurückweisenden ist Beschw nach § 567 gegeben. Seine Zustellung an den zu Entmündigenden ist entbehrlich, aM Wieczorek A II; aber eine Mitteilung, wenn er zum Antrag gehört ist, wäre zweckmäßig. **b) Erst bei Vorliegen der förmlichen Voraussetzungen tritt die Sachprüfung ein.**

2) Ärztliches Zeugnis. Ob das AG vor Einleitung des Verf ein solches verlangen will, steht in seinem Ermessen. Das Zeugnis braucht nicht von einem beamteten Arzt zu stammen. Die Anordnung ergeht durch Beschluß mit Fristsetzung; sie ist unanfechtbar und vAw zuzustellen. Bringt der Antragsteller das Zeugnis nicht bei, so kann das AG eine Sachprüfung nach § 653 vornehmen. Es kann aber auch die Einleitung eines Verf ablehnen, wenn es keine genügenden Unterlagen hat und der Antragsteller das Zeugnis leicht beibringen könnte, so daß Grundlosigkeit des Antrags anzunehmen ist; dagegen ist Beschw nach § 567 statthaft, StJSchl Rdz 3. Nachbringen in der Beschwerdeinstanz ist zulässig, § 570.

650 *Überweisung an ein anderes Gericht.* ¹ Das Gericht kann nach der Einleitung des Verfahrens, wenn es mit Rücksicht auf die Verhältnisse des zu Entmündigenden erforderlich erscheint, die Verhandlung und Entscheidung dem Amtsgericht überweisen, in dessen Bezirk der zu Entmündigende sich aufhält.

II Die Überweisung ist nicht mehr zulässig, wenn das Gericht den zu Entmündigenden vernommen hat (§ 654 Abs. 1).

III Wird die Übernahme abgelehnt, so entscheidet das im Rechtszuge zunächst höhere Gericht.

1) Überweisung, I, II. A. Regel ist, daß das für die Einleitung der Entmündigung zuständige Gericht das Verfahren durchführt. **Nur unter besonderen Umständen ist eine Überweisung an das AG statthaft,** in dessen Bezirk sich der zu Entmündigende aufhält, nämlich dann, wenn es „die Verhältnisse des zu Entmündigenden" erfordern, I. Inwieweit ein vorübergehender Aufenthalt für die Zuständigkeit des anderen Gerichts genügt, ergibt die Lage des Falls. Der Aufenthalt in einer Heil- und Pflegeanstalt genügt regelmäßig, BayObLG **4**, 277, str.

Von der Möglichkeit der Überweisung soll das Gericht Gebrauch machen, wenn ihm eine sachgemäße Entscheidung sonst nicht möglich ist, BGH FamRZ **80**, 344. Ob das der Fall ist, hat das Gericht durch Ermittlungen festzustellen. Regelmäßig ist eine Vernehmung des zu Entmündigenden durch den ersuchten Richter und die Begutachtung durch Sachverständige Voraussetzung, weil nur dann festzustellen ist, ob der persönliche Eindruck des entscheidenden Richters entbehrlich ist, BGH **10**, 316. Ist das nicht der Fall, kommt eine Überweisung in Betracht, wenn dem an sich zuständigen Richter die Möglichkeit einer persönlichen Vernehmung genommen oder sehr erschwert ist; eine größere Entfernung zwischen dem Aufenthaltsort und dem Sitz des für die Entmündigung zuständigen Gerichts reicht allein nicht aus, BGH FamRZ **80**, 344. Die Voraussetzungen sind im Beschluß darzulegen, BayObLG HRR **34**, 661, der zu verkünden oder dem Antragsteller und dem zu Entmündigenden oder seinem gesetzlichen Vertreter formlos mitzuteilen ist. Er ist unanfechtbar, StJSchl Rdz 6, und bis zur Übernahme rücknehmbar.

B. Hat das Gericht den zu Entmündigenden schon nach § 654 I selbst vernommen, so darf es nicht mehr überweisen, II.

2) Übernahme, III. Das Übernahmegericht hat die Rechtmäßigkeit der Überweisung zu prüfen; zu ihr gehört, daß das überweisende Gericht zuständig war, SeuffArch **55**, 246. Da keine Rechtshilfe vorliegt, darf das Gericht durch bloße Mitteilung aus tatsächlichen oder rechtlichen Gründen ablehnen, allgM. Dann entscheidet das **gemeinsame übergeordnete Gericht**, § 36 u dort Anm 2 (§ 36 Z 6 ist unanwendbar, BGH FamRZ **80**, 344). Es kann die Überweisung billigen oder mißbilligen, nicht aber ein drittes Gericht bestimmen. In Bay erfolgt die Bestimmung des zuständigen Gerichts, falls ein anderes übergeordnetes oder für die Bestimmung zuständiges Gericht nicht vorhanden ist, durch das BayObLG. Die Übernahme begründet für das weitere Verfahren die Zuständigkeit des Übernahmegerichts und seiner Staatsanwaltschaft. – **Kosten:** des Gerichts keine, des RA §§ 14, 13 IV BRAGO.

651 *Weitere Überweisung.* ¹ Wenn nach der Übernahme des Verfahrens durch das Gericht, an das die Überweisung erfolgt ist, ein Wechsel im Aufenthaltsort des zu Entmündigenden eintritt, so ist dieses Gericht zu einer weiteren Überweisung befugt.

ᴵᴵ Die Vorschriften des § 650 gelten entsprechend.

1) Erläuterung. Nur bei Aufenthaltswechsel des zu Entmündigenden oder Bekanntwerden seines Aufenthaltswechsels nach Übernahme ist eine weitere Überweisung statthaft, vorausgesetzt, daß sie im Sinn von § 650 I erforderlich ist. Bei Wechsel vor Übernahme ist keine weitere Überweisung zulässig; das überweisende Gericht hat über diesen Fall zu bestimmen (aM StJSchl: Weitergabe der Überweisung entspr § 365).

652 *Staatsanwaltschaft.* Der Staatsanwalt kann in allen Fällen das Verfahren durch Stellung von Anträgen betreiben und den Terminen beiwohnen. Er ist von der Einleitung des Verfahrens sowie von einer Überweisung (§§ 650, 651) und von allen Terminen in Kenntnis zu setzen.

1) Erläuterung. Der Staatsanwalt wirkt im Verf nach pflichtmäßigem Ermessen mit, soweit nicht Belange der Allgemeinheit seine Mitwirkung in deren Grenzen zur Amtspflicht machen. Er hat das Recht, Anträge zu stellen, den Terminen beizuwohnen, die Akten einzusehen. Von der Einleitung des Verf, einer Überweisung und allen Terminen ist er formlos zu benachrichtigen. Mit Übernahme wird der Staatsanwalt des Übernahmegerichts zuständig. Im Entmündigungsverf wegen Verschwendung, Trunksucht oder Rauschgiftsucht wirkt der Staatsanwalt nur in sehr beschränktem Umfang als Partei mit, §§ 684 III, 686 III.

653 *Amtsermittlung.* ᴵ Das Gericht hat unter Benutzung der in dem Antrag angegebenen Tatsachen und Beweismittel von Amts wegen die zur Feststellung des Geisteszustandes erforderlichen Ermittlungen zu veranstalten und die erheblich erscheinenden Beweise aufzunehmen. Zuvor ist dem zu Entmündigenden Gelegenheit zur Bezeichnung von Beweismitteln zu geben, desgleichen demjenigen gesetzlichen Vertreter des zu Entmündigenden, dem die Sorge für die Person zusteht, sofern er nicht die Entmündigung beantragt hat.

ᴵᴵ Für die Vernehmung und Beeidigung der Zeugen und Sachverständigen sind die Vorschriften im siebenten und achten Titel des ersten Abschnitts des zweiten Buchs anzuwenden. Die Ordnungshaft kann im Falle des § 390 von Amts wegen angeordnet werden.

1) Ermittlungen, I. A. §§ 653 ff regeln das Verfahren nach Einleitung der Entmündigung, § 645 Anm 3. Der zu Entmündigende ist nicht Partei, hat aber im Verfahren eine parteiähnliche Stellung, s Üb 2 § 645 u Anm 2. **Das Verfahren ist ein reines Ermittlungsverfahren,** Grdz 3 G § 128. **Antragsteller und zu Entmündigender können nur Anregungen geben.** Eine Beweisanordnung kann nicht selbständig angefochten werden; das gilt auch für die Anordnung einer Untersuchung des zu Entmündigenden auf seinen Geisteszustand, KG FamRZ **81**, 396, aM Waldner NJW **82**, 318 (sofortige Beschwerde entspr §§ 372a II 1, 387 III); wegen der zwangsweisen Vorführung zum Zweck der Untersuchung s § 655 Anm 1. Eine mündliche Verhandlung ist freigestellt, § 128 Anm 3. Den Umfang der Ermittlungen bestimmt das Gericht; es muß aber ,,die zur Feststellung des Geisteszustandes erforderlichen" anstellen und alle ,,erheblich scheinenden Beweise" aufnehmen, dh alle, die möglicherweise der Klärung dienen.

B. Der zu Entmündigende, auch der nicht prozeßfähige, und sein gesetzlicher Vertreter mit Personenfürsorge, wenn er nicht Antragsteller ist, sind darüber **zu hören, ob und welche Beweise sie bezeichnen wollen.** Ein Rechtsmittel gegen die Ablehnung von Beweisanregungen steht keinem Beteiligten zu, weil die Voraussetzungen des § 567 nicht erfüllt sind, vgl § 567 Anm 1 B. Geständnis und Anerkenntnis können hier nicht vorkommen.

Dem zu Entmündigenden kann im Wege der Prozeßkostenhilfe ein RA beigeordnet werden, allerdings nur bei Erfolgsaussicht seiner Verteidigung. Wegen der einschneidenden Bedeutung des Verf ist im Hinblick auf Art 103 GG aber auch sonst eine Vertretung geboten. Die Beiordnung eines RA vAw (entspr § 625) sieht das Gesetz nicht vor, kritisch hierzu van Delden ZRP **79**, 34. Diese Lücke sollte durch die entsprechende Anwendung des § 57 (Prozeßpfleger) oder der Unterbringungsgesetze der Länder (Beiordnung eines RA) geschlossen werden, vgl KG FamRZ **81**, 397 (die Beiordnung erst im Anfechtungsverf, § 668, genügt schwerlich).

2) Beweiserhebungen, II. A. Jedes prozessuale Beweismittel ist im Verfahren zulässig, auch Augenschein und Urkunden; an Stelle der Parteivernehmung tritt die Vernehmung des zu Entmündigenden, freilich mit anderem Ziel. Ein ausdrücklicher Beweisbeschluß ist nicht nötig, weil eine förmliche mündliche Verhandlung nicht vorgeschrieben ist. Die Beweisaufnahme richtet sich ganz nach §§ 373–414. Ein Verzicht auf Beeidigung eines Zeugen oder Sachverständigen ist unstatthaft, § 670 iVm § 617. Der Antragsteller und seine Angehörigen können Zeugen sein, aM StJSchl Rdz 9 (Vernehmung des AntrSt als Partei entspr § 613); der AntrSt hat kein Zeugnisverweigerungsrecht, wohl aber seine Angehörigen. Der zu Entmündigende kann nicht Zeuge sein. Die schriftliche Anhörung von Zeugen nach § 377 III, IV ist zulässig. Bei der Wichtigkeit der Entscheidung sollte das Gericht wesentliche Zeugen beeidigen, zumal der Verdacht unlauterer Machenschaften gerade in Entmündigungssachen naheliegt. Die Entscheidung über die Zeugnisverweigerung ergeht durch Beschluß; ein Zwischenurteil paßt nicht ins Verf, aM StJSchl Rdz 9. Wegen Zeugnis- und Eideszwang s § 390; abweichend von § 390 II 2 darf das Gericht bei wiederholter Weigerung Ordnungshaft vAw verhängen. Eine Beschränkung der Beweisaufnahme ist nur zusammen mit dem Entmündigungsbeschluß anfechtbar. Freie Beweiswürdigung. Die **objektive Beweislast** trägt der Antragsteller, StJSchl Rdz 6, Mü FamRZ **73**, 323.

B. Zuziehung von Sachverständigen nach § 404; die ,,öff bestellten" sind die Amtsärzte, dh die Leiter der staatlichen od staatlich anerkannten kommunalen Gesundheitsämter, die psychiatrisch vorgebildet sind, G v 3. 7. 34 m DVOen v 6. 2. 35, 22. 2. 35 u 30. 3. 35, BGBl III 2120–1, zT m landesrechtlichen Änderungen. Für das Ablehnungsrecht gilt § 406. Das Gericht muß das Gutachten, soweit ihm dies möglich ist, nachprüfen, namentlich darauf, ob es sich auf feststehenden Tatsachen aufbaut. Ein **Augenschein** kann sich auf den Körper des zu Entmündigenden erstrecken; dieser muß die Untersuchung dulden, vgl § 654, allgM.

C. Der zu Entmündigende hat das Recht, bei Beweisaufnahmen anwesend zu sein, soweit sein Geisteszustand, worüber der Richter befindet, seine Anwesenheit und die Wahrnehmung seiner Rechte erlaubt, StJSchl Rdz 5, RoS § 171 I 2e (aM RG **81**, 196: Diese Gegenmeinung nimmt dem zu Entmündigenden, dh einer in ihren Grundfesten bedrohten Person, ein wesentliches Schutzmittel und ist mit Art 103 I GG unvereinbar). Erst recht und immer darf der Bevollmächtigte anwesend sein: Ist er auch nicht Parteivertreter, so hat er doch eine sehr ähnliche Stellung. Ein Verstoß erschüttert die Grundlagen des Verf und führt zur Aufhebung eines etwaigen Entmündigungsbeschlusses.

3) Aussetzung. Sie ist bei Aussicht auf Besserung entspr § 681 zulässig, dort Anm 3.

§ 654 Vernehmung des zu Entmündigenden.

I Der zu Entmündigende ist persönlich unter Zuziehung eines oder mehrerer Sachverständiger zu vernehmen. Zu diesem Zwecke kann die Vorführung des zu Entmündigenden angeordnet werden.

II Die Vernehmung kann auch durch einen ersuchten Richter erfolgen.

III Die Vernehmung darf nur unterbleiben, wenn sie mit besonderen Schwierigkeiten verbunden oder nicht ohne Nachteil für den Gesundheitszustand des zu Entmündigenden ausführbar ist.

1) Vernehmung, I. A. Die persönliche Vernehmung des zu Entmündigenden ist von der allergrößten Bedeutung, weil bei ihr der Richter am besten erkennen kann, ob nicht unlautere Machenschaften des Antragstellers vorliegen. Auch im Hinblick auf Art 103 I GG (vgl BVerfG Rpfleger **82**, 23) ist sie **ganz unentbehrlich, soweit nicht die engste Auslegung von III ihre Unterlassung rechtfertigt oder schon nach dem Vorbringen des Antragstellers eine Entmündigung nicht gerechtfertigt ist,** LG Düss MDR **77**, 490 gg Celle MDR **58**, 247. Anhörung genügt nicht, auch nicht Vernehmung in 1. Instanz für die zweite, RG **162**, 35. Ein Verstoß ist nicht durch Rügeverzicht heilbar, wohl aber durch Nachholung der Vernehmung, auch in der 2. Instanz, Wieczorek § 671 A II, Warn **38** Nr 163. Auch ist die Verwertung der Vernehmung, die bereits vor einer Verweisung stattgefunden hat, möglich, BGH **LM** § 648 Nr 2. Die Vernehmung soll dem Richter ein Bild vom Wesen des zu Entmündigenden geben; sie ist daher mit größter Sorgfalt vorzunehmen und nicht einfach dem Sachverständigen zu überlassen. Die Vernehmung ist Beweisaufnahme; alle möglicherweise erheblichen Ergebnisse sind nach §§ 159 ff zu protokollieren, RG **162**, 35, SeuffArch **55**, 123. Die Öffentlichkeit ist auszuschließen, auch im Prozeßverf, § 171 I GVG. **Das Gericht muß mindestens einen Sachverständigen zuziehen,** damit dieser die für ein psychiatrisches Gutachten nötigen Fragen stellen und Beobachtungen machen kann. Seine Bestellung erfolgt nach § 404; dessen Abs IV ist unanwendbar. Neben den öff bestellten Sachverständigen, § 653 Anm 2 B, kommen als Sachverständige nur Fachärzte und entsprechend fachkundige Klinikärzte in Betracht.

B. Das Gericht kann den zu Entmündigenden ohne Androhung oder vorheriges Ausbleiben vorführen lassen; doch müssen besondere Gründe diese Maßnahme rechtfertigen. Zulässig ist dies nur zur Vernehmung nach § 654, nicht damit er der Beweisaufnahme beiwohnt, Anträge stellt oder Erklärungen abgibt. Ist besondere Bewachung nötig od dgl, so wird ein entsprechendes Ersuchen an die Polizei gerechtfertigt sein. Ein Rechtsmittel gegen die Anordnung ist nicht gegeben. Wegen der zwangsweisen Zuführung zum Zweck der Untersuchung s § 654 Anm 1.

2) Ersuchter Richter, II. Ihm kann das Gericht nach pflichtmäßigem Ermessen die Vernehmung des zu Entmündigenden und auch die Ernennung des Sachverständigen, § 405, übertragen; § 375 gilt hier nicht. Er darf nicht wegen Schwierigkeit der Vernehmung ablehnen, § 158 II GVG, auch nicht die Zweckmäßigkeit des Ersuchens nachprüfen, OLG **40**, 397.

3) Unterbleiben der Vernehmung, III. Die Vernehmung darf nur unterbleiben **bei a) besonderer Schwierigkeit der Vernehmung,** etwa Tobsucht, nicht zB wegen großer Entfernung, Ausbleiben, Verweigerung der Untersuchung, RG JW **00**, 802, fortgeschrittener Verblödung; **b) einem dem zu Entmündigenden drohenden Gesundheitsschaden;** er ist vom Psychiater oder amtsärztlich zu bescheinigen; **c) in 2. Instanz auch,** wenn die nochmalige Vernehmung unter Zuziehung von Sachverständigen völlig überflüssig ist, oder wenn das Rechtsmittelgericht den ablehnenden Beschluß nach Aktenlage bestätigen will, LG Düss MDR **77**, 490, vgl Anm 1 A. Unterlassen der Vernehmung ist in der Entscheidung zu begründen, RG Gruch **30**, 1162; wo sie zu Unrecht unterlassen ist, rechtfertigt dies die Revision im Anfechtungsprozeß.

§ 655 Sachverständige.

Die Entmündigung darf nicht ausgesprochen werden, bevor das Gericht einen oder mehrere Sachverständige über den Geisteszustand des zu Entmündigenden gehört hat.

1) Erläuterung. Zurückweisen darf das Gericht den Antrag ohne Anhörung von Sachverständigen. **Stattgeben darf es ihm nur, wenn es einen oder mehrere Sachverständige mündlich oder schriftlich gehört hat.** Ein ärztliches Zeugnis ersetzt die Anhörung nicht, namentlich nicht das nach § 649 beigebrachte. Regelmäßig wird das Gericht den bei der

Vernehmung zugezogenen Sachverständigen, § 654, hören; eine ausnahmslose Notwendigkeit ist das nicht. Daß der Sachverständige den zu Entmündigenden vorher untersucht, ist nicht vorgeschrieben, RG JW **17**, 846; ein ohne Untersuchung erstattetes Gutachten ist aber sehr vorsichtig zu würdigen. In jedem Fall ist allen Beteiligten Gelegenheit zu geben, sich zu dem schriftlich oder mündlich erstatteten Gutachten zu äußern. Wegen der Auswahl und Bestellung der Sachverständigen s § 654 Anm 1 A aE. Zulässig ist entspr § 654 I 2 u § 656 die Anordnung, daß der zu Entmündigende dem Sachverständigen zur Vorbereitung des Gutachtens zwangsweise zugeführt wird, Waldner NJW **82**, 318. Gegen diese Anordnung ist entspr § 380 III die Beschwerde zulässig, KG FamRZ **81**, 397 (kein Zwischenurteil mit anschließender sofBeschw entspr § 372a II iVm § 387, weil dies nicht ins Beschlußverf paßt, vgl § 653 Anm 2 A).

656 *Anstaltsbeobachtung.* ¹ Mit Zustimmung des Antragstellers kann das Gericht anordnen, daß der zu Entmündigende auf die Dauer von höchstens sechs Wochen in eine Heilanstalt gebracht werde, wenn dies nach ärztlichem Gutachten zur Feststellung des Geisteszustandes geboten erscheint und ohne Nachteil für den Gesundheitszustand des zu Entmündigenden ausführbar ist. Vor der Entscheidung sind die im § 646 bezeichneten Personen soweit tunlich zu hören.

II Gegen den Beschluß, durch den die Unterbringung angeordnet wird, steht dem zu Entmündigenden, dem Staatsanwalt und binnen der für den zu Entmündigenden laufenden Frist den sonstigen im § 646 bezeichneten Personen die sofortige Beschwerde zu.

1) Unterbringung, I. A. Ähnlich dem § 81 StPO läßt § 656 die Unterbringung in einer Heilanstalt zur Beobachtung auf den Geisteszustand zu. **Voraussetzungen: a) Zustimmung des Antragstellers,** bei mehreren eines derselben, StJSchl Rdz 4, vgl § 62 Anm 4 Ac; denn sonst könnte jeder Verwandte die Entmündigung vereiteln, indem er zu diesem Zweck dem Entmündigungsantrag zum Schein beiträte und die Zustimmung versagte. Entscheidend ist die Zeit der Anordnung, eine spätere Meinungsänderung ist belanglos; **b) daß die Unterbringung nach ärztlichem Gutachten nicht nur nützlich, sondern notwendig ist,** um den Geisteszustand festzustellen. Es genügt, daß einer von mehreren Sachverständigen dieser Meinung ist; **c) daß die Unterbringung die Gesundheit des zu Entmündigenden nicht gefährdet.** Am besten äußert sich das zu b einzufordernde Gutachten auch hierüber; **d) tunlichst Anhörung der in § 646 Bezeichneten, dh des Staatsanwalts,** natürlich **des zu Entmündigenden, der nächsten Verwandten und des Gatten.** Weitere Anhörungen sind regelmäßig untunlich, ebenso das Gehör schwer Erreichbarer oder schon lange Erkrankter. Daß sie zustimmen, ist nicht nötig. Gehör erfolgt mündlich oder schriftlich. Daß der zu Entmündigende nach § 654 vernommen ist, ist nicht unbedingt nötig.

B. Die Dauer darf höchstens 6 Wochen betragen. Da nach dem Stand der psychiatrischen Wissenschaft 2 Wochen wohl regelmäßig genügen, empfiehlt sich Unterbringung zunächst für diese Zeit. Notfalls ist sie ohne neues Gehör der Beteiligten zu verlängern. Wiederholte Unterbringung ist zulässig; doch darf die Gesamtdauer 6 Wochen nicht übersteigen.

2) Beschluß, II. A. Anzuordnen ist durch Beschluß, der die Anstalt und die Dauer bestimmen muß. Er ist im Fall des § 329 I 1 zu verkünden und in jedem Fall den Antragstellern sowie dem zu Entmündigenden zuzustellen, dem Staatsanwalt formlos mitzuteilen. Die Notwendigkeit der Zustellung an den Antragsteller ist bestritten, aber wegen des Beschwerderechts erforderlich. Sie ist entspr den §§ 659, 660, 662, 678 vAw vorzunehmen, auch wenn der Beschluß verkündet ist. Zustellung an die Antragsberechtigten als solche ist entbehrlich. Vollstreckung erfolgt, soweit nötig, sofort vAw durch den GVollz, §§ 908 ff.

B. Rechtsmittel: a) bei Zurückweisung keine, weil die Voraussetzungen des § 567 nicht vorliegen, str, aM StJSchl 12, ThP: einfache Beschwerde; **b) bei Anordnung sofortige Beschwerde, II.** Die Frist beginnt mit der Zustellung. Dem Antragsteller und den sonstigen in § 646 Genannten steht die Beschwerde in der für den zu Entmündigenden laufenden Frist zu. Der Staatsanwalt kann auch im Interesse der Staatskasse Beschwerde einlegen, Mot 139 zur Nov 98. Die Beschwerde hat aufschiebende Wirkung, § 572. Gegen die Aufhebung der Anordnung durch das Beschwerdegericht gibt es keine weitere Beschwerde, Brschw JR **52**, 249, RoS § 171 I 2e.

657 *Fürsorge des Vormundschaftsrichters.* **Sobald das Gericht die Anordnung einer Fürsorge für die Person oder das Vermögen des zu Entmündigenden für erforderlich hält, ist der Vormundschaftsbehörde zum Zwecke dieser Anordnung Mitteilung zu machen.**

1) Erläuterung. Der Entmündigungsrichter als solcher ist zu Fürsorgemaßnahmen für Person od Vermögen des zu Entmündigenden nicht berufen. Darum ordnet § 657 **Mitteilung an das Vormundschaftsgericht an, sobald dem Gericht eine Maßnahme angebracht scheint.** Das Vormundschaftsgericht darf die Rechtmäßigkeit der Einleitung der Entmündigung nicht nachprüfen, BayObLG 22, 296. Zuständigkeit: §§ 35, 36 FGG, Art 147 I EGBGB.

658 *Kosten.* **¹ Die Kosten des Verfahrens sind, wenn die Entmündigung erfolgt, von dem Entmündigten, anderenfalls von der Staatskasse zu tragen.**
ⁱⁱ Insoweit einen der im § 646 Abs. 1 bezeichneten Antragsteller bei Stellung des Antrages nach dem Ermessen des Gerichts ein Verschulden trifft, können ihm die Kosten ganz oder teilweise zur Last gelegt werden.

1) Grundsatz. Die Kosten des Verfahrens trägt: a) wenn Entmündigung stattfindet, der Entmündigte, **b)** bei ablehnendem Beschluß die Staatskasse. Der Fall, daß **c)** der Beschluß einstellt, ist nicht vorgesehen. Es ist da nach dem Grund der Einstellung zu entscheiden. Bei Rücknahme des Antrags können dem Antragsteller die Kosten auferlegt werden, wenn er ohne sichere Beweismöglichkeit den Antrag gestellt hat, wobei aber sein laienhaftes Verständnis zu berücksichtigen ist, StJSchl Rdz 5, Nürnb BayJMBl **52**, 267, ebenso bei Rücknahme der Beschw gegen den ablehnenden Beschluß, Schlesw SchlHA **56**, 270. Ist Grund der Einstellung der Tod des Antragstellers oder der Verlust seines Antragsrechts, so tragen er oder seine Erben die Kosten nur nach Ermessen des Gerichts bei Verschulden, sonst die Staatskasse; ist es der Tod des zu Entmündigenden, fallen die Kosten der Staatskasse zur Last (c durchweg str). Trifft einen Antragsteller nach Ermessen des Gerichts ein **Verschulden bei Antragstellung,** nicht etwa nur ein späteres, so kann ihm das Gericht die Kosten ganz oder teilweise auferlegen, II. Leichtes Verschulden genügt. Auf den Staatsanwalt ist diese Bestimmung nicht anzuwenden. Die Entscheidung nach II kann nur zusammen mit der Hauptsache angefochten werden, LG Lübeck SchlHA **68**, 122.

2) § 91 ist sinngemäß anzuwenden; das Verf ist ein „Rechtsstreit" (aM OLG **15**, 76: förmelnd). Die Kosten umfassen alle notwendigen Kosten des zu Entmündigenden und des Antragstellers, auch die Anwaltskosten, LG Bonn NJW **65**, 402 mwN, nicht aber die einer vorläufigen Vormundschaft, da es sich um ein selbständiges Verf handelt, Mü MDR **67**, 850. Kostenerstattung und -festsetzung richten sich nach allgemeinen Vorschriften. Die Bestimmungen über die Propzeßkostenhilfe sind anwendbar, auch für den Antragsteller (II beweist nichts dagegen), LG Ffm Rpfleger **52**, 195. Wegen der Beiordnung eines RA vgl § 653 Anm 1 B.

659 *Beschluß-Zustellung.* **Der über die Entmündigung zu erlassende Beschluß ist dem Antragsteller und dem Staatsanwalt von Amts wegen zuzustellen.**

1) Erläuterung. Jeder über die Entmündigung ergehende Beschluß, der stattgebende, abweisende oder einstellende, ebenso der Beschluß der BeschwInstanz, **ist, auch wenn er verkündet ist, dem Antragsteller und dem Staatsanwalt,** auch dem nicht mitwirkenden, **vAw zuzustellen,** und zwar für den Antragsteller an seinen RA. Siehe auch §§ 660, 662.

660 *Entmündigender Beschluß: Bekanntmachung.* **Der die Entmündigung aussprechende Beschluß ist von Amts wegen der Vormundschaftsbehörde mitzuteilen und, wenn der Entmündigte unter elterlicher Sorge oder unter Vormundschaft steht, auch demjenigen gesetzlichen Vertreter zuzustellen, dem die Sorge für die Person des Entmündigten zusteht. Im Falle der Entmündigung wegen Geistesschwäche ist der Beschluß außerdem dem Entmündigten selbst zuzustellen.**

Vorbem. I 1 redaktionell geändert dch Art 9 § 2 G v 18. 7. 79, BGBl 1061, mWv 1. 1. 80.

1) Erläuterung. Der entmündigende Beschluß ist vAw der Vormundschaftsbehörde, §§ 35 und 36 FGG, **mitzuteilen**. Es handelt sich um eine bloße Ordnungsvorschrift. Ist der Entmündigungsrichter zugleich zuständiger Vormundschaftsrichter, so genügt ein Aktenvermerk. Der Beschluß ist den in § 659 genannten und außerdem stets **dem gesetzlichen Vertreter des Entmündigten** mit Personenfürsorge zuzustellen, auch dem vorläufigen Vormund, vgl § 661. Im Falle von S 2 ist er außerdem dem Entmündigten selbst zuzustellen oder, falls er anwaltlich vertreten war, seinem RA, BGH **43**, 396. **Dem wegen Geisteskrankheit Entmündigten** wird nicht zugestellt, allgM, was im Hinblick auf die Zustellung an den gesetzlichen Vertreter nicht gegen Art 103 I GG verstößt (aber eine Mitteilung an seinen RA ist zweckmäßig); hat der Betroffene allerdings (noch) keinen gesetzlichen Vertreter, so dürfte schon im Hinblick auf § 664 die Zustellung an ihn nach Art 103 I GG geboten sein, Hoffmann ZRP **81**, 23. Mitteilung zum Bundeszentralregister: § 10 I BZRG.

661 Wirksamwerden.
I Die Entmündigung wegen Geisteskrankheit tritt, wenn der Entmündigte unter elterlicher Sorge oder unter Vormundschaft steht, mit der Zustellung des Beschlusses an denjenigen gesetzlichen Vertreter, dem die Sorge für die Person zusteht, andernfalls mit der Bestellung des Vormundes in Wirksamkeit.

II Die Entmündigung wegen Geistesschwäche tritt mit der Zustellung des Beschlusses an den Entmündigten in Wirksamkeit.

Vorbem. I redaktionell geändert dch Art 9 § 2 G v 18. 7. 79, BGBl 1061, mWv 1. 1. 80.

1) Erläuterung. Inhalt und Wirkung der Entmündigung bestimmen sich nach sachlichem Recht. **Der Beschluß wirkt rechtsgestaltend für und gegen alle, und zwar schon vor Rechtskraft**; an ihn ist das Vormundschaftsgericht gebunden, BayObLG FamRZ **81**, 916. Er wird bei Geisteskranken wirksam mit Zustellung an den gesetzlichen Vertreter, dem die Sorge für die Person zusteht. Fehlt ein solcher, so ist er zu bestellen. Um eine Verzögerung zu vermeiden, empfiehlt sich bei Fehlen Einleitung einer vorläufigen Vormundschaft. Bei Geistesschwachen wirkt der Beschluß von Zustellung an den Entmündigten selbst. Von der Zustellung ab kann der Entmündigte außer im Anfechtungsverf, § 664 II, wirksam keine Anträge stellen und kein Rechtsmittel einlegen, KG JRdRspr **26**, 1765.

662 Ablehnungsbeschluß.
Der die Entmündigung ablehnende Beschluß ist von Amts wegen auch demjenigen zuzustellen, dessen Entmündigung beantragt war.

1) Erläuterung. Der ablehnende Beschluß ist außer nach § 659 auch dem zu Entmündigenden selbst zuzustellen. Nicht notwendig ist die Zustellung an den gesetzlichen Vertreter, der nicht Antragsteller ist. Wirksam wird der Beschluß mit Ablauf der BeschwFrist oder endgültiger Zurückweisung der sof Beschw, § 663. Ist nur aus förmlichen Gründen abgewiesen, so ergreift die Rechtskraft nur diesen Grund. Ist aus sachlichen Gründen abgewiesen, so erfaßt sie die vorgebrachten oder berücksichtigten Tatsachen und Beweise; ein neuer Antrag verlangt neue Unterlagen. Siehe auch § 664 Anm 1. Mit Rechtskraft endet die vorläufige Vormundschaft.

663 Rechtsmittel bei Ablehnung.
I Gegen den Beschluß, durch den die Entmündigung abgelehnt wird, steht dem Antragsteller und dem Staatsanwalt die sofortige Beschwerde zu.

II In dem Verfahren vor dem Beschwerdegericht gelten die Vorschriften der §§ 652, 653 entsprechend.

1) Beschwerde, I. A. Der ablehnende Beschluß, mag er sich auf förmliche oder sachliche Gründe stützen, **unterliegt der sofortigen Beschwerde.** Anders die Ablehnung der Einleitung des Verf, § 649 Anm 1 u 2 (einfache Beschw). Teilweise Ablehnung liegt in Entmündigung wegen Geistesschwäche statt, wie beantragt, wegen Geisteskrankheit.

B. Beschwerdeberechtigt ist der Antragsteller, sofern er nicht das Antragsrecht verloren hat. Ein Antragsberechtigter, der sich bisher nicht beteiligt hat, kann sich durch sof Beschw beteiligen, str. Der Staatsanwalt hat immer die sof Beschw. Er und ein bisher unbeteiligter Antragsberechtigter können auch ein neues Verf beantragen.

2) Das **Beschwerdeverfahren, II,** ist ein Ermittlungsverfahren. **Entsprechend anwendbar sind § 652:** Mitwirkung des Staatsanwalts. – **§ 653:** Ermittlungsgrundsatz. – **§ 654:** das BeschwGericht muß den zu Entmündigenden unter Zuziehung eines Sachverständigen vernehmen, regelmäßig auch dort, wo das AG das getan hat; denn es muß sich einen persönlichen Eindruck verschaffen, s aber § 654 Anm 3. – **§ 655:** es sind Sachverständige zu hören, falls das nicht schon ausreichend geschehen ist. – Das BeschwGericht darf nicht von sich aus gemäß § 650 an ein anderes Gericht überweisen. Die Kostenentscheidung ergeht nach §§ 91 ff; unterliegt der Staatsanwalt, so trägt die Staatskasse die Kosten. Bei Entmündigung auf Beschw gilt § 658. **Gebühren:** Gericht § 11 I GKG u 1181 KVerz bei Verwerfung od Zurückweisung, RA § 61 BRAGO.

664 *Anfechtungsklage: Prozeßführungsrecht, Frist.* I Der die Entmündigung aussprechende Beschluß kann im Wege der Klage binnen einer Notfrist von einem Monat angefochten werden.

II Zur Erhebung der Klage sind der Entmündigte selbst, derjenige gesetzliche Vertreter des Entmündigten, dem die Sorge für die Person zusteht, und die übrigen im § 646 bezeichneten Personen befugt.

III Die Frist beginnt im Falle der Entmündigung wegen Geisteskrankheit für den Entmündigten mit dem Zeitpunkt, in dem er von der Entmündigung Kenntnis erlangt, für die übrigen Personen mit dem Zeitpunkt, in dem die Entmündigung in Wirksamkeit tritt. Im Falle der Entmündigung wegen Geistesschwäche beginnt die Frist für den gesetzlichen Vertreter des unter elterlicher Sorge oder unter Vormundschaft stehenden Entmündigten mit dem Zeitpunkt, in dem ihm der Beschluß zugestellt wird, für den Entmündigten selbst und die übrigen Personen mit der Zustellung des Beschlusses an den Entmündigten.

Vorbem. II redaktionell geändert dch Art 9 § 2 G v 18. 7. 79, BGBl 1061, mWv 1. 1. 80.

1) Allgemeines zu §§ 664–674. Der Entmündigungsbeschluß wird mit Zustellung wirksam, § 661. Er unterliegt zwei Rechtsbehelfen: **a)** der Anfechtungsklage wegen Unrechtmäßigkeit bei Erlaß, **b)** dem Aufhebungsantrag, § 675, wegen Wegfalls seines Grundes. Ein Erfolg des Rechtsbehelfs wirkt bei a zurück, bei b und bei der Aufhebungsklage für die Zukunft.

2) Zulässigkeit, I. A. Der entmündigende Beschluß läßt keine Beschwerde zu, mag er begründet, unzulässig oder unbegründet sein; **das einzige Mittel der Anfechtung ist die Anfechtungsklage** beim LG, § 665. Sie unterwirft den Beschluß, so wie er bei Zustellung nach § 661 war, der Nachprüfung im Prozeßweg. Fehlte damals eine Voraussetzung, so ist aufzuheben, auch bei Nachholung; lagen alle Voraussetzungen vor, so ist abzuweisen, RG **154,** 133 (aM StJSchl Rdz 2: Beurteilung nach Stand der letzten mdl Verh des Anfechtungsprozesses). Spätere Veränderungen, wie Aufhebung der Entmündigung oder Gesundung des Entmündigten, machen die Klage nicht unzulässig, Mü FamRZ **73,** 323, zumal die Eintragung bei Erfolg der Klage aus dem Register zu entfernen ist, § 19 I BZRG, und auch nicht unbegründet; aus ihnen läßt sich nur ein Aufhebungsantrag, § 675, herleiten, RG **81,** 196, stRspr. Rein proz Verstöße, abgesehen von Unzuständigkeit des AG oder fehlendem Antrag, begründen die Klage nicht; das Prozeßgericht hat dann die Handlung richtig vorzunehmen, RG Gruch **29,** 1093. Eine Aufhebung unter Zurückverweisung ist unzulässig.

B. Das Verfahren ist das landgerichtliche, soweit Abschnitt 4 nichts Abweichendes vorschreibt. Die Prozeßgebühr ist nicht vorwegzuleisten, § 65 II GKG, abgedr und erläutert Anh § 271. Die Prozeßvollmacht fürs Entmündigungsverf umfaßt auch diesen Prozeß, der das EntmündigungsVerf nur fortsetzt, ebenso StJSchl Rdz 3; ein Mangel ist nach § 187 heilbar. Die **objektive Beweislast** trägt auch hier der Antragsteller, nicht der Kläger, Mü FamRZ **73,** 323 (entsprechend der Anfechtungsklage im VerwProzeß).

3) Klagrecht, II. Klagberechtigt sind **a) der Entmündigte selbst.** Er ist, sofern ihm die Prozeßfähigkeit nicht aus anderen Gründen fehlt, etwa wegen Minderjährigkeit, für dieses Verf stets prozeßfähig, KG OLGZ **82,** 63. Er kann auch Prozeßvollmacht erteilen und den Anwaltsvertrag abschließen, Hbg NJW **71,** 199 mwN, Nürnb NJW **71,** 1284 m Anm Büttner; der entmündigte Anwalt kann aber nicht die Anfechtungsklage für sich selbst durchführen, StJSchl Rdz 4, Bre ZZP **68,** 304; **b) sein gesetzlicher Vertreter mit Personenfürsorge; c) sonstige nach § 646 Antragsberechtigte,** soweit ihr Antragsrecht bei Klagerhebung noch besteht; wer kein Antragsrecht hat, kann nicht anfechtungsberechtigt sein, str.

Verfahren in Entmündigungssachen §§ 664–666 1 A

Das Antragsrecht muß sogar bei Schluß der letzten mdl Verh andauern. Daß die nach b) oder c) Befugten die Entmündigung beantragt hatten, hindert nicht.

4) **Klagefrist, I, III.** Sie beträgt **1 Monat** und ist seit der Änderung von I durch die VereinfNov ausdrücklich als **Notfrist** bezeichnet, vgl § 223 Anm 3, so daß namentlich WiedEins zulässig ist, § 233. Der mittellose Entmündigte in geschlossener Anstalt wird oft die Frist nicht einhalten können, vgl BGH **53**, 310. Auf Verschulden des Vertreters, § 85 II, kommt es hier nicht an, LG Tübingen NJW **77**, 1693 m zustm Anm Grunsky: wegen der Schwere des Eingriffs kann nichts anderes als nach § 44 StPO gelten.

B. Fristbeginn bei Entmündigung wegen Geisteskrankheit a) für den Entmündigten mit bestimmter und überzeugender Kenntnis von der Entmündigung, RG **107**, 30; auf Kenntnis von Einzelheiten kommt nichts an, eine amtliche Mitteilung genügt, erst recht natürlich ja auch die förmliche Zustellung an ihn (nicht nur an den gesetzlichen Vertreter), § 660 Anm 1. Der Entmündigte braucht den Beschluß zwar nicht in seiner Tragweite erfaßt zu haben, wohl aber müssen äußere Vorgänge stattgefunden haben, die bei einem Gesunden die Kenntnis von der Entmündigung ergeben hätten, RG **68**, 405; **b)** für andere Klagberechtigte mit Wirksamwerden der Entmündigung, § 661 I.

C. Fristbeginn bei Entmündigung wegen Geistesschwäche a) für den gesetzlichen Vertreter mit Personenfürsorge mit Zustellung an ihn; **b)** für andere Klagberechtigte mit Zustellung an den Entmündigten ohne Rücksicht auf eine nach § 659 nötige Zustellung an sie selbst. Klagerhebung vor Fristbeginn ist zulässig, solche vor Wirksamwerden des Beschlusses nicht.

D. Tod eines Beteiligten: a) Stirbt der Entmündigte vor Klagerhebung, so bleibt es beim Beschluß. Dieser läßt sich dann auch nicht mit einer Feststellungsklage bekämpfen, weil der Geisteszustand kein Rechtsverhältnis ist. Stirbt er nach Klagerhebung, so ist die Hauptsache erledigt, vgl § 619; die Aufnahme wegen der Kosten ist möglich; **b)** stirbt ein antragsberechtigter Verwandter: § 239 ist unanwendbar, weil das Anfechtungsrecht höchstpersönlich ist. Seine sinngemäße Anwendung so, daß nun jeder andere Antragsberechtigte aufnehmen könnte, StJSchl Rdz 13 mwN, wiche ganz vom Inhalt des § 239 ab. Der Prozeß ist erledigt; der Entmündigte steht nicht anders, als hätte er diesen Verwandten nie gehabt. Seine Interessen können sein gesetzlicher Vertreter und der Staatsanwalt wahren; **c)** stirbt der gesetzliche Vertreter: der Nachfolger tritt entsprechend § 241 ein; **d)** stirbt der beklagte Antragsteller: der Staatsanwalt muß im Hinblick auf § 684 III das Verfahren entsprechend § 239 aufnehmen, RoS § 171 I 3f.

665 *Anfechtungsklage: Zuständigkeit.* Für die Klage ist das Landgericht ausschließlich zuständig, in dessen Bezirk das Amtsgericht, das über die Entmündigung entschieden hat, seinen Sitz hat.

1) **Erläuterung.** Ausschließlich zuständig ist das LG des Bezirks des Entmündigungsgerichts. Eine Vereinbarung des Gerichtsstands ist ausgeschlossen, § 40.

666 *Anfechtungsklage: Beklagter.* [I] Die Klage ist gegen den Staatsanwalt zu richten.
[II] Wird die Klage von dem Staatsanwalt erhoben, so ist sie gegen denjenigen gesetzlichen Vertreter des Entmündigten zu richten, dem die Sorge für die Person zusteht.
[III] Hat eine der im § 646 Abs. 1 bezeichneten Personen die Entmündigung beantragt, so ist diese Person unter Mitteilung der Klage zum Termin zur mündlichen Verhandlung zu laden. Sie gilt im Falle des Beitritts im Sinne des § 62 als Streitgenosse der Hauptpartei.

1) **Beklagte, I, II. A.** Im Entmündigungsverf fehlen eigentlich die Parteien. Da aber der Zivilprozeß zwei Parteien braucht, **schafft das Gesetz einen Beklagten: es ist der Staatsanwalt,** dh der Staat, zu verklagen, der aber dann doch wieder keine richtige Partei ist. Der Fehler dieser gekünstelten Gestaltung zeigt sich auch beim Kläger: der Geisteskranke ist prozeßfähig, § 664 Anm 3, also kann er Erklärungen seines ProzBev widerrufen. **Klagen darf der Staatsanwalt erst, nachdem dem Entmündigten ein gesetzlicher Vertreter mit Personenfürsorge bestellt ist,** sofern der Entmündigte nicht ohnehin unter elterlichen Sor-

Albers 1343

ge oder Vormundschaft steht, s dazu § 661 Anm 1. Die Parteistellung des Staatsanwalts hängt also davon ab, wer zuerst kommt.

B. Zur Vertretung berufen ist beim LG der Oberstaatsanwalt, beim OLG der Generalstaatsanwalt. Zustellung der Klage an den Generalstaatsanwalt statt an den Oberstaatsanwalt ist wirksam, JW **39**, 311. Der verklagte Staatsanwalt kann sich trotzdem dem Antrag des Klägers anschließen, ohne indes die Parteirolle vertauschen zu können, weil er rein pflichtmäßig handelt, RG **90**, 43 (eine sonderbare Partei). Der gesetzliche Vertreter, II, ist ebenso künstlich Partei und braucht sich dem Antrag des Entmündigten nicht zu widersetzen. Er muß im Prozeß Vollmacht geben und den RAVertrag abschließen.

2) Ladung, III. Hat ein nach § 646 I Antragsberechtigter die Entmündigung beantragt, so ist er unter Mitteilung der Klage zur mündlichen Verhandlung zu laden, vorausgesetzt, daß er sein Antragsrecht nicht eingebüßt hat, StJSchl Rdz 2. Er ist richtiger Beklagter nur, wenn er gesetzlicher Vertreter ist. Tritt er in den Formen der Streithilfe bei, so ist deren Zulässigk vAw zu prüfen, OLG **15**, 157; der Beigetretene ist aber nur äußerlich Streithelfer, sachlich ist er notwendiger Streitgenosse, § 62, und darf auch Anträge im Gegensatz zu seiner Partei stellen, RG **90**, 43. Der nichtsäumige Staatsanwalt vertritt den säumigen Beigetretenen selbst dann, wenn er das nicht will und Anträge gegen ihn stellt, RG **90**, 45. Rechtsmittel sind nur dem Staatsanwalt beim OLG und dem Antragsteller gegenüber einzulegen, so daß gegenüber beiden einheitlich zu verhandeln und zu entscheiden ist, RG **36**, 346. Unterbleibt die Ladung und findet kein Beitritt statt, so ist zu vertagen. Ein trotzdem ergangenes Urteil ist in höherer Instanz aufzuheben; ein rechtskräftiges Urteil wirkt nicht gegenüber dem Antragsberechtigten, so daß er nunmehr wieder Antrag auf Entmündigung stellen darf, vgl Schlosser, Gestaltungsklage und Gestaltungsurteil, S 220.

667 *Klagenhäufung und Widerklage.* ^I **Mit der die Entmündigung anfechtenden Klage kann eine andere Klage nicht verbunden werden.**
^{II} **Eine Widerklage ist unzulässig.**

1) Erläuterung. § 667 ist dem § 610 II nachgebildet; s die Erläuterungen zu diesem.

668 *Beiordnung eines Prozeßbevollmächtigten.* **Will der Entmündigte die Klage erheben, so ist ihm auf seinen Antrag von dem Vorsitzenden des Prozeßgerichts ein Rechtsanwalt als Vertreter beizuordnen.**

1) Beiordnung. Der Entmündigte hat Anspruch auf Beiordnung eines RA zur Klage. Dabei ist nicht zu prüfen, ob die Klage Aussicht hat (anders bei § 679 III), OLG **17**, 332, es sei denn, die Frist des § 664 ist ohne Möglichkeit der Wiedereinsetzung verstrichen, Hbg MDR **63**, 931, Celle NdsRpfl **64**, 55. Ebensowenig ist, wie nach § 78 b, zu prüfen, ob der Antragsteller keinen RA findet, und auch nicht, außer bei Gesuchen um Prozeßkostenhilfe, die Bedürftigkeit, KGJ **33**, B 34. Das gilt nur in 1. Instanz; in höherer Instanz besteht angesichts der Befugnis des ProzBev zur Bestellung eines RA, § 81, regelmäßig kein Bedürfnis. Rücknahme der Bestellung ist nur zulässig, wenn der Entmündigte selbst einen RA bestellt, nicht wegen Aussichtslosigkeit, OLG **43**, 151. Bestellung eines RA im Wege der Prozeßkostenhilfe ist nach allgemeinen Grundsätzen zulässig; dort sind Bedürftigkeit und Aussichten des Prozesses zu prüfen (insofern aM StJSchl 3), wobei zu berücksichtigen ist, daß im allgemeinen erst die Durchführung des Verf, §§ 654, 671, die Beurteilung ermöglicht, Düss NJW **67**, 451; wird Prozeßkostenhilfe abgelehnt, bleibt der Anspruch nach § 668 bestehen, Bergerfurth AnwZwang Rdz 173. Der Antrag unterliegt nicht dem Anwaltszwang, da er die Voraussetzung für eine ordnungsmäßige Vertretung erst schaffen soll, Bergerfurth AnwZwang Rdz 175. Bei Ablehnung der Beiordnung ist Beschwerde des Entmündigten ohne Anwaltszwang gegeben, Düss OLGZ **67**, 31. **Gebühren:** des Gerichts keine, des RA keine, da zum Rechtszug gehörig, § 37 Z 3 BRAGO.

2) Stellung des RA. Der beigeordnete RA ist ProzBev, nicht gesetzlicher Vertreter des nach § 664 II prozeßfähigen Entmündigten, RG **35**, 351 (der selbst den Anwaltsvertrag schließen kann, § 664 Anm 3). Er ist zur Übernahme der Vertretung verpflichtet, § 48 I Z 4 BRAO, ohne einen Vergütungsanspruch gegen die Staatskasse zu haben (hiergegen verfassungsrechtliche Bedenken bei Zuck NJW **79**, 1126). Ist er nicht nach § 121 beigeordnet, so darf er, entsprechend dem Notanwalt nach § 78 c II, Vorschuß vom Entmündigten fordern,

Verfahren in Entmündigungssachen §§ 668–671

den der Vormund zahlen muß; andernfalls darf er niederlegen oder doch die Aufhebung der Beiordnung aus wichtigem Grund beantragen, § 48 II BRAO. Da dies zu Verzögerungen führt, bietet sich die entspr Anwendung von § 36a BRAGO an, weil die Interessenlage hier die gleiche wie bei § 625 ist.

669 *Mündliche Verhandlung.* **I Bei der mündlichen Verhandlung haben die Parteien die Ergebnisse der Sachuntersuchung des Amtsgerichts, soweit es zur Prüfung der Richtigkeit des angefochtenen Beschlusses erforderlich ist, vollständig vorzutragen.**

II Im Falle der Unrichtigkeit oder Unvollständigkeit des Vortrags hat der Vorsitzende die Berichtigung oder Vervollständigung, nötigenfalls unter Wiedereröffnung der Verhandlung, zu veranlassen.

1) **Erläuterung.** § 669 ist dem § 526 nachgebildet; s die Erläuterungen zu diesem. Über das Wesen der Anfechtungsklage s § 664 Anm 1, 2. Beweishandlungen des AG sind im Prozeß voll benutzbar; keine Partei kann ihre Wiederholung verlangen, RG 81, 195. Das LG kann und muß aber notwendige Beweiserhebungen selbst vornehmen. Der Entmündigungsrichter ist nach § 41 Z 6 ausgeschlossen, weil das Verf eine Nachprüfung des amtsgerichtlichen ist. Ausschluß der Öffentlichkeit: § 171 GVG.

670 *Ausschluß des Beibringungsgrundsatzes.* **I Die Vorschriften der §§ 612, 616 Abs. 1 und des § 617 gelten entsprechend.**

II Die eidliche Parteivernehmung ist ausgeschlossen.

Vorbem. I idF des Art 6 Z 29 1. EheRG mWv 1. 7. 77. ÜbergangsR s vor Einl I.

1) **Verfahren im allgemeinen, I.** Das Verf entspricht im allgemeinen dem bei der Ehenichtigkeitsklage, weil die Klärung der Geschäftsfähigkeit von großer Bedeutung für den Verkehr ist. Deswegen ist auch hier der Beibringungsgrundsatz, Grdz 3 § 128, ausgeschaltet. **Entsprechend anwendbar sind § 612:** Besondere Ladungsvorschrift, kein VersUrt gegen den Beklagten; VersUrt gegen den Kläger nach § 330, str. – **§ 616 I:** Amtsermittlungen für geschäftsfähigkeitsfreundliche und -feindliche Tatsachen; alle solche Tatsachen muß das Gericht auch ohne Parteivortrag berücksichtigen. Anstaltsbeobachtung ist zulässig, s aber § 656 Anm 1. Beweislast: § 664 Anm 2 B. – **§ 617:** Ausschluß der Wirkungen des Anerkenntnisses, der Nichterklärung, des Verzichts auf Beeidigung und des gerichtlichen Geständnisses.

2) **Parteivernehmung, II.** Uneidliche Parteivernehmung ist zulässig, § 671, Beeidigung verboten. Der Staatsanwalt ist nicht als Partei zu vernehmen.

671 *Persönliche Vernehmung; Sachverständige.* **I Die Vorschriften der §§ 654, 655 gelten in dem Verfahren über die Anfechtungsklage entsprechend.**

II Von der Vernehmung Sachverständiger darf das Gericht Abstand nehmen, wenn es das vor dem Amtsgericht abgegebene Gutachten für genügend erachtet.

1) **Erläuterung.** Entsprechend anwendbar sind: a) **§ 654:** im Anfechtungsprozeß hat die 1. u 2. Instanz, RG 57, 330, **den Entmündigten unter Zuziehung von Sachverständigen persönlich zu vernehmen,** RG SeuffArch 60, 159. Bloße Anhörung nach § 137 genügt nicht. Der Mangel ist nicht durch Rügeverzicht heilbar, RG SeuffArch 60, 159, wohl aber durch Nachholung der Vernehmung, vgl § 654 Anm 1 A. Die Einschränkung in II bezieht sich nur auf § 655. Vernehmung durch den verordneten Richter kann nach pflichtmäßigem Ermessen angeordnet werden, nicht nur in den Grenzen des § 375. Hat das LG die Vernehmung verabsäumt, so muß das OLG vernehmen. b) **§ 655: Sachabweisung ist nur nach Anhörung von Sachverständigen statthaft, Prozeßabweisung auch ohne sie.** Es greift aber die Einschränkung in II ein; das Gericht darf sich mit den vom AG eingeholten Gutachten begnügen.

§§ 672, 673

672 *Urteil; einstweilige Verfügung.* Wird die Anfechtungsklage für begründet erachtet, so ist der die Entmündigung aussprechende Beschluß aufzuheben. Die Aufhebung tritt erst mit der Rechtskraft des Urteils in Wirksamkeit. Auf Antrag können jedoch zum Schutz der Person oder des Vermögens des Entmündigten einstweilige Verfügungen nach den §§ 936 bis 944 getroffen werden.

1) Urteil. A. Über den Umfang der Sachprüfung s § 664 Anm 1, 2. **Wenn sich die Entmündigung als begründet herausstellt: Abweisung der Klage.** So auch, wenn der Entmündigungsgrund nachträglich weggefallen ist, sofern nur die Entmündigung bei Hinausgabe des Beschlusses begründet war; denn das Urteil bezieht sich nur auf diese Zeit, s § 664 Anm 2 A. Es stellt für und gegen alle fest, daß der Beschluß begründet war; anderen Anfechtungsberechtigten steht die Rechtskraft entgegen (Ausnahme s § 666 Anm 2 Ende), vgl §§ 636a, 638 S 2, 640 h, str. Stellt sich heraus, daß zwar die Entmündigung wegen Geisteskrankheit unbegründet war, daß das AG aber wegen Geistesschwäche hätte entmündigen sollen, so hat das Gericht den Beschluß entsprechend abzuändern. Dies gilt nicht im umgekehrten Fall, denn darin läge eine nachteilige Abänderung entgegen dem § 536, der insofern sinngemäß anwendbar ist. Siehe auch § 645 Anm 2.

B. Wenn sich der Beschluß als unbegründet erweist: Aufhebung. Maßgeblich sind die Verhältnisse bei Hinausgabe des Beschlusses, oben A. Später eingetretene Tatsachen dürfen nur als Indiz für die Unrichtigkeit des Beschlusses verwendet werden, RG **154**, 133. Das aufhebende Urteil vernichtet mit Rechtskraft die Entmündigung rückwirkend, BayObLG LS NJW **81**, 2524; es wirkt als Gestaltungsurteil für und gegen alle, § 322 Anm 4. Was der Entmündigte nach dem Beschluß selbst vorgenommen hat, ist nicht wegen der Entmündigung zu beanstanden. Keine vorläufige Vollstreckbarkeit, denn der Beschluß wirkt zunächst weiter bis zur Rechtskraft des Urteils. Bei Rechtskraft ist die Eintragung aus dem Register zu entfernen, § 19 I BZRG. Die Aufwendungen für die bis zur Aufhebung geführte Vormundschaft können nicht zur Erstattung festgesetzt werden, Mü MDR **67**, 850; die Aufhebung allein rechtfertigt auch nicht die Nichterhebung der dabei entstandenen Gerichtskosten nach § 16 KostO, BayObLG FamRZ **81**, 916, str.

C. Rechtsmittel. Gegen das Urteil finden die gewöhnlichen Rechtsmittel statt, und zwar auch bei Aufhebung der Entmündigung, Celle FamRZ **79**, 80. Die Zustellung des Urteils richtet sich nach § 317; entspr §§ 618, 621c, 640 I ist jedoch § 317 I 3 nicht anzuwenden.

2) Einstweilige Verfügung. Zum Schutz der Person oder des Vermögens des Entmündigten sind einstwVfgen zulässig. Das gibt angesichts der §§ 936ff nur einen Sinn, wenn S 3 eine einstwVfg darüber hinaus, also bevor ein aufhebendes Urteil verkündet ist, verbietet. Das ist auch berechtigt. Denn zur Fürsorge ist das Vormundschaftsgericht berufen; das Eingreifen des Prozeßgerichts könnte nur Verwirrung stiften. Erst nach Aufhebung der Entmündigung ist schleunige Fürsorge geboten, OLG **35**, 102.

673 *Kosten bei Unterliegen des Staatsanwalts.* [I] Unterliegt der Staatsanwalt, so ist die Staatskasse zur Erstattung der dem obsiegenden Gegner erwachsenen Kosten nach den Vorschriften des fünften Titels des zweiten Abschnitts des ersten Buchs zu verurteilen.

[II] Ist die Klage von dem Staatsanwalt erhoben, so hat die Staatskasse in allen Fällen die Kosten des Rechtsstreits zu tragen.

1) Erläuterung. Die Kostenentscheidung ergeht immer nach §§ 91 ff. **§ 673 regelt besonders den Fall des Unterliegens des Staatsanwalts.** Dieser unterliegt auch, wo er als Beklagter dem Antrag des Klägers beigetreten ist; Sinn des § 673 ist, daß der Staat die Kosten tragen soll, die ein falsches Amtsverf, also schon das des AG, verursacht hat, KG JW **38**, 1541 (dazu gehören nicht die Kosten einer vorläufigen Vormundschaft, § 1906 BGB, Mü MDR **67**, 850). Fälle: **a)** der Staatsanwalt ist Kläger: die Staatskasse trägt die Kosten auch bei Sieg, auch die eines Streithelfers des Beklagten, aM Wieczorek Anm B. Streithelfer des Staatsanwalts haben gegen niemanden einen Erstattungsanspruch, aM Wieczorek Anm B; **b)** der Staatsanwalt ist Beklagter: es gelten §§ 91-101. Ändert das Gericht die Entmündigung wegen Geisteskrankheit in die wegen Geistesschwäche ab, so unterliegt jeder Teil, gilt also § 92. In der Rechtsmittelinstanz trägt der in 1. Instanz abgewiesene Staatsanwalt, dh die Staatskasse, die Kosten, wenn er als Kläger siegt; es trägt sie der Kläger, wenn der Staatsan-

Verfahren in Entmündigungssachen §§ 673–676 1, 2

walt als Beklagter siegt. Im Kostenfestsetzungsverf wird die Staatskasse nicht durch den Staatsanwalt, sondern die landesrechtlich dafür zuständige Stelle vertreten, aM Hamm Rpfleger **75**, 146 m abl Anm Meyer-Stolte.

674 *Mitteilung an Vormundschaftsrichter und AG.* **Das Prozeßgericht hat der Vormundschaftsbehörde und dem Amtsgericht von jedem in der Sache erlassenen Endurteil Mitteilung zu machen.**

1) Erläuterung. Das Prozeßgericht hat von jedem Urteil in jeder Instanz, schon vor Rechtskraft, dem Vormundschaftsgericht, §§ 35 u 36 FGG, und dem Beschlußgericht formlos **Mitteilung zu machen**. Wegen der Mitteilung an das Bundeszentralregister s §§ 10, 19 I u 20 BZRG u iü § 660 Anm 1.

675 *Aufhebung der Entmündigung: Antrag.* **Die Wiederaufhebung der Entmündigung erfolgt auf Antrag des Entmündigten oder desjenigen gesetzlichen Vertreters des Entmündigten, dem die Sorge für die Person zusteht, oder des Staatsanwalts durch Beschluß des Amtsgerichts.**

1) Vorbemerkung zu §§ 675–678. Die Wiederaufhebung der Entmündigung nennt das Gesetz die **Aufhebung des rechtskräftig gewordenen Entmündigungsbeschlusses**. Sie tritt ein, wenn der Entmündigungsgrund, gleichviel warum, weggefallen ist, vgl § 6 II BGB. Dem Gericht sind also die veränderten Umstände darzulegen, RG JW **01**, 475. Ergibt sich freilich, daß der Entmündigte nie krank, die s Zt vorgenommene Würdigung unzutreffend war, so ist ebenfalls aufzuheben, BGH FamRZ **59**, 237. Das AG hat im Verf eine neue, von der früheren unabhängige Sachprüfung vorzunehmen und je nach deren Ausfall zu entscheiden, JW **09**, 189. Ist aber nicht zu klären und demgemäß nicht nachgewiesen, daß der Entmündigungsgrund entfallen oder niemals vorhanden gewesen ist, bleibt die Entmündigung bestehen, BGH FamRZ **59**, 237 (objektive Beweislast hier also beim Entmündigten). Zulässig ist die Umwandlung der Entmündigung wegen Geisteskrankheit in eine solche wegen Geistesschwäche, AG Bremen NJW **70**, 1233. Der umgekehrte Fall enthielte ebenso wie die Umwandlung in eine Entmündigung wegen Verschwendung, Trunk- oder Rauschgiftsucht eine neue Entmündigung, verlangt also deren Voraussetzungen auch im Verf.

2) Antrag. Das Aufhebungsverf setzt einen Antrag voraus. Er muß dem § 647 entsprechen. Der Antrag ist vor Rechtskraft des Entmündigungsbeschlusses statthaft; die Anfechtungsklage steht ihm nicht entgegen. Für ihn läuft keine Frist, er läßt sich jederzeit erneuern, entfällt aber mit Tod des Entmündigten. **Antragsberechtigt sind nur a) der Entmündigte.** Er ist für den Antrag prozeßfähig. Er kann auch einen RA ohne Zustimmung des Vormunds beauftragen, LG Bielefeld NJW **72**, 346 mwN; **b) der gesetzliche Vertreter mit Personensorge**, s § 646 Anm 1 C; **c) der Staatsanwalt.** – Bei Ablehnung des Antrags aus förmlichen Gründen ist einfache Beschw, § 567 gegeben, bei Ablehnung aus sachlichen Gründen Aufhebungsklage. Bei Stattgeben hat der Staatsanwalt sof Beschw, § 678 II. **Gebühren:** Gericht ½ für das Verf, § 11 I GKG u 1142 KVerz, RA die in § 44 I genannten Geb, § 44 II BRAGO. Wert: § 12 II GKG.

676 *Zuständigkeit; Verfahren.* **I Für die Wiederaufhebung der Entmündigung ist das Amtsgericht ausschließlich zuständig, bei dem der Entmündigte seinen allgemeinen Gerichtsstand hat.**

II Ist der Entmündigte ein Deutscher und hat er im Inland keinen allgemeinen Gerichtsstand, so kann der Antrag bei dem Amtsgericht gestellt werden, das über die Entmündigung entschieden hat. Das gleiche gilt, wenn ein Ausländer, der im Inland entmündigt worden ist, im Inland keinen allgemeinen Gerichtsstand hat.

III Die Vorschriften des § 647 und der §§ 649 bis 655 gelten entsprechend.

1) Zuständigkeit. § 676 I, II entspricht in der Hauptsache dem § 648 I, II; s dort. Die Vorschrift gilt auch für im Inland entmündigte Ausländer. Ist der Ausländer im Ausland entmündigt, so ist sein Heimatland zur Aufhebung berufen. Über die Entmündigung eines Deutschen im Ausland und ihre Aufhebung vgl Anh § 645 Anm 1 u 2.

2) Verfahren, III. Es ist ein Amtsverfahren mit freigestellter mündlicher Verhandlung. Ausschluß der Öffentlichkeit s § 171 II GVG. **Entsprechend anwendbar sind: § 647:** Form und Inhalt des Antrags. – § 649: Beibringung eines ärztlichen Zeugnisses. – §§ 650, 651: Überweisung an ein anderes AG. – § 652: Mitwirkung des Staatsanwalts. – § 653: voller Ausschluß des Beibringungsgrundsatzes. – § 654: Vernehmung des Entmündigten. – § 655: Vernehmung von Sachverständigen. Sie ist nur nötig, wenn das AG dem Antrag stattgibt, nicht, wenn es ihn ablehnt; Ablehnung ohne Anhörung ist aber bei nicht offensichtlich unbegründetem Antrag zu widerraten.

677 *Kosten.* Die Kosten des Verfahrens sind von dem Entmündigten, wenn das Verfahren von dem Staatsanwalt ohne Erfolg beantragt ist, von der Staatskasse zu tragen.

1) **Erläuterung.** § 677 ist dem § 658 I nachgebildet; s die Erläuterungen zu diesem.

678 *Zustellung und Rechtsmittel.* **I** Der über die Wiederaufhebung der Entmündigung zu erlassende Beschluß ist dem Antragsteller und im Falle der Wiederaufhebung dem Entmündigten sowie dem Staatsanwalt von Amts wegen zuzustellen.

II Gegen den Beschluß, durch den die Entmündigung aufgehoben wird, steht dem Staatsanwalt die sofortige Beschwerde zu.

III Nach Rechtskraft des Beschlusses ist die Wiederaufhebung der Vormundschaftsbehörde mitzuteilen.

1) **Erläuterung.** Das AG kann die Aufhebung aus förmlichen und sachlichen Gründen ablehnen. **Bei sachlicher Ablehnung gibt es kein Rechtsmittel, sondern nur die Aufhebungsklage, § 679. Bei förmlicher Ablehnung, die der Prozeßabweisung ähnelt, ist Beschwerde nach § 567 statthaft;** andernfalls wäre das Prozeßgericht mit allen Ermittlungen belastet, was nicht im Sinn des Gesetzes liegt, OLG **27**, 121. Gegen die Aufhebung hat nur der Staatsanwalt die sof Beschw, II, mit aufschiebender Wirkung, § 572. Gegen die Beseitigung der Aufhebung in der BeschwInstanz ist nur Aufhebungsklage zulässig. Mit Rechtskraft der Aufhebung entfallen die Wirkungen der Entmündigung für die Zukunft; weitergehend § 2230 II BGB. Dem Antragsteller ist jeder Beschluß zuzustellen, dem Staatsanwalt nur der aufhebende, I. Nach Rechtskraft erhält das Vormundschaftsgericht von der Aufhebung Mitteilung, III. Wegen der Mitteilung ans Bundeszentralregister s §§ 10 II, 20 BZRG, iü vgl § 660 Anm 1.

679 *Aufhebungsklage.* **I** Wird der Antrag auf Wiederaufhebung von dem Amtsgericht abgelehnt, so kann sie im Wege der Klage beantragt werden.

II Zur Erhebung der Klage ist derjenige gesetzliche Vertreter des Entmündigten, dem die Sorge für die Person zusteht, und der Staatsanwalt befugt.

III Will der gesetzliche Vertreter die Klage nicht erheben, so kann der Vorsitzende des Prozeßgerichts dem Entmündigten einen Rechtsanwalt als Vertreter beiordnen.

IV Auf das Verfahren sind die Vorschriften der §§ 665 bis 667, 669 bis 674 entsprechend anzuwenden.

1) **Klage, I–III. A.** Die Aufhebungsklage ist der **einzige Rechtsbehelf zur Anfechtung der Ablehnung der Aufhebung,** außer wo sich die Ablehnung ausschließlich auf förml Erwägungen gründet, s § 678 Anm 1. Über Klaggründe s § 675 Anm 1. Die Klage ist unbefristet. Sie kann ggü dem Aufhebungsverf des AG neue Gründe vorbringen.

B. Klagberechtigt sind nur der gesetzliche Vertreter mit Personenfürsorge und der Staatswalt, nicht der Entmündigte. Er ist hier prozeßunfähig, aM Waldner NJW **82**, 317, und darf nur die Beiordnung eines **Vertreters** nach III beantragen. Der Antrag unterliegt nicht dem Anwaltszwang, Bergerfurth AnwZwang Rdz 176.

C. Bestellung des Vertreters durch den Vorsitzenden der Zivilkammer des Prozeßgerichts setzt voraus, daß der gesetzliche Vertreter Klagerhebung ablehnt, was nachzuweisen ist, und erfolgt nach pflichtmäßigem Ermessen, also nicht bei Aussichtslosigkeit, Stgt AnwBl **54**, 218, Celle NdsRpfl **61**, 177 (hinreichende Aussicht). Beiordnung durch die ZivK als solche macht das Verf mangelhaft, Köln MDR **58**, 432. Der beigeordnete RA ist hier, anders als bei der Anfechtungsklage, nicht ProzBev, sondern wirklicher gesetzlicher Vertreter für den Prozeß, RG **35**, 357, StJSchl 3, Hbg NJW **71**, 200 (aM RoS § 170 III 3, ThP 2a, Bergerfurth AnwZwang Rdz 176: ProzBev des insofern voll prozeßfähigen Entmündigten); er braucht daher keine Prozeßvollmacht. Der RA darf die Vertretung nicht ablehnen, § 48 I Z 4 BRAO, kann aber ihre Aufhebung aus wichtigem Grund beantragen, § 48 II BRAO; einen Vergütungsanspruch gegen die Staatskasse hat er nicht (verfassungsrechtlich bedenklich, Zuck NJW **79**, 1126). Ist er beim Prozeßgericht nicht zugelassen, so muß er einen ProzBev bestellen; darum regelmäßig (s aber § 668 Anm 1) keine Beiordnung in der höheren Instanz, § 81. Er kann wohl Vorschuß verlangen, seine Tätigkeit aber nicht von der Zahlung abhängig machen. Die Beiordnung beschränkt die Vertretungsbefugnis des gesetzlichen Vertreters nur für die Vertretung in diesem Prozeß. Gegen den die Beiordnung ablehnenden Beschluß steht dem Entmündigten selbst Beschw zu, Hamm Rpfleger **59**, 320; im BeschwVerf besteht kein Anwaltszwang, RG JW 04, 362.

D. Richtiger Beklagter ist, wenn der gesetzliche Vertreter klagt, der Staatsanwalt, wenn umgekehrt, der gesetzliche Vertreter.

2) Verfahren, IV. Es gelten entsprechend: § 665: ausschließlich zuständig ist das LG des Aufhebungsgerichts. – **§ 666:** Klage gegen den Staatsanwalt oder durch den Staatsanwalt mit Beiladung der Entmündigungsantragsteller. – **§ 667:** keine Klaghäufung und Widerklage. – **§ 669:** Parteivortrag der amtsgerichtlichen Ergebnisse. – **§ 670:** völliger Ausschluß des Beibringungsgrundsatzes, der eidlichen Parteivernehmung, des VersUrt gegen den Beklagten; Amtsermittlung; die objektive Beweislast liegt hier aber beim Kläger, § 675 Anm 1. – **§ 671:** Vernehmung des Entmündigten und von Sachverständigen. – **§ 672:** Aufhebung der Entmündigung. Das aufhebende Urteil ist rechtsgestaltend; es wirkt für die Zukunft dahin, daß der Entmündigungsgrund nicht vorliegt. Das abweisende Urteil schafft Rechtskraft nur dahin, daß die bisher vorgebrachten Beweismittel den geltend gemachten Aufhebungsgrund nicht ergeben; es läßt die Erneuerung des Verf aus anderen Gründen oder wegen neuer Tatsachen und Beweise zu. – Mitteilungen wie § 678 Anm 1. **Gebühren:** für Gericht u RA diejenigen eines besonderen Rechtsstreits, die Verhandlungsgebühr entsteht auch für eine nichtstreitige Verh, § 33 I Z 3 BRAGO. Wert: § 12 II GKG. Keine Vorwegleistungspflicht, § 65 II GKG, Anh § 271.

680 *Sonstige Entmündigung: Zuständigkeit und Verfahren.* **I** Die Entmündigung wegen Verschwendung, Trunksucht oder Rauschgiftsucht erfolgt durch Beschluß des Amtsgerichts.

II Der Beschluß wird nur auf Antrag erlassen.

III Auf das Verfahren sind die Vorschriften des § 646 Abs. 1 und der §§ 647, 648, 653, 657, 663 entsprechend anzuwenden.

IV Eine Mitwirkung der Staatsanwaltschaft findet nicht statt.

V Die landesgesetzlichen Vorschriften, nach denen eine Gemeinde oder ein der Gemeinde gleichstehender Verband oder ein Armenverband berechtigt ist, die Entmündigung wegen Verschwendung, Trunksucht oder Rauschgiftsucht zu beantragen, bleiben unberührt.

1) Allgemeines. Bei Entmündigung wegen Verschwendung, Trunksucht oder Rauschgiftsucht hält das Gesetz öff Belange für weniger berührt als bei der wegen Geisteskrankheit und Geistesschwäche. Daher **entfällt die Mitwirkung des Staatsanwalts fast ganz** (Ausnahmen: §§ 684 III, 686 III) **und sind die Sicherungen der sachlichen Wahrheit weniger stark** (§ 654 gilt nicht). Die Verbindung der Entmündigung wegen Verschwendung mit der wegen Trunksucht oder Rauschgiftsucht ist statthaft; s i ü üb Verbindung § 645 Anm 2 B.

2) Verfahren. A. Entsprechend anwendbar sind: § 646 I: Antragsberechtigt sind nur die dort Genannten, nicht der Staatsanwalt. Der Pfleger zur Wahrung des Unterhaltsanspruchs der Kinder darf die Entmündigung des Vaters beantragen, BayObLG **22**, 296. Nach LandesG dürfen Gemeinden und Sozialhilfeträger den Antrag stellen, V; ihre Befugnis erstreckt sich über das Heimatland hinaus; vgl **Bad-Württ** *§ 23 AGGVG v 16. 12. 75, GBl 868;* **Bay** *Art 28 AusfG BSHG idF v 24. 6. 71, GVBl 267;* **Bre** *Art 1 AGZPO v 19. 3. 63, GBl 51;* **Hbg** *§ 3 AGZPO idF v 13. 9. 76, GVBl 198;* **Hes** *Art 1 AGZPO v 20. 12. 60, GVBl 238;* **Nds** *G v 18. 12. 59, GVBl 149.* – **§ 647:** Form und Inhalt des Antrags. – **§ 648:** AG ausschließlich zuständig. – **§ 653:** Völliger Ausschluß des Beibringungsgrundsatzes. – **§ 657:** Mitteilung an

§§ 680–683 1   6. Buch. 4. Abschnitt

das Vormundschaftsgericht. – **§ 663:** Rechtsmittel. – Wegen der Mitteilung ans Bundeszentralregister s § 10 I BZRG; i ü s § 660 Anm 1 – **Gebühren:** wie bei § 645.

B. Nicht anwendbar sind namentlich: § 649 ärztliches Zeugnis (die Äußerung eines Arztes ist bei Trunk- oder Rauschgiftsucht gleichwohl wertvoll); §§ 650, 651 Überweisung; § 654 Vernehmung (aber praktisch kaum entbehrlich); § 655 Zuziehung von Sachverständigen; § 656 Anstaltsbeobachtung. Die Öffentlichkeit ist nicht notwendig auszuschließen, vgl bei § 171 GVG.

681 *Aussetzung.* **Ist die Entmündigung wegen Trunksucht oder Rauschgiftsucht beantragt, so kann das Gericht die Beschlußfassung über die Entmündigung aussetzen, wenn Aussicht besteht, daß der zu Entmündigende sich bessern werde.**

1) Allgemeines. Die Vorschriften über Unterbrechung, Aussetzung und Ruhen des Verf, §§ 239ff, sind ihrem Wesen nach im Entmündigungsverf unanwendbar, AG Hbg-Wandsbek MDR **71**, 140. Eine Sonderregelung, die dem Grundsatz der Verhältnismäßigkeit Rechnung trägt, enthält § 681.

2) Aussetzung. Beim Antrag auf Entmündigung wegen Trunksucht oder Rauschgiftsucht, § 680 Anm 1, nicht bei dem wegen Verschwendung, **darf das Gericht auf bestimmte oder unbestimmte Zeit aussetzen, wenn Aussicht auf Besserung besteht.** Vorausgesetzt ist, daß Anhaltspunkte für eine Sucht vorliegen. Fehlen sie, so ist der Antrag auf Entmündigung zurückzuweisen. Ausgesetzt wird durch Beschluß, der zu verkünden oder dem Antragsteller und dem zu Entmündigenden mitzuteilen ist. Das Gericht darf dem zu Entmündigenden Auflagen machen, zB die einer Entziehungskur. Rechtsbehelf: § 252. Fortgesetzt wird das Verf vAw oder auf Antrag. Bei Aussetzung kann das Vormundschaftsgericht einen vorläufigen Vormund bestellen, KG OLG **27**, 122.

3) Entsprechende Anwendung. Besteht Aussicht auf Besserung, etwa aufgrund der Anwendung von Psychopharmaka, darf auch das Verfahren **wegen Geisteskrankheit oder Geistesschwäche** ausgesetzt werden, vgl in der Beeck/Wuttke NJW **68**, 2268. Es wäre unverhältnismäßig, eine Entmündigung auszusprechen, die nach 6–12 Monaten (auf Antrag) wieder aufzuheben wäre. Nötig ist idR die Bestellung eines vorläufigen Vormunds nach § 1906 BGB, um die ärztliche Behandlung sicherzustellen. Entsprechende Auflagen sind zulässig, Anm 2.

682 *Kosten.* **Die Kosten des amtsgerichtlichen Verfahrens sind, wenn die Entmündigung ausgesprochen wird, von dem Endmündigten, anderenfalls von dem Antragsteller zu tragen.**

1) Erläuterung. Über die Kosten ist zu entscheiden, als läge ein Parteistreit vor. Die Staatskasse trägt die Kosten nie. Lehnt das Gericht die Entmündigg wg Besserung ab, so trägt der Antragsteller die Kosten. Kostenfestsetzung nach § 103ff.

683 *Entmündigungsbeschluß.* ¹ **Der über die Entmündigung zu erlassende Beschluß ist dem Antragsteller und dem zu Entmündigenden von Amts wegen zuzustellen.**

II **Der die Entmündigung aussprechende Beschluß tritt mit der Zustellung an den Entmündigten in Wirksamkeit. Der Vormundschaftsbehörde ist der Beschluß von Amts wegen mitzuteilen.**

1) Erläuterung. Der ergehende Beschluß ist in allen Fällen **dem Antragsteller und dem zu Entmündigenden von Amts wegen zuzustellen, I, dem gesetzlichen Vertreter nur, wo er Antragsteller ist.** Die Zustellung für den Entmündigten geht an den RA, § 176, RG **135**, 182, auch wenn der RA erst bestellt worden ist, als der Beschluß schon abgesetzt, aber noch nicht hinausgegangen war, Hamm NJW **62**, 641 (das entspr § 187 S 2 sogar Heilung nicht eintreten lassen, sondern mit Rücksicht auf die Notwendigkeit der Bestimmtheit des Zeitpunkts der Entmündigung, II 1, die Zustellung ähnlich wie bei Notfristen behandeln will, ebenso StJSchl Rdz 1). **Wirksam** wird der Beschluß mit der Zustellung an den Entmündigten, II 1. Er ist dem **Vormundschaftsgericht**, §§ 35 u 36 FGG, von Amts wegen mitzuteilen, II 2, vgl §§ 660 u 674. Wegen der Mitteilung ans Bundeszentralregister s § 680 Anm 2 A.

Verfahren in Entmündigungssachen §§ 684–686

684 *Anfechtungsklage.* [I] Der die Entmündigung aussprechende Beschluß kann binnen einer Notfrist von einem Monat von dem Entmündigten im Wege der Klage angefochten werden.

[II] Die Frist beginnt mit der Zustellung des Beschlusses an den Entmündigten.

[III] Die Klage ist gegen denjenigen, der die Entmündigung beantragt hatte, falls er aber verstorben oder sein Aufenthalt unbekannt oder im Ausland ist, gegen den Staatsanwalt zu richten.

[IV] Auf das Verfahren sind die Vorschriften der §§ 665, 667, 669, 670, 672 bis 674 entsprechend anzuwenden.

1) Erläuterung. A. Über die Anfechtungsklage s § 664 Anm 1, 2. Zu prüfen ist allein, ob die Entmündigung bei Anordnung berechtigt war; die nachträgliche Besserung begründet nur einen Aufhebungsantrag, RG SeuffArch **58**, 65. **Klagberechtigt ist nur der Entmündigte**; er ist für diesen Prozeß prozeßfähig, s § 664 Anm 3, und befugt, den Anwaltsvertrag zu schließen, Nürnb NJW **71**, 1284 m Anm Büttner. **Zu verklagen ist nur der Antragsteller, auch wenn er das Antragsrecht verloren hat.** Fehlte ihm das Antragsrecht bei Erlaß des Beschlusses, so ist aufzuheben, RG **154**, 130, s auch § 664 Anm 2 A. Ein Sozialhilfeträger u dgl, § 680 V, ist insoweit parteifähig, RG Gruch **52**, 159; für ihn besteht kein Anwaltszwang, Leiß NJW **58**, 331, Bergerfurth AnwZwang Rdz 177. Der Staatsanwalt ist nur zu verklagen, wenn sämtliche Antragsteller weggefallen sind. Mehrere Antragsteller sind notwendige Streitgenossen, § 62, daher zusammen zu verklagen. Fallen alle Antragsteller im Prozeß weg, so ist er gegen den Staatsanwalt fortzusetzen. Über die Frist s § 664 Anm 4.

B. Das Verfahren entspricht im allgemeinen dem bei Anfechtung der Entmündigung wegen Geisteskrankheit. Abweichungen: keine gerichtliche Beiordnung eines RA, § 668; keine notwendige Vernehmung des Entmündigten und von Sachverst, § 671. Bei Rechtskraft ist die Eintragung zu entfernen, § 19 I BZRG. Gebühren wie bei § 679.

685 *Aufhebung der Entmündigung.* Die Wiederaufhebung der Entmündigung erfolgt auf Antrag des Entmündigten oder desjenigen gesetzlichen Vertreters des Entmündigten, dem die Sorge für die Person zusteht, durch Beschluß des Amtsgerichts. Die Vorschriften der §§ 647, 653, des § 676 Abs. 1, 2, des § 677 und des § 678 Abs. 1, 3 gelten entsprechend.

1) **Erläuterung.** Wegen der Aufhebung im allgemeinen vgl § 675 Anm 1. Aufzuheben ist die Entmündigung **nur auf Antrag des Entmündigten,** der also insoweit prozeßfähig ist, BayObLG HRR **33**, 986, **oder seines gesetzlichen Vertreters mit Personenfürsorge.** Entsprechend anwendbar sind: **§ 647:** Form u Inhalt des Antrags. – **§ 653:** völliger Ausschluß des Beibringungsgrundsatzes. – **§ 676 I, II:** Zuständigkeit. – **§ 677:** Kosten. Sie sind nie der Staatskasse aufzuerlegen, weil der Staatsanwalt nicht mitwirkt. Darum führt § 685 den § 677 zu Unrecht an; es ist § 91 anzuwenden, so auch Wieczorek Anm A. – **§ 678 I, III:** Eine Zustellung des ablehnenden Beschlusses ist nur an den Antragsteller nötig; die Mitteilung des Beschlusses an den Staatsanwalt ist wegen § 686 III aber zu empfehlen. Mitteilung an das Bundeszentralregister: § 10 II BZRG. – Der aufhebende Beschluß ist immer unanfechtbar, § 678 II ist nicht anzuwenden. Neuer Antrag aus anderen Gründen ist statthaft. – **Gebühren:** wie bei § 675.

686 *Aufhebungsklage.* [I] Wird der Antrag (§ 685) von dem Amtsgericht abgelehnt, so kann die Wiederaufhebung im Wege der Klage beantragt werden.

[II] Zur Erhebung der Klage ist derjenige gesetzliche Vertreter des Entmündigten befugt, dem die Sorge für die Person zusteht. Will dieser die Klage nicht erheben, so kann der Vorsitzende des Prozeßgerichts dem Entmündigten einen Rechtsanwalt als Vertreter beiordnen.

[III] Die Klage ist gegen denjenigen, der die Entmündigung beantragt hatte, falls er aber verstorben oder sein Aufenthalt unbekannt oder im Ausland ist, gegen den Staatsanwalt zu richten.

[IV] Auf das Verfahren sind die Vorschriften der §§ 665, 667, 669, 670, 672 bis 674 entsprechend anzuwenden.

1) **Erläuterung.** Das Verfahren bei der Aufhebungsklage entspricht dem des § 679; s dort. **Abweichungen:** a) Klagberechtigt ist nur der gesetzliche Vertreter des Entmündig-

ten und, wenn er nicht klagen will, ein nach II beigeordneter RA; nie der Staatsanwalt. Den Anwaltsvertrag muß der gesetzliche Vertreter schließen, denn der Entmündigte ist zwar beschränkt prozeßfähig, nicht aber geschäftsfähig, BayObLG HRR 33, 986. Bei verweigerter Beiordnung hat der Entmündigte selbst die Beschwerde, Düss OLGZ 67, 31. Wegen der Rechtsstellung des beigeordneten RA vgl § 679 Anm 1 C. **b) Zu verklagen ist nur der Antragsteller der Entmündigung, hilfsweise der Staatsanwalt. c) Persönliche Vernehmung und Anhörung von Sachverständigen sind entbehrlich.** Trotz rechtskräftiger Abweisung der Anfechtungsklage kann das Gericht vor der Entmündigung liegende Tatsachen verwerten, RG JW 08, 234, s § 675 Anm 1. – Mitteilungen wie § 678 Anm 1, Gebühren wie bei § 679.

687 *Öffentliche Bekanntmachung.* Die Entmündigung einer Person wegen Verschwendung oder wegen Trunksucht sowie die Wiederaufhebung einer solchen Entmündigung ist von dem Amtsgericht öffentlich bekanntzumachen.

1) Erläuterung. Öffentlich bekanntzumachen sind die Entmündigung wegen Verschwendung oder Trunksucht (und wegen Rauschgiftsucht, § 680 Anm 1, zweifelnd Waldner NJW 82, 317: zwar ist die Fassung des § 687 unverändert geblieben; die Gleichstellung dieser Entmündigung mit der Entmündigung wegen Trunksucht entspricht aber dem Willen des Gesetzgebers, StJSchl § 680 Rdz 1, und dürfte auch durch Art 3 GG geboten sein), **ebenso ihre Aufhebung.** Die Vorschrift soll dem Schutz anderer im Rechtsverkehr dienen. Sie verstößt nicht gegen das GG; ob sie heute noch ihren Zweck erfüllt, ist allerdings zweifelhaft, vgl DRiZ 80, 273.

Bekanntzumachen sind Beschlüsse nach Zustellung an den Entmündigten, Urteile nach Rechtskraft. Die Bekanntmachung erfolgt ausnahmslos durch das AG nach landesrechtlichen Vorschriften, notfalls nach Ermessen des Gerichts, StJSchl Rdz 1. Mitteilungen wie § 680 Anm 2. Für die prozessuale und sachliche Wirkung der Entscheidungen ist die Bekanntmachung belanglos, BayObLG SeuffArch 54, 144.

Siebentes Buch
Mahnverfahren

Bearbeiter: Dr. Dr. Hartmann

Grundzüge

Schrifttum: Bauer, Das neue gerichtliche Mahnverfahren, Einführung, 1977; Crevecœur NJW **77**, 1320 (Übersicht), Enderle/Stanimirov, Der Mahnbescheid und seine Vollstreckung, 1977; Herbst, Neuregelung des gerichtlichen Mahnverfahrens, 3. Aufl 1977; Holch, Das gerichtliche Mahnverfahren usw, 1977; Hundertmark DB **77**, 2127 (Übersicht); Menne, Das Mahnverfahren, 1979; Petermann, Mahnung, Pfändung und Vollstreckung, 1978; Rutkowsky, Das gerichtliche und außergerichtliche Mahnverfahren in seiner Neuregelung usw, 1977; Stöber, Aktuelle Fragen der Zwangsvollstreckung und des Mahnverfahrens, 2. Aufl 1983; rechtspolitisch kritisch Bund der Deutschen Rechtspfleger, zitiert bei Schulz ZRP **78**, 93, vgl auch 222, demgegenüber BJM DRiZ **78**, 190 sowie **80**, 395; zum Problem Herbst Rpfleger **78**, 199, Schlemmer Rpfleger **78**, 203.

1) Allgemeines. A. Sinn und Zweck; Begriffe. Das Mahnverfahren, das mit einer Mahnung nur bedingt zu tun hat, kann dem Gläubiger, hier Antragsteller genannt, auf verhältnismäßig raschem Wege entweder sein Geld oder einen Vollstreckungstitel, den Vollstreckungsbescheid, verschaffen. Es ist durch die Vereinfachungsnovelle erheblich umgestaltet worden; die Neuregelung erweist sich als vielfach verunglückt, vgl auch Jäckle JZ **78**, 675. Die frühere Bezeichnung Zahlungsbefehl ist dem Ausdruck Mahnbescheid, die frühere Bezeichnung Vollstreckungsbefehl dem Ausdruck Vollstreckungsbescheid gewichen; der Schuldner heißt jetzt Antragsgegner.

Ob das von der Vereinfachungsnovelle ermöglichte maschinelle Verfahren und die jetzt ebenfalls mögliche Konzentration bei wenigen speziell ausgerüsteten Amtsgerichten (der Gesetzgeber konnte sich zur zunächst ebenfalls geplanten Bezeichnung Mahngericht nicht entschließen) in der Praxis wirklich eine Erleichterung schaffen, bleibt abzuwarten.

Als mißglückt haben sich insbesondere Zuständigkeitsregeln des § 689 II und der Übergang in das streitige Verfahren erwiesen.

Zum geplanten EDV-Einsatz §§ 690 III, 703 b, c, dazu ua Baltzer ZZP **84**, 432, Bender AnwBl **76**, 373, Keller NJW **81**, 1184, Kissel NJW **75**, 338, Mayer NJW **83**, 92, Salewski BB **74**, 302, Wegner SchlHA **82**, 162 sowie das Soll-Konzept des JustM BaWü (Arbeitspapiere Rechtsinformatik 10), 1974, dazu Baschang/Theobald NJW **74**, 1985, Drischler KTS **75**, 54.

Im arbeitsgerichtlichen Mahnverfahren gilt zunächst § 46a ArbGG, der im übrigen auf §§ 688 ff verweist; dazu VO v 15. 12. 77, BGBl 2625, betr Vordrucke.

B. Zulässigkeit. Das Mahnverfahren ist zulässig nur bei Ansprüchen auf eine bestimmte Geldsumme, § 688 I, die wenigstens in der Widerspruchsfrist fällig werden, vgl § 692 I Z 3, und zwar grundsätzlich nur in inländischer Währung, nur ausnahmsweise in ausländischer, § 688 III 2. Ausgeschlossen sind Ansprüche, die von einer noch nicht erfolgten Gegenleistung abhängen, sowie bei einer öffentlichen Zustellung des Mahnbescheids, § 688 II (nicht des Vollstreckungsbescheids, § 699 IV 4). Ein Urkunden-, Wechsel- und Scheckmahnverfahren sind gemäß § 703a möglich. Ob der Gläubiger das Mahnverfahren oder den ordentlichen Prozeß wählt, steht ihm frei.

2) Verfahren. A. Mahnbescheid. Zuständig ist das AG, § 689, für den Mahnbescheid, der durch einen Widerspruch des Antragsgegners auflösend bedingt ist. Der Rechtspfleger ist funktionell zuständig, § 20 I Z 1 RPflG, § 153 GVG Anh. Soweit nicht §§ 688 ff Sonderregeln enthalten, gelten §§ 1 ff. Das Mahnverfahren läuft auch während der Gerichtsferien, § 202 GVG. Einzelheiten des Verfahrens vgl bei den einzelnen Vorschriften.

B. Vollstreckungsbescheid. Erhebt der Antragsgegner keinen Widerspruch oder nimmt er ihn zurück, so erläßt der Rechtspfleger desjenigen Gerichts, bei dem die Akten inzwischen liegen, § 699 Anm 4 C, einen Vollstreckungsbescheid, gegen den binnen zwei Wochen gemäß §§ 700 II, 338 ff Einspruch zulässig ist. Der Vollstreckungsbescheid steht einem Versäumnisurteil gleich, hat auch dessen Rechtskraftwirkung. Geht binnen sechs Monaten seit der Zustellung des Mahnbescheids kein Widerspruch ein und beantragt der Gläubiger keinen Vollstreckungsbescheid, fällt die Wirkung des Mahnbescheids weg, § 701. Rechtshängigkeit tritt gemäß §§ 696 III, 700 II ein. Im übrigen sind die Vorschriften des 1. Buchs, abgesehen von denjenigen über die hier grundsätzlich nicht stattfindende mündliche Verhandlung, auf das Mahnverfahren anwendbar.

3) Einzelheiten. Über die Akten- und Geschäftsbehandlung § 1 Z 3, § 12 Z 1–4 AktO. Ein Verfahrensablaufplan ist zulässig, § 703b II, Vordrucke (und der Zwang zu deren Benutzung) sind zum Teil eingeführt, zum Teil vorgesehen, § 703c, eine maschinelle Bearbeitung ist geplant, §§ 689 I usw. Ein Protokoll ist zulässig, aber grundsätzlich nicht notwendig, § 702 I (eine Ausnahme gilt bei einem auswärtigen Gericht, vgl. § 129a).

4) VwGO: Das 7. Buch ist unanwendbar, § 173 VwGO, weil § 86 I VwGO der Schaffung eines Titels aufgrund einseitiger Erklärung eines Beteiligten entgegensteht, VG Wiesbaden NJW **64**, 686. Außerdem ergibt sich die Unanwendbarkeit aus § 168 VwGO, da in dieser abschließenden Aufzählung der Vollstreckungsbescheid, § 794 I Z 4, fehlt.

688 *Zulässigkeit.* [I] Wegen eines Anspruchs, der die Zahlung einer bestimmten Geldsumme in inländischer Währung zum Gegenstand hat, ist auf Antrag des Antragstellers ein Mahnbescheid zu erlassen.

[II] Das Mahnverfahren findet nicht statt, wenn die Geltendmachung des Anspruchs von einer noch nicht erfolgten Gegenleistung abhängig ist oder wenn die Zustellung des Mahnbescheids durch öffentliche Bekanntmachung erfolgen müßte.

[III] Müßte die Zustellung des Mahnbescheids im Ausland erfolgen, so findet das Mahnverfahren nur statt, wenn es sich um einen Vertragsstaat des Übereinkommens vom 27. September 1968 über die gerichtliche Zuständigkeit und die Vollstreckung gerichtlicher Entscheidungen in Zivil- und Handelssachen (Bundesgesetzbl. 1972 II S. 773) handelt. In diesem Fall kann der Antrag auch die Zahlung einer bestimmten Geldsumme in ausländischer Währung zum Gegenstand haben.

1) Zulässigkeit, I. A. Voraussetzungen. Das Gericht darf nur dann einen Mahnbescheid erlassen, wenn folgende Bedingungen erfüllt sind:

a) Allgemeine Voraussetzungen. Es müssen die allgemeinen Prozeßvoraussetzungen vorliegen, Grdz 3 vor § 253, Crevecœur NJW **77**, 1321, also namentlich: die Parteifähigkeit; die Prozeßfähigkeit; die Zulässigkeit des Rechtswegs; die Zuständigkeit (zu ihr § 689); die gesetzliche Vertretung; das Rechtsschutzbedürfnis, BGH NJW **81**, 876.

Ein arbeitsrechtlicher Anspruch gehört in das arbeitsgerichtliche Mahnverfahren, Grdz 1 A vor § 688. Soweit besondere Festsetzungsverfahren bestehen, gehen sie vor, zB § 155 KostO, AG Bln-Schöneb JR **48**, 113, § 19 BRAGO, vgl BGH **21**, 199, AG Mönchengladb MDR **62**, 414, Petermann Rpfleger **57**, 397.

b) Besondere Voraussetzungen. Es müssen außerdem die besonderen Voraussetzungen des Mahnverfahrens gegeben sein: Der Anspruch des Antragstellers muß auf die Zahlung einer bestimmten Geldsumme (in beliebiger Höhe) gehen. Diese Summe muß grundsätzlich in inländischer Währung gefordert werden, I, nur ausnahmsweise darf sie in ausländischer Währung lauten, Anm 3. Diese Regelung ist mit dem EWG-Vertrag vereinbar, EuGH AWD **81**, 486. Wegen des Urkunden-, Wechsel-, Scheckmahnverfahrens vgl § 703a. Der Anspruch muß spätestens innerhalb der Widerspruchsfrist fällig und darf nicht aufschiebend bedingt sein, § 158 I BGB.

Zulässig ist ein Zahlungsanspruch gemäß § 43 I Z 1 WEG, Kblz ZMR **77**, 88 mwN, AG Brühl Rpfleger **80**, 27, aM LG Schweinfurt MDR **76**, 149 (wegen einer Abgabe vgl § 281 Anh II Anm 3).

Ein Anspruch auf die Leistung einer vertretbaren Sache oder von Wertpapieren oder aus einer Hypothek usw ist also nicht mehr für das Mahnverfahren zugelassen, ebensowenig ein Anspruch auf Duldung wegen solcher ebengenannten Ansprüche, Bublitz Wertp Mitt **77**, 575, Crevecœur NJW **77**, 1321. Unzulässig ist ein Anspruch auf Feststellung zur Konkurstabelle, Jaeger-Weber § 146 KO Anm 27. Wegen der Gegenleistung vgl Anm 2 A.

c) Antrag. Es muß ein ordnungsgemäßer Antrag vorliegen, § 690.

d) Weitere Einzelfragen. Eine Klägerhäufung ist zulässig, § 59; jeder Antragsteller muß einen eigenen Vordrucksatz ausfüllen. Eine Anspruchshäufung ist zulässig, § 260, soweit dasselbe Gericht zuständig ist und soweit das Mahnverfahren durchweg zulässig ist. Eine Prozeßverbindung nach § 147 ist wegen des Fehlens einer mündlichen Verhandlung nicht möglich.

B. Mängel. Erläßt das Gericht einen Mahnbescheid entgegen den gesetzlichen Beschränkungen, so ist der Mahnbescheid nur auf Widerspruch zu beseitigen, nicht auf eine Beschwerde. Im anschließenden streitigen Verfahren sind die besonderen Voraussetzungen des Mahnverfahrens unerheblich. Dagegen sind diese besonderen Voraussetzungen in jeder Lage des Mahnverfahrens von Amts wegen zu beachten. Der Erlaß des Mahnbescheids ist also abzulehnen, auch wenn I verletzt worden ist. Wer einen Widerspruch unterläßt, verzichtet nicht auf die Rügemöglichkeit.

2) Unzulässigkeit, II. Das Mahnverfahren ist unzulässig, wenn eine der folgenden Voraussetzungen vorliegt:

A. Gegenleistung. Unzulässigkeit liegt vor, wenn der Anspruch des Antragstellers von einer noch nicht erfolgten Gegenleistung abhängig ist. Freilich erfolgt auch hier keine sachlichrechtliche Prüfung von Amts wegen; der Rpfl prüft vielmehr nur, ob der Antrag in sich formell ordnungsgemäß ist. Der Antragsteller muß gemäß § 690 I Z 4 entweder erklären, daß der Antrag nicht von einer Gegenleistung abhängig sei, oder er muß erklären, er habe die Gegenleistung, zB bei einer Zug-um-Zug-Verpflichtung, bereits erbracht, Crevecœur NJW **77**, 1321. Der Antragsteller darf also weder schweigen noch widersprüchliche oder unklare Ausführungen machen, Herbst Rpfleger **78**, 200, noch darf er die Gegenleistung erst anbieten, noch darf er gar behaupten, sie vergeblich angeboten zu haben. Er darf vielmehr höchstens angeben, er brauche die Gegenleistung deshalb nicht mehr anzubieten, weil er sie schon vergeblich angeboten habe, folglich sei der Anspruch nicht mehr von einer Gegenleistung abhängig. Die Verpflichtung zur Erteilung einer Quittung oder zur Aushändigung der Schuldurkunde, § 368 BGB, Art 39 WG, Art 34 ScheckG, ist keine Gegenleistung.

Er braucht aber die Gegenleistung weder näher zu bezeichnen noch anzugeben, wann er sie erbracht hat.

B. Öffentliche Zustellung. Unzulässigkeit liegt ferner vor, wenn die Zustellung des Mahnbescheids durch eine öffentliche Bekanntmachung erfolgen müßte, §§ 203 ff. Dies ist von Amts wegen zu prüfen, da der Mahnbescheid von Amts wegen zuzustellen ist, § 693 I. Stellt sich erst im weiteren Verfahren diese Notwendigkeit heraus, so darf nicht verwiesen werden, § 696 Anm 2 A a. Wegen der Zustellung an ein Mitglied der Streitkräfte Art 32 ZAbkNTrSt, SchlAnh III.

3) Auslandszustellung, III. Ob sie notwendig ist, ist von Amts wegen zu prüfen, da die Zustellung des Mahnbescheids von Amts wegen erfolgt, § 693 I. In diesen Fällen ist § 703 d anwendbar. Falls eine Auslandszustellung notwendig wird, ist der Erlaß des Mahnbescheids nur für den Fall zulässig, daß der Zustellungsstaat ein Vertragspartner des EuGÜbk ist, SchlAnh V C Üb vor § 1, vgl § 36 AusfG EuGÜbk (unter anderem beträgt die Widerspruchsfrist 1 Monat), dazu LG Ffm NJW **76**, 1597, Bauer JB **76**, 145, Poser Rpfleger **73**, 353, oder daß die Zustellung in Israel erfolgen muß, § 35 G v 13. 8. 80, BGBl 1301. Nur dann ist auch ein Anspruch auf eine Zahlung in ausländischer Währung zulässig. Sie braucht dann nicht diejenige des Zustellungsstaats oder eines anderen Vertragspartners des EuGÜbk zu sein.

4) Mängelfolgen. Der Antrag ist zurückzuweisen, § 691, soweit er den Vorschriften des § 688 nicht entspricht und soweit der Mangel unbehebbar ist oder trotz Fristsetzung nicht behoben worden ist, § 691 Anm 2 A.

689 *Zuständigkeit.* [1] Das Mahnverfahren wird von den Amtsgerichten durchgeführt. Eine maschinelle Bearbeitung ist zulässig. Bei dieser Bearbeitung sollen Eingänge spätestens an dem Arbeitstag erledigt sein, der dem Tag des Eingangs folgt.

[II] Ausschließlich zuständig ist das Amtsgericht, bei dem der Antragsteller seinen allgemeinen Gerichtsstand hat. Hat der Antragsteller im Inland keinen allgemeinen Gerichtsstand, so ist das Amtsgericht Schöneberg in Berlin ausschließlich zuständig. Sätze 1 und 2 gelten auch, soweit in anderen Vorschriften eine andere ausschließliche Zuständigkeit bestimmt ist.

[III] Die Landesregierungen werden ermächtigt, durch Rechtsverordnung Mahnverfahren einem Amtsgericht für den Bezirk eines oder mehrerer Oberlandesgerichte zuzuweisen, wenn dies ihrer schnelleren und rationelleren Erledigung dient. Die Landesregierungen können die Ermächtigung durch Rechtsverordnung auf die Landesjustizverwaltungen übertragen. Mehrere Länder können die Zuständigkeit eines Amtsgerichts über die Landesgrenzen hinaus vereinbaren.

1) Sachliche Zuständigkeit, I 1. Sie liegt beim AG, und zwar für sämtliche im ordentlichen Rechtsweg zu verfolgenden Anträge ohne Rücksicht auf den Streitwert. Das AG ist auch dann für den Erlaß des Mahnbescheids zuständig, wenn das Landgericht für ein streitiges Verfahren sachlich ausschließlich zuständig ist. In Arbeitssachen ist das ArbG zuständig, § 46a ArbGG.

Der Rpfl bearbeitet das gesamte Mahnverfahren einschließlich der Abgabe nach § 696, auch bei einer maschinellen Bearbeitung, Crevecœur NJW **77**, 1320; der Richter bearbeitet erst das folgende streitige Verfahren, § 20 Z 1 RPflG, § 153 GVG Anh.

2) Örtliche Zuständigkeit, II, III. A. Fälle. a) Inländischer Gerichtsstand des Antragstellers. Es ist dasjenige AG zuständig, bei dem der Antragsteller seinen allgemeinen Gerichtsstand hat, §§ 12 ff, BGH NJW **78**, 321, Büchel NJW **79**, 946, falls auch der Antragsgegner im Inland seinen allgemeinen Gerichtsstand hat, II 1, 3. An sich ist die Niederlassung kein allgemeiner, sondern ein besonderer Gerichtsstand, § 21, BGH NJW **78**, 321. Eine ausländische Versicherungsgesellschaft mit einer inländischen Niederlassung hat aber ausnahmsweise einen allgemeinen Gerichtsstand im Inland, BGH NJW **79**, 1785. Dasselbe gilt für eine ausländische Bank mit einer inländischen Niederlassung, AG Ffm Rpfleger **80**, 72.

b) Kein inländischer Gerichtsstand des Antragstellers. Das AG Berlin-Schöneberg ist zuständig, wenn der Antragsteller im Inland keinen allgemeinen Gerichtsstand hat, und zwar unabhängig von dem Gerichtsstand des Antragsgegners, II 2, 3, Büchel NJW **79**, 946, solange der Antragsgegner überhaupt irgendeinen inländischen Gerichtsstand hat, vgl BGH Rpfleger **81**, 394.

c) Kein inländischer Gerichtsstand des Antragsgegners. Das AG des § 703d II ist zuständig, wenn der Antragsgegner im Inland keinen allgemeinen Gerichtsstand hat. In diesem Fall kommt es nicht darauf an, ob der Antragsteller in Inland einen Gerichtsstand hat, BGH NJW **81**, 2647.

B. Ausschließlichkeit. Bei A a–c besteht eine ausschließliche Zuständigkeit. Sie geht, abgesehen von einer etwaigen Zuweisung nach III, D, jeder anderen, auch einer ausschließlichen, im Mahnverfahren vor (nicht nach dem Übergang in das streitige Verfahren), II 3. Dies gilt auch dann, wenn andere Vorschriften zur Zuständigkeit erst später erlassen worden sind. Unberührt bleibt in Bln § 1 VO v 14. 12. 72, GVBl 2303, betr Verkehrssachen (nach ihr ist das AG Charlottenburg zuständig), Lappe NJW **78**, 2379. § 6a AbzG ist angepaßt worden, Anh § 29. Bei mehreren Antragstellern mit verschiedenen allgemeinen Gerichtsständen gibt BGH NJW **78**, 321 (zustm Haack NJW **80**, 673, ZöV I 2 b, krit Büchel NJW **79**, 946) dem Antragsteller ein Wahlrecht. Bei einem Anspruch im Sinne des § 29a gilt während des Mahnverfahrens II; erst im anschließenden etwaigen streitigen Verfahren ist der Gerichtsstand der Belegenheit maßgeblich.

In Arbeitssachen ist das für das Urteilsverfahren zuständige Arbeitsgericht zuständig, § 46a II ArbGG. Daraus folgt eine Abgabebefugnis an ein anderes Arbeitsgericht, falls der Schuldner nicht im Bezirk des ersteren wohnt, BAG DB **82**, 500 (das BAG spricht dort irrig von Verweisung).

C. Einzelfragen. Die Zuständigkeit ist von Amts wegen zu prüfen. Sie muß für alle Ansprüche bestehen. Eine Amtsermittlung findet aber nicht statt, Grdz 5 H vor § 128, BGH NJW **81**, 876. Zur Mangelprüfung § 691 Anm 1 A. Notfalls wird das zuständige Gericht nach § 36 bestimmt, BayObLG Rpfleger **80**, 436 mwN, aM BGH NJW **78**, 321. Maßgeblicher Zeitpunkt ist derjenige der Zustellung des Mahnbescheids, § 693, nicht derjenige seines Erlasses, § 692. Denn erst die Zustellung macht den Mahnbescheid nach außen wirksam, vgl § 329 Anm 4 B. Auf die Zustellung bezieht das Gesetz die Rechtshängigkeit zurück, § 696 III, auch § 693 II setzt eine (demnächst folgende) Zustellung voraus. Ein späterer Wegfall der Zuständigkeit ist unbeachtlich. Der Erlaß des Mahnbescheids durch ein örtlich unzuständiges Gericht läßt den Mahnbescheid wirksam. Gegen ihn ist dann nur Widerspruch zulässig, keine Beschwerde, § 688 Anm 1 B. Wegen einer Zuständigkeitsvereinbarung Anm 3.

D. Zuweisung, III. Eine Zuständigkeit kraft Zuweisung, III, geht derjenigen nach II vor. Bisher ist von der Ermächtigung gemäß III 1 wie folgt Gebrauch gemacht worden:

Baden-Württemberg: VO vom 7. 10. 80, GBl 570
Bayern:
Berlin:
Bremen:
Hamburg:

7. Buch. Mahnverfahren §§ 689, 690

> **Hessen:** VO vom 13. 10. 80, GVBl 397, betr das AG Hünfeld als zuständig für die Bezirke der AG Darmstadt, Frankfurt am Main, Bad Homburg v. d. Höhe, Offenbach am Main, Wiesbaden
> **Niedersachsen:**
> **Nordrhein-Westfalen:**
> **Rheinland-Pfalz:**
> **Saarland:**
> **Schleswig-Holstein:**

Von der Ermächtigung nach III 2 ist wie folgt Gebrauch gemacht worden:
> **Baden-Württemberg:** VO vom 25. 2. 82, GBl 267
> **Bayern:**
> **Berlin:**
> **Bremen:**
> **Hamburg:**
> **Hessen:**
> **Niedersachsen:**
> **Nordrhein-Westfalen:**
> **Rheinland-Pfalz:**
> **Saarland:**
> **Schleswig-Holstein:**

3) Altfall. In Altfällen (der Antrag auf Erlaß eines Zahlungsbefehls ging vor dem 1. 7. 77 beim Gericht ein) sind §§ 688 ff aF anwendbar. Eine Zuständigkeitsvereinbarung ist nur noch in den Altfällen und nur nach Maßgabe der umfangreichen Rechtsprechung und Literatur zulässig, vgl in der 34. Aufl § 689 (aF) Anm 2 (zusätzlich im Sinne der dortigen Ausführungen ua LG Regensb NJW **74**, 1955, AG Dortm AnwBl **74**, 398, Ott BB **76**, 1159, aM Vollkommer BB **76**, 619 und Rpfleger **76**, 164 je mwN).

4) Maschinelle Bearbeitung, I 2, 3. Vgl §§ 703 b, c. Zum Stand der Automation, insbesondere in Baden-Württemberg, Mayer NJW **83**, 92.

5) Verstoß. Der Antrag ist zurückzuweisen, § 691, soweit er nicht den Vorschriften des § 689 entspricht; vgl bei § 691.

690 *Mahnantrag.* ¹ Der Antrag muß auf den Erlaß eines Mahnbescheids gerichtet sein und enthalten:
1. die Bezeichnung der Parteien, ihrer gesetzlichen Vertreter und der Prozeßbevollmächtigten;
2. die Bezeichnung des Gerichts, bei dem der Antrag gestellt wird;
3. die Bezeichnung des Anspruchs unter bestimmter Angabe der verlangten Leistung;
4. die Erklärung, daß der Anspruch nicht von einer Gegenleistung abhängt oder daß die Gegenleistung erbracht ist;
5. die Bezeichnung des Gerichts, das für ein streitiges Verfahren sachlich zuständig ist und bei dem der Antragsgegner seinen allgemeinen Gerichtsstand hat.

^{II} Der Antrag bedarf der handschriftlichen Unterzeichnung.

^{III} Der Antrag kann in einer nur maschinell lesbaren Aufzeichnung eingereicht werden, wenn die Aufzeichnung dem Gericht für seine maschinelle Bearbeitung geeignet erscheint.

1) Allgemeines. Jeder Mahnbescheid erfordert einen auf seinen Erlaß gerichteten Antrag, I. Dieser ist eine Parteiprozeßhandlung, Grdz 5 B vor § 128. Daher müssen die Prozeßhandlungsvoraussetzungen vorliegen, Grdz 3 B vor § 253. Aus ihm muß erkennbar sein, daß ein Mahnbescheid, nicht etwa eine Klage, bezweckt wird. Die Bezeichnung als Gesuch, Bitte, Forderung usw ist umdeutbar. Der Antrag muß grundsätzlich handschriftlich unterzeichnet sein, II, Anm 3. Nur ausnahmsweise genügt eine maschinenschriftliche Aufzeichnung, III. Den notwendigen Inhalt des Antrags ergibt I abschließend, BGH NJW **81**, 876. Der weitere Inhalt ist freigestellt. Ein unvollständiger und fehlerhafter Antrag wird, evtl nach ergebnisloser Fristsetzung, § 691 Anm 1 A, von Amts wegen zurückgewiesen, § 691 (die Entscheidung ist grundsätzlich unanfechtbar; Ausnahmen ergeben sich aus § 691 III), so grds richtig BJM DRiZ **78**, 190, AG Simmern Rpfleger **78**, 104 (zustm Vollkommer Rpfleger **78**, 85), AG Wuppertal Rpfleger **78**, 225.

Der Antrag kann vor dem Urkundsbeamten der Geschäftsstelle eines jeden AG gestellt werden, §§ 702 I 1, 129a I. Zur Wahrung einer etwaigen Frist ist aber grundsätzlich erst der Eingang des Antrags bei dem nach den §§ 689, 703d II örtlich zuständigen AG maßgeblich, §§ 693 II, 129a II 2; freilich kann man die Verjährung auch durch die Einreichung des Antrags beim zuständigen Gericht unterbrechen, Bode MDR **82**, 632. Soweit gemäß § 703c Vordrucke eingeführt worden sind, müssen diese benutzt werden, § 703c Anm 2. In solchen Fällen ist also ein ohne Benutzung des Vordrucks eingereichter Antrag als unzulässig zurückzuweisen. Eine Vollmacht braucht nicht nachgewiesen zu werden, § 703 S 1. Die Vollmacht muß jedoch versichert werden. Es ist aber keine eidesstattliche Versicherung notwendig. Andernfalls sind §§ 88–89 anwendbar. Zur Vorwegleistungspflicht, § 65 III GKG, s Anh § 271 Anm 4 A. Die Einreichung einer Abschrift des Antrags ist nur im Rahmen des § 703c II Voraussetzung der Zulässigkeit des Antrags. Im übrigen muß der Antragsteller etwa von Amts wegen anzufertigende Abschriften bezahlen, KV 1900 Z 1 b.

2) Antragsinhalt. I. A. Notwendige Angaben. Notwendig („muß") sind folgende Angaben:

a) Bezeichnung der Parteien usw, Z 1, dazu Petermann Rpfleger **73**, 153. Diese Bezeichnung muß so genau erfolgen, daß die Nämlichkeit der Parteien feststeht, Kblz MDR **80**, 149 mwN, daß ferner der Mahnbescheid ohne Schwierigkeiten zugestellt werden kann und daß auch die Zwangsvollstreckung aus ihm ohne Schwierigkeiten möglich ist, vgl § 313 Anm 2 A, Kblz MDR **80**, 149 mwN, vgl Schlesw SchlHA **73**, 154. Im allgemeinen muß der Antragsteller folgendes angeben: die ausgeschriebenen Vornamen, vgl LG Paderborn NJW **77**, 2077, Schneider MDR **71**, 567; die Nachnamen; die Wohnorte; die Straßen mit Hausnummern. Ein Postfach reicht nicht aus; bei Firmen deren Bezeichnung, unter denen sie im Geschäftsverkehr auftreten. Nicht notwendig ist die exakte Bezeichnung von Stand, Beruf oder Gewerbe, noch gar nach dem Handelsregister, Werhahn AnwBl **78**, 22. Neben der Firmenbezeichnung kann diejenige des Inhabers ratsam sein, Ffm Rpfleger **73**, 64. Bei mehreren Antragsgegnern müssen für jeden genügende Einzelangaben und außerdem insgesamt so viele Angaben gemacht werden, daß keine Verwechslung mit anderen Rechtspersonen möglich ist, Kblz MDR **80**, 149 mwN, LG Bln MDR **77**, 146.

Unter Umständen sind ferner anzugeben: Berufsbezeichnungen; Geburtstage, etwa bei gleichnamigen Brüdern; Stockwerksangaben, falls sonst Verwechslungen möglich sind, Kblz MDR **80**, 149 mwN. Stets ist die Bezeichnung des etwaigen gesetzlichen Vertreters erforderlich; bei Eltern müssen grundsätzlich beide nach ihren Vor- und Nachnamen bezeichnet werden. Ebenfalls stets erforderlich ist die Angabe des oder der ProzBev, soweit diese sich bereits vor der Antragstellung beim Antragsteller gemeldet haben, Schalhorn JB **74**, 700; ob das Gericht sie, zB bei der Zustellung, berücksichtigen darf, das ergibt sich freilich nicht schon auf Grund der Angaben im Antrag, sondern erst auf Grund der §§ 80ff.

Eine Berichtigung von Schreibfehlern ist vor oder nach der Zustellung des Mahnbescheids zulässig, § 692 Anm 2 B, Bank JB **81**, 175.

b) Bezeichnung desjenigen AG, an das sich der Antrag richtet, Z 2. Die ursprünglich vom Gesetzgeber geplante Bezeichnung Mahngericht ist nicht eingeführt worden. Bei § 129a I muß der Antragsteller dasjenige AG nennen, an das der Antrag von Amts wegen oder gemäß § 129a II 3 durch den Antragsteller weitergeleitet werden soll (dieses AG meint Z 2 trotz seines mißverständlichen Wortlauts).

Der Rpfl kann den Antrag ändern und an das richtige Gericht weiterleiten, Petermann Rpfleger **64**, 49, ohne förmlich verweisen zu müssen (es besteht ja noch keine Rechtshängigkeit), § 692 Anm 2 A a.

c) Bezeichnung des Anspruchs, Z 3. Der Anspruch ist unter einer bestimmten, dh bezifferten Angabe der verlangten Leistung zu bezeichnen. Es ist nur noch so viel notwendig, daß der Anspruch gegenüber anderen Ansprüchen abgrenzbar ist (Individualisierung), vgl BGH NJW **81**, 876. Dies ist schon deshalb unumgänglich, damit der Umfang der inneren Rechtskraft im Fall des Erlasses eines entsprechenden Vollstreckungsbescheids feststeht.

Dagegen sind keine Angaben zur Schlüssigkeit des Anspruchs mehr erforderlich, Schwab NJW **79**, 697. Denn der Rpfl nimmt nur noch eine reine Formalkontrolle vor (er prüft allenfalls zusätzlich, ob es sich um ein klagbares Recht handelt oder ob ein Rechtsmißbrauch vorliegt, § 691 Anm 2 B), § 692 I Z 2. Eickmann DGVZ **77**, 103f hält diese bloße Formalkontrolle für eine unerträgliche Begünstigung unredlicher Gläubiger; ähnlich der Bund der

Deutschen Rechtspfleger, zit bei Schulz ZRP **78**, 93, vgl auch § 222. Mithin ist jetzt keinerlei Begründung des Anspruchs über seine Individualisierung hinaus erforderlich.

Freilich ist zumindest in einer überschaubaren Sache eine zur Schlüssigkeit ausreichende Anspruchsbegründung schon im Mahnantrag ratsam, etwa als Anlage zum Formular, Hirtz NJW **81**, 2234.

Ausreichend ist zB die Fassung „300 DM aus Vertrag vom ...", nicht notwendig ist eine Fassung „... aus einem Kaufvertrag vom ... wegen Nichteinhaltung der Lieferfrist"; ausreichend ist die Fassung „300 DM aus dem Vorfall vom ...", nicht notwendig ist die Formulierung „... aus dem am ... begangenen Diebstahl einer Uhr". Im Einzelfall kann freilich die Notwendigkeit einer Individualisierung praktisch doch eine Begründung des Anspruchs notwendig machen. Jedenfalls ist es aber nicht mehr notwendig, daß sich die rechtliche Zuordnung der Forderung, vgl LG Karlsr AnwBl **83**, 178, StJSchl 6, aM Herbst Rpfleger **78**, 200, ThP § 691 Anm 1 a, oder das Fehlen der Verjährung oder das Bestehenbleiben des Anspruchs trotz einer geltend gemachten Aufrechnung usw schon aus dem Antrag erkennen lassen.

Wegen Mehrwertsteuer auf die Zinsen vgl C.

d) Erklärung zur etwaigen Gegenleistung, Z 4. Vgl § 688 Anm 2 A.

e) Bezeichnung des für das streitige Verfahren für jeden Antragsgegner, BayObLG Rpfleger **80**, 436 mwN, Vollkommer Rpfleger **78**, 184, **sachlich zuständigen Gerichts usw, Z 5**; im Falle des § 703d (Auslandsberührung) ist die Bezeichnung des nach § 703d III zuständigen Gerichts notwendig. Auch diese Angabe ist unentbehrlich. Bei einem Verstoß gilt Anm 1. Eine falsche (irrige oder bewußt irreführende) Angabe kann zu einer Berichtigung von Amts wegen führen, § 692 Anm 2 B. Sie kann auch zu einer Zurückweisung führen, § 691, vgl AG Wuppertal Rpfleger **78**, 225 mwN, Büchel NJW **79**, 945, Vollkommer Rpfleger **78**, 85, und kann einen Kostennachteil mit sich bringen. Nach Z 5 muß der allgemeine Gerichtsstand, §§ 13–19, angegeben werden. Daher ist zB der etwa abweichende Gerichtsstand des § 32 untauglich, Hamm AnwBl **80**, 359, Büchel NJW **79**, 946. Notfalls muß der Antragsteller beim nächsten Gericht erfragen, welches Gericht nach Z 5 zuständig sei. Evtl muß er also ein LG angeben und zusätzlich mitteilen, ob die Zivilkammer oder die Kammer für Handelssachen zuständig ist, Schriewer NJW **78**, 1039, aM Ffm NJW **80**, 2202 mwN, LG Essen JZ **79**, 145 (zustm Bergerfurth).

Der Antragsteller braucht grds das im streitigen Verfahren zuständige FamG nicht anzugeben, ZöV II 5 b, aM offenbar Jauernig FamRZ **78**, 230.

B. Freigestellte Angaben. Freigestellt sind folgende Angaben:

a) Kostenberechnung des Antragstellers, vgl § 692 I Z 3. Wenn sie fehlt, kann der Rpfl den Antrag allerdings mit einem entsprechenden Vermerk und der Auflage zur Ergänzung zurückgeben, ebenso bei anderen Beanstandungen, § 12 AktO.

b) Antrag auf streitiges Verfahren. aa) Grundsatz. Ferner ist für den Fall des Widerspruchs ein Antrag auf die Durchführung des streitigen Verfahrens freigestellt, § 696 I 2. Ein Antrag auf eine Abgabe von Amts wegen an das dann zuständige Gericht ist nicht erforderlich, die Abgabe erfolgt vielmehr ggf von Amts wegen. Wohl aber ist ein Antrag erforderlich, das streitige Verfahren überhaupt durchzuführen, falls der Antragsteller nicht zunächst abwarten will, ob ein streitiges Verfahren notwendig wird. Ein Verweisungsantrag ist auch im Falle des § 696 V nicht notwendig.

bb) Zeitpunkt. Ein Antrag auf den Erlaß des Vollstreckungsbescheids darf nicht mehr schon mit dem Antrag auf den Erlaß des Mahnbescheids verbunden werden, § 699 Anm 2 D b. Wenn der Antrag etwa trotzdem gestellt worden ist, ist er unbeachtlich, wenn ihn der Urkundsbeamte der Geschäftsstelle entgegengenommen hat. Ein solcher Antrag lebt auch nicht etwa nach dem Ablauf der Widerspruchsfrist auf. Der Antragsteller muß ihn vielmehr erneut stellen. Die anders lautende bisherige Rspr ist überholt. Ein Antrag gemäß § 699 IV 2 auf eine Übergabe des Vollstreckungsbescheids an den Antragsteller zur Zustellung im Parteibetrieb ist ebenso zu behandeln.

C. Verbotene Angaben. Der Antrag darf seit dem 25. 3. 83, § 703 c Anm 1, keine Forderung auf die Zahlung von Mehrwertsteuer auf die Zinsforderung enthalten, soweit Vordruckzwang besteht; ein dagegen verstoßender Antrag ist unzulässig, Anm 1, und muß nach Erlaß des Mahnbescheids und Widerspruch oder Einspruch evtl zur diesbezüglichen Klagrücknahme führen.

Man darf weder das Gericht eines besonderen noch dasjenige eines vereinbarten Gerichtsstands angeben, sondern muß die Prüfung, welches Gericht für das streitige Verfahren endgültig zuständig ist, demjenigen Gericht überlassen, an das die Sache nach § 696 I abzugeben ist, zB KG Rpfleger **80**, 115 mwN, aM zB Lappe NJW **78**, 2980.

D. Antragsrücknahme. Man kann die Rücknahme des Antrags auf den Erlaß des Mahnbescheids, nicht zu verwechseln mit der Rücknahme des Antrags auf ein streitiges Verfahren oder der Rücknahme des Widerspruchs, § 696 Anm 4, entsprechend § 269 ohne eine Einwilligung des Antragsgegners bis zur Abgabe nach § 696 I 1 bzw § 70 III oder bis zur Rechtskraft des Vollstreckungsbescheids zurücknehmen. Die Zurücknahme ist gemäß § 702 zu erklären. Ein Vordruck ist dafür bisher nicht eingeführt. § 703 ist anwendbar. Der Rpfl läßt die Antragsrücknahme dem Antragsgegner zustellen, § 270 II 1, sofern dieser überhaupt schon von dem Mahnverfahren benachrichtigt worden war. Der Antragsgegner kann entsprechend § 269 III 3 eine Feststellung der Kostenfolge beantragen, Schneider JB **66**, 645.

Ab Abgabe ist § 269 direkt anwendbar.

3) Unterzeichnung, II. Sie muß handschriftlich erfolgen. Es ist also unzulässig, einen Faksimilestempel zu benutzen. Auch eine gedruckte Unterschrift ist unzulässig. Ausnahmen gelten nur bei einer maschinell lesbaren Aufzeichnung, III. Zur grundsätzlichen Handschriftlichkeit vgl § 129 Anm 1 B. Eine telegrafische Einreichung usw muß aber bei einem Mahnantrag nicht weniger zulässig sein als bei einer Klage, vgl § 129 Anm 1 C, D. Bei einem Verstoß gilt Anm 1, BGH **86**, 323 (dort auch zu einem Ausnahmefall). Freilich kann der Rpfl wie im Fall Anm 2 B a vorgehen; er hat insofern ein freies Ermessen. Hat er den Mahnbescheid trotz des Fehlens der Unterschrift erlassen, so kann zB eine Unterbrechung der Verjährung eingetreten sein, BGH **86**, 324.

4) Maschinell lesbare Aufzeichnung, III. Gemeint ist jede lesbare Aufzeichnung, zB: Magnetband, Mikrofilm, Lochkarte usw, auch im Weg des Datenträgeraustausches. Ein Antrag in dieser Form ist nur dann zulässig, wenn die Aufzeichnung genau mit der EDV-Technik des Gerätes abgestimmt worden ist und wenn durch eine entsprechende Programmierung die Gefahr eines Mißbrauchs ausgeschlossen ist. Maßgeblich dafür, ob diese Voraussetzungen vorliegen, ist die Wertung durch das Gericht. Es entscheidet zunächst auch hier durch den Rpfl, nicht etwa durch den Gerichtsvorstand. Das Gericht entscheidet nach pflichtgemäßem Ermessen. Zur Anfechtbarkeit einer Entscheidung § 691 III.

5) Keine Mitteilung. Es erfolgt keine Mitteilung des Antrags an den Antragsgegner, § 702 II. Der Erlaß des Mahnbescheids ohne eine Anhörung des Antragsgegners ist also kein Verstoß gegen Art 103 I GG. Daher braucht das Gericht auch nicht etwa solche Schriftsätze des Antragsgegners zu berücksichtigen, die beim Gericht während des Mahnverfahrens vor der Entscheidung über den Antrag auf den Erlaß des Mahnbescheids eingehen.

691 *Zurückweisung.* ¹ Entspricht der Antrag nicht den Vorschriften der §§ 688, 689, 690, 703c Abs.2, so wird er zurückgewiesen.

II Der Antrag ist auch dann zurückzuweisen, wenn der Mahnbescheid nur wegen eines Teiles des Anspruchs nicht erlassen werden kann; vor der Zurückweisung ist der Antragsteller zu hören.

III Die Zurückweisung ist nur anfechtbar, wenn der Antrag in einer nur maschinell lesbaren Aufzeichnung eingereicht und mit der Begründung zurückgewiesen worden ist, daß die Aufzeichnung dem Gericht für seine maschinelle Bearbeitung nicht geeignet erscheine.

1) Allgemeines. Das Mahnverfahren kennt keine mündliche Verhandlung. Der Rpfl legt dem Richter die Akten nur im Rahmen von § 5 RPflG, § 153 GVG Anh, vor.

2) Zurückweisung, I, II. A. Zulässigkeitsprüfung von Amts wegen. Der Rechtspfleger prüft von Amts wegen, freilich ohne eine Amtsermittlung, Grdz 5 H vor § 128, ob alle Zulässigkeitsvoraussetzungen zum Erlaß des Mahnbescheids vorliegen. Wenn der Antrag nicht den Voraussetzungen der §§ 688, 689, 690, 703c II entspricht, dann muß der Rpfl den Antrag unverzüglich zurückweisen, und zwar grundsätzlich ohne eine Anhörung des Antragstellers, BGH NJW **81**, 876, denn II Hs 2 bezieht sich nur auf Hs 1. Eine Zurückweisung ist schon dann erforderlich, wenn nur eines der gesetzlichen Erfordernisse fehlt. Daneben sind die allgemeinen Prozeßvoraussetzungen zu prüfen, BGH NJW **81**, 876, Crevecœur NJW **77**, 1321, ZöV § 690 Anm IV, aM ThP 1 a.

Eine glatte Zurückweisung des Antrags sollte allerdings nur dann stattfinden, wenn vorhandene Mängel unbehebbar oder nur schwer behebbar sind. In den übrigen Fällen verlangt das dem Rechtsuchenden geschuldete Entgegenkommen eine Auflage zur Behebung des Mangels in einer zu bestimmenden Frist. Gleichzeitig sollte für den Fall eines fruchtlosen Fristablaufs eine Zurückweisung angedroht werden, AG Saarbr MDR **72**, 1040,

AG Wuppertal Rpfleger **78**, 225, Vollkommer Rpfleger **77**, 143. Freilich ist wegen des Massenbetriebs gerade der Mahnverfahren meist nur eine kurze Frist und keineswegs stets dergleichen notwendig.

B. Keine Schlüssigkeitsprüfung. Der Rechtspfleger nimmt keine Schlüssigkeitsprüfung des Anspruchs mehr vor, § 690 Anm 2 A c, LG Karlsr AnwBl **83**, 178, sondern prüft nur die Schlüssigkeit der geltend gemachten Kosten des Mahnverfahrens, AG Bonn Rpfleger **82**, 71. Er prüft den Antrag im übrigen nur noch formell darauf, ob der Anspruch individualisierbar ist, und auch dies nur anhand der Angaben des Antragstellers. Der Antragsteller ist zur Wahrheit verpflichtet. Falsche Angaben können einen zumindest versuchten Prozeßbetrug darstellen, vgl BGHSt **24**, 257, vgl auch AG Walsrode Rpfleger **83**, 359 mwN, ferner AG Wuppertal Rpfleger **78**, 225. Die weitergehenden Anforderungen der Rechtsprechung zum alten Recht, zB BGH **63**, 63, sind überholt.

Das Rechtsschutzbedürfnis kann zB bei einem Rechtsmißbrauch fehlen. Dies ist von Amts wegen zu beachten, Einl III 6 A, Hbg MDR **82**, 503 mwN, BJM DRiZ **78**, 190, AG Wuppertal Rpfleger **78**, 225, vgl Bublitz WertpMitt **77**, 578, ferner Crevecœur NJW **77**, 1324, ZöV I 1. Das verkennen BGH NJW **81**, 175, ThP 1 a. Eine Angabe, es würden „Zinsen ab Rechnungsdatum" verlangt, kann ausreichen. Zinseszinsen sind auch hier unzulässig, Herbst Rpfleger **78**, 200.

C. Teilweise Unzulässigkeit. II schreibt eine volle Zurückweisung des Antrags vor, wenn der Mahnbescheid auch nur für einen Teil des Anspruchs zu versagen ist. Dies ist jedoch nur auf einen rechnungsmäßigen Teil zu beziehen, nicht auf einen abtrennbaren Haupt- oder Nebenanspruch, Crevecœur NJW **77**, 1322. Beispiel: Der Antrag geht auf Zahlung von 100 DM nebst Zinsen in unklarer Höhe. Das Gericht kann den Mahnbescheid wegen 100 DM erlassen, den Zinsanspruch aber abweisen; das Gericht darf nicht etwa einen Mahnbescheid über 50 DM erlassen oder einen Mahnbescheid über 100 DM nebst 4% Zinsen.

Wenn der Rpfl zu einem Teil der Forderung Bedenken hat, muß er den Antragsteller anhören, bevor er den Antrag zurückweist, damit der Antragsteller die Angaben ergänzen und den Antrag notfalls zurücknehmen kann, II Hs 2. Die Anhörung kann mündlich, fernmündlich oder schriftlich erfolgen. Der Rpfl muß dem Antragsteller aber ausreichend Zeit lassen, Art 103 I GG.

Eine überhöhte Kostenberechnung ist von Amts wegen zu berichtigen, Hofmann Rpfleger **79**, 447.

D. Entscheidung. Eine Zurückweisung erfolgt durch einen Beschluß, AG Marl NJW **78**, 651. Eine Begründung des Beschlusses ist grundsätzlich eine Rechtspflicht des Gerichts, § 329 Anm 1 A b. Eine Kostenentscheidung ergeht zu Lasten des Antragsgegners, § 91. Der Beschluß ist dem Antragsteller förmlich zuzustellen, § 329 Anm 6 A b. Der Beschluß wird dem Antragsgegner nicht mitgeteilt, zumal der Antragsgegner im Verfahren grundsätzlich nicht gehört wird, § 702 II. Gebühr: KV 1000 (½).

3) Rechtsbehelfe, III. Es gilt die folgende Regelung:

A. Mahnbescheid. Gegen den richtig oder fehlerhaft erlassenen Mahnbescheid hat der Antragsgegner nur die Möglichkeit des Widerspruchs, § 694; eine Beschwerde ist unzulässig, ebenso eine Erinnerung, § 11 V 2 RPflG.

B. Zurückweisung durch Rechtspfleger. a) Grundsatz. Gegen die Zurückweisung des Antrags auf Erlaß eines Mahnbescheids durch den Rpfl ist die sofortige Erinnerung binnen einer Notfrist von 2 Wochen seit der Zustellung des Beschlusses, § 577 II 1, zulässig, § 11 I 2 RPflG, Crevecœur NJW **77**, 1322. Der Rpfl darf dieser Erinnerung nicht abhelfen, § 11 II 1 RPflG. Der Amtsrichter darf den Vorgang nicht an das LG weiterleiten, sondern muß selbst entscheiden, § 11 II 3 letzter Hs RPflG.

b) Ausnahme. Gegen eine Zurückweisung wegen Nichteignung zur maschinellen Bearbeitung ist die unbefristete Erinnerung nach § 11 I 1 RPflG zulässig. Der Rpfl kann ihr abhelfen, § 11 II 1 RPflG. Andernfalls legt er die Sache mit einem zu begründenden Beschluß dem Amtsrichter vor.

C. Entscheidung des Amtsrichters. Hat der Amtsrichter entweder die Erinnerung zurückgewiesen oder auf die Erinnerung unter einer Aufhebung des angefochtenen Beschlusses den Rpfl zum Erlaß des Mahnbescheids angewiesen, so gilt folgendes:

a) Grundsatz. Grundsätzlich ist kein Rechtsbehelf zulässig, Crevecœur NJW **77**, 1322. Das bedeutet nicht, daß die Entscheidung in Rechtskraft erwächst. Daher kann der Antragsteller einen erneuten Antrag einreichen.

b) Ausnahme. Die einfache Beschwerde nach § 567 I ist zulässig, weil der Amtsrichter ein das Verfahren betreffendes Gesuch zurückgewiesen hat, wenn der Antrag nur deswegen zurückgewiesen wurde, weil er sich nicht zur maschinellen Bearbeitung eigne.

692 *Mahnbescheid.* [I] Der Mahnbescheid enthält:

1. die in § 690 Abs. 1 Nr. 1 bis 5 bezeichneten Erfordernisse des Antrags;
2. den Hinweis, daß das Gericht nicht geprüft hat, ob dem Antragsteller der geltend gemachte Anspruch zusteht;
3. die Aufforderung, innerhalb von zwei Wochen seit der Zustellung des Mahnbescheids, soweit der geltend gemachte Anspruch als begründet angesehen wird, die behauptete Schuld nebst den geforderten Zinsen und der dem Betrage nach bezeichneten Kosten zu begleichen oder dem Gericht mitzuteilen, ob und in welchem Umfang dem geltend gemachten Anspruch widersprochen wird;
4. den Hinweis, daß ein dem Mahnbescheid entsprechender Vollstreckungsbescheid ergehen kann, aus dem der Antragsteller die Zwangsvollstreckung betreiben kann, falls der Antragsgegner nicht bis zum Fristablauf Widerspruch erhoben hat;
5. für den Fall, daß Vordrucke eingeführt sind, den Hinweis, daß der Widerspruch mit einem Vordruck der beigefügten Art erhoben werden soll, der auch bei jedem Amtsgericht erhältlich ist und ausgefüllt werden kann;
6. für den Fall des Widerspruchs die Ankündigung, an welches Gericht die Sache abgegeben wird, mit dem Hinweis, daß diesem Gericht die Prüfung seiner Zuständigkeit vorbehalten bleibt.

[II] An Stelle einer handschriftlichen Unterzeichnung genügt ein entsprechender Stempelabdruck.

1) Allgemeines. Wenn sämtliche Voraussetzungen zum Erlaß des Mahnbescheids vorliegen, muß das Gericht ihn unverzüglich erlassen. Bei einer maschinellen Bearbeitung, § 703b, ist deren Ausdruck erst in Verbindung mit dem vom Rpfl unterzeichneten Originalbeschluß ein Mahnbescheid im Sinne des § 692. Der Mahnbescheid ist eine durch den Widerspruch des Antragsgegners auflösend bedingte gerichtliche Entscheidung in der Form eines Beschlusses, § 329. Er braucht diese Bezeichnung nicht ausdrücklich zu tragen. Den Wegfall der Bedingung spricht der Vollstreckungsbescheid aus.

2) Inhalt des Mahnbescheids, I. A. Notwendige Angaben. Wesentlich sind folgende Einzelheiten:

a) Bezeichnungen usw, Z 1. Wesentlich sind die in § 690 I Z 1–5 genannten Bezeichnungen und Erklärungen. Vgl § 690 Anm 2 A. Der Rpfl setzt ggf statt des nach § 690 I Z 5 vom Antragsteller benannten Gerichts dasjenige ein, das nach der Ansicht des Rpfl wirklich für das streitige Verfahren örtlich oder sachlich zuständig ist, Vollkommer Rpfleger **77**, 143, aM derselbe Rpfleger **78**, 85 und Büchel NJW **79**, 946 sowie ThP § 691 Anm 1 a, insofern offen AG Simmern Rpfleger **78**, 104. Ggf werden die mehreren in Betracht kommenden Gerichte derart behandelt. Insofern findet jedoch vor der Entscheidung keine Amtsermittlung statt;

b) Keine Schlüssigkeitsprüfung, Z 2. Wesentlich ist ferner der Hinweis, daß das Gericht die Schlüssigkeit nicht geprüft hat. Jedoch sollte der für den Nichtjuristen evtl unverständliche Ausdruck „Schlüssigkeit" den Parteien gegenüber nicht verwendet werden. Am besten übernimmt das Gericht den Wortlaut der Z 2;

c) Aufforderung, Z 3. Wesentlich ist ferner die Aufforderung gemäß Z 3. Sie stellt keinen Befehl, keine Anordnung, keine Anweisung mehr dar. Das Gesetz bringt vielmehr zum Ausdruck, daß das Gericht den Antragsgegner nur dazu auffordern kann, die Begründetheit des angeblichen Anspruchs des Antragstellers nachzuprüfen. Keinesfalls darf das Gericht den Eindruck erwecken, es habe den Anspruch geprüft und gar für begründet erachtet. Bei der Aufforderung, dem Gericht einen etwaigen Widerspruch mitzuteilen, muß zum Ausdruck kommen, daß auch ein Widerspruch gegen einen Teil des Anspruchs zulässig ist, § 694 I. Am besten übernimmt man auch bei Z 3 deren Wortlaut.

Im arbeitsgerichtlichen Mahnverfahren besteht eine Frist von 1 Woche, § 46a III ArbGG.
Die Kosten sind dem Betrag nach zu bezeichnen. Die Kostenberechnung ist von § 2 GKG unabhängig. Wenn der Antragsteller Kostenfreiheit genießt, wird der Antragsgegner Kostenschuldner, Hartmann § 54 GKG Anm 2, Schlemmer Rpfleger **78**, 201. Bei einer Zustellung in einem Vertragstaat des EuGÜbk beträgt die Widerspruchsfrist einen Monat,

§ 36 III 1 AusfG EuGÜbk, SchlAnh V C 2, und ist der Antragsgegner auf die Notwendigkeit der Benennung eines Zustellungsbevollmächtigten nach § 174 hinzuweisen, § 36 III 2 AusfG EuGÜbk. Bei einer Zustellung in Israel beträgt die Frist einen Monat, § 35 III 1 G v. 13. 8. 80, BGBl 1301, und ist der Hinweis auf die Notwendigkeit der Bestellung eines Zustellungsbevollmächtigten hinzuzufügen, § 35 III 2 jenes G.

d) **Widerspruchsbelehrung, Z 4.** Wesentlich ist ferner der Hinweis, daß ein Vollstreckungsbescheid ergehen kann, § 699, und daß daraus die Zwangsvollstreckung zulässig wird, § 794 I Z 4, falls der Antragsgegner nicht binnen der gemäß Z 3 mitzuteilenden Frist, c, Widerspruch erhebt, Z 4. Das Gericht darf keine Zahlungsfrist bewilligen. Ein Hinweis darauf, daß ein verspäteter Widerspruch in einen Einspruch gegen den evtl inzwischen ergangenen Vollstreckungsbescheid umdeutbar sein kann, § 694 II, ist an dieser Stelle noch nicht notwendig;

e) **Vordruckzwang, Z 5.** Soweit Vordrucke eingeführt worden sind, §§ 702 I 2, 703 c Anm 2 A, ist ein Hinweis notwendig, daß der Widerspruch mittels des Vordrucks erhoben werden soll (falsch wäre ein Hinweis, der Widerspruch müsse derart erhoben werden, § 694 Anm 1 A) und daß jedes AG den Vordruck vorrätig hat und bei der Ausfüllung hilft, vgl § 129a. Es ist kein Hinweis notwendig, daß gemäß § 129a II 2 erst der Eingang des Widerspruchs bei demjenigen Gericht maßgeblich ist, bei dem das Mahnverfahren stattfindet;

f) **Abgabe, Z 6.** Wesentlich ist die Ankündigung, an welches Gericht die Sache nach einem Widerspruch abgegeben werden wird usw. Das geschieht noch nicht dadurch, daß gemäß Z 1 iVm § 690 I Z 5 das für ein streitiges Verfahren angeblich sachlich zuständige Gericht benannt worden ist. Es ist kein Hinweis darauf notwendig, daß eine Abgabe gemäß § 696 I 1 erst auf Grund des Antrags des Antragstellers auf eine Durchführung des streitigen Verfahrens erfolgen werde. Es kann ratsam sein, ist aber nicht notwendig, den Antragsgegner auf die Möglichkeit hinzuweisen, daß das Gericht, an das abgegeben würde, an ein anderes Gericht verweisen kann, § 696 V.

B. Berichtigung. Eine Berichtigung von Schreibfehlern oder sonstigen offenbaren Unrichtigkeiten ist entsprechend § 319 vor und nach der Zustellung des Mahnbescheids statthaft, vgl Bank JB **81**, 175.

3) **Weiteres Verfahren.** Wegen der Unterschrift Anm 5. Der Mahnbescheid ist zu datieren. Die Zustellung erfolgt gemäß § 693 I. Die Benachrichtigung des Antragstellers erfolgt nach § 693 III. Wegen der Vorwegleistungspflicht des Antragstellers vgl § 690 Anm 1. Der Rpfl entscheidet auch über die allerdings nur selten erforderliche Bewilligung einer Prozeßkostenhilfe für das Mahnverfahren, § 4 I RPflG, § 153 GVG Anh. Für das streitige Verfahren ist dann evtl eine neue Bewilligung notwendig, aM StJ § 119 II 3; über sie entscheidet der Richter.

Gebühren: Des Gerichts KV 1000 + evtl 1005 (je ½), vgl 65 I 2, III GKG; des Anwalts § 43 I Z 1 BRAGO.

4) **Widerspruch, I Z 3.** Gegen den Mahnbescheid ist nur der Widerspruch zulässig, § 694. Die Widerspruchsfrist beträgt grundsätzlich 2 Wochen seit der Zustellung des Mahnbescheids. Eine Ausnahme gilt nur beim EuGÜbk und gegenüber Israel, Anm 2 A c. Es gelten also keine Unterschiede mehr nach dem Wohnsitz des Antragsgegners. Die Frist gilt auch im Urkunden-, Wechsel- und Scheckmahnverfahren, § 703 a. Es handelt sich um eine gesetzliche Frist, aber nicht um eine Notfrist. Deshalb ist weder eine Abkürzung noch eine Verlängerung noch eine Wiedereinsetzung zulässig.

Mit der Zustellung eines Berichtigungs- oder Ergänzungsmahnbescheids beginnt eine neue Widerspruchsfrist zu laufen, bei einer Berichtigung nur im ganzen, bei einer Ergänzung nur für die letztere. Wegen der Verspätung vgl § 694 II. Wegen des EuGÜbk s dessen § 36 III, SchlAnh V C 2: es gilt dann eine Frist von 1 Monat (dies gilt natürlich fort, vgl BT-Drs 7/5250). Im arbeitsgerichtlichen Verfahren beträgt die Frist 1 Woche, § 46a III ArbGG, LAG Hamm DB **78**, 896.

5) **Unterzeichnung, II.** Grundsätzlich soll der Rpfl den Mahnbescheid mit seinem vollen Nachnamen unterzeichnen, § 329 Anm 1 A c. Ein Faksimilestempel ist aber zulässig. Bei einer maschinell lesbaren Bearbeitung ist auch er entbehrlich, § 703 b I.

693 *Zustellung.* **I** Der Mahnbescheid wird dem Antragsgegner zugestellt.

II Soll durch die Zustellung eine Frist gewahrt oder die Verjährung unterbrochen werden, so tritt die Wirkung, wenn die Zustellung demnächst erfolgt, bereits mit der Einreichung oder Anbringung des Antrags auf Erlaß des Mahnbescheids ein.

III Die Geschäftsstelle setzt den Antragsteller von der Zustellung des Mahnbescheids in Kenntnis.

1) Zustellung, I. A. Verfahren. a) Grundsatz. Der Mahnbescheid ist dem Antragsgegner förmlich zuzustellen. Die Zustellung ist für die Wirksamkeit des Mahnbescheids unerläßlich, LG Oldb Rpfleger **83**, 118. Dem Antragsteller wird der Mahnbescheid nur formlos mitgeteilt, III. Zuzustellen ist dem Antragsgegner von Amts wegen, §§ 208–213, eine Ausfertigung oder eine beglaubigte Abschrift, § 170, bei einer maschinellen Bearbeitung eine Ausfertigung nach § 703 b I. Die Urschrift bleibt beim Gericht, Grdz 3 vor § 688. Auf ihr oder auf einem Vorblatt wird vermerkt, daß und wann die Zustellung angeordnet wurde. Ein nicht zugestellter Mahnbescheid ist bedeutungslos, LG Oldb Rpfleger **83**, 118.

b) Verstoß. Nach einer mangelhaften Zustellung muß der Urkundsbeamte der Geschäftsstelle von Amts wegen eine erneute Zustellung veranlassen und ihre Ordnungsmäßigkeit überwachen, §§ 253 Anm 2 C, 270 Anm 2 C. Eine mangelhafte Zustellung kann nur im Streitverfahren heilen. Denn § 295 gilt nicht im Mahnverfahren, § 295 Anm 1 A, aM ThP 1, ZöV I 1.

Einen unzulässigen, aber ordnungsgemäß zugestellten Mahnbescheid kann nur der Widerspruch beseitigen, da eine staatliche Maßnahme ergangen ist; Beschwerde ist auch hier unstatthaft. Über das Verbot einer öffentlichen Zustellung und einer Zustellung im Ausland vgl § 688 II, III. Es ist nicht erforderlich, einen besonderen Zustellungsbevollmächtigten zu benennen, weil kein Fall des § 175 vorliegt.

Wenn das Gericht freilich trotzdem einen Vollstreckungsbescheid erläßt und diesen ordnungsgemäß zustellt, dann kann der Vollstreckungsbescheid rechtskräftig werden.

B. Anhängigkeit. Die Zustellung des Mahnbescheids macht die Sache anhängig, aber nicht rechtshängig (letzteres geschieht erst gemäß § 696 III), BGH **LM** § 847 BGB Nr 50 (Begriffe § 261 Anm 1 A). Darum läßt das Mahnverfahren keine Streithilfe, keine Einmischungsklage, § 64, und keine Widerklage zu. Wohl aber treten mit der Zustellung des Mahnbescheids die sachlichrechtlichen Wirkungen der Rechtshängigkeit ein, soweit: **a)** das Gesetz sie gerade an diese Zustellung knüpft. Dies gilt für die Unterbrechung der Verjährung, den Eintritt des Verzugs, §§ 209 II Z 1, 284 I BGB. Über die Dauer der Unterbrechung §§ 211ff BGB und BGH **55**, 212 sowie BGH **52**, 50; **b)** jede gerichtliche Geltendmachung genügt. Dies gilt auch bei § 847 BGB, Düss MDR **74**, 403, Hbg VerkMitt **75**, 6, Stgt NJW **72**, 1900 (Anm Weyer 2271). Dabei ist eine ordnungsgemäße Zustellung Voraussetzung, Hamm MDR **76**, 222, Köln VersR **75**, 1156, Mü VersR **75**, 1157 je mwN, vgl Karlsr MDR **75**, 757, LG Oldb Rpfleger **83**, 118, aM zB Schlesw SchlHA **73**, 153, vgl Köln NJW **76**, 1213 mwN (die Einreichung des Antrags genüge), krit BGH **LM** § 847 BGB mwN (dies gelte jedenfalls bei § 696 III). Doch tritt eine Mängelheilung nach § 295 im streitigen Verfahren wie bei einer Klage ein. Damit wird die Zustellung voll wirksam. Vgl dazu §§ 253 Anm 2 C, 295 Anm 1 B.

C. Wegfall der Zustellungswirkung. Die Zustellungswirkung entfällt in jedem der folgenden Fälle:

a) Fristablauf; Verweigerung des Vollstreckungsbescheids. Die Zustellungswirkung entfällt mit dem Ablauf der Frist des § 701 S 1 oder mit einer endgültigen Verweigerung des Vollstreckungsbescheids, §§ 701 S 2 ZPO, 213 S 2 BGB.

b) Antragsrücknahme. Die Zustellungswirkung entfällt auch mit der Rücknahme des Antrags auf Erlaß des Mahnbescheids, vgl §§ 213 S 1, 212a BGB. Vgl § 690 Anm 2 D.

2) Rückbeziehung der Zustellung, II. A. Grundsatz. Diese Wirkung ist mit derjenigen des § 270 III fast gleich; vgl daher § 270 Anm 4. Es gilt folgender Grundsatz: Der Antragsteller soll bei der Verfolgung seines Rechts durch einen nach § 690 wirksamen Mahnantrag keine zusätzlichen Schwierigkeiten durch Verfahrensvorschriften haben. Er soll bei Verzögerungen geschützt werden, die sich außerhalb seines Einflusses ereignen (dies ist zu seinen Gunsten großzügig auszulegen), BGH NJW **79**, 1710, NJW **81**, 876 und (8. ZS) NJW **82**, 172, Raudszus NJW **83**, 668 je mwN, abw BGH (7. ZS) **75**, 312 mwN. Der Antragsteller soll aber nicht mehr geschützt werden, wenn eine mehr als geringfügige Verzögerung vorliegt, die vom Antragsteller oder von seinem ProzBev hätte vermieden werden können, BGH **LM** Nr 4. Eine Rechtsunkenntnis des Rpfl kann das Verschulden der Partei ausschließen, BGH VersR **83**, 776; freilich wird sie dadurch nicht automatisch von jeder Mitverantwortung befreit.

B. Demnächstige Zustellung. Die Zustellung muß „demnächst" geschehen. Eine verspätete Gebührenzahlung enthält die Wiederholung des Antrags auf Erlaß des Mahnbescheids. Daher ist die Frist gewahrt, wenn die Gebühr vor dem Ablauf der Verjährungsfrist gezahlt wird und wenn demnächst eine Zustellung erfolgt, auch wenn der alte Antrag 1 Jahr zurückliegt, BGH **52**, 50.

Es kann ausreichen: Der Eingang des Antrags am letzten Tag der Verjährungsfrist, wenn der Mahnbescheid 10 Tage später zugestellt wird, BGH **55**, 212; wenn er 3 Wochen später zugestellt wird, falls insofern nur ein geringes Verschulden des Antragstellers vorliegt, wenn dieser zB einen Vornamen nicht angegeben hat, obwohl die Nämlichkeit des Antragsgegners feststeht, Schlesw SchlHA **73**, 154, oder wenn er den Antrag bei einem unzuständigen Gericht kurz vor einer gesetzlichen Neuregelung einreichte, BGH **86**, 322. Eine Einreichung erfordert nur den Eingang bei der Posteinlaufstelle, nicht bei der Mahnabteilung, BVerfG **52**, 203

Eine Zustellung erst 4 Wochen nach dem Eingang des Antrags infolge einer nicht unerheblichen Nachlässigkeit des Antragstellers, etwa wegen einer falschen Anschrift ist kurz vorm Eintritt der Verjährung eingereichten Antrag, ist evtl nicht mehr „demnächst", BGH **LM** Nr 4, LG Ffm DB **76**, 2059, vgl aber auch BGH **86**, 322. Eine verschuldete Säumnis zwischen der Einreichung des Antrags und dem Ablauf der Verjährungsfrist ist unschädlich, sofern der Antragsteller an der Verzögerung zwischen dem Fristablauf und dem Zeitpunkt der Zustellung schuldlos ist, etwa wegen einer objektiv nicht gebotenen Rückfrage des Rpfl, BGH **LM** § 261 aF Nr 16, LG Karlsr AnwBl **83**, 178, oder sofern die Verzögerung nur ganz geringfügig ist und Belange des Antragsgegners nicht ernstlich beeinträchtigt, BGH NJW **81**, 876 mwN.

Bei einer Einziehungsermächtigung ist diese im Antrag anzugeben, BGH **LM** § 50 Nr 26, vgl aber wegen einer Sicherungsabtretung BGH NJW **78**, 698. Es schadet nicht unbedingt, daß der Antragsteller die Gebühr erst nach dem Ablauf der Verjährung vorweggeleistet hat. Denn eine Einzahlung des Vorschusses schon im Zeitpunkt der Einreichung des Antrags ist trotz § 65 III 1 GKG, § 271 Anh, nicht erforderlich, vgl BGH NJW **72**, 1948, Düss MDR **81**, 591 mwN. Notwendig ist aber eine Zahlung in einer den Umständen nach angemessenen Frist ohne eine besondere Verzögerung, § 270 Anm 4. Das darf nicht zu eng aufgefaßt werden. Daher schadet eine kurzfristige Zurückstellung der Einzahlung der Gebühr nicht, wenn eine gütliche Regelung aussichtsreich scheint, BGH NJW **60**, 1952.

Andererseits darf der Antragsteller aber die Zahlung auch dann, wenn er vom Gericht noch keine Zahlungsaufforderung erhalten hat, jedenfalls dann nicht mehr zurückhalten, wenn er die Höhe des Vorschusses schon selbst berechnet und im Antragsvordruck an der dafür vorgesehenen Stelle eingetragen hatte, Düss MDR **81**, 591.

Eine demnächst erfolgende richtige Zustellung wirkt zurück, auch sachlichrechtlich und auch nach dem Ablauf der Verjährungsfrist. Die Zustellung ist nur mit den Beschränkungen des Mahnverfahrens zulässig. Es sind also eine öffentliche Zustellung und grundsätzlich eine Zustellung im Ausland nicht ausreichend, § 688 II, III (dort auch wegen der Ausnahmen). Wenn trotz einer unterbliebenen oder mangelhaften Zustellung des Mahnbescheids ein Vollstreckungsbescheid erlassen und rechtskräftig wird, dann tritt die Wirkung der Zustellung des Mahnbescheids erst mit der Rechtskraft des Vollstreckungsbescheids und nur für die Zukunft ein.

Die Rückwirkung nach II entfällt im Fall des § 701 sowei bei einer wirksamen Rücknahme des Mahnantrags, § 690 Anm 2 D.

3) Mitteilung, III. Der Urkundsbeamte der Geschäftsstelle teilt dem Antragsteller bzw seinem ProzBev, § 176 Anm 2, unverzüglich nach dem Eingang der Zustellungsurkunde die Zustellung des Mahnbescheids von Amts wegen formlos mit. Es genügt dabei die Angabe des Zustellungstages. Die Mitteilung ist notwendig, weil der Antragsteller sich den Ablauf der Widerspruchsfrist ausrechnen muß, um den Antrag auf den Erlaß des Vollstreckungsbescheids nicht unzulässig verfrüht zu stellen, § 699 Anm 2 D b, und weil er auch die Frist des § 701 S 1 soll berechnen können, weil aber die Zustellungsurkunde im Original bei den Akten bleibt. Die Mitteilung ist auch dann notwendig, wenn eine Zustellung nicht möglich war nach § 688 II, III möglich wäre, damit er dann die richtige Anschrift ermitteln und einreichen kann.

Eine Mitteilung auch der Dauer oder des Ablaufs der Widerspruchsfrist des § 692 I Z 3 ist nicht notwendig, aM ThP 3, und schon zur Vermeidung einer Amtshaftung für den Fall einer falschen Berechnung keineswegs ratsam.

4) Unterbrechung und Aussetzung. A. Unerheblichkeit der Rechtshängigkeit. Eine Unterbrechung oder Aussetzung des Mahnverfahrens setzt keine Rechtshängigkeit voraus. Die Anwendbarkeit der Vorschriften zur Unterbrechung und Aussetzung des Prozeßverfahrens ergibt sich aus der Notwendigkeit, die Parteirechte zu wahren, zumal die Rechtshängigkeit erst mit der Abgabe der Sache nach einem Widerspruch des Antragsgegners eintritt, § 696 III. Jedoch ist die Anwendbarkeit der §§ 239ff, BGH NJW **74**, 494, durch die Zustellung des Mahnbescheids bedingt. Das Verfahren nach dem Eingang des Widerspruchs des Antragsgegners ist ein streitiges Verfahren.

B. Eintritt vor der Zustellung des Mahnbescheids. Es sind folgende Fälle zu unterscheiden:

a) Tod. Hier gilt folgendes:

aa) Tod des Antragstellers. Der Mahnbescheid darf nicht mehr erlassen werden; die Zustellung ist unwirksam, AG Köln Rpfleger **69**, 250, sofern nicht der ProzBev den Antrag gestellt hat, § 86. Freilich ist eine Umschreibung auf die Erben ohne neuen Mahnantrag zulässig, und anschließend kann man diesen Bescheid wirksam zustellen.

bb) Tod des Antragsgegners. Der Gläubiger kann den Mahnbescheid auf die Erben umschreiben lassen. Maßgeblich ist dann die Zustellung an die Erben, RoS § 165 III 6, ThP III 2 a vor § 688, ZöV IV 2 b vor § 688, aM StJSchl § 692 Rdz 11 (es sei ein neuer Mahnantrag nötig).

b) Konkurs. Hier gilt folgendes:

aa) Konkurs des Antragstellers. Die Zustellung ist für die Konkursmasse bedeutungslos, aM ThP 4a vor § 688.

bb) Konkurs des Antragsgegners. Die Zustellung, auch an den Konkursverwalter, ist unzulässig und für die Konkursmasse bedeutungslos. Der Gläubiger muß die Forderung zur Konkurstabelle anmelden, evtl Feststellungsklage erheben.

Ein Verfahren im Sinne des §§ 239ff fehlt bei a und b; darum kann keine Unterbrechung eintreten. Eine Aussetzung ist nicht möglich.

C. Eintritt nach der Zustellung des Mahnbescheids, aber vor dem Erlaß des Vollstreckungsbescheids oder vor einer sonstigen Beendigung des Mahnverfahrens. Es sind folgende Fälle zu unterscheiden:

a) Tod. Hier gilt folgendes:

aa) Tod des Antragstellers. Es tritt eine Unterbrechung ein, § 239. Die Aufnahme des Verfahrens erfolgt durch den Erben. Eine mündliche Verhandlung findet nicht statt. Das Ziel ist eine Unterwerfung unter den Mahnbescheid. Darum ist nur eine Aufforderung zuzustellen, den Erben zu befriedigen oder zu widersprechen, vgl LG Aachen Rpfleger **82**, 72 mwN.

bb) Tod des Antragsgegners. Hier gilt das zu aa Ausgeführte entsprechend.

b) Konkurs. Hier gilt folgendes:

aa) Konkurs des Antragstellers. Vgl § 10 KO. Es tritt eine Unterbrechung ein. Die Aufnahme erfolgt durch den Konkursverwalter.

bb) Konkurs des Antragsgegners. Es tritt ebenfalls eine Unterbrechung ein. Eine Aufnahme nach § 240 ist nicht möglich, wie die §§ 688 I ZPO, 146 KO zeigen. Es ist eine Anmeldung zur Konkurstabelle erforderlich. Bei einem Widerspruch im Prüfungstermin bleibt nach Jaeger-Weber § 146 KO Anm 27 nur ein selbständiger Feststellungsprozeß zulässig. Die Anmeldung wirkt wegen der Fristwahrung zurück, so daß die Vorteile des II usw nicht endgültig verloren sind.

c) Sonstige Fälle. In Betracht kommt zB eine Gesamtrechtsnachfolge durch eine Umwandlung nach dem UmwG. Dieser Fall ist wie der Tod zu behandeln, LG Aachen Rpfleger **82**, 72 mwN.

694

Widerspruch. [I] Der Antragsgegner kann gegen den Anspruch oder einen Teil des Anspruchs bei dem Gericht, das den Mahnbescheid erlassen hat, schriftlich Widerspruch erheben, solange der Vollstreckungsbescheid nicht verfügt ist.

[II] Ein verspäteter Widerspruch wird als Einspruch behandelt. Dies ist dem Antragsgegner, der den Widerspruch erhoben hat, mitzuteilen.

1) Widerspruch, I, A. Einlegung. Der Widerspruch ist eine Parteiprozeßhandlung, Grdz 5 B vor § 128. Er der einzige Rechtsbehelf des Antragsgegners gegen den Mahnbescheid. Das hebt § 11 V 2 RPflG, Anh § 153 GVG, nochmals ausdrücklich hervor, da sonst gegen die Entscheidungen des Rpfl Erinnerung gegeben ist.

Der Widerspruch ist auch gegen einen abtrennbaren Teil des Mahnbescheids statthaft, auch gegen Nebenforderungen oder nur gegen die Kosten, § 93. Wegen des Widerspruchs im Urkunden- usw Mahnverfahren nur zwecks Vorbehalts der Rechte im Nachverfahren § 703a Anm 2. Soweit unklar ist, gegen welchen Teil des Mahnbescheids sich der Widerspruch richtet, muß der Rpfl dem Antragsgegner eine Gelegenheit zur Klarstellung geben, BGH **85**, 366. Bis zur Klarstellung ist der Widerspruch als unbeschränkt eingelegt zu behandeln, BGH **85**, 366.

Der Widerspruch braucht nicht ausdrücklich genannt zu werden. Es ist ausreichend, aber auch nötig, daß man den Widerspruchswillen eindeutig zum Ausdruck bringt. Der Widerspruch muß schriftlich erfolgen. Eine Unterschrift ist allerdings dann entbehrlich, wenn an der Person des den Vordruck ausfüllenden Antragsgegners kein Zweifel besteht, Oldb MDR **79**, 588, ThP 1a, jetzt auch ZöV II 1, aM StJSchl 2. Unter dieser Voraussetzung ist deshalb auch eine Faksimileunterschrift ausreichend.

Die Benutzung eines Vordrucks, § 703c Anm 1, ist nach § 692 I Z 5 nur empfohlen, also entgegen § 703c II nicht notwendig, Crevecœur NJW **77**, 1321, vgl § 692 Anm 2 A e. Der Widerspruch kann auch telegrafisch, fernschriftlich usw eingelegt werden, § 129 Anm 1 C, D, nicht aber telefonisch, Crevecœur NJW **77**, 1321. Der Widerspruch kann auch zu Protokoll jeder Geschäftsstelle eingelegt werden, §§ 129a, 702. Auch dies führt ja zur Schriftlichkeit. Freilich ist der Widerspruch in solchem Fall erst mit dem Eingang bei demjenigen Gericht wirksam, das den Mahnbescheid erlassen hat, I, § 129a II. Wegen etwa mitzuliefernder Abschriften vgl § 695 Anm 2. Ein Vertreter braucht seine Vollmacht nur zu versichern, nicht nachzuweisen, § 703.

Wenn der Antragsgegner die Zahlungspflicht nicht bestreitet, wohl aber erklärt, zur Zeit nicht zahlen zu können, dann wird ihm der Rpfl nahe legen, den Widerspruch entweder nicht einzulegen oder ihn zurückzunehmen, und wird dabei auf ein Zahlungsabkommen in Raten usw hinwirken. Gebühr: Des Anwalts § 43 I Z 2 BRAGO.

Bei einer notwendigen Streitgenossenschaft wirkt ein Widerspruch für die anderen Antragsgegner; sonst muß jeder für sich Widerspruch einlegen.

Man kann mit dem Widerspruch den Antrag auf die Durchführung des streitigen Verfahrens verbinden, den ja auch der Antragsgegner des Mahnverfahrens stellen kann, § 696 I 1.

B. Frist. Über die Widerspruchsfrist vgl § 692 Anm 4. Da die Widerspruchsfrist keine Ausschlußfrist ist, kann der Widerspruch solange nachgeholt werden, bis der Urkundsbeamte der Geschäftsstelle den Vollstreckungsbescheid in den Geschäftsgang gegeben hat. Erst mit dieser Hinausgabe ist der Vollstreckungsbescheid ja verfügt worden, § 329 Anm 4 A, BGH NJW **82**, 89 und Rpfleger **83**, 76. Bei einer maschinellen Bearbeitung ist wohl die letzte Eingabe in die Maschine maßgeblich. § 694 denkt an die bindende Verfügung. Solange der Rpfl den Vollstreckungsbescheid nur unterschrieben hat, was auch bei einer maschinellen Bearbeitung im Original notwendig ist, liegt nur ein innerer Vorgang des Gerichts vor, der frei abänderlich ist.

Für die Rechtzeitigkeit des Widerspruchs reicht der Eingang bei demjenigen Gericht, das den Mahnbescheid erlassen hat, aus und ist der Eingang in der Mahnabteilung dieses Gerichts nicht erforderlich, BGH NJW **82**, 889.

C. Begründung. Der Antragsgegner ist zwar nicht schon nach dem Wortlaut des § 694 zur Begründung des Widerspruchs verpflichtet. Im Unterlassen einer Begründung kann aber ein Verstoß gegen § 282 mit der Folge liegen, daß das Gericht eine Begründung des Klagabweisungsantrags schon im ersten Verhandlungstermin nach § 296 II als verspätet zurückweisen kann und muß. Ob, in welchem Umfang und wann der Widerspruch begründet werden sollte, richtet sich nach den Fallumständen, zB nach Art und Umfa;+g sowie Genauigkeit der vorprozessual gewechselten Argumente. Außerdem kann man durch eine Widerspruchsbegründung den Kläger wegen §§ 282 II, 697 I 1 zwingen, in seiner Anspruchsbegründung zwecks Vermeidung einer Zurückweisung wegen Verspätung, § 296, auf die Argumente des Bekl bereits unter etwaigen (Gegen-)Beweisantritt einzugehen. Das alles übersieht Ffm AnwBl **81**, 161 mit dem nur bei isolierter Kostenbetrachtung richtigen Hinweis auf die Anwaltspflicht, kostensparend vorzugehen. Die Anwaltspflicht zur Beachtung der Prozeßförderungspflicht hat den Vorrang.

D. Weitere Einzelfragen. Ein Verzicht auf die Einlegung des Widerspruchs ist nach der Zustellung des Mahnbescheids zulässig, gemäß § 702 auch formlos. Ein vorheriger Verzicht kann als ein Schuldanerkenntnis nach § 781 BGB Bedeutung haben. Die Zurücknahme des Widerspruchs ist gemäß § 697 IV zulässig, dort Anm 5. § 703 ist anwendbar, solange das Mahnverfahren noch nicht beendet ist, § 696 Anm 2 B. Sobald der Antragsgegner auf den

Widerspruch wirksam verzichtet oder ihn wirksam zurückgenommen hat, muß das Gericht einem etwa bereits vorliegenden Antrag auf den Erlaß eines Vollstreckungsbescheids unverzüglich stattgeben, also auch schon vor dem Ablauf der Widerspruchsfrist.

Ein Widerspruch gegen eine Abzahlungsforderung, § 6a AbzG, § 29 Anh, ist jetzt wie ein Widerspruch gegen eine sonstige Forderung zu behandeln; § 6a III AbzG aF ist durch die VereinfNov weggefallen.

Wegen der Benachrichtigung des Antragstellers § 695 Anm 1. Wegen der Beifügung von Abschriften § 695 Anm 2.

2) Widerspruchswirkung. Ein Vollstreckungsbescheid ergeht nicht mehr. Das Gericht wartet den etwa noch fehlenden Antrag auf ein streitiges Verfahren nach § 696 I 1 ab, gibt nach seinem Eingang die Akten nach § 696 ab oder legt sie nach 6 Monaten weg, § 7 Z 3 c AktO. Beim Teilwiderspruch kann wegen des Rests Vollstreckungsbescheid ergehen.

3) Verspäteter Widerspruch, II. Ein solcher ist als ein Einspruch nach § 700 III zu behandeln, S 1. Der verspätete Widerspruch wird also nicht besonders zurückgewiesen. Da der Einspruch automatisch in das streitige Verfahren führt, § 700 II, III, BayObLG Rpfleger **80**, 436, der Widerspruch dagegen nur auf Antrag einer Partei eine solche Wirkung hat, § 696 I 1, kann eine Umdeutung des verspäteten Widerspruchs in einen Einspruch dem Interesse des Antragsgegners entgegenlaufen. Daher muß der Urkundsbeamte der Geschäftsstelle die Umdeutung dem Antragsgegner, der den Widerspruch erhoben hat (also nicht einem anderen Antragsgegner, Ausnahmen bestehen bei notwendigen Streitgenossen), von Amts wegen unverzüglich formlos mitteilen, S 2, damit jener den Widerspruch zurücknehmen kann, ehe weitere Kosten entstehen. Dagegen erteilt der Rpfl dem Antragsgegner keine Bescheinigung darüber, daß dieser rechtzeitig Widerspruch eingelegt habe. Wegen der Mitteilung an den Antragsteller vgl § 695.

II ist entsprechend anwendbar, soweit der Vollstreckungsbescheid erlassen worden ist, obwohl vorher ein Widerspruch eingegangen (und nicht rechtzeitig bis zum Rpfl gelangt oder von diesem übersehen oder gar übergangen worden) war, BGH **85**, 364 mwN.

695

Nachricht an Antragsteller. Das Gericht hat den Antragsteller von dem Widerspruch und dem Zeitpunkt seiner Erhebung in Kenntnis zu setzen. Wird das Mahnverfahren nicht maschinell bearbeitet, so soll der Antragsgegner die erforderliche Zahl von Abschriften mit dem Widerspruch einreichen.

1) Mitteilung an den Antragsteller, S 1. A. Inhalt. Das Gericht teilt dem Antragsteller bzw seinem gesetzlichen Vertreter oder ProzBev, am besten unter Übersendung einer Widerspruchskopie oder -abschrift, folgende Einzelheiten mit:

a) Tatsache des Widerspruchs. Die Mitteilung geht dahin, daß der Antragsgegner Widerspruch erhoben hat.

b) Zeitpunkt des Eingangs. Die Mitteilung geht ferner dahin, wann der Widerspruch bei demjenigen Gericht eingegangen ist, das den Mahnbescheid erlassen hat.

c) Rechtzeitigkeit; Umdeutbarkeit. Die Mitteilung erstreckt sich schließlich darauf, ob der Widerspruch rechtzeitig eingegangen ist oder ob er in einen Einspruch umgedeutet werden kann, § 694 II.

B. Verfahren. Zuständig ist der Urkundsbeamte der Geschäftsstelle. Er muß sich wegen c evtl mit dem Rpfl oder dem Richter verständigen. Die Mitteilung muß unverzüglich erfolgen. Sie kann formlos, auch telefonisch geschehen, aM ThP (sie sei schriftlich vorzunehmen). In diesen Fällen ist ein Aktenvermerk notwendig. Sie hat unabhängig vom weiteren Schicksal des Widerspruchs bzw des Einspruchs zu erfolgen. Es reicht aus, wenn sie zugleich mit der Mitteilung von der Abgabe nach § 696 I 3 erfolgt, sofern die Abgabe unverzüglich geschieht. Wenn die Mitteilung versagt wird, ist § 576 I anwendbar.

2) Abschriften, S 2. Sie soll, nicht muß, der Antragsgegner bei einer nicht maschinellen Bearbeitung des Mahnverfahrens (dazu § 703b) in der erforderlichen Zahl einreichen, also je ein Exemplar für den Antragsteller und für jeden von dessen ProzBev (nicht aber für den oder die gesetzlichen Vertreter), und zwar zugleich mit dem Widerspruch. Wenn der Antragsgegner dies unterläßt, bleibt der Widerspruch wirksam. Es entsteht jedoch die Kostenfolge des KV 1900 Z 1 b.

696 *Abgabe. Antragsrücknahme. Verweisung.* I Wird rechtzeitig Widerspruch erhoben und beantragt eine Partei die Durchführung des streitigen Verfahrens, so gibt das Gericht, das den Mahnbescheid erlassen hat, den Rechtsstreit von Amts wegen an das Gericht ab, das in dem Mahnbescheid gemäß § 692 Abs. 1 Nr. 1 bezeichnet worden ist. Der Antrag kann in den Antrag auf Erlaß des Mahnbescheids aufgenommen werden. Die Abgabe ist den Parteien mitzuteilen; sie ist nicht anfechtbar. Mit Eingang der Akten bei dem Gericht, an das er abgegeben wird, gilt der Rechtsstreit als dort anhängig. § 281 Abs. 3 Satz 1 gilt entsprechend.

II Ist das Mahnverfahren maschinell bearbeitet worden, so tritt an die Stelle der Akten ein maschinell erstellter Aktenausdruck. Für diesen gelten die Vorschriften über die Beweiskraft öffentlicher Urkunden entsprechend.

III Die Streitsache gilt als mit Zustellung des Mahnbescheids rechtshängig geworden, wenn sie alsbald nach der Erhebung des Widerspruchs abgegeben wird.

IV Der Antrag auf Durchführung des streitigen Verfahrens kann bis zum Beginn der mündlichen Verhandlung des Antragsgegners zur Hauptsache zurückgenommen werden. Die Zurücknahme kann vor der Geschäftsstelle zu Protokoll erklärt werden. Mit der Zurücknahme ist die Streitsache als nicht rechtshängig geworden anzusehen.

V Das Gericht, an das der Rechtsstreit abgegeben ist, ist hierdurch in seiner Zuständigkeit nicht gebunden. Verweist es den Rechtsstreit an ein anderes Gericht, so werden auch die Kosten des Mahnverfahrens als Teil der Kosten behandelt, die bei dem im Verweisungsbeschluß bezeichneten Gericht erwachsen. Erfolgt die Verweisung, weil das Gericht, an das verwiesen wird, ausschließlich zuständig ist, so findet § 281 Abs. 3 Satz 2 auf die im Verfahren vor dem verweisenden Gericht entstandenen Mehrkosten keine Anwendung.

1) Allgemeines. Ein nach §§ 692 I Z 3, 694 rechtzeitig eingelegter Widerspruch des Antragsgegners gegen den Mahnbescheid führt dann, wenn eine der Parteien nunmehr den Antrag auf Durchführung des streitigen Verfahrens stellt, in dieses Streitverfahren, BGH NJW **81**, 1551. Diesen Übergang regeln die §§ 696, 698, während § 697 die anschließenden Maßnahmen des Streitgerichts bestimmt.

Die Überleitung in das streitige Verfahren vollzieht sich durch eine Abgabe von Amts wegen an dasjenige Gericht, das der Antragsteller in seinem Antrag auf Erlaß des Mahnbescheids als für das streitige Verfahren sachlich und örtlich zuständig bezeichnet hat, Schlesw SchlHA **81**, 72, und das vom Gericht entsprechend im Mahnbescheid bezeichnet worden ist, § 690 I Z 5 (bei einer Auslandsberührung in Verbindung mit § 703 d II, III), § 692 I Z 1.

Das so bezeichnete Gericht ist jedoch in seiner Zuständigkeit nicht gebunden; es kann und muß evtl die Sache an ein anderes Gericht verweisen, V. Das Verfahren kann also von dem Gericht des Mahnverfahrens über das Gericht, an das die Akten abgegeben wurden, an dasjenige Gericht gelangen, an das nunmehr verwiesen wurde, und unter Umständen bei einer Weiterverweisung sogar noch an ein weiteres Gericht, bevor endlich im streitigen Verfahren ein Verhandlungstermin bestimmt werden darf. Wegen des arbeitsgerichtlichen Mahnverfahrens vgl § 46a IV, V ArbGG, dazu BAG NJW **82**, 2792.

2) Abgabe, I. A. Voraussetzungen. Die Abgabe erfolgt unter folgenden Voraussetzungen:

a) Widerspruch. Es muß ein wirksamer Mahnbescheid vorliegen, § 693 Anm 1 A a. Der Antragsgegner muß gegen ihn grds rechtzeitig Widerspruch eingelegt haben, §§ 692 I Z 3, 694. Andernfalls müßte ja auf Antrag der Vollstreckungsbescheid ergehen, § 699. Wenn der Widerspruch freilich zwar verspätet, aber vor dem Erlaß eines Vollstreckungsbescheids eingeht, darf der Rpfl den Vollstreckungsbescheid trotz eines etwa schon entscheidungsreifen Antrags nicht mehr erlassen. Wenn sich erst im Mahnverfahren vor einem Widerspruch herausstellt, daß eine öffentliche Zustellung erfolgen muß, dann darf die Sache nicht verwiesen werden; das Mahnverfahren ist vielmehr erledigt, LG Karlsr MDR **80**, 236, aM zB LG Ffm Rpfleger **80**, 304, StJSchl § 688 Anm III 7, jetzt auch ZöV § 688 Anm III 3. Nur das Vorliegen des Widerspruchs ist zu prüfen. Etwaige Formfragen, § 694 Anm 1 A, sind erst bei dem Gericht zu prüfen, an das die Sache abgegeben bzw anschließend verwiesen worden ist.

b) Antrag auf streitiges Verfahren. Eine der beiden Parteien muß beantragt haben, das streitige Verfahren durchzuführen. Es ist unerheblich, ob dieses Ersuchen vom Antragsteller oder vom Antragsgegner stammt. Der Antrag liegt nicht automatisch im Widerspruch.

§ 696 2, 3

Denn der Antragsgegner will evtl noch abwarten, ob der Antragsteller nunmehr überhaupt noch das streitige Verfahren wünscht. Deshalb ordnet das Gericht beim Eingang eines bloßen Widerspruchs zunächst nur Maßnahmen gemäß § 695 S 1 an. Das Gericht fragt auch nicht etwa von Amts wegen beim Antragsgegner an, ob er (auch) den Antrag auf die Durchführung des streitigen Verfahrens stelle oder ob sein Widerspruch in diesem Sinne auszulegen sei.

Eine solche Anfrage ist nur dann ratsam, wenn die Eingabe des Antragsgegners es immerhin als möglich erscheinen läßt, daß er auch die Durchführung des streitigen Verfahrens wünscht. Ein Antrag auf Durchführung des streitigen Verfahrens kann auch in einem Antrag „auf Anberaumung einer mündlichen Verhandlung" oder in einer ähnlichen Formulierung liegen. Er ist schon im Antrag auf Erlaß des Mahnbescheids zulässig, I 2. Es besteht keine Hinweispflicht des Gerichts von Amts wegen, daß ein Antrag auf Durchführung des streitigen Verfahrens noch fehle. Eine solche Pflicht besteht auch nicht bei einer Mitteilung gemäß § 695.

Ein besonderer Antrag auf eine Abgabe ist nicht erforderlich; es genügt ein Antrag auf die Durchführung des streitigen Verfahrens. Er bedarf keiner Form, § 702, und einer Vollmacht nur in der Form einer Versicherung nach § 703 S 2. Man kann ihn bei jedem AG stellen, § 129 a I. Wirksam wird er aber erst beim Eingang in der Posteinlaufstelle desjenigen Gerichts, das den Mahnbescheid erlassen hat, § 129 a II 2. Er ist unter den Voraussetzungen IV zurücknehmbar, Anm 4.

c) Zahlung der Gebühren. Die Zahlung der Gebühr für das Mahnverfahren muß erfolgt sein, ebenso die Zahlung der erforderten (nicht der erforderlichen) Verfahrensgebühr (½, KV 1005) und der Auslagen für die Ladung und die Zustellung oder Fristsetzung, § 65 I 2 GKG, § 271 Anh, dort Anm 4 B. Das gilt aber nur, wenn der Antragsteller die Abgabe beantragt. Das verlangt der Text ausdrücklich. Es besteht also keine Vorwegleistungspflicht, wenn nicht der Antragsteller, sondern der Antragsgegner die Durchführung des streitigen Verfahrens begehrt. Freilich ist der Antragsgegner Gebührenschuldner, vgl § 49 I GKG. Wenn das Gericht die Sache nach V verweist, besteht keine Vorwegleistungspflicht.

B. Verfahren. Die Abgabe erfolgt unverzüglich nach dem Vorliegen der Voraussetzungen a–c durch eine Verfügung oder einen Beschluß des Rpfl, § 20 I Z 1 RPflG, § 153 GVG Anh. Diese Entscheidung bildet auch bei einer maschinellen Bearbeitung die Grundlage, II, § 703b. Die Abgabe erfolgt stets an dasjenige Gericht, das in dem Mahnbescheid gemäß § 692 I Z 1 bezeichnet worden ist, evtl also an die Prozeßabteilung bzw Abteilung für Familiensachen desselben AG. Das abgebende Gericht prüft weder weitere Zuständigkeitsfragen, Ffm AnwBl **80**, 198, noch gar die Schlüssigkeit des Anspruchs, BayObLG Rpfleger **80**, 436, Büchel NJW **79**, 947. Wenn mehrere Antragsgegner unterschiedliche Gerichtsstände haben, ist eine Verfahrenstrennung durchzuführen, Hamm Rpfleger **83**, 177 mwN, Vollkommer Rpfleger **77**, 143.

Die Abgabe, also bereits die Entscheidung des Rpfl, ist schlechthin unanfechtbar, I 3, Musielak FamRZ **81**, 928 mwN. Es ist also weder die Beschwerde noch die Erinnerung nach § 11 I 2 RPflG statthaft. Deshalb ist eine Begründung entbehrlich, § 329 Anm 1 A b bb. Es ist keineswegs eine Zurückgabe oder „Zurückverweisung" zulässig. Jedoch kann jeder Beteiligte die Berichtigung offenbarer Schreibfehler anregen; § 319 gilt entsprechend. Das Gericht teilt die Abgabe formlos, ThP 2 c, ZöV II 2, aM Mü MDR **80**, 501, beiden Parteien unabhängig davon mit, wer die Durchführung des streitigen Verfahrens beantragt hatte. Die Akten, bei einer maschinellen Bearbeitung der Aktenausdruck, der gemäß §§ 415, 417, 418 Beweiskraft hat, II 2, sind an das nunmehr zunächst durch die Abgabe örtlich und sachlich zuständig werdende Gericht zu senden. Dies kann ein AG oder ein LG sein.

Mit dem Akteneingang, ThP 2 e, ZöV III, aM Mü MDR **80**, 501 (mit der Mitteilung der Abgabe), endet das Mahnverfahren, § 703 Anm 1, und gilt der Rechtsstreit als dort anhängig, I 4, nicht schon rechtshängig (die Rechtshängigkeit tritt erst gemäß III ein), und zwar unabhängig davon, wieviel Zeit zwischen dem Widerspruch und der Abgabe verstrichen ist. Die bisherigen Kosten werden ein Teil derjenigen Kosten, die vor dem Gericht erwachsen, an das die Sache abgegeben wurde, I 5 iVm § 281 III 1, dort Anm 4 A a. Von jetzt an ist nicht mehr der Rpfl, sondern der Richter zuständig, Mü Rpfleger **83**, 288. Eine weitere Abgabe ist als solche unzulässig, Büchel NJW **79**, 947. Die Parteien heißen nun Kläger und Bekl.

3) Rechtshängigkeit, III. A. Grundsatz. Sie gilt als mit der Zustellung des Mahnbescheids eingetreten, wenn die Abgabe alsbald nach dem Eingang des Widerspruchs beim

AG des Mahnverfahrens erfolgt. Bei einem Widerspruch vor einem anderen AG, § 129a I, ist erst der Eingang beim AG des Mahnverfahrens maßgeblich, § 129a II 2. Es ist unerheblich, ob die 2-Wochen-Frist des § 692 I Z 3 eingehalten wurde. Wenn freilich inzwischen der Vollstreckungsbescheid erlassen worden war, § 694 Anm 1 B, dann ist eine Umdeutung in einen Einspruch vorzunehmen, § 694 II, und dann tritt die Rechtshängigkeit gemäß § 700 II ein.

Vom Zeitpunkt der Rechtshängigkeit an ist keine Zuständigkeitsvereinbarung mehr zulässig, Üb 1 B vor § 38.

B. Rückbeziehung. a) Alsbaldige Abgabe. Das Wort „alsbald" ist ebenso zu verstehen wie das Wort „demnächst" in §§ 270 III, 693 II, vgl auch BGH ZZP **91**, 315 (zum alten Recht). Vgl daher zunächst § 270 Anm 4 A, B. Eine alsbaldige Abgabe liegt also zB nicht mehr nach fast 4 Monaten vor, LG Köln NJW **78**, 650, erst recht nicht nach sechs Monaten, Mü MDR **80**, 501, oder gar nach zehn Monaten, BayObLG MDR **83**, 322. Zum Begriff der Rechtshängigkeit § 261 Anm 1 A. Die Rückwirkung erfolgt nur auf den Zeitpunkt der Zustellung des Mahnbescheids; bei § 693 II erfolgt die Rückwirkung auf den Zeitpunkt der Einreichung oder der Anbringung des Antrags auf den Erlaß des Mahnbescheids. Über die sachlichrechtlichen Wirkungen § 693 Anm 1 B.

b) Nicht alsbaldige Abgabe. Wenn das Gericht die Sache nicht alsbald abgibt, dann tritt die Rechtshängigkeit entgegen ThP 4 b, Waldner MDR **81**, 461 mwN noch nicht mit dem Akteneingang bei demjenigen Gericht ein, an das abgegeben wird, sondern erst mit demjenigen Zeitpunkt, in dem die Anspruchsbegründung im Sinne des § 697 I dem Antragsgegner zugestellt wird, LG Itzehoe SchlHA **82**, 42, Zinke NJW **83**, 1083 mwN, insofern aM Mü MDR **80**, 501 (die Rechtshängigkeit trete schon dann ein, wenn die Abgabeverfügung des Rpfl beiden Parteien zugestellt werde), wohl auch Waldner MDR **81**, 461, ZöV III (maßgeblich sei offenbar stets der Akteneingang beim Empfangsgericht). Denn erst die Anspruchsbegründung in einer der Klagschrift entsprechenden Form steht einer Klagschrift gleich. Jetzt erst muß ja auch ua eine gemäß § 253 II Z 2 erforderliche Begründung erfolgen. Folglich liegt erst in der Zustellung der Anspruchsbegründung eine Klagerhebung im Sinne von §§ 261 I, 253 I.

Wenn der Antragsteller freilich schon in seinem Antrag auf den Erlaß des Mahnbescheids eine dem § 253 genügende Anspruchsbegründung geliefert hatte, dann wäre eine Aufforderung nach § 697 I 1 sinnlos. In solchem Fall tritt die Rechtshängigkeit auch dann, wenn die Sache nicht alsbald abgegeben wird, wenigstens mit dem Zeitpunkt des Akteneingangs und daher zugleich der Anhängigkeit ein, sofern der Antrag auf den Mahnbescheid spätestens nunmehr gleichzeitig dem Antragsgegner zugestellt wird.

4) Zurücknahme des Antrags, IV. A. Grundsatz. Die Zurücknahme des Antrags auf ein streitiges Verfahren ist nicht zu verwechseln mit einer Zurücknahme des Antrags auf den Erlaß des Mahnbescheids, § 690 Anm 2 D, oder der Rücknahme des Widerspruchs, die in § 697 IV abweichend geregelt ist, Schwab NJW **79**, 697. Jede Partei kann (nur) ihren eigenen Antrag auf die Durchführung des streitigen Verfahrens zurücknehmen. Bei mehreren Anträgen dieser Art, sei es mehrerer Antragsgegner, sei es sowohl des Antragstellers wie des Antragsgegners, endet das Abgabeverfahren erst dann, wenn sämtliche Anträge wirksam zurückgenommen worden sind. Die Rechtshängigkeit kann jedoch bereits im Verhältnis zu dem jeweils zurücknehmenden Antragsgegner entfallen, wenn ein weiterer Antragsgegner keine Rücknahme erklärt, IV 3. Etwas anderes gilt nur bei einer notwendigen Streitgenossenschaft. Die Sache bleibt beim Streitgericht zwar nicht rechtshängig, wohl aber evtl anhängig, Düss MDR **81**, 766, aM ZöV I 2.

Die Rücknahme ist auch wegen eines Teils des Anspruchs zulässig.

Die Zurücknahme ist nicht mit einer Erledigungserklärung zu verwechseln. Köln AnwBl **82**, 199 wertet eine einseitige „Erledigungserklärung" vor dem Beginn der mündlichen Verhandlung grundsätzlich als eine Zurücknahme.

B. Zulässigkeitszeitraum. Die Rücknahme ist nur bis zum Beginn der mündlichen Verhandlung des „Antragsgegners", also ab Abgabe des Bekl, Anm 2 B, zur Hauptsache zulässig, IV 1, vgl § 39 Anm 2. Sie ist also auch nach einer Erörterung im Haupttermin zulässig, solange dort noch keine Sachanträge gestellt worden sind, § 271 Anm 1, also vor dem Beginn der eigentlichen streitigen Verhandlung, § 137 I. Das gilt auch dann, wenn der Antragsteller den Antrag zurücknimmt. Also ist auch dann auf das Verhalten des Antragsgegners abzustellen.

C. Rücknahmeerklärung. a) Form. Die Rücknahme erfolgt schriftlich oder zu Protokoll der Geschäftsstelle, IV 2. Sie kann gegenüber jedem AG erklärt werden, § 129a I, ist jedoch erst mit dem Eingang bei demjenigen Gericht wirksam, bei dem die Sache jetzt anhängig ist, Anm 2 B, § 129a II 2. Die Rücknahme kann also auch nach der Abgabe der Sache an das LG ohne Anwaltszwang erklärt werden, § 78 II, LG Ffm Rpfleger **79,** 429, Bergerfurth Rpfleger **78,** 205 mwN. Eine „Klagerücknahme" ist nach einem vorangegangenen Mahnverfahren grds wie eine Rücknahme des Antrags auf ein streitiges Verfahren zu behandeln und daher ohne einen Anwaltszwang zulässig, vgl LG Essen JZ **80,** 237. Freilich mag eine bloße Antragsrücknahme nach IV ausnahmsweise nur den Zweck eines weiteren Abwartens haben, vgl Anm 2 A b, und deshalb keine Klagerücknahme bedeuten.

Die Rücknahme des Antrags des Antragstellers auf ein streitiges Verfahren ist nicht stets als eine Rücknahme des Antrags auf den etwa noch nicht erlassenen Mahnantrag anzusehen, denn der Antragsteller mag nunmehr abwarten wollen, wie sich der Schuldner nach Erhalt des Mahnbescheids verhält, Anm 2 A b.

Die Rücknahme des Antrags des Antragsgegners auf ein streitiges Verfahren ist nicht stets auch als eine Widerspruchsrücknahme anzusehen. Der Antragsgegner mag nun hoffen, um ein streitiges Verfahren herumzukommen, zB durch jetzt erst mögliche Ratenzahlungen.

§§ 702, 703 sind nicht mehr anwendbar, soweit das Mahnverfahren schon beendet ist, Anm 2 B.

Eine Anspruchsbegründung, § 697 Anm 2, nur zu einem Teil des im Mahnantrag genannten Anspruchs ist als eine Teilrücknahme anzusehen, A, KG JB **82,** 614.

b) Unwiderruflichkeit. Die Rücknahme ist eine unwiderrufliche Parteiprozeßhandlung, Grdz 5 B, G vor § 128.

c) Kostenfolgen. Wenn die Rücknahme vor dem Ablauf desjenigen Tages erfolgt, an dem entweder eine Anordnung gemäß § 273 unterschriftlich verfügt oder ein Beweisbeschluß, auch nach § 358a, unterschriftlich verfügt worden ist, und wenn sie außerdem vor dem Beginn desjenigen Tages erfolgt, der für die mündliche Verhandlung vorgesehen war, sei es für einen frühen ersten Termin oder für den Haupttermin, dann entfällt die Gebühr KV 1005 gemäß KV 1006. Die letztere Vorschrift nennt zwar nur den Fall der Rücknahme des Antrags auf eine Terminsbestimmung usw; insofern handelt es sich aber um ein offensichtliches Redaktionsversehen bei der Anpassung durch Art 8 Z 1b bb VereinfNov. Das zeigt der Vergleich mit dem gemäß BR-Drs 551/74 zunächst geplanten Neutext (damals noch § 38 II 3 GKG) und die Begründung zu § 696 IV nF.

5) Verweisung, V. A. Grundsatz. Es entsteht keine Zuständigkeitsbindung desjenigen Gerichts, an das die Sache abgegeben worden ist, V 1. Dieses Gericht ist weder örtlich noch sachlich noch im Verhältnis zwischen seiner etwaigen Zivilkammer und der Kammer für Handelssachen gebunden.

Vielmehr findet dort eine erneute Prüfung der allgemeinen Prozeßvoraussetzungen nebst einer für dieses Gericht natürlich ersten Zuständigkeitsprüfung von Amts wegen und evtl auf Grund eines notwendigen Verweisungsantrags des Klägers, B, eine (erste echte) Verweisung an dasjenige Gericht statt, das sich bei dieser Prüfung als das in Wahrheit zuständige Gericht ergibt. Die Angaben gemäß §§ 690 I Z 1 bzw 703d III, 692 I Z 1 sind also für dasjenige Gericht, an das die Sache abgegeben wurde, nur eine Anregung bei seiner Prüfung. In Wahrheit sachlich zuständig ist das AG nur bis 3000 DM, soweit das Mahngesuch bis zum 31. 12. 82 in der Posteinlaufstelle eines beliebigen Gerichts, auch eines für dieses Mahnverfahren schon oder noch örtlich und/oder sachlich unzuständigen, einging, § 261 Anm 1 A, aM Halbach MDR **53,** 459 (maßgeblich sei der Eingang nach der Abgabe beim Empfangsgericht).

Wenn sich ergibt, daß überhaupt keine Zuständigkeit vorhanden ist, wird die Klage als unzulässig abgewiesen.

B. Antrag; Verfahren. Die Verweisung erfolgt nur auf Grund eines Antrags, obwohl V einen solchen nicht ausdrücklich fordert und obwohl eine Abgabe nach I zwar einen Antrag auf die Durchführung des streitigen Verfahrens erfordert, nicht aber einen besonderen Antrag auf eine Abgabe der Sache. Denn bei der in V genannten Verweisung handelt es sich um diejenige nach § 281, Büchel NJW **79,** 947 (es ist darüber grundsätzlich mündlich zu verhandeln), was V als selbstverständlich voraussetzt.

Daher muß die Klage mangels eines Verweisungsantrags ebenfalls als unzulässig abgewiesen werden. Das Gericht hat eine Hinweispflicht auf seine Unzuständigkeit, beim AG aus § 504, sonst aus § 139 und auf Grund einer etwaigen mündlichen Verhandlung stets aus § 278 III, ohne solche aus den in § 281 Anm 2 D genannten Gründen. Vgl im übrigen die Anmerkungen zu § 281. Eine Weiterverweisung erfolgt also wie dort Anm 3 B b; eine Änderung oder Berichtigung ist wie dort Anm 3 C möglich. Anwaltszwang herrscht wie sonst, § 78 Anm 1 A c, Düss AnwBl **82**, 251, KG MDR **82**, 151 je mwN, Deubner JuS **81**, 54, aM LG Darmst NJW **81**, 2709, LG Hof Rpfleger **79**, 390, Zinke NJW **83**, 1082 mwN. Edelmann ZRP **82**, 136 fordert insoweit eine Gesetzesänderung.

In einer WEG-Sache tritt anstelle der Verweisung eine Abgabe nach § 46 WEG, § 281 Anh II.

C. Mehrheit von Gerichtsständen. a) Bestimmung des zuständigen Gerichts. Bei unterschiedlichen Gerichtsständen mehrerer Antragsgegner kann evtl. auch schon vor dem Erlaß des Mahnbescheids, Vollkommer Rpfleger **78**, 223, im Ergebnis ebenso LG Duisb Rpfleger **78**, 223, § 36 Z 3 anwendbar sein, insofern richtig BGH NJW **78**, 1982, ferner zB BayObLG Rpfleger **80**, 436 mwN, aM BGH NJW **78**, 321.

b) Unterbleiben einer Verweisung. Keine Verweisung erfolgt, wenn das Gericht des V 1 bereits sachlich und örtlich zuständig ist. § 35 ist also unanwendbar, denn der Antragsteller hätte ja im Wahlgerichtsstand klagen können, LG Mainz NJW **79**, 2254 (abl Häuser), AG Marl NJW **78**, 651, Crevecœur NJW **77**, 1322, Holch Rdz 9, Kratzer DB **78**, 477, Menne NJW **79**, 200, Schwab NJW **79**, 697, StJSchl 9, 11, aM zB BGH NJW **79**, 984, insofern auch BayObLG Rpfleger **78**, 419, Bre Rpfleger **79**, 221, Düss Rpfleger **78**, 184 (zustm Vollkommer), Hamm AnwBl **82**, 78, LG Aurich NdsRpfl **79**, 147, LG Itzehoe SchlHA **82**, 41, LG Köln NJW **78**, 650, Demharter MDR **81**, 540, Deubner JuS **81**, 52, Haack NJW **80**, 674, Riedmaier VersR **80**, 119, Staber AnwBl **83**, 252, ThP 6 b, Zinke NJW **83**, 1083, ZöV IV 3 je mwN, abw Köln MDR **80**, 763 (es bestehe keine Wahl mehr, wenn die Anspruchsbegründung dem Bekl zugestellt worden sei), AG Köln VersR **81**, 150 (es bestehe keine Wahl mehr, sobald die Akten nach der Abgabe auf Grund des Widerspruchs beim Prozeßgericht eingegangen seien), Schriewer NJW **78**, 1039 (es bestehe keine Wahl mehr zwischen der Zuständigkeit der Zivilkammer oder der Kammer für Handelssachen; zu diesem Problem § 690 Anm 2 A e). Fleckenstein VersR **78**, 698 hält I 1 wegen dieses Problems für verfassungswidrig, Bartels AnwBl **78**, 23 fordert eine Gesetzesänderung; krit auch Franzki NJW **79**, 14.

Zu den Folgen einer etwa wirksamen Gerichtsstandsvereinbarung Stgt AnwBl **82**, 385. Auch §§ 38 ff sind ab Rechtshängigkeit unanwendbar, Anm 3 A.

D. Kostenfolgen. Die Kosten bei einer Verweisung, V 2, 3, sind insgesamt bei demjenigen Gericht zu berechnen usw, an das verwiesen wurde, und zwar einschließlich der im Mahnverfahren entstandenen Kosten, abw Hamm AnwBl **82**, 78. Wenn eine Verweisung an ein objektiv ausschließlich zuständiges Gericht erfolgte, dann werden diejenigen Mehrkosten, die durch die Einschaltung des unzuständigen Gerichts entstanden, entgegen § 281 III 2 nicht auf den in der Hauptsache Siegenden überbürdet. Sie werden vielmehr wie die übrigen Kosten verteilt. Denn die Abgabe erfolgte als solche von Amts wegen. Das ist zwar nicht konsequent, denn die Abgabe geschah auf Grund einer unrichtigen Bezeichnung durch den Antragsteller, § 690 I Z 5, aM Demharter MDR **81**, 541; darunter soll aber jedenfalls der evtl siegende Antragsgegner nicht leiden, und davon profitiert nun der siegende Antragsteller. Nur mit dieser Einschränkung gilt im übrigen das in § 281 Anm 4 Ausgeführte, so wohl auch Mü Rpfleger **79**, 465, abw Demharter MDR **81**, 542.

697 *Anspruchsbegründung. Widerspruchsrücknahme. Urteil.* [I] Die Geschäftsstelle des Gerichts, an das die Streitsache abgegeben wird, hat dem Antragsteller unverzüglich aufzugeben, seinen Anspruch binnen zwei Wochen in einer der Klageschrift entsprechenden Form zu begründen. § 271 gilt entsprechend.

[II] Bei Eingang der Anspruchsbegründung, spätestens bei Ablauf der in Absatz 1 Satz 1 bezeichneten Frist, bestimmt der Vorsitzende Termin zur mündlichen Verhandlung.

[III] Von der Bestimmung eines Termins kann zunächst abgesehen werden, wenn dem Antragsgegner mit der Zustellung der Anspruchsbegründung eine Frist von mindestens zwei Wochen zur schriftlichen Klageerwiderung gesetzt wird. Der Antragsteller ist hiervon zu unterrichten. § 276 Abs. 3, §§ 277, 282 Abs. 3 Satz 2, § 296 sind anzuwenden.

[IV] Der Antragsgegner kann den Widerspruch bis zum Beginn seiner mündlichen Verhandlung zur Hauptsache zurücknehmen, jedoch nicht nach Erlaß eines Versäumnisurteils gegen ihn. Die Zurücknahme kann zu Protokoll der Geschäftsstelle erklärt werden.

V Zur Herstellung eines Urteils in abgekürzter Form nach § 313b Abs. 2, § 317 Abs. 4 kann der Mahnbescheid an Stelle der Klageschrift benutzt werden. Ist das Mahnverfahren maschinell bearbeitet worden, so tritt an die Stelle der Klageschrift der maschinell erstellte Aktenausdruck.

1) Allgemeines. A. Geltungsbereich. Während § 696 das Verfahren von dem Eingang des Widerspruchs bis zur Abgabe, die folgende Zuständigkeitsprüfung und evtl eine Verweisung regelt, enthält § 697 das übrige Verfahren vom Akteneingang bei demjenigen Gericht, an das die Sache abgegeben wurde, für das streitige Verfahren bis zum Erlaß seines Urteils. Die Vorschrift ergibt freilich nur die Regeln, in denen dieser Teil des Verfahrens von demjenigen der §§ 271ff, beim AG in Verbindung mit §§ 495ff, abweicht. Außerdem regelt IV die Rücknahme des Widerspruchs, und zwar auch vor einem Akteneingang bei demjenigen Gericht, an das die Sache abgegeben wurde. I bis III gelten entsprechend, wenn das Gericht, an das abgegeben wurde, die Sache ohne eine mündliche Verhandlung verwiesen hat oder wenn eine Weiterverweisung ohne eine mündliche Verhandlung erfolgte, § 696 Anm 5 B.

Im arbeitsgerichtlichen Verfahren gilt § 46 a IV–VI ArbGG.

B. Auslegung. Die Einfädelung des Mahnverfahrens nach einem Widerspruch gegen den Mahnbescheid in das streitige Verfahren erweist sich insbesondere wegen der Möglichkeit im streitigen Verfahren, zwischen einem frühen ersten Termin und einem schriftlichen Vorverfahren zu wählen, als recht kompliziert und zum Teil verunglückt, Anm 2 B, 3, 4, Büchel NJW **79**, 949. Bei der Auslegung von I–III muß dieser Zusammenhang stets mitberücksichtigt werden.

2) Anspruchsbegründung, I. A. Notwendigkeit. Da im Mahnverfahren eine Schlüssigkeitsprüfung nicht stattfindet, § 690 Anm 2 A c, braucht der Antrag auf Erlaß des Mahnbescheides keine Anspruchsbegründung zu enthalten. Eine Individualisierung genügt. Freilich darf der Kläger von sich aus eine Klagebegründung einreichen, und zwar auch schon vor einer Fristsetzung nach I 1 oder durch den Richter und vor einer Abgabe an das Streitgericht, BGH **84**, 139. Die Anspruchsbegründung gegenüber dem AG als Streitgericht kann schriftlich oder zum Protokoll der Geschäftsstelle des AG erfolgen, § 496, also auch vor jedem anderen AG, § 129 a I (wegen der Fristwahrung § 129 a II). Insoweit braucht auch kein dort zugelassener Anwalt zur Klagebegründung tätig zu werden, BGH **84**, 139 mwN, aM Zinke NJW **83**, 1087 (wegen der Einreichung nach der Abgabe Anm 3 A). Der Kläger muß die Anspruchsbegründung notfalls beim Übergang in das streitige Verfahren nachholen, Schmidt NJW **82**, 812. Dies gilt mit Rücksicht auf das System der §§ 272ff, beim AG iVm §§ 495ff, schon vor der mündlichen Verhandlung. Im übrigen muß das Gericht erkennen können, ob ein früher erster Termin oder ein schriftliches Vorverfahren ratsam ist, § 272 II. Dazu sind in der Regel mehr Angaben als diejenigen im Antrag auf Erlaß des Mahnbescheids notwendig.

Die Anspruchsbegründung muß die Anforderungen an eine Klageschrift erfüllen, daher auch einen Klagantrag enthalten, Schuster MDR **79**, 724, StJSchl § 697 Rdz 2, ThP 2 e, aM Eibner NJW **80**, 2296 mwN, ZöV I 1 (es genüge eine Bezugnahme auf den Mahnantrag). Man kann jetzt den Antrag auf eine Verhandlung vor der Kammer für Handelssachen nachholen, Ffm NJW **80**, 2202, und die Klage erweitern oder ändern.

B. Aufforderung zur Begründung. a) Verfahren. Deshalb muß das Gericht den Antragsteller auffordern, den Anspruch zu begründen. Das gilt auch dann, wenn der Kläger schon eine Klagebegründung beim Mahngericht eingereicht hatte, Schmidt NJW **82**, 812. Für diese Aufforderung ist der Urkundsbeamte der Geschäftsstelle zuständig, § 153 GVG. Beim AG wird ohne eine vorherige Vorlage der Akten beim Vorsitzenden tätig. Anders ist es beim LG, vgl unten B, I 1. Der Urkundsbeamte hat die Aufforderung unverzüglich nach dem Eingang der Akten abzusenden, also ohne eine vorwerfbare Verzögerung, § 216 Anm 2 C. Bei mehreren Antragstellern hat er jeden aufzufordern.

Wenn sich für einen Antragsteller ein ProzBev gemeldet hat, muß der Urkundsbeamte diesen nur dann auffordern, wenn es sich entweder um einen Rechtsanwalt handelt, § 88 II, oder wenn bereits eine Prozeßvollmacht vorliegt, § 88 I. Denn die Vollmachtserleichterung des § 703 endet mit dem Eingang der Akten, § 703 Anm 1.

Nur wenn der Urkundsbeamte der Geschäftsstelle handgreifliche Bedenken gegen die Zuständigkeit seines Gerichts hat oder wenn der Vorsitzende ihn angewiesen hat, muß der Urkundsbeamte auch beim AG vor der Aufforderung die Akten dem Richter vorlegen. Der Rpfl ist keineswegs mehr zuständig. Denn das Mahnverfahren ist bereits beendet, Schmidt NJW **82**, 811.

Die Aufforderung zur Anspruchsbegründung ist dem Antragsteller von Amts wegen zuzustellen, unabhängig davon, ob die Aufforderung als Verfügung oder Beschluß ergeht, § 329 II 2 entspr. Denn der Fristablauf muß schon wegen II in Verbindung mit §§ 282, 296 II feststehen, aM BGH VersR **82**, 346 (ein Verstoß gegen I sei nicht durch § 296 II zu ahnden).

b) Unanwendbarkeit des § 296 I. Dagegen ist § 296 I unanwendbar, § 296 Anm 2 A, BGH VersR **82**, 345, Hbg NJW **79**, 376, Hamm MDR **83**, 413 mwN, Köln NJW **81**, 2265, Büchel NJW **79**, 950, Deubner NJW **77**, 922, Hirtz NJW **81**, 2234, krit Franzki NJW **79**, 12, aM Kramer NJW **78**, 1414, Mischke NJW **81**, 565.

Im arbeitsgerichtlichen Verfahren gilt § 46 a IV 3 ArbGG.

c) Inhalt. Die Aufforderung lautet dahin, den Anspruch binnen 2 Wochen seit der Zustellung in einer dem § 253, also einer Klageschrift, entsprechenden Form zu begründen. Die Wiedergabe des Gesetzestextes reicht aus. Mehr ist auch kaum zu empfehlen. Der Antragsteller mag sich darüber informieren, was zu einer ordnungsgemäßen Klagebegründung gehört.

C. Aufforderung zur Anwaltsbestellung usw. Zugleich ist beim Landgericht der Antragsteller aufzufordern, einen bei diesem Gericht zugelassenen Rechtsanwalt zu bestellen. Das Gesetz drückt sich unscharf aus, wenn es von dem Antragsteller spricht, der jetzt ja eigentlich bereits Kläger heißt. Weiter ist der Antragsteller zugleich aufzufordern, binnen einer Frist von mindestens 2 Wochen mitzuteilen, ob er gegen eine Übertragung der Sache auf den Einzelrichter Bedenken hat. Das ist am ehesten der Sinn des in seiner Formulierung verunglückten I 2 (der auch in den BT-Drs 7/5250 oberflächlich begründet worden ist), zumal er in I angeführt wird und der Antrag auf den Erlaß eines Mahnbescheids in der Regel noch keine dem § 253 III letzter Hs entsprechende Äußerung enthielt, die aber im jetzigen Stadium benötigt wird, vgl Bischof NJW **77**, 1900, Büchel NJW **79**, 949, StjSchl 2, ThP 2 a, abw ZöV I 1.

Wegen dieser Frist muß der Urkundsbeamte der Geschäftsstelle beim LG die Akte doch schon vor seiner Aufforderung nach I 1 dem Vorsitzenden vorlegen. Denn nur der Vorsitzende kann auch bei einer entsprechenden Anwendung des § 271 III jene typische richterliche Frist sachgemäß bestimmen, im Ergebnis ebenso Bischof NJW **77**, 1900, Crevecœur NJW **77**, 1323, aM offenbar Büchel NJW **79**, 948, ferner ZöV I 2. Vgl ferner Anm 3.

3) Eingang der Begründung; Fristablauf, II. A. Verfahrenswahl. Nach dem Eingang der Anspruchsbegründung oder dem Ablauf der Frist des I 1 (nicht I 2) legt der Urkundsbeamte die Akten dem Vorsitzenden vor. Dieser verfährt ungeachtet des wiederum mißverständlichen Gesetzestextes nunmehr ebenso wie nach der Vorlage einer Klagschrift. Er prüft also gemäß § 272 II, ob er einen frühen ersten Termin oder das schriftliche Vorverfahren wählt. Wegen der Verzögerungsgefahr des letzteren krit Geffert NJW **78**, 1418. Nur bei der Wahl eines frühen ersten Termins muß der Vorsitzende unverzüglich, § 216 II, einen Verhandlungstermin bestimmen, II. Das weitere Verfahren verläuft dann gemäß §§ 272 III–275 usw. Da nunmehr erst eine der Klagschrift entsprechende Schrift des Klägers vorliegt, ist jetzt der § 271 auch gegenüber dem Bekl zu beachten. Die Bezugnahme eines beim Streitgericht zugelassenen Anwalts auf eine von der Partei nach der Abgabe eingereichte Anspruchsbegründung reicht aus, BGH **84**, 139. Die Anspruchsbegründung wird also von Amts wegen dem Bekl zugestellt. Zugleich fordert ihn das LG wie bei § 271 III zu einer Äußerung betreffend den Einzelrichter auf.

B. Keine Aufforderung; kein Anerkenntnis- oder Versäumnisurteil. An sich müßte beim LG der Bekl auch wie beim § 271 II dazu aufgefordert werden, einen zugelassenen Anwalt zu bestellen. Zwar hat der Antragsgegner Widerspruch eingelegt. Aber damit ist noch nicht eindeutig gesagt worden, ob er sich auch im etwaigen streitigen Verfahren endgültig gegen den Anspruch wehren wolle, solange er nicht von sich aus einen Antrag auf die Durchführung dieses streitigen Verfahrens nach § 696 I gestellt hatte, sondern einen solchen Wunsch des Antragstellers abgewartet hat. Indessen geht das Gesetz eindeutig davon aus, daß die Anzeige der Verteidigungsabsicht bereits durch die Einreichung eines Widerspruchs gegen den Mahnbescheid ausreichend erkennbar ist, BR-Drs 551/74 (Ulbrich ZRP **83**, 220 empfiehlt eine Gesetzesänderung).

Daher gibt es keine Frist wie bei § 276 I 1 (III 3 verweist nur auf § 276 III), Franzki NJW **79**, 10, Geffert NJW **80**, 2820, und demgemäß kein Anerkenntnisurteil nach § 307 II, KG MDR **80**, 942, und kein unechtes Versäumnisurteil nach § 331 III, Bergerfurth JZ **78**, 298 mwN, Büchel NJW **79**, 950, ThP 3 f, Ulbrich ZRP **83**, 220, ZöV II 3, insofern aM Celle NJW **80**, 2141 (zustm Kniestedt), und daher ferner beim LG keine Aufforderung gemäß § 271 II, Geffert NJW **78**, 1418, aM ZöV III 1. Ob § 271 III in *diesem* Zusammenhang entsprechend oder direkt anwendbar ist (das ist nach der Stellung des I 2 unklar), kann offen bleiben. Büchel NJW **79**, 950 empfiehlt, die Parteien nach einem erfolglosen Ablauf der Frist nach I 1 darauf hinzuweisen, daß ein Termin erst nach einem entsprechenden Antrag anberaumt werde.

Im arbeitsgerichtlichen Verfahren gilt § 46a IV 1–2 ArbGG.

4) Vorverfahren, III. A. Frist zur Klagewiderung. Wählt der Vorsitzende das schriftliche Vorverfahren (zu diesem Begriff im vorliegenden Zusammenhang krit Büchel NJW **79**, 950), §§ 272 II, 276, so bestimmt er keinen Verhandlungstermin, falls er dem Bekl (das Gesetz spricht auch hier systemwidrig noch vom Antragsgegner) gemäß III 1 eine Frist von mindestens 2 Wochen seit der Zustellung der Anspruchsbegründung zur Abgabe einer schriftlichen Klagewiderung setzt. Diese Frist entspricht derjenigen des § 276 I 2, nicht etwa derjenigen des § 276 I 1, Geffert NJW **80**, 2820. Es besteht im übrigen insofern eine Abweichung von § 276 I 2, als dort stets eine Frist vorgeschrieben ist, während die Fristsetzung hier dem Vorsitzenden freigestellt ist. Der Grund liegt darin, daß evtl im Widerspruch bereits eine ausreichende Klagewiderung gesehen werden kann. Die Bemessung der Frist, ihre Anordnung usw erfolgt wie bei § 276 Anm 3, nur gibt es eben keine „weitere" Frist wie dort; Zweibr VersR **79**, 143 hält 2 Wochen bei einem Antragsgegner, der sich mit seinem Versicherer abstimmen muß, für zu kurz. Köln NJW **80**, 2422 verlangt eine nachprüfbare Berücksichtigung der Fallumstände bei der Bemessung der Frist. Eine zu kurze Frist kann zur Unanwendbarkeit des § 296 I führen, Köln NJW **80**, 2422.

Die Frist beginnt nur dann zu laufen, wenn der Urkundsbeamte eine beglaubigte Abschrift der richterlichen, mit dem vollen Namen des Vorsitzenden oder des sonst zuständigen Richters, nicht nur mit einer sog Paraphe, unterzeichneten Fristverfügung förmlich dem Bekl zugestellt hat, BGH JZ **81**, 351 mwN, § 329 Anm 1 A c, B.

Eine Belehrung über die Folgen einer Versäumung der Klagewiderungsfrist ist nicht erforderlich, aM ZöV II 3. Denn III enthält keine unmittelbare Belehrungsanordnung, und III 2 verweist auch nicht auf § 276 II. Jene Bestimmung verpflichtet ja auch im Vorverfahren auf Grund einer Klage nicht zu einer Belehrung über die Folgen der Versäumung der Klagewiderungsfrist. Eine etwaige unrichtige Belehrung kann aber zu einer Entschuldigung wegen einer Fristversäumung ausreichen, vgl auch BGH **86**, 225.

B. Mitteilung an Kläger. Eine Mitteilung an den Kläger von der Anordnung zur Einreichung einer Klagewiderung und einer Frist erfolgt von Amts wegen, III 2, zugleich mit der Hinausgabe der Anordnung nach III 1. Der Kläger muß sich also nach dem Tag des Fristablaufs evtl erkundigen. Denn dieser Tag steht erst bei der Rückkehr der Zustellungsurkunde vom Bekl fest. Wenn der Vorsitzende eine schriftliche Klagewiderung nicht für notwendig hält, dann verläuft das weitere Verfahren wie sonst. Der Vorsitzende trifft also evtl Maßnahmen gemäß §§ 273, 358a, und im übrigen bestimmt er einen Termin gemäß II.

C. Stellungnahme zur Klagewiderung. Nach dem Eingang einer Klagewiderung fordert der Vorsitzende evtl den Kläger dazu auf, auf die Klagewiderung eine Stellungnahme abzugeben, § 276 III, auf den § 697 III 3 überflüssigerweiser hinweist. Für den Inhalt der Klagewiderung bzw für die Stellungnahme auf diese gilt § 277, den § 697 III 3 ebenfalls überflüssigerweise erwähnt. Wegen Zulässigkeitsrügen vgl § 282 III 2. Wegen verspäteter Angriffs- und Verteidigungsmittel ist § 296 anwendbar. Beide Vorschriften werden ebenfalls überflüssig in III 3 erwähnt. Wenn der Kläger die Klage erst so spät begründet, daß der Bekl die erforderliche Erkundigung nicht entziehen kann, dann sind die §§ 132 I, 282, 296 II anwendbar, Hamm MDR **80**, 147, ThP 2f, ZöK II 2.

5) Widerspruchsrücknahme, IV. A. Zulässigkeitszeitraum. Die Rücknahme des Widerspruchs, nicht zu verwechseln mit der Rücknahme des Antrags auf die Durchführung des streitigen Verfahrens, § 696 Anm 4, ist ab Widerspruchseinlegung, § 694 Anm 1 A, bis zum Beginn der mündlichen Verhandlung des Bekl zur Hauptsache zulässig, vgl § 696 Anm 4 B. Die Rücknahme ist jedoch nicht mehr nach dem Erlaß eines Versäumnisurteils gegen den Bekl zulässig, IV 1. Erlassen ist das Versäumnisurteil mit seiner Verkündung, § 310 I 1. §§ 331 III, 310 III kommen nicht in Betracht, da die Verteidigungsabsicht nach Meinung der VereinfNov durch den Widerspruch bereits angezeigt worden ist, Anm 3 B.

B. Rücknahmerklärung. Wegen der Einzelheiten der Rücknahme, die auch zu Protokoll der Geschäftsstelle erklärt werden kann, IV 2, gilt das in § 696 Anm 4 Ausgeführte entsprechend. Die Rücknahme kann also auch schriftlich oder im Verhandlungstermin gegenüber dem LG ohne Anwaltszwang erklärt werden, § 78 II, Büchel NJW **79**, 950, Hornung Rpfleger **78**, 430 mwN. Ein Vordruckzwang besteht bis zur etwaigen Vordruckeinführung nicht.

C. Weitere Einzelfragen. Gebühr: KV 1006 (die Widerspruchsrücknahme ist dort direkt erwähnt). Eine Folge der wirksamen Rücknahme des Widerspruchs ist unter anderem: Der

Antragsteller kann, evtl erneut, in der Frist des § 701 S 1 den Vollstreckungsbescheid beantragen. Der Vollstreckungsbescheid wird von dem Rpfl desjenigen Gerichts erlassen, an das der Rechtsstreit abgegeben, verwiesen oder weiterverwiesen worden ist, Hartmann NJW 78, 612, § 699 Anm 4 C.

6) Abgekürztes Urteil, V. Ein abgekürztes Urteil, ist nach § 313b II zulässig. Seine Ausfertigung erfolgt nach § 317 IV. Dabei ist der Mahnbescheid anstelle der Klagschrift benutzbar, V 1. Bei einer maschinellen Bearbeitung, § 703b I, gibt es ein Urteil auf dem Aktenausdruck, V 2, und eine Ausfertigung unter Benutzung einer beglaubigten Abschrift von ihm.

698 *Streitverfahren bei demselben Gericht.* **Die Vorschriften über die Abgabe des Verfahrens gelten sinngemäß, wenn Mahnverfahren und streitiges Verfahren bei demselben Gericht durchgeführt werden.**

1) Allgemeines. Wenn dasselbe Amtsgericht sowohl nach § 689 II als auch nach § 690 I Z 5 iVm § 692 I Z 1 oder § 703d II, III örtlich wie sachlich zuständig ist, dann erfolgt eine Abgabe von der Mahnabteilung an die Abteilung für streitige Verfahren bzw Familiensachen und bei einer Nämlichkeit der Abteilungen eine Abgabe von ihrem Rpfl an ihren Amtsrichter. Wenn der Richter feststellt, daß ein anderes Gericht zuständig ist, erfolgt eine Verweisung oder eine Weiterverweisung wie sonst. Wegen der verschiedenen Fristen usw ist es ratsam, das jeweilige Verfahrensstadium aktenkundig zu machen, auch soweit dies nicht notwendig wäre.

699 *Vollstreckungsbescheid.* **¹ Auf der Grundlage des Mahnbescheids erläßt das Gericht auf Antrag einen Vollstreckungsbescheid, wenn der Antragsgegner nicht rechtzeitig Widerspruch erhoben hat. Der Antrag kann nicht vor Ablauf der Widerspruchsfrist gestellt werden; er hat die Erklärung zu enthalten, ob und welche Zahlungen auf den Mahnbescheid geleistet worden sind; § 690 Abs. 3 gilt entsprechend. Ist der Rechtsstreit bereits an ein anderes Gericht abgegeben, so erläßt dieses den Vollstreckungsbescheid.**

II Soweit das Mahnverfahren nicht maschinell bearbeitet wird, kann der Vollstreckungsbescheid auf den Mahnbescheid gesetzt werden.

III In den Vollstreckungsbescheid sind die bisher entstandenen Kosten des Verfahrens aufzunehmen. Der Antragsteller braucht die Kosten nur zu berechnen, wenn das Mahnverfahren nicht maschinell bearbeitet wird; im übrigen genügen die zur maschinellen Berechnung erforderlichen Angaben.

IV Der Vollstreckungsbescheid wird dem Antragsgegner von Amts wegen zugestellt. Dies gilt nicht, wenn der Antragsteller die Übergabe an sich zur Zustellung im Parteibetrieb beantragt oder wenn der Antragsteller die Auslagen für die Zustellung von Amts wegen nicht gezahlt hat. In diesen Fällen wird der Vollstreckungsbescheid dem Antragsteller zur Zustellung übergeben; die Geschäftsstelle des Gerichts vermittelt diese Zustellung nicht. Bewilligt das mit dem Mahnverfahren befaßte Gericht die öffentliche Zustellung, so wird der Vollstreckungsbescheid an die Gerichtstafel des Gerichts angeheftet, das in dem Mahnbescheid gemäß § 692 Abs. 1 Nr. 1 bezeichnet worden ist.rbem. Fas 7

1) Allgemeines. Erst der Vollstreckungsbescheid gibt dem Antragsteller einen zur Zwangsvollstreckung geeigneten Titel, § 794 I Z 4, und für alle Beteiligten vom Eintritt der Rechtskraft an eine klare Abgrenzung des ausgeurteilten Anspruchs. Seit der VereinfNov steht der Vollstreckungsbescheid zwar unverändert auf der Grundlage des Mahnbescheids, I, aber doch selbständig neben diesem. Der Vollstreckungsbescheid ist also mehr als die bloße Vollstreckbarerklärung des Mahnbescheids.

Der Vollstreckungsbescheid steht einem vorläufig vollstreckbaren Versäumnisurteil gleich, § 700 I. Gegen den Vollstreckungsbescheid ist nur der Einspruch zulässig, § 700 II iVm §§ 338 ff.

Da auch der Erlaß des Vollstreckungsbescheids noch zum Mahnverfahren zählt, ist der Rpfl funktionell zuständig, § 20 I Z 1 RPflG, § 153 GVG Anh; bei welchem Gericht, das hängt von dem bisherigen Verlauf des Mahnverfahrens ab, Anm 4 B, C. Die Zustellung des Vollstreckungsbescheids ist in IV (zum Teil neu) geregelt. Die Neufassung ist zum Teil verunglückt, Anm 4, 6.

2) Voraussetzungen, I. Es müssen folgende Voraussetzungen zusammentreffen:

A. Mahnbescheid. Es muß ein wirksamer Mahnbescheid vorliegen, § 692. Er muß also ordnungsgemäß zugestellt worden sein, § 693.

B. Ablauf der Widerspruchsfrist. Außerdem muß entweder die Widerspruchsfrist fruchtlos abgelaufen sein, § 692 I Z 3. Es darf auch bis zur Verfügung des Vollstreckungsbescheids, also bis zu seiner Hinausgabe, § 694 Anm 1 B, kein Widerspruch eingegangen sein, Mü Rpfleger **83**, 288. Dessen Bezeichnung als Einspruch ist unschädlich und umdeutbar, Mü Rpfleger **83**, 288. Mithin ist der Vollstreckungsbescheid zu streichen, wenn ein Widerspruch auf der Geschäftsstelle eingeht, bevor der Vollstreckungsbescheid sie verlassen hat, unabhängig davon, ob der Vollstreckungsbescheid von Amts wegen zur Zustellung zu geben war oder dem Antragsteller zur Zustellung im Parteibetrieb zu übersenden war. Zur Streichung ist der Rpfl zuständig, nicht der Urkundsbeamte.

C. Rücknahme des Widerspruchs. Oder der Widerspruch muß wirksam zurückgenommen worden sein, § 697 IV, Hornung Rpfleger **78**, 430. Auch dann ist freilich die Widerspruchsfrist abzuwarten, D b, aM ZöV I 2 e. Für den Erlaß des Vollstreckungsbescheids ist diejenige Gericht zuständig, an das der Rechtsstreit abgegeben, verwiesen oder weiterverwiesen worden ist, Hartmann NJW **78**, 612, § 699 Anm 4 C.

D. Antrag. a) Grundsatz. Ferner muß stets ein Antrag auf den Erlaß des Vollstreckungsbescheids vorliegen, I 1. Er ist eine Parteiprozeßhandlung, Grdz 5 B vor § 128. Ihn kann nur der Mahnantragsteller, § 690, oder sein Rechtsnachfolger wirksam stellen. Er kann ihn mündlich vor der Geschäftsstelle zu Protokoll erklären, § 702 I. Sie füllt dann den angeführten Vordruck aus bzw ist dabei behilflich. Zuständig zur Entgegennahme ist jedes AG, § 129a I. Wirksam wird der Antrag erst mit seinem Eingang bei demjenigen Gericht, das für den Erlaß des Vollstreckungsbescheids zuständig ist, § 129a I 2, LG Brschw Rpfleger **78**, 263, LG Ffm NJW **78**, 767. Ein Bevollmächtigter hat seine Vollmacht zu versichern, § 703. Für den Antrag besteht kein Anwaltszwang, § 78 II. Bei einer schriftlichen Einreichung muß der Antragsteller den eingeführten Vordruck benutzen, §§ 702 I 2, 703c II. Ein Protokoll ist dann nicht erforderlich, § 702 I 3, wenn der Antrag bei dem für den Erlaß des Vollstreckungsbescheids zuständigen Gericht gestellt wird; das Gesetz spricht unklarer von dem für das Mahnverfahren zuständigen Gericht, Anm 4 C. Eine eigenhändige Unterschrift ist anders als bei § 690 II nicht vom Gesetz ausdrücklich vorgeschrieben, vgl aber § 129 Anm 1 B und den Vordruck, der die Unterschrift fordert, § 703 c II. Evtl ist eine maschinell lesbare Aufzeichnung ausreichend, I 2 letzter Hs in Verbindung mit § 690 III, dort Anm 4. Sie bedarf keiner Unterschrift.

Eine Antragsrücknahme ist bis zum Erlaß des Vollstreckungsbescheids, § 329 Anm 4 A, zulässig, und zwar in derselben Form wie der Antrag.

Das Gericht teilt dem Antragsgegner den Antrag nicht gesondert mit, § 702 II.

b) Zulässigkeitszeitraum. Der Antrag ist erst nach dem Ablauf der Widerspruchsfrist zulässig, I 2, § 692 I Z 3, also frühestens 2 Wochen nach der Zustellung des Mahnbescheids, über die der Antragsteller gemäß § 693 III eine Mitteilung erhalten hat. Wenn die Mitteilung falsch war, zählt die aus der Zustellungsurkunde errechenbare wahre Widerspruchsfrist. Der Sinn dieser Regelung besteht darin, daß der Antragsteller abwarten soll, ob der Antragsgegner zahlt. Außerdem sollen alle Beteiligten einschließlich des Gerichts vor einem unnötigen, durch den Vollstreckungsbescheid bedingten Einspruch geschützt werden. Deshalb darf der Gläubiger den Antrag auch erst nach dem Ablauf der 2-Wochen-Frist absenden, LG Stade NJW **81**, 2366 und Rpfleger **81**, 444 je mwN, jetzt auch ThP 2 b, im Ergebnis auch ZöV I 2 b, aM Brschw Rpfleger **78**, 263, LG Bonn JB **79**, 1719, LG Ffm NJW **78**, 767 (ausreichend sei der Eingang nach dem Ablauf der Zweiwochenfrist). Deshalb ist auch ein Antrag unbeachtlich, den der Gläubiger verfrüht, zB schon zusammen mit dem Antrag auf den Erlaß des Mahnbescheids gestellt hatte. Ihn muß das Gericht zurückweisen, wenn der Gläubiger ihn nicht nach dem Fristablauf wiederholt hat.

Die Antragsfrist endet mit der Einlegung eines rechtzeitigen oder verspäteten Widerspruchs, § 694 Anm 1 A, 2, oder mit dem Ablauf der 6-Monats-Frist nach § 701 S 1. Sie kann aber neu beginnen, wenn der Antragsgegner den Widerspruch wirksam zurücknimmt, § 697 Anm 5.

c) Umdeutbarkeit. Man kann einen derart verfrühten Antrag auch keineswegs in einen „vorsorglichen" aufschiebend bedingten Antrag auf den Erlaß des Vollstreckungsbescheids umdeuten. Denn dadurch könnte I 2 glatt umgangen werden. Vielmehr ist eben nach dem Ablauf der 2-Wochen-Frist ein neuer bzw erster vollständiger Antrag auf den Erlaß eines Vollstreckungsbescheids notwendig. Der Gläubiger muß ihn zumindest nach dem Fristablauf wiederholen und dabei eine zusätzliche Erklärung über eine etwaige Zahlung des Antragsgegners abgeben, AG Duisb RPfleger **82**, 230. Das Gericht soll diesen Antrag keineswegs von Amts wegen anfordern oder anregen; mangels eines Antrags ist vielmehr § 701 anwendbar.

d) Inhalt. Den Inhalt bestimmt der nach § 702 I 2 verbindliche Vordruck. Der Antrag muß die Erklärung enthalten, ob und welche Zahlungen der Antragsgegner auf den Mahnbescheid vor oder nach der Erledigung oder der Zustellung geleistet hat, I 2 Hs 2, Crevecœur NJW **77**, 1323. Wenn diese Angabe fehlt, kann das Gericht in der Regel dem Antragsteller anheim geben, sie nachzuholen. Wenn das Fehlen der Erklärung endgültig feststeht, ist der Antrag auf Erlaß des Vollstreckungsbescheids zurückzuweisen, vgl auch LG Bielef BB **79**, 19, LG Darmst NJW **78**, 2205 (es weist freilich den Antrag offenbar sogleich zurück).

e) Keine Mitteilung an Gegner. Der Antrag auf den Erlaß des Vollstreckungsbescheids wird dem Antragsgegner nicht mitgeteilt, § 702 II.

f) Teilwiderspruch. Soweit der Antragsgegner den Widerspruch erhoben, aber auf einen abtrennbaren Anspruchsteil beschränkt hat, § 694 Anm 1 A, muß der Antragsteller den Antrag auf den Rest beschränken und kann im übrigen das streitige Verfahren beantragen, § 696 I 1. Er kann den Antrag auf den Vollstreckungsbescheid auch von sich aus beschränken, ZöV I 3 b, aber nicht mehr, als im Mahnbescheid zugesprochen, fordern.

3) Zuständigkeit. Sie hängt vom bisherigen Verlauf des Mahnverfahrens ab:

A. Amtsgericht des Mahnverfahrens. Meist ist dasselbe AG zuständig, das schon den Mahnbescheid erlassen hat.

B. Abgabe. Evtl ist dasjenige Gericht zuständig, an das die Sache gemäß § 696 I abgegeben worden war, I 3.

C. Verweisung. Evtl ist sogar dasjenige Gericht zuständig, an das die Sache gemäß § 696 V verwiesen oder weiterverwiesen worden war. Denn es kann zunächst ein Widerspruch eingelegt und ein Antrag auf Durchführung des streitigen Verfahrens gestellt worden sein; der Vollstreckungsbescheid mag erst deshalb beantragt worden sein, weil inzwischen der Widerspruch gemäß § 697 IV oder der Antrag auf Durchführung des streitigen Verfahrens gemäß § 696 IV zurückgenommen wurde. Dann bleiben die Akten dort, wo sie zuletzt waren; der Rpfl jenes AG oder LG wird dann zum Erlaß des Vollstreckungsbescheids oder zur Abweisung des Antrags zuständig.

Das folgt indirekt aus IV 4 (diese Vorschrift spricht von dem „mit dem Mahnverfahren befaßten Gericht") und aus § 700 III 1 (jene Bestimmung spricht von demjenigen Gericht, „das den Vollstreckungsbescheid erlassen hat"). Zwar hat der Gesetzgeber den zunächst wegen eines offenbaren Redaktionsversehens, vgl 36. Aufl, nicht eingefügten I 3 dann wiederum auf den Fall der Abgabe beschränkt. Daher müßte bei einer Erstverweisung oder Weiterverweisung das Drittgericht die Akten an dasjenige Gericht zurückleiten, das die Akten bei einer Abgabe empfangen hatte. Die Neuregelung will aber gerade ausdrücklich einen Zeitverlust und Kosten verhindern, BR-Drs 193/77. Es liegt also offenbar ein erneutes Redaktionsversehen vor, Hartmann NJW **78**, 612. Damit kann also ein LG für den Erlaß eines Vollstreckungsbescheids sachlich zuständig werden, Büchel NJW **79**, 948, Crevecœur NJW **77**, 1323, Hornung Rpfleger **78**, 431, ThP § 697 Anm 5 c, ZöV II.

4) Inhalt des Vollstreckungsbescheids. Der Vollstreckungsbescheid ist eine Entscheidung in der Form eines Beschlusses. Er braucht diese Bezeichnung nicht ausdrücklich zu tragen. Erforderlich sind folgende Angaben:

A. Nämlichkeit usw, II. Erforderlich sind alle zur Feststellung der Nämlichkeit der Parteien, zur Individualisierung des Anspruchs, zur Durchführung der Zwangsvollstreckung und zur Klärung des Umfangs der Rechtskraft notwendigen Angaben. Der Vollstreckungsbescheid muß also in der Regel alles das enthalten, was nach § 690 bereits im Antrag auf Erlaß des Mahnbescheids mitgeteilt werden mußte. Der Vollstreckungsbescheid soll dem Mahnbescheid entsprechen, vgl § 692 I 4. Er soll fast das Spiegelbild des Mahnbescheids sein. Bei einer maschinellen Bearbeitung erfolgt durchweg ein vollständiger Ausdruck.

Im Fall der Forderungsabtretung ist § 265 entsprechend anwendbar, LG Gött Rpfleger **54**, 277, aM RoS § 165 III 6, ThP II 1 b vor § 688, ZöV IV 1 vor § 688 (der neue Gläubiger müsse einen neuen Mahnbescheid erwirken).

Bei einer nicht maschinellen Bearbeitung darf der Rpfl den Vollstreckungsbescheid auf den Mahnbescheid setzen, II. Das sieht der amtliche Vordrucksatz aber nicht vor. Da der

Vollstreckungsbescheid jetzt aber mehr als die bloße Vollstreckbarerklärung des Mahnbescheids ist, Anm 1, muß der Rpfl auch hier zumindest von Amts wegen prüfen, ob der Mahnbescheid auch wirklich alles Nötige enthält, bevor der Rpfl lediglich verfügt, der Vollstreckungsbescheid werde gemäß dem Mahnbescheid erlassen. Mängel in diesem Punkt können die Wirksamkeit des Vollstreckungsbescheids beseitigen.

B. Kostenaufstellung, III. Erforderlich ist ferner eine Kostenaufstellung. Der Antragsteller muß die Kosten immer dann betragsmäßig berechnen, wenn das Mahnverfahren nicht maschinell bearbeitet wird, III 2. Der Zinsfuß beträgt 4%, § 104 I 2, und zwar ab Erteilung des Vollstreckungsbescheids, LG Detmold NJW **59**, 774, AG Remscheid NJW **58**, 348, Tschischgale NJW **58**, 1478. Der Antragsteller kann alle seit dem Mahnbescheid angefallenen Kosten einschließlich der etwaigen Anwaltskosten, ebenso alle infolge der Rücknahme des Widerspruchs beim Prozeßgericht entstandenen Kosten in den Antrag auf den Erlaß des Vollstreckungsbescheids aufnehmen, Ffm Rpfleger **81**, 239. Neben der Festsetzung nach III ist ein besonderes Kostenfestsetzungsverfahren nach § 104 unzulässig, weil es gerade der Zweck des III ist, ein weiteres Festsetzungsverfahren zu erübrigen, Ffm Rpfleger **81**, 239, AG Passau Rpfleger **82**, 117 (zustm Mertes), aM StJSchl 8. Kosten, die vor dem Antrag auf Erlaß des Mahnbescheids angefallen waren, in ihm aber nicht berechnet wurden, werden hier nicht berücksichtigt. Denn insofern ist kein Mahnbescheid ergangen. Auf Kosten, die nach dem Erlaß des Vollstreckungsbescheids anfallen, etwa Zustellungskosten, kann § 788 I anwendbar sein.

Bei Bedenken gegen die Höhe der Kosten erfolgt eine teilweise Zurückweisung, Ffm Rpfleger **81**, 239, oder nur eine Kostengrundentscheidung (die Festsetzung folgt dann gesondert), LG Lüneb Rpfleger **73**, 410. Wegen einer vorzeitigen Vollstreckung § 788 Anm 5 „Zwangsvollstreckung". Wegen evtl weiterer, im Antrag nicht berechneter Kosten §§ 103 ff, LG Lüneb Rpfleger **73**, 409. Wenn der Antragsteller Kostenfreiheit genießt, wird der Antragsgegner Kostenschuldner, Hartmann § 54 GKG Anm 2 A.

C. Auslegung. Ein unvollständig ausgefüllter, aber „auf der Grundlage des Mahnbescheids" ergangener Formular-Vollstreckungsbescheid ist auslegungsfähig, LG Hagen Rpfleger **81**, 199 (zustm Wenner).

D. Unterschrift. Der Rpfl muß bei einer nicht maschinellen Behandlung den Vollstreckungsbescheid mit seinem vollen Nachnamen unterschreiben, also mit einem kennzeichnenden individuellen Schriftzug und nicht nur mit einem Handzeichen (Paraphe), Mü NJW **82**, 2783 und Rpfleger **83**, 288 mwN, vgl § 129 Anm 1 B, § 170 2 B. Er darf seine Unterschrift nach der Abgabe an das für das streitige Verfahren zuständige Gericht nicht mehr nachholen, Mü Rpfleger **83**, 288.

5) Zustellung, IV. A. Amtsbetrieb. a) Erlaß. Die Bekanntgabe des Vollstreckungsbescheids geschieht grundsätzlich dadurch, daß der Vollstreckungsbescheid von Amts wegen zugestellt wird, IV 1. Der Urkundsbeamte der Geschäftsstelle desjenigen Gerichts, das den Vollstreckungsbescheid erlassen hat, hat die Zustellung unverzüglich zu veranlassen. Der Antragsteller erhält eine mit der Zustellungsbescheinigung versehene Ausfertigung. Sie ermöglicht ihm die Zwangsvollstreckung.

b) Zurückweisung. aa) Grundsatz. Einen zurückweisenden Beschluß läßt der Rpfl dem Antragsgegner grds formlos zusenden, ZöV V 1, aM StJSchl 7, ThP 3 b (wegen §§ 329 II 2, 701 sei eine förmliche Zustellung notwendig). Der Antragsgegner kann, nicht braucht eine formlose Nachricht zu erhalten.

bb) Ausnahme. Soweit wegen überhöhter Kostenforderung eine teilweise Zurückweisung erfolgt, ist eine förmliche Zustellung an den Antragsteller notwendig, da er dann die befristete Erinnerung hat, § 329 II 2, Anm 6 A b.

B. Parteibetrieb. Ausnahmsweise erfolgt die Zustellung über eine Beauftragung des Gerichtsvollziehers, Seip AnwBl **77**, 235, im Parteibetrieb, IV 2, 3. Sie hat dieselbe Wirkung wie eine Amtszustellung, vgl Kblz NJW **81**, 408, Bischof NJW **80**, 2235.

a) Voraussetzungen. Diese Zustellung setzt eine der beiden folgenden Situationen voraus:

aa) Übergabeantrag. Entweder beantragt der Antragsteller die Übergabe des Vollstreckungsbescheids an sich selbst zur Zustellung. Er mag abwarten wollen, ob der Antragsgegner eine angekündigte Zahlung doch noch leistet. Er mag auch die Zustellung des Vollstreckungsbescheids und den Beginn der Zwangsvollstreckung gleichzeitig durchführen wollen, Seip AnwBl **77**, 235. Insofern kann das Verfahren zunächst zum Stillstand kommen, Mü OLGZ **76**, 189. Für die Antragsform gilt § 702. Der Übergabeantrag läßt sich schon mit dem Antrag auf den Erlaß des Vollstreckungsbescheids verbinden.

bb) Kein Auslagenvorschuß. Oder der Antragsteller hat di e Auslagen für eine Zustellung von Amts wegen nach KV 1902 trotz einer notwendigen Aufforderung durch das Gericht nicht gezahlt.

b) Verfahren. In den Fällen a aa, bb hat der Urkundsbeamte der Geschäftsstelle dem Antragsteller formlos eine Ausfertigung des Vollstreckungsbescheids auszuhändigen, bei einer maschinellen Bearbeitung gemäß § 703b I. Das Original bleibt bei der Akte. Über die Aushändigung sollte ein Aktenvermerk oder eine Quittung angelegt werden. Der Urkundsbeamte desjenigen Gerichts, das den Vollstreckungsbescheid erlassen hat, vermittelt die Zustellung im Parteibetrieb nicht, I 3. Unzulässig ist auch eine Vermittlung desjenigen Gerichts, in dessen Bezirk die Zustellung erfolgen soll, denn I 3 hat Vorrang vor § 166 II 1, aM ZöV IV 1.

C. Öffentliche Zustellung. Falls die öffentliche Zustellung beantragt und von dem Richter desjenigen Gerichts bewilligt worden ist, bei dem das Mahnverfahren anhängig ist, also nicht vom Rpfl, § 204 Anm 1 A, erfolgt sie durch Anheftung des Vollstreckungsbescheids an die Gerichtstafel desjenigen Gerichts, das in dem Mahnbescheid gemäß § 692 I Z 1 bezeichnet worden ist, IV 4. Unter Umständen muß der Vollstreckungsbescheid also bei einem anderen Gericht als demjenigen angeheftet werden, das den Vollstreckungsbescheid erlassen hat, Anm 4. In diesem Fall setzt der Richter die Dauer der Einspruchsfrist nach § 339 II fest, dort Anm 2.

D. Auslandszustellung. Sie ist, anders als beim Mahnbescheid, § 688 III, zulässig, auch in einem nicht zum EuGÜbk gehörenden Staat. Auch in diesem Fall setzt der Richter die Dauer der Einspruchsfrist nach § 339 II fest, dort Anm 2.

E. Keine Belehrungspflicht. Anders als beim Versäumnisurteil, § 340 Anm 3 E, besteht bei keiner der Zustellungsarten des Vollstreckungsbescheids eine Hinweispflicht auf die Folgen einer Fristversäumung. Dem § 340 III ist gemäß § 700 II Hs 2 unanwendbar.

6) Rechtsmittel. A. Zurückweisung. a) Sachentscheidung. Soweit der Rpfl den Antrag in der Sache selbst zurückgewiesen hat, ist die einfache Erinnerung zulässig, § 11 I 1 RPflG, Anh § 153 GVG, Crevecœur NJW **77**, 1323. Der Rpfl darf der Erinnerung abhelfen, § 11 II 1 RPflG. Andernfalls legt er die Akten seinem Richter vor, § 11 II 2 RPflG. Dieser entscheidet über die Erinnerung, wenn er sie für zulässig und begründet hält. Er weist dann den Rpfl zum Erlaß des Vollstreckungsbescheids an. Hält der Richter die Erinnerung für unzulässig oder für unbegründet, so legt er die Akten dem Rechtsmittelgericht vor und unterrichtet gleichzeitig die Beteiligten, § 11 II 4 RPflG.

Das alles geschieht sowohl dann, wenn zunächst der Rpfl des AG zuständig war, als auch dann, wenn der Vollstreckungsbescheid von dem Rpfl des LG zu erlassen wäre, Anm 4. Zwar ist II 2 aF im RegEntw als „überflüssig" gestrichen worden; indes findet eine sofortige Beschwerde und damit eine sofortige Erinnerung gemäß §§ 577 ZPO, 11 I 2 RPflG nur in den vom Gesetz besonders bezeichneten Fällen statt, § 577 Anm 1 A, und II nF erwähnt die sofortige Beschwerde eben nicht mehr. Hier kann auch nicht ein offenbares Redaktionsversehen zu einem gänzlich anderen Rechtsmittelverfahren führen. Mag das Gesetz geändert werden.

b) Kostenentscheidung. Soweit der Rpfl den Antrag wegen einer Kostenfrage nach III zurückgewiesen hat, ist gegen seine Entscheidung die befristete Erinnerung nach § 104 III in Verbindung mit § 21 RPflG und gegen die anschließende Entscheidung des Richters die sofortige Beschwerde zulässig, Ffm Rpfleger **81**, 239.

B. Erlaß. a) Sachentscheidung. Soweit der Vollstreckungsbescheid zu Recht oder zu Unrecht erlassen worden ist, ist nur der Einspruch zulässig, § 700 Anm 3, §§ 338 ff, also keine Erinnerung, § 11 V 2 RPflG, Anh § 153 GVG.

b) Kostenentscheidung. Gegen die Kostenfestsetzung, Anm 3 B, ist gemäß dem insoweit gegenüber den in a) genannten Regeln vorrangigen § 104 III die befristete Erinnerung zulässig, ThP 4 g.

700

Einspruch. ¹ Der Vollstreckungsbescheid steht einem für vorläufig vollstreckbar erklärten Versäumnisurteil gleich.

II Die Streitsache gilt als mit der Zustellung des Mahnbescheids rechtshängig geworden.

III Wird Einspruch eingelegt, so gibt das Gericht, das den Vollstreckungsbescheid erlassen hat, den Rechtsstreit von Amts wegen an das Gericht ab, das in dem Mahnbescheid gemäß § 692 Abs. 1 Nr. 1 bezeichnet worden ist. § 696 Abs. 1 Satz 3 bis 5,

Abs. 2, § 697 Abs. 1 bis 4, § 698 gelten entsprechend; § 340 Abs. 3 ist nicht anzuwenden. Der Einspruch darf nach § 345 nur verworfen werden, soweit die Voraussetzungen des § 331 Abs. 1, 2 erster Halbsatz für ein Versäumnisurteil vorliegen; soweit die Voraussetzungen nicht vorliegen, wird der Vollstreckungsbescheid aufgehoben.

Schrifttum: Gross, Die Rechtsbehelfe und Rechtsmittel, 1959; Model, Handbuch der Rechtsmittel und Rechtsbehelfe, 1962.

1) Allgemeines. A. Rechtsnatur, I. Der Vollstreckungsbescheid steht einem Versäumnisurteil gegen den Bekl gleich, I. Das gilt insbesondere wegen der vorläufigen Vollstreckbarkeit, vgl zB § 708 Z 2, der Rechtshängigkeit, Anm 2, und wegen der äußeren wie der inneren Rechtskraft, Einf 1 vor §§ 322–327. Der Urkundenvollstreckungsbescheid steht einem Vorbehaltsurteil gleich, § 599. Das Gericht hat diese Rechtskraft sowohl auf eine Rüge als auch von Amts wegen zu beachten, Einf 5 A vor §§ 322–327. Wenn der Antragsgegner trotz des Eintritts der Rechtskraft des Vollstreckungsbescheids Einspruch eingelegt hat, muß dieser Einspruch als unzulässig verworfen werden. Wenn trotzdem ein Anerkenntnisurteil ergeht, dann liegen zwei wirksame Vollstreckungstitel über denselben Anspruch vor. Nach der Rechtskraft des Vollstreckungsbescheids kommt als Anfechtungsmöglichkeit nur die Vollstreckungsabwehrklage nach §§ 767, 796 II in Betracht.

B. Rechtsfolgen. Der Einspruch hindert die Durchführung der Zwangsvollstreckung nicht. Die Einstellung der Zwangsvollstreckung ist gemäß §§ 719 I, 707 zulässig. Wenn ein Urteil den Vollstreckungsbescheid aufhebt, dann entfällt dessen Vollstreckbarkeit. Dann erwächst ein Schadensersatzanspruch gemäß § 717 II. Die Rechtskraft und die vorläufige Vollstreckbarkeit leiden unter Mängeln der Zustellung des Mahnbescheides nicht. Wohl aber ist der Eintritt der Rechtskraft davon abhängig, daß der Vollstreckungsbescheid ordnungsgemäß zugestellt wurde. Ohne solche korrekte Zustellung ist auch eine Zwangsvollstreckung unzulässig. Zustellungsmängel können aber heilen, § 187 Anm 3. Die Vollstreckungsklausel wird nach § 796 I erteilt, vgl auch § 35 AusfG EuGÜbk, SchlAnh V C 2. Für eine Wiederaufnahme des Verfahrens gilt § 584 II. Wegen der Verjährung BGH **73**, 9 mwN.

C. Entstehung. Der Vollstreckungsbescheid ist entstanden, wenn er hinausgegeben wird, nicht schon mit seiner Unterschrift, vgl § 329 Anm 4 A. Der Vollstreckungsbescheid wird aber erst mit seiner gesetzmäßigen Mitteilung an den Antragsgegner wirksam, vgl § 329 Anm 4 B.

2) Rechtshängigkeit, II. Die Rechtshängigkeit gilt rückwirkend als mit der Zustellung des Mahnbescheids nach § 693 I–II eingetreten, sobald der Vollstreckungsbescheid wirksam geworden ist, Anm 1 C, abw ThP 1 b (sie stellen auf den Erlaß ab).

Wegen der Rückwirkung kommt auch keine Verweisung wegen einer nach der Zustellung des Mahnbescheids eingetretenen Änderung des Schuldnerwohnsitzes mehr in Betracht, § 261 III Z 2, BAG DB **82**, 2412. Die Rechtshängigkeitswirkung richtet sich nach § 261 III. Sie gilt aber nur für den angefochtenen Betrag, denn nur er ist „Streitsache" im Sinn von II, im Ergebnis ebenso Kblz Rpfleger **82**, 292, aM Menne NJW **79**, 200.

3) Einspruch, III. A. Zulässigkeit. Der Einspruch ist der einzige zulässige Rechtsbehelf gegen den Vollstreckungsbescheid. Eine Erinnerung ist unzulässig, § 11 V 2 RPflG. Der Einspruch ist unter denselben Voraussetzungen zulässig, unter denen ein Einspruch gegen ein erstes Versäumnisurteil zulässig ist, §§ 338 ff. Denn der Vollstreckungsbescheid steht einem Versäumnisurteil gleich, I. Er ist auch nach einer Widerspruchsrücknahme zulässig.

B. Frist. Es gilt eine Notfrist von 2 Wochen, § 339 I. Sie läuft seit der Zustellung des Vollstreckungsbescheids. Sie läuft auch in den Gerichtsferien, § 223 II. Im Fall des § 699 IV 2 reicht auch eine Zustellung im Parteibetrieb aus, Kblz NJW **81**, 408, Bischof NJW **80**, 2235. Bei einer Auslandszustellung oder einer öffentlichen Zustellung, §§ 699 IV 4, 339 II, bestimmt der Richter die Dauer der Frist; sie beginnt auch dann mit der Zustellung.

Im arbeitsgerichtlichen Verfahren beträgt die Frist 1 Woche, §§ 59 S 1, 46 a I ArbGG, LAG Hamm DB **78**, 896 mwN, aM Eich DB **77**, 912 (2 Wochen).

Der Einspruch ist bedingt und deshalb unstatthaft, wenn er vor der Entstehung des Vollstreckungsbescheids, vgl. § 329 Anm 4 A, eingelegt wird, vgl insofern § 339 Anm 1. Ein Einspruch, der nach der Entstehung des Vollstreckungsbescheids eingelegt wird, ist statthaft, ZöV II 1 b; insofern ist trotz § 700 I die in § 339 Anm 1 zu § 310 III dargelegte Lösung nicht entspr anwendbar, weil der Vollstreckungsbescheid vor einer Zustellung existent wird. Daher gilt eher die zur sofortigen Beschwerde in § 577 Anm 3, § 567 Anm 2 genannte Lösung.

Die Wirksamkeit der Zustellung hängt unter anderem davon ab, ob der Rpfleger den Vollstreckungsbescheid ordnungsgemäß unterschrieben hat, § 699 Anm 3 D.

Eine Wiedereinsetzung ist möglich, § 233.

C. Inhalt. a) Einspruchserklärung. Zum Einspruchsinhalt ist § 340 II zu beachten. Es muß also der Vollstreckungsbescheid bezeichnet werden. Ferner ist die Erklärung notwendig, daß Einspruch eingelegt werde. Bei einem (zulässigen) nur teilweisen Einspruch muß derjenige Teil des Vollstreckungsbescheids bezeichnet werden, der angefochten wird, zB die Kostenentscheidung, Zweibr OLGZ **71**, 383, ZöV II 1 e, abw ThP § 699 Anm 4 g. Vgl § 340 Anm 2.

b) Begründung. Eine Einspruchsbegründung ist jedoch nicht notwendig. Denn § 340 III ist gemäß § 700 III 2 letzter Hs ausdrücklich unanwendbar, Büchel NJW **79**, 950. Daher besteht auch weder bei der Zustellung des Vollstreckungsbescheids von Amts wegen noch bei derjenigen im Parteibetrieb eine Hinweispflicht nach § 340 III 4. Sofern der Vollstreckungsbescheid vom AG erlassen worden ist, kann man den Einspruch auch mündlich zum Protokoll des Urkundsbeamten der Geschäftsstelle eines jeden AG erklären, §§ 496 II, 129 a I. Er wird jedoch erst mit dem Eingang bei demjenigen AG wirksam, das den Vollstreckungsbescheid erlassen hatte, § 129 a II 2.

c) Umdeutung eines verspäteten Widerspruchs. Ein Widerspruch, der nach dem Ablauf der Widerspruchsfrist eingeht, ist gemäß § 694 II als Einspruch zu behandeln, soweit der Antragsgegner nicht schon bei der Widerspruchseinlegung oder später etwas Abweichendes bestimmt hat.

D. Anwaltszwang. Form. Nach einem vom AG erlassenen Vollstreckungsbescheid besteht für den Einspruch kein Anwaltszwang, § 78 II. Wenn jedoch ein LG den Vollstreckungsbescheid erlassen hatte, § 699 Anm 4 B, C, besteht Anwaltszwang, Crevecœur NJW **77**, 1324, aM Hornung Rpfleger **78**, 431 mwN.

Ein Vordruckzwang besteht bisher nicht, da bisher bundesrechtlich keine Vordrucke im Sinne des § 703 c für den Einspruch eingeführt worden sind. Etwaige landesrechtliche Vordrucke dürfen, müssen aber nicht benutzt werden, Crevecœur NJW **77**, 1323. Man kann eine dem § 340 I, II entsprechende Einspruchsschrift einreichen, den Einspruch aber auch zum Protokoll der Geschäftsstelle, auch jedes anderen AG, § 129 a I, einlegen; freilich wahrt erst der Eingang bei demjenigen Gericht, das den Vollstreckungsbescheid erlassen hat, die Einspruchsfrist, § 129 a II 2. Eine telefonische Einlegung beim entgegennahmebereiten Urkundsbeamten reicht formell aus, ZöV II 1 c.

E. Rücknahme, Verzicht. Der Einspruch ist gemäß III 2 Hs 1 in Verbindung mit § 697 IV 1 rücknehmbar, vgl daher § 697 Anm 5. Außerdem ist aber die Rücknahme auch in weiteren Verfahren statthaft, freilich nur gemäß §§ 346, 515 I. Auch ein Verzicht ist entsprechend § 346 zulässig.

Bei einer wirksamen Rücknahme bzw einem wirksamen Verzicht treten die Rechtsfolgen der §§ 346, 515 III ein.

4) Abgabe, III. A. Abgebendes Gericht. Die Abgabe des Verfahrens erfolgt durch den Rpfl desjenigen Gerichts, das den Vollstreckungsbescheid erlassen hat, § 20 I Z 1 RPflG, § 153 GVG Anh. Zuständig ist also evtl der Rpfl des LG. Der abgebende Rpfl braucht die Akten bei seinem Richter nicht vorzulegen. Er übersendet sie an dasjenige AG oder LG, das in dem Mahnbescheid gemäß § 692 I Z 1 bzw gemäß § 703 d II, III bezeichnet worden ist. Er prüft die Zulässigkeit des Einspruchs nicht, Crevecœur NJW **77**, 1324. Er wartet auch nicht einen Abgabeantrag ab. Vielmehr verfügt er die Abgabe unverzüglich von Amts wegen. Bei einer Nämlichkeit der Gerichte gilt § 698 entsprechend, III 2. Die Abgabe erfolgt durch eine Verfügung oder durch einen Beschluß. Die Entscheidung des Rpfl ist unanfechtbar. Deshalb braucht er die Abgabe nicht zu begründen, § 329 Anm 1 A b bb. Er benachrichtigt beide Parteien formlos von der Abgabe.

B. Empfängergericht. a) Grundsatz. Mit dem Zeitpunkt, in dem die Akten bei demjenigen Gericht eingehen, an das die Sache abgegeben wird, gilt der Rechtsstreit dort als anhängig. Die Kosten werden gemäß III 2 in Verbindung mit § 696 I 3–5 wie bei § 281 III 1 behandelt. Bei einer maschinellen Bearbeitung nach § 703 b wird anstelle der Akten ein Aktenausdruck mit der Beweiskraft öffentlicher Urkunden übersandt, III 2 iVm mit § 696 II. Das weitere Verfahren verläuft gemäß III 2 wie bei § 697 I–IV, Büchel NJW **79**, 950. Wenn sich die Akten nach der Abgabe nunmehr bei einem LG befinden, besteht für das weitere Verfahren vor diesem Gericht Anwaltszwang, BGH VersR **83**, 785 mwN. § 341 a ist anwendbar, BGH NJW **82**, 888 mwN.

§§ 700–702   7. Buch. Mahnverfahren

Eine Verweisung ist trotz der Nichterwähnung des § 696 V in § 700 III 2 wie beim Widerspruch zulässig, StJSchl § 696 Anm IV 3, ZöV III 3. Einzelheiten § 696 Anm 5.

Im arbeitsgerichtlichen Verfahren gilt § 46a VI ArbGG.

b) Säumnis des Beklagten. Beim Ausbleiben des Bekl nach einem zulässigen Einspruch im folgenden Verhandlungstermin muß das Gericht die Schlüssigkeit des Klaganspruchs bejahen, bevor es gemäß § 345 den Einspruch verwerfen darf, **III 3**, § 331 I, II Hs 1, weil sonst die Gefahr des Erlasses eines nur nach § 513 II anfechtbaren Vollstreckungstitels ohne jede Schlüssigkeitsprüfung bestehen würde, Orlich NJW **80**, 1782. Andernfalls muß das Gericht den Vollstreckungsbescheid aufheben und die Klage als unzulässig oder unbegründet abweisen, vgl auch § 343.

701 *Wegfall der Wirkung des Mahnbescheids.* **Ist Widerspruch nicht erhoben und beantragt der Antragsteller den Erlaß des Vollstreckungsbescheids nicht binnen einer sechsmonatigen Frist, die mit der Zustellung des Mahnbescheids beginnt, so fällt die Wirkung des Mahnbescheids weg. Dasselbe gilt, wenn der Vollstreckungsbescheid rechtzeitig beantragt ist, der Antrag aber zurückgewiesen wird.**[1]

1) Voraussetzungen. Der unzustellbare Mahnbescheid ist unwirksam. Die Wirkung des Mahnbescheids entfällt trotz des Fehlens eines Widerspruchs des Antragsgegners dann, wenn der Antragsteller den Mahnantrag wirksam zurücknimmt, § 690 Anm 2 D, oder wenn eine der beiden folgenden Voraussetzungen vorliegt:

A. Kein Antrag. Der Antragsteller muß binnen 6 Monaten seit der Zustellung des Mahnbescheids trotz des Ausbleibens eines Widerspruchs des Antragsgegners oder trotz einer wirksamen Widerspruchsrücknahme, § 697 Anm 5, keinen Vollstreckungsbescheid beantragt haben. Es handelt sich um eine uneigentliche Frist, Üb 3 B vor § 214, eine Ausschlußfrist. Sie ist nach § 222 zu berechnen. Das Gericht kann sie weder verkürzen noch verlängern noch gegen ihre Versäumung Wiedereinsetzung bewilligen.

Die Frist beginnt nicht etwa erst mit dem Zeitpunkt des Eingangs der Mitteilung gemäß § 693 III zu laufen, sondern bereits mit dem Zeitpunkt, in dem der Mahnbescheid dem Antragsgegner zugestellt wurde, § 693 I. Sie ist nach § 222 zu berechnen. Wenn der Antragsteller einen Vollstreckungsbescheid erwirkt hat, der aber weder von Amts wegen noch im Parteibetrieb zugestellt worden ist, § 700 IV, dann läuft die Frist nicht, obwohl der Antragsgegner auch so Einspruch einlegen darf. Die Einlegung eines Widerspruchs hemmt die Frist bis zu seiner wirksamen Rücknahme, § 697 Anm 5. Die Gerichtsferien sind für die Frist unbeachtlich, § 202 GVG. Der Eingang des Antrags auf Erlaß des Vollstreckungsbescheids unterbricht die Frist, LG Brschw Rpfleger **78**, 263, ThP 2. Nach der Rücknahme des Antrags läuft die Frist weiter.

B. Zurückweisung. Oder: Der Antragsteller mag zwar den Vollstreckungsbescheid beantragt haben, das Gericht muß diesen Antrag aber trotz des Ausbleibens eines Widerspruchs usw, vgl A, rechtskräftig zurückgewiesen haben, § 691 Anm 3; zum Problem Vollkommer Rpfleger **82**, 295 mwN. Etwas anderes gilt, wenn der rechtzeitig gestellte Antrag vom Gericht nicht binnen 6 Monaten beschieden worden ist, Ffm Rpfleger **70**, 100.

2) Weitere Folgen. A. Sachliche Zurückweisung. Wenn das Gericht den Antrag auf Erlaß des Vollstreckungsbescheids sachlich zurückgewiesen hat, verliert der Mahnbescheid seine Kraft.

B. Verwerfung. Wenn das Gericht den Antrag nur aus förmlichen Gründen oder als verfrüht verworfen hat, darf der Antragsteller ihn in der 6-Monats-Frist mit einer besseren Begründung erneuern, muß aber das Fehlende fristgerecht nachholen, LG Ffm Rpfleger **82**, 295 (im Ergebnis zustm Vollkommer).

C. Fristablauf. Im Fall Anm 1 A verliert der Mahnbescheid jede prozessuale Wirkung. Es tritt nicht etwa eine Erledigungswirkung ein, KG MDR **83**, 323. Die sachlichrechtliche Wirkung seines Erlöschens ergibt sich aus dem sachlichen Recht. Es ist zB nach § 213 BGB die Unterbrechung der Verjährung rückwirkend weggefallen.

702 *Zu Protokoll. Keine Nachricht an Antragsgegner.*[1] **Im Mahnverfahren können die Anträge und Erklärungen vor dem Urkundsbeamten der Geschäftsstelle abgegeben werden. Soweit Vordrucke eingeführt sind, werden diese ausgefüllt; der Urkundsbeamte vermerkt unter Angabe des Gerichts und des Datums, daß er den Antrag oder die Erklärung aufgenommen hat. Auch soweit Vor-**

drucke nicht eingeführt sind, ist für den Antrag auf Erlaß eines Mahnbescheids oder eines Vollstreckungsbescheids bei dem für das Mahnverfahren zuständigen Gericht die Aufnahme eines Protokolls nicht erforderlich.

II Der Antrag auf Erlaß eines Mahnbescheids oder eines Vollstreckungsbescheids wird dem Antragsgegner nicht mitgeteilt.

1) Zuständigkeit, I. Vor dem Urkundsbeamten der Geschäftsstelle, können sämtliche Anträge und Erklärungen im Mahnverfahren abgegeben werden, S 1. Im Mahnverfahren besteht kein Anwaltszwang, § 79. Wegen der Beendigung des Mahnverfahrens § 703 Anm 1. Zur Entgegennahme ist der Urkundsbeamte der Geschäftsstelle eines jeden AG zuständig, § 129a I, Crevecœur NJW **77**, 1321. Dabei ist freilich zu beachten, daß die Wirkung des Antrags erst dann eintritt, wenn der Antrag bei dem für das Mahnverfahren zuständigen AG eingeht, § 129a II 2.

2) Form. Eine mündliche Erklärung vor dem Rpfl reicht grds aus. Auch Telegramm, Fernschreiben usw sind zulässig, vgl auch § 129 Anm 1 C, D, ebenso eine telefonische Erklärung, zu deren Entgegennahme der Urkundsbeamte bereit ist, vgl LG Aschaffenb NJW **69**, 280. Ein förmliches Protokoll braucht weder für den Antrag auf Erlaß eines Mahnbescheids noch für denjenigen auf Erlaß eines Vollstreckungsbescheids aufgenommen zu werden, S 3, es sei denn bei der Aufnahme einer Erklärung vor einem anderen als dem für das Mahnverfahren zuständigen Gericht, vgl Anm 1. Für einen Widerspruch gegen den Mahnbescheid ist aber ein Protokoll dann notwendig, wenn der Widerspruch nicht schriftlich eingelegt wird, § 694 Anm 1. Wegen der Form des Einspruchs § 340 Anm 1. Soweit Vordrucke eingeführt sind, ist wegen des Benutzungszwangs, § 703c II, grundsätzlich deren Ausfüllung notwendig, S 2 (vgl aber §§ 692 Anm 2A e, 694 Anm 1). Dabei vermerkt der Urkundsbeamte der Geschäftsstelle die Aufnahme mit Ort und Datum. Als Unterschrift reicht ein Stempel aus. Bei einer maschinellen Bearbeitung ist § 703b zu beachten.

3) Benachrichtigung, II. Es erfolgt keine Mitteilung von Amts wegen über den Eingang eines Antrags auf Erlaß eines Mahnbescheids oder Vollstreckungsbescheids an den Gegner. Wenn sich der Gegner erkundigt, darf und muß der Urkundsbeamte der Geschäftsstelle die erbetene Auskunft geben. Der Antragsgegner erhält von der Zurückweisung des Antrags grds keine Benachrichtigung. Von einem Widerspruch wird der Antragsteller gemäß § 695 benachrichtigt. Nach einem Einspruch gegen den Vollstreckungsbescheid benachrichtigt das Gericht beide Parteien von der Abgabe des Verfahrens, §§ 700 III 2 iVm 696 I 3.

703 **Vollmacht.** Im Mahnverfahren bedarf es des Nachweises einer Vollmacht nicht. Wer als Bevollmächtigter einen Antrag einreicht oder einen Rechtsbehelf einlegt, hat seine ordnungsgemäße Bevollmächtigung zu versichern.

1) Kein Nachweis, S 1. Im Mahnverfahren ist zwar eine Vollmacht wie sonst notwendig. Sie braucht aber abweichend von § 88 II grds nicht nachgewiesen zu werden, vgl freilich § 690 Anm 1. Das Mahnverfahren endet: Mit dem Wegfall der Wirkung des Mahnbescheids, § 700 S 1; mit einer rechtskräftigen Zurückweisung des Antrags auf Erlaß des Vollstreckungsbescheids, § 701 S 2; nach einem Widerspruch gegen den Mahnbescheid mit dem Eingang der Akten beim Gericht des streitigen Verfahrens, § 696 I 4, LG Essen JZ **80**, 237; nach einem Einspruch gegen den Vollstreckungsbescheid mit der nächsten gerichtlichen Maßnahme, § 700 III 2 in Verbindung mit § 696 I 4, vgl Köln MDR **82**, 945. Weder ein Anwalt noch ein sonstiger Bevollmächtigter brauchen eine Vollmacht nachzuweisen, auch nicht auf eine Rüge des Gegners. Es ist stets erforderlich und grundsätzlich ausreichend, das Vorhandensein einer Vollmacht zu behaupten.

2) Versicherung, S 2. Nur bei der Einreichung eines Antrags, §§ 690, 696 I, 699 I, oder bei der Einlegung eines Rechtsbehelfs, §§ 694, 700 III, ferner §§ 104 III, 567 I, § 11 RPflG, ist darüber hinaus eine ordnungsgemäße Bevollmächtigung zu versichern, S 2, und zwar muß jeder Bevollmächtigte diese Versicherung abgeben, auch ein Anwalt. In etwaigen Vordruck ist das entsprechende Kästchen anzukreuzen. Eine Prozeßvollmacht reicht als das stärkere Mittel aus. Eine eidesstattliche Versicherung ist nicht erforderlich. §§ 88ff sind nur anwendbar, soweit sie nicht durch die Spezialvorschrift des § 703 verdrängt werden.

3) Streitiges Verfahren. Im anschließenden streitigen Verfahren ist eine Vollmacht wie sonst notwendig, auch wenn der Antrag auf die Durchführung des streitigen Verfahrens oder die Erklärung der Rücknahme eines Widerspruchs bzw Einspruchs erst dann eingehen.

Denn erst mit einer wirksamen Zurücknahme gilt die Streitsache als (wenn auch rückwirkend) nicht rechtshängig, § 696 IV 3, bzw ein streitiges Verfahren als nicht (mehr) vorhanden. Daher muß die Wirksamkeit der Rücknahme noch im streitigen Verfahren geprüft werden, im Ergebnis ebso Hornung Rpfleger **78**, 430, aM RoS § 165 III 5d.

Soweit eine erforderliche Vollmacht fehlte, ist die entsprechend fehlerhafte Parteiprozeßhandlung nach § 89 zu beurteilen, abw ThP (sie sei unwirksam).

4) Zwangsvollstreckung. In diesem Stadium ist die Vollmacht wie sonst nachzuweisen, auch wenn es nur einen Vollstreckungsbescheid und kein anschließendes streitiges Verfahren gegeben hat, vgl Bank JB **80**, 1620.

703 a *Urkunden-, Wechsel-, Scheckmahnverfahren.* [I] Ist der Antrag des Antragstellers auf den Erlaß eines Urkunden-, Wechsel- oder Scheckmahnbescheids gerichtet, so wird der Mahnbescheid als Urkunden-, Wechsel- oder Scheckmahnbescheid bezeichnet.

[II] Für das Urkunden-, Wechsel- und Scheckmahnverfahren gelten folgende besondere Vorschriften:
1. die Bezeichnung als Urkunden-, Wechsel- oder Scheckmahnbescheid hat die Wirkung, daß die Streitsache, wenn rechtzeitig Widerspruch erhoben wird, im Urkunden-, Wechsel- oder Scheckprozeß anhängig wird;
2. die Urkunden sollen in dem Antrag auf Erlaß des Mahnbescheids und in dem Mahnbescheid bezeichnet werden; ist die Sache an das Streitgericht abzugeben, so müssen die Urkunden in Urschrift oder in Abschrift der Anspruchsbegründung beigefügt werden;
3. im Mahnverfahren ist nicht zu prüfen, ob die gewählte Prozeßart statthaft ist;
4. beschränkt sich der Widerspruch auf den Antrag, dem Beklagten die Ausführung seiner Rechte vorzubehalten, so ist der Vollstreckungsbescheid unter diesem Vorbehalt zu erlassen. **Auf das weitere Verfahren ist die Vorschrift des § 600 entsprechend anzuwenden.**

1) Zulässigkeit. A. Grundsatz. Das Urkunden-, Wechsel- und Scheckmahnverfahren ist eine ziemlich lebensunfähige Einrichtung. Es soll die Vorteile des Mahnverfahrens mit denjenigen des Urkunden- usw Prozesses vereinen. Es ist nur dann statthaft, wenn der Antragsteller den Anspruch im Urkunden- usw Prozeß geltend machen könnte, §§ 592ff. Doch hat das Gericht auf einen entsprechend deutlichen Antrag einen Urkunden- usw Mahnbescheid zu erlassen, ohne daß es die Statthaftigkeit gerade dieser Abart des Mahnverfahrens zu prüfen hätte, II Z 3. Wenn das besondere Verfahren zulässig ist, dann gilt § 703 a vorrangig oder doch ergänzend. Es treten die daraus auch etwa folgenden Nachteile erst im streitigen Verfahren ein. Dann darf zB kein Versäumnisurteil ergehen. Die Widerspruchsfrist ist jetzt bei allen Arten des Mahnbescheids einheitlich, §§ 692 I Z 3, 694. Die Anhängigkeit tritt im Urkunden- usw Prozeß gemäß II Z 2 ein, die Rechtshängigkeit gemäß § 696 III. Wenn der Kläger vom Urkunden- usw Mahnverfahren Abstand nimmt, geht der Streit im normalen Mahn- bzw streitigen Verfahren weiter.

B. Urkunde, II Z 2. Die Bezeichnung der Urkunde im Antrag und im Mahnbescheid ist eine Sollvorschrift. Die Unterlassung dieser Bezeichnung hat keine Folgen, sofern gemäß I der Antrag ausdrücklich gerade auf den Erlaß eines Urkunden- usw Mahnbescheid gerichtet ist, sofern dieser auch als solcher bezeichnet wird und soweit schließlich die erforderliche Identifizierung des Anspruchs, § 690 Anm 2 A c, vorgenommen ist. Eine Beifügung der Urkunde ist jetzt im Mahnverfahren keineswegs mehr notwendig, ja sogar nicht ratsam, wenn eine maschinelle Bearbeitung stattfindet. Die Urkunde wird ja nicht mehr benötigt, da ohnehin keine Schlüssigkeitsprüfung mehr stattfindet, also auch keine besondere Schlüssigkeitsprüfung des Urkundenverfahrens, vgl § 690 Anm 2 A c. II Z 2 Hs 2 meint auch nur, daß die Urkunden im anschließenden streitigen Verfahren beigefügt werden müssen. Denn erst dann ist die „Anspruchsbegründung" notwendig. Es ist unschädlich, die Urkunden vorher einzureichen. Der Urkundsbeamte der Geschäftsstelle muß die Urkunden auch bei einer maschinellen Bearbeitung entweder in gehöriger Form verwahren oder sie sorgfältig zurückschicken und anheimgeben, sie später erneut einzureichen.

2) Verfahren. Die Statthaftigkeit der Prozeßart ist erst nach dem Eingang eines Widerspruchs bzw Einspruchs im streitigen Verfahren zu prüfen, Anm 1. Wenn die Sache auf den Widerspruch eines Gesamtschuldners an das für ihn zuständige Gericht abgegeben bzw verwiesen wurde und wenn nunmehr ein anderer Gesamtschuldner gegen den Vollstreckungsbescheid Einspruch einlegt, dann wird die Sache auch insoweit an dasselbe Gericht abgegeben oder verwiesen, vgl BGH Rpfleger **75**, 172 (insofern krit Vollkommer) zum alten Recht. Wenn der Widerspruch nur mit einem Antrag auf den Vorbehalt der Rechte eingelegt wurde, dann ergeht der Vollstreckungsbescheid unter diesem Vorbehalt, II Z 4. Gegen den Vorbehalt ist ein Einspruch unstatthaft, weil eine Versäumung fehlt, StJSchl IV 2, ThP 2, aM Wiecz A IIa 2. Dagegen ist wegen des Fehlens des Vorbehalts ein Einspruch zulässig. Die Ladungsfrist für das Nachverfahren ist jetzt in § 703a nicht mehr besonders geregelt.

703 b
Maschinelle Bearbeitung. Siegel. Ablauf. [I] Bei maschineller Bearbeitung werden Beschlüsse, Verfügungen und Ausfertigungen mit dem Gerichtssiegel versehen; einer Unterschrift bedarf es nicht.

[II] Der Bundesminister der Justiz wird ermächtigt, durch Rechtsverordnung mit Zustimmung des Bundesrates den Verfahrensablauf zu regeln, soweit dies für eine einheitliche maschinelle Bearbeitung der Mahnverfahren erforderlich ist (Verfahrensablaufplan).

1) Maschinelle Bearbeitung, I. Die Vorschrift entspricht weitgehend § 641 s. Vgl auch § 689 Anm 4, § 703c III. Ausreichend ist statt einer Unterschrift oder eines entsprechenden Stempelabdrucks, § 692 II, das Gerichtssiegel, und zwar als Druck. Es ist also nicht etwa ein Siegel im Original erforderlich.

2) Verfahrensablaufplan, II. Ein solcher ist bisher noch nicht gesetzlich eingeführt worden.

703 c
Maschinelle Bearbeitung. Vordrucke. [I] Der Bundesminister der Justiz wird ermächtigt, durch Rechtsverordnung mit Zustimmung des Bundesrates zur Vereinfachung des Mahnverfahrens Vordrucke einzuführen. Für
1. Mahnverfahren bei Gerichten, die die Verfahren maschinell bearbeiten,
2. Mahnverfahren bei Gerichten, die die Verfahren nicht maschinell bearbeiten,
3. Mahnverfahren, in denen der Mahnbescheid im Ausland zuzustellen ist,
4. Mahnverfahren, in denen der Mahnbescheid nach Artikel 32 des Zusatzabkommens zum NATO-Truppenstatut vom 3. August 1959 (Bundesgesetzbl. 1961 II S. 1183, 1218) zuzustellen ist,

können unterschiedliche Vordrucke eingeführt werden.

[II] Soweit nach Absatz 1 Vordrucke für Anträge und Erklärungen der Parteien eingeführt sind, müssen sich die Parteien ihrer bedienen.

[III] Die Landesregierungen bestimmen durch Rechtsverordnung den Zeitpunkt, in dem bei einem Amtsgericht die maschinelle Bearbeitung der Mahnverfahren eingeführt wird; sie können die Ermächtigung durch Rechtsverordnung auf die Landesjustizverwaltungen übertragen.

1) Vordruckverordnungen, I. Vgl auch § 641 t. Es sind bisher folgende Verordnungen ergangen: vom 6. 6. 78, BGBl 705, in Kraft seit 1. 1. 79, § 5, geändert durch VO vom 18. 3. 83, BGBl 308, in Kraft seit 25. 3. 83, § 3, betr Verfahren nach I 2 Z 1 (vgl aber Anm 3), sowie vom 6. 5. 77, BGBl 693, in Kraft seit 1. 7. 77, § 3 betr Verfahren nach I 2 Z 2. Die letztere Verordnung enthält keine Überschreitung der Regelungsbefugnis, Schriewer NJW **78**, 1039. Wegen Art 32 ZAbkNTrSt SchlAnh III. Im arbeitsgerichtlichen Verfahren gilt § 46a VII ArbGG, dazu betr Vordrucke VO vom 15. 12. 77, BGBl 2625, in Kraft seit 1. 1. 78, § 3.

2) Benutzungszwang, II. A. Grundsatz. Ein Benutzungszwang besteht nur noch im Umfang der Verordnungen, Anm 1, 3. Ein Benutzungszwang besteht also nur für: den Antrag auf Erlaß des Mahnbescheids; den Mahnbescheid; den Antrag auf Erlaß des Vollstreckungsbescheids; den Vollstreckungsbescheid. Obwohl zugleich ein Vordruck für den Widerspruch eingeführt wurde, besteht für den Widerspruch in Wahrheit doch kein Vordruckzwang, II. Freilich ist die Benutzung des Vordrucks zu empfehlen, §§ 692 Anm 2 A e, 694 Anm 1 A.

Kein Benutzungszwang besteht, soweit der Mahnbescheid im Ausland, § 688 III, oder

§§ 703 c, 703 d   1–3   7. Buch. Mahnverfahren

gemäß Art 32 ZAbkNTrSt, SchlAnh III, zuzustellen ist, VO vom 6. 6. 78, BGBl 705 (betr I 2 Z 1) § 1 II, VO vom 6. 5. 77, BGBl 693 (betr I 2 Z 2) § 1 I 2.

Innerhalb der vorgeschriebenen Formulararten ist eine Auswechslung möglich, LG Düss Rpfleger **79**, 348.

Zum Vordruckzwang vgl auch §§ 117 IV, 641 t II.

B. Verstoß. Soweit ein Benutzungszwang besteht, ist ein Verstoß ein Zurückweisungsgrund, § 691 I. Wegen der Form des Einspruchs § 700 Anm 2 C.

3) Maschinelle Bearbeitung, III. Vgl zunächst § 689 III. Sie ist bisher für die Amtsgerichte Stuttgart und Stuttgart-Bad Cannstatt eingeführt worden, s unten, insbesondere dazu Mayer NJW **83**, 92, vgl ferner NJW **78**, 1511 (Hinweis der Redaktion). Die Landesregierungen haben die Landesjustizverwaltungen wie folgt nach III ermächtigt:

    Baden-Württemberg: VO vom 25. 5. 82, GBl 267
    Bayern:
    Berlin:
    Bremen:
    Hamburg:
    Hessen:
    Niedersachsen:
    Nordrhein-Westfalen:
    Rheinland-Pfalz:
    Saarland:
    Schleswig-Holstein:

703 d

Kein inländischer allgemeiner Gerichtsstand. [1] Hat der Antragsgegner keinen allgemeinen Gerichtsstand im Inland, so gelten die nachfolgenden besonderen Vorschriften.

[II] Zuständig für das Mahnverfahren ist das Amtsgericht, das für das streitige Verfahren zuständig sein würde, wenn die Amtsgerichte im ersten Rechtszug sachlich unbeschränkt zuständig wären. § 689 Abs. 3 gilt entsprechend.

[III] § 690 Abs. 1 Nr. 5 gilt mit der Maßgabe, daß das für das streitige Verfahren örtlich und sachlich zuständige Gericht zu bezeichnen ist.

1) Allgemeines, I. Grundsätzlich müßte das Gericht sowohl nach dem Eingang eines Widerspruchs gegen den Mahnbescheid als auch nach einem Einspruch gegen den Vollstreckungsbescheid die Akten von Amts wegen an dasjenige Gericht abgeben, bei dem der Antragsgegner seinen allgemeinen Gerichtsstand hat, §§ 12 ff. Dies ergibt sich aus §§ 696 I, 700 III je iVm 692 I Z 1, 690 I Z 5. Wenn der Antragsgegner jedoch im Inland keinen allgemeinen Gerichtsstand hat, sondern allenfalls einen besonderen Gerichtsstand, zB nach §§ 20–23 a, 26 ff, dann könnte keine derartige Abgabe erfolgen; das Verfahren würde abbrechen.

Deshalb schafft § 703 d eine Sonderregelung. Sie gilt unabhängig davon, ob der Antragsteller einen allgemeinen Gerichtsstand hat. § 703 d hat also Vorrang gegenüber § 689 II 1 und 2, BGH NJW **81**, 2647, vgl § 689 Anm 2 A c. Die Vorschrift erfaßt sowohl den Fall, daß eine Zustellung des Mahnbescheids nach den allgemeinen Vorschriften im Inland erfolgen kann und daß nur eben ein allgemeiner Gerichtsstand des Antragsgegners im Inland fehlt, als auch denjenigen Fall, daß nach § 688 III eine Zustellung des Mahnbescheids im Ausland notwendig wird. Das EuGÜbk ist gegenüber § 703 d vorrangig, BT-Drs 7/5250, vgl auch BGH NJW **81**, 2647.

2) Zuständigkeit, II. Es ist dasjenige AG zuständig, das für ein streitiges Verfahren zuständig wäre, wenn die Amtsgerichte im ersten Rechtszug sachlich unbeschränkt zuständig wären. Die Zuständigkeit kann auch kraft Zuweisung begründet werden, II 2 iVm § 689 III. Bisher ist keine derartige Ermächtigung ergangen. Wenn auch danach eine inländische Zuständigkeit fehlt, dann ist das Mahnverfahren nicht statthaft. Das gemäß II 1 zuständige AG behandelt die Sache als Streitgericht weiter oder gibt sie an das übergeordnete LG ab. Bei II 2 gibt es die Sache an das zuständige AG oder LG ab. Das weitere Verfahren verläuft gemäß §§ 696, 698, 700 III.

3) Bezeichnung des Streitgerichts, III. Diese Bezeichnung ist schon im Antrag auf den Erlaß des Mahnbescheids unter Beachtung der Sonderregelung des II notwendig. Bei einem Verstoß gilt das in § 690 Anm 1 Ausgeführte.

Achtes Buch. Zwangsvollstreckung

Bearbeiter: Dr. Dr. Hartmann

Erster Abschnitt. Allgemeine Vorschriften

Grundzüge

Schrifttum: Alisch, Wege zu einer interessengerechten Auslegung vollstreckungsrechtlicher Normen usw, 1981; Baumann-Brehm, Zwangsvollstreckung, 2. Aufl 1982 (Bespr Behr Rpfleger **83**, 131, Pawlowski ZZP **96**, 377, Werp NJW **82**, 2300); Baur, Zwangsvollstreckungs-, Konkurs- und Vergleichsrecht, 10. Aufl 1978; Blomeyer, Zivilprozeßrecht; Vollstreckungsverfahren, 1975 (Bespr Gerhardt DNotZ **77**, 443, Leipold JZ **78**, 213, Uhlenbruck NJW **76**, 666), mit Nachtrag 1979 (Bespr Gerhardt DNotZ **81**, 334); Boll, Fragen der Zwangsvollstreckung und Schenkungsanfechtung bei Lebensversicherungsverträgen, Diss Freibg 1981; Brill-Matthes-Oehmann, Insolvenz- und Zwangsvollstreckungsrecht, 1976; Bruns-Peters, Zwangsvollstreckungsrecht, 2. Aufl 1976 (Bespr Schippel DNotZ **77**, 252, Stöber Rpfleger **77**, 231, Zimmer ZZP **90**, 428); Eidenschink, Leitfaden durch das Zwangsvollstreckungs-, Konkurs- und Vergleichsrecht, 3. Aufl 1981; Gerhardt, Vollstreckungsrecht, 2. Aufl 1982 (Bespr Pawlowski ZZP **96**, 391, Tempel NJW **82**, 2423); Grunsky, Grundzüge des Zwangsvollstreckungs- und Konkursrechts, 3. Aufl 1983; Henze, Zwangsvollstreckung und Konkurs (Klausuren für Rpfl), 1981; Henze-Hagemann, Zwangsvollstreckungsrecht, 1975; Jauernig, Zwangsvollstreckungs- und Konkursrecht (Kurzlehrbuch), 16. Aufl 1983; Lippross, Vollstreckungsrecht (anhand von Fällen), 3. Aufl 1981 (Bespr Gerhardt ZZP **95**, 518); Lüke, Zwangsvollstreckungs- und Konkursrecht, 3. Aufl 1977; Mohrbutter, Handbuch des gesamten Vollstreckungs- und Insolvenzrechts, 2. Aufl 1974; Petermann, Mahnung, Pfändung und Vollstreckung, 1978; Raddatz, Vollstreckungsrecht, Bd 2 1982; Renkl, Zwangsvollstreckungs-, Konkurs- und Vergleichsrecht, 1982; Schuschke, Vollstreckungsrecht, 1979; Stöber, Die Zwangsvollstreckung in der Praxis usw, 1979; derselbe, Aktuelle Fragen der Zwangsvollstreckung und des Mahnverfahrens, 2. Aufl 1983; Tempel, Mustertexte zum Zivilprozeß, Bd II: Arrest, einstweilige Verfügung, Zwangsvollstreckung, Rechtsmittel, 2. Aufl 1981; rechtspolitisch: Eickmann DGVZ **77**, 103; zur Zwangsvollstreckung in der DDR Raabe DGVZ **80**, 106.

Gliederung

1) **Allgemeines**
   A. Begriff der Zwangsvollstreckung
   B. Zulässigkeit
      a) Rechtsweg
      b) Vollstreckungstitel
         aa) ZPO
         bb) Sonstiges deutsches Recht
         cc) Europarecht
   C. Zwangsvollstreckung und Parteiherrschaft
   D. Entsprechende Anwendbarkeit
      a) Grundsatz
      b) Verwaltungsverfahren
2) **Quellen**
   A. Andere Gesetze
   B. Räumlicher und zeitlicher Maßstab
3) **Voraussetzungen der Zwangsvollstreckung**
   A. Grundsatz
      a) Sachliche Voraussetzungen
      b) Persönliche Voraussetzungen
   B. Notwendigkeit eines Vollstreckungstitels
   C. Unzulässigkeit des Vollstreckungstitels
   D. Arten von Vollstreckungstiteln
   E. Umfang der Zwangsvollstreckung
      a) Auslegung
      b) Einzelfragen
         aa) Persönlicher Umfang
         bb) Sachlicher Umfang
         cc) Vollstreckungsvertrag
   F. Endgültige Vollstreckbarkeit
      a) Leistungsurteil
      b) Anderes Urteil
   G. Vorläufige Vollstreckbarkeit
   H. Vollstreckungsklausel
4) **Hindernisse und Einschränkungen der Zwangsvollstreckung**
   A. Hindernisse
      a) Einstellung
      b) Ablauf der Vollziehungsfrist
      c) Konkursverfahren
         aa) Gläubigerkonkurs
         bb) Schuldnerkonkurs
         cc) Drittschuldnerkonkurs
      d) Vergleichsverfahren
      e) Beschlagnahme
      f) DDR-Gläubiger
      g) Kreditinstitut
      h) Exterritorialität
   B. Einschränkungen
      a) Unpfändbarkeit
      b) Vollstreckungsschutz

5) **Organe der Zwangsvollstreckung**
A. Zuständigkeit
a) Vollstreckungsgericht
b) Gerichtsvollzieher
c) Prozeßgericht
d) Andere Behörden
B. Einzelheiten
6) **Vollstreckungsverfahren**
A. Allgemeines
B. Einzelfragen
C. Prozeßvoraussetzungen
a) Parteifähigkeit
b) Prozeßfähigkeit
c) Vollmacht usw
d) Zuständigkeit
e) Rechtsweg
D. Einwendungen
a) Gläubiger
b) Schuldner
c) Dritter
d) Jeder Betroffene: Arglist
E. Einstweilige Einstellung

7) **Beginn und Ende der Zwangsvollstreckung**
A. Beginn
a) Gerichtsvollzieher
b) Gericht
B. Ende
a) Befriedigung
b) Durchführung der Vollstreckung
8) **Mängel der Zwangsvollstreckung**
A. Geschichtliche Entwicklung
B. Wirksamkeit des Hoheitsakts
C. Auswirkungen
a) Unwirksamkeit
b) Aufhebbarkeit
c) Wirksamkeit
9) **Übersicht über die Pfändbarkeit (Vollstreckungsschlüssel)**
10) **VwGO**

1) Allgemeines. A. Begriff der Zwangsvollstreckung. Zwangsvollstreckung ist die mit den Machtmitteln des Staats erzwungene Befriedigung eines Anspruchs; denn das Monopol auf den Zwang steht dem Staat zu (Schönke-Baur). Die Zwangsvollstreckung findet nicht immer im Prozeß statt. Sie setzt nicht einmal immer einen solchen, oder auch nur eine Entscheidung, voraus, weder die zivilprozeßrechtliche, gerichtliche Zwangsvollstreckung, noch im Verwaltungs- oder im Verfahren der freiwilligen Gerichtsbarkeit. Auch im Zivilprozeß steht das Vollstreckungs- dem Erkenntnisverfahren als selbständiger Abschnitt mit eigenen Voraussetzungen gegenüber. Er ist nicht etwa die Fortsetzung von diesem, hat andere Voraussetzungen und einen anderen Ablauf, unten Anm 6 A. Beide können nebeneinander herlaufen, wenn ein Urteil für vorläufig vollstreckbar erklärt ist und das Erkenntnisverfahren auf Rechtsmittel weiter läuft; vgl auch Anm 6 E.

B. Zulässigkeit. a) Rechtsweg. Die zivilprozessuale Zwangsvollstreckung verlangt, wie das Erkenntnisverfahren, die Zulässigkeit des Rechtswegs. Die Abgrenzung ist aber hier leicht.

b) Vollstreckungstitel. Eine gerichtliche Zwangsvollstreckung ist auf Grund folgender Vollstreckungstitel zulässig:

aa) ZPO. Die Zwangsvollstreckung erfolgt aus sämtlichen Schuldtiteln der ZPO, mögen sie privat- oder öffentlichrechtlichen Inhalt haben, vgl VGH Mü VerwRspr **26**, 892 (zur notariellen Urkunde).

bb) Sonstiges deutsches Recht. Die Zwangsvollstreckung erfolgt aus anderen Titeln, die das Bundes- oder Landesrecht der gerichtlichen Zwangsvollstreckung unterwirft. Beispiele: Titel der Arbeitsgerichte, §§ 62, 85 ArbGG; eine Eintragung in die Konkurstabelle, § 164 II KO; ein Zwangsvergleich, § 194 KO; ein Vergleich im Vergleichsverfahren, § 85 VglO; eine vermögensrechtliche Entscheidung im Strafverfahren, §§ 463, 406, 406b StPO. Andererseits kann Bundes- oder Landesrecht die Zwangsvollstreckung aus privatrechtlichen Ansprüchen den Gerichten entziehen und Verwaltungsstellen übertragen. Das ist aber nur möglich, soweit kein gerichtlicher Titel vorliegt und die Entziehung nicht nur wegen einer Beteiligung des Fiskus als Partei geschieht, §§ 13 GVG, 4 EG ZPO. Die Zwangsvollstreckung gegen den Fiskus aus einem gerichtlichen Titel unterliegt den Besonderheiten des § 882a, solche gegen einen ausländischen Staat ist ohne dessen Zustimmung im Inland wegen seines nichthoheitlichen Verhaltens unzulässig, soweit der Gegenstand der Zwangsvollstreckung hoheitlichen Zwecken dient, zB ein Guthaben auf einer Bank zugunsten einer ausländischen Botschaft wegen ihrer Kosten, BVerfG **46**, 342 (zustm Bleckmann NJW **78**, 1092). Wegen der Nichtigkeit des Berliner Gesetzes über die Vollstreckung von Entscheidungen auswärtiger Gerichte vgl Einl III 8 A. Zum interlokalen Recht BGH **84**, 18.

cc) Europarecht. Die Zwangsvollstreckung erfolgt aus vollstreckbaren Entscheidungen des EuGH sowie der Kommission, Art 92 I EGKSV, 164 EAGV, 192 I EWGV betr Zahlung oder Herausgabe, dazu Osterheld, Die Zwangsvollstreckung in Deutschland nach dem

1. Abschnitt. Allgemeine Vorschriften **Grdz § 704** 1, 2

Recht der Europäischen Gemeinschaft für Kohle und Stahl, Diss Ffm 1954; Schwaiger NJW **70**, 978; **d)** gegen die Bundesbahn wegen einer Geldforderung, § 39 BBahnG.

C. Zwangsvollstreckung und Parteiherrschaft

Schrifttum: Lüke, Die öffentlichrechtliche Theorie der Zwangsvollstreckung und ihre Grenzen, Diss Ffm 1953.

Zu unterscheiden ist der privatrechtliche vollstreckbare Anspruch des Gläubigers, vom Schuldner ein Tun, Unterlassen oder Dulden zu fordern, vom Vollstreckungsanspruch, daß der Staat die Vollstreckung vornimmt. Daraus ergibt sich, daß im Vollstreckungsverfahren die Parteien zwar die Herrschaft über den sachlichrechtlichen Anspruch haben; der Gläubiger kann auf ihn verzichten, seine Forderung stunden usw; so wohl auch LG Bre DGVZ **82**, 76. Das Verfahren, durch das der Vollstreckungsanspruch durch einen staatlichen Eingriff in die Rechtssphäre des Schuldners verwirklicht wird, ist aber grundsätzlich öffentlichrechtlich und der Parteiherrschaft entrückt, soweit es um mehr als die wohlverstandenen Interessen der Beteiligten geht, nämlich um einen geordneten Rechtsgang und die Verhinderung sozialer Mißstände oder auch nur Gefahren; das übersieht Arnold MDR **79**, 358. Deshalb dürfte zB ein formell eindeutiger, nicht nur ganz kurzfristiger Verzicht auf die Unpfändbarkeit der lebensnotwendigen Rente in der Regel unwirksam sein. Vgl aber auch zB Einf 2 vor §§ 750–751, 834 Anm 1.

Der Gläubiger verdient gerade wegen des Sozialstaatsprinzips ebenso Schutz wie der Schuldner, zumal der Gläubiger oft dringend auf die Vollstreckung angewiesen ist, Alisch Rpfleger **79**, 292, derselbe, Wege zu einer interessengerechten Auslegung vollstreckungsrechtlicher Normen usw, 1981. Der Gläubiger kann grundsätzlich den Umfang der Zwangsvollstreckung bestimmen, Schlesw Rpfleger **76**, 224, LG Bln DGVZ **78**, 78, LG Ffm DGVZ **74**, 174, LG Kassel DGVZ **74**, 176, AG Offenb DGVZ **77**, 45, AG Würzb JB **75**, 88; ihre Art oder Durchführung kann der Gläubiger nur soweit bestimmen, wie ihm das Gesetz diese Befugnis einräumt, AG Straubing Rpfleger **79**, 72. Zum Beispiel kann kein Vergleich einen staatlichen Einstellungsbeschluß beseitigen. Eine Selbsthilfe ist nur im Rahmen des sachlichen Rechts erlaubt, §§ 229f BGB, in Form der Vorpfändung, § 845, und einiger sonstiger dem Gläubiger eingeräumter Befriedigungshandlungen. Zu Vollstreckungsverträgen Anm 3 E b cc.

D. Entsprechende Anwendbarkeit. a) Grundsatz. §§ 704ff sind entsprechend anwendbar zB gemäß §§ 62 II, 85 ArbGG, 151 I FGO (dazu zB BGH BB **72**, 991, LAG Hamm BB **75**, 1069, Rahn BB **74**, 1434 mwN), 45 III WEG, dazu BayObLG **83**, 17 mwN.

b) Verwaltungsverfahren. Für das Verwaltungszwangsverfahren ist in weitem Umfang das Recht der ZPO anwendbar gemacht (vgl § 6 JBeitrO), zum Teil ist es diesem sehr stark angenähert, § 5 VwVG iVm §§ 249ff AO 1977. Die Vollstreckung auf Grund eines Verwaltungsakts oder öffentlichrechtlichen Vertrags im Sozialbereich richtet sich ebenfalls nach der ZPO, §§ 60 II, 66 IV SGB X. Auch bei Anwendung der prozessualen Formen des 8. Buches bleibt aber die Vollstreckung Verwaltungszwang, Nürnb NJW **57**, 717. Wegen der Vollstreckung nach der VwGO Anm 10 (hinter dem Vollstreckungsschlüssel). Auf die Vollstreckung sozialgerichtlicher Titel ist das 8. Buch ebenfalls in weitem Maße anwendbar, § 198 I SGG, ebenso im finanzgerichtlichen Verfahren, § 151 I FGO.

2) Quellen. A. Andere Gesetze. Die ZPO ordnet die Zwangsvollstreckung nicht erschöpfend. Wie stets, ist auch auf diesem Gebiet das vorrangige GG zu beachten, zB Gerhardt ZZP **95**, 493, Vollkommer Rpfleger **82**, 1 mwN, insbesondere der auch aus ihm ableitbare Grundsatz der Verhältnismäßigkeit, BVerfG **48**, 401 und **52**, 220 mwN, BGH JZ **74**, 292. Die ZPO regelt die Zwangsvollstreckung in Liegenschaften nur in einigen Grundzügen und überläßt das Nähere dem ZVG. Außer der Liegenschaftsvollstreckung befinden sich außerhalb des 8. Buches im wesentlichen nur noch Ergänzungsbestimmungen nach § 362 LAG. Die Stellung des Rechtspflegers als Vollstreckungsorgan wurde durch § 20 Z 17 RPflG erheblich erweitert, s Anh 153 GVG.

Vorschriften anderer Gesetze sind jedenfalls insoweit unanwendbar, als sie ganz andere Verfahrensgrundsätze spiegeln, Ffm Rpfleger **83**, 166.

Das 8. Buch der ZPO enthält vieles, was nicht zur Zwangsvollstreckung gehört; so den Ausspruch der Vollstreckbarkeit im Urteil, das Rechtskraft- und Notfristzeugnis, KG FamRZ **74**, 448, das Arrest- und Einstweilige-Verfügungs-Verfahren, soweit es nicht die Vollstreckung des Arrests oder der einstweiligen Verfügung betrifft.

B. Räumlicher und zeitlicher Maßstab. Auf die Zwangsvollstreckung ist das bei ihrer Vornahme geltende Recht anzuwenden. In der BRep ist die Zwangsvollstreckung nur nach deutschem Recht statthaft. Sie ist räumlich an die Grenzen der deutschen Gerichtsbarkeit gebunden, vgl BGH DB **83**, 1973, somit gegen Exterritoriale nur im selben Umfang statthaft wie ein Urteil, s § 18 GVG, s auch Anm 1 B. Über eine Zwangsvollstreckung im Ausland s § 791 und BGH DB **83**, 1973 (betr einen Inlandskonkurs). Zeitlich ist die Zwangsvollstreckung unbegrenzt, soweit ihr nicht sachlichrechtlich die Verjährung, § 218 BGB, entgegensteht.

3) Voraussetzungen der Zwangsvollstreckung. A. Grundsatz. Es sind folgende Voraussetzungen zu unterscheiden:

a) Sachliche Voraussetzungen. Das sind solche, die von einer gerichtlichen Handlung abhängen, nämlich ein Vollstreckungstitel und eine Vollstreckungsklausel.

b) Persönliche Voraussetzungen. Das sind solche, die in der Person des Gläubigers liegen und nicht die Zulässigkeit der Zwangsvollstreckung betreffen, sondern ihren Beginn. So die Zustellung des Vollstreckungstitels, der Nachweis der Sicherheitsleistung. Jede Zwangsvollstreckung ist an bestimmte Formen gebunden.

B. Notwendigkeit eines Vollstreckungstitels

Schrifttum: Raisch, Die Bedeutung des Anspruchsgrundes in der Zwangsvollstreckung, Diss Heidelb 1954.

Jede Zwangsvollstreckung verlangt einen vollstreckbaren Schuldtitel, den Vollstreckungstitel, dh eine öffentliche Urkunde, die die Vollstreckbarkeit des zu erzwingenden Anspruchs ausweist. Gelegentlich ergibt sich die Vollstreckbarkeit erst aus dem Zusammenhang mehrerer Titel. Das gilt zum Beispiel dann, wenn die höhere Instanz ein Urteil bestätigt hat. Ein Verlust des Titels macht die Zwangsvollstreckung unmöglich; es bedarf dann einer neuen Klage, und dieser steht die Rechtskraft nicht entgegen, Einf 3 C vor §§ 322–327. Gegen mehrfache Zwangsvollstreckungen aus Titeln desselben Inhalts schützt § 766.

Für die Vollstreckung bestimmter Forderungen, zB nach § 66 SGB X, ist kein vollstreckbarer Titel erforderlich, AG Obernburg DGVZ **83**, 94.

C. Unzulässigkeit des Vollstreckungstitels. Ein unzulässiger Titel, Üb 3 vor § 300, läßt keine Zwangsvollstreckung zu; der Staat darf nicht erzwingen, was er verboten hat (meist spricht man dann von einer unmöglichen und darum unvollstreckbaren Leistung). Ob der durch den Titel festgestellte Anspruch wirklich besteht, ist für die Zulässigkeit der Zwangsvollstreckung grundsätzlich belanglos; Einwendungen wegen sachlicher Unrichtigkeit des Titels sind beim Urteil unbeachtlich. Das folgt für das Verhältnis der Parteien zueinander aus dem Wesen der Rechtskraft, Einf 2 C vor §§ 322–327, beim vorläufig vollstreckbaren Urteil aus dessen Anfechtbarkeit mit einem Einspruch oder einem Rechtsmittel. Ein Dritter, zB ein abpfändender Gläubiger, der sich auf das Nichtbestehen des Urteilsanspruchs beriefe, würde ein fremdes Recht geltend machen; dergleichen läßt die Rechtssicherheit nicht zu, er kann nur die Rechte des Schuldners, §§ 795, 796, 767 geltend machen, BGH NJW **61**, 1463. Vgl im übrigen Luh, Die Haftung des aus einer vorläufigen, auf Grund verfassungswidrigen Gesetzes ergangenen Entscheidung vollstreckenden Gläubigers, Diss Ffm 1979.

Ist der Anspruch nachträglich durch eine Zahlung und dgl weggefallen, so gibt die ZPO dem Schuldner geeignete Rechtsbehelfe, Anm 6 D. Auch eine Zwangsvollstreckung aus einem rechtmäßig erlangten Titel kann aber, was KG NJW **73**, 860 bei einem unberechtigten Haftantrag übersieht, einen sachlichrechtlichen Bereicherungs- oder Schadensersatzanspruch, §§ 823, 826, 839 BGB, auslösen, ebenso nach § 945 ZPO; vgl Einl III 6 A, Böhm, Ungerechtfertige Zwangsvollstreckung und materiellrechtlicher Ausgleichsanspruch, 1971; Gaul AcP **173**, 323; Noack JB **77**, 307 (betr Amtshaftung); Pecher, Die Schadensersatzansprüche aus ungerechtfertigter Vollstreckung, 1967. Um einen enteignungsähnlichen Eingriff handelt es sich bei einer fehlerhaften Vollstreckung nicht, da kein im Interesse der Allgemeinheit auferlegtes Sonderopfer vorliegt, BGH LM § 771 Nr 5.

D. Arten von Vollstreckungstiteln. Vollstreckungstitel sind inländische Urteile, sofern sie rechtskräftig oder für vorläufig vollstreckbar erklärt sind, § 704 I, ferner ausländische Urteile gemäß §§ 722, 723 und die in § 794 und dort Anm 12 aufgezählten, sehr zahlreichen weiteren Entscheidungen und Verfügungen, desgleichen landesrechtlichen Titel, § 801. Der Titel bestimmt den Inhalt der Zwangsvollstreckung: das erstrebte Ergebnis muß sich aus ihm auch für jeden Dritten eindeutig ergeben, Düss Rpfleger **78**, 216 mwN, Hamm NJW **74**, 652, Geitner/Pulte Rpfleger **80**, 93. Darum ist zB keine Zwangsvollstreckung aus einem Unterhaltsurteil auf laufende Zahlung eines bestimmten Lohnbruchteils zulässig, da dann erst eine Nachfrage beim nicht zur Beantwortung verpflichteten Arbeitgeber erforderlich ist, oder aus einem Vergleich, der die Beiziehung der „Düsseldorfer Tabelle", Mü FamRZ **79**, 1057, oder eines Kontoauszugs notwendig macht, LG Köln JB **76**, 255 (abl Mümmler).

Ausreichend ist aber ein Bruttolohnurteil, Üb 1 A vor § 803, StJP vor § 704 II 3a. Wegen Wertsicherungsklauseln § 794 Anm 10 B b bb. Notfalls hat das Zwangsvollstreckungsorgan den Titel auszulegen, Ffm Rpfleger **75**, 445, Mü OLGZ **82**, 101, LG Bln Rpfleger **79**, 145, AG Neust DGVZ **78**, 61; Einwendungen gegen diese Auslegung sind nach § 766 zu verfolgen. Ist eine einwandfreie Auslegung unmöglich, dann muß der Gläubiger aus § 256 I auf die Feststellung des Urteilsinhalts klagen, BGH NJW **62**, 110, LG Hann DGVZ **78**, 62.

Auch leugnende Titel sind ausreichend, zB „Das zwischen den Parteien ergangene Urteil ... deckt nicht die Verwendung von Zaponlack". Geht der festzustellende Sachverhalt über die Grenzen des Urteils hinaus, ist eine Klage auf Ergänzung der Entscheidung oder auf eine ganz neue Entscheidung zulässig. Ist der Vollstreckungstitel selbst, nicht nur seine vollstreckbare Ausfertigung (dann gilt § 733) verlorengegangen, ist eine neue Klage zulässig, bei der das Gericht an die frühere Entscheidung gebunden ist. Ein Urteil auf Leistung Zug um Zug ermöglicht die Zwangsvollstreckung nur in die Leistung, nicht auch in die Gegenleistung. Haftet dem Titel eine Bedingung an, so erfaßt sie auch die Vollstreckbarkeit. Der Eintritt der Bedingung ist, wenn er nicht ohne weiteres erkennbar ist, vor der Erteilung der Vollstreckungsklausel nachzuweisen.

E. Umfang der Zwangsvollstreckung

Schrifttum: Braun, Der Parteibegriff in der Zwangsvollstreckung, Diss Mainz 1952; Brennecke, Zwangsvollstreckung gegen juristische Personen des Privatrechts, Diss Freibg 1969; Endlich, Die Auslegung von Vollstreckungstiteln, Diss Heidelb 1953.

a) Auslegung. Das Vollstreckungsorgan darf den Vollstreckungstitel auslegen, sowohl nach seinem persönlichen Umfang, vgl Saarbr Rpfleger **78**, 228, LG Hbg AnwBl **74**, 166, als auch nach seinem sachlichen Umfang, AG Hbg DGVZ **80**, 29.

b) Einzelfragen. Im einzelnen gilt folgendes:

aa) Persönlicher Umfang. Der Vollstreckungstitel bestimmt den persönlichen Umfang der Zwangsvollstreckung, dh für den Gläubiger und den Schuldner. Parteien sind schlechthin die im Titel Genannten, vgl BayObLG ZMR **80**, 256. Wechseln Personen, so bedarf es der Umschreibung des Titels; sie kann nur für und gegen den oder die Rechtsnachfolger stattfinden, §§ 727ff, folgt freilich der sachliche Rechtsnachfolger nach seinem, Obermaier DGVZ **73**, 145. Läßt sich die richtige Partei auch nicht durch Auslegung ermitteln, so bleibt nur übrig, eine neue Klage zu erheben. Wer im Titel nicht genannt ist, ist Dritter. Dieser kann als Vollstreckungsgläubiger erst auf Grund einer Umschreibung auf ihn handeln, LG Essen DGVZ **72**, 154.

bb) Sachlicher Umfang. Der Vollstreckungstitel bestimmt den sachlichen Umfang nach dem Gegenstand der Zwangsvollstreckung. Grundsätzlich haftet der Schuldner mit seinem ganzen Vermögen. Die Haftung kann sich aber auf bestimmte Vermögensmassen beschränken. Das gilt ohne weiteres bei der Partei kraft Amts, Grdz 2 C vor § 50, ferner in den Vorbehaltsfällen, §§ 780ff, bei einem entsprechenden Verhalten des in Anspruch Genommenen, oder nach dem BinnenschG, LG Bln Rpfleger **76**, 438.

cc) Vollstreckungsvertrag

Schrifttum: Scherf, Vollstreckungsverträge, 1971 (Bespr Blomeyer ZZP **89**, 484, Peters AcP **172**, 561), Bürck ZZP **85**, 391 je mwN.

Vollstreckungsverträge sind statthaft, soweit sie nur die Interessen der Beteiligten berühren, BAG DB **75**, 1130, § 804 Anm 4 B, und nicht über die Parteiherrschaft, Anm 1 C, hinausgehen, vgl BGH DB **73**, 1451, Einl III 2 A.

Hier gilt im einzelnen folgende Unterscheidung:

aaa) Vertragliche Beschränkung. Zulässig sind grundsätzlich vertragliche Beschränkungen der Zwangsvollstreckung nach Art, Ort, Zeit, zB ein Ausschluß der Zwangsvollstreckung bis zur Rechtskraft, vgl BGH NJW **68**, 700, oder für eine gewisse Zeit, Hamm MDR **77**, 675, Karlsr ZMR **77**, 96, Mü Rpfleger **79**, 466, oder in gewisse Werte, BGH LM § 133 (D) BGB Nr 7, Stundung, vgl BAG NJW **75**, 1576 (krit Heiseke NJW **75**, 2312), die Vereinbarung der Zulässigkeit einer Teilzahlung, Ffm OLGZ **81**, 113 mwN, Schmidt MDR **73**, 860, aM Raacke NJW **72**, 1868 (aber der Schuldner kann einen anerkennenswerten Grund zum Verzicht auf die Beachtung einer nur ihn schützenden Vorschrift haben, Emmerich ZZP **82**, 437); die bloße Bereitschaft des Schuldners zur Ratenzahlung, Ffm OLGZ **82**, 239, bedeutet freilich jetzt kaum mehr ein Nachgeben im Sinne von § 779 BGB, Hbg MDR **73**, 683, LG Bln Rpfleger **76**, 438 mwN.

bbb) Vertragliche Erweiterung. Vertragliche Erweiterungen der Zwangsvollstreckung sind eher unzulässig, zB bei einem von vornherein erklärten völligen Verzicht des Schuldners auf jede Berufung auf Unpfändbarkeitsregeln, vgl § 811 Anm 1 B b. Vollstreckungsverträge sind noch vor oder während des Prozesses möglich (falls in ihm vorgebracht, sind sie im Urteil auszusprechen, BGH **LM** § 780 Nr 3), ebenso später, zB ein Verzicht auf den Titel, BGH JZ **55**, 613.

ccc) Rechtsbehelf. Eine Zwangsvollstreckung entgegen einem Vollstreckungsvertrag ermöglicht zumindest stets die Erinnerung, § 766, Hamm MDR **77**, 675 mwN gegen Emmerich ZZP **82**, 437 (nur diese), Scherf 123 (es sei nur § 767 anwendbar); soweit der Vollstreckungsvertrag offensichtlich auch sachlichrechtliche Vereinbarungen enthält, etwa einen Teilverzicht und nicht nur eine Pfändungsbeschränkung, ist auch § 767 anwendbar, wofür das Rechtsschutzbedürfnis großzügig zu bejahen ist, Bürck ZZP **85**, 406, vgl StJM § 766 IV 2, Baur § 7 Z 3. Die Vollstreckbarkeit des bisherigen Urteils wird durch die Einlegung des Rechtsmittels nicht automatisch berührt, BGH NJW **68**, 700.

F. Endgültige Vollstreckbarkeit. Der Begriff der Vollstreckbarkeit hat verschiedenen Inhalt.

a) Leistungsurteil. Vollstreckbar im eigentlichen (engeren) Sinne sind nur die Urteile, die auf eine Leistung gehen. Nur hier ist eine Vollstreckung durch den Eingriff von Vollstreckungsorganen denkbar, §§ 803–898.

b) Anderes Urteil. Vollstreckbarkeit im weiteren Sinne liegt aber auch bei den Feststellungs-, Gestaltungs- und abweisenden Urteilen vor, die durch ihren Inhalt wirken, sofern sie für vorläufig vollstreckbar erklärt sind, obwohl sie einen vollstreckbaren Inhalt nicht haben, nicht vollstreckungsfähig sind, zB auch § 708 Z 6. Sie bedürfen also keiner Vollstreckungsklausel, nicht der Zustellung, § 750, sind auch nicht der Aufhebung und Einstellung der Zwangsvollstreckung fähig. Sie sind aber nicht ohne Wirkung; denn sie können die Voraussetzung von staatlichen Handlungen sein, zB § 16 HGB; die vorläufige Vollstreckbarkeit prozessualer Gestaltungsklagen, zB der aus §§ 767, 768, 771, hat Bedeutung wegen §§ 775 Z 1, 776. Es wäre deshalb unrichtig, die Vollstreckbarerklärung von einem vollstreckungsfähigen Inhalt abhängig zu machen, Köln VersR **74**, 65, Ffm OLGZ **68**, 436.

G. Vorläufige Vollstreckbarkeit. Die vorläufige Vollstreckbarkeit steht der endgültigen nicht ganz gleich. S darüber Einf 1 B vor § 708.

H. Vollstreckungsklausel. Das ist die amtliche Bescheinigung der Vollstreckbarkeit des Titels. Sie muß unter einer Ausfertigung des Titels stehen und macht diese zur ,,vollstreckbaren Ausfertigung". Sie kann Bestimmungen über den sachlichen oder persönlichen Umfang der Zwangsvollstreckung enthalten, s E.

4) Hindernisse und Einschränkungen der Zwangsvollstreckung

Schrifttum: Lehmacher, Die Rechtsbehelfe usw. Ein Beitrag zur Klärung des Verhältnisses von Konkurs-, und Zwangsvollstreckungsrecht, Diss Köln 1951; Scharlach, Relative Beschränkungen der Zwangsvollstreckung in Forderungen usw, Diss Heidelb 1952.

A. Hindernisse. Hierzu zählen folgende Umstände:

a) Einstellung. In Betracht kommt eine Einstellung der Zwangsvollstreckung aus den Gründen der §§ 765a, 775, des § 13 VHG.

b) Ablauf der Vollziehungsfrist. In Betracht kommt ferner bei einem Arrest und einer einstweiligen Verfügung der Ablauf der Vollziehungsfrist, §§ 929 II, 936.

c) Konkursverfahren. In Betracht kommt ferner die Eröffnung des inländischen Konkurses, dazu Behr DGVZ **77**, 49; bei einem ausländischen nicht für das inländische Vermögen, § 237 KO. Insoweit muß man weiter die folgenden Situationen unterscheiden:

aa) Gläubigerkonkurs. Bei einem Konkurs des Gläubigers ist die Vollstreckungsklausel nach § 727 auf den Konkursverwalter umzuschreiben, wenn der Anspruch zur Masse gehört, § 1 KO.

bb) Schuldnerkonkurs. Bei einem Konkurs des Schuldners ist keine Zwangsvollstreckung für Konkursgläubiger mehr zulässig, eine begonnene Zwangsvollstreckung ist einzustellen, § 14 KO. Hat der Gläubiger bereits ein Pfandrecht erlangt, so ist er absonderungsberechtigt und die Zwangsvollstreckung fortzusetzen. Ist er Massegläubiger, aussonderungs- oder absonderungsberechtigt, so kann er die Zwangsvollstreckung nach einer Umschreibung auf den Konkursverwalter beginnen oder fortsetzen.

cc) Drittschuldnerkonkurs. Bei einem Konkurs des Drittschuldners ist evtl der Anspruch auf ein Konkursausfallgeld pfändbar, Anm 9 ,,Konkursausfallgeld".

d) Vergleichsverfahren. Die Eröffnung eines Vergleichsverfahrens macht die Zwangsvollstreckung bis zur Rechtskraft der abschließenden Entscheidung gegenüber den Vergleichsgläubigern und den sich aus § 29 VerglO ergebenden Gläubigern unzulässig, § 47 VerglO.

e) Beschlagnahme. Eine Beschlagnahme des Vermögens nach § 290 StPO macht einen Titel gegen den Vermögenspfleger nötig.

f) DDR-Gläubiger. Bei der Zwangsvollstreckung von Gläubigern aus der DDR ist die 3. DVO MRG 53 (4. DVO MRG 52) zu beachten; vgl bei MRG 53, SchlAnh IV, und Pal-Diederichsen Vorb 14 I vor Art 7 EGBGB. Zur Vollstreckung aus DDR-Titeln für Westberlin vgl § 723 Anm 3 B.

g) Kreditinstitut. In Betracht kommen ferner gesetzliche Zwangsvollstreckungsverbote während der Abwicklung von Sondervermögen der Kreditinstitute usw, §§ 13, 27 G vom 21. 3. 72, BGBl 465.

h) Exterritorialität. In Betracht kommt schließlich eine Exterritorialität, §§ 18–20 GVG, auch zugunsten des technischen Personals einer diplomatischen Vertretung, sofern der vertretene Staat dem Wiener Übk v 18. 4. 61, BGBl 64 II 958, beigetreten ist, AG Bre MDR **71**, 672. Vgl Anm 1 B. S ferner VO v 24. 4. 74, BGBl 1022, dazu Bek v 10. 6. 74, BGBl II 933 betr die Ständige Vertretung der DDR.

B. Einschränkungen. Die Zwangsvollstreckung wird durch Gesetzesvorschriften eingeschränkt, die die Erhaltung der Leistungsfähigkeit des Schuldners bezwecken. Hierher gehören folgende Fälle:

a) Unpfändbarkeit. In Betracht kommen die Vorschriften über eine Unpfändbarkeit, §§ 811, 850 ff ua.

b) Vollstreckungsschutz. In Betracht kommen ferner die Vorschriften über einen Vollstreckungsschutz. Bei der Verwertung von der Preisbindung unterliegenden Büchern vgl § 817a Anm 1 A.

5) Organe der Zwangsvollstreckung

Schrifttum: Hoffmann, Die Aufgabenverteilung zwischen Vollstreckungsorgan und erkennendem Gericht, Diss Saarbr 1972.

A. Zuständigkeit. Die Zuständigkeit ist ausschließlich, § 802, folgendermaßen geregelt:

a) Vollstreckungsgericht. Das Vollstreckungsgericht, nämlich grundsätzlich das Amtsgericht, §§ 764 I, 802, ist für alle Maßnahmen zuständig, die sich wegen ihrer Natur oder ihrer Schwierigkeit nicht für den Gerichtsvollzieher eignen. Die Geschäfte im Zwangsvollstreckungsverfahren des 8. Buches, soweit sie dem Vollstreckungsgericht (nicht auch dem Arrestgericht, § 930 I) obliegen oder in den Fällen der §§ 848, 854, 855, 902 von einem anderen Amtsgericht oder vom Verteilungsgericht, § 873, zu treffen sind, sind durch § 3 Z 3 a, § 20 Z 17 RPflG, Anh § 153 GVG, grundsätzlich dem Rechtspfleger übertragen. Er hat infolgedessen, § 20 Z 5 Hs 1 RPflG, auch über eine Bewilligung und Entziehung einer Prozeßkostenhilfe für die Zwangsvollstreckung zu entscheiden. Von dieser Übertragung macht § 20 Z 5 Hs 2 RPflG jedoch einige Ausnahmen; es verbleiben dem Richter die Entscheidung, soweit das Prozeßgericht in der Zwangsvollstreckung zuständig ist, zB nach den §§ 887, 888, oder soweit eine sonstige richterliche Handlung notwendig ist, zB nach § 758.

b) Gerichtsvollzieher. Den Gerichtsvollzieher „beauftragen" die Parteien unmittelbar, dh ersuchen ihn um eine Amtshandlung, § 753 I. Er handelt immer als Beamter in Verwaltung staatlicher Hoheitsrechte, ist also entgegen der Ausdrucksweise des Gesetzes nicht Beauftragter der Partei.

c) Prozeßgericht. Das Prozeßgericht 1. Instanz, wird nur bei einer Zwangsvollstreckung wegen Handlungen oder Unterlassungen tätig, §§ 887, 888, 890. In einer Familiensache kann das Familiengericht zuständig sein, Düss FamRZ **81**, 577.

d) Andere Behörden. Andere Behörden werden in gesetzlich bestimmten Sonderfällen tätig, wie das Grundbuchamt, §§ 866, 867, Registerbehörden bei Schiffen und Schiffsbauwerken, § 870a, sowie eingetragenen Luftfahrzeugen, dort Anm 1.

B. Einzelheiten. Maßnahmen von Organen außerhalb des ihnen vom Gesetz zugewiesenen Wirkungskreises sind unwirksam. Die örtliche Unzuständigkeit macht eine Zwangsvollstreckung nicht nichtig, aber die Erinnerung zulässig. Soweit sie Erfolg hat, entfällt die Pfandverstrickung; es ist aber auch auf Antrag eine Abgabe entsprechend § 281 möglich, wodurch die Pfandverstrickung erhalten bleibt. Wird nicht gerügt, schadet die örtliche Unzuständigkeit nicht.

6) Vollstreckungsverfahren

Schrifttum: Köhnlechner, Die Abgrenzung der einzelnen Vollstreckungsarten der ZPO untereinander, Diss Mainz 1953; Reiners, Beweisrecht in der Zwangsvollstreckung, Diss Mü 1965; Rothoeft, Zur Bedeutung und Tragweite des Prinzips der Publizität im Vollstreckungsrecht, 1966; Stehmann, Zum rechtlichen Gehör in der Zwangsvollstreckung, Diss Gießen 1973.

A. Allgemeines. Das Vollstreckungsverfahren folgt nur eingeschränkt den für das Erkenntnisverfahren geltenden Vorschriften. Es kennt insbesondere keine notwendige mündliche Verhandlung, außer natürlich in Prozessen, die anläßlich der Zwangsvollstreckung entstehen, zB § 731. Wenn eine Partei Einwendungen erhebt, ist eine mündliche Verhandlung statthaft, tritt aber kaum jemals ein. Im allgemeinen wird der Schuldner vor dem Vollstreckungsakt nicht gehört, manchmal ist seine Anhörung dem Gericht freigestellt, §§ 730, 733, im Falle des § 834 ist seine Anhörung verboten; dieser Grundsatz widerspricht nicht dem Art 103 I GG, da das Gläubigerinteresse vorgehen muß und dem Schuldner auch Rechtsbehelfe zur Verfügung stehen, BVerfG **8**, 89, 98.

Die Parteiherrschaft, Grdz 3 A vor § 128, bleibt in dem Sinn bestehen, daß der Gläubiger das Verfahren durch seinen Antrag in Gang setzt, den Fortgang des Verfahrens und die Verfügung über seinen Anspruch in der Hand behält; auf sein Ersuchen wird jederzeit das Ruhen der Zwangsvollstreckung angeordnet, auch das Ruhen des Offenbarungsverfahrens, LG Kblz MDR **72**, 789. Das Verfahren ist im übrigen ein Amtsverfahren, s auch Anm 1 C. Möglichste Klärung des Sachverhalts ist Amtspflicht. Notfalls hat das Vollstreckungsorgan den Gläubiger, geeignetenfalls auch den Schuldner, mündlich oder schriftlich zu befragen. Es besteht keine Ermittlungspflicht von Amts wegen, soweit Gläubiger oder Schuldner auf Anfragen des Gerichts nicht antworten, Düss NJW **77**, 1643. Vielfach ist ein Antrag notwendig, zB bei § 765 a, BVerfG **61**, 137.

B. Einzelfragen. Eine Rechtshängigkeit im prozessualen Sinn tritt nicht ein; anders ist es für sachlichrechtliche Folgen, zB §§ 209 Z 5, 216, 941 S 2 BGB. Soweit im Verfahren Nachweise zu liefern sind, bedarf es vollen Beweises nach den Regeln der ZPO; eine Glaubhaftmachung genügt nur, wenn sie das Gesetz ausdrücklich zuläßt. Der Tod des Schuldners, § 779, oder der Wegfall seiner Prozeßfähigkeit oder seiner gesetzlichen Vertretung unterbrechen das Verfahren nicht, Ffm Rpfleger **75**, 441, aM Sojka MDR **82**, 14; ebensowenig unterbrechen der Tod oder der Verlust der Parteifähigkeit des Gläubigers nach der Antragstellung das Verfahren. Unterbrechung und Aussetzung vertragen sich nicht mit dem schleunigen Charakter des Verfahrens. Einer Rechtshilfe bedarf die Zwangsvollstreckung innerhalb der BRD nicht, § 160 GVG; Ausnahmen gelten bei § 789. Die Kosten der Zwangsvollstreckung trägt der Schuldner nach §§ 91 ff, 788. Sie sind ihm zu erstatten, wenn der Vollstreckungstitel aufgehoben wird. Die Vorschriften über die Prozeßkostenhilfe sind anwendbar; das Rechtsschutzbedürfnis ist auch hier zu prüfen, BVerfG **61**, 135, LG Aschaffenb Rpfleger **73**, 221, LG Offenbg Rpfleger **73**, 183 je betr Unterhaltstitel; so kann eine Prozeßkostenhilfe bei einem zur Zeit zahlenden Schuldner für die Zustellung des Titels zu gewähren, im übrigen (noch) zu verweigern sein, LG Ellwangen Rpfleger **74**, 441.

C. Prozeßvoraussetzungen. Prozeßvoraussetzungen der Zwangsvollstreckung sind:
  a) Parteifähigkeit. Erforderlich ist die Parteifähigkeit von Gläubiger und Schuldner wie im Erkenntnisverfahren. Somit sind die OHG, KG, evtl sogar die gelöschte GmbH, LG Mü Rpfleger **74**, 371, parteifähig, der nicht rechtsfähige Verein nur als Schuldner, § 735. Gesellschafter und Vereinsmitglieder sind Dritte, § 735 Anm 1, Anh § 736.
  b) Prozeßfähigkeit. Die Prozeßfähigkeit ist beim Gläubiger stets nötig, beim Schuldner, der regelmäßig rein leidend beteiligt ist, nur soweit er mitwirken muß, Ffm Rpfleger **75**, 441 (aM Hoffmann KTS **73**, 152; sie sei stets nötig), etwa als Anzuhörender od zur eidesstattlichen Versicherung Verpflichteter, bei der Zustellung, § 171 I, LG Bonn NJW **74**, 1387, Kirberger FamRZ **74**, 637, oder soweit er Einwendungen erhebt. Den Prozeßunfähigen vertritt sein gesetzlicher Vertreter. Die Zwangsvollstreckung ist ohne Rücksicht auf spätere Veränderungen fortzusetzen. Der Schuldner muß die von ihm behauptete Prozeßunfähigkeit beweisen, Ffm Rpfleger **75**, 441. Vgl Bernhardt, Der geisteskranke Schuldner in der Zwangsvollstreckung usw, Diss Freibg 1968.
  c) Vollmacht usw. Wenn der Schuldner mitwirken muß, dann muß sich sein gesetzlicher Vertreter ausweisen. Die Prozeßvollmacht gilt auch für die Zwangsvollstreckung, § 81, läßt sich aber auch auf diese beschränken. Inhalt der Vollmacht: §§ 78 ff. Über ihren Nachweis in der Zwangsvollstreckung §§ 88, 80 Anm 2. Als Nachweis genügt die Nennung des Bevollmächtigten im Vollstreckungstitel.
  d) Zuständigkeit. Erforderlich ist ferner die Zuständigkeit, Anm 5 A.
  e) Rechtsweg. Notwendig ist schließlich die Zulässigkeit des Rechtswegs, Anm 1 B a.

D. Einwendungsarten. Hier ist folgende Unterscheidung geboten:
  a) Gläubiger. Hier kommt folgende Unterscheidung in Betracht:
  aa) Erinnerung. Gegen die Art und Weise der Zwangsvollstreckung ist die Erinnerung nach § 766 zulässig.

bb) Einfache Beschwerde. Im Fall der Ablehnung eines Antrags außerhalb der eigentlichen Zwangsvollstreckung, zB auf Erteilung der Vollstreckungsklausel, ist die einfache Beschwerde nach § 567 zulässig.

cc) Sofortige Beschwerde. Gegen eine echte sonstige Entscheidung im Rahmen der begonnenen Zwangsvollstreckung ist die sofortige Beschwerde nach § 793 zulässig.

b) Schuldner. Hier kommt folgende Unterscheidung in Betracht, vgl auch Fenge, Die dogmatische Bedeutung des richterlichen Schuldnerschutzes in der Zwangsvollstreckung, Diss Heidelb 1961:

aa) Erinnerung. Gegen die Art und Weise der Zwangsvollstreckung ist die Erinnerung nach § 766 zulässig.

bb) Vollstreckungsanspruch. In Betracht kommen ferner Einwendungen gegen den Vollstreckungsanspruch selbst. Meist werden sie durch eine Vollstreckungsabwehrklage erhoben, §§ 767, 796, 797; gelegentlich auch durch eine einfache Einwendung bei einer Vollstreckung aus § 775 Z 4 und 5; schließlich durch eine Einwendung gegenüber der Klage aus § 731.

cc) Vollstreckungsklausel. In Betracht kommen ferner Einwendungen gegen die Zulässigkeit der Vollstreckungsklausel durch eine Erinnerung nach § 732 oder als Einwendungen gegen eine Klage aus § 731.

dd) Vollstreckungstitel. In Betracht kommen ferner Einwendungen gegen die Rechtswirksamkeit des Titels nur durch Rechtsmittel, Einspruch, Wiederaufnahmeklage, leugnende Feststellungsklage oder wie zu c, Üb 3 B Ende und C Ende vor § 300.

ee) Widerspruchsklage nach ZVG. In Betracht kommt schließlich regelwidrig eine Widerspruchsklage im Fall des § 93 ZVG.

c) Dritter. Hier kommt folgende Unterscheidung in Betracht:

aa) Erinnerung. Gegen die Art und Weise der Zwangsvollstreckung ist die Erinnerung nach § 766 zulässig.

bb) Widerspruchsklage nach ZPO. Im Fall der Verletzung eines die Veräußerung hindernden Rechts ist die Widerspruchsklage nach den §§ 771 ff zulässig.

cc) Vorzugsweise Befriedigung. Schließlich kommt eine Klage auf vorzugsweise Befriedigung aus dem Erlös bei einem Pfand- oder Vorzugsrecht ohne Besitz, § 805, in Betracht.

d) Jeder Betroffene: Arglist. Allgemein ist der Einwand der Arglist denkbar. Auch in der Zwangsvollstreckung sind Treu und Glauben zu wahren, BGH **57**, 108, ähnlich BGH **LM** § 767 Nr 4, DB **78**, 1494, Hamm NJW **82**, 342 mwN, Mü DB **79**, 2021, LG Hann MDR **79**, 495 und 589 (Mißbrauch sei nur in seltenen Fällen anzunehmen), LG Essen MDR **82**, 587, LG Kblz DGVZ **82**, 47 je mwN, AG Dortm DGVZ **81**, 45, AG Nordhorn DGVZ **83**, 30 (je wegen der Erwirkung eines Vollstreckungsbescheids und einer Vollstreckung aus ihm trotz inzwischen erfolgter Leistung des Schuldners), AG Freiburg DGVZ **82**, 31 (keine Vollstreckung aus einem offensichtlich zu Unrecht erwirkten Vollstreckungsbefehl), AG Wolfsbg DGVZ **79**, 26 (Verwirkung, dort zu schuldnerfreundlich, und zwar im Prinzip uneingeschränkt, aM LG Lübeck DGVZ **79**, 74); vgl ferner LG Essen FamRZ **81**, 458 (Verweigerung einer Teilungsversteigerung), Backhaus, Schutz guten Glaubens bei Vollstreckungsakten, Diss Freibg 1959; Gehring, Rechtsschutzbedürfnis und Vollstreckungsgewalt usw, Diss Freibg 1950; Goeser, Generalklauseln in der Zwangsvollstreckung usw, Diss Tüb 1950; Schneider DGVZ **78**, 85 (unzulässige Rechtsausübung; krit Braun DGVZ **79**, 109 mwN), Wolfsteiner DNotZ **78**, 681. Beispiele: §§ 771 Anm 3 F, 775 Anm 5 aE.

Kein Mißbrauch liegt vor bei einer Pfändung aufgrund rechtswidriger Mitteilung Dritter über Vollstreckungsmöglichkeiten, BGH **LM** § 242 (Cd) BGB Nr 166. Eine sittenwidrige Schädigung des Gläubigers kann ihm einen Anspruch aus § 826 BGB geben, BGH **LM** § 826 (Gd) BGB Nr 29, vgl § 850h Anm 3 B. BVerfG **48**, 401 und **52**, 220 mwN, BGH JZ **74**, 292 legen dem Staat als Gläubiger bei der Zwangsvollstreckung die Einhaltung des Grundsatzes der Verhältnismäßigkeit zur Vermeidung unbilliger Härten auf; krit zutreffend Gaul JZ **74**, 279. Vgl auch Einl III 6 A, §§ 765a Anm 1 A, 866 Anm 1, Brehm Rpfleger **82**, 125.

Zum Problem sehr kleiner Forderungen BVerfG **48**, 400, Düss NJW **80**, 1171, LG Bln DGVZ **79**, 169, LG Konstanz NJW **80**, 297, AG Dinslaken DGVZ **82**, 159, AG Flensb MDR **75**, 765, Braun DGVZ **79**, 129, Schneider DGVZ **83**, 132, Stöber 488 a je mwN.

E. Einstweilige Einstellung. Bei sämtlichen Einwendungen nach D kann das Gericht die Zwangsvollstreckung einstweilen einstellen; der Gerichtsvollzieher darf das bei §§ 775 Z 4 und 5 (dort Anm 5 aE), 815 III tun. Der Einstellungsbeschluß des Gerichts ist keine einstweilige Verfügung, sondern eine vorläufige Maßnahme eigener Art. Wenn eine Einstellung

Platz greifen kann, wird im allgemeinen für eine einstweilige Verfügung das Rechtsschutzbedürfnis fehlen, weil sie umständlicher und teurer ist. Da das Hauptverfahren und dasjenige auf den Erlaß einer einstweiligen Verfügung aber getrennte Verfahren sind, ist es möglich, auch während des Hauptverfahrens und trotz dortiger Einstellung der Zwangsvollstreckung in der Revisionsinstanz, § 719 II, denselben Anspruch zum Gegenstand einer einstweiligen Verfügung zu machen, die der Einstellung in der Hauptsache zuwiderläuft, BGH **LM** § 719 Nr 14. Eine einstweilige Anordnung läßt sich aber nicht durch eine einstweilige Verfügung aufheben. Abgesehen davon lassen sich Fälle denken, in denen die einstweilige Verfügung ein Zwangsvollstreckungsverbot aussprechen kann. Eine falsche Bezeichnung im Antrag als einstweilige Verfügung schadet nach allgemeinen Grundsätzen nicht. Über die Wirkung der Einstellung s § 707 Anm 3 E. Nach vielen Gesetzen bewirkt ein bestimmtes Geschehnis eine Einstellung kraft Gesetzes. Dies gilt zum Beispiel bei der Eröffnung des Vergleichsverfahrens, § 48 VglO, oder des Konkurses, § 14 KO.

7) Beginn und Ende der Zwangsvollstreckung. Sie sind mehrfach von Bedeutung, etwa für die Zulässigkeit der sofortigen Beschwerde, § 793.

A. Beginn. Die Zwangsvollstreckung beginnt, sobald eine der folgenden Situationen eintritt:

a) Gerichtsvollzieher. Der Beginn liegt in der ersten Vollstreckungshandlung des Gerichtsvollziehers, AG Pinnebg **DGVZ 78**, 91. Eine Zahlungsaufforderung ist kein Beginn, sondern ein Versuch, ohne eine Zwangsvollstreckung auszukommen (aM **ZZP 51**, 290).

b) Gericht. Der Beginn liegt in der Verfügung der ersten Vollstreckungsmaßnahme durch das Gericht, etwa dem Pfändungsbeschluß (genauer: mit der Hinausgabe dieser Verfügung, § 329 Anm 4 A); nicht erst mit der Zustellung der Verfügung § 329 Anm 4 B, § 750. Beispiele: Die Unterlassungspflicht nach § 890 beginnt mit dem androhenden Beschluß, soweit nicht schon das Urteil die Androhung enthält; beim Offenbarungsverfahren beginnt die Zwangsvollstreckung mit der Terminsbestimmung.

Alles, was vor diesen Zeitpunkten liegt, gehört nicht zur Zwangsvollstreckung, auch wenn es im 8. Buch geordnet ist. Das gilt zum Beispiel für die Erteilung des Notfristzeugnisses oder der Vollstreckungsklausel, LG Mannh **ZMR 72**, 284, Düss **FamRZ 72**, 402, für die bloße Androhung einer Vollstreckungsmaßnahme in einem Anwaltsschreiben, Schlesw **FamRZ 81**, 457, oder für die Sicherheitsleistung. Für die Kostenberechnung und -erstattung sind alle vorbereitenden Handlungen einzubeziehen.

B. Ende

Schrifttum: Lehr, Das Erlöschen der Vollstreckbarkeit, Diss Ffm 1968; Messer, Die freiwillige Leistung des Schuldners in der Zwangsvollstreckung, 1966.

Die Zwangsvollstreckung endet, sobald eine der folgenden Situationen eintritt:

a) Befriedigung. Das Ende tritt im ganzen ein mit völliger Befriedigung des Gläubigers, Ffm **Rpfleger 80**, 200, einschließlich der Kosten, § 788. Beispiel: Mit der Befriedigung aus dem hinterlegten Betrag, nicht schon mit der Hinterlegung, AG Köln **DGVZ 78**, 30.

b) Durchführung der Vollstreckung. Das Ende tritt bei einzelnen Vollstreckungsmaßnahmen mit ihrer vollen, wenn auch ergebnislosen, Durchführung ein. Somit leitet jede spätere Zwangsvollstreckungshandlung ein neues Verfahren ein. Beispiele: es beenden die Freigabe der Pfandsachen; eine dauernde Einstellung; die Aufhebung der Maßnahmen; es beendet nicht eine zeitweilige Einstellung. Ist die Maßnahme beendet, kann deswegen weder Erinnerung, § 766, vgl aber auch dort Anm 3 E (Fortwirken der Maßnahme), noch Widerspruchsklage erhoben werden, § 771.

8) Mängel der Zwangsvollstreckung

Schrifttum: Böhm, Ungerechtfertigte Zwangsvollstreckung und materiellrechtliche Ausgleichsansprüche, Diss Ffm 1970; Rodi, Mängel bei der Vollstreckung... nach schweizerischem und deutschem Beitreibungsrecht, Diss Zürich 1966.

A. Geschichtliche Entwicklung. Nach RG **125**, 288 war jede Zwangsvollstreckung unwirksam, die beim Mangel einer Voraussetzung der Zwangsvollstreckung oder unter Verletzung einer Formvorschrift vorgenommen ist. Freilich ließ man eine Mängelheilung zu, zwar nicht durch einen Verzicht, aber durch die Nachholung des Fehlenden vor der Aufhebung der Zwangsvollstreckungsmaßnahmen. Die Heilung wurde aber nur als für die Zukunft wirksam angesehen, dh inzwischen erworbene Rechte Dritter wurden nicht berührt. Diese Lehre erschwert die Befriedigung des Gläubigers in unangebrachter Förmelei und setzt sich über die überragende Bedeutung einer brauchbaren Zwangsvollstreckung hinweg.

B. Wirksamkeit des Hoheitsakts. Praktisch brauchbar ist folgendes: Ein gerichtliches Urteil ist nur in den seltensten Ausnahmefällen wirkungslos; in allen anderen läßt es sich nur durch Rechtsbehelfe beseitigen und ist bis zur Aufhebung voll wirksam, Üb 3 D vor § 300, BGH NJW **79**, 2045 mwN. Auch die vom sachlich zuständigen Vollstreckungsorgan in den Grenzen seiner Amtsbefugnisse vorgenommene Vollstreckungshandlung ist als Staatshoheitsakt grundsätzlich wirksam. So auch BGH **30**, 175: „Solange die Fehlerhaftigkeit nicht durch die dafür zuständige Stelle autoritativ festgestellt ist, müssen die in Vollmacht und im Namen des Staates getroffenen Entscheidungen beachtet und befolgt werden", ebenso BGH DB **80**, 1937, Hamm NJW **79**, 1664 je mwN. Eine solche Maßnahme, mag sie auch aller sachlichen und förmlichen Voraussetzungen entbehren, ist wirksam, bis sie auf einen Rechtsbehelf durch eine abändernde Entscheidung beseitigt ist und damit rückwirkend zusammenfällt. So ist der Gläubiger gegen ein Versehen der Vollstreckungsorgane geschützt.

Dem Dritten, der inzwischen Rechte erworben hat, geschieht kein Unrecht, denn er hatte keinen Anspruch darauf, daß die vorgenommene Zwangsvollstreckung unwirksam war, Ffm MDR **56**, 111, LG Mü NJW **62**, 2306 mwN, aM Furtner MDR **64**, 460, Baur Zwangsvollstreckung § 6 IV 2, Stöber Rpfleger **62**, 9. Die Verfassungsbeschwerde gegen einen Vollstreckungsakt ist nur dann zulässig, wenn angeblich eine neue Grundrechtsverletzung erst durch die Vollstreckungsbehörde bei der Durchführung der Zwangsvollstreckung eingetreten ist; es sind also Mängel des Erkenntnisverfahrens insoweit unbeachtlich, BVerfG **28**, 8.

C. Auswirkungen. Man muß also folgende Fälle unterscheiden:

a) Unwirksamkeit. Gänzlich wirkungslos, eine Scheinvollstreckung, ist die Zwangsvollstreckung, der jede Unterlage fehlt. Davon kann nur selten die Rede sein, Dahin gehört eine Zwangsvollstreckung von Organen außerhalb ihres gesetzlichen Wirkungskreises, oben Anm 5, Sommer Rpfleger **78**, 407. Auch die Verletzung einer wesentlichen Voraussetzung, zB das Fehlen des Vollstreckungstitels, BGH **70**, 317 mwN, Hbg MDR **74**, 321, Bre NJW **61**, 1824, und wesentlicher Formvorschriften ist keine ordnungsmäßige Zwangsvollstreckung. Das gilt etwa dann, wenn der Gerichtsvollzieher von den Pfandsachen keinen Besitz ergriffen hat, § 808 Anm 1 C. Hierher gehört auch die Zwangsvollstreckung bei Exterritorialen; vgl Anm 4 A h.

b) Aufhebbarkeit. Mangelhaft, dh bis zur Aufhebung voll wirksam, sind alle anderen fehlerhaften Zwangsvollstreckungshandlungen, BGH **66**, 81, Hamm MDR **79**, 149, LG Bln Rpfleger **78**, 66. Eine Heilung etwa nach § 187, dort Anm 1, ist, solange die Zwangsvollstreckung fortdauert, rückwirkend wirksam, vgl Einf 2 vor §§ 750–751, offen StJ IX d vor § 704 (nur für die Zukunft, wenn angenommen wird, daß der Mangel zwar nicht die Verstrickung, wohl aber ein Pfändungspfandrecht verhindert). Die Verletzung einer Dienstvorschrift, namentlich der Geschäftsanweisung für Gerichtsvollzieher, macht die Zwangsvollstreckung weder unwirksam noch anfechtbar. Über die heilende Kraft der Genehmigung des Schuldners s Einf 2 vor §§ 750–751, § 811 Anm 1 C b.

c) Wirksamkeit. Voll wirksam ist trotz einer Zuständigkeitsverletzung auch die Anordnung oder Entscheidung, die in das Tätigkeitsgebiet des Rechtspflegers gemäß § 20 Z 17 RPflG, Anh § 153 GVG, fällt, oben Anm 5, aber vom Richter ohne Berücksichtigung dieser Vorschrift vorgenommen wurde, § 8 I RPflG. Überschreitet der Rechtspfleger seine Zuständigkeit überhaupt, so ist das Geschäft unwirksam, § 8 IV RPflG; anders ist die Lage, wenn ihm das Geschäft übertragen werden konnte, es ihm aber nicht übertragen worden ist, § 8 II RPflG. Wegen der etwaigen Amtshaftung Noack JB **77**, 307.

9) Übersicht über die Pfändbarkeit

Vollstreckungsschlüssel

Abzahlungsgeschäft: S Anwartschaft. Wegen der Überweisung an den Verkäufer § 825 Anm 3 A c.

Altersruhegeld: Es ist nach § 54 II, III SGB wegen gesetzlicher Ansprüche unbeschränkt pfändbar, im übrigen nur im Rahmen der Billigkeit, also ähnlich wie bei § 850b, Karlsr BB **80**, 265. LG Wiesb Rpfleger **81**, 491 läßt die Pfändung nicht zu, soweit der Gläubiger einen Darlehensrückzahlungsanspruch geltend macht, obwohl er wußte, daß der Darleiher nur eine Rente bezog, deren Höhe kaum über den Darlehensrückzahlungsraten lag. S auch Sozialleistung.

Anfechtungsrecht: Es ist im Konkurs unpfändbar, außerhalb des Konkurses nicht selbständig pfändbar.

Anteilsrecht an einer Gemeinschaft nach Bruchteilen, zB Miteigentum: Pfändbar ist nur der Anteil. Bei Liegenschaften erfolgt die Zwangsvollstreckung nach dem ZVG.

Antrag: Der Anspruch aus dem Antrag auf den Abschluß eines Vertrags ist pfändbar, soweit er übertragbar ist, § 851 I, Pal-Heinrichs § 145 BGB Anm 3.

Anwartschaft: A. Bewegliche Sache. a) Lösung. Bei der Anwartschaft auf die Übertragung des Eigentums bei einer auflösend bedingten Sicherungsübereignung oder bei einem Vorbehaltsverkauf; s auch §§ 811 Anm 1 C b bb, 825 Anm 2 B, geht das volle Eigentum erst nach der Erfüllung der gesamten Verbindlichkeit auf den Erwerber über. Der Schuldner hat aber bis zu diesem Zeitpunkt eine Anwartschaft auf die Übertragung des Eigentums. Es wäre um so unberechtigter, ihm diese Anwartschaft zu entziehen, je mehr er bereits auf die Schuld bezahlt hat. Die Zwangsvollstreckung ist nach richtiger, überwiegender Meinung, BGH NJW **54**, 1325, wie folgt zu bewirken:

    aa) Anwartschaftspfändung. Zulässig ist die Pfändung der Anwartschaft (des „bedingten Eigentums") nach §§ 828 ff (§ 829 III, Drittschuldner ist der Vorbehaltsverkäufer, vgl aber auch § 857 Anm 2). Sie gibt aber noch kein Widerspruchsrecht, BGH NJW **54**, 1325. Dazu, daß ein Anwartschaftsberechtigter die Anwartschaft veräußert, § 771 Anm 6 „Eigentum".

    bb) Zahlung durch Gläubiger. Der Gläubiger muß dann die Restschuld an den Verkäufer bezahlen. Der Verkäufer wird nach § 840 auskunftspflichtig. Ein Widerspruch des Schuldners nach § 267 II BGB wäre arglistig und darum dem Gläubiger gegenüber unwirksam. Der Verkäufer darf die Annahme der Zahlung nicht verweigern; er würde sonst gegen Treu und Glauben verstoßen und nach § 162 BGB die Bedingung herbeiführen.

    cc) Sachpfändung. Schließlich ist die Sachpfändung durchzuführen. Dieser Weg kann auch voran gehen. Dann ist aber das Pfändungsrecht mit einem Mangel behaftet, der erst durch das Nachholen der Zahlung nach b rückwirkend heilt. Den bezahlten Schuldrest kann der Gläubiger als Kosten der Zwangsvollstreckung beitreiben, LG Bonn JMBlNRW **55**, 112 (unter Hinweis darauf, daß auch in § 811a II 4 mittelbare Kosten als Kosten der Zwangsvollstreckung angesehen werden). Wie hier auch Pal-Bassenge § 929 BGB 6 B c dd.

    b) Andere Meinungen. Das ist alles sehr umstritten; vgl zB Chen, Die Zwangsvollstreckung in die auf Abzahlung verkaufte Sache, Diss Saarbr 1972; Kupisch JZ **76**, 417 (ausf), Marotzke, Das Anwartschaftsrecht usw, 1978, 87 ff; Bauknecht NJW **55**, 1251. Dieser hält eine Sachpfändung für ausreichend, da er das Anwartschaftsrecht gegen BGH **10**, 72 als ein dingliches Recht auffaßt, weil der Verkäufer mit der Übergabe und Einigung seinerseits alles getan habe, so daß anstelle des schuldrechtlichen Übereignungsanspruchs des Käufers die durch die Erfüllungshandlung des Verkäufers begründete Rechtsstellung getreten sei. Dagegen wiederum Baur Zwangsvollstreckung § 30 III, Weber NJW **76**, 1606, die eine Pfändung der Rechtsstellung des Käufers, § 857, fordern (krit Henkel ZZP **84**, 454), eine Sachpfändung § 808 aber ablehnen, weil der Gläubiger nicht gezwungen werden könne, in eine schuldnerfremde Sache zu vollstrecken, während Flume AcP **161**, 404, die hM zwar ablehnt, immerhin außer der Pfändung nach § 857 auch die Anlegung von Siegeln, § 808 II 2, verlangt und das als eine Pfändung ansieht. Frank NJW **74**, 2216: Bei einem Besitz des Pfändungsgläubigers seien § 771, sonst §§ 827, 872 ff entsprechend anwendbar. Vgl auch § 857 Anm 2.

    B. Grundstück. Wird die Eigentumsanwartschaft eines Auflassungsempfängers gepfändet, so entsteht mit der Eigentumsumschreibung auf den Auflassungsempfänger und Vollstreckungsschuldner für den Pfändungsgläubiger kraft Gesetzes eine Sicherungshypothek, §§ 848 II, 857 I, BGH **49**, 206 und DNotZ **76**, 97; die Beantragung einer Hypothek nach § 866 ist unnötig; die Pfändung entfällt, sobald der Umschreibungsantrag zurückgewiesen ist, BGH DNotZ **76**, 97.

    C. Forderung. Sie kann pfändbar sein, zB bei einer Sozialversicherungsrente, LG Verden MDR **82**, 677.

Arbeitsentgelt des Gefangenen: § 850 Anm 2 C.

Arbeitseinkommen: inwieweit es unpfändbar ist, ergibt sich aus den §§ 832, 850 ff.

Arbeitsleistung aus einem Werkvertrag: Der Anspruch auf die Arbeitsleistung ist pfändbar.

Arbeitnehmersparzulage: Sie ist kein Einkommen im Sinne von § 850 II, sondern ist selbständig pfändbar, LAG Hamm DB **75**, 1944 mwN.

Arbeitslosengeld: S Sozialleistung.

Auftrag: Der Anspruch auf die Ausführung eines Auftrags ist im Zweifel unpfändbar, § 664 II BGB.
Ausbildungsförderung: Der Anspruch auf eine Ausbildungsförderung ist unpfändbar. Ein bereits überwiesener Förderungsbetrag ist während 7 Tagen unpfändbar, § 19 BAföG. Eine Überleitung ist trotzdem zulässig, § 37 III 2 BAföG.
Baugeldanspruch, vgl G v 1. 6. 09, RGBl 449: Weil das Geld nur mit einer ganz begrenzten Zweckbestimmung gegeben wurde, ist der Anspruch nur im Rahmen dieser Zweckbestimmung übertragbar, vgl § 851 Anm 2 B. Es besteht also eine Ausnahme zugunsten der Forderungen der Bauhandwerker und anderer Baugeldberechtigten, StJ § 851 III.
Bedingter Anspruch: a) Eine bedingte Forderung ist pfändbar, § 829. Ihre Verwertung richtet sich nach § 844. **b)** Ein bedingtes Eigentum am Grundstück (die Anwartschaft auf die Eintragung nach der Auflassung) ist pfändbar, § 857. Die Zustellung der Pfändung erfolgt an den Eingetragenen, vgl BGH NJW **54,** 1325, Pal-Bassenge § 929 BGB Anm 6 B c dd, aM BGH **49,** 197, Strutz NJW **69,** 832 (eine Zustellung an den Verkäufer als Drittschuldner sei unnötig). S auch Anwartschaft.
Befreiung von einer Verbindlichkeit, § 887 Anm 1: Der Anspruch auf eine derartige Befreiung kann nur von dem Gläubiger dieser Verbindlichkeit gepändet werden.
Berichtigung des Grundbuchs: Der Anspruch auf die Berichtigung ist der Ausübung nach pfändbar, § 857. Dies hat aber nur die Wirkung, daß eine Berichtigung auf den Namen des gegenwärtigen wahren Berechtigten verlangt werden kann, vgl Pal-Bassenge § 894 BGB Anm 6a.
Berlinzulage: Sie ist unpfändbar, § 850 Anm 2 A.
Bezugsrecht des Aktionärs, §§ 153, 159, 170 AktG: Das Bezugsrecht ist nach seiner Entstehung pfändbar, § 857.
Buße, strafprozessuale: Der Anspruch auf die Zahlung der Buße ist unpfändbar, bevor er dem Verletzten zugesprochen worden ist.
Darlehensvertrag: Der Anspruch auf die Auszahlung des Darlehensbetrags ist pfändbar, soweit er übertragbar ist, Weimar JB **76,** 568 mwN, aM Schmidt JZ **76,** 758 (er sei unpfändbar). Die Pfändung kann unter Umständen einen Anlaß zu einem Widerruf bilden, § 610 BGB.
Diensteinkommen: Die Wirkung einer Pfändung ergibt sich aus §§ 832, 833. Das Diensteinkommen ist teilweise unpfändbar, §§ 850 ff. S aber das BeamtenheimstättenG v 30. 6. 27, RGBl 133. Eine Abtretung nach dem BeamtenheimstättenG beschränkt den nach § 850c pfändbaren Teil des Diensteinkommens nicht. Der Kontenschutz richtet sich nach §§ 835 III 2, 850k.
Dienstleistung: Der Anspruch auf die Dienstleistung ist im Zweifel unpfändbar, vgl § 613 S 2 BGB. Aus einem Urteil auf unvertretbare Dienste aus einem Dienstvertrag kann die Zwangsvollstreckung nicht betrieben werden, § 888 II, dort Anm 4 A d.
Duldung: Die Zwangsvollstreckung richtet sich nach §§ 890–893. Wegen eines Duldungstitels s Ehe.
Ehe: Ein Urteil auf die Eingehung oder auf die Herstellung des ehelichen Lebens ist nicht vollstreckbar, § 888. Die Zwangsvollstreckung in bewegliche Sachen des Eheguts richtet sich nach § 739. Beim Gesamtgut gilt folgendes: Bei der Gütergemeinschaft ist § 740 zu beachten; bei der fortgesetzten Gütergemeinschaft ist § 745 zu beachten. Der Anteil am Gesamtgut oder an einzelnen Teilen des Gesamtguts ist während des Bestehens der Gemeinschaft unpfändbar, § 860, ebenso der Anspruch auf die Auseinandersetzung, solange die Gütergemeinschaft besteht, § 860 Anm 1 A. Für die Zwangsvollstreckung beim Eintritt des Güterstands während des Prozesses gilt § 742, bei einer Beendigung während des Prozesses gelten die §§ 743, 744, 745 II. S auch Gewerbefrau.
Eigentumsübertragung: Für den Anspruch auf die Übertragung gelten §§ 897, 898.
Eigentumsvorbehalt: S Anwartschaft.
Einstweilige Verfügung: Der Anspruch aus einer einstweiligen Verfügung ist unpfändbar (auch im Rahmen der Zweckbestimmung, § 851 Anm 2 B), wenn die Leistung zu einem ganz bestimmten Zweck angeordnet worden ist. Denn sonst würde dieser Zweck vereitelt werden, aM Düss OLGZ **66,** 315 (der Charakter des Anspruchs und eine sonst vorhandene grundsätzliche Pfändbarkeit würden nicht durch die Dringlichkeit verändert, die ja eine Voraussetzung der einstweiligen Verfügung sei); damit wird aber der gerichtlich geprüften Zweckgebundenheit entgegengetreten. Der Anspruch auf die Zahlung eines Prozeßkostenvorschusses aus einer einstweiligen Anordnung nach §§ 127a, 620 ff ist unpfändbar.

Einziehungsrecht: Das Einziehungsrecht des Überweisungsgläubigers ist pfändbar, § 857, s § 835 Anm 2 B.

Entschädigung: Eine Entschädigung nach dem BEG ist grundsätzlich mit Genehmigung der Entschädigungsbehörde pfändbar, § 14 BEG, LG Bln Rpfleger **78**, 151. Von diesem Grundsatz gibt es aber zahlreiche Ausnahmen, Einf 2 B vor §§ 850–852. Vgl auch Haft.

Erbbaurecht: Der Anspruch auf die Zustimmung des Grundeigentümers zu einer Veräußerung oder zu einer Belastung des Erbbaurechts nach § 7 I, II ErbbauVO ist unpfändbar. Wohl aber kann das Gericht die Ausübung des Anspruchs zur Einziehung überweisen, BGH **33**, 83.

Erbteil: Ein Erbteil ist nur im ganzen pfändbar, § 859 II. S Nachlaß.

Erfinderrecht: Es ist unpfändbar, soweit das Persönlichkeitsrecht reicht, BGH GRUR **78**, 585.

Fernsehgerät: Es ist grundsätzlich unpfändbar, aber austauschbar, § 811 Anm 3 B b.

Firma: Sie kann nur zusammen mit dem Unternehmen übertragen und daher auch nur zusammen mit dem Unternehmen gepfändet werden. Da sich aber die Pfändung des Unternehmens praktisch nicht durchführen läßt, s Unternehmen, ist auch die Firma praktisch unpfändbar. Eine vollstreckbare Ausfertigung gegen den Übernehmer wird gemäß § 729 erteilt.

Forderung: Die Pfändbarkeit einer Geldforderung richtet sich nach § 829, ihre Verwertung nach §§ 835 ff.

Freistellung: Wegen der Freistellung von einer Verbindlichkeit s Befreiung.

Früchte auf dem Halm: Die Pfändbarkeit richtet sich nach §§ 810, 813, die Verwertung nach § 824.

Fürsorgedarlehen: Soweit es einem Schwerbeschädigten nach §§ 25 ff BVG gewährt wird, ist es pfändbar, Mü NJW **51**, 808.

Gefangener: Wegen des Arbeitsentgelts § 850 Anm 2 C.

Gehalt: s Diensteinkommen, Lohn.

Geistige Leistung: s § 887 Anm 6.

Geld: Die Pfändbarkeit richtet sich nach § 808, die Verwertung nach § 815.

Genossenschaft: Vgl Anh § 859 Anm 4 C.

Gesellschaft: A. BGB-Gesellschaft. Bei ihr ist für den Vollstreckungstitel § 736 maßgeblich. Der Anteil des einzelnen Gesellschafters ist im ganzen pfändbar. Der Anteil an einzelnen Gegenständen ist unpfändbar, § 859.

B. Handelsgesellschaft. Bei ihr ist für den Vollstreckungstitel das im Anh § 736 Ausgeführte zu beachten. Die Verwertung richtet sich nach den im Anh § 859 genannten Regeln. Die Pfändung des Geschäftsanteils einer GmbH erfolgt nach § 857, auch wenn eine Genehmigung zur Übertragung notwendig ist. Drittschuldner ist die Gesellschaft. Wegen der Pfändung einer nichteingezahlten Stammeinlage LG Osnabr DB **76**, 286. Wegen der Einziehung eines GmbH-Anteils für den Fall der Pfändung Heckelmann ZZP **92**, 60.

Gewerbefrau: Für den Vollstreckungstitel gilt § 741.

Gewerbliches Schutzrecht: A. Warenzeichen. Das Warenzeichenrecht ist wie das Unternehmen praktisch unpfändbar, s § 857 Anm 3.

B. Patent usw. Beim Patent, Gebrauchsmuster, Geschmacksmuster ist folgendes pfändbar: **a)** das Recht aus dem Patent oder dem Muster, §§ 15 PatG, 13 GebrMG, 3 GeschmMG; **b)** das Recht auf das Patent, § 6 PatG; BGH **16**, 172, Mes GRUR **78**, 200 mwN, aM Wiecz § 857 Anm A II b 1; **c)** der Anspruch auf Erteilung des Patents aus der Anmeldung, § 7 PatG; s auch Benkard § 15 PatG Anm 5. Die Pfändung erfolgt nach § 857. Eine Zustellung der Pfändung an das Patentamt ist anzuraten. Nach der Pfändung kann die Anmeldung nicht mehr zurückgenommen werden. Die Verwertung erfolgt unter Zuhilfenahme der Auskunftspflicht, § 836 III. Die Verwertung hat sich auf die Erteilung einer Lizenz, notfalls einer ausschließlichen, zu beschränken. Denn damit ist das Nötige getan und der Schuldner möglichst vor Schaden bewahrt worden.

Gold- und Silbersachen: Die Pfändung richtet sich nach § 808, die Verwertung nach § 817a III.

Graduiertenförderung: Der Anspruch auf die Auszahlung eines Förderungsbetrags ist unpfändbar. Ein überwiesener Förderungsbetrag ist während 7 Tagen unpfändbar, § 10 GFG.

Grundschuld: Die Pfändbarkeit richtet sich nach § 857 Anm 5 A, C. Wenn die Grundschuld sicherungshalber einem Dritten eingeräumt wurde, dann ist der Anspruch auf den Mehrerlös nach der Abdeckung der Forderung des Drittschuldners sowie gleichzeitig der

1. Abschnitt. Allgemeine Vorschriften **Grdz § 704**

Anspruch auf die Rückübertragung, die Abtretung oder den Verzicht bezüglich der Grundschulden pfändbar, Capeller MDR **53**, 153, BGH **LM** § 857 Nr 4, s auch § 857 Anm 5 A.

Grundstück: Die Zwangsvollstreckung in ein Grundstück richtet sich nach §§ 864ff. Wegen herrenloser Titel vgl § 787.

Haft: Der Anspruch auf eine Entschädigung wegen einer unschuldig erlittenen Untersuchungshaft ist vor seiner rechtskräftigen Zusprechung unpfändbar, § 13 II StrEG. Dasselbe gilt für einen Vorschuß, Hamm NJW **75**, 2075.

Handlung: Die Zwangsvollstreckung wegen einer vertretbaren Handlung richtet sich nach §§ 887, 888a, diejenige wegen einer unvertretbaren Handlung nach §§ 888, 888a.

Hausrat: Er ist beschränkt pfändbar, §§ 811 Z 1, 812, vgl aber auch § 851 Anm 2 A, 3.

Herausgabe: Die Zwangsvollstreckung in einen Anspruch auf die Herausgabe beweglicher Sachen richtet sich nach §§ 846, 847, 849. Bei der Zwangsvollstreckung in einen Anspruch auf Herausgabe von Liegenschaften sind die §§ 846, 848, 849 zu beachten. Die Zwangsvollstreckung zur Erwirkung der Herausgabe beweglicher Sachen richtet sich nach §§ 883–886. Die Zwangsvollstreckung zur Erwirkung der Herausgabe von Liegenschaften erfolgt nach §§ 885, 886.

Hinterlegung: Das Recht auf die Rücknahme einer hinterlegten Sache ist unpfändbar, § 377 BGB.

Höchstpersönlicher Anspruch: Er ist grundsätzlich unpfändbar, vgl §§ 399 BGB, 851 II, BGH GRUR **78**, 585. S auch Wahlrecht.

Hypothek: Die Zwangsvollstreckung in die Hypothek richtet sich nach § 830. Die Verwertung richtet sich nach §§ 835ff. Wegen der Eigentümerhypothek vgl § 857 Anm 5 B.

Immission: S Zuführung.

Investment: Das Recht des Anteilsinhabers ist nebst den Anteilscheinen pfändbar, §§ 821, 831. Es besteht jedoch kein Anspruch auf eine Aufhebung der Gemeinschaft an dem Sondervermögen, § 11 KAGG.

Kindergeld: Vgl Sozialleistungen. § 12 I–III BKGG ist durch Art II § 12 SGG entfallen. § 54 SGG ist anwendbar, so zB BFH BB **82**, 1597, ferner Düss Rpfleger **79**, 223 (es ist also zu prüfen, ob die Zwangsvollstreckung wegen eines gesetzlichen Unterhaltsanspruchs erfolgt – dann ist sie uneingeschränkt zulässig – oder ob sie wegen eines anderen Anspruchs erfolgt), Celle Rpfleger **82**, 31, Hamm Rpfleger **80**, 73, Köln Rpfleger **80**, 74, Mü NJW **80**, 895 je mwN (dort auch zum Unterschied zwischen einem „Zählkind" und einem „Zahlkind") und Rpfleger **83**, 165 (dort zur Verfassungsmäßigkeit), LG Duisb Rpfleger **83**, 165, LG Freib Rpfleger **83**, 164, LG Kaisersl Rpfleger **81**, 446, OVG Münst NJW **82**, 1662, aM KG Rpfleger **80**, 159 (eine anteilige Pfändung sei auch zugunsten eines „Zählkinds" zulässig), Schlesw SchlHA **79**, 54, Hornung Rpfleger **83**, 216 mwN, abw Müller/Wolff NJW **79**, 299 mwN. § 12 IV BKGG gilt weiterhin. Daher ist eine Pfändung nur zugunsten derjenigen Kinder zulässig, für die der Unterhaltsverpflichtete ein Kindergeld bezieht, Mü NJW **80**, 895 mwN.

Köln OLGZ **79**, 486 mwN hält die Pfändung zugunsten eines nichtbevorrechtigten Gläubigers nur dann für billig, wenn der Vollstreckungsanspruch in einem von dem Zweck des BKGG gedeckten unmittelbaren Zusammenhang mit dem Kind stehe; ähnlich Celle Rpfleger **81**, 452, Hamm MDR **81**, 151 mwN (im Ergebnis abl Schmeken Rpfleger **81**, 448), Karlsr FamRZ **81**, 986, Stgt MDR **81**, 237, LG Trier MDR **81**, 326 (die letzteren Urteile betreffen Heizöllieferungen für die Familie des Schuldners). BFH BB **82**, 1597, dazu App BB **83**, 633, hält die Pfändung wegen einer Steuerforderung für zulässig.

Wenn die Pfändung wegen der Hauptforderung zulässig ist, dann gilt das auch wegen der Nebenforderungen, LG Wiesb Rpfleger **81**, 452.

Konkursausfallgeld: Soweit der Anspruch auf die Zahlung von Arbeitsentgelt vor dem Zeitpunkt des Eingangs eines Konkursantrags beim Konkursgericht gepfändet worden ist, wird von dieser Pfändung auch der Anspruch auf die Zahlung von Konkursausfallgeld erfaßt, § 141k II AFG. Der Anspruch auf die Zahlung des Konkursausfallgeldes ist vor dem Eingang eines Antrags auf dieses Konkursausfallgeld nur mit der Maßgabe pfändbar, daß der Anspruch erst ab Antragstellung erfaßt wird, LG Würzb Rpfleger **78**, 388 mwN. Vom Zeitpunkt des Eingangs eines Antrags auf Konkursausfallgeld an ist der Anspruch auf die Zahlung dieses Geldes wie ein Arbeitseinkommen pfändbar, § 141 I AFG. Ein Konkursausfallgeld, das auf ein Bankkonto überwiesen wurde, hat binnen 7 Tagen gemäß § 149 II AFG Pfändungsschutz, Hornung Rpfleger **75**, 239.

Kontenschutz: Er ergibt sich aus den §§ 835 III 2, 850k.

Kontokorrent: Dazu Birkenbusch, Die Pfändung der Rechte des Kunden aus dem Girovertrag bei einem Bankkontokorrent, Diss Köln 1953; Brinkmann, Die Pfändung des täglichen und jährlichen Kontokorrentsaldos im deutschen und ausländischen Recht, Diss Köln 1959; Gleisberg DB **80**, 865 mwN; Grigat, Pfändung von Kontokorrentguthaben usw, Diss Ffm 1952; Herz, Das Kontokorrent insbesondere in der Zwangsvollstreckung und im Konkurs, 1974 (Bespr Grunsky NJW **74**, 1857); Kühne, Die verschiedenen Formen von Kontokorrentverhältnissen..., insbesondere die Pfändung des Kontokorrentsaldos, Diss Hbg 1960; Stirnberg, Pfändung von Girokonten, 1983; Werner/Machunsky BB **82**, 1581. Einzelne Posten des Kontokorrents sind grundsätzlich unpfändbar, §§ 355 ff HGB, BGH (1. ZS) **80**, 176 mwN und (8. ZS) NJW **82**, 1150, Mü JB **76**, 969 (zum Teil unklar), Oldb WertpMitt **79**, 591, LG Stgt Rpfleger **81**, 24 mwN, abw BGH (8. ZS) **84**, 324 (krit Rehbein JR **83**, 111, abl Behr Rpfleger **83**, 78) und **86**, 25, (1. ZS) **84**, 373 für das Girokonto, LG Göttingen Rpfleger **80**, 237 mwN, Beeser AcP **155**, 419, Berger ZIP **80**, 946, Grunsky NJW **74**, 1857, Herz 66 und DB **74**, 1854 (maßgeblich sei der Parteiwille), Lieseke WertpMitt **79**, 321, Terpitz WertpMitt **79**, 572, aM (sie seien pfändbar) Stgt Rpfleger **81**, 445 mwN. Der festgestellte Saldo, also derjenige Betrag, der dem Schuldner bei einer Verrechnung als Überschuß zusteht, ist pfändbar, Mü JB **76**, 969, LG Detmold Rpfleger **78**, 150, vgl Klee MDR **52**, 202. Dann berühren die nach der Pfändung neu entstehenden Schuldposten den Gläubiger nicht. So auch zB BGH **50**, 279 und **80**, 176 mwN (er stellt auf den „Zustellungssaldo" ab), Baumb-Duden § 357 HGB Anm 3, aM zB Forgách DB **74**, 813, 1854 je mwN.

Ein Anspruch auf eine Kontoüberziehung (Kreditrahmen) ist pfändbar, Grunsky ZZP **95**, 280. Die banktechnische Bezeichnung ist nicht stets rechtlich maßgeblich, LG Kblz MDR **76**, 232 betr ein Gehaltskonto. S auch § 829 Anm 1 A. Man kann zwar unter Umständen die Pfändung einer kontokorrentgebundenen Einzelforderung in eine Saldopfändung umdeuten, aber nur, wenn sich unter anderem die Nämlichkeit der gepfändeten Forderung aus dem Pfändungsbeschluß wenigstens in allgemeinen Umrissen ergibt, BGH NJW **82**, 1151.

Beim „Und-Konto" liegt nicht stets eine Gesamthandsgemeinschaft der Inhaber und daher nicht stets eine Unpfändbarkeit nach § 859 vor, LG Oldb Rpfleger **83**, 79.

Kostbarkeit: Ihre Pfändbarkeit ergibt sich aus §§ 808, 813 Anm 2 B. Ihre Verwertbarkeit ergibt sich aus §§ 813 I, 817a III.

Krankenkasse: Der Anspruch auf eine Erstattung von Arzt- und Heilungskosten ist unpfändbar. Der Anspruch auf die Zahlung von Krankengeld ist im wesentlichen unpfändbar, § 850i Anm 5. Wegen des Arbeitgeberzuschusses zum Krankengeld § 850 Anm 3.

Kranzgeld: Der Anspruch auf die Zahlung des Kranzgeldes ist wegen seiner Unübertragbarkeit unpfändbar, solange er nicht durch einen Vertrag anerkannt oder rechtshängig geworden ist, § 1300 II BGB, § 851 I.

Kühlschrank: S § 811 Anm 3 B b.

Kurzarbeitergeld: S Sozialleistung.

Lastenausgleich: Der Anspruch auf die Zahlung der Haupt- und der Hausratsentschädigung ist unpfändbar, §§ 244, 294 LAG. Der Anspruch auf die Zahlung der Kriegsschadenrente ist ebenso unpfändbar. Eine Pfändbarkeit besteht nur wegen der für die Vergangenheit rechtskräftig bewilligten Beträge, § 262 LAG.

Leasing: Vgl Borggräfe, Die Zwangsvollstreckung in bewegliches Leasinggut, 1976 (Bespr Peters ZZP **90**, 425).

Leistung an Dritte: Der Anspruch auf eine solche Leistung ist pfändbar.

Liegenschaft: Die Zwangsvollstreckung in eine Liegenschaft richtet sich nach §§ 864 ff. Die Zwangsvollstreckung in liegenschaftsähnliche Rechte ergibt sich aus § 870. Bei einem Urteil auf eine Bestellung einer Hypothek, Grundschuld oder Rentenschuld sind §§ 897 II, 898 zu beachten.

Lizenz: Eine ausschließliche Lizenz an einem gewerblichen Schutzrecht, durch die der Lizenznehmer eine Art dingliches Ausbeutungsrecht erwirbt, ist nach § 857 pfändbar, es sei denn, daß sie einem Betrieb als Inhaber unübertragbar gewährt worden ist. Eine einfache Lizenz ist unpfändbar, weil sie an den Betrieb, der als solcher nicht pfändbar ist, oder an die Person des Berechtigten gebunden ist, vgl Göttlich MDR **57**, 12. Eine Filmvertriebslizenz ist örtlich und zeitlich begrenzt. Daher ist sie pfändbar, wenn sie ausschließlich erteilt ist. Das dem Filmtheater, also dem Inhaber oder dem Betrieb zustehende Nutzungsrecht ist aber unpfändbar.

Lohn (Gehalt): Der Umfang der Pfändbarkeit des Lohns oder Gehalts richtet sich nach den §§ 832, 850ff. Eine Anwartschaft auf den Lohn oder das Gehalt ist pfändbar, § 857,

Börker NJW **70**, 1105. Der Kontenschutz ergibt sich aus den §§ 835 III 2, 850k. Zur Pfändbarkeit eines Vorschusses Denck BB **79**, 480.
Lohnsteuerjahresausgleich: § 829 Anm 1 A.
Luftfahrzeug: Wenn es in die Luftfahrzeugrolle eingetragen worden ist, dann ist es nach den Vorschriften zur Zwangsvollstreckung in Liegenschaften pfändbar, § 864 Anm 1 D. Wegen des Arrests ist § 99 LuftfzG v 26. 2. 59, BGBl 57, zu beachten. Wegen des Herausgabeanspruchs § 847a Anm 1.
Miete: Der Anspruch aus einer künftigen Vermietung einer zur Zeit noch unvermieteten Wohnung ist ansich übertragbar. Da aber noch ein Drittschuldner fehlt, ist er dennoch unpfändbar. Über die Zwangsvollstreckung auf die Vornahme einer Handlung des Vermieters vgl § 887 Anm 6. Der Anspruch auf die Zahlung von Miete ist zum Teil unpfändbar, § 851b. Der Anspruch auf die Zahlung von Umlegungsbeträgen, wie Heizungskostenanteilen, ist unpfändbar. S auch Leasing.
Mitgliedsrecht: Die Rechte aus der Mitgliedschaft in einem Verein sind unpfändbar, § 38 BGB.
Möbelleihvertrag: S Anwartschaft.
Nacherbe: Wegen des Titels vgl § 728. Das Recht des Nacherben, auch des alleinigen Nacherben, zwischen dem Tod des Erblassers und dem Eintritt der Nacherbfolge ist pfändbar, § 857. Zu pfänden sind beim Alleinnacherben das Recht auf den Nachlaß, bei einem Mitnacherben das Recht auf den Anteil am Nachlaß. Der Vorerbe ist kein Drittschuldner. Bei der Pfändung des Nacherbenrechts entsteht mit dem Eintritt der Nacherbfolge ein Pfandrecht an den einzelnen Gegenständen.
Nachlaß: Die Zwangsvollstreckung in den Nachlaß richtet sich nach § 747. Wegen ihrer Voraussetzung vgl ferner §§ 778–784. S auch Testamentsvollstrecker.
Namensrecht: Es ist unpfändbar.
Nießbrauch: S Nutzungsrecht.
Nutzungsrecht: Es ist grundsätzlich pfändbar, § 857. Dies gilt zB für ein Schürfrecht. Ein Jagdrecht ist unpfändbar, vgl § 3 BJagdG. Das Jagdpachtrecht ist ebenfalls unpfändbar, § 11 BJagdG idF v 30. 3. 61, BGBl 304. Das Gebrauchsrecht des Mieters oder Pächters ist nur dann pfändbar, wenn der Vermieter oder Verpächter der Gebrauchsübertragung zustimmt oder wenn er ein solches Gebrauchsrecht eingeräumt hat.
    Die Zwangsvollstreckung in einen Nießbrauch erfolgt nach § 737; wegen der Vollstreckungsklausel vgl § 738. Der Nießbrauch und eine beschränkte persönliche Dienstbarkeit sind zwar nur der Ausübung nach übertragbar (die letztere ist regelmäßig sogar ganz unübertragbar), §§ 1059, 1092 BGB. Trotzdem ist ein solches Recht als Gesamtrecht pfändbar, im Ergebnis ähnlich LG Bonn Rpfleger **79**, 349. Eine Eintragung der Pfändung im Grundbuch ist nicht erforderlich, BGH **62**, 136 mwN. Die Löschung des Nießbrauchs ohne Zustimmung des Pfandgläubigers ist wegen § 19 GBO unzulässig, obwohl wegen § 857 III, § 1059 S 1 BGB von § 857 IV nur das Ausübungsrecht erfaßt wird, BGH DB **74**, 720 mwN, aM zB Bre NJW **69**, 2147. Deshalb ist eine Klage des Schuldners gegen den Pfandgläubiger auf die Erteilung seiner Zustimmung zu einer Löschung zulässig. Ob sie wegen Arglist usw unbegründet ist, läßt sich nur von Fall zu Fall entscheiden. Die Zwangsvollstreckung in ein Nutzungsrecht bei einer Beschränkung des Erben in guter Absicht richtet sich nach § 863. S Leasing, Lizenz, Stahlkammerfach.
Patent: S „Gewerbliches Schutzrecht. B. Patent usw".
Persönlichkeitsrecht: Es ist unpfändbar, BGH GRUR **78**, 585.
Pflichtteilsanspruch: Er ist pfändbar, soweit er nicht durch einen Vertrag anerkannt oder rechtshängig geworden ist, § 852 I.
Postscheckkonto: Der Anspruch des Schuldners auf die Auszahlung seines Guthabens einschließlich der Stammauslage ist pfändbar, vgl § 7 S 2 PostscheckO (es steht nicht entgegen, daß die Verordnung des RPostM v 19. 3. 34 eine Abtretung und Verpfändung verbietet). Hbg DB **56**, 447, Forgách DB **74**, 813, 1854 halten die Pfändung eines künftigen Guthabens ohne eine zeitliche Beschränkung für zulässig, aM Herz DB **74**, 1852. Vgl § 829 Anm 1 A. Das Kündigungsrecht ist unpfändbar. Denn die Pfändung kann nur den Sinn haben, die Ausübung des Kündigungsrechts durch den Schuldner zu verhindern. Der Kontenschutz richtet sich nach §§ 835 III 2, 850k.
Postsparguthaben: S § 831 Anm 1. Der Kontenschutz richtet sich nach §§ 835 III 2, 850k.
Rangvorbehalt: § 851 Anm 2 A.
Reallast: § 857 Anm 5.
Rechnungslegung: Der Anspruch auf eine Rechnungslegung ist pfändbar, jedoch nur zu-

sammen mit dem Herausgabeanspruch. Die Zwangsvollstreckung richtet sich nach § 888, s. § 887 Anm 6.
Rechtsschutzversicherung: S Versicherungsanspruch.
Reederei: Wegen des Vollstreckungstitels Anh § 736.
Registerpfandrecht an einem Luftfahrzeug: Wegen der Pfändung und Überweisung dieses Rechts vgl §§ 830a Anm 1, 837a Anm 1.
Reisevertragsanspruch: Er ist pfändbar. Das gilt auch für den Anspruch auf einen Ersatz entgangenen Urlaubs, Stöber 292a, Vollkommer Rpfleger **81**, 458.
Rente: S Altersruhegeld, Sozialleistung.
Rentenschuld: § 857 Anm 5.
Rücktritt: Das Recht zum Rücktritt ist grundsätzlich unpfändbar.
Rundfunkgerät: Es ist grundsätzlich unpfändbar, aber austauschbar, § 811 Anm 3 B b.
Sache, bewegliche: Die Pfändung richtet sich nach §§ 808ff. Die Verwertung erfolgt nach §§ 814ff. Bei einer Zwangsvollstreckung in Liegenschaften ist § 865 zu beachten.
Schenker: Der Anspruch des Schenkers auf die Herausgabe des Geschenks nach § 528 BGB ist unpfändbar, wenn er nicht durch einen Vertrag anerkannt oder rechtshängig geworden ist, § 852.
Schiff und Schiffsbauwerk: Die Zwangsvollstreckung auf die Herausgabe des Schiffs usw richtet sich nach § 885. Die Zwangsvollstreckung in ein Schiff usw erfolgt nach § 870a. Bei einer Mehrpfändung ist § 855a zu beachten. Die Pfändung des Anspruchs auf die Herausgabe erfolgt nach § 847a. Bei einer Arrestanordnung ist das in Grdz 1 vor § 916 Ausgeführte zu beachten. Die Arrestvollziehung richtet sich nach § 931. Ein Vollstreckungsschutz für Binnenschiffe besteht nicht mehr. Wegen des Verteilungsverfahrens wegen einer Haftungsbeschränkung des Reeders usw vgl Üb 1 vor § 872.
Schiffshypothek: Die Pfändung in eine Schiffshypothek erfolgt nach § 830a, die Überweisung nach § 837a.
Schiffspart: Die Zwangsvollstreckung erfolgt nach § 858, dazu LG Würzb JB **77**, 1289.
Schlechtwettergeld: S Sozialleistung.
Schmerzensgeld: Der Anspruch auf die Zahlung eines Schmerzensgelds ist wegen der Unübertragbarkeit des letzteren unpfändbar, sofern er nicht durch einen Vertrag anerkannt oder rechtshängig geworden ist, § 847 I 2 BGB, LG Köln VersR **73**, 679.
Schuldbefreiung: S Befreiung.
Sicherungsübereignung: Die Pfändung des Anspruchs auf die Rückübertragung durch denjenigen, dem übereignet wurde, richtet sich nach §§ 829, 847. Wenn der Drittschuldner sie nur teilweise in Anspruch nimmt, aber die ganze Forderung einzieht, dann erstreckt sich die Pfändung auch auf den nach der Verwertung durch den Drittschuldner verbleibenden Überschuß, falls die Auslegung des Pfändungsbeschlusses dies zuläßt, BGH **LM** § 857 Nr 8. Wenn Sachen im Gewahrsam des Sicherungsgebers geblieben sind, gilt nur § 829, abw BFH BB **76**, 1351 (er verweist beiläufig auf § 857). Außerdem ist in beiden Fällen § 808 zu beachten. Bei einer auflösend bedingten Sicherungsübereignung erfolgt die Zwangsvollstreckung wie bei einer Anwartschaft, s dort.
Sozialhilfe: Der Anspruch auf die Leistung von Sozialhilfe ist unpfändbar, § 4 I 2 BSHG, LG Bln MDR **78**, 323. Ein ausgezahlter Betrag aus der Sozialhilfe ist praktisch unpfändbar, §§ 850b I Z 3, 850f III, 765a.
Sozialleistung: Vgl Hornung Rpfleger **81**, 423 und **82**, 45 (ausf). Der Anspruch auf eine Sozialleistung ist grundsätzlich pfändbar, §§ 51–55 SGB. Dies gilt auch wegen Arbeitslosenhilfe, BSG BB **82**, 1614, Kurzarbeitergelds, Schlechtwettergelds oder Wintergelds, LG Marbg Rpfleger **81**, 491, sowie einer Forderung, die vor dem 1. 1. 76 entstanden ist, LG Augsb Rpfleger **77**, 332, ArbG Bochum DB **83**, 836. Nur daneben sind §§ 850ff anwendbar, Schreiber NJW **77**, 279 mwN. Vgl im übrigen §§ 829 Anm 2 A, 850b Anm 6. S auch Altersruhegeld. Wegen der Grundrente bei einer sozialen Entschädigung Bracht NJW **80**, 1505, wegen der Grundrechte des Schwerkriegsbeschädigten Hamm Rpfleger **83**, 410.
Sozialplan: Die Abfindung nach dem Sozialplan ist pfändbar, AG Krefeld MDR **79**, 853.
Sparprämie: Der Anspruch auf die Auszahlung der Sparprämie ist pfändbar, soweit ein Schuldnerrecht besteht, LG Essen MDR **73**, 323. Dasselbe gilt für ein Guthaben auf einem prämienbegünstigten Konto, LG Essen Rpfleger **73**, 148.
Stahlkammerfach (Schließfach), Safe, Tresor): Der Gerichtsvollzieher muß den Schlüssel wegnehmen und das Fach öffnen. Weigert die Bank die Mitwirkung, so ist der Anspruch des Schuldners auf den Zutritt und die Mitwirkung nach § 857 zu pfänden und zu überweisen und anzuordnen, daß der vom Gläubiger zu beauftragende Gerichtsvollzieher statt des Gläubigers den Zutritt erhält. Die Klage gegen die Bank ist zweckmäßigerweise auf

eine Duldung der Öffnung des Fachs und auf die Wegnahme aller darin befindlichen Papiere zu richten.

Steuererstattungsanspruch: § 829 Anm 1 A.

Strafgefangenen-Eigengeld: Die Höhe des pfändbaren Betrags ist gemäß §§ 765a, 850c zu bestimmen, LG Bln Rpfleger **81**, 445.

Streitwertfestsetzung: Der Anspruch auf eine höhere Wertfestsetzung ist unpfändbar.

Taschengeld: § 850 b Anm 3 A b.

Testamentsvollstrecker: Die Zwangsvollstreckung gegen den Testamentsvollstrecker richtet sich nach § 748. Bei der Erteilung der Vollstreckungsklausel gelten §§ 728, 749.

Treugut: S § 771 Anm 6 „Treuhand". Wegen einer auflösend bedingten Sicherungsübereignung s Anwartschaft.

Umschulungsbeihilfe: Der Anspruch auf die Zahlung solcher Beihilfe ist unpfändbar, LG Hbg MDR **74**, 850.

Ungewolltes Kind: Sein Unterhaltsanspruch ist unpfändbar, Stöber 297 zu f, Vollkommer Rpfleger **81**, 458.

Unpfändbarkeit: § 811 zählt die unpfändbaren Sachen auf. Wegen der Unpfändbarkeit von Forderungen und Ansprüchen s Einf vor §§ 850–852, §§ 850–850i, 851, 852.

Unselbständiger Anspruch: Ein Anspruch ohne einen selbständigen Vermögenswert, wie der Anspruch auf die Herausgabe eines Hypothekenbriefs, ist nicht selbständig pfändbar, § 857 Anm 1 B d.

Untergebrachter: Wegen des Überbrückungsgelds und der Entlassungshilfe des im psychiatrischen Krankenhaus Untergebrachten rechtspolitisch Schulz ZRP **83**, 154.

Unterhaltssicherung: Nur die Verdienstausfallentschädigung nach den §§ 2, 7 USG ist gemäß §§ 850ff pfändbar. Unpfändbar sind also Sonderleistungen, allgemeine Leistungen und Einzelleistungen, § 851, Wagner Rpfleger **73**, 207, allerdings erst von dem Zeitpunkt ihrer Barauszahlung ab, Wagner Rpfleger **73**, 208.

Unterlassung: Der Anspruch auf eine Unterlassung ist pfändbar, § 857. Das gilt vor allem für den Anspruch auf die Unterlassung eines unlauteren Wettbewerbs. Denn dieser Anspruch hat einen Vermögenswert, aM Blomeyer Vollstreckungsverfahren 280. Die Erzwingung einer Unterlassung erfolgt nach den §§ 890–893.

Unternehmen: Das Recht am Unternehmen ist theoretisch pfändbar. Die Pfändung läßt sich aber praktisch nach der ZPO in keiner Weise durchführen. Daher ist das Unternehmen praktisch unpfändbar.

Urheberrecht: Beim Verwertungsrecht sind dessen einzelne Ausstrahlungen (Aufführungsrecht, Veröffentlichungsrecht, Übersetzungsrecht, Dramatisierungsrecht, Verfilmungsrecht), nicht notwendig einheitlich zu behandeln. Die Zwangsvollstreckung in die nach dem UrhRG geschützten Rechte erfolgt nach den allgemeinen Vorschriften, § 857, mit einigen Besonderheiten. Gegen den Urheber und seinen Rechtsnachfolger ist die Zwangsvollstreckung wegen Geldforderungen in das Urheberrecht nur mit seiner Einwilligung und nur insoweit zulässig, als er Nutzungsrechte einräumen kann, §§ 113, 115, 31 UrhRG; der Einwilligung des Rechtsnachfolgers bedarf es nach dem Erscheinen des Werkes nicht mehr.

Ebenso bedarf es der Einwilligung des Urhebers bei der Zwangsvollstreckung wegen Geldforderungen in die ihm gehörenden Originale seiner Werke, außer wenn eine solche Zwangsvollstreckung zur Durchführung der Zwangsvollstreckung in ein Nutzungsrecht am Werk notwendig ist, bei der Zwangsvollstreckung in das Original eines Werkes der Baukunst oder eines anderen veröffentlichten Werkes der bildenden Künste, § 114 UrhR. Hinsichtlich des Rechtsnachfolgers gilt Ähnliches wie vorstehend, § 116 UrhG.

Sinngemäß sind diese Bestimmungen auch bei der Zwangsvollstreckung wegen Geldforderungen gegen die Verfasser wissenschaftlicher Ausgaben sowie gegen Lichtbildner und ihre Rechtsnachfolger anzuwenden, § 118 UrhG. Vorrichtungen, die ausschließlich zur Vervielfältigung oder Funksendung eines Werkes bestimmt sind, unterliegen der Zwangsvollstreckung wegen Geldforderungen nur, soweit der Gläubiger zur Nutzung des Werkes mittels dieser Vorrichtungen berechtigt ist, ebenso Vorrichtungen zur Filmvorführung wie zB Filmstreifen, § 119 UrhG.

Verein: Titel § 735.

Verlagsrecht: Es ist pfändbar, vgl § 28 VerlG. Seine Veräußerung ist aber nur mit der dort angegebenen Einschränkung möglich. Sie ist also nicht möglich, wenn: **a)** die Veräußerung durch einen Vertrag zwischen dem Urheber und dem Verleger ausgeschlossen worden ist; **b)** oder wenn der Urheber die Zustimmung verweigert. Der Verlag als

Ganzes unterliegt keiner Zwangsvollstreckung, s Unternehmen. Im übrigen bleibt nur die Bestellung eines Verwalters möglich.

Vermögensübernehmer: Für den Vollstreckungstitel gegen ihn ist § 729 zu beachten.

Vermögenswirksame Leistung: Der Anspruch auf die Zahlung einer solchen Leistung ist unpfändbar, da er nicht übertragbar ist, § 12 VII 2 des 3. VermBG in Verbindung mit § 851, BAG NJW **77**, 76. Der Anspruch auf die Zahlung einer Arbeitnehmersparzulage ist pfändbar, § 12 III des 3. VermBG in Verbindung mit § 851, BAG NJW **77**, 76 mwN. Ein ausgezahlter Betrag ist pfändbar, Borrmann DB **74**, 384 mwN und 2057, abw Brych DB **74**, 2057 (Ansprüche aus § 3 des 3. VermBG seien unpfändbar, solche aus § 4 und solche auf Zahlung einer Arbeitnehmersparzulage seien mit Ausnahmen pfändbar). Die Festlegungsfrist ist auch für die Zwangsvollstreckung beachtlich, AG Augsb NJW **77**, 1827, Muth DB **79**, 1121 mwN.

Versicherungsanspruch: Ein Anspruch auf die Zahlung einer vertraglichen Feuerentschädigung ist bei einer Wiederherstellungspflicht des Versicherten beschränkt unpfändbar, § 98 VVG. Dasselbe gilt für eine Versicherungsforderung für unpfändbare Sachen, § 15 VVG. Der Anspruch auf die Zahlung der vertraglichen Versicherungssumme ist nach § 829 pfändbar. Wenn ein Dritter eine Zuwendung erhalten hat, ist der Anspruch auf die Versicherungssumme gegen den Dritten pfändbar, wenn der Dritte sofort erwirbt. Bei einem widerruflichen Versicherungsanspruch kann der Pfandgläubiger den Widerruf erst nach der Überweisung des Anspruchs aussprechen, da der Widerruf zur Verwertung gehört, vgl § 930 Anm 1 A, aM Heilmann Zeitschrift Versicherungswissenschaft Bd **38**, 164 (der Pfandgläubiger könne den Widerruf bereits bei der Pfändung aussprechen). Ein Erstattungsanspruch wegen eines RVO-Beitrags ist pfändbar, die Ausübung des Erstattungsrechts ist aber höchstpersönlich, LG Bln Rpfleger **75**, 444.

Ein Anspruch aus einer Rechtsschutzversicherung ist als ein Schuldbefreiungsanspruch grundsätzlich unpfändbar, Stöber 150a, Vollkommer Rpfleger **81**, 458.

Versorgungsbezüge: Sie sind nur sehr eingeschränkt pfändbar, vgl Einf 2 B vor §§ 850–852. Im übrigen gilt § 850 II.

Vollmacht: Das Recht aus der Vollmacht ist pfändbar, wenn die Vollmacht im Interesse des Bevollmächtigten unwiderruflich erteilt ist und wenn außerdem ihre Ausübung einem Dritten überlassen werden kann, § 857, BayObLG Rpfleger **78**, 372 mwN, aM zB StJ § 857 Anm I 1 b (das Recht aus der Vollmacht sei unpfändbar). Dies gilt zB für die stillschweigende Vollmacht des Erwerbers eines Blankowechsels zur Ausfüllung. Die Verwertung des Rechts erfolgt nach § 844.

Vorkaufsrecht: Es ist nicht übertragbar, daher auch nicht pfändbar, sofern nicht ein anderes bestimmt worden ist, § 514 S 1 BGB, § 851.

Vorlegung: Der Anspruch auf eine Vorlegung ist dann nach § 857 pfändbar, wenn die Vorlegung für den Gläubiger irgendeinen Wert hat. Die Zwangsvollstreckung richtet sich nach § 883, s dort Anm 4.

Vormerkung: Das Recht aus einer Vormerkung ist nicht selbständig pfändbar. Dagegen wird das Recht aus der Vormerkung zusammen mit dem durch die Vorlegung gesicherten Anspruch gepfändet, § 401 BGB. Die Pfändung ist eintragungsfähig. Es ist kein Nachweis des Bestehens des gesicherten Anspruchs notwendig.

Wahlrecht bei Wahlschuld: Grdz 3 vor § 803.

Warenzeichen: s § 857 Anm 3.

Waschmaschine: Sie ist unpfändbar, § 811 Anm 3 B b.

Wehrsold: Grenzschutzsold, Sachbezüge, Dienstgeld, Entlassungsgeld sind pfändbar, Kreutzer AnwBl **74**, 172. Ein Übergangsgeld ist pfändbar, AG Krefeld MDR **79**, 853. S auch §§ 850 Anm 2 B, 850e Anm 3.

Wertpapier: Wegen seiner Pfändung § 808 Anm 4 A. Die Verwertung richtet sich nach §§ 821–823. Wegen eines Ausweispapiers § 808 Anm 1 B. Ein indossables Papier, namentlich der Wechsel, wird nach § 831 gepfändet und nach §§ 835ff ausgewertet. Bei einem Wertpapier in einem Sammeldepot erfolgt die Pfändung des Anteils, §§ 747, 751 BGB, nach den §§ 857, 829, 835, 836, 847.

Widerrufsrecht: Es ist im allgemeinen unpfändbar; s auch Schenker. Bei der Pfändung des Anspruchs aus einem Lebensversicherungsvertrag s Versicherungsanspruch.

Wiederkaufsrecht: Es ist pfändbar.

Wintergeld: S Sozialleistung.

Wohnbesitz: Die Zwangsvollstreckung richtet sich nach §§ 767 Anm 1 A b, 2 B, 771 Anm 3 A, 851 Anm 2 B, § 857 Anm 1 A; vgl Schopp Rpfleger **76**, 384.

Wohngeld: Es ist nur insoweit pfändbar, als die Pfändungsforderung mit dem Miet- oder

1. Abschnitt. Allgemeine Vorschriften **Grdz § 704, § 704** 1

Wohnraumnutzungsverhältnis dieses Empfängers in einem Zusammenhang steht, LG Hann Rpfleger **83**, 32. S auch „Sozialleistung".
Wohnungsbauprämie: Die ausgezahlte Prämie und auch der Anspruch auf die Auszahlung der Prämie sind pfändbar, soweit das Schuldnerrecht besteht.
Willenserklärung: Die Zwangsvollstreckung richtet sich nach §§ 894–896, 898. S auch § 887 Anm 6.
Zuführung (Immission): S § 887 Anm 6.
Zwangsversteigerung: Das Recht auf den Erlös ist bei einer Liegenschaftszwangsversteigerung vor der Erteilung des Zuschlags unpfändbar. Denn dieses Recht ist der Hauptteil des hypothekarischen Rechts und nicht ein künftiger Anspruch, BGH NJW **64**, 813. S auch Grundschuld.

10) *VwGO:* Der Rechtsweg für das Vollstreckungsverf richtet sich nach der Rechtsnatur des zugrunde liegenden Titels, hM, VGH Mü BayVBl **83**, 375 mwN, aM Renck NVwZ **82**, 547 (es komme auf den Rechtscharakter des Anspruchs an). *Danach ist die VwGO auf die Vollstreckung aus den Titeln des § 168 VwGO (und anderen Titeln im Bereich des § 40 VwGO) anzuwenden.* Nach § 167 I 1 VwGO gilt für die Vollstreckung das 8. Buch entsprechend, soweit sich aus der VwGO nichts anderes ergibt. Dieser Grundsatz wird jedoch durch § 169 VwGO erheblich eingeschränkt, weil sich danach die Vollstreckung zugunsten der öffentlichen Hand nach dem VwVG v 27. 4. 53, BGBl I 157, oder landesrechtlichen Vorschriften richtet (wenn nicht auch der Schuldner eine juristische Person des öffentlichen Rechts ist, VGH Kassel NJW **76**, 1766); gleichwohl bleiben auch insoweit zahlreiche Vorschriften der ZPO entsprechend anwendbar, namentlich die allgemeinen Vorschriften. Auf eine Einschränkung der Anwendbarkeit durch § 169 VwGO wird deshalb bei den einzelnen Bestimmungen besonders hingewiesen; wendet das Vollstreckungsgericht statt der dort genannten Vorschriften solche der ZPO an, so ist aber im Einzelfall zu prüfen, ob der Schuldner hierdurch in seinen Rechten verletzt wird, OVG Münst DVBl **80**, 602. Der Grundsatz des § 167 I 1 VwGO gilt uneingeschränkt bei der Vollstreckung gegen die öffentliche Hand, jedoch mit der Maßgabe der §§ 170–172, und bei der (praktisch bei öffentlichrechtlichen Streitigkeiten sehr seltenen) Vollstreckung für und gegen Private. Einzelne Abweichungen vom 8. Buch gelten in allen Fällen der Vollstreckung nach VwGO, nämlich die §§ 167 I 2 (Vollstreckungsgericht ist das Gericht des ersten Rechtszuges), 167 II (bei Urteilen auf Anfechtungs- und Verpflichtungsklagen vorläufige Vollstreckbarkeit nur wegen der Kosten) und 168 (abschließende Aufzählung der Vollstreckungstitel). Näheres siehe bei den dadurch betroffenen Bestimmungen der ZPO. Zur Vollstreckung nach VwGO allgemein: Ule VPrR §§ 70 und 71, Geiger MDR **60**, 384, Rupp AöR **85**, 320 (kritisch), Thomas BayVBl **67**, 335, Naumann SGb **72**, 381, Gaul JZ **79**, 496 (insbesondere zur Mitwirkung der Zivilgerichte), Zeiss ZRP **82**, 74 (de lege ferenda) sowie die Kommentare zur VwGO.

704 *Zwangsvollstreckung aus Endurteilen. Vollstreckbarkeit.* ¹ *Die Zwangsvollstreckung findet statt aus Endurteilen, die rechtskräftig oder für vorläufig vollstreckbar erklärt sind.*

II *Urteile in Ehe- und Kindschaftssachen dürfen nicht für vorläufig vollstreckbar erklärt werden. Dies gilt auch für den Anspruch nach § 643 Abs. 1 Satz 1.*

1) Endurteil, I. A. Begriff. Es muß sich um ein Endurteil im Sinn von § 300 Anm 1 A, Üb 3 A vor § 330 handeln. § 704 bezieht sich nur auf Urteile ordentlicher deutscher Gerichte, aber auch auf Urteile der früheren Konsulargerichte. Ein Urteil des ArbG oder ein Urteil des LAG sind ohne weiteres vorläufig vollstreckbar, soweit das Urteil nichts anderes bestimmt, §§ 62, 64 VII ArbGG. Urteile anderer Sondergerichte sind nach den für sie geltenden Vorschriften zu behandeln. Über eine neue Klage trotz Vorliegens eines Vollstreckungstitels s Einf 3 C vor §§ 322–327.
B. Vollstreckbarkeit. Es sind folgende Stadien zu unterscheiden:
a) Rechtskraft. Das Urteil muß entweder rechtskräftig sein, also eine äußere Rechtskraft erlangt haben, Einf 1 A vor §§ 322–327. Trotz des Eintritts der Rechtskraft ist ein Urteil nicht endgültig (wohl aber vorläufig, §§ 280, 304 Anm 5 B) vollstreckbar, wenn es in seinem Bestand von einer nicht rechtskräftigen Vorentscheidung abhängig ist, also durch ein Urteil über eine Zulässigkeitsrüge, eine Vorabentscheidung nach § 304 oder ein Vorbehaltsurteil nach §§ 302, 599. Wenn für denselben Anspruch mehrere Titel vorhanden sind, dann darf die Zwangsvollstreckung nur einmal stattfinden, BAG NJW **68**, 74. Der Schuldner kann sich gegen eine mehrfache Zwangsvollstreckung nach § 767 wehren, Pohle JZ **54**, 344.
b) Vorläufige Vollstreckbarkeit. Oder das Urteil muß für vorläufig vollstreckbar erklärt worden sein. Vgl dazu Einf 1 B vor §§ 708–720.

c) Wegfall der Vollstreckbarkeit. Wird das vorläufig vollstreckbare Urteil aufgehoben, so entfällt dessen Vollstreckbarkeit. Wird das Urteil geändert, so bleibt seine Vollstreckbarkeit nur nach Maßgabe der Abänderung bestehen, §§ 717 Anm 1, 775 Anm 2 B. Das aufhebende Urteil braucht nicht für vollstreckbar erklärt zu werden, zB Köln JMBl NRW **70**, 70, aM zB Mü Rpfleger **82**, 112 mwN (zustm Meyer-Stolte). Jedoch ist eine Vollstreckbarerklärung dieses Urteils oft zweckmäßig. Dann darf jedoch keine Sicherheitsleistung auferlegt werden, Furtner DRiZ **57**, 184. Wenn die Revisionsinstanz ein Urteil wiederherstellt, das von dem Berufungsgericht aufgehoben worden war, dann lebt auch die Vollstreckbarkeit des Urteils wieder auf, weil sie zu dem aufgehobenen Urteil gehört, aM StJM I. Aufgehobene Vollstreckungsmaßnahmen leben aber nicht wieder auf.

2) Verbot der vorläufigen Vollstreckbarerklärung, II. Es besteht in folgenden Fällen:

A. Ehesache. Das Urteil in einer Ehesache (Begriff § 606 Anm 2) darf nicht für vorläufig vollstreckbar erklärt werden.

Nicht zur Ehesache gehört eine Folgesache, soweit sie zivilprozessualer Natur ist, zB der Anspruch auf Unterhalt und auf den Zugewinnausgleich, Mü FamRZ **81**, 482, Schlesw SchlHA **82**, 43.

B. Kindschaftssache. Das Urteil in einer Kindschaftssache, § 640, darf ebenfalls nicht für vorläufig vollstreckbar erklärt werden.

C. Regelunterhalt bei Vaterschaftsfeststellung. Ein Verbot der vorläufigen Vollstreckbarkeit gilt schließlich im Fall einer Verurteilung zur Zahlung des Regelunterhalts, die zugleich mit der Feststellung der Vaterschaft erfolgt, § 643, Stgt FamRZ **73**, 467.

Ein derartiges Verbot besteht nicht bei einem Anspruch gemäß § 1632 BGB, Zweibr MDR **75**, 851, aM zB Düss JMBlNRW **51**, 226, LG Wuppertal FamRZ **79**, 176.

3) VwGO: Es gilt § 168 VwGO, der §§ 704 I und 794 ersetzt und die Vollstreckungstitel abschließend aufzählt; s § 794 Anm 14.

705 Äußere Rechtskraft.
Die Rechtskraft der Urteile tritt vor Ablauf der für die Einlegung des zulässigen Rechtsmittels oder des zulässigen Einspruchs bestimmten Frist nicht ein. Der Eintritt der Rechtskraft wird durch rechtzeitige Einlegung des Rechtsmittels oder des Einspruchs gehemmt.

Schrifttum: Kurtz, Der Zeitpunkt der Rechtskraft im Falle der Zurücknahme der Berufung oder ihrer Verwerfung als unzulässig usw, Diss Ffm 1954.

1) Eintritt der Rechtskraft. A. Formelle Rechtskraft. § 705 regelt den Eintritt der äußeren, formellen Rechtskraft, Einf 1 A vor §§ 322–327, für alle Urteile, die eine solche Rechtskraft erlangen können, selbst wenn sie keine Zwangsvollstreckung ermöglichen, Grdz 3 F b vor § 704. Die Vorschrift gilt entsprechend (nur) für einen Beschluß, der in einer bestimmten Frist anfechtbar ist, Schmidt Rpfleger **74**, 180 mwN, aM zB Bbg NJW **65**, 2407, Stgt JZ **59**, 445, RoS § 151 II 3b β (die Rechtskraft trete stets mit einem Verzicht auf eine einfache Beschwerde oder der Erschöpfung des Beschwerdewegs oder der Beendigung des Verfahrens ein). Der Zeitpunkt des Eintritts der äußeren Rechtskraft ist auch sachlichrechtlich sehr bedeutungsvoll.

B. Rechtskraftfähigkeit. Der äußeren Rechtskraft fähig sind alle Urteile und Beschlüsse, die das Gesetz für selbständig anfechtbar oder für unanfechtbar erklärt, auch Zwischenurteile aus §§ 280 II, 304 (nicht aus § 303) und Vorbehaltsurteile, BGH **69**, 272. Die Rechtskraft tritt nicht ein, solange noch ein Einspruch oder ein Rechtsmittel zulässig ist. Die Rechtsmittelfrist läuft für jede Partei besonders. Ob eine Wiederaufnahme statthaft ist, bleibt außer Betracht. Eine Zustellung an einen Prozeßunfähigen setzt die Frist in Lauf; mit dem Ablauf der Frist tritt die Rechtskraft ein, s § 56 Anm 1 C, und wird das Urteil vollstreckbar. Eine Unterscheidung zwischen einer Zustellung zwecks Herbeiführung der Rechtskraft und einer Zustellung zur Ermöglichung der Zwangsvollstreckung ist unberechtigt.

C. Rechtskraft und Verkündung. Bereits mit der Verkündung werden folgende Entscheidungen rechtskräftig, weil gegen sie weder ein Einspruch noch ein anderes Rechtsmittel zulässig ist:

a) Landgericht als Berufungsgericht. Sofort rechtskräftig wird ein Urteil des LG als Berufungsgericht.

b) Oberlandesgericht. Sofort rechtskräftig wird auch ein Urteil des OLG in den folgenden Fällen:

aa) Arrest, einstweilige Verfügung, Enteignung, Umlegung. Es muß sich um ein Urteil in einer Arrestsache, in einem Verfahren auf Erlaß einer einstweiligen Verfügung, in einem

1. Abschnitt. Allgemeine Vorschriften § 705 1–3

Enteignungsverfahren, in einem Umlegungsverfahren, § 545 II (wegen der Ausnahmen vgl § 547) handeln, Schneider DRiZ **77**, 115, insofern offen Celle NJW **77**, 204.

bb) Kosten. Es muß sich um ein reines Kostenurteil, §§ 99 II, 567 III, handeln.

cc) Keine Revision. Es muß sich um ein Urteil handeln, das nicht gemäß § 546 mit der Revision anfechtbar ist (wegen der Ausnahmen vgl § 547), Hamm NJW **78**, 382 mwN, Bre FamRZ **78**, 819, Ffm FamRZ **78**, 820 mwN, Schlesw FamRZ **78**, 611 mwN, abw Celle NJW **77**, 204, Schneider DRiZ **77**, 115 (er ist bei einer nichtvermögensrechtlichen Sache derselben Meinung wie hier, im übrigen macht er die Entscheidung davon abhängig, ob das OLG das Urteil für vorläufig vollstreckbar erklärt hat), aM Münzberg NJW **77**, 2058.

c) Ehesachen. Wegen der Ehesachen und ihrer Folgesachen vgl §§ 629a, c sowie BGH NJW **80**, 702 und FamRZ **83**, 364 (abl Bosch), Celle FamRZ **80**, 71 je mwN, Düss FamRZ **79**, 445 und **80**, 709, Hbg FamRZ **79**, 532, KG NJW **80**, 844, Karlsr FamRZ **81**, 581 je mwN, Schlesw FamRZ **81**, 380, Stgt FamRZ **83**, 84 mwN, Zweibr FamRZ **79**, 533, LSG Essen FamRZ **82**, 1038 mwN (krit Rüffer), Adelmann Rpfleger **80**, 264, Rüffer, Die formelle Rechtskraft des Scheidungsausspruchs bei Ehescheidung im Verbundverfahren, 1982 (Bespr Bergerfurth FamRZ **82**, 969, Göppinger AcP **183**, 111, Heitzmann NJW **83**, 23, Walter ZZP **96**, 400); vgl freilich auch § 20 II EheG (wegen des Übergangsrechts vgl Art 5 Z 5, Art 7 II Z 5, 6 G v 13. 6. 80, BGBl 677).

d) Andere Urteile des Oberlandesgerichts. Andere Urteile des OLG werden nicht schon mit ihrer Verkündung rechtskräftig. Das gilt auch dann, wenn eine Beschwerdesumme nicht erreicht ist, BayObLG VRS **44**, 52. Dies folgt auch aus § 713. Denn diese Vorschrift wäre sonst gegenstandslos, insofern auch Münzberg NJW **77**, 2060, aM Leppin MDR **75**, 900 (er hält ein Urteil des OLG auch dann bereits mit der Verkündung für rechtskräftig, wenn das Fehlen der Beschwerdesumme unverrückbar feststehe; ähnlich Köln NJW **78**, 1443); **c)** ein Endurteil des BGH (nicht ein Versäumnisurteil).

D. Rechtsbehelfsverzicht. Ein Rechtsbehelf ist ferner dann unzulässig, wenn die Partei auf ihn vor seiner Einlegung wirksam verzichtet hat, vgl Ffm NJW **74**, 1389. Der Verzicht braucht nicht gegenüber dem Gericht ausgesprochen worden sein, BGH FamRZ **54**, 108; wegen Ehesachen § 617 Anm 4 B, Celle FamRZ **78**, 921, Düss (4. FamS) FamRZ **79**, 1048, aM Düss (1. FamS) FamRZ **78**, 920, Ffm FamRZ **79**, 1048. Ein einseitiger Verzicht gegenüber einem OLG-Urteil führt dessen äußere Rechtskraft selbst dann erst mit dem Ablauf der eigentlich laufenden Rechtsmittelfrist herbei, wenn der Gegner nicht beschwert ist, Karlsr NJW **71**, 664.

Trotzdem hemmt ein Rechtsmittel, das nach einer wirksamen Verzichtserklärung, aber noch innerhalb der Rechtsmittelfrist eingelegt wurde, die Rechtskraft bis zu demjenigen Zeitpunkt, in dem es verworfen wird. Ein Teilverzicht ist statthaft. Er ist das einzige Mittel, um die Rechtskraft eines Teils des Urteils herbeizuführen, Anm 2 A.

2) Hemmung der Rechtskraft. A. Rechtsmittel. Die Einlegung eines Rechtsmittels hemmt grundsätzlich den Eintritt der Rechtskraft, Grdz 1 B vor § 511. Es gibt auch keine „vorläufige" Rechtskraft, Karlsr MDR **83**, 676. Die Rücknahme des Rechtsmittels vor dem Ablauf der Rechtsmittelfrist führt noch keine Rechtskraft herbei. Denn es ist ja noch eine erneute Einlegung des Rechtsmittels zulässig, Ffm NJW **74**, 1389, § 515 Anm 4 A. Ein Wiedereinsetzungsantrag hemmt den Eintritt der Rechtskraft nicht, wohl aber eine Entscheidung, die die Wiedereinsetzung gewährt, und zwar tritt die Hemmung dann rückwirkend ein. Die Hemmung dauert bis zum Ablauf der Rechtsmittelfrist an, solange kein Rechtsmittel eingelegt worden ist. Deshalb darf das Gericht bis zum Ablauf der Rechtsmittelfrist auch kein Rechtskraftzeugnis erteilen. Es darf trotz eines Verzichts auf eine Anschlußrevision bis zum Ablauf der Frist für sie auch kein Teilrechtskraftzeugnis erteilen, Karlsr MDR **83**, 676, abw Hamm FamRZ **83**, 823 mwN. Eine Verwerfung des Rechtsmittels oder des Einspruchs als unzulässig hat zur Folge, daß die Hemmungswirkung des eingelegten Rechtsmittels nunmehr entfällt, § 519b Anm 2 A, Grunsky JZ **72**, 168, offen BGH LM § 628 aF Nr 3 mwN (Anm Grunsky ZZP **87**, 349), aM zB BFH JZ **72**, 167, Hamm Rpfleger **77**, 445 je mwN.

B. Einspruch. Ein Einspruch hemmt den Eintritt der Rechtskraft immer nur, soweit er sich erstreckt. Wenn das Versäumnisurteil keinen Einspruch zuläßt, sind die für ein Rechtsmittel geltenden Grundsätze anzuwenden.

3) VwGO: *Entsprechend anwendbar, § 167 I VwGO, BVerwG DVBl* **61**, *450. Mit Verkündung bzw Zustellung, § 116 VwGO, werden rechtskräftig: Urteile des OVG (VGH) im Normenkontrollverfahren, § 47 VwGO, und über die Aufhebung einer einstwAnO nach § 926, § 136 VwGO, sowie Urteile über die Kosten bei Anerkenntnis, §§ 158 II, 152 VwGO.*

706 *Rechtskraft- und Notfristzeugnis.* **I** Zeugnisse über die Rechtskraft der Urteile sind auf Grund der Prozeßakten von der Geschäftsstelle des Gerichts des ersten Rechtszuges und, solange der Rechtsstreit in einem höheren Rechtszuge anhängig ist, von der Geschäftsstelle des Gerichts dieses Rechtszuges zu erteilen.

II Insoweit die Erteilung des Zeugnisses davon abhängt, daß gegen das Urteil ein Rechtsmittel nicht eingelegt ist, genügt ein Zeugnis der Geschäftsstelle des für das Rechtsmittel zuständigen Gerichts, daß bis zum Ablauf der Notfrist eine Rechtsmittelschrift nicht eingereicht sei. Eines Zeugnisses der Geschäftsstelle des Revisionsgerichts, daß eine Revisionsschrift nach § 566a nicht eingereicht sei, bedarf es nicht.

1) Allgemeines. A. Nachweisfunktion. Das Rechtskraftzeugnis dient nur dem Nachweis der äußeren Rechtskraft. Er ist zB bei der Rückforderung einer Sicherheit, § 715, oder nach sachlichem Recht notwendig, zB nach § 1470 I BGB. Die Bedeutung des Rechtskraftzeugnisses liegt im Formellen. Darüber hinaus besagt es nichts über die Entscheidung, also auch nicht über ihren Bestand, BGH **31**, 391, Schlesw FamRZ **78**, 611. Das Rechtskraftzeugnis hat die Beweiskraft einer öffentlichen Urkunde, § 418 Anm 1. Eine unrichtige Zeugniserteilung muß derjenige beweisen, der sie behauptet, BGH **LM** Nr 1. Das Rechtskraftzeugnis ist bei allen Urteilen und Beschlüssen zu erteilen, die einer äußeren Rechtskraft fähig sind, zB bei einem Vollstreckungsbescheid. Es wird ganz ohne Rücksicht darauf erteilt, ob eine Zwangsvollstreckung durchführbar ist. Es ist wegen der Hemmungswirkung, § 705 Anm 2 A, Grdz 1 B vor § 511, für einen nicht angegriffenen Teil eines noch nicht rechtskräftigen Urteils nicht zu erteilen, Bre NJW **79**, 1210, aM Karlsr NJW **79**, 1211.

B. Anderer Nachweis. Grundlage des Zeugnisses ist meist das Notfristzeugnis, II. Die Rechtskraft läßt sich aber auch anders beweisen, außer bei § 1561 II Z 1 BGB. Ein Gegenbeweis ist dann zulässig. Er ist auch gegen die Richtigkeit des Rechtskraftzeugnisses statthaft.

2) Rechtskraftzeugnis, I, II. Die Zuständigkeiten sind wie folgt verteilt:

A. Zuständigkeit. a) Erste Instanz. Zuständig zur Erteilung ist der Urkundsbeamte der Geschäftsstelle. Der Rpfl ist nicht zuständig, KG FamRZ **74**, 447. Tätig zu werden hat der Urkundsbeamte des Gerichts der ersten Instanz, ggf der Urkundsbeamte des FamGer, Schlesw FamRZ **78**, 611. Freilich muß trotz des Vorliegens einer Familiensache evtl der Urkundsbeamte des LG entscheiden, wenn das LG den Streit entschieden hatte, vgl Stgt Rpfleger **79**, 145.

b) Rechtsmittelinstanz, allgemein. Ausnahmsweise ist die Geschäftsstelle einer höheren Instanz solange zuständig, wie der Prozeß bei jenem Gericht „anhängig" ist, das heißt hier vom Standpunkt der Geschäftsstelle aus, solange sich die Akten infolge des Eingangs einer Rechtsmittelschrift schon oder noch bei diesem Gericht befinden, KG FamRZ **79**, 530 und 728, Mü FamRZ **79**, 445 und 943. Deshalb ist diese Geschäftsstelle evtl auch noch nach der Rücknahme des Rechtsmittels zuständig. Denn die Zuständigkeit des Gerichts spielt für die Erteilung des Rechtskraftzeugnisses keine Rolle. Wenn sich die Akten aber bei der Geschäftsstelle lediglich wegen der Einreichung eines Gesuchs auf die Bewilligung einer Prozeßkostenhilfe befinden, ist diese Geschäftsstelle nicht schon deshalb zuständig, BGH **LM** Nr 2.

Dies alles gilt auch für einen Streitgenossen, wenn sich die Akten wegen des Rechtsmittels eines anderen Streitgenossen dort befinden.

c) Einspruch. Bei einem Einspruch kann der Urkundsbeamte der Geschäftsstelle der Instanz dessen Fehlen aus den Akten feststellen. Ein Notfristzeugnis braucht nur der Urkundsbeamte der Geschäftsstelle einer höheren Instanz, wenn er für die Erteilung des Rechtskraftzeugnisses zuständig ist. Es gilt dann II entsprechend. Der Urkundsbeamte der Geschäftsstelle eines LG oder OLG darf das Rechtskraftzeugnis zu einem Versäumnisurteil des Revisionsgerichts in der Regel nur nach der Vorlage eines Notfristzeugnisses der Geschäftsstelle des Revisionsgerichts erteilen.

d) Sofortige Beschwerde. Wenn als Rechtsmittel eine sofortige Beschwerde in Betracht kommt, dann erteilt die Geschäftsstelle der ersten Instanz das Zeugnis auf Grund ihrer Kenntnis davon, daß eine Beschwerde nicht eingelegt wurde, und auf Grund eines Zeugnisses der Beschwerdeinstanz, daß ein Rechtsmittel nicht, oder jedenfalls nicht bis zu einem bestimmten Tag, eingelegt worden sei.

B. Verfahren. Antragsberechtigt ist derjenige, der das Urteil vorlegt. Dies kann auch ein Dritter sein, StJM § 705 V 1 (er meint, der Dritte brauche ein eigenes Interesse nicht nachzuweisen), offen BGH **31**, 391. Es besteht kein Anwaltszwang, auch wenn das Gesuch an eine Instanz geht, vor der im Streitverfahren Anwaltszwang herrscht. Nach § 7 AktO hat der für das Rechtskraftzeugnis zuständige Urkundsbeamte die nachgewiesene Rechtskraft am Urteilskopf zu vermerken. Das Zeugnis ist mit dem Namen und mit dem Zusatz „als Urkundsbeamter der Geschäftsstelle" zu unterschreiben. Eine Unterzeichnung mit der Angabe „die Geschäftsstelle des AG" oder „der Justizobersekretär des AG" oder ähnlich ist unzulänglich. Denn sie bietet keine Gewähr dafür, daß der richtige Urkundsbeamte entschieden hat. Entsprechend dem Vermerk am Urteilskopf wird ein Vermerk auf der Urteilsausfertigung angebracht. Ein weiterer entsprechender Vermerk wird, soweit erforderlich, auf die Ausfertigung des Kostenfestsetzungsbeschlusses gesetzt, Ffm Rpfleger **56**, 198.

C. Prüfungsumfang. Der Urkundsbeamte der Geschäftsstelle prüft nur die Rechtskraft gegenüber sämtlichen Verfahrensbeteiligten, Düss FamRZ **78**, 715. Er nimmt diese Prüfung zunächst auf Grund der Akten vor. Wenn diese Prüfung trotz § 317 I nicht ausreicht, zB bei § 699 IV 2, 3, fordert er die erforderlichen Nachweise an, ThP 2e. Der Urkundsbeamte hat weder den Zweck noch die Notwendigkeit des Rechtskraftzeugnisses zu prüfen, BGH **31**, 391. Dies gilt auch dann, wenn ein Dritter das Zeugnis verlangt. Ein Rechtsschutzbedürfnis ist nicht erforderlich. Eine Rücknahme des Rechtsbehelfs muß wirksam sein. Unter Umständen muß sich der Urkundsbeamte also das Einverständnis des Gegners mit der Rücknahme nachweisen lassen. Die Zustellung des Urteils ist dann zu prüfen, wenn es auf den Ablauf einer Notfrist ankommt. Eine Unterbrechung des Verfahrens ist von Amts wegen zu beachten. Der Urkundsbeamte der Geschäftsstelle muß die Statthaftigkeit eines etwa eingelegten Rechtsbehelfs prüfen. Er muß das Zeugnis also zB dann erteilen, wenn gegen ein in zweiter Instanz ergangenes Urteil Berufung eingelegt worden ist.

Der Urkundsbeamte hat die Zulässigkeit des Rechtsbehelfs im übrigen nicht zu prüfen. Er kontrolliert also zB nicht, ob die Berufungssumme erreicht wurde (vgl dazu Grdz 2 vor § 511). Er braucht in der Regel nicht den Tag anzugeben, an dem die Rechtskraft eingetreten ist. Eine Ausnahme gilt nur bei der nach § 38 V c AktO vorgesehenen Rechtskraftbescheinigung eines Urteils, in dem auf die Scheidung, die Nichtigkeit oder die Aufhebung einer Ehe erkannt wurde oder das Nichtbestehen der Ehe festgestellt worden ist. Schlesw FamRZ **78**, 611 fordert evtl einen Zusatz über die Anhängigkeit von Folgesachen, die der Urkundsbeamte einzeln zu bezeichnen habe.

Die Nichteinlegung einer Sprungrevision, § 566a, braucht der Urkundsbeamte vor der Erteilung des Rechtskraftzeugnisses nicht dadurch festzustellen, daß er von der Geschäftsstelle des BGH bzw des BayObLG ein Notfristzeugnis anfordert. Grund ist die durch § 566a VII der Geschäftsstelle des Revisionsgerichts auferlegte Nachrichtspflicht. Wenn der Urkundsbeamte diese Nachricht erhalten hat, muß er die Erteilung eines Rechtskraftzeugnisses ablehnen. Regelmäßig darf das Rechtskraftzeugnis erteilt werden, sobald einige Tage seit dem Ablauf der Notfrist verstrichen sind. Der Urkundsbeamte der Geschäftsstelle des Revisionsgerichts muß aber der Geschäftsstelle des Gerichts, die für die Erteilung des Rechtskraftzeugnisses zuständig ist, auf deren Verlangen die Nichteinlegung der Sprungrevision amtlich bestätigen.

3) Notfristzeugnis, II. A. Nachweisfunktion. Das Notfristzeugnis ist nur ein Beweismittel, und nicht das einzige, zur Erlangung eines Rechtskraftzeugnisses. Das Notfristzeugnis wird nur dann benötigt, wenn zu seiner Erteilung ein anderer Urkundsbeamter als derjenige zuständig ist, der das Rechtskraftzeugnis erteilt. Das Notfristzeugnis wird dann aber sowohl bei einem Rechtsmittel als auch bei einem Einspruch, vgl Anm 2 A c, und auch bei einem Beschluß entsprechend Anm 1 A benötigt.

B. Verfahren. Zuständig zur Erteilung ist der Urkundsbeamte der Geschäftsstelle desjenigen Gerichts, bei dem das Rechtsmittel oder der Einspruch einzulegen sind. Dabei ist unerheblich, ob es sich um die Geschäftsstelle einer Zivilkammer oder einer Kammer für Handelssachen handelt. Denn die Zuständigkeit für das Notfristzeugnis betrifft nur den inneren Dienst. Das Antragsrecht besteht wie bei Anm 2 B und C. Notwendige Ermittlungen muß der Urkundsbeamte von Amts wegen vornehmen. Er muß also notfalls bei anderen Geschäftsstellen feststellen, ob Rechtsmittel oder Einspruch eingelegt worden sind. Er hat nur zu prüfen, ob und wann das Urteil zugestellt wurde und ob und wann die Rechtsbehelfsschrift eingegangen ist, nicht auch, ob und wann die Rechtsbehelfsschrift zugestellt wurde. Wenn ein Rechtsmittel auch nur gegen einen Teil der Entscheidung eingelegt wurde, dann ist das Zeugnis zu versagen, § 705 Anm 2 A. Ein Antrag auf eine Wiedereinsetzung hindert die Erteilung des Zeugnisses nicht, wohl aber muß das Zeugnis versagt werden, wenn die Wiedereinsetzung bewilligt wird.

Wenn der Beginn einer Notfrist zweifelhaft ist, dann muß der Urkundsbeamte der Geschäftsstelle der höheren Instanz das Zeugnis dahin erteilen, daß ,,bis heute keine Rechtsmittelschrift eingegangen" sei, ZZP **52**, 338. Der Urkundsbeamte derjenigen Geschäftsstelle, die für die Erteilung eines Rechtskraftzeugnisses zuständig ist, muß diese Bescheinigung der höheren Instanz frei würdigen. Der Urkundsbeamte darf weder die Notwendigkeit der Erteilung des Notfristzeugnisses noch gar die Aussichten des Rechtsbehelfs prüfen. Wenn freilich ein Rechtsmittel oder ein Einspruch eindeutig unstatthaft ist, Grdz 2 vor § 511, dann muß er die Erteilung des Notfristzeugnisses ablehnen.

4) Rechtsbehelfe. Beim Rechtskraftzeugnis und beim Notfristzeugnis gelten folgende Regeln:

A. Ablehnung. Soweit der Urkundsbeamte die Erteilung des Zeugnisses ablehnt, kann das Gericht seiner Geschäftsstelle ohne Anwaltszwang angerufen werden, § 576 I, Bre NJW **79**, 1210 mwN, Celle FamRZ **78**, 921. Außerdem ist einfache Beschwerde zulässig, § 567. Denn die angefochtene Entscheidung ist keine Maßnahme der Zwangsvollstreckung, Grdz 2 A Ende und 7 vor § 704, Celle FamRZ **78**, 921, Düss FamRZ **78**, 920, KG FamRZ **74**, 448.

B. Erteilung. Gegen die Erteilung des Zeugnisses hat der Gegner die Erinnerung nach § 576, Bbg FamRZ **83**, 519, Stgt FamRZ **83**, 84, für die kein Anwaltszwang besteht, Stgt FamRZ **83**, 84. Er hat aber keine Beschwerde, Bbg FamRZ **83**, 519, Celle FamRZ **78**, 921. Ein Widerspruch gegen die Erteilung des Zeugnisses ist kein Gesuch, das das Verfahren betrifft. Wenn das Beschwerdegericht eine Zeugniserteilung dahin ändert, daß das Zeugnis versagt wird, dann hat der Antragsteller dagegen die einfache Beschwerde.

C. Gemeinsames. Ohne eine vorherige Entscheidung des Urkundsbeamten im Sinne von A–B darf der Richter nicht entscheiden.

5) VwGO: Entsprechend anwendbar, § 167 I VwGO, sind I und II für das Notfristzeugnis, Anm 3, der Geschäftsstelle des OVG (VGH) über die Einlegung der Berufung. Wenn Revision zulässig ist, bedarf es keines solchen Zeugnisses, da die Revision beim iudex a quo eingelegt werden muß, § 139 VwGO. Rechtsbehelfe, Anm 4, sind die Anrufung des Gerichts, § 151 VwGO, und anschließend die Beschwerde, §§ 146ff VwGO.

707 Einstellung bei Wiedereinsetzung, Wiederaufnahme und im Nachverfahren.

[I] Wird die Wiedereinsetzung in den vorigen Stand oder eine Wiederaufnahme des Verfahrens beantragt oder wird der Rechtsstreit nach der Verkündung eines Vorbehaltsurteils fortgesetzt, so kann das Gericht auf Antrag anordnen, daß die Zwangsvollstreckung gegen oder ohne Sicherheitsleistung einstweilen eingestellt werde oder nur gegen Sicherheitsleistung stattfinde und daß die Vollstreckungsmaßregeln gegen Sicherheitsleistung aufzuheben seien. Die Einstellung der Zwangsvollstreckung ohne Sicherheitsleistung ist nur zulässig, wenn glaubhaft gemacht wird, daß der Schuldner zur Sicherheitsleistung nicht in der Lage ist und die Vollstreckung einen nicht zu ersetzenden Nachteil bringen würde.

[II] Die Entscheidung kann ohne mündliche Verhandlung ergehen. Eine Anfechtung des Beschlusses findet nicht statt.

Gliederung

1) **Allgemeines**
2) **Voraussetzungen**
   A. Rechtsbehelfseinlegung
   B. Vollstreckungsfortdauer
   C. Keine Urteilsaufhebung
   D. Schuldnerantrag
   E. Zulässigkeit des Rechtsbehelfs
   F. Erfolgsaussicht
3) **Verfahren und Anordnung, I**
   A. Verfahren
   B. Einstellung gegen Sicherheitsleistung des Schuldners
     a) Grundsatz
     b) Sicherheitsleistung
   C. Einstellung ohne Sicherheitsleistung
     a) Grundsatz
     b) Unersetzbarer Nachteil
   D. Einstellung gegen Sicherheitsleistung des Gläubigers
   E. Einstellungswirkung
   F. Aufhebung einer Vollstreckungsmaßnahme
   G. Einstweilige Einstellung
4) **Rechtsbehelfe, II**
   A. Unanfechtbarkeit
   B. Sofortige Beschwerde
     a) Zulässigkeit
     b) Unzulässigkeit
   C. Abänderung
5) **Entsprechende Anwendbarkeit**
   A. Beispiele der Anwendbarkeit
   B. Beispiele der Unanwendbarkeit
6) **VwGO**

1) Allgemeines. § 707 betrifft unmittelbar nur den Antrag auf eine Wiedereinsetzung in den vorigen Stand oder auf eine Wiederaufnahme des Verfahrens oder die Fortsetzung des Rechtsstreits nach der Verkündung eines Vorbehaltsurteils, BGH **69**, 70 und 272. Er soll verhindern, daß eine Zwangsvollstreckung auf Grund eines Vollstreckungstitels stattfindet, dessen Bestand mittlerweile zweifelhaft sein kann, Hamm NJW **83**, 460.

Das Anwendungsgebiet der Vorschrift ist sehr groß, Anm 5. Neben §§ 707, 719 kann auch § 765a in Betracht kommen.

2) Voraussetzungen. Es müssen die folgenden Voraussetzungen zusammentreffen:

A. Rechtsbehelfseinlegung. Es muß der betreffende Rechtsbehelf geltend gemacht worden, also zB ein Einspruch eingelegt oder eine Restitutionsklage zugestellt worden sein.

B. Vollstreckungsfortdauer. Die Zwangsvollstreckung braucht noch nicht notwendig begonnen zu haben, aber sie darf jedenfalls noch nicht beendet sein (zu diesen Begriffen Grdz 7 vor § 704).

C. Keine Urteilsaufhebung. Das angefochtene Urteil oder seine Vollstreckbarkeit dürfen nicht ohnehin aufgehoben worden sein, §§ 717 I, 718.

D. Schuldnerantrag. Der Schuldner und nicht der Gläubiger muß die Einstellung beantragen. Für den Gläubiger gilt § 718. Der Antrag erfolgt schriftlich oder in einer mündlichen Verhandlung. Anwaltszwang besteht wie sonst.

E. Zulässigkeit des Rechtsbehelfs. Der Rechtsbehelf muß an sich statthaft sein, Grdz 2 vor § 511. Der Rechtsbehelf muß aber auch zulässig sein, BGH **8**, 49. Seine Zulässigkeit ist also schon hier ohne eine Bindung für die spätere Sachentscheidung zu prüfen. Denn das Bedürfnis nach einer geordneten Rechtspflege verlangt, daß das Gericht nicht eine vorläufige Vollstreckbarkeit, die es gerade ausgesprochen hat, durch einen Federstrich wieder beseitigt. Das Gericht muß vielmehr die Aussichten des Rechtsbehelfs, insofern auch KG FamRZ **78**, 413 mwN, und die Folgen einer Einstellung der Zwangsvollstreckung sorgfältig prüfen. Dafür ist aber die Prüfung der Zulässigkeit des Rechtsbehelfs die erste Voraussetzung. Wenn diese Prüfung zuviel Zeit beansprucht, mag das Gericht zunächst vorläufig einstellen, Anm 3 G.

F. Erfolgsaussicht usw. Es muß ein Rechtsschutzinteresse vorliegen, vgl LAG Hbg DB **83**, 724. Eine Entscheidung über die Einstellung und eine solche über ein Wiedereinsetzungsgesuch müssen nicht gleichzeitig erfolgen, BVerfG **61**, 17. Der Rechtsbehelf muß auch sachlich einige Erfolgsaussichten haben, vgl BAG NJW **71**, 910, Brschw FamRZ **79**, 928, Celle JB **66**, 527, Düss OLGZ **66**, 440, insofern auch Ffm NJW **76**, 2138, Köln OLGZ **79**, 114, Schlesw SchlHA **76**, 184, StJM II, ThP 3, ZöSch III 2, aM Wiecz C I b 3. Die Erfolgsaussicht ist aber nur dahin zu prüfen, ob überhaupt die Gefahr einer unrechtmäßigen Zwangsvollstreckung besteht. Deshalb ist im allgemeinen die Berufungsbegründung anzufordern oder abzuwarten, StJM I, Schneider MDR **73**, 358. Im Zweifel hat das Gericht zugunsten des Gläubigers zu entscheiden, Köln MDR **75**, 850, Schlesw SchlHA **82**, 196.

Jedenfalls ist eine rein handwerksmäßige Einstellung, wie sie in der Praxis häufig vorkommt, gesetzwidrig, KG FamRZ **78**, 413. Sie dient nur der Unterstützung fauler Schuldner und Querulanten.

3) Verfahren und Anordnung, I. A. Verfahren. Zuständig ist ausschließlich das für die Entscheidung über den Rechtsbehelf zuständige Gericht. Der Einzelrichter ist dann zuständig, wenn er das zugrunde liegende Urteil erlassen hatte, Schlesw SchlHA **75**, 63. Bei einer Verfassungsbeschwerde ist nur das BVerfG zuständig, § 32 BVerfGG, KG FamRZ **66**, 155. Die Entscheidung erfolgt nach pflichtgemäßem Ermessen des Gerichts unter sorgfältiger Abwägung der beiderseitigen Belange, insofern richtig Ffm NJW **76**, 2138, ferner Zweibr OLGZ **74**, 250, Schneider MDR **73**, 356, vgl Anm 2 E, aber auch 4 B. Das Gericht kann, muß aber nicht eine mündliche Verhandlung anordnen, § 128 Anm 3 A. Bevor das Gericht einem Einstellungsantrag stattgibt, muß es grundsätzlich den Antragsgegner wegen Art 103 I GG anhören, zB BVerfG **34**, 346, vgl LAG Hamm MDR **72**, 362, Schneider MDR **73**, 357, s aber auch Anm 3 G.

Die Entscheidung ergeht durch einen Beschluß. Er ist zu verkünden oder beim Stattgeben beiden Parteien, bei einer Ablehnung nur dem Schuldner formlos mitzuteilen, § 329 II 1. Die Anordnung der Einstellung der Zwangsvollstreckung aus einem Urteil erstreckt sich ohne weiteres auf den zugehörigen Kostenfestsetzungsbeschluß. Es ergeht keine besondere Kostenentscheidung, Ffm AnwBl **78**, 425.

B. Einstellung gegen Sicherheitsleistung des Schuldners. a) Grundsatz. Zulässig ist eine Einstellung gegen eine Sicherheitsleistung des Schuldners. Dies gilt auch dann, wenn das

Urteil nur gegen eine Sicherheitsleistung vorläufig vollstreckbar ist, Brschw NJW **74**, 2138 mwN, s aber auch unten E, oder wenn der Schuldner die Zwangsvollstreckung durch die Leistung einer Sicherheit nach § 711 S 1 abwenden darf (praktisch also gegen eine geringere Sicherheitsleistung. Vorsicht!). Der Beschluß bewirkt das Ruhen der Zwangsvollstreckung in demjenigen Zustand, in dem sie sich gerade befindet. Ob Einzelanordnungen notwendig sind, hängt von den Umständen ab. Wenn eine bereits vorgenommene Zwangsvollstreckungsmaßnahme rückgängig gemacht wird, dann bedeutet das eine teilweise Aufhebung der Zwangsvollstreckung, s unten.

b) Sicherheitsleistung. Eine Sicherheitsleistung geschieht nach § 108. Der Schuldner kann aber nicht mit demjenigen Pfandstück Sicherheit leisten, das der Gläubiger bereits durch eine Vollstreckungsmaßnahme erlangt hat, Celle NJW **59**, 2268. Für die Haftung der Sicherheitsleistung des Schuldners ist unerheblich, F, ob der Gläubiger eine ihm auferlegte Sicherheit hätte leisten können. Eine Befriedigung erfolgt aus der Sicherheitsleistung nach § 1228 BGB. Es genügt, daß der Gläubiger der Hinterlegungsstelle seine Empfangsberechtigung durch die Vorlegung einer vollstreckbaren Ausfertigung des Urteils nachweist. Bei einer Einstellung der Zwangsvollstreckung in bestimmte Gegenstände haftet die Sicherheit nur für denjenigen Schaden, der dadurch erwächst, daß diese Pfändung nicht durchgeführt wird.

C. Einstellung ohne Sicherheitsleistung. a) Grundsatz. Zulässig ist auch eine Einstellung der Zwangsvollstreckung ohne Sicherheitsleistung. Diese Möglichkeit besteht nur dann, wenn der Schuldner nach § 294 glaubhaft macht, daß der Schuldner zur Leistung der Sicherheit nicht imstande ist, und daß außerdem gerade die Zwangsvollstreckung dem Schuldner einen unersetzbaren Nachteil bringen würde. Unersetzbar ist nur ein solcher Nachteil, den man nicht nachträglich beseitigen oder ausgleichen kann. Dies gilt auch bei § 62 I 3 in Verbindung mit § 2 ArbGG (nie gegen Sicherheitsleistung, Dütz DB **80**, 1069).

Das Gericht muß strenge Maßstäbe daran setzen, ob diese Voraussetzungen vorliegen. Es muß das Sicherungsbedürfnis des Gläubigers und die Belange des Schuldners sowie die Gefahr nicht zu ersetzender Nachteile abwägen, Celle NJW **62**, 2356, vgl Dütz DB **80**, 1069.

b) Unersetzbarer Nachteil. Als unersetzbarer Nachteil kann gelten: Ein nicht zu ermittelnder Schaden, soweit auch § 287 nur unsichere Aussichten gibt; die Gefährdung von Betriebsstätten, Arbeitsplätzen, Kundennetzen usw oder „good will", vgl Ffm MDR **82**, 239; nur in besonderen Fällen, keineswegs in der Regel, ein Kreditschaden durch die Abgabe der Offenbarungsversicherung, BGH **LM** § 109 Nr 1, vgl aber auch § 719 Anm 2 A.

Kein unersetzbarer Nachteil liegt vor: Beim Eintritt einer bloßen Kreditgefährdung, wie sie jede Zwangsvollstreckung durchweg nach sich zieht; bei der Gefahr eines Nachteils, der schon durch die bloße Existenz des Urteils droht oder entstanden ist, Celle OLGZ **69**, 458; bei der Möglichkeit einer Verschleuderung, BGH **LM** § 109 Nr 1; wenn der Gläubiger die gefährdeten Vermögensgegenstände durch Geldleistungen ersetzen kann, Ffm MDR **82**, 239; die bloße Tatsache der Arbeitslosigkeit eines Ausländers, LAG Bre MDR **83**, 171; wenn beim Erlaß der angefochtenen Entscheidung irgendwelche Fehler gemacht wurden, Celle MDR **63**, 57, StJM FN 26, offen Ffm NJW **74**, 1339, aM Düss MDR **80**, 676, LG Kleve MDR **66**, 154, ZöSch 1 d; vgl aber Anm 4 A.

Wenn ein Urteil auf die Vornahme einer Handlung vorliegt, vgl §§ 887, 888, dann ist ein unersetzbarer Nachteil nur anzunehmen, falls gerade die Vornahme der Handlung dem Schuldner diesen Nachteil bringen würde. Dies ist allerdings bei dem Widerruf oft so, Ritter ZZP **84**, 177; ob das auch hinsichtlich der Vorauszahlung der Kosten der Fall ist, bleibt unerheblich, OGH NJW **50**, 27.

Wenn überhaupt kein Nachteil eintreten kann, muß der Einstellungsantrag zurückgewiesen werden, BGH NJW **52**, 425. Möglich ist auch eine teilweise Einstellung ohne Sicherheitsleistung, § 719 Anm 2 A b, zB in Höhe eines Teilbetrags der Verurteilungssumme, Schneider MDR **73**, 358.

D. Einstellung gegen Sicherheitsleistung des Gläubigers. Zulässig ist auch eine Einstellung der Zwangsvollstreckung gegen eine Sicherheitsleistung des Gläubigers. In diesem Fall ordnet das Gericht an, daß die Zwangsvollstreckung nur gegen die Sicherheitsleistung stattfinden oder weitergehen darf oder daß eine bereits im Urteil angeordnete Sicherheitsleistung zu erhöhen ist. Das Gericht kann auch bloß die Pfandverwertung von einer solchen Sicherheitsleistung abhängig machen (das ist ein Weniger gegenüber dem Urteilsspruch) oder die Hinterlegung des Erlöses entsprechend § 720 anordnen. Ohne diese ist § 720 unanwendbar, sofern § 711 S 1 in Frage kommt, vgl LG Bln MDR **70**, 687. Wenn das Urteil nur gegen eine Sicherheitsleistung des Gläubigers vollstreckbar ist, dann ist ein Antrag des

Schuldners auf eine Einstellung der Zwangsvollstreckung gegen Sicherheitsleistung zwar zulässig, B, meist aber unbegründet, Köln MDR **75**, 850 mwN, Schlesw SchlHA **76**, 184, insofern aM Ffm NJW **76**, 2138.

E. Einstellungswirkung. Die Einstellung beseitigt die Vollstreckbarkeit ganz. Die Einstellung richtet sich also nicht nur an die Vollstreckungsorgane, sondern auch an den Drittschuldner. Er darf nicht mehr leisten. Eine Fortsetzung der Zwangsvollstreckung ist erst dann statthaft, wenn die Entscheidung über die Einstellung wirkungslos geworden ist. Ein Wohnsitz des Drittschuldners im Ausland hindert eine Einstellung der Zwangsvollstreckung nicht.

F. Aufhebung einer Vollstreckungsmaßnahme. Das Gericht kann schließlich die bisherigen Vollstreckungsmaßnahmen aufheben, aber nur gegen eine Sicherheitsleistung. Diese soll dem Gläubiger einen vollen Ersatz für den Wegfall derjenigen Rechte gewährleisten, die er durch die bisherige Zwangsvollstreckung erworben hatte. Eine volle Deckung ist aber nur dann zu veranlassen, wenn auch die Zwangsvollstreckung eine volle Deckung versprach. Eine Aufhebung der bisherigen Vollstreckungsmaßregeln ohne jede Sicherheitsleistung ist gesetzwidrig. Die Sicherheit haftet dem Gläubiger wie ein Pfand, je nach der Sachlage für die Hauptforderung oder den Verzögerungsschaden. Für den letzteren haftet sie dann, wenn der Beschluß nur die bereits getroffenen Vollstreckungsmaßregeln aufhebt, dafür aber andere zuläßt; für die Hauptforderung und für den Verzögerungsschaden haftet die Sicherheit dann, wenn der Beschluß die Zwangsvollstreckung schlechthin einstellt.

G. Einstweilige Einstellung. Aus alledem folgt: Das Gericht darf die Zwangsvollstreckung auch einstweilen bis zur besseren Prüfung einstellen. In Eilfällen darf dies ausnahmsweise, Anm 3 A, auch ohne Anhörung des Gegners geschehen, vgl BVerfG **18**, 404, Celle MDR **70**, 243, Schneider MDR **73**, 357. Jede Anordnung tritt als bloß einstweilige Maßnahme dann außer Kraft, wenn ein neues Urteil das alte Urteil bestätigt oder wenn der Vollstreckungstitel oder seine Vollstreckbarkeit entfallen. Eine Wiederherstellung des Urteils läßt den Beschluß nicht wieder aufleben.

4) Rechtsbehelfe, II. A. Unanfechtbarkeit. Der stattgebende wie der ablehnende Beschluß sind grundsätzlich unanfechtbar, Celle OLGZ **78**, 490. Dies gilt aber nur, soweit das Gericht sein Ermessen in einem gesetzlichen Rahmen ausgeübt hat.

B. Sofortige Beschwerde. a) Zulässigkeit. Wenn das Gericht die Voraussetzungen seines Ermessens verkannt, also abgelehnt hat, weil die Voraussetzungen der §§ 707 oder 719 nicht gegeben seien, oder umgekehrt ohne jede gesetzliche Grundlage die Zwangsvollstreckung eingestellt hat, dann ist sofortige Beschwerde zulässig, § 793, Celle JB **78**, 129, Ffm NJW **74**, 1339 und FamRZ **80**, 1139, Hamm NJW **81**, 132 und MDR **83**, 410, Karlsr FamRZ **82**, 401, Kblz VersR **81**, 541 und (nur grds richtig) Rpfleger **83**, 175, ferner Nürnb NJW **82**, 392 und GRUR **83**, 469, Schlesw SchlHA **75**, 62, Zweibr FamRZ **81**, 699, vgl auch Hbg FamRZ **79**, 529 sowie grundsätzlich Zweibr FamRZ **80**, 386 (zu § 620b) und FamRZ **82**, 530 (zu § 567). Zum Problem Schneider MDR **80**, 529.

b) Unzulässigkeit. Eine sofortige Beschwerde ist in folgenden Fällen unzulässig:

aa) Gehörsverletzung. Die sofortige Beschwerde ist nicht schon wegen einer Versagung des rechtlichen Gehörs zulässig, LAG Hamm MDR **72**, 362, vgl Brschw OLGZ **74**, 55.

bb) Vollstreckungsbescheid. Die sofortige Beschwerde ist unzulässig, soweit das Gericht wegen eines irrig erlassenen Vollstreckungsbescheids eine Einstellung ohne Glaubhaftmachung im Sinne von I 2 ohne die Anordnung einer Sicherheitsleistung verfügte, Ffm NJW **74**, 1339, KG MDR **79**, 679.

Etwas anderes gilt aber dann, wenn überhaupt nichts zur Glaubhaftmachung vorgetragen worden ist, Schlesw SchlHA **75**, 62.

cc) Oberlandesgericht. Die sofortige Beschwerde gegen den Beschluß eines OLG ist unzulässig, § 567 III, vgl dort Anm 5.

dd) Landgericht. Die sofortige Beschwerde ist gegen den Beschluß des letztinstanzlich urteilenden LG unzulässig, Celle NJW **67**, 401. Sie ist auch grundsätzlich unzulässig, soweit das LG im Nachverfahren die Zwangsvollstreckung aus dem Vorbehaltsurteil nach der Einlegung einer Revision eingestellt hat, Nürnb NJW **82**, 392.

ee) Landesarbeitsgericht. Die sofortige Beschwerde gegen den Beschluß des LAG ist unzulässig, § 70 ArbGG.

ff) Baulandsache. Die sofortige Beschwerde ist in Baulandsachen unzulässig, Celle NJW **74**, 2290.

gg) Mangelhafte Begründung. Die sofortige Beschwerde ist schließlich unzulässig, soweit eine Entscheidung lediglich mangelhaft begründet worden ist, vor allem zur Frage, ob ein unersetzlicher Nachteil drohe, Ffm OLGZ **69**, 375, Zweibr OLGZ **74**, 250.

Wegen einer Gegenvorstellung Üb 1 C vor § 567 und Düss FamRZ **78**, 125.

C. Abänderung. Das Gericht darf seine Entscheidung auf Antrag jederzeit abändern. Eine Beschwerde läßt sich meist in einen solchen Antrag umdeuten, vgl KG MDR **79**, 679. Von Amts wegen darf keine Abänderung erfolgen. Das höhere Gericht kann für seine Instanz auf Antrag eine andere Anordnung treffen. Ein abgewiesenes Gesuch läßt sich mit einer besseren Begründung erneuern. Eine veränderte Sachlage ist zur Abänderung in keinem Fall notwendig, Celle MDR **70**, 243.

5) Entsprechende Anwendbarkeit. A. Beispiele der Anwendbarkeit. § 707 ist in folgenden Fällen entsprechend anwendbar: Bei der Einlegung eines Rechtsmittels oder eines Einspruchs, s aber § 719 I 2; bei der Einlegung eines Widerspruchs gegen die Vollstreckbarerklärung eines Schiedsspruchs oder Schiedsvergleichs, §§ 1042c, 1044a, und im Fall des § 165 KO; bei der Einlegung eines Widerspruchs gegen einen Arrest, § 924 Anm 4, oder eine einstweilige Verfügung, § 936 Anm 1 „§ 924, Widerspruch", vgl auch Zweibr OLGZ **74**, 249, Gießer FamRZ **82**, 130, vgl aber auch § 936 Anm 1 „§ 924, Widerspruch"; bei einer Unterhaltsklage nach einer einstweiligen Anordnung aus §§ 620ff, Karlsr FamRZ **81**, 295, auch bei einer insoweit leugnenden Feststellungsklage, BGH NJW **83**, 1331 mwN, Ffm FamRZ **81**, 66, und zwar auch vor der Rechtskraft des Scheidungsurteils, Gießer FamRZ **82**, 129, aM zB Bre FamRZ **81**, 981, Hamm NJW **83**, 460, Schlesw SchlHA **83**, 140 je mwN; bei einem Prozeßvergleich, BGH **28**, 171 und **LM** § 767 Nr 37, auch bei einem Streit um seine Wirksamkeit, Anh § 307 Anm 6 D; bei einem Antrag auf eine Urteilsergänzung nach § 321, LG Hamm MDR **80**, 408; in einer Baulandsache (dann ist aber besser § 732 anzuwenden), Celle NJW **74**, 2290, Zweibr OLGZ **73**, 255.

B. Beispiele der Unanwendbarkeit. § 707 ist zB in folgenden Fällen unanwendbar: Bei einer Abänderungsklage, dann gilt vielmehr § 769, § 323 Anm 3 B f; bei einer Anfechtungsklage gem Art 12 § 3 NEhelG, Hbg MDR **75**, 234, Köln NJW **71**, 2232; bei einer Zwangsvollstreckung aus einem erschlichenen Urteil, soweit man dessen Anfechtung zuläßt (dann ist nur eine einstweilige Verfügung zulässig), ZZP **54**, 104, vgl Einf 6 C vor §§ 322–327; bei einer Zwangsvollstreckung in einem Verwaltungszwangsverfahren, etwa wegen der Gerichtskosten, auch nicht im Fall des § 90 BSHG, Düss NJW **58**, 715, aM Hamm FamRZ **57**, 57, Karlsr NJW **58**, 716, Clasen NJW **58**, 1812; bei der Zwangsvollstreckung aus einem Kostenfestsetzungsbeschluß des Verfahrens auf den Erlaß einer einstweiligen Verfügung, wenn nur der Hauptprozeß anhängig ist, Karlsr OLGZ **73**, 486; bei einer Verfassungsbeschwerde, LG Mannheim NJW **60**, 1624. Wenn eine Einstellung möglich ist, dann ist eine einstweilige Verfügung mit lediglich demselben Ziel unzulässig, Grdz 6 E vor § 704.

6) VwGO: Entsprechend anwendbar, § 167 I VwGO. Rechtsbehelf ist die Beschwerde nach §§ 146 ff VwGO, die unter den Anm 4 genannten Voraussetzungen statthaft ist, VGH Kassel DVBl **66**, 607.

Einführung vor §§ 708–720
Vorläufige Vollstreckbarkeit

1) Allgemeines. A. Rechtsnatur; Bedeutung. Die vorläufige Vollstreckbarkeit (von Baur 10 sekundärer einstweiliger Rechtsschutz genannt) ist eine von der ZPO im Interesse des Gläubigers vorgesehene Maßnahme. Der Gläubiger soll die Zwangsvollstreckung möglichst rasch vornehmen können, auf die er oft dringend angewiesen ist, vgl auch Alisch Rpfleger **79**, 292. Die vorläufige Vollstreckbarkeit herrscht in der Praxis vor. Für die Zwangsvollstreckung hat sie grundsätzlich dieselbe Bedeutung wie eine endgültige Vollstreckbarkeit. Sie ist freilich unter Umständen auf bloße Sicherungsmaßnahmen beschränkt, § 720a. Anders ist es sachlichrechtlich.

Jedoch schwebt über dem Gläubiger stets das Damoklesschwert der Ersatzpflicht, wenn der Vollstreckungstitel aufgehoben wird, § 717. Denn wie der Titel ist seine Vollstreckbarkeit durch die Aufhebung auflösend bedingt. Die Zwangsvollstreckung selbst ist aber unbedingt. Die Rechtmäßigkeit des Vollstreckungsaktes ist jedenfalls nicht unmittelbar vom rechtlichen Bestand des noch nicht rechtskräftig festgestellten, zu vollstreckenden Anspruchs abhängig, BGH **85**, 113. Die Zwangsvollstreckung ist insoweit endgültig und führt nur bei § 720a zu einer bloßen Sicherheit, sonst grds zur Befriedigung des Gläubigers, vgl freilich BGH **86**, 270 und B.

Ein Urteil des ArbG und des LAG ist ohne weiters vorläufig vollstreckbar, § 62 ArbGG. Ein Versäumnisurteil des BAG ist für vorläufig vollstreckbar zu erklären, § 62 ArbGG ist insoweit unanwendbar, BAG BB **82**, 439. Ein Urteil des ordentlichen Gerichts ist grundsätzlich nur dann vorläufig vollstreckbar, wenn die Urteilsformel es ausdrücklich zuläßt. Davon gilt im Fall der Anordnung eines Arrests oder einer einstweiligen Verfügung eine Ausnahme, § 922 Anm 3 A, § 936 Anm 1 „§ 922, Urteil oder Beschluß".

B. Abgrenzung. Die vorläufige Vollstreckbarkeit steht der endgültigen nicht ganz gleich. Sie steht vielmehr unter der auflösenden Bedingung der Aufhebung der Entscheidung. Darum bringt eine Zahlung, die der Schuldner oder ein Bürge zur Abwendung der Zwangsvollstreckung aus einem vorläufig vollstreckbaren Titel vornehmen, den Anspruch nicht zum Erlöschen, BGH **86**, 270 und MDR **76**, 1005, Blomeyer JR **79**, 490 mwN, aM zB Bruns-Peters § 6 IV 1 (sie diene der Befriedigung des Gläubigers). Die Zahlung hemmt nur die Geltendmachung des Anspruchs, läßt aber noch eine Aufrechnung mit einer Gegenforderung zu. Das muß auch für die Zurückbehaltung gelten, wenn sie wie eine Aufrechnung wirkt. Ein sachlichrechtliches Gestaltungsurteil wirkt in der Hauptsache erst mit dem Eintritt seiner Rechtskraft; nur wegen der Kosten kann es vorläufig vollstreckbar sein, Anm 2 C.

2) Ausspruch der Vollstreckbarkeit. A. Grundsatz. Der Ausspruch findet von Amts wegen statt, und zwar teilweise ohne Sicherheitsleistung, § 708, teils nur gegen Sicherheitsleistung, § 709. Ein Parteiantrag kann den Ausspruch beeinflussen. Es können durch einen Antrag erreichen: Der Gläubiger eine Vollstreckbarerklärung ohne Sicherheitsleistung, wenn eine Sicherheitsleistung an sich eine Voraussetzung der Vollstreckbarkeit wäre, §§ 710, 711 S 2; der Schuldner die Möglichkeit einer Abwendung der Zwangsvollstreckung durch die Sicherheitsleistung, §§ 712 S 1, 720a III, oder das Unterbleiben einer Vollstreckbarerklärung, § 712 S 2.

B. Unzulässigkeit. Die Vollstreckbarerklärung ist unstatthaft, auch wegen der Kosten: In den Fällen des § 704 Anm 2; ferner bei einer Entscheidung, die mit ihrer Verkündung bereits rechtskräftig wird, § 705 Anm 1 C. Freilich schadet eine Vollstreckbarerklärung in solchen Fällen nicht und ist sogar dann ratsam, wenn Zweifel bestehen.

C. Vollstreckbarkeit wegen Kosten. Eine Vollstreckbarerklärung nur wegen der Kosten richtet sich nach § 708 Z 1 (Verzichtsurteil), Z 6, Z 11 Hs 2.

D. Vollstreckbarkeit gegen Fiskus. Ein Urteil gegen den Fiskus, eine Gemeinde usw ist genau so für vorläufig vollstreckbar zu erklären wie ein Urteil gegen eine andere Person. Über die Durchführung der Zwangsvollstreckung in solchen Fällen vgl § 882a, § 15 EG ZPO Anm 2.

3) Form. A. Urteilsbestandteil. Die Vollstreckbarkeit ist stets in der Urteilsformel zu klären. Wenn sie übergangen worden ist, dann bleibt nur eine Urteilsergänzung nach §§ 321, 716 übrig, vgl BFH BB **81**, 898. Darum müssen diesbezügliche etwa notwendige Anträge immer vor dem Schluß der mündlichen Verhandlung gestellt werden, § 714 I. Die Entscheidung über einen solchen Antrag ist ein Urteilsbestandteil und kann daher nur mit dem gegen das Urteil gegebenen Rechtsbehelf angegriffen werden. Über die vorläufige Vollstreckbarkeit ist in der Berufungsinstanz vorweg zu entscheiden, § 718. Eine Entscheidung des Urteils über die vorläufige Vollstreckbarkeit läßt sich nur durch ein Urteil beseitigen, auch im Fall des § 718. Wenn ein Rechtsbehelf eingelegt wird, kann die Zwangsvollstreckung unter Umständen eingestellt werden, §§ 719, 707. Diese Einstellung kann die Vollstreckbarkeit grundsätzlich weder geben noch nehmen, wohl aber an Bedingungen knüpfen oder einzelne Vollstreckungsmaßnahmen aufheben. Dies gilt auch bei § 765a.

B. Erfolgloses Rechtsmittel. Werden ein Rechtsmittel oder ein Einspruch verworfen oder zurückgewiesen und erklärt das Gericht das Urteil für vorläufig vollstreckbar, so erklärt es damit ohne weiteres das vorangegangene (erste) Urteil für vorläufig vollstreckbar, selbst wenn dieses frühere Urteil einen solchen Ausspruch nicht enthielt, Engels AnwBl **78**, 164. Der Verzicht auf die vorläufige Vollstreckbarkeit ist vor oder nach dem Erlaß des Urteils zulässig.

C. Vollstreckbarerklärung und Vollstreckbarkeit. Die Vollstreckbarerklärung setzt eine Vollstreckbarkeit nicht voraus. Der Urteilsinhalt braucht sich also nicht zur Zwangsvollstreckung zu eignen, Grdz 3 F b vor § 704.

4) VwGO: §§ 708–720a sind entsprechend anwendbar, § 167 I VwGO, mit der Einschränkung, daß Urteile auf Anfechtungs- und Verpflichtungsklagen (auch auf Unterlassung von VerwAkten, OVG Bre NJW **67**, 2222) nur wegen der Kosten für vorläufig vollstreckbar erklärt werden, § 167 II VwGO; vgl Noack NJW **61**, 448. Auch die öffentliche Hand als Gläubiger hat Sicherheit zu leisten, § 709 S 1; das ist ungeachtet der finanziellen Leistungskraft des Staates keine inhaltsleere Überflüssigkeit, *Rupp AöR 85, 329/330*, da die Finanzlage des Gläubigers überhaupt nicht zu prüfen ist. Der Ausspruch erfolgt stets von Amts wegen und ohne Ermessensspielraum, *BVerwG 16, 254*. Wegen der Form siehe Anm 3.

708 Vorläufige Vollstreckbarkeit ohne Sicherheit.
Für vorläufig vollstreckbar ohne Sicherheitsleistung sind zu erklären:

1. Urteile, die auf Grund eines Anerkenntnisses oder eines Verzichts ergehen;
2. Versäumnisurteile und Urteile nach Lage der Akten gegen die säumige Partei gemäß § 331a;
3. Urteile, durch die gemäß § 341 der Einspruch als unzulässig verworfen wird;
4. Urteile, die im Urkunden-, Wechsel- oder Scheckprozeß erlassen werden;
5. Urteile, die ein Vorbehaltsurteil, das im Urkunden-, Wechsel- oder Scheckprozeß erlassen wurde, für vorbehaltlos erklären;
6. Urteile, durch die Arreste oder einstweilige Verfügungen abgelehnt oder aufgehoben werden;
7. Urteile in Streitigkeiten zwischen dem Vermieter und dem Mieter oder Untermieter von Wohnräumen oder anderen Räumen oder zwischen dem Mieter und dem Untermieter solcher Räume wegen Überlassung, Benutzung oder Räumung, wegen Fortsetzung des Mietverhältnisses über Wohnraum auf Grund der §§ 556a, 556b des Bürgerlichen Gesetzbuchs sowie wegen Zurückhaltung der von dem Mieter oder dem Untermieter in die Mieträume eingebrachten Sachen;
8. Urteile, die die Verpflichtung aussprechen, Unterhalt, Renten wegen Entziehung einer Unterhaltsforderung oder Renten wegen einer Verletzung des Körpers oder der Gesundheit zu entrichten, soweit sich die Verpflichtung auf die Zeit nach der Klageerhebung und auf das ihr vorausgehende letzte Vierteljahr bezieht;
9. Urteile nach §§ 861, 862 des Bürgerlichen Gesetzbuchs auf Wiedereinräumung des Besitzes oder auf Beseitigung oder Unterlassung einer Besitzstörung;
10. Urteile der Oberlandesgerichte in vermögensrechtlichen Streitigkeiten;
11. andere Urteile in vermögensrechtlichen Streitigkeiten, wenn der Gegenstand der Verurteilung in der Hauptsache eintausendfünfhundert Deutsche Mark nicht übersteigt oder wenn nur die Entscheidung über die Kosten vollstreckbar ist und eine Vollstreckung im Wert von nicht mehr als zweitausend Deutsche Mark ermöglicht.

1) Allgemeines. § 708 enthält eine abschließende Aufzählung derjenigen Urteile, die von Amts wegen als vorläufig vollstreckbar zu bezeichnen sind. Die frühere Fassung ,,auch ohne Antrag'' ist als entbehrlich gestrichen worden. Der Zusatz in der neuen Fassung ,,ohne Sicherheitsleistung'' ist nur dann notwendig, wenn lediglich ein Urteilsteil unter § 708 fällt. Vgl im übrigen Einf vor §§ 708–720a.

2) Die Regelung im einzelnen:

A. Anerkenntnis- oder Verzichtsurteil, Z 1. Die Vorschrift erfaßt ein Anerkenntnisurteil, § 307, auch wenn es ohne mündliche Verhandlung nach § 307 II ergangen ist, und ein Verzichtsurteil, § 306. Das ist praktisch wegen derjenigen Kosten bedeutsam, die nicht unter Z 11 fallen würden.

B. Versäumnisurteil, Aktenlageurteil, Z 2. Die Vorschrift erfaßt ein Versäumnisurteil, und zwar nur das echte, Üb 3 A, B vor § 330. Wegen § 341 vgl Üb 3 C vor § 330; ein Aktenlageurteil, § 331a, und zwar nur das echte gegen die säumige Partei. Sonst wäre die säumige Partei, zu deren Gunsten es ergeht, besser gestellt als ohne Säumnis. Wegen § 343 vgl § 709 Anm 1 A.

C. Einspruchsverwerfung, Z 3. Die Vorschrift erfaßt die Verwerfung des Einspruchs, § 341 I. Wenn nach § 341 II ohne mündliche Verhandlung durch Beschluß entschieden worden ist, dann ist dieser Beschluß ohne weiteres vollstreckbar, § 794 I Z 3. Die Regelung ist nur wegen derjenigen Kosten praktisch bedeutsam, die nicht unter Z 11 fallen würden. Wegen § 343 vgl § 709 Anm 1 A.

D. Urkunden-, Wechsel-, Scheckprozeß, Z 4. Die Vorschrift erfaßt ein Urteil im Urkundenprozeß, § 592, im Wechselprozeß, § 602, und im Scheckprozeß, § 605a. Erfaßt wird auch ein abweisendes Urteil. Wegen des Nachverfahrens gilt die Regelung der Z 5.

E. Vorbehaltsloserklärung, Z 5. Die Vorschrift erfaßt ein Urteil gemäß § 600, soweit es das Vorbehaltsurteil bestätigt. Soweit es das Vorbehaltsurteil aufhebt, gilt evtl Z 11. Die Regelung gilt im Urkunden-, Wechsel- und Scheckprozeß.

F. Arrest, einstweilige Verfügung, Z 6. Die Vorschrift erfaßt ein Urteil, das einen Arrest oder eine einstweilige Verfügung ablehnt, § 922, oder aufhebt, § 925. Sie erfaßt auch: ein abänderndes Urteil, ein Urteil, das den Arrest oder die einstweilige Verfügung teilweise aufhebt; ein Urteil, das die Sicherheitsleistung erhöht. Ein Beschluß ist ohne weiteres vollstreckbar, 794 I Z 3. Die Regelung ist praktisch nur wegen derjenigen Kosten bedeutsam, die nicht unter Z 11 fallen.

G. Mietstreit, Z 7. Die Vorschrift erfaßt ein Urteil im Mietstreit, vgl § 23 Z 2a GVG. Erfaßt wird auch ein abweisendes Urteil.

H. Unterhalt, Rente, Z 8. Die Vorschrift erfaßt ein Urteil über einen Unterhalt jeglicher Art, mag er gesetzlich oder vertraglich begründet sein, und ferner ein Urteil betreffend eine Rente wegen einer Unterhaltsentziehung oder wegen einer Körperverletzung, zB gemäß §§ 843, 844 BGB, auch in Verbindung mit § 618 BGB, ferner zB gemäß §§ 7 II RHaftpflG, 38 II LuftVG, 30 II AtomG, 13 II StVG. Erfaßt wird auch ein Urteil auf Abänderung eines Unterhaltstitels gemäß §§ 323, 641q. Die Vorschrift erfaßt auch ein Urteil auf Erteilung einer vorbereitenden Auskunft, AG Hbg FamRZ 77, 815. Die Vorschrift gilt nicht für eine andere fortlaufende Leistung, wie für das Gehalt oder die nach § 845 BGB einem Dritten zu zahlende Rente. Wegen des Zeitraums, der vor dem in Z 8 genannten Zeitraum liegt, ist evtl Z 11 anwendbar.

I. Besitzstörung usw, Z 9. Die Vorschrift erfaßt ein Urteil betreffend Besitz usw gemäß §§ 861, 862 BGB auch in Verbindung mit §§ 865, 869 BGB.

K. Urteil des Oberlandesgerichts, Z 10. Die Vorschrift erfaßt ein Urteil des OLG in einer vermögensrechtlichen Streitigkeit (Begriff Üb 3 A vor § 1). Erfaßt wird auch ein abweisendes Urteil, abw Köln NJW 78, 1442 (für den Fall, daß eine Revision unzweifelhaft unzulässig ist), oder ein Urteil der 2. Stufe einer Stufenklage, selbst im Verbundverfahren, Mü NJW 79, 115. Die Vorschrift erfaßt nicht ein Urteil, durch das der Rechtsstreit verwiesen oder zurückverwiesen wird, aM zB Mü MDR 82, 239 mwN, wohl aber die Kostenentscheidung, soweit eine solche ergeht, Einf 2 C vor § 708. Das Urteil des OLG macht ein Urteil des LG ausnahmslos ohne Sicherheitsleistung vorläufig vollstreckbar, soweit es das Urteil des LG bestätigt, Hamm NJW 71, 1188, und soweit eine vorläufige Vollstreckbarkeit überhaupt eintreten kann. Die Zwangsvollstreckung aus dem Urteil des OLG ist in § 717 III begünstigt. Über das Urteil gegen den Fiskus § 882a, § 15 EG ZPO Anm 2. Das FG steht dem OLG gleich, BFH 101, 478 und BB 72, 991. Bei einem Verwerfungsbeschluß, § 519b, gilt nicht Z 10, sondern § 794 I Z 3, LG Stgt NJW 73, 1050.

L. Anderes vermögensrechtliches Urteil, Z 11. Die Vorschrift erfaßt andere Urteile in vermögensrechtlichen Streitigkeiten (Begriff Üb 3 A vor § 1), wenn eine der folgenden weiteren Voraussetzungen vorliegt:

a) Verurteilungsgegenstand bis 1500 DM. Der Gegenstand der Verurteilung in der Hauptsache, also ohne Zinsen, Kosten usw, darf 1500 DM nicht übersteigen. Hier ist also die Höhe der Kosten unbeachtlich, anders als bei b. Mehrere solche Ansprüche sind zusammenzurechnen. Dadurch kann Z 11 unanwendbar werden, § 2. Dies gilt auch bei einzelnen Gehalts- oder Lohnraten. Dagegen sind Ansprüche aus Z 11 mit Ansprüchen aus Z 1–5, 7–9, nicht zusammenzurechnen. Wenn das Urteil zB zu 600 DM Unterhalt und 300 DM aus Darlehen sowie 1000 DM aus Kaufpreis und schließlich 900 DM aus Schadensersatz verurteilt, dann ist das Urteil wegen der 600 DM Unterhalt für vorläufig vollstreckbar zu erklären, wegen der 2200 DM Rest nur gegen Sicherheitsleistung vorläufig vollstreckbar.

b) Nur Kostenentscheidung vollstreckbar; Wert bis 2000 DM. Z 11 ist auch dann anwendbar, wenn nur die Kostenentscheidung vollstreckbar ist und der Wert der Vollstreckung 2000 DM nicht übersteigt. Deshalb ist ein abweisendes Urteil sehr oft vorläufig vollstreckbar.

Die Wertberechnung erfolgt nach §§ 2ff, meist nach § 3.

3) VwGO: *Entsprechend anwendbar, § 167 I VwGO, sind bei VG und OVG (VGH)* **Z 1:** *Anerkenntnis- und Verzichturteile, § 307 Anm 4 und § 306 Anm 3,* **Z 6:** *Urteile, die eine einstweilige Anordnung, § 123 VwGO, entspr § 926 aufheben (daß § 708 in § 123 III nicht genannt wird, steht nicht entgegen, RedOe § 168 Anm 6),* **Z 10:** *Urteile der OVG (VGH), auch klagabweisende oder die Berufung zurückweisende, sowie Beschlüsse nach Art 2 § 5 EntlG in vermögensrechtlichen Streitigkeiten (nicht eng zu fassen, vgl Noll, Streitwertfestsetzung im VerwProzeß,*

Rdz 147ff); **Z 10** gilt auch für Urteile (und Beschlüsse nach Art 2 § 5 EntlG) des OVG (VGH) auf Anfechtungs- oder Verpflichtungsklagen, die nur wegen der Kosten für vorläufig vollstreckbar zu erklären sind, § 167 II *VwGO*, ohne Rücksicht darauf, ob die Hauptsache vermögensrechtlich ist, *OVG Münst AS* **34**, 38 u *OVG Bre NJW* **64**, 170, vgl auch *BFH BB* **75**, 945, sowie darauf, wie hoch die Kosten sind; dagegen ist **Z 10** nicht anzuwenden auf ein Urteil des VG, das nur der Revision unterliegt, zB in Wehrpflicht- und Zivildienstsachen, *Noack NJW* **61**, 448, aM *RedOe* § 168 Anm 1 u *BFH BStBl* **81** II 402 für Urteile der Finanzgerichte (aber der Grund der Regelung liegt darin, daß die Sache in 2 Instanzen geprüft worden ist); ferner **Z 11**: alle sonstigen Urteile in vermögensrechtlichen Streitigkeiten, wenn der Gegenstand der Verurteilung 1500 DM nicht übersteigt, sowie solche, bei denen nur die Kostenentscheidung vollstreckbar ist, also insbesondere alle klagabweisenden Urteile und die einer Anfechtungs- oder Verpflichtungsklage stattgebenden Urteile des VG, sofern der Gegenstand der Zwangsvollstreckung 2000 DM nicht übersteigt (dazu gehören auch Gerichtsbescheide nach Art 2 § 1 EntlG unter denselben Voraussetzungen); sonst gilt § 709. In den Fällen der **Z 6, 10** und **11** ist stets die Abwendung der Zwangsvollstreckung durch Sicherheitsleistung von Amts wegen anzuordnen, § 711.

709 Vorläufige Vollstreckbarkeit gegen Sicherheit.

Andere Urteile sind gegen eine der Höhe nach zu bestimmende Sicherheit für vorläufig vollstreckbar zu erklären. Handelt es sich um ein Urteil, das ein Versäumnisurteil aufrechterhält, so ist auszusprechen, daß die Vollstreckung aus dem Versäumnisurteil nur gegen Leistung der Sicherheit fortgesetzt werden darf.

1) Notwendigkeit einer Sicherheitsleistung. A. Grundsatz. Sicherheitsleistung erfordern alle Urteile, die nicht unter § 708 fallen. Bei § 343 unterfällt auch das zweite Versäumnisurteil, welches das erste Versäumnisurteil aufrechterhält, dem § 709 S 2, nicht dem § 708 Z 2, auch wenn eine Fortsetzung der Zwangsvollstreckung nur wegen der Kosten in Betracht kommt, weil das erste Versäumnisurteil eine Klagabweisung enthielt, § 343 Anm 1 B. Da das Gesetz eine Sicherheitsleistung ohne Rücksicht auf den Fall und die Partei verlangt, ist auch der Fiskus nicht befreit, *StJM* I 1, aM *LG Offenbg NJW* **61**, 1216.

B. Verfahrensübersicht. Das Gericht muß die Höhe der Sicherheitsleistung bestimmen. Für die Art der Sicherheitsleistung gilt § 108, *ZZP* **50**, 208. Jedenfalls ist die Art der Sicherheitsleistung nicht im Urteil zu bestimmen, und falls sie doch dort bestimmt wurde, kein Urteilsbestandteil. Das Gericht kann die Art der Sicherheitsleistung jederzeit durch einen Beschluß regeln. Die Höhe der Sicherheitsleistung kann nur das Gericht der höheren Instanz und nur auf eine mündliche Verhandlung durch ein Urteil ändern. Es gibt keine Teilvollstreckbarkeit gegen eine Teilsicherheitsleistung. Denn diese könnte nur vom Prozeßgericht bestimmt werden, nicht vom Vollstreckungsgericht, *Karlsr NJW* **55**, 1117. Das Vollstreckungsgericht kann keine Aufteilung auf die einzelnen Ansprüche vornehmen. Diese Aufteilung ist Sache des Prozeßgerichts, sie kann nachträglich also nur gemäß § 319 erfolgen, *Ffm MDR* **69**, 1016.

2) Bestimmung der Sicherheitsleistung. Die Sicherheitsleistung soll den Schuldner vor Schaden schützen. Sie soll ihm einen vollen Ersatz für diejenigen Nachteile gewähren, die er bei einer etwaigen Zwangsvollstreckung erleidet, *KG NJW* **77**, 2270, *Karlsr OLGZ* **75**, 486, *Mü MDR* **80**, 409. Die Sicherheitsleistung ist ziffernmäßig zu bestimmen, und zwar zweckmäßig etwas höher als die Urteilssumme zuzüglich Zinsen und Kosten; hier gilt eine andere Regelung als bei § 708 Z 11 Hs 1. Zulässig ist eine Sicherheitsleistung in Höhe des beizutreibenden Betrags nebst eines bestimmten Prozentsatzes zur Absicherung gegen einen Schaden, *KG NJW* **77**, 2270. Bei einem Urteil in einer nichtvermögensrechtlichen Streitigkeit kann die Höhe der Kosten nach dem jeweiligen Streitwert maßgeblich sein, *Mü MDR* **80**, 409.

Unzulässig ist eine Sicherheitsleistung „in Höhe des jeweils beizutreibenden Betrags", *Nürnb BayJMBl* **64**, 33, insofern offen *Karlsr OLGZ* **75**, 486 mwN, aM bei künftigen Raten zB *Schneider MDR* **67**, 245. Erst recht unzulässig ist eine Teilsicherheitsleistung unabhängig von Raten, insofern ebenso *Karlsr OLGZ* **75**, 486, aM zB *KG NJW* **61**, 2357. Dann leistet der Schuldner bis auf einen verschwindenden Betrag selbst; er steht also so da, als wäre er zur Hinterlegung verurteilt, was eben doch nicht der Fall ist. Der Umstand, daß eine teilweise Zwangsvollstreckung zulässig ist, ist unerheblich. Denn der Gläubiger muß dann eine volle Sicherheit leisten. Vgl freilich §§ 710–712.

3) Rückgabe der Sicherheitsleistung. Sie ist notwendig, wenn ihr Grund weggefallen ist. Das trifft dann zu, wenn das Urteil rechtskräftig oder bedingungslos vollstreckbar geworden ist. Die Rückgabe erfolgt beim Eintritt der Rechtskraft nach § 715, sonst nach § 109. Wenn das erstinstanzliche Urteil auf ein Rechtsmittel ohne Sicherheitsleistung bestätigt wird, erfolgt keine Rückgabe, KG NJW 76, 1753, vgl auch § 109 Anm 2 B b.

4) VwGO: *Entsprechend anwendbar, § 167 I VwGO, wenn nicht § 708 eingreift. § 709 gilt also vor allem bei Leistungsurteilen (außer Verpflichtungsurteilen) über mehr als 1500 DM und bei Kostenentscheidungen über mehr als 2000 DM der Verwaltungsgerichte (ebenso für entsprechende Gerichtsbescheide, Art 2 § 1 EntlG). Sicherheit ist auch dann anzuordnen, wenn die öffentliche Hand Vollstreckungsgläubigerin ist, Einf 4 § 708, aM VG Ansbach GewArch 77, 306. Wegen Sicherungsmaßnahmen des Gläubigers s § 720a.*

710 *Ausnahmsweise keine Sicherheit des Gläubigers.* Kann der Gläubiger die Sicherheit nach § 709 nicht oder nur unter erheblichen Schwierigkeiten leisten, so ist das Urteil auf Antrag auch ohne Sicherheitsleistung für vorläufig vollstreckbar zu erklären, wenn die Aussetzung der Vollstreckung dem Gläubiger einen schwer zu ersetzenden oder schwer abzusehenden Nachteil bringen würde oder aus einem sonstigen Grunde für den Gläubiger unbillig wäre, insbesondere weil er die Leistung für seine Lebenshaltung oder seine Erwerbstätigkeit dringend benötigt.

1) Allgemeines. Während § 710 dem Gläubiger dann Erleichterung verschafft, wenn er grundsätzlich gemäß § 709 eine Sicherheit leisten müßte, hilft § 711 S 2 iVm § 710 dem Gläubiger, falls dieser bei § 708 Z 4–11 aus dem Urteil an sich ohne die Leistung einer Sicherheit vollstrecken könnte, jedoch durch eine Sicherheitsleistung des Schuldners die Vollstreckbarkeit gefährdet sieht und unter diesen Umständen grundsätzlich doch wieder eine Sicherheit leisten müßte. Mit diesen Erleichterungen soll ein Grundgedanke der VereinfNov betont werden, die Stellung des Gläubigers zu stärken, sobald er ein vorläufig vollstreckbares Urteil erstritten hat. Wenn auch der Schuldner keineswegs schutzlos bleibt, wie § 711 und vor allem § 712 zeigen, so ist doch das Interesse des Gläubigers in diesem Abschnitt des Verfahrens erheblich zu berücksichtigen.

Daher dürfen an die Voraussetzungen des § 710 keine allzu strengen Anforderungen gestellt werden. Ein Antrag ist gemäß § 714 I noch vor dem Schluß der mündlichen Verhandlung notwendig. Sämtliche tatsächlichen Voraussetzungen sind glaubhaft zu machen, §§ 714 II, 294. Die Sicherheitsleistung ist nur dann entbehrlich, wenn die Voraussetzungen zusammentreffen, die einerseits in Anm 2 und Anm 3 und andererseits in Anm 2 und Anm 4 aufgeführt sind.

2) Schwierigkeit der Sicherheitsleistung. A. Grundsatz. Nur wenn eine Sicherheit nicht oder lediglich unter erheblichen Schwierigkeiten erbracht werden könnte, darf das Urteil auch ohne eine Sicherheitsleistung für vorläufig vollstreckbar erklärt werden.

B. Beispiele. Es ist nicht erforderlich, daß der Gläubiger zur Sicherheitsleistung gänzlich außerstande wäre. Es reicht vielmehr aus, daß der Gläubiger zB in seiner Lebenshaltung oder in seiner Berufsausübung unzumutbar beeinträchtigt werden würde. Das ist evtl dann der Fall, wenn sich der Gläubiger entschließen müßte, einen bevorstehenden Urlaub abzusagen, eine wichtige Hilfskraft zu entlassen, auf die Benutzung seines Kraftwagens zu verzichten.

Ob er einen Bankkredit bekäme, ist dann unerheblich, wenn die Zinsen und/oder die Spesen oder die psychologischen Auswirkungen des Kredits, etwa eine Beeinträchtigung der Bonität usw, nahezu unerträglich oder doch für den Gläubiger äußerst lästig wären. Dabei ist in der Regel von einer längeren Zeitspanne zwischen der Entscheidung über die Vollstreckbarkeit und der Rechtskraft des Urteils auszugehen. Denn kaum jemals kann man einigermaßen sicher vorhersagen, wann die Rechtskraft eintritt. Deshalb braucht der Gläubiger auch keineswegs glaubhaft zu machen, daß seine Beeinträchtigung eine längere Zeit als vorübergehend andauern würde.

3) Nachteiligkeit der Aussetzung. Nur wenn die Aussetzung der Vollstreckung außerdem für den Gläubiger nachteilig wäre, darf das Urteil ohne eine Sicherheitsleistung für vorläufig vollstreckbar erklärt werden, vgl auch § 707 Anm 3 C. Nicht nur ein vermögensrechtlicher Nachteil ist beachtlich, sondern zB auch beim Ausbleiben der Zahlung die Gefahr, daß der Gläubiger eine wissenschaftliche oder künstlerische oder schriftstellerische Arbeit nicht fristgemäß abliefern und daher auch einen Rufschaden erleiden würde.

Der Gläubiger braucht nicht glaubhaft zu machen, daß der Nachteil völlig unersetzbar wäre. Es reicht vielmehr aus, daß entweder ein Nachteil sicher und dessen Ersetzbarkeit recht fraglich ist oder daß es recht fraglich ist, ob sich ein nicht gänzlich unerheblicher Nachteil vermeiden lassen kann. Der Begriff „schwer absehbar" ist also für den Gläubiger weit zu fassen, Anm 1. Falls kein solcher Nachteil droht, sind die Voraussetzungen der Anm 4 zu prüfen.

4) Unbilligkeit der Aussetzung. A. Grundsatz. Falls die Aussetzung der Vollstreckung für den Gläubiger unbillig wäre, darf das Urteil ohne eine Sicherheitsleistung für vorläufig vollstreckbar erklärt werden, selbst wenn kein Nachteil im Sinne der Anm 3 droht. Unbilligkeit liegt dann vor, wenn zwar der in Anm 3 erläuterte Nachteil entweder nicht droht oder doch ersetzbar wäre, wenn man dem Gläubiger aber trotzdem nicht zumuten kann, bis zur Rechtskraft des Urteils abzuwarten. Das Gesetz erfordert keine grobe Unbilligkeit, sondern setzt nur eine einfache voraus. Auch hier ist die Vorschrift zugunsten des Gläubigers weit auszulegen, Anm 1.

B. Beispiele. Die Aussetzung der Vollstreckung kann zB unbillig sein: Wenn ein Handwerker die Forderung dringend eintreiben muß, um seinen Betrieb nicht zu gefährden. Das kann etwa bei einem Großauftrag an einen mittleren Betrieb der Fall sein, wenn der Gläubiger das Material und die Fertigungskosten vorleisten mußte; wenn der Sozius oder der Gesellschafter durch die Vorenthaltung der Leistung in eine Zwangslage gebracht und zu ungünstigen Zugeständnissen verleitet werden soll. Im Rahmen der Prüfung einer Unbilligkeit muß mitberücksichtigt werden, ob der Gläubiger diese Entwicklung (mit)verschuldet hat. Freilich darf das Gericht auch hier keine zu strengen Anforderungen stellen, Anm 1. Ein dringender Bedarf für die Lebenshaltung oder für die Erwerbstätigkeit des Gläubigers ist nur ein gesetzliches Beispiel für den Fall der Unbilligkeit, wie sich aus dem Wort „insbesondere" ergibt.

5) Lage des Schuldners. Die Auswirkungen einer Aussetzung der Vollstreckung auf die Lage des Schuldners sind nicht zu prüfen. Der Schuldner kann und muß sich gegebenenfalls gemäß §§ 711, 712 schützen.

6) VwGO: Entsprechend anwendbar, § 167 I VwGO.

711 *Abwendung durch den Schuldner mangels Gläubigersicherheit.* In den Fällen des § 708 Nr. 4 bis 11 hat das Gericht auszusprechen, daß der Schuldner die Vollstreckung durch Sicherheitsleistung oder Hinterlegung abwenden darf, wenn nicht der Gläubiger vor der Vollstreckung Sicherheit leistet. Für den Gläubiger gilt § 710 entsprechend.

1) Allgemeines. Während §§ 711 S 1, 712 dem Schuldner die Möglichkeit eröffnen, die Zwangsvollstreckung gegen oder ohne eine Sicherheitsleistung abzuwenden, enthält § 720a III die Möglichkeit, eine auf bloße Sicherungsmaßnahmen beschränkte Zwangsvollstreckung in einer ähnlichen Weise wie § 711 S 1 abzuwenden. § 720a III geht als spezielles Gesetz dem § 711 vor. In keinem dieser Fälle des Schuldnerschutzes ist der Gläubiger ganz machtlos. Das entspricht seiner seit der VereinfNov verstärkten Stellung, § 710 Anm 1. Die Entscheidung gemäß S 1 erfolgt jetzt von Amts wegen, Franzki DRiZ **77**, 168. Die Entscheidung gemäß S 2 erfolgt nur auf Antrag, § 714 I, und nur dann, wenn ihre Voraussetzungen glaubhaft gemacht werden, § 714 II. Gegebenenfalls sind §§ 716, 321 anwendbar, BGH **LM** Nr 1.

2) Vollstreckungsabwendung, S 1. Die Befugnis des Schuldners, die Zwangsvollstreckung abzuwenden, ist jetzt in sämtlichen Fällen des § 708 Z 4–11, und nur in diesen, Schlesw SchlHA **82**, 43, zugleich mit der Entscheidung über die an sich ja ohne eine Sicherheitsleistung des Gläubigers mögliche vorläufige Vollstreckbarkeit in derselben Form auszusprechen. Die Entscheidung erfolgt von Amts wegen, vgl BFH BB **81**, 898. Das Gericht muß einen etwaigen Antrag darauf überprüfen, ob er gemäß §§ 712, 720a zu behandeln ist. Falls die Entscheidung vergessen wurde oder falsch ist, gilt das in Einf 3 A vor § 708 Ausgeführte. Wenn der Schuldnervertreter den Antrag unterlassen hat, macht er sich nicht schon dadurch schadensersatzpflichtig. Denn das Gericht hätte von Amts wegen an eine Entscheidung denken müssen. BGH VersR **73**, 1165 ist überholt. Ein überflüssiger oder unbegründeter „Antrag", etwa weil der Gläubiger ohnehin gemäß § 709 Sicherheit leisten muß, ist als inhaltslos abzuweisen, vgl Brschw NJW **74**, 2138 mwN, Schneider MDR **73**, 358 (je zum alten Recht). Bei § 708 Z 2 (Versäumnisurteil) hilft evtl § 719 I 2.

3) Sicherheitsleistung oder eine Hinterlegung, S 1. Beides ist zulässig. Das Urteil kann dem Schuldner die Wahl erlauben oder beides zur Wahl stellen, wenn der Schuldner nicht

1. Abschnitt. Allgemeine Vorschriften §§ 711, 712 1

wählt. Eine Anregung des Schuldners ist stets mitzuberücksichtigen. Der Gläubiger darf durch eine Bürgschaft nicht schlechter gestellt werden als durch eine Hinterlegung, BGH **69**, 273. Das Gericht muß die Höhe der Sicherheitsleistung stets von Amts wegen im Urteil beziffern, § 108 Anm 2 A. Die Veranlassung zu einer Sicherheitsleistung fällt fort, wenn das Urteil oder seine Vollstreckbarkeit aufgehoben werden. Das Rückgabeverfahren verläuft für den Schuldner nach § 109, für den Gläubiger nach § 715.

Die Hinterlegung setzt voraus, daß der Streitgegenstand hinterlegungsfähig ist, § 372 BGB, § 5 HO. Die Rechte des Gläubigers am Hinterlegten richten sich nach § 815 Anm 5 und § 233 BGB. Wenn der Schuldner eine Sicherheit leistet oder hinterlegt, dann steht das der Erteilung der Vollstreckungsklausel nicht im Weg. Denn die Vollstreckungsklausel ist keine Vollstreckungsmaßnahme.

Auch die Zwangsvollstreckung kann zunächst ungehindert vor sich gehen, vgl freilich § 720a. Wenn aber der Schuldner eine Sicherheitsleistung oder eine Hinterlegung nachweist, dann hat das Vollstreckungsorgan die Zwangsvollstreckung einzustellen und bereits angeordnete Vollstreckungsmaßnahmen aufzuheben, §§ 775 Z 3, 776. Bei Liegenschaften unterbleibt auch die Ausführung des Teilungsplans, § 115 IV ZVG. Wenn der Schuldner keine Sicherheit leistet und auch nicht hinterlegt, dann ist die Zwangsvollstreckung unbehindert fortzuführen. Sie führt dann aber nicht zu einer Befriedigung des Gläubigers. Fahrnis ist zu pfänden und zu versteigern. Der Erlös ist zu hinterlegen, §§ 720, 817 IV, 819. Geld ist zu pfänden und zu hinterlegen, §§ 720, 815 III. Forderungen und Rechte sind zu pfänden, aber nur zur Einziehung zu überweisen, nicht an Zahlungs Statt. Der Erlös ist zu hinterlegen, § 839.

4) Vollstreckungserzwingung gegen Sicherheitsleistung, S 1. Der Gläubiger kann trotz einer Sicherheitsleistung des Schuldners die Zwangsvollstreckung durch eine eigene Sicherheitsleistung erzwingen. Auch insoweit erfolgt die Entscheidung von Amts wegen. Beide Aussprüche gehören in das Urteil. Sie können zB lauten: „Das Urteil ist vorläufig vollstreckbar. Der Beklagte darf die Vollstreckung durch Sicherheitsleistung oder Hinterlegung von X DM abwenden, falls nicht der Kläger eine Sicherheit in derselben Höhe leistet". Die Sicherheit muß für beide Parteien gleich hoch sein. Denn die Sicherheitsleistung der einen Partei soll die andere Partei schützen. Über die Zwangsvollstreckung gegen den Fiskus oder gegen eine Gemeinde § 882a, § 15 EGZPO. Die ganze Regelung wird durch § 713 eingeschränkt. Über das Verhältnis von § 711 zu § 720a vgl § 720a Anm 1, 4.

5) Vollstreckungserzwingung ohne Sicherheitsleistung, S 2. Unter Umständen kann der Gläubiger die Zwangsvollstreckung ohne eine eigene Sicherheitsleistung erzwingen. Diese Möglichkeit besteht freilich nur unter den entsprechend anwendbaren Voraussetzungen des § 710, dort Anm 2–5. Auch durch diese Möglichkeit hat das Gesetz die Stellung des Gläubigers entsprechend der Tendenz der VereinfNov verstärkt, § 710 Anm 1. Eine solche Lösung erfordert einen Antrag. Der Gläubiger muß ihn vor dem Schluß der mündlichen Verhandlung stellen, § 714 I. Er muß die tatsächlichen Voraussetzungen glaubhaft machen, § 714 II. Der Gläubiger braucht nur dann keine Sicherheit zu leisten, wenn die Voraussetzungen entweder des § 710 Anm 2 und 3 oder des § 710 Anm 2 und 4 zusammentreffen.

6) VwGO: *Entsprechend anwendbar, § 167 I VwGO, in den Fällen § 708 Z 6, 10, 11; Ausspruch von Amts wegen, Fassung wie Anm 4. Sicherheit oder Hinterlegung muß stets beziffert werden, dabei sind die außergerichtlichen Kosten eines nicht durch einen RA vertretenen Beteiligten ggf mit einem Pauschbetrag anzusetzen. Unerheblich ist, ob es um geringe Beträge geht oder Vollstreckungsgläubiger die öffentliche Hand ist, Einf 4 § 708; aM VG Ansbach GewArch* **77***, 306.*

712 *Abwendung durch den Schuldner unabhängig von einer Gläubigersicherheit.* [I] Würde die Vollstreckung dem Schuldner einen nicht zu ersetzenden Nachteil bringen, so hat ihm das Gericht auf Antrag zu gestatten, die Vollstreckung durch Sicherheitsleistung oder Hinterlegung ohne Rücksicht auf eine Sicherheitsleistung des Gläubigers abzuwenden. Ist der Schuldner dazu nicht in der Lage, so ist das Urteil nicht für vorläufig vollstreckbar zu erklären oder die Vollstreckung auf die in § 720a Abs. 1, 2 bezeichneten Maßregeln zu beschränken.

[II] Dem Antrag des Schuldners ist nicht zu entsprechen, wenn ein überwiegendes Interesse des Gläubigers entgegensteht. In den Fällen des § 708 kann das Gericht anordnen, daß das Urteil nur gegen Sicherheitsleistung vorläufig vollstreckbar ist.

1) Allgemeines. Während § 711 zwar dem Schuldner von Amts wegen ohne weiteres eine Befugnis einräumt, die Zwangsvollstreckung durch eine Sicherheitsleistung abzuwenden, dem Gläubiger aber die Möglichkeit gibt, die Zwangsvollstreckung trotzdem durch eine Sicherheitsleistung oder sogar ohne eine eigene Sicherheitsleistung zu erzwingen, während § 711 den Schuldner also nur bedingt schützt, gibt I dem Schuldner die Chance, die Zwangsvollstreckung trotz einer Sicherheitsleistung des Gläubigers abzuwenden oder sie doch auf bloße Sicherungsmaßnahmen zu beschränken.

Freilich ist auch dieser Schuldnerschutz nur bedingt. Denn II zwingt das Gericht dazu, etwaige überwiegende Interessen des Gläubigers als vorrangig zu berücksichtigen und dann die Zwangsvollstreckung doch wieder zu erlauben, wenn auch evtl nur gegen eine Sicherheitsleistung des Gläubigers. Der Schuldnerschutz ist also auch bei § 712 nicht lückenlos. Das entspricht der seit der VereinfNov verstärkten Stellung des Gläubigers, § 710 Anm 1.

2) Vollstreckungsabwendung, I 1. A. Unersetzbarer Nachteil. Der Schuldner kann die Zwangsvollstreckung dann abwenden, wenn sie ihm einen unersetzbaren Nachteil bringen würde. Zum Begriff des unersetzbaren Nachteils § 707 Anm 3 C b. § 710 stellt nicht so harte Anforderungen wie § 712.

Ein unersetzbarer Nachteil liegt nicht schon vor: Wenn die Vermögenslage des Gläubigers schlecht ist, so daß ein Ersatzanspruch des Schuldners aus § 717 gefährdet wäre, falls der Schuldner durch eine Sicherheitsleistung geschützt werden kann (betr Steuersachen BFH BB **72**, 991); wenn sich der Gläubiger im Ausland befindet; wenn ein unersetzbarer Nachteil bloß möglich oder wahrscheinlich ist; wenn der Nachteil nur schwer zu ersetzen wäre.

Es ist vielmehr notwendig, daß ein unersetzbarer Nachteil so gut wie sicher zu erwarten ist. Das mag zB bei einer Offenbarung des Kundenkreises der Fall sein, Bierbach GRUR **81**, 463. Besonders in der 2. Instanz müssen strenge Anforderungen gestellt werden, Düss GRUR **79**, 189.

B. Sicherheitsleistung oder Hinterlegung. Der Schuldner muß grundsätzlich eine Sicherheit leisten oder eine Hinterlegung erbringen, auch wenn für den Schuldner dadurch ein unersetzbarer Nachteil zu erwarten ist. Die Stellung des Gläubigers ist also auch insofern verstärkt.

3) Vollstreckungsbeschränkung, I 2. Nur bei einer Unfähigkeit des Schuldners zur Sicherheitsleistung oder Hinterlegung darf das Urteil nicht für vorläufig vollstreckbar erklärt werden oder nur gegen Sicherungsmaßnahmen nach § 720a I, II für vollstreckbar erklärt werden, I 2. Der Schuldner muß glaubhaft machen, § 714 II, daß er zur Sicherheitsleistung oder zur Hinterlegung schlechthin nicht imstande ist. Eine bloße Erschwerung seiner Finanzlage usw reicht nicht aus. Entsprechend der jetzt insgesamt erheblich verstärkten Stellung des Gläubigers, § 710 Anm 1, muß das Gericht an die Glaubhaftmachung der völligen Unfähigkeit des Schuldners scharfe Anforderungen stellen. Selbst wenn eine derartige Unfähigkeit des Schuldners anzunehmen ist, muß das Gericht doch zunächst prüfen, ob es nicht ausreicht, die Zwangsvollstreckung gemäß § 720a I, II zu beschränken, um den Schuldner zu schützen. Nur wenn eine solche Beschränkung zum Schutz des Schuldners nicht ausreicht, darf das Gericht die vorläufige Vollstreckbarkeit des Urteils ganz ausschließen.

4) Schuldnerantrag, I. Es ist ein Antrag des Schuldners erforderlich. Er muß bis zum Schluß der mündlichen Verhandlung gestellt werden, § 714 I. Der Schuldner muß die tatsächlichen Voraussetzungen glaubhaft machen, § 714 II. Dies gilt auch bei I 2. Ein etwa überwiegendes Gläubigerinteresse ist dagegen auch von Amts wegen zu berücksichtigen. Das Gericht weist den Antrag in den Urteilsgründen zurück, soweit das überhaupt erforderlich ist, vgl §§ 313a, b. Dabei reicht ein knappster Hinweis auf seine Erwägungen aus, § 313 Anm 7 B f. Wenn das Gericht den Antrag übergangen hat, gilt das in Einf 3 A vor §§ 708–720 Ausgeführte.

5) Überwiegendes Gläubigerinteresse, II 1. Soweit das Interesse des Gläubigers überwiegt, darf die Zwangsvollstreckung selbst dann nicht eingeschränkt werden, wenn dem Schuldner durch die Zwangsvollstreckung ein unersetzbarer Nachteil zugefügt würde und wenn er zur Sicherheitsleistung oder Hinterlegung nicht imstande ist, II 1. Auch in dieser Regelung liegt wiederum eine Verstärkung der Stellung des Gläubigers, § 710 Anm 1.

Daher darf das Gericht an die Voraussetzungen, unter denen ein Gläubigerinteresse überwiegt, keine zu harten Anforderungen stellen. Natürlich hat der Gläubiger ein Interesse an einer alsbaldigen Zwangsvollstreckung. Dieses „normale" Interesse ist daher nicht stets vorrangig. Trotzdem wiegt ein ungewöhnliches Interesse des Gläubigers meist stärker als ein ungewöhnliches Interesse des Schuldners. Allerdings darf das Gericht nicht etwa schon im Zweifel zugunsten des Gläubigers entscheiden. Vielmehr muß das Überwiegen der

Gläubigerinteressen glaubhaft sein, Anm 5. Das Gericht muß eine Gesamtabwägung vornehmen. Diese darf aber nicht zu einer Verzögerung der Entscheidung in der Hauptsache führen. § 278 III ist unanwendbar, denn die vorläufige Vollstreckbarkeit betrifft nur eine Nebenforderung, § 278 Anm 5 C d.

Wenn das Interesse des Gläubigers überwiegt, dann kann das Gericht nach seinem pflichtgemäßen Ermessen die Vollstreckbarkeit wenigstens auch in den Fällen des § 708 Z 1–11 von einer Sicherheitsleistung des Gläubigers abhängig machen, aM Engels AnwBl **78**, 163 (eine solche Lösung sei nur in den Fällen des § 708 Z 4–11 zulässig).

6) VwGO: *Entsprechend anwendbar, § 167 I VwGO.*

713 Unterbleiben der Anordnung betr Sicherheit.
Die in den §§ 711, 712 zugunsten des Schuldners zugelassenen Anordnungen sollen nicht ergehen, wenn die Voraussetzungen, unter denen ein Rechtsmittel gegen das Urteil stattfindet, unzweifelhaft nicht vorliegen.

1) Allgemeines. § 713 untersagt Anordnungen aus §§ 711, 712 zugunsten des Schuldners. Es handelt sich allerdings nur um eine bloße Sollvorschrift. Das Gericht hat also einen Ermessensspielraum, den es pflichtgemäß anzuwenden hat.

2) Unanfechtbarkeit des Urteils. Ein Schuldnerschutz nach §§ 711, 712 darf nur dann unterbleiben, wenn ein Rechtsmittel gegen das Urteil nach einer pflichtgemäßen Prüfung des Gerichts, Schneider DRiZ **77**, 116, unzweifelhaft nicht zulässig ist. Es darf also bei einer vernünftigen Würdigung kein Zweifel an der Unzulässigkeit eines Rechtsmittels bestehen. Die Lage ist nicht schon dann derart klar, wenn eine Revisionssumme fehlt, § 705 Anm 1 C b. Das Gericht darf vielmehr auch am Fehlen eines unbedingten Revisionsgrundes keinen Zweifel haben. Es genügt auch bei einem zu schätzenden Wert nicht ohne weiteres, daß nach der Schätzung des Gerichts der Beschwerdewert fehlt. Denn das höhere Gericht könnte den Wert anders beziffern, insofern richtig Leppin MDR **75**, 900.

Es ist unerheblich, ob das Gericht das Rechtsmittel für aussichtslos hält. Denn § 713 betrifft nur die Zulässigkeit des Rechtsmittels, nicht seine sachliche Berechtigung. Soweit eine Anschließung zulässig ist, fehlen die Voraussetzungen des § 713. Schneider DRiZ **77**, 116 regt einen Ausspruch „Das Urteil ist rechtskräftig", „Das Urteil ist unbedingt vollstreckbar" oä in dem Tenor oder in den Entscheidungsgründen an.

3) VwGO: *Entsprechend anwendbar, § 167 I VwGO, auf die der Anfechtung schlechthin entzogenen Urteile, §§ 136, 158 VwGO, sonst nicht wegen der Möglichkeit, ggf nach erfolgreicher Nichtzulassungsbeschwerde ein Rechtsmittel einzulegen.*

714 Anträge zur vorläufigen Vollstreckbarkeit.
I Anträge nach den §§ 710, 711 Satz 2, § 712 sind vor Schluß der mündlichen Verhandlung zu stellen, auf die das Urteil ergeht.

II Die tatsächlichen Voraussetzungen sind glaubhaft zu machen.

1) Allgemeines. Anträge aus §§ 710, 711 S 2, 712 sind Sachanträge, § 297 Anm 1 A. Denn sie bestimmen den Inhalt des Urteils mit. Daher sind diese Anträge im Anwaltsprozeß schriftlich anzukündigen und zu verlesen, § 297.

2) Zeit des Antrags, I. Der Antrag muß bis zum Schluß der mündlichen Verhandlung gestellt werden. In der Berufungsinstanz ist der Antrag für diese Instanz zulässig. Man kann einen Antrag für die erste Instanz aber auch in der Berufungsinstanz nachholen, zB Karlsr OLGZ **75**, 485 mwN, StJM Rdz 3, ThP 3 a, ZöSch II, offen BGH **10**, 88, aM Ffm MDR **82**, 415 mwN, Feiber NJW **83**, 1103. Die zweite Instanz eröffnet also folgende Möglichkeiten: **a)** Das Berufungsgericht erklärt den nichtangefochtenen Teil des Urteils durch Beschluß für vorläufig vollstreckbar, § 534; **b)** das Berufungsgericht ändert bei dem angefochtenen Teil oder beim etwa im ganzen angefochtenen Urteil die erstinstanzliche Entscheidung über dessen Vollstreckbarkeit durch ein Teilurteil nach § 718 ab, Karlsr OLGZ **75**, 485; **c)** die Partei stellt einen Antrag nur für das Urteil der Berufungsinstanz, Düss NJW **69**, 1910, vgl § 718 Anm 1. In der Revisionsinstanz kann der Antrag nicht mehr nachgeholt werden, BGH **10**, 88, und zwar auch dann nicht, wenn das Berufungsgericht den Antrag übergangen hatte, BGH **LM** § 713 aF Nr 10.

3) Glaubhaftmachung, II. Sie ist in allen Fällen notwendig, § 294.

4) Entscheidung. Sie erfolgt durch das Urteil. Als Rechtsmittel kommt nur die Berufung in Betracht; Revision ist wegen der Vollstreckbarkeit unzulässig, § 718 II. Wenn das Urteil die Entscheidung übergangen hat, gilt § 716. Über die Art der Sicherheitsleistung kann das Gericht jederzeit durch einen Beschluß entscheiden.

5) VwGO: *Entsprechend anwendbar, § 167 I VwGO.*

715 *Rückgabe der Sicherheit.* ¹ Das Gericht, das eine Sicherheitsleistung des Gläubigers angeordnet oder zugelassen hat, ordnet auf Antrag die Rückgabe der Sicherheit an, wenn ein Zeugnis über die Rechtskraft des für vorläufig vollstreckbar erklärten Urteils vorgelegt wird. Ist die Sicherheit durch eine Bürgschaft bewirkt worden, so ordnet das Gericht das Erlöschen der Bürgschaft an.
II § 109 Abs. 3 gilt entsprechend.

1) Allgemeines. § 715 betrifft nur diejenigen Fälle, in denen der Gläubiger nach §§ 709, 711, 712 II 2 eine Sicherheit geleistet hat. Wenn das vorläufig vollstreckbare Urteil rechtskräftig wird, kommt ein Ersatzanspruch oder ein Bereicherungsanspruch nicht mehr in Frage. Deshalb läßt § 715 eine vereinfachte Art der Rückgabe einer geleisteten Sicherheit zu. Daneben ist § 109 anwendbar. Die Mehrkosten sind aber nicht erstattungsfähig. Haackshorst/Comes NJW 77, 2346 geben dem Gläubiger auch bei § 719 I seine Sicherheit zurück und nennen Einzelheiten zum Verfahrensablauf.

2) Rückgabe der Sicherheit. A. Verfahren. Zuständig ist im Fall des § 715 dasjenige Gericht, das die Sicherheitsleistung angeordnet oder zugelassen hat. Wenn die Berufung zurückgewiesen wird, ist das Gericht der ersten Instanz für die Rückgabe der geleisteten Sicherheit zuständig. Das Gericht wird durch den Rpfl tätig, § 20 Z 3 RPflG, Anh § 153 GVG. Der Antrag auf die Rückgabe der Sicherheit kann auch zum Protokoll der Geschäftsstelle gestellt werden, §§ 109 III, 129a. Der Antrag unterliegt keinem Anwaltszwang, § 78 II. Der Urkundsbeamte der Geschäftsstelle prüft die Voraussetzungen einer Erteilung des Rechtskraftzeugnisses nach § 706 und ist für dessen Erteilung zuständig. Wenn die Rechtskraft des Urteils aktenkundig ist, dann ist ein Rechtskraftzeugnis entbehrlich. Bei einer Gesamtschuld muß das Urteil gegenüber allen Gesamtschuldnern rechtskräftig sein, bevor die Sicherheit zurückgegeben werden darf. Wenn die Rechtsmittelinstanz das Urteil bestätigt hat, genügt der Nachweis der Rechtskraft dieses bestätigenden Urteils.

B. Entscheidung. Die Entscheidung erfolgt auf eine freigestellte mündliche Verhandlung durch einen Beschluß. Sobald der Antrag begründet ist, muß der Rpfl ihm stattgeben, hat also kein Ermessen mehr. Der Beschluß lautet auf eine Rückgabe der Sicherheit bzw auf das Erlöschen der Bürgschaft, vgl § 109 II, freilich nicht dessen S 2 (die Rechtskraft liegt hier ja schon vor). Das Gericht darf den Antragsteller nicht unnötig auf den umständlicheren Weg des § 109 verweisen. Der Rpfl teilt die Entscheidung formlos mit, und zwar eine Ablehnung nur dem Gläubiger, eine stattgebende Entscheidung beiden Parteien.

Gebühren: Des Gerichts keine; des Anwalts keine, da seine Tätigkeit zum Rechtszug gehört, § 37 Z 3 BRAGO.

C. Rechtsbehelfe. Es gilt die folgende Regelung:

a) Entscheidung des Rechtspflegers. Gegen die Entscheidung des Rpfl ist Erinnerung an den Richter zulässig, § 11 I RPflG, Anh 153 GVG.

b) Entscheidung des Richters. Hier ist zu unterscheiden:

aa) Ablehnung. Gegen die Entscheidung des Richters ist bei einer Ablehnung einfache Beschwerde zulässig, § 567, weil keine Zwangsvollstreckungsmaßnahme vorliegt.

bb) Stattgeben. Gegen eine stattgebende Entscheidung des Richters ist kein Rechtsbehelf zulässig; § 109 IV ist hier nicht anwendbar, Ffm Rpfleger 74, 322.

3) VwGO: *Entsprechend anwendbar, § 167 I VwGO. Rechtsbehelf, Anm 2 C b aa, ist die Beschwerde, § 146 VwGO.*

716 *Ergänzung des Urteils.* Ist über die vorläufige Vollstreckbarkeit nicht entschieden, so sind wegen Ergänzung des Urteils die Vorschriften des § 321 anzuwenden.

1) Allgemeines. Ein übergangener Antrag zur Vollstreckbarkeit (es handelt sich um einen Sachantrag, §§ 297 Anm 1 A, 714 Anm 1) ist auf Antrag zu ergänzen, § 321, vgl BFH BB 81, 898. Es handelt sich nicht um eine Notfrist, insofern richtig Engels AnwBl 78, 162;

1. Abschnitt. Allgemeine Vorschriften §§ 716, 717 1

Schlesw SchlHA **78**, 174 wendet §§ 707, 719 an. Wenn die Frist des § 321 II versäumt worden ist, dann kommen Berufung und dort § 718 in Betracht. In der Revisionsinstanz kann der Antrag nachgeholt werden, BGH **LM** § 711 Nr. 1. Es läßt sich kaum bestreiten, daß § 716 sich auch auf einen Schutzantrag des Schuldners bezieht. Wenn der Gläubiger die Nachholung der Entscheidung nach §§ 708, 709 beantragt, dann kann der Schuldner einen Antrag nach §§ 711 ff stellen. Der Gläubiger kann daraufhin wieder einen Antrag aus § 711 S 1 Hs 2 stellen. Ein Rechtsmittel statt einer Ergänzung ist unzulässig. Denn es fehlt eine anfechtbare Entscheidung. Wohl aber kann man eine Entscheidung der höheren Instanz mit dem Antrag verlangen, § 714 Anm 2.

2) ***VwGO:*** *Entsprechend anwendbar, § 167 I VwGO, jedoch tritt § 120 VwGO an Stelle von § 321, Noack NJW **61**, 448. Über die Ergänzung ist durch Urteil zu entscheiden, Kopp § 120 Rdz 5.*

717 *Wirkung der Urteilsänderung.* ¹ Die vorläufige Vollstreckbarkeit tritt mit der Verkündung eines Urteils, das die Entscheidung in der Hauptsache oder die Vollstreckbarkeitserklärung aufhebt oder abändert, insoweit außer Kraft, als die Aufhebung oder Abänderung ergeht.

II Wird ein für vorläufig vollstreckbar erklärtes Urteil aufgehoben oder abgeändert, so ist der Kläger zum Ersatz des Schadens verpflichtet, der dem Beklagten durch die Vollstreckung des Urteils oder durch eine zur Abwendung der Vollstreckung gemachte Leistung entstanden ist. Der Beklagte kann den Anspruch auf Schadensersatz in dem anhängigen Rechtsstreit geltend machen; wird der Anspruch geltend gemacht, so ist er als zur Zeit der Zahlung oder Leistung rechtshängig geworden anzusehen.

III Die Vorschriften des Absatzes 2 sind auf die im § 708 Nr. 10 bezeichneten Urteile der Oberlandesgerichte, mit Ausnahme der Versäumnisurteile, nicht anzuwenden. Soweit ein solches Urteil aufgehoben oder abgeändert wird, ist der Kläger auf Antrag des Beklagten zur Erstattung des von diesem auf Grund des Urteils Gezahlten oder Geleisteten zu verurteilen. Die Erstattungspflicht des Klägers bestimmt sich nach den Vorschriften über die Herausgabe einer ungerechtfertigten Bereicherung. Wird der Antrag gestellt, so ist der Anspruch auf Erstattung als zur Zeit der Zahlung oder Leistung rechtshängig geworden anzusehen; die mit der Rechtshängigkeit nach den Vorschriften des bürgerlichen Rechts verbundenen Wirkungen treten mit der Zahlung oder Leistung auch dann ein, wenn der Antrag nicht gestellt wird.

Schrifttum: Böhm, Ungerechtfertigte Zwangsvollstreckung und materiellrechtliche Ausgleichsansprüche, 1971; Luh, Die Haftung des aus einer vorläufigen, auf Grund verfassungswidrigen Gesetzes ergangenen Entscheidung vollstreckenden Gläubigers, Diss Ffm 1979; Niederelz, Die Rechtswidrigkeit des Gläubiger- und Gerichtsvollzieherverhaltens in der Zwangsvollstreckung usw, Diss Bonn 1975.

Gliederung

1) Wegfall der vorläufigen Vollstreckbarkeit, I
2) **Ersatzpflicht aus der Zwangsvollstreckung, II**
   - A. Grundsatz
   - B. Sachbetroffenheit
   - C. Rechtsnatur des Ersatzanspruchs
   - D. Ersatzpflichtiger
   - E. Umfang der Ersatzpflicht
   - F. Grenzen der Ersatzpflicht
   - G. Einwendungen
   - H. Pfändbarkeit des Ersatzanspruchs
3) **Durchführung des Ersatzanspruchs, II**
   - A. Wahlrecht des Schuldners
   - B. Zwischenantrag
   - C. Rechtshängigkeit
   - D. Entscheidung
4) **Bereicherungsanspruch, III**
5) **Entsprechende Anwendbarkeit des II**
   - A. Anwendbarkeit
   - B. Unanwendbarkeit
6) ***VwGO***

1) Wegfall der vorläufigen Vollstreckbarkeit, I. Die vorläufige Vollstreckbarkeit tritt kraft Gesetzes außer Kraft, sobald und soweit ein aufhebendes oder abänderndes Urteil verkündet wird, insofern richtig Mü MDR **82**, 238. Bei den §§ 307 II, 331 III ist gemäß § 310 III die letzte Urteilszustellung maßgeblich. Von der Verkündung an ist die Zwangsvollstreckung eine unerlaubte Handlung. Doch entfallen die bisherigen Zwangsvollstrekkungsmaßnahmen nicht ohne weiteres. Sie sind vielmehr nach § 776 aufzuheben. Die Einstellung der Zwangsvollstreckung erfolgt nach § 775 Z 1, insofern richtig Mü MDR **82**, 238. Die Entscheidung, die einen Teil des Urteils bestehen läßt, ändert das Urteil ab. Sie beläßt die Vollstreckbarkeit für den aufrechterhaltenen Teil des Urteils. Der Grund der Aufhebung ist unerheblich. Es genügt, daß er rein förmlich ist. Es ist nicht erforderlich, daß die aufhebende Entscheidung ihrerseits für vorläufig vollstreckbar erklärt wird, § 704 Anm 1 B c, insofern aM Mü MDR **82**, 239 mwN; zu solchen Entscheidungen überhaupt Furtner DRiZ **57**, 184. Über die Bedeutung einer Leistung, die auf Grund eines vorläufig vollstreckbaren Urteils ergangen ist, vgl Einf 1 B vor §§ 708–720.

2) Ersatzpflicht aus der Zwangsvollstreckung, II. A. Grundsatz. Vollstreckt der Gläubiger aus einem auflösend bedingten Urteil, so tut er das auf eigene Gefahr, BGH NJW **82**, 2815 mwN. Das Gesetz erlaubt dem Gläubiger häufig eine Zwangsvollstreckung bereits vor dem Eintritt der Rechtskraft des Urteils, um den Gläubiger gegen die Nachteile einer langen Prozeßdauer zu schützen. Es räumt dem Gläubiger damit aber keinerlei sachliches Recht gegenüber dem Schuldner ein. Aus dieser Erwägung macht II den Gläubiger beim Eintritt der Bedingung ersatzpflichtig. Darum ist II der Ausfluß eines allgemeinen Rechtsgedankens, so auch LG Ffm MDR **80**, 409, ein Fall der Gefährdungshaftung, BGH **85**, 113, vgl Roth NJW **72**, 926 (es handelt sich um eine „Garantiehaftung"), StJM VI 2, II. II ist auch dann anwendbar, wenn diejenige Gesetzesvorschrift als verfassungswidrig aufgehoben wird, die der Entscheidung zugrunde lag, BGH **54**, 76.

B. Sachbetroffenheit. Die Aufhebung oder Abänderung muß bei II die Sache betreffen, nicht bloß die Vollstreckbarkeit. Insofern weicht II von I ab. Eine Aufhebung im Kostenpunkt genügt. Der Grund der Aufhebung ist unerheblich. Auch eine beiderseitige Erledigungserklärung in der Berufungsinstanz genügt, denn auch sie gilt als eine Aufhebung, vgl BGH **LM** § 91a Nr 32 (das Urteil betrifft allerdings zunächst die dritte Instanz, s unten), Landsberg ZMR **82**, 72 mwN. Auch bei einer Aufhebung aus einem rein förmlichen Grund, etwa wegen Unzuständigkeit, steht fest, daß das Urteil und damit seine Vollstreckbarkeit unberechtigt waren. Dies gilt auch im Fall einer Aufhebung und einer Verweisung an das zuständige Gericht, BAG JZ **62**, 286. Eine Zurückverweisung besagt zwar über die Richtigkeit des Urteils nichts endgültig; die Aufhebung ist sachlich durch eine neue Prüfung bedingt und nur prozessual unbedingt. Dennoch ist auch hier zunächst II anwendbar. Denn diese Vorschrift würde sonst ausgehöhlt werden, Düss NJW **74**, 1715, vgl Nürnb OLGZ **73**, 46 mwN.

Eine teilweise Abänderung des Urteils ermöglicht einen entsprechenden Teilanspruch, vgl Hamm Rpfleger **77**, 216. Ein Prozeßvergleich ermöglicht keinen Ersatzanspruch. Maßgebender Zeitpunkt ist der Schluß der letzten mündlichen Verhandlung über die Aufhebung. Wenn das aufhebende Urteil seinerseits aufgehoben wird, sei es auch durch eine beiderseitige Erledigungserklärung, BGH **LM** § 91a Nr 32, oder durch einen Prozeßvergleich, dann steht fest, daß das erste Urteil rechtmäßig war. Deshalb erlischt der Ersatzanspruch, Düss NJW **74**, 1715, Nürnb OLGZ **73**, 46 je mwN. Wenn der Schuldner auf die erste Aufhebung hin seinerseits die Zwangsvollstreckung betrieben hat, ist der Schuldner dem Gläubiger ersatzpflichtig.

C. Rechtsnatur des Ersatzanspruchs. Der Anspruch ist ein Ersatzanspruch aus einem übernommenen Risiko. Er soll dem Schuldner einen Ausgleich für die unter Umständen unvermeidbaren Nachteile geben, die infolge der vorläufigen Durchsetzung eines letztlich nicht berechtigt erscheinenden Anspruchs entstehen, BGH **85**, 113. Es ist sehr zweifelhaft, ob es sich bei diesem Gefährdungsanspruch nicht um eine Übertreibung der Haftung handelt. Warum muß die Partei klüger sein als das Gericht? Mit der Begründung einer Ersatzpflicht gibt II 1 eine sachlichrechtliche Vorschrift. Darum sind §§ 249ff BGB anwendbar und richtet sich die Verjährung nach § 852 BGB. Der Ersatzanspruch entsteht mit der Aufhebung oder mit der Änderung des Urteils, BGH NJW **57**, 1926. Es ist unerheblich, ob das aufhebende oder abändernde Urteil bei einer rückschauenden Betrachtung unrichtig ist, LG Bochum VersR **80**, 659, oder ob den Gläubiger ein Verschulden trifft und ob der Gläubiger aus der Zwangsvollstreckung etwas erlangt hat. Wenn die Zwangsvollstreckung aber sachlich rechtmäßig war, dann kann der Gläubiger nicht über das Erlangte hinaus haften, falls der Schuldner hinterher eine Einwendung erwirbt, etwa wenn das Urteil wegen einer Änderung der Gesetzgebung aufgehoben werden muß oder ungültig wird.

D. Ersatzpflichtiger. Der Anspruch richtet sich nicht nur gegen den Kläger. Der Gesetzestext ist insofern ungenau. Auch der Bekl kann ersatzpflichtig werden, soweit er eine Zwangsvollstreckung betreibt, BGH NJW **62**, 806. Es ist unerheblich, ob die Partei selbst die Vollstreckung betreibt oder diese von einem Bevollmächtigten durchführen läßt. Wenn ein Rechtsnachfolger die Vollstreckung betrieben hat, haftet dieser. Der Gegner kann den Anspruch trotzdem durch einen Zwischenantrag geltend machen, Anm 3 B, § 265 II 1. Das Urteil muß aber auf den Rechtsnachfolger abgestellt werden, BGH NJW **67**, 1966, Baur ZwV § 10 X 3, Bruns § 6 IV 3, aM zB Nieder NJW **75**, 1004 mwN (der Rechtsnachfolger sei der richtige Bekl, § 265 sei unanwendbar). Der Rechtsnachfolger des Bekl muß einen besonderen Prozeß einleiten. Ein Dritter, der für den Bekl zur Abwendung der Zwangsvollstreckung geleistet hat, ist nur dann zur Klage berechtigt, wenn er Rechtsnachfolger ist. Es ist also zB nicht die Versicherungsgesellschaft klageberechtigt, die eine Leistung erbracht hat.

E. Umfang der Ersatzpflicht. Zu ersetzen ist jeder unmittelbare oder mittelbar Schaden gerade aus dem Vollstreckungszugriff, BGH **85**, 115. Hierher gehört derjenige Schaden, der dem Gegner durch irgendeine, auch ergebnislose, Zwangsvollstreckungsmaßnahme aus dem erstinstanzlichen Urteil (zur Abgrenzung vom Berufungsurteil BGH **69**, 376) oder durch eine Leistung oder Hinterlegung, die der Gegner unter dem Druck der drohenden Zwangsvollstreckung gemacht hat, bis zum Erlaß des Berufungsurteils ursächlich entstanden ist, mag der Schaden auch erst später bezifferbar entstanden sein, BGH **69**, 376 (bei einem späteren Schaden gilt III). Es reicht auch aus, daß der Gegner irgendetwas unterlassen hat. Zu den vorgenannten Leistungen gehört auch eine äußerlich freiwillige Leistung, wenn die Zwangsvollstreckung bereits greifbar nahe war, vgl LG Bochum VersR **80**, 659, wenn der Gläubiger die Zwangsvollstreckung etwa ausdrücklich angedroht hat.

Dagegen reicht es nicht aus, daß der Schuldner leistete, solange der Gläubiger eine von ihm zu erbringende Sicherheit noch nicht geleistet hat, Grunsky NJW **75**, 936, insofern aM BGH **LM** § 823 (Ag) BGB Nr 10, oder solange die Voraussetzungen des § 890 II noch nicht erfüllt waren, BGH **LM** § 823 (Ag) BGB Nr 10. Wer lediglich das Urteil bewirkt, bekundet nicht schon darin einen Willen zur Durchführung einer Zwangsvollstreckung, vgl BGH **LM** § 823 (Ag) BGB Nr 10; deshalb überzeugt LG Mü NJW **61**, 1631 nicht. Wenn der Schuldner daraufhin zahlt, so kann er nur das Geleistete zurückfordern. Nicht hierher gehört auch ein Kreditschaden infolge des Bekanntwerdens der bloßen Tatsache der Zwangsvollstreckung, BGH **85**, 115.

Auch die Erwirkung einer Vollstreckungsklausel gehört noch zum Erkenntnisverfahren und ist noch keine Drohung mit der Durchführung einer Zwangsvollstreckung. Wohl aber liegt eine solche Drohung vor, wenn der Gläubiger die Vollstreckungsklausel dem Schuldner zustellt. Will der Gläubiger nicht vollstrecken, so muß er das in diesem Fall bindend erklären, oder der Schuldner muß es aus der Sachlage klar ersehen können. Nicht unter II fallen andere Maßnahmen, die der Schuldner trifft, um eine Zwangsvollstreckung zu vermeiden, zB eine Zahlungseinstellung oder ein Antrag auf die Eröffnung des gerichtlichen Vergleichsverfahrens zur Abwendung des Konkurses.

Der Anspruch bezweckt eine Wiederherstellung des früheren Zustands, hilfsweise eine Entschädigung in Geld, §§ 249, 251 BGB. Zu ersetzen sind: der unmittelbare Schaden; der mittelbare Schaden; ein entgangener Gewinn; Zinsen; Kosten; sonstige Schäden; evtl auch die Kosten einer neuen Sicherheitsleistung, wenn früher auf eine solche hatte verzichtet werden müssen, BGH MDR **59**, 122.

F. Grenzen der Ersatzpflicht. Es wäre aber eine Überspannung der Ersatzpflicht desjenigen, der auf ein Urteil vertraut hat, auch einen Vermögensschaden infolge einer seelischen Beeinträchtigung zu vergüten. Mit größerem Recht würde sich eine solche Haftung daraus herleiten lassen, daß man mit einem unbegründeten großen Prozeß überzogen wurde; in solch einem Fall kennt das Gesetz aber keine derartige Haftung. Ist eine Sachgesamtheit herauszugeben, so ist der Schuldner zur Wegnahme von Neuanschaffungen berechtigt, soweit sie den vor der Zwangsvollstreckung bestehenden Zustand nicht antastet.

G. Einwendungen. Der Gegner hat alle sachlichrechtlichen Einwendungen, insofern richtig Hamm MDR **78**, 234. Er kann namentlich eine Aufrechnung erklären. Dieses Recht steht ihm sowohl dann zu, wenn der Ersatzanspruch in einem Zwischenantrag nach II geltend gemacht wird, als auch dann, wenn er im Weg einer Widerklage, BGH NJW **80**, 2528 (im Ergebnis zust Pecher ZZP **94**, 458), oder einem selbständigen Prozeß erhoben wird. Mit der Klageforderung darf der Kläger freilich nur im letzteren Fall aufrechnen, aM BAG JZ **62**, 286 (er dürfe auch mit einer unbestrittenen Forderung aufrechnen); die Klageforderung kann nicht bei einem Zwischenantrag geltend gemacht werden. Denn das Gericht kann nicht gleichzeitig eine sachliche Prüfung vornehmen und ablehnen, BGH **LM** § 551 Z 1 Nr 27.

Der Gegner kann ferner ein mitwirkendes Verschulden geltend machen, insofern richtig Hamm MDR **78**, 234 mwN. Dieses mag vorliegen: Wenn ein Verteidigungsmittel nicht vorgetragen wird, wenn eine schuldhafte Versäumnis vorliegt; wenn eine Erinnerung aus § 766 oder ein Hinweis auf die besondere Höhe des drohenden Schadens unterlassen werden. Ein Zurückbehaltungsrecht wegen einer Verwendung kann nicht eingewandt werden, wenn die Partei den Besitz durch die Zwangsvollstreckung erlangt hat. Die Verjährung richtet sich nach § 852 BGB. Sie beginnt mit der Entstehung des Anspruchs, also bereits mit dem Erlaß der aufhebenden oder abändernden Entscheidung, nicht erst mit dem rechtskräftigen Abschluß des Rechtsstreits, Karlsr OLGZ **79**, 374.

H. Pfändbarkeit des Ersatzanspruchs. Der Ersatzanspruch ist pfändbar, und zwar schon vor der Aufhebung des Urteils, weil es sich um einen bedingten Anspruch handelt. Die Pfändung hindert aber die Parteien nicht daran, sich über die Hauptsache dahin zu vergleichen, daß der Ersatzanspruch hinfällig wird, so daß dem Pfandgläubiger höchstens ein Anspruch aus § 826 BGB verbleiben kann.

3) Durchführung des Ersatzanspruchs, II. A. Wahlrecht des Schuldners. Der Schuldner hat die Wahl, ob er seinen Ersatzanspruch durch eine selbständige Klage oder Widerklage (Einschränkung Anm 2 D) oder durch einen Zwischenantrag im schwebenden Prozeß geltend machen will, Stgt AnwBl **76**, 133, LG Lübeck Rpfleger **82**, 439. Wenn er den Weg der Klage wählt, dann stehen ihm alle für eine Klage aus einer unerlaubten Handlung gegen den Gegner möglichen Gerichtsstände frei, selbst wenn der Kläger kein Verschulden des Bekl behauptet. Der Kläger braucht nicht die Rechtskraft des aufhebenden Urteils abzuwarten. Dieser Ersatzprozeß darf nicht bis zum Eintritt der Rechtskraft des Vorprozesses ausgesetzt werden, Düss NJW **74**, 1715.

Der Bekl kann seinen Anspruch auch einredeweise geltend machen. Er kann also aufrechnen; der Aufrechnung steht die Rechtshängigkeit im Vorprozeß nicht entgegen, vgl Anm 2 G. Die Rechtshängigkeit wirkt, anders als bei III, nur bei einem Zwischenantrag zurück. Eine rechtskräftige Entscheidung im Vorprozeß schneidet die durch sie ausgeschlossenen Einreden auch für diesen Prozeß ab. Wegen der Zinsen und der Kosten vgl B.

B. Zwischenantrag. Der Zwischenantrag ist keine Widerklage, aM Nieder NJW **75**, 1002 mwN. Er ist unzulässig, wenn er mit einem in diesem Prozeß rechtskräftig erledigten Teilanspruch im rechtlichen Zusammenhang steht. Der Zwischenantrag wird nach § 261 II erhoben. Er ist ein Sachantrag, § 297 Anm 1. Deshalb muß er schriftsätzlich angekündigt werden; sonst darf kein Versäumnisurteil ergehen, § 335 I Z 3. Er muß gemäß § 297 gestellt werden. Der Zwischenantrag ist in jeder Instanz ohne Einwendungen des Gegners zulässig. Er kann auch in der Revisionsinstanz gestellt werden, selbst wenn er schon in der Berufungsinstanz zulässig gewesen war, Nieder NJW **75**, 1001. Allerdings muß das Revisionsgericht in der Regel zurückverweisen, soweit Tatsachenfeststellungen notwendig sind, § 565. Der Zwischenantrag ist bis zum Schluß der mündlichen Verhandlung zulässig, vgl Düss JB **76**, 1260.

Für den Streitwert stehen eine Widerklage und ein Zwischenantrag gleich, § 19 GKG. Denn sie bedeuten hier sachlichrechtlich dasselbe, vgl BGH **38**, 240, Stgt AnwBl **76**, 133 sowie § 3 Anh „Urteilsänderung", aM zB LAG Bln MDR **78**, 346 mwN. Die verauslagten Zinsen und Kosten dürfen beim Zwischenantrag und daher auch bei der Widerklage dem Streitwert nicht hinzugerechnet werden, BGH **38**, 237, aM Nieder NJW **75**, 1002. Die Hinzurechnung erfolgt aber bei einem weitergehenden Schaden für den Mehrbetrag. Wegen des Zwischenantrags erfolgt keine Verweisung aus § 506.

C. Rechtshängigkeit. Der Zwischenantrag macht den Anspruch mit allen prozessualen Wirkungen rechtshängig. II bezieht die sachlichrechtlichen Wirkungen auf die Zeit der Zahlung oder Leistung zurück. Daher beginnt dann auch eine Verzinsungspflicht. II bezieht sich nicht auf die prozessualen Wirkungen. Denn sie können nur zum Nachteil des Bekl rückbezogen werden, und das Gesetz beabsichtigt ersichtlich eine solche Rückbeziehung nicht.

D. Entscheidung. Sie erfolgt durch ein Endurteil. Es ist ebenso anfechtbar wie die Entscheidung in der Hauptsache. Wenn das Gericht im Urteil eine Entscheidung über den Zwischenantrag unterläßt, liegt ein Teilurteil vor. Falls das Urteil nicht als Teilurteil gedacht war, ist es nach § 321 zu ergänzen; § 718 II betrifft diesen Fall nicht. Die vom Kläger nach § 709 zu leistende Sicherheit genügt auch zur Abwendung der Vollstreckung nach § 711 für diesen Zwischenantrag. Andernfalls würde der Kläger für denselben Anspruch doppelt Sicherheit leisten müssen. Der Schaden ist nach § 287 zu ermitteln.

4) Bereicherungsanspruch, III. Um nutzlose Revisionen einzudämmen, macht III den II auf vermögensrechtliche Urteile des OLG unanwendbar. Das gilt auch für solche des LAG, LAG Hamm NJW **76**, 1119. Nur für ein Versäumnisurteil des OLG gilt II. Diese Vorschrift versagt also zB auch bei einem Vorbehaltsurteil des OLG in einem Urkunden- oder Wechselprozeß. Bei einer Aufhebung des Urteils im Nachverfahren gelten, durch § 717 III nicht berührt, §§ 600 II, 302 IV 2 und 3.

III ermöglicht einen Rückgewähranspruch nach den Grundsätzen der ungerechtfertigten Bereicherung, §§ 818 ff BGB. Nur das Gezahlte oder Geleistete ist zu erstatten, nicht dasjenige, das infolge des Urteils kraft Gesetzes verloren ging, zB eine Zwangshypothek nach § 868, BGH **LM** Nr 10. Jeder weitergehende Anspruch, zB aus §§ 823, 826 BGB, ist ausgeschlossen. Der Anspruch aus III ist ebenso wie der Anspruch aus II, Anm 2 C, sachlichrechtlich, woran die Fassung des Gesetzes kaum einen Zweifel läßt. Daher läßt er die Aufrechnung und alle anderen sachlichrechtlichen Einwendungen zu. Überhaupt sind die sachlichrechtlichen Vorschriften über die ungerechtfertigte Bereicherung hier anwendbar. Da es sich um einen Anspruch aus einer Bereicherung handelt, ist ein etwaiges Verschulden unerheblich; eine Ausnahme gilt bei mehr als 4% Zinsen, LAG Hamm NJW **76**, 1119. Ebenso unerheblich ist ein etwaiger guter Glaube daran, daß das Urteil, das zur vorläufigen Vollstreckung berechtigt, richtig sei. Denn wenn dieser gute Glaube beachtlich wäre, dann wäre III ebenso wie II bedeutungslos. Auch ein Wegfall der Bereicherung läßt sich in der Regel nicht einwenden, BAG JZ **62**, 98. Denn die Wirkungen der Rechtshängigkeit treten mit der Zahlung oder der Leistung ein, III 4. Es wird also nach den allgemeinen Vorschriften gehaftet, § 818 IV BGB, vgl ferner auch Ordemann NJW **62**, 478; vgl aber auch § 868 Anm 1 A.

Der Anspruch ist durch eine selbständige Klage, durch eine Widerklage oder durch einen Zwischenantrag geltend zu machen. Wenn der Klaganspruch nach der Rechtshängigkeit abgetreten worden war und der Bekl zur Zahlung an den neuen Gläubiger verurteilt worden ist, dann muß der neue Gläubiger nach der Aufhebung des Urteils dem Bekl dasjenige erstatten, das er durch die Vollstreckung erlangt hat, BGH NJW **67**, 1966, abw Grunsky ZZP **81**, 291. Eine Zurückbeziehung der Rechtshängigkeit erfolgt wie bei Anm 3 A, selbst wenn die Partei den Antrag gar nicht stellt. Vgl im übrigen Anm 3, auch wegen des in gleicher Weise zu bemessenden Streitwerts, BGH **38**, 241.

5) Entsprechende Anwendung des II. A. Anwendbarkeit. § 717 enthält einen allgemeinen Rechtsgedanken, Anm 2 A. Die Vorschrift ist in folgenden Fällen entsprechend anwendbar:

a) Beschluß. Es geht um einen der Rechtskraft fähigen Beschluß, namentlich einen Kostenfestsetzungsbeschluß, Ffm NJW **78**, 2203 mwN, Karlsr Rpfleger **80**, 438, offen Düss JB **76**, 1259, aM Köln Rpfleger **76**, 220 je mwN, VG Gelsenkirchen Rpfleger **83**, 174. Vgl § 104 Anm 1 D.

b) Zulässigkeitsrüge. Es geht darum, daß das Urteil zur Hauptsache dadurch entfällt, daß die höhere Instanz das eine Zulässigkeitsrüge verwerfende Urteil aufhebt und die Klage abweist, § 280 Anm 3 B b.

c) Aufhebung des Grundurteils. Es geht darum, daß das Urteil zur Hauptsache wegen einer Aufhebung der Vorabentscheidung über den Grund entfällt, § 304 Anm 5 B.

d) Berichtigung. Es geht darum, daß die Vollstreckbarkeit des Urteils wegen seiner Berichtigung entfällt, sofern die Partei die Unrichtigkeit des Urteils erkennen mußte, § 319 Anm 2 B.

e) Schiedsspruch usw. Es geht darum, daß die Vollstreckbarerklärung eines Schiedsspruchs oder Schiedsvergleichs aufgehoben wird, §§ 1042c II, 1044a.

f) Vollstreckungsklausel. Es geht darum, daß eine Vollstreckungsklausel aus §§ 732, 768 aufgehoben wird.

g) Vollstreckbarkeitsbeschluß. Es geht darum, daß ein Vollstreckbarkeitsbeschluß nach dem deutsch-schweizerischen oder dem deutsch-italienischen Abkommen aufgehoben wird, Art 2 AusführungsVO dazu. In § 8 AusfG zum deutsch-österreichischen Vertrag ist etwas Entsprechendes bestimmt, ebenso in § 7 AusfG zum deutsch-belgischen Vertrag, in § 16 AusfG zum deutsch-niederländischen Vertrag, in § 2 AusfG zum deutsch-britischen Vertrag, in § 2 AusfG zum deutsch-griechischen Vertrag. Diese Vorschriften sind sämtlich im SchlAnh V abgedruckt.

h) Aufrechnung. Es geht darum, daß ein Vorbehaltsurteil wegen einer Aufrechnung aufgehoben wird, § 302 IV.

i) Urkundenprozeß usw. Es geht darum, daß im Urkundenprozeß, Wechselprozeß oder Scheckprozeß das Vorbehaltsurteil aufgehoben wird, § 600 II.

j) Arrest; einstweilige Verfügung. Es geht darum, daß ein Arrest oder eine einstweilige Verfügung aufgehoben werden, § 945. Dies gilt auch bei einem Steuerarrest, BGH **30**, 123.

B. Unanwendbarkeit. II ist zB in folgenden Fällen nicht entsprechend anwendbar:

a) Wiedereinsetzung usw. Es geht um eine Wiedereinsetzung oder um die Aufhebung einer Widerspruchsklage oder einer Vollstreckungsabwehrklage, wenn nach der Rechtskraft vollstreckt worden ist. Denn damit braucht niemand zu rechnen.

b) Wiederaufnahme. Es geht um die Aufhebung im Wiederaufnahmeverfahren. Hier gilt derselbe Grund wie bei a.

c) Beschluß. Es geht um einen nicht rechtskraftfähigen Beschluß.

d) Vergleich; Urkunde. Es geht um einen Prozeßvergleich oder vollstreckbare Urkunde, § 794 I Z 1, 5. Denn diese sind endgültig vollstreckbar, Düss NJW **72**, 2311, Karlsr OLGZ **79**, 372, Joch NJW **73**, 374, StJM VI 4, vgl aber auch Düss BB **74**, 1268.

In den Fällen a–d tritt eine Haftung nur aus den §§ 812ff, 823ff ein.

e) Steuerbescheid. Es geht um den Vollzug eines unzutreffenden Steuerbescheids, BGH **39**, 77 (es gilt dann nur § 839 BGB).

f) Bardepotpflicht. Es geht um die Vollziehung eines Heranziehungsbescheids, BGH NJW **82**, 2815 mwN.

6) VwGO: *Entsprechend anwendbar, § 167 I VwGO, auf die in § 168 VwGO genannten Titel, soweit sie für vorläufig vollstreckbar zu erklären sind, § 167 II VwGO. Anwendbar sind auch II, BVerwG NJW **60**, 1875, u III (für Urteile der OVG), so daß der Anspruch nach Wahl des Vollstreckungsschuldners auch im anhängigen Verwaltungsprozeß geltend gemacht werden kann (verfahrensrechtliche Folgenbeseitigung), RedOe § 168 Anm 9; jedoch gilt für die Widerklage die Beschränkung des § 89 II VwGO, OVG Saarl DVBl **81**, 836. II gilt nicht, wenn ein vorläufig vollstreckbares Urteil nach (streitiger) Erledigung der Hauptsache für unwirksam erklärt worden ist, BVerwG NJW **81**, 699. Unanwendbar sind II und III bei Beschlüssen nach § 80 VwGO, Baur S 123.*

718 Vorabentscheidung über die Vollstreckbarkeit.

[1] In der Berufungsinstanz ist über die vorläufige Vollstreckbarkeit auf Antrag vorab zu verhandeln und zu entscheiden.

[II] Eine Anfechtung der in der Berufungsinstanz über die vorläufige Vollstreckbarkeit erlassenen Entscheidung findet nicht statt.

1) Allgemeines. I bezieht sich sowohl auf den Fall, daß eine Partei eine Entscheidung der ersten Instanz in der Hauptsache und wegen deren vorläufiger Vollstreckbarkeit anficht, als auch auf den Fall, daß das Berufungsgericht erstmalig über die vorläufige Vollstreckbarkeit entscheidet, Düss NJW **69**, 1910 mwN, vgl § 714 Anm 2. Der Stand der Zwangsvollstreckung ist unerheblich, abw Hamm MDR **49**, 369.

2) Vorabentscheidung, I. Das Berufungsgericht muß über die vorläufige Vollstreckbarkeit auf einen Antrag, auch auf einen solchen des Berufungsbekl, vorab verhandeln und entscheiden, also vor der Entscheidung zur Hauptsache, aber nicht unbedingt schon vor einer Verhandlung zur Hauptsache. Wenn das Urteil nur gegen eine Sicherheitsleistung des Klägers für vorläufig vollstreckbar erklärt worden war und wenn der Bekl Berufung eingelegt hat, dann kann das Urteil noch in der Berufungsinstanz auf einen Antrag des Klägers ohne die Notwendigkeit seiner Anschlußberufung durch ein Teilurteil dahin geändert werden, daß die Zwangsvollstreckung ohne eine Sicherheitsleistung des Klägers erfolgen darf, Karlsr OLGZ **75**, 486, § 714 Anm 2.

Jede Vorabentscheidung erfolgt nur auf eine mündliche Verhandlung und durch ein Teilurteil. Die Entscheidung ist kein Zwischenurteil. Ein Beschluß ist unstatthaft. Das Urteil ist durch die spätere Entscheidung in der Hauptsache auflösend bedingt. Die Entscheidung kann auch den Wegfall, die Herabsetzung oder die Erhöhung der Sicherheitsleistung, insofern auch Ffm MDR **81**, 677, oder die Abwendungsbefugnis aus § 711 betreffen. Eine Erhöhung kommt aber nicht in Betracht, soweit die Zwangsvollstreckung auf Grund des angefochtenen Urteils bereits beendet ist, Köln MDR **80**, 764. Über die Art der Sicherheitsleistung bestimmt das Gericht der ersten Instanz, auch abändernd, § 108 Anm 2 B, insofern aM Ffm MDR **81**, 677. Zuständig ist auch der Einzelrichter. Die Aufhebung des Urteils in der Hauptsache fällt dann unter § 717. Der Streitwert besteht im Interesse des Antragstellers an der Entscheidung, KG MDR **74**, 323.

3) Anfechtung, II. Die Entscheidung eines OLG über die vorläufige Vollstreckbarkeit ist schlechthin unanfechtbar, selbst wenn sie unzulässig war, vgl § 707 Anm 4 A.

1. Abschnitt. Allgemeine Vorschriften §§ 718, 719 1, 2

4) VwGO: Entsprechend anwendbar, § 167 I VwGO, OVG Bre NJW **67**, 2222; mit Einverständnis der Beteiligten kann ohne mündliche Verhandlung entschieden werden, OVG Münst AS **34**, 85. Teilurteile der OVG (VGH) über die vorläufige Vollstreckbarkeit sind entsprechend II und abweichend von § 132 VwGO unanfechtbar.

719 *Einstellung der Zwangsvollstreckung bei Rechtsmittel und Einspruch.*
I Wird gegen ein für vorläufig vollstreckbar erklärtes Urteil der Einspruch oder die Berufung eingelegt, so gelten die Vorschriften des § 707 entsprechend. Die Zwangsvollstreckung aus einem Versäumnisurteil darf nur gegen Sicherheitsleistung eingestellt werden, es sei denn, daß das Versäumnisurteil nicht in gesetzlicher Weise ergangen ist oder die säumige Partei glaubhaft macht, daß ihre Säumnis unverschuldet war.
II Wird Revision gegen ein für vorläufig vollstreckbar erklärtes Urteil eingelegt, so ordnet das Revisionsgericht auf Antrag an, daß die Zwangsvollstreckung einstweilen eingestellt wird, wenn die Vollstreckung dem Schuldner einen nicht zu ersetzenden Nachteil bringen würde und nicht ein überwiegendes Interesse des Gläubigers entgegensteht. Die Parteien haben die tatsächlichen Voraussetzungen glaubhaft zu machen.
III Die Entscheidung kann ohne mündliche Verhandlung ergehen.

1) Einspruch oder Berufung, I. A. Streitiges Urteil. Sobald Einspruch oder Berufung eingelegt sind, kann das Gericht auf einen Antrag eine der einstellenden oder aufhebenden Anordnungen des § 707 treffen, und zwar auch dann, wenn das Urteil nur gegen eine Sicherheitsleistung vorläufig vollstreckbar ist oder wenn die Vollstreckbarkeit durch eine Sicherheitsleistung abgewendet werden darf, Düss MDR **66**, 932. § 534 steht solchen Anordnungen nicht entgegen, Schlesw SchlHA **77**, 190. I gilt auch bei einem Urteil, das einen Arrest oder eine einstweilige Verfügung aufhebt, Düss MDR **62**, 66, Ffm NJW **76**, 1409. Die Zwangsvollstreckung erfolgt dann ja nur wegen der Kosten, also ist ein Wiederaufleben des Arrests bzw der einstweiligen Verfügung nicht möglich. Wenn ein Urteil einen Arrest oder eine einstweilige Verfügung bestätigt hat, ist eine Einstellung der Zwangsvollstreckung zwar denkbar, aber nur ganz ausnahmsweise angebracht, Ffm MDR **83**, 585 mwN.

B. Beschluß; Vollstreckungsbescheid. I gilt ferner für einen Beschluß; über einen Arrestbeschluß und einen Beschluß auf den Erlaß einer einstweiligen Verfügung vgl § 924 III. I gilt schließlich für den Vollstreckungsbescheid.

C. Versäumnisurteil. Indessen ist bei einem Versäumnisurteil eine Einstellung der Zwangsvollstreckung grundsätzlich nur gegen eine Sicherheitsleistung des Schuldners zulässig, I 2 Hs 1, abw Hamm NJW **81**, 132. Von diesem Grundsatz gelten Ausnahmen nach I 2 Hs 2, wenn das Urteil eindeutig gesetzwidrig ist (ob das der Fall ist, muß das Gericht von Amts wegen klären), Hamm MDR **78**, 412, aM Hbg NJW **79**, 1464, oder wenn der Säumige nach § 294 glaubhaft macht, daß er an der Säumnis schuldlos ist, Hamm MDR **78**, 412, LG Bln MDR **81**, 941 mwN, aM zB Hbg NJW **79**, 1464. Hier gelten etwa dieselben Anforderungen wie bei § 233. Freilich will das Gesetz hier die Stellung des Säumigen bewußt schwächen, BR-Drs 551/74. Daher ist eine allzu großzügige Auslegung des Begriffs „unverschuldet" verboten. Wegen der Rückgabe der Sicherheit § 715 Anm 1 aE. Eine Glaubhaftmachung erfolgt nur nach I, nicht außerdem nach § 707, Hamm MDR **78**, 412, aM Ffm MDR **82**, 588 mwN.

2) Revision, II. A. Nicht zu ersetzender Nachteil. a) Grundsatz. Die Vorschrift soll verzögernde Revisionen verhindern und schränkt daher die Einstellungsmöglichkeiten sowohl nach ihren Voraussetzungen als auch inhaltlich ein, Nürnb NJW **82**, 392, StJM Rdz 7ff. Soweit eine Partei gegen ein vorläufig vollstreckbares Urteil Revision eingelegt hat, muß das Revisionsgericht grundsätzlich auf Grund eines Antrags des Schuldners die Zwangsvollstreckung einstweilen einstellen, wenn der Schuldner nach § 294 glaubhaft macht, daß ihm durch die Zwangsvollstreckung ein nicht zu ersetzender Nachteil droht. Zu diesem Begriff §§ 707 Anm 3 C b, 711 S 1. Revisionsgericht ist in Bayern auch das BayObLG, § 7 II EGZPO. Der BGH ist aber an eine Entscheidung des BayObLG nicht gebunden, BGH NJW **67**, 1967. Die Zwangsvollstreckung ist auch dann einzustellen, wenn der Nachteil gemäß § 717 III nicht ausgeglichen werden kann, BGH MDR **51**, 482 gegen OGH NJW **50**, 600. Das Gericht muß die Zulässigkeit der Revision prüfen, BGH **8**, 47. Es muß eine einstweilige Einstellung ablehnen, wenn bereits mit hinreichender Sicherheit feststeht, daß die Revision erfolglos sein wird, BAG NJW **71**, 911. § 707 ist in diesem Fall nicht anwendbar. Es gelten vielmehr nur die verschärften Bedingungen des II, auch wenn die Berufung wegen einer Ablehnung des Antrags auf eine Wiedereinsetzung in den vorigen Stand als unzulässig verworfen wurde, BGH NJW **64**, 2415.

II gilt nicht, soweit das erstinstanzliche Gericht die Zwangsvollstreckung aus dem mit der Revision angefochtenen Vorbehaltsurteil einstellt, Nürnb NJW **82**, 392.

b) Einstellungsmöglichkeiten. Deshalb ist auch nur eine Einstellung der Zwangsvollstreckung zulässig, nicht auch eine Aufhebung von Zwangsvollstreckungsmaßregeln und nicht eine Zulassung einer weiteren Zwangsvollstreckung gegen eine Sicherheitsleistung, BGH WertpMitt **65**, 1023. Mit Anordnungen über die Art der Sicherheitsleistung hat § 719 nichts zu tun. Über solche Anordnungen hat vielmehr das Berufungsgericht zu befinden, selbst wenn die Revision schon eingelegt worden ist; nur ganz ausnahmsweise könnte das Revisionsgericht solche Anordnungen selbst treffen, BGH NJW **66**, 1028.

Zulässig ist aber eine teilweise Einstellung der Zwangsvollstreckung, nämlich nur insoweit, als durch die Vollstreckung ein nicht zu ersetzender Nachteil eintreten kann, BGH **18**, 219, 220 (er gibt bestimmte Konten frei, auch „soweit das Verfahren auf eine eidesstattliche Versicherung betrieben wird", vgl Pagendarm **LM** § 719 Nr 10), BAG JZ **58**, 701. Bei einem Unterlassungsanspruch gilt § 719 jedenfalls dann nicht, wenn das Urteil des Berufungsgerichts durch eine Einstellung der Zwangsvollstreckung seine sachlichrechtliche Wirkung einbüßen würde, BGH MDR **79**, 997, BAG NJW **72**, 1775. Allein der Umstand, daß die Vollstreckung aus dem Berufungsurteil ein Ergebnis des Prozesses vorwegnehmen würde, ist noch kein unersetzlicher Nachteil, BGH MDR **79**, 997.

Wenn der Gläubiger die Möglichkeit hat, seinerseits eine Sicherheit zu leisten, § 711 S 2, dann kann wegen § 717 III ein nicht zu ersetzender Nachteil jedenfalls für den Fall entstehen, daß der Gläubiger durch eine unverhältnismäßig niedrige Gegensicherheit die Leistung des Schuldners außer Kraft setzen könnte, BGH **21**, 378.

Eine einstweilige Einstellung aus einem Beschäftigungsurteil kommt nur dann in Betracht, wenn schon eine vorläufige Prüfung ergibt, daß der Arbeitgeber zu Unrecht zur Beschäftigung des Arbeitnehmers verurteilt worden ist, LAG Bln BB **80**, 1750.

c) Einstellungsverbote. Die Zwangsvollstreckung darf nicht nach II eingestellt werden, wenn das Finanzamt die vorläufige Vollstreckbarkeit einer Entscheidung des FG weder durch eine Sicherheitsleistung noch durch die Glaubhaftmachung eines unersetzlichen Nachteils nach §§ 711 S 1, 712 abgewendet hat, BFH BB **77**, 991, oder wenn die Partei im Berufungsrechtszug keinen Antrag nach § 712 gestellt, BGH NJW **82**, 1821 mwN, oder ihn trotz Zumutbarkeit nicht begründet hat, BGH NJW **83**, 456. Von diesem Grundsatz gilt freilich dann eine Ausnahme, wenn einem Antrag nach § 712 erhebliche Hindernisse entgegenstehen, etwa dann, wenn der nicht zu ersetzende Nachteil erst nach dem Schluß der mündlichen Verhandlung in der Berufungsinstanz hervortritt oder früher nicht glaubhaft gemacht werden kann oder wenn ein Antrag nach § 712 dem Vollstreckungsschuldner schweren Nachteil zufügen würde, etwa im Konkurrenzkampf, BGH MDR **80**, 553.

Die Zwangsvollstreckung darf ferner nicht nach II eingestellt werden, wenn die Partei keinen Antrag nach § 321 auf die Nachholung einer Anordnung nach § 711 gestellt hat, BGH **LM** § 711 Nr 1. Trotz der Einstellung nach § 719 ist eine einstweilige Verfügung zur Durchsetzung einer weiteren Unterlassung zulässig, BGH NJW **57**, 1193, Grdz 6 E vor § 704.

B. Kein überwiegendes Gläubigerinteresse. Soweit ein überwiegendes Interesse des Gläubigers entgegensteht, darf die Zwangsvollstreckung trotz des Vorliegens der übrigen Voraussetzungen des II nicht eingestellt werden, II 1 aE. Zum Begriff des überwiegenden Gläubigerinteresses § 712 Anm 5. II gilt ebensowenig, wenn der Schuldner andere Möglichkeiten zur Wahrnehmung seiner Interessen nicht genutzt hat, BGH MDR **79**, 138.

C. Glaubhaftmachung. Die Glaubhaftmachung, II 2, § 294, ist in allen Fällen des II 1 notwendig und ausreichend, also auch bei B.

3) Verfahren, III. Für den Antrag und für das Verfahren gilt das, was in § 707 Anm 2 D und 3 A gesagt ist. Es gelten dieselben Rechtsbehelfe wie bei I, vgl § 707 Anm 4. Ein Beschluß nach I oder II ist frei abänderlich. Er enthält keine Kostenentscheidung, Ffm AnwBl **78**, 425.

4) VwGO: Mit Ausnahme von I 2 entsprechend anwendbar, § 167 I VwGO, II auch schon im *Verfahren über die Revisionsnichtzulassungsbeschwerde*, BVerwG **29**, 290: *Im Fall einer Leistungs- (Zahlungs-)Klage keine Einstellung, wenn der Schuldner die vorläufige Vollstreckbarkeit nicht nach* §§ *711 S 1, 712 abgewendet hat, Anm 2*.

§ 720 Durchführung der Vollstreckungsabwendung.
Darf der Schuldner nach § 711 Satz 1, § 712 Abs. 1 Satz 1 die Vollstreckung durch Sicherheitsleistung oder Hinterlegung abwenden, so ist gepfändetes Geld oder der Erlös gepfändeter Gegenstände zu hinterlegen.

1) Allgemeines. Die gerichtliche Erlaubnis zur Abwendung der Vollstreckung nach §§ 711 S 1, 712 I 1 verhindert bereits jede Befriedigung des Gläubigers. Gepfändetes Geld und ein Pfanderlös dürfen nicht dem Gläubiger ausgehändigt werden, sonden müssen hinterlegt werden, BayObLG MDR **76**, 852 mwN. Das Pfandrecht dauert am hinterlegten Geld fort. Wenn der Schuldner unter dem Druck einer drohenden Zwangsvollstreckung zahlt, ist dies Geld dem Gläubiger abzuliefern; der Gläubiger ist dann befriedigt. Wenn der Gläubiger die zum Schuldnerschutz getroffene gerichtliche Anordnung seinerseits durch eine Sicherheitsleistung beseitigen darf, § 711 S 1 aE, und wenn der Gläubiger die Sicherheit auch geleistet hat, dann ist § 720 unanwendbar.

Die Vorschrift gilt grundsätzlich auch dann nicht, wenn die Einstellung der Zwangsvollstreckung gemäß §§ 707, 719 nur gegen eine Sicherheitsleistung zulässig ist und wenn der Schuldner diese nicht erbracht hat, LG Bln MDR **70**, 687; eine Ausnahme gilt im Fall § 707 Anm 3 E. Eine Hinterlegung erfolgt aber auch dann, wenn dem Schuldner und dem Gläubiger die Möglichkeit der Sicherheitsleistung eingeräumt worden ist, wenn jedoch keiner eine solche Sicherheit leistet, BGH **12**, 92. Wegen der Pfändung einer Forderung vgl § 839.

2) VwGO: *Entsprechend anwendbar, § 167 I VwGO.*

§ 720a Sicherungsmaßnahmen des Gläubigers.
[I] Aus einem nur gegen Sicherheit vorläufig vollstreckbaren Urteil, durch das der Schuldner zur Leistung von Geld verurteilt worden ist, darf der Gläubiger ohne Sicherheitsleistung die Zwangsvollstreckung insoweit betreiben, als

a) bewegliches Vermögen gepfändet wird,
b) im Wege der Zwangsvollstreckung in das unbewegliche Vermögen eine Sicherungshypothek oder Schiffshypothek eingetragen wird.

Der Gläubiger kann sich aus dem belasteten Gegenstand nur nach Leistung der Sicherheit befriedigen.

[II] Für die Zwangsvollstreckung in das bewegliche Vermögen gilt § 930 Abs. 2, 3 entsprechend.

[III] Der Schuldner ist befugt, die Zwangsvollstreckung nach Absatz 1 durch Leistung einer Sicherheit in Höhe des Hauptanspruchs abzuwenden, wegen dessen der Gläubiger vollstrecken kann, wenn nicht der Gläubiger vorher die ihm obliegende Sicherheit geleistet hat.

1) Allgemeines. Die Vorschrift stellt eine Ausnahme von der Regel des § 751 II dar, Stgt NJW **80**, 1698. Sie soll dem Gläubiger einer Geldforderung die Möglichkeit geben, schon vor der Leistung einer ihm auferlegten Sicherheit Sicherungsmaßnahmen zu treffen, damit der Schuldner sein Vermögen nicht inzwischen beiseite bringen oder zwar schuldlos, jedoch im Ergebnis für den Gläubiger ebenso schmerzhaft, in einen Vermögensverfall geraten kann. Insoweit besteht also eine Ähnlichkeit mit dem Arrest, Stgt NJW **80**, 1698, LG Darmst Rpfleger **81**, 362, LG Wuppertal NJW **79**, 275. Ein Schadensersatzanspruch des Schuldners gemäß § 717 bleibt auch bei § 720a möglich.

Die Vorschrift ist auf sämtliche Urteile anwendbar, die nur gegen eine Sicherheitsleistung vorläufig vollstreckbar sind. Das ist sowohl ein Urteil gemäß § 709 als auch ein Urteil, das zunächst ohne eine Sicherheitsleistung vorläufig vollstreckbar war, bei dem aber gemäß §§ 711 S 1 Hs 2, 712 II 2 die Vollstreckbarkeit doch wieder von einer Sicherheitsleistung des Gläubigers abhängt. § 720a ist im Fall des § 710 unanwendbar. Die Sicherungsmaßnahmen dürfen nicht zu einer Befriedigung des Gläubigers führen, bevor er eine Sicherheit geleistet hat. Freilich bleibt dem Gläubiger der durch eine Sicherungsmaßnahme erzielte Rang erhalten. Wegen des Beginns der Zwangsvollstreckung § 750 Anm 4 A.

2) Zulässige Maßnahmen, I, II. Zulässig ist die Pfändung beweglichen Vermögens, I 1a, §§ 803ff, auch eine Vorpfändung, § 845, KG Rpfleger **81**, 240, LG Hann Rpfleger **81**, 363 mwN, aM zB Fahlbusch Rpfleger **79**, 94. Unzulässig ist die Verwertung dieses Vermögens, §§ 814ff. Zulässig ist ferner die Eintragung einer Sicherungshypothek oder Schiffshypothek, I 1b, §§ 866–868, 870a. Unzulässig ist eine Zwangsversteigerung, § 869. Der Grund der Eintragung ist bei einer Zwangshypothek erkennbar zu machen, BT-Drs 7/5250.

Bei der Zwangsvollstreckung in das bewegliche Vermögen ist § 930 II, III entsprechend anwendbar, II. Gepfändetes Geld ist also zu hinterlegen. Die Versteigerung darf nur erfolgen, wenn die Gefahr einer beträchtlichen Wertverringerung besteht oder wenn die Aufbewahrungskosten unverhältnismäßig hoch werden. Dann wird der Erlös hinterlegt. Der Gläubiger kann auch ohne eine eigene Sicherheitsleistung vom Schuldner eine Offenbarungsversicherung nach § 807 fordern, Düss NJW **80**, 2717, Hamm MDR **82**, 416, Stgt NJW **79**, 1698, LG Frankenth Rpfleger **82**, 190 je mwN, aM Kblz NJW **79**, 2521, LG Bln Rpfleger **80**, 352, Fahlbusch Rpfleger **79**, 248.

3) Vollstreckungsabwendung, III. Der Schuldner kann die Sicherungsmaßnahmen durch eine eigene Sicherheitsleistung in Höhe desjenigen Hauptanspruchs abwenden, dessentwegen der Gläubiger vollstrecken kann, III 1. Das Gericht braucht diese Befugnis nicht im Urteil auszusprechen, zumal die Situation meist erst später entsteht. Die Höhe der notwendigen Sicherheitsleistung ist also aus dem vollstreckbaren Titel abzulesen. Die Sicherheitsleistung darf nicht nachträglich wegen inzwischen angewachsener Zinsforderungen usw erhöht werden. Jedoch besteht keine Befugnis zur Abwendung der Zwangsvollstreckung, soweit und sobald der Gläubiger die von ihm zu erbringende Sicherheit geleistet hat, III 2. Auch hier besteht also wie bei § 711 kein lückenloser Schuldnerschutz. Er ist auch nicht notwendig. Denn hier liegen ja bloße Sicherungsmaßnahmen vor.

4) Wirkung kraft Gesetzes. Die Rechte des § 720a treten unmittelbar kraft Gesetzes ein. Deshalb ist ihre Erörterung im Urteil weder in der Formel noch in den Entscheidungsgründen erforderlich. Das Vollstreckungsorgan hat die Rechte ohne weiteres zu beachten. Anders als bei § 711 gibt es also auch wegen einer Abwendungsbefugnis des Schuldners keinen Urteilsspruch. Vgl im übrigen die Anmerkungen zu § 711. Jedoch ist zu beachten, daß eine dem § 711 S 2 entsprechende Vorschrift hier fehlt. Es gibt also keine Sicherungsmaßnahmen des Gläubigers, wenn der Schuldner eine Sicherheit geleistet hat und der Gläubiger vorher keine Sicherheit leisten konnte.

5) VwGO: *Entsprechend anwendbar, § 167 I VwGO.*

721 *Räumungsfrist.* ¹ Wird auf Räumung von Wohnraum erkannt, so kann das Gericht auf Antrag oder von Amts wegen dem Schuldner eine den Umständen nach angemessene Räumungsfrist gewähren. Der Antrag ist vor dem Schluß der mündlichen Verhandlung zu stellen, auf die das Urteil ergeht. Ist der Antrag bei der Entscheidung übergangen, so gilt § 321; bis zur Entscheidung kann das Gericht auf Antrag die Zwangsvollstreckung wegen des Räumungsanspruchs einstweilen einstellen.

II Ist auf künftige Räumung erkannt und über eine Räumungsfrist noch nicht entschieden, so kann dem Schuldner eine den Umständen nach angemessene Räumungsfrist gewährt werden, wenn er spätestens zwei Wochen vor dem Tage, an dem nach dem Urteil zu räumen ist, einen Antrag stellt. §§ 233 bis 238 gelten sinngemäß.

III Die Räumungsfrist kann auf Antrag verlängert oder verkürzt werden. Der Antrag auf Verlängerung ist spätestens zwei Wochen vor Ablauf der Räumungsfrist zu stellen. §§ 233 bis 238 gelten sinngemäß.

IV Über Anträge nach den Absätzen 2 oder 3 entscheidet das Gericht erster Instanz, solange die Sache in der Berufungsinstanz anhängig ist, das Berufungsgericht. Die Entscheidung kann ohne mündliche Verhandlung ergehen. Vor der Entscheidung ist der Gegner zu hören. Das Gericht ist befugt, die im § 732 Abs. 2 bezeichneten Anordnungen zu erlassen.

V Die Räumungsfrist darf insgesamt nicht mehr als ein Jahr betragen. Die Jahresfrist rechnet vom Tage der Rechtskraft des Urteils oder, wenn nach einem Urteil auf künftige Räumung an einem späteren Tage zu räumen ist, von diesem Tage an.

VI Die sofortige Beschwerde findet statt
1. gegen Urteile, durch die auf Räumung von Wohnraum erkannt ist, wenn sich das Rechtsmittel lediglich gegen die Versagung, Gewährung oder Bemessung einer Räumungsfrist richtet;
2. gegen Beschlüsse über Anträge nach den Absätzen 2 oder 3.

Hat das Berufungsgericht entschieden, so ist die Beschwerde unzulässig. Eine weitere Beschwerde findet nicht statt.

VII Die Absätze 1 bis 6 gelten nicht in den Fällen des § 564 c Abs. 2 des Bürgerlichen Gesetzbuchs.

Schrifttum: Lippross, Grundlagen und System des Vollstreckungsschutzes, 1983.

Vorbem. II 2, III 3 angefügt dch Art 1 Z 102 VereinfNov, in Kraft seit 1. 7. 77, Art 12 I. VII angefügt dch Art 3 Z 4 a G v 20. 12. 82, BGBl 1912, in Kraft seit 1. 1. 83, Art 6.

1) Allgemeines. § 721 enthält auch den Räumungsschutz, so daß §§ 30, 31 WohnraumbewirtschG inzwischen grundsätzlich außer Kraft getreten sind. Eine Prüfung gemäß § 556a BGB oder nach dem 2. WoKSchG darf nicht schon mit der Begründung unterbleiben, daß § 721 eine ausreichende Frist gewähre, vgl Stgt OLGZ **69**, 14, LG Regensb WM **83**, 141, AG Geilenkirchen WM **74**, 13 mwN. § 765a gilt unverändert. Die Bewilligung einer Räumungsfrist ändert an der Beendigung des Mietverhältnisses nichts, insofern richtig LG Freibg WM **80**, 224 mwN, AG Friedberg WM **80**, 223. Jedoch bleibt die bisherige Miethöhe auch für den Zeitraum der Fristverlängerung maßgebend, LG Wiesb WM **68**, 164, insofern aM LG Freibg WM **80**, 224, AG Friedberg WM **80**, 223.

Gegenüber einem Zuschlagsbeschluß ist ein Vollstreckungsschutz nur gemäß § 765a möglich, nicht nach § 721, Mü OLGZ **69**, 43, LG Hbg MDR **71**, 671. Dasselbe gilt beim Zeitmietvertrag, Vogel DRiZ **83**, 206. Wegen einer früheren Ehewohnung kommt nur ein Verfahren nach der HausrVO in Frage, Stgt FamRZ **80**, 467 mwN, aM zB Hoffmann-Stephan EheG 2. Aufl § 5 HausrVO Rdz 29. Macht der Gläubiger innerhalb der Jahresfrist nach V von dem Vollstreckungstitel keinen Gebrauch, so darf er die Zwangsvollstreckung nicht mehr betreiben, Grdz 6 D d vor § 704, LG Düss MDR **79**, 496, großzügiger Hamm NJW **82**, 342 mwN (krit Lammel WM **82**, 123).

2) Voraussetzungen. § 721 erfaßt nur eine Räumung von Wohnraum, nicht auch eine Räumung eines anderen Grundstücks, zB eines gewerblich genutzten Raums. Bei einer Mischmiete erfaßt § 721 nur denjenigen Raum, der auch dem ständigen Wohnen dient, LG Kiel WM **76**, 132, LG Stgt WM **73**, 83 mwN, aM zB LG Mannh ZMR **68**, 190 (§ 721 sei in solchem Fall überhaupt nur dann anwendbar, wenn der Wohnzweck gegenüber dem sonstigen Nutzungszweck mindestens gleichwertig sei).

Es reicht aus: Daß sich die Wohnung auf einem zu räumenden Grundstück befindet, AG Wuppertal MDR **71**, 667; daß der Pächter, der sonst nicht unter § 721 fällt, eine Wohnung auf dem Pachtland hat, das er herausgeben muß, LG Mannh MDR **71**, 223; daß die Wohnung, die zusammen mit einer Gaststätte verpachtet wurde, technisch von der Gaststätte getrennt werden kann, Hbg MDR **72**, 955, LG Mannh ZMR **74**, 48; daß ein Geschäftsraum als Wohnraum untervermietet worden ist, AG Stgt WM **74**, 180. Der Rechtsgrund des Innehabens ist unerheblich. Ebenso unerheblich ist, wer Besitzer im Sinne des BGB ist. Der Raum muß tatsächlich zum Wohnen benutzt werden. Diesem Zweck kann auch ein Schiff oder ein Wohnwagen usw dienen, vgl § 885 Anm 1 A. Celle NJW **80**, 713 versagt dem Ehebrecher, der die Ehewohnung verlassen soll, die Berufung auf § 721.

Das Gericht muß von Amts wegen klären, ob es einen Räumungsschutz gewähren will. Es hat insofern ein pflichtgemäßes Ermessen. Der Räumungsschuldner darf jedoch auch einen Antrag stellen. Dieser ist bis zum Schluß der letzten mündlichen Verhandlung zulässig, also auch noch in der zweiten Instanz. Dort untersteht er dem Anwaltszwang, § 78 I.

3) Entscheidung im Räumungsurteil, I. Das Gericht hat über die Gewährung einer Räumungsfrist außer in einem Fall nach VII, Anm 8, von Amts wegen oder auf Antrag, Anm 2, zusammen mit der Entscheidung über die Räumung selbst, also im Räumungsurteil zu befinden. Das Urteil muß auch die etwaige Ablehnung des Räumungsschutzes erörtern. Wenn ein Versäumnisurteil ergeht, muß das Gericht über die Räumungsfrist ebenfalls im Urteil entscheiden; dabei sind die Behauptungen des Klägers über das Verhalten des Bekl als wahr zu unterstellen, LG Mannh MDR **66**, 242, aM Hoffmann MDR **65**, 170 (für den Fall, daß sich der Bekl irgendwie dahin geäußert hat, er begehre eine Räumungsfrist). Das gilt auch bei einem Zweiten Versäumnisurteil nach § 345, LG Mü WM **82**, 81.

Nur wenn, wenn das Gericht einen Antrag übergangen hat, ist ein Ergänzungsantrag binnen 2 Wochen seit der Zustellung des Urteils zu stellen, § 321, LG Karlsr MDR **80**, 764 mwN. Wenn das Urteil zur Räumungsfrist völlig schweigt oder wenn seine Auslegung zu Zweifeln Anlaß gibt, ist von der Ablehnung einer Räumungsfrist auszugehen, Buche MDR **72**, 190. Da das Räumungsurteil für vorläufig vollstreckbar erklärt wird, § 708 Z 7, kann die Zwangsvollstreckung im Ergänzungsverfahren auf einen Antrag wegen des Räumungsanspruchs einstweilen eingestellt werden.

4) Entscheidung in einem späteren Zeitpunkt, II–IV. A. Urteil auf künftige Räumung. Wenn das Gericht auf eine erst künftige Räumung erkannt hat, § 259, in diesem Verfahren aber über eine Räumungsfrist noch nicht entschieden hat, II, insbesondere weil die Probleme zur Räumungsfrist noch nicht übersehen werden konnten, dann kann der Schuldner außer in einem Fall nach VII, Anm 8, bis spätestens 2 Wochen vor demjenigen Räumungstag, der sich aus dem Urteil ergibt, diesen also mitgerechnet, einen Antrag auf die Gewährung einer Räumungsfrist stellen.

B. Verlängerungsantrag. a) Grundsatz. Wenn sich aus dem Räumungsurteil eine Räumungsfrist ergibt oder wenn das Gericht eine solche nach II festgesetzt hat, dann kann der Schuldner bis spätestens 2 Wochen vor dem Räumungstag, diesen also mitgerechnet, einen Antrag auf eine Verlängerung der Räumungsfrist stellen. Diese letztere Möglichkeit besteht aber bei einer außergerichtlich vereinbarten Räumungsfrist nicht, LG Wuppertal NJW **67**, 832. Der Gläubiger kann einen Antrag auf eine Verkürzung der Räumungsfrist stellen, III. Der Antrag auf eine Verlängerung der Räumungsfrist kann auch die Versäumung der Antragsfrist für die Urteilsergänzung heilen, wenn der Räumungstag noch wenigstens 2 Wochen bevorsteht. Wegen der Feiertags- und Wochenendprobleme § 222 Anm 3. Die vorstehenden Anträge können auch wiederholt gestellt werden. Dazu muß der Antragsteller neue Tatsachen vortragen, die er seinerzeit nicht vorbringen konnte.

Wenn das Berufungsgericht die Frist festgesetzt hat, darf das erstinstanzliche Gericht die Räumungsfrist nur auf Grund von Tatsachen ändern, die das Berufungsgericht noch nicht kannte, LG Münster MDR **68**, 52. Bei den Antragsfristen handelt es sich nicht um Notfristen. Dennoch ist eine Wiedereinsetzung gegen ihre Versäumung zulässig, II 2, III 3 je iVm §§ 233–238. Wenn eine Frist versäumt wurde, ist der Antrag unzulässig. § 765a ist nur unter seinen engen besonderen Voraussetzungen anwendbar, LG Gött MDR **67**, 847, LG Wuppertal MDR **68**, 52, aM Schmidt-Futterer MDR **65**, 702. § 765a darf nur vom Vollstreckungsgericht angewendet werden.

b) Verfahren. Zuständig für einen Antrag nach II und III ist das AG. Das LG ist erst von der Einlegung der Berufung an und nur bis zu deren Rücknahme oder bis zu einer Entscheidung über die Berufung zuständig. Die Entscheidung kann ohne eine mündliche Verhandlung ergehen. Das Gericht muß zuvor den Gegner anhören. Das Gericht kann die Zwangsvollstreckung bis zu seiner Entscheidung einstweilen einstellen, und zwar gegen eine Sicherheitsleistung oder ohne eine solche. Es kann auch anordnen, daß die Zwangsvollstreckung nur gegen eine Sicherheitsleistung fortgesetzt werden darf, § 732 II. Solche Anordnung setzt voraus, daß die Berufung voraussichtlich Erfolg haben wird. Die Entscheidung ergeht durch einen Beschluß. Das Gericht muß ihn grundsätzlich begründen, § 329 Anm 1 A b.

c) Entscheidung. Die Entscheidung lautet auf die Gewährung, bei III auf die Verlängerung oder die Verkürzung einer angemessenen Räumungsfrist, oder auf die Ablehnung der begehrten Entscheidung.

5) Interessenabwägung. Das Gericht übt ein pflichtgemäßes Ermessen aus. Es muß die näheren Umstände bei beiden Parteien prüfen. Das Gericht muß die Interessen beider Parteien gegeneinander abwägen, AG Starnb WM **80**, 204. Dabei kommen vor allem folgende Gesichtspunkte in Betracht (Übersicht über die Rechtsprechung bei Buche MDR **72**, 191):

A. Zugunsten des Räumungsschuldners: Wie ist die Lage am Wohnungsmarkt? Wie lange hat der Schuldner die Wohnung schon inne? Hat er selbst gekündigt? Hat er dem Vermieter einen Grund für eine Kündigung gegeben, insbesondere wegen einer Belästigung, einer säumigen Zahlung? Hat er die Wohnung in gutem Zustand erhalten? Hat er Renovierungen vorgenommen? Hat er die Möglichkeit, für sich und seine Familie ein neues Unterkommen zu angemessenen und nicht bloß erträglichen Bedingungen zu finden? Will er in einen Neubau einziehen, dessen Fertigstellung sich verzögert, LG Brschw WM **73**, 82, AG Miesbach WM **80**, 204, AG Starnb WM **80**, 204? Hat er sich in jeder ihm zumutbaren Weise um einen Ersatzraum bemüht, BayObLG ZMR **75**, 220, LG Flensb WM **72**, 15, Schmidt-Futterer NJW **71**, 1829? Wie ist sein Gesundheitszustand und der seiner Familie? Wie alt ist er, Schmidt-Futterer NJW **71**, 731? Wieviel Kinder hat er? Besteht in der engsten Familie eine Schwangerschaft?

B. Zugunsten des Gläubigers: Wie sind die bei A genannten Gesichtspunkte hier zu beurteilen? Wieviel Zeit ist seit der Kündigung vergangen? Wie hat sich der Schuldner inzwischen verhalten? Bestehen begründete Einwendungen gegen den Ehegatten oder Familienangehörige der Erben des Schuldners, die nach seinem Tod das Mietverhältnis fortsetzen, § 569a BGB? Hat der Vermieter einen Eigenbedarf, sei es für sich persönlich, sei es

1. Abschnitt. Allgemeine Vorschriften §§ 721, 722

für Angehörige oder Mitarbeiter, vgl auch LG Mannh MDR **66**, 511 (vgl freilich § 564 II BGB)?

6) Weitere Einzelfragen. Im Höchstfall darf die Räumungsfrist insgesamt 1 Jahr betragen. Andernfalls ist ein Zwischenumzug zumutbar, LG Mannh MDR **70**, 594. Ein solcher Zwischenumzug ist aber nicht schon nach 3 Monaten zumutbar, LG Brschw WM **73**, 82, evtl noch nicht einmal nach 8 Monaten, AG Bergheim WM **72**, 131. Überhaupt darf dem Räumungsschuldner ein Zwischenumzug nicht schon deshalb zugemutet werden, weil der Vermieter ein Interesse daran hat, über den Raum möglichst bald verfügen zu können, LG Köln ZMR **73**, 89, AG Starnb WM **80**, 204. Die jeweils festgesetzte Frist beginnt dann, wenn im Beschluß nichts anderes bestimmt ist (das wäre zulässig, § 221 I), mit der Zustellung nach § 221 I oder mit der Verkündung nach § 312 zu laufen, LG Mannh MDR **70**, 594. Die Höchstfrist von 1 Jahr beginnt mit dem Eintritt der Rechtskraft des Urteils, bei einem Urteil auf eine künftige Räumung mit dem dort festgesetzten Tag, V.

Der Vermieter muß eine etwa notwendige Räumungsfrist beim Mieter einer Sozialwohnung auch dann hinnehmen, wenn der Vermieter wegen einer Fehlbelegung der Wohnung monatliche Geldzahlungen leisten muß, sofern er beim Vertragsabschluß hätte wissen müssen, daß der Mieter nicht sozialwohnungsberechtigt war, AG Bergheim WM **81**, 283.

Eine Räumungsfrist kann auch für nur einen Teil der Wohnung zugebilligt werden, LG Lüb SchlHA **67**, 151, aM LG Kiel SchlHA **65**, 241. Wenn das Gericht eine Räumungsfrist gewährt oder verlängert, darf der Vermieter einen weiteren Schaden geltend machen, der ihm dadurch entsteht, daß der Mieter die Mietsache nicht zurückgegeben hat, § 557 III BGB. Während der Räumungsfrist wird das Nutzungsverhältnis nicht weiter ausgestaltet, dazu Müller MDR **71**, 253.

Über die Kosten entscheidet das Gericht im Urteil nach §§ 91, 93b III, ThP 6a, aM LG Mü WM **82**, 81, und zwar auch dann, wenn die Klage auf § 564b II BGB gestützt worden ist, Schmidt-Futterer NJW **72**, 5. In einem besonderen Beschlußverfahren entscheidet das Gericht ebenfalls nach §§ 91ff, nicht nach § 788. Denn es handelt sich nicht um einen Vollstreckungsschutz. Deshalb entscheidet ja auch bei II, III das Prozeßgericht, nicht das Vollstreckungsgericht, LG Wuppertal JMBl NRW **65**, 95, LG Konstanz MDR **67**, 307, Hausser NJW **65**, 804, aM Schmid ZMR **82**, 129.

7) Rechtsmittel, VI. Wenn das Urteil als solches angefochten wird, dann wird damit auch die Räumungsfrist angefochten. Der Gegner hat dann die Möglichkeit, seinerseits bis zum Schluß der letzten mündlichen Verhandlung Anträge zu stellen. Es ist aber auch eine selbständige Anfechtung der im Urteil ausgesprochenen Räumungsfrist oder ihrer Bemessung sowie der Versagung einer solchen Frist möglich, VI Z 1. Gegen die darauf ergehende Entscheidung ist sofortige Beschwerde zulässig, auch wenn es sich um ein Versäumnisurteil handelt, LG Mannh MDR **66**, 242, oder wenn ein Beschluß auf Antrag gem II oder III ergangen ist, VI Z 2, jedoch nicht, wenn das Berufungsgericht erkannt hat.

Eine weitere Beschwerde ist unzulässig, VI 3. Ein Rechtsentscheid des OLG kommt nicht in Betracht, Hamm NJW **81**, 2585.

8) Keine Räumungsfrist, VII. Soweit der Mieter keine Fortsetzung des Mietverhältnisses nach § 556b BGB oder nach § 564c II BGB fordern kann, besteht auch kein Anlaß zur Gewährung einer Räumungsfrist. Daher ist in einem solchen Fall gemäß VII die gesamte Regelung I–VI unanwendbar. Vgl auch den entsprechenden § 794a V. Der Mieter ist auf § 765a angewiesen, abw Sternel MDR **83**, 273.

9) VwGO: Unanwendbar, weil auf Räumung einer Wohnung lautende Urteile nicht vorkommen (bei Anfechtung eines auf Räumung lautenden VerwAktes ist Fristgewährung Sache der Behörde).

722 *Vollstreckungsklage.* **¹ Aus dem Urteil eines ausländischen Gerichts findet die Zwangsvollstreckung nur statt, wenn ihre Zulässigkeit durch ein Vollstreckungsurteil ausgesprochen ist.**

II Für die Klage auf Erlaß des Urteils ist das Amtsgericht oder Landgericht, bei dem der Schuldner seinen allgemeinen Gerichtsstand hat, und sonst das Amtsgericht oder Landgericht zuständig, bei dem nach § 23 gegen den Schuldner Klage erhoben werden kann.

Schrifttum: Nagel, Internationales Zivilprozeßrecht, 1980; Rüter, Zur Frage der Anerkennung und Vollstreckung ausländischer kartellprivatrechtlicher Entscheidungen in den USA und in Deutschland, Diss Münster 1969.

§ 722 1

1) Zwangsvollstreckung aus einem ausländischen Urteil, I. A. Allgemeines. Über den Begriff des ausländischen Urteils § 328 Anm 1 B a. Die Frage, wann ein solches Urteil in äußere Rechtskraft erwächst, richtet sich ganz nach dem jeweiligen ausländischen Recht. Eine innere Rechtskraftwirkung kann das Urteil nur haben, soweit es im Inland nach § 328 anzuerkennen ist. Insofern ist aber auch die Vollstreckungsklage nach § 723 zulässig. Diese Klage setzt ein rechtskräftiges Urteil voraus. Wenn ein ausländischer Kostenfestsetzungsbeschluß fehlt und wenn das Urteil keine Kostenentscheidung erkennen läßt, dann bleibt nur ein besonderer Nachweis der Kosten übrig. § 722 läßt als eine zwingende Vorschrift des öffentlichen Rechts keinerlei abweichende private Vereinbarung zu.

Wegen der Anerkennung von gerichtlichen Entscheidungen in der DDR vgl § 328 Vorbem und § 723 Anm 3 B (wegen Westberlin) sowie BGH **84**, 18 mwN, Biede DGVZ **79**, 153. Wegen des EuGÜbk SchlAnh V C 1 (Art 26 ff). Ein Antrag, einen ausländischen Vollstreckungstitel nach dem EuGÜbk mit der Vollstreckungsklausel zu versehen, kann nicht in eine Klage nach § 722 umgedeutet werden, BGH NJW **79**, 2477. Eine vollstreckbare Urkunde reicht nicht aus, zB StJM II, aM Geimer DNotZ **75**, 464, ebensowenig ein anderer öffentlichrechtlicher ausländischer Titel, Geimer DNotZ **75**, 478.

I ist bei der Zwangsvollstreckung auf die Herausgabe eines Kindes unanwendbar, BGH **67**, 258 (zum alten Recht, vgl jetzt § 1632 I, III BGB), vgl Düss FamRZ **83**, 422. Streitgegenstand ist nicht derjenige Anspruch, über den das ausländische Gericht entschieden hat, sondern nur das Begehren, der ausländischen Entscheidung die inländische Vollstreckbarkeit zu geben, Bbg FamRZ **80**, 67. Dennoch entscheidet im allgemeinen dasjenige deutsche Gericht, das nach dem deutschen Recht zur Entscheidung in der Sache selbst zuständig wäre, BGH **67**, 258, evtl also das FamGer, Bbg FamRZ **80**, 67.

B. Vollstreckungsurteil. Nur wenn und soweit ein deutsches Vollstreckungsurteil vorliegt, ist eine Zwangsvollstreckung aus dem ausländischen Urteil statthaft. Das deutsche Vollstreckungsurteil ist eine Urkunde, die im Zusammenhang mit der ausländischen Entscheidung einen sachlichen Inhalt gibt. Sie ist dem Vollstreckungsbescheid vergleichbar. Darum verbindet das Gericht die ausländische Entscheidung zweckmäßig dadurch mit dem deutschen Vollstreckungsurteil, daß es sie in die Urteilsformel aufnimmt, etwa so: ,,Die Zwangsvollstreckung aus dem Urteil des ... Gerichts, dessen Formel wie folgt lautet ..., ist zulässig". Eine Umrechnung fremder Währungen findet nicht statt. Dem Vollstreckungsurteil ist keine Sachprüfung zugrunde zu legen. Seine Bedeutung liegt nur darin, daß die ausländische Entscheidung im Inland für vollstreckbar erklärt und damit gleichzeitig anerkannt wird. Das Vollstreckungsurteil wirkt also rechtsgestaltend.

Ein Vollstreckungsurteil darf nicht ergehen, wenn es um eine ausländische Entscheidung in einer Ehesache geht, weil deren Anerkennbarkeit besonders geregelt ist, § 328 Anm 7 B. Luther FamRZ **75**, 260 hält aber unter Umständen ein Vollstreckungsurteil wegen der Kostenentscheidung des ausländischen Eheurteils für zulässig (Österreich). Ein Vollstreckungsurteil ist nicht schon deshalb stets unzulässig, weil ein Staatsvertrag ein anderes Verfahren vorsieht, vgl SchlAnh V, vgl auch AG Garmisch-Partenkirchen NJW **71**, 2135 mwN (Anm Geimer NJW **72**, 1010), Luther FamRZ **75**, 259. Ein Vollstreckungsurteil kommt nicht in Betracht, wenn ein ausländisches Rheinschiffahrtsobergericht entschieden hat. In diesem Fall erteilt das Rheinschiffahrtsobergericht Köln die Vollstreckungsklausel ohne weiteres, § 14 GVG Anm 2. Im übrigen ist die Vollstreckungsklausel nur zu dem Vollstreckungsurteil zu erteilen. Die Zwangsvollstreckung aus dem Vollstreckungsurteil erfolgt dann, wenn es für vorläufig vollstreckbar erklärt worden ist oder wenn seine Rechtskraft eingetreten ist. Rechtsmittel sind nach allgemeinen Grundsätzen zulässig.

C. Selbständige Klage. a) Leistungsklage. Eine selbständige Klage auf den durch das ausländische Urteil festgestellten Anspruch ist regelmäßig statthaft. Denn das Vollstreckungsurteil läßt sich weder einfacher noch billiger erlangen. Auch bei einer selbständigen Klage steht jeder sachlichen Nachprüfung die von Amts wegen zu beachtende Rechtskraft entgegen, Einf 5 A, B vor §§ 322–327. Der Fall liegt also ähnlich, als wenn sich die Partei für denselben Anspruch einen zweiten Vollstreckungstitel beschaffen würde, vgl auch BGH NJW **64**, 1626, Luther FamRZ **75**, 260 (Österreich). Schütze DB **77**, 2130 bejaht das Rechtsschutzbedürfnis für eine selbständige Leistungsklage nur dann, wenn sie der einzige Weg dazu ist, den Anspruch durchzusetzen. Er will aber eine Verbindung der Vollstreckungsklage und der Leistungsklage zulassen. Es ist unerheblich, ob eine Entscheidung die Zwangsvollstreckung zuläßt, Grdz 3 F vor § 704. Auch ein Feststellungsurteil oder ein abweisendes Urteil ist einem Vollstreckungsurteil zugänglich, soweit Kosten oder eine Vollstreckbarkeit im weiteren Sinne in Betracht kommen.

1. Abschnitt. Allgemeine Vorschriften §§ 722, 723 1, 2

b) Feststellungsklage. Der Verurteilte kann auf die Feststellung des Nichtbestehens der ausgesprochen Verpflichtung klagen, solange eine Vollstreckungsklage nicht erhoben worden ist, § 256 Anm 5 „Leistungsklage" aE. Das ursprüngliche Schuldverhältnis wird nur dann geprüft, wenn dem ausländischen Urteil eine Anerkennung nach § 328 versagt werden muß.

2) Vollstreckungsklage, II. A. Kläger. Die Parteifähigkeit ist nach dem Personalstatut zu beurteilen, § 50 Anm 2 A. Sie muß im Zeitpunkt des Erlasses des Vollstreckungsurteils vorliegen. Das Prozeßführungsrecht richtet sich nach dem ausländischen Recht. Ein Dritter, etwa ein Rechtsnachfolger, ist nur dann zur Prozeßführung berechtigt, wenn das Urteil nach dem ausländischen Recht für oder gegen ihn wirkt. Über eine Rechtsnachfolge ist im Prozeß zu entscheiden.

B. Zuständigkeit. a) Örtliche Zuständigkeit. Ausschließlich zuständig das Gericht des allgemeinen Gerichtsstands des Schuldners, §§ 13–19, hilfsweise das Gericht des Vermögens, § 23, Schütze NJW **83**, 155 mwN.

b) Sachliche Zuständigkeit. Ausschließlich zuständig das AG oder LG, je nach dem Streitwert des Vollstreckungsurteils. In Familiensachen ist das FamGer zuständig, zB BGH **67**, 255, Bbg FamRZ **80**, 66, Hbg FamRZ **78**, 907, Köln FamRZ **79**, 718, LG Tüb FamRZ **79**, 611, aM Schütze NJW **83**, 155 mwN.

C. Weitere Einzelfragen. Die Vollstreckungsklage macht den sachlichrechtlichen Anspruch nicht rechtshängig, BGH **72**, 29 mwN. Deshalb greift die Rechtshängigkeit gegenüber einer neuen Leistungsklage nicht durch. Deshalb ist die Widerklage unzulässig, Riezler JZPR 565, aM StJM III 5. Die Rechtshängigkeit in einem anderen Prozeß ist unerheblich. Denn die Ansprüche sind verschieden. Ein Urkundenprozeß ist unzulässig. Denn es liegt kein Zahlungsanspruch vor, § 592. Da ein Vergleich über den Streitgegenstand unwirksam wäre, vgl Anm 1 A aE, ist auch kein Anerkenntnis nach § 307 möglich. Sämtliche Voraussetzungen sind von Amts wegen zu prüfen. Über eine Unterbrechung der Verjährung durch die Vollstreckungsklage BGH **72**, 25 mwN.

Gebühren: Des Gerichts: KV 1010 ff, nicht KV 1080 ff; des RA: § 47 BRAGO.

3) VwGO: Unanwendbar, da ein Vollstreckungsurteil in der VwGO nicht vorgesehen ist.

723 *Vollstreckungsurteil.* I Das Vollstreckungsurteil ist ohne Prüfung der Gesetzmäßigkeit der Entscheidung zu erlassen.

II Das Vollstreckungsurteil ist erst zu erlassen, wenn das Urteil des ausländischen Gerichts nach dem für dieses Gericht geltenden Recht die Rechtskraft erlangt hat. Es ist nicht zu erlassen, wenn die Anerkennung des Urteils nach § 328 ausgeschlossen ist.

Schrifttum: Hartmann, Die Zwangsvollstreckung aus Zivilurteilen sowjetzonaler Gerichte in der Bundesrepublik Deutschland, Diss Mü 1955.

1) Prüfung, I. Das Gericht hat nicht nachzuprüfen, ob das ausländische Verfahren ordnungsmäßig war oder ob das ausländische oder das inländische Recht nicht richtig angewandt worden sind, BGH **53**, 363. Das Gericht darf also auch nicht prüfen, ob die Prozeßvoraussetzungen vorlagen, etwa die Zuständigkeit. Wohl aber ist eine Prüfung aus § 328 vorzunehmen, also unter anderem darauf, ob die ausländische Entscheidung gegen tragende deutsche Rechtsgrundsätze verstößt, BGH **53**, 361, oder ob der Bekl gegen ein im Ausland erlassenes Versäumnisurteil die internationale Zuständigkeit des deutschen Gerichts eingewandt hat, Anm 2. Ferner muß das Gericht alle Einwendungen gegen den durch das ausländische Urteil festgestellten Anspruch im Rahmen des § 767 II prüfen.

Der Schuldner muß die Einwendungen in diesem Verfahren erheben, vgl Düss FamRZ **81**, 79. Es würde seiner Förderungspflicht, Grdz 2 E vor § 128, widersprechen, die Einreden einem neuen Prozeß aufzusparen. Die Vollstreckungsabwehrklage ist gegen das Vollstreckungsurteil zu richten. Sie bleibt allein übrig, falls das ausländische Urteil nach dem Erlaß des deutschen Vollstreckungsurteils im Wiederaufnahmeverfahren vernichtet worden ist. Eine nach dem ausländischen Urteil eingetretene Rechtsnachfolge ist zu prüfen. Alle derartigen Einreden und Einwendungen treten nicht dem ausländischen Urteil entgegen, sondern seiner Vollstreckbarkeit im Inland.

2) Voraussetzungen, II. Das ausländische Urteil muß nach dem ausländischen Recht eine äußere Rechtskraft erlangt haben, zB Serick Festschrift für Weber (1975) 385 (zum südafrikanischen „final" Vermerk). Eine vorläufige Vollstreckbarkeit des ausländischen Urteils genügt also nicht, und zwar selbst dann nicht, wenn die Rechtskraft für die Vollstreckbarkeit nach dem ausländischen Recht unerheblich ist. Nur eine „endgültige" Vollstreckbarkeit verlangen Artt 56 CIM, 52 CIV, dazu 20 G v 24. 4. 74, BGBl II 357. Im übrigen darf § 328 der Anerkennung des ausländischen Urteils nicht entgegenstehen. Es muß also vor allem die Gegenseitigkeit verbürgt sein, § 328 Anh.

Im Vollstreckungsrechtsstreit kann der Bekl also auch geltend machen, daß das ausländische Gericht nach dem deutschen Recht nicht zuständig war, und zwar auch dann, wenn der Bekl vor dem ausländischen Gericht ein Versäumnisurteil gegen sich ergehen ließ. Das deutsche Gericht ist an Feststellungen des ausländischen Gerichts über Tatsachen, die dessen Zuständigkeit begründen, nicht gebunden, BGH **52**, 37 und **LM** Nr 6 (Anm Geimer NJW **70**, 387, vgl auch Milleker ZZP **84**, 91, Bernstein Festschrift für Ferid [1978] 100, Geimer ZZP **85**, 196), BGH **59**, 116, vgl Karlsr NJW **74**, 1059. Der Kläger muß die Voraussetzungen der Anerkennung beweisen. Diese Voraussetzungen müssen beim Schluß der mündlichen Verhandlung vorliegen. Vgl im übrigen bei § 722. Wegen des EuGÜbk SchlAnh V C 1 (Artt 26 ff, 31 ff).

3) Interlokale Zwangsvollstreckung

Schrifttum: Wittstadt, Interzonales Zivilprozeßrecht. Anerkennung und Vollstreckung von Entscheidungen der Zivilgerichte, Diss Erlangen 1959.

Hier ist zu unterscheiden:

A. Bundesrepublik. Wegen der Anerkennung eines Scheidungsurteils der DDR in der BRep vgl Vorbem B vor § 328.

B. Westberlin. Das dortige Gesetz über die Vollstreckung von Entscheidungen auswärtiger Gerichte idF v 26. 2. 53, GVBl 152, abgedruckt bis zur 38. Aufl im Anh § 723, ist wegen Verstoßes gegen Art 72 I GG nichtig, KG NJW **77**, 1694 und **79**, 881, vgl auch Adler/Alich ROW **80**, 143, Biede DGVZ **79**, 153. Der BGH hat, soweit ersichtlich, ebensowenig wie das BVerfG abweichend entschieden, zumal es sich um Landesrecht handelt. Die Praxis wendet zB § 766 an. Vgl auch Einl III 8 A, Vorbem A vor § 328.

Gebührenrechtlich gilt KV 1080 ff entsprechend, vgl §§ 49, 54, 58 GKG, 57 BRAGO.

4) VwGO: Unanwendbar, § 722 Anm 3.

724 *Vollstreckbare Ausfertigung.* [I] Die Zwangsvollstreckung wird auf Grund einer mit der Vollstreckungsklausel versehenen Ausfertigung des Urteils (vollstreckbare Ausfertigung) durchgeführt.

[II] Die vollstreckbare Ausfertigung wird von dem Urkundsbeamten der Geschäftsstelle des Gerichts des ersten Rechtszuges und, wenn der Rechtsstreit bei einem höheren Gericht anhängig ist, von dem Urkundsbeamten der Geschäftsstelle dieses Gerichts erteilt.

1) Allgemeines. A. Notwendigkeit. Die vollstreckbare Ausfertigung ist die Grundlage jeder Zwangsvollstreckung. Sie ist bei allen Vollstreckungstiteln notwendig, auch zB bei denjenigen aus § 43 WEG, und zwar wegen § 45 III WEG, Stgt Rpfleger **73**, 311.

B. Entbehrlichkeit. Eine vollstreckbare Ausfertigung darf nur in folgenden Fällen fehlen:
a) Vollstreckungsbescheid. Sie darf beim Vollstreckungsbescheid fehlen, § 796 I.
b) Arrest usw. Sie darf bei einem Arrest und bei einer einstweiligen Verfügung fehlen, §§ 929 I, 936.

Ein Titel nach a oder b bedarf nur dann einer Vollstreckungsklausel, wenn die Zwangsvollstreckung nicht für und gegen den im Titel Genannten stattfinden soll.
c) Haftbefehl. Sie ist bei einem Haftbefehl entbehrlich.
d) Pfändung, Überweisung. Sie kann bei einem Pfändungsbeschluß im Fall des § 830 I und beim Überweisungsbeschluß nach § 836 III fehlen.
e) Kostenfestsetzungsbeschluß. Sie kann bei dem auf das Urteil gesetzten Kostenfestsetzungsbeschluß fehlen, §§ 105, 795 a.

Wegen Europäischer Zwangsvollstreckungstitel ist der Bundesjustizminister zur Erteilung der vollstreckbaren Ausfertigung zuständig, Bek v 25. 8. 54, BGBl II 1030 (EGKS), Bek v 3. 2. 61, BGBl II 50 (EAG, EG), Üb bei Schwaiger NJW **70**, 979. Wegen des EuGÜbk SchlAnh V C.

C. EuGÜbk. Wegen des EuGÜbk SchlAnh V C 2; Üb bei Wolf NJW **73**, 398.

2) Vollstreckbare Ausfertigung, I. Sie ist eine mit der Vollstreckungsklausel nach § 725 versehene Ausfertigung des Titels, vgl § 170 Anm 2 A. Bei einem Prozeßvergleich gehört dazu der Vermerk „v. u. g." oä aus dem Protokoll, LG Essen MDR **75**, 937. Die vollstreckbare Ausfertigung kann bei einem Urteil vollständig oder abgekürzt sein, § 317 II, IV. Es ist zu empfehlen, die Vorschrift ganz förmlich zu beachten, obwohl nach richtiger Meinung eine Vollstreckungsklausel, die unter eine Abschrift des Titels gesetzt und mit dem Gerichtssiegel versehen und unterschrieben wurde, bereits dieser Abschrift die Natur einer Ausfertigung gibt.

Nach der Beendigung der Zwangsvollstreckung ist die vollstreckbare Ausfertigung des Titels dem Schuldner auszuhändigen, § 757. Das gilt auch dann, wenn der Schuldner unmittelbar an den Gläubiger leistet. Eine Fortsetzung der Zwangsvollstreckung nach einer einstweiligen Einstellung erfordert keine neue vollstreckbare Ausfertigung. Die letztere ist ebenfalls dann unnötig, wenn ein gegen Sicherheitsleistung vollstreckbares Urteil unbedingt vollstreckbar wird.

3) Erteilung, II. A. Zuständigkeit. Die Zuständigkeit nach II ist inhaltlich genau dieselbe wie bei § 706 I, vgl dort. Die Zuständigkeit gilt zB für einen Scheidungsvergleich, Brschw FamRZ **72**, 646, Stgt Rpfleger **79**, 145, Hornung Rpfleger **73**, 78, Blomeyer Rpfleger **73**, 80 je mwN. Das Familiengericht handelt als Prozeßgericht und nicht als Vollstreckungsgericht, Düss FamRZ **80**, 378, Hbg FamRZ **81**, 980. Bei einem Festsetzungsbescheid nach dem WAG ist das AG am Ort der Festsetzungsbehörde zuständig, ab Klagerhebung aber grundsätzlich das Prozeßgericht, unter Umständen jedoch das AG, § 25 II WAG. In den Fällen der §§ 726 ff ist jedoch nicht der Urkundsbeamte der Geschäftsstelle zuständig, sondern der Rpfl, § 20 Z 12, 13 RPflG, Anh § 153 GVG, Düss FamRZ **80**, 378, Hbg FamRZ **81**, 980 und FamRZ **82**, 426. Bei dem Titel eines ArbG ist der Urkundsbeamte seiner Geschäftsstelle zuständig.

Wegen Europäischer Zwangsvollstreckungstitel ist der Bundesjustizminister zur Erteilung der vollstreckbaren Ausfertigung zuständig, Bek v 25. 8. 54, BGBl II 1030 (EGKS), Bek v 3. 2. 61, BGBl II 50 (EAG, EG), Üb bei Schwaiger NJW **70**, 979. Wegen des EuGÜbk SchlAnh V C.

B. Verfahrensübersicht. Der Antrag kann formlos, schriftlich oder mündlich gestellt werden und erfordert keinen Anwaltszwang. Die Entscheidung ergeht ohne eine Anhörung des Gegners. Der Gläubiger muß die notwendigen Nachweise vorlegen. Die Erteilung der vollstreckbaren Ausfertigung setzt keine Zustellung des Titels voraus, auch nicht in den Fällen des § 798. Natürlich muß die zugrundeliegende Entscheidung nach außen wirksam geworden, also verkündet oder nach § 310 II zugestellt worden sein.

C. Voraussetzungen im einzelnen. a) Prüfungspflicht. Das Gericht hat folgendes zu prüfen:

aa) Wirksames Urteil. Liegt ein äußerlich wirksames Urteil vor, BGH VersR **82**, 597? namentlich also: Haben die im Kopf aufgeführten Richter das Urteil unterschrieben, oder liegt ein ausreichend unterschriebener Beschluß vor?

bb) Vollstreckbarkeit. Ist der Titel zur Zeit der Erteilung der vollstreckbaren Ausfertigung äußerlich vollstreckbar, ist er also entweder vorläufig vollstreckbar oder hat er die äußere Rechtskraft erlangt?

cc) Vollstreckungseignung. Eignet sich der Titel nach seinem Inhalt überhaupt zu einer Zwangsvollstreckung, BayObLG DNotZ **76**, 366? Denn sonst fehlt ein Bedürfnis, und diese Frage ist um so gewichtiger, als die vollstreckbare Ausfertigung gebührenfrei erteilt wird. Vgl aber § 795 a Anm 1.

dd) Nämlichkeit. Sind diejenigen Personen, für und gegen die eine Zwangsvollstreckung beabsichtigt wird, mit den im Titel genannten Personen nämlich, vgl auch §§ 726 ff?

Wenn der Titel zu einer Leistung an einen Dritten verurteilt, dann darf das Gericht diesem Dritten eine vollstreckbare Ausfertigung nur dann erteilen, wenn er Rechtsnachfolger ist, mag er nun Streitgehilfe gewesen sein oder nicht. Gegen Gesamtschuldner wird durchweg nur eine einzige vollstreckbare Ausfertigung erteilt. Wenn ein Teil des Urteils nicht angefochten worden ist oder nicht für vorläufig vollstreckbar erklärt worden ist, dann darf der Urkundsbeamte der Geschäftsstelle insoweit keine vollstreckbare Ausfertigung erteilen, § 705 Anm 2 A.

b) Prüfungsverbot. Das Gericht darf nicht prüfen:

aa) Genehmigungsvermerk. Ist der bei einem Prozeßvergleich erforderliche Protokollvermerk „v. u. g.", der auf der Ausfertigung fehlt, in der Urschrift vorhanden, LG Essen MDR **75**, 938? Vielmehr darf dann kein Vollstreckungstitel erteilt werden.

bb) Einstellung. Ist die Zwangsvollstreckung vielleicht infolge einer Einstellung derzeit ausgeschlossen, Bruns-Peters § 8 I 2, aM StJM II 3? Denn die Erteilung der vollstreckbaren Ausfertigung ist keine Vollstreckungsmaßnahme, und eine Versagung dieser Ausfertigung hindert eine schleunige Zwangsvollstreckung nach dem Wegfall der Einstellung; ob der sachlichrechtliche Anspruch auf einen Dritten übergegangen ist.

cc) Konkursverfahren. Ist über das Vermögen des Schuldners der Konkurs eröffnet worden? Denn dieser Umstand hindert nur die Durchführung der Zwangsvollstreckung, zB StJM II 3, aM zB Brschw Rpfleger **78**, 220 mwN (erst nach der Konkursaufhebung).

dd) Vergleichsverfahren. Ist über das Vermögen des Schuldners das gerichtliche Vergleichsverfahren zur Abwendung des Konkurses eröffnet worden?

ee) Vollstreckungsausschluß. Ist die Zwangsvollstreckung infolge von Einwendungen derzeit ausgeschlossen ist?

Genehmigungen nach dem AWG kommen nur noch ganz ausnahmsweise in Betracht, vgl SchlAnh IV. Wenn bei einer Zwangsvollstreckung die Vollstreckungsklausel fehlt oder wenn sie mangelhaft ist, dann kann der Schuldner die Erinnerung einlegen, § 766, Grdz 8 C b vor § 704.

ff) Sachlichrechtliche Zulässigkeit. Das Vollstreckungsgericht darf die sachlichrechtliche Zulässigkeit einer erteilten Vollstreckungsklausel nicht prüfen, Ffm JB **76**, 1122 mwN.

D. Rechtsbehelfe. Der Schuldner kann nur nach §§ 732, 768 vorgehen. Der Gläubiger kann gegen die Entscheidung des Urkundsbeamten der Geschäftsstelle dessen Richter anrufen, § 576. Wenn der Rpfl entschieden hat, kann der Gläubiger die Erinnerung einlegen, § 11 RPflG, Anh § 153 GVG, Düss FamRZ **80**, 378. Gegen die Entscheidung des Richters ist die einfache Beschwerde zulässig, § 576, Stgt FamRZ **81**, 696 mwN weil sie keine Maßnahme der Zwangsvollstreckung darstellt, sondern die Voraussetzungen für den Beginn einer Zwangsvollstreckung regelt, Grdz 7 vor § 704, vgl LG Hann NJW **70**, 436.

Gebühren: Des Gerichts KV 1181, des Anwalts §§ 57, 58 II Z 1 BRAGO.

4) VwGO: Entsprechend anwendbar, § 167 I VwGO, jedoch mit zwei Ausnahmen: Für die Vollstreckung zugunsten der öffentlichen Hand, § 169 VwGO, und für die Vollstreckung von Geldforderungen gegen die öffentliche Hand, § 170 I bis III VwGO, ist keine Klausel erforderlich, § 171 VwGO (auch nicht bei der Vollstreckung aus einem Titel gegen eine Behörde, die nicht Kostenträger ist, Einf 5 § 727, aM RedOe § 170 Anm 5, VGH Mannh NJW **82**, 902).

725 **Vollstreckungsklausel.** Die Vollstreckungsklausel:
„Vorstehende Ausfertigung wird dem usw. (Bezeichnung der Partei) zum Zwecke der Zwangsvollstreckung erteilt"
ist der Ausfertigung des Urteils am Schluß beizufügen, von dem Urkundsbeamten der Geschäftsstelle zu unterschreiben und mit dem Gerichtssiegel zu versehen.

1) Allgemeines. Die Vollstreckungsklausel ist nur ein zum Beginn der Zwangsvollstreckung nötiges besonderes Zeugnis des Gerichts über die Vollstreckbarkeit, abgesehen von den Fällen der §§ 795a, 796, 929. Den Zeitpunkt und den Umfang der Zwangsvollstreckung bestimmt im gesetzlichen Rahmen der Gläubiger.

2) Form der Klausel. Der Wortlaut der Vollstreckungsklausel ist nicht unbedingt derjenige des § 725. Es empfiehlt sich aber, den gesetzlichen Wortlaut einzuhalten. Die Klausel muß unbedingt den vorgeschriebenen Inhalt haben. Sie muß also vor allem den Gläubiger ausreichend bezeichnen und die Zwangsvollstreckung als den Zweck hervorheben. Sie darf über das Zugesprochene nicht hinausgehen, wohl aber hinter ihm zurückbleiben. Bei einer Streitgenossenschaft ist gegen notwendige Streitgenossen nur eine Klausel zu erteilen, gegen gewöhnliche Streitgenossen je eine Klausel. Auch bei einer Verurteilung zu einer Leistung und Duldung wird nur eine Klausel erteilt.

Wesentlich sind von der vorgeschriebenen Form nur die eigenhändige handschriftliche Unterschrift des Urkundsbeamten der Geschäftsstelle und die Beifügung zum Vollstreckungstitel. Unwesentlich sind eine Beifügung am Schluß der Ausfertigung und das Beidrücken des Gerichtssiegels. Auch ohne die letzteren Teile kann eine vollstreckbare Ausfertigung wirksam sein, wenn über ihre Herkunft eine volle Gewißheit besteht. Ausreichend ist zB statt des förmlichen runden Siegels ein einfacher Schwarzstempel.

3) Beifügung. Die Vollstreckungsklausel ist dem Urteil beizufügen, aus dem zu vollstrecken ist. Durch die Beifügung einer ordnungsgemäßen Vollstreckungsklausel wird die bloße Urteilsabschrift zu einer Urteilsausfertigung, BGH **LM** Nr 2. Wenn auf einen Einspruch oder auf ein Rechtsmittel die vorangegangene Entscheidung bestätigt wurde, ist die

1. Abschnitt. Allgemeine Vorschriften §§ 725, 726 1, 2

Vollstreckungsklausel dieser vorangegangenen Entscheidung beizufügen. Wenn eine Entscheidung ohne jede Abweichung bestätigt worden ist, genügen eine vollstreckbare Ausfertigung des ersten Urteils und eine einfache Ausfertigung des zweiten Urteils. Wenn das erste Urteil nur gegen eine Sicherheitsleistung vollstreckbar ist, das zweite Urteil jedoch ohne Sicherheitsleistung vollstreckbar ist, dann genügt zum Nachweis des Wegfalls die Beifügung einer einfachen Ausfertigung des zweiten Urteils. Der Urkundsbeamte der Geschäftsstelle kann auch den Wegfall in der Klausel vermerken.

Wenn die zweite Instanz das Vorderurteil abändert, dann ist ihre Entscheidung der Vollstreckungstitel, Hamm Rpfleger **73**, 440. Wenn das zweite Urteil dann nicht die gesamte Formel enthält, dann ist es erforderlich, eine Ausfertigung des ersten Urteils beizufügen. Der Urkundsbeamte der Geschäftsstelle kann die beiden Urteile gemeinsam mit der Vollstreckungsklausel versehen. Bei einem Vollstreckungsurteil nach § 723, der Vollstreckbarerklärung eines Schiedsspruchs usw sind nur diese Entscheidungen Vollstreckungstitel.

Eine Beifügung des ausländischen Urteils, Schiedsspruchs usw ist nur dann notwendig, wenn deren Formel nicht in das Vollstreckungsurteil usw voll aufgenommen worden ist. Eine Rückgabe der vollstreckbaren Ausfertigung des ersten Urteils ist keine Bedingung der Erteilung. Wohl aber ist die Ausfertigung dem Schuldner auszuhändigen, §§ 754, 757.

4) *VwGO:* Entsprechend anwendbar, § 167 I VwGO, außer in den § 724 Anm 4 genannten Fällen des § 171 VwGO.

726 *Urteilsmäßige Voraussetzungen der Zwangsvollstreckung.* [I] Von Urteilen, deren Vollstreckung nach ihrem Inhalt von dem durch den Gläubiger zu beweisenden Eintritt einer anderen Tatsache als einer dem Gläubiger obliegenden Sicherheitsleistung abhängt, darf eine vollstreckbare Ausfertigung nur erteilt werden, wenn der Beweis durch öffentliche oder öffentlich beglaubigte Urkunden geführt wird.

[II] Hängt die Vollstreckung von einer Zug um Zug zu bewirkenden Leistung des Gläubigers an den Schuldner ab, so ist der Beweis, daß der Schuldner befriedigt oder im Verzug der Annahme ist, nur dann erforderlich, wenn die dem Schuldner obliegende Leistung in der Abgabe einer Willenserklärung besteht.

1) Allgemeines. A. Regel. Die Vollstreckbarkeit eines Urteils kann nach dessen Inhalt davon abhängen, daß eine andere Tatsache als eine vom Gläubiger zu erbringende Sicherheitsleistung eingetreten ist. Die Vollstreckbarkeit kann also durch solche andere Tatsache bedingt oder befristet sein, und zwar ganz oder teilweise, KG OLGZ **83**, 216. Der Rpfl darf dann eine vollstreckbare Ausfertigung grundsätzlich nur erteilen, wenn der Gläubiger den Beweis des Eintritts jener anderen Tatsache durch öffentliche oder öffentlich beglaubigte Urkunden, § 415 Anm 1, 2, geführt hat.

B. Ausnahmen. Von dieser Regel gibt es folgende Ausnahmen:

a) Sicherheitsleistung. Die Tatsache besteht darin, daß der Gläubiger eine Sicherheit geleistet hat, § 751 II.

b) Kalendertag. Es geht nur darum, ob ein Kalendertag eingetreten ist, § 751 I.

c) Zug-um-Zug-Leistung. Die Vollstreckung darf nur Zug um Zug gegen eine Leistung des Gläubigers erfolgen.

d) Wartefristablauf. Es muß eine Wartefrist abgelaufen sein, §§ 721 I, 798.

e) Parteivereinbarung. Die Parteien können eine von I abweichende Vereinbarung treffen, Anm 2 A.

C. Zuständigkeit. Zuständig ist der Rpfl, § 20 Z 12 und § 26 RPflG, Anh § 153 GVG; s auch § 730 Anm 1.

2) Nachweise, I. A. Nachweis des Bedingungseintritts. Der Rpfl darf keine Prüfung von Amts wegen vornehmen. Er klärt also weder von Amts wegen, ob der Gläubiger die Sicherheit geleistet hat, noch wartet er den Kalendertag oder die Wartefrist ab. Vielmehr muß grds der Gläubiger den Eintritt jener Bedingungen beweisen, BGH NJW **81**, 2757, KG OLGZ **83**, 217 (auch wegen einer Ausnahme). Dabei gelten die allgemeinen Grundsätze zur Beweislast, Hbg MDR **72**, 1042. Denn § 726 hat einen rein vollstreckungsrechtlichen Inhalt und berührt das sachliche Verfahren nicht, Hamm JMBl NRW **64**, 160, aM LG Ellwangen NJW **64**, 671. Die Bedingtheit des Urteils muß sich aus ihm selbst ergeben. Nach seinem Wortlaut darf nur der Eintritt der fraglichen Tatsachen zu prüfen sein. Zu solchen Bedingungen können zählen: eine vormundschaftsgerichtliche Genehmigung; die Bestellung eines Pflegers. In vollstreckbaren Urkunden heißt es oft, die Vollstreckbarkeit solle ohne den Nachweis des Eintritts einer bestimmten Tatsache zulässig sein. Eine solche Erklärung ist wirksam. Denn diese Unterwerfung gehört nicht selbst schon zur Zwangsvollstreckung, B, BGH NJW **81**, 2757 mwN. Man muß sie wie stets auslegen. Die Fassung „Der Gläubiger ist vom Nachweis des Verzugs durch öffentliche oder öffentlich beglaubigte Urkunden befreit" kann bedeuten, daß der Rpfl die Vollstreckungsklausel ohne jeden Verzugsnachweis erteilen darf und muß, LG Mannh Rpfleger **82**, 73 (abl Trexler-Walde).

B. Offenkundigkeit. Offenkundige Tatsachen brauchen nicht bewiesen zu werden. Die Offenkundigkeit ist nach den allgemeinen Grundsätzen zu prüfen. Das Geständnis des Schuldners bei seiner Anhörung, § 730, ersetzt den Nachweis, KG OLGZ **83**, 218. Denn die Erteilung der Vollstreckungsklausel gehört noch nicht zur Zwangsvollstreckung, und der Schuldner kann sich ja jederzeit der Zwangsvollstreckung unterwerfen, Ffm Rpfleger **75**, 326. Deshalb ist auch eine vereinbarte Erleichterung des Nachweises zulässig. Da sich die Formvorschrift nicht auf eine Willenserklärung bezieht, sondern nur auf den Nachweis ihres Zugehens, genügt eine Urkunde des Gerichtsvollziehers über die Zustellung einer schriftlichen Kündigung zu deren Nachweis. Freilich bleibt § 750 II zu beachten, Ffm Rpfleger **73**, 323. Ein Postrückschein ersetzt diese Urkunde nicht.

Der Beweis wird durch die Vorlegung der Urkunde oder durch eine Bezugnahme auf die Akten angetreten, nicht durch einen Vorlegungsantrag. Denn ein Vorlegungsersuchen aus § 432 paßt nicht in dieses Verfahren. Eine Erwähnung der Urkunden in der Klausel ist zwar nicht vorgeschrieben, aber zweckmäßig. Denn sonst kann der Gerichtsvollzieher nicht feststellen, welche Urkunden zugestellt sein müssen, § 750 II.

Ein Verstoß gegen I macht die Klausel und die Zwangsvollstreckung nicht unwirksam. Der Schuldner ist auf §§ 732, 768 verwiesen.

C. Beispiele der Abhängigkeit:
a) Vorleistungspflicht. Der Gläubiger muß eine Vorleistung erbringen. Es muß zB bei einer Klage aus einem Darlehnsvorvertrag das Angebot auf den Abschluß des Hauptvertrags ergangen sein, BGH NJW **75**, 444, vgl aber auch § 894 Anm 1 B.
b) Aufschiebende Bedingung des Urteils. Es ist der Eintritt einer aufschiebenden Bedingung (wegen eines Scheidungsvergleichs § 724 Anm 3 A) oder einer nicht kalendermäßigen Befristung abzuwarten.
c) Kündigung. Es muß eine Kündigung ergangen sein, soweit sich ihre Notwendigkeit schon aus dem Urkundeninhalt ergibt, KG ZZP **96**, 371 mwN (zustm Münzberg). Es ist allerdings nicht zu prüfen, ob der Kündigende auch dazu berechtigt war, soweit nicht das Urteil anders lautet. Der Kündigungsnachweis geschieht durch die Vorlage des Kündigungsschreibens zusammen mit einer Postübergabe- und Zustellungsurkunde.
d) Rechtskraft; Vorbehaltswegfall. Es sind der Eintritt der Rechtskraft oder der Wegfall des Vorbehalts nach § 10 AnfG abzuwarten.
e) Zinsforderung. Die Zinsforderung besteht nach der Tilgung der Hauptschuld fort, BayObLG DNotZ **76**, 367.

D. Beispiele des Fehlens einer Abhängigkeit:
a) Verfallklausel. Der Vollstreckungstitel enthält eine Verfallklausel, nach der die gesamte Restschuld fällig wird, wenn der Schuldner mit einer Rate in Verzug kommt. Diese Klausel zwingt nämlich den Schuldner zum Beweis, daß keine Fälligkeit eingetreten sei. Denn der Sinn der Klausel ist nicht eine vorläufige Stundung der Schuld, sondern die Möglichkeit für den Schuldner, die Zwangsvollstreckung durch eine terminsgemäße Zahlung abzuwenden, BGH DB **64**, 1850, KG DGVZ **67**, 147, Köln DGVZ **68**, 10 mwN, vgl auch zB StJM II 2, ThP 2b. Das übersieht LG Lübeck DGVZ **78**, 188. Der Schuldner kann gegenüber der Erteilung einer Vollstreckungsklausel also nur nach § 767 vorgehen, vgl Bbg JB **75**, 517. Er muß die Zahlung nach dieser Vorschrift sowie nach §§ 769, 775 Z 4 oder 5 geltend machen. Dies gilt namentlich beim Abzahlungsgeschäft, § 4 II AbzG.
b) Auflösende Bedingung. Der Vollstreckungstitel enthält eine auflösende Bedingung, zB bei einem Rentenanspruch den Tod des Gläubigers. Den Eintritt einer solchen Bedingung muß nämlich der Schuldner beweisen.
c) Wahlschuld. Es handelt sich um eine Wahlschuld. Die Vollstreckungsklausel ist dann ohne weitere Nachweise für das gesamte Urteil zu erteilen, § 264 BGB.
d) Hilfsweise Verurteilung. Das Urteil lautet auf eine Leistung, hilfsweise auf eine andere Leistung, zB auf eine Herausgabe, hilfsweise auf einen Wertersatz, oder auf die Ableistung einer Arbeit, hilfsweise auf eine Zahlung, Hbg MDR **72**, 1040. Die Notwendigkeit der Hilfsleistung ergibt sich nämlich erst während der Zwangsvollstreckung.
e) Aufschiebende Bedingung der Vollstreckung. Aufschiebend bedingt ist nicht das Urteil, sondern die Zwangsvollstreckung, etwa deren Aufschub bis nach der Beendigung

des Konkursverfahrens gegen den Schuldner, § 14 KO. Denn diese Bedingung ergibt sich nicht aus dem Urteil selbst.

f) Vertragsstrafe. In einem Vergleich haben die Parteien gewisse Wettbewerbsverstöße unter eine Vertragsstrafe gestellt. Dann ist nämlich zunächst ein Vollstreckungstitel über die Frage erforderlich, ob ein solcher Verstoß überhaupt vorliegt. Denn diese Prüfung liegt außerhalb des Verfahrens auf die Erteilung der Vollstreckungsklausel, Oldb NdsRpfl **68**, 64. Etwas anderes gilt dann, wenn keine rechtliche Bewertung notwendig ist, Ffm Rpfleger **75**, 326.

3) Urteil Zug um Zug, II. A. Grundsatz. II soll verhüten, daß der Gläubiger praktisch vorleisten muß, um vollstrecken zu können. Darum erhält der Gläubiger in diesem Fall grundsätzlich die vollstreckbare Ausfertigung ohne weiteres. Es wird erst beim Beginn der Zwangsvollstreckung geprüft, ob der Schuldner befriedigt ist oder sich im Annahmeverzug befindet. Diese Prüfung nimmt das Vollstreckungsorgan vor, §§ 756, 765. Wenn schon das Urteil einen Annahmeverzug feststellt, ist überhaupt kein Nachweis mehr erforderlich. Gläubiger im Sinne von II ist der Kläger, nicht auch der Bekl, der seine Leistung bis zur Gegenleistung verweigern darf. Der andere Teil kann also nicht aus dem Urteil vollstrecken.

Wenn der Gläubiger vorleisten muß, § 322 II BGB, wird die Vollstreckungsklausel auch erteilt, falls das Urteil einen Annahmeverzug des Schuldners nicht bejaht, und zwar ohne daß der Gläubiger weitere Beweise nach II liefern müßte. Denn § 322 III BGB und damit § 274 II BGB gelten auch für § 322 II BGB, Karlsr MDR **75**, 938, Schilken AcP **181**, 382 je mwN. Die weitere Zwangsvollstreckung erfolgt dann nach § 756 Anm 3. Ob Zug um Zug zu leisten ist, ergibt nur der Vollstreckungstitel, vgl AG Bielefeld MDR **77**, 500. Wann so zu leisten ist und wann ein Annahmeverzug vorliegt, das ergibt sich aus dem sachlichen Recht.

Eine Verpflichtung Zug um Zug fehlt, wenn die Räumung vom Nachweis bestimmter Ersatzwohnmöglichkeiten abhängt, Ffm DGVZ **82**, 30.

B. Aushändigung einer Urkunde. Keine Leistung Zug um Zug ist anzunehmen, wenn die Leistung nur gegen die Aushändigung einer Urkunde notwendig ist, etwa eines Hypothekenbriefs oder einer Quittung. Denn dann steht keine Gegenleistung in Frage, Ffm DGVZ **81**, 84 mwN (abl Treysse DGVZ **83**, 36). In solchen Fällen gehört kein Vorbehalt in das Urteil. Denn es geht nicht um die Befriedigung eines selbständigen Gegenanspruchs, sondern um die besondere Ausgestaltung des Rechts auf die Erteilung einer Quittung, § 368 BGB, vgl aber auch § 756 Anm 2 und Ffm Rpfleger **79**, 144 betr einen echten Gegenanspruch des Schuldners auf die Aushändigung der Urkunde, aM Celle WertpMitt **65**, 984, Nürnb BB **65**, 1293, LG Aachen DGVZ **83**, 75, Baumbach-Hefermehl Art 39 WG Anm 3, Lieseke DRiZ **70**, 318, ZöSchn § 602 Anm IV (sie halten es für erforderlich, im Urteil auszusprechen: „... gegen Aushändigung des quittierten Wechsels"). Ein trotzdem im Urteil ausgesprochener Vorbehalt ist bedeutungslos. Der Gläubiger muß aber solche Urkunden dem Gerichtsvollzieher zur Aushändigung bei der Zwangsvollstreckung übergeben, abw Ffm DGVZ **81**, 84 mwN (die Vorlage genüge). Ob der Gerichtsvollzieher freilich so vorgeht, ist für die Wirksamkeit seiner übrigen Maßnahmen bedeutungslos.

C. Willenserklärung. Muß der Schuldner eine Willenserklärung abgeben, so gelten grundsätzlich §§ 726 I, 730. Denn die Erklärung ist bereits mit der Erteilung der vollstreckbaren Ausfertigung abgegeben, § 894 I. Darum muß der Gläubiger in einem solchen Fall die Befriedigung und den Annahmeverzug des Schuldners nachweisen.

Etwas anderes gilt aber dann, wenn sich die Pflicht zur Abgabe der Willenserklärung aus einem Prozeßvergleich ergibt. Denn er ist nicht nach § 894 vollstreckbar, § 894 Anm 2 A. Deshalb ist dann doch wieder II anwendbar, Ffm Rpfleger **80**, 292.

4) VwGO: *Entsprechend anwendbar, § 167 I VwGO, außer in den § 724 Anm 4 genannten Fällen des § 171 VwGO. Die praktische Bedeutung für den VerwProzeß ist gering, weil die Voraussetzungen des § 726 nur in sog Parteistreitigkeiten erfüllt sein können und auch dort selten gegeben sind.*

Einführung vor §§ 727–729

Zwangsvollstreckung bei Rechtsnachfolge

1) Allgemeines. Vereinzelt wirkt die Rechtskraft eines Urteils über die Parteien hinaus, § 325 Anm 5. Daraus folgt noch nicht, daß die Vollstreckungsklausel auch für und gegen Dritte zu erteilen wäre. Vollstreckbarkeit und Rechtskraftwirkung decken sich nicht immer; die ZPO regelt die Vollstreckbarkeit selbständig. Die Rechtskraft des Urteils ist nicht unbedingte Voraussetzung; auch ein vorläufig vollstreckbares Urteil läßt grundsätzlich eine Zwangsvollstreckung gegen Dritte zu. Denn das Gesetz behandelt die vorläufige Vollstreckbarkeit grundsätzlich ebenso wie die endgültige.

2) Für oder gegen Dritte. A. Grundsatz. Eine Zwangsvollstreckung für und gegen andere als die im Titel Genannten verlangt ihre Nennung in der Vollstreckungsklausel. Auch bei der Urheberbenennung, § 76 IV, gilt keine Ausnahme; nur ist dort die Klausel auf den Bekl ohne Nachweise zu erteilen. Wenn eine Umschreibung der Klausel nach §§ 727–729 statthaft ist, ist die Klage mangels eines Rechtsschutzbedürfnisses durch ein Prozeßurteil abzuweisen. Ein Verstoß ist wie bei § 726 Anm 2 B aE zu beurteilen.

B. Kein Dritter. Um keinen Dritten handelt es sich, wenn ein gesetzlicher Vertreter, Begriff Grdz 2 B vor § 50, eintritt oder wegfällt. Dann ist die Klausel einfach auf den Namen des neuen Vertreters oder beim Wegfall der Vertretung auf den des Vertretenen zu stellen. Dasselbe gilt bei der Berichtigung einer bloßen Parteibezeichnung ohne einen Wechsel der Partei, BayObLG DNotZ **79**, 56, zB bei der Angabe der Abwicklungs- statt der Erwerbsgesellschaft; bei einer Umschreibung auf den Inhaber bei einem Urteil gegen die Einzelfirma, Ffm Rpfleger **73**, 64 mwN, vgl auch Köln DB **77**, 1184, aM LG Ravensbg NJW **57**, 1325; bei einer Umschreibung auf den bürgerlichen Namen bei einem Urteil auf Decknamen, wenn diese Tatsachen den Akten zu entnehmen oder offenkundig sind. Trifft das nicht zu, wie meistens (der Firmeninhaber kann zB gewechselt haben und das Urteil darum ihn nicht treffen), so bleibt nur eine entsprechende Anwendung des § 727, Petermann Rpfleger **73**, 156, aM KG JR **53**, 144. Eine Hypothek soll aber stets nicht auf eine Einzelfirma, sondern auf den bürgerlichen Namen ihres Inhabers eingetragen werden, § 15 Grundbuchverfügung.

3) Erteilungspflicht. Die Voraussetzungen der Erteilung der Klausel für und gegen Dritte geben §§ 727–729. Liegen sie vor, so ist die Vollstreckungsklausel zu erteilen; „kann" stellt in den Machtbereich, nicht ins Ermessen.

4) Zuständigkeit. Wegen der Zuständigkeit des Rpfl § 730 Anm 1.

5) VwGO: *Die §§ 727–729 sind im VerwProzeß entsprechend anwendbar, § 167 I VwGO, außer in den § 724 Anm 4 genannten Fällen des § 171 VwGO (Vollstreckung zugunsten der öffentlichen Hand und Vollstreckung wegen Geldforderungen gegen die öffentliche Hand): Hier verfügt ohnehin das Gericht bzw dessen Vorsitzender die Vollstreckung, so daß bei Vorliegen der Voraussetzungen der §§ 727–729 die Vollstreckung für oder gegen einen Rechtsnachfolger angeordnet wird; aM RedOe § 170 Anm 5, VGH Mannh NJW 82, 902 (Umschreibung des Titels auf die kostentragende Körperschaft).*

727 *Rechtsnachfolge.* [I] Eine vollstreckbare Ausfertigung kann für den Rechtsnachfolger des in dem Urteil bezeichneten Gläubigers sowie gegen denjenigen Rechtsnachfolger des in dem Urteil bezeichneten Schuldners und denjenigen Besitzer der in Streit befangenen Sache, gegen die das Urteil nach § 325 wirksam ist, erteilt werden, sofern die Rechtsnachfolge oder das Besitzverhältnis bei dem Gericht offenkundig ist oder durch öffentliche oder öffentlich beglaubigte Urkunden nachgewiesen wird.

[II] Ist die Rechtsnachfolge oder das Besitzverhältnis bei dem Gericht offenkundig, so ist dies in der Vollstreckungsklausel zu erwähnen.

Schrifttum: Münzberg, Bemerkungen zur prozessualen Rechtsnachfolge, Diss Hbg 1963; Obermaier, Die Rechtsnachfolge in das Zwangsvollstreckungsverfahren beim Tode einer Partei, Diss Mü 1970; Tempel, Die Wirkungen einer Rechtsnachfolge während der Rechtshängigkeit auf Verfahren, Urteil und Vollstreckung, Diss Ffm 1954.

1) Rechtsnachfolge, I. A. Begriff. Der Begriff des Rechtsnachfolgers ist im weitesten Sinne zu verstehen, ebenso wie bei § 325, Ffm DB **83**, 1652, LG Bre KTS **77**, 124, insofern grundsätzlich ebenso LG Münster MDR **80**, 1030, vgl auch § 325 Anm 2. Die Vorschrift soll ja einen neuen Prozeß verhindern helfen, insofern grundsätzlich ebenso LG Münster MDR **80**, 1030.

Zur Rechtsnachfolge genügen zB: Der Eintritt einer Erbschaft, KG Rpfleger **78**, 140, freilich nur beim Erbfall erst nach der Rechtshängigkeit, KG Rpfleger **82**, 353; der Erwerb eines minderen Rechts; eine Pfändung und Überweisung in der Zwangsvollstreckung, BGH **86**, 339, Ffm DB **83**, 1652, Münzberg ZZP **96**, 372; ein Erwerb in der Zwangsversteigerung; ein Erwerb durch die Eintragung im Grundbuch, auch wenn der Erwerb nichtig ist;

ein Eintritt infolge der Genehmigung einer fremden Prozeßführung, § 89; eine Abtretung, vgl freilich auch LG Oldb Rpfleger **82**, 435 (wegen einer öffentlichrechtlichen Forderung); eine befreiende Schuldübernahme, Schlesw JZ **59**, 668, Baur ZwV § 15 IVb, LG Hbg DNotZ **69**, 704, aM Sieg JZ **59**, 668, StJ II 2. Der Konkursverwalter, LG Bre KTS **77**, 124, der Nachlaßverwalter, der Zwangsverwalter und dgl erfordern eine Umschreibung der Vollstreckungsklausel auf sie, soweit für oder gegen sie zu vollstrecken ist, Stgt NJW **58**, 1353. Dasselbe gilt zB auch beim Kanzleiabwickler, LG Hbg MDR **70**, 429. Im Konkurs des Gläubigers ist der Konkursverwalter Rechtsnachfolger des Gläubigers; für eine Rechnungslegung ist er aber Rechtsnachfolger des Gemeinschuldners.

Keine Rechtsnachfolge liegt zB vor: Bei einer kumulativen Schuldübernahme, BGH Rpfleger **74**, 260 mwN (zustm Eickmann); bei einem Nachfolger in der Prozeßstandschaft, Grdz 4 B vor § 50, BGH JZ **83**, 150 (dort auch zu Ausnahmen), LG Hann NJW **70**, 436; beim Konkursverwalter im Konkurs des Schuldners, soweit dieser zu einer Auskunftserteilung verurteilt worden ist, Düss OLGZ **80**, 485.

Eine Partei kraft Amtes, Grdz 2 C vor § 50, prozessiert für eine fremde Rechnung. Sie ist weder ein Vertreter noch beim Eintritt in den Prozeß ein Rechtsnachfolger. Für die Zwangsvollstreckung steht sie aber dem Rechtsnachfolger gleich, § 728 II. Deshalb fällt sie unter § 727. Wechselt die Partei kraft Amtes im Prozeß, so genügt eine Berichtigung der Vollstreckungsklausel.

Bei einer Änderung des Firmennamens einer KG infolge des Wechsels des persönlich haftenden Gesellschafters genügt die Beischreibung der neuen Bezeichnung in einem Zusatz, LG Bln MDR **70**, 244, vgl auch AG Kiel DGVZ **81**, 173. Wird aus einer offenen Handelsgesellschaft eine KG, so ist § 727 entsprechend anwendbar, zB Ffm Rpfleger **73**, 64, aM AG Hbg Rpfleger **82**, 191 mwN. In Baulandsachen ist § 727 unanwendbar, Mü MDR **72**, 787. Bei der Auflösung einer Gesellschaft sind die Gesellschafter nicht automatisch Rechtsnachfolger, Ffm BB **82**, 399 mwN, LG Kiel SchlHA **75**, 164, AG Essen Rpfleger **76**, 24 mwN, abw LG Oldb Rpfleger **80**, 27 (es wendet § 727 evtl entsprechend an; vgl aber § 129 IV HGB, Ffm BB **82**, 399).

Wegen der gesetzlich nicht geregelten Fälle Loritz ZZP **95**, 310.

B. Fälle der Rechtsnachfolge des Gläubigers. Beim Erben ist die Annahme der Erbschaft keine Voraussetzung seiner Rechtsnachfolge. Bis zur Auseinandersetzung wird die Vollstreckungsklausel nur allen Miterben gemeinschaftlich oder einzelnen Miterben nur nach Maßgabe des § 2039 BGB erteilt. Wenn ein Miterbe einen Nachlaßgläubiger befriedigt, dann wird die Vollstreckungsklausel nicht auf den Miterben umgeschrieben, solange der Umfang seiner Ausgleichsansprüche offen ist, BayObLG NJW **70**, 1801. Gegen eine mehrfache Beitreibung schützt die Vollstreckungsabwehrklage, § 767. Der Nachlaßpfleger ist ein gesetzlicher Vertreter, Grdz 2 B vor § 50.

Der Wechselaussteller, der als Gesamtschuldner zusammen mit dem Akzeptanten verurteilt wird und den Wechselgläubiger befriedigt, ist kein Rechtsnachfolger des Wechselgläubigers. Denn die Forderung des Wechselgläubigers ist durch die Zahlung des Ausstellers erloschen, Hbg MDR **68**, 248, insofern aM LG Münster MDR **80**, 1030 mwN (abl Greilich MDR **82**, 17).

Rechtsnachfolger ist auch der Träger der Sozialhilfe, §§ 90, 91 BSHG, KG OLGZ **76**, 134, Karlsr FamRZ **81**, 73. Das gilt aber erst von demjenigen Zeitpunkt an, in dem die Hilfeleistung erfolgt, vgl BGH **20**, 127, ferner Bre FamRZ **80**, 725 mwN, Karlsr FamRZ **81**, 388, Stgt FamRZ **81**, 696 mwN. Die bloße Bescheinigung des Sozialamts über eine von der Stadtkasse gezahlte Sozialhilfe genügt nicht, Hbg FamRZ **81**, 980, aM Bbg Rpfleger **83**, 31. Zu Einzelfragen Helwich Rpfleger **83**, 226.

Der Eigentümer ist nach der Aufhebung der Zwangsverwaltung wegen einer Antragsrücknahme Rechtsnachfolger des Zwangsverwalters, Düss OLGZ **77**, 252. Rechtsnachfolger ist ein Anwalt, der erst nach dem Erlaß des Kostenfestsetzungsbeschlusses Nachfolger seines Sozius geworden ist, Saarbr Rpfleger **78**, 228.

Wenn der Gläubiger vor der Eröffnung des Konkurses über sein Vermögen einen Vollstreckungstitel erwirkt hatte und wenn der Konkursverwalter eine Vollstreckungsklausel erhalten hatte, muß der Gläubiger die Klausel nach der Aufhebung des Konkursverfahrens auf sich umschreiben lassen, LG Lübeck DGVZ **80**, 140.

Rechtsnachfolger ist der Sicherungsnehmer, nachdem der Sicherungsgeber in Konkurs fiel und der Konkursverwalter einen Titel erstritt, Heintzmann ZZP **92**, 70.

C. Fälle der Rechtsnachfolge des Schuldners. Die Vollstreckungsklausel gegen einen Erben darf erst dann erteilt werden, wenn er die Erbschaft angenommen hat oder wenn die

Ausschlagungsfrist abgelaufen ist, § 1958 BGB. Der Gläubiger darf eine gegen den Erblasser begonnene Zwangsvollstreckung in den Nachlaß fortsetzen, § 779. Bei einer Zwangsvollstreckung in den ungeteilten Nachlaß muß die Vollstreckungsklausel gegen sämtliche Miterben umgeschrieben werden, § 747. Im übrigen ist die Vollstreckungsklausel auch gegen die einzelnen Miterben zulässig, BayObLG NJW **70**, 1801. Rechte aus §§ 2059 ff BGB müssen mit einer Vollstreckungsabwehrklage verfochten werden. S auch § 325 Anm 6 ,,Unterlassung".

2) Besitzer einer streitbefangenen Sache. Er ist wie ein Rechtsnachfolger zu behandeln, gegen den das Urteil nach § 325 wirkt. Dies gilt auch für denjenigen, der den Besitz dadurch erlangt hat, daß er an die Stelle des verurteilten Besitzers gerückt ist, LG Darmst MDR **60**, 407. Der Besitzdiener gehört aber nicht hierher. Denn er besitzt nicht selbst. § 325 II–IV schränkt auch hier ein. Die Umschreibung ist darum regelmäßig nur statthaft, soweit nicht die sachlichrechtlichen Vorschriften über einen Erwerb vom Nichtberechtigten entgegenstehen (etwas anderes gilt bei Hypotheken usw, außer bei einem Erwerb in der Zwangsversteigerung); doch ist die Klausel ohne weiteres zu erteilen, insbesondere bei einem offenkundigen Umgehungsversuch, Köln MDR **72**, 332. Ein solcher Versuch läßt sich freilich kaum schon hier nachweisen.

Bei §§ 90, 91 BSHG ist der jeweilige Zahlungszeitpunkt maßgeblich, Düss FamRZ **72**, 402, LG Stade Rpfleger **75**, 67. Wenn sich der Rechtsnachfolger auf eine Ausnahme beruft, muß er nach §§ 732, 768 vorgehen. Dann muß der Gläubiger im Prozeß die Bösgläubigkeit des Erwerbers beweisen. Er kann sein Eigentum auch mit einer Klage geltend machen, BGH **4**, 283.

3) Voraussetzungen der Klausel. A. Offenkundigkeit; Urkundennachweis. Die vollstreckbare Ausfertigung ist zu erteilen, wenn die Rechtsnachfolge oder das Besitzverhältnis entweder offenkundig oder durch öffentliche oder öffentlich beglaubigte Urkunden nachgewiesen sind. Die Offenkundigkeit ist wie bei § 291 Anm 1 zu beurteilen, Hbg FamRZ **82**, 426. Zum Begriff der öffentlichen oder öffentlich beglaubigten Urkunde § 415 Anm 1, 2; es reicht zB eine Erbscheinsabschrift aus, die der Notar als Nachlaßgericht öffentlich beglaubigt hat, LG Mannh Rpfleger **73**, 64. Der bloße Entwurf einer Überleitungsanzeige reicht nicht aus, Stgt FamRZ **81**, 696. Wegen des Nachweises Einf 2 A vor §§ 727–729. Zuständig ist der Rpfl, § 20 Z 12 RPflG, Anh § 153 GVG. Er prüft lediglich, ob ein vollstreckbarer Titel vorliegt, LG Hann NJW **70**, 436, und ob die vorgelegten Urkunden die Rechtsnachfolge oder den Besitz dartun. Bei §§ 90, 91 BSHG genügt für den Zugang ein Posteinlieferungsschein nicht, KG Rpfleger **74**, 121. Dazu, inwiefern die Überleitungsanzeige nachgeprüft werden darf, KG OLGZ **76**, 134. Bei einer Forderung genügt eine einfache Zahlungsaufstellung aus dem Nachweis, Düss FamRZ **72**, 402. Wegen der Bescheinigung des Trägers einer Unterhaltsvorschußkasse Hbg FamRZ **82**, 425 und 427, Oldb FamRZ **82**, 953.

Einwendungen, die außerhalb der Urkunde liegen, sind unbeachtlich, etwa der Einwand, der Anspruch sei erloschen, Karlsr OLGZ **77**, 122, Mü Rpfleger **74**, 29, oder die Behauptung, die Summe sei schon vor dem Übergang des Anspruchs auf den Rechtsnachfolger einem Dritten überwiesen worden. Wenn ein Bevollmächtigter des Gläubigers die Forderung abgetreten hat, dann ist durch öffentliche oder öffentlich beglaubigte Urkunden nachzuweisen, daß er im Zeitpunkt der Abtretung wirklich eine Vollmacht hatte.

Über den Ersatz des Urkundenbeweises durch eine Offenkundigkeit usw § 726 Anm 2 B; vgl aber auch wegen der Bedenken gegen diese Art des Nachweises Schuler NJW **57**, 1539. Wenn mehrere angeblich Berechtigte eine Umschreibung auf sich verlangen, sind sie auf eine Klage zu verweisen, § 731. Am Erfordernis der Offenkundigkeit wird auch meistens der Nachweis des Forderungsübergangs bei einer Befriedigung des Gläubigers durch einen Gesamtschuldner scheitern. Denn die Forderung geht nur bis zur Höhe des Ausgleichsanspruchs über, und dieser muß besonders festgestellt werden, KG NJW **55**, 913.

B. Rechtsstellung des bisherigen Gläubigers. Er behält sein Recht auf die Erteilung einer Vollstreckungsklausel solange, bis das Gericht dem Rechtsnachfolger eine Klausel erteilt hat. Das gilt sogar dann, wenn die Rechtsnachfolge offenkundig ist. Ein Streit zwischen dem alten und dem neuen Gläubiger über die Berechtigung muß nach §§ 732, 768 ausgetragen werden.

4) Erwähnung der Offenkundigkeit. In der Vollstreckungsklausel ist die Offenkundigkeit der Rechtsnachfolge oder des Besitzverhältnisses zu erwähnen. Ein Verstoß hindert den Beginn der Zwangsvollstreckung wegen § 750 II, macht aber die Klausel nicht unwirksam, vgl auch § 726 Anm 2 B. Unentbehrlich ist die Bezugnahme auf den Titel, sofern nicht ohnehin klarsteht, welcher Titel gemeint ist.

1. Abschnitt. Allgemeine Vorschriften §§ 727–729

5) Rechtsbehelfe. A. Ablehnung. Gegen die Ablehnung der Erteilung der Vollstreckungsklausel ist die Durchgriffserinnerung nach § 11 II RPflG zulässig, Karlsr FamRZ **81**, 388 mwN.

B. Erteilung. Gegen die Erteilung der Vollstreckungsklausel kann sich der Schuldner gemäß § 732 wenden, dort Anm 1, 2 A.

6) VwGO: Entsprechend anwendbar, § 167 I VwGO, in dem in Einf 5 §§ 727–729 bezeichneten Umfang.

728 *Nacherbe. Testamentsvollstrecker.* I Ist gegenüber dem Vorerben ein nach § 326 dem Nacherben gegenüber wirksames Urteil ergangen, so sind auf die Erteilung einer vollstreckbaren Ausfertigung für und gegen den Nacherben die Vorschriften des § 727 entsprechend anzuwenden.

II Das gleiche gilt, wenn gegenüber einem Testamentsvollstrecker ein nach § 327 dem Erben gegenüber wirksames Urteil ergangen ist, für die Erteilung einer vollstreckbaren Ausfertigung für und gegen den Erben. Eine vollstreckbare Ausfertigung kann gegen den Erben erteilt werden, auch wenn die Verwaltung des Testamentsvollstreckers noch besteht.

1) Nacherbe, I. Die Vorschrift betrifft den Fall, daß gegen einen Vorerben ein Urteil ergangen ist, das nach § 326 gegen den Nacherben wirkt.

A. Nachlaßverbindlichkeit. Das Urteil kann einen Anspruch betreffen, der sich gegen den Vorerben als Erben richtet, also eine Nachlaßverbindlichkeit, § 326 I. Dieses Urteil wirkt nur für den Nacherben und nur nach seiner Rechtskraft. Der Rpfl darf daher keine Klausel für einen Nachlaßgläubiger gegen den Nacherben erteilen.

B. Gegenstand der Nacherbfolge. Das Urteil kann auch einen Gegenstand betreffen, der der Nacherbfolge unterliegt, § 326 I, II. Dieses Urteil wirkt mit seiner Rechtskraft für den Nacherben. Gegen den Nacherben wirkt das Urteil zwar nur dann, wenn der Vorerbe ein Verfügungsrecht hat, dann aber auch vor seiner Rechtskraft. Der Rpfl muß dann, wenn er auf Grund des Urteils eine Vollstreckungsklausel erteilen soll, ein solches Verfügungsrecht prüfen. Er darf aber keinen urkundlichen Nachweis verlangen.

Die Zuständigkeit des Rpfl ergibt sich aus § 20 Z 12 RPflG, Anh § 153 GVG.

2) Testamentsvollstrecker, II. Darüber, wann ein gegen den Erben erlassenes Urteil gegen den Testamentsvollstrecker wirkt, s § 327 Anm 3 B. Eine vollstreckbare Ausfertigung für den Erben ist erst nach der Beendigung der Verwaltung des Testamentsvollstreckers zulässig, § 2212 BGB. Gegen den Erben darf immer eine vollstreckbare Ausfertigung erteilt werden. Denn der Erbe kann seine Haftungsbeschränkung nach § 780 II auch dann geltend machen, wenn ein Vorbehalt fehlt. Nachzuweisen ist die Stellung als Erbe; bei einer Erteilung der Klausel für den Erben ist auch die Beendigung der Testamentsvollstreckung nachzuweisen.

Die Zuständigkeit des Rpfl folgt aus § 20 Z 12 RPflG, Anh § 153 GVG.

3) VwGO: Entsprechend anwendbar, § 167 I VwGO, in dem in Einf 5 §§ 727–729 bezeichneten Umfang.

729 *Vermögens- und Firmenübernehmer.* I Hat jemand das Vermögen eines anderen durch Vertrag mit diesem nach der rechtskräftigen Feststellung einer Schuld des anderen übernommen, so sind auf die Erteilung einer vollstreckbaren Ausfertigung des Urteils gegen den Übernehmer die Vorschriften des § 727 entsprechend anzuwenden.

II Das gleiche gilt für die Erteilung einer vollstreckbaren Ausfertigung gegen denjenigen, der ein unter Lebenden erworbenes Handelsgeschäft unter der bisherigen Firma fortführt, in Ansehung der Verbindlichkeiten, für die er nach § 25 Abs. 1 Satz 1, Abs. 2 des Handelsgesetzbuchs haftet, sofern sie vor dem Erwerb des Geschäfts gegen den früheren Inhaber rechtskräftig festgestellt worden sind.

1) Vermögensübernahme, I. Eine vertragliche Übernahme des gesamten Vermögens bewirkt eine Gesamthaftung des Übernehmers neben dem alten Schuldner für dessen Schulden, § 419 BGB. Darum läßt I eine Vollstreckungsklausel gegen den Übernehmer zu, sofern die Schuld vor der Übernahme nach § 705 rechtskräftig festgestellt worden ist. Bei einem Titel, der keiner Rechtskraft fähig ist, entscheidet der Zeitpunkt seiner Entstehung. Die Haftungsbeschränkung aus § 419 II BGB ist nach §§ 786, 781, 785 geltend zu machen; bei der Erteilung der Vollstreckungsklausel darf sie nicht beachtet werden. Die Vollstreckungsklage nach § 767 ist nicht durch die Einschränkung des § 767 II und vor der Rechtskraft des Urteils im Vorprozeß zulässig. Denn die Rechtskraft wirkt nicht gegenüber dem Übernehmer, v Olshausen JZ **76**, 88 mwN.

Statt der Umschreibung ist eine Leistungsklage zulässig, Hüffer ZZP **85**, 238. Die Klausel darf auch gegen den alten Schuldner erteilt werden. Eine gegen den neuen Schuldner erteilte Klausel muß die Gesamthaftung erwähnen. Auf den Erbschaftskauf nach § 2382 BGB ist I sinngemäß anzuwenden. I ist bei einem Verzicht auf den Anteil an einer fortgesetzten Gütergemeinschaft unanwendbar, LG Mü MDR **52**, 44.

Zuständig ist der Rpfl, § 20 Z 12 RPflG, Anh § 153 GVG.

2) Geschäftsfortführung, II. A. Direkte Anwendbarkeit. Wer ein unter Lebenden erworbenes Handelsgeschäft unter der bisherigen Firma fortführt, haftet im Rahmen des § 25 I, II HGB neben dem alten Inhaber für die Geschäftsschulden. Darum ist die Vollstreckungsklausel gegen den alten, aber auch gegen den neuen Inhaber zu erteilen, sofern der Anspruch vor dem Erwerb des Handelsgeschäfts rechtskräftig festgestellt worden ist, vgl auch Schuler NJW **57**, 1541. Dabei ist unerheblich, ob das Urteil gegen die Firma oder gegen den Inhaber persönlich lautet. Der Nachweis des Erwerbs und der Fortführung erfolgt durch einen Auszug aus dem Handelsregister.

Der Ausschluß der Haftung aus §§ 25 II, 28 II HGB darf nicht berücksichtigt werden. Der Erwerber muß ihn nach §§ 768, 732 geltend machen. Bei einer Übernahme des Handelsgeschäfts vor der Rechtskraft des Urteils oder im Falle des § 25 III HGB ist eine neue Klage gegen den Übernehmer nötig. Für die Vollstreckungsabwehrklage oder eine Leistungsklage gilt das in Anm 1 Ausgeführte. In der Vollstreckungsklausel ist die Gesamthaftung zu vermerken.

Zuständig ist der Rpfl, § 20 Z 12 RPflG, Anh § 153 GVG.

B. Entsprechende Anwendbarkeit. II ist entsprechend anwendbar, wenn ein Dritter als persönlich haftender Gesellschafter oder als Kommanditist in das Geschäft eines Einzelkaufmanns eintritt, falls der Eintritt nach der Rechtskraft erfolgt, Eickmann Rpfleger **74**, 260. Denn die Fälle liegen gleich, § 28 HGB. Dabei ist beim Kommanditisten die Beschränkung seiner Haftung summenmäßig anzugeben. II gilt ferner entsprechend, wenn zu mehreren Gesellschaftern ein weiterer Gesellschafter hinzutritt und falls das Urteil auch gegen die Gesellschaft ergangen ist.

Zuständig ist der Rpfl, § 20 Z 12 RPflG, Anh § 153 GVG.

3) VwGO: *Entsprechend anwendbar, § 167 I VwGO, in dem in Einf 5 §§ 727–729 bezeichneten Umfang.*

730 *Schuldneranhörung. In den Fällen des § 726 Abs. 1 und der §§ 727 bis 729 kann der Schuldner vor der Erteilung der vollstreckbaren Ausfertigung gehört werden.*

1) Erteilung. In den Fällen §§ 726 I, 727–729 entscheidet der Rpfl selbständig, § 20 Z 12 RPflG, Anh § 153 GVG. Eine mündliche oder schriftliche Anhörung des Schuldners ist zulässig, aber nicht notwendig. Die erforderliche Unterschrift braucht zwar nicht lesbar zu sein, muß aber einen individuellen Schriftzug mit charakteristischen Merkmalen aufweisen, BGH DNotZ **70**, 595, AG Bre DGVZ **81**, 62.

Gebühren: Des Gerichts: keine; des Anwalts: §§ 57, 58 II Z 1 BRAGO.

2) Rechtsbehelfe. Es gilt die folgende Regelung:

A. Entscheidung des Rechtspflegers. Gegen die Entscheidung des Rpfl haben der Gläubiger nach § 11 RPflG, Anh § 153 GVG, der Schuldner nach derselben Vorschrift iVm § 732 unbefristete Erinnerung. Der Rpfl prüft, ob er der Erinnerung abhilft; andernfalls legte er die Sache dem Amtsrichter vor, § 11 II 1 RPflG. Dieser prüft, ob er die Erinnerung für zulässig oder begründet erachtet oder ob gegen seine Entscheidung kein Rechtsmittel gegeben gewesen wäre, § 11 II 2 RPflG. Dann entscheidet er selbst. Andernfalls legt er die Erinnerung dem LG vor und unterrichtet die Beteiligten hiervon, § 11 II 3 RPflG. Dies geschieht durch einen Beschluß, der grundsätzlich zu begründen ist, vgl Ffm Rpfleger **78**, 105, § 104 Anm 2 A, falls die Erinnerung einen neuen Sachvortrag enthält (sonst wird die Sache an den Amtsrichter zurückverwiesen), LG Mannh ZMR **72**, 284;

B. Entscheidung des Richters. Gegen die Entscheidung des Richters, gegebenenfalls des Familienrichters, Köln Rpfleger **79**, 28, ist einfache Beschwerde zulässig, § 567. Denn die Entscheidung ist keine Maßnahme der Zwangsvollstreckung, Grdz 7 vor § 704, Bre FamRZ **80**, 725 mwN, Köln Rpfleger **79**, 28, LG Mannh ZMR **72**, 284. Der Gläubiger kann die Beschwerde freilich nur dann einlegen, wenn das Gericht die Erteilung der vollstreckbaren Ausfertigung versagt hat.

C. Entscheidung des Beschwerdegerichts. Wenn das Beschwerdegericht eine erteilte Vollstreckungsklausel aufhebt, ist § 731 anwendbar, sofern dessen Voraussetzungen im übrigen vorliegen.

3) *VwGO: Entsprechend anwendbar, § 167 I VwGO, in dem in Einf 5 §§ 727–729 bezeichneten Umfang. Rechtsbehelfe, Anm 2, sind der Antrag auf gerichtliche Entscheidung, § 151 VwGO, und weiter ggf Beschwerde, §§ 146 ff VwGO.*

731 **Klage auf Vollstreckungsklausel.** **Kann der nach dem § 726 Abs. 1 und den §§ 727 bis 729 erforderliche Nachweis durch öffentliche oder öffentlich beglaubigte Urkunden nicht geführt werden, so hat der Gläubiger bei dem Prozeßgericht des ersten Rechtszuges aus dem Urteil auf Erteilung der Vollstreckungsklausel Klage zu erheben.**

1) Allgemeines. Bisweilen kann der Gläubiger einen Nachweis, den er nach §§ 726 I, 727–729 führen muß, nicht durch die nötigen öffentlichen oder öffentlich beglaubigten Urkunden erbringen. Dann hilft § 731. Er ermöglicht dem Gläubiger eine Klage. Sie lautet nicht „auf die Erteilung der Vollstreckungsklausel". Denn der Schuldner kann die Vollstreckungsklausel gar nicht erteilen. Sie lautet vielmehr auf eine Feststellung, daß die Vollstreckungsklausel zu erteilen sei. Die Klage ist also keine Leistungsklage, aber auch keine Gestaltungsklage, sondern eine Feststellungsklage. Das Gericht stellt rechtsbezeugend fest, daß die Voraussetzungen einer Erteilung der Vollstreckungsklausel vorliegen, BGH **72**, 28. Der Rpfl ist an diese Feststellung gebunden und muß die Klausel erteilen.

2) Voraussetzungen. Da es sich um eine Feststellungsklage handelt, Anm 1, müssen die Voraussetzungen des § 256 I erfüllt sein. Das rechtliche Interesse an einer alsbaldigen Feststellung, das Rechtsschutzbedürfnis, fehlt, wenn §§ 726–729 zu demselben Ziel führen würden. Der Rpfl muß also die Erteilung der Klausel abgelehnt haben. Das Rechtsschutzbedürfnis ist auch meist nur dann gegeben, wenn das Gericht die Entscheidung des Rpfl auf eine Erinnerung bestätigt hat, § 730 Anm 2 A; eine Beschwerdeentscheidung, § 730 Anm 2 B, braucht nicht ergangen zu sein. Der Gläubiger braucht nicht darzulegen, daß er die Urkunden nicht beschaffen könne. Er braucht nicht darzutun, daß er sie nicht besitze und sie nur unter erheblichen Schwierigkeiten beschaffen könne. Fehlt eine Voraussetzung der Klage, so muß sie durch ein Prozeßurteil als unzulässig abgewiesen werden. Die Klage ist als Widerklage gegenüber einer Klage aus § 768 zulässig.

3) Verfahren. A. Zuständigkeit. Ausschließlich zuständig, § 802, ist dasjenige Prozeßgericht, das in der Sache erstinstanzlich erkannt hat, evtl also ein ArbG, oder nach einer Klagänderung auch das Berufungsgericht. Wenn es sich um einen Vollstreckungsbescheid handelt, ist dasjenige AG zuständig, das den Vollstreckungsbescheid erteilt hat. Bei einer vollstreckbaren Urkunde ist das Gericht des allgemeinen Gerichtsstands des Schuldners zuständig, notfalls dasjenige des Gerichtsstands des Vermögens, § 797. Bei einem Schiedsspruch ist das nach §§ 1045, 1046 maßgebliche Staatsgericht der ersten Instanz zuständig. Auch die Kammer für Handelssachen kann zuständig sein. Im übrigen muß nicht dieselbe Kammer oder Abteilung tätig werden, die nach dem damaligen Geschäftsverteilungsplan zur Sachentscheidung zuständig war. Zuständig ist ferner das AG der Festsetzungsbehörde, § 25 II WAG.

B. Ablauf. Die Klage leitet einen neuen, ganz selbständigen Prozeß ein und erzeugt selbständige Wirkungen. Die Prozeßvollmacht des Hauptprozesses dauert fort, § 81. Deshalb muß die Klage dem damaligen Prozeßbevollmächtigten zugestellt werden, § 178. Das Verfahren verläuft wie bei einer sonstigen Klage. Ein Urkundprozeß ist unstatthaft. Alle Beweismittel sind zugelassen. Ein Anerkenntnis und ein Geständnis sind wirksam, § 726 Anm 2 B. Darum ist auch § 93 anwendbar. Denn der Bekl hatte ausreichende Gelegenheit, die Erteilung der Vollstreckungsklausel durch den Rpfl zu ermöglichen, falls der Rpfl ihm Gelegenheit gegeben hatte, sich dazu zu äußern.

C. Einwendungen. a) Voraussetzungen. Es sind folgende Einwendungen zulässig:

aa) Vollstreckungsklausel. Statthaft sind Einwendungen, die die Zulässigkeit der Vollstreckungsklausel betreffen;

bb) Anspruch. Statthaft sind auch Einwendungen, die den Urteilsanspruch selbst betreffen, nur im Rahmen der §§ 732, 767 II, sowohl auch BGH BB **75**, 901 (er nennt § 731, meint aber allenfalls § 732). Derartige Einwendungen sind bei einer vollstreckbaren Urkunde unbeschränkt zulässig, § 797 IV.

b) Vorbringen. Die Einwendungen nach aa und bb müssen im Prozeß vorgebracht werden, wenn sie nicht verloren gehen sollen. Auch eine Beschränkung der Erbenhaftung muß hier geltend gemacht werden, denn auch in diesem Fall wird der Bekl „als Erbe des Schuldners" verurteilt, § 780.

D. Urteil. a) Fassung. Das Urteil lautet: „Die Vollstreckungsklausel zu dem Urteil des ... gegen ... ist zulässig". Wenn daraufhin die Vollstreckungsklausel erteilt wird, so sollte das Urteil in ihr erwähnt werden. Notwendig ist diese Erwähnung aber nicht, vgl § 726 Anm 2 B. Das Urteil ist unter denselben Voraussetzungen wie ein Leistungsurteil, nicht wie ein sonstiges Feststellungsurteil vorläufig vollstreckbar.

b) Wirkung. Die Rechtskraft des Urteils wirkt wie folgt:

aa) Verurteilung. Bei einer Verurteilung wird der Bekl mit den Einwendungen aus § 732, der Möglichkeit aus § 768 und mit denjenigen sachlichrechtlichen Einwendungen ausgeschlossen, die er bis zum Schluß der mündlichen Verhandlung geltend machen konnte, C.

bb) Abweisung. Bei einer Abweisung wird der Kläger mit den vorgebrachten Gründen ausgeschlossen. Die Klausel kann aber auf neue Gründe hin erteilt werden.

4) VwGO: Entsprechend anwendbar, § 167 I VwGO, in dem in Einf 5 §§ 727–729 bezeichneten Umfang.

732 Einwendungen gegen die Zulässigkeit der Vollstreckungsklausel.

I Über Einwendungen des Schuldners, welche die Zulässigkeit der Vollstreckungsklausel betreffen, entscheidet das Gericht, von dessen Geschäftsstelle die Vollstreckungsklausel erteilt ist. Die Entscheidung kann ohne mündliche Verhandlung ergehen.

II Das Gericht kann vor der Entscheidung eine einstweilige Anordnung erlassen; es kann insbesondere anordnen, daß die Zwangsvollstreckung gegen oder ohne Sicherheitsleistung einstweilen einzustellen oder nur gegen Sicherheitsleistung fortzusetzen sei.

1) Einwendungsarten. Wegen der Ablehnung der Erteilung der Vollstreckungsklausel § 727 Anm 5 A. Der Schuldner kann gegen eine erteilte Vollstreckungsklausel folgende Einwendungen haben:

A. Förmliche Einwendungen. Er bestreitet zB das Vorliegen eines vollstreckbaren Titels oder den Nachweis der Rechtsnachfolge. Dann kann er nur nach § 732 vorgehen.

B. Sachliche Einwendungen: Hier muß man folgende Unterscheidung treffen:

a) Gegen den Anspruch. Die Einwendungen können gegen den vollstreckbaren Anspruch gehen. Dafür gibt es nur die Vollstreckungsabwehrklage, § 767, zB Düss Rpfleger **77**, 67. Diese Klage schließt ein Verfahren nach § 732 unter dessen Voraussetzungen nicht aus.

b) Gegen die Klausel. Wenn der Vollstreckungstitel nur unter einer Bedingung oder nur für oder gegen einen anderen als den in ihm Bezeichneten vollstreckbar ist, dann hat der Schuldner neben der Vollstreckungsabwehrklage des § 768 die Möglichkeit, nach § 732 vorzugehen, Düss FamRZ **78**, 418. Eine rechtskräftige Entscheidung nach § 768 räumt die Einwendungen aus § 732 aus, nicht aber umgekehrt, BGH **LM** Art 101 GG Nr 19. Wenn die Vollstreckungsklausel gegen den Erwerber umgeschrieben wurde und wenn die Zwangsvollstreckung aus ihr durchgeführt worden ist, wird die Klage des Erwerbers nicht schon deshalb ausgeschlossen, weil die Rechte aus §§ 732, 768 nicht wahrgenommen wurden, BGH **4**, 283. Der Schuldner kann eine Rückgabe der Vollstreckungsklausel nicht erzwingen.

2) Einwendungen, I. A. Voraussetzungen. § 732 bezieht sich nur auf Einwendungen des Schuldners; wegen Einwendungen des Gläubigers § 724 Anm 3 D. Die Vollstreckungsklausel muß bereits erteilt worden sein, wenn auch vielleicht erst auf eine Anordnung des

1. Abschnitt. Allgemeine Vorschriften § 732 2–5

Gerichts oder des Beschwerdegerichts. Die Zwangsvollstreckung braucht noch nicht begonnen zu haben. Sie darf aber noch nicht beendet sein (Begriffe Grdz 7 vor § 704). Die Eintragung einer Zwangshypothek beendet die Zwangsvollstreckung noch nicht, LG Hildesh NJW **62**, 1256.

Die Wirksamkeit der Vollstreckungsklausel ist keine Voraussetzung eines Antrags nach § 732. Denn auch aus einer unwirksamen, etwa nicht unterschriebenen Klausel können nachteilige Folgen entstehen. Noch weniger ist es notwendig, daß die Voraussetzungen der Erteilung der Klausel vorlagen. Denn sie sind nicht Voraussetzungen der Zwangsvollstreckung. Da die Vollstreckungsklausel bis zur Beendigung der Zwangsvollstreckung zulässig sein muß, genügt es, daß ihre Zulässigkeit im Laufe des Verfahrens entfällt, etwa wegen einer Klagrücknahme.

B. Verfahren. Der Schuldner muß einen Antrag stellen. Dieser kann schriftlich oder zu Protokoll der Geschäftsstelle eingereicht werden. Es besteht kein Anwaltszwang. Zuständig ist dasjenige Gericht, dessen Rpfl die Vollstreckungsklausel erteilt hat. Dieses Gericht ist auch dann zuständig, wenn gegen seine damalige Zuständigkeit Einwendungen erhoben werden. Zuständig kann auch das FamGer sein, Düss FamRZ **78**, 428. Eine mündliche Verhandlung ist zulässig, aber nicht notwendig, § 128 Anm 3. Zu entscheiden ist darüber, ob die Klausel nunmehr zulässig ist, nicht darüber, ob sie im Zeitpunkt ihrer Erteilung durch den Rpfl zulässig war. Mängel lassen eine Behebung zu.

C. Entscheidung. Sie ergeht durch einen Beschluß. Er lautet auf eine Zurückweisung des Antrags oder auf eine Aufhebung der Vollstreckungsklausel. Wenn die Klausel nur teilweise unzulässig ist, darf das Gericht sie einschränken. Darin liegt keine neue Klauselerteilung. Die Entscheidung ist grundsätzlich zu begründen, § 329 Anm 1 A b. Sie ist dem Antragsteller formlos mitzuteilen, vgl Anm 4.

Gebühr: Des Gerichts: keine; des Anwalts: §§ 57, 58 III Z 1 BRAGO.

3) Einstweilige Anordnung, II. Sie ist ebensowenig wie eine zeitweilige Einstellung der Zwangsvollstreckung eine einstweilige Verfügung, Grdz 6 E vor § 704. Eine einstweilige Anordnung ist evtl deshalb notwendig, weil die Einwendung nicht aufschiebend wirkt. Ihr Inhalt ist vor allem eine einstweilige Einstellung der Zwangsvollstreckung ohne oder gegen eine Sicherheitsleistung oder die Anordnung, daß die Zwangsvollstreckung nur gegen eine Sicherheitsleistung fortgesetzt werden darf. Im Wege einer einstweiligen Anordnung darf die Zwangsvollstreckung aber keineswegs ganz aufgehoben werden, weil die Folgen unberechenbar wären. Die einstweilige Anordnung ergeht auf einen Antrag oder von Amts wegen. Sie ist formlos mitzuteilen, Anm 4.

4) Rechtsbehelfe. Es gilt die folgende Regelung:

A. Beschluß, I. Gegen einen Beschluß nach I sind folgende Rechtsbehelfe statthaft:

a) Entscheidung des Rechtspflegers. Es ist die Erinnerung statthaft. Der Rpfl darf seiner Entscheidung nicht abhelfen. Vielmehr entscheidet zunächst das Gericht des Rpfl. Evtl erfolgt eine Vorlage gemäß § 11 II RPflG (eine fälschliche Abweisung durch den Vorderrichter ist in eine Vorlage umdeutbar, zB Hbg FamRZ **81**, 980, Karlsr Rpfleger **77**, 453 mwN, aM zB Karlsr Rpfleger **83**, 118 mwN, Schlesw SchlHA **74**, 43, LG Frankenthal Rpfleger **83**, 31 mwN (der Rpfl könne abhelfen, sonst entscheide sein Gericht abschließend). In einer Familiensache sind der Rpfl des Familiengerichts bzw sein Richter zuständig, Hbg FamRZ **81**, 980.

b) Entscheidung des Gerichts. aa) Zurückweisung. Wenn das Gericht den Antrag des Schuldners zurückgewiesen hat, hat dieser einfache Beschwerde, weil die Entscheidung des Gerichts keine Maßnahme der Zwangsvollstreckung darstellt, Grdz 6 D vor § 704, Karlsr Rpfleger **77**, 453 mwN.

bb) Stattgeben. Wenn das Gericht dem Antrag stattgegeben hat, hat der Gläubiger einfache Beschwerde, § 567, weil ihm die Vollstreckungsklausel verweigert worden ist.

B. Einstweilige Anordnung, II. Gegen eine einstweilige Anordnung nach II gibt es kein Rechtsmittel, obwohl eine dem § 707 II vergleichbare Vorschrift fehlt. Denn die Rechtslage ist mit der dortigen gleich, insofern richtig Hbg JB **77**, 1462, Hamm MDR **79**, 852. Eine Entscheidung nach I macht eine einstweilige Anordnung nach II ohne weiteres unwirksam.

5) VwGO: Entsprechend anwendbar, § 167 I VwGO, in dem in § 724 Anm 4 bezeichneten Umfang. Rechtsbehelf gegen Beschlüsse nach I ist die Beschwerde, §§ 146 ff VwGO. Eine einstw AnO, II, ist unanfechtbar, Anm 4 B.

733 Weitere vollstreckbare Ausfertigung. **I** Vor der Erteilung einer weiteren vollstreckbaren Ausfertigung kann der Schuldner gehört werden, sofern nicht die zuerst erteilte Ausfertigung zurückgegeben wird.

II Die Geschäftsstelle hat von der Erteilung der weiteren Ausfertigung den Gegner in Kenntnis zu setzen.

III Die weitere Ausfertigung ist als solche ausdrücklich zu bezeichnen.

1) **Weitere vollstreckbare Ausfertigung, I. A. Zweck der Regelung.** § 733 soll den Schuldner gegen eine mehrfache Zwangsvollstreckung aus demselben Titel schützen, Düss DNotZ 77, 571 (zustm Bambring), vgl Saarbr AnwBl 81, 161. Darum läßt die Vorschrift die freie Erteilung einer weiteren vollstreckbaren Ausfertigung an dieselbe Partei nur dann zu, wenn die erste Ausfertigung zurückgegeben wird, Düss DNotZ 77, 571 (zustm Bambring).

B. Voraussetzungen. Voraussetzung ist natürlich außerdem, daß eine weitere vollstreckbare Ausfertigung überhaupt gerechtfertigt wäre. § 797 III steht dem nicht entgegen. Doch darf der Rpfl in geeigneten Fällen auch sonst eine weitere vollstreckbare Ausfertigung erteilen, § 20 Z 12, 13 RPflG, Anh § 153 GVG.

Er muß aber stets prüfen, ob der Gläubiger überhaupt für eine weitere vollstreckbare Ausfertigung ein Rechtsschutzbedürfnis hat, Düss DNotZ 77, 571 (zustm Bambring), Ffm Rpfleger 78, 104, Hamm Rpfleger 79, 431 mwN, Karlsr Rpfleger 77, 453, Saarbr AnwBl 81, 161, LG Essen DGVZ 77, 126, LG Hann Rpfleger 81, 444. Durch eine weitere vollstreckbare Ausfertigung darf dem Schuldner kein Nachteil drohen, Düss DNotZ 77, 572 (zustm Bambring), Hamm Rpfleger 79, 431 mwN, Karlsr Rpfleger 77, 453.

C. Fälle der Erteilungspflicht. Eine weitere Ausfertigung ist zB in folgenden Fällen zu erteilen: Der Gläubiger bzw der Gerichtsvollzieher hat dem Schuldner die erste Ausfertigung versehentlich ausgehändigt, obwohl der Gläubiger noch nicht vollständig befriedigt worden war, Hamm Rpfleger 79, 431 mwN (der Gläubiger ist dann beweispflichtig), LG Hann Rpfleger 81, 444. Das gilt allerdings nicht, wenn aus einem Herausgabetitel eine Geldforderung beigetrieben werden soll, LG Essen DGVZ 77, 126; die neue Ausfertigung hat nicht ganz denselben Inhalt, etwa wegen des Eintritts der Rechtskraft oder wegen einer Rechtsnachfolge, zB bei einem Wechsel des Firmeninhabers, Schuler NJW 57, 1541; die Zwangsvollstreckung ist gegen mehrere Gesamtschuldner vorzunehmen, AG Groß Gerau Rpfleger 81, 151 mwN, und der Gläubiger muß mehrere Vollstreckungsmaßnahmen gleichzeitig an verschiedenen Orten vornehmen, Karlsr Rpfleger 77, 453; die falsche Berechnung der beizutreibenden Summe ist berichtigt worden; die erste Ausfertigung ist endgültig in Verlust geraten, LG Hann Rpfleger 81, 444, vgl auch Grunz JR 50, 72; die erste Ausfertigung ist dem Gläubiger nicht zugegangen, Schlesw SchlHA 81, 81, LG Hann Rpfleger 81, 444; ein Rechtsnachfolger will vollstrecken, Stgt Rpfleger 80, 304.

D. Fälle der Versagungspflicht. Eine weitere Ausfertigung ist zB im folgendem Fall zu versagen: Der frühere ProzBev des Gläubigers macht an der in seinen Händen befindlichen (ersten) Ausfertigung wegen einer Gebührenforderung ein Zurückbehaltungsrecht geltend, Saarbr AnwBl 81, 161, LG Hann Rpfleger 81, 444.

E. Weitere Einzelfragen. Keine „weitere" vollstreckbare Ausfertigung ist eine Ausfertigung, die für einen Teil der Forderung erteilt wird, den eine erste Teilausfertigung nicht betroffen hatte. Ebenso wenig ist eine berichtigte Ausfertigung eine weitere Ausfertigung. Wenn der Schuldner behauptet, den Anspruch erfüllt zu haben, ist er auf § 767 zu verweisen. Eine Ausnahme von dieser Regel gilt nur dann, wenn der Gläubiger die erste Ausfertigung freiwillig herausgegeben hatte.

2) **Verfahren, I–III.** Das Verfahren verläuft nach § 730. Der Schuldner sollte immer angehört werden. Zuständig ist der Rpfl, nicht der Urkundsbeamte der Geschäftsstelle, § 26 I RPflG, Anh § 153 GVG. Im übrigen gilt § 724 II. Derselbe Gläubiger muß die erste Ausfertigung zurückgeben oder glaubhaft machen, warum er mit ihr nicht vollstrecken kann. Ein Rechtsnachfolger braucht aber die dem Rechtsvorgänger erteilte Ausfertigung nicht zurückzugeben, Stgt Rpfleger 80, 304. Die weitere Ausfertigung soll als zweite, dritte usw bezeichnet werden. Ein Verstoß ist unschädlich; auf Grund eines Rechtsbehelfs wird jedoch die Ausfertigung entsprechend ergänzt, vgl auch Grdz 8 C c vor § 704. Die durch II vorgeschriebene Benachrichtigung des Gegners kann formlos erfolgen. Sie ist nicht wesentlich.

Gebühren: Des Gerichts keine; des RA §§ 57, 58 III Z 2 BRAGO.

1. Abschnitt. Allgemeine Vorschriften §§ 733–736

3) Rechtsbehelfe. Es gilt die folgende Regelung:
A. Schuldner. Der Schuldner kann Einwendungen nach § 732 erheben, und zwar wegen der ersten und wegen jeder weiteren Erteilung, Karlsr Rpfleger **77**, 453 mwN. Gegen die Entscheidung des Gerichts hat der Schuldner einfache Beschwerde, § 567, vgl § 732 Anm 4 A b aa.
B. Gläubiger. Der Gläubiger kann zunächst Erinnerung an das Gericht des Rpfl einlegen, § 11 I RPflG, Anh § 153 GVG. Diese ist evtl als Durchgriffsbeschwerde zu behandeln, Ffm Rpfleger **78**, 154. Gegen die Entscheidung des Gerichts ist einfache Beschwerde zulässig, § 730 Anm 2 B. Bei einer endgültigen Versagung der weiteren Ausfertigung bleibt nur eine neue Klage aus dem ursprünglichen Schuldverhältnis möglich, Einf 3 C vor §§ 322–327.

Eine Klage auf Erteilung der Klausel nach § 731 ist hier unzulässig.

4) VwGO: *Entsprechend anwendbar, § 167 I VwGO, in dem in § 724 Anm 4 bezeichneten Umfang. Rechtsbehelfe, Anm 3, sind Antrag auf gerichtliche Entscheidung, § 151 VwGO, und weiter ggf Beschwerde, §§ 146 ff VwGO (keine Zuständigkeit des Rpfl).*

734 *Urteilsvermerk über vollstreckbare Ausfertigung.* **Vor der Aushändigung einer vollstreckbaren Ausfertigung ist auf der Urschrift des Urteils zu vermerken, für welche Partei und zu welcher Zeit die Ausfertigung erteilt ist.**

1) Zweck der Regelung. Zum Schutz des Schuldners ist der Vermerk nach § 734 vor der Aushändigung der vollstreckbaren Ausfertigung auf der Urschrift des Urteils anzubringen. Wenn die Ausfertigung in einer höheren Instanz erteilt wird, muß eine beglaubigte Abschrift des Vermerks auf die zu den Akten genommene Abschrift des Urteils gesetzt werden, damit die Geschäftsstelle der ersten Instanz Kenntnis erhält, vgl auch § 544 II.

2) VwGO: *Entsprechend anwendbar, § 167 I VwGO, in dem in § 724 Anm 4 bezeichneten Umfang.*

735 *Zwangsvollstreckung gegen Verein.* **Zur Zwangsvollstreckung in das Vermögen eines nicht rechtsfähigen Vereins genügt ein gegen den Verein ergangenes Urteil.**

1) Zweck der Regelung. Aus der Parteifähigkeit des nicht rechtsfähigen Vereins zieht § 735 die Folgerungen für die Rolle des Bekl in der Zwangsvollstreckung, § 50 II. Soweit der Verein verurteilt worden ist, genügt der Vollstreckungstitel für eine Zwangsvollstreckung in das Vermögen des Vereins. Haben die Mitglieder geklagt oder sind sie verklagt worden, so ist ein Titel für und gegen sie entsprechend § 736 erforderlich. Eine Zwangsvollstreckung in das Vereinsvermögen erfolgt nur, soweit sich das Vermögen in den Händen der Vereinsorgane befindet. Andere Vereinsmitglieder sind Dritte mit einem eigenen Gewahrsam. Das Vereinsvermögen umfaßt auch Forderungen des Vereins, etwa auf die Zahlung von Beiträgen oder Zubußen. Der Umstand, daß der Verein nicht selbst klagen kann, ist dabei unerheblich. Denn die Forderungen erwachsen den zur gesamten Hand verbundenen Mitgliedern.

2) Geltungsbereich. Trotz des engen Textes gilt § 735 auch bei einer Zwangsvollstreckung wegen Handlungen oder Unterlassungen. Er gilt auch nach der Auflösung des Vereins, solange noch Vereinsvermögen da ist, und bei einer Zwangsvollstreckung wegen Handlungen oder Unterlassungen solange, wie noch Vereinsorgane bestehen. Später ist ein neuer Titel erforderlich, wenn der Titel nicht nach § 727 auf die Mitglieder umgeschrieben werden kann. Eine eidesstattliche Versicherung zwecks Offenbarung ist von den Vorstandsmitgliedern abzugeben.

3) VwGO: *Entsprechend anwendbar, § 167 I VwGO.*

736 *Zwangsvollstreckung gegen Gesellschaft.* **Zur Zwangsvollstreckung in das Gesellschaftsvermögen einer nach § 705 des Bürgerlichen Gesetzbuchs eingegangenen Gesellschaft ist ein gegen alle Gesellschafter ergangenes Urteil erforderlich.**

Schrifttum: Zimmer, Zwangsvollstreckung gegen den Gesellschafter einer Personengesellschaft, Diss Bochum 1978.

1) Grundsatz. Die Gesellschaft des BGB ist nicht parteifähig. Da alle Gesellschafter zur gesamten Hand berechtigt sind, kann der einzelne Gesellschafter auch nicht über seinen Anteil an den einzelnen zum Gesellschaftsvermögen gehörenden Gegenständen verfügen. Darum muß der Gläubiger zur Zwangsvollstreckung in das Gesellschaftsvermögen folgendermaßen vorgehen:

A. Titel gegen alle Gesellschafter. Entweder muß der Gläubiger nach § 736 ein Urteil gegen alle Gesellschafter erwirken. Dazu genügt regelmäßig eine Klage „gegen die Gesellschafter, vertreten durch den geschäftsführenden Gesellschafter X", § 714 BGB, aber nicht zB eine Klage „gegen die Firma A, Inhaber B und C", LG Bln Rpfleger **73**, 104.

B. Titel gegen einen Gesellschafter. Oder der Gläubiger muß einen Titel gegen einen Gesellschafter erwirken und daraufhin dessen Anteil an der Gesellschaft pfänden, § 859 I.

2) Geltungsbereich. § 736 betrifft nicht nur Gesellschaftsschulden, sondern jede Schuld, für die der Gesellschafter gesamtschuldnerisch haftet, Brehm KTS **83**, 32, Oehlerking KTS **80**, 15 mwN, aM zB Kornblum BB **70**, 1445, zB eine Schuld aus einer unerlaubten Handlung oder eine solche aus einer Rechtsscheinhaftung dann, wenn eine OHG oder eine KG nicht entstanden ist, BGH **61**, 69. Wenn Gesellschafter nach Kopfteilen haftet, dann muß eine Gesellschaftsschuld vorliegen.

Trotz des engen Textes gilt § 736 auch für eine Zwangsvollstreckung auf die Vornahme einer Handlung oder Unterlassung, § 735 Anm 2. Es ist unerheblich, bei wem der Gläubiger vollstreckt, ob bei den Geschäftsführern oder bei anderen Gesellschaftern. Es braucht kein einheitliches Urteil gegen alle Gesellschafter vorzuliegen; vielmehr genügen mehrere getrennte Entscheidungen beliebiger Art, Oehlerking KTS **80**, 15, abw Brehm KTS **83**, 24 je mwN. Es entscheidet der Zeitpunkt der Zwangsvollstreckung. Wenn vorher ein neuer Gesellschafter eingetreten ist, dann ist er für Gesellschaftsschulden unter Umständen der Rechtsnachfolger der übrigen Gesellschafter. Der Titel ist insoweit auf ihn umzuschreiben, § 727, Wiecz A II, aM StJM I (dort wird ein neuer Titel gegen den Eintretenden verlangt).

Ein ausgeschiedener Gesellschafter haftet nicht mehr mit, BGH **74**, 241. Nach der Auflösung und der Beendigung der Gesellschaft verläuft das Verfahren wie bei § 735 Anm 2, sofern der Titel die Haftung auf das Gesellschaftsvermögen beschränkt. Einzelfragen beim Konkurs der Gesellschafter behandelt Oehlerking KTS **80**, 14.

3) VwGO: Entsprechend anwendbar, § 167 I VwGO.

Anhang nach § 736

Zwangsvollstreckungstitel bei Offener Handelsgesellschaft, Kommanditgesellschaft, Reederei

HGH § 124 (für OHG). II Zur Zwangsvollstreckung in das Gesellschaftsvermögen ist ein gegen die Gesellschaft gerichteter vollstreckbarer Schuldtitel erforderlich.

HGB § 129 (für OHG). IV Aus einem gegen die Gesellschaft gerichteten vollstreckbaren Schuldtitel findet die Zwangsvollstreckung gegen die Gesellschafter nicht statt.

Schrifttum: Schiller, Die Rechtsstellung der offenen Handelsgesellschaft im Zivilprozeß, Diss Ffm 1967.

1) Offene Handelsgesellschaft. Sie ist nicht nur die Gesamtheit der Gesellschafter, sondern eine eigene Prozeßpartei, § 50 Anm 2 D a. Das zeigt sich auch bei der Zwangsvollstreckung:

A. Gesellschaftsvermögen. Eine Zwangsvollstreckung in das Vermögen der OHG setzt einen Vollstreckungstitel gegen die Gesellschaft voraus, § 124 II HGB. Ein Titel gegen alle Gesellschafter genügt nicht. Ein Wechsel der Gesellschafter oder ein Eintritt der Abwicklung der Gesellschaft sind unerheblich. Aus einem Vollstreckungstitel gegen einen Gesellschafter darf der Gläubiger nur dasjenige Guthaben pfänden und sich überweisen lassen, das diesem Gesellschafter bei einer Auseinandersetzung zusteht.

B. Gesellschaftervermögen. Eine Zwangsvollstreckung in das Vermögen des einzelnen Gesellschafters setzt einen Vollstreckungstitel gegen diesen voraus. Ein Titel gegen die Gesellschaft genügt nicht. Ein solcher Titel wird auch nach dem Erlöschen der Gesellschaft nicht auf oder gegen die einzelnen Gesellschafter umgeschrieben. Eine Feststellung zur Konkurstabelle in einem Konkursverfahren gegen die OHG wirkt nicht gegen die Gesellschafter. Vgl auch Anh § 859 Anm 1. Wegen der Rechtsscheinhaftung einer angeblichen OHG oder KG § 736 Anm 2.

2) Kommanditgesellschaft. Für die Zwangsvollstreckung gegen sie gilt, was in Anm 1 A über die Zwangsvollstreckung gegen die OHG, für die Zwangsvollstreckung gegen die persönlich Haftenden gilt, was in Anm 1 B über die Zwangsvollstreckung gegen die Gesellschafter gesagt ist, BGH **62**, 132. Der Kommanditist haftet nur mit der Einlage. Gegen ihn ist immer ein besonderer Titel notwendig, Ullrich NJW **74**, 1490. Nach dem Erlöschen der Gesellschaft kann ein gegen sie ergangener Vollstreckungstitel nicht auf oder gegen die einzelnen Gesellschafter umgeschrieben werden, aM LG OldG Rpfleger **80**, 27, StJM § 736 Anm I.

3) Reederei. Da sie parteifähig ist, § 50 Anm 2 D c, § 489 HGB, gilt für sie dasselbe wie bei der OHG, aM StJ § 736 III (er übernimmt die Regeln zur Gesellschaft des BGB). Wegen des Verteilungsverfahrens nach einer Haftungsbeschränkung Üb 1 vor § 872. Wegen des Arrestes in ein Seeschiff Grdz 1 vor § 916.

4) VwGO: *Das in Anm 1–3 Gesagte gilt auch hier.*

737 *Zwangsvollstreckung bei Nießbrauch. Bestellung vor Rechtskraft.*

I Bei dem Nießbrauch an einem Vermögen ist wegen der vor der Bestellung des Nießbrauchs entstandenen Verbindlichkeiten des Bestellers die Zwangsvollstreckung in die dem Nießbrauch unterliegenden Gegenstände ohne Rücksicht auf den Nießbrauch zulässig, wenn der Besteller zu der Leistung und der Nießbraucher zur Duldung der Zwangsvollstreckung verurteilt ist.

II Das gleiche gilt bei dem Nießbrauch an einer Erbschaft für die Nachlaßverbindlichkeiten.

Schrifttum: Schüller, Die Zwangsvollstreckung in den Nießbrauch, Diss Bonn 1978.

1) Vorbemerkung zu §§ 737, 738. Die Vorschriften ergänzen die §§ 1086, 1089 BGB für die Zwangsvollstreckung. Sie sind nur dann anwendbar, wenn der Nießbrauch an einem Vermögen oder an einer Erbschaft bestellt worden ist. § 737 betrifft den Fall der Bestellung vor der Rechtskraft, § 738 denjenigen der späteren Bestellung.

2) Voraussetzungen des § 737. § 737 setzt das Entstehen der Schuld vor der Bestellung voraus. Dann müssen zur Zwangsvollstreckung ein Leistungstitel gegen den Besteller und ein Duldungstitel gegen den Nießbraucher vorliegen. Wenn der Nießbrauch nach dem Eintritt der Rechtshängigkeit bestellt und wenn ein dem Nießbrauch unterliegender Gegenstand streitbefangen ist, § 265 Anm 2, dann ist eine Umschreibung nach § 727 statthaft. Denn die Bestellung ist eine Veräußerung im Sinne des § 265. Etwas anderes gilt dann, wenn § 265 versagt. Wenn der Nießbrauch aber nach dem Eintritt der Rechtskraft bestellt worden ist, dann gilt § 738.

Ist die Schuld erst nach der Bestellung des Nießbrauchs begründet worden, dann ist eine Zwangsvollstreckung in das bewegliche Vermögen unstatthaft, während eine Zwangsversteigerung unbeschadet des Nießbrauchs statthaft ist. Bei einer verbrauchbaren Sache kann der Gläubiger den Anspruch des Bestellers auf Wertersatz, § 1086 S 2 BGB, nach § 829 ohne einen Vollstreckungstitel gegen den Nießbraucher pfänden und sich überweisen lassen. Wenn der Nießbrauch ein Grundstück ergreift, dann kann der Gläubiger nicht die Mietzinsen ohne Rücksicht auf den Nießbrauch pfänden, so daß der Nießbraucher auf § 771 verwiesen wäre; vielmehr gilt § 737. Näheres über das Verfahren § 748 Anm 2.

Die Vorschrift gilt entsprechend gemäß § 263 AO 1977.

3) VwGO: *Entsprechend anwendbar, § 167 I VwGO.*

738 *Zwangsvollstreckung bei Nießbrauch. Bestellung nach Rechtskraft.*

I Ist die Bestellung des Nießbrauchs an einem Vermögen nach der rechtskräftigen Feststellung einer Schuld des Bestellers erfolgt, so sind auf die Erteilung einer in Ansehung der dem Nießbrauch unterliegenden Gegenstände vollstreckbaren Ausfertigung des Urteils gegen den Nießbraucher die Vorschriften der §§ 727, 730 bis 732 entsprechend anzuwenden.

II Das gleiche gilt bei dem Nießbrauch an einer Erbschaft für die Erteilung einer vollstreckbaren Ausfertigung des gegen den Erblasser ergangenen Urteils.

1) Allgemeines. Bei § 738 ist kein besonderer Titel gegen den Nießbraucher notwendig. Denn für ihn treffen dieselben Gründe wie gegen den Vermögensübernehmer zu, § 729 Anm 1, vgl § 1086 BGB. Wer eine Vollstreckungsklausel beantragt, braucht die Zugehörigkeit der einzelnen Gegenstände zur Nießbrauchsmasse nicht darzulegen. Er muß nur nach § 727 und in dessen Form die ordnungsgemäße Bestellung nachweisen, §§ 311, 1085, 1089 BGB, und er muß ferner nachweisen, daß der Vollstreckungstitel vor der Bestellung des Nießbrauchs rechtskräftig geworden ist. Zur Erteilung der Vollstreckungsklausel ist der Rpfl zuständig, § 20 Z 12 RPflG, Anh § 153 GVG.

2) VwGO: Entsprechend anwendbar, 167 I VwGO, jedoch hinsichtlich der §§ 727, 730–732 mit der in § 724 Anm 4 bezeichneten Einschränkung.

Einführung vor §§ 739–745
Zwangsvollstreckung gegen Ehegatten

Schrifttum: Müller, Zwangsvollstreckung gegen Ehegatten, 1970.

1) Allgemeines. §§ 739–745 regeln die Voraussetzungen der Zwangsvollstreckung gegen Ehegatten. Sie gelten zum Teil entsprechend gemäß § 263 AO 1977.

2) Vollstreckungsobjekt. Zu unterscheiden ist:

A. Gesamtgut. Bei der Zwangsvollstreckung in ein gütergemeinschaftliches Gesamtgut, §§ 740–745, gelten die §§ 739ff für jede Art Zwangsvollstreckung, zB auch wegen eines dinglichen Anspruchs. Der Anteil jedes Ehegatten am Gesamtgut oder an einzelnen Gesamtgutssachen ist bis zur Auflösung der Gemeinschaft unpfändbar, § 860.

B. Weitere Fälle. Bei einer Zwangsvollstreckung im übrigen, also im Falle der Zugewinngemeinschaft, Gütertrennung, sowie in Vorbehaltsgut bei der Gütergemeinschaft, gilt, soweit es sich um bewegliche Sachen handelt, § 739; s dort Anm 1 B.

739 *Zwangsvollstreckung gegen Eheleute.* Wird zugunsten der Gläubiger eines Ehemannes oder der Gläubiger einer Ehefrau gemäß § 1362 des Bürgerlichen Gesetzbuchs vermutet, daß der Schuldner Eigentümer beweglicher Sachen ist, so gilt, unbeschadet der Rechte Dritter, für die Durchführung der Zwangsvollstreckung nur der Schuldner als Gewahrsamsinhaber und Besitzer.

§ 1362 BGB:

^{I} Zugunsten der Gläubiger des Mannes und der Gläubiger der Frau wird vermutet, daß die im Besitz eines Ehegatten oder beider Ehegatten befindlichen beweglichen Sachen dem Schuldner gehören. Diese Vermutung gilt nicht, wenn die Ehegatten getrennt leben und sich die Sachen im Besitze des Ehegatten befinden, der nicht Schuldner ist. Inhaberpapiere und Orderpapiere, die mit Blankoindossament versehen sind, stehen den beweglichen Sachen gleich.

^{II} Für die ausschließlich zum persönlichen Gebrauch eines Ehegatten bestimmten Sachen wird im Verhältnis der Ehegatten zueinander und zu den Gläubigern vermutet, daß sie dem Ehegatten gehören, für dessen Gebrauch sie bestimmt sind.

Schrifttum: Müller, Zwangsvollstreckung gegen Ehegatten, 1970.

1) Allgemeines. A. Zweck der Regelung. Leben Ehegatten in ehelicher Gemeinschaft, so bringt diese regelmäßig Mitbesitz und Mitgewahrsam an den im Besitz der Ehegatten befindlichen Sachen mit sich. Liegt ein Vollstreckungstitel nur gegen einen Ehegatten vor, so könnte der andere Ehegatte, sofern er nicht in die Vollstreckung einwilligt, dieser widersprechen, § 809, so daß der Gläubiger auf die Pfändung des Herausgabeanspruchs mit allen seinen Weiterungen angewiesen wäre, § 809 Anm 2 B. § 739 läßt demgegenüber den Titel gegen einen Ehegatten genügen, indem er im Rahmen der Vermutung des § 1362 BGB nur den Schuldner als Gewahrsamsinhaber und Besitzer gelten läßt, so daß auch ein Duldungstitel gegen den anderen Ehegatten, der früher im allgemeinen gefordert wurde, überflüssig ist.

Zur verfassungsrechtlichen Problematik Brox FamRZ 81, 1126 mwN. Zur Problematik beim „Ledigbund", also dem nicht ehelichen Dauerverhältnis, Scheld DGVZ 83, 70 (ausf).

B. Geltungsbereich. § 739 gilt für den gesetzlichen Güterstand der Zugewinngemeinschaft, LG Limburg DGVZ **81**, 11, und der Gütertrennung, der Gütergemeinschaft jedoch nur dann, wenn feststeht, daß die bewegliche Sache nicht zum Gesamtgut gehört, während für die Zugehörigkeit eine Vermutung spricht. Dabei ist unerheblich, ob das Gesamtgut nur von einem oder von beiden Ehegatten verwaltet wird, §§ 1422, 1450 BGB. § 739 hat Bedeutung sowohl bei der Pfändung von körperlichen als auch bei der Herausgabe bestimmter beweglicher Sachen, §§ 808, 883. Inhaber- und mit Blankoindossament versehene Orderpapiere, s §§ 821 Anm 1 A, stehen den beweglichen Sachen gleich.

Die Vorschrift gilt zugunsten der Mannes- und der Frauengläubiger, auch zugunsten des Konkursverwalters über das Vermögen eines Ehegatten, BGH NJW **55**, 20. Sie gilt aber natürlich nicht, wenn ein Ehegatte zusammen mit einem Dritten oder dieser allein Besitz oder Gewahrsam an Sachen des Ehegattenschuldners hat; dann kommt nur eine Pfändung des Herausgabeanspruchs in Betracht, sofern nicht eine Einwilligung des Dritten, § 809, vorliegt.

Unanwendbar ist § 739 bei Forderungen und anderen Vermögensrechten sowie bei der Zwangsvollstreckung in unbewegliche Sachen, LG Coburg FamRZ **62**, 387, sowie schon wegen Art 6 I GG bei einer nur eheähnlichen Gemeinschaft, aM Weimar JR **82**, 324.

2) Wirkung. A. Eigentumsvermutung. Gegenüber der Zwangsvollstreckung aus einem Titel gegen den einen Ehegatten kann sich der andere Ehegatte nicht auf seinen Gewahrsam oder Besitz der Sache berufen, in die vollstreckt wird. Er hat insbesondere nicht die Erinnerung aus § 766, zB Brox FamRZ **81**, 1125 mwN, aM zB Gernhuber, Familienrecht, 3. Aufl, § 22 II 6. Es ist also unerheblich, ob der andere Ehegatte nur einen Mitbesitz an der Sache hat. Der Mann, der das Bankfach allein gemietet hat und auch allein die Bankfachschlüssel besitzt, muß also den Inhalt des Bankfachs zugunsten der Gläubiger seiner Ehefrau herausgeben, soweit das Fach nicht nach § 1362 II BGB vermutlich nur solche Sachen enthält, die dem Mann allein gehören. Unerheblich ist mithin, wo sich die Sachen befinden, wenn nur der Besitz oder der Gewahrsam eines Ehegatten vorliegen.

Im allgemeinen prüft der Gerichtsvollzieher nur, ob die Eheleute nicht getrennt leben und ob die zu pfändenden oder herauszugebenden Sachen sich im Gewahrsam oder Besitz eines der Ehegatten befinden. Denn das Gesetz unterstellt in diesem Fall bindend, daß der Schuldner Alleinbesitzer ist oder Alleingewahrsam hat, AG Siegen DGVZ **77**, 11; wegen der in § 1362 II BGB genannten Sachen vgl allerdings B c. Der Gerichtsvollzieher darf zB die Vollstreckung nicht schon wegen der Vorlage eines Gütertrennungsvertrages abbrechen, LG Verden DGVZ **81**, 79.

Die Zwangsvollstreckung muß auch bei dem anderen Ehegatten ihre Grenze in den Pfändungsverboten des § 811 finden. Vgl dort Anm 3 A. Dem Ehegatten, gegen den der Titel nicht ergangen ist, bleibt nur die Widerspruchsklage aus § 771 unter der Berufung auf sein Eigentum, LG Verden DGVZ **81**, 79. Mit dieser Klage kann er dann versuchen, die Vermutung des § 1362 I 1 BGB zu entkräften, Bbg DGVZ **78**, 9, nur wegen der Beweislast ebenso LG Münst DGVZ **78**, 14. Zur Entkräftung genügt der Beweis des Eigentumserwerbs, BGH NJW **76**, 238.

Dazu muß der Widerspruchskläger nicht nur die Art und Weise des Erwerbs dartun, sondern auch zB angeben, aus welchen Mitteln der Kaufpreis bezahlt wurde und wie die Übereignung vorgenommen worden ist, LG Lüneburg DGVZ **81**, 11. Wegen der Gefahr von Scheinübertragungen und Schiebungsgeschäften sind strenge Beweisanforderungen zu stellen, vgl Mü MDR **81**, 403.

B. Ausnahmen. a) Allgemeines. Freilich kann sich aus der Sachlage heraus ergeben, daß offensichtlich die Vermutung des § 1362 I 1 BGB nicht zutrifft, LG Verden DGVZ **78**, 137. Dies kann zB dann der Fall sein, wenn ein Gewerbebetrieb ersichtlich vollständig nur dem anderen Ehegatten gehört, LG Mosbach MDR **72**, 518, oder wenn die Zwangsvollstreckung zugunsten eines Gläubigers des Ehemanns stattfindet und wenn es nun um einen Kraftfahrzeugbrief geht, der auf den Namen der Ehefrau lautet, Baur FamRZ **58**, 253.

Die Klage steht beim gesetzlichen Güterstand auch dann offen, wenn der andere Ehegatte über Haushaltsgegenstände ohne die Einwilligung des Klägers verfügt hat, § 1369, insbesondere II iVm § 1368 BGB; wegen § 1357 BGB beim minderjährigen Ehegatten Elsing JR **78**, 497.

§ 739 will nur solche Einwendungen ausschalten, die sich auf einen Besitz oder Gewahrsam stützen, der auf Grund der ehelichen Lebensgemeinschaft erlangt ist. Deshalb kann eine Widerspruchsklage auch mit dem Recht auf einen Besitz auf Grund eines Rechtsgeschäfts zwischen den Ehegatten begründet werden, wenn nicht etwa dem anderen Ehegatten schon ein Mitbenutzungsrecht und damit ein Besitzrecht auf Grund der Lebensgemeinschaft zusteht. Die Ehefrau kann also zwar einem Zugriff der Gläubiger des Ehemanns auf einen dem Betrieb des Mannes zugehörigen, ihrem selbständigen Betrieb vermieteten Lieferwagen wegen ihres Besitzrechts als Mieterin widersprechen; nicht aber kann im umgekehrten Fall der Ehemann dem Zugriff auf ein Klavier widersprechen, das die Ehefrau ihm geliehen hat, Beitzke ZZP **68**, 246, Pohle ZZP **68**, 271.

b) Getrenntleben. aa) Grundsatz. Leben die Eheleute getrennt, so ist § 739 unanwendbar. Wegen der Sachen, die sich im Besitz desjenigen Ehegatten befinden, der nicht der Schuldner ist, vgl Köln NJW **77**, 825: Soweit nicht etwa Arglist vorliegt, § 809 Anm 1 A b, kann dieser Ehegatte gemäß § 766 einer Zwangsvollstreckung widersprechen. Das gilt auch dann, wenn der andere Ehegatte der Eigentümer der Sachen ist. Der Gläubiger hat dann nur noch die Möglichkeit in die Pfändung des Herausgabeanspruchs. Diese Möglichkeit versagt allerdings dann, wenn ein Ehegatte einen ihm gehörenden Gegenstand dem anderen Ehegatten zur Führung eines abgesonderten Haushalts aus Billigkeitsgründen zur Verfügung stellen muß, § 1361a I 2 BGB, s auch Beitzke ZZP **68**, 244. Wenn der Schuldner stark verschuldet ist, muß jedoch auch sein Ehegatte sich in der Lebensführung einschränken. Daher kann der Herausgabeanspruch doch noch berechtigt sein, Pohle ZZP **68**, 268.

bb) Begriff. Unter Getrenntleben ist nicht nur das ehefeindliche, sondern auch das Getrenntleben ohne eine Beeinträchtigung der ehelichen Lebensgemeinschaft zu verstehen, wenn die Ehegatten nur vorübergehend getrennt leben. Der andere Ehegatte muß aber für längere Zeit keinen Zugang zu den Sachen haben, Pohle MDR **54**, 706. Eine Prüfung der Hintergründe des Getrenntlebens übersteigt die dem Gerichtsvollzieher zur Verfügung stehenden Möglichkeiten, im Ergebnis ähnlich AG Bln-Wedding DGVZ **79**, 190. Wenn sich Sachen desjenigen Ehegatten, gegen den kein Titel vorliegt, nicht in seinem Besitz oder Gewahrsam befinden, sondern in demjenigen des Ehegattenschuldners, dann unterliegen sie nach dem Grundsatz des § 1362 I 1 BGB dem Zugriff von dessen Gläubigern, da ein Fall des § 1362 I 2 BGB nicht vorliegt.

c) Sachen zum persönlichen Gebrauch. Sachen, die ausschließlich zum persönlichen Gebrauch eines Ehegatten bestimmt sind, § 1362 II BGB, können nicht zugunsten der Gläubiger des anderen Ehegatten gepfändet oder herausverlangt werden. Denn das Gesetz vermutet, daß sie im Alleineigentum desjenigen stehen, der sie nach ihrer Zweckbestimmung allein benutzen soll. Besitz und Gewahrsam des einen Ehegatten sind unschädlich, wenn sie auch darauf hindeuten können, daß ein ausschließliches Gebrauchsrecht des anderen Ehegatten nicht vorliegt. So kann es zB unschädlich sein, daß sich der Schmuck der Ehefrau im Safe des Ehemannes befindet. Das Gesetz meint vor allem Arbeitsgeräte, Kleidungsstücke und Schmucksachen. Ob die Eheleute getrennt leben oder nicht, ist für diese Sachen unerheblich.

3) Zwangsvollstreckung. § 739 umschreibt nur diejenige Vermögensmasse, in die die Zwangsvollstreckung betrieben werden kann, und nimmt dem Ehegatten, gegen den kein Titel vorliegt, die Rechte des Mitgewahrsamsinhabers und Mitbesitzers aus § 809. Dadurch wird dieser Ehegatte aber nicht zum Vollstreckungsschuldner. Er kann die Widerspruchsklage erheben, nicht aber eine Erinnerung einlegen (die letztere ist nur in den Fällen Anm 3 statthaft). Denn mit der Erinnerung wird nur die Ordnungsmäßigkeit der Zwangsvollstreckung geprüft und kann die Vermutung des § 739 nicht entkräftet werden, Wiecz G II, aM Baur ZwV § 14 II 2a. Mit der Widerspruchsklage kann aber ein Ehegatte auch die Zwangsvollstreckung in das Vermögen im ganzen bekämpfen, wenn er der Verfügung des anderen Ehegatten nicht zugestimmt hat. Dasselbe gilt, wenn der andere Ehegatte über Haushaltsgegenstände verfügt hat, auf deren Herausgabe die Zwangsvollstreckung gerichtet ist, §§ 1369, 1368 BGB. Vgl auch Baur FamRZ **58**, 257.

Demgemäß braucht der Ehegatte, der kein Vollstreckungsschuldner ist, auch nicht die eidesstattliche Versicherung zwecks Offenbarung zu leisten. Dazu wäre ein Vollstreckungstitel gegen ihn notwendig. Freilich würde ein Duldungstitel genügen. Dieser ist aber deshalb nicht notwendig, weil der Ehegattenschuldner bei seiner Offenbarungsversicherung angeben muß, ob der andere Ehegatte noch Sachen besitzt, an denen er selbst Eigentum oder Miteigentum hat. Wenn Gläubiger des Mannes und der Frau in dieselbe Sachen vollstrecken, dann kann der Gläubiger des einen nachweisen, daß der bereits gepfändete Gegenstand nicht Eigentum des anderen Ehegatten ist. Andernfalls entscheidet der zeitliche Vorrang. Vgl auch § 851 Anm 2 A, 3.

4) VwGO: *Entsprechend anwendbar, § 167 I VwGO.*

§ 740 Zwangsvollstreckung in Gesamtgut.

I Leben die Ehegatten in Gütergemeinschaft und verwaltet einer von ihnen das Gesamtgut allein, so ist zur Zwangsvollstreckung in das Gesamtgut ein Urteil gegen diesen Ehegatten erforderlich und genügend.

II Verwalten die Ehegatten das Gesamtgut gemeinschaftlich, so ist die Zwangsvollstreckung in das Gesamtgut nur zulässig, wenn beide Ehegatten zur Leistung verurteilt sind.

1) Allgemeines. A. Zweck der Regelung. Die Gütergemeinschaft sieht sowohl eine Verwaltung des Gesamtgutes durch einen Ehegatten, §§ 1422 ff BGB, als auch eine Verwaltung durch beide Ehegatten gemeinsam vor, §§ 1450 ff BGB. Diesen Möglichkeiten entspricht § 740.

B. Geltungsbereich. Die Vorschrift gilt nur für eine Vollstreckung in das Gesamtgut. Bei einer Vollstreckung in das Vorbehaltsgut ist § 739 anwendbar, dort Anm 1 B. Wenn ein Ehegatte nicht auf eine Leistung aus dem Gesamtgut verklagt wird, sondern persönlich in Anspruch genommen wird, etwa auf Rückzahlung eines Darlehns, reicht dieser Prozeß aus, BGH FamRZ **75**, 406; vgl ferner Anm 4.

2) Vollstreckungstitel. A. Verwaltung des Gesamtgutes durch einen Ehegatten, I. Ein Titel gegen den verwaltenden Ehegatten reicht aus, auch wenn dieser Ehegatte ohne eine Zustimmung des anderen nicht verfügen darf, §§ 1423 ff BGB. Ein solcher Titel reicht auch dann aus, wenn der Bekl wegen persönlicher Schulden verurteilt worden ist, da eine Gesamtgutschuld vorliegt, § 1437 BGB. Wenn ein Grundstück für beide Ehegatten eingetragen ist, dann genügt zur Erzwingung der Auflassung ein Urteil gegen den verwaltenden Ehegatten. Eine vollstreckbare Urkunde, die der verwaltende Ehegatte ausgestellt hat, steht einem Leistungsurteil gleich. Ein Vollstreckungstitel gegen den verwaltenden Ehegatten ist aber regelmäßig auch notwendig.

Der andere Ehegatte braucht weder im Urteil noch in der Vollstreckungsklausel zu erscheinen. Auch ein Duldungstitel gegen ihn ist nicht erforderlich, kann aber wegen § 743 Bedeutung gewinnen, vgl auch § 744. Ein Leistungsurteil gegen den anderen Ehegatten allein gibt kein Vollstreckungsrecht in das Gesamtgut, solange es nicht durch ein Leistungsurteil (nicht ein bloßes Duldungsurteil) gegen den verwaltenden Ehegatten ergänzt worden ist.

Entbehrlich ist ein Vollstreckungstitel gegen den verwaltenden Ehegatten zur Vollstreckung in das Gesamtgut nur bei gewerbetreibenden Ehegatten, § 741, und in denjenigen Fällen, in denen der andere Ehegatte selbst ohne die Zustimmung des verwaltenden Ehegatten die Rechte wahrnehmen kann, §§ 1428, 1429 BGB. Denn dann wirkt die Rechtskraft gegen den verwaltenden Ehegatten. Wegen der Fortsetzung des Rechtsstreits des nicht verwaltenden Ehegatten nach dem Eintritt der Gütergemeinschaft, § 1433 BGB, vgl § 742.

B. Gemeinsame Verwaltung des Gesamtgutes, II. a) Grundsatz. Es ist ein Vollstreckungstitel auf eine Leistung gegen beide Ehegatten erforderlich, ein Duldungstitel genügt nicht, LG Frankenth Rpfleger **75**, 371, LG Mü DGVZ **82**, 188, aM Tiedke FamRZ **75**, 539, und zwar auch dann nicht, wenn die Gütergemeinschaft nicht im Güterrechtsregister eingetragen ist, LG Mü DGVZ **82**, 188. Es können auch getrennte Vollstreckungstitel erwirkt worden sein, BGH FamRZ **75**, 405 mwN.

b) Ausnahmen. Ausnahmsweise genügt ein Titel nur gegen einen Ehegatten bei dem gewerbetreibenden Ehegatten, § 741, und dann, wenn ein Ehegatte allein im Interesse des Gesamtgutes einen Prozeß führen darf, §§ 1454, 1455 Z 7–9 BGB.

3) Zwangsvollstreckung. A. Vorbehaltsgut. Zur Vollstreckung in das Vorbehaltsgut ist ein Titel gegen denjenigen erforderlich, dem dieses gehört. Inwieweit in das Gesamtgut deshalb vollstreckt werden kann, richtet sich nach der Haftung des Gesamtgutes für derartige Schulden; vgl dazu §§ 1437–1440 BGB bei der Verwaltung eines Ehegatten, §§ 1459–1462 BGB bei gemeinsamer Verwaltung. Für die Vollstreckung in das Vorbehaltsgut der Ehegatten ist § 739 maßgebend, dort Anm 1 B.

B. Gesamtgut. Bei der Vollstreckung in das Gesamtgut sind folgende Situationen zu unterscheiden.

a) Verwaltung eines Ehegatten, I. Wenn nur Ehegatte verwaltet und demgemäß nur ein Titel gegen ihn vorliegt, dann ist er allein Vollstreckungsschuldner und leistet allein die Offenbarungsversicherung. Für die früher sehr umstrittene Frage, ob in einem solchen Falle (früherer Titel gegen den verwaltenden Mann) damit das Widerspruchsrecht des anderen

Ehegatten (damals also der Frau) als Gewahrsamsinhaber, § 809, beseitigt ist, ergibt sich, daß es ein solches Widerspruchsrecht, das schon § 739 für nicht zum Gesamtgut gehörige Sachen verneint, hier erst recht nicht geben kann.

b) Verwaltung beider Ehegatten, II. Wenn beide Ehegatten das Gesamtgut verwalten und demgemäß gegen beide ein Leistungsurteil vorliegt, dann sind beide Vollstreckungsschuldner. Beide haben die Offenbarungsversicherung zu leisten.

4) Rechtsbehelfe. Wird ohne einen ausreichenden Titel ins Gesamtgut vollstreckt, so haben im Falle I der verwaltende Ehegatte, bei II beide Ehegatten die Erinnerung, § 766. Entsprechendes gilt für die Widerspruchsklage, § 771, wenn die Pfändung wegen einer Leistung erfolgt ist, die nicht Gesamtgutverbindlichkeit ist, §§ 1439, 1440, 1461, 1462 BGB, s auch §§ 1438, 1460 BGB. Bei einer Vollstreckung in das Vorbehaltsgut, ohne daß insofern ein Titel, § 771, vorliegt, vgl auch § 743 Anm 3.

5) *VwGO: Enstsprechend anwendbar, § 167 I VwGO. Rechtsbehelfe s Anm. 4, da §§ 766, 771 entsprechend gelten.*

741

Gewerbetreibender Ehegatte. Betreibt ein Ehegatte, der in Gütergemeinschaft lebt und das Gesamtgut nicht oder nicht allein verwaltet, selbständig ein Erwerbsgeschäft, so ist zur Zwangsvollstreckung in das Gesamtgut ein gegen ihn ergangenes Urteil genügend, es sei denn, daß zur Zeit des Eintritts der Rechtshängigkeit der Einspruch des anderen Ehegatten gegen den Betrieb des Erwerbsgeschäfts oder der Widerruf seiner Einwilligung zu dem Betrieb im Güterrechtsregister eingetragen war.

1) Erwerbsgeschäft. A. Zweck der Regelung. § 741 will den Geschäftsverkehr sichern. Die Vorschrift knüpft die Möglichkeit einer Zwangsvollstreckung gegen einen gewerbetreibenden Ehegatten, der in Gütergemeinschaft lebt und das Gesamtgut nicht oder nicht allein verwaltet, an den tatsächlichen Bestand des Gewerbebetriebs und nicht an den Nachweis einer Einwilligung des allein oder mitverwaltenden Ehegatten, §§ 1431, 1456 BGB. Es bleibt diesem anderen Ehegatten vielmehr überlassen, das Fehlen seiner Einwilligung geltend zu machen.

B. Begriffe. Selbständigkeit liegt vor, wenn der Ehegatte als Unternehmer anzusehen ist. Ein Betrieb des einen Ehegatten gemeinsam mit dem anderen kann ausreichen. Selbständigkeit kann auch vorliegen, wenn der andere Ehegatte arbeitet, sogar dann, wenn dies im Betrieb des einen Ehegatten als Angestellter geschieht. Keine Selbständigkeit liegt vor, wenn der Ehegatte nur ein stiller Gesellschafter oder Kommanditist ist oder wenn der andere Ehegatte als der wahre Unternehmer anzusehen ist.

Als Erwerbsgeschäft ist jede Tätigkeit anzusehen, die auf einen regelmäßigen Erwerb gerichtet ist. Auch eine künstlerische oder wissenschaftliche Tätigkeit kann hierher zählen, etwa eine Arztpraxis, Karlsr OLGZ **76**, 334. Ein Dienst- oder Arbeitsverhältnis, § 113 BGB, gehört nicht hierher.

2) Zwangsvollstreckung. A. Urteil gegen den Gewerbetreibenden. Es genügt ein Urteil gegen den das Gewerbsgeschäft betreibenden Ehegatten. Die Art des Anspruchs ist unerheblich; das Urteil braucht sich nicht auf Geschäftsschulden zu beschränken. Das Vollstreckungsorgan wäre auch gar nicht in der Lage zu prüfen, ob der Rechtsstreit zu denjenigen gehört, die ein Gewerbebetrieb mit sich bringt. Wenn der andere Ehegatte einwenden will, es handle sich nicht um ein selbständiges Erwerbsgeschäft, dann hat er die Möglichkeit einer Erinnerung nach § 766, aber auch einer Widerspruchsklage nach § 774; in den anderen in § 774 Anm 1 genannten Fällen hat er nur die Klage gemäß § 771. Dringt der Ehegatte durch, greifen also §§ 1431, 1456 BGB nicht ein oder liegt auch sonst keine Gesamtgutschuld vor, §§ 1437–1440, 1459–1462 BGB, vgl §§ 771 Anm 3 F, 774 Anm 1, so bleibt es bei der Regel des § 740. Unerheblich ist, ob das Erwerbsgeschäft zum Vorbehaltsgut gehört; das geht lediglich das Innenverhältnis der Ehegatten an, §§ 1441 Z 2, 1463 Z 2 BGB.

B. Eintragung des Einspruchs oder der Widerruf der Einwilligung. Ist beim Eintritt der Rechtshängigkeit entweder der Einspruch des allein oder mitverwaltenden Ehegatten gegen den Betrieb des Erwerbsgeschäfts oder der Widerruf seiner Einwilligung zu dem Betrieb im Güterrechtsregister eingetragen, so kann der andere Ehegatte den Mangel seiner Einwilligung oder deren Widerruf nach § 766 geltend machen oder Widerspruchsklage aus § 774 erheben. Voraussetzung hierfür ist aber, daß die Eintragung bereits beim Eintritt der

1. Abschnitt. Allgemeine Vorschriften §§ 741, 742 1–4

Rechtshängigkeit bestand. Liegt derartiges nicht vor, so kann der Mangel der Einwilligung nur geltend gemacht werden, wenn der Gläubiger den Einspruch oder Widerruf kannte, §§ 1431 III, 1456 III BGB in Verbindung mit § 1412 BGB, wofür dem anderen Ehegatten § 774 zur Verfügung steht. Dasselbe ist der Fall, wenn er von dem Erwerbsgeschäft nichts wußte. Wußte er hiervon und hat er keinen Einspruch eingelegt, so steht das seiner Einwilligung gleich, §§ 1431 II, 1456 II BGB; er kann sich dann also auf eine mangelnde Einwilligung nicht berufen.

C. Verfahren. Der Gerichtsvollzieher prüft lediglich, ob ein im Zeitpunkt der Vollstreckung selbständiger Gewerbebetrieb vorliegt. Dafür genügt ein Firmenschild, § 15a GewO, notfalls eine Einsicht in das Handelsregister. Die ihm zur Kenntnis gebrachte Eintragung des Einspruchs oder Widerrufs hat er außer acht zu lassen. Er darf also trotzdem nicht einstellen, da ein Grund nach § 775 nicht vorliegt. Das ist eine Folge der Regelung der ZPO, die aus praktischen Gründen von der Tatsache des Erwerbsgeschäfts ausgeht, nicht aber von Nachweis der Einwilligung oder ihres Weiterbestehens, Anm 1. Es bleiben die in A und B genannten Rechtsbehelfe.

D. Gewahrsam des anderen Ehegatten. Die Zwangsvollstreckung kann sich auch auf Sachen erstrecken, die sich im Gewahrsam des allein oder mitverwaltenden Ehegatten befinden. Zwar fordert die hM für das bisherige Recht die Herausgabebereitschaft des anderen Ehegatten, § 809, andernfalls einen Duldungstitel. Das war aber mit Rücksicht auf den vereinfachenden Zweck des § 741 schon früher nicht unbestritten und wohl auch nicht zutreffend, Bettermann ZZP **62**, 228, Beitzke ZZP **68**, 257. Die jetzige Regelung läßt mit Rücksicht auf das § 740 Anm 3 B Gesagte die Zwangsvollstreckung ohne weiteres auch in die im Gewahrsam des anderen Ehegatten befindlichen Sachen zu.

3) VwGO: *Entsprechend anwendbar, § 167 I VwGO.*

742 *Eintritt der Gütergemeinschaft während des Rechtsstreits.* **Ist die Gütergemeinschaft erst eingetreten, nachdem ein von einem Ehegatten oder gegen einen Ehegatten geführter Rechtsstreit rechtshängig geworden ist, und verwaltet dieser Ehegatte das Gesamtgut nicht oder nicht allein, so sind auf die Erteilung einer in Ansehung des Gesamtgutes vollstreckbaren Ausfertigung des Urteils für oder gegen den anderen Ehegatten die Vorschriften der §§ 727, 730 bis 732 entsprechend anzuwenden.**

1) Eintritt der Gütergemeinschaft. § 742 gibt die prozessuale Ergänzung zu §§ 1433, 1455 Z 7 BGB für die Zwangsvollstreckung: Insoweit der nicht oder nur mitverwaltende Ehegatte einen Rechtsstreit nach dem Eintritt der Gütergemeinschaft mit einer Rechtskraftwirkung gegen den anderen Ehegatten fortsetzen kann, wird dieser wie ein Rechtsnachfolger des Erstgenannten behandelt. Der Ehevertrag muß nach der Rechtshängigkeit abgeschlossen worden sein. Wenn § 742 ergreift, ist die Klage gegen den anderen Ehegatten mangels Rechtsschutzbedürfnisses abzuweisen.

2) Zwangsvollstreckung. Die vollstreckbare Ausfertigung wird für oder gegen den allein verwaltenden Ehegatten wie für oder gegen einen Rechtsnachfolger erteilt, §§ 727, 730, 731. Die vollstreckbare Ausfertigung für den verwaltenden Ehegatten wird als zweite, § 733, erteilt und ist wegen §§ 1422, 1450 BGB unbeschränkt, die gegen ihn lautende wird gegen ihn als Gesamtschuldner „in Ansehung des Gesamtgutes" erteilt, §§ 1437, 1459 BGB; s § 733 Anm 1 C. Das letztere ist auch der Fall, wenn beide Ehegatten verwalten, vgl Nürnb JB **78**, 762. Die Erteilung erfolgt durch den Rpfl, § 20 Z 12 RPflG, Anh § 153 GVG. Zum Nachweis des Eintritts der Gütergemeinschaft ist ein Registerzeugnis vorzulegen. Wegen der Zuständigkeit des Rpfl § 730 Anm 1.

3) Rechtsbehelfe. Es gilt die folgende Regelung:

A. Allein oder Mitverwaltender. Der allein oder mitverwaltende Ehegatte kann bei einer Klausel gegen ihn nach den §§ 732, 768 vorgehen.

B. Anderer Ehegatte. Wegen des anderen Ehegatten, wenn er den Anspruch für sein Vorbehaltsgut geltend macht, s § 727 Anm 3 B.

4) VwGO: *Entsprechend anwendbar, § 167 I VwGO, in dem in Einf 5 §§ 727–729 bezeichneten Umfang.*

743 *Beendigung der Gütergemeinschaft vor Auseinandersetzung.* Nach der Beendigung der Gütergemeinschaft ist vor der Auseinandersetzung die Zwangsvollstreckung in das Gesamtgut nur zulässig, wenn beide Ehegatten zu der Leistung oder die eine Ehegatte zu der Leistung und der andere zur Duldung der Zwangsvollstreckung verurteilt sind.

1) Beendigung der Gütergemeinschaft. Sie kann durch den Tod und eine Wiederverheiratung nach einer Todeserklärung, Scheidung und Aufhebung der Ehe, ferner durch einen Ehevertrag und durch ein Urteil eintreten. In allen Fällen (soweit nicht die Gütergemeinschaft nach dem Tod mit den gemeinschaftlichen Abkömmlingen fortgesetzt wird) schließt sich eine Auseinandersetzung an. Bis zu deren Abwicklung verwalten die Ehegatten das Gesamtgut gemeinschaftlich, § 1472 BGB.

2) Zwangsvollstreckung. § 743 regelt den Fall der Beendigung der Gütergemeinschaft vor dem rechtskräftigen Abschluß eines Rechtsstreits. Ist die Auseinandersetzung noch nicht erfolgt und verwaltet ein Ehegatte das Gesamtgut allein, so genügt der gegen ihn ergehende Titel nicht. Mit Rücksicht auf die nunmehr gesamthänderische Verwaltung wird, um in das Gesamtgut vollstrecken zu können, entweder ein Urteil gegen beide Ehegatten (das ist hinsichtlich des nicht verwaltenden Ehegatten möglich, wenn die Gesamtgutsverbindlichkeit seine Schuld ist) oder ein Leistungsurteil gegen den verwaltenden Ehegatten, ein Duldungsurteil gegen den anderen verlangt. Dadurch wird auch dieser im Rahmen dieses Urteils zum Vollstreckungsschuldner, mithin insoweit auch zur Offenbarungsversicherung verpflichtet.

Führen beide Ehegatten die Verwaltung gemeinsam, so werden sie ohnehin gemeinsam Klage erheben und verklagt werden, so daß auch ein Titel gegen beide vorliegen wird. Zum Duldungstitel s § 748 Anm 2. Ist die Auseinandersetzung erfolgt, so ist der persönlich haftende Ehegatte auf Leistung zu verklagen. Soweit der Gläubiger gegen den anderen Ehegatten aus § 1480 BGB vollstrecken will, genügt der frühere Vollstreckungstitel nicht; es ist ein neuer Leistungstitel notwendig.

3) Rechtsbehelfe. Der Ehegatte, gegen den ein Titel fehlt, kann Erinnerung einlegen oder Widerspruchsklage erheben, §§ 766, 771; § 771 ist jedoch nur dann anwendbar, wenn keine Gesamtgutsverbindlichkeit vorliegt, 771 Anm 3 F, 774 Anm 1. Mit der Widerspruchsklage des betroffenen Ehegatten kann auch geltend gemacht werden, daß der gepfändete Gegenstand zu seinem Vorbehaltsgut gehört.

4) VwGO: Entsprechend anwendbar, § 167 I VwGO.

744 *Beendigung der Gütergemeinschaft nach Rechtskraft.* Ist die Beendigung der Gütergemeinschaft nach der Beendigung eines Rechtsstreits des Ehegatten eingetreten, der das Gesamtgut allein verwaltet, so sind auf die Erteilung einer in Ansehung des Gesamtgutes vollstreckbaren Ausfertigung des Urteils gegen den anderen Ehegatten die Vorschriften der §§ 727, 730 bis 732 entsprechend anzuwenden.

1) Zweck der Regelung. Die Beendigung der Gütergemeinschaft berührt, wenn sie nach der Rechtskraft eines gegen den verwaltenden Ehegatten erlassenen Urteils eintritt, dessen Vollstreckbarkeit nicht. Mit Rücksicht auf die bis zur Auseinandersetzung einsetzende gemeinsame Verwaltung der Ehegatten ist aber die Erteilung einer vollstreckbaren Ausfertigung gegen den nicht verwaltenden Ehegatten „ins Gesamtgut" notwendig; s § 742 Anm 3 A. Verwalteten beide Ehegatten gemeinsam, so kommt eine solche wegen § 740 II nicht in Betracht. Ist die Auseinandersetzung beendet, so besteht das Gesamtgut nicht mehr; die Umschreibung erfolgt ohne einen Zusatz, s § 786. Bei einer Beendigung der Gütergemeinschaft vor der Rechtskraft gilt § 743. Ist die Gesamtgutssache ein streitbefangener Gegenstand nach 265, dort Anm 2, so ist die Beendigung eine „Veräußerung" und § 727 anzuwenden; andernfalls ist bei der Beendigung vor der Rechtskraft ein Titel gegen den anderen Ehegatten notwendig. Ist vor der Beendigung der Gütergemeinschaft ein Urteil für den verwaltenden Ehegatten ergangen, so sind die Ehegatten bis zur Auseinandersetzung Gesamthandsgläubiger. Sie erhalten also eine gemeinsame Klausel gemäß § 727. Nach der Auseinandersetzung erhält derjenige die Klausel, dem der Anspruch zugewiesen ist, der verwaltende Ehegatte braucht keine neue Klausel. Die Erteilung erfolgt durch den Rpfl, § 20 Z 12 RPflG, Anh § 153 GVG.

1. Abschnitt. Allgemeine Vorschriften §§ 744–747 1, 2

2) Zwangsvollstreckung. An Nachweisen für die Umschreibung nach § 727 sind zur Zwangsvollstreckung ins Gesamtgut nur ein Registerzeugnis über die Gütergemeinschaft, sofern sich diese nicht aus den Akten ergibt, sowie öffentlich oder öffentlich beglaubigte Urkunden über die Beendigung erforderlich, zB ein rechtskräftiges Urteil, die Sterbeurkunde. Gegen die Entscheidung ist die Widerspruchsklage nach § 771 zulässig, wenn der Gläubiger in das sonstige Vermögen des nicht verwaltenden Ehegatten vollstreckt.

3) VwGO: *Entsprechend anwendbar, § 167 I VwGO, in dem in Einf 5 §§ 727–729 bezeichneten Umfang.*

745 **Fortgesetzte Gütergemeinschaft.** [I] Im Falle der fortgesetzten Gütergemeinschaft ist zur Zwangsvollstreckung in das Gesamtgut ein gegen den überlebenden Ehegatten ergangenes Urteil erforderlich und genügend.

[II] Nach der Beendigung der fortgesetzten Gütergemeinschaft gelten die Vorschriften der §§ 743, 744 mit der Maßgabe, daß an die Stelle des Ehegatten, der das Gesamtgut allein verwaltet, der überlebende Ehegatte, an die Stelle des anderen Ehegatten die anteilsberechtigten Abkömmlinge treten.

1) Zweck der Regelung. § 745 zieht für die fortgesetzte Gütergemeinschaft, §§ 1483 ff BGB, die Folgerungen für die Zwangsvollstreckung aus der Stellung des überlebenden Ehegatten und der Kinder, §§ 1487 ff. Der überlebende Ehegatte hat die Stellung des allein verwaltenden, die Kinder haben die Stellung des anderen Ehegatten. Einer Regelung bedurfte es nur insofern, als das Gesamtgut von einem Ehegatten verwaltet wurde, da sonst ein Titel für oder gegen den mitverwaltenden vorhanden sein wird, § 740 II, der auf die Abkömmlinge umgeschrieben wird, § 727. Im übrigen s die Erläuterungen zu §§ 740, 743, 744, auch wegen der Zuständigkeit des Rpfl.

2) VwGO: *Entsprechend anwendbar, § 167 I VwGO.*

746 **Zwangsvollstreckung in Kindesgut.** (weggefallen)

747 **Zwangsvollstreckung in einen Nachlaß.** Zur Zwangsvollstreckung in einen Nachlaß ist, wenn mehrere Erben vorhanden sind, bis zur Teilung ein gegen alle Erben ergangenes Urteil erforderlich.

1) Zweck der Regelung. § 747 fußt auf der Ordnung des Miterbenrechts als einer Gemeinschaft zur gesamten Hand, §§ 2032 ff BGB. Die Vorschrift setzt daher dieses Erbrecht oder ein gleichgeordnetes voraus, steht aber auch anderen Nachlaßgläubigern offen, denen die Erben aus demselben Rechtsgrund haften, BGH **53**, 110. Unter Nachlaß versteht § 747 alles, was zum Nachlaß gehört, also auch die einzelnen Nachlaßgegenstände.

Die Vorschrift gilt entspr gemäß § 265 AO 1977.

2) Vor der Erbauseinandersetzung. In diesem Stadium ist zur Zwangsvollstreckung ein Titel gegen sämtliche Miterben erforderlich. Es braucht kein einheitliches Urteil vorzuliegen; die Erben mögen aus verschiedenen, inhaltlich gleichen vollstreckbaren Titeln haften, BGH **53**, 113, Noack MDR **74**, 812. Die Miterben sind nicht notwendige Streitgenossen. Der Titel braucht die Miterben nicht als solche zu bezeichnen. Wenn ein Miterbe gleichzeitig ein Nachlaßgläubiger ist, dann genügt ein Urteil gegen die anderen Miterben. Bei der Zwangsvollstreckung zwecks Abgabe einer Willenserklärung genügt ein Urteil gegen denjenigen Erben, der die Erklärung nicht abgegeben hat. § 747 gilt auch, wenn die Miterben aus einem anderen Rechtsgrund gesamtschuldnerisch haften, etwa aus einer unerlaubten Handlung oder wegen einer Verbindlichkeit, die die Erben während der Erbengemeinschaft eingingen, BGH **53**, 114 (nur so ist ein ausreichender Schutz auch anderer als der Nachlaßgläubiger möglich), aM StJM I (die Vorschrift sei nur wegen einer Nachlaßforderung anwendbar), Wiecz A Ib (es sei weder eine Nachlaßforderung noch eine gesamtschuldnerische Haftung notwendig).

Die Zwangsvollstreckung braucht nicht gegen alle Erben gleichzeitig zu erfolgen. Es können zB gegen die einzelnen Miterben nacheinander mehrere Pfändungsbeschlüsse ergehen. Die Wirkung tritt dann mit der Erfassung des letzten Miterben ein. Ein Vollstreckungstitel gegen nur einen Miterben berechtigt nur zur Pfändung seines Anteils am ungeteilten Nachlaß. Wenn das Urteil gegen den Erblasser ergangen ist, dann ist die Klausel nach

§ 727 gegen alle Erben umzuschreiben. Besteht eine Nachlaßverwaltung, so ist der Titel gegen den Verwalter notwendig und ausreichend, § 1984.

3) Nach der Erbauseinandersetzung. In diesem Stadium verläuft die Zwangsvollstreckung gegen den einzelnen Miterben. Wendet der Miterbe ein, daß der Nachlaß noch nicht geteilt worden sei, macht er also ein Verweigerungsrecht aus § 2059 I 1 BGB geltend, so hat er die Beweislast für seine Behauptung. Der Gläubiger muß dagegen beweisen, daß der Miterbe für die Nachlaßverbindlichkeit bereits unbeschränkt haftet, § 2059 I 2 BGB. Wenn das Urteil eine Haftungsbeschränkung vorbehält, § 780, dann können die Voraussetzungen des Verweigerungsrechts auch bei der Zwangsvollstreckung geltend gemacht werden. Die Teilung kann schon dann durchgeführt worden sein, wenn einzelne Stücke noch niemanden zugewiesen worden sind. Ob die Auseinandersetzung stattgefunden hat, läßt sich nur nach der Lage des Falls beantworten. Wegen der Zwangsvollstreckung bei einem Testamentsvollstrecker s § 748, wegen einer Haftungsbeschränkung s § 780.

4) Rechtsbehelfe. Jeder Erbe, auch der verurteilte, kann bei einer Zwangsvollstreckung, die gegen § 747 verstößt, die Erinnerung einlegen, § 766.

5) VwGO: Entsprechend anwendbar, § 167 I VwGO.

748 *Testamtensvollstrecker.* ^I Unterliegt ein Nachlaß der Verwaltung eines Testamentsvollstreckers, so ist zur Zwangsvollstreckung in den Nachlaß ein gegen den Testamentsvollstrecker ergangenes Urteil erforderlich und genügend.

^{II} Steht dem Testamentsvollstrecker nur die Verwaltung einzelner Nachlaßgegenstände zu, so ist die Zwangsvollstreckung in diese Gegenstände nur zulässig, wenn der Erbe zu der Leistung, der Testamentsvollstrecker zur Duldung der Zwangsvollstreckung verurteilt ist.

^{III} Zur Zwangsvollstreckung wegen eines Pflichtteilsanspruchs ist im Falle des Absatzes 1 wie im Falle des Absatzes 2 ein sowohl gegen den Erben als gegen den Testamentsvollstrecker ergangenes Urteil erforderlich.

1) Volle Verwaltung, I. A. Allgemeines. Über das Prozeßführungsrecht des Testamentsvollstreckers als Bekl § 327 Anm 2. § 748 ergänzt den § 2213 BGB für die Zwangsvollstreckung. Wenn der Testamentsvollstrecker die Verwaltung des ganzen Nachlasses durchführt, dann wirkt ein gegen den Erben ergangenes Urteil nicht gegen den Testamentsvollstrecker, sondern ermöglicht nur die Zwangsvollstreckung in das Vermögen des Erben. Zur Zwangsvollstreckung in den Nachlaß ist ein Vollstreckungstitel gegen den Testamentsvollstrecker notwendig. Das Urteil muß auf eine Leistung lauten, nicht auf eine Duldung der Zwangsvollstreckung, außer wenn ein Leistungsurteil gegen den Erben vorliegt. Denn sonst fehlt überhaupt ein Leistungsurteil, abw StJM I 1 (das Urteil dürfe auf eine Leistung oder eine Duldung lauten).

Zweckmäßig ist eine Klage gegen den Testamentsvollstrecker und den Erben zugleich. Dann kann nämlich der Gläubiger aus diesem Urteil gegen den Testamentsvollstrecker in den Nachlaß vollstrecken, gegen den Erben in dessen persönliches Vermögen. Der Miterbe oder Nacherbe, dessen Erbrecht bestritten worden ist und der eine Herausgabe verlangt, muß wegen seines Erbrechts gegen die Miterben klagen, im übrigen aber gegen den Testamentsvollstrecker, der den Nachlaß in Besitz hat. Mehrere Testamentsvollstrecker sind gewöhnliche Streitgenossen. Eine Annahme der Erbschaft ist nicht notwendig.

Die Vorschrift gilt entsprechend gemäß § 265 AO 1977.

B. Nur in den Nachlaß. Die Zwangsvollstreckung ist nur in den Nachlaß zulässig, nicht in das eigene Vermögen des Testamentsvollstreckers. Denn er ist Partei kraft Amts, Grdz 2 C vor § 50. Eine entsprechende Einschränkung im Urteil ist entbehrlich. Die Zwangsvollstreckung in den Nachlaß erfolgt wie bei der Gütergemeinschaft, in der nur ein Ehegatte verwaltungsberechtigt ist, § 740 I. Ein Gewahrsam des Erben hindert die Zwangsvollstreckung in den Nachlaß nicht. Denn der Testamentsvollstrecker verkörpert den Nachlaß, § 740 Anm 3 B a. Klagt der Testamentsvollstrecker aus eigenem Recht, etwa als Vermächtnisnehmer, so muß er den Erben verklagen.

2) Teilverwaltung, II. A. Allgemeines. Hat der Testamentsvollstrecker nur einzelne Nachlaßgegenstände zu verwalten, so ist ein Vollstreckungstitel gegen den Erben auf die Leistung, gegen den Testamentsvollstrecker auf eine Duldung erforderlich. Ein Urteil auf eine Leistung gegen den Testamentsvollstrecker genügt als ein Mehr. Die Klage auf eine

1. Abschnitt. Allgemeine Vorschriften §§ 748, 749 1

Leistung gegen den Testamentsvollstrecker erlaubt ein Urteil auf eine Duldung als das Mindere. Eine Einschränkung für einzelne Gegenstände braucht das Urteil nicht vorzunehmen, wenn nur diese Sachen der Zwangsvollstreckung unterliegen. Im Grunde geht das Duldungsurteil auf die Abgabe einer Willenserklärung, nämlich auf die Erklärung der Einwilligung in die Zwangsvollstreckung („zur Herausgabe bereit"). Es handelt sich also um ein Leistungsurteil im Sinne von Üb 2 B a vor § 300. Das Urteil unterliegt freilich nicht der Regelung des § 894, sondern läßt eine vorläufige Vollstreckbarkeit zu.

Den Kosten der Klage (vgl § 93 Anm 5 „Duldung der Zwangsvollstreckung") kann der Testamentsvollstrecker nur durch eine vollstreckbare Urkunde entgehen, nicht durch eine formlose Einwilligung. Der Leistungs- und der Duldungsanspruch können in getrennten Prozessen geltend gemacht werden. Wenn der Testamentsvollstrecker und der Erbe zusammen verklagt werden, dann sind sie nicht notwendige Streitgenossen. Ist ein Duldungsurteil vor dem Leistungsurteil erwirkt worden, so wird das Duldungsurteil mit der Abweisung der Leistungsklage unwirksam. Eine unzulässige Zwangsvollstreckung wird dadurch wirksam, daß der Gläubiger den Duldungstitel nachreicht, Grdz 8 C b vor § 704, oder daß der Schuldner die Zwangsvollstreckung genehmigt.

B. Antrag und Urteil. Die Fassung lautet am besten: „Die Zwangsvollstreckung in die (näher bezeichneten) Nachlaßgegenstände ist zu dulden". Das Urteil kann für vorläufig vollstreckbar erklärt werden. Aus der akzessorischen Natur der mit der Leistungsklage verbundenen Duldungsklage folgt, daß die letztere den Gerichtsstand der ersteren teilt, auch bei einem ausschließlichen Gerichtsstand. Dies gilt aber nicht, wenn die Leistungs- und die Duldungsklage getrennt erhoben werden. Die Verurteilten haften wegen der Kosten nach Kopfteilen, denn das Urteil verurteilt nicht gesamtschuldnerisch, § 100 I.

C. Zwangsvollstreckung. Dem Testamentsvollstrecker und dem Erben ist ein gegen diese ergangenes Urteil zuzustellen. Eine Zustellung des Urteils, das gegen den anderen ergangen ist, braucht nicht zu erfolgen, § 750. Der Testamentsvollstrecker und der Erbe sind Vollstreckungsschuldner. Beide müssen also auch die eidesstattliche Versicherung zwecks Offenbarung leisten, der Testamentsvollstrecker aber natürlich nur wegen der von ihm verwalteten Nachlaßgegenstände.

3) Rechtsbehelfe. Eine Zwangsvollstreckung ohne wirksamen Duldungstitel gibt folgende Möglichkeiten:

A. Testamentsvollstrecker. Der Testamentsvollstrecker kann Erinnerung aus § 766 und eine Widerspruchsklage nach § 771 einlegen. Ihr kann der Gläubiger den Einwand einer sachlichrechtlichen Duldungspflicht nicht entgegensetzen.

B. Erbe. Der Erbe hat keinen Rechtsbehelf. Denn II schützt nicht den Erben, sondern will die ungestörte Verwaltung des Testamentsvollstreckers ermöglichen. Mit einer Widerspruchsklage nach § 771 würde der Erbe ein fremdes Recht geltend machen, vgl Mü NJW 51, 450 für die Vollstreckung in das Eingebrachte der Ehefrau, § 739 aF. Die Rechtslage war dieselbe wie jetzt.

C. Dritter. Der Dritte, insbesondere der Drittschuldner, hat die Erinnerung, § 766.

4) Keine Verwaltung. Hat der Testamentsvollstrecker überhaupt keine Verwaltung, so kommt er für die Zwangsvollstreckung nur als Dritter in Frage.

5) Pflichtteilsanspruch, III. Bei ihm ist es unerheblich, ob der Testamentsvollstrecker die Verwaltung voll oder teilweise durchführt. In beiden Fällen ist zwar der Erbe der richtige Bekl, § 2213 BGB; zur Zwangsvollstreckung in den verwalteten Nachlaß ist aber ein Urteil gegen den Erben auf die Leistung, gegen den Testamentsvollstrecker auf eine Duldung notwendig. Im übrigen gilt Anm 2.

6) *VwGO:* Entsprechend anwendbar, § 167 I VwGO.

749 *Umschreibung gegen Testamentsvollstrecker.* Auf die Erteilung einer vollstreckbaren Ausfertigung eines für oder gegen den Erblasser ergangenen Urteils für oder gegen den Testamentsvollstrecker sind die Vorschriften der §§ 727, 730 bis 732 entsprechend anzuwenden. Auf Grund einer solchen Ausfertigung ist die Zwangsvollstreckung nur in die der Verwaltung des Testamentsvollstreckers unterliegenden Nachlaßgegenstände zulässig.

1) Allgemeines. Rechtsnachfolger des Erblassers ist der Erbe und nicht der Testamentsvollstrecker. Eine Umschreibung der Vollstreckungsklausel auf den Erben läßt keine

Zwangsvollstreckung in den von einem Testamentsvollstrecker verwalteten Nachlaß zu, § 748. Darum regelt § 749 die Umschreibung für und gegen den Testamentsvollstrecker entsprechend den §§ 727, 730–732. Zuständig ist der Rpfl, § 20 Z 12 RPflG, Anh § 153 GVG.

2) Fälle. A. Urteil gegen den Erblasser. In diesem Fall muß man folgende Unterscheidung treffen:

a) Vollverwaltung. Bei einer vollen Verwaltung des Testamentsvollstreckers ist der Vollstreckungstitel gegen den Testamentsvollstrecker umzuschreiben, § 748 I.

b) Teilverwaltung. Bei einer Teilverwaltung des Testamentsvollstreckers ist der Vollstreckungstitel gegen den Erben und gegen den Testamentsvollstrecker entsprechend § 748 II umzuschreiben. Denn § 749 erleichtert die Beschaffung eines Vollstreckungstitels, macht ihn aber nicht entbehrlich.

Unerheblich ist, ob die Ausschlagungsfrist schon abgelaufen ist. Der Testamentsvollstrecker hat die Einrede aus § 2014 BGB.

B. Urteil für den Erblasser. In diesem Fall ist der Vollstreckungstitel für den Testamentsvollstrecker umzuschreiben, falls er nachweist, daß er den ganzen Nachlaß oder wenigstens den betreffenden Anspruch zu verwalten hat. Wenn der Erbe vor dem Amtsantritt des Testamentsvollstreckers eine Umschreibung auf sich erwirkt hat, dann muß der Testamentsvollstrecker ihn verklagen, falls der Erbe den Titel nicht herausgibt, § 2205 BGB.

3) VwGO: Entsprechend anwendbar, § 167 I VwGO, in dem in Einf 5 §§ 727–729 bezeichneten Umfang.

Einführung vor §§ 750–751
Beginn der Zwangsvollstreckung

1) Allgemeines. §§ 750–751 geben die Voraussetzungen für den Beginn der Zwangsvollstreckung (Begriff Grdz 7 A vor § 704). Sie sollen dem im Klauselerteilungsverfahren nicht notwendig beteiligten Schuldner durch eine Information über alle die Leistungspflicht begründenden Umstände letztmals eine Gelegenheit zur Leistung oder zu Einwänden geben, Ffm Rpfleger **73**, 323. Ihr Vorliegen hat jedes Vollstreckungsorgan von Amts wegen bei jeder Zwangsvollstreckungshandlung zu prüfen, Ffm Rpfleger **77**, 416, auch das Prozeßgericht bei §§ 887 ff, Düss OLGZ **76**, 377. Sie sind anwendbar, auch wenn der Gläubiger im laufenden Verfahren wechselt, sofern er tätig ins Verfahren eingreift, etwa ein eingestelltes Verfahren weiterbetreibt. Entsprechendes gilt beim Wechsel des Schuldners. Ausnahme § 779. Wegen des EuGÜbk SchlAnh V C 1 (Art 46 ff) und 2.

2) Mängel. Die Vorschriften über die Voraussetzungen des Beginns der Zwangsvollstreckung sind zwingenden Rechts; ein Verstoß macht die Vollstreckungshandlung gesetzwidrig. Nach der früher herrschenden Meinung war die trotzdem vorgenommene Zwangsvollstreckung unwirksam, ließ insbesondere kein Pfandrecht entstehen; die Unwirksamkeit war nach § 766 geltend zu machen, eine Heilung mit rückwirkender Kraft gegen Dritte war unmöglich, dagegen wurde die noch fortdauernde Zwangsmaßnahme bei einer Nachholung des Nötigen für die Zukunft wirksam, Bruns-Peters § 13 V, 19 III 2 b dd.

Diese ganze Lehre, die nur eine Ausnahme zugunsten einer ex tunc-Wirkung bei einer Genehmigung des Drittberechtigten machte, §§ 185 II, 184 BGB, ist abzulehnen, s auch Grdz 8 A, B vor § 704. Von einer schädlichen Rückwirkung kann nicht gesprochen werden, denn ein mangelhafter Staatsakt ist (falls nicht schwere, grundlegende Mängel zur Nichtigkeit führen) nicht aufschiebend bedingt, sondern grundsätzlich nur anfechtbar, BGH **66**, 81, und insofern auflösend bedingt, Ffm MDR **56**, 111, Hbg MDR **74**, 322; darum tritt nicht ein, was nicht bestand, sondern es bleibt erhalten, was bestand, aber gefährdet war. Darum heilt eine Zustimmung des Schuldners schlechthin und mit dem Wirkung des Wegfalls der auflösenden Bedingung.

Wie hier auch zB StJM § 750 12; anders Baur ZwV § 6 III, der beim Fehlen der Voraussetzungen im Zeitpunkt der Verstrickung kein Pfändungspfandrecht entstehen läßt, sondern erst vom Zeitpunkt der Nachfolge ab, so daß dieser Gläubiger infolge des Fehlers nach den inzwischen Pfändenden rangiert, ebso zB Stöber Rpfleger **74**, 335 mwN. Vgl auch BGH **30**, 175, LG Mü NJW **62**, 2306, Schüler DGVZ **82**, 65. §§ 750, 751 schützen ausschließlich den Schuldner, AG Birkenfeld DGVZ **82**, 189. Es ist durch nichts begründet, ihm hier, wo keinerlei öffentliche Belange berührt sind, einen Schutz zu gewähren, den er verschmäht; § 295 ist hier anwendbar, § 750.

1. Abschnitt. Allgemeine Vorschriften **Einf §§ 750–751, § 750   1**

Eine verfrühte Zwangsvollstreckung, vgl aber auch Hamm NJW 74, 1516, gibt dem Schuldner, wenn sie schuldhaft zugelassen wurde, einen Ersatzanspruch gegen den Staat. Denn wenn der fehlerhafte Staatsakt auch mangels Aufhebung wirksam bleibt, BGH **66**, 81, so war er doch unerlaubt. Dagegen ist der Gläubiger, wenn sein Anspruch bestand, aus der fehlerhaften Zwangsvollstreckung nicht bereichert, vgl auch Hbg MDR **61**, 329.

3) Rechtsbehelfe. Der Gläubiger und der Schuldner können die Erinnerung nach § 766 einlegen. Der Drittschuldner hat auch die Einrede gegenüber der Klage, abw BGH **66**, 82 (er läßt offen, ob § 766 anwendbar sei; er läßt nur eine Nichtigkeit als Einwendung gelten).

750 *Beginn der Zwangsvollstreckung. Parteien. Zustellung.* ¹ Die Zwangsvollstreckung darf nur beginnen, wenn die Personen, für und gegen die sie stattfinden soll, in dem Urteil oder in der ihm beigefügten Vollstreckungsklausel namentlich bezeichnet sind und das Urteil bereits zugestellt ist oder gleichzeitig zugestellt wird. Eine Zustellung durch den Gläubiger genügt; in diesem Fall braucht die Ausfertigung des Urteils Tatbestand und Entscheidungsgründe nicht zu enthalten.

II Handelt es sich um die Vollstreckung eines Urteils, dessen vollstreckbare Ausfertigung nach § 726 Abs. 1 erteilt worden ist, oder soll ein Urteil, das nach den §§ 727 bis 729, 738, 742, 744, dem § 745 Abs. 2 und dem § 749 für oder gegen eine dieser Personen wirksam ist, für oder gegen eine dieser Personen vollstreckt werden, so muß außer dem zu vollstreckenden Urteil auch die ihm beigefügte Vollstreckungsklausel und, sofern die Vollstreckungsklausel auf Grund öffentlicher oder öffentlich beglaubigter Urkunden erteilt ist, auch eine Abschrift dieser Urkunden vor Beginn der Zwangsvollstreckung zugestellt sein oder gleichzeitig mit ihrem Beginn zugestellt werden.

III Eine Zwangsvollstreckung nach § 720a darf nur beginnen, wenn das Urteil und die Vollstreckungsklausel mindestens zwei Wochen vorher zugestellt sind.

1) Bezeichnung der Personen, I. A. Nämlichkeit. a) Grundsatz. Der Zweck von I besteht darin, dem Vollstreckungsorgan ohne weiteres ersichtlich zu machen, wer Vollstreckungspartei ist. Das Vollstreckungsorgan muß die Nämlichkeit der Personen auf Grund des Vollstreckungstitels prüfen können, Köln Rpfleger **75**, 102, LG Bln Rpfleger **74**, 408 und MDR **77**, 236, LG Düss DGVZ **81**, 156, AG Kiel DGVZ **81**, 173, ohne daß es besondere Ermittlungen anstellen muß. Zu diesen ist es auch nicht verpflichtet, Petermann Rpfleger **73**, 153 mwN und DGVZ **76**, 84. Notfalls sind der Urteilskopf nach § 319, die Vollstreckungsklausel in dessen entsprechender Anwendung zu berichtigen, vgl AG Kiel DGVZ **81**, 173. Wenn auch dieser Weg versagt, dann ist die Zwangsvollstreckung zunächst unmöglich, LG Düss DGVZ **81**, 156, und muß die Nämlichkeit der Beteiligten durch eine Klage aus § 731 geklärt werden, vgl LG Bln MDR **77**, 236. Keinesfalls darf der ProzBev einfach eine „Berichtigung" vornehmen, LG Bln Rpfleger **73**, 31.

b) Name, Beruf, Wohnort. Nach dem Namen, dem Beruf und dem Wohnort sind diejenigen Personen im Urteil oder in der Vollstreckungsklausel zu bezeichnen, für und gegen die die Zwangsvollstreckung stattfinden soll. Deshalb muß der Vorname jedenfalls dann angegeben werden, wenn nur mit seiner Hilfe die Nämlichkeit des Betroffenen, dazu Aden MDR **79**, 103, festzustellen ist, LG Bielefeld Rpfleger **58**, 278, LG Hbg DGVZ **81**, 157.

Im übrigen ist eine formalistische Engherzigkeit zu vermeiden, vgl Hamm JMBlNRW **62**, 174 und Einf 2 vor §§ 750–751, aber auch Ffm Rpfleger **79**, 434 mwN. Wenn ein Betroffener zB nachträglich infolge einer Heirat einen anderen Familiennamen erhalten hat, darf der Vollstreckungstitel ohne weiteres ergänzt werden, AG Krefeld MDR **77**, 762 (es wendet § 727 entsprechend an). Zweifel gehen freilich zu Lasten des Gläubigers, Ffm Rpfleger **79**, 434 mwN, AG Darmst DGVZ **78**, 46 (betr den Sitz einer GmbH).

c) Gesetzlicher Vertreter. Wenn der Vollstreckungstitel entgegen § 313 I Z 1 den gesetzlichen Vertreter nicht erwähnt, dann ist er zwar nicht unwirksam, LG MönchGladb MDR **60**, 1017; es können aber bei der Zustellung, vgl Grdz 6 C b vor § 704, der Zahlung usw Schwierigkeiten auftreten. LG Hbg MDR **59**, 219 hält die Angabe des gesetzlichen Vertreters bei einer juristischen Person, deren Nämlichkeit eindeutig ist, wie überhaupt die ausdehnende Auslegung von § 313 I Z 1 auf das Vollstreckungsverfahren allerdings nicht für gerechtfertigt, vgl auch Köln Rpfleger **75**, 102; LG Essen Rpfleger **75**, 372 sieht bei einem

Vollstreckungstitel gegen ,,X als gesetzlichen Vertreter des Minderjährigen Y" den ersteren als den Schuldner an.

d) Firma. Bei einer eingetragenen Firma genügt diese im allgemeinen, BayObLG Rpfleger **82**, 466, LG Bln Rpfleger **78**, 106 mwN, aM Mü DGVZ **82**, 172. Bei einer nichteingetragenen Firma muß der Inhaber angegeben sein, LG Nürnb-Fürth Rpfleger **58**, 319, aM KG JR **53**, 144, LG Ravensbg NJW **57**, 1325. Bei mehreren ,,Inhabern" ist mangels einer Eintragung in der Regel § 736 anzuwenden, LG Bln Rpfleger **73**, 104. Über einen Titel, der auf eine Einzelfirma lautet, Einf 2 B vor §§ 727–729. Zweifel gehen jedenfalls dann zu Lasten des Gläubigers, wenn die Firma beim Eintritt der Rechtshängigkeit nicht (mehr) eingetragen war, KG Rpfleger **82**, 191 mwN, abw AG Mü DGVZ **82**, 172 (der im Vollstreckungstitel mit seinem Privatnamen bezeichnete frühere Firmeninhaber sei Schuldner, wenn im Titel auch die Firma angegeben sei). Eine Umschreibung ist bei einem Decknamen entbehrlich, aber zulässig. Bei der Offenen Handelsgesellschaft genügt ein Titel gegen die Firma, ebenso bei der Kommanditgesellschaft, Noack DB **73**, 1157.

e) Personenmehrheit. Die Zwangsvollstreckung gegen einen Gesellschafter ist nur dann zulässig, wenn er nicht bloß als gesetzlicher Vertreter, sondern (auch) als Partei genannt worden ist, AG Bln-Wedding DGVZ **78**, 14. Die Umschreibung auf einen Gesellschafter ist unzulässig, Anh § 736 Anm 1 B, 2. Bei einer Anwaltssozietät sind die Personalien aller notwendig, LG Bln MDR **77**, 236, LG Hbg AnwBl **74**, 166. Im Zweifel sind die Sozien Gesamtgläubiger, vgl BGH **56**, 355, **LM** § 232 (C b) Nr 14, Saarbr Rpfleger **78**, 228 (nicht zugunsten späterer Sozien), Kornblum BB **73**, 227 je mwN (BGH **LM** § 611 BGB Nr 22: in der Regel sei nur ein Sozius beauftragt, und zwar sei der Auftraggeber gleichzeitig mit dessen Vertretung durch den anderen Sozius einverstanden), insofern aM LG Hbg AnwBl **74**, 166, AG Bln-Wedding DGVZ **78**, 31. Bei mehreren Schuldnern ist grundsätzlich die Angabe notwendig, ob sie als Gesamtschuldner in Anspruch genommen werden oder in welchem Beteiligungsverhältnis sie sonst stehen, LG Bln MDR **77**, 146, AG Bln DGVZ **77**, 25 mwN.

Die Erbengemeinschaft ist als solche keine ausreichende Gläubigerbezeichnung, LG Bln DGVZ **78**, 59. Eine unbestimmte Zahl nicht mit ihren Namen genannter Hausbesetzer reicht nicht aus, LG Düss DGVZ **81**, 156, vgl auch § 253 Anm 3 A.

B. Nennung im Vollstreckungstitel. a) Grundsatz. Die Zwangsvollstreckung darf sich ausschließlich gegen die im Urteil und in der Klausel Genannten richten. Ob sie zu Recht aufgeführt worden sind, hat das Vollstreckungsorgan nicht zu prüfen, Hamm FamRZ **81**, 200 mwN. Eine Einwilligung in die Zwangsvollstreckung durch einen nicht Genannten kann zwar einen bisherigen Mangel der Zwangsvollstreckung heilen; das Vollstreckungsorgan handelt aber fehlerhaft, wenn es daraufhin die Zwangsvollstreckung vornimmt.

b) Verstoß. Das Fehlen der Benennung in der Vollstreckungsklausel kann durch nichts ersetzt werden, auch nicht bei einer sachlichrechtlichen Duldungspflicht, StJ II. Die Zwangsvollstreckung ist insoweit unzulässig, wenn auch nicht nichtig, vgl auch Einf 2 vor § 750.

2) Zustellung des Vollstreckungstitels, I. A. Grundsatz. Die Zwangsvollstreckung darf erst dann beginnen, wenn das Urteil vorher zugestellt worden ist oder gleichzeitig zugestellt wird (Ausnahmen: §§ 929 III, 936). Die Zustellung erfolgt entweder von Amts wegen, § 317 I, oder durch den Gläubiger, wie I 2 klarstellt, Mü OLGZ **82**, 103. Der Gläubiger kann an einer solchen Parteizustellung trotz der Amtszustellung ein Interesse haben, etwa zwecks Beschleunigung, Ffm MDR **81**, 591, LG Ffm Rpfleger **81**, 204. Die Zustellung einer Ausfertigung des Urteils ohne Tatbestand und Entscheidungsgründe genügt bei einer Parteizustellung stets, I 2 Hs 2, bei einer Zustellung von Amts wegen nur in den Fällen der §§ 313a, 313b. Bei Parteizustellung stellt der Gläubiger dem Vollstreckungsschuldner zu; es kann aber auch ein anderer Weg vorgenommen werden. Wichtig ist auch, daß der Schuldner eine sichere Kenntnis von dem Titel erhält, Ffm MDR **81**, 591.

Eine Zustellung durch den Gläubiger ist aber entbehrlich, soweit der Schuldner den Vollstreckungstitel schon seinerseits dem Gläubiger hatte zustellen lassen, Ffm MDR **81**, 591.

B. Einzelfragen. Aus dem Zweck der Vorschrift folgt, daß auch ein voll bestätigendes Urteil einer höheren Instanz zugestellt worden sein muß, wenn das erste Urteil nicht oder anders vorläufig vollstreckbar war. Denn dann macht erst das bestätigende Urteil das erste Urteil zu einem Vollstreckungstitel. Bei einem Beschluß gilt dasselbe wie bei einem Urteil. Die Zustellung muß an den ProzBev erfolgen, § 176, und zwar auch nach der Rechtskraft der Entscheidung, § 178, LG Würzbg DGVZ **79**, 126 mwN, aM Biede DGVZ **77**, 75 (diese

Zustellungsart sei nur bei § 198 erforderlich). Das Vollstreckungsorgan darf die Prozeßvollmacht nicht prüfen, denn diese Zustellung gehört zur Instanz, § 176 Anm 2 C; die Prozeßvollmacht erlischt erst gemäß § 87, Mü MDR **58**, 927.

Bei der Zwangsvollstreckung gegen einen Gesamtschuldner ist keine Vorlage der mit Wirkung gegen einen anderen Gesamtschuldner erteilten Ausfertigung des Vollstreckungstitels notwendig, LG Bre DGVZ **82**, 76, aM AG Mönchengladb DGVZ **82**, 79.

Wann zugestellt wird, ist unerheblich, wenn die Zustellung nur vor dem Beginn der Zwangsvollstreckung erfolgt. Gleichzeitig kann der Gerichtsvollzieher zustellen, wenn er vollstreckt, vgl Seip AnwBl **77**, 235 (betr einen Vollstreckungsbescheid). Dem Vollstreckungsgericht ist immer nachzuweisen, daß die Zustellung vor dem Beginn der Zwangsvollstreckung erfolgte. Nur eine wirksame Zustellung genügt. Eine mangelhafte kann nachgeholt werden, BGH **66**, 82, vgl auch BGH NJW **76**, 1453, Mü OLGZ **82**, 103. Eine Zustellung ist bei jeder Zwangsvollstreckung notwendig, auch wenn das Prozeßgericht selbst vollstreckt. Die einmalige Zustellung genügt aber für die gesamte Zwangsvollstreckung, also für alle Vollstreckungshandlungen. Die Zustellung erfolgt an die aus dem Erkenntnisverfahren bekannte Anschrift, solange der Schuldner keine andere nennt, Köln BB **75**, 628.

Bei einer Weigerung des Gerichtsvollziehers, die Zustellung vorzunehmen, hat der Gläubiger die Erinnerung § 766 II direkt oder doch entsprechend, Midderhoff DGVZ **82**, 24.

3) Zustellung der Vollstreckungsklausel, II. A. Voraussetzungen. Eine Zustellung der Vollstreckungsklausel ist nur in folgenden Fällen notwendig:

a) Andere Bedingung als diejenige einer Sicherheitsleistung. Die Zustellung ist im Falle des § 726 I notwendig, also dann, wenn die Zwangsvollstreckung durch eine andere Tatsache als eine Sicherheitsleistung bedingt ist.

b) Rechtsnachfolge. Die Zustellung ist ferner in den Fällen der §§ 727–729, 738, 742, 744, 745 II, 749 notwendig, also dann, wenn eine Rechtsnachfolge wirklich stattfindet oder unterstellt wird.

B. Ausführung. Die Zustellung erfolgt einzeln oder zusammen mit dem Urteil, einzeln aber nur dann, wenn die Beziehung zum Vollstreckungstitel eindeutig klargestellt ist, wenn die Vollstreckungsklausel also aus sich heraus verständlich ist. Wenn die Klausel auf urkundliche Nachweise hin erteilt worden ist, dann sind auch diese Urkunden abschriftlich zuzustellen. Ihre Nichterwähnung in der Klausel macht die Zustellung aber nicht ungültig, § 726 Anm 2 B. Wenn die Urkunden vollständig in die Klausel aufgenommen worden sind, dann ist ihre besondere Zustellung entbehrlich, StJM IV, ThP 4b, ZöSch 3, offen Ffm Rpfleger **77**, 416, aM zB LG Bln Rpfleger **66**, 21 (eine vollständige Abschrift der Urkunden sei trotzdem zuzustellen. Das wäre aber eine unnötige Wiederholung, wenn die Urkunden wirklich vollständig in die Klausel aufgenommen worden sind, also mit Kopf, Unterschrift, Siegelvermerk usw. Eine nur sinngemäße Aufnahme genügt allerdings nicht).

Die Zustellung kann im übrigen getrennt erfolgen. Alle diese Zustellungen, also auch diejenigen der Urkunden, die eine Rechtsnachfolge des Gläubigers ergeben, Hbg MDR **65**, 143, sind spätestens mit dem Beginn der Zwangsvollstreckung vorzunehmen, Anm 2 B, vgl aber auch Einf 2 vor §§ 750–751. Bei einer Kündigung ist deren Wirksamkeitszeitpunkt abzuwarten, Ffm Rpfleger **73**, 323. Bei einem Scheidungsvergleich wegen einer Angabe des Zahlungsbeginns fordern Blomeyer Rpfleger **73**, 81, Hornung Rpfleger **73**, 80 die Zustellung einer Vollstreckungsklausel, die durch einen Rechtskraftbescheid ergänzt wurde. Eine Zustellung nach § 198 genügt, § 108 Anm 3.

Gebühr des Anwalts: §§ 57, 58 II Z 2 BRAGO.

4) Wartefrist, III. A. Berechnung usw. Eine Wartefrist besteht (nur) bei einer Zwangsvollstreckung nach § 720a, AG Ansbach DGVZ **83**, 77. Seit der Zustellung des Urteils und der Vollstreckungsklausel müssen 2 Wochen bis zum Beginn der Zwangsvollstreckung verstreichen. Gemeint ist auch die einfache Klausel, Fahlbusch Rpfleger **79**, 94, ZöSch III 2a, nicht bloß die Klausel der §§ 726 I, 727ff, aM LG Ffm Rpfleger **82**, 297 (abl Seip Rpfleger **83**, 56, zustm Münzberg Rpfleger **83**, 58). Die Frist wird nach § 222 berechnet. Vgl ferner § 798 Anm 2 A. Ein vorläufiges Zahlungsverbot nach § 845 ist allerdings schon vor dem Ablauf der Wartefrist des III zulässig, KG MDR **81**, 412, LG Ffm Rpfleger **83**, 32, LG Hann Rpfleger **81**, 363.

B. Rechtsbehelf. Bei einem Verstoß kann der Schuldner die Erinnerung nach § 766 einlegen, Einf 3 vor §§ 750–751, vgl § 798 Anm 2 B.

5) VwGO: *Entsprechend anwendbar, § 167 I VwGO. Bezeichnung des Schuldners und Zustellung des Titels sind in allen Fällen erforderlich, auch bei Vollstreckung zugunsten der öffentlichen Hand, § 169 VwGO, weil das VwVG ebenfalls die Bekanntgabe des Titels (Leistungsbescheid, § 3,* bzw VerwAkt, § 6) fordert und § 168 II VwGO die Notwendigkeit der Zustellung voraussetzt. Eine Zustellung der VollstrKlausel, II, entfällt in den § 724 Anm 4 genannten Fällen des § 171 VwGO. Die Zustellung ist auch im Parteibetrieb zulässig, wie § 168 II VwGO zeigt.

751 *Beginn der Zwangsvollstreckung. Bedingungen.* [I] Ist die Geltendmachung des Anspruchs von dem Eintritt eines Kalendertages abhängig, so darf die Zwangsvollstreckung nur beginnen, wenn der Kalendertag abgelaufen ist.

[II] Hängt die Vollstreckung von einer dem Gläubiger obliegenden Sicherheitsleistung ab, so darf mit der Zwangsvollstreckung nur begonnen oder sie nur fortgesetzt werden, wenn die Sicherheitsleistung durch eine öffentliche oder öffentlich beglaubigte Urkunde nachgewiesen und eine Abschrift dieser Urkunde bereits zugestellt ist oder gleichzeitig zugestellt wird.

1) Kalendertag, I. A. Grundsatz. Wenn der im Urteil zugesprochene Anspruch von dem Eintritt eines Kalendertags abhängig ist, also von einem nach dem Kalender zu ermittelnden Tag (Beispiel: „10 Tage nach Ostern 1980"), dann ist der Eintritt dieses Kalendertags eigentlich eine urteilsmäßige Voraussetzung der Zwangsvollstreckung. Aus praktischen Gründen bringt das Gesetz diesen Eintritt jedoch nicht unter die Regelung des § 726, sondern behandelt ihn wie eine förmliche Voraussetzung. Das Gesetz läßt die Zwangsvollstreckung zu, sobald der Kalendertag abgelaufen ist. Wenn vorher vollstreckt wird, verlangt der Gläubiger einen Rang, der ihm nicht zukommt. Daher hat der Dritte in diesem Fall abweichend von den Grundsätzen Einf 3 vor §§ 750–751 die Möglichkeit einer Erinnerung, § 766. Die vollstreckbare Ausfertigung darf jedoch schon vor dem Eintritt des Kalendertags erteilt werden. Das gilt auch bei einer bedingten Verurteilung mit einer Fristsetzung aus § 510b. In diesem Fall braucht der Gläubiger nicht nachzuweisen, daß der Schuldner die urteilsmäßige Handlung versäumt hat, und § 726 ist auf diesen Fall unanwendbar, Hbg MDR **72**, 1040.

B. Einzelfragen. Das kommt auch bei der Klage auf eine künftige Leistung, vgl Hamm FamRZ **80**, 391, LG Kassel WM **77**, 255, oder bei einer Räumungsfrist nach § 721 zur Anwendung. Bei Renten usw, auch bei beweglichen Sachen, insofern richtig LG Bln Rpfleger **78**, 335, ist eine Zwangsvollstreckung auch wegen der künftig fällig werdenden Beiträge möglich. Der Pfändungsbeschluß muß dann die Bemerkung enthalten, daß die Pfändung wegen solcher Beträge erst mit demjenigen Tag wirksam wird, der auf den Fälligkeitstag folgt, Mü Rpfleger **72**, 321, LG Saarbr Rpfleger **73**, 373 (auch bei einem Recht auf eine einmalige Leistung), LG Bre Rpfleger **50**, 276, LG Würzb NJW **56**, 1160, ferner Baer NJW **62**, 574; er weist darauf hin, daß die Einrichtung der Vorratspfändung auch unabhängig von § 850d III besteht, vgl Mannh NJW **49**, 869, offen Düss FamRZ **81**, 67, aM zB LG Bln Rpfleger **82**, 434 mwN.

Ist der Kalendertag ein Sonntag oder ein allgemeiner Feiertag, § 188 Anm 2, so muß der nächste Werktag abgelaufen sein, § 193 BGB. Bei § 627 ist der Eintritt der Rechtskraft vor dem Monatsablauf unerheblich, LG Bad Kreuznach MDR **72**, 1035. Über die Wirkung eines Verstoßes vgl Einf 2,3 vor §§ 750–751.

2) Sicherheitsleistung, II. A. Grundsatz. Hängt die Zwangsvollstreckung davon ab, daß der Gläubiger Sicherheit leistet, so ist die Vollstreckungsklausel vor der Leistung zu erteilen. Die Zwangsvollstreckung darf erst dann beginnen bzw zB bei §§ 709 S 2, 720a nur dann fortgesetzt werden, wenn der Gläubiger die Sicherheitsleistung durch eine öffentliche oder öffentlich beglaubigte Urkunde, § 415 Anm 1, 2, nachgewiesen hat und wenn eine Abschrift der Urkunde vorher oder gleichzeitig zugestellt worden ist, s dazu § 750 Anm 3 B. Bei einem Verstoß steht die Zwangsvollstreckung einer solchen gleich, die vor der Zustellung des Urteils vorgenommen wurde, Einf 2 vor §§ 750–751.

Eine nachträgliche Sicherheitsleistung oder ein weiterer Titel, der ohne eine Sicherheitsleistung vorläufig vollstreckbar ist, können heilen, Hbg MDR **74**, 322. Die Aufrechnung mit einem Kostenerstattungsanspruch ist erst nach der Hinterlegung der Zustellung zulässig. Die Zustellung der Vollstreckungsklausel ist in diesem Fall entbehrlich. Bei einer Hinterlegung ist die Sicherheitsleistung nicht schon durch den Postschein ausgewiesen, der die Absendung an die Hinterlegungsstelle bescheinigt. Denn dieser Schein beweist weder die Ankunft noch die Annahme. Es ist vielmehr eine Bescheinigung der Hinterlegungsstelle über die Annahme des Betrages erforderlich, aM Ffm NJW **66**, 1521.

B. Bürgschaft. Über eine Sicherheitsleistung durch eine Bürgschaft § 108 Anm 3, Hamm MDR **75**, 763 (ausf). Wenn ein Bürgschaftsvertrag zustande gekommen ist, wenn also nicht

1. Abschnitt. Allgemeine Vorschriften §§ 751–753 1

nur der Gläubiger das Seine getan hat, um die Bürgschaft zu leisten, dann ist die Einhaltung der Zustellungsvorschrift II eine sinnlose Förmelei. Der Schuldner besitzt ja die Bürgschaftsurkunde; wenn nicht, genügt es, daß der Gerichtsvollzieher sie ihm bei dem Beginn der Zwangsvollstreckung aushändigt und zustellt, Düss Rpfleger 77, 459. Dann ist es auch für die Zwangsvollstreckung unerheblich, in welcher Form die Bürgschaft geleistet worden ist. Wäre selbst die vom Gericht etwa vorgeschriebene Form verletzt, so läge eine vereinbarte Sicherheit vor, § 108.

Wenn aber kein freiwilliger Vertrag vereinbart worden ist, sondern ein Zwangsvertrag vorliegt, § 108 Anm 3, dazu krit Noack MDR 72, 288, dann kann der Schuldner nicht wissen, ob ein Vertrag überhaupt zustande gekommen ist, solange ihm unbekannt bleibt, ob der Bürge seinerseits sämtliche Voraussetzungen erfüllt hat. Da muß ihm der Gläubiger, der vollstrecken will, die Bürgschaftsurkunde in öffentlicher oder öffentlich beglaubigter Form zustellen.

Freilich braucht der Gläubiger die Bürgschaftsurkunde nicht zu hinterlegen. § 750 II will aber dem Schuldner eine volle Sicherheit für die Erfüllung der Voraussetzungen der Zwangsvollstreckung geben. Würde die Vorschrift anders als hier gehandhabt, so würde sie dies nicht gewährleisten, abw zB Düss MDR 78, 489, Ffm NJW 78, 1442 mwN (nötig sei nur ein Nachweis der Übergabe oder der Zustellung der Urkunde an den Schuldner durch eine öffentlich beglaubigte Urkunde oder die Übergabe oder die Zustellung der Bürgschaftserklärung beim Beginn der Zwangsvollstreckung; ähnlich LG Hamm Rpfleger 82, 348, LG Itzehoe DGVZ 80, 156, LG Lübeck JB 78, 127, AG Usingen DGVZ 82, 13), Hbg MDR 82, 588 mwN. Der Schuldner kann auf die Voraussetzungen dieser Vorschrift verzichten. Ein solcher Verzicht liegt nicht schon in seinem bloßen Schweigen.

3) **VwGO:** Entsprechend anwendbar, § 167 I VwGO.

752 *Beginn der Zwangsvollstreckung gegen Wehrmachtsangehörige.* (weggefallen)

753 *Gerichtsvollzieher, Zuständigkeit.* ¹ Die Zwangsvollstreckung wird, soweit sie nicht den Gerichten zugewiesen ist, durch Gerichtsvollzieher durchgeführt, die sie im Auftrag des Gläubigers zu bewirken haben.

ᴵᴵ Der Gläubiger kann wegen Erteilung des Auftrags zur Zwangsvollstreckung die Mitwirkung der Geschäftsstelle in Anspruch nehmen. Der von der Geschäftsstelle beauftragte Gerichtsvollzieher gilt als von dem Gläubiger beauftragt.

Schrifttum: Baumgart, Der Gerichtsvollzieher, 1964; Burkhardt, Handbuch für Gerichtsvollzieher, 1971; Dütz, Der Gerichtsvollzieher als selbständiges Organ der Zwangsvollstreckung, 1973; Niederelz, Die Rechtswidrigkeit des Gläubiger- und Gerichtsvollzieherverhaltens in der Zwangsvollstreckung usw, Diss Bonn 1975.

1) **Vorbemerkung zu §§ 753–763. A. Stellung des Gerichtsvollziehers.** Der Gerichtsvollzieher handelt bei der Zwangsvollstreckung nicht als ein Vertreter des Gläubigers nach § 164 BGB oder als ein Dienst- bzw Werkverpflichteter, Üb 2 B vor § 154 GVG, AG Düss DGVZ 81, 90, sondern als ein öffentlicher Beamter. Er übt die Zwangsgewalt des Staats unter eigener Verantwortung aus, BVerwG NJW 83, 897, Schilken AcP 181, 364, und ist ein selbständiges Organ der Rechtspflege, zB BVerwG NJW 83, 897, Ffm Rpfleger 76, 367, LG Bln MDR 77, 146, Pawlowski ZZP 90, 376, Zeiss JZ 74, 565 je mwN. Er handelt aber nicht in richterlicher Unabhängigkeit, BVerwG NJW 83, 897. Wenn der Gerichtsvollzieher daher gepfändetes oder zur Abwendung der Zwangsvollstreckung gezahltes Geld unterschlägt, das zu hinterlegen war, dann ist der Schuldner dadurch nicht befreit. Etwas anderes gilt, wenn nicht zu hinterlegen ist, § 815 Anm 3 A a. Zahlt der Gerichtsvollzieher an den Unrichtigen, so ist der letztere auf Kosten des Schuldners rechtlos bereichert, wenn zu hinterlegen war, andernfalls auf Kosten des Gläubigers. Vgl auch Üb vor § 154 GVG.

An diesen Ergebnissen ändert auch der Umstand nichts, daß der Gerichtsvollzieher auch noch andere Aufgaben hat, dazu zB BVerwG NJW 83, 900, und daß er im Bereich der Zwangsvollstreckung häufig, wenn auch keinesfalls stets, LG Bln MDR 77, 146, AG Düss DGVZ 81, 90, AG Mü DGVZ 80, 92, Pawlowski ZZP 90, 347, nach den Weisungen des Gläubigers handeln muß. Auch das Gericht ist gelegentlich an solche Weisungen gebunden, zB an ein Geständnis oder an einen Verzicht. Der Gerichtsvollzieher handelt kraft seines

Amts auch, soweit er Verpflichtungen des Gläubigers erfüllt, etwa soweit er eine Gegenleistung nach § 756 anbietet, aM StJM § 754 II 2 Anm 9 (hier liege eine rechtsgeschäftliche Haftung vor, da der Gerichtsvollzieher in solchen Fällen nicht pfänden wolle). Die Aufgabe des Gerichtsvollziehers ist es, den papiernen Schuldtitel auf einem gesetzlichen Weg durchzusetzen, AG Hann DGVZ **77**, 26. Er muß sich zB in demjenigen Haus, in dem der Schuldner polizeilich gemeldet ist, danach erkundigen, wo sich dessen nach außen nicht kenntlich gemachte Wohnung befindet, AG Leverkusen DGVZ **82**, 175. Dabei fassen manche seinen Handlungsspielraum recht weit, zB Pawlowski ZZP **90**, 347 mwN. Der Gerichtsvollzieher hat keineswegs stets einen Ermessensspielraum, Schilken AcP **181**, 364.

Aus diesen Gründen darf der Gerichtsvollzieher keineswegs mit der einen oder anderen oder beiden Parteien einen sachlichrechtlichen Vertrag abschließen, auch nicht über eine Treuhändertätigkeit, zumindest nicht ohne eine Genehmigung des Dienstvorgesetzten oder des Gerichts. Als Beamter sind ihm solche Geschäfte verboten, offenbar aM Schneider DGVZ **82**, 37. Zur Problematik einer beratenden Tätigkeit des Gerichtsvollziehers Alisch DGVZ **83**, 1.

B. Haftung des Gerichtsvollziehers. Seine Haftung gegenüber dem Gläubiger und dem Schuldner ist diejenige eines Beamten, Üb 2 C vor § 154 GVG, Ffm Rpfleger **76**, 367. Der Gläubiger haftet dem Schuldner überhaupt nicht oder höchstens als Anstifter. Die Amtspflichten des Gerichtsvollziehers ergeben sich aus der ZPO und aus der GVGA. Die letztere ist als eine Verwaltungsanordnung der Justizbehörde für das Gericht unbeachtlich, soweit sie mit dem Gesetz unvereinbar ist, Hamm DGVZ **77**, 41, AG Bln-Charlottenb DGVZ **81**, 43, AG Bln-Wedding DGVZ **81**, 88. Wenn sich der Gerichtsvollzieher mit diesen Vorschriften in Widerspruch setzt, dann handelt er in der Regel schuldhaft. Rechte Dritter muß der Gerichtsvollzieher achten und wahren.

2) Zuständigkeit des Gerichtsvollziehers, I. A. Sachliche Zuständigkeit. Sachlich ist der Gerichtsvollzieher zuständig, soweit nicht das Vollstreckungsgericht oder das Prozeßgericht zuständig sind. Der Gerichtsvollzieher ist auch für die Zwangsvollstreckung gegen einen Soldaten zuständig, SchlAnh II Z 30ff.

B. Örtliche Zuständigkeit. Die örtliche Zuständigkeit richtet sich nach den Vorschriften der Justizverwaltung, § 154 GVG, in den Ländern nach dem Landesrecht. In manchen Ländern bestehen staatliche Gerichtsvollzieherbüros oder Verteilungsstellen. Der Gläubiger reicht bei diesen Stellen seinen Antrag ein, BVerwG NJW **83**, 898, Pawlowski ZZP **90**, 345. Die ZPO nennt diesen Antrag einen „Auftrag".

Man kann das Verhältnis zwischen dem Gläubiger und dem Gerichtsvollzieher als das Antragsverhältnis, dasjenige zwischen dem Gerichtsvollzieher und dem Schuldner als das Eingriffsverhältnis und dasjenige zwischen dem Gläubiger und dem Schuldner als das Vollstreckungsverhältnis bezeichnen, Baur ZwV § 1 II 1, 2, Gerhardt ZZP **95**, 467, Saum JZ **81**, 695.

C. Verstoß. a) Gegen die sachliche Zuständigkeit. Handelt der Gerichtsvollzieher außerhalb seiner sachlichen Zuständigkeit, so liegt ein Willkürakt vor, der ganz unwirksam ist. Der Fall liegt nämlich anders, als wenn ein ordentliches Gericht seine Zuständigkeit überschreitet. Denn das Gericht hat grundsätzlich eine unumschränkte Gerichtsbarkeit, während der Gerichtsvollzieher nur für bestimmte Handlungen zuständig ist. Dasselbe gilt dann, wenn der Gerichtsvollzieher kraft Gesetzes ausgeschlossen ist, § 155 GVG.

b) Gegen die örtliche Zuständigkeit. Verletzt er lediglich seine örtliche Zuständigkeit, Üb 3 vor § 154 GVG, oder den Geschäftsverteilungsplan, §§ 22d GVG entsprechend, so bleibt seine Handlung wirksam, BGH **37**, 127. Sie ist aber anfechtbar. Denn dann ist ein Hoheitsakt, wenn auch unrichtig, ausgeübt worden. Vgl dazu Grdz 8 B, C b vor § 704. Wenn der Gerichtsvollzieher ohne einen Antrag handelt, dann ist seine Handlung nicht unwirksam, falls sie in seine sachliche Zuständigkeit fällt.

3) Mitwirkung der Geschäftsstelle, II. II entspricht dem § 166 II: Der Gläubiger darf sich bei seinem Zwangsvollstreckungsantrag der Hilfe der Geschäftsstelle bedienen. Es liegt dann so, als habe er den Antrag beim Gerichtsvollzieher unmittelbar gestellt. Stets ist ein Antrag notwendig, § 168 gilt nicht entsprechend. Auch der Urkundsbeamte der Geschäftsstelle handelt hier als Beamter, wenn auch kraft Gesetzes in Vertretung des Gläubigers. Zuständig ist der Urkundsbeamte der Geschäftsstelle des Vollstreckungsgerichts, nicht des Prozeßgerichts, vgl freilich § 129a.

4) VwGO: *Entsprechend anwendbar, § 167 I VwGO, mit der Einschränkung, daß der Gerichtsvollzieher bei Vollstreckung zugunsten der öffentlichen Hand, § 169 VwGO, und bei der*

1. Abschnitt. Allgemeine Vorschriften **§§ 753, 754** 1

Vollstreckung wegen Geldforderungen gegen die öffentliche Hand, § 170 VwGO, unmittelbar vom Gericht bzw dessen Vorsitzendem in Anspruch genommen wird, ein Antrag (,,Auftrag") des Gläubigers also entfällt (aber keine pauschale Übertragung der Zwangsvollstreckung auf den Gerichtsvollzieher, OVG Münst NJW 77, 727), vgl Gaul JZ 79, 507. Über Vollstreckungsschutz, §§ 813a und 765a, oder Erinnerung, § 766, entscheidet das Vollstreckungsgericht, § 764 Anm 4, nicht das für den Gerichtsvollzieher zuständige AG, aM Gaul aaO. § 753 ist also namentlich anwendbar bei Vollstreckung des Klägers aus einem Kostentitel gegen eine Privatperson, zB einen Beigeladenen, RedOe § 167 Anm 4.

754 **Vollstreckungsantrag. In dem schriftlichen oder mündlichen Auftrag zur Zwangsvollstreckung in Verbindung mit der Übergabe der vollstreckbaren Ausfertigung liegt die Beauftragung des Gerichtsvollziehers, die Zahlungen oder sonstigen Leistungen in Empfang zu nehmen, über das Empfangene wirksam zu quittieren und dem Schuldner, wenn dieser seiner Verbindlichkeit genügt hat, die vollstreckbare Ausfertigung auszuliefern.**

1) Vollstreckungsantrag. A. Grundsatz. Der Gläubiger stellt einen Vollstreckungsantrag (wegen des unscharfen Ausdrucks ,,Auftrag" vgl § 753 Anm 2 B). Der Gläubiger kann den Antrag beim Gerichtsvollzieher stellen, und zwar schriftlich (ein Unterschrift-Faksimilestempel genügt dann nicht, LG Mü DGVZ **83**, 57) oder mündlich, auch durch eine schlüssige Handlung, etwa durch die Zusendung der Vollstreckungsunterlagen. Im Verhaftungsantrag kann ein Pfändungsantrag stecken, LG Essen DGVZ **81**, 187. Antragsberechtigt sind der Vollstreckungsgläubiger und sein gesetzlicher Vertreter oder Bevollmächtigter. Der Vormund braucht keine Zustimmung des Vormundschaftsgerichts oder des Gegenvormunds. Denn er verfügt nicht über ein Recht des Mündels. Ein Ehegatte darf den Antrag für den anderen stellen, soweit sein Verwaltungsrecht reicht. Mehrere müssen den Antrag gemeinsam stellen, sofern der Anspruch des einzelnen nicht abtrennbar ist. Der Antrag muß bestimmt sein. Er darf aber Bedingungen enthalten, etwa einen Haupt- und einen Hilfsantrag, AG Gladbeck DGVZ **79**, 30.

Der Gläubiger muß dem Gerichtsvollzieher die Anschrift des Schuldners so genau angeben, daß der Gerichtsvollzieher keine besonderen Ermittlungen anstellen, etwa in einem großen Wohnheim ohne Klingel- oder Briefkastenaufschriften so lange vorfahren müßte, bis er den Hausmeister antreffen würde, AG Darmst DGVZ **81**, 62. Der Gläubiger braucht bei dem Vollstreckungsauftrag gegen nur einen Gesamtschuldner die vollstreckbare Ausfertigung nur gegen diesen vorzulegen, LG Stgt Rpfleger **83**, 161, aM AG Mönchengladb DGVZ **82**, 76.

B. Teilvollstreckung. Zulässig ist auch ein Vollstreckungsantrag wegen eines Teils oder Rests des Vollstreckungsanspruchs, Schlesw Rpfleger **76**, 224, insofern richtig LG Oldb DGVZ **80**, 88, AG Würzb JB **75**, 88, aM AG Darmst DGVZ **74**, 13 (s aber Grdz 1 C vor § 704). Auch in diesem Fall muß der Gläubiger aber eine Berechnung seiner gesamten Forderung beifügen, Köln DGVZ **83**, 9, LG Lübeck DGVZ **78**, 76 mwN, LG Mü DGVZ **78**, 170, AG Bochum DGVZ **79**, 12, AG Itzehoe DGVZ **78**, 15, AG Königswinter DGVZ **78**, 116, Schneider DGVZ **82**, 150 mwN, aM Schlesw Rpfleger **76**, 224, LG Düss Rpfleger **81**, 30, LG Kaisersl DGVZ **82**, 157 ie mwN, AG Krefeld MDR **79**, 853.

Im Zweifel erstreckt sich der Vollstreckungsantrag auf die gesamte im Vollstreckungstitel genannte Forderung, LG Kblz DGVZ **82**, 77.

C. Geschäftsmäßiger Antrag. Bei einem geschäftsmäßigen Antrag muß eine Erlaubnis nach dem RBerG vorliegen, auch bei einem ausländischen Inkassounternehmen, LG Mü DGVZ **79**, 10. Der Antrag ist bei einem Verstoß gegen das RBerG unzulässig, AG Mü DGVZ **78**, 172 (zustm Triendl).

D. Übergabe der vollstreckbaren Ausfertigung. Sie ist für das Verhältnis zwischen dem Gläubiger und dem Gerichtsvollzieher unerheblich. Der Schuldner braucht aber eine Vollstreckungsmaßnahme nur dann zu dulden, wenn sich der Gerichtsvollzieher durch den Besitz einer vollstreckbaren Ausfertigung ausweisen kann, vgl Nürnb JB **76**, 1395. Die vollstreckbare Ausfertigung darf keine irritierenden handschriftlichen Zusätze des ProzBev des Gläubigers enthalten, LG Bre DGVZ **82**, 8. Wenn der Schuldner einen diesbezüglichen Mangel nicht rügt, dann ist die Zwangsvollstreckungsmaßnahme wirksam, falls eine vollstreckbare Ausfertigung erteilt worden war. Notfalls kann der Schuldner die Erinnerung nach § 766 einlegen, die Zwangsvollstreckung ist aber nicht nichtig, Einf 2 vor §§ 750–751.

§§ 754 ff schaffen eine unwiderlegliche Vermutung zugunsten des Schuldners, aber nicht zugunsten des Gerichtsvollziehers.

2) Ermächtigung. A. Umfang. Ein ordnungsgemäßer Antrag, Anm 1A, ermächtigt den Gerichtsvollzieher kraft Gesetzes dem Gläubiger gegenüber zu folgenden Handlungen:

a) Empfangnahme. Der Gerichtsvollzieher darf Zahlungen und sonstige Leistungen auf die Vollstreckungsschuld in Empfang nehmen. Dabei ist es unerheblich, ob der Schuldner oder freiweillig ein Dritter leisten. Auch wenn der Schuldner widerspricht, muß der Gerichtsvollzieher die Leistung des Dritten mangels einer gegenteiligen Weisung des Gläubigers annehmen, jedoch vorbehaltlich des Ablehnungsrechts des Gläubigers, § 267 II BGB. Denn dies entspricht dem Interesse des Gläubigers am ehesten. Der Gerichtsvollzieher hat dann von einer weiteren Zwangsvollstreckung vorläufig abzusehen. Soweit der Gläubiger zu einer Leistung an einen Dritten verurteilt worden ist, darf der Gerichtsvollzieher für ihn leisten. Er darf aber keine Leistung an Erfüllungs Statt annehmen. Er darf erhaltenes Geld nicht für den Schuldner vor der Ablieferung an den Gläubiger pfänden. Zur Entgegennahme von Ratenzahlungen und zu deren Überwachung ist der Gerichtsvollzieher nicht verpflichtet, LG Dortmund JMBl NRW **69**, 76. Zu alledem Fahland ZZP **93**, 432.

b) Quittungserteilung. Der Gerichtsvollzieher darf und muß über Empfangenes quittieren, § 757. Er unterzeichnet mit seinem Namen.

c) Ablieferung der vollstreckbaren Ausfertigung. Der Gerichtsvollzieher hat die vollstreckbare Ausfertigung an den Schuldner abzuliefern, auch wenn ein Dritter geleistet hat. Dies gilt aber nur dann, wenn der Gläubiger völlig befriedigt ist, auch wegen der Kosten.

Bei a–c ist ein abweichender Wille des Gläubigers unerheblich, Saum JZ **81**, 696, außer im Fall des § 267 II BGB.

B. Grenzen. Zu anderen Maßnahmen ist der Gerichtsvollzieher nur im Rahmen von § 845 ermächtigt, sonst nicht. Er darf zB nicht: Die Wohnung des Schuldners ermitteln, vgl AG Darmst DGVZ **81**, 62; einen Vergleich abschließen; die Schuld stunden; dem Schuldner einen Nachlaß gewähren; Pfandstücke freigeben; eine Leistung an Zahlungs Statt annehmen; sonstige Erklärungen abgeben oder entgegennehmen, wie etwa eine Aufrechnung, LG Hildesheim NJW **59**, 537. Die Kenntnis des Gerichtsvollziehers über rechtserhebliche Tatsachen, etwa über einen Antrag auf die Eröffnung eines Konkursverfahrens, schadet dem Gläubiger nicht.

C. Rücknahme. Mit der Rücknahme des Antrags erlischt die Ermächtigung des Gerichtsvollziehers. Darin, daß der Gläubiger die vollstreckbare Ausfertigung vom Gerichtsvollzieher zurückverlangt, liegt die Rücknahme der Ermächtigung.

3) VwGO: Entsprechend anwendbar, § 167 I VwGO, mit den in § 753 Anm 4 bezeichneten Einschränkungen. Die Ermächtigung, Anm 2, wird durch die Anordnung des Gerichts bzw dessen Vorsitzenden bewirkt, wenn der Gerichtsvollzieher in den Fällen der §§ 169, 170 VwGO in Anspruch genommen wird.

755 **Befugnisse des Gerichtsvollziehers nach außen. Dem Schuldner und Dritten gegenüber wird der Gerichtsvollzieher zur Vornahme der Zwangsvollstreckung und der im § 754 bezeichneten Handlungen durch den Besitz der vollstreckbaren Ausfertigung ermächtigt. Der Mangel oder die Beschränkung des Auftrags kann diesen Personen gegenüber von dem Gläubiger nicht geltend gemacht werden.**

1) Ausweis. Der Besitz der vollstreckbaren Ausfertigung weist den Gerichtsvollzieher nach außen als zur Zwangsvollstreckung ermächtigt aus, und zwar ohne Rücksicht auf den Willen des Gläubigers. Denn es liegt kein Vertrag vor. Ohne diesen Ausweis braucht der Schuldner keine Zwangsvollstreckungshandlung zu dulden. Doch ist eine Zwangsvollstreckungsmaßnahme nicht deshalb unzulässig oder unwirksam, weil der Gerichtsvollzieher die vollstreckbare Ausfertigung nicht bei sich hat, § 754 Anm 1 D. Die Ermächtigung dem Schuldner und dem Dritten gegenüber reicht in den in § 754 genannten Punkten so weit wie dem Gläubiger gegenüber.

2) Mangel usw des Antrags. Der Antrag erlischt im Verhältnis zwischen dem Gläubiger und dem Gerichtsvollzieher durch seine Rücknahme oder seinen Widerruf, § 754 Anm 2 C. Dem Schuldner gegenüber bleiben das Erlöschen oder eine Beschränkung des Antrags bedeutungslos, sogar wenn er diese kennt. Denn § 755 stellt eine unwiderlegliche Vermutung auf. Der Schuldner wird also durch eine Leistung befreit, auch wenn der Gläubiger den

Vollstreckungsantrag längst zurückgenommen hatte, falls der Gerichtsvollzieher noch die vollstreckbare Ausfertigung in Händen hat und sie dem Schuldner vorgezeigt hat. Der Schuldner und ein Dritter können den Mangel einer solchen Vollstreckungsmaßnahme durch eine Erinnerung nach § 766 geltend machen. Denn sie brauchen eine eigenmächtige Zwangsvollstreckung des Gerichtsvollziehers nicht zu dulden.

3) VwGO: Entsprechend anwendbar, § 167 I VwGO, mit der Maßgabe, daß in den Fällen der §§ 169, 170 VwGO (§ 753 Anm 4) der Besitz der gerichtlichen Anordnung den Gerichtsvollzieher ausweist, § 273 GVGA, vgl den nach § 5 VwVG anzuwendenden § 285 II AO 1977 (eine Vollstreckungsklausel ist in diesen Fällen nicht erforderlich, § 171 VwGO).

756 **Gerichtsvollzieher und Zug-um-Zug-Leistung.** Hängt die Vollstreckung von einer Zug um Zug zu bewirkenden Leistung des Gläubigers an den Schuldner ab, so darf der Gerichtsvollzieher die Zwangsvollstreckung nicht beginnen, bevor er dem Schuldner die diesem gebührende Leistung in einer den Verzug der Annahme begründenden Weise angeboten hat, sofern nicht der Beweis, daß der Schuldner befriedigt oder im Verzug der Annahme ist, durch öffentliche oder öffentlich beglaubigte Urkunden geführt wird und eine Abschrift dieser Urkunden bereits zugestellt ist oder gleichzeitig zugestellt wird.

1) Allgemeines. § 756 ist eine notwendige Ergänzung des § 726 II, der die Erteilung einer vollstreckbaren Ausfertigung bei einer Leistung Zug um Zug zuläßt, ohne den Nachweis der Befriedigung oder des Annahmeverzugs des Schuldners zu verlangen. Über die dahin gehörenden Fälle § 726 Anm 3 A. Wegen des EuGÜbk SchlAnh V C 2 (§ 6).

2) Zug-um-Zug-Leistung. A. Angebot an Schuldner. Der Beginn der Zwangsvollstreckung setzt hier regelmäßig voraus, daß der Gerichtsvollzieher den Schuldner durch das Angebot der dem Schuldner zustehenden Leistung in einen Annahmeverzug setzt. Das Angebot muß ein tatsächliches sein, LG Düss DGVZ **80**, 187. Es muß so erfolgen, wie die Leistung zu bewirken ist, § 294 BGB, LG Bln Rpfleger **78**, 64 mwN, LG Dortm DGVZ **77**, 10, LG Frankenth MDR **82**, 61. Eine Aufrechnung genügt nicht, LG Hildesheim NJW **59**, 537. Wenn die Gegenleistung individuell bestimmt worden ist, dann ist ihre Identifizierbarkeit erforderlich, Ffm Rpfleger **79**, 432, LG Frankenth MDR **82**, 61; diese reicht aber auch aus. Die Bezeichnung „VW Käfer 1200, 34 PS" kann zB dann genügen, wenn der Gläubiger nur einen einzigen derartigen Pkw besitzt, AG Groß Gerau MDR **81**, 1288. Eine Mängelfreiheit ist nicht notwendig, LG Bre DGVZ **77**, 158 mwN, aM LG Oldb DGVZ **82**, 123 mwN.

Es bestehen vielfache Beziehungen zum sachlichen Recht, Schilken AcP **181**, 355. Der Gerichtsvollzieher muß notfalls durch die Zuziehung eines Sachverständigen feststellen, ob die anzubietende Sache von mittlerer Art und Güte ist, §§ 243 BGB, 360 HGB, oder ob der Gläubiger einschließlich etwaiger Nebenarbeiten, AG Gütersloh DGVZ **83**, 78, ordnungsgemäß nachgebessert hat, zB BGH **LM** VOB (B) Nr 83 mwN (notfalls ist eine Feststellungsklage erforderlich, LG Frankenth MDR **82**, 61), BGH MDR **77**, 133, Stgt MDR **82**, 416 mwN, AG Hann DGVZ **81**, 89 je mwN, StJM Rdz 3, ähnl Schneider DGVZ **78**, 67 mwN, abw Stojek MDR **77**, 458, aM Schilken AcP **181**, 365 mwN. Das gilt bei einem Kauf nach Probe entsprechend. Eine Feststellungsklage, daß eine weitere Zug-um-Zug-Leistung nicht mehr notwendig sei, ist zulässig, BGH MDR **77**, 133, insofern ähnlich Stojek MDR **77**, 458.

Solange der Gerichtsvollzieher weder den Schuldner noch eine Ersatzperson antrifft, kann er die Gegenleistung nicht wirksam anbieten, AG Mü DGVZ **80**, 191. Wenn der Schuldner erklärt, die Leistung nicht annehmen zu wollen, oder wenn der Schuldner eine Handlung vornehmen muß, die Sache etwa abholen muß, dann genügt ein wörtliches Angebot, § 295 BGB, vgl LG Bln Rpfleger **78**, 64 mwN, LG Bonn DGVZ **81**, 188, LG Düss DGVZ **80**, 187, LG Freib DGVZ **79**, 182, LG Hann DGVZ **81**, 46. Dieses wörtliche Angebot ist eine geschäftsähnliche Handlung, auf die die Vorschriften des BGB über Willenserklärungen entsprechend anwendbar sind, AG Lampertheim DGVZ **80**, 188, PalH Üb 2c vor § 104 BGB. Daher muß der Gläubiger den Gerichtsvollzieher bevollmächtigen und anweisen, das wörtliche Angebot abzugeben, AG Hbg-Wandsbek DGVZ **80**, 190, AG Lampertheim DGVZ **80**, 188. Zu Einzelheiten vgl Gilleßen/Jacobs DGVZ **81**, 49.

B. Weiteres Verfahren. Die eigentliche Leistung erfolgt nur Zug um Zug, dh gegen eine Befriedigung des Schuldners, auch wegen der Kosten der Zwangsvollstreckung. Die Kosten des Rechtsstreits aus dem Kostenfestsetzungsbeschluß gehören aber nicht zu dieser

Leistung. Daher kann der Schuldner wegen dieser Kosten nur so vorgehen, daß er in den etwa vom Gläubiger aufgrund seines Angebots gezahlten Betrag vollstreckt. Wenn der Schuldner den Gläubiger nicht vollständig befriedigt, dann ist ohne eine Gegenleistung zu vollstrecken, BGH **73**, 320. Die Aushändigung einer quittierten Urkunde gehört aber nicht hierher, § 726 Anm 3 B, obwohl die quittierte Urkunde dem Gerichtsvollzieher übergeben werden muß, damit er sie dem freiwillig Zahlenden aushändigt.

Der Vorgang wird gemäß § 763 protokolliert. Die Kosten des Angebots sind Kosten der Zwangsvollstreckung, Hbg NJW **71**, 387. Wenn eine Leistung Zug um Zug dem Gläubiger schuldlos unmöglich geworden ist und wenn der Gläubiger den Anspruch auf die Leistung behält, dann muß er neu klagen.

3) Zwangsvollstreckung ohne Angebot. A. Voraussetzungen. Der Gerichtsvollzieher braucht dem Schuldner keine Gegenleistung anzubieten, wenn der Beweis der Befriedigung des Schuldners oder seines Annahmeverzugs durch eine öffentliche oder öffentlich beglaubigte Urkunde (Begriff § 415 Anm 1, 2) geführt wird und wenn eine Abschrift der Urkunde zugestellt ist oder gleichzeitig zugestellt wird, und zwar an den ProzBev der ersten Instanz. Es ist unerheblich, in welcher Weise der Schuldner befriedigt worden ist. Der Annahmeverzug mag auf einem früheren Angebot beruhen, AG Neustadt/H DGVZ **76**, 74, auch wenn ein anderer Gerichtsvollzieher dieses Angebot bei einer anderen Pfändung gemacht hat. Der Annahmeverzug mag auf einem Zeitablauf nach § 296 BGB beruhen. Er braucht nicht nach dem Erlaß des Urteils eingetreten zu sein, KG NJW **72**, 2052, Schilken AcP **181**, 372 mwN, aM Wiecz § 726 D IIa. Ein vorher eingetretener Verzug ist als fortdauernd anzunehmen.

Der Gläubiger kann den Beweis auch durch das Urteil führen, insbesondere bei einer Vorleistungspflicht, vgl § 726 Anm 3 A, BGH NJW **82**, 1049 mwN, aM KG NJW **72**, 2052, überhaupt durch irgendein Urteil, selbst wenn nur durch dessen Gründe in Verbindung mit seinem Tatbestand, KG OLGZ **74**, 312 (es läßt unter Umständen sogar eine ungenaue Bezeichnung der Gegenleistung im Vollstreckungstitel unschädlich sein, aM BGH **45**, 287, Schilken AcP **181**, 374, StJ I 1a).

Nicht ausreichend sind: Der Abweisungsantrag des Schuldners im Prozeß, Ffm Rpfleger **79**, 432, LG Düss DGVZ **80**, 187 mwN; ein anderes Anzeichen, etwa ein erfolgloser Vollstreckungsversuch aus einem anderen Titel, aM LG Oldb DGVZ **82**, 124. Wenn das Urteil auf eine „Leistung nach dem Empfang der Gegenleistung" entgegen § 322 II BGB ohne eine Bejahung des Annahmeverzugs des Schuldners ergangen ist, dann bleibt der Gläubiger für den Annahmeverzug zwar nicht zwecks Erhalts der Klausel beweispflichtig, wohl aber zwecks weiterer Zwangsvollstreckung.

B. Weiteres Verfahren. Grundsätzlich entscheidet der Gerichtsvollzieher darüber, ob der Annahmeverzug und die Nachweise vorliegen. Wenn ihm die Urkunden nicht genügen, dann muß er den Gläubiger auf den Klageweg verweisen, vgl BGH **LM** VOB (B) Nr 83 mwN. Wenn der Schuldner zur Zahlung Zug um Zug gegen eine Abrechnung des Gläubigers verurteilt worden ist, dann kann der Gerichtsvollzieher die Vollständigkeit der Abrechnungen nicht prüfen. Deshalb ist also keine Erinnerung zulässig. Wenn der Schuldner einen ProzBev hat, dann sind die Urkunden diesem zuzustellen, § 1176. Der Umstand, daß der Schuldner irgendwie in den Besitz der anzubietenden Gegenleistung gekommen ist, genügt ohne die geforderten Urkunden nicht zum Nachweis. Denn der Gerichtsvollzieher kann nicht beurteilen, ob dieser Vorgang in Erfüllung der Verbindlichkeit des Gläubigers geschehen ist, vgl Celle NdsRpfl **59**, 19.

Ein Nachweis ist natürlich nicht notwendig, soweit der Gläubiger die Gegenleistung unstreitig erbracht hat, AG Fürstenfeldbruck DGVZ **81**, 90.

4) Rechtsbehelfe. Es gilt die folgende Regelung:

A. Gläubiger. Der Gläubiger kann die Erinnerung nach § 766 einlegen.

B. Schuldner. Der Schuldner kann die Erinnerung nach § 766 einlegen, KG MDR **75**, 149, Schilken AcP **181**, 367 mwN. Er hat die Vollstreckungsabwehrklage nach § 767 nur dann, wenn er das Erlöschen des Anspruchs des Gläubigers wegen einer nachträglichen Unmöglichkeit der Gegenleistung behauptet oder wenn er ein Gewährleistungs- oder Rücktrittsrecht in Anspruch nimmt, Schilken AcP **181**, 370 mwN. Die Mangelhaftigkeit der angebotenen Gegenleistung begründet nur die Erinnerung.

5) VwGO: Entsprechend anwendbar, § 167 I VwGO, wenn der Gerichtsvollzieher tätig wird, sei es auf Antrag des Gläubigers oder gemäß §§ 169, 170 VwGO auf Grund gerichtlicher Anordnung.

§ 757

Quittung. **I** Der Gerichtsvollzieher hat nach Empfang der Leistungen dem Schuldner die vollstreckbare Ausfertigung nebst einer Quittung auszuliefern, bei teilweiser Leistung diese auf der vollstreckbaren Ausfertigung zu vermerken und dem Schuldner Quittung zu erteilen.

II Das Recht des Schuldners, nachträglich eine Quittung des Gläubigers selbst zu fordern, wird durch diese Vorschriften nicht berührt.

1) Quittung. A. Grundsatz. Über jede Leistung des Schuldners in der Zwangsvollstreckung muß der Gerichtsvollzieher eine Quittung erteilen. Bei einer Teilleistung wird die Quittung auf einem besonderen Blatt erteilt. Bei einer Volleistung wird sie auf einem besonderen Blatt oder auf der vollstreckbaren Ausfertigung des Vollstreckungstitels erteilt. Die Quittung ist eine öffentliche Urkunde. In allen Fällen kann der Schuldner außerdem eine Quittung des Gläubigers nach § 368 BGB verlangen. Eine Teilleistung muß der Gerichtsvollzieher auf der vollstreckbaren Ausfertigung vermerken. Er behält diese Ausfertigung aber in seinem Besitz. Er darf die vollstreckbare Ausfertigung dem Schuldner erst nach der völligen Befriedigung des Gläubigers aushändigen, auch wenn ein Dritter den Gläubiger befriedigt hat. Die Aushändigung soll die Gefahr einer weiteren Zwangsvollstreckung beseitigen.

Die Vorschrift ist auf andere Vollstreckungsorgane als den Gerichtsvollzieher unanwendbar, Saum JZ **81**, 697.

B. Einzelfragen. Unerheblich ist, ob der Schuldner unter dem Druck der bevorstehenden Zwangsvollstreckung freiwillig geleistet hat oder ob die Leistung beigetrieben worden ist. Wenn der Schuldner unmittelbar an den Gläubiger geleistet hat, muß der Gläubiger den Vollstreckungstitel herausgeben. Dasselbe gilt, wenn der Schuldner einen Zwangsvergleich erfüllt hat, Nürnb OLGZ **65**, 285. Wenn ein Schuldner auf eine Leistung haftet, ein anderer auf eine Duldung, dann ist der Vollstreckungstitel dem Leistungsschuldner auszuhändigen. Haften mehrere Schuldner nach Kopfteilen und leistet einer von ihnen, so ist das eine Teilleistung. Der Vollstreckungstitel ist an denjenigen auszuhändigen, der den letzten Rest leistet.

Bei einer Gesamtschuld erhält derjenige den Vollstreckungstitel ausgehändigt, der die ganze Schuld oder ihren letzten Rest tilgt. Wenn alle zahlen oder wenn mehrere je einen Teil zahlen, ist der Titel demjenigen auszuhändigen, auf den sich alle einigen. Wenn keine Einigung zustande kommt, dann muß der Titel bei den Akten bleiben. Zu dem Problem, ob die Ausfertigungen zu verbinden sind, einerseits AG Wilhelmshafen DGVZ **79**, 189 (ja), andererseits LG Stgt Rpfleger **83**, 161, AG Arnsberg DGVZ **79**, 189 (nein).

2) Rechtsbehelf. Bei einem fehlerhaften Verfahren des Gerichtsvollziehers kann jeder Betroffene die Erinnerung nach § 766 einlegen.

3) VwGO: Entsprechend anwendbar, § 167 I VwGO, wenn der Gerichtsvollzieher tätig wird, vgl § 756 Anm 5. Die Aushändigung der vollstreckbaren Ausfertigung entfällt in den Fällen des § 171 VwGO, § 724 Anm 4.

§ 758

Durchsuchung. Gewaltanwendung. **I** Der Gerichtsvollzieher ist befugt, die Wohnung und die Behältnisse des Schuldners zu durchsuchen, soweit der Zweck der Vollstreckung dies erfordert.

II Er ist befugt, die verschlossenen Haustüren, Zimmertüren und Behältnisse öffnen zu lassen.

III Er ist, wenn er Widerstand findet, zur Anwendung von Gewalt befugt und kann zu diesem Zwecke die Unterstützung der polizeilichen Vollzugsorgane nachsuchen.

Schrifttum: Kühne, Grundrechtlicher Wohnungsschutz und Vollstreckungsdurchsuchungen, 1980 (Bespr Peters ZZP **94**, 227); Peters, Die richterliche Anordnung usw, Festschrift für Baur (1981) 549.

Gliederung

1) Allgemeines
2) Durchsuchung
   A. Richterliche Erlaubnis
   B. Vorheriger Vollstreckungsversuch

C. Einzelfragen
   a) Bloße Abholung
   b) Bagatellforderung
   c) Haftbefehl, Vorführungsbefehl

§ 758 1, 2   8. Buch. Zwangsvollstreckung

    d) Gefahr im Verzug
    e) Nebenraum usw
    f) Geschäftsraum, Taschenpfändung
    g) Räumung
    h) Mehrheit von Gläubigern
    i) Weitere Einzelheiten
3) Befugnisse des Gerichtsvollziehers
  A. Ort der Zwangsvollstreckung
    a) Grundsatz
    b) Grenzen

  B. Öffnung, II
    a) Grundsatz
    b) Ankündigung
  C. Gewalt, III
  D. Verhältnismäßigkeit

4) Anwesenheit des Gläubigers

5) Rechtsbehelf

6) *VwGO*

1) Allgemeines. Zunächst müssen die allgemeinen Voraussetzungen einer Zwangsvollstreckung vorliegen, zB nach § 750 I 1, LG Mü DGVZ **83**, 43. § 758 regelt die Befugnisse des Gerichtsvollziehers zur Durchführung von Zwangsmaßnahmen nur im allgemeinen. Weitere Einzelheiten enthält die bundeseinheitliche Geschäftsanweisung für Gerichtsvollzieher (GVGA). Die Verletzung dieser Anweisung kann zwar schuldhaft sein, § 753 Anm 1 B. Dieser Umstand beeinträchtigt aber die Wirksamkeit der Zwangsvollstreckung noch nicht stets, Grdz 8 B, C b, c vor § 704. Eine wiederholte Zwangsvollstreckung aus demselben Titel ist nur dann zulässig, wenn der Gerichtsvollzieher Anhaltspunkte dafür hat, daß ein erneuter Vollstreckungsversuch ein besseres Ergebnis erzielen kann, LG Bln DGVZ **83**, 11.

2) Durchsuchung. A. Richterliche Erlaubnis. Art 13 II GG erlaubt die Durchsuchung einer Wohnung nach § 758 grundsätzlich nur nach einer vorherigen Erlaubnis des Richters, BVerfG **51**, 106 mwN (zustm Wochner NJW **79**, 2508, krit Langheid MDR **80**, 22) und NJW **81**, 2111, jetzt auch Düss Rpfleger **80**, 28, aM zB Bischof MDR **81**, 790, Schneider DGVZ **77**, 73, ThP 1 a. Sie liegt grundsätzlich nicht schon im Vollstreckungstitel, auch nicht beim Arrest oder bei der einstweiligen Verfügung, C i. Sie liegt auch nicht in der bloßen Anweisung durch das Erinnerungsgericht, eine Zwangsvollstreckung durchzuführen, KG DGVZ **83**, 72. Sie ist nicht vom Gerichtsvollzieher zu erwirken, sondern nur vom Gläubiger, LG Bln DGVZ **80**, 23, AG Hann DGVZ **81**, 159 je mwN, AG Langenfeld DGVZ **81**, 15, AG Lübeck DGVZ **80**, 62, AG Rheine DGVZ **83**, 28 mwN, Schneider **80**, 2384.

Der Richter muß den Schuldner grundsätzlich vor der Erteilung der Erlaubnis anhören, BVerfG NJW **81**, 2112. Eine solche Anhörung kann unterbleiben, soweit durch sie der Vollstreckungserfolg gefährdet würde, BVerfG NJW **81**, 2112, so wohl auch LG Marburg DGVZ **82**, 30. Der Rpfl kann diese Erlaubnis nicht erteilen. Wochner NJW **79**, 2509 will ihn durch Gesetzesänderung zuständig machen. Das Verfahren darf nicht zu einem Schutzverfahren neben § 765 a ausarten, Peters 555.

B. Vorheriger Vollstreckungsversuch. Solange der Schuldner freilich dem Gerichtsvollzieher den Zutritt nicht verwehrt, ist überhaupt keine Durchsuchung im Sinn von Art 13 II GG notwendig, vgl BVerfG **51**, 107 (zustm Wochner NJW **79**, 2508, krit Schneider NJW **80**, 2377), vgl auch LG Düss DGVZ **83**, 13, LG Hann DGVZ **79**, 184, LG Köln DGVZ **79**, 183, LG Mannh MDR **79**, 944. Daher darf und muß der Gerichtsvollzieher die Zwangsvollstreckung zunächst ohne die Einholung einer richterlichen Anordnung versuchen, LG Bln DGVZ **79**, 167, LG Hann DGVZ **81**, 39, LG Lübeck SchlHA **81**, 51, AG Lechenich pp DGVZ **79**, 135, Schmidt-Bleibtreu DB **79**, 1494, Schubert MDR **80**, 367, insofern abw Schneider NJW **80**, 2382, es sei denn, daß ihm zB ein grundsätzliches Zutrittsverbot des Schuldners bereits bekannt ist, insofern ebenso Schneider NJW **80**, 2382.

Ein anderer Vollstreckungsversuch, zB nach § 761, braucht aber nicht voranzugehen, LG Bln DGVZ **79**, 168, LG Ffm DGVZ **80**, 24 und MDR **80**, 323, LG Kiel DGVZ **80**, 158, vgl auch LG Kblz MDR **83**, 238, ferner LG Lübeck SchlHA **81**, 51, LG Mü DGVZ **79**, 185, LG Zweibr MDR **80**, 62 und DGVZ **80**, 27, Schneider NJW **80**, 2382. Eine Erlaubnis nach § 761 berechtigt aber als solche auch nicht zur Durchsuchung gegen oder ohne den Willen des Schuldners, LG Stgt DGVZ **81**, 12. Der Gerichtsvollzieher muß den Schuldner über dessen Recht der Verweigerung des Zutritts belehren, Schubert MDR **80**, 366 mwN, aM Schneider NJW **80**, 2383 mwN.

C. Einzelfragen. a) Bloße Abholung. Der Gerichtsvollzieher benötigt auch dann eine richterliche Durchsuchungsanordnung, wenn er nur Sachen abholen will, die er gepfändet hatte, jedenfalls wenn es zunächst unklar ist, ob die Sachen noch dort sind, aM AG Wiesbaden DGVZ **80**, 28 (abl Schneider NJW **80**, 2381).

b) Bagatellforderung. Die richterliche Durchsuchungsanordnung darf auch wegen einer

Bagatellforderung ergehen, Grdz 6 D vor § 704, LG Bln DGVZ **79**, 169, LG Konstanz NJW **80**, 297, AG Mü DGVZ **80**, 142, im Ergebnis ebenso Schneider NJW **80**, 2382.

c) Haftbefehl, Vorführungsbefehl. Die richterliche Erlaubnis liegt noch nicht in einem Haftbefehl nach § 901. Denn dieser schränkt nur das Grundrecht nach Art 2 II GG ein, nicht auch stets dasjenige nach Art 13 GG, LG Saarbr NJW **79**, 2571 (abl Schubert NJW **80**, 459), abw Schneider NJW **80**, 2379, aM zB LG Bln NJW **80**, 458 mwN, LG Düss DGVZ **80**, 11, LG Stgt DGVZ **80**, 111, AG Hbg Rpfleger **80**, 396. Ebensowenig reicht ein Vorführungsbefehl aus, etwa nach § 372 a II oder nach § 380 II, LG Münster DGVZ **83**, 58.

d) Gefahr im Verzug. Bei einer Gefahr im Verzug, also dann, wenn die vorherige Einholung der richterlichen Anordnung den Erfolg der Durchsuchung gefährden würde, ist eine richterliche Anordnung gemäß Art 13 II GG entbehrlich, BVerfG **51**, 106 mwN. Eine Gefahr im Verzug liegt dann vor, wenn die Einholung der richterlichen Anordnung den Erfolg der Durchsuchung gefährden würde, BVerfG NJW **79**, 1539, vgl auch BVerfG NJW **81**, 2112, ferner Langheid MDR **80**, 22. Diese Voraussetzung sieht AG Mönchengladbach DGVZ **80**, 95 (zustm Schneider NJW **80**, 2378) bei einer einstweiligen Verfügung als erfüllt an.

Das Verfahren verläuft im übrigen wie bei § 761, BVerfG **51**, 113, Schneider NJW **80**, 2382 mwN.

e) Nebenraum usw. Zur Wohnung zählt auch ein Nebenraum oder ein Zugang, Schneider NJW **80**, 2380.

f) Geschäftsraum; Taschenpfändung. Ein bloßer Arbeits-, Betriebs- oder Geschäftsraum ist keine Wohnung, AG Bln-Tempelhof MDR **80**, 502, Langheid MDR **80**, 22, aM LG Düss MDR **81**, 679 mwN, grds auch AG Hbg DGVZ **81**, 63 (es betrachtet allerdings einen Marktstand nicht als geschützten Raum), ferner aM AG Rheydt DGVZ **81**, 14, Maunz-Dürig Art 13 GG Rdz 4, 6, Schubert MDR **80**, 367, Schneider NJW **80**, 2380 mwN. Eine juristische Person kann sich auch nicht als Wohnungsinhaberin nicht auf Art 13 II GG berufen, AG Bln-Tempelhof MDR **80**, 62, aM Schubert MDR **80**, 367.

Ein Behältnis, das eine Person an sich trägt, fällt als solches natürlich erst recht nicht unter § 758, AG Stgt DGVZ **82**, 191, Brendel DGVZ **82**, 181 mwN.

g) Räumung. Eine Räumung ist grundsätzlich keine Durchsuchung, vgl BVerfG **51**, 107 (insofern zustm Langheid MDR **80**, 22, ferner Wochner NJW **79**, 2508), Düss NJW **80**, 458, LG Bln DGVZ **81**, 184 mwN, LG Nürnb-Fürth pp DGVZ **79**, 139 (vgl aber die Anm der Redaktion 141), AG Spaichingen MDR **79**, 944, im Ergebnis ebenso Düss Rpfleger **80**, 28, LG Düss NJW **79**, 1991 und MDR **80**, 61, AG Bln-Tiergarten NJW **79**, 1552, AG Kassel DGVZ **79**, 172 (abw Kühne DGVZ **79**, 147), AG Oberhausen DGVZ **79**, 186, AG Recklinghausen DGVZ **79**, 186, Schneider NJW **80**, 2379. Aus Anlaß einer Räumung darf der Gerichtsvollzieher auch ohne eine besondere richterliche Erlaubnis Durchsuchungen wegen einer Geldforderung des Gläubigers vornehmen, Düss Rpfleger **80**, 28, Köln NJW **80**, 1532.

h) Mehrheit von Gläubigern. Der Gerichtsvollzieher, der auf Grund einer richterlichen Durchsuchungsanordnung für den einen Gläubiger in die Wohnung des Schuldners gelangt ist, darf dort für weitere Gläubiger pfänden, auch ohne daß diese richterliche Durchsuchungsanordnungen erwirkt hätten, LG Münster DGVZ **81**, 189.

i) Weitere Einzelheiten. Zu den weiteren zahlreichen Einzelfragen AG Darmst DGVZ **79**, 187 (abl Ewers DGVZ **82**, 52 mwN) betr die Herausgabe bestimmter Sachen, LG Lübeck SchlHA **81**, 51 betr eine Mitbewohnerin, LG Kblz DGVZ **82**, 91 mwN, LG Mü DGVZ **82**, 126, AG Bln-Charlottenb DGVZ **82**, 190, AG Essen DGVZ **81**, 158, AG Mü DGVZ **80**, 63 (zustm Pawlowski DGVZ **81**, 670, abl Schneider NJW **80**, 2378) je wegen einer Wohngemeinschaft, Brendel DGVZ **82**, 179, Kleemann DGVZ **80**, 3, Behr DGVZ **80**, 49 (ausf), Ganschezian-Finck MDR **80**, 805, Schneider NJW **80**, 2380, Seip DGVZ **80**, 60 und 82, Weimar DGVZ **80**, 136. Wegen der Auswirkungen in Steuersachen BVerfG NJW **81**, 2111 (zustm Schmidt-Bleibtreu DB **81**, 1917), Ehlers BB **79**, 1758, Rößler NJW **83**, 661 mwN sowie die Anweisung des Bundesfinanzministers DB **80**, 50. Amelung ZZP **88**, 91 fordert dann, wenn ein Arrest oder eine einstweilige Verfügung ohne eine mündliche Verhandlung erlassen wurden, einen ausdrücklichen Durchsuchungsbefehl. Bittmann NJW **82**, 2423 stellt darauf ab, ob eine Gefahr im Verzug vorliegt oder ein Überraschungseffekt erzielt werden muß; aM Herdegen NJW **82**, 368 mwN (aber selbst ein Haftbefehl enthält keine Durchsuchungsanordnung, c).

3) Befugnisse des Gerichtsvollziehers. A. Ort der Zwangsvollstreckung. a) Grundsatz. Der Gerichtsvollzieher kann die Zwangsvollstreckung, auch eine Verhaftung, im Freien oder überall dort vornehmen, wo der Schuldner einen Gewahrsam hat, also in dessen Wohnung, Geschäftsräumen, Gärten oder Ställen, Wagenschuppen, Scheuern, in jedem

§ 758 3, 4

Zubehör, selbst in Zimmern, die der Reisende im Gasthof bewohnt. Auf wen der Mietvertrag lautet, etwa bei einer Lebens- oder Wohngemeinschaft, Ehe, wilder Ehe, beim Zusammenleben von Freunden oder Freundinnen, das ist unerheblich, vgl aber Anm 2 C i (Wohngemeinschaft), § 808 Anm 3 A, B „Ehegatte". Der Gerichtsvollzieher darf nicht nur die Räume des Schuldners betreten, sondern auch die Räume Dritter, falls eben der Schuldner dort einen Gewahrsam hat, Stgt Rpfleger **81**, 152, LG Hann DGVZ **83**, 23 mwN, AG Hbg DGVZ **77**, 12 je mwN, vgl auch BFH DB **80**, 1428, abw LG Mü DGVZ **82**, 126, AG Essen DGVZ **81**, 158. Der Gerichtsvollzieher darf zB die Räume von Familienmitgliedern betreten.

Als Vollstreckungsschuldner gilt auch derjenige, der die Zwangsvollstreckung dulden muß. Zur Wirksamkeit der Handlungen des Gerichtsvollziehers ist die Anwesenheit des Schuldners grundsätzlich nicht notwendig, LG Kleve DGVZ **77**, 174. Eine Durchsuchung in Abwesenheit des kranken Schuldners kann aber unangemessen sein, AG Bln-Tempelhof DGVZ **80**, 62.

b) Grenzen. Der Gerichtsvollzieher darf aber nicht in diejenigen Räume Dritter eintreten, in denen ein Gewahrsam des Schuldners fehlt. Dies kann zB bei einem Raum der Fall sein, den ein Untermieter des Schuldners inne hat. Diese Grenzen der Befugnisse des Gerichtsvollziehers ergeben sich aus § 809, vgl AG Mönchengl DGVZ **76**, 92, AG Offenb DGVZ **76**, 92. Der Gerichtsvollzieher darf bei einer Zwangsvollstreckung gegen einen Soldaten die Gemeinschaftsunterkunft betreten, nicht ohne weiteres aber auch andere militärische Räume und in keinem Fall Räume, die unter einem Geheimnisschutz stehen, SchlAnh II Z 35 ff.

B. Öffnung, II. a) Grundsatz. Der Gerichtsvollzieher darf insbesondere Türen und Behältnisse öffnen. Als Behältnis gilt alles, was dem Schuldner zur Aufbewahrung von Sachen dient. Dazu können auch seine Taschen gehören, Schneider NJW **80**, 2378. Wegen eines Automateninhalts Schmidt MDR **72**, 379.

Der Gerichtsvollzieher darf, soweit er zur Öffnung persönlich technisch nicht sachgemäß imstande ist, diese öffnen lassen, wobei er sich in der Regel der Hilfe eines Schlossers bedienen darf. Dabei müssen Schäden möglichst vermieden werden, jedenfalls so gering wie möglich gehalten werden, BGH LM § 808 Nr 2.

b) Ankündigung. Deshalb darf der Gerichtsvollzieher eine zwangsweise Öffnung ankündigen, wenn keine besondere Eile notwendig ist, AG Korbach DGVZ **77**, 77, insofern aM LG Zweibr MDR **80**, 62, und muß diese Ankündigung wohl auch grundsätzlich vornehmen, AG Hann DGVZ **77**, 27, Bowitz DGVZ **78**, 55, aM Langheid MDR **80**, 22. Wenn das Verfahren ordnungsgemäß verläuft, haftet der Gerichtsvollzieher gegenüber dem Schuldner nicht für Schäden. Etwas anderes kann für seine Haftung gegenüber Dritten gelten.

Das Öffnungsrecht muß soweit gehen wie das Durchsuchungs- und das Zutrittsrecht. Denn die letzteren Rechte sollen das Öffnungsrecht ja ermöglichen.

C. Gewalt, III. Der Gerichtsvollzieher darf bei einem Widerstand Gewalt anwenden, und zwar persönlich, § 759, oder durch Inanspruchnahme der polizeilichen Hilfe. Die Gewalt darf sich auch gegen Dritte richten, soweit diese eine Zwangsvollstreckung gegen den Schuldner dulden müßten, sie aber zu verhindern versuchen.

Die Polizei ist grundsätzlich weder berechtigt noch verpflichtet, die Rechtmäßigkeit der Zwangsvollstreckung zu prüfen. Daher ist ein Widerstand des Schuldners gegenüber der Polizei unter Umständen auch dann strafbar, wenn die Zwangsvollstreckungsmaßnahme objektiv rechtswidrig ist, Köln NJW **75**, 890.

D. Verhältnismäßigkeit. Jede Zwangsmaßnahme muß zur Vollstreckung notwendig sein. Auch der Richter muß den Verhältnismäßigkeitsgrundsatz beachten, BVerfG NJW **81**, 2111. Das darf freilich nicht dazu führen, den Vollstreckungstitel selbst in Frage zu stellen, Peters 550. Es müssen konkrete Anhaltspunkte dafür vorliegen, daß der Vollstreckungserfolg ohne die Anwendung des Zwangs gefährdet wäre, Düss DGVZ **79**, 40. Solche Anhaltspunkte sind nicht schon dann vorhanden, wenn der Gerichtsvollzieher beim ersten Vollstreckungsversuch niemanden in der Wohnung antrifft.

Vielmehr müssen unter anderem Anhaltspunkte dafür vorliegen, daß sich der Schuldner in der Wohnung aufhält, AG Bln-Charlottenb DGVZ **80**, 141. Der Gerichtsvollzieher braucht aber dem Schuldner keine Nachricht über den geplanten weiteren Vollstreckungsversuch hinterlassen zu haben, AG Elmshorn DGVZ **81**, 47, aM LG Kiel DGVZ **81**, 40 (krit Anm der Schriftleitung).

4) Anwesenheit des Gläubigers. Das Gesetz sieht zwar die Anwesenheit des Gläubigers oder seines durch eine Vollmacht ausgewiesenen Vertreters bei der Zwangsvollstreckung nicht vor, vgl AG Bln-Neukölln DGVZ **75**, 190; die Anwesenheit dieser Person wird vom Gesetz aber auch nicht verboten. Der Gläubiger kann seine Belange oft nur dann wirksam wahren, wenn er bei der Zwangsvollstreckung anwesend ist. Das ist der Grund für sein Anwesenheitsrecht, vgl KG DGVZ **83**, 74 mwN. Einen etwaigen Widerstand des Schuldners gegen die Anwesenheit des Gläubigers darf nur der Gerichtsvollzieher brechen, nicht das Vollstreckungsgericht. Der Gläubiger darf sich an der Durchführung der Zwangsvollstreckungsmaßnahme nicht beteiligen. Die Kosten seiner Anwesenheit sind dann erstattungsfähig, wenn seine Anwesenheit objektiv notwendig war.

5) Rechtsbehelf. Der Gläubiger, der Schuldner und ein mitbetroffener Dritter, etwa im Fall einer Wohngemeinschaft, Guntau DGVZ **82**, 23, können gegen Maßnahmen ohne Anhörung nach § 758 die Erinnerung nach § 766 einlegen, vgl § 761 Anm 2 A, B, Behr DGVZ **80**, 49, Noack MDR **73**, 548, aM zB LG Kblz DGVZ **82**, 91 (es sei die sofortige Beschwerde zulässig), Wiecz § 761 B 1 (er hält die einfache Beschwerde für zulässig). Gegen eine Entscheidung nach Anhörung ist die sofortige Beschwerde zulässig, § 793, LG Bln DGVZ **79**, 166 mwN, Peters 560. Das Rechtsschutzbedürfnis für das Rechtsmittel kann auch noch dann vorliegen, wenn die Durchsuchung schon vollzogen worden ist, vgl BFH DB **80**, 2120 mwN.

6) VwGO: *Entsprechend anwendbar*, § 167 I VwGO, wenn der Gerichtsvollzieher tätig wird, vgl § 756 Anm 5, und ebenso bei der Vollstreckung durch einen Vollstreckungsbeamten sowohl in der VerwVollstr als auch bei einer Vollstreckung nach VwGO. Zuständig für die richterliche Durchsuchungserlaubnis, Anm 2, sind die Gerichte, die zur Kontrolle des Vollstreckungsaktes berufen sind, VGH Mü NJW **83**, 1077 (zustm Korber BayVBl **83**, 68), OVG Münst VerwRspr **32**, 526, also zB in Angelegenheiten des § 51 SGG die Sozialgerichte, OVG Hbg DÖV **82**, 601, VG Brschw NJW **81**, 2533, und in Bußgeldsachen das AG, VG Brschw MDR **82**, 346 (nicht stets das AG, so aber Hornung Rpfleger **81**, 87). In der Verwaltungsgerichtsbarkeit entscheidet das Gericht des ersten Rechtszuges, §§ 167 I 2 u 170 VwGO, bzw dessen Vorsitzender, wenn er selbst VollstrBehörde ist, § 169 VwGO, VGH Mü NJW **83**, 1077, OVG Hbg HbgJVBl **80**, 82, Korber BayVBl **83**, 68 mwN (krit zu VGH Mü); das Verfahren richtet sich nach VwGO, vgl dazu Kottmann DÖV **80**, 899 mwN (auch zur Vollstreckung nach Landesrecht, das eine andere Zuständigkeit anordnen kann). Bei Anwendung von §§ 169 I VwGO, 5 VwVG gilt § 287 AO 1977, jedoch ohne § 287 IV, Kottmann DÖV **80**, 905, der die Zuständigkeit des AG (an Stelle des FinGer) vorsieht, Rößler NJW **81**, 25 u **83**, 661 (zum Verf u zum Rechtsmittelzug KG NJW **82**, 2326). Das Verfahren des VG bzw des Vorsitzenden ist entspr § 761 zu gestalten, vgl BVerfG **51**, 113 u NJW **81**, 2111, dazu Korber BayVBl **83**, 68; zum Antragsrecht in der VerwVollstr OVG Lüneb AS **35**, 482.

759 **Zuziehung von Zeugen.** Wird bei einer Vollstreckungshandlung Widerstand geleistet oder ist bei einer in der Wohnung des Schuldners vorzunehmenden Vollstreckungshandlung weder der Schuldner noch eine zu seiner Familie gehörige oder in dieser Familie dienende erwachsene Person anwesend, so hat der Gerichtsvollzieher zwei erwachsene Personen oder einen Gemeinde- oder Polizeibeamten als Zeugen zuzuziehen.

1) Voraussetzungen. Der Gerichtsvollzieher muß in jedem der folgenden Fälle Zeugen zuziehen:

A. Widerstand. Die Zuziehung ist notwendig, wenn er einen Widerstand gegen eine Vollstreckungshandlung vorfindet. Als Widerstand kann auch eine mündliche Ankündigung gelten, die eine Anwendung von Gewalt erwarten läßt. Die Zwangsvollstreckung ist also zu unterbrechen, falls der Gerichtsvollzieher nicht in Erwartung des Widerstands bereits Zeugen mitgebracht hat.

B. Abwesenheit. Die Zuziehung ist auch dann notwendig, wenn die Zwangsvollstreckung in Abwesenheit des Schuldners, seiner Familie und seiner erwachsenen Hausangestellten (Begriff § 181 Anm 1 B b) stattfinden soll.

C. Ausführung. Auch der Gläubiger kann Zeuge sein. Soweit der Gerichtsvollzieher die Zeugen entschädigt, hat er Auslagen, § 35 I Z 5 GVKostG. Der Gerichtsvollzieher kann auch sonst in geeigneten Fällen Hilfspersonen zu handwerklichen Arbeiten hinzuziehen, etwa zum Aufkleben der Pfandzeichen, falls er selbst anwesend bleibt.

2) Verstoß. § 759 ist zwingendes Recht. Ein Verstoß gegen die Vorschrift macht die Amtshandlung unrechtmäßig, BGHSt NJW **54**, 200, Niemeyer JZ **76**, 315. Die Zwangsvollstreckung wird dadurch aber noch nicht unwirksam; das Wort „hat" im Gesetzestext ist als eine Sollvorschrift aufzufassen.

3) VwGO: *Entsprechend anwendbar, § 167 I VwGO, wenn der Gerichtsvollzieher tätig wird, vgl § 756 Anm 5. Bei Anwendung von §§ 169 I VwGO, 5 VwVG gilt § 288 AO 1977.*

760 **Offenlegung der Akten.** Jeder Person, die bei dem Vollstreckungsverfahren beteiligt ist, muß auf Begehren Einsicht der Akten des Gerichtsvollziehers gestattet und Abschrift einzelner Aktenstücke erteilt werden.

1) Antrag. Nur auf Verlangen, also nicht von Amts wegen, muß der Gerichtsvollzieher jedem Beteiligten Einsicht seiner Vollstreckungsakten gewähren und Abschriften einzelner Schriftstücke erteilen, vgl LG Köln MDR **74**, 1024, AG Kerpen DGVZ **78**, 120, Mümmler DGVZ **74**, 167, insofern offen Hamm DGVZ **77**, 41, aM AG Itzehoe DGVZ **78**, 15 (s aber § 763 Anm 2). Seip DGVZ **74**, 172 geht davon aus, daß im Zweifel ein stillschweigender Antrag anzunehmen sei.

2) Akten usw. Als Beteiligter ist jeder anzusehen, der durch eine Vollstreckungsmaßnahme irgendwie betroffen ist. Dazu gehören neben den Parteien zB der nicht verwaltungsberechtigte Ehegatte bei § 740 I; der Duldungspflichtige; der Drittschuldner; der Widerspruchskläger, § 771; solche Personen, die zu einer vorzugsweisen Befriedigung berechtigt sind. Zu den Akten gehört der ganze Urkundenstoff einschließlich der Protokolle und der Dienstregister, soweit er die Zwangsvollstreckung betrifft. Aus den Registern dürfen die Beteiligten nur Auszüge fordern.

Eine weitergehende Mitteilungspflicht besteht nicht, vgl BVerwG NJW **83**, 1428, Hamm DGVZ **77**, 41, LG Dortm DGVZ **75**, 74, AG Bln-Charlottenb DGVZ **78**, 159, aM LG Hann DGVZ **81**, 40 mwN.

3) VwGO: *Entsprechend anwendbar, § 167 I VwGO, wenn der Gerichtsvollzieher tätig wird, vgl § 756 Anm 5.*

761 **Zeit der Vollstreckung.** **I** Zur Nachtzeit (§ 188 Abs. 1) sowie an Sonntagen und allgemeinen Feiertagen darf eine Vollstreckungshandlung nur mit Erlaubnis des Richters beim Amtsgericht erfolgen, in dessen Bezirk die Handlung vorgenommen werden soll.

II Die Verfügung, durch welche die Erlaubnis erteilt wird, ist bei der Zwangsvollstreckung vorzuzeigen.

Vorbemerkung. Die frühere Bezeichnung „Amtsrichter" in I ist durch Art XIII § 2 I G v 26. 5. 72, BGBl 841, geändert worden. Die Änderung ist aber ersichtlich nicht, wie dessen Art I Z 2 eigentlich vermuten lassen würde, in „Richter am ...", sondern in „Richter beim ..." erfolgt, wie ein Vergleich mit Art II Z 5, 6 ergibt. Trotz der Änderung ist sachlich unverändert das Vollstreckungsgericht gemeint, Anm 1 A.

1) Vollstreckungszeit. A. Grundsatz. Zu den Begriffen der Nachtzeit und des allgemeinen Feiertags vgl § 188 I und § 188 Anm 2. Eine Zwangsvollstreckung zu diesen Zeiten und an Sonntagen darf nur mit einer Erlaubnis des Vollstreckungsgerichts stattfinden, § 764, Stgt NJW **70**, 1330, AG Gelsenkirchen DGVZ **75**, 189, AG Pinneb DGVZ **76**, 60, AG Rinteln Rpfleger **74**, 203, Henze Rpfleger **71**, 10 und **74**, 283, aM zB Düss NJW **78**, 2205 mwN (aber eine Erlaubnis des Vollstreckungsgerichts ist auch eine Vollstreckungshandlung, und die örtliche Zuständigkeit des Vollstreckungsgerichts kann wechseln, Henze Rpfleger **74**, 283, § 764 Anm 2 A). Zuständig ist also der Rpfl, § 20 Z 17 RPflG, Anh § 153 GVG, und zwar derjenige, in dessen Bezirk die beantragte Handlung vorgenommen werden soll, § 764 II. Bei einem Streit über die Zuständigkeit ist § 7 RPflG anzuwenden.

Im Eilfall, zB an einem Sonntag, ist der Richter nicht nur berechtigt, sondern mangels eines Bereitschaftsdienst-Rpfl auch verpflichtet, über die Zulässigkeit der Nachtvollstreckung zu entscheiden. Die Wirksamkeit seiner Entscheidung ergibt sich ohnehin aus § 8 RPflG, Anh § 153 GVG.

B. Verhältnismäßigkeit. Der Rpfl übt ein pflichtgemäßes Ermessen aus. Auch hier ist der Grundsatz der Verhältnismäßigkeit beachtlich, LG Trier DGVZ **81**, 13 mwN. Wenn er die Erlaubnis versagt, obwohl die Vollstreckung zur erbetenen Zeit erforderlich und zumutbar wäre, überschreitet er sein Ermessen, vgl Stgt NJW **70**, 1329. Der Rpfl muß prüfen, ob

1. Abschnitt. Allgemeine Vorschriften §§ 761, 762

eine gewisse Erfolgsaussicht vorliegt, LG Köln MDR **71**, 588, LG Trier DGVZ **81**, 13. Ein vergeblicher Vollstreckungsversuch während der üblichen Arbeitszeit am Werktag ist zwar mindestens erforderlich, kann aber als Voraussetzung einer Erlaubnis nach I ausreichen, LG Trier DGVZ **81**, 13.

C. Geltungsdauer der Erlaubnis. Die Erlaubnis gilt nur für diesen einen Vollstreckungsversuch, vgl LG Zweibr MDR **80**, 62. Die Erlaubnis ist mit dem Beginn einer Vollstreckungsmaßnahme auf Grund der Erlaubnis verbraucht, selbst wenn dieser Vollstreckungsversuch dann erfolglos verläuft, Noack MDR **73**, 550. Daher ist zu einer neuen Vollstreckungshandlung eine weitere Erlaubnis des Rpfl erforderlich. Im Interesse einer möglichst wirksamen Zwangsvollstreckung darf man aber auch eine Erlaubnis für eine voraussichtlich erforderliche, allerdings genau festzulegende Zeitspanne zulassen, vgl LG Mönchengladb MDR **72**, 245 mwN. Unter dieser Voraussetzung, so wohl auch LG Stgt DGVZ **81**, 12, darf und muß der Gerichtsvollzieher auch nach mehrfacher Abwesenheit des Schuldners den Vollstreckungsauftrag im Rahmen von I fortsetzen.

D. Antrag. Der Rpfl erteilt die Erlaubnis weder von Amts wegen noch auf Grund einer Anregung oder eines Antrags des Gerichtsvollziehers, sondern nur auf Grund eines Antrags des Gläubigers, AG Düss DGVZ **81**, 90. Der Gläubiger kann den Gerichtsvollzieher auch nicht wirksam beauftragen, für ihn den Antrag zu stellen, denn der Gerichtsvollzieher wird nicht als ein Vertreter des Gläubigers oder als dessen Vertragsverpflichteter tätig, sondern als ein selbständiges Organ der Rechtspflege, § 753 Anm 1 A, AG Düss DGVZ **81**, 90.

E. Weitere Einzelfragen. Die gerichtliche Erlaubnis braucht nicht vor der Vollstreckungshandlung zugestellt zu werden; die Vorlage nach II genügt, vgl BFH DB **80**, 1428 mwN.

Ein Verstoß gegen I führt zur Anfechtbarkeit der Zwangsvollstreckung, Noack MDR **73**, 551, Baur ZwV § 6 III 2, s auch Grdz 8 C b vor § 704, aM StJM II (der Verstoß sei unschädlich). Allerdings ist das Vorzeigen der Verfügung, II, nur als ein Ausweis zur Befugnis gedacht. Wenn die Erlaubnis dem Schuldner nicht vorgezeigt wird, braucht er freilich die Zwangsvollstreckung insofern nicht zu dulden. Wesentlich für die Wirksamkeit der Maßnahmen ist aber nur die Einhaltung von I, nicht von II.

Gebühren: Des Gerichts: keine; des Anwalts: §§ 57, 58 II Z 3 BRAGO; des Gerichtsvollziehers § 34 GVKostG.

2) Rechtsbehelfe. Es gilt die folgende Regelung:

A. Schuldner. Gegen die Erteilung der Erlaubnis kann der Schuldner die Erinnerung nach § 766 einlegen, weil der Rpfl entscheiden mußte, Stgt NJW **70**, 1329, LG Bln MDR **81**, 942, LG Zweibr MDR **80**, 62 je mwN. Vgl auch § 758 Anm 5.

B. Gläubiger. Gegen die Versagung der Erlaubnis kann der Gläubiger die Erinnerung nach § 766 einlegen. Stgt NJW **70**, 1329, Köln Rpfleger **76**, 25, LG Trier DGVZ **81**, 13 je mwN halten die sofortige Erinnerung bzw Beschwerde nach § 793 für zulässig, StJM I, Wiecz 1 D 1 halten die einfache Beschwerde nach § 567 für zulässig.

3) VwGO: Entsprechend anwendbar, § 167 I VwGO, wenn der Gerichtsvollzieher tätig wird, § 756 Anm 5. An die Stelle des Amtsrichters tritt das Gericht des ersten Rechtszuges, §§ 167 I 2, 170 VwGO, bzw dessen Vorsitzender, § 169 VwGO, § 758 Anm 6. Bei Anwendung von §§ 169 I VwGO, 5 VwVG gilt § 289 AO 1977 iVm § 169 I 2 VwGO.

762 *Protokoll über Zwangsvollstreckung.* **¹** Der Gerichtsvollzieher hat über jede Vollstreckungshandlung ein Protokoll aufzunehmen.

II Das Protokoll muß enthalten:
1. Ort und Zeit der Aufnahme;
2. den Gegenstand der Vollstreckungshandlung unter kurzer Erwähnung der wesentlichen Vorgänge;
3. die Namen der Personen, mit denen verhandelt ist;
4. die Unterschrift dieser Personen und den Vermerk, daß die Unterzeichnung nach Vorlesung oder Vorlegung zur Durchsicht und nach Genehmigung erfolgt sei;
5. die Unterschrift des Gerichtsvollziehers.

III Hat einem der unter Nummer 4 bezeichneten Erfordernisse nicht genügt werden können, so ist der Grund anzugeben.

1) Protokoll. Die Vorschrift ist nur auf eine Handlung des Gerichtsvollziehers nach dem Beginn der Zwangsvollstreckung anwendbar, AG Mü DGVZ **81**, 142. Der Gerichtsvollzieher muß über jede zum Zweck der Zwangsvollstreckung vorgenommene Handlung ein Protokoll aufnehmen, also auch über eine von ihm selbst vorgenommene Zahlungsaufforderung, AG Mü DGVZ **81**, 142. Er muß also zB protokollieren: den Ort der Vollstreckungshandlung; eine Zahlungsaufforderung; das Wegschaffen gepfändeter Sachen; die Angabe aufgefundener, aber nicht gepfändeter Sachen, LG Düss DGVZ **82**, 117; die Zuziehung von Zeugen. Über bloße Vorbereitungsmaßnahmen, wie die Einholung einer Erlaubnis nach § 761, braucht er kein Protokoll zu führen. Zustellungen fallen lediglich unter § 190. Das Protokoll ist eine öffentliche Urkunde und hat deren Beweiskraft, § 418, Ffm Rpfleger **77**, 144. Zu Z 2 gehört die Angabe des Vollstreckungstitels. Die Aufnahme des Mindestgebots in das Protokoll ist nicht mehr bundesrechtlich vorgeschrieben, § 817a. Wenn die Zwangsvollstreckung ganz oder teilweise erfolglos war, muß das Protokoll ergeben, daß der Gerichtsvollzieher alle zulässigen Mittel vergeblich versucht hat, vgl auch §§ 110, 135 Z 6 GVGA, AG Mü DGVZ **81**, 142. Er braucht zwar nicht jedes unpfändbare Messer zu nennen, vgl LG Köln DGVZ **83**, 44, muß aber doch dem Gläubiger einen Anhalt dafür geben, ob er die Pfändung zu Recht abgelehnt hat, Ffm MDR **82**, 503, LG Bielef DGVZ **82**, 116, LG Ffm DGVZ **81**, 141 mwN. Zum Protokollumfang Midderhoff DGVZ **83**, 4, Schüler DGVZ **83**, 81 (je ausf).

Die Vorschriften des § 762 sind für die Beweiskraft des Protokolls als öffentliche Urkunde wesentlich. Wegen einer Protokollabschrift vgl § 760.

2) Verstoß. Er beseitigt nicht schlechthin die Eigenschaft des Protokolls als öffentliche Urkunde. Er macht die Zwangsvollstreckung grundsätzlich nicht unwirksam, nicht einmal anfechtbar. Von dieser Regel gilt bei einer Anschlußpfändung, § 826, eine Ausnahme.

Im übrigen kann der Betroffene die Erinnerung nach § 766 einlegen, LG Ffm DGVZ **81**, 140.

3) VwGO: Entsprechend anwendbar, § 167 I VwGO, wenn der Gerichtsvollzieher tätig wird, vgl § 756 Anm 5. Bei Anwendung von §§ 169 I VwGO, 5 VwVG gilt § 291 AO 1977.

763 *Aufforderung und Mitteilungen des Gerichtsvollziehers.*

[1] Die Aufforderungen und sonstigen Mitteilungen, die zu den Vollstreckungshandlungen gehören, sind von dem Gerichtsvollzieher mündlich zu erlassen und vollständig in das Protokoll aufzunehmen.

[II] Kann dies mündlich nicht ausgeführt werden, so hat der Gerichtsvollzieher eine Abschrift des Protokolls unter entsprechender Anwendung der §§ 181 bis 186 zuzustellen oder durch die Post zu übersenden. Es muß im Protokoll vermerkt werden, daß diese Vorschrift befolgt ist. Eine öffentliche Zustellung findet nicht statt.

1) Protokollinhalt, I. In das Protokoll sind folgende Vorgänge aufzunehmen:

A. Aufforderungen. Solche kennt die ZPO sonst überhaupt nicht. Vgl auch §§ 105, 135 GVGA, AG Mü DGVZ **81**, 142; zur Geltung der letzteren Vorschrift vgl auch KG OLGZ **76**, 65 mwN. §§ 840, 845 gehören nicht hierhin.

B. Sonstige Mitteilungen, zB nach §§ 808 III, 826 III, 885 II.

2) Übersendung, II. Die Vorschrift dient dem Schuldnerschutz, BVerwG NJW **83**, 898. Sie sieht daher nur eine Übersendung an den Schuldner vor, nicht auch eine solche an den Gläubiger, BVerwG NJW **83**, 898, AG Herne DGVZ **83**, 28. Vgl freilich § 760.

Die Mitteilungen müssen dem bei der Zwangsvollstreckung anwesenden Schuldner oder seinem Vertreter mündlich gemacht werden. Bei einer Abwesenheit dieser Personen muß der Gerichtsvollzieher eine Abschrift des Protokolls mit einem gewöhnlichen Brief durch die Post übersenden oder nach §§ 181–186 zustellen und diesen Vorgang zum Protokoll vermerken, AG Herne DGVZ **83**, 27. Beide Zusendungen gehen an den Schuldner persönlich, nicht an einen ProzBev, einen Generalbevollmächtigten oder einen Zustellungsbevollmächtigten.

Es ist unerheblich, ob der Schuldner am Ort oder außerhalb wohnt. Der Gerichtsvollzieher muß den Weg der Zustellung wählen, wenn er nicht sicher sein kann, daß ein einfacher Brief zugeht. Kommt seine Sendung mit dem Postvermerk „Empfänger unbekannt verzogen" zurück, so muß der Gerichtsvollzieher den Gläubiger veranlassen, den jetzigen Aufenthaltsort des Schuldners zu ermitteln. Wenn die Bemühungen des Gläubigers nachweislich erfolglos bleiben, braucht der Gerichtsvollzieher den Schuldner nicht weiter zu benachrichtigen, LG Essen MDR **73**, 414.

3) Verstoß. Trotz des Wortlauts ist § 763 eine bloße Ordnungsvorschrift. Ihre Verletzung beeinträchtigt die Wirksamkeit der Zwangsvollstreckung nicht. Eine Mitteilung „über" eine Vollstreckungshandlung „gehört" nicht im Sinne von I zu der letzteren. Deshalb ist nur auf einen Antrag nach § 760 zu verfahren, vgl dort Anm 1.

4) VwGO: *Entsprechend anwendbar, § 167 I VwGO, wenn der Gerichtsvollzieher tätig wird, vgl § 756 Anm 5. Bei Anwendung von §§ 169 I VwGO, 5 VwVG gilt § 290 AO 1977.*

764 *Vollstreckungsgericht.* **I Die den Gerichten zugewiesene Anordnung von Vollstreckungshandlungen und Mitwirkung bei solchen gehört zur Zuständigkeit der Amtsgerichte als Vollstreckungsgerichte.**

II Als Vollstreckungsgericht ist, sofern nicht das Gesetz ein anderes Amtsgericht bezeichnet, das Amtsgericht anzusehen, in dessen Bezirk das Vollstreckungsverfahren stattfinden soll oder stattgefunden hat.

III Die Entscheidungen des Vollstreckungsgerichts können ohne mündliche Verhandlung ergehen.

Schrifttum: Hoffmann, Die Aufgabenteilung zwischen Vollstreckungsorgan und erkennendem Gericht, Diss Saarbr 1972; Thomann, Das Vollstreckungs- und Vollzugsgericht, 1973.

1) Allgemeines. Das Prozeßgericht ist zur Mitwirkung bei der Zwangsvollstreckung nur vereinzelt berufen, nämlich bei der Zwangsvollstreckung wegen Handlungen und Unterlassungen. Wenn das Gesetz nicht seine oder des Gerichtsvollziehers Zuständigkeit vorsieht, ist das Vollstreckungsgericht ausschließlich zuständig, § 802. Über das Grundbuchamt als Vollstreckungsorgan s § 867 Anm 4. Bei der Zwangsvollstreckung in land- oder forstwirtschaftliche Grundstücke ist Vollstreckungsgericht das AG in der in § 2 LwVG vorgesehenen Besetzung (vgl aber dort auch § 20). Wegen Europäischer Zwangsvollstreckungs-Titel Schwaiger NJW **70**, 978 sowie das EuGÜbk, SchlAnh V C.

2) Örtliche und sachliche Zuständigkeit, I, II. A. Grundsatz. Sachlich zuständig ist das AG, örtlich zuständig ist das AG am Ort der Vollstreckungshandlung. Daher kann die örtliche Zuständigkeit während der Zwangsvollstreckung unterschiedlich begründet sein. Der prozessuale Grundsatz des § 261 III Z 2, daß eine einmal begründete Zuständigkeit während des weiteren Verfahrens bestehen bleibe, gilt auch hier. Da aber die einheitliche Zuständigkeit für das gesamte Vollstreckungsverfahren fehlt, erstreckt sich die Fortdauer der Zuständigkeit nur auf die einzelne Vollstreckungsmaßnahme. Deshalb muß man immer darauf achten, ob die Anordnung, um deren Vornahme es geht, nur eine Fortsetzung oder eine Auswirkung einer schon begonnenen Zwangsvollstreckungshandlung ist oder ob eine neue Vollstreckungsmaßnahme beantragt wird.

Mit der Beendigung der Zwangsvollstreckung entfällt die Zuständigkeit, sofern es sich nicht um die Abwicklung einzelner Vollstreckungsmaßnahmen handelt.

B. Einzelfragen. Bei einer Zwangsvollstreckung auf Grund eines Titels in einer Familiensache ist das Familiengericht nur als Prozeßgericht im Sinn von Anm 1 zuständig, Düss FamRZ **77**, 726, vgl Karlsr FamRZ **79**, 57, Schlesw SchlHA **82**, 30. Sachlich zuständig ist das AG auch bei einem Titel nach § 62 ArbGG; das Arbeitsgericht ist nur dann zuständig, wenn das Prozeßgericht zuständig ist, zB §§ 731, 767, 791, 887ff. Bei einem Titel eines Sozialversicherungsträgers ist das AG unabhängig von der Zulässigkeit einer Verwaltungsvollstreckung zuständig, LG Duisb Rpfleger **82**, 192 mwN, und jedenfalls dann Vollstreckungsgericht, wenn es eine Vollstreckungsmaßnahme anordnet, bei ihr mitwirkt usw, Ffm Rpfleger **77**, 221 mwN.

Bei einer Forderungspfändung ist dasjenige Gericht zuständig, das den Pfändungsbeschluß erlassen hat, nicht das Gericht des Bezirks der Zustellung. Bei der Zwangsvollstreckung in mehreren Bezirken entscheidet über die Erinnerung das Gericht der beanstandeten Handlung. Wenn die Pfandsache an einem neuen Wohnsitz des Schuldners zu verwerten ist, § 825, entscheidet das Gericht des neuen Wohnsitzes. Wenn Sachen, die sich am Wohnsitz des Schuldners befinden, außerhalb zu versteigern sind, entscheidet das Gericht des Wohnsitzes.

Über eine Erinnerung gegen die Pfändbarkeit entscheidet das Gericht des Pfändungsorts. Über eine Erinnerung gegen eine Haftanordnung oder -ablehnung entscheidet das Gericht, in dessen Bezirk die Verhaftung erfolgen soll, AG Burgdorf DGVZ **80**, 46.

3) Verfahren, III. A. Funktionelle Zuständigkeit. Die Geschäfte des Vollstreckungsgerichts sind grundsätzlich vom Rpfl wahrzunehmen, § 20 Z 17 RPflG, Anh § 153 GVG. Der Richter entscheidet nur auf Grund einer Erinnerung nach § 766, bei Beschränkungen der Zwangsvollstreckung nach § 26 HeimkehrerG, ferner in den Fällen der §§ 30, 31 WohnR-BewirtschG sowie dann, wenn der Gläubiger beantragt, gegen den Schuldner zwecks Abgabe einer eidesstattlichen Versicherung zur Offenbarung einen Haftbefehl zu erlassen, § 4 II Z 2 RPflG. Dagegen ist wiederum der Rpfl zuständig, wenn es um die Aufhebung eines solchen Haftbefehls wegen veränderter Umstände geht. Für den Rpfl ist ein Geschäftsverteilungsplan nicht erforderlich, Ffm Rpfleger **74**, 274.

B. Verfahrensablauf. Über das Verfahren vor dem Vollstreckungsgericht Grdz 6 vor § 704. Eine mündliche Verhandlung ist freigestellt, also nicht erforderlich, dort A.

4) Rechtsbehelfe. Gegen eine Zwangsvollstreckungsmaßnahme hat der Betroffene die Erinnerung, § 766. Gegen eine Entscheidung des Rpfl ist die befristete Erinnerung an das Vollstreckungsgericht zulässig, § 11 I 2 RPflG, Anh § 153 GVG. Gegen die Entscheidung des Richters sind dieselben Rechtsmittel wie bei § 793 Anm 1 B, 3, § 829 Anm 9 A, B. Eine Entscheidung des Richters muß förmlich zugestellt werden, § 329 III. Denn sie gilt bei der Weitergabe der Akten an das Rechtsmittelgericht als sofortige Beschwerde.

5) *VwGO*: *Vollstreckungsgericht für die Vollstreckung aus den Titeln des § 168 VwGO, § 794 Anm 14, ist stets das Gericht des ersten Rechtszuges, § 167 I 2 VwGO, also regelmäßig das VG, ausnahmsweise das OVG, § 48 VwGO, oder das BVerwG, § 50 VwGO. Für die Vollstreckung zugunsten der öffentlichen Hand ist VollstrBehörde im Sinne des dann anzuwendenden VwVG der Vorsitzende des VollstrGerichts, § 169 I 2 VwGO. Auch II ist gegenstandslos, weil § 167 I 2 VwGO mit der sachlichen auch die örtliche Zuständigkeit regelt, aM VG Köln NJW **75**, 2224, Kopp § 167 Rdz 5. Statt III gilt § 101 III VwGO. Rechtsbehelfe: Gegen Zwangsvollstreckungshandlungen des Vorsitzenden und des Gerichtsvollziehers Erinnerung entsprechend § 766, VGH Mannh BadWürttVBl **72**, 189 (Pfändungs- und Überweisungsbeschluß nach § 169 I VwGO), gegen die dann ergehende Entscheidung und iü Beschwerde, § 146 VwGO, nur dann, wenn das VG Vollstreckungsgericht ist.*

765 **Vollstreckungsgericht und Zug-um-Zug-Leistung.** Hängt die Vollstreckung von einer Zug um Zug zu bewirkenden Leistung des Gläubigers an den Schuldner ab, so darf das Vollstreckungsgericht eine Vollstreckungsmaßregel nur anordnen, wenn der Beweis, daß der Schuldner befriedigt oder im Verzug der Annahme ist, durch öffentliche oder öffentlich beglaubigte Urkunden geführt wird und eine Abschrift dieser Urkunden bereits zugestellt ist. Der Zustellung bedarf es nicht, wenn bereits der Gerichtsvollzieher die Zwangsvollstreckung nach § 756 begonnen hatte und der Beweis durch das Protokoll des Gerichtsvollziehers geführt wird.

1) Zug-um-Zug-Leistung. Während § 756 eine Ergänzung zu § 726 II für den Gerichtsvollzieher enthält, gibt § 765 eine entsprechende Ergänzung für das Vollstreckungsgericht, also für den Rpfl. Nur ist bei § 765 ein Angebot der Gegenleistung nicht zu regeln. Vgl die Erläuterungen zu § 756. Wenn das Prozeßgericht zu vollstrecken hat, gilt § 765 entsprechend, LG Frankenthal Rpfleger **76**, 109. Die beweisende Urkunde braucht nicht zugestellt zu werden, wenn der Gerichtsvollzieher schon den Schuldner befriedigt oder in einem Annahmeverzug gesetzt hat und wenn das Vollstreckungsprotokoll diese Umstände ausreichend darlegt. Das Vollstreckungsgericht muß die Urkunde erneut auf ihre Beweiskraft prüfen und ist dabei durch den Gerichtsvollzieher weder gedeckt noch behindert. Denn das Vollstreckungsgericht muß seine Maßnahmen selbst verantworten.

2) *VwGO*: *Entsprechend anwendbar, § 167 I VwGO, auch in den Fällen der §§ 169, 170 VwGO.*

§ 765a

765a *Härteklausel.* **I** Auf Antrag des Schuldners kann das Vollstreckungsgericht eine Maßnahme der Zwangsvollstreckung ganz oder teilweise aufheben, untersagen oder einstweilen einstellen, wenn die Maßnahme unter voller Würdigung des Schutzbedürfnisses des Gläubigers wegen ganz besonderer Umstände eine Härte bedeutet, die mit den guten Sitten nicht vereinbar ist.

II Eine Maßnahme zur Erwirkung der Herausgabe von Sachen kann der Gerichtsvollzieher bis zur Entscheidung des Vollstreckungsgerichts, jedoch nicht länger als eine Woche, aufschieben, wenn ihm die Voraussetzungen des Absatzes 1 glaubhaft gemacht werden und dem Schuldner die rechtzeitige Anrufung des Vollstreckungsgerichts nicht möglich war.

III Das Vollstreckungsgericht hebt seinen Beschluß auf Antrag auf oder ändert ihn, wenn dies mit Rücksicht auf eine Änderung der Sachlage geboten ist.

IV Die Aufhebung von Vollstreckungsmaßregeln erfolgt in den Fällen der Absätze 1 und 3 erst nach Rechtskraft des Beschlusses.

Schrifttum: Lippross, Grundlagen und System des Vollstreckungsschutzes, 1983.

Gliederung

1) **Allgemeines**
   A. Zweck der Regelung
   B. Geltungsbereich
      a) Anwendbarkeit
      b) Unanwendbarkeit
2) **Voraussetzungen, I**
   A. Antrag
      a) Erste Instanz
      b) Beschwerdeinstanz
   B. Schutzbedürfnis
      a) Des Gläubigers
      b) Eines Dritten
   C. Sittenwidrigkeit
      a) Grundsatz
      b) Beispiele der Sittenwidrigkeit
      c) Beispiele fehlender Sittenwidrigkeit
3) **Verfahren, I, IV**
   A. Allgemeines
   B. Entscheidung
      a) Aufhebung der Zwangsmaßnahme
      b) Untersagung der Vollstreckung
      c) Einstweilige Einstellung
      d) Zuschlagsversagung
   C. Rechtsbehelfe
      a) Einstweilige Anordnung
      b) Beschluß des Rechtspflegers
      c) Zuschlag
   D. Aufhebung von Vollstreckungsmaßregel, IV
   E. Vorläufige Anordnung
   F. Kosten
4) **Aufschub durch den Gerichtsvollzieher, II**
   A. Voraussetzungen
      a) Sachherausgabe
      b) Antrag fehlt
      c) Unvermögen rechtzeitigen Antrags
   B. Dauer
5) **Aufhebung oder Änderung der Entscheidung, III**
   A. Voraussetzungen
   B. Entscheidung
6) **VwGO**

1) Allgemeines. A. Zweck der Regelung. Die Vorschrift regelt eine Ausnahmesituation, wie ihr Wortlaut „wegen ganz besonderer Umstände" zeigt. Diese Regelung ist unentbehrlich, Peters ZZP **89**, 499. § 765a muß als Ausnahmevorschrift eng ausgelegt werden, Ffm Rpfleger **81**, 24 und 118, Hamm WM **83**, 267, LG Lübeck DGVZ **80**, 26, LG Mannh ZMR **76**, 94, Peters ZZP **89**, 499. Sein Zweck besteht darin, den Schuldner aus sozialen Gründen in einem besonderen Härtefall vor einem Eingriff zu schützen, der dem allgemeinen Rechtsgefühl widerspricht, Ffm Rpfleger **80**, 440. Seine Möglichkeiten setzen eine Unvereinbarkeit mit den guten Sitten voraus. Diese Unvereinbarkeit darf erst dann angenommen werden, wenn die Anwendung des übrigen Gesetzes zu einem ganz untragbaren Ergebnis führen würde, Ffm Rpfleger **81**, 24, vgl BGH **44**, 143 (betr eine Zwangsversteigerung; dort kann eine solche Untragbarkeit noch nicht stets dann angenommen werden, wenn der Zuschlag zu einem sehr niedrigen Preis erteilt wird, Ffm Rpfleger **76**, 25, Hamm NJW **76**, 1577 je mwN. Es kommt unter anderem auf das bisherige Verhalten des Schuldners im Zwangsversteigerungsverfahren an, Kblz KTS **82**, 692; freilich ist § 139 zu beachten, BVerfG **42**, 75, im Ergebnis zustm Geiger, und außerdem ist Art 14 GG zu beachten, BVerfG **46**, 334. Daher muß der Termin unter Umständen vertagt werden, § 87 ZVG). Zum Verhältnis zwischen § 765a und §§ 30 a ff ZVG LG Nürnb-Fürth Rpfleger **83**, 256, Schiffhauer Rpfleger **83**, 236, Schneider MDR **83**, 546.

Damit drückt der Gesetzgeber nur einen allgemeinen Grundsatz aus.

B. Geltungsbereich. a) Anwendbarkeit. § 765a gilt für jede Art von Zwangsvollstreckung, LG Frankenthal Rpfleger **82**, 479 mwN, also auch: Für eine Vollstreckung wegen

§ 765a 1, 2   8. Buch. Zwangsvollstreckung

einer Geldforderung; für eine Vollstreckung wegen eines anderen Anspruchs; für ein Verfahren auf die Abgabe einer Offenbarungsversicherung, Anm 2 A b; für ein Räumungsverfahren, auch nach einer Erschöpfung der Möglichkeiten des § 721, Ffm Rpfleger **81**, 24 mwN, Köln JMBl NRW **54**, 21, LG Karlsr MDR **80**, 764 mwN, sowie dann, wenn § 721 unanwendbar ist, wie beim Zeitmietvertrag, Vogel DRiZ **83**, 206; für die Zwangsversteigerung in das unbewegliche Vermögen, vgl BVerfG **49**, 225 (abw Böhmer 228), vgl auch BVerfG **51**, 156, ferner BGH **44**, 138, Kblz KTS **82**, 692, Mü OLGZ **69**, 43, vgl auch Celle Rpfleger **79**, 116. Eine geringe Aussicht auf eine Befriedigung durch eine Zwangsversteigerung ist noch kein Anlaß zu Maßnahmen nach § 765a, Köln MDR **72**, 887, LG Limb Rpfleger **77**, 219, LG Lüneb MDR **76**, 1027; bei der Zwangsvollstreckung aus einem gerichtlichen Vergleich, Hamm NJW **65**, 1386; für eine Zwangsvollstreckung nach § 890, LG Frankenthal Rpfleger **82**, 479, aM LG Bln NJW **59**, 53.

b) Unanwendbarkeit. § 765a ist bei einer Teilungsversteigerung unanwendbar, §§ 180 ff ZVG. Denn es handelt sich dabei nicht um eine Zwangsvollstreckung im eigentlichen Sinne, zB Hamm OLGZ **72**, 318, LG Hildesh MDR **71**, 589, Schneider MDR **80**, 617 je mwN, offen LG Augsb MDR **76**, 232, aM wohl BVerfG **51**, 156 mwN. Die Vorschrift gibt freilich im Ergebnis auch dann einen gewissen Schutz vor einer Wertverschlechterung. Das gilt auch im Konkurseröffnungsverfahren oder im anschließenden Konkursverfahren, soweit ein solcher Schutz mit der Regelung der KO vereinbar ist, BGH MDR **78**, 38, abw Nürnb-Fürth MDR **79**, 591.

Auf Mängel des Vollstreckungstitels, zB seine Erschleichung, kann ein Antrag nicht gestützt werden, Hbg MDR **70**, 426. § 26 HeimkehrerG, dazu zB BGH MDR **78**, 38, bleibt unberührt.

2) Voraussetzungen, I. A. Antrag. a) Erste Instanz. Es ist ein Antrag des Schuldners erforderlich. Das Gericht geht also nicht von Amts wegen vor, Ffm Rpfleger **79**, 391 mwN, Kblz KTS **82**, 693. Diese Regelung ist mit dem GG vereinbar, BVerfG **61**, 137 (zustm Bittmann Rpfleger **83**, 261). Freilich kann eine Fortführung der Zwangsvollstreckung dann, wenn sie unmittelbar in ein Grundrecht eingreifen würde, auch ohne eine Maßnahme aus § 765a unzulässig sein, Henkkel 428. In der Bitte um die Gewährung einer Räumungsfrist kann ein Antrag nach § 765a zu sehen sein, Schneider MDR **83**, 547 mwN. Der Schuldner darf den Antrag in jeder Lage des Verfahrens stellen, nicht aber erstmals gegen die Erteilung eines Zuschlagsbeschlusses, Ffm Rpfleger **79**, 391 mwN. Wohl aber hat er noch ein Antragsrecht, wenn das Gericht die Erteilung des Zuschlags versagt hat, Schlesw Rpfleger **75**, 372 (zustm Schiffhauer). Der Konkursverwalter darf einen Antrag stellen, Celle OLGZ **73**, 253 mwN.

b) Beschwerdeinstanz. Wegen § 570 besteht das Antragsrecht auch im Beschwerdeverfahren. Das Beschwerdegericht muß dann, wenn es nicht sofort entscheiden kann, das Verfahren zwecks weiterer Ermittlung, insbesondere über die Verhältnisse des Gläubigers, unter einer Aufhebung der angefochtenen Entscheidung an das Vollstreckungsgericht zurückverweisen, StJM IV 5a. Das gilt auch bei einer Beschwerde im Verfahren auf die Abnahme einer eidesstattlichen Versicherung zwecks Offenbarung. Denn sonst wäre bei einer Zurückweisung nach einer vorherigen Haftanordnung eine Berufung auf § 765a nicht mehr möglich, vgl Ffm Rpfleger **81**, 118, ferner zB Hamm NJW **65**, 1339, Hbg MDR **58**, 432, KG OLGZ **65**, 288 mwN, LG Mü Rpfleger **74**, 371.

B. Schutzbedürfnis. a) Des Gläubigers. Das Schutzbedürfnis des Gläubigers ist voll zu würdigen. Es genügt also nicht eine bloße Abwägung des Interesses des Schuldners einerseits, des Gläubigers andererseits, so wohl in Wahrheit auch Hamm NJW **76**, 1755. Vielmehr muß das Gericht davon ausgehen, daß der Gläubiger grundsätzlich ein schutzwürdiges Interesse hat, sobald er einen vollstreckbaren Titel erstritten hat. Es ist nicht Sache des Gläubigers, Aufgaben der Sozialhilfebehörden zu übernehmen, Ffm Rpfleger **81**, 24 mwN. Das Gericht muß insbesondere auch die schon früher bestehenden oder jetzt neu eingegangenen Verpflichtungen des Gläubigers berücksichtigen. Dies gilt insbesondere dann, wenn er zB im Vertrauen auf eine rechtzeitige Räumung weitervermietet hat. Es kann dem Gläubiger nicht zugemutet werden, für eine unbestimmte Zeit auf Mieteinnahmen zu verzichten, AG Hameln ZMR **72**, 285.

b) Eines Dritten. Das Schutzbedürfnis eines Dritten darf weder auf der Gläubigerseite noch bei der Abwägung der Schuldnerinteressen berücksichtigt werden. Wenn der Konkursverwalter den Antrag stellt, ist das Interesse der Konkursmasse als das Schuldnerinteresse zu bewerten, Celle OLGZ **73**, 253 mwN.

§ 765a 2, 3

C. Sittenwidrigkeit. a) Grundsatz. Die Maßnahme muß wegen ganz besonderer Umstände eine Härte bedeuten, die mit den guten Sitten unvereinbar ist. Die Sittenwidrigkeit kann sich aus der Art und Weise, dem Ort oder dem Zeitpunkt oder Zeitraum der Zwangsvollstreckung ergeben, vgl Ffm Rpfleger **81**, 118. Die Maßnahme braucht nicht seitens des Gläubigers moralisch verwerflich zu sein. Wichtig ist nur, ob sie sittenwidrige Ergebnisse haben würde.

Eine andere als gerade eine sittenwidrige Härte genügt nicht, und zwar auch nicht dann, wenn sie erheblich ist. Daher hilft § 765a nicht ohne weiteres, wenn der Schuldner seine Existenz verlieren würde, falls er keinen Vollstreckungsschutz erhält, LG Kiel SchlHA **55**, 278. Wenn es sich um eine Schuld aus einer unerlaubten Handlung handelt, ist eine Vollstreckung kaum jemals mit den guten Sitten unvereinbar, solange der Schuldner nicht alle ihm zur Verfügung stehenden Einnahmequellen ausgenutzt hat, Nürnb Rpfleger **58**, 319.

b) Beispiele der Sittenwidrigkeit. Ein Schuldnerschutz ist zB dann denkbar, wenn der Gläubiger das Verfahren zur Abgabe der eidesstattlichen Versicherung zwecks Offenbarung mißbräuchlich ausnutzt, LG Bochum MDR **55**, 683 (der Gläubiger stört eine geregelte Schuldenabwicklung, die durch seine Maßnahme gleichzeitig unmöglich wird), oder zB in folgenden Fällen (Rechtsprechungsübersicht bei Buche MDR **72**, 195): Die Maßnahme würde die Gesundheit des Schuldners oder seiner Angehörigen erheblich gefährden, BVerfG **52**, 220 mwN, LG Heilbronn DGVZ **80**, 111 (es waren psychische Schäden zu befürchten), LG Kempten MDR **69**, 1015, LG Mannh ZMR **76**, 94; die Schuldnerin steht kurz vor einer Entbindung, Ffm Rpfleger **81**, 24 mwN. Das gilt besonders dann, wenn die Schutzmaßnahme nur einen vorübergehenden Zeitraum bis zur Beziehbarkeit einer Ersatzwohnung überbrücken soll, LG Mannh ZMR **76**, 94, LG Münster WM **77**, 194, AG Köln WM **70**, 155, besonders dann, wenn dem Schuldner sonst eine Einweisung in ein Obdachlosenasyl drohen würde, LG Aachen WM **73**, 174; der Schuldner würde durch eine Pfändung ein Nießbrauchsrecht verlieren, ohne daß der Gläubiger aus dem verlorenen Recht befriedigt werden könnte, Ffm OLGZ **80**, 483; der Schuldner würde durch die Pfändung eines Genossenschaftsteils eine langjährige Wohnung ersatzlos verlieren, Hamm WM **83**, 267. Zum Räumungsschutz Noack ZMR **78**, 65 mwN. § 765a kann auch bei einem Vollstreckungstitel aus der DDR Schutz geben, vgl auch § 723 Anm 3 B.

c) Beispiele fehlender Sittenwidrigkeit. Ein sittenwidriges Ergebnis ist zB in folgenden Fällen nicht stets der Fall: Wenn die Zwangsvollstreckung in ein in der Bebauung befindliches Grundstück oder in ein Konto des Bauherrn erfolgt, BGH ZMR **3**, 171; wenn eine nach der Ansicht des Bauamts unbewohnbare Wohnung zu räumen ist, LG Köln WM **72**, 65; wenn die Unpfändbarkeit später vorgelegen hätte, Lg Bln Rpfleger **77**, 262; wenn eine Ehelichkeitsanfechtungsklage Erfolg verspricht. Denn der Gesetzgeber hat die Fortzahlung des Unterhalts bis zur Rechtskraft des Feststellungsurteils, § 644 I, in Kauf genommen, vgl Schlesw SchlHA **62**, 131; wenn der einer Zwangsversteigerung beitretende Gläubiger derzeit kaum eine Befriedigungsaussicht hat, LG Oldb Rpfleger **82**, 303; wenn das Urteil angeblich zu Unrecht ergangen, falsch begründet oder erschlichen worden ist, Hbg MDR **70**, 426, aM Düss MDR **59**, 309. Denn eine Berichtigung des auf eine bessere Prüfung hin erlassenen Titels ist in der Vollstreckungsinstanz schlechthin unzulässig. Eine so begründete Anfechtbarkeit würde zur völligen Vernichtung der Rechtskraftwirkung führen. Insofern kommt vielmehr nur eine Wiederaufnahme in Betracht. Möglicherweise besteht auch ein Anspruch aus unerlaubter Handlung auf einen Schadensersatz, auf die Unterlassung der Zwangsvollstreckung und auf die Herausgabe des Titels. Allenfalls wäre eine Vollstreckungsabwehrklage statthaft. Zur Arglist nach dem Erlaß eines Titels Grdz 6 D d vor § 704.

3) Verfahren, I, IV. A. Allgemeines. Zuständig ist das Vollstreckungsgericht, zur Beschwerdegericht, Anm 2 A a. Das Gericht entscheidet durch den Rpfl, § 20 Z 17 RPflG, Anh § 153 GVG. Wenn die Zwangsvollstreckung bereits beendet ist, ist das Vollstreckungsgericht nicht mehr zuständig. Dann ist auch keine Maßnahme nach § 765a mehr möglich. Im Zwangsversteigerungsverfahren endet die Anwendbarkeit der Vorschrift mit der Rechtskraft des Zuschlagsbeschlusses, Kblz NJW **67**, 1197. Auch eine Beschwerde gegen den Zuschlagsbeschluß kann nicht auf neue Tatsachen gestützt werden, BGH **44**, 143, Schiffhauer Rpfleger **75**, 145, aM Bbg Rpfleger **75**, 144 mwN.

Abgesehen vom Antrag des Schuldners, Anm 2 A, ist eine Anhörung des Gläubigers erforderlich, falls der Antrag des Schuldners nicht etwa zurückgewiesen wird. Denn das Gericht kann das Schutzbedürfnis des Gläubigers nur durch diese Anhörung voll würdigen. Unter Umständen muß eine mündliche Verhandlung anberaumt werden. Der Schuldner muß ebenso wie bei § 766 Beweis erbringen, vgl dort Anm 3 D. Eine bloße Glaubhaftmachung genügt bei einer so schwerwiegenden Entscheidung nicht.

B. Entscheidung. Das Gericht entscheidet durch einen Beschluß. Es muß ihn grundsätzlich begründen, § 329 Anm 1 A b. Es stellt den Beschluß, soweit es dem Antrag des Schuldners stattgibt, dem Gläubiger zu; dem Schuldner wird der Beschluß in jedem Fall zugestellt, § 329 III. Zulässige Entscheidungen sind:

a) Aufhebung der Zwangsmaßnahme. In Betracht kommt eine völlige oder teilweise Aufhebung der Zwangsmaßnahmen. Diese Möglichkeit geht weit über die Befugnisse des Gerichts nach § 707 und nach anderen Vorschriften der ZPO hinaus. Denn der Gläubiger verliert dadurch seinen Rang, vgl auch unten C.

b) Untersagung der Vollstreckung. In Betracht kommt ferner die Untersagung der Vollstreckung. Sie bedeutet eine dauernde Einstellung der Zwangsvollstreckung, wenn nicht etwa später III eingreift. Diese Maßnahme ist also fast mit einer Verneinung des sachlichrechtlichen Anspruchs gleichbedeutend. Deshalb ist äußerste Vorsicht geboten. Dieser Weg kann notwendig werden, wenn der Anspruch in einem groben Mißverhältnis zu dem zu erwartenden Schaden steht.

c) Einstweilige Einstellung. In Betracht kommt weiterhin eine einstweilige Einstellung der Zwangsvollstreckung, mit oder ohne Sicherheitsleistung. Es müssen aber sonstige Vollstreckungserleichterungen erschöpft sein, wie zB die Anordnung von Zahlungsfristen, § 813a, oder eine Verschiebung des Termins zur Abgabe der eidesstattlichen Versicherung zur Offenbarung, § 900 IV. Die Zwangsvollstreckung muß unmittelbar bevorstehen.

d) Zuschlagsversagung. In Betracht kommt auch eine Versagung des Zuschlags, Kblz KTS **82**, 692, Nürnb NJW **54**, 722.

C. Rechtsbehelfe. Es gilt bei I die folgende Regelung:

a) Einstweilige Anordnung. Gegen eine einstweilige Anordnung ist die Erinnerung zulässig, § 11 I 1 RPflG, Anh § 153 GVG, LG Mannh WM **72**, 15.

b) Beschluß des Rechtspflegers. Gegen einen Beschluß des Rpfl kann jeder Beschwerte die befristete Erinnerung einlegen, § 11 I 2 RPflG.

c) Zuschlag. Wegen einer Zuschlagsbeschwerde Hamm NJW **76**, 1754.

D. Aufhebung von Vollstreckungsmaßregel, IV. Sie erfolgt stets erst nach dem Eintritt der Rechtskraft des Beschlusses. Denn der Vollstreckungsgläubiger verliert durch die Aufhebung sein Pfandrecht. Die aufgehobene Vollstreckungsmaßnahme kann auch bei einer Änderung der Entscheidung in der Beschwerdeinstanz nicht rückwirkend wiederhergestellt werden, vgl auch § 766 Anm 4 A c. Die Vollstreckungsorgane sind darauf hinzuweisen.

E. Vorläufige Anordnung. Sie ist in rechtsähnlicher Anwendung des § 766 I 2 statthaft; überhaupt weist ja § 765a gewisse Ähnlichkeiten mit § 766 auf. Solche Anordnungen können frei abgeändert werden. Sie sind auch unentbehrlich, um den oft nicht einfachen Sachverhalt gewissenhaft prüfen zu können. Auch solche Anordnungen dürfen aber nur nach einer strengen Vorprüfung erlassen werden. Gegen sie ist kein Rechtsmittel statthaft, Schlesw SchlHA **57**, 159, aM LG Mannh ZMR **72**, 285 (es läßt die Erinnerung an den Richter beim AG zu, hält aber eine Durchgriffsbeschwerde für unzulässig).

F. Kosten. Gebühr: Des Gerichts KV 1150 (12 DM), auch wenn außerdem ein Verfahren gemäß § 30a ZVG mit besonderen Gebühren anhängig ist, Düss VersR **77**, 726 (im Beschwerdeverfahren gilt dann nur KV 1181); des Anwalts § 57 III Z 3 BRAGO. Die Kosten gehen grundsätzlich zu Lasten des Schuldners, § 788 I, so auch LG Arnsbg JMBl NRW **66**, 168. Sie können aber dem Gläubiger ganz oder teilweise auferlegt werden, wenn das aus besonderen, im Verhalten des Gläubigers liegenden Gründen billig ist, § 788 III.

4) Aufschub durch den Gerichtsvollzieher, II. A. Voraussetzungen. Der Gerichtsvollzieher darf eine Vollstreckungsmaßnahme aufschieben, soweit einer der folgenden Fälle vorliegt:

a) Sachherausgabe. Es muß sich um die Herausgabe von Sachen handeln, §§ 883–885. Das gilt auch für diejenigen Fälle, in denen § 883 entsprechend anwendbar ist, dort Anm 5, nicht aber um die Zwangsvollstreckung bei Geldforderungen.

b) Antrag fehlt. Der Schuldner muß dem Gerichtsvollzieher die Voraussetzungen des I, jedoch nicht die Antragstellung glaubhaft gemacht haben. Die Glaubhaftmachung genügt hier, anders als gegenüber dem Vollstreckungsgericht, Anm 3 A.

c) Unvermögen rechtzeitigen Antrags. Der Schuldner muß das Vollstreckungsgericht nicht rechtzeitig haben anrufen können, etwa wegen einer Krankheit oder wegen einer bisherigen Abwesenheit. Der Schuldner muß auch diesen Umstand glaubhaft machen, soweit er nicht offenkundig ist.

B. Dauer. Der Gerichtsvollzieher darf einen Aufschub nur bis zur Entscheidung des Vollstreckungsgerichts gewähren, jedoch keineswegs länger als 1 Woche. Die Frist darf nicht verlängert werden, da der Schuldner in ihr genügend Zeit hat, einen Antrag zu stellen und notfalls das Vollstreckungsgericht zu bitten, mit einer einstweiligen Anordnung zu helfen.

5) Aufhebung oder Änderung der Entscheidung, III. A. Voraussetzungen. Das Vollstreckungsgericht darf seine Entscheidung nur auf einen Antrag derart verändern. Den Antrag können sowohl der Gläubiger als auch der Schuldner stellen. Voraussetzung ist, daß sich die Sachlage geändert hat und daß diese veränderte Sachlage auch eine Aufhebung oder Änderung der Entscheidung gebietet, Buche MDR **72**, 196. Denn ein rechtskräftiger Beschluß, § 793, ist nicht frei widerruflich, § 329 Anm 3 A b „§ 318, dd". Daher ist eine bloße Änderung der Rechtslage allein nicht ausreichend. Eine Änderung der Sachlage kann zB durch eine Rechtsnachfolge auf der einen oder anderen Seite eintreten. Es reicht nicht aus, neue Unterlagen beizubringen, um eine neue Sachlage herbeizuführen. Etwas anderes gilt, wenn die neuen Unterlagen eine Grundlage für ein Wiederaufnahmeverfahren sein können, Grdz 2 D vor § 578, abw Peters ZZP **90**, 155.

B. Entscheidung. Das Vollstreckungsgericht entscheidet durch einen Beschluß, der zu begründen ist. Gegen ihn ist die befristete Erinnerung zulässig, § 11 I 2 RPflG, Anh § 153 GVG. Soweit das Gericht im Änderungsbeschluß eine Aufhebung der Vollstreckungsmaßnahme ausspricht, tritt diese Änderung auch hier erst mit der Rechtskraft des Beschlusses ein, vgl Anm 3 D.

6) VwGO: *Entsprechend anwendbar,* § 167 I VwGO, VGH Mü AS **8**, 206. Bei Anwendung von §§ 169 I VwGO, 5 VwVG gilt § 258 AO 1977, vgl AG Bln-Wedding DGVZ **77**, 159, in den Fällen der §§ 169 II, 170 VwGO ggf Landesrecht. Zuständig ist stets das Vollstreckungsgericht, § 764 Anm 4.

766 Erinnerung gegen Art und Weise der Zwangsvollstreckung.

I Über Anträge, Einwendungen und Erinnerungen, welche die Art und Weise der Zwangsvollstreckung oder das vom Gerichtsvollzieher bei ihr zu beobachtende Verfahren betreffen, entscheidet das Vollstreckungsgericht. Es ist befugt, die im § 732 Abs. 2 bezeichneten Anordnungen zu erlassen.

II Dem Vollstreckungsgericht steht auch die Entscheidung zu, wenn ein Gerichtsvollzieher sich weigert, einen Vollstreckungsauftrag zu übernehmen oder eine Vollstreckungshandlung dem Auftrag gemäß auszuführen, oder wenn wegen der von dem Gerichtsvollzieher in Ansatz gebrachten Kosten Erinnerungen erhoben werden.

Schrifttum: Kunz, Erinnerung und Beschwerde usw, 1980 (Bespr Mohrbutter KTS **81**, 276); Lippross, Grundlagen und System des Vollstreckungsschutzes, 1983; Neumüller, Vollstreckungserinnerung, Vollstreckungsbeschwerde und Rechtspflegererinnerung, 1981 (Bespr Leue Rpfleger **82**, 163).

Gliederung

1) **Vorbemerkung zu §§ 766–774**
2) **Allgemeines**
   A. Rechtsnatur
   B. Zwangsmaßnahme
      a) Begriff
      b) Fälle
         aa) Gerichtsvollzieher
         bb) Gericht
            aaa) Rechtspfleger
            bbb) Richter
         cc) Zwangsversteigerung, Zwangsverwaltung
   C. Zusammentreffen mit weiteren Zwangsvollstreckungsbehelfen
      a) Sofortige Beschwerde
      b) Dienstaufsichtsbeschwerde
      c) Vollstreckungsabwehrklage
      d) § 23 EGGVG
   D. Zusammentreffen mit sachlichrechtlichen Klagen

   a) Drittwiderspruchsklage
   b) Feststellungsklage
   c) Klage wegen Mehrdeutigkeit
   d) Klage aus anderem Grund
   e) Amtshaftungsklage
3) **Verfahren**
   A. Schutzzweck
   B. Antragsberechtigung
   C. Einzelfälle zur Statthaftigkeit
   D. Weiteres Verfahren
   E. Entscheidung
   F. Einstweilige Anordnung
4) **Rechtsbehelfe**
   A. Erste Instanz
      a) Einstweilige Einstellung
      b) Entscheidung nach Anhörung
      c) Beendigung der angefochtenen Vollstreckungsmaßnahme
   B. Beschwerdeinstanz
5) **VwGO**

1) Vorbemerkung zu §§ 766–774. Diese Vorschriften geben zur Beseitigung einer unberechtigten Zwangsvollstreckung eine Reihe prozessualer Hilfsmittel. Diese sind öffentlichrechtlich. Deshalb können diese Hilfsmittel nicht durch eine sachlichrechtliche Klage desselben Ziels und Inhalts ausgeschaltet werden. Eine solche Klage ist neben den Hilfsmitteln nach §§ 766 ff nur ausnahmsweise statthaft. Solche Fälle sind bei den einzelnen Vorschriften erörtert worden. Keine Zwangsvollstreckung stellt eine Verwertung auf Grund eines gesetzlichen Vermieterpfandrechts, LG Mannh MDR **73**, 318 oder eines vertraglichen Pfandrechts dar, Karlsr OLGZ **75**, 411. Wegen des EuGÜbk SchlAnh V C.

2) Allgemeines. A. Rechtsnatur. § 766 eröffnet einen Rechtsbehelf eigener Art. Es handelt sich nicht um eine Beschwerde. Denn es fehlt die Anfallwirkung. Es geht vielmehr um eine Vorstellung beim Vollstreckungsgericht. Man nennt sie am besten Erinnerung. Sie betrifft nur das Verfahren des Vollstreckungsorgans, BGH **57**, 108, und zwar auch wegen einer einzelnen Maßnahme, selbst wenn sie keine unmittelbare Vollstreckungswirkung hat, etwa wegen einer Zustellung. Mit der Erinnerung ruft der Betroffene das Vollstreckungsgericht an. Er beantragt die Nachprüfung entweder einer Maßnahme des Gerichtsvollziehers oder einer vom Vollstreckungsgericht als einem selbst handelnden Vollstreckungsorgan getroffenen Maßnahme.

Grundsätzlich kann man mit der Erinnerung nach § 766 nicht aus sachlichrechtlichen Erwägungen gegen das vollstreckbare Urteil vorgehen, Ffm MDR **80**, 63 und OLGZ **82**, 239, Hamm MDR **73**, 857, Schlesw Rpfleger **79**, 471, LG Bonn NJW **74**, 1388, AG Limbg DGVZ **81**, 94 mwN, vgl aber auch Kirberger FamRZ **74**, 638 mwN. Denn die ZPO hält das Vollstreckungsrecht von solchen sachlichrechtlichen Erwägungen getrennt. Dieser Grundsatz ist aber bei einer Zwangsvollstreckung aus einem Titel der DDR eingeschränkt, § 328 Vorbem A.

B. Zwangsmaßnahme. a) Begriff. Die Erinnerung nach § 766 ist gegen Zwangsmaßnahmen zulässig. Zu solchen Maßnahmen zählen Beschlüsse oder Verfügungen, die auf einen Antrag oder von Amts wegen ohne eine Anhörung der übrigen Beteiligten ergangen sind, vgl Hamm KTS **77**, 177. Den Gegensatz zur Zwangsmaßnahme bildet die Entscheidung, die nach Anhörung aller Beteiligten durch einen Beschluß ergeht.

b) Fälle. In Betracht kommen folgende Maßnahmen:

aa) Gerichtsvollzieher. Es kann um eine seiner Maßnahmen gehen, zB um eine Pfändung, um einen Kostenansatz, um eine Vorschußforderung oder um seine Weigerung, tätig zu werden, LG Kiel SchlHA **83**, 76.

bb) Gericht. Hier kann es um folgende Maßnahmen gehen:

aaa) Rechtspfleger. Es kann um eine Maßnahme des Rpfl gehen, etwa um den Erlaß eines Pfändungsbeschlusses ohne eine Anhörung des Schuldners (sonst gilt § 793 Anm 1 A a, Bbg NJW **78**, 1389). Auch dieser Beschluß ist eine bloße Zwangsmaßnahme und keine Entscheidung. Schon deshalb ist § 11 RPflG, Anh § 153 GVG, hier unanwendbar, Hamm MDR **74**, 239, KG NJW **73**, 289, Kblz Rpfleger **73**, 65, LG Frankenth Rpfleger **82**, 231 je mwN, vgl Gaul ZZP **85**, 256, aM Kümmerlein Rpfleger **71**, 11 (§ 11 RPflG sei vorrangig). Hierher zählen auch die Ablehnung oder die Aufhebung eines Pfändungs- und Überweisungsbeschlusses durch den Rpfl, LG Kblz BB **77**, 1070, aM Kblz MDR **83**, 414 mwN. Selbst wenn jede Maßnahme des Rpfl eine Entscheidung iSv § 11 RPflG wäre, geht doch § 766 vom Zeitpunkt der Einlegung der Erinnerung an vor, §§ 20 Z 17a, 25 RPflG, Hamm Rpfleger **73**, 222, vgl auch insofern LG Kblz BB **77**, 1071.

bbb) Richter. Es kann um eine Maßnahme des Richters gehen, soweit er als Vollstreckungsgericht tätig wurde. Eine Erinnerung ist gegenüber dem Prozeßgericht als Vollstreckungsorgan nicht zulässig, offen BayObLG **75**, 161 betr ein Verfahren der freiwilligen Gerichtsbarkeit. Dort bleibt vielmehr allenfalls die sofortige Beschwerde statthaft. Wohl aber ist eine Erinnerung zulässig, wenn das Arrestgericht als Vollstreckungsgericht nach § 930 entschieden hat, Ffm Rpfleger **80**, 485 und OLGZ **81**, 370 je mwN. Eine Erinnerung ist auch dann zulässig, wenn das LG fälschlich nicht über einen Zuschlag nach dem ZVG entschieden, sondern das Verfahren zurückverwiesen hat, Hamm OLGZ **70**, 189.

cc) Zwangsversteigerung, Zwangsverwaltung. Es kann um die Anordnung einer Zwangsversteigerung oder Zwangsverwaltung eines Grundstücks gehen, §§ 15, 27, 146 ZVG, Hamm KTS **77**, 177, Kblz Rpfleger **79**, 203. Gegen die Anordnung des Grundbuchamts sind die Rechtsbehelfe gegeben, die in § 867 Anm 4 dargestellt sind.

Wenn das Finanzamt eine Steuer beitreibt, ist nur die Beschwerde nach der AO zulässig.

C. Zusammentreffen mit weiteren Zwangsvollstreckungsbehelfen. Es gelten die folgenden Regeln:

a) **Sofortige Beschwerde.** Wenn statt einer gesetzlich vorgesehenen Maßnahme sogleich eine förmliche Entscheidung ohne eine Anhörung des Betroffenen ergangen ist, kommt die sofortige Beschwerde in Betracht. Indessen muß man meist die angefochtene Entscheidung in die richtige Form umdeuten. Der Rechtsbehelf ist dann in denjenigen umzudeuten, der gegen diese richtige Maßnahme zulässig ist. In den Fällen des § 95 ZVG halten manche statt der sofortigen Beschwerde nur die Erinnerung für zulässig, wenn der Gegner nicht angehört worden war, so zB KG MDR **54**, 690.

Jedenfalls ist aber mit StJM I 2 ein Nebeneinander von Erinnerung und sofortiger Beschwerde abzulehnen. Denn nach § 577 III darf das Gericht eine Entscheidung nicht abändern, die mit sofortiger Beschwerde angefochten wird; bei einer Entscheidung, gegen die eine Erinnerung zulässig ist, darf das Gericht aber sehr wohl eine Änderung vornehmen.

b) **Dienstaufsichtsbeschwerde.** Eine Dienstaufsichtsbeschwerde gegen den Gerichtsvollzieher ist grundsätzlich zulässig, so grundsätzlich auch BVerwG NJW **83**, 898, insofern aM Midderhoff DGVZ **82**, 24 mwN. Die Dienstaufsicht darf freilich nicht die Eigenverantwortlichkeit des Gerichtsvollziehers beseitigen, BVerwG NJW **83**, 898. Jedoch hat eine etwaige Erinnerung gemäß § 766 Vorrang, Gaul ZZP **87**, 275 mwN. Der Vorgesetzte kann wegen einer einzelnen Vollstreckungshandlung nur bedingt Anweisungen erteilen, abw LG Heidelb DGVZ **82**, 120.

c) **Vollstreckungsabwehrklage.** Wenn auch ein sachlichrechtlicher Vollstreckungsvertrag vorliegt, ist insoweit eine Vollstreckungsabwehrklage nach § 767 zulässig und notwendig, Grdz 6 C b bb vor § 704.

d) **§ 23 EGGVG.** Das Verfahren nach § 23 EGGVG kommt wegen des nach seinem III vorrangigen § 766 nicht in Betracht, Ffm Rpfleger **76**, 367, Midderhoff DGVZ **82**, 24, und zwar auch dann nicht, wenn eine Erinnerung nach § 766 zB wegen der Beendigung der Zwangsvollstreckung nicht mehr zulässig ist, KG MDR **82**, 155, ähnlich Karlsr MDR **80**, 76.

D. Zusammentreffen mit sachlichrechtlichen Klagen. Insoweit kommen folgende Möglichkeiten in Betracht:

a) **Drittwiderspruchsklage.** Wenn die Voraussetzungen des § 771 vorliegen, kann für den Dritten eine Klage nach dieser Vorschrift in Betracht kommen. Eine Entscheidung aus § 766 schließt eine Klage nach § 771 nicht aus. Denn § 766 betrifft nur das Verfahren; § 771 betrifft das sachliche Recht, vgl Kblz Rpfleger **79**, 203, Schlesw Rpfleger **79**, 471. Wenn der Schuldner an der Sache einen Besitz hat, dann haben er wegen der Verletzung seines Besitz- und Benutzungsrechts die Erinnerung, der Eigentümer eine Klage aus § 771.

Die Vorschriften können zB auch bei einer Zwangsvollstreckung in eine Vermögensmasse zusammentreffen, mit der der Schuldner nicht haftet, etwa bei einer Zwangsvollstreckung in das Vermögen des Erbens oder dann, wenn sich der Titel nur gegen die Gesellschaft richtet, die Zwangsvollstreckung aber das Eigentum eines Gesellschafters berührt, Ullrich NJW **74**, 1490. In Betracht kommt ferner der Fall einer Zwangsvollstreckung in ein Vermögen, das einer fremden Verwaltung unterliegt, ohne daß ein Duldungstitel vorliegt; eine Zwangsvollstreckung in den Gewahrsam eines nichtherausgabebereiten Dritten, § 809; der Fall, daß ein Hypothekengläubiger die Unzulässigkeit der Pfändung von Zubehör behauptet.

b) **Feststellungsklage.** Wenn die Zwangsvollstreckung schlechthin unwirksam ist, ist eine Feststellungsklage möglich, Grdz 6 D b dd vor § 704. Es ist auch eine entsprechende Einrede zulässig.

c) **Klage wegen Mehrdeutigkeit.** Soweit der Titel mehrdeutig ist, kommt eine erneute Leistungsklage, vgl Einf 3 C vor §§ 322–327, oder eine Feststellungsklage wegen des Urteilsinhalts in Betracht.

d) **Klage aus anderem Grund.** Soweit dem Kläger die Grundlagen der Erinnerung fehlen und wenn er etwa die Mangelhaftigkeit der Pfändung nicht kennt, kommt ebenfalls eine erneute Leistungsklage oder eine Feststellungsklage in Frage. Wenn die Zwangsvollstreckung aber bereits beendet ist, Grdz 7 B vor § 704, hat der Schuldner die Möglichkeit einer Bereicherungsklage, falls der Anspruch nicht bestand, nicht schon deshalb, weil das Verfahren mangelhaft war.

e) **Amtshaftungsklage.** Schließlich kommt eine Klage wegen einer Amtspflichtverletzung gegen den Staat in Betracht.

Die Entscheidung nach § 766 hindert den Drittschuldner nicht, gegen einen Pfändungs- und Überweisungsbeschluß im Prozeß Einwendungen aus eigener sachlicher Rechtsstellung zu erheben, soweit dazu ein Rechtsschutzbedürfnis besteht, vgl BGH **69**, 148 mwN.

3) Verfahren. A. Schutzzweck. Die Erinnerung richtet sich stets gegen ein Verfahren der Vollstreckungsorgane, Anm 2 A. Die Aufzählung des § 766 zeigt die Absicht eines lückenlosen Rechtsschutzes, Gaul ZZP **87**, 257 mwN. Die Erinnerung schützt:

a) Gegen die Art und Weise der Zwangsvollstreckung.

b) Gegen das Verfahren des Gerichtsvollziehers.

c) Gegen eine Amtsverweigerung des Gerichtsvollziehers.

d) Gegen unrichtige Kostenforderungen des Gerichtsvollziehers.

Mit der Erinnerung kann man das sachlichrechtliche Rechtsverhältnis nicht prüfen lassen, vgl auch C ,,Schuldner".

B. Antragsberechtigung. Antragsberechtigt ist jeder, dessen Recht von einer Maßnahme der Zwangsvollstreckung berührt wird, vgl Düss NJW **80**, 458. Dies können sein:

a) Gläubiger; b) Schuldner; c) Drittschuldner; d) Gemeinschuldner; e) Gerichtsvollzieher; f) andere Dritte.

Gläubiger und Schuldner können sich gegen das Verfahren des Gerichtsvollziehers und des Vollstreckungsgerichts wenden, namentlich auch dann, wenn die Prozeßvoraussetzungen der Zwangsvollstreckung, Grdz 6 C vor § 704, fehlen oder wenn die förmlichen Voraussetzungen der Zwangsvollstreckung fehlen oder wenn die Ausführung der einzelnen Vollstreckungsmaßnahme gesetzwidrig ist.

Wenn das Vollstreckungsgericht erst nach einer (notwendigen oder freigestellten) Anhörung aller Beteiligten eine förmliche Entscheidung getroffen hat, Anm 2 B a, ist nicht die Erinnerung statthaft, sondern die sofortige Beschwerde. Wenn das LG als Beschwerdegericht eine Anordnung in der Zwangsvollstreckung erlassen hat, etwa einen Pfändungsbeschluß, dann geht die Erinnerung an das Beschwerdegericht. Denn das niedrigere Gericht darf eine Anordnung des höheren Gerichts nicht überprüfen, aM StJM I 2 (er gibt gegen die Anordnung des Beschwerdegerichts grundsätzlich unmittelbar die sofortige Beschwerde).

C. Einzelfälle zur Statthaftigkeit. ,,Ja" bedeutet: die Erinnerung ist statthaft; ,,nein" bedeutet: die Erinnerung ist nicht statthaft, wenn der geschilderte Fall vorliegt.

Gläubiger. Ja: Der Gerichtsvollzieher hat einen Antrag auf die Durchführung einer Zwangsvollstreckung abgelehnt, LG Kiel SchlHA **83**, 76, zB deshalb, weil die Forderung sehr klein ist, AG Flensb MDR **75**, 765, oder weil es zu schwierig sei, den Aufenthaltsort des Schuldners zu ermitteln, AG Hann DGVZ **77**, 26; denn der Gerichtsvollzieher muß sich um diese Ermittlung ganz erheblich bemühen. Das Gesuch um die Durchführung der Zwangsvollstreckung wird verzögerlich erledigt, Gaul ZZP **87**, 253 mwN. Die Zwangsvollstreckung ist eingestellt oder eingeschränkt worden.

Der Gerichtsvollzieher hat dem Schuldner gestattet, die Schuld in Raten zu bezahlen, oder hat dem Schuldner eine Stundung gewährt, Gaul ZZP **87**, 253. Es sind Sachen gepfändet worden, die der Gläubiger nicht pfänden lassen wollte, AG Offenbg DGVZ **77**, 45. Die vom Gerichtsvollzieher angesetzten oder bezahlten Kosten sind fehlerhaft berechnet worden, LG Bln DGVZ **79**, 182, sei es nach ihrem Ansatz oder nach ihrer Höhe; in diesem Fall kann der Gläubiger auch schon vor der Entnahme der Kosten aus dem Erlös der Zwangsvollstreckung die Erinnerung einlegen, LG Hann DGVZ **77**, 61; zu den Kosten gehört auch ein Vorschuß; der Gläubiger kann also auch dann Erinnerung einlegen, wenn der Gerichtsvollzieher sich weigert, den Vorschuß zurückzuerstatten, LG Mannh ZMR **74**, 179. Es ist ein zu hoher pfandfreier Betrag festgesetzt worden, Kblz Rpfleger **78**, 227. Seine Herabsetzung ist abgelehnt worden, LG Kblz MDR **79**, 944. Der Titel wird nicht herausgegeben, § 836 Anm 3 B.

Außerdem kann der Gläubiger gegenüber dem Gerichtsvollzieher unter Umständen eine Dienstaufsichtsbeschwerde einlegen, auch wegen der Kosten, vgl aber Anm 2 C b.

Nein: Das Vollstreckungsgericht hat den Antrag auf die Durchführung der Zwangsvollstreckung abgelehnt, vgl Anm 2 B b bb bbb.

Schuldner. Ja: Der Gerichtsvollzieher hat seine Kosten unrichtig berechnet, vgl ,,Gläubiger". Es fehlt eine Voraussetzung zur Durchführung der Zwangsvollstreckung, zB fehlen ein Vollstreckungstitel, Bbg Rpfleger **82**, 31, Düss Rpfleger **77**, 67, AG Besigheim FamRZ **82**, 1228, oder die Vollstreckungsklausel. Eine nach dem Gesetz notwendige Zustellung hat bisher nicht stattgefunden. Die erforderliche Sicherheitsleistung fehlt (das Beigetriebene kann durch eine Klage herausverlangt werden). Zwischen dem Zeitpunkt der Ankündigung einer Räumung und der Durchführung der Räumung liegt eine allzu knappe Frist, so grundsätzlich richtig AG Darmst DGVZ **79**, 174 (es ist mit der Gewährung von ,,mindestens 3 Wochen" aber zu großzügig).

Trotz einer Einstellung der Zwangsvollstreckung ist eine Forderung gepfändet worden. Die Gegenleistung des Gläubigers ist unvollständig, soweit dies schon nach dem Vollstreckungstitel ohne weiteres feststellbar ist (sonst kommt § 767 in Betracht), KG OLGZ **74**, 308. Der erforderliche Duldungstitel fehlt. Es findet eine mehrfache Zwangsvollstreckung statt. Entgegen § 775 ist die Einstellung der Zwangsvollstreckung verweigert worden. Die dem Gläubiger zugesprochene Valuta ist falsch berechnet worden. Dabei schließt die Entscheidung eine spätere Zwangsvollstreckung des ungedeckten Teils nicht aus.

Entgegen § 803 ist eine Überpfändung vorgenommen worden. Es liegt eine Unpfändbarkeit irgend einer Art vor, auch eine solche des Anspruchs auf Löschung der Hypothek; eine Klage ist nur dann zulässig, wenn die Unpfändbarkeit sachlichrechtlich in der Rechtsstellung des Schuldners begründet ist. Der Schuldner ist unzulässig verhaftet worden. Die Zwangsvollstreckung gegen eine Partei kraft Amts, etwa gegen einen Testamentsvollstrecker, findet in deren eigenes Vermögen statt. Der Schuldner kann sich auf einen landwirtschaftlichen Vollstreckungsschutz berufen, weil der Gläubiger als Abtretungsnehmer zur Rechtsverfolgung nicht befugt ist und daher nicht vollstrecken darf. Bei einer Zwangsvollstreckung aus einem Wechselurteil kann der Gerichtsvollzieher den Wechsel dem Schuldner nicht aushändigen. Es ist ein Vollstreckungsvertrag abgeschlossen worden, Grdz 3 E b cc vor § 704, Karlsr ZMR **77**, 96.

Nein: Der Schuldner kann sich auf ein Recht berufen, das die Veräußerung hindert. In diesem Fall kommt allenfalls eine Drittwiderspruchsklage nach § 771 in Betracht, Schlesw Rpfleger **79**, 471. Diese steht aber nur einem Dritten frei, offen VGH Mü NJW **76**, 261 mwN. Ein fremder Gewahrsam ist verletzt worden; in diesem Fall gilt § 809. Bei der Prüfung der Rechte des Abzahlungskäufers ist nach § 825 zu verfahren, dort Anm 2 A. Der Schuldner macht eine Einwendung gegen den Anspruch selbst geltend, etwa dahin, die Forderung stehe dem Gläubiger nicht mehr zu; in diesen Fällen ist die Vollstreckungsabwehrklage nach § 767 statthaft, Ffm MDR **80**, 63, Hamm MDR **73**, 857, AG Limbg DGVZ **81**, 94 mwN. Diese Vorschrift gilt auch dann, wenn der Schuldner bei einer Wahlschuld einwendet, er habe anders gewählt.

Wenn der Vollstreckungstitel unklar ist, kann der Schuldner eine Feststellungsklage nach § 256 I erheben, LG Bonn NJW **63**, 56. Wenn die Zwangsvollstreckung mißbräuchlich durchgeführt wird, kann der Schuldner einen Antrag nach § 765 a stellen.

Drittschuldner. Ja: Bei der Pfändung einer Forderung sind Fehler gemacht worden, etwa unpfändbare Sachen gepfändet worden, BGH **69**, 148, Ffm Rpfleger **78**, 230 und NJW **81**, 468 je mwN, Wilke NJW **78**, 2381, vgl Anm 2 D Ende und § 829 Anm 7 B a. Die Pfändungsfreigrenze ist unrichtig festgestzt worden, BAG MDR **61**, 799 (Anm Bötticher), LG Kiel SchlHA **77**, 120. Die Forderung ist nicht genügend bestimmt worden, Ffm NJW **81**, 468 mwN. Der Vollstreckungstitel ist fehlerhaft zugestellt worden, offen BGH **66**, 82.

Nein: Der Schuldner war vor der beanstandeten Maßnahme angehört worden. Dann kommt allenfalls eine sofortige Beschwerde in Betracht, § 793 Anm 1 A a, Bbg NJW **78**, 1389, LG Bonn DB **79**, 94.

Gemeinschuldner. Ja: Der Konkursverwalter hat auf Grund eines vollstreckbaren Titels zu Unrecht Gegenstände zur Konkursmasse gezogen. Der Gemeinschuldner ist überhaupt trotz des Konkurses zur Erinnerung gegen solche Zwangsvollstreckungsmaßnahmen berechtigt, die gegen § 14 KO verstoßen.

Gerichtsvollzieher: Ja: Er hat an einer Entscheidung ein berechtigtes Interesse, zB deshalb, weil er befürchtet, evtl rechtswidrig zu handeln und mit Notwehrmaßnahmen des Schuldners rechnen zu müssen, Düss NJW **80**, 458 und 1111 je mwN, abw LG Osnabr DGVZ **80**, 124, aM Stgt Rpfleger **80**, 236.

Sonstiger Dritter. Üb bei Blomeyer 54 ff, dazu Münzberg ZZP **80**, 493. **Ja:** Die Zwangsvollstreckung ist gesetzwidrig oder verstößt gegen eine Vorschrift der Geschäftsanweisung für Gerichtsvollzieher und verletzt seine Interessen, vgl auch FG Stgt MDR **76**, 84. Er ist in der Vollstreckungsklausel nicht genannt worden. Der Gerichtsvollzieher hat Sachen gepfändet, die lediglich im Gewahrsam des Dritten stehen. Dabei ist es unerheblich, ob der Dritte auch eine Widerspruchsklage nach § 771 erheben könnte.

Der Dritte ist durch einen Verstoß gegen die Bestimmungen zur Lohnpfändung verletzt worden, §§ 850ff. Er beruft sich als ein nachstehender Pfändungsgläubiger auf die Unzulässigkeit einer früheren Pfändung, s auch Blomeyer 106. Er wird als Gläubiger durch eine Zwangsvollstreckung betroffen, die gemäß § 47 VglO unzulässig ist. Eine Unpfändbarkeit soll ihn direkt schützen, LG Bln Rpfleger **78**, 268.

Nein: Er ist an der Zwangsvollstreckung unbeteiligt, es kann lediglich ein Beteiligter einen rechtsgeschäftlichen Rückgriff gegen ihn nehmen. Er ist der Ehegatte oder ein Kind des zu einer Räumung verpflichteten Schuldners, LG Krefeld DGVZ **77**, 25. Er ist der Ehegatte desjenigen Schuldners, bei dem § 739 die Vermutung des § 1362 I BGB beseitigt (dann kommt nur eine Widerspruchsklage nach § 771 in Betracht), § 739 Anm 2 A, Bbg DGVZ **78**, 9, insofern aM LG Münst DGVZ **78**, 14. Er hat nur ein wirtschaftliches Interesse am Verfahrensausgang, etwa um als Träger der Sozialhilfeleistungen nicht in Anspruch genommen zu werden, LG Kblz MDR **82**, 503.

D. Weitere Verfahren. Die Erinnerung ist unbefristet zulässig. Sie wird erst dann statthaft, wenn die Zwangsvollstreckung begonnen hat, Grdz 7 A vor § 704. Doch genügt je nach der Sachlage auch das unmittelbare Bevorstehen einer Vollstreckungsmaßnahme, etwa eines Haftbefehls oder der Räumung, also eine Situation, in der eine nachträgliche Entscheidung dem Schuldner nicht mehr helfen würde. Mit der Beendigung der Zwangsvollstreckung ist ein Erinnerungsverfahren erledigt, Düss JR **49**, 349, LG Darmst DGVZ **77**, 90, nur grds richtig auch LG Düss Rpfleger **82**, 112, ferner AG Köln DGVZ **78**, 30, sofern nicht die umstrittene Vollstreckungsmaßnahme fortwirkt, wie ein Kostenansatz des Gerichtsvollziehers oder wie der Fall, daß die Versteigerung zwar durchgeführt, der Erlös aber hinterlegt worden ist, oder wie dann, wenn die Vollstreckungsmaßnahme die Grundlage für ein Verfahren zur Abgabe einer eidesstattlichen Versicherung zwecks Offenbarung sein kann, etwa bei einer Fruchtlosigkeitsbescheinigung, Hbg MDR **64**, 1012. Eine falsche Bezeichnung des Rechtsbehelfs schadet nicht. Bei Zweifeln hat das Gericht rückzufragen, was der Absender meint.

Bei der Pfändung eines Arrests ist das Arrestgericht das Vollstreckungsgericht, § 930 Anm 2 A. Bei einer Zwangsvollstreckung aus einem Konkurseröffnungsbeschluß ist das Konkursgericht Vollstreckungsgericht, AG Hbg KTS **78**, 59. Im Erinnerungsverfahren herrscht kein Anwaltszwang, BGH **69**, 148. Das Vollstreckungsgericht entscheidet durch den Richter, nicht durch den Rpfl, § 20 Z 17 II a RPflG, Anh § 153 GVG; s auch § 764 Anm 3 A. Das bisherige Vollstreckungsorgan kann der Erinnerung abhelfen, Ffm Rpfleger **79**, 111, Kblz Rpfleger **78**, 227 je mwN. Der Rpfl kann zB einen Pfändungs- und Überweisungsbeschluß ändern, Hamm Rpfleger **57**, 413, oder den Beschluß auch aufheben, zB Ffm Rpfleger **79**, 112. Deshalb hat sich zunächst das bisherige Vollstreckungsorgan dazu zu äußern, ob es abhelfen will.

Der Richter kann eine mündliche Verhandlung stattfinden lassen, ist dazu aber nicht verpflichtet, § 128 Anm 3, Schilken AcP **181**, 368. Wenn er dem Rechtsmittelgericht die Akten vorlegt, statt über die Erinnerung selbst zu entscheiden, dann hat das Rechtsmittelgericht die Sache an das Vollstreckungsgericht zurückzuverweisen, § 10 ist unanwendbar, Hamm MDR **74**, 239, vgl auch Hamm KTS **77**, 178, LG Kiel SchlHA **83**, 76. Der Erinnerungsführer muß diejenigen Tatsachen beweisen, auf die er seine Erinnerung stützt, AG Springe NJW **78**, 834. Eine bloße Glaubhaftmachung genügt nicht. Das Gesetz läßt die Glaubhaftmachung wegen der Bedeutung der endgültigen Entscheidung nicht zu.

Prüfungsgegenstand sind nur die vom Schuldner gerügten Mängel des Vollstreckungsverfahrens, zB Karlsr OLGZ **37**, 181, offen Ffm OLGZ **82**, 239 mwN, aM zB Stgt ZZP **69**, 454.

Vor einer Entscheidung zu Lasten des Antragsgegners ist dieser anzuhören, Art 103 I GG, LG Bln DGVZ **83**, 11.

E. Entscheidung. Das Vollstreckungsgericht entscheidet durch einen Beschluß. Er lautet auf eine Zurückweisung der Erinnerung oder im Fall des Stattgebens je nach der Sachlage dahin, daß die angefochtene Zwangsvollstreckungsmaßnahme für unzulässig erklärt oder aufgehoben wird und/oder daß das Gericht den Gerichtsvollzieher zu deren Aufhebung anweist. Wenn das Vollstreckungsgericht oder das Beschwerdegericht eine Maßnahme des Vollstreckungsgerichts für unzulässig erklärt, dann ist diese Maßnahme damit aufgehoben worden. Die Aufhebung beseitigt den Pfändungsbeschluß nicht rückwirkend, dazu ist vielmehr eine leugnende Feststellungsklage notwendig, soweit diese zulässig ist, BGH **69**, 149.

Die Entscheidung ist grundsätzlich zu begründen, § 329 Anm 1 A b. Sie ist im Fall einer mündlichen Verhandlung zu verkünden. Wenn die Erinnerung zurückgewiesen wird, ist die Entscheidung dem Antragsgegner formlos mitzuteilen, dem Antragsteller förmlich zuzustellen, § 329 III. Eine der Erinnerung stattgebende Entscheidung ist beiden Parteien zuzustellen. Der Beschluß muß über die Kosten entscheiden. Denn diese sind keine Kosten der Zwangsvollstreckung. Es sind also §§ 91 ff anwendbar, nicht § 788.

Der Beschluß erwächst nicht nur in äußere, sondern auch in innere Rechtskraft, zB Mü NJW **56**, 187, StJM III 7, ZöSch 11, § 329 Anm 3 A b „§§ 322–327", aM Peters ZZP **90**, 154

c) **Gesetzesauslegung.** Ein Angriff gegen die Durchführung eines rechtskräftig festgestellten Anspruchs ist unter dem Gesichtspunkt der Rechtssicherheit an sich unerwünscht. Deshalb muß man den § 767 eng auslegen, BGH NJW **81**, 2756.

d) **Gestaltungsurteil.** Bei einem rechtsgestaltenden Urteil kann die Vorschrift nicht angewendet werden. Wenn man sie auch als mit der Rechtskraft vollstreckbar ansieht, käme die Entscheidung doch zu spät, weil jede Möglichkeit der Einstellung fehlt. § 769 kann bei einer solchen Entscheidung nicht helfen. Um den Eintritt der Gestaltungswirkung zu verhindern, zB die Wirkung nach § 894 zu verhüten, will Schlosser, Gestaltungsklage und Gestaltungsurteil § 264ff, die Klage nach § 767 und demgemäß auch vorläufige Maßnahmen nach § 769 schon vor der Rechtskraft des Gestaltungsurteils zulassen.

e) **Feststellungsurteil.** Ein Feststellungsurteil hat keine Vollstreckungswirkung und läßt deswegen auch keine Vollstreckungsabwehr zu. Sachlich ist der Vollstreckungsabwehrprozeß die Fortsetzung des alten Rechtsstreits, vgl insofern BGH NJW **80**, 1393. Deshalb ist zB kein neuer Verwaltungsvorbescheid notwendig, wenn die Klage einen solchen erfordert hatte.

B. Zusammentreffen mit anderen Klagarten und Rechtsbehelfen. Die Vollstreckungsabwehrklage läßt unberührt:

a) **Leugnende Feststellungsklage.** Zulässig bleibt eine Klage auf die Feststellung des Nichtbestehens des Anspruchs, Mü FamRZ **81**, 913, soweit ihr nicht die Rechtskraft entgegensteht, auch infolge des Erlöschens durch eine Aufrechnung, BGH **62**, 973.

b) **Erneute Leistungsklage.** Zulässig bleibt eine erneute Leistungsklage wegen der Notwendigkeit, einen neuen Titel zu beschaffen. Diese kann eintreten, wenn zB der alte Vollstreckungstitel unklar ist. Zulässig bleibt auch eine Feststellungsklage über den Inhalt des vorhandenen Urteils, BGH **LM** Nr 40. Näheres Einf 3 C vor §§ 322–327.

c) **Herausgabeklage.** Zulässig bleibt eine Klage auf die Herausgabe des Vollstreckungstitels wegen vollständiger Befriedigung des Gläubigers, Düss MDR **53**, 557 mwN, Saum JZ **81**, 698. Eine teilweise Befriedigung genügt nicht.

d) **Abänderungsklage.** Zulässig bleibt eine Abänderungsklage nach § 323. Sie steht beiden Parteien zu und bezieht sich auf den Wegfall der rechtsbegründenden Tatsachen. Die Abänderungsklage kann daher nicht eine Rüge der Rechtshängigkeit begründen. Zu den Unterschieden der beiden Klagarten BGH FamRZ **77**, 462, Bbg FamRZ **80**, 617 mwN, Düss FamRZ **80**, 794 mwN, KG FamRZ **80**, 176, Zweibr FamRZ **79**, 929 und 930, Köhler FamRZ **80**, 1088, Meister FamRZ **80**, 866.

Da die Vollstreckungsabwehrklage aber häufig dasselbe Ziel wie die Abänderungsklage hat, fehlt im allgemeinen nach der Erhebung einer Abänderungsklage das Rechtsschutzbedürfnis für eine Vollstreckungsabwehrklage nach § 767, Köln NJW **51**, 849, Schlosser, Gestaltungsklage und Gestaltungsurteil 107, vgl auch LG Düss NJW **51**, 202 und Anm 2 C, aM Bruns-Peters § 14 IV 5 (er will den später beginnenden Prozeß aussetzen). Jedoch muß das Gericht stets prüfen, ob sich die Ziele und die Wirkungen der beiden Klagen wirklich decken. BGH **70**, 156 gibt für die Anrechnung von Kindergeld den Weg nach § 767, für die Änderung der Unterhaltsrichtsätze denjenigen nach § 323 frei.

Zum Verhältnis der §§ 323, 767 bei Unterhaltsforderungen während des Getrenntlebens einerseits und nach der Scheidung andererseits BGH **78**, 130 und NJW **81**, 978, Bbg FamRZ **81**, 163, Hamm FamRZ **80**, 249, KG FamRZ **78**, 338, Schlesw SchlHA **79**, 41, Heinze MDR **80**, 895, Scheld Rpfleger **80**, 325 je mwN. Rückständigen Unterhaltsbeiträgen kann man nur nach § 767 entgegentreten, soweit es sich nicht um solche für das nichteheliche Kind handelt, § 1615i BGB, §§ 642 Anm 4, 642f. Dabei ist die Einwendung wirkungslos, der Kläger hätte ihnen früher mit einer Klage aus § 323 entgegentreten können, LG Darmst NJW **58**, 1540 (auch sonst zur Abgrenzung beider Klagen).

e) **Bereicherungsklage.** Zulässig bleibt eine Bereicherungsklage auf die Erstattung des zu Unrecht Beigetriebenen, BGH **83**, 280 mwN, Ffm MDR **82**, 934. Dabei gelten die gewöhnlichen Gerichtsstände.

f) **Erinnerung.** Mit der Erinnerung aus § 766 trifft die Vollstreckungsabwehrklage nach § 767 grundsätzlich nicht zusammen. Die Klage wäre vielmehr durch ein Prozeßurteil als unzulässig abzuweisen, soweit die Erinnerung statthaft ist.

Von dieser Regel gelten Ausnahmen, vgl unten C m, ferner auch bei einem sachlichrechtlichen Vollstreckungsvertrag, Grdz 3 E b cc vor § 704.

C. Anwendbarkeit auf andere Vollstreckungstitel. § 767 ist auch in folgenden Fällen anwendbar:

a) **Vollstreckungsurteil.** Es liegt ein Vollstreckungsurteil vor, § 723 Anm 1.
b) **Vollstreckungsbescheid.** Es liegt ein Vollstreckungsbescheid vor, § 796 III.

c) **Prozeßvergleich.** Es liegt ein Prozeßvergleich vor, sofern vorher eine vollstreckbare Entscheidung ergangen ist. Denn dann ist § 775 Z 1 unanwendbar, § 775 Anm 2 B, vgl auch § 794 Anm 2 C a. Sonst besteht für eine Klage nach § 767 grundsätzlich kein Rechtsschutzbedürfnis, BGH **LM** Nr 37 mwN, Hbg NJW **75**, 225. Jedoch ist eine Vollstreckungsabwehrklage zulässig, wenn der Kläger behauptet, die durch den Prozeßvergleich begründete Forderung sei nachträglich weggefallen, BGH NJW **66**, 1658 (Fortfall der Geschäftsgrundlage) und NJW **67**, 2014, vgl Köln AnwBl **82**, 114, insofern aM BAG NJW **56**, 1215 (zu § 326 BGB), Hbg NJW **75**, 225, oder wenn Streit über die Auslegung eines an sich unstreitig wirksam zustande gekommenen Prozeßvergleichs in seinem nicht vollstreckbaren Teil besteht, BGH **LM** § 794 Nr 22/23. S auch Anh § 307 Anm 6 B. Ein Unterhaltsvergleich im Hinblick auf die Scheidung darf vor dem Ausspruch der Scheidung abgeschlossen worden sein, BGH **LM** § 826 (Fa) BGB Nr 19. Nach einem Arrest-, einstweiligen Anordnungs- oder Verfügungsverfahren ist ein neuer Prozeß denkbar, Hamm ZIP **80**, 1104. Vgl ferner Anh § 307 Anm 6 B.
 d) **Beschluß.** Die Vollstreckungsabwehrklage ist auch nach einem beschwerdefähigen Beschluß zulässig, §§ 794 Anm 3–7, 795 Anm 2 G.
 e) **Vollstreckbarerklärung.** Es liegt die Vollstreckbarerklärung eines Schiedsspruchs oder eines Schiedsvergleichs vor, auch einer ausländischen derartigen Entscheidung, §§ 1042 Anm 3, 1044 Anm 2 B, Mü BB **77**, 674 mwN, aM zB StJSchl § 1025 Anm III 1 a.
 f) **Feststellung zur Konkurstabelle.** Es liegt eine Feststellung zur Konkurstabelle oder ein Zwangsvergleich vor, §§ 164, 194, 206 KO. Maßgebender Zeitpunkt ist der Prüfungstermin.
 g) **Vergleich nach VglO.** Es handelt sich um einen bestätigten Vergleich nach § 85 VglO.
 h) **Teilungsplan.** Es geht um einen Teilungsplan in der Zwangsversteigerung usw, §§ 115, 156 ZVG.
 i) **Vorschußberechnung nach GenG.** Ausgangspunkt ist die Vorschußberechnung der Genossen, §§ 109, 114, 115c GenG. Die Einwendungen müssen nach der Vollstreckbarerklärung entstanden sein.
 j) **Nachschußfestsetzung nach VAG.** Es liegt eine Nachschuß- und Umlagefestsetzung im Konkurs der Versicherungsgesellschaft vor, § 52 VAG.
 k) **Einstweilige Zahlungsverfügung.** Es geht um eine einstweilige Verfügung auf die Zahlung eines Geldbetrags, § 936 Anm 4, Klauser MDR **81**, 716.
 l) **Urkunde.** Es handelt sich um eine vollstreckbare Urkunde, § 797 Anm 2 B, Karlsr VersR **81**, 739.
 m) **Einwendung nach BVFG.** Es geht um Einwendungen aus dem BVFG, die neben einer Erinnerung nach § 766 erhoben werden, BGH **26**, 110.
 n) **Kostenfestsetzungsbeschluß.** Es geht um einen Kostenfestsetzungsbeschluß, § 794 I Z 2, KG OLGZ **72**, 292, LG Bln Rpfleger **82**, 482.
 o) **Geldersatz nach StPO.** Es handelt sich um eine Entscheidung auf einen Geldersatz im Strafverfahren nach § 406b StPO, BGH NJW **82**, 1048.
 p) **Beschluß nach FGG.** Es ist in einem Verfahren nach dem FGG ein Beschluß ergangen. Hier kommt es darauf an, ob auf seine Vollstreckbarkeit die Vorschriften der ZPO für anwendbar erklärt sind, so zB nach §§ 98, 158 II FGG, Schneider-Ehard §§ 98 Anm 5, 158 Anm 3, Schlegelberger §§ 98 Anm 3, 158 Anm 4, § 16 III der 6. DVO EheG (HausrVO), Ferge NJW **49**, 229. Doch muß das Gericht an Hand der Wirkungen der Entscheidung für die HausrVO prüfen, ob das Rechtsschutzbedürfnis neben der hier in Abweichung von § 18 II FGG gegebenen richterlichen Abänderungsmöglichkeit nach § 17 HausrVO bejaht werden kann.
 q) **Zahlungsaufforderung nach BRAO.** Es geht um Einwendungen gegen die vollstreckbare Zahlungsaufforderung einer Rechtsanwaltskammer, § 84 III BRAO, jedoch wegen § 223 BRAO nicht um die Rechtswirksamkeit des zugrundeliegenden Kammerbeschlusses, BGH **55**, 255.
 D. Unanwendbarkeit. § 767 ist in folgenden Fällen unanwendbar:
 a) **Steuersache.** Die Vorschrift gilt nicht in einer Steuersache, BFH NJW **72**, 224 (Anm Traulsen NJW **72**, 792).
 b) **Beitreibung.** Die Vorschrift gilt nicht im Justizbeitreibungsverfahren, § 6 I Z 1 JBeitrO. Bei Einwendungen nach §§ 781–784, 786 ist jedoch § 767 sinngemäß anwendbar, § 8 II JBeitrO. Vgl im übrigen Anm 6.
 c) **Arrest.** Die Vorschrift gilt nicht in einer Arrestsache, § 924 Anm 1 C.
 d) **Einstweilige Anordnung.** Die Vorschrift gilt regelmäßig nicht in einem Verfahren auf den Erlaß einer einstweiligen Anordnung im Rahmen des Scheidungsverfahrens, zB Düss

FamRZ **78**, 913, Ffm FamRZ **82**, 719, Hamm FamRZ **80**, 277, Mü MDR **80**, 148 mwN, aM zB BGH NJW **83**, 1330, Köln FamRZ **83**, 940, Bbg Rpfleger **82**, 386, Saarbr FamRZ **80**, 385, Heinze MDR **80**, 898 je mwN.

e) Einstweilige Verfügung. Die Vorschrift gilt grundsätzlich nicht in einem Verfahren auf den Erlaß einer einstweiligen Verfügung, vgl aber C k und § 936 Anm 4.

f) Vorläufige Unterhaltsfestsetzung. Die Vorschrift gilt nicht gegenüber der vorläufigen Festsetzung der Unterhaltspflicht im Verwaltungsweg gemäß BSHG.

g) Einwendung gegen Vollstreckungsklausel. Die Vorschrift gilt nicht für Einwendungen gegen die Zulässigkeit der Vollstreckungsklausel bei einer Unterwerfung unter die sofortige Zwangsvollstreckung in einer notariellen Urkunde. Hier sind §§ 797 III, 732 anwendbar, BGH **22**, 54.

h) Anfechtungsklage nach NEhelG. Die Anfechtungsklage nach Art 12 § 3 NEhelG ist kein Fall einer Vollstreckungsabwehrklage nach § 767. Denn der Anfechtungsgrund ist vor dem in II genannten Zeitpunkt entstanden. Infolgedessen ist hier auch § 769 unanwendbar.

i) Klage nach § 19 AGBG. Die Klage nach § 19 AGBG ist trotz ihrer Einkleidung in das Gewand einer Vollstreckungsabwehrklage nach § 767 ein eigenartiger Rechtsbehelf, Gaul Festschrift für Beitzke (1979) 1050; vgl auch Kellner, Probleme um die Vollstreckungsabwehr. Klage nach § 19 AGBG, Diss Mü 1979.

2) Einwendungen, I. A. Grundsatz. Unter § 767 fallen diejenigen Einwendungen, die den durch den Titel festgestellten sachlichrechtlichen Anspruch betreffen, mögen sie bei der Erhebung der Klage aus § 767 rechtshemmend oder rechtsvernichtend sein, zB BAG NJW **80**, 143, aM Gilles ZZP **83**, 61 (der Anspruch wie die Einwendungen im Sinne von § 767 seien nur prozessuale Begriffe).

B. Beispiele zulässiger Einwendungen: Die Erfüllung, Hamm DGVZ **80**, 154 (sie kann wegen § 366 BGB fehlen, Hbg MDR **71**, 758), und zwar auch bei einer Handlungspflicht, zB bei einer Verpflichtung zur Rechnungslegung. Unter § 767 fällt die Behauptung, die Rechnung sei gelegt worden, KG OLGZ **74**, 309, oder der Buchauszug sei erteilt worden; die Vervollständigung muß der Gläubiger durch §§ 887, 888 erzwingen, vgl Karlsr OLGZ **73**, 375. Ein Erlaß, ein Verzicht, der Umstand, daß der Vermieter den Mieter trotz eines Räumungsurteils im ungestörten Besitz der Wohnung beläßt und weiterhin Mietzins als solchen fordert und annimmt, sogar eine Erhöhung der Nebenkosten, LG Hagen MDR **82**, 582.

Weitere Beispiele: Ein Vergleich, auch ein Zwangsvergleich, ferner eine Vereinbarung über die Verteilung der Kosten gegenüber einem Kostenerstattungsanspruch, BGH **5**, 251, und zwar auch dann, falls der Kostenvergleich vor der Scheidung, aber erst für den Fall der Scheidung geschlossen worden ist, Düss JMBl NRW **62**, 270. Eine sachlichrechtliche Regelung, nach der der Anwalt die Mehrwertsteuer nicht erstattet fordern kann, Karlsr NJW **69**, 2018. Das Fehlen von Verzug, Düss Rpfleger **77**, 67. Eine Stundung oder eine Aufrechnung, KG OLGZ **72**, 292. Die Unmöglichkeit der Erfüllung, wenn sie den Schuldner befreit. Ein aus § 60 I KO folgendes Zahlungsverbot, BAG NJW **80**, 143 mwN. Eine schuldbefreiende Hinterlegung. Die Verjährung des rechtskräftigen Anspruchs, § 218 BGB. Ein Zurückbehaltungsrecht, Celle OLGZ **70**, 359, aber höchstens mit der Wirkung des § 322 I BGB.

Weitere Beispiele: Der Wegfall der Unterhaltspflicht, etwa infolge der Scheidung oder mit dem Tod, Karlsr OLGZ **77**, 122, oder durch eine Entscheidung, nach der der Unterhaltspflichtige nicht der Vater ist, Art 12 § 3 NEhelG (aber wegen Art 12 § 13 NEhelG, § 644, erst ab Rechtskraft der Anfechtungsentscheidung, Düss NJW **72**, 215); vgl aber auch C. Die Minderung der Zahlungspflicht infolge einer ,,Geschiedenen-Witwenrente", AG Bln-Tempelhof FamRZ **75**, 582. Ein Wegfall des Titels infolge des Ablaufs der Wirkungsdauer des Urteils, etwa bei einer Lizenzzahlung. Ein Rücktritt vom Vertrag nach dem Erlaß des Urteils, vgl aber BGH DB **78**, 1494. Die Ausübung eines Wahlrechts bei einer Wahlschuld. Ein Zahlungsverbot des Aufsichtsamts für Privatversicherung. Eine Haftungsbeschränkung, etwa eine Einrede des Notbedarfs, durch die die Unterhaltspflicht des Erben vermindert wird, vgl auch § 785.

Weitere Beispiele: Ein Gläubigerwechsel, Düss Rpfleger **77**, 416, etwa der Verlust der Sachbefugnis, Schlesw SchlHA **82**, 111, zB infolge einer Abtretung des Anspruchs, über den das Urteil entschieden hat. Denn § 265 gilt in der Zwangsvollstreckung nicht; es genügt, daß die Abtretung dem Verurteilten erst nach dem Urteil bekannt geworden ist. Eine Pfändung des Anspruchs. Eine Konkurseröffnung. Der Eintritt der Nacherbfolge und dgl. Eine Einwendung aus einem Vergleichsverfahren gegen die Vollstreckbarkeit eines älteren Titels. Eine Entscheidung des BVerfG, durch die diejenige Norm, auf der das Urteil beruht, für nichtig erklärt wird, § 79 II 3 BVerfGG. Eine Situation nach §§ 812ff BGB, Köln DNotZ **73**, 475. Ein Verbot gemäß §§ 115, 119 GewO, BGH BB **75**, 901. Die Nichthaftung des zweckverbundenen Vermögens, s § 12b II 2 des 2. WoBauG.

C. Beispiele unzulässiger Einwendungen: Einwendungen gegen die Art und Weise der Zwangsvollstreckung, § 766. Sie sind auch nicht dann zulässig, wenn Streit über die Unwirksamkeit einer Pfändung infolge des Konkurses besteht und wenn der Gerichtsvollzieher sich weigert, die Pfändung aufzuheben, BGH **LM** Nr 15. Einwendungen gegen die Zulässigkeit der Vollstreckungsklausel, §§ 732, 768. Einwendungen gegen die Wirksamkeit des Urteils selbst. So gibt eine angebliche Erschleichung, wenn überhaupt, allenfalls einen Anspruch auf eine Unterlassung der Zwangsvollstreckung und auf die Herausgabe des Titels, BGH **26**, 394, Karlsr OLGZ **76**, 335, aM zB RoS § 163 II 3, StjSchlL § 322 XI 4 d; vgl auch Einf 6 D vor § 322, ferner BGH **42**, 1 (Handel mit der DDR). Ein Streit über den Inhalt des Urteils kann trotz der Notwendigkeit, den Titel unter Umständen auszulegen, zB § 890 Anm 1 B, nicht durch eine Klage nach § 767 geklärt werden, vgl KG OLGZ **74**, 308. Vielmehr ist in solcher Situation notfalls eine Feststellungsklage, BGH **LM** Nr 40, oder eine neue Leistungsklage erforderlich. Die Behauptung, für einen Teil des Anspruchs bestehe kein vollstreckbarer Titel.

Weitere Beispiele: Der Wegfall der Geschäftsgrundlage bei einem wiederkehrenden Anspruch. In solcher Situation ist nicht die Zulässigkeit der Zwangsvollstreckung zu bestreiten, vielmehr muß der Vollstreckungstitel vernichtet werden, § 323. Dies gilt zB bei einem Anspruch auf eine Minderung einer Rente, § 323 Anm 3 A. Soweit eine Abänderungsklage nach § 323 möglich ist, ist eine Vollstreckungsabwehrklage nach § 767 zwar nicht schlechthin unzulässig, vgl aber Anm 1 B d. Eine Zahlung durch einen Bürgen auf Grund eines vorläufig vollstreckbaren Urteils. Denn sie ist nur eine bedingte Erfüllung, Anm 4 A. Das Fehlen eines Vorbehalts bei einer beschränkten Erbenhaftung. Das Außerkrafttreten einer einstweiligen Verfügung. Denn damit wird das Bestehen des Titels bestritten. Eine Geschäftsunfähigkeit. In solchem Fall mag eine Klage nach § 579 I Z 4 zulässig sein.

Weitere Beispiele: Die Vereinbarung, die Zwangsvollstreckung solle nicht vor dem rechtskräftigen Abschluß betrieben werden, soweit sie nicht unter A fällt (zum auch sachlichrechtlichen Vollstreckungsvertrag Grdz 3 E b cc vor § 704), also etwa nur eine Stundung einschließt. Denn jene richtet sich nicht gegen den im Urteil festgestellten Anspruch selbst, BGH NJW **68**, 700. Der Wegfall des Anspruchs infolge einer Anfechtung nach dem AnfG (hier ist der Anfechtungsgegner im Anfechtungsprozeß nicht durch § 767 beschränkt). Die Bekämpfung der Rechtsbeständigkeit des Titels.

Weitere Beispiele: Eine Änderung der Gesetzgebung, es sei denn, daß das Gesetz selbst eine Klage nach § 767 zuläßt, zB § 19 AGBG (wegen eines der Einzelklage folgenden abweichenden Urteils bei einer Verbandsklage Pal-Heinrichs dort Anm 1, aM Sieg VersR **77**, 494), Ffm FamRZ **79**, 139, oder bei einem andauernden, fortlaufend anspruchserzeugenden Rechtsverhältnis, BGH FamRZ **77**, 462 (wegen einer Tatsache, die vor dem Abschluß des Vergleichs eingetreten ist, vgl Anh § 307 Anm 6 D). Die Aufhebung einer bestimmten Zwangsvollstreckungsmaßnahme, etwa der Ersatz des Pfändungspfandrechts durch ein vereinbartes Pfandrecht. Ein Rücktritt des Abtretenden nach der Abtretung, BGH DB **78**, 1494.

Weitere Beispiele: Der Eintritt der Volljährigkeit des Unterhaltsberechtigten, aM AG Altena FamRZ **82**, 324. Die Erschöpfung der Versicherungssumme, BGH **84**, 154.

3) Klage, I. A. Zulässigkeit. Die Klage ist unzulässig, wenn ein vollstreckbarer Anspruch fehlt KBlz FamRZ **81**, 1093, wie bei einem Beschluß nach § 758, Kblz FamRZ **81**, 1093, oder bei einem rechtsgestaltenden Urteil, Anm 1 A d, aM Schlosser, Gestaltungsklage und Gestaltungsurteil §§ 264ff. Die Klage ist an sich auch gegen einen Exterritorialen zulässig. Denn sie ist nur eine prozessuale Folge von dessen Klage. Ein Ausschluß wäre sittenwidrig. Die Zwangsvollstreckung braucht auch nicht begonnen zu haben, Henckel AcP **174**, 108. Auch braucht noch nicht unbedingt die Vollstreckungsklausel bereits erteilt worden zu sein. Dagegen macht die völlige Beendigung der Zwangsvollstreckung, Grdz 7 B vor § 704, die Klage unzulässig und beläßt dem Kläger höchstens einen sachlichrechtlichen Anspruch, BAG NJW **80**, 141 mwN.

B. Parteien. Das sind diejenigen des Vorprozesses in der umgekehrten Parteirolle: Kläger ist jeder Vollstreckungsschuldner, also auch jeder Gesamtschuldner, Ffm MDR **82**, 934, oder derjenige Dritte, auf dessen Namen die Klausel gestellt wurde oder der zu einer Duldung der Zwangsvollstreckung verurteilt worden ist; Beklagter ist der Vollstreckungsgläubiger oder derjenige, für den die Klausel umgeschrieben wurde, BpatG GRUR **82**, 484. Wenn eine solche Situation nicht vorliegt, hängt es vom Verhalten des alten und des neuen

1. Abschnitt. Allgemeine Vorschriften § 767 3

Gläubigers und von den Einwendungen des Schuldners ab, gegen wen die Klage zu richten ist, Celle NdsRpfl **63**, 37 mwN. Unter Umständen ist die Klage gegen beide zu richten. Der Dritte, der ein Widerspruchsrecht nach § 771 hat, kann nicht klagen. Bei einer Verurteilung Zug um Zug ist nur der Verurteilte zur Klage berechtigt. Wenn der ursprüngliche Gläubiger trotz einer Abtretung noch vollstreckt, ist er zu verklagen.

C. Zustellung. Die Zustellung der Klage erfolgt an den ProzBev des Vorprozesses, §§ 176, 178. Denn die Prozeßvollmacht des Vorprozesses gilt auch hier noch, § 81. Die Zustellung an die Partei selbst erfolgt nur dann, wenn der ProzBev inzwischen weggefallen ist. Ein Vertreter im Privatklageverfahren ist nicht ein ProzBev im Sinne der ZPO. Daher muß die Klage gegen den Kostenfestsetzungsbeschluß des Privatklageverfahrens der Partei selbst zugestellt werden.

D. Zuständigkeit. Das Prozeßgericht der ersten Instanz des Vorprozesses ist örtlich und sachlich ausschließlich zuständig, § 802, und zwar ohne Rücksicht auf den Streitwert. Eine Ausnahme gilt bei einer Berufung, wenn die erste Instanz über denselben Streitstoff schon entschieden hat, Ffm NJW **76**, 1983. Unter dem Prozeßgericht ist das Gericht desjenigen Verfahrens zu verstehen, in dem der Vollstreckungstitel geschaffen worden ist, BGH NJW **80**, 1393, BPatG GRUR **82**, 484 je mwN.

In einer Familiensache ist das Familiengericht zuständig, BGH NJW **81**, 346 mwN (Inlandsfall), BGH NJW **80**, 2025 (Auslandsfall) mwN, Düss FamRZ **80**, 794, vgl Hamm NJW **78**, 281 (darum geht die Berufung an das OLG) und FamRZ **82**, 525 mwN, Mü FamRZ **78**, 604, Schlesw SchlHA **80**, 143, Flieger MDR **78**, 885, Stanicki FamRZ **77**, 685, offen BGH NJW **78**, 189 mwN, abw insofern BGH NJW **80**, 1393, ferner Brschw FamRZ **78**, 128, Mü FamRZ **78**, 50 und 51 (die Art der Einwendung sei maßgeblich; dagegen Parche NJW **79**, 142), Stgt NJW **78**, 1272. Dies gilt zB bei einer Klage gegen einen Unterhaltstitel (mit Ausnahme desjenigen betr einen Nichtehelichen), BGH NJW **78**, 1812 mwN, Düss FamRZ **77**, 427, ähnlich 726, oder bei einer Klage gegen einen Kostenfestsetzungsbeschluß, Schlesw SchlHA **78**, 199.

Bei einem Umgangsverbot ist das Vormundschaftsgericht zuständig, LG Dortm FamRZ **81**, 1002.

Welche Abteilung oder Kammer zuständig ist, bestimmt sich nach der Geschäftsverteilung. Eine Ausnahme von dieser Regel gilt dann, wenn ein besonderer Spruchkörper vorliegt, BGH **LM** Nr 42, zB die Kammer für Handelssachen, obwohl es sich um eine rein prozessuale Klage handelt. Denn der Streitstoff ist demjenigen des Vorprozesses wesensgleich, vgl BGH **LM** Nr 42 mwN.

In einer Arbeitssache ist das Arbeitsgericht zuständig. Bei einer Klage gegen ein ausländisches Urteil oder gegen die ausländische Vollstreckbarerklärung eines Schiedsspruchs ist dasjenige Gericht zuständig, das das Vollstreckungsurteil oder den entsprechenden Beschluß erlassen hat, unter Umständen das AG, auch bei einem hohen Streitwert. Bei einer Klage gegen den Vollstreckungstitel aus einem behördlichen Enteignungsverfahren ist dasjenige AG zuständig, in dessen Bezirk die Behörde ihren Sitz hat, BGH **LM** Nr 42. Bei einer Klage gegen einen Titel in einer Baulandsache ist die Kammer für Baulandsachen zuständig, BGH **LM** Nr 42 mwN. Wenn der Gerichtsbezirk geändert wurde, ist das bisher maßgebliche Gericht zuständig, Art 1 § 1 G v 6. 12. 33, RGBl 1037. Gemäß § 25 II WAG ist das AG am Ort der Festsetzungsbehörde zuständig. Wegen des EuGÜbk SchlAnh V C 1 (Art 16 Z 5). Zum interlokalen Recht BGH **84**, 18 mwN.

Der Rechtsweg richtet sich nach der Rechtsnatur desjenigen Vollstreckungstitels, aus dem der Gläubiger vollstreckt, unabhängig davon, ob der zu vollstreckende Anspruch dem öffentlichen oder dem Privatrecht angehört, VGH Mü NJW **83**, 1992 mwN.

E. Klagegrund. Dazu gehören diejenigen Tatsachen, mit denen der Kläger (Schuldner) nach dem sachlichen Recht seine Einwendungen begründet. Der Antrag lautet: „Die Zwangsvollstreckung aus dem Urteil ... wird für unzulässig erklärt" oder „... wird nur gegen folgende Gegenleistung für zulässig erklärt ..." oder „wird für teilweise unzulässig erklärt". Unzulässig ist der Antrag, die Zwangsvollstreckung in bestimmte Gegenstände für unzulässig zu erklären, BGH NJW **60**, 2286. Es ist statthaft, den Anspruch auf eine Rückgewähr oder auf einen Ersatz oder auf eine Herausgabe der vollstreckbaren Ausfertigung mit der Klage zu verbinden. Es ist auch ein Übergang zu der Ersatzklage nach § 268 Z 3 zulässig.

F. Verfahren. Es verläuft wie gewöhnlich. Der Kläger muß grundsätzlich die Voraussetzungen seiner Klage beweisen, BGH NJW **81**, 2756. Ein Verzicht auf die Zwangsvollstreckung oder eine Einigung dahin, daß eine Zwangsvollstreckung nicht mehr in Betracht komme, führt nicht zur Unzulässigkeit der Klage. Denn der Gläubiger muß auch noch den Vollstreckungstitel herausgeben, BGH DB **76**, 482 mwN, Saarbr JB **78**, 1093. Das Urteil sollte so wie ein zulässiger Antrag lauten, vgl E. Das Gericht hat zu klären, inwieweit und wem gegenüber die Zwangsvollstreckung zulässig ist.

Wenn sich die Klage gegen einen Vollstreckungstitel richtet, der für einen Anspruch entstand, der zu den Feriensachen zählt, dann ist auch das Verfahren der Vollstreckungsabwehrklage eine Feriensache, BGH NJW **80**, 1695.

G. Entscheidung. Fehlt ein Erfordernis des § 767, so ist die Klage als unbegründet abzuweisen. Das Urteil hat keine Rückwirkung. Die Unzulässigkeit der Zwangsvollstreckung gilt erst vom Eintritt der Rechtskraft oder von der vorläufigen Vollstreckbarkeit des Urteils an, § 775 Z 1, aM Blomeyer AcP **165**, 486ff (er fordert ein Beseitigungs- und Unterlassungsurteil und meint, erst mit dessen Zugang bei der Vollstreckungsbehörde werde die Zwangsvollstreckung unzulässig). Vorläufige Maßnahmen sind nach §§ 769, 770 statthaft. Wenn die Klage erhoben wurde, bevor eine Zwangsvollstreckung unmittelbar bevorstand, kann § 93 anwendbar sein, so daß der Kläger die Kosten tragen muß. Jedenfalls sind die Kosten nicht solche des Vorprozesses. Über die Kosten muß das Gericht besonders entscheiden. Das Gericht und der Anwalt erhalten die vollen Gebühren. Wegen der Rechtskraftwirkungen § 322 Anm 4 ,,Vollstreckungsabwehrklage".

4) Beschränkung der Klagegründe (Präklusionswirkung), II. Vgl dazu Einf 3 B vor §§ 322–327. Eine solche Wirkung entsteht nicht gegenüber der Anwaltskammer, § 84 III BRAO.

A. Nach der letzten Tatsachenverhandlung. Die klagebegründende Einwendung muß nach der letzten Tatsachenverhandlung des Vorprozesses entstanden sein, in der sie hätte erhoben werden können. Vgl auch § 128 Anm 5 B. Dagegen ist es unerheblich, wann das Urteil verkündet wurde. Wenn der Vorprozeß trotz eines Urteils noch in der ersten oder zweiten Instanz rechtshängig war, dann müssen dort zulässige Einwendungen später erwachsen sein. Sie sind daher nach einem Vorbehaltsurteil, einem Urkundenurteil, einem Wechselurteil oder einem Scheckurteil im Nachverfahren vorzubringen, soweit dieses statthaft ist. Eine rechtskräftige Vorabentscheidung über den Grund nach § 304 schneidet die vorher entstandenen Einwendungen ab. In der Revisionsinstanz sind Einwendungen unzulässig. Deshalb entscheidet insoweit der Schluß der mündlichen Verhandlung der vorigen Instanz.

Wenn die Einwendung nach dem Schluß der Verhandlung erster Instanz, aber vor der Rechtskraft des Urteils entstand, dann kann der Schuldner Berufung einlegen oder klagen, Hbg JB **77**, 1462. Macht er von beiden Möglichkeiten Gebrauch, dann ist die Klage mangels eines Rechtsschutzbedürfnisses abzuweisen. Die nach dem Urteil bestehende Schuld ist noch nicht dann erfüllt, wenn der Schuldner auf Grund eines bloß vorläufig vollstreckbaren Urteils gezahlt hat, Einf 1 B vor §§ 708–720.

Eine zurückgewiesene Einwendung ist geltend gemacht; die Klage darf eine solche Einwendung nicht wieder aufgreifen. Es ist auch mit der Rechtskraft unvereinbar, eine Einwendung, die nach § 767 nicht mehr geltend gemacht werden könnte, zur Grundlage eines Schadensersatzanspruches wegen einer unzulässigen Zwangsvollstreckung zu machen. Wenn in einer Steuersache eine Klage zulässig ist, dann tritt der Ausschluß mit einer Einwendung erst in demjenigen Zeitpunkt ein, bis zu dem spätestens eine Nachprüfung der Einwendung im geregelten Verwaltungsverfahren herbeizuführen war. Wegen der Besonderheiten der Rechtslage beim Kostenfestsetzungsbeschluß und beim Prozeßvergleich § 795 Anm 2 D. Bei einer Verbandsklage wegen allgemeiner Geschäftsbedingungen besteht eine Sonderregel, § 19 AGBG.

B. Objektive Entstehung. a) Grundsatz. Maßgebender Zeitpunkt ist grundsätzlich das Entstehen der Einwendung, nicht die Kenntnis der Partei, BAG NJW **80**, 143, Karlsr FamRZ **82**, 400, Schlesw SchlHA **79**, 127. Deshalb ist es unerheblich, ob gerade der Kläger die Einwendung im Vorprozeß vorbringen konnte. Ebenso unerheblich ist es, ob die Einwendung erst infolge einer Willenserklärung des Schuldners Wirkungen hat.

b) Aufrechnung. Deshalb entscheidet bei einer Aufrechnung des Schuldners nur derjenige Zeitpunkt, in dem sich die Forderungen erstmals objektiv aufrechenbar gegenüberstanden, § 389 BGB, BGH **34**, 279, BAG NJW **56**, 1007, aM Ro § 183 III 2a γ. Die Forderung muß also nachträglich erworben oder fällig geworden sein; es kommt nicht darauf an, wann der Gläubiger von ihr Kenntnis hatte.

Eine wegen Verspätung oder mangels Sachdienlichkeit nicht zugelassene Aufrechnung, §§ 296, 530 II, läßt sich auch nicht nachholen, um auf diese Weise die Vollstreckbarkeit des

1. Abschnitt. Allgemeine Vorschriften § 767 4–6

Urteils zu bekämpfen, das gerade diese Forderung durch die Nichtzulassung ausgeschaltet hat. Die Aufrechnung mit einer derartigen Forderung ist unzulässig und sachlichrechtlich wirkungslos. II hat damit und insofern auch eine Auswirkung auf das sachliche Recht, Düss MDR **83**, 586 mwN, Ffm NJW **76**, 1983, RoS § 106 III 2, aM KG Rpfleger **73**, 264 (zustm Grunsky ZZP **86**, 441).

Wenn aber mit einer prozessualen Kostenschuld aufgerechnet werden soll, dann muß dieser Anspruch auch der Höhe nach unbestritten sein, oder es muß ein rechtskräftiger Kostenfestsetzungsbeschluß vorliegen, BHG **LM** § 104 Nr 5. Denn erst dann steht die Höhe der Kostenschuld fest. Da im Kündigungsschutzprozeß der Anspruch auf eine Abfindung erst durch das Urteil entsteht, unterliegt eine Einwendung gegen diese Abfindung nicht dem I, BAG NJW **68**, 1301. Die Entstehung der Einwendung ist stets nach dem sachlichen Recht zu beurteilen, vgl BAG NJW **80**, 143 (bei § 60 I entsteht die Einwendung erst dann, wenn der Stand der Masse so weit geklärt ist, daß sich die Quote errechnen läßt).

c) Weitere Fälle. Das gilt auch bei einer Wandlung, einem Rücktritt, einer Anfechtung, auch bei derjenigen wegen einer arglistigen Täuschung, BGH **42**, 37 und dgl, aM Stgt NJW **55**, 1562 (maßgeblich sei der Zeitpunkt der Kenntnis des Anfechtungsgrundes). Bei einer Abtretung ist eine Kenntnis nach § 407 I BGB wesentlich, insofern aM Schlesw SchlHA **79**, 127. Deshalb ist eine Klage zulässig, wenn die Abtretung im Vorprozeß nicht vorgebracht wurde, weil sie nicht bekannt war. Die Einwendung aus einer vertraglichen Beschränkung der Zwangsvollstreckung gehört nicht hierher, Anm 2 C. Der Schuldner muß den Zeitpunkt der Entstehung der Einwendung beweisen, BGH **34**, 281.

C. Unzulässigkeit des Einspruchs. Ein Einspruch muß unzulässig sein. Der Grund zur Geltendmachung der Einwendung darf also erst nach dem Ablauf einer Einspruchsfrist entstanden sein, BGH NJW **82**, 1812 mwN, Ro § 183 III 2a, aM zB StJM Rdz 40 (es genüge, daß die Einspruchsfrist vor dem Schluß der letzten mündlichen Verhandlung über die jetzige Klage abgelaufen sei). Die Möglichkeit einer Berufung steht der Klage nicht entgegen.

5) Einwendungsverlust, III. Der Kläger verliert alle Einwendungen, die im Vollstreckungsabwehrprozeß objektiv möglich waren, die er aber bis zum Schluß der letzten zulässigen Tatsachenverhandlung nicht geltend gemacht hat, BGH **LM** Nr 32. III stellt einen Häufungsgrundsatz auf. Demnach sind die §§ 282, 296, 528 zu beachten. Der Einwand einer Klagänderung, die Böttcher MDR **63**, 932 überhaupt leugnet (er geht von der Einheit des Streitgegenstands der Vollstreckungsabwehrklage aus, daß nämlich eine Berechtigung des Gläubigers zur Zwangsvollstreckung aus dem angegriffenen Titel nicht oder nur eingeschränkt bestehe), ist unzulässig, Ro § 183 III 2, Schwab ZZP **79**, 463, aM BGH **45**, 231 (so daß neue Einwendungen nur unter den Voraussetzungen des § 263 eingeführt werden könnten. Das widerspricht aber dem Häufungsgrundsatz: „muß"), zum BGH ablehnend Böttcher JZ **66**, 614, Baumgärtel JR **68**, 368.

Eine neue Vollstreckungsabwehrklage läßt sich nur auf solche Einwendungen stützen, die inzwischen entstanden sind, nicht auf solche Einwendungen, die der Kläger (wenn auch schuldlos) versäumt hat, BGH **61**, 26 mwN (krit Gerhardt ZZP **96**, 283, Münzberg ZZP **87**, 454), aM Baumgärtel-Scherf JR **68**, 370, ferner auf solche Einwendungen, die im Vorprozeß nicht zugelassen worden waren, Celle MDR **63**, 932, sofern die Zurückweisung nicht wegen einer Säumigkeit erfolgt war, sondern nur wegen mangelnder Sachdienlichkeit. Ob das letztere geschehen war, muß der Richter im neuen Prozeß selbst prüfen. Das Gericht darf von Amts wegen keine Einwendungen berücksichtigen, die der Kläger nicht vorgebracht hat.

6) VwGO: *Entsprechend anwendbar, § 167 I VwGO, OVG Münst NJW* **80**, *2427, OVG Lüneb NJW* **74**, *918 mwN, auf alle Vollstreckungstitel des § 168 I VwGO (einschließlich Vergleiche, VGH Mü BayVBl* **78**, *53), auch bei Vollstreckung zugunsten der öffentlichen Hand nach § 169 I VwGO, § 5 VwVG iVm § 256 AO 1977, vgl RedOe § 169 Anm 11 mwN, str. Der Rechtsweg richtet sich nach der Rechtsnatur des Titels, VGH Mü NJW* **83**, *1992 mwN, hM; zuständig ist in allen Fällen das Gericht des ersten Rechtszuges, EF § 167 Rdz 10 und 11. Einen Sonderfall regelt § 183 VwGO. Streitig ist, ob § 767 auch zur Abwehr unzulässiger Vollstreckung aus VerwAkten gegeben ist, verneinend OVG Kblz NJW* **82**, *2276 mwN, Kröller, Vollstreckungsschutz im VerwZwangsverfahren, 1970, Fischer BayVBl* **80**, *173, Kopp § 167 Rdz 18 mwN, bejahend Gaul JZ* **79**, *499, Engelhardt VwVG § 18 Rdz 19 u 20 (mit Einschränkungen); jedenfalls ist in diesen Fällen § 767 dann nicht entsprechend anzuwenden, wenn eine Klage nach § 42 oder § 43 VwGO zulässig ist, BVerwG* **27**, *141, OVG Münst NJW* **76**, *2036, VGH Kassel AS* **27**, *182.*

768 *Klage wegen Unzulässigkeit der Vollstreckungsklausel.* Die Vorschriften des § 767 Abs. 1, 3 gelten entsprechend, wenn in den Fällen des § 726 Abs. 1, der §§ 727 bis 729, 738, 742, 744, und des § 745 Abs. 2 und des § 749 der Schuldner den bei der Erteilung der Vollstreckungsklausel als bewiesen angenommenen Eintritt der Voraussetzung für die Erteilung der Vollstreckungsklausel bestreitet, unbeschadet der Befugnis des Schuldners, in diesen Fällen Einwendungen gegen die Zulässigkeit der Vollstreckungsklausel nach § 732 zu erheben.

1) Zulässigkeit. Die beschränkte Vollstreckungsabwehrklage des § 768 ist in denjenigen Fällen zulässig, in denen die Erteilung der Vollstreckungsklausel von dem Nachweis des Eintritts einer besonderen Voraussetzung abhängt. Unter Umständen ist der Weg des § 768 neben demjenigen nach § 732 offen, Düss FamRZ **78**, 428, § 732 Anm 1 B b.

Beispiele: Der Schuldner leugnet eine Rechtsnachfolge des Gläubigers oder beweist den Nichtverfall trotz einer Verfallsklausel. Auch der Dritte kann die Klage erheben, wenn er als Rechtsnachfolger ein Recht auf die Beseitigung der Vollstreckungsklausel behauptet, die das Gericht einem anderen als dem angeblichen Rechtsnachfolger erteilt hat, § 727 Anm 2, oder wenn der Kläger ein Begünstigter im Sinne von § 328 BGB zu sein behauptet, vgl Ffm MDR **73**, 321.

Eine rechtskräftige Feststellung nach § 768 schließt Einwendungen nach § 732 aus. Rechtskräftige Feststellungen nach § 732 schließen aber nicht Einwendungen nach § 768 aus. Denn eine nach § 732 hat immer nur eine vorläufige Bedeutung, BGH **LM** Art 101 GG Nr 19. Ein rechtskräftiges Urteil aus § 731 steht der Klage nach § 768 entgegen. Ein genügender Klagegrund ist schon das bloße Vorhandensein einer unrechtmäßigen Vollstreckungsklausel, solange noch eine Vollstreckungsmaßnahme möglich ist.

2) Verfahren. Der Antrag geht dahin, die Zwangsvollstreckung für unzulässig zu erklären. Der Kläger muß seine Einwendungen beweisen, abgesehen von einem etwaigen guten Glauben, zB ZöSch 2, aM Renzing MDR **76**, 286. Für die Beurteilung, ob die Vollstreckungsklausel rechtmäßig erteilt worden war, ist der Schluß der mündlichen Verhandlung der entscheidende Zeitpunkt. Wenn die Klausel ohne Nachweise zu erteilen ist, wie bei einer Verfallsklausel, dann muß der Schuldner die sachliche Unzulässigkeit der Zwangsvollstreckung beweisen. Eine nachträglich eintretende Fälligkeit heilt die Mängel der zu Unrecht erteilten Klausel. Wegen einer weiteren Klage des Erwerbers nach der Umschreibung der Klausel und bei einer Vollstreckung gegen ihn vgl § 732 Anm 1 B b.

3) Anwendbarkeit des § 767. Im übrigen gelten voll die Grundsätze des § 767, auch die Notwendigkeit der Häufung der Einwendungen, § 767 III. Das Familiengericht kann zuständig sein, Flieger MDR **78**, 884. § 767 II ist allerdings unanwendbar. Einreden sind also in ihrer Entstehung nicht zeitlich begrenzt. Die Rückgabe der Klausel kann nicht erzwungen werden.

4) VwGO: *Entsprechend anwendbar, § 167 I VwGO, in dem in Einf 5 §§ 727–729 bezeichneten Umfang.*

769 *Vorläufige Maßnahmen vorm Urteil.* ¹ Das Prozeßgericht kann auf Antrag anordnen, daß bis zum Erlaß des Urteils über die in den §§ 767, 768 bezeichneten Einwendungen die Zwangsvollstreckung gegen oder ohne Sicherheitsleistung eingestellt oder nur gegen Sicherheitsleistung fortgesetzt werde und daß Vollstreckungsmaßregeln gegen Sicherheitsleistung aufzuheben seien. Die tatsächlichen Behauptungen, die den Antrag begründen, sind glaubhaft zu machen.

II In dringenden Fällen kann das Vollstreckungsgericht eine solche Anordnung erlassen, unter Bestimmung einer Frist, innerhalb der die Entscheidung des Prozeßgerichts beizubringen sei. Nach fruchtlosem Ablauf der Frist wird die Zwangsvollstreckung fortgesetzt.

III Die Entscheidung über diese Anträge kann ohne mündliche Verhandlung ergehen.

1) Einstweilige Anordnung, I, III. A. Zulässigkeit. Das Prozeßgericht kann bei einer Vollstreckungsabwehrklage eine einstweilige Anordnung nach §§ 767, 785, 786 und in entsprechender Anwendung bei einer leugnenden Feststellungsklage, Hbg FamRZ **82**, 412, Hamm FamRZ **81**, 694, Stgt FamRZ **81**, 694 je mwN, und bei § 323 treffen, dort Anm 3 B f, auch beim Prozeßvergleich, § 767 Anm 1 C c, nicht aber bei einer Schadensersatzklage wegen eines Urteilsmißbrauchs, Karlsr OLGZ **76**, 335, Mü NJW **76**, 1748 mwN, aM zB

1. Abschnitt. Allgemeine Vorschriften § 769 1, 2

Düss MDR **53**, 557, vgl auch Einf 6 B–D vor §§ 322–327. Prozeßgericht ist das Gericht derjenigen Instanz, in der der Vollstreckungsabwehrprozeß oder der Prozeß nach § 323 zur Zeit des Antrags anhängig ist, also auch der Einzelrichter des § 348. Das Prozeßgericht kann die Anordnung schon nach der Einreichung der Klagschrift, Schlesw SchlHA **82**, 111, und nach der Zahlung der Verfahrensgebühr gemäß § 65 GKG, Anh § 271, treffen, so auch Köln MDR **60**, 770 und zwar unbedingt, Saarbr DRZ **49**, 261, in dringenden Fällen auch schon nach der Einreichung des Antrags auf die Bewilligung einer Prozeßkostenhilfe, Schlesw SchlHA **78**, 146, Stgt NJW **63**, 258, StJM II 1, ZöSch I, offen Hbg FamRZ **82**, 622, aM Celle NJW **67**, 1282 (abl Weyer), Ffm FamRZ **82**, 724 mwN, KG NJW **56**, 917, ThP 4 c, Vogel AnwBl **80**, 406. Hbg MDR **58**, 44 zieht als Grundlage für eine solche Zwischenanordnung §§ 732 II, 766 I 2 heran.

Die Unzuständigkeit des Gerichts in der Sache selbst schadet grds nicht, Kblz FamRZ **83**, 939, Zweibr MDR **79**, 324 mwN. Denn es besteht die Möglichkeit einer Verweisung. Bei einer eindeutigen Unzuständigkeit, etwa beim Fehlen des Rechtswegs, darf dieses Gericht aber überhaupt nicht (zunächst) tätig werden, VGH Mü NJW **83**, 1992. Notwendig ist ein Antrag des Schuldners. Anwaltszwang besteht wie sonst. Die Einzahlung des Gerichtskostenvorschusses muß nachgewiesen werden, soweit ein solcher Vorschuß nach dem Gesetz erforderlich ist. Für Maßnahmen nach § 769 ist ein Beginn der Zwangsvollstreckung nicht Voraussetzung. Eine völlige Beendigung der Zwangsvollstreckung, Grdz 7 B vor § 704, macht aber eine Anordnung nach § 769 unzulässig.

Vgl ferner § 262 II AO 1977.

B. Verfahren, III. Eine mündliche Verhandlung ist zulässig, aber nicht erforderlich. Der Antragsteller muß die tatsächlichen Unterlagen glaubhaft machen, § 294. Er kann die Glaubhaftmachung nicht durch eine Sicherheitsleistung ersetzen. Ein Wegzug ins Ausland reicht nicht stets aus, LG Regensb NJW **78**, 1118. Die Entscheidung ergeht durch einen Beschluß. Das Gericht muß ihn grundsätzlich begründen, § 329 Anm 1 A b. Er ist zu verkünden oder beiden Parteien förmlich zuzustellen, § 329 III. Das Gericht trifft seine Anordnungen nach pflichtgemäßem Ermessen. Es muß die Aussichten der Klage berücksichtigen, Hbg NJW **78**, 1272. Eine Einstellung der Zwangsvollstreckung trotz der Aussichtslosigkeit einer Vollstreckungsabwehrklage läuft auf eine Rechtsverweigerung hinaus, vgl Schlesw SchlHA **77**, 204.

C. Zulässige Maßnahmen. Zulässig sind dieselben Maßnahmen wie bei § 707. Abweichend von jener Vorschrift besteht die Erleichterung, daß das Gericht die Zwangsvollstreckung auch dann ohne eine Sicherheitsleistung einstellen darf, wenn ein Nachteil nicht glaubhaft gemacht worden ist. Zulässig ist auch die Anordnung, daß ein Versteigerungserlös zu hinterlegen sei. Eine Sicherheitsleistung soll den Gläubiger vor den Nachteilen der Anordnung schützen. Deshalb ist auch eine Aufhebung der Zwangsvollstreckung nur gegen eine Sicherheitsleistung statthaft, die dem Gläubiger einen vollen Ersatz gewährleistet.

Überhaupt sollte sich das Gericht zurückhalten. Die Vollstreckungsabwehrklagen sind ein beliebtes Hilfsmittel fauler Schuldner. LAG Hamm BB **80**, 265 mwN lehnt wegen § 62 I ArbGG eine Sicherheitsleistung des Gläubigers oder des Schuldners ab, aM LAG Ffm DB **65**, 225, LAG Köln DB **83**, 1827. Die Anordnung ist keine einstweilige Verfügung. Eine solche wäre auch unzulässig. Die Anordnung tritt ohne weiteres außer Kraft, sobald ein Urteil zu Lasten des Schuldners ergeht. Eine aufgehobene Vollstreckungsmaßnahme lebt aber durch ein solches Urteil nicht wieder auf. Wie § 770 zeigt, darf sich die Anordnung eine Wirkung nur bis zum Erlaß des Urteils der Instanz beilegen. Eine Einstellung in der Hauptsache berührt die Vollstreckung eines Arrestes oder einer einstweiligen Verfügung nicht, vgl § 930 Anm 1 B. Wegen der Wirkung der Einstellung usw vgl § 707 Anm 3 B–G.

2) Dringender Fall, II. A. Voraussetzungen. Ein dringender Fall liegt dann vor, wenn die Zeit nicht ausreicht, um eine Entscheidung des Prozeßgerichts einzuholen, namentlich eine Entscheidung des Kollegialgerichts, insofern richtig LG Frankenthal Rpfleger **81**, 314.

Ein dringender Fall liegt nicht schon deshalb vor, weil die Zwangsvollstreckung unmittelbar bevorsteht, sofern der Schuldner den Antrag erst im letzten Augenblick arglistig stellt, um eine ausreichende Prüfung zu verhindern.

Er fehlt ferner zB dann, wenn bereits in einem anderen zugehörigen Verfahren eine Einstellung der Zwangsvollstreckung erfolgt ist, Köln FamRZ **81**, 379.

B. Verfahren. Der Antragsteller muß außer den tatsächlichen Unterlagen, I, die Dringlichkeit glaubhaft machen, § 294. Zur Entscheidung zuständig ist das Vollstreckungsgericht, § 764. Es entscheidet durch den Rpfl, § 20 Z 17 RPflG, Anh § 153 GVG. Denn eine richterliche Entscheidung muß ohnehin nachgebracht werden, aM wegen der Liegenschaftszwangsvollstreckung LG Mannh Rpfleger **59**, 319, dagegen Stöber Rpfleger **59**, 304. Eine mündliche Verhandlung ist zulässig, aber nicht notwendig, III. Der Rpfl entscheidet durch einen Beschluß. Er muß ihn grundsätzlich begründen, § 329 Anm 1 A b. Der Beschluß wird beiden Parteien zugestellt, § 329. Wegen des EuGÜbk SchlAnh V C 1 (Art 16 Z 5).

C. Fristsetzung. Das Gericht muß eine Frist zur Beibringung der Entscheidung des Prozeßgerichts aus I setzen. Wenn der Schuldner die Entscheidung nicht innerhalb der Frist beibringt, dann tritt die Anordnung des Vollstreckungsgerichts kraft Gesetzes außer Kraft. Darum ist hier eine Aufhebung einer Vollstreckungsmaßnahme geradezu unstatthaft. Das Prozeßgericht kann aber die Zwangsvollstreckung mit Wirkung für die Zukunft erneut einstellen. Eine Anordnung des Prozeßgerichts erledigt diejenige des Vollstreckungsgerichts. Ein neuer Antrag nach einer Ablehnung setzt neue Gründe voraus. Denn niemand kann über denselben Sachverhalt zwei Entscheidungen verlangen.

3) Rechtsbehelfe. Es gilt die folgende Regelung:

A. Erinnerung. Wenn der Rpfl entschieden hat, ist die Erinnerung zulässig, § 11 RPflG, Anh § 153 GVG.

B. Sofortige Beschwerde. Gegen den Beschluß des Prozeßgerichts oder des Vollstreckungsgerichts ist nach einer Entscheidung des Rpfl die sofortige Erinnerung, § 11 I 2 RPflG, Anh § 153 GVG, Meyer-Stolte Rpfleger **82**, 123, und nach einer anfänglichen Entscheidung des Richters die sofortige Beschwerde zulässig, § 793, Bbg FamRZ **80**, 617, Hbg FamRZ **82**, 622, KG FamRZ **78**, 529, Karlsr FamRZ **82**, 401, Mü MDR **77**, 762 je mwN, Stgt NJW **78**, 1272. Die sofortige Beschwerde ist jedoch nur dann statthaft, wenn der Vorderrichter einen groben Gesetzesverstoß oder Ermessensfehler begangen, insbesondere die Grenzen seines Ermessens verkannt hat, zB Hbg FamRZ **82**, 412 und 622, Hamm (5. FamS) FamRZ **80**, 476, KG (24. ZS) MDR **82**, 329 mwN, nur grds auch Kblz (15. FamS) Rpfleger **83**, 175, ferner Kblz (13. FamS) FamRZ **83**, 939, Schlesw SchlHA **77**, 190 (abw Schlesw SchlHA **78**, 146 betr II), Zweibr FamRZ **80**, 69, vgl auch Celle JB **78**, 129, Ffm FamRZ **82**, 736, Karlsr MDR **74**, 407, Schneider MDR **80**, 531. Hbg MDR **70**, 388 hält nur eine auf einen Formfehler gestützte Beschwerde für zulässig.

Einige Gerichte, ua Hamm MDR **79**, 852, LG Frankenthal Rpfleger **81**, 314 je mwN, halten entsprechend § 707 II den Beschluß für unanfechtbar, andere halten ihn für uneingeschränkt anfechtbar, zB KG (15. ZS) FamRZ **78**, 528. Aber § 769 enthält gerade nicht eine Regelung wie § 707 II 2, Mü MDR **77**, 762, Teubner NJW **74**, 302 je mwN.

C. Weitere Einzelfragen. Zur weiteren sofortigen Beschwerde § 568 Anm 2, 3 und Mü MDR **77**, 762. Die Anordnung des Vollstreckungsgerichts wird nach einem erfolglosen Ablauf der Frist nach II oder nach einem abweisenden Urteil gegenstandslos, § 577 III. Doch lassen veränderte Umstände oder neue Tatsachen einen neuen Antrag und eine neue Entscheidung zu, Karlsr OLGZ **76**, 479 mwN, und zwar selbst dann, wenn der Beschluß inzwischen rechtskräftig geworden ist. Wenn die Klage nach § 767 Erfolg hat, dann kann der Bekl in einem Verfahren gemäß § 769 noch vor dem Beschwerdegericht eine Erklärung gemäß § 91a abgeben, dort Anm 4, Saarbr NJW **71**, 386.

4) VwGO: Entsprechend anwendbar, § 167 I VwGO, soweit §§ 767, 768 gelten, OVG Münster VerwRspr **22** Nr 87, OVG Lüneb NJW **74**, 918. Zuständigkeit: § 767 Anm 6; eine im unzulässigen Rechtsweg erhobene Klage begründet die Zuständigkeit nicht, VGH Mü NJW **83**, 1992. Rechtsbehelf: Beschwerde, §§ 146ff VwGO, wenn das VG die AnO erlassen hat, OVG Hbg HbgJVBl **70**, 57 (keine entsprechende Anwendung von § 707 II).

770 **Vorläufige Maßnahmen im Urteil.** Das Prozeßgericht kann in dem Urteil, durch das über die Einwendungen entschieden wird, die in dem vorstehenden Paragraphen bezeichneten Anordnungen erlassen oder die bereits erlassenen Anordnungen aufheben, abändern oder bestätigen. Für die Anfechtung einer solchen Entscheidung gelten die Vorschriften des § 718 entsprechend.

1) Anordnungen. § 770 erlaubt dem Prozeßgericht bei einer Vollstreckungsabwehrklage nach §§ 770, 768, 786 im Urteil, auch in dem bloß vollstreckbaren Urteil, Anordnungen nach § 769 I, III zu treffen. Diese Befugnis besteht abweichend von § 769 auch von Amts wegen. Eine in einem vorläufig vollstreckbaren Urteil getroffene Anordnung tritt mit der Rechtskraft des Urteils ohne weiteres außer Kraft. Die Durchführung richtet sich nach § 775 Z 2.

Vgl ferner § 262 II AO 1977.

2) Rechtsbehelfe. Die Anordnung ist ein Teil des Urteils. Man kann sie daher nur zusammen mit diesem Urteil und nur mit dessen Rechtsmittel angreifen. Die Anordnung ist sofort vollstreckbar. In der zweiten Instanz entscheidet das Gericht auf Antrag auch vorab, § 718. Das Berufungsgericht kann aber auch eine Anordnung aus § 769 erlassen.

3) VwGO: *Entsprechend anwendbar, § 167 I VwGO, in demselben Umfang wie § 769. Rechtsbehelfe wie in Anm 2.*

Einführung vor §§ 771–774
Widerspruchsklagen

1) Allgemeines. A. Rechtsnatur. Die ZPO gibt eine Reihe von Widerspruchsklagen (Interventionsklagen) für Fälle, in denen das Recht eines Dritten der Zwangsvollstreckung entgegensteht. Diese Klagen dienen ähnlichen Zwecken wie das Aussonderungsrecht im Konkurs: Der Gläubiger soll keine größeren Rechte erlangen als sie der Schuldner hat. Darum kann § 43 KO bei der Auslegung der §§ 771 ff dienlich sein.

Die Widerspruchsklage ist ebenso wie die Vollstreckungsabwehrklage eine rein prozessuale Gestaltungsklage, vgl § 767 Anm 1 A a, zB BGH **58**, 212, ähnlich Münzberg/Brehm Festschrift für Baur (1981) 535 mwN, aM zB Baur Zwangsvollstreckung § 40 I 1, Bettermann Festschrift für Weber (1975) 88 (es handle sich um eine sachlichrechtliche Abwehrklage). Sie macht die Zwangsvollstreckung unzulässig, sobald das Urteil rechtskräftig oder vorläufig vollstreckbar ist, § 775 Z 1, also für die Zukunft; bis dahin ist die in der gesetzlichen Form auf Grund gesetzlicher Voraussetzungen vorgenommene Zwangsvollstreckung einwandfrei und wirksam. Der Rechtsbehelf hat seinen Grund also nicht in einer fehlerhaften Zwangsvollstreckung, sondern in der unvermeidlichen Unzulänglichkeit der Prüfung fremder Rechte im Zwangsvollstreckungsverfahren, so auch Blomeyer AcP **165**, 483. Diese Prüfung erfordert die allseitige Erörterung im Prozeß.

Die wichtigste Folge dieser prozessualen Natur ist, daß das sachliche Recht des Dritten nicht Streitgegenstand ist, BGH NJW **79**, 929, Stgt FamRZ **82**, 401 je mwN. Denn der Gegenstand der Zwangsvollstreckung ist nicht streitbefangen, § 265. Darum läßt die Rechtskraft das sachliche Recht unberührt. Der Dritte kann es im Prozeß weder durch eine Einrede noch widerklagend geltend machen, ZZP **53**, 166.

B. Mißbrauch. Eine bewußt falsche Widerspruchsklage ist Prozeßbetrug.

2) Geltungsbereich. A. Verhältnis der §§ 771–774 zueinander. Die Fälle §§ 771–774 liegen im wesentlichen gleichartig. Ein Unterschied besteht insofern, als der Dritte bei §§ 771, 774 die ganze Zwangsvollstreckung abschnüren kann, während er bei §§ 772 f die Pfändung belassen muß und nur der Veräußerung oder Überweisung widersprechen darf.

B. Verhältnis zum sachlichen Recht. Hat der Dritte die Widerspruchsklage versäumt, so bleibt ihm ein sachlichrechtlicher Anspruch aus einer Bereicherung, § 812 BGB, gegen den Gläubiger. Eine Bereicherung liegt vor, soweit der Erlös die Zwangsvollstreckungskosten übersteigt, BGH **66**, 156 mwN (krit Blomeyer MDR **76**, 925), aM zB StJM § 771 Anm VII 4. Bedenklich ist dabei, daß der Pfändungspfandgläubiger schlechter steht als der Faustpfandgläubiger, weil ihn der gute Glaube nicht schützt; § 1207 BGB ist unanwendbar.

Ein Ersatzanspruch des Dritten verlangt eine unerlaubte Handlung des Gläubigers. § 717 II und §§ 985 ff BGB sind unanwendbar, Berg NJW **72**, 1966, aM LG Bln NJW **72**, 1675. Eine Ersatzpflicht besteht namentlich, wenn der Gläubiger bösgläubig Sachen Dritter pfändet oder trotz ausreichender Glaubhaftmachung vom Bestehen des fremden Rechts auf der Pfändung beharrt, BGH **58**, 210 mwN; die zur Auferlegung der Kosten ausreichende Glaubhaftmachung (§ 93 Anm 5 „Widerspruchsklage") genügt hier nicht unbedingt. Die prozessuale Rechtmäßigkeit der Zwangsvollstreckung steht dem Ersatzanspruch wegen sachlichrechtlichen Verschuldens des Gläubigers, der für Hilfspersonen gemäß § 278 BGB haftet, BGH **58**, 211, Henckel JZ **73**, 32, aM LG Bln NJW **72**, 1675 (es wendet § 831 BGB an), nicht entgegen. Häufig fällt dem Dritten ein mitwirkendes Verschulden zur Last.

3) Verhältnisse zu anderen Rechtsbehelfen. Regelmäßig ist die Widerspruchsklage der einzige Rechtsbehelf des Dritten. Sie schließt vor allem eine sachlichrechtliche Klage desselben Ziels gegen den Pfändungsgläubiger aus.

Dies gilt zB: Für die Abwehrklage des § 1004 BGB, Henckel AcP **174**, 109; für die Feststellungsklage; für eine Klage auf Herausgabe; für eine Klage auf eine Freigabe (dies ist freilich meist nur eine falsche Bezeichnung). Das ändert freilich nichts an einem etwaigen sachlichrechtlichen Freigabeanspruch, BGH 58, 214. Eine bloße Feststellung der Unzulässigkeit einer Pfändung hätte angesichts des § 775 auch nur einen geringen praktischen Wert.

Zulässig ist: Eine Klage auf die Unterlassung der Zwangsvollstreckung wegen einer vertraglichen Verpflichtung, Grdz 3 E b cc vor § 704; eine leugnende Feststellungsklage des Pfändungsgläubigers gegen den Dritten vor der Erhebung der Widerspruchsklage. Über das Zusammentreffen mit § 766 s dort Anm 2 C c. Mit der Einmischungsklage des § 64 trifft eine Klage nach § 771 nur dann zusammen, wenn der Dritte gegenüber einem vorläufig vollstreckbaren Urteil eine Sache für sich beansprucht, die herauszugeben ist. Das Verfahren und das Ergebnis sind in beiden Fällen verschieden. Der Dritte kann gegen seinen Schuldner unabhängig von § 771 klagen, KG MDR 73, 233.

771 Gewöhnliche Widerspruchsklage.

I Behauptet ein Dritter, daß ihm an dem Gegenstand der Zwangsvollstreckung ein die Veräußerung hinderndes Recht zustehe, so ist der Widerspruch gegen die Zwangsvollstreckung im Wege der Klage bei dem Gericht geltend zu machen, in dessen Bezirk die Zwangsvollstreckung erfolgt.

II Wird die Klage gegen den Gläubiger und den Schuldner gerichtet, so sind diese als Streitgenossen anzusehen.

III Auf die Einstellung der Zwangsvollstreckung und die Aufhebung der bereits getroffenen Vollstreckungsmaßregeln sind die Vorschriften der §§ 769, 770 entsprechend anzuwenden. Die Aufhebung einer Vollstreckungsmaßregel ist auch ohne Sicherheitsleistung zulässig.

Schrifttum: Picker, Die Drittwiderspruchsklage usw, 1981 (Bespr Grunsky NJW 82, 918).

Gliederung

1) Allgemeines
2) Veräußerungshinderndes Recht, I
3) Klage, I
   A. Kläger
   B. Beklagter
   C. Zuständigkeit
   D. Antrag
   E. Weiteres Verfahren
   F. Einwendungen

G. Urteil
   a) Hauptentschädigung
   b) Einzelfragen

4) Klage gegen den Gläubiger und den Schuldner, II
5) Einstweilige Maßnahme, III
6) Beispiele veräußerungshindernder Rechte
7) VwGO

1) Allgemeines. Die Vorschrift nennt als Voraussetzung der Klage „ein die Veräußerung hinderndes Recht" am Gegenstand der Zwangsvollstreckung. So etwas gibt es eigentlich gar nicht. Denn kein Recht kann eine Veräußerung verhindern. Vor allem kann man sich kein Recht zum Widerspruch vertraglich ausbedingen. Gemeint ist vielmehr ein Recht, das einer Zwangsvollstreckung des Gläubigers in den Gegenstand entgegensteht. Auf eine Veräußerungsbefugnis des Schuldners kommt es überhaupt nicht an. Das Recht muß zunächst einmal bei der Zwangsvollstreckung begründet sein. Dabei genügt eine Rückwirkung nach § 184 I BGB, soweit nicht § 184 II BGB entgegensteht. Das Recht muß aber auch noch beim Schluß der letzten Tatsachenverhandlung begründet sein. Welche Rechte hierher gehören, ist weniger nach förmlichen Gesichtspunkten als nach der wirtschaftlichen Zugehörigkeit zum Vermögen des Schuldners oder des Dritten zu beantworten, Hamm NJW 77, 1159, Henckel ZZP 84, 455. Einzelfälle Anm 6.

2) Veräußerungshinderndes Recht, I. Da das Recht an dem Gegenstand der Zwangsvollstreckung bestehen muß, muß die Zwangsvollstreckung bereits begonnen haben und darf noch nicht völlig beendet sein (Begriffe Grdz 7 vor § 704), BGH 72, 337. Eine Beendigung der Zwangsvollstreckung während eines Prozesses erledigt die Hauptsache. Eine bloße Freigabe des von der Zwangsvollstreckung erfaßten Gegenstands in der mündlichen Verhandlung erledigt die Hauptsache jedoch nicht. Über die Bereicherungs- und die Ersatzklage Einf 2 B vor §§ 771–774. Der Übergang zu diesen Klagen oder zu einer Klage auf die Herausgabe des Hinterlegten ist entsprechend § 264 statthaft, und zwar auch noch in der Berufungsinstanz.

Wer ein Recht an einer Sache hat, der kann die Klage schon bei der Pfändung des Herausgabeanspruchs erheben, BGH 72, 337. § 771 gilt auch bei einer Arrestpfändung.

Über die Anwendbarkeit der Vorschrift bei der Pfändung von Früchten auf dem Halm vgl § 810. Es ist unerheblich, ob die Zwangsvollstreckung zu einer Veräußerung führt; eine bloße Zwangsverwaltung genügt. Der Beginn der Zwangsvollstreckung ist nur dann nicht erforderlich, wenn der Gegenstand der Zwangsvollstreckung von vornherein feststeht, Henckel AcP **174**, 108, zB bei § 883, etwa bei einem Urteil auf Räumung, oder bei § 885. Denn dann muß man unbedingt mit einer Zwangsvollstreckung in die Sache rechnen.

Eine öffentlichrechtliche Beschlagnahme ist noch kein Akt der Zwangsvollstreckung und genügt daher nicht. Die Unwirksamkeit einer Zwangsvollstreckung steht der Erhebung einer Widerspruchsklage nicht entgegen; etwas anderes gilt nur dann, wenn die Nichtigkeit der Vollstreckungsmaßnahme außer Zweifel steht und von allen Beteiligten anerkannt wird, Hbg MDR **59**, 933. § 771 ist auch bei einer Teilungsversteigerung nach § 180 ZVG anwendbar, BGH FamRZ **72**, 364, BayObLG FamRZ **81**, 377, LG Essen FamRZ **81**, 458. Eine Beendigung der Zwangsvollstreckung tritt erst mit der Befriedigung des Gläubigers ein, nicht schon mit einer Hinterlegung oder einer ähnlichen Maßnahme, BGH **72**, 337.

3) Klage, I. A. Kläger. Klageberechtigt kann jeder Inhaber eines die Veräußerung hindernden Rechts sein, Anm 1, der nicht Vollstreckungsschuldner ist, gegen den also nicht vollstreckt wird und aus dem Titel auch nicht vollstreckt werden darf. Ein Dritter ist also dann klageberechtigt, „wenn der Schuldner selbst, veräußerte er den Vollstreckungsgegenstand, widerrechtlich in den Rechtskreis des Dritten eingreifen würde, und (wenn) deshalb der Dritte den Schuldner an der Veräußerung hindern könnte", BGH **55**, 26. Klageberechtigt ist auch derjenige, der nach einer Pfändung und nach dem Eintritt der Rechtshängigkeit von einem berechtigten Dritten erworben hat, ferner zB jeder Wohnsitzberechtigte bei einer Zwangsvollstreckung in das zweckgebundene Vermögen wegen einer Forderung, für die dieses Vermögen nicht haftet, § 12b II 2 des 2. WoBauG, vgl auch § 767 Anm 1 A b, 2 B.

Der Schuldner kann nur dann ein Dritter sein, wenn er verschiedene Vermögensmassen verwaltet. Das gilt: Für den Konkursverwalter, wenn ein Konkursgläubiger in sein Vermögen vollstreckt oder wenn der Konkursverwalter mit einem Konkursgläubiger über die Zugehörigkeit eines Gegenstands zur Konkursmasse streitet; für den nach § 91 VglO bestellten Sachwalter gegenüber einem Vergleichsgläubiger, der mit einer Einzelvollstreckung gegen diejenigen Sicherheiten vorgeht, die für die Sicherung der Vergleichsquote gestellt sind, BGH **LM** Nr 2; für den Erben, der gemäß § 778 I nur mit dem Nachlaß haftet, im Gegensatz zu dem beschränkt haftenden Erben, §§ 781, 785; für den Treuhänder, wenn ein Vollstreckungstitel gegen den Treugeber fehlt, BGH **LM** Nr 2; für den Gesellschafter dann, wenn der Vollstreckungstitel nur gegen die Gesellschaft erlassen wurde, etwa die OHG; für den nicht mitverurteilten Miteigentümer; für den Ehegatten, dessen Ehepartner ohne seine Zustimmung über Haushaltsgegenstände verfügt hat, § 1369 BGB, Brox FamRZ **61**, 285, oder der die Teilungsversteigerung des gemeinsamen Grundbesitzes betreibt, BGH FamRZ **72**, 364, Stgt FamRZ **82**, 401 mwN.

B. Beklagter. Richtiger Bekl ist der betreibende Gläubiger, bei § 124 der Anwalt. Mehrere Gläubiger sind gewöhnliche Streitgenossen. Denn das Urteil wirkt nur für und gegen den Bekl. Der Rechtsnachfolger eines Gläubigers haftet erst nach einer Umschreibung des Vollstreckungstitels auf ihn, vgl Anm 4.

C. Zuständigkeit. Zuständig ist dasjenige Gericht, in dessen Bezirk der Gläubiger vollstreckt. Dieser örtliche Gerichtsstand ist ausschließlich, § 802. Anders verhält es sich mit der sachlichen Zuständigkeit, § 802 Anm 1. Für sie gilt § 10. Da sich die Klage nicht gegen die einzelne Vollstreckungsmaßnahme richtet, sondern gegen die Zwangsvollstreckung insgesamt, ist dasjenige Gericht zuständig, in dessen Bezirk die Zwangsvollstreckung begonnen hat. Bei einer Zwangsvollstreckung in eine Forderung sind entweder das Gericht, das den Pfändungsbeschluß erlassen hat, oder dessen LG zuständig. Bei einer Arrestpfändung, § 930, ist das für den Ort des Arrestgerichts maßgebliche AG oder LG zuständig. Bei einer Anschlußpfändung ist das Gericht der ersten Pfändung zuständig. In einer Familiensache ist in der Regel das Familiengericht zuständig, Mü FamRZ **78**, 604, abw Stanicki FamRZ **77**, 685. Eine Familiensache liegt nicht vor, wenn der Vollstreckungstitel keine Familiensache betrifft, BGH NJW **79**, 929 (krit Staudigl FamRZ **79**, 495), BayObLG FamRZ **81**, 377, Stgt FamRZ **82**, 401.

Eine Bestimmung des örtlich zuständigen Gerichts nach § 36 Z 3 kann wegen der Ausschließlichkeit des Gerichtsstands nicht stattfinden.

D. Antrag. Der Antrag sollte dahin gehen, die Zwangsvollstreckung für unzulässig zu erklären. Ein Antrag, die gepfändete Sache freizugeben oder die Pfandstücke herauszugeben oder in die Herausgabe des Hinterlegten einzuwilligen, ist zwar unrichtig, aber unschädlich.

Denn es genügt, daß der Wille des Klägers klar erkennbar ist, die Unzulässigkeit der Zwangsvollstreckung festgestellt zu sehen. Der Bekl darf nicht zu einer Herausgabe usw verurteilt werden. Denn diese muß gemäß §§ 775 Z 1, 776 ohne weiteres geschehen. Ein auf die Herausgabe gerichteter Antrag ist neben dem Antrag, die Zwangsvollstreckung für unzulässig zu erklären, überflüssig und hat auf die Kostenentscheidung keinen Einfluß.

E. Weiteres Verfahren. Die Zustellung der Klage erfolgt an den ProzBev der ersten Instanz. Die Klage kann aber auch dem Gläubiger selbst zugestellt werden, § 178 Anm 1. Eine für den Hauptprozeß erteilte Prozeßvollmacht ist auch hier ausreichend, § 81. Der Klagegrund liegt zum einen in der Zwangsvollstreckung, auch wenn diese fehlerhaft ist, Bbg JR **55**, 25, zum anderen in dem behaupteten und zu beweisenden Recht. Die Klage hemmt den Fortgang der Zwangsvollstreckung nicht. Wegen einer einstweiligen Anordnung Anm 5. Die Beweislast ist wie sonst zu beurteilen: Der Kläger muß die Entstehung seines Rechts beweisen, BGH NJW **79**, 42, LG Köln DB **81**, 883, der Bekl muß zB beweisen, daß das Recht erloschen ist; vgl aber §§ 891, 1006 BGB.

F. Einwendungen. Es kommen solche Einwendungen in Frage, die das Recht des Klägers leugnen, hemmen oder vernichten. In Betracht kommt etwa eine Anfechtung nach dem AnfG und die Behauptung eines besseren Rechts. Ein solches steht zB am Mietzins einem Hypothekengläubiger besseren Ranges gegenüber einem Nießbraucher zu. Deshalb braucht der Hypothekengläubiger gegen den Nießbraucher keinen Duldungstitel zu erwirken. Ein besseres Recht kann auch dem pfändenden Verpächter gegen den Sicherungseigentümer zustehen. Zulässig ist ferner der Einwand der Arglist, Grdz 6 D d vor § 704, BGH **57**, 108 und **LM** Nr 2. Hierher gehört der Einwand, den Kläger müsse die Zwangsvollstreckung in die Sache dulden, weil er als Sicherungseigentümer die von einem Dritten angebotene Restzahlung für den übereigneten Gegenstand nicht angenommen habe, Celle NJW **60**, 2196, weil dem Gläubiger gegenüber dem Eigentum des Widerspruchsklägers in Gestalt eines Pfandrechts ein besseres Recht zustehe, Hbg MDR **59**, 580, aber auch Hamm BB **76**, 1048, oder weil er ein Vermögensübernehmer nach § 419 BGB, BGH **80**, 300 mwN (im Ergebnis zustm Linke JR **82**, 18), Schumann NJW **82**, 1272, ZöSch III 4 b, oder ein sonstiger Gesamtschuldner sei.

In diesen Fällen ist kein vollstreckbarer Titel für das bessere Recht notwendig. Denn da ein solcher Titel ohne weiteres im Weg einer Widerklage erreicht werden kann, wäre es förmelnd, den Einwand nur in dieser Form zuzulassen, StJM III 4c, aM Baur ZwV § 44 III 3 c. Ferner ist der Einwand zulässig, die Klage stütze sich auf eine Handlung, die dem Bekl gegenüber unerlaubt sei. Ein Zurückbehaltungsrecht nach § 273 BGB greift der Klage gegenüber wegen ihrer prozessualen Natur nicht durch.

G. Urteil. a) Hauptentscheidung. Es kommen folgende Möglichkeiten in Betracht:

aa) Abweisung. Dann darf der Gläubiger die Zwangsvollstreckung fortsetzen, soweit dieser Fortsetzung keine Anordnung nach III entgegensteht. Der Kläger haftet für einen Verzögerungsschaden nach dem sachlichen Recht. Zu seiner Haftung wendet LG Ffm MDR **80**, 409 den § 717 II entsprechend an.

bb) Stattgeben. Dann erklärt das Gericht die Zwangsvollstreckung in diese Sache für unzulässig; diese Entscheidung ist wegen § 775 Z 1 zweckmäßig.

b) Einzelfragen. Das Urteil ist nach den allgemeinen Grundsätzen für vorläufig vollstreckbar zu erklären. Eine einstweilige Anordnung ist nach III zulässig. Das Urteil bedeutet keine Verpflichtung zur Wiederherstellung des früheren Zustands. Denn es geht bei der Widerspruchsklage nicht um einen Ersatz. Deshalb entsteht auch keine Verpflichtung zu einer kostenfreien Rücklieferung der Pfandsachen. Das Urteil kann aber zu einer rechtskräftig festgestellten Grundlage für einen Schadensersatz- oder Bereicherungsanspruch werden. Wegen der Kosten § 93 Anm 5 „Widerspruchsklage".

4) Klage gegen den Gläubiger und den Schuldner, II. Die prozessuale Widerspruchsklage ist gegen den Schuldner unzulässig, Anm 3 B. Der Dritte kann aber neben der Klage aus § 771 gegen den Gläubiger eine sachlichrechtliche Klage gegen den Schuldner erheben, etwa auf die Herausgabe der Pfandsache. Diese Anspruchshäufung wäre nach §§ 59, 60 problematisch; II läßt sie aber zu. Bei ihr sind der Gläubiger und der Schuldner gewöhnliche Streitgenossen.

5) Einstweilige Maßnahme, III. Das Gericht darf alle nach §§ 769, 770 für die Zeit bis zum Erlaß des Urteils vorgesehenen vorläufigen Maßnahmen treffen. Es darf auch die Aufhebung einer Vollstreckungsmaßnahme ohne eine Sicherheitsleistung anordnen. Eine solche Anordnung ist nur dann ratsam, wenn die Unzulässigkeit der Zwangsvollstreckung einwandfrei feststeht. Denn durch die Aufhebung entsteht oft ein unwiederbringlicher

Schaden. Außerdem sollte eine Einstellung der Zwangsvollstreckung erst nach der Zahlung des Gerichtskostenvorschusses gemäß § 65 GKG erfolgen. Vgl im übrigen die Erläuterungen zu §§ 769 ff. Beim Vollstreckungsgericht ist der Rpfl zuständig, § 769 Anm 2 B. Wegen der Rechtsbehelfe § 769 Anm 3.

6) Beispiele veräußerungshindernder Rechte. Vgl ferner §§ 772–774. „Ja" bedeutet: Eine Widerspruchsklage ist grundsätzlich zulässig; „nein" bedeutet: Eine Widerspruchsklage ist grundsätzlich unzulässig.

Anfechtung nach der KO oder nach dem AnfG: Ja. Zwar gibt die Anfechtung nur einen Anspruch auf eine Verschaffung. Dieser Anspruch steht aber wirtschaftlich einem Herausgabeanspruch grundsätzlich gleich, KG JZ **58**, 441 (Anm Baur), Gerhardt, Die systematische Einordnung der Gläubigeranfechtung (1969) 336, Costede-Kaehler ZZP **84**, 416, aM Wacke ZZP **83**, 429. Vgl ferner Blomeyer KTS **76**, 91.

Besitz: Ja bei beweglichen Sachen, zB Brox FamRZ **81**, 1125 mwN, aM zB ThP 6g; vgl auch §§ 739, 809. Dies gilt auch für einen mittelbaren Besitz und zugunsten von Angehörigen eines zur Räumung verpflichteten Schuldners, LG Krefeld DGVZ **77**, 25. Wegen eines Wohnbesitzes Anm 3 A.

Nein: Bei einem Grundstück. Denn in diesem Fall hat der Besitz keine Bedeutung für die dingliche Rechtsgestaltung.

Bestimmter einzelner Gegenstand: Ja, wenn es um eine Beschränkung der Haftung auf diesen Gegenstand geht, denn dann geht es um eine reine Sachhaftung, zB ein Pfandrecht oder um einen Fall der §§ 486, 679 HGB. Wenn die Haftung durch eine Vereinbarung beschränkt worden ist, dann muß das Urteil einen entsprechenden Vorbehalt aussprechen, BGH **LM** § 780 Nr 3.

Dingliches Recht, beschränktes: Ja, wenn das Recht durch die Zwangsvollstreckung beeinträchtigt wird. In Betracht kommen zB das Erbbaurecht; ein Nießbrauch; ein Fideikommißrecht; ein Pfandrecht; eine Hypothek. Das Recht wird zB dann beeinträchtigt, wenn ein Pfandstück einem anderen herausgegeben wird. Es wird nicht beeinträchtigt, wenn eine weitere Pfändung ausgesprochen wird. Deshalb hat der besitzlose Inhaber eines Pfand- oder Vorzugsrechts praktisch nur den Anspruch auf eine vorzugsweise Befriedigung aus dem Erlös, § 805, abw Frank NJW **74**, 2216. Wenn ein Hypothekengläubiger eine Beschlagnahme vornehmen läßt, gilt nur § 37 Z 4 ZVG. Wenn ein Nießbrauch zur Ausübung überlassen wurde, kommt die Widerspruchsklage nur in Betracht, falls die Befugnisse ausnahmsweise dem Wesen nach übertragen worden sind.

Eigentum: Ja. Dies gilt auch zugunsten von Miteigentum bei einer Teilungsversteigerung, BayObLG NJW **71**, 2314, Stgt FamRZ **82**, 401 mwN, oder zugunsten eines auflösend bedingten Eigentums. Ein rein förmliches Eigentum ist gegenüber dem Pfändungspfandrecht schwächer. Dies gilt zB dann, wenn der Schuldner nur nach außen der Eigentümer, in Wahrheit aber nur der Strohmann seiner Ehefrau ist; der wirtschaftliche Gesichtspunkt muß entscheiden, Anm 1. Auch der Auftraggeber des Auktionators kann die Widerspruchsklage erheben, wenn es um den Versteigerungserlös geht, LG Wuppertal NJW **69**, 1769 (Miteigentum).

Eigentumsvorbehalt, dazu Ahlers, Das Vorbehaltseigentum in der Einzelvollstreckung, Diss Kiel 1950: Beim Eigentumsvorbehalt des Verkäufers darf der Gläubiger den Verkäufer befriedigen und dadurch die Widerspruchsklage abwenden, vgl LG Köln DB **81**, 884. Solange der Gläubiger nicht derart vorgeht, ja für den Verkäufer, BGH **54**, 218. Der Verkäufer kann zwar nicht gegen die Pfändung des Anwartschaftsrechts durch den Gläubiger vorgehen, wohl aber gegen die Pfändung der Sache, Hbg MDR **59**, 398, Blomeyer JR **78**, 272. Wenn der Verkäufer die Annahme wegen eines Widerspruchs des Schuldners ablehnt, § 267 II BGB, dann begründet dieser Umstand regelmäßig den Einwand der Arglist.

Ja für den Vorbehaltskäufer. Er ist ein aufschiebend bedingter Eigentümer und muß jedenfalls vor einer Zwangsversteigerung durch den Gläubiger geschützt werden, BGH **55**, 27, Blomeyer JR **78**, 273, Ro § 185 III 2, StJ II 1 a, Frank NJW **74**, 2212. Wenn der Anwartschaftsberechtigte die Anwartschaft an einen Dritten veräußert hat, dann wird die Pfändung beim Eintritt der Bedingung nicht wirksam. Denn der Erwerber erlangt das Eigentum ohne einen Durchgang durch das Vermögen seines Rechtsvorgängers. Ja wegen § 1365 I BGB, Hamm Rpfleger **79**, 21, LG Krefeld MDR **76**, 843 mwN. Zum Anwartschaftserwerb nach einer Sachpfändung Raacke NJW **75**, 248 mwN. S auch Grdz 9 vor § 704. Über die Sicherungsübereignung s „Treuhand".

Erbengemeinschaft: Ja bei einem testamentarischen Ausschluß vor einer Einigung über einen Ausschluß der Erbauseinandersetzung, Schlesw Rpfleger **79**, 471.

Gesellschaft: Nein für eine Einmann-GmbH gegen einen Gläubiger des Gesellschafters, wenn das Pfandstück wirtschaftlich dem Vermögen dieses Gläubigers zuzuordnen ist, Hamm NJW **77**, 1159 (abl Wilhelm NJW **77**, 1887).
Leasing: Zum Problem Gerhardt ZZP **96**, 283.
Nutzungs- und Anteilsrecht: Nein bei einem in Gütergemeinschaft lebenden, nicht verwaltungsberechtigten Ehegatten oder bei dem Ehegatten eines Gewerbetreibenden (s aber § 774), Hbg MDR **70**, 419, §§ 740, 741. Nein bei einem Leibgedinge.
Schuldrechtlicher Anspruch: Ja, soweit er zu einer Aussonderung berechtigt, § 43 KO, Anm 1. Dies gilt namentlich bei einem Anspruch auf die Herausgabe eines Gegenstands, den ein Dritter dem Schuldner nicht zu Eigentum überlassen hat, etwa bei einem Mietvertrag, Verwahrungsvertrag, Leihvertrag oder Werkvertrag oder einer Verkaufskommission, Schwarz NJW **69**, 1943. Ja für den Anspruch des Kommittenten auf die Abtretung der Forderungen aus Geschäften des Kommissionärs. Denn sie gelten schon vor der Abtretung als Forderungen des Kommittenten, § 392 II HGB. Ja für den Kommittenten gegen einen Gläubiger des Kommissionärs, Hbg NJW **72**, 2044. Ja für eine Forderung des Spediteurs gegen den Frachtführer zugunsten des Versenders, § 407 II HGB.

Nein: für einen Anspruch auf eine Verschaffung, zB aus einem Kauf, einem Vermächtnis, einer Bereicherung; für andere Schuldrechte, etwa wie das Recht des Konkursverwalters zur Verwertung nach § 127 KO oder für das Recht auf die Abtretung einer Forderung. Die Inhaberschaft an einer Forderung oder einem anderen Vermögensrecht steht dem Eigentum gleich; auch bei einer Sachpfändung ist ja in Wahrheit das Eigentumsrecht gepfändet. Der Umstand, daß nach § 829 die „angebliche" Forderung zu pfänden ist, ändert nichts an der Nämlichkeit; man darf nicht den unglücklichen Drittschuldner einem Prozeß aussetzen. Dies gilt auch für Treuhandverhältnisse, vgl „Treuhand". Wegen eines Wohnbesitzes vgl „Besitz".
Sondervermögen: Ja für den Verwalter eines fremden Vermögens, wenn der Gläubiger in dasjenige Vermögen vollstreckt, das der Zwangsvollstreckung entzogen ist. Dies gilt zB: für einen Zwangsverwalter, LG Lübeck DGVZ **76**, 89; für einen Nachlaßverwalter; für einen Testamentsvollstrecker; für einen Konkursverwalter, zB Karls NJW **77**, 1069 mwN, und zwar auch dann, wenn der Konkursverwalter behauptet, das als massefremd gepfändete Stück gehöre zur Masse.
Treuhand: Hier sind zwei Hauptfälle zu unterscheiden: **a) Uneigennützige Treuhand:** Ja für den Treugeber, wenn das Treugut zwar rechtlich zum Vermögen des Treuhänders gehört, sachlich und wirtschaftlich (zur Unterscheidung Gerhardt ZZP **96**, 283, Henckel ZZP **84**, 456) aber zu dem Vermögen des Treugebers zu zählen ist, Hamm NJW **77**, 1160 (es handelt sich dann um ein echtes Treuhandverhältnis). Wesentlich ist die Voraussetzung, daß der Treuhänder das Treugut aus dem Vermögen des Treugebers übertragen hat. Ein Erwerb von einem Dritten durch einen stillen Stellvertreter für die Rechnung des Klägers genügt nicht, und zwar auch dann nicht, wenn der Kläger einen schuldrechtlichen Anspruch auf die Übereignung hat. Denn in einem solchen Fall fehlt es an einem Anvertrauen zu treuen Händen (Grundsatz der Unmittelbarkeit), BGH **11**, 41, vgl BGH NJW **71**, 560 rechte Spalte, insofern aM Walter, Das Unmittelbarkeitsprinzip usw, Diss Tüb 1974, 147, 152 (ausreichend sei, daß das Treugut in der Masse des Treuhänders unterscheidbar sei), und offenbar auch Canaris NJW **73**, 832 (stets sei auf die Offenkundigkeit, s unten, abzustellen). Es kommt also auf den Auftrag an, der dem Treuhandverhältnis zugrunde liegt. Ja für den Einziehungsabtretenden; für einen Handwerker als denjenigen, der eine Bauhandwerkersicherungshypothek abtritt; für den Unternehmer wegen desjenigen Teils der Vergütung eines Beschäftigten, deren Verwendungszweck zugunsten des Unternehmers gebunden ist.

Vom Grundsatz der Unmittelbarkeit gibt es aber Ausnahmen bei der Einzahlung eines Dritten auf ein Anderkonto des Treuhänders, das offenkundig nur zur Verwaltung fremder Gelder eingerichtet worden ist, Canaris NJW **73**, 832 mwN, vgl auch BGH NJW **71**, 560 linke Spalte (Grundsatz der Offenkundigkeit), offen BGH **61**, 79, auch auf ein solches Postscheckkonto, BGH NJW **59**, 1223, Raiser JZ **54**, 440. Vorausgesetzt ist aber, daß dem Treuhänder nicht der Wille gefehlt hat, ein solches Konto nur treuhänderisch zu verwalten, oder daß der Treugeber etwa als Mitschuldner aus dem Treugut die Forderung des Gläubigers zu befriedigen hat, BGH NJW **59**, 1223.

Nein: Für den Treunehmer, außer für Forderungen, BGH **11**, 42; für einen Einziehungsabtretungsnehmer; für einen Treuhänder, auch wenn er nur zur Zeit noch als uneigennützig anzusehen ist, zB weil er das Treugut (noch) nicht verwerten darf (stille Abtretung oder Pfändung), Tiedtke DB **76**, 424; wenn ein Anwalt ein Sonderkonto nicht nur für Fremdgelder einrichtet, sondern auch als Geschäfts- und Privatkonto benutzt, BGH **LM** § 667 BGB Nr 21.

b) Eigennützige Treuhand: Vgl Fritze, Das Widerspruchsrecht des mittelbar besitzenden Sicherungseigentümers usw, Diss Ffm 1953; Leonhardt, Die Sicherungsübereignung und ihre Behandlung in der Zwangsvollstreckung, Diss Mü 1952; Weise, Die Sicherungsübereignung im Verhältnis zur Widerspruchsklage usw, Diss Erlangen 1950; Wollburg, Die vollstreckungsrechtliche Behandlung des Sicherungseigentums, Diss Kiel, 1952. Die Frage ist sehr streitig. Praktisch wird das Problem namentlich bei der Sicherungsübereignung, zB Celle DB **77**, 1839.

Ja: für den Treugeber gegen den Gläubiger des Treunehmers, zB Hamm NJW **77**, 1160, Karlsr NJW **77**, 1069 mwN (auch im Sicherungsfall erfolge allenfalls eine Pfändung und Überweisung der Forderung des Sicherungsnehmers gegen den Sicherungsgeber), abw BGH **72**, 145 mwN (nur bis zum Zeitpunkt der Verwertbarkeit durch den Sicherungsgeber).

Nein: für den Treunehmer gegen einen Gläubiger des Treugebers, zB LG Bielefeld MDR **50**, 750, LG Bln JR **52**, 250, StJ II 1 FN 69, Westermann Sachenrecht § 43 IV, aM zB BGH **12**, 234, Baur ZwV § 44 II 1 b, Böttiher MDR **50**, 705, Henckel ZZP **84**, 457, Ro § 185 III 2b. Vgl auch Paulus ZZP **64**, 169; er bejaht ein Widerspruchsrecht dann, wenn sich der Gläubiger noch aus dem Vermögen des Treugebers befriedigen könne, andernfalls sei der Treunehmer auf § 805 zu verweisen. Zum Stand der Meinungen BGH **72**, 144 mwN; rechtspolitisch Henckel/Kilger Verhandlungen des 51. Deutschen Juristentags (1976) Bd II Teil O.

Die Sicherungsübereignung ist im Grunde ein Scheingeschäft, ein Besitzlosenpfandrecht, das eine wirtschaftliche Lücke des BGB ausfüllt. Darum gibt sie im Konkurs auch kein Aussonderungsrecht. Die Sicherungsübereignung erstrebt ein Vorzugsrecht zum Nachteil des anderen Gläubigers. § 805 hilft dem Treunehmer in geeigneten Fällen ausreichend. Der Treunehmer darf ja auch selbst pfänden.

Nein ferner: für den Ersatz (das Surrogat) des Treuguts, zB für den Rückgabeanspruch nach einer unberechtigten Veräußerung. S auch Grdz 9 vor § 704 ,,Anwartschaft". Wegen eines Wohnbesitzes s ,,Besitz".

Vorzugsrecht, § 49 KO (abgedruckt bei § 804): Ja: nur dann, wenn das Vorzugsrecht zu einem Besitz berechtigt, wie das kaufmännische Zurückbehaltungsrecht. Andernfalls besteht nur ein Anspruch auf eine vorzugsweise Befriedigung aus dem Erlös, § 805.

7) **VwGO:** Entsprechend anwendbar, § 167 I VwGO, und zwar auch in den Fällen des § 169 VwGO (Vollstreckung zugunsten der öffentlichen Hand), § 5 VwVG u § 262 AO 1977. Zuständig ist das Zivilgericht, in dessen Bezirk vollstreckt wird; so jetzt ausdrücklich § 262 I 1 u III AO 1977, wodurch die früher streitige Frage erledigt sein dürfte, Gaul JZ **79**, 504 mwN, str, aM RedOe § 169 Anm 11. § 771 ist auf die Vollstreckung aus VerwAkten nicht entsprechend anzuwenden, soweit nicht das jeweilige Vollstreckungsgesetz etwas anderes bestimmt, Kröller (§ 767 Anm 6) S 116, Kopp § 167 Rdz 19.

772 **Widerspruchsklage bei Veräußerungsverbot.** Solange ein Veräußerungsverbot der in den §§ 135, 136 des Bürgerlichen Gesetzbuchs bezeichneten Art besteht, soll der Gegenstand, auf den es sich bezieht, wegen eines persönlichen Anspruchs oder auf Grund eines infolge des Verbots unwirksamen Rechtes nicht im Wege der Zwangsvollstreckung veräußert oder überwiesen werden. Auf Grund des Veräußerungsverbots kann nach Maßgabe des § 771 Widerspruch erhoben werden.

1) **Geltungsbereich.** Die Widerspruchsklage des § 772 betrifft ein bedingtes, relatives Veräußerungsverbot, also ein solches Verbot, das nur bestimmte Personen schützt, § 135 BGB, und die ihm gleichgestellten gerichtlichen oder sonstigen behördlichen Veräußerungsverbote, § 136 BGB. Wenn der Schuldner kein Verfügungsrecht hat, wie im Fall des § 290 StPO, dann ist die Zwangsvollstreckung nur gegen den Güterpfleger statthaft. Eine Konkursbeschlagnahme macht die Zwangsvollstreckung unzulässig. Diese Unzulässigkeit muß von Amts wegen beachtet werden, Jaeger-Weber § 14 KO Anm 22. Dasselbe gilt nach der Eröffnung eines Vergleichsverfahrens zur Abwendung des Konkurses für die Vergleichsgläubiger und für die in § 29 VglO bezeichneten Gläubiger, § 47 VglO.

Besonders geregelt sind folgende Veräußerungsverbote: bei einer Zwangsverwaltung und bei einer Zwangsversteigerung, §§ 23, 27 ZVG; bei einer Fahrnispfändung, §§ 803,

826; bei der Pfändung von Rechten, §§ 829, 857, 853. Eine Vormerkung und ein Widerspruch fallen nicht unter die §§ 135, 136 BGB. § 772 gilt ferner nicht für Veräußerungsverbote, die auf der Durchführung einer Zwangsmaßregel beruhen, sowie für weitere Vollstreckungsmaßregeln, wie den Zugriff weiterer Gläubiger trotz einer Pfändung, den Beitritt eines persönlichen Gläubigers zu einer Zwangsversteigerung des dinglich Gesicherten. Ein unbedingt wirksames Veräußerungsverbot nach § 134 BGB fällt nicht unter § 772.

Vgl ferner § 262 I AO 1977.

2) Widerspruchsklage. Die Veräußerung ist sachlichrechtlich nur gegenüber dem Geschützten unwirksam und im übrigen voll wirksam. Ebenso liegt es auch in der Zwangsvollstreckung. Die Veräußerung ist dann zwar rechtmäßig, aber mit dem Verbot belastet. Das Verbot greift regelmäßig auch gegen einen gutgläubigen Erwerber durch. Denn ein guter Glaube bevorzugt den Erwerb in der Zwangsvollstreckung nicht. Das Verbot versagt aber, wenn ein Recht, das trotz des Verbots wirksam ist, die Veräußerung rechtfertigt, wenn etwa der Gläubiger aus einer Hypothek vollstreckt. Eine Genehmigung des Geschützten heilt immer. Verboten sind nur die Veräußerung in der Zwangsvollstreckung und die Überweisung, nicht die Pfändung. Das Vollstreckungsorgan darf die Pfändung nicht ablehnen. Es darf nicht einmal die Eintragung einer Zwangshypothek ablehnen. Denn verboten sind nur die Veräußerung und die Überweisung, Eickmann KTS **74**, 211. Unwirksam ist ein Recht, das nach dem Erlaß des Verbots entstanden und nicht trotz des Verbots durch einen guten Glauben geschützt ist.

3) Rechtsbehelfe. Der geschützte Dritte und der Schuldner können die Erinnerung einlegen, § 766, aM Hbg MDR **66**, 215, Wiecz C III a, StJM IV (nur der Dritte habe diese Möglichkeit). Der Dritte kann außerdem die Widerspruchsklage erheben. Diese Klage kann im vorliegenden Fall nur auf die Unzulässigkeit der Veräußerung oder Überweisung abzielen, nicht auf die Unzulässigkeit der Pfändung oder gar auf eine Aufhebung der Pfändung, ZZP **55**, 153. Deshalb ist die Widerspruchsklage gegenüber der Eintragung einer Sicherungshypothek unzulässig. S im übrigen bei § 771 und Einf 3 vor §§ 771-774. Der Gläubiger kann die Erinnerung nach § 766 einlegen. Wenn das Vollstreckungsgericht entschieden hat, hat er die sofortige Beschwerde, § 793. Vgl ferner § 766 Anm 2 A.

4) *VwGO:* Entsprechend anwendbar, § 167 I *VwGO*, § 771 Anm 7.

773 *Widerspruchsklage des Nacherben.* Ein Gegenstand, der zu einer Vorerbschaft gehört, soll nicht im Wege der Zwangsvollstreckung veräußert oder überwiesen werden, wenn die Veräußerung oder die Überweisung im Falle des Eintritts der Nacherbfolge nach § 2115 des Bürgerlichen Gesetzbuchs dem Nacherben gegenüber unwirksam ist. Der Nacherbe kann nach Maßgabe des § 771 Widerspruch erheben.

1) Geltungsbereich. § 773 soll eine Zwangsvollstreckung verhindern, die wegen § 2115 BGB nur zu einem auflösend bedingten Erwerb führen könnte, weil sie dem Nacherben gegenüber unwirksam wäre, soweit sie ihn beeinträchtigt. S 1 gibt nur eine Sollvorschrift. Die Zwangsvollstreckung ist in folgenden Fällen unbeschränkt zulässig: **a)** Sie ist wegen einer Nachlaßverbindlichkeit vorgenommen worden, § 2115 S 2 BGB. Hierhin gehören auch Maßnahmen zu einer ordnungsmäßigen Verwaltung des Nachlasses; **b)** die Zwangsvollstreckung findet auf Grund eines dinglichen Rechts an einem Erbschaftsgegenstand statt, das bei dem Eintritt der Nacherbfolge gegen den Nacherben wirkt. Da es sich um ein bedingtes relatives Veräußerungsverbot handelt, vgl die Erläuterungen zu § 772. Da die Klage eine Widerspruchsklage ist, vgl ferner Einf vor §§ 771-774 sowie die Erläuterungen zu § 771.

Der Nacherbe darf weder der Pfändung noch der Eintragung einer Zwangshypothek widersprechen, sondern nur der Veräußerung. Er muß die Zwangsvollstreckung aus einer von dem befreiten Vorerben entgeltlich bestellten Sicherungshypothek dulden. Nutzungen, die der Vorerbe gezogen hat, sind unbeschränkt pfändbar.

2) *VwGO:* Entsprechend anwendbar, § 167 I *VwGO*, § 771 Anm 7.

774 *Widerspruchsklage des Ehegatten eines Gewerbetreibenden.* Findet nach § 741 die Zwangsvollstreckung in das Gesamtgut statt, so kann ein Ehegatte nach Maßgabe des § 771 Widerspruch erheben, wenn das gegen den anderen Ehegatten ergangene Urteil in Ansehung des Gesamtgutes ihm gegenüber unwirksam ist.

1) Geltungsbereich. § 774 ergänzt den § 741. Die Vorschrift betrifft also nur den allein- oder mitverwaltenden Ehegatten im Verhältnis zu dem anderen Ehegatten, der ein Gewerbe betreibt. Wie in § 741 Anm 1 ausgeführt, ist nach § 741 eine Zwangsvollstreckung in das Gesamtgut unbeschränkt zulässig. § 774 will im Interesse des allein- oder mitverwaltenden Ehegatten verhindern, daß das Urteil gegen ihn eingeschränkt wirkt, also auch dann, wenn dieser Ehegatte den Gewerbebetrieb nicht kannte, wenn der Gläubiger den Mangel der Genehmigung dieses Ehegatten kannte, wenn es sich um keine Geschäftsschuld handelt. § 774 ist also das Mittel, um die Wirksamkeit des Urteils zu denjenigen Grenzen zurückzuführen, die das sachliche Recht vorsieht.

Wenn der Gläubiger dem Ehegatten, der aus § 774 vorgeht, entgegenhält, daß er dem einzelnen Geschäft zugestimmt habe, dann muß die Klage abgewiesen werden. Der Gläubiger braucht dann nicht noch von sich aus im Weg einer Widerklage ein Leistungsurteil zu erwirken; das wäre förmelnd. Vielmehr genügt die Einwendung als solche. Wenn der Vollstreckungstitel keine Familiensache betrifft, dann ist auch eine Klage nach § 774 keine Familiensache, BGH NJW **79**, 927 (krit Staudigl FamRZ **79**, 495), vgl Stgt FamRZ **82**, 401.

Vgl ferner § 262 I AO 1977.

2) Rechtsbehelfe. Vgl § 741 Anm 2 A.

3) VwGO: Entsprechend anwendbar, § 167 I VwGO, § 771 Anm 7.

775 *Einstellung oder Beschränkung der Zwangsvollstreckung.* Die Zwangsvollstreckung ist einzustellen oder zu beschränken:

1. wenn die Ausfertigung einer vollstreckbaren Entscheidung vorgelegt wird, aus der sich ergibt, daß das zu vollstreckende Urteil oder seine vorläufige Vollstreckbarkeit aufgehoben oder daß die Zwangsvollstreckung für unzulässig erklärt oder ihre Einstellung angeordnet ist;

2. wenn die Ausfertigung einer gerichtlichen Entscheidung vorgelegt wird, aus der sich ergibt, daß die einstweilige Einstellung der Vollstreckung oder einer Vollstreckungsmaßregel angeordnet ist oder daß die Vollstreckung nur gegen Sicherheitsleistung fortgesetzt werden darf;

3. wenn eine öffentliche Urkunde vorgelegt wird, aus der sich ergibt, daß die zur Abwendung der Vollstreckung erforderliche Sicherheitsleistung oder Hinterlegung erfolgt ist;

4. wenn eine öffentliche Urkunde oder eine von dem Gläubiger ausgestellte Privaturkunde vorgelegt wird, aus der sich ergibt, daß der Gläubiger nach Erlaß des zu vollstreckenden Urteils befriedigt ist oder Stundung bewilligt hat;

5. wenn ein Postschein vorgelegt wird, aus dem sich ergibt, daß nach Erlaß des Urteils die zur Befriedigung des Gläubigers erforderliche Summe zur Auszahlung an den letzteren bei der Post eingezahlt ist.

1) Allgemeines. A. Regel. Einwendungen des Schuldners oder Dritter gegen die Zwangsvollstreckung sind für die Vollstreckungsorgane grundsätzlich unbeachtlich.

B. Ausnahmen. Von dieser Regel können folgende Ausnahmen gelten:

a) **§ 775.** § 775 mag eingreifen, Düss Rpfleger **77**, 417; § 815 II ist anwendbar; der Zwangsvollstreckung kann ein sonstiges förmliches Hindernis entgegenstehen, Grdz 4 vor § 704.

b) **Einstellung auf Gläubigerantrag.** Der Gläubiger mag selbst die Einstellung der Zwangsvollstreckung fordern.

c) **Freiwillige Erfüllung.** Der Schuldner mag freiwillig erfüllen, vgl aber Anm 8 C.

d) **Unwirksamkeit der Vollstreckung.** Die Zwangsvollstreckung mag einwandfrei unwirksam sein. In diesem Fall hat das Vollstreckungsorgan die Amtspflicht, ab Kenntnis der Gründe nichts mehr zu unternehmen. Es besteht dann auch keine Vorlegungspflicht iSv Z 1–5 mehr. Andererseits besteht keine Amtsermittlungspflicht, Kirberger Rpfleger **76**, 9.

Außer Betracht bleiben zB: Zahlungen, für die der Schuldner keine Urkunden nach Z 4 oder 5 vorlegt, LG Oldb MDR **81**, 236; die Einlegung eines Rechtsbehelfs, selbst wenn sie aufschiebend wirkt, vgl § 572 Anm 1 B; Einwendungen gegen den Titel, etwa dessen Beseitigung durch einen Vergleich. Dafür gelten §§ 732, 767; eine Klagrücknahme. Für sie gilt § 732; eine vertragliche Beschränkung der Zwangsvollstreckung, Grdz 3 E bcc vor § 704; ein Antrag auf die Eröffnung des Konkursverfahrens; eine Zahlungseinstellung; eine

sonstige Mangelhaftigkeit der Zwangsvollstreckung. Alle diese Fälle geben dem Schuldner nur den jeweils zulässigen Rechtsbehelf.
Wegen des EuGÜbk SchlAnh V C.

C. Einstellung von Amts wegen. Von Amts wegen darf die Zwangsvollstreckung nur in gewissen Fällen eingestellt oder beschränkt werden, und zwar auch gegen den Willen des Gläubigers. Die Zwangsvollstreckung darf in diesen Fällen nicht beginnen. Eine begonnene Zwangsvollstreckung darf überhaupt nicht oder nur eingeschränkt fortgesetzt werden. Es entscheidet immer das zuständige Vollstreckungsorgan, also zB der Gerichtsvollzieher, AG Düss DGVZ **83**, 46. Ein besonderer Beschluß ist entbehrlich; es genügt eine entsprechende Verfügung. Die Verfügung muß einen bestimmten Inhalt haben, wenn zB ein Zuschlagsbeschluß aufgehoben werden muß, Bbg Rpfleger **75**, 145. Ob der Gerichtsvollzieher ein Protokoll aufnehmen muß, ist davon abhängig, ob eine Handlung in der Zwangsvollstreckung vorliegt, § 762. Der Gerichtsvollzieher muß aber jedenfalls einen Aktenvermerk aufnehmen.

D. Einstellungswirkung. Eine Einstellung wirkt für die Zukunft. Sie bedeutet das Ruhen der Zwangsvollstreckung. Die Einstellung aus dem Haupttitel wirkt auch für die Zwangsvollstreckung aus dem Kostenfestsetzungsbeschluß. § 775 ist als eine Ausnahmevorschrift eng auszulegen, Ffm Rpfleger **80**, 200. Wegen der Forderungen von Landwirten aus dem Verkauf von landwirtschaftlichen Erzeugnissen vgl § 851a. Über eine Einstellung auf Grund der Härteklausel vgl § 765a. Vgl ferner § 9 JBeitrO.

2) Aufhebung des Titels usw, Z 1. A. Grundsatz. Voraussetzung ist die Vorlegung der Ausfertigung einer vollstreckbaren Entscheidung. Statt einer Ausfertigung genügen: die Urschrift der Entscheidung; ein Hinweis auf eine dem Vollstreckungsorgan amtlich bekannte Entscheidung; die Bezugnahme auf die Akten des Vollstreckungsgerichts, falls das Vollstreckungsgericht zu entscheiden hat. Eine beglaubigte Abschrift kann eine Ausfertigung nicht ersetzen, vgl Z 4, 5. Die Ausfertigung braucht weder vollstreckbar zu sein noch zugestellt worden zu sein. Sie wirkt zwischen den Parteien des Verfahrens, in dem sie ergangen ist, LG Frankenth Rpfleger **83**, 162. Sie muß folgendes ergeben:

B. Aufhebung des Titels. Entweder hebt die vorgelegte Urkunde das Urteil oder dessen Vollstreckbarkeit auf. Es muß sich um eine Aufhebung der Sache nach handeln, nicht um eine bloß förmliche Aufhebung, die durch eine gleiche Entscheidung in der Sache ersetzt wird (Beispiel: ein Urteil auf Zahlung von 500 DM wird zwar aufgehoben, jedoch durch ein Urteil auf Zahlung von 1000 DM ersetzt). Z 1 gilt auch bei einem Arrest und einer einstweiligen Verfügung, BGH NJW **76**, 1453, sowie bei einem Änderungsbescheid nach dem BEG, BGH **LM** § 75 BEG 1956 Nr 79. Ein vorläufig vollstreckbares Urteil tritt mit der Verkündung der aufhebenden Entscheidung außer Kraft, also nicht erst in demjenigen Zeitpunkt, in dem die aufhebende Entscheidung rechtskräftig wird, BGH NJW **76**, 1453; § 717 I. Eine Aufhebung, die durch einen Beschluß ausgesprochen wird, wirkt stets sofort, § 794 I Z 3. Auch wenn aus einem Urteil vollstreckt wird, kann sich die Aufhebung des Urteils aus einem Urteil oder aus einem Beschluß nach §§ 732, 766 ergeben.

Ein Vergleich, durch den ein vorläufig vollstreckbares Urteil aufgehoben wird, ist keine „Entscheidung" nach Z 1. Aus ihm kann der Schuldner nur gemäß §§ 707, 719, 767, 769 entspr vgl § 794 Anm 2 B vorgehen. Wenn die Vollstreckbarkeit einer schlechthin vollstreckbaren Entscheidung nur gegen eine Sicherheitsleistung aufrechterhalten ist, gilt Z 2.

C. Unzulässigkeit der Vollstreckung. Oder die Zwangsvollstreckung ist schlechthin unzulässig, zB nach §§ 767, 771.

D. Einstellung. Oder die Zwangsvollstreckung ist eingestellt worden, und zwar endgültig (anders Z 2), zB nach §§ 732, 766.

3) Einstweilige Einstellung, Z 2, Fortsetzung der Zwangsvollstreckung nur gegen Sicherheitsleistung. Voraussetzung ist die Vorlegung einer Ausfertigung nach Anm 2 A von einer beliebigen, wenn auch nicht vollstreckbaren, gerichtlichen Entscheidung, die eine einstweilige Einstellung der Zwangsvollstreckung oder der betreffenden Vollstreckungsmaßnahme anordnet, zB nach §§ 707, 719, LG Bln Rpfleger **73**, 63, oder die eine Fortsetzung der Zwangsvollstreckung nur gegen eine Sicherheitsleistung zuläßt, zB nach §§ 707 I, 709 S 2, 719 I, 732 II, 769 II. Der Nachweis der Sicherheitsleistung erfolgt gemäß § 751 II.

4) Vollstreckungsabwendung, Z 3. Voraussetzung ist die Vorlegung einer öffentlichen Urkunde (Begriff § 415 Anm 2), die beweist, daß eine Sicherheitsleistung oder eine Hinterlegung erbracht sind, die in einer nach Z 1, 2 zu beachtenden Entscheidung angeordnet wurden, zB nach §§ 707, 711, 712, 720a. Eine öffentlich beglaubigte Urkunde genügt in diesen Fällen nicht. Ein Postschein beweist nur die Absendung. Er beweist nicht, daß die Sicherheitsleistung erbracht oder die Hinterlegung erfolgt ist. Wer sich darauf beruft, eine Sicherheitsleistung durch eine Bürgschaft erbracht zu haben, muß nachweisen, daß diese Art der Sicherheit gestattet worden war und daß die Bürgschaftserklärung dem Schuldner in ausreichender Form abgegeben wurde, § 751 Anm 2 B.

Demgegenüber läßt Mü OLGZ **65**, 292 für den Zugang ein Empfangsbekenntnis des ProzBev ausreichen, da das Empfangsbekenntnis für das Zugehen im Zustellungsweg eine öffentliche Beweiskraft habe, § 198 Anm 2 B.

Wenn eine Sicherheitsleistung nicht etwa den Anlaß zu einer Aufhebung der Vollstreckung gibt, sondern die Voraussetzung dafür ist, daß es überhaupt zu einer Einstellung kommt, dann gilt Z 2, nicht aber Z 3, LG Bln Rpfleger **71**, 322.

5) Befriedigung, Stundung, Z 4. Voraussetzung ist die Vorlegung einer öffentlichen Urkunde (Begriff § 415 Anm 2) oder eine von dem Gläubiger ausgestellte Privaturkunde, die beweist, daß der Gläubiger nach dem Erlaß des Vollstreckungstitels, LG Kblz DGVZ **82**, 46, grundsätzlich auch LG Kiel DGVZ **83**, 24 (jeweils auch zur Frage einer Zahlung vor dem Erlaß), befriedigt worden ist oder die Leistung gestundet hat. In den Fällen der §§ 307 II, 331 III tritt an die Stelle der Urteilsverkündung die Urteilszustellung, § 310 III. Jede Art der Erfüllung genügt, auch eine Erfüllung infolge einer Pfändung und Überweisung der Forderung an den Schuldner, die eine Aufrechnung darstellen. Im übrigen ist eine Überweisung zur Einziehung keine Erfüllung. Noch weniger ist eine bloße Pfändung eine Erfüllung. Es muß auch eine klare, einwandfreie Verzichtserklärung des Gläubigers auf die Zwangsvollstreckung genügen.

Ein bloßer Rücktritt nach § 5 AbzG genügt aber nicht, LG Münster MDR **64**, 603, vgl jedoch LG Köln MDR **63**, 688. Zu irgendwelchen Zweifeln darf kein Anlaß bestehen. Freilich besteht noch nicht stets dann ein Zweifel, wenn der Gläubiger einfach bestreitet, daß der Schuldner erfüllt habe, insofern offenbar aM Hamm DGVZ **80**, 154 mwN. Auch wenn der Schuldner eine Wahlschuld befriedigt hat, muß er den Beweis nach Z 4 erbringen.

Der Gerichtsvollzieher prüft die Echtheit einer Privaturkunde an Hand der Unterlagen, die der Schuldner zu erbringen hat. Wenn der Gerichtsvollzieher Zweifel hat und wenn er sie nicht durch eine fernmündliche Rückfrage beim Gläubiger beseitigen kann, dann hat er die Zwangsvollstreckung entweder fortzusetzen oder darf sie nur für eine kurze Zeit zur Aufklärung aussetzen. Der Gläubiger kann dann die Erinnerung nach § 766 einlegen. Soweit der Schuldner an einen Dritten zu leisten hat, genügt die Privaturkunde des Dritten. Dies gilt zB bei einem Steuerabzug vom Arbeitslohn, Üb 1 vor § 803, oder bei einer Überleitungsanzeige gemäß § 117 IV 2 AFG, LG Brschw DGVZ **82**, 43 mwN.

Eine öffentlich beglaubigte Urkunde genügt nicht (eine Ausnahme besteht natürlich bei einer öffentlich beglaubigten Privaturkunde der Z 4), erst recht nicht eine unbeglaubigte Fotokopie, AG Bln-Wedding DGVZ **76**, 93. Die Urkunde muß für sich allein ergeben, daß der Gläubiger voll befriedigt worden ist, und zwar auch wegen der Kosten, Düss Rpfleger **77**, 417. Andernfalls muß der Gerichtsvollzieher die Zwangsvollstreckung wegen der Restschuld fortsetzen. Dabei hat er freilich zu prüfen, ob eine unzulässige Rechtsausübung vorliegt, LG Kblz DGVZ **82**, 47 mwN, Schneider DGVZ **77**, 133.

6) Postschein, Z 5. Voraussetzung ist die Vorlegung eines Postscheins, der beweist, daß der Schuldner nach der Urteilsverkündung, in den Fällen der §§ 307 II, 331 III nach der Urteilszustellung, § 310 III, diejenige Summe bei der Post für den Gläubiger eingezahlt hat, die zur vollen Befriedigung des Gläubigers ausreicht, und zwar auch wegen der Kosten. Vgl Anm 4, 8. Es genügt jede nach dem Postrecht zulässige Postquittung, die die Zahlung bescheinigt, zB eine Zahlkarte. Eine Bankbescheinigung über die Zahlung steht der Postquittung gleich, AG Bln-Tempelhof DGVZ **82**, 78, Hefermehl Festschrift für Möhring (1975) 396, Meyer-Stolte Rpfleger **82**, 43.

Ein Einlieferungsschein über einen Wertbrief reicht nicht aus.

7) Rechtsbehelfe. Es gilt die folgende Regelung:

A. Gläubiger. Der Gläubiger kann dann, wenn der Gerichtsvollzieher die Zwangsvollstreckung eingestellt oder beschränkt hat, die Erinnerung nach § 766 einlegen. Wenn das Vollstreckungsgericht entschieden hat, hat der Gläubiger die sofortige Beschwerde nach § 793.

B. Schuldner. Der Schuldner hat diejenigen Rechtsbehelfe, die ihm nach der jeweiligen Sachlage zustehen.

8) Fortsetzung der Vollstreckung. Die Zwangsvollstreckung ist in folgenden Fällen fortzusetzen:

A. Wegfall des Einstellungsgrunds; Fortsetzungsordnung. Die Fortsetzung erfolgt durch den Gerichtsvollzieher dann, wenn der Grund der Einstellung weggefallen ist oder wenn das Gericht nach § 766 eine Fortsetzung angeordnet hat.

B. Einstellung; erfolgreiche Erinnerung. Die Fortsetzung erfolgt durch das Vollstreckungsgericht, wenn es selbst die Zwangsvollstreckung eingestellt hatte und wenn eine Erinnerung des Gläubigers Erfolg hat.

C. Befriedigung; Stundung; Quittung, Z 4, 5. Die Fortsetzung erfolgt in den Fällen einer Befriedigung oder Stundung, Z 4, oder einer Postquittung, Z 5, falls der Gläubiger die Befriedigung, die Stundung oder die Quittung leugnet, LG Trier DGVZ **78**, 28, AG Bln-Tempelhof DGVZ **82**, 78. Dann kommt es unter Umständen gar nicht erst zu einer Einstellung oder zu einer Beschränkung der Zwangsvollstreckung, Ffm MDR **80**, 63 mwN, Hamm RPfleger **79**, 432 mwN, aM zB LG Mannh MDR **67**, 222 (der Gläubiger könne dann die Erinnerung nach § 766 oder die sofortige Beschwerde nach § 793 einlegen. Aber das wäre erfolglos. Denn das Vollstreckungsgericht prüft grundsätzlich – Ausnahmen Anm 5 am Ende – keine sachlichrechtlichen Fragen, vgl auch LG Oldb MDR **81**, 236. Daher könnte der Schuldner die Zwangsvollstreckung blockieren).

D. Weitere Einzelfragen. Bei formellen Bedenken, zB bei der Rüge, es liege überhaupt kein Postschein nach Z 5 vor, muß der Gläubiger allerdings nach §§ 766 oder 793 vorgehen. Wenn der Schuldner gezahlt hat, dann ist er auf eine Vollstreckungsabwehrklage angewiesen, §§ 767, 769, LG Trier DGVZ **78**, 28.

Der Gläubiger darf die Zwangsvollstreckung nur dann ohne weiteres fortsetzen, wenn die Vollstreckung ohne einen gesetzlichen Grund eingestellt worden war, wenn die Einstellung etwa auf dem Wunsch des Gläubigers beruhte. Wenn die Vollstreckung auf eine bestimmte Zeit eingestellt worden war, dann erlischt die Einstellung mit dem Zeitablauf. Wenn der Gläubiger dem Schuldner auf eine bestimmte Zeit eine Stundung bewilligt hat, dann darf er die Zwangsvollstreckung nach dem Zeitablauf ebenfalls ohne weiteres fortsetzen. Wenn er die Stundung aber für eine unbestimmte Zeit ausgesprochen hatte, dann darf er jederzeit die Fortsetzung der Zwangsvollstreckung verlangen.

9) VwGO: *Entsprechend anwendbar,* § 167 I *VwGO. Soweit Landesrecht anwendbar ist,* §§ 169 II, 170 I 3 *VwGO, gelten dessen Vorschriften ergänzend.*

776 *Aufhebung von Vollstreckungsmaßregeln.* **In den Fällen des § 775 Nr. 1, 3 sind zugleich die bereits getroffenen Vollstreckungsmaßregeln aufzuheben. In den Fällen der Nummern 4, 5 bleiben diese Maßregeln einstweilen bestehen; dasselbe gilt in den Fällen der Nummer 2, sofern nicht durch die Entscheidung auch die Aufhebung der bisherigen Vollstreckungshandlungen angeordnet ist.**

Schrifttum: Blumenröder, Die Aufhebung der Zwangsvollstreckung in bewegliche Sachen samt daraus folgenden Einzelfragen, Diss Köln 1953.

1) Allgemeines. Eine Einstellung oder eine Beschränkung der Zwangsvollstreckung bewirkt nur ein völliges oder teilweises Ruhen des Vollstreckungsverfahrens. Eine bereits angeordnete oder vorgenommene Vollstreckungsmaßnahme bleibt unberührt.

2) Aufhebung. Wenn das Gericht durch einen Beschluß feststellt, daß die Zwangsvollstreckung endgültig unzulässig ist, muß die Zwangsvollstreckung aufgehoben werden. Dies trifft immer in den Fällen des § 775 Z 1 und 3 zu. Das Vollstreckungsorgan muß die Aufhebung durchführen. Der Gerichtsvollzieher muß zB die Pfandsiegel abnehmen. Er kann aber den Schuldner auch zu deren Beseitigung ermächtigen. Das Vollstreckungsgericht muß einen Pfändungsbeschluß aufheben. Der Einstellungsbeschluß stellt aber auch ohne eine solche Aufhebung die Unzulässigkeit einer weiteren Zwangsvollstreckung wirksam fest. Wenn zB bei einer Einstellung nach § 769 der Drittschuldner an den Gläubiger nach der Zustellung des Einstellungsbeschlusses noch zahlt, dann tut er das auf eigene Gefahr. Wenn das Vollstreckungsgericht und das Beschwerdegericht eine Pfändung auf Grund einer Erinnerung nach § 766 für unzulässig erklären, dann heben sie die Pfändung damit auf.

Eine aufgehobene Vollstreckungsmaßnahme lebt in keinem Fall wieder auf. Ein verlorener Rang kann auch nicht wiederhergestellt werden, BGH NJW **76**, 1453, KG MDR **66**, 515, Köln NJW **76**, 114, §§ 343 Anm 1, 808 Anm 2 C. Deshalb ist eine Beschwerde gegen eine wirksame Aufhebung der Zwangsvollstreckung mangels eines Rechtsschutzbedürfnisses unzulässig. Wegen der Forderungen von Landwirten aus dem Verkauf von landwirtschaftlichen Erzeugnissen § 851a. Wegen der Aufhebung von Vollstreckungsmaßnahmen nach der Härteklausel § 765a.

3) Fortdauer. In den Fällen § 775 Z 4 und 5 bleiben die Vollstreckungsmaßnahmen solange in Kraft, bis der Vollstreckungsantrag zurückgenommen wird oder bis eine Entscheidung ergeht, durch die die Zwangsvollstreckung aufgehoben wird, nicht etwa bis zu deren Rechtskraft, BGH NJW **76**, 1453. Im Fall § 775 Z 2 gilt dasselbe, falls nicht das Gericht die Aufhebung der Zwangsvollstreckung besonders angeordnet hat. Freilich sind die Vollstreckungshandlungen, die nach der Erledigung des Einstellungsbeschlusses vorgenommen wurden, aufhebbar, LG Bln MDR **75**, 672, Kirberger Rpfleger **76**, 9. Der Schuldner erlangt also zB solange, wie die Zwangsvollstreckung noch nicht aufgehoben wurde, noch keine Verfügungsbefugnis über den gepfändeten Gegenstand zurück, LG Bln Rpfleger **73**, 63. Das Pfändungspfandrecht erlischt dann, wenn der Gläubiger befriedigt wird, nicht ohne weiteres. Es erlischt aber dann, wenn der Gerichtsvollzieher die Sache freigibt, selbst wenn die Freigabe auf einem Irrtum beruht.

4) VwGO: *Entsprechend anwendbar, § 167 I VwGO, vgl § 775 Anm 9.*

777 *Erinnerung wegen dinglicher Sicherung.* **Hat der Gläubiger eine bewegliche Sache des Schuldners im Besitz, in Ansehung deren ihm ein Pfandrecht oder ein Zurückbehaltungsrecht für seine Forderung zusteht, so kann der Schuldner der Zwangsvollstreckung in sein übriges Vermögen nach § 766 widersprechen, soweit die Forderung durch den Wert der Sache gedeckt ist. Steht dem Gläubiger ein solches Recht in Ansehung der Sache auch für eine andere Forderung zu, so ist der Widerspruch nur zulässig, wenn auch diese Forderung durch den Wert der Sache gedeckt ist.**

1) Voraussetzungen. Das BGB kennt keine Verweisung des Gläubigers auf das Pfand. § 777 enthält eine abweichende Regelung. Diese Vorschrift ist dem § 803 I inhaltlich verwandt, der die Überpfändung verbietet. Sie setzt voraus, daß der Gläubiger eine solche bewegliche Sache des Schuldners im Alleinbesitz, im Mitbesitz oder in einem mittelbaren Besitz hat, an der ihm ein Pfandrecht oder ein Zurückbehaltungsrecht für die beizutreibende Forderung zusteht. § 777 bezieht sich nicht auf Liegenschaften und auf Rechte. Der Rechtsgrund des Pfandrechts oder des Zurückbehaltungsrechts ist unerheblich. Es kann sich um ein Vertragspfandrecht, um ein gesetzliches Pfandrecht oder um ein Pfändungspfandrecht handeln. Das Pfandrecht des Vermieters, des Verpächters, des Gastwirts wirkt erst von der Besitzergreifung an. Ein Sicherungseigentum steht dem Pfandrecht hier nicht gleich, außer bei unmittelbarem Besitz des Gläubigers. Denn es handelt sich um ein Besitzlosenpfandrecht, vgl § 771 Anm 6 „Treuhand".

§ 777 ist dann entsprechend anwendbar, wenn der Schuldner zur Abwendung der Zwangsvollstreckung oder zwecks Einstellung der Zwangsvollstreckung hinterlegt hat. Zwar wird der hinterlegte Betrag das Eigentum des Landes; der Anspruch auf die Rückerstattung der hinterlegten Summe steht aber wirtschaftlich einem Besitz gleich.

2) Erinnerung. Der Schuldner kann nur insoweit nach § 766 die Erinnerung, vom Gesetz hier Widerspruch genannt, einlegen, als der Wert der Pfand- oder Zurückhaltungssache die volle Forderung des Gläubigers einschließlich der Kosten deckt. Der Schuldner muß diese Deckung beweisen. Wenn der Gläubiger demgegenüber nachweist, daß die Sache noch wegen einer anderen Forderung sichern soll, dann steht dem Schuldner der Nachweis offen, daß der Wert der Pfand- oder Zurückbehaltungssache auch diese andere Forderung deckt. Wenn der Gläubiger auf das Pfand- oder Zurückbehaltungsrecht verzichtet, auch vor der Rückgabe, dann ist die Erinnerung erledigt. Der Schuldner kann auf die Möglichkeit der Erinnerung verzichten. Diese Einwendung wird aber nicht von Amts wegen beachtet, LG Limburg Rpfleger **82**, 435.

3) VwGO: *Entsprechend anwendbar, § 167 I VwGO.*

778 *Zwangsvollstreckung vor Erbschaftsannahme.* **I Solange der Erbe die Erbschaft nicht angenommen hat, ist eine Zwangsvollstreckung wegen eines Anspruchs, der sich gegen den Nachlaß richtet, nur in den Nachlaß zulässig.**

II Wegen eigener Verbindlichkeiten des Erben ist eine Zwangsvollstreckung in den Nachlaß vor der Annahme der Erbschaft nicht zulässig.

1) Vorbemerkung zu §§ 778–785. Diese Vorschriften behandeln eine Zwangsvollstreckung in den Nachlaß und gegen den Erben. Sie ergänzen die §§ 747–749. Das Gesetz hat damit etwas Zusammengehöriges auseinandergerissen. Dieser Umstand erschwert das Verständnis der ohnehin mißlungenen Vorschriften. Sie gelten für jede Art der Zwangsvollstreckung. Über die Zwangsvollstreckung beim Tod einer Partei kraft Amts § 727 Anm 1 A.

Vgl ferner §§ 265, 266 AO 1977.

2) Anspruch gegen den Nachlaß, I. A. Vor der Annahme der Erbschaft. In dieser Situation hat der Erbe nur eine vorläufige Rechtsstellung, § 1958 BGB. Wenn er die Ausschlagungsfrist versäumt hat, gilt die Erbschaft als angenommen, § 1943 BGB. Vor der Annahme der Erbschaft gilt für die Zwangsvollstreckung wegen einer Nachlaßverbindlichkeit, § 1967 II BGB folgendes:
a) Vor Vollstreckungsbeginn. Wegen § 1958 BGB läßt sich der Vollstreckungstitel, den der Gläubiger gegen den Erblasser erwirkt hatte, nicht gegen den Erben umschreiben. Gegen eine trotzdem vorgenommene Umschreibung kann der Erbe nach § 732 vorgehen. Der Gläubiger kann auch keinen Vollstreckungstitel gegen den Erben erwirken. Der Gläubiger kann nur dann ein Urteil und eine Vollstreckungsklausel erwirken, wenn ein Nachlaßpfleger, ein Nachlaßverwalter oder ein Testamentsvollstrecker vorhanden sind. Der Gläubiger kann nach § 1961 BGB einen Antrag auf die Bestellung eines Nachlaßpflegers stellen. Nach der Bestellung erfolgt die Zwangsvollstreckung in den Nachlaß. Nach der Annahme der Erbschaft tritt eine Rückwirkung dieser Maßnahmen gegenüber dem Erben ein.
b) Nach Vollstreckungsbeginn. Wenn die Zwangsvollstreckung gegen den Erblasser begonnen hatte, Grdz 7 A vor § 704, dann darf sie fortgesetzt werden, § 779. Die weitere Zwangsvollstreckung ist aber nur in den Nachlaß zulässig.
c) Weitere Einzelfragen. § 778 gilt für Ansprüche jeder Art. Ein Arrestvollzug ist eine Zwangsvollstreckung.
B. Rechtsbehelfe. Wenn der Gläubiger vor der Annahme der Erbschaft nicht in den Nachlaß vollstreckt, sondern in das persönliche Vermögen des Erben, dann gilt folgende Regelung:
a) Erbe. Der Erbe kann nach seiner Wahl die Erinnerung nach § 766 einlegen oder als Dritter eine Widerspruchsklage nach § 771 erheben.
b) Gläubiger. Jeder Gläubiger des Erben kann die Erinnerung nach § 766 einlegen, nicht aber eine Widerspruchsklage nach § 771 erheben. Denn der Gläubiger des Erben hat kein Recht am Vermögen des Erben.

3) Zwangsvollstreckung der persönlichen Gläubiger, II. A. Vollstreckungsgegenstand. Nur in das persönliche Vermögen des Erben dürfen die persönlichen Gläubiger des Erben vollstrecken, vor der Annahme der Erbschaft nicht in den Nachlaß. Das gilt ebenso bei einer abwicklungslosen Verschmelzung von Genossenschaften, § 93b GenG, oder von Aktiengesellschaften nach § 346 AktG. Die übernehmende Gesellschaft steht dem Erben gleich. Der Gläubiger der aufgelösten Gesellschaft steht den Nachlaßgläubigern gleich.
B. Rechtsbehelfe. Es gilt folgende Regelung:
a) Erbe. Der Erbe kann die Erinnerung nach § 766 einlegen, aber auch eine Widerspruchsklage nach § 771 erheben. Denn er hat ein Recht an dem Nachlaß und haftet zunächst nicht mit dem Nachlaß.
b) Andere Personen. Der Nachlaßgläubiger, der Nachlaßpfleger, der Nachlaßverwalter oder der Testamentsvollstrecker können nach § 766 die Erinnerung einlegen, soweit ihre Verwaltung reicht.

4) VwGO: Entsprechend anwendbar, § 167 I VwGO.

779 *Fortsetzung der Zwangsvollstreckung nach Tod des Schuldners.* ^I Eine Zwangsvollstreckung, die zur Zeit des Todes des Schuldners gegen ihn bereits begonnen hatte, wird in seinen Nachlaß fortgesetzt.

^{II} Ist bei einer Vollstreckungshandlung die Zuziehung des Schuldners nötig, so hat, wenn die Erbschaft noch nicht angenommen oder wenn der Erbe unbekannt oder es ungewiß ist, ob er die Erbschaft angenommen hat, das Vollstreckungsgericht auf Antrag des Gläubigers dem Erben einen einstweiligen besonderen Vertreter zu bestellen. Die Bestellung hat zu unterbleiben, wenn ein Nachlaßpfleger bestellt ist oder wenn die Verwaltung des Nachlasses einem Testamentsvollstrecker zusteht.

1) Zwangsvollstreckung in den Nachlaß, I. Wenn beim Tod des Schuldners die Zwangsvollstreckung in das Vermögen des Schuldners begonnen hatte, Grdz 7 vor § 704, dann ist sie auf Grund einer gegen den Erblasser erteilten Vollstreckungsklausel in den Nachlaß fortzusetzen. Dies gilt vor und nach der Annahme der Erbschaft und nicht nur wegen solcher Gegenstände, in die die Zwangsvollstreckung begonnen hat. Neue und weitere Vollstreckungsmaßnahmen sind bis zur Beendigung der Zwangsvollstreckung insgesamt zulässig, ohne daß eine Umschreibung erfolgen muß, LG Mü MDR 79, 853, Mümmler JB 76, 1445 je mwN, aM Schüler JB 76, 1003. Zu einer Zwangsvollstreckung in das Vermögen des Erben muß die Vollstreckungsklausel nach §§ 727, 749 umgeschrieben werden. Diese Umschreibung ist erst nach der Annahme der Erbschaft statthaft, § 778 I. Wenn der Schuldner vor dem Beginn der Zwangsvollstreckung stirbt, gilt § 778. Vgl auch § 782.

2) Erbenvertreter, II. A. Voraussetzungen. Das Vollstreckungsgericht bestellt dem Erben nur dann einen besonderen Vertreter, wenn die folgenden Voraussetzungen a–d zusammentreffen:

a) Hinzuziehung des Schuldners. Der Schuldner muß bei einer Vollstreckungshandlung hinzugezogen werden müssen, also in den Fällen der §§ 808 III, 826 III, 829 II, 835 III, 844 II, 875 II, 885 II; ferner oft bei einer Zwangsversteigerung nach dem ZVG; schließlich immer dann, wenn der Schuldner rein tatsächlich zugezogen werden muß.

b) Erbschaftsannahme unklar usw. Die Erbschaft darf noch nicht angenommen worden sein, ihre Annahme muß zweifelhaft oder der Erbe unbekannt sein. Im letzteren Fall wird ein Pfleger nach § 1911 BGB bestellt.

c) Kein Nachlaßpfleger oder Testamentsvollstrecker. Es darf bisher weder ein Nachlaßpfleger noch ein verwaltender Testamentsvollstrecker bestellt worden sein.

d) Antrag. Es muß ein Antrag des Gläubigers vorliegen.

B. Stellung des Vertreters. Der Vertreter vertritt den Erben und nicht den Nachlaß. Er ist ein gesetzlicher Vertreter des Erben mit allen Rechten, die dem Schuldner aus Anlaß der fraglichen Vollstreckungshandlung zustehen. Der Vertreter kann zB eine Vollstreckungsabwehrklage erheben. Er braucht aber nicht eine eidesstattliche Versicherung abzugeben. Die Prozeßfähigkeit des Erben bleibt unbeschränkt. Die Befugnis des Vertreters erlischt, sobald der Erbe, ein Nachlaßpfleger oder der Testamentsvollstrecker in das Verfahren eintreten. Der Vertreter ist zur Annahme des Amts nicht verpflichtet. Seine Kosten sind eine Nachlaßverbindlichkeit. Für diese haftet der Erbe nur beschränkbar.

C. Rechtsbehelfe. Es gilt die folgende Regelung:

a) Ablehnung. Gegen die Ablehnung der Bestellung ist zunächst die fristgebundene Erinnerung zulässig, § 11 II RPflG, Anh § 153 GVG. Gegen die Entscheidung des Richters ist die sofortige Beschwerde statthaft, § 793.

b) Bestellung. Gegen die Bestellung des Vertreters ist kein Rechtsbehelf statthaft. Gebühren: Des Gerichts KV 1181; des Anwalts §§ 57, 37 Z 3 BRAGO.

3) VwGO: Entsprechend anwendbar, § 167 I VwGO.

780 Vorbehalt der beschränkten Erbenhaftung.

I Der als Erbe des Schuldners verurteilte Beklagte kann die Beschränkung seiner Haftung nur geltend machen, wenn sie ihm im Urteil vorbehalten ist.

II Der Vorbehalt ist nicht erforderlich, wenn der Fiskus als gesetzlicher Erbe verurteilt wird oder wenn das Urteil über eine Nachlaßverbindlichkeit gegen einen Nachlaßverwalter oder einen anderen Nachlaßpfleger oder gegen einen Testamentsvollstrecker, dem die Verwaltung des Nachlasses zusteht, erlassen wird.

1) Beschränkte Haftung, I. § 780 enthält die prozessuale Behandlung der beschränkten Erbenhaftung. Die Vorschrift wird von § 784 ergänzt. Zu § 780 gehören alle Beschränkungsfälle: **a)** wegen eines Nachlaßkonkurses oder einer Nachlaßverwaltung, § 1975 BGB; **b)** wegen deren Entfallens infolge eines Mangels an Masse, § 1990 BGB, Köln VersR 68, 380; **c)** gegenüber einer ausgeschlossenen oder verspätet angemeldeten Nachlaßforderung, §§ 1973 ff BGB; **d)** aus § 1992 BGB gegenüber dem Vermächtnisnehmer; **e)** bei einem ungeteilten Nachlaß, Köln VersR 68, 380.

„Als Erbe verurteilt" bedeutet: Wegen einer Nachlaßverbindlichkeit verurteilt. Zu den Nachlaßverbindlichkeiten zählen aber nicht nur Geldforderungen, sondern auch Vertragspflichten jeder Art, etwa Willenserklärungen. Für den Nacherben gilt Entsprechendes.

§ 780 1, 2 8. Buch. Zwangsvollstreckung

Nach dem Eintritt der Nacherbfolge hat der Vorerbe die Möglichkeit der Vollstreckungsabwehrklage, § 767, und zwar auch ohne einen Vorbehalt. Im Falle einer Einrede nach § 2145 II BGB ist § 780 anwendbar. Die Vorschrift gilt auch für den Erbschaftskäufer, § 2383 BGB, soweit nicht schon der Verkäufer unbeschränkt haftet. Sie gilt ferner für den Miterben, sofern dieser unbeschränkt haftet, § 2059 I 2 BGB. Eine Teilhaftung des Miterben aus §§ 2060 ff BGB muß in der Sachentscheidung berücksichtigt werden, StJ V.

§ 780 ist unanwendbar, wenn der Erbe aus § 27 HGB für die Geschäftsschulden des Erblassers haftet. Auch in diesem Fall ist die Beschränkung ein Teil der Sachentscheidung. Dagegen ist der Erbe auch dann „verurteilt", wenn die Vollstreckungsklausel gegen ihn auf eine Klage nach § 731 erteilt worden ist. Etwas anderes gilt dann, wenn die Klausel nach § 727 erteilt wurde. Denn den Erben verbleiben dann die Einwendungen nach § 781. Der Versicherer kann nicht geltend machen, daß der Erbe des Schädigers dem Geschädigten nur beschränkt haftet, §§ 149, 157 VVG.

Man kann den Vorbehalt auch bei einer Steuerschuld geltend machen, aber erst im Zwangsvollstreckungsverfahren, BFH BB **81**, 1627.

2) Vorbehalt im Urteil, I. A. Zweck der Regelung. Der Vorbehalt im Urteil ist die Voraussetzung für eine Beschränkung in der Zwangsvollstreckung, BGH FamRZ **83**, 694. Das gilt unabhängig davon, ob der Erbe persönlich verklagt wird oder ob er als Rechtsnachfolger in den Prozeß eingetreten ist. Der Vorbehalt kann nur dann ausgesprochen werden, wenn der Erbe die Einrede einer beschränkten Haftung geltend gemacht hat, BGH FamRZ **83**, 694. Ein besonderer Antrag ist dazu nicht erforderlich, BGH FamRZ **83**, 694 mwN. Der Erbe kann dies nur dann erstmals in der Revisionsinstanz tun, wenn der Zahlungspflichtige erst nach dem Schluß der letzten Tatsachenverhandlung gestorben ist oder wenn der Erbe in der Tatsacheninstanz noch keinen sonstigen Anlaß für die Einrede hatte, BGH DB **76**, 2302 mwN, aber auch dann nur, wenn der Erbe mehr als einen bloßen Zusatz des Vorbehalts begehrt; andernfalls ist nur § 767 II anwendbar, BGH **54**, 204 (zustm Mattern **LM** Nr 6). Der Vorbehalt kann nicht mehr im Kostenfestsetzungsverfahren erfolgen, KG MDR **76**, 584, wohl aber im Vergütungsfestsetzungsverfahren nach § 19 BRAGO, Düss Rpfleger **81**, 409. Die Einrede betrifft den Grund der Haftung des Erben, nicht den Betrag des Anspruchs. Daher ist eine Vorabentscheidung nach § 304 unzulässig. Wenn der Gläubiger schon ein Urteil gegen den Erblasser erwirkt hat, dann kann der Erbe die Beschränkung der Haftung, § 781 Anm 1 C, gemäß § 785 geltend machen.

Das Gericht braucht sich nicht darum zu kümmern, ob der Vorbehalt auch sachlich berechtigt ist, BGH FamRZ **83**, 694. Düss Rpfleger **81**, 409. Das gilt auch dann, wenn der Erbe geltend macht, der Nachlaß bestehe nur aus Schulden, BGH NJW **54**, 635 mwN, Düss Rpfleger **81**, 409. Es kann freilich auch sachlich über die Beschränkung der Erbenhaftung entscheiden, BGH FamRZ **83**, 694. Wenn das Gericht eine solche Entscheidung trifft, die zur Vermeidung neuer Prozesse auch ratsam ist, dann muß es die sachlichrechtlichen Voraussetzungen der Beschränkung der Erbenhaftung prüfen und feststellen. Diese Entscheidung erwächst in Rechtskraft und ist für die Zwangsvollstreckung maßgebend. Wenn das Gericht nicht derart vorgeht, dann bleibt die Prüfung der Beschränkung der Vollstreckungsinstanz vorbehalten und muß notfalls in einem nach § 785 zu führenden neuen Prozeß vorgenommen werden, BGH FamRZ **83**, 694. Keinesfalls darf das Prozeßgericht erörtern, was zum Nachlaß gehört. Wenn freilich feststeht, daß keine haftende Masse mehr da ist, muß die Klage abgewiesen werden.

B. Wirkung des Vorbehalts. Sie ist rein förmlich. Er ermöglicht die Vollstreckungsabwehrklage des § 785, BGH FamRZ **83**, 694. Düss Rpfleger **81**, 409. Im übrigen beeinträchtigt der Vorbehalt die Zwangsvollstreckung nicht. Nur bei einem Urteil auf die Abgabe einer Willenserklärung hindert der Vorbehalt eine Unterstellung nach § 894. Ein solches Urteil ist nach § 888 zu vollstrecken. Fehlt der Vorbehalt, mag er auch nur versehentlich nicht beantragt worden sein, so macht die Rechtskraft des Urteils jede Haftungsbeschränkung unmöglich.

C. Fassung des Vorbehalts. Der Vorbehalt gehört in die Urteilsformel. Ausreichend ist auch eine Verurteilung „nach Kräften des Nachlasses", nicht aber eine solche „als Erbe". In die Entscheidungsgründe gehört der Vorbehalt so wenig wie etwa die Entscheidung über eine vorläufige Vollstreckbarkeit. Dagegen erfolgt die Zurückweisung des Antrags auf den Ausspruch des Vorbehalts nur in den Entscheidungsgründen. Wenn es um die inländische Vollstreckbarkeit eines ausländischen Urteils geht, kann der Vorbehalt im deutschen Vollstreckungsurteil ausgesprochen werden. Er kann auch in einen Vollstreckungsbescheid aufgenommen werden. Im Verfahren auf die Vollstreckbarerklärung eines Schiedsspruchs ist der Vorbehalt unzulässig; er gehört in den Schiedsspruch oder dann, wenn der Erblasser erst nach dessen Erlaß verstorben ist, in die Zwangsvollstreckung nach § 781. Der Vorbehalt bezieht sich auf die Prozeßkosten nur, soweit diese in der Person des Erblassers entstanden waren. Für die übrigen Kosten haftet der Erbe unbeschränkt, Ffm Rpfleger **77**, 372 mwN, aM KG NJW **64**, 1330. Darum muß das Gericht die Kosten auch in der Entscheidungsformel insoweit trennen, abw KG Rpfleger **81**, 365.

D. Verstoß. Wenn das Gericht den Vorbehalt übergangen hatte, ist sein Urteil inhaltlich falsch. Deshalb ist ein Verfahren auf eine Ergänzung des Urteils nach § 321 zulässig, Düss NJW **70**, 1689. Natürlich sind auch die sonst gegebenen Rechtsmittel statthaft. Das Revisionsgericht kann den Vorbehalt nachholen, auch ohne eine Rüge, BGH FamRZ **83**, 694.

3) Entbehrlichkeit des Vorbehalts, II. Der Vorbehalt ist in folgenden Fällen entbehrlich:

A. Fiskus. Der Vorbehalt kann entfallen, soweit der Fiskus als gesetzlicher Erbe verurteilt wird. Denn der Fiskus haftet ohnedies beschränkt, § 2011 BGB. Das Gericht darf mangels haftender Masse die Klage abweisen.

B. Nachlaßpfleger, Nachlaßverwalter, Testamentsvollstrecker. Der Vorbehalt kann ferner entfallen, soweit das Urteil gegen einen Nachlaßpfleger, einen Nachlaßverwalter oder einen verwaltenden Testamentsvollstrecker ergeht. Denn diese Personen können auf die Beschränkung ihrer Haftung nicht wirksam verzichten. Auch in diesem Fall darf das Gericht mangels haftender Masse die Klage abweisen.

C. Sinnlosigkeit einer Haftungsbeschränkung. Der Vorbehalt kann schließlich entfallen, wenn die Beschränkung der Haftung sinnlos wäre, etwa bei einem Feststellungsurteil oder bei einem Urteil wegen eines dinglichen Anspruchs. Denn aus einer solchen Entscheidung kann ohnehin nur in den Nachlaß vollstreckt werden.

4) *VwGO: Entsprechend anwendbar, § 167 I VwGO.*

781 *Beachtung der Haftungsbeschränkung in der Zwangsvollstreckung.* Bei der Zwangsvollstreckung gegen den Erben des Schuldners bleibt die Beschränkung der Haftung unberücksichtigt, bis auf Grund derselben gegen die Zwangsvollstreckung von dem Erben Einwendungen erhoben werden.

1) Geltungsbereich. § 781 erfaßt alle diejenigen Fälle, in denen der Erbe nicht unbeschränkt haftet. Dies gilt in folgenden Situationen:

A. Vollstreckungsbeginn gegen Erblasser. Die Zwangsvollstreckung hatte bereits gegen den Erblasser begonnen, § 779.

B. Umschreibung. Der Vollstreckungstitel ist gegen den Erben umgeschrieben worden, § 727.

C. Vorbehalt. Der Vollstreckungstitel behält die beschränkte Haftung vor, § 780.

D. Vollstreckbarkeitsbeschluß. Es liegt ein Vollstreckbarkeitsbeschluß vor, der keinen Vorbehalt kennt.

E. Vorbehalt entbehrlich. Es ist ein Vorbehalt im Urteil nach § 780 II nicht notwendig.

F. Eintritt des Erben. Der Erbe ist nach dem Erlaß des Urteils in den Prozeß eingetreten, s § 780 Anm 2 A.

2) Notwendigkeit einer Einwendung. Die Vollstreckungsorgane müssen die Haftungsbeschränkung zunächst unberücksichtigt lassen. Die Zwangsvollstreckung findet also in das persönliche Vermögen des Erben so statt, als ob er unbeschränkt haften würde. Der Gläubiger braucht über die Vermögensmasse keine Nachweise zu erbringen. Der Erbe muß auch die eidesstattliche Versicherung zur Offenbarung abgeben, wenn er eine Haftungsbeschränkung nach § 785 geltend macht. Auf Verlangen des Gläubigers braucht er die Versicherung nur wegen des Nachlasses abzugeben, sonst unbeschränkt. Das Gesetz trennt die Vermögensmassen.

Der Erbe kann gegen die Zwangsvollstreckung durch eine Vollstreckungsabwehrklage nach §§ 785, 767 vorgehen und beantragen, die Zwangsvollstreckung in das persönliche Vermögen des Erben für unzulässig zu erklären und ferner auszusprechen, daß er nur „nach Kräften des Nachlasses" zu haften brauche. Der Erbe muß beweisen, daß die Zwangsvollstreckung bereits in sein persönliches Vermögen begonnen hat, Grdz 7 A vor § 704. Dazu ist eine Bezeichnung derjenigen Gegenstände notwendig, in die schon vollstreckt worden ist, BGH FamRZ 72, 449. Der Erbe muß ferner seine Haftungsbeschränkung beweisen, soweit diese nicht bereits im Urteil sachlichrechtlich festgestellt wurde, § 780 Anm 2 A.

   3) **VwGO:** *Entsprechend anwendbar, § 167 I VwGO.*

782 *Aufschiebende Einreden des Erben.* **Der Erbe kann auf Grund der ihm nach den §§ 2014, 2015 des Bürgerlichen Gesetzbuchs zustehenden Einreden nur verlangen, daß die Zwangsvollstreckung für die Dauer der dort bestimmten Fristen auf solche Maßregeln beschränkt wird, die zur Vollziehung eines Arrestes zulässig sind. Wird vor dem Ablauf der Frist die Eröffnung des Nachlaßkonkurses beantragt, so ist auf Antrag die Beschränkung der Zwangsvollstreckung auch nach dem Ablauf der Frist aufrechtzuerhalten, bis über die Eröffnung des Konkursverfahrens rechtskräftig entschieden ist.**

   1) **Allgemeines.** § 782 betrifft den Fall, daß der Erbe eine aufschiebende Einrede nach §§ 2014, 2015 BGB geltend macht, also die Verweigerung der Berichtigung einer Nachlaßverbindlichkeit bis zum Ablauf von drei Monaten seit der Annahme der Erbschaft, bis zur Inventarerrichtung oder bis zur Beendigung des Aufgebotsverfahrens.

   2) **Grundsatz.** Der Erbe kann verlangen, und zwar durch eine Klage nach §§ 785, 767, daß sich die Zwangsvollstreckung während der Frist auf bloße Arrestmaßnahmen beschränke. Sein Antrag lautet zweckmäßig: die Zwangsvollstreckung bis zum Ablauf der Frist für unzulässig zu erklären, und zwar sowohl in den Nachlaß als auch in das persönliche Vermögen. Der Erbe braucht nur nachzuweisen, daß er die Möglichkeit der Haftungsbeschränkung nicht verloren hat.
   Demgegenüber kann der Gläubiger dartun, daß eine unbeschränkte Haftung des Erben eingetreten sei, und zwar jedem gegenüber oder ihm selbst gegenüber. Der Gläubiger kann auch darlegen, daß sein Anspruch von dem Aufgebot unberührt geblieben sei.
   Die Zwangsvollstreckung braucht noch nicht begonnen zu haben, Grdz 7 A vor § 704, vgl § 767. Es genügt vielmehr, daß die Zwangsvollstreckung droht. Andernfalls wäre nämlich der Erbe nicht vor einem Schaden zu bewahren. Es genügen namentlich die nach § 782 zulässigen Maßnahmen, wenn der Gläubiger nicht erklärt, er wolle nicht veräußern. Bei einem dinglichen Anspruch ist § 782 unanwendbar. Zur Klage berechtigt sind auch der Nachlaßpfleger, der Testamentsvollstrecker, §§ 2017, 2213 BGB, und der Nachlaßverwalter.

   3) **Beschränkung. A. Arrestmaßnahmen, S 1.** Zulässig sind nur Arrestmaßnahmen, §§ 930–932, sowie die Eintragung einer Sicherungshypothek. Andere Maßnahmen sind als unzulässig aufzuheben, vgl insofern Kblz NJW 79, 2521. Wenn eine bewegliche Habe gepfändet wurde, ist deren Versteigerung für unzulässig zu erklären. Gepfändetes Geld ist zu hinterlegen, § 930 II. Etwas anderes gilt gegenüber einem dinglichen Gläubiger, § 2016 II BGB, Anm 2. In den Fällen der §§ 883ff gilt Entsprechendes. Das Gericht muß also die Aushändigung der Sachen an den Gläubiger untersagen. Die Beschränkung endet ohne weiteres mit dem Ablauf der Fristen. Das Urteil muß die Frist darum genau festlegen, und zwar bei § 2014 BGB nach dem Kalender. Nach dem Ablauf der Fristen ist die Zwangsvollstreckung fortzusetzen, soweit nicht ein neues Hindernis entgegensteht, wie der Vorbehalt einer beschränkten Haftung, ein Nachlaßkonkurs, eine Nachlaßverwaltung oder die Ablehnung solcher Maßnahmen mangels Masse.
   B. Antrag auf Nachlaßkonkurs, S 2. Wenn vor dem Fristablauf ein Antrag auf die Eröffnung des Nachlaßkonkurses eingegangen ist, dann können der Erbe oder der Nachlaßverwalter eine Verlängerung der Beschränkung bis zur Rechtskraft einer Entscheidung über den Konkursantrag „beantragen", genauer gesagt: Sie können Klage nach § 785 erheben. Denn diese Klage ist der einzige Weg, um Rechte nach §§ 781–784 geltend zu machen. Auch verlangt Satz 1 zweifellos eine Klage. § 769 reicht in solcher Situation als Rechtsbehelf nicht aus. Denn diese Vorschrift setzt voraus, daß zuvor eine Klage eingereicht wurde; eine Ausnahme gilt nur unter den in § 769 Anm 1 A genannten Voraussetzungen im Prozeßkostenhilfeverfahren.

   4) **VwGO:** *Entsprechend anwendbar, § 167 I VwGO.*

783 *Aufschiebende Einreden gegen persönliche Gläubiger.* In Ansehung der Nachlaßgegenstände kann der Erbe die Beschränkung der Zwangsvollstreckung nach § 782 auch gegenüber den Gläubigern verlangen, die nicht Nachlaßgläubiger sind, es sei denn, daß er für die Nachlaßverbindlichkeiten unbeschränkt haftet.

1) Allgemeines. § 783 schützt den Erben auch gegen die persönlichen Gläubiger, soweit der Erbe aufschiebende Einreden hat, § 782. Er macht sein Recht durch eine Klage nach § 785 geltend. Der Erbe muß beweisen, daß die fraglichen Gegenstände zum Nachlaß gehören und daß er seine aufschiebenden Einreden aus §§ 2014 ff BGB nicht durch einen Zeitablauf verloren hat. Demgegenüber darf der Gläubiger beweisen, daß der Erbe allen Nachlaßgläubigern gegenüber unbeschränkt hafte. Eine unbeschränkte Haftung des Erben nur gegenüber einzelnen Nachlaßgläubigern ist in diesem Zusammenhang unbeachtlich.

2) VwGO: *Entsprechend anwendbar, § 167 I VwGO.*

784 *Zwangsvollstreckung gegen Erben bei Nachlaßkonkurs oder -verwaltung.* [I] Ist eine Nachlaßverwaltung angeordnet oder der Nachlaßkonkurs eröffnet, so kann der Erbe verlangen, daß Maßregeln der Zwangsvollstreckung, die zugunsten eines Nachlaßgläubigers in sein nicht zum Nachlaß gehörendes Vermögen erfolgt sind, aufgehoben werden, es sei denn, daß er für die Nachlaßverbindlichkeiten unbeschränkt haftet.
[II] Im Falle der Nachlaßverwaltung steht dem Nachlaßverwalter das gleiche Recht gegenüber Maßregeln der Zwangsvollstreckung zu, die zugunsten eines anderen Gläubigers als eines Nachlaßgläubigers in den Nachlaß erfolgt sind.

1) Rechtsbehelfe. A. Zweck der Regelung. § 784 beruht auf dem Umstand, daß die Eröffnung eines Nachlaßkonkurses oder die Anordnung einer Nachlaßverwaltung die Erbenhaftung beschränken, falls der Erbe nicht schon unbeschränkt haftet, § 1975 BGB. § 784 setzt voraus, daß die Zwangsvollstreckung begonnen hat, Grdz 7 A vor § 704, und noch andauert. Wenn sie in jenem Zeitpunkt noch nicht begonnen hat, dann kann der Erbe eine Haftungsbeschränkung aus § 781 geltend machen, wenn sie ihm vorbehalten war oder wenn sie keines Vorbehalts bedarf. Im übrigen muß eine Haftungsbeschränkung bereits feststehen. Insofern unterscheidet sich § 784 von § 782.

B. Klage des Erben, I. § 784 ermöglicht eine Klage mit dem Antrag, die Zwangsvollstreckung für unzulässig zu erklären, während § 783 eine Klage mit dem Ziel ermöglicht, die Durchführung der Zwangsvollstreckung für unzulässig zu erklären. Aus § 785 ergibt sich, daß der Erbe auch dann nach § 784 vorgehen kann, wenn er vorher bereits nach § 782 geklagt hat. Hier handelt es sich um eine Häufung von Klagen, die einen Menschen zugrunde richten kann. Wegen des Erschöpfungseinwands nach § 1973 BGB ist die Klage auch gegen einen ausgeschlossenen oder als ausgeschlossen geltenden Aufgebotsgläubiger zulässig, § 1974 BGB. Die Klage ist auch dann zulässig, wenn der Antrag auf die Eröffnung eines Nachlaßkonkurses oder einer Nachlaßverwaltung abgelehnt worden ist, § 1990 BGB. Denn der Grund der Vorschrift trifft auch in diesen Fällen zu.

Der Erbe muß beweisen, daß der Gläubiger auf Grund eines gegen den Erblasser erwirkten oder mit dem Vorbehalt der beschränkten Erbenhaftung versehenen Titels vollstreckt hat und daß der Gegenstand der Zwangsvollstreckung nicht zum Nachlaß gehört. Der Gläubiger kann demgegenüber die unbeschränkte Haftung des Erben allen Gläubigern oder jedenfalls ihm gegenüber oder eine persönliche Haftung des Erben ihm gegenüber beweisen.

Gegenüber einer vorbehaltlosen Verurteilung, § 780, ist die Klage nach § 784 unzulässig.

2) Klage des Nachlaßverwalters, II. Der Nachlaßverwalter braucht nur die Zwangsvollstreckung eines Nachlaßgläubigers in den Nachlaß zu dulden. Wenn ein anderer Gläubiger in den Nachlaß vollstreckt, dann kann der Nachlaßverwalter auf die Erklärung der Zwangsvollstreckung für unzulässig klagen. Er darf die Aufhebung auch derjenigen Zwangsmaßnahmen verlangen, die der Nachlaßverwaltung vorausgegangen sind, soweit sie vom persönlichen Gläubiger ausgingen. Spätere Vollstreckungs- und Arrestmaßnahmen sind verboten, § 1984 II BGB. Wenn die Klage aus § 785 unterbleibt, dann ist die Zwangsvollstreckung fortzusetzen. Im Nachlaßkonkurs verliert eine Zwangsvollstreckung in den Nachlaß kraft Gesetzes ihre Wirksamkeit, § 221 I KO.

3) VwGO: *Entsprechend anwendbar, § 167 I VwGO.*

785 *Vollstreckungsabwehrklage des Erben.* **Die auf Grund der §§ 781 bis 784 erhobenen Einwendungen werden nach den Vorschriften der §§ 767, 769, 770 erledigt.**

1) Allgemeines. Der Erbe oder der Nachlaßverwalter können die Einwendungen nach §§ 781–784 nur durch eine Vollstreckungsabwehrklage geltend machen. Dies ist für den Erben wie für den Nachlaßverwalter nachteilig, aber unabänderlich. Solange der Erbe nicht klagt, hat das Vollstreckungsorgan einen Vorbehalt der beschränkten Erbenhaftung nicht zu beachten, § 781. Ergänzend gelten § 767 und wegen vorläufiger Maßnahmen §§ 769, 770; s die Erläuterungen zu diesen Vorschriften.

2) *VwGO:* Entsprechend anwendbar, *§ 167 I VwGO.*

786 *Vollstreckungsabwehrklage bei sonstiger beschränkter Haftung.* **Die Vorschriften des § 780 Abs. 1 und der §§ 781 bis 785 sind auf die nach § 1489 des Bürgerlichen Gesetzbuchs eintretende beschränkte Haftung, die Vorschriften des § 780 Abs. 1 und der §§ 781, 785 sind auf die nach den §§ 419, 1480, 1504, 2187 des Bürgerlichen Gesetzbuchs eintretende beschränkte Haftung entsprechend anzuwenden.**

1) Geltungsbereich. § 786 betrifft folgende Fälle:

A. § 1489 BGB. Bei der fortgesetzten Gütergemeinschaft haftet der Überlebende für Gesamtgutsverbindlichkeiten persönlich. Wenn er vor dem Eintritt der fortgesetzten Gütergemeinschaft nicht persönlich haftete, dann beschränkt sich seine Haftung auf das Gesamtgut. Anwendbar sind die §§ 780 I, 781–785.

B. § 419 BGB. Der Vermögensübernehmer haftet mit dem übernommenen Vermögen.

C. § 1480 BGB. Nach der Auseinandersetzung tritt bei einer allgemeinen Gütergemeinschaft eine Haftung für eine Gesamtgutsverbindlichkeit nur mit dem Zugeteilten ein. Diese Zuteilung ist festzustellen.

D. § 1504 BGB. Bei der Auseinandersetzung einer fortgesetzten Gütergemeinschaft gilt § 1480 BGB entsprechend für die Haftung der anteilsberechtigten Abkömmlinge.

E. § 2187 BGB. Der mit einer Auflage oder mit einem Vermächtnis beschwerte Vermächtnisnehmer haftet nur mit dem ihm Vermachten.

In den vier letzten Fällen sind die §§ 780 I, 781, 785 anwendbar. Diese Vorschriften finden auf andere Fälle keine entsprechende Anwendung, aM Noack MDR **74**, 814.

2) *VwGO:* Entsprechend anwendbar, *§ 167 I VwGO.*

787 *Zwangsvollstreckung bei herrenlosem Grundstück und Schiff.* [I] **Soll durch die Zwangsvollstreckung ein Recht an einem Grundstück, das von dem bisherigen Eigentümer nach § 928 des Bürgerlichen Gesetzbuchs aufgegeben und von dem Aneignungsberechtigten noch nicht erworben worden ist, geltend gemacht werden, so hat das Vollstreckungsgericht auf Antrag einen Vertreter zu bestellen, dem bis zur Eintragung eines neuen Eigentümers die Wahrnehmung der sich aus dem Eigentum ergebenden Rechte und Verpflichtungen im Zwangsvollstreckungsverfahren obliegt.**

[II] **Absatz 1 gilt entsprechend, wenn durch die Zwangsvollstreckung ein Recht an einem eingetragenen Schiff oder Schiffsbauwerk geltend gemacht werden soll, das von dem bisherigen Eigentümer nach § 7 des Gesetzes über Rechte an eingetragenen Schiffen und Schiffsbauwerken vom 15. November 1940 (Reichsgesetzbl. I S. 1499) aufgegeben und von dem Aneignungsberechtigten noch nicht erworben worden ist.**

1) Allgemeines. § 787 entspricht wörtlich dem bei einer Klage anwendbaren § 58; s darum die Erläuterungen zu dieser Vorschrift. § 787 gilt auch für ein Registerpfandrecht an einem Luftfahrzeug sinngemäß, § 99 I LuftfzRG. Die Bestellung eines Vertreters ist dann entbehrlich, wenn ein Vertreter schon für den Prozeß bestellt worden war, es sei denn, daß er weggefallen wäre.

Die vollstreckbare Ausfertigung wird gegen den Vertreter erteilt und diesem zugestellt, §§ 727, 750. Der Vertreter vertritt nicht den Eigentümer, der ja fehlt. Der Vertreter hat aber alle Rechte und Pflichten eines Eigentümers in der Zwangsvollstreckung wahrzunehmen.

1. Abschnitt. Allgemeine Vorschriften §§ 787, 788 1, 2

Er ist auch zu den Vollstreckungsklagen berechtigt. Obwohl der Vertreter nicht in das Grundbuch einzutragen ist, finden auch eine Zwangsverwaltung und eine Zwangsversteigerung gegen ihn statt. Dies ist eine Ausnahme von § 17 ZVG.

2) VwGO: *Entsprechend anwendbar, § 167 I VwGO, vgl § 58 Anm 4.*

788 *Kosten der Zwangsvollstreckung.* I Die Kosten der Zwangsvollstreckung fallen, soweit sie notwendig waren (§ 91), dem Schuldner zur Last; sie sind zugleich mit dem zur Zwangsvollstreckung stehenden Anspruch beizutreiben. Als Kosten der Zwangsvollstreckung gelten auch die Kosten der Ausfertigung und der Zustellung des Urteils.
II Die Kosten der Zwangsvollstreckung sind dem Schuldner zu erstatten, wenn das Urteil, aus dem die Zwangsvollstreckung erfolgt ist, aufgehoben wird.
III Die Kosten eines Verfahrens nach den §§ 765a, 811a, 811b, 813a, 850k, 851a und 851b kann das Gericht ganz oder teilweise dem Gläubiger auferlegen, wenn dies aus besonderen, in dem Verhalten des Gläubigers liegenden Gründen der Billigkeit entspricht.

Gliederung

1) Allgemeines
2) Kostenhaftung, I, III
   A. Grundsatz, I
   B. Ausnahmen, III
3) Beitreibung, I
   A. Vollstreckungstitel
   B. Anwendbarkeitsgrenzen

C. Rechtsbehelfe
   a) Gläubiger
   b) Schuldner
4) Erstattung, II
5) Einzelfälle
6) VwGO

1) Allgemeines. Das Gesetz behandelt die Kosten der Zwangsvollstreckung selbständig nach folgendem Grundsatz: Den Vollstreckungsschuldner trifft die Schuld, wenn er es auch noch zur Zwangsvollstreckung kommen läßt, Mü Rpfleger **74**, 320. Soweit der Schuldner die Kosten nicht tragen muß, sind sie vom Gläubiger zu tragen. Voraussetzung für die Anwendbarkeit des § 788 ist unter anderem der Beginn der Zwangsvollstreckung, Grdz 7 A vor § 704, LG Itzehoe MDR **74**, 1024, insofern grundsätzlich richtig auch AG Ehingen DGVZ **81**, 91. Wenn die Zwangsvollstreckung aber begonnen hat, dann gehören auch die Kosten ihrer Vorbereitung zu denjenigen der Zwangsvollstreckung. Dies ergibt sich aus I 2.

Wer dagegen die Prozeßkosten trägt und ob für die Prozeßkosten eine Gesamtschuldhaftung besteht, ist im Rahmen des § 788 unerheblich, vgl Schlesw SchlHA **80**, 120. Gesamtschuldner für die Prozeßkosten sind keineswegs auch Gesamtschuldner für die Vollstreckungskosten, Köln MDR **77**, 850, Mü NJW **74**, 957 mwN, vgl LG Bln Rpfleger **82**, 485 mwN. Dies gilt auch bei Ehegatten, LG Aurich FamRZ **73**, 203. Eine Gesamtschuldnerhaft kann sich aber aus dem weiteren Verhalten ergeben, etwa bei einer Zwangsräumung der Ehewohnung, LG Hbg MDR **69**, 583, LG Mannh NJW **71**, 1320, aM LG Osnabr MDR **72**, 700.

Die Bereiche der Prozeßkosten und der Vollstreckungskosten können sich überschneiden, vgl I 2. Denn die Kosten der Ausfertigung und der Zustellung des Urteils sind ebensogut Prozeßkosten. Natürlich sind die Kosten aber nur einmal zu erstatten. Eine Festsetzung auf den Namen des Anwalts nach § 126 ändert die Natur der Kosten nicht und schließt deshalb die Anwendbarkeit des § 788 nicht aus. Kosten „der" Zwangsvollstreckung und Kosten „in der" Zwangsvollstreckung (§ 57 BRAGO) sind nicht stets identisch, LG Bln Rpfleger **73**, 443. Der Anspruch auf Erstattung von Vollstreckungskosten aus einem Titel verjährt in 30 Jahren. Lappe MDR **79**, 798 hält I 1 Hs 2 insofern für verfassungswidrig, als er die Kosten der gegenwärtigen Vollstreckung betrifft.

2) Kostenhaftung, I, III. A. Grundsatz, I. Wer die Zwangsvollstreckung verursacht hat, haftet für die Kosten der Vollstreckung als Schuldner. Er haftet nur mit derjenigen Vermögensmasse, in die der Vollstreckungstitel eine Zwangsvollstreckung erlaubt. Der Schuldner trägt nur diejenigen Kosten, die zu einer zweckentsprechenden Rechtsverfolgung in der Zwangsvollstreckung selbst notwendig sind, § 91, vgl die dortigen Erläuterungen. Der Grundsatz der Prozeßwirtschaftlichkeit, Grdz 2 F vor § 128, zwingt den Gläubiger dazu, die Kosten der Zwangsvollstreckung möglichst niedrig zu halten, LG Bonn DGVZ **81**, 156. Im Festsetzungsverfahren aus § 103 prüft der Rpfl, ob der Gläubiger so vorgegangen ist. Der

Rpfl muß diese Prüfung auch dann vornehmen, wenn die Zwangsvollstreckung nur wegen eines Teilbetrags des Vollstreckungstitels stattfindet, LG Gießen DGVZ **77**, 91, LG Nürnb DGVZ **77**, 94.

Notwendig sind auch in der Zwangsvollstreckung stets die Kosten eines Anwalts, LG Düss AnwBl **81**, 75, vgl auch Anm 5 „Drittschuldner". Nicht notwendig sind: Kosten, die der Gläubiger vermeiden konnte, zB evtl die Mehrkosten getrennter Pfändungen, LG Aschaffb Rpfleger **74**, 204; Kosten unzulässiger Vollstreckungsmaßnahmen, Ffm NJW **78**, 1442; Kosten, die in keinem Verhältnis zu dem Objekt der Vollstreckung stehen, LG Münster MDR **64**, 683, LG Nürnb DGVZ **77**, 94; zwecklose Kosten, also Vollstreckungsmaßnahmen, die keine Aussicht auf einen Erfolg versprechen, Ffm NJW **78**, 1442 mwN, LG Bln MDR **83**, 587, LG Ulm AnwBl **75**, 239, aM Mü MDR **66**, 338, zB Kosten eines wiederholten Pfändungsversuchs unmittelbar nach einem fruchtlosen ersten Versuch, LG Osnabr DGVZ **77**, 126, oder Kosten infolge einer falschen Angabe des Gläubigers über die in Wahrheit unverändert andere Anschrift des Schuldners, AG Itzehoe DGVZ **80**, 28.

Der Gläubiger ist nicht dazu verpflichtet, den Schuldner aufzufordern, ihn zu belehren, ihn nach einer etwa früher abgegebenen eidesstattlichen Offenbarungsversicherung zu fragen, LG Nürnb-Fürth AnwBl **82**, 122, ihm eine Frist zu gewähren, LG Ulm AnwBl **75**, 239; vgl freilich § 798. Die Frage, ob Kosten notwendig waren, wird im Kostenfestsetzungsverfahren geklärt, wenn ein solches stattfindet, Mü MDR **73**, 943, Anm 3 A. § 788 muß im Interesse der Prozeßwirtschaftlichkeit großzügig ausgelegt werden. Trotzdem muß ein unmittelbarer Zusammenhang (zu diesem Begriff krit KG BB **74**, 1268) zwischen den Kosten und der eigentlichen Zwangsvollstreckung vorhanden sein, um die Kosten nach § 788 anerkennen zu können, Kblz Rpfleger **77**, 67, Mü NJW **70**, 1195. Einzelfälle Anm 5.

B. Ausnahmen, III. In den in III genannten Fällen hat der Schuldner ebenfalls grundsätzlich die Vollstreckungskosten selbst zu tragen. Dies kann aber zu Unbilligkeiten führen, etwa dann, wenn der Gläubiger eine Vollstreckungsmaßnahme veranlaßt hat, die für ihn erkennbar auch bei Berücksichtigung seiner Interessen für den Schuldner eine Härte bedeutete, die mit den guten Sitten nicht vereinbar war, § 765a I. Deshalb kann der Rpfl, § 17 S 1 RPflG, Anh § 153 GVG, aus Billigkeitserwägungen die Kosten auch dem Gläubiger auferlegen. Er hat dieselbe Befugnis in den Fällen der §§ 811a, 811b, 813a, 850k, 851a, 851b. Der Rpfl kann die Kosten auch auf den Gläubiger und den Schuldner verteilen, etwa dann, wenn er Zweifel darüber hat, ob die Vollstreckungsmaßnahmen notwendig waren. Die Aufzählung ist abschließend.

III gilt nicht für das Rechtsmittelverfahren. Dort sind vielmehr §§ 91 ff anwendbar. Rechtsbehelf: Erinnerung, § 11 RPflG, Anh § 153 GVG.

3) Beitreibung, I. A. Vollstreckungstitel. Die Beitreibung geschieht ohne einen besonderen Vollstreckungstitel zusammen mit dem zu vollstreckenden Hauptanspruch (nur mit diesem, KG Rpfleger **77**, 372). Ein Kostenfestsetzungsbeschluß ist grundsätzlich entbehrlich, ZöSch 3, aM Lappe MDR **79**, 798. Der Gläubiger darf ihn aber erwirken, BGH Rpfleger **82**, 235, BAG NJW **83**, 1448, ferner Karlsr BB **77**, 871 mwN betr eine Avalprovision, Anm 5 „Sicherheitsleistung" (und muß dies unter Umständen zwecks Erlangung einer Zwangshypothek tun, Celle NJW **72**, 1902), Kblz Rpfleger **76**, 143 (nicht mehr nach der Änderung des Titels, zB infolge eines Prozeßvergleichs), insofern nur grds auch Mü MDR **83**, 586; s auch § 103 Anm 1 B. Auch der Schuldner darf einen Kostenfestsetzungsbeschluß erwirken, § 890 Anm 2. Das Gericht prüft nicht, ob eine Zwangsmaßnahme zulässig wäre, Hbg MDR **76**, 335, zT offen LG Bln **76**, 965.

Die Festsetzung dieser Kosten fällt in die Zuständigkeit des Rpfl, § 21 I Z 1 RPflG, Anh § 153 GVG. Zuständig ist der Rpfl des Prozeßgerichts des ersten Rechtszugs, zB BGH NJW **82**, 2070, Düss VersR **77**, 746, Ffm Rpfleger **80**, 194, Kblz Rpfleger **83**, 85, Köln JB **75**, 1662 und NJW **76**, 976 je mwN, Mü MDR **74**, 408, Oldb AnwBl **80**, 266 mwN, Stgt JB **78**, 607, abw Mü Rpfleger **80**, 440 mwN (der Rpfl des Prozeßgerichts sei nur dann zuständig, wenn er schon mit der Festsetzung der Prozeßkosten befaßt gewesen sei und wenn ein anderes Vollstreckungsorgan als das Prozeßgericht nicht mit der Sache befaßt gewesen sei), aM zB Bre Rpfleger **80**, 305, Hamm MDR **78**, 234 und **83**, 674, insofern auch Mü MDR **83**, 586, ferner LG Bln Rpfleger **80**, 159 je mwN.

Der Rpfl des Vollstreckungsgerichts ist nur zur Festsetzung der Kosten eines solchen Streits zuständig, den das Vollstreckungsgericht entschieden hat, insofern richtig Stgt Rpfleger **74**, 323. LG Essen Rpfleger **66**, 316 wendet bei einem Vollstreckungsschutzverfahren wahlweise § 813a an.

Das Vollstreckungsorgan berechnet immer die Kosten der Zwangsvollstreckung. Der

Gerichtsvollzieher ist verpflichtet, auch wegen der Kosten der Zwangsvollstreckung zu vollstrecken, AG Ludwigsb DGVZ **82**, 15. Er zieht die Kosten auch dann im Weg der Zwangsvollstreckung ein, wenn das Vollstreckungsgericht die Zwangsvollstreckung durchführt. Umgekehrt berücksichtigt das Vollstreckungsgericht in seinem Pfändungsbeschluß auch die Kosten des Gerichtsvollziehers. Das Vollstreckungsorgan prüft eine nicht titulierte Kostenrechnung des Gläubigers und muß unnötige Kosten absetzen, Köln DGVZ **83**, 9, AG Mü DGVZ **82**, 13. Eine Glaubhaftmachung erfolgt entsprechend § 104 II.

B. Anwendbarkeitsgrenzen. „Zugleich mit dem Anspruch" ist keine Zeitangabe, Ffm DGVZ **82**, 60 mwN, Behr Rpfleger **81**, 386, sondern bedeutet: ohne besonderen Titel, also auch noch nachträglich ohne einen Titel aus § 104. Es muß aber wirklich zu einer Beitreibung kommen. Darum gilt § 788 auch dann, wenn der Schuldner nach dem Beginn der Zwangsvollstreckung, Grdz 7 A vor § 704, freiwillig leistet. Die Vorschrift gilt aber nicht, wenn der Schuldner nach einer vorbereitenden Maßnahme leistet, etwa nach der Erwirkung einer Vollstreckungsklausel. Eine freiwillige Leistung muß auch die Kosten der Zwangsvollstreckung decken. Andernfalls muß wegen des Rests vollstreckt werden. Wenn die Zwangsvollstreckung bereits ganz beendet ist, ist § 788 unanwendbar. Dies gilt insbesondere nach der Aushändigung des Vollstreckungstitels an den Schuldner. Kosten, die der Gläubiger außerhalb des Vollstreckungsverfahrens aufgewendet hat, kann er allenfalls nach dem sachlichen Recht im Prozeßweg geltend machen. Dies gilt zB für die Beschaffung einer Ersatzwohnung; s aber auch Grdz 9 vor § 704 „Anwartschaft. B. Grundstück".

C. Rechtsbehelfe. Es gilt die folgende Regelung:
a) Gläubiger. Der Gläubiger kann dann, wenn der Gerichtsvollzieher Kosten abgesetzt hat, die Erinnerung nach § 766 einlegen, AG Mü DGVZ **82**, 13. Wenn das Vollstreckungsgericht Kosten abgesetzt hat, kann der Gläubiger die sofortige Beschwerde nach § 793 einlegen, LG Nürnb DGVZ **77**, 93.
b) Schuldner. Der Schuldner kann gegen die ihm auferlegten Kosten nach deren Grund und Betrag Erinnerung einlegen, § 766, aber ausnahmsweise auch gemäß §§ 103 ff, 21 RPflG, Anh § 153 GVG, wenn der Gläubiger die Kostenfestsetzung beantragt hat, vgl A, Kblz Rpfleger **75**, 324. Unter Umständen ist auch die Vollstreckungsabwehrklage nach § 767 zulässig, Düss Rpfleger **75**, 355, Hbg MDR **72**, 335, und notwendig, Stgt Rpfleger **82**, 355. Eine weitere Beschwerde ist unstatthaft, § 568 III, Ffm Rpfleger **76**, 368 mwN. Soweit § 788 unanwendbar ist oder soweit die Zwangsvollstreckung bereits beendet ist, Grdz 7 vor § 704, können der Gläubiger die Kostenfestsetzung beantragen, der Schuldner eine Bereicherungsklage erheben.

4) Erstattung, II. Der Gläubiger muß dem Schuldner die Kosten erstatten, soweit der Vollstreckungstitel abgeändert worden ist oder soweit der Kostenfestsetzungsbeschluß abgeändert wurde. Es ist unerheblich, ob die Abänderung auf Grund eines Rechtsbehelfs erfolgte, Hbg MDR **79**, 944, ob sie in einem Nachverfahren erfolgte, ob sie auf Grund eines Vergleichs, (nur) insoweit richtig Hbg MDR **81**, 764 mwN, oder auf Grund einer Klagrücknahme erfolgte, KG Rpfleger **78**, 150, oder ob sie bei einem Arrest oder einer einstweiligen Verfügung auf Grund eines Widerspruchs erfolgte. Der bloße Wegfall der Vollstreckbarkeit oder ein erfolgreiches Urteil auf Grund einer Vollstreckungsabwehrklage genügen nicht. Der Erstattungsanspruch ist im Keim bereits mit dem Vollstreckungsauftrag entstanden, obwohl er natürlich von der Entwicklung der Zwangsvollstreckung abhängig ist, BGH **LM** § 419 BGB Nr 29, vgl auch Üb 3 B vor § 91.

Der Schuldner kann weiter diejenigen notwendigen Kosten der Vollstreckungsinstanz erstattet fordern, die ihm dadurch erwachsen sind, daß er die Aufhebung einer Vollstreckungsmaßnahme erreichte, zB StJM III, ThP 6, insofern aM KG Rpfleger **78**, 150. Dies gilt zB für die Kosten einer Einstellungsmaßnahme. Der Schuldner kann diesen Anspruch im Kostenfestsetzungsverfahren geltend machen, Düss JB **77**, 1144, insofern offen KG Rpfleger **78**, 150. Der Schuldner kann auch nach § 717 II vorgehen, AG Krefeld MDR **80**, 942 mwN. Zur Beitreibung der zu erstattenden Kosten ist kein besonderer Titel notwendig; vielmehr genügt die aufhebende Entscheidung. Übrigens erfaßt II nicht nur die Kosten der Zwangsvollstreckung, sondern auch die festgesetzten und mit ihnen beigetriebenen Kosten.

5) Einzelfälle. „Ja" bedeutet: Es handelt sich um Kosten der Zwangsvollstreckung; „nein" bedeutet: Die Kosten können nicht als solche der Zwangsvollstreckung anerkannt werden.
Androhung von Ordnungs- und Zwangsmitteln: Ja, denn die Zwangsvollstreckung beginnt mit ihnen, Bre NJW **71**, 58.
Arrest: Im Hauptsacheverfahren nein für die Vollzugskosten, KG Rpfleger **77**, 372.
Bankbürgschaft: s Sicherheitsleistung.

§ 788 5

Darlehen: s Sicherheitsleistung.
Devisengenehmigung zur Transferierung eines gezahlten Urteilsbetrags: Nein, Ffm NJW **53**, 671.
Drittschuldner, Kosten eines Rechtsstreits mit ihm anläßlich der Pfändung: Ja, Köln Rpfleger **74**, 164, LG Aachen Rpfleger **82**, 310 mwN, LG Düss AnwBl **81**, 75, § 835 Anm 4 D. Ja für die Kosten der Erklärung gemäß § 840, zB AG Hbg AnwBl **80**, 302, ThP 1 c, aM KG Rpfleger **77**, 178, LG Mü NJW **63**, 1509, AG Mü AnwBl **81**, 40. Ja für die Verwahrungskosten des Gläubigers zur Herausgabe an den Drittschuldner, Stgt Rpfleger **76**, 523.
Eintragung in das Grundbuch oder Register: Ja, wenn die Eintragung unmittelbar der Zwangsvollstreckung dient. Dies gilt zB für die Eintragung einer Zwangshypothek, obwohl das Grundstück nach der Sondervorschrift des § 867 haftet. Es gilt auch für die Eintragung einer Verfügungsbeschränkung in das Staatsschuldbuch und dgl.
   Nein, soweit die Kosten auch bei einer Erfüllung durch den Schuldner entstanden und vom Gläubiger zu tragen gewesen wären, vgl § 897 BGB. Nein bei einer Eintragung aus einem Urteil nach § 894 auf die Bewilligung einer Eintragung oder in einer vorläufig vollstreckbaren Form, § 895. Denn die Eintragung ist keine Vollstreckung, Celle NdsRpfl **68**, 207. Nein bei der Eintragung eines Widerspruchs oder einer Vormerkung, die durch eine einstweilige Verfügung angeordnet wurden, Mü MDR **74**, 939.
Ersatzvornahme, § 887: Ja, Karlsr OLGZ **73**, 376. Denn die Ermächtigung zu ihrer Vornahme ist bereits ein Teil der Zwangsvollstreckung, § 887 Anm 3 A (Ausnahme s dort), Hamm JB **77**, 1457, Nürnb BayJMBl **55**, 190.
Gegenleistung bei einer Zwangsvollstreckung Zug um Zug: Ja, soweit die Kosten diejenigen Kosten übersteigen, die ohne eine Zwangsvollstreckung entstehen würden, Ffm Rpfleger **80**, 29 mwN (die Kosten der Beschaffung und des Transports der Gegenleistung zu dem Austauschort wären aber auch ohne eine Zwangsvollstreckung entstanden, daher bei ihnen nein). Ja für die Kosten, die der Gläubiger aufwendet, um bei der Zwangsvollstreckung in eine Anwartschaft auf eine Übereignung die Restschuld des Schuldners zu tilgen; s Grdz 9 vor § 704 „Anwartschaft, A. Bewegliche Sache. a) Lösung. bb) Zahlung durch Gläubiger". Ja für die Kosten eines Vollstreckungsauftrags an den Anwalt, auch wenn die Voraussetzungen der §§ 756, 765 gegenüber dem sachlichrechtlich im Verzug befindlichen Schuldner nicht erfüllt sind, KG AnwBl **74**, 186.
Gerichtsvollzieher: Ja für seine Gebühren und Auslagen, soweit seine Hinzuziehung notwendig war, AG Münster DGVZ **79**, 29, etwa für die Hinzuziehung eines Schlossers, AG Bln-Neukölln DGVZ **79**, 190, AG Bln-Wedding DGVZ **76**, 91. Ja für die Kosten der Hinzuziehung eines Zeugen oder eines Sachverständigen oder für die Kosten der Verwahrung eines Vollstreckungsgegenstands.
   Nein, soweit der Gläubiger vorwerfbar eine falsche Anschrift des Schuldners angab, AG Itzehoe DGVZ **80**, 28. Nein, soweit der Gerichtsvollzieher die Sache unrichtig behandelt hat, LG Bln DGVZ **82**, 41. Nein, soweit die Sozialbehörde statt einer selbständigen Durchführung der Zwangsvollstreckung den Gerichtsvollzieher gemäß § 66 SGB X beauftragt hat, AG Germersheim Rpfleger **82**, 159.
Gläubiger: Ja für die Kosten seiner Anwesenheit bei der Zwangsvollstreckung, soweit diese notwendig oder nützlich ist. Ja für seine Handlungen kraft einer Ermächtigung, zB nach §§ 887, 936, 928. Ja, soweit bei einer Zwangsvollstreckung wegen festgesetzter Kosten nach § 798 vor dem Ablauf der Wochenfrist keine Zahlung des Schuldners eingeht, selbst wenn er sie innerhalb der Wochenfrist abgesandt hatte, LG Itzehoe MDR **74**, 1024, LG Nürnb JB **80**, 463, aM Celle MDR **69**, 1007, LG Bonn DGVZ **81**, 156 je mwN.
   Nein für solche Kosten, die erst dadurch entstehen, daß der Gläubiger nicht sofort seine Gesamtforderung beziffert, AG Wolfratshausen DGVZ **77**, 62.
Inkassobüro: Ja nur insoweit, als durch solche Kosten die Kosten der Hinzuziehung eines RA vermeidbar wurden, LG Kleve DGVZ **77**, 93, Heider DGVZ **77**, 86 je mwN. Ja allerdings ebenso wie beim Rechtsanwalt, soweit der Inkassounternehmer im Rahmen einer Erlaubnis zur Rechtsberatung tätig wird, Hartmann Teil XII Art IX KostÄndG Anm 2 B b.
Konkurs: Nein wegen eines (obendrein nach der Sachlage aussichtslosen) Konkursantrags des Gläubigers, LG Bln MDR **83**, 587.
   S auch „Rechtsbehelfe".
Löschungsbewilligung: Grundsätzlich ja für die Kosten der Löschungsbewilligung wegen einer Zwangshypothek, vgl auch Oldb Rpfleger **83**, 329 mwN (krit Lappe), aM Stgt Rpfleger **81**, 158 (aber die Zwangsvollstreckung ist keineswegs mit der Eintragung der Zwangshypothek beendet, Grdz 7 B vor § 704, § 867 Anm 2 B),

1. Abschnitt. Allgemeine Vorschriften § 788 5

Patentanwalt: S § 91 Anm 5 „Patentanwalt".
Ratenzahlungsvereinbarung: s Vergleich.
Rechtsanwalt: Ja für die Kosten seiner Tätigkeit in der Zwangsvollstreckung, LG Bln Rpfleger **75**, 373, abw Saarbr Rpfleger **81**, 321. Ja für die Hebegebühr nach § 22 BRAGO, soweit der Schuldner nicht freiwillig leistet. Ja auch für die Gebühr eines Hinterlegungsantrags, Hbg MDR **58**, 112, Mü NJW **56**, 717, aM KG MDR **65**, 395. Ja für diejenigen Kosten, die vor dem Beginn der Zwangsvollstreckung bereits entstanden waren, soweit sie durch die Beschaffung der förmlichen Voraussetzungen für die Zwangsvollstreckung entstanden sind, LG Bonn DGVZ **82**, 186. Ja auch für die Kosten, die zur Vermeidung der Zwangsvollstreckung aufgewendet wurden, vgl Hartmann § 57 BRAGO Anm 5.

Nein für eine Zahlungsaufforderung vor dem Zeitpunkt der Zustellung des Vollstreckungstitels, Bbg JB **77**, 505, Düss VersR **81**, 755. Die gleichzeitige Zustellung reicht aber aus, Düss VersR **81**, 737, aM LG Tüb MDR **82**, 327 mwN.

Rechtsbehelfe: Nein für die Kosten eines besonderen Rechtsbehelfs wie einer Klage, einer Erinnerung, einer Vollstreckungsbeschwerde, Schlesw SchlHA **77**, 191. Denn in jenen Entscheidungen ergeht eine besondere Kostenregelung, LG Bln MDR **83**, 587, Fäustle MDR **70**, 115, aM LG Hbg MDR **69**, 583 Nr 80 und 81. Vgl auch § 765a Anm 3 F.

S auch „Konkurs".
Schaden: Ja für denjenigen Schaden, der dem Gläubiger in Gestalt eines entgangenen Gewinns erwächst, wenn er eigenes Geld hinterlegen mußte, aM Hbg MDR **65**, 396, s auch „Sicherheit". Ja für die Kosten der Auszahlung des hinterlegten Betrags durch den Schuldner an den Gläubiger.

Nein für einen Verzugsschaden.
Sequestration: Ja für die Kosten einer solchen Maßnahme nach §§ 848, 938, insofern ebenso KG Rpfleger **82**, 80 mwN.

Nein für die Kosten des An- und Abtransports und für die übrigen Kosten einer Verwaltung, die nach einer Herausgabe auf Grund einer einstweiligen Verfügung stattfindet, Kblz MDR **81**, 855 mwN, insofern aM KG Rpfleger **82**, 80 mwN.
Sicherheitsleistung: Ja, soweit die Kosten der Sicherheitsleistung mit der Pflicht vereinbar sind, solche Kosten niedrig zu halten, § 91 Anm 4 B, Schneider MDR **74**, 888. Das bedeutet: Ja für die Kosten einer Sicherheit, die der Gläubiger nach dem Urteil beschaffen muß, insofern aM zB Düss Rpfleger **81**, 122 mwN. Ja auch für die Kosten einer Bankbürgschaft, BGH LM § 100 Nr 4, insofern auch Düss Rpfleger **81**, 122, ferner zB Ffm MDR **78**, 233 und MDR **81**, 1025 je mwN, Hbg MDR **80**, 320 (diese Gerichte betonen, die Kosten seien unabhängig davon erstattungsfähig, ob die Partei die Zwangsvollstreckung habe einleiten wollen), insofern auch Hamm MDR **78**, 234 mwN, ferner KG MDR **76**, 767, Karlsr BB **78**, 382, Kblz Rpfleger **80**, 71, Mü MDR **77**, 56 mwN (diese Entscheidung ist zum Teil allerdings überholt), jetzt auch Schlesw SchlHA **77**, 208 mwN.

Das gilt erst recht im Fall des § 769, KG MDR **83**, 495 mwN, aM zB Bbg JB **72**, 831, KG NJW **78**, 1441 mwN. Vgl im übrigen Lange VersR **72**, 713, Noack MDR **72**, 290. Ja für den Zinsverlust, der dadurch entsteht, daß ein eigenes Kapital verwendet wird, aM insofern Düss Rpfleger **81**, 122, Hamm MDR **82**, 416 je mwN. Ja für die Kosten der Rückgabe der Sicherheitsleistung.

Nein für die Kosten einer Hinterlegung der Bankbürgschaft, § 108 Anm 3. Nein für die Kosten, die vor der Zulassung einer Bürgschaft erwachsen sind, ebensowenig für diejenigen Kosten, die nach einer versehentlich nachträglichen Zulassung erwuchsen, Ffm NJW **78**, 1442. Nein für die Kosten eines Darlehns, denn es besteht kein unmittelbarer Zusammenhang mit der Zwangsvollstreckung, Bbg JB **77**, 1788 mwN. Nein für die Kosten eines Grundpfandrechts, das eingetragen werden muß, damit der Pfandgläubiger eine Bürgschaft leistet, Mü NJW **74**, 957, Schneider MDR **74**, 888. Nein für die Bürgschaftskosten des Bekl, wenn nicht er die Sicherheit zu leisten hat, sondern der Kläger diese erbringen muß, Schlesw JB **78**, 921.

Im Fall der Abänderung oder Aufhebung des Titels ist II anwendbar. Daher stellt sich die Notwendigkeitsfrage nach I dann nicht mehr, im Ergebnis ebenso Mü MDR **83**, 676.
Steuerberater: Ja, soweit seine Einschaltung dem Gläubiger als notwendig erscheinen durfte, etwa wegen der Geltendmachung des gepfändeten Anspruchs auf den Lohnsteuerjahresausgleich, zB LG Heilbr 1 T 140/83 v 15. 7. 83, LG Kassel DGVZ **83**, 141, LG Köln 12 T 241/80 v 26. 3. 81, LG Oldb 5 T 70/81 v 30. 3. 81. Vgl. auch § 91 Anm 5 „Steuerberater".
Stundung: Nein für die Kosten eines hierauf bezogenen Briefwechsels mit dem Gerichtsvollzieher. Nein für die Kosten einer Vollstreckung, die trotz einer Stundung stattfindet, Oldb NdsRpfl **66**, 269.

§ 788 5, 6

Transportkosten: Ja für diejenigen Kosten, die beim Transport einer Sache entstehen, die der Schuldner an den Gläubiger herauszugeben hat, § 883 Anm 2, aM Hbg NJW **71**, 387, oder die der Gläubiger auf einen Wunsch des Schuldners in dessen Herrschaftsbereich zur dortigen Vornahme der geschuldeten Handlung bringt, Ffm MDR **81**, 1025.
Vergleich: Ja für die Kosten der Zwangsvollstreckung aus ihm nur dann, wenn sich aus dem Vergleich ergibt, daß seine Kostenregelung diese Art von Kosten umfaßt, Hamm OLGZ **66**, 557 und JB **77**, 1457, KG Rpfleger **81**, 410. Das ist nicht der Fall, wenn im Vergleich nur die ,,Kosten der Durchführung" geregelt worden sind, LG Bln Rpfleger **73**, 184. Ja für die Kosten, insbesondere diejenigen eines Anwalts, wegen eines Teilzahlungsvergleichs in der Zwangsvollstreckung, soweit ein solcher Vergleich überhaupt zulässig ist, Grdz 3 E b cc vor § 704. Denn auch diese Kosten sind bei einer gebotenen weiten Auslegung notwendig, Anm 2 A, KG Rpfleger **81**, 410 mwN, LG Baden-Baden AnwBl **82**, 123, Schmidt NJW **72**, 1332, abw Noack MDR **76**, 984, aM zB Ffm MDR **73**, 860 (abl Schmidt), insofern auch aM LG Bln Rpfleger **76**, 438 mwN, ferner LG Essen DGVZ **77**, 43, LG Mainz Rpfleger **80**, 305, AG Mü DGVZ **82**, 13 mwN.

Nein für diejenigen Kosten, die bei der Vollstreckung wegen desjenigen Teils der Klageforderung erwachsen wären, der im Vergleich zugebilligt wurde, aM Hbg MDR **81**, 764.
Veröffentlichung des Urteils: Ja, wenn die Befugnis zur Veröffentlichung dem Gläubiger zugesprochen worden ist. Denn die Veröffentlichung dient unmittelbar der Zwangsvollstreckung, aM StJ I 2c.
Vorbereitungsmaßnahmen: Ja für die Kosten der Beschaffung der notwendigen öffentlichen oder öffentlich beglaubigten Urkunde. Ja für die Kosten der Ausfertigung und der Zustellung des Urteils, AG Pinnebg DGVZ **78**, 91, falls die Zwangsvollstreckung anschließend beginnt. Ja für die Kosten der Beschaffung der Vollstreckungsklausel, des Rechtskraftzeugnisses und des Notfristzeugnisses. Ja überhaupt für alles, was die Zwangsvollstreckung vorbereiten konnte, vorbereitet hat und notwendig war, zB die Kosten eines Sachverständigen zwecks Ermittlung der voraussichtlichen Höhe eines Vorschusses nach § 887 II, Ffm VersR **83**, 90.
Vorläufiges Vollstreckbarkeitsverfahren, § 534: Nein. Denn durch dieses Verfahren werden überhaupt erst die Voraussetzungen für die Zwangsvollstreckung geschaffen. Die Kosten dieses Verfahrens betreffen also die Zwangsvollstreckung noch nicht unmittelbar, Düss Rpfleger **55**, 165, Hamm MDR **72**, 1043.
Vorpfändung: Ja, wenn zu einer solchen Maßnahme ein berechtigter Anlaß besteht, etwa die Besorgnis, leer auszugehen, Mü NJW **73**, 2070 mwN, oder wenn sich herausstellt, daß kein Wert mehr vorhanden ist, ohne daß der Gläubiger das vorher wissen konnte. Dann können auch die Kosten einer wiederholten Vorpfändung erstattungsfähig sein.
Widerruf: Nein für Veröffentlichungskosten, soweit der Vollstreckungstitel keine ausdrückliche Veröffentlichungsbefugnis enthält, Stgt Rpfleger **83**, 175.
Zwang gegen den Schuldner, § 888: Ja, Hamm MDR **78**, 585.
Zwangsvollstreckung: Ja, für die Kosten früherer Vollstreckungsversuche aus demselben Titel.

Nein für die Kosten einer vorzeitigen Vollstreckung, sehr großzügig LG Essen DGVZ **82**, 118 (der Überweisungsauftrag reiche aus), ferner zB Stgt Rpfleger **82**, 355, AG Bln-Tempelhof DGVZ **82**, 78, AG Mönchengl DGVZ **77**, 77, oder einer mehrfachen Zwangsvollstreckung, wenn eine einmalige Vollstreckung ausreichen würde. S weiter in Anm 2. Nein, soweit der Gläubiger im Zeitpunkt der Erteilung des Vollstreckungsauftrags an den Anwalt bereits die Zahlungswilligkeit des Schuldners wegen eines geringen Rests, AG Bergheim DGVZ **83**, 29, oder eine bereits erfolgte Zahlung des Schuldners hätte kennen können, Hbg JB **76**, 1252, AG St Goar DGVZ **77**, 45, im Ergebnis ebenso AG Dortm DGVZ **81**, 45 mwN, AG Hbg Rpfleger **82**, 392, vgl aber auch LG Düss AnwBl **82**, 121, AG Ludwigsb DGVZ **82**, 15. Nein, soweit der Schuldner innerhalb der vom Gläubiger gesetzten Frist gezahlt hat, AG Gelsenkirchen-Buer DGVZ **83**, 15. Nein für die Kosten der Abwehr einer Drittwiderspruchsklage, sofern diese in Wahrheit noch gar nicht erhoben worden ist, Kblz Rpfleger **77**, 67.

Nein ferner für die Kosten eines Pfändungsauftrags, wenn das Gericht gerade erst auf Grund einer Unpfändbarkeitsbescheinigung einen Haftbefehl erlassen hatte und wenn keine besonderen Tatsachen vorlagen, aus denen sich der Erwerb neuer Vermögenswerte durch den Schuldner ergeben hätte, LG Aschaffenb DGVZ **82**, 190 mwN, LG Bln DGVZ **83**, 11, vgl ferner LG Hamm DGVZ **82**, 173.

Wegen einer Zahlungsaufforderung sollten keine strengeren Voraussetzungen als wegen der Kosten der Zwangsvollstreckung selbst gestellt werden, Düss Rpfleger **77**, 459.

1. Abschnitt. Allgemeine Vorschriften   §§ 788–792 1

6) *VwGO*: *Entsprechend anwendbar, § 167 I VwGO, und zwar auch dann, wenn die VollstrMaßnahme durch gerichtliche Entscheidung zu treffen ist, aM OVG Saarld NVwZ 82, 254, so daß bei Erledigung der Hauptsache nicht § 161 II VwGO anzuwenden ist, OVG Münst DÖV 81, 545 mwN, str, aM u a Kopp § 167 Rdz 3. Bei der Vollstreckung nach § 169 VwGO gelten § 337 I AO 1977 (entspricht § 788 I), § 19 VwVG. Für die Gerichtskosten ist das GKG auch bei der Vollstreckung nach § 169 VwGO maßgeblich; das in § 19 VwVG genannte G v 12. 4. 61, BGBl 429, gilt nach dessen § 1 III nicht für gerichtliche Handlungen.*

789 *Einschreiten von Behörden.* **Wird zum Zwecke der Vollstreckung das Einschreiten einer Behörde erforderlich, so hat das Gericht die Behörde um ihr Einschreiten zu ersuchen.**

1) Ersuchen. Das Ersuchen einer Behörde kann in den Fällen der §§ 758, 791 notwendig werden. Zuständig ist das Vollstreckungsgericht. Das Prozeßgericht ist nur insoweit zuständig, als es die Vollstreckung selbst leitet, §§ 887 ff, 791. Wenn der Gläubiger die Behörde unmittelbar ersuchen darf, greift § 789 nicht ein. Dies gilt zB bei einer Eintragung ins Grundbuch.

2) *VwGO*: *Entsprechend anwendbar, § 167 I VwGO, soweit nicht §§ 169 I 2 u 170 I 2 VwGO unmittelbar eingreifen.*

790 *Zwangsvollstreckung gegen Soldaten.* (weggefallen)

791 *Zwangsvollstreckung im Ausland.* **¹ Soll die Zwangsvollstreckung in einem ausländischen Staate erfolgen, dessen Behörden im Wege der Rechtshilfe die Urteile deutscher Gerichte vollstrecken, so hat auf Antrag des Gläubigers das Prozeßgericht des ersten Rechtszuges die zuständige Behörde des Auslandes um die Zwangsvollstreckung zu ersuchen.**

II Kann die Vollstreckung durch einen Bundeskonsul erfolgen, so ist das Ersuchen an diesen zu richten.

Schrifttum: Bauer, Die Zwangsvollstreckung aus inländischen Schuldtiteln im Ausland, Teil I–II, 1974; Schütze, Anerkennung und Vollstreckung deutscher Urteile im Ausland, 1973.

1) Geltungsbereich, I. Nur wenn ein ausländischer Staat (wegen der DDR vgl Einl III 8 B) keine eigene Vollstreckungsentscheidung verlangt und wenn ferner der Gläubiger nicht die ausländische Behörde unmittelbar um eine Zwangsvollstreckung ersuchen kann, ist § 791 anwendbar. Die Vorschrift hat daher ein sehr begrenztes Anwendungsgebiet. Es sind die Staatsverträge zu beachten, namentlich das HZPrÜbk, das HZPrAbk, das HVollstrÜbk betr einen Kindesunterhalt, das deutsch-schweizerische, deutsch-italienische, deutsch-österreichische, deutsch-belgische, deutsch-britische, deutsch-griechische, deutsch-niederländische Abkommen, SchlAnh V. Einzelheiten Matscher ZZP **95**, 170. Wegen der Wirkung einer ausländischen Einzel-Zwangsvollstreckung auf einen inländischen Konkurs BGH DB **83**, 1973.

2) Verfahren, I. Für das Ersuchen ist das Prozeßgericht der ersten Instanz zuständig. In den Fällen des § 25 II WAG ist das AG zuständig. Gegebenenfalls ist das ArbG zuständig. Das jeweilige Gericht hat nur zu prüfen, ob ein vollstreckbarer Titel vorliegt. Rechtsbehelf ist die einfache Beschwerde nach § 567. Denn es liegt noch keine Zwangsvollstreckungsmaßnahme vor, Grdz 7 A vor § 704.

3) Konsul, II. II war nur im Bereich der deutschen Konsulargerichtsbarkeit anwendbar. Diese besteht nicht mehr.

4) *VwGO*: *Unanwendbar, weil eine Vollstreckung aus Titeln des § 168 VwGO im Wege der Rechtshilfe ausländischer Behörden nicht möglich ist.*

792 *Urkunden zur Zwangsvollstreckung an Gläubiger.* **Bedarf der Gläubiger zum Zwecke der Zwangsvollstreckung eines Erbscheins oder einer anderen Urkunde, die dem Schuldner auf Antrag von einer Behörde, einem Beamten oder einem Notar zu erteilen ist, so kann er die Erteilung an Stelle des Schuldners verlangen.**

1) Voraussetzungen. Der Gläubiger benötigt unter Umständen zur Zwangsvollstreckung einen Erbschein oder eine andere Urkunde. Diese Urkunde wird von einer Behörde, einem Beamten oder Notar dem Schuldner auf dessen Antrag erteilt. In solchen Fällen ist § 792 anwendbar. Wenn der Gläubiger auch auf einem anderen Weg zum Ziel kommen kann, etwa dadurch, daß er sich einen Auszug aus einem Register beschafft, dann ist § 792 unanwendbar. Der Gläubiger kann an Stelle des Schuldners beantragen, daß die Urkunde erteilt werde. Der Gläubiger kann auch die Voraussetzungen der Urkundenerteilung erfüllen, also bei einem Antrag auf Erteilung eines Erbscheins die notwendige eidesstattliche Versicherung abgeben, § 2356 BGB. Der Gläubiger muß außer im Falle einer Teilungsversteigerung nach § 181 I ZVG, auf die § 792 sinngemäß anzuwenden ist, Hamm MDR **60**, 1018, einen vollstreckbaren Titel besitzen, Schlesw SchlHA **48**, 226. Er weist sich durch diesen Besitz aus.

Dagegen ist eine vollstreckbare Ausfertigung des Titels nicht zu verlangen. Denn § 792 soll ja gerade dem Gläubiger ermöglichen, eine solche Ausfertigung zu erhalten. Der Begriff Zwangsvollstreckung ist hier im weitesten Sinne zu verstehen. Er umfaßt alle vorbereitenden Handlungen. § 792 gilt für alle Arten der Zwangsvollstreckung, vor allem, wenn bei einer grundbuchmäßigen Beziehung der Schuldner nicht als Eigentümer eingetragen ist, zB bei § 17 ZVG, vgl LG Marbg NJW **52**, 149, oder bei der Zwangsvollstreckung in eine Hypothek. Als Gläubiger und als Schuldner sind wegen § 727 auch die jeweiligen Rechtsnachfolger anzusehen.

2) Verfahren. Das Verfahren richtet sich nach dem FGG. Denn die ZPO weist keine diesbezüglichen Vorschriften auf. Das gilt auch für die Rechtsbehelfe. Die Zulässigkeit der Zwangsvollstreckung ist in diesem Verfahren nicht zu prüfen. Der Gläubiger muß das Nachlaßgericht bei seinen Ermittlungen unterstützen, OVG Münster NJW **76**, 532.

3) VwGO: Entsprechend anwendbar, § 167 I VwGO.

793 *Sofortige Beschwerde.* Gegen Entscheidungen, die im Zwangsvollstreckungsverfahren ohne mündliche Verhandlung ergehen können, findet sofortige Beschwerde statt.

Schrifttum: Gaul, Das Rechtsbehelfssystem der Zwangsvollstreckung, ZZP **85**, 251 (dazu Fenge JZ **72**, 604); Kunz, Erinnerung und Beschwerde usw, 1980 (Bespr Mohrbutter KTS **81**, 276); Lippros, Grundlagen und System des Vollstreckungsschutzes, 1983; Neumüller, Vollstreckungserinnerung, Vollstreckungsbeschwerde und Rechtspflegererinnerung, 1981 (Bespr Leue Rpfleger **82**, 163).

1) Voraussetzungen, I. A. Vorliegen einer Entscheidung. § 793 setzt folgendes voraus:

a) Wirkliche Entscheidung. Es muß eine wirkliche Entscheidung vorliegen, Ffm Rpfleger **79**, 29. Diese liegt vor, wenn eine Anhörung der Beteiligten stattgefunden hat, LG Düss Rpfleger **83**, 255, und wenn eine tatsächliche und rechtliche Würdigung vorliegt, LG Frankenth Rpfleger **82**, 231. Den Gegensatz zu einer Entscheidung bildet ein bloßer Vollstreckungsakt, abw Neumüller 92/3 (entscheidend sei, ob das gesetzliche Vorbild des jeweiligen Verfahrenstyps die Gewährung des rechtlichen Gehörs vorsehe), aM Kunz 119. Dieser ergeht ohne eine Anhörung des Schuldners, vgl AG Schorndorf DGVZ **83**, 125. Als bloßer Vollstreckungsakt ist zB grundsätzlich der Pfändungsbeschluß anzusehen. Gegen den bloßen Vollstreckungsakt ist lediglich die Erinnerung nach § 766 zulässig. Wenn aber ein Vollstreckungsakt nach einer Anhörung des Schuldners erging, dann ist sofortige Beschwerde nach § 793 statthaft, KG Rpfleger **78**, 334. Der Drittschuldner kann auch dann sofortige Beschwerde einlegen, wenn das Gericht nur den Schuldner angehört hatte, Bbg NJW **78**, 1389, LG Bonn DB **79**, 94. Dies gilt auch dann, wenn der Vollstreckungsakt noch nicht erlassen worden ist, LG Bochum Rpfleger **77**, 178. Eine prozeßleitende Verfügung oder ein Beweisbeschluß, eine Terminsbestimmung, die Anordnung einer mündlichen Verhandlung sind ebenfalls keine Entscheidungen im Sinne des § 793.

b) Gerichtliche Entscheidung. Die Entscheidung muß entweder vom Vollstreckungsgericht oder vom Prozeßgericht erlassen worden sein. Es reicht auch aus, daß das gesetzlich zugewiesene Gericht entschieden hat, etwa nach dem BBauG, Stgt NJW **70**, 1963.

c) Vollstreckungsverfahren. Es muß ein Zwangsvollstreckungsverfahren vorliegen. Dieses Verfahren muß bereits begonnen haben. Eine Entscheidung, die vor dem Beginn der Zwangsvollstreckung ergangen ist, Grdz 7 A vor § 704, ermöglicht allenfalls eine einfache Beschwerde nach § 567. Zu den letzteren Entscheidungen gehört zB diejenige über die Art und die Höhe einer Sicherheitsleistung, § 108 Anm 5. Dagegen ist eine gerichtliche Strafandrohung bereits der Beginn der Zwangsvollstreckung.

d) Entbehrlichkeit einer Verhandlung. Es muß eine Entscheidung vorliegen, die keine mündliche Verhandlung erforderte. Ob eine freigestellte mündliche Verhandlung, § 128 Anm 3, stattgefunden hat, ist unerheblich.

e) Mehr als Kostenfrage. Unzulässig ist eine sofortige Beschwerde, die sich nur gegen die Kosten einer gerichtlichen Entscheidung richtet, § 99 I.

B. Sofortige Erinnerung. Da im allgemeinen der Rpfl des Vollstreckungsgerichts entscheidet (Ausnahmen sind in § 20 Z 17a–c RPflG, Anh § 153 GVG, angeführt, vgl auch § 764 Anm 3 A), ist zunächst regelmäßig die befristete Erinnerung binnen 2 Wochen seit der Zustellung der angefochtenen Entscheidung statthaft, § 11 I 2 RPflG, zB Hamm MDR **75**, 938, LG Bochum Rpfleger **77**, 178 je mwN, LG Düss Rpfleger **83**, 255. Das Rechtsmittel ist grundsätzlich bei dem Gericht des Rpfl einzulegen, Stgt MDR **76**, 852 mwN. In einem dringenden Fall, § 569 Anm 1, darf die sofortige Erinnerung nach §§ 11 IV RPflG, 569 I Hs 2 (den letzteren übersehen LG Augsb NJW **71**, 2316, LG Mönchengl MDR **73**, 592) auch bei dem nächsthöheren Gericht eingelegt werden. Dieses hat die Akten stets zunächst an das untere Gericht abzugeben, damit das untere Gericht prüfen kann, ob es abhelfen will. Andernfalls ist evtl die weitere sofortige Beschwerde zulässig, Stgt MDR **76**, 852.

Der Richter entscheidet gemäß § 11 II 3 RPflG. Im Falle des § 11 II 4 RPflG, evtl in Verbindung mit § 21 II 4 RPflG, ergeht eine prozeßleitende Verfügung des Vorsitzenden, vgl Arnold/Meyer-Stolte § 11 RPflG 4. 2b, aM Kblz Rpfleger **74**, 260 (es sei auch dann ein Beschluß zu erlassen. Aber § 11 II 4 RPflG läßt gerade im Gegensatz zu § 11 II 3 RPflG erkennen, daß keine förmliche Entscheidung erforderlich ist. Eine solche Entscheidung würde auch dem Durchgriffszweck widersprechen und würde das Verfahren verzögern. Deshalb wäre eine förmliche Entscheidung auch keineswegs immer zweckmäßig, aM Eickmann-Riedel § 11 RPflG Anm 12b).

Die sofortige Erinnerung bzw sofortige Beschwerde hat keine aufschiebende Wirkung. Eine Aussetzung der Vollziehung ist allenfalls gemäß § 572 II, III zulässig. Die Beendigung der Zwangsvollstreckung, Grdz 7 B vor § 704, macht eine Beschwerde grundsätzlich gegenstandslos, läßt aber evtl einen Bereicherungsanspruch usw bestehen. Wegen der Rechtsbehelfe gegen eine Eintragung im Grundbuch in der Zwangsvollstreckung vgl § 867 Anm 4.

Eine sofortige Erinnerung oder Beschwerde nach § 793 ist neben einer Erinnerung nach § 766 dann statthaft, wenn eine Entscheidung in der Zwangsvollstreckung ohne ein beiderseitiges Gehör ergangen ist, § 766 Anm 2 C a. Vgl im übrigen bei den einzelnen Vorschriften.

2) Verfahren. A. Einlegungsberechtigung. Zur Einlegung der sofortigen Erinnerung bzw Beschwerde sind folgende Beteiligte berechtigt:

a) Gläubiger. Er ist unter der Voraussetzung B berechtigt.

b) Schuldner. Auch er ist unter der Voraussetzung B berechtigt.

c) Dritter. Ein Dritter ist berechtigt, soweit die angefochtene Entscheidung seine Interessen beeinträchtigt, Ffm BB **76**, 1147 mwN. Dies kann zB dann der Fall sein, wenn der Drittschuldner sich gegen die Pfändung einer Forderung wendet, Bbg NJW **78**, 1389.

d) Gerichtsvollzieher. Er ist berechtigt, soweit seine eigenen Belange verletzt sind, Karlsr DGVZ **74**, 114, LG Bre DGVZ **78**, 140, LG Düss DGVZ **78**, 27 mwN, aM zB LG Siegen DGVZ **75**, 28. Die persönlichen Interessen des Gerichtsvollziehers sind nicht schon dann verletzt, wenn er nur als Vollstreckungsorgan betroffen wird, LG Düss NJW **79**, 1990 mwN.

B. Beschwer. Stets muß eine Beschwer vorliegen, Grdz 3 vor § 511.

C. Weitere Einzelfragen. Dagegen ist es nicht erforderlich, daß ein Gesuch zurückgewiesen worden war; § 793 ist ein Sonderfall gegenüber § 567, s auch dort. Es besteht kein Anwaltszwang, wenn in der ersten Instanz kein Anwaltsprozeß vorgelegen hatte usw, § 569 II 2. Anwaltszwang besteht aber dann, wenn das Beschwerdegericht eine mündliche Verhandlung anordnet. Das Beschwerdegericht muß den Beschwerdegegner vor einer ihm nachteiligen Entscheidung stets anhören, Art 103 I GG, vgl BVerfG **34**, 346.

§ 793 ist auch gemäß § 45 III WEG anwendbar, Ffm OLGZ **80**, 163 mwN. Wegen des EuGÜbk SchlAnh V C 1, 2.

3) Weitere Beschwerde. Eine weitere Beschwerde ist immer eine sofortige Beschwerde. Sie darf nicht schon wegen der Kosten der Zwangsvollstreckung eingelegt werden, § 568 III, Ffm Rpfleger **76**, 368.

*4) VwGO: Bei der entsprechenden Anwendung, § 167 I VwGO, tritt an die Stelle der sofortigen Beschwerde die ebenfalls befristete, aber Abhilfe zulassende Beschwerde der §§ 146ff VwGO, VGH Mannh NJW **78**, 287.*

§ 794

794 *Weitere Vollstreckungstitel.* ¹ Die Zwangsvollstreckung findet ferner statt:

1. aus Vergleichen, die zwischen den Parteien oder zwischen einer Partei und einem Dritten zur Beilegung des Rechtsstreits seinem ganzen Umfang nach oder in betreff eines Teiles des Streitgegenstandes vor einem deutschen Gericht oder vor einer durch die Landesjustizverwaltung eingerichteten oder anerkannten Gütestelle abgeschlossen sind, sowie aus Vergleichen, die gemäß § 118 Abs. 1 Satz 3 zu richterlichem Protokoll genommen sind;
2. aus Kostenfestsetzungsbeschlüssen;
2a. aus Beschlüssen, die den Betrag des vom Vater eines nichtehelichen Kindes zu zahlenden Regelunterhalts, auch eines Zu- oder Abschlags hierzu, festsetzen;
2b. aus Beschlüssen, die über einen Antrag auf Abänderung eines Unterhaltstitels im Vereinfachten Verfahren entscheiden;
3. aus Entscheidungen, gegen die das Rechtsmittel der Beschwerde stattfindet;
3a. aus einstweiligen Anordnungen nach den §§ 127a, 620, 620b, 621f;
4. aus Vollstreckungsbescheiden;
4a. aus den für vollstreckbar erklärten Schiedssprüchen und schiedsrichterlichen Vergleichen, sofern die Entscheidung über die Vollstreckbarkeit rechtskräftig oder für vorläufig vollstreckbar erklärt ist;
5. aus Urkunden, die von einem deutschen Gericht oder von einem deutschen Notar innerhalb der Grenzen seiner Amtsbefugnisse in der vorgeschriebenen Form aufgenommen sind, sofern die Urkunde über einen Anspruch errichtet ist, der die Zahlung einer bestimmten Geldsumme oder die Leistung einer bestimmten Menge anderer vertretbarer Sachen oder Wertpapiere zum Gegenstand hat, und der Schuldner sich in der Urkunde der sofortigen Zwangsvollstreckung unterworfen hat. Als ein Anspruch, der die Zahlung einer Geldsumme zum Gegenstand hat, gilt auch der Anspruch aus einer Hypothek, einer Grundschuld, einer Rentenschuld oder einer Schiffshypothek.

II Soweit nach den Vorschriften der §§ 737, 743, des § 745 Abs. 2 und des § 748 Abs. 2 die Verurteilung eines Beteiligten zur Duldung der Zwangsvollstreckung erforderlich ist, wird sie dadurch ersetzt, daß der Beteiligte in einer nach Absatz 1 Nr. 5 aufgenommenen Urkunde die sofortige Zwangsvollstreckung in die seinem Rechte unterworfenen Gegenstände bewilligt.

Vorbem. I Z 1 geändert dch Art 1 Z 12 G v 13. 6. 80, BGBl 677, in Kraft seit 1. 1. 81, Art 7 I.

Gliederung

1) **Allgemeines**
   A. Unvollständigkeit der Regelung
   B. Rechtsschutzbedürfnis
2) **Prozeßvergleich, I Z 1**
   A. Begriff
   B. Inhalt
   C. Vollstreckbarkeit
      a) Grundsatz
      b) Einzelfragen
         aa) Wirksamkeit des Vergleichs
         bb) Auswirkung auf Dritte
3) **Kostenfestsetzungsbeschluß, I Z 2**
4) **Unterhaltsfestsetzungsbeschluß, I Z 2 a**
5) **Unterhaltsabänderungsbeschluß, I Z 2 b**
6) **Beschwerdefähige Entscheidung, I Z 3**
7) **Einstweilige Anordnung, I Z 3 a**
8) **Vollstreckungsbescheid, I Z 4**
9) **Für vollstreckbar erklärter Schiedsspruch und Schiedsvergleich, I Z 4 a**
10) **Vollstreckbare Urkunde, I Z 5**
    A. Form

    B. Inhalt
       a) Anspruchsart
       b) Anspruchsbestimmtheit
          aa) Grundsatz
          bb) Beispiele ausreichender Bestimmtheit
          cc) Beispiele nicht ausreichender Bestimmtheit
    C. Unterwerfungsklausel
       a) Grundsatz
       b) Einzelfragen
    D. Kein Nachweis
    E. Abänderbarkeit
    F. Vollstreckbare Ausfertigung
11) **Bewilligung der Zwangsvollstreckung, II**
    A. Notwendigkeit eines Duldungstitels
    B. Umfang der Zwangsvollstreckung
12) **Weitere bundesgesetzliche Vollstreckungstitel**
13) **Ausländischer Vollstreckungstitel**
14) *VwGO*

1) Allgemeines. A. Unvollständigkeit der Regelung. § 794 ist sehr unvollständig. Die Vorschrift zählt in Ergänzung des § 704 lediglich einige andere Vollstreckungstitel als die Endurteile auf. Über weitere bundesgesetzliche Vollstreckungstitel Anm 12.
B. Rechtsschutzbedürfnis. Hat der Gläubiger einen anderen vollstreckbaren Titel als ein Urteil in Händen, dann ist eine Leistungsklage über denselben Anspruch wegen des Fehlens eines Rechtsschutzbedürfnisses unzulässig, Grdz 5 vor § 253. Dies gilt um so mehr, als ein doppelter Vollstreckungstitel eine Gefahr für den Schuldner bedeutet, die das Gesetz vermeiden will, vgl § 733. Die Leistungsklage wird erst dann zulässig, wenn der Schuldner eine sachlichrechtliche Einwendung erhebt. Denn in einem solchen Fall muß der Gläubiger mit einer Vollstreckungsabwehrklage rechnen, Hamm NJW **76**, 246 mwN. Wegen einer Ausnahme bei der einstweiligen Verfügung auf eine wiederkehrende Leistung vgl § 940 Anm 3 B „Rente".

2) Prozeßvergleich, I Z 1. A. Begriff. Vgl zunächst grds Anh § 307. Die in Z 1 genannten Vergleiche (dazu gehört auch ein Vergleich im Arrestverfahren und im Verfahren auf den Erlaß einer einstweiligen Verfügung, wo man jeweils wirksam auch einen die Hauptsache betreffenden Vergleich abschließen kann, StJGr Rdz 20 vor § 916 mwN) haben gemeinsam, daß sie einen Prozeß durch eine Vereinbarung beenden oder im Keim ersticken und daß sie vor einem deutschen Gericht oder einer in Z 1 näher gekennzeichneten Gütestelle abgeschlossen worden sind. Man nennt sie gerichtlichen Vergleich oder Prozeßvergleich, Anh § 307 Anm 1. Sie sind Vollstreckungstitel nach § 795. § 797 gilt für sie nicht.

Ein Vergleich kann auch in der Zwangsvollstreckung zustande kommen, ferner im Zwangsversteigerungsverfahren oder im Verfahren vor der Kammer für Baulandsachen, Mü MDR **76**, 150. Soweit ein Prozeßvergleich vor dem LG oder vor einem höheren Gericht abgeschlossen wird, ist seine Wirksamkeit als Prozeßvergleich davon abhängig, daß alle Beteiligten anwaltlich vertreten waren. Andernfalls ist jedenfalls kein vollstreckbarer Prozeßvergleich entstanden, Anh § 307 Anm 4 F.

Gütestellen sind die durch die Landesjustizverwaltungen eingerichteten oder anerkannten Stellen, zB bei der Sozialverwaltung Hbg (Öffentliche Rechtsauskunfts- und Vergleichsstelle), VO v 4. 2. 46, HbgVOBl 13, GebO v 2. 1. 50, VOBl 82, ferner für Lübeck, AV LJM v 4. 8. 49, SchlHA 276, und 17. 12. 52, SchlHA **53**, 9, s auch Anh § 307 Anm 4 B. Gebühren in Güteverfahren: § 65 I Z 1, II BRAGO.

B. Inhalt. Der Inhalt eines solchen Vergleichs muß bestimmt sein, Grdz 3 D vor § 704, Kblz OLGZ **76**, 380 mwN. Ausreichend ist zB die Bezugnahme auf eine im BGBl verkündete Rentenbemessungsgrundlage, Brschw FamRZ **79**, 929.

Nicht ausreichend ist zB unter Umständen der Bezug auf ein Gutachten, selbst wenn das Gutachten allen Beteiligten bekannt ist und wenn es sich in den Gerichtsakten befindet, Hamm NJW **74**, 652, oder die Bezugnahme auf eine „jeweilige Höchstpension", BGH **22**, 54, oder die Bezugnahme auf den „jeweiligen Nettolohn", Brschw FamRZ **79**, 929, oder die Bezugnahme auf die „jeweilige Düsseldorfer Tabelle", LG Düss DGVZ **81**, 93.

Kein Prozeßvergleich liegt in folgenden Fällen vor: Es ist lediglich ein sog „Zwischen-Vergleich" über einzelne Elemente des Anspruchs abgeschlossen worden, etwa dahin, daß ein Schiedsgutachten zu holen sei, KG NJW **74**, 912.

C. Vollstreckbarkeit. a) Grundsatz. Der Prozeßvergleich beseitigt ohne weiteres ein noch nicht rechtskräftiges Urteil, Hamm MDR **77**, 56, Schlesw JB **75**, 1502. Der Prozeßvergleich kann aber weder eine Vollstreckbarkeit allein noch eine Vollstreckbarkeit des rechtskräftigen Urteils als solche beseitigen, § 775 Anm 2 B. Die Parteien können freilich auf einen Anspruch oder auf die Vollstreckbarkeit dieses Anspruchs verzichtet haben. Dies muß der Schuldner aber durch eine Vollstreckungsabwehrklage nach § 767 geltend machen. Das übersieht BGH **LM** § 767 Nr 37 (er verneint ein Rechtsschutzbedürfnis. Dieses kann freilich fehlen, sofern der Weg Anh § 307 Anm 6 B möglich ist, Zweibr OLGZ **70**, 185). Die Vollstreckungsabwehrklage ist auch dann zu erheben, wenn die Parteien über die Auslegung eines unstreitig wirksam gewordenen Prozeßvergleichs streiten, BGH **LM** Nr 22/23, vgl Hamm FamRZ **78**, 524; s auch Grdz 3 E vor § 704.

Die Vollstreckbarkeit ist ebenso wie beim Urteil zu beurteilen. Dies gilt, soweit nicht das Fehlen einer inneren Rechtskraftwirkung Einschränkungen nach sich zieht. Eine vergleichsweise Verpflichtung zur Abgabe einer Willenserklärung ersetzt nicht ein Urteil nach § 894. Vielmehr ist die Erklärung in dem Vergleich selbst abzugeben oder nach § 887 zu erzwingen, ZöSche II 3 b, vgl Hamm MDR **65**, 584, vgl aber auch Kblz OLGZ **76**, 381, RoS § 132 II 2 b (es sei § 888 anwendbar). Das entsprechende gilt dann, wenn in einem Vergleich die Zulässigkeit einer Vertragsstrafe vereinbart worden ist, LG Bln Rpfleger **78**, 32.

b) Einzelfragen. aa) Wirksamkeit des Vergleichs. Die Vollstreckbarkeit setzt voraus, daß ein Vergleich wirksam zustande gekommen ist. Deshalb ist zB ein Vergleich über Fragen der Erziehung von Kindern nicht vollstreckbar. Wegen der Vollstreckbarkeit einer vermögensrechtlichen Vereinbarung in einem Vergleich während einer Ehesache § 617 Anm 4 A. Die Kostenregelung über ein Scheidungsverfahren nach altem Recht im Wege eines Vergleichs vor dem Zeitpunkt des Erlasses des Scheidungsurteils ist kein Vollstreckungstitel. Wohl aber liegt ein Vollstreckungstitel vor, wenn die Parteien über die Kosten des Scheidungsverfahrens in einem Vergleich nach der Verkündung des Scheidungsurteils, aber vor dessen Rechtskraft Einigkeit erzielt haben, Mü MDR **76**, 406. Dies gilt auch für die Kosten des Vergleichs selbst, Mü NJW **73**, 2303 mwN. Wenn die Parteien in einem Vergleich ein Ordnungsmittel nach § 890 als angedroht vereinbarten, ist diese Regelung unwirksam, § 890 Anm 1 B c. Die Parteien müssen vielmehr eine Vertragsstrafe vorsehen, um eine derartige Vereinbarung wirksam werden zu lassen.

bb) Auswirkung auf Dritte. Der Vergleich zieht keine Rechtskraftwirkung nach sich. Er ist auch gegen denjenigen Dritten vollstreckbar, der sich in ihm verpflichtet. Dieser Dritte muß aber seiner Person und seiner Wohnung nach in einer Weise angegeben werden, die den Anforderungen des § 750 entspricht, Hbg FamRZ **82**, 322. Zugunsten eines nach dem Vergleich berechtigten Dritten, § 328 BGB, kann die davon mitbegünstigte Prozeßpartei vollstrecken, KG NJW **83**, 2032, Köln MDR **59**, 44, während der Dritte, der nicht beigetreten ist, keine Vollstreckung betreiben kann.

Denn man kann nicht durch einen privatrechtlichen Vollstreckungsvertrag dem Dritten ohne dessen Eintreten in den Formen einer anwaltlichen Vertretung, soweit sie die Verfahrensart erfordert, Anh § 307 Anm 4 F, die prozeßrechtliche Stellung einer Partei verschaffen, zum letzteren auch BGH **86**, 164, also auch nicht die Stellung einer Partei im Zwangsvollstreckungsverfahren, BGH FamRZ **80**, 342, Köln FamRZ **83**, 88 mwN, Zweibr FamRZ **79**, 175, Wächter FamRZ **76**, 253 je mwN, offen Hbg FamRZ **82**, 322 Hamm FamRZ **82**, 525, Mü FamRZ **79**, 1057, aM zB KG Rpfleger **71**, 190, vgl freilich jetzt § 1629 II 2, III BGB, dazu § 323 Anm 5 A b. Etwas anderes gilt natürlich sachlichrechtlich sowie dann, wenn der Dritte, sei es auch rechtsfehlerhaft, einen auf seinen Namen lautenden Vollstrekkungstitel aus der Vereinbarung erhalten hat, Ffm FamRZ **83**, 756.

3) Kostenfestsetzungsbeschluß, I Z 2. Dieser Beschluß ist in Z 2 genannt, weil er nicht einer Beschwerde unterliegt, Z 3, sondern mit der Erinnerung angreifbar ist. Ob die zugehörige Kostengrundentscheidung überhaupt existiert, muß das Vollstreckungsgericht im Zweifel von Amts wegen klären, KG NJW **73**, 2116.

4) Unterhaltsfestsetzungsbeschluß, I Z 2a. Es handelt sich um einen Beschluß gemäß §§ 642a–d, 643 II. Ein solcher Beschluß setzt auf der Grundlage des amtlich festgesetzten Regelbedarfs in dem Vereinfachten Verfahren den Unterhaltsbetrag fest, spricht aber keine Verpflichtung zur Leistung aus. Die Zwangsvollstreckung erfolgt allein aus dem Beschluß, nicht in Verbindung mit dem Urteil aus §§ 642, 643.

5) Unterhaltsabänderungsbeschluß, I Z 2b. Es handelt sich um einen Beschluß gemäß § 641p. Dem Bestimmtheitserfordernis, Grdz 3 D vor § 704, genügt die Angabe des Prozentsatzes der jeweils gültigen Anpassungsverordnung. Diese Verordnung muß jeweils im Beschluß bezeichnet werden. Eine Angabe des Betrags nach § 641 p I 3 ist nur dann notwendig, wenn der Gläubiger eine geringere Anpassung begehrt, § 641 m I Z 5.

6) Beschwerdefähige Entscheidung, I Z 3. Unter diese Vorschrift fällt jede Entscheidung, die beschwerdefähig wäre, wenn sie in der ersten Instanz ergangen wäre. Hierunter fällt also auch eine Entscheidung des OLG, zB ein Verwerfungsbeschluß, § 519b, LG Stgt NJW **73**, 1050. Ferner zählen hierin alle diejenigen Entscheidungen, die im Zeitpunkt ihres Wirksamwerdens rechtskräftig sind. Zum Begriff der Vollstreckbarkeit Grdz 3 F vor § 704. Die aufschiebende Wirkung der Beschwerde hindert zwar die Durchführung der Zwangsvollstreckung, hindert aber nicht die Erteilung der vollstreckbaren Ausfertigung, Grdz 7 A b vor § 704.

7) Einstweilige Anordnung, I Z 3a. Erfaßt werden Anordnungen gemäß §§ 127a, 620, Hamm FamR **80**, 707, ferner Anordnungen gemäß §§ 620b, 621f, aber im Verhältnis zwischen den Eltern nur solche Anordnungen, auf die das FGG anwendbar ist, LG Ravensb FamRZ **78**, 911, aM Hbg FamRZ **79**, 1046 mwN, ferner Mü FamRZ **79**, 1047 (betr § 620a), Oldb FamRZ **78**, 911; vgl aber auch § 883 Anm 5 B a.

8) Vollstreckungsbescheid, I Z 4. Vgl bei §§ 699ff, 796.

9) Für vollstreckbar erklärter Schiedsspruch und Schiedsvergleich, I Z 4a. Notwendig ist, daß der Schiedsspruch oder Schiedsvergleich entweder rechtskräftig geworden ist oder daß die Vollstreckbarerklärung vorläufig vollstreckbar ist.

10) Vollstreckbare Urkunde, I Z 5

Schrifttum: Baur, Einige Bemerkungen zur „vollstreckbaren Urkunde", Festschrift für Demelius (1973) 315; Wolfsteiner, Die vollstreckbare Urkunde, 1978 (Bespr Nöcker Rpfleger **79**, 160).

A. Form. Die Urkunde muß durch ein deutsches Gericht oder einen deutschen Notar errichtet worden sein. Ausreichend ist auch die Errichtung durch den Rpfl im Rahmen der gesetzlichen Ermächtigung. Gericht, Rpfl, Notar müssen in den Grenzen ihrer Amtsbefugnisse und in der vorgeschriebenen Form nach dem BeurkG gehandelt haben. Zur gerichtlichen Zuständigkeit § 62 BeurkG. Auch bestimmte deutsche Konsuln sind zuständig, §§ 16 KonsG, 57 I Z 1 BeurkG, VGH Mü NJW **83**, 1992. Wegen einer im Ausland erteilten Vollmacht usw Winkler NJW **72**, 988. Das Prozeßgericht ist als solches nicht zuständig. Ein protokollierter Prozeßvergleich ist aber wirksam. Denn er ersetzt jede andere Form, Anh § 307 Anm 5 A. Es genügt auch eine Anlage zum Protokoll der Urkundsperson zusammen mit einer ausreichend beurkundeten Unterwerfung. Eine öffentliche Beglaubigung der Unterwerfungserklärung reicht grundsätzlich nicht aus. Einzelheiten bei Haegele Rpfleger **75**, 157 mwN. Über den Schiedsvergleich § 1044a. Eine ausländische vollstreckbare Urkunde reicht nicht aus, Geimer DNotZ **75**, 463.

B. Inhalt. a) Anspruchsart. Ferner ist erforderlich, daß sich der Anspruch zum Urkundenprozeß eignet, BGH NJW **83**, 2262 mwN. Insofern stimmt Z 5 mit § 592 überein, dort Anm 2 B. Eine Räumungsverpflichtung ist daher unwirksam, LG Kblz DGVZ **82**, 120. Gemäß § 99 LuftfzRG ist ein Registerpfandrecht an einem Luftfahrzeug einer Schiffshypothek gleichzustellen.

b) Anspruchsbestimmtheit. aa) Grundsatz. Der Anspruch muß bestimmt sein. Eine bloße Bestimmbarkeit genügt nicht, BGH NJW **80**, 1051.

bb) Beispiele ausreichender Bestimmtheit. Ausreichend ist zB: Der Anspruch läßt sich aus den Unterlagen, die in der Urkunde enthalten sind, mühelos berechnen, BGH NJW **83**, 2262 mwN, Düss OLGZ **80**, 340 mwN, Ffm FamRZ **81**, 70, KG Rpfleger **75**, 371, Haegele Rpfleger **75**, 158; die Anspruchshöhe wird sich später im Verfahren nach § 726 errechnen lassen, KG OLGZ **83**, 213. Bei einer ziffernmäßigen Hauptverpflichtung hat der Schuldner Prozeßkosten übernommen, die nicht berechnet sind, ZZP **52**, 209. Es geht um Zinsen über den jeweiligen Diskontsatz, BGH **22**, 54, Düss Rpfleger **77**, 67, Geitner/Pulte Rpfleger **80**, 93. Es geht um Zinsen „seit der Eintragung", Stgt Rpfleger **73**, 222. Es geht um einen gleitenden Erbbauzins gemäß einem amtlichen Lebenskostenindex, Düss NJW **71**, 437, AG Darmst DGVZ **80**, 173, Mes NJW **73**, 879. Freilich kann § 3 WährG die Unwirksamkeit herbeiführen, § 134 BGB; das Vollstreckungsorgan braucht eine solche Unwirksamkeit aber nicht von Amts wegen zu prüfen. Voraussetzung ist in diesem Fall jedoch, daß der maßgebende der amtlich geführten Indices eindeutig feststeht, AG Darmst DGVZ **80**, 174, Geitner/Pulte Rpfleger **80**, 94.

Ein Anspruch auf eine Rente mit einer Wertsicherungsklausel ist nur dann bestimmt, wenn auf die Berechnungsfaktoren eindeutig verwiesen wird und wenn diese Faktoren allgemein und alsbald ohne eine besondere Mühe zugänglich sind, Mes NJW **73**, 879, Mümmler Rpfleger **73**, 128 je mwN. Notfalls wird die Vollstreckungsklausel nur auf einen bezifferten Betrag beschränkt, LG Essen NJW **72**, 2050 (Anm Pohlmann NJW **73**, 199). Ausreichend ist eine Anerkennung von Strafzinsen „bis zu 8%", BGH DB **71**, 381, aM Stgt Rpfleger **83**, 6. Ausreichend ist eine Geldforderung in ausländischer Währung. Die Urkunde darf eine Verpflichtung zur Herausgabe eines Nachlasses im Weg der Zwangsvollstreckung enthalten, § 1990 BGB.

Der Anspruch darf betagt, bedingt und zukünftig sein, wenn er nur bestimmt ist, BGH NJW **83**, 2262 mwN, BayObLG DNotZ **76**, 367, Düss Rpfleger **77**, 67, KG OLGZ **83**, 216, Saarbr NJW **77**, 1203. Zur Verbindung einer bedingten und eines unbedingten in einem Höchstzinssatz BGH NJW **83**, 2262. Die Urkunde braucht nicht alle Einzelheiten des Anspruchs zu enthalten. Insofern genügt die Bezugnahme auf Anlagen, vgl aber auch Grdz 3 D vor § 704.

Der Gläubiger kann den Anspruch allerdings grundsätzlich nur dann austauschen, wenn der Schuldner einwilligt. Der Gläubiger kann dann zB statt einer Kaufpreisforderung einen Schadensersatzanspruch geltend machen, BGH NJW **80**, 1051.

cc) Beispiele nicht ausreichender Bestimmtheit. Nicht ausreichend bestimmt ist der Anspruch zB in folgenden Fällen: Der Vollstreckungstitel nimmt auf eine Statistik Bezug, die zwei verschiedene Preisindices nennt, AG Darmst DGVZ **80**, 174. Es geht um Zinsen seit der Auszahlung, Haegele Rpfleger **75**, 158, oder um Zinsen seit einer „Mitteilung des Baufortschritts durch den Bauherrn", Düss OLGZ **80**, 340. Nach der Erfüllung der Hauptschuld muß der Gläubiger für eine Vollstreckungsklage den Grund und die Höhe der Zinsforderung beweisen, BayObLG DNotZ **76**, 367. Es geht um einen Anspruch auf eine Rente „in Höhe der Hälfte der jeweiligen Höchstpension", BGH **22**, 54, aM Hieber DNotZ **57**, 667 (er hält die Entscheidung für überspitzt). Es geht um einen Unterhalt „nach dem Nettogehalt", selbst wenn dessen derzeitige Höhe genannt ist, LG Bln Rpfleger **74**, 29, Grdz 3 D vor § 704. Es geht um einen Unterhalt „abzüglich des jeweiligen hälftigen staatlichen Kindergelds", Ffm FamRZ **81**, 70. Es geht um die Bezugnahme auf einen Kontoauszug, LG Köln JB **76**, 255 (abl Mümmler). Es geht um die bloße Bezeichnung „Nebenleistungen", BGH MDR **79**, 916.

Weitere Beispiele: Es geht um eine Höchstbetragshypothek, § 1190 BGB. Sie läßt eine Unterwerfungsklausel hinsichtlich des Höchstbetrags nicht zu, BGH NJW **83**, 2262. Wohl aber läßt sie eine Unterwerfungsklausel wegen eines Teilbetrags zu, der im Rahmen der Höchstbetragshypothek feststeht, Ffm Rpfleger **77**, 220 mwN. Es genügt auch nicht, wenn eine Höchstgrenze für die Unterwerfung genannt wird. Vielmehr muß eine Unterwerfung in dieser Höhe stattfinden, mit der Möglichkeit für den Schuldner, nach §§ 767, 795 geltend zu machen, daß seine Schuld diese Summe nicht erreicht.

C. Unterwerfungsklausel. a) Grundsatz. Der Schuldner muß sich in der Urkunde der sofortigen Zwangsvollstreckung unterworfen haben. Die Urkunde braucht nicht den Wortlaut des Gesetzes zu wiederholen. Sie muß aber eine Unterwerfung des Schuldners eindeutig und ausdrücklich aussprechen. Der Schuldgrund der Unterwerfung braucht nicht angegeben worden zu sein. Zulässig ist eine besondere Vereinbarung dahin, daß der Gläubiger von der Unterwerfung des Schuldners nur unter einer Bedingung Gebrauch machen darf, BGH **16**, 180. Die Unterwerfung ist (nur) eine prozessuale Willenserklärung, BGH KTS **81**, 198 mwN, Werner DNotZ **69**, 722, offen LG Regensb Rpfleger **77**, 224.

b) Einzelfragen. Zur Wirksamkeit der Unterwerfung ist die Prozeßfähigkeit erforderlich. Die Unterwerfungserklärung ist einseitig. Sie braucht nicht angenommen zu werden. Wenn sie vorbehaltlos erklärt worden ist, kann der Schuldner sie nicht ohne eine Zustimmung des Gläubigers widerrufen. Die Unterwerfungserklärung erleichtert die Erfüllung eines bestimmten Rechtsgeschäfts. Daher darf die Unterwerfung nicht für sich allein betrachtet werden, sondern muß stets im Zusammenhang mit dem Rechtsgeschäft gesehen werden. Deshalb ist auch eine Einwilligung des gesetzlichen Vertreters notwendig, wenn das zugrundeliegende Rechtsgeschäft ebenfalls eine solche Einwilligung verlangt. Die Unterwerfung kann aber auch zulässig durch einen Vertreter ohne Vertretungsmacht ausgesprochen werden. In solchem Fall wird die Unterwerfung mit der Genehmigung des Vertretenen wirksam, § 89.

Wenn ein Elternteil gegenüber dem anderen Elternteil seine Unterhaltspflicht gegenüber einem Kind anerkennt, ist das Kind Vollstreckungsgläubiger, KG MDR **71**, 489. Eine Genehmigung des Vormundschaftsgerichts ist nicht erforderlich. Eine Unterwerfung ist keine Verfügung über ein Grundstück nach § 1821 BGB. Die Erfordernisse der Urkunde richten sich allein nach § 794, vgl aber auch § 800 Anm 1 C. Das Grundbuchamt muß also bei der Eintragung einer Zwangshypothek nur prüfen, ob die Vollstreckungsklausel vorhanden ist und ob sie formgerecht und von dem zuständigen Beamten ausgestellt worden ist.

Das Grundbuchamt braucht nicht die Umstände des Zustandekommens der Erklärung zu prüfen. Er braucht auch nicht zu prüfen, ob der zur Erklärung Bevollmächtigte in rechtsgültiger Vollmacht handelte und ob diese Vollmacht in grundbuchmäßiger Form nachzuweisen war. Wegen einer Unterwerfung nach der Eintragung einer Grundschuld LG Stade Rpfleger **77**, 261, aM BGH **73**, 159. Der Grundeigentümer, der für sich eine Eigentümergrundschuld bestellt, kann sich auch persönlich der sofortigen Zwangsvollstreckung unterwerfen, Ffm Rpfleger **81**, 59.

D. Kein Nachweis. Die Unterwerfung ist auch in derjenigen Weise zulässig, daß dem Gläubiger eine vollstreckbare Ausfertigung erteilt werden darf, ohne daß er die Entstehung und die Fälligkeit der Schuld nachweisen muß, BGH NJW **81**, 2757 mwN. Denn § 726 ist eine rein vollstreckungsrechtliche Vorschrift, Celle DNotZ **69**, 102. Allerdings muß sich der Anspruch als solcher eindeutig aus dem Titel ergeben, Düss (9. ZS) OLGZ **80**, 341 mwN, abw Düss (3. ZS) Rpfleger **77**, 67. In einem solchen Fall ist der Schuldner darauf angewiesen, die etwa zulässigen Einwendungen zu erheben. Über die Unterwerfung zu Lasten des jeweiligen Eigentümers vgl § 800.

Die Klausel muß wegen der zwingenden Form streng nach dem Inhalt der Urkunde ausgelegt werden. Die Unterwerfung enthält einen Verzicht auf die Rüge der Unzuständigkeit des ordentlichen Gerichts. Denn eine Einwendung nach den §§ 767, 797 V ist nur vor dem ordentlichen Gericht zulässig. Die Unterwerfung läßt sich nur im Fall des § 800 in das Grundbuch eintragen.

Gebühren: § 36 KostO.

E. Abänderbarkeit. Die Urkunde ist abänderungsfähig. Die Änderung muß aber eine neue Unterwerfung aussprechen, soweit eine Erweiterung vorliegt. Die Unterwerfung bezieht sich nur auf das in der Urkunde bezeichnete Grundstück. Die Mitbelastung eines anderen Grundstücks setzt voraus, daß eine neue Unterwerfung erfolgt ist. Die Bezugnahme auf eine alte Urkunde ist statthaft. In einem solchen Fall bilden beide Urkunden zusammen einen Vollstreckungstitel. Ein Mithaftvermerk im Grundbuch bezieht sich auf die Unterwerfungsklausel, die in der Haupteintragung der Belastung enthalten ist, BGH **26**, 344.

Eine spätere Änderung oder eine neue Unterwerfung können eine Vollstreckungsabwehrklage begründen, nicht aber die Erteilung einer vollstreckbaren Ausfertigung verhindern. Wenn lediglich der Schuldgrund ohne eine Haftungsverschärfung geändert wird, wenn zB aus einer Hauptschuld eine selbstschuldnerische Bürgschaft gemacht wird, dann erfolgt keine neue Unterwerfung, BGH WertpMitt **64**, 1215.

F. Vollstreckbare Ausfertigung. Über die Erteilung der vollstreckbaren Ausfertigung s bei § 797. Über die Zulässigkeit der Klage trotz einer vollstreckbaren Urkunde s Anm 1 B.

11) Bewilligung der Zwangsvollstreckung, II. A. Notwendigkeit eines Duldungstitels. II bezieht sich nur auf diejenigen Fälle, in denen zur Zwangsvollstreckung ein besonderer Duldungstitel notwendig ist. In diesen Fällen ersetzt eine vollstreckbare Urkunde nach Z 5 den Duldungstitel, wenn die Urkunde die Zwangsvollstreckung in diejenigen Gegenstände bewilligt, die dem Recht des Gläubigers unterliegen: **a)** § 737 (der Nießbraucher bei einem Nießbrauch an dem Vermögen oder an der Erbschaft); **b)** § 743 (der Ehegatte nach der Beendigung der Gütergemeinschaft); **c)** § 745 II (der Ehegatte nach der Beendigung der fortgesetzten Gütergemeinschaft); **d)** § 748 II (der Testamentsvollstrecker).

Eine Zustimmung zu der Unterwerfung des Leistungsschuldners ist inhaltlich eine eigene Unterwerfung zur Duldung der Zwangsvollstreckung. Die Bewilligung der Zwangsvollstreckung in das eigene Vermögen ersetzt den Duldungstitel nicht.

B. Umfang der Zwangsvollstreckung. Wenn II den Abs I Z 5 in Bezug nimmt, dann meint die Vorschrift damit nur die Form der Unterwerfung, nicht den Inhalt der Urkunde. Darum findet keine Beschränkung der Zwangsvollstreckung auf die Gegenstände des Urkundenprozesses statt.

12) Weitere bundesgesetzliche Vollstreckungstitel. Hierzu zählen namentlich: **a)** Der Arrestbefehl und die einstweilige Verfügung, §§ 922 ff; **b)** ein Zuschlag in der Zwangsversteigerung, §§ 93, 132, 162 ZVG; **c)** eine Eintragung in die Konkurstabelle sowie ein rechtskräftiger Zwangsvergleich, §§ 164, 194, 206 KO; **d)** ein bestätigter Vergleich im Verfahren nach der VglO mit einem Auszug aus dem berichtigten Gläubigerverzeichnis, § 85 VglO; **e)** die Entscheidung eines Strafgerichts über eine Vermögensstrafe und Buße, § 463 StPO; **f)** eine rechtskräftig bestätigte Auseinandersetzung über den Nachlaß und das Gesamtgut, §§ 98 ff FGG; **g)** eine rechtskräftig bestätigte Dispache, § 158 FGG; **h)** ein Urteil oder ein sonstiger Vollstreckungstitel eines ArbG, §§ 62, 64 VII, 85 I ArbGG. Dies gilt also nicht bei einem noch nicht rechtskräftigen Beschluß, BAG BB **77**, 895; **i)** die vollstreckbare Kostenrechnung eines Notars, ebenso eine vollstreckbare Rückzahlungsanordnung, §§ 155, 157 KostO; **k)** das Urteil eines Ehrengerichts für Rechtsanwälte auf die Zahlung einer Geldbuße und der Kosten, §§ 204 III, 114 I Z 3, 205 BRAO, sowie eine vollstreckbare Zahlungsaufforderung wegen eines Beitragsrückstands, § 84 BRAO; **l)** ein Urteil des Ehrengerichts für Patentanwälte, §§ 33, 46 PAnwG v 28. 9. 33, RGBl 669; **m)** eine für vollstreckbar erklärte Vorschuß-, Zusatz- und Nachschußberechnung nach §§ 106 ff GenG, 52 VAG; **n)** eine rechtskräftige Entscheidung einer Sozialversicherungsbehörde, §§ 198 ff SGG; **o)** eine für vollstreckbar erklärte Entscheidung nach dem HZPrÜbk und HZPrAbk oder nach einem anderen internationalen Vertrag, SchlAnh V; **p)** ein für vorläufig vollstreckbar erklärter Schiedsspruch oder Schiedsvergleich in einem arbeitsgerichtlichen Verfahren, § 109 ArbGG; **q)** ein Vergleich vor einem Mieteinigungsamt und der Beschwerdestelle, § 45 MSchG; **r)** ein Beschluß, ein Vergleich oder eine Kostenentscheidung eines in einer Landwirtschaftssache berufenen Gerichts, § 31 LwVerfG; **s)** ein Vergleich im Einigungsamt in einer Wettbewerbssache, § 27a UWG, vgl § 1044a Anm 4; **t)** eine Vergütungsfestsetzung für die Gründungsprüfer durch die AG, § 35 II AktG; **u)** eine Entscheidung nach §§ 15, 16 VHG; **v)** ein Kostenfestsetzungsbeschluß und ein Kostenerstattungsbeschluß im Verfahren auf eine Todeserklärung, § 38 VerschG; **w)** die vorläufig vollstreckbare oder rechtskräftige Zusprechung eines Anspruchs im Strafverfahren, § 406 StPO; **x)** eine Bescheinigung des Finanzamts über den Übergang der Rechte aus einer Abgeltungslast nach § 11 der VO v 31. 7. 42, RGBl 503 (Gebäudeentschuldungssteuer); **y)** eine rechtskräftige Entscheidung, ein gerichtlicher Vergleich oder eine einstweilige Anordnung nach § 16 der VO v 21. 10. 44, RGBl 256, betreffend die Behandlung von Ehewohnung und Hausrat; **z)** der Antrag der Gerichtskasse auf die Abnahme der eidesstattlichen Versicherung zwecks Offenbarung oder eine Vollstreckung in das unbewegliche Vermögen wegen Gerichtskosten, § 7 JBeitrO; **aa)** ein Festsetzungsbescheid der Anforderungsbehörde und eine von ihr bekundete Einigung nach § 52 BLG; **bb)** ein vollstreckbarer Titel gemäß § 25 WAG oder im Fall der Enteignung nach dem BBauG; **cc)** eine vor dem Jugendamt protokollierte Erklärung, durch die sich jemand verpflichtet, ein nichteheliches Kind zu unterhalten, §§ 49, 50 JWG, KG OLGZ **76**, 134, LG Bad Kreuznach DGVZ **82**, 189; **dd)** eine Niederschrift über eine Einigung, eine nicht mehr anfechtbare Entscheidung über die Grundabtretung usw oder eine Entscheidung über die vorzeitige Besitzeinweisung usw nach dem BBergG.

Wegen der landesrechtlichen Vollstreckungstitel vgl § 801.

13) Ausländischer Vollstreckungstitel. Die Zwangsvollstreckung aus anderen Titeln als den Endurteilen ist in einigen Staatsverträgen vorgesehen, SchlAnh V. Andernfalls bleibt dem Gläubiger nur übrig, aus dem Vergleich oder aus der vollstreckbaren Urkunde zu klagen. Etwas anderes gilt bei einem Schiedsspruch oder einem Schiedsvergleich, SchlAnh VI.

14) VwGO: *Es gilt § 168 VwGO, der die Vollstreckungstitel des VerwProzesses abschließend aufzählt und neben gerichtlichen Entscheidungen und einstweiligen Anordnungen nur gerichtliche, dh von einem VerwGericht protokollierte Vergleiche, OVG Lüneb NJW **78**, 1543, die eine Verpflichtung begründen, Fliegauf/Maurer BaWüVPr **78**, 31, Kostenfestsetzungsbeschlüsse sowie Schiedssprüche und schiedsrichterliche Vergleiche nennt; zu den Kostenfestsetzungsbeschlüssen gehören auch Beschlüsse der VGe nach § 19 BRAGO, RedOe § 168 Anm 12, OVG Münst NJW **80**, 2373, str, aM ua OVG Kblz NJW **80**, 1541, VG Bln LS NJW **81**, 884, LG Bln MDR **82**, 679. Die Vollstreckung erfolgt in allen Fällen nach VwGO, Grdz 10 vor § 704, auch wenn in dem Titel, zB einem Vergleich, privatrechtliche Ansprüche geregelt werden, VGH Mü NJW **83**, 1992 mwN, OVG Münst NJW **80**, 2373, str, aM Renck NVwZ **83**, 547. Umgekehrt erfolgt die Vollstreckung nach ZPO, wenn in notarieller Urkunde, § 794 I Z 5, ein öffentlich-rechtlicher Anspruch begründet wird, VGH Mü VerwRspr **26**, 892. Wegen der Vollstreckung aus einem vollstreckbaren öffentlich-rechtlichen Vertrag vgl § 61 VwVfG, § 60 SGB X.*

794 a *Räumungsfrist im vollstreckbaren Vergleich.* **¹** Hat sich der Schuldner in einem Vergleich, aus dem die Zwangsvollstreckung stattfindet, zur Räumung von Wohnraum verpflichtet, so kann ihm das Amtsgericht, in dessen Bezirk der Wohnraum belegen ist, auf Antrag eine den Umständen nach angemessene Räumungsfrist bewilligen. Der Antrag ist spätestens zwei Wochen vor dem Tage, an dem nach dem Vergleich zu räumen ist, zu stellen; §§ 233 bis 238 gelten sinngemäß. Die Entscheidung kann ohne mündliche Verhandlung ergehen. Vor der Entscheidung ist der Gläubiger zu hören. Das Gericht ist befugt, die im § 732 Abs. 2 bezeichneten Anordnungen zu erlassen.

II Die Räumungsfrist kann auf Antrag verlängert oder verkürzt werden. Absatz 1 Sätze 2 bis 5 gilt entsprechend.

III Die Räumungsfrist darf insgesamt nicht mehr als ein Jahr, gerechnet vom Tage des Abschlusses des Vergleichs, betragen. Ist nach dem Vergleich an einem späteren Tage zu räumen, so rechnet die Frist von diesem Tage an.

IV Gegen die Entscheidung des Amtsgerichts findet die sofortige Beschwerde statt. Eine weitere Beschwerde ist unzulässig.

V Die Absätze 1 bis 4 gelten nicht in den Fällen des § 564 c Abs. 2 des Bürgerlichen Gesetzbuchs.

Vorbem. V angefügt dch Art 3 Z 4 b G v 20.12.82 BGBl 1912.

1) Räumungsfrist. A. Grundsatz. § 794a enthält die dem § 721 entsprechende Regelung für den vollstreckbaren Vergleich. Die Vorschrift gilt demgemäß nur für einen gerichtlichen

Vergleich, nicht auch für einen außergerichtlichen (insofern gilt Vertragsrecht), LG Wuppertal NJW **67**, 832, aM LG Essen NJW **68**, 162, wohl auch LG Hbg MDR **81**, 236 mwN, ferner LG Ulm MDR **80**, 944 (der dortige Fall betrifft eine außergerichtlich bewilligte Räumungsfrist), Pergande, Wohnungsmietrecht § 721 Anm 8. Der Schuldner kann, außer in den Fällen nach V, Anm 4, eine den Umständen nach angemessene Räumungsfrist beantragen, auch wenn das im Vergleich nicht vorgesehen worden war oder wenn der Vergleich bereits eine Räumungsfrist enthielt, LG Wuppert WM **81**, 113. Diese letztere wird dann bei der Berechnung der nach § 794a zu ermittelnden (weiteren) Frist nicht mitgerechnet, LG Wuppert WM **81**, 113.

B. Antragsfrist. Der Schuldner muß den Antrag spätestens 2 Wochen vor dem Räumungstag bei demjenigen AG stellen, in dessen Bezirk der Wohnraum liegt. Gegen eine Fristversäumung kann die Wiedereinsetzung in den vorigen Stand beantragt werden, I 2 Hs 2. Auch ist eine Verlängerung oder eine Verkürzung der nach I vorgesehenen Frist möglich, II. Die Verlängerung oder die Verkürzung können auch aufgehoben werden, LG Mannh ZMR **72**, 285.

2) Verfahren. Auch hier findet eine Interessenabwägung statt, LG Essen WM **79**, 269, LG Kiel WM **73**, 145, § 721 Anm 5. Jedoch ist die Tatsache besonders zu bewerten, daß sich der Schuldner selbst zur Räumung für einen bestimmten Tag bereit gefunden hat. Deshalb darf das Gericht im allgemeinen einem Räumungsantrag nur dann stattgeben, wenn neue Ereignisse eingetreten sind, wenn zB der Schuldner jetzt erst eine demnächst freiwerdende Ersatzwohnung gefunden hat, LG Wuppert WM **81**, 113, oder wenn sich die Entwicklung der Situation im Zeitpunkt des Vergleichsabschlusses noch nicht übersehen ließ. Jedoch darf die Räumungsfrist höchstens ein Jahr betragen, gerechnet von dem Tage des Vergleichsabschlusses oder dem in ihm bestimmten Räumungstermin ab, III, vgl LG Wuppert WM **81**, 113.

Die Entscheidung kann ohne eine mündliche Verhandlung ergehen. Der Gläubiger muß aber vorher angehört werden. Das AG ist auch für einen Antrag auf die Bewilligung einer Räumungsfrist nach einem Vergleich zuständig, der vor einem anderen Gericht geschlossen wurde, etwa vor einem ArbG, LAG Tüb NJW **70**, 2046. Das Gericht entscheidet durch den Prozeßrichter, LG Essen NJW **71**, 2315 mwN.

3) Rechtsbehelf. Gegen den Beschluß des AG ist die sofortige Beschwerde zulässig, § 793, aber keine weitere sofortige Beschwerde, IV.

Vgl im übrigen die Anmerkungen zu § 721.

4) Keine Räumungsfrist, V. Soweit der Mieter keine Fortsetzung des Mietverhältnisses nach § 556 b BGB oder nach § 564 c II BGB fordern kann, besteht auch kein Anlaß zur Gewährung einer Räumungsfrist. Daher ist in einem solchen Fall gemäß V die gesamte Regelung I–IV unanwendbar. Vgl auch den entsprechenden § 721 VII.

5) VwGO: Entsprechend anwendbar, § 167 I VwGO. Die Entscheidung trifft das VG; dagegen findet Beschwerde statt, §§ 146 ff VwGO.

795 **Zwangsvollstreckung aus den Titeln des § 794.** Auf die Zwangsvollstreckung aus den in § 794 erwähnten Schuldtiteln sind die Vorschriften der §§ 724 bis 793 entsprechend anzuwenden, soweit nicht in den §§ 795 a bis 800 abweichende Vorschriften enthalten sind. Auf die Zwangsvollstreckung aus den in § 794 Abs. 1 Nr. 2, 2 a erwähnten Schuldtiteln ist § 720 a entsprechend anzuwenden, wenn die Schuldtitel auf Urteilen beruhen, die nur gegen Sicherheitsleistung vorläufig vollstreckbar sind.

1) Grundsatz. Auf die Zwangsvollstreckung aus einem Titel nach § 794 sind grundsätzlich die §§ 724–793 entsprechend anwendbar. Wegen des EuGÜbk s SchlAnh V C 1 (Art 50, 51) und 2.

Gebühren: §§ 57, 58 II Z 1, 2 BRAGO.

2) Einzelheiten

A. § 720 a: Die Vorschrift ist bei einem Kostenfestsetzungsbeschluß, § 794 I Z 2, und bei einem Beschluß auf die Festsetzung des Regelunterhalts, § 794 I Z 2 a, entsprechend anwendbar, soweit der Titel auf einem Urteil beruht, das nur gegen eine Sicherheitsleistung vorläufig vollstreckbar ist.

B. § 724: Die Zwangsvollstreckung findet nur auf Grund einer vollstreckbaren Ausfertigung des Vollstreckungstitels statt (Ausnahme § 724 Anm 1 B). Die Geschäftsstelle des

Gerichts der ersten Instanz erteilt die Ausfertigung, wenn ein Vergleich zugrunde liegt. Solange sich allerdings die Akten in der höheren Instanz befinden, ist die Geschäftsstelle der höheren Instanz zuständig, vgl §§ 724 Anm 3, 706 Anm 2 A b. Wenn ein Titel eines ArbG vorliegt, ist dessen Geschäftsstelle zur Erteilung der vollstreckbaren Ausfertigung zuständig. Als eine „gerichtliche Urkunde" im Sinne des § 797 ist ein Prozeßvergleich nicht anzusehen. Es wäre ganz zweckwidrig, die Vollstreckungsklagen aus §§ 731, 767 vor das Gericht des ersuchten Richters zu verweisen. Eine sachlichrechtliche Einwendung, zB diejenige der Erfüllung, ist unter Umständen beachtlich, Wolfsteiner DNotZ **78**, 681, aM LG Kleve DNotZ **78**, 680.

C. § 726: Wenn ein Vertragsangebot eine Unterwerfungsklausel enthält, dann wird eine vollstreckbare Ausfertigung erst nach der Erklärung der Annahme des Angebots vor einem Notar oder auf Grund des Nachweises der Annahme nach § 726 I erteilt. Ein gesetzlicher Zahlungsaufschub ist bei der Erteilung nicht zu beachten. Bei einer Verfallklausel erfolgt eine uneingeschränkte Erteilung, auch wenn nicht behauptet wird, die Fälligkeit sei eingetreten, vgl dazu § 726 Anm 2 D a. Dasselbe gilt bei einer Ermächtigung. Dann ist die vollstreckbare Ausfertigung auch ohne einen Nachweis der Fälligkeit der Schuld zu erteilen, vgl § 794 Anm 10 D.

D. § 727: Für die Umschreibung der Vollstreckungsklausel auf den Rechtsnachfolger ist bei einem Vergleich, dem keine Rechtshängigkeit vorangegangen ist (vor einer landesrechtlichen Gütestelle und nach § 118 I 3 Hs 2: Sühnevergleich), die Zeit der Beurkundung maßgebend. Es erfolgt also keine Umschreibung bei einem vorherigen Rechtsnachfolger. Bei einer vollstreckbaren Urkunde gilt dasselbe. Ein Grundstück, das mit einer Hypothek nach § 800 belastet ist, ist mit der Errichtung der Hypothek im Streit befangen. Deshalb wird eine vollstreckbare Ausfertigung dem Hypothekengläubiger gegen den späteren Nießbraucher erteilt.

E. § 750: Der Vollstreckungsbescheid ist gemäß § 699 IV von Amts wegen oder im Parteibetrieb zuzustellen. Einen Prozeßvergleich muß die Partei zustellen. Eine vollstreckbare Urkunde steht außerhalb des Prozesses. Sie muß daher im Parteibetrieb zugestellt werden. Eine öffentliche Zustellung erfolgt auf Grund einer Einwilligung des Prozeßgerichts. Im Falle einer vollstreckbaren Urkunde ist dazu das in § 797 III genannte AG zuständig.

F. § 766: Der Einwand, daß kein wirksamer Vollstreckungstitel vorliege, richtet sich grundsätzlich gegen die Zwangsvollstreckung und nicht gegen den vollstreckbaren Anspruch selbst. Er ist deshalb in der Regel nach § 766 bzw nach § 732 geltend zu machen, Düss OLGZ **80**, 342.

Wenn diese Einwendung aber zugleich zum Inhalt hat, daß zB die titulierte Forderung erloschen sei, dann ist eine Vollstreckungsabwehrklage nach § 767 zulässig, Düss OLGZ **80**, 342.

G. § 767: Für die Vollstreckungsabwehrklage ist nach einem Prozeßvergleich das Gericht des ersten Rechtszugs zuständig, bei dem der Prozeß geschwebt hat, BGH NJW **80**, 189. Wenn der Prozeßvergleich im Verfahren zur Bewilligung der Prozeßkostenhilfe noch zustande kam, dann ist das Prozeßgericht der ersten Instanz zuständig. Dasselbe gilt im Falle des § 794 I Z 3 und bei einem Kostenfestsetzungsbeschluß, BGH **LM** § 767 Nr 142. Wenn das danach zuständige AG sachlich unzuständig ist, wird das übergeordnete LG zuständig. Beim Kostenfestsetzungsbeschluß der Gebrauchsmusterabteilung des Deutschen Patentamts ist das BPatG zuständig, BPatG GRUR **82**, 484. Wegen eines Vergleichs vor einer Gütestelle § 797a. Nicht hierher gehört die Formungültigkeit einer vollstreckbaren Urkunde. Da § 767 II auf der Rechtskraftwirkung beruht, gilt diese Bestimmung bei einem Vergleich nicht, BGH **LM** § 794 Nr 22/23, BAG DB **80**, 359 je mwN, Hamm NJW **76**, 247, Karlsr FamRZ **81**, 787, LAG Mannh NJW **78**, 2055. Allerdings kann man im allgemeinen einer solchen Einwendung entgegenhalten, der Streit sei durch den Vergleich erledigt.

§ 767 hindert nicht immer eine Fortsetzung desjenigen Verfahrens, das der Vergleich beenden sollte, Anh § 307 Anm 6 B, C, vgl § 794 Anm 2 B. Wenn es um eine beschwerdefähige Entscheidung geht, § 794 I Z 3, dann hindert die Möglichkeit einer Beschwerde eine Vollstreckungsabwehrklage nicht. § 767 II erwähnt nämlich nur den Einspruch. Die Beschwerde entspricht dem Einspruch nicht. Hier kommen vielmehr nur solche Einwendungen in Betracht, die im bisherigen Verfahren nicht vorgebracht werden konnten, vgl § 767 Anm 4 A und C. Die Vorschrift ist auch auf einen Beschluß über die Zahlung eines Prozeßkostenvorschusses anwendbar, der vor der Scheidung erging, wenn die Zwangsvollstreckung erst nach dem Eintritt der Rechtskraft des Scheidungsurteils stattfindet, aM Hamm FamRZ **77**, 466 (s aber § 127a Anm 2).

1. Abschnitt. Allgemeine Vorschriften §§ 795–796 1

Auf einen Kostenfestsetzungsbeschluß ist § 767 II nicht anwendbar, BPatG GRUR **82**, 484, Schlesw SchlHA **78**, 23. Zwar entsteht der Kostenerstattungsanspruch bedingt schon vor dem Zeitpunkt des Urteilserlasses, Üb 3 B vor § 91; indessen darf man den Gegner nicht dazu nötigen, schon vor dem Eintritt der Bedingung Einwendungen zu erheben, zumal das Urteil über die Kosten nur dem Grunde nach befindet. Vor allem würde eine Nötigung zur Aufrechnung einen ungesetzlichen Zwang zu einer vorzeitigen Erfüllung enthalten, vgl BGH **3**, 381, LG Hbg AnwBl **77**, 70.

Wenn der Beschluß auf den Namen eines beigeordneten Anwalts umgeschrieben war, § 126, muß die Vollstreckungsabwehrklage doch gegen diejenige Partei gerichtet werden, der die Prozeßkostenhilfe bewilligt worden war, BGH **LM** § 124 aF Nr 1. § 767 II ist bei einem Festsetzungsbeschluß nach § 19 BRAGO anwendbar. Denn der Schuldner hat die Möglichkeit, durch eine außergerichtliche Einwendung, etwa durch eine Aufrechnung, eine Kostenfestsetzung zu verhindern und den Anwalt auf den Klageweg zu zwingen, BGH **LM** § 767 Nr 44 mwN, aM Nürnb MDR **57**, 367.

H. § 769: Die Vorschrift ist auch bei einer Anfechtung der Vaterschaft anwendbar, aM Köln NJW **73**, 195 (aber die dort genannten Probleme können bei der Ausübung des gerichtlichen Ermessens berücksichtigt werden).

3) VwGO: Entsprechend anwendbar, § 167 I VwGO, auf die in § 168 VwGO neben gerichtlichen Entscheidungen genannten Titel, § 794 Anm 14. Einzelheiten, Anm 2, bei den jeweiligen Vorschriften.

795 a *Zwangsvollstreckung aus Kostenfestsetzungsbeschluß auf Urteil.* Die Zwangsvollstreckung aus einem Kostenfestsetzungsbeschlusse, der nach § 105 auf das Urteil gesetzt ist, erfolgt auf Grund einer vollstreckbaren Ausfertigung des Urteils; einer besonderen Vollstreckungsklausel für den Festsetzungsbeschluß bedarf es nicht.

1) Allgemeines. § 795 a betrifft einen Kostenfestsetzungsbeschluß auf einem Urteil und sinngemäß auch auf einem Prozeßvergleich. Die Vorschrift beruht darauf, daß bei § 105 das Urteil und der Kostenfestsetzungsbeschluß einen einheitlichen Vollstreckungstitel bilden, der den für das Urteil geltenden Vorschriften unterliegt. Darum gilt auch die Wartefrist des § 798 nicht. Die Verbindung ist auch bei einem klagabweisenden Urteil zulässig. Denn auch wenn sich das Urteil selbst nicht zu einer Zwangsvollstreckung eignet, geschieht doch die Vollstreckung bei einer Verbindung „auf Grund einer vollstreckbaren Ausfertigung des Urteils". Denn das Urteil ergänzt in diesem Fall den Kostenfestsetzungsbeschluß. Die vollstreckbare Ausfertigung wird im Parteibetrieb zugestellt, § 750.

2) VwGO: Entsprechend anwendbar, § 167 I VwGO, auf Kostenfestsetzungsbeschlüsse, § 168 I Nr 4 VwGO, für die § 105 entsprechend gilt, § 105 Anm 4.

796 *Zwangsvollstreckung aus Vollstreckungsbescheiden.* **I** Vollstreckungsbescheide bedürfen der Vollstreckungsklausel nur, wenn die Zwangsvollstreckung für einen anderen als den in dem Bescheid bezeichneten Gläubiger oder gegen einen anderen als den in dem Bescheid bezeichneten Schuldner erfolgen soll.

II Einwendungen, die den Anspruch selbst betreffen, sind nur insoweit zulässig, als die Gründe, auf denen sie beruhen, nach Zustellung des Vollstreckungsbescheids entstanden sind und durch Einspruch nicht mehr geltend gemacht werden können.

III Für Klagen auf Erteilung der Vollstreckungsklausel sowie für Klagen, durch welche die den Anspruch selbst betreffenden Einwendungen geltend gemacht werden oder der bei der Erteilung der Vollstreckungsklausel als bewiesen angenommene Eintritt der Voraussetzung für die Erteilung der Vollstreckungsklausel bestritten wird, ist das Gericht zuständig, das für eine Entscheidung im Streitverfahren zuständig gewesen wäre.

1) Vollstreckungsklausel, I, III. Der Vollstreckungsbescheid benötigt nur dann eine Vollstreckungsklausel, wenn eine Umschreibung erforderlich wird, §§ 727 ff. Die Vollstreckungsklausel wird nach § 730 erteilt. Für eine Klage aus den §§ 731, 768 ist das Gericht der §§ 690 I Z 5, 692 I Z 6, 696 I, V zuständig.

Gebühren: §§ 57, 58 II Z 1 BRAGO.

2) Vollstreckungsabwehrklage, II. Bei dieser Klage ersetzt die Zustellung des Vollstreckungsbescheids für die Zulässigkeit von Einwendungen den Schluß der mündlichen Verhandlung im Sinn des § 767 II. Das Gericht des Streitverfahrens ist für die Klage ausschließlich zuständig, § 802.

3) VwGO: *Unanwendbar, weil im VerwProzeß kein Mahnverfahren stattfindet, Grdz 4 § 688.*

797 *Verfahren bei vollstreckbaren Urkunden.* I Die vollstreckbare Ausfertigung gerichtlicher Urkunden wird von dem Urkundsbeamten der Geschäftsstelle des Gerichts erteilt, das die Urkunde verwahrt.

II Die vollstreckbare Ausfertigung notarieller Urkunden wird von dem Notar erteilt, der die Urkunde verwahrt. Befindet sich die Urkunde in der Verwahrung einer Behörde, so hat diese die vollstreckbare Ausfertigung zu erteilen.

III Die Entscheidung über Einwendungen, welche die Zulässigkeit der Vollstreckungsklausel betreffen, sowie die Entscheidung über Erteilung einer weiteren vollstreckbaren Ausfertigung wird bei gerichtlichen Urkunden von dem im ersten Absatz bezeichneten Gericht, bei notariellen Urkunden von dem Amtsgericht getroffen, in dessen Bezirk der im zweiten Absatz bezeichnete Notar oder die daselbst bezeichnete Behörde den Amtssitz hat.

IV Auf die Geltendmachung von Einwendungen, die den Anspruch selbst betreffen, ist die beschränkende Vorschrift des § 767 Abs. 2 nicht anzuwenden.

V Für Klagen auf Erteilung der Vollstreckungsklausel sowie für Klagen, durch welche die den Anspruch selbst betreffenden Einwendungen geltend gemacht werden oder der bei der Erteilung der Vollstreckungsklausel als bewiesen angenommene Eintritt der Voraussetzung für die Erteilung der Vollstreckungsklausel bestritten wird, ist das Gericht, bei dem der Schuldner im Inland seinen allgemeinen Gerichtsstand hat, und sonst das Gericht zuständig, bei dem nach § 23 gegen den Schuldner Klage erhoben werden kann.

1) Erteilung der Klausel, I, II. A. Allgemeines. Das Gericht erteilt die vollstreckbare Ausfertigung in jedem Fall nach der ZPO. Die Erteilung ist vor der Entstehung des Anspruchs zulässig, wenn die Zwangsvollstreckung nach dem Inhalt der Urkunde nicht von einer durch den Gläubiger zu beweisenden Entstehung abhängt. Über die Zulässigkeit der Klage trotz einer vollstreckbaren Urkunde § 794 Anm 1 B. Die vollstreckbare Ausfertigung einer Urkunde, in der sich ein Vertreter der sofortigen Zwangsvollstreckung unterworfen hat, ist nur auf Grund eines Nachweises der Vollmacht durch eine Urkunde oder eine öffentlich beglaubigte Urkunde zu erteilen, BayObLG MDR **64**, 503, LG Essen Rpfleger **73**, 324 mwN, aM Köln OLGZ **69**, 68. Das Gericht hat das Bestehen eines sachlichrechtlichen Anspruchs im Verfahren auf die Erteilung der vollstreckbaren Ausfertigung nicht zu prüfen, KG DNotZ **51**, 274. Wenn ein sachlichrechtlicher Anspruch fehlt, ist § 767 anwendbar. Das Grundbuchamt prüft den sachlichen Inhalt der Urkunde auf seine Eintragungsfähigkeit, nicht aber die Erteilung der Klausel.

B. Gerichtliche Urkunde. Gemeint sind nur die vollstreckbaren Urkunden des § 794 I Z 5, nicht Prozeßvergleiche, § 794 I Z 1, auf die § 797 nicht paßt, und nicht Beschlüsse. Zuständig zur Erteilung der Vollstreckungsklausel ist stets die Geschäftsstelle desjenigen Gerichts, das die Urkunde verwahrt. Das gilt auch dann, wenn dessen Zuständigkeit zur Beurkundung selbst entfallen ist, §§ 68 I, 52 BeurkG. § 730 ist zu beachten. Innerhalb der Geschäftsstelle ist der Urkundsbeamte oder der Rpfl zuständig, § 724 Anm 3 A. I gilt auch dann, wenn ein anderes Gericht die Urkunde in Ausübung seiner Rechtshilfe aufgenommen hat, falls jenes Gericht die Urkunde in Urschrift übersandt hat.

Gebühren: Des Gerichts keine, außer nach § 133 KostO; des RA §§ 57, 58 II Z 1 BRAGO.

C. Notarielle Urkunde. Auch notarielle Urkunden bedürfen der Vollstreckungsklausel.
a) Notarverwahrung. Die Klausel wird von demjenigen Notar erteilt, der die Urkunde verwahrt, II, § 52 BeurkG. Wegen eines Widerrufs des Schuldners LG Lüneb NJW **74**, 506 mwN. Ein Notar, der den Vollstreckungsauftrag vom Gläubiger als RA angenommen hat, darf keine Vollstreckungsklausel erteilen. Wenn er sie doch erteilt, muß sie auf eine Einwendung des Schuldners, Anm 2 A, aufgehoben werden. Wenn der Notar die Erteilung der Klausel ablehnt, ist die Beschwerde zum LG seines Amtssitzes zulässig, § 54 BeurkG. Dies gilt auch für eine vor dem 1. 1. 70 errichtete Urkunde, § 68 BeurkG. Das Verfahren richtet

1. Abschnitt. Allgemeine Vorschriften § 797 1–3

sich sodann nach §§ 20 ff FGG. Gegen die Entscheidung des LG ist die weitere Beschwerde zulässig, §§ 27 ff FGG, BayObLG NJW **70**, 1800, KG OLGZ **71**, 108. Im Beschwerdeverfahren erwachsen keine Kosten zu Lasten des Notars. Denn er ist nicht gemäß § 13a FGG beteiligt, anders als bei § 156 KostO, BayObLG **72**, 3. Der Schuldner hat gegen die Erteilung der Vollstreckungsklausel ein Antragsrecht, III, § 732 Anm 2 B. Dies gilt auch dann, wenn das LG den Notar angewiesen hatte, eine vollstreckbare Ausfertigung oder eine Vollstreckungsklausel zu erteilen, BayObLG **63**, 281.

b) Andere Verwahrung. Wenn der Notar die Urkunde nicht verwahrt, weil sein Amt erloschen oder sein Amtssitz in einen anderen AGBezirk verlegt worden ist, dann ist die Verwaltungsbehörde zur Erteilung der Vollstreckungsklausel zuständig, II, § 52 BeurkG. Früher bestand insofern eine landesgesetzliche Regelung. Durch § 39 RNotO wurde das AG reichsrechtlich zum Verwahrungsort bestimmt. Daraus folgt, daß sich die Rechtsmittel aus dem FGG ergeben. Denn es handelt sich um eine durch ein Reichsgesetz übertragene Angelegenheit der freiwilligen Gerichtsbarkeit im Sinne von § 1 FGG, KG NJW **61**, 414. Auch nach § 51 I BNotO werden die Notariatsakten beim AG des bisherigen Sitzes verwahrt, soweit nicht der Präsident des OLG die Verwahrung bei einem anderen AG angeordnet hat. Dieses erteilt, vgl auch § 51 V BNotO, Ausfertigungen und Abschriften, § 45 II BNotO, und zwar nach den Vorschriften über die Erteilung von Ausfertigungen und Abschriften von gerichtlichen Urkunden, § 45 IV 2 iVm § 51 I 3 und mit V 3. Die Verwahrung erfolgt im Staatsarchiv, das in Abänderung von § 797 II als erteilende Behörde ausscheidet.

c) Einzelfragen. Zur Erteilung ist der Rpfl des verwahrenden Gerichts zuständig, § 20 Z 13 RPflG, Anh § 153 GVG. Wenn sich der Rpfl weigert, eine vollstreckbare Ausfertigung zu erteilen, ist die Beschwerde nach § 54 BeurkG und die weitere Beschwerde nach §§ 27 ff FGG statthaft, Ffm Rpfleger **81**, 314 mwN. Wenn der Notar abwesend ist, wenn ihm kein Vertreter bestellt wurde und wenn er seine Akten auch nicht in die amtliche Verwahrung gegeben hat, gilt entsprechendes, § 45 III BNotO. Die Kanzlei des Notars ist in keinem Fall zur Erteilung der vollstreckbaren Ausfertigung ermächtigt. Der Schuldner hat in solcher Situation nur die Möglichkeit nach III.

D. Sonstige Urkunde. Zuständig für die Erteilung der Vollstreckungsklausel ist im allgemeinen der Beurkundende, zB das Jugendamt nach der Beurkundung einer Unterhaltsverpflichtung, § 50 I JWG.

2) Einwendungen und weitere vollstreckbare Ausfertigung, III, IV. A. Gegen die Vollstreckungsklausel. Über die Einwendungen gegen die Zulässigkeit der Vollstreckungsklausel vgl § 732 und Ffm Rpfleger **81**, 314. Dies gilt zB dann, wenn ein ausgeschlossener Notar die Klausel erteilt hatte, LG Hildesh NJW **62**, 1257, oder wenn eine Vollstreckung vertragswidrig vorzeitig begonnen hat, BGH WertpMitt **65**, 767. Wenn eine Unterwerfung unwirksam erklärt wurde, ist keine Vollstreckungsabwehrklage statthaft, sondern vielmehr eine Entscheidung durch Beschluß zu treffen, BGH **22**, 54.

Es entscheidet: **a)** bei einer gerichtlichen Urkunde das Gericht, bei dem sie verwahrt wird; **b)** bei einer notariellen Urkunde das AG des Amtssitzes des Notars, Düss DNotZ **77**, 572 (zustm Bambring), auch oben Anm 1 C; **c)** bei einer sonstigen Urkunde im allgemeinen das AG des Beurkundenden, zB des Jugendamts, § 50 I JWG. Die Erteilung einer weiteren vollstreckbaren Ausfertigung selbst fällt bei a in die Zuständigkeit des Rpfl, § 20 Z 13 RPflG, Anh § 153 GVG, so auch oben Anm 1 C, bei b in die Zuständigkeit des Notars, Düss DNotZ **77**, 572 (zustm Bambring). Entsprechend der Zuständigkeit für die Erteilung einer weiteren Ausfertigung sind die Bewilligung einer öffentlichen Zustellung oder ein Zustellungsersuchen in das Ausland zu behandeln. Das Verfahren verläuft nach §§ 795, 732, Ffm OLGZ **82**, 202 mwN.

B. Gegen den Anspruch. Für die Vollstreckungsabwehrklage entfällt naturgemäß die Möglichkeit, Einwendungen nach § 767 II abzuschneiden. Es sind anders als bei einem Prozeßvergleich bei der ersten Vollstreckungsabwehrklage gegen die Urkunde sämtliche sachlichrechtlichen Einwendungen zulässig, zB Düss Rpfleger **77**, 67. Unzulässig sind solche Einwendungen bei einer weiteren Vollstreckungsabwehrklage, BGH **61**, 27 (dann gilt doch wieder § 767 II, krit Münzberg ZZP **87**, 454).

3) Zuständigkeit, V. A. Örtliche Zuständigkeit. Für die Klagen nach §§ 731, 767, 768 ist gemäß § 802 örtlich ausschließlich folgendes Gericht zuständig:

a) Allgemeiner Gerichtsstand. Zunächst ist das Gericht des allgemeinen Gerichtsstands des Schuldners zuständig, §§ 13–19. Wenn bei mehreren Schuldnern kein gemeinsamer allgemeiner Gerichtsstand vorliegt, dann ist das zuständige Gericht nach § 36 zu bestimmen. Denn der Gerichtsstand richtet sich hier nach dem Kläger.

b) Gerichtsstand des Vermögens. Hilfsweise ist das Gericht des Gerichtsstands des Vermögens des Schuldners zuständig, § 23.

Diese Gerichtsstände gehen dem dinglichen Gerichtsstand vor, nicht aber dem Gerichtsstand des § 800 III.

B. Sachliche Zuständigkeit. Die sachliche Zuständigkeit richtet sich nach dem Streitwert. Als Streitwert gilt der Wert des zu vollstreckenden Anspruchs, § 3. § 23 GVG ist entsprechend anwendbar. Deshalb ist für eine Vollstreckungsabwehrklage gegen eine Verpflichtungsurkunde vor dem Jugendamt immer das AG zuständig.

Die Kammer für Handelssachen oder das ArbG sind in keinem Fall zuständig. Unstatthaft ist eine Klage gegen den Notar oder eine Behörde.

4) *VwGO*: *Unanwendbar, weil im VerwProzeß eine vollstreckbare Urkunde kein Vollstreckungstitel ist, § 168 I VwGO; vollstreckt wird aus einer solchen Urkunde also unmittelbar nach ZPO, VGH Mü VerwRspr* **26***, 892. Wegen der Vollstreckung aus öffentlich-rechtlichen Verträgen vgl §§ 61 VwVfG u 66 SGB X.*

797a *Verfahren bei Vergleichen der Gütestellen.* **I** Bei Vergleichen, die vor Gütestellen der im § 794 Abs. 1 Nr. 1 bezeichneten Art geschlossen sind, wird die Vollstreckungsklausel von dem Urkundsbeamten der Geschäftsstelle desjenigen Amtsgerichts erteilt, in dessen Bezirk die Gütestelle ihren Sitz hat.

II Über Einwendungen, welche die Zulässigkeit der Vollstreckungsklausel betreffen, entscheidet das im Absatz 1 bezeichnete Gericht.

III § 797 Abs. 5 gilt entsprechend.

IV Die Landesjustizverwaltung kann Vorsteher von Gütestellen ermächtigen, die Vollstreckungsklausel für Vergleiche zu erteilen, die vor der Gütestelle geschlossen sind. Die Ermächtigung erstreckt sich nicht auf die Fälle des § 726 Abs. 1, der §§ 727 bis 729 und des § 733. Über Einwendungen, welche die Zulässigkeit der Vollstreckungsklausel betreffen, entscheidet das im Absatz 1 bezeichnete Gericht.

1) Erteilung der Klausel, I, IV. Der Urkundsbeamte der Geschäftsstelle des Gerichts am Sitz der Gütestelle stellt eine Ausfertigung des Vergleichs her und versieht sie mit der Vollstreckungsklausel. Die Ermächtigung erstreckt sich nicht auf die Fälle der §§ 726 I, 727–729, 733, in denen die Vollstreckungsklausel nach § 19 Z 9 RPflG, Anh § 153 GVG, von dem Rpfl erteilt wird.

Gebühren: Des Gerichts keine; des RA §§ 57, 58 II Z 1 BRAGO.

Die Justizverwaltung kann die Vorsteher von Gütestellen (vgl § 794 Anm 2 A) zur Erteilung der Vollstreckungsklausel ermächtigen. Die Verwaltung muß den Vorstehern dabei ein Dienstsiegel verleihen, § 725. Wenn der ermächtigte Vorsteher die Erteilung der Klausel ablehnt, entscheidet das AG. Die Ermächtigung ist erteilt: dem Vorsitzenden der Hamburger Vergleichsstelle, § 3 VO v 4. 2. 46, VOBl 13; dem Vorsitzenden der Lübecker Vergleichsstelle, AVJM v 4. 8. 49, SchlHA 279, und v 17. 12. 52, SchlHA 53, 9.

2) Rechtsbehelfe, II, III, IV. Über Einwendungen aus § 732 entscheidet immer das Gericht des Sitzes der Gütestelle. Dieses Gericht ist auch für die Bewilligung einer öffentlichen Zustellung und für ein Zustellungsersuchen in das Ausland zuständig. § 797 V ist entsprechend anwendbar. Für Klagen aus §§ 731, 767, 768 ist also das Gericht des allgemeinen Gerichtsstands des Schuldners, hilfsweise das Gericht des Gerichtsstands des Vermögens ausschließlich örtlich zuständig. § 797 IV ist zwar nicht anwendbar. Trotzdem entfallen auch hier die Beschränkungen des § 767 II. Denn ein Vergleich vor der Gütestelle ist einem gerichtlichen Vergleich ebenbürtig, vgl § 794 I Z 1, BGH NJW **53**, 345 sowie § 795 Anm 2 D.

3) Entsprechende Anwendung. § 797a gilt entsprechend für einen Vergleich vor einer Einigungsstelle nach § 27a UWG, ebenso in einer Zugabe- oder Rabattsache, s § 1044a Anm 4 A. Der Vorsitzende der Einigungsstelle erteilt die Vollstreckungsklausel unter einer Beidrückung des Siegels oder Stempels des Amts. Ausgenommen sind die Fälle IV 2.

4) *VwGO*: *Unanwendbar, weil im VerwProzeß ein Vergleich der Gütestelle kein Vollstreckungstitel ist, § 168 I VwGO. Aus einem solchen Vergleich wird also unmittelbar nach ZPO vollstreckt, vgl § 797 Anm 4.*

1. Abschnitt. Allgemeine Vorschriften   §§ 798, 798a   1, 2

798 *Wartefrist.* Aus einem Kostenfestsetzungsbeschlusse, der nicht auf das Urteil gesetzt ist, aus Beschlüssen nach § 794 Abs. 1 Nr. 2a sowie aus den nach § 794 Abs. 1 Nr. 5 aufgenommenen Urkunden darf die Zwangsvollstreckung nur beginnen, wenn der Schuldtitel mindestens eine Woche vorher zugestellt ist.

1) Kostenfestsetzungsbeschluß. A. Wartefrist des § 798. Ist der Beschluß auf das Urteil gesetzt worden, so ist er nach § 795a ohne eine Wartefrist zu vollstrecken. Es genügt dann die Zustellung des Beschlusses im Zeitpunkt des Beginns der Zwangsvollstreckung, wie regelmäßig. Wenn der Beschluß nicht auf das Urteil gesetzt wurde, dann muß nach § 798 bis zum Beginn der Zwangsvollstreckung aus dem Beschluß 1 Woche verstreichen, LG Bln Rpfleger **78**, 422. Der Gläubiger soll den nicht unterrichteten Schuldner nämlich nicht überrumpeln, insofern grundsätzlich richtig AG Ehingen DGVZ **81**, 91.

Ostler ZRP **81**, 59 hält die Frist für heutzutage zu kurz; er übersieht, daß der Verkürzung der Arbeitszeit usw eine erhebliche Beschleunigung der Verständigungsmöglichkeiten durch das Telefon, den Fernschreiber, das Auto usw entgegenwirken kann.

B. Sonstige Fälle einer Wartefrist. Eine Wartefrist ist ferner in folgenden Fällen erforderlich:

a) §§ 720a, 750 III. Eine Wartefrist ist nach § 750 III im Falle einer Zwangsvollstreckung aus § 720a (2 Wochen) erforderlich.

b) § 794 I Z 2a. Eine Wartefrist ist erforderlich, wenn die Zwangsvollstreckung aus einem Beschluß der in § 794 I Z 2a genannten Art stattfindet, vgl dort Anm 4.

c) § 794 I Z 5. Eine Wartefrist ist erforderlich, wenn die Zwangsvollstreckung aus einer vollstreckbaren Urkunde stattfindet, § 794 I Z 5, auch aus einer Urkunde nach § 794 II.

d) HZPrÜbk. Eine Wartefrist ist erforderlich, wenn die Zwangsvollstreckung aus einer für vollstreckbar erklärten Kostenentscheidung nach § 7 AusfG zum HZPrÜbk stattfindet, SchlAnh V.

e) § 155 KostO. Eine Wartefrist ist bei einer Vollstreckung aus einer für vollstreckbar erklärten Kostenrechnung des Notars erforderlich, § 155 KostO. Sie ist evtl vorher zu berichtigen oder bei der Vollstreckungsklausel mit einem einschränkenden Vermerk zu versehen, Hamm Rpfleger **73**, 440.

C. Unanwendbarkeit. § 798 ist nicht entsprechend anwendbar. Die Vorschrift ist bei einer Vorpfändung unanwendbar, § 845 Anm 4 D.

2) Einzelfragen. A. Fristberechnung. Die Wartefrist ist keine Notfrist. Sie kann nicht verlängert werden, auch nicht um die Laufzeit einer Überweisung usw, LG Itzehoe MDR **74**, 1024, insofern aM AG Ehingen DGVZ **81**, 91. Sie darf auch nicht abgekürzt werden. Gegen die Versäumung der Frist gibt es keine Wiedereinsetzung in den vorigen Stand. Die Frist wird nach § 222 berechnet. Die Zwangsvollstreckung kann also am achten Tag nach dem Tag der Zustellung beginnen, sofern dieser achte Tag weder ein Sonntag noch ein allgemeiner Feiertag ist. Zweckmäßig ist die Rückkehr der Zustellungsurkunde abzuwarten. Die Urkunden über eine etwa notwendige Sicherheitsleistung kann der Gläubiger dem Schuldner beim oder vor dem Beginn der Zwangsvollstreckung zustellen lassen.

B. Rechtsbehelf. Bei einem Verstoß ist lediglich eine Erinnerung nach § 766 statthaft, Einf 2, 3 vor §§ 750–751, BGH **30**, 175, Hamm NJW **74**, 1516 mwN (eine Heilung durch einen Fristablauf erfolgt auch dann, wenn der Verstoß vorher gerügt wurde), aM Bähr KTS **69**, 19.

3) VwGO: Entsprechend anwendbar, § 167 I VwGO, für Kostenfestsetzungsbeschlüsse, die auch im VerwProzeß Vollstreckungstitel sind, § 168 I Nr 4 VwGO.

798a *Zwangsvollstreckung aus Unterhalts-Abänderungstitel.* Aus einem Beschluß nach § 641p darf die Zwangsvollstreckung nur beginnen, wenn der Beschluß mindestens einen Monat vorher zugestellt ist. Aus einem Kostenfestsetzungsbeschluß, der auf Grund eines Beschlusses nach § 641p ergangen ist, darf die Zwangsvollstreckung nicht vor Ablauf der in Satz 1 bezeichneten Frist beginnen; § 798 bleibt unberührt.

1) Anpassungsbeschluß, S 1. Aus einem solchen Beschluß ist die Zwangsvollstreckung erst 1 Monat nach der Zustellung von Amts wegen, § 329 III, zulässig. Das gilt unabhängig davon, ob der Anpassungsbeschluß zugleich eine Kostenfestsetzung enthält.

2) Kostenfestsetzungsbeschluß, S 2. Aus einem solchen Beschluß ist die Zwangsvollstreckung erst unter folgenden Voraussetzungen zulässig:

Hartmann

A. Gleichzeitige Kostenfestsetzung. Falls der Kostenfestsetzungsbeschluß zugleich mit dem Anpassungsbeschluß erging, ist 1 Monat seit der Zustellung des Kostenfestsetzungsbeschlusses verstrichen. Dabei ist unerheblich, ob der Kostenfestsetzungsbeschluß im Anpassungsbeschluß enthalten war oder räumlich getrennt wurde.

B. Spätere Kostenfestsetzung. Falls der Kostenfestsetzungsbeschluß erst nach dem Erlaß des Anpassungsbeschlusses erging, ist 1 Monat seit der Zustellung des Kostenfestsetzungsbeschlusses vergangen; außerdem ist in diesem letzteren Zeitpunkt der Anpassungsbeschluß bereits seit mindestens 1 Woche zugestellt gewesen. Das letztere ergibt sich aus der Verweisung aus § 798.

Unerheblich ist, warum die Kostenfestsetzung dem Anpassungsbeschluß zeitlich nachfolgte.

799 *Zwangsvollstreckung aus vollstreckbaren Urkunden für Rechtsnachfolger.* Hat sich der Eigentümer eines mit einer Hypothek, einer Grundschuld oder einer Rentenschuld belasteten Grundstücks in einer nach § 794 Abs. 1 Nr. 5 aufgenommenen Urkunde der sofortigen Zwangsvollstreckung unterworfen und ist dem Rechtsnachfolger des Gläubigers eine vollstreckbare Ausfertigung erteilt, so ist die Zustellung der die Rechtsnachfolge nachweisenden öffentlichen oder öffentlich beglaubigten Urkunde nicht erforderlich, wenn der Rechtsnachfolger als Gläubiger im Grundbuch eingetragen ist.

1) Allgemeines. Ein eingetragener Rechtsnachfolger eines Hypothekengläubigers, eines Grundschuldgläubigers oder eines Rentenschuldgläubigers benötigt zur Zwangsvollstreckung keine Zustellung derjenigen Urkunden an den Eigentümer, die die Rechtsnachfolge beweisen. Denn dem Eigentümer ist die Eintragung nach § 55 GBO bekanntgegeben worden. Wenn das Grundbuchamt diese Bekanntgabe versäumt hat, dann schadet das dem Gläubiger nicht. § 799 gilt bei einer bloßen Umschreibung des Hypothekenbriefs nicht. Die Vorschrift gilt auch nicht gegenüber einem rein persönlichen Schuldner.

2) VwGO: Vgl § 797 Anm 4.

800 *Vollstreckungsurkunde gegen den jeweiligen Eigentümer.* ᴵ Der Eigentümer kann sich in einer nach § 794 Abs. 1 Nr. 5 aufgenommenen Urkunde in Ansehung einer Hypothek, einer Grundschuld oder einer Rentenschuld der sofortigen Zwangsvollstreckung in der Weise unterwerfen, daß die Zwangsvollstreckung aus der Urkunde gegen den jeweiligen Eigentümer des Grundstücks zulässig sein soll. Die Unterwerfung bedarf in diesem Falle der Eintragung in das Grundbuch.

ᴵᴵ Bei der Zwangsvollstreckung gegen einen späteren Eigentümer, der im Grundbuch eingetragen ist, bedarf es nicht der Zustellung der den Erwerb des Eigentums nachweisenden öffentlichen oder öffentlich beglaubigten Urkunde.

ᴵᴵᴵ Ist die sofortige Zwangsvollstreckung gegen den jeweiligen Eigentümer zulässig, so ist für die im § 797 Abs. 5 bezeichneten Klagen das Gericht zuständig, in dessen Bezirk das Grundstück belegen ist.

Schrifttum: Nieder, Entwicklung und rechtspolitische Würdigung der vollstreckungsrechtlichen Generalklausel, Diss Heidelb 1960.

1) Unterwerfung, I. A. Allgemeines. § 800 erweitert den § 794 I Z 5 dahin, daß sich der Grundstückseigentümer, auch der Erbbauberechtigte, Köln Rpfleger **74**, 150, der sofortigen Zwangsvollstreckung mit einer dinglichen Wirkung gegenüber späteren Eigentümern unterwerfen kann. Die Vorschrift ist auf Reallasten nicht anwendbar. Die Unterwerfung muß sich eindeutig und ausdrücklich auf die dingliche Pflicht beziehen. Eine gleichzeitige Unterwerfung wegen der Schuld gegenüber dem Eigentümer persönlich ist dann unschädlich, Düss Rpfleger **77**, 68. Wegen einer persönlichen Schuld zugunsten des ,,künftigen Inhabers'' KG DNotZ **75**, 718. Die Worte des Gesetzes müssen nicht unbedingt benutzt worden sein. Eine einseitige Erklärung genügt hier wie bei § 794 I Z 5, s dort Anm 10 Cb.

Ausreichend ist zB die Formulierung ,,Wegen der Hypothek ist die sofortige Zwangsvollstreckung gegen den jeweiligen Eigentümer des Grundstücks zulässig''; oder: ,,Die jeweiligen Eigentümer unterliegen der Zwangsvollstreckung''. Nicht ausreichend ist zB die Formulierung: ,,Wegen aller Zahlungsverpflichtungen aus der Urkunde ist

1. Abschnitt. Allgemeine Vorschriften §§ 800, 800a 1, 2

die sofortige Zwangsvollstreckung zulässig". Evtl ist wegen des Zinsbeginns der Eintragungszeitpunkt zu vermerken, Stgt Rpfleger **73**, 222. Eine Unterwerfung kann auch dahingehend erfolgen, daß dem Gläubiger eine vollstreckbare Ausfertigung erteilt werden kann, ohne daß er das Entstehen und die Fälligkeit der Schuld nachweisen müsse, Düss Rpfleger **77**, 67. Zur Beweislastumkehr in einem solchen Fall BGH NJW **81**, 2756, aM Wolfsteiner NJW **82**, 2851. Wegen einer ausländischen Unterwerfung vgl Geimer DNotZ **75**, 475.

B. Rechtsnatur. Die Unterwerfung hat einen rein prozessualen Inhalt. Sie stellt keine Verfügung über das Grundstück dar, Ffm DNotZ **72**, 85, Köln Rpfleger **80**, 223, LG Saarbr NJW **77**, 584 (abl Zawar) je mwN, aM Ro § 173 I 8c. Die Unterwerfung setzt eine Prozeßfähigkeit voraus. Sie ist bei jedem Güterstand zulässig. Bei einer Gütergemeinschaft ist die Zustimmung des nichtverwaltenden Ehegatten unnötig, da keine Verfügung über das Grundstück vorliegt. Vgl § 795 Anm 2 D.

C. Eintragungsbedürftigkeit. Die Unterwerfung bedarf der Eintragung in das Grundbuch. Eine bloße Bezugnahme auf die Eintragungsbewilligung genügt nicht. Die Unterwerfung ist nur dann eintragungsfähig, wenn auch die Hypothekenbestellung beurkundet worden ist, zB LG Hbg DNotZ **69**, 108, StJM VII 3, aM BGH **73**, 159 mwN. Eine Formulierung „vollstreckbar nach § 800 ZPO" reicht aus, Köln Rpfleger **74**, 150. Bei einer Vormerkung genügt die Bezugnahme auf die Eintragungsbewilligung.

Eine Erweiterung der Verpflichtung bedarf einer neuen Unterwerfung. Denn die Urkunde darf nur aus sich heraus ausgelegt werden. Andernfalls darf keine vollstreckbare Ausfertigung gegen den späteren Eigentümer erteilt werden.

Die Vollstreckungsklausel wird durch eine Umstellung nicht berührt. Sie genießt den öffentlichen Glauben des Grundbuchs nicht. Deshalb ist eine Unterwerfung, die vor der Konkurseröffnung erfolgte, nach der Konkurseröffnung nicht mehr einzutragen. Bis zur Eintragung wirkt die Unterwerfung nur, aber eben auch bereits gegenüber dem Erklärenden, BGH NJW **81**, 2757 mwN. S auch § 794 Anm 10 E.

2) Zwangsvollstreckung, II. Die Zwangsvollstreckung gegen einen späteren eingetragenen Eigentümer ist nur in das Grundstück zulässig, aber nicht in das sonstige Vermögen des Eigentümers oder des persönlichen Schuldners. Im übrigen richtet sich die Zwangsvollstreckung nach den gewöhnlichen Grundsätzen. Insbesondere ist der Vollstreckungsschuldner in der Klausel mit seinem Namen zu bezeichnen. Die Vollstreckungsklausel muß dem Vollstreckungsschuldner zugestellt werden. Entbehrlich ist nur eine Zustellung derjenigen Urkunden, die den Eigentumserwerb nachweisen. Denn dieser Erwerb ist aus dem Grundbuch erkennbar.

Spätere Vereinbarungen, die die Urkunde nicht ausweist, dürfen bei der Erteilung der Vollstreckungsklausel nicht beachtet werden. Der Schuldner muß insofern eine Vollstreckungsabwehrklage erheben, §§ 767, 797 V, 800 III. Das Recht geht nicht mit der Hypothek auf den persönlichen Schuldner über, wenn er den Gläubiger befriedigt, § 1164 BGB. Wenn eine Hypothek wegen einer Nichtvalutierung zu einer Eigentümergrundschuld geworden ist, dann darf dem Pfändungs- und Überweisungsgläubiger keine vollstreckbare Ausfertigung erteilt werden. Denn er ist kein Rechtsnachfolger.

3) Zuständigkeit, III. Für Klagen aus §§ 731, 767, 768 ist gemäß § 802 das Gericht des dinglichen Gerichtsstands nach § 24 ausschließlich zuständig. Das gilt auch für den persönlichen Anspruch. Denn mehrere ausschließliche Gerichtsstände sind für den persönlichen und dinglichen Anspruch nicht möglich, und § 800 geht als Sondervorschrift vor.

4) VwGO: Vgl § 797 Anm 4.

800a *Vollstreckungsurkunde bei Schiffshypothek.* I Die Vorschriften der §§ 799, 800 gelten für eingetragene Schiffe und Schiffsbauwerke, die mit einer Schiffshypothek belastet sind, entsprechend.
II Ist die sofortige Zwangsvollstreckung gegen den jeweiligen Eigentümer zulässig, so ist für die im § 797 Abs. 5 bezeichneten Klagen das Gericht zuständig, in dessen Bezirk das Register für das Schiff oder das Schiffsbauwerk geführt wird.

1) Geltungsbereich. § 800a macht die §§ 799 ff auf Schiffe und Schiffsbauwerke anwendbar, die mit einer Schiffshypothek belastet sind. Die Vorschrift bestimmt ferner den Gerichtsstand für Klagen nach §§ 731, 767, 768 im Falle des § 800. § 800a gilt sinngemäß für Luftfahrzeuge und für Registerpfandrechte an Luftfahrzeugen, § 99 I LuftfzRG.

2) VwGO: Vgl § 797 Anm 4.

801 *Landesrechtliche Schuldtitel.* Die Landesgesetzgebung ist nicht gehindert, auf Grund anderer als der in den §§ 704, 794 bezeichneten Schuldtitel die gerichtliche Zwangsvollstreckung zuzulassen und insoweit von diesem Gesetz abweichende Vorschriften über die Zwangsvollstreckung zu treffen.

1) Landesrechtliche Vollstreckungstitel. Sie sind im ganzen Bundesgebiet vollstreckbar, VO v 15. 4. 37, RGBl 466.

2) *VwGO:* Unanwendbar, da die Vollstreckungstitel, die eine gerichtliche Zwangsvollstreckung zulassen, in § 168 I VwGO abschließend aufgezählt sind.

802 *Gerichtsstände sind ausschließlich.* Die in diesem Buche angeordneten Gerichtsstände sind ausschließliche.

1) Geltungsbereich. Sachlich und örtlich sind die Gerichtsstände des 8. Buches ausschließlich. Wenn sich indessen die sachliche Zuständigkeit nur nach dem Streitwert richtet und wenn das Gesetz nicht ausdrücklich das Prozeßgericht der ersten Instanz für zuständig erklärt, dann ist je nach dem Streitwert das AG oder das LG zuständig und die sachliche Zuständigkeit nicht ausschließlich. Denn insoweit liegt eine Prozeßfrage vor und nicht eine Frage der Zwangsvollstreckung.

2) Verstoß. Bei einem Verstoß gegen die sachliche Zuständigkeit ist die Zwangsvollstreckung insoweit völlig unwirksam. Bei einem Verstoß gegen die örtliche Zuständigkeit und gegenüber einem Urteil sind nur die sonst statthaften Rechtsbehelfe möglich. Vgl Grdz 8 vor § 704.

3) *VwGO:* Gegenstandslos, weil die Gerichtsstände der VwGO ohnehin ausschließlich sind, Üb 2 § 38.

Zweiter Abschnitt. Zwangsvollstreckung wegen Geldforderungen

Grundzüge

Schrifttum: Etschel, Die Befriedigung des Gläubigers bei der Zwangsvollstreckung wegen Geldforderungen nach heutigem deutschem Recht usw, 1957.

1) Allgemeines. A. Begriff. Die ZPO teilt die Gebiete der Zwangsvollstreckung ein in die Zwangsvollstreckung **a)** wegen Geldforderungen; **b)** auf Herausgabe von Sachen und Erwirkung von Handlungen und Unterlassungen. Was sich nicht unter a oder b bringen läßt, ist nicht vollstreckbar. Geldforderung ist eine Forderung auf Leistung in Geld, aber auch die Haftung für eine Geldleistung als Duldungsschuldner oder als Anfechtungsgegner nach dem AnfG oder der KO. Ist die Forderung in ausländischer Währung bestimmt, so liegt im Zweifel eine Umrechnungsschuld vor, also eine Geldschuld, BGH NJW **62**, 109. Die wahre Geldsortenschuld, bei der nur in bestimmten Münzen oder Wertzeichen zu leisten ist, ist nach § 884, 893 zu vollstrecken.

B. Geltungsbereich. Abschnitt 2 ist in folgenden Fällen anwendbar:

a) Geldablieferung. Die Vorschriften gelten, soweit beigetriebenes Geld dem Gläubiger abzuliefern ist.

b) Ablieferung sonstigen Erlöses. Die Vorschriften gelten ferner, soweit andere Vermögensstücke des Schuldners verwertet werden und der Gläubiger den Erlös erhält.

c) Hinterlegung. Die Vorschriften gelten ferner, soweit der Gläubiger das beigetriebene Geld oder den Erlös zunächst nicht erhält, weil er aus prozessualen Gründen zu hinterlegen ist, zB bei einer Abwendungserlaubnis nach §§ 711, 712 I, 720, oder weil der Titel die Leistung nur an den Gläubiger gemeinsam mit anderen, etwa Miterben, zuläßt.

d) Leistung an Dritten. Die Vorschriften gelten schließlich, soweit an einen Dritten zu leisten ist, zB an die Frau des klagenden Ehemanns. Ein Urteil auf eine Sicherheitsleistung schlechthin ist nach § 887 zu vollstrecken; wegen des Anspruchs auf die Befreiung von einer Schuld § 887 Anm 1 A.

C. Vollstreckungsarten. Die Zwangsvollstreckung in bewegliche Sachen geschieht immer durch eine Pfändung und eine Verwertung, in Liegenschaften entweder durch eine Beschlagnahme und eine Verwertung oder durch eine Pfändung in Form der Zwangshypothek ohne eine Verwertung. Früchte auf dem Halm, nach sachlichem Recht Bestandteile des Grundstücks, gelten dafür als bewegliche Sachen, § 810.

2) Vollstreckungsumfang. A. Grundsatz. Der Zwangsvollstreckung unterliegt regelmäßig das gesamte Vermögen des Schuldners, auch zB dasjenige eines Ausländers im Inland, vgl etwa BVerfG DB **83**, 1759.

B. Ausnahmen. In Betracht kommen folgende Fälle:

a) Einengung im Titel. Die Vollstreckung wird begrenzt, soweit bereits der Titel die Zwangsvollstreckung sachlich einengt, wie der bei Haftungsbeschränkung des Erben.

b) Partei kraft Amts. Eine Begrenzung tritt ein, soweit sich die Zwangsvollstreckung gegen eine Partei kraft Amts, Grdz 2 C vor § 50, richtet; dort haftet ohne weiteres nur das verwaltete fremde Vermögen.

c) Hypothek, Grundschuld. Eine Vollstreckungsbegrenzung tritt ein, soweit der Eigentümer nur als solcher verurteilt ist, also bei der Hypothek oder Grundschuld.

d) Liegenschaft. Eine Vollstreckungsbegrenzung ergibt sich bei Liegenschaften nach Art des Titels, § 866 III.

Bei a muß der beschränkt Haftende die Beschränkung durch Klage aus § 785 geltend machen, bei b–c ist sie von Amts wegen zu beachten. Gegen Kopfschuldner ist entsprechend der Haftung zu vollstrecken; Gesamtschuldner haften aufs Ganze auch in der Zwangsvollstreckung.

3) Wahlschuld. Bei einer Wahlschuld, §§ 262ff BGB, gilt:

A. Wahlrecht des Gläubigers. Er darf bis zum Beginn der Zwangsvollstreckung, Grdz 7 A vor § 704, wählen oder sein Wahlrecht durch das Vollstreckungsorgan ausüben.

B. Wahlrecht des Schuldners. In diesem Fall ist zu unterscheiden:

a) Zwischen übertragbaren und unübertragbaren Forderungen: Es reicht bis zum Beginn der Zwangsvollstreckung. Ist es bis dann nicht ausgeübt, so darf der Gläubiger nach eigener Wahl in eine der freistehenden Leistungen vollstrecken. Der Schuldner darf dann nicht mehr wörtlich wählen, darf sich aber durch die von ihm nunmehr gewählte tatsächliche Leistung befreien, § 264 I BGB. Genügt diese Leistung nicht zur vollen Befriedigung des Gläubigers wegen des Hauptanspruchs und der Kosten, so darf der Gläubiger auf den Rest weitervollstrecken.

b) Zwischen übertragbaren Forderungen: Die Pfändung findet im ganzen statt, der Gläubiger wählt.

C. Wahlrecht des Drittschuldners. Es besteht keinerlei Zwang vor der Wahl.

Die Beschränkung der Zwangsvollstreckung durch Ausübung des Wahlrechts ist nach § 767 geltend zu machen.

4) VwGO: *Entsprechend anzuwenden, § 167 I VwGO, ist Abschnitt 2 bei der Vollstreckung gegen die öffentliche Hand, wenn das Vollstreckungsgericht, § 764 Anm 4, selbst tätig wird oder einen Gerichtsvollzieher beauftragt, und bei der Vollstreckung für und gegen Private, Grdz 10 § 704. Einschränkungen gelten bei der Vollstreckung zugunsten der öffentlichen Hand, § 169 VwGO: Hier ist Abschnitt 2 nur anzuwenden, wenn das hier sonst maßgebliche VwVG, § 169 I VwGO, unmittelbar oder gemäß seinem § 5 (idF des Art 40 Z 2 EGAO 1977) über die dort genannten Vorschriften der AO auf Bestimmungen der ZPO verweist. Entsprechendes gilt bei Vollstreckungsmaßnahmen nach Landesrecht gegen die öffentliche Hand, § 170 I 3 VwGO.*

Erster Titel. Zwangsvollstreckung in das bewegliche Vermögen

Schrifttum: Behr/Eickmann, Handbuch der Mobiliarvollstreckung, 1. Lieferung 1982; Borggräfe, Die Zwangsvollstreckung in bewegliches Leasinggut, 1976 (Bespr Peters ZZP **90**, 425); Geib, Die Pfandverstrickung. Grundfragen der Zwangsvollstreckung in das bewegliche Vermögen, 1969; Schrader-Steinert, Zwangsvollstreckung in das bewegliche Vermögen, 6. Aufl 1981 (Bespr Schneider NJW **81**, 2292).

Übersicht

1) Allgemeines. Die Zwangsvollstreckung in Fahrnis geschieht durch Pfändung und Pfandverwertung. Sie ist auch aus dingliche Titel statthaft. Zweck ist die Befriedigung des Gläubigers. Die Verwertung selbst führt zu ihr aber nur mittelbar durch Ablieferung des Erlöses; ausnahmsweise unmittelbar, etwa bei Überweisung einer Forderung an Zahlungs Statt. Die zur Erhaltung der Lebensmöglichkeit des Schuldners gegebenen Einschränkungen, wie das Verbot der Pfändung oder Überpfändung, sind von Amts wegen zu beachten. Gibt bei einer Lohnforderung das Urteil den abzuziehenden Steuerbetrag nicht an (Bruttolohnurteil), dazu zB ArbG Wetzlar NJW **72**, 125 mwN, so ist der ganze Betrag beizutreiben, sofern nicht der Arbeitgeber durch Steuerquittungen usw die Abführung der Lohnsteuer und Sozialbeiträge nachweist, BGH WertpMitt **66**, 758; dann gilt insoweit § 775 Z 4, LG Freibg Rpfleger **82**, 347; andernfalls erfolgt eine Aushändigung an den Arbeitnehmer und eine Benachrichtigung des Finanzamts durch den Gerichtsvollzieher, § 86 GVollzO, BAG NJW **64**, 1338, Lepke DB **78**, 840 mwN, aM LG Ffm NJW **56**, 1764.

Hingegen sind bei einer Verurteilung des Arbeitnehmers oder Gehaltsempfängers auf Rückzahlung zuviel empfangener Beträge Bruttobeträge zur Zwangsvollstreckung ungeeignet, LG Hbg NJW **66**, 786. – Was zum beweglichen Vermögen gehört, ergibt sich durch einen Rückschluß aus § 865; s dort.

Über den Einfluß von **Preisvorschriften** auf die Verwertung § 817a Anm 1 A. – Vgl ferner §§ 281ff AO 1977.

2) Pfändung. A. Körperliche Sache. Sie pfändet der Gerichtsvollzieher durch Besitzergreifung. Beläßt er die Pfandsache im Gewahrsam des Schuldners oder eines Dritten, so muß er die Pfändung durch Siegel oder sonstwie ersichtlich machen, §§ 808ff. Die Pfandstücke sind öffentlich meistbietend in bestimmten Formen zu versteigern. Ihren Erlös oder gepfändetes Geld liefert der Gerichtsvollzieher nach dem Abzug der Kosten dem Gläubiger ab. Die Pfändung schon gepfändeter Sachen geschieht in vereinfachter Form durch eine bloße Beurkundung, als Anschlußpfändung, § 826.

B. Forderung und sonstiges Vermögensrecht. In diesem Fall pfändet das Vollstreckungsgericht. Bei Geldforderungen verbietet es dem Drittschuldner, an den Schuldner zu zahlen, dem Schuldner, über die Forderung zu verfügen. Die Zustellung des Beschlusses durch den Gläubiger an den Drittschuldner macht die Pfändung wirksam, § 829. Bei Briefhypotheken bedarf es der Übergabe des Hypothekenbriefs an den Gläubiger, bei Buchhypotheken grundbuchlicher Eintragung, bei Schiffshypotheken der Eintragung ins Schiffsregister, § 830a, entspr nach § 99 I LuftfzRG.

Forderungen aus indossablen Papieren pfändet der Gerichtsvollzieher, indem er das Papier in Besitz nimmt, § 831. Die gepfändete Forderung ist dem Gläubiger nach seiner Wahl zur Einziehung oder an Zahlungs Statt zu überweisen. Die Überweisung zur Einziehung ermächtigt den Gläubiger zu dieser; der Schuldner muß ihn zur Hand gehen, § 836. Verweigert der Drittschuldner die Zahlung, so muß ihn der Gläubiger verklagen und dem Schuldner den Streit verkünden, § 841.

C. Anspruch auf Herausgabe oder Leistung körperlicher Sachen. Er ist regelmäßig wie Forderungen zu pfänden; doch ist eine bewegliche Sache dem Gerichtsvollzieher, ein Schiff oder ein Luftfahrzeug einem Treuhänder, eine unbewegliche einem Sequester herauszugeben, §§ 847ff. Die bewegliche Sache ist dann zu verwerten, als wäre sie gepfändet; die unbewegliche unterliegt den Vorschriften der Zwangsvollstreckung in Liegenschaften. Eine Überweisung an Zahlungs Statt ist hier unzulässig, § 849.

3) Wirkung der Pfändung. A. Doppelwirkung. Die Pfändung bewirkt nach der ZPO zweierlei:

a) Beschlagnahme. Die Pfändung bewirkt eine staatliche Beschlagnahme, Verstrickung, dh Sicherstellung der Pfandsache. Derartige Eingriffe kennt das Recht vielfach, zB in §§ 98 StPO, 20 ZVG, 1123 II BGB. Immer bewirkt die Beschlagnahme eine Verfügungsbeschränkung des Schuldners zugunsten eines anderen, hier des Gläubigers; der Schuldner darf über die Pfandsache nicht verfügen, soweit er damit den Vollstreckungsanspruch des Gläubigers beeinträchtigt.

b) Pfändungspfandrecht. Die Pfändung bewirkt ferner das Entstehen eines Pfändungspfandrechts für den Gläubiger.

Hier unterscheiden manche: Die Beschlagnahme als Staatsakt soll wirksam sein, wenn sie ordnungsgemäß geschehen ist. Ein Pfandrecht aber soll nur entstehen, wenn die allgemeinen Prozeßvoraussetzungen und die förmlichen Voraussetzungen der Zwangsvollstreckung vorliegen.

Diese Unterscheidung ist willkürlich; sie schafft für den Gläubiger eine empfindliche Unsicherheit und ist darum abzulehnen. Natürlich könnte sich die ZPO, wie das ZVG, mit der Beschlagnahme begnügen; wenn aber § 804 dem Gläubiger ausdrücklich ein Pfandrecht einräumt, so kann das nur den Sinn haben, ihm einen gewissen Rang zu sichern, denn ein sachlichrechtliches Pfandrecht entsteht nicht. So auch Ffm NJW **54**, 1083, Lücke JZ **57**, 239, AcP **153**, 533; RG **156**, 397 sieht es als Pfandrecht unter den Regeln des rechtsgeschäftlichen Pfandrechts entspr BGB an, soweit sich nicht aus Vorschriften der ZPO etwas anderes ergibt; jedoch sei kein guter Glauben für den Ersteher erforderlich, wenn der Gerichtsvollzieher dem Schuldner nicht gehörige Sachen gepfändet habe und versteigere.

Schönke-Baur § 22 III vertreten eine gemischt-öffentlichrechtliche Theorie, Bruns-Peters § 19 III 2a bezeichnen das Pfändungspfandrecht als die dritte Art des bürgerlichrechtlichen Pfandrechts neben dem vertragsmäßigen, § 1204 BGB, und gesetzlichen, § 1257 BGB. § 804 II soll auf die Normen des bürgerlichen Rechts zur entsprechenden Anwendung verweisen. Übersicht über die Theorien und ihre praktischen Auswirkgen bei Henckel 309 (dazu Bötticher ZZP **85**, 12); Jauering § 16 III; Werner JR **71**, 278; vgl ferner Amand, Das öffentlichrechtliche Pfändungspfandrecht, Diss Erlangen 1959; Geib, Die Pfandverstrikkung, 1969 (Bespr Gaul FamRZ **72**, 533); Martin, Pfändungspfandrecht und Widerspruchsklage im Verteilungsverfahren, 1963; Noack JB **78**, 19.

B. Pfändungspfandrecht. Das Pfändungspfandrecht ist rein öffentliches Recht; es ist mit der Beschlagnahme unlöslich verknüpft. Es ist nichts als ein Ausfluß eben der Beschlagnahme, nicht anders als bei Liegenschaften das Recht des Gläubigers, die Zwangsversteigerung unter Einräumung eines gewissen Ranges zu verlangen. Wenn die Beschlagnahme fehlt, fehlt das Pfandrecht, wenn sie wirksam ist, entsteht ein wirksames, unabhängiges Pfandrecht (s auch § 804 Anm 1), das Pfändungspfandrecht; ebenso StJ § 803 II 1 (aM Ro § 190 II 2b, der auf das Pfändungspfandrecht ergänzend die Normen des BGB angewendet und demgemäß ein solches trotz Pfandverstrickung nicht entstehen läßt, wenn die Zwangsvollstreckung unzulässig ist oder die allgemeinen Voraussetzungen des Pfandrechts fehlen; ähnlich Marotzke NJW **78**, 136).

Darum ist auch die Pfandverwertung nicht ein bloßer Ausfluß der Pfändung, so daß sie ordnungsgemäß sein könnte, wenn kein Pfändungspfandrecht entsteht. § 806 beweist für diese Ansicht nichts. „Auf Grund der Pfändung" geschieht die Pfandveräußerung selbstverständlich, da das Pfandrecht seinerseits auf ihr beruht.

Die Sache liegt so: **a)** Entweder war die Pfändung ordnungsmäßig oder nicht auf Grund eines Rechtsbehelfs aufgehoben, Grdz 8 Cb vor § 704; dann ist ein Pfändungspfandrecht, mindestens ein auflösend bedingtes, entstanden und die Verwertung rechtmäßig, solange die Bedingung nicht eingetreten ist; oder **b)** die Pfändung war ganz unwirksam; dann entsteht kein Pfandrecht und entbehrt die Verwertung jeder Rechtsgrundlage. Sie verpflichtet zur Herausgabe der Bereicherung, bei einem Verschulden des Gläubigers zum Ersatz, vgl Einf 2 B vor §§ 771–774.

I. Allgemeine Vorschriften

803 *Pfändung.* ¹ Die Zwangsvollstreckung in das bewegliche Vermögen erfolgt durch Pfändung. Sie darf nicht weiter ausgedehnt werden, als es zur Befriedigung des Gläubigers und zur Deckung der Kosten der Zwangsvollstreckung erforderlich ist.

ᴵᴵ Die Pfändung hat zu unterbleiben, wenn sich von der Verwertung der zu pfändenden Gegenstände ein Überschuß über die Kosten der Zwangsvollstreckung nicht erwarten läßt.

Schrifttum: Lutz, Probleme der Pfandentstrickung, Diss Kiel 1969; Tamblé, Privilegien im Aufrechnungs- und Pfändungsrecht usw, Diss Köln 1966.

1) Bewegliches Vermögen, I. Zum beweglichen Vermögen gehört alles, was nicht nach §§ 864 ff zum unbeweglichen Vermögen gehört. Zum beweglichen Vermögen zählen also die folgenden Werte:

A. Bewegliche Sachen. Hierher gehören bewegliche Sachen mit folgenden Ausnahmen:
a) Zubehör. Das Zubehör eines Grundstücks oder eines eingetragenen Schiffes unterliegt nur der Liegenschaftszwangsvollstreckung.
b) Erzeugnisse usw. Die Erzeugnisse und sonstigen Bestandteile, die vom Grundstück getrennt wurden, soweit sie in der Liegenschaftszwangsvollstreckung beschlagnahmt worden sind, § 1120 BGB, zählen nicht zum beweglichen Vermögen. Pachtinventar unterliegt hier keiner Sondervorschrift, PachtkreditG v 5. 8. 51, BGBl 494 (über die Versteigerung § 817 Anm 1 B). Ein eingetragenes Schiff oder Luftfahrzeug oder ein eintragungsfähiges Schiffsbauwerk steht einer unbeweglichen Sache gleich, § 870a, § 99 I LuftFzRG.

B. Forderungen und sonstige Rechte, nicht aber die Freistellung von der Verpflichtung zur Erfüllung einer Geldschuld, § 887 Anm 1 A.

2) Pfändung. I. A. Allgemeines. Zum Begriff und zur Wirkung der Pfändung Üb 3 vor § 803. Voraussetzungen der Pfändung ist die Erfüllung der allgemeinen Voraussetzungen der Zwangsvollstreckung, Grdz 3 und 4 vor § 704. Dort und Üb 3 vor § 803 auch über die Folgen eines Verstoßes. Auch nach der hM bleibt eine inhaltlich falsche Entscheidung eines Vollstreckungsorgans im Rahmen seiner Zuständigkeit, etwa über das Vorliegen eines Gewahrsams, wirksam. Unwirksam ist eine Pfändung in einen Teil des Konkursvermögens nach der Konkurseröffnung, § 14 KO, oder trotz der Eröffnung eines Vergleichsverfahrens zur Abwendung des Konkurses, § 47 VglO.

Ein Veräußerungsverbot nach den §§ 106 KO, 59 VglO wirkt als ein bedingtes Verbot nicht stärker als das Verbot der §§ 772 ff. Die Pfändung ist keine Rechtshandlung, keine Verfügung, kein Vertrag. Darum ist sie nicht nach dem AnfG oder nach §§ 31 ff KO anfechtbar, wohl aber nach § 30 KO. Denn sie gewährt eine unberechtigte Sicherung. Wenn der Pfändung ein gesetzliches Hindernis entgegensteht, muß das Vollstreckungsorgan die Vornahme der Pfändung ablehnen.

B. Erlöschen. Das Pfandrecht (und damit die Verstrickung, Üb 3 A a vor § 803) erlischt in folgenden Fällen:

a) Verwertung. Das Pfandrecht endet, wenn die Verwertung beendet ist.

b) Entstrickung. Das Pfandrecht endet auch, wenn das Vollstreckungsorgan die Pfändung aufhebt. Es ist unerheblich, ob diese Entstrickung zu Recht oder zu Unrecht geschehen ist.

c) Freigabe. Das Pfandrecht endet auch, wenn der Gläubiger auf das Pfandrecht verzichtet. Die Freigabe ist eine rein prozessuale Erklärung. Sie ähnelt der Klagrücknahme. Die Freigabe erfolgt bei einer beweglichen Sache durch eine Erklärung des Gläubigers gegenüber dem Schuldner oder gegenüber dem Gerichtsvollzieher. Der Gerichtsvollzieher muß anschließend die Pfändung aufheben.

Der bloße Verzicht des Gläubigers hebt die Pfändung noch nicht auf. Die Aufhebung kann aber stillschweigend geschehen, etwa dadurch, daß der Gerichtsvollzieher nichts mehr gegen den Schuldner unternimmt. Bei einem Recht ist die Zustellung der Freigabeerklärung des Gläubigers an den Schuldner erforderlich, § 843. Wenn der Gläubiger die Freigabe schriftlich erklärt, muß der Gerichtsvollzieher die Echtheit der Erklärung sorgfältig prüfen und notfalls den Gläubiger befragen. Die Freigabe des Gläubigers liegt regelmäßig in der Rückgabe der Pfandsache durch ihn. Mit dem Pfandrecht erlischt notwendig die Pfändung. Es bleibt nicht etwa die Beschlagnahme, Üb 3 A a vor § 803, bestehen.

C. Fortbestand. Das Pfandrecht und damit die Verstrickung erlischt in folgenden Fällen nicht:

a) Besitzverlust. Das Pfandrecht erlischt schon dadurch, daß der Besitzer der Pfandsache den Besitz unfreiwillig verliert, § 808 Anm 2 B.

b) Pfandzeichenentfernung. Das Pfandrecht erlischt auch nicht schon dadurch, daß das Pfandzeichen entfernt wird.

c) Aufhebung des Titels usw. Das Pfandrecht erlischt schließlich auch nicht schon dadurch, daß der Vollstreckungstitel aufgehoben wird oder wenn die Zwangsvollstreckung für unzulässig erklärt wird, vgl § 775 Z 1.

3) Überpfändung, I. A. Grenze der Pfändbarkeit. Die Pfändung darf lediglich soweit gehen, daß der Gläubiger wegen seines Anspruchs und der Kosten befriedigt wird. Das gilt grundsätzlich auch für die Forderungspfändung. Diese Grenze der Pfändbarkeit läßt sich dort aber nur im Weg einer Erinnerung nach § 766 erzwingen, vgl BGH NJW **75**, 738. Denn dem Gericht fehlt jeder Maßstab für den Wert einer Forderung. Der Gläubiger könnte diesen Wert auch kaum nachweisen. Deshalb beschränkt der amtliche Vordruck die Pfändung zu Unrecht auf die Höhe der Schuld. Wenn das Gericht den Vordruck ausfüllt, ist die Forderung nur entsprechend gepfändet. Maßgeblich ist die durch den Vollstreckungstitel ausgewiesene Forderung, nicht die ihr zugrunde liegende Forderung, BGH JR **56**, 185.

Man muß eine wirtschaftliche Betrachtungsweise anwenden, BGH DB **82**, 2684. Eine Überpfändung liegt nur dann vor, wenn die bereits vorher getroffenen Vollstreckungsmaßnahmen mit einiger Sicherheit ausreichen, BGH DB **82**, 2684. Das ist zB dann nicht der Fall, wenn der Gläubiger bisher nur eine zukünftige Forderung gepfändet hat, die mit dem erkennbaren Risiko der Nichtentstehung oder eines vorzeitigen Wegfalls belastet ist, BGH DB **82**, 2684.

Wenn der Gläubiger die Pfändung mehrerer Forderungen beantragt, deren jede dem Nennwert nach zur Befriedigung ausreicht, dann muß er für die Notwendigkeit dieser Maßnahme ausreichende Gründe darlegen, offen BGH NJW **75**, 738. Dasselbe gilt dann,

1. Titel. Zwangsvollstr. in das bewegl. Vermögen **§§ 803, 804** 1

wenn der Gläubiger eine Forderungspfändung beantragt, obwohl eine Sachpfändung anscheinend ausreicht. Der Gläubiger kann zB dartun, daß ihm gegenüber der Sachpfändung eine Widerspruchsklage nach § 771 drohe. Ebenso darf der Gläubiger bei sämtlichen Gesamtschuldnern in voller Höhe pfänden. Dem einzelnen Gesamtschuldner steht der Weg der Vollstreckungsabwehrklage nach § 767 offen, sobald der Gläubiger bei auch nur einem der übrigen Gesamtschuldner eine volle Befriedigung erhalten hat, AG Groß Gerau Rpfleger **81**, 151.

Überhaupt ist das Verbot der Überpfändung trotz des Wortlauts eine bloße Sollvorschrift. Eine weitergehende Pfändung ist daher zunächst voll wirksam. Einzelheiten Mümmler JB **76**, 25.

B. Verstoß. Der Schuldner muß Erinnerung erheben, § 766, AG Günzbg DGVZ **83**, 61. Auf die Erinnerung hin ist die Pfändung entsprechend zu beschränken. Dabei muß der Schuldner nachweisen, daß aus dem Rest mit großer Wahrscheinlichkeit eine Befriedigung des Gläubigers zu erwarten steht. Wenn der Gläubiger trotz einer Aufforderung keinen entsprechenden Teil freigibt, dann kann in diesem Verhalten des Gläubigers eine unerlaubte Handlung nach § 823 BGB liegen. Der Gerichtsvollzieher kann eines Amtsvergehens schuldig sein, wenn er eine Überpfändung vornimmt. Das Verbot der Überpfändung ist ein Schutzgesetz für den Schuldner im Sinne des § 823 II BGB (s auch die GVGA). Der Gerichtsvollzieher darf nicht nachträglich freigeben, vgl § 776.

4) Nachpfändung. Dem Verbot einer Überpfändung steht das Gebot einer Nachpfändung zur Seite. Wenn der Gerichtsvollzieher nachträglich erkennt, daß der Wert der gepfändeten Sachen aus irgendeinem Grund die Forderung des Gläubigers nicht deckt, etwa wegen eines Preissturzes, dann muß der Gerichtsvollzieher auf Grund des ursprünglichen Antrags von Amts wegen eine Nachpfändung vornehmen. Wenn er sie versäumt, begeht er eine Amtspflichtverletzung.

5) Zwecklose Pfändung, II. Wenn nach dem pflichtgemäßen Ermessen des Vollstreckungsorgans, LG Köln DGVZ **83**, 44, ein Überschuß über die Kosten der Zwangsvollstreckung bei einer Verwertung der Pfandsachen nicht zu erwarten ist, dann muß die Pfändung unterbleiben. Dabei sind die offensichtlich berechtigten Ansprüche eines Dritten zu berücksichtigen, soweit der Dritte nicht anderweit gedeckt ist. Wegen einer Anschlußpfändung § 826 Anm 1. Der Umstand, daß vielleicht nur ein geringer Erlös zu erwarten steht, reicht nicht dazu aus, von einer Pfändung abzusehen (vgl aber für Hausrat § 812). Dagegen ist die Pfändung zu unterlassen, wenn die in Frage kommenden Sachen ersichtlich keinen Verkaufswert haben. Der Gerichtsvollzieher braucht nicht jede einzelne vorgefundene Sache anzugeben, LG Köln DGVZ **83**, 44, vgl freilich § 762 Anm1. II ist eine bloße Sollvorschrift. vgl Anm 3 A. §§ 851 a II, 851 b II verbieten eine Pfändung als zwecklos, weil sie offensichtlich sonst aufzuheben wäre. Einzelheiten LG Bln DGVZ **83**, 41 (abl Maaß) wegen einer Pfändung für mehrere Gläubiger, Mümmler JB **76**, 29.

Rechtsbehelfe: vgl Anm 3 B.

6) VwGO: *Entsprechend anwendbar im Rahmen der Grdz 4 § 803.*

804 **Pfändungspfandrecht.** **I** Durch die Pfändung erwirbt der Gläubiger ein Pfandrecht an dem gepfändeten Gegenstande.

II Das Pfandrecht gewährt dem Gläubiger im Verhältnis zu anderen Gläubigern dieselben Rechte wie ein durch Vertrag erworbenes Faustpfandrecht; es geht Pfand- und Vorzugsrechten vor, die für den Fall eines Konkurses den Faustpfandrechten nicht gleichgestellt sind.

III Das durch eine frühere Pfändung begründete Pfandrecht geht demjenigen vor, das durch eine spätere Pfändung begründet wird.

Schrifttum: Geib, Die Pfandverstrickung usw, 1969.

1) Pfandrecht, I. A. Entstehung. Das Pfandrecht entsteht durch die Pfändung kraft Gesetzes. Die ZPO läßt überflüssigerweise durch die Pfändung an der Pfandsache ein Pfandrecht des Gläubigers entstehen. Sie wollte den Gläubiger dadurch verstärkt sichern, daß sie die früheren landesrechtlichen Grundsätze über das Pfandrecht heranzog. Sie hat damit nur erreicht, daß man unnütz und zweckwidrig Sätze des sachlichrechtlichen Pfandrechts auf das Pfändungspfandrecht überträgt, die zu ihm nicht passen. Das Pfandrecht ist unlöslich an die Sache geknüpft und von der Beschlagnahme nicht zu trennen, Üb 3 A vor § 803.

B. Unabhängigkeit. Das Pfändungspfandrecht ist nicht abhängig (akzessorisch), Ro § 190 II 2 b, StJM II 1, aM Baur ZwV § 25 III, Bruns-Peters § 19 III 2 a. Das Pfändungspfandrecht setzt keine zu sichernde Forderung voraus, wie sie beim Vertragspfandrecht des § 1204 BGB notwendig wäre. Es ist auch nicht mit dem Schicksal der Forderung verbunden. Allerdings gibt nur eine wirksame oder auflösend bedingt wirksame Pfändung, Grdz 8 C a, b vor § 704, ein Pfandrecht. Der gute Glaube allein reicht zu diesem Pfandrecht nicht aus. Das Pfandrecht an der Forderung ergreift kraft Gesetzes die Hypothek.

Der Umstand, daß das Pfandrecht den Anspruch des Gläubigers sichern soll, beweist nichts für eine Abhängigkeit. Die Sicherung des Gläubigers ist nur der Beweggrund für den staatlichen Eingriff, nicht sein Inhalt. Sie deckt den Anspruch, dessentwegen mit Recht oder zu Unrecht gepfändet worden ist. Wenn der Hypothekengläubiger kraft dinglichen Rechts die ihm haftenden Gegenstände pfändet, dann erlangt er ein Pfändungspfandrecht, Ro § 190 II 2 b. Das Recht, die Pfandverwertung zu betreiben, bestreiten dem Gläubiger auch diejenigen nicht, die die Entstehung eines Pfändungspfandrechts bei einem Mangel der Voraussetzungen leugnen.

C. Pfandrecht und Pfändungspfandrecht. Besteht an einer Sache neben einem vertraglichen oder gesetzlichen Pfandrecht ein Pfändungspfandrecht, so darf der Gläubiger wahlweise nach der ZPO oder nach dem BGB oder dem HGB verwerten. Er muß nur im letzteren Fall das Pfändungspfandrecht aufgeben, Ffm MDR **75**, 228.

D. Erlöschen. Das Pfandrecht erlischt zwar mit der Entstrickung, § 803 Anm 2 B b, aber niemals ohne sie. Dies ergibt sich aus seiner unabhängigen Natur. Es kommt nicht in Betracht, daß das Pfandrecht bei einer fortdauernden Beschlagnahme erlöschen könnte, aM Ro § 190 II 2 b mit Rücksicht auf seine grundsätzlich andere Auffassung des Pfändungspfandrechts, vgl Üb 3 B vor § 803. Namentlich beseitigt ein gutgläubiger Erwerb der Pfandsache durch einen Dritten nicht nur das Pfandrecht, sondern auch die Verstrickung. Denn die Beschlagnahme wirkt nur ähnlich einem richterlichen Veräußerungsverbot, vgl § 23 ZVG. Die Beschlagnahme verhindert daher einen gutgläubigen Erwerb nicht. Ein Verzicht auf das Pfandrecht trotz einer Aufrechterhaltung der Verstrickung ist nicht möglich. S im übrigen § 803 Anm 2 B.

2) Pfändung schuldnerfremder Sachen. A. Grundsatz. Ob die Pfandsache zum Vermögen des Schuldners gehört, ist unerheblich. Denn das Pfändungspfandrecht ist unabhängig, vgl § 771. Wenn man in diesem Fall nur eine Verstrickung entstehen läßt, dann müßte eine Befriedigung des Gläubigers aus der Sache unzulässig sein. Das wäre aber eine unerträgliche Folge. Die Pfändung einer Sache, die nicht im Eigentum des Schuldners steht, ermöglicht eine Widerspruchsklage nach §§ 771, 805.

B. Pfändbarkeit eigener Sachen. Der Gläubiger darf eine eigene Sache pfänden. Das widerspricht freilich dem Aufbau des Fahrnispfandrechts des BGB, nicht aber der Regelung der ZPO. Die Pfändung der eigenen Sache kann einen guten Sinn haben, vor allem dann, wenn an ihr ein fremder Gewahrsam besteht, BGH NJW **55**, 64. Ein Faustpfandrecht kann freilich nicht entstehen. Zulässig ist zB eine Pfändung der unter einem Eigentumsvorbehalt verkauften oder in einem Sicherungseigentum gewonnenen Sachen. Eine solche Pfändung läßt sich nicht als einen Verzicht des Gläubigers auf sein Eigentum auffassen.

3) Rechte aus dem Pfandrecht, II. A. Besitz und Verwertung. Das Pfändungspfandrecht gibt dem Gläubiger den Besitz der Pfandsache und berechtigt ihn zu ihrer Verwertung. Im Verhältnis zu anderen Gläubigern stellt es den Gläubiger so, als ob er ein vertragliches Faustpfandrecht erworben hätte bzw im Konkurs ein Absonderungsrecht erhalten hätte, § 49 Z 2 KO. Der Gläubiger erlangt also nicht etwa ein Faustpfandrecht, sondern er erhält nur die Stellung des Faustpfandgläubigers im Verhältnis zu anderen Gläubigern.

B. Einzelfragen. Die Regeln des BGB über das Faustpfandrecht sind nur sinngemäß heranzuziehen, soweit sich das mit der Eigenart des Pfändungspfandrechts vereinbaren läßt. Das Pfandrecht ergreift Ersatzstücke, also den Versteigerungserlös und die hinterlegte Sicherheit oder das Rückforderungsrecht im Falle einer Hinterlegung. Das Pfandrecht umfaßt die vom Pfand getrennten Erzeugnisse, § 1212 BGB sinngemäß. Es ist mit dem Schicksal der gesicherten Forderung nicht verbunden, Anm 1. Wenn die Forderung erlischt, dann bleibt die Pfändung bestehen, solange sie nicht aufgehoben, also freigegeben ist.

Eine Übertragung des Pfandrechts auf einen anderen Anspruch ist nicht möglich. Das Pfandrecht geht nicht mit der Forderung über, außer im Falle der Erbfolge. Das Pfandrecht ist ohne die Forderung übertragbar. Ein neuer Gläubiger muß sich durch einen auf ihn umgeschriebenen Vollstreckungstitel ausweisen. Der Pfandgläubiger ist nicht zur Verwahrung der Pfandsache verpflichtet. § 1215 BGB ist unanwendbar, schon weil der Gläubiger keinen unmittelbaren Besitz hat. § 1227 BGB ist entsprechend anwendbar; die Vorschrift gesteht dem Pfandgläubiger bei einer Beeinträchtigung seiner Rechte die Ansprüche eines Eigentümers zu. Der Pfandgläubiger darf die Herausgabe der Pfandsache an den Gerichtsvollzieher verlangen und Ersatz wegen einer Beschädigung oder einer Entziehung der Pfandstücke fordern, § 823 BGB.

4) Rang, II, III. A. Vorrang vor anderen Pfandrechten usw. Jedes Pfändungspfandrecht geht allen Pfand- und Vorzugsrechten vor, die nicht im Konkurs den Faustpfandrechten gleichstehen. Welche das sind, sagen §§ 48 f KO, die lauten:

KO § 48. Gläubiger, welche an einem zur Konkursmasse gehörigen Gegenstand ein durch Rechtsgeschäft bestelltes Pfandrecht haben, können aus den ihnen verpfändeten Gegenständen abgesonderte Befriedigung wegen ihrer Pfandforderung verlangen, zunächst wegen der Kosten, dann wegen der Zinsen, zuletzt wegen des Kapitals.

KO § 49. [1] **Den im § 48 bezeichneten Pfandgläubigern stehen gleich:**

1. **(die Reichskasse), die Staatskassen und die Gemeinden sowie die Amts-, Kreis- und Provinzialverbände wegen öffentlicher Abgaben, in Ansehung der zurückgehaltenen oder in Beschlag genommenen zoll- und steuerpflichtigen Sachen;**
2. **diejenigen, welche an gewissen Gegenständen ein gesetzliches oder ein durch Pfändung erlangtes Pfandrecht haben; das dem Vermieter und dem Verpächter nach den §§ 559, 581, 585 des Bürgerlichen Gesetzbuchs zustehende Pfandrecht kann in Ansehung des Miet- oder Pachtzinses für eine frühere Zeit als das letzte Jahr vor der Eröffnung des Verfahrens, sowie in Ansehung des dem Vermieter oder dem Verpächter infolge der Kündigung des Verwalters entstehenden Entschädigungsanspruchs nicht geltend gemacht werden; das Pfandrecht des Verpächters eines landwirtschaftlichen Grundstücks unterliegt in Ansehung des Pachtzinses der Beschränkung nicht;**
3. **diejenigen, welche etwas zum Nutzen einer Sache verwendet haben, wegen des den noch vorhandenen Vorteil nicht übersteigenden Betrags ihrer Forderung aus der Verwendung, in Ansehung der zurückbehaltenen Sache;**
4. **diejenigen, welchen nach dem Handelsgesetzbuche in Ansehung gewisser Gegenstände ein Zurückbehaltungsrecht zusteht.**

[II] **Die im Abs. 1 Nr. 1 bezeichneten Rechte gehen den im Abs. 1 Nr. 2–4 und den im § 48 bezeichneten Rechten vor; dies gilt nicht gegenüber den Pfandrechten der Schiffsgläubiger (§ 754 des Handelsgesetzbuchs).**

Allen Konkursgläubigern gehen im Konkurs des Verwahrers, des Pfandgläubigers oder des Kommissionärs die in § 32 DepotG v 4. 2. 37, RGBl 171, bezeichneten Personen vor.

B. Vorrang des früheren Pfändungspfandrechts. Das frühere Pfändungspfandrecht geht dem späteren vor. Es gilt der Grundsatz des Zeitvorrangs (der Priorität) und des Zuerstkommens (der Prävention): Wer zuerst kommt, mahlt zuerst. Der spätere Pfandgläubiger kann aber das dem Rang des früheren bekämpfen. Der spätere Pfandgläubiger kann den Vollstreckungstitel selbst bekämpfen, wenn es sich um Einwendungen handelt, die der Schuldner nicht verloren hat, BGH NJW 61, 1463. Er kann auch gegen die Gültigkeit des früheren Pfandrechts vorgehen, er kann zB geltend machen, dieses frühere Pfandrecht sei schon in demjenigen Zeitpunkt erloschen gewesen, in dem der frühere Gläubiger bei einer vollen Ausnutzung der Pfändbarkeit befriedigt gewesen wäre, BAG NJW 75, 1576 (krit Heiseke NJW 75, 2312), vgl § 878 Anm 2 D. Wegen eines Ablösungsrechts vgl § 268 BGB. Bei einem gesetzlichen Gleichrang, zB nach § 850d II, ist eine Anpassung gemäß § 850d zulässig, Anm 1 C.

Das frühere Vertragspfandrecht geht dem späteren Pfändungspfandrecht vor, auch bei einem Pfandrecht an einem Miterbenanteil, BGH **52**, 99.

C. Vorrang anderer Rechte. Sämtlichen Pfändungspfandrechten, auch den älteren, gehen folgende Rechte vor: **a)** ein Anspruch gemäß § 49 Z 1 KO, vgl § 49 II KO (also nicht gegenüber einem Schiffsgläubigerpfandrecht nach § 754 HGB); **b)** ein gutgläubig erworbenes Vertragspfandrecht, § 1208 BGB. Wenn die Pfändung erkennbar ist, dann ist ein guter Glaube nicht mehr vorhanden. Für den Erwerb eines Pfändungspfandrechts ist ein guter Glaube unerheblich. Denn die §§ 1207 ff BGB sind unanwendbar; **c)** ein Anspruch an

Früchten, und zwar ein Anspruch auf alle an ihn bestehenden dinglichen Rechte, etwa das Früchtepfandrecht, s § 810 Anm 1 A.

D. Gleichrang bei Gleichaltrigkeit. Gleichaltrige Pfändungspfandrechte und gleichstehende Rechte geben denselben Rang. Der Erlös ist in dem Verhältnis der Forderungen zu verteilen, dazu Hantke DGVZ 78, 106. Über den Rang des Arrestpfandrechts s § 931 Anm 2. Ein Zurückbehaltungsrecht an einer der in § 952 BGB bezeichneten Urkunden geht niemals vor. Im Konkurs gibt das Pfändungspfandrecht ein Recht auf eine abgesonderte Befriedigung, § 49 Z 2 KO, soweit die Pfändung vor dem Zeitpunkt der Konkurseröffnung wirksam geworden ist. Eine spätere Pfändung ist den Konkursgläubigern gegenüber unwirksam, § 14 KO. Entsprechendes gilt im Vergleichsverfahren zur Abwendung des Konkurses, § 47 VglO.

5) *VwGO: Entsprechend anwendbar im Rahmen der Grdz 4 § 803.*

805 *Klage auf vorzugsweise Befriedigung.* ᴵ Der Pfändung einer Sache kann ein Dritter, der sich nicht im Besitz der Sache befindet, auf Grund eines Pfand- oder Vorzugsrechts nicht widersprechen; er kann jedoch seinen Anspruch auf vorzugsweise Befriedigung aus dem Erlös im Wege der Klage geltend machen, ohne Rücksicht darauf, ob seine Forderung fällig ist oder nicht.

ᴵᴵ Die Klage ist bei dem Vollstreckungsgericht und, wenn der Streitgegenstand zur Zuständigkeit der Amtsgerichte nicht gehört, bei dem Landgericht zu erheben, in dessen Bezirk das Vollstreckungsgericht seinen Sitz hat.

ᴵᴵᴵ Wird die Klage gegen den Gläubiger und den Schuldner gerichtet, so sind diese als Streitgenossen anzusehen.

ᴵⱽ Wird der Anspruch glaubhaft gemacht, so hat das Gericht die Hinterlegung des Erlöses anzuordnen. Die Vorschriften der §§ 769, 770 sind hierbei entsprechend anzuwenden.

1) Dritter Pfandgläubiger, I. A. Besitzender Dritter. Der Dritte, der ein Pfandrecht oder ein Vorzugsrecht an einer Pfandsache hat, kann dann, wenn er den Besitz hat, sein Recht durch eine Widerspruchsklage nach § 771 geltend machen. Unter Besitz sind auch ein bloß mittelbarer Besitz oder das Verfügungsrecht nach einem Traditionspapier (Konnossement, Ladeschein und dgl) zu verstehen. Geschützt ist aber nur der Besitz einer beweglichen Sache, nicht der Besitz eines Grundstücks, s auch § 771 Anm 6 „Besitz". Der Gläubiger kann sich auch statt der Klage aus § 771 mit einer Klage nach § 805 begnügen. Diese kann zwar nicht den Besitz an der Pfandsache sichern oder wiederverschaffen; sie gewährt dem Gläubiger aber eine vorzugsweise Befriedigung aus dem Erlös. Sie ist also eine mindere Widerspruchsklage.

B. Nicht besitzender Dritter. Dem nicht besitzenden Pfand- oder Vorzugsgläubiger steht nur die Klage aus § 805 offen. Über Pfand- und Vorzugsrechte s §§ 48, 49 KO, abgedruckt in § 804 Anm 4 A. Hierher gehören von ihnen:

a) Gesetzliches Pfandrecht. Hierher zählt das gesetzliche Pfandrecht des Vermieters, Celle DB 77, 1839, des Verpächters, des Gastwirts, des Frachtführers usw, bevor sich diese Personen in den Besitz gesetzt haben, auch nach der Fortschaffung von dem Grundstück durch den Gerichtsvollzieher, § 560 BGB, vgl auch BGH 27, 231. Das Pfandrecht des Vermieters ist durch §§ 559, 560, 563 BGB beschränkt. Der Vermieter muß das Eigentum des Mieters an den Möbeln beweisen. Für ein solches Eigentum spricht aber ein Anscheinsbeweis.

b) Vertragliches Pfandrecht. Hierher zählt ferner ein Vertragspfandrecht und ein Pfändungspfandrecht, wenn der Gläubiger oder der Gerichtsvollzieher den Gewahrsam verloren hat. Auch das Recht des Hypothekengläubigers auf eine vorzugsweise Befriedigung aus den Gutserzeugnissen gehört hierher, ebenso ein nach dem französischen Recht entstandenes Registerpfandrecht, BGH 39, 173.

Ein späterer Pfändungspfandgläubiger kann einen Vorrang nur im Verteilungsverfahren geltend machen. Der Pfändungspfandgläubiger des Anwartschaftsrechts auf die Übertragung des Eigentums hat kein Recht auf eine vorzugsweise Befriedigung, BGH NJW 54, 1325, StJM 10, ZöSch 1a, aM Frank NJW 74, 2216 mwN (beim Besitz sei § 771 anwendbar, sonst seien die §§ 827, 872ff entsprechend anwendbar).

c) Pfandrecht eines Kreditinstituts. Hierher zählt ferner das Pfandrecht des Kreditinstituts bei einer Pachtinventarverpfändung durch Niederlegung, §§ 11, 12 PachtkreditG v

5. 8. 51, BGBl 494, wenn ein Dritter vollstreckt, oder für den Dritten, wenn das Institut oder der Verpächter vollstreckt.

d) Früchtepfandrecht. Hierher zählt schließlich das Früchtepfandrecht, s § 810 Anm 1 A.

2) Klage, I–III. A. Rechtsnatur. Die Klage ist eine mindere Widerspruchsklage, Anm 1 A, also eine prozessuale Gestaltungsklage und ein schwächeres Gegenstück zu § 771. Sie verfolgt das Ziel, daß der Kläger an der Zwangsvollstreckung teilnehmen kann, sobald das Urteil für vorläufig vollstreckbar erklärt worden ist, und daß er dann vor dem Bekl den Vorrang hat, Einf 1 A vor §§ 771–774.

B. Voraussetzungen: a) Fortdauer der Vollstreckung. Die Zwangsvollstreckung darf noch nicht beendet sein, Grdz 7 B vor § 704. Nach der Auszahlung des Erlöses bleibt nur eine Klage aus einer Bereicherung oder aus einer unerlaubten Handlung im entsprechenden Gerichtsstand möglich. Der Vermieter usw ist an die Frist des § 561 BGB nicht gebunden.

b) Beweis des Vorrechts. Der Kläger muß ein Pfandrecht oder ein Vorzugsrecht und ferner seinen Anspruch und seinen Rang beweisen. Der Kläger muß sich ein etwaiges rechtskräftiges Urteil zwischen einem Dritten und dem Schuldner über das Pfandrecht entgegenhalten lassen, vgl Blomeyer ZPR § 93.

c) Geldforderung. Es muß sich um eine Geldforderung handeln. Die Art der Verwertung ist unerheblich. Auch eine nicht fällige Forderung ermöglicht die Klage. Es ist aber der Zwischenzins entsprechend §§ 1133, 1217 II BGB abzuziehen.

C. Verfahren. Ausschließlich zuständig, § 802, ist das AG des Bezirks als Vollstreckungsgericht, § 764. Bei einem höheren Streitwert ist das zugehörige LG zuständig. Der Antrag und das Urteil lauten zweckmäßig: „Der Kläger ist vor dem Beklagten aus dem Reinerlös zu befriedigen". Die Zwangsvollstreckung erfolgt durch den Gerichtsvollzieher oder durch die Hinterlegungsstelle. Es erfolgt keine Zwangsvollstreckung gegen die Partei. Nur der Reinerlös kommt in Frage. Daher müssen alle Kosten vorher abgezogen werden. Dabei ist es unerheblich, ob die Veräußerung zwangsweise oder freiwillig vorgenommen wurde. Der Gläubiger, der auf eine Aufforderung in eine vorzugsweise Befriedigung eingewilligt hat, hat keinen Klaganlaß gegeben, § 93. S im übrigen die Erläuterungen zu § 771.

3) Hinterlegung, IV. Da die Klage voraussetzt, daß die Zwangsvollstreckung durchgeführt wird, kommt eine Einstellung nach der Art des § 771 III hier nicht in Frage. Dagegen muß das Gericht von Amts wegen eine Hinterlegung des Verwertungserlöses anordnen, wenn der Kläger seinen Anspruch nach § 294 glaubhaft gemacht hat. Dabei sind die §§ 769, 770 entsprechend anzuwenden. Eine einstweilige Verfügung darf also nicht erlassen werden. Für die Anordnung ist in einem dringenden Fall nach § 769 II, dort Anm 2 A, das Vollstreckungsgericht zuständig, das durch den Rpfl entscheidet, § 20 Z 17 RPflG, Anh § 153 GVG. Wegen der Rechtsbehelfe § 769 Anm 3. Der Beschluß muß schriftlich vorliegen. Es muß also niedergeschrieben worden sein. Eine bloße Mitteilung, die Niederschrift stehe bevor, genügt nicht.

4) VwGO: *Entsprechend anwendbar im Rahmen der Grdz 4 § 803; Klage ist stets beim Vollstreckungsgericht, § 764 Anm 4, zu erheben. Wenn § 5 VwVG eingreift, gilt § 293 AO 1977.*

806 **Keine Gewähr bei Pfandverkauf.** Wird ein Gegenstand auf Grund der Pfändung veräußert, so steht dem Erwerber wegen eines Mangels im Recht oder wegen eines Mangels der veräußerten Sache ein Anspruch auf Gewährleistung nicht zu.

1) Rechtsnatur. Die Vorschrift hat einen rein sachlichrechtlichen Inhalt. Sie entspricht dem § 56 S 3 ZVG, Mü DGVZ 80, 123. Sie gilt für den Gläubiger und für den Schuldner. Sie bezieht sich auf sämtliche Sach- und Rechtsmängel der veräußerten Pfandsache, Mü DGVZ 80, 123, auch bei einer zugesicherten Eigenschaft entsprechend dem § 461 BGB, der für eine private Pfandversteigerung dasselbe bestimmt. Es ist unerheblich, ob eine Haftung für ein Verschulden besteht. Unter § 806 fällt auch der freihändige Verkauf nach §§ 817a III, 821, 825 ua, nicht aber der Selbsthilfeverkauf durch den Gerichtsvollzieher, §§ 385 BGB, 373 HGB.

2) VwGO: *Entsprechend anwendbar im Rahmen der Grdz 4 § 803. Wenn § 5 VwVG eingreift, gilt § 283 AO 1977.*

§ 807 *Eidesstattliche Versicherung.* I Hat die Pfändung zu einer vollständigen Befriedigung des Gläubigers nicht geführt oder macht dieser glaubhaft, daß er durch Pfändung seine Befriedigung nicht vollständig erlangen könne, so ist der Schuldner auf Antrag verpflichtet, ein Verzeichnis seines Vermögens vorzulegen und für seine Forderungen den Grund und die Beweismittel zu bezeichnen. Aus dem Vermögensverzeichnis müssen auch ersichtlich sein

1. die im letzten Jahre vor dem ersten zur Abgabe der eidesstattlichen Versicherung anberaumten Termin vorgenommenen entgeltlichen Veräußerungen des Schuldners an seinen Ehegatten, vor oder während der Ehe, an seine oder seines Ehegatten Verwandte in auf- oder absteigender Linie, an seine oder seines Ehegatten voll- oder halbbürtigen Geschwister oder an den Ehegatten einer dieser Personen;
2. die im letzten Jahre vor dem ersten zur Abgabe der eidesstattlichen Versicherung anberaumten Termin von dem Schuldner vorgenommenen unentgeltlichen Verfügungen, sofern sie nicht gebräuchliche Gelegenheitsgeschenke zum Gegenstand hatten;
3. die in den letzten zwei Jahren vor dem ersten zur Abgabe der eidesstattlichen Versicherung anberaumten Termin von dem Schuldner vorgenommenen unentgeltlichen Verfügungen zugunsten seines Ehegatten.

Sachen, die nach § 811 Nr. 1, 2 der Pfändung offensichtlich nicht unterworfen sind, brauchen in dem Vermögensverzeichnis nicht angegeben zu werden, es sei denn, daß eine Austauschpfändung in Betracht kommt.

II Der Schuldner hat zu Protokoll an Eides Statt zu versichern, daß er die von ihm verlangten Angaben nach bestem Wissen und Gewissen richtig und vollständig gemacht habe. Die Vorschriften der §§ 478 bis 480, 483 gelten entsprechend.

Schrifttum: Heintz, Die Stellung gesetzlicher Vertreter beim prozessualen Offenbarungseid, Diss Mü 1962; Herzig, Offenbarungseids- und Haftverfahren, 1965; Koch, Offenbarungseid und Haft, 1965; Wich, Veräußerungsgeschäfte des Vollstreckungsschuldners im Offenbarungseidverfahren, Diss Mü 1958.

Gliederung

1) **Allgemeines**
2) **Voraussetzungen, I**
   A. Zulässigkeit der Vollstreckung
   B. Erfolglosigkeit der Pfändung
      a) Grundsatz
      b) Fruchtlosigkeitsbescheinigung
      c) Einzelfragen
   C. Sinnlosigkeit der Pfändung
3) **Vermögensverzeichnis, I**
   A. Grundsatz
   B. Angaben im einzelnen
      a) Notwendige Angaben
      b) Entbehrliche Angaben
   C. Entgeltliche Veräußerung, I Z 1
   D. Unentgeltliche Veräußerung, I Z 2–3
      a) Im letzten Jahr
      b) Zugunsten des Ehegatten, Z 3

   E. Offensichtliche Unpfändbarkeit, I 3
      a) Sache des persönlichen Gebrauchs usw, § 811
      b) Austauschpfändung
      c) Steuersache
   F. Auskunftspflicht im einzelnen
   G. Schriftform
   H. Ergänzungspflicht
   I. Einsichtsrecht anderer Gläubiger
4) **Verfahren, II**
   A. Grundsatz
   B. Antrag
   C. Inhalt
   D. Person des Versichernden
   E. Form
   F. Weigerung, Umgehung
5) **VwGO**

1) Allgemeines. Die eidesstattliche Versicherung zwecks Offenbarung, der frühere Offenbarungseid, kann eine sachlichrechtliche oder eine prozessuale Natur haben. Die sachlichrechtliche eidesstattliche Versicherung, die bei einer Verpflichtung zu einer Rechnungslegung zu leisten ist, ist im BGB und für das Verfahren zB in §§ 79, 163 FGG, 889 ZPO geregelt. § 807 betrifft nur die prozessuale eidesstattliche Versicherung. Ihr Verfahren ist in den §§ 899 ff weiter geordnet. Weitere Fälle einer prozessualen Offenbarungsversicherung regeln die §§ 883 ZPO, 125 KO, 69 II VglO. Vgl auch § 7 JBeitrO, dazu Ffm Rpfleger 77, 145, § 284 AO 1977. Andere Beweismittel kann die eidesstattliche Versicherung nicht ersetzen. Sie ist auch selbst kein Beweismittel, LG Düss Rpfleger 81, 151.

2) Voraussetzungen, I. A. Zulässigkeit der Vollstreckung. Erforderlich ist ein Vollstreckungstitel, der sich auf eine Geldforderung richtet. Dieser Titel darf vorläufig voll-

1. Titel. Zwangsvollstr. in das bewegl. Vermögen §807 2

streckbar sein. Auch ein bloßer Kostentitel reicht aus. Ein rein dinglicher Titel ohne eine Unterwerfungsklausel, wie ein Grundschuldbrief, genügt nicht. Ausreichend sind aber ein Titel auf eine Duldung oder auf eine Hinterlegung oder ein Arresttitel, Düss NJW 80, 2717, Treysse Rpfleger 81, 340 je mwN (daher reicht auch der rechtsähnliche Titel aus § 720a aus, § 720a Anm 2). Ausreichend ist auch eine einstweilige Verfügung auf die Zahlung einer Geldsumme; das letztere folgt aus § 928. Ausreichend ist ferner ein Beschluß nach § 19 BRAGO, selbst wenn ihn der Urkundsbeamte der Geschäftsstelle eines Verwaltungsgerichts erlassen hat, VG Bln NJW 81, 884, aM zB OVG Münster NJW 80, 2373.

Die Zwangsvollstreckung in das offenzulegende Vermögen muß zulässig sein. Deshalb entsteht die Pflicht zur Abgabe der eidesstattlichen Versicherung bei einer verwalteten Vermögensmasse erst mit der Beschaffung der notwendigen Duldungstitels. Wegen der eidesstattlichen Versicherung des mitbesitzenden Ehegatten vgl § 739 Anm 3. Der gütergemeinschaftliche Ehegatte, der allein verwaltet, muß sein gesamtes Vermögen einschließlich des Gesamtguts offenlegen, § 740 Anm 3 B a. Die Partei kraft Amts, Grdz 2 C vor § 50, braucht nur das verwaltete Vermögen offenzulegen, nicht das eigene Vermögen. Der Erbe und derjenige, der sonst nach § 786 beschränkt haftet, muß das eigene Vermögen und den Nachlaß darlegen, solange die Beschränkung nicht rechtskräftig feststeht, §§ 781, 785, s § 781 Anm 1 B. Wer sonst nach dem sachlichen Recht nur beschränkt haftet, braucht nur die haftende Masse anzugeben, etwa der Schuldner bei einer Hypothekenklage.

B. Erfolglosigkeit der Pfändung. a) Grundsatz. Die Pfändung darf nicht zu einer vollen Befriedigung des Gläubigers geführt haben. Die Pfändung muß also erfolglos in das bewegliche Vermögen versucht worden sein, § 803. Der Gläubiger braucht aber nur nachzuweisen, daß die Pfändung einer körperlichen Sache in der letzten Zeit vergeblich versucht worden ist. Eine bloße Glaubhaftmachung genügt allerdings nicht. Andere Vollstreckungsversuche sind nur in einem zumutbaren Umfang nötig, Köln MDR 76, 53, LG Aachen Rpfleger 81, 444, Ffm Rpfleger 77, 144 meint, bei einer völligen Aussichtslosigkeit der Vollstreckung genüge auch deren Glaubhaftmachung. Da der Gerichtsvollzieher unnötige Kosten vermeiden soll, braucht er die Pfändung nicht erneut zu versuchen, wenn er soeben erst einen erfolglosen Pfändungsversuch vorgenommen hatte.

b) Fruchtlosigkeitsbescheinigung. Der Gläubiger kann den Nachweis der vergeblichen Pfändung durch eine Bescheinigung des Gerichtsvollziehers, die sog Fruchtlosigkeitsbescheinigung, erbringen, Stgt Rpfleger 81, 152, LG Hann DGVZ 81, 40. Der Gläubiger kann ihre Beibringung nicht durch den Hinweis auf schlechte Beitreibungserfolge in anderen Fällen umgehen, Köln DGVZ 83, 56. Zur Erteilung der Bescheinigung ist jeder Gerichtsvollzieher zuständig, in dessen Bezirk auch nur evtl pfändbares Vermögen vorhanden ist, Stgt BB 77, 414. Der Gläubiger braucht also das Pfändungsprotokoll nicht unbedingt vorzulegen, LG Aachen Rpfleger 81, 444, kann aber auch diesen Weg wählen, Stgt Rpfleger 81, 152. Wie alt die Fruchtlosigkeitsbescheinigung sein kann, das richtet sich nach den gesamten Umständen, zB Ffm Rpfleger 77, 144, Schlesw SchlHA 77, 61 (maßgeblich ist das Alter der Bescheinigung im Zeitpunkt der erneuten Antragstellung), Schneider MDR 76, 534. Feste Zeitgrenzen sind nicht zu setzen, LG Hbg MDR 83, 140, aM zB LG Hagen MDR 75, 497 (es fordert bei einer mehr als 6 Monate alten Unpfändbarkeitsbescheinigung einen neuen Vollstreckungsversuch), LG Kiel MDR 77, 586 (es setzt die zeitliche Grenze bei etwa 1 Jahr), LG Oldb MDR 79, 1032, Dempewolf BB 77, 1631 (sie lassen eine bis zu 3 Jahre alte Bescheinigung ausreichen). Maßgeblich sind insbesondere die Höhe der Forderung und die wirtschaftlichen Möglichkeiten des Schuldners, vgl auch LG Essen MDR 69, 676.

c) Einzelfragen. Allmähliche Abzahlungen beseitigen das Rechtsschutzbedürfnis nicht, insbesondere dann nicht, wenn sie immer erst im Zeitpunkt der Vorführungsandrohung erfolgen, LG Mannh MDR 74, 148. Solche Abzahlungen rechtfertigen nicht dauernd neue Fruchtlosigkeitsbescheinigungen, LG Bln MDR 72, 333. Wenn der Gläubiger Forderungen kennt, dann muß er zunächst diese pfänden oder glaubhaft machen, daß eine Vollstreckung insoweit keinen Erfolg verspricht oder ihm keine alsbaldige Befriedigung verschafft, KG OLGZ 68, 183, LG Bln MDR 75, 498.

Wenn der Schuldner mehrere Wohnungen hat, dann muß eine Pfändung in allen Wohnungen versucht worden sein. Jedoch braucht der Gläubiger neben einem Geschäftsraum eine Wohnung nur in einem zumutbaren Umfang zu ermitteln, Köln MDR 76, 53, LG Essen MDR 76, 53, aM Ffm Rpfleger 77, 145 (ein Pfändungsversuch am Hauptwohnsitz reiche aus). Der Umstand, daß ein Dritter einen Anspruch aus § 771 oder § 805 an einem Pfändstück erhebt, reicht nicht aus, StJM II 4a, aM Düss OLGZ 69, 460. Ebensowenig reicht eine zeitweilige Aussetzung aus, § 813a. Etwas anderes gilt, wenn der Gläubiger ein Pfändstück freigeben mußte oder wenn ein Vorrecht an diesem Pfändstück glaubhaft gemacht worden ist, vgl auch § 771 III. Der Gläubiger muß aber dann, wenn gepfändete Sachen seine Befriedigung versprechen, deren Pfändung nicht angegriffen wurde, die Zwangsvollstreckung zunächst durch die Verwertung dieser Sachen versuchen.

Wenn der Schuldner die Durchsuchung der Wohnung verweigert hat, dann kann der Gläubiger das Protokoll des Gerichtsvollziehers als Nachweis der Ergebnislosigkeit des Pfändungsversuchs vorlegen, LG Aachen Rpfleger **81**, 444, aM AG Essen DGVZ **81**, 158.

Wenn der Gläubiger gepfändet hat und wenn die Verwertung noch aussteht, dann muß der Gläubiger glaubhaft machen, daß die Verwertung unter keinen Umständen zu einer vollen Befriedigung führen kann. Der Gerichtsvollzieher darf die Erteilung der Fruchtlosigkeitsbescheinigung davon abhängig machen, daß ein Verwertungsversuch nach § 825 vorgenommen wird, falls ein solcher Versuch wahrscheinlich zur vollen Befriedigung des Gläubigers führen kann, LG Oldb NJW **69**, 2243. Wenn der Gerichtsvollzieher diesen Weg ablehnt, ist die Erinnerung nach § 766 zulässig. Die Angabe des Arbeitgebers des Schuldners hindert den Fortgang eines Verfahrens nach § 807 nur dann, wenn der Gläubiger den Arbeitgeber vor dem Antrag auf die Abnahme der eidesstattlichen Versicherung zwecks Offenbarung bereits kannte, LG Bln Rpfleger **75**, 373.

C. Sinnlosigkeit der Pfändung. Ausreichend ist auch, daß der Gläubiger durch eine Pfändung keine volle Befriedigung erlangen könnte. Insofern genügt eine Glaubhaftmachung, § 294, und braucht eine Pfändung nicht versucht worden zu sein. So kann der Gläubiger zB nachweisen, daß andere Gläubiger bereits fruchtlos gepfändet haben oder daß sich der Schuldner dem Zugriff entzieht und seine Wohnung verheimlicht. Der Gläubiger braucht eine Sache, die ihm noch gehört, weil sie noch unter seinem Eigentumsvorbehalt steht, wegen des Restkaufpreises nicht pfänden zu lassen, Celle MDR **52**, 751, Saarbr OLGZ **66**, 311. Wohl aber muß der Gläubiger eine Pfändung der bei ihm befindlichen Möbel des Schuldners vornehmen lassen, auch wenn der Gläubiger an den Möbeln ein Benutzungsrecht hat, Schlesw SchlHA **56**, 204. Eine alte Bescheinigung des Gerichtsvollziehers wird vom Gericht frei ausgewertet, § 286.

3) Vermögensverzeichnis, I. A. Grundsatz. Der Gläubiger soll erkennen können, welche weiteren Möglichkeiten einer Zwangsvollstreckung bestehen, LG Mönchengladb MDR **82**, 504, LG Oldb Rpfleger **83**, 163. Deshalb muß der Schuldner im Vermögensverzeichnis sein gesamtes Istvermögen angeben, soweit es der Zwangsvollstreckung dem Vollstreckungstitel nach allgemein unterworfen ist. Dazu gehören unter Umständen auch pfändungsfreie Vermögensteile sowie Liegenschaften, selbst wenn sie unter einer Zwangsverwaltung stehen, überhaupt alle Vermögensrechte, zB eine betagte Forderung oder eine anfechtbare Veräußerung, I Z 1–3. Wenn eine Haftungsbeschränkung auf eine bestimmte Vermögensmasse vorliegt, etwa auf einen Nachlaß, dann braucht das Vermögensverzeichnis nur für diese Masse angefertigt zu werden, Schlesw SchlHA **58**, 338. Der Schuldner braucht eine offensichtlich unpfändbare Sache nicht gemäß I 3 aufzuführen. Er darf eine wertlose Sache als bloßen Ballast des Verzeichnisses weglassen, BGH NJW **52**, 1024. Zweifelhafte oder bestrittene Vermögenswerte sind aber nicht völlig wertlos, BGH NJW **53**, 390. Eine erdichtete Forderung macht das Verzeichnis unrichtig, BGHSt **7**, 378, **11**, 223.

Die Angaben müssen so vollständig sein, daß der Gläubiger anhand des Vermögensverzeichnisses sofort Maßnahmen zu seiner Befriedigung treffen kann, LG Hbg MDR **81**, 61, LG Köln MDR **76**, 150. Der Schuldner muß daher auch die Rechtsform eines ihm zustehenden Vermögensrechts angeben, zB bei der Erbauseinandersetzung, BGH NJW **57**, 1200, und die Ansprüche genau bezeichnen, LG Hbg MDR **81**, 61, LG Kblz MDR **76**, 150. Wenn der Schuldner seine Angaben unvollständig macht, liegt eine Pflichtverletzung vor, und zwar selbst dann, wenn sich der Schuldner durch eine wahrheitsgemäße Angabe einer Straftat bezichtigen muß, BGH **41**, 318.

B. Angaben im einzelnen. a) Notwendige Angaben. Anzugeben sind zB: Ein tatsächlich oder rechtlich unsicherer und vielleicht uneinbringlicher Anspruch, A; ein aufschiebend bedingter Anspruch, etwa auf eine Eigentumsübertragung nach der Zahlung; das Geschäftsinventar, und zwar genau, LG Oldb Rpfleger **83**, 163 („diverse Möbel" reicht nicht); ein Gegenstand, den der Schuldner unter dem Eigentumsvorbehalt des Verkäufers erworben hat, BGH NJW **60**, 2200, LG Bln Rpfleger **76**, 145; ein Gegenstand, den ein Dritter gepfändet hat; ein Anspruch auf die Rückübertragung eines zur Sicherung übereigneten Gegenstands nach dem Erlöschen des fremden Rechts, außer wenn die Rückübertragung nicht mehr in Betracht kommt, weil ein überschießender Wert nach der Übereignung nicht mehr vorhanden ist, BGH NJW **52**, 1023; ein künftiges Recht, soweit es pfändbar ist; ein künftig fälliger Gehaltsanspruch, auch wenn der Arbeitsvertrag erst demnächst zu laufen beginnt,

BGH MDR **58**, 257; bei einer Gelegenheitsarbeit alle Arbeitgeber, LG Mönchengladb MDR **82**, 504, und mindestens der Durchschnittslohn, LG Essen MDR **72**, 789, LG Kblz MDR **74**, 148; eine künftige Provisionsforderung wegen eines künftigen Warenverkaufs, Hamm MDR **80**, 149; eine künftige Maklerforderung.

Bei einem Lebensversicherungsanspruch mit dem Bezugsrecht eines Dritten muß der Schuldner angeben, ob für den Dritten eine Unwiderruflichkeit vereinbart worden ist, LG Duisb NJW **55**, 717. Er muß ferner angeben: Eine Beteiligung an einer Gesellschaft; eine Rente nah Art und genauer Höhe, LG Oldb Rpfleger **83**, 163 („ca. 1000 DM" reicht nicht); im Falle einer Gütertrennung sein eigenes Vermögen; bei einer Gütergemeinschaft als der allein verwaltungsberechtigte Ehegatte sein Vermögen und das Gesamtgut, als der nichtverwaltungsberechtigte Ehegatte sein Vorbehaltsgut. Wenn aber der in der Gütergemeinschaft lebende Ehegatte selbständig ein Erwerbsgeschäft betreibt, dann muß er dieses angeben, auch wenn er das Gesamtgut nicht verwaltet, falls nicht eine der Ausnahmen des § 741 vorliegt. Der Schuldner muß als Halter eines Kraftfahrzeugs seine rechtlichen Beziehungen zum Inhaber des Kraftfahrzeugbriefs angeben, AG Groß Gerau Rpfleger **82**, 75.

Der Schuldner muß schließlich angeben: Die auf dem Grundvermögen des Schuldners ruhenden Belastungen, LG Bln Rpfleger **78**, 229; alle Sachen, die er im Eigenbesitz hat, auch wenn sie ihm nicht gehören, Brschw MDR **51**, 52 (etwas anderes gilt beim Leasingbesitz, s unten); Einnahmen nach § 850h II, Hamm MDR **75**, 161; die Dauer einer Arbeitslosigkeit oder Krankheit, soweit davon der Lohnsteuer-Jahresausgleich abhängt, LG Köln MDR **76**, 150. Wegen des Anspruchs auf einen Familienunterhalt LG Mannh Rpfleger **80**, 237.

b) Entbehrliche Angaben. Nicht anzugeben sind zB: Ein bereits beendeter Arbeitsvertrag, wenn ein Gehaltsanspruch aus ihm nicht mehr besteht, BGH NJW **68**, 1388, LG Frankenth Rpfleger **81**, 363; eine Sache, die einem anderen zur Sicherung übereignet worden ist, vgl auch oben (der Schuldner muß aber angeben, ob die Schuld der Höhe der Abtretung erreicht), aM LG Krefeld Rpfleger **79**, 146 (es verlangt die Angabe des Rechtsgrunds der Sicherungsübereignung); eine Unterstützung, auf die ein Rechtsanspruch besteht; eine Sache, die der Schuldner durch ein ernstgemeintes, anfechtbares Rechtsgeschäft veräußert hat, vgl aber C und D; der Wirkungsbereich des Unternehmens (goodwill), zB die Kundenliste, BGHSt **8**, 400, abw BGH MDR **58**, 257 (etwas anderes gelte dann, falls eine Geschäftsverbindung zu einem späteren Anspruch führen könne); ein Warenzeichen, weil solche Vermögenswerte nur mit dem Unternehmen veräußerlich sind und das Unternehmen als solches der Zwangsvollstreckung praktisch entzogen ist; ein Leasingbesitz, LG Bln Rpfleger **76**, 145; eine offensichtlich unpfändbare Sache, sofern keine Austauschpfändung in Betracht kommt, I 3; eine bloße Erwerbsmöglichkeit ohne jeden gegenwärtigen Vermögenswert, BGH (St) Rpfleger **80**, 339.

C. Entgeltliche Veräußerung, I Z 1. Anzugeben sind ferner die anfechtbaren entgeltlichen Veräußerungen an die nächsten Verwandten. Es kommt dabei nicht auf eine etwaige Absicht der Benachteiligung des Gläubigers an. Das Verzeichnis soll den Gläubiger nur dazu instandsetzen, von seinem Anfechtungsrecht Gebrauch zu machen; vgl auch § 3 I Z 2 AnfG, insbesondere Böhle-Stamschräder AnfG. Da der Schuldner schon nach I 2 verpflichtet ist, alle Vermögensstücke anzugeben, die noch nicht aus dem Vermögen ausgeschieden sind, da der Schuldner also auch eine Ware angeben muß, die er schon verkauft hat, aber noch nicht geliefert hat oder die er schon geliefert hat, die aber noch mit einem Eigentumsvorbehalt zu seinen Gunsten belastet ist, handelt es sich bei den entgeltlichen Veräußerungen nur um solche Gegenstände, die bereits aus seinem Vermögen ausgeschieden sind.

Die Art des Rechtsgeschäfts ist unerheblich. Das setzt voraus, daß das Rechtsgeschäft überhaupt entgeltlich ist. Dabei ist unbeachtlich, wem der Entgelt zugeflossen ist. Eine objektive Gleichwertigkeit braucht nicht vorzuliegen. Wohl aber ist erforderlich, daß der Erwerb von einer ausgleichenden Zuwendung anhängig ist. Auch die Veräußerung eines Gegenstands an eine GmbH, die den nahen Verwandten gehört, kann unter Z 1 fallen, Böhle-Stamschräder § 3 AnfG Anm II 8.

Betroffen sind die im letzten Jahr vor dem ersten zur eidesstattlichen Versicherung anberaumten Termin abgeschlossenen entgeltlichen Veräußerungsgeschäfte. Entscheidend ist diejenige Handlung, durch die der Rechtserwerb vollendet wird. Wenn mehrere solche Handlungen erforderlich waren, kommt es auf die letzte noch erforderliche Handlung an. Z 1 umschreibt den Personenkreis abschließend. Die Ehe braucht zur Zeit der Veräußerung noch nicht bestanden zu haben, wenn es zu einer Veräußerung gekommen ist und wenn das Verzeichnis dann anschließend vorgelegt wird. Für ein Verwandtschaftsverhältnis oder für eine Ehe mit dem nahen Verwandten ist im übrigen der Zeitpunkt des Veräußerungsaktes maßgebend. Es ist unerheblich, ob die Ehe in dem einen oder anderen Fall noch besteht.

D. Unentgeltliche Veräußerung, I Z 2–3. Anzugeben sind ferner anfechtbare unentgeltliche Verfügungen, nämlich:

a) Im letzten Jahr, I Z 2. Anzugeben ist eine unentgeltliche Verfügung ohne Begrenzung des Personenkreises, vgl § 3 I Z 3 AnfG, soweit die Verfügung ein Jahr zurückliegt. Zur Entgeltlichkeit oben C. Als unentgeltlich ist insbesondere eine vollzogene Schenkung anzusehen. Wenn Dienste nachträglich belohnt werden, so kann das, muß aber nicht eine unentgeltliche Zuwendung sein. Die Überlassung zur Nutzung, auch in der Form einer Leihe, kann eine unentgeltliche Zuwendung sein, Jäger GläubAnfechtung § 3 Anm 48. Die Erfüllung einer klaglosen Schuld ist nicht unentgeltlich. Unentgeltlich ist aber eine Zahlung auf eine bei einem Dritten uneinbringliche Schuld ohne einen eigenen Verpflichtungsgrund. Eine Verfügung auf Grund einer begründeten Verbindlichkeit ist in keinem Fall unentgeltlich. Dies gilt zB für die Zahlung einer Rente durch den Erzeuger an die Kindesmutter für das Kind, BGH **5**, 302. Dann liegt das Entgelt in der Befreiung von der Verbindlichkeit. Ebensowenig entgeltlich ist die Ausstattung im Rahmen des Angemessenen, Jäger GläubAnfechtung § 3 Anm 50.

Anders als bei einer Schenkung verlangt eine unentgeltliche Verfügung keine Bereicherung des Empfängers. Bei einer gemischten Schenkung ist nach der erkennbaren Parteiabsicht zu trennen; der Regelung des I Z 2 unfällt nur der unentgeltliche Teil der Schenkung, vgl BGH **30**, 120. Es kommt auf den Zeitraum bis zu einem Jahr vor dem zur ersten eidesstattlichen Versicherung anberaumten Termin an; zur Berechnung C. Ausgenommen sind gebräuchliche Gelegenheitsgeschenke. Es entscheidet die Vermögenslage im Zeitpunkt der Schenkung, nicht die spätere Vermögenslage, es sei denn, daß diese vorhersehbar ist.

b) Zugunsten des Ehegatten, I Z 3. Anzugeben ist eine unentgeltliche Verfügung zugunsten des Ehegatten des Schuldners; vgl § 3 I Z 4 AnfG. Die Ehe muß im Zeitpunkt der Vollendung der Zuwendung, C, bestehen. Eine Verfügung, die der Schuldner dem Verlobten gegenüber vorgenommen und vollendet hat, gehört nicht hierher. Es kommt auf den Zeitraum bis zu zwei Jahren (nicht nur bis zu einem Jahr) vor dem ersten zur eidesstattlichen Versicherung anberaumten Termin an, C. Gebräuchliche Gelegenheitsgeschenke sind auch hier ausgenommen.

E. Offensichtliche Unpfändbarkeit, I 3. Nicht notwendig ist die Angabe derjenigen Sachen, die gemäß § 811 Z 1 und 2 offensichtlich unpfändbar sind und für die auch keine Austauschpfändung in Betracht kommt. Im einzelnen gilt dabei folgendes:

a) Sache des persönlichen Gebrauchs usw, § 811. Offensichtlich unpfändbar sind nur solche Sachen des persönlichen Gebrauchs usw, die nach der Ansicht nicht bloß des Schuldners bzw seines gesetzlichen Vertreters, sondern jedes vernünftigen, sachkundigen Dritten unter § 811 Z 1, 2 fallen, vgl § 811 Anm 3, 4. Auch der Rpfl muß also dieser Meinung sein. Der Schuldner muß unverändert den amtlichen Vordruck ausfüllen. Dieser soll in Zukunft so gestaltet werden, daß alle pfändbaren Sachen erfaßt werden und daß auch die für eine Austauschpfändung in Betracht kommenden Sachen angegeben werden müssen.

Der Rpfl muß im Termin zur Abgabe der eidesstattlichen Versicherung zur Offenbarung nach § 900 das Verzeichnis mit dem Schuldner durchgehen. Der Gläubiger kann am Termin teilnehmen. Der Rpfl muß darauf achten, daß ein für die Vollstreckung geeignetes Vermögensstück nicht übersehen wird, BRDrs 193/77. Im Zweifel und insbesondere bei der Verwendung älterer Vordruckformulare ist eine Sache mit anzugeben, Müller NJW **79**, 905. Ein Hinweis etwa dahin, der Schuldner habe „offensichtlich unpfändbare Sachen nicht aufgeführt", ist aber nicht notwendig.

Weder der Schuldner noch der Rpfl haben einen Ermessensspielraum zu der Frage, ob die fragliche Sache unpfändbar sei. Es ist vielmehr notfalls von Amts wegen zu klären, ob eine „offensichtliche" Unpfändbarkeit vorliegt. Es handelt sich hier um einen unbestimmten Rechtsbegriff. Wegen der Ergänzung des mangelhaften Verzeichnisses vgl G. Wegen der Formel der eidesstattlichen Versicherung vgl Anm 4 C.

b) Austauschpfändung. Eine Austauschpfändung zwingt zu der Angabe auch einer offensichtlich unpfändbaren Sache nicht erst dann, wenn die Austauschpfändung beantragt worden ist, sondern schon, sobald die Austauschpfändung überhaupt in Betracht kommt. Auch diese Voraussetzung ist weder vom Standpunkt nur des Schuldners noch von demjenigen nur des Gläubigers, zu prüfen, sondern vom Standpunkt eines vernünftigen, sachkundigen Dritten aus, also vor allem vom Standpunkt des Rpfl.

Eine Austauschpfändung „kommt in Betracht", wenn sie nicht bloß „denkbar" ist. Sie braucht aber nicht „wahrscheinlich" zu sein. Eine nicht ganz geringe Möglichkeit genügt. Diese Möglichkeit darf freilich keineswegs durchweg bejaht werden, vgl §§ 811 a ff. Wenn eine offensichtliche Unpfändbarkeit im Sinne von a nicht angenommen werden kann, dann

1. Titel. Zwangsvollstr. in das bewegl. Vermögen § 807 3, 4

ist die Sache selbst für den Fall herauszugeben, daß keine Austauschpfändung in Betracht kommt.

c) **Steuersache.** In einer Steuersache gilt nunmehr der mit I 3 gleichlautende § 284 I 3 AO 1977 idF Art 3 Z 7 G v 1. 2. 79, BGBl 127.

F. **Auskunftspflicht im einzelnen.** Der Schuldner muß im Verzeichnis den Grund und die Beweismittel für seine Forderungen und anderen Rechte bezeichnen, vgl § 828. Er muß überhaupt über den Verbleib seiner Vermögensstücke Auskunft geben. Bei einer körperlichen Sache muß er mitteilen, wo sie sich befindet, Ffm MDR **76**, 320 und Rpfleger **75**, 443. Der Gläubiger darf freilich nicht verlangen, daß der Schuldner die Beweismittel vorlegt, LG Hbg MDR **81**, 61. Der Schuldner muß aber neben dem Namen und der Anschrift des Drittschuldners zB angeben, ob über seine Forderung bereits ein Vollstreckungstitel ergangen ist; die Angabe des Aktenzeichens des Verfahrens genügt nicht, LG Hbg MDR **81**, 61. Der Schuldner muß als Arzt oder Anwalt den Namen und die Schuld seines Patienten bzw Mandanten mitteilen. Denn seine Geheimhaltungspflicht umfaßt nicht die Namen, LG Wiesb Rpfleger **77**, 179. Wenn der Schuldner verschweigt, daß er Werte vorübergehend verschoben hat, dann gibt er eine falsche eidesstattliche Versicherung ab. Denn die verschobenen Stücke gehören ja in Wahrheit zu seinem Vermögen. Der Schuldner darf Vereinbarungen, die er mit dem Arbeitgeber getroffen hat, um dem Gläubiger den Zugriff zu erschweren, nicht unrichtig angeben, BGH NJW **57**, 718.

Der Schuldner braucht aber nicht über jede sonstige Vermögensverschiebung Auskunft zu geben, soweit sie nicht unter I Z 1–3 fällt. Der Schuldner braucht auch nicht schon nach § 807 bei der Pfändung des Lohnsteuer-Jahresausgleichsanspruchs eine Auskunft über seine Arbeitslosigkeit zu geben. Zu einer solchen Auskunft ist er vielmehr nur nach § 836 III verpflichtet, LG Essen MDR **75**, 673. Der Schuldner braucht über die Zahlungsfähigkeit und Zahlungswilligkeit eines Drittschuldners keine Angaben zu machen, Hamm JMBl NRW **69**, 128, LG Hbg MDR **81**, 61.

G. **Schriftform.** Das Verzeichnis ist schriftlich einzubringen. Der Schuldner kann die Angaben nicht zu Protokoll erklären. Für einen minderjährigen Schuldner müssen die gesetzlichen Vertreter das Verzeichnis anfertigen, LG Kblz FamRZ **72**, 471, s auch Anm 4 D.

H. **Ergänzungspflicht.** Der Schuldner muß ein mangelhaftes Verzeichnis ergänzen, soweit der Gläubiger an der Ergänzung ein rechtliches Interesse hat, LG Frankenth Rpfleger **81**, 363. Der Rpfl, der auf Grund eines mangelhaften Verzeichnisses die eidesstattliche Versicherung abnimmt, handelt pflichtwidrig, BGH **7**, 293, Köln MDR **75**, 498. Wenn der Schuldner angibt, er halte das Geld versteckt, dann muß der Rpfl nach dem Versteck fragen. Unerheblich ist ein Versprechen des Schuldners, eine Ergänzung nachzubringen. Die Weigerung des Schuldners, ein Verzeichnis abzugeben, ist als seine Verweigerung einer Erklärung zu werten. Wenn der Schuldner eine Lücke glaubhaft nicht ausfüllen kann, muß der Rpfl ihm die eidesstattliche Versicherung abnehmen.

Wenn ein begründeter Verdacht eines formellen Mangels des bisherigen Vermögensverzeichnisses vorliegt, dann darf der Gläubiger trotz einer schon geleisteten eidesstattlichen Versicherung des Schuldners eine Ergänzung des Vermögensverzeichnisses zu Protokoll fordern, LG Bln Rpfleger **73**, 34. Ein formeller Mangel liegt vor allem dann vor, wenn das Verzeichnis ungenau ist. Wegen einer unvollständigen, aber unwahrscheinlichen oder unwahren Angabe vgl § 903 Anm 1 B. Der Gläubiger darf bei einem formellen Mangel auch eine neue eidesstattliche Versicherung fordern, Ffm Rpfleger **75**, 443 mwN, LG Kblz MDR **76**, 150, 587. Er darf sogar dann eine neue Versicherung fordern, wenn er den Mangel des bisherigen Verzeichnisses bisher nicht gerügt hatte, Düss MDR **63**, 318. Das neue Verfahren setzt das alte fort. Daher bleibt für das neue Verfahren das bisherige Gericht zuständig, LG Bln MDR **74**, 408, Behr JB **77**, 898. Mit § 903 hat dieses Verfahren nichts zu tun. Evtl sind mehrere Ergänzungsanträge desselben Gläubigers zulässig, LG Hann MDR **79**, 237.

I. **Einsichtsrecht anderer Gläubiger.** Jeder andere Gläubiger hat das Recht auf eine Einsicht in das Verzeichnis in demselben Umfang, wie die Partei ein Einsichtsrecht hat, § 903 Anm 2 A, und kann ein vollständiges Verzeichnis fordern, LG Bln MDR **74**, 408.

4) **Verfahren, II. A. Grundsatz.** Das Verfahren verläuft nach §§ 899 ff. Die eidesstattliche Versicherung wird durch den Rpfl abgenommen, § 20 Z 17 RPflG, Anh § 153 GVG. Ein Gegenbeweisantritt ist unbeschränkt zulässig. Die Ergänzung eines eidesstattlich auf seine Richtigkeit versicherten Verzeichnisses erfolgt nur in der Form einer neuen eidesstattlichen Versicherung.

B. **Antrag.** Notwendig ist ein Antrag des Gläubigers, § 900. Der Gläubiger darf auf die Ableistung der eidesstattlichen Versicherung des Schuldners vorübergehend oder dauernd verzichten. Denn der Gläubiger kann die Zwangsvollstreckung als der Herr des sachlich-rechtlichen Anspruchs jederzeit anhalten oder beenden. Wenn der Gläubiger zuverlässig sämtliche Vermögensstücke des Schuldners kennt, dann braucht der Schuldner die eidesstattliche Versicherung nicht mehr abzuleisten. Denn es fehlt dann ein Rechtsschutzbedürfnis des Gläubigers. Der Gläubiger braucht keine Angaben zu der Frage zu machen, ob der Schuldner minderjährige Kinder hat, AG Oldb DGVZ **80**, 93 linke Spalte.

C. Inhalt. Die Formel des Gesetzestextes ist zwingend; vgl auch § 481. Die eidesstattliche Versicherung bezieht sich auf das Vermögensverzeichnis in seinen sämtlichen Bestandteilen. Sie umfaßt die Vollständigkeit und die Richtigkeit der Angaben im Rahmen des I, BGH NJW **55**, 1236 und **64**, 60. Die Versicherung umfaßt also auch eine Tatsache, die für die gegenwärtige Rechtsform des Vermögensrechts wesentlich ist, das dem Schuldner zusteht, und die für die Zwangsvollstreckung in dieses Recht maßgeblich ist, BGH NJW **57**, 1200. Insoweit umfaßt die eidesstattliche Versicherung auch die Angaben zur Person des Schuldners, BGHSt **11**, 223. Sie umfaßt aber nicht eine Angabe von Erwerbsmöglichkeiten, und zwar selbst dann nicht, wenn diese Angabe auf Befragen des Rpfl gemacht wird, BGH NJW **56**, 599.

D. Person des Versichernden. Die eidesstattliche Versicherung muß persönlich abgegeben werden. Nur der Vollstreckungsschuldner muß die eidesstattliche Versicherung abgeben. Er muß prozeßfähig sein, § 52. Ein Minderjähriger kann im Rahmen des § 113 BGB prozeßfähig sein, LG Münster FamRZ **74**, 467. Im übrigen muß derjenige gesetzliche Vertreter die eidesstattliche Versicherung abgeben, der im Zeitpunkt der Terminsladung diese Eigenschaft hat, mag er auch nicht eingetragen sein, Ffm Rpfleger **76**, 27, LG Kblz FamRZ **72**, 471, Sommer Rpfleger **78**, 407 (die öffentliche Hand), aM Köln MDR **83**, 676, Schneider MDR **83**, 725 je mwN (maßgeblich sei der Zeitpunkt des Termins). Der Gebrechlichkeitspfleger muß die eidesstattliche Versicherung nur dann abgeben, wenn ihm die Verwaltung des Schuldnervermögens übertragen worden ist, KG OLGZ **68**, 428. Ein Prozeßpfleger braucht die Versicherung nicht abzulegen, § 57.

Wenn die Zwangsvollstreckung aus einem Leistungs- und Duldungstitel erfolgt, dann müssen beide Verurteilte die eidesstattliche Versicherung abgeben. Die bloße Rechtskraftwirkung begründet keine Pflicht zur eidesstattlichen Versicherung. Von mehreren Gesamtschuldnern muß jeder versichern, bei dem die Voraussetzungen vorliegen. Von mehreren gesetzlichen Vertretern versichert derjenige, der die Verwaltung durchzuführen hat. Wenn mehrere das Vermögen verwalten, dann müssen sie alle die eidesstattliche Versicherung abgeben, vgl LG Kblz FamRZ **72**, 471, aM LG Köln Rpfleger **70**, 406 (es müsse nur einer von ihnen versichern), Behr Rpfleger **78**, 43 mwN (§§ 455, 449 seien entsprechend anwendbar).

Für eine Offene Handelsgesellschaft oder eine GmbH in Abwicklung versichern die Abwickler und die Gesellschafter, LG Freibg Rpfleger **80**, 117. Für eine gelöschte Gesellschaft versichert unter Umständen der frühere Geschäftsführer, Ffm Rpfleger **82**, 291 mwN, LG Frankenthal DGVZ **81**, 10, LG Freibg Rpfleger **80**, 117, oder der Liquidator, Köln MDR **83**, 676, Schneider MDR **83**, 725 je mwN, LG Bln Rpfleger **75**, 375 (nur der letztere), Kirberger Rpfleger **75**, 344 mwN. Eine Niederlegung der Vertretung in der bloßen Absicht, sich der Pflicht zur Ableistung der eidesstattlichen Versicherung zu entziehen, ist unbeachtlich, solange ein neuer Vertreter fehlt, LG Hann DGVZ **81**, 60, Schneider MDR **83**, 725, StJM **46**, offen Köln MDR **83**, 677, aM Schlesw Rpfleger **79**, 73. Das gilt auch dann, wenn die Abberufung des bisherigen Geschäftsführers nach dem Erlaß eines gegen ihn gerichteten Haftbefehls erfolgt, LG Hann DGVZ **81**, 60. Eine Partei kraft Amts versichert für die verwaltete Masse. Eine eidesstattliche Versicherung nach § 125 KO, § 69 VglO befreit von einer Verpflichtung zur eidesstattlichen Versicherung nach § 807 nicht. S weiter bei denjenigen Vorschriften, die mit der Verpflichtung zusammenhängen, zB für den Erben bei einer Haftungsbeschränkung im Urteil § 781 Anm 1.

E. Form. Die eidesstattliche Versicherung erfolgt zum Protokoll des Rpfl des Vollstreckungsgerichts. Wenn der Schuldner verhindert ist oder zu weit entfernt wohnt, kann er die eidesstattliche Versicherung zum Protokoll eines Rpfl bei dem ersuchten AG abgeben, II 2, §§ 478, 479 entspr. Der Schuldner kann einen derartigen Antrag stellen. Wenn der Antrag berechtigt ist, dann muß das Vollstreckungsgericht ihm stattgeben. Wenn es einen solchen Antrag ablehnt, kann der Schuldner sofortige Beschwerde einlegen, § 793 Anm 1 B, Anm 2 A b. Das Gericht muß den Schuldner über die Bedeutung der eidesstattlichen Versicherung vor ihrer Abgabe belehren, § 480 entspr.

F. Weigerung, Umgehung. Wegen der Weigerung zur Abgabe der eidesstattlichen Versicherung aus religiösen Motiven vgl § 391 Anm 4, § 384 entspr.

1. Titel. Zwangsvollstr. in das bewegl. Vermögen §§ 807, 808 1

Der Schuldner kann die Abgabe der eidesstattlichen Versicherung vor dem Gericht grundsätzlich nicht dadurch umgehen, daß er seine Vermögensverhältnisse vor einem Notar offenbart und die Vollständigkeit und Richtigkeit seiner dortigen Angaben an Eides Statt versichert, LG Düss Rpfleger **81**, 151.

5) *VwGO*: Entsprechend anwendbar im Rahmen der Grdz 4 § 803. Wenn § 5 VwVG eingreift, gilt § 284 AO 1977, oben Anm 3 E c.

II. Zwangsvollstreckung in körperliche Sachen

808 *Pfändung.* [1] Die Pfändung der im Gewahrsam des Schuldners befindlichen körperlichen Sachen wird dadurch bewirkt, daß der Gerichtsvollzieher sie in Besitz nimmt.

[II] Andere Sachen als Geld, Kostbarkeiten und Wertpapiere sind im Gewahrsam des Schuldners zu belassen, sofern nicht hierdurch die Befriedigung des Gläubigers gefährdet wird. Werden die Sachen im Gewahrsam des Schuldners belassen, so ist die Wirksamkeit der Pfändung dadurch bedingt, daß durch Anlegung von Siegeln oder auf sonstige Weise die Pfändung ersichtlich gemacht ist.

[III] Der Gerichtsvollzieher hat den Schuldner von der erfolgten Pfändung in Kenntnis zu setzen.

Schrifttum: Röhl, Der Gewahrsam in der Zwangsvollstreckung, Diss Kiel 1973.

Gliederung

1) Allgemeines
   A. Eigentum des Schuldners
   B. Körperliche Sache
   C. Verstoß
2) Pfändung, I
   A. Inbesitznahme
   B. Tatsächliche Gewalt
   C. Besitzaufgabe
   D. Besitz-Einzelfragen
3) Gewahrsam
   A. Grundsatz
   B. Einzelfälle

4) Ausführung der Pfändung, II
   A. Geld, Wertpapiere und Kostbarkeiten
   B. Andere Sachen
   C. Spätere Abholung
   D. Kenntlichmachung
      a) Grundsatz
      b) Art der Kenntlichmachung
   E. Gründlichkeit und Umfang
   F. Beeinträchtigung des Pfandzeichens
   G. Rechtsbehelfe
5) Benachrichtigung, III
6) *VwGO*

1) Allgemeines. A. Eigentum des Schuldners. Der Gläubiger darf nur in das Eigentum des Schuldners vollstrecken. Das bedeutet aber nicht, daß die Pfändung einer dem Schuldner nicht gehörenden Sache unwirksam wäre. Die Pfändung ist vielmehr wirksam. Allerdings hat der Dritte ein stärkeres oder schwächeres Widerspruchsrecht. Er muß dieses Recht durch eine Klage geltend machen, §§ 771, 805, BGH **80**, 299. Der Gerichtsvollzieher darf sich also bei der Pfändung nach § 808 grundsätzlich nicht darum kümmern, ob eine Sache im fremden Eigentum steht, AG Siegen DGVZ **77**, 11. Der Gerichtsvollzieher ist nicht zu einer Prüfung der Eigentumsverhältnisse zuständig.

Wenn freilich das Eigentum eines Dritten klar auf der Hand liegt, dann wäre es unsinnig, ja eine Pflichtverletzung, wenn der Gerichtsvollzieher trotzdem pfänden würde. Dies gilt etwa dann, wenn der Gerichtsvollzieher einen Klagwechsel pfänden würde, der sich in den Handakten des ProzBev des Schuldners befindet, oder wenn der Gerichtsvollzieher in einer Reparaturwerkstatt offensichtlich den Kunden gehörende Kraftwagen pfänden würde. Wenn der Dritte seinen Widerspruch fallen läßt oder wenn der Gläubiger die Pfändung trotz eines Widerspruchs in einem nicht ganz klar liegenden Fall fordert, dann muß der Gerichtsvollzieher die Pfändung vornehmen. Der Umstand, daß der Dritte einen Widerspruchsprozeß erfolgreich durchgeführt hat, beweist sein Eigentum noch nicht, Einf 1 vor § 771. Die Vermutung des § 1006 BGB kommt dem Gläubiger nicht zugute. Eine unpfändbare Sache darf nicht gepfändet werden. Über die Pfändung eigener Sachen des Gläubigers §§ 804 Anm 2 B.

B. Körperliche Sache. § 808 bezieht sich nur auf körperliche Sachen. Zu ihnen zählen auch Wertpapiere und indossable Papiere, §§ 821, 831. Eine Sachgesamtheit ist als eine rein äußerliche Mehrheit einzelner Gegenstände zu pfänden. Ein Bruchteil ist nach § 857 zu pfänden. Ein Ausweispapier (Legitimationsurkunde) wie zB ein Sparbuch oder ein Hypothekenbrief unterliegt der Hilfspfändung, § 156 GVGA. Ihr geht die Forderungspfändung voraus oder folgt ihr nach. Bei der Pfändung eines Kraftfahrzeugs und seines Anhängers sind der Fahrzeugschein, der Anhängerschein, der Fahrzeugbrief, der Anhängerbrief wegzunehmen.

C. Verstoß. Ein Verstoß gegen § 808 nimmt der Amtshandlung des Gerichtsvollziehers ihre Rechtmäßigkeit und macht die Pfändung unheilbar unwirksam, Grdz 8 Ca vor § 704. Das gilt aber nur für einen Verstoß gegen die Form, Anm 2 B. Wenn der Gerichtsvollzieher gegen die Voraussetzungen der Pfändung verstoßen hat, wenn nämlich kein Gewahrsam des Schuldners vorlag, dann ist der Schuldner auf eine Erinnerung nach § 766 angewiesen. Die Pfändung ist nach § 137 StGB strafrechtlich geschützt.

2) Pfändung, I. A. Inbesitznahme. Im Gewahrsam des Schuldners, Anm 3 A, befindliche körperliche Sachen pfändet der Gerichtsvollzieher durch die Inbesitznahme. Der Schuldner muß der Vollstreckungsschuldner sein. Er muß also nach dem Vollstreckungstitel mit der fraglichen Vermögensmasse haften. Der Gerichtsvollzieher muß vor der Pfändung prüfen, ob dies zutrifft. Diese Prüfung hat er zB beim Ehegatten vorzunehmen, vgl aber § 739, ferner bei der Partei kraft Amts, zB beim Konkursverwalter oder beim gesetzlichen Vertreter, Köln MDR **76**, 937; ferner beim Gesellschafter der Offenen Handelsgesellschaft, beim Gesellschafter einer GmbH, auch wenn diese eine Einmanngesellschaft ist (deren Zustimmung ist erforderlich), BGH NJW **57**, 1877.

Der Gerichtsvollzieher kann aber davon ausgehen, daß alle im Gewahrsam des Schuldners befindlichen Gegenstände der Pfändung unterliegen, auch wenn er auf einen Widerspruch stößt. Etwas anderes gilt nur dann, wenn der Gerichtsvollzieher vernünftigerweise an der Berechtigung eines Dritten keinen Zweifel haben kann, BGH **LM** Nr 2. Der Gerichtsvollzieher darf eine etwaige beschränkte Erbenhaftung oder eine beschränkte Haftung nach § 786 nicht beachten, § 781. Wegen der Pfändung von Sachen, die sich innerhalb einer Anlage der Streitkräfte befinden, Art 10 II, SchlAnh III.

B. Tatsächliche Gewalt. Erst die Inbesitznahme bewirkt die Pfändung. Die bloße Erklärung der Pfändung genügt nicht. Der Gerichtsvollzieher muß vielmehr die tatsächliche Gewalt über die Sache erlangen. Zu diesem Zweck muß er die Sache mitnehmen, oder er muß nach II die Pfändung kenntlich machen. Deshalb genügt es nicht, das Pfandstück in einem verschlossenen Raum des Schuldners zurückzulassen, selbst wenn der Gerichtsvollzieher sämtliche Schlüssel zu dem Raum mitnimmt. Er muß vielmehr mindestens die Schlösser versiegeln. Wenn der Gerichtsvollzieher ein ganzes Warenlager in der Weise pfändet, daß der Schuldner über die einzelnen Stücke frei verfügen darf, dann ist die Pfändung wegen des Fehlens einer Besitzergreifung des Gerichtsvollziehers unwirksam. Der Gerichtsvollzieher muß einen derartigen Antrag des Gläubigers ablehnen.

C. Besitzaufgabe. Wenn der Gerichtsvollzieher den Besitz freiwillig aufgibt, beendet er dadurch das Pfandrecht. Denn durch die Besitzaufgabe geht das Wesen des Pfandrechts verloren. Ein unfreiwilliger Besitzverlust des Gerichtsvollziehers schadet der Pfändung nicht. Ein solcher Fall liegt zB dann vor, wenn gepfändetes Getreide mit ungepfändetem vermischt wird. Der Gläubiger kann dann verlangen, daß dem Gerichtsvollzieher der Besitz wiedereingeräumt wird, evtl an einer entsprechenden Menge. S auch § 803 Anm 2.

Der Gerichtsvollzieher darf den Besitz nicht eigenmächtig aufgeben. Denn mit solcher Aufgabe würde er die Sache freigeben, § 776 Anm 2. Eine solche Freigabe würde er auch dann vornehmen, wenn er dem Schuldner die unbeschränkte Verfügung einräumt.

D. Besitz-Einzelfragen. Der Staat wird unmittelbarer Besitzer. Denn der Gerichtsvollzieher vertritt nur den Staat. Der Gläubiger wird mittelbarer Besitzer, Schlesw SchlHA **75**, 48. Wenn der Gerichtsvollzieher nach II ein Pfandstück im Gewahrsam des Schuldners beläßt, dann räumt er dem Schuldner den unmittelbaren Besitz wieder ein. Der Schuldner vermittelt den Besitz dann für den Gerichtsvollzieher bzw den Staat, vgl VG Köln NJW **77**, 825, und für den Gläubiger, § 868 BGB. Der Gläubiger hat keine Verwahrungspflicht. Er kann ja den Besitz gar nicht ausüben. Mit der Pfändung einer auf Abzahlung gekauften Sache zu Gunsten des Verkäufers löst der Gerichtsvollzieher noch nicht den Rücktritt des Verkäufers vom Kaufvertrag nach § 5 AbzG aus, selbst wenn der Gerichtsvollzieher die Sache dem Käufer wegnimmt, BGH **39**, 97.

3) Gewahrsam. A. Grundsatz. Gewahrsam ist die tatsächliche Gewalt, der unmittelbare Eigen- oder Fremdbesitz. Ein mittelbarer Besitz genügt nicht, erst recht nicht eine bloße Besitzdienerschaft. Ein Traditionspapier gibt keinen Gewahrsam an der Sache. Am Grabstein hat nur die Friedhofsverwaltung Gewahrsam. Ein Mitbesitz etwa an einer gemeinschaftlichen Wohnung oder an einem Bankschließfach verlangt zu seiner Pfändbarkeit die Zustimmung der anderen Mitbesitzer, vgl LG Mü DGVZ **82**, 126 mwN.

Wenn sie die Zustimmung verweigern, dann erfolgt die Pfändung des Anteils des Schuldners nach § 857. Ein Gewahrsam des gestzlichen Vertreters gilt als ein Gewahrsam des Schuldners, vgl auch (insofern richtig) KG NJW **77**, 1160, LG Mannh DB **83**, 1481 mwN. Es ist unerheblich, ob sich die Sache im Raum eines Dritten befindet, LG Mannh DB **83**, 1481, LG Oldb DGVZ **83**, 58. Die rechtlichen Verhältnisse weichen oft von dem äußeren Anschein ab. Ihn muß aber der Gerichtsvollzieher zunächst beachten, Ffm OLGZ **69**, 463. Der Betroffene kann dann die Erinnerung einlegen, § 766. Der Gerichtsvollzieher muß prüfen, ob eine Scheinübertragung den Gewahrsam des Schuldners verschleiert. Es entscheidet der Gewahrsam zur Zeit der Pfändung.

B. Einzelfälle

Ehegatte. Vgl Baumann, Die Pfändung von Sachen der Ehefrau innerhalb der ehelichen Wohnung, Diss Erlangen 1953. Bei einer Zugewinngemeinschaft, bei der Gütertrennung und bei der Zwangsvollstreckung in das Vorbehaltsgut bei einer Gütergemeinschaft hindert der Gewahrsam des nicht getrennt lebenden anderen Ehegatten die Vollstreckung im Rahmen der Vermutung des § 1362 BGB nicht, § 739. Dasselbe gilt bei einer Gütergemeinschaft, wenn ein Ehegatte verwaltungsberechtigt ist und der andere einen Mitgewahrsam hat, § 740 Anm 3 B a. Wenn beide Ehegatten gemeinsam verwalten, dann muß gegen beide ein Leistungstitel vorliegen, § 740 Anm 3 B b. S auch „Hausgenosse".

Geschäftsraum. Der Geschäftsinhaber hat einen Gewahrsam, und zwar auch im Stadium der Abwicklung, LG Kassel DGVZ **78**, 114. Wenn mehrere Gesellschaften den Geschäftsraum gemeinsam nutzen, ohne daß tatsächliche Anzeichen für einen Allein- oder Mitbesitz vorliegen, dann müssen alle zustimmen, aM Ffm OLGZ **69**, 463 (aber maßgeblich ist nur, ob eindeutig ein Alleinbesitz vorliegt). Bei der Kommanditgesellschaft ist allenfalls der Komplementär als Besitzer anzusehen, BGH **57**, 168, insofern aM (betr ein Kraftfahrzeug) KG NJW **77**, 1160. Der Gastwirt hat an den von den Kellnern einkassierten Geldern einen Gewahrsam, LG Itzehoe SchlHA **52**, 190, ebenso an einem fremden Automaten (der Aufsteller hat nicht einmal ein Mitgewahrsam), Schmidt MDR **72**, 376. Auch die Gewerbefrau hat einen Gewahrsam, s „Ehegatte".

Hausgenosse. Hier ist zu unterscheiden:

a) **Haushaltungsvorstand.** Grundsätzlich hat der Haushaltungsvorstand, das sind meist beide Eheleute gemeinsam, Gewahrsam an allen Sachen, die sich im Haushalt befinden, auch an den Sachen der Familienangehörigen (vgl aber „Ehegatte"). Etwas anderes gilt nur bei Sachen zum persönlichen Gebrauch, vgl § 1362 II BGB in Verbindung mit § 739, LG Bln MDR **75**, 939. An dem Gewahrsam des Haushaltungsvorstands ändert sich auch dadurch nichts, daß ein Raum zu einem ausschließlichen Gebrauch überlassen worden ist.

b) **Fremder.** Ein Fremder, wie eine Hausangestellte oder ein Wohnbesuch oder ein Auszubildender, hat an seinen eingebrachten Sachen Gewahrsam, aber nicht an den Sachen, die sich sonst in den ihm zugewiesenen Räumen befinden, BGH **12**, 400.

Kleidung. Der Schuldner hat an der Kleidung und dem, was er sonst an sich trägt, Gewahrsam.

Mieter. Der Mieter eines Wohnraums hat einen Gewahrsam an denjenigen eigenen oder mitgemieteten Sachen, die sich in seinem Raum befinden. Im Gasthof ist kein solcher Gewahrsam anzunehmen, evtl auch nicht bei einer bloßen Zimmermiete. Der Vermieter hat an den Sachen des Mieters, die sich in anderen Räumen befinden, einen Gewahrsam. Der Vermieter hat dann einen Mitgewahrsam, wenn er das fragliche Zimmer mitbenutzt.

Soldat. Er hat in der Gemeinschaftsunterkunft regelmäßig einen Alleingewahrsam an den ihm gehörenden Sachen in diesem Wohnraum, jedoch nicht an den Sachen in anderen militärischen Räumen, außer wenn er sie so aufbewahrt, daß sie nur seinem Zugriff unterliegen, s Z 30 f Erlaß, SchlAnh II.

4) Ausführung der Pfändung, II. A. Geld, Wertpapiere und Kostbarkeiten. Sie muß der Gerichtsvollzieher wegnehmen und wegschaffen. Er muß eine weggeschaffte Sache in seine eigene sichere Verwahrung nehmen. Näheres darüber besagen die Dienstvorschriften. Wenn der Gerichtsvollzieher eine Sache im Gewahrsam eines Dritten belassen will, dann müssen der Gläubiger und der Schuldner zustimmen, BGH LM Nr 1. Der Gläubiger haftet nicht. Zum Begriff des Gelds § 815 Anm 1, zum Begriff der Kostbarkeiten § 813 Anm 2 B. Oft ist die Wegschaffung der Sache mit einer großen Gefahr für ihre Erhaltung und damit für alle Beteiligten verbunden. Dies gilt zB bei einer wertvollen Gemäldesammlung. In einem solchen Fall muß der Gerichtsvollzieher vor der Wegschaffung die Entscheidung des Gläubigers einholen, um sich vor einer eigenen Haftung zu schützen. Der Gerichtsvollzieher darf die Sache auch beim Schuldner belassen, soweit der Gläubiger dieser Lösung zustimmt.

B. Andere Sachen. Bei ihnen muß der Gerichtsvollzieher zwar ihren Besitz ergreifen und diese Besitzergreifung kenntlich machen; er hat aber die Sachen im Gewahrsam des Schuldners zu belassen, wenn dies nicht die Befriedigung des Gläubigers gefährdet. Ein entgegenstehender Wille des Gläubigers oder ein Widerspruch eines Dritten sind unbeachtlich. Wenn die Interessen des Gläubigers gefährdet sind, muß der Gerichtsvollzieher die Sachen wie bei A wegschaffen. Ob eine solche Gefährdung vorliegt, muß der Gerichtsvollzieher ohne einen eigenen Ermessensspielraum nachprüfen. Auf eine Erinnerung des Betroffenen muß daher das Vollstreckungsgericht voll nachprüfen, ob eine solche Gefährdung vorliegt, LG Kiel MDR **70**, 597 (abl Burkhardt). Wenn der Gläubiger damit einverstanden ist, daß die Sache beim Schuldner bleibt, dann muß der Gerichtsvollzieher so verfahren.

C. Spätere Abholung. Wenn die Gefährdung erst später eintritt oder wenn der Gerichtsvollzieher sie erst später bemerkt, dann muß er die Sache abholen. Eine Gefährdung liegt zB dann vor, wenn die Gefahr besteht, daß der Schuldner die Sache beiseite schafft; wenn der Schuldner keine geeignete Gelegenheit zur Aufbewahrung der Sache hat; wenn an den Waren eines Lagers Siegelmarken fehlen, weil der Schuldner angesichts zahlreicher weiterer Pfändungen verschiedener Gläubiger bestimmte Maßnahmen getroffen hat, BGH **LM** § 839 (Fi) BGB Nr 12. Die Zurückschaffung einer weggeschafften Sache erfolgt nur auf eine gerichtliche Anordnung. Eine Einstellung der Zwangsvollstreckung ist kein Hindernis für die Wegschaffung. Diese Wegschaffung erfordert dann aber einen besonderen Grund.

D. Kenntlichmachung. a) Grundsatz. Beläßt der Gerichtsvollzieher die Pfandsache dem Schuldner, dann muß er die Pfändung kenntlich machen. Er hat diese Pflicht auch gegenüber dem Schuldner, BGH **LM** Nr 5. Die Kennzeichnung ist wesentlich. Ein Verstoß gegen diese Pflicht macht die Pfändung völlig und unheilbar unwirksam, Anm 1 C, Grdz 8 C a vor § 704. Einen solchen Verstoß kann weder eine Besitzergreifung noch eine Verwertung heilen. Wenn an die Stelle der Pfandsache eine andere Sache tritt, zB an die Stelle von Trauben der Most, dann muß die Pfändung erneut kenntlich gemacht werden. Die Wegschaffung einer solchen weiteren Sache kann eine Pfändung bedeuten, Karlsr MDR **79**, 237. Ein Einverständnis des Schuldners bindet diesen. Denn der Schuldner kann ja auch den Gläubiger befriedigen. Ein Einverständnis des Schuldners ist für einen Dritten aber unerheblich.

b) **Art der Kenntlichmachung.** Die Kenntlichmachung erfolgt entweder durch die Anlegung eines Siegels oder auf eine sonstige Weise. Beide Wege stehen dem Gerichtsvollzieher zur Wahl. Der Weg b hat nur eine Hilfsstellung. Die Pfändung muß aber unbedingt für jedermann deutlich und mühelos erkennbar sein. Die Gerichte verlangen teilweise Unmögliches (jedes Stück müsse ein Pfandzeichen tragen; kein Stück dürfe ohne eine Zerstörung des Pfandzeichens einem Vorrat zu entnehmen sein. Dagegen genügt nach RG **126**, 347 bei der Pfändung von 60 Kisten Konserven im Stapel eine Pfandanzeige in der Mitte durch einen Zettel mit einer genauen Angabe, dem Siegel und der Unterschrift des Gerichtsvollziehers).

Wenn man bei der Pfändung von Tuchballen Siegelmarken genügen oder Pfandanzeigen an den Gestellen mit der Angabe von Stückzahl, der Tuchart und der ungefähren Länge ausreichen läßt, muß die Angabe der Stückzahl mit der tatsächlichen Stückzahl übereinstimmen, Stgt NJW **59**, 992. Bei Möbeln genügen regelmäßig Siegelmarken auf der Rückseite. Denn ein Erwerber eines Möbelstücks pflegt es von allen Seiten zu betrachten. Etwas anderes mag zB bei einem an der Wand stehenden Schrank gelten.

E. Gründlichkeit und Umfang. Der Gerichtsvollzieher muß äußerst vorsichtig vorgehen. Das ist wegen des Schwankens der Rechtsprechung und wegen der unheilvollen Folgen eines Fehlgriffs notwendig. Der Gerichtsvollzieher sollte zur Kenntlichmachung der Pfändung lieber zuviel als zuwenig tun. Es reicht zB nicht aus: An den Raum eine Anzeige zu heften und mit dem Dienstsiegel zu versehen; das Siegel im Innern des Pfandstücks anzuheften; das Siegel am Vieh oder am Pfosten des Stalls anzukleben. Denn das Ankleben am Vieh gewährleistet nicht den Bestand des Zeichens, das Befestigen am Pfosten gewährleistet nicht die Nämlichkeit des Pfandstücks.

F. Beeinträchtigung des Pfandzeichens. Eine spätere unbefugte Beseitigung des Pfandzeichens oder sein Herunterfallen berühren die Wirksamkeit der Pfändung nicht. Denn der Besitzverlust ist unfreiwillig erfolgt. Wenn aber der Gläubiger zustimmt, sei es auch unter

1. Titel. Zwangsvollstr. in das bewegl. Vermögen §§ 808, 809 1, 2

dem Vorbehalt seines Pfandrechts, dann gibt er den Besitz und damit das Pfandrecht freiwillig auf. Dasselbe gilt dann, wenn die Sache später zum Schuldner zurückkommt. Das Pfandzeichen muß vorhanden und erkennbar sein, wenn der Gerichtsvollzieher diejenige Sache, die er in seinen Gewahrsam genommen hat, dem Schuldner zurückgibt.

G. Rechtsbehelfe. Gegen die Entscheidung des Gerichtsvollziehers können der Gläubiger und der Schuldner die Erinnerung nach § 766 einlegen. Ein Dritter hat keinen Rechtsbehelf.

5) Benachrichtigung, III. Der Gerichtsvollzieher muß den Schuldner von der Durchführung der Pfändung benachrichtigen. III ist aber trotz des scheinbar zwingenden Wortlauts nur eine Ordnungsvorschrift. Daher berührt ein Verstoß die Wirksamkeit der Pfändung nicht. Der Schuldner muß darüber belehrt werden, daß er jede Handlung unterlassen muß, die den Besitz des Gerichtsvollziehers beeinträchtigen könnte, wenn der Schuldner das Pfandstück in seinem Gewahrsam behält, § 132 Z 5 GVGA.

6) **VwGO:** *Entsprechend anwendbar im Rahmen der Grdz 4 § 803. Wenn § 5 VwVG eingreift, gilt § 286 AO 1977.*

809 *Pfändung beim Dritten oder beim Gläubiger.* **Die vorstehenden Vorschriften sind auf die Pfändung von Sachen, die sich im Gewahrsam des Gläubigers oder eines zur Herausgabe bereiten Dritten befinden, entsprechend anzuwenden.**

Schrifttum: Herde, Probleme der Pfandverfolgung, 1978; Röhl, Der Gewahrsam in der Zwangsvollstreckung, Diss Kiel 1973.

1) Gläubiger oder Dritter. A. Allgemeines. Der Gerichtsvollzieher darf eine Sache pfänden, die im Gewahrsam (Begriff § 808 Anm 3 A) des Gläubigers steht. Das versteht sich von selbst. Wenn ein Dritter den Gewahrsam hat, dann ist eine Pfändung nur unter folgenden Voraussetzungen statthaft: **a)** Der Dritte ist zur Herausgabe der Sache bereit; **b)** oder der Dritte muß die Sache sachlichrechtlich unzweifelhaft an den Gläubiger oder an den Schuldner herausgeben, AG Stgt DGVZ **82**, 191 mwN, aM zB LG Oldb DGVZ **83**, 58 mwN; zum Problem Pawlowski AcP **175**, 189 mwN. Ein solcher Dritter würde nämlich sonst arglistig handeln, und eine Arglist ist auch in der Zwangsvollstreckung untersagt, Grdz 6 D d vor § 704, LG Wiesb DGVZ **81**, 61. Ganz sicher ist eine Pfändung der Sache wirksam, die im Gewahrsam eines Dritten steht, wenn der Dritte nur dem Schuldner helfen will, die Sache dem Zugriff des Gläubigers zu entziehen; s auch § 808 Anm 3 B, aber auch unten Anm 2 B.

Als Dritter ist hier jeder anzusehen, der weder der Vollstreckungsschuldner noch der Gläubiger ist. Auch der Gerichtsvollzieher kann ein Dritter sein, zB LG Bln DGVZ **54**, 57, StJM I 1, 2, aM zB Düss OLGZ **73**, 53, Gerlach ZZP **89**, 321 mwN. Der Gerichtsvollzieher muß prüfen, ob die Sache zu derjenigen Vermögensmasse gehört, in die er vollstrecken darf, § 808 Anm 2 A, LG Mannh DB **83**, 1481. Er darf und muß feststellen, ob und welche pfändbaren Gegenstände des Schuldners vorhanden sind, schon um dem Gläubiger ein Vorgehen nach § 847 zu ermöglichen, LG Wiesb DGVZ **81**, 61. Wenn der Gerichtsvollzieher Möbel gepfändet, sie aber im Gewahrsam des Schuldners belassen hat, § 808 Anm 2 B, dann hindert eine inzwischen vorgenommene Untervermietung an einen Untermieter, der die Pfändung kannte, die Vollstreckung nicht.

Der Gerichtsvollzieher muß die Formen des § 808 einhalten. Er muß also die Sache entweder in seinen Besitz nehmen oder sie wegschaffen oder sie beim Dritten belassen. Der Gerichtsvollzieher darf die Sache beim Gläubiger nur mit dessen Zustimmung zulassen. Denn kein Privater ist verpflichtet, eine Pfandsache zu verwahren.

B. Verstoß. Ein Verstoß gegen § 809 beeinträchtigt die Wirksamkeit einer im übrigen korrekten Pfändung grundsätzlich nicht. Der Dritte und ein sonst Benachteiligter sind auf die Einlegung einer Erinnerung nach § 766 angewiesen. Unter Umständen mag auch eine Klage nach § 771, BGH JZ **78**, 200, BGH **80**, 299, nach § 805 oder eine Klage aus unerlaubter Handlung zulässig sein.

2) Herausgabebereitschaft. Der Dritte kann seine Herausgabebereitschaft ausdrücklich oder stillschweigend erklären. Er kann aber nicht wirksam einen Vorbehalt oder eine Bedingung stellen, etwa diejenige, er müsse den Besitz behalten. Denn ein Dritter darf nicht das Maß und die Richtung einer Zwangsvollstreckung bestimmen. Die Herausgabebereitschaft muß sich auf die Herausgabe erstrecken und darf sich nicht nur auf die Pfändung beschränken. Eine nachträgliche Einwilligung genügt, wenn sie den erforderlichen Inhalt hat.

Wer herausgabebereit ist, der verliert das Widerspruchsrecht nach § 771, BGH JZ **78**, 200. Er behält die Möglichkeit, eine Klage nach § 805 einzulegen, insofern auch Gerlach ZZP **79**, 328 mwN. Eine Herausgabepflicht, Anm 1 A b, darf den Gerichtsvollzieher nur dann zu einer Pfändung veranlassen, wenn die Herausgabepflicht unstreitig oder offensichtlich ist. Sobald die Pfändung erfolgt ist, ist die Bereitschaft bzw die Einwilligung unwiderruflich. Wenn der Schuldner im Zeitpunkt der Pfändung an der Sache einen Gewahrsam hat, dann kommt es nicht darauf an, ob der Gewahrsam später auf einen anderen übergegangen ist.

3) Herausgabeverweigerung. Verweigert der Dritte die Herausgabe, sei es auch ohne jeden Grund, dann ist der Gläubiger darauf angewiesen, den Anspruch auf die Herausgabe nach §§ 847ff zu pfänden. Etwas anderes gilt nur im Falle Anm 1 A b. Dann kann der Gerichtsvollzieher die Sache trotz der fehlenden Herausgabebereitschaft beim Dritten pfänden, AG Stgt DGVZ **82**, 191. Der Schuldner hat dann keinen Rechtsbehelf. Dem Dritten helfen die §§ 766, 771, 805.

4) *VwGO: Entsprechend anwendbar im Rahmen der Grdz 4 § 803. Wenn § 5 VwVG eingreift, gilt § 286 IV AO 1977.*

810 *Früchte auf dem Halm.* **I** Früchte, die von dem Boden noch nicht getrennt sind, können gepfändet werden, solange nicht ihre Beschlagnahme im Wege der Zwangsvollstreckung in das unbewegliche Vermögen erfolgt ist. Die Pfändung darf nicht früher als einen Monat vor der gewöhnlichen Zeit der Reife erfolgen.

II Ein Gläubiger, der ein Recht auf Befriedigung aus dem Grundstück hat, kann der Pfändung nach Maßgabe des § 771 widersprechen, sofern nicht die Pfändung für einen im Falle der Zwangsvollstreckung in das Grundstück vorgehenden Anspruch erfolgt ist.

Schrifttum: Prinzing, Die Rechtsnatur der Pfändung ungetrennter Bodenfrüchte, Diss Tüb 1960.

1) Geltungsbereich. A. Allgemeines. § 810 bestimmt aus praktischen Erwägungen etwas Regelwidriges. Ungetrennte Früchte, also Früchte auf dem Halm, stehende Früchte, sind keine selbständigen Sachen, § 94 BGB. Trotzdem läßt § 810 ein Pfändungspfandrecht an ihnen zu. Mit der Pfändung verlieren die Früchte ihre Natur als Bestandteile des Grundstücks, soweit die Rechtsbeziehungen zum Gläubiger in Frage stehen. Die Pfändungsbeschränkung des § 811 Z 2 gilt auch in diesem Fall. Nach der Trennung der Früchte wird die Zwangsvollstreckung wie gewöhnlich durchgeführt. Es gilt allerdings die Einschränkung nach §§ 811 Z 4, 865 II.

Der Liegenschaftsgläubiger hat ein Widerspruchsrecht, § 771. Ein gesetzliches Pfandrecht an Früchten auf dem Halm ergibt sich aus § 5 WiRG zur Sicherung der Düngemittel- und Saatgutversorgung v 19. 1. 49, WiGBl 8, amtliche Begründung ÖffAnz 49 Nr 8; auf die frühere französische Zone erstreckt durch VO v 21. 2. 50, BGBl 37, verlängert durch G v 30. 7. 51, BGBl 476; vgl auch Ehrenforth DRZ **49**, 83.

Das Pfandrecht geht allen an den Früchten bestehenden dinglichen Rechten vor. Daher kann der Betroffene eine Klage gegen den Pfändungspfandgläubiger gemäß § 805 erheben. Das Pfandrecht erstreckt sich nicht auf diejenigen Früchte, die der Pfändung nicht unterworfen sind, §§ 811 Z 2–4, 865. §§ 813a, 851a sind unanwendbar.

B. Ungetrennte Früchte. Das sind nicht diejenigen des § 99 BGB, sondern wiederkehrende Früchte in einem engeren Sinn, also Obst, Getreide, Hackfrüchte, Gras und sonstige pflanzliche Erzeugnisse, nicht aber Holz, Kohle, Steine oder Mineralien.

2) Pfändung, I. A. Grundsatz. Die Pfändung erfolgt nach §§ 808 ff. Der Schuldner muß also am Grundstück einen Gewahrsam haben, oder ein unmittelbar besitzender Dritter muß zur Herausgabe bereit sein. Der Gläubiger kann aus einem Vollstreckungstitel gegen den Grundeigentümer nicht gegen den Widerspruch des Pächters pfänden. Der Pächter kann vielmehr notfalls nach § 771 Widerspruchsklage erheben. Dagegen kann der Gläubiger auf Grund eines Vollstreckungstitels gegen den Pächter bei diesem pfänden. Denn der Pächter übt den Besitz aus. Dasselbe gilt bei einem Nießbraucher.

Der Verpächter darf sein gesetzliches Pfandrecht nach § 805 geltend machen. Es würde gegen die Logik und ein praktisches Bedürfnis verstoßen, die Früchte auf dem Halm nur zu Gunsten des Gläubigers als eine bewegliche Sache zu behandeln. Dagegen hat der Eigentümer kein Widerspruchsrecht, Kupisch JZ **76**, 427.

1. Titel. Zwangsvollstr. in das bewegl. Vermögen   §§ 810, 811

Die Pfändung erfolgt dadurch, daß der Gerichtsvollzieher Besitz ergreift und die Pfändung kenntlich macht. Zur Kenntlichmachung genügt es, eine ausreichende Zahl von Tafeln aufzustellen, unter Umständen das Gebiet einzuzäunen, einen Wächter zu bestellen usw. § 813 III und IV verlangt evtl die Hinzuziehung eines landwirtschaftlichen Sachverständigen.

B. Beschlagnahme. Die Pfändung ist unzulässig, sobald die Früchte in der Liegenschaftszwangsvollstreckung beschlagnahmt worden sind. Sie ergreift bei einer Zwangsverwaltung und bei einer Zwangsversteigerung die Früchte als Bestandteile des Grundstücks, §§ 21, 148 ZVG. Ausgenommen sind die dem Pächter zustehenden, die darum nach § 810 pfändbar bleiben, §§ 21 III ZVG, 956 BGB. Andere Berechtigte, wie Nießbraucher, sind nicht entsprechend zu behandeln. Ein Verstoß gibt dem Schuldner, dem dinglichen Gläubiger und dem Zwangsverwalter die Erinnerung aus § 766, nach der Verwertung die Bereicherungsklage. Eine Beschlagnahme nach der Pfändung zwingt den Gläubiger zur Anmeldung aus § 37 Z 4 ZVG; für den dinglichen Gläubiger s II.

C. Pfändungszeitpunkt. Die Pfändung darf frühestens einen Monat vor der gewöhnlichen Reifezeit stattfinden. Die gewöhnliche Reifezeit bestimmt sich nach der Fruchtart und nach der Durchschnittserfahrung für die Gegend und für die Lage. Unerheblich ist die Frage, wann die Früchte im Pfändungsjahr voraussichtlich reif sein werden. Die Frist ist nach § 222 zu berechnen. Die Versteigerung erfolgt erst nach der Reife, § 824. Ein Verstoß gegen I 2 berührt eine im übrigen wirksame Pfändung nicht. Der Schuldner und ein betroffener Dritter können allerdings die Erinnerung einlegen, § 766. Der Eintritt der Reifezeit macht eine Erinnerung gegenstandslos.

3) Widerspruchsklage, II. Der dingliche Gläubiger, dem § 10 ZVG ein Recht auf die Befriedigung aus dem Grundstück gibt, darf einer statthaften Pfändung durch eine Klage nach § 771 widersprechen. Denn ihm haften die Früchte als Grundstücksbestandteile. Etwas anderes gilt dann, wenn der Pfandgläubiger ein besonderes Recht nach § 10 ZVG nachweist. Diesen Nachweis kann er nur als ein dinglicher Gläubiger führen, nicht als ein persönlicher Gläubiger. Das gilt noch nach der Aberntung der Früchte. Wenn gegen den besitzenden Pächter gepfändet worden ist, dann ist eine Widerspruchsklage nach § 771 nicht zulässig. Denn die Früchte fallen dem besitzenden Pächter stets zu, § 21 III ZVG. Statt der Möglichkeit einer Klage nach § 771 steht auch der Weg einer milderen Klage nach § 805 offen, § 805 Anm 1.

4) VwGO: *Entsprechend anwendbar im Rahmen der Grdz 4 § 803. Wenn § 5 VwVG eingreift, gilt § 294 AO 1977.*

811 *Unpfändbare Sachen.* **Folgende Sachen sind der Pfändung nicht unterworfen:**
1. **die dem persönlichen Gebrauch oder dem Haushalt dienenden Sachen, insbesondere Kleidungsstücke, Wäsche, Betten, Haus- und Küchengerät, soweit der Schuldner ihrer zu einer seiner Berufstätigkeit und seiner Verschuldung angemessenen, bescheidenen Lebens- und Haushaltsführung bedarf; ferner Gartenhäuser, Wohnlauben und ähnliche Wohnzwecken dienende Einrichtungen, die der Zwangsvollstreckung in das bewegliche Vermögen unterliegen und deren der Schuldner oder seine Familie zur ständigen Unterkunft bedarf;**
2. **die für den Schuldner, seine Familie und seine Hausangehörigen, die ihm im Haushalt helfen, auf vier Wochen erforderlichen Nahrungs-, Feuerungs- und Beleuchtungsmittel oder, soweit für diesen Zeitraum solche Vorräte nicht vorhanden und ihre Beschaffung auf anderem Wege nicht gesichert ist, der zur Beschaffung erforderliche Geldbetrag;**
3. **Kleintiere in beschränkter Zahl sowie eine Milchkuh oder nach Wahl des Schuldners statt einer solchen insgesamt zwei Schweine, Ziegen oder Schafe, wenn diese Tiere für die Ernährung des Schuldners, seiner Familie oder Hausangehörigen, die ihm im Haushalt, in der Landwirtschaft oder im Gewerbe helfen, erforderlich sind; ferner die zur Fütterung und zur Streu auf vier Wochen erforderlichen Vorräte oder, soweit solche Vorräte nicht vorhanden sind und ihre Beschaffung für diesen Zeitraum auf anderem Wege nicht gesichert ist, der zu ihrer Beschaffung erforderliche Geldbetrag;**
4. **bei Personen, die Landwirtschaft betreiben, das zum Wirtschaftsbetrieb erforderliche Gerät und Vieh nebst dem nötigen Dünger sowie die landwirtschaftli-**

chen Erzeugnisse, soweit sie zur Sicherung des Unterhalts des Schuldners, seiner Familie und seiner Arbeitnehmer oder zur Fortführung der Wirtschaft bis zur nächsten Ernte gleicher oder ähnlicher Erzeugnisse erforderlich sind;

4a. bei Arbeitnehmern in landwirtschaftlichen Betrieben die ihnen als Vergütung gelieferten Naturalien, soweit der Schuldner ihrer zu seinem und seiner Familie Unterhalt bedarf;

5. bei Personen, die aus ihrer körperlichen oder geistigen Arbeit oder sonstigen persönlichen Leistungen ihren Erwerb ziehen, die zur Fortsetzung dieser Erwerbstätigkeit erforderlichen Gegenstände;

6. bei den Witwen und minderjährigen Erben der unter Nummer 5 bezeichneten Personen, wenn sie die Erwerbstätigkeit für ihre Rechnung durch einen Stellvertreter fortführen, die zur Fortführung dieser Erwerbstätigkeit erforderlichen Gegenstände;

7. Dienstkleidungsstücke sowie Dienstausrüstungsgegenstände, soweit sie zum Gebrauch des Schuldners bestimmt sind, sowie bei Beamten, Geistlichen, Rechtsanwälten, Notaren, Ärzten und Hebammen die zur Ausübung des Berufes erforderlichen Gegenstände einschließlich angemessener Kleidung;

8. bei Personen, die wiederkehrende Einkünfte der in den §§ 850 bis 850b bezeichneten Art beziehen, ein Geldbetrag, der dem der Pfändung nicht unterworfenen Teil der Einkünfte für die Zeit von der Pfändung bis zu dem nächsten Zahlungstermin entspricht;

9. die zum Betrieb einer Apotheke unentbehrlichen Geräte, Gefäße und Waren;

10. die Bücher, die zum Gebrauch des Schuldners und seiner Familie in der Kirche oder Schule oder einer sonstigen Unterrichtsanstalt oder bei der häuslichen Andacht bestimmt sind;

11. die in Gebrauch genommenen Haushaltungs- und Geschäftsbücher, die Familienpapiere sowie die Trauringe, Orden und Ehrenzeichen;

12. künstliche Gliedmaßen, Brillen und andere wegen körperlicher Gebrechen notwendige Hilfsmittel, soweit diese Gegenstände zum Gebrauch des Schuldners und seiner Familie bestimmt sind;

13. die zur unmittelbaren Verwendung für die Bestattung bestimmten Gegenstände;

14. nicht zur Veräußerung bestimmte Hunde, deren Wert 200 Deutsche Mark nicht übersteigt.

Schrifttum: Chen, Die Zwangsvollstreckung in die auf Abzahlung verkaufte Sache, Diss Saarbr 1972; Peters, Die Pfändung einer unter Eigentumsvorbehalt veräußerten Sache, Diss Freibg 1970; Schnitzer, Die Zwangsvollstreckung des Verkäufers in Sachen, die auf Abzahlung geleistet worden sind, Diss Würzb 1968.

Gliederung

1) **Allgemeines**
   A. Zweck der Regelung
   B. Schuldnerrechte
   C. Verstoß
      a) Grundsatz
      b) Verzicht des Schuldners auf Schutz
         aa) Regel
         bb) Ausnahmen
   D. Austauschpfändung
   E. Entsprechende Anwendbarkeit
   F. Geldforderung
   G. Geldersatz
2) **Verfahren**
   A. Prüfung von Amts wegen
   B. Entscheidung
   C. Rechtsbehelfe
      a) Schuldner
      b) Gläubiger
      c) Dritter
3) **Sache des persönlichen Gebrauchs, Z 1**
   A. Grundsatz
   B. Angemessenheit des Hausstands
      a) Anwendbarkeit
      b) Unanwendbarkeit
   C. Erweiterung von Z 1
4) **Nahrungsmittel usw, Z 2**
5) **Kleintier, Milchkuh usw, Z 3**
6) **Landwirt, Z 4**
   A. Zweck der Regelung
   B. Begriffe
7) **Landwirtschaftlicher Arbeitnehmer, Z 4a**
8) **Persönliche Leistung, Z 5**
   A. Zweck der Regelung
   B. Persönlicher Geltungsbereich
   C. Erforderlichkeit zur Erwerbstätigkeit
   D. Beispiele der Unpfändbarkeit
   E. Beispiele der Pfändbarkeit
9) **Witwe des persönlich Arbeitenden, Z 6**
10) **Dienstkleidungsstück usw, Z 7**
    A. Persönlicher Geltungsbereich
       a) Uniformierter
       b) Beamter usw
    B. Sachlicher Geltungsbereich

1. Titel. Zwangsvollstr. in das bewegl. Vermögen § 811 1

11) **Person mit wiederkehrenden Einkünften,** Z 8
12) **Apothekengerät usw,** Z 9
13) **Buch,** Z 10
14) **Geschäftsbuch usw,** Z 11
15) **Künstliche Gliedmaßen usw,** Z 12
16) **Bestattungsbedarf,** Z 13
17) **Hund,** Z 14
18) **Weitere Fälle der Unpfändbarkeit**
  A. Andere Gesetze
  B. Unverwertbarkeit
19) *VwGO*

1) Allgemeines. A. Zweck der Regelung. § 811 verbietet eine Kahlpfändung. Die Vorschrift dient damit nicht nur dem Schutz des Schuldners, sondern auch dem Schutz des Gläubigers, vgl auch BAG MDR **80**, 522 (zu den §§ 850ff), und darüber hinaus auch dem Schutz der Allgemeinheit. Deshalb ist § 811 zwingendes Recht. Das Vollstreckungsorgan hat die Vorschrift von Amts wegen sorgfältig zu beachten. Bei der Auslegung ist auf den „Zeitgeist" zu achten und das Sozialstaatsprinzip zu berücksichtigen, so grundsätzlich richtig Schneider/Becher DGVZ **80**, 184 (auch zu zahlreichen Einzelfolgerungen). Eine längere Freiheitsstrafe kann zB bei einem Fernseh- oder Rundfunkgerät sogar zum Ausschluß der Unpfändbarkeitsvorschriften führen, Köln DGVZ **82**, 63.

B. Schuldnerrechte. Der Schuldner kann bis zum Zeitpunkt der Beendigung der Zwangsvollstreckung, Grdz 7 B vor § 704, eine Erinnerung nach § 766 einlegen, um sich von dem Pfandrecht zu befreien. Wenn er diese Möglichkeit versäumt hat, dann hat er nur noch einen Anspruch aus einer ungerechtfertigten Bereicherung. Der Gläubiger kann aber gegen einen solchen Anspruch mit seiner Forderung aufrechnen. Wenn der Gläubiger schuldhaft handelte, hat der Schuldner allerdings auch einen Ersatzanspruch nach § 823 II BGB. Soweit der Gläubiger vorsätzlich gehandelt hat, kann er nicht gegen diesen Anspruch aufrechnen, § 393 BGB. S auch Grdz 8 B vor § 704.

C. Verstoß. Es gilt die folgende Regelung:
a) Grundsatz. Eine Zwangsvollstreckung in einen unpfändbaren Gegenstand ist nicht nichtig. Sie ist vielmehr zunächst voll wirksam, wenn der Schuldner ihr gleichzeitig oder später zustimmt; vgl auch § 811c. Diese Zustimmung kann man dem Schuldner um so weniger verwehren, als er ja die Sache auch veräußern könnte, sie insbesondere dem Gläubiger in Zahlung geben könnte.
b) Verzicht des Schuldners auf Schutz. aa) Regel. Nichtig ist aber ein vor der Pfändung ausgesprochener völliger Verzicht des Schuldners auf jeglichen Pfändungsschutz, vgl Grdz 3 E b cc bbb vor § 704, AG Essen DGVZ **78**, 175, Baur ZwV § 18 II 3, aM Bbg MDR **81**, 50 mwN, LG Bonn MDR **65**, 303. BayObLG NJW **50**, 697 lehnt ein Verzichtsrecht des Schuldners ab, da der sozialpolitische Charakter der Vorschrift einen solchen Verzicht verbiete, gibt aber dem Gläubiger die Gegeneinrede der Arglist gegen die Geltendmachung der Nichtigkeit desjenigen Verzichts, der in einer Schädigungsabsicht erklärt worden sei. Der Verzicht kann stillschweigend erfolgen, zB im Falle einer Sicherungsübereignung unpfändbarer Sachen, LG Bre MDR **51**, 752, vgl LG Stgt DGVZ **80**, 91, aM AG Köln MDR **73**, 48. Der Verzicht setzt aber die Kenntnis der Schutzvorschrift voraus, AG Essen DGVZ **78**, 175 mwN. Ffm BB **73**, 216 hält eine Prüfung der Wirksamkeit des Verzichts im Falle einer Sicherungsübereignung deswegen für unnötig, weil der Verzicht wegen des Eigentumsübergangs begrifflich ausgeschlossen sei.
bb) Ausnahmen. Der Schutz versagt, wenn der Gläubiger die Sache als der Eigentümer herausverlangen kann. Das gilt aber nur, sofern das Eigentum klar zu Tag liegt (Einwand der Arglist), Mü MDR **71**, 580 mwN, abw LG Bln DGVZ **79**, 9. Ebenso verhält es sich mit der Pfändung einer Sache, die der Veräußerer dem Erwerber unter seinem Eigentumsvorbehalt überlassen hat, zB Ffm NJW **73**, 104, AG Günzburg DGVZ **76**, 95, im Ergebnis auch Mümmler JB **77**, 1659 mwN, offen Schlesw DGVZ **78**, 11, aM Celle MDR **73**, 58, Stgt NJW **71**, 50, LG Oldb MDR **79**, 1032 mwN (abl Reich NJW **71**, 758) und DGVZ **80**, 40 je mwN, LG Saarbr DGVZ **76**, 90 mwN. Denn eine Arglist ist niemals erlaubt, Grdz 6 D d vor § 704. Vgl ferner Brschw MDR **62**, 303, Wangemann MDR **53**, 593. Rechtsvergleichend und -politisch Münzberg pp DGVZ **80**, 72.
Wenn die Sache freilich auf Abzahlung gekauft wurde, dann ist die Berufung auf die Unpfändbarkeit der Sache wegen des AbzG und wegen einer nach diesem Gesetz gegebenen Pflicht zur Rückgewähr auch der bisherigen Leistungen des Schuldners, § 825 Anm 2 B, nur dann arglistig, wenn der Schuldneranspruch ohne weiteres feststellbar ist, LG Hbg MDR **58**, 109, so wohl auch Ffm Rpfleger **80**, 303, aM Hadamus Rpfleger **80**, 421. Wegen der Pfändung demnächst pfändbar werdender Sachen § 811c.
D. Austauschpfändung. Vgl §§ 811a ff.

E. Entsprechende Anwendbarkeit. Die Vorschrift und ihre Ergänzungen, Anm 18, sind außerhalb der einzelnen Ziffern wegen ihrer Rechtsnatur als Ausnahmevorschriften nicht entsprechend anwendbar. Das bedeutet aber nicht, daß diese Vorschriften noch heute so auszulegen wären wie vor Jahren. Deshalb sind ältere Entscheidungen nur vorsichtig zu verwerten.

F. Geldforderung. § 811 ist auf die Zwangsvollstreckung wegen aller Geldforderungen anwendbar, aber auch auf eine Arrestpfändung und auf eine Anschlußpfändung. Es ist unerheblich, wem der Gegenstand gehört (s aber bei einem Eigentumsvorbehalt B). Maßgeblich ist der Zeitpunkt der Entscheidung über die Erinnerung, s aber Anm 2 B. Wenn die Voraussetzungen einer Unpfändbarkeit nach § 811 nachträglich wegfallen, dann ist der Rechtsbehelf damit gegenstandslos geworden. Bei einem Erben entscheidet dessen Bedürfnis. Der Erbe kann sich seiner Pflicht, den Nachlaß gemäß § 1990 BGB herauszugeben, nicht mit Hilfe des § 811 entziehen. Der Wert der Sache begrenzt in den Fällen der Z 14 die Unpfändbarkeit; in den Fällen der Z 1, 5 und 6 kann der Wert der Sache auch zu einer Austauschpfändung führen, § 811a. Im übrigen ist der Wert der Sache bedeutungslos.

G. Geldersatz. Ein in Geld geleisteter Ersatz (Surrogat) für die Sache tritt nicht an die Stelle der Sache. So tritt zB eine Versicherungsentschädigung nach einem Brand oder Einbruch nicht an die Stelle der zerstörten oder geraubten Sachen. In solchen Fällen sind Z 2 und 3 anwendbar; s aber die Übertragungsbeschränkung in § 15 VVG. Der Anspruch des Schuldners auf die Herausgabe einer unpfändbaren Sache ist unpfändbar. Das gilt auch für den Anspruch auf eine Eigentumsbeschaffung beim Eigentumsvorbehalt. Eine unpfändbare Sache gehört nicht zur Konkursmasse, § 1 KO. Ausnahmen gelten in den Fällen der Z 4, 9, für Geschäftsbücher auch im Falle der Z 11, § 1 II, III KO, und Anm 18 A b, d, e. § 811 schützt einen Ausländer ebenso wie einen Inländer.

2) Verfahren. A. Prüfung von Amts wegen. Der Gerichtsvollzieher muß sorgfältig von Amts wegen untersuchen, ob die Sache unpfändbar ist. Er muß eine Pfändung notfalls trotz eines Antrags des Gläubigers und trotz einer vorherigen Zustimmung des Schuldners ablehnen. Wenn der Gerichtsvollzieher die Pfändung vorgenommen hat, dann darf er die gepfändete Sache nicht eigenmächtig freigeben. Er muß aber den Schuldner über dessen Rechtsbehelfe belehren und muß den Gläubiger zur Freigabe der Sache auffordern.

B. Entscheidung. Das Gericht entscheidet auf Grund einer Erinnerung wie bei § 766 Anm 4. Die Unpfändbarkeit muß im Zeitpunkt der Pfändung vorliegen, KG NJW 52, 751, LG Bochum DGVZ 80, 38 mwN, LG Heidelb WM 76, 270, aM zB Säcker NJW 66, 2345. Bei einer Anschlußpfändung muß die Unpfändbarkeit also im Zeitpunkt der Anschlußpfändung vorliegen. Eine nachträglich eintretende Unpfändbarkeit nimmt dem Gläubiger sein Pfandrecht nicht, § 811c Anm 1, LG Bochum DGVZ 80, 38. Wegen der Pfändung einer Sache, die demnächst pfändbar wird, vgl § 811c.

C. Rechtsbehelfe. Es gilt die folgende Regelung:

a) Schuldner. Der Schuldner kann gegen die Pfändung einer unpfändbaren Sache die Erinnerung einlegen, § 766. Er muß die Unpfändbarkeit beweisen. Wenn die Sache schon verwertet wurde, hat er die Möglichkeit einer Bereicherungs- oder Ersatzklage, Anm 1 B, aM StJM III (er habe dann keine Ansprüche mehr).

b) Gläubiger. Der Gläubiger kann gegen die Ablehnung seines Antrags auf die Pfändung die Erinnerung nach § 766 einlegen.

c) Dritter. Ein Dritter hat grundsätzlich keinen Rechtsbehelf. Dies gilt zB für einen Unternehmer bei Z 5 anstelle des Beschäftigten. Die Möglichkeit der Erinnerung nach § 766 kommt für den Dritten aber zB dann in Frage, wenn sich eine Unpfändbarkeit unmittelbar bei ihm auswirkt, wie etwa bei Z 3 für die Familie und für Hausangehörige des Schuldners.

Wenn die Pfändung gegen Z 4 verstößt, kann auch der dingliche Gläubiger die Erinnerung nach § 766 einlegen.

3) Sache des persönlichen Gebrauchs, Z 1. A. Grundsatz. Zweck ist die Sicherung des häuslichen Lebens. Z 1 will dem Schuldner alle Gegenstände des persönlichen Gebrauchs oder des Hausstands belassen, die der Schuldner zur Führung eines angemessenen, bescheidenen Lebens oder Haushalts braucht. Die Sachen brauchen nicht in einem strengen Sinne unentbehrlich zu sein, LG Bochum DGVZ 83, 12. Der Hausstand muß bestehen und nicht etwa erst beabsichtigt sein. Er kann auch nach einer Zwangsräumung bestehen, solange der Schuldner irgendwo vorübergehend untergebracht ist, LG Mü DGVZ 83, 94. Zum Hausstand gehören alle Familienmitglieder, die mit dem Schuldner in seiner Wohnung oder in der Wohnung seiner Ehefrau zusammenleben und wirtschaftlich vom Schuldner abhängen, vgl Schlesw SchlHA 52, 12. Es ist unerheblich, ob der Schuldner die Familienmitglieder unterhalten muß. Zum Hausstand gehören ferner Pflegekinder und Hausangestellte, soweit sie in die Wohnung aufgenommen sind.

B. Angemessenheit des Hausstands. a) Abwägung. Ob der Hausstand angemessen ist, das kann man nur von Fall zu Fall entscheiden. Entscheidend sind die Berufstätigkeit und die Verschuldung, also deren Höhe und die Möglichkeit, die Schuld abzutragen. Unerheblich ist, ob der Hausstand standesgemäß ausgestattet ist. Der Hausstand darf nur bescheiden sein. Das bedeutet aber nicht, daß nur eine völlige Ärmlichkeit geschützt würde. Andererseits darf kein Überfluß vorliegen. Das gilt auch für die Sachen des persönlichen Gebrauchs. Eine ungestört mitbenutzte fremde Sache muß mitberücksichtigt werden, Hbg MDR **55**, 175. Eine zeitweise Vermietung beweist nichts gegen das „Bedürfen"; eine vorübergehende Einschränkung ist erträglicher als ein dauerndes Entbehren.

Im allgemeinen ist aber der Besitz eine Voraussetzung dafür, daß der Schuldner die Sache braucht. Etwas anderes gilt allerdings dann, wenn der Schuldner den Besitz wegen des Verlassens der Wohnung aufgegeben hat oder wenn die Sache dem Schuldner im Hausratsverfahren zugewiesen wurde, wenn er sie aber noch nicht in seinen Besitz genommen hat, LG Bln Rpfleger **60**, 412. Die Möglichkeit einer späteren Neuanschaffung muß außer Betracht bleiben. Einzelheiten sind einigermaßen wertlos. Denn alle Fälle liegen verschieden.

b) Anwendbarkeit. Unter Z 1 fallen zB: fast immer eine Uhr; beim Verheirateten eine Nähmaschine, aM LG Hann NJW **60**, 2248 (weil der Schuldner sich Bekleidung kaufen könne. Aber eine Ausbesserung ist meistens billiger); ein besonderes Kinderbett; ein Kinderwagen; ein Kleiderschrank; ein Sofa, Schlesw SchlHA **55**, 201; ein Koffer; ein Rundfunkgerät, Hamm JMBl NRW **51**, 106, KG MDR **53**, 178, Nürnb MDR **50**, 750, aM LG Regensb NJW **50**, 548. Ein Ersatzstück, das einen Inlandsempfang ermöglicht, muß aber ausreichen, § 811 a, LG Kassel MDR **51**, 45; ein Tonbandgerät, soweit es nicht zur Berufsausübung erforderlich ist, Z 5; unter Umständen ein einfacher Fotoapparat (ein teurer Apparat ist austauschbar, § 811 a); ein Kühlschrank, wenn kein geeigneter Kellerraum vorhanden ist und wenn die Vorräte wegen der arbeitsbedingten Abwesenheit aller Familienmitglieder gehalten werden müssen, Ffm MDR **64**, 1012, LG Mainz DB **60**, 873, einschränkend LG Bln JR **65**, 184, LG Hann MDR **64**, 155, oder wenn es sich um eine zahlreiche Familie mit vielen Kindern handelt, LG Traunstein DGVZ **63**, 58, krit (auch zur allgemeinen Problematik) Schneider/Becher DGVZ **80**, 181; bei einer vielköpfigen Familie und dann, wenn nur beschränkte Trockenmöglichkeiten vorhanden sind, eine Wäscheschleuder, LG Traunstein MDR **63**, 58.

Ferner fallen unter Z 1 zB: Ein Fernsehgerät, sogar ein Farbfernsehgerät, wenn es das einzige tontechnische Informationsmittel für den Schuldner ist, LG Bochum DGVZ **83**, 12 mwN, AG Ibbenbüren DGVZ **81**, 175, aM AG Hann NJW **70**, 764 (andere Informationsmittel seien grundsätzlich ausreichend, unpfändbar sei das Fernsehgerät nur bei einem gelähmten Schuldner und in ähnlichen Fällen); evtl sogar ein Fernsehgerät neben einem vorhandenen Rundfunkgerät, insofern richtig LG Lahn-Gießen NJW **79**, 769, ferner LG Nürnb-Fürth NJW **78**, 113, AG Mü DGVZ **81**, 94 mwN (betreffend einen Inländer, krit Pardey DGVZ **78**, 102 mwN), LG Heidelb WM **76**, 269 (betreffend einen Ausländer), insofern aM LG Bochum DGVZ **83**, 12. Ein Farbfernsehgerät ist gegen ein einfacheres Schwarzweiß-Gerät austauschbar, insofern ebenso LG Bochum DGVZ **83**, 13. Ein Farb- oder Schwarzweiß-Fernsehgerät ist auch nicht gegen ein einfaches Rundfunkgerät austauschbar, Ffm NJW **70**, 152, LG Limbg DGVZ **73**, 119, so wohl auch AG Ibbenbüren DGVZ **81**, 175, insofern aM LG Lahn-Gießen NJW **79**, 769 mwN. Zur Problematik Schneider/Becher DGVZ **80**, 182; eine elektrische Waschmaschine, weil sie heute zum Bestandteil fast jedes Haushalts gehört, AG Siegen DGVZ **77**, 29 (vgl freilich Anm 1 B. Kürzel ZMR **72**, 263 meint, eine Waschmaschine sei nur von Fall zu Fall unpfändbar). Zur Problematik Schneider/Becher DGVZ **80**, 180; aus denselben Gründen oft, zB bei Teppichboden, ein Staubsauger, aM AG Jülich DGVZ **83**, 62; eine Wasserenthärtungsanlage, AG Schlesw DGVZ **77**, 63 (sehr großzügig).

c) Unanwendbarkeit. Nicht unter Z 1 fallen zB: Fremdbetten; Bettvorleger; ein Frackanzug; eine Hausratsentschädigung, Hbg Rpfleger **57**, 83; ein Tiefkühlgerät, LG Kiel DGVZ **78**, 115, und zwar selbst dann nicht, wenn der Schuldner gehbehindert ist, falls der Schuldner einen Kühlschrank besitzt, AG Paderborn DGVZ **79**, 27, unter Umständen eine Stereotruhe, LG Bochum DGVZ **83**, 13 vgl freilich oben b (Rundfunkgerät).

C. Erweiterung von Z 1. In Erweiterung von Z 1 sind folgende Sachen unpfändbar: ein Gartenhaus; eine Wohnlaube und eine ähnliche Wohnzwecken dienende Einrichtung wie ein Wohnwagen oder ein Wohnboot. Voraussetzung der Unpfändbarkeit ist in einem solchen

Fall, daß diese Einrichtung der Zwangsvollstreckung in das bewegliche Vermögen unterliegt, daß sie also nicht zum Grundstücksbestandteil geworden ist. Der Schuldner und seine Familie muß die Einrichtung nicht nur benutzen, sondern er muß sie zu seiner ständigen Unterkunft auch benötigen, vgl Zweibr Rpfleger **76**, 329 (der Wert ist dann unerheblich). Ein Raum, den der Schuldner nur gelegentlich neben einer anderen Unterkunft benutzt, ist pfändbar.

4) Nahrungsmittel usw, Z 2. Zum Begriff der Familie s Anm 3 A. Hierher gehören nur solche Hausangehörige, die im Haushalt helfen, also weder ein Hauslehrer noch ein Auszubildender noch ein kaufmännisches Personal. Nahrungs-, Feuerungs- und Beleuchtungsmittel sind für 4 Wochen unpfändbar. Wenn sie fehlen, muß der Gerichtsvollzieher dem Schuldner einen entsprechenden Geldbetrag belassen. Die Möglichkeit einer Beschaffung auf einem anderen Weg ist dann gesichert, wenn eine bestimmte Zahlung von Lohn, Gehalt usw unmittelbar bevorsteht und zur Beschaffung ausreicht. Die Bedürfnisse eines Gewerbebetriebs scheiden bei der Bemessung der Menge aus. Wegen der lebenden Tiere Z 3. Ungeerntete Früchte fallen unter § 810. Z 2 gilt auch in einem solchen Fall. Zum Holz vgl auch Z 4. Ein Anspruch auf die Lieferung einer gattungsmäßig bestimmten Sache, etwa von „Lebensmitteln", fällt nicht unter Z 2. Wegen der Besonderheiten für Landwirte vgl Z 4, für landwirtschaftliche Arbeitnehmer vgl Z 4a.

5) Kleintier, Milchkuh usw, Z 3. Kleintiere sind Kaninchen, Geflügel, Milchkuh ist eine Kuh, die regelmäßig Milch gibt, wenn auch nicht gerade jetzt. Statt der Milchkuh kann der Schuldner zwei Schweine, zwei Ziegen oder zwei Schafe wählen. Wenn er nicht wählt, dann wählt er für ihn der Gerichtsvollzieher. Wegen des Geldbetrags usw Anm 4. Die Tiere müssen für die Ernährung des Schuldners usw erforderlich sein. Auch die Futter- und Streuvorräte müssen erforderlich sein. Die Praxis versteht unter dem Betriff der Erforderlichkeit einen geringen Grad der Unentbehrlichkeit, Düss MDR **50**, 295. Zum Begriff der Familie Anm 3 A. Anders als bei Z 2 sind bei Z 3 nicht nur diejenigen Hausangehörigen inbegriffen, die im Haushalt helfen, sondern auch diejenigen, die in der Landwirtschaft oder im Gewerbe mitarbeiten, also zB auch ein Auszubildender, ein Handwerksgeselle usw.

6) Landwirt, Z 4. A. Zweck der Regelung. Grundgedanke von Z 4 ist, die Wirtschaft als Ganzes zu erhalten, unabhängig davon, ob sie im Hauptberuf oder im Nebenberuf betrieben wird. Auf dieser Basis ist zu beurteilen, welches Gerät, Vieh und welcher Dünger zum Wirtschaftsbetrieb erforderlich sind. Eine im Zeitpunkt der Pfändung bestehende Betriebsweise gibt die Richtschnur. Der Gerichtsvollzieher darf dem Schuldner nur dasjenige belassen, was der Schuldner unmittelbar im Betrieb verwendet. Der Schuldner darf an landwirtschaftlichen Erzeugnissen auch das behalten, was er braucht, um sich, seine Familie, Anm 3 A, und seine Arbeitnehmer zu unterhalten. Der Schuldner darf ferner den Verkaufserlös aus landwirtschaftlichen Erzeugnissen behalten, die für die Aufrechterhaltung einer geordneten Wirtschaftsführung unentbehrlich sind, § 851 a. Was allerdings ohne eine solche Zweckbindung des Erlöses ohnehin verkauft werden soll, kann pfändbar sein, LG Kleve DGVZ **80**, 39.

B. Begriffe. Landwirte sind Personen, die ausschließlich oder nebenbei, geschäftlich oder zum Vergnügen, eine Landwirtschaft betreiben. Landwirtschaft ist jede erwerbsmäßige Bearbeitung eigenen oder fremden Bodens, LG Oldb DGVZ **80**, 170. Hierher gehören: Der Ackerbau, LG Oldb DGVZ **80**, 170; der Gemüsebau; der Gartenbau, LG Oldb DGVZ **80**, 170; der Obstbau, LG Oldb DGVZ **80**, 170; der Weinbau, LG Oldb DGVZ **80**, 170; die Viehzucht, LG Oldb DGVZ **80**, 170 (jedoch nur das zum Wirtschaftsbetrieb erforderliche Vieh), AG Kirchheim DGVZ **83**, 62 (auch das Einzeltier der Herde); die Forstwirtschaft, LG Oldb DGVZ **80**, 170; auch eine Geflügelfarm, LG Oldb DGVZ **80**, 170. Es kommt nicht auf den Umfang der Landwirtschaft an, insofern richtig LG Oldb DGVZ **80**, 39. Es kommt auch nicht darauf an, ob das Futter im wesentlichen gekauft wird. Auch die Bewirtschaftung von 0,45 ha und das Halten von zwei Milchkühen ist eine Landwirtschaft, Schlesw SchlHA **56**, 356.

Keine Landwirtschaft sind: Eine bloße Bienenzucht, LG Oldb DGVZ **80**, 170; eine Pferdezucht, LG Oldb DGVZ **80**, 170; ein technischer Betrieb, wie eine Brennerei oder Ziegelei. Z 4 schützt auch den ausländischen Landwirt. Das Pfandrecht des Verpächters ist nicht an die Grenze der Z 4 gebunden, § 585 BGB. Z 4 ist auch gegenüber einem Früchtepfandrecht, § 810 Anm 1 A, beachtlich. Doch muß der Gerichtsvollzieher diese Einschränkung nicht von Amts wegen beachten. Wenn der Landwirt sein Anwesen verkauft hat, schützt Z 4 ihn nicht mehr. Der Schutz dauert aber dann fort, wenn der Landwirt den Verkauf nur zu dem Zweck vorgenommen hat, um sich alsbald eine andere Landwirtschaft zu kaufen.

Zum Vieh gehört auch das Mastvieh. Auch ein schlachtreifes Vieh kann zur Fortführung der Wirtschaft notwendig sein. Landwirtschaftserzeugnisse sind die Feldfrüchte, mögen sie abgeerntet sein oder noch auf dem Feld stehen, aber auch forstwirtschaftliche Früchte oder Heizvorräte.

Was zur Fortführung der Wirtschaft und zum Unterhalt notwendig ist, das richtet sich nach objektiven Gesichtspunkten und nicht nach dem Bedürfnis des Schuldners. Hierher gehören auch diejenigen Erzeugnisse, die der Ernährung der Arbeitskräfte und des Viehs dienen.

Auszugehen ist von einer vernünftigen landwirtschaftlichen Vorratswirtschaft. Es muß also Saatgut und Viehfutter bis zur nächsten Ernte verbleiben. Oft muß aber auch an Nahrung genug bis zur neuen Ernte verbleiben. Die Gegenstände der Z 4 sind nach § 98 Z 2 BGB Zubehör des Grundstücks, soweit es sich nicht um Früchte handelt, die für den Wirtschaftsbetrieb nicht erforderlich sind. Deshalb sind diese Gegenstände durch § 865 II schlechthin unpfändbar, soweit sie im Eigentum des Grundstückseigentümers stehen.

7) Landwirtschaftlicher Arbeitnehmer, Z 4a. Zum Begriff des landwirtschaftlichen Betriebs s Anm 6. Doch ist es unerheblich, ob ein technischer Nebenbetrieb vorliegt. Es ist nur beachtlich, ob der Beschäftigte eine Naturalvergütung erhält. Sie ist ohne Rücksicht auf seinen Bedarf unpfändbar, soweit sie seine Arbeitsvergütung darstellt. Unpfändbar ist auch dasjenige Vieh, das der Schuldner von seiner Naturalvergütung ernährt, soweit dieses Vieh ebenfalls dem Unterhalt des Schuldners und seiner Familie, Anm 3 A, dient. Es ist unerheblich, wo sich die Vergütung und das Vieh befinden. Es kommt nur darauf an, ob die Vergütung und das Vieh dem Beschäftigten gehören und nicht etwa im Eigentum des Dienstherrn oder eines Dritten stehen. Der Anspruch auf die Vergütung fällt unter § 850e Z 3.

8) Persönliche Leistung, Z 5. A. Zweck der Regelung. Z 5 schützt alle diejenigen Personen, die durch ihre persönliche Leistung ihren Erwerb finden, mag diese Leistung körperlich oder geistig sein. Der Gegensatz zur persönlichen Leistung ist eine Arbeitsweise durch den Einsatz eines Kapitals, mag auch eine Arbeitsleistung hinzutreten, so (nur im Ergebnis richtig) LG Lübeck DGVZ **82**, 78, ferner LG Oldb DGVZ **80**, 170. Z 5 schützt den Kopf- und Handwerker jeder Art, zB: einen Gelehrten; einen Schriftsteller; einen Journalisten; einen Künstler; einen Handwerker; einen gewerblichen Arbeiter. Geschützt wird auch derjenige, der mit einem Kapital arbeitet, soweit seine persönliche Arbeit und nicht die Ausnutzung des Kapitals die Hauptsache ist, Neustadt NJW **51**, 80 (betreffend einen Transportunternehmer), AG Schweinf JB **77**, 1287 (betreffend einen Schrotthändler).

Es ist unerheblich, ob der Betrieb eingeschränkt werden könnte. Denn jeder Betrieb kann eingeschränkt werden. Unerheblich ist ferner, ob die persönliche Leistung im Haupt- oder im Nebenberuf erbracht wird. Die Mitarbeit eines Gehilfen macht die Arbeit des Chefs nicht zu einer kapitalistischen; ein Maler braucht ein Modell, ein Schriftsteller eine Schreibhilfe. Geschützt ist auch der Erwerber, zB der Vermögensübernehmer, wenn die Voraussetzungen der Z 5 auch bei ihm persönlich vorliegen.

Wenn allerdings ein kaufmännischer Warenvertrieb überwiegt, ist Z 5 unanwendbar.

B. Persönlicher Geltungsbereich. Unter Z 5 fallen: Förster, Gärtner, Schlesw DGVZ **78**, 11, Kutscher, Zahntechniker, Photographen, AG Melsungen DGVZ **78**, 92, Minderkaufleute, die selbst arbeiten, wie Frachtführer oder Hausierer, Gesellen, Gehilfen, Lehrlinge, Fabrikarbeiter, Techniker, Werkmeister, Kellner, Lehrer, Anwälte, Ärzte, Taxibesitzer, auch wenn sie einen Gehilfen benutzen, vorausgesetzt, daß sie auch selbst fahren, Karusselbesitzer, wenn sie das Karussell selbst fahren lassen, Zimmervermieter, wenn sie persönliche Arbeit beim Bedienen u Reinigen leisten, LG Bln DGVZ **76**, 71, Kaufleute, die persönlich im Laden arbeiten, Schank- und Gastwirte, wenn sie wesentlich selbst bedienen, auch eine BGB-Gesellschaft, wenn die persönliche Leistung den Umsatz bestimmt, Noack MDR **74**, 813, oder eine Offene Handelsgesellschaft bzw Kommanditgesellschaft, sofern alle Gesellschafter ihren Erwerb aus körperlicher Arbeit in deren Gewerbebetrieb ziehen, Oldb NJW **64**, 505, AG Günzburg DGVZ **76**, 95.

C. Erforderlichkeit zur Erwerbstätigkeit. Unpfändbar sind alle diejenigen Sachen, die zur Fortsetzung der Erwerbstätigkeit erforderlich sind, sofern diese dem Schuldner rechtlich zustehen. Eine Unentbehrlichkeit in einem strengen Sinn braucht nicht vorzuliegen, Anm 5. Der Gerichtsvollzieher darf dem Schuldner nichts Überflüssiges belassen. Er darf dem Schuldner aber auch nicht nur den kümmerlichsten Bedarf lassen. „Zur Fortsetzung dieser Erwerbstätigkeit" bedeutet: so, wie diese Erwerbstätigkeit bisher ausgeübt worden ist, LG Mannh BB **74**, 1458. Der Gerichtsvollzieher muß die Branche, die technische

Entwicklung und eine Konkurrenz mitberücksichtigen, LG Bochum DGVZ **82**, 44, AG Melsungen DGVZ **78**, 92. Ein Gelehrter von Rang und Ruf braucht im allgemeinen eine andere Bibliothek als ein Unterhaltungsschriftsteller.

Es ist erforderlich, daß der Wegfall der Sachen den bisherigen Betrieb nach der Art seiner bisherigen Ausübung grundlegend verändern würde. Es genügt nur ausnahmsweise, daß die Sachen nur für einen Gehilfen unentbehrlich sind. Es schadet nicht, daß eine Maschine nur mit fremder Hilfe betrieben werden kann. Bei einer Gütergemeinschaft gehört der Erwerb des anderen Ehegatten zum Gesamtgut. Deshalb ist der Erwerb des anderen Ehegatten auch bei einer Pfändung zu berücksichtigen, die sich gegen den verwaltenden Ehegatten richtet. Wenn der Schuldner seinen Gewerbebetrieb vorher nicht persönlich betrieben hat, dann muß ihm der Gerichtsvollzieher so viel belassen, daß der Schuldner den Gewerbebetrieb in Zukunft persönlich betrieben kann, falls er dazu überhaupt in der Lage und bereit ist.

Zur Fortsetzung der Erwerbstätigkeit muß nach dem Gesetzeszweck auch dasjenige gehören, was zu einer unmittelbar bevorstehenden Aufnahme eines unter Z 5 fallenden Berufes notwendig ist, LG Gött NdsRpfl **53**, 71. Wenn der Schuldner bereits eine Erwerbsquelle hat, dann ist alles das pfändbar, was nur zu einem zusätzlichen Einkommen führt, LG Regensb DGVZ **78**, 46 (der Schuldner besitzt neben einer Gastwirtschaft ein Weinhaus). Der Wert der Sachen ist unerheblich. Der Gerichtsvollzieher und nicht der Schuldner wählt aus, welche Sachen der Schuldner behalten darf.

D. Beispiele der Unpfändbarkeit. Unter Z 5 fallen (man bedenke, daß jeder Fall anders liegt; bei der Verwertung ist Vorsicht geboten): Das Klavier in einem Kabarett oder in einer Gastwirtschaft, sofern der Besitzer oder der Wirt den Schutz genießt. Es ist dann unerheblich, ob der Schuldner das Klavier selbst spielt; der Fernsehapparat in einer Gastwirtschaft, die gerade durch dieses Gerät einen gewissen Zulauf hat, LG Lübeck SchlHA **55**, 336, aM Mü NJW **58**, 133; das Tonbandgerät in einem Tonstudio, LG Gött NdsRpfl **59**, 36; die Schnellwaage eines Kleingewerbetreibenden; die Schreibmaschine eines Agenten mit einem größeren Kundenkreis oder eines Schriftstellers; das Diktiergerät eines Anwalts, LG Mannh MDR **66**, 516; ein Fahrrad oder ein Motorrad, wenn es zur Erreichung der Arbeitsstelle oder zum Aufsuchen der Kundschaft nötig ist, aM Brschw NJW **52**, 751 (das Fahrrad oder Motorrad sei schon nach Z 1 schlechthin unpfändbar).

Weitere Beispiele: Kraftwagen, mit dem der Schuldner Lohnfuhren ausführt, falls der Schuldner unter Z 5 fällt, Neustadt NJW **51**, 80; ein Kraftwagen des Handelsvertreters, der damit die Kundschaft aufsuchen muß, LG Brschw MDR **70**, 338; ein Kraftwagen des Gastwirts, der seine Waren selbst heranfahren muß, AG Mönchengl DGVZ **77**, 95; ein Kraftwagen des Gärtners, der ebenfalls seine Waren selbst transportieren muß, insofern richtig Schlesw DGVZ **78**, 11; die Waren, die ein Hausierer mit sich führt, um sie der Kundschaft zu zeigen; bei einem kleinen Gastwirt ein geringer Biervorrat; die Röntgenanlage eines Zahnarztes, wenn er keine Gelegenheit hat, Aufnahmen ohne besondere Umstände am selben Ort machen zu lassen, Hamm JMBl NRW **53**, 40.

Weitere Beispiele: Ein Hochdruckreiniger in einer Kraftfahrzeugwerkstatt, LG Bochum DGVZ **82**, 44; ein Anrufbeantworter, soweit er für einen reibungslosen Betriebsablauf wichtig ist, LG Mannh BB **74**, 1458; mehrere Vergrößerungsgeräte und der übliche Vorrat an Fotopapier bei einem Fotografen, AG Melsungen DGVZ **78**, 92.

Wegen eines Warenvorrats Noack DB **77**, 195.

E. Beispiele der Pfändbarkeit. Pfändbar sind zB: Regelmäßig der Stoffvorrat eines Schneiders, soweit ein begrenzter Mindestbedarf überschritten ist; ein Kinoapparat, weil das in ihn investierte Kapital die persönliche Leistung überwiegt; der unbrauchbar gewordene Kraftwagen eines Geschäftsreisenden, auch wenn der Schuldner seinen Erlös verwenden will, um sich einen neuen Wagen zu kaufen; das Bauwerk, in dem sich ein Geschäftsraum befindet, soweit das Bauwerk der Mobiliarpfändung unterliegt, da Z 1 hier nicht hilft, weil kein Wohnzweck vorliegt, Celle NdsRpfl **58**, 191; die Bücher einer Mietbücherei, Düss MDR **64**, 63.

9) Witwe usw des persönlich Arbeitenden, Z 6. Hierher gehören nur Witwen und minderjährige Erben der von Z 5 geschützten Personen. Die Erwerbstätigkeit muß ein Stellvertreter für die Rechnung dieser Personen fortführen und nicht etwa neu begründen. Es ist allerdings nicht erforderlich, daß er die Erwerbstätigkeit ganz in der bisherigen Weise fortführt. Die Zwangsvollstreckung muß sich gegen die Witwe und gegen die Erben richten. In einem solchen Fall tritt an die Stelle des Schuldners der Stellvertreter. Es gilt dann alles das, was in Anm 8 ausgeführt wurde. Wenn die Hinterbliebenen selbst oder durch ihren Vormund die Erwerbstätigkeit betreiben, dann kann Z 5 anwendbar sein.

10) Dienstkleidungsstück usw, Z 7. Die Vorschrift bezweckt eine Sicherung des Dienstes. Sie schützt auch einen Ausländer, jedenfalls aber ein Mitglied der Streitkräfte, Art 10 III Truppenvertrag, SchlAnh III.

A. **Persönlicher Geltungsbereich.** Geschützt werden folgende Personenkreise:
a) **Uniformierter.** Geschützt werden Personen jeder Art, die eine Dienstkleidung und Ausrüstungsgegenstände haben, also zB Polizeibeamte, Zollbeamte. Nicht geschützt wird etwa ein Privatkraftwagenführer. Er kann freilich nach Z 5 geschützt sein. Nach dem Zweck der Vorschrift müssen die Dienstkleidungsstücke in dem Sinne notwendig sein, daß ihr Träger als Angehöriger eines bestimmten Berufes zum Besitz des Kleidungsstücks und des Ausrüstungsgegenstands verpflichtet ist. Andernfalls sind die Gegenstände pfändbar. Der Gerichtsvollzieher darf dem Schuldner nur das „Erforderliche" belassen.
b) **Beamter usw.** Geschützt werden ferner Beamte, dh öffentliche Beamte; Geistliche einer anerkannten Religionsgemeinschaft; Rechtsanwälte; Patentanwälte; Notare, unabhängig davon, ob sie als Beamte oder als Freiberufler tätig sind; in der BRD approbierte Ärzte, Zahnärzte und Tierärzte; Hebammen. Dentisten fallen unter Z 5.

B. **Sachlicher Geltungsbereich.** Bei den geschützten Personen müssen die Sachen zur Ausübung des Berufs erforderlich sein, Anm 5. Hierhin kann auch ein Beförderungsmittel gehören, etwa der Pkw eines Landarztes. Eine Gesellschaftskleidung ist nur dann eine angemessene Kleidung, falls ihr Träger zur Wahrung seiner Stellung im Beruf an Gesellschaften teilnehmen muß.

Übrigens fallen diese Personen jetzt regelmäßig auch unter Z 5. Einzelheiten: Weimar DGVZ **78**, 184.

11) Person mit wiederkehrenden Einkünften, Z 8. Die Vorschrift schützt das in bar ausgezahlte Geld. § 850k schützt demgegenüber ein Kontenguthaben, Gilleßen-Jakobs DGVZ **78**, 130; dort weitere Einzelheiten. Geschützt werden sämtliche Gehalts-, Lohn- und Rentenempfänger der §§ 850ff, auch solche mit Nebenberuf. Der Zweck besteht darin, die Existenz dieser Personen zu sichern. In §§ 850ff ist bestimmt, welcher Teil des Einkommens unpfändbar ist. Nach diesen Vorschriften ist der nach Z 8 zu belassende Teil im Zusammenhang mit dem nächsten Zahlungstermin zu berechnen. Soweit sich die Pfändungsgrenze nach den Lohnpfändungsbestimmungen vermindert, besteht auch kein Schutz nach Z 8. Der Gläubiger kann also einen Betrag, der dem Gehalts- oder Lohnempfänger ausgezahlt worden ist, sofort bei diesem pfänden. Dem Schuldner ist aber genau soviel zu belassen, als ob der Anspruch gepfändet gewesen wäre.

Die Vorschrift bezieht sich nur auf Geld; der Anspruch selbst fällt unter die §§ 850ff. Das Geld braucht kein Gehalt oder Lohn zu sein. Geschützt sind auch: Eine Rente, § 54 II, III SGG, vgl (zum früheren § 119 RVO) Ffm MDR **73**, 235, abw (zum neuen Recht) LG Regensb Rpfleger **79**, 467; eine Zahlung aus einer Ausbildungsförderung, § 19 III BAFöG; eine Zahlung aus einer Graduiertenförderung, § 10 III GFG; eine Arbeitslosenunterstützung, Oldb Rpfleger **56**, 164.

Ein Fürsorgedarlehen, §§ 25, 26 GVG, gehört nicht hierher, Mü NJW **51**, 808; vgl § 850i Anm 5.

12) Apothekergerät usw, Z 9. Bei ihnen greift mit Rücksicht auf das Interesse der Bevölkerung jedenfalls an einer Landapotheke auch die privatrechtliche Erwägung eines besonderen Schutzes des liefernden Eigentümers nicht durch, Köln NJW **61**, 975. Solche Geräte gehören aber trotz ihrer grundsätzlichen Unpfändbarkeit zur Konkursmasse, § 1 II KO. Der Warenvorrat ist zum Teil unpfändbar, Noack DB **77**, 195.

13) Buch, Z 10. Sie brauchen nicht erforderlich zu sein; die bloße Zweckbestimmung reicht aus. Zur Kirche zählt jede nicht verbotene Religionsgemeinschaft. Zur Schule zählen: jede öffentliche oder private Lehranstalt; eine Universität; eine Fortbildungsschule; ein Konservatorium usw.

14) Geschäftsbuch usw, Z 11. Geschäftsbücher sind alles, was Aufzeichnungen über das Geschäft enthält, zB Konto- und Beibücher, Arbeitsbücher usw, aber auch abgeschlossene Bücher oder Kundenkarteien, Ffm BB **79**, 137. Geschützt sind nicht nur die Geschäftsbücher eines Kaufmanns, wie der Schutz der Haushaltungsbücher, also der Aufzeichnungen über den Haushalt, zeigt. Quittungen, Briefwechsel usw stehen den Geschäftsbüchern gleich, soweit diese Urkunden nur Beweisurkunden ohne selbständigen Vermögenswert darstellen. Solche Schriftstücke gehören trotz ihrer Unpfändbarkeit zur Konkursmasse, § 1 III KO.

Zu den Familienpapieren gehören die Urkunden über die persönlichen Verhältnisse des Schuldners und seiner Familie, nicht aber Familienbilder. Ein Trauring gilt auch dann als solcher, wenn er gerade nicht getragen wird und wenn die Ehe bereits aufgelöst worden ist. Ein Verlobungsring ist nicht geschützt. Als Orden und Ehrenzeichen gelten inländische und ausländische staatliche Auszeichnungen, auch soweit sie nach dem Tod des Geehrten bestimmungsgemäß seiner Familie verbleiben. Geschützt wird nur das Original, nicht eine Verkleinerung oder ein Doppelstück.

15) Künstliche Gliedmaßen usw, Z 12. Geschützt werden alle Hilfsmittel der Krankenpflege, soweit sie erforderlich sind, also nicht in einer übermäßigen Zahl. Hierzu zählen auch der Rollstuhl des Gebrechlichen, ein Blindenhund usw, evtl sogar ein Personenkraftwagen, LG Lübeck DGVZ 79, 25, AG Germersheim DGVZ 80, 127 je mwN (betreffend einen Schwerbeschädigten).

16) Bestattungsbedarf, Z 13. Geschützt wird nur derjenige Bedarf, der im Hause des Schuldners wegen eines Todesfalls eintritt, der dem Schuldner die Bestattung auferlegt. Geschützt ist auch der Grabstein vor und nach der Beerdigung. Es wäre eine schlechte Auslegung des Gesetzeswortlauts, den Schutz auf die Zeit vor der Bestattung zu beschränken. Der aufgestellte Stein ist auch gegen die Forderung des Steinmetzes geschützt, aM AG Miesbach MDR 83, 499 (aber die Pietät des aufgestellten Denkmals im Rahmen der Friedhofsruhe geht vor).

17) Hund, Z 14. Sein Wert darf 200 DM zusammen nicht übersteigen. Geschützt wird zB ein Hund ohne Stammbaum, selbst wenn er reinrassig ist, AG Neuwied DGVZ 77, 78. Der Hund darf nicht zur Veräußerung bestimmt sein. Dem ideellen Zweck der Vorschrift entsprechend fallen unter sie auch solche Hunde, die nur zu Zuchtzwecken gehalten werden, selbst wenn ihre Veräußerung nicht beabsichtigt ist.

Auch die Pfändung eines nach Z 14 nicht geschützten Hundes kann unzulässig sein, und zwar nach § 765 a, LG Heilbronn DGVZ 80, 111.

18) Weitere Fälle der Unpfändbarkeit. A. Andere Gesetze. Fälle der Unpfändbarkeit finden sich in vielen Gesetzen. Unpfändbar sind vor allem: **a)** die Fahrbetriebsmittel der Eisenbahn bis zum Ausscheiden aus dem Bestand, G v 3. 5. 1886, RGBl 131, und G v 7. 3. 34, RGBl II 91, und für ausländische Eisenbahnen, Art 55 CIM (etwas anderes gilt im Konkurs); **b)** Manuskripte, die einen Urheberrechtsschutz genießen, wenn nicht der Urheber oder seine Erben der Pfändung zustimmen, ferner Formen, Platten usw, die zur Vervielfältigung eines geschützten Werks der bildenden Künste oder der Fotografie dienen, §§ 113, 114, 118 UrhRG; **c)** Hochseekabel mit Zubehör, § 31 KabelpfdG v 31. 3. 25, RGBl 37 (etwas anderes gilt im Konkurs); **d)** Postsendungen, solange sie sich im Postgewahrsam befinden, § 23 PostG v 28. 7. 69, RGBl 1006; **e)** ins Hypothekenregister eingetragene Hypotheken und Wertpapiere, es sei denn, daß der Vollstreckungstitel auf Grund eines Anspruchs aus einem Hypothekenpfandbrief ergangen wäre, § 34 a HypBankG idF v 5. 2. 63, BGBl 81. Dies gilt auch bei einem Geldbetrag, den ein Treuhänder verwahrt. S auch § 5 G v 21. 12. 27, RGBl 492, und § 35 SchiffsbankG, beide idF v 8. 5. 63, BGBl 301, 309.

B. Unverwertbarkeit. Eine tatsächliche Erweiterung der Unpfändbarkeit liegt vor, soweit eine Verwertungsmöglichkeit fehlt. Das ist zB dann der Fall, wenn eine Veräußerung gesetzwidrig oder verboten wäre.

19) VwGO: Entsprechend anwendbar in allen Fällen der Vollstreckung wegen Geldforderungen, Grdz 4 § 803, auch nach § 5 VwVG, § 295 AO 1977.

811a Austauschpfändung.

[I] Die Pfändung einer nach § 811 Nr. 1, 5 und 6 unpfändbaren Sache kann zugelassen werden, wenn der Gläubiger dem Schuldner vor der Wegnahme der Sache ein Ersatzstück, das dem geschützten Verwendungszweck genügt, oder den zur Beschaffung eines solchen Ersatzstückes erforderlichen Geldbetrag überläßt; ist dem Gläubiger die rechtzeitige Ersatzbeschaffung nicht möglich oder nicht zuzumuten, so kann die Pfändung mit der Maßgabe zugelassen werden, daß dem Schuldner der zur Ersatzbeschaffung erforderliche Geldbetrag aus dem Vollstreckungserlös überlassen wird (Austauschpfändung).

[II] Über die Zulässigkeit der Austauschpfändung entscheidet das Vollstreckungsgericht auf Antrag des Gläubigers durch Beschluß. Das Gericht soll die Austausch-

1. Titel. Zwangsvollstr. in das bewegl. Vermögen § 811a 1–3

pfändung nur zulassen, wenn sie nach Lage der Verhältnisse angemessen ist, insbesondere wenn zu erwarten ist, daß der Vollstreckungserlös den Wert des Ersatzstückes erheblich übersteigen werde. Das Gericht setzt den Wert eines vom Gläubiger angebotenen Ersatzstückes oder den zur Ersatzbeschaffung erforderlichen Betrag fest. Bei der Austauschpfändung nach Absatz 1 Halbsatz 1 ist der festgesetzte Betrag dem Gläubiger aus dem Vollstreckungserlös zu erstatten; er gehört zu den Kosten der Zwangsvollstreckung.

III Der dem Schuldner überlassene Geldbetrag ist unpfändbar.

IV Bei der Austauschpfändung nach Absatz 1 Halbsatz 2 ist die Wegnahme der gepfändeten Sache erst nach Rechtskraft des Zulassungsbeschlusses zulässig.

Schrifttum: Tschentscher, Die Austauschpfändung, Diss Erlangen 1953.

1) Allgemeines. Grundsätzlich ist der Wert einer unpfändbaren Sache bedeutungslos. Denn diese Sache wird nur wegen ihres Verwendungszwecks geschützt. Um Unbilligkeiten zu vermeiden, kann der Gläubiger durch eine Austauschpfändung eine an sich unpfändbare Sache pfändbar machen. Eine Austauschpfändung ist nur bei einer Sache der in § 811 Z 1, 5 oder 6 genannten Art zulässig.

2) Voraussetzungen. Sie müssen im Zeitpunkt der Pfändung vorliegen, Düss JMBl NRW **60**, 218.

A. Ersatzstück, I. Der Gläubiger muß dem Schuldner ein Ersatzstück überlassen, das dem geschützten Verwendungszweck genügt, I. Wenn das Stück nicht von derselben Art ist, reicht es aus, daß es den Zweck des bisher unpfändbaren Stücks erfüllt. Dabei muß man aber darauf Rücksicht nehmen, daß der Schuldner von den in § 811 Z 1 genannten Stücken nur solche fordern kann, die zu einer bescheidenen Lebens- und Haushaltsführung erforderlich sind, daß also auch der erwerbstätige Schuldner eine Einbuße an Bequemlichkeit in der zukünftigen Fortführung seiner Tätigkeit hinnehmen muß.

In Betracht kommt eine Austauschpfändung zB dahin, daß der Gläubiger dem Schuldner statt des gepfändeten Farbfernsehgeräts ein Schwarzweißgerät zur Verfügung stellt, AG Mü DGVZ **81**, 94. Dieses darf sogar einen kleineren Bildschirm haben, wenn das dem Schuldner nach seinen Wohnverhältnissen und seiner Sehkraft usw zumutbar ist. Es kommt sogar ein einfaches Rundfunkgerät als Austauschobjekt in Betracht, Köln DGVZ **82**, 63.

B. Angemessenheit, II. Eine Austauschpfändung darf nur dann erfolgen, wenn sie nach der Gesamtlage angemessen ist. Man muß insbesondere berücksichtigen, daß der voraussichtliche Erlös der Zwangsvollstreckung den Wert des Ersatzstückes erheblich übersteigt. Denn eine Austauschpfändung ist nur dann gerechtfertigt, wenn ein Gläubigerinteresse vorliegt, das in einem vernünftigen Verhältnis zu dem Nachteil steht, der dem Schuldner droht, vgl auch § 812 Anm 2 C. Eine Austauschpfändung ist also nicht zulässig, wenn unsicher ist, ob sich überhaupt ein Bieter finden wird. Zu berücksichtigen ist auch ein ideeller Wert, etwa eines Familienstücks oder eines der wenigen Stücke, die jemand aus einer Flucht gerettet hat.

C. Überlassung, I. Der Gläubiger muß das Ersatzstück dem Schuldner grundsätzlich vor der Wegnahme des bisher unpfändbaren Stücks überlassen. Denn der Schuldner soll in dem Gebrauch seiner an sich unpfändbaren Sachen nicht gestört werden. Die Überlassung des Ersatzstücks muß zu Eigentum geschehen. Wegen etwaiger Mängel vgl A. Wenn der Schuldner ein ihm angebotenes und objektiv ausreichendes Ersatzstück ablehnt, handelt er arglistig und muß die Folgen selbst tragen.

Der Gläubiger kann aber dem Schuldner auch die Ersatzbeschaffung überlassen und dem Schuldner den dazu erforderlichen Geldbetrag geben. Ausnahmsweise kann der Gläubiger die bisher unpfändbare Sache dem Schuldner wegnehmen lassen, bevor der Schuldner das Ersatzstück erhält. Dies gilt dann, wenn der Gläubiger nicht dazu imstande ist, das Ersatzstück zu beschaffen, oder wenn ihm die Beschaffung zwar technisch möglich, jedoch wirtschaftlich nicht zuzumuten ist. Ein solcher Fall kann etwa dann vorliegen, wenn sich der Gläubiger in einer größeren Notlage als der Schuldner befindet oder wenn der Anspruch des Gläubigers aus einer vorsätzlichen unerlaubten Handlung des Schuldners herrührt. In einem solchen Fall erhält der Schuldner das Geld erst aus dem Vollstreckungserlös. Dieser Geldbetrag ist in demselben Umfang wie dasjenige Geld unpfändbar, das der Gläubiger gegeben hat, III.

3) Verfahren, II, IV. Über die Zulässigkeit einer Austauschpfändung entscheidet nicht der Gerichtsvollzieher (eine Ausnahme gilt bei § 811b), sondern allein das Vollstreckungsgericht. Es entscheidet durch den Rpfl, § 20 Z 17 RPflG, Anh § 153 GVG. Es ist ein Antrag des Gläubigers erforderlich. Die Entscheidung ergeht durch einen Beschluß. Dieser muß den Wert des Ersatzstücks festsetzen, den der Gläubiger angeboten hat, falls das Gericht das Ersatzstück für geeignet und überhaupt eine Austauschpfändung für zulässig hält. Andernfalls muß der Beschluß denjenigen Betrag festsetzen, der zur Beschaffung eines Ersatzstücks erforderlich ist.

Wenn der Gläubiger dem Schuldner das Ersatzstück überlassen hat, dann darf der Gerichtsvollzieher das bisher unpfändbare Stück dem Schuldner sofort wegnehmen. Der Gläubiger erhält den verauslagten und vom Gericht festgesetzten Betrag aus dem Vollstreckungserlös zurück, der Betrag gehört zu den Vollstreckungskosten, § 788. Diese können evtl auch dem Gläubiger ganz oder teilweise auferlegt werden, § 788 III. Wenn der Schuldner das Ersatzstück noch nicht erhalten hat und wenn er nun den Betrag zur Beschaffung des Ersatzstücks erst aus dem Vollstreckungserlös bekommt, dann muß der Gerichtsvollzieher die Rechtskraft des Beschlusses des Rpfl abwarten, bevor er das bisher unpfändbare Stück dem Schuldner wegnehmen kann, IV.

4) Rechtsmittel. Vgl § 793 Anm 1 B.

5) VwGO: *Entsprechend anwendbar in allen Fällen der Vollstreckung wegen Geldforderungen, Grdz 4 § 803, auch nach § 5 VwVG, § 295 AO 1977.*

811 b *Vorläufige Austauschpfändung.* ¹ Ohne vorgängige Entscheidung des Gerichts ist eine vorläufige Austauschpfändung zulässig, wenn eine Zulassung durch das Gericht zu erwarten ist. Der Gerichtsvollzieher soll die Austauschpfändung nur vornehmen, wenn zu erwarten ist, daß der Vollstreckungserlös den Wert des Ersatzstückes erheblich übersteigen wird.

II Die Pfändung ist aufzuheben, wenn der Gläubiger nicht binnen einer Frist von zwei Wochen nach Benachrichtigung von der Pfändung einen Antrag nach § 811a Abs. 2 bei dem Vollstreckungsgericht gestellt hat oder wenn ein solcher Antrag rechtskräftig zurückgewiesen ist.

III Bei der Benachrichtigung ist dem Gläubiger unter Hinweis auf die Antragsfrist und die Folgen ihrer Versäumung mitzuteilen, daß die Pfändung als Austauschpfändung erfolgt ist.

IV Die Übergabe des Ersatzstückes oder des zu seiner Beschaffung erforderlichen Geldbetrages an den Schuldner und die Fortsetzung der Zwangsvollstreckung erfolgen erst nach Erlaß des Beschlusses gemäß § 811a Abs. 2 auf Anweisung des Gläubigers. § 811a Abs. 4 gilt entsprechend.

1) Allgemeines. § 811b ändert nichts an dem Grundsatz, daß eine Austauschpfändung vom Vollstreckungsgericht zuzulassen ist, § 811a II. Das ergibt sich aus II. Die Vorschrift enthält aber im Interesse des Gläubigers die Möglichkeit einer vorläufigen Regelung durch den Gerichtsvollzieher.

2) Voraussetzungen, I. Es müssen folgende Voraussetzungen zusammentreffen:

A. Höherer Erlös. Der Gerichtsvollzieher findet bei einer Pfändung eine Sache vor, für die die Voraussetzungen einer Austauschpfändung nach § 811a I vorliegen. Er muß davon überzeugt sein, wie I 2 überflüssigerweise wiederholt, vgl § 811a Anm 2 B, daß der Vollstreckungserlös den Wert des erforderlich werdenden Ersatzstückes erheblich übersteigen wird. Der Gerichtsvollzieher kann diese Schätzung auf Grund seiner Kenntnisse des Interesses etwaiger Bieter und damit der derzeitigen Möglichkeiten eines Versteigerungserlöses schätzen.

B. Wahrscheinlichkeit der Zulassung. Der Gerichtsvollzieher muß damit rechnen, daß das Vollstreckungsgericht nach § 811b eine Austauschpfändung zulassen wird.

3) Verfahren, I, II. A. Amtspflicht zur vorläufigen Maßnahme, I. Der Gerichtsvollzieher nimmt nur eine vorläufige Austauschpfändung vor. Dazu braucht er keine Erlaubnis des Vollstreckungsgerichts. Es braucht auch kein Antrag des Gläubigers vorzuliegen. Der Gerichtsvollzieher geht vielmehr von sich aus derart vor. Er ist dann, wenn die Voraussetzungen einer vorläufigen Austauschpfändung vorliegen, zu einem solchen Schritt verpflichtet. Die vorläufige Austauschpfändung steht also nicht in seinem Belieben. Denn der Gerichtsvollzieher muß im Interesse des Gläubigers jede nach dem Gesetz zulässige Vollstreckungshandlung vornehmen („ist ... zulässig"). Der Gerichtsvollzieher muß die gepfändete Sache zunächst im Gewahrsam des Schuldners belassen, IV 2. Denn die Wegnahme der

Sache wird erst dann zulässig, wenn das Vollstreckungsgericht die Austauschpfändung zugelassen hat, IV.

B. Benachrichtigungspflicht, II. Der Gerichtsvollzieher muß den Gläubiger sofort benachrichtigen, daß er die Pfändung als eine vorläufige Austauschpfändung vorgenommen hat. Er muß den Gläubiger darauf hinweisen, daß der Gläubiger binnen 2 Wochen einen Antrag auf die Zulassung der endgültigen Austauschpfändung beim Vollstreckungsgericht stellen muß, um eine Aufhebung der Pfändung zu vermeiden. Wenn der Gerichtsvollzieher diesen Hinweis unterläßt, bleibt die Benachrichtigung im übrigen wirksam; er muß daher unter Umständen 2 Wochen später trotz des Fehlens des Hinweises die Pfändung aufheben, II.

C. Weiterer Bestand der Pfändung. Der weitere Bestand der Pfändung hängt also von folgenden Umständen ab:

a) Antrag usw. Der Gläubiger muß eine endgültige Austauschpfändung beantragen. Er muß also insbesondere in der Regel, § 811 a I Hs 1, dazu bereit sein, ein Ersatzstück zu beschaffen und den dazu erforderlichen Geldbetrag aufzuwenden. Dieser Entschluß steht in seinem Belieben. Denn die vorläufige Austauschpfändung soll nur die Möglichkeit einer endgültigen Austauschpfändung sichern. Der Gläubiger muß aber binnen 2 Wochen seit einer Benachrichtigung durch den Gerichtsvollzieher den Antrag auf die Zulassung der endgültigen Austauschpfändung beim Vollstreckungsgericht stellen. Er muß dem Gerichtsvollzieher wegen II nachweisen, daß er diesen Antrag rechtzeitig gestellt hat. Der Gläubiger braucht das Ersatzstück dem Schuldner aber vorläufig noch nicht zu überlassen. Notfalls muß der Gläubiger darlegen, daß ihm eine sofortige Beschaffung dieses Ersatzstücks oder des dafür erforderlichen Geldbetrags nicht möglich ist, § 811 a I Hs 2.

b) Zulassung. Das Vollstreckungsgericht muß die endgültige Austauschpfändung durch einen Beschluß zulassen. Der Beschluß ist dem Gläubiger und dem Schuldner zuzustellen, § 329 III. Wenn der Gläubiger den Antrag nicht oder nicht fristgemäß stellt, dann muß der Gerichtsvollzieher die Pfändung aufheben. Er muß sie auch dann aufheben, wenn das Gericht den Antrag rechtskräftig zurückgewiesen hat, II. Wenn das Gericht die Austauschpfändung zuläßt, § 811 a Anm 3, dann muß der Gläubiger jetzt dem Schuldner das Ersatzstück oder den erforderlichen Geldbetrag übergeben, sofern das Gericht ihm nicht erlaubt hat, den für die Beschaffung des Ersatzstückes erforderlichen Geldbetrag dem Schuldner erst aus dem Vollstreckungserlös zu überweisen, § 811 a I Hs 2. Erst anschließend darf der Gerichtsvollzieher das Pfandstück dem Schuldner wegnehmen und versteigern, IV 1. Wenn der Schuldner den zur Beschaffung des Ersatzstückes erforderlichen Geldbetrag erst aus dem Vollstreckungserlös erhält, dann darf der Gerichtsvollzieher das Pfandstück dem Schuldner erst nach der Rechtskraft des Zulassungsbeschlusses des Vollstreckungsgerichts wegnehmen, § 811 a IV. Die Kosten sind Kosten der Zwangsvollstreckung. Das Gericht kann sie unter Umständen aber auch dem Gläubiger nach § 788 III auferlegen.

4) VwGO: *Entsprechend anwendbar in allen Fällen der Vollstreckung wegen Geldforderungen, Grdz 4 § 803, auch nach § 5 VwVG, § 295 AO 1977.*

811 c

Vorwegpfändung. [I] Ist zu erwarten, daß eine Sache demnächst pfändbar wird, so kann sie gepfändet werden, ist aber im Gewahrsam des Schuldners zu belassen. Die Vollstreckung darf erst fortgesetzt werden, wenn die Sache pfändbar geworden ist.

[II] **Die Pfändung ist aufzuheben, wenn die Sache nicht binnen eines Jahres pfändbar geworden ist.**

1) Allgemeines. Die Vorwegpfändung soll den Gläubiger im voraus sichern, auch im Hinblick auf die Reihenfolge bei etwaigen weiteren Gläubigern. Das Gesetz sieht nicht den Fall vor, daß eine gepfändete Sache unpfändbar wird. Der Gläubiger behält sein Pfändrecht vielmehr auch dann; vgl § 811 Anm 2 C b.

2) Voraussetzungen. Die Vorwegpfändung hängt vom Zusammentreffen folgender Voraussetzungen ab:

A. Derzeit Unpfändbarkeit. Eine Sache muß (noch) unpfändbar sein.

B. Demnächst Pfändbarkeit. Es muß objektiv zu erwarten sein, daß die unpfändbare Sache demnächst pfändbar wird, etwa infolge eines Berufswechsels des Schuldners oder einer Einstellung seines Betriebs.

3) Verfahren, I, II. Die noch unpfändbare Sache wird gepfändet. Der Gerichtsvollzieher muß sie aber im Gewahrsam des Schuldners belassen. Die Zwangsversteigerung darf erst dann erfolgen, wenn die Sache pfändbar geworden ist. Wenn die Pfändbarkeit nicht innerhalb eines Jahres seit der Pfändung eingetreten ist, dann muß der Gerichtsvollzieher die Pfändung aufheben. Denn es darf nicht auf eine ungewisse Zeit hinaus unbestimmt bleiben, ob eine wirksame Pfändung erfolgt ist.

4) *VwGO:* *Entsprechend anwendbar in allen Fällen der Vollstreckung wegen Geldforderungen, Grdz 4 § 803, auch nach § 5 VwVG, § 295 AO 1977.*

812 **Pfändung von Hausrat.** Gegenstände, die zum gewöhnlichen Hausrat gehören und im Haushalt des Schuldners gebraucht werden, sollen nicht gepfändet werden, wenn ohne weiteres ersichtlich ist, daß durch ihre Verwertung nur ein Erlös erzielt werden würde, der zu dem Wert außer allem Verhältnis steht.

1) Allgemeines. § 812 ist dem Wortlaut nach eine bloße Sollvorschrift. Da der Gerichtsvollzieher die Bestimmung aber genau so von Amts wegen zu beachten hat wie das Gebot des § 811 und da das Vollstreckungsgericht dann, wenn ein Beteiligter einen Fehler des Gerichtsvollziehers rügt, entscheidet, besteht sachlich keine Abweichung von einer Mußvorschrift. Es kommt hinzu, daß auch die Gegenstände des § 812 nicht in die Konkursmasse fallen, § 1 IV KO.

2) Unpfändbarkeit. Unpfändbar sind nach § 812 Sachen, bei denen die folgenden Voraussetzungen zusammentreffen:

A. Hausrat. Es muß sich um Gegenstände des gewöhnlichen Hausrats handeln, also des täglichen Bedarfs im Haushalt, nicht im Gewerbe. Hierzu zählen: Betten; Tische; Schränke; Küchengerät.
Ein Luxusgegenstand oder eine Sache mit Alterswert gehören nicht hierher.

B. Benutzung. Die Gegenstände müssen auch im Haushalt des Schuldners tatsächlich gebraucht, also benutzt werden. Ihre Zahl oder deren Notwendigkeit ist unerheblich.

C. Schlechte Verwertbarkeit. Es muß sich um Gegenstände handeln, die ersichtlich schlecht verwertbar sind. Der Gerichtsvollzieher muß denjenigen Wert, den die Sache für den Schuldner hat, mit demjenigen vergleichen, den sie für andere hat. Keine von beiden Größen darf allein den Ausschlag geben.

3) Rechtsbehelf. Der Schuldner, der Gläubiger dann, wenn die Pfändung unterbleibt, oder ein betroffener Dritter, zB die Ehefrau, können die Erinnerung nach § 766 einlegen.

4) *VwGO:* *Entsprechend anwendbar in allen Fällen der Vollstreckung wegen Geldforderungen, Grdz 4 § 803, auch nach § 5 VwVG, § 295 AO 1977.*

813 **Schätzung.** [I] Die gepfändeten Sachen sollen bei der Pfändung auf ihren gewöhnlichen Verkaufswert geschätzt werden. Die Schätzung des Wertes von Kostbarkeiten soll einem Sachverständigen übertragen werden. In anderen Fällen kann das Vollstreckungsgericht auf Antrag des Gläubigers oder des Schuldners die Schätzung durch einen Sachverständigen anordnen.

[II] Ist die Schätzung des Wertes bei der Pfändung nicht möglich, so soll sie unverzüglich nachgeholt und ihr Ergebnis nachträglich in der Niederschrift über die Pfändung vermerkt werden.

[III] Zur Pfändung von Früchten, die von dem Boden noch nicht getrennt sind, und zur Pfändung von Gegenständen der in § 811 Nr. 4 bezeichneten Art bei Personen, die Landwirtschaft betreiben, soll ein landwirtschaftlicher Sachverständiger zugezogen werden, sofern anzunehmen ist, daß der Wert der zu pfändenden Gegenstände den Betrag von 1000 Deutsche Mark übersteigt.

[IV] Die Landesjustizverwaltung kann bestimmen, daß auch in anderen Fällen ein Sachverständiger zugezogen werden soll.

1) Allgemeines. § 813 enthält eine Sollvorschrift. Der Gerichtsvollzieher muß die Bestimmung aber von Amts wegen beachten. Wenn er dagegen verstößt, bleibt die Zwangsvollstreckung wirksam. Das gilt selbst dann, wenn die GVGA eine entsprechende Mußvorschrift enthält. Der Zweck der Regelung besteht darin, die Einhaltung der gesetzlichen Beschränkungen bei der Pfändung und beim Zuschlag zu sichern.

1. Titel. Zwangsvollstr. in das bewegl. Vermögen **§ 813** 2

2) Schätzung, I–IV. A. Gewöhnlicher Verkaufswert. Der Gerichtsvollzieher muß eine gepfändete Sache auf ihren gewöhnlichen Verkaufswert schätzen. Gewöhnlicher Verkaufswert ist derjenige Preis, den man im freien Verkehr am Ort für eine Sache gleicher Art und Güte durchschnittlich erzielen kann. Wenn es sich um ein an der Börse gehandeltes Papier handelt, mag es amtlich notiert sein oder im Freiverkehr kursieren, dann gilt als gewöhnlicher Verkaufspreis der jetzige Börsenpreis, also die Notierung für Geld (Nachfrage), nicht für Brief (Angebot). Marktpreis ist der am maßgebenden Handelsplatz festgestellte laufende Preis. Ein Höchstpreis und ein etwaiger Festpreis sind zu ermitteln; vgl auch § 817 a Anm 1 A.

Regelmäßig schätzt der Gerichtsvollzieher selbst.

B. Sachverständiger, I, II. Ein Sachverständiger wird in folgenden Fällen hinzugezogen:

a) Kostbarkeit. Seine Hinzuziehung ist notwendig bei Kostbarkeiten. Das sind Gegenstände, die im Verhältnis zu ihrem Umfang und zu ihrem Gewicht einen besonders hohen Wert haben. Der Gerichtsvollzieher muß die allgemeine Anschauung berücksichtigen, vgl BGH **LM** § 808 Nr 1. Bei Gold- und Silbersachen muß wegen § 817a III auch der Metallwert geschätzt werden.

Der Gerichtsvollzieher bestimmt die Person des Sachverständigen.

b) Ermessen des Gerichtsvollziehers. Die Zuziehung erfolgt nach dem Ermessen des Gerichtsvollziehers immer dann, wenn er die Mitwirkung eines Sachverständigen pflichtgemäß für notwendig oder doch für sachdienlich hält, Pawlowski ZZP **90**, 367, aM LG Mü Rpfleger **78**, 456, Schilken AcP **181**, 366 mwN. Dies kann zB dann der Fall sein, wenn der Gerichtsvollzieher für ein Wertpapier keinen Börsenpreis ermitteln kann.

Der Gerichtsvollzieher bestimmt die Person des Sachverständigen.

c) Anordnung des Vollstreckungsgerichts. Die Hinzuziehung des Sachverständigen erfolgt auf eine Anordnung des Vollstreckungsgerichts. Das Gericht erläßt diese Entscheidung auf einen Antrag des Gläubigers oder des Schuldners. Die Anordnung ist auch dann noch zulässig, wenn der Gerichtsvollzieher die Sache bereits geschätzt hat. Gegen einen ablehnenden Beschluß des Gerichts ist die sofortige Beschwerde nach § 793 zulässig. Denn eine Erinnerung nach § 766 war schon im Antrag auf eine Anordnung durch das Vollstreckungsgericht zu sehen.

Das Vollstreckungsgericht bestimmt die Person des Sachverständigen.

d) Bestimmung der Justizverwaltung. Die Hinzuziehung erfolgt dann, wenn die Landesjustizverwaltung die Mitwirkung eines Sachverständigen bestimmt hat, IV.

Der Gerichtsvollzieher bestimmt die Person des Sachverständigen.

C. Sachverständiger, III. Ein landwirtschaftlicher Sachverständiger muß gemäß III zur Schätzung hinzugezogen werden, wenn Früchte auf dem Halm zu pfänden sind, § 810, oder wenn Betriebsgegenstände und Früchte eines landwirtschaftlichen Betriebs zu pfänden sind, § 811 Z 4. In beiden Fällen wird der Sachverständige aber nur hinzugezogen, wenn der Versteigerungswert und nicht der Überschuß nach der Schätzung des Gerichtsvollziehers 1000 DM übersteigen werden. Auf Verlangen des Schuldners muß der Gerichtsvollzieher den landwirtschaftlichen Sachverständigen auch bei einem voraussichtlich geringeren Versteigerungswert hinzuziehen, § 150 Z 1 GVGA, vgl IV. Der Sachverständige muß die Gegenstände der §§ 810, 811 Z 4 ohne eine Weglassung der unpfändbaren Sachen zusammenrechnen. Der Gerichtsvollzieher wählt einen oder mehrere Sachverständige aus dem Kreis derjenigen Personen aus, die mit den örtlichen Verhältnissen und mit dem Landwirtschaftsbetrieb vertraut sind.

Der aufgeforderte Sachverständige ist zur Begutachtung nicht verpflichtet. Der Gerichtsvollzieher hat nicht das Recht, den Sachverständigen zu beeidigen oder eine eidesstattliche Versicherung von ihm entgegenzunehmen. Die Vergütung des Sachverständigen gehört zu den Auslagen des Gerichtsvollziehers, § 35 I Z 5 GVKostG. Der Sachverständige muß sich darüber äußern, ob die Voraussetzungen des § 811 Z 4 vorliegen. Er muß auch den gewöhnlichen Verkaufswert vor der Versteigerung schätzen. Das Gutachten bindet den Gerichtsvollzieher nur insoweit, Mü DGVZ **80**, 123, Schilken AcP **181**, 366, nicht im übrigen.

D. Schätzungszeitpunkt. Die Schätzung ist, wenn möglich, immer im Zeitpunkt der Pfändung vorzunehmen. Ein landwirtschaftlicher Sachverständiger nach III muß dies schon mit Rücksicht auf den doppelten Zweck tun, C. Das Ergebnis der Schätzung ist im Protokoll niederzulegen. Wenn eine Schätzung im Zeitpunkt der Pfändung nicht möglich ist, etwa weil der Gerichtsvollzieher einen Sachverständigen heranziehen will, dann muß der

Gerichtsvollzieher die Schätzung unverzüglich nachholen und ihr Ergebnis ebenfalls im Pfändungsprotokoll vermerken, II. Die Schätzung muß wegen § 817a I 2 jedenfalls der Versteigerung vorangehen. Die Schätzung des Sachverständigen bindet den Gerichtsvollzieher, solange sie nicht offensichtlich unrichtig ist, Mü DGVZ **80**, 123. Der Gerichtsvollzieher kann aber auch einen anderen Sachverständigen mit einer weiteren Schätzung beauftragen. Wenn das Vollstreckungsgericht eine Schätzung anordnet, dann geht diese Schätzung allen anderen vor.

3) Rechtsbehelf. Sowohl der Schuldner als auch der Gläubiger können die Erinnerung nach § 766 einlegen, wenn entweder sie selbst nicht hinzugezogen würden oder wenn ihr Gegner unbegründet hinzugezogen worden ist oder wenn der Gerichtsvollzieher bei der Schätzung einen Fehler begangen hat, LG Essen NJW **57**, 108, aM StJ II 4 (aber wie sollen denn Fehler beseitigt werden?).

4) VwGO: *Entsprechend anwendbar in allen Fällen der Vollstreckung wegen Geldforderungen, Grdz 4 § 803, I–III auch nach § 5 VwVG, § 295 AO 1977.*

813a *Zeitweilige Aussetzung der Verwertung.* ^I Das Vollstreckungsgericht kann auf Antrag des Schuldners die Verwertung gepfändeter Sachen unter Anordnung von Zahlungsfristen zeitweilig aussetzen, wenn dies nach der Persönlichkeit und den wirtschaftlichen Verhältnissen des Schuldners sowie nach der Art der Schuld angemessen erscheint und nicht überwiegende Belange des Gläubigers entgegenstehen.

^{II} Wird der Antrag nach Absatz 1 nicht binnen einer Frist von zwei Wochen nach der Pfändung gestellt, so ist er ohne sachliche Prüfung zurückzuweisen, wenn das Vollstreckungsgericht der Überzeugung ist, daß der Schuldner den Antrag in der Absicht der Verschleppung oder aus grober Nachlässigkeit nicht früher gestellt hat.

^{III} Anordnungen nach Absatz 1 können mehrmals ergehen und, soweit es nach Lage der Verhältnisse, insbesondere wegen nicht ordnungsmäßiger Erfüllung der Zahlungsauflagen, geboten ist, auf Antrag aufgehoben oder abgeändert werden.

^{IV} Die Verwertung darf durch Anordnungen nach Absatz 1 und Absatz 3 nicht länger als insgesamt ein Jahr nach der Pfändung hinausgeschoben werden.

^V Vor den in Absatz 1 und in Absatz 3 bezeichneten Entscheidungen ist, soweit dies ohne erhebliche Verzögerung möglich ist, der Gegner zu hören. Die für die Entscheidung wesentlichen tatsächlichen Verhältnisse sind glaubhaft zu machen. Das Gericht soll in geeigneten Fällen auf eine gütliche Abwicklung der Verbindlichkeiten hinwirken und kann hierzu eine mündliche Verhandlung anordnen. Die Entscheidungen nach den Absätzen 1, 2 und 3 sind unanfechtbar.

^{VI} In Wechselsachen findet eine Aussetzung der Verwertung gepfändeter Sachen nicht statt.

1) Allgemeines. A. Zweck der Regelung. § 813a verbietet weder die Pfändung, noch läßt die Vorschrift ihre Aufhebung zu. Allerdings soll eine Verwertung nach Möglichkeit ohne einen übermäßigen Nachteil für den Schuldner stattfinden. Freilich will § 813a nur einem vertrauenswürdigen Schuldner helfen. Die Vorschrift stellt also auf die Person des Schuldners und auf die Umstände ab. § 813a kann vor allem bei kleinen Unternehmen dazu dienen, eine geregelte Abzahlung aller Schulden herbeizuführen. Dadurch kann die Notwendigkeit eines Vergleichsverfahrens zur Abwendung des Konkurses umgangen werden.

B. Geltungsbereich. § 813a hilft allen Arten von Schuldnern, Inländern und Ausländern. Die Vorschrift ist zB in folgenden Fällen unanwendbar: bei einem Herausgabeanspruch; bei einer Forderungspfändung; kraft ausdrücklicher Vorschrift in einer Wechselsache, VI, auch bei einer im ordentlichen Verfahren durchgeführten, vgl § 200 I Z 6 GVG, LG Traunstein MDR **62**, 745; grundsätzlich auch dann, wenn eine Geldstrafe oder Geldbuße zu vollstrecken ist; die Festsetzungsbehörde ist für einen Ausstand zuständig. Da § 813a die „Verwertung gepfändeter Sachen" regelt, setzt die Vorschrift voraus, daß eine Zwangsvollstreckung in eine bewegliche Sache beliebiger Art wegen einer Geldforderung vorliegt. Eine mehrfache Pfändung hindert die Anwendung des § 813a nicht. Wenn eine Arrestpfändung vorliegt, ist die Vorschrift nicht anwendbar. Denn in einem solchen Fall findet ja keine Verwertung statt. Wegen der Unanwendbarkeit bei einem gesetzlichen Pfandrecht an Früchten auf dem Halm § 810 Anm 1 A.

2) Zahlungsfristen, I. A. Voraussetzungen. a) Angemessenheit. Eine Aussetzung der weiteren Vollstreckung muß nach der Persönlichkeit und nach den wirtschaftlichen Verhältnissen des Schuldners und der Art seiner Schuld objektiv angemessen sein.
  b) Fehlen der Angemessenheit. Sie fehlt, wenn einer der folgenden Fälle vorliegt:
  aa) Vorwurf gegen Schuldner. Die Aussetzung der Vollstreckung ist unangemessen, soweit wenn der Schuldner vorwerfbar nicht leistet. Er hat sich zB durch eine schlechte Wirtschaftsführung in einen Vermögensverfall gebracht, oder er will gar böswillig nicht leisten. Hierhin gehört auch der Fall, daß man nicht mit einer Besserung der wirtschaftlichen Verhältnisse des Schuldners rechnen kann. Denn dann würde eine Frist nach § 813 a nur den Gläubiger schädigen. Eine Zahlungsfrist ist auch dann unzulässig, wenn die Schuld keinen weiteren Aufschub duldet. Dies mag etwa bei einer Unterhaltsforderung der Fall sein.
  bb) Überwiegendes Gläubigerinteresse. Die Aussetzung der Vollstreckung ist auch unangemessen, soweit überwiegende Belange des Gläubigers entgegenstehen. Dies kann der Fall sein, wenn ein Aufschub den Gläubiger mehr schädigt als dem Schuldner nützt oder wenn der Gläubiger das Geld unbedingt braucht.
  B. Befristete Aussetzung. Das Gericht gibt dem Schuldner durch die Bestimmung einer Zahlungsfrist und durch eine zeitweilige, also befristete Aussetzung der Verwertung die Gelegenheit, seine Schuld zu bezahlen. Der Gerichtsvollzieher darf eine solche Maßnahme nicht von sich aus anordnen. Er würde pflichtwidrig handeln, wenn er einen solchen Aufschub gewähren würde.
  Das Gericht muß die Frist so bemessen, daß der Schuldner voraussichtlich vor dem Ablauf der Frist zahlen oder leisten kann oder daß bis zum Ablauf der Frist seine Unfähigkeit zu einer Leistung in einer angemessenen Zeit feststeht, keinesfalls länger als ein Jahr nach der Pfändung, IV, selbst bei einer freiwilligen Gewährung der Aussetzung durch den Gläubiger, Celle NJW **54**, 723. Zweckmäßig ist der Hinweis, der Schuldner solle evtl in Raten leisten. Das Gericht kann auch eine Ratenzahlung in bestimmten Abständen anordnen. Das empfiehlt sich oft. In einem solchen Fall kann sich das Gericht vorbehalten, im Falle des Schuldnerverzugs mit einer Rate auf einen Antrag des Gläubigers die Bewilligung der weiteren Fristen aufzuheben, vgl III.
  Eine „einstweilige Aussetzung" ist keine Aussetzung im Sinne der ZPO; eine solche ist in der Zwangsvollstreckung nicht vorgesehen, Grdz 6 B und E vor § 704. In Wahrheit handelt es sich dann um eine einstweilige Einstellung. Nach einem fruchtlosen Ablauf der Frist muß das Vollstreckungsgericht den Fortgang der Zwangsvollstreckung anordnen. Der Gerichtsvollzieher darf die Zwangsvollstreckung nicht vor dem Erlaß eines ausdrücklichen Aufhebungsbeschlusses des Vollstreckungsgerichts fortsetzen. Vgl dazu aber auch Berner Rpfleger **53**, 407.
  C. Antrag usw. Die Anordnung darf nur auf einen Antrag ergehen. Zum Antrag ist der Schuldner berechtigt. Die Anordnung ist erst nach der Pfändung zulässig. Das Gericht kann die eigentliche Pfändung nicht durch seine Entscheidung abwenden. Der Beschluß läßt die Pfändung bestehen. Daher gilt das Verbot einer Überpfändung weiter.
  3) Verspäteter Antrag, II. Der Schuldner muß den Antrag innerhalb von 2 Wochen seit der Pfändung stellen. Ein verspäteter Antrag muß berücksichtigt werden, wenn nicht das Gericht nach seinem pflichtgemäßen Ermessen feststellt, daß der Schuldner in Wahrheit nur die weitere Zwangsvollstreckung hinzögern will oder daß er die Antragsfrist aus grober Nachlässigkeit versäumt hatte. Wenn das Gericht zu dieser Überzeugung kommt, dann muß es den Antrag des Schuldners ohne eine weitere Sachprüfung zurückweisen.
  4) Mehrmalige Anordnung usw, III. Das Vollstreckungsgericht kann die weitere Vollstreckung mehrmals einstellen und mehrere Fristen setzen. Die Fristen dürfen insgesamt aber nicht länger als ein Jahr seit der Pfändung betragen. Zu einer mehrfachen Anordnung gehört jeweils ein neuer Antrag des Schuldners. Für diesen neuen Antrag gilt entsprechend II eine Frist. Sie beginnt mit der Benachrichtigung des Schuldners von der Fortsetzung der Zwangsvollstreckung. Das Gericht kann auch seine Anordnung vor dem Ablauf der Frist ändern oder aufheben, falls der Gläubiger oder der Schuldner es beantragen. Ein Aufhebungsgrund ist zB: Der Schuldner hält die zugebilligten Raten nicht ein; der Gläubiger gerät in Not; den Schuldner trifft ein unverschuldetes Unglück. Es ist aber nicht unbedingt eine Änderung der Verhältnisse erforderlich, um die bisherige Anordnung zu ändern oder aufzuheben; das Gericht kann die bisherigen Verhältnisse auch anders würdigen.
  5) Verfahren, V. Der Antrag ist eine Erinnerung nach § 766. Das Gericht muß den Antragsgegner hören. Das Verfahren verläuft vor dem Rpfl, § 20 Z 17 RPflG, Anh § 153

GVG. Eine Anhörung des Antragsgegners ist nur dann entbehrlich, wenn durch sie eine erhebliche Verzögerung eintreten würde, wenn sich etwa der Antragsgegner im Ausland aufhält und auch brieflich schwer zu erreichen ist. Der Antragsteller braucht seine Angaben nicht zu beweisen; eine Glaubhaftmachung nach § 294 reicht aus. Das Gericht ordnet eine einstweilige Maßnahme gegebenenfalls nach § 766 I 2 an. Das Gericht soll eine gütliche Einigung versuchen. Es kann zu diesem Zweck eine mündliche Verhandlung bestimmen. Diese ist eine freiwillige Verhandlung im Sinne des § 128 Anm 3.

6) Entscheidung. Das Gericht entscheidet durch einen Beschluß. Es muß ihn grundsätzlich begründen, § 329 Anm 1 A b. Der Beschluß muß dem Gläubiger und dem Schuldner zugestellt werden. Denn er setzt eine Frist in Lauf, § 329 II 2.

Das Gericht muß im Beschluß über die Kosten des Verfahrens entscheiden. Besondere Gründe im Verhalten des Gläubigers können dazu führen, daß ihm die Kosten ganz oder teilweise auferlegt werden, § 788 III. Die Kosten dieses Verfahrens fallen nicht unter die gewöhnlichen Kosten der Zwangsvollstreckung. Sie sind auch nicht erstattungsfähig. Die Ausfertigung des Beschlusses ist dem Gerichtsvollzieher gegenüber ein Ausweis im Sinne des § 775.

Gebühren: Des Gerichts: KV 1151 (12 DM), des Anwalts: §§ 57, 58 III Z 3 BRAGO.

7) Rechtsmittel. Der Beschluß ist grundsätzlich unanfechtbar. Er kann aber ausnahmsweise unter denselben Voraussetzungen wie bei § 707 Anm 4 B a angefochten werden, wenn sich nämlich die Ermessensentscheidung nicht im gesetzlichen Rahmen hält, Mü OLGZ **68**, 176, LG Essen JB **75**, 638, aM StJM III 5.

8) VwGO: *Entsprechend anwendbar im Rahmen der Grdz 4 vor § 803. Wenn § 5 VwGO eingreift gilt, § 297 AO 1977. Vollstreckungsgericht: § 764 Anm 4.*

Einführung vor §§ 814–825
Verwertung gepfändeter Sachen

1) Allgemeines. A. Regel. Der Regelfall der Verwertung eines Pfandstücks ist seine öffentliche Versteigerung. Das Gesetz verwendet den Ausdruck Zwangsversteigerung nur bei der Liegenschaftszwangsvollstreckung.

B. Ausnahmen. Von dem Regelfall gelten folgende Ausnahmen:

a) Geldablieferung. Der Gerichtsvollzieher muß gepfändetes Geld dem Gläubiger abliefern, § 815 I.

b) Arrestpfändung. Eine Arrestpfändung soll den Gläubiger lediglich sichern und läßt darum keine Verwertung der Pfandsache zu, § 930.

c) Veräußerungsverbot. Die Pfandsache darf nicht verwertet werden, wenn ein Veräußerungsverbot vorliegt.

d) Vorerbschaft. Die Pfandsache darf auch dann nicht verwertet werden, wenn sie zu einer Vorerbschaft gehört, §§ 772 ff.

e) Einstellung. Eine Verwertung ist nicht zulässig, sobald die Zwangsvollstreckung eingestellt wurde, § 775.

f) Freihändiger Verkauf. Ein freihändiger Verkauf findet in den Fällen der §§ 817 a III, 821, 825 statt.

Wegen einer Konkurseröffnung Grdz 4 A c vor § 704.

2) Pfandverwertung. A. Rechtsnatur. Die Pfandverwertung ist kein Pfandverkauf nach dem BGB. Zwar dient auch sie der Durchführung des Pfändungspfandrechts und nicht der Durchführung der Pfändung, s Üb 3 B vor § 803; die Pfandverwertung beruht aber auf der öffentlich-rechtlichen Pfändung. Auch das Pfändungspfandrecht ist ja nicht ein Pfandrecht des BGB, § 804 Anm 3 B. Deshalb lassen sich die Vorschriften des BGB über die Pfandverwertung nur mit größter Vorsicht zur Ergänzung von Lücken heranziehen. Der Erwerber ist nicht ein Käufer im Sinne des BGB. Als Veräußerer tritt nicht der Gläubiger auf, sondern der Staat. Dieser wird durch den Gerichtsvollzieher vertreten, vgl Alisch DGVZ **79**, 83.

Wenn der Schuldner nicht der Eigentümer war, dann erwirbt der Ersteher trotzdem das Eigentum ohne Rücksicht darauf, ob er gutgläubig war. § 1244 BGB ist unanwendbar. Denn der Gerichtsvollzieher überträgt das Eigentum kraft seiner öffentlichen Gewalt auf den Ersteher, BGH **55**, 25, StJM § 817 IV 3c, aM Marotzke NJW **78**, 134.

B. Geschäftsanweisung für Gerichtsvollzieher. Die GVGA, bundeseinheitliche Fassung seit 1. 7. 58) gibt Ergänzungen zur ZPO.

C. Verstoß. Bei einem Verstoß gegen die Vorschriften der Pfandverwertung bleibt die Zwangsvollstreckung für den Fall wirksam, daß sich der Gerichtsvollzieher mindestens in den Grenzen seiner sachlichen Zuständigkeit gehalten hat, Grdz 8 C a, b vor § 704. Dazu gehört, daß er das Eigentum nur gegen eine Barzahlung übertragen hat, § 817 II, und nur zum Mindestgebot, § 817a I. Die Vorschriften des BGB über einen Verstoß oder über einen Erwerb im guten Glauben, §§ 1243 ff BGB, sind unanwendbar, vgl § 817 Anm 3. Gegen eine fehlerhafte Maßnahme des Gerichtsvollziehers hat der Betroffene die Möglichkeit der Erinnerung nach § 766.

814 Zwangsversteigerung. Grundsatz. Die gepfändeten Sachen sind von dem Gerichtsvollzieher öffentlich zu versteigern.

Schrifttum: Dünkel, Öffentliche Versteigerung und gutgläubiger Erwerb, 1970; Huber, Die Versteigerung gepfändeter Sachen, 1970.

1) Versteigerung. Der Gerichtsvollzieher muß das Pfandstück auch ohne einen besonderen Antrag nach § 755 öffentlich versteigern, §§ 817, 817a. Er ist bei der Versteigerung ebenso wie bei einer freihändigen Verwertung weder ein Vertreter des Gläubigers noch ein Vertreter des Schuldners. Der Gerichtsvollzieher handelt vielmehr kraft seiner Amtsgewalt, Einf 2 A vor §§ 814–825. Er ist aber bei der Versteigerung wie überhaupt beim weiteren Fortgang der Zwangsvollstreckung im Rahmen des Gesetzes an die etwaigen Weisungen des Gläubigers gebunden, § 753 Anm 1 A.

Öffentliche Versteigerung bedeutet: Der Gerichtsvollzieher muß einen unbeschränkten Kreis von Personen als Bieter zulassen, soweit es die Umstände erlauben. Ein gesetzliches Verbot einer öffentlichen Versteigerung zur Reinhaltung des Handels berührt eine Zwangsversteigerung nicht. Ein Recht eines Dritten kann aber einer öffentlichen Versteigerung der Sache entgegenstehen.

2) Rechtsbehelf. Gegen eine fehlerhafte Maßnahme des Gerichtsvollziehers hat jeder Betroffene die Möglichkeit der Erinnerung nach § 766.

3) VwGO: Entsprechend anwendbar im Rahmen der Grdz 4 § 803. Wenn § 5 VwVG eingreift, gilt § 296 I AO 1977.

815 Gepfändetes Geld. [I] Gepfändetes Geld ist dem Gläubiger abzuliefern.

[II] Wird dem Gerichtsvollzieher glaubhaft gemacht, daß an gepfändetem Geld ein die Veräußerung hinderndes Recht eines Dritten bestehe, so ist das Geld zu hinterlegen. Die Zwangsvollstreckung ist fortzusetzen, wenn nicht binnen einer Frist von zwei Wochen seit dem Tage der Pfändung eine Entscheidung des nach § 771 Abs. 1 zuständigen Gerichts über die Einstellung der Zwangsvollstreckung beigebracht wird.

[III] Die Wegnahme des Geldes durch den Gerichtsvollzieher gilt als Zahlung von seiten des Schuldners, sofern nicht nach Absatz 2 oder nach § 720 die Hinterlegung zu erfolgen hat.

1) Geld, I. Dieses nimmt der Gerichtsvollzieher dem Schuldner bei der Pfändung weg und übergibt es demjenigen, der als Gläubiger im Sinne des BGB anzusehen ist. Geld ist hier jedes gangbare Zahlungsmittel, das den Gläubiger ohne eine Versteigerung befriedigen kann. Hierher zählt also Geld deutscher Währung, auch DM-Ost, Stempel-, Kosten-, Versicherungs-, Briefmarken usw. Alle diese Gegenstände kann der Gerichtsvollzieher in Geld umwechseln und muß dann das Bargeld an den Gläubiger abliefern. Ein ausländisches Zahlungsmittel beliebiger Art fällt nicht unter § 815.

2) Hinterlegung, II. A. Voraussetzungen. Der Gerichtsvollzieher muß gepfändetes Geld hinterlegen, wenn ihm irgend jemand glaubhaft macht, § 294, daß an dem Geld ein die Veräußerung hinderndes Recht habe (über diesen Begriff § 771 Anm 1, 2). Der Zweck der Vorschrift liegt darin, dem Dritten, der eine Widerspruchsklage erheben könnte, sein Recht zu erhalten. Durch die Ablieferung des Geldes wäre ja eine Zwangsvollstreckung beendet und daher die Möglichkeit einer Klage nach § 771 ausgeschlossen. Das Geld muß auch dann hinterlegt werden, wenn ein Erbe behauptet, die Zwangsvollstreckung treffe sein Vermögen statt den Nachlaß, § 781, oder wenn ein Dritter behauptet, er hafte nicht mit der betreffenden Vermögensmasse, Noack MDR 74, 814.

Hierher gehören weiter die Rechte auf eine vorzugsweise Befriedigung aus § 805. Denn eine Klage nach dieser Vorschrift ist einer Klage aus § 771 gleichwertig. Da eine dem Gerichtsvollzieher gegenüber abgegebene falsche eidesstattliche Versicherung als solche nicht strafbar ist, allenfalls unter dem Gesichtspunkt eines Betrugs, steht eine eidesstattliche Versicherung einer bloßen Behauptung gleich.

B. Verfahren. Der Gerichtsvollzieher muß die ihm vorgetragenen Behauptungen frei würdigen. § 294 II ist unanwendbar. Der Gerichtsvollzieher darf beliebige Auskünfte einziehen. Er kann aber keine Aussage erzwingen. Er darf seine Entscheidung durch solche Erkundigungen nicht wesentlich hinauszögern. Wenn ihm das behauptete fremde Recht unglaubhaft scheint, dann muß er das Geld an den Gläubiger abliefern. Der Dritte hat dann lediglich einen Bereicherungs- oder Ersatzanspruch, Einf 2 B vor §§ 771–774. Wenn dem Gerichtsvollzieher aber das fremde Recht glaubhaft erscheint, muß er das Geld hinterlegen.

C. Rechtsbehelf. Der Gläubiger kann gegen die Hinterlegung lediglich die Erinnerung nach § 766 mit der Begründung einlegen, der Gerichtsvollzieher sei fehlerhaft verfahren.

D. Fortsetzung der Vollstreckung. Der Gerichtsvollzieher muß die Zwangsvollstreckung von Amts wegen fortsetzen, wenn ihm nicht der Dritte binnen 2 Wochen seit der Pfändung die Ausfertigung einer Entscheidung, § 775 Z 2, des für die Widerspruchsklage zuständigen Prozeßgerichts vorlegt, § 771 Anm 3 C, wonach die Zwangsvollstreckung eingestellt worden ist. Die Frist wird nach § 222 berechnet. Das Vollstreckungsgericht darf die Bescheinigung nicht erteilen; § 769 II ist bewußt nicht anwendbar gemacht worden. Nach einem fruchtlosen Ablauf der Frist muß der Gerichtsvollzieher die Hinterlegungsstelle zur Rückgabe des Geldes an ihn veranlassen und die Zwangsvollstreckung fortsetzen. Darum muß sich der Gerichtsvollzieher bei der Hinterlegung das Recht zu einer unbedingten Rücknahme nach dem Ablauf von 2 Wochen vorbehalten.

3) Wirkung im Falle einer Ablieferung, III. A. Vollstreckung. Es entsteht folgende eigenartige Rechtslage:

a) Befriedigung. Soweit das Geld nicht zu hinterlegen ist, gilt der Gläubiger mit der Wegnahme als befriedigt. Insoweit geht die Gefahr auf den Gläubiger über. Wenn der Gerichtsvollzieher das Geld unterschlägt, dann ist der Gläubiger der Geschädigte. Der Gläubiger erwirbt das Eigentum an dem Geld aber erst durch die Ablieferung, die Übergabe an ihn, LG Brschw DGVZ **77**, 23. Denn erst diese Übergabe stellt die Verwertung dar. Bis zur Übergabe hat der Gläubiger also nur ein Pfändungspfandrecht. Für die schuldbefreiende Wirkung ist das Eigentum des Schuldners am Geld unerheblich. Dieses Eigentum hat ja überhaupt für die Durchführung der Zwangsvollstreckung keine Bedeutung. Eine Prozeßvollmacht ermächtigt nur zum Empfang der Prozeßkosten, § 81. Deshalb muß der ProzBev dem Gerichtsvollzieher seine Vollmacht zum Geldempfang besonders nachweisen, LG Brschw DGVZ **77**, 23 (es genügt also nicht, auf eine Urkunde in der Prozeßakte zu verweisen).

b) Beendigung der Vollstreckung. Die Ablieferung des Geldes führt zur Beendigung der Zwangsvollstreckung, KG OLGZ **74**, 307, LG Brschw DGVZ **77**, 23. Bis zur Ablieferung sind also eine Anschlußpfändung, eine Gläubigeranfechtung nach § 30 Z 2 KO und dgl statthaft.

§ 815 bezieht sich nur auf „gepfändetes" Geld, also auf solches, das der Gerichtsvollzieher weggenommen hat.

B. Freiwillige Leistung. Leistet der Schuldner freiwillig unter dem Druck einer bevorstehenden Zwangsvollstreckung, so ist die Leistung erst mit der Übergabe an den Gläubiger erbracht. Denn der Gerichtsvollzieher ist nicht ein Vertreter des Gläubigers. Der Schuldner trägt also bis zur Übergabe an den Gläubiger die Gefahr. Die Hingabe des Geldes auf Grund eines vorläufig vollstreckbaren Titels gilt überhaupt nicht als eine Zahlung, s Einf 1 B vor §§ 708–720.

4) Wirkung im Falle der Hinterlegung, III. Wenn das Geld zu hinterlegen ist, dann gilt die Wegnahme des Geldes nicht als eine Zahlung. Das bedeutet: Die gesetzliche Unterstellung entfällt, wenn ein Dritter später ein Recht nach § 771 glaubhaft macht oder wenn eine andere Tatsache eintritt, die eine Hinterlegung notwendig macht. Das gilt bei einer Hinterlegung nach § 815 II, ferner im Falle einer Erlaubnis zur Abwendung der Zwangsvollstreckung nach § 720, schließlich in den Fällen der §§ 769, 771 III, 805 IV, 827 II, III, 854, 930. Die Unterstellung greift wieder ein, sobald die Hinterlegungsstelle nach dem Wegfall des Hinterlegungsgrundes das Geld dem Gerichtsvollzieher zurückgibt. Wenn der Anspruch des Gläubigers überhaupt nur auf eine Hinterlegung geht, dann ist der Gläubiger natürlich bereits mit der Hinterlegung befriedigt.

5) Rechte am Hinterlegten. A. Sachliches Recht. Die ZPO legt die Rechte am Hinterlegten nicht fest. Sie sind unter einer entsprechenden Anwendung des sachlichen Rechts zu bestimmen.

B. Hinterlegung zur Vollstreckungsabwendung. Bei einer Hinterlegung zur Abwendung der Zwangsvollstreckung, §§ 711, 712 I, erlangt der Gläubiger bei Geld und Wertpapieren ein Pfandrecht am Hinterlegten. Ein gesetzliches oder ein gesetzlich zugelassenes Zahlungsmittel werden Eigentum des Landes, § 7 HO. Der Gläubiger erlangt ein Pfandrecht an dem Rückforderungsanspruch des Schuldners gegen die Staatskasse. Eine Erfüllung ist hier wegen des Fehlens eines entsprechenden Willens nicht eingetreten. Der Schuldner kann aber der weiteren Durchführung der Zwangsvollstreckung die Verweisung auf das Hinterlegte entgegensetzen, § 777. Wenn der herauszugebende Streitgegenstand hinterlegt worden ist, dann will der Schuldner erfüllen, kann es aber infolge der Hinterlegung nicht. Deshalb erlangt der Gläubiger ein auflösend bedingtes Eigentum und ist der Schuldner nach § 873 BGB befreit. Manche nehmen allerdings an, in einem solchen Fall sei das Eigentum aufschiebend bedingt. Mit dem Eintritt der Rechtskraft einer Entscheidung, die das Urteil aufhebt, ist die Bedingung eingetreten. Bei einer Zwangsvollstreckung auf die Vornahme einer Handlung oder auf eine Unterlassung haftet das Hinterlegte nur als eine Sicherheit für die Erfüllung.

C. Andere Hinterlegungsarten. Bei einer Hinterlegung gepfändeten Gelds oder bei einer Hinterlegung des Erlöses von Pfandstücken, §§ 720, 805 IV, 815, 827, 854, 930, oder bei einer Hinterlegung des geschuldeten Betrags durch den Drittschuldner, §§ 839, 853, dauert das Pfandrecht des Gläubigers am Hinterlegten fort oder geht auf den Rückforderungsanspruch über.

D. Hinterlegung zur Sicherheit. Ist nur zur Sicherheit hinterlegt worden, sei es vom Gläubiger, vom Schuldner oder von einem Dritten, so erlangt der Gegner ein Pfandrecht am Hinterlegten oder am Rückforderungsanspruch, §§ 233, 234 BGB. Das Pfandrecht am Hinterlegten steht anstelle eines Pfändungspfandrechts. Es ist daher wie ein Pfändungspfandrecht zu behandeln, KG OLGZ 74, 307. Das Pfandrecht erlischt vor allem erst dann, wenn eine besondere Aufhebung erfolgt.

6) VwGO: Entsprechend anwendbar im Rahmen der Grdz 4 § 803. Wenn § 5 VwVG eingreift, gilt § 296 II AO 1977.

816 *Zeit und Ort der Versteigerung.* ¹ Die Versteigerung der gepfändeten Sachen darf nicht vor Ablauf einer Woche seit dem Tage der Pfändung geschehen, sofern nicht der Gläubiger und der Schuldner über eine frühere Versteigerung sich einigen oder diese erforderlich ist, um die Gefahr einer beträchtlichen Wertverringerung der zu versteigernden Sache abzuwenden oder um unverhältnismäßige Kosten einer längeren Aufbewahrung zu vermeiden.

II Die Versteigerung erfolgt in der Gemeinde, in der die Pfändung geschehen ist, oder an einem anderen Ort im Bezirk des Vollstreckungsgerichts, sofern nicht der Gläubiger und der Schuldner über einen dritten Ort sich einigen.

III Zeit und Ort der Versteigerung sind unter allgemeiner Bezeichnung der zu versteigernden Sachen öffentlich bekanntzumachen.

IV Bei der Versteigerung gelten die Vorschriften des § 1239 Abs. 1 Satz 1, Abs. 2 des Bürgerlichen Gesetzbuchs entsprechend.

BGB § 1239. ¹ Satz 1. Der Pfandgläubiger und der Eigentümer können bei der Versteigerung mitbieten.

II Das Gebot des Eigentümers darf zurückgewiesen werden, wenn nicht der Betrag bar erlegt wird. Das gleiche gilt von dem Gebote des Schuldners, wenn das Pfand für eine fremde Schuld haftet.

Vorbem. II idF Art 1 Z 2 G v 1. 2. 79, BGBl 127, in Kraft seit 1. 7. 79, Art 6.

1) Wartefrist, I. A. Regel. Zwischen dem Tag der Pfändung und dem Tag der Versteigerung muß mindestens 1 Woche und darf in der Regel nicht mehr als 1 Monat liegen, § 142 Z 3 GVGA. Der Zweck der Regelung besteht darin, eine Gelegenheit zur Widerspruchsklage zu geben. Wenn die Versteigerung auf Grund einer Anschlußpfändung erfolgen soll, dann beginnt die Frist mit der Anschlußpfändung.

Wenn der Gerichtsvollzieher dem Gläubiger zu einem Antrag auf eine Übereignung nach § 825 rät, darf er nicht sofort einen Versteigerungstermin anberaumen, LG Bln DGVZ **82**, 41.

B. Ausnahmen. Die Versteigerung darf zu einem früheren Zeitpunkt nur dann stattfinden, wenn einer der folgenden Fälle vorliegt:

a) Einigung. Der Gläubiger und der Schuldner müssen sich insofern einig geworden sein. Diese Einigung bindet den Gerichtsvollzieher.

b) Wertverringerung; hohe Kosten. Es müssen eine erhebliche Wertverringerung oder unverhältnismäßig hohe Verwahrungskosten drohen.

C. Verstoß. Ein Verstoß gegen die Wartefrist läßt die weitere Zwangsvollstreckung wirksam, ist aber eine Amtspflichtverletzung des Gerichtsvollziehers. Gegen einen Verstoß können sich der Gläubiger und der Schuldner mit der Erinnerung nach § 766 wenden.

2) Ort, II. A. Regel. Die Versteigerung ist an dem Ort durchzuführen, an dem die Pfändung erfolgte, oder an einem anderen Ort im Bezirk des Vollstreckungsgerichts.

B. Ausnahmen. Außerhalb dieses Bereichs darf die Versteigerung nur dann durchgeführt werden, wenn einer der folgenden Fälle vorliegt:

a) Einigung. Der Gläubiger und der Schuldner müssen insofern eine Einigung getroffen haben. Diese bindet den Gerichtsvollzieher, soweit sein Amtsbezirk reicht.

b) Anordnung nach § 825. Das Gericht muß eine Anordnung nach § 825 getroffen haben.

Ein Umzug des Schuldners beeinträchtigt den Pfändungsort nicht, solange die Pfandsache am Ort bleibt. Andernfalls muß der Gerichtsvollzieher das weitere Verfahren an den Gerichtsvollzieher des neuen Wohnorts abgeben.

C. Verstoß. Bei einem Verstoß bleibt die Zwangsvollstreckung wirksam; es liegt aber eine Amtspflichtverletzung vor. Gegen einen Verstoß können der Gläubiger und der Schuldner die Erinnerung nach § 766 einlegen.

3) Bekanntmachung, III. A. Ausführung. Jeder Versteigerung muß eine öffentliche Bekanntmachung vorausgehen. Die Bekanntmachung muß den Zeitpunkt und den Ort der Versteigerung sowie eine allgemeine Bezeichnung des Pfandstücks enthalten, die einen Aufschluß über seine Art und Beschaffenheit gibt. Eine solche Bekanntmachung muß auch vor einem etwaigen späteren Termin erfolgen. Das Gesetz schreibt nicht ausdrücklich vor, daß das Gericht den Gläubiger, den Schuldner und den Drittberechtigten von dem Versteigerungstermin benachrichtigen müsse. Eine solche Pflicht ergibt sich für den Gerichtsvollzieher aus § 142 Z 4 GVGA, die Grenzen dieser Pflicht ergeben sich aus § 763 Anm 2, LG Essen MDR **73**, 414. Trotzdem ist eine rechtzeitige Benachrichtigung auch eine im Grunde selbstverständliche Pflicht des Gerichts.

B. Verstoß. Wenn der Gerichtsvollzieher eine in der GVGA vorgeschriebene Benachrichtigung unterläßt, handelt er pflichtwidrig und kann sich schadensersatzpflichtig machen. Die GVGA kann das Gericht nicht in der Auswahl der Bekanntmachungsblätter binden, wohl aber den Gerichtsvollzieher. Ein Verstoß beeinträchtigt die Wirksamkeit der weiteren Zwangsvollstreckung nicht. Gegen einen Verstoß können der Schuldner und der Gläubiger die Erinnerung nach § 766 einlegen.

4) Entsprechende Anwendbarkeit, IV. § 1239 I 1, II BGB ist entsprechend anzuwenden. Nach dieser Vorschrift sind als Bieter auch der Gläubiger und der Eigentümer zuzulassen. Der Gerichtsvollzieher darf und muß den Eigentümer zurückweisen, wenn dieser den Ersteigerungserlös nicht in bar erlegt. Der Gerichtsvollzieher darf nicht selbst mitbieten. Ebensowenig darf ein Gehilfe des Gerichtsvollziehers mitbieten, § 456 BGB.

Ein Verstoß gegen diese Vorschriften hindert einen wirksamen Eigentumserwerb, wird aber durch eine Genehmigung aller Beteiligten geheilt, § 458 BGB.

5) VwGO: Entsprechend anwendbar im Rahmen der Grdz 4 § 803. Wenn § 5 VwVG eingreift, gilt § 298 AO 1977.

817 *Hergang bei Versteigerung.* **I** Dem Zuschlag an den Meistbietenden soll ein dreimaliger Aufruf vorausgehen; die Vorschriften des § 156 des Bürgerlichen Gesetzbuchs sind anzuwenden.

II Die Ablieferung einer zugeschlagenen Sache darf nur gegen bare Zahlung geschehen.

III Hat der Meistbietende nicht zu der in den Versteigerungsbedingungen bestimmten Zeit oder in Ermangelung einer solchen Bestimmung nicht vor dem Schluß des Versteigerungstermins die Ablieferung gegen Zahlung des Kaufgeldes

1. Titel. Zwangsvollstr. in das bewegl. Vermögen § 817 1, 2

verlangt, so wird die Sache anderweit versteigert. Der Meistbietende wird zu einem weiteren Gebot nicht zugelassen; er haftet für den Ausfall, auf den Mehrerlös hat er keinen Anspruch.

IV Wird der Zuschlag dem Gläubiger erteilt, so ist dieser von der Verpflichtung zur baren Zahlung so weit befreit, als der Erlös nach Abzug der Kosten der Zwangsvollstreckung zu seiner Befriedigung zu verwenden ist, sofern nicht dem Schuldner nachgelassen ist, durch Sicherheitsleistung oder durch Hinterlegung die Vollstreckung abzuwenden. Soweit der Gläubiger von der Verpflichtung zur baren Zahlung befreit ist, gilt der Betrag als von dem Schuldner an den Gläubiger gezahlt.

BGB § 156. Bei einer Versteigerung kommt der Vertrag erst durch den Zuschlag zustande. Ein Gebot erlischt, wenn ein Übergebot abgegeben oder die Versteigerung ohne Erteilung des Zuschlags geschlossen wird.

1) Allgemeines. A. Pfandverwertung in der Zwangsvollstreckung. Das privatrechtliche Pfandrecht gibt dem Gläubiger ein Recht zum Verkauf des Pfandes nach dem BGB. Die Vorschriften des BGB sind aber auf die Verwertung eines Pfands aus einem Pfändungspfandrecht unanwendbar. Denn die Pfandverwertung in der Zwangsvollstreckung gehört ganz zum öffentlichen Recht. Hier handelt das Vollstreckungsorgan als staatliche Behörde, wenn auch zum Nutzen des Gläubigers. Unrichtig ist die Ansicht, eine Verwertung sei der Ausfluß der Pfändung und nicht des Pfandrechts, darüber Üb 3 B vor § 803.

B. Regelungsumfang. Die ZPO regelt nur den schuldrechtlichen Vertrag, den der Ersteher mit dem Staat schließt. Die dingliche Verwirklichung dieses Vertrags ist entsprechend den §§ 929 ff BGB zu behandeln. Wenn Pachtinventar versteigert wird, das durch eine Niederlegung des Verpfändungsvertrags verpfändet und auf Grund eines vollstreckbaren Titels gepfändet worden ist, dann sind die §§ 1241–1249 BGB nach § 10 PachtkreditG v 5. 8. 51, BGBl 494, anzuwenden, s auch § 11 PachtkreditG.

2) Zuschlag, I. A. Meistbietender. Der Zuschlag ist dem Meistbietenden zu erteilen. Der Gläubiger ist als Ersteher zugelassen, IV, selbst wenn er die Sache auf Abzahlung verkauft hat, BGH **15**, 171, LG Bielefeld NJW **70**, 337. In einem solchen Fall findet anders als bei § 825, dort Anm 2 A, keine auch nur summarische Prüfung der §§ 1–3 AbzG und insofern auch keine Erinnerung statt. Denn eine derartige Abwägung ist nicht die Aufgabe des Gerichtsvollziehers, LG Bielefeld NJW **70**, 338, aM zB Furtner MDR **63**, 447 (er wendet § 766 an), Nöldeke NJW **64**, 2243 (§ 765a sei anwendbar). Anwendbar sind aber die §§ 767, 769.

B. Erstehervertrag. Durch den Zuschlag kommt ein Vertrag zwischen dem Ersteher und dem Saat, vertreten durch den Gerichtsvollzieher, zustande, Mü DGVZ **80**, 123. Wie die Verweisung auf § 156 BGB klarstellt, ist das Gebot ein Antrag zum Abschluß des Vertrags. Dieses Gebot ist grundsätzlich im Termin zu erklären, LG Itzehoe DGVZ **78**, 122. Das Gebot gibt aber dem Bieter anders als bei § 81 I ZVG kein Recht auf den Zuschlag. Allerdings ist die Versagung des Zuschlags ohne einen gesetzlichen Grund und ohne eine Ermächtigung des Gläubigers eine Amtspflichtverletzung. Der Gläubiger kann die Erteilung des Zuschlags versagen. Denn er kann das Verfahren ja als Herr der Zwangsvollstreckung jederzeit zum Ende bringen. Mit einer solchen Untersagung stundet der Gläubiger allerdings; er verzichtet sogar je nach der Sachlage auf eine Verwertung des Pfands und damit auf sein Pfandrecht.

C. Erlöschen des Gebots. a) Voraussetzungen. Ein Gebot erlischt, wenn einer der folgenden Fälle eintritt:

aa) Übergebot. Ein anderer Bieter muß ein Übergebot abgegeben haben, also ein Gebot zu einem höheren Nennbetrag.

bb) Versteigerungsschluß. Die Versteigerung muß geschlossen worden sein, ohne daß ein Zuschlag erteilt worden ist.

cc) Zurückweisung. Das Gebot muß zurückgewiesen worden sein. Die Zurückweisung muß ausgesprochen werden, wenn das Gebot nicht ordnungsgemäß ist.

Bis zur Erteilung des Zuschlags darf die Zwangsvollstreckung eingestellt werden. Dem Zuschlag soll ein dreimaliger Aufruf zum Bieten vorangehen. Das ist aber eine reine Ordnungsvorschrift.

b) Verstoß. Ein Verstoß gegen sie hat prozessual keine Folgen, stellt aber eine Amtspflichtverletzung dar.

3) Ablieferung, II. Die Ablieferung darf nur gegen eine Barzahlung geschehen, es sei denn, daß der Gläubiger und der Schuldner einer abweichenden Lösung zustimmen. Erst mit der Ablieferung geht das Eigentum auf den Ersteher über. Die Ablieferung ist eine Übergabe im Sinne des BGB, keine bloße Erklärung. Mit der Ablieferung ist die Zwangsvollstreckung beendet. Der Gerichtsvollzieher muß den Erlös an den Gläubiger abführen. Die Zwangsvollstreckung läßt für die Möglichkeit eines Erwerbes durch einen guten Glauben keinen Raum. Das Eigentum des Schuldners an der Pfandsache ist ja überhaupt für die Frage unerheblich, ob die Zwangsvollstreckung rechtmäßig durchgeführt wird; vgl aber auch § 772 Anm 2. Wenn die Pfändung wirksam erfolgt war, erwirbt der Empfänger der ersteigerten Sache das Eigentum unabhängig davon, ob ihm die Sache wirklich gehört hat. Der durch einen solchen Rechtsübergang geschädigte wahre Eigentümer muß nach §§ 812 ff BGB, 771 ZPO vorgehen.

Die Pfändung kann allerdings ganz unwirksam sein, etwa in folgenden Fällen: Die Versteigerung ist durch jemanden durchgeführt worden, der kein Gerichtsvollzieher war; die Sache war in Wahrheit überhaupt nicht wirksam gepfändet worden. Dann würde nicht bloß eine Ordnungsvorschrift, zB III, mißachtet, Grdz 8 C a vor § 704. In einem solchen Fall kann ein schlechtgläubiger Ersteher das Eigentum ohnehin nicht erwerben, ein gutgläubiger schon deshalb nicht, weil der Gerichtsvollzieher als eine Amtsperson und nicht als ein Eigentümer veräußert hat. Da der Ersteher das Eigentum nicht vom Schuldner erwirbt, erwirbt er es lastenfrei. An die Stelle der Sache tritt der Erlös, § 819. Ein Dritter ist auf diesen Erlös verwiesen, § 805. Trotzdem ist der Dritte ein Rechtsnachfolger des Schuldners im Sinne von §§ 265, 325. Eine Ablieferung der Sache ohne den Empfang der Barzahlung wäre eine Überschreitung der sachlichen Zuständigkeit des Gerichtsvollziehers. In einem solchen Fall geht das Eigentum nicht wirksam über, Einf 2 C vor §§ 814–825.

4) Anderweitige Versteigerung, III. Eine Barzahlung muß zu demjenigen Zeitpunkt, der in den Versteigerungsbedingungen vorgesehen war, und wenn eine solche Bestimmung fehlt, vor dem Schluß des Versteigerungstermins erfolgen. Wenn der Ersteher den Preis in bar bezahlt, dann muß er die Übergabe der Sache Zug um Zug gegen die Zahlung verlangen. Wenn der Ersteher seine Verpflichtung nicht erfüllt, dann wird der Vertrag, also der Zuschlag, hinfällig. Die Sache ist dann sofort oder später anderweit zu versteigern. Dieser Ersteher darf nicht wieder zu einem Gebot zugelassen werden. Wenn eine neue Versteigerung einen höheren Erlös bringt, nützt das dem ersten Ersteher nichts. Er haftet aber dann, wenn eine neue Versteigerung nur einen geringeren Erlös bringt, für den Ausfall. Diese Haftung muß der Gläubiger oder der Schuldner gegenüber dem ersten Ersteher durch eine Klage geltend machen.

5) Gläubiger als Ersteher, IV. Der Gläubiger braucht nur die Kosten der Versteigerung und den etwaigen Mehrbetrag seines Gebots gegenüber seinem Anspruch in bar zu entrichten. Im übrigen verrechnet das Gesetz seine Schuld als Ersteher auf seine Forderung als Gläubiger, vgl LG Itzehoe DGVZ **78**, 122. Wenn der Erlös zu hinterlegen ist, sei es deshalb, weil nachgelassen war, die Zwangsvollstreckung durch Hinterlegung abzuwenden, §§ 711, 712 I, 720 oder wegen einer Mehrpfändung oder einer Anschlußpfändung, § 827 II, III, dann muß der Gläubiger voll in bar bezahlen. Dies gilt aber nur, wenn der Hinterlegungsbeschluß schriftlich abgefaßt worden ist und nicht nur in Aussicht steht.

6) VwGO: I–III sind entsprechend anwendbar in allen Fällen der Vollstreckung wegen Geldforderungen, Grdz 4 § 803; wenn § 5 VwGO eingreift, gilt § 299 AO 1977. IV gilt nicht in den Fällen des § 169 I VwGO.

817 a

Mindestgebot. ¹ Der Zuschlag darf nur auf ein Gebot erteilt werden, das mindestens die Hälfte des gewöhnlichen Verkaufswertes der Sache erreicht (Mindestgebot). Der gewöhnliche Verkaufswert und das Mindestgebot sollen bei dem Ausbieten bekanntgegeben werden.

ᴵᴵ Wird der Zuschlag nicht erteilt, weil ein das Mindestgebot erreichendes Gebot nicht abgegeben ist, so bleibt das Pfandrecht des Gläubigers bestehen. Er kann jederzeit die Anberaumung eines neuen Versteigerungstermins oder die Anordnung anderweitiger Verwertung der gepfändeten Sache nach § 825 beantragen. Wird die anderweitige Verwertung angeordnet, so gilt Absatz 1 entsprechend.

ᴵᴵᴵ Gold- und Silbersachen dürfen auch nicht unter ihrem Gold- oder Silberwert zugeschlagen werden. Wird ein den Zuschlag gestattendes Gebot nicht abgegeben, so kann der Gerichtsvollzieher den Verkauf aus freier Hand zu dem Preise bewir-

1. Titel. Zwangsvollstr. in das bewegl. Vermögen §§ 817, 818 1

ken, der den Gold- oder Silberwert erreicht, jedoch nicht unter der Hälfte des gewöhnlichen Verkaufswertes.

1) Mindestgebot, I, III. A. Regelung. Der Gerichtsvollzieher darf den Zuschlag grundsätzlich nur dann erteilen, wenn das Mindestgebot erreicht worden ist. Als Mindestgebot ist dasjenige Gebot anzusehen, das mindestens die Hälfte des gewöhnlichen Verkaufswerts beträgt, Ffm VersR 80, 50. Der gewöhnliche Verkaufswert ist durch eine Schätzung nach § 813 zu ermitteln. Soweit ein Preis festgesetzt worden ist, etwa bei einem Buch, darf das Mindestgebot nicht unter diesem Preis liegen. Vgl auch § 813 Anm 2 A. Der Gerichtsvollzieher muß ein danach unzulässiges Gebot zurückweisen. Wenn mehrere gleichhohe Gebote vorliegen, muß das Los entscheiden. Für Wertpapiere, die einen Börsen- oder Marktpreis haben, gilt § 821. Insofern findet also keine Versteigerung statt.

I wird unanwendbar, wenn ein Verfahren nach II nicht stattfinden kann. Das gilt, wenn die Gefahr einer beträchtlichen Wertminderung oder die Gefahr einer Ansammlung von unverhältnismäßig hohen Verwaltungskosten besteht, so daß eine sofortige Versteigerung notwendig wird, § 816 I. Im übrigen kann durch eine Ablieferung der Pfandsache gegen einen Preis, der unter dem Mindestgebot liegt, kein Eigentum übertragen werden, Einf 2 vor § 814, aM Schreiber JR 79, 238 mwN. Der Gerichtsvollzieher muß den gewöhnlichen Verkaufswert und das Mindestgebot beim Ausbieten bekanntgeben, I 2.

Wegen der Besonderheiten für die Festsetzung des Mindestgebots für Ersatzteile, auf die sich ein Registerpfandrecht an einem Luftfahrzeug nach § 71 LuftfzRG erstreckt, vgl § 100 LuftfzRG.

B. Verstoß. Wenn er gegen diese Vorschriften verstößt, bleibt die Versteigerung gültig. Der Gerichtsvollzieher hat aber dann eine Amtspflichtverletzung begangen, Ffm VersR 80, 50.

2) Nichterreichung, II. Wird das Mindestgebot nicht erreicht, so darf der Gerichtsvollzieher dem Bieter den Zuschlag nur dann erteilen, wenn der Gläubiger und der Schuldner mit dem Zuschlag einverstanden sind. Die Rechtslage ist insofern anders als bei einer Unpfändbarkeit. § 817a kann in einem solchen Fall auch überhaupt unanwendbar sein, Anm 1. Das Pfandrecht des Gläubigers bleibt dann bestehen. Auf einen Antrag des Gläubigers muß der Gerichtsvollzieher einen neuen Verwertungsversuch unternehmen. Für diesen weiteren Versuch ist wiederum I anwendbar. I gilt entsprechend, wenn der Gläubiger eine anderweitige Verwertung nach § 825 beantragt.

Wenn anzunehmen ist, daß auch ein dritter Versuch der Versteigerung oder ein neuer Versuch einer anderweitigen Verwertung ergebnislos bleiben werden, dann muß das Vollstreckungsgericht die Pfändung in sinngemäßer Anwendung von § 803 II auf Grund einer Erinnerung des Schuldners nach § 766 aufheben. Die Pfändung wird aber nicht von Amts wegen und auch nicht vom Gerichtsvollzieher aufgehoben, abw § 145 Nr 2 c I GVGA (das ist eine bedenkliche Regelung).

3) Gold- und Silbersachen, III. A. Regelung. Für sie gelten Besonderheiten. Soweit es sich um Kostbarkeiten handelt, muß ein Sachverständiger eine Schätzung vornehmen, § 813 I 2 und dort Anm 2 B. Für die Verwertung ist entscheidend, ob der Metallwert oder der halbe Verkaufswert höher sind. Unter dem höheren Wert darf der Zuschlag nicht erfolgen. Unter diesem höheren Wert darf die Sache auch nicht freihändig verkauft werden, falls kein entsprechend höheres Gebot vorliegt und deswegen der Zuschlag nicht erteilt worden ist.

Andere Edelmetalle sind entsprechend III zu behandeln, aM Wiecz B II e.

B. Verstoß. Ein Verstoß gegen diese Regeln bedeutet eine Überschreitung der sachlichen Zuständigkeit des Gerichtsvollziehers und macht den Verkauf unwirksam, Einf 2 C vor §§ 814–825. Andere Edelmetalle sind entsprechend III zu behandeln, aM Wiecz B II e.

4) VwGO: Entsprechend anwendbar im Rahmen der Grdz 4 § 803. Wenn § 5 VwVG eingreift, gilt § 300 AO 1977.

818 *Einstellung der Versteigerung.* **Die Versteigerung wird eingestellt, sobald der Erlös zur Befriedigung des Gläubigers und zur Deckung der Kosten der Zwangsvollstreckung hinreicht.**

1) Regelung. Die Versteigerung muß eingestellt werden, sobald ihr bisheriger Erlös den gesamten Anspruch des Gläubigers einschließlich aller Kosten der Zwangsvollstreckung, also auch aller Kosten der Versteigerung, deckt. Wenn mehrere Pfandstücke zu versteigern sind, dann muß der Gerichtsvollzieher also ständig prüfen, ob die Deckung erreicht ist. Der

§§ 818–821 1   8. Buch. 2. Abschnitt. ZwV wegen Geldforderungen

Gerichtsvollzieher darf das Recht eines Dritten nach §§ 771, 805 nur dann beachten, wenn ein solches Recht urteilsmäßig feststeht oder wenn der Schuldner in seine Beachtung einwilligt. Eine Anschlußpfändung findet nur dann statt, wenn die Frist des § 816 I verstrichen ist.

2) Verstoß. Wenn der Gerichtsvollzieher gegen § 818 verstößt, begeht er eine Amtspflichtverletzung. Über das Erlöschen des Pfandrechts § 804 Anm 1 D.

3) *VwGO*: Entsprechend anwendbar in allen Fällen der Vollstreckung wegen Geldforderungen, Grdz 4 § 803. Wenn § 5 *VwVG* eingreift, gilt § 301 I AO 1977.

819 *Wirkung der Empfangnahme des Erlöses.* **Die Empfangnahme des Erlöses durch den Gerichtsvollzieher gilt als Zahlung von seiten des Schuldners, sofern nicht dem Schuldner nachgelassen ist, durch Sicherheitsleistung oder durch Hinterlegung die Vollstreckung abzuwenden.**

Schrifttum: Böhm, Ungerechtfertigte Zwangsvollstreckung und materiellrechtliche Ausgleichsansprüche, 1971.

1) Allgemeines. Sobald der Gerichtsvollzieher den Versteigerungserlös empfangen hat, gilt die Zahlung des Schuldners als erfolgt. Der Empfang wirkt also wie die Wegnahme von Geld, § 815 Anm 3 A a. Daher geht die Gefahr mit diesem Zeitpunkt auf den Gläubiger über. Der Gläubiger erlangt aber dadurch, daß er den Erlös dem Gerichtsvollzieher aushändigt, noch kein Eigentum, und die Zwangsvollstreckung ist noch nicht beendet. Das Pfändungspfandrecht ergreift den Erlös und erlischt erst dann, wenn der Gerichtsvollzieher den Erlös an den Gläubiger abführt, ihn also dem Gläubiger übergibt, vgl LG Bln DGVZ **83**, 93 mwN.

Wenn in Wahrheit ein anderer der Eigentümer der Sache war, dann hat dieser andere einen Anspruch aus ungerechtfertigter Bereicherung, § 816 I BGB. Dieser Anspruch besteht aber nicht gegenüber dem empfangenden Gläubiger, sondern gegenüber dem Schuldner, Gloede MDR **72**, 293, Günther AcP **178**, 456 je mwN, abw zB ThP 3 d mwN (der Bereicherungsanspruch bestehe sowohl gegenüber dem Gläubiger als auch gegenüber dem Schuldner), aM zB Kaehler JR **72**, 445, ZöSche III (der Bereicherungsanspruch bestehe nur gegenüber dem Gläubiger). Über den Fall der Sicherheitsleistung oder Hinterlegung s § 815 Anm 4.

Der Gerichtsvollzieher hat die Amtspflicht, den Erlös nach dem Abzug der Kosten der Zwangsvollstreckung unverzüglich an den Gläubiger abzuführen, Alisch DGVZ **79**, 85, soweit er nicht das Recht eines Dritten aus § 805 auf Grund eines Urteils oder Rechte aus einer Mehrpfändung oder Anschlußpfändung berücksichtigen muß. Die Verrechnung des Erlöses auf den Hauptanspruch, auf die Zinsen und auf die Kosten erfolgt nach § 367 BGB. Eine anderweitige Bestimmung durch den Schuldner ist wirkungslos. Wegen der Anschlußpfändung, auch bei einem Übererlös, § 826 Anm 1 A.

2) Rechtsbehelfe. Da die Ablieferungspflicht öffentlichrechtlich ist, haben der Gläubiger und der Schuldner bei einem Verstoß des Gerichtsvollziehers die Möglichkeit der Erinnerung, § 766. Ein berechtigter Dritter hat vor dem Zeitpunkt der Abführung des Erlöses die Möglichkeit einer Klage nach §§ 771, 805, und hinterher die Möglichkeit einer Bereicherungs- oder Ersatzklage.

3) *VwGO*: Entsprechend anwendbar im Rahmen der Grdz 4 § 803. Wenn § 5 *VwVG* eingreift, gilt § 301 II AO 1977.

820 (weggefallen)

821 *Wertpapiere im allgemeinen.* **Gepfändete Wertpapiere sind, wenn sie einen Börsen- oder Marktpreis haben, von dem Gerichtsvollzieher aus freier Hand zum Tageskurse zu verkaufen und, wenn sie einen solchen Preis nicht haben, nach den allgemeinen Bestimmungen zu versteigern.**

1) Allgemeines. A. Begriff. Wertpapiere im Sinne der ZPO sind nur solche im engeren Sinn, dh solche, bei denen die Ausübung des verbrieften Rechts von der Inhaberschaft der Urkunde abhängt. Es ist unerheblich, ob es sich um ein Namenspapier oder um ein Inhaberpapier handelt.

Hierher gehören: Eine Inhaberaktie; ein Kux; eine ausländische Banknote; eine Schuldverschreibung auf den Inhaber; ein Investmentanteilschein; ein Lotterielos; ein Steuergutschein; ein indossables Papier, das kein Forderungsrecht verbrieft, wie eine Namensaktie (für andere gilt § 831).

Nicht hierher gehören: Ein bloßes Ausweispapier (Legitimationspapier), also ein Papier, bei dem das Papier nicht das Recht verkörpert, sondern nur den Inhaber als den Berechtigten ausweist, etwa ein Sparbuch (bei einem Postsparbuch vgl § 831 Anm 1); ein Pfandschein; ein Versicherungsschein; eine reine Beweisurkunde, wie ein Schuldschein (bei ihm ist das Recht vom Papier unabhängig).

Ein Hypothekenbrief ist nicht selbständig pfändbar, § 830 Anm 1. Wegen eines Börsen- und Marktpreises § 813 Anm 2 A.

B. Pfändung. In der Zwangsvollstreckung gilt ein Wertpapier als eine körperliche Sache. Dies gilt auch bei einem indossablen Papier. Es ist zwar wie Geld zu pfänden, aber wie eine Forderung zu verwerten, § 831. Die Pfändung des Wertpapiers erstreckt sich auf das verbriefte Recht. Bei einem Traditionspapier, wie einem Konnossement, einem Lagerschein, einem Ladeschein, ergreift die Pfändung des Papiers nicht das Gut. Denn eine dingliche Wirkung setzt die Übergabe des Papiers voraus. Bei einem Ausweispapier ist eine Hilfspfändung möglich, s § 808 Anm 1 B.

2) Verwertung. Sie geschieht folgendermaßen:

A. Börsen- oder Marktpreis. Ein Wertpapier, das am Ort der Zwangsvollstreckung oder am Ort des Börsen- oder Handelsbezirks börsen- oder marktgängig ist, wird vom Gerichtsvollzieher durch einen freihändigen Verkauf zum Tageskurs verwertet. Wenn das Papier einen Börsen- oder Marktpreis nur an einem anderen Ort hat, dann ist nach § 825 zu verfahren. Der Gerichtsvollzieher darf eine Mittelsperson hinzuziehen, etwa eine Bank oder einen Börsenmakler.

B. Anderes Wertpapier. Ein anderes Wertpapier ist durch eine gewöhnliche öffentliche Versteigerung zu verwerten, §§ 817, 817a.

3) *VwGO*: *Entsprechend anwendbar im Rahmen der Grdz 4 § 803. Wenn § 5 VwVG eingreift, gilt § 302 AO 1977.*

822 **Namenspapiere. Lautet ein Wertpapier auf Namen, so kann der Gerichtsvollzieher durch das Vollstreckungsgericht ermächtigt werden, die Umschreibung auf den Namen des Käufers zu erwirken und die hierzu erforderlichen Erklärungen an Stelle des Schuldners abzugeben.**

1) Umschreibungsermächtigung. Ein Wertpapier auf den Namen, zB eine Namensaktie, ein Immobilien-Zertifikat, LG Bln Rpfleger 70, 361, muß vom Gerichtsvollzieher auf den Namen des Käufers umgeschrieben werden, nachdem das Vollstreckungsgericht den Gerichtsvollzieher auf seinen Antrag, den Antrag des Käufers oder einen Antrag des Schuldners zu dieser Umschreibung ermächtigt hat, Bauer JB 76, 873. Das Gericht muß eine solche Ermächtigung erteilen; „kann" bezeichnet nur den Machtbereich. § 822 ist anwendbar, wenn eine Umschreibung in einem Verzeichnis oder auf dem Papier selbst, durch ein Indossament, zu bewirken ist. Im ersten Fall muß der Gerichtsvollzieher die Umschreibung auf dem Papier vermerken und das Papier dem Käufer übergeben.

2) *VwGO*: *Entsprechend anwendbar im Rahmen der Grdz 4 § 803. Wenn § 5 VwVG eingreift, gilt § 303 AO 1977.*

823 **Außer Kurs gesetzte Papiere. Ist ein Inhaberpapier durch Einschreibung auf den Namen oder in anderer Weise außer Kurs gesetzt, so kann der Gerichtsvollzieher durch das Vollstreckungsgericht ermächtigt werden, die Wiederinkurssetzung zu erwirken und die hierzu erforderlichen Erklärungen an Stelle des Schuldners abzugeben.**

1) Geltungsbereich. Ein Außerkurssetzen von Wertpapieren kennt das jetzige Recht nicht, Art 176 EG BGB. § 823 gilt aber entsprechend für die Beseitigung der Umwandlung eines Inhaberpapiers in ein Namenspapier durch eine Wiederumschreibung, §§ 806 BGB, 24 II AktG, vgl § 155 Z 3 GVGA.

2) *VwGO*: *Entsprechend anwendbar im Rahmen der Grdz 4 § 803. Wenn § 5 VwVG eingreift, gilt § 303 AO 1977.*

§§ 824, 825 1, 2 8. Buch. 2. Abschnitt. ZwV wegen Geldforderungen

824 *Versteigerung von Früchten auf dem Halm.* **Die Versteigerung gepfändeter, von dem Boden noch nicht getrennter Früchte ist erst nach der Reife zulässig. Sie kann vor oder nach der Trennung der Früchte erfolgen; im letzteren Falle hat der Gerichtsvollzieher die Aberntung bewirken zu lassen.**

1) Allgemeines. § 824 ergänzt den § 810. Für die Verwertung gepfändeter Früchte auf dem Halm gilt folgendes:

A. Vor der Trennung. Die Versteigerung kann vor der Trennung vom Halm erfolgen. Mit der Pfändung verlieren die Früchte nämlich ihre Natur als Bestandteil des Grundstücks. Darum setzt auch der Erwerb des Eigentums an den Früchten keine Trennung vom Halm voraus. Das Eigentum wird durch Übergabe der Früchte wie bei einer Fahrnis übergeben.

B. Nach der Trennung. Die Versteigerung kann nach der Trennung vom Halm erfolgen. Der Gerichtsvollzieher läßt die Früchte abernten, evtl auch durch den Schuldner. Das Pfandrecht entsteht mit der Pfändung und nicht mit der Trennung vom Halm, § 810 Anm 1.

2) Versteigerung. Sie ist immer erst nach dem Zeitpunkt der wirklich eingetretenen Reife zulässig. Insofern liegt eine Abweichung von § 810 vor, wo die allgemeine Zeit der Reife maßgeblich ist. Eine Abweichung vom wirklichen Reifezeitpunkt ist nur dann zulässig, wenn der Gläubiger und der Schuldner einverstanden sind oder wenn das Vollstreckungsgericht eine Anordnung nach § 825 erlassen hat. Ein Verstoß gegen die Vorschrift ist prozessual belanglos. Er stellt aber eine Amtspflichtverletzung dar.

Bei einem Verstoß kann jeder Betroffene die Erinnerung nach § 766 einlegen.

3) VwGO: Entsprechend anwendbar im Rahmen der Grdz 4 § 803. Wenn § 5 VwVG eingreift, gilt § 304 AO 1977.

825 *Besondere Verwertung.* **Auf Antrag des Gläubigers oder des Schuldners kann das Vollstreckungsgericht anordnen, daß die Verwertung einer gepfändeten Sache in anderer Weise oder an einem anderen Ort, als in den vorstehenden Paragraphen bestimmt ist, stattzufinden habe oder daß die Versteigerung durch eine andere Person als den Gerichtsvollzieher vorzunehmen sei.**

Schrifttum: Chen, Die Zwangsvollstreckung in die auf Abzahlung verkaufte Sache, Diss Saarbr 1972; Schnitzer, Die Zwangsvollstreckung des Verkäufers in Sachen, die auf Abzahlung geleistet worden sind, Diss Würzb 1968.

1) Allgemeines. A. Zweck der Vorschrift. Der Zweck der Vorschrift liegt darin, in einem solchen Fall eine Verwertung der Pfandsache zu ermöglichen, in dem eine Versteigerung keinen dem wahren Sachwert entsprechenden Erlös erwarten läßt, LG Kblz MDR **81**, 237. Die Vorschriften über die Pfandverwertung sind ein Bestandteil des zwingenden öffentlichen Rechts, wenn man von einer möglichen Einigung über den Ort und die Zeit der Versteigerung, § 816 I und sonst, absieht. Wenn der Gerichtsvollzieher gegen diese Vorschriften verstößt, begeht er zwar eine Amtspflichtverletzung; seine Veräußerung bleibt aber in der Regel wirksam (vgl bei den einzelnen Vorschriften).

B. Voraussetzungen. Der Gerichtsvollzieher darf das Pfandstück nur dann anderweitig verwerten, wenn einer der folgenden Fälle vorliegt:

a) Einigung. Der Gläubiger und der Schuldner müssen sich entsprechend geeinigt haben. Denn der Gläubiger kann jederzeit anordnen, die weitere Zwangsvollstreckung abzubrechen. Der Schuldner kann den Gläubiger aber auch nach der Pfändung jederzeit dadurch befriedigen, daß er das Pfandstück an Erfüllungs Statt hingibt.

b) Gerichtliche Anordnung. Das Vollstreckungsgericht muß eine Anordnung getroffen haben, vgl Anm 2.

2) Anordnung. A. Grundsatz. Zuständig ist dasjenige Vollstreckungsgericht, in dessen Bezirk sich das Pfandstück befindet, vgl § 764. Diese Zuständigkeitsregelung gilt auch, wenn die Verwertung an einem anderen Ort stattfinden soll. Das Gericht entscheidet durch den Rpfl, § 20 Z 17 RPflG, Anh § 153 GVG. Es muß ein Antrag des Gläubigers oder des Schuldners vorliegen. Im Falle des § 127 KO ist ein Antrag des Konkursverwalters erforderlich. Der Rpfl muß die Beteiligten in aller Regel anhören, auch wenn das hier nicht ausdrücklich vorgeschrieben wurde, vgl aber Art 103 I GG, ferner § 139 Ffm Rpfleger **80**, 303. Der Rpfl verkündet seinen Beschluß oder läßt ihn beiden Parteien von Amts wegen zustellen, LG Bln Rpfleger **75**, 103 mwN.

Der Rpfl ist dann, wenn die Voraussetzungen einer Anordnung vorliegen, zu ihrem Erlaß verpflichtet und muß die Art der Verwertung bestimmen, LG Nürnb-Fürth Rpfleger **78**, 333 mwN. Das Wort „kann" im Gesetzeswortlaut bedeutet nur, daß die Entscheidung in dem Machtbereich des Rpfl liegt, Mümmler JB **77**, 1657 mwN. Eine Anordnung des Gerichts ist dann erforderlich, wenn sie eine bessere Verwertung des Pfandstücks wahrscheinlich macht. Wenn eine solche bessere Verwertbarkeit ungewiß ist, sollte sich das Gericht zurückhalten. Denn § 825 stellt eine Ausnahmeregel dar, LG Freibg DGVZ **82**, 187. Die regelmäßige Verwertung des Pfandstücks darf nicht durch diese Vorschrift ausgeschaltet werden, insbesondere dann nicht, wenn mehrere Bieter vorhanden sind, vgl LG Bochum DGVZ **77**, 89 mwN. Das Gericht muß also die besonderen Gründe für eine Anordnung nach § 825 in seinem Beschluß darlegen.

B. Einzelfragen. Eine derartige Anordnung darf nicht zu einer Gesetzesumgehung führen. Eine solche Umgehung liegt allerdings im allgemeinen nicht schon darin, daß das Gericht das Pfandstück an den Abzahlungsverkäufer übereignet, Mümmler JB **77**, 1659 mwN. In einem solchen Fall gilt erst die Aushändigung des Pfandstücks an den Gläubiger als eine „Wiederansichnahme" im Sinne von § 5 AbzG, BGH **55**, 59, LG Bielefeld NJW **70**, 337, Mümmler JB **77**, 1662 mwN. Dieselbe Wirkung entsteht durch eine Übereignung an einen Dritten, BGH **55**, 59. Das Gericht muß den Preis unter Beachtung von § 817a festsetzen, Noack MDR **69**, 180. Das Gericht muß eine Bewertung durch einen Sachverständigen erwägen. Die Kosten des Sachverständigen sind Kosten der Zwangsvollstreckung nach § 788. Das Gericht muß im Falle eines Abzahlungsgeschäfts wenigstens eine summarische Abwägung des Anspruchs nach §§ 1–3 AbzG vornehmen. Es muß also prüfen, ob die bisherige Abnutzung des Pfandstücks eine Rückzahlung der Anzahlung ausschließt, vgl LG Bielefeld NJW **70**, 337 mwN, aM insofern Mümmler JB **77**, 1667 mwN. Eine umfassende Prüfung kann allerdings nur im Verfahren nach § 767, LG Bln MDR **74**, 1025, oder im Verfahren nach § 769 stattfinden. Evtl ist § 765a anwendbar, Ffm NJW **54**, 1083.

Stets muß der Rpfl den Schuldner anhören, bevor er einem Antrag des Gläubigers stattgibt, Ffm Rpfleger **80**, 303. Allerdings ist eine Anordnung des Rpfl ohne eine Anhörung des Schuldners grundsätzlich trotzdem wirksam. Wegen des Eigentumsübergangs Anm 3 A b. Der Rpfl darf seine Entscheidung nur auf Grund einer neuen Sachlage ändern, LG Nürnb-Fürth Rpfleger **78**, 333. Pawlowski ZZP **90**, 367 fordert eine Gesetzesänderung dahin, daß der Gerichtsvollzieher für die Anordnung zuständig werden solle.

C. Rechtsbehelfe. Es gilt die folgende Regelung:

a) Stattgeben ohne Anhörung. Wenn der Rpfl dem Antrag des Gläubigers ohne eine Anhörung des Schuldners stattgegeben hat, kann der Schuldner die Erinnerung nach § 766 einlegen, Henze Rpfleger **74**, 283. Die Erinnerung ist unbefristet, § 11 I 1 RPflG, Anh § 153 GVG. Der Richter entscheidet über die Erinnerung erst dann, wenn der Rpfl ihr nicht abgeholfen hat, §§ 11 II 1, 20 Z 17a RPflG.

b) Ablehnung; Stattgeben nach Anhörung. Wenn der Rpfl den Antrag des Gläubigers ohne eine Anhörung des Schuldners abgelehnt hat oder wenn der Rpfl nach einer Anhörung des Schuldners entschieden hat, kann der Betroffene binnen einer Notfrist von 2 Wochen die Erinnerung einlegen, §§ 793, 577 II ZPO, 11 I 2 RPflG, LG Bochum DGVZ **77**, 89, Henze Rpfleger **74**, 283. Der Rpfl darf dieser Erinnerung nicht abhelfen, § 11 II 1 RPflG. Er muß sie vielmehr dem Richter vorlegen. Dieser kann die Erinnerung unter den Voraussetzungen des § 11 II 4 RPflG dem LG zuleiten, vgl LG Nürnb-Fürth Rpfleger **78**, 333.

Gebühren: Des Gerichts: KV 1181, des RA §§ 57, 58 III Z 4a, 61 BRAGO.

3) Verwertung. Es sind folgende Anordnungen statthaft:

A. Verwertung in anderer Weise. Einige wichtige Beispiele:

a) Stundung. Das Gericht läßt eine Stundung der Zahlung zu, abweichend von § 817 II.

b) Verkauf. Das Gericht erlaubt dem Gerichtsvollzieher den freihändigen Verkauf des Pfandstücks. Dieser Verkauf ist nicht ein Verkauf nach dem sachlichen Recht. Denn auch hier verkauft der Gerichtsvollzieher nicht als ein Eigentümer oder für den Eigentümer, sondern kraft seiner staatlichen Zwangsgewalt. Der Verkauf bleibt eine Pfandverwertung. Er unterliegt den Vorschriften über die Zwangsvollstreckung. Es tritt aber anstelle des Erstehervertrags der Versteigerung ein andersartiger Vertrag. Die Übergabe des unmittelbaren Besitzes (also nicht die Übergabe gemäß §§ 930, 931 BGB), Mü MDR **71**, 1018, hat dieselben Wirkungen wie die Ablieferung, § 817. Die Zahlung des Preises wirkt wie eine Zahlung der Zuschlagssumme. Diese Folge ist zwingend. Denn es handelt sich um einen Verkauf in der Zwangsvollstreckung.

Das Vollstreckungsgericht kann den Gerichtsvollzieher zum Verkauf an eine bestimmte

Person anweisen, etwa an den Gläubiger. Das Vollstreckungsgericht kann auch sonst beliebige Bedingungen aufstellen, AG Charlottenb DGVZ **78**, 92. Es kann vor allem einen bestimmten Mindestpreis vorschreiben. Es darf aber nicht einen Preis festlegen, der das Mindestgebot unterschreitet, § 817a. Dies gilt auch bei einer nichtkörperlichen Sache, etwa bei einem Erbteil; dazu §§ 857, 844. Das Gericht muß eine etwaige gesetzliche Veräußerungsbeschränkung beachten. Bei einem Abzahlungsgeschäft muß das Gericht darauf achten, daß durch seine Anordnungen keine Umgehung des Schuldnerschutzes eintritt.

c) Überweisung an den Gläubiger. Das Gericht kann die Pfandsache dem Gläubiger zu einem bestimmten Preis zwangsweise überweisen; LG Kblz MDR **81**, 236, Hadamus Rpfleger **80**, 420 (dort weitere Einzelheiten zum Verfahren) sprechen von einer Zuweisung. Wegen einer Überweisung an den Abzahlungsverkäufer Anm 2 B. Das Eigentum geht auch in diesem Fall erst mit der Übertragung des unmittelbaren Besitzes auf den Erwerber über, § 817 Anm 3, zumal die Aushändigung der Sache als eine Wiederansichnahme zu bewerten ist, Anm 2 A, und deshalb eine Rücktrittswirkung auslöst.

Der Anordnungsbeschluß enthält nicht etwa eine Ersetzung der Übereignungserklärung des Schuldners; sie wäre durch die Rechtskraft des Beschlusses aufschiebend oder durch eine spätere Änderung des Beschlusses auflösend bedingt, Celle NJW **61**, 1730, aM Wiecz D I und E III a 1. Da auch diese Zuweisung ein staatlicher Hoheitsakt ist, ist es unerheblich, ob der Erwerber gutgläubig ist. Insofern gilt dasselbe wie bei einer gewöhnlichen Verwertung, § 817 Anm 3, und die Regelung ist anders als bei § 1244 BGB.

Der Gläubiger ist damit, daß er die ihm zwangsweise zugewiesene Sache erhält, in Höhe des angerechneten Werts der Sache befriedigt. Die Zwangsvollstreckung ist insoweit beendet. Der Gläubiger muß dann, wenn die Sache einen höheren Wert hat, den überschießenden Wert an den Schuldner zahlen.

Eine Zwangsüberweisung darf nicht gegen den Willen des Gläubigers und auch nicht abweichend von denjenigen Bedingungen stattfinden, die er wünscht, LG Kblz MDR **81**, 236, Mümmler JB **77**, 1657, Pawlowski ZZP **90**, 367. Denn das Gericht darf dem Gläubiger keine Sache als Erfüllung aufzwingen. Bietet also der Gläubiger zu wenig, so ist sein Antrag abzulehnen, LG Kblz MDR **81**, 236. Denn eine Zuweisung kommt nur dann in Betracht, wenn eine Versteigerung keinen höheren Erlös verspricht, Anm 1 A.

d) Überweisung an den Schuldner. Das Gericht kann die Sache dem Schuldner überweisen.

B. Verwertung zu anderer Zeit. In diesem Fall genügt eine Einigung zwischen den Parteien, § 816 I.

C. Verwertung an einem anderen Ort. Wenn sich die Parteien über diese Lösung verständigen, braucht das Gericht sie nicht besonders anzuordnen, § 816.

D. Versteigerung durch eine andere Person als den Gerichtsvollzieher. Als Versteigerer kommen etwa ein Notar oder ein gewerbsmäßiger Versteigerer in Betracht. Dieser tritt dann ganz an die Stelle des Gerichtsvollziehers. Er ist an diejenigen gesetzlichen Vorschriften gebunden, die für den Gerichtsvollzieher gelten, nicht jedoch an die GVGA; das gilt, soweit nicht Abweichungen angeordnet worden sind. Der Gerichtsvollzieher muß auch dann, wenn in anderer die Sache versteigert, den Erlös abliefern oder hinterlegen, soweit das Gericht nichts anderes angeordnet hat.

4) VwGO: *Entsprechend anwendbar im Rahmen der Grdz 4 § 803. Wenn § 5 VwVG eingreift, gilt § 305 AO 1977.*

826 *Anschlußpfändung.* [I] Zur Pfändung bereits gepfändeter Sachen genügt die in das Protokoll aufzunehmende Erklärung des Gerichtsvollziehers, daß er die Sachen für seinen Auftraggeber pfände.

[II] Ist die erste Pfändung durch einen anderen Gerichtsvollzieher bewirkt, so ist diesem eine Abschrift des Protokolls zuzustellen.

[III] Der Schuldner ist von den weiteren Pfändungen in Kenntnis zu setzen.

Schrifttum: Binder, Die Anschlußpfändung, Diss Ffm 1975.

1) Allgemeines. Die Anschlußpfändung ist die Pfändung einer schon gepfändeten Sache. Man nennt sie bisweilen auch eine Nachpfändung. Dieser Ausdruck ist aber mehrdeutig. Denn er kann auch eine erneute Pfändung nach einer unwirksamen früheren Pfändung bedeuten, § 803 Anm 4. Die Anschlußpfändung verschafft dem Gläubiger ein selbständiges Pfandrecht mit dem Rang hinter dem bestehenden Pfandrecht. Sie ist zugleich eine bedingte

1. Titel. Zwangsvollstr. in das bewegl. Vermögen   §§ 826, 827

Erstpfändung. Denn sie tritt mit dem Wegfall des vorgehenden Pfandrechts an dessen Stelle. Deshalb ist die Anschlußpfändung ohne Rücksicht auf einen zu erwartenden Überschuß notwendig.

2) Voraussetzungen. A. Wirksame Erstpfändung. Eine Anschlußpfändung ist nur gegen denselben Schuldner statthaft, zB Hamm DGVZ **63**, 4, LG Bln DGVZ **62**, 140 und **83**, 93, StJM I 1, aM Gerlach ZZP **89**, 314 mwN. Eine Anschlußpfändung darf aber auch für einen neuen Gläubiger durchgeführt werden, LG Bln DGVZ **83**, 93. Sie setzt eine Erstpfändung nach den Regeln der ZPO voraus, nicht eine Pfändung im Zwangsversteigerungsverfahren.

Die Erstpfändung muß äußerlich wirksam sein. Eine sachliche Wirksamkeit der Erstpfändung ist aber nicht die Voraussetzung für eine Anschlußpfändung, Düss OLGZ **73**, 52. Wenn der Gerichtsvollzieher daher die äußeren Merkmale einer wirksamen Erstpfändung vorfindet, wenn zB die Pfandsache mit dem Pfandsiegel versehen ist, dann darf der Gerichtsvollzieher die Anschlußpfändung vornehmen. Wenn die Erstpfändung fortbesteht, aber nicht mehr erkennbar ist, dann wird die Anschlußpfändung nicht schon dadurch unwirksam. Eine Anschlußpfändung ist auch an gepfändetem Geld bis zu demjenigen Zeitpunkt zulässig, in dem es abgeliefert wird, § 815 Anm 3 A a, und ebenso an dem noch nicht ausgezahlten Erlös, § 819 Anm 1, oder Übererlös, LG Bln DGVZ **83**, 93.

Die Voraussetzungen der Zwangsvollstreckung müssen auch im Zeitpunkt der Anschlußpfändung vorliegen. Ein Dritter braucht aber nicht zur Herausgabe bereit zu sein. Denn die Anschlußpfändung beeinträchtigt seinen Besitz nicht, zB ZöSch 1 c, insofern aM Düss OLGZ **73**, 52, Gerlach ZZP **89**, 326 mwN.

B. Unwirksame Erstpfändung. Wenn die Erstpfändung unwirksam war, dann muß der Gerichtsvollzieher nunmehr eine Erstpfändung vornehmen. Eine Erstpfändung ist immer zulässig. Sie ist dann zu empfehlen, wenn der Gerichtsvollzieher über die Wirksamkeit einer vorangehenden Pfändung Zweifel hat. Eine Erstpfändung verursacht ja auch keine höheren Kosten als eine Anschlußpfändung. Wenn die Erstpfändung wirksam ist, dann wirkt eine zweite „Erstpfändung" nur als eine Anschlußpfändung. Wenn sich die Erstpfändung hinterher als unwirksam herausstellt, dann muß der Gerichtsvollzieher sofort eine wirksame Erstpfändung ausführen.

3) Vornahme. A. Protokollangabe. Es genügt eine Angabe des Gerichtsvollziehers im Pfändungsprotokoll, daß er die schon gepfändete Sache für den jetzigen Antragsteller pfände. Er braucht insofern nicht eine Erklärung gegenüber einer Person auszusprechen. Wenn die Angabe der Anschlußpfändung im Protokoll fehlt, ist die Anschlußpfändung nicht wirksam. Die Anschlußpfändung braucht nicht angesichts der Pfandsachen zu geschehen, LG Brschw NdsRpfl **61**, 277, obwohl der Gerichtsvollzieher nach § 167 Z 3 GVGA zur Besichtigung der Pfandsache verpflichtet ist. Der Gerichtsvollzieher muß im Pfändungsprotokoll angeben, für wen und für welchen Anspruch er pfändet.

B. Benachrichtigung. Den Gerichtsvollziehern früherer Pfändungen soll der Gerichtsvollzieher der Anschlußpfändung eine Protokollabschrift zugehen lassen. Das ist zwar eine Sollvorschrift; sie ist aber wegen der Verteilung des Erlöses wichtig. Eine bloße Sollvorschrift ist auch der dem § 808 II entsprechende § 826 III. Wenn der Gerichtsvollzieher gegen II oder III verstößt, begeht er eine Amtspflichtverletzung.

4) Wirkung. Jeder Anschlußgläubiger ist von den anderen Pfandgläubigern unabhängig. Ihre Handlungen berühren seine Rechtsstellung nicht. Eine Einstellung der Zwangsvollstreckung wirkt nur gegenüber dem jeweiligen Gläubiger. Der Gerichtsvollzieher muß für den Anschlußgläubiger erneut prüfen, ob er es verantworten kann, das Pfandstück beim Schuldner zu belassen, § 808. Der Anschlußgläubiger kann die Pfandverwertung selbständig betreiben. In diesem Fall ist § 827 anwendbar. Wenn bei der Pfandverwertung das Erstpfandrecht übersehen worden ist, dann erlischt es durch die Verwertung. Es bleibt dann nur ein Bereicherungs- oder Ersatzanspruch gegen den Anschlußgläubiger übrig.

5) VwGO: Entsprechend anwendbar im Rahmen der Grdz 4 § 803. Wenn § 5 VwVG eingreift, gilt § 307 AO 1977.

827 *Einheitlichkeit der Zwangsvollstreckung.* [I] Auf den Gerichtsvollzieher, von dem die erste Pfändung bewirkt ist, geht der Auftrag des zweiten Gläubigers kraft Gesetzes über, sofern nicht das Vollstreckungsgericht auf Antrag eines beteiligten Gläubigers oder des Schuldners anordnet, daß die Verrichtungen jenes Gerichtsvollziehers von einem anderen zu übernehmen seien. Die Versteigerung erfolgt für alle beteiligten Gläubiger.

II Ist der Erlös zur Deckung der Forderungen nicht ausreichend und verlangt der Gläubiger, für den die zweite oder eine spätere Pfändung erfolgt ist, ohne Zustimmung der übrigen beteiligten Gläubiger eine andere Verteilung als nach der Reihenfolge der Pfändungen, so hat der Gerichtsvollzieher die Sachlage unter Hinterlegung des Erlöses dem Vollstreckungsgericht anzuzeigen. Dieser Anzeige sind die auf das Verfahren sich beziehenden Schriftstücke beizufügen.

III In gleicher Weise ist zu verfahren, wenn die Pfändung für mehrere Gläubiger gleichzeitig bewirkt ist.

1) Übergang des Auftrags, I. A. Allgemeines. Wenn mehrere Gerichtsvollzieher Erstpfändungen oder Erst- und Anschlußpfändungen vorgenommen haben, §§ 808, 826, dann geht der „Auftrag" des späteren Gläubigers kraft Gesetzes auf den ersten Gerichtsvollzieher über. Dieser erste Gerichtsvollzieher steht dann so, als habe er die Vollstreckungsanträge sämtlicher Gläubiger zu erledigen. Deshalb kann eine Amtspflichtverletzung des späteren Gerichtsvollziehers nur in einem Verstoß bei der späteren Pfändung liegen. Denn mit ihr ist seine Tätigkeit beendet.

Wenn der Gerichtsvollzieher die Verwertung für den ersten Gläubiger vornimmt, dann ist davon auch der spätere Gläubiger betroffen. Der spätere Gläubiger muß nur dann einen eigenen Verwertungsantrag stellen, wenn der Gerichtsvollzieher die Pfandsache nicht für den früheren Gläubiger verwertet. Eine Pfändung nach der ZPO und eine Pfändung nach der AO haben hier gleiche Bedeutung, § 359 AO 1977. Das Verteilungsverfahren steht immer unter der Leitung des AG. Die späteren Gerichtsvollzieher müssen die in ihrem Besitz befindlichen Urkunden dem ersten Gerichtsvollzieher herausgeben.

B. Anderer Gerichtsvollzieher. Das Vollstreckungsgericht kann auf einen Antrag des Schuldners oder eines Gläubigers anordnen, daß ein anderer Gerichtsvollzieher als der zuerst tätig gewordene alle Pfändungen erledigen solle. Das Vollstreckungsgericht kann auch anordnen, daß eine andere Person als ein Gerichtsvollzieher die Pfandsache nach § 825 veräußern soll. Auch in einem solchen Fall muß das Gericht aber einen Gerichtsvollzieher zur Verteilung des Erlöses bestimmen. Für die Anordnungen ist das Vollstreckungsgericht des Orts zuständig, an dem die Erstpfändung vorgenommen wurde. Alle Gläubiger und der Schuldner können sich auch auf einen anderen Gerichtsvollzieher einigen.

Gebühren: Des Gerichts keine; des Anwalts §§ 57, 58 II Z 4 BRAGO.

2) Versteigerung, I, II. A. Allgemeines. Die Versteigerung geschieht für sämtliche beteiligten Gläubiger. Der Gerichtsvollzieher verteilt den Erlös nach dem Zeitvorrang unter die Gläubiger. Er geht also nach der Reihenfolge der Pfändungen vor. Wenn mehrere Pfändungen zum selben Zeitpunkt stattgefunden haben, verteilt er insoweit den Erlös nach dem Verhältnis der Forderungen. Der Gerichtsvollzieher muß die Kosten der Verwertung vorweg abziehen. Die sonstigen Zwangsvollstreckungskosten der einzelnen Gläubiger teilen den Rang ihrer Forderung. Eine Anrechnung erfolgt nach § 367 BGB. Mehrere Forderungen desselben Gläubigers haben denselben Rang.

B. Unzulänglichkeit des Erlöses. Wenn ein nachstehender Gläubiger bei einem unzulänglichen Erlös gegen den Willen der anderen Gläubiger eine andere Art der Verteilung verlangt, dann muß der Gerichtsvollzieher den Erlös hinterlegen, dem Vollstreckungsgericht der Erstpfändung eine Anzeige von der Hinterlegung machen und bei diesem Gericht alle in seinem Besitz befindlichen Urkunden einreichen. Es tritt dann ein Verteilungsverfahren nach §§ 872ff ein. Die Pfandrechte dauern am Hinterlegten fort, §§ 804 Anm 3 B, 805 Anm 3. Ein Verstoß gegen II führt dann, wenn der Gerichtsvollzieher sachlich unzuständig war, Grdz 8 C a vor § 704, zur Unwirksamkeit seiner Verwertung. Eine bloß falsche Verteilung ist prozessual belanglos. Sie gibt dem Betroffenen nur einen Bereicherungs- oder Ersatzanspruch.

3) Mehrpfändung, III. Wenn mehrere Gläubiger bei dem Gerichtsvollzieher vor der Pfändung einen Pfändungsantrag gestellt haben, dann muß er für alle Gläubiger unabhängig von den Eingangszeiten der Vollstreckungsanträge gleichzeitig pfänden, LG Hbg DGVZ **82**, 45, auch wenn nur einer der Gläubiger eine erforderliche Durchsuchungsanordnung erwirkt hatte, LG Hbg DGVZ **82**, 45. In diesem Fall muß er die Gläubiger als gleichberechtigt nach dem Verhältnis ihrer Forderungen befriedigen, LG Hbg DGVZ **82**, 45, falls nicht einer der Gläubiger ein Vorzugsrecht nach § 804 II hat, dazu Hantke DGVZ **78**, 106. Das Pfändungsprotokoll muß die Mehrpfändung ergeben. Das Verfahren verläuft im übrigen ebenso wie bei Anm 2, vor allem hinsichtlich der Hinterlegung und der Wirkung eines

Verstoßes. Eine Mehrpfändung liegt auch dann vor, wenn der Gerichtsvollzieher auf Grund mehrerer Anträge desselben Gläubigers gleichzeitig pfändet. Er muß dann den Erlös entsprechend verteilen.

4) VwGO: *Entsprechend anwendbar im Rahmen der Grdz 4 § 803. Wenn § 5 VwGO eingreift, gilt § 308 AO 1977.*

III. Zwangsvollstreckung in Forderungen und andere Vermögensrechte

828 *Zuständigkeit.* ¹ **Die gerichtlichen Handlungen, welche die Zwangsvollstreckung in Forderungen und andere Vermögensrechte zum Gegenstand haben, erfolgen durch das Vollstreckungsgericht.**

II **Als Vollstreckungsgericht ist das Amtsgericht, bei dem der Schuldner im Inland seinen allgemeinen Gerichtsstand hat, und sonst das Amtsgericht zuständig, bei dem nach § 23 gegen den Schuldner Klage erhoben werden kann.**

1) Allgemeines. § 828 regelt die Zuständigkeit des Vollstreckungsgerichts. Die Vorschrift ist nur dann anwendbar, wenn der Schuldner und der Drittschuldner der deutschen Gerichtsbarkeit unterliegen. § 828 ist deshalb bei einem Exterritorialen unanwendbar; wegen der Vollstreckung gegenüber einem Mitglied der ausländischen Streitkräfte in der Bundesrepublik vgl Art 34 III, 35 ZAbkNTrSt, SchlAnh III. Gegen einen im Ausland wohnenden Drittschuldner kann das Vollstreckungsgericht zwar einen Beschluß erlassen; dieser Beschluß läßt sich aber oft nicht zustellen. Eine Ausnahme mögen nur die Fälle bilden, in denen der Schuldner im Inland ein Vermögen besitzt, § 23. Denn die ausländische Justizverwaltung verweigert oft die nach § 199 erforderliche Weitergabe des Zustellungsersuchens, dazu auch Bülow-Böckstiegel D I Fußn 101, 102, 143, Schmidt MDR **56,** 204. Ein ausländisches Gericht kann in die deutsche Gerichtsbarkeit nicht durch eine Pfändung wirksam eingreifen.

2) Sachliche Zuständigkeit, I. Sachlich ausschließlich zuständig, § 802, ist das Vollstreckungsgericht, also das AG, § 764, und bei der Pfändung auf Grund eines Arrestbefehls das Arrestgericht, § 930, bei der Pfändung auf Grund einer einstweiligen Verfügung jedoch wiederum das Vollstreckungsgericht. Dies gilt auch für ein Erinnerungsverfahren nach § 766, aM Bre JR **51,** 604 (bei einer Erinnerung gegen die Pfändung einer Forderung nach § 930 I 3 sei allgemein das Vollstreckungsgericht zuständig).

Der Rpfl ist für sämtliche vom Vollstreckungsgericht nach §§ 828–863 oder von einem anderen Gericht nach §§ 848, 854ff zu treffenden Entscheidungen und Anordnungen zuständig, § 20 Z 17 RPflG, Anh § 153 GVG. Bei einem Verstoß gegen die sachliche Zuständigkeit ist die Erinnerung nach § 766 zulässig. Jeder Beteiligte, auch ein Drittschuldner oder ein nachstehender Pfandgläubiger, kann die sachliche Unzuständigkeit geltend machen. Wegen einer Abänderungsbefugnis des Rpfl § 766 Anm 3 D.

3) Örtliche Zuständigkeit, II. Örtlich ausschließlich zuständig, § 802, sind: **a)** das AG des allgemeinen deutschen Gerichtsstands des Schuldners, §§ 13–19. Dies gilt auch bei einer Partei kraft Amts, Grdz 2 C vor § 50 und beim Nachlaßpfleger, vgl § 780 II. Bei einer Forderung, die mehreren Schuldnern zusteht, muß das gemeinsame obere Gericht das örtlich zuständige AG nach § 36 Z 3 bestimmen, BayObLG Rpfleger **83,** 288 mwN; **b)** hilfsweise das AG des Gerichtsstands des Vermögens des Schuldners, § 23. Bei einer Forderung kann also insofern das AG des Wohnsitzes des Drittschuldners oder das AG des Verbleibs der Pfandsache örtlich zuständig sein.

Unter mehreren zuständigen Gerichten darf der Gläubiger wählen. § 858 II bringt für eine Schiffspart eine Ausnahme von II. Die örtliche Unzuständigkeit kann mit der Erinnerung nach § 766 gerügt werden. Die Zwangsvollstreckung bleibt aber bis zur Aufhebung der angefochtenen Maßnahme wirksam, Grdz 8 C b vor § 704. Eine Überschreitung der örtlichen Zuständigkeit läßt zwar nicht die Verstrickung, wohl aber ein Pfandrecht entstehen.

4) VwGO: *Entsprechend anwendbar in allen Fällen der Vollstreckung wegen Geldforderungen, Grdz 4 § 803, jedoch tritt iRv § 169 I VwGO an die Stelle des Vollstreckungsgerichts, § 764 Anm 4, der Vorsitzende des erstinstanzlichen Gerichts als VollstrBehörde, die nach § 5 VwVG und §§ 309ff AO 1977 für die Vollstreckung in Forderungen und andere Vermögensrechte zuständig ist.*

Die Zuständigkeit ist unabhängig davon, ob dem Titel, § 168 VwGO, öff-rechtliche oder privatrechtliche Beziehungen zugrunde liegen, OVG Münst NJW 80, 2373 mwN, str, vgl § 794 Anm 14.

829 Pfändung einer Geldforderung.

I Soll eine Geldforderung gepfändet werden, so hat das Gericht dem Drittschuldner zu verbieten, an den Schuldner zu zahlen. Zugleich hat das Gericht an den Schuldner das Gebot zu erlassen, sich jeder Verfügung über die Forderung, insbesondere ihrer Einziehung, zu enthalten.

II Der Gläubiger hat den Beschluß dem Drittschuldner zustellen zu lassen. Der Gerichtsvollzieher hat den Beschluß mit einer Abschrift der Zustellungsurkunde dem Schuldner sofort zuzustellen, sofern nicht eine öffentliche Zustellung erforderlich wird. Ist die Zustellung an den Drittschuldner auf unmittelbares Ersuchen der Geschäftsstelle durch die Post erfolgt, so hat die Geschäftsstelle für die Zustellung an den Schuldner in gleicher Weise Sorge zu tragen. An Stelle einer an den Schuldner im Ausland zu bewirkenden Zustellung erfolgt die Zustellung durch Aufgabe zur Post.

III Mit der Zustellung des Beschlusses an den Drittschuldner ist die Pfändung als bewirkt anzusehen.

Schrifttum: Marquardt, Das Recht der internationalen Forderungspfändung, Diss Köln 1975; Sühr, Bearbeitung von Pfändungsbeschluß und Drittschuldnererklärung, 1982; vgl ferner die Angaben in Einf 1 vor §§ 850–852.

Gliederung

1) Geldforderung, I
   A. Grundsatz
   B. Vermögen im Pfändungszeitpunkt
   C. Weitere Einzelfragen
2) Pfändung, I
   A. Antrag
   B. Entscheidung
   C. Pfändungsbeschluß
      a) Ausspruch der Pfändung
      b) Verbot an den Drittschuldner
      c) Gebot an den Schuldner
   D. Pfändung einer gepfändeten Forderung
3) Zustellung, II
   A. Grundsatz
   B. Zustellung an den Drittschuldner
   C. Zustellung an den Schuldner
4) Vollendung der Pfändung, III
   A. Zustellung
   B. Wirkung
   C. Einzelfragen
5) Stellung des Gläubigers nach der Pfändung
   A. Rechte
   B. Verbote
   C. Mitwirkungspflicht
6) Stellung des Schuldners nach der Pfändung
   A. Rechte
   B. Verbote
   C. Dieselben Rechte für Gläubiger und Schuldner
7) Stellung des Drittschuldners nach der Pfändung
   A. Zahlungsverbot
   B. Einwendungen gegen den Gläubiger
      a) Fehlen der Sachbefugnis
      b) Keine Forderung
      c) Leistung nach § 409 BGB
      d) Keine Kenntnis des Drittschuldners
      e) Aufhebung des Titels
8) Stellung eines Dritten nach der Pfändung
9) Rechtsbehelfe
   A. Ablehnung oder Aufhebung der Pfändung
   B. Pfändung
   C. Abänderung der Pfändung
10) Rechte des Dritten
11) **VwGO**

1) Geldforderung, I. A. Grundsatz. § 829 betrifft die Pfändung einer Geldforderung. Das ist eine Forderung, die auf eine Zahlung in Geld gerichtet ist. Hierher gehören auch eine betagte, eine bedingte, eine von einer Gegenleistung abhängige, eine künftige Forderung. Die letztere muß allerdings bestimmt genug bezeichnet oder hinreichend bestimmbar sein. Es muß also bereits eine Rechtsbeziehung zwischen dem Schuldner und dem Drittschuldner bestehen, aus der man die künftige Forderung nach ihrer Art und nach der Person des Drittschuldners bestimmen kann, BGH **53**, 32 und **LM** § 857 Nr 4, LG Bln Rpfleger **78**, 151, Schwerdtner NJW **74**, 1787. Denn die Pfändung ist bestimmt, nur ihr Inhalt ist bedingt.

Beispiele: Eine künftige Forderung eines Apothekers an eine Ortskrankenkasse aus einer Leistung für ihre Mitglieder; ein künftiges Gehalt, auch ein solches, das von der derzeitigen

1. Titel. Zwangsvollstr. in das bewegl. Vermögen § 829 1

Abtretung nicht mehr erfaßt worden ist, Börker NJW **70**, 1105; evtl ein künftiger Teil der Rente, Hamm Rpfleger **78**, 186. Nicht jedoch: Lohn, solange nur eine Umschulung erfolgt, LG Kleve MDR **70**, 770. Wegen der Kontenguthaben vgl § 850k.

Der Anspruch auf die Erstattung von Lohnsteuer einschließlich Kirchensteuer ist wegen § 46 VI 1 AO 1977 idF Art 13 Z 1 G v 20. 8. 80, BGBl 1545, § 46 VII AO 1977 erst von dem Zeitpunkt seiner Entstehung an pfändbar, vgl schon Ffm NJW **78**, 2397 mwN. Ein entgegen diesem Verbot erwirkter Pfändungs- und Überweisungsbeschluß ist nichtig, § 46 VI 2 AO 1977. Ein Erstattungsanspruch entsteht grundsätzlich erst mit dem Ablauf des Ausgleichsjahres, Ffm NJW **78**, 2397 mwN, Hamm MDR **79**, 149, Köln NJW **79**, 1665, Schlesw Rpfleger **78**, 387 mwN, Tiedtke NJW **79**, 1644 mwN, aM insofern Hamm NJW **79**, 1664 mwN, ferner zB LG Mainz MDR **78**, 764. LG Landau Rpfleger **82**, 31 (wohl zustm Meyer-Stolte Rpfleger **82**, 123) hält § 46 VI AO für unanwendbar, soweit der Arbeitgeber den Lohnsteuerjahresausgleich vornehmen könne. Die ältere Rechtsprechung und Lehre ist durch § 46 AO idF Art 13 Z 1 G v 20. 8. 80, BGBl 1545, teilweise überholt. Eine Zustellung des vor der Entstehung des Ausgleichsanspruchs erwirkten Pfändungsbeschlusses nach dem Ablauf des Kalenderjahres ist nicht mehr ausreichend, § 46 VI 1 AO. Der Pfändungsgläubiger kann selbst den Erstattungsantrag stellen, BFH BStBl **73** II 784, Oswald DRiZ **78**, 21. Zu den zahlreichen Einzelfragen (zum Teil zum alten Recht) Alisch/Voigt Rpfleger **80**, 10, Bauer DB **74**, 2479, Globig NJW **82**, 915, Stöber 383a–b je ausf mwN.

Pfändbar sind ferner: Eine Arbeitnehmersparzulage, BAG NJW **77**, 75; ein Konkursausfallgeld vom Zeitpunkt des Eintritts der Zahlungsunfähigkeit an, LG Würzb Rpfleger **78**, 388 mwN; der derzeitige Anspruch eines RA gegen die Staatskasse auf die Erstattung einer Gebühr im Verfahren auf die Bewilligung einer Prozeßkostenhilfe, nicht aber auch der Anspruch des Anwalts aus einer erst zukünftigen Beiordnung, denn es fehlt ja noch eine solche Rechtsbeziehung. Überhaupt ist die Mitvollstreckung wegen der Gebühr des (nicht beigeordneten) RA problematisch, Lappe Rpfleger **83**, 248.

Pfändbar ist ferner eine Forderung aus der Leistung an einen Dritten. Sehr weitgehend läßt Köln MDR **70**, 150 eine Pfändung sämtlicher laufenden Forderungen an einen Verband zu.

Die Rechtsnatur der Forderung ist unerheblich. § 829 gilt auch für eine öffentlichrechtliche Forderung, etwa diejenige auf die Zahlung des Beamtengehalts oder auf eine Erstattung eines Beitrags nach der RVO, LG Bln Rpfleger **75**, 444. Eine Möglichkeit der Verwaltungsvollstreckung hindert nicht, AG Bonn Rpfleger **81**, 315. Die Ausübung des Erstattungsrechts erfolgt aber höchstpersönlich. Für Steuersachen gelten im übrigen §§ 361 ff AO 1977. § 829 gilt für eine persönliche Forderung wie für eine dinglich gesicherte Forderung. Die Pfändung von Mietzinsen und Pachtzinsen durch einen Hypothekengläubiger auf Grund eines dinglichen Vollstreckungstitels wirkt wie eine Beschlagnahme in der Zwangsverwaltung. Für eine Hypothekenforderung vgl §§ 830, 837 III. Bei einer Forderung aus einem indossablen Papier gilt § 831. Wegen anderer Wertpapiere gilt § 821. Zur Pfändung eines Treuhandgiro-(Ander-)Kontos genügt ein Vollstreckungstitel gegen den Treugeber nicht. Der Gläubiger kann nur den Anspruch auf die Rückübertragung pfänden, BGH **11**, 37.

Die Pfändung einer Darlehnsforderung, die in das Deckungsregister eingetragen und durch ein Schiffspfandrecht gesichert wurde, ist nur für einen Anspruch aus einem Schiffspfandbrief zulässig, § 35 SchiffsbankG idF v 8. 5. 63, BGBl 301.

Nicht ausreichend ist der Anspruch gegen den Notar auf die Auszahlung eines bei ihm hinterlegten Geldbetrags, Hamm DNotZ **83**, 62 mwN (insofern ist § 857 I anwendbar), oder eine „Forderung gemäß § 19 SGB" oder „gemäß §§ 19, 25 SGB, soweit Pfändbarkeit gemäß § 54 SGB vorliegt", KG Rpfleger **82**, 74 mwN, abw Hamm Rpfleger **79**, 114. Die Pfändung des Lohns gegenüber dem Arbeitsamt ist nicht stets in die Pfändung des Arbeitslosengeldes umdeutbar, LG Bln Rpfleger **77**, 224. Die Pfändung eines Arbeitslosengeldes kann die Pfändung der Arbeitslosenhilfe umfassen, LG Würzb Rpfleger **78**, 388.

Vgl ferner den Vollstreckungsschlüssel Grdz 9 vor § 704.

B. Vermögen im Pfändungszeitpunkt. Die Forderung muß im Zeitpunkt der Pfändung im Vermögen des Vollstreckungsschuldners stehen, KG MDR **73**, 233. Die Sachlage ist hier anders als bei einer Pfändung körperlicher Sachen, Ffm NJW **78**, 2398 mwN. Ob die Forderung im Vermögen des Vollstreckungsschuldners steht, richtet sich nach dem sachlichen Recht. Es kann sich um eine Forderung des Schuldners an den Gläubiger handeln, solange dieser nicht wirksam aufgerechnet hat, LG Bln Rpfleger **75**, 374, Rimmelspacher-Spellenberg JZ **73**, 274. Es kann sich auch um einen Ersatz für eine sonstige unzulässige Aufrechnung handeln, vgl Hbg BB **78**, 63 (krit Kremers). Ausreichend ist auch eine

Forderung des Nießbrauchers, etwa wegen eines Mietzinses, um dem Hypothekengläubiger zuvorzukommen.

C. Weitere Einzelfragen. Bei einer Forderung zur gesamten Hand muß ein Vollstreckungstitel gegen sämtliche Berechtigten vorliegen. Bei einer Forderung aus einem gegenseitigen Vertrag wird der Gläubiger nicht zur gegnerischen Partei. Bei einer Vorwegleistungspflicht ist unter Umständen § 321 BGB anwendbar. Mehrere Forderungen sind zugleich wahlweise bis zur Höhe der Forderung des Gläubigers oder jeweils voll pfändbar. Der Gläubiger braucht den Erlös in keinem dieser Fälle zu verteilen, BGH **LM** Nr 15. Das Gericht kann einen oder mehrere Pfändungsbeschlüsse erlassen, KG Rpfleger **76**, 327. Eine Forderung, die der Liegenschaftszwangsvollstreckung unterliegt und beschlagnahmt worden ist, § 865 II 2, gehört nicht hierher.

Die Pfändung einer unpfändbaren Forderung schafft zunächst zweifelhafte Ansprüche, Einf 1 A vor §§ 850–852. Wenn die Pfändungsgrenze überschritten wird, dann wird die Pfändung insoweit voll wirksam. Eine nachträgliche Genehmigung heilt für die Zukunft. Die Pfändbarkeit richtet sich nach den tatsächlichen und rechtlichen Verhältnissen im Zeitpunkt der Fälligkeit der Forderung. Die Pfändung einer Forderung, die der Schuldner bereits abgetreten hat, ist nichtig, auch wenn die Forderung nachträglich auf den Schuldner zurückübertragen wurde, BGH **56**, 350, aM Tiedtke NJW **72**, 746 (aber § 185 II 1 BGB paßt nicht einmal entsprechend. Denn die Beschlagnahme läßt sich einer Verfügung nicht vergleichen, vgl Schmidt ZZP **87**, 331 mwN).

2) Pfändung, I. A. Antrag. Der Gläubiger muß schriftlich oder zum Protokoll der Geschäftsstelle einen Pfändungsantrag stellen, § 496. Dempewolf MDR **77**, 803 läßt eine Faksimile-Unterschrift ausreichen. Der Gläubiger muß dem Gericht eine Ausfertigung des Vollstreckungstitels und einen Zustellungsnachweis vorlegen; der Zustellungsnachweis ist allerdings im Falle des § 929 III entbehrlich. Der Gläubiger braucht nicht anzugeben, in welchen Teilen sich die aus dem Vollstreckungstitel ersichtliche Forderung etwa durch eine Teilzahlung ermäßigt hat. Denn das Gericht prüft solche Fragen ohnehin nur dann, wenn der Schuldner sie einwendet, Grdz 6 D b bb vor § 704. Das übersehen LG Bln Rpfleger **74**, 30, LG Brschw Rpfleger **74**, 29 je mwN. Der Gläubiger muß die zu pfändende Forderung aber so genau bezeichnen, daß ihre Nämlichkeit nach der Person und nach der Schuld bei einer verständigen Auslegung, § 133 BGB, eindeutig feststeht, BGH **80**, 181 und **86**, 338 mwN, Ffm NJW **81**, 468 je mwN.

Es reicht nicht aus, daß der Gläubiger den Betrag in Buchstaben anders als in Zahlen mitteilt, falls keine dieser Angaben als ein Schreibfehler erkennbar ist, Ffm MDR **77**, 676. Das Gericht darf aber keine übermäßigen Anforderungen stellen. Denn der Gläubiger kennt die Verhältnisse des Schuldners meist nur oberflächlich, BGH **LM** Nr 15, BAG Rpfleger **75**, 220, Ffm NJW **81**, 468, und das Verfahren ist nur summarisch, BAG NJW **77**, 75; s C. Eine Einigung über den Inhalt des Beschlusses wäre unwirksam. Das Rechtsschutzbedürfnis ist von Amts wegen zu prüfen, LG Hann Rpfleger **78**, 388. Es kann zB dann fehlen, wenn man nicht in absehbarer Zeit mit einer Erhöhung des bisher unpfändbaren Bezugs rechnen kann.

B. Entscheidung. Das Gericht muß entscheiden, ohne den Schuldner zuvor anzuhören, § 834, BAG NJW **77**, 75, es sei denn, der Gläubiger hätte die Anhörung des Schuldners beantragt oder anheimgestellt, LG Brschw Rpfleger **81**, 489 (insofern zustm Hornung). Diese Regelung ist mit Art 103 I GG vereinbar. Das Gericht muß seine Entscheidung also auf die bloßen Behauptungen des Gläubigers hin treffen.

Der Beschluß ist grundsätzlich zu begründen, § 329 Anm 1 A b, LG Düss Rpfleger **83**, 255, LG Wiesb Rpfleger **81**, 491, aM LG Brschw Rpfleger **81**, 489 (insofern abl Hornung). Die Behauptungen des Gläubigers sind grundsätzlich als wahr zu unterstellen und dahin zu prüfen, ob sie die behauptete Forderung begründen können, Ffm Rpfleger **78**, 229 mwN (Schlüssigkeitsprüfung), abw LG Wuppertal Rpfleger **80**, 198 (es dürfe noch nicht einmal eine Schlüssigkeitsprüfung erfolgen). Deshalb pfändet das Gericht ja auch nur die ,,angebliche" Forderung, und deshalb bleibt zunächst offen, ob die Pfändung wirksam werden kann. Wenn das Gericht freilich bereits weiß, daß die behauptete Forderung in Wahrheit nicht besteht, dann muß das Gericht den Erlaß des Pfändungsbeschlusses ablehnen, Ffm NJW **78**, 2398 mwN.

C. Pfändungsbeschluß. Der Pfändungsbeschluß zerfällt in drei Teile:

a) Ausspruch der Pfändung. Das Gericht muß die Forderung nach ihrem Gläubiger, dem Schuldner, dem Rechtsgrund und dem Betrag so genau bezeichnen, daß die Forderung eindeutig festliegt, vgl BGH Rpfleger **80**, 183, BFH DB **83**, 1080, Ffm NJW **81**, 468 mwN, LG Frankenth Rpfleger **81**, 445, und zwar auch für einen Dritten erkennbar, BGH **86**, 338.

Zu diesem Erfordernis auch A. In diesem Rahmen genügt eine Bezeichnung der Forderung in allgemeinen Umrissen, BGH **86**, 338 und NJW **82**, 1151 je mwN, Ffm Rpfleger **83**, 322, LG Bln MDR **77**, 59, LG Frankenth Rpfleger **81**, 445.

Ausreichend sind zB: ,,alle Guthaben sämtlicher Konten'', vgl LG Bln Rpfleger **78**, 65; ,,alle Forderungen, insbesondere das Guthaben auf dem Konto Nr.....'', AG Groß Gerau MDR **81**, 1025; ,,aus laufender Geschäftsverbindung auf Auszahlung der gegenwärtigen und künftigen Guthaben nach erfolgter Abrechnung'', LG Frankenth Rpfleger **81**, 445, ähnlich LG Oldb Rpfleger **82**, 12 (die Angabe der Konten-Nummern ist nicht notwendig); eine falsche Bezeichnung des Hypothekenschuldners, solange die Hypothek grundbuchmäßig richtig bezeichnet worden ist; die Bezeichnung als Stadtbauamt statt als Stadtgemeinde; eine ungenaue oder sogar falsche Bezeichnung des Gläubigers, wenn der Gemeinde den Beteiligten klar erkennbar ist, BGH **13**, 42, vgl auch BAG NJW **62**, 1221; eine ungenaue oder sogar falsche Bezeichnung des Drittschuldners, sofern seine Nämlichkeit allen Beteiligten klar erkennbar ist (bei der Angabe der allein zur Vertretung der drittschuldenden Arbeitsgemeinschaft befugten Firma), BGH **LM** Nr 5, BAG BB **73**, 247, AG Moers MDR **76**, 410 (vgl aber wegen einer ungenauen Bezeichnung auch Hamm MDR **75**, 852); die Bezeichnung des Sohnes anstatt des Vaters als Schuldner, BAG **AP** § 850 Nr 4; unter Umständen das Wort ,,Bohrarbeiten'', BGH **86**, 338.

Eine Bezugnahme auf eine Anlage reicht aus, soweit das Gericht die Anlage mit dem Beschluß fest verbindet und zusammen mit ihm ausfertigt und zustellt, Stöber 515, Vollkomner Rpfleger **81**, 458.

Nicht ausreichend sind zB: Die Angabe der Forderung ,,aus Verträgen oder sonstigen Rechtsgründen'', BGH **13**, 45; die Bezeichnung des Anspruchs als auf die Herausgabe ,,aus sämtlichen den Schuldner betreffenden Hinterlegungsgeschäften'' gerichtet, KG Rpfleger **81**, 240; die Bezeichnung der Forderung ,,aus Haushaltsmitteln'', LG Mainz Rpfleger **74**, 166; die Angabe, es werde eine Forderung aus ,,jedem Rechtsgrunde'' gepfändet, selbst wenn der Schuldner nur eine einzige Forderung gegen den Drittschuldner hat, BGH **13**, 42; die Angabe, gepfändet würden ,,alle Leistungen des Arbeitsamts'', Düss Rpfleger **78**, 265; die Bezeichnung als ,,Leistungsanspruch aus Sozialversicherung'', Köln OLGZ **79**, 484; die Pfändung eines künftigen Anspruchs auf eine Steuerrückerstattung, solange ungewiß ist, ob eine solche Erstattung für das laufende oder für das künftige Jahr erwächst, Stgt MDR **79**, 324, LG Köln DB **66**, 537; die Bezeichnung der Forderung als Lieferung ,,von Garagentoren'' (Kaufpreis) statt von ,,Garagen'' (Werklieferungsforderung), Hbg MDR **71**, 141; das Fehlen der näheren Bezeichnung einer von mehreren in Frage kommenden Grundschulden, BGH **LM** Nr 15; die Angabe der Forderung ,,aus Bankverbindung mit der X-Bank'', Ffm NJW **81**, 468; die Pfändung der Forderung einer GmbH, die nicht im Handelsregister eingetragen ist, Ffm Rpfleger **83**, 322.

Kleine Ungenauigkeiten schaden also nicht, BGH **86**, 338 und **LM** Nr 15, LG Aachen Rpfleger **83**, 119. Wesentliche Ungenauigkeiten machen die Pfändung unwirksam, vgl auch Ffm Rpfleger **83**, 322. Es entscheidet, was bei einer sachgemäßen Auslegung gemeint ist, § 133 BGB. Der Pfändungsbeschluß muß überhaupt in freier Würdigung aller Umstände ausgelegt werden, BGH **LM** Nr 15 und **LM** § 812 BGB Nr 90. Dabei muß man freilich berücksichtigen, daß der Pfändungsbeschluß auch für einen weiteren Gläubiger des Schuldners deutlich sein muß, BGH MDR **65**, 738. Eine Tatsache außerhalb des Pfändungsbeschlusses kann seiner Auslegung nicht dienen. Sie würde nämlich den Pfändungsbeschluß ergänzen, Ffm Rpfleger **83**, 322, Köln MDR **70**, 150. Zu pfänden ist in der Regel die volle Forderung, nicht nur ein dem Anspruch des Gläubigers entsprechender Teil der Forderung. Denn der Bestand und die Höhe der Forderung wären sonst zweifelhaft; s auch Anm 4 C und § 803 Anm 3 A;

b) Verbot an den Drittschuldner, dem Schuldner etwas zu zahlen (sog Arrestatorium). Drittschuldner ist der Schuldner des Vollstreckungsschuldners. Wer wiederum dies ist, das ergibt sich aus dem sachlichen Recht. Bei der Pfändung einer Sozialleistung ist die Bundesanstalt für Arbeit Drittschuldner. Man kann den Pfändungs- und Überweisungsbeschluß sowohl ihr als auch dem Direktor des zuständigen Arbeitsamt zustellen, Karlsr Rpfleger **82**, 387. Bei einer Arbeitnehmersparzulage ist an sich der Staat der Drittschuldner. Trotzdem ist der Arbeitgeber als der Drittschuldner zu behandeln, BAG NJW **77**, 75. Wenn es um eine verwahrte Sache geht, ist die verwahrende Stelle als der Drittschuldner anzusehen. Bei einer hinterlegten Sache ist die Hinterlegungsstelle der Drittschuldner. Auch der Gläubiger kann Drittschuldner sein. Dieser Umstand kann namentlich dann eine Bedeutung erhalten, wenn der Gläubiger keine Aufrechnung vornehmen darf.

Ein gesetzliches Aufrechnungsverbot steht der Wirksamkeit der Pfändung allerdings nicht entgegen. Auch der Schuldner kann Drittschuldner sein, wenn der Gläubiger eine eigene Forderung pfändet. Das kann nämlich seine Stellung gelegentlich verbessern, Anm 1 B. Als Drittschuldner kann auch die Partei kraft Amtes anzusehen sein. Der Gerichtsvollzieher kann nicht der Drittschuldner sein, wenn er für den Schuldner bei dessen Schuldner pfändet, AG Hann Rpfleger **68**, 362. Wenn ein Drittschuldner fehlt, gilt § 857 II.

Das Verbot ist für die Wirksamkeit der Pfändung wesentlich. Ein Verstoß macht die Pfändung unwirksam. Wegen der Pfändung des Gehalts solcher Personen, die bei den alliierten Streitkräften angestellt sind, vgl SchlAnh III. Bei der Pfändung einer Forderung, zu deren Gunsten ein Pfändungspfandrecht besteht, darf der Schuldner des Drittschuldners in den Pfändungsbeschluß aufgenommen werden, LG Ffm Rpfleger **76**, 26. Voraussichtliche Zustellungsprobleme, etwa wegen einer notwendigen Auslandszustellung, dürfen das Gericht nicht daran hindern, den Pfändungsbeschluß zu erlassen, Ffm MDR **76**, 321;

c) Gebot an den Schuldner, sich jeder Verfügung über die Forderung zu enthalten, insbesondere ihrer Einziehung (sog Inhibitorium). Es handelt sich um ein relatives Verfügungsverbot, Mü NJW **78**, 1439, aM Fahland, Das Verfügungsverbot nach §§ 135, 136 BGB in der Zwangsvollstreckung usw, Diss Bln 1976 (es handele sich um eine bloße Sollvorschrift; krit Peters ZZP **90**, 309). Der Pfändungsbeschluß, der dem Gesellschafter einer Offenen Handelsgesellschaft zugestellt worden ist, wirkt nicht gegen die OHG und umgekehrt. Das Gebot ist für die Wirksamkeit der Pfändung nicht wesentlich.

D. Pfändung einer gepfändeten Forderung. Über diesen Fall fehlen Vorschriften. Eine solche Pfändung geschieht wie eine Erstpfändung. Bei einer Wechselforderung usw ist eine Anschlußpfändung möglich, § 831. Der Rang der Pfandrechte richtet sich auch hier nach dem Zeitvorrang, § 804 III, vgl BGH **82**, 32. Dies gilt aber nur im Verhältnis der Gläubiger zueinander. Eine Überweisung zur Einziehung läßt den Rang unberührt. Daher ist ihr Zeitpunkt unerheblich. Eine Überweisung an Zahlungs Statt bringt die Forderung des Gläubigers zum Erlöschen. Das gilt aber nur vorbehaltlich entstandener Rechte. Eine Hinterlegung durch den Drittschuldner richtet sich nach § 853.

3) Zustellung, II. A. Grundsatz. Der Gläubiger muß den Pfändungsbeschluß zustellen lassen. Deshalb muß das Gericht den Beschluß dem Gläubiger formlos übermitteln. Der Pfändungsbeschluß entsteht mit seiner Hinausgabe, § 329 Anm 4 A, Schlesw Rpfleger **78**, 388. Durch diese Hinausgabe wird aus dem Pfändungsbeschluß aber noch nicht automatisch eine wirksame Pfändung.

B. Zustellung an den Drittschuldner. Der Gläubiger muß den Pfändungsbeschluß zwingend dem Drittschuldner zustellen, und zwar im Parteibetrieb, wenn er auch die Vermittlung der Geschäftsstelle beanspruchen kann, §§ 166 II, 168. Eine etwa vorgenommene Amtszustellung wäre wirkungslos. Ein Verstoß gegen die Vorschrift ist nach § 187 heilbar, BGH Rpfleger **80**, 183 mwN. Die Zustellung einer beglaubigten Abschrift, die anstelle der Unterschrift des Rpfl nur ein Fragezeichen aufweist, bewirkt aber keine Pfändung beim Drittschuldner, BGH NJW **81**, 2256. Eine Ersatzzustellung ist statthaft, aber nicht an den Schuldner für den Drittschuldner, § 185 Anm 1. Eine öffentliche Zustellung ist hier nicht statthaft. Denn § 203 verlangt eine Partei. Rechtshandlungen, die der Drittschuldner in Unkenntnis der Ersatzzustellung vornimmt, wirken entsprechend §§ 1275, 407 BGB gegen den Gläubiger.

Bei einer Gütergemeinschaft muß der Pfändungsbeschluß wegen einer Gesamtgutsverbindlichkeit dem verwaltenden Ehegatten zugestellt werden, gegebenenfalls also beiden Ehegatten. Wenn der Schuldner ein Erbe ist, dann braucht der Pfändungsbeschluß dem Testamentsvollstrecker nicht zugestellt zu werden, § 2213 BGB. Wenn der Fiskus Schuldner ist, dann muß der Gläubiger den Pfändungsbeschluß derjenigen Stelle zustellen, die zur Vertretung des Fiskus berufen ist, zB bei einem Postscheckguthaben dem Postfiskus, vgl § 18 Anm 2, s auch Leiss, Vertretung des Reichs, des Bundes und der Länder, München 1957, und bei der Pfändung einer Sozialleistung der Bundesanstalt für Arbeit, nicht dem Arbeitsamt, LG Mosbach Rpfleger **82**, 297. Vielfach ist in den hierauf bezüglichen Bestimmungen eine besondere Stelle für die Vertretung bei derartigen Zustellungen bestimmt worden.

C. Zustellung an den Schuldner. Der Gerichtsvollzieher muß den Pfändungsbeschluß dem Schuldner im Parteibetrieb sofort und ohne einen weiteren Antrag zusammen mit einer Abschrift der Urkunde über die Zustellung an den Drittschuldner zustellen. Diese Maßnahme gehört zu seinen Amtspflichten. Der Gläubiger kann also diese Aufgabe des Gerichtsvollziehers nicht durch irgendwelche Weisungen ändern und auch die Zustellung an den Schuldner nicht selbst vornehmen, KG OLGZ **67**, 41. Wenn der Gläubiger eine

Forderung des Schuldners an den Gläubiger pfändet, dann muß der Pfändungsbeschluß dem Gläubiger zugestellt werden, § 857 II ist unanwendbar. Wenn die Geschäftsstelle die Zustellung an den Drittschuldner vermittelt hatte, dann muß sie auch die Zustellung an den Schuldner vermitteln.

Zur Zustellung an den Schuldner im Ausland genügt die Aufgabe zur Post, § 175. Wegen der Zustellung an den Drittschuldner vgl § 828 Anm 1. Wenn eine öffentliche Zustellung erforderlich werden würde, dann darf die Zustellung ganz unterbleiben. Wenn der Schuldner einen ProzBev hatte, dann muß der Gerichtsvollzieher den Pfändungsbeschluß dem ProzBev zustellen, §§ 81, 176, 178. Etwas anderes gilt, wenn der Rechtsstreit schon lange Zeit zurückliegt und wenn zwischen dem Anwalt und dem Schuldner keine Verbindung mehr besteht. Die Zustellung an den Schuldner ist für die Wirksamkeit der Pfändung nicht wesentlich.

4) Vollendung der Pfändung, III. A. Zustellung. Bewirkt ist die Pfändung mit der Zustellung des Pfändungsbeschlusses an den Drittschuldner, bei mehreren Gesamthandschuldnern erst mit der Zustellung an den letzten. Dies gilt auch dann, wenn der Gläubiger selbst der Drittschuldner ist. Die Pfändung ist von der Überweisung nach § 835 zu unterscheiden.

B. Wirkung. Die Pfändung bewirkt, genau wie bei einer körperlichen Sache, folgendes: **a)** Die Forderung wird beschlagnahmt (Verstrickung); **b)** der Gläubiger erhält ein Pfändungspfandrecht. Beides ist auch hier untrennbar miteinander verbunden. Das Pfändungspfandrecht ist nicht abhängig, vgl Üb 3 A b, B vor § 803, § 804 Anm 1 B. Die Verstrickung und das Pfändungspfandrecht können nur dann wirksam entstehen, wenn die „angebliche" Forderung wirklich besteht und auch zum Vermögen des Schuldners gehört, Anm 1 B.

Die Grundsätze des sachlichen Rechts über das Pfandrecht können auch hier nur mit großer Zurückhaltung angewandt werden. Ihre sinngemäße Anwendung ist aber häufig unentbehrlich. Die Pfändung ergreift die Forderung in demjenigen Umfang, in dem die Forderung im Zeitpunkt der Zustellung des Pfändungsbeschlusses an den Drittschuldner besteht. Natürlich ist die Pfändung auf denjenigen Betrag begrenzt, den der Pfändungsbeschluß nennt. Es kann daher ein pfandfreier Betrag der Forderung verbleiben, aM Zunft NJW **55**, 441.

Außer der Hauptforderung werden auch die zugehörigen Forderungen auf Zinsen und Nebenrechte von der Beschlagnahme und dem Pfändungspfandrecht ergriffen, vgl § 401 BGB (einschließlich einer Vormerkung, Ffm Rpfleger **75**, 177), § 1289 BGB (etwas anderes gilt bei einer Hypothek, § 830 III). Bei der Pfändung einer Forderung „zuzüglich Zinsen und Kosten" wird zugunsten des jeweils fälligen Betrags gepfändet. Die Verstrickung und das Pfändungspfandrecht erfassen ferner eine Beweisurkunde, wie einen Schuldschein, § 952 BGB, sowie ein Pfandrecht, das für die Forderung bestellt wurde, oder eine Hypothek, die für die Forderung später bestellt wurde. Im letzteren Fall muß das Grundbuchamt, sobald ihm die Forderungspfändung nachgewiesen worden ist, auf Antrag ein Pfandrecht an der Hypothek eintragen.

C. Einzelfragen. Verfügungen des Schuldners nach der Zustellung des Pfändungsbeschlusses an den Drittschuldner sind dem Gläubiger gegenüber unwirksam, vgl Stgt Rpfleger **75**, 408 (das Gericht nennt freilich auch die Zustellung an den Schuldner, vgl insofern aber Anm 3 C). Sonst eintretende Veränderungen, etwa die Unmöglichkeit der Leistung, wirken auch gegenüber dem Gläubiger. Wenn der Gläubiger die Forderung wegen eines niedrigeren Anspruchs voll gepfändet hat (davon ist auszugehen, wenn der Pfändungsbeschluß keine Einschränkung nennt, BGH **LM** Nr 15), dann hat der Gläubiger den Vorrang vor dem Überrest, auch wegen der Zinsen, die bis zu einer anderweitigen Verfügung aufgelaufen sind.

Eine Pfändung „in Höhe des Anspruchs" hat bei einer Forderung, die den Betrag des gepfändeten Rechts nicht erreicht, regelmäßig die Bedeutung einer Teilpfändung, BGH **LM** Nr 15 mwN. Die Hypothek zerfällt also in einen gepfändeten und in einen pfandfreien Teil. Daher bestimmt sich die Verfügungsbefugnis des Schuldners über den pfandfreien Teil der Höhe nach nach dem Stand der Forderung, um deren Beitreibung es geht, im Zeitpunkt der Verfügung. Wenn gleichzeitig Zinsen gepfändet worden sind, dann ist der gepfändete Betrag unbestimmt. In diesem Fall ist die Pfändung eines Teilbetrags nicht eintragungsfähig. Es empfiehlt sich deshalb dringend, bei einer Hypothek die Pfändung „in voller Höhe" zu beantragen.

Gebühren: Des Gerichts KV 1149 (12 DM), KV 1181; des RA §§ 57, 58 I BRAGO.

5) Stellung des Gläubigers nach der Pfändung

Schrifttum: Erkel, Die Stellung von Gläubiger, Schuldner und Drittschuldner bei der Forderungspfändung usw, Diss Ffm 1952; Stöcker, Die Rechtsstellung des Pfändungsgläubigers bei der Zwangsvollstreckung in Geldforderungen, Diss Münster 1955.

A. Rechte. Der Gläubiger steht im wesentlichen wie ein Faustpfandgläubiger vor dem Verfall nach dem BGB da. Der Gläubiger darf namentlich alles tun, um sein Pfandrecht zu erhalten. Er darf zB: einen Wechsel protestieren; gegen den Drittschuldner auf die Feststellung des Bestehens seiner Forderung klagen; nach § 1281 BGB eine Hinterlegung fordern; die Forderung zum Konkurs anmelden; einen Arrest ausbringen; auf eine Leistung an den Gläubiger und den Schuldner gemeinsam klagen. Die Klage macht eine Streitverkündung nach § 841 notwendig. Der Gläubiger darf nach der Überweisung auf eine Leistung an ihn allein klagen, BGH NJW **78**, 1914. Bei einer familienrechtlichen Forderung bleibt das Familiengericht zuständig, Hamm FamRZ **78**, 602.

B. Verbote. Der Gläubiger darf vor der Überweisung, § 835 Anm 4 A, nicht: abtreten; aufrechnen; auf die Forderung verzichten; die Forderung ohne den Schuldner kündigen; eine rechtsgestaltende Erklärung anstelle des Schuldners abgeben. Wenn die Forderung rechtshängig ist, dann wird der Gläubiger nach § 265 der Rechtsnachfolger des Schuldners. Der Gläubiger kann deshalb Streithelfer werden, nicht aber Einmischungskläger, § 64. Der Gläubiger darf die Vollstreckungsklausel vor der Überweisung nicht auf sich allein umschreiben lassen.

C. Mitwirkungspflicht. Soweit danach ein Zusammenwirken des Gläubigers und des Schuldners zu einer ordnungsgemäßen Wahrung der Rechte aus der Pfändung oder zur Erhaltung der Forderung nötig ist, sind beide einander zur Mitwirkung verpflichtet. Der Gläubiger kann gegenüber dem Schuldner formlos auf die Rechte aus der Pfändung verzichten.

6) Stellung des Schuldners nach der Pfändung

A. Rechte. Die gepfändete Forderung bleibt bis zur Überweisung im Vermögen des Schuldners. Die Pfändung beschränkt den Schuldner aber (nur) zugunsten des Gläubigers in der Verfügung, Mü NJW **78**, 1439. Der Schuldner muß sich freilich nicht „jeder Verfügung über die Forderung enthalten", wie I zu weit sagt. Der Schuldner darf vielmehr verfügen, soweit er das Pfandrecht nicht beeinträchtigt.

Der Schuldner darf demnach: kündigen. Dabei benötigt er eine Zustimmung des Gläubigers nur im Rahmen des § 1283 BGB, also insbesondere bei einer Hypothek; auf die Feststellung oder auf eine Hinterlegung klagen; eine vorläufig vollstreckbare Forderung zur Hinterlegung beitreiben; ein Zurückbehaltungsrecht gegenüber einem Gegenanspruch des Drittschuldners geltend machen, Brschw JR **55**, 342; einen Arrest erwirken; die Forderung zum Konkurs anmelden.

B. Verbote. Der Schuldner darf nicht: auf eine „Zahlung vorbehaltlich der Rechte des Pfandgläubigers" klagen. Denn gerade diese Rechte zwingen zur Hinterlegung oder Zahlung an beide; eine Stundung gewähren; die Schuld erlassen. Ffm DB **74**, 84 hält auch eine satzungsgemäße Einziehung des Gesellschafteranteils für unzulässig, falls das Entgelt zur Befriedigung des Gläubigers nicht ausreicht oder unter dem Verkehrswert liegt.

C. Dieselben Rechte für Gläubiger und Schuldner. Wenn der Gläubiger und der Schuldner dieselben Rechte haben, dann wirkt ein Urteil, das hinsichtlich des einen ergeht, nicht hinsichtlich des anderen. Etwas anderes gilt dann, wenn die Pfändung der Rechtshängigkeit nachfolgt und wenn das Urteil auf eine Zahlung an den Gläubiger lautet oder wenn das Gericht die Klage abweist, weil die Forderung nicht bestehe. Wenn der Gläubiger und der Schuldner gemeinsam klagen, dann sind sie gewöhnliche Streitgenossen. In dem zugrunde liegenden Rechtsverhältnis beschränkt eine Pfändung den Schuldner nicht. Der Schuldner darf sein Dienstverhältnis kündigen. Er darf auch einen Mietvertrag kündigen, soweit das nicht nur zum Schein geschieht und soweit keine wirkliche sachliche Änderung eintritt, sofern also der Schuldner etwa sofort neue Räume statt der alten gewährt. Eine Verfügung in der Zwangsvollstreckung steht einer Verfügung des Schuldners gleich.

7) Stellung des Drittschuldners nach der Pfändung

A. Zahlungsverbot. Der Drittschuldner darf nicht mehr an den Schuldner zahlen, und zwar auch dann nicht, wenn der Schuldner für die Schuld einen Wechsel gegeben hat, Köln OLGZ **66**, 559. Eine Zahlung befreit den Drittschuldner nur insofern, als er nachweislich die Pfändung nicht gekannt hat, als ihm also der Pfändungsbeschluß nur im Wege einer

1. Titel. Zwangsvollstr. in das bewegl. Vermögen　　　　　　　　**§ 829**　7

Ersatzzustellung zugestellt wurde. Der Drittschuldner muß auf Verlangen, und darf immer, mit befreiender Wirkung hinterlegen, §§ 372, 1281 BGB. Wenn der Drittschuldner behauptet, die Forderung sei bereits vor dem Zeitpunkt der Pfändung abgetreten worden, dann muß er die Abtretung beweisen, BGH NJW **56**, 912. Eine Leistung des Drittschuldners gemäß § 409 BGB an den Schuldner bleibt trotz der Pfändung zulässig, BGH **56**, 348. Die Leistung des Drittschuldners auf Grund einer unwirksamen Pfändung gibt dem Drittschuldner die Möglichkeit einer Bereicherungsklage, BGH **82**, 33 mwN. Er kann diese Klage gegen den Gläubiger statt gegen den Schuldner einlegen, LG Bre NJW **71**, 1366 (Anm Medicus). Vgl Gaul Festschrift für die Sparkassenakademie (1978) 75 ff.

B. Einwendungen gegen den Gläubiger. Der Drittschuldner kann folgendes geltend machen:

a) Fehlen der Sachbefugnis. Der Schuldner kann einwenden, der Gläubiger habe keine Sachbefugnis, weil eine wirksame Pfändung fehle, zB BGH **70**, 317 mwN, BAG NJW **77**, 76. Diese Einwendung muß zugelassen werden, soweit die Pfändung völlig unwirksam ist, nicht dagegen, soweit die Pfändung auflösend bedingt wirksam ist, Grdz 8 vor § 704 (StJ VII 2a läßt die Einrede immer dann zu, wenn trotz einer Beschlagnahme kein Pfändungspfandrecht entstanden sei). Im Falle einer Unpfändbarkeit ist grundsätzlich nur eine Erinnerung des Schuldners nach § 766 zulässig, BGH **69**, 148 mwN, vgl auch BGH NJW **79**, 2046, ferner Celle NJW **62**, 1731, LG Augsbg FamRZ **73**, 375, LG Kblz MDR **76**, 232. Denn ein Pfändungspfandrecht ist zwar entstanden, aber fehlerhaft, abw zB BAG NJW **77**, 76, KG Rpfleger **76**, 145, vgl auch LG Bochum Rpfleger **77**, 178 (zugunsten der Sozialversicherung usw), offen BGH **66**, 82 und Rpfleger **78**, 249, aM zB Henckel ZZP **84**, 453; zum Problem Vollkommer Rpfleger **81**, 458. Wenn das Gericht den Schuldner vor seiner Entscheidung angehört hatte, ist eine sofortige Erinnerung zulässig, § 793 Anm 1 A a. Sie ist auch dann statthaft, wenn das Gericht den Drittschuldner nicht angehört hatte, Bbg NJW **78**, 1389;

b) Keine Forderung. Der Schuldner kann einwenden, die Forderung habe im Zeitpunkt der Zustellung des Pfändungsbeschlusses nicht bestanden. In diesem Fall hat der Drittschuldner alle diejenigen Einwendungen, die ihm gegenüber dem Schuldner zustehen, BGH **70**, 320. Hierher zählen zB: eine Unabtretbarkeit, BGH Rpfleger **78**, 249; die Verjährung; eine Tilgung; das Fehlen der Fälligkeit; eine Abhängigkeit von einer Gegenleistung; bei einer Aufrechenbarkeit zur Zeit der Zustellung des Pfändungsbeschlusses auf die Aufrechnung, BGH BB **76**, 853.

Dabei ist zu beachten, daß eine Aufrechnungsvereinbarung, die der Schuldner und der Drittschuldner vor der Pfändung getroffen hatten, nur insoweit entgegengehalten werden kann, als sie nicht wegen § 392 BGB ausgeschlossen ist, BAG MDR **65**, 944 und NJW **67**, 459. Wenn der Drittschuldner nach der Pfändung an den Schuldner gezahlt hat, dann kann der Drittschuldner trotzdem gegenüber dem Gläubiger aufrechnen, soweit die Aufrechnung gemäß § 392 BGB zulässig ist, BGH **58**, 25 und NJW **80**, 585 mwN, Werner NJW **72**, 1967, aM Reinicke NJW **72**, 793 und 1968, abw auch LG Saarbr NJW **78**, 2055 (dies sei nur bei einer Zwangslage zulässig), Denck NJW **79**, 2378 (er stellt darauf ab, ob „ein Gegenleistungsinteresse aus demselben Vertrag auf dem Spiel steht"; falls dies nicht der Fall sei, müsse der Drittschuldner das Erlöschen seiner Gegenforderung auch im Verhältnis zum Schuldner in Kauf nehmen); aber § 392 BGB schützt den Drittschuldner mehr als den Gläubiger. Wegen der Aufrechnungsprobleme im Fall einer Gesamtschuldnerschaft Tiedtke NJW **80**, 2496.

Die Möglichkeit einer Aufrechnung nach der Zustellung des Pfändungsbeschlusses entfällt, wenn zB der Schuldner auf Grund eines früheren Einverständnisses des Drittschuldners seine Provision von einer einkassierten Anzahlung kürzt, Hbg MDR **61**, 856, LG Dortm MDR **57**, 750, aM LG Bochum BB **57**, 1581 (aber die Aufrechnung kann durch den Schuldner immer erst im Zeitpunkt der Einkassierung geltend gemacht werden, also in demjenigen Zeitpunkt, in dem das Zahlungsverbot gegen den Drittschuldner wirksam war und er sie nicht mehr dulden durfte). Etwas anderes gilt auch dann, wenn die Einwendungen der Beziehungen, die zwischen dem Gläubiger und dem Drittschuldner bestehen, versagen.

Eine Anfechtbarkeit der Pfändung hilft dem Drittschuldner nicht, BGH **66**, 82 und NJW **76**, 1453 mwN (betreffend eine mangelhafte Zustellung des Vollstreckungstitels). Wenn der Drittschuldner auf Grund eines wirksamen Pfändungs- und Überweisungsbeschlusses an den Gläubiger gezahlt hat, obwohl zugunsten eines anderen Gläubigers eine vorrangige Arrestpfändung bestand, dann existiert kein Anspruch aus §§ 812 ff BGB, Mü NJW **78**, 1439.

Wegen a und b steht dem Drittschuldner auch der Weg einer leugnenden Feststellungsklage gegen den Gläubiger offen, soweit für eine solche Klage ein Rechtsschutzbedürfnis besteht. Dieses muß verneint werden, soweit eine Erinnerung nach § 766 ausreichen würde oder soweit der Drittschuldner gemäß §§ 840, 843 erfolglos vorgegangen ist, BGH **69**, 147 mwN. Zur Problematik Denck ZZP **92**, 71;

c) Leistung nach § 409 BGB. Der Schuldner kann einwenden, die Leistung sei gemäß § 409 BGB erfolgt. Diese Einwendung ist unabhängig davon zulässig, ob die Abtretung in Wahrheit wirksam ist (eine Ausnahme besteht im Fall der Arglist), BGH NJW **71**, 1941. Eine Rückabtretung ist grundsätzlich unerheblich, Börker NJW **70**, 1105.

d) Keine Kenntnis des Drittschuldners. Der Schuldner kann einwenden, der Drittschuldner habe ohne Schuld von der Pfändung keine Kenntnis gehabt. Der Drittschuldner muß aber diesen Umstand beweisen;

e) Aufhebung des Titels. Der Schuldner kann schließlich einwenden, der Vollstreckungstitel sei nach dem Zeitpunkt der Verurteilung des Drittschuldners zur Leistung an den Gläubiger aufgehoben worden.

8) Stellung eines Dritten nach der Pfändung

Schrifttum: Bürgle, Zur Pfändung von Forderungen, welche dem Vollstreckungsschuldner nicht zustehen, Diss Mü 1957.

Soweit sein Recht älter ist als das Pfändungspfandrecht, bleibt dieses Recht unberührt. Dies gilt auch bei einer älteren Abtretung einer künftigen Forderung; zu deren Wirksamkeit Börker NJW **70**, 1104. Wenn eine Anzeige an den Drittschuldner unterblieb, ändert sich nichts. Bei einer Forderung, auf die sich eine Hypothek erstreckt, gelten §§ 1124, 1126, 1128, 1129 BGB. Die Pfändung ist eine Verfügung über die Forderung. Spätere Erwerber gehen im Rang nach, soweit nicht die Pfändung als eine Verfügung des Schuldners, Anm 6, ihnen gegenüber unwirksam ist. Öffentliche Lasten eines Grundstücks ergreifen die Miet- und Pachtzinsforderungen; wegen der Wirkung der Pfändung s G v 9. 3. 34, RGBl 181, das für jene eine dem § 1124 BGB entsprechende Regelung trifft. Gegenüber dem Erwerber oder dem Ersteher eines Miet- oder Pachtgrundstücks wirkt die Pfändung des Miet- oder Pachtzinses für den laufenden, evtl auch für den folgenden Kalendermonat, falls er in den Vertrag eintritt. Denn die Pfändung ist eine Verfügung, §§ 573 BGB, 57, 57b ZVG.

9) Rechtsbehelfe. Es gilt folgende Regelung:

A. Ablehnung oder Aufhebung der Pfändung. Wenn das Gericht den Erlaß eines Pfändungsbeschlusses ablehnt oder wenn es die Pfändung aufhebt, kann der Gläubiger gegen die Entscheidung des Rpfl Erinnerung einlegen, § 11 I 2 RPflG, Anh § 153 GVG, Kblz Rpfleger **73**, 66, Stöber Rpfleger **74**, 53 mwN. Der Rpfl muß die Akten dem Richter vorlegen. Dieser hilft der Erinnerung entweder ab oder legt die Sache dem Rechtsmittelgericht vor. In diesem Fall gilt die Erinnerung als die sofortige Beschwerde gegen die Entscheidung des Rpfl, § 11 II RPflG. Hat dagegen der Richter des Vollstreckungsgerichts entschieden, dann kann der Gläubiger sofortige Beschwerde nach § 793 einlegen.

B. Pfändung. Gegen den Pfändungsbeschluß kann der Schuldner die Erinnerung nach § 766 einlegen, KG NJW **73**, 289, Kblz Rpfleger **73**, 65 je mwN, vgl auch § 766 Anm 2 B b bb aaa. Wenn das Gericht aber erst nach einer Anhörung des Schuldners entschieden hatte, muß der Schuldner eine sofortige Erinnerung einlegen, § 793 Anm 1 A a, Bbg NJW **78**, 1389, KG Rpfleger **78**, 334. Soweit das Beschwerdegericht den Pfändungsbeschluß erlassen hatte, vgl § 766 Anm 4 B.

C. Abänderung der Pfändung. Wenn das Gericht den Pfändungsbeschluß abändert, gilt derselbe Rechtsbehelf wie A, Stöber Rpfleger **74**, 55 mwN, vgl § 850f Anm 4 B, aM LG Lübeck Rpfleger **74**, 76.

10) Rechte des Dritten. Die Pfändung kann das Recht eines Dritten nicht beeinträchtigen, Anm 8. Ein Dritter hat evtl die Möglichkeit einer Klage nach § 771. Wenn das Vollstreckungsgericht den Pfändungsbeschluß aufhebt, das Beschwerdegericht aber wiederum den Beschluß des Vollstreckungsgerichts aufhebt, dann muß das Vollstreckungsgericht auf Grund des fortdauernden Pfändungsantrags den Pfändungsbeschluß unverzüglich neu erlassen, Hamm DB **78**, 2118. Eine Pfändung wirkt allerdings nur für die Zukunft.

11) *VwGO: Entsprechend anwendbar im Rahmen der Grdz 4 § 803. Nach § 169 I VwGO, § 5 VwVG gilt § 309 AO 1977. Rechtsbehelfe: Anm 9 (auch gegen die Pfändung durch den Gerichtsvorsitzenden, § 169 VwGO, gibt es nur Erinnerung, VGH Mannh BaWüVBl **72**, 189); die Zuständigkeit des Rpfl entfällt.*

830 **Hypothekenforderungen.** ¹ Zur Pfändung einer Forderung, für die eine Hypothek besteht, ist außer dem Pfändungsbeschluß die Übergabe des Hypothekenbriefes an den Gläubiger erforderlich. Wird die Übergabe im Wege der Zwangsvollstreckung erwirkt, so gilt sie als erfolgt, wenn der Gerichtsvollzieher den Brief zum Zwecke der Ablieferung an den Gläubiger wegnimmt. Ist die Erteilung des Hypothekenbriefes ausgeschlossen, so ist die Eintragung der Pfändung in das Grundbuch erforderlich; die Eintragung erfolgt auf Grund des Pfändungsbeschlusses.

ᴵᴵ Wird der Pfändungsbeschluß vor der Übergabe des Hypothekenbriefes oder der Eintragung der Pfändung dem Drittschuldner zugestellt, so gilt die Pfändung diesem gegenüber mit der Zustellung als bewirkt.

ᴵᴵᴵ Diese Vorschriften sind nicht anzuwenden, soweit es sich um die Pfändung der Ansprüche auf die im § 1159 des Bürgerlichen Gesetzbuchs bezeichneten Leistungen handelt. Das gleiche gilt bei einer Sicherungshypothek im Falle des § 1187 des Bürgerlichen Gesetzbuchs von der Pfändung der Hauptforderung.

1) Allgemeines. Nach dem sachlichen Recht haftet die Hypothek der Forderung an. Für die Abtretung sind beide untrennbar, § 1153 II BGB. Darum läßt die ZPO auch keine getrennte Pfändung zu. Die Pfändung der Hypothek ohne die Forderung ist undenkbar. Die Pfändung der Forderung ohne die Hypothek wäre wirkungslos, außer im Falle der Höchstbetragshypothek nach § 1190 BGB. Eine Hypothek, die nach dem Zeitpunkt der Pfändung für die Forderung bestellt worden ist, unterfällt ohne weiteres der Pfändung, § 829 Anm 4 B. Der Hypothekenbrief allein kann nur im Wege der Hilfspfändung gepfändet werden, § 808 Anm 1 B. Ein Verstoß gegen § 830 führt als Formverstoß dazu, daß die Pfändung insgesamt unwirksam ist.

2) Hypothekenpfändung. A. Grundsatz. Den Pfändungsantrag stellt der Gläubiger meist falsch. Der Pfändungsbeschluß ergeht nach § 829. Das Vollstreckungsgericht bezeichnet zweckmäßig außer der Forderung die Hypothek im Pfändungsbeschluß. Eine Teilpfändung ist zulässig, soweit sich ein Teilhypothekenbrief bilden ließe, wenn eine Briefhypothek vorläge. Über die Pfändung „in Höhe des Anspruchs" s § 829 Anm 4 C. In den Fällen der §§ 1164, 1173 II, 1174, 1182 BGB entsteht eine Hypothek für die Ersatzforderung. Diese kann aber nur nach § 830 gepfändet werden. Wenn eine Gesamthypothek besteht, dann ist diese zu pfänden. Zulässig ist auch eine Reihe von Einzelpfändungen.

Eine Hypothek in einer fremden Währung ist wegen einer Forderung in DM pfändbar. Im Falle einer Teilpfändung muß der Gläubiger seine Forderung aber in die fremde Währung umrechnen. Wenn die Hypothek bewilligt, aber noch nicht eingetragen worden ist, dann muß der Gläubiger die Forderung allein pfänden. Wenn der Pfändungsbeschluß nur die Forderung oder nur die Hypothek aufführt, dann gilt er für beide.

Drittschuldner sind sowohl der persönliche Schuldner als auch der Eigentümer. Eine ungenaue Bezeichnung des Drittschuldners schadet nicht. Denn die Zustellung an ihn ist keine wesentliche Voraussetzung der Entstehung des Pfandrechts. Wenn freilich überhaupt kein Drittschuldner angegeben worden ist, dann fehlt ein wesentliches Erfordernis einer wirksamen Forderungspfändung.

B. Kein Gutglaubenschutz. Der öffentliche Glaube des Grundbuchs schützt den Pfändungspfandgläubiger nicht. Denn es liegt keine rechtsgeschäftliche Übertragung vor. Eine Geschäftsunfähigkeit des Schuldners steht der wirksamen Entstehung des Pfandrechts nicht entgegen.

3) Briefhypothek. A. Grundsatz. Notwendig sind der Pfändungsbeschluß und die Übergabe des Hypothekenbriefs an den Gläubiger, so daß der Gläubiger am Brief den unmittelbaren Besitz erhält. Die Eintragung im Grundbuch kann die Übertragung nicht ersetzen. Denn die Eintragung dient nur der Berichtigung des Grundbuchs. Aber auch die Pfändung und die Überweisung des Anspruchs auf die Herausgabe des Briefs ersetzen die Pfändung der Hypothek nicht. Auch in diesem Fall muß der Gläubiger erst die Herausgabe erzwingen. Schließlich hat auch die Übergabe eines Ausschlußurteils keine ersetzende Wirkung. Auch in diesem Fall muß ein neuer Brief gebildet und übergeben werden.

B. Vor Übergabe. Vor der Übergabe entsteht kein Pfandrecht. Es genügt aber eine Hinterlegung des Briefs und deren Annahme. Die Hinterlegungsstelle vermittelt in diesem Fall den Besitz. Wenn der Gläubiger den Brief mit dem Willen des Schuldners besitzt, reicht dies aus. Die Pfändung ist dann mit der Aushändigung des Beschlusses an den Gläubiger vollzogen, ohne daß der Beschluß zugestellt werden muß.

C. Übergabe. Besitzt der Schuldner den Brief, so kann die Übergabe freiwillig geschehen. Es ist ein Besitz für die ganze Pfändungsdauer einzuräumen. Wenn der Brief verlorengegangen ist, dann muß er für kraftlos erklärt und neu gebildet werden. Der Gläubiger kann diese Wirkung auf Grund seines Vollstreckungstitels erreichen. Wenn der Brief mit dem Willen des Gläubigers an den Schuldner zurückgelangt, dann erlischt das Pfandrecht. Ein unfreiwilliger Verlust schadet nicht. Pfändet ein zweiter Gläubiger vor dem Zeitpunkt der Übergabe des Briefes, dann liegt eine Mehrpfändung vor. Sie gibt allen Gläubigern denselben Rang. Der Brief ist für alle wegzunehmen. Wenn die Pfändung nach der Übergabe des Briefs erfolgt, dann muß der erste Hypothekengläubiger dem späteren den Mitbesitz einräumen, oder der spätere Gläubiger muß die Anschlußhilfspfändung des Briefs aus § 826 erwirken, § 808 Anm 1 B. Die Pfändung des Anspruchs auf die Herausgabe nach der Befriedigung des ersten Gläubigers auf den Überschuß einer Zahlung oder Hinterlegung ist ein unbefriedigender Weg.

D. Hilfspfändung. Übergibt der Schuldner den Brief nicht freiwillig, den er besitzt, dann muß der Gerichtsvollzieher den Brief dem Schuldner nach §§ 883ff wegnehmen, um den Brief dem Gläubiger zu übergeben (Hilfspfändung). Der Pfändungsbeschluß bildet für diese Maßnahme des Gerichtsvollziehers den Vollstreckungstitel, vgl BGH NJW **79**, 2046. Der Pfändungsbeschluß braucht keine Vollstreckungsklausel zu enthalten. Er muß aber nach § 750 dem Schuldner zugestellt werden. Dies gilt auch bei einer Arrestpfändung. Auch eine Beschlagnahme nach § 94 StPO verschafft den Besitz.

E. Pfändungsvollzug. Mit der Wegnahme des Briefs ist die Pfändung vollzogen und entsteht das Pfandrecht an der Forderung und an der Hypothek, Hamm Rpfleger **80**, 483. Für die Entstehung dieses Pfandrechts ist es unerheblich, ob der Gerichtsvollzieher den Brief auch an den Gläubiger abliefert. Wenn der Gerichtsvollzieher den Hypothekenbrief nicht vorfindet, dann muß der Schuldner vor Gericht die eidesstattliche Versicherung zur Offenbarung nach § 807 abgeben (andere gehen nach § 883 vor). Wenn das Grundbuchamt noch den Brief verwahrt, dann hat der Schuldner die Hypothek noch nicht erworben. Der Gläubiger muß dann den Anspruch auf die Abtretung der Eigentümergrundschuld pfänden. Wenn der Brief nach der Entstehung des Pfandrechts dem Grundbuchamt eingereicht wird, dann ist dieses Dritter. Dann ist auch wie sonst im Falle des Gewahrsams eines Dritten § 886 anwendbar.

Wenn das Grundbuchamt entgegen einer abweichenden Bestimmung, § 60 II GBO, den Brief freiwillig an den vom Gläubiger beauftragten Gerichtsvollzieher herausgegeben hat und wenn der Pfändungsbeschluß dem Eigentümer zugestellt worden ist, zu dessen Gunsten die Grundschuld bestellt wurde, dann ist die Grundschuld wirksam gepfändet worden. Eine Rückforderung des Briefes ist dann nicht zulässig. Denn das Pfändungspfandrecht ist bereits durch die Aushändigung des Briefes entstanden, Düss OLGZ **69**, 208. Im Falle der Pfändung einer Teilhypothek nimmt der Gerichtsvollzieher den Teilbrief weg. Wenn der Teilbrief noch fehlt, nimmt er den Stammbrief weg.

4) Buchhypothek, I. A. Voraussetzungen. Zur Entstehung einer Buchhypothek sind ein Pfändungsbeschluß und die Eintragung der Pfändung in das Grundbuch erforderlich. Bei einer Gesamthypothek entsteht das Pfandrecht erst mit der letzten Eintragung. Die Eintragung steht der Wegnahme nach Anm 3 C gleich. Dadurch wird das Grundbuchamt freilich nicht zum Vollstreckungsgericht, § 828 II. Die Eintragung erfolgt auf einen formlosen Antrag des Gläubigers. Der Gläubiger muß eine einfache Ausfertigung des Pfändungsbeschlusses vorlegen. Eine Eintragung erfolgt nicht schon auf ein Ersuchen des Vollstreckungsgerichts. Denn es herrscht Parteibetrieb. Im Falle einer Teilpfändung muß der Teil nach § 47 GBO bezeichnet werden.

Wenn der Schuldner im Grundbuch nicht eingetragen ist, dann muß das Grundbuch zunächst berichtigt werden. Zumindest ist in grundbuchmäßiger Form ein Nachweis darüber nötig, daß für den eingetragenen Eigentümer eine Eigentümergrundschuld entstanden ist, Hbg Rpfleger **76**, 371 mwN. Eine Vormerkung ist unzulässig. Mangels eines privatrechtlichen Anspruches ist § 883 BGB unanwendbar. Die Pfändung eines Berichtigungsanspruchs, etwa bei einer Eigentümergrundschuld, kann eine Eintragung nicht ersetzen. Über die Höchstbetragshypothek s § 837 III.

B. Mängel, Bedingungen des Pfändungsbeschlusses. Der Pfändungsbeschluß kann ganz unwirksam sein, etwa dann, wenn die sachliche Zuständigkeit fehlte oder wenn ein Formmangel besteht, Grdz 8 Ca vor § 704. Dann entsteht trotz einer Eintragung im Grundbuch kein wirksames Pfandrecht. Wenn der Beschluß auflösend bedingt wirksam ist, dann ent-

1. Titel. Zwangsvollstr. in das bewegl. Vermögen   §§ 830, 830 a   1

steht ein auflösend bedingtes Pfandrecht. Deshalb gibt eine Eintragung im ersteren Fall keinen Rang, im letzteren einen nur auflösend bedingten Rang.

5) Zustellung, II. Abweichend von § 829 ist die Wirksamkeit der Pfändung von einer Zustellung an den Drittschuldner unabhängig. Trotzdem hat die Zustellung ihre Bedeutung. Sie begründet nämlich zugunsten des Gläubigers eine Verfügungsbeschränkung des Drittschuldners. Der Drittschuldner wird daran gehindert, die Forderung zu erfüllen oder mit Wirkung gegenüber dem Pfändungsgläubiger eine Verfügung des Vollstreckungsschuldners über die Forderung mit diesem zu vereinbaren, etwa einen Erlaß der Forderung oder deren Stundung. Bei einer Buchhypothek ist für ihren Rang allein die Eintragung maßgeblich, nicht die Zustellung, Düss NJW **61**, 1266.

Wenn der Gläubiger vor der Übergabe des Briefs oder vor der Eintragung zustellt, dann darf der Drittschuldner nur noch an den Gläubiger und an den Schuldner gemeinsam zahlen. Ferner gilt die Pfändung mit der Zustellung als bewirkt. In Wahrheit ist diese Regelung keine Abänderung von I, sondern eine Zurückbeziehung der Pfändung: Wenn die Pfändung wirksam wird, dann wirkt sie hinsichtlich des Drittschuldners auf den Tag der Zustellung zurück.

6) Keine Pfändung, III. Wegen der sachlichrechtlichen Sonderbehandlung ist in folgenden Fällen keine Pfändung nach § 830 möglich:

A. § 1159 BGB. Es handelt sich um einen Anspruch auf eine Leistung nach § 1159 BGB, dh auf die Zahlung rückständigen Zinses, auf andere Nebenleistungen; es geht um eine Kostenerstattung nach § 1118 BGB, also auf Grund einer Kündigung oder auf Grund einer Rechtsverfolgung, die eine Befriedigung aus dem Grundstück bezweckt. Daher sind in diesen Fällen eine Eintragung oder eine Übergabe weder erforderlich noch ausreichend. Selbst im Falle einer gleichzeitigen Pfändung der Hypothek wird die Pfändung erst gemäß § 829 mit der Zustellung an den Drittschuldner wirksam. Dagegen sind Zinsen, die noch nicht fällig sind, nur wie die Hypothek pfändbar.

B. § 1187 BGB. Es geht um eine Sicherungshypothek nach § 1187 BGB, also für eine Forderung aus einer Schuldverschreibung auf den Inhaber oder aus einem indossablen Papier, namentlich aus einem Wechsel. In diesen Fällen ist je nach der Sachlage nach § 821 oder nach § 831 zu pfänden. Eine Eintragung im Grundbuch ist unzulässig.

7) VwGO: *Entsprechend anwendbar im Rahmen der Grdz 4 § 803. Nach § 169 I VwGO, § 5 VwVG gilt § 310 AO 1977.*

830 a   *Schiffshypothek.* **I Zur Pfändung einer Forderung, für die eine Schiffshypothek besteht, ist die Eintragung der Pfändung in das Schiffsregister oder in das Schiffsbauregister erforderlich; die Eintragung erfolgt auf Grund des Pfändungsbeschlusses.**

II Wird der Pfändungsbeschluß vor der Eintragung der Pfändung dem Drittschuldner zugestellt, so gilt die Pfändung diesem gegenüber mit der Zustellung als bewirkt.

III Diese Vorschriften sind nicht anzuwenden, soweit es sich um die Pfändung der Ansprüche auf die im § 53 des Gesetzes über Rechte an eingetragenen Schiffen und Schiffsbauwerken vom 15. November 1940 (Reichsgesetzbl. I S. 1499) bezeichneten Leistungen handelt. Das gleiche gilt, wenn bei einer Schiffshypothek für eine Forderung aus einer Schuldverschreibung auf den Inhaber, aus einem Wechsel oder aus einem anderen durch Indossament übertragbaren Papier die Hauptforderung gepfändet wird.

1) Regel, I, II. Die Pfändung einer Schiffshypothek ist ebenso wie die Pfändung einer Buchhypothek geregelt. Denn die Schiffshypothek steht einer Sicherungshypothek in ihrer praktischen Bedeutung gleich. Einer Schiffshypothek stellt § 99 I LuftfzRG wiederum das Registerpfandrecht an einem Luftfahrzeug gleich. Es sind also ein Pfändungsbeschluß sowie die Eintragung der Pfändung im Register notwendig. Wenn das Schiff nicht eingetragen ist, dann ist eine Schiffshypothek nicht zulässig.

Die Eintragung erfolgt auf einen formlosen Antrag des Gläubigers. Der Gläubiger muß eine einfache Ausfertigung des Pfändungsbeschlusses beifügen. Eine Zustellung des Pfändungsbeschlusses an den Drittschuldner ist für die Wirksamkeit der Pfändung nicht erheblich. Die Zustellung begründet aber dann, wenn sie vor dem Zeitpunkt der Eintragung erfolgte, eine Verfügungsbeschränkung des Drittschuldners. Auch insofern ist § 830a dem § 830 nachgebildet.

2) Ausnahmen, III. § 53 SchiffsG betrifft Forderungen auf die Zahlung von rückständigen Zinsen und anderen Nebenleistungen, die Kosten der Kündigung und die Kosten einer Rechtsverfolgung, Erstattungsansprüche des Gläubigers aus einer Entrichtung von Versicherungsprämien und anderen Zahlungen an den Versicherer. In diesen Fällen ist zur Wirksamkeit der Pfändung keine Eintragung im Schiffsregister erforderlich. Eine Eintragung kann auch dann unterbleiben, wenn die Hauptforderung bei einer Schiffshypothek auf Grund einer Schuldverschreibung auf den Inhaber, auf Grund eines Wechsels oder auf Grund eines sonstigen Orderpapiers erfolgt war und gepfändet worden ist. In solcher Situation genügt zur Pfändung der Schiffshypothek die Pfändung der Hauptforderung nach §§ 831 oder 821.

3) *VwGO*: Entsprechend anwendbar im Rahmen der Grdz 4 § 803. Nach § 169 I VwGO, § 5 VwVG gilt § 311 AO 1977.

831 *Indossable Papiere.* Die Pfändung von Forderungen aus Wechseln und anderen Papieren, die durch Indossament übertragen werden können, wird dadurch bewirkt, daß der Gerichtsvollzieher diese Papiere in Besitz nimmt.

Schrifttum: Schmalz, Die Zwangsvollstreckung in Blankowechsel, Diss Ffm 1951.

1) Allgemeines. Indossable Papiere sind Wertpapiere, Träger des Rechts, § 821 Anm 1 A. Daher werden indossable Papiere wie Wertpapiere gepfändet, wenn der Schuldner der ausgewiesene Inhaber ist, § 821. Infolgedessen wäre § 831 überflüssig, wenn nicht seine Stellung im 3. Unterabschnitt ergeben würde, daß die Verwertung bei solchen Papieren nach §§ 835 ff geschieht. Das gilt auch für blanko indossierte Wechsel. Jede andere Verwertung ist ungültig. Daher darf der Gerichtsvollzieher die Papiere vor einer Anordnung nach §§ 835 oder 844 nicht an den Gläubiger aushändigen. Es ist unerheblich, ob das Papier auf ein ausländisches Zahlungsmittel lautet; über die Verwertung s § 815 Anm 1. Nicht indossable Wertpapiere, wie gebundene Namensaktien, Verrechnungsschecks, LG Gött NJW **83**, 635 mwN, aM ThP 2, fallen unter § 831, abw Bauer JB 76, 873, sondern unter §§ 808 ff.

Nach der Postsparkassenordnung gilt § 831 bei der Pfändung der Einlage eines Postsparers entsprechend; das Postsparbuch wird weggenommen.

2) Pfändung. Die Pfändung erfolgt ohne einen Beschluß des Vollstreckungsgerichts dadurch, daß der Gerichtsvollzieher das Papier in seinen Besitz nimmt, § 808 I, insofern ebenso BGH DB **80**, 1937. Der Gerichtsvollzieher darf das Papier nicht im Gewahrsam des Schuldners belassen. Mit der Wegnahme ist ohne weiteres auch die Forderung gepfändet. Daraus ergeben sich die Wirkungen des § 829. Bei einem Traditionspapier, einem Lagerschein usw ergreift die Pfändung das herauszugebende Gut erst in demjenigen Zeitpunkt, in dem es gemäß § 847 an den Gerichtsvollzieher herausgegeben wird. Ein Pfändungsbeschluß ist in einem solchen Fall unnötig und unwirksam, StJM I, III, ThP 1, Zö I 2a, insofern aM BGH DB **80**, 1938. Für die Entscheidungen ist das in § 828 II bestimmte Gericht zuständig.

3) *VwGO*: Entsprechend anwendbar im Rahmen der Grdz 4 § 803. Nach § 169 I VwGO, § 5 VwVG gilt § 312 AO 1977.

832 *Gehaltsforderungen usw.* Das Pfandrecht, das durch die Pfändung einer Gehaltsforderung oder einer ähnlichen in fortlaufenden Bezügen bestehenden Forderung erworben wird, erstreckt sich auch auf die nach der Pfändung fällig werdenden Beträge.

1) Allgemeines. A. Voraussetzungen. Die Pfändung einer Forderung, die durch die Zahlung fortlaufender Raten zu füllen ist, ergreift die künftigen Raten grundsätzlich nur dann, wenn der Pfändungsbeschluß ausdrücklich auch diese zukünftigen Raten erfaßt. § 832 macht von dieser Regel eine Ausnahme. Die Vorschrift setzt nicht voraus, daß im Zeitpunkt der Pfändung bereits eine Rate fällig geworden war.

§ 832 verlangt: **a)** einen einheitlichen Schuldgrund; **b)** eine gewisse Stetigkeit der Bezüge; **c)** einen Gehaltsanspruch oder einen ähnlichen Anspruch auf die Zahlung fortlaufender Bezüge für eine persönliche Dienstleistung. Gehalt ist eine Unterhaltsgewährung in regelmäßigen Raten. Daraus folgt aber keineswegs, daß die „ähnliche" Forderung auch auf die Zahlung von Unterhalt gehen müsse. Die Ähnlichkeit liegt vielmehr in der Stetigkeit und

1. Titel. Zwangsvollstr. in das bewegl. Vermögen §§ 832–834 1

der annähernden Gleichmäßigkeit der Zahlung. Eine kurze Unterbrechung schadet nicht, insbesondere dann nicht, wenn sie saisonbedingt ist, LG Lübeck NJW **54**, 1125.

Möglich ist eine solche Lage auch dann, wenn es um den Bezug aus mehreren aufeinanderfolgenden Arbeitsverträgen geht. Die Verkehrsauffassung entscheidet über die Einheitlichkeit, BAG NJW **57**, 439, aM LG Stgt BB **67**, 80 (es sei eine Identität des Arbeitsverhältnisses erforderlich). Der Pfändungsbeschluß braucht keinen Hinweis auf die erst künftigen Ansprüche zu enthalten. Wegen der Pfändung des Gehalts der bei den alliierten Streitkräften angestellten Personen SchlAnh III Art 34 III, 35 mit AusfBest (aaO).

B. Beispiele. a) Anwendbarkeit. Unter § 832 fallen: Eine Forderung auf Lohn oder auf Provision im Falle einer Daueranstellung. Eine Dauerstellung kann trotz einer tageweisen Entlohnung vorliegen; eine Forderung des Handlungsagenten, der dauernd für denselben oder dieselben Geschäftsherren tätig ist, wie es beim ständigen Reisevertreter meist der Fall ist; eine zukünftige Forderung des Zwischenmeisters aus einem festen Geschäftsverhältnis; eine Forderung auf die Zahlung von Ruhegehalt oder Rente oder Mietzins; sonstige regelmäßige Zinsforderungen; das Bedienungsgeld eines Kellners, wenn der Gast es für den Wirt gezahlt hat, der die Herausgabe verlangen kann, dem Kellner aber aus dem eingenommenen Bedienungsgeld zahlen muß. Diese Zahlung erfolgt dann meist so, daß der Kellner die Aufrechnung erklärt. Eine Beschlagnahme hat aber vor diesem Vorgang den Vorrang. Daher muß der Arbeitgeber den Kellner notfalls fristlos entlassen. Der Arbeitgeber kann sich auch nicht deswegen, weil der Kellner das Bedienungsgeld einbehält, auf ein Zurückbehaltungsrecht nach § 320 I 1 berufen, BAG MDR **65**, 944.

Hierher gehört auch eine Arbeitslosenhilfe, und zwar auch dann, wenn sie auf Grund einer neuen Arbeitslosigkeit zu zahlen ist, falls der bisherige Anspruch erloschen ist, BSG BB **82**, 1614.

b) Unanwendbarkeit. Nicht unter § 832 fallen: Das Trinkgeld, das ein Hausdiener erhält; die Einkünfte eines selbständig Erwerbstätigen, etwa eines Arztes oder eines Anwalts. Etwas anderes kann bei einem Kassenarzt oder bei einem Kassendentisten gelten, der in einem ständigen Vertragsverhältnis steht.

2) *VwGO: Entsprechend anwendbar im Rahmen der Grdz 4 § 803. Nach § 169 I VwGO, § 5 VwVG gilt § 313 I AO 1977.*

833 *Diensteinkommen.* ¹ Durch die Pfändung eines Diensteinkommens wird auch das Einkommen betroffen, das der Schuldner infolge der Versetzung in ein anderes Amt, der Übertragung eines neuen Amtes oder einer Gehaltserhöhung zu beziehen hat.

II Diese Vorschrift ist auf den Fall der Änderung des Dienstherrn nicht anzuwenden.

1) Pfändungswirkung. Die Pfändung eines Diensteinkommens ergreift jedes spätere Diensteinkommen, das derselbe Dienstherr dem Schuldner zahlt. Dies gilt auch bei einem Privatangestellten oder bei einem Arbeiter, wenn sich diese Personen in dauernder Stellung befinden. Die Regelung gilt ferner dann, wenn der Schuldner von dem einen Dienstzweig in den anderen übertritt, ferner dann, wenn er in den Ruhestand tritt oder wenn ein Abgebauter wiedereintritt. Die Regelung gilt nicht, wenn der Dienstherr wechselt. Dienstherr ist derjenige, der den Lohn oder das Gehalt auszahlt. Der Dienstherr kann derselbe bleiben, auch wenn seine Rechtsform wechselt, etwa im Falle der Umwandlung einer Gesellschaft oder des Betriebsübergangs durch ein Rechtsgeschäft nach § 613a BGB, LAG Hamm DB **76**, 440. § 833 enthält einen allgemeinen Rechtsgedanken, s § 850 Anm 3.

2) *VwGO: Entsprechend anwendbar im Rahmen der Grdz 4 § 803. Nach § 169 I VwGO, § 5 VwVG gilt § 313 II AO 1977.*

834 *Gehör des Schuldners.* **Vor der Pfändung ist der Schuldner über das Pfändungsgesuch nicht zu hören.**

1) Grundsatz. Das Gericht darf den Schuldner vor der Pfändung nicht hören, BGH NJW **83**, 1859, BAG NJW **77**, 75, LG Frankenth Rpfleger **82**, 231. Die Vorschrift macht die eigentlich freigestellte mündliche Verhandlung praktisch unzulässig. Das Verbot des § 834 soll verhüten, daß der Schuldner die Pfändung vereitelt, LG Frankenth Rpfleger **82**, 231. Die Regelung ist mit Art 103 I GG vereinbar, BVerfG **8**, 89, 98.

2) Ausnahmen. Weil der Sinn der Vorschrift sich aber darin erschöpft, den Gläubiger zu schützen, und weil der Gläubiger gelegentlich ein Interesse an der Anhörung des Schuldners haben kann, muß das Gericht den Schuldner jedenfalls dann vor seiner Entscheidung anhören, wenn der Gläubiger die Anhörung beantragt, Celle MDR **72**, 958, ebenso im Ergebnis Schneider MDR **72**, 913, oder wenn der Gläubiger dem Gericht anheimstellt, den Schuldner anzuhören, LG Brschw Rpfleger **81**, 489 (insofern zustm Hornung). Schon ein eindeutig erkennbares stillschweigendes Einverständnis des Gläubigers genügt, um das Gericht zur Anhörung des Schuldners zu zwingen. Wegen der Anhörung des Schuldners vgl aber auch LG Zweibr MDR **80**, 62 mwN und §§ 850b Anm 6 B, 850f Anm 4 A. Vor einer besonderen Überweisung darf das Gericht den Schuldner hören. Wenn es aber den Pfändungsbeschluß und den Überweisungsbeschluß miteinander verbindet, ist die Anhörung des Schuldners grundsätzlich nach den obigen Regeln unzulässig. Zulässig ist die Anhörung des Schuldners jedoch im Erinnerungs- oder Beschwerdeverfahren, aM LG Aurich Rpfleger **62**, 412.

3) Verstoß. Wenn das Gericht den Schuldner entgegen § 834 angehört hat, dann hat das prozessual keine Folgen. Wenn das Gericht ein nach den vorstehenden Regeln notwendiges Gehör des Schuldners unterlassen hatte, ist die Erinnerung nach § 766 zulässig.

4) VwGO: Entsprechend anwendbar im Rahmen der Grdz 4 § 803.

835

Überweisung. ^{I} Die gepfändete Geldforderung ist dem Gläubiger nach seiner Wahl zur Einziehung oder an Zahlungs Statt zum Nennwert zu überweisen.

^{II} Im letzteren Falle geht die Forderung auf den Gläubiger mit der Wirkung über, daß er, soweit die Forderung besteht, wegen seiner Forderung an den Schuldner als befriedigt anzusehen ist.

^{III} Die Vorschriften des § 829 Abs. 2, 3 sind auf die Überweisung entsprechend anzuwenden. Wird ein bei einem Geldinstitut gepfändetes Guthaben eines Schuldners, der eine natürliche Person ist, dem Gläubiger überwiesen, so darf erst zwei Wochen nach der Zustellung des Überweisungsbeschlusses an den Drittschuldner aus dem Guthaben an den Gläubiger geleistet oder der Betrag hinterlegt werden.

Schrifttum: Schmidt-Jortzig, Die Auswirkung der Forderungsüberweisung zur Einziehung usw, Diss Kiel 1969.

Gliederung

1) **Allgemeines**
2) **Überweisung im allgemeinen, I**
   A. Zur Einziehung oder an Zahlungs Statt
   B. Verfahren
   C. Rechtsmittel
   D. Mehrheit von Gläubigern
      a) An Zahlungs Statt
      b) Zur Einziehung
3) **Überweisung zur Einziehung, I, III**
4) **Stellung des Gläubigers**
   A. Rechte
   B. Verbote

   C. Weitere Einzelfragen
   D. Verzögerung
5) **Stellung des Schuldners**
   A. Rechte
   B. Verbote
6) **Stellung des Drittschuldners**
   A. Nachprüfung
   B. Kontenguthaben, III 2
7) **Überweisung an Zahlungs Statt, I–III**
   A. Antrag
   B. Nennwert
8) **VwGO**

1) Allgemeines. Die Pfandverwertung erfolgt bei einer Forderung dadurch, daß das Gericht die Forderung dem Gläubiger überweist. Im allgemeinen läßt sich die Überweisung mit der Pfändung in demselben Beschluß verbinden. Bisweilen, etwa bei einer Wechselforderung, ist wegen § 831 ein besonderer Überweisungsbeschluß erforderlich. Die Wirksamkeit einer Überweisung hängt immer von der Wirksamkeit der Pfändung ab. Denn die Überweisung verschafft kein Recht, sondern bringt nur die Möglichkeit dazu, ein Recht durchzuführen, vgl BGH **82**, 31. Wenn die Überweisung selbständig erfolgt, dann muß das Vollstreckungsgericht seine Zuständigkeit für diesen Vorgang selbständig prüfen. Im Falle einer Teilüberweisung bleibt der Rest der gepfändeten Forderung gepfändet. Ein Arrest läßt keine Überweisung zu, wohl aber ein zugehöriger Kostenfestsetzungsbeschluß, vgl § 922 Anm 1 Ca, Ffm Rpfleger **82**, 480. Über Hypotheken s § 837.

Die Pfändung ist nicht schon deshalb unwirksam, weil etwa die Überweisung unwirksam ist. Wenn aber die Pfändung unwirksam ist, dann ist auch die Überweisung unwirksam. Die Heilung eines Mangels bei der Pfändung hat zur Folge, daß auch die Überweisung mitgeheilt wird. Das gilt insbesondere dann, wenn das Gericht einen Betrag überwiesen hat, der über den gepfändeten Betrag hinausgeht.

2) Überweisung im allgemeinen, I. A. Zur Einziehung oder an Zahlungs Statt. Der Gläubiger kann wählen, ob ihm die Forderung zur Einziehung oder an Zahlungs Statt überwiesen werden soll. Zulässig ist auch eine Überweisung zunächst zur Einziehung und dann an Zahlungs Statt. Die umgekehrte Reihenfolge ist nicht zulässig. Wenn der Gläubiger schlechthin die Überweisung beantragt, dann ist davon auszugehen, daß er eine Überweisung zur Einziehung meint. Denn diese Lösung ist die Regel. Eine Überweisung findet nur auf einen Antrag des Gläubigers statt.

B. Verfahren. Das Verfahren verläuft wie bei einer Pfändung, § 829. Vor allem wird auch eine Überweisung mit der Zustellung des Überweisungsbeschlusses an den Drittschuldner wirksam. Der Gläubiger erhält den Beschluß formlos ausgehändigt. Über eine Anhörung des Schuldners vgl § 834 Anm 1. Bei einem indossablen Papier darf der Beschluß auf dem Papier stehen. Erforderlich ist das aber nicht. Das Recht aus der Überweisung ist pfändbar. Wer sich dieses Recht pfänden und überweisen läßt, § 857, der erlangt den Überweisungsanspruch seines Schuldners. Ein Verzicht des Gläubigers auf die Rechte aus der Pfändung und Überweisung läßt seinen Anspruch unberührt; s § 843 Anm 1.
Gebühren: Des Gerichts KV 1149, 1181; des Anwalts §§ 57, 58 I BRAGO.

C. Rechtsmittel. Der Gläubiger kann gegen eine ihn beeinträchtigende Maßnahme die Erinnerung nach § 766 einlegen, aM LG Düss Rpfleger **82**, 112 (aber die Befriedigungswirkung setzt gerade die Feststellung voraus, daß die Forderung besteht, D a, und diese fehlte im dortigen Fall).

D. Mehrheit von Gläubigern. Bei einer Überweisung für mehrere Gläubiger gilt folgendes:

a) An Zahlungs Statt. Die erste Überweisung an Zahlungs Statt befriedigt den Gläubiger, soweit die Forderung wirklich besteht. Sie nimmt daher die Forderung aus dem Vermögen des Schuldners heraus. Gegenüber einer späteren Pfändung und Überweisung hat der erste Gläubiger die Möglichkeit einer Klage nach § 771.

b) Zur Einziehung. Bei einer Überweisung zur Einziehung bestimmt sich der Rang der Gläubiger ausschließlich nach der Pfändung. Der Drittschuldner darf einen späteren Gläubiger nicht vor dem früheren befriedigen.

3) Überweisung zur Einziehung, I, III. Diese Überweisungsart bewirkt keinen Vermögensübergang, BGH **82**, 31. Sie ermächtigt den Gläubiger vielmehr nur dazu, das Recht des Schuldners im eigenen Namen geltend zu machen, BGH **82**, 31 mwN, und zwar in einer Familiensache vor dem FamGer, Hamm FamRZ **78**, 602. Eine einstweilige Einstellung der Zwangsvollstreckung macht eine spätere Überweisung zur Einziehung rechtswidrig. Eine dauernde Einstellung der Zwangsvollstreckung zieht eine Aufhebung der Pfändung und Überweisung nach sich, § 776. Die Zwangsvollstreckung ist erst dann beendet, wenn der Gläubiger befriedigt ist. Der Gläubiger kann sich mit dem Drittschuldner wegen der Forderung vergleichen oder die Forderung abtreten, wenn der Schuldner in Höhe dieser Forderung befreit wird.

4) Stellung des Gläubigers. A. Rechte. Die Überweisung ermächtigt den Gläubiger zu allen denjenigen Maßnahmen, die im Recht des Schuldners begründet sind und der Befriedigung des Gläubigers dienen, BGH **82**, 31 mwN. Der Gläubiger darf insbesondere folgende Maßnahmen treffen: Er darf auf die Leistung klagen, BGH **82**, 31 mwN; er darf kündigen, BGH **82**, 31 mwN, einziehen, BGH **82**, 31; aufrechnen, BGH **82**, 31; er darf die ihm überwiesene Forderung zur Aufrechnung gegenüber einer Verbindlichkeit verwenden, die er gegenüber dem Drittschuldner hat, BGH NJW **78**, 1914; er darf eine löschungsfähige Quittung erteilen; er darf einen Antrag auf die Eröffnung eines Konkursverfahrens stellen, das Stimmrecht zusammen mit dem Schuldner ausüben und die Konkursdividende einziehen, Jaeger-Weber § 103 KO Nr 2; er darf eine Gegenleistung bewirken. Diese Gegenleistung ist ein Teil der Kosten der Zwangsvollstreckung. Ein Widerspruch des Schuldners ist unbeachtlich, vgl Celle NJW **60**, 2196; er darf einen Antrag auf den Lohnsteuer-Jahresausgleich stellen, BFH BB **73**, 1198, FG Düss MDR **78**, 964, LG Essen Rpfleger **73**, 146, Stöber Rpfleger **73**, 122 mwN, aM zB Schüler DB **73**, 185; er darf einen vollstreckbaren Titel auf sich umschreiben lassen, § 727.

Der Gläubiger kann auch eine Zahlstelle angeben, er kann insbesondere anordnen, daß eine Zahlung an seinen RA zu leisten sei, LG Nürnb-Fürth Rpfleger **64**, 380, StJ II, aM LG Essen Rpfleger **59**, 166. Alle diese Maßnahmen darf der Gläubiger nur im Rahmen des Überweisungsbeschlusses ausüben, in diesem Rahmen aber auch wegen der etwaigen Nebenrechte. Der Gläubiger darf auch ohne eine Kündigung, LG Essen MDR **73**, 323, ein zins- oder prämienbegünstigtes Guthaben abheben, freilich nicht vor dem Ablauf der Festlegungsfrist, B. Die Zwangsvollstreckung geht einem Zins- oder Prämienverlust vor. Wenn der Schuldner ein nicht rechtsfähiger Verein ist, dann hat der Gläubiger ein Klagerecht. Denn auch die Gesamtheit der Mitglieder könnte eine Klage erheben. Der Gläubiger weist seine Sachbefugnis durch den Überweisungsbeschluß nach.

B. Verbote. Der Gläubiger darf nicht: Einen Mehrbetrag einziehen, auch nicht vorbehaltlich einer sofortigen Erstattung an den Schuldner; eine Klage erheben, soweit der Schuldner nicht klagen könnte, vgl aber auch StJ V 3; ein Zwangsgeld nach § 888 für sich statt für die Staatskasse beitreiben, LG Essen Rpfleger **73**, 184; vor dem Ablauf der Festlegungsfrist eine Auszahlung des prämienbegünstigten Guthabens fordern, Muth DB **79**, 1121 mwN.

C. Weitere Einzelfragen. Gegen den nicht leistenden Drittschuldner hat der Gläubiger dieselben Rechtsbehelfe, die der Schuldner hatte. In Frage kommt also je nach der Sachlage eine Klage im Urkundenprozeß und dgl. Der Gläubiger darf einen rechtshängigen Prozeß des Schuldners nicht ohne dessen Einwilligung übernehmen. Der Gläubiger ist auf eine bloße Streithilfe angewiesen. Der Drittschuldner darf evtl erst nach 2 Wochen leisten, III 2.

D. Verzögerung. Der Gläubiger ist dem Schuldner gegenüber zur unverzüglichen Einziehung der Forderung verpflichtet. Eine Verzögerung macht den Gläubiger schadensersatzpflichtig, § 842. Wenn der Gläubiger eine Klage erhebt, dann muß er dem Schuldner den Streit verkünden, § 841. Die Kosten der Einziehung sind Kosten der Zwangsvollstreckung, § 788 Anm 5 „Drittschuldner". Wenn der Gläubiger eine Klage erhebt, dann muß man im Verhältnis zwischen dem Gläubiger und dem Schuldner prüfen, ob die Klage und die Aufwendung der einzelnen Posten nötig waren. Kosten, die das Urteil dem Gläubiger auferlegt, trägt der Schuldner nicht. Denn ein erfolgloses Vorgehen war nicht notwendig; es geht vielmehr zu Lasten des Gläubigers. Der Gläubiger nimmt die Einziehung auf eigene Gefahr vor. Soweit die Einziehung den Gläubiger nicht befriedigt, darf er die Zwangsvollstreckung fortsetzen.

5) Stellung des Schuldners. A. Rechte. Die Überweisung nimmt die Forderung nicht aus dem Vermögen des Schuldners, BGH **82**, 31 mwN, Hauger DB **75**, 1147. Der Schuldner bleibt mit den Einschränkungen der §§ 135, 136 BGB verfügungsberechtigt, BGH **82**, 31. Er ist lediglich nicht mehr berechtigter Zahlungsempfänger, BGH **82**, 31, und darf nicht mehr zum Nachteil des Gläubigers verfügen. Die Forderung bleibt einem fremden Angriff ausgesetzt, namentlich einem solchen eines im Anschluß pfändenden Gläubigers.

Der Schuldner darf zB folgendes tun: Er darf eine Feststellungsklage gegen den Drittschuldner erheben; er darf einen Arrest ausbringen; er darf auf die Leistung an den Gläubiger klagen. Denn die Erfüllung berührt den Schuldner wesentlich. Der Gläubiger muß die Forderung einziehen und der Drittschuldner kann sich durch eine Streitverkündung gegen eine doppelte Beanspruchung schützen. Die Einziehung einer Nachlaßforderung durch einen Miterben erfolgt zwecks Hinterlegung für alle Miterben, auch wenn der Nachlaßgläubiger und der Schuldner der Nachlaßforderung dieselbe Person sind, BGH NJW **68**, 2059. Demgemäß erfolgt auch die Pfändung und Überweisung einer Forderung gegen den Gläubiger selbst. Der Schuldner darf das Recht zum Konkurs anmelden, das Stimmrecht aber nur gemeinsam mit dem Gläubiger ausüben. Ein zwischen dem Gläubiger und dem Drittschuldner ergehendes Urteil schafft keine Rechtskraft für den Schuldner, und umgekehrt.

B. Verbote. Der Schuldner kann keine Klage auf eine Leistung an sich „unbeschadet der Rechte des Gläubigers" und keine Klage auf eine Hinterlegung erheben. Es fehlt ihm die Prozeßführungsbefugnis im Hinblick auf das Recht, das dem Gläubiger zusteht. Daher ist die Klage des Schuldners unzulässig, Schneider JB **66**, 191, aM Lüke ZZP **76**, 23 (sie sei unbegründet).

6) Stellung des Drittschuldners. A. Nachprüfung. Für den Drittschuldner ist nur noch der Gläubiger maßgeblich, BGH **82**, 31. Nur die Zahlung an den objektiv richtigen Gläubiger befreit den Drittschuldner voll, BGH **82**, 32. Der Drittschuldner braucht aber die Rechtmäßigkeit des Pfändungs- und Überweisungsbeschlusses grundsätzlich nicht nachzuprüfen, § 836 II. Er hat alle Einwendungen gegenüber dem Gläubiger und gegenüber dem Schuldner wie vor dem Zeitpunkt der Überweisung. Er darf auch gegenüber dem Gläubiger eine Aufrechnung erklären. Der Drittschuldner darf ferner die Mangelhaftigkeit oder die Unwirksamkeit des Pfändungs- und Überweisungsbeschlusses geltend machen, § 766. Er kann gegen einen Empfänger, der nicht der objektiv richtige Gläubiger war, einen Anspruch aus ungerechtfertigter Bereicherung haben, BGH **82**, 33 mwN. Der Drittschuldner hat allerdings keine Einwendungen gegen den Anspruch selbst, also gegen die Schuld des Schuldners. Im Falle der Lohnpfändung kann der Arbeitgeber vom Arbeitnehmer die Erstattung der Bearbeitungs- und Überweisungskosten fordern, Brill DB **76**, 2400. S auch § 766 Anm 3 C „Drittschuldner", § 829 Anm 7 B a.

B. Kontenguthaben, III 2. Wenn das Kontenguthaben einer natürlichen Person bei einem Geldinstitut gepfändet worden ist, dann darf dieser Drittschuldner aus dem Guthaben erst dann eine Zahlung an den Gläubiger leisten oder einen Betrag hinterlegen, wenn seit der Zustellung des Überweisungsbeschlusses an den Drittschuldner 2 Wochen vergangen sind. Auf den Zeitpunkt der Zustellung des freilich meist gleichzeitigen Pfändungsbeschlusses an den Drittschuldner kommt es nicht an. Der Sinn der Regelung besteht darin, daß der Schuldner die Möglichkeiten des § 850k soll nutzen können. Freilich sind dort nur die wiederkehrenden Einkünfte im Sinne von §§ 850–850b geschützt, während III 2 die Guthaben jeder beliebigen Art erfaßt, zB ein Guthaben aus einem einmaligen Zahlungseingang, aM Stöber Forderungspfändung Rdz 1286. Der Gesetzgeber meinte den Geldinstituten keine weitergehenden Pflichten zumuten zu können als die Prüfung, ob der Kontoinhaber eine natürliche Person sei, BR-Drs 193/77, Arnold BB **78**, 1320, Hornung Rpfleger **78**, 360, Meyer ter Vehn NJW **78**, 1240. Als Geldinstitut ist jede Bank, Sparkasse oder jedes Postscheckamt, jede Postsparkasse oder eine sonst geschäftsmäßig tätige, zugelassene Stelle anzusehen, unabhängig von deren Rechtsform und Größe, und zwar auch dann, wenn dieses Geldinstitut der Arbeitgeber ist, etwa derjenige eines Bankangestellten.

Eine Überweisung an Zahlungs Statt genügt. Soweit dann die Pfändung aufgehoben worden ist, fällt die Forderung an den Schuldner zurück, BT-Drs 8/1414. Für die 2-Wochen-Frist ist eine Zustellung an einen anderen als den Drittschuldner unerheblich. Der Drittschuldner darf aus einem anderen als dem gepfändeten Guthaben leisten, selbst wenn zwischen den Beteiligten Identität vorliegt. Wenn der Gläubiger mehrere Guthaben desselben Schuldners gepfändet hat, dann muß man die Rechte und Pflichten für jedes Konto gesondert beurteilen.

Eine vorzeitige Leistung ist gemäß §§ 134 ff BGB jedenfalls den Benachteiligten gegenüber unwirksam. Deshalb muß das Geldinstitut in einem solchen Fall nochmals zahlen oder eine Rückgutschrift vornehmen. Allerdings bleiben die Pfändung und die Wirkung der Überweisung während der 2-Wochen-Sperre bestehen; nur die Verfügungsbefugnis und -pflicht des Drittschuldners ist aufgeschoben, Hartmann NJW **78**, 610.

Die Regelung ist gemäß § 314 III AO 1977 entsprechend anwendbar.

7) Überweisung an Zahlungs Statt, I–III. A. Antrag. Eine Überweisung an Zahlungs Statt geschieht nur auf einen ausdrücklichen Antrag des Gläubigers und nur bei einer Geldforderung. Eine solche Überweisungsart ist bei den §§ 839, 851 II und dann unzulässig, wenn die Forderung von einer Gegenleistung abhängig ist. Denn in solchen Fällen fehlt der bestimmte Nennwert. Bei einer Vollstreckung auf Grund eines vorläufig vollstreckbaren Titels ist eine Überweisung an Zahlungs Statt zulässig. Sie fügt dort dem Rechtsübergang eine auflösende Bedingung bei. Wenn der vorläufig vollstreckbare Titel aufgehoben wird, dann muß das Geleistete nach § 717 II, III zurückgewährt werden. Wenn die Forderung in Wahrheit überhaupt nicht besteht oder wenn der Drittschuldner die Forderung mit einer Einrede nach den §§ 404 ff BGB zum Erlöschen bringt, dann darf der Gläubiger anderweit vollstrecken. Bei wiederkehrenden Bezügen sind nur die einzelnen Raten zu überweisen, nicht das Recht selbst.

B. Nennwert. Die Überweisung darf nur zum Nennwert geschehen, und nur in der Höhe, die der Anspruch des Gläubigers einschließlich der Kosten der Zwangsvollstreckung ausmacht. Die Überweisung wirkt wie eine Abtretung. Sie befriedigt daher den Gläubiger dann, wenn seine Forderung wirklich besteht, mit dem Augenblick der Zustellung des Überweisungsbeschlusses an den Drittschuldner. Es ist unerheblich, ob die Forderung beigetrieben werden kann. Der Anspruch des Gläubigers lebt auch dann nicht wieder auf, wenn die Forderung in Wahrheit nicht beigetrieben werden kann. Da der Gläubiger außerdem wegen der Kosten einer vergeblichen Rechtsverfolgung keinen Ersatzanspruch hat, ist diese Art der Überweisung unbeliebt und selten. Wenn die Forderung in voller Höhe gepfändet worden ist, die Vollstreckungsschuld aber in Wahrheit niedriger ist, dann wird der nicht überwiesene Restbetrag frei.

8) **VwGO:** Entsprechend anwendbar im Rahmen der Grdz 4 § 803. Nach § 169 I VwGO, § 5 VwVG gelten § 315 sowie § 314 III AO 1977 idF Art 2 G v 28. 7. 78, BGBl 333 (entsprechende Anwendung von III 2).

836 *Geltendmachen der überwiesenen Forderung.* ¹ Die Überweisung ersetzt die förmlichen Erklärungen des Schuldners, von denen nach den Vorschriften des bürgerlichen Rechts die Berechtigung zur Einziehung der Forderung abhängig ist.

II Der Überweisungsbeschluß gilt, auch wenn er mit Unrecht erlassen ist, zugunsten des Drittschuldners dem Schuldner gegenüber so lange als rechtsbeständig, bis er aufgehoben wird und die Aufhebung zur Kenntnis des Drittschuldners gelangt.

III Der Schuldner ist verpflichtet, dem Gläubiger die zur Geltendmachung der Forderung nötige Auskunft zu erteilen und ihm die über die Forderung vorhandenen Urkunden herauszugeben. Die Herausgabe kann von dem Gläubiger im Wege der Zwangsvollstreckung erwirkt werden.

Schrifttum: Arnold, Die Hilfsvollstreckung, insbesondere in Anwartschaftsrechte und Urkunden, Diss Heidelb 1958.

1) Bedeutung der Überweisung, I. Die Überweisung wirkt im Rahmen des § 835 rechtsübertragend, auch wenn das sachliche Recht für die Übertragung eine besondere Form verlangt. Die Überweisung ersetzt zB eine schriftliche Abtretung nach § 1154 BGB. Die Überweisung ersetzt ein Indossament nicht. Der Schuldner soll nämlich nicht einem wechselmäßigen Rückgriff ausgesetzt sein.

2) Drittschuldnerschutz, II. A. Zweck der Regelung. II will den Drittschuldner schützen, der im Vertrauen auf die Wirksamkeit des Überweisungsbeschlusses gehandelt hat, BGH NJW **76**, 1453 (zustm Gaul Festschrift für die Sparkassenakademie 1978, 87). II ist dem § 409 BGB nachgebildet. Der Schutz entfällt dann, wenn wegen einer klaren, entgegenstehenden Rechtslage kein guter Glaube entstehen konnte, BAG NJW **77**, 77, oder wenn ein solcher guter Glaube weggefallen ist, etwa wenn das Prozeßgericht die Zwangsvollstreckung einstweilen eingestellt hatte. II wirkt nicht zu Lasten des Drittschuldners. Er darf einen Mangel des Beschlusses geltend machen, § 835 Anm 6 A.

B. Geltungsbereich. Die Unterstellung nach II gilt nur im Verhältnis zwischen dem Drittschuldner und dem Schuldner. Wenn die Forderung in Wahrheit einem anderen zusteht, dann befreit eine Zahlung an den Pfändungsgläubiger den Schuldner dem Drittschuldner gegenüber nicht. Man muß indessen II auch auf das Verhältnis zwischen dem Drittschuldner und dem Pfändungsgläubiger des Schuldners anwenden. Denn der Pfändungsgläubiger ist an die Stelle des Schuldners getreten, BGH NJW **76**, 1453, vgl BAG NJW **77**, 77 (er ist der Rechtsnachfolger des Schuldners geworden). Die Unterstellung wird im Zeitpunkt der Zustellung des Überweisungsbeschlusses an den Drittschuldner wirksam. Die Unterstellung erstreckt sich aber auf denjenigen Rang der Forderungsüberweisung, der durch den Zeitpunkt der Pfändung bestimmt ist, BGH NJW **76**, 1454. Der Drittschuldner ist allerdings nur im Rahmen von § 835 III 2 geschützt.

Die Unterstellung endet, wenn der Drittschuldner Kenntnis von der Aufhebung des Überweisungsbeschlusses erhält. Es genügt eine formlose Mitteilung oder die Vorlegung einer beglaubigten Abschrift des Gerichtsbeschlusses oder die Zustellung des aufhebenden Beschlusses. Der Schuldner bzw dessen Pfändungsgläubiger muß diese Voraussetzungen beweisen, BGH NJW **76**, 1454.

Wenn der Pfändungsbeschluß aufgehoben wird, dann kann der Drittschuldner wieder mit befreiender Wirkung an den Schuldner leisten, selbst wenn der Aufhebungsbeschluß nicht rechtskräftig ist und selbst wenn dann durch eine Aufhebung des Aufhebungsbeschlusses die frühere Pfändung wiederhergestellt wird. Die Möglichkeit zur Leistung mit befreiender Wirkung dauert in solchem Fall solange an, bis der Drittschuldner von der Aufhebung des Aufhebungsbeschlusses eine sichere Kenntnis hat, Stgt NJW **61**, 34. Der Schuldner braucht irgendwelchen Zweifeln wegen der Wirksamkeit des Widerrufs der Anzeige, die die Forderungsanzeige betrifft, nicht nachzugehen. Der Drittschuldner braucht einem etwaigen Zweifel an der Wirksamkeit des Aufhebungsbeschlusses nicht nachzugehen.

II ist im Falle einer Verwertung nach § 844 entsprechend anzuwenden.

1. Titel. Zwangsvollstr. in das bewegl. Vermögen §§ 836, 837

3) Hilfspflicht des Schuldners, III. Der Schuldner ist dem Gläubiger (nur) gegenüber zu folgenden Maßnahmen verpflichtet:

A. Auskunft. Der Schuldner muß dem Gläubiger (nur) diejenige Auskunft geben, die der Gläubiger benötigt, um die Forderung geltend machen zu können, LG Hbg Rpfleger **82**, 387, LG Nürnb-Fürth ZZP **96**, 119 je mwN, aM zB LG Köln MDR **76**, 150. Die Auskunftspflicht des Schuldners entspricht derjenigen des § 402 BGB. Der Gläubiger kann notfalls auf die Erteilung der Auskunft klagen, LG Hbg Rpfleger **82**, 387 mwN. Diese Klage ist aber nicht vor dem FamGer statthaft, Nürnb FamRZ **79**, 524. Aus einem Urteil wird nach § 888 vollstreckt, LG Hbg Rpfleger **82**, 387. Wenn der Schuldner diese Pflicht versäumt, dann macht er sich dem Gläubiger schadensersatzpflichtig.

B. Herausgabe. a) Grundsatz. Der Schuldner muß dem Gläubiger diejenigen Urkunden herausgeben, die er über die Forderung besitzt. Es kann sich zB um den Schuldschein, ein Sparbuch und dgl handeln. Die Sicherungskarte braucht jedoch nicht herausgegeben zu werden, Algner DGVZ **78**, 8. In Frage kommen ferner: Ein freiwilliger Versicherungsschein, Ffm Rpfleger **77**, 221; eine bloße Beweisurkunde; die Lohnsteuerkarte (es ist nur diejenige des Schuldners herauszugeben, nicht die des Ehegatten, LG Bln Rpfleger **75**, 229), Düss MDR **73**, 415, LG Bln MDR **74**, 498, LG Essen Rpfleger **73**, 146, LG Hann Rpfleger **74**, 442, LG Mannh DB **74**, 1487 (berichtigt 1769), LG Mü Rpfleger **73**, 439, LG Nürnb-Fürth MDR **74**, 498, Bauer DB **74**, 2481, Stöber Rpfleger **73**, 122, aM zB LG Brschw DGVZ **83**, 67 mwN.

b) Vollstreckung. Der Gläubiger darf sich auf Grund einer Ausfertigung des ursprünglichen Schuldtitels und einer einfachen Ausfertigung des Überweisungsbeschlusses, in dem die fraglichen Urkunden bezeichnet worden sind, diese Urkunden im Wege der Zwangsvollstreckung beschaffen. Wenn im Überweisungsbeschluß die Urkunden nicht bezeichnet wurden, dann muß der Gläubiger einen Ergänzungsbeschluß herbeiführen, der die Urkunden genau aufführt, LG Limbg DGVZ **75**, 11, AG Dortmund DGVZ **80**, 29. Eine Formulierung, es seien die „Nachweise über die Dauer der Nichtbeschäftigung, zB Meldekarten, Atteste usw" herauszugeben, ist ausreichend, vgl § 829 Anm 2 A, aM LG Bln Rpfleger **75**, 229. Freilich würde eine Glaubhaftmachung gegenüber dem Finanzamt genügen, FG Düss BB **75**, 1334.

Der Beschluß ist nach § 750 zuzustellen. Anschließend sucht der Gerichtsvollzieher beim Schuldner nach den Urkunden und nimmt sie ihm im Wege der Hilfspfändung nach § 808 Anm 1 B weg. Er muß auch beim Drittschuldner so vorgehen, LG Essen Rpfleger **73**, 146, aM zB insofern Ffm Rpfleger **77**, 221 mwN (es wendet in diesem Fall §§ 883 ff an). Im Falle einer Teilüberweisung sind die Urkunden über die gesamte Forderung herauszugeben. Der Beschluß muß die Pflicht des Gläubigers zur Rückgabe der Urkunde nach dem Ausgebrauch aussprechen. Aus dem Beschluß ist die Zwangsvollstreckung zulässig. Wenn sich die Urkunden im Besitz eines zur Herausgabe nicht bereiten Dritten befinden, dann berechtigt der Überweisungsbeschluß den Gläubiger zu einer Klage auf die Herausgabe, LAG Düss MDR **83**, 85, AG Duisb MDR **82**, 856, aM ThP 3 (man müsse nach § 886 vorgehen).

c) Rechtsbehelf. Gegenüber einer Maßnahme des Gerichtsvollziehers kann der Betroffene die Erinnerung nach § 766 einlegen, Noack DGVZ **75**, 98, aM AG Neustadt/R DGVZ **76**, 75.

4) VwGO: *Entsprechend anwendbar im Rahmen der Grdz 4 § 803. Nach § 169 I VwGO, § 5 VwVG gilt § 315 AO 1977.*

837 *Überweisung einer Hypothekenforderung.* I Zur Überweisung einer gepfändeten Forderung, für die eine Hypothek besteht, genügt die Aushändigung des Überweisungsbeschlusses an den Gläubiger. Ist die Erteilung des Hypothekenbriefes ausgeschlossen, so ist zur Überweisung an Zahlungs Statt die Eintragung der Überweisung in das Grundbuch erforderlich; die Eintragung erfolgt auf Grund des Überweisungsbeschlusses.

II Diese Vorschriften sind nicht anzuwenden, soweit es sich um die Überweisung der Ansprüche auf die im § 1159 des Bürgerlichen Gesetzbuchs bezeichneten Leistungen handelt. Das gleiche gilt bei einer Sicherungshypothek im Falle des § 1187 des Bürgerlichen Gesetzbuchs von der Überweisung der Hauptforderung.

III Bei einer Sicherungshypothek der im § 1190 des Bürgerlichen Gesetzbuchs bezeichneten Art kann die Hauptforderung nach den allgemeinen Vorschriften gepfändet und überwiesen werden, wenn der Gläubiger die Überweisung der Forderung ohne die Hypothek an Zahlungs Statt beantragt.

1) Überweisung, I, II. A. Briefhypothek. Bei der Briefhypothek genügt die formlose Aushändigung des Überweisungsbeschlusses an den Gläubiger, wenn der Gläubiger den Brief schon auf Grund der Pfändung im Besitz hat. Wenn die Pfändung und Überweisung durch denselben Beschluß ausgesprochen wurde, dann kann eine solche Situation nicht eintreffen. In diesem Fall wird die Überweisung gleichzeitig mit der Pfändung wirksam, also mit der Übergabe oder der Wegnahme des Briefs. Der Schuldner bleibt der Inhaber der Hypothek. Sie darf daher nicht auf den Gläubiger umgeschrieben werden.

B. Buchhypothek. Bei der Buchhypothek sind folgende Voraussetzungen zu beachten:
a) Zur Einziehung. Im Falle einer Überweisung zur Einziehung gilt dasselbe wie bei A. Die Eintragung im Grundbuch wäre nicht einmal zulässig.
b) An Zahlungs Statt. Im Falle einer Überweisung an Zahlungs Statt muß der Beschluß ausgehändigt werden und eine Umschreibung im Grundbuch stattfinden. Diese Umschreibung ist eine Maßnahme der Zwangsvollstreckung, § 830 Anm 4 A. Sie erfolgt auf Grund der Vorlage des Überweisungsbeschlusses. Er braucht keine Vollstreckungsklausel aufzuweisen. Wenn die Pfändung und die Überweisung in demselben Beschluß ausgesprochen wurden, werden beide Maßnahmen mit der Umschreibung wirksam.

Zur Wirkung der Überweisung s bei § 835. Allein der Gläubiger kann eine löschungsfähige Quittung erteilen.

C. Unanwendbar ist das Verfahren nach I bei den in § 830 III genannten Forderungen, s § 830 Anm 6. In diesen Fällen muß die Pfändung nach § 829 erfolgen. Die Überweisung erfolgt dann nach § 835. Infolgedessen wirkt die Überweisung in einem solchen Fall erst mit der Zustellung an den Drittschuldner.

2) Sicherungshypothek, § 1190 BGB, III. Bei der Höchstbetragshypothek läßt sich die Forderung von der Hypothek trennen, § 1190 IV BGB. Daher gilt in solchem Fall folgendes: **a)** Eine Pfändung und Überweisung ist wie bei einer Buchhypothek zulässig; **b)** der Gläubiger kann die Forderung dann, wenn er die Forderung ohne die Hypothek erwerben will, allein nach §§ 829, 835 gleichzeitig pfänden und sich an Zahlungs Statt überweisen lassen.

3) VwGO: *Entsprechend anwendbar im Rahmen der Grdz 4 § 803. Nach § 169 I VwGO, § 5 VwVG gilt § 315 AO 1977.*

837 a *Überweisung bei Schiffshypothek.*

I Zur Überweisung einer gepfändeten Forderung, für die eine Schiffshypothek besteht, genügt, wenn die Forderung zur Einziehung überwiesen wird, die Aushändigung des Überweisungsbeschlusses an den Gläubiger. Zur Überweisung an Zahlungs Statt ist die Eintragung der Überweisung in das Schiffsregister oder in das Schiffsbauregister erforderlich; die Eintragung erfolgt auf Grund des Überweisungsbeschlusses.

II Diese Vorschriften sind nicht anzuwenden, soweit es sich um die Überweisung der Ansprüche auf die im § 53 des Gesetzes über Rechte an eingetragenen Schiffen und Schiffsbauwerken vom 15. November 1940 (Reichsgesetzbl. I S. 1499) bezeichneten Leistungen handelt. Das gleiche gilt, wenn bei einer Schiffshypothek für eine Forderung aus einer Schuldverschreibung auf den Inhaber, aus einem Wechsel oder aus einem anderen durch Indossament übertragbaren Papier die Hauptforderung überwiesen wird.

III Bei einer Schiffshypothek für einen Höchstbetrag (§ 75 des im Absatz 2 genannten Gesetzes) gilt § 837 Abs. 3 entsprechend.

1) Allgemeines. Die Überweisung einer gepfändeten Schiffshypothek erfolgt wie diejenige einer Buchhypothek, vgl § 837. Eine entsprechende Regelung gilt für das Registerpfandrecht an einem Luftfahrzeug, § 99 I LuftfzRG. II entspricht als eine Ausnahmevorschrift derjenigen des § 830 a III, dort Anm 2. Die Höchstbetragsschiffshypothek nach § 75 SchiffsG entspricht einer Sicherungshypothek aus § 1190 BGB. § 837 a behandelt die Höchstbetragsschiffshypothek daher wie eine Sicherungshypothek.

2) VwGO: *Entsprechend anwendbar im Rahmen der Grdz 4 § 803. Nach § 169 I VwGO, § 5 VwVG gilt § 315 AO 1977.*

1. Titel. Zwangsvollstr. in das bewegl. Vermögen §§ 838–840

838 *Überweisung bei Faustpfandforderungen.* Wird eine durch ein Pfandrecht an einer beweglichen Sache gesicherte Forderung überwiesen, so kann der Schuldner die Herausgabe des Pfandes an den Gläubiger verweigern, bis ihm Sicherheit für die Haftung geleistet wird, die für ihn aus einer Verletzung der dem Gläubiger dem Verpfänder gegenüber obliegenden Verpflichtungen entstehen kann.

1) Faustpfandforderung. A. Grundsatz. Die Pfändung und Überweisung einer Faustpfandforderung ergreift das Pfandrecht, § 829 Anm 4 B. Nach der Überweisung kann der Gläubiger die Herausgabe des Pfands verlangen. Der Schuldner haftet dann wie ein selbstschuldnerischer Bürge für die Verpflichtungen des Gläubigers gegenüber dem Drittschuldner, § 1251 BGB. Darum gewährt § 838 dem Schuldner eine aufschiebende Einrede bis zum Zeitpunkt einer Sicherheitsleistung.

B. Verfahren. Die Zwangsvollstreckung ist folgendermaßen durchzuführen: Der Gerichtsvollzieher nimmt das Pfand weg, und zwar unabhängig davon, ob die Einrede geltend gemacht wird. Er geht dabei entsprechend § 836 III vor. Der Gerichtsvollzieher darf das Pfand dem Gläubiger erst nach der Sicherheitsleistung des Gläubigers herausgeben. Das Vollstreckungsgericht muß die Höhe der Sicherheit festsetzen, aM StJ II (es sei eine besondere Klage auf Herausgabe erforderlich; im Falle einer Nichtleistung müsse sie abgewiesen werden. Nach anderen sind eine besondere Klage und ein Urteil auf die Herausgabe des Pfands gegen eine Sicherheitsleistung erforderlich). Da § 838 einen rein sachlichrechtlichen Inhalt hat, muß der Gläubiger die Sicherheit nach § 232 BGB leisten und sie nach den sachlichrechtlichen Grundsätzen zurückgeben, also nicht nach § 109.

2) VwGO: *Entsprechend anwendbar im Rahmen der Grdz 4 § 803.*

839 *Überweisung bei Vollstreckungsabwendung.* Darf der Schuldner nach § 711 Satz 1, § 712 Abs. 1 Satz 1 die Vollstreckung durch Sicherheitsleistung oder Hinterlegung abwenden, so findet die Überweisung gepfändeter Geldforderungen nur zur Einziehung und nur mit der Wirkung statt, daß der Drittschuldner den Schuldbetrag zu hinterlegen hat.

1) Vollstreckungsabwendung. Wenn das Gericht dem Schuldner erlaubt hat, die Zwangsvollstreckung durch eine Sicherheitsleistung oder durch eine Hinterlegung abzuwenden, §§ 720, 815 III, 819, dann darf das Gericht die Forderung dem Gläubiger nur zur Einziehung überweisen. Der Drittschuldner hat in einem solchen Fall nicht zu zahlen, sondern zu hinterlegen. Diese Hinterlegung befreit ihn. Der Gläubiger erwirbt ein Pfandrecht am Hinterlegten oder dann, wenn das Hinterlegte zum Staatseigentum geworden ist, einen Anspruch auf die Rückgewähr.

Gebühren: Des Gerichts KV 1149, 1181; des RA §§ 57, 58 I BRAGO.

2) VwGO: *Entsprechend anwendbar im Rahmen der Grdz 4 § 803.*

840 *Erklärungspflicht des Drittschuldners.* [I] Auf Verlangen des Gläubigers hat der Drittschuldner binnen zwei Wochen, von der Zustellung des Pfändungsbeschlusses an gerechnet, dem Gläubiger zu erklären:

1. ob und inwieweit er die Forderung als begründet anerkenne und Zahlung zu leisten bereit sei;
2. ob und welche Ansprüche andere Personen an die Forderung machen;
3. ob und wegen welcher Ansprüche die Forderung bereits für andere Gläubiger gepfändet sei.

[II] Die Aufforderung zur Abgabe dieser Erklärungen muß in die Zustellungsurkunde aufgenommen werden. Der Drittschuldner haftet dem Gläubiger für den aus der Nichterfüllung seiner Verpflichtung entstehenden Schaden.

[III] Die Erklärungen des Drittschuldners können bei Zustellung des Pfändungsbeschlusses oder innerhalb der im ersten Absatz bestimmten Frist an den Gerichtsvollzieher erfolgen. Im ersteren Fall sind sie in die Zustellungsurkunde aufzunehmen und von dem Drittschuldner zu unterschreiben.

Schrifttum: Lang, Die Erklärung des Drittschuldners nach § 840 Abs. 1 (Ziff. 1) ZPO, Diss Freib/Br 1982; Linke ZZP **87**, 284; Pudershausen, Die Klagemöglichkeiten nach § 840

ZPO, Diss Heidelb 1975; Sühr, Bearbeitung von Pfändungsbeschluß und Drittschuldnererklärung, 1982.

1) Aufforderung zur Erklärung, I, II. A. Allgemeines. Der Drittschuldner kann von sich aus gegenüber dem Gläubiger die Erklärung abgeben, daß der Schuldner keine Forderung habe. Der Drittschuldner kann dem Gläubiger gleichzeitig gemäß § 843 eine Frist setzen, BGH **69**, 150. Der Gläubiger kann den Drittschuldner zur Erteilung einer Auskunft auffordern. Der Drittschuldner hat dann eine rein prozessuale Pflicht zur Abgabe der gewünschten Erklärung, Schumann NJW **82**, 1272, ZöSche II, insofern aM zB Köln MDR **78**, 941. Der Gläubiger hat also insofern keinen einklagbaren Anspruch gegen den Drittschuldner, LG Nürnb-Fürth ZZP **96**, 118 mwN (im Ergebnis zustm Waldner), wohl aber einen Anspruch gegen den Vollstreckungsschuldner auf die Erteilung einer entsprechenden Auskunft usw, § 936 Anm 3 A.

Voraussetzung für diese Pflicht ist, daß der Pfändungsbeschluß zugestellt wurde, BGH **68**, 291, und zwar dem Drittschuldner, § 185 Anm 1, § 829 Anm 3 B. Eine Vorpfändung nach § 845 reicht nicht aus, Gaul Festschrift für die Sparkassenakademie (1978) 106 mwN. Eine Überweisung braucht aber nicht erfolgt zu sein, BGH **68**, 291. Das Gericht kann die Erklärung ebensowenig wie der Gläubiger erzwingen, zB Mü NJW **75**, 175, LG Bln Rpfleger **78**, 65 mwN, LG Mainz NJW **73**, 1134, LAG Köln MDR **65**, 239, Olschewski MDR **74**, 714, StJM IV 1, aM zB Köln MDR **78**, 941, LAG Stgt BB **68**, 1398, LG Mü NJW **65**, 1185, Feiber DB **78**, 477, Linke ZZP **87**, 293 mwN, grds offen BGH DB **80**, 830 mwN. Einer Klage auf die Abgabe der Erklärung kann das Rechtsschutzbedürfnis fehlen, BGH **68**, 289 und DB **80**, 830, aM Köln MDR **78**, 941.

Denn der Gläubiger muß bedenken: **a)** Er kann sofort auf die Leistung klagen, LG Brschw MDR **55**, 490. In einem solchen Fall treffen den Drittschuldner allerdings dann, wenn er vorher geschwiegen hat, selbst für den Fall die Kosten, daß er den Gläubiger durch einen Nachweis des Fehlens einer Forderung zu einer Erledigungserklärung veranlaßt, Schmidt JR **51**, 558; **b)** bei einem Arrest würde eine Auskunft nicht weiterhelfen, BGH **68**, 292.

Die Auskunft hat für den Gläubiger deshalb eine Bedeutung, weil sie oft erst diejenigen Unterlagen gibt, die er für sein weiteres Verhalten benötigt.

B. Zustellung. Der Gläubiger muß die Aufforderung in die Zustellungsurkunde aufnehmen. Sonst entfällt jede Haftung, sofern der Drittschuldner nicht etwa freiwillig eine falsche Auskunft erteilt und den Anschein erweckt, er wolle seine Pflicht nach § 840 damit erfüllen. Natürlich darf die Post die Auskunft nicht etwa dann aufnehmen, wenn sie die Aufforderung dem Drittschuldner zustellt. Denn in einem solchen Fall ist III undurchführbar, LG Tüb MDR **74**, 677. Eine öffentliche Zustellung der Aufforderung ist nicht zulässig. Wegen einer Zustellung im Ausland s § 828 Anm 1. Wenn die Zustellungsurkunde keine Aufforderung enthielt, dann kann der Gläubiger die Aufforderung dem Drittschuldner nachträglich zustellen lassen. Die 2-Wochen-Frist beginnt dann erst mit dieser nachträglichen Zustellung. Eine einstweilige Einstellung der Zwangsvollstreckung läßt die Erklärungspflicht des Drittschuldners unberührt.

2) Erklärungen, I–III. A. Form und Frist. Der Drittschuldner muß seine Erklärung binnen 2 Wochen seit der Zustellung des Pfändungsbeschlusses an ihn abgeben. Die Frist wird nach § 222 berechnet. Die Erklärung wird wie folgt abgegeben: **a)** Entweder dem Gläubiger gegenüber schriftlich; **b)** oder dem Gerichtsvollzieher gegenüber mündlich im Zeitpunkt der Zustellung des Pfändungsbeschlusses, LAG Hann NJW **74**, 768, schriftlich oder zum Protokoll des Gerichtsvollziehers nach der Zustellung.

Auch bei der Entgegennahme der Erklärung des Drittschuldners handelt der Gerichtsvollzieher als eine Amtsperson und nicht als ein Vertreter des Gläubigers. Der Gerichtsvollzieher muß die mündliche Erklärung des Drittschuldners beurkunden und sie sich vom Drittschuldner unterschreiben lassen, Ffm DGVZ **78**, 157. Wenn der Drittschuldner die Erklärung bereits im Zeitpunkt der Zustellung des Pfändungsbeschlusses abgibt, läßt sich der Gerichtsvollzieher die Unterschrift auf der Zustellungsurkunde geben. Andernfalls muß der Gerichtsvollzieher eine besondere Urkunde zur Unterschrift vorlegen. Der Gerichtsvollzieher braucht den Drittschuldner aber nur dann zum Zwecke seiner Unterschrift aufzusuchen, wenn er den Pfändungsbeschluß dem Drittschuldner selbst zugestellt hatte, AG Würzb DGVZ **77**, 78, so wohl auch Ffm DGVZ **78**, 157, Hamm DGVZ **77**, 188, LG Arnsbach DGVZ **77**, 155. Der Drittschuldner darf seine Erklärung durch einen Vertreter abgeben, zB durch einen Anwalt, Olschewski MDR **74**, 714.

Wenn der Drittschuldner die Unterschrift verweigert, gilt das grundsätzlich als eine Verweigerung der Erklärung.

B. Inhalt. Der Drittschuldner muß seine Erklärung auf alle diejenigen Punkte erstrecken, die in der Aufforderung des Gläubigers enthalten sind. Der Drittschuldner braucht sich also nicht über solche Fragen zu äußern, die in I Z 1–3 nicht genannt sind, BGH DB **80**, 830, vgl Brschw NJW **62**, 2308, krit Bauer JB **75**, 437. Allerdings kann zB eine Bank eine erweiterte Darlegungslast haben, BGH **80**, 29. Auch diese zwingt aber nicht zur Wiederholung oder Ergänzung einer schon ausreichend erteilten Auskunft, BGH **86**, 29. Bei einem Anhaltspunkt für die Unrichtigkeit der erhaltenen „Auskunft" kann der Gläubiger grundsätzlich nur nach II vorgehen, BGH **86**, 31.

a) Anerkennung, Z 1. Die Anerkennung der Forderung „als begründet" ist weder ein konstitutives Schuldanerkenntnis im Sinne von § 781 (so meint allerdings „unter Umständen" Pal-Thomas dort 2c), noch ist sie ein deklaratorisches Schuldanerkenntnis (so meinen allerdings zB Brschw NJW **77**, 1888, ferner „in der Regel" Mü NJW **75**, 174 mwN). Es handelt sich vielmehr um eine rein tatsächliche Auskunft, eine Wissenserklärung ohne einen selbständigen Verpflichtungswillen, BGH **83**, 308 mwN, Gaul Festschrift für die Sparkassenakademie (1978) 117. Man kann diese Auskunft nur als ein Indiz verwerten. Deshalb verliert der Drittschuldner sein Aufrechnungsrecht nicht.

Der Drittschuldner kann die Erklärung auch widerrufen. Er muß aber dann beweisen, daß die Voraussetzungen einer Anerkennung nicht vorgelegen haben, BGH **69**, 332, abw Flieger MDR **78**, 798 (er sei nur dann beweispflichtig, wenn er erst während des Prozesses widerrufe oder wenn der Vollstreckungsgläubiger auf die Erklärung vertraut habe). Ein Anerkenntnis gegenüber dem Gläubiger unterbricht die Verjährung, falls das Anerkenntnis nach dem Zeitpunkt erklärt wurde, in dem die Forderung wirksam zur Einziehung überwiesen wurde, BGH NJW **78**, 1914, aM Marburger JR **72**, 15.

b) Ansprüche anderer, Z 2. Der Drittschuldner muß auch zu solchen Ansprüchen eine Erklärung abgeben.

c) Pfändung für andere, Z 3. Eine bloße Angabe der Gesamtsumme reicht nicht aus, LAG Hann NJW **74**, 768.

C. Kostenerstattung. Der Gläubiger muß dem Drittschuldner die Kosten der Erklärung vergüten (es sind unter anderem die §§ 261 III, 268 II, 811 II BGB entsprechend anwendbar), AG Offenbach AnwBl **82**, 386 mwN, aM zB AG Bad Bramstedt MDR **81**, 854 mwN, Schalhorn JB **73**, 189; zum Problem Cebulka AnwBl **79**, 409. Der Drittschuldner hat aber wegen dieser Kosten kein Zurückbehaltungsrecht, Gutzmann BB **76**, 700, Linke ZZP **87**, 289. Der Gläubiger kann die dem Drittschuldner erstatteten Erklärungskosten als einen Teil der Kosten der Zwangsvollstreckung vom Schuldner beitreiben, vgl § 788 Anm 5 „Drittschuldner", aM LG Mü NJW **63**, 1509. Der Drittschuldner hat keinen Anspruch gegen den Gläubiger auf die Erstattung derjenigen Kosten, die beim Drittschuldner durch die Bearbeitung einer Lohnpfändung entstehen, Gutzmann BB **76**, 700.

3) Ersatzpflicht, II. Der Gläubiger kann gegen den Drittschuldner keine Klage auf die Erteilung einer Auskunft erheben, Anm 1 A. Der Gläubiger kann den Drittschuldner erst recht nicht im Wege der Zwangsvollstreckung zu einer Auskunft zwingen. Der Drittschuldner haftet aber dem Gläubiger dann, wenn er die erforderliche Erklärung nicht abgibt, auf einen Schadensersatz, sofern der Drittschuldner schuldhaft handelte, BGH **79**, 275 mwN, Mü JB **76**, 971, Benöhr NJW **76**, 175, aM StJM IV 1.

Auch eine schuldhaft verspätete, unrichtige oder unvollständige Auskunft, auch über den Grund der Nichtanerkennung, insofern aM Mü JB **76**, 972 mwN, macht den Drittschuldner ersatzpflichtig, BGH MDR **83**, 308 mwN, AG Offenbach AnwBl **81**, 115, LAG Hamm NJW **74**, 768. Der Drittschuldner ist dafür beweispflichtig, daß ihn an der Nichterfüllung seiner Auskunftspflicht kein Verschulden trifft, BGH **79**, 275 mwN.

Der Gläubiger kann aber seinen Schaden auch selbst zu tragen haben, wenn er seine Interessen nicht ausreichend verfolgt, etwa wegen des Verzichts auf eine weitere Zwangsvollstreckungsmaßnahme, BGH MDR **83**, 308.

Der Gläubiger kann die Anwaltskosten, die aus einer Drittschuldnerklage entstehen, unabhängig von § 12a I 1 ArbGG geltend machen, LG Tüb NJW **82**, 1890 mwN, aM BAG AnwBl **78**, 310, und gegen die Forderung des Drittschuldners auf die Erstattung seiner Prozeßkosten in jenem Rechtsstreit aufrechnen, insofern aM BGH **79**, 276. Der Gläubiger kann auch im Prozeß den Schaden infolge einer mangelhaften Auskunftserteilung des Drittschuldners durch eine Klagänderung geltend machen, BGH **79**, 276. Er muß den Schaden dann natürlich genau beziffern, BAG MDR **68**, 793, LAG Hamm MDR **82**, 695 mwN.

Die Kosten eines Rechtsstreits zur Hauptsache im Anschluß an ein Arrestverfahren gehören nicht zum Schaden nach II 2, BGH **68**, 294. Ebensowenig gehört hierhin der Schaden, den der Gläubiger dadurch erleidet, daß die Forderung nicht besteht oder mit einer Einrede behaftet ist, BGH **69**, 332. Der Gläubiger kann auch die Hauptsache für erledigt erklären, sobald sich die Aussichtslosigkeit ergibt, und er kann den Antrag stellen, dem etwa schuldhaft handelnden Drittschuldner die Kosten aufzuerlegen, LAG Hann NJW **74**, 768, insofern aM BGH **79**, 276 (er hält eine Klage auf die Feststellung der Verpflichtung des Drittschuldners zum Ersatz des dem Gläubiger entstandenen Schadens für zulässig und läßt eine entsprechende Klageänderung zu, im Ergebnis zustm Olzen JR **81**, 246), LAG Hamm MDR **82**, 695. Notfalls muß der Gläubiger seinen Schaden in einem besonderen Rechtsstreit oder im Weg einer Klagänderung geltend machen, so insbesondere BGH **79**, 276 mwN, ferner Celle NdsRpfl **58**, 155.

Wer als Drittschuldner eine Erklärung unterläßt, gibt dem Gläubiger einen Anlaß zur Erhebung der Klage, § 93. Man darf aber daraus, daß der Drittschuldner seine Erklärung unterläßt oder nur mangelhaft abgibt, keine Folgerungen tatsächlicher Art ziehen. Für die Frage, ob der Gläubiger Schadensersatz vom Drittschuldner fordern kann, ist ein etwaiges Mitverschulden des Gläubigers beachtlich, Benöhr NJW **76**, 175.

4) VwGO: Entsprechend anwendbar im Rahmen der Grdz 4 § 803. Nach § 169 I VwGO, § 5 VwVG gilt § 316 AO 1977.

841 Pflicht zur Streitverkündung.
Der Gläubiger, der die Forderung einklagt, ist verpflichtet, dem Schuldner gerichtlich den Streit zu verkünden, sofern nicht eine Zustellung im Ausland oder eine öffentliche Zustellung erforderlich wird.

1) Verkündungspflicht. Wenn der Gläubiger auf Grund eines Pfändungs- oder Überweisungsbeschlusses den Drittschuldner auf die Feststellung von dessen Leistungspflicht oder auf die Leistung verklagt, dann muß der Gläubiger dem Schuldner den Streit verkünden, sofern nicht die Streitverkündung öffentlich oder im Ausland zuzustellen wäre. Aus der Sachlage folgt, daß der Gläubiger aber nicht dazu berechtigt ist, zweckdienliche Maßnahmen des beigetretenen Schuldners zu durchkreuzen. Der Gläubiger darf zB nicht auf ein Beweismittel verzichten.

Ein Verstoß gegen § 841 oder gegen die eben aufgestellte Regel verpflichtet den Gläubiger zum Schadensersatz gegenüber dem Schuldner. Ein etwaiges Verschulden seines Anwalts gilt, wie stets im Prozeß, als ein Verschulden der Partei, § 85 II. Wenn der Gläubiger dem Schuldner den Streit nicht verkündet hatte, dann muß er beweisen, daß der Prozeß auch im Falle einer ordnungsgemäßen Streitverkündung und dann verlorengegangen wäre, wenn infolgedessen ein weiteres Vorbringen möglich gewesen wäre. Wenn der Gläubiger Maßnahmen des Schuldners durchkreuzt, dann muß der Schuldner die Ursächlichkeit dieser Störungen für seinen Schaden beweisen.

In keinem Fall kann der Drittschuldner aus solchen Vorgängen etwas für sich herleiten. § 841 beruht auf der Sorgfaltspflicht des Pfändungspfandgläubigers. Demgegenüber begründet ein Urteil im Prozeß des Gläubigers gegen den Drittschuldner keine Rechtskraft hinsichtlich des Schuldners.

Vgl ferner § 316 III AO 1977.

2) VwGO: Entsprechend anwendbar in allen Fällen der Vollstreckung wegen Geldforderungen, Grdz 4 § 803, auch nach § 5 VwVG: § 316 III AO 1977.

842 Verzögerte Beitreibung.
Der Gläubiger, der die Beitreibung einer ihm zur Einziehung überwiesenen Forderung verzögert, haftet dem Schuldner für den daraus entstehenden Schaden.

1) Verzögerung. Wer sich eine Forderung zur Einziehung überweisen läßt, der muß die Forderung unverzüglich, also ohne ein schuldhaftes Säumen beitreiben, dh gerichtlich oder außergerichtlich geltend machen. Eine Verzögerung begründet eine Ersatzpflicht. Im Falle einer Überweisung an Zahlungs Statt ist § 842 nicht anwendbar. Denn die Überweisung an Zahlungs Statt befriedigt den Gläubiger; eine Verzögerung schädigt daher nur ihn.

Vgl ferner § 316 IV IV 1977.

2) VwGO: Entsprechend anwendbar in allen Fällen der Vollstreckung wegen Geldforderungen, Grdz 4 § 803, auch nach § 5 VwVG: § 316 III AO 1977.

1. Titel. Zwangsvollstr. in das bewegl. Vermögen §§ 843, 844 1, 2

843 *Verzicht des Pfandgläubigers.* Der Gläubiger kann auf die durch Pfändung und Überweisung zur Einziehung erworbenen Rechte unbeschadet seines Anspruchs verzichten. Die Verzichtleistung erfolgt durch eine dem Schuldner zuzustellende Erklärung. Die Erklärung ist auch dem Drittschuldner zuzustellen.

1) Verzicht. Der Gläubiger darf auf die Rechte aus einem Pfändungs- oder Überweisungsbeschluß jederzeit verzichten. Ein Verzicht auf das Recht aus der Pfändung vernichtet ohne weiteres das Recht aus der Überweisung. Ein Verzicht auf das Recht aus der Überweisung beseitigt aber nicht automatisch das Recht aus der Pfändung. Der Gläubiger muß seine Verzichtserklärung dem Schuldner und dem Drittschuldner im Parteibetrieb zustellen. Der Verzicht wird schon im Zeitpunkt der Zustellung dieser Erklärung an den Schuldner wirksam. Die bloße Zustellung an den Drittschuldner läßt die Wirksamkeit der Pfändung unberührt.
Mit dem Verzicht erlöschen die Rechte. Eine förmliche Aufhebung des Beschlusses ist zwar entbehrlich, aber doch wünschenswert. Denn sie schafft klare Verhältnisse (vgl StJM II: Unzulässigkeit mangels Rechtsschutzbedürfnisses). Je nach Lage des Falles kann auch ein sachlichrechtlicher Verzicht in Form einer einfachen Erklärung genügen. § 843 zeigt nur den unbedingt richtigen Weg, BGH **86**, 338 mwN. Mit dem Verzicht verliert der klagende Gläubiger seine Sachbefugnis. Es sind auch ein Teilverzicht oder eine Stundung zulässig. Diese dürfen aber nicht auf Kosten eines nachrangigen Gläubigers erklärt werden, Grdz 3 E b cc vor § 704, § 804 Anm 4 B. Wenn der Gläubiger trotz einer Aufforderung des Drittschuldners, § 840 Anm 1 A, den Verzicht nicht innerhalb einer angemessenen Frist über den Drittschuldner erklärt, dann kann der Drittschuldner eine diesbezügliche leugnende Feststellungsklage erheben, BGH **69**, 152.
Vgl auch § 316 IV AO 1977.

2) *VwGO*: *Entsprechend anwendbar in allen Fällen der Vollstreckung wegen Geldforderungen, Grdz 4 § 803, auch nach § 5 VwVG: § 316 III AO 1977.*

844 *Andere Art der Verwertung.* ᴵ Ist die gepfändete Forderung bedingt oder betagt oder ist ihre Einziehung wegen der Abhängigkeit von einer Gegenleistung oder aus anderen Gründen mit Schwierigkeiten verbunden, so kann das Gericht auf Antrag an Stelle der Überweisung eine andere Art der Verwertung anordnen.

ᴵᴵ Vor dem Beschluß, durch welchen dem Antrag stattgegeben wird, ist der Gegner zu hören, sofern nicht eine Zustellung im Ausland oder eine öffentliche Zustellung erforderlich wird.

1) Zulässigkeit, I. § 844 läßt eine anderweitige Verwertung einer gepfändeten Forderung nur auf Grund einer Anordnung des Gerichts zu. Das Gericht muß folgende Voraussetzungen beachten: **a)** Die Forderung muß betagt oder bedingt sein. Dies kann der Fall sein, wenn sie erst künftig fällig wird; **b)** oder: Die Forderung muß von einer Gegenleistung abhängig sein; **c)** oder: Die Einziehung der Forderung muß aus anderen Gründen ungewöhnlich schwierig sein, etwa wegen eines Konkurses des Drittschuldners. Eine Vereinbarung zwischen dem Gläubiger und dem Schuldner ist kein ausreichender Grund zu einer anderweitigen Verwertung.
Eine freiwillige Verpfändung steht im allgemeinen einer Pfändung gleich. Es wäre nicht sinnvoll, erneut zu pfänden. Bei einer Hypothek muß aber ein Vollstreckungstitel vorliegen, der die Pflicht des Schuldners enthält, die Zwangsvollstreckung zu dulden; Ein bloßes Zahlungsurteil reicht nicht aus. Die Anordnung einer anderweitigen Art der Verwertung ersetzt den Überweisungsbeschluß. Die Anordnung darf daher unter anderem nur dann ergehen, wenn die Voraussetzungen des Überweisungsbeschlusses noch vorliegen. Die Anordnung des Gerichts ist noch nach einer Überweisung zur Einziehung zulässig, nicht aber nach einer Überweisung nur an Zahlungs Statt. Das Gericht darf seine Anordnung nur in derjenigen Höhe treffen, in der die Pfändung wirksam erfolgte.

2) Verwertung, I. Vor allem sind die Anordnung eines freihändigen Verkaufs oder die Anordnung der Versteigerung der Forderung statthaft. Beide Maßnahmen werden entweder vom Gerichtsvollzieher oder von einer anderen Person vorgenommen, die das Gericht zu bestimmen hat. Diese Personen müssen die vom Gericht erlassenen Vorschriften beachten. Wenn solche Vorschriften fehlen, geht der Gerichtsvollzieher entsprechend §§ 816 ff vor, dazu Noack MDR **70**, 890, im übrigen nach dem BGB. Im Falle eines freihändigen

Verkaufs erlangt der Erwerber das Eigentum an der Sache auf Grund eines Vertrags nach dem bürgerlichen Recht. Der Versteigerer verkauft die Forderung dem Erwerber. Es handelt sich also um ein Privatrechtsgeschäft. Daher sind bei einer Hypothek die §§ 892 ff BGB anwendbar, BGH JZ **64**, 772.

Bei einem indossablen Papier, namentlich bei einem Wechsel, genügen zum Erwerb die Erteilung des Zuschlags und die Übergabe des Wechsels ohne Indossament. Im Falle der Versteigerung einer Hypothek ersetzt der Zuschlag die Abtretungserklärung. Bei einer Teilversteigerung ist ein Teilhypothekenbrief zu bilden. Der Gläubiger darf mitbieten. Der Erlös wird entsprechend § 819 abgeführt. Eine erlaubte freihändige Veräußerung der Hypothek ermöglicht einen gutgläubigen Erwerb ebenso wie ein Beschluß auf eine Überweisung an Zahlungs Statt an den Veräußerer, Pal-Bassenge § 1155 BGB Anm 3b. Es ist auch eine Überweisung an Zahlungs Statt zum Schätzungswert zulässig. Diese Überweisung befriedigt den Gläubiger in Höhe dieses Werts.

3) Verfahren, II. A. Allgemeines. Der Gläubiger oder der Schuldner muß einen Antrag stellen. Wenn ein im Anschluß pfändender Gläubiger den Antrag stellt, dann kann der frühere Gläubiger nicht nach § 771 eine Widerspruchsklage erheben, sondern er kann die Erinnerung nach § 766 einlegen. Der Antragsteller muß nachweisen, daß eine Pfändung stattgefunden hat. Zur Entscheidung über den Antrag ist der Rpfl des Vollstreckungsgerichts zuständig, § 20 Z 17 RPflG, Anh § 153 GVG. Eine sachliche Unzuständigkeit des Vollstreckungsgerichts macht die Anordnung und die Verwertung unrechtmäßig. Zur Anordnung besteht dann, wenn sie angebracht ist, eine Amtspflicht, § 825 Anm 2 A. Das Gericht darf und muß den Wert selbst schätzen und dazu evtl einen Sachverständigen hinzuziehen, LG Krefeld Rpfleger **79**, 147, StJM III 1a, aM LG Essen NJW **57**, 108 (es meint, § 813 sei anwendbar).

B. Anhörung des Gegners. Das Vollstreckungsgericht muß den Antragsgegner, also je nach der Sachlage den Gläubiger oder den Schuldner, nur dann anhören, wenn es dazu neigt, dem Antrag stattzugeben. Selbst in diesem Fall ist eine Anhörung nicht erforderlich, wenn die Entscheidung im Ausland oder öffentlich zuzustellen wäre. Eine Anhörung des Drittschuldners ist in keinem Fall vorgeschrieben. Es ist allerdings immer zweckmäßig, alle Beteiligten anzuhören, um einen unberechtigten Eingriff zu vermeiden.

C. Entscheidung. Ein ablehnender Beschluß ist dem Antragsteller förmlich zuzustellen, § 329 III. Ein anordnender Beschluß wird dem Gläubiger und dem Schuldner förmlich zugestellt. Er sollte zweckmäßigerweise dem Drittschuldner formlos mitgeteilt werden. Kosten: § 788, Mü Rpfleger **74**, 320.

D. Rechtsbehelfe. Jeder Beschwerte, vgl Ffm BB **76**, 1147 mwN, kann die befristete Erinnerung einlegen, soweit das Vollstreckungsgericht seine Entscheidung auf Grund einer Anhörung des Antragsgegners getroffen hat, § 11 I 2 RPflG, Anh § 153 GVG, LG Limbg DGVZ **76**, 88. Wenn das Vollstreckungsgericht ohne eine solche Anhörung entschieden hatte, ist die einfache Erinnerung nach § 766 zulässig, § 793 Anm 1 Aa.

4) VwGO: Entsprechend anwendbar im Rahmen der Grdz 4 § 803. Nach § 169 I VwGO, § 5 VwVG gilt § 317 AO 1977.

845

Vorpfändung. ¹ Schon vor der Pfändung kann der Gläubiger auf Grund eines vollstreckbaren Schuldtitels durch den Gerichtsvollzieher dem Drittschuldner und dem Schuldner die Benachrichtigung, daß die Pfändung bevorstehe, zustellen lassen mit der Aufforderung an den Drittschuldner, nicht an den Schuldner zu zahlen, und mit der Aufforderung an den Schuldner, sich jeder Verfügung über die Forderung, insbesondere ihrer Einziehung, zu enthalten. Der Gerichtsvollzieher hat die Benachrichtigung mit den Aufforderungen selbst anzufertigen, wenn er von dem Gläubiger hierzu ausdrücklich beauftragt worden ist. Der vorherigen Erteilung einer vollstreckbaren Ausfertigung und der Zustellung des Schuldtitels bedarf es nicht.

ᴵᴵ Die Benachrichtigung an den Drittschuldner hat die Wirkung eines Arrestes (§ 930), sofern die Pfändung der Forderung innerhalb drei Wochen bewirkt wird. Die Frist beginnt mit dem Tage, an dem die Benachrichtigung zugestellt ist.

Schrifttum: Noack DGVZ **74**, 161.

Vorbem. I 2 eingefügt, bisheriger I 2 zu I 3 dch Art 1 Z 3 G v 1. 2. 79, BGBl 127, in Kraft seit 1. 7. 79, Art 6.

1) Voraussetzungen, I. A. Allgemeines. § 845 will dem Gläubiger einen Schaden ersparen, der ihm durch die Verzögerung einer gerichtlichen Pfändung entstehen könnte. Deshalb ist die Vorschrift nicht anwendbar, wenn nicht das Gericht pfändet, sondern der Gerichtsvollzieher, also bei einem indossablen Papier, § 831. Dagegen ist § 845 auch auf die Pfändung eines Herausgabeanspruchs sowie dann anzuwenden, wenn ein Drittschuldner fehlt, ferner dann, wenn es um eine Hypothekenforderung geht, Anm 3.

Die Ankündigung einer künftigen Anfechtung nach § 4 AnfG ist der Vorpfändung ähnlich, hat aber doch andere, nicht so weitreichende Wirkungen, BGH NJW **83**, 1739.

B. Vollstreckungstitel. Zugunsten des Gläubigers muß ein vorläufig vollstreckbarer Schuldtitel bestehen; ein körperlicher Besitz ist nicht erforderlich, LG Ffm Rpfleger **83**, 32 mwN. Ein Arrestbefehl oder eine einstweilige Verfügung genügen. Eine sofortige Zwangsvollstreckung muß statthaft sein. Infolgedessen muß ein befristeter Kalendertag abgelaufen sein, § 751 I; es muß eine etwa erforderliche Sicherheit geleistet worden sein; im Falle einer Verurteilung Zug um Zug muß das bisherige Verfahren nach § 765 abgelaufen sein, Mümmler JB **75**, 1415. Eine vollstreckbare Ausfertigung des Vollstreckungstitels braucht nicht vorzuliegen.

Der Vollstreckungstitel und die nach § 750 zuzustellenden Urkunden brauchen hier noch nicht zugestellt worden zu sein. Bei einem Anspruch auf eine Kostenerstattung genügt der Kostenfestsetzungsbeschluß, nicht aber das zugrunde liegende Urteil. Im Falle einer Vorpfändung gegen einen Rechtsnachfolger ist eine Umschreibung des Vollstreckungstitels auf den Nachfolger entbehrlich. Die vorzupfändende Forderung muß im Zeitpunkt der Zustellung der Vorpfändung an den Drittschuldner bereits pfändbar sein.

§ 46 VII AO 1977 erlaubt grundsätzlich eine Vorpfändung. Die Vorpfändung eines Anspruchs auf eine Steuererstattung ist vor dem Ende des Steuerjahres kaum sinnvoll, Wilke NJW **78**, 2381, vgl § 829 Anm 1 A; zur Problematik auch Alisch/Voigts Rpfleger **80**, 10.

2) Vornahme, I 1. Für eine wirksame Vorpfändung sind folgende Maßnahmen vorgeschrieben:

A. Benachrichtigung. Der Drittschuldner und der Schuldner müssen von der bevorstehenden Pfändung benachrichtigt werden. Die Benachrichtigung muß den vollstreckbaren Titel angeben, die Forderung eindeutig kennzeichnen und ferner angeben, daß die Voraussetzungen der Anm 1 erfüllt seien. Ein Nachweis ist in diesem Fall nicht erforderlich. Es reicht aus, daß eine Nachprüfung möglich ist. Ungenauigkeiten bei der Bezeichnung der Forderung schaden hier ebenso viel oder wenig wie bei einer Pfändung, s § 829 Anm 2 A und C a, abw Düss MDR **74**, 409 (eine Auslegung könne nur aus der Urkunde heraus stattfinden).

B. Aufforderung. Der Drittschuldner muß aufgefordert werden, nicht an den Schuldner zu zahlen. Die gleichfalls vorgeschriebene Aufforderung an den Schuldner, sich jeder Verfügung über die Forderung zu enthalten, ist für die Wirksamkeit der Vorpfändung ebenso unwesentlich wie für die Wirksamkeit der Pfändung, § 829 Anm 2 C b. Wenn der Gläubiger die Aufforderung versäumt, kann er sich indessen ersatzpflichtig machen.

C. Zustellung. Der Gläubiger muß diese Erklärungen im Parteibetrieb durch den Gerichtsvollzieher dem Drittschuldner und dem Schuldner zustellen lassen. Eine öffentliche Zustellung ist wirkungslos. Die Zustellung an den Drittschuldner ist wesentlich. Sie bestimmt auch den Zeitpunkt des Wirksamwerdens der Vorpfändung. Die Zustellung an den Schuldner hat nur für einen etwaigen schlechten Glauben des Schuldners eine Bedeutung, s § 829 Anm 3, 4 A.

Wenn ein wesentliches Merkmal fehlt, dann ist die Vorpfändung unwirksam, insofern auch LG Kblz MDR **83**, 588. Freilich kann eine Mängelheilung eintreten, § 187 Anm 1, Grdz 8 Cb vor § 704, AG Biedenkopf MDR **83**, 588.

3) Anfertigung durch den Gerichtsvollzieher, I 2. Der Gerichtsvollzieher darf die Benachrichtigung mit den Aufforderungen selbst anfertigen. Denn er hat oft am ehesten und besten eine Kenntnis der pfändbaren Forderungen des Schuldners und kann die Zwangsvollstreckung durch einen schnelleren Zugriff auf die Forderungen wirksamer gestalten, BRDrs 193/77. Der Gerichtsvollzieher darf aber die Benachrichtigung und die Aufforderungen nur auf Grund eines ausdrücklichen Auftrags des Gläubigers vornehmen.

Der Gerichtsvollzieher darf also nicht schon im bloß angenommenen Einverständnis des Gläubigers und ebensowenig auf Grund eines nach seiner Meinung stillschweigenden Auftrags vorgehen. Die Anfertigung der Benachrichtigung durch den Gerichtsvollzieher ist also keineswegs mehr ohne einen ausdrücklichen Auftrag des Gläubigers zulässig. Ein Verstoß gegen diese Vorschrift mag freilich die Zwangsvollstreckung als einen Staatsakt trotzdem zunächst wirksam lassen, Grdz 8 C b, c vor § 704. Trotz eines Auftrags des Gläubigers erfolgen bei einer Zwangsvollstreckung im Rahmen des § 857 keine Maßnahmen nach I 2, wie § 857 VII klarstellt. Zu den Einzelfragen Gilleßen/Jacobs DGVZ **79**, 103, abw Münzberg DGVZ **79**, 161.

4) Wirkung, II. A. Fristabhängigkeit. Die Vorpfändung wirkt vom Zeitpunkt der Zustellung an den Drittschuldner an wie eine Arrestpfändung, § 930, also wie ein vollzogener Arrest, wie eine Beschlagnahme, vgl BGH NJW **83**, 1739. Diese Wirkung tritt aber nur dann ein, wenn die Pfändung binnen 3 Wochen nachfolgt. Es ist umstritten, wie diese Regelung zu verstehen sei. Man nimmt am besten ein auflösend bedingtes Pfandrecht an. Hamm Rpfleger **71**, 113 geht von einem aufschiebend bedingten Pfandrecht aus, hält aber die Vorpfändung nicht mehr für anfechtbar, außer wenn es sich um ihre rangsichernde Wirkung handele. Die Bedingung entfällt mit einer fristgemäßen Pfändung, also mit der Zustellung des Pfändungsbeschlusses an den Drittschuldner. Das Pfandrecht hat also den Rang der Vorpfändungszeit.

Eine Verfügung über die Sache nach dem Zeitpunkt der Vorpfändung und vor der Pfändung ist dem Gläubiger gegenüber unwirksam. Für eine Anfechtung der Pfändung im Konkurs ist der Zeitpunkt der Vorpfändung maßgebend. Die Vorpfändung, die vor der Sperrfrist des § 28 VglO vorgenommen wurde, gilt nach §§ 27, 28 VglO für das Vergleichsverfahren als nicht bestehend. Im Falle einer Hypothekenforderung ist weder eine Übergabe des Hypothekenbriefs noch eine Eintragung erforderlich; diese Maßnahmen sind erst zur endgültigen Pfändung notwendig.

B. Frist von 3 Wochen. Sie beginnt im Zeitpunkt der Zustellung der Vorpfändung an den Drittschuldner. Sie wird nach §§ 222 ZPO, 187 I BGB berechnet, s § 222 Anm 2. Sie kann nicht verlängert werden, § 224. Wenn der Gläubiger die Vorpfändung wiederholt, dann läuft eine neue Frist. Diese Frist beginnt mit der neuen Zustellung und begründet ein auflösend bedingtes Pfandrecht.

C. Pfändung. Sie ist im Grunde nichts anderes als der Ausspruch, das durch die Vorpfändung begründete Pfandrecht bestehe zu Recht, insofern auch LG Kblz MDR **83**, 588. Sie wirkt rechtsbestätigend. Sie muß sich auf dieselbe Forderung beziehen wie die Vorpfändung. Alle Veränderungen, die anschließend eintreten, stören die Wirksamkeit der Vorpfändung nicht, soweit sie nicht die Pfändung ausschließen und dadurch den Fristablauf herbeiführen. Es sind zB eine Veräußerung der Forderung und der Zuschlag in der Zwangsversteigerung im Falle einer Mietvorpfändung unbeachtlich.

Wenn die Pfändung wegen der Eröffnung des Konkursverfahrens oder der Anordnung eines Vergleichsverfahrens oder der Beschlagnahme in der Liegenschaftszwangsvollstreckung unzulässig wird, dann verliert auch die Vorpfändung ihre Wirkung. Dies gilt auch im Falle einer dauernden und nicht nur zeitweiligen Einstellung der Zwangsvollstreckung. Die Überweisung verlangt immer eine endgültige Pfändung.

D. Bedingter Arrest. Die Vorpfändung wirkt wie ein bedingter Arrest. Daher ist sie eine Vollstreckungsmaßnahme, Düss NJW **75**, 2210, LG Detmold KTS **77**, 127. Deshalb ist auch die Vorpfändung während eines Konkursverfahrens über das Vermögen des Schuldners unzulässig. Die Eigenart der Vorpfändung liegt darin, daß sie als eine private Maßnahme gleichwohl eine öffentlichrechtliche Wirkung hat. Die Wartefrist des § 798 gilt bei der Vorpfändung nicht, BGH NJW **82**, 1150 mwN, KG MDR **81**, 412, vgl LG Ffm Rpfleger **83**, 32, aM Wiecz A II b 1 mwN. Eine Aufforderung zur Erklärung nach § 840 ist im Falle einer Vorpfändung unzulässig.

Kosten einer zulässigen Vorpfändung: Des Gerichts und des Anwalts wie bei § 788, des Gerichtsvollziehers: Festgebühr von 5 DM, § 16a GVKostG, Auslagen § 36 I Z 1a GVKostG. Der Gerichtsvollzieher darf die Festgebühr unabhängig von der Zahl der Benachrichtigungen und der Aufforderungen nur einmal erheben, BRDrs 193/77.

5) Rechtsbehelfe. Da die Vorpfändung eine Maßnahme der Zwangsvollstreckung ist, Anm 3, sind die Erinnerung nach § 766 und eine Widerspruchsklage nach § 771 zulässig, und zwar auch gegenüber dem Gerichtsvollzieher. Der Gerichtsvollzieher hat gegen eine Anweisung des Vollstreckungsgerichts grundsätzlich kein Beschwerderecht, solange nicht seine persönlichen Belange betroffen sind.

6) *VwGO:* *Entsprechend anwendbar im Rahmen der Grdz 4 § 803.*

1. Titel. Zwangsvollstr. in das bewegl. Vermögen §§ 846, 847 1, 2

846 *Anspruch auf Herausgabe oder Leistung körperlicher Sachen. Allgemeines.* Die Zwangsvollstreckung in Ansprüche, welche die Herausgabe oder Leistung körperlicher Sachen zum Gegenstand haben, erfolgt nach den §§ 829 bis 845 unter Berücksichtigung der nachstehenden Vorschriften.

1) Geltungsbereich. Ein Anspruch, der „die Herausgabe oder Leistung körperlicher Sachen zum Gegenstand" hat, ist ein persönlicher Anspruch oder ein dinglicher Anspruch auf eine Besitz- oder Eigentumsübertragung an Fahrnis und Liegenschaften. Hierher gehört zB: Der Anspruch auf die Herausgabe eines Wertpapiers, § 808, oder eines Automaten, Schmidt MDR **72**, 376, oder auf eine Auflassung.

Nicht hierher gehört zB: Ein Anspruch auf eine Vorlegung oder auf ein sonstiges Tun oder Unterlassen.

Eine Veräußerung der herauszugebenden Sache nach der Pfändung des Herausgabeanspruchs läßt den Zahlungsanspruch an die Stelle des Herausgabeanspruchs treten. Eine Pfändung des Herausgabeanspruchs ist keine Pfändung der Sache. Die Sachpfändung tritt erst mit der Herausgabe der Sache an den Gerichtsvollzieher ein. Dabei bestimmt sich der Rang nach der Reihenfolge der Pfändungen. Es schließen sich hier also zwei Zwangsvollstreckungen aneinander an, diejenige in den Herausgabeanspruch und diejenige in die Sache.

Gebühren: Des Gerichts KV 1149, 1181; des Anwalts §§ 57, 58 I BRAGO.

2) *VwGO:* *Entsprechend anwendbar im Rahmen der Grdz 4 § 803. Nach § 169 I VwGO, § 5 VwVG gilt § 318 I–IV AO 1977.*

847 *Anspruch auf Herausgabe von Fahrnis.* ⁱ Bei der Pfändung eines Anspruchs, der eine bewegliche körperliche Sache betrifft, ist anzuordnen, daß die Sache an einen vom Gläubiger zu beauftragenden Gerichtsvollzieher herauszugeben sei.

ⁱⁱ Auf die Verwertung der Sache sind die Vorschriften über die Verwertung gepfändeter Sachen anzuwenden.

1) Geltungsbereich, I. § 847 betrifft den Anspruch auf die Herausgabe einer beweglichen körperlichen Sache, § 846 Anm 1, auch wenn dieser Anspruch von einer Gegenleistung abhängig ist. Die Vorschrift betrifft ferner alle Ansprüche, die dem § 829 Anm 1 A genannten entsprechen. Sie erstreckt sich nicht auf einen Anspruch, der nicht abgetreten werden kann und unpfändbar ist oder der auf die Herausgabe einer unpfändbaren Sache geht, vgl BFH BB **76**, 1350. Es schadet nicht, daß die Sache erst von einem Grundstück getrennt werden muß. Wenn eine Hilfspfändung zulässig ist, § 808 Anm 1 B, wie im Falle eines Hypothekenbriefs oder eines Sparbuchs, dann ist eine Vollstreckung nach § 847 nicht erforderlich.

2) Pfändung, I. A. Pfändungsbeschluß und Zustellung. Der Pfändungsbeschluß wird nach denselben Regeln wie bei § 829 erlassen und zugestellt. Wesentlich sind also: **a)** die Pfändung; **b)** das Verbot an den Drittschuldner, die Sache herauszugeben. Dagegen ist es für die Pfändung nicht erforderlich, daß das Gericht dem Schuldner gebietet, nicht über die Sache zu verfügen, § 829 Anm 2 Cc. Ebenso steht es mit der in I vorgesehenen Anordnung, die Sache an einen vom Gläubiger zu beauftragenden Gerichtsvollzieher herauszugeben. Diese Anordnung hat mit der Wirksamkeit der Pfändung des Anspruchs nichts zu tun. Die Anordnung läßt sich auch in einem besonderen Beschluß nachholen, LG Bln MDR **77**, 59. Eine Konkurseröffnung nach dem Zeitpunkt der Pfändung ist unbeachtlich.

Die Benennung eines Gerichtsvollziehers ist geradezu unangebracht; ein Antrag des Gläubigers ermächtigt den Gerichtsvollzieher und weist ihn aus. Wenn der Anspruch mehreren nach Bruchteilen zusteht, dann ist der Gerichtsvollzieher zusammen mit den anderen Berechtigten zu ermächtigen. Der Vollstreckungsschuldner darf keinen Gerichtsvollzieher beauftragen.

B. Pfändungspfandrecht. Mit der Zustellung des Pfändungsbeschlusses an den Drittschuldner entsteht das Pfändungspfandrecht an dem Anspruch, § 829 III. Wenn es um ein indossables Papier geht, entsteht das Pfändungspfandrecht mit der Wegnahme des Papiers, § 831, BGH DB **80**, 1937.

Das Pfändungspfandrecht entspricht inhaltlich ganz demjenigen des § 829. Ein Veräußerungsverbot besteht nur für den Schuldner gegenüber dem Anspruch, nicht für den Drittschuldner gegenüber der Sache. Deshalb gehen Pfändungspfandrechte, die vor der Herausgabe an der Sache entstehen, dem erst mit der Herausgabe entstehenden Pfandrecht des

Gläubigers vor. Der Drittschuldner hat entsprechend §§ 372, 383 BGB ein Recht zur Hinterlegung oder zur Leistung an den Gläubiger und den Schuldner gemeinsam, aM StJM III (aber diese Gegenmeinung bringt den Drittschuldner in eine bedenkliche Lage).

Gebühren: Des Gerichts KV 1149, 1181; des Anwalts §§ 57, 58 I BRAGO.

C. Herausgabe. Mit der Herausgabe erwirbt der Schuldner das Eigentum, sofern er einen Anspruch auf eine Eigentumsübertragung hat. Der Gläubiger erwirbt kraft Gesetzes und ohne eine weitere Pfändung ein Pfändungspfandrecht an der Sache mit Wirkung für die Zukunft. Ein Dritter kann sein Recht durch eine Herausgabeklage oder durch eine Widerspruchsklage nach §§ 771, 805 geltend machen, vgl BGH 67, 383. Im Falle der Pfändung eines Herausgabeanspruchs für mehrere Gläubiger nacheinander gilt die Rangordnung entsprechend § 804 III. Unter Umständen ist eine Hinterlegung erforderlich, § 854, vgl auch § 827.

Wenn der Drittschuldner die Sache nicht freiwillig herausgibt, dann darf der Gläubiger nicht in die Sache vollstrecken. Der Gläubiger muß dann vielmehr den Drittschuldner auf eine Herausgabe an den Gerichtsvollzieher verklagen, Hoche NJW **55**, 164. In einem solchen Fall muß der Gläubiger entsprechend § 841 dem Schuldner den Streit verkünden. Die Zwangsvollstreckung aus dem daraufhin ergehenden Urteil erfolgt nach §§ 883, 884. Wenn der Gläubiger durch eine verspätete Herausgabe einen Rangverlust erleidet, ist der Drittschuldner dem Gläubiger schadensersatzpflichtig, falls der Drittschuldner schuldhaft handelte.

3) Verwertung, II. Die Verwertung erfolgt wie bei einer gepfändeten Sache, also durch eine Versteigerung der Sache durch den Gerichtsvollzieher. Dies gilt aber nur dann, wenn der Gläubiger ein Verwertungsrecht hat. Das bloße Pfandrecht gibt dem Gläubiger noch kein Verwertungsrecht; es läßt eine Verwertung nur nach § 930 III bei einer besonderen Gefährdung zu. Wenn der Gläubiger im übrigen verwerten will, dann muß er sich den Anspruch auf die Herausgabe zur Einziehung überweisen lassen, § 835. Durch die Überweisung scheidet der Anspruch noch nicht aus dem Vermögen des Schuldners aus; jedoch beschränkt die Überweisung die Verfügungsmacht des Schuldners im Interesse des Gläubigers. Die Überweisung gibt dem Gläubiger einen Anspruch auf den Erlös. Eine Überweisung an Zahlungs Statt ist mangels eines Nennwerts nicht zulässig. Im Falle des § 839 ist der Erlös zu hinterlegen.

4) VwGO: Entsprechend anwendbar im Rahmen der Grdz 4 § 803. Nach § 169 I VwGO, § 5 VwVG gilt § 318 II AO 1977.

847 a *Anspruch auf Herausgabe bei Schiffen.* ^I Bei der Pfändung eines Anspruchs, der ein eingetragenes Schiff betrifft, ist anzuordnen, daß das Schiff an einen vom Vollstreckungsgericht zu bestellenden Treuhänder herauszugeben ist.

^{II} Ist der Anspruch auf Übertragung des Eigentums gerichtet, so vertritt der Treuhänder den Schuldner bei der Übertragung des Eigentums. Mit dem Übergang des Eigentums auf den Schuldner erlangt der Gläubiger eine Schiffshypothek für seine Forderung. Der Treuhänder hat die Eintragung der Schiffshypothek in das Schiffsregister zu bewilligen.

^{III} Die Zwangsvollstreckung in das Schiff wird nach den für die Zwangsvollstreckung in unbewegliche Sachen geltenden Vorschriften bewirkt.

^{IV} Die vorstehenden Vorschriften gelten entsprechend, wenn der Anspruch ein Schiffsbauwerk betrifft, das im Schiffsbauregister eingetragen ist oder in dieses Register eingetragen werden kann.

1) Geltungsbereich. § 847a ist dem § 848 nachgebildet. Die Vorschrift regelt die Pfändung eines Herausgabeanspruchs bei einem eingetragenen Schiff ebenso wie die Pfändung eines Herausgabeanspruchs von Liegenschaften. § 847a gilt sinngemäß auch bei einem Luftfahrzeug, das in die Luftfahrzeugrolle eingetragen ist, § 99 I LuftfzRG. Der vorgesehene Treuhänder ist der Sequester des § 848, dort Anm 2. Ein Schiffsbauwerk fällt unter § 847a, wenn es ins Schiffsbauregister eingetragen werden kann, vgl § 66 SchiffsregisterO v 26. 5. 51, BGBl 366, oder wenn es dort eingetragen worden ist.

2) VwGO: Entsprechend anwendbar im Rahmen der Grdz 4 § 803. Nach § 169 VwGO, § 5 VwVG gilt § 318 IV AO 1977.

1. Titel. Zwangsvollstr. in das bewegl. Vermögen § 848 1–3

848 *Anspruch auf Herausgabe von Liegenschaften.* ¹ Bei Pfändung eines Anspruchs, der eine unbewegliche Sache betrifft, ist anzuordnen, daß die Sache an einen auf Antrag des Gläubigers vom Amtsgericht der belegenen Sache zu bestellenden Sequester herauszugeben sei.

ⁱⁱ Ist der Anspruch auf Übertragung des Eigentums gerichtet, so hat die Auflassung an den Sequester als Vertreter des Schuldners zu erfolgen. Mit dem Übergang des Eigentums auf den Schuldner erlangt der Gläubiger eine Sicherungshypothek für seine Forderung. Der Sequester hat die Eintragung der Sicherungshypothek zu bewilligen.

ⁱⁱⁱ Die Zwangsvollstreckung in die herausgegebene Sache wird nach den für die Zwangsvollstreckung in unbewegliche Sachen geltenden Vorschriften bewirkt.

1) Allgemeines. Die Pfändung des Anspruchs auf die Herausgabe eines Grundstücks ist eine Zwangsvollstreckung in das bewegliche Vermögen. Deshalb gilt die Beschränkung der Sicherungshypothek aus § 866 III in einem solchen Fall nicht. Erst die Zwangsvollstreckung in das herausgegebene Grundstück ist eine Liegenschaftszwangsvollstreckung. Vgl auch Hoche NJW **55**, 161.

2) Pfändung, I. A. Verfahren. Das Verfahren entspricht demjenigen des § 847 I. Im Gegensatz zur dortigen Regelung ist die Sache nicht an den Gerichtsvollzieher herauszugeben, sondern an einen Treuhänder, den Sequester, vgl auch § 847 a. Auch in diesem Fall ist die Wirksamkeit der Pfändung eine Voraussetzung der Wirksamkeit der auf ihr beruhenden Rechtsänderungen. Das AG des Orts der belegenen Sache ist als Vollstreckungsgericht zur Bestellung des Sequesters zuständig. Es entscheidet durch den Rpfl, § 20 Z 17 RPflG, Anh § 153 GVG. Die Bestellung des Sequesters im Pfändungsbeschluß setzt deshalb voraus, daß dasselbe Gericht für die Pfändung und für die Bestellung des Sequesters zuständig ist.

Unter mehreren zuständigen Gerichten darf der Gläubiger wählen. Wenn es um mehrere Grundstücke in verschiedenen Gerichtsbezirken geht, muß jedes AG einen Sequester bestellen. Der Gläubiger muß die Ernennung des Sequesters betreiben. Wenn der Gläubiger insofern verzögerlich vorgeht, dann darf der Drittschuldner nach § 303 BGB verfahren. Auch eine juristische Person oder eine Offene Handelsgesellschaft kann zum Sequester ernannt werden, vgl zB § 265 AktG für einen Abwickler. Auch eine Treuhandgesellschaft kann Sequester sein. Der Sequester ist zur Annahme des Amts nicht verpflichtet. Das Vollstreckungsgericht setzt seine Vergütung entsprechend § 153 ZVG nach pflichtgemäßem Ermessen fest. Zuständig ist auch hierfür der Rpfl und nicht etwa der Urkundsbeamte der Geschäftsstelle, LG Mü Rpfleger **51**, 320. Die Kosten der Sequestration sind Kosten der Zwangsvollstreckung, § 788 Anm 5 „Sequestration".

B. Aufgabe des Sequesters. Sie beschränkt sich auf die Entgegennahme der Auflassung und die Bewilligung der Eintragung der Hypothek. Wenn der Drittschuldner die Sache nicht freiwillig herausgibt, dann muß der Gläubiger den Drittschuldner auf eine Herausgabe entsprechend § 847 Anm 2 verklagen. Die Zwangsvollstreckung aus einem daraufhin ergehenden Urteil erfolgt nach §§ 883 ff. Mit der Herausgabe an den Sequester endet die Zwangsvollstreckung auf Grund der bloßen Pfändung. Es entsteht weder ein Pfandrecht noch ein Verwaltungsrecht am Grundstück.

C. Kosten. Gebühren der Bestellung des Sequesters: Des Gerichts KV 1149, 1181; des Anwalts §§ 57, 58 II Z 4 BRAGO.

3) Anspruch auf Eigentumsübertragung, II. A. Pfändung dieses Anspruchs. Wenn der Gläubiger den Anspruch auf eine Eigentumsübertragung gepfändet hat, dann muß die Auflassung gegenüber dem Sequester als dem Vertreter des Schuldners erfolgen. Im Falle der Weigerung zur Herausgabe muß der Gläubiger selbst die Klage erheben, nicht der Sequester. Die Zwangsvollstreckung aus dem daraufhin ergehenden Urteil erfolgt nach §§ 894, 895. Die Pfändung des Anspruchs auf die Übertragung des Eigentums ist noch nach der Auflassung an den Schuldner zulässig. Der Sequester muß in solchem Falle eine Umschreibung auf den Schuldner beantragen.

B. Sicherungshypothek. Im Augenblick des Eigentumsübergangs, also mit der Eintragung des Schuldners in das Grundbuch, erwirbt der Gläubiger kraft Gesetzes eine Sicherungshypothek für seine Forderung. Die Sicherungshypothek braucht regelwidrig nicht ins Grundbuch eingetragen zu werden. Die Eintragung ist eine bloße Berichtigung des Grundbuchs. Im Falle einer Pfändung für mehrere Gläubiger entstehen in der Reihenfolge der Pfändungen Sicherungshypotheken. Der Sicherungshypothek geht ein schon vorher entstandenes Grundpfandrecht nur dann vor, wenn dieses frühere Grundpfandrecht aus Anlaß des Grunderwerbs zugunsten des Veräußerers bestellt worden war, zB eine Kaufgeldhypothek oder eine Grunddienstbarkeit, BayObLG **72**, 49. Andere vorher entstandene Grundpfandrechte gehen der Sicherungshypothek nicht vor, BGH **49**, 197.

Gegenüber einer nicht eingetragenen Sicherungshypothek greift ein guter Glaube bei einem rechtsgeschäftlichen Erwerb durch. Deshalb muß der Sequester gleichzeitig mit dem Antrag auf die Eintragung des Schuldners als des Eigentümers den Antrag auf die Eintragung der Sicherungshypothek stellen und diese Eintragungen bewilligen. Wenn er beide Anträge stellt, dann ist mangels einer abweichenden Bitte eine einheitliche Erledigung als gewollt anzusehen. Vgl auch Grdz 9 vor § 704 ,,Anwartschaft".

4) Verwertung, III. Der gepfändete Anspruch bleibt auch nach seiner Überweisung an den Gläubiger zur Einziehung im Vermögen des Schuldners. Der Schuldner darf über diesen Anspruch aber nicht mehr zum Nachteil des Gläubigers verfügen. Die Verwertung des Grundstücks geschieht ganz selbständig. Sie beruht nicht auf dem Pfändungsbeschluß, sondern auf dem eigentlichen Schuldtitel, Hoche NJW **55**, 164. Sie findet in der Liegenschaftszwangsvollstreckung statt. Es finden also eine Zwangsverwaltung oder eine Zwangsversteigerung statt. Die Zwangsvollstreckung beginnt mit der Beschlagnahme in einem dieser Verfahren. Wenn ein Arresttitel vorliegt, ist eine Zwangsversteigerung ausgeschlossen.

5) VwGO: Entsprechend anwendbar im Rahmen der Grdz 4 § 803. Nach § 169 I VwGO, § 5 VwVG gilt § 318 III AO 1977.

849

Keine Überweisung an Zahlungs Statt. Eine Überweisung der im § 846 bezeichneten Ansprüche an Zahlungs Statt ist unzulässig.

1) Allgemeines. Im Falle der Pfändung eines Anspruchs auf die Herausgabe einer beweglichen oder einer unbeweglichen Sache ist eine Überweisung an Zahlungs Statt deshalb nicht möglich, weil es keinen Nennwert gibt.

2) VwGO: Entsprechend anwendbar im Rahmen der Grdz 4 § 803.

Einführung vor §§ 850–852
Unpfändbarkeit von Forderungen

Schrifttum: Adam-Lermer-Ried, Pfändungsschutz für Arbeitseinkommen, 12. Aufl 1978; Boewer, Die Lohnpfändung in der betrieblichen Praxis, 1972; Egner, Lohn- und Gehaltspfändung, 2. Aufl 1972; Frisinger, Privilegierte Forderungen in der Zwangsvollstreckung usw, 1967; Gröninger, Lohnpfändung, 1978; Haegele, Die Pfändung von Arbeitslohn, 1972; Lippross, Grundlagen und System des Vollstreckungsschutzes, 1983; Schoele, Die Lohnpfändung, 3. Aufl 1978; Scholz, Möglichkeiten und Grenzen der Pfändung in ,,verschleiertes" Arbeitseinkommen, Diss Freibg/Br 1975; Stöber, Forderungspfändung, 6. Aufl 1981 (Bespr Musielek FamRZ **82**, 971, Steinert NJW **82**, 868, Vollkommer Rpfleger **81**, 457; Walter, Lohnpfändungsrecht, 3. Aufl 1972.

1) Grund und Bedeutung der Unpfändbarkeit. A. Allgemeines. Siehe darüber § 811 Anm 1. Das Gericht darf eine Pfändung, deren Unzulässigkeit sich aus dem Vorbringen des Gläubigers ergibt, nicht anordnen. Es findet insoweit eine Berücksichtigung von Amts wegen statt. Nachzuforschen hat das Gericht nicht, s auch C. Es entscheidet der Zeitpunkt der Pfändung, s § 811 Anm 2 B. Die Unpfändbarkeit geht nicht dadurch verloren, daß die Forderung im Vollstreckungsverfahren ihre Rechtsnatur wechselt (die Gegenmeinung vereitelt den Zweck des Gesetzes). So wird eine Unterhaltsforderung nicht pfändbar, wenn der Schuldner an den Rechtsanwalt des Gläubigers zahlt, LG Kblz MDR **55**, 618, oder wenn der Gerichtsvollzieher beitreibt, AG Bln-Charl DGVZ **76**, 77; der Arbeitslohn bleibt unpfändbar, auch wenn der Gläubiger nach der Pfändung ein Urteil gegen den Unternehmer erwirkt hat.

B. Kontogutschrift. Auf ein Konto eines Geldinstituts überwiesene laufende Einkünfte des Schuldners sind im Rahmen von § 850k unpfändbar; unpfändbar sind ferner kraft Gesetzes für die Dauer von 7 Tagen Kontoguthaben aus der Zahlung von Förderungsmitteln, §§ 19 II BAföG, 10 II GFG, nicht aus gezahltem Wohngeld, Anm 2 B; vgl auch § 850b Anm 3. Darum ist auch die Abrede nichtig, das Diensteinkommen sei unwiderruflich an eine Bank zu deren Befriedigung zu überweisen. Aus denselben Gründen werden Unterhaltsgelder durch ihre Einzahlung auf ein Sperrkonto nicht pfändbar, LG Verden MDR **53**, 495. Die Pfändung fortlaufender Bezüge, § 829, darf nicht schon deshalb zurückgewiesen werden, weil sie zur Zeit nicht über die Pfändungsgrenze hinausgehen, sondern nur dann, wenn mit einem Mehr in absehbarer Zeit nicht zu rechnen ist.

C. Vereinnahmtes Geld. Davon abgesehen ist das vom Schuldner auf die unpfändbare Forderung vereinnahmte Geld pfändbar, soweit nicht § 811 entgegensteht; nach § 811 Z 8 muß dem Schuldner ein Betrag bleiben, der den unpfändbaren Teil für die Zeit zwischen der Pfändung und dem nächsten Zahlungstermin sichert. Ansprüche auf eine Kapitalabfindung für Rentenansprüche fallen nicht unter den Pfändungsschutz. Ist eine herauszugebende Sache unpfändbar, so ist es auch der Anspruch auf Herausgabe. Hat der Drittschuldner befreiend hinterlegt, so tritt der Anspruch auf die Herausgabe an die Stelle der Forderung, LG Düss MDR **77**, 586.

D. Abtretungs- und Aufrechnungsverbot. Unpfändbare Ansprüche lassen bei Meidung der Nichtigkeit weder eine Abtretung noch eine Aufrechnung zu, §§ 400, 394 BGB, auch nicht einen Aufrechnungsvertrag, LAG Hamm MDR **73**, 617, auch nicht eine Abtretung nur der Einziehungsbefugnis. Ein Zurückbehaltungsrecht versagt, wenn es wirtschaftlich auf eine Aufrechnung hinausläuft, etwa bei Allgemeinen Geschäftsbedingungen der Banken, Schmeling BB **76**, 91. Gegenüber Forderungen aus einer vorsätzlichen unerlaubten Handlung beseitigt in solchen Fällen die Einrede der Arglist die der Unzulässigkeit der Aufrechnung. So darf der Dienstherr gegen den Gehaltsanspruch des Angestellten mit einem Anspruch aus Betrug aufrechnen. Überhaupt entscheiden Treu und Glauben auch hier. Ansprüche aus dem BEG unterliegen nicht §§ 850ff, da das BEG deren Pfändbarkeit abschließend regelt, BGH **LM** § 14 BEG Nr 4.

E. Verstoß. Ein Verstoß zieht nicht die Nichtigkeit der Pfändung nach sich. Die Pfändung ist zwar mit einem Mangel behaftet, aber bis zur Aufrechnung auf einen Rechtsbehelf voll wirksam, vgl Grdz 8 Cb vor § 704, § 811 Anm 1 Ca, § 829 Anm 7 Ba, Düss NJW **78**, 2603 mwN, Hamm MDR **79**, 149. Ein Verzicht des Schuldners vor der Pfändung ist wegen der öffentlichrechtlichen Natur der Schutzvorschriften wirkungslos. Daher ist eine Forderungspfändung in unzähligen Fällen ihrem Bestand nach ungewiß. Sie ist unanfechtbar, soweit die Pfändungsgrenze nicht überschritten ist, im übrigen anfechtbar; wo aber die Grenze liegt, ist dem Gläubiger häufig unbekannt.

F. Rechtsbehelfe: Der Schuldner muß die Unpfändbarkeit nach § 766 geltend machen und beweisen. Dasselbe können der Drittschuldner, BAG MDR **61**, 799, und der im Einzelfall als Begünstigter Genannte tun. Auch der Gläubiger, der die Unrechtmäßigkeit der Ablehnung behauptet, hat die Erinnerung. Einem Dritten steht ein Erinnerungsrecht zu, § 766, namentlich beim Übersehen der Gleichberechtigung mehrerer Unterhaltsberechtigter. Jeder andere Rechtsbehelf ist ausgeschlossen; s aber auch § 766 Anm 3 C „Schuldner" und § 850g sowie § 850d Anm 2 C c. Der Drittschuldner kann die Unpfändbarkeit dem Pfändungsgläubiger jedenfalls insoweit entgegenhalten, als sie den sachlichen Anspruch berührt. Nach der Durchführung der Verwertung bleibt dem Schuldner die Bereicherungs- oder Ersatzklage, vgl § 811 Anm 1 B.

2) Weitere Unpfändbarkeitsregeln. A. Grundsatz. Zunächst einmal liegt eine Unpfändbarkeit vor, wenn kein rechtlicher Anspruch besteht. Im übrigen sind allein die Gesetze maßgebend; die Auffassung des Prozeßgerichts über den zu belassenden Betrag ist bedeutungslos.

B. Sondervorschriften. Durch sie sind der Pfändung unter anderem entzogen (vgl auch § 850i IV und Grdz 9 vor § 704): **a)** Der Anspruch des Absenders auf die Herausgabe von Postsendungen, namentlich Geldbriefen, § 23 PostG v 28. 7. 69, BGBl 1006; **b)** der Anspruch nach § 6 KfgEG idF v 2. 9. 71, BGBl 1545; **c)** weitgehend Ansprüche auf Versorgungsbezüge, §§ 51 BVG, 48 SVG; aus §§ 140, 158, 163 II, 168 IV BEG, vgl auch Berner Rpfleger **57**, 242 u oben C aE; der Rentenanspruch ist nur in wenigen Fällen pfändbar, so wegen Ansprüchen aus gesetzlicher Unterhaltspflicht, vgl auch LG Mannh Rpfleger **60**, 61, und einiger öffentlichrechtlicher Ansprüche; **d)** Ansprüche der Eisenbahnen gegeneinander nach Art 55 § 2 CIM und Art 55 § 2 CIV; **e)** Beihilfen für Arbeiterwohnstätten, § 4 I VO vom 1. 4. 37, RGBl I 437; **f)** Ausgleichsleistungen nach §§ 244, 262, 294 II LAG; **g)** die Sozialversicherungsrenten (beschränkt, ähnlich wie c), § 54 II, III SGB, KG Rpfleger **76**, 144, Schreiber NJW **77**, 279 mwN, vgl § 850i Anm 5; **h)** die Arbeitslosenunterstützung, § 850i Anm 5; **i)** Ansprüche auf Sozialhilfe, § 4 I BSHG idF v 13. 2. 76, BGBl 289; **j)** Ansprüche auf Ausbildungsförderung, auch eine Gutschrift für 7 Tage, § 19 BAföG idF v

13. 7. 81, BGBl 625, bzw auf Graduiertenförderung, § 10 GFG idF v 22. 1. 76, BGBl 207; **k)** Ansprüche gemäß AFG, vgl dort § 149; **l)** die im Deckungsregister der Deutschen Genossenschaftsbank eingetragenen Vermögenswerte, soweit die Zwangsvollstreckung wegen anderer Ansprüche als derjenigen aus den Schuldverschreibungen jener Bank stattfindet, § 16 G v 22. 12. 75, BGBl 3171.

3) Pfändungsfreigrenzen von Arbeitseinkommen. Sie sind vielfach geändert worden, ua durch Gesetz v 9. 8. 65, BGBl 729, zuletzt durch Gesetz v 1. 3. 72, BGBl 221, in Kraft seit 1. 4. 72. Übergangsrecht Vorbem § 850c.

4) Weitere Anwendbarkeit. §§ 850–850i gelten auch bei der Arrestvollziehung, §§ 928, 930, und im Konkurs, § 1 KO. Sie sind sinngemäß anwendbar auch in der Vollstreckung nach § 6 I Z 1 JBeitrO, Hartmann IX A.

5) VwGO: Entsprechend anwendbar, § 167 I VwGO, sind §§ 850–852 in allen Fällen der Vollstreckung wegen Geldforderungen, Grdz 4 § 803, auch nach § 169 I VwGO u § 5 VwVG, weil § 319 AO 1977 auf jene Vorschriften verweist. Wegen der Rechtsbehelfe s § 829 Anm 11.

850

Arbeitseinkommen. **I** Arbeitseinkommen, das in Geld zahlbar ist, kann nur nach Maßgabe der §§ 850a bis 850i gepfändet werden.

II Arbeitseinkommen im Sinne dieser Vorschrift sind die Dienst- und Versorgungsbezüge der Beamten, Arbeits- und Dienstlöhne, Ruhegelder und ähnliche nach dem einstweiligen oder dauernden Ausscheiden aus dem Dienst- oder Arbeitsverhältnis gewährte fortlaufende Einkünfte, ferner Hinterbliebenenbezüge sowie sonstige Vergütungen für Dienstleistungen aller Art, die die Erwerbstätigkeit des Schuldners vollständig oder zu einem wesentlichen Teil in Anspruch nehmen.

III Arbeitseinkommen sind auch die folgenden Bezüge, soweit sie in Geld zahlbar sind:

a) Bezüge, die ein Arbeitnehmer zum Ausgleich für Wettbewerbsbeschränkungen für die Zeit nach Beendigung seines Dienstverhältnisses beanspruchen kann;

b) Renten, die auf Grund von Versicherungsverträgen gewährt werden, wenn diese Verträge zur Versorgung des Versicherungsnehmers oder seiner unterhaltsberechtigten Angehörigen eingegangen sind.

IV Die Pfändung des in Geld zahlbaren Arbeitseinkommens erfaßt alle Vergütungen, die dem Schuldner aus der Arbeits- oder Dienstleistung zustehen, ohne Rücksicht auf ihre Benennung oder Berechnungsart.

1) Allgemeines. §§ 850ff behandeln nur das in Geld zahlbare Arbeitseinkommen. Die Pfändung von Naturaleinkommen ist außer bei einem landwirtschaftlichen Arbeitnehmer, § 811 Z 4a, nicht besonders geregelt. Eine selbständige Pfändung ist kaum möglich. Denn die Leistung ist zweckgebunden, § 851. Bei der Berechnung des Einkommens sind die Naturalbezüge mitzuberücksichtigen, § 850e Z 3.

2) Begriff des Arbeitseinkommens, II, III. A. Allgemeines. Zum Arbeitseinkommen gehören alle Bezüge aus jetziger oder früherer Arbeit, auch wenn kein Arbeitsvertrag zugrunde liegt, wie bei einem Vorstandsmitglied einer Gesellschaft, BGH MDR **81**, 733. Zum Arbeitseinkommen zählt auch alles dasjenige, was der Lohnsteuer unterliegt (schon deshalb nicht die Berlinzulage, § 28 BerlinFG idF v 29. 10. 70, BGBl 1482). II gibt jedoch nur Beispiele und ist daher weit auszulegen, BAG NJW **77**, 76. Die Bezeichnung und die Berechnung der Bezüge sind unerheblich. Ebenso ist es unerheblich, ob es sich um eine geistige oder eine körperliche Arbeit, um eine selbständige oder um eine unselbständige Tätigkeit handelt. Maßgeblich ist nur, ob die Bezüge wiederkehren, BAG DB **62**, 644. Unter II fallen zB auch der Lohn des Auszubildenden, ein Bedienungsgeld des Kellners, § 832 Anm 1 B.

B. Dienst- und Versorgungsbezüge der Beamten. Beamte sind Personen des öffentlichen Dienstes, s § 376 Anm 1 A, ebenso Geistliche der öffentlichrechtlichen Religionsgemeinschaften. Wenn man die letzteren nicht als Beamte ansieht, dann sind sie als Angestellte einzustufen. Der Betriff der Dienstbezüge umfaßt alles dasjenige, was dem Beamten aus den Beamten- oder Versorgungsgesetzen zusteht, sofern nicht versorgungsrechtliche Sonderbestimmungen bestehen, Einf 2 B vor §§ 850–852. Richter sind den Beamten im Sinne dieser Bestimmung gleichzuachten. Da ein Referendar ein Beamter im Vorbereitungsdienst ist, fällt auch ein etwaiger bloßer Unterhaltszuschuß unter diese Vorschrift, Bbg Rpfleger **74**, 30, Brschw NJW **55**, 1599. Aufwandsentschädigungen werden von § 850a Z 3 behandelt.

Der Wehrsold, WSG idF v 8. 3. 71 BGBl 171, ist entsprechend zu behandeln, Kreutzer AnwBl **74**, 172. Ebenso wie die Bezüge der Beamten ist der Wehrsold kein Arbeitseinkommen, sondern ein vom Staat gewährter Unterhalt, aM LG Wuppertal MDR **61**, 696 (es übersieht auch die Notwendigkeit einer weiten Auslegung von § 850, oben A). Dementsprechend sind die §§ 850c–f anwendbar, LG Aurich MDR **62**, 661, LG Flensb SchlHA **62**, 7, LG Hagen Rpfleger **62**, 215, Bruness MDR **62**, 14, Nuppeney Rpfleger **62**, 162, 199. Wegen der Bewertung der Sachbezüge vgl § 850e Anm 3. Stehle NJW **62**, 854 hält den Wehrsold für unpfändbar. Auch der Grenzschutzsold, ein Dienstgeld, ein Entlassungsgeld sind pfändbar, AG Krefeld MDR **79**, 853. Kreutzer AnwBl **74**, 172. Wer jeweils als Vertreter des Drittschuldners anzusehen ist, ist in § 18 Anm 2 dargestellt.

C. Arbeits- und Dienstlöhne. Es kommt nicht darauf an, wie die Beteiligten sie nennen. Der Dienstverpflichtete muß eine Vergütung zu beanspruchen haben, die ihm aus einem dauernden Rechtsverhältnis zuwächst, das ihn in einer persönlichen und in einer wirtschaftlichen Abhängigkeit vom Dienstberechtigten hält, BAG Rpfleger **75**, 220.

Zum Arbeits- und Dienstlohn gehören zB: der Stücklohn; die Provision, auch diejenige vom Umsatz; der Gewinnanteil; eine Teuerungszulage; das Bedienungsgeld des Kellners, vgl § 832 Anm 1 B; das Gehalt und das Spielgeld des Schauspielers; eine Familienzulage; der Kinderzuschlag, der im Krankheitsfall vom Arbeitgeber nach § 1 ArbKrankG v 26. 6. 57, BGBl 649, zum Krankengeld zu zahlende Zuschuß, BAG **8**, 285, vgl § 850e Anm 2, LG Bielefeld Rpfleger **59**, 15, LG Münster NJW **62**, 209 und Anm 3; Reisekosten, soweit der Bedienstete bei einer angemessenen Handhabung eine Ersparnis machen kann; der Werklohn für laufend ausgeführte Arbeiten, BAG Rpfleger **75**, 220, etwa für eine Güterbeförderung. Auf das Maß der Beanspruchung der Arbeitskraft kommt es hier nicht an.

Nicht hierher gehören zB: ein Trinkgeld, das der Hotelgast dem Angestellten persönlich zuwendet; ein Ersatzanspruch für Auslagen. In diesem Fall greifen freilich meist §§ 850a Z 3, 851 ein; die Arbeitnehmersparzulage, die selbständig pfändbar ist, BAG NJW **77**, 76, LAG Hamm DB **75**, 1944 je mwN. Als zweckgebunden unpfändbar, § 851, sind auch die Auslösungsansprüche der auswärts Arbeitenden, die Urlaubsgelder usw anzusehen, § 850a Z 2 und 3. Nicht hierher zählt aber das während des Urlaubs weitergezahlte Arbeitsentgelt, BAG NJW **65**, 222.

Ein Ersatzanspruch für eine geleistete Arbeit fällt meist unter § 850i, BAG DB **80**, 359 mwN, aM zB Schmidt DB **65**, 1631. Wenn die Vergütung auch für eine andere Leistung gewährt worden ist, dann muß man jeden Teil für sich behandeln. Eine solche Aufspaltung ist zB dann erforderlich, wenn es um eine Lizenz, ein Patent und um eine gleichzeitige Verpflichtung zu einer ständigen Mitarbeit geht. Im Falle einer urheberrechtlichen Lizenz steht dagegen die Vergütung für die Verwertung des fertigen Erzeugnisses der geistigen Leistung im Vordergrund. Daher ist § 850 dann unanwendbar, Karlsr BB **58**, 629.

Vom Arbeitsentgelt des Gefangenen ist grundsätzlich, und zwar ohne die Schutzgrenzen des § 850c, BVerfG NJW **82**, 1583, nur das Eigengeld pfändbar, das nach dem Abzug des Hausgelds, der Haftkostenbeiträge, der Unterhaltsbeiträge oder des Überbrückungsgelds verbleibt, § 52 StVollzG; das Überbrückungsgeld ist nur gemäß § 51 IV, V StVollzG pfändbar. Also ist der Anspruch auf die Auszahlung unpfändbar. Ein ausgezahlter Betrag ist binnen 4 Wochen seit der Entlassung nur bedingt pfändbar; aM Stgt Rpfleger **76**, 146 mwN (er sei unpfändbar). S ferner Einf 2 B vor §§ 850–852.

D. Ruhegelder usw. Es muß sich um staatliche oder private fortlaufend gewährte Einkünfte nach dem Ausscheiden aus dem Dienst handeln, die eine nachträgliche Vergütung der Dienste darstellen. Also zählt auch eine betriebliche Altersversorgung hierher. Denn sie ist aus dem Arbeitsverhältnis erwachsen. Wegen der Invalidenrenten § 850i Anm 5. Es ist unerheblich, wer den Betrag auszahlt. Auch das Mitglied einer Landesregierung kann unter diese Vorschrift fallen, ebenso ein Abgeordneter, AG Bremerhaven MDR **80**, 504.

E. Hinterbliebenenbezüge. Hinterbliebene sind diejenigen Personen, die nach den einschlägigen gesetzlichen oder vertraglichen Bestimmungen als Hinterbliebene auf Grund des Dienstverhältnisses des Verstorbenen zu Bezügen berechtigt sind. Über Sterbegelder und Gnadenbezüge s § 850a Z 7.

F. Sonstige Vergütungen usw. Notwendig ist hier, daß die zu vergütenden Leistungen die Erwerbstätigkeit des Schuldners vollständig oder zu einem wesentlichen Teil beanspruchen. Das setzt eine gewisse Abhängigkeit vom Dienstberechtigten oder Unternehmer voraus. Es kommt aber nicht darauf an, ob die Arbeit selbständig oder unselbständig ist, A. Die Abhängigkeit äußert sich vor allem darin, daß die Ergebnisse der Arbeit dem Dienstberechtigten ganz oder teilweise zugute kommen. Der Rechtsgrund der Arbeit und die Art der Leistung, eine höhere oder niedere, sind belanglos.

Hierher gehören zB: ein gegen eine feste Vergütung angestellter Postagent; der Kassenarzt wegen seiner Ansprüche aus dem Kassenarztverhältnis; ein Vertragsspieler eines Sportvereins, Düss MDR **53**, 559; der Vorstand einer Aktiengesellschaft, BGH NJW **81**, 2466 mwN; der Gesellschafter einer Gesellschaft des bürgerlichen Rechts wegen einer vom Gewinn unabhängigen Vergütung, Düss MDR **70**, 934; eine Hausangestellte; ein Heimarbeiter; der Handelsvertreter wegen seines Festgehalts und seines Provisionsanspruchs, BGH Rpfleger **78**, 54 mwN, BAG **AP** Nr 3 (zustm Pohle NJW **62**, 1221); der Versicherungsvertreter wegen der monatlich an ihn zu zahlenden Garantiesumme, LG Bln Rpfleger **62**, 217. Nicht hierher gehört zB der selbständige Gewerbetreibende.

Ob die Arbeitskraft wesentlich beansprucht wird, das richtet sich nach den nackten Tatsachen. Sie kann zB dann wesentlich beansprucht werden, wenn jemand zwar wenig arbeitet, aber nur für einen Dienstberechtigten, oder wenn jemand zwar viel, aber noch mehr für den Dienstberechtigten arbeitet. Die Höhe der Einnahme aus der einen oder aus der anderen Tätigkeit entscheidet nicht. Vielmehr sind das Maß und die Zeit der Arbeitsleistung wesentlich. Es kommt nicht auf die Dauer des Arbeitsverhältnisses an. Hierher gehören sogar jederzeit kündbare Verhältnisse.

Zu berücksichtigen ist nur der Arbeitsverdienst des Schuldners, nicht derjenige eines Angehörigen, nicht die Ersparnis von Ausgaben oder die Unterstützung von einer dritten Seite ohne eine rechtliche Verpflichtung, vgl § 850b Anm 4 A. Vergütungen, die nicht wiederkehrend zahlbar sind, etwa die Einnahmen eines Kassenarztes aus seiner Privatpraxis oder der Anspruch eines im Weg einer Prozeßkostenhilfe beigeordneten Anwalts gegen die Staatskasse, sind nicht hier einzurechnen, sondern bei § 850i I.

G. Wettbewerbsbeschränkungen, IIIa. Hierher gehört vor allem diejenige Entschädigung, die der Unternehmer dem Handlungsgehilfen nach § 74 II HGB für dessen Beschränkung zahlt. Auch das Wartegeld nach § 133f GewO zählt hierher. Unter Z 1 fallen aber auch ähnliche, einem wirtschaftlich Abhängigen gewährte Wettbewerbsbezüge. Im Falle einer Kapitalisierung gilt § 850i I.

H. Versicherungsrenten, IIIb. Es ist notwendig, daß der Versicherungsvertrag der Versorgung des Versicherungsnehmers oder seiner unterhaltsberechtigten Angehörigen dient, daß er also ein Ruhegeld oder ein Hinterbliebenengeld ersetzt, und daß ferner eine Zahlung in der Form einer Rente erfolgt. Eine Kapitalzahlung gehört nicht hierher und fällt auch nicht unter § 850i I. Denn sie ist eine grundsätzlich andersartige Leistung. Wohl aber zählt eine Berufsunfähigkeitsrente hierher, Nürnb JR **70**, 386. Der weitgehende Pfändungsschutz von Versicherungsrenten, vgl § 850i Anm 5, verstößt nicht gegen das Grundgesetz, BVerfG NJW **60**, 1899.

3) Umfang der Pfändung, IV. Die Pfändung erfaßt sämtliche Vergütungen, die dem Schuldner aus der Arbeits- oder Dienstleistung zustehen, und zwar ohne Rücksicht auf ihre Bezeichnung und ihre Art, vgl auch BAG Rpfleger **60**, 247. Sie umfaßt auch den Zuschuß des Arbeitgebers zum Krankengeld nach dem G v 26. 6. 57, BGBl 649, BAG NJW **65**, 70, Quardt MDR **59**, 172, aM Stehle NJW **57**, 1467 (unter Berufung auf § 189 I 3 RVO). Die Pfändung erfaßt ferner den Anspruch auf die Erstattung von Lohnsteuer, § 829 Anm 1 A.

Nicht hierher zählen zB: ein Anspruch auf eine vermögenswirksame Leistung, Grdz 9 vor § 704; Ansprüche, die aus einem anderen Rechtsverhältnis als einem Arbeitsverhältnis entspringen; der Anspruch eines Anwalts aus der laufenden Bearbeitung der Sachen für dieselbe Partei.

Wenn die Bezüge anwachsen, dann weitet sich die Wirkung der Pfändung entsprechend § 833 ebenfalls aus. Diese Vorschrift enthält nämlich einen allgemeinen Rechtsgedanken. Wenn der Schuldner in ein anderes Amt oder in den Ruhestand übertritt, bleibt die Pfändung unberührt, sofern der Dienstberechtigte in seiner Nämlichkeit erhalten bleibt. Seine Umwandlung in eine andere Rechtsform schadet also nicht. Demgegenüber ist eine Neupfändung dann notwendig, wenn an die Stelle des bisherigen Dienstverhältnisses ein andersartiges Dienstverhältnis tritt, etwa wenn der Dienstberechtigte wechselt, aber nicht bei § 613a BGB, LAG Hamm DB **76**, 440. Maßgebend ist der Zeitpunkt der Pfändung, § 829 Anm 4 A. Es ist also möglich, daß im Zeitpunkt der Pfändung bereits eine gültige Abtretungserklärung des Arbeitseinkommens vorliegt und damit den Umfang der Pfändung einschränkt. Wenn der Arbeitgeber, der Drittschuldner, das erst nachträglich erfährt, dann muß er seine Erklärung nach § 840 berichtigen.

4) VwGO: *Vgl Einf 5 § 850.*

850 a *Unpfändbare Bezüge.* Unpfändbar sind

1. zur Hälfte die für die Leistung von Mehrarbeitsstunden gezahlten Teile des Arbeitseinkommens;
2. die für die Dauer eines Urlaubs über das Arbeitseinkommen hinaus gewährten Bezüge, Zuwendungen aus Anlaß eines besonderen Betriebsereignisses und Treugelder, soweit sie den Rahmen des Üblichen nicht übersteigen;
3. Aufwandsentschädigungen, Auslösungsgelder und sonstige soziale Zulagen für auswärtige Beschäftigungen, das Entgelt für selbstgestelltes Arbeitsmaterial, Gefahrenzulagen sowie Schmutz- und Erschwerniszulagen, soweit diese Bezüge den Rahmen des Üblichen nicht übersteigen;
4. Weihnachtsvergütungen bis zum Betrage der Hälfte des monatlichen Arbeitseinkommens, höchstens aber bis zum Betrage von 390 Deutsche Mark;
5. Heirats- und Geburtsbeihilfen, sofern die Vollstreckung wegen anderer als der aus Anlaß der Heirat oder der Geburt entstandenen Ansprüche betrieben wird;
6. Erziehungsgelder, Studienbeihilfen und ähnliche Bezüge;
7. Sterbe- und Gnadenbezüge aus Arbeits- oder Dienstverhältnissen;
8. Blindenzulagen.

1) Allgemeines. § 850a enthält die unbedingt unpfändbaren Bezüge. § 850b zählt die bedingt unpfändbaren Bezüge auf. Die Bezüge des § 850a sind weder für sich allein noch im Zusammenhang mit anderen Bezügen pfändbar. Diese Bezüge sind bei der Berechnung des Arbeitseinkommens unberücksichtigt zu lassen. § 850a enthält keine erschöpfende Regelung der Unpfändbarkeit. Es gibt entsprechende Vorschriften in Sondergesetzen. § 850a darf aber auch nicht ausdehnend ausgelegt werden.

Bei einem Verstoß gegen die Vorschrift kann der Betroffene die Erinnerung nach § 766 einlegen. Das gilt auch zugunsten des Drittschuldners, Einf 1 F vor §§ 850–852. Wegen der Pfändbarkeit der Bezüge von Mitgliedern der Streitkräfte Art 10 V Truppenvertrag, SchlAnh III.

2) Überstundenvergütung, Z 1. Es muß eine zusätzliche Vergütung für eine Arbeit vorliegen, die über diejenige Arbeitszeit hinausging, die im Betrieb gewöhnlich eingehalten wurde. Es muß ein Rechtsanspruch auf diese Vergütung bestehen. Man kann hierher auch den regelmäßigen Nebenverdienst rechnen, der aus einer Arbeit entsteht, die außerhalb der üblichen Arbeitszeit geleistet worden ist, Hamm NRW JMBl **55**, 270. Die Zusammenrechnung erfolgt nach § 850e Z 2. Unpfändbar ist nur die Hälfte der Gesamtvergütung für die Überstunden, nicht nur der Zuschläge.

3) Urlaubsgelder usw, Z 2. Diese Bezüge sind im Grunde schon nach § 851 unpfändbar. Z 2 schützt nur Zuwendungen für die Dauer eines Urlaubs, soweit sie über das Arbeitseinkommen hinaus gewährt werden und den Rahmen des Üblichen nicht übersteigen, Henze Rpfleger **80**, 456 mwN, aM Wiecz B II. Diese letztere Bedingung bezieht sich auf alle Fälle der Z 2. Eine Zuwendung aus Anlaß eines besonderen Betriebsereignisses ist zB eine Zuwendung wegen eines besonders günstigen Betriebserfolgs. Tantiemen gehören nicht zu Z 2, sondern zu § 850. Sie sind daher nach § 850c pfändbar, auch wenn sie für ein längeres als ein dreijähriges Verbleiben im Betrieb gezahlt werden und dann alljährlich wiederkehren, LG Bln Rpfleger **59**, 132. Eine Schenkung gehört nicht zum Arbeitseinkommen. Die Unpfändbarkeit nach Z 2 entsteht in voller Höhe, bei gleichartigen Unternehmen in der üblichen Höhe.

Das Arbeitseinkommen, das dem Arbeitnehmer während seines Urlaubs in der gewöhnlichen Höhe weitergezahlt wird, also das Urlaubsentgelt, gehört nicht zu Z 2, BAG NJW **66**, 222, sondern ist trotz der grundsätzlichen Einheit des Anspruchs auf die Freistellung von Arbeit und des Anspruchs auf die Zahlung einer Vergütung übertragbar, BGH **59**, 109 (betrifft Angestellte), BGH **59**, 154 (betrifft Beamte). Das Urlaubsentgelt ist also gemäß § 851 I Nicht unpfändbar; es ist zumindest wegen § 851 II in den Grenzen des § 850c pfändbar: „Geld bleibt Geld", Faecks NJW **72**, 1450. Dasselbe gilt bei einer Urlaubsabgeltung, also einer Geldzahlung anstelle der Freistellung von der Arbeit. Für diese Urlaubsabgeltung ist wegen des Verbots einer ausdehnenden Auslegung, Anm 1, weder die Z 1, aM Faecks NJW **72**, 1451, noch die Z 2 anwendbar. Geschützt ist nur ein ,,gewährter" Bezug, nicht ein bereits gezahlter Bezug, etwa ein schon überwiesener Betrag, LG Essen Rpfleger **73**, 148, selbst wenn er als vermögenswirksame Leistung überwiesen wurde. Insofern gilt § 850k.

4) Aufwandsentschädigungen usw, Z 3. Hierher zählen folgende Entschädigungen:

A. Aufwandsentschädigung. Hierher gehört eine Aufwandsentschädigung, zB für Reisekosten, Umzugskosten, Tagegelder, Bürogelder, für eine Tätigkeit in einem Gemeinderat, Hamm FamRZ **80**, 997, für Repräsentationskosten; der Auslagenersatz eines Provisionsreisenden, Hamm BB **56**, 668; das Kilometergeld für einen Angestellten zum Besuch von Baustellen im eigenen Pkw, LAG Düss DB **70**, 256; ein Erstattungsanspruch nach § 40 BetrVG, ArbG Kiel BB **73**, 1394. Es ist aber in allen diesen Fällen zu prüfen, ob nicht ein verkappter Lohn vorliegt. Dieser ist dann anzunehmen, wenn die Entschädigung den normalen Aufwand übersteigt, LG Essen MDR **70**, 516. Das Wohnungsgeld und ein Kinderzuschlag gehören zum Gehalt. Es ist unerheblich, ob daneben ein Vergütungsanspruch besteht. Auch Schöffen und andere Laienrichter erhalten eine Aufwandsentschädigung.

B. Auslösung usw. Hierher gehören auch Auslösungsgelder und sonstige soziale Zulagen für eine auswärtige Beschäftigung, also eine Vergütung für die damit verbundenen Mehrkosten.

C. Materialentgelt. Hierher gehört ferner das Entgelt für ein selbstgestelltes Arbeitsmaterial.

D. Gefahrzulage. Hierher gehört ferner eine Gefahrenzulage, etwa eine Giftzulage.

E. Schmutzulage usw. Hierher gehört schließlich eine Schmutz- oder Erschwerniszulage.

Bei A–E ist Voraussetzung, daß die Vergütung entweder gesetzlich oder auf Grund eines Tarifs, eines Betriebs- oder einer Dienstordnung angeordnet worden ist oder sich im Rahmen desjenigen hält, was bei gleichartigen Unternehmen üblich ist.

Der Wehrsold, § 850 Anm 2 B, ist keine Aufwandsentschädigung, vgl auch Anm 1.

5) Weihnachtsvergütungen, Z 4. Diese Vergütungen werden von Z 4 nur erfaßt, soweit sie nicht Geschenke darstellen, sondern auf einem Rechtsanspruch beruhen. Das ist auch dann der Fall, wenn die Weihnachtsvergütung für ein bestimmtes Jahr zwar verbindlich, jedoch unter dem Vorbehalt zugesagt wurde, daß für das kommende Jahr aus der jetzigen Zusage kein Rechtsanspruch entstehe. Eine solche Vergütung ist zur Hälfte des monatlichen Nettoarbeitseinkommens, höchstens mit 390 DM unpfändbar. Soweit sie pfändbar ist, wird sie dem Lohn für Dezember hinzugerechnet. Eine Unpfändbarkeit kann auch nicht durch eine Vereinbarung, § 399, herbeigeführt werden, BAG BB **61**, 531.

6) Heirats- und Geburtsbeihilfen, Z 5. Solche Beihilfen sind in voller Höhe unpfändbar. Sie sind aber wegen solcher Ansprüche pfändbar, die gerade aus dem Anlaß der Heirat oder der Geburt entstanden sind.

7) Erziehungsgelder usw, Z 6. Diese Bezüge sind voll unpfändbar, und zwar unabhängig davon, wer sie gewährt hat und ob sie einem Waisen gewährt werden. Nicht hierher gehören: der Kinderzuschlag; das Entlassungsgeld nach dem Ausscheiden aus dem Wehrdienst, LG Kblz MDR **69**, 769; der Unterhaltszuschuß eines Referendars, Bbg Rpfleger **74**, 30.

8) Sterbe- und Gnadenbezüge, Z 7. Diese Bezüge sind im allgemeinen ohne Rücksicht auf ihre Höhe voll unpfändbar. Sie stehen den Hinterbliebenen als solchen zu, nicht als Erben. Zu den nach Z 7 erfaßten Bezügen gehören auch die für das sogenannte Gnadenvierteljahr. Vgl im übrigen § 122 BBG. Der Verstorbene braucht aber kein Beamter gewesen zu sein. Ein Sterbegeld nach § 48 II SVG idF v 9. 10. 80, BGBl 1958, ist unpfändbar.

9) Blindenzulagen, Z 8. Die Vorschrift ist zur Klarstellung hinzugefügt worden; die Unpfändbarkeit folgt schon aus § 851. Solche Bezüge sind voll unpfändbar.

10) VwGO: Vgl Einf 5 § 850.

850 b *Bedingt pfändbare Bezüge.* [1] **Unpfändbar sind ferner**

1. **Renten, die wegen einer Verletzung des Körpers oder der Gesundheit zu entrichten sind;**
2. **Unterhaltsrenten, die auf gesetzlicher Vorschrift beruhen, sowie die wegen Entziehung einer solchen Forderung zu entrichtenden Renten;**

3. fortlaufende Einkünfte, die ein Schuldner aus Stiftungen oder sonst auf Grund der Fürsorge und Freigebigkeit eines Dritten oder auf Grund eines Altenteils oder Auszugsvertrags bezieht;
4. Bezüge aus Witwen-, Waisen-, Hilfs- und Krankenkassen, die ausschließlich oder zu einem wesentlichen Teil zu Unterstützungszwecken gewährt werden, ferner Ansprüche aus Lebensversicherungen, die nur auf den Todesfall des Versicherungsnehmers abgeschlossen sind, wenn die Versicherungssumme 3000 Deutsche Mark nicht übersteigt.

II Diese Bezüge können nach den für Arbeitseinkommen geltenden Vorschriften gepfändet werden, wenn die Vollstreckung in das sonstige bewegliche Vermögen des Schuldners zu einer vollständigen Befriedigung des Gläubigers nicht geführt hat oder voraussichtlich nicht führen wird und wenn nach den Umständen des Falles, insbesondere nach der Art des beizutreibenden Anspruchs und der Höhe der Bezüge, die Pfändung der Billigkeit entspricht.

III Das Vollstreckungsgericht soll vor seiner Entscheidung die Beteiligten hören.

1) **Allgemeines.** Die Bezüge des § 850b sind regelmäßig voll unpfändbar und dem pfändbaren Teil des Arbeitseinkommens nicht zuzurechnen. § 850b ist zwingendes Recht, Hamm NJW **47/48**, 626. II läßt aber Ausnahmen zu. Nicht hierher, sondern unter § 850i IV gehören Renten nach dem BVG, s dort. Zur Verfassungsmäßigkeit von Z 1, 2 Egner NJW **72**, 672.

2) **Verletzungsrenten, Z 1.** Unpfändbar ist eine Rente, die wegen der Verletzung des Körpers oder der Gesundheit zu zahlen ist. Die Unpfändbarkeit besteht aber nur in Höhe des gesetzlichen Anspruchs. Eine Kapitalabfindung ist ungeschützt. Unpfändbar ist aber auch ein rückständiger oder kapitalisierter Betrag, den man durch ein Urteil zugesprochen erhalten hat, und zwar bis zur Höhe des etwaigen Rentenhöchstbetrags.

Hierher zählen zB: ein Anspruch nach § 843 BGB; ein Anspruch, den ein anderes Gesetz der Regelung des § 843 BGB unterstellt, wie die Rente des Handlungsgehilfen im Falle der Verletzung der Fürsorgepflicht des Unternehmers, § 62 III HGB; eine Rente nach § 8 HaftpflichtG (Art 42 EG BGB), nach § 13 StVG, nach § 38 LuftVG, nach § 60 BSeuchenG; ein rein vertraglicher oder letztwillig verfügter Rentenanspruch, da der Zusatz in § 805g Z 1 aF „nach § 843 BGB" nicht übernommen worden ist, BGH **70**, 208 mwN, aM zB Sieg Festschrift für Klingmüller (1974) 464.

Nicht hierher zählt zB die Erstattung von Auslagen wegen einer zeitweiligen Vermehrung der Bedürfnisse.

Eine Aufrechnung mit einem Ausgleichsanspruch ändert an der Unpfändbarkeit nichts. Ein Aufrechnungs- und Pfändungsverbot wirkt nicht zu Lasten des Sozialversicherungsträgers, auf den der Anspruch übergegangen ist, BGH **35**, 327, BAG DB **79**, 1850 (dort auch wegen einer Ausnahme).

3) **Gesetzliche Unterhaltsforderungen und Renten nach § 844 BGB, Z 2.** Voll unpfändbar sind folgende Bezüge:

A. **Unterhaltsforderung. a) Grundsatz.** Sie ist nur geschützt, soweit sie auf einer gesetzlichen Vorschrift beruht, wie diejenige des Ehegatten von der Trennung ab, LG Bln Rpfleger **78**, 334, oder diejenige des früheren Ehegatten, eines Verwandten, eines nichtehelichen Kindes.

Hierher zählen nicht: Ein Anspruch, der einen Ersatz für einen Schaden oder für Auslagen gewährt, wie die 6-Wochen-Kosten, § 1715 BGB, aM LG Bonn NJW **59**, 1044; grds der „Unterhalts"-Anspruch des Ehegatten gegen den anderen in einer intakten Ehe, LG Frankenth FamRZ **83**, 256, vgl freilich b; ein Anspruch auf die Erstattung eines für einen Dritten geleisteten Unterhalts. Es ist unerheblich, ob der Anspruch fällig oder künftig ist. Das Geleistete ist im Rahmen des § 811 Z 8, 850b unpfändbar. Ein Rückstand ist im Rahmen des § 850b pfändbar, B GH **31**, 218.

b) **Taschengeld.** Dazu Bodmann, Die Pfändbarkeit des Taschengeldanspruchs des nicht erwerbstätigen Ehegatten, Diss Gött 1980/1. Der Anspruch zwischen Ehegatten auf Zahlung eines Taschengelds (zum Internationalen Privatrecht LG Augsbg FamRZ **73**, 375) ist im Rahmen der Z 2 pfändbar, Brschw MDR **72**, 610, Hamm NJW **79**, 1369 mwN, Mü OLGZ **75**, 58 und FamRZ **81**, 450, Stgt Rpfleger **83**, 288, LG Düss Rpfleger **83**, 255 mwN, LG Köln MDR **65**, 47, LG Mainz MDR **62**, 487, LG Mü NJW **76**, 1948, Ackmann FamRZ **83**, 520 je mwN, offen Hamm FamRZ **78**, 603 mwN, abw LG Bonn MDR **83**, 1027 (er sei nur bei einer geringen Forderung des Gläubigers pfändbar), aM zB LG Bln FamRZ **78**, 186 und im Ergebnis LG Oldb Rpfleger **80**, 352 je mwN; vgl § 850e Anm 2 A (ähnliche Anforderungen bestehen aber vielfach, zB bei §§ 850d I 2, 850i I 2; auch ist der Begriff „Bezüge" unerheblich, da auch eine künftige Forderung pfändbar ist, § 829 Anm 1 A). Der Prozeßkostenvorschuß, §§ 1360a IV BGB, 127a, 620ff, ist unpfändbar, § 851 Anm 2 B. Durch die Zahlung des Unterhalts auf ein Bankkonto oder an eine andere Durchgangsstelle, LG Kblz MDR **55**, 618 (betreffend den ProzBev), geht das Vorrecht der Z 2 nicht verloren, Einf 1 A vor §§ 850–852. Pfändbar ist aber die auf ein Bankkonto gezahlte Abfindungssumme für eine Unterhaltsrente, Celle NJW **60**, 1015 mwN, vgl auch Quardt BB **58**, 163.

B. Rente. Die Rente wegen der Entziehung des Unterhaltsanspruchs, zB wegen der Tötung des Unterhaltspflichtigen, § 844 BGB. Ein Rentenanspruch der Hinterbliebenen nach §§ 7 HaftpflG, 13 StVG steht diesen Renten gleich.

4) Fortlaufende Einkünfte usw, Z 3. Unpfändbar in voller Höhe ohne Rücksicht auf den Bedarf sind fortlaufende Einkünfte in folgenden Fällen:

A. Einkünfte aus einer Stiftung oder auf Grund der Fürsorglichkeit oder Freigebigkeit eines Dritten sind geschützt, und zwar Einkünfte in Geld oder in Naturalien, aus einem Vertrag oder auf Grund einer Verfügung von Todes wegen, etwa auf Grund eines Vermächtnisses. Die Fürsorglichkeit und die Freigebigkeit müssen zusammentreffen. Die Einkünfte müssen also unentgeltlich gewährt worden sein, um den Schuldner vor einer Not zu schützen.

In Betracht kommt zB eine Häftlingshilfe gemäß § 18 HHG idF v 29. 9. 69, BGBl 1793. Nicht hierher gehören: ein entgeltlicher Erwerb, Mü MDR **53**, 434; eine Kapitalleistung, soweit nicht nur die Einkünfte auszuzahlen sind; ein Ruhegehalt, denn es stellt ein Entgelt dar. Das gesetzliche Erbrecht schließt den Bezug von Einkünften im Sinne dieser Regel nicht aus, vgl § 863. Nicht hierher zählen ferner: die Einzahlung eines Dritten für eine Selbstverpflegung des Beschuldigten in der Untersuchungshaftanstalt. Denn der Beschuldigte ist nicht fürsorgebedürftig, LG Düss Rpfleger **60**, 304, vgl auch § 851 Anm 2 B.

B. Anspruch aus einem Altenteil. Ein derartiger Anspruch oder ein Anspruch auf Grund eines Auszugs sind ebenfalls geschützt. Es ist unerheblich, ob ein solcher Anspruch dinglich gesichert wurde oder nur schuldrechtlich vereinbart worden ist. Etwas anderes gilt bei einer lediglich schuldrechtlichen Vereinbarung, wenn es sich um beiderseits gleichwertige Leistungen handelt, BGH **53**, 41; zum Problem LG Oldb Rpfleger **82**, 298 (krit Hornung). Denn dann ist der Auszugsanspruch oder Altenteilsanspruch rechtlich betrachtet das Entgelt für die Gutsüberlassung, wirtschaftlich betrachtet ein Unterhaltsanspruch, Grell **LM** bei Nr 3/4. Ein Altenteilsanspruch ist auch im Falle der Überlassung eines städtischen Grundstücks möglich, BGH **53**, 43.

Das trifft aber nicht zu, wenn die Parteien eine Leibrente als Kaufpreis oder als Teil des Kaufpreises ausbedungen haben, ohne miteinander verwandt zu sein, Hamm OLGZ **70**, 49, s auch Düss JMBl NRW **61**, 237 (im dortigen Fall wurde eine Altersrente durch eine Reallast gesichert, es entstand ein Wohnungsrecht, zwischen den Parteien bestanden keine persönlichen Beziehungen), Hamm Rpfleger **69**, 396. Ebensowenig handelt es sich um einen Altenteilsanspruch, wenn eine Geldrente auf Lebenszeit gezahlt wird, selbst wenn der Berechtigte sie zum Lebensunterhalt verwendet, KG MDR **60**, 234.

5) Bezüge aus Witwenkassen usw, Z 4. Solche Bezüge sind voll unpfändbar. Hierher gehören Hebungen aus öffentlichen oder privaten Kassen ohne Rücksicht auf ihre Höhe. Es ist entscheidend, ob die Leistung eine Unterstützung darstellt. Das läßt sich nur aus den Gesamtumständen des Einzelfalls beurteilen. Jedenfalls erfaßt Z 4 nur Renten, aM zB LG Oldb Rpfleger **83**, 33 mwN. Eine Forderung verliert ihren Charakter durch eine Überleitung auf den wirklich Berechtigten nicht. Das ist im Falle einer Familienversicherung wichtig. Der Gläubiger des mitversicherten Familienmitglieds hat also nach der Abtretung der Rente an dieses Familienmitglied oder nach ihrer Pfändung die Möglichkeit eines Zugriffs nur im Rahmen von II, Sieg VersR **56**, 745. Die Versicherungszahlung einer Versicherungsgesellschaft, vgl auch § 850 III b, gehört nur dann zu Z 4, wenn die Versicherungssumme 3000 DM (bei mehreren insgesamt 3000 DM) nicht übersteigt, zB Hamm Rpfleger **64**, 86, aM zB AG Fürth VersR **82**, 59 mwN, und wenn die Versicherung auf den Todesfall abgeschlossen worden ist, insofern auch AG Fürth VersR **82**, 59. Eine solche Zahlung soll in der Regel in erster Linie zur Deckung der Bestattungskosten dienen, Mü NJW **53**, 107, insofern auch AG Fürth VersR **82**, 59.

Sondergesetze gehen vor, Einf 2 B vor §§ 850–852.

6) Bedingte Pfändbarkeit, II, III. A. Voraussetzungen. Die Bezüge des I sind wie Arbeitseinkommen pfändbar, wenn folgende Voraussetzungen zusammentreffen:

a) Vergebliche Vollstreckung. Die Zwangsvollstreckung in das sonstige bewegliche Vermögen des Schuldners ist fruchtlos gewesen oder aussichtslos. Ein bloßer Versuch einer Fahrnisvollstreckung in körperliche Sachen genügt nicht. Es ist aber kein Versuch einer Liegenschaftszwangsvollstreckung notwendig. Eine Glaubhaftmachung der Fruchtlosigkeit oder Aussichtslosigkeit genügt, vgl § 807.

b) Billigkeit der Pfändung. Die Pfändung muß außerdem der Billigkeit entsprechen, LG Aachen MDR **81**, 855. Ob diese Voraussetzung zutrifft, ist insbesondere bei § 54 SGG nach den gesamten Tatumständen zu beurteilen, KG MDR **81**, 505, dazu Üb bei Hornung Rpfleger **81**, 423, vgl auch Schreiber Rpfleger **77**, 295. Dabei ist die Zweckbestimmung der Sozialleistung besonders beachtlich, Celle NJW **81**, 1641.
Der Gläubiger muß die Billigkeit darlegen, Ffm MDR **78**, 323 (krit Schreiber JR **78**, 246) und Rpfleger **78**, 266, Hamm MDR **77**, 587 mwN, LG Bln MDR **77**, 588, LG Flensb ZMR **78**, 23, LG Frankenth NJW **77**, 395, LG Kiel SchlHA **77**, 120, LG Kblz NJW **78**, 383, LG Köln NJW **77**, 1640, LG Mannh BB **77**, 1402, LG Mü NJW **77**, 722 (nur bei einem konkreten Anhaltspunkt gegen die Billigkeit), abw LG Kleve MDR **78**, 585, Hornung Rpfleger **81**, 423 mwN. Das Gericht darf aber an die Darlegungen des Gläubigers keine übertriebenen Anforderungen stellen, Hamm Rpfleger **81**, 447 (abl Hornung Rpfleger **81**, 423 ausf), Stöber Rpfleger **79**, 160. Das Gericht muß die Verhältnisse des Gläubigers und des Schuldners abwägen, insbesondere aber auch die Art des Beitreibungsanspruchs und die Höhe der Bezüge beachten.
So muß das Gericht einen Anspruch aus einer Lieferung zum Lebensunterhalt oder aus einer vorsätzlich unerlaubten Handlung begünstigen und einen hohen Anspruch aus einer Stiftung eher für pfändbar halten. LG Kiel NJW **74**, 2097 läßt die Pfändung des Taschengeldanspruchs nur bei sehr guten Vermögensverhältnissen des Mannes zu; vgl aber Anm 3 A b. LG Kiel SchlHA **74**, 206 hält die Sozialrente für pfändbar, soweit ein Rentner eine vorsätzlich unerlaubte Handlung begangen hat. LG Köln JB **75**, 1381 ist der Meinung, die Pfändung sei wegen einer Anwaltsgebühr dann zulässig, wenn der Anwalt diese Gebühr gestundet habe. LG Bln Rpfleger **75**, 374 meint, der Gläubiger könne wegen einer Kostenforderung aus einem Unterhaltsprozeß, den der Schuldner zum Teil gegen den Gläubiger verloren habe, pfänden. LG Bln MDR **77**, 147 erklärt, die Pfändung sei wegen unterlassener Schönheitsreparaturen zulässig.
Die Entscheidung steht nur dem Vollstreckungsgericht zu. Solange dieses Gericht die Pfändung nicht zugelassen hat, ist eine Aufrechnung unzulässig, BGH NJW **70**, 282, Düss FamRZ **81**, 971 mwN.

B. Verfahren. Abweichend von der Regel, § 834, muß das Vollstreckungsgericht hier nicht nur den Gläubiger hören, sondern auch den Schuldner, vgl Hamm Rpfleger **81**, 447 mwN (zuvor krit Stöber Rpfleger **79**, 160), LG Bln zB Rpfleger **78**, 65, LG Kiel SchlHA **78**, 21, LG Mannh BB **77**, 1403, LG Marbg NJW **77**, 722, LG Nürnb-Fürth Rpfleger **77**, 32, Schreiber NJW **77**, 279 mwN, aM zB Celle NJW **77**, 1642, Düss NJW **77**, 1643, LG Flensb JB **77**, 1629, LG Kleve MDR **78**, 585, in Wahrheit auch LG Kblz NJW **78**, 383 (nur bei einer Zustimmung des Gläubigers), ferner LG Stgt JB **77**, 1784 (nur auf Antrag des Gläubigers), Hornung Rpfleger **81**, 427 betr § 54 SGB; wegen § 55 SGB zB Terpitz BB **76**, 1564 je mwN. Das Gericht braucht den Drittschuldner in einem Fall des § 54 SGB nicht zwingend anzuhören, LG Bln Rpfleger **78**, 65. Das Gericht muß einen Ausgleich anstreben, etwa im Wege einer Verpflichtung zur Ratenzahlung. Das Vollstreckungsgericht entscheidet auch im Falle der Abtretung unpfändbarer Forderungen, BGH **53**, 41.

C. Rechtsbehelfe. a) Ablehnung der Pfändung. Wenn der Rpfl die Pfändung abgelehnt hat, hat der Gläubiger die befristete Erinnerung nach § 11 I 2 RPflG, Anh § 153 GVG. Wenn das Gericht eine gleichlautende Entscheidung getroffen hat, kann der Gläubiger die sofortige Beschwerde einlegen, § 793, Stöber Rpfleger **74**, 54, vgl insofern auch Kblz MDR **75**, 939.

b) Pfändung ohne Anhörung. Wenn der Rpfl oder das Gericht den Betroffenen nicht angehört hat, kann er die Erinnerung nach § 766 einlegen.

c) Pfändung nach anhörung. Gegen den Pfändungsbeschluß sind dieselben Möglichkeiten wie bei a gegeben, Ffm Rpfleger **75**, 263.

7) VwGO: Vgl Einf 5 § 850.

§ 850 c

850 c *Pfändungsgrenzen für Arbeitseinkommen.* [I] Arbeitseinkommen ist unpfändbar, wenn es, je nach dem Zeitraum, für den es gezahlt wird, nicht mehr als

559 Deutsche Mark monatlich,
129 Deutsche Mark wöchentlich oder
25,80 Deutsche Mark täglich

beträgt.

Gewährt der Schuldner auf Grund einer gesetzlichen Verpflichtung seinem Ehegatten, einem früheren Ehegatten oder einem Verwandten oder nach §§ 1615 l, 1615 n des Bürgerlichen Gesetzbuchs der Mutter eines nichtehelichen Kindes Unterhalt, so erhöht sich der Betrag, bis zu dessen Höhe Arbeitseinkommen unpfändbar ist, auf bis zu

1573 Deutsche Mark monatlich
363 Deutsche Mark wöchentlich oder
72,60 Deutsche Mark täglich,

und zwar um

234 Deutsche Mark monatlich,
54 Deutsche Mark wöchentlich oder
10,80 Deutsche Mark täglich

für die erste Person, der Unterhalt gewährt wird, und um je

195 Deutsche Mark monatlich,
45 Deutsche Mark wöchentlich oder
9 Deutsche Mark täglich

für die zweite bis fünfte Person.

[II] Übersteigt das Arbeitseinkommen den Betrag, bis zu dessen Höhe es je nach der Zahl der Personen, denen der Schuldner Unterhalt gewährt, nach Absatz 1 unpfändbar ist, so ist es hinsichtlich des überschießenden Betrages zu einem Teil unpfändbar, und zwar in Höhe von drei Zehnteln, wenn der Schuldner keiner der in Absatz 1 genannten Personen Unterhalt gewährt, zwei weiteren Zehnteln für die erste Person, der Unterhalt gewährt wird, und je einem weiteren Zehntel für die zweite bis fünfte Person. Der Teil des Arbeitseinkommens, der 3003 Deutsche Mark monatlich (693 Deutsche Mark wöchentlich, 138,60 Deutsche Mark täglich) übersteigt, bleibt bei der Berechnung des unpfändbaren Betrages unberücksichtigt.

[III] Bei der Berechnung des nach Absatz 2 pfändbaren Teils des Arbeitseinkommens in das Arbeitseinkommen, gegebenenfalls nach Abzug des nach Absatz 2 Satz 2 pfändbaren Betrages, wie aus der Tabelle ersichtlich, die diesem Gesetz als Anlage 2 beigefügt ist, nach unten abzurunden, und zwar bei Auszahlung für Monate auf einen durch 5 Deutsche Mark, bei Auszahlung für Wochen auf einen durch 1 Deutsche Mark oder bei Auszahlung für Tage auf einen durch 0,20 Deutsche Mark teilbaren Betrag. Im Pfändungsbeschluß genügt die Bezugnahme auf die Tabelle.

[IV] Hat eine Person, welcher der Schuldner auf Grund gesetzlicher Verpflichtung Unterhalt gewährt, eigene Einkünfte, so kann das Vollstreckungsgericht auf Antrag des Gläubigers nach billigem Ermessen bestimmen, daß diese Person bei der Berechnung des unpfändbaren Teils des Arbeitseinkommens ganz oder teilweise unberücksichtigt bleibt; soll die Person nur teilweise berücksichtigt werden, so ist Absatz 3 Satz 2 nicht anzuwenden.

1. Titel. Zwangsvollstr. in das bewegl. Vermögen   § 850c Anl

Anlage 2 (zu § 850c)

Nettolohn monatlich	Pfändbarer Betrag bei Unterhaltspflicht *) für					
	0	1	2	3	4	5 und mehr Personen
	in DM					
bis 559,99	—	—	—	—	—	—
560,00 bis 564,99	0,70	—	—	—	—	—
565,00 bis 569,99	4,20	—	—	—	—	—
570,00 bis 574,99	7,70	—	—	—	—	—
575,00 bis 579,99	11,20	—	—	—	—	—
580,00 bis 584,99	14,70	—	—	—	—	—
585,00 bis 589,99	18,20	—	—	—	—	—
590,00 bis 594,99	21,70	—	—	—	—	—
595,00 bis 599,99	25,20	—	—	—	—	—
600,00 bis 604,99	28,70	—	—	—	—	—
605,00 bis 609,99	32,20	—	—	—	—	—
610,00 bis 614,99	35,70	—	—	—	—	—
615,00 bis 619,99	39,20	—	—	—	—	—
620,00 bis 624,99	42,70	—	—	—	—	—
625,00 bis 629,99	46,20	—	—	—	—	—
630,00 bis 634,99	49,70	—	—	—	—	—
635,00 bis 639,99	53,20	—	—	—	—	—
640,00 bis 644,99	56,70	—	—	—	—	—
645,00 bis 649,99	60,20	—	—	—	—	—
650,00 bis 654,99	63,70	—	—	—	—	—
655,00 bis 659,99	67,20	—	—	—	—	—
660,00 bis 664,99	70,70	—	—	—	—	—
665,00 bis 669,99	74,20	—	—	—	—	—
670,00 bis 674,99	77,70	—	—	—	—	—
675,00 bis 679,99	81,20	—	—	—	—	—
680,00 bis 684,99	84,70	—	—	—	—	—
685,00 bis 689,99	88,20	—	—	—	—	—
690,00 bis 694,99	91,70	—	—	—	—	—
695,00 bis 699,99	95,20	—	—	—	—	—
700,00 bis 704,99	98,70	—	—	—	—	—
705,00 bis 709,99	102,20	—	—	—	—	—
710,00 bis 714,99	105,70	—	—	—	—	—
715,00 bis 719,99	109,20	—	—	—	—	—
720,00 bis 724,99	112,70	—	—	—	—	—
725,00 bis 729,99	116,20	—	—	—	—	—
730,00 bis 734,99	119,70	—	—	—	—	—
735,00 bis 739,99	123,20	—	—	—	—	—
740,00 bis 744,99	126,70	—	—	—	—	—
745,00 bis 749,99	130,20	—	—	—	—	—
750,00 bis 754,99	133,70	—	—	—	—	—
755,00 bis 759,99	137,20	—	—	—	—	—
760,00 bis 764,99	140,70	—	—	—	—	—
765,00 bis 769,99	144,20	—	—	—	—	—
770,00 bis 774,99	147,70	—	—	—	—	—
775,00 bis 779,99	151,20	—	—	—	—	—
780,00 bis 784,99	154,70	—	—	—	—	—
785,00 bis 789,99	158,20	—	—	—	—	—
790,00 bis 794,99	161,70	—	—	—	—	—
795,00 bis 799,99	165,20	1,00	—	—	—	—
800,00 bis 804,99	168,70	3,50	—	—	—	—

*) Zu berücksichtigen sind Unterhaltsleistungen des Schuldners gegenüber seinem Ehegatten, einem früheren Ehegatten, einem Verwandten oder der Mutter eines nichtehelichen Kindes nach §§ 1615 l, 1615 n des Bürgerlichen Gesetzbuchs.

§ 850 c Anl   8. Buch. 2. Abschnitt. ZwV wegen Geldforderungen

Nettolohn monatlich	Pfändbarer Betrag bei Unterhaltspflicht *) für					
	0	1	2	3	4	5 und mehr Personen
	in DM						
805,00 bis 809,99	172,20	6,00	—	—	—	—
810,00 bis 814,99	175,70	8,50	—	—	—	—
815,00 bis 819,99	179,20	11,00	—	—	—	—
820,00 bis 824,99	182,70	13,50	—	—	—	—
825,00 bis 829,99	186,20	16,00	—	—	—	—
830,00 bis 834,99	189,70	18,50	—	—	—	—
835,00 bis 839,99	193,20	21,00	—	—	—	—
840,00 bis 844,99	196,70	23,50	—	—	—	—
845,00 bis 849,99	200,20	26,00	—	—	—	—
850,00 bis 854,99	203,70	28,50	—	—	—	—
855,00 bis 859,99	207,20	31,00	—	—	—	—
860,00 bis 864,99	210,70	33,50	—	—	—	—
865,00 bis 869,99	214,20	36,00	—	—	—	—
870,00 bis 874,99	217,70	38,50	—	—	—	—
875,00 bis 879,99	221,20	41,00	—	—	—	—
880,00 bis 884,99	224,70	43,50	—	—	—	—
885,00 bis 889,99	228,20	46,00	—	—	—	—
890,00 bis 894,99	231,70	48,50	—	—	—	—
895,00 bis 899,99	235,20	51,00	—	—	—	—
900,00 bis 904,99	238,70	53,50	—	—	—	—
905,00 bis 909,99	242,20	56,00	—	—	—	—
910,00 bis 914,99	245,70	58,50	—	—	—	—
915,00 bis 919,99	249,20	61,00	—	—	—	—
920,00 bis 924,99	252,70	63,50	—	—	—	—
925,00 bis 929,99	256,20	66,00	—	—	—	—
930,00 bis 934,99	259,70	68,50	—	—	—	—
935,00 bis 939,99	263,20	71,00	—	—	—	—
940,00 bis 944,99	266,70	73,50	—	—	—	—
945,00 bis 949,99	270,20	76,00	—	—	—	—
950,00 bis 954,99	273,70	78,50	—	—	—	—
955,00 bis 959,99	277,20	81,00	—	—	—	—
960,00 bis 964,99	280,70	83,50	—	—	—	—
965,00 bis 969,99	284,20	86,00	—	—	—	—
970,00 bis 974,99	287,70	88,50	—	—	—	—
975,00 bis 979,99	291,20	91,00	—	—	—	—
980,00 bis 984,99	294,70	93,50	—	—	—	—
985,00 bis 989,99	298,20	96,00	—	—	—	—
990,00 bis 994,99	301,70	98,50	0,80	—	—	—
995,00 bis 999,99	305,20	101,00	2,80	—	—	—
1 000,00 bis 1 004,99	308,70	103,50	4,80	—	—	—
1 005,00 bis 1 009,99	312,20	106,00	6,80	—	—	—
1 010,00 bis 1 014,99	315,70	108,50	8,80	—	—	—
1 015,00 bis 1 019,99	319,20	111,00	10,80	—	—	—
1 020,00 bis 1 024,99	322,70	113,50	12,80	—	—	—
1 025,00 bis 1 029,99	326,20	116,00	14,80	—	—	—
1 030,00 bis 1 034,99	329,70	118,50	16,80	—	—	—
1 035,00 bis 1 039,99	333,20	121,00	18,80	—	—	—
1 040,00 bis 1 044,99	336,70	123,50	20,80	—	—	—
1 045,00 bis 1 049,99	340,20	126,00	22,80	—	—	—
1 050,00 bis 1 054,99	343,70	128,50	24,80	—	—	—

*) Zu berücksichtigen sind Unterhaltsleistungen des Schuldners gegenüber seinem Ehegatten, einem früheren Ehegatten, einem Verwandten oder der Mutter eines nichtehelichen Kindes nach §§ 1615 l, 1615 n des Bürgerlichen Gesetzbuchs.

1. Titel. Zwangsvollstr. in das bewegl. Vermögen § 850 c **Anl**

Nettolohn monatlich	Pfändbarer Betrag bei Unterhaltspflicht *) für					
	0	1	2	3	4	5 und mehr Personen
	in DM					
1 055,00 bis 1 059,99	347,20	131,00	26,80	—	—	—
1 060,00 bis 1 064,99	350,70	133,50	28,80	—	—	—
1 065,00 bis 1 069,99	354,20	136,00	30,80	—	—	—
1 070,00 bis 1 074,99	357,70	138,50	32,80	—	—	—
1 075,00 bis 1 079,99	361,20	141,00	34,80	—	—	—
1 080,00 bis 1 084,99	364,70	143,50	36,80	—	—	—
1 085,00 bis 1 089,99	368,20	146,00	38,80	—	—	—
1 090,00 bis 1 094,99	371,70	148,50	40,80	—	—	—
1 095,00 bis 1 099,99	375,20	151,00	42,80	—	—	—
1 100,00 bis 1 104,99	378,70	153,50	44,80	—	—	—
1 105,00 bis 1 109,99	382,20	156,00	46,80	—	—	—
1 110,00 bis 1 114,99	385,70	158,50	48,80	—	—	—
1 115,00 bis 1 119,99	389,20	161,00	50,80	—	—	—
1 120,00 bis 1 124,99	392,70	163,50	52,80	—	—	—
1 125,00 bis 1 129,99	396,20	166,00	54,80	—	—	—
1 130,00 bis 1 134,99	399,70	168,50	56,80	—	—	—
1 135,00 bis 1 139,99	403,20	171,00	58,80	—	—	—
1 140,00 bis 1 144,99	406,70	173,50	60,80	—	—	—
1 145,00 bis 1 149,99	410,20	176,00	62,80	—	—	—
1 150,00 bis 1 154,99	413,70	178,50	64,80	—	—	—
1 155,00 bis 1 159,99	417,20	181,00	66,80	—	—	—
1 160,00 bis 1 164,99	420,70	183,50	68,80	—	—	—
1 165,00 bis 1 169,99	424,20	186,00	70,80	—	—	—
1 170,00 bis 1 174,99	427,70	188,50	72,80	—	—	—
1 175,00 bis 1 179,99	431,20	191,00	74,80	—	—	—
1 180,00 bis 1 184,99	434,70	193,50	76,80	—	—	—
1 185,00 bis 1 189,99	438,20	196,00	78,80	0,60	—	—
1 190,00 bis 1 194,99	441,70	198,50	80,80	2,10	—	—
1 195,00 bis 1 199,99	445,20	201,00	82,80	3,60	—	—
1 200,00 bis 1 204,99	448,70	203,50	84,80	5,10	—	—
1 205,00 bis 1 209,99	452,20	206,00	86,80	6,60	—	—
1 210,00 bis 1 214,99	455,70	208,50	88,80	8,10	—	—
1 215,00 bis 1 219,99	459,20	211,00	90,80	9,60	—	—
1 220,00 bis 1 224,99	462,70	213,50	92,80	11,10	—	—
1 225,00 bis 1 229,99	466,20	216,00	94,80	12,60	—	—
1 230,00 bis 1 234,99	469,70	218,50	96,80	14,10	—	—
1 235,00 bis 1 239,99	473,20	221,00	98,80	15,60	—	—
1 240,00 bis 1 244,99	476,70	223,50	100,80	17,10	—	—
1 245,00 bis 1 249,99	480,20	226,00	102,80	18,60	—	—
1 250,00 bis 1 254,99	483,70	228,50	104,80	20,10	—	—
1 255,00 bis 1 259,99	487,20	231,00	106,80	21,60	—	—
1 260,00 bis 1 264,99	490,70	233,50	108,80	23,10	—	—
1 265,00 bis 1 269,99	494,20	236,00	110,80	24,60	—	—
1 270,00 bis 1 274,99	497,70	238,50	112,80	26,10	—	—
1 275,00 bis 1 279,99	501,20	241,00	114,80	27,60	—	—
1 280,00 bis 1 284,99	504,70	243,50	116,80	29,10	—	—
1 285,00 bis 1 289,99	508,20	246,00	118,80	30,60	—	—
1 290,00 bis 1 294,99	511,70	248,50	120,80	32,10	—	—
1 295,00 bis 1 299,99	515,20	251,00	122,80	33,60	—	—
1 300,00 bis 1 304,99	518,70	253,50	124,80	35,10	—	—

*) Zu berücksichtigen sind Unterhaltsleistungen des Schuldners gegenüber seinem Ehegatten, einem früheren Ehegatten, einem Verwandten oder der Mutter eines nichtehelichen Kindes nach §§ 1615 l, 1615 n des Bürgerlichen Gesetzbuchs.

§ 850 c Anl

Nettolohn monatlich	Pfändbarer Betrag bei Unterhaltspflicht*) für					
	0	1	2	3	4	5 und mehr Personen
	in DM					
1 305,00 bis 1 309,99	522,20	256,00	126,80	36,60	—	—
1 310,00 bis 1 314,99	525,70	258,50	128,80	38,10	—	—
1 315,00 bis 1 319,99	529,20	261,00	130,80	39,60	—	—
1 320,00 bis 1 324,99	532,70	263,50	132,80	41,10	—	—
1 325,00 bis 1 329,99	536,20	266,00	134,80	42,60	—	—
1 330,00 bis 1 334,99	539,70	268,50	136,80	44,10	—	—
1 335,00 bis 1 339,99	543,20	271,00	138,80	45,60	—	—
1 340,00 bis 1 344,99	546,70	273,50	140,80	47,10	—	—
1 345,00 bis 1 349,99	550,20	276,00	142,80	48,60	—	—
1 350,00 bis 1 354,99	553,70	278,50	144,80	50,10	—	—
1 355,00 bis 1 359,99	557,20	281,00	146,80	51,60	—	—
1 360,00 bis 1 364,99	560,70	283,50	148,80	53,10	—	—
1 365,00 bis 1 369,99	564,20	286,00	150,80	54,60	—	—
1 370,00 bis 1 374,99	567,70	288,50	152,80	56,10	—	—
1 375,00 bis 1 379,99	571,20	291,00	154,80	57,60	—	—
1 380,00 bis 1 384,99	574,70	293,50	156,80	59,10	0,40	—
1 385,00 bis 1 389,99	578,20	296,00	158,80	60,60	1,40	—
1 390,00 bis 1 394,99	581,70	298,50	160,80	62,10	2,40	—
1 395,00 bis 1 399,99	585,20	301,00	162,80	63,60	3,40	—
1 400,00 bis 1 404,99	588,70	303,50	164,80	65,10	4,40	—
1 405,00 bis 1 409,99	592,20	306,00	166,80	66,60	5,40	—
1 410,00 bis 1 414,99	595,70	308,50	168,80	68,10	6,40	—
1 415,00 bis 1 419,99	599,20	311,00	170,80	69,60	7,40	—
1 420,00 bis 1 424,99	602,70	313,50	172,80	71,10	8,40	—
1 425,00 bis 1 429,99	606,20	316,00	174,80	72,60	9,40	—
1 430,00 bis 1 434,99	609,70	318,50	176,80	74,10	10,40	—
1 435,00 bis 1 439,99	613,20	321,00	178,80	75,60	11,40	—
1 440,00 bis 1 444,99	616,70	323,50	180,80	77,10	12,40	—
1 445,00 bis 1 449,99	620,20	326,00	182,80	78,60	13,40	—
1 450,00 bis 1 454,99	623,70	328,50	184,80	80,10	14,40	—
1 455,00 bis 1 459,99	627,20	331,00	186,80	81,60	15,40	—
1 460,00 bis 1 464,99	630,70	333,50	188,80	83,10	16,40	—
1 465,00 bis 1 469,99	634,20	336,00	190,80	84,60	17,40	—
1 470,00 bis 1 474,99	637,70	338,50	192,80	86,10	18,40	—
1 475,00 bis 1 479,99	641,20	341,00	194,80	87,60	19,40	—
1 480,00 bis 1 484,99	644,70	343,50	196,80	89,10	20,40	—
1 485,00 bis 1 489,99	648,20	346,00	198,80	90,60	21,40	—
1 490,00 bis 1 494,99	651,70	348,50	200,80	92,10	22,40	—
1 495,00 bis 1 499,99	655,20	351,00	202,80	93,60	23,40	—
1 500,00 bis 1 504,99	658,70	353,50	204,80	95,10	24,40	—
1 505,00 bis 1 509,99	662,20	356,00	206,80	96,60	25,40	—
1 510,00 bis 1 514,99	665,70	358,50	208,80	98,10	26,40	—
1 515,00 bis 1 519,99	669,20	361,00	210,80	99,60	27,40	—
1 520,00 bis 1 524,99	672,70	363,50	212,80	101,10	28,40	—
1 525,00 bis 1 529,99	676,20	366,00	214,80	102,60	29,40	—
1 530,00 bis 1 534,99	679,70	368,50	216,80	104,10	30,40	—
1 535,00 bis 1 539,99	683,20	371,00	218,80	105,60	31,40	—
1 540,00 bis 1 544,99	686,70	373,50	220,80	107,10	32,40	—
1 545,00 bis 1 549,99	690,20	376,00	222,80	108,60	33,40	—
1 550,00 bis 1 554,99	693,70	378,50	224,80	110,10	34,40	—

*) Zu berücksichtigen sind Unterhaltsleistungen des Schuldners gegenüber seinem Ehegatten, einem früheren Ehegatten, einem Verwandten oder der Mutter eines nichtehelichen Kindes nach §§ 1615 l, 1615 n des Bürgerlichen Gesetzbuchs.

1. Titel. Zwangsvollstr. in das bewegl. Vermögen   § 850 c Anl

Nettolohn monatlich	Pfändbarer Betrag bei Unterhaltspflicht*) für					
	0	1	2	3	4	5 und mehr Personen
	in DM					
1 555,00 bis 1 559,99	697,20	381,00	226,80	111,60	35,40	—
1 560,00 bis 1 564,99	700,70	383,50	228,80	113,10	36,40	—
1 565,00 bis 1 569,99	704,20	386,00	230,80	114,60	37,40	—
1 570,00 bis 1 574,99	707,70	388,50	232,80	116,10	38,40	—
1 575,00 bis 1 579,99	711,20	391,00	234,80	117,60	39,40	0,20
1 580,00 bis 1 584,99	714,70	393,50	236,80	119,10	40,40	0,70
1 585,00 bis 1 589,99	718,20	396,00	238,80	120,60	41,40	1,20
1 590,00 bis 1 594,99	721,70	398,50	240,80	122,10	42,40	1,70
1 595,00 bis 1 599,99	725,20	401,00	242,80	123,60	43,40	2,20
1 600,00 bis 1 604,99	728,70	403,50	244,80	125,10	44,40	2,70
1 605,00 bis 1 609,99	732,20	406,00	246,80	126,60	45,40	3,20
1 610,00 bis 1 614,99	735,70	408,50	248,80	128,10	46,40	3,70
1 615,00 bis 1 619,99	739,20	411,00	250,80	129,60	47,40	4,20
1 620,00 bis 1 624,99	742,70	413,50	252,80	131,10	48,40	4,70
1 625,00 bis 1 629,99	746,20	416,00	254,80	132,60	49,40	5,20
1 630,00 bis 1 634,99	749,70	418,50	256,80	134,10	50,40	5,70
1 635,00 bis 1 639,99	753,20	421,00	258,80	135,60	51,40	6,20
1 640,00 bis 1 644,99	756,70	423,50	260,80	137,10	52,40	6,70
1 645,00 bis 1 649,99	760,20	426,00	262,80	138,60	53,40	7,20
1 650,00 bis 1 654,99	763,70	428,50	264,80	140,10	54,40	7,70
1 655,00 bis 1 659,99	767,20	431,00	266,80	141,60	55,40	8,20
1 660,00 bis 1 664,99	770,70	433,50	268,80	143,10	56,40	8,70
1 665,00 bis 1 669,99	774,20	436,00	270,80	144,60	57,40	9,20
1 670,00 bis 1 674,99	777,70	438,50	272,80	146,10	58,40	9,70
1 675,00 bis 1 679,99	781,20	441,00	274,80	147,60	59,40	10,20
1 680,00 bis 1 684,99	784,70	443,50	276,80	149,10	60,40	10,70
1 685,00 bis 1 689,99	788,20	446,00	278,80	150,60	61,40	11,20
1 690,00 bis 1 694,99	791,70	448,50	280,80	152,10	62,40	11,70
1 695,00 bis 1 699,99	795,20	451,00	282,80	153,60	63,40	12,20
1 700,00 bis 1 704,99	798,70	453,50	284,80	155,10	64,40	12,70
1 705,00 bis 1 709,99	802,20	456,00	286,80	156,60	65,40	13,20
1 710,00 bis 1 714,99	805,70	458,50	288,80	158,10	66,40	13,70
1 715,00 bis 1 719,99	809,20	461,00	290,80	159,60	67,40	14,20
1 720,00 bis 1 724,99	812,70	463,50	292,80	161,10	68,40	14,70
1 725,00 bis 1 729,99	816,20	466,00	294,80	162,60	69,40	15,20
1 730,00 bis 1 734,99	819,70	468,50	296,80	164,10	70,40	15,70
1 735,00 bis 1 739,99	823,20	471,00	298,80	165,60	71,40	16,20
1 740,00 bis 1 744,99	826,70	473,50	300,80	167,10	72,40	16,70
1 745,00 bis 1 749,99	830,20	476,00	302,80	168,60	73,40	17,20
1 750,00 bis 1 754,99	833,70	478,50	304,80	170,10	74,40	17,70
1 755,00 bis 1 759,99	837,20	481,00	306,80	171,60	75,40	18,20
1 760,00 bis 1 764,99	840,70	483,50	308,80	173,10	76,40	18,70
1 765,00 bis 1 769,99	844,20	486,00	310,80	174,60	77,40	19,20
1 770,00 bis 1 774,99	847,70	488,50	312,80	176,10	78,40	19,70
1 775,00 bis 1 779,99	851,20	491,00	314,80	177,60	79,40	20,20
1 780,00 bis 1 784,99	854,70	493,50	316,80	179,10	80,40	20,70
1 785,00 bis 1 789,99	858,20	496,00	318,80	180,60	81,40	21,20
1 790,00 bis 1 794,99	861,70	498,50	320,80	182,10	82,40	21,70
1 795,00 bis 1 799,99	865,20	501,00	322,80	183,60	83,40	22,20
1 800,00 bis 1 804,99	868,70	503,50	324,80	185,10	84,40	22,70

*) Zu berücksichtigen sind Unterhaltsleistungen des Schuldners gegenüber seinem Ehegatten, einem früheren Ehegatten, einem Verwandten oder der Mutter eines nichtehelichen Kindes nach §§ 1615 l, 1615 n des Bürgerlichen Gesetzbuchs.

§ 850 c Anl   8. Buch. 2. Abschnitt. ZwV wegen Geldforderungen

Nettolohn monatlich	Pfändbarer Betrag bei Unterhaltspflicht*) für					
	0	1	2	3	4	5 und mehr Personen
	in DM					
1 805,00 bis 1 809,99	872,20	506,00	326,80	186,60	85,40	23,20
1 810,00 bis 1 814,99	875,70	508,50	328,80	188,10	86,40	23,70
1 815,00 bis 1 819,99	879,20	511,00	330,80	189,60	87,40	24,20
1 820,00 bis 1 824,99	882,70	513,50	332,80	191,10	88,40	24,70
1 825,00 bis 1 829,99	886,20	516,00	334,80	192,60	89,40	25,20
1 830,00 bis 1 834,99	889,70	518,50	336,80	194,10	90,40	25,70
1 835,00 bis 1 839,99	893,20	521,00	338,80	195,60	91,40	26,20
1 840,00 bis 1 844,99	896,70	523,50	340,80	197,10	92,40	26,70
1 845,00 bis 1 849,99	900,20	526,00	342,80	198,60	93,40	27,20
1 850,00 bis 1 854,99	903,70	528,50	344,80	200,10	94,40	27,70
1 855,00 bis 1 859,99	907,20	531,00	346,80	201,60	95,40	28,20
1 860,00 bis 1 864,99	910,70	533,50	348,80	203,10	96,40	28,70
1 865,00 bis 1 869,99	914,20	536,00	350,80	204,60	97,40	29,20
1 870,00 bis 1 874,99	917,70	538,50	352,80	206,10	98,40	29,70
1 875,00 bis 1 879,99	921,20	541,00	354,80	207,60	99,40	30,20
1 880,00 bis 1 884,99	924,70	543,50	356,80	209,10	100,40	30,70
1 885,00 bis 1 889,99	928,20	546,00	358,80	210,60	101,40	31,20
1 890,00 bis 1 894,99	931,70	548,50	360,80	212,10	102,40	31,70
1 895,00 bis 1 899,99	935,20	551,00	362,80	213,60	103,40	32,20
1 900,00 bis 1 904,99	938,70	553,50	364,80	215,10	104,40	32,70
1 905,00 bis 1 909,99	942,20	556,00	366,80	216,60	105,40	33,20
1 910,00 bis 1 914,99	945,70	558,50	368,80	218,10	106,40	33,70
1 915,00 bis 1 919,99	949,20	561,00	370,80	219,60	107,40	34,20
1 920,00 bis 1 924,99	952,70	563,50	372,80	221,10	108,40	34,70
1 925,00 bis 1 929,99	956,20	566,00	374,80	222,60	109,40	35,20
1 930,00 bis 1 934,99	959,70	568,50	376,80	224,10	110,40	35,70
1 935,00 bis 1 939,99	963,20	571,00	378,80	225,60	111,40	36,20
1 940,00 bis 1 944,99	966,70	573,50	380,80	227,10	112,40	36,70
1 945,00 bis 1 949,99	970,20	576,00	382,80	228,60	113,40	37,20
1 950,00 bis 1 954,99	973,70	578,50	384,80	230,10	114,40	37,70
1 955,00 bis 1 959,99	977,20	581,00	386,80	231,60	115,40	38,20
1 960,00 bis 1 964,99	980,70	583,50	388,80	233,10	116,40	38,70
1 965,00 bis 1 969,99	984,20	586,00	390,80	234,60	117,40	39,20
1 970,00 bis 1 974,99	987,70	588,50	392,80	236,10	118,40	39,70
1 975,00 bis 1 979,99	991,20	591,00	394,80	237,60	119,40	40,20
1 980,00 bis 1 984,99	994,70	593,50	396,80	239,10	120,40	40,70
1 985,00 bis 1 989,99	998,20	596,00	398,80	240,60	121,40	41,20
1 990,00 bis 1 994,99	1 001,70	598,50	400,80	242,10	122,40	41,70
1 995,00 bis 1 999,99	1 005,20	601,00	402,80	243,60	123,40	42,20
2 000,00 bis 2 004,99	1 008,70	603,50	404,80	245,10	124,40	42,70
2 005,00 bis 2 009,99	1 012,20	606,00	406,80	246,60	125,40	43,20
2 010,00 bis 2 014,99	1 015,70	608,50	408,80	248,10	126,40	43,70
2 015,00 bis 2 019,99	1 019,20	611,00	410,80	249,60	127,40	44,20
2 020,00 bis 2 024,99	1 022,70	613,50	412,80	251,10	128,40	44,70
2 025,00 bis 2 029,99	1 026,20	616,00	414,80	252,60	129,40	45,20
2 030,00 bis 2 034,99	1 029,70	618,50	416,80	254,10	130,40	45,70
2 035,00 bis 2 039,99	1 033,20	621,00	418,80	255,60	131,40	46,20
2 040,00 bis 2 044,99	1 036,70	623,50	420,80	257,10	132,40	46,70
2 045,00 bis 2 049,99	1 040,20	626,00	422,80	258,60	133,40	47,20
2 050,00 bis 2 054,99	1 043,70	628,50	424,80	260,10	134,40	47,70

*) Zu berücksichtigen sind Unterhaltsleistungen des Schuldners gegenüber seinem Ehegatten, einem früheren Ehegatten, einem Verwandten oder der Mutter eines nichtehelichen Kindes nach §§ 1615 l, 1615 n des Bürgerlichen Gesetzbuchs.

1. Titel. Zwangsvollstr. in das bewegl. Vermögen § 850 c Anl

Nettolohn monatlich	Pfändbarer Betrag bei Unterhaltspflicht *) für					
	0	1	2	3	4	5 und mehr Personen
in DM						
2 055,00 bis 2 059,99	1 047,20	631,00	426,80	261,60	135,40	48,20
2 060,00 bis 2 064,99	1 050,70	633,50	428,80	263,10	136,40	48,70
2 065,00 bis 2 069,99	1 054,20	636,00	430,80	264,60	137,40	49,20
2 070,00 bis 2 074,99	1 057,70	638,50	432,80	266,10	138,40	49,70
2 075,00 bis 2 079,99	1 061,20	641,00	434,80	267,60	139,40	50,20
2 080,00 bis 2 084,99	1 064,70	643,50	436,80	269,10	140,40	50,70
2 085,00 bis 2 089,99	1 068,20	646,00	438,80	270,60	141,40	51,20
2 090,00 bis 2 094,99	1 071,70	648,50	440,80	272,10	142,40	51,70
2 095,00 bis 2 099,99	1 075,20	651,00	442,80	273,60	143,40	52,20
2 100,00 bis 2 104,99	1 078,70	653,50	444,80	275,10	144,40	52,70
2 105,00 bis 2 109,99	1 082,20	656,00	446,80	276,60	145,40	53,20
2 110,00 bis 2 114,99	1 085,70	658,50	448,80	278,10	146,40	53,70
2 115,00 bis 2 119,99	1 089,20	661,00	450,80	279,60	147,40	54,20
2 120,00 bis 2 124,99	1 092,70	663,50	452,80	281,10	148,40	54,70
2 125,00 bis 2 129,99	1 096,20	666,00	454,80	282,60	149,40	55,20
2 130,00 bis 2 134,99	1 099,70	668,50	456,80	284,10	150,40	55,70
2 135,00 bis 2 139,99	1 103,20	671,00	458,80	285,60	151,40	56,20
2 140,00 bis 2 144,99	1 106,70	673,50	460,80	287,10	152,40	56,70
2 145,00 bis 2 149,99	1 110,20	676,00	462,80	288,60	153,40	57,20
2 150,00 bis 2 154,99	1 113,70	678,50	464,80	290,10	154,40	57,70
2 155,00 bis 2 159,99	1 117,20	681,00	466,80	291,60	155,40	58,20
2 160,00 bis 2 164,99	1 120,70	683,50	468,80	293,10	156,40	58,70
2 165,00 bis 2 169,99	1 124,20	686,00	470,80	294,60	157,40	59,20
2 170,00 bis 2 174,99	1 127,70	688,50	472,80	296,10	158,40	59,70
2 175,00 bis 2 179,99	1 131,20	691,00	474,80	297,60	159,40	60,20
2 180,00 bis 2 184,99	1 134,70	693,50	476,80	299,10	160,40	60,70
2 185,00 bis 2 189,99	1 138,20	696,00	478,80	300,60	161,40	61,20
2 190,00 bis 2 194,99	1 141,70	698,50	480,80	302,10	162,40	61,70
2 195,00 bis 2 199,99	1 145,20	701,00	482,80	303,60	163,40	62,20
2 200,00 bis 2 204,99	1 148,70	703,50	484,80	305,10	164,40	62,70
2 205,00 bis 2 209,99	1 152,20	706,00	486,80	306,60	165,40	63,20
2 210,00 bis 2 214,99	1 155,70	708,50	488,80	308,10	166,40	63,70
2 215,00 bis 2 219,99	1 159,20	711,00	490,80	309,60	167,40	64,20
2 220,00 bis 2 224,99	1 162,70	713,50	492,80	311,10	168,40	64,70
2 225,00 bis 2 229,99	1 166,20	716,00	494,80	312,60	169,40	65,20
2 230,00 bis 2 234,99	1 169,70	718,50	496,80	314,10	170,40	65,70
2 235,00 bis 2 239,99	1 173,20	721,00	498,80	315,60	171,40	66,20
2 240,00 bis 2 244,99	1 176,70	723,50	500,80	317,10	172,40	66,70
2 245,00 bis 2 249,99	1 180,20	726,00	502,80	318,60	173,40	67,20
2 250,00 bis 2 254,99	1 183,70	728,50	504,80	320,10	174,40	67,70
2 255,00 bis 2 259,99	1 187,20	731,00	506,80	321,60	175,40	68,20
2 260,00 bis 2 264,99	1 190,70	733,50	508,80	323,10	176,40	68,70
2 265,00 bis 2 269,99	1 194,20	736,00	510,80	324,60	177,40	69,20
2 270,00 bis 2 274,99	1 197,70	738,50	512,80	326,10	178,40	69,70
2 275,00 bis 2 279,99	1 201,20	741,00	514,80	327,60	179,40	70,20
2 280,00 bis 2 284,99	1 204,70	743,50	516,80	329,10	180,40	70,70
2 285,00 bis 2 289,99	1 208,20	746,00	518,80	330,60	181,40	71,20
2 290,00 bis 2 294,99	1 211,70	748,50	520,80	332,10	182,40	71,70
2 295,00 bis 2 299,99	1 215,20	751,00	522,80	333,60	183,40	72,20
2 300,00 bis 2 304,99	1 218,70	753,50	524,80	335,10	184,40	72,70

*) Zu berücksichtigen sind Unterhaltsleistungen des Schuldners gegenüber seinem Ehegatten, einem früheren Ehegatten, einem Verwandten oder der Mutter eines nichtehelichen Kindes nach §§ 1615 l, 1615 n des Bürgerlichen Gesetzbuchs.

§ 850 c Anl   8. Buch. 2. Abschnitt. ZwV wegen Geldforderungen

Nettolohn monatlich	Pfändbarer Betrag bei Unterhaltspflicht*) für					
	0	1	2	3	4	5 und mehr Personen
	in DM						
2 305,00 bis 2 309,99	1 222,20	756,00	526,80	336,60	185,40	73,20
2 310,00 bis 2 314,99	1 225,70	758,50	528,80	338,10	186,40	73,70
2 315,00 bis 2 319,99	1 229,20	761,00	530,80	339,60	187,40	74,20
2 320,00 bis 2 324,99	1 232,70	763,50	532,80	341,10	188,40	74,70
2 325,00 bis 2 329,99	1 236,20	766,00	534,80	342,60	189,40	75,20
2 330,00 bis 2 334,99	1 239,70	768,50	536,80	344,10	190,40	75,70
2 335,00 bis 2 339,99	1 243,20	771,00	538,80	345,60	191,40	76,20
2 340,00 bis 2 344,99	1 246,70	773,50	540,80	347,10	192,40	76,70
2 345,00 bis 2 349,99	1 250,20	776,00	542,80	348,60	193,40	77,20
2 350,00 bis 2 354,99	1 253,70	778,50	544,80	350,10	194,40	77,70
2 355,00 bis 2 359,99	1 257,20	781,00	546,80	351,60	195,40	78,20
2 360,00 bis 2 364,99	1 260,70	783,50	548,80	353,10	196,40	78,70
2 365,00 bis 2 369,99	1 264,20	786,00	550,80	354,60	197,40	79,20
2 370,00 bis 2 374,99	1 267,70	788,50	552,80	356,10	198,40	79,70
2 375,00 bis 2 379,99	1 271,20	791,00	554,80	357,60	199,40	80,20
2 380,00 bis 2 384,99	1 274,70	793,50	556,80	359,10	200,40	80,70
2 385,00 bis 2 389,99	1 278,20	796,00	558,80	360,60	201,40	81,20
2 390,00 bis 2 394,99	1 281,70	798,50	560,80	362,10	202,40	81,70
2 395,00 bis 2 399,99	1 285,20	801,00	562,80	363,60	203,40	82,20
2 400,00 bis 2 404,99	1 288,70	803,50	564,80	365,10	204,40	82,70
2 405,00 bis 2 409,99	1 292,20	806,00	566,80	366,60	205,40	83,20
2 410,00 bis 2 414,99	1 295,70	808,50	568,80	368,10	206,40	83,70
2 415,00 bis 2 419,99	1 299,20	811,00	570,80	369,60	207,40	84,20
2 420,00 bis 2 424,99	1 302,70	813,50	572,80	371,10	208,40	84,70
2 425,00 bis 2 429,99	1 306,20	816,00	574,80	372,60	209,40	85,20
2 430,00 bis 2 434,99	1 309,70	818,50	576,80	374,10	210,40	85,70
2 435,00 bis 2 439,99	1 313,20	821,00	578,80	375,60	211,40	86,20
2 440,00 bis 2 444,99	1 316,70	823,50	580,80	377,10	212,40	86,70
2 445,00 bis 2 449,99	1 320,20	826,00	582,80	378,60	213,40	87,20
2 450,00 bis 2 454,99	1 323,70	828,50	584,80	380,10	214,40	87,70
2 455,00 bis 2 459,99	1 327,20	831,00	586,80	381,60	215,40	88,20
2 460,00 bis 2 464,99	1 330,70	833,50	588,80	383,10	216,40	88,70
2 465,00 bis 2 469,99	1 334,20	836,00	590,80	384,60	217,40	89,20
2 470,00 bis 2 474,99	1 337,70	838,50	592,80	386,10	218,40	89,70
2 475,00 bis 2 479,99	1 341,20	841,00	594,80	387,60	219,40	90,20
2 480,00 bis 2 484,99	1 344,70	843,50	596,80	389,10	220,40	90,70
2 485,00 bis 2 489,99	1 348,20	846,00	598,80	390,60	221,40	91,20
2 490,00 bis 2 494,99	1 351,70	848,50	600,80	392,10	222,40	91,70
2 495,00 bis 2 499,99	1 355,20	851,00	602,80	393,60	223,40	92,20
2 500,00 bis 2 504,99	1 358,70	853,50	604,80	395,10	224,40	92,70
2 505,00 bis 2 509,99	1 362,20	856,00	606,80	396,60	225,40	93,20
2 510,00 bis 2 514,99	1 365,70	858,50	608,80	398,10	226,40	93,70
2 515,00 bis 2 519,99	1 369,20	861,00	610,80	399,60	227,40	94,20
2 520,00 bis 2 524,99	1 372,70	863,50	612,80	401,10	228,40	94,70
2 525,00 bis 2 529,99	1 376,20	866,00	614,80	402,60	229,40	95,20
2 530,00 bis 2 534,99	1 379,70	868,50	616,80	404,10	230,40	95,70
2 535,00 bis 2 539,99	1 383,20	871,00	618,80	405,60	231,40	96,20
2 540,00 bis 2 544,99	1 386,70	873,50	620,80	407,10	232,40	96,70
2 545,00 bis 2 549,99	1 390,20	876,00	622,80	408,60	233,40	97,20
2 550,00 bis 2 554,99	1 393,70	878,50	624,80	410,10	234,40	97,70

*) Zu berücksichtigen sind Unterhaltsleistungen des Schuldners gegenüber seinem Ehegatten, einem früheren Ehegatten, einem Verwandten oder der Mutter eines nichtehelichen Kindes nach §§ 1615 l, 1615 n des Bürgerlichen Gesetzbuchs.

1. Titel. Zwangsvollstr. in das bewegl. Vermögen   § 850 c Anl

Nettolohn monatlich	Pfändbarer Betrag bei Unterhaltspflicht*) für					
	0	1	2	3	4	5 und mehr Personen
in DM							
2 555,00 bis 2 559,99	1 397,20	881,00	626,80	411,60	235,40	98,20
2 560,00 bis 2 564,99	1 400,70	883,50	628,80	413,10	236,40	98,70
2 565,00 bis 2 569,99	1 404,20	886,00	630,80	414,60	237,40	99,20
2 570,00 bis 2 574,99	1 407,70	888,50	632,80	416,10	238,40	99,70
2 575,00 bis 2 579,99	1 411,20	891,00	634,80	417,60	239,40	100,20
2 580,00 bis 2 584,99	1 414,70	893,50	636,80	419,10	240,40	100,70
2 585,00 bis 2 589,99	1 418,20	896,00	638,80	420,60	241,40	101,20
2 590,00 bis 2 594,99	1 421,70	898,50	640,80	422,10	242,40	101,70
2 595,00 bis 2 599,99	1 425,20	901,00	642,80	423,60	243,40	102,20
2 600,00 bis 2 604,99	1 428,70	903,50	644,80	425,10	244,40	102,70
2 605,00 bis 2 609,99	1 432,20	906,00	646,80	426,60	245,40	103,20
2 610,00 bis 2 614,99	1 435,70	908,50	648,80	428,10	246,40	103,70
2 615,00 bis 2 619,99	1 439,20	911,00	650,80	429,60	247,40	104,20
2 620,00 bis 2 624,99	1 442,70	913,50	652,80	431,10	248,40	104,70
2 625,00 bis 2 629,99	1 446,20	916,00	654,80	432,60	249,40	105,20
2 630,00 bis 2 634,99	1 449,70	918,50	656,80	434,10	250,40	105,70
2 635,00 bis 2 639,99	1 453,20	921,00	658,80	435,60	251,40	106,20
2 640,00 bis 2 644,99	1 456,70	923,50	660,80	437,10	252,40	106,70
2 645,00 bis 2 649,99	1 460,20	926,00	662,80	438,60	253,40	107,20
2 650,00 bis 2 654,99	1 463,70	928,50	664,80	440,10	254,40	107,70
2 655,00 bis 2 659,99	1 467,20	931,00	666,80	441,60	255,40	108,20
2 660,00 bis 2 664,99	1 470,70	933,50	668,80	443,10	256,40	108,70
2 665,00 bis 2 669,99	1 474,20	936,00	670,80	444,60	257,40	109,20
2 670,00 bis 2 674,99	1 477,70	938,50	672,80	446,10	258,40	109,70
2 675,00 bis 2 679,99	1 481,20	941,00	674,80	447,60	259,40	110,20
2 680,00 bis 2 684,99	1 484,70	943,50	676,80	449,10	260,40	110,70
2 685,00 bis 2 689,99	1 488,20	946,00	678,80	450,60	261,40	111,20
2 690,00 bis 2 694,99	1 491,70	948,50	680,80	452,10	262,40	111,70
2 695,00 bis 2 699,99	1 495,20	951,00	682,80	453,60	263,40	112,20
2 700,00 bis 2 704,99	1 498,70	953,50	684,80	455,10	264,40	112,70
2 705,00 bis 2 709,99	1 502,20	956,00	686,80	456,60	265,40	113,20
2 710,00 bis 2 714,99	1 505,70	958,50	688,80	458,10	266,40	113,70
2 715,00 bis 2 719,99	1 509,20	961,00	690,80	459,60	267,40	114,20
2 720,00 bis 2 724,99	1 512,70	963,50	692,80	461,10	268,40	114,70
2 725,00 bis 2 729,99	1 516,20	966,00	694,80	462,60	269,40	115,20
2 730,00 bis 2 734,99	1 519,70	968,50	696,80	464,10	270,40	115,70
2 735,00 bis 2 739 99	1 523,20	971,00	698,80	465,60	271,40	116,20
2 740,00 bis 2 744,99	1 526,70	973,50	700,80	467,10	272,40	116,70
2 745,00 bis 2 749,99	1 530,20	976,00	702,80	468,60	273,40	117,20
2 750,00 bis 2 754,99	1 533,70	978,50	704,80	470,10	274,40	117,70
2 755,00 bis 2 759,99	1 537,20	981,00	706,80	471,60	275,40	118,20
2 760,00 bis 2 764,99	1 540,70	983,50	708,80	473,10	276,40	118,70
2 765,00 bis 2 769,99	1 544,20	986,00	710,80	474,60	277,40	119,20
2 770,00 bis 2 774,99	1 547,70	988,50	712,80	476,10	278,40	119,70
2 775,00 bis 2 779,99	1 551,20	991,00	714,80	477,60	279,40	120,20
2 780,00 bis 2 784,99	1 554,70	993,50	716,80	479,10	280,40	120,70
2 785,00 bis 2 789,99	1 558,20	996,00	718,80	480,60	281,40	121,20
2 790,00 bis 2 794,99	1 561,70	998,50	720,80	482,10	282,40	121,70
2 795,00 bis 2 799,99	1 565,20	1 001,00	722,80	483,60	283,40	122,20
2 800,00 bis 2 804,99	1 568,70	1 003,50	724,80	485,10	284,40	122,70

*) Zu berücksichtigen sind Unterhaltsleistungen des Schuldners gegenüber seinem Ehegatten, einem früheren Ehegatten, einem Verwandten oder der Mutter eines nichtehelichen Kindes nach §§ 1615 l, 1615 n des Bürgerlichen Gesetzbuchs.

§ 850 c Anl 8. Buch. 2. Abschnitt. ZwV wegen Geldforderungen

Nettolohn monatlich	Pfändbarer Betrag bei Unterhaltspflicht*) für					
	0	1	2	3	4	5 und mehr Personen
	in DM					
2 805,00 bis 2 809,99	1 572,20	1 006,00	726,80	486,60	285,40	123,20
2 810,00 bis 2 814,99	1 575,70	1 008,50	728,80	488,10	286,40	123,70
2 815,00 bis 2 819,99	1 579,20	1 011,00	730,80	489,60	287,40	124,20
2 820,00 bis 2 824,99	1 582,70	1 013,50	732,80	491,10	288,40	124,70
2 825,00 bis 2 829,99	1 586,20	1 016,00	734,80	492,60	289,40	125,20
2 830,00 bis 2 834,99	1 589,70	1 018,50	736,80	494,10	290,40	125,70
2 835,00 bis 2 839,99	1 593,20	1 021,00	738,80	495,60	291,40	126,20
2 840,00 bis 2 844,99	1 596,70	1 023,50	740,80	497,10	292,40	126,70
2 845,00 bis 2 849,99	1 600,20	1 026,00	742,80	498,60	293,40	127,20
2 850,00 bis 2 854,99	1 603,70	1 028,50	744,80	500,10	294,40	127,70
2 855,00 bis 2 859,99	1 607,20	1 031,00	746,80	501,60	295,40	128,20
2 860,00 bis 2 864,99	1 610,70	1 033,50	748,80	503,10	296,40	128,70
2 865,00 bis 2 869,99	1 614,20	1 036,00	750,80	504,60	297,40	129,20
2 870,00 bis 2 874,99	1 617,70	1 038,50	752,80	506,10	298,40	129,70
2 875,00 bis 2 879,99	1 621,20	1 041,00	754,80	507,60	299,40	130,20
2 880,00 bis 2 884,99	1 624,70	1 043,50	756,80	509,10	300,40	130,70
2 885,00 bis 2 889,99	1 628,20	1 046,00	758,80	510,60	301,40	131,20
2 890,00 bis 2 894,99	1 631,70	1 048,50	760,80	512,10	302,40	131,70
2 895,00 bis 2 899,99	1 635,20	1 051,00	762,80	513,60	303,40	132,20
2 900,00 bis 2 904,99	1 638,70	1 053,50	764,80	515,10	304,40	132,70
2 905,00 bis 2 909,99	1 642,20	1 056,00	766,80	516,60	305,40	133,20
2 910,00 bis 2 914,99	1 645,70	1 058,50	768,80	518,10	306,40	133,70
2 915,00 bis 2 919,99	1 649,20	1 061,00	770,80	519,60	307,40	134,20
2 920,00 bis 2 924,99	1 652,70	1 063,50	772,80	521,10	308,40	134,70
2 925,00 bis 2 929,99	1 656,20	1 066,00	774,80	522,60	309,40	135,20
2 930,00 bis 2 934,99	1 659,70	1 068,50	776,80	524,10	310,40	135,70
2 935,00 bis 2 939,99	1 663,20	1 071,00	778,80	525,60	311,40	136,20
2 940,00 bis 2 944,99	1 666,70	1 073,50	780,80	527,10	312,40	136,70
2 945,00 bis 2 949,99	1 670,20	1 076,00	782,80	528,60	313,40	137,20
2 950,00 bis 2 954,99	1 673,70	1 078,50	784,80	530,10	314,40	137,70
2 955,00 bis 2 959,99	1 677,20	1 081,00	786,80	531,60	315,40	138,20
2 960,00 bis 2 964,99	1 680,70	1 083,50	788,80	533,10	316,40	138,70
2 965,00 bis 2 969,99	1 684,20	1 086,00	790,80	534,60	317,40	139,20
2 970,00 bis 2 974,99	1 687,70	1 088,50	792,80	536,10	318,40	139,70
2 975,00 bis 2 979,99	1 691,20	1 091,00	794,80	537,60	319,40	140,20
2 980,00 bis 2 984,99	1 694,70	1 093,50	796,80	539,10	320,40	140,70
2 985,00 bis 2 989,99	1 698,20	1 096,00	798,80	540,60	321,40	141,20
2 990,00 bis 2 994,99	1 701,70	1 098,50	800,80	542,10	322,40	141,70
2 995,00 bis 2 999,99	1 705,20	1 101,00	802,80	543,60	323,40	142,20
3 000,00 bis 3 003,00	1 708,70	1 103,50	804,80	545,10	324,40	142,70

Der Mehrbetrag über 3 003,00 DM ist voll pfändbar.

*) Zu berücksichtigen sind Unterhaltsleistungen des Schuldners gegenüber seinem Ehegatten, einem früheren Ehegatten, einem Verwandten oder der Mutter eines nichtehelichen Kindes nach §§ 1615 l, 1615 n des Bürgerlichen Gesetzbuchs.

1. Titel. Zwangsvollstr. in das bewegl. Vermögen   § 850 c   Anl

Nettolohn wöchentlich	Pfändbarer Betrag bei Unterhaltspflicht*) für					
	0	1	2	3	4	5 und mehr Personen
	in DM					
bis 129,99	—	—	—	—	—	—
130,00 bis 130,99	0,70	—	—	—	—	—
131,00 bis 131,99	1,40	—	—	—	—	—
132,00 bis 132,99	2,10	—	—	—	—	—
133,00 bis 133,99	2,80	—	—	—	—	—
134,00 bis 134,99	3,50	—	—	—	—	—
135,00 bis 135,99	4,20	—	—	—	—	—
136,00 bis 136,99	4,90	—	—	—	—	—
137,00 bis 137,99	5,60	—	—	—	—	—
138,00 bis 138,99	6,30	—	—	—	—	—
139,00 bis 139,99	7,00	—	—	—	—	—
140,00 bis 140,99	7,70	—	—	—	—	—
141,00 bis 141,99	8,40	—	—	—	—	—
142,00 bis 142,99	9,10	—	—	—	—	—
143,00 bis 143,99	9,80	—	—	—	—	—
144,00 bis 144,99	10,50	—	—	—	—	—
145,00 bis 145,99	11,20	—	—	—	—	—
146,00 bis 146,99	11,90	—	—	—	—	—
147,00 bis 147,99	12,60	—	—	—	—	—
148,00 bis 148,99	13,30	—	—	—	—	—
149,00 bis 149,99	14,00	—	—	—	—	—
150,00 bis 150,99	14,70	—	—	—	—	—
151,00 bis 151,99	15,40	—	—	—	—	—
152,00 bis 152,99	16,10	—	—	—	—	—
153,00 bis 153,99	16,80	—	—	—	—	—
154,00 bis 154,99	17,50	—	—	—	—	—
155,00 bis 155,99	18,20	—	—	—	—	—
156,00 bis 156,99	18,90	—	—	—	—	—
157,00 bis 157,99	19,60	—	—	—	—	—
158,00 bis 158,99	20,30	—	—	—	—	—
159,00 bis 159,99	21,00	—	—	—	—	—
160,00 bis 160,99	21,70	—	—	—	—	—
161,00 bis 161,99	22,40	—	—	—	—	—
162,00 bis 162,99	23,10	—	—	—	—	—
163,00 bis 163,99	23,80	—	—	—	—	—
164,00 bis 164,99	24,50	—	—	—	—	—
165,00 bis 165,99	25,20	—	—	—	—	—
166,00 bis 166,99	25,90	—	—	—	—	—
167,00 bis 167,99	26,60	—	—	—	—	—
168,00 bis 168,99	27,30	—	—	—	—	—
169,00 bis 169,99	28,00	—	—	—	—	—
170,00 bis 170,99	28,70	—	—	—	—	—
171,00 bis 171,99	29,40	—	—	—	—	—
172,00 bis 172,99	30,10	—	—	—	—	—
173,00 bis 173,99	30,80	—	—	—	—	—
174,00 bis 174,99	31,50	—	—	—	—	—
175,00 bis 175,99	32,20	—	—	—	—	—
176,00 bis 176,99	32,90	—	—	—	—	—
177,00 bis 177,99	33,60	—	—	—	—	—
178,00 bis 178,99	34,30	—	—	—	—	—

*) Zu berücksichtigen sind Unterhaltsleistungen des Schuldners gegenüber seinem Ehegatten, einem früheren Ehegatten, einem Verwandten oder der Mutter eines nichtehelichen Kindes nach §§ 1615 l, 1615 n des Bürgerlichen Gesetzbuchs.

§ 850 c Anl   8. Buch. 2. Abschnitt. ZwV wegen Geldforderungen

Nettolohn wöchentlich	Pfändbarer Betrag bei Unterhaltspflicht*) für					
	0	1	2	3	4	5 und mehr Personen
	in DM					
179,00 bis 179,99	35,00	—	—	—	—	—
180,00 bis 180,99	35,70	—	—	—	—	—
181,00 bis 181,99	36,40	—	—	—	—	—
182,00 bis 182,99	37,10	—	—	—	—	—
183,00 bis 183,99	37,80	—	—	—	—	—
184,00 bis 184,99	38,50	0,50	—	—	—	—
185,00 bis 185,99	39,20	1,00	—	—	—	—
186,00 bis 186,99	39,90	1,50	—	—	—	—
187,00 bis 187,99	40,60	2,00	—	—	—	—
188,00 bis 188,99	41,30	2,50	—	—	—	—
189,00 bis 189,99	42,00	3,00	—	—	—	—
190,00 bis 190,99	42,70	3,50	—	—	—	—
191,00 bis 191,99	43,40	4,00	—	—	—	—
192,00 bis 192,99	44,10	4,50	—	—	—	—
193,00 bis 193,99	44,80	5,00	—	—	—	—
194,00 bis 194,99	45,50	5,50	—	—	—	—
195,00 bis 195,99	46,20	6,00	—	—	—	—
196,00 bis 196,99	46,90	6,50	—	—	—	—
197,00 bis 197,99	47,60	7,00	—	—	—	—
198,00 bis 198,99	48,30	7,50	—	—	—	—
199,00 bis 199,99	49,00	8,00	—	—	—	—
200,00 bis 200,99	49,70	8,50	—	—	—	—
201,00 bis 201,99	50,40	9,00	—	—	—	—
202,00 bis 202,99	51,10	9,50	—	—	—	—
203,00 bis 203,99	51,80	10,00	—	—	—	—
204,00 bis 204,99	52,50	10,50	—	—	—	—
205,00 bis 205,99	53,20	11,00	—	—	—	—
206,00 bis 206,99	53,90	11,50	—	—	—	—
207,00 bis 207,99	54,60	12,00	—	—	—	—
208,00 bis 208,99	55,30	12,50	—	—	—	—
209,00 bis 209,99	56,00	13,00	—	—	—	—
210,00 bis 210,99	56,70	13,50	—	—	—	—
211,00 bis 211,99	57,40	14,00	—	—	—	—
212,00 bis 212,99	58,10	14,50	—	—	—	—
213,00 bis 213,99	58,80	15,00	—	—	—	—
214,00 bis 214,99	59,50	15,50	—	—	—	—
215,00 bis 215,99	60,20	16,00	—	—	—	—
216,00 bis 216,99	60,90	16,50	—	—	—	—
217,00 bis 217,99	61,60	17,00	—	—	—	—
218,00 bis 218,99	62,30	17,50	—	—	—	—
219,00 bis 219,99	63,00	18,00	—	—	—	—
220,00 bis 220,99	63,70	18,50	—	—	—	—
221,00 bis 221,99	64,40	19,00	—	—	—	—
222,00 bis 222,99	65,10	19,50	—	—	—	—
223,00 bis 223,99	65,80	20,00	—	—	—	—
224,00 bis 224,99	66,50	20,50	—	—	—	—
225,00 bis 225,99	67,20	21,00	—	—	—	—
226,00 bis 226,99	67,90	21,50	—	—	—	—
227,00 bis 227,99	68,60	22,00	—	—	—	—
228,00 bis 228,99	69,30	22,50	—	—	—	—

*) Zu berücksichtigen sind Unterhaltsleistungen des Schuldners gegenüber seinem Ehegatten, einem früheren Ehegatten, einem Verwandten oder der Mutter eines nichtehelichen Kindes nach §§ 1615 l, 1615 n des Bürgerlichen Gesetzbuchs.

1. Titel. Zwangsvollstr. in das bewegl. Vermögen   § 850 c   Anl

Nettolohn wöchentlich	Pfändbarer Betrag bei Unterhaltspflicht *) für					
	0	1	2	3	4	5 und mehr Personen
	in DM					
229,00 bis 229,99	70,00	23,00	0,40	—	—	—
230,00 bis 230,99	70,70	23,50	0,80	—	—	—
231,00 bis 231,99	71,40	24,00	1,20	—	—	—
232,00 bis 232,99	72,10	24,50	1,60	—	—	—
233,00 bis 233,99	72,80	25,00	2,00	—	—	—
234,00 bis 234,99	73,50	25,50	2,40	—	—	—
235,00 bis 235,99	74,20	26,00	2,80	—	—	—
236,00 bis 236,99	74,90	26,50	3,20	—	—	—
237,00 bis 237,99	75,60	27,00	3,60	—	—	—
238,00 bis 238,99	76,30	27,50	4,00	—	—	—
239,00 bis 239,99	77,00	28,00	4,40	—	—	—
240,00 bis 240,99	77,70	28,50	4,80	—	—	—
241,00 bis 241,99	78,40	29,00	5,20	—	—	—
242,00 bis 242,99	79,10	29,50	5,60	—	—	—
243,00 bis 243,99	79,80	30,00	6,00	—	—	—
244,00 bis 244,99	80,50	30,50	6,40	—	—	—
245,00 bis 245,99	81,20	31,00	6,80	—	—	—
246,00 bis 246,99	81,90	31,50	7,20	—	—	—
247,00 bis 247,99	82,60	32,00	7,60	—	—	—
248,00 bis 248,99	83,30	32,50	8,00	—	—	—
249,00 bis 249,99	84,00	33,00	8,40	—	—	—
250,00 bis 250,99	84,70	33,50	8,80	—	—	—
251,00 bis 251,99	85,40	34,00	9,20	—	—	—
252,00 bis 252,99	86,10	34,50	9,60	—	—	—
253,00 bis 253,99	86,80	35,00	10,00	—	—	—
254,00 bis 254,99	87,50	35,50	10,40	—	—	—
255,00 bis 255,99	88,20	36,00	10,80	—	—	—
256,00 bis 256,99	88,90	36,50	11,20	—	—	—
257,00 bis 257,99	89,60	37,00	11,60	—	—	—
258,00 bis 258,99	90,30	37,50	12,00	—	—	—
259,00 bis 259,99	91,00	38,00	12,40	—	—	—
260,00 bis 260,99	91,70	38,50	12,80	—	—	—
261,00 bis 261,99	92,40	39,00	13,20	—	—	—
262,00 bis 262,99	93,10	39,50	13,60	—	—	—
263,00 bis 263,99	93,80	40,00	14,00	—	—	—
264,00 bis 264,99	94,50	40,50	14,40	—	—	—
265,00 bis 265,99	95,20	41,00	14,80	—	—	—
266,00 bis 266,99	95,90	41,50	15,20	—	—	—
267,00 bis 267,99	96,60	42,00	15,60	—	—	—
268,00 bis 268,99	97,30	42,50	16,00	—	—	—
269,00 bis 269,99	98,00	43,00	16,40	—	—	—
270,00 bis 270,99	98,70	43,50	16,80	—	—	—
271,00 bis 271,99	99,40	44,00	17,20	—	—	—
272,00 bis 272,99	100,10	44,50	17,60	—	—	—
273,00 bis 273,99	100,80	45,00	18,00	—	—	—
274,00 bis 274,99	101,50	45,50	18,40	0,30	—	—
275,00 bis 275,99	102,20	46,00	18,80	0,60	—	—
276,00 bis 276,99	102,90	46,50	19,20	0,90	—	—
277,00 bis 277,99	103,60	47,00	19,60	1,20	—	—
278,00 bis 278,99	104,30	47,50	20,00	1,50	—	—

*) Zu berücksichtigen sind Unterhaltsleistungen des Schuldners gegenüber seinem Ehegatten, einem früheren Ehegatten, einem Verwandten oder der Mutter eines nichtehelichen Kindes nach §§ 1615 l, 1615 n des Bürgerlichen Gesetzbuchs.

§ 850c Anl   8. Buch. 2. Abschnitt. ZwV wegen Geldforderungen

Nettolohn wöchentlich	Pfändbarer Betrag bei Unterhaltspflicht*) für					
	0	1	2	3	4	5 und mehr Personen
	in DM					
279,00 bis 279,99	105,00	48,00	20,40	1,80	—	—
280,00 bis 280,99	105,70	48,50	20,80	2,10	—	—
281,00 bis 281,99	106,40	49,00	21,20	2,40	—	—
282,00 bis 282,99	107,10	49,50	21,60	2,70	—	—
283,00 bis 283,99	107,80	50,00	22,00	3,00	—	—
284,00 bis 284,99	108,50	50,50	22,40	3,30	—	—
285,00 bis 285,99	109,20	51,00	22,80	3,60	—	—
286,00 bis 286,99	109,90	51,50	23,20	3,90	—	—
287,00 bis 287,99	110,60	52,00	23,60	4,20	—	—
288,00 bis 288,99	111,30	52,50	24,00	4,50	—	—
289,00 bis 289,99	112,00	53,00	24,40	4,80	—	—
290,00 bis 290,99	112,70	53,50	24,80	5,10	—	—
291,00 bis 291,99	113,40	54,00	25,20	5,40	—	—
292,00 bis 292,99	114,10	54,50	25,60	5,70	—	—
293,00 bis 293,99	114,80	55,00	26,00	6,00	—	—
294,00 bis 294,99	115,50	55,50	26,40	6,30	—	—
295,00 bis 295,99	116,20	56,00	26,80	6,60	—	—
296,00 bis 296,99	116,90	56,50	27,20	6,90	—	—
297,00 bis 297,99	117,60	57,00	27,60	7,20	—	—
298,00 bis 298,99	118,30	57,50	28,00	7,50	—	—
299,00 bis 299,99	119,00	58,00	28,40	7,80	—	—
300,00 bis 300,99	119,70	58,50	28,80	8,10	—	—
301,00 bis 301,99	120,40	59,00	29,20	8,40	—	—
302,00 bis 302,99	121,10	59,50	29,60	8,70	—	—
303,00 bis 303,99	121,80	60,00	30,00	9,00	—	—
304,00 bis 304,99	122,50	60,50	30,40	9,30	—	—
305,00 bis 305,99	123,20	61,00	30,80	9,60	—	—
306,00 bis 306,99	123,90	61,50	31,20	9,90	—	—
307,00 bis 307,99	124,60	62,00	31,60	10,20	—	—
308,00 bis 308,99	125,30	62,50	32,00	10,50	—	—
309,00 bis 309,99	126,00	63,00	32,40	10,80	—	—
310,00 bis 310,99	126,70	63,50	32,80	11,10	—	—
311,00 bis 311,99	127,40	64,00	33,20	11,40	—	—
312,00 bis 312,99	128,10	64,50	33,60	11,70	—	—
313,00 bis 313,99	128,80	65,00	34,00	12,00	—	—
314,00 bis 314,99	129,50	65,50	34,40	12,30	—	—
315,00 bis 315,99	130,20	66,00	34,80	12,60	—	—
316,00 bis 316,99	130,90	66,50	35,20	12,90	—	—
317,00 bis 317,99	131,60	67,00	35,60	13,20	—	—
318,00 bis 318,99	132,30	67,50	36,00	13,50	—	—
319,00 bis 319,99	133,00	68,00	36,40	13,80	0,20	—
320,00 bis 320,99	133,70	68,50	36,80	14,10	0,40	—
321,00 bis 321,99	134,40	69,00	37,20	14,40	0,60	—
322,00 bis 322,99	135,10	69,50	37,60	14,70	0,80	—
323,00 bis 323,99	135,80	70,00	38,00	15,00	1,00	—
324,00 bis 324,99	136,50	70,50	38,40	15,30	1,20	—
325,00 bis 325,99	137,20	71,00	38,80	15,60	1,40	—
326,00 bis 326,99	137,90	71,50	39,20	15,90	1,60	—
327,00 bis 327,99	138,60	72,00	39,60	16,20	1,80	—
328,00 bis 328,99	139,30	72,50	40,00	16,50	2,00	—

*) Zu berücksichtigen sind Unterhaltsleistungen des Schuldners gegenüber seinem Ehegatten, einem früheren Ehegatten, einem Verwandten oder der Mutter eines nichtehelichen Kindes nach §§ 1615 l, 1615 n des Bürgerlichen Gesetzbuchs.

1. Titel. Zwangsvollstr. in das bewegl. Vermögen § 850 c Anl

Nettolohn wöchentlich	Pfändbarer Betrag bei Unterhaltspflicht*) für					
	0	1	2	3	4	5 und mehr Personen
	in DM					
329,00 bis 329,99	140,00	73,00	40,40	16,80	2,20	—
330,00 bis 330,99	140,70	73,50	40,80	17,10	2,40	—
331,00 bis 331,99	141,40	74,00	41,20	17,40	2,60	—
332,00 bis 332,99	142,10	74,50	41,60	17,70	2,80	—
333,00 bis 333,99	142,80	75,00	42,00	18,00	3,00	—
334,00 bis 334,99	143,50	75,50	42,40	18,30	3,20	—
335,00 bis 335,99	144,20	76,00	42,80	18,60	3,40	—
336,00 bis 336,99	144,90	76,50	43,20	18,90	3,60	—
337,00 bis 337,99	145,60	77,00	43,60	19,20	3,80	—
338,00 bis 338,99	146,30	77,50	44,00	19,50	4,00	—
339,00 bis 339,99	147,00	78,00	44,40	19,80	4,20	—
340,00 bis 340,99	147,70	78,50	44,80	20,10	4,40	—
341,00 bis 341,99	148,40	79,00	45,20	20,40	4,60	—
342,00 bis 342,99	149,10	79,50	45,60	20,70	4,80	—
343,00 bis 343,99	149,80	80,00	46,00	21,00	5,00	—
344,00 bis 344,99	150,50	80,50	46,40	21,30	5,20	—
345,00 bis 345,99	151,20	81,00	46,80	21,60	5,40	—
346,00 bis 346,99	151,90	81,50	47,20	21,90	5,60	—
347,00 bis 347,99	152,60	82,00	47,60	22,20	5,80	—
348,00 bis 348,99	153,30	82,50	48,00	22,50	6,00	—
349,00 bis 349,99	154,00	83,00	48,40	22,80	6,20	—
350,00 bis 350,99	154,70	83,50	48,80	23,10	6,40	—
351,00 bis 351,99	155,40	84,00	49,20	23,40	6,60	—
352,00 bis 352,99	156,10	84,50	49,60	23,70	6,80	—
353,00 bis 353,99	156,80	85,00	50,00	24,00	7,00	—
354,00 bis 354,99	157,50	85,50	50,40	24,30	7,20	—
355,00 bis 355,99	158,20	86,00	50,80	24,60	7,40	—
356,00 bis 356,99	158,90	86,50	51,20	24,90	7,60	—
357,00 bis 357,99	159,60	87,00	51,60	25,20	7,80	—
358,00 bis 358,99	160,30	87,50	52,00	25,50	8,00	—
359,00 bis 359,99	161,00	88,00	52,40	25,80	8,20	—
360,00 bis 360,99	161,70	88,50	52,80	26,10	8,40	—
361,00 bis 361,99	162,40	89,00	53,20	26,40	8,60	—
362,00 bis 362,99	163,10	89,50	53,60	26,70	8,80	—
363,00 bis 363,99	163,80	90,00	54,00	27,00	9,00	—
364,00 bis 364,99	164,50	90,50	54,40	27,30	9,20	0,10
365,00 bis 365,99	165,20	91,00	54,80	27,60	9,40	0,20
366,00 bis 366,99	165,90	91,50	55,20	27,90	9,60	0,30
367,00 bis 367,99	166,60	92,00	55,60	28,20	9,80	0,40
368,00 bis 368,99	167,30	92,50	56,00	28,50	10,00	0,50
369,00 bis 369,99	168,00	93,00	56,40	28,80	10,20	0,60
370,00 bis 370,99	168,70	93,50	56,80	29,10	10,40	0,70
371,00 bis 371,99	169,40	94,00	57,20	29,40	10,60	0,80
372,00 bis 372,99	170,10	94,50	57,60	29,70	10,80	0,90
373,00 bis 373,99	170,80	95,00	58,00	30,00	11,00	1,00
374,00 bis 374,99	171,50	95,50	58,40	30,30	11,20	1,10
375,00 bis 375,99	172,20	96,00	58,80	30,60	11,40	1,20
376,00 bis 376,99	172,90	96,50	59,20	30,90	11,60	1,30
377,00 bis 377,99	173,60	97,00	59,60	31,20	11,80	1,40
378,00 bis 378,99	174,30	97,50	60,00	31,50	12,00	1,50

*) Zu berücksichtigen sind Unterhaltsleistungen des Schuldners gegenüber seinem Ehegatten, einem früheren Ehegatten, einem Verwandten oder der Mutter eines nichtehelichen Kindes nach §§ 1615 l, 1615 n des Bürgerlichen Gesetzbuchs.

§ 850 c Anl   8. Buch. 2. Abschnitt. ZwV wegen Geldforderungen

Nettolohn wöchentlich	Pfändbarer Betrag bei Unterhaltspflicht*) für					
	0	1	2	3	4	5 und mehr Personen
	in DM					
379,00 bis 379,99	175,00	98,00	60,40	31,80	12,20	1,60
380,00 bis 380,99	175,70	98,50	60,80	32,10	12,40	1,70
381,00 bis 381,99	176,40	99,00	61,20	32,40	12,60	1,80
382,00 bis 382,99	177,10	99,50	61,60	32,70	12,80	1,90
383,00 bis 383,99	177,80	100,00	62,00	33,00	13,00	2,00
384,00 bis 384,99	178,50	100,50	62,40	33,30	13,20	2,10
385,00 bis 385,99	179,20	101,00	62,80	33,60	13,40	2,20
386,00 bis 386,99	179,90	101,50	63,20	33,90	13,60	2,30
387,00 bis 387,99	180,60	102,00	63,60	34,20	13,80	2,40
388,00 bis 388,99	181,30	102,50	64,00	34,50	14,00	2,50
389,00 bis 389,99	182,00	103,00	64,40	34,80	14,20	2,60
390,00 bis 390,99	182,70	103,50	64,80	35,10	14,40	2,70
391,00 bis 391,99	183,40	104,00	65,20	35,40	14,60	2,80
392,00 bis 392,99	184,10	104,50	65,60	35,70	14,80	2,90
393,00 bis 393,99	184,80	105,00	66,00	36,00	15,00	3,00
394,00 bis 394,99	185,50	105,50	66,40	36,30	15,20	3,10
395,00 bis 395,99	186,20	106,00	66,80	36,60	15,40	3,20
396,00 bis 396,99	186,90	106,50	67,20	36,90	15,60	3,30
397,00 bis 397,99	187,60	107,00	67,60	37,20	15,80	3,40
398,00 bis 398,99	188,30	107,50	68,00	37,50	16,00	3,50
399,00 bis 399,99	189,00	108,00	68,40	37,80	16,20	3,60
400,00 bis 400,99	189,70	108,50	68,80	38,10	16,40	3,70
401,00 bis 401,99	190,40	109,00	69,20	38,40	16,60	3,80
402,00 bis 402,99	191,10	109,50	69,60	38,70	16,80	3,90
403,00 bis 403,99	191,80	110,00	70,00	39,00	17,00	4,00
404,00 bis 404,99	192,50	110,50	70,40	39,30	17,20	4,10
405,00 bis 405,99	193,20	111,00	70,80	39,60	17,40	4,20
406,00 bis 406,99	193,90	111,50	71,20	39,90	17,60	4,30
407,00 bis 407,99	194,60	112,00	71,60	40,20	17,80	4,40
408,00 bis 408,99	195,30	112,50	72,00	40,50	18,00	4,50
409,00 bis 409,99	196,00	113,00	72,40	40,80	18,20	4,60
410,00 bis 410,99	196,70	113,50	72,80	41,10	18,40	4,70
411,00 bis 411,99	197,40	114,00	73,20	41,40	18,60	4,80
412,00 bis 412,99	198,10	114,50	73,60	41,70	18,80	4,90
413,00 bis 413,99	198,80	115,00	74,00	42,00	19,00	5,00
414,00 bis 414,99	199,50	115,50	74,40	42,30	19,20	5,10
415,00 bis 415,99	200,20	116,00	74,80	42,60	19,40	5,20
416,00 bis 416,99	200,90	116,50	75,20	42,90	19,60	5,30
417,00 bis 417,99	201,60	117,00	75,60	43,20	19,80	5,40
418,00 bis 418,99	202,30	117,50	76,00	43,50	20,00	5,50
419,00 bis 419,99	203,00	118,00	76,40	43,80	20,20	5,60
420,00 bis 420,99	203,70	118,50	76,80	44,10	20,40	5,70
421,00 bis 421,99	204,40	119,00	77,20	44,40	20,60	5,80
422,00 bis 422,99	205,10	119,50	77,60	44,70	20,80	5,90
423,00 bis 423,99	205,80	120,00	78,00	45,00	21,00	6,00
424,00 bis 424,99	206,50	120,50	78,40	45,30	21,20	6,10
425,00 bis 425,99	207,20	121,00	78,80	45,60	21,40	6,20
426,00 bis 426,99	207,90	121,50	79,20	45,90	21,60	6,30
427,00 bis 427,99	208,60	122,00	79,60	46,20	21,80	6,40
428,00 bis 428,99	209,30	122,50	80,00	46,50	22,00	6,50

*) Zu berücksichtigen sind Unterhaltsleistungen des Schuldners gegenüber seinem Ehegatten, einem früheren Ehegatten, einem Verwandten oder der Mutter eines nichtehelichen Kindes nach §§ 1615 l, 1615 n des Bürgerlichen Gesetzbuchs.

1. Titel. Zwangsvollstr. in das bewegl. Vermögen   § 850 c Anl

Nettolohn wöchentlich	Pfändbarer Betrag bei Unterhaltspflicht*) für					
	0	1	2	3	4	5 und mehr Personen
	in DM						
429,00 bis 429,99	210,00	123,00	80,40	46,80	22,20	6,60
430,00 bis 430,99	210,70	123,50	80,80	47,10	22,40	6,70
431,00 bis 431,99	211,40	124,00	81,20	47,40	22,60	6,80
432,00 bis 432,99	212,10	124,50	81,60	47,70	22,80	6,90
433,00 bis 433,99	212,80	125,00	82,00	48,00	23,00	7,00
434,00 bis 434,99	213,50	125,50	82,40	48,30	23,20	7,10
435,00 bis 435,99	214,20	126,00	82,80	48,60	23,40	7,20
436,00 bis 436,99	214,90	126,50	83,20	48,90	23,60	7,30
437,00 bis 437,99	215,60	127,00	83,60	49,20	23,80	7,40
438,00 bis 438,99	216,30	127,50	84,00	49,50	24,00	7,50
439,00 bis 439,99	217,00	128,00	84,40	49,80	24,20	7,60
440,00 bis 440,99	217,70	128,50	84,80	50,10	24,40	7,70
441,00 bis 441,99	218,40	129,00	85,20	50,40	24,60	7,80
442,00 bis 442,99	219,10	129,50	85,60	50,70	24,80	7,90
443,00 bis 443,99	219,80	130,00	86,00	51,00	25,00	8,00
444,00 bis 444,99	220,50	130,50	86,40	51,30	25,20	8,10
445,00 bis 445,99	221,20	131,00	86,80	51,60	25,40	8,20
446,00 bis 446,99	221,90	131,50	87,20	51,90	25,60	8,30
447,00 bis 447,99	222,60	132,00	87,60	52,20	25,80	8,40
448,00 bis 448,99	223,30	132,50	88,00	52,50	26,00	8,50
449,00 bis 449,99	224,00	133,00	88,40	52,80	26,20	8,60
450,00 bis 450,99	224,70	133,50	88,80	53,10	26,40	8,70
451,00 bis 451,99	225,40	134,00	89,20	53,40	26,60	8,80
452,00 bis 452,99	226,10	134,50	89,60	53,70	26,80	8,90
453,00 bis 453,99	226,80	135,00	90,00	54,00	27,00	9,00
454,00 bis 454,99	227,50	135,50	90,40	54,30	27,20	9,10
455,00 bis 455,99	228,20	136,00	90,80	54,60	27,40	9,20
456,00 bis 456,99	228,90	136,50	91,20	54,90	27,60	9,30
457,00 bis 457,99	229,60	137,00	91,60	55,20	27,80	9,40
458,00 bis 458,99	230,30	137,50	92,00	55,50	28,00	9,50
459,00 bis 459,99	231,00	138,00	92,40	55,80	28,20	9,60
460,00 bis 460,99	231,70	138,50	92,80	56,10	28,40	9,70
461,00 bis 461,99	232,40	139,00	93,20	56,40	28,60	9,80
462,00 bis 462,99	233,10	139,50	93,60	56,70	28,80	9,90
463,00 bis 463,99	233,80	140,00	94,00	57,00	29,00	10,00
464,00 bis 464,99	234,50	140,50	94,40	57,30	29,20	10,10
465,00 bis 465,99	235,20	141,00	94,80	57,60	29,40	10,20
466,00 bis 466,99	235,90	141,50	95,20	57,90	29,60	10,30
467,00 bis 467,99	236,60	142,00	95,60	58,20	29,80	10,40
468,00 bis 468,99	237,30	142,50	96,00	58,50	30,00	10,50
469,00 bis 469,99	238,00	143,00	96,40	58,80	30,20	10,60
470,00 bis 470,99	238,70	143,50	96,80	59,10	30,40	10,70
471,00 bis 471,99	239,40	144,00	97,20	59,40	30,60	10,80
472,00 bis 472,99	240,10	144,50	97,60	59,70	30,80	10,90
473,00 bis 473,99	240,80	145,00	98,00	60,00	31,00	11,00
474,00 bis 474,99	241,50	145,50	98,40	60,30	31,20	11,10
475,00 bis 475,99	242,20	146,00	98,80	60,60	31,40	11,20
476,00 bis 476,99	242,90	146,50	99,20	60,90	31,60	11,30
477,00 bis 477,99	243,60	147,00	99,60	61,20	31,80	11,40
478,00 bis 478,99	244,30	147,50	100,00	61,50	32,00	11,50

*) Zu berücksichtigen sind Unterhaltsleistungen des Schuldners gegenüber seinem Ehegatten, einem früheren Ehegatten, einem Verwandten oder der Mutter eines nichtehelichen Kindes nach §§ 1615 l, 1615 n des Bürgerlichen Gesetzbuchs.

§ 850c Anl   8. Buch. 2. Abschnitt. ZwV wegen Geldforderungen

Nettolohn wöchentlich	Pfändbarer Betrag bei Unterhaltspflicht*) für					
	0	1	2	3	4	5 und mehr Personen
	in DM					
479,00 bis 479,99	245,00	148,00	100,40	61,80	32,20	11,60
480,00 bis 480,99	245,70	148,50	100,80	62,10	32,40	11,70
481,00 bis 481,99	246,40	149,00	101,20	62,40	32,60	11,80
482,00 bis 482,99	247,10	149,50	101,60	62,70	32,80	11,90
483,00 bis 483,99	247,80	150,00	102,00	63,00	33,00	12,00
484,00 bis 484,99	248,50	150,50	102,40	63,30	33,20	12,10
485,00 bis 485,99	249,20	151,00	102,80	63,60	33,40	12,20
486,00 bis 486,99	249,90	151,50	103,20	63,90	33,60	12,30
487,00 bis 487,99	250,60	152,00	103,60	64,20	33,80	12,40
488,00 bis 488,99	251,30	152,50	104,00	64,50	34,00	12,50
489,00 bis 489,99	252,00	153,00	104,40	64,80	34,20	12,60
490,00 bis 490,99	252,70	153,50	104,80	65,10	34,40	12,70
491,00 bis 491,99	253,40	154,00	105,20	65,40	34,60	12,80
492,00 bis 492,99	254,10	154,50	105,60	65,70	34,80	12,90
493,00 bis 493,99	254,80	155,00	106,00	66,00	35,00	13,00
494,00 bis 494,99	255,50	155,50	106,40	66,30	35,20	13,10
495,00 bis 495,99	256,20	156,00	106,80	66,60	35,40	13,20
496,00 bis 496,99	256,90	156,50	107,20	66,90	35,60	13,30
497,00 bis 497,99	257,60	157,00	107,60	67,20	35,80	13,40
498,00 bis 498,99	258,30	157,50	108,00	67,50	36,00	13,50
499,00 bis 499,99	259,00	158,00	108,40	67,80	36,20	13,60
500,00 bis 500,99	259,70	158,50	108,80	68,10	36,40	13,70
501,00 bis 501,99	260,40	159,00	109,20	68,40	36,60	13,80
502,00 bis 502,99	261,10	159,50	109,60	68,70	36,80	13,90
503,00 bis 503,99	261,80	160,00	110,00	69,00	37,00	14,00
504,00 bis 504,99	262,50	160,50	110,40	69,30	37,20	14,10
505,00 bis 505,99	263,20	161,00	110,80	69,60	37,40	14,20
506,00 bis 506,99	263,90	161,50	111,20	69,90	37,60	14,30
507,00 bis 507,99	264,60	162,00	111,60	70,20	37,80	14,40
508,00 bis 508,99	265,30	162,50	112,00	70,50	38,00	14,50
509,00 bis 509,99	266,00	163,00	112,40	70,80	38,20	14,60
510,00 bis 510,99	266,70	163,50	112,80	71,10	38,40	14,70
511,00 bis 511,99	267,40	164,00	113,20	71,40	38,60	14,80
512,00 bis 512,99	268,10	164,50	113,60	71,70	38,80	14,90
513,00 bis 513,99	268,80	165,00	114,00	72,00	39,00	15,00
514,00 bis 514,99	269,50	165,50	114,40	72,30	39,20	15,10
515,00 bis 515,99	270,20	166,00	114,80	72,60	39,40	15,20
516,00 bis 516,99	270,90	166,50	115,20	72,90	39,60	15,30
517,00 bis 517,99	271,60	167,00	115,60	73,20	39,80	15,40
518,00 bis 518,99	272,30	167,50	116,00	73,50	40,00	15,50
519,00 bis 519,99	273,00	168,00	116,40	73,80	40,20	15,60
520,00 bis 520,99	273,70	168,50	116,80	74,10	40,40	15,70
521,00 bis 521,99	274,40	169,00	117,20	74,40	40,60	15,80
522,00 bis 522,99	275,10	169,50	117,60	74,70	40,80	15,90
523,00 bis 523,99	275,80	170,00	118,00	75,00	41,00	16,00
524,00 bis 524,99	276,50	170,50	118,40	75,30	41,20	16,10
525,00 bis 525,99	277,20	171,00	118,80	75,60	41,40	16,20
526,00 bis 526,99	277,90	171,50	119,20	75,90	41,60	16,30
527,00 bis 527,99	278,60	172,00	119,60	76,20	41,80	16,40
528,00 bis 528,99	279,30	172,50	120,00	76,50	42,00	16,50

*) Zu berücksichtigen sind Unterhaltsleistungen des Schuldners gegenüber seinem Ehegatten, einem früheren Ehegatten, einem Verwandten oder der Mutter eines nichtehelichen Kindes nach §§ 1615 l, 1615 n des Bürgerlichen Gesetzbuchs.

1. Titel. Zwangsvollstr. in das bewegl. Vermögen   § 850 c Anl

Nettolohn wöchentlich	Pfändbarer Betrag bei Unterhaltspflicht*) für					
	0	1	2	3	4	5 und mehr Personen
	in DM						
529,00 bis 529,99	280,00	173,00	120,40	76,80	42,20	16,60
530,00 bis 530,99	280,70	173,50	120,80	77,10	42,40	16,70
531,00 bis 531,99	281,40	174,00	121,20	77,40	42,60	16,80
532,00 bis 532,99	282,10	174,50	121,60	77,70	42,80	16,90
533,00 bis 533,99	282,80	175,00	122,00	78,00	43,00	17,00
534,00 bis 534,99	283,50	175,50	122,40	78,30	43,20	17,10
535,00 bis 535,99	284,20	176,00	122,80	78,60	43,40	17,20
536,00 bis 536,99	284,90	176,50	123,20	78,90	43,60	17,30
537,00 bis 537,99	285,60	177,00	123,60	79,20	43,80	17,40
538,00 bis 538,99	286,30	177,50	124,00	79,50	44,00	17,50
539,00 bis 539,99	287,00	178,00	124,40	79,80	44,20	17,60
540,00 bis 540,99	287,70	178,50	124,80	80,10	44,40	17,70
541,00 bis 541,99	288,40	179,00	125,20	80,40	44,60	17,80
542,00 bis 542,99	289,10	179,50	125,60	80,70	44,80	17,90
543,00 bis 543,99	289,80	180,00	126,00	81,00	45,00	18,00
544,00 bis 544,99	290,50	180,50	126,40	81,30	45,20	18,10
545,00 bis 545,99	291,20	181,00	126,80	81,60	45,40	18,20
546,00 bis 546,99	291,90	181,50	127,20	81,90	45,60	18,30
547,00 bis 547,99	292,60	182,00	127,60	82,20	45,80	18,40
548,00 bis 548,99	293,30	182,50	128,00	82,50	46,00	18,50
549,00 bis 549,99	294,00	183,00	128,40	82,80	46,20	18,60
550,00 bis 550,99	294,70	183,50	128,80	83,10	46,40	18,70
551,00 bis 551,99	295,40	184,00	129,20	83,40	46,60	18,80
552,00 bis 552,99	296,10	184,50	129,60	83,70	46,80	18,90
553,00 bis 553,99	296,80	185,00	130,00	84,00	47,00	19,00
554,00 bis 554,99	297,50	185,50	130,40	84,30	47,20	19,10
555,00 bis 555,99	298,20	186,00	130,80	84,60	47,40	19,20
556,00 bis 556,99	298,90	186,50	131,20	84,90	47,60	19,30
557,00 bis 557,99	299,60	187,00	131,60	85,20	47,80	19,40
558,00 bis 558,99	300,30	187,50	132,00	85,50	48,00	19,50
559,00 bis 559,99	301,00	188,00	132,40	85,80	48,20	19,60
560,00 bis 560,99	301,70	188,50	132,80	86,10	48,40	19,70
561,00 bis 561,99	302,40	189,00	133,20	86,40	48,60	19,80
562,00 bis 562,99	303,10	189,50	133,60	86,70	48,80	19,90
563,00 bis 563,99	303,80	190,00	134,00	87,00	49,00	20,00
564,00 bis 564,99	304,50	190,50	134,40	87,30	49,20	20,10
565,00 bis 565,99	305,20	191,00	134,80	87,60	49,40	20,20
566,00 bis 566,99	305,90	191,50	135,20	87,90	49,60	20,30
567,00 bis 567,99	306,60	192,00	135,60	88,20	49,80	20,40
568,00 bis 568,99	307,30	192,50	136,00	88,50	50,00	20,50
569,00 bis 569,99	308,00	193,00	136,40	88,80	50,20	20,60
570,00 bis 570,99	308,70	193,50	136,80	89,10	50,40	20,70
571,00 bis 571,99	309,40	194,00	137,20	89,40	50,60	20,80
572,00 bis 572,99	310,10	194,50	137,60	89,70	50,80	20,90
573,00 bis 573,99	310,80	195,00	138,00	90,00	51,00	21,00
574,00 bis 574,99	311,50	195,50	138,40	90,30	51,20	21,10
575,00 bis 575,99	312,20	196,00	138,80	90,60	51,40	21,20
576,00 bis 576,99	312,90	196,50	139,20	90,90	51,60	21,30
577,00 bis 577,99	313,60	197,00	139,60	91,20	51,80	21,40
578,00 bis 578,99	314,30	197,50	140,00	91,50	52,00	21,50

*) Zu berücksichtigen sind Unterhaltsleistungen des Schuldners gegenüber seinem Ehegatten, einem früheren Ehegatten, einem Verwandten oder der Mutter eines nichtehelichen Kindes nach §§ 1615 l, 1615 n des Bürgerlichen Gesetzbuchs.

§ 850c Anl — 8. Buch. 2. Abschnitt. ZwV wegen Geldforderungen

Nettolohn wöchentlich	Pfändbarer Betrag bei Unterhaltspflicht*) für					
	0	1	2	3	4	5 und mehr Personen
	in DM					
579,00 bis 579,99	315,00	198,00	140,40	91,80	52,20	21,60
580,00 bis 580,99	315,70	198,50	140,80	92,10	52,40	21,70
581,00 bis 581,99	316,40	199,00	141,20	92,40	52,60	21,80
582,00 bis 582,99	317,10	199,50	141,60	92,70	52,80	21,90
583,00 bis 583,99	317,80	200,00	142,00	93,00	53,00	22,00
584,00 bis 584,99	318,50	200,50	142,40	93,30	53,20	22,10
585,00 bis 585,99	319,20	201,00	142,80	93,60	53,40	22,20
586,00 bis 586,99	319,90	201,50	143,20	93,90	53,60	22,30
587,00 bis 587,99	320,60	202,00	143,60	94,20	53,80	22,40
588,00 bis 588,99	321,30	202,50	144,00	94,50	54,00	22,50
589,00 bis 589,99	322,00	203,00	144,40	94,80	54,20	22,60
590,00 bis 590,99	322,70	203,50	144,80	95,10	54,40	22,70
591,00 bis 591,99	323,40	204,00	145,20	95,40	54,60	22,80
592,00 bis 592,99	324,10	204,50	145,60	95,70	54,80	22,90
593,00 bis 593,99	324,80	205,00	146,00	96,00	55,00	23,00
594,00 bis 594,99	325,50	205,50	146,40	96,30	55,20	23,10
595,00 bis 595,99	326,20	206,00	146,80	96,60	55,40	23,20
596,00 bis 596,99	326,90	206,50	147,20	96,90	55,60	23,30
597,00 bis 597,99	327,60	207,00	147,60	97,20	55,80	23,40
598,00 bis 598,99	328,30	207,50	148,00	97,50	56,00	23,50
599,00 bis 599,99	329,00	208,00	148,40	97,80	56,20	23,60
600,00 bis 600,99	329,70	208,50	148,80	98,10	56,40	23,70
601,00 bis 601,99	330,40	209,00	149,20	98,40	56,60	23,80
602,00 bis 602,99	331,10	209,50	149,60	98,70	56,80	23,90
603,00 bis 603,99	331,80	210,00	150,00	99,00	57,00	24,00
604,00 bis 604,99	332,50	210,50	150,40	99,30	57,20	24,10
605,00 bis 605,99	333,20	211,00	150,80	99,60	57,40	24,20
606,00 bis 606,99	333,90	211,50	151,20	99,90	57,60	24,30
607,00 bis 607,99	334,60	212,00	151,60	100,20	57,80	24,40
608,00 bis 608,99	335,30	212,50	152,00	100,50	58,00	24,50
609,00 bis 609,99	336,00	213,00	152,40	100,80	58,20	24,60
610,00 bis 610,99	336,70	213,50	152,80	101,10	58,40	24,70
611,00 bis 611,99	337,40	214,00	153,20	101,40	58,60	24,80
612,00 bis 612,99	338,10	214,50	153,60	101,70	58,80	24,90
613,00 bis 613,99	338,80	215,00	154,00	102,00	59,00	25,00
614,00 bis 614,99	339,50	215,50	154,40	102,30	59,20	25,10
615,00 bis 615,99	340,20	216,00	154,80	102,60	59,40	25,20
616,00 bis 616,99	340,90	216,50	155,20	102,90	59,60	25,30
617,00 bis 617,99	341,60	217,00	155,60	103,20	59,80	25,40
618,00 bis 618,99	342,30	217,50	156,00	103,50	60,00	25,50
619,00 bis 619,99	343,00	218,00	156,40	103,80	60,20	25,60
620,00 bis 620,99	343,70	218,50	156,80	104,10	60,40	25,70
621,00 bis 621,99	344,40	219,00	157,20	104,40	60,60	25,80
622,00 bis 622,99	345,10	219,50	157,60	104,70	60,80	25,90
623,00 bis 623,99	345,80	220,00	158,00	105,00	61,00	26,00
624,00 bis 624,99	346,50	220,50	158,40	105,30	61,20	26,10
625,00 bis 625,99	347,20	221,00	158,80	105,60	61,40	26,20
626,00 bis 626,99	347,90	221,50	159,20	105,90	61,60	26,30
627,00 bis 627,99	348,60	222,00	159,60	106,20	61,80	26,40
628,00 bis 628,99	349,30	222,50	160,00	106,50	62,00	26,50

*) Zu berücksichtigen sind Unterhaltsleistungen des Schuldners gegenüber seinem Ehegatten, einem früheren Ehegatten, einem Verwandten oder der Mutter eines nichtehelichen Kindes nach §§ 1615 l, 1615 n des Bürgerlichen Gesetzbuchs.

1. Titel. Zwangsvollstr. in das bewegl. Vermögen § 850 c Anl

Nettolohn wöchentlich	Pfändbarer Betrag bei Unterhaltspflicht*) für					
	0	1	2	3	4	5 und mehr Personen
	in DM					
629,00 bis 629,99	350,00	223,00	160,40	106,80	62,20	26,60
630,00 bis 630,99	350,70	223,50	160,80	107,10	62,40	26,70
631,00 bis 631,99	351,40	224,00	161,20	107,40	62,60	26,80
632,00 bis 632,99	352,10	224,50	161,60	107,70	62,80	26,90
633,00 bis 633,99	352,80	225,00	162,00	108,00	63,00	27,00
634,00 bis 634,99	353,50	225,50	162,40	108,30	63,20	27,10
635,00 bis 635,99	354,20	226,00	162,80	108,60	63,40	27,20
636,00 bis 636,99	354,90	226,50	163,20	108,90	63,60	27,30
637,00 bis 637,99	355,60	227,00	163,60	109,20	63,80	27,40
638,00 bis 638,99	356,30	227,50	164,00	109,50	64,00	27,50
639,00 bis 639,99	357,00	228,00	164,40	109,80	64,20	27,60
640,00 bis 640,99	357,70	228,50	164,80	110,10	64,40	27,70
641,00 bis 641,99	358,40	229,00	165,20	110,40	64,60	27,80
642,00 bis 642,99	359,10	229,50	165,60	110,70	64,80	27,90
643,00 bis 643,99	359,80	230,00	166,00	111,00	65,00	28,00
644,00 bis 644,99	360,50	230,50	166,40	111,30	65,20	28,10
645,00 bis 645,99	361,20	231,00	166,80	111,60	65,40	28,20
646,00 bis 646,99	361,90	231,50	167,20	111,90	65,60	28,30
647,00 bis 647,99	362,60	232,00	167,60	112,20	65,80	28,40
648,00 bis 648,99	363,30	232,50	168,00	112,50	66,00	28,50
649,00 bis 649,99	364,00	233,00	168,40	112,80	66,20	28,60
650,00 bis 650,99	364,70	233,50	168,80	113,10	66,40	28,70
651,00 bis 651,99	365,40	234,00	169,20	113,40	66,60	28,80
652,00 bis 652,99	366,10	234,50	169,60	113,70	66,80	28,90
653,00 bis 653,99	366,80	235,00	170,00	114,00	67,00	29,00
654,00 bis 654,99	367,50	235,50	170,40	114,30	67,20	29,10
655,00 bis 655,99	368,20	236,00	170,80	114,60	67,40	29,20
656,00 bis 656,99	368,90	236,50	171,20	114,90	67,60	29,30
657,00 bis 657,99	369,60	237,00	171,60	115,20	67,80	29,40
658,00 bis 658,99	370,30	237,50	172,00	115,50	68,00	29,50
659,00 bis 659,99	371,00	238,00	172,40	115,80	68,20	29,60
660,00 bis 660,99	371,70	238,50	172,80	116,10	68,40	29,70
661,00 bis 661,99	372,40	239,00	173,20	116,40	68,60	29,80
662,00 bis 662,99	373,10	239,50	173,60	116,70	68,80	29,90
663,00 bis 663,99	373,80	240,00	174,00	117,00	69,00	30,00
664,00 bis 664,99	374,50	240,50	174,40	117,30	69,20	30,10
665,00 bis 665,99	375,20	241,00	174,80	117,60	69,40	30,20
666,00 bis 666,99	375,90	241,50	175,20	117,90	69,60	30,30
667,00 bis 667,99	376,60	242,00	175,60	118,20	69,80	30,40
668,00 bis 668,99	377,30	242,50	176,00	118,50	70,00	30,50
669,00 bis 669,99	378,00	243,00	176,40	118,80	70,20	30,60
670,00 bis 670,99	378,70	243,50	176,80	119,10	70,40	30,70
671,00 bis 671,99	379,40	244,00	177,20	119,40	70,60	30,80
672,00 bis 672,99	380,10	244,50	177,60	119,70	70,80	30,90
673,00 bis 673,99	380,80	245,00	178,00	120,00	71,00	31,00
674,00 bis 674,99	381,50	245,50	178,40	120,30	71,20	31,10
675,00 bis 675,99	382,20	246,00	178,80	120,60	71,40	31,20
676,00 bis 676,99	382,90	246,50	179,20	120,90	71,60	31,30
677,00 bis 677,99	383,60	247,00	179,60	121,20	71,80	31,40
678,00 bis 678,99	384,30	247,50	180,00	121,50	72,00	31,50

*) Zu berücksichtigen sind Unterhaltsleistungen des Schuldners gegenüber seinem Ehegatten, einem früheren Ehegatten, einem Verwandten oder der Mutter eines nichtehelichen Kindes nach §§ 1615 l, 1615 n des Bürgerlichen Gesetzbuchs.

§ 850 c Anl   8. Buch. 2. Abschnitt. ZwV wegen Geldforderungen

Nettolohn wöchentlich	Pfändbarer Betrag bei Unterhaltspflicht*) für					
	0	1	2	3	4	5 und mehr Personen
	in DM					
679,00 bis 679,99	385,00	248,00	180,40	121,80	72,20	31,60
680,00 bis 680,99	385,70	248,50	180,80	122,10	72,40	31,70
681,00 bis 681,99	386,40	249,00	181,20	122,40	72,60	31,80
682,00 bis 682,99	387,10	249,50	181,60	122,70	72,80	31,90
683,00 bis 683,99	387,80	250,00	182,00	123,00	73,00	32,00
684,00 bis 684,99	388,50	250,50	182,40	123,30	73,20	32,10
685,00 bis 685,99	389,20	251,00	182,80	123,60	73,40	32,20
686,00 bis 686,99	389,90	251,50	183,20	123,90	73,60	32,30
687,00 bis 687,99	390,60	252,00	183,60	124,20	73,80	32,40
688,00 bis 688,99	391,30	252,50	184,00	124,50	74,00	32,50
689,00 bis 689,99	392,00	253,00	184,40	124,80	74,20	32,60
690,00 bis 690,99	392,70	253,50	184,80	125,10	74,40	32,70
691,00 bis 691,99	393,40	254,00	185,20	125,40	74,60	32,80
692,00 bis 692,99	394,10	254,50	185,60	125,70	74,80	32,90
693,00	394,80	255,00	186,00	126,00	75,00	33,00

Der Mehrbetrag über 693,00 DM ist voll pfändbar.

*) Zu berücksichtigen sind Unterhaltsleistungen des Schuldners gegenüber seinem Ehegatten, einem früheren Ehegatten, einem Verwandten oder der Mutter eines nichtehelichen Kindes nach §§ 1615 l, 1615 n des Bürgerlichen Gesetzbuchs.

1. Titel. Zwangsvollstr. in das bewegl. Vermögen § 850 c Anl

Nettolohn täglich	Pfändbarer Betrag bei Unterhaltspflicht *) für					
	0	1	2	3	4	5 und mehr Personen
	in DM					
bis 25,99	—	—	—	—	—	—
26,00 bis 26,19	0,14	—	—	—	—	—
26,20 bis 26,39	0,28	—	—	—	—	—
26,40 bis 26,59	0,42	—	—	—	—	—
26,60 bis 26,79	0,56	—	—	—	—	—
26,80 bis 26,99	0,70	—	—	—	—	—
27,00 bis 27,19	0,84	—	—	—	—	—
27,20 bis 27,39	0,98	—	—	—	—	—
27,40 bis 27,59	1,12	—	—	—	—	—
27,60 bis 27,79	1,26	—	—	—	—	—
27,80 bis 27,99	1,40	—	—	—	—	—
28,00 bis 28,19	1,54	—	—	—	—	—
28,20 bis 28,39	1,68	—	—	—	—	—
28,40 bis 28,59	1,82	—	—	—	—	—
28,60 bis 28,79	1,96	—	—	—	—	—
28,80 bis 28,99	2,10	—	—	—	—	—
29,00 bis 29,19	2,24	—	—	—	—	—
29,20 bis 29,39	2,38	—	—	—	—	—
29,40 bis 29,59	2,52	—	—	—	—	—
29,60 bis 29,79	2,66	—	—	—	—	—
29,80 bis 29,99	2,80	—	—	—	—	—
30,00 bis 30,19	2,94	—	—	—	—	—
30,20 bis 30,39	3,08	—	—	—	—	—
30,40 bis 30,59	3,22	—	—	—	—	—
30,60 bis 30,79	3,36	—	—	—	—	—
30,80 bis 30,99	3,50	—	—	—	—	—
31,00 bis 31,19	3,64	—	—	—	—	—
31,20 bis 31,39	3,78	—	—	—	—	—
31,40 bis 31,59	3,92	—	—	—	—	—
31,60 bis 31,79	4,06	—	—	—	—	—
31,80 bis 31,99	4,20	—	—	—	—	—
32,00 bis 32,19	4,34	—	—	—	—	—
32,20 bis 32,39	4,48	—	—	—	—	—
32,40 bis 32,59	4,62	—	—	—	—	—
32,60 bis 32,79	4,76	—	—	—	—	—
32,80 bis 32,99	4,90	—	—	—	—	—
33,00 bis 33,19	5,04	—	—	—	—	—
33,20 bis 33,39	5,18	—	—	—	—	—
33,40 bis 33,59	5,32	—	—	—	—	—
33,60 bis 33,79	5,46	—	—	—	—	—
33,80 bis 33,99	5,60	—	—	—	—	—
34,00 bis 34,19	5,74	—	—	—	—	—
34,20 bis 34,39	5,88	—	—	—	—	—
34,40 bis 34,59	6,02	—	—	—	—	—
34,60 bis 34,79	6,16	—	—	—	—	—
34,80 bis 34,99	6,30	—	—	—	—	—
35,00 bis 35,19	6,44	—	—	—	—	—
35,20 bis 35,39	6,58	—	—	—	—	—
35,40 bis 35,59	6,72	—	—	—	—	—
35,60 bis 35,79	6,86	—	—	—	—	—

*) Zu berücksichtigen sind Unterhaltsleistungen des Schuldners gegenüber seinem Ehegatten, einem früheren Ehegatten, einem Verwandten oder der Mutter eines nichtehelichen Kindes nach §§ 1615 l, 1615 n des Bürgerlichen Gesetzbuchs.

§ 850 c Anl 8. Buch. 2. Abschnitt. ZwV wegen Geldforderungen

Nettolohn täglich	Pfändbarer Betrag bei Unterhaltspflicht*) für					
	0	1	2	3	4	5 und mehr Personen
	in DM					
35,80 bis 35,99	7,00	—	—	—	—	—
36,00 bis 36,19	7,14	—	—	—	—	—
36,20 bis 36,39	7,28	—	—	—	—	—
36,40 bis 36,59	7,42	—	—	—	—	—
36,60 bis 36,79	7,56	—	—	—	—	—
36,80 bis 36,99	7,70	0,10	—	—	—	—
37,00 bis 37,19	7,84	0,20	—	—	—	—
37,20 bis 37,39	7,98	0,30	—	—	—	—
37,40 bis 37,59	8,12	0,40	—	—	—	—
37,60 bis 37,79	8,26	0,50	—	—	—	—
37,80 bis 37,99	8,40	0,60	—	—	—	—
38,00 bis 38,19	8,54	0,70	—	—	—	—
38,20 bis 38,39	8,68	0,80	—	—	—	—
38,40 bis 38,59	8,82	0,90	—	—	—	—
38,60 bis 38,79	8,96	1,00	—	—	—	—
38,80 bis 38,99	9,10	1,10	—	—	—	—
39,00 bis 39,19	9,24	1,20	—	—	—	—
39,20 bis 39,39	9,38	1,30	—	—	—	—
39,40 bis 39,59	9,52	1,40	—	—	—	—
39,60 bis 39,79	9,66	1,50	—	—	—	—
39,80 bis 39,99	9,80	1,60	—	—	—	—
40,00 bis 40,19	9,94	1,70	—	—	—	—
40,20 bis 40,39	10,08	1,80	—	—	—	—
40,40 bis 40,59	10,22	1,90	—	—	—	—
40,60 bis 40,79	10,36	2,00	—	—	—	—
40,80 bis 40,99	10,50	2,10	—	—	—	—
41,00 bis 41,19	10,64	2,20	—	—	—	—
41,20 bis 41,39	10,78	2,30	—	—	—	—
41,40 bis 41,59	10,92	2,40	—	—	—	—
41,60 bis 41,79	11,06	2,50	—	—	—	—
41,80 bis 41,99	11,20	2,60	—	—	—	—
42,00 bis 42,19	11,34	2,70	—	—	—	—
42,20 bis 42,39	11,48	2,80	—	—	—	—
42,40 bis 42,59	11,62	2,90	—	—	—	—
42,60 bis 42,79	11,76	3,00	—	—	—	—
42,80 bis 42,99	11,90	3,10	—	—	—	—
43,00 bis 43,19	12,04	3,20	—	—	—	—
43,20 bis 43,39	12,18	3,30	—	—	—	—
43,40 bis 43,59	12,32	3,40	—	—	—	—
43,60 bis 43,79	12,46	3,50	—	—	—	—
43,80 bis 43,99	12,60	3,60	—	—	—	—
44,00 bis 44,19	12,74	3,70	—	—	—	—
44,20 bis 44,39	12,88	3,80	—	—	—	—
44,40 bis 44,59	13,02	3,90	—	—	—	—
44,60 bis 44,79	13,16	4,00	—	—	—	—
44,80 bis 44,99	13,30	4,10	—	—	—	—
45,00 bis 45,19	13,44	4,20	—	—	—	—
45,20 bis 45,39	13,58	4,30	—	—	—	—
45,40 bis 45,59	13,72	4,40	—	—	—	—
45,60 bis 45,79	13,86	4,50	—	—	—	—

*) Zu berücksichtigen sind Unterhaltsleistungen des Schuldners gegenüber seinem Ehegatten, einem früheren Ehegatten, einem Verwandten oder der Mutter eines nichtehelichen Kindes nach §§ 1615 l, 1615 n des Bürgerlichen Gesetzbuchs.

1. Titel. Zwangsvollstr. in das bewegl. Vermögen   § 850 c Anl

Nettolohn täglich	Pfändbarer Betrag bei Unterhaltspflicht*) für					
	0	1	2	3	4	5 und mehr Personen
	in DM						

Nettolohn täglich	0	1	2	3	4	5 u. mehr
45,80 bis 45,99	14,00	4,60	0,08	—	—	—
46,00 bis 46,19	14,14	4,70	0,16	—	—	—
46,20 bis 46,39	14,28	4,80	0,24	—	—	—
46,40 bis 46,59	14,42	4,90	0,32	—	—	—
46,60 bis 46,79	14,56	5,00	0,40	—	—	—
46,80 bis 46,99	14,70	5,10	0,48	—	—	—
47,00 bis 47,19	14,84	5,20	0,56	—	—	—
47,20 bis 47,39	14,98	5,30	0,64	—	—	—
47,40 bis 47,59	15,12	5,40	0,72	—	—	—
47,60 bis 47,79	15,26	5,50	0,80	—	—	—
47,80 bis 47,99	15,40	5,60	0,88	—	—	—
48,00 bis 48,19	15,54	5,70	0,96	—	—	—
48,20 bis 48,39	15,68	5,80	1,04	—	—	—
48,40 bis 48,59	15,82	5,90	1,12	—	—	—
48,60 bis 48,79	15,96	6,00	1,20	—	—	—
48,80 bis 48,99	16,10	6,10	1,28	—	—	—
49,00 bis 49,19	16,24	6,20	1,36	—	—	—
49,20 bis 49,39	16,38	6,30	1,44	—	—	—
49,40 bis 49,59	16,52	6,40	1,52	—	—	—
49,60 bis 49,79	16,66	6,50	1,60	—	—	—
49,80 bis 49,99	16,80	6,60	1,68	—	—	—
50,00 bis 50,19	16,94	6,70	1,76	—	—	—
50,20 bis 50,39	17,08	6,80	1,84	—	—	—
50,40 bis 50,59	17,22	6,90	1,92	—	—	—
50,60 bis 50,79	17,36	7,00	2,00	—	—	—
50,80 bis 50,99	17,50	7,10	2,08	—	—	—
51,00 bis 51,19	17,64	7,20	2,16	—	—	—
51,20 bis 51,39	17,78	7,30	2,24	—	—	—
51,40 bis 51,59	17,92	7,40	2,32	—	—	—
51,60 bis 51,79	18,06	7,50	2,40	—	—	—
51,80 bis 51,99	18,20	7,60	2,48	—	—	—
52,00 bis 52,19	18,34	7,70	2,56	—	—	—
52,20 bis 52,39	18,48	7,80	2,64	—	—	—
52,40 bis 52,59	18,62	7,90	2,72	—	—	—
52,60 bis 52,79	18,76	8,00	2,80	—	—	—
52,80 bis 52,99	18,90	8,10	2,88	—	—	—
53,00 bis 53,19	19,04	8,20	2,96	—	—	—
53,20 bis 53,39	19,18	8,30	3,04	—	—	—
53,40 bis 53,59	19,32	8,40	3,12	—	—	—
53,60 bis 53,79	19,46	8,50	3,20	—	—	—
53,80 bis 53,99	19,60	8,60	3,28	—	—	—
54,00 bis 54,19	19,74	8,70	3,36	—	—	—
54,20 bis 54,39	19,88	8,80	3,44	—	—	—
54,40 bis 54,59	20,02	8,90	3,52	—	—	—
54,60 bis 54,79	20,16	9,00	3,60	—	—	—
54,80 bis 54,99	20,30	9,10	3,68	0,06	—	—
55,00 bis 55,19	20,44	9,20	3,76	0,12	—	—
55,20 bis 55,39	20,58	9,30	3,84	0,18	—	—
55,40 bis 55,59	20,72	9,40	3,92	0,24	—	—
55,60 bis 55,79	20,86	9,50	4,00	0,30	—	—

*) Zu berücksichtigen sind Unterhaltsleistungen des Schuldners gegenüber seinem Ehegatten, einem früheren Ehegatten, einem Verwandten oder der Mutter eines nichtehelichen Kindes nach §§ 1615 l, 1615 n des Bürgerlichen Gesetzbuchs.

§ 850c Anl

Nettolohn täglich	Pfändbarer Betrag bei Unterhaltspflicht*) für					
	0	1	2	3	4	5 und mehr Personen
	in DM					
55,80 bis 55,99	21,00	9,60	4,08	0,36	—	—
56,00 bis 56,19	21,14	9,70	4,16	0,42	—	—
56,20 bis 56,39	21,28	9,80	4,24	0,48	—	—
56,40 bis 56,59	21,42	9,90	4,32	0,54	—	—
56,60 bis 56,79	21,56	10,00	4,40	0,60	—	—
56,80 bis 56,99	21,70	10,10	4,48	0,66	—	—
57,00 bis 57,19	21,84	10,20	4,56	0,72	—	—
57,20 bis 57,39	21,98	10,30	4,64	0,78	—	—
57,40 bis 57,59	22,12	10,40	4,72	0,84	—	—
57,60 bis 57,79	22,26	10,50	4,80	0,90	—	—
57,80 bis 57,99	22,40	10,60	4,88	0,96	—	—
58,00 bis 58,19	22,54	10,70	4,96	1,02	—	—
58,20 bis 58,39	22,68	10,80	5,04	1,08	—	—
58,40 bis 58,59	22,82	10,90	5,12	1,14	—	—
58,60 bis 58,79	22,96	11,00	5,20	1,20	—	—
58,80 bis 58,99	23,10	11,10	5,28	1,26	—	—
59,00 bis 59,19	23,24	11,20	5,36	1,32	—	—
59,20 bis 59,39	23,38	11,30	5,44	1,38	—	—
59,40 bis 59,59	23,52	11,40	5,52	1,44	—	—
59,60 bis 59,79	23,66	11,50	5,60	1,50	—	—
59,80 bis 59,99	23,80	11,60	5,68	1,56	—	—
60,00 bis 60,19	23,94	11,70	5,76	1,62	—	—
60,20 bis 60,39	24,08	11,80	5,84	1,68	—	—
60,40 bis 60,59	24,22	11,90	5,92	1,74	—	—
60,60 bis 60,79	24,36	12,00	6,00	1,80	—	—
60,80 bis 60,99	24,50	12,10	6,08	1,86	—	—
61,00 bis 61,19	24,64	12,20	6,16	1,92	—	—
61,20 bis 61,39	24,78	12,30	6,24	1,98	—	—
61,40 bis 61,59	24,92	12,40	6,32	2,04	—	—
61,60 bis 61,79	25,06	12,50	6,40	2,10	—	—
61,80 bis 61,99	25,20	12,60	6,48	2,16	—	—
62,00 bis 62,19	25,34	12,70	6,56	2,22	—	—
62,20 bis 62,39	25,48	12,80	6,64	2,28	—	—
62,40 bis 62,59	25,62	12,90	6,72	2,34	—	—
62,60 bis 62,79	25,76	13,00	6,80	2,40	—	—
62,80 bis 62,99	25,90	13,10	6,88	2,46	—	—
63,00 bis 63,19	26,04	13,20	6,96	2,52	—	—
63,20 bis 63,39	26,18	13,30	7,04	2,58	—	—
63,40 bis 63,59	26,32	13,40	7,12	2,64	—	—
63,60 bis 63,79	26,46	13,50	7,20	2,70	—	—
63,80 bis 63,99	26,60	13,60	7,28	2,76	0,04	—
64,00 bis 64,19	26,74	13,70	7,36	2,82	0,08	—
64,20 bis 64,39	26,88	13,80	7,44	2,88	0,12	—
64,40 bis 64,59	27,02	13,90	7,52	2,94	0,16	—
64,60 bis 64,79	27,16	14,00	7,60	3,00	0,20	—
64,80 bis 64,99	27,30	14,10	7,68	3,06	0,24	—
65,00 bis 65,19	27,44	14,20	7,76	3,12	0,28	—
65,20 bis 65,39	27,58	14,30	7,84	3,18	0,32	—
65,40 bis 65,59	27,72	14,40	7,92	3,24	0,36	—
65,60 bis 65,79	27,86	14,50	8,00	3,30	0,40	—

*) Zu berücksichtigen sind Unterhaltsleistungen des Schuldners gegenüber seinem Ehegatten, einem früheren Ehegatten, einem Verwandten oder der Mutter eines nichtehelichen Kindes nach §§ 1615 l, 1615 n des Bürgerlichen Gesetzbuchs.

1. Titel. Zwangsvollstr. in das bewegl. Vermögen § 850 c Anl

Nettolohn täglich	Pfändbarer Betrag bei Unterhaltspflicht *) für					
	0	1	2	3	4	5 und mehr Personen
	in DM					
65,80 bis 65,99	28,00	14,60	8,08	3,36	0,44	—
66,00 bis 66,19	28,14	14,70	8,16	3,42	0,48	—
66,20 bis 66,39	28,28	14,80	8,24	3,48	0,52	—
66,40 bis 66,59	28,42	14,90	8,32	3,54	0,56	—
66,60 bis 66,79	28,56	15,00	8,40	3,60	0,60	—
66,80 bis 66,99	28,70	15,10	8,48	3,66	0,64	—
67,00 bis 67,19	28,84	15,20	8,56	3,72	0,68	—
67,20 bis 67,39	28,98	15,30	8,64	3,78	0,72	—
67,40 bis 67,59	29,12	15,40	8,72	3,84	0,76	—
67,60 bis 67,79	29,26	15,50	8,80	3,90	0,80	—
67,80 bis 67,99	29,40	15,60	8,88	3,96	0,84	—
68,00 bis 68,19	29,54	15,70	8,96	4,02	0,88	—
68,20 bis 68,39	29,68	15,80	9,04	4,08	0,92	—
68,40 bis 68,59	29,82	15,90	9,12	4,14	0,96	—
68,60 bis 68,79	29,96	16,00	9,20	4,20	1,00	—
68,80 bis 68,99	30,10	16,10	9,28	4,26	1,04	—
69,00 bis 69,19	30,24	16,20	9,36	4,32	1,08	—
69,20 bis 69,39	30,38	16,30	9,44	4,38	1,12	—
69,40 bis 69,59	30,52	16,40	9,52	4,44	1,16	—
69,60 bis 69,79	30,66	16,50	9,60	4,50	1,20	—
69,80 bis 69,99	30,80	16,60	9,68	4,56	1,24	—
70,00 bis 70,19	30,94	16,70	9,76	4,62	1,28	—
70,20 bis 70,39	31,08	16,80	9,84	4,68	1,32	—
70,40 bis 70,59	31,22	16,90	9,92	4,74	1,36	—
70,60 bis 70,79	31,36	17,00	10,00	4,80	1,40	—
70,80 bis 70,99	31,50	17,10	10,08	4,86	1,44	—
71,00 bis 71,19	31,64	17,20	10,16	4,92	1,48	—
71,20 bis 71,39	31,78	17,30	10,24	4,98	1,52	—
71,40 bis 71,59	31,92	17,40	10,32	5,04	1,56	—
71,60 bis 71,79	32,06	17,50	10,40	5,10	1,60	—
71,80 bis 71,99	32,20	17,60	10,48	5,16	1,64	—
72,00 bis 72,19	32,34	17,70	10,56	5,22	1,68	—
72,20 bis 72,39	32,48	17,80	10,64	5,28	1,72	—
72,40 bis 72,59	32,62	17,90	10,72	5,34	1,76	—
72,60 bis 72,79	32,76	18,00	10,80	5,40	1,80	—
72,80 bis 72,99	32,90	18,10	10,88	5,46	1,84	0,02
73,00 bis 73,19	33,04	18,20	10,96	5,52	1,88	0,04
73,20 bis 73,39	33,18	18,30	11,04	5,58	1,92	0,06
73,40 bis 73,59	33,32	18,40	11,12	5,64	1,96	0,08
73,60 bis 73,79	33,46	18,50	11,20	5,70	2,00	0,10
73,80 bis 73,99	33,60	18,60	11,28	5,76	2,04	0,12
74,00 bis 74,19	33,74	18,70	11,36	5,82	2,08	0,14
74,20 bis 74,39	33,88	18,80	11,44	5,88	2,12	0,16
74,40 bis 74,59	34,02	18,90	11,52	5,94	2,16	0,18
74,60 bis 74,79	34,16	19,00	11,60	6,00	2,20	0,20
74,80 bis 74,99	34,30	19,10	11,68	6,06	2,24	0,22
75,00 bis 75,19	34,44	19,20	11,76	6,12	2,28	0,24
75,20 bis 75,39	34,58	19,30	11,84	6,18	2,32	0,26
75,40 bis 75,59	34,72	19,40	11,92	6,24	2,36	0,28
75,60 bis 75,79	34,86	19,50	12,00	6,30	2,40	0,30

*) Zu berücksichtigen sind Unterhaltsleistungen des Schuldners gegenüber seinem Ehegatten, einem früheren Ehegatten, einem Verwandten oder der Mutter eines nichtehelichen Kindes nach §§ 1615 l, 1615 n des Bürgerlichen Gesetzbuchs.

Nettolohn täglich	Pfändbarer Betrag bei Unterhaltspflicht*) für					
	0	1	2	3	4	5 und mehr Personen
	in DM					
75,80 bis 75,99	35,00	19,60	12,08	6,36	2,44	0,32
76,00 bis 76,19	35,14	19,70	12,16	6,42	2,48	0,34
76,20 bis 76,39	35,28	19,80	12,24	6,48	2,52	0,36
76,40 bis 76,59	35,42	19,90	12,32	6,54	2,56	0,38
76,60 bis 76,79	35,56	20,00	12,40	6,60	2,60	0,40
76,80 bis 76,99	35,70	20,10	12,48	6,66	2,64	0,42
77,00 bis 77,19	35,84	20,20	12,56	6,72	2,68	0,44
77,20 bis 77,39	35,98	20,30	12,64	6,78	2,72	0,46
77,40 bis 77,59	36,12	20,40	12,72	6,84	2,76	0,48
77,60 bis 77,79	36,26	20,50	12,80	6,90	2,80	0,50
77,80 bis 77,99	36,40	20,60	12,88	6,96	2,84	0,52
78,00 bis 78,19	36,54	20,70	12,96	7,02	2,88	0,54
78,20 bis 78,39	36,68	20,80	13,04	7,08	2,92	0,56
78,40 bis 78,59	36,82	20,90	13,12	7,14	2,96	0,58
78,60 bis 78,79	36,96	21,00	13,20	7,20	3,00	0,60
78,80 bis 78,99	37,10	21,10	13,28	7,26	3,04	0,62
79,00 bis 79,19	37,24	21,20	13,36	7,32	3,08	0,64
79,20 bis 79,39	37,38	21,30	13,44	7,38	3,12	0,66
79,40 bis 79,59	37,52	21,40	13,52	7,44	3,16	0,68
79,60 bis 79,79	37,66	21,50	13,60	7,50	3,20	0,70
79,80 bis 79,99	37,80	21,60	13,68	7,56	3,24	0,72
80,00 bis 80,19	37,94	21,70	13,76	7,62	3,28	0,74
80,20 bis 80,39	38,08	21,80	13,84	7,68	3,32	0,76
80,40 bis 80,59	38,22	21,90	13,92	7,74	3,36	0,78
80,60 bis 80,79	38,36	22,00	14,00	7,80	3,40	0,80
80,80 bis 80,99	38,50	22,10	14,08	7,86	3,44	0,82
81,00 bis 81,19	38,64	22,20	14,16	7,92	3,48	0,84
81,20 bis 81,39	38,78	22,30	14,24	7,98	3,52	0,86
81,40 bis 81,59	38,92	22,40	14,32	8,04	3,56	0,88
81,60 bis 81,79	39,06	22,50	14,40	8,10	3,60	0,90
81,80 bis 81,99	39,20	22,60	14,48	8,16	3,64	0,92
82,00 bis 82,19	39,34	22,70	14,56	8,22	3,68	0,94
82,20 bis 82,39	39,48	22,80	14,64	8,28	3,72	0,96
82,40 bis 82,59	39,62	22,90	14,72	8,34	3,76	0,98
82,60 bis 82,79	39,76	23,00	14,80	8,40	3,80	1,00
82,80 bis 82,99	39,90	23,10	14,88	8,46	3,84	1,02
83,00 bis 83,19	40,04	23,20	14,96	8,52	3,88	1,04
83,20 bis 83,39	40,18	23,30	15,04	8,58	3,92	1,06
83,40 bis 83,59	40,32	23,40	15,12	8,64	3,96	1,08
83,60 bis 83,79	40,46	23,50	15,20	8,70	4,00	1,10
83,80 bis 83,99	40,60	23,60	15,28	8,76	4,04	1,12
84,00 bis 84,19	40,74	23,70	15,36	8,82	4,08	1,14
84,20 bis 84,39	40,88	23,80	15,44	8,88	4,12	1,16
84,40 bis 84,59	41,02	23,90	15,52	8,94	4,16	1,18
84,60 bis 84,79	41,16	24,00	15,60	9,00	4,20	1,20
84,80 bis 84,99	41,30	24,10	15,68	9,06	4,24	1,22
85,00 bis 85,19	41,44	24,20	15,76	9,12	4,28	1,24
85,20 bis 85,39	41,58	24,30	15,84	9,18	4,32	1,26
85,40 bis 85,59	41,72	24,40	15,92	9,24	4,36	1,28
85,60 bis 85,79	41,86	24,50	16,00	9,30	4,40	1,30

*) Zu berücksichtigen sind Unterhaltsleistungen des Schuldners gegenüber seinem Ehegatten, einem früheren Ehegatten, einem Verwandten oder der Mutter eines nichtehelichen Kindes nach §§ 1615 l, 1615 n des Bürgerlichen Gesetzbuchs.

1. Titel. Zwangsvollstreckung in das bewegliche Vermögen　　　　§ 850 c Anl

Nettolohn täglich	Pfändbarer Betrag bei Unterhaltspflicht*) für					
	0	1	2	3	4	5 und mehr Personen
	in DM					
85,80 bis 85,99	42,00	24,60	16,08	9,36	4,44	1,32
86,00 bis 86,19	42,14	24,70	16,16	9,42	4,48	1,34
86,20 bis 86,39	42,28	24,80	16,24	9,48	4,52	1,36
86,40 bis 86,59	42,42	24,90	16,32	9,54	4,56	1,38
86,60 bis 86,79	42,56	25,00	16,40	9,60	4,60	1,40
86,80 bis 86,99	42,70	25,10	16,48	9,66	4,64	1,42
87,00 bis 87,19	42,84	25,20	16,56	9,72	4,68	1,44
87,20 bis 87,39	42,98	25,30	16,64	9,78	4,72	1,46
87,40 bis 87,59	43,12	25,40	16,72	9,84	4,76	1,48
87,60 bis 87,79	43,26	25,50	16,80	9,90	4,80	1,50
87,80 bis 87,99	43,40	25,60	16,88	9,96	4,84	1,52
88,00 bis 88,19	43,54	25,70	16,96	10,02	4,88	1,54
88,20 bis 88,39	43,68	25,80	17,04	10,08	4,92	1,56
88,40 bis 88,59	43,82	25,90	17,12	10,14	4,96	1,58
88,60 bis 88,79	43,96	26,00	17,20	10,20	5,00	1,60
88,80 bis 88,99	44,10	26,10	17,28	10,26	5,04	1,62
89,00 bis 89,19	44,24	26,20	17,36	10,32	5,08	1,64
89,20 bis 89,39	44,38	26,30	17,44	10,38	5,12	1,66
89,40 bis 89,59	44,52	26,40	17,52	10,44	5,16	1,68
89,60 bis 89,79	44,66	26,50	17,60	10,50	5,20	1,70
89,80 bis 89,99	44,80	26,60	17,68	10,56	5,24	1,72
90,00 bis 90,19	44,94	26,70	17,76	10,62	5,28	1,74
90,20 bis 90,39	45,08	26,80	17,84	10,68	5,32	1,76
90,40 bis 90,59	45,22	26,90	17,92	10,74	5,36	1,78
90,60 bis 90,79	45,36	27,00	18,00	10,80	5,40	1,80
90,80 bis 90,99	45,50	27,10	18,08	10,86	5,44	1,82
91,00 bis 91,19	45,64	27,20	18,16	10,92	5,48	1,84
91,20 bis 91,39	45,78	27,30	18,24	10,98	5,52	1,86
91,40 bis 91,59	45,92	27,40	18,32	11,04	5,56	1,88
91,60 bis 91,79	46,06	27,50	18,40	11,10	5,60	1,90
91,80 bis 91,99	46,20	27,60	18,48	11,16	5,64	1,92
92,00 bis 92,19	46,34	27,70	18,56	11,22	5,68	1,94
92,20 bis 92,39	46,48	27,80	18,64	11,28	5,72	1,96
92,40 bis 92,59	46,62	27,90	18,72	11,34	5,76	1,98
92,60 bis 92,79	46,76	28,00	18,80	11,40	5,80	2,00
92,80 bis 92,99	46,90	28,10	18,88	11,46	5,84	2,02
93,00 bis 93,19	47,04	28,20	18,96	11,52	5,88	2,04
93,20 bis 93,39	47,18	28,30	19,04	11,58	5,92	2,06
93,40 bis 93,59	47,32	28,40	19,12	11,64	5,96	2,08
93,60 bis 93,79	47,46	28,50	19,20	11,70	6,00	2,10
93,80 bis 93,99	47,60	28,60	19,28	11,76	6,04	2,12
94,00 bis 94,19	47,74	28,70	19,36	11,82	6,08	2,14
94,20 bis 94,39	47,88	28,80	19,44	11,88	6,12	2,16
94,40 bis 94,59	48,02	28,90	19,52	11,94	6,16	2,18
94,60 bis 94,79	48,16	29,00	19,60	12,00	6,20	2,20
94,80 bis 94,99	48,30	29,10	19,68	12,06	6,24	2,22
95,00 bis 95,19	48,44	29,20	19,76	12,12	6,28	2,24
95,20 bis 95,39	48,58	29,30	19,84	12,18	6,32	2,26
95,40 bis 95,59	48,72	29,40	19,92	12,24	6,36	2,28
95,60 bis 95,79	48,86	29,50	20,00	12,30	6,40	2,30

*) Zu berücksichtigen sind Unterhaltsleistungen des Schuldners gegenüber seinem Ehegatten, einem früheren Ehegatten, einem Verwandten oder der Mutter eines nichtehelichen Kindes nach §§ 1615 l, 1615 n des Bürgerlichen Gesetzbuchs.

§ 850 c Anl   8. Buch. 2. Abschnitt. ZwV wegen Geldforderungen

Nettolohn täglich	Pfändbarer Betrag bei Unterhaltspflicht*) für					
	0	1	2	3	4	5 und mehr Personen
	in DM					
95,80 bis 95,99	49,00	29,60	20,08	12,36	6,44	2,32
96,00 bis 96,19	49,14	29,70	20,16	12,42	6,48	2,34
96,20 bis 96,39	49,28	29,80	20,24	12,48	6,52	2,36
96,40 bis 96,59	49,42	29,90	20,32	12,54	6,56	2,38
96,60 bis 96,79	49,56	30,00	20,40	12,60	6,60	2,40
96,80 bis 96,99	49,70	30,10	20,48	12,66	6,64	2,42
97,00 bis 97,19	49,84	30,20	20,56	12,72	6,68	2,44
97,20 bis 97,39	49,98	30,30	20,64	12,78	6,72	2,46
97,40 bis 97,59	50,12	30,40	20,72	12,84	6,76	2,48
97,60 bis 97,79	50,26	30,50	20,80	12,90	6,80	2,50
97,80 bis 97,99	50,40	30,60	20,88	12,96	6,84	2,52
98,00 bis 98,19	50,54	30,70	20,96	13,02	6,88	2,54
98,20 bis 98,39	50,68	30,80	21,04	13,08	6,92	2,56
98,40 bis 98,59	50,82	30,90	21,12	13,14	6,96	2,58
98,60 bis 98,79	50,96	31,00	21,20	13,20	7,00	2,60
98,80 bis 98,99	51,10	31,10	21,28	13,26	7,04	2,62
99,00 bis 99,19	51,24	31,20	21,36	13,32	7,08	2,64
99,20 bis 99,39	51,38	31,30	21,44	13,38	7,12	2,66
99,40 bis 99,59	51,52	31,40	21,52	13,44	7,16	2,68
99,60 bis 99,79	51,66	31,50	21,60	13,50	7,20	2,70
99,80 bis 99,99	51,80	31,60	21,68	13,56	7,24	2,72
100,00 bis 100,19	51,94	31,70	21,76	13,62	7,28	7,74
100,20 bis 100,39	52,08	31,80	21,84	13,68	7,32	2,76
100,40 bis 100,59	52,22	31,90	21,92	13,74	7,36	2,78
100,60 bis 100,79	52,36	32,00	22,00	13,80	7,40	2,80
100,80 bis 100,99	52,50	32,10	22,08	13,86	7,44	2,82
101,00 bis 101,19	52,64	32,20	22,16	13,92	7,48	2,84
101,20 bis 101,39	52,78	32,30	22,24	13,98	7,52	2,86
101,40 bis 101,59	52,92	32,40	22,32	14,04	7,56	2,88
101,60 bis 101,79	53,06	32,50	22,40	14,10	7,60	2,90
101,80 bis 101,99	53,20	32,60	22,48	14,16	7,64	2,92
102,00 bis 102,19	53,34	32,70	22,56	14,22	7,68	2,94
102,20 bis 102,39	53,48	32,80	22,64	14,28	7,72	2,96
102,40 bis 102,59	53,62	32,90	22,72	14,34	7,76	2,98
102,60 bis 102,79	53,76	33,00	22,80	14,40	7,80	3,00
102,80 bis 102,99	53,90	33,10	22,88	14,46	7,84	3,02
103,00 bis 103,19	54,04	33,20	22,96	14,52	7,88	3,04
103,20 bis 103,39	54,18	33,30	23,04	14,58	7,92	3,06
103,40 bis 103,59	54,32	33,40	23,12	14,64	7,96	3,08
103,60 bis 103,79	54,46	33,50	23,20	14,70	8,00	3,10
103,80 bis 103,99	54,60	33,60	23,28	14,76	8,04	3,12
104,00 bis 104,19	54,74	33,70	23,36	14,82	8,08	3,14
104,20 bis 104,39	54,88	33,80	23,44	14,88	8,12	3,16
104,40 bis 104,59	55,02	33,90	23,52	14,94	8,16	3,18
104,60 bis 104,79	55,16	34,00	23,60	15,00	8,20	3,20
104,80 bis 104,99	55,30	34,10	23,68	15,06	8,24	3,22
105,00 bis 105,19	55,44	34,20	23,76	15,12	8,28	3,24
105,20 bis 105,39	55,58	34,30	23,84	15,18	8,32	3,26
105,40 bis 105,59	55,72	34,40	23,92	15,24	8,36	3,28
105,60 bis 105,79	55,86	34,50	24,00	15,30	8,40	3,30

*) Zu berücksichtigen sind Unterhaltsleistungen des Schuldners gegenüber seinem Ehegatten, einem früheren Ehegatten, einem Verwandten oder der Mutter eines nichtehelichen Kindes nach §§ 1615 l, 1615 n des Bürgerlichen Gesetzbuchs.

1. Titel. Zwangsvollstreckung in das bewegliche Vermögen § 850 c Anl

Nettolohn täglich	Pfändbarer Betrag bei Unterhaltspflicht*) für					
	0	1	2	3	4	5 und mehr Personen
	in DM					
105,80 bis 105,99	56,00	34,60	24,08	15,36	8,44	3,32
106,00 bis 106,19	56,14	34,70	24,16	15,42	8,48	3,34
106,20 bis 106,39	56,28	34,80	24,24	15,48	8,52	3,36
106,40 bis 106,59	56,42	34,90	24,32	15,54	8,56	3,38
106,60 bis 106,79	56,56	35,00	24,40	15,60	8,60	3,40
106,80 bis 106,99	56,70	35,10	24,48	15,66	8,64	3,42
107,00 bis 107,19	56,84	35,20	24,56	15,72	8,68	3,44
107,20 bis 107,39	56,98	35,30	24,64	15,78	8,72	3,46
107,40 bis 107,59	57,12	35,40	24,72	15,84	8,76	3,48
107,60 bis 107,79	57,26	35,50	24,80	15,90	8,80	3,50
107,80 bis 107,99	57,40	35,60	24,88	15,96	8,84	3,52
108,00 bis 108,19	57,54	35,70	24,96	16,02	8,88	3,54
108,20 bis 108,39	57,68	35,80	25,04	16,08	8,92	3,56
108,40 bis 108,59	57,82	35,90	25,12	16,14	8,96	3,58
108,60 bis 108,79	57,96	36,00	25,20	16,20	9,00	3,60
108,80 bis 108,99	58,10	36,10	25,28	16,26	9,04	3,62
109,00 bis 109,19	58,24	36,20	25,36	16,32	9,08	3,64
109,20 bis 109,39	58,38	36,30	25,44	16,38	9,12	3,66
109,40 bis 109,59	58,52	36,40	25,52	16,44	9,16	3,68
109,60 bis 109,79	58,66	36,50	25,60	16,50	9,20	3,70
109,80 bis 109,99	58,80	36,60	25,68	16,56	9,24	3,72
110,00 bis 110,19	58,94	36,70	25,76	16,62	9,28	3,74
110,20 bis 110,39	59,08	36,80	25,84	16,68	9,32	3,76
110,40 bis 110,59	59,22	36,90	25,92	16,74	9,36	3,78
110,60 bis 110,79	59,36	37,00	26,00	16,80	9,40	3,80
110,80 bis 110,99	59,50	37,10	26,08	16,86	9,44	3,82
111,00 bis 111,19	59,64	37,20	26,16	16,92	9,48	3,84
111,20 bis 111,39	59,78	37,30	26,24	16,98	9,52	3,86
111,40 bis 111,59	59,92	37,40	26,32	17,04	9,56	3,88
111,60 bis 111,79	60,06	37,50	26,40	17,10	9,60	3,90
111,80 bis 111,99	60,20	37,60	26,48	17,16	9,64	3,92
112,00 bis 112,19	60,34	37,70	26,56	17,22	9,68	3,94
112,20 bis 112,39	60,48	37,80	26,64	17,28	9,72	3,96
112,40 bis 112,59	60,62	37,90	26,72	17,34	9,76	3,98
112,60 bis 112,79	60,76	38,00	26,80	17,40	9,80	4,00
112,80 bis 112,99	60,90	38,10	26,88	17,46	9,84	4,02
113,00 bis 113,19	61,04	38,20	26,96	17,52	9,88	4,04
113,20 bis 113,39	61,18	38,30	27,04	17,58	9,92	4,06
113,40 bis 113,59	61,32	38,40	27,12	17,64	9,96	4,08
113,60 bis 113,79	61,46	38,50	27,20	17,70	10,00	4,10
113,80 bis 113,99	61,60	38,60	27,28	17,76	10,04	4,12
114,00 bis 114,19	61,74	38,70	27,36	17,82	10,08	4,14
114,20 bis 114,39	61,88	38,80	27,44	17,88	10,12	4,16
114,40 bis 114,59	62,02	38,90	27,52	17,94	10,16	4,18
114,60 bis 114,79	62,16	39,00	27,60	18,00	10,20	4,20
114,80 bis 114,99	62,30	39,10	27,68	18,06	10,24	4,22
115,00 bis 115,19	62,44	39,20	27,76	18,12	10,28	4,24
115,20 bis 115,39	62,58	39,30	27,84	18,18	10,32	4,26
115,40 bis 115,59	62,72	39,40	27,92	18,24	10,36	4,28
115,60 bis 115,79	62,86	39,50	28,00	18,30	10,40	4,30

*) Zu berücksichtigen sind Unterhaltsleistungen des Schuldners gegenüber seinem Ehegatten, einem früheren Ehegatten, einem Verwandten oder der Mutter eines nichtehelichen Kindes nach §§ 1615 l, 1615 n des Bürgerlichen Gesetzbuchs.

§ 850c Anl — 8. Buch. 2. Abschnitt. ZwV wegen Geldforderungen

Nettolohn täglich	Pfändbarer Betrag bei Unterhaltspflicht*) für					
	0	1	2	3	4	5 und mehr Personen
	in DM					
115,80 bis 115,99	63,00	39,60	28,08	18,36	10,44	4,32
116,00 bis 116,19	63,14	39,70	28,16	18,42	10,48	4,34
116,20 bis 116,39	63,28	39,80	28,24	18,48	10,52	4,36
116,40 bis 116,59	63,42	39,90	28,32	18,54	10,56	4,38
116,60 bis 116,79	63,56	40,00	28,40	18,60	10,60	4,40
116,80 bis 116,99	63,70	40,10	28,48	18,66	10,64	4,42
117,00 bis 117,19	63,84	40,20	28,56	18,72	10,68	4,44
117,20 bis 117,39	63,98	40,30	28,64	18,78	10,72	4,46
117,40 bis 117,59	64,12	40,40	28,72	18,84	10,76	4,48
117,60 bis 117,79	64,26	40,50	28,80	18,90	10,80	4,50
117,80 bis 117,99	64,40	40,60	28,88	18,96	10,84	4,52
118,00 bis 118,19	64,54	40,70	28,96	19,02	10,88	4,54
118,20 bis 118,39	64,68	40,80	29,04	19,08	10,92	4,56
118,40 bis 118,59	64,82	40,90	29,12	19,14	10,96	4,58
118,60 bis 118,79	64,96	41,00	29,20	19,20	11,00	4,60
118,80 bis 118,99	65,10	41,10	29,28	19,26	11,04	4,62
119,00 bis 119,19	65,24	41,20	29,36	19,32	11,08	4,64
119,20 bis 119,39	65,38	41,30	29,44	19,38	11,12	4,66
119,40 bis 119,59	65,52	41,40	29,52	19,44	11,16	4,68
119,60 bis 119,79	65,66	41,50	29,60	19,50	11,20	4,70
119,80 bis 119,99	65,80	41,60	29,68	19,56	11,24	4,72
120,00 bis 120,19	65,94	41,70	29,76	19,62	11,28	4,74
120,20 bis 120,39	66,08	41,80	29,84	19,68	11,32	4,76
120,40 bis 120,59	66,22	41,90	29,92	19,74	11,36	4,78
120,60 bis 120,79	66,36	42,00	30,00	19,80	11,40	4,80
120,80 bis 120,99	66,50	42,10	30,08	19,86	11,44	4,82
121,00 bis 121,19	66,64	42,20	30,16	19,92	11,48	4,84
121,20 bis 121,39	66,78	42,30	30,24	19,98	11,52	4,86
121,40 bis 121,59	66,92	42,40	30,32	20,04	11,56	4,88
121,60 bis 121,79	67,06	42,50	30,40	20,10	11,60	4,90
121,80 bis 121,99	67,20	42,60	30,48	20,16	11,64	4,92
122,00 bis 122,19	67,34	42,70	30,56	20,22	11,68	4,94
122,20 bis 122,39	67,48	42,80	30,64	20,28	11,72	4,96
122,40 bis 122,59	67,62	42,90	30,72	20,34	11,76	4,98
122,60 bis 122,79	67,76	43,00	30,80	20,40	11,80	5,00
122,80 bis 122,99	67,90	43,10	30,88	20,46	11,84	5,02
123,00 bis 123,19	68,04	43,20	30,96	20,52	11,88	5,04
123,20 bis 123,39	68,18	43,30	31,04	20,58	11,92	5,06
123,40 bis 123,59	68,32	43,40	31,12	20,64	11,96	5,08
123,60 bis 123,79	68,46	43,50	31,20	20,70	12,00	5,10
123,80 bis 123,99	68,60	43,60	31,28	20,76	12,04	5,12
124,00 bis 124,19	68,74	43,70	31,36	20,82	12,08	5,14
124,20 bis 124,39	68,88	43,80	31,44	20,88	12,12	5,16
124,40 bis 124,59	69,02	43,90	31,52	20,94	12,16	5,18
124,60 bis 124,79	69,16	44,00	31,60	21,00	12,20	5,20
124,80 bis 124,99	69,30	44,10	31,68	21,06	12,24	5,22
125,00 bis 125,19	69,44	44,20	31,76	21,12	12,28	5,24
125,20 bis 125,39	69,58	44,30	31,84	21,18	12,32	5,26
125,40 bis 125,59	69,72	44,40	31,92	21,24	12,36	5,28
125,60 bis 125,79	69,86	44,50	32,00	21,30	12,40	5,30

*) Zu berücksichtigen sind Unterhaltsleistungen des Schuldners gegenüber seinem Ehegatten, einem früheren Ehegatten, einem Verwandten oder der Mutter eines nichtehelichen Kindes nach §§ 1615 l, 1615 n des Bürgerlichen Gesetzbuchs.

1. Titel. Zwangsvollstreckung in das bewegliche Vermögen   § 850 c 1

Nettolohn täglich	Pfändbarer Betrag bei Unterhaltspflicht*) für					
	0	1	2	3	4	5 und mehr Personen
	in DM					
125,80 bis 125,99	70,00	44,60	32,08	21,36	12,44	5,32
126,00 bis 126,19	70,14	44,70	32,16	21,42	12,48	5,34
126,20 bis 126,39	70,28	44,80	32,24	21,48	12,52	5,36
126,40 bis 126,59	70,42	44,90	32,32	21,54	12,56	5,38
126,60 bis 126,79	70,56	45,00	32,40	21,60	12,60	5,40
126,80 bis 126,99	70,70	45,10	32,48	21,66	12,64	5,42
127,00 bis 127,19	70,84	45,20	32,56	21,72	12,68	5,44
127,20 bis 127,39	70,98	45,30	32,64	21,78	12,72	5,46
177,40 bis 127,59	71,12	45,40	32,72	21,84	12,76	5,48
127,60 bis 127,79	71,26	45,50	32,80	21,90	12,80	5,50
127,80 bis 127,99	71,40	45,60	32,88	21,96	12,84	5,52
128,00 bis 128,19	71,54	45,70	32,96	22,02	12,88	5,54
128,20 bis 128,39	71,68	45,80	33,04	22,08	12,92	5,56
128,40 bis 128,59	71,82	45,90	33,12	22,14	12,96	5,58
128,60 bis 128,79	71,96	46,00	33,20	22,20	13,00	5,60
128,80 bis 128,99	72,10	46,10	33,28	22,26	13,04	5,62
129,00 bis 129,19	72,24	46,20	33,36	22,32	13,08	5,64
129,20 bis 129,39	72,38	46,30	33,44	22,38	13,12	5,66
129,40 bis 129,59	72,52	46,40	33,52	22,44	13,16	5,68
129,60 bis 129,79	72,66	46,50	33,60	22,50	13,20	5,70
129,80 bis 129,99	72,80	46,60	33,68	22,56	13,24	5,72
130,00 bis 130,19	72,94	46,70	33,76	22,62	13,28	5,74
130,20 bis 130,39	73,08	46,80	33,84	22,68	13,32	5,76
130,40 bis 130,59	73,22	46,90	33,92	22,74	13,36	5,78
130,60 bis 130,79	73,36	47,00	34,00	22,80	13,40	5,80
130,80 bis 130,99	73,50	47,10	34,08	22,86	13,44	5,82
131,00 bis 131,19	73,64	47,20	34,16	22,92	13,48	5,84
131,20 bis 131,39	73,78	47,30	34,24	22,98	13,52	5,86
131,40 bis 131,59	73,92	47,40	34,32	23,04	13,56	5,88
131,60 bis 131,79	74,06	47,50	34,40	23,10	13,60	5,90
131,80 bis 131,99	74,20	47,60	34,48	23,16	13,64	5,92
132,00 bis 132,19	74,34	47,70	34,56	23,22	13,68	5,94
132,20 bis 132,39	74,48	47,80	34,64	23,28	13,72	5,96
132,40 bis 132,59	74,62	47,90	34,72	23,34	13,76	5,98
132,60 bis 132,79	74,76	48,00	34,80	23,40	13,80	6,00
132,80 bis 132,99	74,90	48,10	34,88	23,46	13,84	6,02
133,00 bis 133,19	75,04	48,20	34,96	23,52	13,88	6,04
133,20 bis 133,39	75,18	48,30	35,04	23,58	13,92	6,06
133,40 bis 133,59	75,32	48,40	35,12	23,64	13,96	6,08
133,60 bis 133,79	75,46	48,50	35,20	23,70	14,00	6,10
133,80 bis 133,99	75,60	48,60	35,28	23,76	14,04	6,12
134,00 bis 134,19	75,74	48,70	35,36	23,82	14,08	6,14
134,20 bis 134,39	75,88	48,80	35,44	23,88	14,12	6,16
134,40 bis 134,59	76,02	48,90	35,52	23,94	14,16	6,18
134,60 bis 134,79	76,16	49,00	35,60	24,00	14,20	6,20
134,80 bis 134,99	76,30	49,10	35,68	24,06	14,24	6,22
135,00 bis 135,19	76,44	49,20	35,76	24,12	14,28	6,24
135,20 bis 135,39	76,58	49,30	35,84	24,18	14,32	6,26
135,40 bis 135,59	76,72	49,40	35,92	24,24	14,36	6,28
135,60 bis 135,79	76,86	49,50	36,00	24,30	14,40	6,30

*) Zu berücksichtigen sind Unterhaltsleistungen des Schuldners gegenüber seinem Ehegatten, einem früheren Ehegatten, einem Verwandten oder der Mutter eines nichtehelichen Kindes nach §§ 1615 l, 1615 n des Bürgerlichen Gesetzbuchs.

Nettolohn täglich	Pfändbarer Betrag bei Unterhaltspflicht*) für					
	0	1	2	3	4	5 und mehr Personen
	in DM					
135,80 bis 135,99	77,00	49,60	36,08	24,36	14,44	6,32
136,00 bis 136,19	77,14	49,70	36,16	24,42	14,48	6,34
136,20 bis 136,39	77,28	49,80	36,24	24,48	14,52	6,36
136,40 bis 136,59	77,42	49,90	36,32	24,54	14,56	6,38
136,60 bis 136,79	77,56	50,00	36,40	24,60	14,60	6,40
136,80 bis 136,99	77,70	50,10	36,48	24,66	14,64	6,42
137,00 bis 137,19	77,84	50,20	36,56	24,72	14,68	6,44
137,20 bis 137,39	77,98	50,30	36,64	24,78	14,72	6,46
137,40 bis 137,59	78,12	50,40	36,72	24,84	14,76	6,48
137,60 bis 137,79	78,26	50,50	36,80	24,90	14,80	6,50
137,80 bis 137,99	78,40	50,60	36,88	24,96	14,84	6,52
138,00 bis 138,19	78,54	50,70	36,96	25,02	14,88	6,54
138,20 bis 138,39	78,68	50,80	37,04	25,08	14,92	6,56
138,40 bis 138,59	78,82	50,90	37,12	25,14	14,96	6,58
138,60	78,96	51,00	37,20	25,20	15,00	6,60

Der Mehrbetrag über 138,60 DM ist voll pfändbar.

*) Zu berücksichtigen sind Unterhaltsleistungen des Schuldners gegenüber seinem Ehegatten, einem früheren Ehegatten, einem Verwandten oder der Mutter eines nichtehelichen Kindes nach §§ 1615 l, 1615 n des Bürgerlichen Gesetzbuchs.

Vorbem. Fassg dch Art 1 Z 9 G v 28. 2. 78, BGBl 333, in Kraft seit 1. 4. 78, Art 6 (*Bln G v 13. 3. 78*, GVBl 854, 873), geändert dch Art 1 Z 13 G v 13. 6. 80, BGBl 677. **Übergangsrechtlich** gilt dessen

Art. 4. ^{I} Eine vor dem Inkrafttreten dieses Gesetzes ausgebrachte Pfändung, die nach den Pfändungsgrenzen des bisher geltenden Rechts bemessen worden ist, richtet sich hinsichtlich der Leistungen, die nach dem Inkrafttreten dieses Gesetzes fällig werden, nach der nach den neuen Vorschriften zulässigen Höhe. Auf Antrag des Gläubigers, des Schuldners oder des Drittschuldners hat das Vollstreckungsgericht den Pfändungsbeschluß entsprechend zu berichtigen. Der Drittschuldner kann nach dem Inhalt des früheren Pfändungsbeschlusses mit befreiender Wirkung leisten, bis ihm der Berichtigungsbeschluß zugestellt wird.

^{II} Soweit die Wirksamkeit einer Verfügung über Arbeitseinkommen davon abhängt, daß die Forderung der Pfändung nicht unterworfen ist, sind die Vorschriften dieses Gesetzes auch dann anzuwenden, wenn die Verfügung vor dem Inkrafttreten dieses Gesetzes erfolgt ist. Der Schuldner der Forderung kann jedoch auch in diesem Falle nach Maßgabe der bisherigen Vorschriften so lange mit befreiender Wirkung leisten, bis ihm eine entgegenstehende vollstreckbare gerichtliche Entscheidung zugestellt wird oder eine Verzichtserklärung desjenigen zugeht, an den der Schuldner auf Grund dieses Gesetzes weniger als bisher zu leisten hat.

1) Allgemeines. I gibt die unpfändbaren Grundbeträge an, und zwar unter Berücksichtigung der gesetzlichen Unterhaltspflichten des Schuldners. II und III nennen die unpfändbaren Teile höherer Arbeitseinkommen. IV regelt zum Zwecke des Schutzes des Gläubigers die Frage, inwieweit ein Unterhaltsberechtigter wegen eines eigenen Einkommens bei der Berechnung der Freibeträge unberücksichtigt bleiben muß. Das Vollstreckungsgericht muß immer vom Nettoarbeitseinkommen ausgehen, § 850 e Z 1. Wegen der Naturaleinkommen dort Z 3. In erster Linie ist das Geldeinkommen pfändbar. Eine besondere Regelung gilt für Unterhaltsansprüche, § 850 d, und, ihnen angenähert, für Ansprüche auf Grund einer vorsätzlichen unerlaubten Handlung.

Auch eine zulässig vorgenommene Lohn- oder Gehaltsabtretung läßt die Berechnung des pfändbaren Teils unberührt. Für die Berechnung des pfändungsfreien Teils muß das Vollstreckungsgericht von dem Auszahlungszeitraum ausgehen, für den die Lohnzahlung erfolgt, also von einer monatlichen oder wöchentlichen oder täglichen Auszahlung. Wenn die Auszahlung zB wöchentlich erfolgt, wenn nun aber aus irgend einem Grunde tatsächlich nicht in der ganzen Woche gearbeitet wurde, sondern nur an drei Tagen, und wenn demgemäß weniger gezahlt wurde, etwa infolge einer Krankheit, so bleiben diese Umstände ebenso außer Betracht, wie wenn der Lohn für die einzelnen Wochentage nach Stunden berechnet wird (Berechnungsgrundlage) und deshalb für die einzelnen Tage unterschiedlich hoch ist. Das Gericht muß auch in solchen Fällen stets von demjenigen Betrag ausgehen, den das Gesetz für eine Woche festgesetzt hat. Dasselbe gilt bei II–IV.

Eine Nachzahlung wird dem Auszahlungszeitraum zugeschlagen, für den sie erfolgt. Wenn Auszahlungszeiträume mit einer vollen Beschäftigung und solche mit einer geringeren Beschäftigung aufeinander folgen, dann muß das Gericht eine Durchschnittsberechnung anstellen. Eine Jahresgewinnbeteiligung ist zu verteilen. Wenn ein Angestellter zum Teil von Spesen lebt, dann muß das Gericht diesen Umstand berücksichtigen.

2) Unpfändbare Grundbeträge, I. A. Allgemeines. Die Höhe eines unpfändbaren Grundbetrags richtet sich zunächst danach, ob der Schuldner überhaupt eine Unterhaltsverpflichtung hat. Erst nach der Klärung dieser Vorfrage ist anschließend zu prüfen, in welchem Umfang eine solche Unterhaltspflicht besteht, IV. In Betracht kommt nur eine gesetzliche Unterhaltspflicht einschließlich derjenigen aus §§ 1615l, n BGB. Eine Unterhaltspflicht gegenüber einem an sich unterhaltspflichtigen Verwandten, der sich selbst unterhalten kann, § 1602 I BGB, bleibt ebenso außer Betracht wie eine Unterhaltspflicht gegenüber einem Pflegekind. Zu beachten ist aber die Unterhaltspflicht gegenüber einem Adoptivkind. Bei einem nichtehelichen Kind muß das Gericht vom Regelunterhalt des § 1615 f BGB ausgehen, sofern das zuständige Gericht diesen Regelunterhalt nicht herabgesetzt hat, § 1615h BGB. Zu einer solchen Herabsetzung kann eine etwaige Besserstellung gegenüber dem ehelichen Kind ein Anlaß sein; vgl auch § 850d Anm 1 C und BVerfG NJW **69**, 1342.

Das Vollstreckungsgericht muß auch den etwaigen Umstand berücksichtigen, daß ein Ehegatte sich je nach den Verhältnissen auch gegenüber dem mitverdienenden anderen Ehegatten an der Bezahlung der persönlichen Bedürfnisse beteiligen muß, soweit die Ehegatten nicht getrennt leben, daß der eine Ehegatte dem anderen also insoweit unterhaltspflichtig ist, BAG FamRZ **83**, 901 mwN, vgl LAG Bln DB **76**, 1114, § 850b Anm 3Aa. Freilich ist in einem solchen Fall IV zu beachten, BAG FamRZ **83**, 901. Wenn der Schuldner die Beträge nicht für den Unterhalt dieser Personen verwendet, dann darf das Vollstreckungsgericht sie nicht berücksichtigen, BAG DB **83**, 1263. Denn das Gesetz verlangt, daß der Schuldner sie gewährt. Zum Mindestbedarf nach § 54 III Z 2 SGB KG JB **78**, 1888 (ausf). Zum Arbeitsentgelt des Gefangenen § 850 Anm 2C.

B. Pfändungsfreiheit, I. Pfändungsfrei bleiben für den Schuldner 559 DM monatlich, 129 DM wöchentlich, 25,80 DM täglich. Von dem Mehrbetrag, also von dem Unterschiedsbetrag zwischen dem pfändungsfreien Grundbetrag und dem Arbeitseinkommen, bleiben ferner folgende Beträge unpfändbar: Für die erste Person, der der Schuldner Unterhalt gewähren muß, weitere 234 DM monatlich oder 54 DM wöchentlich oder 10,80 DM täglich; für die zweite bis fünfte Person je 195 DM monatlich oder 45 DM wöchentlich oder 9 DM täglich, höchstens aber 1532 DM monatlich, 363 DM wöctlich, 72,60 DM täglich.

3) Pfändungsfreie Teile des Netto-Mehreinkommens, II–IV. A. Nettoeinkommen bis 3003 DM monatlich usw. Übersteigt das Arbeitseinkommen den pfändungsfreien Betrag und ist das Nettoeinkommen, Anm 1, nicht höher als 3003 DM monatlich, 693 DM wöchentlich, 138,60 DM täglich, dann ist der die Freibeträge von I übersteigende Betrag für den Schuldner zu 30% pfändungsfrei. Zugunsten des ersten nach I gesetzlich Unterhaltsberechtigten bleiben weitere 20% dieses Überschußbetrags unpfändbar; zugunsten des zweiten bis fünften nach I gesetzlich Unterhaltsberechtigten bleiben je weitere 10% unpfändbar. Diese Unpfändbarkeit wird ohne den jeweiligen Mindestbetrag berechnet. Der jeweils pfändungsfreie Betrag ergibt sich aus der Tabelle, die ein Teil des Gesetzes ist (derzeitige Fassung BGBl **78** I 336). Die Tabelle berücksichtigt bereits die nach III vorgeschriebene Abrundung des Arbeitseinkommens auf 5 DM monatlich, 1 DM wöctlich, 0,20 DM täglich. Vgl ferner § 850f III.

B. Nettoeinkommen mehr als 3003 DM monatlich usw. Ist das Nettoeinkommen höher als 3003 DM monatlich, 693 DM wöchentlich, 138,60 DM täglich, so ist die Spitze, die diese Beträge übersteigt, stets voll pfändbar, II 2. Vgl im übrigen A.

C. Tabelle. Das Vollstreckungsgericht kann im Pfändungsbeschluß grundsätzlich auf die amtliche Tabelle Bezug nehmen, etwa mit den Worten: es werde „der Betrag gepfändet, der sich aus der amtlichen Tabelle zu § 850c ZPO ergibt", II 2, KG Rpfleger **78**, 335,

Hornung Rpfleger **78**, 354. In einem solchen Fall überläßt das Vollstreckungsgericht dem Drittschuldner die Aufgabe, den Betrag entsprechend dem Auszahlungszeitraum und entsprechend derjenigen Personenzahl einzusetzen, die sich aus der Lohnsteuerkarte des Schuldners feststellen läßt und die Zahl der Unterhaltsberechtigten angibt. Der Drittschuldner darf davon ausgehen, daß der Schuldner den in der Lohnsteuerkarte genannten Personen auch tatsächlich einen Unterhalt zahlt, LAG RhPf BB **66**, 741, vgl auch Anm 2 A. Die Bezugnahme auf die Tabelle mit ihrer Angabe im einzelnen bei einer Unterhaltspflicht des Schuldners bis zu fünf und mehr Personen enthebt also den Gläubiger der für ihn oft nur unter erheblichem Zeitverlust und dann oft auch nicht genau möglichen Angabe der Zahl der unterhaltsberechtigten Personen, vgl Stöber Rpfleger **74**, 77.

D. Eigene Einkünfte. Solche Einkünfte beliebiger Art derjenigen Personen, die der Schuldner kraft Gesetzes nicht bloß auf Grund eines Vertrags unterhalten muß, dürfen vom Rpfl derart beachtet werden, daß der Gläubiger beim Schuldner mehr pfänden kann, als nach der Tabelle eigentlich zulässig wäre. Dieser Weg ist nicht von Amts wegen möglich, sondern nur auf einen Antrag des Gläubigers. Der Rpfl übt auch hier ein billiges Ermessen aus. Trotzdem hat er die Amtspflicht zur Berücksichtigung aller erheblichen Gesichtspunkte. Er führt freilich keine Amtsermittlung durch, Grdz 3 G, H vor § 128. Der Rpfl muß vor seiner Entscheidung den Schuldner und evtl die Unterhaltsberechtigten anhören, insofern aM Henze Rpfleger **81**, 52. Die Vorschrift ist zB in folgenden Fällen anwendbar: Es geht um eine teilzeitbeschäftigte Ehefrau; es handelt sich um einen im dritten Lehrjahr stehenden Sohn.

Das Vollstreckungsgericht muß beachten, daß ein arbeitender Mensch einen erhöhten Bedarf hat, insofern auch Henze Rpfleger **81**, 52. Deshalb benötigt zB ein Kind, das das Elternhaus verläßt, meist auch in der Folgezeit zunächst noch einen gewissen Unterhaltszuschuß vom Vater, und zwar selbst dann, wenn es schon so viel verdient, wie der Vater bisher für dieses Kind insgesamt aufbringen mußte. Wenn der Rpfl einen derartigen Unterhaltsberechtigten nur teilweise berücksichtigen will, dann darf er nicht auf die amtliche Tabelle Bezug nehmen, IV Hs 2 in Verbindung mit III 2.

Ein Beschluß nach IV begründet kein neues Pfandrecht, sondern erweitert nur das für diesen Gläubiger bestehende, LAG Hamm DB **82**, 1677.

E. Rechtsbehelfe. Im Falle einer Unstimmigkeit ist die Erinnerung nach § 766 zulässig, KG Rpfleger **78**, 335. Eine Anfrage des Gerichts beim Schuldner ist vor dem Erlaß des Pfändungs- und Überweisungsbeschlusses unzulässig, § 834. Das Gericht darf jedoch bei einer vollen oder teilweisen Berücksichtigung eines Unterhaltsberechtigten mit eigenem Einkommen nicht auf die Tabelle Bezug nehmen, IV Hs 2. Bei einem Verstoß ist auch insofern die Erinnerung nach § 766 zulässig. Der Betroffene kann gegen die nach einer Anhörung der Beteiligten getroffene Entscheidung des Rpfl die sofortige Erinnerung nach § 11 I 2 RPflG, Anh § 153 GVG, und gegen die Entscheidung des Gerichts die sofortige Beschwerde nach § 793 einlegen.

4) VwGO: Vgl Einf 5 § 850.

850 d

Unterhaltsansprüche. I Wegen der Unterhaltsansprüche, die kraft Gesetzes einem Verwandten, dem Ehegatten, einem früheren Ehegatten oder nach §§ 1615l, 1615n des Bürgerlichen Gesetzbuchs der Mutter eines nichtehelichen Kindes zustehen, sind das Arbeitseinkommen und die in § 850a Nr. 1, 2 und 4 genannten Bezüge ohne die in § 850c bezeichneten Beschränkungen pfändbar. Dem Schuldner ist jedoch so viel zu belassen, als er für seinen notwendigen Unterhalt und zur Erfüllung seiner laufenden gesetzlichen Unterhaltspflichten gegenüber den dem Gläubiger vorgehenden Berechtigten oder zur gleichmäßigen Befriedigung der dem Gläubiger gleichstehenden Berechtigten bedarf; von den in § 850a Nr. 1, 2 und 4 genannten Bezügen hat ihm mindestens die Hälfte des in § 850a unpfändbaren Betrages zu verbleiben. Der dem Schuldner hiernach verbleibende Teil seines Arbeitseinkommens darf den Betrag nicht übersteigen, der ihm nach den Vorschriften des § 850c gegenüber nicht bevorrechtigten Gläubigern zu verbleiben hätte. Für die Pfändung wegen der Rückstände, die länger als ein Jahr vor dem Antrag auf Erlaß des Pfändungsbeschlusses fällig geworden sind, gelten die Vorschriften dieses Absatzes insoweit nicht, als nach Lage der Verhältnisse nicht anzunehmen ist, daß der Schuldner sich seiner Zahlungspflicht absichtlich entzogen hat.

II Mehrere nach Absatz 1 Berechtigte sind mit ihren Ansprüchen in folgender Reihenfolge zu berücksichtigen, wobei mehrere gleich nahe Berechtigte untereinander gleichen Rang haben:

a) die minderjährigen unverheirateten Kinder, der Ehegatte, ein früherer Ehegatte und die Mutter eines nichtehelichen Kindes mit ihrem Anspruch nach §§ 1615l, 1615n des Bürgerlichen Gesetzbuchs; für das Rangverhältnis des Ehegatten zu einem früheren Ehegatten gilt jedoch § 1582 des Bürgerlichen Gesetzbuchs entsprechend; das Vollstreckungsgericht kann das Rangverhältnis der Berechtigten zueinander auf Antrag des Schuldners oder eines Berechtigten nach billigem Ermessen in anderer Weise festsetzen; das Vollstreckungsgericht hat vor seiner Entscheidung die Beteiligten zu hören;
b) die übrigen Abkömmlinge, wobei die Kinder den anderen vorgehen;
c) die Verwandten aufsteigender Linie, wobei die näheren Grade den entfernteren vorgehen.

III Bei der Vollstreckung wegen der in Absatz 1 bezeichneten Ansprüche sowie wegen der aus Anlaß einer Verletzung des Körpers oder der Gesundheit zu zahlenden Renten kann zugleich mit der Pfändung wegen fälliger Ansprüche auch künftig fällig werdendes Arbeitseinkommen wegen der dann jeweils fällig werdenden Ansprüche gepfändet und überwiesen werden.

1) Bevorrechtigte Gläubiger, I. A. Geltungsbereich. § 850d bevorrechtigt gewisse Unterhaltsberechtigte bei der Pfändung, nämlich die Verwandten, den Ehegatten, den früheren Ehegatten sowie die Mutter des nichtehelichen Kindes. Das Pfändungsvorrecht ist höchstpersönlich. Denn der Anspruch wechselt bei einer Übertragung auf eine andere Person seinen Charakter.

Allerdings gilt das nicht im Falle des Übergangs auf einen anderen Unterhaltspflichtigen, §§ 1607 II, 1608 BGB. Denn dieser andere Unterhaltspflichtige befriedigt jetzt den gesetzlichen Unterhaltsanspruch, selbst wenn dieser Anspruch erst in zweiter Linie gegen ihn selbst besteht. Der Anspruch wechselt aber durch einen Übergang auf den Träger der Sozialhilfe nach §§ 90, 91 BSHG seinen Charakter. Denn es handelt sich nach diesem Übergang um eine andere Anspruchsart, selbst wenn sie durch das Versagen des Unterhaltspflichtigen ausgelöst wurde, zB LH Hanau NJW **65**, 767, Frisinger NJW **72**, 75, aM zB BAG NJW **71**, 2094, Hamm Rpfleger **77**, 110, LG Aachen Rpfleger **83**, 360 (zustm Helwich) je mwN; vgl Pal-Diederichsen § 1607 BGB Anm 3 mwN gg Pal-Heinr § 401 BGB Anm 2.

Zum Unterhalt gehören auch: Das Wirtschaftsgeld für die Ehefrau, LG Essen MDR **64**, 416; ein Prozeßkostenvorschuß des Ehegatten, §§ 1360a IV BGB, 127a, 620ff, Pastor FamRZ **58**, 301, Weimar NJW **59**, 2102, aM StJ I B, LG Aachen FamRZ **63**, 48, LG Essen MDR **65**, 662; ein Prozeßkostenvorschuß der Eltern für ein Kind, sofern es sich um eine lebenswichtige Rechtsstreitigkeit handelt, § 114 Anm 2 A c.

Nicht hierher zählen zB: Der Anspruch auf die Erstattung der Kosten auf Grund eines Unterhaltsstreits. Denn dort liegt ein anderer Rechtsgrund vor, LG Essen MDR **60**, 680, LG Offenb JR **64**, 347; ein Anspruch auf die Erstattung von Kosten der Zwangsvollstreckung auf Grund eines solchen Prozesses, § 788. Denn hier ist die Zwangsvollstreckung der Rechtsgrund für die Erstattungspflicht; das Krankengeld wegen des Prozeßkostenvorschusses, LG Bre Rpfleger **71**, 214.

B. Gesetzlicher Unterhalt. Nur der kraft Gesetzes zu leistende Unterhalt ist bevorzugt. Hierher zählen zB: Ein vertraglicher Unterhalt, soweit der Vertrag nur eine gesetzliche Zahlungspflicht festlegt, Welzel MDR **83**, 723; eine Schadensersatzforderung wegen eines rechtswidrig entzogenen Unterhaltsanspruchs, KG NJW **55**, 1112.

Nicht hierher zählen: Ein freiwillig geleisteter Unterhalt, der nicht nur wegen einer ohnehin bestehenden gesetzlichen Pflicht gezahlt wird, etwa an das nichteheliche Kind der Ehefrau; eine Altenteilsleistung; eine Kapitalabfindung; die 6-Wochen-Kosten, § 1615k BGB; Kostenforderungen, selbst wenn sie mit einer Unterhaltspflicht zusammenhängen.

Nur der laufende Unterhalt und die Rückstände aus der Zeit bis zu einem Jahr vor dem Zeitpunkt des Eingangs des Pfändungsantrags beim Vollstreckungsgericht können berücksichtigt werden. Wenn sich der Schuldner aber der Zahlungspflicht absichtlich entzogen hat, dann entfällt diese zeitliche Begrenzung. Der Schuldner muß dann, wenn die Sachlage für eine solche Absicht spricht, das Gegenteil darlegen und beweisen, wie die Fassung I letzter Hs zeigt. Immerhin darf das Gericht dem Schuldner nicht ohne weiteres unterstellen, daß er sich der Zahlungspflicht absichtlich entziehen wollte. Maßgebend ist, ob ein bevorrechtigter Unterhalt vorliegt. Das Gericht muß die diesbezüglichen tatsächlichen Feststellungen im Vollstreckungstitel berücksichtigen. Wenn sie fehlen oder unklar sind, geht das Gericht wie bei § 850 f Anm 3 A vor, Ffm Rpfleger **80**, 198.

C. Reihenfolge der Berechtigten, II. Die gesetzliche Reihenfolge entspricht der Reihenfolge des § 1609 I BGB. Gleich Berechtigte haben unter sich einen gleichen Rang. Die Gleichrangigkeit bedeutet nicht, daß jeder dieselbe Quote erhält. Vielmehr muß das Gericht dann die Quote eines jeden nach seinem Bedarf ausrichten, LG Bre Rpfleger **61**, 126.

Zu a): Hierunter fallen sämtliche Kinder, die ehelichen wie die nichtehelichen, Köln FamRZ **76**, 120. Das minderjährige unverheiratete Kind hat den Vorrang. Ferner fallen hierunter der jetzige wie ein früherer Ehegatte (der letztere ist gemäß §§ 1582, 1581 BGB unter Umständen vorrangig) sowie die Mutter des nichtehelichen Kindes. Diese hat aber den Rang nicht wegen eines Ersatzanspruches nach § 1615 k BGB.

Zu b): Es gehen die Kinder den übrigen Abkömmlingen, diese den Verwandten der aufsteigenden Linie vor.

Zu c): Unter den Verwandten der aufsteigenden Linie gehen die näher Verwandten den entfernteren Verwandten vor.

Das Vollstreckungsgericht kann bei a das Rangverhältnis auf einen Antrag des Schuldners oder eines Berechtigten nach seinem pflichtgemäßen Ermessen anders festsetzen. Dies ist etwa dann zulässig, wenn infolge des Regelunterhalts für ein nichteheliches Kind die ehelichen Kinder, bei denen es auf die Leistungsfähigkeit des Verpflichteten ankommt, schlechter wegkämen als die nichtehelichen, vgl auch BVerfG NJW **69**, 1342. Wenn mehrere gleichberechtigte Pfändungen einander folgen, dann gilt zunächst der Zeitvorrang des § 804 III.

Das Vollstreckungsgericht darf und muß aber oft eine Anpassung nach § 850 g vornehmen, LG Mannh NJW **70**, 56. Das darf jedoch nur im Vorrechtsbereich geschehen. Infolgedessen gilt wegen eines Mehreinkommens über die Grenzen des § 850 c hinaus wieder die Rangfolge des § 804 III, Frisinger NJW **70**, 715, aM Henze Rpfleger **80**, 458. Das Gericht muß auch die zeitlichen Grenzen der Bevorzugung der Ansprüche beachten, B. Wenn mehrere Pfändungen zusammentreffen, gilt das in § 850 e Anm 4 Ausgeführte. Wenn ein besser- oder gleichberechtigter Unterhaltsgläubiger hinzutritt, dann muß das Vollstreckungsgericht den Freibetrag im Pfändungsbeschluß erhöhen, den bisherigen Pfändungsbeschluß also abändern.

2) Maß der Pfändbarkeit. A. Geltungsbereich. § 850 d ergreift das Arbeitseinkommen, § 850, und von den Bezügen des § 850 a diejenigen Bezüge, die dort in Z 1, 2, 4 geregelt sind (also die Überstundenvergütung, ein Urlaubsgeld, vgl LAG Bre Rpfleger **56**, 99, die Weihnachtsvergütung, Treugelder). Bei den Bezügen aus § 850 a Z 1, 2, 4 muß das Vollstreckungsgericht dem Schuldner aber mindestens die Hälfte der an sich unpfändbaren Bezüge belassen. Für die Bezüge gemäß § 850 b gilt dessen II. Im Rahmen des § 850 d ist auch das nach § 14 der Montanrichtlinien v 7. 8. 64, BAnz v 21. 8. 64 Nr 154, gezahlte Wartegeld pfändbar, Hamm OLGZ **67**, 427. Sonstige unpfändbare Bezüge bleiben im Umfang wie sonst auch hier unpfändbar, LG Brschw NJW **52**, 150, aM StJM I D 3.

B. Notwendiger Unterhalt. Grundsätzlich entfallen die Möglichkeit einer Beschränkung der Pfändung oder die Unpfändbarkeit. Indessen ist der Schuldner auch in diesen Fällen nicht darauf angewiesen, in einem Unterhaltsprozeß die Einrede des Notbedarfs geltend zu machen. Das Vollstreckungsgericht muß dem Schuldner vielmehr so viel belassen, daß er seinen notwendigen Unterhalt bestreiten und außerdem seine laufenden gesetzlichen Unterhaltspflichten gegenüber vorgehenden Unterhaltsberechtigten erfüllen und daß er gleichstehende Unterhaltsberechtigte gleichmäßig befriedigen kann. Dabei bleibt das Einkommen der Ehefrau des Schuldners unberücksichtigt, C. Der Schuldner wird nur insoweit geschützt, als der Lohn zu einer Befriedigung derjenigen Unterhaltsberechtigten nicht ausreicht, die dem pfändbaren Gläubiger gleichstehen.

Zweckmäßigerweise beläßt das Vollstreckungsgericht dem Schuldner auch ein geringfügiges Taschengeld, damit der Schuldner nicht jede Freude an der Arbeit verliert. Das Vollstreckungsgericht darf den Betrag, den es dem Schuldner beläßt, wegen notwendiger besonderer Aufwendungen erhöhen, § 850 f. Ein wohlhabender Stiefvater entlastet einen unterhaltspflichtigen Vater nicht. Der weitere Umfang der Pfändbarkeit kommt den Unterhaltsforderungen zugute. Beträge, die darüber hinaus vorhanden sind, müssen zwischen den sonst noch vorhandenen Schulden und dem geschuldeten Unterhalt angemessen verteilt werden, Brschw OLGZ **67**, 313.

C. Obergrenze des dem Schuldner verbleibenden. a) Grundsatz. Keinesfalls darf der Schuldner mehr behalten, als ihm nach § 850 c zukommen würde. Dabei sind Einnahmen aus anderen Quellen zu berücksichtigen. Das Vollstreckungsgericht muß also dann, wenn es sich um den Unterhalt eines Kindes handelt, auch das Kindergeld beachten, LG Bielefeld NJW **56**, 516, LG Aschaffenbg Rpfleger **60**, 173, aM LG Bln NJW **56**, 1722; vgl Grdz 9 vor § 704 ,,Kindergeld", § 851 Anm 2 A, ebenso übliche Trinkgelder, LG Bre Rpfleger **57**, 84.

b) Notwendiger Unterhalt. ,,Notwendiger Unterhalt" ist etwas mehr als dasjenige, was § 1611 BGB nennt, immerhin weniger als der ,,angemessene Unterhalt", § 1610 BGB. Der Begriff ist gleitend. Bei einem Beamten umfaßt er seine angemessene Kleidung. Die frühere gehobene Lebensstellung des Schuldners darf aber bei der Bemessung des notwendigen Unterhalts nicht berücksichtigt werden. Ein Eigenverdienst der Ehefrau dient nicht dazu, den Gläubiger des Ehemanns zu befriedigen. Dieser Eigenverdienst darf also nur insoweit berücksichtigt werden, als er die Unterhaltspflicht des Ehemanns der Ehefrau gegenüber verringert, Celle OLGZ **66**, 440, LG Gött NdsRfpl **65**, 180, aM LG Lüneb MDR **55**, 428, LG Hildesh FamRZ **65**, 278 (es will den Eigenverdienst der Ehefrau nicht berücksichtigen; tatsächlich wird dann aber der nicht vorhandene oder jedenfalls der nicht geltend gemachte Unterhaltsanspruch der Ehefrau gegen den Ehemann zu Lasten des Gläubigers fingiert). Eine Gehaltsabtretung zugunsten eines Unterhaltsberechtigten ist im Zweifel auf alle pfändbaren Gehaltsteile zu beziehen.

Maßgeblich ist, was dem Schuldner verbleiben muß, nicht, was der Gläubiger erhalten muß. Richtsätze, etwa landesrechtliche Regelsätze auf Grund des § 22 BSHG, sind für das Vollstreckungsgericht nur Anhaltspunkte für eine Entscheidung, die immer auf die Umstände des konkreten Einzelfalls abgestellt werden muß, Behr Rpfleger **81**, 386 mwN. Solche Richtsätze ändern sich außerdem bei einer Änderung der Lebenshaltungskosten. Schon deshalb darf das Vollstreckungsgericht nicht unbedingt von ihnen ausgehen, aM Hamm Rpfleger **74**, 31, AG Limbg DGVZ **76**, 76. Auch der niedrigste gesetzliche Lohn kann einen Anhaltspunkt bieten.

c) Verfahren. Das Vollstreckungsgericht muß die Entscheidung darüber treffen, welchen Betrag es dem Schuldner als den für seinen Unterhalt notwendigen Betrag belassen muß. Das Vollstreckungsgericht darf aber die etwaige Festsetzung dieses Betrags durch das Prozeßgericht nicht ohne weiteres übergehen, vgl LG Essen MDR **58**, 433.

Andererseits kann sich der Drittschuldner gegenüber einer Festsetzung des notwendigen Unterhaltsbetrags durch das Vollstreckungsgericht im Einziehungserkenntnisverfahren vor dem Prozeßgericht nicht darauf berufen, das Vollstreckungsgericht habe wesentliche Umstände zu seinen Lasten übersehen. Vielmehr kann der Drittschuldner in einem solchen Fall nur die Erinnerung bzw die sofortige Beschwerde einlegen, §§ 766 I, 793, BAG MDR **61**, 799 (zustm Bötticher), aM LG Essen NJW **69**, 668. Der Beschluß, durch den die Entscheidung des Rpfl auf Grund einer Erinnerung abgeändert wird, tritt an die Stelle des bisherigen Beschlusses. Dieser neue Beschluß wirkt aber nur insoweit zurück, als die Beträge nicht schon ausgezahlt worden sind, Bötticher **AP** zu Nr 8, nicht so weitgehend BAG **AP** Nr 8.

D. Bezifferung des Notbedarfs. Das Vollstreckungsgericht sollte im Beschluß den Notbedarf beziffern, etwa so: ,,Dem Schuldner müssen aber X DM im Monat (Woche, Tag) verbleiben". Das Gericht darf auch einen eindeutig bestimmbaren gleitenden Freibetrag bestimmen, etwa gemessen an den jeweiligen amtlichen Heimpflegekosten, LG Kassel Rpfleger **74**, 77 (Anm Stöber).

3) Vorratspfändung, III. Die Pfändung des künftigen Arbeitseinkommens ist zugleich mit der Pfändung des derzeitigen Arbeitseinkommens zulässig, wenn es sich um eine Zwangsvollstreckung wegen einer Unterhaltsrente oder wegen einer Rente auf Grund einer Körperverletzung handelt, § 850b I Z 1. Wegen anderer Ansprüche vgl § 751 Anm 1. Die Vorratspfändung ist nur insoweit zulässig, als gleichzeitig eine Pfändung wegen eines fälligen derartigen Anspruchs notwendig ist. Eine Vorratspfändung ist also nicht zulässig, wenn eine Pfändung nur wegen zukünftiger Ansprüche in Frage kommt, Ffm NJW **54**, 1774, KG MDR **60**, 931. Ob noch ein fälliger Anspruch vorhanden ist, entscheidet der Zeitpunkt des Erlasses des Pfändungs- und Überweisungsbeschlusses, § 329 Anm 4 A, LG Bln MDR **66**, 596. Pfändbar sind die Einkommen nach §§ 850, 850a Z 1, 2, 4, 850b, oben Anm 2 A.

Die Pfändung wird mit der Zustellung des Pfändungsbeschlusses auch wegen der künftigen Ansprüche wirksam. Die Worte ,,dann jeweils" beschränken nur die Höhe und den Zugriff. Die Pfändung wirkt für die Dauer des Vollstreckungstitels, falls der Gläubiger sie nicht beschränkt. Das Wort ,,kann" im Gesetzestext stellt nur in den Machtbereich, nicht in das Ermessen des Vollstreckungsgerichts. Der Rpfl muß daher den Pfändungsbeschluß erlassen, wenn dessen Voraussetzungen vorliegen. Die Pfändung wirkt schon von demjenigen Zeitpunkt an, in dem der Pfändungsbeschluß wirksam wird, nicht etwa erst ab der

Fälligkeit der Rate. Wenn die Vorratspfändung noch nach dem früheren Recht erfolgt ist, dann ist ihr Ausmaß auf einen Antrag des Schuldners den neuen Bestimmungen anzupassen, Vorbem vor § 850 c. Eine Tilgung der Rückstände rechtfertigt nur dann eine Aufhebung der Vorratspfändung, wenn man erwarten kann, daß der Schuldner auch künftig pünktlich zahlen wird, Düss MDR **77**, 147, abw zB Hamm JMBl NRW **56**, 243 (schon die bloße Tilgung reiche zur Aufhebung der Vorratspfändung aus).

4) *VwGO: Unanwendbar, weil die Vollstreckung wegen solcher Ansprüche im VerwProzeß nicht vorkommen kann.*

850 e *Berechnung des pfändbaren Arbeitseinkommens.* Für die Berechnung des pfändbaren Arbeitseinkommens gilt folgendes:
1. Nicht mitzurechnen sind die nach § 850 a der Pfändung entzogenen Bezüge, ferner Beträge, die unmittelbar auf Grund steuerrechtlicher oder sozialrechtlicher Vorschriften zur Erfüllung gesetzlicher Verpflichtungen des Schuldners abzuführen sind. Diesen Beträgen stehen gleich die auf den Auszahlungszeitraum entfallenden Beträge, die der Schuldner
    a) nach den Vorschriften der Sozialversicherungsgesetze zur Weiterversicherung entrichtet oder
    b) an eine Ersatzkasse oder an ein Unternehmen der privaten Krankenversicherung leistet, soweit sie den Rahmen des Üblichen nicht übersteigen.
2. Mehrere Arbeitseinkommen sind auf Antrag vom Vollstreckungsgericht bei der Pfändung zusammenzurechnen. Der unpfändbare Grundbetrag ist in erster Linie dem Arbeitseinkommen zu entnehmen, das die wesentliche Grundlage der Lebenshaltung des Schuldners bildet.
2a. Mit Arbeitseinkommen sind auf Antrag auch Ansprüche auf laufende Geldleistungen nach dem Sozialgesetzbuch zusammenzurechnen, soweit nach den Umständen des Falles, insbesondere nach den Einkommens- und Vermögensverhältnissen des Leistungsberechtigten, der Art des beizutreibenden Anspruches sowie der Höhe und der Zweckbestimmung der Geldleistung, die Zusammenrechnung der Billigkeit entspricht.
3. Erhält der Schuldner neben seinem in Geld zahlbaren Einkommen auch Naturalleistungen, so sind Geld- und Naturalleistungen zusammenzurechnen. In diesem Falle ist der in Geld zahlbare Betrag insoweit pfändbar, als der nach § 850c unpfändbare Teil des Gesamteinkommens durch den Wert der dem Schuldner verbleibenden Naturalleistungen gedeckt ist.
4. Trifft eine Pfändung, eine Abtretung oder eine sonstige Verfügung wegen eines der in § 850d bezeichneten Ansprüche mit einer Pfändung wegen eines sonstigen Anspruchs zusammen, so sind auf die Unterhaltsansprüche zunächst die gemäß § 850 d der Pfändung in erweitertem Umfang unterliegenden Teile des Arbeitseinkommens zu verrechnen. Die Verrechnung nimmt auf Antrag eines Beteiligten das Vollstreckungsgericht vor. Der Drittschuldner kann, solange ihm eine Entscheidung des Vollstreckungsgerichts nicht zugestellt ist, nach dem Inhalt der ihm bekannten Pfändungsbeschlüsse, Abtretungen und sonstigen Verfügungen mit befreiender Wirkung leisten.

1) Nettoberechnung, Z 1. Das Vollstreckungsgericht muß den pfändbaren Teil des Arbeitseinkommens jeweils netto berechnen. Es muß folgende Beträge abziehen, und zwar auch gegenüber Unterhaltsberechtigten:

A. Die nach § 850a unpfändbaren Bezüge, soweit die Lohnpfändung sie ergreift, zB den Überstundenlohn zu einem Drittel, im Falle des § 850d in dem dort Anm 2 A genannten Umfang.

B. Beträge, die nach dem Steuer- oder Sozialrecht vom Arbeitgeber einbehalten wurden oder die der Schuldner an einen Dritten abführen muß, zB die Lohnsteuer in voller Höhe, ferner die Sozialversicherungsabgaben. Es ist unerheblich, ob der Schuldner gegen Krankheit usw gesetzlich oder freiwillig versichert ist. Die gesetzlichen Beträge dürften aber die Obergrenze desjenigen darstellen, was abzuziehen ist. Bei Versorgungsbezügen ist der letzte Arbeitgeber der Drittschuldner. Im Falle des Ruhens wegen eines Wehrdienstes oä, im Falle der Beschäftigung nur als Aushilfskraft ohne Lohnsteuerkarte, ferner bei einer Abtretung des Rückzahlungsanspruchs und schließlich bei einer Forderung des Erben eines Arbeitnehmers ist jeweils das Finanzamt der Drittschuldner.

1. Titel. Zwangsvollstr. in das bewegl. Vermögen § 850e 1, 2

C. Beträge, die nach dem Sozialversicherungsrecht zu einer Weiterversicherung entrichtet werden, ferner Beträge, die an eine Ersatzkasse oder an eine private Krankenversicherung gezahlt werden, sofern sich solche Beträge im Rahmen des Üblichen halten. Nicht abzugsfähig sind zB Abzüge zu einem privaten Pensionsfonds.

Teilzahlungen und Vorschüsse sind auf den pfandfreien Teil zu verrechnen, nur mit dem Überschuß auf den Rest. Etwas anderes gilt dann, wenn der Vorschuß ein Darlehen darstellen würde. Das ist regelmäßig dann anzunehmen, wenn es sich um einen ,,Vorschuß" auf mehrere Lohnzahlungen handelt, wenn also ein Bedarf befriedigt werden soll, zu dem sonst Kreditmittel in Anspruch genommen werden, während es sich im Falle eines Vorschusses um die Befriedigung des normalen Lebensbedarfs handelt, LG Düss **AP** § 614 BGB Nr 1, Stöber 3. Kap Abschn Q 1. Der Drittschuldner kann den pfändbaren Teil mit Wirkung gegenüber dem Gläubiger zur Aufrechnung stellen, § 392 BGB, Stöber 3. Kap Abschn Q 2b. Der Drittschuldner kann ebenso bei einem Anspruch auf eine vereinbarungsgemäße Einbehaltung einer Kaution vorgehen, Hbg NJW **52**, 388.

2) Zusammenrechnung, Z 2, 2a. A. Arbeitseinkommen. Sämtliche pfändbaren Arbeitseinkommen des Schuldners. Sie alle müssen zusammengerechnet werden. Diese Zusammenrechnung wird vom Rpfl des Vollstreckungsgerichts auf Grund eines entsprechenden Antrags und Nachweises vorgenommen. Das Arbeitseinkommen der Ehefrau wird nicht mit dem Arbeitseinkommen des Schuldners zusammengerechnet, und zwar auch dann nicht, wenn die Ehefrau zum Unterhalt des Schuldners beitragen muß. Es entfällt in einem solchen Fall aber der Freibetrag für die Ehefrau, wenn sie sich selbst voll unterhalten kann, vgl § 850d Anm 2 Cb. Eine Sozialrente wird nur gemäß Z 2a zusammengerechnet, B.

Ein Krankengeld und ein Arbeitgeberzuschuß werden aber zusammengerechnet. Denn der Arbeitgeberzuschuß ist ein Teil des Arbeitseinkommens, BAG NJW **65**, 70 (zustm Böttcher **AP** § 394 BGB Nr 9). Ein Schlechtwettergeld nach dem AFG ist unpfändbar. Daher darf insofern keine Zusammenrechnung erfolgen, LAG Hamm BB **70**, 128. Wegen des Kindergelds LG Aschaffenb JB **78**, 1724, LG Itzehoe SchlHa **82**, 199. Unpfändbare Bezüge mindern den notwendigen Unterhalt nicht. Andernfalls wären sie mittelbar pfändbar; das würde aber dem Gesetz widersprechen. Die Zusammenrechnung kann auch nach der Pfändung eines Anspruchs erfolgen. Die erste Pfändung ist dann zu berichtigen.

Was schon gepfändet worden ist, das kann nicht nochmals zusammengerechnet werden. Der unpfändbare Grundbetrag ist in erster Linie dem Arbeitseinkommen zu entnehmen, das die wesentliche Grundlage der Lebenshaltung des Schuldners ist, Stgt Rpfleger **79**, 223, LG Trier MDR **81**, 327 mwN. Das ist regelmäßig das höhere Einkommen. Der Fall kann aber auch anders liegen, etwa dann, wenn ein Beamter neben seinem Gehalt aus einer Nebenbeschäftigung höhere Nebeneinnahmen hat, die nicht dauernd wiederkehren. Im einzelnen hat das Gericht freie Hand, LG Itzehoe SchlHA **78**, 216. Es ist aber an dem Grundsatz festzuhalten, daß eine Zusammenrechnung den Schuldner nicht besser stellen darf, als wenn er ein einheitliches Arbeitseinkommen in Höhe der Gesamtbezüge haben würde. Der Umstand, daß mehrere Drittschuldner vorhanden sind, hindert eine Zusammenrechnung nicht.

Wenn ein Gläubiger die mehreren Bezüge gepfändet hat, dann muß das Vollstreckungsgericht im Beschluß sagen, welcher Drittschuldner den unpfändbaren Betrag oder auch den entsprechenden Anteil zu berücksichtigen hat. Wenn mehrere Gläubiger pfänden und jeder das Einkommen des Schuldners aus einer anderen Quelle pfändet, dann muß der pfändungsfreie Betrag in jedem Fall berücksichtigt werden, bis eine Anordnung nach Z 2 ergeht, bis das Gericht also den pfändungsfreien Betrag einem der Einkommen entnimmt. Die pfändungsfreien Zehntel des Mehrbetrags, § 850c Anm 3 A, sind dann auf die übrigen Einkommen zu verteilen und gehen jeweils zu Lasten desjenigen Gläubigers, der gerade dieses Einkommen gepfändet hat. Die Vorschrift ist zwingend. Sie läßt also keine Verteilung nach dem Ermessen des Rpfl zu.

B. Sozialleistungen, Z 2a. Ansprüche auf eine laufende Geldleistung nach dem SGB sind mit dem Arbeitseinkommen nur dann zusammenzurechnen, wenn folgende Voraussetzungen erfüllt sind: **a)** Es liegt ein Antrag vor; **b)** der Anspruch ist überhaupt pfändbar. Dies gilt zB nicht bei einer Sozialhilfe, LG Bln MDR **78**, 323; **c)** eine Gesamtabwägung ergibt, daß die Zusammenrechnung der Billigkeit entspricht. Man darf keineswegs grundsätzlich von der Unbilligkeit einer Zusammenrechnung ausgehen, LG Itzehoe SchlHA **82**, 199. Die in Z 2a genannten Faktoren sind nur Einzelumstände, wie der Ausdruck ,,insbesondere" im Gesetzestext besagt. Sie haben freilich eine besondere Bedeutung. Vgl § 850i Anm 5. Z 2 ist entsprechend anwendbar. Daher muß der Rpfl den unpfändbaren Grundbetrag derjenigen Leistung entnehmen, die die wesentliche Grundlage der Lebenshaltung des Schuldners bildet, zB Oldb Rpfleger **81**, 449, Stgt Rpfleger **82**, 350, LG Freibg Rpfleger **81**, 452, LG Hbg DAVorm **79**, 512, ZöSche III 3, aM zB Hamm MDR **81**, 151 mwN (im Ergebnis abl Schmeken Rpfleger **81**, 448), Karlsr FamRZ **81**, 986, LG Hildesheim Rpfleger **81**, 450, LG Itzehoe SchlHA **82**, 199 (der Rpfl müsse den unpfändbaren Grundbetrag grundsätzlich dem Kindergeld entnehmen); zum Problem Hornung Rpfleger **81**, 423. Der Gläubiger muß den Antrag auf eine Zusammenrechnung stellen, Mü Rpfleger **79**, 224.

3) Naturalbezüge, Z 3. Wenn der Schuldner nur Naturalbezüge hat, dann sind §§ 850 ff unanwendbar, § 850 I, s auch § 850 Anm 1. Wenn der Schuldner einen Naturalbezug neben einer Geldleistung bezieht, dann ist der Naturalbezug seinem Geldwert nach dem Bargeldbezug zuzurechnen, also nicht mit demjenigen Wert, der für die Lohnsteuer und für die Sozialbeiträge festgesetzt wird, Saarbr NJW **58**, 227. Das gilt auch dann, wenn der Schuldner von dem einen Drittschuldner nur Geld bezieht, von dem anderen Drittschuldner aber nur einen Naturalbezug.

§ 850 e beläßt aber die Naturalbezüge in jedem Fall dem Schuldner. Denn die Vorschrift besagt, daß der Wert der Naturalleistung zunächst auf den unpfändbaren Grundbetrag des § 850 c zu verrechnen ist. Das Gericht muß die Verrechnung von Amts wegen vornehmen. Das gilt auch: für einen Wehrsold, § 850 Anm 2 B; für die Bewertung der Sachbezüge gemäß dem jeweiligen Erlaß des BMin für Verteidigung, Hamm MDR **63**, 227, Neustadt MDR **62**, 996; s auch Bruness MDR **62**, 15, Kreutzer AnwBl **74**, 173 (er weist ua daraufhin, daß eine abweichende Bewertung von der Truppe hingenommen werde).

4) Zusammentreffen, Z 4; vgl auch Holthöfer DRiZ **57**, 267, Kandler NJW **58**, 2048. Das Arbeitseinkommen zerfällt in drei Teile: **a)** Denjenigen Teil, der dem Schuldner unbedingt verbleiben muß; **b)** denjenigen Teil, der einem Unterhaltsberechtigten für eine Pfändung freisteht; **c)** denjenigen Teil, der jedem Gläubiger offensteht. Z 4 will diejenigen Schwierigkeiten beseitigen, die dann entstehen, wenn verschieden berechtigte Gläubiger Pfändungen vornehmen. Wenn ein Unterhaltsberechtigter oder ein sonst nach § 850 d Bevorzugter pfändet, dann ergreift seine Pfändung zunächst denjenigen Teil des Arbeitseinkommens, der nur seiner Pfändung freisteht; erst in zweiter Linie ergreift seine Pfändung denjenigen Teil des Arbeitseinkommens, der jedem Gläubiger offensteht.

Wenn der Schuldner einen Bevorrechtigten durch die Abtretung eines Teils seines Einkommens gesichert hat, dann wirkt diese Maßnahme gegenüber einem nicht Bevorrechtigten, soweit eine Pfändung gewirkt hätte. Es wird also eine Verrechnung auf denjenigen Teil vorgenommen, der nur dem Bevorrechtigten offensteht. Der nicht bevorrechtigte Gläubiger oder sonstige Beteiligte, der nicht ein Drittschuldner ist, kann verlangen, daß das Vollstreckungsgericht eine entsprechende Verrechnung vornimmt. Wegen des Zusammentreffens mit einem Gläubiger nach § 850 f II vgl dort Anm 3 A c.

Hat das Vollstreckungsgericht zugunsten eines Pfändungsgläubigers, dem eine Prozeßkostenhilfe bewilligt worden ist, eine Anordnung gemäß Z 4 und gemäß § 850 d getroffen, so kommt eine Verrechnung von Zahlungen, die der Drittschuldner daraufhin geleistet hat, auf die Kosten nicht in Betracht, LG Bln Rpfleger **83**, 119.

Das Vollstreckungsgericht entscheidet durch den Rpfl, § 20 Z 17 RPflG, Anh § 153 GVG, und zwar durch einen Beschluß. Bis zur Zustellung dieses Beschlusses an den Drittschuldner darf der Drittschuldner befreiend gemäß einer Abtretung, gemäß einem anderen Pfändungsbeschluß und gemäß anderen Verfügungen leisten. Denck MDR **79**, 450 läßt auch einen Antrag des Abtretungsgläubigers genügen.

5) VwGO: Vgl Einf 5 § 850.

850 f *Härteklausel.* [I] **Das Vollstreckungsgericht kann dem Schuldner auf Antrag von dem nach den Bestimmungen der §§ 850 c, 850 d und 850 i pfändbaren Teil seines Arbeitseinkommens einen Teil belassen, wenn**
a) besondere Bedürfnisse des Schuldners aus persönlichen oder beruflichen Gründen oder
b) der besondere Umfang der gesetzlichen Unterhaltspflichten des Schuldners, insbesondere die Zahl der Unterhaltsberechtigten,
dies erfordern und überwiegende Belange des Gläubigers nicht entgegenstehen.

[II] **Wird die Zwangsvollstreckung wegen einer Forderung aus einer vorsätzlich begangenen unerlaubten Handlung betrieben, so kann das Vollstreckungsgericht auf Antrag des Gläubigers den pfändbaren Teil des Arbeitseinkommens ohne Rücksicht auf die in § 850 c vorgesehenen Beschränkungen bestimmen; dem**

Schuldner ist jedoch so viel zu belassen, wie er für seinen notwendigen Unterhalt und zur Erfüllung seiner laufenden gesetzlichen Unterhaltspflichten bedarf.

III Wird die Zwangsvollstreckung wegen anderer als der in Absatz 2 und in § 850d bezeichneten Forderungen betrieben, so kann das Vollstreckungsgericht in den Fällen, in denen sich das Arbeitseinkommen des Schuldners auf mehr als monatlich 1950 Deutsche Mark (wöchentlich 450 Deutsche Mark, täglich 90 Deutsche Mark) beläuft, über die Beträge hinaus, die nach § 850c pfändbar wären, auf Antrag des Gläubigers die Pfändbarkeit unter Berücksichtigung der Belange des Gläubigers und des Schuldners nach freiem Ermessen festsetzen. Dem Schuldner ist jedoch mindestens so viel zu belassen, wie sich bei einem Arbeitseinkommen von monatlich 1950 Deutsche Mark (wöchentlich 450 Deutsche Mark, täglich 90 Deutsche Mark) aus § 850c ergeben würde.

1) **Allgemeines.** § 850f ist keine auf eine Überprüfung des bisherigen Pfändungsbeschlusses gerichtete Erinnerung. Die Vorschrift bezweckt vielmehr eine Neuregelung auf Grund von neu geltend gemachten Tatsachen, Hamm Rpfleger **77**, 224. Sie will dazu beitragen, in bestimmten Fällen Härten zu vermeiden. I enthält eine Schutzvorschrift für den Schuldner. II, III enthalten Schutzvorschriften für den Gläubiger. § 54 II SGB geht vor, BFH DB **79**, 1332.

2) **Schutz des Schuldners, I. A. Geltungsbereich.** I greift ein, wenn ein besonderes Bedürfnis des Schuldners zu der Notwendigkeit führt, ihm einen pfändungsfreien Teil des Arbeitseinkommens zu belassen, der über die gesetzliche Höhe der Pfändungsfreigrenze hinausgeht. Die besonderen Bedürfnisse können persönliche sein, etwa die Notwendigkeit einer besonders kräftigen Ernährung zur Erhaltung oder zur Wiederherstellung der Gesundheit, oder berufliche, etwa eine Pflicht, einen gewissen Aufwand zu betreiben, für den keine Aufwandsentschädigung gewährt wird. Die Abtragung von Mietrückständen gehört nicht hierher, Oldb MDR **59**, 134, ebensowenig ein Darlehen ohne einen fortbestehenden besonderen Bedarf, Hamm Rpfleger **77**, 110.

B. Unterhaltspflicht. I ist ferner dann anwendbar, wenn der Schuldner besonders umfangreiche gesetzliche Unterhaltspflichten zu erfüllen hat. Diese Unterhaltspflichten müssen also den Durchschnitt beachtlich übersteigen, sei es wegen der Zahl der Berechtigten oder wegen der Höhe der gebotenen Aufwendungen, etwa infolge einer Krankheit, der Beendigung einer Ausbildung usw. Ein Unterhalt bis zu fünf Personen ist als solcher keine besondere Belastung. Denn diese Belastung ist bereits in § 850c berücksichtigt.

C. Überwiegende Belange des Gläubigers. Bei A und B dürfen keine überwiegenden Belange des Gläubigers entgegenstehen. Solche Belange können in der Person des Gläubigers liegen, etwa in seiner Gebrechlichkeit oder in seinen Verpflichtungen. Wenn der Gläubiger durch eine Ermäßigung in eine Notlage kommt, dann muß das Vollstreckungsgericht einen gerechten Ausgleich suchen. Weder der Gläubiger noch der Schuldner haben ein grundsätzliches Vorrecht. Das Vollstreckungsgericht muß allerdings die Interessen des Gläubigers hier besonders sorgfältig nachprüfen.

3) **Schutz des Schuldners, II, III. A. Zwangsvollstreckung wegen einer vorsätzlichen unerlaubten Handlung, II. a) Zweck der Regelung.** Die Vorschrift schützt den Schuldner dann, wenn der Schuldner ihm gegenüber eine auch nur bedingt vorsätzliche Handlung begangen hat. Eine einfache oder auch grobe Fahrlässigkeit des Schuldners reicht nicht aus. Für solche Schuldformen gelten die allgemeinen Regeln, ebenso hinsichtlich der Prozeßkosten, LG Hann Rpfleger **82**, 232 mwN, aM KG Rpfleger **72**, 66. Sie gelten auch für die Kosten eines Anwalts für die Tätigkeit gegen den Schuldner im zugehörigen Strafverfahren, LG Hann Rpfleger **82**, 232. Die Schutzklausel ist bei einer Zwangsvollstreckung auf Grund jedes Vollstreckungstitels anwendbar.

Maßgeblich sind die Feststellungen zum Vorsatz des Schuldners, die sich im Urteil oder in einem sonstigen diesbezüglichen Titel befinden, sofern solche Feststellungen dort aufgenommen worden sind. Der Gläubiger sollte das Prozeßgericht deshalb nach Möglichkeit dazu veranlassen, solche Feststellungen in seine Entscheidung aufzunehmen. Wenn die Zwangsvollstreckung aus einem Vollstreckungsbescheid oder aus einem Versäumnisurteil erfolgt, dann ist die etwaige Anspruchsbegründung maßgeblich, Düss NJW **73**, 1133. Eine formularmäßige Behauptung kann in einem solchen Fall ausreichen, LG Wuppertal MDR **76**, 54.

b) Verfahren. Wenn in dem Urteil, dem sonstigen Vollstreckungstitel oder in der Anspruchsbegründung keine Feststellungen zur Schuldform getroffen wurden, oder wenn das

Gericht dort dahingestellt gelassen hat, ob der Schuldner vorsätzlich handelte, dann muß das Vollstreckungsgericht selbständig prüfen, ob der Schuldner vorsätzlich gehandelt hat. Wenn das Vollstreckungsverfahren zum Nachweis des Vorsatzes ungeeignet ist, dann muß der Gläubiger insoweit eine Feststellungsklage erheben, LG Dortm NJW **62**, 1828, LG Krefeld MDR **70**, 768 (Anm Schneider), vgl LG Mü Rpfleger **65**, 277, Grunau NJW **59**, 1515, Kirberger FamRZ **74**, 638 mwN, aM Hamm NJW **73**, 1332, LG Krefeld MDR **83**, 325 je mwN (das Vollstreckungsgericht müsse stets von Amts wegen prüfen, ob der Schuldner vorsätzlich gehandelt habe. Aber für eine Feststellungsklage besteht durchaus ein Rechtsschutzbedürfnis, und zwar zumindest dann, wenn die Feststellung des Vorsatzes des Schuldners über das jeweilige Vollstreckungsverfahren hinausreichen würde), Hoffmann NJW **73**, 1111 mwN (es sei stets eine neue Klage erforderlich – er läßt offen, ob diese auf eine Feststellung oder eine Leistung gehen müsse –, wenn nicht der Gläubiger seinen Anspruch auf eine Kennzeichnung des Vorsatzes im Vollstreckungstitel bereits während des früheren Rechtsstreits durchgesetzt habe), Rimmelspacher 241 (es sei in einem solchen Fall eine Leistungsklage erforderlich).

Wenn feststeht, daß der Schuldner vorsätzlich handelte, dann kann das Vollstreckungsgericht auf einen Antrag des Gläubigers den pfändbaren Teil des Arbeitseinkommens ohne eine Rücksicht auf die Beschränkungen des § 850c bestimmen, vgl auch Karls MDR **71**, 401. Der Rpfl übt insofern ein pflichtgemäßes Ermessen aus, aM Berner Rpfleger **59**, 79 (mit dem Wortlaut nicht vereinbar). Er muß auf den Unrechtsgehalt, den Vorteil des Schuldners, die Schwere der Verletzung des Gläubigers oder seiner Interessen, ferner auf die beiderseitige wirtschaftliche Lage und auf die Unterhaltsverpflichtungen des Schuldners abstellen. Zwar muß der Rpfl dabei die Gesichtspunkte des I heranziehen. Er muß aber einen etwa gleichzeitig nach I gestellten Antrag des Schuldners regelmäßig ablehnen. Denn II enthält eine Annäherung an § 850d I, aber insofern immer noch eine Besserstellung des Schuldners, als die Vorschrift nicht auf die Bezüge aus § 850a zurückgreift.

c) Einzelfragen. Das Vollstreckungsgericht muß dem Schuldner in jedem Fall denjenigen Betrag belassen, den der Schuldner zu seinem eigenen Unterhalt und zur Erfüllung seiner Unterhaltspflichten braucht. Allerdings kann der danach dem Schuldner verbleibende Betrag im Ergebnis unter Umständen dadurch weiter verringert werden, daß der Schuldner eine Geldstrafe abzutragen hat. Denn dieser Umstand darf nicht zu Lasten der Zahlungen an den Gläubiger gehen, vor allem dann nicht, wenn dieser Gläubiger vielleicht gerade derjenige ist, den der Schuldner durch die Straftat geschädigt hat, aM LG Ffm NJW **60**, 2249.

Ein Kindergeld kann zu Lasten des Schuldners angerechnet werden, Düss OLGZ **72**, 310 und MDR **76**, 410, LG Krefeld MDR **76**, 410. Eine Zuckerkrankheit des Schuldners rechtfertigt nicht stets einen erhöhten Pfändungsschutz, LG Krefeld MDR **72**, 152. Die Grenze der Inanspruchnahme des Schuldners liegt im allgemeinen dort, wo seine Hilfsbedürftigkeit beginnen würde, AG Krefeld MDR **77**, 412, bzw bei den in § 850c I genannten Bezügen; vgl jedoch auch § 850d Anm 2 B und C. Es kommt also grundsätzlich auch kaum ein höherer Freibetrag als bei § 850c in Betracht, LG Bln Rpfleger **74**, 167; vgl auch Hamm Rpfleger **77**, 224. Ein Anspruch aus § 850d geht der Regelung nach II vor.

B. Bei einem Arbeitseinkommen über 1950 DM monatlich (450 DM wöchentlich, 90 DM täglich) kann der Gläubiger beantragen, daß der pfändbare Betrag ohne eine Berücksichtigung der im § 850c gezogenen Grenzen festgesetzt wird. Das Vollstreckungsgericht muß dabei die Interessen beider Seiten berücksichtigen, also die wirtschaftlichen Auswirkungen, die Unterhaltsverpflichtungen, eine Böswilligkeit des Schuldners usw. Das Gericht setzt den Betrag nach pflichtgemäßem Ermessen fest. Es muß dem Schuldner jedenfalls soviel belassen, wie sich aus der Tabelle zu § 850c bei einem Arbeitseinkommen von monatlich 1950 DM (usw) für ihn unter Berücksichtigung seiner Unterhaltsverpflichtungen ergibt.

III ist bei einer Unterhaltsforderung unanwendbar, § 850d. Die Vorschrift ist ferner bei einer vorsätzlich begangenen unerlaubten Handlung unanwendbar. Denn in diesem Fall ist die Lage des Gläubigers schon vom Gesetz begünstigt worden.

4) Verfahren. A. Allgemeines. Zuständig ist der Rpfl des Vollstreckungsgerichts, obwohl es sich hier um eine Ermessensentscheidung in einem Härtefall handelt, § 20 Z 17 RPflG, Anh § 153 GVG, Düss NJW **73**, 1133 mwN. StJM II 2 will für die Entscheidung nach II oder III nur den Richter zuständig sein lassen, da es sich hier um weitere Aufgaben handele, ohne daß diese dem Rpfl ausdrücklich zugewiesen worden seien. Es handelt sich aber lediglich um die Ergänzung eines Rechtsgebiets, vgl auch Berner Rpfleger **59**, 80, Kirberger FamRZ **74**, 639. Der Rpfl entscheidet nur auf einen Antrag des Gläubigers, nicht

1. Titel. Zwangsvollstr. in das bewegl. Vermögen §§ 850f–850h

von Amts wegen. Der Gläubiger kann den Antrag auch während der Pfändungszeit stellen. Eine mündliche Verhandlung ist freigestellt. Im Falle des I entscheidet der Rpfl auch auf den Antrag eines Dritten, dem die Vergünstigung zugute kommen würde, etwa eines Unterhaltsberechtigten. Der Drittschuldner hat aber kein Antragsrecht, LG Wuppertal MDR **52**, 237. Der Antragsteller muß ein Rechtsschutzbedürfnis haben.

Der Rpfl muß den Schuldner trotz § 834 anhören, soweit er eine Prüfung der wirtschaftlichen Verhältnisse des Schuldners vornehmen muß, aM Düss NJW **73**, 1133, Kblz MDR **75**, 939, LG Frankenth Rpfleger **82**, 231. Der Rpfl setzt in seinem Beschluß die Unpfändbarkeitsgrenze nach I herauf oder nach II oder III herab.

B. Rechtsbehelfe. Soweit wegen der notwendigen Prüfung der wirtschaftlichen Verhältnisse des Schuldners eine echte Entscheidung vorliegt, ist gegen den Beschluß des Rpfl die befristete Erinnerung nach § 11 I 2 RPflG, § 793 gegeben, vgl § 793 Anm 1 A, ThP 4, aM Düss NJW **73**, 1133, Kblz MDR **75**, 939 mwN, LG Lübeck Rpfleger **74**, 76. Das gilt zumindest dann, wenn der Rpfl den Antrag teilweise abgelehnt hat, Hamm Rpfleger **74**, 31. Vgl im übrigen § 829 Anm 9C.

C. Aufhebung der Anordnung nach I. Wenn das Gericht aufgrund eines Rechtsbehelfs oder nach § 850g eine Anordnung nach I aufhebt, dann lebt das Recht aus der ursprünglichen Pfändung im vollen Umfang (bei einer Abänderung entsprechend) und mit dem früheren Rang wieder auf. Dasselbe gilt bei einer Erweiterung der Pfändungsgrenze zu Lasten des Schuldners im Falle II oder III. Diese Wirkung tritt auch bei einem Überweisungsbeschluß ein. Im Falle der Aufhebung oder Abänderung zu Lasten des Gläubigers, II oder III, entfällt die bisherige Regelung von der Wirksamkeit des abändernden Beschlusses an.

5) *VwGO:* Vgl Einf 5 § 850.

850 g *Änderung der Unpfändbarkeitsvoraussetzungen.* **Ändern sich die Voraussetzungen für die Bemessung des unpfändbaren Teils des Arbeitseinkommens, so hat das Vollstreckungsgericht auf Antrag des Schuldners oder des Gläubigers den Pfändungsbeschluß entsprechend zu ändern. Antragsberechtigt ist auch ein Dritter, dem der Schuldner kraft Gesetzes Unterhalt zu gewähren hat. Der Drittschuldner kann nach dem Inhalt des früheren Pfändungsbeschlusses mit befreiender Wirkung leisten, bis ihm der Änderungsbeschluß zugestellt wird.**

1) **Änderung der Verhältnisse.** Eine solche Situation ändert den Inhalt des Pfändungsbeschlusses nicht von selbst. Das Vollstreckungsgericht muß aber den Pfändungsbeschluß auf einen Antrag des Betroffenen den geänderten Verhältnissen anpassen. Zum Antrag können der Gläubiger, der Schuldner und auch ein Dritter berechtigt sein, dem der Schuldner einen gesetzlichen Unterhalt leisten muß, etwa ein Abkömmling. Der Antragsteller muß aber stets ein Rechtsschutzbedürfnis haben. Dieses besteht dann, wenn ihm die begehrte Änderung des Beschlusses zugute kommt. Der Antrag ist so, wie ihn das Gesetz behandelt, keine Erinnerung nach § 766. Deshalb ist zur Entscheidung über den Antrag auch der Rpfl zuständig, § 20 Z 17 RPflG, Anh § 153 GVG. Der Rpfl ändert den Pfändungsbeschluß auch dann, wenn zuvor das Gericht entschieden hatte. Denn es müssen ja neue Unterlagen vorliegen.

Die Zustellung des abändernden Beschlusses erfolgt wie beim Pfändungsbeschluß, also an den Drittschuldner im Parteibetrieb. Bis zur Zustellung kann sich der Drittschuldner an den bisherigen Beschluß halten, selbst wenn er den abändernden Beschluß bereits kennt. Der abändernde Beschluß hat also keine Rückwirkung, LG Frankenthal Rpfleger **64**, 346. Wenn der Schuldner die Unrichtigkeit derjenigen Tatsachen behauptet, die der Gläubiger vorträgt und die dem alten Beschluß zugrundegelegt worden waren, dann handelt es sich um eine Erinnerung nach § 766, Einf 1 F vor §§ 850–852, LG Düss Rpfleger **82**, 301 mwN, aM zB Schlesw SchlHA **58**, 338.

2) *VwGO:* Vgl Einf 5 §§ 850 - 851.

850 h *Verschleiertes Arbeitseinkommen.* **I Hat sich der Empfänger der vom Schuldner geleisteten Arbeiten oder Dienste verpflichtet, Leistungen an einen Dritten zu bewirken, die nach Lage der Verhältnisse ganz oder teilweise eine Vergütung für die Leistung des Schuldners darstellen, so kann der Anspruch des Drittberechtigten insoweit auf Grund des Schuldtitels gegen den Schuldner gepfändet werden, wie wenn der Anspruch dem Schuldner zustände.**

Die Pfändung des Vergütungsanspruchs des Schuldners umfaßt ohne weiteres den Anspruch des Drittberechtigten. Der Pfändungsbeschluß ist dem Drittberechtigten ebenso wie dem Schuldner zuzustellen.

II Leistet der Schuldner einem Dritten in einem ständigen Verhältnis Arbeiten oder Dienste, die nach Art und Umfang üblicherweise vergütet werden, unentgeltlich oder gegen eine unverhältnismäßig geringe Vergütung, so gilt im Verhältnis des Gläubigers zu dem Empfänger der Arbeits- und Dienstleistungen eine angemessene Vergütung als geschuldet. Bei der Prüfung, ob diese Voraussetzungen vorliegen, sowie bei der Bemessung der Vergütung ist auf alle Umstände des Einzelfalles, insbesondere die Art der Arbeits- und Dienstleistung, die verwandtschaftlichen oder sonstigen Beziehungen zwischen dem Dienstberechtigten und dem Dienstverpflichteten und die wirtschaftliche Leistungsfähigkeit des Dienstberechtigten Rücksicht zu nehmen.

1) Allgemeines. § 850h soll es einem faulen Schuldner unmöglich machen, sich durch eine Lohnschiebung der Zwangsvollstreckung zu entziehen, BGH NJW 79, 1601. I betrifft die früher sog 1500-Mark-Verträge, die den Arbeitgeber verpflichteten, die Vergütung ganz oder jedenfalls in derjenigen Höhe, in der sie die Unpfändbarkeitsgrenze überstieg, an einen Dritten zu zahlen, meist an die Ehefrau des Schuldners. II will verhindern, daß der Schuldner eine gewinnbringende Arbeit ohne jede Vergütung oder nur gegen eine unverhältnismäßig geringe Vergütung leistet, etwa gegen ein Taschengeld, ein Vorgang, der sich bei Eheleuten im Geschäft des Ehegatten, bei Kindern in dem Geschäft der Eltern häufig findet. Das Gesetz hilft mit einer Unterstellung (Fiktion) der Vereinbarung einer angemessenen Vergütung, BGH NJW 79, 1601. Dem Zweck des Gesetzes nach sind in jedem Fall der Grund und der Sinn des Vorgangs sorgfältig zu prüfen. Die güterrechtliche Regelung der Schuldenhaftung berührt den § 850h nicht.

2) Lohnbegrenzungsvertrag, I. A. Voraussetzungen. I setzt folgendes voraus:
a) Schuldnerleistung. Der Schuldner leistet Arbeiten oder Dienste. Es ist nicht erforderlich, daß ein festes Dienstverhältnis, ein Arbeits- und ein Dienstlohn oder eine wiederkehrende Vergütung vorliegen. Jeder Anspruch auf eine Vergütung für irgendwelche Arbeits- oder Dienstleistung genügt, auch eine einmalige Vergütung, etwa der Werklohn für die Anfertigung eines Auszugs.
b) Vergütungspflicht. Der Dienstempfänger verpflichtet sich, einem Dritten eine Vergütung zu bezahlen. Die Abtretung des Anspruchs gehört nicht hierher. Eine solche Abtretung kann eine Gläubigeranfechtung begründen. Als Vergütung ist jede Vermögenszuwendung anzusehen, die man für die Arbeit gewährt. Es genügt, daß nur ein Teil der Zuwendung eine solche Vergütung darstellt. Entscheidend ist, ob das Gewährte „nach Lage der Umstände" als eine solche Vergütung anzusehen ist. Diese Frage ist objektiv in freier Würdigung der Umstände zu beurteilen, allerdings erst auf Grund einer Erinnerung, Anm 4; die Auffassung der Beteiligten ist nicht wesentlich. Es braucht also keine gewollte Schiebung vorzuliegen.

B. Umfang der Pfändung. Die Pfändung des Anspruchs des Schuldners gegen den Drittschuldner umfaßt kraft Gesetzes den Anspruch des Dritten gegen den Drittschuldner. Der Gläubiger kann aber auch ohne einen Vollstreckungstitel gegenüber dem Drittberechtigten und ohne eine vorherige Zustellung an ihn dessen Anspruch pfänden. Das Vollstreckungsgericht prüft in einem solchen Fall nicht, ob die Voraussetzungen des § 850h vorliegen, sondern es legt seinem Beschluß die Angaben des Gläubigers zugrunde, § 829 Anm 2. Eine vorherige Zustellung des Vollstreckungstitels an den Dritten ist nicht erforderlich. Denn der Dritte ist nicht der Vollstreckungsschuldner. Der Pfändungsbeschluß wird dem Schuldner und dem Dritten zugestellt. Allerdings sind diese Einzelheiten prozessual unerheblich. Die Pfändung wird mit der Zustellung an den Drittschuldner wirksam. Die Pfändungsbeschränkungen gelten auch hier. Der Dritte kann den Anspruch dem Zugriff des Gläubigers nicht durch eine Abtretung entziehen. Ein anderer kann eine solche Wirkung nicht durch eine Pfändung beim Dritten erreichen. Denn niemand kann mehr Rechte erwerben, als sie der Veräußernde hatte. Andernfalls wäre § 850h ein Schlag ins Wasser.

3) Verschleierter Arbeitsvertrag, II. A. Voraussetzungen. Es müssen folgende Vorgänge zusammentreffen:
a) Arbeits- und Dienstleistung. Der Schuldner muß in einem ständigen Verhältnis arbeiten oder Dienste leisten. Es muß nicht unbedingt ein Dienstverhältnis vorliegen. Die Tätigkeit kann auf Grund eines Vertrags oder ohne einen Vertrag geleistet werden. Eine tatsäch-

1. Titel. Zwangsvollstr. in das bewegl. Vermögen **§ 850 h** 3

liche Arbeit genügt, Fenn FamRZ 73, 628. Eine einmalige Leistung gehört aber nicht hierhin. Vielmehr muß die Tätigkeit eine gewisse Regelmäßigkeit und Dauer aufweisen.

b) Vergütungspflicht. die Arbeiten oder Dienste müssen üblicherweise nach ihrer Art und nach ihrem Umfang nur gegen eine Vergütung geschehen. Dies ist aus der Sicht eines unbeteiligten Dritten zu beurteilen, BAG NJW 78, 343. In diesem Zusammenhang müssen die allgemeinen Verhältnisse am Leistungsort berücksichtigt werden. Dabei ist von einer Vergütung nach einem etwaigen Tarif auszugehen, jedenfalls aber von demjenigen Mindestentgelt, das dem Schuldner danach zustehen würde, BAG MDR 65, 944. Ferner müssen die persönlichen Verhältnisse der Beteiligten berücksichtigt werden, etwa der Wunsch der schon betagten Eltern, sich ihre Existenzgrundlage zu erhalten, LAG Bre 62, 476. Auch die wirtschaftliche Leistungsfähigkeit des Dienstberechtigten ist beachtlich, Hamm FamRZ 81, 955. Grunsky Festschrift für Baur (1981) 408 fordert eine Berücksichtigung auch der Interessen des Schuldners und des Drittschuldners.

LAG Ffm NJW 65, 2075 will aus II herauslesen, daß ein fingierter Arbeitsverdienst auch dann anzunehmen sei, obwohl S 2 auch die verwandtschaftlichen Beziehungen besonders erwähnt. Ähnlich äußert sich Fenn AcP 167, 162 und FamRZ 73, 628; § 1356 II BGB gibt aber zumindest einen Anhalt dafür, inwiefern eine Vergütung üblich ist. Es kann sich aber auch um vergütete Dienste handeln. Es kann auch eine Gesellschaft vorliegen, BGH NJW 53, 418. Die Inhaberschaft kann auch verschleiert sein, etwa dann, wenn die Ehefrau des in Konkurs gefallenen Ehemannes das Geschäft unter seiner Leitung fortführt.

Es entscheidet, was der Schuldner gerade bei diesem Betrieb zu fordern hätte, zB bei einer Geschäftsführung durch den Liebhaber der Inhaberin, vgl Hamm MDR 75, 161, bei einem kleinen oder kleinsten Betrieb, ob eine normal beschäftigte Arbeitskraft anstelle des mitarbeitenden Schuldners beschäftigt werden müßte, wenn dieser nicht mitarbeiten würde, LAG Baden SJZ 50, 594. Eine Absicht der Gläubigerbenachteiligung ist im Fall II nicht erforderlich, BGH NJW 79, 1602, aM Grunsky Festschrift für Baur (1981) 411. Auch wenn der Schuldner gutgläubig handelt, kann eine grobe Unbilligkeit vorliegen, BGH NJW 79, 1602.

B. Sonderfälle. Wenn der Schuldner keine Dienste leistet und trotzdem den Lebensunterhalt und eine Vergütung erhält, dann ist II unanwendbar. In einem solchen Fall kann zwar ein Ersatzanspruch nach § 826 BGB entstanden sein, vgl auch BGH **LM** § 826 (Gd) BGB Nr 29, etwa dann, wenn eine Ehefrau ihrem Ehemann, einem Schlachter, freie Station gewährt, ohne ihn in ihrer gutgehenden Schlachterei zu beschäftigen; vgl aber BAG FamRZ 73, 627. Fenn FamRZ 73, 629 hält § 826 BGB für unanwendbar, da II als eine Spezialvorschrift eine abschließende Regelung treffe.

Wenn der Schuldner eine eigene Schuld abarbeitet, fällt dieser Vorgang nicht unter § 850 h. Es liegen dann vielmehr die Vereinbarung einer Vergütung und eine Aufrechnung gegen diese Vergütung vor. Wenn dagegen der Dienstberechtigte eine Forderung hat, deren Abarbeitung nicht vereinbart worden ist, gilt C.

C. Pfändbarer Anspruch. Als geschuldet gilt zugunsten des Gläubigers eine angemessene Vergütung. Sie ist nach der Leistung des Schuldners und der Leistungsfähigkeit des Dienstberechtigten bemessen. Die Pfändung kann sich eine Wirkung für die Vergangenheit beilegen, aM Grunsky Festschrift für Baur (1981) 406 mwN. Ein Vorschuß muß auf den unpfändbaren Betrag verrechnet werden und, soweit der Vorschuß höher ist, auf den Restbetrag. Eine Verrechnung darf nicht auf die unterstellte Vergütung erfolgen. Der Vorschuß ist jedoch bei der Bemessung der Vergütung zu berücksichtigen, vgl auch § 850 e Anm 1. Wenn mehrere Gläubiger im selben Prozeß vorgehen, ist die Höhe der Vergütung für jeden gleich zu bemessen. Eine bewirkte Leistung muß auf die Vergütung angerechnet werden. Die Pfändung ist nur in den Grenzen der §§ 850 ff zulässig. Der Drittschuldner kann sich im Prozeß mit dem Gläubiger auf diese Einschränkung berufen.

D. Verfahren. Wenn der Gläubiger einen Sachverhalt vorträgt, der unter II fällt, dann muß das Vollstreckungsgericht durch den Rpfl den angeblichen Anspruch des Schuldners pfänden, ohne das Bestehen und die Höhe des angeblichen Anspruchs selbst zu prüfen. Wenn der Drittschuldner den Anspruch bestreitet, muß das Vollstreckungsgericht sein Bestehen und seine Höhe selbst prüfen, LG Bln MDR 61, 510. Die Beschränkungen der §§ 850 a ff gelten auch in diesem Fall. Das Prozeßgericht muß also unpfändbare Bezüge absetzen. Die Pfändung eines nicht bestehenden Vergütungsanspruchs ist aber unter Umständen als eine Pfändung nach II anzusehen und wirksam. Die Pfändung ergreift das gesamte Bezugsrecht; dieses dauert an, solange das Rechtsverhältnis zwischen dem Schuldner und dem Dritten im wesentlichen dasselbe ist.

4) Rechtsbehelfe: Der Schuldner und der Drittschuldner haben die Erinnerung nach § 766. Der Dritte, der den Fall I leugnet, kann die Widerspruchsklage nach § 771 einlegen. Wenn der Gläubiger gegen den Drittschuldner auf eine Zahlung klagt oder wenn der Drittschuldner gegen den Gläubiger eine Klage auf die Feststellung des Nichtbestehens des Anspruchs erhebt, dann muß das Prozeßgericht prüfen, ob ein Anspruch des Schuldners nach II besteht. Der Schuldner selbst hat kein Klagerecht. Im Prozeß sind Einwendungen gegen die Wirksamkeit der Pfändung zulässig. Da das Gesetz ein Arbeitsverhältnis unterstellt, ist stets das ArbG zuständig, zB StJM II E 2, ZöSche 2b, nicht so weitgehend BGH 68, 128 mwN.

5) VwGO: Vgl Einf 5 § 850.

850 i
Sonderfälle. ^I Ist eine nicht wiederkehrend zahlbare Vergütung für persönlich geleistete Arbeiten oder Dienste gepfändet, so hat das Gericht dem Schuldner auf Antrag so viel zu belassen, als er während eines angemessenen Zeitraums für seinen notwendigen Unterhalt und den seines Ehegatten, eines früheren Ehegatten, seiner unterhaltsberechtigten Verwandten oder der Mutter eines nichtehelichen Kindes nach §§ 1615 l, 1615 n des Bürgerlichen Gesetzbuchs bedarf. Bei der Entscheidung sind die wirtschaftlichen Verhältnisse des Schuldners, insbesondere seine sonstigen Verdienstmöglichkeiten, frei zu würdigen. Dem Schuldner ist nicht mehr zu belassen, als ihm nach freier Schätzung des Gerichts verbleiben würde, wenn sein Arbeitseinkommen aus laufendem Arbeits- oder Dienstlohn bestände. Der Antrag des Schuldners ist insoweit abzulehnen, als überwiegende Belange des Gläubigers entgegenstehen.

^{II} Die Vorschriften des Absatzes 1 gelten entsprechend für Vergütungen, die für die Gewährung von Wohngelegenheit oder eine sonstige Sachbenutzung geschuldet werden, wenn die Vergütung zu einem nicht unwesentlichen Teil als Entgelt für neben der Sachbenutzung gewährte Dienstleistungen anzusehen ist.

^{III} Die Vorschriften des § 27 des Heimarbeitsgesetzes vom 14. März 1951 (Bundesgesetzbl. I S. 191) bleiben unberührt.

^{IV} Die Bestimmungen der Versicherungs-, Versorgungs- und sonstigen gesetzlichen Vorschriften über die Pfändung von Ansprüchen bestimmter Art bleiben unberührt.

HeimarbG § 27 vom 14. 3. 51, BGBl 191. Für das Entgelt, das den in Heimarbeit Beschäftigten oder den Gleichgestellten gewährt wird, gelten die Vorschriften über den Pfändungsschutz für Vergütungen, die auf Grund eines Arbeits- oder Dienstverhältnisses geschuldet werden, entsprechend.

1) Geltungsbereich, I. I trifft die Vergütung für eine persönliche Arbeits- oder Dienstleistung, die nicht unter § 850 fällt, weil sie nicht wiederkehrend zahlbar ist. Das Gesetz will auch dem freiberuflich Tätigen den notwendigen Unterhalt gegen einen Zugriff des Gläubigers schützen. Der Rechtsgrund und die Art der Arbeit und der Dienste sind unerheblich. Eine einmalige Tätigkeit kann genügen, sofern sie nicht nebenbei ohne einen besonderen Zeitaufwand vorgenommen worden ist.

Hierher gehören zB: die Dienste und Leistungen des Anwalts, des Arztes, des Zahnarztes, des Dentisten (s aber für die drei letzten Gruppen § 850 Anm 2 F), der Hebamme, des gewerbsmäßigen Versteigerers, des Schriftstellers, des Künstlers (also auch des Komponisten wegen der von der GEMA eingezogenen Beträge, KG Rpfleger 57, 86), des Handlungsagenten, des Konkursverwalters, des Handwerkers aus einem Dienstvertrag, Werkvertrag oder Kaufvertrag, aber nur, soweit sie der Verpflichtete persönlich leistet.

2) Pfändung, I. A. Voraussetzungen. Der Vollstreckungsschutz tritt hier, abweichend von der Regel, nur auf Grund eines Antrags ein. Der Antrag ist nicht mehr zulässig, wenn der Drittschuldner bereits an den Gläubiger geleistet hat. Der Rpfl muß dem Schuldner dann eine Summe belassen, die den Unterhalt des Schuldners, seines jetzigen oder früheren Ehegatten, seiner unterhaltsberechtigten Verwandten und der Mutter seines nichtehelichen Kindes für eine angemessene Zeit sichert. Der Ersatzanspruch nach § 1615 k BGB wird aber nicht gesichert.

Der Rpfl muß unter Berücksichtigung aller persönlichen und allgemeinen Verhältnisse prüfen, welcher Zeitraum angemessen ist. Wer erst nach längerer Zeit eine Zahlung zu erwarten hat, wie oft ein Schriftsteller, dem ist ein entsprechend hoher Betrag für eine längere Zeit zu belassen als demjenigen, dem baldige Einnahmen winken. Der Fall ist etwa so anzusehen, als ob sich die voraussichtlichen Einnahmen des Jahres auf Monate verteilen würden. Unklarheiten über den tatsächlichen Verdienst eines Journalisten können zu Lasten des Schuldners gehen, LG Mannh MDR **72**, 152. Keineswegs darf der Schuldner besser stehen, als wenn er unter die allgemeine Regelung fallen würde.

Wenn überwiegende Belange des Gläubigers entgegenstehen, wenn der Gläubiger zB als Unterhaltsberechtigter das Geld dringend zum Leben braucht, dann muß der Rpfl den Antrag ablehnen. Er muß überhaupt auch die Gesichtspunkte der §§ 850d und f II (hier allerdings einen Antrag vorausgesetzt) heranziehen. Er muß die beiderseitigen wirtschaftlichen Verhältnisse in die Abwägung einbeziehen.

Unter I fällt auch der Fall, daß der Arbeitgeber einen zunächst einbehaltenen Teil des Lohns nachträglich auszahlt. Daher zählt auch der Anspruch aus dem Lohnsteuerjahresausgleich hierher. Diesen Anspruch muß der Gläubiger gegebenenfalls beim Finanzamt pfänden, LG Köln BB **64**, 175, Schall NJW **59**, 24, 519, aM LG Brschw NJW **72**, 2315 mwN, Oswald MDR **72**, 1012. Ferner zählt hierher der Anspruch auf eine Abfindung nach §§ 112, 113 BetrVG oder nach den §§ 9, 10 KSchG, BAG DB **80**, 359 mwN, Düss NJW **79**, 2520 mwN, LG Aachen Rpfleger **83**, 288 (sie ist nicht stets voll unpfändbar), vgl § 850 Anm 2 C, aM zB (betr §§ 9, 10 KSchG) Schmidt DB **65**, 1631. Wenn mit einem Einkommen nach § 850i ein Einkommen nach § 850c zusammentrifft, dann muß der Rpfl zunächst nach § 850c verfahren. Wenn der Unterhalt des Schuldners im Rahmen der dortigen Freigrenzen gesichert ist, dann kann sich der Schuldner für das an sich nach § 850i zu beurteilende Einkommen nicht auf diese Vorschrift berufen.

B. Verfahren. Antragsberechtigt sind außer dem Schuldner auch diejenigen Angehörigen, die aus der Vergütung ihren notwendigen Unterhalt beziehen. Der Drittschuldner hat kein Antragsrecht. Es versteht sich von selbst, daß der Rpfl vor seiner Entscheidung den Gläubiger anhören muß. Deshalb ist auch eine mündliche Verhandlung zulässig. Der widersprechende Gläubiger muß andere Verdienstmöglichkeiten darlegen. Erst anschließend braucht sich der Schuldner zu solchen angeblichen anderweitigen Verdienstmöglichkeiten zu äußern. Der Rpfl ist deshalb zur Entscheidung zuständig, weil es sich um eine Ergänzung der bisherigen Festsetzung auf Grund neuer Tatsachen handelt, Hamm Rpfleger **57**, 411, Arndt RPflG § 19 Anm 113 Z 4.

C. Rechtsbehelf. Jeder Betroffene kann die befristete Erinnerung einlegen, § 11 I 2 RPflG, Anh § 153 GVG, vgl im übrigen § 829 Anm 9A.

3) Sachbenutzung, II. Unter II fällt eine Vergütung für die Gewährung einer Wohngelegenheit oder für eine andere Sachbenutzung, wenn die Vergütung zu einem nicht unwesentlichen Teil Dienste abgilt, die neben der Sachbenutzung geleistet wurden. Die Dienste müssen persönlich oder von Hausgenossen geleistet worden sein. Hierher gehört zB die Zimmervermieterin. Nicht hierher gehört der Gastwirt, der seine Dienste durch Angestellte leistet. „Nicht unwesentlich" ist nicht dasselbe wie wesentlich; den Gegensatz bilden nur ganz belanglose Dienste. Die Art des Vertragsverhältnisses ist unerheblich. Das Verfahren verläuft wie bei Anm 2 B.

4) Heimarbeit, III. § 27 HeimarbG unterwirft das Entgelt des Heimarbeiters dem Pfändungsschutz für Vergütungen auf Grund eines Arbeits- oder Dienstverhältnisses. Danach sind entweder §§ 850c und ff oder § 850i anwendbar, je nachdem, ob es sich um ein ständiges Arbeits- oder Dienstverhältnis handelt oder nicht.

5) Versorgungsvorschriften usw, IV. IV besagt nur, daß § 850i die sonst bestehenden Sondervorschriften über eine Unpfändbarkeit nicht aufhebt. In Betracht kommen namentlich: § 54 II, III SGB, vgl KG Rpfleger **76**, 144, LG Kblz MDR **77**, 323, Schreiber NJW **77**, 279 mwN, auf die auch § 25 des G zur Neuregelung der Altershilfe für Landwirte Bezug nimmt, so daß also das Altersruhegeld eines Landwirts nur unter den Voraussetzungen des § 54 SGB pfändbar ist, Schlesw Rpfleger **65**, 241 (an die Darlegungslast des Gläubigers dürfen keine überspannten Anforderungen gestellt werden, Hamm MDR **77**, 587, LG Frankenth NJW **77**, 395, Stöber Rpfleger **77**, 119, vgl auch § 850b Anm 6 Ab), LG Kassel NJW **77**, 302, LG Mü NJW **77**, 722 und Rpfleger **77**, 181; ferner die sonstigen in Einf 2 vor § 850 genannten Vorschriften. Wegen der Zusammenrechnung einer laufenden Geldleistung nach dem SGB mit dem Arbeitseinkommen, § 850e Z 2a, vgl dort Anm 2 B.

6) VwGO: Vgl Einf 5 § 850.

§ 850 k *Kontenguthaben.* **I** Werden wiederkehrende Einkünfte der in den §§ 850 bis 850b bezeichneten Art auf das Konto des Schuldners bei einem Geldinstitut überwiesen, so ist eine Pfändung des Guthabens auf Antrag des Schuldners vom Vollstreckungsgericht insoweit aufzuheben, als das Guthaben dem der Pfändung nicht unterworfenen Teil der Einkünfte für die Zeit von der Pfändung bis zu dem nächsten Zahlungstermin entspricht.

II Das Vollstreckungsgericht hebt die Pfändung des Guthabens für den Teil vorab auf, dessen der Schuldner bis zum nächsten Zahlungstermin dringend bedarf, um seinen notwendigen Unterhalt zu bestreiten und seine laufenden gesetzlichen Unterhaltspflichten gegenüber den dem Gläubiger vorgehenden Berechtigten zu erfüllen oder die dem Gläubiger gleichstehenden Unterhaltsberechtigten gleichmäßig zu befriedigen. Der vorab freigegebene Teil des Guthabens darf den Betrag nicht übersteigen, der dem Schuldner voraussichtlich nach Absatz 1 zu belassen ist. Der Schuldner hat glaubhaft zu machen, daß wiederkehrende Einkünfte der in den §§ 850 bis 850b bezeichneten Art auf das Konto überwiesen worden sind und daß die Voraussetzungen des Satzes 1 vorliegen. Die Anhörung des Gläubigers unterbleibt, wenn der damit verbundene Aufschub dem Schuldner nicht zuzumuten ist.

III Im übrigen ist das Vollstreckungsgericht befugt, die in § 732 Abs. 2 bezeichneten Anordnungen zu erlassen.

1) Allgemeines. Das Gesetz schützt den Schuldner auch vor der Pfändung während desjenigen Zeitraums, in dem der Drittschuldner dem Schuldner den Lohn, das Gehalt usw. schon auf ein Konto bei einem Geldinstitut überwiesen, der Schuldner das Guthaben dort aber noch nicht abgehoben hat. Diesem Zweck dient auch § 835 III. Die beiden Vorschriften sind mangelhaft aufeinander abgestimmt, Hartmann NJW **78**, 610, abw Arnold BB **78**, 1320 mwN, Hornung Rpfleger **78**, 360, Meyer ter Vehn NJW **78**, 1240. Vgl §§ 19 BAföG, 10 GFG, Einf 1 B vor §§ 850–852. Soweit in Gesetzen oder in Verordnungen auf die §§ 850–850h verwiesen wird, bezieht sich diese Verweisung nun auch auf § 850k, Art 3 G v 28. 2. 78, BGBl 333.

2) Wiederkehrende Einkünfte, I. Es ist nicht notwendig, daß der Drittschuldner nur eine Einkunftsart im Sinne der §§ 850–850b überweist, LG Oldb Rpfleger **83**, 33. Ebensowenig ist es notwendig, daß die Eingänge schon eine längere Zeit hindurch regelmäßig fließen. Ein zweimaliger Eingang im üblichen Abstand reicht aus. Das Konto muß bei einem Geldinstitut bestehen, dazu § 835 Anm 6b. Geschützt ist auch: **a)** Wer alle möglichen Eingänge auf einem seiner zahlreichen Konten verzeichnete, zB einen Kaufpreis, einen Erbschaftsanteil oder einen Spielgewinn; **b)** wer jedem seiner Konten gelegentlich Eingänge im Sinne von §§ 850–850b zuführt, nur um einen Antrag nach I, II stellen zu können; **c)** wer über ein einzelnes Konto alle anfallenden Eingänge verbucht und neben einem vielleicht nur geringen Lohn Restbestände älterer Eingänge anderer Art als Guthaben besitzt. Das Gesetz schützt nicht „dieses" Guthaben (damit wäre allenfalls das Guthaben aus dem Empfang wiederkehrender Einkünfte gemeint), sondern „das" Guthaben, also das gesamte Guthaben auf diesem Konto. Das übersieht Arnold BB **78**, 1320.

Freilich kann derjenige, der über andere Einkünfte als diejenigen der §§ 850–850b verfügt, die Voraussetzungen der Anm 3 meist nur schwer erfüllen. Eine Erschleichung ist auch in der Zwangsvollstreckung unzulässig, Grdz 6 D d vor § 704, insofern richtig Arnold BB **78**, 1320.

3) Kontenschutz. A. Allgemeines. Es gibt drei Wege des Kontenschutzes. Sie stehen dem Schuldner unter Umständen nebeneinander offen. Das ist zum Schuldnerschutz notwendig. In jedem Fall entscheidet der Rpfl des Vollstreckungsgerichts, § 20 Z 17 RPflG, Anh § 153 GVG. Er führt zwar keine Amtsermittlung durch, Grdz 3 G, H vor § 128; er muß aber von Amts wegen das Interesse des Gläubigers und dasjenige des Schuldners sorgfältig abwägen. Dabei muß er berücksichtigen, daß der Schuldner nicht zu einem Antrag auf eine Sozialhilfe nach dem BSHG usw gezwungen werden soll, Hartmann NJW **78**, 611. Der Rpfl muß freilich auch bedenken, daß der Gläubiger es bis zu diesem Punkt der Durchsetzung seiner Ansprüche ohnehin meist schwer hatte.

Kosten: § 788 III. Gebühren: Des Gerichts KV 1149, 1181; des Anwalts §§ 57, 58 II Z 7, § 61 BRAGO.

B. Rechtsbehelf. Wenn der Rpfl ohne eine Anhörung des Antragsgegners entschieden hat, hat der Betroffene die Erinnerung nach § 766. Gegen eine echte Entscheidung des Rpfl ist die sofortige Erinnerung zulässig, § 793 Anm 1 B. Im Fall des III vgl § 732 Anm 4 B.

C. Aufhebung der Pfändung des Kontenguthabens, I. Der Rpfl muß dem (stets notwendigen) Antrag des Schuldners auf eine Aufhebung der Pfändung des Kontenguthabens stattgeben, soweit das Guthaben den der Pfändung nicht unterworfenen Teil der Einkünfte des Schuldners vom Zeitpunkt der Pfändung bis zum nächsten Zahlungstermin nicht übersteigt. Beispiel: Unpfändbar sind monatlich 600 DM; das Guthaben beträgt 800 DM; es ist voll gepfändet worden; die Aufhebung wird am 15. des Monats beantragt; der nächste Zahlungstermin ist der 30. des Monats: die Pfändung des Kontenguthabens erfolgt in Höhe von 300 DM. Maßgeblich ist der Soll-Eingangstag bzw der Soll-Gutschriftstag. Denn der Schuldner soll bis zu der nächsten voraussichtlichen Verfügbarkeit über Wasser gehalten werden. Die bloße Fälligkeit? etwa eine vorzeitig zu erhoffende Zahlung, eine Stundung usw ist nur in diesem Rahmen beachtlich.

D. Vorab-Aufhebung der Pfändung des Kontenguthabens, II. Sie ist zulässig und notwendig, sobald der Schuldner nach § 294 glaubhaft macht, daß wiederkehrende Einkünfte im Sinne der §§ 850–850b auf dieses Konto überwiesen worden sind und daß er sie bis zum nächsten Zahlungstermin, B, dringend braucht, um sowohl den eigenen Unterhalt als auch denjenigen solcher Unterhaltsgläubiger zu decken, die dem Pfändungsgläubiger vorgehen, bzw um solche Gläubiger gleichmäßig zu befriedigen, die dem Pfändungsgläubiger gleichrangig sind.

Der Begriff dringender Bedarf ist weder zu großzügig zu bejahen noch zu streng zu prüfen. Im Zweifel muß der Rpfl zugunsten des Gläubigers entscheiden. Den Schuldner trifft freilich keine Beweislast; der Rpfl hat vielmehr die Amtspflicht zur Prüfung aller Gesichtspunkte von Amts wegen, A. Außerdem darf der vorab freigegebene Betrag nicht denjenigen Betrag übersteigen, den der Rpfl im Falle eines Antrags nach I dem Schuldner belassen müßte, II 2. Der Rpfl muß davon absehen, den Gläubiger zum Antrag des Schuldners anzuhören, wenn die Anhörung dem Schuldner zeitlich nicht mehr zumutbar ist, II 4. Insofern muß der Rpfl allerdings einen strengen Maßstab anlegen, Hornung Rpfleger **78**, 361.

E. Einstweilige Anordnung, III. Sie bleibt zulässig, wie III klarstellt. Vgl § 732 Anm 3, 4 B.

4) *VwGO:* Vgl Einf 5 § 850.

851 **Nicht übertragbare Forderungen.** [I] Eine Forderung ist in Ermangelung besonderer Vorschriften der Pfändung nur insoweit unterworfen, als sie übertragbar ist.

[II] Eine nach § 399 des Bürgerlichen Gesetzbuchs nicht übertragbare Forderung kann insoweit gepfändet und zur Einziehung überwiesen werden, als der geschuldete Gegenstand der Pfändung unterworfen ist.

BGB § 399. Eine Forderung kann nicht abgetreten werden, wenn die Leistung an einen anderen als den ursprünglichen Gläubiger nicht ohne Veränderung ihres Inhalts erfolgen kann oder wenn die Abtretung durch Vereinbarung mit dem Schuldner ausgeschlossen ist.

1) Allgemeines. Die Unpfändbarkeit einer Forderung und ihre Unübertragbarkeit stehen in einer Wechselwirkung zueinander. Nach § 400 BGB ist eine unpfändbare Forderung unübertragbar, nach § 851 ZPO ist eine unübertragbare Forderung unpfändbar. Unpfändbar ist also jede Forderung, die das Prozeßrecht für unpfändbar oder das sachliche Recht für unübertragbar erklärt. Wenn die Abtretung verboten ist, dann trifft dieses Verbot alle diejenigen Befugnisse, die der Forderung entfließen, zB eine Einziehung. Soweit das Landesrecht eine Unübertragbarkeit anordnen darf, Pal-Bassenge Art 59 EGBGB Anm 2, braucht sie nicht mit der Unpfändbarkeit verbunden zu sein. Im Zweifel gilt freilich die Verbindung zwischen der Unpfändbarkeit und der Unübertragbarkeit auch dort. Eine vorübergehende oder teilweise Übertragbarkeit genügt. Das ergeben die Worte „nur insoweit" in I. S im übrigen Einf 1 und 2 vor §§ 850–852, namentlich aber den Zwangsvollstreckungsschlüssel Grdz 9 vor § 704.

2) Unübertragbarkeit, I. A. Einschlägige Vorschriften. Unübertragbar sind namentlich Ansprüche aufgrund der §§ 399, 664 II, 717 BGB. Ferner sind unübertragbar: ein Anspruch auf eine noch nicht zugesprochene Buße; einzelne Kontokorrentposten, § 355 HGB, § 829 Anm 1 A, Grdz 9 vor § 704 „Kontokorrent", Mü JB **76**, 969 (zum Teil unklar), LG Stgt Rpfleger **81**, 24 mwN; das Anteilsrecht des Aktionärs vor der Eintragung der Aktiengesellschaft, § 41 IV AktG; der Rangvorbehalt, BGH **12**, 238; der Anspruch auf die Aufhebung einer Gemeinschaft, Köln OLGZ **69**, 339 mwN, Furtner NJW **69**, 871, LG Wuppertal NJW **61**, 785, abw LG Bln JB **75**, 1514, aM LG Hbg MDR **77**, 1019, insbesondere am Hausrat, LG Krefeld NJW **73**, 2304 (abl Schmidt NJW **74**, 323), vgl auch Anm 3, Grdz 9 vor § 704 ,,Kindergeld". Wegen der Anrechnung § 850d Anm 2 C a.

Ein Recht, für das die Übertragbarkeit nur vertraglich ausgeschlossen worden ist, ist pfändbar, Köln JR **55**, 225 (betr ein Wiederkaufsrecht). Das Schmerzensgeld ist unpfändbar, soweit es weder anerkannt noch rechtshängig geworden ist, § 847 BGB, LG Köln VersR **73**, 679. Der Anspruch auf den Lohnsteuerjahresausgleich ist grundsätzlich pfändbar, Düss MDR **73**, 414. Wegen eines Anspruchs nach dem USG sowie wegen eines Anspruchs auf eine vermögenswirksame Leistung Grdz 9 vor § 704 ,,Unterhaltssicherung", ,,Vermögenswirksame Leistung".

B. Zweckgebundener Anspruch. Ein solcher Anspruch ist grundsätzlich unübertragbar, Mü OLGZ **75**, 61, vgl freilich § 887 Anm 5. Er läßt eine Pfändung nur im Rahmen der Zweckbestimmung zu. Hierher gehören zB: Der Baugeldanspruch, s Grdz 9 vor § 704 ,,Baugeldanspruch"; ein treuhänderisch gebundener Vorschuß auf ein Architektenhonorar, BGH Rpfleger **78**, 249; ein Vorschuß zur Entlohnung des Unterangestellten eines Angestellten; eine staatliche Subvention, LG Würzb MDR **52**, 172; also auch die Ausgleichszahlung für Getreide eines Landwirts mit Rücksicht auf die Preisharmonisierung innerhalb der EuG (aber nicht dann, wenn sie innerhalb des landwirtschaftlichen Zwecks liegt, Schlesw RdL **69**, 240; eine Unpfändbarkeit ist jedoch selbst dann gemäß § 851a möglich); der Freistellungsanspruch des Arbeitnehmers gegenüber dem Arbeitgeber nach einer Schädigung eines Dritten bei einer gefahrgeneigten Arbeit, LG Bln MDR **72**, 153; der Beitrag der Ehefrau aus ihrer Arbeit zum Familienunterhalt; der Prozeßkostenvorschuß; der dem Mieter zustehende Anspruch auf die Überlassung des Gebrauchs der Mietsache, Hbg MDR **54**, 685; der Anspruch des getrennt lebenden Ehegatten auf die Überlassung von Haushaltsgegenständen, § 1361a I 2 BGB; der Anspruch auf Dienst- und Sachleistungen im Sinne von § 53 I SGB.

Wegen des Arbeitsentgelts des Gefangenen § 850 Anm 2 C. Der Anspruch des Haftpflichtversicherten ist nur so abtretbar, daß der Abtretungsnehmer anstelle des Versicherten eine Befriedigung des Berechtigten verlangen kann.

Nicht unter § 51 fallen zB: Der Anspruch auf die Rückzahlung des Bausparguthabens, LG Bre NJW **53**, 1397; eine Forderung auf den Untermietzins, Ffm NJW **53**, 1597, s aber § 850i Anm 3; der Anspruch des Untersuchungsgefangenen auf eine Auszahlung der für ihn eingezahlten Selbstverpflegungskosten, LG Düss Rpfleger **60**, 304, aM Berner Rpfleger **61**, 205 (er verkennt aber, daß es sich hier um Gelder handelt, die zwar zu einem bestimmten Zweck bestimmt sind, aber nicht gebunden wurden, und daß auch ein Fürsorgefall nach § 850d I Z 3 nicht vorliegen kann, da die ordentliche Verpflegung vor Not schützt). Der Wohnbesitz ist nur auf den berechtigten Erwerber sowie bei einer Verpfändung, bei einer Zwangsvollstreckung in die durch den Wohnbesitz verbürgten Rechte und im Fall des Konkurses des Wohnbesitzberechtigten übertragbar, § 62d des 2. WoBauG.

3) Anspruch nach § 399 BGB, II. Die Vorschrift macht eine Ausnahme von der Regel, daß eine Unübertragbarkeit auch die Unpfändbarkeit nach sich zieht. II gilt in denjenigen Fällen, in denen der geschuldete Gegenstand seiner Art nach pfändbar ist. Hierhin können Forderungen gehören, **a)** deren Abtretung den Inhalt der Leistung verändert, oder **b)** deren Abtretung vertraglich ausgeschlossen ist, Spix BB **81**, 1151. II will verhindern, daß der Schuldner und der Drittschuldner die Zwangsvollstreckung durch eine Abrede untereinander völlig vereiteln können. Die Vorschrift gestattet daher auch nur eine Einziehung, nicht eine Überweisung an Zahlungs Statt, BGH **56**, 228.

Wenn der Gläubiger der Forderung seine Ansprüche abredewidrig abgetreten hat und der Schuldner diesen Vorgang genehmigt, dann wirkt die Genehmigung nicht zurück, BGH **70**, 302. Die Unübertragbarkeit läßt sich nicht einseitig herstellen. Eine höchstpersönliche Forderung ist schon wegen ihrer Unübertragbarkeit unpfändbar, LG Krefeld NJW **73**, 2305 (abl Schmidt NJW **74**, 323), vgl auch Anm 2 A, auch zum Schmerzensgeld. Der Anspruch gegenüber einer Versicherungsgesellschaft ist grundsätzlich pfändbar, LG Ffm VersR **78**, 1059. Wegen des Urlaubsgelds, des Urlaubsentgelts und der Urlaubsabgeltung § 850a Anm 3.

Wenn II anwendbar ist, dann darf der Rpfl keine Interessenabwägung vornehmen, BGH Rpfleger **78**, 248.

4) VwGO: Vgl Einf 5 § 850.

§ 851a Pfändungsschutz für Landwirte.

¹ Die Pfändung von Forderungen, die einem die Landwirtschaft betreibenden Schuldner aus dem Verkauf von landwirtschaftlichen Erzeugnissen zustehen, ist auf seinen Antrag vom Vollstreckungsgericht insoweit aufzuheben, als die Einkünfte zum Unterhalt des Schuldners, seiner Familie und seiner Arbeitnehmer oder zur Aufrechterhaltung einer geordneten Wirtschaftsführung unentbehrlich sind.

II Die Pfändung soll unterbleiben, wenn offenkundig ist, daß die Voraussetzungen für die Aufhebung der Zwangsvollstreckung nach Absatz 1 vorliegen.

Schrifttum: Eggert, Der landwirtschaftliche Vollstreckungsschutz, Diss Münster 1952.

1) Allgemeines. Die Vorschrift soll Landwirte zusätzlich zu § 811 Z 4 schützen. Während nach jener Vorschrift die landwirtschaftlichen Erzeugnisse selbst in einem gewissen Umfang der Pfändung entzogen werden, erstreckt § 851 a den Schutz auf die Forderungen aus dem Verkauf solcher Erzeugnisse. Dieser Schutz geht auch über § 98 Z 2 BGB hinaus; vgl auch § 865 II, ferner § 851 Anm 2 B sowie Weimar MDR **73**, 197.

2) Voraussetzungen für die Aufhebung der Pfändung, I. Zum Begriff des landwirtschaftlichen Betriebes § 811 Anm 6. Vgl die dortigen Ausführungen auch wegen der landwirtschaftlichen Erzeugnisse, die zur Aufrechterhaltung einer geordneten Wirtschaftsführung erforderlich sind, also zu deren Fortführung. Das Vollstreckungsgericht muß insofern notfalls einen Sachverständigen hinzuziehen. Zur Familie gehören außer dem Schuldner und seiner Ehefrau alle diejenigen Familienmitglieder, die mit dem Schuldner zusammen wohnen und von ihm einen Unterhalt beziehen. Es soll, auch soweit der Unterhalt für den Schuldner und seine Familie sowie seine Arbeitnehmer gesichert wird (wegen der sonstigen Unterhaltssicherung für Landwirte § 811 Z 4), eine geordnete Fortführung des Betriebs sichergestellt werden.

Die Regelung geht also über diejenige des § 811 Z 2 hinaus, begrenzt aber die pfändungsfreien Forderungen auf denjenigen Betrag, der für den geordneten Betrieb und den damit zusammenhängenden Unterhalt unentbehrlich ist. Das ist erheblich weniger als das Angemessene, es muß aber zur Erhaltung der Arbeitskraft sowie dazu ausreichen, daß die Wirtschaft nicht ins Stocken kommt. Soweit der Landwirt üblicherweise Kredit in Anspruch nimmt, etwa zur Beschaffung von Dünger, werden ihm keine besonderen Geldmittel bereitgestellt.

3) Verfahren, I, II. A. Antrag. Die Aufhebung der Pfändung erfordert einen Antrag. Sie geschieht also nicht von Amts wegen. Zur Aufhebung ist das Vollstreckungsgericht zuständig, das zunächst durch den Rpfl entscheidet. Für die Aufhebung ist der Zeitpunkt der Entscheidung maßgeblich, wie sich aus den Worten „insoweit aufzuheben, als ... unentbehrlich sind" ergibt. Der Zeitpunkt des Pfändungsbeschlusses ist also nicht maßgebend; insofern gilt etwas anderes als bei § 811 Anm 2 B.

Wenn die Voraussetzungen des I für das Vollstreckungsgericht offenkundig vorliegen (es darf keine besonderen Untersuchungen anstellen), dann muß es eine Pfändung unterlassen, II.

B. Rechtsbehelfe. a) Schuldner. Er kann nach einer Pfändung beantragen, sie aufzuheben. Dieser Antrag ist in Wahrheit eine Form der Erinnerung nach § 766. Über diesen Antrag entscheidet also der Richter, § 766 Anm 3 D, Arndt § 19 RPflG Anm 113 Z 5, aM Wiecz C II. Gegen eine ablehnende Entscheidung des Gerichts ist die sofortige Beschwerde zulässig, § 793.

b) Gläubiger. Er kann gegen die Aufhebung der Pfändung durch den Rpfl des Vollstreckungsgerichts die fristgebundene Erinnerung einlegen, § 11 I 2 RPflG, Anh § 153 GVG. Vgl im übrigen § 829 Anm 9 A, § 766 Anm 4 A b.

C. Kosten. S § 788 III. Gebühren: Des Gerichts: KV 1181; des RA: §§ 57, 58 III Z 3 BRAGO.

4) VwGO: Vgl Einf 5 § 850.

§ 851b Pfändungsschutz für Miet- und Pachtzinsen.

¹ Die Pfändung von Miet- und Pachtzinsen ist auf Antrag des Schuldners vom Vollstreckungsgericht insoweit aufzuheben, als diese Einkünfte für den Schuldner zur laufenden Unterhaltung des Grundstücks, zur Vornahme notwendiger Instandsetzungsarbeiten und zur Befriedigung von Ansprüchen unentbehrlich sind, die bei einer Zwangsvollstreckung in das Grundstück dem Anspruch des Gläubigers nach

§ 851 b 1–6   8. Buch. 2. Abschnitt. ZwV wegen Geldforderungen

§ 10 des Gesetzes über die Zwangsversteigerung und die Zwangsverwaltung vorgehen würden. Das gleiche gilt von der Pfändung von Barmitteln und Guthaben, die aus Miet- oder Pachtzinszahlungen herrühren und zu den in Satz 1 bezeichneten Zwecken unentbehrlich sind.

II Die Vorschriften des § 813a Abs. 2, 3 und Abs. 5 Satz 1 und 2 gelten entsprechend. Die Pfändung soll unterbleiben, wenn offenkundig ist, daß die Voraussetzungen für die Aufhebung der Zwangsvollstreckung nach Absatz 1 vorliegen.

1) **Allgemeines.** § 851 b will erreichen, daß die Miet- und Pachtzinsen einem ihrer Hauptzwecke erhalten bleiben, nämlich der Unterhaltung des Grundstücks. Die Vorschrift dient insofern dem Schutz des Grundbesitzes. Sie gilt für den Inländer wie für den Ausländer. Der Schutz ist unabhängig davon, ob der Schuldner vorwerfbar handelte. Soweit der Schuldner aber andere Einkommens- und Vermögensquellen zur Verfügung hat, ist § 851 b unanwendbar, KG NJW **69**, 1860, Noack ZMR **73**, 290.

2) **Pfändungsbeschränkung, I, II. A. Unentbehrlichkeit.** § 851 b enthält kein unbedingtes Gebot, sondern stellt auf die Verhältnisse des Schuldners ab. Die Pfändung soll von vornherein dann unterbleiben, wenn feststeht, daß die Einkünfte unentbehrlich sind (dafür ist die bloße Kostenmiete ein Indiz), damit der Schuldner zu folgenden Maßnahmen imstande ist:

a) **Laufende Unterhaltung.** Er muß das Grundstück laufend unterhalten können. Er muß also dazu imstande sein, alle notwendigen sachlichen und persönlichen Ausgaben hierzu zu machen. Frühere Aufwendungen, Rückstände, gehören nicht hierher. Die Aufwendungen müssen gerade wegen dieses Grundstücks notwendig sein, nicht für den Schuldner und seine Familie, anders als bei § 851 a.

b) **Instandsetzung.** Er muß dazu imstande sein, die notwendigen Instandsetzungsarbeiten vorzunehmen. Er muß auch die Möglichkeit behalten, für diesen Zweck das erforderliche Kapital anzusammeln.

c) **Vorrangsicherung.** Er muß diejenigen Ansprüche befriedigen können, die im Fall einer Zwangsversteigerung dem Anspruch des Gläubigers nach § 10 ZVG vorgehen. Das ist nach dem Sinn der Vorschrift nicht auf ein Hypotheken- oder Grundschuldkapital zu beziehen. Es geht nur das um den letzten zwei Jahren rückständigen Leistungen und die laufend wiederkehrenden Leistungen vor. Wenn gerade einer der nach a–c bevorrechtigten Gläubiger pfändet, dann gilt die Rangfolge der §§ 10, 11 I, 155 II ZVG.

B. **Entbehrlichkeit.** Die Pfändung soll in folgenden Fällen unterbleiben:

a) **Miet- und Pachtzins.** Es geht um Mietzinsforderungen und Pachtzinsforderungen. Wegen Untermietsforderungen Noack ZMR **73**, 290.

b) **Bargeld und Guthaben.** Es geht um diejenigen Barmittel und Guthaben, die aus einer Miet- oder Pachtzinszahlung herrühren. In diesem Fall will das Gesetz eine Umgehung verhindern.

Wenn das Vollstreckungsgericht die Pfändung ausgesprochen hat, dann muß es die Pfändung aufheben, soweit diese das zulässige Maß überschritten hat.

3) **Verfahren, I, II.** Es ist ein Antrag des Schuldners erforderlich. Das Vollstreckungsgericht schreitet also weder auf Antrag anderer Personen noch von Amts wegen ein. Der Antrag ist eine Erinnerung nach § 766. Daher sind die nach § 766 I zulässigen einstweiligen Maßnahmen statthaft. Die Anwendbarkeit des § 813a II, III, V 1 und 2 ergibt: Das Gericht darf den Antrag ohne eine weitere sachliche Prüfung zurückweisen, wenn eine Verschleppungsabsicht oder eine grob nachlässige Verspätung vorliegen, § 813a II; das Gericht darf mehrmals Anordnungen treffen, die eine Abänderung oder Aufhebung auf einen Antrag enthalten, § 813a III; das Gericht muß den Antragsgegner anhören und eine Glaubhaftmachung abwarten, § 813 V 1 und 2. Wenn die Zinsforderungen gegen mehrere Mieter desselben Grundstücks gepfändet worden sind, dann hebt das Gericht die Pfändung bis zur Höhe des erforderlichen Gesamtbetrags anteilsmäßig auf.

Das Vollstreckungsgericht entscheidet durch den Rpfl, da § 813a nicht mehr dem Richter vorbehalten ist und insofern für die Zuständigkeit dem § 766 vorgeht, § 20 Z 17 RPflG, Anh § 153 GVG, obwohl der Sache nach eine Erinnerung vorliegt.

4) **Rechtsbehelfe.** Jeder Betroffene hat die fristgebundene Erinnerung, § 11 I 2 RPflG; vgl im übrigen § 829 Anm 9 A. Die Beendigung der Vollstreckungsmaßnahmen infolge der Aufhebung der Pfändung steht einer Beschwerde des Gläubigers nicht entgegen.

5) **Kosten.** S § 788 III. Gebühren: Des Gerichts KV 1181; des RA 57, 58 III Z 3 BRAGO.

6) **VwGO:** Vgl Einf 5 § 850.

1. Titel. Zwangsvollstr. in das bewegl. Vermögen §§ 852, 853 1, 2

852 *Pflichtteilsanspruch. Verarmter Schenker.* ¹ Der Pflichtteilsanspruch ist der Pfändung nur unterworfen, wenn er durch Vertrag anerkannt oder rechtshängig geworden ist.

II Das gleiche gilt für den nach § 528 des Bürgerlichen Gesetzbuchs dem Schenker zustehenden Anspruch auf Herausgabe des Geschenkes sowie für den Anspruch eines Ehegatten auf den Ausgleich des Zugewinns.

1) Geltungsbereich. Der Pflichtteilsanspruch, der Herausgabeanspruch des verarmten Schenkers und der Anspruch des Ehegatten auf einen Ausgleich des Zugewinns sind nach §§ 2317 II, 528, 1378 III BGB unbeschränkt übertragbar. Trotzdem läßt § 852 eine Pfändung nur in folgenden Fällen zu:

A. Anerkennung. Der Anspruch ist vertraglich anerkannt worden. Damit ist nicht ein Anerkenntnis nach § 781 BGB gemeint. Es genügt vielmehr jede Vereinbarung, die den Willen des Berechtigten erkennen läßt, den Anspruch geltend zu machen, also auch eine bloße Abtretung.

B. Rechtshängigkeit. Der Anspruch ist rechtshängig geworden, auch wenn die Rechtshängigkeit im Zeitpunkt der Pfändung nicht mehr andauert. Eine bloße Anhängigkeit des Anspruchs genügt nicht.

Der Pfändungsbeschluß muß ergeben, daß die Voraussetzungen vorliegen. Es ist also nicht ausreichend, daß der Eintritt dieser Voraussetzungen nur möglich ist. Eine Pfändung für den Fall des künftigen Eintritts der Voraussetzungen ist unzulässig.

2) Gleichstehende Fälle. Den in § 852 genannten Ansprüchen sind folgende Fälle gleichwertig:

A. Abkömmlinge. Der Anspruch der Abkömmlinge, die von der fortgesetzten Gütergemeinschaft ausgeschlossen worden sind, § 1511 II BGB. Hierher zählt aber nicht ein Vermächtnis zugunsten des Pflichtteilsberechtigten.

B. Schmerzensgeld. Der Anspruch auf die Zahlung eines Schmerzensgeldes, § 847 BGB.

C. Verlobte. Der Anspruch der unbescholtenen Verlobten nach § 1300 BGB.

Ein Eintritt der Voraussetzungen des § 852 nach dem Zeitpunkt der Pfändung heilt die etwa bis dahin bestehenden Mängel.

3) Rechtsbehelf. Vgl Einf 1 F vor §§ 850–852.

4) *VwGO:* *Vgl Einf 5 § 850.*

853 *Pfändung von Geldforderungen für mehrere Gläubiger.* Ist eine Geldforderung für mehrere Gläubiger gepfändet, so ist der Drittschuldner berechtigt und auf Verlangen eines Gläubigers, dem die Forderung überwiesen wurde, verpflichtet, unter Anzeige der Sachlage und unter Aushändigung der ihm zugestellten Beschlüsse an das Amtsgericht, dessen Beschluß ihm zuerst zugestellt ist, den Schuldbetrag zu hinterlegen.

1) Voraussetzungen. § 853 setzt die Pfändung einer Geldforderung für mehrere Gläubiger voraus. Wenn der Pfändung die Überweisung nachfolgt, dann kommt der Drittschuldner in die Gefahr, an einen nicht oder schlechter Berechtigten zu leisten und deshalb zweimal leisten zu müssen. § 853 will den Drittschuldner vor dieser Gefahr schützen. Die Vorschrift ist nicht anwendbar, wenn teils gepfändet und teils abgetreten worden ist. In einem solchen Fall verläuft das Verfahren nach § 372 BGB, vgl auch LG Bln Rpfleger *81*, 453. Wenn für den Abtretungsnehmer hinterlegt worden ist, dann erfaßt § 853 nur denjenigen Teil der Forderung, der nicht verlegt worden ist. Wenn der Drittschuldner schon früher nach dem BGB hinterlegt hatte, dann braucht er nicht mehr nach § 853 zu hinterlegen. Wenn er aber nunmehr zahlt, dann tut er das auf seine Gefahr hin.

2) Verfahren des Drittschuldners. A. Hinterlegungsbefugnis. Der Drittschuldner darf auf Grund der bloßen Tatsache einer mehrfachen Pfändung hinterlegen. Er darf natürlich auch sämtliche Gläubiger befriedigen, falls die Forderung ihnen allen überwiesen worden ist. Er darf schließlich an den Bestberechtigten zahlen, falls die Forderung diesem überwiesen wurde, wenn der Betrag, über den der Drittschuldner zu verfügen hat, nicht zur Befriedigung sämtlicher Gläubiger ausreicht.

B. Hinterlegungspflicht. Der Drittschuldner muß hinterlegen, wenn ein Überweisungsgläubiger die Hinterlegung verlangt. Die Forderung eines bloßen Pfandgläubigers reicht nicht aus, und zwar unerheblich davon, in welcher Weise dieser sein Recht erlangt hat, selbst wenn es sich um den Bestberechtigten handeln mag. Freilich darf der Drittschuldner in einem solchen Fall an den Bestberechtigten zahlen. Der Drittschuldner muß diese Berechtigung aber beweisen. Der Gläubiger kann sein Verlangen formlos stellen. Zweckmäßig ist es aber, die Forderung schriftlich zuzustellen. Die Pflicht des Drittschuldners, an den Schuldner zu leisten, wenn nicht gepfändet wäre, ist eine Voraussetzung der Hinterlegungspflicht des Drittschuldners. Daher muß der Gläubiger dem Drittschuldner zB den Wechsel aushändigen, Art 39 WG. Der Drittschuldner hat aber keine Prüfungspflicht. Er muß den Betrag für die beteiligten Gläubiger hinterlegen; §§ 372, 1281 BGB sind in diesem Falle unanwendbar.

Jeder Gläubiger kann den Anspruch gegen den Drittschuldner auf dessen Hinterlegung einklagen, § 856. Im Fall einer früheren Pfändung darf der Gläubiger auf eine Hinterlegung oder auf eine Zahlung an sich und an den Besserberechtigten klagen. Die spätere Pfändung durch einen anderen Gläubiger hindert keinen weiteren Gläubiger daran, die Zahlung zu verlangen. Auch im Fall der Klage des Bestberechtigten kann der Drittschuldner verlangen, nur zur Hinterlegung verurteilt zu werden. Der Gläubiger kann den Einwand dadurch ausräumen, daß er das Einverständnis des früheren Gläubigers mit der Zahlung an ihn nachweist.

C. Hinterlegungswirkung. Die Hinterlegung ist eine Erfüllung. Der Betrag scheidet im Zeitpunkt der Hinterlegung aus dem Vermögen des Drittschuldners aus. Eine Hinterlegung mit dem Recht der Rücknahme könnte keine Grundlage des Verteilungsverfahrens sein. Daher ist die Rücknahme des hinterlegten Betrags auch ohne einen Verzicht auf das Recht der Rücknahme unzulässig. Wenn der hinterlegte Betrag nicht zur Befriedigung aller Gläubiger ausreicht, dann wird der Erlös nach §§ 872 ff verteilt.

D. Kosten. Die Kosten der Hinterlegung sind Kosten der Zwangsvollstreckung. Der Drittschuldner darf sie bei der Hinterlegung abziehen. Die Kosten müssen notfalls in einem etwa anschließenden Verteilungsverfahren berücksichtigt werden. Wenn ein solches Verteilungsverfahren nicht stattfindet, muß der Berechtigte sie im Klageweg geltend machen, Ffm Rpfleger **77**, 184.

E. Anzeigepflicht. Der Drittschuldner muß die Sachlage dem AG in jedem Fall einer Hinterlegung anzeigen, LG Bln Rpfleger **81**, 453. Er muß dem Gericht also eine vollständige Auskunft über die Schuld, die Pfändungen und seine Hinterlegung geben und die zugestellten Pfändungs- und Überweisungsbeschlüsse einreichen.

F. Weiteres Verfahren. Es findet auf Grund der Anzeige von Amts wegen ein Verteilungsverfahren nach den §§ 872 ff statt, LG Bln Rpfleger **81**, 453. Nach § 802 ist dasjenige AG ausschließlich zuständig, dessen Beschluß zuerst zugestellt worden ist, mag der Beschluß auch unwirksam gewesen sein. Wenn das AG die Annahme ablehnt, haben der Drittschuldner und sämtliche Pfändungsgläubiger die sofortige Beschwerde, § 793. Wenn der zuerst zugestellte Pfändungsbeschluß in einem Arrestverfahren von einem LG oder einem OLG erlassen worden war, dann kann der Drittschuldner seine Anzeige diesem Gericht gegenüber erstatten. Da dieses Gericht die Sache aber an das AG weitergeben muß, weil es sich um eine Verteilungssache handelt, kann der Drittschuldner die Anzeige auch dem AG unmittelbar zuleiten.

Ein Verstoß gegen die Anzeigepflicht macht die Hinterlegung unrechtmäßig und daher unwirksam.

Eine Anzeige an den Gläubiger ist nicht vorgeschrieben. § 374 II BGB ist unanwendbar.

3) VwGO: *§§ 853–856 sind entsprechend anwendbar in allen Fällen der Vollstreckung, auch nach* § 169 I VwGO, § 5 VwVG: § 320 I AO 1977. Notfalls ist bei dem AG zu hinterlegen, in dessen Bezirk das Vollstreckungsgericht oder die Vollstreckungsbehörde, deren Pfändungsanordnung zuerst zugestellt ist, den Sitz hat, § 320 II AO 1977 (dessen Rechtsgedanke trifft auch bei sonstiger Vollstreckung durch ein VG zu).

854 **Mehrere Gläubiger bei Herausgabeanspruch von Fahrnis.** [1] Ist ein Anspruch, der eine bewegliche körperliche Sache betrifft, für mehrere Gläubiger gepfändet, so ist der Drittschuldner berechtigt und auf Verlangen eines Gläubigers, dem der Anspruch überwiesen wurde, verpflichtet, die Sache unter Anzeige der Sachlage und unter Aushändigung der ihm zugestellten Beschlüsse dem Gerichtsvollzieher herauszugeben, der nach dem ihm zuerst zugestellten Beschluß zur Empfangnahme der Sache ermächtigt ist. Hat der Gläubiger einen solchen

1. Titel. Zwangsvollstr. in das bewegl. Vermögen §§ 854–855a

Gerichtsvollzieher nicht bezeichnet, so wird dieser auf Antrag des Drittschuldners von dem Amtsgericht des Ortes ernannt, wo die Sache herauszugeben ist.

II Ist der Erlös zur Deckung der Forderungen nicht ausreichend und verlangt der Gläubiger, für den die zweite oder eine spätere Pfändung erfolgt ist, ohne Zustimmung der übrigen beteiligten Gläubiger eine andere Verteilung als nach der Reihenfolge der Pfändungen, so hat der Gerichtsvollzieher die Sachlage unter Hinterlegung des Erlöses dem Amtsgericht anzuzeigen, dessen Beschluß dem Drittschuldner zuerst zugestellt ist. Dieser Anzeige sind die Schriftstücke beizufügen, die sich auf das Verfahren beziehen.

III In gleicher Weise ist zu verfahren, wenn die Pfändung für mehrere Gläubiger gleichzeitig bewirkt ist.

1) Herausgabe. A. Allgemeines. § 854 schließt sich eng an § 853 an. Der Drittschuldner darf oder muß die Sache allerdings statt einer Hinterlegung an den Gerichtsvollzieher herausgeben. Er muß auch dem Gerichtsvollzieher seine Anzeige machen und die Urkunden aushändigen. Derjenige Gerichtsvollzieher ist zuständig, der in dem zuerst zugestellten Beschluß bezeichnet worden ist. Wenn kein Gerichtsvollzieher bezeichnet wurde, dann muß das AG desjenigen Orts, an dem die Sache herausgegeben werden muß, auf einen Antrag des Drittschuldners einen Gerichtsvollzieher bestimmen. Wenn mehrere Beschlüsse gleichzeitig zugestellt wurden, dann kann der Drittschuldner unter denjenigen Gerichtsvollziehern wählen, die in diesen Beschlüssen genannt wurden. Das AG handelt durch den Rpfl, § 20 Z 17 RPflG, Anh § 153 GVG.

B. Wirkung. Mit der Herausgabe der Sache gehen die Pfandrechte an dem Anspruch auf die Sache über, und zwar in der Reihenfolge der Anspruchspfändungen. Der Gerichtsvollzieher verteilt den Erlös. Wenn der Erlös nicht für alle Gläubiger ausreicht und wenn ein späterer Gläubiger einen besseren Rang verlangt, dann ist eine Hinterlegung nach § 827 II notwendig, und es findet ein Verteilungsverfahren statt. Das selbe gilt bei einer Mehrpfändung nach § 827 III.

2) *VwGO:* § 853 Anm 3.

855 *Mehrere Gläubiger bei Anspruch auf Herausgabe von Grundstücken.* Betrifft der Anspruch eine unbewegliche Sache, so ist der Drittschuldner berechtigt und auf Verlangen eines Gläubigers, dem der Anspruch überwiesen wurde, verpflichtet, die Sache unter Anzeige der Sachlage und unter Aushändigung der ihm zugestellten Beschlüsse an den von dem Amtsgericht der belegenen Sache ernannten oder auf seinen Antrag zu ernennenden Sequester herauszugeben.

1) Treuhänder. Die Regelung der Mehrpfändung des Anspruchs auf die Herausgabe eines Grundstücks schließt sich eng an § 853 an. Allerdings ist die Sache an einen Treuhänder (Sequester) herauszugeben. Das AG der belegenen Sache ernennt den Treuhänder durch den Rpfl, § 20 Z 17 RPflG, Anh § 153 GVG, falls es ihn nicht schon vorher ernannt hatte. Über die Stellung des Treuhänders s § 848 Anm 2. In der Reihenfolge der Pfändungen entstehen Sicherungshypotheken, § 848 Anm 3 B. Ein beanspruchter Vorrang ist durch einen Widerspruch zu sichern. Wenn bei einer Mitberechtigung anderer Gläubiger nur der Anteil des Schuldners gepfändet worden ist, dann muß die Sache an den Sequester und an die anderen Berechtigten gemeinsam herausgegeben werden.

Gebühren: Des Gerichts keine; des Anwalts §§ 57, 58 II Z 4 BRAGO.

2) *VwGO:* § 853 Anm 3.

855 a *Mehrere Gläubiger bei Anspruch auf Herausgabe von Schiffen.* I Betrifft der Anspruch ein eingetragenes Schiff, so ist der Drittschuldner berechtigt und auf Verlangen eines Gläubigers, dem der Anspruch überwiesen wurde, verpflichtet, das Schiff unter Anzeige der Sachlage und unter Aushändigung der Beschlüsse dem Treuhänder herauszugeben, der in dem ihm zuerst zugestellten Beschluß bestellt ist.

II Absatz 1 gilt sinngemäß, wenn der Anspruch ein Schiffsbauwerk betrifft, das im Schiffsbauregister eingetragen ist oder in dieses Register eingetragen werden kann.

1) Geltungsbereich. I ist ganz dem § 855 nachgebildet. II stellt ein Schiffsbauwerk einem eingetragenen Schiff dann gleich, wenn das Schiffsbauwerk eingetragen ist oder eingetragen werden kann, s § 66 SchiffsregisterO idF v 26. 5. 51, BGBl 366. § 855a gilt für ein in der Luftfahrzeugrolle eingetragenes Luftfahrzeug sinngemäß, § 99 I LuftfzRG.
2) *VwGO: § 853 Anm 3.*

856
Klage auf Hinterlegung oder Herausgabe. I Jeder Gläubiger, dem der Anspruch überwiesen wurde, ist berechtigt, gegen den Drittschuldner Klage auf Erfüllung der nach den Vorschriften der §§ 853 bis 855 diesem obliegenden Verpflichtungen zu erheben.

II Jeder Gläubiger, für den der Anspruch gepfändet ist, kann sich dem Kläger in jeder Lage des Rechtsstreits als Streitgenosse anschließen.

III Der Drittschuldner hat bei dem Prozeßgericht zu beantragen, daß die Gläubiger, welche die Klage nicht erhoben und dem Kläger sich nicht angeschlossen haben, zum Termin zur mündlichen Verhandlung geladen werden.

IV Die Entscheidung, die in dem Rechtsstreit über den in der Klage erhobenen Anspruch erlassen wird, ist für und gegen sämtliche Gläubiger wirksam.

V Der Drittschuldner kann sich gegenüber einem Gläubiger auf die ihm günstige Entscheidung nicht berufen, wenn der Gläubiger zum Termin zur mündlichen Verhandlung nicht geladen worden ist.

1) Klage, I. Jeder Überweisungsgläubiger kann gegen den Schuldner die rein prozessuale Leistungsklage des § 856 auf die Erfüllung der Verpflichtungen nach §§ 853, 855 erheben. Der bloße Pfändungsgläubiger hat diese Möglichkeit nicht. Er ist vielmehr darauf angewiesen, dem Rechtsstreit beizutreten, II. Der klagende Gläubiger braucht die anderen Gläubiger nicht beizuladen. Er muß aber dem Schuldner nach § 841 den Streit verkünden. Mehrere klagende Überweisungsgläubiger sind notwendige Streitgenossen, § 62. § 856 beseitigt nicht das Recht eines Gläubigers, auf die Leistung zu klagen.

2) Beitritt, II. Jeder Pfändungsgläubiger darf unabhängig davon, ob er auch ein Überweisungsgläubiger ist oder nicht, einem klagenden Überweisungsgläubiger in dessen Prozeß gegenüber dem Schuldner jederzeit beitreten. Er wird dann ein notwendiger Streitgenosse, § 62. Der Beitritt ist mündlich statthaft. Denn er stellt keine Streithilfe dar. Nur der Erstkläger hat ein selbständiges Klagerecht. Spätere Klagen sind wegen der Möglichkeit eines Beitritts mangels Rechtsschutzbedürfnisses abzuweisen, ähnlich StJ I (er gibt dem Beklagten eine der Rüge der Rechtshängigkeit ähnliche Einrede.

3) Beiladung, III. Der Drittschuldner muß bei dem Prozeßgericht beantragen, daß sämtliche Pfändungsgläubiger beigeladen werden, die nicht geklagt und sich auch nicht nach II angeschlossen haben, selbst wenn sie später gepfändet haben. Die Beiladung muß in der Form der Streitverkündung nach § 73 erfolgen, obwohl die Beiladung keine Streitverkündung ist. Die Ladung braucht nur zum ersten streitigen Verhandlungstermin jeder Instanz zu erfolgen, und zwar auch dann, wenn eine öffentliche Zustellung oder eine Zustellung im Ausland erforderlich werden. Man reicht beim Gericht einen Schriftsatz ein. Das Gericht teilt ihn dem Gegner formlos mit.

4) Entscheidung, IV, V. A. Einwendungen. Der Drittschuldner kann im Prozeß folgende Einwendungen erheben:

a) Sachlichrechtliches Bedenken. Er kann sich gegen den Anspruch eines jeden Gläubigers auf Grund sachlichrechtlicher Bedenken wenden. Er kann zB vortragen, er habe bereits an einen Besserberechtigten erfüllt; er habe eine Aufrechnung erklärt. Ein Vergleich, ein Erlaß der Forderung, eine Stundung durch einen Pfändungsgläubiger sind nur dann zulässig, wenn die Forderung diesem Pfändungsgläubiger an Zahlungs Statt überwiesen wurde oder wenn im Fall einer Überweisung zur Einziehung der volle Betrag der überwiesenen Forderung auf die beizutreibende Forderung verrechnet worden war.

b) Einwand gegen einzelne Gläubiger. Der Schuldner kann sich gegen einen einzelnen Gläubiger etwa mit der Begründung wenden, ihm gegenüber bestehe weder eine Hinterlegungspflicht noch eine Herausgabepflicht. Solche Einwendungen sind aber solange unerheblich, als noch mindestens zwei Gläubiger verbleiben, die von den Einwendungen nicht betroffen werden.

B. Wirkung. Das Urteil wirkt immer für sämtliche Gläubiger. Es wirkt nur gegen diejenigen Gläubiger, die sich am Verfahren beteiligt haben oder die beigeladen worden waren.

1. Titel. Zwangsvollstr. in das bewegl. Vermögen §§ 856, 857 1

Die Wirkung erstreckt sich nur auf den „in der Klage erhobenen Anspruch", also auf den Anspruch auf eine Hinterlegung in Höhe des Gesamtbetrags der Pfändungen. Das Urteil erwächst gegenüber dem Schuldner nicht in Rechtskraft. Die Zwangsvollstreckung findet aus dem Urteil für alle Gläubiger statt. Wer am Verfahren nicht teilgenommen hat, der muß das Urteil nach § 727 auf sich umschreiben lassen.

5) VwGO: *§ 853 Anm 3.*

857 *Zwangsvollstreckung in andere Vermögensrechte.* I Für die Zwangsvollstreckung in andere Vermögensrechte, die nicht Gegenstand der Zwangsvollstreckung in das unbewegliche Vermögen sind, gelten die vorstehenden Vorschriften entsprechend.

II Ist ein Drittschuldner nicht vorhanden, so ist die Pfändung mit dem Zeitpunkt als bewirkt anzusehen, in welchem dem Schuldner das Gebot, sich jeder Verfügung über das Recht zu enthalten, zugestellt ist.

III Ein unveräußerliches Recht ist in Ermangelung besonderer Vorschriften der Pfändung insoweit unterworfen, als die Ausübung einem anderen überlassen werden kann.

IV Das Gericht kann bei der Zwangsvollstreckung in unveräußerliche Rechte, deren Ausübung einem anderen überlassen werden kann, besondere Anordnungen erlassen. Es kann insbesondere bei der Zwangsvollstreckung in Nutzungsrechte eine Verwaltung anordnen; in diesem Falle wird die Pfändung durch Übergabe der zu benutzenden Sache an den Verwalter bewirkt, sofern sie nicht durch Zustellung des Beschlusses bereits vorher bewirkt ist.

V Ist die Veräußerung des Rechtes selbst zulässig, so kann auch diese Veräußerung von dem Gericht angeordnet werden.

VI Auf die Zwangsvollstreckung in eine Reallast, eine Grundschuld oder eine Rentenschuld sind die Vorschriften über die Zwangsvollstreckung in eine Forderung, für die eine Hypothek besteht, entsprechend anzuwenden.

VII Die Vorschrift des § 845 Abs. 1 Satz 2 ist nicht anzuwenden.

Schrifttum: Arnold, Die Hilfsvollstreckung, insbesondere in Anwartschaftsrechte und Urkunden, Diss Heidelb 1958; Boecker, Die Zwangsvollstreckung in das Anwartschaftsrecht aus aufschiebend bedingter Übereignung, Diss Köln 1956; Bohn, Die Pfändung von Hypotheken, Grundschulden, Eigentümerhypotheken und Eigentümergrundschulden, 6. Aufl 1958; Busch, Unternehmen, Name und Firma als Vollstreckungsobjekte, Diss Heidelb 1958; Fabis, Firma und good will in Zwangsvollstreckung und Konkurs, Diss Köln 1953; Gessler, Pfändungen in Akkreditive, 1967; Huber, Die Zwangsvollstreckung in das Anwartschaftsrecht des Vorbehaltskäufers, 1959; Kahmann, Die Zwangsvollstreckung im Urheberrecht, Diss Köln 1958; Kiel, Die Pfändung der Anwartschaft, Diss Köln 1954; Kniffler, Abtretung, Verpfändung und Pfändung des Anwartschaftsrechts aus der Auflassung, Diss Köln 1963; Luthardt, Die Pfändung von Gestaltungsrechten, Diss Gött 1953; Müller, Das Warenzeichen als Gegenstand der Vollstreckung, Diss Hbg 1952; Scottung, Die Pfändung der Eigentümergrundschuld, 1957; Sponer, Das Anwartschaftsrecht und seine Pfändung, 1965; Schneider, Zwangsvollstreckung in Grundschulden, insbesondere in Eigentümergrundschulden, Diss Köln 1950; Schuhknecht, Zwangsvollstreckung in die Rechte des geistigen Schöpfers, insbesondere in das Urheberrecht, Diss Gött 1950; Thalhofer, Die Anwartschaft aus aufschiebend bedingter Übereignung und ihre Pfändung, Diss Erlangen 1959; Weidmann, Die Pfändung der Eigentümergrundschuld, Diss Mü 1950; Weyrich, Die Zwangsvollstreckung wegen Geldforderungen in Gestaltungsrechte usw, Diss Heidelb 1951.

1) Andere Vermögensrechte, I. A. Vermögensrecht. §§ 857–863 regeln die gesamte Zwangsvollstreckung in das bewegliche Vermögen, soweit die Zwangsvollstreckung nicht körperliche Sachen, Geldforderungen oder Ansprüche auf die Herausgabe von Sachen betrifft, Bre MDR **83**, 677, vgl Hamm DNotZ **83**, 63. § 857 stellt die Regel auf, nach der die §§ 828–856 anwendbar sind. §§ 858–863 enthalten Sondervorschriften. Die Abgrenzung ist manchmal schwierig.

Unter § 857 fallen ferner zB folgende Fälle: Die Zwangsvollstreckung in ein Erbteil, auch wenn es aus Grundstücken besteht, Ffm JR **54**, 183; der Anspruch auf eine Rückübertragung oder auf eine Abtretung oder auf eine Rückabtretung, LG Bln MDR **77**, 59 und 412; das

Anwartschaftsrecht, BGH **LM** Nr 2, Düss Rpfleger **81**, 199 (abl Eickmann), Börker NJW **70**, 1106, Frank NJW **74**, 2211; der Anspruch eines Gesellschafters auf ein künftiges Auseinandersetzungsgut haben, BGH NJW **82**, 2773; der Verzicht auf eine Grundschuld, BGH **LM** Nr 4 (eine Pfändung erfolgt gemäß § 829), Anm 5 A; der Wohnbesitz, Schopp Rpfleger **76**, 384; der Anspruch gegen den Notar auf die Auszahlung eines bei ihm hinterlegten Geldbetrags, Hamm DNotZ **83**, 63; ein Anspruch auf die Eintragung eines Grundpfandrechts, Bre Rpfleger **83**, 289 (nur das „Stammrecht" der Verwendung des Grundstücks zur dinglichen Sicherung ist weder abtretbar noch pfändbar); vgl ferner Grdz 9 vor § 704 „Grundschuld", „Leasing", „Nutzungsrecht", „Sicherungsübereignung".

B. Andere Fälle. Den Gegensatz zu Vermögensrechten bilden folgende Fälle:
a) ein **tatsächlicher oder wirtschaftlicher Zustand,** etwa eine Stellung als der Alleinerbe.
b) Ein **Persönlichkeitsrecht,** etwa der Erfindungsgedanke, BGH GRUR **78**, 585. Man darf hier den Ausdruck aber nur im engsten Sinne verstehen. Über Warenzeichen Anm 3.
c) Eine **Handlungsmöglichkeit,** wie das Kündigungsrecht oder das Recht, eine Mietaufhebung zu verlangen, oder das Abtretungsrecht. Über das Recht aus einer Vollmacht Grdz 9 vor § 704 „Vollmacht".
d) Ein unselbständiges Recht. Beispiele: das Recht auf die Herausgabe des Hypothekenbriefs oder des Kraftfahrzeugbriefs, BFH BB **76**, 1351; die Hypothek ohne eine Forderung. Ein solches unselbständiges Recht ist nicht für sich pfändbar, sondern nur zusammen mit dem Hauptrecht, LG Bln Rpfleger **78**, 332. Eine Nebenforderung, etwa der Anspruch auf Zinsen, ist selbständig pfändbar.
In den Fällen a–c ist eine Pfändung nicht möglich. Dasselbe gilt bei einem Rangvorbehalt, BGH **12**, 245. Es ist nicht erforderlich, daß die Zwangsvollstreckung unmittelbar zu einer Befriedigung des Gläubigers führen kann, vgl § 848. Ferner sind alle öffentlichrechtlichen Befugnisse unpfändbar, etwa: Das Wahlrecht; der „Anspruch" auf ein Handeln einer staatlichen Stelle, etwa ein Urteil auf eine Eintragung in das Grundbuch. Der Berichtigungsanspruch nach § 894 BGB ist ein privatrechtlicher Anspruch gegen den Eingetragenen.

2) Pfändung, II. Wenn ein Drittschuldner vorhanden ist, dann wird die Pfändung nach §§ 828 ff mit der Zustellung des Pfändungsbeschlusses an den Drittschuldner wirksam, § 829 III. Wenn ein Drittschuldner fehlt, dann wird die Pfändung mit der Zustellung des Verfügungsverbots an den Schuldner wirksam. Dieses Verfügungsverbot ist in einem solchen Fall unentbehrlich. Der Begriff Drittschuldner ist hier im weitesten Sinne zu verstehen, noch weiter als bei § 829. Als Drittschuldner ist jeder Dritte anzusehen, dessen Recht die Pfändung berührt. Dies trifft zB zu für: Einen Miterben; einen Miteigentümer; denjenigen, der unter einem Eigentumsvorbehalt veräußert hat (die Pfändung des Anwartschaftsrechts erfolgt bei ihm entspr § 829 III), BGH (4. ZS) NJW **54**, 1325, zweifelnd wegen des letzteren BGH (5. ZS) **49**, 205 (dieser Senat hält im Falle der Pfändung des Anwartschaftsrechts des Auflassungsempfängers eine Zustellung des Pfändungsbeschlusses an den Grundstücksveräußerer als den Drittschuldner nicht für erforderlich, 203), dazu Mattern **LM** Nr 9/10, vgl auch Strutz NJW **69**, 831.
Nach einem Erlöschen gemäß § 91 ZVG ist zunächst kein Drittschuldner wegen des Anspruchs auf den Anteil am Erlös vorhanden. Daher reicht zur Pfändung dieses Anspruchs eine Zustellung an den Schuldner gemäß II aus. Diese Zustellung ist auch notwendig, während seit dem Zeitpunkt einer Hinterlegung gemäß §§ 124, 120 ZVG die Zustellung an die Hinterlegungsstelle als der Drittschuldnerin nach § 829 III maßgeblich ist, BGH **58**, 298 mwN (Anm Peters ZZP **86**, 73). Die Pfändung des Alleinnacherbrechts berührt das andersartige Recht des Vorerben nicht. Der Gläubiger muß vorsichtig sein. Er sollte lieber zuviel tun. Zu wenige Maßnahmen machten die Pfändung unter Umständen unwirksam.
Wenn der Gläubiger das Anwartschaftsrecht des Vorbehaltskäufers oder auch des Sicherungsgebers gepfändet hat, dann muß er auch die Sache selbst nach § 808 pfänden. Denn der Gläubiger erlangt nur auf diesem Weg den Besitz und kann nur so zu seiner Befriedigung kommen, BGH NJW **54**, 1325, Nürnb MDR **53**, 687, aM Baur ZwV 139, Fenn AcP **170**, 460 (es handle sich um eine reine Rechtspfändung). Der Gläubiger kann dann freilich einen späteren Abtretungsnehmer des Anspruchs gegen den Vorbehaltsverkäufer oder den Sicherungsnehmer ausschalten, Brschw MDR **72**, 57, aM Tiedtke NJW **72**, 1405; s auch Grdz 9 vor § 704 „Anwartschaft".
Wenn die Zwangsvollstreckung in das Nutzungsrecht an einer Sache erfolgt ist, etwa in einen Nießbrauch, und wenn eine Verwaltung angeordnet worden ist, dann kann eine Übergabe der noch zu benutzenden Sache an den Verwalter die Pfändung ersetzen. Die Pfändung eines Wertpapiers, das ein Recht trägt, erfolgt nach § 831. Das Pfandrecht ent-

steht immer an dem gepfändeten Recht selbst, mag es auch nur zur Ausübung überlassen worden sein. Eine Belastung des Rechts, die im Zeitpunkt der Pfändung bestand, wirkt auch gegenüber dem Gläubiger. Das gilt für eine Löschungsvormerkung bei einer Eigentümerhypothek. Im Zeitpunkt des Erlöschens des Rechts geht das Pfandrecht unter.

Gebühren: Des Gerichts KV 1149 (12 DM), 1181; des Anwalts §§ 57, 58 III Z 5 BRAGO.

3) Unveräußerliches Recht, III. Ein solches Recht ist in seinem Bestand nach § 851 unpfändbar, dort Anm 2 A. Bei einer Anwendung des § 851 II auf ein solches Recht muß man folgendes beachten: **a)** Ein höchstpersönliches Recht ist zB das Wohnrecht aus einem Altenteilsvertrag; **b)** eine vertragliche Ausschließung der Übertragbarkeit ist bei einem Recht durch § 137 BGB verboten. Das Firmenrecht und das Warenzeichenrecht haben einen Vermögenswert. Da sie aber nur zusammen mit dem Übernehmen übertragbar sind und da das Unternehmen praktisch unpfändbar ist, Grdz 9 vor § 704 „Firma", ist eine Pfändung unmöglich.

III läßt die Pfändung der Ausübung nach zu, soweit die Ausübung des Rechts einem anderen überlassen werden kann. Dies ist zB bei dem Gebrauchsrecht des Mieters möglich, sofern der Vermieter dem Mieter gestattet hat, die Mietsache einem Dritten zu überlassen, § 549 I 1 BGB. Zu einer solchen Überlassung ist also eine Vereinbarung zwischen dem Vermieter und dem Mieter notwendig, Hbg MDR **54**, 685. Der Grundstückseigentümer kann demgemäß ein dingliches Wohnrecht nur dann pfänden, wenn er dem Berechtigten gestattet hatte, die Ausübung des Wohnungsrechts einem Dritten zu überlassen, und wenn diese Erlaubnis im Grundbuch eingetragen worden war, KG NJW **68**, 1882.

Die Pfändung des Nießbrauchs ist zulässig, Grdz 9 vor § 704 „Nutzungsrecht", vgl auch Schüller, Die Zwangsvollstreckung in den Nießbrauch, Diss Bonn 1978. Eine Pfändung ist der Ausübung nach auch immer dann zulässig, wenn sich die Rechtsausübung nicht unbedingt an die Person des Berechtigten knüpft. Deshalb mag die Ausnutzung des schriftstellerischen Urheberrechts gepfändet werden können, vgl Grdz 9 vor § 704 „Urheberrecht". Das Recht auf die Erteilung eines Patents und das Recht aus einem Patent sind pfändbar, Grdz 9 vor § 704 „Patent".

4) Verwertung, IV. V. A. Überweisung zur Einziehung. Diese Form der Überweisung ist dann statthaft, wenn der Gläubiger an die Stelle des Schuldners treten kann. Wenn nur bestimmten Personen dazu imstande sind, dann muß der Gläubiger zu ihrem Kreis zählen. In einem solchen Fall kann der Gläubiger auf Grund der Überweisung dasjenige erreichen, das der Schuldner ohne eine Pfändung erreichen würde. Der Gläubiger darf etwa im Falle einer Grundbuchberichtigung die Eintragung auf den Namen des Schuldners verlangen, nicht aber die Eintragung auf seinen eigenen Namen.

B. Überweisung zum Nennwert. Diese Form der Überweisung kommt nur bei einem Recht in Frage, das einen bestimmten Nennwert hat, etwa bei einer Eigentümergrundschuld.

C. Andere Art der Verwertung. Wenn die Verwertung durch eine Einziehung unmöglich oder schwierig ist, dann kann das Vollstreckungsgericht eine andere Art der Verwertung anordnen, je nach der Art des Rechts, § 844, etwa im Fall eines veräußerlichen Rechts die Veräußerung des Rechts durch eine Versteigerung oder durch einen freihändigen Verkauf, zB bei einem Erbteil oder bei einer Eigentümergrundschuld. Die Überweisung an Zahlungs Statt kann zum Schätzungswert in Frage kommen, etwa wenn dadurch eine Erbauseinandersetzung vermieden werden kann und wenn der Wert ersichtlich angemessen ist, § 844 Anm 2 am Ende.

D. Nutzungsrecht. Beim Nutzungsrecht, Anm 3, kann das Gericht eine besondere Anordnung treffen. Es kann namentlich eine Verwaltung anordnen. Dann ist die genutzte Sache dem Verwalter zu übergeben. Er liefert dem Gläubiger die Erträge ab, sofern nicht der Drittschuldner nach § 839 hinterlegen müßte. Das Vollstreckungsgericht trifft alle näheren Anordnungen. Im Fall des Nutzungsrechts an dem Grundstück ist entsprechend § 848 das Gericht der belegenen Sache zuständig. Auch dieses Gericht entscheidet durch den Rpfl, § 848 Anm 2 A. Das Gericht kann auch die Ausübung zugunsten des Gläubigers einem Dritten oder dem Gläubiger übertragen, zB an einem Patent durch die Erteilung einer Lizenz. Wegen des Nießbrauchs Anm 3 und Grdz 9 vor § 704 „Nutzungsrecht".

5) Reallast usw, VI. A. Allgemeines. Eine Reallast, eine Grundschuld oder eine Rentenschuld sind wie eine Hypothek zu pfänden und zu überweisen, §§ 830, 837. Der Grundschuldbrief oder der Rentenschuldbrief sind nur dann nach § 808 zu pfänden und nach § 821 zu verwerten, wenn sie auf den Inhaber ausgestellt worden sind. Eine Reallast steht einer

Buchhypothek gleich. Sie ist nur pfändbar, soweit nicht **a)** der Anspruch auf die einzelne Leistung unpfändbar ist, § 1111 II BGB; **b)** die Reallast zugunsten des jeweiligen Eigentümers bestellt worden ist, § 1110 BGB. Ein Zinsrückstand und eine rückständige Reallastleistung ist wie ein Hypothekenzins selbständig pfändbar. Die Pfändung der Grundschuld usw ergreift diesen Rückstand usw nicht.

Wenn die Grundschuld sicherungshalber an einen Dritten abgetreten worden ist, insbesondere an ein Kreditinstitut, dann kann man nur den Anspruch auf die Rückübertragung und einen Verzicht auf sie gemäß § 829 pfänden, BGH LM Nr 4. Wenn es sich um eine Briefgrundschuld handelt, dann ist die Wirksamkeit der Pfändung nicht vom Briefbesitz abhängig. Nach der Überweisung entsteht der Anspruch des Pfandgläubigers auf eine Rückübertragung der Grundschuld auf den Grundstückseigentümer im Zeitpunkt der Fälligkeit; er selbst erwirbt ein Ersatzpfandrecht entsprechend § 848 II, Dempewolf NJW **59**, 558, an der Grundschuld, Stöber Rpfleger **59**, 84 (er läßt aber in FN 47 entgegen Dempewolf eine Überweisung an Zahlungs Statt wegen § 849 nicht zu).

Wenn der Anspruch des Grundeigentümers auf eine Rückübertragung des nichtvalutierten Teils der Grundschuld gegenüber dem Grundschuldgläubiger gepfändet worden und die Grundschuld in der Zwangsversteigerung erloschen ist, dann bleibt das Pfandrecht an einem entsprechenden Teil des Versteigerungserlöses bestehen, BGH MDR **61**, 675. Man kann den Löschungsanspruch durch eine Hilfspfändung erfassen, Köln OLGZ **71**, 151, § 808 Anm 1 B.

B. Eigentümerhypothek. Wenn die Hypothek dem Eigentümer mit der Forderung zusteht, §§ 1143, 1177 II BGB, findet die Pfändung und Überweisung wie bei der gewöhnlichen Hypothek statt, § 830.

C. Eigentümergrundschuld. Wenn die Forderung dem Eigentümer nicht zusteht, wie bei § 1163 BGB, dann ist die Hypothek sachlichrechtlich eine Grundschuld, § 1177 BGB. Sie wird dann wie eine Grundschuld nach § 830 gepfändet, Celle NJW **68**, 1683, Ffm NJW **55**, 1483, offen BGH NJW **79**, 2045 mwN, aM Baur ZwV § 27 IV, StJM II 6 (die Zustellung des Pfändungsbeschlusses an den Schuldner reiche aus). Diese Lösung hat praktisch sehr viel für sich. Deshalb ist bei einer Briefhypothek ein Besitz am Hypothekenbrief erforderlich, gegebenenfalls an dem zu bildenden Teilhypothekenbrief. Bei einer Buchhypothek muß eine Eintragung erfolgen.

Wenn ein Dritter eine Sicherungsgrundschuld tilgt, dann muß bei der Pfändung des getilgten Teils beim Antrag auf die Bildung eines Teilgrundschuldbriefs nachgewiesen werden, daß der getilgte Grundschuldteil nicht auf den Dritten übergegangen ist, Saarbr OLGZ **67**, 102. Der Pfändungsbeschluß muß die Eigentümergrundschuld als solche bezeichnen. Die Rechtsnatur ist dem Grundbuchamt nachzuweisen. Das kann schwierig werden. Eine Zustellung des Verbots an den Eigentümer genügt. Denn ein Drittschuldner fehlt.

Es ist auch die Pfändung einer zukünftigen Eigentümergrundschuld zulässig, vgl auch § 829 Anm 1. Allerdings müssen die Voraussetzungen eindeutig bestimmt werden, unter denen die Grundschuld entstehen soll, Celle JR **56**, 145. Dementsprechend kann man auch die Anwartschaft auf den Erwerb derjenigen Eigentümergrundschuld pfänden, die im Fall eines Ausschlußurteils entsteht, und zwar nebst dem Recht, das Aufgebotsverfahren gegenüber den unbekannten Hypothekengläubigern zu betreiben, § 1170 BGB, Ffm NJW **62**, 640.

Wenn die Eigentümergrundschuld in der Zwangsversteigerung infolge eines Zuschlags erloschen ist, dann ist der Anspruch auf den Erlös, der an die Stelle der Eigentümergrundschuld getreten ist, nach § 829 pfändbar. Dasselbe gilt bei einer nicht valutierten Grundschuld, BGH MDR **61**, 691. Wenn bei einer Briefhypothek dem Eigentümer nur ein Teil der Hypothek zusteht, dann ist folgendes zu pfänden und zu überweisen: **a)** das Miteigentum am Brief, § 952 BGB; **b)** der Anspruch auf die Aufhebung der Gemeinschaft am Brief, § 749 BGB; **c)** der Anspruch auf eine Berichtigung des Grundbuchs nach § 894 BGB; **d)** der Anspruch auf die Vorlegung des Briefs beim Grundbuchamt zwecks Bildung eines Teilhypothekenbriefs, § 896 BGB; **e)** die Teilhypothek. Mit der Übergabe des Teilbriefs entsteht dann das Pfandrecht an der Hypothek. Dieser Weg ist allerdings außerordentlich umständlich.

Wenn bei einer Buchhypothek der Gläubiger noch eingetragen ist, dann muß der Gläubiger den Anspruch auf die Berichtigung des Grundbuchs pfänden und überweisen. Daraufhin kann der Gläubiger nach § 836 III eine Auskunft und die Herausgabe der Urkunden erzwingen sowie einen Widerspruch nach § 899 BGB eintragen lassen. Vor einer Umschreibung auf den Eigentümer ist die Eintragung des Pfandrechts wegen § 39 GBO unmöglich. Andernfalls könnten ein Gläubiger des Eigentümers und ein Gläubiger des Hypothekengläubigers gleichzeitig eine Eintragung vornehmen lassen.

D. Höchstbetragshypothek. Eine Höchstbetragshypothek nach § 1190 BGB gibt eine auflösend bedingte Eigentümergrundschuld in Höhe des nicht verbrauchten Teils des Kredits, § 1163 BGB (nach aM nur eine dingliche Anwartschaft). Eine Umschreibung auf den Eigentümer ist jedenfalls erst nach einer endgültigen Feststellung der Forderung zulässig. Demgemäß ist die vorläufige Eigentümergrundschuld zwar pfändbar und überweisbar; die Pfändung ist aber durch die Eintragung aufschiebend bedingt. Mit der Eintragung tritt eine Rückwirkung auf den Tag der Zustellung des Pfändungsbeschlusses an den Eigentümer ein, § 830 II. Daher wären Pfändungen, die seitdem erfolgten, dem Gläubiger gegenüber unwirksam. § 39 GBO läßt eine solche Eintragung aber erst nach einer Umschreibung in eine Eigentümergrundschuld zu.

Man muß von Fall zu Fall prüfen, welche Bedeutung eine vorher vollzogene Eintragung hat. Denn nicht jeder Verstoß gegen § 39 GBO macht die Eintragung unwirksam. Die Befugnis des Eigentümers zur Ausnutzung des nicht verbrauchten Teils des Kredits, also seine Befugnis, insofern weitere Schulden zu machen, läßt sich nur durch eine einstweilige Verfügung oder durch den Antrag auf die Eröffnung des Konkursverfahrens über das Vermögen des Schuldners unterbinden. Da ein Berichtigungsanspruch vor dem Zeitpunkt, in dem der Betrag feststeht, nicht entstehen kann, kann man keinen solchen Anspruch pfänden.

6) Vorpfändung, VII. Der Gerichtsvollzieher darf die Benachrichtigung mit den Aufforderungen nicht selbst anfertigen, die VII durch den Ausschluß des § 845 I 2 klarstellt. Das gilt, soweit die Zwangsvollstreckung gemäß I–VI erfolgt. Selbst ein ausdrücklicher Auftrag des Gläubigers ermächtigt den Gerichtsvollzieher in solchen Fällen nicht zur Anfertigung der Benachrichtigung usw. Wenn er dennoch nach § 845 I 2 verfahren ist, dann ist seine Maßnahme als ein Staatsakt der Zwangsvollstreckung zunächst wirksam, Grdz 8 B, C vor § 704.

7) VwGO: *Entsprechend anwendbar iRv Grdz 4 § 803. Wenn § 5 VwVG eingreift, gilt § 321 AO 1977.*

858 *Schiffspart.* ^I Für die Zwangsvollstreckung in die Schiffspart (§§ 489 ff. des Handelsgesetzbuchs) gilt § 857 mit folgenden Abweichungen:

^{II} Als Vollstreckungsgericht ist das Amtsgericht zuständig, bei dem das Register für das Schiff geführt wird.

^{III} Die Pfändung bedarf der Eintragung in das Schiffsregister; die Eintragung erfolgt auf Grund des Pfändungsbeschlusses. Der Pfändungsbeschluß soll dem Korrespondentreeder zugestellt werden; wird der Beschluß diesem vor der Eintragung zugestellt, so gilt die Pfändung ihm gegenüber mit der Zustellung als bewirkt.

^{IV} Verwertet wird die gepfändete Schiffspart im Wege der Veräußerung. Dem Antrag auf Anordnung der Veräußerung ist ein Auszug aus dem Schiffsregister beizufügen, der alle das Schiff und die Schiffspart betreffenden Eintragungen enthält; der Auszug darf nicht älter als eine Woche sein.

^V Ergibt der Auszug aus dem Schiffsregister, daß die Schiffspart mit einem Pfandrecht belastet ist, das einem andern als dem betreibenden Gläubiger zusteht, so ist die Hinterlegung des Erlöses anzuordnen. Der Erlös wird in diesem Fall nach den Vorschriften der §§ 873 bis 882 verteilt; Forderungen, für die ein Pfandrecht an der Schiffspart eingetragen ist, sind nach dem Inhalt des Schiffsregisters in den Teilungsplan aufzunehmen.

1) Allgemeines. Obwohl ein eingetragenes Schiff der Liegenschaftszwangsvollstreckung unterliegt, behandelt § 858 den Miteigentumsanteil, die (See-, LG Würzb JB **77**, 1289) Schiffspart, § 491 HGB, als bewegliche Sache, andere als bei einem Bruchteilseigentum am Schiff, § 864 II. Die Schiffspart macht zum Mitreeder, vgl Wiecz A II b 2 Abs 1 aE. Wer die Schiffspart auf Grund der Pfändung erwirbt und damit ein Mitreeder wird, der hat am Gewinn oder Verlust des bisherigen Mitreeders einen Anteil, vgl auch § 504 III HGB. Zwischen dem Pfandrecht an dem ganzen Schiff und dem Pfandrecht an der Schiffspart besteht kein Rangverhältnis. Wenn das Schiff als Ganzes versteigert wird, dann kann das Pfandrecht an der Schiffspart gegenstandslos werden; vgl auch Anm 2.

2) Pfändung. Es gelten folgende Regeln:

A. Zuständigkeit. Das AG des Schiffsregisters ist das Vollstreckungsgericht. Es ist ausschließlich zuständig, § 802.

B. Eintragung. Die Pfändung ist auf Grund des Pfändungsbeschlusses in das Schiffsregister einzutragen. Eine Eintragung ist für die Wirksamkeit der Pfändung unentbehrlich (die Pfändung „bedarf der Eintragung"). Das Pfandrecht entsteht erst mit der Eintragung. Die Zustellung des Pfändungsbeschlusses an den Schuldner ist für die Entstehung des Pfandrechts unerheblich, § 857 II ist nicht anwendbar.

C. Zustellung. Der Gläubiger soll den Beschluß dem Korrespondentreeder, § 492 HGB, als dem Vertreter der Reederei zustellen. Das ist eine Ordnungsvorschrift. Eine Zustellung vor dem Zeitpunkt der Eintragung macht aber die Pfändung gegenüber dem Korrespondentreeder wirksam.

D. Verwertung. Die Verwertung erfolgt nur durch eine Veräußerung der Schiffspart nach § 844. Dabei ist § 503 II HGB zu beachten. Eine Überweisung ist unzulässig.

E. Weitere Einzelfragen. Dem Antrag muß ein Auszug aus dem Schiffsregister beigefügt werden. Wenn dieser Auszug ein Pfandrecht eines Dritten ausweist, dann muß das Vollstreckungsgericht eine Hinterlegung anordnen. Der Hinterlegung folgt dann ein Verteilungsverfahren. Das Pfändungspfandrecht hat immer den Rang hinter der Schiffshypothek. Durch die Zwangsveräußerung der Schiffspart erlöschen die an ihr bestehenden Rechte.

Gebühren: Des Gerichts KV 1149 (12 DM), 1181; des Anwalts § 58 I BRAGO.

3) VwGO: *Entsprechend anwendbar in allen Fällen der Vollstreckung wegen Geldforderungen, Grdz 4 § 8, auch nach § 169 I VwGO, § 5 VwVG: § 321 VII AO 1977 verweist auf §§ 858–863.*

859 Gesellschaftsanteile bürgerlichen Rechts und Miterbteil.
I Der Anteil eines Gesellschafters an dem Gesellschaftsvermögen einer nach § 705 des Bürgerlichen Gesetzbuchs eingegangenen Gesellschaft ist der Pfändung unterworfen. Der Anteil eines Gesellschafters an den einzelnen zu dem Gesellschaftsvermögen gehörenden Gegenständen ist der Pfändung nicht unterworfen.

II Die gleichen Vorschriften gelten für den Anteil eines Miterben an dem Nachlaß und an den einzelnen Nachlaßgegenständen.

Schrifttum: Schünemann, Grundprobleme der Gesamthandsgesellschaft unter besonderer Berücksichtigung des Vollstreckungsrechts, 1975; Sentner, Die Pfändung und Verpfändung des Miterbenanteils, Diss Köln 1966.

1) Gesellschaftsanteil, I. A. Allgemeines. Der Gesellschafter einer BGB-Gesellschaft ist am Gesellschaftsvermögen zur gesamten Hand beteiligt. Er darf weder über diesen Anteil noch über den Anteil an den einzelnen Gegenständen des Gesellschaftsvermögens verfügen, § 719 I BGB. Der Anteil an den Gegenständen ist schlechthin unpfändbar, Zweibr Rpfleger **82**, 413. Dagegen erlaubt § 859 die Pfändung des Gesellschaftsanteils. Sie erfolgt nach § 857, aM Schmidt JR **77**, 180 (sie erfolge nach § 829). Die übrigen Gesellschafter sind die Drittschuldner, aM Schmidt JR **77**, 179 (Drittschuldner sei die Gesellschaft). Es genügt eine Zustellung an die geschäftsführenden Gesellschafter, vgl § 710 BGB, insofern auch Schmidt JR **77**, 179. Die Zwangsvollstreckung nach § 736 schließt den § 859 nicht aus, aM Noack MDR **74**, 813.

Beim „Und-Konto" liegt nicht stets eine Gesamthandsgemeinschaft vor, LG Oldb Rpfleger **83**, 79.

B. Wirkung der Pfändung. Sie besteht im wesentlichen in folgenden Punkten:

a) Gewinnanspruch. Der Gläubiger erlangt den Anspruch auf einen Gewinnanteil und auf ein Auseinandersetzungsguthaben, der einem Gesellschafter nach § 717 BGB zusteht, insofern auch Schmidt AcP **182**, 495 mwN. Der Gläubiger darf aber vor einer Kündigung die übrigen gesellschaftlichen Mitgliedsrechte nicht ausüben, LG Hbg MDR **82**, 1028. Er kann zB nicht das Stimmrecht ausüben, und zwar auch nicht im Fall einer Überweisung, § 725 II BGB. Winnefeld DB **77**, 901 mwN hält entgegen der hM den Kapital-Entnahmeanspruch nach § 122 I HGB für pfändbar.

b) Kündigungsrecht. Der Gläubiger darf die Gesellschaft fristlos aufkündigen, LG Hbg MDR **82**, 1028, aber nur auf Grund eines rechtskräftigen Vollstreckungstitels, § 725 I BGB,

1. Titel. Zwangsvollstr. in das bewegl. Vermögen   § 859 1–3

Zweibr Rpfleger **82**, 413. Wenn er das tut, dann ergreift das Pfandrecht ohne weiteres alles, was der Gesellschafter im Fall der Auseinandersetzung erhält.

Der Gläubiger darf die Auseinandersetzung anstelle des Schuldners betreiben, Behr Rpfleger **83**, 36, aM LG Hbg MDR **82**, 1028 (aber die Auseinandersetzung wird nach der Kündigung nicht von § 725 II BGB erfaßt, PalTh § 725 BGB Anm 2b), StJM I 2 (er hält eine Klage gegen den Schuldner mit dem Ziel für notwendig, daß der Schuldner die Auseinandersetzung betreibe). Die Pfändung des Anteils an einer bereits aufgelösten Gesellschaft erfaßt die Abfindungsforderung, BGH **LM** Nr 5. Denn die Gesellschaft besteht bis zur Vollbeendigung fort, § 730 II BGB. Es schadet nicht, daß ein Grundstück zum Anteil gehört. Die Eintragung der Pfändung in das Grundbuch ist aber unzulässig, Zweibr Rpfleger **82**, 414 mwN, Schmidt AcP **182**, 495. Der Anspruch des Gesellschafters auf eine Auskunft ist unpfändbar. Denn andernfalls würde der Gläubiger einen gefährlichen Einblick in die Verhältnisse Dritter erhalten.

2) Miterbenanteil, II. A. Allgemeines. § 2033 BGB erlaubt dem Miterben die Veräußerung seines Anteils an der Erbschaft. Der Miterbe kann aber über den Anteil an den einzelnen Erbschaftsgegenständen nicht verfügen. Deshalb ist der Anteil an diesen einzelnen Erbschaftsgegenständen unpfändbar und auch nicht etwa bedingt pfändbar, BayObLG DB **83**, 708, Ffm Rpfleger **79**, 205. Auch der Anspruch auf die Durchführung der Erbauseinandersetzung ist nicht selbständig pfändbar, § 857 Anm 1.

Dagegen ist der Miterbenanteil insgesamt pfändbar, vgl auch BGH **72**, 41, BayObLG DB **83**, 708, Ffm Rpfleger **79**, 205. Die Pfändung dieses Miterbenanteils erfolgt nach § 857, Ffm Rpfleger **79**, 205. Die anderen Erben sind die Drittschuldner, Ffm Rpfleger **79**, 205, Stöber Rpfleger **76**, 197 mwN. Der Miterbe kann aber trotz der Pfändung seines Miterbenanteils eine Nachlaßforderung mit dem Antrag geltend machen, für alle Erben zu hinterlegen, BGH **LM** Nr 4. Eine ungenaue Bezeichnung, etwa als „Forderung am Nachlaß", schadet nicht. Unschädlich sind auch eine Testamentsvollstreckung, BayObLG DB **83**, 708 (sie bleibt unverändert), eine Nachlaßverwaltung oder eine Nacherbschaft. Nach der Durchführung der Erbauseinandersetzung ist die Pfändung des Miterbenanteils nicht mehr möglich.

B. Wirkung des Pfandrechts. Das Pfandrecht ergreift den Miterbenanteil als einen Inbegriff von Rechten und Pflichten, BayObLG DB **83**, 708, Ffm Rpfleger **79**, 205. Das Pfandrecht verschafft dem Gläubiger aber nicht die Stellung eines Miterben, BayObLG MDR **73**, 1029 und DB **83**, 708. Die Eintragung ins Grundbuch ist als eine Verfügungsbeschränkung zulässig, und zwar auch unter einer vorherigen Eintragung sämtlicher Miterben (das letztere ist notwendig, Ffm Rpfleger **79**, 206), selbst ohne deren Zustimmung, Stöber Rpfleger **76**, 201 mwN, aM Zweibr Rpfleger **76**, 214. Der Gläubiger kann die Erbauseinandersetzung betreiben, sogar wenn der Erblasser sie ausgeschlossen hatte, BayObLG DB **83**, 708, und zwar auch auf Grund eines nur vorläufig vollstreckbaren Titels, § 86 II FGG. Der Gläubiger hat zu diesem Zweck alle Rechtsbehelfe anstelle des Schuldners. Er kann zB: Eine Teilungsklage erheben; den Auskunftsanspruch geltend machen: im Erbscheinsverfahren die Beschwerde einlegen, BayObLG MDR **73**, 1029.

Der Gläubiger erlangt an der Gesamtheit derjenigen Sachen, die auf seinen Miterbenanteil entfallen, kraft Gesetzes ein Pfandrecht, BGH **52**, 99 (krit Wellmann NJW **69**, 1903). Eine Erbauseinandersetzung, die ohne den Gläubiger vorgenommen wird, ist wegen der Verfügungsbeschränkung der Erben ihm gegenüber unwirksam. Der Gläubiger kann aber nicht eine Zwangsvollstreckung in einzelne Vermögensstücke der Erbschaft betreiben. Ein älteres Vertragspfandrecht bleibt auch am Auseinandersetzungserlös vorrangig, BGH NJW **69**, 1347, abw Lehmann NJW **71**, 1545.

C. Die Verwertung findet vielmehr folgendermaßen statt:
a) Nach § 844. Entweder wird die Erbschaft im ganzen auf Grund einer gerichtlichen Anordnung nach § 844 verwertet. Die Verwertung kann durch eine Versteigerung des Miterbenanteils durch den Gerichtsvollzieher erfolgen.
b) Einziehung. Oder das Gericht überweist dem Gläubiger den Miterbenanteil zur Einziehung, also zur Beitreibung des Auseinandersetzungsguthabens. Wenn eine Nacherbschaft angeordnet worden war, dann ist der Gläubiger nicht daran gehindert, den Miterbenanteil zu veräußern. Zweckmäßiger ist allerdings meist die Anordnung einer Verwaltung nach § 857 IV.

3) VwGO: *§ 858 Anm 3.*

Anhang nach § 859
Zwangsvollstreckung gegen Handelsgesellschaften

1) Offene Handelsgesellschaft und Kommanditgesellschaft

Schrifttum: Emmerich, Zur Stellung des Gläubigers im Recht der Personengesellschaften des Handelsrechts. Die Pfändung des „Gesellschaftsanteils" eines persönlich haftenden Gesellschafters, Diss Ffm 1970; Schiller, Die Rechtsstellung der offenen Handelsgesellschaft im Zivilprozeß, Diss Ffm 1967; Ziegler, Die Wirksamkeit von Abfindungsklauseln bei der Zwangsvollstreckung in die Beteiligung an einer offenen Handelsgesellschaft, Diss Freibg 1966.

Für sie gelten § 859 I, s dort Anm 1 A, und §§ 105 II, 161 II HGB. Die Gesellschaft ist der Drittschuldner. Die Pfändung des Anteils ist durch § 135 HGB nicht eingeschränkt. Abweichend wirkt die Einengung der Kündigung durch § 135 HGB. Diese verlangt die Pfändung und eine Überweisung des Anspruchs auf das Auseinandersetzungsguthaben. Das gilt aber nur dann, wenn ein rechtskräftiger Vollstreckungstitel vorliegt, wenn binnen 6 Monaten eine Zwangsvollstreckung in das bewegliche Vermögen ergebnislos voraufgegangen war, und nur unter der Einhaltung einer Frist von 6 Monaten zum Schluß des Geschäftsjahrs. Eine kürzere Frist ist dann zulässig, wenn der Gesellschafter selbst vertraglich kürzer aufkündigen darf. Neben dieser Kündigung ist eine Kündigung nach § 725 BGB nicht möglich.

Nach einer wirksamen Kündigung beginnt die Abwicklung der Gesellschaft. Der Gläubiger kann die Gesellschaft auf die Vornahme dieser Abwicklung verklagen. Der Gläubiger wird nicht Abwickler. Er gehört aber zu den „Beteiligten" der §§ 146, 147, 152 HGB.

2) Aktiengesellschaft.
Die Pfändung der Aktien erfolgt nach § 808. Die Verwertung erfolgt nach § 821. Eine gebundene Namensaktie, § 68 AktG, wird nach § 857 verwertet, ein Bezugsrecht wird nach § 857 verwertet, da es vom Aktienbesitz abtrennbar ist. Nach der Eintragung der Gesellschaft sind die Mitgliedsrechte auch vor der Ausgabe der Aktien pfändbar. Eine etwa notwendige Zustimmung zu der Übertragung hindert eine Pfändung und eine Veräußerung nicht.

3) Gesellschaft mit beschränkter Haftung

Schrifttum: Brennecke, Zwangsvollstreckung gegen juristische Personen des Privatrechts, Diss Freibg 1969; Wüst, Gläubigerschutz bei der GmbH, 1966.

A. Pfändung und Veräußerung der Geschäftsanteile, dazu Noack JB **76**, 1603. Die Pfändung und die Veräußerung der Geschäftsanteile erfolgen immer nach § 857, und zwar auch ohne eine Einwilligung der Gesellschaft, selbst wenn sie sonst in eine Übertragung einwilligen müßte. Die Gesellschaft ist der Drittschuldner, zB StJM § 859 II 4, offen Ffm BB **76**, 1147 mwN, aM zB Noack MDR **70**, 891. Die Verwertung erfolgt nach § 844, Ffm BB **76**, 1147, bzw nach § 817a entspr, LG Essen NJW **57**, 108. Die Schätzung erfolgt gemäß § 813 I 3. Außerdem erfolgt evtl eine Hilfspfändung des Auskunftsanspruchs. Der Gläubiger kann außerdem eine Auskunftsklage erheben, Petermann Rpfleger **73**, 388, abw LG Essen Rpfleger **73**, 410.

Die Pfändung der Anteilscheine ist nur als eine Hilfspfändung möglich, § 808 Anm 1 B, nicht als eine Pfändung von Wertpapieren. Die Pfändung des Geschäftsanteils berechtigt im übrigen nicht zur Ausübung der Verwaltungsrechte, LG Essen Rpfleger **73**, 410, insbesondere nicht zur Ausübung des Stimmrechts. Zur Verwertung des gepfändeten Anteils und zu dessen Einziehung unter seinem Wert durch die anderen Gesellschafter BGH **65**, 22 (zustm Mettenheimer BB **75**, 1177), Ffm BB **76**, 1147 mwN.

B. Pfändung des Anspruchs auf die Stammeinlage. Der Anspruch der GmbH auf eine Leistung der Stammeinlage ist pfändbar. Doch darf sich dadurch der Vermögensstand der Gesellschaft nicht verringern, § 19 GmbHG. Deshalb muß der Anspruch des Gläubigers gegen die Gesellschaft dem gepfändeten Anspruch beim Wirksamwerden des Überweisungsbeschlusses gleichwertig sein. Eine Einforderung durch einen Gesellschafterbeschluß ist dann nicht erforderlich. Der Anspruch auf die Leistung der Stammeinlage ist auch gegenüber dem späteren Erwerber des Geschäftsanteils pfändbar. Allerdings sind dann andere Einreden möglich. Bei der Einforderung, auch durch einen Gläubiger, ist § 19 I GmbHG zu beachten.

4) Andere Gesellschaften. In Betracht kommen folgende Gesellschaftsformen:

A. Stille Gesellschaft. Die Pfändung des Auseinandersetzungsguthabens erfolgt nach § 859, aM Schmidt KTS **77**, 7 (er will § 851 anwenden). Die Kündigung erfolgt entspr §§ 135, 339 HGB, s Anm 1.

B. Kommanditgesellschaft auf Aktien. Die Pfändung erfolgt nach § 808. Die Verwertung erfolgt nach § 821. Der Gläubiger eines Kommanditisten darf die Gesellschaft aber nicht aufkündigen, § 289 IV AktG.

C. Erwerbs- und Wirtschaftsgenossenschaft. Die Pfändung erfolgt wie bei der Offenen Handelsgesellschaft, Anm 1. Die Kündigung nach § 66 GenG erfolgt mit der Wirkung des Austritts des Genossen.

5) Umwandlung. Nach einer Umwandlung ist die Zwangsvollstreckung im allgemeinen nur noch gegen den Übernehmer möglich. Denn es liegt meist ein gesetzlicher und kein vertraglicher Vermögensübergang vor, Pal-Heinrichs § 419 BGB Anm 3a. Maßgeblich ist im allgemeinen die Eintragung im Handelsregister, §§ 4, 5 UmwandlG.

6) VwGO: § 858 Anm 3.

860 **Eheliches Gesamtgut.** ^{I} Bei dem Güterstand der Gütergemeinschaft ist der Anteil eines Ehegatten an dem Gesamtgut und an den einzelnen dazu gehörenden Gegenständen der Pfändung nicht unterworfen. Das gleiche gilt bei der fortgesetzten Gütergemeinschaft von den Anteilen des überlebenden Ehegatten und der Abkömmlinge.
^{II} Nach der Beendigung der Gemeinschaft ist der Anteil an dem Gesamtgut zugunsten der Gläubiger des Anteilsberechtigten der Pfändung unterworfen.

1) Geltungsbereich. A. Bestehen der Gütergemeinschaft, I. Der Anteil eines Ehegatten am Gesamtgut und der Anteil an den einzelnen zum Gesamtgut gehörenden Gegenständen sind bei der Gütergemeinschaft und bei der fortgesetzten Gütergemeinschaft unpfändbar. Unzulässig ist auch die Pfändung des dem Schuldner nach der Beendigung der Gemeinschaft zufallenden Anteils. Die praktische Bedeutung des Verbots beschränkt sich außer bei einer gemeinschaftlichen Verwaltung auf die Gläubiger des nicht verwaltenden Ehegatten und der Abkömmlinge, §§ 740 I, 745 I. Diese Gläubiger müssen sich einen nach diesen Bestimmungen vollstreckbaren Titel beschaffen.

Der Anspruch des einen Ehegatten gegen den anderen auf die Auseinandersetzung der ehelichen Gütergemeinschaft ist während des Bestehens dieser Gemeinschaft als einer der wichtigsten Bestandteile des Anteils am Gesamtgut, der mit diesem unlösbar verbunden ist, ebenfalls unpfändbar, LG Frankenth Rpfleger **81**, 241.

B. Beendigung der Gemeinschaft, II. Nach der Beendigung der Gemeinschaft ist der Anteil am Gesamtgut pfändbar. Damit erwächst demjenigen Gläubiger, der keinen Vollstreckungstitel nach § 743 erlangen konnte, weil seine Forderung nach der Beendigung der Gemeinschaft entstanden war, eine Möglichkeit zur Vornahme einer Pfändung. Der Beschluß ist dem anderen Ehegatten zuzustellen. Der Gläubiger kann nach § 99 I FGG die Auseinandersetzung betreiben. Die Verwertung erfolgt durch eine Überweisung zur Einziehung. Eine Veräußerung nach § 844 kann nicht stattfinden, §§ 1471 II, 1419 BGB, vgl § 857 V.

2) VwGO: § 858 Anm 3.

861 *Verwaltung und Nutznießung des Ehemanns.* (weggefallen)

862 *Elterliches Nutznießungsrecht.* (weggefallen)

863 **Erbteil bei Beschränkungen in guter Absicht.** ¹ Ist der Schuldner als Erbe nach § 2338 des Bürgerlichen Gesetzbuchs durch die Einsetzung eines Nacherben beschränkt, so sind die Nutzungen der Erbschaft der Pfändung nicht unterworfen, soweit sie zur Erfüllung der dem Schuldner seinem Ehegatten, seinem früheren Ehegatten oder seinen Verwandten gegenüber gesetzlich obliegenden Unterhaltspflicht und zur Bestreitung seines standesmäßigen Unterhalts erforderlich sind. Das gleich gilt, wenn der Schuldner nach § 2338 des Bürgerlichen Gesetzbuchs durch die Ernennung eines Testamentsvollstreckers beschränkt ist, für seinen Anspruch auf den jährlichen Reinertrag.

ᴵᴵ Die Pfändung ist unbeschränkt zulässig, wenn der Anspruch eines Nachlaßgläubigers oder ein auch dem Nacherben oder dem Testamentsvollstrecker gegenüber wirksames Recht geltend gemacht wird.

ᴵᴵᴵ Diese Vorschriften gelten entsprechend, wenn der Anteil eines Abkömmlings an dem Gesamtgut der fortgesetzten Gütergemeinschaft nach § 1513 Abs. 2 des Bürgerlichen Gesetzbuchs einer Beschränkung der im Absatz 1 bezeichneten Art unterliegt.

1) **Geltungsbereich.** Die Nutzungen des Vorerben sind dem Zugriff der persönlichen Gläubiger und der Nachlaßgläubiger ausgesetzt. Von dieser Gefahr macht § 863 eine Ausnahme für den Fall, daß das Testament einen Nacherben oder einen Testamentsvollstrecker zur Sicherung des Erbes eines Verschwenders oder eines Überschuldeten einsetzt, § 2338 BGB, oder daß eine entsprechende Beschränkung für den Abkömmling im Fall einer fortgesetzten Gütergemeinschaft eintritt, § 1513 II BGB, also für die Fälle einer Enterbung in guter Absicht. Der Grund der Beschränkung muß im Zeitpunkt der Errichtung des Testaments bestehen. Das Testament muß diesen Grund angeben.

Die Beschränkung wirkt nicht gegenüber dem Nachlaßgläubiger, § 1967 BGB, und nicht gegenüber demjenigen Gläubiger, dessen Recht gegen den Nacherben oder gegen den Testamentsvollstrecker wirkt, §§ 2115 S 2, 2213 BGB, 326 II ZPO. Sie wirkt, anders gesagt, nur gegenüber dem persönlichen Gläubiger des Erben.

2) *VwGO: § 858 Anm 3.*

Zweiter Titel
Zwangsvollstreckung in das unbewegliche Vermögen
Übersicht

Schrifttum: Balser-Bögner, Vollstreckung im Grundbuch, 6. Aufl 1981; Dassler-Schiffhauer-Gerhardt, Zwangsversteigerungsgesetz, 11. Aufl 1978; Drischler, Immobiliarvollstreckungsrecht, 1969; Mohrbutter-Drischler, Die Zwangsversteigerungs- und Zwangsverwaltungspraxis, 6. Aufl: Bd 1 (Gang des Zwangsversteigerungsverfahrens bis einschließlich der Zuschlagserteilung) 1977, Bd 2 (Verteilungsverfahren, Zwangsverwaltung usw) 1978; Schiffhauer, Zwangsvollstreckung in das unbewegliche Vermögen, 4. Aufl 1976; Steiner-Riedel, Zwangsversteigerung und Zwangsverwaltung, 8. Aufl, Bd 1, 1973, Bd 2–3, 1975; Stöber-Schiffhauer, Praxis der Zwangsversteigerung, 1982; Stöber-Zeller, Zwangsvollstreckung in das unbewegliche Vermögen, 4. Aufl 1979; Storz, Praxis des Zwangsversteigerungsverfahrens, 2. Aufl 1983; Wolff, Zwangsversteigerungs- und Zwangsverwaltungsrecht, 2. Aufl 1983; Zeller-Stöber, Zwangsversteigerungsgesetz, 11. Aufl 1983.

1) **Geltungsbereich. A. Zwangsversteigerungsgesetz.** Die Zwangsvollstreckung in Liegenschaften regelt das ZVG, das inzwischen mehrfach abgeändert worden ist. Die ZPO beschränkt sich auf einige allgemeine Vorschriften und die Ordnung der Zwangshypothek, greift aber auch überall dort ein, wo das ZVG keine Sondervorschriften enthält. §§ 864ff setzen, wie das ZVG, die Anlegung des Grundbuchs voraus.

B. Zivilprozeßordnung. Der Regelung der §§ 864ff unterliegen folgende Fälle: **a)** Grundstücke u grundstücksähnliche Berechtigungen, § 865 Anm 1; **b)** im Schiffsregister eingetragene Schiffe und Schiffsbauwerke, ebenda; **c)** in die Luftfahrzeugrolle eingetragene Luftfahrzeuge, § 99 I LuftfzRG, dazu Haupt NJW **74**, 1457; **d)** Hochseekabel, § 24 Gesetz vom 31. 3. 25, RGBl 37; **e)** alles, was eine Hypothek, Schiffshypothek oder ein Registerpfandrecht mitumfaßt, also namentlich Zubehör, getrennte Früchte, Miet- und Pachtzinsforderungen.

Soweit Liegenschaften dem Landesrecht unterstehen, ist Titel 2 unanwendbar, zB für Bahneinheiten, Art 112 EG BGB. Das folgt aus §§ 2 EG ZVG, 871 ZPO.

2. Titel. Zwangsvollstreckung in das unbewegliche Vermögen Übers § 864, § 864

C. Beschränkungen der Liegenschaftszwangsvollstreckung. Solche Beschränkungen ergeben sich aus Sondergesetzen. S § 8 ErbbVO, § 20 I RHeimstG (regeln keine Zwangsvollstreckungen in Heimstätten wegen persönlicher Forderungen, wohl aber wegen öffentlicher Abgaben, § 20 III RHeimstG, zu denen die Gerichtskosten zählen, Hamm MDR **76**, 150).

2) Art der Zwangsvollstreckung. Die Zwangsvollstreckung geschieht auf folgende Arten:

A. Zwangshypothek. In Betracht kommt die Eintragung einer Zwangshypothek. Sie ist eine Sicherungshypothek und verwandelt sich in eine Eigentümergrundschuld, sobald der Schuldtitel oder seine Vollstreckbarkeit aufgehoben, die Zwangsvollstreckung eingestellt oder eine zugelassene Abwendungssicherheit geleistet ist, § 868.

B. Zwangsverwaltung. In Betracht kommt auch eine Zwangsverwaltung.

C. Zwangsversteigerung. In Betracht kommt schließlich eine Zwangsversteigerung.

3) VwGO: *In allen Fällen der Vollstreckung wegen einer Geldforderung, Grdz 4 § 803, wird nach §§ 864–871 vollstreckt, auch nach § 169 I VwGO, weil § 5 VwVG über § 322 AO 1977 auf die Vorschriften über die gerichtliche Zwangsvollstreckung verweist. Abweichend von dieser Bestimmung ist der Antrag auch hier vom Gläubiger zu stellen, nicht von der Vollstreckungsbehörde (Vorsitzender des erstinstanzlichen Gerichts). Bei Vollstreckung nach § 169 I VwGO sind Einschränkungen zu beachten, die sich aus § 322 IV AO 1977 ergeben. Die Rechtsbehelfe (und der Vollstreckungsschutz) gegen Maßnahmen des Vollstreckungsgerichts und des Grundbuchamtes richten sich nach ZPO bzw ZVG. Vgl zu alledem Gaul JZ **79**, 504–507.*

864 *Geltungsbereich.* I Der Zwangsvollstreckung in das unbewegliche Vermögen unterliegen außer den Grundstücken die Berechtigungen, für welche die sich auf Grundstücke beziehenden Vorschriften gelten, die im Schiffsregister eingetragenen Schiffe und die Schiffsbauwerke, die im Schiffsbauregister eingetragen sind oder in dieses Register eingetragen werden können.

II Die Zwangsvollstreckung in den Bruchteil eines Grundstücks, einer Berechtigung der im Absatz 1 bezeichneten Art oder eines Schiffes oder Schiffsbauwerks ist nur zulässig, wenn der Bruchteil in dem Anteil eines Miteigentümers besteht oder wenn sich der Anspruch des Gläubigers auf ein Recht richtet, mit dem der Bruchteil als solcher belastet ist.

Schrifttum: Andrae, Zwangsvollstreckung in Miteigentumsanteile am Grundstück, Diss Freibg 1973.

1) Geltungsbereich, I. A. Allgemeines. Nach § 864 unterliegen der Zwangsvollstreckung Grundstücke. Das sind begrenzte Teile der Erdoberfläche. Ein selbständiges Grundstück ist derjenige Teil, der im Grundbuch unter einer besonderen Nummer oder auf einem besonderen Blatt eingetragen worden ist. Die wirtschaftliche Einheit entscheidet nicht. Eine Vereinigung oder eine Zuschreibung nach §§ 890 BGB, 5 GBO hebt die Selbständigkeit auf. Ein Grundstücksbruchteil ist kein selbständiges Grundstück.

B. Wesentlicher Bestandteil eines Grundstücks, §§ 93, 94, 96 BGB, sind:

a) Wesensveränderung. Ein Bestandteil, dessen Trennung den Bestandteil oder das Grundstück in seinem Wesen verändert, § 93 BGB. Beispiele: ein Gebäude, nicht allerdings eine Baracke, meist auch nicht ein Wohnlaube oder ein Gartenhaus; auf einem bebauten Grundstück in aller Regel eine Wasser-, Gas- oder Elektrizitätsanlage.

Eine Maschine in einem Fabrikgebäude kann sein: **aa)** ein Bestandteil des Gebäudes. Dazu ist eine unmittelbare stärkere oder schwächere Verbindung erforderlich, so daß das Grundstück und die Maschine nach der Verkehrsanschauung eine einheitliche Sache, eben ,,die Fabrik" bilden; **bb)** Zubehör, wenn die Maschine ihre eigentümliche Selbständigkeit als eine bewegliche Sache bewahrt, vgl BGH BB **79**, 1740; **cc)** kein Bestandteil oder Zubehör, wenn sich die Maschine in einem Gebäude befindet, das objektiv betrachtet nicht dauernd zum Betrieb eines Gewerbes eingerichtet ist, BGH **62**, 49.

b) Feste Verbindung. Ein solcher Bestandteil, der mit dem Grund und Boden fest verbunden ist, etwa der Pflanzenaufwuchs oder ein Gebäude.

c) Einfügung. Eine zur Herstellung des Gebäudes in das Gebäude eingefügte Sache, etwa ein Fenster oder eine Badewanne.

d) Recht. Ein Recht, das mit dem Grundstück verbunden ist.

Alle wesentlichen Bestandteile unterliegen der Liegenschaftszwangsvollstreckung. Eine Sache, die nur zu einem vorübergehenden Zweck mit dem Grundstück verbunden oder in das Grundstück eingefügt wurde, § 95 BGB, ist nicht einmal ein unwesentlicher Bestandteil. Solche Sachen und Früchte auf dem Halm sind wie bewegliche Sachen zu pfänden, § 810.

C. Grundstücksähnliche Berechtigung. Sie unterliegt der Liegenschaftszwangsvollstreckung. Hierher zählen zB: das Erbbaurecht; das Wohnungseigentum; das Bergwerkseigentum; eine landesrechtliche Jagd- und Fischereigerechtigkeit oder Kohlenabbaugerechtigkeit und dgl, Art 67–69, 196 EG BGB.

Bei einem Erbbaurecht ist das Gebäude ein Bestandteil **a)** des Grundstücks, wenn der Eigentümer es nach der Bestellung des Erbbaurechts errichtet hat; **b)** des Erbbaurechts, wenn der Erbbauberechtigte das Gebäude errichtet hat oder wenn es im Zeitpunkt der Bestellung des Erbbaurechts bereits vorhanden war, §§ 93 BGB, 12 ErbbauVO.

D. Schiff, Luftfahrzeug. Ein im Schiffsregister eingetragenes Seeschiff oder Binnenschiff oder ein im Schiffsbauregister eingetragenes Schiffsbauwerk unterliegen der Liegenschaftszwangsvollstreckung. Das gilt auch dann, wenn das Objekt noch nicht eingetragen worden war, aber bereits hätte eingetragen werden können, vgl § 66 SchiffsregisterO idF v 26. 5. 51, BGBl 366. Dasselbe gilt für ein in der Luftfahrzeugrolle eingetragenes Luftfahrzeug, § 99 I LuftfzRG, dazu Bauer JB **74**, 1. Ein im Register nicht eingetragenes Schiff oder Schiffsbauwerk gilt für die Zwangsvollstreckung als eine bewegliche Sache. Wegen eines ausländischen Schiffs s § 171 ZVG. Wegen eines ,,ausgeflaggten" Seeschiffs s auch Drischler KTS **80**, 111. Bei einem eingetragenen Schiff ist eine Arrestpfändung zulässig, § 931. Die Zwangsvollstreckung erfolgt im übrigen durch die Eintragung einer Zwangshypothek oder durch eine Zwangsversteigerung, § 870a. S Grdz 9 vor § 704 ,,Schiff".

2) Bruchteil, II. A. Grundsatz. Ein Bruchteil eines Grundstücks, einer grundstücksähnlichen Berechtigung, eines eingetragenen Schiffs oder eines Schiffsbauwerks der in I bezeichneten Art ist nicht beweglich. Wegen der Pfändung einer Schiffspart vgl § 858. Bruchteile eines in die Luftfahrzeugrolle eingetragenen Luftfahrzeugs gelten ebenfalls als nicht beweglich, da II dann sinngemäß anwendbar ist, § 99 I LuftfzRG. Der Gläubiger kann solche Bruchteile nicht pfänden, sondern er kann nur den Anspruch auf den Erlös bei einer Auseinandersetzung pfänden.

B. Voraussetzungen. Die Zwangsvollstreckung in einen Bruchteil setzt folgendes voraus:

a) Miteigentümeranteil. Entweder besteht der Bruchteil in einem Anteil des Miteigentümers, § 1008 BGB. Dieser Anteil muß sich aus dem Grundbuch ergeben, § 47 GBO. Das Grundbuch muß daher evtl vorher berichtigt werden.

b) Belastung des Bruchteils. Oder es besteht eine Belastung des Bruchteils als eines solchen mit einem Recht des Gläubigers. Dieser Fall kann nur dann vorliegen, wenn der jetzige Alleineigentümer im Zeitpunkt der Belastung eines Bruchteils mit dem Recht des Gläubigers nur ein Miteigentümer zu einem Bruchteil war.

c) Einzelfragen. Wenn der Alleineigentümer den Bruchteil in einer Weise erworben hatte, die nach dem AnfG anfechtbar war, dann muß der Alleineigentümer die Zwangsvollstreckung so dulden, als ob der Bruchteil noch dem Veräußerer gehören würde. Im Falle einer Gemeinschaft zur gesamten Hand ist eine Zwangsvollstreckung höchstens in den Anteil an der ganzen Masse zulässig, §§ 859, 860, Bärmann Rpfleger **77**, 239 mwN (betr WEG). Die Zwangsvollstreckung in den Bruchteil des Alleineigentümers ist unzulässig, Kblz MDR **78**, 670 mwN.

3) VwGO: Vgl Üb 3 § 864.

865

Liegenschaftszwangsvollstreckung in Fahrnis. **I Die Zwangsvollstreckung in das unbewegliche Vermögen umfaßt auch die Gegenstände, auf die sich bei Grundstücken und Berechtigungen die Hypothek, bei Schiffen oder Schiffsbauwerken die Schiffshypothek erstreckt.**

II Diese Gegenstände können, soweit sie Zubehör sind, nicht gepfändet werden. Im übrigen unterliegen sie der Zwangsvollstreckung in das bewegliche Vermögen, solange nicht ihre Beschlagnahme im Wege der Zwangsvollstreckung in das unbewegliche Vermögen erfolgt ist.

1) Geltungsbereich, I. A. Allgemeines. § 865 ergänzt die Vorschriften des BGB über die Grundstückshaftung. Die Bestimmung entscheidet auch in der Fahrniszwangsvollstreckung über die Eigenschaft einer Sache als beweglich oder als unbeweglich. Sie will dem Einzelzugriff dasjenige entziehen, was bereits von einer Zwangsverwaltung oder einer Zwangsversteigerung erfaßt wird und was rechtlich und wirtschaftlich zu deren Masse gehört. Darum muß man die Vorschrift ausdehnend dahin auslegen, daß die Liegenschaftszwangsvollstreckung diejenigen Gegenstände ergreift, die eine Hypothek oder eine Schiffshypothek erfaßt. Hierher gehört zB auch eine Kaufpreisforderung aus einem Kohlenverkauf, den der Zwangsverwalter einer Zeche getätigt hat.

B. Grundstücksähnliches Recht. Bei einer grundstücksähnlichen Berechtigung, einem eingetragenen Schiff, einem Schiffsbauwerk, § 864 Anm 1, und einem in die Luftfahrzeugrolle eingetragenen Luftfahrzeug, § 99 I LuftfzRG, vgl auch Anm 3 B, gilt dasselbe wie bei einem Grundstück. Das Landesrecht kann allerdings eine abweichende Regelung treffen. Bei einem Erbbaurecht erlischt die Haftung eines Bauwerks, das im Zeitpunkt der Bestellung des Erbbaurechts bereits vorhanden war, mit der Eintragung des Erbbaurechts, § 12 ErbbVO.

2) Hypothek. A. Vom Boden getrennte Erzeugnisse. Die Hypothek erfaßt nach §§ 1120 ff BGB die vom Boden getrennten Erzeugnisse und die sonstigen Bestandteile, soweit diese nicht mit der Trennung das Eigentum eines anderen werden, etwa des Pächters, wie es bei Früchten geschieht. Die Erzeugnisse und sonstigen Bestandteile sind frei pfändbar, wenn sie vor dem Zeitpunkt der Beschlagnahme **a)** veräußert und vom Grundstück entfernt wurden; **b)** oder veräußert und nachher vom Erwerber entfernt wurden. In einem solchen Fall wird wegen der Beschlagnahme im Fall des § 23 II ZVG ein schlechter Glaube vom Zeitpunkt der Eintragung des Versteigerungsvermerks an unwiderleglich vermutet; **c)** in den Grenzen einer ordnungsgemäßen Wirtschaft vom Grundstück getrennt und entfernt wurden. Dies darf allerdings weder zu einem bloß vorübergehenden Zweck noch im Rahmen einer wirtschaftlich gebotenen Betriebseinstellung geschehen sein, vgl LG Darmst KTS **77**, 125 (betr Zubehör). Diese Regel gilt auch im Falle einer Entfernung auf Grund einer Pfändung. Vgl §§ 1121 ff BGB. Wenn die Hypothek infolge eines Zuschlags nach § 91 I ZVG erlischt, dann geht das Hypothekenrecht nicht an denjenigen Früchten unter, die von der Zwangsversteigerung ausgeschlossen sind.

B. Zubehör. Die Hypothek erfaßt auch das Zubehör außer solchem, das nicht in das Eigentum des Grundstückseigentümers gelangt ist, § 1120 BGB. Es ist unerheblich, ob das Zubehör vor oder nach dem Zeitpunkt der Hypothekenbestellung entstanden ist. Ein Anwartschaftsrecht wird miterfaßt, BGH **35**, 85, Pal-Bassenge § 1120 BGB Anm 4a. Zum Begriff des Zubehörs §§ 97 ff BGB. Das Zubehör muß dazu bestimmt worden sein, dem wirtschaftlichen Zweck der Hauptsache zu dienen, BGH BB **79**, 1740. Es ist nicht erforderlich, daß dieser Zweck erreicht worden ist oder daß das Zubehör dem Zweck auch wirklich zu dienen geeignet ist. Ebensowenig ist es erforderlich, daß das Zubehör für die Hauptsache unentbehrlich ist, LG Bln DGVZ **77**, 156 mwN.

Nur eine bewegliche Sache kann Zubehör sein, BGH BB **79**, 1740. Das Zubehör muß in einer räumlichen Beziehung zu der Hauptsache stehen, die der Zweckbindung entspricht, BGH BB **79**, 1740. Eine bloß vorübergehende Trennung ist unschädlich. Eine anderweitige Verkehrsanschauung ist zu beachten. So sind zB im Rheinland die Öfen kein Zubehör.

Beispiele für Zubehör: die Ausstattung eines Bürohauses, LG Mannh MDR **77**, 49; das Inventar eines Gasthofs, aM LG Kiel Rpfleger **83**, 167, oder einer Apotheke; die Baumittel auf dem Baugrundstück; beim Landgut vgl § 98 Z 2 BGB, auch das Mastvieh, solange es ein verständiger Landwirt weiter füttert; evtl eine Einbauküche, LG Lüneb DGVZ **80**, 95; ein Zuchthengst auf einem Reiterhof, AG Oldb DGVZ **80**, 93 rechte Spalte.

Kein Zubehör sind zB: Rohstoffe in einer Fabrik; Ziegeleiwaren in einer Ziegelei; das Rohrnetz einer Gasanstalt; die Hühner auf einer Geflügelfarm; der Fuhrpark eines Transportunternehmens, vgl BGH Rpfleger **83**, 167.

Über eine Maschine auf einem Fabrikgrundstück s § 864 Anm 1 B a; über eine Wasserenthärtungsanlage s § 811 Anm 3 B b; über ein Wochenendhaus auf einem Pachtgrundstück LG Hagen DGVZ **78**, 12.

C. Haftungsbefreiung des Zubehörs. Zubehör wird haftfrei nach denselben Regeln wie bei Erzeugnissen, A, und außerdem dann, wenn das Zubehör nach einer ordnungsgemäßen Wirtschaft die Eigenschaft als Zubehör verliert, § 1122 II BGB, also nicht schon dann, wenn eine Betriebseinstellung wirtschaftlich geboten ist, LG Darmst KTS **77**, 125. Wenn ein Gerichtsvollzieher die Sache im Zuge einer objektiv unberechtigten Pfändung von dem Grundstück entfernt, dann erlischt die Zubehöreigenschaft auflösend bedingt durch eine Aufhebung dieser Pfändung, Grdz 8 C b vor § 704. Eine Entfernung durch den Gerichtsvollzieher ist regelmäßig keine bloß vorübergehende Entfernung im Sinne des § 1122 BGB. Etwas anderes gilt dann, wenn man nachweislich mit einer baldigen Einlösung rechnen kann.

D. Miet- und Pachtzinsen, § 1123 BGB. Sie werden in folgenden Fällen frei:

a) Fristablauf. Ein Jahr nach der Fälligkeit, wenn sie nicht von einem Hypothekengläubiger vorher beschlagnahmt wurden, sei es durch eine Pfändung auf Grund eines dinglichen Vollstreckungstitels, sei es in einer Zwangsverwaltung, §§ 21, 148 ZVG. Wenn der Zins im voraus zu zahlen ist, dann wirkt die Befreiung nur für den jeweils laufenden Kalendermonat, im Falle einer Beschlagnahme nach dem 15. des Monats auch für den folgenden Kalendermonat, § 1123 II 2 BGB.

b) Verfügung. Wenn über sie vor der Beschlagnahme verfügt worden ist, etwa infolge einer Einziehung, einer Abtretung, einer Pfändung oder eines Erlasses. Es gilt dann dieselbe Beschränkung wie im Fall nach § 1124 BGB.

Im Fall einer mehrfachen Pfändung entscheidet der Rang. Daher geht eine spätere Pfändung des vorstehenden Hypothekengläubigers der früheren Pfändung des nachstehenden Hypothekengläubigers vor, soweit nicht die Befreiung wirkt. Die Pfändung eines persönlichen Gläubigers bewirkt ein Freiwerden nur für die Zeit der Befreiung. Diese Pfändung wirkt dann dem Zeitvorrang nach. Die Bestellung des Nießbrauchs ist keine Verfügung über den Mietzins. Deshalb geht eine spätere Pfändung für den rangbesseren Hypothekengläubiger der Bestellung eines Nießbrauchs für die Zeit der Befreiung vor.

E. Recht auf eine wiederkehrende Leistung. Ein solches Recht, das mit dem Eigentum an dem Grundstück verbunden ist, § 1126 BGB, zB eine Reallast, wird im wesentlichen ebenso wie eine Miet- oder Pachtzinsforderung behandelt, §§ 1126 BGB, 21, 148 ZVG.

F. Versicherungsforderung. Sie wird von der Hypothek miterfaßt, §§ 1127–1129 BGB. Gemeint ist ein Anspruch aus einem Versicherungsvertrag gegenüber dem Versicherer über einen Gegenstand, der der Hypothek unterworfen ist. Über eine entsprechende Behandlung des Entschädigungsanspruchs wegen einer Enteignung s Art 52f EG BGB.

3) Sonderfälle A. Schiffshypothek. Die Schiffshypothek erfaßt nach §§ 31 ff SchiffsG das Zubehör des Schiffs außer denjenigen Stücken, die nicht in das Eigentum des Schiffseigentümers gelangt sind. Die Schiffshypothek umfaßt ferner die Versicherungsforderung, wenn der Eigentümer oder ein anderer für ihn das Schiff versichert haben. Das Freiwerden von Zubehör erfolgt im Falle der Aufhebung der Zubehöreigenschaft nach einer ordnungsmäßigen Wirtschaft oder mit der Entfernung vom Schiff vor dem Zeitpunkt der Beschlagnahme, § 31 II SchiffsG.

B. Luftfahrzeug. Das Registerpfandrecht an einem Luftfahrzeug erfaßt auch das Zubehör, ferner die Versicherungsforderung, §§ 31, 32 LuftfzRG, nicht aber das Ersatzteillager, § 99 I LuftfzRG iVm § 71.

4) Zwangsvollstreckung, II. Schrifttum: Student, Das Pfändungsverbot des § 865 II 1 ZPO, Diss Tüb 1969.

Zubehör ist schlechthin unpfändbar. Das gilt, soweit das Zubehör der Hypothekenhaftung unterliegt, Anm 2 B. Auch in einem solchen Fall darf der Konkursverwalter das Zubehör nicht gesondert verwerten. Eine trotzdem vorgenommene Pfändung ist unwirksam. Sie kann auch nicht geheilt werden, und zwar auch nicht dadurch, daß man das Grundstück ohne das Zubehör verkauft, Mü MDR 57, 428. Im übrigen ist die Fahrniszwangsvollstreckung bis zur Beschlagnahme der Liegenschaftszwangsvollstreckung für einen persönlichen und für einen dinglichen Gläubiger statthaft. Das Vieh ist nach den Regeln der Fahrniszwangsvollstreckung pfändbar, wenn es zum Verkauf und nicht zur Nahrungsmittel- oder Düngerverwertung dient.

Die Beschlagnahme ergreift im Fall einer Zwangsverwaltung alle Sachen und Rechte der Anm 1. Im Fall einer Zwangsversteigerung ergreift die Beschlagnahme nicht diejenigen Erzeugnisse, die bereits getrennt wurden, und ferner nicht die Miet- und Pachtzinsen, die Versicherungsforderungen und die wiederkehrenden Leistungen, §§ 21, 148 ZVG. Als eine Beschlagnahme gilt auch die Pfändung auf Grund eines dinglichen Vollstreckungstitels für den Hypothekengläubiger. Die Pfändung ist nach dem Zeitpunkt der Beschlagnahme unzulässig. Eine spätere Beschlagnahme berührt die Wirksamkeit der früheren Pfändung nicht. Sie nötigt aber zu einer Anmeldung, § 37 ZVG.

Ein dinglicher Gläubiger kann auch seinen dinglichen Titel wie ein persönlicher Gläubiger pfänden. Er kann auch sein besseres Recht nach § 805 geltend machen. Wenn er bereits gepfändet hat, kann er sein besseres Recht auch im Verteilungsverfahren geltend machen.

2. Titel. Zwangsvollstreckung in das unbewegliche Vermögen §§ 865, 866 1, 2

Gegenüber der Pfändung der Miet- und Pachtzinsforderungen kann es sich empfehlen, daß der Hypothekengläubiger einen Antrag auf die Anordnung der Zwangsverwaltung stellt. Köln Rpfleger **74**, 273 hält die Pfändung des Mietzinses aus einer Heimstätte zugunsten des persönlichen Gläubigers für unzulässig.

5) Rechtsbehelfe. Eine unzulässige Pfändung ist auflösend bedingt wirksam, Grdz 8 vor § 704. Die Durchführung einer solchen Pfändung kann dem Benachteiligten aber einen Anspruch aus einer ungerechtfertigten Bereicherung oder einen Ersatzanspruch geben. Der Schuldner (Eigentümer), der dingliche Gläubiger, der Zwangsverwalter können die Unzulässigkeit der Pfändung durch die Erinnerung nach § 766 geltend machen.

Die Praxis eröffnet dem dinglichen Gläubiger außerdem den Weg einer Widerspruchsklage nach § 771. Diese Lösung ist aber nicht zu rechtfertigen. Denn der dingliche Gläubiger hat kein Recht, das die Veräußerung hindern könnte.

6) VwGO: Vgl Üb 3 § 864.

866 *Arten der Zwangsvollstreckung.* ^I Die Zwangsvollstreckung in ein Grundstück erfolgt durch Eintragung einer Sicherungshypothek für die Forderung, durch Zwangsversteigerung und durch Zwangsverwaltung.

^{II} Der Gläubiger kann verlangen, daß eine dieser Maßregeln allein oder neben den übrigen ausgeführt werde.

^{III} Eine Sicherungshypothek (Absatz 1) darf nur für einen Betrag von mehr als fünfhundert Deutsche Mark eingetragen werden; Zinsen bleiben dabei unberücksichtigt, soweit sie als Nebenforderung geltend gemacht sind. Auf Grund mehrerer demselben Gläubiger zustehender Schuldtitel kann eine einheitliche Sicherungshypothek eingetragen werden.

1) Vollstreckungsmaßnahmen, I, II. § 866 läßt dem Gläubiger, der einen persönlichen oder einen dinglichen Vollstreckungstitel besitzt, die Wahl zwischen folgenden Wegen: **a)** Er kann eine Zwangsversteigerung betreiben. Ihr Erlös befriedigt ihn; **b)** er kann die Zwangsverwaltung betreiben. Sie befriedigt ihn aus ihren Erträgnissen; **c)** er kann eine Sicherungshypothek, die Zwangshypothek, eintragen lassen. Sie gibt dem Gläubiger nur eine Sicherung und wahrt ihm seinen Rang. Der Gläubiger darf zwei, auch alle drei Maßnahmen miteinander verbinden. Das kann für ihn vorteilhaft sein. Denn schon die Zwangshypothek wahrt dem Gläubiger den Rang für den Fall, daß das Zwangsversteigerungsverfahren aufgehoben wird. Um die Zwangsversteigerung mit dem Rang der Hypothek zu betreiben, braucht der Gläubiger allerdings einen besonderen Duldungstitel nach § 1147 BGB, LG Bln Rpfleger **75**, 129, Hagemann Rpfleger **82**, 165 je mwN, aM Köln NJW **60**, 441.

Wenn der Justizfiskus wegen rückständiger Kosten aus einer Sicherungshypothek die Zwangsversteigerung betreibt, dann braucht er nach § 7 JBeitrO nur einen Antrag zu stellen, LG Hildesheim Rpfleger **59**, 56. Eine Zwangshypothek ist auch dann zulässig, wenn der Vollstreckungstitel auf eine Hinterlegung lautet.

Der Gläubiger kann auf Grund eines nach § 890 festgesetzten Ordnungsgeldes keine Liegenschaftszwangsvollstreckung betreiben. Denn das Ordnungsgeld gehört nicht dem Gläubiger, sondern der Staatskasse. In einer Steuersache des Bundes ist die Möglichkeit einer Zwangsvollstreckung in eine Kleinsiedlung beschränkt, § 372 III AO 1977, aM BGH JZ **74**, 292, aber nicht durch den Grundsatz der Verhältnismäßigkeit. Denn das ZVG und die ZPO (allerdings auch deren § 765a) gehen diesem Grundsatz vor, Gaul JZ **74**, 282. Eine landesrechtliche Abweichung von § 866 ist im Rahmen der Art 64ff, 197 EG BGB zulässig. Über die Folgen eines Verstoßes s § 865 Anm 5. Im Fall der Verletzung des § 765 kann eine rückwirkende Heilung eintreten, § 879 II BGB.

2) Mindestbetrag der Zwangshypothek, III. A. Allgemeines. Die Eintragung einer Zwangshypothek ist nur für einen Betrag von mehr als 500 DM zulässig, BayObLG Rpfleger **82**, 466. Die Vorschrift will nicht etwa den Schuldner schützen, sondern will nur das Grundbuch von verwirrenden kleinen Eintragungen freihalten, LG Stgt KTS **82**, 500, Gaul JZ **74**, 283. Bei der Berechnung der Mindestsumme bleiben Zinsen unberücksichtigt, wenn sie der Gläubiger als eine Nebenforderung geltend gemacht hat, § 4 Anm 3 A, C c, Schlesw Rpfleger **82**, 301 (zustm Hellwig). Zinsen neben einer Hauptforderung von über 500 DM sind also immer eintragungsfähig, BayObLG Rpfleger **82**, 466. Ohne eine solche Hauptforderung sind Zinsen eintragungsfähig, wenn der Gläubiger sie für einen bestimmten Zeitraum kapitalisiert geltend macht und wenn dieser Betrag allein bereits mehr als 500 DM ausmacht, LG Bonn Rpfleger **82**, 75 mwN. Kosten sind hinzuzurechnen, BayObLG Rpfleger **82**, 466. Wenn das Grundbuchamt versehentlich nur einen Teil eingetragen hat, dann ist auch ein Rest unter 500 DM nachzutragen. Die Wertgrenze gilt auch für eine Arresthypothek. Sie gilt ferner für eine Steuerhypothek und für eine Zwangshypothek, die auf Grund eines öffentlich-rechtlichen Vollstreckungstitels eingetragen wird.

B. Die Wertgrenze gilt nicht: a) im Fall einer Verteilung nach § 867 II; b) im Fall einer bewilligten Sicherungshypothek, wie der Bauhandwerkerhypothek des § 648 BGB; c) bei einer Sicherungshypothek aus § 848; d) im Fall einer solchen Sicherungshypothek, die auf Grund einer einstweiligen Verfügung eingetragen wurde, wenn die einstweilige Verfügung nicht auf eine Geldzahlung lautet.

C. Mehrere Schuldtitel. Der Gläubiger darf mehrere zu seinen Gunsten ergangene Vollstreckungstitel zusammenrechnen. Es genügt also, daß ihre Hauptforderungen und Kosten zusammen 500 DM übersteigen. Das reicht aber nur dann aus, wenn der Gläubiger einen einheitlichen Antrag stellt. Eine einheitliche Zwangshypothek ist aber auf einen Antrag des Gläubigers dann einzutragen, wenn das Finanzamt einen Steueranspruch mehrerer Steuergläubiger verwaltet, etwa des Bundes, des Landes und der Kirche, § 372 I 3 AO 1977. Der Gläubiger muß die Zusammenrechnung selbst vornehmen.

3) VwGO: Vgl Üb 3 § 864.

867

Zwangshypothek. [I] Die Sicherungshypothek wird auf Antrag des Gläubigers in das Grundbuch eingetragen; die Eintragung ist auf dem vollstreckbaren Titel zu vermerken. Mit der Eintragung entsteht die Hypothek. Das Grundstück haftet auch für die dem Schuldner zur Last fallenden Kosten der Eintragung.

[II] Sollen mehrere Grundstücke des Schuldners mit der Hypothek belastet werden, so ist der Betrag der Forderung auf die einzelnen Grundstücke zu verteilen; die Größe der Teile bestimmt der Gläubiger.

Schrifttum: Honigmann, Die Zwangshypothek unter besonderer Berücksichtigung ihrer Umwandlung in eine Eigentümerhypothek, Diss Köln 1957.

1) Eintragung, I. A. Doppelnatur. Die Eintragung der Zwangshypothek hat eine rechtliche Doppelnatur, Ffm Rpfleger **74**, 443, Hamm Rpfleger **73**, 440:

a) Vollstreckungsmaßnahme. Es handelt sich um eine Vollstreckungsmaßnahme, BGH LM § 868 Nr 2. Das ergibt sich eindeutig aus § 866 I. Deshalb müssen alle förmlichen Voraussetzungen der Zwangsvollstreckung vorliegen. Es muß also ein vollstreckbarer Titel in einer vollstreckbaren Ausfertigung vorhanden sein, und ferner müssen die Voraussetzungen des Beginns der Zwangsvollstreckung nach § 750 vorliegen, BayObLG Rpfleger **82**, 466. Es darf kein Vollstreckungshindernis vorhanden sein, wie die Konkurseröffnung es darstellen würde.

Eine Eintragung ist nur wegen eines fälligen Betrags möglich, namentlich bei einer Rente. Andernfalls ist nur eine Arresthypothek (eine Höchstbetragshypothek) zulässig. Da die Zwangshypothek nur eine Sicherung gibt, ähnlich wie eine Arresthypothek, hindert auch eine aufschiebende Einrede des Erben nach § 782 die Eintragung nicht. Künftige Zinsen, die als eine Nebenforderung geltend gemacht werden, sind eintragungsfähig. Wenn der Schuldner nur Zug um Zug leisten muß, dann ist § 765 anzuwenden.

Die Einstellung der Zwangsvollstreckung führt dazu, daß die Zwangshypothek nicht mehr eingetragen werden darf, Ffm Rpfleger **74**, 443. Wenn die Hypothek bereits vorher eingetragen worden war, ist § 868 II anwendbar. Das Grundstück muß zu derjenigen Vermögensmasse gehören, in die der Gläubiger vollstrecken darf.

Zugunsten eines nicht rechtsfähigen Vereins ist keine Eintragung statthaft. Die Zwangsvollstreckung auf Grund eines Anspruchs einer Berufsgenossenschaft setzt eine vollstreckbare Ausfertigung des Auszugs aus der Heberolle voraus. Die Zulässigkeit des Vollstreckungstitels und der Vollstreckungsklausel ist in diesem Verfahrensstadium nicht nachzuprüfen, Hamm Rpfleger **73**, 441;

b) Freiwillige Gerichtsbarkeit. Die Eintragung ist außerdem eine Maßnahme der freiwilligen Gerichtsbarkeit. Denn die Eintragung kann nur nach den förmlichen Vorschriften des Grundbuchrechts geschehen. Deshalb muß der Schuldner als der Eigentümer im Grundbuch eingetragen sein, BayObLG Rpfleger **82**, 466, oder er muß im Fall des § 40 GBO der Erbe des eingetragenen Eigentümers sein. Andernfalls muß der Gläubiger zu-

2. Titel. Zwangsvollstreckung in das unbewegliche Vermögen § 867 1

nächst eine Berichtigung nach § 14 GBO herbeiführen, sofern nicht das Grundbuchamt die Berichtigung nach § 82 GBO von Amts wegen veranlaßt. Der Gläubiger muß notfalls einen Erbschein usw nach § 792 erwirken. Im schlimmsten Fall kann der Gläubiger den Anspruch des Schuldners auf eine Berichtigung des Grundbuchs pfänden und sich überweisen lassen. Der Vollstreckungstitel ersetzt die Eintragungsbewilligung.

B. Eintragungsantrag. Stets muß der Gläubiger den Antrag auf die Eintragung der Zwangshypothek stellen, BayObLG Rpfleger **82**, 467. Bei einer Zwangssicherungshypothek für ein Zwangsgeld nach § 888 sind der Kläger Gläubiger, die Gerichtskasse Zahlungsempfänger und als solche einzutragen, AG Hbg Rpfleger **82**, 32. Weder das Vollstreckungsgericht noch der Schuldner sind zu einem Eintragungsantrag befugt.

Der Antrag ist beim Grundbuchamt einzureichen. Er kann schriftlich oder zum Protokoll der Geschäftsstelle des Grundbuchamts gestellt werden. Das Grundbuchamt vermerkt den Eingang, § 13 GBO. Eine öffentliche Beglaubigung ist nicht erforderlich, § 30 GBO. Das gilt auch dann, wenn der Gläubiger die Eintragung der Zwangshypothek nur wegen eines Teilbetrags des Vollstreckungstitels verlangt oder wenn der Betrag der Forderung nach II zu verteilen ist.

Die Prozeßvollmacht ermächtigt zum Eintragungsantrag, § 81. Eine Beglaubigung ist nicht erforderlich. Da die Eintragung zugleich auch eine Maßnahme der freiwilligen Gerichtsbarkeit darstellt, muß der Antragsteller seine Vollmacht nachweisen. Wenn die Zwangsvollstreckung auf Grund eines Urteils aus einem Wechsel oder aus einem sonstigen indossablen Papier erfolgt, dann muß der Antragsteller das Papier vorlegen, §§ 765, 756, 726, § 43 GBO, soweit der Gläubiger wegen der durch das Wechselurteil selbst titulierten Forderung vollstreckt, Ffm DGVZ **81**, 85 (bei der Zwangsvollstreckung aus einem Kostenfestsetzungsbeschluß auf Grund eines Wechselurteils ist die Wechselvorlage unnötig). Nach der Eintragung der Zwangshypothek gibt das Grundbuchamt den Vollstreckungstitel dem Gläubiger mit dem Vermerk der Eintragung zurück, mit seinem Einverständnis auch an einen anderen, Saum JZ **81**, 697 mwN.

Gebühren: Des Anwalts §§ 57, 58 III Z 6 BRAGO.

C. Prüfungsumfang beim Grundbuchamt. Das Grundbuchamt hat folgendes zu prüfen, BayObLG Rpfleger **82**, 466: **a)** Liegen die förmlichen Voraussetzungen der Zwangsvollstreckung vor? Das Finanzamt, das eine Eintragung wegen eines Steuerrückstands beantragt, braucht den vollstreckbaren Titel und den Zustellungsnachweis nicht vorzulegen, BGH NJW **51**, 763, Mattern NJW **51**, 544; **b)** liegen die grundbuchmäßigen Voraussetzungen der Eintragung vor?

Nicht zu prüfen ist, ob der Anspruch sachlichrechtlich besteht, BayObLG Rpfleger **82**, 467. Ebensowenig ist zu prüfen, ob eine Verfallklausel vorhanden ist und ob ihre Voraussetzungen eingetreten sind, ob etwa der gesamte Restbetrag infolge des Verzugs des Schuldners mit einer Rate fällig geworden ist. Denn diese Prüfung erfolgt bereits im Verfahren zur Erteilung der Vollstreckungsklausel, § 726 I; dort konnte der Schuldner seine etwaigen Einwendungen wegen des Nichtvorliegens des Verfalls nach § 732 vorbringen, Düss NJW **58**, 227.

Die Eintragung soll die Natur der Hypothek als einer Zwangshypothek kenntlich machen. Wenn ein solcher Hinweis aber fehlt, ist die Eintragung trotzdem nicht schon deshalb ungültig. Die Zwangshypothek unterscheidet sich von einer vertraglichen Sicherungshypothek. Denn die Zwangshypothek haftet ohne weiteres für die Kosten der Zwangsvollstreckung mit, § 788, und sie wird auch anders übertragen, § 868. § 1115 BGB ist zu beachten. Zinsen sind als Nebenleistungen anzugeben. Der Antragsteller darf auf den Schuldtitel Bezug nehmen. Der Rang richtet sich nach dem Zeitpunkt des Eingangs des Antrags beim Grundbuchamt. Erst die Eintragung begründet aber das Recht am Grundstück. Der Antrag gibt kein Recht auf die Eintragung für den Fall einer späteren Verfügungsbeschränkung. § 878 BGB betrifft nur rechtsgeschäftliche Eintragungen, aM Wacke ZZP **82**, 395.

Die Eintragung einer Vormerkung ist nicht statthaft. Denn der Gläubiger hat keinen privatrechtlichen Anspruch auf die Einräumung einer Vormerkung. Soweit im Verwaltungszwangsverfahren ein Antrag oder ein Ersuchen der Behörde an die Stelle des Schuldtitels tritt, darf das Grundbuchamt nicht prüfen, ob der Schuldner auch sachlichrechtlich zu der Leistung verpflichtet ist, BayObLG Rpfleger **82**, 99 mwN. Eine Genehmigung nach § 51 I Z 1 BBauG ist nicht erforderlich, AG Eschweiler Rpfleger **78**, 187.

D. Verfahren des Grundbuchamts. Das Grundbuchamt hat die Amtspflicht, bei einer Auflage oder im Fall einer Zurückverweisung sämtliche Beanstandungsgründe zu bezeichnen, soweit diese Beanstandungen zu beheben sind. Auf diese Weise soll die Gefahr einer nochmaligen Ablehnung aus anderen Gründen ausscheiden. Eine Zwischenverfügung nach § 18 I GBO ist dann unzulässig, wenn wesentliche Voraussetzungen der Zwangsvollstreckung fehlen. Andernfalls würde man dem Gläubiger einen Rang vorbehalten, der ihm objektiv nicht zukommt; die Zwangsvollstreckung würde infolgedessen vorzeitig beginnen können. Demgegenüber behält der Gläubiger im Fall einer fehlerhaften Eintragung seinen Rang, Anm 2 B. Der Zufall läßt sich ja nicht ausschalten, und wenn der Brief des früher beantragenden Gläubigers verlorengeht, dann kommt ihm auch ein anderer zuvor.

2) Zwangshypothek, I. A. Allgemeines. Die Zwangshypothek entsteht mit ihrer Eintragung, BayObLG Rpfleger **80**, 294, als eine Buchhypothek. Das Grundbuchamt darf dem Gläubiger keinen Hypothekenbrief erteilen. Der Gläubiger kann sich nicht zum Beweis seiner Forderung auf die Eintragung berufen. Der Eigentümer hat alle sachlichrechtlichen Einwendungen gegen die Forderung, auch wenn der Eigentümer das Grundstück erst später erworben hat. Der Eigentümer ist bei diesen Möglichkeiten durch die Rechtskraftwirkung des Titels und durch § 767 beschränkt. Die bloße Eintragung im Grundbuch bringt kein Recht zum Entstehen, auch nicht bei einer Zwangshypothek. In einem solchen Fall wird aber das Grundbuchamt auch als ein Vollstreckungsorgan tätig, Anm 1 A a.

Deshalb liegt bei einem prozessualen Mangel, etwa beim Fehlen der Voraussetzungen der Zwangsvollstreckung, keine Nichtigkeit vor. Es entsteht vielmehr ein auflösend bedingtes Recht, abw zB Ffm DGVZ **81**, 85 mwN (eine unter Verletzung vollstreckungsrechtlicher Vorschriften über den Beginn der Zwangsvollstreckung eingetragene Zwangshypothek gelange nicht zur Entstehung, so daß mit der Eintragung das Grundbuch unrichtig werde). Dieses Recht wahrt dann den Rang, wenn die Bedingung nicht eintritt, nämlich wenn die Eintragung nicht auf Grund eines Rechtsbehelfs aufgehoben wird, Grdz 8 C b vor § 704. Im Fall eines behebbaren Mangels ist eine Heilung für die Zukunft möglich, s aber § 879 II BGB, den Hagemann Rpfleger **82**, 169 für entsprechend anwendbar hält. Wenn sich die „Nichtigkeit der Eintragung" aus der Eintragung selbst ergibt, wie im Fall einer Verletzung des II, wollen BayObLG Rpfleger **76**, 67 mwN, Ffm MDR **56**, 111 löschen, aM zB BayObLG Rpfleger **76**, 68, LG Saarbr Rpfleger **75**, 329 mwN, Furtner MDR **64**, 460. Wenn ein grundbuchmäßiger Mangel vorliegt, entsteht kein Recht.

B. Wirkung. Die Zwangshypothek steht rechtlich im wesentlichen (vgl aber Anm 1) einer vertraglich bestellten Sicherungshypothek gleich, Hamm Rpfleger **73**, 440. Sie gewährt dem Gläubiger nur die Erhaltung des Rechts und keine Befriedigung. Deshalb beendet die Zwangshypothek die Zwangsvollstreckung nicht, Grdz 7 B vor § 704, aM Stgt Rpfleger **81**, 158. Deshalb bleiben auch die Möglichkeiten einer Widerspruchsklage nach § 771 oder einer Vollstreckungsabwehrklage nach § 767 sogar noch nach dem Zeitpunkt der Eintragung erhalten. Die Zwangshypothek wird mit dem Rang vor einer bereits bestehenden Hypothek eingetragen, falls deren Inhaber zustimmen. Eine Einwilligung des Schuldners ist unerheblich. Andernfalls erhält die Zwangshypothek den Rang der nächstbereiten Stelle. Der Gläubiger kann einen Rangvorbehalt, der dem Schuldner zusteht, nicht ohne Zustimmung der Inhaber der belasteten Rechte ausnutzen, BGH **12**, 238.

Eine vertragliche Sicherstellung beschränkt das Recht des Gläubigers auf die Durchführung der Zwangsvollstreckung nicht. Der Gläubiger darf die Zwangshypothek auch dann eintragen lassen, wenn er wegen derselben Forderung an einem anderen Grundstück des Schuldners bereits eine Vertragshypothek erhalten hat. In einem solchen Fall entsteht keine Gesamthypothek.

C. Kosten der Eintragung. Das Grundstück haftet für die Eintragungskosten ohne weiteres. Deshalb können diese Eintragungskosten nicht eingetragen werden, unabhängig davon, ob es sich um Partei-, Gerichts- oder Anwaltskosten handelt. Die Kosten sind bei der Zwangsverwaltung oder bei der Zwangsversteigerung zu berechnen und zu berücksichtigen. Die Kosten des Prozesses oder die Kosten einer früheren ergebnislosen Zwangsvollstreckung sind eintragungsfähig. Die Kosten einer früheren Vollstreckung brauchen nicht gerichtlich festgesetzt zu werden. Vielmehr muß sie das Grundbuchamt als Vollstreckungsorgan auf ihre Entstehung und auf ihre Notwendigkeit überprüfen. Der Gläubiger muß sie in öffentlich beglaubigter Form nach § 29 GBO nachweisen, zB Löscher Rpfleger **60**, 357, offen LG Regensb Rpfleger **79**, 147 je mwN, aM zB LG Mosbach NJW **54**, 1940, StJ VI 2 (es müsse eine Festsetzung nach § 103 erfolgen. Jedenfalls bindet eine solche Feststellung das Grundbuchamt).

3) Mehrheit von Grundstücken, II. A. Forderungsverteilung. Wenn der Gläubiger mehrere Grundstücke des Schuldners mit der Zwangshypothek belasten will, dann muß er die Forderung auf diese mehreren Grundstücke verteilen. Er darf die Größe der Teile frei bestimmen. Eine Gesamthypothek ist aber unzulässig. Zum Begriff des Grundstücks § 864 Anm 1. Die Verteilung bedarf keiner Form. Wenn der Gläubiger keine Verteilung vorgenommen hat, dann muß das Grundbuchamt den Eintragungsantrag grundsätzlich sofort zurückweisen, LG Mannh Rpfleger **81**, 406. Denn eine Verteilung der Forderung ist als eine Voraussetzung für den Beginn der Zwangsvollstreckung ein notwendiger Bestandteil des Antrags. Das Grundbuchamt darf auch keine Zwischenverfügung nach § 18 I 1 GBO zur Rangsicherung erlassen. Denn eine Zwangsvollstreckung ist ja überhaupt noch nicht zulässig, BGH **27**, 313, Meyer-Stolte Rpfleger **83**, 102 mwN.

Das Grundbuchamt kann dem Antragsteller vor einer Zurückweisung des Antrags lediglich durch einen Hinweis die Gelegenheit zur Verteilung geben. Es muß den Antrag spätestens dann zurückweisen, wenn ein weiterer Antrag beim Grundbuchamt eingeht. Die Mindestsumme, § 866 III, ist bei der Verteilung nicht maßgebend. Der Gläubiger darf die Zinsen einem der Grundstücke zuteilen.

B. Wirkung. Durch die Verteilung der Forderung entstehen entsprechend dem Verteilungsschlüssel des Gläubigers auf den einzelnen Grundstücken Einzelsicherungshypotheken. Eine Gesamthypothek wäre grundbuchrechtlich zulässig. Sie ist aber durch II verboten. Deshalb muß eine Gesamthypothek, die etwa doch eingetragen wurde, auf Grund einer Beschwerde in Einzelhypotheken mit dem Rang der Gesamthypothek zerlegt werden. Wenn das Grundbuchamt unzulässigerweise gleichzeitig auf mehreren Grundstücken desselben Schuldners eine Zwangshypothek eingetragen hat, dann ist diese Zwangshypothek inhaltlich unzulässig, Stgt NJW **71**, 898. Eine nicht gleichzeitige Eintragung läßt die zuerst erfolgte wirksam, vgl Stgt NJW **71**, 899, LG Mannh Rpfleger **81**, 406.

Wenn mehrere gesamtschuldnerisch haften, dann darf der Gläubiger die Einzelgrundstücke sämtlicher Schuldner mit der ganzen Forderung belasten. Wenn einer der Schuldner mehrere Grundstücke besitzt, muß der Gläubiger die Forderung auf diese Grundstücke verteilen. Wenn der Gläubiger mehrere Grundstücke des Schuldners hintereinander belastet, dann muß das Grundbuchamt die Eintragung ablehnen, sofern die volle Forderung bereits auf einem anderen Grundstück eingetragen steht und sofern nicht der Gläubiger auf einen Teil der früheren Zwangshypothek verzichtet. Die Eintragung einer bedingten Sicherungshypothek, die gegen einen Ausfall einer Zwangshypothek auf einem anderen Grundstück sichern soll (Ausfallhypothek), kann zwar freiwillig bestellt werden; der Gläubiger hat aber keinen derartigen Anspruch, Stgt NJW **71**, 898.

4) Rechtsbehelfe. Manche meinen, es ergingen keine Entscheidungen des Grundbuchamts im Zwangsvollstreckungsverfahren. Sie unterlägen daher der einfachen Beschwerde nach § 71 GBO, BayObLG Rpfleger **76**, 67, LG Essen Rpfleger **75**, 315 je mwN. Diese Ansicht trägt aber der Doppelnatur der Eintragung, Anm 1 A, keine Rechnung. Das Grundbuchamt handelt nämlich sowohl als ein Vollstreckungsorgan als auch als ein Organ der freiwilligen Gerichtsbarkeit. Das Verfahren hat entgegen BayObLG Rpfleger **76**, 67 seine Grundlage in der ZPO.

Deshalb ist sowohl eine sofortige Beschwerde nach § 793 als auch eine einfache Beschwerde nach der GBO zulässig. Wenn beide Rechtsbehelfe zusammentreffen, wie etwa nach einer angeblich zu Unrecht vorgenommenen Eintragung, dann ist die grundbuchmäßige Beschwerde (mit dem Weisungsrecht nach § 71 II GBO) als der umfassendere Rechtsbehelf zulässig, insofern richtig BayObLG Rpfleger **76**, 67, vgl aber auch BGH **64**, 195. Demgemäß sind gegenüber einer Eintragung folgende Rechtsbehelfe statthaft: **a)** der sachlichrechtliche Widerspruch. Das Grundbuchamt kann ihn nach § 53 GBO auch von Amts wegen eintragen; **b)** eine einfache Beschwerde mit dem Antrag, das Grundbuchamt zu einer Löschung oder zur Eintragung eines Widerspruchs anzuweisen, § 71 II GBO. Eine einfache Beschwerde aus § 567 ist ebenso unzulässig wie eine Erinnerung nach § 766. Das Grundbuchamt darf eine Löschung nicht von Amts wegen, sondern nur auf Grund eines Amtswiderspruchs vornehmen, Köln OLGZ **67**, 499.

5) VwGO: Vgl Üb 3 § 864.

868 *Erwerb der Zwangshypothek durch den Eigentümer.* **I** Wird durch eine vollstreckbare Entscheidung die zu vollstreckende Entscheidung oder ihre vorläufige Vollstreckbarkeit aufgehoben oder die Zwangsvollstreckung für unzulässig erklärt oder deren Einstellung angeordnet, so erwirbt der Eigentümer des Grundstücks die Hypothek.

II Das gleiche gilt, wenn durch eine gerichtliche Entscheidung die einstweilige Einstellung der Vollstreckung und zugleich die Aufhebung der erfolgten Vollstreckungsmaßregeln angeordnet wird oder wenn die zur Abwendung der Vollstreckung nachgelassene Sicherheitsleistung oder Hinterlegung erfolgt.

1) Allgemeines. A. Voraussetzungen. Die Zwangshypothek hängt in ihrem Bestand von dem Vollstreckungstitel ab. Sie geht kraft Gesetzes auf den Eigentümer über, wenn folgende Voraussetzungen vorliegen:
a) Aufhebung des Titels usw. Der Vollstreckungstitel oder dessen vorläufige Vollstreckbarkeit müssen durch ein rechtskräftiges oder seinerseits vorläufig vollstreckbares Urteil aufgehoben werden, BGH MDR **71**, 378; im Fall eines Vollstreckungstitels nach § 794 I Z 3 muß ein entsprechender Beschluß ergehen. Es ist nicht erforderlich, den Vollstreckungstitel vorzulegen.
b) Unzulässigkeit der Zwangsvollstreckung. Die Zwangsvollstreckung muß für unzulässig erklärt werden, oder wird endgültig eingestellt §§ 732, 767ff, 771 ff (nicht § 766).
c) Einstellung der Zwangsvollstreckung. Die Zwangsvollstreckung muß eingestellt, gleichzeitig müssen die bereits getroffenen Vollstreckungsmaßnahmen aufgehoben werden.
d) Sicherheitsleistung. Eine nach § 711 erlaubte Sicherheit oder Hinterlegung muß geleistet werden. Wenn der Schuldner die Bank wählen darf, bei der er zu hinterlegen hat, und wenn er seine Wahl nicht bis zum Zeitpunkt der Anordnung der Eintragung getroffen hat, dann üben im Fall der Zwangsversteigerung der Schuldner oder der Gläubiger das Wahlrecht aus.
B. Unanwendbarkeit. § 868 ist unanwendbar, wenn die Zwangshypothek von vornherein ganz unwirksam ist oder wenn sie von Anfang an in Wahrheit dem Eigentümer zusteht, weil nämlich die Forderung nicht mehr bestand, § 1163 I BGB. Ferner erwirbt der Eigentümer die Hypothek nach dem sachlichen Recht, wenn die Forderung erlischt, BGH **LM** Nr 2, also insbesondere dann, wenn der Gläubiger außerhalb der Liegenschaftszwangsvollstreckung befriedigt wird, § 1163 BGB, oder wenn der Gläubiger auf die Forderung verzichtet, § 1168 BGB. Im Fall einer Zwangshypothek auf Grund eines Kostenfestsetzungsbeschlusses geht die Hypothek mit der Aufhebung des Haupttitels auf den Eigentümer über.

2) Übergang auf den Eigentümer. Derjenige erwirbt, der im Zeitpunkt des Eintritts der Voraussetzungen der Eigentümer ist, auch wenn er nicht der Schuldner ist. Der Übergang macht die Zwangshypothek zu einer Eigentümergrundschuld. Wenn der Vollstreckungstitel wiederhergestellt wird, lebt die Zwangshypothek nicht wieder von sich aus auf, Ffm Rpfleger **81**, 119. Der Gläubiger muß dann eine Zwangsvollstreckung in die Eigentümergrundschuld vornehmen. Gegenüber dem Erwerber besteht kein Bereicherungsanspruch, BGH **LM** Nr 2. Wenn die Eigentümergrundschuld dem Vollstreckungsschuldner dann nicht mehr gehört, geht der Gläubiger leer aus. Die Umschreibung erfolgt nach dem Grundbuchrecht. Der Eigentümer trägt die Kosten der Umschreibung, ohne insofern beim Gläubiger einen Rückgriff nehmen zu können.

3) *VwGO*: Vgl Üb 3 § 864.

869 *Zwangsversteigerung und Zwangsverwaltung.* Die Zwangsversteigerung und die Zwangsverwaltung werden durch ein besonderes Gesetz geregelt.

Schrifttum: Beisswenger, Möglichkeiten zum Betrieb eines Gewerbes auf einem unter Zwangsverwaltung stehenden Grundstück, Diss Freibg 1959.

1) Geltungsbereich. Das ZVG ist als ein Teil der ZPO anzusehen, Ffm Rpfleger **77**, 66 und Rpfleger **83**, 36. Deshalb gelten vor allem die allgemeinen Vorschriften über die Zwangsvollstreckung auch in einem Verfahren nach dem ZVG, Ffm Rpfleger **83**, 36.

2) *VwGO*: Vgl Üb 3 § 864.

870 *Zwangsvollstreckung in ein Liegenschaftsrecht.* Auf die Zwangsvollstreckung in eine Berechtigung, für welche die sich auf Grundstücke beziehenden Vorschriften gelten, sind die Vorschriften über die Zwangsvollstreckung in Grundstücke entsprechend anzuwenden.

1) Geltungsbereich. Zum Begriff der grundstücksähnlichen Berechtigung vgl § 864 Anm 1 C. Bei ihr sind grundsätzlich sämtliche Arten der Zwangsvollstreckung zulässig. Es bestehen aber mehrere Sondervorschriften.

2) *VwGO*: Vgl Üb 3 § 864.

3. Titel. Verteilungsverfahren §§ 870, 871, Übers § 872

870a *Zwangsvollstreckung in ein Schiff.* ¹ Die Zwangsvollstreckung in ein eingetragenes Schiff oder in ein Schiffsbauwerk, das im Schiffsbauregister eingetragen ist oder in dieses Register eingetragen werden kann, erfolgt durch Eintragung einer Schiffshypothek für die Forderung oder durch Zwangsversteigerung.

ᴵᴵ § 866 Abs. 2, 3, § 867 gelten entsprechend.

ᴵᴵᴵ Wird durch eine vollstreckbare Entscheidung die zu vollstreckende Entscheidung oder ihre vorläufige Vollstreckbarkeit aufgehoben oder die Zwangsvollstreckung für unzulässig erklärt oder deren Einstellung angeordnet, so erlischt die Schiffshypothek; § 57 Abs. 3 des Gesetzes über Rechte an eingetragenen Schiffen und Schiffsbauwerken vom 15. November 1940 (Reichsgesetzbl. I S. 1499) ist anzuwenden. Das gleiche gilt, wenn durch eine gerichtliche Entscheidung die einstweilige Einstellung der Zwangsvollstreckung und zugleich die Aufhebung der erfolgten Vollstreckungsmaßregeln angeordnet wird oder wenn die zur Abwendung der Vollstreckung nachgelassene Sicherheitsleistung oder Hinterlegung erfolgt.

1) Allgemeines. Die Bewachung und die Verwahrung eines Schiffs nach § 165 ZVG sind nur eine Sicherungsmaßnahme und keine Zwangsverwaltung. Die Zwangsvollstreckung in ein eingetragenes Schiff oder in ein eingetragenes oder eintragungsfähiges Schiffsbauwerk, § 66 SchiffsregisterO idF v 26. 5. 51, BGBl 366, geschieht nur: **a)** entweder durch die Eintragung einer Schiffshypothek; **b)** oder durch eine Zwangsversteigerung nach dem ZVG. Eine Zwangsverwaltung ist unzulässig. Die Zwangsschiffshypothek ist ganz so wie eine Zwangshypothek zu behandeln, II. § 868 ist aber unanwendbar. Der dem § 868 nachgebildete § 870a III läßt im Fall des § 868 keine Eigentümerschiffshypothek entstehen, sondern die Schiffshypothek erlöschen. Sie ist im Schiffsregister zu löschen. Dem Eigentümer steht das Recht aus § 57 III SchiffsG zu, bis zur Löschung eine entsprechende neue Schiffshypothek zu bestellen.

Über eine Zwangsvollstreckung in ein Schiff während der Reise vgl § 482 HGB. Wegen des Arrestes in ein Seeschiff Grdz 1 vor § 916, § 931 Anm 1; wegen des Verteilungsverfahrens Üb 1 vor § 872. § 870a gilt bis auf III 1 Hs 2 sinngemäß auch für ein Luftfahrzeug, das in der Luftfahrzeugrolle eingetragen worden ist, § 99 I LuftfzRG. Wenn noch ein Vollstreckungstitel fehlt, vgl § 938 Anm 2.

Gebühren: Des RA §§ 57, 58 III Z 6 BRAGO.

2) VwGO: Vgl Üb 3 § 864.

871 *Vorbehalt für Landesgesetzgebung.* Unberührt bleiben die landesgesetzlichen Vorschriften, nach denen, wenn ein anderer als der Eigentümer einer Eisenbahn oder Kleinbahn den Betrieb der Bahn kraft eigenen Nutzungsrechts ausübt, das Nutzungsrecht und gewisse dem Betriebe gewidmete Gegenstände in Ansehung der Zwangsvollstreckung zum unbeweglichen Vermögen gehören und die Zwangsvollstreckung abweichend von den Vorschriften des Bundesrechts geregelt ist.

1) Allgemeines. Über die landesgesetzlichen Vorschriften vgl Art 112 EG BGB. Vgl ferner für das frühere preußische Gebiet das G über Bahneinheiten v 7. 8. 02 und das G v 26. 9. 34, RGBl II 811, nebst Änderungen, BGBl **51**, 225, ferner § 3 des G v 7. 3. 34, RGBl II 91.

2) VwGO: Vgl Üb 3 § 864.

Dritter Titel
Verteilungsverfahren

Übersicht

Schrifttum: Lindner, Das Verteilungsverfahren nach der Zivilprozeßordnung unter besonderer Berücksichtigung der Widerspruchsklage, Diss Erlangen 1960.

1) Allgemeines. Vor dem zuständigen Amtsgericht als dem Verteilungsgericht findet ein Verteilungsverfahren statt, wenn bei einer Zwangsvollstreckung ein Geldbetrag hinterlegt worden ist, der nicht zur Befriedigung aller beteiligten Gläubiger ausreicht. Das gilt auch im Fall einer Liegenschaftszwangsvollstreckung, § 115 ZVG. Dann gelten freilich Abweichungen, namentlich für den Teilungsplan. Das Verfahren findet nur dann statt, wenn und soweit sich die Gläubiger nicht untereinander verständigen. Das Verfahren unterliegt dem Amtsbetrieb. Es ist trotz des Grundsatzes notwendig, einen Pfändungspfandgläubiger nach dem Zeitvorrang zu befriedigen. Denn man kann die Übernahme der Gefahr einer unrichtigen Verteilung weder dem Gerichtsvollzieher noch dem Drittschuldner zumuten. Der Anspruch des Gläubigers an die Verteilungsmasse ist nur zusammen mit seiner Forderung pfändbar und überweisbar.

Haftungsbeschränkungen des Reeders usw, §§ 486 ff HGB idF G v 21. 6. 72, BGBl 966, iVm der Bek v 21. 3. 73, BGBl 266, führen zu einem Verteilungsverfahren nach der Seerechtlichen Verteilungsordnung v 21. 6. 72, BGBl 953, iVm der Bek v 21. 3. 73, BGBl 267, dazu Herber VersR 73, 985. Nach § 3 Seerechtl VertO ist auf dieses Verfahren die ZPO hilfsweise entspr anwendbar.

Gebühren: Des Gerichts KV 1164 (5/10, im Falle der Erledigung vor einem Termin 3/10); des RA § 60 BRAGO.

2) *VwGO:* Ein Verteilungsverfahren nach dem 3. Titel findet bei Vollstreckung wegen Geldforderungen, Grdz 4 § 803, statt, wenn **a)** ZPO entspr anzuwenden ist oder **b)** in den Fällen des § 169 I VwGO über § 5 VwVG die Regeln des § 308 IV und V AO 1977 gelten, die für die Verteilung selbst wieder auf §§ 873–882 verweisen.

872 Voraussetzungen.
Das Verteilungsverfahren tritt ein, wenn bei der Zwangsvollstreckung in das bewegliche Vermögen ein Geldbetrag hinterlegt ist, der zur Befriedigung der beteiligten Gläubiger nicht hinreicht.

SeeVertO vom 21. 6. 72, BGBl 953: § 2 [I] Betrifft das Verteilungsverfahren ein Schiff, das in einem Schiffsregister im Geltungsbereich dieses Gesetzes eingetragen ist, so ist das Amtsgericht ausschließlich zuständig, bei dem das Schiffsregister geführt wird.

[II] Betrifft das Verteilungsverfahren ein Schiff, das nicht in einem Schiffsregister im Geltungsbereich dieses Gesetzes eingetragen ist, so ist das Amtsgericht ausschließlich zuständig, in dessen Bezirk der Antragsteller seine gewerbliche Niederlassung oder in Ermangelung einer solchen seinen gewöhnlichen Aufenthalt hat. Hat der Antragsteller weder eine gewerbliche Niederlassung noch einen gewöhnlichen Aufenthalt im Geltungsbereich dieses Gesetzes, so ist das Amtsgericht ausschließlich zuständig, in dessen Bezirk ein Gericht seinen Sitz hat, das im ersten Rechtszug für eine Klage gegen den Antragsteller wegen eines Anspruchs, für den dieser seine Haftung beschränken kann, zuständig ist, oder in dessen Bezirk die Zwangsvollstreckung gegen den Antragsteller wegen eines solchen Anspruchs betrieben wird. Sind mehrere Gerichte zuständig, so schließt das Gericht, bei welchem zuerst die Eröffnung des Verfahrens beantragt worden ist, die übrigen aus.

[III] Die Landesregierungen werden ermächtigt, durch Rechtsverordnung die Verteilungsverfahren für die Bezirke mehrerer Amtsgerichte einem von ihnen zuzuweisen, sofern die Zusammenfassung für eine sachdienliche Förderung oder schnellere Erledigung der Verfahren zweckmäßig ist. Die Landesregierungen können die Ermächtigung auf die Landesjustizverwaltungen übertragen.

[IV] Die Länder können vereinbaren, daß die Verteilungsverfahren eines Landes den Gerichten eines anderen Landes zugewiesen werden.

Das Amtsgericht Hamburg ist als zuständig vereinbart, Abk v 3. 11. 72, SaBl **73**, 697, in Kraft für

Baden-Württemberg: G v 22. 5. 73, GBl 136;
Bayern: Bek v 17. 7. 73, GVBl 448;
Berlin: G v 30. 3. 73, GVBl 566;
Bremen: G v 15. 5. 73, GVBl 105;
Hamburg: Bek v 10. 7. 73, GVBl 280;
Hessen: G v 4. 4. 73, GVBl 123;
Niedersachsen: G v 29. 5. 73, GVBl 177;
Nordrhein-Westfalen: G v 12. 6. 73, GV 350;
Rheinland-Pfalz: G v 30. 5. 73, GVBl 115, Bek v 24. 8. 73, GVBl 260;
Saarland: G v 21. 3. 73, ABl 265;
Schleswig-Holstein: G v 16. 4. 73, GVBl 140.

3. Titel. Verteilungsverfahren § 872 1–3

§ 3 ¹ Auf das Verteilungsverfahren finden, soweit dieses Gesetz nichts anderes bstimmt, die Vorschriften der Zivilprozeßordnung entsprechende Anwendung. Die Entscheidungen können ohne mündliche Verhandlung ergehen. Die Zustellungen erfolgen von Amts wegen.

II Gegen die Entscheidungen im Verteilungsverfahren findet die sofortige Beschwerde statt, soweit nicht in §§ 12, 33 etwas anderes bestimmt ist. Die Frist zur Einlegung der sofortigen Beschwerde beträgt einen Monat.

1) Voraussetzungen. A. Allgemeines. Es muß sich um eine Zwangsvollstreckung in Fahrnis handeln. Eine Arrestvollziehung genügt. Eine Überweisung ist nicht notwendig. Ferner ist folgendes erforderlich:

B. Hinterlegung. Es muß eine Hinterlegung nach §§ 827, 853, 854 stattgefunden haben, also auf Grund einer Zwangsvollstreckung, LG Bln Rpfleger **81**, 453, auch auf Grund einer Arrestvollziehung. Fälle: **a)** Der Gerichtsvollzieher hinterlegt den Erlös im Fall einer mehrfachen Pfändung oder einer Mehrpfändung einer beweglichen körperlichen Sache; **b)** der Gerichtsvollzieher hinterlegt den Erlös im Fall einer mehrfachen Pfändung des Anspruchs auf die Herausgabe einer beweglichen körperlichen Sache; **c)** der Drittschuldner hinterlegt im Fall einer mehrfachen Pfändung einer Geldforderung; **d)** es findet eine Hinterlegung nach § 858 V bei der Schiffspart statt.

Der Gläubiger kann die Hinterlegung beim Gerichtsvollzieher und beim Drittschuldner erzwingen, §§ 766, 856. Es genügt auch, daß die Hinterlegung ursprünglich nach §§ 769, 805 IV erfolgt war, wenn hinterher ein Grund zur Hinterlegung nach a–d eingetreten ist. Eine Hinterlegung nach dem sachlichen Recht genügt in diesem Fall nicht, und zwar auch dann nicht, wenn ein Pfändungspfandrecht und ein Abtretungsrecht zusammentreffen, Hornung Rpfleger **75**, 239 mwN. Ein Gläubiger mit einem gesetzlichen oder vertragsmäßigen Pfandrecht nimmt am Verteilungsverfahren nicht teil. Wenn die Pfändung der Finanzbehörde mit einer anderen Pfändung zusammentrifft, gelten §§ 873 ff, § 360 IV AO 1977.

C. Mehrheit von Pfändungspfandgläubigern. Ferner muß eine Mehrheit von Pfändungspfandgläubigern vorliegen, anders als bei der Liegenschaftszwangsvollstreckung, § 9 ZVG. Wenn sich eine Anschlußpfändung nur auf einen Teil der Erstpfändung erstreckte, dann findet das Verteilungsverfahren nur insoweit statt, als sich die Pfändungen decken. Ein Pfand- und ein Vorzugsberechtigter nach § 805, oder ein Dritter im Besitz eines Rechts, das die Veräußerung hindert, müssen nach §§ 805, 771 klagen; sie gehören nicht in das Verteilungsverfahren. Das gilt zB für den Abtretungsnehmer des Schuldners.

D. Unzulänglichkeit des Betrags. Schließlich muß der hinterlegte Betrag unzulänglich sein. Es müssen also nicht alle Gläubiger aus ihm befriedigt werden können. Dieses Erfordernis kann im Fall des § 853 fehlen. Denn der Drittschuldner darf auch dann hinterlegen, wenn der Betrag zur Befriedigung aller Gläubiger ausreicht. Dann wird die Verteilung aber ohne ein Verteilungsverfahren vorgenommen, Anm 2. Das Verteilungsverfahren bei der Liegenschaftszwangsvollstreckung findet nach jeder Versteigerung statt und erfaßt alle Gläubiger. Die „Anordnung" des Verfahrens ist nur eine Äußerung des AG darüber, ob die Voraussetzungen des Verteilungsverfahrens vorliegen. Die Anordnung ist also nur die Einleitung des Verfahrens. Sie hat rechtlich keine besondere Bedeutung.

2) Verfahren. Wenn eine der in Anm 1 A–D genannten Voraussetzungen fehlt, dann kann kein Verteilungsverfahren stattfinden. Erst wenn sämtliche Voraussetzungen vorliegen, tritt das Verteilungsverfahren kraft Gesetzes ein. Seine Bestimmungen sind dann auch allein für die Entscheidung über den Rang maßgeblich, §§ 878 ff. Daher wären eine anderweitig erhobene Klage und eine daraufhin ergangene Entscheidung unerheblich, LG Kblz MDR **83**, 676. Das Verfahren wahrt nur die Belange der an ihm beteiligten Gläubiger. Deshalb erübrigt sich das Verteilungsverfahren dann, wenn sich alle beteiligten Gläubiger einigen. Wenn sich herausstellt, daß die Masse zur Befriedigung sämtlicher beteiligten Gläubiger ausreicht, dann befriedigt das AG die Gläubiger außerhalb des Verteilungsverfahrens. Das Verteilungsverfahren braucht dann nicht eingestellt zu werden.

3) Rechtsbehelfe. Wenn der Rpfl die Anordnung des Verteilungsverfahrens abgelehnt hat, dann kann der Gläubiger die Erinnerung einlegen, § 873 Anm 3, Ffm Rpfleger **77**, 184 mwN, vgl § 829 Anm 9 A. Wenn der Richter entschieden hat, kann der Gläubiger die sofortige Beschwerde nach § 793 einlegen. Der hinterlegende Dritte ist befreit und deshalb nicht beschwert, es sei denn, daß das Vollstreckungsgericht sich weigert, die Anzeige entgegenzunehmen, insofern abw Ffm Rpfleger 77, 184. Gegen die Anordnung des Verteilungsverfahrens ist kein Rechtsbehelf statthaft; s aber § 873 Anm 3.

4) VwGO: *Vgl Üb 2 § 872.*

873 *Verteilungsgericht.* **Das zuständige Amtsgericht (§§ 827, 853, 854) hat nach Eingang der Anzeige über die Sachlage an jeden der beteiligten Gläubiger die Aufforderung zu erlassen, binnen zwei Wochen eine Berechnung der Forderung an Kapital, Zinsen, Kosten und sonstigen Nebenforderungen einzureichen.**

1) Zuständigkeit. Für das Verteilungsverfahren ist dasjenige AG zuständig, das für die Anzeige nach §§ 827, 853, 854 zuständig ist. Ferner ist dasjenige AG zuständig, das sich aus § 858 II ergibt. Das Vollstreckungsgericht entscheidet durch den Rpfl, § 20 Z 17 RPflG, Anh § 153 GVG, vgl im übrigen § 872 Anm 3. Die Zuständigkeit für die Pfändung ist in diesem Zusammenhang unbeachtlich. Das Gericht ist als Vollstreckungsgericht tätig und bleibt auch nach dem Wegfall der Erstpfändung Vollstreckungsgericht. Der Anzeige muß die Hinterlegungsurkunde beiliegen.

2) Aufforderung. Sofort nach dem Eingang der Anzeige erläßt das Gericht von Amts wegen die Aufforderung an alle beteiligten Gläubiger, § 872 Anm 1 C, binnen 2 Wochen eine Berechnung ihrer Forderungen nach deren Kapital, Zinsen und Kosten einzureichen. Sie leitet das Verteilungsverfahren ein. Das Verfahren ist von dieser Einleitung an ein Amtsverfahren. Daher ist das Verfahren der Parteiherrschaft entzogen. Der Gläubiger kann seinen Rang noch im Verteilungstermin darlegen. Das Gericht muß aber auch von Amts wegen prüfen und beachten. Die Zweiwochenfrist ist eine gesetzliche Frist. Sie wird nach § 222 berechnet. Sie kann weder verlängert noch abgekürzt werden, § 224. Gegen ihre Versäumung ist keine Wiedereinsetzung in den vorigen Stand zulässig.

Die Berechnung der Forderungen läßt sich bis zum Erlaß des Teilungsplans nachholen, § 874 III. Die Berechnung muß schriftlich oder zum Protokoll der Geschäftsstelle erfolgen. Sie muß alle notwendigen Angaben enthalten. Der Gläubiger muß die etwa erforderlichen Unterlagen beifügen.

3) Rechtsbehelf. Jeder Beteiligte kann gegen die Aufforderung des Gerichts die Erinnerung nach § 766 einlegen.

4) VwGO: *Vgl Üb 2 § 872. Zuständig ist das AG, nicht etwa das Vollstreckungsgericht, da das AG auch nach § 5 VwGO, § 308 IV AO 1977 zu entscheiden hat; s auch § 853 Anm 3.*

874 *Teilungsplan.* **I Nach Ablauf der zweiwöchigen Fristen wird von dem Gericht ein Teilungsplan angefertigt.**

II Der Betrag der Kosten des Verfahrens ist von dem Bestand der Masse vorweg in Abzug zu bringen.

III Die Forderung eines Gläubigers, der bis zur Anfertigung des Teilungsplanes der an ihn gerichteten Aufforderung nicht nachgekommen ist, wird nach der Anzeige und deren Unterlagen berechnet. Eine nachträgliche Ergänzung der Forderung findet nicht statt.

1) Teilungsplan, I. A. Allgemeines. Nach dem Ablauf der Zweiwochenfrist des § 873 fertigt das Gericht von Amts wegen ohne eine mündliche Verhandlung einen Teilungsplan an. Grundlage des Teilungsplans sind die Pfändungs- und Hinterlegungsprotokolle und die Rechnungen der einzelnen Gläubiger sowie andere eingereichte Unterlagen. Das Gericht beschafft nichts von Amts wegen. Es stellt auch dann einen Teilungsplan auf, wenn die ganze Masse dem ersten Gläubiger zufließt. Denn es können ja Änderungen eintreten. Das Gericht prüft zwar nicht die sachliche Berechtigung nach, wohl aber die Wirksamkeit des Pfandrechts. Für den Rang entscheidet der Zeitvorrang, soweit nicht ein Vorzugsrecht besteht, § 805 Anm 4.

B. Inhalt des Teilungsplans. Der Teilungsplan muß diejenige Masse bezeichnen, die nach dem Abzug der Kosten verbleibt. Er muß ferner die Forderung eines jeden Gläubigers und den auf jeden Gläubiger entfallenden Betrag aufweisen. Der Rpfl kann einen Rechnungsbeamten als Rechnungssachverständigen hinzuziehen, etwa einen Urkundsbeamten der Geschäftsstelle. Eine Arrestforderung ist vorläufig in den Teilungsplan aufzunehmen. Der auf diese Arrestforderung entfallende Betrag muß hinterlegt werden.

3. Titel. Verteilungsverfahren §§ 874–876 1

Es empfiehlt sich, für den Fall des Wegfalls einer Arrestforderung einen Hilfsplan aufzustellen. Wenn der Arrest aufgehoben worden ist oder wenn die Zwangsvollstreckung aus ihm dauernd eingestellt wurde, dann ist die Pfändung unbeachtlich, und zwar unabhängig davon, wer den Beschluß vorgelegt hat. Im Fall eines fortlaufenden Bezugs ist der Teilungsplan vorbehaltlich späterer Änderungen, § 832, aufzustellen. Das Gericht muß dann über die Zahlungsart entscheiden.

2) Kosten, II. Abzuziehen sind folgende Kosten:

A. Gemeinsame Kosten. Abzuziehen sind die gemeinsamen Kosten, namentlich diejenigen der Versteigerung, auch die Kosten der Überführung zum Versteigerungsort, LG Hbg MDR **53**, 433, die Kosten der Hinterlegung und die Kosten des Verteilungsverfahrens selbst. Ferner ist dasjenige abzuziehen, was ein einzelner Gläubiger zur Erhaltung der Masse aufgewendet hat.

B. Besondere Kosten. Abzuziehen sind ferner die besonderen Kosten der Beteiligung des einzelnen Gläubigers mit dem Rang seiner Hauptforderung.

3) Säumiger Gläubiger, III. Wenn ein Gläubiger auf die Aufforderung nach § 873 keine Berechnung oder nur eine unzureichende Berechnung eingereicht hat, dann berechnet das Gericht die Forderung dieses Gläubigers auf Grund seiner Anzeige und der zugehörigen Unterlagen. Der Gläubiger darf seine Berechnung nachholen, ergänzen und berichtigen, bis der Rpfl den Teilungsplan hinausgegeben hat, § 329 Anm 4 A, aM StJM III (bis zur Anfertigung des Teilungsplans. Aber die bloße Anfertigung ist erst ein innerer Vorgang, der den Beschluß des Rpfl noch nicht zum Entstehen, zur Wirksamkeit bringt). Der Gläubiger darf seine Forderung später nur dann ergänzen, wenn sämtliche Beteiligte zustimmen.

4) VwGO: Vgl Üb 2 § 872.

875 *Terminsbestimmung.* **I** Das Gericht hat zur Erklärung über den Teilungsplan sowie zur Ausführung der Verteilung einen Termin zu bestimmen. Der Teilungsplan muß spätestens drei Tage vor dem Termin auf der Geschäftsstelle zur Einsicht der Beteiligten niedergelegt werden.

II Die Ladung des Schuldners zu dem Termin ist nicht erforderlich, wenn sie durch Zustellung im Ausland oder durch öffentliche Zustellung erfolgen müßte.

1) Amtsverfahren. Das Gericht bestimmt von Amts wegen einen Termin zur Erklärung über den Teilungsplan und zur Ausführung der Verteilung. Die Ladungsfrist, § 217, beträgt 3 Tage. Das Gericht muß sämtliche Beteiligten laden, notfalls mit einer öffentlichen Zustellung. Das Gericht muß ferner den Schuldner laden. Seine Ladung ist allerdings dann entbehrlich, wenn eine öffentliche Zustellung oder eine Zustellung im Ausland erfolgen müßten. Das Gericht braucht dem Ausbleibenden keinen Nachteil anzudrohen, § 231. Der Teilungsplan muß spätestens 3 Tage vor dem Termin auf der Geschäftsstelle ausgelegt werden. Trotz der Mußform ist I 2 eine Sollvorschrift. Im Verfahren nach der SeeVertO ist eine mündliche Verhandlung nicht erforderlich, § 3 I 2 SeeVertO.

2) Verstoß. Ein Verstoß gegen die Bestimmung beeinträchtigt daher die Wirksamkeit des Verfahrens nicht. Er gibt aber jedem Beteiligten einen Anspruch auf eine Vertagung. Der Betroffene kann auf einen Mangel nach § 295 verzichten.

3) VwGO: Vgl Üb 2 § 872.

876 *Termin.* Wird in dem Termin ein Widerspruch gegen den Plan nicht erhoben, so ist dieser zur Ausführung zu bringen. Erfolgt ein Widerspruch, so hat sich jeder dabei beteiligte Gläubiger sofort zu erklären. Wird der Widerspruch von den Beteiligten als begründet anerkannt oder kommt anderweit eine Einigung zustande, so ist der Plan demgemäß zu berichtigen. Wenn ein Widerspruch sich nicht erledigt, so wird der Plan insoweit ausgeführt, als er durch den Widerspruch nicht betroffen wird.

1) Rechtsbehelfe. Es gibt folgende Rechtsbehelfe gegen den Teilungsplan:

A. Widerspruch. Gegen den vorläufigen Plan, § 874, steht dem Gläubiger der Widerspruch zu. Der Gläubiger kann nur durch den Widerspruch oder durch eine Klage nach § 878 einen besseren Rang erreichen.

B. Befristete Erinnerung. Gegen einen endgültigen Plan, den das Gericht nach einer Anhörung der Beteiligten aufgestellt hat, hat jeder Beteiligte die befristete Erinnerung, § 793 Anm 1 B. Denn der endgültige Teilungsplan ist eine Entscheidung des Rpfl als des Vollstreckungsgerichts. Die Erinnerung kann nur auf eine Verletzung einer Verfahrensvorschrift gestützt werden.

C. Klage. Gegen den endgültigen Teilungsplan hat der widersprechende Gläubiger außerdem die Möglichkeit der Klage nach § 878.

2) Widerspruch. A. Recht des Gläubigers. Der Widerspruch dient der Geltendmachung eines besseren Rechts eines Gläubigers. Der Gläubiger kann den Widerspruch vor dem Termin schriftlich oder zum Protokoll der Geschäftsstelle einlegen, § 877 I. Er kann den Widerspruch auch im Termin bis zu dessen Schluß mündlich erklären. Ein Gläubiger, der keinen Widerspruch eingelegt hat, verliert das Recht auf den besseren Rang mit allen Einwendungen endgültig. Der Gläubiger braucht seinen Widerspruch nicht zu begründen. Er ist an eine etwa abgegebene Begründung des Widerspruchs nicht gebunden. Das Gericht muß aber erkennen können, was der Gläubiger begehrt. Ein vorrangiger Gläubiger darf wegen des Fehlens eines Rechtsschutzbedürfnisses der Berücksichtigung eines nachrangigen Gläubigers nicht widersprechen.

B. Verfahren. Das Gericht darf nur die förmliche Berechtigung des Widerspruchs prüfen. Es hat also die sachlichrechtliche Begründung nicht zu überprüfen. Ein unzulässiger Widerspruch bleibt unbeachtet. Ein zulässiger Widerspruch hat eine Hemmungswirkung, soweit er den Plan berührt. Das Gericht muß zum Widerspruch alle Beteiligten anhören. Sie alle müssen ihre Erklärungen unverzüglich abgeben. Kein Beteiligter hat einen Anspruch auf eine Vertagung. Wenn sich alle beteiligten Gläubiger einigen, dann muß der Rpfl den Teilungsplan entsprechend berichtigen. Andernfalls bleibt die sachliche Berechnung in der Schwebe.

C. Recht des Schuldners. Der Schuldner hat kein Widerspruchsrecht. Er muß seine Rechte außerhalb des Verfahrens nach den §§ 766, 767, 768, 793 wahren. Ein etwa vom Schuldner dennoch erklärter Widerspruch ist unbeachtlich. Der Schuldner kann aber der Klage eines Gläubigers nach § 878 als dessen Streithelfer beitreten. Ein Dritter kann nur nach den §§ 771, 805 klagen.

3) Ausführung des Teilungsplans. Das Vollstreckungsgericht führt den endgültigen Teilungsplan insoweit, als ihn nicht ein zulässiger Widerspruch beeinträchtigt, dadurch aus, daß es die Hinterlegungsstelle ersucht, entsprechende Auszahlungen vorzunehmen. Damit ist das Verteilungsverfahren beendet. Ein Gläubiger, der keinen Widerspruch eingelegt hat, ist mit jedem Rechtsbehelf ausgeschlossen, und zwar auch im Hinblick auf denjenigen Betrag, der bei der Hinterlegungsstelle verbleibt. Wenn ein Gläubiger, der einen Widerspruch eingelegt hat, in einem Prozeß nach § 878 siegt, dann muß ein neues Verteilungsverfahren stattfinden.

In diesem neuen Verfahren bleibt derjenige Gläubiger ausgeschlossen, der im vorangegangenen Verfahren keinen Widerspruch eingelegt hatte. Im Fall eines fortlaufenden Bezugs kann ein Gläubiger auch dann, wenn er keinen Widerspruch eingelegt hat, durch eine Klage die Änderung des Teilungsplans für diejenigen Beträge verlangen, die erst nach dem Termin hinterlegt werden, § 159 ZVG entspr. Dann darf das Vollstreckungsgericht den bisherigen Teilungsplan nicht weiter ausführen, aM Jaeckel-Güthe § 159 ZVG Anm 1.

4) VwGO: Vgl Üb 2 § 872.

877 **Versäumnisverfahren.** I Gegen einen Gläubiger, der in dem Termin weder erschienen ist noch vor dem Termin bei dem Gericht Widerspruch erhoben hat, wird angenommen, daß er mit der Ausführung des Planes einverstanden sei.

II Ist ein in dem Termin nicht erschienener Gläubiger bei dem Widerspruch beteiligt, den ein anderer Gläubiger erhoben hat, so wird angenommen, daß er diesen Widerspruch nicht als begründet anerkenne.

1) Vermutetes Einverständnis. I vermutet unwiderleglich das Einverständnis desjenigen Gläubigers mit der Ausführung des Teilungsplans, der: **a)** entweder vor dem Termin keinen Widerspruch erhoben hat und im Termin ausgeblieben ist; **b)** oder im Termin zwar erschienen ist, aber keinen Widerspruch eingelegt hat. Diese Versäumnisfolge ist endgültig. Wer keinen Widerspruch einlegt, gibt allerdings nur zu erkennen, daß er sich der Durchführung des Teilungsplans nicht widersetzen will. Er gibt damit noch nicht einen Verzicht auf weitere Ansprüche zu erkennen, etwa auf Grund einer Amtspflichtverletzung oder nach § 878 II, § 812 BGB, BGH **4**, 87. I hat einen rein verfahrensrechtlichen Inhalt.

2) Vermutetes Bestreiten, II. Nach II ist an dem Widerspruch eines anderen Gläubigers jeder Gläubiger beteiligt, dessen Befriedigung durch einen Erfolg des Widerspruchs beeinträchtigt werden würde. Wenn ein Gläubiger demnach als beteiligt anzusehen ist, der ausgeblieben war oder sich nicht erklärt hatte, dann vermutet II unwiderleglich, daß dieser Gläubiger den Widerspruch als nicht begründet betrachtet. Infolgedessen muß man auch diesen Gläubiger nach § 878 verklagen. Dieser Gläubiger hat nur dann einen Klaganlaß im Sinne des § 93 gegeben, wenn sein Gegner annehmen mußte, daß er ohne die Anrufung des Gerichts nicht zu seinem Recht kommen werde.

3) VwGO: Vgl Üb 2 § 872.

878

Widerspruchs- und Bereicherungsklage. ¹ Der widersprechende Gläubiger muß ohne vorherige Aufforderung binnen einer Frist von einem Monat, die mit dem Terminstag beginnt, dem Gericht nachweisen, daß er gegen die beteiligten Gläubiger Klage erhoben habe. Nach fruchtlosem Ablauf dieser Frist wird die Ausführung des Planes ohne Rücksicht auf den Widerspruch angeordnet.

II Die Befugnis des Gläubigers, der dem Plan widersprochen hat, ein besseres Recht gegen den Gläubiger, der einen Geldbetrag nach dem Plan erhalten hat, im Wege der Klage geltend zu machen, wird durch die Versäumung der Frist und durch die Ausführung des Planes nicht ausgeschlossen.

Schrifttum: Martin, Pfändungspfandrecht und Widerspruchsklage im Verteilungsverfahren usw, 1963.

1) Nachweis der Klagerhebung, I. A. Grundsatz. Der widersprechende Gläubiger muß dem Verteilungsgericht aus eigenem Antrieb nachweisen, daß er die Klage erhoben hat. Diesen Nachweis muß er schriftlich oder zum Protokoll der Geschäftsstelle erbringen. Wenn das AG Prozeßgericht ist, § 879, dann genügt ein Bezug auf die Akten. Die Beteiligten können auch vereinbaren, daß ein schwebender Prozeß die Bedeutung einer Klagerhebung nach § 878 haben soll. § 878 ist auf eine Teilungsversteigerung unanwendbar, Köln MDR **74**, 240.

B. Frist. Die Frist ist eine gesetzliche Frist, aber keine Notfrist. Sie wird nach § 222 berechnet. Sie beginnt mit dem Terminstag, und zwar auch dann, wenn früher ein Widerspruch eingelegt wurde, oder dann, wenn der Widerspruch auf Grund einer Beschwerde berücksichtigt wird. Die Frist kann weder verlängert noch abgekürzt werden. Die Frist wird nur durch den Nachweis der Klagerhebung gewahrt, nicht schon durch die Klagerhebung selbst. Eine Rückbeziehung nach den §§ 270 III, 495 ist unzulässig. Denn man muß die Klagerhebung selbst, § 253 I, nachweisen, aM Bre MDR **82**, 762 mwN, Hbg MDR **60**, 67.

C. Fristversäumung. Wenn der Gläubiger die Frist versäumt, dann muß der Rpfl die Masse ohne eine Berücksichtigung des Widerspruchs von Amts wegen verteilen. Gegen die Fristversäumung ist keine Wiedereinsetzung in den vorigen Stand zulässig. Die Wahrung der Frist hat aber nur für das Verteilungsverfahren eine Bedeutung. Die Klageberechtigung hängt von der Fristwahrung nicht ab. Der Gläubiger kann seine Klage vielmehr bis zum Zeitpunkt der Durchführung des Teilungsplans erheben. Nach diesem Zeitpunkt ist die Klage nicht mehr zulässig. Denn die Widerspruchsklage steht mit dem anhängigen Verteilungsverfahren in engstem Zusammenhang. Wenn das Gericht die Verteilung unterläßt, dann muß das Beschwerdegericht auf eine sofortige Beschwerde hin den Rpfl zur Verteilung anhalten. Wenn die Auszahlung erst nach dem Zeitpunkt der Klagerhebung stattfindet, dann muß die Widerspruchsklage in eine Bereicherungsklage aus dem besseren Recht übergeleitet werden. Darin liegt keine Klagänderung. Die Zuständigkeit des Gerichts bleibt bestehen, § 261 III Z 2. Wenn das AG keine Verteilung vorgenommen hat, dann muß es ein Urteil berücksichtigen, das im Widerspruchsverfahren ergeht.

2) Widerspruchsklage, I. A. Rechtsnatur. Die Widerspruchsklage ist eine rein prozessuale Gestaltungsklage. Denn sie verlangt nicht nur eine Feststellung des besseren Rechts, sondern auch die Anordnung einer anderen Verteilung, § 880. Die Widerspruchsklage ist aber eine gewöhnliche Klage. Sie läßt eine Anspruchshäufung zu, § 260, etwa eine Verbindung mit einer Zahlungsklage. Der Rechtsweg ist stets eröffnet. Ein Prozeß über den sachlichrechtlichen Anspruch hat mit der Widerspruchsklage nichts zu tun; er gibt dem Beklagten nicht die Rüge der Rechtshängigkeit.

B. Parteien. Klageberechtigt ist der widersprechende Gläubiger. Richtige Beklagte sind sämtliche beteiligten Gläubiger, § 877 Anm 2, als gewöhnliche Streitgenossen. Auch der klageberechtigte Gläubiger muß also ein Beteiligter im Sinne von § 9 ZVG sein. Wenn er diese Stellung nicht hat, dann ist seine Widerspruchsklage nicht als unzulässig, sondern mit Rücksicht auf seine fehlende Aktivlegitimation als unbegründet abzuweisen, BGH **LM** Nr 3. Eine Klage gegen einzelne Gläubiger ist zulässig, hilft dem Kläger aber nicht. Eine Umkehrung der Parteirollen ist zulässig. Die Prozeßvollmacht für den Hauptprozeß genügt auch für die Widerspruchsklage, § 81. Die Klage wird entweder dem ProzBev des Hauptprozesses oder dem Beklagten selbst zugestellt.

Wenn die Klage fristgemäß erhoben wurde, dann fehlt das Feststellungsinteresse für eine Feststellungsklage, daß der Widerspruch unbegründet sei. Es fehlt auch das Rechtsschutzbedürfnis für eine Klage auf die Einwilligung in die Auszahlung des hinterlegten Betrages. Denn die Auszahlung erfolgt von Amts wegen, krit BGH **LM** § 812 BGB Nr 90 und NJW **72**, 1045.

C. Beschränkung der Klagegründe. Die Klage darf sich nur auf solche Tatsachen stützen, die bis zum Schluß des Verteilungstermins eingetreten waren, BGH **LM** § 92 ZVG Nr 3. Andernfalls wäre der Gegner benachteiligt. Der Kläger kann folgendes geltend machen:

a) Kein Pfändungspfandrecht. Für den Gegner sei kein Pfändungspfandrecht entstanden. Dieser Einwand spielt bei der von manchen vertretenen, nicht überzeugenden Auffassung vom Entstehen eines wirksamen Pfandrechts, Grdz 8 A, B vor § 704, Üb 3 vor § 803, § 804 Anm 1 A, eine große Rolle. Namentlich gehört angesichts der vielfach behaupteten abhängigen Natur des Pfändungspfandrechts das Nichtbestehen der Forderung hierher. Was aber gegenüber dem Schuldner bereits rechtskräftig festgestellt worden ist, das muß der widersprechende Gläubiger selbst dann gegen sich gelten lassen, wenn er an jenem Verfahren nicht teilgenommen hat. Denn andernfalls würde er ein fremdes Recht geltend machen, Grdz 3 C vor § 704, Krückmann ZZP **47**, 62, Baur ZwV § 28 IV 1, Blomeyer ZPR § 93 I 2, ebenso im Ergebnis Batsch ZZP **87**, 9 (es handelt sich um eine „Vollstreckungsbefangenheit", aM StJM II 2 (der Widersprechende sei in früheren Prozeß ein Dritter gewesen und habe alle Einwendungen, auch wenn in dem früheren Rechtsstreit des Schuldners darüber rechtskräftig entschieden worden sei, mit Ausnahme der Einwendungen, die eine Willenserklärung des Schuldners erfordern würden, zB eine Anfechtung, eine Willenserklärung anstelle des Schuldners, etwa eine Aufrechnung).

Der Einwand, die Vollstreckungsforderung stehe einem anderen zu, ist unzulässig. Denn dieser Einwand kann die Stellung des Gläubigers nicht verbessern. Eine Drittwirkung der Rechtskraft, § 325 Anm 1, kann beachtlich sein, vgl Hbg VersR **73**, 564.

b) Keine Pfändung. Es fehle überhaupt eine wirksame Pfändung, etwa weil ein sachlich unzuständiger Gerichtsvollzieher gepfändet habe.

c) Vorrang. Der widersprechende Gläubiger habe den Vorrang, sei es wegen eines besseren Pfandrechts, sei es aus schuldrechtlichen Gründen, etwa wegen der Einräumung eines Vorrechts oder deshalb, weil der andere Gläubiger den Vorrang nur infolge eines Rechtsmißbrauchs erlangt habe, BGH **57**, 108. Der Kläger kann das Recht des Beklagten auch wegen einer Gläubigerbenachteiligung anfechten.

d) Vorrang erloschen. Ein Vorrecht des Beklagten sei vor Beginn des Prozesses erloschen (nicht: es sei verjährt), BGH **63**, 61.

D. Beweislast. Der Kläger muß nachweisen, daß er ein Recht auf die Befriedigung hat und daß die Zuteilung des Erlöses an den Beklagten dieses Recht beeinträchtigt. Er muß ferner beweisen, daß das Recht des Beklagten mangelhaft ist. Die Beendigung des Verteilungsverfahrens macht die Klage gegenstandslos. Sie läßt aber den Übergang zur Bereicherungsklage zu, Anm 1 C. Der Beklagte kann einwenden, daß das Pfandrecht des Klägers nicht bestehe oder daß der Kläger mit seinem Rang zurücktreten müsse. Der Beklagte kann auch eine Anfechtung erklären.

E. Entscheidung. Das Urteil lautet: **a)** Entweder dahin, daß der Widerspruch unbegründet sei; **b)** oder dahin, daß der Widerspruch begründet sei. In diesem Fall muß das Urteil die Anweisung enthalten, daß in einer bestimmten Weise auszuzahlen sei. Das Urteil kann anstelle einer solchen Anweisung auch anordnen, daß ein neuer Teilungsplan anzufertigen sei. Das Urteil schafft nur zwischen den beteiligten Gläubigern eine Rechtskraft. Die Ent-

3. Titel. Verteilungsverfahren §§ 878–880 1

scheidung ist aber ein Anzeichen für das Bestehen der rechtskräftig festgestellten Forderung des Beklagten an seinen Schuldner gegenüber dem Kläger.

3) Bereicherungsklage, II. Der widersprechende Gläubiger, der die Klagefrist versäumt hat, hat damit nicht sein besseres sachliches Recht eingebüßt. Er kann die Bereicherung von demjenigen herausverlangen, der auf Grund des Teilungsplans etwas auf Kosten des Klägers erlangt hat. Die Klage wird im ordentlichen Gerichtsstand erhoben. Dasselbe gilt dann, wenn der Widerspruch durch ein Prozeßurteil zurückgewiesen wurde, Üb 2 A b vor § 300, oder wenn der widersprechende Gläubiger Tatsachen vorbringen kann, die erst nach dem Verteilungstermin entstanden sind. Wenn der Gläubiger seinen Widerspruch tatsächlich oder kraft einer Unterstellung nach § 877 versäumt hat, dann hat er trotzdem seinen Bereicherungsanspruch nicht verloren, § 877 Anm 1. Wenn der Erlös noch hinterlegt ist, dann muß er die Klage auf eine Einwilligung in die Auszahlung richten.

4) VwGO: Vgl Üb 2 § 872.

879 *Zuständigkeit für die Klage.* **I** Die Klage ist bei dem Verteilungsgericht und, wenn der Streitgegenstand zur Zuständigkeit der Amtsgerichte nicht gehört, bei dem Landgericht zu erheben, in dessen Bezirk das Verteilungsgericht seinen Sitz hat.

II Das Landgericht ist für sämtliche Klagen zuständig, wenn seine Zuständigkeit nach dem Inhalt der erhobenen und in dem Termin nicht zur Erledigung gelangten Widersprüche auch nur bei einer Klage begründet ist, sofern nicht die sämtlichen beteiligten Gläubiger vereinbaren, daß das Verteilungsgericht über alle Widersprüche entscheiden solle.

1) Allgemeines. § 879 bezieht sich nur auf die Widerspruchsklage des § 878 I, nicht auf die Bereicherungsklage des § 878 II.

2) Zuständigkeit nach I. Ausschließlich zuständig, § 802, ist nach § 879 das Verteilungsgericht, also dasjenige AG, bei dem das Verteilungsverfahren schwebt, ohne Rücksicht auf die wahre Zuständigkeit, im Fall eines höheren Streitwerts das LG des Bezirks. Der Streitwert richtet sich nach demjenigen Betrag, für den der Kläger eine bessere Berücksichtigung verlangt. Eine spätere Veränderung ist unerheblich. Ebenso unerheblich ist die Frage, ob die Parteirollen umgekehrt sind. Schließlich ist es unerheblich, ob der Kläger dem Verteilungsgericht den Nachweis nach § 878 I geführt hat.

Dagegen gilt § 879 dann nicht, wenn ein Gläubiger unter einer Umgehung des Verteilungsverfahrens klagt. Die Kammer für Handelssachen ist in keinem Fall zuständig.

3) Zuständigkeit nach II. Um alle Widerspruchsprozesse möglichst in einer Hand zu vereinigen, macht II das LG zuständig, sofern der Streitwert bei auch nur einem der Widersprüche 5000 DM übersteigt. In diesem Fall ist es unerheblich, ob der Kläger eine höhere oder eine geringere Forderung hat. Wenn mehrere klagen, dann muß das Gericht die Prozesse nach § 147 verbinden. Eine abweichende Übertragung der Zuständigkeit auf das Verteilungsgericht ist nur dann statthaft, wenn sämtliche Gläubiger zustimmen, die bei irgendeinem Widerspruch beteiligt sind, § 877 Anm 2. Die umgekehrte Vereinbarung der Zuständigkeit des LG statt der Zuständigkeit des Verteilungsgerichts ist unter denselben Voraussetzungen statthaft, vgl § 10 und § 802 Anm 1.

4) VwGO: Vgl Üb 2 § 872.

880 *Urteil.* In dem Urteil, durch das über einen erhobenen Widerspruch entschieden wird, ist zugleich zu bestimmen, an welche Gläubiger und in welchen Beträgen der streitige Teil der Masse auszuzahlen sei. Wird dies nicht für angemessen erachtet, so ist die Anfertigung eines neuen Planes und ein anderweites Verteilungsverfahren in dem Urteil anzuordnen.

1) Urteilsinhalt. Das Urteil hat folgenden Inhalt: **a)** Es erklärt entweder den Widerspruch für unbegründet. Dann ist der Teilungsplan so auszuführen, als ob kein Widerspruch eingelegt worden wäre; **b)** oder es erklärt den Widerspruch für begründet. Dann muß ein etwaiger Hilfsplan zum Verteilungsplan ausgeführt werden, soweit nicht auch der Hilfsplan angegriffen worden war. Andernfalls muß das Prozeßgericht selbst bestimmen, an wen auszuzahlen ist, oder es muß zweckmäßigerweise anordnen, daß ein neuer Teilungsplan aufgestellt werden soll. Dazu kann es bestimmte Weisungen geben. Wenn das Prozeßgericht solche Weisungen versäumt hat, dann muß das Verteilungsgericht trotzdem einen neuen Teilungsplan aufstellen und dabei das Urteil so gut wie möglich beachten.

Gegen den neuen Teilungsplan kann wiederum der Widerspruch eingelegt werden. Zu diesem Widerspruch ist aber nur noch derjenige Gläubiger berechtigt, der am neuen Teilungsplan beteiligt ist, also nicht derjenige, der zum früheren Teilungsplan geschwiegen hatte. Der neue Widerspruch kann nur mit der Begründung eingelegt werden, der neue Teilungsplan gehorche dem Urteil nicht.

2) VwGO: Vgl Üb 2 § 872.

881 *Versäumnisurteil.* **Das Versäumnisurteil gegen einen widersprechenden Gläubiger ist dahin zu erlassen, daß der Widerspruch als zurückgenommen anzusehen sei.**

1) Versäumnisverfahren. Ein Versäumnisurteil ergeht in diesem Verfahren in folgenden Fällen: **a)** gegen den Bekl wie sonst; **b)** gegen den Kläger nicht dahin, daß die Klage abgewiesen wird, sondern nur dahin, daß der Widerspruch als zurückgenommen gilt. Mit der Rechtskraft des Versäumnisurteils bricht der Widerspruch zusammen. Mit dieser Rechtskraft entfällt auch die Möglichkeit einer Bereicherungsklage nach § 878 II.

2) VwGO: Vgl Üb 2 § 872 und § 873 Anm 3.

882 *Weiteres Verfahren nach Urteil.* **Auf Grund des erlassenen Urteils wird die Auszahlung oder das anderweite Verteilungsverfahren von dem Verteilungsgericht angeordnet.**

1) Weiteres Verfahren. Erst nach der Rechtskraft des Urteils ersucht das Verteilungsgericht die Hinterlegungsstelle von Amts wegen um eine Auszahlung. Dieses Ersuchen darf also nicht schon dann erfolgen, wenn das Urteil nur vorläufig vollstreckbar ist. Der Gläubiger muß die Rechtskraft nachweisen. Ein anderweitiges Verteilungsverfahren ist nur nach einer rechtskräftigen Erledigung sämtlicher Widersprüche statthaft. Es handelt sich dann um ein neues selbständiges Verteilungsverfahren. Die befriedigten Gläubiger oder die sonst ausgeschiedenen Gläubiger nehmen an ihm nicht teil. Neue Berechnungen sind dann nicht mehr notwendig. Jenes Verfahren verläuft im übrigen wie nach den §§ 874 ff.

2) VwGO: Vgl Üb 2 § 872.

Vierter Titel
Zwangsvollstreckung gegen juristische Personen des öffentlichen Rechts

882 a ^I **Die Zwangsvollstreckung gegen den Bund oder ein Land wegen einer Geldforderung darf, soweit nicht dingliche Rechte verfolgt werden, erst vier Wochen nach dem Zeitpunkt beginnen, in dem der Gläubiger seine Absicht, die Zwangsvollstreckung zu betreiben, der zur Vertretung des Schuldners berufenen Behörde und, sofern die Zwangsvollstreckung in ein von einer anderen Behörde verwaltetes Vermögen erfolgen soll, auch dem zuständigen Minister der Finanzen angezeigt hat. Dem Gläubiger ist auf Verlangen der Empfang der Anzeige zu bescheinigen. Soweit in solchen Fällen die Zwangsvollstreckung durch den Gerichtsvollzieher zu erfolgen hat, ist der Gerichtsvollzieher auf Antrag des Gläubigers vom Vollstreckungsgericht zu bestimmen.**

^{II} **Die Zwangsvollstreckung ist unzulässig in Sachen, die für die Erfüllung öffentlicher Aufgaben des Schuldners unentbehrlich sind oder deren Veräußerung ein öffentliches Interesse entgegensteht. Darüber, ob die Voraussetzungen des Satzes 1 vorliegen, ist im Streitfall nach § 766 zu entscheiden. Vor der Entscheidung ist der zuständige Minister zu hören.**

^{III} **Die Vorschriften der Absätze 1 und 2 sind auf die Zwangsvollstreckung gegen Körperschaften, Anstalten und Stiftungen des öffentlichen Rechtes mit der Maßgabe anzuwenden, daß an die Stelle der Behörde im Sinne des Absatzes 1 die gesetzli-**

chen Vertreter treten. Für öffentlich-rechtliche Bank- und Kreditanstalten gelten die Beschränkungen der Absätze 1 und 2 nicht.

IV Die Bestimmung des § 39 des Bundesbahngesetzes vom 13. Dezember 1951 (Bundesgesetzbl. I S. 955) bleibt unberührt.

V Der Ankündigung der Zwangsvollstreckung und der Einhaltung einer Wartefrist nach Maßgabe der Absätze 1 und 3 bedarf es nicht, wenn es sich um den Vollzug einer einstweiligen Verfügung handelt.

Schrifttum: Bank, Zwangsvollstreckung gegen Behörden usw, 1982; Miedtank, Die Zwangsvollstreckung gegen Bund, Länder, Gemeinden und andere juristische Personen des öffentlichen Rechts, 1964.

1) Allgemeines. Die Vorschrift schafft für den Bund und die Länder ein einheitliches Recht. Das Landesrecht gilt jetzt nur noch für Gemeindeverbände und Gemeinden, § 15 Z 3 EGZPO, vgl BVerfG **60**, 156. In Berlin gilt noch das RBahnG v 4. 7. 39, RGBl 1205. Nach seinem § 25 II ist vor der Zwangsvollstreckung eine Genehmigung erforderlich, BVerwG **11**, 174.

2) Geltungsbereich. Es muß sich um eine Zwangsvollstreckung gegen folgende juristische Personen des öffentlichen Rechts handeln: Den Bund, die Länder, ferner die Körperschaften, Anstalten, Stiftungen des öffentlichen Rechts, also auch die kirchlichen Körperschaften, die Versicherungsträger der Sozialversicherung.

Ausgenommen ist die Bundesbahn. Für sie gilt § 39 BBahnG v 13. 12. 51, BGBl 955, weiter, vgl Anm 4 C. Ausgenommen sind ferner die öffentlichrechtlichen Bank- und Kreditanstalten. Gegen sie findet die Zwangsvollstreckung wie gegen jeden Schuldner statt, III 2.

3) Besonderheiten. Besonderheiten der Zwangsvollstreckung ergeben sich nur bei einer Vollstreckung wegen einer Geldforderung, §§ 803 ff, I (ebenso § 39 BBahnG). Auch das gilt dann nicht, wenn ein dingliches Recht verfolgt wird, I. Es ist unerheblich, um welche Art von Vollstreckungstitel es sich handelt. Die in I vorgesehene Vorankündigung und die Einhaltung der Wartefrist entfallen stets dann, wenn eine einstweilige Verfügung zu vollziehen ist, V; vgl §§ 936, 929, § 936 Anm 3 A.

4) Verfahren. A. Allgemeines. Es sind folgende Voraussetzungen zu beachten:

a) Ankündigung. Der Gläubiger muß die Zwangsvollstreckung vorab ankündigen. Wenn er in das Vermögen des Bundes oder eines Landes vollstrecken will, das von einer zur Vertretung berufenen Behörde verwaltet wird, vgl § 18 Anm 2, dann genügt eine Anzeige der Vollstreckungsabsicht an diese Behörde. Wenn dagegen diese Behörde dasjenige Vermögen nicht verwaltet, in das die Vollstreckung stattfinden soll, dann muß außerdem eine Vorankündigung auch dem Finanzminister des Bundes oder des Landes übersandt werden. Dann ist eine Ankündigung gegenüber der verwaltenden Behörde allerdings nicht erforderlich.

Es genügt eine formlose Anzeige. Der Gläubiger kann sich den Empfang der Anzeige von der Behörde bescheinigen lassen. Diese Bescheinigung ist zweckmäßig. Denn der Gläubiger kann dem Gerichtsvollzieher dann im Zeitpunkt seiner Beauftragung den Fristablauf nachweisen. Wenn der Gläubiger gegen eine Körperschaft, gegen eine Anstalt oder gegen eine Stiftung des öffentlichen Rechts vollstrecken will, III, dann muß er die Vorankündigung an den gesetzlichen Vertreter dieser Institution schicken. Es ist nicht notwendig, den Schuldner vor der Anzeige auf etwaige Bearbeitungsfehler und dgl hinzuweisen, Zweibr Rpfleger **73**, 68.

Außerdem müssen alle sonst notwendigen Voraussetzungen der Zwangsvollstreckung erfüllt sein, Ffm Rpfleger **81**, 158 mwN. Das Gericht muß zB eine Vollstreckungsklausel erteilt haben, Ffm Rpfleger **81**, 158.

b) Wartefrist. Der Gläubiger muß vier Wochen abwarten. Die Frist rechnet von dem Tag des Eingangs der Anzeige bei der Behörde oder der gesetzlichen Vertretung der Behörde an. Wenn mehrere Anzeigen erforderlich waren, dann beginnt die Frist erst mit dem Eingang der letzten Anzeige.

Gebühren: Des RA §§ 57, 58 II Z 5 BRAGO.

B. Vollstreckung durch den Gerichtsvollzieher. Soweit die Zwangsvollstreckung durch den Gerichtsvollzieher erfolgt, muß das Vollstreckungsgericht den zuständigen Gerichtsvollzieher auf einen Antrag des Gläubigers bestimmen, I 3. Der Gerichtsvollzieher muß insbesondere prüfen, ob die Voraussetzungen nach A erfüllt sind.

C. Unzulässigkeit, II. a) Geltungsbereich. Die Zwangsvollstreckung ist in solche Sachen unzulässig, **a)** die für die Erfüllung öffentlicher Aufgaben des Schuldners unentbehrlich sind. Hier muß ein scharfer Maßstab angelegt werden; **b)** deren Veräußerung ein öffentliches Interesse entgegensteht. Das gilt zB bei einem Kunstschatz; bei einem Archiv; bei einer Bibliothek. In diesem Fall kommt es auf eine etwaige Unentbehrlichkeit zur Erfüllung öffentlicher Aufgaben nicht an.

Auch im Hinblick auf die Zulässigkeit der Zwangsvollstreckung bleibt § 39 BBahnG zu beachten. Nach dieser Vorschrift entfällt die Pfändung solcher Sachen, die für die Erfüllung der gesetzlichen Aufgaben der Deutschen Bundesbahn unentbehrlich sind.

Nicht hierher gehören: Das Finanzvermögen, BVerfG DB **83**, 1759, und Forderungen sowie andere unkörperliche Gegenstände, BVerfG DB **83**, 1759.

b) Verfahren. Über die Zulässigkeit der Zwangsvollstreckung entscheidet auch insofern das Vollstreckungsgericht. Das Vollstreckungsgericht muß vor seiner Entscheidung denjenigen Minister anhören, dem das Vermögen untersteht, in das die Zwangsvollstreckung erfolgen soll.

Gegen die Entscheidung des Vollstreckungsgerichts ist die Erinnerung nach § 766 zulässig.

5) *VwGO: Es gilt § 170 VwGO, welcher der Vollstreckung wegen Geldforderungen, die sich gegen die öffentliche Hand richtet, ein gerichtliches Vollstreckungsverfahren vorschaltet und sich iü an § 882a anlehnt, aber über ihn hinausgeht, RedOe § 170 Anm 2.*

Dritter Abschnitt
Zwangsvollstreckung zur Erwirkung der Herausgabe von Sachen
und zur Erwirkung von Handlungen oder Unterlassungen

Übersicht

Schrifttum: Dietrich, Die Individualvollstreckung: Materielle und methodische Probleme der Zwangsvollstreckung nach den §§ 883–898 ZPO, 1976 (Bespr Peters, ZZP **91**, 338, Wieser FamRZ **78**, 549); Müller, Das Verhältnis der Herausgabe- zur Handlungsvollstreckung usw, 1978.

1) Geltungsbereich. Abschnitt 3 regelt die Zwangsvollstreckung in persönliche Leistungen, soweit solche Leistungen überhaupt erzwingbar sind. Die Zwangsvollstreckung findet gegen den Fiskus und gegen andere Personen des öffentlichen Rechts genau so statt wie gegen andere Schuldner, § 882a, § 15 Z 3 EGZPO.

2) Fallgruppen. Die ZPO unterscheidet folgende Fälle:

A. Herausgabe. Es geht zunächst um die Erzwingung der Herausgabe oder Leistung beweglicher oder unbeweglicher körperlicher Sachen, §§ 883ff. Diese Zwangsvollstreckung ist von der Zwangsvollstreckung in den Anspruch auf die Herausgabe nach §§ 846–849 zu unterscheiden.

B. Andere Handlung. Es geht ferner um die Erzwingung von Handlungen anderer Art. Dabei behandelt die ZPO vertretbare und unvertretbare Handlungen verschieden, §§ 887ff. Bei einer vertretbaren Handlung tritt eine Ersatzhandlung ein. Im Fall einer unvertretbaren Handlung muß ein unmittelbarer Zwang gegen den Schuldner angewandt werden.

C. Willenserklärung. Es geht schließlich um die Willenserklärungen. Man kann sie nicht erzwingen. Die ZPO unterstellt daher ihre Abgabe.

3) *VwGO: Besondere Regeln gelten für die Vollstreckung zugunsten der öffentlichen Hand, § 169 I VwGO und §§ 6ff VwVG oder § 169 II VwGO und die entsprechenden Vorschriften der Länder, ferner für die Vollstreckung von Urteilen (§ 113 IV u V VwGO) und einstw Anordnungen (§ 123 VwGO) im Rahmen einer Verpflichtungsklage, § 172 VwGO, also nur dann, wenn der Vollstreckende gegenüber der Behörde in einem Unterordnungsverhältnis steht, VGH Mü BayVBl **82**, 757 (ob diese Vorschrift auch für gerichtliche Vergleiche gilt, ist str, dagegen OVG Lüneb NJW **80**, 414 mwN, dafür RedOe Anm 3 und Kopp Rdz 2, beide zu § 172). Die entsprechende Anwendung des Abschnitts 3, § 167 I VwGO, ist danach auf die Vollstreckung für und gegen Private und auf die Vollstreckung gegen die öffentliche Hand außerhalb der zuletzt genannten Fälle beschränkt, Kopp § 172 Rdz 9 und 10, also zB aus Titeln aufgrund einer allgemeinen Leistungsklage, VGH Mannh DVBl **77**, 211 (Unterlassung), oder aus einem verwaltungsgerichtlichen Vergleich über eine privatrechtliche Verpflichtung, OVG Lüneb NJW **69**, 205, VG Freiburg NJW **65**, 2073 (aM Renck/Laufke BayVBl **76**, 621). Wegen vollstreckbarer öffentlich-rechtlicher Verträge s § 61 VwVfG u § 60 SGB X.*

zur Erwirkung der Herausgabe von Sachen usw. **§ 883** 1, 2

883 *Herausgabe bestimmter beweglicher Sachen.* ⁱ Hat der Schuldner eine bewegliche Sache oder eine Menge bestimmter beweglicher Sachen herauszugeben, so sind sie von dem Gerichtsvollzieher ihm wegzunehmen und dem Gläubiger zu übergeben.

ᴵᴵ Wird die herauszugebende Sache nicht vorgefunden, so ist der Schuldner verpflichtet, auf Antrag des Gläubigers zu Protokoll an Eides Statt zu versichern, daß er die Sache nicht besitze, auch nicht wisse, wo die Sache sich befinde.

ᴵᴵᴵ Das Gericht kann eine der Sachlage entsprechende Änderung der eidesstattlichen Versicherung beschließen.

ᴵⱽ Die Vorschriften der §§ 478 bis 480, 483 gelten entsprechend.

1) Voraussetzungen, I. A. Geltungsbereich. § 883 ist dann anwendbar, wenn der Schuldner entweder eine bestimmte bewegliche Sache körperlich hingeben muß, Köln DGVZ **83**, 74, oder wenn er eine bestimmte Menge beweglicher Sachen aus einer greifbar bestimmten Gesamtheit herauszugeben hat. Als eine bewegliche Sache ist hier nur eine körperliche Sache anzusehen. Denn der Gerichtsvollzieher kann nur eine körperliche Sache wegnehmen. Hierzu kann auch eine Sache zählen, die erst durch ihre Wegnahme beweglich wird, falls der Gerichtsvollzieher diese Sache abtreten kann.

Nicht hierher zählen: Ein Bruchteil; ein Recht an einer Sache; der elektrische Strom. Eine greifbar bestimmte Gesamtheit kann sich aus bestimmten beweglichen Sachen zusammensetzen. Das kann etwa bei einer Bücherei oder beim Hausrat der Fall sein, vgl aber auch LG Essen JB **75**, 962. Die greifbar bestimmte Gesamtheit kann auch aus vertretbaren Sachen bestehen. Es muß aber die Pflicht bestehen, aus einem bestimmten Bestand herauszugeben, etwa 10 Tonnen Kohle aus der Halde X.

Wenn der Schuldner schlechthin vertretbare Sachen herauszugeben hat, also zB 10 Tonnen Kohle ohne eine nähere Begrenzung, dann ist § 884 anwendbar. Das gilt namentlich dann, wenn der Schuldner eine vertretbare Sache erst beschaffen muß. Wenn er eine unvertretbare Sache zu beschaffen oder herzustellen hat, dann sind die §§ 887 ff anwendbar, LAG Hamm DB **81**, 535. Wenn die Herausgabe zu einer Auskunft gehört, dann ist § 888 anzuwenden, vgl BayObLG **75**, 329. Ein Streit über die Nämlichkeit der Sache muß nach § 766 ausgetragen werden.

B. Herausgabe. Unter einer Herausgabe versteht man die körperliche Übergabe der Sache an den Gläubiger, Köln DGVZ **83**, 75. Die Herausgabepflicht kann auf einem beliebigen Vollstreckungstitel beruhen, etwa: Auf einem Urteil; auf einer einstweiligen Verfügung; auf einem Überweisungsbeschluß. Der Rechtsgrund der Herausgabepflicht ist unerheblich. Der Gläubiger mag zB der Eigentümer der Sache sein, oder er mag zu ihrem Eigen- oder Fremdbesitz aus einem dinglichen oder aus einem persönlichen Grund berechtigt sein. § 883 ist auch dann anwendbar, wenn der Schuldner die Sache zu hinterlegen oder an einen Dritten herauszugeben hat, etwa an eine Behörde. Die Vorschrift gilt auch dann, wenn eine Urkunde herauszugeben ist. Es schadet nichts, wenn der Schuldner die Sache versenden muß; die Gegenmeinung wäre praktisch unerträglich, Ffm NJW **83**, 1686 mwN, aM Schneider MDR **83**, 287.

Wenn der Schuldner die Sache aufstellen muß, etwa eine Maschine, dann ist die Zwangsvollstreckung nach § 887 vorzunehmen.

2) Durchführung, I. Der Gerichtsvollzieher nimmt die Sachen dem Schuldner nach den allgemeinen Grundsätzen der §§ 758 ff, vgl dort Anm 1 (Art 13 II GG steht der Räumung nicht entgegen), LG Kaisersl DGVZ **81**, 87, weg und übergibt sie dem Gläubiger. Die Wegnahme wirkt wie bei einer Pfändung als eine Beschlagnahme. Über ihre Wirkung für den Eigentümerübergang s §§ 897 ff. Die Wegnahme verschafft dem Gläubiger den Besitz und befreit den Schuldner. Der Gerichtsvollzieher kann die Sache übersenden, § 179 Z 2 GVGA. Dazu ist er allerdings nicht verpflichtet. Das übersieht Hbg NJW **71**, 387 mit der Auffassung, die Kostenlast wegen des Transports müsse im Erkenntnisverfahren geklärt werden. Dann sind die Kosten der Verpackung und der Versendung Kosten der Zwangsvollstreckung, § 788. In diesem Fall ist die Voraussetzung wie bei §§ 808, 809 der Gewahrsam des Schuldners oder die Bereitschaft eines Dritten, der die Sache besitzt, zur Herausgabe.

Dagegen bleibt eine etwaige Unpfändbarkeit der Sache hier unbeachtlich. Im Fall einer Zwangsvollstreckung gegen Ehegatten gilt § 739. Ein Dritter kann die Widerspruchsklage nach § 771 schon vor dem Beginn der Zwangsvollstreckung erheben. Denn das Ziel dieser Klage steht fest, und der Dritte würde sonst auch rechtlos sein.

Hartmann 1749

3) Eidesstattliche Versicherung, II, III. A. Voraussetzungen. Der Schuldner muß die eidesstattliche Versicherung dann leisten, wenn der Gerichtsvollzieher die herauszugebende Sache nicht im Gewahrsam des Schuldners vorfindet, Ffm NJW **83**, 1686 mwN. Wenn ein Dritter die Sache im Gewahrsam hat, gilt § 886, Köln DGVZ **83**, 75. Die eidesstattliche Versicherung ist das einzige zulässige Zwangsmittel. §§ 887ff sind nicht anwendbar, Köln DGVZ **83**, 75. Der Schuldner muß in der eidesstattlichen Versicherung alle diejenigen Angaben machen, die ihm möglich sind, um dem Gläubiger das Auffinden der Sache zu ermöglichen. Wenn der Gläubiger weiß, wo sich die Sache befindet, dann kann ihm eine eidesstattliche Versicherung nichts verraten; deshalb fehlt dem Gläubiger in einem solchen Fall das Rechtsschutzbedürfnis für den Antrag auf die Abnahme der eidesstattlichen Versicherung. Wenn der eine Schuldner eine Leistung zu erbringen hat, der andere Schuldner etwas zu dulden hat, dann müssen beide Schuldner die eidesstattliche Versicherung abgeben.

Die eidesstattliche Versicherung ist auch in einem Verfahren zur Erwirkung eines Arrests oder einer einstweiligen Verfügung zu leisten. Für die Entgegennahme der eidesstattlichen Versicherung nach §§ 899ff ist der Rpfl zuständig, § 20 Z 17 RPflG, Anh § 153 GVG, insofern richtig Ffm Rpfleger **77**, 221 mwN.

B. Formel. Der Rpfl kann die Formel der eidesstattlichen Erklärung der Sachlage nach seinem Ermessen anpassen. Er kann vor allem die Fassung wählen, daß der Schuldner lediglich seine persönliche Überzeugung zu versichern habe, wenn man dem Schuldner nicht zumuten kann, eine Versicherung dahin abzugeben, seine Angaben seien auch objektiv wahr. Die Anordnung erfolgt durch einen Beschluß. Rechtsmittel: § 793 Anm 1 B, 2. Wenn der Gläubiger nach § 294 glaubhaft macht, daß der Schuldner die Sache erst nach dem Zeitpunkt der Abgabe seiner eidesstattlichen Versicherung erlangt hat, dann muß der Schuldner eine weitere eidesstattliche Versicherung abgeben; § 903 ist unanwendbar. Nach der Abgabe der eidesstattlichen Versicherung behält der Gläubiger einen Anspruch auf das Interesse, § 893.

C. Testamentsbesitzer. II, III sind auf eine eidesstattliche Versicherung entsprechend anwendbar, die ein vermutlicher Testamentsbesitzer nach § 83 II FGG ableisten muß.

4) Persönliche Abgabe, IV. Der Schuldner muß die eidesstattliche Versicherung persönlich abgeben. Er muß die Erklärung zum Protokoll des Rpfl des Vollstreckungsgerichts oder dann, wenn er dazu nicht imstande ist oder vom Vollstreckungsgericht weit entfernt wohnt, zum Protokoll eines Rpfl beim ersuchten AG ableisten, §§ 478, 479 entspr. Der Schuldner kann beim Vollstreckungsgericht den Antrag stellen, es möge einen Rpfl bei einem auswärtigen AG ersuchen. Falls dieser Antrag begründet ist, muß ihm der Rpfl des Vollstreckungsgerichts stattgeben. Rechtsmittel: § 793 Anm 1 B, 2. Derjenige Rpfl, der dem Schuldner die eidesstattliche Versicherung abnimmt, muß ihn über deren Bedeutung belehren, § 480 entspr. Bei einem Stummen gilt § 483 entsprechend.

5) Entsprechende Anwendbarkeit

A. Geltungsbereich. § 883 ist in folgenden Fällen entsprechend anwendbar:

a) Sachvorlage. Es geht um den Fall, daß der Schuldner eine Sache vorzulegen hat. Denn die Vorlegung ist eine Herausgabe zur Ansicht oder zur Einsicht. § 888 führt außerdem oft nicht zum Ziel, Hamm NJW **74**, 653 (jedenfalls nicht, solange die Vorlegung nicht ein Teil einer umfassenden Auskunftspflicht ist), LG Itzehoe DGVZ **82**, 187 mwN, ThP 1 c, aM zB Pal-Thomas § 809 BGB Anm 4. Das gilt selbst dann, wenn die Sache bei einer Behörde vorzulegen ist, etwa beim Grundbuchamt.

b) Strafurteil, Bußgeldbescheid. Es geht um eine Herausgabe auf Grund eines Strafurteils, das eine Einziehung verfügt hat, oder auf Grund eines entsprechenden Bußgeldbescheids, § 90 III OWiG.

B. Unanwendbarkeit. a) Kindesherausgabe, dazu Klußmann, Das Kind im Rechtsstreit des Erwachsenen, 1981 (Bespr Suttner FamRZ **83**, 107). Die Herausgabe eines Kindes wurde früher stets nach § 883 in dessen entsprechender Anwendung erzwungen. Richtig erfolgt die Zwangsvollstreckung der Herausgabe eines ehelichen Kindes jetzt dann, wenn der andere Elternteil das Kind herausgeben soll, durch ein vom Familiengericht verhängtes Zwangsgeld und notfalls durch Gewalt, § 1632 III BGB, § 33 FGG, zB Bre FamRZ **82**, 92, Düss FamRZ **82**, 431, Köln FamRZ **82**, 508, Oldb DGVZ **83**, 75, Schüler DGVZ **80**, 101 je mwN, aM zB Ffm FamRZ **80**, 1039, Mü FamRZ **79**, 318, Zweibr FamRZ **80**, 1038 je mwN und (Albers) § 620a Anm 3 B c; vgl auch Düss FamRZ **81**, 85 (das OLG wendet § 883 an, wenn – fälschlich – die Herausgabe durch eine einstweilige Verfügung nach §§ 935ff ange-

zur Erwirkung der Herausgabe von Sachen usw. §§ 883–885

ordnet worden war). Das Familiengericht bzw der Gerichtsvollzieher dürfen aber keine Gewalt direkt gegenüber dem Kind anwenden, insbesondere richtig Hamm NJW **79**, 988. Eine solche Gewaltanwendung ist insbesondere dann verboten, wenn das Kind nicht mehr ganz klein ist, KG DGVZ **66**, 57 (zustm Schüler DGVZ **77**, 145), AG Springe NJW **78**, 834. Wenn ein Dritter das Kind herausgeben soll, erfolgt die Zwangsvollstreckung nach § 1632 I BGB, § 33 FGG, Schüler DGVZ **80**, 99 mwN, so wohl auch Suttner FamRZ **83**, 107 mwN. Das gilt auch dann, wenn es um die Vollstreckung einer einstweiligen Anordnung geht, Karlsr MDR **82**, 678, Oldb DGVZ **83**, 75, Schüler DGVZ **80**, 92 mwN. Auch die Herausgabe eines nichtehelichen Kindes wird stets (auf Grund eines Vollstreckungstitels, den dann das Vormundschaftsgericht erläßt, Hamm FamRZ **79**, 314, Köln FamRZ **78**, 707, Schlesw FamRZ **78**, 708, Schüler DGVZ **80**, 98) nach § 33 FGG vollstreckt, Schüler DGVZ **80**, 98. Einzelheiten: Schüler DGVZ **80**, 104 mwN.

b) Weitere Fälle. Wer eine Zwangsvollstreckung böswillig vereitelt, begeht eine unerlaubte Handlung. Der Anspruch auf die Beseitigung eines Zustandes, der die Zwangsvollstreckung behindert, wird nach § 888 vollstreckt und kann durch eine einstweilige Verfügung gesichert werden.

Die Zuweisung einer Wohnung nach § 620 Z 7 ist kein Räumungstitel, LG Bückeb DGVZ **77**, 121.

6) VwGO: *Entsprechend anwendbar iRv Üb 3 § 883.*

884 *Leistung vertretbarer Sachen.* **Hat der Schuldner eine bestimmte Menge vertretbarer Sachen oder Wertpapiere zu leisten, so gilt die Vorschrift des § 883 Abs. 1 entsprechend.**

1) Geltungsbereich. Zur Abgrenzung des § 884 gegen den § 883 s dort Anm 1 A und Jahnke ZZP **93**, 43. Unter § 884 fällt namentlich ein Anspruch auf eine bewegliche Sache, die der Schuldner erst noch anschaffen oder herstellen muß. Hierher gehört auch ein Anspruch auf eine Sache, die der Schuldner an einen Spediteur oder dgl zu liefern hat. Zum Begriff der vertretbaren Sache § 91 BGB, zum Begriff der Wertpapiers § 821 Anm 1 A. Der Gerichtsvollzieher darf nur eine Sache wegnehmen, die sich im Besitz des Schuldners befindet. Ob das zutrifft, muß der Gerichtsvollzieher notfalls unter Hinzuziehung eines Sachverständigen feststellen. Die Kosten des Sachverständigen sind Kosten der Zwangsvollstreckung.

Wenn der Schuldner eine derartige Sache nicht im Besitz hat, dann bleibt dem Gläubiger nur eine Klage auf das Interesse nach § 893 übrig, soweit nicht § 886 hilft, Jordan VersR **78**, 692 mwN. Der Gläubiger kann den Schuldner also nicht durch die Androhung eines Ordnungs- oder Zwangsmittels zur Anschaffung der Sache oder zu einem Tauschangebot zwingen, ganz abgesehen davon, daß man den Anspruch im Urteil auch nicht genügend genau bezeichnen könnte. Auch die §§ 887, 888 sind unanwendbar, § 887 III. Die Wegnahme beschränkt die Leistungspflicht auf die weggenommenen Stücke, §§ 243 II BGB, 897 ZPO.

Die Abgabe einer eidesstattlichen Versicherung kommt in diesen Fällen nicht in Frage.

2) VwGO: *Entsprechend anwendbar iRv Üb 3 § 883.*

885 *Herausgabe von Grundstücken oder Schiffen.* **¹ Hat der Schuldner eine unbewegliche Sache oder ein eingetragenes Schiff oder Schiffsbauwerk herauszugeben, zu überlassen oder zu räumen, so hat der Gerichtsvollzieher den Schuldner aus dem Besitz zu setzen und den Gläubiger in den Besitz einzuweisen.**

II Bewegliche Sachen, die nicht Gegenstand der Zwangsvollstreckung sind, werden von dem Gerichtsvollzieher weggeschafft und dem Schuldner oder, wenn dieser abwesend ist, einem Bevollmächtigten des Schuldners oder einer zu seiner Familie gehörigen oder in dieser Familie dienenden erwachsenen Person übergeben oder zur Verfügung gestellt.

III Ist weder der Schuldner noch eine der bezeichneten Personen anwesend, so hat der Gerichtsvollzieher die Sachen auf Kosten des Schuldners in das Pfandlokal zu schaffen oder anderweit in Verwahrung zu bringen.

IV Verzögert der Schuldner die Abforderung, so kann das Vollstreckungsgericht den Verkauf der Sachen und die Hinterlegung des Erlöses anordnen.

Schrifttum: Dreyer, Die Räumungsvollstreckung gegen Eheleute, 1965.

1) Unbewegliche Sache, I. A. Allgemeines. Anders als bei § 864 umfaßt der Begriff der unbeweglichen Sache hier nur ein Grundstück oder einen körperlichen Teil eines solchen Grundstücks, also einen nicht bloß gedachten Teil. Die Einräumung eines nur gedachten Teils ist nach §§ 887ff zu vollstrecken, StJM I, ZöSche 1, abw Eickmann DGVZ **79**, 179 mwN (differenzierend), aM zB ThP 1. Unter § 885 fallen ferner: Ein eingetragenes Schiff, und zwar unabhängig davon, ob es bewohnt ist oder nicht; ein eingetragenes Schiffsbauwerk. Ein nicht eingetragenes Schiff sowie ein nicht eingetragenes Schiffsbauwerk fallen unter § 883, selbst wenn diese schon eintragungsfähig sein mögen. § 885 betrifft insbesondere die Räumung des Grundstücks oder des Schiffs oder einzelner Räume (s dazu §§ 721, 794a) oder die Räumung eines Pachtgrundstücks.

Die Räumung einer beweglichen Sache, etwa die Räumung eines Wohnwagens oder diejenige eines nicht eingetragenen bewohnten Schiffes, ist entsprechend zu behandeln. Wenn bewegliches Zubehör, § 865 Anm 2 B, mit herausgegeben werden muß, dann fällt es unter § 885. Es ist unerheblich, ob der Vollstreckungstitel dinglich oder persönlich ist. Er muß aber gegen den Gewahrsamsinhaber lauten, notfalls auch gegen den Untermieter. Eine „Verpflichtung zum Auszug" bedeutet stets eine Räumungspflicht, AG Bensheim DGVZ **78**, 122 (sehr streng). Wenn ein Prozeßvergleich abgeschlossen und dort eine Formulierung gewählt wurde, der Schuldner „werde räumen", dann ist das ebenfalls ausreichend, AG Bruchsal DGVZ **78**, 121, aM LG Karlsr DGVZ **78**, 121.

B. Unmittelbarer Zwang. a) Grundsatz. Die Zwangsvollstreckung in die Herausgabe, die Überlassung und die Räumung geschehen durch einen unmittelbaren Zwang ohne einen Eingriff in die Sache selbst. Der Gerichtsvollzieher darf also nicht etwa eine Mauer niederreißen. Demgemäß reicht ein Vollstreckungstitel, nach dem ein Grundstück zu räumen ist, auch nicht zur „Räumung" desjenigen bebauten Grundstücksteils aus, auf dem sich ein festes Wohnhaus des Schuldners befindet.

In einem solchen Fall kann der Gläubiger nur nach § 887 vorgehen, falls auch die Beseitigung mit unter die „Räumung" im Sinne des Urteils fällt, Düss JZ **60**, 293 (Anm Henckel, der darauf hinweist, daß es sich stets nur um die Auslegung des Urteils handeln kann, nicht aber um eine Ergänzung des Vollstreckungstitels, aM Celle NJW **62**, 595 (der Schuldner sei nach § 885 aus dem Besitz zu entsetzen; die Baracke sei nach §§ 887, 892 zu entfernen). Im übrigen ergeben die Sachlage und das sachliche Recht, was geboten ist. Auf jeden Fall beinhaltet aber der Räumungstitel die Befugnis des Gerichtsvollziehers, den Schuldner aus einem Gebäude zu entfernen, das der Schuldner auf dem Grundstück erbaut hat, Hamm NJW **65**, 2207.

Der Gerichtsvollzieher muß den Räumungstermin dem Schuldner so rechtzeitig mitteilen, daß dieser sich darauf einrichten kann, AG Ffm WM **83**, 87. Freilich darf der Schuldner grundsätzlich keine wochenlange Zwischenfrist beanspruchen. Er kann nach §§ 765a, 766 vorgehen.

Die Anwesenheit des Gläubigers ist zwar nicht erforderlich, oft aber zweckmäßig. Der Gerichtsvollzieher muß dem Schuldner die Verfügungsgewalt entziehen und sie dem Gläubiger zuweisen. Das geschieht etwa dadurch, daß der Gerichtsvollzieher dem Schuldner die Schlüssel wegnimmt und sie dem Gläubiger sämtlich übergibt. Notfalls muß der Gerichtsvollzieher körperliche Gewalt anwenden, § 758 III. Wegen einer symbolischen Räumung Anm 2.

b) Familienangehörige. Der Gerichtsvollzieher muß neben dem Schuldner auch dessen Familienangehörigen entfernen, soweit sie kraft Gesetzes den Wohnsitz des Schuldners oder seines Ehegatten teilen, Düss MDR **60**, 234, Ffm MDR **69**, 882, vgl LG Darmstadt DGVZ **80**, 110 mwN, ferner LG Krefeld DGVZ **77**, 24, LG Mainz MDR **78**, 765 mwN. Der Gerichtsvollzieher muß auch die etwaigen Hausangestellten entsetzen.

Wenn der Ehemann der Alleinmieter ist, dann muß der Gerichtsvollzieher auch die Ehefrau entsetzen, die seine Wohnung mit dem Schuldner und der Lebensgemeinschaft teilt, Ffm MDR **69**, 882, vgl LG Darmstadt DGVZ **80**, 110 mwN, LG Tüb NJW **64**, 2021 (das Gericht begründet diese Notwendigkeit mit dem Mitbesitz der Ehefrau, der sich vom Mitbesitz des anderen Ehegatten herleitet), ähnlich Dietrich (Üb vor § 883) 204, Peters ZZP **91**, 341. Wenn die Ehefrau vom Ehemann getrennt lebt und die Wohnung allein inne hat, dann ist ein Räumungstitel gegen sie erforderlich. Denn jetzt ist sie die Alleinbesitzerin. Indessen genügt die Umschreibung des Räumungstitels, der gegen den Ehemann ergangen war, nach §§ 727, 325, wenn der Alleinbesitz der Ehefrau erst nach dem Eintritt der Rechtshängigkeit eingetreten ist, LG Münster MDR **73**, 934, LG Mannh NJW **62**, 815, aM Düss MDR **60**, 234. Entsprechendes gilt dann, wenn der Ehemann von der Ehefrau getrennt lebt und die Wohnung allein inne hat und wenn ein Vollstreckungstitel gegen die Ehefrau ergangen war.

Wenn beide Ehegatten den Mietvertrag unterzeichnet hatten, dann erfolgt die Räumung nur auf Grund eines Vollstreckungstitels gegen beide, vgl auch Pohle ZZP **68**, 277 ff, aM Ffm MDR **69**, 852 (ein Vollstreckungstitel sei nicht gegen den bloßen Mitunterzeichner erforderlich. Aber auch dieser ist ja ein Besitzer). Wenn beide Ehegatten als Miteigentümer des Grundstücks die Wohnung bewohnen, ist ebenfalls ein Vollstreckungstitel gegen beide erforderlich, Düss MDR **62**, 995. Der Gerichtsvollzieher darf gegen andere Familienangehörige, die die Wohnung mit dem Schuldner teilen, nur auf Grund eines besonderen Vollstreckungstitels vorgehen, insofern aM LG Mainz MDR **78**, 765 und wohl auch insofern LG Darmstadt DGVZ **80**, 110. Das gilt im allgemeinen auch gegenüber einem außerehelichen Lebensgefährten, insofern aM LG Darmstadt DGVZ **80**, 110, ferner gegenüber einem Untermieter, insofern auch LG Mainz MDR **78**, 765.

c) **Weitere Einzelfragen.** Das Inventar einer Gaststätte, an dem der Gläubiger ein Vermieterpfandrecht geltend gemacht hat, kann bei der Räumung an Ort und Stelle verbleiben, AG Offenb DGVZ **77**, 46.

2) Bewegliche Sache, II, III. A. Grundsatz. Wenn sich auf dem Grundstück oder auf dem Schiff Fahrnis befindet, die nicht Gegenstand der Zwangsvollstreckung ist, also nicht als Zubehör des Grundstücks oder des Schiffs angesehen werden kann, dann muß der Gerichtsvollzieher diese Fahrnis wegschaffen und muß sie dem Schuldner, seinem Bevollmächtigten, seinen Familienangehörigen, den erwachsenen Hausangestellten, s § 181 Anm 1 B a, übergeben oder zur Verfügung stellen. Der ProzBev ist nicht ohne weiteres ein Bevollmächtigter in diesem Sinn. Wenn der Gerichtsvollzieher nicht derart vorgehen kann oder wenn der Vermieter oder der Verpächter auf Grund eines gesetzlichen Pfandrechts dieser Maßnahme widersprechen, dann muß der Gerichtsvollzieher die Fahrnis in die Pfandkammer schaffen oder sie an einer anderen Stelle verwahren. Der Gerichtsvollzieher darf die Fahrnis auch dem Gläubiger in dessen Verwahrung geben und sie dann an Ort und Stelle lassen, LG Darmst DGVZ **77**, 90, Schneider MDR **82**, 986, aM AG Königswinter MDR **82**, 1029. Jedenfalls ist der Schuldner erst dann aus dem Besitz der Wohnung gesetzt, und daher ist der Vollstreckungstitel auch erst dann verbraucht, wenn der Gerichtsvollzieher die sämtlichen Möbel des Schuldners auf die vorstehende Art und Weise behandelt hat, Nürnb NJW **53**, 1398, LG Hbg DGVZ **81**, 157 mwN, AG Bln-Neukölln DGVZ **80**, 42.

B. Öffentliche Ordnung. Der Gerichtsvollzieher darf die öffentliche Ordnung nicht stören. Er darf die aus der Wohnung entfernten Sachen zB nicht auf der Straße stehen lassen, Hbg NJW **66**, 2320, Karlsr Rpfleger **74**, 408, LG Essen MDR **74**, 762, LG Mannh ZMR **74**, 178. Wenn eine solche Gefahr aber nicht droht, darf der Gerichtsvollzieher jedenfalls nicht gegen den Willen des Gläubigers nach III vorgehen, Hamm DGVZ **81**, 186; er darf und muß vielmehr dann auch die Sachen dann auch mittels des unten erörterten Vorschusses des Gläubigers in die neue Wohnung des Schuldners bringen, Hamm DGVZ **80**, 187. Eine nur symbolische Räumung durch die Entfernung nur einzelner Möbelstücke wegen einer sofortigen polizeilichen Einweisung verbraucht den Vollstreckungstitel nicht, Ffm MDR **69**, 852.

C. Einzelfragen. a) Unrat. Der Gerichtsvollzieher darf und muß im Rahmen der Räumung auch Unrat, Müll und wertvolles Gerümpel aus dem Raum entfernen, sogar entgegen einer Dienstanweisung des Vorgesetzten, LG Bln DGVZ **80**, 155 (dort auch zu weiteren Einzelheiten).

b) Kosten. Der Gläubiger muß für die Transportkosten und die Kosten der ersten Einlagerung einen Vorschuß erbringen, Karlsr Rpfleger **74**, 408, LG Essen MDR **74**, 762, AG Herne DGVZ **80**, 30. Wenn der Gerichtsvollzieher aber diesen Vorschuß verbraucht hat, dann braucht der Gläubiger keine weiteren Vorschüsse nachzuschießen, LG Bln MDR **72**, 249 mwN, ähnlich Karlsr Rpfleger **74**, 409 (der Gläubiger sei jedenfalls dann nicht nachschußpflichtig, wenn eine unangemessen lange Zeit in Betracht komme).

Die Kosten, auch diejenigen der Verwahrung, sind Kosten der Zwangsvollstreckung und müssen nach § 788 beigetrieben werden. Jedoch haftet der Gläubiger für diejenigen Kosten, die infolge seines Auftrags entstehen, insofern richtig Ffm Rpfleger **79**, 351. Der Gläubiger haftet also auch für die Kosten der Räumung und dafür, daß die dabei herausgeholten Gegenstände in eine geeignete Verwahrung gebracht werden, I–III. Denn erst anschließend ist die Räumung vollendet. Der Gläubiger haftet aber nicht für die Kosten der anschließenden Einlagerung und auch nicht gemäß IV, Hbg NJW **66**, 2319, LG Lübeck DGVZ **81**, 172, LG Mannh ZMR **74**, 178, aM Karlsr Rpfleger **74**, 408, LG Osnabr Rpfleger **79**, 351 je mwN.

Da das Räumungsgut nicht mehr Gegenstand der Zwangsvollstreckung ist, kann nur der Gerichtsvollzieher und nicht der Gläubiger wegen offenstehender Kosten der Räumung die Sachen zurückbehalten, selbst wenn der Gläubiger einen Vorschuß leisten würde, KG MDR **75**, 235 mwN (auch Sachen Dritter, LG Bln Rpfleger **74**, 409 mwN), vgl Schneider DGVZ **82**, 6. Nur der Gerichtsvollzieher und nicht der Gläubiger kann vom Veräußerungserlös des IV offene Kosten der Räumung vor der Hinterlegung des Erlöses abziehen.

c) Weitere Einzelheiten. Der Gerichtsvollzieher schließt den etwaigen Verwahrungsvertrag nicht als Vertreter des Gläubigers ab, selbst wenn der Gläubiger mit der Verwahrung einverstanden ist, LG Mannh ZMR **74**, 179. Der Gerichtsvollzieher schließt den Verwahrungsvertrag auch nicht als Vertreter des Schuldners ab, sondern er handelt im eigenen Namen, LG Mannh ZMR **74**, 178, Alisch DGVZ **79**, 6, Schneider DGVZ **82**, 6. Der Gerichtsvollzieher muß mindestens den mittelbaren Besitz der verwahrten Sachen behalten. Wenn er die Gegenstände in einem Raum verwahrt, zu dem nur er den Schlüssel hat, dann ist der Gerichtsvollzieher wegen eines kraft Gesetzes entstandenen Verwahrungsverhältnisses zwischen ihm und dem Schuldner der unmittelbare Besitzer.

Ein Dritter kann auf Grund eines die Veräußerung hindernden Rechts nicht aus § 771 vorgehen. Denn die verwahrten Sachen sind nicht (mehr) Gegenstand der Zwangsvollstreckung. Der Dritte ist vielmehr auf eine Erinnerung nach § 766 angewiesen. Der Schuldner kann gegenüber dem Gläubiger weder nach §§ 811, 812 noch nach §§ 765a, 813a vorgehen, LG Bln MDR **72**, 249, LG Essen MDR **74**, 762. Zu den Kosten auch Alisch DGVZ **79**, 5, Noack ZMR **68**, 66, Schneider DGVZ **82**, 1 je mwN.

3) Verzögerung der Abforderung, IV. A. Entscheidung. Wenn der Schuldner die Abforderung seiner beweglichen Habe verzögert, II, wobei das Interesse des Gerichtsvollziehers an einer Befreiung von seiner Obhutspflicht beachtlich ist, vgl LG Hbg MDR **73**, 593, dann darf der Rpfl des Vollstreckungsgerichts, § 20 Z 17 RPflG, Anh § 153 GVG, den Verkauf aus freier Hand oder im Weg der Versteigerung und die Hinterlegung des Erlöses von Amts wegen anordnen. Der Gerichtsvollzieher darf entgegen AG Limbg DGVZ **77**, 30, AG Oberhausen DGVZ **77**, 95 das Räumungsgut grundsätzlich keineswegs vernichten. Er ist zum Verkauf ohne einen Antrag des Gläubigers nicht verpflichtet, AG Helmstedt AnwBl **82**, 238. Die Vernichtung kommt allenfalls dann in Betracht, wenn das Räumungsgut unverkäuflich ist, zB wenn es sich um bloßes Gerümpel handelt, LG Düss ZMR **78**, 288, LG Karlsr DGVZ **80**, 14, AG Bln-Neukölln DGVZ **80**, 42. Höchstpersönliche, im übrigen aber wertlose Sachen gehen per Post an den Schuldner, LG Brschw DGVZ **77**, 42. Der Beschluß wird dem Gläubiger und dem Schuldner von Amts wegen zugestellt, dem Schuldner deshalb, weil er dem Gerichtsvollzieher gegenüber Kostenschuldner ist, § 3 I Z 1 GVKostG.

Soweit eine Anordnung nach IV unzulässig ist, etwa wegen gesetzlicher Aufbewahrungspflichten des Schuldners, die das Vollstreckungsgericht wegen seines unbekannten Aufenthalts beachten muß, verwahrt das Vollstreckungsgericht die Sachen auf Kosten der Landeskasse, AG Bad Oldesloe DGVZ **82**, 14.

B. Rechtsbehelfe. Der Betroffene kann gegen die Entscheidung des Rpfl die befristete Erinnerung einlegen, § 11 I 2 RPflG, Anh § 153 GVG, Ffm Rpfleger **79**, 350 mwN. Zum weiteren Erinnerungsverfahren § 829 Anm 9 A. Wenn der Richter über die Erinnerung entschieden hatte, dann ist die sofortige Beschwerde nach § 793 statthaft.

Gebühren: Des Gerichts KV 1149 (12 DM), 1181; des Anwalts §§ 57, 58 I BRAGO.

4) VwGO: *Entsprechend anwendbar iRv Üb 3 § 883.*

886 Herausgabe bei Gewahrsam eines Dritten.

Befindet sich eine herauszugebende Sache im Gewahrsam eines Dritten, so ist dem Gläubiger auf dessen Antrag der Anspruch des Schuldners auf Herausgabe der Sache nach den Vorschriften zu überweisen, welche die Pfändung und Überweisung einer Geldforderung betreffen.

1) Grundsatz. Wenn ein Dritter den Alleingewahrsam, Schlesw ZMR **83**, 16 (zum Gewahrsamsbegriff § 808 Anm 3 A) an der herauszugebenden beweglichen oder unbeweglichen Sache hat, dann ist eine Zwangsvollstreckung nur unter folgenden Voraussetzungen zulässig: **a)** Der Dritte ist zur Herausgabe der Sache bereit, § 809 Anm 2, Derleder NJW **70**, 929; **b)** der benannte mittelbare Besitzer tritt in den Prozeß ein, § 76 IV. Wenn der Vollstreckungstitel nach § 727 auf den Besitzer umgeschrieben worden ist, dann ist der Besitzer kein Dritter mehr.

zur Erwirkung der Herausgabe von Sachen usw. §§ 886, 887 1

2) Durchführung der Zwangsvollstreckung. Zulässig ist nur die Überweisung des Anspruchs auf die Herausgabe zur Einziehung. Eine Überweisung an Zahlungs Statt ist deshalb unzulässig, weil ein Nennwert fehlt. Es kommt nicht darauf an, ob die Sache etwa unpfändbar ist. § 886 gilt auch für die Herausgabe einer bestimmten Menge vertretbarer Sachen oder Wertpapiere, § 884. Die Vorschrift gilt ferner dann, wenn der Vollstreckungstitel auf eine Verschaffung lautet, und weiter bei der Pfändung einer Briefhypothek hinsichtlich des Hypothekenbriefes. Daher erhält der Gläubiger den Brief auch tatsächlich, notfalls im Klageweg.

Die Pfändung und die Überweisung des Anspruchs auf die Herausgabe (auch wenn er bedingt, betagt oder erst künftig ist, BGH **53**, 32), erfolgt nach §§ 829, 835. Die Zwangsvollstreckung richtet sich in einem solchen Fall nicht nach der Vollstreckung in einen Anspruch auf die Herausgabe. Deshalb braucht man die Sache nicht an den Gerichtsvollzieher an oder einen Sequester herauszugeben, sondern nur an den Gläubiger. Wie in den Fällen der §§ 829, 835 entscheidet der Rpfl. Gegen seine Entscheidung ist die befristete Erinnerung zulässig, § 11 I 2 RPflG, Anh § 153 GVG; vgl im übrigen § 829 Anm 9 A.

Gebühren: Des Gerichts KV 1149, 1181; des Anwalts §§ 57, 58 I BRAGO.

3) VwGO: *Entsprechend anwendbar iRv Üb 3 § 883.*

887 *Zwangsvollstreckung bei vertretbaren Handlungen.* [I] Erfüllt der Schuldner die Verpflichtung nicht, eine Handlung vorzunehmen, deren Vornahme durch einen Dritten erfolgen kann, so ist der Gläubiger von dem Prozeßgericht des ersten Rechtszuges auf Antrag zu ermächtigen, auf Kosten des Schuldners die Handlung vornehmen zu lassen.

[II] Der Gläubiger kann zugleich beantragen, den Schuldner zur Vorauszahlung der Kosten zu verurteilen, die durch die Vornahme der Handlung entstehen werden, unbeschadet des Rechts auf eine Nachforderung, wenn die Vornahme der Handlung einen größeren Kostenaufwand verursacht.

[III] Auf die Zwangsvollstreckung zur Erwirkung der Herausgabe oder Leistung von Sachen sind die vorstehenden Vorschriften nicht anzuwenden.

Gliederung

1) Vorbemerkung zu §§ 887–890
   A. Geltungsbereich
   B. Voraussetzungen der Zwangsvollstreckung
2) Voraussetzungen des § 887
   A. Allgemeines
   B. Vertretbare Handlung
3) Ermächtigung, I
   A. Auf Kosten des Schuldners
   B. Duldungspflicht

4) Verfahren, I
   A. Zuständigkeit
   B. Antrag
   C. Weiteres Verfahren
   D. Rechtsbehelf
5) Kostenvorschuß, II
6) Übersicht über die Vertretbarkeit und die Unvertretbarkeit
7) VwGO

1) Vorbemerkung zu §§ 887–890. A. Geltungsbereich. Die §§ 887–890 behandeln die Zwangsvollstreckung zur Erzwingung einer Handlung oder einer Unterlassung. Hierhin rechnen nicht die Herausgabe von Sachen, §§ 883, 885, 886, LG Bln DGVZ **80**, 156 (also auch nicht für die Entfernung von Unrat, Müll und wertlosem Gerümpel anläßlich einer Räumung), und die Herausgabe von Personen, § 883 Anm 5 B a. Ebensowenig zählen hierher die Leistung einer bestimmten Menge vertretbarer Sachen, § 884, oder die Leistung einer bestimmten Menge unvertretbarer Sachen, die der Schuldner erst beschaffen muß, III, Köln JMBl NRW **58**, 136 (bei solchen Sachen erfolgt also keine Ermächtigung zur Vornahme, sondern es ist eine Ersatzklage notwendig, § 893. Etwas anderes gilt dann, wenn die Vornahme der Handlung im Vordergrund steht, Neustadt MDR **60**, 932, insofern abw Köln JMBl NRW **58**, 136).

Eine Zwangsvollstreckung auf eine Zahlung oder eine Hinterlegung von Geld ist in den §§ 803ff geregelt. Die Zwangsvollstreckung in eine Abgabe einer Willenserklärung erfolgt nach § 894. Der Anspruch auf die Befreiung von einer Geldschuld wird nach § 887 vollstreckt, ebenso wie der Anspruch auf eine Befreiung von einer anderen Verbindlichkeit, Anm 6 „Befreiung von einer Schuld". Eine Handlung wird von der ZPO unterschiedlich erzwungen, nämlich dann, wenn sie vertretbar ist, nach § 887, wenn sie aber unvertretbar ist, nach § 888, vgl Anm 6. Die Erzwingung einer Unterlassung erfolgt nach § 890. Es ist unzulässig, das Begehrte durch die Festsetzung einer Geldstrafe auf Grund einer Parteivereinbarung zu erwirken. Denn § 887 ist zwingendes Recht, Hamm MDR **68**, 333, vgl Schneider MDR **75**, 279.

B. Voraussetzungen der Zwangsvollstreckung. Stets müssen auch in den Fällen der §§ 887–890 die Voraussetzungen einer Zwangsvollstreckung vorliegen. Das Prozeßgericht muß vor allem prüfen, ob die Vollstreckungsklausel, Düss OLGZ **76**, 377, und die nötigen Urkunden zugestellt worden sind, soweit § 750 das vorsieht, dort Anm 3. Der Aktenvermerk der Geschäftsstelle über die Erteilung einer vollstreckbaren Ausfertigung nach § 724 genügt nicht. Denn er beweist nicht, daß die Vollstreckungsklausel auch zugestellt worden ist.

2) Voraussetzungen des § 887. A. Allgemeines. § 887 setzt voraus, daß der Schuldner eine vertretbare Handlung nicht vornimmt, die er auf Grund eines vollstreckbaren Titels vornehmen müßte. Der Gläubiger muß in diesem Fall die Nichterfüllung behaupten. Das Gericht prüft nur nach, ob die Voraussetzungen der Zwangsvollstreckung vorliegen, Anm 1, und ob der Schuldner zeitlich imstande war, die Verpflichtung zu erfüllen, Gursky NJW **71**, 785, vgl Köln ZMR **73**, 253. Eine bloße Erklärung des Schuldners über seine Erfüllungsbereitschaft besagt nichts, wenn er hätte erfüllen können, Düss MDR **82**, 62. Wenn der Schuldner die Erfüllung behauptet, dann muß das Gericht allerdings nachprüfen, ob der Schuldner tatsächlich erfüllt hat, zB Ffm Rpfleger **81**, 152 mwN, vgl Rimmelspacher JR **76**, 90 je mwN, aM zB Bbg Rpfleger **83**, 79, LG Bochum MDR **83**, 65 je mwN. In einem solchen Fall muß der Schuldner allerdings die erforderlichen Tatsachen beweisen, aM Düss OLGZ **76**, 379 (wegen § 888).

Der Schuldner kann stets eine Vollstreckungsabwehrklage nach § 767 erheben, insofern richtig Düss OLGZ **76**, 379 (wegen § 888). Er muß diesen Weg gehen, sobald das Verfahren nach § 887 formell rechtskräftig beendet ist, Ffm Rpfleger **81**, 152; er kann den Erfüllungseinwand natürlich auch im Hauptsacheverfahren geltend machen, solange dieses noch nicht rechtskräftig beendet ist, Ffm Rpfleger **81**, 152. Vgl ferner Schneider MDR **75**, 281. Eine Entscheidung im Vollstreckungsverfahren bindet den Richter der Vollstreckungsabwehrklage nicht. Der Einwand des Schuldners, ihm sei die Erfüllung unmöglich geworden, gehört grundsätzlich in das Verfahren nach § 767, vgl aber auch Köln MDR **75**, 586. Schlesw SchlHA **68**, 73 sieht in einem solchen Fall das Rechtsschutzbedürfnis nicht mehr als gegeben an. Das ist angesichts der klaren Sachlage wohl richtig. Im Fall einer wiederkehrenden Leistung sind deren urteilsmäßige Voraussetzungen jedesmal nachzuweisen.

Eine gerichtliche Aufforderung an den Schuldner zur Erfüllung und eine Fristsetzung sind unzulässig. Wenn der Schuldner nach § 769 eine Einstellung der Zwangsvollstreckung beantragt, dann muß das Gericht zwar unter den weiteren Voraussetzungen des § 887 einen Beschluß nach dieser Vorschrift erlassen, die Vollstreckung aber unter Umständen aussetzen.

B. Vertretbare Handlung. Das ist eine solche Handlung, bei der es rechtlich und wirtschaftlich betrachtet für den Gläubiger unerheblich ist, ob der Schuldner oder ein Dritter erfüllen, Bbg MDR **83**, 499, Köln MDR **75**, 586 Nr 71 und 72, Schneider MDR **75**, 279 je mwN. Die Verteuerung für den Schuldner ist eine Folge seines Ungehorsams und bleibt außer Betracht. Die Abgrenzung gegenüber der unvertretbaren Handlung ist oft schwierig. Ob eine vertretbare oder eine unvertretbare Handlung anzunehmen sind, kann von der allgemeinen Wirtschaftslage abhängen, etwa zB von einer auftretenden Schwierigkeit, Rohstoffe zu beschaffen, durch die eine andere Situation als bei normalen Verhältnissen eintreten mag, vgl dazu Celle MDR **48**, 225.

Eine an sich vertretbare Handlung kann unvertretbar sein, soweit der Gläubiger Wert darauf legen darf und ersichtlich auch darauf legt, daß der Schuldner die Verpflichtung in eigener Person und nicht durch einen Dritten erfüllt, Köln BB **81**, 393 mwN.

Es ist unerheblich, ob das Urteil auf § 887 oder auf § 888 verweist. Wenn es zweifelhaft ist, ob die Handlung als eine vertretbare oder als eine unvertretbare anzusehen ist, etwa bei einer Verurteilung zu einer Bilanzierung, dann muß das Gericht zunächst nach § 887 verfahren. Denn diese Vorschrift bedrückt den Schuldner weniger. Wenn sich dann die Notwendigkeit einer Mitwirkung des Schuldners herausstellt, ist nunmehr § 888 anzuwenden.

Einzelfälle sind in Anm 6 aufgezählt.

3) Ermächtigung, I. A. Auf Kosten des Schuldners. Das Gericht ermächtigt den Gläubiger durch einen Beschluß, die Handlung auf Kosten des Schuldners vornehmen zu lassen oder selbst vorzunehmen. Der Beschluß braucht diese Wahl nicht selbst zu treffen, Rimmelspacher JR **76**, 91. Wenn der Beschluß eine allgemeine Ermächtigung ausspricht, hat der

zur Erwirkung der Herausgabe von Sachen usw. **§ 887** 3, 4

Gläubiger noch hinterher ein Wahlrecht. Der Beschluß braucht erst recht nicht einen bestimmten Dritten zu benennen. Es wäre sogar zweckwidrig, eine solche Benennung vorzunehmen, vgl OLGZ **67**, 411. Das Gericht kann im Beschluß nähere Vorschriften über seine Ausführung erlassen. Der Beschluß ist der Beginn der Zwangsvollstreckung, Grdz 7 A vor § 704. Die Ermächtigung ergeht auf Kosten des Schuldners. Sie berührt die Pflicht des Schuldners und sein Recht zur Erfüllung nicht. Etwas anderes gilt allenfalls dann, wenn der Gläubiger an der Durchführung der Ermächtigung ein berechtigtes Interesse haben würde.

Der Gläubiger schließt zur Ausführung des Beschlusses die erforderlichen Verträge mit Dritten im eigenen Namen. Er haftet für das etwaige Verschulden eines Dritten nach § 831 BGB. Eine sachlichrechtliche Befugnis, etwa infolge eines Vergleichs, zählt nicht hierher, Hbg MDR **73**, 768.

Die vom Gläubiger aufzuwendenden Kosten sind nach § 788 beizutreiben, Hamm JB **77**, 1457, vgl Köln FamRZ **83**, 710. Eine Kostenfestsetzung ist zulässig. Der Schuldner trägt allerdings nur die notwendigen Kosten, Bbg JB **75**, 941. Kosten, die durch sachwidrige Maßnahmen eines Dritten erwachsen sind, brauchen weder der Gläubiger noch der Schuldner zu tragen.

B. Duldungspflicht. Der Schuldner muß die Ausführung dulden, zumindest dann, wenn das Vertrauen des Gläubigers auf eine ordnungsgemäße und zuverlässige Vornahme der Handlung durch den Schuldner mit Recht erschüttert ist, Düss MDR **82**, 62. Der Schuldner muß dem Gläubiger daher auch gestatten, seine Räume in der erforderlichen Umfang zu betreten. Das Gericht kann dieses Zutrittsrecht und weitere Einzelheiten darüber, in welchem Umfang der Schuldner die Ausführung dulden muß, im Beschluß anordnen, um dem Gläubiger die Vornahme der Handlung zu ermöglichen oder zu erleichtern, Celle MDR **48**, 225. Das Gericht kann demgegenüber keinen Dritten in dieser Weise unmittelbar verpflichten. Der Gläubiger muß sich eine zur Ausführung etwa erforderliche behördliche Erlaubnis selbst beschaffen, etwa eine Baugenehmigung. Das Gericht darf eine Anordnung nach § 887 nur dann ablehnen, wenn eine etwa notwendige behördliche Erlaubnis bereits versagt worden ist, also nicht schon dann, wenn sie zwar noch nicht erteilt wurde, aber immerhin noch erteilt werden kann, LG Hbg MDR **58**, 340.

Ein Widerstand des Schuldners wird gemäß § 892 gebrochen. Wenn der Schuldner die Erfüllung in einer ernstzunehmenden Erklärung übernimmt, nachdem der zur Ausführung der Handlung ermächtigte Gläubiger bereits diesbezügliche Aufwendungen gemacht hatte, dann muß der Schuldner diese Aufwendungen dem Gläubiger ersetzen und den Gläubiger von seinen noch bestehenden Verbindlichkeiten befreien. Wegen der Nachprüfung der Erfüllung Anm 2 A. Wenn der Schuldner prozeßunfähig ist, dann ändert sich am vorstehenden Verfahren grundsätzlich nichts. Es genügt dann, daß der gesetzliche Vertreter des Schuldners die Erfüllung verweigert.

4) Verfahren, I. A. Zuständigkeit. Ausschließlich zuständig, § 802, ist das Prozeßgericht der ersten Instanz, also evtl der nach § 348 bestellte Einzelrichter, Mü MDR **83**, 499, auch die Kammer für Handelssachen oder das ArbG, vgl LAG Hamm DB **73**, 1951. Es muß nicht unbedingt diejenige Stelle nach § 887 entscheiden, die im Erkenntnisverfahren entschieden hat, Düss FamRZ **81**, 577 mwN. Der Rpfl ist nicht zuständig. Denn das Gesetz hat ihm keine derartigen Funktionen des Prozeßgerichts übertragen. Bei der Zwangsvollstreckung auf Grund eines Schiedsspruchs, eines Schiedsvergleichs oder eines ausländischen Urteils ist das Gericht zuständig, das diesen Vollstreckungstitel für vollstreckbar erklärt hat, §§ 1042, 1044a, 722. Wenn es um einen Vergleich geht, der vor einer Gütestelle geschlossen wurde, dann ist das Gericht der Vollstreckungsklausel zuständig.

Im Fall einer einstweiligen Verfügung ist stets das Gericht der ersten Instanz zuständig, auch wenn die einstweilige Verfügung in jenem Verfahren vom Berufungsgericht erlassen wurde. Wenn der Einzelrichter den Vollstreckungstitel erlassen hatte, ist er zuständig, § 348, vgl Ffm MDR **81**, 504 mwN. Wenn das AG eine Anordnung nach § 942 getroffen hatte, dann ist das Gericht der Hauptsache zuständig. Denn das AG ist nur aushilfsweise zuständig. Es ist unerheblich, ob der Streit inzwischen in höherer Instanz anhängig ist. Das Urteil selbst darf noch keine Ermächtigung geben. Die Ermächtigung gehört nämlich zur Zwangsvollstreckung. In einer WEG-Sache ist dasjenige Gericht zuständig, das im ersten Rechtszug entschieden hat, BayObLG **83**, 17 mwN.

B. Antrag. Unentbehrlich ist ein Antrag des Gläubigers. Ein Anwaltszwang besteht wie sonst, vgl Köln MDR **73**, 58 mwN. Der Gläubiger muß die vorzunehmende Handlung in seinem Antrag genau bezeichnen, auch wenn der Schuldner wählen könnte, wie er erfüllt (in einem solchen Fall muß das Gericht seinen Gegenvorschlag von Amts wegen prüfen),

Hartmann 1757

Ffm JB **76**, 398 mwN. Notfalls ist eine neue Klage notwendig, Schneider MDR **75**, 279. Der Gläubiger braucht im Antrag keine bestimmte Person vorzuschlagen. Weitere Voraussetzung ist auch hier ein Rechtsschutzbedürfnis.

Wenn sich der Gläubiger die Erfüllung ohne weiteres kostenlos selbst verschaffen kann, wenn er etwa die Urkunden selbst besorgen kann, die ihm der Schuldner liefern soll, und wenn der Gläubiger entsprechend gehandelt hat, dann ist sein Antrag unzulässig. Im Fall einer solchen Selbstvornahme hat der Gläubiger zumindest vor einer Ermächtigung gemäß I keinen Bereicherungsanspruch, Gursky NJW **71**, 787, aM zB Pal-Thomas § 812 BGB Anm 4c, Schneider MDR **75**, 281 je mwN.

C. Weiteres Verfahren. Kosten, die während der Durchführung gemäß I entstanden, sind Kosten der Zwangsvollstreckung, Hamm MDR **72**, 615. Das gilt auch für die Kosten, die der Gläubiger für den vom Schuldner erbetenen Transport der Sache in dessen Herrschaftsbereich zwecks Vornahme der Handlung aufwendet, Ffm MDR **81**, 1025. Wenn der Schuldner einwendet, er habe alles ihm bisher Mögliche zur Erfüllung getan, dann leugnet er das Verstreichen einer angemessenen Frist, Anm 2. Über diese Frage muß das Gericht im Verfahren nach § 887 entscheiden. Wenn der Schuldner die Art der angeordneten Sicherheitsleistung nicht bestimmt hatte, muß der Gläubiger seine Wahl im Antrag treffen, Kblz FamRZ **73**, 382. Wenn ein Fall des § 775 Z 1–3 vorliegt, dann ist der Antrag unzulässig. Das Verfahren verläuft im übrigen nach § 891.

D. Rechtsbehelf. Der Gläubiger und der Schuldner können gegen eine Entscheidung des Gerichts die sofortige Beschwerde einlegen, § 793, BayObLG **83**, 17 mwN. Eine Aussetzung der Vollziehung erfolgt nach § 572 II, III.

Gebühren: Des Gerichts KV 1181 (Beschwerdegebühr); des RA §§ 57, 58 I BRAGO.

5) Kostenvorschuß, II. Der Gläubiger kann beantragen, den Schuldner dazu anzuhalten, dem Gläubiger die voraussichtlichen Kosten vorzuschießen. Der Gläubiger braucht diesen Antrag nicht „zugleich" mit dem Antrag auf seine Ermächtigung zu stellen. Das Gericht entscheidet durch einen Beschluß. Wenn der Gläubiger mehrmals einen Vorschuß beantragt, müssen unter Umständen mehrere Entscheidungen ergehen. Das Gericht muß den Schuldner auch in diesem Verfahren anhören, § 891. Der Schuldner darf gegenüber dem Betrag, zu dessen Vorschußleistung ihn der Beschluß anhält, eine Aufrechnung erklären, zB Bre NJW **63**, 2080, von Olshausen AcP **182**, 264 mwN, aM Gerhardt, Der Befreiungsanspruch (1966) 76. Wegen der Tilgung der Forderung kann er nach §§ 767, 769 vorgehen.

Die Höhe des Vorschusses ist in das pflichtgemäße Ermessen des Gerichts gestellt. Wird der Gläubiger zur Vornahme einer Handlung ermächtigt, für die er eine Gegenleistung schuldet, etwa bei einer Handwerkerarbeit, so kann er als Vorschuß nur die abschätzbaren Mehrkosten der Ersatzvornahme fordern, LG Würzb Rpfleger **80**, 160. Zu den Kosten können diejenigen einer vorbereitenden Schätzung durch einen Sachverständigen zählen, Ffm VersR **83**, 90. Das Gericht muß seine Entscheidung so begründen, daß sie nachprüfbar ist, § 329 Anm 1 A b, Ffm JB **76**, 398.

Die Zwangsvollstreckung aus dem Beschluß erfolgt nach §§ 803 ff, Köln FamRZ **83**, 710, vgl § 794 I Z 3. Der Schuldner muß notfalls gegen den Gläubiger auf eine Rückerstattung des etwa nicht verbrauchten Vorschußteils klagen. Wenn der Gläubiger einen Mehrbedarf hat, kann er ihn im Verfahren nach II mit einem neuen Antrag nachfordern, Ffm JB **76**, 398. Wenn das Verfahren nach § 887 beendet ist, dann darf das Gericht auch keinen Vorschuß nach II mehr festsetzen, Hamm OLGZ **72**, 311. Vielmehr ist die Prüfung der Notwendigkeit solcher Kosten dann im Verfahren nach § 788 vorzunehmen. Der Gläubiger muß den Schuldner notfalls verklagen.

Gebühren: Des RA § 58 III Z 7 BRAGO.

6) Übersicht über die Vertretbarkeit und die Unvertretbarkeit. Bei einer vertretbaren Handlung erfolgt die Zwangsvollstreckung nach § 887, bei einer unvertretbaren Handlung erfolgt die Zwangsvollstreckung nach § 888. Vgl ferner den Zwangsvollstreckungsschlüssel in Grdz 9 vor § 704.

Abnahme der Kaufsache: Sie ist vertretbar, Schneider MDR **75**, 280.
Anmeldung zum Konkurs und dgl: Sie ist vertretbar.
Annahme als Erfüllung: Sie ist unvertretbar. Denn zu ihr gehört eine Prüfung der Ware.
Arbeitspapiere: Soweit sie bereits vollständig ausgefüllt sind, erfolgt die Vollstreckung nach § 883, andernfalls nach § 888, LAG Hamm DB **81**, 535.
Auskunft, Einsicht, Rechnungslegung: Sie ist unvertretbar, falls sie nur der Schuldner erbringen kann, Ffm Rpfleger **77**, 184 mwN, Hbg MDR **78**, 934, Schlesw SchlHA **80**, 71. LAG Hamm DB **73**, 1951, aber auch sonst, LG Kiel SchlHA **83**, 76. Denn mit jeder

zur Erwirkung der Herausgabe von Sachen usw. **§ 887** 6

Rechnungslegung wird deren Richtigkeit und Vollständigkeit erklärt, und diese muß notfalls im Weg einer eidesstattlichen Versicherung zur Offenbarung bekräftigt werden, Mü MDR **60**, 404; vgl auch BGH **LM** § 2314 BGB Nr 9. Wenn der Schuldner die Rechnung gelegt, der Gläubiger diese aber als unvollständig angesehen hat, weil der Schuldner angeblich nicht alles geleistet habe, dann kann das Gericht nach § 888 prüfen, ob es den Schuldner anhalten muß, die Rechnung besser und vollständiger zu legen. Ein Urteil auf eine Rechnungslegung muß dann aber auch in diese Richtung gehen, Düss GRUR **63**, 78.

Wenn der Gläubiger die Unrichtigkeit der abgelegten Rechnung behauptet, dann muß er eine entsprechende Klage erheben. Der Rechnungspflichtige braucht die zugehörigen Belege dem Anwalt des Gegners nicht zu treuen Händen zu überlassen, Anm 1 A, vgl Düss FamRZ **78**, 718. Vgl auch § 132 IV 2 AktG, dazu BayObLG **74**, 214. Der Schuldner darf und muß notfalls eine Hilfskraft zuziehen. Er muß ihre Zuziehung zumindest versuchen. Notfalls muß er ohne die Hilfskraft so gut wie möglich Auskunft geben, BayObLG NJW **75**, 741 und BB **75**, 1036. Vgl auch ,,Versorgungsausgleich" sowie § 883 Anm 5 A a.

Befreiung von einer Schuld, etwa einer Bürgschaft: Sie ist vertretbar, soweit die Schuld der Höhe nach feststeht und auch von einem Dritten gleichwertig erfüllt werden kann, vgl BGH NJW **58**, 497, BAG KTS **76**, 143, Hbg FamRZ **83**, 213 mwN, abw zB Trinkl NJW **68**, 1077 (er wendet bei der Befreiung von einer Geldschuld § 803 an).

Beglaubigung, öffentliche, einer Urkunde des Schuldners: Sie ist unvertretbar.

Bilanzierung: Sie ist richtigerweise vertretbar, wenn ein Sachverständiger die Bilanz anhand der Geschäftsbücher und Geschäftspapiere zuverlässig fertigen kann, jedoch unvertretbar, wenn der Unternehmer mitwirken muß.

Buchauszug: Die Erteilung eines Buchauszugs ist vertretbar, Karlsr OLGZ **73**, 374. Bei einem Handelsvertreter werden die Ersatzvornahme seines Anspruchs auf die Erteilung eines Buchauszugs und die Mitteilung der näheren Vertragsumstände, § 87c II und III HGB, zwar nicht durch das Recht auf die eigene Bucheinsicht oder durch die Vornahme durch einen Wirtschaftsprüfer oder einen vereidigten Buchsachverständigen nach § 87c IV HGB ausgeschlossen, Hamm NJW **65**, 1387, OLGZ **67**, 412; jedoch erfolgt eine Ersatzvornahme nicht schon wegen eines jeden Mangels des bereits erteilten Auszugs, sondern erst dann, wenn der erteilte Auszug gänzlich unbrauchbar ist, BGH **LM** § 87c HGB Nr 4a.

Das Vollstreckungsgericht prüft, ob der Auszug völlig unbrauchbar ist. Insofern findet also kein Verfahren nach § 767 statt, Karlsr OLGZ **73**, 375. Die erforderlichen Auskünfte, § 87c III HGB, sind grundsätzlich schon im Urteil näher benannt worden, müssen aber spätestens zu Beginn der Zwangsvollstreckung bestimmt werden. Denn der Antrag müßte sonst mangels Bestimmtheit zurückgewiesen werden, Hamm OLGZ **67**, 414.

Dienste: Dienste höherer Art sind unvertretbar. Andere Dienste sind regelmäßig vertretbar, etwa: Eine Transportleistung; ein Beheizen, dazu Dietrich (Üb vor § 883) 133, abw Peters ZZP **91**, 340 (er wendet § 890 an); das Beleuchten; der Abbruch eines Behelfsheims, Hamm JMBl NRW **60**, 244. In diesem Fall findet regelmäßig § 887 Anwendung. Vgl § 888 Anm 4 A d, auch wegen des Beschäftigungsanspruchs.

Drucklegung: Sie ist dann vertretbar, wenn sie keine Einbuße in ihrem Wesen erleidet, falls sie ein anderer Verlag vornimmt. So ist auch im Zweifel zu verfahren, Anm 2 B. Andernfalls handelt es sich um eine unvertretbare Handlung, Mü MDR **55**, 682.

Einsicht und Auskunft wegen einer Gehaltsliste: Sie sind unvertretbar, LAG Hamm DB **73**, 1951. Wegen der Einsicht in Geschäftsunterlagen usw § 883 Anm 5 A a.

Eintragung ins Grundbuch: Die Bewirkung ist vertretbar.

Geistige Leistung: Sie ist regelmäßig unvertretbar. Eine geistige Leistung kann aber dann vertretbar sein, wenn genügend sachlich oder allgemein gebildete Personen zur Leistung vorhanden sind. Das kann zB je nach der Sachlage anzunehmen sein, wenn etwa die Inhaltsangabe eines wissenschaftlichen Werks angefertigt werden soll oder wenn es um die Anfertigung eines Sachregisters oder eines Warenverzeichnisses geht. Die Übersetzung einer Urkunde ist vertretbar. Die Übersetzung eines Werks ist unvertretbar. Vgl auch § 888 Anm 1 B und C.

Handwerksmäßige Leistung: Eine solche Leistung ist vertretbar, wenn sie keine besondere geistige oder körperliche Befähigung verlangt. Das gilt im allgemeinen für die Arbeit eines Handwerkers, LG Würzb Rpfleger **80**, 160, etwa eine gärtnerische Arbeit, auch wenn sie der Grundeigentümer durchführen kann, LG Mannh ZMR **78**, 152. Vertretbar ist auch eine handwerksmäßige Leistung auf Grund eines Dienstvertrags, und zwar auch dann, wenn ein Sachverständiger mitwirken muß, Zweibr MDR **74**, 410. § 888 II betrifft nur unvertretbare Dienstleistungen. Die Errichtung eines schlüsselfertigen Hauses durch einen Architekten kann eine vertretbare Handlung sein, Köln ZMR **73**, 253. Dasselbe gilt für die Herstellung einer Straße, LG Mannh ZMR **74**, 350.

Haustier, Beseitigung: Die Handlung ist im allgemeinen vertretbar und nur unter besonderen Umständen unvertretbar, Hamm OLGZ **66**, 562. Eine Verurteilung zur „Verhinderung von Geruchsbelästigungen" kann besonders dann nach § 888 (und nicht nach § 890) zu vollstrecken sein, wenn die Urteilsgründe von einer „Störungsbeseitigung" sprechen, Mü OLGZ **82**, 101.

Herausgabe: § 883 Anm 1 B, 3 A.

Hinterlegung von Geld: Sie ist vertretbar, vgl auch Anm 1 A. Sie ist aber wegen der Berechnung dann unvertretbar, wenn der Betrag nicht ziffernmäßig feststeht. Das kann zB bei dem Erlös aus der Aberntung eines Ackers der Fall sein.

Immission: S „Zuführung".

Kaufverpflichtung nach einer Liste: Sie ist vertretbar, Köln MDR **75**, 586.

Lieferung von elektrischer Kraft und dgl: Sie ist vertretbar.

Löschung der Hypothek oder Grundschuld eines Dritten: Sie ist vertretbar, LG Darmst MDR **58**, 110.

Mitwirkung: Sie kann unvertretbar sein, LG Zweibr MDR **76**, 145 (Steuerklasse). Wenn ein Dritter mitwirken muß, dann ist die Leistung für den Schuldner im allgemeinen unvertretbar. Das gilt zB dann, wenn die Leistung ausschließlich vom Willen des Schuldners abhängt. Wenn der Dritte nicht zur Mitwirkung verpflichtet und auch nicht dazu bereit ist, dann ist auch § 888 unanwendbar, § 888 Anm 1 C, Ffm MDR **83**, 141. Der Schuldner muß den Ausfall des Dritten behaupten, Schilken JR **76**, 322.

Nachlaßverzeichnis, Herstellung: Sie ist unvertretbar. Dasselbe gilt für eine Urkundenvorlage an den Pflichtteilsberechtigten, BGH NJW **75**, 1777.

Prozeß: Die Einleitung und die Führung des Rechtsstreits sind wegen der grundlegenden Bedeutung der persönlichen Einwirkung grundsätzlich unvertretbar und nur im Einzelfall ausnahmsweise vertretbar.

Rechnungslegung: S Auskunft.

Sicherheitsleistung: Sie ist vertretbar, Hbg FamRZ **82**, 284 mwN. Bei einer Sicherheitsleistung nach § 232 BGB gilt folgendes: Der Gläubiger darf sofort aus einer Bürgschaft vollstrecken, § 232 I BGB dient nur seinem Schutz; zu den Kosten gehört die Vergütung des Bürgen.

S auch „Versorgungsausgleich".

Steuererklärung des Ehegatten: Vgl Tiedtke FamRZ **77**, 689.

Umgangsrecht des Nichtsorgeberechtigten: Es ist unvertretbar, Kblz FamRZ **78**, 605, Zweibr FamRZ **79**, 842.

Unterzeichnung eines Wechsels und dgl: Sie ist unvertretbar.

Veräußerungsverpflichtung: Sie ist unvertretbar. Denn man muß die Bedingungen im einzelnen aushandeln und muß einen Kaufvertrag abschließen, Hamm MDR **65**, 584.

Vermieter, Handlungen des: Das Inbetriebsetzen des Fahrstuhls, der Licht- oder der Staubsaugeranlage ist vertretbar. Die Instandsetzung und der Betrieb der Sammelheizung sind vertretbar, aM Hamm JMBl NRW **62**, 196, LG Wuppertal WM **82**, 134 (diese Gerichte wenden § 890 an, weil eine Dauerverpflichtung vorliege und weil mit dieser Dauerverpflichtung die Schwierigkeiten der Wartung zusammenhingen. Damit verkehrt man aber den § 890 in sein Gegenteil. Denn die Maschinerie dieser Vorschrift arbeitet viel zu langsam, und der Gläubiger wird hier der Dauerschikane des Schuldners überantwortet, während er nach § 887 selbst energisch eingreifen könnte. Der Schuldner muß sich die entstehenden Mehrkosten selbst zuschreiben. Deshalb auch falsch AG Köln WM **74**, 188, wonach die Handlung vertretbar sei).

Der Gerichtsvollzieher bricht einen Widerstand des Schuldners beim Betreten des Grundstücks, Anm 3 B. Es ist aber auch möglich, nach § 890 vorzugehen, um den Vermieter zu veranlassen, seinen Widerstand gegen das Betreten und evtl gegen das Offenhalten der fraglichen Räume aufzugeben. Eine Nebenkostenabrechnung ist wohl meist unvertretbar, vgl AG Aachen WM **77**, 231.

Versorgungsausgleich: Die Zwangsvollstreckung aus einem Beschluß des Familiengerichts betreffend eine Auskunft über die Voraussetzungen des Versorgungsausgleichs erfolgt wegen § 53g III FGG nach der ZPO, und zwar nach § 888, Hamm Rpfleger **80**, 351 mwN, Klauser MDR **83**, 533. Vgl zB auch Ffm (3. FamS) FamRZ **80**, 899 und (1. FamS) FamRZ **81**, 181 mwN gg Ffm (4. FamS) FamRZ **80**, 266, ferner Hamm FamRZ **80**, 899.

Der Anspruch auf eine Sicherheitsleistung, § 1389 BGB, ist nach § 887 vollstreckbar, Köln FamRZ **83**, 710 mwN.

Vertrag: Sein schriftlicher Abschluß ist unvertretbar, Bbg MDR **83**, 499. Allerdings kann auch § 888 unanwendbar sein, § 888 Anm 1 A; s auch Kaufverpflichtung, Willenserklärung, auch wegen der Vollmacht. Vgl auch § 893, Bbg MDR **83**, 500.

Widerruf: Er ist unvertretbar, die Zwangsvollstreckung erfolgt nach § 888 und nicht nach § 894, § 888 Anm 1 B.

Willenserklärung: Ihre Abgabe oder Entgegennahme ist vertretbar, wenn die Parteien auf den Inhalt überhaupt keinen oder nahezu keinen Einfluß haben, Köln MDR **75**, 586. Andernfalls ist eine neue Klage erforderlich. Beispiel: Eine Auflassung, auch an einen Sequester, aM Hamm NJW **56**, 918, Köln MDR **75**, 586. Eine richterliche Ermächtigung ersetzt die fehlende Befugnis. Der Umstand, daß zur Abgabe der Willenserklärung eine Vollmacht des Schuldners erforderlich ist, macht die Abgabe nicht zu einer unvertretbaren Handlung. Die Ermächtigung ersetzt auch die Vollmacht, aM StJ II 2b. Das gilt bei der Verschaffung des Eigentums, wenn der Eigentümer zur Veräußerung an den Gläubiger unter angemessenen Bedingungen bereit ist; vgl aber § 894 Anm 1 A.

Die Anpassung einer betrieblichen Altersversorgung muß durch ein Urteil geschehen, BAG DB **77**, 117, aM Lieb/Westhoff DB **76**, 1971 (es handle sich um eine unvertretbare Handlung).

Zeugnis: Seine Ausstellung ist unvertretbar. Zu der Frage, ob eine Zwangsvollstreckung möglich ist oder ob eine neue Klage erforderlich ist, vgl LAG Düss DB **73**, 1853, LAG Ffm BB **81**, 54.

Zuführung (Immission): Der Gläubiger muß in seinem Antrag diejenigen Maßnahmen genau angeben, die der Schuldner vorzunehmen hat, sofern diese Maßnahmen nicht schon durch das Urteil festgelegt wurden. Die Zwangsvollstreckung erfolgt je nach der Sachlage entweder nach § 887, Düss MDR **77**, 931, oder nach § 888, nicht jedoch nach § 890, Ffm Rpfleger **75**, 445, Hamm NJW **73**, 1135 (betreffend eine Untätigkeit des Schuldners gegenüber einer Beseitigungspflicht) mwN, aM zB Düss OLGZ **76**, 378.

§ 890 gilt aber zB im Falle einer Verpflichtung zur „Unterlassung eines vermeidbaren ruhestörenden Lärms", Brschw OLGZ **74**, 297. Wer den Rechtsfrieden gebrochen hat, der darf nicht dem Geschädigten die oft unmögliche Aufgabe zumuten, im einzelnen aufzuzeigen, wie der Schaden beseitigt werden soll. Oft weiß nur der Schuldner den richtigen Weg, etwa dann, wenn es um eine große Fabrik mit verwickelten technischen Einrichtungen geht. Die Beseitigung von Zuführungen wird noch nicht dadurch zu einer unvertretbaren Handlung, daß der Gläubiger und seine Hilfspersonen das Grundstück des Schuldners betreten müssen, um die erforderlichen Maßnahmen zu treffen, Celle MDR **48**, 225, Hamm JMBl NRW **57**, 198. Notfalls gilt § 892. Wenn es sich allerdings um größere Änderungen handelt, die den ganzen Betrieb oder wesentliche Teile betreffen, dann ist doch wieder § 888 anwendbar.

7) *VwGO:* Entsprechend anwendbar iRv Üb 3 § 883, vgl VGH Mü NVwZ **82**, 563 u OVG Lüneb NJW **69**, 205, bei der Vollstreckung zugunsten eines Privaten, OVG Lüneb AS **31**, 491 (bei Vollstreckung zugunsten der öffentlichen Hand gilt § 169 VwGO).

888 Unvertretbare Handlungen.

I Kann eine Handlung durch einen Dritten nicht vorgenommen werden, so ist, wenn sie ausschließlich von dem Willen des Schuldners abhängt, auf Antrag von dem Prozeßgericht des ersten Rechtszuges zu erkennen, daß der Schuldner zur Vornahme der Handlung durch Zwangsgeld und für den Fall, daß dieses nicht beigetrieben werden kann, durch Zwangshaft oder durch Zwangshaft anzuhalten sei. Das einzelne Zwangsgeld darf den Betrag von fünfzigtausend Deutsche Mark nicht übersteigen. Für die Zwangshaft gelten die Vorschriften des Vierten Abschnitts über die Haft entsprechend.

II Diese Vorschrift kommt im Falle der Verurteilung zur Eingehung einer Ehe, im Falle der Verurteilung zur Herstellung des ehelichen Lebens und im Falle der Verurteilung zur Leistung von Diensten aus einem Dienstvertrag nicht zur Anwendung.

Schrifttum: Peters, Restriktive Auslegung des § 888 I ZPO? Gedächtnisschrift für Bruns (1980) 285; Schoenthal, Die Stellung gesetzlicher Vertreter des Schuldners im Verfahren nach den §§ 888, 890 ZPO, Diss Freibg 1972; Zieres, Grundfragen der Zwangsvollstreckung zur Erwirkung von unvertretbaren Handlungen usw, Diss Saarbr 1970.

§ 888 1

Gliederung

1) **Voraussetzungen**
   A. Allgemeines
   B. Beispiele der Anwendbarkeit
   C. Beispiele der Unanwendbarkeit
2) **Vollstreckung, I**
   A. Verfahren
   B. Entscheidung
   C. Anhalten
   D. Rechtsbehelfe
3) **Zwangsmittel, I**
   A. Allgemeines
   B. Keine Strafe
      a) Keine Schuldprüfung
      b) Keine Stundung usw
      c) Vollstreckung
      d) Rechtsbehelf
   C. Aufhebung des Titels
4) **Nicht erzwingbare Handlung, II**
   A. Geltungsbereich
      a) Eingehung der Ehe
      b) Eheliches Leben
      c) Religiöses Verhalten
      d) Unvertretbarer Dienst
   B. Zulässigkeit der Verurteilung
5) **VwGO**

1) **Voraussetzungen. A. Allgemeines.** § 888 setzt eine Handlung des Schuldners voraus, die ausschließlich vom Willen des Schuldners abhängt. Die Abgrenzung zwischen einer vertretbaren Handlung und einer unvertretbaren Handlung ist schwierig und umstritten; vgl § 887 Anm 2, 6. Zum Meinungsstand Peters 285. Peters 294 meint, der Beugezwang nach I sei sinnvoll und rechtens, solange der Schuldner seine Möglichkeiten nicht ausgeschöpft habe.

Die Handlung darf nicht etwa eine Geldzahlung oder eine Hinterlegung oder eine Herausgabe von Personen oder Sachen betreffen, § 887 Anm 1 A. Die Handlung darf auch nicht etwa auf eine Willenserklärung hinauslaufen, außer wenn § 894 unanwendbar ist, § 887 Anm 6 „Willenserklärung". Es darf sich auch nicht um eine bloße Unterlassung handeln, § 890. Entscheidend ist der Inhalt und nicht die Fassung des Urteils, Mü OLGZ **82**, 102. Ein Zwang ist nur im Rahmen des § 888 gestattet.

Darüber hinaus und auch bei Handlungen, die nicht ausschließlich im Willen des Schuldners liegen, bleibt dem Gläubiger nur übrig, eine Klage auf das Interesse zu erheben, § 893, etwa im Fall der Verurteilung zum Abschluß eines Vertrags, Hamm OLGZ **66**, 443, oder bei einer Verurteilung zum Betrieb eines Einzelhandelsgeschäfts, Hamm NJW **73**, 1135. Wenn das Verfahren nach § 888 zur Beseitigung von Zweifeln bei der Urteilsauslegung nicht ausreicht, dann können der Gläubiger sowie der Schuldner eine Feststellungsklage erheben. Wenn das Gericht einen Sachverhalt beurteilen soll, der über die bisherige Verurteilung hinausgeht, dann ist eine ganz neue Klage erforderlich.

§ 888 ist unanwendbar, wenn der Vollstreckungstitel nicht vollstreckungsfähig genau ist, Karlsr FamRZ **83**, 631, oder wenn die Handlung dem Schuldner unmöglich ist, BayObLG BB **75**, 1036, Ffm Rpfleger **77**, 185 mwN, oder wenn sie von einem fremden Willen abhängt, wenn also der ernstlich gewollten Vornahme unüberwindliche Hindernisse entgegenstehen, mögen sie auf einem Verschulden des Schuldners beruhen oder nicht, BayObLG NJW **75**, 741 und BB **75**, 1036 (zur Stellung des gesetzlichen Vertreters Schoenthal Diss Freibg 1972). Der Gläubiger kann dem Einwand des Schuldners, er könne die Handlung nicht mehr selbst vornehmen, mit einem Gegenbeweis entgegentreten. Der Schuldner kann nicht nach § 767 klagen. Ein zum Abdruck einer Gegendarstellung verurteilter verantwortlicher Redakteur kann aber, solange er die Stellung innehat, nicht mit der Behauptung gehört werden, er könne den Abdruck mit Rücksicht auf seine Stellung nicht durchsetzen, Köln OLGZ **69**, 377.

Der Schuldner darf und muß evtl Hilfskräfte hinzuziehen. Er muß ihre Hinzuziehung zumindest versuchen, BayObLG NJW **75**, 741, Hamm MDR **78**, 586. Er muß also dann, wenn er über seine Einkommens- und Vermögensverhältnisse eine Auskunft geben muß, einen Sachverständigen hinzuziehen, BGH **LM** § 2314 BGB Nr 9, oder einen Steuerberater um seine Hilfe bitten, LG Wiesb FamRZ **64**, 369, oder das Finanzamt um dessen Hilfe bitten, soweit diese zulässig ist, LG Lahn-Gießen MDR **79**, 64. Wenn die Rechnungslegung davon abhängt, daß ein Dritter Bücher vorlegt, dann kann sich der Gläubiger den Anspruch des Schuldners gegen den Dritten abtreten lassen, Düss DB **61**, 132. Trotzdem kann § 888 in einem solchen Fall anwendbar bleiben, KG NJW **72**, 2093, LG Aurich MDR **73**, 144.

Der Gläubiger muß beweisen, daß die Voraussetzungen des § 888 vorliegen, vgl § 887 Anm 2 A, Hamm NJW **74**, 653, offen Ffm Rpfleger **77**, 185, aM Schilken JR **76**, 322. Maßgeblich ist der Zeitpunkt der Zwangsvollstreckung, KG NJW **72**, 2094. Das Gericht muß eine Beweiserhebung beschließen, wenn ein Beweis erforderlich war und wenn der zugehörige Beweis angetreten worden ist. Zur Zwangsvollstreckung gegen den Betriebsrat Rewolle BB **74**, 888.

zur Erwirkung der Herausgabe von Sachen usw. § 888 1, 2

B. Beispiele der Anwendbarkeit. Die Vorschrift ist zB in folgenden Fällen anwendbar: Es handelt sich um eine Auskunft, LG Kiel SchlHA **83**, 76, und um eine Rechnungslegung, es sei denn, daß ein Dritter die Bücher besitzt, oben A. Falls die Auskunft usw unverständlich ist oder falls sonstige formelle Mängel bestehen, muß der Gläubiger die Vervollständigung nach § 888 erzwingen, Düss MDR **61**, 858. Andernfalls ist § 259 II BGB anwendbar, der Gläubiger kann also eine Klage auf die Abgabe der eidesstattlichen Versicherung erheben; es geht um eine Auskunft und eine Einsicht in eine Gehaltsliste, LAG Hamm DB **73**, 1951; es geht um die Schaffung eines Geisteswerks, zu dem durchschnittliche Fähigkeiten genügen, zB zur Beschreibung einer Erfindung, vgl auch § 887 Anm 6 „Geistige Leistung".

Weitere Beispiele: Es geht um den Widerruf einer nachteiligen Erklärung, BVerfG NJW **70**, 652, BGH **37**, 187, Ritter ZZP **84**, 178 mwN, offen BGH **68**, 436, aM Ffm NJW **82**, 113 (es wendet § 894 entspr an), Schnur GRUR **78**, 228 je mwN. Leipold JZ **74**, 65 befürwortet ausgehend von § 894 ein Feststellungsurteil entspr § 256, vgl auch Nüßgens Festschrift „25 Jahre BGH" (1975) 101, aM BGH **68**, 336; es geht darum, daß jemand in einem gerichtlichen Scheidungsvergleich eine Verpflichtung übernommen hat, den früheren Familiennamen wieder anzunehmen, Schlesw SchlHA **53**, 184; es geht um die Veröffentlichung eines Urteils; es handelt sich um einen Widerruf nach dem AGBG, Sieg VersR **77**, 494; es geht um die Ausnutzung des Anspruchs auf eine Kontoüberziehung (Kreditrahmen), Grunsky ZZP **95**, 280. Wegen einer Vorlegung s § 883 Anm 5 A a.

C. Beispiele der Unanwendbarkeit. Die Vorschrift ist zB in folgenden Fällen unanwendbar: Es geht darum, daß der Schuldner eine Geldaufwendung machen müßte, die er nicht machen kann oder nicht machen muß, falls nicht der Gläubiger einen Vorschuß leistet. Der Schuldner muß aber seinen Kredit ausnutzen und sein Kapital angreifen; es geht darum, daß ein Dritter mitwirken muß. Ein herauszugebendes Kind ist kein Dritter (wegen der derzeitigen rechtlichen Behandlung vgl § 883 Anm 5 B a). Das gilt auch dann, wenn der Schuldner seine Mitwirkung durch einen Prozeß erzwingen kann, StJP I 2b, offen BGH **LM** Vorb vor § 253 (Rechtsschutzbedürfnis) Nr 7. Etwas anderes gilt dann, wenn der Dritte eine Behörde ist, die die Amtspflicht zu einer Mitwirkung hat.

Weitere Beispiele: Es geht darum, daß mehrere zusammen leisten müssen, daß die Zwangsvollstreckung aber nur gegen einen einzelnen geht und daß die anderen ihre Mitwirkung verweigern; es geht darum, daß besondere Fähigkeiten notwendig sind. Denn dann läßt sich nicht feststellen, daß sie der Schuldner gerade jetzt oder überhaupt hat. Ein Schriftsteller oder ein Tonsetzer kann zB nicht jederzeit auf Verlangen ein bedeutendes Werk schreiben; es geht um die Aufführung einer Oper an einer bestimmten Bühne; es handelt sich um eine Eintragung in einer Steuer- oder Versicherungskarte, LAG Hamm MDR **72**, 900, aM Müller DB **73**, 572; es geht um den Betrieb eines Einzelhandelsgeschäfts, Hamm NJW **73**, 1135. Vgl auch § 887 Anm 6.

2) Vollstreckung, I. A. Verfahren. Zuständig ist das Prozeßgericht der ersten Instanz, Schlesw SchlHA **81**, 190, vgl § 887 Anm 4 A. Unter Umständen ist also das Familiengericht zuständig, Düss FamRZ **78**, 130, Hbg MDR **78**, 934, Schlesw SchlHA **81**, 190, aM Jauernig FamRZ **77**, 763. Wenn der Einzelrichter den Vollstreckungstitel erlassen hatte, ist er zuständig, **348**, vgl Ffm MDR **81**, 504 mwN.

Das Gericht muß das Fehlen der Erfüllung feststellen, § 887 Anm 2 A, Schlesw SchlHA **79**, 228. Dabei bedeutet auch eine nicht gehörige Erfüllung eine Nichterfüllung, Düss GRUR **79**, 276, insofern richtig auch Lieb/Westhoff DB **76**, 1971, vgl aber auch § 887 Anm 6 „Willenserklärung". Das Gericht schreitet nur auf einen Antrag des Gläubigers ein. Er braucht weder das Zwangsmittel noch das Zwangsmaß anzugeben, Köln MDR **82**, 589; ein auch diesbezüglicher „Antrag" ist nur eine Anregung. Ein Anwaltszwang besteht wie sonst. Bei einer entsprechenden Anwendung des Vollstreckungsgericht gemäß § 889 II besteht kein Anwaltszwang, Habscheid NJW **70**, 1672.

Das Verfahren verläuft nach § 891. Die etwaige Prozeßunfähigkeit des Schuldners hindert den Fortgang des Verfahrens nicht. Die Entscheidung ergeht dann gegen den Prozeßunfähigen, vertreten durch seinen gesetzlichen Vertreter, Dietrich Üb vor § 883, 185, Peters ZZP **91**, 341 (evtl ist die Entscheidung also auch gegen einen minderjährigen Schuldner vollstreckbar).

B. Entscheidung. Das Gericht entscheidet stets durch einen Beschluß. Es muß den Schuldner zur Vornahme der Handlung anhalten. Zu diesem Zweck verhängt das Gericht: **a)** Entweder ein Zwangsgeld. Dann muß das Gericht zugleich ersatzweise, nämlich für den Fall der Nichtbeitreibbarkeit, eine Zwangshaft anordnen, AG Bln-Charlottenb DGVZ **79**,

28; **b)** oder sogleich eine Zwangshaft, falls nämlich die Anordnung eines Zwangsgelds in der Verbindung mit einer nur ersatzweisen Zwangshaft unzureichend wäre.

Ob das Gericht nach a oder nach b vorgeht, steht in seinem pflichtgemäßen Ermessen, Köln MDR **82**, 589. Die Androhung gehört nicht in das Urteil. Die Androhung ist vielmehr der Beginn der Zwangsvollstreckung, Grdz 7 A vor § 704, LG Bln Rpfleger **75**, 374. Etwas anderes gilt bei § 890. Auch in diesem Stadium muß ein Rechtsschutzbedürfnis des Gläubigers vorliegen. Es fehlt dann, wenn sich der Gläubiger selbst helfen kann, etwa nach § 792 und bei einer Wahlschuld. Denn bei einer solchen Schuldart kann der Gläubiger die Wahl nach § 264 BGB selbst treffen.

C. Anhalten. Das „Anhalten" kann zunächst dadurch erfolgen, daß das Gericht dem Schuldner für den Fall des fruchtlosen Fristablaufs die Zwangsmittel androht. Dabei nennt das Gericht zweckmäßigerweise als Endpunkt der Frist einen bestimmten Kalendertag. Eine solche Androhung ist aber nicht erforderlich, Hamm DGVZ **77**, 41, Kblz FamRZ **78**, 606, Köln MDR **82**, 589. Zweckmäßiger ist der Weg, daß das Gericht sofort ein Zwangsmittel festsetzt, Köln MDR **82**, 589, Mü OLGZ **82**, 103 mwN, insofern auch LG Gießen MDR **81**, 413 mwN. Das Verfahren ist nämlich schon schleppend genug. Diese Festsetzung ist in Wahrheit nur eine Androhung der Zwangsmittel. Denn der Schuldner kann die Vollstreckung ja durch seine Erfüllung abwenden, LAG Hamm DB **77**, 1272, Anm 3 B c. Das Gericht sollte erst dann auf eine bestimmte Höhe und/oder Dauer abstellen, wenn es übersehen kann, welches Zwangsmittel im Einzelfall notwendig wird, vgl Hamm DGVZ **77**, 42.

Das Gericht darf nicht das Höchstmaß androhen. Denn eine solche Androhung stellt einen anderen Rahmen auf. Eine Klage auf eine Rechnungslegung ist unzulässig, wenn das Vollstreckungsgericht den Antrag auf eine Erzwingung rechtskräftig abgewiesen hat. Der Androhungsbeschluß ist grundsätzlich zu begründen, § 329 Anm 1 A b. Das Gericht muß den Androhungsbeschluß dem Schuldner von Amts wegen zustellen, § 329 III.

D. Rechtsbehelfe. Der Schuldner kann gegen eine Androhung die sofortige Beschwerde nach § 793 einlegen, zB Kblz FamRZ **78**, 605, insofern aM LG Gießen MDR **81**, 413. Er kann ebenso gegen den Beschluß vorgehen, durch den ein Zwangsmittel festgesetzt wird, falls das Gericht dessen vorherige Androhung unterlassen hatte.

Gebühren: Des Gerichts KV 1181 (Beschwerdegebühr); des RA §§ 57, 58 III Z 8 BRAGO. Wert: § 3 Anh „Zwangsvollstreckung".

3) Zwangsmittel, I. A. Allgemeines. Wenn der Schuldner entweder nicht innerhalb derjenigen Frist erfüllt hat, die ihm gesetzt worden war, oder mangels einer solchen Frist nicht innerhalb einer angemessenen Frist, dann muß das Prozeßgericht ein Zwangsmittel festsetzen. Auch wenn der Androhungsbeschluß rechtskräftig ist, kann der Schuldner gegen die Festsetzung des Zwangsmittels die Beschwerde einlegen. Das Beschwerdegericht muß dann auch selbständig prüfen, ob die Androhung gerechtfertigt war.

Der Gläubiger kann zwar ein bestimmtes Zwangsmittel anregen; das Gericht muß seine Wahl aber nach pflichtgemäßem Ermessen selbst ausüben. Es wählt zwischen der Möglichkeit, dem Schuldner ein Zwangsgeld aufzuerlegen, das stets mit einer ersatzweisen Zwangshaft verbunden werden muß, Anm 2 B a, oder der Möglichkeit, sogleich eine Zwangshaft zu verhängen. Neben einem Zwangsgeld ist eine Zwangshaft zunächst immer nur ersatzweise zulässig. Das Gericht kann aber zunächst ein Zwangsgeld, ersatzweise eine Zwangshaft festsetzen, dann eine Haft, auch umgekehrt vorgehen, und es kann auch jede Art von Zwangsmitteln wiederholt verhängen, also zB zunächst Zwangsgeld, ersatzweise Zwangshaft, dann erneut Zwangsgeld, ersatzweise Zwangshaft und so fort.

Eine Vollstreckung der nur ersatzweise verhängten Zwangshaft ist natürlich erst dann zulässig, wenn feststeht, daß das zunächst angeordnete Zwangsgeld nicht beigetrieben werden kann, vgl auch KG NJW **63**, 2082. Eine mehrmalige Anordnung wegen desselben Ungehorsams ist nur dann zulässig, wenn der Ungehorsam trotz der früheren Anordnung fortdauert, wenn der Schuldner also eine neue Zuwiderhandlung begangen hat. Das Gesamtmaß der Zwangshaft darf 6 Monate nicht übersteigen, § 913. Zweckmäßig ist es, einfach „Zwangshaft" zu verhängen. Sie dauert dann bis zu 6 Monaten. Das Zwangsgeld muß auf eine bestimmte Höhe lauten, wenn es endgültig festgesetzt wird. Sein Mindestbetrag ist 5 DM, Art 6 I EGStGB, Vorbem B vor § 380, der einzelne Höchstbetrag ist 50000 DM, I 2.

Gegen ein Mitglied der alliierten Streitkräfte ist keine Zwangshaft zulässig, Art 34 II ZAbkNTrSt, SchlAnh III; wegen der Erzwingung vgl dort Art 12.

B. Keine Strafe. a) Keine Schuldprüfung. Das Zwangsgeld und die Zwangshaft sind reine Zwangsmittel, keine Strafen, sondern andersartige Rechtsnachteile, Art 5 EGStGB, Vorbem B bei § 380. Sie sollen nur die Erfüllung herbeiführen, Mü BB **73**, 218 und OLGZ

zur Erwirkung der Herausgabe von Sachen usw. § 888 3, 4

82, 102 mwN, Ffm Rpfleger 81, 152. Daraus folgt: Hier gelten keine strafrechtlichen Grundsätze. Es braucht also weder eine vorsätzliche noch eine fahrlässige Verhaltensweise des Schuldners vorzuliegen, Ffm NJW 53, 1029, Hamm NJW 73, 1135, Köln MDR 82, 589, insofern auch LG Gießen MDR 81, 414.

b) Keine Stundung usw. Das Gericht darf dem Schuldner weder eine Stundung noch eine Ratenzahlung gewähren, denn Art 7 EGStGB, Vorbem B bei § 380, nennt nur das Ordnungsgeld, nicht ein Zwangsgeld. Deshalb sind auch dessen Art 8, 9 EGStGB unanwendbar.

c) Vollstreckung. Die Vollstreckung des Zwangsgeldes erfolgt von Amts wegen nach § 1 I Z 3 JBeitrO, so auch Mü NJW 83, 947 mwN, ThP 3 c aa, aM zB insofern BGH NJW 83, 1859, LG Kiel SchlHA 83, 76 je mwN (sie erfolge durch den Gläubiger. Aber die JBeitrO gilt keineswegs nur für Strafen usw, die von Amts wegen zu vollstrecken sind. Der BGH setzt sich über das Wort „Zwangsgeld" in I, das in § 1 I Z 3 JBeitrO wiederkehrt, hinweg). Das Zwangsgeld fällt der Staatskasse zu, insofern auch BGH NJW 83, 1859 mwN. Bis zur Beitreibung darf der Schuldner das Zwangsgeld durch die Erfüllung abwenden, Ffm Rpfleger 81, 152, Mü OLGZ 82, 102 mwN, LG Oldb Rpfleger 82, 351 je mwN (krit Uhlenbruck), insofern auch LG Gießen MDR 81, 414 je mwN. Das Gericht muß den Schuldner dann, wenn er die Schuld erfüllt, sofort aus der Zwangshaft entlassen, Ffm Rpfleger 81, 152. Die Geldvollstreckung muß in diesem Fall sofort eingestellt werden, Ffm Rpfleger 81, 152. Das Gericht darf den Schuldner nicht begnadigen. Denn der Gläubiger könnte jederzeit von der weiteren Vollstreckung absehen. Er ist der Herr der Zwangsvollstreckung. Das Gericht darf den Gläubiger nicht zunächst darauf verweisen, zum Zweck der Herbeiführung einer eidesstattlichen Versicherung eine Zwangshaft durchführen zu lassen, selbst wenn der Gläubiger einen dementsprechenden Vollstreckungstitel besitzt, KG NJW 63, 2082.

Die Haft wird nach § 909 vollstreckt, AG Krefeld MDR 77, 322. Bei einem Prozeßunfähigen ist ein Zwangsgeld in sein Vermögen, eine Zwangshaft gegen den gesetzlichen Vertreter zu vollstrecken, Baur ZwV § 35 III 2, Bruns-Peters § 40 III 1, vgl aber auch § 890 Anm 4 A.

d) Rechtsbehelf. Der Gläubiger hat gegen eine die Vollstreckung ablehnende Entscheidung die sofortige Beschwerde, §§ 793 entspr, 6 I Z 1 JBeitrO, Mü NJW 83, 947. Jeder Betroffene kann gegen die Art der Vollstreckung die Erinnerung nach § 766 einlegen.

C. Aufhebung des Titels. Wenn der Vollstreckungstitel aufgehoben wird oder wenn die Zwangsvollstreckung eingestellt wird, dann werden die Festsetzung der Zwangsmittel und die weitere Vollstreckung unzulässig. Wenn die Zwangsvollstreckung anschließend wieder ihren Fortgang nimmt, dann können auch die Zwangsmittel weiter vollstreckt werden. Ein aufgehobener Beschluß lebt nicht wieder auf. Die Aufhebung des Vollstreckungstitels stellt fest, daß die Festsetzung, die seiner Durchführung diente, unrechtmäßig erfolgt war. Deshalb hat der Schuldner insoweit gegen den Gläubiger einen Anspruch nach § 717 II. Der Schuldner hat auch einen Anspruch gegen den Staat auf die Zurückzahlung eines bereits beigetriebenen Zwangsgeldes. Denn der Staat ist nun ohne einen Rechtsgrund bereichert, insofern ebenso Karlsr MDR 79, 151, ferner Köln JZ 61, 762 (zustm Baur).

4) Nicht erzwingbare Handlung, II. A. Geltungsbereich. § 888 ist in folgenden Fällen unanwendbar:

a) Eingehung der Ehe. Es handelt sich um ein Urteil auf die Eingehung der Ehe. Ein solches Urteil kommt allerdings nach deutschem Recht nicht vor.

b) Eheliches Leben. Es handelt sich um ein Urteil auf die Herstellung des ehelichen Lebens (Begriff § 606 Anm 1 E). Hierin zählen alle Verurteilungen, die in diesen Bereich gehören, vgl auch KG OLGZ 76, 27, LG Stgt FamRZ 77, 201, also auch evtl eine Verurteilung zu einer Unterlassung, vgl Celle FamRZ 64, 300, Zettel MDR 81, 212. Alles das ist nicht erzwingbar, und zwar auch nicht mittelbar, etwa durch die Entfernung des Störers aus der Ehewohnung, um selbst dort wieder einzuziehen, BGH 6, 360, Bre NJW 63, 395, Celle NJW 80, 713, Ffm NJW 54, 2325, oder durch ein Verbot gegen einen Dritten, mit dem Ehegatten des Klägers geschlechtlich zu verkehren oder überhaupt zu sprechen, Löwisch JZ 73, 670. Etwas anderes gilt allenfalls bei der Erfassung des äußeren Rahmens einer Ehestörung, vgl insofern freilich auch Struck JZ 76, 163. Die Bedeutung des Urteils erschöpft sich daher in der Vorbereitung eines Scheidungsantrags.

II ist entsprechend anwendbar, wenn es sich um einen Schuldvertrag wegen eines Ehe- oder Familiennamens handelt, Diederichsen NJW 76, 1170, oder wenn es um einen Anspruch wegen einer Namensänderung nach Art 1 § 1 EheNÄndG geht. Denn eine solche

Entscheidung des Ehegatten ist höchstpersönlich. II ist bei einem vermögensrechtlichen Streit unanwendbar, Tiedtke FamRZ **78**, 386 mwN, ebenso bei einem Anspruch, dessen Durchsetzung mit den sittlichen Anschauungen vereinbar ist, LG Zweibr MDR **76**, 145 mwN.

c) Religiöses Verhalten. Es geht um ein religiöses Verhalten. Die Unanwendbarkeit des § 888 resultiert hier aus Art 4 GG, Köln MDR **73**, 768, ZöSch IV 3, im Ergebnis ebenso Ffm Rpfleger **80**, 117, vgl BVerfG **33**, 28, abw StJM III 2 (er wendet II entspr an).

d) Unvertretbarer Dienst. Es geht um die Ableistung von unvertretbaren Diensten auf Grund eines Dienstvertrags, vgl BGH **78**, 86 (betr den Geschäftsführer einer KG). Bei vertretbaren Diensten gilt § 887. Es kann sich aus dem Dienste aus einem Vertrag um eine entgeltliche Geschäftsbesorgung nach § 675 BGB oder um einen Auftrag handeln. Über das Unterlassen der Dienstleistung bei anderen s § 890 Anm 1 B. Die Wettbewerbsklausel im Dienstvertrag enthält keine Verpflichtung zu einer wirklichen Leistung. Ihre Einhaltung ist erzwingbar, und zwar auch im Weg einer einstweiligen Verfügung, ArbG Gött DB **74**, 633.

Der Beschäftigungs- bzw Weiterbeschäftigungsanspruch des Arbeitnehmers ist nach § 888 vollstreckbar, LAG Bln BB **79**, 1404, LAG Hamm BB **80**, 160 (insofern zustm Frohner), ArbG Münster BB **81**, 243 mwN. Der Arbeitgeber kann sich der Verpflichtung nicht durch eine weitere vorsorgliche Kündigung entziehen, sondern ist auf eine Vollstreckungsabwehrklage nach § 767 angewiesen, ArbG Münster BB **81**, 243.

B. Zulässigkeit der Verurteilung. II verbietet nur die Erzwingung, also nicht die Verurteilung. Deshalb ist eine Klage auf die Ableistung der vertraglichen Dienste zulässig. Die Klage kann nämlich trotz II als eine vorläufige Entscheidung dem Gläubiger wertvoll sein. Deshalb ist auch eine einstweilige Verfügung auf die Leistung der vertraglichen Dienste zulässig. Allerdings darf das Gericht in der einstweiligen Verfügung kein Zwangsmittel androhen, wenn II anwendbar ist, und die einstweilige Verfügung ist insofern auch nicht vollstreckbar. Die Zustellung zum Zweck der Vollziehung ist keine Zwangsvollstreckung, Grdz 4 vor § 916.

5) VwGO: Entsprechend anzuwenden im Rahmen der Üb 3 § 883, also nicht bei der Vollstreckung aus Titeln aufgrund einer Verpflichtungsklage, für die § 172 VwGO gilt, wohl aber bei der Vollstreckung aus Titeln, die ein sonstiges Handeln der Behörde zum Gegenstand haben, § 890 Anm 9.

888a *Entschädigung bei Nichtvornahme einer Handlung.* **Ist im Falle des § 510b der Beklagte zur Zahlung einer Entschädigung verurteilt, so ist die Zwangsvollstreckung auf Grund der Vorschriften der §§ 887, 888 ausgeschlossen.**

1) Geltungsbereich. Über die Anwendbarkeit des § 888a vgl § 510b Anm 2 A, 3 C. Dort ist auch § 889 II unanwendbar. Denn die Erzwingung der eidesstattlichen Versicherung nach § 889 II ist ein Unterfall von § 888.

2) Rechtsbehelf. Bei einer Zwangsvollstreckung aus §§ 887–889 hat der Betroffene die Möglichkeit der sofortigen Beschwerde nach § 793.

3) VwGO: *Unanwendbar, weil § 510b im VerwProzeß nicht entsprechend gilt.*

889 *Eidesstattliche Versicherung nach bürgerlichem Recht.* [I] **Ist der Schuldner auf Grund der Vorschriften des bürgerlichen Rechts zur Abgabe einer eidesstattlichen Versicherung verurteilt, so wird die Versicherung vor dem Amtsgericht als Vollstreckungsgericht abgegeben, in dessen Bezirk der Schuldner im Inland seinen Wohnsitz oder in Ermangelung eines solchen seinen Aufenthaltsort hat, sonst vor dem Amtsgericht als Vollstreckungsgericht, in dessen Bezirk das Prozeßgericht des ersten Rechtszuges seinen Sitz hat. Die Vorschriften der §§ 478 bis 480, 483 gelten entsprechend.**

[II] **Erscheint der Schuldner in dem zur Abgabe der eidesstattlichen Versicherung bestimmten Termin nicht oder verweigert er die Abgabe der eidesstattlichen Versicherung, so verfährt das Vollstreckungsgericht nach § 888.**

1) Grundsatz, I. A. Allgemeines. Die eidesstattliche Versicherung des sachlichen Rechts, namentlich diejenige im Fall einer Verpflichtung zur Erteilung einer Auskunft und einer Rechnungslegung, ist eine unvertretbare Handlung. Sie hat mit der prozessualen eidesstatt-

zur Erwirkung der Herausgabe von Sachen usw. §889 1–3

lichen Versicherung nichts gemeinsam. Wenn der Schuldner die Versicherung freiwillig abgibt, dann nimmt das Gericht der freiwilligen Gerichtsbarkeit die eidesstattliche Versicherung ab, §§ 163, 79 FGG, und zwar auch nach dem Landesrecht. Andernfalls muß der Gläubiger den Schuldner auf die Abgabe der eidesstattlichen Versicherung verklagen. In einem solchen Fall kann das Rechtsschutzinteresse fehlen, BGH **55**, 206.

Wenn das Gericht dem Schuldner die Abgabe der eidesstattlichen Versicherung in einem Urteil auferlegt hat, dann ist nur eine Zwangsvollstreckung nach § 889 statthaft. Es ist allerdings zulässig, daß sich die Parteien dahin einigen, daß der Schuldner auch in einem solchen Fall die eidesstattliche Versicherung vor dem Gericht der freiwilligen Gerichtsbarkeit abgeben solle.

Das Verfahren ist ein besonderes Verfahren der Zwangsvollstreckung. Es gehört nicht zum Erkenntnisverfahren. Deshalb sind die Kosten dieses Verfahrens Kosten der Zwangsvollstreckung, § 788, falls der Schuldner die eidesstattliche Versicherung nicht freiwillig leistet. Andernfalls ist § 261 III BGB anwendbar.

B. Urteilsfassung. Oft gibt das Urteil keine Fassung der eidesstattlichen Versicherung, obwohl es sie geben sollte. Dann muß das Gericht die erforderliche Fassung der eidesstattlichen Versicherung im Vollstreckungsverfahren durch einen Beschluß festlegen. Auch ein nur vorläufig vollstreckbares Urteil darf eine eidesstattliche Versicherung auferlegen. Dieser Weg ist aber nicht zulässig, wenn das Gericht lediglich eine einstweilige Verfügung erläßt.

2) Abgabe der eidesstattlichen Versicherung, I. A. Allgemeines. Ausschließlich zuständig, § 802, ist: **a)** Sachlich stets das AG als Vollstreckungsgericht, also der Rpfl, § 20 Z 17 RPflG, Anh § 153 GVG, und zwar auch in einer Familienrechtssache, § 764 Anm 2 B, Schlesw SchlHA **82**, 30; **b)** örtlich das AG des inländischen Wohnsitzes, hilfsweise das AG des Aufenthaltsorts, dazu §§ 13 Anm 1, 16 Anm 1, bei einer juristischen Person das AG des Sitzes, § 17 Anm 2; ganz hilfsweise dasjenige AG, in dessen Bezirk das Prozeßgericht des ersten Rechtszuges seinen Sitz hat, also zB das AG am Ort des LG.

Das Verfahren beginnt mit einem Antrag des Gläubigers. Die Terminsbestimmung ist keine Maßnahme der Zwangsvollstreckung. Sie steht der Aufforderung zur Erfüllung gleich. Deshalb braucht der Gläubiger die Voraussetzungen der Zwangsvollstreckung erst im Termin nachzuweisen, so vor allem die Zustellung nach § 750.

Für einen Prozeßunfähigen muß derjenige gesetzliche Vertreter die eidesstattliche Versicherung abgeben, der für das Vermögen sorgen muß, § 807 Anm 4 D. Das gilt auch dann, wenn er im Urteil nicht benannt worden ist. Der Termin gilt nur der Abgabe der eidesstattlichen Versicherung, LG Bln Rpfleger **75**, 374. Eine Berichtigung der Fassung kann in einem Beschluß erfolgen. Eine sachliche Änderung kann nur dann erfolgen, wenn das Gericht ein späteres Ereignis berücksichtigen muß, etwa den Eintritt eines gesetzlichen Vertreters, Bbg NJW **69**, 1304 (abl Winter NJW **69**, 2244). Der Schuldner muß eine etwaige Einwendung gegen den Anspruch nach § 767 geltend machen. Die Vollstreckungsklausel besagt im einzelnen, wer die eidesstattliche Versicherung abgeben muß. Ein Streit über diese Frage gehört nicht in dieses Verfahren.

Gebühren: Des Gerichts KV 1181 (Beschwerdegebühr); des RA §§ 57, 58 I BRAGO.

B. Pflicht zur persönlichen Abgabe. Es besteht eine Pflicht zur persönlichen Abgabe der eidesstattlichen Versicherung zum Protokoll des Rpfl des Vollstreckungsgerichts, I 2. Wenn der Schuldner verhindert ist, zu erscheinen, oder wenn er sich an einem entfernten Ort aufhält, dann kann er beantragen, daß ihm die eidesstattliche Versicherung von dem Rpfl des für seinen Aufenthaltsort zuständigen AG abgenommen wird, §§ 478, 479 entspr. Wenn dieser Antrag berechtigt ist, dann muß das Vollstreckungsgericht ihm stattgeben. Wenn es diesen Antrag zurückweist, kann der Schuldner wie bei § 793 Anm 1 B, Anm 2 vorgehen. Der Rpfl, der die eidesstattliche Versicherung abnimmt, muß den Schuldner über die Bedeutung dieser Versicherung belehren, § 480 entspr. Bei einem Stummen gilt § 483 entsprechend.

3) Säumnis und Weigerung, II. A. Allgemeines. Wenn der Gläubiger im Termin ausbleibt, dann ist das unerheblich. Wenn der Schuldner ausbleibt oder wenn der Schuldner objektiv unberechtigt die Abgabe der eidesstattlichen Versicherung verweigert, dann muß das Gericht auf Grund eines Antrags des Gläubigers nach § 888 I verfahren, dort Anm 2 A, 3 A. Das Gericht darf und muß den Gläubiger dazu anregen, diesen Antrag zu stellen. Schon im Zeitpunkt der Androhung, auch im Zeitpunkt der Festsetzung eines Zwangsgeldes muß das Gericht zugleich ersatzweise eine Zwangshaft vorschreiben.

B. Zuständigkeit. Da diese Zwangshaft aber trotz ihres Charakters als eines reinen Zwangsmittels eine Freiheitsentziehung ist, darf der Rpfl diese Maßnahme nicht vornehmen. Vielmehr muß dazu der Richter tätig werden. Das ergibt sich aus §§ 3 Z 4c, 31 III RPflG idF des Art 94 Z 1 bzw 6 EGStGB, Vorbem A bei § 380. Der Richter muß erst recht dann entscheiden, wenn er sich nach diesen Vorschriften die Vollstreckung ohnehin vorbehalten hat, § 31 III letzter Hs RPflG, Anh § 153 GVG. Wegen des Richtervorbehalts des § 4 II Z 2a RPflG idF des Art 94 Z 2 EGStGB, Vorbem A bei § 380, muß also der Rpfl die Sache stets schon vor der ersten Androhung eines Zwangsgeldes gemäß § 4 III RPflG dem Richter vorlegen, Brehm NJW **75**, 250.

Der Richter ist erst recht dann zuständig, wenn auf Grund der vorgenannten Bestimmung eine Zwangshaft angedroht oder angeordnet werden muß, wenn das Gericht also bei der Ausübung seines pflichtgemäßen Ermessens die Zwangshaft sogleich für notwendig hält und sie nicht nur ersatzweise verhängen will.

C. Einzelfragen. Wenn eine Zwangsmaßnahme dieser Art verweigert wird, hat der Betroffene die in § 793 Anm 1 B, Anm 2 genannten Möglichkeiten. Der Rpfl darf eine richterliche Haftanordnung dann aufheben, wenn sich die Sachlage geändert hat, soweit sich nicht der Richter die Vollstreckung insgesamt vorbehalten hat. Der Schuldner darf jederzeit die Abnahme der eidesstattlichen Versicherung beim AG des Haftorts verlangen, § 902. Das Gericht hat dem Schuldner das rechtliche Gehör nach § 901 schon dadurch gewährt, daß es ihn zum Termin zwecks Abgabe der eidesstattlichen Versicherung geladen hat.

4) VwGO: Entsprechend anwendbar iRv Üb 3 § 883, wenn der Schuldner aufgrund der Vorschriften des öff Rechts zur Abgabe einer eidesstattlichen Versicherung verurteilt worden ist (was allenfalls in Parteistreitigkeiten über öff-rechtliche Verträge denkbar ist).

890 Duldungen und Unterlassungen.

I Handelt der Schuldner der Verpflichtung zuwider, eine Handlung zu unterlassen oder die Vornahme einer Handlung zu dulden, so ist er wegen einer jeden Zuwiderhandlung auf Antrag des Gläubigers von dem Prozeßgericht des ersten Rechtszuges zu einem Ordnungsgeld und für den Fall, daß dieses nicht beigetrieben werden kann, zur Ordnungshaft oder zur Ordnungshaft bis zu sechs Monaten zu verurteilen. Das einzelne Ordnungsgeld darf den Betrag von fünfhunderttausend Deutsche Mark, die Ordnungshaft insgesamt zwei Jahre nicht übersteigen.

II Der Verurteilung muß eine entsprechende Androhung vorausgehen, die, wenn sie in dem die Verpflichtung aussprechenden Urteil nicht enthalten ist, auf Antrag von dem Prozeßgericht des ersten Rechtszuges erlassen wird.

III Auch kann der Schuldner auf Antrag des Gläubigers zur Bestellung einer Sicherheit für den durch fernere Zuwiderhandlungen entstehenden Schaden auf bestimmte Zeit verurteilt werden.

Schrifttum: Dietrich (Üb vor § 883); Hildebrandt, Zur Handlungseinheit und Handlungsmehrheit. Die Abgrenzung ... im Rahmen des § 890 ZPO, 1966; Kramer, Der richterliche Unterlassungstitel im Wettbewerbsrecht, 1982 (Bespr Borck NJW **82**, 2424); Pastor, Der Wettbewerbsprozeß, Verwarnung, einstweilige Verfügung, Unterlassungsklage, 2. Aufl 1973 (Bespr Henckel ZZP **89**, 224, Pietzcker GRUR **77**, 750); derselbe, Die Unterlassungsvollstreckung nach § 890 ZPO, 3. Aufl 1982 (Bespr Borck NJW **82**, 1802, Melullis GRUR **82**, 378); Schoenthal, Die Stellung gesetzlicher Vertreter des Schuldners im Verfahren nach den §§ 888, 890 ZPO, Diss Freibg 1972.

Gliederung

1) Geltungsbereich, I
   A. Allgemeines
   B. Verbotsurteil
      a) Verständlichkeit
      b) Unerzwingbarkeit der Handlung
      c) Vergleich
2) Zuwiderhandlung, I
   A. Begriff
   B. Rechtsnatur
   C. Rechtsnachfolge
3) Ordnungsmittel, I
   A. Antrag des Gläubigers
   B. Zuständigkeit usw
   C. Maßnahmen des Gerichts
      a) Ordnungsgeld
      b) Ordnungshaft
   D. Zuwiderhandlung nach Androhung
   E. Weiteres Verfahren
      a) Beweisaufnahme
      b) Keine Schuldprüfung
         aa) Grundsatz
         bb) Auswirkungen
   F. Wirksamkeitszeitpunkt von Urteil und Androhung
   G. Verjährung
4) Vollstreckung
   A. Von Amts wegen
   B. Staatskasse als Empfänger

zur Erwirkung der Herausgabe von Sachen usw. **§ 890** 1

5) Androhung, II
  A. Zeitliche Reihenfolge
  B. Verfahren
  C. Entscheidung
  D. Abänderung
6) Sicherheitsleistung, III

7) Rechtsbehelfe
  A. Sofortige Beschwerde
    a) Anordnung
    b) Festsetzung
    c) Sicherheitsleistung
    d) Prüfungsreihenfolge
  B. Erinnerung
8) Kosten
9) *VwGO*

1) Geltungsbereich, I. A. Allgemeines. § 890 betrifft den Fall, daß der Schuldner nach dem Vollstreckungstitel eine Handlung unterlassen oder dulden muß. Ein solcher Vollstreckungstitel ist auch gegenüber einer juristischen Person, einer Offenen Handelsgesellschaft oder einer Kommanditgesellschaft zulässig, Schlesw SchlHA **55**, 224. Auf diese Weise kann der Gläubiger auch eine Verpflichtung aus dem Gesellschaftsvertrag erzwingen. Man muß durch eine Auslegung der Urteilsformel ermitteln, ob es sich um dergleichen handelt, § 888 Anm 1 A, Ffm Rpfleger **75**, 445, Mü OLGZ **82**, 102. Wenn eine greifbare Handlung vorzunehmen ist, dann ist nach §§ 887, 888 zu vollstrecken, Ffm Rpfleger **75**, 446, Mü OLGZ **82**, 102.

Dieselbe Handlung kann grundsätzlich nicht gleichzeitig einerseits unter § 890 und andererseits unter § 887 oder unter § 888 fallen. Das gesamte Verhalten des Schuldners kann aber eine Maßnahme nach §§ 887 ff rechtfertigen, Jauernig NJW **73**, 1672. Hauptanwendungsfall des § 890 ist eine Verurteilung auf Grund einer Abwehrklage nach § 1004 BGB zu einer Unterlassung in einem Eigentums-, Wettbewerbs-, Patent- oder Urheberprozeß und dgl. Es kann aber auch in einem solchen Fall eine Beseitigungspflicht nach §§ 887 ff in Frage kommen. Zur Zwangsvollstreckung gegenüber einem Betriebsrat Rewolle BB **74**, 888.

B. Verbotsurteil. a) Verständlichkeit. Das Verbotsurteil muß klar und für jedermann verständlich sein. Seine Fassung darf also nicht so kompliziert sein, daß sie nur die Parteien verstehen können. Es reicht nicht aus, daß das Gericht in dem Vollstreckungstitel auf ein Schriftstück außerhalb des Titels verweist, Saarbr OLGZ **67**, 34. Das Verbotsurteil verbietet alles, was sich aus seiner Formel ergibt. Verboten ist also nicht nur etwas Identisches, sondern alles das, was man im Verkehr als gleichwertig ansieht, krit Schubert ZZP **85**, 51.

Die Entscheidungsgründe des Urteils können und müssen notfalls zur Auslegung seiner Formel und auch zur Ermittlung etwaiger Umgehungstatbestände herangezogen werden, Celle MDR **72**, 521 (wenn das Urteil zB ein „Automobilversicherungsbüro" verbietet, dann verbietet es damit auch ein „Spezialbüro für die Versicherung von Kraftwagen"), Ffm BB **77**, 767 (ein Verbot der Firmenbenutzung im geschäftlichen Verkehr zwingt den Schuldner dazu, die Firma löschen zu lassen). Der Verletzer kann sich also nicht durch jede Änderung der Verletzungsform dem Verbotsurteil entziehen. Eine Änderung, die den Kern der Verletzungsform unberührt läßt, wird vom Verbotsurteil mitumfaßt (sog Kerntheorie), BGH **5**, 193, Brschw OLGZ **77**, 382, Ffm GRUR **79**, 75 mwN, Hbg MDR **72**, 58, krit auch Ffm GRUR **78**, 532 (betr ein glattes Äquivalent), Kramer, Der richterliche Unterlassungstitel im Wettbewerbsrecht, 1982. Schubert ZZP **85**, 51 hält die Kerntheorie für verfassungswidrig.

Hamm NJW **62**, 113 ist wohl insofern zu eng, als es ein Verbot der Preisunterschreitung schon dann nicht genügen läßt, wenn das Erzeugnis in einem größeren Gebinde abgegeben wird. Ein Verbotsurteil ist dann auch genügend bestimmt, wenn sich das Verbot auf Waren bezieht, die beim Bundeskartellamt angemeldet sind und daher auf diesem Weg festgestellt werden können, Hbg Markenartikel **61**, 1007, aM Johannes NJW **62**, 595. Dagegen ist ein Verbotsurteil, das lediglich eine Verpflichtung zur Unterlassung „ähnlicher Handlungen" ausspricht, nicht vollstreckbar, vgl aber BGH GRUR **57**, 281. Es ist ratsam, im Urteil auch den Versuch ausdrücklich zu verbieten und unter eine Ordnungsmittelandrohung stellen zu lassen, vgl Anm 3 D.

b) Unerzwingbarkeit der Handlung. Eine Maßnahme nach I wird nicht dadurch unzulässig, daß die Handlung selbst unerzwingbar wäre. Man kann zwar einen Angestellten nicht dazu zwingen, seine Arbeitskraft brach liegenzulassen; trotzdem ist ein Wettbewerbsverbot des Inhalts zulässig, daß er nicht bei bestimmten Firmen arbeiten darf, ArbG Gött DB **74**, 633. Über die Zwangsvollstreckung bei einer Sammelheizung und bei Zuführungen (Immissionen) § 887 Anm 6 „Zuführung".

c) Vergleich. § 890 ist auch im Fall der Zwangsvollstreckung auf Grund eines Vergleichs anwendbar. Der Vergleich kann keine wirksame Androhung eines Ordnungsmittels, sondern nur die Androhung einer Vertragsstrafe enthalten, BGH **33**, 163 und Anm 5 A. Das gilt auch beim eines Ordnungsvergleich. Denn die Androhung eines Ordnungsmittels ist der Parteiherrschaft entzogen, weil sie als die Vorbereitung einer hoheitlichen Maßnahme, Anm 2 B, 4 A, anzusehen ist. Daran ändert auch der Umstand nichts, daß ein Ordnungsmittel nur auf Grund eines Antrags angedroht und festgesetzt werden darf. Vgl zum Problem Anh § 307 Anm 3 A, LG Wuppertal MDR **78**, 236, auch Hamm FamRZ **80**, 933 (zum isolierten Verfahren vor dem FamG) und (zur früheren Strafe) Schröder NJW **69**, 1285, aM LG Bln MDR **67**, 134 (aber die Zugehörigkeit zur Zwangsvollstreckung ist unerheblich), Baur, Der schiedsrichterliche Vergleich (1971) 39, Hasse NJW **69**, 424, Schlosser JZ **72**, 639.

Eine sonstige Verpflichtung, etwa eine Erklärung zum Protokoll während des Rechtsstreits, genügt in einem solchen Fall nicht. Vielmehr muß trotz einer im Vergleich enthaltenen Unterwerfungsklausel ein besonderer gerichtlicher Androhungsbeschluß ergehen, Karlsr GRUR **57**, 447. Deshalb empfiehlt es sich für den Gläubiger dringend, den Androhungsbeschluß alsbald nach dem Abschluß des Vergleichs zu erwirken und nicht abzuwarten, bis der Schuldner eine Zuwiderhandlung begangen hat.

2) Zuwiderhandlung, I. A. Begriff. § 890 setzt eine Zuwiderhandlung gegen das Verbot voraus. Die Zuwiderhandlung kann schon darin liegen, daß der Schuldner, der nur zu einer Unterlassung verurteilt wurde, den urteilswidrigen Zustand nicht durch eine positive Handlung beseitigt, Düss NJW **69**, 1817, Kblz MDR **65**, 51, Mü BB **73**, 218 (zur Abgrenzung Brehm ZZP **89**, 178 mwN, Jauernig NJW **73**, 1671), soweit die positive Handlung noch von seinem Willen abhängig ist, Stgt BB **73**, 14. Der Schuldner kann das Verbot auch nicht dadurch umgehen, daß er einen Dritten einschaltet. Der Schuldner haftet für den Dritten, soweit sein eigenes Verhalten für das Verhalten des Dritten ursächlich ist, insofern ebenso Hamm GRUR **79**, 874. Der Schuldner hat keine Überlegungsfrist, Köln BB **77**, 220, jedoch evtl eine sogenannte Aufbrauchsfrist, zB Blomeyer Vollstreckungsverfahren 459.

B. Rechtsnatur. Eine Zuwiderhandlung ist nur ein Verstoß gegen ein zivilprozessuales Verbot, das vom Gericht durch die Androhung eines Ordnungsmittels verstärkt wurde, vgl auch Anm 3 E b. Der frühere Streit darüber, ob eine Zuwiderhandlung auch oder sogar nur eine Straftat sei, dazu 32. Aufl mwN, ferner BVerfG **20**, 323, Brschw OLGZ **74**, 297, ist gegenstandslos geworden, vgl Art 5 EGStGB, Vorbem B bei § 380, vgl Bbg MDR **79**, 680, Hamm NJW **77**, 302, Mü NJW **77**, 909, StJM 1, aM BVerfG **58**, 162 mwN, Bre OLGZ **79**, 369, Köln MDR **82**, 589, Saarbr NJW **80**, 461 (diese Gerichte sprechen von einem strafähnlichen Charakter), Ffm NJW **77**, 1205, LG Frankenthal Rpfleger **82**, 479 (diese Gerichte gehen von einem Doppelcharakter aus: Es handle sich um eine Strafe bzw strafähnliche Maßnahme und zugleich um eine Zwangsmaßnahme; insbesondere dagegen mit Recht Tetzner GRUR **81**, 811), Ott NJW **77**, 287 (eine Zuwiderhandlung sei eine Straftat im Sinne eines Pressedelikts, folglich gelte eine kurze Verjährungsfrist). Köln BB **77**, 220 spricht wohl nur irrig von einer „Strafbewehrung".

Daher sind auch die frühere Rechtsprechung und die frühere Lehre zu den zahlreichen Einzelfragen weitgehend überholt, insbesondere dazu, ob und wie weit strafrechtliche Regeln direkt oder entsprechend anwendbar seien, aM BVerfG **58**, 162. Vgl Anm 3 E b.

C. Rechtsnachfolge. Wer als eine Einzelperson zu einer Unterlassung verurteilt wurde und nun als ein Organ einer Handelsgesellschaft oder einer juristischen Person, gegenüber der der Vollstreckungstitel als der Rechtsnachfolgerin wirkt, einen Verstoß begeht, der haftet selbst, Hamm GRUR **79**, 807.

3) Ordnungsmittel, I. A. Antrag des Gläubigers. Das Gericht darf ein Ordnungsmittel nur auf Grund eines Antrags des Gläubigers festsetzen. Ein Anwaltszwang herrscht wie sonst, Hamm NJW **70**, 903. Der Gläubiger darf die Art und/oder die Höhe des Ordnungsmittels anregen. Das Gericht entscheidet jedoch stets nach seinem eigenen pflichtgemäßen Ermessen. Der Antrag ist ein Zwangsvollstreckungsantrag, Brschw OLGZ **74**, 297. Deshalb müssen die Voraussetzungen der Zwangsvollstreckung vorliegen, vgl § 887 Anm 1 B, Hamm NJW **77**, 1205 (das OLG meint irrig, der Verfasser sei aM). Es ist ratsam, den Antrag zu stellen, sobald er zulässig ist, damit der Gläubiger schon eine solche Zuwiderhandlung des Schuldners ahnden lassen kann, die der Schuldner etwa alsbald nach der Entstehung des Vollstreckungstitels begeht. Der Antrag bleibt solange zulässig, wie der Vollstreckungstitel wirksam ist, Düss MDR **65**, 52.

Der Antrag ist unzulässig, soweit er rechtsmißbräuchlich ist, Einl III 6 A a, Grdz 6 D d vor § 704, LG Essen MDR **82**, 587.

zur Erwirkung der Herausgabe von Sachen usw.

Der Gläubiger kann den Antrag solange zurücknehmen, bis das Gericht ein Ordnungsmittel rechtskräftig festgesetzt hat, insofern richtig Hamm NJW **77**, 1204. Die Rücknahme des Antrags schließt eine Vollstreckung für den bisherigen Gläubiger aus, nicht aber für weitere Gläubiger, insofern richtig Hamm NJW **77**, 1204. Natürlich kann der Gläubiger im Anschluß an die Rücknahme eines Antrags auf Grund desselben Vollstreckungstitels einen neuen Antrag stellen, und zwar auch dann, wenn der Schuldner inzwischen keine (erste oder weitere) Zuwiderhandlung begangen hat.

B. Zuständigkeit usw. Das Verfahren verläuft nach § 891. Ausschließlich zuständig, § 802, ist das Prozeßgericht der ersten Instanz, § 887 Anm 4 A. Wenn der Einzelrichter den Vollstreckungstitel erlassen hatte, ist er zuständig, Ffm MDR **81**, 504. Das Gericht nimmt keine Amtsermittlung vor. Das Gericht prüft das Rechtsschutzbedürfnis, insofern richtig Saarbr NJW **80**, 461, aM zB insofern Bbg MDR **79**, 680, ferner Zieres NJW **72**, 699 (das Rechtsschutzbedürfnis sei systemfremd). Es ist erforderlich und ausreichend, daß der Gläubiger im Zeitpunkt der Zuwiderhandlung ein Interesse an der Anordnung eines Ordnungsmittels hat, zB Ffm NJW **77**, 1204, Hbg MDR **73**, 323 mwN, vgl VGH Mannh NJW **73**, 1518, Bettermann DVBl **69**, 119, aM Düss NJW **69**, 1817, Karlsr MDR **72**, 699 mwN, LG Mannh ZMR **72**, 285, Böhmer JZ **74**, 656, Dietrich 40, Peters ZZP **91**, 338 (maßgeblich sei nicht der Zeitpunkt der Zuwiderhandlung, sondern derjenige der Entscheidung. Aber zu ahnden war und bleibt eine Auflehnung gegen das Interesse des Gläubigers zum Zeitpunkt der Zuwiderhandlung, vgl Lindacher NJW **80**, 1400, Anm 2 A, abw Hamm NJW **80**, 1399). Der Gläubiger muß etwaige Beweise wie in einem Erkenntnisverfahren antreten. Vgl im übrigen A.

Das Rechtsschutzbedürfnis kann bei einer strafbewehrten Unterlassungserklärung des Schuldners fehlen, entsteht aber neu, wenn er sich schon bei der ersten Gelegenheit nicht mehr an sie hält, selbst wenn er anschließend ein höher strafbewehrtes Gelöbnis ablegt, Nürnb GRUR **83**, 399.

Gebühren: Des Gerichts KV 1181, (Beschwerdegebühr); des RA §§ 57, 58 III Z 9 BRAGO.

C. Maßnahmen des Gerichts. Das Gericht wählt im Rahmen seines pflichtgemäßen Ermessens zwischen folgenden Möglichkeiten:

a) Ordnungsgeld. Es kann ein Ordnungsgeld verhängen. Der Mindestbetrag ist 5 DM, Art 6 I EGStGB, Vorbem B bei § 380, der Höchstbetrag ist je Zuwiderhandlung 500000 DM, I 2. Das Gericht muß bei jeder Festsetzung eines Ordnungsgelds zugleich von Amts wegen eine Ordnungshaft für den Fall mitfestsetzen, daß das Ordnungsgeld nicht beigetrieben werden kann. Die Festsetzung der Ordnungshaft erfolgt also „ersatzweise". Die Ordnungshaft beträgt mindestens 1 Tag, Art 6 II EGStGB, Vorbem B bei § 380, höchstens je Zuwiderhandlung sechs Wochen, Art 6 II EGStGB, Vorbem B bei § 380; die Worte „bis zu sechs Monaten" in I 1 beziehen sich nur auf eine Verurteilung, die von Anfang an sogleich (nur) eine Ordnungshaft verhängt. Es gibt keine gesetzliche Vorschrift dazu, auf wieviele DM 1 Tag Haft zu verhängen ist.

Wegen der Einzelheiten der Festsetzung, der Möglichkeit zur Gewährung einer Stundung oder zur Zubilligung von Raten, auch der nachträglichen Anordnung oder Änderung solcher Entscheidungen gilt dasselbe wie bei § 380, vgl dort Anm 1 C b, c und Vorbem B bei § 380.

b) Ordnungshaft. Das Gericht kann auch anstelle eines Ordnungsgeldes sogleich und nicht nur ersatzweise eine Ordnungshaft verhängen. Sie beträgt mindestens 1 Tag, Art 6 II EGStGB, Vorbem B bei § 380, höchstens je Zuwiderhandlung sechs Monate, I 1, insgesamt jedoch auf Grund desselben Vollstreckungstitels höchstens zwei Jahre, I 2. In diesen Fällen sind die Art 7, 8 EGStGB nicht anwendbar, abw Brehm NJW **75**, 250 (er wendet 8 II EGStGB entspr an). Die Verjährung richtet sich nach Art 9 EGStGB, Vorbem B bei § 380, aM Ott NJW **77**, 288 betr ein Pressedelikt (er geht von einer Verjährungsfrist von sechs Monaten seit dem ersten Verbreitungsakt aus).

Gegen ein Mitglied der alliierten Streitkräfte darf eine Ordnungshaft weder sogleich noch ersatzweise verhängt werden, Art 34 II ZAbkNTrSt, SchlAnh III. Die Zwangsvollstreckung erfolgt in einem solchen Fall nach Art 34 I des Abkommens.

D. Zuwiderhandlung nach Androhung. Die Zuwiderhandlung muß der Androhung, II, nachfolgen. Es reicht aus, daß der Schuldner auch nur ein Tatbestandsmerkmal nach demjenigen Zeitpunkt verwirklicht hat, in dem die Androhung ihm gegenüber wirksam wurde, falls die weiteren Tatbestandsmerkmale nach dem Erlaß des Urteils erfüllt wurden. Weil die Androhung also der Zuwiderhandlung vorangehen muß, ist es ratsam, den Antrag auf den

Erlaß des Androhungsbeschlusses zu stellen, sobald die Voraussetzungen der Zwangsvollstreckung vorliegen, vgl A.

Das Urteil muß zwar zugestellt werden, bevor das Gericht das Ordnungsmittel festsetzen kann; für die bloße Androhung des Ordnungsmittels ist die Zustellung des Urteils aber nicht erforderlich, vielmehr genügt es, daß die Zuwiderhandlung nach der Verkündung des Urteils (und nach dem Zeitpunkt der Wirksamkeit des Androhungsbeschlusses) erfolgt ist, also unter Umständen alsbald nach der Verkündung des Urteils, vgl Hbg BB **73**, 1189, KG MDR **64**, 155, aM Hamm BB **78**, 1283 (zustm Bülow mwN), LG Ffm BB **80**, 1553 mwN. Wenn überhaupt keine Verkündung des Vollstreckungstitels erfolgt ist, wie etwa dann, wenn er in einer einstweiligen Verfügung erlassen wurde, dann braucht nicht einmal eine Verkündung vorzuliegen, LG Flensb SchlHA **79**, 215.

E. Weiteres Verfahren. a) Beweisaufnahme. Die Zuwiderhandlung muß bewiesen, nicht nur glaubhaft sein. Alle prozeßrechtlich zulässigen Beweismittel sind erlaubt, auch eine Parteivernehmung. Die Grundsätze des § 244 StPO, vgl § 286 Anm 3 B, sind auch hier beachtlich, aM Bre NJW **72**, 1286 (aber warum nicht?). Eine Unterbrechung des Verfahrens zwecks Prüfung der Zurechnungsfähigkeit des Schuldners ist unzulässig, Celle NJW **73**, 1136.

b) Keine Schuldprüfung. aa) Grundsatz. Eine Schuldprüfung findet nicht statt. Zwar ist weder eine Strafe, noch eine Ordnungsstrafe des früheren Rechts ohne Schuld zulässig, BVerfG **20**, 331; aber schon dort (332) wird zwischen der Strafe und einem bloßen Zwangsmittel unterschieden. Wie Art 6 I EGStGB, Vorbem B bei § 380, zeigt, liegen bei I noch nicht einmal Zwangsmittel, sondern bloße Ordnungsmittel vor, ,,Rechtsnachteile, die nicht bei Straftaten angedroht werden", Art 5 EGStGB. Zwar scheint BVerfG **20**, 331 alle diejenigen staatlichen Maßnahmen dem Schuldprinzip zu unterstellen, die auf eine ,,Repression und Vergeltung für ein rechtlich verbotenes Verhalten" abzielen, durch die ,,dem Täter ein Rechtsverstoß vorgehalten und zum Vorwurf gemacht" wird. Auch in I nF reagiert der Staat auf eine Zuwiderhandlung gegen sein Verbot, also auf einen Rechtsverstoß. In diesem Zusammenhang ist es auch unerheblich, daß das Ordnungsmittel nur auf einen Antrag des Gläubigers verhängt wird.

Indessen hat das EGStGB so klar die Tendenz, die Ordnungs- und Zwangsmittel noch nicht einmal als Ordnungswidrigkeit einzustufen, daß aus denselben Gründen wie bei den §§ 380, 888 keinerlei auch nur strafähnlicher Charakter mehr vorliegt, vgl auch Bbg MDR **79**, 680, LAG Hamm MDR **75**, 696, aM BVerfG **58**, 162 mwN, ferner zB Bre OLGZ **79**, 370 mwN, Ffm zB Rpfleger **78**, 135 mwN, Hamm NJW **77**, 1204, offenbar auch Hamm GRUR **79**, 874, aM ferner Zweibr OLGZ **78**, 373 mwN (das OLG gibt dem Schuldner die Beweislast für seine Schuldlosigkeit, sobald ein objektiver Verstoß erwiesen ist), LG Gießen MDR **81**, 414, Dietrich (vgl vor Üb 1 vor § 883) 76 (abw Peters ZZP **91**, 339, zustm Wieser FamRZ **78**, 550), Mes GRUR **78**, 200, Pietzcker (für die Deutsche Vereinigung Bezirksgruppe Nord) GRUR **76**, 88, 194, Wiecz C II b. Vgl auch Bülow BB **75**, 539, Brehm NJW **75**, 251, vgl auch NJW **76**, 1731.

bb) Auswirkungen. Freilich wird dadurch die Sanktion des I im Ergebnis erheblich verschärft, zumal eine dem § 381 vergleichbare Regelung fehlt und zumal § 381 auch nicht entsprechend anwendbar ist. Das ist ein rechtspolitisch problematisches Ergebnis, auch angesichts des Höchstmaßes von Ordnungsgeld wie Ordnungshaft. Eine weitere Folge ist: Es besteht für den Betriebsinhaber dann, wenn sein Personal objektiv eine Zuwiderhandlung begangen hat, keine Entlastungsmöglichkeit, aM BVerfG **58**, 162, abw AG Wiesb WM **81**, 214 (mit strengen Anforderungen). Selbst ein unvermeidbarer Verbotsirrtum ist allenfalls bei der Frage beachtlich, in welcher Höhe ein Ordnungsmittel verhängt werden muß, vgl Ffm MDR **62**, 488. Die Verhängung eines Ordnungsmittels nach I unterbleibt nicht schon deshalb, weil der Schuldner nach der Zuwiderhandlung eine ,,Entschuldigung" vorgebracht hat.

Ein Prozeßunfähiger kann freilich nur nach prozessualen Grundsätzen haften; sonst wäre der Vollstreckungszweck unerreichbar. Infolgedessen erfolgt die Zwangsvollstreckung wegen des Ordnungsgeldes in das Vermögen auch des Prozeßunfähigen, die Zwangsvollstreckung wegen einer Ordnungshaft gegen den gesetzlichen Vertreter; zu seiner Stellung Schoenthal Diss Freibg 1972. Wenn Zwangsmaßnahmen gegen eine Personalgesellschaft und gegen die Gesellschafter notwendig werden, dann kann eine Haft nur gegen die Gesellschafter vollzogen werden, vgl Hamm JMBl NRW **57**, 257. Dasselbe gilt bei Ordnungsmitteln gegen eine Kommanditgesellschaft, vgl Hamm OLGZ **66**, 52, aM Düss GRUR **67**, 166.

Eine weitere Auswirkung besteht darin, daß das Gericht nicht an den strafrechtlichen Grundsatz ,,ne bis in idem" gebunden ist, Tetzner GRUR **81**, 811 mwN. Freilich kann das

zur Erwirkung der Herausgabe von Sachen usw. **§ 890** 3, 4

Rechtsschutzbedürfnis für mehrere Ordnungsmaßnahmen wegen desselben Verstoßes auch dann fehlen, wenn mehrere Gläubiger sie beantragen.

F. Wirksamkeitszeitpunkt von Urteil und Androhung. Das Urteil und der Androhungsbeschluß müssen im Zeitpunkt der Festsetzung des Ordnungsmittels wirksam sein. Die Wirksamkeit tritt mit der Zustellung ein, Wiecz C I b 1, aM StJ II 3. Das Ordnungsmittel darf nicht festgesetzt werden, wenn folgende Situationen eingetreten sind: Der Vollstreckungstitel ist schlechthin aufgehoben worden; er ist rückwirkend weggefallen, Ffm NJW **62**, 542 (nur für §§ 926 II, 929 II) und NJW **82**, 1056; Dietrich 51, Peters ZZP **91**, 338, zB infolge seiner Aufhebung auf Grund eines Rechtsbehelfs, Stgt BB **72**, 1025; er ist wegen veränderter Umstände aufgehoben worden, Brschw NdsRpfl **68**, 159, vgl aber auch Hbg MDR **63**, 420; die Zwangsvollstreckung aus diesem Vollstreckungstitel ist dauernd eingestellt worden; die Aufhebung des Verbots beruht darauf, daß die Verbotszeit abgelaufen ist, vgl Hamm NJW **80**, 1399, LAG Hamm MDR **75**, 696, aM insofern Bbg MDR **79**, 680, LG Essen MDR **83**, 501, Brehm NJW **76**, 1730 mwN. Denn in diesen Fällen liegen keinerlei Sinn und Notwendigkeit einer Verhängung des Ordnungsmittels mehr vor.

Der Grund der Festsetzung des Ordnungsmittels ist ja ein Ungehorsam gegenüber dem staatlichen Verbot, ähnlich Hamm GRUR **79**, 874, insofern abw Bbg MDR **79**, 680 (das OLG betont den zumindest auch allgemein abschreckenden Charakter der Festsetzung), Hamm NJW **80**, 1399, LG Essen MDR **83**, 501 (das LG spricht von der Kombination von Beugemittel und Ahndung). Keine hier beachtliche Aufhebung liegt dann vor, wenn das Urteil des Hauptprozesses ein Verbot wiederholt, das im Weg einer einstweiligen Verfügung ergangen war. Wenn beide Parteien die Hauptsache für erledigt erklären, dann wird eine ergangene Entscheidung wirkungslos, § 91a Anm 2 C. Damit entfällt auch die Möglichkeit der Verhängung eines Ordnungsmittels, zB Köln GRUR **74**, 172, Zieres NJW **72**, 752 (Ausnahme: Arglist des Schuldners), aM Ffm NJW **77**, 1205, Hbg MDR **73**, 324, Mü NJW **71**, 1756, Nürnb NJW **67**, 205, Stgt MDR **75**, 322. Wenn nur der Kläger die Hauptsache für erledigt erklärt, dann fehlt meist das Rechtsschutzbedürfnis.

Eine einstweilige Einstellung der Zwangsvollstreckung verhindert zunächst die Festsetzung eines Ordnungsmittels. Das Ordnungsmittel kann dann erst nach der Einstellung festgesetzt werden. Das Verfahren zur Festsetzung des Ordnungsmittels wird auch dann fortgesetzt, wenn der aufgehobene Vollstreckungstitel wiederhergestellt wird. Das Gericht prüft nicht nach, ob der sachlichrechtliche Anspruch weggefallen ist, vgl auch OVG Münster NJW **74**, 918. Vielmehr bleibt in einem solchen Fall dem Schuldner die Vollstreckungsabwehrklage nach § 767 überlassen.

G. Verjährung. Die Verjährung und deren Ruhen richtet sich nach Art 9 I EGStGB, Vorbem B bei § 380, soweit es um die Vollstreckung des Ordnungsmittels geht, dazu Hamm BB **78**, 574. Wegen der Zuwiderhandlung vgl § 218 BGB, Brehm NJW **75**, 250 (das gilt aber nicht bei einer einstweiligen Verfügung, Hamm BB **78**, 574). Die Verjährung beginnt nicht, solange der Schuldner das Verbot beachtet, sei es auch 30 Jahre hindurch, BGH **59**, 74. Die Zwangsvollstreckung ist zulässig, solange der Gläubiger ein Rechtsschutzbedürfnis behält. Es kann auch nach der Abgabe einer einseitigen Erledigungserklärung noch gegeben sein, falls der Gläubiger den Ordnungsmittelantrag aufrecht erhält, Ffm NJW **62**, 542. Wegen einer zweiseitigen Erledigungserklärung vgl F. Wenn der Gläubiger den Antrag auf die Festsetzung eines Ordnungsmittels zurücknimmt, darf das Gericht ohnehin kein Ordnungsmittel mehr verhängen.

4) Vollstreckung. A. Von Amts wegen. Die Vollstreckung des Ordnungsmittels erfolgt von Amts wegen. Sie ist sofort zulässig, § 794 I Z 3. Zur Vollstreckung ist grundsätzlich der Rpfl zuständig, soweit sich nicht der Richter im Einzelfall die Vollstreckung ganz oder teilweise vorbehalten hat, § 31 III RPflG idF Art 94 Z 6g EGStGB, Vorbem A bei § 380. Der Rpfl ist insoweit auch ausnahmsweise für die Androhung einer Ordnungshaft oder für ihre Anordnung zuständig, § 4 II Z 2a RPflG idF Art 94 Z 2a EGStGB, Vorbem A bei § 380.

Eine Rücknahme des Antrags nach I oder ein Wegfall des sachlichrechtlichen Anspruchs nach dem Eintritt der Rechtskraft des Ordnungsmittelbeschlusses sind unbeachtlich, Celle NJW **65**, 1868, ThP 4d, ZöSche 1c, aM zB Karlsr MDR **79**, 150 mwN. Eine solche Rücknahme bzw ein derartiger Wegfall führen deshalb anders als bei § 888 Anm 3 C weder zur Aufhebung des Beschlusses noch zu einer Rückzahlung des Ordnungsgeldes, Ffm Rpfleger **80**, 200 mwN, noch zu einem Schadensersatzanspruch. §§ 717, 945 sind unanwendbar, schon weil das Ordnungsmittel jedenfalls durch einen Ungehorsam begründet wird, vgl Jauernig NJW **73**, 1673.

Eine Begnadigung ist unzulässig, Brehm NJW **75**, 250. Die Vollstreckung ist auch gegenüber einem Minderjährigen grundsätzlich zulässig. Das Gericht muß evtl Art 7 und 8 EGStGB beachten, vgl Brehm NJW **75**, 251.

B. Staatskasse als Empfänger. Das Ordnungsgeld fließt in die Staatskasse. Die Beitreibung des Ordnungsgelds erfolgt nach § 1 Z 3, 4 JBeitrO idF Art 119 Z 1 EGStGB, Vorbem A bei § 380. Es sind keinerlei strafprozessuale Grundsätze mehr beachtlich, Anm 3 E. Deshalb ist es zulässig, den Festsetzungsbeschluß nach der Zahlung des Ordnungsgeldes aufzuheben, LG Ffm NJW **77**, 302. Deshalb sind auch wegen desselben Verstoßes mehrere Ordnungsmittel auf Grund der Anträge mehrerer Gläubiger vollstreckbar, zB in Wettbewerbssachen, insofern aM Hamm NJW **77**, 1204. Die Vollstreckungsverjährung und deren Ruhen richtet sich nach Art 9 II EGStGB, Vorbem B bei § 380.

5) Androhung, II. A. Zeitliche Reihenfolge. Der Festsetzung eines Ordnungsmittels muß unbedingt eine entsprechende Androhung vorausgehen. Die Androhung ist ein wesentlicher Bestandteil des Verfahrens. Deshalb können weder der Schuldner noch der Gläubiger auf die Androhung wirksam verzichten. Die Androhung kann bereits im Urteil erfolgen, wenn der Gläubiger einen entsprechenden Antrag gestellt hat und wenn das Gericht die Androhung dort bereits für ratsam hält, Mes GRUR **78**, 346. In einem Prozeßvergleich ist eine Androhung unzulässig und dann, wenn sie gleichwohl erfolgt ist, insofern unwirksam, Anm 1 B c. Wenn die Androhung noch nicht im Urteil erfolgt ist, dann wird sie auf Grund eines Antrags des Gläubigers in einem besonderen Beschluß ausgesprochen. Der Antrag unterliegt dem Anwaltszwang wie sonst.

B. Verfahren. Für das Verfahren ist das Prozeßgericht der ersten Instanz zuständig, § 887 Anm 4. Das Verfahren richtet sich nach § 891. Der Antrag auf ein Zwangsmittel und auf eine Vertragsstrafe auf Grund eines gerichtlichen Vergleichs schließen sich nicht gegenseitig aus, vgl BGH **LM** § 343 BGB Nr 1 c. Daher wird ein Antrag nach § 890 durch die Vereinbarung einer Vertragsstrafe nicht berührt, so grds richtig Saarbr NJW **80**, 461, ferner Stgt NJW **69**, 1305, Hamm OLGZ **67**, 191, zumal die Vertragsstrafe auch der Schadloshaltung des Gläubigers dient, BVerfG **20**, 332. Der Gläubiger kann wählen, Köln OLGZ **69**, 58, ThP 2a, insofern aM Saarbr NJW **80**, 461. Natürlich kann der Gläubiger schlechthin auf die Möglichkeit eines Weges nach § 890 verzichten. Dieser Verzicht ist von dem Verzicht auf eine besondere Androhung für den Fall zu unterscheiden, daß der Gläubiger nach § 890 vorgehen will. Der gänzliche Verzicht auf die Möglichkeit, ein Ordnungsmittel zu erwirken, liegt aber noch nicht darin, daß die Parteien eine Vertragsstrafe vereinbart haben. Vielmehr muß der Gläubiger den völligen Verzicht ausdrücklich erklären, Köln OLGZ **69**, 58, insofern auch Saarbr NJW **80**, 461, aM Hamm OLGZ **67**, 189.

C. Entscheidung. Der Androhungsbeschluß braucht das Ordnungsmittel weder nach seiner Art noch nach seiner Höhe bestimmt anzugeben. Es reicht aus, daß das Gericht auf den gesetzlichen Rahmen Bezug nimmt. Das Gericht muß aber die generelle Art des angebotenen Ordnungsmittels angeben, also bestimmen, ob ein Ordnungsgeld mit oder ersatzweisen Ordnungshaft oder ob sogleich eine Ordnungshaft angedroht wird. Das Gericht muß ferner das gesetzliche Höchstmaß nennen, Hamm NJW **80**, 1289 mwN, vgl Köln GRUR **79**, 1173, ferner Schlesw SchlHA **79**, 215 mwN.

Wenn das Gericht das Ordnungsmittel nach seiner Art und Höhe angedroht hat, dann ist es bei einer anschließenden Festsetzung des Ordnungsmittels an diesen Rahmen gebunden. Das Gericht darf also insbesondere nicht eine andere als die angedrohte Art des Ordnungsmittels verhängen. Die gegenteilige Ansicht von Köln SJZ **48**, 537 verkennt, daß II nicht nur den Schuldner schützen, sondern auch dem Gläubiger diejenigen Maßnahmen zur Verfügung stellen soll, die für die Durchsetzung seiner Ansprüche notwendig sind. Die Kosten können in einem etwa zugrundeliegenden Vergleich mitgeregelt worden sein. Wenn das nicht geschehen ist, dann folgen die Kosten der übrigen Kostenregelung im Vergleich, wenn im Zeitpunkt des Vergleichsbeschlusses bereits ein Antrag nach II gestellt worden war. Andernfalls ist § 788 anwendbar, Schröder MDR **70**, 555.

Gebühren: Des Anwalts §§ 57, 58 II Z 6 BRAGO.

D. Abänderung. Das Gericht darf die Androhung jederzeit wegen veränderter Umstände abändern. Die Androhung ist schon vor der ersten Zuwiderhandlung statthaft, wie die Möglichkeit der Aufnahme der Androhung in das Urteil ergibt, BGH NJW **79**, 217. Die Androhung verlangt auch nicht, daß das Urteil bereits rechtskräftig geworden ist. Die Androhung wird mit der Zustellung an den Schuldner wirksam. Eine einmalige Androhung genügt für alle Zukunft, Stgt MDR **58**, 523. Wenn das Gericht das Ordnungsmittel in einem besonderen Beschluß androht, also auch im Anschluß an einen Prozeßvergleich, Bre

NJW **71**, 58, dann ist die Zustellung dieses Beschlusses nach § 750 I der Beginn der Zwangsvollstreckung, Grdz 7 A vor § 704, BGH NJW **79**, 217 mwN.

Wenn das Gericht die Androhung in das Urteil aufgenommen hat, dann ist die Urteilszustellung nach § 750 I der Beginn der Zwangsvollstreckung, Baur ZwV § 35 III 2, aM insofern BGH NJW **79**, 217, ferner StJM VII vor § 704 Fußn 102 (die Zwangsvollstreckung beginne dann erst mit der Festsetzung des Ordnungsmittels), Wiecz B II c (aber für einen solchen Unterschied ist kein Grund ersichtlich). Deshalb müssen im Zeitpunkt der Zustellung der Androhung die Voraussetzungen der Zwangsvollstreckung, § 750, erfüllt sein. Wenn die Androhung auf Grund einer einstweiligen Verfügung erfolgt, ist die Rechtslage ebenso zu beurteilen. Die Zustellung der einstweiligen Verfügung ist ihr Vollzug, nicht ihre Vollstreckung, Grdz 4 A, B vor § 916.

6) Sicherheitsleistung, III. Auf Grund eines Antrags des Gläubigers, für den ein Anwaltszwang wie sonst besteht, kann das Prozeßgericht der ersten Instanz, § 887 Anm 4, dem Schuldner nach seinem pflichtgemäßen Ermessen eine Sicherheitsleistung zur Absicherung desjenigen Schadens auferlegen, der durch eine fernere Zuwiderhandlung drohen mag. Voraussetzung ist zwar nicht, daß bereits vorher ein Ordnungsmittel festgesetzt worden war; der Schuldner muß aber bereits mindestens einmal nach dem Wirksamwerden der Androhung eines Ordnungsmittels eine Zuwiderhandlung begangen haben. Das Urteil braucht allerdings keine Sicherheitsleistung auferlegt zu haben, Ffm Rpfleger **78**, 267 mwN.

Zur Art und Höhe der Sicherheit vgl § 108. Die Sicherheit haftet dem Gläubiger für etwaige Schäden und Kosten weiterer Zuwiderhandlungen, Ffm Rpfleger **78**, 267 mwN, nicht aber dafür, daß der Schuldner das Ordnungsgeld zahlt. Der Gläubiger muß seinen etwaigen Schaden nach § 893 einklagen, Ffm Rpfleger **78**, 267. Die Rückgabe der Sicherheit richtet sich nach § 109, auch im Fall des Ablaufs der etwa im Beschluß bestimmten Zeitspanne.

Gebühren: Des RA §§ 57, 58 III Z 10 BRAGO.

7) Rechtsbehelfe. A. Sofortige Beschwerde. Die sofortige Beschwerde nach § 793, BVerfG NJW **82**, 1635, ist in folgenden Fällen zulässig.

a) Anordnung. Das Gericht hat ein Ordnungsmittel durch einen besonderen Beschluß angedroht. Wenn die Androhung bereits im Urteil enthalten war, dann kann der Schuldner gegen diese Entscheidung nur das gegen das Urteil zulässige Rechtsmittel einlegen, insofern auch LAG Hamm MDR **77**, 699. Die Festsetzung eines Ordnungsmittels führt nicht dazu, daß die sofortige Beschwerde gegen den Androhungsbeschluß erledigt wäre.

b) Festsetzung. Das Gericht hat durch einen Beschluß ein Ordnungsmittel festgesetzt. In diesem Fall kann der Gläubiger die sofortige Beschwerde dann einlegen, wenn das Gericht das Ordnungsmittel seiner Meinung nach zu niedrig bemessen hat. Denn er hat ein schutzwürdiges Interesse daran, daß eine genügend wirksame Art und Höhe festgesetzt wird, Karlsr NJW **57**, 917.

c) Sicherheitsleistung. Das Gericht hat über einen Antrag des Gläubigers auf eine Sicherheitsleistung nach III entschieden. In diesem Fall kann der Gläubiger sich gegen die Zurückweisung des Antrags beschweren.

d) Prüfungsreihenfolge. Wenn gleichzeitig gegen eine einstweilige Anordnung, gegen die Anordnung eines Ordnungsmittels und gegen eine Festsetzung Rechtsbehelfe eingelegt worden sind, dann muß das Gericht sie in dieser Reihenfolge prüfen.

B. Erinnerung. Gegen eine fehlerhafte Art und Weise der Durchführung der Vollstreckung ist die Erinnerung nach § 766 gegeben, vgl auch Art 7 IV EGStGB, Vorbem B bei § 380, Brehm NJW **75**, 250.

8) Kosten. Grundsätzlich erfolgt keine Kostenentscheidung. Denn die Frage, wer die Kosten zu tragen hat, ist bereits in § 788 geregelt, dort Anm 3 A, Bre NJW **71**, 58, Mü Rpfleger **74**, 320 mwN. Freilich ist ein Kostenausspruch zulässig. Er kann auch ratsam sein, KG Rpfleger **81**, 319 mwN. Das Gericht muß die Kosten dann dem Gläubiger auferlegen, wenn der Schuldner Kosten erlitten hat, die durch objektiv nicht notwendige Vollstreckungsmaßnahmen des Gläubigers entstanden sind, KG Rpfleger **81**, 319 mwN.

Das kann zB in folgenden Fällen der Fall sein: Das Gericht mußte auf Grund einer Beschwerde des Schuldners eine Vollstreckungsmaßnahme aufheben, Saarbr OLGZ **67**, 35; der Gläubiger hat seinen Antrag zurückgenommen, § 269 III 2, Ffm MDR **78**, 411 mwN, Schneider JB **65**, 696, vgl aber auch Saarbr OLGZ **65**, 58; das Gericht hat einen Antrag nach §§ 887, 888, 890 zurückgewiesen (dann erfolgt mangels eines Kostenausspruchs keine Kostenfestsetzung, Hamm Rpfleger **73**, 104). Wert: § 3 Anh „Zwangsvollstreckung".

9) VwGO: Entsprechend anwendbar iRv Üb 3 § 883. Danach ist auf die Vollstreckung gegen die öffentliche Hand § 890 entsprechend anzuwenden, wenn der Vollstreckende gegenüber der Behörde nicht in einem Unterordnungsverhältnis steht (sonst gilt § 172 VwGO), VGH Mü NVwZ **83**, 478, oder wenn der Anspruch auf eine Unterlassung gerichtet ist, VGH Mü NVwZ **82**, 563, VGH Mannh DVBl **77**, 211, VGH Kassel LS NJW **76**, 1766, und zwar auch aufgrund einer einstw AnO, OVG Münster NJW **74**, 917. Dagegen ist § 890 auf die Vollstreckung aus einer Entscheidung nach § 80 VwGO nicht anzuwenden, OVG Lüneb DVBl **74**, 470.

891 Verfahren.
Die nach den §§ 887 bis 890 zu erlassenden Entscheidungen können ohne mündliche Verhandlung ergehen. Vor der Entscheidung ist der Schuldner zu hören.

Schrifttum: Schoenthal, Die Stellung gesetzlicher Vertreter des Schuldners im Verfahren nach den §§ 888, 890 ZPO, Diss Freibg 1972.

1) Verfahren. A. Allgemeines. Entscheidungen nach §§ 887, 888, 890 erfordern keine mündliche Verhandlung, BVerfG NJW **82**, 1635 (zu § 890), BayObLG **83**, 18. Wenn das Gericht einen Termin nach § 889 bestimmt, dann handelt es sich nicht um eine Vollstreckungsmaßnahme. Wenn das Gericht eine mündliche Verhandlung anordnet, dann muß es die Beteiligten laden. Ein Anwaltszwang herrscht wie sonst, zB Ffm Rpfleger **79**, 148 mwN, aM zB Düss DB **65**, 891, LG Bln WPR **76**, 194 (aber hier handelt es sich oft um schwierige, vor dem Prozeßgericht zu verhandelnde Fragen). Eine Zustellung muß an den etwa bestellten ProzBev erfolgen, § 178. Das Gericht muß aber eine Aufforderung zum Haftantritt der Partei persönlich zustellen.

B. Anhörung des Schuldners. Das Gericht muß den Schuldner vor seiner Entscheidung anhören. Es muß also dem Schuldner eine Gelegenheit zur mündlichen oder schriftlichen Äußerung geben. Es genügt, daß der Vorsitzende dem Schuldner eine ausreichende Frist setzt. Wenn die Äußerung des Schuldners erst nach dem Fristablauf eingeht, dann muß das Gericht sie grundsätzlich berücksichtigen, falls seine Entscheidung bei ihrem Eingang noch nicht herausgegangen war, vgl Ffm MDR **62**, 744. Freilich kann und muß das Gericht einen verspäteten Vortrag evtl entsprechend §§ 282, 296 zurückweisen, KG OLGZ **79**, 367, aM Mü MDR **81**, 1025.

Das Gericht muß den Schuldner auch vor einer Androhung anhören, soweit die Androhung in einem besonderen Beschluß ergehen soll. Wenn die Androhung bereits in einem Urteil enthalten war, dann hat der Schuldner das Gehör im Verfahren bis zum Urteil erhalten. Wenn die Androhung in einer einstweiligen Verfügung enthalten war und wenn diese auf Grund einer mündlichen Verhandlung durch ein Urteil erging, dann gilt dasselbe; soll die einstweilige Verfügung wegen ihrer besonderen Eilbedürftigkeit ohne eine mündliche Verhandlung und ohne eine Anhörung des Schuldners ergehen, so braucht er nicht bloß wegen der in ihr beabsichtigten Androhung angehört zu werden. Es ist immer ein voller Beweis notwendig. Eine Glaubhaftmachung genügt nicht, und zwar auch nicht dann, wenn ein Arrest oder eine einstweilige Verfügung die Grundlage der Zwangsvollstreckung bilden.

In der Beschwerdeinstanz gelten § 573 und nicht § 891 S 2. Vgl im übrigen § 890 Anm 5 C, D.

2) Entscheidung. Das Gericht entscheidet stets durch einen Beschluß. Es muß ihn grundsätzlich begründen, § 329 Anm 1 A b. Es verkündet den Beschluß oder teilt ihn dem Sieger formlos mit, während es ihn dem Verlierer von Amts wegen zustellt, § 329 III. Streitwert: Anh § 3 „Zwangsvollstreckung". Eine Rechtsmittelbelehrung ist unnötig, § 231, Hamm MDR **75**, 409 (noch zum alten Recht; vgl jetzt § 890 Anm 5 C).

3) Rechtsbehelfe. Gegen die Entscheidung ist nur eine sofortige Beschwerde nach § 793 statthaft, BVerfG NJW **82**, 1635, nicht etwa eine Erinnerung nach § 766. Das gilt auch dann, wenn das Gericht fälschlich statt eines Beschlusses ein Urteil erlassen hat oder wenn es gegen S 2 verstoßen hat. Die Entscheidung hat keine aufschiebende Wirkung. Eine Aussetzung erfolgt nach § 572. § 570 II ist anwendbar, § 296 ist unanwendbar, BVerfG NJW **82**, 1635 (krit Schumann NJW **82**, 1613). Das Gericht muß dem Betroffenen vor einer Aufhebung des angefochtenen Beschlusses das rechtliche Gehör gewähren, vgl BVerfG **30**, 408. Eine weitere sofortige Beschwerde ist nicht ausgeschlossen, Hamm NJW **73**, 1135, § 567 Anm 5. Die Rechtskraft stellt fest, daß der Schuldner nicht mehr zu leisten braucht, daß er zB keine bessere Rechnung mehr zu legen hat.

4) VwGO: Entsprechend anwendbar iRv Üb 3 § 883, VGH Kassel NJW **76**, 1766.

zur Erwirkung der Herausgabe von Sachen usw. §§ 892–894

892 Widerstand des Schuldners.
Leistet der Schuldner Widerstand gegen die Vornahme einer Handlung, die er nach den Vorschriften der §§ 887, 890 zu dulden hat, so kann der Gläubiger zur Beseitigung des Widerstandes einen Gerichtsvollzieher zuziehen, der nach den Vorschriften des § 758 Abs. 3 und des § 759 zu verfahren hat.

1) Geltungsbereich. Wenn der Schuldner gegen eine Handlung Widerstand leistet, die er nach den §§ 887, 890 dulden muß, dann darf der Gläubiger nur im Rahmen des § 229 BGB zu einer Selbsthilfe greifen. Im übrigen muß der Gläubiger einen Gerichtsvollzieher hinzuziehen. Der Gerichtsvollzieher darf nicht verlangen, daß ihm der Widerstand des Schuldners nachgewiesen wird, AG Münster DGVZ **79**, 29. Der Gerichtsvollzieher verfährt nach den §§ 758 III, 759. Notfalls zieht er die Polizei hinzu. Die Kosten des Gerichtsvollziehers sind Kosten der Zwangsvollstreckung, § 788. Der Schuldner muß diese Kosten ersetzen, soweit die Hinzuziehung des Gerichtsvollziehers objektiv notwendig war, AG Münster DGVZ **79**, 29.

2) VwGO: *Entsprechend anwendbar iRv Üb 3 § 883.*

893 Ersatzklage.
I Durch die Vorschriften dieses Abschnitts wird das Recht des Gläubigers nicht berührt, die Leistung des Interesses zu verlangen.

II Den Anspruch auf Leistung des Interesses hat der Gläubiger im Wege der Klage bei dem Prozeßgericht des ersten Rechtszuges geltend zu machen.

1) Anspruch, I. I besagt nur, daß er einen Ersatzanspruch, der etwa nach dem sachlichen Recht besteht, in den Fällen der §§ 883–892 unberührt läßt. I begründet nicht etwa einen prozessualen Anspruch, wenn kein sachlichrechtlicher Anspruch besteht, Kblz FamRZ **82**, 508. Der Fall des § 894 fällt nicht unter § 893. Für einen Ersatzanspruch gelten die §§ 280, 283, 286, 325, 326 BGB. Nach diesen Vorschriften richtet sich auch die Frage, wann der Gläubiger zu einer Schadensersatzforderung übergehen darf. Er darf zB dann so vorgehen, wenn der Schuldner eine herauszugebende Sache nicht herausgeben kann oder wenn der Gläubiger die Handlung nicht erzwingen kann, zu der der Schuldner verurteilt worden ist.

Der Anspruch ist nicht von der vorherigen Durchführung der Zwangsvollstreckung abhängig. Ein nachträgliches Angebot der Leistung beseitigt den bereits entstandenen Schadensersatzanspruch nicht. Der Anspruch läßt sich auch im Weg einer Einrede geltend machen, etwa im Weg einer Aufrechnung. Die Aufrechnung begründet aber den Gerichtsstand nach II nicht. Angesichts der gerade in diesen Fällen auftretenden Schwierigkeiten der Schadensberechnung muß eine weiterzige Anwendung des § 287 helfen.

2) Zuständigkeit, II. Für die Ersatzklage ist das Prozeßgericht der ersten Instanz örtlich und sachlich zuständig, § 887 Anm 4 A, also dasjenige Gericht, das früher entschieden hat. Es handelt sich um eine ausschließliche Zuständigkeit, § 802. Die §§ 10, 11 sind anwendbar. Für die Klage auf einen Schadensersatz statt der ursprünglich geschuldeten Herausgabe von Hausrat ist das Prozeßgericht und nicht das FamG zuständig, Kblz FamRZ **82**, 508. Eine Voraussetzung der Anwendbarkeit von II ist, daß der Kläger statt der Leistung jetzt einen Schadensersatz fordert. Wenn der Kläger den Schadensersatz neben der Leistung begehrt, dann sind die gewöhnlichen Gerichtsstände anwendbar. Das gilt auch dann, wenn der Kläger zunächst ein Urteil auf eine Leistung erwirkt hat, nun aber daneben einen Ersatz fordert, und es gilt auch dann, wenn der Kläger zunächst eine Unterlassung verlangt hat und dann wegen einer vor dem Erlaß des Urteils begangenen Handlung einen Schadensersatz fordert.

3) VwGO: *Entsprechend anwendbar iRv Üb 3 § 883.*

894 Abgabe einer Willenserklärung.
I Ist der Schuldner zur Abgabe einer Willenserklärung verurteilt, so gilt die Erklärung als abgegeben, sobald das Urteil die Rechtskraft erlangt hat. Ist die Willenserklärung von einer Gegenleistung abhängig gemacht, so tritt diese Wirkung ein, sobald nach den Vorschriften der §§ 726, 730 eine vollstreckbare Ausfertigung des rechtskräftigen Urteils erteilt ist.

II Die Vorschrift des ersten Absatzes ist im Falle der Verurteilung zur Eingehung einer Ehe nicht anzuwenden.

Schrifttum: Nietsch, § 894 ZPO usw, Diss Hbg 1966; Pantaleon, Probleme bei der Anwendung der Fiktion von Willenserklärungen in der Zwangsvollstreckung, Diss Freibg 1977.

1) Urteil auf Willenserklärung, I. A. Allgemeines. § 894 betrifft die Zwangsvollstreckung auf Grund eines Urteils, das den Schuldner lediglich dazu verurteilt, eine Willenserklärung mit einem ganz bestimmten Inhalt abzugeben, Bbg MDR **83**, 500, Köln MDR **75**, 586. Es richtet sich nicht nach der Form, sondern nach dem Inhalt des Urteils, ob eine derartige Entscheidung vorliegt. Es ist unerheblich, ob zu der Willenserklärung eine Leistung des Schuldners hinzutreten muß, etwa die Übergabe einer Sache. Unter § 894 fallen nicht nur sachlichrechtliche Willenserklärungen, sondern auch Willenserklärungen gegenüber einer Behörde, namentlich gegenüber einer Registerbehörde. Die Form der Erklärung und ihr Empfänger sind unerheblich. § 894 gilt auch dann, wenn der Schuldner die Willenserklärung gegenüber einem Dritten oder wenn er sie im Ausland abgeben muß. Wenn das Urteil im Ausland nicht anerkannt wird, dann muß der Gläubiger den Schuldner nach § 888 zur Abgabe einer entsprechenden Erklärung anhalten.

Das Urteil muß eindeutig ergeben, welche Erklärung der Schuldner abgeben soll. Man muß notfalls die Entscheidungsgründe des Urteils zur Auslegung hinzuziehen. Wenn auch sie keine Klarheit verschaffen, dann bleibt nur übrig, im Vollstreckungsverfahren nach § 888 eine Klärung herbeizuführen. Wenn die Klärung auch in jenem Verfahren nicht möglich ist, dann muß der Gläubiger eine neue Klage erheben, Kblz OLGZ **76**, 381. Ein Antrag mit dem Inhalt, den Bekl zu verurteilen, alle für die Übertragung des Geschäfts des Bekl notwendigen Rechtsgeschäfte mit dem Kläger abzuschließen, ist zu unbestimmt, BGH NJW **59**, 1371. Zu unbestimmt sind auch zB: Eine Verpflichtung, ein Drittel des Grundbesitzes auf den Gläubiger zu übertragen, Kblz OLGZ **76**, 381; eine Auflassungserklärung wegen einer Teilfläche vor deren Wegmessung und Abschreibung, BGH Rpfleger **82**, 153.

In WEG-Sachen ist § 894 anwendbar, BayObLG **77**, 44.

B. Beispiele für eine Anwendbarkeit: Alle grundbuchmäßigen oder registermäßigen Erklärungen, etwa die Eintragung, die Löschung, die Auflassung; alle rechtsgeschäftlichen Erklärungen, etwa eine Zustimmung nach § 2 MHG, LG Mannh WM **77**, 124 (auch zur Abgrenzung), oder eine Bevollmächtigung oder eine Entlastung des Vorstands einer Aktiengesellschaft, Hbg BB **60**, 996 mwN; eine Stimmrechtsbindung, BGH **48**, 163; die Zustimmung zur Änderung des Gesellschaftsvertrags, Bre NJW **72**, 1952 (im Fall der Aufhebung einer Bruchteilsgemeinschaft wendet Schmidt JR **79**, 317 zugunsten eines Gläubigers unmittelbar den § 751 S 2 BGB an).

Weitere Beispiele: Eine Einwilligung nach § 12 IV ArbEG, BGH **LM** § 12 ArbEG Nr 5; eine im Zivilprozeß erzwingbare öffentlichrechtliche Erklärung, etwa die Rücknahme eines Strafantrags bei einem Delikt, das nur auf Grund eines Antrags des Verletzten verfolgt wird, oder die Rücknahme einer Privatklage, oder die Klagrücknahme; das Angebot des Geschäftsnachfolgers an die Brauerei, wenn er mit dem bisherigen Gastwirt den Eintritt in dessen Abnahmeverpflichtung vereinbart hat, BGH NJW **63**, 900; ein Angebot zum Abschluß des Darlehnshauptvertrags, BGH NJW **75**, 444, vgl aber auch § 726 Anm 2 C a.

C. Beispiele für eine Unanwendbarkeit: Eine Verurteilung zur Auflassung und zur Eintragungsbewilligung eines Teilgrundstücks vor dem Zeitpunkt der grundbuchlich vollzogenen Teilung, BGH **37**, 233 und Rpfleger **82**, 153; wenn ein Urteil im Widerspruchsprozeß nach § 771 objektiv unrichtig zu einer Freigabe verurteilt oder wenn der Schuldner eine Handlung vornehmen, etwa eine Unterschrift unter eine Urkunde setzen muß, zB unter eine Vollmachtsurkunde, § 887 Anm 6 „Unterzeichnung"; wenn der Schuldner zum Widerruf einer nachteiligen Behauptung verurteilt worden ist, § 888 Anm 1 B; wenn der Hinweis auf eine Vormerkung fehlt, deren Rang ausgenutzt werden soll, LG Ffm Rpfleger **77**, 301.

D. Leistungsurteil. Das Urteil, das den Schuldner zur Abgabe einer Willenserklärung verurteilt, ist ein Leistungsurteil. Denn nicht das Urteil gestaltet, sondern die unterstellte Willenserklärung.

2) Vollstreckungswirkung, I. A. Allgemeines. § 894 ersetzt den Zwang durch eine reine Unterstellung. Die Erklärung gilt vom Zeitpunkt der Rechtskraft des Urteils an als abgegeben. Diese Unterstellung ist eine wirkliche echte Vollstreckungswirkung. Soweit § 894 anwendbar ist, ist jede weitere Zwangsvollstreckung ausgeschlossen, etwa diejenige nach §§ 887ff, Meyer-Stolte Rpfleger **76**, 7. Das letztere gilt grundsätzlich auch vor dem Eintritt der Rechtskraft des Urteils. Eine vorläufige Vollstreckbarkeit aus dem Urteil ist nur wegen der Kosten des Rechtsstreits zulässig. Ein Recht aus dem Urteil ist nicht übertragbar.

zur Erwirkung der Herausgabe von Sachen usw. **§ 894** 2, 3

Da die Wirkung erst im Zeitpunkt der Rechtskraft eintritt, ist § 894 nicht anwendbar, soweit die Rechtskraft gar nicht eintreten kann, also beim Prozeßvergleich, BSG FamRZ **73**, 648, Ffm Rpfleger **80**, 291 mwN, und im Fall einer vollstreckbaren Urkunde, § 794 I Z 1, 5. In diesen Fällen findet die Zwangsvollstreckung nach §§ 887 ff statt, dort Anm 6 „Willenserklärung". Am besten nimmt man die Willenserklärung gleich in den Text des Vergleichs oder der vollstreckbaren Urkunde mit auf. Dabei muß man die Nämlichkeit und die Verfügungsfähigkeit der Erklärenden prüfen.

B. Abgabe der Erklärung. Die Erklärung gilt nach den allgemeinen Rechtsgrundsätzen als abgegeben. Wenn das Urteil erst im Zeitpunkt seiner Zustellung rechtskräftig wird, dann ist die Erklärung in diesem Zeitpunkt abgegeben. Wenn die Rechtskraft bereits mit der Verkündung des Urteils eintritt, dann muß der Empfänger von dem Inhalt der Verurteilung eine volle Kenntnis haben, damit die Erklärung als abgegeben angesehen werden kann. Die Empfangsbedürftigkeit der Erklärung ist unerheblich, soweit der Gläubiger ihr Empfänger ist. Wenn ein Dritter der Empfänger der Erklärung ist, namentlich wenn eine Behörde der Empfänger ist, dann muß der Gläubiger die Erklärung dem Dritten zuleiten, ihm also das rechtskräftige Urteil vorlegen. Im Fall einer ausländischen Entscheidung und bei einem Schiedsspruch tritt die Wirkung der Abgabe der Erklärung erst dann ein, wenn die zugehörige Vollstreckbarerklärung rechtskräftig wird, §§ 722, 1042. Denn es handelt sich um eine Vollstreckungswirkung.

Die Erklärung gilt in keinem Fall auf Grund eines bloß vorläufig vollstreckbaren Urteils als abgegeben, und zwar auch dann nicht, wenn auf Grund des Urteils eine Sicherheit geleistet worden ist, vgl § 895. Wegen der Situation im Fall einer einstweiligen Verfügung vgl § 938 Anm 1 D. Die Erklärung gilt nicht als abgegeben, solange das Urteil nur unter dem Vorbehalt der beschränkten Erbenhaftung ergangen ist. Denn in einem solchen Fall würde der Vorbehalt durch die Erklärung praktisch entwertet werden. Dort und im Fall der Umschreibung der Vollstreckungsklausel auf die Erben des Verurteilten muß die Zwangsvollstreckung nach § 888 erfolgen.

C. Wahlrecht. Gibt das Urteil die Wahl zwischen mehreren Willenserklärungen oder zwischen der Erklärung und der Leistung, dann kann die Unterstellung erst im Zeitpunkt der Ausübung des Wahlrechts eintreten:

a) Gläubigerwahl. Wenn der Gläubiger wählen darf und wenn er sein Wahlrecht nicht etwa schon früher ausgeübt oder verloren hatte, § 264 II BGB, dann darf er die Wahl schon dann ausüben, wenn ein lediglich vorläufig vollstreckbares Urteil ergangen ist. Die Wirkung tritt aber erst im Zeitpunkt der Rechtskraft des Urteils ein.

b) Schuldnerwahl. Wenn der Schuldner die Wahl hat, dann muß er sie bis zum Beginn der Zwangsvollstreckung ausüben. Andernfalls darf der Gläubiger die Wahl treffen, § 264 BGB. Der Gläubiger muß dem Schuldner gegenüber erklären, daß er nunmehr sein Wahlrecht ausübe. Mit dieser Erklärung tritt die Vollstreckungswirkung ein.

3) Unterstellung, I. A. Allgemeines. Im Zeitpunkt der Rechtskraft des Urteils gilt die Willenserklärung als abgegeben. Es treten dieselben Folgen wie dann ein, wenn der Verurteilte im Zeitpunkt der Rechtskraft und nicht etwa schon vorher (bedingt), BAG BB **77**, 896, die Erklärung formgerecht und wirksam abgegeben hätte. Die Rechtskraft ersetzt jede beliebige sachlichrechtlich notwendige Form. Es gilt zB eine Auflassung als vor dem zuständigen Notar erklärt, Meyer-Stolte Rpfleger **76**, 7; eine löschungsfähige Quittung gilt als in öffentlicher Form erteilt. Die Verurteilung zur Abgabe einer öffentlich beglaubigten Erklärung ersetzt auch die Beglaubigung.

Demgegenüber ist die Verurteilung dahin, nur die Beglaubigung vornehmen zu lassen, lediglich nach § 888 erzwingbar. Zweckmäßiger und einfacher ist aber eine Verurteilung zur Abgabe der Erklärung. Denn diese Verurteilung ersetzt mit dem Eintritt ihrer Rechtskraft auch die Beglaubigung. Es ersetzt ja auch ein Urteil auf die Wiederholung der Abtretung der Hypothek die formgerechte Eintragungsbewilligung in einer grundbuchmäßigen Form. Das gilt auch zu Lasten des Gläubigers. Es gilt ferner gegenüber einem Dritten.

Mit der Rechtskraft des Urteils gilt die Erklärung dem Dritten gegenüber als abgegeben. Eine etwaige Prozeßunfähigkeit des Schuldners im Zeitpunkt des Eintritts der Rechtskraft des Urteils ist unschädlich. Bei einer juristischen Person gilt der Vertretungsberechtigte als der Erklärende, selbst wenn im Zeitpunkt des Eintritts der Rechtskraft des Urteils ein Vertretungsberechtigter fehlt.

B. Weitere Erfordernisse. Die Rechtskraft kann allerdings keine etwaigen weiteren Erfordernisse ersetzen. Sie kann zB nicht eine etwa notwendige Erklärung des Gläubigers oder eines Dritten ersetzen. Der Gläubiger muß zB im Fall eines Urteils auf die Auflassung seinerseits die Einigung erklären, Meyer-Stolte Rpfleger **76**, 7 mwN. Wenn die Auflassung einem Dritten gegenüber erfolgen soll, dann muß der Dritte die Einigung erklären, und der Gläubiger muß das rechtskräftige Urteil dem Grundbuchamt vorlegen. Der Dritte kann das Urteil nicht vorlegen. Denn das Urteil wirkt ihm gegenüber nicht. Wenn es sich um eine Zustimmung zu einer Änderung des Gesellschaftsvertrags einer BGB-Gesellschaft handelt, dann braucht keine Gesellschaftsversammlung stattzufinden, Bre NJW **72**, 1953.

Es ist unerheblich, ob auch eine Handlung des Schuldners hinzutreten muß. Denn für die Erklärung gilt § 894, für die etwa notwendige Handlung des Schuldners gelten die §§ 883–888. Wenn beide eine einheitliche Handlung bilden, etwa bei einer Indossierung eines Wechsels, dann ist § 888 anwendbar. Eine an sich nach dem sachlichen Recht notwendige vormundschaftsgerichtliche Genehmigung ist entbehrlich, BayObLG MDR **53**, 561, aM StJM II. Eine sonst etwa notwendige behördliche Genehmigung bleibt erforderlich, etwa diejenige nach § 15 StFG.

C. Weiter notwendige Handlungen. Alle weiterhin gebotenen Handlungen bleiben dem Gläubiger überlassen. Was der Verwertung der Willenserklärung dient, steht außerhalb der Zwangsvollstreckung und bedarf des Nachweises ihrer Voraussetzungen nicht. Das gilt etwa für eine grundbuchmäßige Eintragung. Anders ist die Lage, wenn ein Rechtsnachfolger des Gläubigers oder des Schuldners beteiligt ist. Dann ist ein Nachweis der erfolgten Umschreibung erforderlich. Der Schuldner kann die Eintragung nicht schon auf Grund einer Vollstreckungsabwehrklage oder auf Grund einer Wiederaufnahmeklage nach §§ 769, 707 unterbinden. Die Eintragung ist nämlich keine Vollstreckungsmaßnahme. Deshalb bleibt der Schuldner darauf angewiesen, eine einstweilige Verfügung zu erwirken. Im Fall einer Wiedereinsetzung gegen den Ablauf der Rechtsmittelfrist fällt die Unterstellung rückwirkend weg.

4) Gegenleistung, I. Wenn das Urteil die Abgabe der Willenserklärung von einer Gegenleistung abhängig macht, dann wird die Unterstellung entsprechend § 726 II erst in demjenigen Zeitpunkt wirksam, in dem der Schuldner eine vollstreckbare Ausfertigung des Urteils in Händen hat. Diese Ausfertigung kann erst dann erteilt werden, wenn der Nachweis der Erfüllung oder der Nachweis des Annahmeverzugs des Gläubigers erbracht sind. In solchem Fall tritt die Vollstreckungswirkung genau in demjenigen Augenblick ein, in dem der Urkundsbeamte der Geschäftsstelle die vollstreckbare Ausfertigung hinausgibt, § 329 Anm 4 A. Wenn der Gläubiger zunächst auf die Erteilung der Vollstreckungsklausel klagen muß, § 731, dann tritt die Unterstellung im Zeitpunkt der Rechtskraft desjenigen Urteils ein, das die Erteilung der Vollstreckungsklausel anordnet.

5) Eingehung der Ehe, II. Das Recht der BRep kennt keine Verurteilung zur Eingehung einer Ehe, § 888 Anm 4 A a; vgl dort auch wegen einer Namensänderung bei Eheleuten. Entgegen dem gegenüber § 888 II scheinbar engeren Wortlaut gilt § 894 II auch für die Eheherstellungsklage, § 888 Anm 4 A b, Reinhart JZ **83**, 187 mwN.

6) VwGO: Enstprechend anwendbar iRv Üb 3 § 883, aM Hoffmann-Becking VerwArch **71**, 198. Für Urteile, die zum Erlaß eines VerwAktes oder zur Folgenbeseitigung verpflichten, und in diesem Rahmen ergehende einstwAnOen gilt ausschließlich § 172 VwGO (Zwangsgeld).

895

Vorläufig vollstreckbares Urteil und Willenserklärung. Ist durch ein vorläufig vollstreckbares Urteil der Schuldner zur Abgabe einer Willenserklärung verurteilt, auf Grund deren eine Eintragung in das Grundbuch, das Schiffsregister oder das Schiffsbauregister erfolgen soll, so gilt die Eintragung einer Vormerkung oder eines Widerspruchs als bewilligt. Die Vormerkung oder der Widerspruch erlischt, wenn das Urteil durch eine vollstreckbare Entscheidung aufgehoben wird.

1) Vorläufig vollstreckbares Urteil. Im allgemeinen hat ein nur vorläufig vollstreckbares Urteil auf die Abgabe einer Willenserklärung keine Vollstreckungswirkung im engeren Sinne. Es ist lediglich wegen der Kosten vollstreckbar, Einf 2 C vor §§ 708–720. Von diesem Grundsatz macht § 895 eine Ausnahme für ein Urteil, das zu einer Eintragung im Grundbuch, im Schiffsregister oder im Schiffsbauregister verurteilt.

Eine entsprechende Regelung gilt dann, wenn ein Urteil zur Eintragung eines Registerpfandrechts an einem Luftfahrzeug in die Luftfahrzeugrolle verurteilt, § 99 I LuftfzRG. Zwar entsteht auch in diesen Fällen nicht die Wirkung, daß die Erklärung als abgegeben gilt; das Urteil wahrt dem Gläubiger aber seinen Rang. Das Grundbuchamt wird als Vollstrek-

zur Erwirkung der Herausgabe von Sachen usw. §§ 895, 896

kungsorgan tätig, um einer Durchkreuzung des ausgeurteilten Anspruchs durch eine Verfügung des eingetragenen Titelschuldners vorzubeugen, KG Rpfleger **81**, 22.

Unter § 895 fallen alle Arten von Anträgen und Bewilligungen auf eine Eintragung. Die Vorschrift ist aber als eine Sonderregelung nicht etwa auf andere Register ausdehnend anwendbar. Es ist unerheblich, ob das Urteil unmittelbar oder nur mittelbar vorläufig vollstreckbar ist, etwa weil ein Urteil vorläufig vollstreckbar ist, das den Einspruch zurückweist. Unter § 895 fällt auch ein vorläufig vollstreckbares Feststellungsurteil, das den Inhalt und die Tragweite eines rechtskräftigen Urteils auf die Abgabe einer Willenserklärung feststellt.

§ 895 ist unanwendbar, wenn die Verurteilung des Schuldners nicht durch ein Urteil, sondern durch einen Beschluß auf den Erlaß einer einstweiligen Verfügung ohne eine mündliche Verhandlung erfolgt ist, BayObLG Rpfleger **80**, 294.

2) Unterstellung. Mit der Verkündung eines Urteils, das den Beklagten zur Abgabe einer Willenserklärung, § 894 Anm 1 A, verurteilt und vorläufig vollstreckbar ist, gilt die Eintragung einer Vormerkung oder eines Widerspruchs als bewilligt. Zur Eintragung genügt daher die Vorlage einer Ausfertigung des vorläufig vollstreckbaren Urteils. Die Vorlage einer vollstreckbaren Ausfertigung des Urteils ist nicht erforderlich, BGH Rpfleger **69**, 425. Das Grundbuchamt prüft wie andere Vollstreckungsorgane nicht, ob das Urteil sachlichrechtlich richtig ist oder ob eine Vollstreckungsabwehrklage Erfolg haben müßte, KG Rpfleger **81**, 23.

Der Schuldner kann aber eine Eintragung dadurch verhindern, daß er eine Sicherheit leistet. Das Urteil kann nun allerdings auch die vorläufige Vollstreckbarkeit von einer Sicherheitsleistung des Gläubigers abhängig machen, §§ 709ff, Zawar JZ **75**, 168, aM Furtner JZ **64**, 19. In einem solchen Fall tritt die Vollstreckungswirkung nicht vor der Leistung der Sicherheit ein. Der Gläubiger muß also vor der Eintragung nachweisen, daß er die Sicherheit geleistet hat. Es richtet sich nach der Art des Anspruchs, ob eine Vormerkung oder ein Widerspruch einzutragen sind. Die Vormerkung sichert einen persönlichen Anspruch, der Widerspruch sichert einen dinglichen Anspruch, §§ 883, 899 BGB.

Die Eintragung erfolgt nur auf Grund eines Antrags des Gläubigers. Der Gläubiger kann den Antrag allerdings auch zu Gunsten eines Dritten stellen, KG ZMR **79**, 219. Der Gläubiger muß das Urteil vorlegen. Vgl dazu § 894 Anm 3 C. Auch in diesem Fall ist die Eintragung keine Maßnahme der Zwangsvollstreckung. Deshalb ist eine Beschwerde nur nach dem Grundbuchrecht zulässig, KG ZMR **79**, 218.

3) Abändernde Entscheidung. A. Rechtskraft des Urteils. Wenn das Urteil rechtskräftig wird, dann muß das Grundbuchamt auf Grund eines Antrags des Gläubigers die Eintragung in eine endgültige umwandeln.

B. Aufhebung. Wenn das Urteil oder seine Vollstreckbarkeit durch eine vollstreckbare Entscheidung aufgehoben werden, dann erlöschen die Vormerkung oder der Widerspruch. Die Eintragung ist dann auf Grund des einseitigen Antrags des Schuldners im Weg einer Grundbuchberichtigung zu löschen, § 25 GBO. Auch in diesem Fall prüft das Grundbuchamt nur den prozessualen Vorgang, nicht seine sachlichrechtliche Richtigkeit, KG Rpfleger **81**, 23. Der Schuldner hat dann einen Ersatzanspruch nach § 717. Wenn das aufgehobene Urteil anschließend wiederhergestellt wird, kann der zuvor verlorene Rang der Grundbucheintragung nicht wiederhergestellt werden.

C. Einstellung der Zwangsvollstreckung. Eine bloße Einstellung der Zwangsvollstreckung läßt allerdings die Eintragung unberührt. Denn die Eintragung ist keine Maßnahme der Zwangsvollstreckung im engeren Sinn. Solange der Vollstreckungstitel nicht aufgehoben worden ist, bedarf eine Löschung des Widerspruchs auch dann der Bewilligung des berechtigten Gläubigers oder seiner Erben, wenn der ausgeurteilte Anspruch nicht vererblich ist und der Schuldner den Tod des eingetragenen Berechtigten nachweist, KG Rpfleger **81**, 23.

4) VwGO: *Entsprechend anwendbar iRv Üb 3 § 883.*

896 *Urteil auf Willenserklärung. Urkundenbeschaffung.* Soll auf Grund eines Urteils, das eine Willenserklärung des Schuldners ersetzt, eine Eintragung in ein öffentliches Buch oder Register vorgenommen werden, so kann der Gläubiger an Stelle des Schuldners die Erteilung der im § 792 bezeichneten Urkunden verlangen, soweit er dieser Urkunden zur Herbeiführung der Eintragung bedarf.

§§ 896–898 1   8. Buch. 3. Abschnitt. Zwangsvollstreckung

1) Geltungsbereich. § 896 wiederholt die Regelung des § 792. Denn die Eintragung in das Grundbuch oder in ein öffentliches Register nach §§ 894ff ist keine Maßnahme der Zwangsvollstreckung, § 894 Anm 3 C. § 896 wird namentlich dann erheblich, wenn der Schuldner nicht als ein Berechtigter eingetragen ist. Gegen den Schuldner darf kein Zwang zur Beschaffung der Urkunden angewandt werden. Vgl im übrigen bei § 792.

**2) *VwGO:* ***Entsprechend anwendbar iRv Üb 3 § 883.*

897 *Übertragung des Eigentums usw.* ¹ Ist der Schuldner zur Übertragung des Eigentums oder zur Bestellung eines Rechtes an einer beweglichen Sache verurteilt, so gilt die Übergabe der Sache als erfolgt, wenn der Gerichtsvollzieher die Sache zum Zwecke der Ablieferung an den Gläubiger wegnimmt.
II Das gleiche gilt, wenn der Schuldner zur Bestellung einer Hypothek, Grundschuld oder Rentenschuld oder zur Abtretung oder Belastung einer Hypothekenforderung, Grundschuld oder Rentenschuld verurteilt ist, für die Übergabe des Hypotheken-, Grundschuld- oder Rentenschuldbriefs.

1) Eigentumsübergang usw, I. A. Allgemeines. Man erwirbt das Eigentum oder ein dingliches Recht an einer beweglichen Sache auch auf Grund eines Urteils durch eine Einigung und durch die Übergabe der Sache, §§ 929, 1032, 1205 BGB. Die Einigung vollzieht sich nach § 894. Das Urteil unterstellt die Erklärung des Schuldners als im Zeitpunkt der Rechtskraft des Urteils abgegeben. Wenn das Urteil zur Erklärung nur Zug um Zug gegen eine Gegenleistung des Gläubigers verurteilt, dann gilt die Erklärung des Schuldners als in demjenigen Zeitpunkt abgegeben, in dem der Gläubiger die Vollstreckungsklausel erwirkt. Der Gläubiger braucht daher nun nur noch die seinerseits etwa notwendige Erklärung abzugeben. § 897 ersetzt die nun noch erforderliche Übergabe durch eine Wegnahme, die der Gerichtsvollzieher vornimmt, § 808 Anm 4 A.

In einem solchen Fall darf der Gerichtsvollzieher die Sache nicht im Gewahrsam des Schuldners belassen. Der Gerichtsvollzieher wäre nicht zum Abschluß einer Besitzabrede (Konstitut) befugt. Auch hier handelt der Gerichtsvollzieher nicht als ein Vertreter des Gläubigers, sondern als eine Amtsperson in Ausübung staatlicher Hoheitsrechte. Das gilt auch dann, wenn der Schuldner die Sache dem Gerichtsvollzieher freiwillig übergibt. Denn die Ermächtigung des Gerichtsvollziehers zur Annahme der Sache beruht nicht auf dem „Auftrag" des Gläubigers, sondern auf dem Gesetz, § 754.

B. Maßgeblicher Zeitpunkt. Die Sache gilt in demjenigen Augenblick als dem Gläubiger übergeben, in dem sie der Gerichtsvollzieher dem Schuldner wegnimmt oder sie vom Schuldner empfängt. Der Gläubiger trägt von diesem Augenblick an die Gefahr. Der Schuldner ist von diesem Zeitpunkt an befreit. Andere lassen das Eigentum erst im Zeitpunkt der Ablieferung der Sache an den Gläubiger übergehen; diese Konstruktion widerspricht aber dem Gesetz.

2) Bestellung einer Hypothek usw, II. Der Erwerb, die Abtretung und die Verpfändung einer Hypothek, einer Grundschuld oder einer Rentenschuld, für die ein Brief erteilt werden muß, erfolgen durch eine Einigung und durch die Übergabe des Briefs, §§ 1117, 1154, 1192, 1199, 1274 BGB. Deshalb gilt I in solchen Fällen entsprechend. Wenn der Schuldner auch dazu verurteilt worden ist, in die Aushändigung des noch zu bildenden Hypothekenbriefs einzuwilligen, § 1117 II BGB, dann ist eine Wegnahme unnötig.

**3) *VwGO:* ***Entsprechend anwendbar iRv Üb 3 § 883.*

898 *Erwerb vom Nichtberechtigten.* Auf einen Erwerb, der sich nach den §§ 894, 897 vollzieht, sind die Vorschriften des bürgerlichen Rechts zugunsten derjenigen, die Rechte von einem Nichtberechtigten herleiten, anzuwenden.

1) Geltungsbereich. § 898 enthält eine Sondervorschrift. Im allgemeinen nutzt ein guter Glaube in der Zwangsvollstreckung nichts. Etwas anderes gilt dann, wenn ein rechtskräftiges Urteil eine Willenserklärung ersetzt. Sie steht im Hinblick auf einen guten Glauben einer rechtsgeschäftlich abgegebenen Willenserklärung gleich. Daher muß man einen Erwerb auf Grund einer solchen Erklärung wie einen rechtsgeschäftlichen Erwerb behandeln. Im Fall einer Wegnahme nach § 897 handelt der Gerichtsvollzieher als eine Amtsperson. Daher entscheidet nicht sein persönlicher guter oder schlechter Glaube, sondern allein derjenige des Gläubigers. Das gilt auch dann, wenn der Schuldner die Sache dem Gerichtsvollzieher freiwillig übergibt, § 897 Anm 1 A, aM StJM II, Baur ZwV § 36 IV (in einem solchen Fall komme es auf den guten oder schlechten Glauben des Gerichtsvollziehers an, § 166 I BGB).

Bei Fahrnis muß der gute Glaube im Zeitpunkt der Einigung vorliegen, also dann, wenn dasjenige Urteil rechtskräftig wird, das zur Abgabe der Willenserklärung verurteilt, und der gute Glaube muß außerdem noch im Zeitpunkt der Übergabe vorhanden sein, also im Zeitpunkt der Wegnahme nach § 897. Beide Zeitpunkte ergeben sich aus § 932 BGB.

Auf den Fall des § 895 ist § 898 nicht anwendbar, aM Reinicke NJW **64**, 2379 (er geht von einer Gesetzeslücke aus und hält § 898 in diesem Fall für entsprechend anwendbar).

2) VwGO: *Entsprechend anwendbar iRv Üb 3 § 883.*

Vierter Abschnitt
Eidesstattliche Versicherung und Haft
Übersicht

Schrifttum: Herzig, Offenbarungseids- und Haftverfahren, 1965; Koch, Offenbarungseid und Haft, 1965.

1) Geltungsbereich. Die Pflicht zur Abgabe einer eidesstattlichen Versicherung kann sich aus bürgerlichrechtlichen, konkursrechtlichen oder zivilrechtlichen Gründen ergeben. § 889 betrifft die bürgerlichrechtliche eidesstattliche Versicherung. § 807 betrifft die öffentlichrechtliche eidesstattliche Versicherung im Fall einer fruchtlosen Pfändung. § 883 betrifft die öffentlichrechtliche eidesstattliche Versicherung im Fall des fruchtlosen Versuchs der Wegnahme einer Sache, die der Schuldner herausgeben soll. § 125 KO betrifft die eidesstattliche Versicherung des Gemeinschuldners nach der Anfertigung des Inventars. § 69 II VglO regelt die eidesstattliche Versicherung des Schuldners im Vergleichstermin selbständig. Auf die eidesstattliche Versicherung des vermutlichen Testamentsbesitzers sind die §§ 883 II–IV, 900 I, 901, 902, 904–910, 913 entsprechend anzuwenden, § 83 II FGG. Nach § 90 III OWiG sind ferner die §§ 883 II–IV, 899, 900 I, III, V, 901, 902, 904–910, 913 entsprechend anzuwenden, wenn auf Grund eines Bußgeldbescheids eine Einziehung erfolgt.

Das Verfahren in den Fällen der §§ 807, 883 wird von §§ 899 ff geregelt.

2) Haftarten. Die ZPO und die KO unterscheiden zwei Haftarten:

A. Zwangshaft. Sie ist eine bloße Freiheitsentziehung zur Erzwingung eines vom Gesetz befohlenen Verhaltens. Hierher zählen: Die Haft zur Erzwingung einer unvertretbaren Handlung nach § 888 I; die Haft zur Erzwingung einer eidesstattlichen Versicherung nach §§ 889 I, 901; der Vollzug eines persönlichen Arrests nach §§ 918, 933; die Haft gegen den Gemeinschuldner nach §§ 72, 101, 106 KO.

B. Ordnungshaft. Sie ist eine Freiheitsentziehung als Ahndung eines Verstoßes gegen die Rechtsordnung. Hierher gehören folgende Fälle: Ein Zeuge ist unentschuldigt ausgeblieben oder hat das Zeugnis unentschuldigt verweigert. Dann darf die Ordnungshaft nur für den Fall festgesetzt werden, daß ein zunächst festgesetztes Ordnungsgeld nicht beigetrieben werden kann, §§ 380, 390, 653 II; oder: Es handelt sich um die Zwangsvollstreckung wegen der Pflicht zu einer Unterlassung oder zu einer Duldung, § 890. In diesem Fall mag die Ordnungshaft nur ersatzweise verhängt oder sogleich festgesetzt worden sein.

§§ 904 ff gelten nur für die Zwangshaft, nicht für die Ordnungshaft.

3) VwGO: *Für die Vollstreckung zugunsten der öff Hand gelten nach § 169 VwGO das VwVG und damit §§ 284, 315 AO 1977, die wieder auf die §§ 902, 904–910 und 913–915 verweisen, oder die entsprechenden Vorschriften der Länder, § 169 II VwGO. Für die Vollstreckung gegen die öff Hand, § 170 VwGO, sowie für die Vollstreckung für und gegen Private ist Abschnitt 4 entsprechend anwendbar, § 167 I VwGO. Vgl dazu Gaul JZ **79**, 508 ff.*

899 *Zuständigkeit.* Für die Abnahme der eidesstattlichen Versicherung in den Fällen der §§ 807, 883 ist das Amtsgericht, in dessen Bezirk der Schuldner im Inland seinen Wohnsitz oder in Ermangelung eines solchen seinen Aufenthaltsort hat, als Vollstreckungsgericht zuständig.

1) Zuständigkeit. A. Allgemeines. § 899 regelt die nach § 802 ausschließliche sachliche und örtliche Zuständigkeit zur Abnahme einer eidesstattlichen Versicherung nach den §§ 807, 883 ZPO, 125 KO. Für die Fälle des § 889 enthält jene Vorschrift ihre eigene Zuständigkeitsregelung. Für die Zuständigkeit ist der Zeitpunkt des Eingangs des Antrags des Gläubigers maßgeblich, Behr JB **77**, 897, ThP 1c, ZöSche 1, aM Herzig, Offenbarungseid- und Haftverfahren (1965) 28 (maßgeblich sei der Zeitpunkt der Zustellung der Terminsladung). Zuständig ist das AG des inländischen Wohnsitzes des Schuldners, hilfsweise das AG des inländischen Aufenthaltsorts, vgl §§ 13 Anm 1, 16 Anm 2. Ffm JB **78**, 131 fordert ein Zusammenlaufen der Interessen, derentwegen sich der Schuldner von seinem Wohnsitz entfernt.

Die Zuständigkeitsregelung gilt auch bei einem Prozeßunfähigen. Auch in diesem Fall entscheidet wie sonst auch nicht der Wohnsitz usw des gesetzlichen Vertreters, sondern der Wohnsitz usw des Vertretenen. Bei einer juristischen Person oder bei einer Gesellschaft tritt an die Stelle des Wohnsitzes der Sitz, § 17 Anm 2. Es gilt auch dann, wenn ein Abwickler die eidesstattliche Versicherung abgeben soll. Der letzte Wohnsitz kommt nicht in Frage. Wenn Streit über die Zuständigkeit entsteht, ist § 900 V anwendbar.

Das AG handelt als Vollstreckungsgericht durch den Rpfl, § 20 Z 17 RPflG, Anh § 153 GVG. Eine eidesstattliche Versicherung vor dem verordneten Rpfl ist nach § 899 nicht verboten. Mager DGVZ **78**, 68 empfiehlt rechtspolitisch das Verfahren dem Gerichtsvollzieher zu übertragen.

B. Verstoß. Wenn der Schuldner die eidesstattliche Versicherung vor einem nach A unzuständigen Gericht abgegeben hat, dann ist sie trotzdem wirksam. Wenn sich die Unzuständigkeit erst nach der Abgabe der eidesstattlichen Versicherung herausstellt, dann muß das unzuständige Gericht das zuständige benachrichtigen. Das zuständige Gericht muß dann die Eintragung in der Schuldnerliste vornehmen.

C. Rechtsbehelfe. Vgl § 793 Anm 1 B, Anm 2.

2) VwGO: Entsprechend anzuwenden im Rahmen der Üb 3 § 899. Zuständig ist die Vollstreckungsbehörde nach §§ 169 I VwGO, 5 VwVG und 284 IV AO 1977, AG Würzb DGVZ 78, 123, sonst das AG (nicht das allgemeine Vollstreckungsgericht des § 167 I 2 VwGO) im Hinblick auf die Führung des Verzeichnisses nach § 915, VG Bln NJW 76, 1420, aM AG Obernberg Rpfleger 79, 112, Sommer Rpfleger 78, 406. Keine Übertragung auf den Rpfl, soweit das VG zuständig ist: § 20 RPflG gilt nur für bürgerliche Rechtsstreitigkeiten.

900 *Verfahren bei der eidesstattlichen Versicherung.* **I** Das Verfahren beginnt mit dem Antrag des Gläubigers auf Bestimmung eines Termins zur Abgabe der eidesstattlichen Versicherung. Dem Antrag sind der Vollstreckungstitel und die sonstigen Urkunden, aus denen sich die Verpflichtung des Schuldners zur Abgabe der eidesstattlichen Versicherung ergibt, beizufügen.

II Das Vollstreckungsgericht hat vor der Terminbestimmung von Amts wegen festzustellen, ob in dem bei ihm geführten Schuldnerverzeichnis eine Eintragung darüber besteht, daß der Schuldner innerhalb der letzten drei Jahre eine eidesstattliche Versicherung abgegeben hat oder daß gegen ihn die Haft zur Erzwingung der Abgabe der eidesstattlichen Versicherung angeordnet ist. Liegt eine noch nicht gelöschte Eintragung vor, so ist der Gläubiger zu benachrichtigen und das Verfahren nur auf Antrag fortzusetzen.

III Die Ladung zu dem Termin zur Abgabe der eidesstattlichen Versicherung ist dem Schuldner selbst zuzustellen, auch wenn er einen Prozeßbevollmächtigten bestellt hat; einer Mitteilung an den Prozeßbevollmächtigten bedarf es nicht. Dem Gläubiger ist die Terminbestimmung nach Maßgabe des § 357 Abs. 2 mitzuteilen. Seine Anwesenheit in dem Termin ist nicht erforderlich. Das Gericht kann den Termin aufheben oder verlegen oder die Verhandlung vertagen, wenn der Gläubiger zustimmt.

IV Macht der Schuldner glaubhaft, daß er die Forderung des Gläubigers binnen einer Frist von drei Monaten tilgen werde, so kann das Gericht den Termin zur Abgabe der eidesstattlichen Versicherung bis zu drei Monaten vertagen. Weist der Schuldner in dem neuen Termin nach, daß er die Forderung mindestens zu zwei Dritteln getilgt hat, so kann das Gericht den Termin nochmals bis zu sechs Wochen vertagen. Gegen den Beschluß, durch den der Termin vertagt wird, findet sofortige Beschwerde statt. Der Beschluß, durch den die Vertagung abgelehnt wird, ist unanfechtbar.

V Bestreitet der Schuldner die Verpflichtung zur Abgabe der eidesstattlichen Versicherung, so ist von dem Gericht durch Beschluß über den Widerspruch zu entscheiden. Die Abgabe der eidesstattlichen Versicherung erfolgt erst nach Eintritt der Rechtskraft der Entscheidung; das Vollstreckungsgericht kann jedoch die Abgabe der eidesstattlichen Versicherung vor Eintritt der Rechtskraft anordnen, wenn bereits ein früherer Widerspruch rechtskräftig verworfen ist, oder wenn nach Vertagung nach Absatz 4 der Widerspruch auf Tatsachen gestützt wird, die zur Zeit des ersten Antrages auf Vertagung bereits eingetreten waren.

Gliederung

1) **Allgemeines**
2) **Beginn und Ende des Verfahrens, I**
   A. Beginn
   B. Ende
3) **Terminsbestimmung und Ladung, I–III**
   A. Zulässigkeitsprüfung
     a) Allgemeine Voraussetzungen
     b) Rechtsschutzbedürfnis
     c) Bisherige Versicherung oder Haft
   B. Weiteres Verfahren
   C. Amtshilfe
   D. Rechtsbehelfe
     a) Anordnung der Terminsbestimmung
     b) Ablehnung der Terminsbestimmung
     c) Ersuchen an auswärtiges Gericht
4) **Termin, IV**
   A. Allgemeines
   B. Verfahren
     a) Hergang
     b) Protokoll
   C. Einwendungen des Schuldners
     a) Unzulässigkeit der Zwangsvollstreckung
     b) Unzulässigkeit des Offenbarungsverfahrens
     c) Unzulässigkeit derzeit
     d) Kein Anspruch; keine Klausel
     e) Unfähigkeit
     f) Berufsgeheimnis
   D. Vertagung
     a) Zahlungsbereitschaft
     b) Weiterer Aufschub
     c) Erheblicher Grund, § 227
   E. Rechtsbehelf
5) **Verhalten des Schuldners im Termin usw, V**
   A. Keine Einwendungen
   B. Bestreiten der Pflicht
   C. Verweigerung ohne Grundangabe
   D. Kosten
   E. Säumnisverfahren
     a) Säumnis des Gläubigers
     b) Säumnis des Schuldners
     c) Säumnis beider Parteien
6) **Eidesstattliche Versicherung vor der Rechtskraft, V**
   A. Allgemeines
   B. Rechtsbehelf
7) **VwGO**

1) Allgemeines. Das Verfahren zur Abnahme der eidesstattlichen Versicherung ist eigenartig geregelt. Es verlangt weder eine mündliche Verhandlung, Ffm Rpfleger **74**, 274, noch ist es auf eine freigestellte mündliche Verhandlung zugeschnitten. Die Verhandlung ist vielmehr für den Schuldner notwendig mündlich, für den Gläubiger aber freigestellt.

2) Beginn und Ende des Verfahrens, I. A. Beginn. Das Verfahren beginnt mit dem Antrag des Gläubigers auf die Bestimmung eines Termins zur Abnahme der eidesstattlichen Versicherung. In einem bloßen Terminsantrag liegt der Antrag auf die Abnahme der Versicherung. Der Gläubiger kann den Antrag entweder schriftlich stellen, § 129 Anm 1 B, vgl aber auch LG Bln MDR **76**, 148 (abl Vollkommer Rpfleger **75**, 419), oder er kann den Antrag zum Protokoll der Geschäftsstelle einreichen. Dempewolf MDR **77**, 803 läßt eine Faksimile-Unterschrift ausreichen. Ein Bevollmächtigter muß seine Vollmacht beifügen, soweit sie sich nicht bereits aus dem Vollstreckungstitel ergibt.

Dem Antrag müssen der Vollstreckungstitel und die sonstigen Urkunden beigelegt werden, die zum Beginn der Zwangsvollstreckung notwendig sind, §§ 750 ff. Im Fall einer eidesstattlichen Versicherung nach § 125 KO muß der Antragsteller den Nachweis der Anmeldung der Forderung beifügen. Im Fall einer eidesstattlichen Versicherung nach §§ 807, 883 muß der Antragsteller den Nachweis führen, daß die Voraussetzungen dieser Vorschriften erfüllt sind. Der Schuldner muß nach seiner Person und nach seiner Anschrift ausreichend bezeichnet werden. Die Forderung darf maschinell ausgedruckt sein, soweit sie einen Klartext und nicht bloß Schlüsselzahlen usw enthält, AG Kassel Rpfleger **79**, 272.

Der Antrag kann auch dahin gehen, die eidesstattliche Versicherung solle sich auf einen Teilbetrag erstrecken, Schlesw Rpfleger **76**, 225. Der Gläubiger darf schon jetzt einen Haftantrag für den Fall stellen, daß der Schuldner im Termin ausbleibe oder daß er sich grundlos weigere, die eidesstattliche Versicherung abzugeben.

B. Ende. Das Verfahren endet in folgenden Fällen: **a)** Der Schuldner gibt die eidesstattliche Versicherung ab; **b)** der Schuldner hat die Haft verbüßt, oder es sind 6 Monate seit seiner Einlieferung vergangen, § 913 S 2; **c)** der Gläubiger nimmt den Antrag zurück; **d)** die Zwangsvollstreckung endet insgesamt, also vor allem dann, wenn der Gerichtsvollzieher die Schuldsumme an den Gläubiger abführt und dem Schuldner den Vollstreckungstitel und den Haftbefehl aushändigt.

3) Terminsbestimmung und Ladung, I–III. A. Zulässigkeitsprüfung. a) Allgemeine Voraussetzungen. Nach dem Eingang des Antrags prüft der Rpfl, § 20 Z 17 RPflG, Anh § 153 GVG, dessen Zulässigkeit. Es müssen die förmlichen Voraussetzungen und die Prozeßvoraussetzungen der Zwangsvollstreckung vorliegen, Grdz 3 und 6 C vor § 704. Ferner müssen die Voraussetzungen der Pflicht zur Abgabe der eidesstattlichen Versicherung gegeben sein; unter anderem muß der Nachweis vorliegen, daß der Gläubiger nicht befriedigt wurde, § 807 Anm 2 B.

b) Rechtsschutzbedürfnis. Ferner muß das Rechtsschutzbedürfnis, Grdz 5 A vor § 253, gegeben sein. Das Rechtsschutzbedürfnis fehlt, wenn der Gläubiger bestimmt weiß, daß die Angaben des Schuldners über sein Vermögen vollständig und richtig sind oder daß der Schuldner kein Vermögen hat, BVerfG 48, 401, LG Mü Rpfleger 74, 372. Wenn der Schuldner im Handelsregister gelöscht wurde, besteht eine widerlegbare Vermutung dafür, daß er kein Vermögen hat, Ffm Rpfleger 76, 329.

Das Rechtsschutzbedürfnis fehlt auch dann, wenn der Gläubiger in Wahrheit gar nicht eine eidesstattliche Versicherung des Schuldners erstrebt, sondern wenn er nur durch einen Druck auf den Schuldner mit der Ladung zum Offenbarungstermin eine Teilleistung erzielen will. Für eine solche Annahme besteht dann ein Anlaß, wenn der Gläubiger bisher immer dann, wenn der Schuldner eine Teilleistung erbrachte, eine Vertagung beantragt hatte, vgl dazu Anm 4 D. Das Gericht ist nämlich keine Beitreibungsstelle. In Wahrheit ebenso LG Köln JB 77, 414.

c) Bisherige Versicherung oder Haft. Zu denjenigen Tatsachen, die der Rpfl von Amts wegen beachten und aus Listen ermitteln muß, gehört der Umstand, ob der Schuldner innerhalb der letzten drei Jahre entweder eine eidesstattliche Versicherung geleistet hatte oder in Haft genommen worden war, II, vgl auch § 903. Von einer Eintragung in die Schuldnerliste wird der Gläubiger benachrichtigt. Das Verfahren findet dann nur statt, wenn der Gläubiger die Fortsetzung beantragt. Er kann die Fortsetzung dann aber nur unter den besonderen Voraussetzungen des § 903 verlangen, dort Anm 3.

d) Unfähigkeit zur Versicherungsabgabe. Das Verfahren darf ferner dann nicht stattfinden, wenn der Schuldner körperlich oder seelisch unfähig ist, derzeit die eidesstattliche Versicherung abzugeben, Ffm JB 77, 1463, Anm 4 C e. Das Gericht darf dem Schuldner nicht zum Zweck der Abgabe der eidesstattlichen Versicherung einen Pfleger bestellen. Denn es besteht kein Fürsorgebedürfnis. Ein Rechtsmißbrauch, Einl III 6 A a, Grdz 6 D d vor § 704, führt ebenfalls zur Unzulässigkeit des Verfahrens. Wenn der Gläubiger den Antrag aber stellt, obwohl seine Forderung nur klein ist, dann bedeutet dieses Vorgehen keineswegs stets einen Rechtsmißbrauch, BVerfG 48, 401. Der Rpfl muß den Schuldner schon vor einer etwaigen Verweisung des Verfahrens an ein anderes Gericht anhören, Düss Rpfleger 75, 102.

B. Weiteres Verfahren. Wenn der Antrag zulässig ist, dann muß der Rpfl einen Termin anberaumen. Er läßt den Schuldner von Amts wegen mit Zustellungsurkunde laden und den Gläubiger formlos von dem Termin benachrichtigen. Die Ladungsfrist beträgt 3 Tage, § 217. Der Termin findet evtl in der Wohnung des kranken Schuldners statt, Ffm JB 77, 1463. Die Zustellung erfolgt immer an den Schuldner persönlich, selbst wenn eine Ersatzzustellung notwendig wird, Ffm Rpfleger 75, 67 (wegen einer längeren Abwesenheit des Schuldners vgl § 181 Anm 1 A), LG Bln Rpfleger 78, 30. Die Zustellung erfolgt also nicht an einen ProzBev. Das Gericht braucht den etwaigen ProzBev überhaupt nicht von dem Termin zu benachrichtigen. Es ist vielmehr die Sache des Schuldners, seinen ProzBev zum Termin hinzuzuziehen. Wenn ein gesetzlicher Vertreter die eidesstattliche Versicherung abgeben soll, dann muß natürlich er geladen werden, LG Bln Rpfleger 78, 30, LG Köln DGVZ 78, 28.

Zweckmäßigerweise verbindet der Rpfl mit der Ladung die Aufforderung an den Schuldner, ein Vermögensverzeichnis vorzulegen, § 807. Da der Schuldner über denjenigen Vollstreckungstitel unterrichtet werden muß, aus dem der Gläubiger die Abgabe der eidesstattlichen Versicherung verlangt, teilt der Rpfl dem Schuldner zweckmäßigerweise, wenn auch nicht notwendigerweise, eine Abschrift des Antrags mit, Ffm Rpfleger 77, 417 mwN. Eine öffentliche Zustellung ist zulässig, falls der Wohnsitz des Schuldners fortbesteht. Der Rpfl ist nicht dazu befugt, das persönliche Erscheinen des Schuldners nach § 141 II anzuordnen, insofern richtig LG Landshut Rpfleger 75, 330. Eine Terminsänderung ist in Abweichung von der Regelung des § 227 nur gemäß III 4 zulässig, Karlsr DGVZ 79, 72. Selbst im Fall einer Zustimmung des Gläubigers ist eine Terminsänderung nur nach dem pflichtgemäßen Ermessen des Gerichts möglich. Der Rpfl muß die Terminsänderung dann ablehnen, wenn der Gläubiger das Verfahren als Druckmittel mißbraucht, vgl BR-Drs 551/74. Ein Urlaub des Schuldners kann eine Vertagung notwendig machen, Anm 5 E b.

Wenn der Schuldner im Termin nicht erscheint und wenn der Termin daraufhin vertagt wird, dann muß der Rpfl den Schuldner neu laden lassen, selbst wenn er den neuen Termin mündlich verkündet. Denn § 218 ist auf den Prozeßbetrieb zugeschnitten und daher hier nicht anwendbar, Nürnb Rpfleger **77**, 417, LG Würzb Rpfleger **80**, 160 je mwN, aM zB insofern LG Landshut Rpfleger **75**, 330. Wenn der Schuldner erschienen war und wenn eine Vertagung verkündet worden war, dann braucht der Rpfl den Schuldner zu dem verkündeten Termin nicht nochmals zu laden, Hamm Rpfleger **57**, 355.

C. Amtshilfe. Der Rpfl darf anstelle einer Terminsbestimmung auch ein auswärtiges AG um die Abnahme der eidesstattlichen Versicherung ersuchen, wenn das zweckmäßig oder notwendig ist, etwa wegen einer Erkrankung des auswärts befindlichen Schuldners. Der Rpfl benachrichtigt den Gläubiger und den Schuldner formlos von seinem Ersuchen.

D. Rechtsbehelfe. Es gilt folgende Regelung:
a) Anordnung der Terminsbestimmung. Gegen die Terminsbestimmung ist kein Rechtsbehelf statthaft, AG (=LG) Ulm Rpfleger **82**, 480 mwN.
b) Ablehnung der Terminsbestimmung. Gegen die Ablehnung der Terminsbestimmung kann der Gläubiger die sofortige Beschwerde nach § 793 einlegen, vgl dort Anm 1 B, Anm 2, Karlsr MDR **55**, 428.
c) Ersuchen an auswärtiges Gericht. Gegen ein Ersuchen an ein auswärtiges Gericht können der Gläubiger und der Schuldner die Erinnerung nach § 766 einlegen.

4) Termin, IV. A. Allgemeines. An den einschlägigen Stellen dieses Kommentars ist jeweils vermerkt, wer dazu verpflichtet ist, die eidesstattliche Versicherung abzugeben, wer also der Schuldner ist. Kein gesetzlicher Vertreter kann sich einer Pflicht zur Abgabe der Versicherung dadurch entziehen, daß er sein Amt eigens aus diesem Anlaß niederlegt, zB Düss MDR **61**, 328, offen Schlesw Rpfleger **79**, 74 mwN. Als gesetzlicher Vertreter einer juristischen Person oder einer Handelsgesellschaft gilt derjenige, der im Zeitpunkt der Zustellung der Ladung der gesetzliche Vertreter ist, zB Ffm Rpfleger **76**, 27, aM zB Schlesw Rpfleger **79**, 73 mwN (maßgeblich sei der Terminstag).

B. Verfahren. a) Hergang. Das Verfahren ist nicht öffentlich. Denn es findet nicht vor dem „erkennenden Gericht" statt. Deshalb sind die Vorschriften über die mündliche Verhandlung unanwendbar, LG Düss Rpfleger **80**, 484, AG Obernburg Rpfleger **79**, 112. Der Gläubiger kann sich durch einen Bevollmächtigten vertreten lassen. Der Gläubiger kann dem Termin aber auch ganz fernbleiben, zB Ffm Rpfleger **74**, 274, LG Düss Rpfleger **80**, 484 mwN.

Der Schuldner darf sich im Termin dann vertreten lassen, wenn er einen Widerspruch erhebt, nicht aber dann, wenn er die eidesstattliche Versicherung abgeben will. Der Proz-Bev des Schuldners darf immer anwesend sein, ist aber in keinem Fall zur Anwesenheit verpflichtet. Wenn der Schuldner wegen einer Erkrankung nicht vor dem Rpfl erscheinen kann, dann kann und muß der Rpfl dem Schuldner die eidesstattliche Versicherung notfalls in der Wohnung des Schuldners abnehmen. Der Schuldner muß dem Gläubiger die Anwesenheit gestatten, § 219 Anm 1 C.

b) Protokoll. Über den Ablauf des Termins ist in einer entsprechenden Anwendung der §§ 159ff, LG Düss Rpfleger **80**, 484, ein Protokoll aufzustellen. Zu den dort aufzunehmenden rechtserheblichen Erklärungen des Schuldners zählen die von ihm vorgebrachten Gründe, aus denen er die eidesstattliche Versicherung nicht abgeben will, LG Düss Rpfleger **80**, 484.

C. Einwendungen des Schuldners. Es sind folgende Einwendungen möglich:
a) Unzulässigkeit der Zwangsvollstreckung. Der Schuldner bestreitet die Zulässigkeit der Zwangsvollstreckung überhaupt. Er behauptet etwa, die Vollstreckungsklausel fehle; es liege ein Mangel der Prozeßfähigkeit vor; die Zwangsvollstreckung sei dauernd eingestellt worden.
b) Unzulässigkeit des Offenbarungsverfahrens. Der Schuldner bestreitet die Zulässigkeit des Verfahrens zur Abgabe der eidesstattlichen Versicherung. Er behauptet etwa, der Gläubiger habe auf die Möglichkeit verzichtet, dem Schuldner die eidesstattliche Versicherung abnehmen zu lassen, Fraeb ZZP **50**, 103; die Bescheinigung über die Fruchtlosigkeit der Pfändung sei unzulässig gewesen, KG NJW **56**, 1115 (das KG gibt dem Schuldner in

diesem Fall nicht die Möglichkeit der Erinnerung nach § 766); das Rechtsschutzbedürfnis des Gläubigers fehle, Anm 3 A b, LG Limburg Rpfleger **82**, 435; es fehle überhaupt an einer Prozeßvoraussetzung, etwa sei eine Minderjährigkeit übersehen worden, LG Kiel MDR **57**, 237; die Voraussetzungen einer Maßnahme nach § 765a seien eingetreten, dort Anm 2 A–C, LG Lübeck DGVZ **80**, 26 mwN, LG Mü Rpfleger **74**, 371.

c) Unzulässigkeit derzeit. Der Schuldner kann meinen, das Verfahren sei jedenfalls im Augenblick unzulässig. Er stützt dies zB darauf, die Schuld sei ihm gestundet worden; die Zwangsvollstreckung sei einstweilig eingestellt worden, § 775; er habe bereits zu einem früheren Zeitpunkt einen Offenbarungseid oder eine eidesstattliche Versicherung abgegeben, § 903 (dann muß der Rpfl zunächst den etwa abwesenden Gläubiger zu dieser Frage hören). Wenn der Schuldner allerdings wegen eines Meineids verurteilt worden ist, dann kann er nicht derart vorgehen. Denn § 452 IV ist in diesem Fall nicht anwendbar, und der Schuldner wäre sonst besser als andere gestellt.

d) Kein Anspruch; keine Klausel. Der Schuldner kann bestreiten, daß der sachlichrechtliche Anspruch bestehe oder daß die Vollstreckungsklausel korrekt erteilt worden sei, LG Limburg Rpfleger **82**, 435. Diese beiden Einwendungen sind allerdings bei genauer Betrachtung nicht statthaft. Der Schuldner kann sich auf solche Umstände nur im Rahmen der §§ 767ff, 732 berufen (etwas anderes gilt für die Fälle des § 775), Ffm JB **77**, 1463, Hamm FamRZ **81**, 200 mwN. Bei genauer Prüfung ist auch der Einwand unzulässig, die Forderung sei nicht fällig. Denn diese Frage war bereits im Verfahren zum Zweck der Erteilung der Vollstreckungsklausel zu prüfen. Eine Ausnahme gilt im Falle des § 751.

e) Unfähigkeit. Der Schuldner kann erklären, er sei körperlich oder seelisch unfähig, die eidesstattliche Versicherung abzugeben, Anm 3 A d. Allerdings ist eine Haftunfähigkeit nach § 906 nicht mit der Unfähigkeit zur Abgabe der eidesstattlichen Versicherung gleichzusetzen. Die eidesstattliche Versicherung darf aber nicht dazu führen, daß die Gesundheit oder gar das Leben des Schuldners gefährdet werden. Immerhin muß der Rpfl an den Nachweis der Unfähigkeit des Schuldners zur Abgabe der eidesstattlichen Versicherung erhebliche Anforderungen stellen, Köln MDR **78**, 59, vgl auch KG NJW **67**, 59. Wenn eine seelische Erregtheit des Schuldners ihre Ursache in einer bestimmten Einstellung des Schuldners zur Umwelt hat, so mag diese Begründung nicht zur Annahme der Unfähigkeit des Schuldners ausreichen, KG MDR **65**, 53.

f) Berufsgeheimnis. Der Schuldner mag erklären, er dürfe die eidesstattliche Versicherung nicht abgeben, da er dann ein Berufsgeheimnis preisgeben müsse. Das Berufsgeheimnis kann in der Tat je nach der Lage des Falls vorrangig sein, etwa dann, wenn ein Arzt auch nur den Namen eines Patienten preisgeben müßte, LG Aurich NJW **71**, 252.

D. Vertagung. a) Zahlungsbereitschaft. Das Gericht kann unabhängig von III 4 einen Anlaß zu einer Vertagung haben, wenn der Schuldner seine Bereitschaft erklärt, die Schuld alsbald abzuleisten. Die Vertagung ist nur zulässig, wenn der Schuldner in seinem Vertagungsantrag nach § 294 glaubhaft macht, daß er die Schuld innerhalb von drei Monaten tilgen wolle und könne, gerechnet von dem Terminstag an. Insofern kann es ausreichen, daß der Schuldner die Zahlungszusicherung eines Dritten einreicht: Nicht ausreichend wäre aber irgendeine unsichere und nicht ihrerseits glaubhafte derartige Zusicherung, LG Frankenth Rpfleger **81**, 363. Wenn der Schuldner außerdem einen Widerspruchsgrund hat, dann sollte er ihn zweckmäßigerweise ebenfalls geltend machen, um dem Verdacht einer Verschleppung zu entgehen, vgl Anm 6.

Das Gericht muß bei der Entscheidung über eine Vertagung sein pflichtgemäßes Ermessen ausüben. Zur Entscheidung ist der Rpfl des Vollstreckungsgerichts, nicht derjenige des ersuchten Gerichts zuständig. Denn es handelt sich der Sache nach um die Bewilligung eines Schuldnerschutzes. Der Rpfl des Vollstreckungsgerichts darf aber einen neuen Termin, den er sofort bestimmen muß, nur um höchstens drei Monate hinausschieben.

b) Weiterer Aufschub. Der Schuldner kann nach dem Ablauf dieser Frist einen weiteren Aufschub bis zu sechs Wochen verlangen, wenn er in dem neuen Termin eine Tilgung der Schuld in Höhe von wenigstens zwei Dritteln nachweist. Der Rpfl darf den endgültigen Termin zur Abgabe der eidesstattlichen Versicherung keineswegs nochmals weiter hinausschieben als um diese eben genannten sechs Wochen. Es können aber die Voraussetzungen des § 765a vorliegen, wenn zB die Schuld bis auf einen kleinen Rest erfüllt wurde und wenn der Schuldner andererseits durch die Abgabe einer eidesstattlichen Versicherung unverhältnismäßig geschädigt würde, vgl Morgenstern NJW **79**, 2278.

c) Erheblicher Grund, § 227. IV dient nicht so sehr einer Verzögerung von Zahlungen, sondern eher dem Schutz des Gläubigers vor einer immerwährenden Hinausschiebung des

Verfahrens. Trotzdem ist auch hier eine Vertagung nach § 227 nicht völlig ausgeschlossen, sie kommt etwa dann in Betracht, wenn der Schuldner erkrankt ist oder wenn man ihm wegen einer objektiv mangelhaften Ausfüllung des Vermögensverzeichnisses keinen Vorwurf machen kann.

E. Rechtsbehelf. Gegen den Vertagungsbeschluß des Rpfl ist die sofortige Erinnerung usw statthaft, § 793 Anm 1 B und dort Anm 2.

5) Verhalten des Schuldners im Termin usw, V. A. Keine Einwendungen. Wenn der Schuldner keine Einwendungen macht, dann nimmt der Rpfl die eidesstattliche Versicherung ab, sofern er von Amts wegen keine Bedenken hat. Der Rpfl muß dem Gläubiger unter allen Umständen die Möglichkeit geben, dem Schuldner Vorhaltungen zu machen. Die übereilte Abnahme der eidesstattlichen Versicherung wäre gegenüber allen Beteiligten ein Unrecht. Wenn für den Schuldner nur dessen ProzBev erscheint, ohne einen Widerspruch zu erheben, oder wenn der Rpfl den Widerspruch zurückweist, dann ist der Schuldner säumig. In diesem Fall muß der Rpfl die Akten unverzüglich dem Amtsrichter zum Zweck der Anordnung der Haft vorlegen, § 901 ZPO, § 4 II Z 2 RPflG, Anh § 153 GVG. Freilich ist V 2 zu beachten.

B. Bestreiten der Pflicht. Wenn der Schuldner im streitmäßigen Verfahren im Termin (sonst gilt E b) die Verpflichtung zur Offenlegung nach § 807 oder die Verpflichtung zur Abgabe der eidesstattlichen Versicherung bestreitet, dann ist sein Bestreiten nur für den Fall beachtlich, daß er einen Grund angibt. Das Gericht darf bei der Prüfung, ob der Schuldner überhaupt einen Grund angibt, großzügig sein; LG Wuppertal Rpfleger **81**, 25. Einen Grund gibt der Schuldner dann an, wenn er Umstände vorbringt, die nach seiner Meinung seine Verpflichtung zur Abgabe der eidesstattlichen Versicherung aufheben oder ihr entgegenstehen, sofern das nicht bei jeder vernünftigen, dem Schuldner zumutbaren Erwägung abwegig ist, LG Düss Rpfleger **80**, 484.

Hat der Schuldner einen solchen Grund angegeben, dann muß der Rpfl über den Widerspruch verhandeln und über ihn durch einen Beschluß entscheiden, falls nicht der Gläubiger seinen Antrag zurücknimmt oder das Ruhen des Verfahrens beantragt, LG Kblz MDR **72**, 789, LG Oldb Rpfleger **81**, 363. Der Beschluß ist grundsätzlich zu begründen, § 329 Anm 1 A b. Er ist zu verkünden oder von Amts wegen zuzustellen, §§ 270 I, 329 III. Gegen ihn ist die sofortige Erinnerung usw zulässig, § 793 Anm 1 B und dort Anm 2. Die Frist beginnt mit der Verkündung bzw mit der Zustellung des Beschlusses, § 577 II.

Der Rpfl muß über sämtliche vorgebrachten Gründe entscheiden, mögen sie zulässig oder unzulässig sein, LG Wuppertal Rpfleger **81**, 25. Eine Einwendung gegen den sachlichrechtlichen Anspruch ist aber nur in einem Verfahren nach den §§ 767, 785, 786, 732 beachtlich. Auch bei einem geringen Restbetrag der Schuld reicht ein bloßes Zahlungsversprechen nicht zur Angabe eines Grundes aus, LG Wuppertal Rpfleger **81**, 25 mwN. Der Rpfl kann bei einem nur teilweisen Widerspruch entspr § 145 verfahren, LG Oldb Rpfleger **81**, 363.

Ein Vertagungsantrag nach IV, Anm 4 D a, gehört nicht hierher. Ein schriftlicher Widerspruch ist unbeachtlich. Denn der Schuldner kann den Widerspruch nur im Termin mündlich wirksam erheben, KG OLGZ **67**, 432, LG Bln Rpfleger **73**, 374, LG Limburg Rpfleger **82**, 435, AG (= LG) Ulm Rpfleger **82**, 480, Haase NJW **66**, 1109, aM Göppinger AcP **158**, 336. Der Rpfl muß den daraufhin ergehenden Beschluß von Amts wegen zustellen, §§ 270 I, 329 III, Celle OLGZ **68**, 40, insofern ebenso Ffm NJW **74**, 1389. Die Entscheidung muß nicht unbedingt von demjenigen Rpfl getroffen werden, der den Termin abgehalten hat, Ffm Rpfleger **74**, 274. Der verordnete Rpfl darf aber nur den Widerspruch beurkunden und nicht über ihn entscheiden.

Die Entscheidung über den Widerspruch kann wie folgt lauten: **a)** Das Gericht gibt dem Widerspruch statt. Dann darf der Gläubiger die Abgabe der eidesstattlichen Versicherung nur auf Grund neuer Tatsachen verlangen; **b)** das Gericht verwirft den Widerspruch. Im Zeitpunkt der Rechtskraft dieser Entscheidung steht fest, daß der Schuldner die eidesstattliche Versicherung abgeben muß. Alle Einwendungen, die der Schuldner bis zum Schluß der mündlichen Verhandlung erheben konnte, sind abgeschnitten, LG Flensb SchlHA **63**, 169. Das Gericht muß nun einen neuen Termin zur Abgabe der eidesstattlichen Versicherung bestimmen, sofern ihn der Gläubiger beantragt. Wenn der Schuldner im neuen Termin erneut einen Widerspruch erhebt und ihn nur mit solchen Tatsachen begründen kann, die nach dem Schluß des letzten Termins entstanden sind, Baur ZwV § 42 V 2, dann muß das Gericht auch über diesen neuen Widerspruch entscheiden. Das Gericht kann dann anordnen, daß der Schuldner die eidesstattliche Versicherung vor der Rechtskraft des neuen Beschlusses abgeben muß, V.

Wenn der Schuldner keinen Widerspruch erhoben hatte, geben KG NJW **63**, 866 mwN, Pohle MDR **52**, 513 dem Schuldner die Möglichkeit, den Widerspruch in der Beschwerdeinstanz nachzuholen. Wenn sich der Schuldner aber überhaupt ausschweigt, dann sollte er nicht anders behandelt werden, als wenn er nur zu einzelnen Gründen schweigt, § 901 Anm 3 B b. Das Gesetz hat die Möglichkeiten des Schuldners durch das Widerspruchsverfahren besonders geordnet. Daher ist § 570 in diesen Fällen nicht anwendbar.

C. Verweigerung ohne Grundangabe. Wenn der Schuldner die eidesstattliche Versicherung im streitmäßigen Verfahren verweigert, ohne dafür einen Grund anzugeben, und obwohl das Gericht seine Fragepflicht nach § 139 ausgeübt hat, LG Düss Rpfleger **80**, 484. Dann muß der Amtsrichter auf Grund eines Antrags des Gläubigers die Haft anordnen, § 901. Zu diesem Zweck muß der Rpfl die Akten dem Amtsrichter vorlegen, § 4 II Z 2 RPflG, Anh § 153 GVG.

D. Kosten. Die Kosten des Verfahrens zählen grundsätzlich zu den Kosten der Zwangsvollstreckung, § 788 I, Mü Rpfleger **74**, 320. Sie sind evtl gemäß § 788 III dem Gläubiger aufzuerlegen, etwa dann, wenn § 765a anwendbar ist, Anm 4 C b. Wenn der Gläubiger den Antrag zurücknimmt, was ihm jederzeit freisteht, dann verfährt das Gericht wie bei einer Klagrücknahme, § 269 III.

Streitwert: Anh § 3 „Eidesstattliche Versicherung". Gebühren: Des Gerichts KV 1152 (20 DM); des RA §§ 57, 58 III Z 11 BRAGO.

E. Säumnisverfahren. Hier sind folgende Situationen zu unterscheiden:

a) Säumnis des Gläubigers. Wenn eine von Amts wegen zu beachtende Voraussetzung fehlt, dann muß der Rpfl den Antrag zurückweisen. Andernfalls muß der Rpfl dem Schuldner die eidesstattliche Versicherung dann abnehmen, wenn der Schuldner dazu bereit ist. Wenn der Schuldner widerspricht, muß der Rpfl auf Grund der mündlichen Angaben des Schuldners und der etwaigen schriftlichen Angaben des Gläubigers über den Widerspruch durch einen Beschluß entscheiden. Eine Vertagung ist nur nach III 4 zulässig, Karlsr DGVZ **79**, 72. Der Beschluß ist grundsätzlich zu begründen, § 329 Anm 1 A b. Er ist zu verkünden. Die verbreitete Übung, ihn nicht zu verkünden, mag zwar praktisch sein, ist aber dennoch falsch.

Gegen die Entscheidung ist die sofortige Erinnerung zulässig. Ihre Frist beginnt mit der Zustellung des Beschlusses im Parteibetrieb, § 793 Anm 1 B und dort Anm 2.

b) Säumnis des Schuldners. In diesem Fall muß der Amtsrichter die Haft anordnen, § 901, wenn folgende Voraussetzungen vorliegen: **aa)** Der Schuldner war ordnungsgemäß geladen worden, Anm 3 B; **bb)** der Gläubiger hat einen Haftantrag gestellt; **cc)** die von Amts wegen zu beachtenden Voraussetzungen liegen vor, Hamm Rpfleger **87**, 362; **dd)** ein etwaiger ProzBev des Schuldners hat keinen mit einer Begründung versehenen Widerspruch erhoben. Für die Anordnung der Haft ist der Amtsrichter zuständig, § 4 II Z 2 RPflG, Anh § 153 GVG. Ein schriftlicher Widerspruch ist unbeachtlich, Hamm MDR **75**, 940 und Rpfleger **83**, 362 mwN.

Als eine etwaige Entschuldigung des Schuldners für sein Ausbleiben kommt nur ein dem § 337 entsprechender Fall in Betracht, § 337 Anm 1 B, Ffm JB **77**, 1463, LG Bln Rpfleger **73**, 374 (bei einem böswilligen Schuldner ist keine Rücksicht angebracht), großzügiger Ffm Rpfleger **75**, 67 (der Vollzug sei dann auszusetzen, wenn der Schuldner glaubhaft mache, die Ladung sei ihm verheimlicht worden), Hamm Rpfleger **77**, 111 mwN (für den Fall eines Urlaubs des Schuldners). Eine Erkrankung reicht als Entschuldigung nur dann aus, wenn sie dem Schuldner das Erscheinen im Termin unmöglich macht, Ffm Rpfleger **77**, 146. In diesem Zusammenhang ist zu berücksichtigen, daß der Rpfl den Termin unter Umständen in der Wohnung des Schuldners durchführen darf und muß, § 219. Wenn der Schuldner sich weigern würde, diesem Verfahren zuzustimmen, dann würde er als säumig anzusehen sein. Eine Entscheidung nach Aktenlage ist wegen V nicht statthaft.

c) Säumnis beider Parteien. Das Verfahren ruht dann bis zum Eingang eines neuen Antrags des Gläubigers. Die §§ 251, 251a sind in einem solchen Fall nicht anwendbar.

6) Eidesstattliche Versicherung vor der Rechtskraft, V. A. Allgemeines. Eine sofortige Erinnerung hat eine aufschiebende Wirkung. Der Rpfl kann aber anordnen, daß der Schuldner die eidesstattliche Versicherung schon vor dem Eintritt der Rechtskraft der Entscheidung über die sofortige Erinnerung abzugeben habe, wenn: **a)** schon ein früherer Widerspruch rechtskräftig verworfen worden ist; oder **b)** eine Vertagung nach IV erfolgt war, Anm 4 D, der Schuldner aber diejenigen Tatsachen, die seinen Widerspruch begründen sollen, schon im ersten Vertagungsantrag hätte geltend machen können. Die Voraussetzungen a oder b müssen aber in demselben Verfahren gegenüber demselben Gläubiger eingetreten sein.

4. Abschnitt. Eidesstattliche Versicherung und Haft §§ 900, 901 1, 2

B. Rechtsbehelf. Der Betroffene kann die sofortige Erinnerung usw einlegen, § 793 Anm 1 B und dort Anm 2, aM KG MDR **62**, 582 (es meint, es liege in einem solchen Fall keine Entscheidung im Sinne des § 793 vor).

7) **VwGO:** *Entsprechend anwendbar iRv § 899 Anm 2.*

901 *Anordnung der Haft.* **Gegen den Schuldner, der in dem zur Abgabe der eidesstattlichen Versicherung bestimmten Termin nicht erscheint oder die Abgabe der eidesstattlichen Versicherung ohne Grund verweigert, hat das Gericht zur Erzwingung der Abgabe auf Antrag die Haft anzuordnen.**

Schrifttum: Matschke, Die Haft des Schuldners im Offenbarungseidverfahren und das Grundgesetz, Diss Ffm 1969.

1) Voraussetzungen, I. Die Vorschrift ist mit dem GG vereinbar, BVerfG **61**, 134. Der Amtsrichter muß gegen den Schuldner die Haft anordnen, wenn folgende Voraussetzungen vorliegen:

A. Nichterscheinen, Nichtverhandeln. Die Haft wird angeordnet, wenn der Schuldner in dem ersten Termin zur Abgabe der eidesstattlichen Versicherung trotz seiner ordnungsmäßigen Ladung nicht erschienen ist oder nicht verhandelt hat. Ein schriftlicher Widerspruch ist unerheblich, § 900 Anm 5 B. Eine Entschuldigung des Schuldners wirkt nur nach den in § 900 Anm 5 E b genannten Grundsätzen. Allerdings muß das Gericht das Rechtsschutzinteresse prüfen und den Grundsatz der Verhältnismäßigkeit beachten, BVerfG **61**, 134 mwN. Bei feststehender Leistungsunfähigkeit des Schuldners darf das Gericht die Haft nicht anordnen, wohl aber bei einer Ungewißheit über seine Vermögensverhältnisse, BVerfG **61**, 134 (zustm Bittmann Rpfleger **83**, 261). Das Gericht muß notfalls durch eine Beweiserhebung feststellen, ob die Entschuldigung des Schuldners zutrifft. Der Schuldner braucht sie nicht glaubhaft zu machen. Ein Widerspruch des Schuldners in einem früheren Termin ist dann unbeachtlich, wenn der Schuldner im nächsten Termin unentschuldigt ausbleibt.

B. Verweigerung. Die Haft wird auch dann angeordnet, wenn der Schuldner zwar im Termin erschienen ist und auch entweder keinen Widerspruch eingelegt hat oder wenn dieser rechtskräftig verworfen worden ist oder wenn der Rpfl gemäß § 900 V 2 die Abgabe der eidesstattlichen Versicherung vor der Rechtskraft der Entscheidung über den Widerspruch des Schuldners angeordnet hat, wenn der Schuldner aber nun die eidesstattliche Versicherung verweigert. So oft der Schuldner einen neuen Verweigerungsgrund vorbringt, muß das Gericht über diesen neuen Grund entscheiden. Wenn der Schuldner aber einfach sein bisheriges Vorbringen wiederholt oder wenn man den vom Schuldner vorgebrachten Grund nicht ernst nehmen darf, dann braucht über den Widerspruch keine weitere Entscheidung zu erfolgen. Vielmehr muß der Amtsrichter dann den Haftbefehl erlassen.

Eine Weigerung des Schuldners, ein Vermögensverzeichnis vorzulegen, steht im Fall des § 807 der Verweigerung der eidesstattlichen Versicherung gleich.

2) Haftbefehl. Der Amtsrichter, § 4 II Z 2a RPflG, Anh § 153 GVG, muß auf Grund eines Antrags des Gläubigers die Haft gegen den Schuldner anordnen. Ein Antrag auf eine Haft nach Anm 1 A genügt auch für den Fall B. Der Gläubiger kann den Antrag als einen Hilfsantrag schon vor dem Termin stellen. Er kann ihn auch im Termin oder schriftlich nach dem Termin stellen. Für die Frage, ob die Haft angeordnet werden muß, ist jeweils die Sachlage im Termin maßgeblich. Wenn der Richter aber eine Tatsache kennt, die nach dem Schluß des Termins eingetreten ist und die der Haftanordnung entgegensteht, dann darf er die Haft nicht anordnen.

Die Haftanordnung erfolgt durch einen Beschluß. Er ist grundsätzlich zu begründen, § 329 Anm 1 A b. Er wird auch dann verkündet, wenn die eine oder die andere oder beide Parteien abwesend sind, KG MDR **71**, 496. Wenn der Beschluß nicht verkündet worden ist, wird er dem Gläubiger formlos und dem Schuldner überhaupt nicht mitgeteilt, vgl § 909 Anm 2. Der Gläubiger kann aber auch beantragen, den Haftbefehl dem Schuldner zuzustellen. Diese Zustellung tritt dann an die Stelle der in § 909 S 2 genannten Vorzeigung des Haftbefehls und setzt die Beschwerdefrist in Gang, nur insofern richtig LG Düss Rpfleger **80**, 75 mwN; vgl im übrigen Anm 3 A b.

Die Haftanordnung schließt das Verfahren in dieser Instanz ab, vgl aber auch § 900 Anm 2 B. Der Schuldner darf seine Pflicht zur Abgabe der eidesstattlichen Versicherung weder auf Grund älterer noch mit Hilfe jüngerer Gründe anders als im Weg einer sofortigen

Beschwerde bemängeln. Der Gläubiger kann also auch nicht etwa einen neuen Termin zur Abnahme der eidesstattlichen Versicherung beantragen, LG Düss MDR **55**, 301, LG Essen Rpfleger **61**, 307, aM Baur ZwV § 46 II 3, offen Mü OLGZ **76**, 253 mwN. In der Haftanordnung darf keine Zeitdauer für die Haft bestimmt werden.

Die Ausfertigung der Haftanordnung zum Zweck der Zwangsvollstreckung heißt Haftbefehl. Der Haftbefehl ist nicht schon dann erledigt, wenn der Schuldner zur eidesstattlichen Versicherung vorgeführt wird. Er ist erst dann erledigt, wenn der Schuldner die eidesstattliche Versicherung abgibt oder wenn er zahlt, AG Kirchheim DGVZ **83**, 63. In diesem Fall wird der Haftbefehl als eine behördliche Anordnung nicht etwa dem Schuldner ausgehändigt, sondern der Gerichtsvollzieher reicht ihn dem Vollstreckungsgericht als nicht mehr ausführbar zurück, ähnlich Schumacher DRiZ **60**, 433.

Wenn der Gläubiger mit der Aufhebung des Haftbefehls einverstanden ist oder wenn er auf das weitere Verfahren verzichtet, Hamm Rpfleger **74**, 31, oder den Antrag zurücknimmt, dann muß das Vollstreckungsgericht den Haftbefehl aufheben. Diese Aufhebung erfolgt nicht durch den Amtsrichter, sondern durch den Rpfl. Denn die Aufhebung ist keine „Androhung" oder „Anordnung" im Sinne des § 4 II Z 2 RPflG mehr. Außerdem liegen jetzt neue Umstände vor. Der Haftbefehl wird aber nicht schon dann aufgehoben, wenn der Schuldner in einer anderen Sache eine eidesstattliche Versicherung abgibt, unabhängig davon, ob er diese Versicherung vor oder nach dem Erlaß des hier fraglichen Haftbefehls abgegeben hat. Ein solcher Umstand hindert nur die weitere Vollziehung des hier erlassenen Haftbefehls, LG Bln Rpfleger **77**, 35 mwN.

Wegen des Verbrauchs des Haftbefehls infolge der Zahlung jenes Teils der Gesamtforderung, auf den der Gläubiger das Verfahren zulässigerweise beschränkt hatte, AG Mü DGVZ **83**, 45. Wegen seines Verbrauchs infolge eines Zeitablaufs vgl LG Dortm MDR **67**, 224, LG Kempten DGVZ **83**, 95, LG Kiel SchlHA **76**, 124, LG Würzb Rpfleger **80**, 238, AG Bln-Tempelhof DGVZ **83**, 45, AG Ffm DGVZ **82**, 63, Grein DGVZ **82**, 52 je mwN, aM Mü DGVZ **81**, 15, AG Limburg DGVZ **80**, 158. Wegen der Löschung in der Schuldnerliste vgl § 915 Anm 2.

Gebühren: Keine besonderen, vgl § 900 Anm 5 D.

3) Rechtsbehelfe. A. Sofortige Beschwerde. a) Grundsatz. Der Gläubiger kann gegen eine Ablehnung der Haftanordnung die sofortige Beschwerde nach § 793 einlegen. Der Schuldner kann gegen die Haftanordnung die sofortige Beschwerde einlegen, Hamm MDR **75**, 904, nur insofern richtig auch LG Düss Rpfleger **80**, 75 mwN, LG Lübeck Rpfleger **81**, 153. Der Schuldner kann gegen die Haftanordnung nicht eine Erinnerung nach § 766 einlegen. Denn ihm ist vorher bei einem ordnungsmäßigen Verfahren das rechtliche Gehör zugebilligt worden.

b) Frist. Die Beschwerdefrist beginnt mit der Verkündung der Entscheidung, und zwar auch dann, wenn der ordnungsgemäß geladene und belehrte Schuldner abwesend war, KG MDR **71**, 496. Wenn die Entscheidung nicht verkündet worden war, dann beginnt die Beschwerdefrist mit der Vorzeigung des Haftbefehls nach § 909. Denn der Haftbefehl wird dem Schuldner in der Regel nicht förmlich zugestellt, § 909 Anm 2. Wenn aber der Gläubiger den Haftbefehl dem Schuldner zustellen läßt, dann beginnt die Beschwerdefrist für den Schuldner mit der Zustellung, Hamm NJW **69**, 1721, insofern richtig LG Düss Rpfleger **80**, 75 mwN. Die §§ 516, 552 sind wie bei § 577, dort Anm 2 A, entsprechend anwendbar. Die Frist beginnt aber erst im Zeitpunkt der Kenntnis des Schuldners von dem Haftbefehl, KG MDR **71**, 496, Oldb MDR **65**, 212, Stgt OLGZ **68**, 305, aM KG MDR **66**, 849, Hamm NJW **69**, 1721 mwN (sie beginne bereits mit der Verkündung des Haftbefehls).

c) Einzelfragen. Wenn der Schuldner die eidesstattliche Versicherung mittlerweile abgegeben hat, dann fehlt von nun an seine Beschwer, Hamm (15. ZS) MDR **58**, 695, JMBl NRW **60**, 220 (betr § 883 II), aM Hamm (14. ZS) Rpfleger **77**, 111, LG Mü MDR **64**, 156 (da eine mißbräuchliche Ausnutzung nicht auszuschließen sei). Die Unkenntnis des ordnungsgemäß verkündeten Haftbefehls ist kein Grund zu einer Wiedereinsetzung in den vorigen Stand, KG MDR **71**, 496.

B. Beschwerdebegründung. Es sind folgende Begründungen denkbar:

a) Unzulässigkeit. Die Anordnung der Haft sei unzulässig gewesen, etwa weil der ausgebliebene Schuldner nicht gehörig geladen worden sei oder weil sich der im Weg einer Ersatzzustellung geladene Schuldner im Ausland aufgehalten habe oder weil man dem Schuldner die Ladung verheimlicht habe, Ffm Rpfleger **75**, 68.

b) Unbegründetheit. Der Schuldner sei zur Abgabe der eidesstattlichen Versicherung nicht verpflichtet. Dieser Einwand ist insoweit unzulässig, als ihn der Schuldner im Termin durch einen Widerspruch gegenüber dem Antrag des Gläubigers auf die Abgabe der eides-

4. Abschnitt. Eidesstattliche Versicherung und Haft **§§ 901–903**

stattlichen Versicherung hätte geltend machen können, § 900 Anm 5 B, Baur ZwV § 42 V 3, aM insofern Ffm Rpfleger **76**, 27 mwN, und er ist natürlich auch insoweit unzulässig, als der Widerspruch vielleicht inzwischen verworfen worden ist, § 900 Anm 5 B.

c) Neue Tatsachen. Es seien nach dem Widerspruchstermin Tatsachen eingetreten, die eine Einwendung begründen könnten, LG Flensb SchlHA **63**, 169.

Das Gericht muß von Amts wegen beachten, ob der Schuldner die eidesstattliche Versicherung schon früher abgegeben hatte, § 900 Anm 3 A c. Wenn das Gericht den Schuldner versehentlich entlassen hat, dann muß es auf Grund eines Antrags des Gläubigers die Fortsetzung der Haft anordnen. Die Zustellung erfolgt an den ProzBev der ersten Instanz, §§ 176, 178, 81.

4) VwGO: *Entsprechend anwendbar iRv § 899 Anm 2. Zuständig ist stets das AG, auch nach § 284 VII AO 1977, AG Würzb DGVZ* **78**, *123.*

902 *Eidesstattliche Versicherung des Verhafteten.* [I] Der verhaftete Schuldner kann zu jeder Zeit bei dem Amtsgericht des Haftorts beantragen, ihm die eidesstattliche Versicherung abzunehmen. Dem Antrag ist ohne Verzug stattzugeben.
[II] Nach Abgabe der eidesstattlichen Versicherung wird der Schuldner aus der Haft entlassen und der Gläubiger hiervon in Kenntnis gesetzt.

1) Abnahme der Versicherung. Für die Abnahme der eidesstattlichen Versicherung muß man unterscheiden:

A. Verhafteter Schuldner. Ihm ist die Versicherung von dem Rpfl am AG des Haftorts abzunehmen. Das muß unverzüglich geschehen. Der Gläubiger hat ein umfassendes Fragerecht. Deshalb muß der Rpfl ihn wenn möglich vom Termin verständigen und ihm die Anwesenheit ermöglichen, sofern eine Benachrichtigung des Gläubigers ohne Verzögerungen erfolgen kann, sofern der Gläubiger also zB telefonisch benachrichtigt werden kann, KG MDR **81**, 413 mwN. Der Rpfl muß dem Gläubiger jedenfalls dann eine Gelegenheit zur Ausübung des Fragerechts nach den vorstehenden Regeln geben, wenn der Schuldner seine Versicherung wegen Unklarheiten oder Unvollständigkeit in einem weiteren Termin ergänzen muß, KG MDR **81**, 413. Wenn der Rpfl eine nach dieser Regel erforderliche Benachrichtigung des Gläubigers unterläßt, kann darin unter Umständen eine Amtspflichtverletzung liegen, BGH **7**, 292.

Wenn der Schuldner die eidesstattliche Versicherung abgelegt hat, muß er sofort entlassen werden. Außerdem muß dann der Rpfl den Gläubiger in jedem Fall von dem Vorgang verständigen. Wenn das Vermögensverzeichnis nach § 807 unzulänglich ist, dann darf der Gläubiger bei dem nach § 899 zuständigen Gericht die erneute Abnahme der eidesstattlichen Versicherung beantragen.

Der Gläubiger hat gegen die Entlassung des Schuldners keinen Rechtsbehelf; die Entlassung ist eine prozeßleitende Verfügung. Der Rpfl des AG des Haftorts, § 20 Z 17 RPflG, Anh § 153 GVG, muß im Falle des § 807 ein ausreichendes Vermögensverzeichnis anfordern. Er übersendet das Protokoll über die Abnahme der eidesstattlichen Versicherung dem Vollstreckungsgericht. Der Haftbefehl wird nicht aufgehoben; er verbleibt in den Händen des Beamten der Vollzugsanstalt.

B. Noch nicht verhafteter Schuldner. Er kann die Vollstreckung des Haftbefehls dadurch abwenden, daß er die eidesstattliche Versicherung abgibt. Der Rpfl muß zu diesem Termin den Gläubiger hinzuziehen, aM Finkelnburg DGVZ **77**, 1 mwN. Wenn der Rpfl den Gläubiger nicht hinzugezogen hat, kann der Gläubiger verlangen, dem Schuldner die eidesstattliche Versicherung erneut abzunehmen. Der Gläubiger kann in diesem Fall aber nicht die Verhaftung des Schuldners verlangen.

2) VwGO: *Entsprechend anwendbar iRv Üb 3 § 899. Zuständig ist das AG des Haftortes (Sofortverfahren). Im Verfahren nach AO 1977 ist der Schuldner grundsätzlich dem Finanzamt vorzuführen, AG Würzb DGVZ* **78**, *123.*

903 *Wiederholte eidesstattliche Versicherung.* Ein Schuldner, der die in § 807 dieses Gesetzes oder in § 284 der Abgabenordnung bezeichnete eidesstattliche Versicherung abgegeben hat, ist, wenn die Abgabe der eidesstattlichen Versicherung in dem Schuldnerverzeichnis noch nicht gelöscht ist, in den ersten drei Jahren nach ihrer Abgabe zur nochmaligen eidesstattlichen Versicherung einem Gläubiger gegenüber nur verpflichtet, wenn glaubhaft gemacht wird, daß der Schuldner später Vermögen erworben hat oder daß ein bisher bestehendes Arbeitsverhältnis mit dem Schuldner aufgelöst ist.

1) Geltungsbereich. A. Allgemeines. § 903 geht davon aus, daß eine abgegebene eidesstattliche Versicherung gegen alle Gläubiger wirkt. Darum bestimmt die Vorschrift, daß ein anderer Gläubiger die nochmalige Abgabe der eidesstattlichen Versicherung nur dann verlangen kann, LG Oldb Rpfleger **81**, 70, wenn er glaubhaft macht, daß der Schuldner nach der Abgabe der ersten eidesstattlichen Versicherung Vermögen erworben hat oder daß das Arbeitsverhältnis des Schuldners nach der Abgabe der ersten eidesstattlichen Versicherung aufgelöst worden ist. Es kommt also darauf an, ob der Schuldner inzwischen in den Besitz von pfändbaren Vermögensstücken gelangt ist, LG Krefeld BB **80**, 602.

Wenn der Gläubiger eine nochmalige eidesstattliche Versicherung fordern kann, dann beginnt ein neues Verfahren zu ihrer Abnahme, insofern richtig LG Duisb MDR **80**, 410. Der Schuldner muß also ein neues vollständiges Vermögensverzeichnis ausfüllen und muß dessen Richtigkeit an Eides Statt versichern, LG Krefeld MDR **72**, 245. LG Duisb MDR **74**, 53, LG (und nicht: OLG, vgl das Aktenzeichen!) Kblz MDR **77**, 323 lassen bei Einzelpositionen eine Bezugnahme auf das noch vorliegende und dem Schuldner bewußte frühere Vermögensverzeichnis zu. Eine neuere Unpfändbarkeitsbescheinigung ist unnötig, LG Essen MDR **69**, 582, LG Hann MDR **73**, 769, ZöSch, aM zB insofern LG Duisb MDR **80**, 410, AG Hombg Rpfleger **81**, 315 je mwN.

B. Ergänzende eidesstattliche Versicherung. Sie fällt nicht unter § 903. Zur Abgrenzung vgl LG Bln MDR **74**, 408, LG Bln Rpfleger **76**, 145, LG Krefeld MDR **72**, 245, Schneider MDR **76**, 535. Das Verfahren zur Ergänzung einer vorhandenen eidesstattlichen Versicherung setzt das alte Abnahmeverfahren fort. Es kommt auf Grund eines Antrags des bisherigen Gläubigers oder eines weiteren Gläubigers in Gang, Ffm MDR **76**, 321, wenn sich das bisherige Vermögensverzeichnis als formell unvollständig oder ungenau erweist. Das Verfahren zur Ergänzung der eidesstattlichen Versicherung findet nicht statt, wenn die bisherigen Angaben formell vollständig sind und lediglich ihre Richtigkeit unwahrscheinlich ist, LG Kblz (13. ZK) MDR **73**, 858 (krit Schneider), LG Oldb Rpfleger **83**, 163, aM LG Kblz (4. ZK) MDR **80**, 676, oder wenn herauskommt, daß der Schuldner falsche Angaben gemacht hat. Köln MDR **75**, 488, Finkelnburg DGVZ **77**, 5 je mwN wenden im ersteren Fall § 807 entsprechend an, im letzteren § 903 entsprechend, so jetzt auch LG Düss MDR **77**, 586 mwN.

Auch ein Antrag des Gläubigers auf die Abgabe einer ergänzenden eidesstattlichen Versicherung kann ohne die Beifügung einer Unpfändbarkeitsbescheinigung jüngeren Datums gestellt werden, LG Essen MDR **69**, 582, Schneider MDR **76**, 536 mwN. Das Gericht beraumt einen Termin zur Ergänzung der Angaben an. Der Schuldner darf keine Einwendungen nach § 903 geltend machen. Eine Verweisung auf seine schon abgegebene eidesstattliche Versicherung ist unstatthaft. Vgl auch Koch MDR **66**, 469.

2) Frühere eidesstattliche Versicherung, I. A. Erklärung nach § 807. Es muß sich um eine Erklärung nach § 807 handeln. § 903 bezieht sich also nicht auf eine eidesstattliche Versicherung nach § 125 KO. Der Schuldner kann sich nicht auf diese Erklärung berufen. Das Gericht muß eine frühere eidesstattliche Versicherung des Schuldners von Amts wegen beachten, selbst wenn sie der Schuldner im Termin nicht durch einen Widerspruch geltend macht oder wenn er nicht erscheint, Mü NJW **62**, 497. Der Gerichtsvollzieher darf nicht prüfen, ob der Schuldner schon früher eine eidesstattliche Versicherung abgegeben hatte. Wenn der Schuldner den Einwand aus Böswilligkeit erst in der zweiten Instanz erhebt, dann muß er die Kosten dieser Instanz tragen, § 97 II. Er darf sich nicht auf eine früher abgegebene eidesstattliche Versicherung berufen.

Die Abgabepflicht des Schuldners kann dann entfallen, wenn der Schuldner in dem früheren Verfahren ein ausreichendes Vermögensverzeichnis vorgelegt hatte, selbst wenn der Gläubiger damals keinen Mangel gerügt hatte. Um das feststellen zu können, darf auch ein anderer Gläubiger die früheren Akten einsehen. Denn er ist kein Dritter, weil das Verfahren auch gegen ihn eine Wirkung hat. Die eidesstattliche Versicherung muß vor einem Gericht der BRep geleistet worden sein. Über eine Ableistung vor einem unzuständigen Gericht s § 899 Anm 1 B.

B. Keine Löschung. Die frühere eidesstattliche Versicherung darf im Schuldnerverzeichnis noch nicht gelöscht worden sein, vgl § 915 II. Das Gericht muß von Amts wegen in dem Verzeichnis nachprüfen, ob die frühere Erklärung dort noch eingetragen ist, § 900 II.

3) Nochmalige eidesstattliche Versicherung. Der Gläubiger kann eine nochmalige eidesstattliche Versicherung des Schuldners unter folgenden Voraussetzungen fordern:

A. Vermögenserwerb. a) Grundsatz. Ausreichend ist ein späterer Vermögenserwerb des Schuldners. Als Vermögen in diesem Sinne kommt nur ein pfändbares Vermögen in Frage, LG Krefeld BB **80**, 602. Wenn es um einen Unterhaltsanspruch geht, muß man aber die erweiterte Pfändbarkeit nach §§ 850 ff beachten. Man darf die Anforderungen an die Glaubhaftmachung nicht überspannen, LG Krefeld BB **80**, 602.

b) Gläubigerangaben. Es genügt, daß der Gläubiger einen Umstand nach § 294 glaubhaft macht, der nach der Lebenserfahrung auf einen Vermögenserwerb des Schuldners schließen läßt. Beispiele: Der Schuldner war bisher nur saisonbedingt einkommenslos, Ffm BB **54**, 454; der Schuldner erhält jetzt eine Arbeitslosenunterstützung, LG Kblz MDR **77**, 323; der Schuldner ist jetzt vermutlich als selbständiger Unternehmer tätig, LG Krefeld BB **80**, 602.

Der Gläubiger hat aber die erforderlichen Angaben nicht genügend glaubhaft gemacht, wenn er lediglich einen Antrag dahin stellt, der Schuldner möge eine nochmalige eidesstattliche Versicherung abgeben, „falls der Schuldner nicht arbeitslos ist", vgl LG Bre MDR **57**, 46, oder wenn der Antrag damit begründet wird, die allgemeine Entwicklung der Wirtschaftslage lasse auf einen neuen Vermögenserwerb schließen, Mü NJW **62**, 497, oder wenn seit der letzten eidesstattlichen Versicherung mehr als zwei Jahre vergangen sind, insofern aM LG Krefeld BB **80**, 602. Der Gläubiger kann seine Pflicht zur Glaubhaftmachung einer Verbesserung der Verhältnisse des Schuldners auch nicht dadurch erfüllen, daß er auf eine Vernehmung des Schuldners Bezug nimmt. Denn § 903 macht eine Pflicht des Schuldners zur Abgabe einer vollständigen weiteren eidesstattlichen Versicherung gerade davon abhängig, daß der Gläubiger auf andere Weise eine wirtschaftliche Veränderung beim Schuldner glaubhaft machen kann, vgl Mü NJW **62**, 497.

c) Schuldnerangaben. Der Schuldner muß beweisen, daß er das Erworbene bereits wieder verbraucht hat. Dieser Verbrauch kann aber nach der Lebenserfahrung glaubhaft sein. Was gerade zum Lebensunterhalt dient, also zu einem Leben von der Hand in den Mund, das ist kein neues Vermögen. Deshalb liegt kein neues Vermögen vor, wenn der Schuldner Außenstände, die er im früheren Vermögensverzeichnis nicht angegeben hatte, zwar inzwischen eingezogen, jedoch auch wieder bereits zum Unterhalt verbraucht hat. Andererseits braucht der Schuldner nicht reicher geworden zu sein. Angesichts der heutigen Wirtschaftslage ist es auch bei einem jungen Schuldner keineswegs ohne weiteres glaubhaft, wenn der Gläubiger meint, der Schuldner habe nach zehn Monaten wieder Arbeit gefunden, aM LG Kleve MDR **75**, 766.

B. Wechsel des Arbeitsplatzes. a) Grundsatz. Ausreichend ist auch eine Auflösung des bisherigen Arbeitsverhältnisses des Schuldners. Man darf die Vorschrift nicht eng auslegen, Hamm Rpfleger **83**, 323 mwN. Das Gesetz sieht den Wechsel des Arbeitsplatzes als einen neuen Vermögenswert an, vgl auch LG Duisb JMBl NRW **53**, 161. Außerdem liegt in der Möglichkeit, in einem solchen Fall einen Antrag auf eine weitere eidesstattliche Versicherung zu stellen, ein geeignetes Mittel, um den neuen Arbeitsplatz des Schuldners zu erfahren, den er oft verschweigt.

b) Gläubigerangaben. Der Gläubiger braucht nicht glaubhaft zu machen, daß der Schuldner überhaupt eine neue Arbeit habe, Düss MDR **76**, 587, aM LG Bln Rpfleger **78**, 228. Macht der Gläubiger glaubhaft, daß der bei der Abgabe der eidesstattlichen Versicherung arbeitslose Schuldner später keine Arbeitslosenunterstützung beantragt hat, so kann davon ausgegangen werden, daß er wieder einen Arbeitsplatz gefunden hat, LG Duisb MDR **82**, 504 mwN. Wenn der Schuldner nach einer Periode der Arbeitslosigkeit nunmehr eine Arbeit annimmt, dann ist dieser Vorgang einem Wechsel des Arbeitsplatzes gleichzustellen, Stgt JB **78**, 1727, LG Weiden MDR **70**, 245 mwN. Dasselbe gilt dann, wenn ein bisher selbständiger Unternehmer jetzt in einer mehr oder minder abhängigen Stellung tätig wird, etwa als Handelsvertreter, LG Kblz NJW **58**, 2071, aM LG Düss NJW **61**, 1778, LG Lübeck SchlHA **66**, 205. Ein Wechsel des Arbeitsplatzes liegt auch dann vor, wenn ein selbständiger Unternehmer seinen Betrieb aufgibt, wenn zB ein Hotelier sein Hotel schließt, aM LG Hbg Rpfleger **80**, 484 mwN. Denn das Arbeitsverhältnis ist in diesem Zusammenhang nicht im arbeitsrechtlichen Sinne zu verstehen, LG Bonn Rpfleger **63**, 164.

Kein Wechsel des Arbeitsplatzes liegt vor, wenn ein Arbeitnehmer lediglich eine andere Tätigkeit bei demselben Arbeitgeber ausführt, LG Bln Rpfleger **79**, 149, oder wenn er eine Nebentätigkeit von beschränktem Umfang aufgibt, Hamm JMBl NRW **62**, 294.

Es muß sich bei dem bisherigen Arbeitsverhältnis allerdings um ein solches gehandelt haben, aus dem ein Arbeitseinkommen im Sinne des § 850 II erzielt wurde, Hamm Rpfleger **83**, 322 mwN. Dieser Fall liegt auch dann vor, wenn es um einen Handelsvertreter geht, und zwar unabhängig davon, ob er in einer selbständigen Weise tätig war, Bre JB **78**, 608, oder in einer abhängigen Stellung, KG OLGZ **68**, 307. Wenn allerdings lediglich eine Umschulung beendet wurde, liegt nicht die Auflösung eines Arbeitsverhältnisses vor, LG Hbg MDR **74**, 850. Auch im Fall der Auflösung eines Arbeitsverhältnisses muß der Schuldner ein vollständig neues Vermögensverzeichnis vorlegen, LG Aschaffenbg MDR **71**, 497, LG Darmst MDR **70**, 771, LG Stade Rpfleger **82**, 193, aM AG Groß Gerau Rpfleger **82**, 193. Beim Verlust einer Witwenpension ist die Vorschrift entsprechend anwendbar, Hamm Rpfleger **83**, 323 mwN.

Bei einem ständigen Wechsel der Arbeitgeber, etwa bei einem Aushilfskellner, kann eine bloße Ergänzung des Vermögensverzeichnisses notwendig und ausreichend sein, LG Mü Rpfleger **82**, 231.

C. Zeitablauf. Ausreichend ist schließlich der Ablauf von 3 Jahren seit der Abgabe der früheren eidesstattlichen Versicherung. Die Frist ist eine uneigentliche, Üb 3 B vor § 214. Das Gericht muß vor der Bestimmung eines Termins von Amts wegen feststellen, ob 3 Jahre verstrichen sind, § 900 II. Wenn gegen den Schuldner bereits zur Erzwingung einer eidesstattlichen Versicherung eine sechsmonatige Haft vollstreckt worden war, dann darf eine neue Haft erst 3 Jahre nach der Beendigung der früheren Vollstreckung angeordnet werden, § 914.

4) VwGO: Entsprechend anwendbar iRv Üb 3 § 899.

904 Unzulässigkeit der Haft. Die Haft ist unstatthaft:

1. **gegen Mitglieder des Bundestages, eines Landtages oder einer zweiten Kammer während der Tagung, sofern nicht die Versammlung die Vollstreckung genehmigt;**
2. (weggefallen)
3. **gegen den Kapitän, die Schiffsmannschaft und alle übrigen auf einem Seeschiff angestellten Personen, wenn sich das Schiff auf der Reise befindet und nicht in einem Hafen liegt.**

1) Zwangshaft. § 904 betrifft nur die Zwangshaft, Üb 2 A vor § 899, und nur deren Vollstreckung, nicht deren Anordnung, also nicht den Erlaß des Haftbefehls.

Zu Z 1: Wegen der 2. Kammer vgl § 382. Die Verhaftung eines Bundestagsabgeordneten darf nur mit einer Genehmigung des Bundestags vorgenommen werden, Art 46 III GG. Fremde Konsuln sind gemäß Art 41 II Wiener Übk v 24. 4. 63, BGBl **69** II 1585, grundsätzlich nicht vor einer Haft geschützt; vgl im übrigen § 18 GVG. Ein Mitglied der Ständigen Vertretung der DDR darf nicht verhaftet werden, § 9 VO v 24. 4. 74, BGBl 1022, dazu Bek v 10. 6. 74, BGBl II 933. Auch ein Mitglied der alliierten Streitkräfte darf nicht verhaftet werden, Art 34 II ZusAbkNatTruppStatut, SchlAnh III. Im letzteren Fall wird die eidesstattliche Versicherung nach Art 34 I des Abkommens erzwungen. Wegen der Personalhaft gegen einen Ausländer Art 26 HZPrÜbk, Anh § 918. §§ 904–906, 909, 910 sind auf eine Ersatzzwangshaft gegen einen Steuerberater anwendbar, § 159 VIII StBG. Vgl ferner § 334 III AO 1977.

Zu Z 3: Die Vorschrift gilt nicht für diejenigen Personen, die auf einem Flußschiff angestellt sind, wohl aber für die Angehörigen der Marine, wenn die Voraussetzungen des Erlasses v 16. 3. 82 Z 39–44, SchlAnh II, vorliegen. Eine Segelfertigkeit ist nur noch dann erforderlich, wenn das Schiff den Heimathafen trotz der Reisevorbereitungen noch nicht verlassen hat.

2) VwGO: Entsprechend anwendbar iRv Üb 3 § 899.

905 Unterbrechung der Haft. Die Haft wird unterbrochen:

1. **gegen Mitglieder des Bundestages, eines Landtages oder einer zweiten Kammer für die Dauer der Tagung, wenn die Versammlung die Freilassung verlangt;**
2. (weggefallen)

1) Geltungsbereich. Vgl die Anmerkungen zu § 904. Das AG des Haftortes muß im Fall der Z 1 dem Ersuchen sofort und ohne eine vorherige Anhörung des Gläubigers nachkommen. Entsprechende Bestimmungen gelten für die Bundestagsabgeordneten, jedoch ohne eine zeitliche Beschränkung, Art 46 IV GG.

2) VwGO: Entsprechend anwendbar iRv Üb 3 § 899.

4. Abschnitt. Eidesstattliche Versicherung und Haft §§ 906–908

906 *Haftaufschub.* **Gegen einen Schuldner, dessen Gesundheit durch die Vollstreckung der Haft einer nahen und erheblichen Gefahr ausgesetzt wird, darf, solange dieser Zustand dauert, die Haft nicht vollstreckt werden.**

1) Haftaufschub. A. Grundsatz. § 906 verbietet im Fall einer Gesundheitsgefährdung des Schuldners den Vollzug der Haft, nicht aber die Pflicht des Schuldners zur Abgabe der eidesstattlichen Versicherung und auch nicht die Anordnung der Haft, also den Haftbefehl. Auch eine erhebliche seelische Schädigung kann eine Gesundheitsgefährdung bedeuten, Mü NJW **77**, 1822. Das Gericht darf den Schuldner aber nicht besonders schonen, insofern richtig AG Bln-Schöneb DGVZ **82**, 14. Es darf die Vorschrift auch nicht ausdehnend auslegen (insofern aM AG Bln-Schöneb DGVZ **82**, 14), etwa auf den Fall, daß der Schuldner Familienangehörige versorgen müsse. Denn der Schuldner kann sich ja, anders als bei § 456 StPO, jederzeit der Gefahr einer Haft dadurch entziehen, daß er die eidesstattliche Versicherung abgibt, Schneider JR **78**, 182. Deshalb ist § 765a auch nur in den seltensten Fällen anwendbar, vgl Mü NJW **77**, 1822 (es wendet § 910 entspr an).

B. Gesundheitsgefährdung. Wenn die Gesundheitsgefährdung des Schuldners nachgewiesen oder offensichtlich ist, dann darf der Gerichtsvollzieher die Verhaftung nicht ausführen, Ffm MDR **69**, 150, LG Gött DGVZ **81**, 10, Midderhoff DGVZ **82**, 82, selbst wenn der Haftvollzug etwa im Anstaltskrankenhaus möglich wäre, AG Wuppertal GDVZ **77**, 31. Der Gerichtsvollzieher darf den Schuldner auch nicht mehr zur Ableistung der eidesstattlichen Versicherung beim Rpfl vorführen, abw AG Elmshorn DGVZ **78**, 93. Ein privatärztliches Attest ist streng zu prüfen, LG Düss DGVZ **80**, 38, kann aber ausreichen, LG Düss DGVZ **81**, 171, insofern auch AG Bln-Schöneb DGVZ **82**, 15, Midderhoff DGVZ **82**, 82 je mwN. Ein amtsärztliches Attest ist grundsätzlich nicht erforderlich, LG Hann DGVZ **82**, 119 mwN. Der Schuldner muß die Kosten eines ärztlichen Attests selbst tragen, § 788, Ffm MDR **69**, 150, Schneider JR **78**, 183, insofern aM Bln-Schöneb DGVZ **82**, 15 mwN.

Eine Gesundheitsgefährdung ist erst dann offensichtlich, wenn äußere Symptome auch für einen Laien zwingend auf eine erhebliche Erkrankung schließen lassen, die einen Haftaufschub gebieten, LG Kblz MDR **72**, 790, vgl AG Hochheim DGVZ **81**, 15. Der Gerichtsvollzieher braucht den Schuldner mangels solcher Symptome oder eines Attests auch nicht von Amts wegen oder auf Grund eines Antrags des Schuldners einem Arzt vorzuführen, AG Hochheim DGVZ **81**, 15, Midderhoff DGVZ **82**, 83. Das Gericht muß aber stets die Art 1, 2 GG beachten, Schneider JB **77**, 1674.

2) Rechtsbehelfe. Zunächst entscheidet der Gerichtsvollzieher nach pflichtgemäßem Ermessen, LG Düss DGVZ **81**, 171, LG Gött DGVZ **81**, 10, LG Hann DGVZ **82**, 119, AG Hochheim DGVZ **81**, 15. Der Betroffene kann die Erinnerung nach § 766 einlegen, LG Düss DGVZ **81**, 171, AG Bln-Schöneb DGVZ **82**, 14. Über sie entscheidet das Vollstreckungsgericht durch den Richter, AG Bln-Schöneb DGVZ **82**, 14. Der Schuldner kann die Erinnerung schon dann einlegen, wenn ihm die Vollstreckung nur droht. Das Gericht nimmt eine freie Beweiswürdigung vor. Das Fehlen der Überprüfungsmöglichkeit geht nicht zu Lasten des Schuldners, LG Hann DGVZ **82**, 119. Es darf den Haftbefehl nicht aufheben, sondern nur dessen Vollstreckung aussetzen. Wenn das Hindernis weggefallen ist, wird das Haftverfahren von Amts wegen fortgesetzt.

3) VwGO: Entsprechend anwendbar iRv Üb 3 § 899.

907 *Haftvollzug.* (aufgehoben)

908 *Haftbefehl.* **Das Gericht hat bei Anordnung der Haft einen Haftbefehl zu erlassen, in dem der Gläubiger, der Schuldner und der Grund der Verhaftung zu bezeichnen sind.**

1) Haftanordnung. Die Haft darf nur vom Richter angeordnet werden, nicht vom Rpfl. Mehr fordert allerdings § 4 II Z 2 RPflG, Anh § 153 GVG, nicht. Es ist ein Haftbefehl erforderlich. Er muß den in § 908 bezeichneten Inhalt haben, LG Bonn DGVZ **80**, 87. Der Haftbefehl fügt der eigentlichen Haftanordnung nichts hinzu. Er ist nur eine Ausfertigung der Haftanordnung. Deshalb ist es ausreichend, daß der Richter die eigentliche Haftanordnung unterschreibt. Der Rpfl darf sodann den zugehörigen Haftbefehl unterschreiben, AG Bln-Charlottenb DGVZ **79**, 28.

Das Protokoll braucht den Erlaß des Haftbefehls nicht zu erwähnen, wenn der Haftbefehl als eine Anlage zum Protokoll genommen worden ist. Eine vollstreckbare Ausfertigung des

Haftbefehls ist nicht erforderlich. Im Fall einer Anordnung nach § 807 genügt als Haftgrund die Verweisung auf diese Vorschrift. Der Haftbefehl muß ergeben, ob die eidesstattliche Versicherung nach § 807 oder nach § 903 abzugeben ist, LG Bonn DGVZ **80**, 88. Im Fall einer Anordnung nach § 902 muß der Haftbefehl den Inhalt der eidesstattlichen Versicherung angeben.

2) Verstoß. Ein Verstoß gegen diese Regeln hat zur Folge, daß die Verhaftung nach § 909 nicht zulässig ist. Die eigentliche Haftanordnung kann aber wirksam geblieben sein. Dann ist es zulässig, den Haftbefehl in korrekter Form nachzuholen.

3) VwGO: *Entsprechend anwendbar iRv Üb 3 § 899.* Zuständigkeit: § 901 Anm 4. Abweichend ist für behördliche Vollstreckungsverfahren nach Landesrecht der Haftbefehl vom VG zu erlassen, OVG Münster DÖV **63**, 275, Gaul JZ **79**, 503 mwN.

909 Verhaftung.
Die Verhaftung des Schuldners erfolgt durch einen Gerichtsvollzieher. Der Haftbefehl muß bei der Verhaftung dem Schuldner vorgezeigt und auf Begehren abschriftlich mitgeteilt werden.

1) Verhaftung. A. Zuständigkeit. Der Schuldner ist von demjenigen Gerichtsvollzieher zu verhaften, bei dem der Gläubiger einen entsprechenden Antrag stellt. Ein solcher Antrag kann auch darin liegen, daß der Gläubiger beantragt, den Schuldner zur Ableistung der eidesstattlichen Versicherung beim Gericht vorzuführen, wenn der Gläubiger zugleich Haftkosten bezahlt, Schlesw Rpfleger **76**, 224 (es hält eine Beschränkung des Antrags auf einen Teil des Vollstreckungstitels für zulässig). Freilich ist kein Haftkostenvorschuß mehr zu erheben, § 911 Vorbem.

Der Gerichtsvollzieher ist auch dann zuständig, wenn es um den Haftbefehl auf Grund des Antrags eines Finanzamts geht, LG Duisb DGVZ **81**, 184. Im übrigen ist eine Rechtshilfe nicht erforderlich und auch nicht statthaft. Das gilt auch bei einem Soldaten, SchlAnh II.

B. Verfahren. Wenn sich der Schuldner darauf beruft, er habe bereits in einem früheren Zeitpunkt eine eidesstattliche Versicherung im Sinne von § 903 abgeleistet, dann muß der Gerichtsvollzieher zunächst den Gläubiger hiervon benachrichtigen, bevor er den Schuldner verhaftet.

Die Verhaftung wird nach den §§ 758, 759, 761 ausgeführt. Der Gerichtsvollzieher muß die Verhaftung schonend vornehmen und dabei die öffentliche Sicherheit beachten. Mit der Verhaftung ist die Aufgabe des Gerichtsvollziehers erledigt. Der Gerichtsvollzieher ist nicht dazu verpflichtet, den Schuldner zwecks Nachforschungen in seine Wohnung zurückzuführen und den Schuldner anschließend erneut beim Gericht vorzuführen. Wenn der Schuldner Geschäftsbücher und dgl einsehen muß, dann muß er sie herbeischaffen lassen. Wenn das nicht möglich ist, dann muß der Gerichtsvollzieher den Schuldner beim Gericht vorführen, aM Finkelnburg DGVZ **77**, 3 (er meint, man müsse abwarten, ob der Gläubiger in einem solchen Fall eine Ergänzung des Vermögensverzeichnisses fordere).

2) Haftbefehl. Der Gerichtsvollzieher muß dem Schuldner im Zeitpunkt der Verhaftung den Haftbefehl vorzeigen, ihm erklären, was nun geschehen werde, notfalls durch die Einschaltung eines Dolmetschers, § 185 GVG, LG Wuppertal DGVZ **83**, 60 (entgegen seiner Ansicht ist aber eine Rechtsbehelfsbelehrung usw nicht notwendig), und dem Schuldner auf dessen Verlangen eine Abschrift des Haftbefehls aushändigen. Das ist für die Rechtmäßigkeit der Verhaftung wesentlich. Denn die Aushändigung ersetzt die Zustellung des Haftbefehls, zB StJM § 901 III 1, ZöSche § 901 III 2. S 2 ist eine Sondervorschrift gegenüber § 329 III. Das ergibt schon sein Wortlaut; er bezieht sich nicht nur auf die Zwangsvollstreckung, aM LG Düss Rpfleger **80**, 75 mwN, LG Lübeck Rpfleger **81**, 153 (aber dann könnte der Schuldner nur zu leicht fliehen). Der Gerichtsvollzieher muß im Zeitpunkt der Verhaftung eine vollstreckbare Ausfertigung des Vollstreckungstitels in Händen haben, LG Ludwigsh DGVZ **77**, 191, AG Würzb DGVZ **78**, 139, Birmanns DGVZ **80**, 119 (er fordert den § 909 dahin auszulegen, daß die Worte „auf Begehren" entfallen).

3) VwGO: *Entsprechend anwendbar iRv Üb 3 § 899.*

910 Anzeige vor Verhaftung.
Vor der Verhaftung eines Beamten, eines Geistlichen oder eines Lehrers an öffentlichen Unterrichtsanstalten ist der vorgesetzten Dienstbehörde von dem Gerichtsvollzieher Anzeige zu machen. Die Verhaftung darf erst erfolgen, nachdem die vorgesetzte Behörde für die dienstliche Vertretung des Schuldners gesorgt hat. Die Behörde ist verpflichtet, ohne Verzug

4. Abschnitt. Eidesstattliche Versicherung und Haft §§ 910–913 1–3

die erforderlichen Anordnungen zu treffen und den Gerichtsvollzieher hiervon in Kenntnis zu setzen.

1) Allgemeines. A. Geltungsbereich. Die Anordnung der Haft ist auch gegenüber einem öffentlichen Beamten (Begriff § 376 Anm 1 A) oder gegenüber dem Lehrer an einer öffentlichen Unterrichtsanstalt (Gegensatz zur privaten Unterrichtsanstalt) nicht beschränkt. Ebensowenig ist es verboten, gegen solche Personen einen Haftbefehl zu erlassen.

B. Voraussetzungen. Der Gerichtsvollzieher darf einen solchen Schuldner aber erst dann verhaften, wenn folgende Voraussetzungen erfüllt sind:

a) Anzeige. Der Gerichtsvollzieher muß der vorgesetzten Dienstbehörde von der bevorstehenden Verhaftung eine Anzeige gemacht haben.

b) Dienstvertretung. Die Behörde muß für eine ausreichende Vertretung des Schuldners im Dienst gesorgt haben.

c) Weitere Einzelfragen. Die Regelung ist bei einem Soldaten entsprechend anwendbar. Der Gerichtsvollzieher muß dann dem Vorgesetzten die Anzeige von der bevorstehenden Verhaftung machen. Der Vorgesetzte muß für eine Vertretung sorgen, SchlAnh II. Mü NJW **77**, 1822 hält § 910 wegen Art 66 GG für entsprechend auf die Mutter eines kleinen Kindes anwendbar (in einem solchen Fall muß der Gerichtsvollzieher das Jugendamt von der bevorstehenden Verhaftung der Mutter benachrichtigen, vgl § 187 Z 1 III GVGA).

2) Verstoß. Ein Verstoß gegen § 910 macht die Verhaftung nicht rechtswidrig, ist aber eine Verletzung der Amtspflicht.

3) VwGO: *Entsprechend anwendbar iRv Üb 3 § 899.*

911 *Keine Hafterneuerung.* **Gegen den Schuldner, der ohne sein Zutun auf Antrag des Gläubigers aus der Haft entlassen ist, findet auf Antrag desselben Gläubigers eine Erneuerung der Haft nicht statt.**

Vorbem. Fassg Art 1 Z 5 G v 1. 2. 79, BGBl I 27, in Kraft seit 1. 7. 79, Art 6. Die bisherige Fassg ist weitgehend entfallen: Es ist kein Haftkostenvorschuß mehr notwendig.

1) Unzulässigkeit. Das Gericht darf gegen einen Schuldner keine erneute Haft zulassen, wenn folgende Voraussetzungen gegeben sind:

A. Entlassung ohne Zutun des Schuldners. Der Schuldner muß aus der bisherigen Haft ohne sein Zutun entlassen worden sein.

B. Entlassung auf Gläubigerantrag. Die Entlassung muß vielmehr auf Grund eines Antrags des Gläubigers geschehen sein.

C. Neuer Haftantrag. Nunmehr muß derselbe Gläubiger eine neue Haft beantragen.

2) Zulässigkeit. Die Hafterneuerung ist also statthaft, wenn das Gericht den Schuldner auf seinen Antrag oder von Amts wegen entlassen hatte oder wenn ein weiterer Gläubiger die erneute Verhaftung beantragt. Natürlich ist eine weitere Verhaftung auch dann statthaft, wenn ein ganz neuer Haftgrund vorliegt. In einem solchen Fall reicht auch ein Antrag des bisherigen Gläubigers aus. Denn dann liegt ja bei genauer Betrachtung keine Erneuerung der Haft vor, sondern es beginnt ein ganz neues Verfahren.

3) VwGO: *Entsprechend anwendbar iRv Üb 3 § 899.*

912 *Haft bei Militärpersonen.* (weggefallen)

913 *Haftdauer.* **Die Haft darf die Dauer von sechs Monaten nicht übersteigen. Nach Ablauf der sechs Monate wird der Schuldner von Amts wegen aus der Haft entlassen.**

1) Höchstdauer. Der Schuldner darf auf Grund desselben Schuldtitels höchstens sechs Monate inhaftiert bleiben. Im Falle eines Zeugniszwangs gilt § 390 II. § 913 ist auf den Fall einer Ordnungshaft, Üb 2 B vor § 899, unanwendbar.

2) Rechtsbehelf. Der Betroffene kann die Erinnerung nach § 766 einlegen.

3) VwGO: *Entsprechend anwendbar iRv Üb 3 § 899.*

§§ 914, 915   1 8. Buch. Zwangsvollstreckung

914 *Wiederholte Verhaftung.* ¹ Ein Schuldner, gegen den wegen Verweigerung der Abgabe der eidesstattlichen Versicherung nach § 807 dieses Gesetzes oder nach § 284 der Abgabenordnung eine Haft von sechs Monaten vollstreckt ist, kann auch auf Antrag eines anderen Gläubigers von neuem zur Abgabe einer solchen eidesstattlichen Versicherung durch Haft nur angehalten werden, wenn glaubhaft gemacht wird, daß der Schuldner später Vermögen erworben hat oder daß ein bisher bestehendes Arbeitsverhältnis mit dem Schuldner aufgelöst ist.

² Diese Vorschrift ist nicht anzuwenden, wenn seit der Beendigung der Haft drei Jahre verstrichen sind.

Vorbem. I neugefaßt, II geändert dch Art 1 Z 6 G v 1. 2. 79, BGBl 127, in Kraft seit 1. 7. 79, Art 6.

1) Neue Haft, I. Eine neue Haft ist erst dann zulässig, wenn der Schuldner eine vorangegangene sechsmonatige Haft verbüßt hat. Selbst wenn nun ein anderer Gläubiger den Haftantrag stellt, muß dieser neue Gläubiger nach § 294 folgendes glaubhaft machen: **a)** Entweder: Der Schuldner hat nach der Haftentlassung irgendwelches Vermögen erworben; **b)** oder: Der Schuldner hat ein Arbeitsverhältnis vor oder nach der Haftentlassung aufgelöst. Vgl dazu § 903 Anm 3 B.

2) Zeitablauf, II. Nach Ablauf von drei Jahren darf auch dann keine neue Haft mehr angeordnet werden, wenn die Voraussetzungen Anm 1 a oder b vorliegen.

3) VwGO: Entsprechend anwendbar iRv Üb 3 § 899.

915 *Schuldnerverzeichnis.* ¹ Das Vollstreckungsgericht hat ein Verzeichnis der Personen zu führen, die vor ihm die in § 807 erwähnte eidesstattliche Versicherung abgegeben haben oder gegen die nach § 901 die Haft angeordnet ist; in dieses Verzeichnis sind auch die Personen aufzunehmen, die eine eidesstattliche Versicherung nach § 284 der Abgabenordnung abgegeben haben. Die Vollstreckung einer Haft ist in dem Verzeichnis zu vermerken, wenn sie sechs Monate gedauert hat.

² Wird die Befriedigung des Gläubigers, der gegen den Schuldner das Verfahren zur Abnahme der eidesstattlichen Versicherung betrieben hat, nachgewiesen oder sind seit dem Schlusse des Jahres, in dem die Eintragung in das Verzeichnis erfolgt ist, drei Jahre verstrichen, so hat das Vollstreckungsgericht auf Antrag des Schuldners dessen Löschung in dem Schuldnerverzeichnis anzuordnen. Die Eintragung wird dadurch gelöscht, daß der Name des Schuldners unkenntlich gemacht oder das Verzeichnis vernichtet wird.

³ Über das Bestehen oder Nichtbestehen einer bestimmten Eintragung ist jedermann auf Antrag Auskunft zu erteilen; es kann auch die Einsicht in das Verzeichnis gewährt werden.

⁴ Abschriften aus dem Verzeichnis dürfen nur erteilt und entnommen werden, sofern die Einhaltung der in Absatz 2 vorgesehenen Löschungsfrist gesichert erscheint. Die Veröffentlichung des Verzeichnisses in Druckerzeugnissen, die jedermann zugänglich sind, ist nicht gestattet. Die näheren Vorschriften erläßt der Bundesminister der Justiz mit Zustimmung des Bundesrates.

Schrifttum: Rothoeft, Zur Bedeutung und Tragweite des Prinzips der Publizität im Vollstreckungsrecht, 1966.

1) Schwarze Liste, I. A. Allgemeines. Das Vollstreckungsgericht führt ein Schuldnerverzeichnis. Das Verzeichnis enthält folgende Angaben:

a) Abgegebene Erklärung. Das Verzeichnis nennt diejenigen Personen, die eine eidesstattliche Versicherung nach § 807 geleistet haben (Manifestanten). Erklärungen nach den §§ 883, 889 ZPO, 125 KO bleiben hier außer Betracht. Aufzunehmen sind die Vertretenen, nicht die gesetzlichen Vertreter.

b) Haftanordnung. Das Verzeichnis nennt auch diejenigen Personen, gegen die das Gericht eine Haft angeordnet hatte, selbst wenn die Haft nicht vollstreckt worden ist, § 901.

c) Sechsmonatsvollstreckung. Das Verzeichnis nennt schließlich auch diejenigen Haftvollstreckungen, die sechs Monate angedauert haben.

B. Einzelheiten. Das Verzeichnis ist alphabetisch in Jahresheften zu führen, bei kleineren AG auch ohne eine Teilung nach Buchstaben in der zeitlichen Reihenfolge. Jedes Aktenstück, das eine Eintragung verlangt, muß auch ohne eine besondere Verfügung dem Verzeichnisführer vorgelegt werden. Die Eintragung im Verzeichnis darf erst dann erfolgen, wenn der Rpfl derjenigen Abteilung, aus der die Sache stammt, den Wortlaut der Eintragung genehmigt hat. Im Fall des § 915 erfolgt die Eintragung des Schuldners nur einmal jährlich. Weitere Akten, die eine Eintragung verlangen, sind beizuschreiben. Wenn nicht das Vollstreckungsgericht die eidesstattliche Versicherung abnimmt oder die Haft vollstreckt, dann muß die Eintragung trotzdem beim Vollstreckungsgericht vorgenommen werden. Das Gericht, bei dem die Eintragung vorgenommen wurde, muß dem Vollstreckungsgericht die erforderlichen Unterlagen zuleiten.

Das Gericht, bei dem der Schuldner die eidesstattliche Versicherung abgegeben hat oder in Haft genommen wurde, führt eine Nebenliste entsprechend dem Schuldnerverzeichnis. In der Nebenliste sind dieselben Eintragungen zu machen und der Sitz sowie das Aktenzeichen des Vollstreckungsgerichts zu vermerken. Das Vollstreckungsgericht benachrichtigt das andere Gericht von einer Löschung.

Nach drei Jahren seit dem Schluß des Eintragungsjahres werden das Heft oder die Karten vernichtet. Die Führung der Listen durch die Geschäftsstelle erfolgt in ihrer Ausübung der öffentlichen Gewalt. Deshalb haftet der Staat für eine unrichtige Eintragung. Angesichts des Umfangs eines drohenden Schadens ist also Vorsicht geboten. Die Liste genießt keinen öffentlichen Glauben. Ein Irrtum ist leicht möglich. Wer es unterläßt, den Inhalt der Liste nachzuprüfen, obwohl ihm die Nachprüfung zumutbar wäre, trägt an den Folgen einer unrichtigen Eintragung deshalb ein Mitverschulden, § 254 BGB.

2) Löschung, II. A. Nach Ablauf von drei Jahren. Die Eintragung wird dadurch gelöscht, daß das Heft bzw die Karte vernichtet werden, § 17 AktO, oder daß der Name unkenntlich gemacht wird, wenn seit dem Schluß des Eintragungsjahres drei Jahre verstrichen sind.

B. Vor Ablauf von drei Jahren. a) Voraussetzungen. Schon vor dem Ablauf dieser Zeit ist die Löschung der Haftanordnung in derselben Weise in folgenden Fällen notwendig:

aa) Haftaufhebung. Die vorzeitige Löschung erfolgt, soweit das Vollstreckungsgericht oder das Beschwerdegericht die Haftanordnung aufgehoben hat.

bb) Titelaufhebung. Die vorzeitige Löschung erfolgt ferner, soweit der Schuldner durch die Vorlage einer vollstreckbaren Entscheidung nachweist, daß der Vollstreckungstitel aufgehoben wurde, Ffm Rpfleger **81**, 118.

cc) Unzulässigkeit der Vollstreckung. Die vorzeitige Löschung erfolgt ferner, soweit das Gericht die Zwangsvollstreckung für dauernd unzulässig erklärt.

dd) Kraftloserklärung des Haftbefehls. Die vorzeitige Löschung erfolgt ferner, soweit der Gläubiger auf seine Rechte auf den Haftbefehl verzichtet und das Gericht den Haftbefehl deshalb für kraftlos erklärt.

ee) Befriedigung. Die vorzeitige Löschung erfolgt schließlich, soweit der Schuldner den Gläubiger befriedigt und diese Befriedigung dem Vollstreckungsgericht nachweist, insbesondere durch eine Quittung.

b) Verfahren. In allen Fällen der Löschung ist ein Antrag erforderlich. Eine Einwilligung des Gläubigers ist unerheblich; die Liste dient ja öffentlichen Belangen. Die Haftfortdauer hat auf die Frist keinen Einfluß. Wegen der Anwendbarkeit der Vorschrift im Konkurs vgl § 107 II KO und AG Bad Hersfeld Rpfleger **79**, 65, aM LG Oldb Rpfleger **81**, 70 mwN. II ist auf eine private Datei unanwendbar, Mü NJW **82**, 245.

3) Einsicht und Auskunft, III. Jedermann erhält in die schwarze Liste eine Einsicht und kann über ihren Inhalt eine Auskunft verlangen, unabhängig davon, ob er ein rechtliches Interesse nachweisen kann. Dadurch soll unter anderem ein Anreiz für den Schuldner entstehen, seine Schuld zu bezahlen, um dadurch die Löschung nach II zu erreichen, Mü NJW **82**, 245. Abschriften oder Auszüge aus der schwarzen Liste sind nur dann zu gestatten, wenn gesichert ist, daß die Löschung rechtzeitig erfolgen kann. Diese Möglichkeit besteht nur dann, wenn zB ein großer Fachverband oder eine ähnliche Organisation von der Abschrift oder den Auszug erbittet. Zur Entscheidung ist nach § 299 I der Rpfl, nicht nach § 299 II die Justizverwaltung, zuständig, so jetzt auch Celle Rpfleger **83**, 324. Eine Veröffentlichung im Druck ist überhaupt verboten. Denn in einem solchen Fall kann eine rechtzeitige Löschung nicht sichergestellt werden.

Gebühren: Des Gerichts KV 1181 (Beschwerde); des Anwalts § 58 III Z 12 BRAGO (wegen der Löschung und der Eintragung).

4) Rechtsbehelfe. A. Eintragung, Löschung. Die Eintragung und die Löschung in der schwarzen Liste sind keine Maßnahmen der Zwangsvollstreckung. Denn sie berühren die

Durchführung des Anspruchs des Gläubigers nicht. Sie dienen vielmehr lediglich der allgemeinen Sicherheit im Geschäftsverkehr. Deshalb sind die Rechtsbehelfe des Achten Buchs, insbesondere § 793, unanwendbar. Es handelt sich um einen dem Vollstreckungsgericht übertragenen Akt der gerichtlichen Verwaltung, Anh § 21 GVG. Deshalb ist im Fall einer Ablehnung der Eintragung nur die Durchgriffserinnerung bzw nach einer Entscheidung des Richters eine einfache Beschwerde nach § 567 und in allen Fällen im übrigen die Dienstaufsichtsbeschwerde zulässig, im Ergebnis ebenso KG NJW **71**, 848, ThP 2b, aM Oldb Rpfleger **78**, 267 mwN (es hält die §§ 766, 793 für anwendbar).

B. Einsichtsverweigerung. Wenn der Rpfl eine Einsicht in die schwarze Liste oder eine Auskunft über ihren Inhalt verweigert, ist die Durchgriffserinnerung zulässig, Celle Rpfleger **83**, 324.

5) VwGO: Entsprechend anwendbar iRv Üb 3 § 899.

Fünfter Abschnitt
Arrest und einstweilige Verfügung

Schrifttum: Altendorf, Das vorläufige Verfahren (Arrest und einstweilige Verfügung), 2. Aufl 1979; Arens, Verfügungsanspruch und Interessenabwägung usw, Festschrift für von Caemmerer, 1978; Baur, Studien zum einstweiligen Rechtsschutz, 1967; derselbe, Einstweiliger Rechtsschutz bei gegenläufigen Handlungs- und Unterlassungspflichten, Festschrift für Sieg (1976) 43; derselbe, Rechtsnachfolge in Verfahren und Maßnahmen des einstweiligen Rechtsschutzes? Festschrift für Schiedermair (1976) 19; Bölling, Konkurrenz einstweiliger Anordnungen mit einstweiligen Verfügungen in Unterhaltssachen, Diss Gött 1981; Brinkmann, Schiedsgerichtsbarkeit und Maßnahmen des einstweiligen Rechtsschutzes, 1977 (Bespr Leipold ZZP **94**, 97); Büdenbender, Der vorläufige Rechtsschutz durch einstweilige Verfügung und einstweilige Anordnung im Nichtehelichenrecht, 1975 (Bespr Brühl FamRZ **75**, 240, Leipold ZZP **91**, 331); Finkelnburg, Vorläufiger Rechtsschutz im Verwaltungsstreitverfahren, 1973; Finken, Die endgültige Vermögensverschiebung aufgrund einstweiliger Verfügung, Diss Bochum 1970; Höhne, Rechtshängigkeit und Rechtskraft bei Arrest und einstweiliger Verfügung, Diss Freib/Br 1976; Hösl, Die Anordnung einer einstweiligen Verfügung in Pressesachen, Diss Würzb 1974; Hübner, Die Durchsetzung von bevorrechtigten und nicht bevorrechtigten Forderungen an deutschen und ausländischen Handelsschiffen in deutschen Häfen, Diss Kiel 1965; Leipold, Grundlagen des einstweiligen Rechtsschutzes usw, 1971 (Bespr Grunsky ZZP **85**, 359); Minnerop, Materielles Recht und einstweiliger Rechtsschutz, 1973 (Bespr Leipold ZZP **88**, 468); Nicklisch, Verbandsmacht und einstweiliger Rechtsschutz, 1974 (Bespr Schlosser AcP **176**, 559, Stürner ZZP **88**, 472); Pastor, Der Wettbewerbsprozeß, Verwarnung, einstweilige Verfügung und Unterlassungsklage, 3. Aufl 1980 (Bespr Melullis GRUR **81**, 94, Ullmann DRiZ **80**, 399); Piehler, Einstweiliger Rechtsschutz und materielles Recht (rechtsvergleichend), 1980; Schilken, Die Befriedigungsverfügung usw, 1976 (Bespr Grunsky ZZP **90**, 208, Damrau FamRZ **77**, 678); Tempel, Mustertexte zum Zivilprozeß, Bd. II: Arrest, einstweilige Verfügung usw, 2. Aufl 1981; Uebe, Die Vorwegnahme der Endentscheidung durch einstweilige Verfügung, Diss Freibg 1972.

Grundzüge

1) Systematik. Der Abschnitt ,,Arrest und einstweilige Verfügung" gehört nicht ins 8. Buch, BVerfG **46**, 182. Zur Zwangsvollstreckung zählt nur die Arrestvollstreckung genau so wie die des Urteils; das Arrestverfahren, der Arrestprozeß, das Anordnungsverfahren, §§ 916–927, ist ein besonders geregelter, abgekürzter und vorläufiger Prozeß, der zu den besonderen Verfahrensarten zu rechnen ist und dessen Selbständigkeit auch eine Verfassungsbeschwerde unabhängig vom Hauptsacheverfahren zulässig machen kann, BVerfG **42**, 167; zur Vorlage gemäß Art 100 I vgl auch BVerfG **46**, 51. Abschnitt 5 gilt auch im arbeitsgerichtlichen Verfahren, §§ 62 II, 85 II ArbGG, vgl auch LAG Hamm DB **77**, 1420. Zuständig ist das ArbG, in dringenden Fällen, § 942, und als Gericht des Verbleibs, § 919, daneben das AG.

Ähnliche Verfahren kennen für Steuersachen §§ 324 ff AO 1977, dazu zB BFH DB **83**, 1854, Blumers BB **77**, 190 mwN. § 14 KO verbietet einen Arrest während des Konkurses; dasselbe gilt für eine einstweilige Verfügung auf die Eintragung einer Vormerkung. Wegen der einstweiligen Anordnung vorm BVerfG vgl § 32 BVerfGG, dazu Granderath NJW **71**, 542; wegen des Arrests in Seeschiffe s das Internationale Übk v 10. 5. 52, BGBl 72 II 655, insbesondere Art 6 II, in Kraft seit 6. 4. 73, Bek v 8. 3. 73, BGBl II 172, für Polen gemäß

5. Abschnitt. Arrest und einstweilige Verfügung **Grundz § 916 1, 2**

Bek v 22. 9. 76, BGBl II 1702, Tonga, Bek v 19. 12. 78, BGBl **79** II 20, Italien, Bek v 10. 1. 80, BGBl II 52, Salomonen, Bek v 30. 12. 81, BGBl **82** II 69, Togo, Bek v 10. 3. 82, BGBl 295, Niederlande (einschließl Niederländischen Antillen), Bek v 21. 3. 83, BGBl II 240; ferner § 35 SeerechtlVertO v 21. 6. 72, BGBl 953, in Kraft seit 6. 4. 73, Bek v 21. 3. 73, BGBl 267. Danach sind §§ 916ff grundsätzlich anwendbar. Wegen Eisenbahnen s Artt 56 CIM, 52 CIV, vgl Einl IV 3 E. Bei der Deutschen Genossenschaftsbank besteht eine Arrestbeschränkung wie Einf 2 B m vor § 850. §§ 916ff sind unanwendbar in SGG-Sachen, § 198 II SGG (vielmehr gilt uU § 123 VwGO entspr, BVerfG **46**, 181).

2) Arrest und einstweilige Verfügung. A. Arrest. Der Arrest sichert eine künftige Zwangsvollstreckung in das bewegliche und unbewegliche Vermögen wegen einer im ordentlichen Rechtsweg durchsetzbaren Geldforderung, Düss FamRZ **80**, 1116 mwN und FamRZ **81**, 45, oder eines Anspruchs, der in eine entsprechende Geldforderung übergehen kann, § 916, also einen Vermögenswert. Unerheblich ist dabei, ob ein sachlichrechtlicher Anspruch auf eine Sicherheitsleistung besteht und, wie zB bei § 1051 BGB, durch eine Klage geltend zu machen ist. Nicht etwa bezweckt der Arrest die Aufklärung der Vermögensverhältnisse des Schuldners, BGH **68**, 293.

B. Einstweilige Verfügung. Die einstweilige Verfügung dient zwei ganz verschiedenen Zwecken: **a)** der Sicherung des Anspruchs auf eine gegenständliche Leistung, § 935, (Sicherungsverfügung), LG Ffm NJW **81**, 56; **b)** der Regelung eines einstweiligen Zustandes in Bezug auf ein streitiges Rechtsverhältnis, § 940 (Regelungsverfügung), Jauernig ZZP **79**, 325. Für den Hauptanspruch muß der ordentliche Rechtsweg gegeben sein. Soweit der Arrest zulässig ist, ist eine einstweilige Verfügung unzulässig, Düss FamRZ **80**, 1116 mwN, außer bei Ansprüchen, die in eine Geldforderung übergehen können, aber noch nicht übergegangen sind. Eine Umdeutbarkeit ist nur ausnahmsweise zulässig, § 916 Anm 1 A, Köln NJW **70**, 1883. Wegen des Verfahrensübergangs durch eine Beschwerde § 916 Anm 1 A.

C. Abgrenzung zum Hauptprozeß. a) Grundsatz der Vorläufigkeit. Es handelt sich nur um vorläufige Maßnahmen, vgl auch LAG Düss BB **77**, 1952, und DB **78**, 211, die sich innerhalb des zu erreichenden Zweckes halten und binnen Monatsfrist vollzogen sein müssen, § 929 II, insofern also um ein Weniger gegenüber dem ordentlichen Verfahren, aber auch um ein aliud; denn in diesem läßt sich zB eine Verhaftung, § 918, nicht erreichen.

Sie können auf Widerspruch, § 924, und wegen veränderter Umstände, § 927, bei der einstweiligen Verfügung gemäß § 936 anwendbar, aufgehoben werden. Unter den Voraussetzungen des § 945 verpflichten sie die Partei, die die Maßnahmen veranlaßt hat, zum Schadensersatz. Die gerichtlichen Maßnahmen bedeuten also grundsätzlich nicht ein endgültiges Ergebnis, vgl BGH **68**, 292, Hbg MDR **77**, 688, WM **78**, 170, dürfen daher schon gar nicht mehr geben, als sich im Hauptprozeß erreichen ließe.

Ein Übergang vom vorläufigen Verfahren in den Hauptsacheprozeß ist unzulässig, Hamm MDR **71**, 142, Karlsr Just **77**, 98, StJGr § 920 Anm I 3, ZöSche II, aM Brschw MDR **71**, 1017, Ro § 214 III 2 a.

b) Ausnahmen bei der Leistungsverfügung. Trotz dieses vorläufigen Charakters auch der einstweiligen Verfügung hat die Rechtsprechung aus der praktischen Notwendigkeit heraus, § 1615o BGB, die vorläufige Regelung der Befriedigung des Gläubigers zugelassen, also ein summarisches Erkenntnisverfahren (Baur; gegen diese Charakterisierung generell zB Schwab Festschrift für Baur, 1981, 638) entwickelt, wenn andere erfolgversprechende Maßnahmen nicht möglich sind, Düss KTS **83**, 146, Ffm MDR **78**, 315, Karlsr GRUR **80**, 812, LAG Düss DB **78**, 211, LAG Mü NJW **80**, 957 mwN, Richardi JZ **78**, 492, insbesondere um einem bestehenden Notstand abzuhelfen und einem künftigen vorzubeugen, vgl auch Gaul FamRZ **58**, 157. Es sind das vor allem vorläufige Regelungen des Unterhalts, soweit es sich dabei um die Befriedigung dringender Lebensbedürfnisse handelt, § 940 Anm 3 B ,,Ehe, Familie", Celle FamRZ **83**, 622 (also nur für die Zukunft), Düss FamRZ **81**, 45 mwN und FamRZ **82**, 1229, KG NJW **69**, 2019, Karlsr FamRZ **80**, 1117, Köln FamRZ **83**, 411 mwN, Schlesw SchlHA **81**, 141, Stgt FamRZ **78**, 704, Bruns-Peters § 46 II 3, abw Hbg FamRZ **81**, 161 (das OLG billigt für eine Übergangszeit den vollen angemessenen Unterhaltsbetrag zu), und Unterlassungsansprüche, § 940 Anm 3 B ,,Gewerblicher Rechtsschutz" (Leistungsverfügungen, Jauernig ZZP **79**, 321, eine besondere Art der Regelungsverfügung, Baur 57, die mit dem Sicherungszweck nichts mehr zu tun haben). S dazu auch Hadding ZHR **130**, 18ff und §§ 936 Anm 3 A, 938 Anm 1 A.

Zwar handelt es sich auch hier um eine vorläufige Befriedigung, die der endgültigen Entscheidung nicht vorgreift und bei einer Aufhebung für Geldleistungen unter den Voraussetzungen des § 945 die Rückzahlung zur Folge hat, die freilich nur in den seltensten Fällen wird erwirkt werden können, und gebotene Unterlassungen für die Zukunft entfallen läßt, den früheren Zustand also ohne weiteres wiederherstellt, während die bereits unterlassene Handlung selbst allerdings nicht mehr wiederhergestellt werden kann; hier bleibt nur der Ersatzanspruch aus § 945, so daß an den Nachweis des Verfügungsgrundes, die Schlüssigkeit und die Glaubhaftmachung scharfe Anforderungen gestellt werden müssen, Köln FamRZ **83**, 412 mwN, Oldb ZMR **77**, 375, Baur 57, § 940 Anm 3 B; kaum ausreichend ist zB die eidesstattliche Versicherung der Partei, sie „komme sonst in Bedrängnis", OLGZ **71**, 440, nicht ausreichend ist das Bestreben, ein in Händen des Prozeßgegners befindliche Beweismittel schon vor dem Beginn des Hauptprozesses einzusehen, LG Karlsr VersR **82**, 1165.

Ähnliches gilt bei einer angeordneten Duldung, Jauernig 332, und beim Beseitigungsanspruch. Hier und bei den vorher genannten Ansprüchen auf Unterlassung und Duldung wird auch, da die Wirkung hinter der des Hauptprozesses zurückbleiben soll, untersucht werden müssen, ob nicht geringere Maßnahmen genügen, vgl LG Göttingen MDR **80**, 324. Dafür gibt § 938 dem Richter freie Hand, Baur 58; vgl andererseits Hadding ZHR **130**, 21 (zB Gefahr der Lückenhaftigkeit der Preisbindung bei vertragsbrüchiger Durchbrechung). Würde die einstweilige Verfügung einer endgültigen Regelung allzu nahe kommen, fehlt die Vorläufigkeit; eine solche einstweilige Verfügung erweist sich dann als unzulässig, vgl § 940 Anm 3 B.

Das kann bei der Gestaltung eines Rechtsverhältnisses (Beispiele bei Baur 55) der Fall sein, so daß zB ein Gesellschafter nicht durch einstweilige Verfügung ausgeschlossen werden kann, da es zu seiner Wiederaufnahme eines neuen Vertrages bedürfte, BGH **30**, 173, während dem geschäftsführenden Gesellschafter die Geschäftsführungsbefugnis vorläufig entzogen werden kann, BGH JZ **61**, 89. Vgl auch Jauernig ZZP **79**, 333ff und § 940 Anm 3 B „Gesellschaft".

D. Andersartige vorläufige Regelungen. Keine einstweiligen Verfügungen, sondern Anordnungen im Prozeß, sind die Einstellung der Zwangsvollstreckung, Grdz 6 vor § 704, und die einstweiligen Anordnungen im Eheverfahren, §§ 620ff, in anderen Familiensachen, § 621 f, im Kindschaftsprozeß, § 641 d. Soweit eine solche einstweilige Anordnung zulässig ist, fehlt wegen ihres Vorrangs als Sonderregel meist das stets für einen Arrest wie für eine einstweilige Verfügung erforderliche Rechtsschutzbedürfnis, zB bei § 620, LG Bln MDR **67**, 495, oder bei § 43 WEG, BayObLG Rpfleger **75**, 245; wegen der HausrVO Düss Rpfleger **79**, 426, LG Itzehoe SchlHA **62**, 199.

E. Streitgegenstand. Streitgegenstand ist also nicht der sachlichrechtliche Anspruch, der deshalb auch nicht rechtshängig wird, § 920 Anm 1 B, und nicht an einer inneren Rechtskraft einer Entscheidung in diesem Verfahren teilnimmt, § 322 Anm 4 „Arrest und Einstweilige Anordnung oder Verfügung" B d. Vielmehr ist Streitgegenstand die Zulässigkeit einer, auch zwangsweisen, Sicherung des sachlichrechtlichen Anspruchs, Stgt NJW **69**, 1721, Teplitzky DRiZ **82**, 41. Deshalb ist das vorläufige Verfahren nach Rechtskraft der Entscheidung des Hauptprozesses nicht (mehr) zulässig.

3) Arrest und Verfügungsprozeß. A. Verfahrensgrundsätze. Beide kann man unter dem Begriff vorläufiges, summarisches Verfahren zusammenfassen. Hauptkennzeichen dieses Verfahrens ist die Entbehrlichkeit einer mündlichen Verhandlung und der vollen Beweisführung, an deren Stelle die Glaubhaftmachung tritt. Es ergeht eine vorläufige Entscheidung durch einen Beschluß nach einer beschleunigten vorläufigen Prüfung. Davon abgesehen, unterliegt der Arrestprozeß den fürs ordentliche Verfahren geltenden Vorschriften, freilich mit einem Vorrang derjenigen Abweichungen, die Abschnitt 5 vorschreibt, Jestaedt GRUR **81**, 153 mwN, oder die sich aus der Natur des Verfahrens ergeben, Düss NJW **82**, 2452, vgl StJGr Rdz 5 vor § 916. Die Prozeßvoraussetzungen müssen wie im ordentlichen Verfahren vorliegen. Der Arrestgrund ist keine Prozeß-, sondern eine Sachurteilsvoraussetzung, zB StJGr § 917 Anm I 1b, aM zB ThP § 917 Anm 1, offen Karlsr GRUR **78**, 117 mwN. Ist das ArbG für die Hauptsache zuständig, so auch fürs vorläufige Verfahren.

B. Aussetzung. Mit Rücksicht auf den Eilcharakter dieses Verfahrens verbietet sich grundsätzlich eine Aussetzung, § 148 Anm 2 A, zB Düss GRUR **83**, 80, Hamm BB **63**, 1349, LG Aurich NJW **64**, 2358, Schilken ZZP **92**, 260, StJGr Rdz 26 vor § 916 mwN, ZöSche II vor § 916, abw Düss FamRZ **82**, 1229, aM LG Ffm BB **59**, 211. Das ist auch dann nicht anders, wenn die Aussetzung nicht eine Ermessensfrage, sondern gesetzlich geboten ist, § 96 GWB. Der kartellrechtliche Einwand des Antragsgegners ist dann nicht zu beachten. Ihm ist vielmehr zu überlassen, seinerseits eine einstweilige Anordnung der Kartellbehörde mit dem Inhalt des § 17 GWB zu erwirken, § 56 GWB, nachdem er den Antragsteller zur Klage gezwungen hat, §§ 936, 926, die dann wegen § 96 II GWB zur Aussetzung führt, Ffm **NJW 58**, 1639, Köln **GRUR 66**, 641, v Gamm **NJW 59**, 2020 gg Hamm **NJW 59**, 2020, das eine Sicherheitsleistung fordert und ihm die Erhebung einer Feststellungsklage aufgibt, aM StJGr Rdz 26 vor § 916 (das Arrestgericht müsse in entsprechender Anwendung von § 926 dem Gläubiger die Einholung einer Entscheidung des Kartellamts aufgeben und andernfalls den Arrest aufheben). Vgl zum Problem auch Jungbluth **DRiZ 60**, 139, sowie BGH **NJW 58**, 1395.

Zu diesen Fragen Hadding **ZHR 130**, 1ff, der mit Rücksicht auf die Eilbedürftigkeit einstweiliger Verfügungen bei diesen auch eine Vorlagepflicht gemäß Art 177 III EWGVertr verneint, S 16, ebenso Mü **BB 63**, 745, StJGr Rdz 27 vor § 916 mwN; zudem wird es sich hier meist nicht um Entscheidungen handeln, die mit den Rechtsmitteln des innerstaatlichen Rechts nicht mehr angefochten werden können. Immerhin kann eine Aussetzung zB bei int Anwendbarkeit von Völkerrecht notwendig sein, Ffm **Rpfleger 82**, 302.

Eine Vorlage nach Art 100 I GG ist zulässig, BVerfG **GRUR 83**, 318.

C. Entscheidung. Die Entscheidung im vorläufigen Verfahren ergeht meistens durch einen Beschluß; wird indes eine mündliche Verhandlung angeordnet, so ergeht die Entscheidung durch ein Urteil, § 922. Die stattgebende Entscheidung gibt einen Vollstreckungstitel, § 794 Anm 12a. Über die sachliche Rechtskraftwirkung s § 322 Anm 4 „Arrest und Einstweilige Anordnung oder Verfügung".

Gebühren: Des Gerichts: KV 1050ff; des RA: § 40 BRAGO. Wert: Anh § 3 „Arrest".

D. Außenwirtschaft. Nach § 32 I AWG bedürfen Arreste und einstweilige Verfügungen, die lediglich der Sicherung dienen, keines Vorbehalts. Vgl SchlAnh IV.

E. Rechtsbehelfe. Gegen die Entscheidung sind folgende Rechtsbehelfe statthaft:

a) Gläubiger. Er kann wie folgt vorgehen:

aa) Zurückweisender Beschluß. Gegen einen zurückweisenden Beschluß hat der Gläubiger die einfache Beschwerde, § 567.

bb) Abweisendes Urteil. Gegen ein den Arrest ablehnendes Urteil, auch wenn es einen stattgebenden Beschluß aufhebt, ist die Berufung zulässig.

b) Schuldner. Er kann wie folgt vorgehen:

aa) Stattgebender Beschluß. Gegen den ohne mündliche Verhandlung stattgebenden Beschluß ist der Widerspruch zulässig, § 924. Er führt, ähnlich dem Einspruch, zur Nachprüfung der gesamten Grundlagen.

bb) Versäumung der Klagefrist. In allen Fällen kann der Schuldner einen Antrag auf Aufhebung wegen Versäumung der Klagfrist stellen, § 926.

cc) Veränderte Umstände. In allen Fällen kann der Schuldner einen Antrag auf Aufhebung wegen veränderter Umstände, wegen Sicherheitsleistung oder wegen Nichtvollziehung oder aus anderen erheblichen Gründen stellen, § 927. Er ist noch nach der Bestätigung zulässig und führt zur Prüfung der Aufhebungsgründe.

dd) Stattgebendes Urteil. Gegen ein den Arrest anordnendes oder bestätigendes Urteil ist die Berufung statthaft. Dem Schuldner ist in allen Fällen eine Beschwerde versagt. Revision ist im vorläufigen Verfahren (zum Schaden der Rechtseinheit) unzulässig, § 545. Eine Verfassungsbeschwerde ist nicht von einer Anordnung nach §§ 926 I, 936 abhängig, BVerfG **42**, 167.

4) Arrestvollzug und Arrestvollstreckung. A. Arrestvollzug. Man muß zwischen dem Anordnungsverfahren einerseits und entgegen der landläufigen Übung, zB StJGr Rdz 37 vor § 916, andererseits zwischen dem Arrestvollzug und der Arrestvollstreckung unterscheiden, zB Hamm **MDR 82**, 763, aM Borck **MDR 83**, 181. Der Arrestvollzug hat nur die Bedeutung, den Arrest oder die einstweilige Verfügung dem Schuldner gegenüber wirksam zu machen. Bis zum Vollzug gibt der Arrest oder die einstweilige Verfügung dem Gläubiger nur die Möglichkeit, nach Ablauf der Vollzugsfrist auch das nicht mehr, § 929 II.

B. Arrestvollstreckung. Sie gewährt dem Gläubiger erst die gewünschte Sicherung. Beide fallen meist, aber keineswegs immer, zusammen. So ist eine einstweilige Verfügung auf eine Eintragung ins Grundbuch vollzogen, sobald der Eintragungsantrag beim Grundbuchamt eingegangen ist, §§ 936, 932 III; vollstreckt ist sie erst mit geschehener Eintragung. Weiter ist eine einstweilige Verfügung, die ein Verbot enthält, vollzogen mit der Zustellung, Schlesw **NJW 72**, 1057, aM Hbg **OLG 21**, 95 und **WRP 67**, 324; die Zwangsvollstreckung beginnt erst in den § 890 Anm 5 D genannten Zeitpunkten. Nur die Zwangsvollstreckung unterbricht laut § 209 BGB die Verjährung. Über den Arrestvollzug s bei §§ 928, 936. Nach § 124 VglO ist der Arrestvollzug bereits Zwangsvollstreckung im Sinne der VglO.

5) VwGO: Abschnitt 5 ist auf die einstweilige Anordnung entsprechend anwendbar, soweit dies § 123 III, IV VwGO bestimmt (§§ 920, 921, 923, 926, 928–932, 938, 939, 941 u 945). Dagegen kennt die VwGO kein Arrestverfahren, Anm 1, hM, Finkelnburg Rdz 12 mwN. Das Gegenteil folgt nicht etwa aus § 167 I VwGO; denn der Arrest ist in §§ 168 I, 170 V u 172 VwGO nicht neben der einstwAnO genannt. Auch § 169 I VwGO ermöglicht über § 5 VwVG, §§ 324 bis 326 AO 1977 oder landesrechtliche Bestimmungen keinen gerichtlichen Arrest, da § 169 VwGO ausschließlich an die Titel des § 168 anknüpft; Ersatz bietet die einstwAnO zur Sicherung von Geldansprüchen, Finkelnburg Rdz 121 mwN. Zur einstwAnO im Normenkontrollverfahren, § 47 VII VwGO, vgl Schenke DVBl 79, 169 mwN, OVG Münst NJW 80, 1013, Finkelnburg Rdz 303–313.

916

Arrestanspruch. ^I Der Arrest findet zur Sicherung der Zwangsvollstreckung in das bewegliche oder unbewegliche Vermögen wegen einer Geldforderung oder wegen eines Anspruchs statt, der in eine Geldforderung übergehen kann.

^{II} Die Zulässigkeit des Arrestes wird nicht dadurch ausgeschlossen, daß der Anspruch betagt oder bedingt ist, es sei denn, daß der bedingte Anspruch wegen der entfernten Möglichkeit des Eintritts der Bedingung einen gegenwärtigen Vermögenswert nicht hat.

Schrifttum: Ullmann, Sicherung künftiger Ansprüche durch Arrest und einstweilige Verfügung, Diss Heidelb 1970.

1) Vorbemerkung zu §§ 916–918. A. Allgemeines. Man muß auch im Arrestverfahren zwischen der Zulässigkeit und Begründetheit des Antrags unterscheiden, Blomeyer ZZP **81**, 37. Zur Zulässigkeit gehören zunächst die allgemeinen Prozeßvoraussetzungen, Grdz 3 vor § 253. §§ 916–918 enthalten die besonderen Voraussetzungen des Arrests, nämlich den Arrestanspruch, § 916, und den Arrestgrund, §§ 917–918. Der Gläubiger muß deren Vorliegen behaupten, Teplitzky DRiZ **82**, 41. Das Gericht muß von Amts wegen unter einer Würdigung aller Umstände prüfen, ob diese besonderen Voraussetzungen glaubhaft gemacht sind. Wenn das der Fall ist, dann muß das Gericht den damit auch begründeten Arrest erlassen. Über den Unterschied zwischen dem Arrest und der einstweiligen Verfügung Grdz 2 A vor § 916.

Eine einstweilige Verfügung zur Sicherung der Zwangsvollstreckung wegen einer Geldforderung, etwa durch die Anordnung einer Arresthypothek oder einer Vormerkung, ist unzulässig, vgl Düss NJW **77**, 1828, StJGr Rdz 44 vor § 916. Der Anspruch auf eine gegenständliche Leistung kann aber mit einem Hilfsanspruch auf die Zahlung einer Geldsumme verbunden sein. Im Fall einer Anfechtung mag der Gläubiger zB in erster Linie die Rückgewähr der Sache verlangen, hilfsweise aber einen Schadensersatz in Geld. In diesen Fällen läßt sich die Hauptleistung durch eine einstweilige Verfügung sichern, die Hilfsleistung durch einen Arrest.

Ein Übergang vom Arrestverfahren zum Verfahren der einstweiligen Verfügung und umgekehrt ist wie eine Klagänderung zu behandeln, aM KG NJW **61**, 1978, StJGr Rdz 46 vor § 916, ZöSche II vor § 916 (der Übergang sei ohne weiteres zulässig, und zwar auch noch in der Rechtsmittelinstanz). Wenn für den Hauptprozeß der ordentliche Rechtsweg unzulässig ist, dann ist er auch für den Arrest unzulässig. Wenn freilich für die Hauptsache ein Schiedsverfahren vereinbart worden ist, dann ist das staatliche Gericht noch für die Anordnung eines Arrests zuständig. Während des Konkursverfahrens über das Vermögen des Schuldners kann kein einzelner Konkursgläubiger einen Arrest zu seinen Gunsten erwirken. Unzulässig ist ein Arrest ferner in ein segelfertiges Schiff (Ausnahme § 482 II HGB sowie Hbg MDR **73**, 142) sowie während der Abwicklung eines Sondervermögens eines Kreditinstituts usw, §§ 13, 27 G v 21. 3. 72, BGBl 465.

B. Prozeßführungsrecht. Das Prozeßführungsrecht im Arrestprozeß entspricht demjenigen des ordentlichen Prozesses. Ein Pfändungspfandgläubiger kann einen Arrest auch ohne eine Überweisung ausbringen. Dieselbe Befugnis hat der Miterbe schon vor einer Auseinandersetzung. Gegen den Erben ist ein Arrest erst nach der Annahme der Erbschaft statthaft, § 1958 BGB; vorher muß dem Miterben ein Nachlaßpfleger bestellt werden, so auch StJGr Rdz 16 mwN. Ein Arrest kann auch gegen einen Ausländer verhängt werden, § 917 Anm 2.

2) Arrestanspruch im allgemeinen, I. Ein Arrest setzt voraus, daß der Gläubiger eine Geldforderung oder einen Anspruch besitzt, der in eine Geldforderung übergehen kann, so grds richtig Hbg FamRZ **82**, 284. Das trifft bei allen vermögensrechtlichen Ansprüchen (Begriff Üb 3 B a vor § 1) zu. Hierher gehört auch ein gegenständlicher Anspruch, wenn hilfsweise ein Anspruch auf eine Geldersatzforderung zu sichern ist, Anm 1 A, vgl auch Hbg MDR **73**, 242 (Anspruch auf die Ausstellung von Konnossementen). Bei einem Anspruch gegen den Begünstigten wegen einer Gläubigerbenachteiligung läßt sich die Forderung auf eine Rückgewähr durch eine einstweilige Verfügung sichern, die Forderung auf einen hilfsweisen Ersatzanspruch durch einen Arrest. Wegen eines Anfechtungsanspruches vgl Düss NJW **77**, 1828.

Die Anordnung des Arrests wird grundsätzlich nicht dadurch gehindert, daß der Gläubiger seine Leistung im Fall eines zweiseitigen Vertrags noch nicht oder nur unvollständig erbracht hat, StJGr Rdz 2. Der Anspruch auf die Duldung der Zwangsvollstreckung ist auch hier als ein Anspruch auf eine Zahlung in bar zu behandeln, StJGr Rdz 13, ZöSche I 2 c, aM Hbg MDR **67**, 50 (es verneint das Rechtsschutzbedürfnis für die Anordnung eines Arrests gegenüber einem Reeder nur auf Grund eines Schiffsgläubigerrechts, damit das Schiff nicht auslaufen solle; dagegen Liesecke MDR **67**, 625). Ein dinglicher Gläubiger kann einen Arrest gegen den dinglichen Schuldner ausbringen. Dieser Weg kann ihm nützen, weil er damit einen Pfändungstitel für seinen Mietzins usw erhält.

Unzulässig ist ein Arrest gegen den Erben vor der Annahme der Erbschaft (der Gläubiger kann aber gegen einen Nachlaßpfleger vorgehen) oder wegen einer familienrechtlichen oder einer unschätzbaren Leistung, so auch StJGr Rdz 2, zulässig ist er aber wegen einer vermögensrechtlichen Leistung, die auf einer familienrechtlichen Grundlage beruht.

3) Betagter und bedingter Anspruch, II. A. Betagter Anspruch. Er ist entstanden, wird aber erst durch einen Zeitablauf oder infolge einer Kündigung fällig. Er läßt stets einen Arrest zu, selbst wenn der Gläubiger schon einen Vollstreckungstitel hat, weil die Zwangsvollstreckung aus ihm nach § 751 noch nicht zulässig ist, ZöSche I 2 a.

B. Bedingter Anspruch. Ein auflösend bedingter Anspruch läßt stets einen Arrest zu. Ein aufschiebend bedingter Anspruch reicht nur dann aus, wenn die Möglichkeit des Eintritts der Bedingung nicht so weit entfernt ist, daß gegenwärtig kein Vermögenswert besteht, vgl StJGr Rdz 8. Der Schuldner muß notfalls glaubhaft machen, daß der gegenwärtige Vermögenswert fehle, wie die Worte des Gesetzes „es sei denn" ergeben, so auch StJGr Rdz 8 mwN. Man muß alle Fallumstände zur Beurteilung dieser Frage heranziehen, Hbg MDR **71**, 402.

C. Beispiele. Einen Arrest lassen zu: Künftige Teilbeträge einer Rente; der Anspruch auf eine Kostenerstattung im Fall des künftigen Unterliegens des Gegners, Üb 3 B vor § 91, StJGr Rdz 11 mwN; der Anspruch der Staatskasse auf eine Erstattung der Kosten eines Strafprozesses; ein Anspruch auf eine Leistung Zug um Zug; der Anspruch auf eine Rückzahlung eines Betrages, den der Gläubiger auf Grund eines vorläufig vollstreckbaren Urteils oder eines Vorbehaltsurteils beigetrieben hat; ein Anspruch, bei dem die Bedingung bereits eingetreten, der Erfolg aber noch unbekannt ist; ein drohender Anspruch, den man nach § 287 bereits schätzen kann, Hbg MDR **71**, 402.

D. Künftiger Anspruch. Er läßt einen Arrest dann zu, sobald er einklagbar ist, so grds richtig Hbg FamRZ **82**, 284. Vgl §§ 257–259, dazu Ullmann NJW **71**, 1296. Das gilt etwa: Für einen Unterhaltsanspruch, Düss FamRZ **81**, 69 mwN; für die Sicherheitsleistung wegen eines Anspruchs auf einen zukünftigen Zugewinnausgleich, BayObLG MDR **75**, 491 mwN (vom Zeitpunkt der Auflösung des Güterstands an), Köln FamRZ **83**, 710 mwN (vom Zeitpunkt des Verzugs an), vgl auch § 935 Anm 1 C, aM Hbg FamRZ **82**, 284. In anderen Fällen ist ein Arrest nicht zulässig. Das folgt daraus, daß eine Erfüllung des § 926 unmöglich ist, vgl insoweit (nur grds) Hbg FamRZ **82**, 284, ThP 2, abw StJGr Rdz 10, ZöSche I 2 b (der Arrest sei zulässig, soweit eine Feststellungsklage möglich sei und ein schutzwertes Interesse vorliege). Eine Feststellungsklage genügt, sobald eine Leistungsklage nicht möglich ist, § 926 Anm 3 A. Zum Schutz der Leibesfrucht läßt § 1615 o BGB eine einstweilige Verfügung zu, vgl Grdz 2 B b vor § 916, § 940 Anm 3 B „Ehe, Familie".

4) VwGO: *Unanwendbar,* Grdz 5 § 916.

917 **Arrestgrund. Dinglicher Arrest.** **I** Der dingliche Arrest findet statt, wenn zu besorgen ist, daß ohne dessen Verhängung die Vollstreckung des Urteils vereitelt oder wesentlich erschwert werden würde.

II Als ein zureichender Arrestgrund ist es anzusehen, wenn das Urteil im Ausland vollstreckt werden müßte.

§ 917 1

1) Arrestgrund im allgemeinen, I. A. Besorgnis der Vereitelung oder wesentlichen Erschwerung. Neben dem Arrestanspruch, § 916, muß ein Arrestgrund vorliegen. Für einen dinglichen Arrest ist die Besorgnis der direkt bevorstehenden Vereitelung oder wesentlichen Erschwerung der Zwangsvollstreckung aus einem vorhandenen, aber noch nicht ohne eine Sicherheitsleistung vollstreckbaren, oder einem demnächst ergehenden Vollstreckungstitel der Arrestgrund. Soweit er fehlt, ist der Antrag als unbegründet, nicht als unzulässig, abzuweisen, ZöSche II 2, aM StJGr I 1 b. Es entscheidet der sachliche Maßstab eines ruhigen, verständigen, gewissenhaft prüfenden Menschen, vgl BFH BB **78**, 1203, nicht schon die persönliche Meinung des Gläubigers. Ein Verschulden des Schuldners ist nicht erforderlich, vgl BFH BB **78**, 1203. Eine Tatsache der Vergangenheit genügt nur dann, wenn gerade sie die Besorgnis einer künftigen Vereitelung usw begründet, BGH VersR **75**, 764.

B. Beispiele des Vorliegens eines Arrestgrunds: Jede, auch auf Grund vergangener Tatsachen, nachteilige Einwirkung auf das Vermögen des Schuldners, vgl Düss FamRZ **80**, 1116, insofern auch LG Düss NJW **75**, 1367, mag sie vom Schuldner, einem Dritten oder vom Zufall ausgehen, etwa in folgenden Fällen: Der Schuldner ist verschwenderisch; er führt seine Geschäfte leichtfertig; er verhält sich derart vertragswidrig, daß eine Wiederholungsgefahr und damit eine Gefahr für die Vollstreckbarkeit droht, LG Bochum VersR **52**, 402, vgl Ffm NJW **59**, 1088; er verhält sich unlauter, zB er verschiebt oder verschleudert wesentliche Vermögensstücke; er droht eine solche Verschiebung oder Verschleuderung ernsthaft an; es besteht der Verdacht, der Schuldner werde seine letzten Vermögenswerte verkaufen, Hamm FamRZ **80**, 391; er schädigt vorsätzlich das Vermögen des Gläubigers durch eine Straftat, Mü MDR **70**, 934, LAG Ffm NJW **65**, 989 (aM Köln MDR **59**, 933), zumindest dann, wenn die Vermögensverhältnisse des Schuldners unklar sind, Mü MDR **70**, 934, ThP 1 a, aM Düss VersR **80**, 50, Schlesw MDR **83**, 141.
Weitere Beispiele: Der Schuldner gibt seinen Wohnsitz auf, ohne einen neuen zu begründen; er trifft Vorbereitungen zur Auswanderung oder zum Wegzug ins Ausland; er belastet seinen Grundbesitz auffallend stark; er veräußert den Grundbesitz vor der Eintragung einer bereits zugesicherten Sicherungshypothek, LG Bln NJW **55**, 799, Schwerdtner NJW **70**, 225 (im Fall eines gesetzlichen Anspruchs auf die Eintragung besteht ein Arrestgrund aber nur unter zusätzlichen Umständen, Hamm MDR **75**, 587, aM ZöSche II 3 b); er hat einen unsteten Aufenthalt; er wechselt häufig die Wohnung; er erleidet durch ein Naturereignis einen großen Schaden; der Gläubiger hat sich bewußt mit einem unsicheren Schuldner eingelassen, Schwerdtner NJW **70**, 223.
Eine Verfügungsbeschränkung, zB gemäß §§ 58 ff VglO, beseitigt den Arrestgrund keineswegs automatisch, Baer-Henney NJW **75**, 1368, aM LG Düss NJW **75**, 1367. Eine Böswilligkeit oder direkte Schädigungsabsicht des Schuldners ist nicht erforderlich.

C. Beispiele des Fehlens eines Arrestgrunds: Eine schlechte Vermögenslage des Schuldners und ein drohender Ansturm anderer Gläubiger. Denn der Arrest darf den Gläubiger nicht besser stellen, als ihn eine sofortige Zwangsvollstreckung stellen würde, und der Arrest soll dem Gläubiger insbesondere keinen Vorrang vor einem anderen Gläubiger sichern. Es muß vielmehr eine Verschlechterung der Vermögenslage oder eine wesentliche Erschwerung des Zugriffs bevorstehen, BGH VersR **75**, 763, KG OLGZ **78**, 452, LAG Hamm MDR **77**, 611 mwN, ThP 1 a, ZöSche II 3 b, aM StJGr Rdz 1. Ähnliches gilt im Falle einer Prozeßverschleppung. Weitere Fälle: Der Gläubiger ist bereits hinreichend gesichert, Schwerdtner NJW **70**, 223, vgl Hbg MDR **58**, 613. Ein Vollstreckungstitel, der nur gegen eine Sicherheitsleistung vorläufig vollstreckbar ist, sichert den Gläubiger bis zu dem Zeitpunkt, in dem die Sicherheit erbracht worden ist, nicht genügend. LG Augsb NJW **75**, 2350 sieht ein Vermieterpfandrecht trotz § 561 BGB nicht als eine ausreichende Sicherheit an. Vgl D a.
Ferner: Der Schuldner steht im Begriff, die Sache zu verkaufen, der Gläubiger kann die Forderung auf die Zahlung des Kaufpreises aber höchstwahrscheinlich durchsetzen; der Gläubiger hat die Absicht, eine Firma aufzulösen, hat diese Absicht aber monatelang nicht durchgeführt, KG MDR **79**, 64; der Drittschuldner wohnt im Ausland, Ffm MDR **76**, 321; der Schuldner hat zwei Schecks nicht eingelöst, KG OLGZ **78**, 452; der Schuldner hat ein Konnossement vorsätzlich falsch ausgestellt, Hbg VersR **82**, 341; es ist bereits ein Vergleichsverfahren anhängig, Köln ZZP **69**, 52.

D. Sicherungsbedürfnis. Ein besonderes Rechtsschutzbedürfnis, Grdz 5 A vor § 253, kann fehlen. Es entscheidet vielmehr das Sicherungsbedürfnis, Düss FamRZ **81**, 45, also die

Frage, ob ein Arrestgrund besteht oder nicht, so auch StJGr Rdz 17 vor § 916 mwN. Dieses Sicherungsbedürfnis fehlt zB in folgenden Fällen:

a) Genug Sicherheit. Das Sicherungsbedürfnis fehlt grds, soweit der Gläubiger bereits eine genügende Sicherheit in Händen hat, zB durch einen Eigentumsvorbehalt oder durch ein Pfandrecht, vgl § 777, Hbg MDR **67**, 50, 677 (abl Lieseke MDR **67**, 625). In diesem Fall muß man aber prüfen, ob diese Sicherheit mindestens denselben Schutz gewährt wie ein Arrest. Eine im Ausland bestehende Sicherheit, etwa eine Hypothek, muß in ihrer Verwertbarkeit einer Sicherung durch einen Arrest im wesentlichen gleichkommen, BGH **LM** § 676 BGB Nr 10.

b) Titelbesitz. Das Sicherungsbedürfnis fehlt grds ferner, soweit der Gläubiger schon einen ohne eine Sicherheitsleistung vorläufig oder endgültig vollstreckbaren Titel besitzt, der ihm praktisch mindestens dasselbe gewährt, Celle NdsRpfl **58**, 93, Hbg NJW **58**, 1145 (zustm Lent MDR **58**, 612), Neustadt MDR **61**, 62. Ein Urteil, das nur gegen eine Sicherheitsleistung des Gläubigers vollstreckbar ist, steht einem ohne eine Sicherheitsleistung zu gewährenden Arrest nicht entgegen, Celle MDR **64**, 333, Hbg NJW **58**, 1145, Baur BB **64**, 614. Das gilt auch dann, wenn der Gläubiger die Sicherheitsleistung nicht erbringen kann, vgl auch BGH **LM** § 719 Nr 14, insofern aM Neustadt MDR **61**, 62. Vgl C.

c) Erfolgter Vollzug. Das Sicherungsbedürfnis fehlt ferner, soweit der Gläubiger bereits einen dem jetzigen Antrag entsprechenden Arrest erwirkt und vollzogen oder vollziehen lassen hat.

d) Veräußerungsverbot. Das Sicherungsbedürfnis fehlt schließlich, soweit ein Veräußerungsverbot besteht und der Arrest nicht vollzogen werden kann, §§ 47, 124 VglO, Köln JR **56**, 304.

Das Sicherungsbedürfnis kann aber zB vorhanden sein, wenn der Gläubiger trotz des Besitzes eines Vollstreckungstitels die Zwangsvollstreckung insbesondere aus einem rechtlichen Grund derzeit noch nicht durchführen kann, Düss FamRZ **81**, 45.

Das Sicherungsbedürfnis fällt auch nicht dadurch fort, daß der Gläubiger durch die Maßnahme einer anderen Behörde oder durch eine Anordnung im Bereich der freiwilligen Gerichtsbarkeit eine ausreichende Sicherung erhalten könnte.

2) Zwangsvollstreckung im Ausland, II. A. Nur Auslandsvermögen. Wenn das Urteil im Ausland vollstreckt werden müßte, dann liegt grds ein Arrestgrund vor. Das Gericht darf in einem solchen Fall nicht prüfen, ob im Inland oder Ausland eine besondere Gefahr besteht. Das gilt auch dann, wenn der Schuldner ein Ausländer ist und sich in seinem Heimatland aufhält oder dorthin übersiedeln will oder wenn er schon im Zeitpunkt der Begründung des Schuldverhältnisses im Ausland war dann diese Gesichtspunkte für den Gläubiger oder für beide Teile zutreffen, Ffm NJW **76**, 1044 und AWD **80**, 800, KG ZZP **49**, 257, Stgt NJW **52**, 831, Schütze BB **79**, 349, ThP 2 a, ZöGei IZPR XVII 2 b, aM StJGr § 917 II FN 38 (aber man kann dem Gesetz nicht entnehmen, daß ein im Ausland befindlicher Ausländer keinen Arrest im Inland ausbringen könnte, wenn im Inland Vermögen vorhanden ist, § 23). Das gilt zumindest dann, wenn bei der Verwirklichung des Anspruchs schon weitere Schwierigkeiten aufgetreten oder abzusehen sind, Ffm MDR **81**, 62.

Ein Arrestgrund kann beim Vorliegen ausreichender, wenn auch im Ausland befindlicher Sicherheiten fehlen, BGH NJW **72**, 1044.

B. Auch Inlandsvermögen. Ein Vermögen im Inland steht dem Arrest entgegen, falls es ausreicht und falls keine Gefahr besteht, daß der Schuldner den Zugriff des Gläubigers vereiteln könnte, Bre VersR **72**, 250, Düss NJW **77**, 2034, Hbg MDR **71**, 767, insofern auch Dittmar NJW **78**, 1722. Beispiel: Der ausländische Schädiger hat eine grüne Versicherungskarte, Karlsr VersR **69**, 263. Ein Arrest darf aber nicht etwa nur dann verhängt werden, wenn Vermögen im Inland vorhanden ist, Düss FamRZ **81**, 45 mwN, insofern auch Dittmar NJW **78**, 1722, Schütze BB **79**, 349. Wenn eine ausländische Reederei mit einem eigenen Schiff voraussichtlich innerhalb eines Liniendienstes weiterhin einen deutschen Hafen anlaufen wird, dann liegen die Voraussetzungen nach II selbst für den Fall nicht vor, daß der Gläubiger im Inland kein Inkasso vornehmen kann, Hbg MDR **71**, 767, ebensowenig dann, wenn sie ständig wiederkehrende Forderungen gegen ihre inländische Agentin hat, Hbg VersR **82**, 341. Im Zweifel liegt aber doch eine Vollstreckungsgefährdung vor, Bre OLGZ **72**, 247, vgl im übrigen jetzt Grdz 1 vor § 916. Die bloße Ausländereigenschaft ist kein Arrestgrund.

C. Weitere Einzelheiten. Es stellt keine Vollstreckung im Ausland dar, wenn dort (nur) der Drittschuldner wohnt, Ffm MDR **76**, 321. Es ist unerheblich, ob im Fall einer Zwangsvollstreckung im Ausland die Rechtshilfe verbürgt ist. Es genügt bereits, daß der Gläubiger wahrscheinlich im Ausland vollstrecken müßte, etwa deswegen, weil der Schuldner schon einen großen Teil seines Vermögens ins Ausland geschafft hat oder weil er Anstalten trifft, in das Ausland zu verziehen, ZZP **49**, 257. II gilt nur für ein deutsches Urteil, Hbg VersR **72**, 1116, Kblz NJW **77**, 2082 (insofern im Ergebnis zustm Schlafen), sowie für ein ausländisches Urteil im Rahmen des EuGÜbk, Düss NJW **77**, 2034, LG Bre NJW **78**, 2457, aM Dittmar NJW **78**, 1722, ThP 2 c, ZöGei IZPR XVII 3 d (sie wenden II im Bereich des EuGÜbk nicht an). Ein Arrest erfaßt auch das ausländische Vermögen des Schuldners, Karlsr OLGZ **73**, 60. Die Durchsetzbarkeit des Arrests im Ausland muß nach dem zwischenstaatlichen Recht geprüft werden, Karlsr OLGZ **73**, 60. Wegen der DDR Einl III 8 B, aM Dittmar NJW **78**, 1722.

3) *VwGO: Unanwendbar, Grdz 5 § 916.*

918 *Arrestgrund. Persönlicher Arrest.* **Der persönliche Sicherheitsarrest findet nur statt, wenn er erforderlich ist, um die gefährdete Zwangsvollstreckung in das Vermögen des Schuldners zu sichern.**

1) Allgemeines. Der persönliche Arrest ist ein hilfsweiser Rechtsbehelf. Er ist nur dann zulässig, wenn der Schuldner überhaupt noch pfändbares Vermögen hat; der „Schuldturm" ist keine Ersatzvollstreckung. Der persönliche Arrest ist außerdem nur dann zulässig, wenn andere Mittel zur Sicherung der Zwangsvollstreckung, namentlich ein dinglicher Arrest, bisher versagen. Der persönliche Arrest ist auch gegen einen Ausländer statthaft, der sich im Inland aufhält, Anh § 918. Wegen der DDR Einl III 8 B. Ritter ZZP **88**, 155 mwN hat vor allem gegen eine Anordnung des persönlichen Arrests ohne eine mündliche Verhandlung verfassungsrechtliche Bedenken und fordert stets die Beachtung des Art 104 IV GG; vgl aber auch § 921 Anm 1 A.

2) Arrestgrund. Neben dem Arrestanspruch, § 916, muß auch beim persönlichen Arrest ein Arrestgrund vorliegen. Er ist im wesentlichen derselbe wie beim dinglichen Arrest, § 917. Der Zweck des § 918 besteht nicht darin, den Schuldner dazu zu zwingen, Vermögensstücke zu beschaffen, Ritter ZZP **88**, 138, oder sie aus dem Ausland herbeizuschaffen, LG Ffm NJW **60**, 2006, sondern nur darin, eine Verschiebung derjenigen glaubhafterweise bereits vorhandenen inländischen Vermögensstücke des Schuldners zu verhindern, deren Pfändung im Weg des dinglichen Arrests möglich werden soll.

Beispiele: Der Schuldner steht im Begriff, mit seinem Vermögen in das Ausland zu ziehen; man kann nicht ermitteln, wo das Vermögen des Schuldners geblieben ist; der Schuldner will sich der Abgabe einer eidesstattlichen Versicherung zwecks Offenbarung entziehen, aM ZöSche I. Das Vermögen mag sich im Ausland befinden; es reicht aus, daß der Gläubiger glaubhaft macht, daß der Schuldner ein pfändbares Vermögen in einer beliebigen Höhe besitzt.

Der Gläubiger kann aber nicht schon zum Zweck der Glaubhaftmachung seiner Behauptungen verlangen, daß der Schuldner eine eidesstattliche Versicherung zwecks Offenbarung abgibt. Der Schuldner kann seinerseits nicht zum Zweck der Widerlegung der Glaubhaftmachung des Gläubigers anbieten, die eidesstattliche Versicherung abzuleisten. Vgl im übrigen § 917.

3) Vollzug. Der Vollzug des persönlichen Arrests erfolgt nach § 933. Das Arrestgericht muß die Vollzugsart bereits im Haftbefehl angeben oder später durch einen Beschluß ergänzend anordnen, ThP 1, aM zB ZöSche § 933 Anm I.

4) *VwGO: Unanwendbar, Grdz 5 § 916.*

Anhang nach § 918
Persönlicher Arrest nach zwischenstaatlichem Recht

1) Für den persönlichen Arrest ist es **unerheblich, ob der Schuldner Inländer oder Ausländer ist.** Art 26 HRPrÜbk (wg der derzeitigen Geltung Einl IV) verbietet nur die Schlechterstellung von Angehörigen der Verbandsstaaten, die in der BRep nicht eintritt. Er lautet:

VI. Personalhaft

HZPrÜbk Art. 26. In Zivil- oder Handelssachen darf die Personalhaft als Mittel der Zwangsvollstreckung oder auch nur als Sicherungsmaßnahme gegen die einem Ver-

5. Abschnitt. Arrest und einstweilige Verfügung **Anh § 918, § 919 1, 2**

tragsstaat angehörenden Ausländer nur in den Fällen angewendet werden, in denen sie auch gegen eigene Staatsangehörige anwendbar sein würde. Ein Grund, aus dem ein im Inland wohnhafter eigener Staatsangehöriger die Aufhebung der Personalhaft beantragen kann, berechtigt auch den Angehörigen eines Vertragsstaates zu einem solchen Antrag, selbst wenn der Grund im Ausland eingetreten ist.

919
Arrestgericht. Für die Anordnung des Arrestes ist sowohl das Gericht der Hauptsache als das Amtsgericht zuständig, in dessen Bezirk der mit Arrest zu belegende Gegenstand oder die in ihrer persönlichen Freiheit zu beschränkende Person sich befindet.

1) Allgemeines. § 919 regelt die Zuständigkeit des Gerichts für die Anordnung des Arrestes. Die Zuständigkeit für die Vollstreckung ist mit der Ausnahme des § 930 I dieselbe wie bei jeder anderen Zwangsvollstreckung. Die §§ 930 III, 943 I, II regeln Ausnahmen von § 919. Die beiden Gerichtsstände des § 919, derjenige der Hauptsache und derjenige des Verbleibs, stehen dem Gläubiger zur Wahl. Beide sind ausschließlich, § 802. In einem dringenden Fall darf der Vorsitzende ohne eine mündliche Verhandlung entscheiden, § 944. Wegen des Einzelrichters § 348 Anm 1. Das Gericht muß seine Zuständigkeit von Amts wegen prüfen. Wenn freilich die Hauptsache im Zeitpunkt des Eingangs des Arrestgesuchs bereits anhängig ist, dann erstreckt sich die Zuständigkeitsprüfung nur auf die Anhängigkeit.

Eine einmal begründete Zuständigkeit dauert fort. Sie umfaßt das Widerspruchsverfahren, § 925, und die Arrestaufhebung, §§ 926, 927 I (Ausnahme: § 927 II), die Anordnung der Rückgabe einer Sicherheit, § 109 (Ausnahme: § 943 II), die Klage auf die Erteilung der Vollstreckungsklausel, §§ 731, 929 I, die Pfändung von Forderungen und anderen Rechten, §§ 930 I 3, 934. Sie braucht nur im Zeitpunkt der Entscheidung über den Widerspruch zu bestehen. Der Arrest eines unzuständigen Gerichts bleibt bis zu seiner Aufhebung auf Grund eines Rechtsbehelfs voll wirksam. Dasselbe gilt für eine aus ihm vorgenommene Zwangsvollstreckung.

Die internationale Unzuständigkeit eines inländischen Gerichts für die Hauptsache ist unschädlich, vgl freilich ohnehin § 23, Karlsr OLGZ **73**, 58, Geimer WertpMitt **75**, 912. Wegen des EuGÜbk SchlAnh V C 1, besonders Art 24, dazu BGH **74**, 279, Düss NJW **77**, 2034, FfM AWD **80**, 799, LG Bre AWD **80**, 366, Dittmar NJW **78**, 1721, ZöGei IZPR XVII 4 a mwN (§ 23 bleibt unberührt), aM Kblz NJW **77**, 2082 (insofern abl Schlafen).

2) Gerichtsstand der Hauptsache. A. Hauptsache. Das ist im Sinn des § 919 der zu sichernde Anspruch selbst, bei § 940 das zu regelnde Rechtsverhältnis, Düss FamRZ **79**, 155. Im Fall einer Anspruchshäufung ist entscheidend, welchen Anspruch der Arrest unmittelbar sichern soll, LG Stgt MDR **77**, 676. Es kann sich um einen Anspruch handeln, den der Klaganspruch nur vorbereitet, etwa einen Antrag auf einen Prozeßkostenvorschuß, vgl Düss MDR **68**, 425, oder einen Ersatzanspruch für den Fall der Nichterfüllung des Klaganspruchs. Die Parteirollen nicht. Im Zusammenhang mit einer Sicherung des Bekl in der Hauptsache muß der Bekl zuvor eine Widerklage erhoben haben, da sonst der besondere Gerichtsstand hierfür fehlt, § 33, vgl Schlesw SchlHA **56**, 270. Eine Einrede macht den Anspruch nicht anhängig, ebensowenig eine Aufrechnung. Deshalb bestimmen weder eine Einrede noch eine Aufrechnung ein Gericht zu dem Gericht der Hauptsache.

B. Anhängigkeit des Arrestanspruchs. Es kommt darauf an, bei welchem Gericht der zu sichernde Anspruch anhängig ist oder anhängig werden kann. Der Gläubiger darf zwischen mehreren zuständigen Gerichten wählen. Wenn die Parteien einen Schiedsvertrag vereinbart hatten, dann ist dasjenige Staatsgericht zuständig, das ohne den Schiedsvertrag zuständig wäre, § 943, vgl § 1034 Anm 5 „Arrest", zB Ffm NJW **59**, 1088, ZöSche II 1 a, aM zB StJGr Rdz 25 vor § 916 mwN. Die Zuständigkeit des Staatsgerichts ist in diesem Fall zwingend. Andernfalls würde man die Partei dieses Rechtsschutzes gänzlich berauben. Eine zulässige Vereinbarung der Parteien über die Zuständigkeit in der Hauptsache wirkt auch für das vorläufige Verfahren.

Wenn für die Hauptsache die Kammer für Handelssachen zuständig ist, dann ist sie es auch für einen Arrest, den der Gläubiger beantragt, § 96 GVG. Wenn das Familiengericht für die Hauptsache zuständig ist, dann ist es auch für den zugehörigen Arrest zuständig, BGH NJW **80**, 191 mwN, Ffm NJW **78**, 1012, Schlesw SchlHA **78**, 70, Parche NJW **79**, 142,

StJGr Rdz 29 vor § 916 mwN, ThP 2 d, aM Hamm NJW **78**, 57. Das AG ist in keinem Fall neben einem ArbG zuständig, s aber Anm 3.

C. Anhängigkeit der Hauptsache. Wenn die Hauptsache schon anhängig ist, dann ist entscheidend, bei welchem Gericht sie zur Zeit des Eingangs des Arrestantrags schwebt. Es ist nicht erforderlich, daß die Hauptsache bereits rechtshängig ist (zum Begriff § 261 Anm 1 A). Es genügt deshalb, daß die Hauptsache im Mahnverfahren anhängig ist, § 261 Anm 1 A, selbst wenn der Zuständigkeit des AG überschritten worden ist; Hauptsachegericht ist also auch dann dasjenige AG, dessen Rpfl den Mahnantrag zu bearbeiten hat. Wegen des Familiengerichts BGH Rpfleger **80**, 14.

Wenn die Hauptsache in der zweiten Instanz schwebt, dann ist für den Arrest das Berufungsgericht zuständig, § 943 I Hs 2. Seine Zuständigkeit endet und die Zuständigkeit der ersten Instanz beginnt (entspr § 176, dort Anm 2 D) wieder im Zeitpunkt der Rechtskraft des Berufungsurteils oder im Zeitpunkt der Einlegung der Revision, BGH Rpfleger **76**, 178, Köln GRUR **77**, 221 je mwN. Wenn im Fall einer Berufung gegen eine Vorabentscheidung nach § 304 das Verfahren über den Betrag in der ersten Instanz schwebt, dann ist die erste Instanz für den Arrest zuständig. Denn man muß in einem solchen Fall die Zuständigkeit des Berufungsgerichts einschränkend auslegen, aM Karlsr MDR **54**, 425, Ro § 212 I 1 a, ThP § 943 Anm 1, ZöSche II 1 a (es seien dann die Gerichte beider Instanzen zuständig). Dasselbe gilt im Fall eines Zwischenurteils nach § 280 II, StJGr Rdz 6.

Während eines Wiederaufnahmeverfahrens gegen ein Urteil des OLG ist das OLG für einen Arrest zuständig. Im Fall eines Teilurteils entscheidet der zu sichernde Teil des Anspruchs.

D. Zuständigkeitsprüfung. Das Gericht der Hauptsache darf zwar prüfen, ob die Hauptsache anhängig ist; es darf aber grds seine Zuständigkeit für die Hauptsache nicht prüfen, vgl Hbg MDR **81**, 1027, Nürnb GRUR **57**, 296, es sei denn, der ordentliche Rechtsweg fehlt, ZöSche II 1 a. Solange die Unzuständigkeit nicht rechtskräftig feststeht, ist das Gericht der Hauptsache für den Arrestantrag zuständig. Diese Zuständigkeit bleibt auch dann bestehen, wenn das Gericht der Hauptsache die Klage wegen Unzuständigkeit abweist oder den Rechtsstreit wegen der Hauptsache an ein anderes Gericht verweist, § 261 III Z 2. Es kommt dann § 927 in Betracht.

Die nachträgliche Erhebung der Hauptklage macht das Gericht für den Arrestantrag zuständig. Eine Verweisung nach §§ 281, 506 ist zulässig. Keinesfalls kann eine spätere Unzuständigkeit schaden, die auf einer Klagänderung, einer Widerklage usw beruht. Maßgeblich ist der Zeitpunkt des Eingangs des Arrestgesuchs. Es ist nicht erforderlich, daß dieselbe Abteilung oder Kammer wie im Hauptprozeß entscheidet.

3) Gerichtsstand des Verbleibs oder der Arrestbereitschaft. Für den Arrestantrag ist stets, und zwar auch in einer Arbeitsgerichtssache, auch (dieses Wort ist natürlich im Gesetzestext hinter dessen Wort „als" zu ergänzen), vgl StJGr Rdz 13, ThP 3, aM Ro § 212 I 1 b, nach der Wahl des Gläubigers dasjenige AG zuständig, in dessen Bezirk sich der vom Arrest betroffene Gegenstand oder die vom Arrest betroffene Person befinden, und zwar ohne Rücksicht auf den Streitwert, auf die Anhängigkeit der Hauptsache und beim Arrest auch ohne Rücksicht auf die Dringlichkeit, insofern anders als bei der einstweiligen Verfügung, vgl § 942 I. Dieses AG ist auch dann zuständig, wenn für die Hauptsache kein inländisches Gericht zuständig wäre. „Gegenstand" ist hier auch eine Forderung. Sie befindet sich am Wohnsitz des Drittschuldners und am Ort der Pfandsache, § 23 S 2. Man kann weder aus dem Gesetzestext noch aus der Natur der Sache ableiten, daß der Arrest nur diejenigen Gegenstände oder Personen ergreife, die sich im Bezirk dieses AG befinden. Vielmehr ist eine gegenteilige Auslegung vernünftig, StJGr Rdz 13, ThP 3, ZöSche II 2, aM Ro § 212 I 1 b.

Maßgeblich ist der Zeitpunkt des Eingangs des Arrestgesuchs. Ein späterer Wechsel des Verbleibs der Sachen ist unerheblich, aM ThP 3 (ausreichend sei auch ein Verbleib im Zeitpunkt der Entscheidung im Bezirk des AG).

4) VwGO: Unanwendbar, Grdz 5 § 916. Für die einstwAnO enthält § 123 II VwGO eine eigene Zuständigkeitsregelung (auch danach ist an Stelle des Revisionsgerichts das erstinstanzliche Gericht zuständig, Anm 2 C, RedOe § 123 Anm 15; die Zuständigkeit des Berufungsgerichts bleibt im Fall der Nichtzulassungsbeschwerde erhalten, solange es sie nicht dem BVerwG vorgelegt hat, str, VGH Mü DVBl **81**, 687 mwN).

§ 920 Arrestgesuch.

920 ¹ Das Gesuch soll die Bezeichnung des Anspruchs unter Angabe des Geldbetrages oder des Geldwertes sowie die Bezeichnung des Arrestgrundes enthalten.

^{II} Der Anspruch und der Arrestgrund sind glaubhaft zu machen.

^{III} Das Gesuch kann vor der Geschäftsstelle zu Protokoll erklärt werden.

1) Gesuch, I. A. Allgemeines. Das Verfahren beginnt mit dem Eingang eines Gesuchs, eines Antrags des Gläubigers. Das Wort „soll" in I bedeutet nur die Zulässigkeit einer Ergänzung im weiteren Verfahren, ZöSche I. Der Antrag muß also eigentlich bereits die folgenden Einzelheiten enthalten. Das Gericht hat die Anstandspflicht, dem Gläubiger in einem nicht ganz aussichtslosen Fall eine Ergänzung seiner etwa unvollständigen Angaben anheimzustellen oder eine mündliche Verhandlung anzuordnen.

a) Arrestanspruch. Der Gläubiger muß den Anspruch bezeichnen, §§ 253 II Z 2, 916. Dabei muß der Gläubiger den Geldbetrag oder den Geldwert angeben, auch wegen § 923.

b) Schuldner. Außerdem muß der Gläubiger natürlich den Schuldner ausreichend bezeichnen. Dazu genügen ausreichende Umschreibungen der Identität, wenn der Gläubiger den (wahren) Namen des Schuldners nicht zumutbar ermitteln kann, Raeschke-Kessler NJW **81**, 663 (Hausbesetzer), vgl aber auch § 253 Anm 3 A.

c) Arrestgrund. Der Gläubiger muß den Arrestgrund angeben, §§ 917 ff.

d) Arrestgegenstand. I erwähnt den Arrestgegenstand nicht. Da der Arrest immer „in das Vermögen" des Schuldners erlassen werden muß, braucht der Gläubiger den Gegenstand nur dann anzugeben, wenn erst dessen Verbleib die Zuständigkeit des angerufenen Gerichts begründet, § 919 Anm 2 B, oder wenn der Gläubiger einen persönlichen Arrest beantragt, ZöSche I. Wegen einer Verbindung mit einer Forderungspfändung § 930 Anm 2 A, B.

e) Weitere Einzelheiten. Ein Schiedsverfahren braucht anders als vor einer Klagerhebung, § 253 Anm 1 D, dann nicht vorangegangen zu sein, wenn der Gläubiger ein Recht oder ein Rechtsverhältnis auf Grund des Gesetzes über Arbeitnehmererfindungen v 25. 7. 57, BGBl 756, geltend macht, dort § 37 IV.

Den evtl nach § 923 festzustellenden Betrag braucht der Gläubiger nicht anzugeben, denn das Gericht hat ihn von Amts wegen zu ermitteln, § 923 Anm 1 A. Der Gläubiger kann ihn insofern nur anregen, aM ThP 1 (er müsse ihn angeben).

B. Rechtshängigkeit. Der Eingang des Gesuchs macht den Arrestprozeß, nicht aber auch die Hauptsache, rechtshängig, BGH NJW **80**, 191, Düss NJW **81**, 2824 mwN, Hamm NJW **78**, 58, Mü Rpfleger **82**, 114 mwN, StJGr Rdz 8 vor § 916, Teplitzky NJW **80**, 1668 (auch zur dogmatisch entgegen seiner Ansicht problematischen „Schutzschrift", § 91 Anm 5 „Schutzschrift", Grdz 2 C vor § 128, im allgemeinen) je mwN, ThP 1, ZöSche I, aM zB Mü NJW **55**, 1803, Wiecz A II a. Die Rechtshängigkeit steht einem neuen Gesuch mit demselben Ziel entgegen, Hbg MDR **65**, 755, Kblz GRUR **81**, 93, s aber auch § 322 Anm 4 „Arrest und Einstweilige Anordnung oder Verfügung".

Es treten grds alle prozessualen Wirkungen der Rechtshängigkeit ein, § 261 Anm 1 B, Düss NJW **81**, 2824 mwN, Kblz GRUR **81**, 93. Die sachlichrechtlichen Wirkungen der Rechtshängigkeit treten nur ein, soweit das sachliche Recht diese Wirkungen an das Arrestgesuch oder an jede gerichtliche Geltendmachung knüpft, vgl StJGr Rdz 9 vor § 916, wie im Fall des § 941 BGB. Man kann nicht vom Arrestverfahren zum Hauptprozeß übergehen, Hamm NJW **78**, 58, Karlsr OLGZ **77**, 486 je mwN, ThP 1, aM zB Brschw MDR **81**, 1017, Teplitzky DRiZ **82**, 41. Ebenso unzulässig ist ein Übergang vom Hauptprozeß zum Arrestverfahren, schon gar in der höheren Instanz, Düss FamRZ **81**, 70. Wegen der Kosten vgl freilich § 91 a Anm 2 A b.

2) Glaubhaftmachung, II. Sie erfolgt nach § 294. Die im Hauptprozeß geltenden Regeln zur Beweislast gelten also im übrigen nicht, Düss FamRZ **80**, 158.

A. Erforderlichkeit. Die Glaubhaftmachung muß sich auf den Arrestanspruch und auf den Arrestgrund erstrecken. Je unwahrscheinlicher aber der Bestand des zu sichernden sachlichrechtlichen Anspruchs ist, desto höhere Anforderungen muß man an die Wahrscheinlichkeit einer dem Antragsteller drohenden Gefahr stellen, Jestaedt GRUR **81**, 155 mwN. Sie genügt zur Begründung des Gesuchs, Dittmar NJW **78**, 1721. Wenn ein Gesuch rechtskräftig abgewiesen wurde, kann der Gläubiger ein neues Gesuch einreichen und durch eine neue Glaubhaftmachung nunmehr ausreichend begründen, vgl auch Hbg MDR **65**, 755.

Er muß auch die Prozeßvoraussetzungen von vornherein glaubhaft machen, Kblz GRUR **79**, 498 mwN, aM Köln WRP **69**, 353 mwN, namentlich die Zuständigkeit. Gegenüber einem Vollbeweis des Gläubigers reicht eine eidesstattliche Versicherung nicht als Gegenbeweis aus, Köln FamRZ **81**, 780. Im übrigen darf das Gericht aber überhaupt in keinem Punkt einen vollen Beweis verlangen, Ffm MDR **81**, 238, auch nicht in einer mündlichen Verhandlung. Das Gericht prüft von Amts wegen, ob eine erforderliche Vollmacht vorliegt und ausreicht, §§ 88 II, 80. Eine Prozeßvollmacht für den Hauptprozeß genügt, wenn sie im Hauptprozeß nachgewiesen worden ist, § 82. § 1585a BGB hat das Erfordernis der Glaubhaftmachung nicht beseitigt, Düss FamRZ **80**, 1116.

Grundsätzlich kann sich der Gläubiger zur Glaubhaftmachung auf seine eigene eidesstattliche Versicherung beziehen. Indessen muß eine solche eidesstattliche Versicherung gerade im Arrestverfahren mit äußerster Vorsicht bewertet werden. Das gilt insbesondere deshalb, weil eine falsche eidesstattliche Versicherung der Partei zum Teil straflos sein kann, Blomeyer JR **76**, 441. Der Gläubiger kann sich aber zur Glaubhaftmachung auch der (oft ebenfalls zurückhaltend zu bewertenden) eidesstattlichen Versicherung eines Dritten und aller anderen Beweismittel bedienen, § 294 I, sofern sie nur sogleich beigefügt werden oder in einer etwaigen Verhandlung zur Verfügung stehen, § 294 II. Der Antragsteller kann daher zB einen Sachverständigen gestellen, Nürnb MDR **77**, 849, und dessen Kosten als Prozeßkosten geltend machen, Düss DB **81**, 785. Ein gerichtliches Geständnis reicht zur Glaubhaftmachung in aller Regel aus. Wenn der Gläubiger seine Behauptungen nicht glaubhaft machen kann, dann kann er eine Sicherheitsleistung anbieten; sie mag dem Gericht nach § 921 II genügen. Zur Glaubhaftmachung kann auch eine Verweisung auf die Akten des Hauptprozesses und seiner Beiakten genügen, namentlich auf ein dort bereits ergangenes Urteil. Zur Glaubhaftmachung bei einer wettbewerbsrechtlichen Abnehmerverwarnung Brandi-Dohrn GRUR **81**, 684.

Die Glaubhaftmachung erstreckt sich, wie stets, nur auf Tatsachen. Sie erspart dem Gericht nicht die volle rechtliche Prüfung.

B. Entbehrlichkeit. Der Gläubiger braucht in den Fällen der §§ 691 II, 698 III HGB, 25 UWG sowie § 921 II, dort Anm 2 A a, den Arrestgrund nicht glaubhaft zu machen.

3) Form, III. Der Gläubiger kann sein Gesuch schriftlich oder zum Protokoll der Geschäftsstelle erklären. Deshalb besteht für das Gesuch kein Anwaltszwang, § 78 II, Hbg Rpfleger **79**, 28. Er kann das Gesuch mit einer Klageschrift verbinden. Das ist allerdings unzweckmäßig. Ein lediglich mündlicher Antrag in einem Verhandlungstermin ist unzulässig. Der Gläubiger kann auch seine etwaigen Nebenanträge, die zur Wirksamkeit des Arrests notwendig sind, ohne einen Anwaltszwang stellen. Das gilt zB: Für den Antrag auf eine öffentliche Zustellung; für den Antrag auf die Zulassung einer anderen Sicherheit. Ein Anwaltszwang besteht aber für einen Widerspruch beim LG und beim OLG, Düss MDR **61**, 773, Kblz NJW **80**, 2589 mwN.

4) Antragsrücknahme. Der Gläubiger kann das Gesuch jederzeit einseitig zurücknehmen, Ullmann BB **75**, 236, und zwar auch noch nach einem Widerspruch des Schuldners, beim LG dann unter Anwaltszwang, Brschw NdsRpfl **58**, 89, und auch noch nach einer mündlichen Verhandlung (§ 269 I ist insoweit unanwendbar), Düss NJW **82**, 2452 mwN, krit zB Fürst BB **74**, 890. Die Rücknahme löst freilich in jedem Fall auf Grund eines Antrags des Schuldners die Wirkungen aus, die sich aus einer entsprechenden Anwendung des § 269 II ergeben, Düss NJW **82**, 2452, Hbg NJW **77**, 813, Mü Rpfleger **82**, 115, Stgt WRP **79**, 818. § 269 III 3 ist ebenfalls entsprechend anwendbar, ThP 1, aM Fürst BB **74**, 890.

5) VwGO: Gilt entsprechend für die einstwAnO, § 123 III VwGO, so daß sie abzulehnen ist, wenn der Antragsteller die zur Begründung des Anspruchs und der Regelungsbedürftigkeit nötigen Tatsachen nicht glaubhaft macht, OVG Münst NJW **82**, 2517, OVG Lüneb DVBl **71**, 881 mwN, SchCl § 123 Anm 4b; dieser Grundsatz gilt jedenfalls dann, wenn die Gewährung einer Leistung erstrebt wird, BFH BStBl **71** II 633, OVG Lüneb NJW **73**, 73 (Baur 39 wendet den Ermittlungsgrundsatz, § 86 I VwGO, auch hier an und läßt deshalb den Vortrag des den Streitgegenstand kennzeichnenden Sachverhaltskernes genügen, ähnlich Finkelnburg Rdz 188ff). Demgemäß ist auch nur eine sofortige Beweisaufnahme, § 294 II, zulässig, aM Lippert NJW **76**, 881 und DVBl **77**, 559. Nur bei Unmöglichkeit oder Unzumutbarkeit der Darlegung hat das Gericht den Sachverhalt vAw aufzuklären, OVG Bln DVBl **77**, 647. Durch ein stattgebendes erstinstanzliches Urteil wird der Anspruch glaubhaft gemacht, wenn es nicht offensichtlich fehlerhaft (oder durch die weitere Entwicklung überholt) ist, OVG Hbg LS FamRZ **82**, 746. Wenn der Anspruch eine Ermessensentscheidung der Verwaltung betrifft, genügt zur Glaubhaftmachung die Darlegung einer gewissen Wahrscheinlichkeit des Erfolgs im Hauptverfahren, OVG Münst DÖV **74**, 750, vgl BFH BStBl **77** II 587. Eine bestimmte Maßnahme braucht das Gesuch nicht zu bezeichnen, § 938, Baur 75.

921 *Entscheidung über das Arrestgesuch.* **I** Die Entscheidung kann ohne mündliche Verhandlung ergehen.

II Das Gericht kann, auch wenn der Anspruch oder der Arrestgrund nicht glaubhaft gemacht ist, den Arrest anordnen, sofern wegen der dem Gegner drohenden Nachteile Sicherheit geleistet wird. Es kann die Anordnung des Arrestes von einer Sicherheitsleistung abhängig machen, selbst wenn der Anspruch und der Arrestgrund glaubhaft gemacht sind.

1) Mündliche Verhandlung, I. A. Allgemeines. Im Arrestverfahren entscheidet das Gericht anders als bei der einstweiligen Verfügung, § 937 II, stets nach seinem pflichtgemäßen Ermessen darüber, ob eine mündliche Verhandlung stattfinden soll. Die Entscheidung steht dem gesamten Gericht und nicht dem Vorsitzenden zu. § 944 gibt dem Vorsitzenden nur ein beschränktes Recht zur eigenen Entscheidung. Das Gericht entscheidet dann, wenn keine mündliche Verhandlung stattgefunden hat, durch einen Beschluß, § 922. Der Gläubiger kann zu der Frage, ob eine mündliche Verhandlung stattfinden soll oder nicht, nur eine Anregung geben.

Schon wegen der Gefahr eines sachlichrechtlich unrichtigen Vollstreckungstitels und wegen der Risiken der bloßen Glaubhaftmachung sollte das Gericht trotz der Möglichkeiten des II durchaus eine mündliche Verhandlung anberaumen, um auch das „rechtliche Gehör" im echten Sinn zu gewähren, Einl III 3 A, so auch ZöSche I. Eine Verhandlung sollte nur dann unterbleiben, wenn durch die mit ihr verbundene Verfahrensdauer der Zweck des Arrests vereitelt würde, BVerfG **9**, 98, Ritter ZZP **88**, 121, vgl auch § 937 Anm 2 A b.

Ein Arrestgesuch, das nur für denjenigen Fall gestellt wird, daß das Gericht ohne eine mündliche Verhandlung entscheidet, stellt eine unwirksame Einschränkung des richterlichen Ermessens dar. Denn es enthält eine bedingte Rücknahme des Gesuchs für den Fall der Notwendigkeit einer mündlichen Verhandlung. Eine solche Bedingung ist unzulässig, ThP 1, ZöSche I, aM StJGr Rdz 2. Das Gericht braucht aber deshalb das Gesuch nicht unbedingt gänzlich zurückzuweisen, insofern offenbar aM ZöSche I. Es kann vielmehr zu einer Auslegung dahin kommen, daß die Bedingung nicht aufrecht erhalten werde. Zweckmäßig ist allerdings eine Rückfrage beim Antragsteller. Er kann beantragen, ihm vor einer Zurückweisung des bedingten Gesuchs die Gelegenheit zur Beseitigung der gerichtlichen Bedenken zu geben.

Über die Anordnung einer mündlichen Verhandlung und über das weitere Verfahren nach einer solchen Anordnung vgl § 128 Anm 3 B, C, § 922 Anm 2. Zu weit gehen Hamm Rpfleger **73**, 29, LAG Mü DB **78**, 260, vgl auch Ritter ZZP **88**, 170, nach denen die mündliche Verhandlung wegen Art 103 I GG nur dann entbehrlich sei, wenn der Gläubiger an einer Entscheidung ohne eine mündliche Verhandlung ein ganz besonderes Interesse habe.

Das Gericht darf das Arrestgesuch auch ohne eine mündliche Verhandlung als unzulässig oder als unbegründet zurückweisen. Dies ergibt sich aus dem Vergleich des Wortlauts von I einerseits, § 937 II andererseits: Nur die letztere Bestimmung schränkt die Möglichkeit zur Entscheidung ohne eine mündliche Verhandlung auf „dringende Fälle" ein.

Wegen der Entscheidung über das Gesuch selbst vgl § 922 Anm 4 A, 5 A, B. Nach einer Antragsrücknahme muß das Gericht auf Grund eines Antrags des Schuldners durch einen Beschluß aussprechen, daß der Gläubiger verpflichtet ist, die Kosten des Verfahrens zu tragen, soweit nicht bereits rechtskräftig über sie erkannt ist, § 269 III 2–5 entsprechend, Mü Rpfleger **82**, 115. Der Schuldner kann diesen Feststellungsantrag auch dann stellen, wenn das Gericht das Arrestgesuch dem Schuldner im Zeitpunkt der Rücknahme des Arrestgesuchs noch nicht zugestellt hatte, Düss NJW **81**, 2824 mwN, Hbg NJW **77**, 813, oder wenn das Arrestgesuch zwar bereits zugestellt worden war, das Gericht aber noch keinen Verhandlungstermin angesetzt hatte, Ffm NJW **55**, 1194.

Vgl im übrigen § 326 III AO 1977.

B. Rechtsbehelfe. Gegen die Anordnung der mündlichen Verhandlung besteht kein Rechtsbehelf. Gegen die Zurückweisung des Antrags auf eine Terminsbestimmung besteht anders als bei einer notwendigen mündlichen Verhandlung ebenfalls kein Rechtsbehelf, § 128 Anm 3 A. Gegen die Wahl des Termins ist nur die Dienstaufsichtsbeschwerde statthaft, § 216 Anm 2 E.

2) Sicherheitsleistung, II. A. Allgemeines. Das Gericht kann den Arrest ohne eine Sicherheitsleistung erlassen. Es kann aber auch vom Antragsteller, freilich nicht schon nach § 110, LG Bln MDR **57**, 552, sondern nur in folgenden Fällen eine Sicherheitsleistung verlangen:

a) Ersatz der Glaubhaftmachung. Das Gericht kann verlangen, daß der Gläubiger einen

Ersatz dafür biete, daß er den Arrestgrund oder den Arrestanspruch oder beide Voraussetzungen nicht genügend glaubhaft gemacht hat. Deshalb muß das Gericht vor einer Zurückweisung des Arrestgesuchs prüfen, ob es dem Gesuch nicht wenigstens unter der Auflage einer Sicherheitsleistung des Gläubigers entsprechen kann. In diesem Fall muß das Gericht die Fähigkeit und den Willen des Gläubigers berücksichtigen, eine ausreichende Sicherheit zu leisten. Es ist nicht erforderlich, daß der Gläubiger von sich aus eine Sicherheitsleistung angeboten hat. Das Gericht sollte vor einer Entscheidung stets insoweit beim Gläubiger anfragen.

Wenn schon nach dem bloßen Tatsachenvortrag des Gläubigers der Arrestgrund oder der Arrestanspruch fehlen, dann fehlen die Voraussetzungen eines Arrests, und das Gesuch muß unabhängig davon zurückgewiesen werden, ob der Gläubiger eine Sicherheit leisten kann und will, insofern richtig Düss VersR **80**, 50, ferner zB ThP 2, aM Leipold (vgl Schrifttum vor Grdz vor § 916) 70.

Die Sicherheitsleistung des Gläubigers kann nicht jede Glaubhaftmachung und schon gar nicht die Notwendigkeit der Angabe der zum Arrestanspruch und Arrestgrund erforderlichen Tatsachen, also der Schlüssigkeitstatsachen, ersetzen; sie kann nur einen schwachen Teil seiner Darlegungen verstärken und wirkt also nur ergänzend, Karlsr OLGZ **73**, 60. Wegen der schweren Folgen, die ein Arrest haben kann, muß das Gericht die Höhe der Sicherheitsleistung eher zu hoch als zu niedrig bemessen. Dabei muß das Gericht auch die Kosten berücksichtigen, Ffm MDR **51**, 684.

b) Zusatz zur Glaubhaftmachung. Das Gericht kann auch eine Sicherheit trotz einer ausreichenden Glaubhaftmachung für erforderlich halten. Dieser Weg empfiehlt sich vor allem dann, wenn der endgültige Ausgang des Arrestverfahrens ungewiß ist und wenn dem Schuldner durch den Erlaß des Arrests ein erheblicher Schaden droht oder wenn der Gläubiger wegen schlechter Vermögenslage einen Schadensersatzanspruch möglicherweise nicht erfüllen kann, aber auch dann, wenn die Glaubhaftmachung nur mühsam zu bejahen ist oder wenn umstrittene Rechtsfragen entscheidungserheblich sind.

B. Verfahren. Das Gericht kann folgendermaßen verfahren:
a) Sicherheitsleistung als Bedingung. Es kann die Anordnung des Arrests von einer Sicherheitsleistung des Gläubigers abhängig machen. Diese Entscheidung kann auch nach einer mündlichen Verhandlung ergehen. Das Gericht erläßt den Arrest in diesen Fällen erst dann, wenn der Gläubiger die Sicherheitsleistung nachgewiesen hat. Die Entscheidung über die Sicherheitsleistung ergeht durch einen Beschluß. Er wird dem Gläubiger, nicht aber dem Schuldner, § 922 III, von Amts wegen formlos mitgeteilt. Der Nachweis der Sicherheitsleistung gibt dem Gläubiger indes keinen Anspruch auf den Arrest. Das Gericht sollte freilich nicht einen Arrest trotz der Sicherheitsleistung des Gläubigers nur deshalb zurückweisen, weil der Antrag in einem Punkte mangelhaft ist, der schon vor der Anordnung der Sicherheitsleistung bestanden hatte;

b) Arrest nebst Sicherheitsleistung. Das Gericht erläßt zwar den Arrestbefehl, ordnet aber zugleich eine Sicherheitsleistung des Gläubigers an. Hier dient die Sicherheit nicht dem Erlaß des Arrests, sondern seiner Vollziehung und seiner Vollstreckung.

Manche lassen nur entweder die Möglichkeit a oder nur den Weg b zu. Jedenfalls ist die Lösung b vorzuziehen, Nürnb BayJMBl **57**, 428, denn der Schuldner erleidet in einem solchen Fall durch die bloße Anordnung keinen Schaden. Wegen des Beschwerdeverfahrens vgl freilich Anm 4 B b.

Die Art und die Höhe der Sicherheitsleistung sind nach § 108 zu bestimmen. In Betracht kommen auch ein Pfand oder eine Bürgschaft, § 108 Anm 2 B, 3. Die Höhe soll den etwaigen Schadensersatzanspruch nach § 945 absichern, nicht die Höhe des Hauptanspruchs; vgl auch § 923 Anm 1 A.

C. Frist. Wegen einer Frist zur Sicherheitsleistung gilt folgendes:
a) Vor der Vollziehung. Wenn das Gericht die Sicherheitsleistung vor der Vollziehung des Arrestbefehls anordnet, dann braucht es keine Frist zu setzen. Denn die Vollziehungsfrist läuft nach § 929 II. Sie gilt ohne weiteres auch für den Nachweis der Sicherheitsleistung. Dieser Nachweis ist dem Schuldner in der Frist des § 929 III zuzustellen.

b) Nach der Vollziehung. Wenn das Gericht die Sicherheitsleistung nach der Vollziehung des Arrestbefehls anordnet, dann steht der Arrest unter der auflösenden Bedingung, daß der Nachweis der Sicherheitsleistung nicht in derjenigen Frist erbracht wird, die das Gericht nunmehr setzen muß. Das Ende der Frist muß einwandfrei feststehen. Wenn dieses Ende nicht kalendermäßig bestimmt ist, dann muß das Gericht den Anfangstag festsetzen. Wenn die Frist entweder überhaupt nicht gesetzt oder ungenau bestimmt wurde, dann ist der Betroffene auf eine Berufung oder auf einen Antrag nach § 321 angewiesen. Die Fristen des § 929 sind in diesem Zusammenhang unerheblich. Wenn die Frist ergebnislos verstrichen ist, dann muß das Gericht den Arrest auf Grund eines Antrags des Schuldners wegen der Unzulässigkeit seiner Vollziehung aufheben, § 927.

D. Rechtsbehelfe. Gegen die Anordnung einer Sicherheitsleistung im Arrestbefehl kann der Gläubiger die einfache Beschwerde einlegen. Denn es liegt eine teilweise Zurückweisung seines Gesuchs vor, selbst wenn der Gläubiger von sich aus eine Sicherheitsleistung angeboten hatte. Wegen des Beschwerdeverfahrens § 922 Anm 4 B entspr; wegen der Beschwer Köln MDR **59**, 311. Gegen eine Änderung der Höhe der Sicherheitsleistung nach dem rechtskräftigen Ende des Arrestverfahrens ist die einfache Beschwerde zulässig, Nürnb BayJMBl **54**, 67. Der Schuldner kann nur einen Widerspruch einlegen, § 922 Anm 4 B a.

3) VwGO: Gilt entsprechend für die einstweilige AnO, § 123 III VwGO. Die Entscheidung, I, ergeht stets durch Beschluß, gegen den Beschwerde stattfindet, Art 2 § 3 EntlG (§ 123 IV VwGO ist zZt nicht anzuwenden). Sicherheitsleistung, II, kommt bei ungewissem Ausgang der Hauptsache und Mittellosigkeit des Antragstellers in Betracht, OVG Lüneb FEVS **81**, 369.

922 *Arresturteil und Arrestbeschluß.* ¹ Die Entscheidung über das Gesuch ergeht im Falle einer mündlichen Verhandlung durch Endurteil, andernfalls durch Beschluß.

II Den Beschluß, durch den ein Arrest angeordnet wird, hat die Partei, die den Arrest erwirkt hat, zustellen zu lassen.

III Der Beschluß, durch den das Arrestgesuch zurückgewiesen oder vorherige Sicherheitsleistung für erforderlich erklärt wird, ist dem Gegner nicht mitzuteilen.

1) Entscheidung, I. A. Form. Die Entscheidung kann in folgenden Formen ergehen:

a) Beschluß. Wenn das Gericht nach seinem Ermessen, § 921 Anm 1 A, ohne mündliche Verhandlung entscheidet, erläßt es einen Beschluß. Er ist wenigstens kurz zu begründen, § 329 Anm 1 A b, auch beim Stattgeben, Nürnb NJW **76**, 1101, aM ThP 2, ZöSche II 2 a (eine Begründung sei nur im Fall § 34 AusfG EuGÜbk notwendig, aber auch dann ja nach § 33 AusfG nachholbar). Eine vorherige schriftliche Anhörung des Gegners, für die kein Anwaltszwang besteht, § 573 II 2 entsprechend, ist zwar nicht ausdrücklich verboten, schon gar nicht nach III; sie ist aber dann unzweckmäßig, wenn der Arrestzweck durch die Anhörung vereitelt und der Gläubiger durch die Anhörung geschädigt würde, und deshalb auch trotz Art 103 I GG nicht notwendig; vgl auch III und für den Fall einer einstweiligen Verfügung § 937 Anm 2 A.

b) Urteil. Wenn das Gericht auf Grund einer mündlichen Verhandlung entscheidet, so fällt es ein Urteil.

c) Gemeinsames. In beiden Fällen muß das Gericht den Streitstoff erschöpfend prüfen. Das vorläufige Verfahren erleichtert nur die Stellung des Gläubigers, nicht die Stellung des Gerichts, vgl. KG MDR **80**, 677. Gegen die meist zur Glaubhaftmachung verwendeten eidesstattlichen Versicherungen entweder der Parteien oder von Zeugen ist ein gesundes Mißtrauen am Platz, § 294 Anm 3. Das Gericht muß die Prozeßvoraussetzungen, den Arrestanspruch, den Arrestgrund und die Glaubhaftmachung prüfen.

B. Inhalt. Die Entscheidung kann folgenden Inhalt haben:

a) Ohne Verhandlung. Wenn das Gericht ohne eine mündliche Verhandlung entschieden hat, gilt folgendes:

aa) Zurückweisung. Das Arrestgesuch kann zurückgewiesen werden.

bb) Anordnung der Verhandlung. Das Gericht kann eine mündliche Verhandlung anordnen.

cc) Arrest ohne Sicherheitsleistung. Der Arrest kann ohne eine Sicherheitsleistung angeordnet werden.

dd) Arrest gegen Sicherheitsleistung. Der Arrest kann gegen eine Sicherheitsleistung angeordnet werden.

b) Nach Verhandlung. Wenn das Gericht eine mündliche Verhandlung durchgeführt hat, gilt folgendes:

aa) Zurückweisung. Das Arrestgesuch kann zurückgewiesen werden.

bb) Arrest ohne Sicherheitsleistung. Der Arrest kann ohne eine Sicherheitsleistung angeordnet werden.

cc) Arrest gegen Sicherheitsleistung. Der Arrest kann gegen eine Sicherheitsleistung angeordnet werden.

C. Arrestanordnung im einzelnen. Jede Arrestanordnung muß folgendes enthalten:

a) Anspruch. Sie muß den Anspruch enthalten, also die Geldforderung, nach ihrem Grund und Betrag. Falls es beantragt wurde: Ein Kostenpauschquantum zur Sicherung der Kosten im Arrest- und im Hauptprozeß, Stöber Forderungspfändung[5] Rdz 822, offen Ffm Rpfleger **82**, 480 (das OLG betont zutreffend, daß der auszulegende Vollstreckungstitel das Vollstreckungsgericht bindet), aM zB Mü MDR **57**, 238 (das Kostenpauschquantum dürfe sich nur auf die Kosten des Hauptprozesses beziehen). Eine Festsetzung desjenigen Betrags, der nach § 923 hinterlegt werden muß, kann die Angabe nach a nicht ersetzen.

b) Arrestart. Sie muß die Arrestart enthalten, also die Entscheidung darüber, ob ein dinglicher oder ein persönlicher Arrest angeordnet wird, §§ 917, 918.

c) Lösungssumme. Sie muß von Amts wegen eine Summe nennen, durch deren Hinterlegung die Vollziehung des Arrests gehemmt und der Schuldner zu dem Antrag auf die Aufhebung des vollzogenen Arrests berechtigt wird, § 923.

d) Kosten. Sie muß die Entscheidung über die Kosten enthalten, § 91 Anm 2 D, § 91a Anm 2 A b. § 788 ist unanwendbar.

Die Kostenentscheidung ist vollstreckbar, obwohl der Arrest den Hauptanspruch nur sichert, Ffm DGVZ **82**, 60 mwN.

Soweit das Gericht den Arrest ablehnt, ist die Kostenentscheidung des Beschlusses aus denselben Gründen kraft Gesetzes vorläufig vollstreckbar, außerdem nach § 794 I Z 3. Dasselbe gilt an sich auch im Urteilsfall; hier ergibt sich aber die Notwendigkeit einer besonderen Vollstreckbarerklärung aus § 708 Z 6.

e) Vorläufige Vollstreckbarkeit. Sie ergibt sich aus der Natur des Verfahrens, soweit das Gericht den Arrest anordnet, und braucht deshalb in der Entscheidungsformel nicht erwähnt zu werden, § 929 Anm 1.

D. Einzelfragen. Eine Entscheidung ohne a und b ist keine wirksame Arrestanordnung. Sie ist nicht vollziehbar und nach § 927 oder auf Grund eines Rechtsbehelfs aufzuheben. Das Gericht kann die Arrestanordnung im Rahmen des § 321 ergänzen, und zwar auch wegen der Lösungssumme, § 923 Anm 1 A, und wegen der Kosten, wegen der letzteren nach LG Hbg NJW **63**, 1460 auch auf Grund einer Kostenbeschwerde nach § 567. Das gilt auch dann, wenn es durch einen Beschluß zur Sache entschieden hat. Die Angabe bestimmter Gegenstände, in die der Arrest erlassen sein soll, ist aber unwirksam. Das gilt auch dann, wenn das AG des Verbleibs der Sache den Arrest anordnet, § 919 Anm 3. Wenn die Haftung des Schuldners beschränkt ist, etwa weil er der Erbe ist, dann muß das Gericht in der Arrestanordnung die haftende Masse bezeichnen. Wegen der Rechtskraftwirkung vgl § 322 Anm 4 ,,Arrest und Einstweilige Anordnung oder Verfügung".

2) Mündliche Verhandlung, I. A. Allgemeines. Das Gericht ordnet auf Grund eines pflichtgemäßen Ermessens eine mündliche Verhandlung an, wenn es sie für ratsam hält. Diese Anordnung hat zur Folge, daß die Entscheidung über das Arrestgesuch durch ein Urteil ergehen muß, und zwar auch dann, wenn das Beschwerdegericht zu entscheiden hat. Insofern liegt eine Abweichung von der Regel vor, daß die Anordnung einer dem Gericht freigestellten mündlichen Verhandlung auf die Form seiner anschließenden Entscheidung keinen Einfluß habe, § 128 Anm 3 B.

Wegen dieser Abweichung gelten für die einmal angeordnete mündliche Verhandlung auch alle Grundsätze einer notwendigen mündlichen Verhandlung im normalen Erkenntnisverfahren, §§ 128ff; vgl auch Schlesw JR **49**, 350. Das Gericht muß beide Parteien zur angeordneten mündlichen Verhandlung von Amts wegen laden. Dabei ist die Ladungsfrist des § 217 einzuhalten; wegen ihrer Abkürzung § 226. Nur die Einlassungsfrist, § 274 III, dort Anm 4 B, braucht nicht eingehalten zu werden. Ein Anwaltszwang herrscht wie sonst, § 78. Das Gericht muß dann den Schuldner zur Anwaltsbestellung nach § 215 auffordern, falls er nicht schon im Hauptprozeß einen Anwalt hat, §§ 82, 178. Das Gericht muß den Antrag dem Antragsgegner zustellen, und zwar einschließlich der zugehörigen Unterlagen, am besten eine Abschrift des Arrestgesuchs. Andernfalls darf kein Versäumnisurteil gegen den Antragsgegner ergehen, § 335 I Z 3, Noack JB **77**, 165.

Der Antragsteller ist nicht zur Vorwegleistung der Verfahrensgebühr verpflichtet, Anh § 271 Anm 2 A. Beide Parteien können ihre tatsächlichen Behauptungen nach § 294 glaubhaft machen. Der Antragsteller kann also in dieser Weise sowohl wegen des Arrestanspruchs als auch wegen des Arrestgrunds vorgehen, der Antragsgegner wegen seiner Einwendungen. Das Gericht darf keinen Beweis zulassen, den es nicht sofort erheben kann. Es ist also insbesondere keine Vertagung zum Zweck einer Beweisaufnahme oder dgl zulässig, und zwar auch dann nicht, wenn zB ein Zeuge, der eigentlich erscheinen wollte, erkrankt ist, es sei denn, daß ohnehin ein neuer Termin nötig wird, etwa weil die Anträge im ersten nicht ordnungsgemäß gestellt worden waren. Andererseits darf das Gericht keinen vollen Beweis fordern. Sobald eine Tatsache glaubhaft gemacht ist, sind insofern die Voraussetzungen einer Entscheidung erfüllt.

B. Neue Tatsachen und Beweismittel. Beide Parteien dürfen bis zum Schluß der mündlichen Verhandlung neue Tatsachen und Beweismittel vorbringen. Das gilt für solche Tatsachen und Beweismittel, die schon vor der mündlichen Verhandlung vorhanden waren, wie auch für solche, die jetzt erst entstanden oder bekannt geworden sind. Keine Partei hat auf Grund solcher neuen Tatsachen oder Beweismittel einen Anspruch auf eine Vertagung. Allerdings hat auch keine Partei ein Recht darauf, den Gegner zu überrumpeln, wie es insbesondere in Wettbewerbsstreitigkeiten immer wieder versucht wird und schwere Folgen haben könnte, Lipps NJW **70**, 226. Das Gericht kann angesichts eines offenbar unlauteren Verhaltens entweder nach § 227 vertagen oder den Vortrag nach § 296 zurückweisen. Mit diesen Maßnahmen sollte das Gericht allerdings vorsichtig umgehen.

Eine Verweisung ist nach den §§ 281, 506 zulässig, ebenso eine Übertragung auf den Einzelrichter, § 348. Es herrscht der Parteibetrieb. Das Gericht darf von Amts wegen weder einen Augenschein noch einen Sachverständigenbeweis erheben, falls diese Beweisaufnahme nicht sofort möglich ist. Das Gericht muß seine Fragepflicht nach §§ 139, 278 III erfüllen. Eine Widerklage und eine Zwischenklage sind wegen der Besonderheiten des Eilverfahrens und wegen des Fehlens der Rechtshängigkeit des Hauptanspruchs, § 920 Anm 1 B, nicht zulässig, ebensowenig ein Gegenantrag des Schuldners auf einen Arrest.

3) Endurteil, I. A. Streitige Entscheidung. Das streitige Endurteil ergeht nur über den Arrestanspruch, also nicht über den Hauptanspruch, den sachlichrechtlichen Anspruch. Die Entscheidung ergeht ganz nach denjenigen Vorschriften, die für ein Endurteil gelten. Das Urteil wird nur dann ausdrücklich für vorläufig vollstreckbar erklärt, wenn das Arrestgesuch zurückgewiesen werden muß, § 708 Z 6. Wenn der Arrest angeordnet wird, versteht sich die vorläufige Vollstreckbarkeit von selbst, Anm 1 C e. Das Urteil wirkt rechtsgestaltend, Üb 2 B c vor § 300. Seine Wirkung ist aber nur vorläufig. Sie ist durch eine endgültige Regelung bedingt.

Das Gericht muß das Urteil von Amts wegen beiden Parteien zustellen lassen, § 317 I (anders als im Fall einer Entscheidung ohne mündliche Verhandlung durch einen Beschluß, Anm 5 A), Hamm GRUR **78**, 612, Bischof NJW **80**, 2236. Diese Zustellung bedeutet noch nicht den Vollzug, § 929 Anm 2 B.

Gebühren: Des Gerichts KV 1054–1057; des RA § 40 BRAGO. Wert: Anh § 3 „Arrest".

In der zweiten Instanz wird das Endurteil in keinem Fall für vollstreckbar erklärt. Denn das Urteil wird mit seinem Erlaß rechtskräftig, § 545.

B. Versäumnisverfahren. Das Versäumnisverfahren ist wie sonst zulässig. Wenn der Antragsteller säumig ist, muß das Arrestgesuch durch ein Versäumnisurteil abgewiesen werden, § 330. Wenn der Antragsgegner säumig ist, muß das Gericht prüfen, ob die vom Antragsteller vorgebrachten und dem Antragsgegner rechtzeitig mitgeteilten Tatsachen den Arrestanspruch rechtfertigen. Diese Tatsachen gelten als glaubhaft zugestanden, nicht etwa als bewiesen, § 331 entspr. Je nach dem Ergebnis dieser Prüfung wird das Arrestgesuch entweder abgewiesen, oder der Arrest wird angeordnet.

Ein Einspruch gegen die Versäumnisentscheidung ist wie sonst zulässig. Eine Entscheidung nach der Aktenlage ist zwar gedenklich möglich, wird sich in der Praxis aber kaum je ergeben.

C. Anerkenntnis; Verzicht. Beide Erklärungen sind wie im sonstigen Erkenntnisverfahren zulässig und haben dieselben Rechtsfolgen, §§ 306, 307. Lediglich das schriftliche Anerkenntnisverfahren nach § 307 II findet hier nicht statt, da der Arrestprozeß kein schriftliches Vorverfahren kennt.

D. Rechtsmittel. a) Berufung. Sie ist nach den allgemeinen Grundsätzen zulässig. Wenn die erste Instanz ein Urteil erlassen hat, dann muß auch die Berufungsinstanz durch ein Urteil entscheiden. Wenn die erste Instanz im Weg eines Beschlusses entschieden hat, dann darf die zweite Instanz eine mündliche Verhandlung anordnen, muß in diesem Fall aber durch ein dann unanfechtbares Urteil entscheiden, Schlesw JR **49**, 350, ThP 4a, Zö-Sche III 2, aM StJGr II 2b; vgl auch Grdz 4 vor § 511. Wegen der Begründung der Berufung § 519 Anm 1. Eine Einstellung der Zwangsvollstreckung, §§ 924 III 2, 707 Anm 5 A, ist in der Berufungsinstanz wie sonst zulässig, §§ 719, 572 II, III.

Das Verfahren in der Berufungsinstanz verläuft wie sonst. Allerdings muß das Gericht die Besonderheiten des Arrestverfahrens berücksichtigen. Es darf daher das Verfahren nicht an die untere Instanz zurückverweisen, Karlsr GRUR **78**, 116. Wenn der Arrest unvollziehbar geworden ist, dann muß das Berufungsgericht der Berufung des Antragsgegners stattgeben und den Arrest aufheben. Dasselbe gilt dann, wenn die Hauptsache des Arrestverfahrens erledigt ist. In diesem Fall muß der Antragsteller den Arrestantrag zurücknehmen. Für die Frage, wer die Kosten zu tragen hat, ist maßgebend, ob der Arrestantrag begründet war, nicht, ob die Klage begründet war.

Wenn das Gericht statt eines Beschlusses ein Urteil erlassen hat, dann ist als Rechtsmittel die Berufung statthaft. Wennstatt eines Urteils ein Arrestbeschluß erlassen wurde, dann ist der Widerspruch zulässig, Grdz 4 C vor § 511. Wenn das Gericht den Arrestantrag statt durch ein Urteil durch einen Beschluß abgewiesen hat, ist die Beschwerde statthaft, abw StJGr IV 3 (er gibt in beiden Fällen wahlweise auch die Möglichkeit der Berufung).

Gegen ein Urteil des LG oder OLG als Berufungsgericht der Hauptsache, § 943 I, ist kein Rechtsmittel statthaft, ThP 4 a, ZöSche III 2.

Gebühren: Des Gerichts KV 1060–1064; des RA § 40 BRAGO. Wert: Anh § 3 „Arrest".

b) Revision. Sie ist unzulässig, § 545 II. Das gilt auch dann, wenn erst das Berufungsgericht ein Urteil erlassen hatte oder wenn es nach der Erledigung der Hauptsache gemäß § 91 a entschied, Nürnb MDR **66**, 1012. Die Revision ist ebenfalls unzulässig, wenn das Berufungsgericht die Berufung als unzulässig verworfen hatte, § 545 Anm 1 B.

c) Wiederaufnahme. Die Wiederaufnahmeklage gegen ein Urteil, das den Arrest aufgehoben hat, ist statthaft, Mü JZ **56**, 112, Rosenberg JR **56**, 22.

4) Beschluß, I. A. Begründung. Das Gesetz schreibt zwar nicht ausdrücklich vor, daß das Gericht seine Entscheidung begründen müsse, Nürnb NJW **76**, 1101 mwN, Noack JB **77**, 164; vgl aber die in § 329 Anm 1 A b dargelegten Pflichten, Ffm DGVZ **81**, 77, so wohl auch Schmidt-von Rhein DGVZ **78**, 134. Das Gericht muß seinen Beschluß zumindest dann begründen, wenn es den Arrestantrag zurückweist, Roelleke JZ **75**, 245. Denn der Beschluß wäre sonst nicht nachprüfbar. Eine Begründungspflicht ergibt sich auch in den Fällen des § 34 AusfG EuGÜbk, SchlAnh V C 2.

Soweit das Gericht zur Begründung anstelle besonderer Ausführungen auf die Antragsschrift usw Bezug nimmt, empfiehlt sich eine gleichzeitige Zustellung dieser Schriftstücke, wenn sie noch nicht erfolgt war, Bischof NJW **80**, 2236 mwN. Notwendig ist diese Zustellung aber nicht, vgl § 317 Anm 1 A.

Soweit der Beschluß weder eine besondere Begründung noch eine Verweisung auf die Antragsschrift enthält, ist deren Zustellung nur dann entbehrlich, wenn der Beschluß aus sich heraus verständlich ist, Ffm DGVZ **81**, 77.

Der Beschluß muß die Kostenentscheidung enthalten, Anm 1 C d. Wenn sie fehlt, sind die Kosten des Verfahrens ein Teil der Kosten des etwaigen Hauptprozesses. Wenn es nicht zu einem solchen Hauptprozeß kommt, dann ist zunächst das Verfahren nach § 321 durchzuführen. Falls das Gericht in jenem Verfahren eine Ergänzung des Beschlusses ablehnt, Anm 1, muß der Gläubiger eine besondere Klage erheben.

B. Rechtsbehelfe. a) Arrest. Wenn das Gericht den Arrest ohne oder gegen eine Sicherheitsleistung durch einen Beschluß angeordnet hat, ist für den Schuldner gegen den Arrest nur der Widerspruch statthaft. Das gilt selbst dann, wenn im Zeitpunkt der Entscheidung wesentliche Prozeßvoraussetzungen fehlten. Gegen eine Sicherheitsleistungsanordnung kann der Gläubiger die einfache Beschwerde einlegen, § 921 Anm 2 D. Wegen einer Kostenbeschwerde Anm 1 C d.

Soweit das Gericht eine Sicherheitsleistung des Gläubigers angeordnet hat, kann er die einfache Beschwerde einlegen, § 921 Anm 2 D.

b) Abweisung. Wenn das Gericht den Arrestantrag durch einen Beschluß zurückgewiesen hat, kann der Antragsteller die einfache Beschwerde nach § 567 I einlegen, Ffm NJW **78**, 1012, Mü OLGZ **78**, 1781 (es besteht jedoch für die Beschwerde kein Rechtsschutzbedürfnis mehr, wenn sie erst nach dem ergebnislosen Ablauf der Vollzugsfrist eingelegt worden ist). Denn der zurückweisende Beschluß ist keine Maßnahme der Zwangsvollstreckung. Für die Einlegung der Beschwerde besteht kein Anwaltszwang, §§ 78, 569 II 2, Hbg MDR **81**, 939, Hamm (5. ZS) MDR **78**, 940, Kblz NJW **80**, 2588 je mwN (abl Bergerfurth NJW **81**, 353), StJGr 8, ThP 4b, offen KG OLGZ **82**, 91, aM zB Ffm MDR **83**, 233, Hamm (6. ZS) NJW **82**, 1711 je mwN, ZöSche II 3.

Das untere Gericht darf der Beschwerde abhelfen, § 571. Es darf aber auf Grund einer Beschwerde keine mündliche Verhandlung anordnen. Denn eine solche Maßnahme wäre keine Abhilfe, sondern die Vorbereitung einer im Ergebnis ungewissen neuen, andersartigen Entscheidung. Eine solche Entscheidung ist aber infolge der Anfallswirkung, Grdz 1

5. Abschnitt. Arrest und einstweilige Verfügung §§ 922, 923 1

vor § 511, unstatthaft. Das Beschwerdegericht braucht den Beschwerdegegner nicht anzuhören, wenn es die Beschwerde als gänzlich aussichtslos zurückweist, Ffm Rpfleger **80**, 396. Es darf ihn aber stets schriftlich anhören und ihm zu diesem Zweck natürlich auch den angefochtenen Beschluß mitteilen, Mü NJW **74**, 1517, anders als vorher, Anm 5 B. Das Beschwerdegericht kann auch eine mündliche Verhandlung anordnen. Es muß dann durch ein Urteil entscheiden, vgl auch Anm 3 C a. Es kann auch ein Versäumnisurteil erlassen, Stgt NJW **73**, 1137.

c) **Abänderung.** Wenn das Beschwerdegericht in einer Abänderung des angefochtenen Beschlusses den Arrest ohne eine mündliche Verhandlung durch einen Beschluß anordnet, dann kann der Antragsgegner den Widerspruch einlegen.

d) **Anweisung.** Wenn das Beschwerdegericht das erstinstanzliche Gericht zu einer anderweitigen Entscheidung anweist, § 575, dann ist kein Rechtsbehelf zulässig.

e) **Beschluß des höheren Gerichts.** Gegen einen Beschluß des LG als Berufungsgericht der Hauptsache oder als Beschwerdegericht im Arrestverfahren oder gegen einen abweisenden Beschluß des OLG ist keine (evtl weitere) Beschwerde statthaft, Düss JMBl NRW **48**, 187, KG MDR **52**, 627, Oldb NdsRpfl **78**, 152.

5) **Mitteilung, II, III. A. Anordnender Beschluß.** Das Gericht muß den Arrestbeschluß dem Antragsteller von Amts wegen einer Ausfertigung oder in beglaubigter Abschrift zustellen, §§ 929 II, 329 II 2, Bischof NJW **80**, 2236. Eine formlose Aushändigung des Beschlusses an den Antragsteller macht den Beschluß nicht unwirksam. Die Vollzugsfrist wird dann vom Zugang an berechnet. Das Gericht stellt den Arrestbeschluß dem Antragsgegner nicht von Amts wegen zu. Vielmehr ist es Sache des Antragstellers, den Arrestbeschluß in beglaubigter Abschrift durch die Vermittlung des Gerichtsvollziehers im Parteibetrieb dem Antragsgegner zuzustellen. Denn II hat gegenüber § 317 I 1 den Vorrang, Hamm GRUR **78**, 612 und FamRZ **81**, 583, Bischof NJW **80**, 2236, Gilleßen-Jakobs DGVZ **77**, 111. Die Zustellung im Parteibetrieb erfolgt an den Antragsgegner oder an seinen etwaigen ProzBev im Arrestverfahren, aber auch an den ProzBev des etwaigen Hauptprozesses, §§ 82, 178.

Eine öffentliche Zustellung und eine Zustellung im Ausland erfolgen wie sonst, §§ 199 ff. § 829 II 4 ist unanwendbar. Wenn ein Arrestbeschluß und ein Pfändungsbeschluß verbunden worden sind, dann ist § 829 III auf den Arrestbeschluß nicht anzuwenden.

B. **Zurückweisender Beschluß.** Dieser Beschluß wird dem Antragsgegner nicht bekanntgegeben. Das Gericht teilt den zurückweisenden Beschluß lediglich dem Antragsteller formlos mit, Ffm Rpfleger **80**, 396. Das gilt auch für einen Beschluß, durch den das Gericht eine Sicherheitsleistung fordert. Denn ein solcher Beschluß weist ja den Arrestantrag der Sache nach teilweise zurück. Eine Mitteilung an den Antragsgegner ist auch dann nicht erforderlich, wenn das Gericht ihn angehört hatte, Bischof NJW **80**, 2236, aM StJGr II 2a, ZöSche I 1.

C. **Rechtsbehelfe.** Vgl Anm 4 B.

6) **VwGO:** Für die einstwAnO gilt statt I zZt Art 2 § 3 EntlG, § 921 Anm 3, statt II § 56 II VwGO (Zustellung vAw). Da, anders als beim Arrest, der Antrag idR dem Gegner mitzuteilen ist, Finkelnburg Rdz 175, ist III dahin entsprechend anwendbar, daß das Gericht ausnahmsweise von der Übermittlung des ablehnenden Beschlusses absehen kann.

923

Abwendungsbefugnis. In dem Arrestbefehl ist ein Geldbetrag festzustellen, durch dessen Hinterlegung die Vollziehung des Arrestes gehemmt und der Schuldner zu dem Antrag auf Aufhebung des vollzogenen Arrestes berechtigt wird.

1) **Lösungssumme. A. Angabe der Sicherheit.** Der Arrestbefehl (nicht eine einstweilige Verfügung, § 939) muß von Amts wegen die Sicherheit angeben, deren Hinterlegung nach der HO, auch durch einen Dritten, die Vollziehung des Arrests hemmt und den Antrag auf eine Aufhebung des Arrests begründet (Lösungssumme). Das Gericht muß die Art und die Höhe der Sicherheitsleistung nach § 108 bestimmen. Es wäre eine sachlich ungerechtfertigte Wortauslegung, nur einen Geldbetrag als Sicherheitsleistung ausreichen zu lassen. Vielmehr ist zB die Bürgschaft einer Großbank grundsätzlich zulässig. Diese Form der Sicherheitsleistung reicht jedoch unter Umständen dann nicht aus, wenn durch den Arrest die Eintragung einer Vormerkung zwecks Sicherung des Rangs für eine Bauhandwerkerhypothek nach § 648 BGB erwirkt wird, LG Hbg MDR **71**, 851.

Der Zweck der Regelung besteht darin, dem Antragsgegner eine Möglichkeit zu verschaffen, den Antragsteller anderweitig sicherzustellen. Deshalb ist auch jede Einigung der Parteien über eine bestimmte Art oder Höhe der Sicherheitsleistung wirksam. Die Lösungssumme muß eine volle Sicherheit für die Arrestforderung einschließlich der Nebenforderungen, also der Zinsen und Kosten, gewähren. Der Wert der von der Vollziehung ergriffenen Gegenstände ist aber unerheblich. Wenn der Antragsteller schon anderweitig abgesichert ist, dann muß das Gericht diesen Umstand berücksichtigen.

Die Sicherung kann auch durch einen Dritten erfolgen.

B. Pfandrecht. Am Hinterlegten oder an dem Anspruch auf die Rückgewähr der Sicherheit erwächst dem Antragsteller ein Pfandrecht für die gesamte Forderung, § 233 BGB. Das gilt auch dann, wenn sich der Gläubiger aus dem Arrestgegenstand nicht voll hätte befriedigen können. Das Pfandrecht entsteht schließlich auch dann, wenn ein Dritter die Sicherheit geleistet hat. Bis zur Arrestaufhebung (eine vorläufig vollstreckbare Entscheidung genügt) können nur Gläubiger und Schuldner gemeinsam die Rückzahlung fordern; anschließend ist der Schuldner auch dann zur Rückforderung berechtigt, wenn der Gläubiger bereits zur Hauptsache klagt, LG Köln MDR **62**, 582. § 109 ist anwendbar.

2) Wirkung der Hinterlegung. Die Hinterlegung hat folgende Wirkungen:

A. Hemmung der Vollziehung. Die Hinterlegung hemmt die Vollziehung, vgl auch Karlsr MDR **83**, 678. Ihr Nachweis erfolgt im Verfahren nach § 766 durch eine öffentliche Urkunde, §§ 775 Z 3, 928. Die Kostenfestsetzung und Vollziehung der Kostenentscheidung bleibt immer ungehemmt. Die Lösungssumme vermindert sich nicht etwa um den Wert einer im Vollzug gepfändeten Sache.

B. Aufhebungsrecht. Die Hinterlegung berechtigt zu einem Antrag nach § 766 auf die Aufhebung der Vollziehung des Arrests, sobald die Vollziehung erfolgt ist, § 934. Der Arrestbefehl selbst bleibt solange bestehen, bis er auf Grund eines Rechtsbehelfs aufgehoben wird, §§ 926, 927. Seine Aufhebung ist die Voraussetzung dafür, daß die Sicherheit zurückgegeben werden darf.

3) Rechtsbehelfe. Gegen die Bestimmung der Art und Höhe der Sicherheitsleistung sind für beide Parteien die gegen den Arrestbefehl zulässigen Rechtsbehelfe gegeben. Das Fehlen einer Lösungssumme macht den Arrestbefehl nicht unwirksam. Die Lösungssumme kann im Weg einer Ergänzung nach §§ 321, 329 oder auf Grund eines Rechtsbehelfs des Schuldners hinzugefügt werden, Hbg NJW **58**, 1145, StJgr II 2, ThP 1, ZöSche I, aM LG Düss NJW **51**, 81.

4) VwGO: Bei der durch § 123 III VwGO gebotenen entsprechenden Anwendung auf die einstw AnO ist zu beachten, daß § 923 bei der einstw Vfg wegen § 939 unanwendbar ist, § 936 Anm 1, und daß in § 123 III VwGO auch § 939 genannt wird. Eine Lösungssumme kommt deshalb nur dann in Betracht, wenn die einstw AnO (wie der Arrest) die künftige Zwangsvollstreckung wegen eines Vermögenswertes sichern soll, Grdz 5 § 916.

924 Widerspruch.

I Gegen den Beschluß, durch den ein Arrest angeordnet wird, findet Widerspruch statt.

II Die widersprechende Partei hat in dem Widerspruch die Gründe darzulegen, die sie für die Aufhebung des Arrestes geltend machen will. Das Gericht hat Termin zur mündlichen Verhandlung von Amts wegen zu bestimmen. Ist das Arrestgericht ein Amtsgericht, so ist der Widerspruch unter Angabe der Gründe, die für die Aufhebung des Arrestes geltend gemacht werden sollen, schriftlich oder zum Protokoll der Geschäftsstelle zu erheben.

III Durch Erhebung des Widerspruchs wird die Vollziehung des Arrestes nicht gehemmt. Das Gericht kann aber eine einstweilige Anordnung nach § 707 treffen; § 707 Abs. 1 Satz 2 ist nicht anzuwenden.

Schrifttum: Mädrich, Das Verhältnis der Rechtsbehelfe des Antragsgegners im einstweiligen Verfügungsverfahren, 1980 (Bespr Baur NJW **81**, 970, Pecher ZZP **95**, 101, Teplitzky AcP **181**, 252).

1) Allgemeines. Das Gericht kann einen Arrestbeschluß, den es ohne eine mündliche Verhandlung erlassen hat, unter folgenden Voraussetzungen aufheben:

A. Widerspruch. Der Schuldner hat einen Widerspruch eingelegt, und es ergibt sich auf Grund einer nochmaligen, genauen Prüfung, daß der Arrestantrag entweder von Anfang an unbegründet war oder jedenfalls im Zeitpunkt der mündlichen Verhandlung über den

Widerspruch nicht mehr begründet war, vgl Anm 2 A. Der Widerspruch ist ein Rechtsbehelf. Wenn das Gericht den Arrest durch einen Beschluß erlassen hatte, ist der Widerspruch der alleinige Rechtsbehelf, und zwar ohne Rücksicht auf die Frage, welche Instanz den Arrest angeordnet hat. Der Widerspruch ist also kein Rechtsmittel.

B. Fristablauf. Der Schuldner hat beantragt, den Arrestbeschluß aufzuheben, weil der Gläubiger trotz einer Auflage nicht fristgemäß eine Klage erhoben habe, § 926 II.

C. Wichtiger Grund usw. Der Schuldner hat beantragt, den Arrestbeschluß aufzuheben, weil sich die Umstände seit der Anordnung des Arrests verändert hätten oder weil ein sonstiger wichtiger Grund vorliege, § 927.

D. Weitere Einzelheiten. Alle drei Wege sind gleichzeitig nebeneinander zulässig, ThP 4 a, aM StJGr II 2 b, ZöSche I. Das gilt freilich nur dann, wenn ein Rechtsschutzbedürfnis für jeden dieser Wege vorliegt, vgl Hamm GRUR **78**, 612 mwN. Das Rechtsschutzbedürfnis endet zB dann, wenn die Hauptsache des Arrestverfahrens für erledigt erklärt wird oder wenn der Arrest bzw die einstweilige Verfügung endgültig aufgehoben werden, Düss NJW **71**, 812, Hbg MDR **77**, 148, und zwar unanhängig davon, ob diese Aufhebung rückwirkend erfolgt. Der Arrestschuldner kann sich insbesondere im Widerspruchsverfahren nach § 927 mit Einreden verteidigen, ThP § 927 Anm 3, aM Teplitzky DRiZ **82**, 45 mwN.

Es hängt von der Lage des Einzelfalls ab, insbesondere von den evtl unterschiedlichen Kostenfolgen, welcher der Wege A–C am empfehlenswertesten ist. Man sollte beachten, daß eine Aufhebung nach C dem Schuldner keinen Ersatzanspruch eröffnet, § 945. Andererseits können die Möglichkeiten B und C mit einer Berufung gegen ein Arresturteil zusammentreffen. Denn diese Möglichkeiten sind sowohl gegenüber einem Beschluß als auch gegenüber einem Urteil vorhanden. Mit einer rechtskräftigen Aufhebung des Arrests endet natürlich das Wahlrecht, Düss NJW **71**, 812. Vgl im übrigen § 322 Anm 4 „Arrest, Einstweilige Anordnung und Verfügung".

Ein Dritter kann nur nach § 766 oder § 771 vorgehen.

Eine Vollstreckungsabwehrklage nach § 767 ist ebensowenig wie eine andere Klage, etwa nach § 323 oder eine Wiederaufnahmeklage (außer gegen ein arrestaufhebendes Urteil, Mü NJW **56**, 427), zu dem Zweck zulässig, die Aufhebung des Arrests zu erreichen. Denn die §§ 926, 927 treffen Sonderregelungen, Karlsr GRUR **79**, 571 mwN.

2) Widerspruch, I, II. A. Allgemeines. Der Widerspruch ist nur dann statthaft, wenn das Gericht den Arrest ohne eine mündliche Verhandlung erlassen hat. Der Widerspruch ist kein Rechtsmittel, Anm 1 A. Deshalb entstehen weder die Hemmungswirkung noch die Anfallswirkung, Grdz 1 vor § 511. Der Widerspruch richtet sich gegen die Anordnung des Arrests, nicht gegen seine Vollziehung. Gegen die Vollziehung richtet sich vielmehr § 923. Der Schuldner kann den Widerspruch auch auf die Kostenentscheidung beschränken, Celle GRUR **80**, 945, Hbg MDR **60**, 850 und WRP **76**, 180, Hamm JB **77**, 1279, Mü NJW **72**, 954, Schlesw MDR **79**, 764. § 99 I steht dieser Lösung nicht entgegen. Denn in jener Vorschrift ist eine auf Grund einer mündlichen Verhandlung ergangene streitige Entscheidung die Grundlage, Düss NJW **72**, 1956, Mü NJW **72**, 954 mwN, aM von Gamm NJW **61**, 1050; s auch § 925 Anm 3. Man muß notfalls durch eine Auslegung ermitteln, ob ein derartiger bloßer „Kostenwiderspruch" vorliegt, KG MDR **82**, 853. Vgl auch D. In einer solchen Beschränkung kann ein Verzicht auf das Recht aus § 926 liegen, dort Anm 2 A c dd.

Der Widerspruch ist keine Beschwerde. Er ist auch dann statthaft, wenn das Gericht nach § 85 II ArbGG ohne eine Anhörung des Gegners entschieden hat, LAG Hamm DB **73**, 1024. Eine Verwirkung ist denkbar, Ffm MDR **56**, 622, KG NJW **62**, 816, Schlesw MDR **79**, 764, Nieder WRP **79**, 350. Die Rücknahme ist bis zur Rechtskraft der Widerspruchsentscheidung zulässig.

Einwendungen gegen die Vollziehung des Widerspruchs sind im Weg der Erinnerung nach § 766 geltend zu machen. Einwendungen gegen den Arrestanspruch selbst müssen nach § 927 erhoben werden. Wenn der Widerspruch zurückgenommen wird, dann trifft das Gericht eine Kostenentscheidung entsprechend §§ 515 III, 346, Mü JB **77**, 93 mwN, jetzt auch ThP § 925 Anm 2.

B. Zuständigkeit. Grundsätzlich ist das Gericht des Arrestbeschlusses zur Entscheidung über den Widerspruch des Schuldners örtlich und sachlich ausschließlich zuständig, § 802. Da gerade dieses Gericht entscheiden soll, ist § 10 unanwendbar. Wenn allerdings das Beschwerdegericht, nicht das Berufungsgericht der Hauptsache, § 943, den Arrestbeschluß erlassen oder das erstinstanzliche Gericht zu seinem Erlaß angewiesen hat, dann geht der

Widerspruch ausnahmsweise an das Gericht der ersten Instanz. Denn das Beschwerdegericht hat nur anstelle des erstinstanzlichen Gerichts entschieden, und die Partei würde sonst auch grundlos eine Instanz verlieren, Hbg MDR **57**, 105, StJGr Rdz 4, ThP 2, ZöSche II 2, aM Wiecz B III a 1. Deshalb tritt auch (zunächst) anders als zB bei § 538 Anm 1 keine Bindungswirkung ein, aM Ule-Bahls MDR **73**, 892.

Wenn das angerufene Gericht unzuständig ist, darf und muß es auf Grund eines evtl nach den §§ 139, 278 III herbeizuführenden Antrags das Verfahren an das zuständige Gericht verweisen, §§ 281, 506, zB Stgt MDR **58**, 171, ZöSche II 2, aM zB LG Bln BB **72**, 337, Bernaerts MDR **79**, 98 mwN.

C. Widerspruchsberechtigte. Zum Widerspruch berechtigt sind lediglich der Schuldner oder dessen Rechtsnachfolger, der Konkursverwalter auch auf Grund derjenigen Rechte, die dem Gemeinschuldner auf Grund der Konkurseröffnung zustehen. Der Gläubiger ist in keinem Fall zum Widerspruch berechtigt. Ein Dritter ist darauf angewiesen, nach den §§ 766, 771 vorzugehen und dann, wenn der Arrest angefochten werden soll, eine Anfechtungsklage zu erheben.

D. Form. Der Schuldner muß den Widerspruch bei demjenigen Gericht einlegen, das den Arrestbeschluß erlassen hat, abw Hamm BB **79**, 1378 (betr einen von zwei Streitgenossen). Wenn das Arrestgericht ein LG ist, muß das schriftlich und unter Anwaltszwang geschehen, aM 41. Aufl. War das LG Beschwerdegericht beim Erlaß, B, dann ist das nun wieder zuständige AG maßgeblich. In diesem Fall und dann, wenn das AG den Arrest erlassen hatte, kann man den Widerspruch auch bei jedem AG zum Protokoll der Geschäftsstelle einlegen, II 2, § 129a. Insoweit besteht kein Anwaltszwang, § 78 II, Kblz NJW **80**, 2588. Der Schuldner braucht das Wort Widerspruch nicht zu benutzen. Es genügt vielmehr eine Äußerung seines Willens, eine Entscheidung derselben Instanz über die Berechtigung des Arrests herbeizuführen. Vgl auch A. Eine Begründung ist ratsam, aber nicht formell zwingend notwendig.

E. Frist. Ein Widerspruch ist ab Erlaß des Arrestbefehls, also schon vor seiner Zustellung und vor dem Vollzugsbeginn, und ist solange zulässig, wie der Arrestbeschluß wirksam besteht, also unter Umständen auch noch nach dem Ablauf der Vollziehungsfrist des § 929 II, Düss NJW **70**, 618, oder nach der Erledigung der Hauptsache oder nach der Freigabe der gepfändeten Sachen. Jedoch gilt das in § 567 Anm 2 B Ausgeführte auch hier. Es ist durchaus gerechtfertigt und mit dem Zweck des Arrests vereinbar, wenn man den Hauptprozeß abwartet, selbst wenn dieser recht lange dauert; gegen jede „Verwirkung" KG NJW **62**, 816, aM Celle GRUR **80**, 945, Ffm MDR **56**, 622.

F. Verzicht. Der Schuldner kann auf den Widerspruch wie auf die Anträge nach §§ 926, 927 verzichten, der Gläubiger kann dem Schuldner durch ein sog Abschlußschreiben dazu eine angemessene Frist setzen, zB einen Monat, vgl auch KG WRP **78**, 451. Der Verzicht führt zum Wegfall eines Rechtsschutzbedürfnisses für eine Klage in der Hauptsache, Hamm WRP **76**, 252.

3) Verfahren, II. Das Gericht bestimmt unverzüglich nach dem Eingang des Widerspruchs einen Termin zur mündlichen Verhandlung und lädt dazu beide Parteien von Amts wegen, § 274. Es gibt keine Ladung durch die Partei. Das Gericht muß die Ladungsfrist nach § 217 beachten. Der Schuldner soll die Gründe seines Widerspruchs mitteilen. Er ist zu dieser Mitteilung aber nicht gezwungen. Es ist zulässig, in der mündlichen Verhandlung weitere Gründe nachzuschieben, § 922 Anm 2 B. Der Vorsitzende darf die Bestimmung des Verhandlungstermins nicht etwa deswegen ablehnen, weil der Schuldner den Widerspruch nicht begründet hätte.

4) Einfluß auf die Vollziehung, III. Der Widerspruch hemmt die Vollziehung und die Vollstreckung des Arrests nicht. Insofern hat er eine andere Wirkung als eine Hinterlegung nach § 923. Das Gericht kann aber nach § 707 eine einstweilige Anordnung treffen, ohne an die Beschränkungen des § 707 I 2 gebunden zu sein, vgl auch Düss NJW **70**, 254. Das Gericht kann also auch ohne besondere Voraussetzungen davon absehen, eine Sicherheitsleistung zu verlangen. Vgl aber auch § 936 Anm 1 „§ 924, Widerspruch". Die einstweilige Anordnung ist keine einstweilige Verfügung.

Wenn der Widerspruch nicht statthaft ist, dann bleibt dem Schuldner nur die Möglichkeit einer Aufhebungsklage übrig. Sie läßt eine Einstellung zu, § 927 Anm 4. Eine Vollstreckungsabwehrklage ist nicht statthaft, Anm 1 D. III gilt auch für die dem Schuldner im Arrestbeschluß auferlegten Kosten.

5. Abschnitt. Arrest und einstweilige Verfügung §§ 924, 925

5) *VwGO:* *Gegen den Beschluß, durch den das VG (auch nach mündlicher Verhandlung) eine einstwAnO erläßt, ist nur die Beschwerde gegeben, Art 2 § 3 I 2 EntlG (§ 123 IV 1 VwGO ist danach zZt nicht anzuwenden); dies gilt nicht, sofern die Beschwerde durch ein Spezialgesetz, zB LAG, ausgeschlossen ist, Meyer-Ladewig NJW **78**, 859, aM Kopp Art 2 § 3 Rdz 2. Die Beschwerde, §§ 146ff VwGO, hat keine aufschiebende Wirkung; aber die Aussetzung der Vollziehung ist möglich, § 149 VwGO, ebenso die einstw Einstellung der Vollstreckung nach III 2 iVm § 123 IV 2 VwGO, Kopp § 123 Rdz 35. Ein Beschluß des OVG (VGH) ist unanfechtbar, § 152 VwGO, weil Art 2 § 3 I 2 EntlG die Beschwerde ausdrücklich nur gegen den Beschluß des VG zuläßt, abw wohl Kopp Art 2 § 3 EntlG Rdz 2.*

925

Entscheidung auf Widerspruch. [I] Wird Widerspruch erhoben, so ist über die Rechtmäßigkeit des Arrestes durch Endurteil zu entscheiden.

[II] Das Gericht kann den Arrest ganz oder teilweise bestätigen, abändern oder aufheben, auch die Bestätigung, Abänderung oder Aufhebung von einer Sicherheitsleistung abhängig machen.

1) Verfahren, I. A. Allgemeines. Der Widerspruch leitet ein streitiges Urteilsverfahren ein, Roelleke JZ **75**, 245. Der Gläubiger wird zum Arrestkläger, der Schuldner wird zum Arrestbekl, Hamm JB **76**, 917. Eine Vertauschung dieser Rollen kann nicht eintreten. Deshalb muß ein Versäumnisurteil gegenüber dem Gläubiger nach § 330, ein solches gegenüber dem Schuldner nach § 331 ergehen. Wenn der Gläubiger seinen Antrag zurücknimmt, dann entspricht das der Klagrücknahme oder dem Verzicht, §§ 269, 306. Beide Parteien können ihre Anträge erweitern oder beschränken, §§ 263, 264, und zwar auch in einer Wettbewerbssache (vgl aber § 922 Anm 2 B), aM Lipps NJW **70**, 226 (aber für seine Auffassung gibt es keine gesetzliche Grundlage). Eine Verbindung des Widerspruchs mit Anträgen nach §§ 926 II, 927 ist zulässig, § 924 Anm 1 D. Der Widerspruch hemmt den Arrestvollzug nicht, § 924 III.

B. Mündliche Verhandlung. a) Grundsatz. Die mündliche Verhandlung verläuft wie bei §§ 278, 922 I. Auch hier handelt es sich nur um den Arrestanspruch, nicht um den Hauptanspruch. Der Gläubiger kann also nicht etwa im Weg einer Klagänderung auf eine Leistung klagen. Denn es liegt eine ganz andere Verfahrensart vor, Hamm NJW **71**, 387 mwN. Etwas anderes gilt allenfalls dann, wenn beide Parteien mit der Klagänderung einverstanden sind, Brschw MDR **71**, 1017. Es genügt immer, die streitigen Behauptungen glaubhaft zu machen. Das Gericht darf an keiner Stelle einen vollen Beweis verlangen, solange das Verfahren nicht in einen Hauptprozeß übergeht. In der zweiten Instanz ist es zulässig, verspätetes neues Vorbringen nach § 528 zurückzuweisen.

Gegen die Nachteile einer Überrumpelung kann auch eine Sicherheitsleistung schützen. Maßgebender Zeitpunkt ist derjenige der mündlichen Verhandlung. Das Gericht muß prüfen, ob der Arrest am Schluß der mündlichen Verhandlung (noch) rechtmäßig ist. Es darf und muß auf Grund einer Einrede diejenigen Umstände zu prüfen, die erst seit dem Erlaß des Arrests eingetreten sind, § 927 Anm 3 C. Jedoch tritt keine Bindung wegen des Arrestgrunds ein, selbst wenn der Erlaß des Arrests vertretbar gewesen war. Sonst wäre der Widerspruch weitgehend sinnlos, aM Schwerdtner NJW **70**, 599.

b) Einzelfragen. Ein etwaiges Anerkenntnis bezieht sich nur auf den Arrestanspruch und nicht auf den Hauptanspruch. Ein Verzicht auf die Vollziehung des Arrests ist kein Verzicht auf den Hauptanspruch. Ein solcher Verzicht zwingt aber dazu, nach § 927 eine Aufhebung vorzunehmen. Der Schuldner kann den Verzicht im Widerspruchsverfahren geltend machen, ebenso den Aufhebungsgrund nach § 926 II. Wenn der Gläubiger einen Vollstreckungstitel erwirkt und aus ihm die Zwangsvollstreckung betreibt, dann ist das im Arrestverfahren kein Erledigungsgrund; eine Klage nach § 927 wirkt aber als eine Erledigung, vgl allerdings § 927 Anm 2 B.

Eine Aussetzung des Arrestverfahrens bis zur Erledigung der Hauptsache ist mit dem Eilcharakter des Arrestverfahrens unvereinbar. Das Gericht muß auch eine Aussetzung aus anderen Gründen, § 148, vermeiden. Denn auch eine solche Aussetzung stünde mit dem Eilcharakter des Arrestverfahrens nicht im Einklang, Grdz 3 B vor § 916.

Wenn über das Vermögen des Schuldners das Konkursverfahren eröffnet wird, dann darf das Gericht auf Grund eines Widerspruchs des Konkursverwalters den Arrest bestätigen oder abändern, falls der Gläubiger bereits gepfändet oder der Schuldner hinterlegt hatte, BGH LM § 240 Nr 9. Wenn aber mit dem Vollzug des Arrestbefehls bisher noch nicht begonnen war, dann kann er auch für die Zukunft keine Wirkung mehr haben und ist für die

Vergangenheit bedeutungslos. Deshalb muß der Arrest auf Grund eines Widerspruchs des Konkursverwalters in solchem Fall aufgehoben werden.

§ 406 ist unanwendbar, vgl auch § 487 Anm 2 A c, aM Nürnb **78**, 954 mwN.

2) Entscheidung, I, II. A. Endurteil. Das Gericht muß auf Grund des Widerspruchs des Schuldners nach einer mündlichen Verhandlung über den Arrest durch ein Endurteil entscheiden. II regelt den möglichen Inhalt des Endurteils abschließend, von der Frage der Zulässigkeit der mündlichen Verhandlung und dem Angriff auf die Kostenentscheidung abgesehen, BFH BB **81**, 1825. Dieses Endurteil kann wie folgt lauten: **a) Unzulässigkeit.** Das Gericht verweist auf Grund eines Antrags des Arrestklägers im Fall der bloßen Unzuständigkeit das Arrestverfahren an das zuständige Gericht, ohne den Arrest aufzuheben, Stgt MDR **58**, 171, Heberlein BB **72**, 337, ThP 1, abw Bernaertz MDR **79**, 97, Teplitzky DRiZ **82**, 41 (sie heben zuvor auf). Mangels Antrags oder bei einem anderen Unzulässigkeitsgrund verwirft das Gericht den Widerspruch als unzulässig, Celle GRUR **80**, 946; **b) Zulässigkeit.** Bei einem zulässigen Widerspruch gilt: **aa)** Das Gericht kann den Arrestbeschluß bestätigen; **bb)** das Gericht kann den Arrestbeschluß abändern, ihn also teilweise bestätigen und teilweise aufheben. Es kann dem Arrest auch einen gänzlich oder teilweise anderen Inhalt geben; **cc)** das Gericht kann den Arrestbeschluß aufheben und muß dann zugleich den Arrestantrag zurückweisen; **dd)** das Gericht kann die Bestätigung, die Änderung oder die Aufhebung des Arrests davon abhängig machen, daß der Gläubiger oder der Schuldner erstmals oder zusätzlich eine Sicherheit leisten.

Eine Abänderung ist auch in einer Wettbewerbssache grundsätzlich zulässig, vgl § 938 Anm 1, aM Lipps NJW **70**, 226. Sie ist jedoch nicht zulässig, sofern dadurch die Instanz entzogen würde. Wenn der Arrestgrund im Zeitpunkt des Schlusses der mündlichen Verhandlung, LG Düss NJW **75**, 1367, nicht oder nicht mehr besteht, dann müssen der Arrestbeschluß und nicht nur seine Vollziehung aufgehoben werden. Das gilt auch in der zweiten Instanz, wenn nach dem Zeitpunkt der Bestätigung der ersten Instanz veränderte Umstände eingetreten sind. Wenn andererseits gegen ein den Arrest aufhebendes Urteil eine Berufung erfolgreich war, dann muß der aufgehobene Arrest unter einer Abänderung des aufhebenden Urteils bestätigt werden und darf nicht neu erlassen werden, Düss BB **81**, 394 mwN. Eine andere Frage ist diejenige, welche Wirkung die vorläufige Aufhebung durch eine vorläufig vollstreckbare Entscheidung des erstinstanzlichen Gerichts hat, dazu Hbg MDR **77**, 148 mwN, Mü OLGZ **69**, 199.

Das Urteil wirkt rechtsgestaltend, § 922 Anm 3 A. Die Aufhebung wirkt ab ihrer Verkündung, StJGr Rdz 8 mwN, Teplitzky DRiZ **82**, 46, ThP 2, aM Ffm BB **82**, 832 (evtl Rückwirkung auf den Verbotszeitpunkt bei einer einstweiligen Verfügung). Das Gericht muß von Amts wegen klären, ob eine Sicherheitsleistung notwendig ist, KG DB **80**, 301. Das Gericht muß die Art und die Höhe einer erforderlichen Sicherheitsleistung nach § 108 bestimmen. Wenn der Schuldner die verlangte Sicherheit geleistet hat, dann kann er nach § 766 die Aufhebung der Vollziehungsmaßnahmen fordern. Celle NJW **70**, 54 wendet in einem solchen Fall § 717 I entsprechend an; sie verkennt aber das zB in § 929 I zum Ausdruck kommende besondere Schutzbedürfnis des Gläubigers, vgl § 939. Wenn der Anspruch des Gläubigers im Hauptprozeß rechtskräftig abgewiesen wird, muß das Arrestgericht den Arrest zwangsläufig aufheben. Wenn der Gläubiger im Hauptprozeß gewinnt, dauert oft das Sicherungsbedürfnis im Arrestverfahren fort, vor allem dann, wenn der im Hauptprozeß erstrittene Titel nicht vollstreckbar oder nur unter wesentlich schlechteren Voraussetzungen vollstreckbar ist, § 927 Anm 2 B.

Wenn solche Gefahren nicht bestehen und wenn der Gläubiger auf Grund einer Aufforderung des Schuldners auf den Arrestanspruch unverzüglich verzichtet, da sich der Arrest erledigt habe, dann muß das Gericht die Kosten des Arrestverfahrens demjenigen auferlegen, der ohne diese Erledigungswirkung unterlegen wäre, vgl § 93 Anm 4, Düss NJW **72**, 1956, Schulze zur Wiesche NJW **72**, 1928 mwN. Im Fall einer beiderseitigen Erledigungserklärung ist § 91a anwendbar. Wenn die Erledigung durch eine Zahlung des Schuldners eingetreten ist und dieser gleichwohl der Erledigungserklärung des Gläubigers widerspricht, dann kommt es darauf an, ob der Arrest nunmehr noch berechtigt ist, § 93 Anm 4, aM Schlüter ZZP **80**, 452.

Eine Kostenentscheidung ist stets notwendig, §§ 91 ff, nicht § 788. Sie umfaßt die gesamten Kosten des Arrestverfahrens. Sie ist evtl nach § 321 nachzuholen. Im Aufhebungsfall muß der Gläubiger auch die Vollzugskosten tragen. Wenn der Arrest bzw eine einstweilige Verfügung nur zum Teil angefochten wird, dann ist eine Kostenentscheidung über diesen Teil des Verfahrens erforderlich. Diese Kosten müssen bei einer etwaigen späteren Anfechtung des Rests in die daraufhin ergehende Kostenentscheidung unverändert einbezogen

5. Abschnitt. Arrest und einstweilige Verfügung §§ 925, 926

werden, Düss NJW **70**, 618. Wegen der Widerspruchsrücknahme § 924 Anm 2 A aE. Eine Erledigungserklärung ist möglich, Hamm WRP **69**, 119.

Das Versäumnisverfahren verläuft wie bei § 922 Anm 3 B.

Gebühren: Des Gerichts KV 1054–1057; des RA § 40 BRAGO. Wert: Anh § 3 „Arrest".

B. Vollstreckbarkeit. Ein Urteil, das den Arrest bestätigt, ist ebenso wie der Arrest ohne weiteres vollstreckbar, auch wegen der Kosten. Deshalb wird es nicht ausdrücklich für vollstreckbar erklärt, § 929 Anm 1. Ein Urteil, das den Arrestbefehl aufhebt, abändert oder von einer Sicherheitsleistung abhängig macht, ist von Amts wegen ohne eine Sicherheitsleistung für vorläufig vollstreckbar zu erklären, § 708 Z 6. Ein solches Urteil schafft den Arrest oder die einstweilige Verfügung noch nicht aus der Welt, Hbg MDR **77**, 148 mwN, aM zB Mü OLGZ **69**, 199, StJGr Rdz 19, Teplitzky DRiZ **82**, 46, ThP 2, ZöSche II 1; jedoch tritt mit der Verkündung des aufhebenden Urteils die Vollstreckbarkeit des Arrests bzw der einstweiligen Verfügung außer Kraft, § 717, Düss NJW **70**, 54.

Eine Einstellung der Zwangsvollstreckung ist wie bei § 719 Anm 1 A zulässig, im übrigen evtl auf Grund der Vorlegung eines Urteils in den Fällen der §§ 775 Z 1 und 3, 776, vgl aber oben A. Die Zustellung des Urteils ist keine Voraussetzung der Einstellung der Zwangsvollstreckung. Wenn der Gläubiger eine Sicherheit leisten soll, dann stellt das Vollstreckungsgericht die Vollstreckung des Arrests ein, solange die Sicherheit nicht erbracht ist, § 766. Wenn der Schuldner die Sicherheit leisten soll, dann muß er die Sicherheitsleistung nachweisen, § 775 Z 3.

3) Berufung. Vgl zunächst § 922 Anm 3 C. Auch jetzt gelten §§ 920 II, 294 II. Wenn das Gericht den Arrest aufgehoben hat und der Gläubiger die Berufung einlegt, dann ist ihm dringend zu empfehlen, einen Antrag auf eine Einstellung der Vollziehung zu stellen, §§ 719, 707, vgl auch Mü OLGZ **69**, 200. Denn eine aufgehobene Zwangsvollstreckungsmaßnahme lebt nicht wieder auf, Mü OLGZ **69**, 196, LG Bonn NJW **62**, 161, StJGr III 1, Winkler MDR **62**, 88, ZöSche II 2, aM Hbg MDR **77**, 148 (freilich ist die gelegentlich anzutreffende Meinung unrichtig, sogar die Unmöglichkeit einer neuen Vollziehung mache die Berufung gegenstandslos). In der Berufungsinstanz kann man auch solche Tatsachen vorbringen, die erst nach dem Erlaß des erstinstanzlichen Urteils eintraten, auch solche, die zum Antrag nach § 626 II oder § 627 berechtigen. Wenn auf Grund des Widerspruchs nur wegen der Kosten ein Urteil ergangen ist, dann sind weder die Berufung, § 99 I, noch die Beschwerde statthaft, und zwar die letztere deshalb nicht, weil weder eine Erledigung nach § 91 a eingetreten ist noch ein Anerkenntnisurteil nach § 99 II vorliegt, zB Oldb MDR **76**, 674, aM zB Hbg MDR **76**, 674, Teplitzky DRiZ **82**, 45, ThP 2, Wedemeyer NJW **79**, 298 je mwN.

4) Einspruch. Wegen seiner Zulässigkeit nach einem Versäumnisurteil § 322 Anm 3 B.

5) VwGO: Unanwendbar, Art 2 § 3 EntlG, s § 924 Anm 5.

---

926 *Anordnung der Klagerhebung.* [I] Ist die Hauptsache nicht anhängig, so hat das Arrestgericht auf Antrag ohne mündliche Verhandlung anzuordnen, daß die Partei, die den Arrestbefehl erwirkt hat, binnen einer zu bestimmenden Frist Klage zu erheben habe.

[II] Wird dieser Anordnung nicht Folge geleistet, so ist auf Antrag die Aufhebung des Arrestes durch Endurteil auszusprechen.

Schrifttum: Mädrich, Das Verhältnis der Rechtsbehelfe des Antragsgegners im einstweiligen Verfügungsverfahren, 1980 (Bespr Baur NJW **81**, 970, Pecher ZZP **95**, 101, Teplitzky AcP **181**, 252).

1) Allgemeines. Das Gesetz wahrt dem Schuldner die Möglichkeit, immer eine Entscheidung zur Hauptsache herbeizuführen, BGH **68**, 293. Es soll verhindern, daß der Gläubiger mit dem Arrest oder der einstweiligen Verfügung dadurch Mißbrauch treibt, Einl III 6 A a, daß er den Titel als Druckmittel ohne ernsthafte Absicht weiterer Rechtsverfolgung beliebig lange aufrechterhält, Ffm NJW **83**, 1130. Es soll aber auch verhindern, daß der Gläubiger gezwungen wird, eine Hauptsacheklage zu erheben, die, zB wegen einer anderweitigen Rechtshängigkeit, unzulässig wäre, Ffm MDR **81**, 237 mwN. Der Schuldner hat zwei Möglichkeiten: **a)** Er kann nach § 926 vorgehen; **b)** er kann außerdem, BGH NJW **78**, 2158 mwN, eine leugnende Feststellungsklage erheben, Zweibr FamRZ **80**, 1042, und auf Grund eines siegreichen Urteils nach § 927 vorgehen, Baur 80, Klauser MDR **81**, 716,

StJGr I, ZöSche I 1, aM BGH **JZ 61**, 295 (aber § 926 ändert nichts an dem Grundsatz, daß außer dem dort gegebenen Weg die Feststellungsklage möglich ist. Ihr steht nicht etwa die Rechtskraft des Arrests entgegen. Denn über seine Berechtigung wird durch die Klage ja gerade entschieden). Dieser Weg kann Vorteile bieten. Freilich kann für ihn das Feststellungsinteresse fehlen, Dunz JZ **61**, 296.

Über das Zusammentreffen von § 926 und einem Widerspruch vgl § 924 Anm 1 D. Man kann gegen den Arrest nur mit dem zulässigen Rechtsbehelf vorgehen. Eine Unterlassungsklage ist unzulässig. Denn das Verhalten des Bekl kann wegen der Existenz des Arrests nicht rechtswidrig sein, BGH **LM** Nr 1.

2) Anordnung, I. A. Voraussetzungen. Das Arrestgericht darf eine Anordnung nach I unter folgenden Voraussetzungen treffen:

a) Keine Anhängigkeit der Hauptsache. Die Hauptsache darf nicht vor einem inländischen oder vor einem ausländischen Gericht, dessen Urteil anerkennungsfähig ist, Ffm Rpfleger **81**, 118, anhängig sein. Eine Rechtshängigkeit darf natürlich erst recht nicht eingetreten sein, Ffm MDR **81**, 238. Schon das Mahnverfahren hindert, Köln OLGZ **79**, 119. Der Gläubiger muß die Anhängigkeit der Hauptsache nachweisen. Der Schuldner braucht nicht etwa das Gegenteil nachzuweisen, Ffm MDR **81**, 238.

b) Arrest. Es muß ein Arrest in Urteils- oder Beschlußform vorliegen. Er braucht weder zugestellt noch gar vollzogen worden zu sein. Ein bereits eingelegter Widerspruch ist unschädlich, ebenso eine zulässige oder erfolgte Abwendung nach § 923.

c) Antrag. aa) Rechtsschutzbedürfnis. Der Schuldner muß einen Antrag gestellt haben. Dieser Antrag ist zulässig, sobald und solange für ihn ein Rechtsschutzbedürfnis besteht. Das ist grds der Fall, solange der Arrest noch wirksam besteht. Eine Hinterlegung nach § 923 beseitigt das Rechtsschutzbedürfnis natürlich nicht. ZöSche I 3 lassen den Antrag sogar schon vor dem Erlaß des Arrests zu.

Kein Rechtsschutzbedürfnis besteht nach einem Gläubigerverzicht, Karlsr WRP **80**, 713, oder bei einer Teilaufhebung und restlichen Teilerledigung, BGH NJW **73**, 1329. Das Rechtsschutzbedürfnis muß ferner verneint und der Antrag nach I demgemäß zurückgewiesen werden, wenn der Schuldner inzwischen geleistet hat, Ffm NJW **72**, 1330, LG Mainz NJW **73**, 2295, Klauser MDR **71**, 716, und wenn der Gläubiger ihn von jeder künftigen Inanspruchnahme sichergestellt hat, BGH **LM** Nr 4, vgl § 927 Anm 3 D, ähnlich Schlüter ZZP **80**, 464. Das gilt auch dann, wenn der Gläubiger wegen der Erledigung des Arrestverfahrens nicht eine Klage in der Hauptsache erhoben hat (für die letztere besteht dann ebenfalls kein Rechtsschutzbedürfnis), BGH **LM** Nr 3. Deshalb gibt es auch keine Hauptsacheklage nach einer einstweiligen Verfügung auf eine Unterlassung oder hilfsweise auf die Feststellung einer Berechtigung des Unterlassungsanspruchs, wenn die Wiederholungsgefahr entfallen ist und damit ein Rechtsschutzbedürfnis fehlt, BGH **LM** Nr 4, Hbg MDR **70**, 935, vgl Köln Rpfleger **81**, 26, Mü GRUR **82**, 321.

bb) Erledigung. Der Zweck des § 926 besteht darin, dem Schuldner die Möglichkeit zu geben, gegen einen unbegründeten Arrest anzugehen, der ihn in den meisten Fällen überrascht hat. Wenn der Schuldner seine Verpflichtung erfüllt hat und wenn der Gläubiger den Schuldner von der Arrestlast befreit hat, dann würde der Gläubiger eine neue Klage erheben müssen, deren Hauptsache schon vorher erledigt ist, § 91a Anm 2 A a, b. Im Streitfall erfolgt eine Feststellung, ob eine Erledigung eingetreten ist, und nicht eine Aufhebung nach II, LG Aachen MDR **73**, 506. Wenn der Schuldner nach dem Zeitpunkt der Klagerhebung zahlt, dann muß er (im Aufhebungsprozeß der Kläger, Anm 4 A) die Sache für erledigt erklären, falls der Gläubiger ihn vor jeder weiteren Inanspruchnahme sichert.

cc) Form. Der Antrag ist schriftlich zu stellen. Es herrscht kein Anwaltszwang, § 13 RPflG, Anh § 153 GVG, Bergerfurth Rpfleger **78**, 205. Man kann den Antrag zum Protokoll des Urkundsbeamten der Geschäftsstelle eines jeden AG stellen, § 129a.

dd) Verzicht. Der Schuldner kann auf den Antrag verzichten, vgl § 924 Anm 2 F. In einer Beschränkung des Widerspruchs auf die Kostenfrage, § 924 Anm 2 A, kann ein Verzicht auf einen Anspruch nach § 926 liegen, Stgt WRP **80**, 102.

B. Verfahren. Ausschließlich zuständig, § 802, ist das Arrestgericht, also dasjenige Gericht, das den Arrest durch einen Beschluß oder durch ein Urteil angeordnet hat. Das gilt unabhängig davon, wo das Widerspruchs- oder Aufhebungsverfahren nach § 927 derzeit schwebt. Die Anordnung erfolgt durch den Rpfl, § 20 Z 14 RPflG, Anh § 153 GVG. Wenn das Beschwerdegericht oder das Berufungsgericht den Arrest angeordnet haben, dann ist das untere Gericht zuständig, ThP 3 b, ZöSche I 2, aM Karlsr NJW **73**, 1509; vgl auch § 924 Anm 2 B.

Das Gericht darf grundsätzlich nur die förmliche Zulässigkeit des Antrags prüfen, also nicht die Erfolgsaussicht der anzuordnenden Klagerhebung, Köln Rpfleger 81, 26. Nur bei einer offenkundigen Aussichtslosigkeit der Klage mag der Antrag zurückzuweisen sein, BGH NJW 74, 503, vgl Köln Rpfleger 81, 26 (offen) mwN. Grundsätzlich muß der Rpfl die allgemeinen Prozeßvoraussetzungen prüfen, Grdz 3 vor § 253. Für den Fall, daß die Hauptsacheklage anhängig ist, hat er allerdings nicht zu prüfen, ob die Prozeßvoraussetzungen erfüllt sind, Ffm MDR 81, 238 mwN. Wenn sie gegeben ist und wenn nicht schon vorher eine Klage erhoben wurde, dann darf das Gericht den Antrag nicht mehr zurückweisen. Wenn keine Klage möglich ist, dann sind auch weder ein Arrest noch eine einstweilige Verfügung zulässig.

C. Entscheidung. Die Entscheidung ergeht durch einen Beschluß, und zwar stets ohne eine mündliche Verhandlung. Die Formel des Beschlusses lautet etwa: „Der Gläubiger hat bis zum ... bei dem Gericht der Hauptsache Klage zu erheben" (s Anm 3 A); „nach einem erfolglosen Fristablauf ist der Arrestbefehl aufzuheben". Im Beschluß braucht das Gericht nicht mitzuteilen, welches Gericht dasjenige der Hauptsache sei. Es sollte auch dazu keine Erläuterung geben. Der Beschluß ist zu begründen, § 329 Anm 1 A b. Ein ablehnender Beschluß wird nur dem Schuldner formlos mitgeteilt. Der anordnende Beschluß wird dem Schuldner formlos mitgeteilt und dem Gläubiger von Amts wegen zugestellt, § 329 II 2. Mit dieser Zustellung beginnt der Fristlauf. Die Frist wird nach § 222 berechnet. Sie kann nach § 224 II verlängert werden. Eine Klagerhebung vor einem unzuständigen Gericht wahrt die Frist deshalb, weil das unzuständige Gericht die Sache an das zuständige Gericht verweisen darf, Karlsr NJW 73, 1509.

In einer Arbeitnehmererfindungssache ist keine besondere Fristerstreckung notwendig. Denn in einem solchen Fall ist das im allgemeinen vorgeschaltete Schiedsverfahren, § 253 Anm 1 D, nicht erforderlich, § 920 Anm 1 A d.

Gebühren: Des Gerichts: keine; des RA § 40 BRAGO.

D. Rechtsbehelfe. a) Gläubiger. Er hat gegen den stattgebenden Beschluß nur die befristete Erinnerung nach § 11 I 2 letzter Hs RPflG, Anh § 153 GVG. Denn es liegt keine Entscheidung in der Zwangsvollstreckung vor, sondern eine Maßnahme zur Klärung, ob der Arrest Bestand haben soll, Schlesw SchlHA 82, 44. Daher ist § 793 unanwendbar, Schlesw SchlHA 82, 44.

Über die Erinnerung muß aus diesen Gründen das Gericht des Rpfl entscheiden, § 11 II 2 letzter Hs, Schlesw SchlHA 82, 44 mwN. Der Gläubiger muß die Rechtshängigkeit oder den Besitz eines Vollstreckungstitels in der mündlichen Verhandlung nach II einwenden.

Gegen die Verweigerung einer Fristverlängerung ist gemäß § 225 III kein Rechtsbehelf statthaft.

b) Schuldner. Er kann gegen einen zurückweisenden Beschluß oder gegen die Gewährung einer zu langen Frist durch den Rpfl aus denselben Gründen wie bei a die befristete Erinnerung einlegen, § 11 I 2 RPflG, Anh § 153 GVG, aM ThP 1 e, ZöSche I 4 (unbefristete Erinnerung).

Das weitere Erinnerungsverfahren verläuft wie bei a.

c) Richterliche Entscheidung. Gegen die Entscheidung des Richters ist kein Rechtsmittel statthaft. Denn die Entscheidung ist nicht in der Zwangsvollstreckung ergangen und es liegt auch keine der Voraussetzungen des § 567 vor, a, aM ThP 1 e, ZöSche I 4; es handelt sich auch nicht um ein das Verfahren betreffendes Gesuch. Infolgedessen wäre gegen eine richterliche Fristsetzung kein Rechtsmittel statthaft.

3) Klagerhebung, I. A. Allgemeines. Nur der Gläubiger oder sein Rechtsnachfolger, LG Ffm NJW 72, 955, können die Klage nach § 926 zulässig erheben. Die Klage muß die Hauptsache betreffen, also den unmittelbar gesicherten Anspruch, Ffm NJW 83, 1130. Das tut sie zB dann nicht, wenn eine einstweilige Verfügung auf die Eintragung einer Sicherungshypothek erging, die Klage jedoch eine Zahlung zum Ziel hat, Ffm NJW 83, 1130 mwN. Die Klage muß wenn möglich auf eine Leistung lauten und darf nur andernfalls auf eine Feststellung ergehen, BGH LM Nr 4. Ein Feststellungsinteresse des § 256 I begründet die Auflage, Ausnahmen Anm 2 A.

Eine Klage vor dem vereinbarten Schiedsgericht reicht aus. Wenn das Schiedsgericht erst noch gebildet werden muß, dann muß man die Frist reichlich bemessen. Als eine Klage gilt auch die Einleitung des Verfahrens vor einem gebildeten Schiedsgericht. Eine Klage vor einem ausländischen Gericht genügt nur dann, wenn die Anerkennung des Urteils gesichert ist. Ein Antrag auf den Erlaß eines Mahnbescheids reicht aus, Köln OLGZ 79, 119, LG Mainz NJW 73, 2295. Er leitet ein Verfahren ein, bei dem es von dem Willen der Parteien abhängt, einen rechtskräftigen Titel zu erlangen. Der Gläubiger kann im Fall der Zuständigkeit mehrerer Gerichte die Hauptsacheklage auch bei einem anderen Gericht als demjenigen erheben, das (auch oder nur) für den Arrest zuständig war, Karlsr NJW **73**, 1509.

Die Klagerhebung bei einem unzuständigen Gericht wahrt die Frist, Nürnb BayJMBl **57**, 428. Es reicht auch aus, daß die Klage rechtzeitig eingereicht wurde, wenn das Gericht die Klage gemäß § 270 III demnächst zustellen läßt, Hbg WRP **78**, 907, vgl auch Köln NJW **67**, 2063 (abl Bergerfurth NJW **68**, 115), LG Bln MDR **57**, 552, ZöSche I 5, aM Hbg MDR **77**, 237, KG WRP **76**, 378, ThP 2. Dieser Weg setzt allerdings voraus, daß der Kläger seinerseits alles getan hat, um eine baldige Zustellung zu ermöglichen. Der Kläger muß bis zum Schluß der letzten mündlichen Verhandlung darlegen, daß er solche Bemühungen angestellt hat, aM LG Hamm MDR **56**, 685. Ein Antrag auf die Bewilligung einer Prozeßkostenhilfe reicht aus, Schneider MDR **82**, 722 mwN, StJGr III, ZöSche I 5, aM zB ThP 2, nicht aber eine einseitige Erledigungserklärung des Arrestprozesses durch den Kläger, vgl Hbg MDR **65**, 49. Es muß ein Rechtsschutzbedürfnis vorliegen. Es wird für die Hauptsacheklage natürlich nicht durch das Vorhandensein des, auch bestätigten, Arrests beseitigt, Hbg GRUR **71**, 282; ebenso natürlich müssen die sachlichrechtlichen Voraussetzungen erfüllt sein, Hbg MDR **70**, 935. Die Aussichten der Klage sind unerheblich, BGH **LM** Nr 4. Der Gläubiger muß immer in voller Höhe klagen, wenn er den Arrest voll aufrechterhalten will. Eine Teilklage ermöglicht nur eine teilweise Erhaltung.

Wenn die Klage auch nur durch ein Prozeßurteil, Üb 2 A b vor § 300, rechtskräftig abgewiesen worden ist, dann ist die Frist versäumt und muß der Arrest aufgehoben werden, wenn nicht der Gläubiger vor dem Schluß der mündlichen Verhandlung neu geklagt hat, vgl §§ 927 Anm 2 A, 109 Anm 2 B a. Wenn der Gläubiger einen vollstreckbaren Titel in Händen hat, dann erklärt das Gericht auf die Auflage in der mündlichen Verhandlung für erledigt. Die Klage eines Rechtsnachfolgers reicht aus, LG Ffm NJW **72**, 955.

B. Fristversäumung. Wenn der Schuldner im Fall einer Fristversäumung keinen Aufhebungsantrag stellt oder wenn die Klage zur Hauptsache bis zum Schluß der mündlichen Verhandlung über den Aufhebungsantrag zugestellt ist, dann schadet die Verspätung nicht, § 231 II, Anm 4 A, KG MDR **71**, 767.

4) Aufhebung, II. A. Verfahren. Der Schuldner muß einen Verhandlungstermin schriftlich oder beim AG auch zum Protokoll des Urkundsbeamten beantragen. Anwaltszwang herrscht wie sonst, Bergerfurth Rpfleger **78**, 205. Zuständig ist grds das Arrestgericht, jedoch das Berufungsgericht, wenn der Arrestprozeß dort bereits anhängig ist, ThP 3 b mwN, so wohl auch ZöSche II 1, aM Karlsr NJW **73**, 1509 (zuständig sei das Berufungsgericht, wenn es den Arrest erlassen hatte). Das Gericht lädt die Parteien von Amts wegen, § 274. Zur Stellung des Schuldners im Verfahren § 927 Anm 3 A. Es muß ein Rechtsschutzbedürfnis bestehen, BGH NJW **74**, 503. Es ist eine mündliche Verhandlung notwendig. Der Aufhebungsantrag ist schon vor dem Ablauf der Rechtsmittelfrist zulässig, Hbg MDR **77**, 148. Das Gericht muß dem Gläubiger den Aufhebungsantrag zustellen. Andernfalls darf keine Versäumnisentscheidung ergehen, § 335 I Z 3. Der Antrag kann auch noch in der Berufungsinstanz gestellt werden, Karlsr NJW **73**, 1509. Der Gläubiger muß eine rechtzeitige Klagerhebung glaubhaft machen.

Wenn das Arrestgericht ohnedies über einen Einspruch oder über einen Aufhebungsantrag nach § 927 verhandelt, dann darf der Schuldner den Antrag in diesem Termin stellen. Die Gegenmeinung müßte zur Aufrechterhaltung eines Arrests führen, der aus einem anderen Grund unhaltbar geworden ist. Der Schuldner muß glaubhaft machen, daß die Frist nach I ergebnislos verstrichen ist. Wenn der Gläubiger nach dem Fristablauf, aber vor dem Schluß der Verhandlung der ersten Instanz klagt, § 231 II, vgl Anm 3 B und Ffm MDR **77**, 849 mwN, Köln OLGZ **79**, 119, LG Hann MDR **56**, 695 (später ist die Klage unzulässig, Hbg MDR **77**, 237 mwN), dann muß er entspr § 93 die Kosten tragen, falls der Schuldner den Antrag im Termin zurücknimmt bzw für erledigt erklärt, Ffm MDR **82**, 328 mwN, Schlesw SchlHA **59**, 297. Wenn der Schuldner gezahlt hat, vgl Anm 2 A c. §§ 924 III, 707, 719 sind entsprechend anwendbar, Düss MDR **70**, 58.

Wenn das Arrestgericht den Arrestantrag für erledigt erklärt, BGH NJW **73**, 1329, oder den Arrest aufgehoben hat, ist der Antrag nach II unzulässig, ThP 3 c, ZöSche II 2 a, aM Hbg WRP **76**, 777. Auch wenn der Gläubiger im Hauptverfahren siegt, ist ein Antrag unzulässig, Ffm NJW **72**, 1331. Das Versäumnisverfahren verläuft wie sonst. Bleibt der Gläubiger aus, dann gilt die Nichtanhängigkeit der Hauptsache als zugestanden, Ffm MDR **81**, 238 mwN. Die Aufhebung des Arrests erfolgt immer durch ein Urteil, unabhängig davon, ob der Arrest durch einen Beschluß oder durch ein Urteil angeordnet worden war.

5. Abschnitt. Arrest und einstweilige Verfügung §§ 926, 927

B. Entscheidung. Das Urteil ergeht auf eine Zurückweisung des Antrags oder auf die Aufhebung des Arrests. Das aufhebende Urteil wird sofort wirksam. Man kann in diesem Verfahren keinen Schadensersatz nach § 945 verlangen. Die Aufhebung des Arrests wirkt zurück, Ffm NJW **82**, 1056. Wenn man einen neuen Arrestantrag damit begründen kann, daß man eine gegenwärtige Gefährdung glaubhaft macht, dann ist ein solcher neuer Antrag zulässig.

Die Kostenentscheidung ergeht nach §§ 91ff, nicht nach § 788. Sie muß das gesamte Arrestverfahren betreffen und darf nicht nur auf das Aufhebungsverfahren beschränkt sein, KG WRP **76**, 378. Deshalb trägt der Gläubiger die Kosten, selbst wenn der Arrest im Zeitpunkt seiner Anordnung begründet war, vgl auch Neustadt MDR **57**, 368. Über die Arrest- und Hauptprozeßkosten s § 91 Anm 2 D. Eine Sicherheitsleistung ist zurückzugeben, § 109 Anm 2 Ba, Köln MDR **76**, 939.

Die vorläufige Vollstreckbarkeit ergibt sich im Fall der Aufhebung aus § 708 Z 6, sonst nach §§ 708 Z 11, 709 S 1.

Gebühren: Des Gerichts KV 1051, 1056, 1057; des RA § 40 BRAGO. Wert: Anh § 3 „Arrest".

C. Rechtsmittel. Gegen das Urteil ist Berufung statthaft. Die Revision ist unzulässig, § 545 II 1.

*5) VwGO: Gilt entsprechend für die einstwAnO, § 123 III VwGO, dazu Finkelnburg Rdz 253–261. Nötig ist stets der Antrag eines betroffenen Beteiligten, Kopp § 123 Rdz 37, aM Finkelnburg Rdz 254 (auch vAw). Gegen die Aufforderung, I, ist Beschwerde nach § 146 VwGO gegeben, OVG Saarl DÖV **74**, 320, ebenso gegen ihre Ablehnung, SchCl § 123 Anm 4d hh, aM RedOe § 123 Anm 28. Der Antrag ist unzulässig, wenn für die Klage offensichtlich kein Rechtsschutzbedürfnis mehr besteht, OVG Münst AS **29**, 316. Im Bereich der Anfechtungs- und Verpflichtungsklage kann nur aufgegeben werden, den zulässigen Rechtsbehelf (Widerspruch oder Klage) zu ergreifen bzw den nötigen Antrag zu stellen, Kopp § 123 Rdz 38, abw VGH Kassel NJW **80**, 1180 (stets Klage, ggf mit Frist für das Vorverfahren). Die Aufhebung der einstw AnO, II, ist durch Endurteil auszusprechen, OVG Hbg VerwRspr **30**, 881, aM EF § 123 Rdz 23; Art 2 § 3 EntlG gilt hier nicht, Finkelnburg Rdz 260. Aufzuheben ist auch dann, wenn die Klage zwar fristgerecht erhoben ist, dann aber zurückgenommen wird; bei nachträglicher Erledigung muß der Kläger, um die Folge des II zu vermeiden, ggf zur Fortsetzungsfeststellungsklage übergehen, OVG Hbg aaO. Der Rechtszug endet entspr § 136 VwGO beim OVG.*

927

Aufhebung wegen veränderter Umstände. ¹ Auch nach der Bestätigung des Arrestes kann wegen veränderter Umstände, insbesondere wegen Erledigung des Arrestgrundes oder auf Grund des Erbietens zur Sicherheitsleistung die Aufhebung des Arrestes beantragt werden.

ᴵᴵ Die Entscheidung ist durch Endurteil zu erlassen; sie ergeht durch das Gericht, das den Arrest angeordnet hat, und wenn die Hauptsache anhängig ist, durch das Gericht der Hauptsache.

Schrifttum: Mädrich, Das Verhältnis der Rechtsbehelfe des Antragsgegners im einstweiligen Verfügungsverfahren, 1980 (Bespr Baur NJW **81**, 970, Pecher ZZP **95**, 101, Teplitzky AcP **181**, 252).

1) Allgemeines. § 927 gibt dem Schuldner die Möglichkeit, wegen einer Veränderung der Umstände die Aufhebung des Arrests herbeizuführen, da dessen Fortdauer nunmehr unbegründet wäre. Nur die Fortdauer des Arrests ist also im Streit. Gegen die ursprüngliche Rechtmäßigkeit des Arrests richtet sich allenfalls ein Widerspruch nach § 924. Wenn das Gericht diesem Widerspruch nicht stattgibt oder wenn der Arrest durch ein Urteil erlassen wurde, § 922, dann ist gegen diese Entscheidung die Berufung auch mit der Begründung zulässig, die Umstände hätten sich verändert, Hamm WRP **78**, 394. Infolgedessen kann der Schuldner im Verfahren nach § 927 nicht vortragen, der Arrest sei von vornherein unbegründet gewesen.

Der Antrag nach § 927 ähnelt der Abänderungsklage des § 323 nur entfernt. Er verlangt namentlich eine Veränderung nach dem Zeitpunkt der Bestätigung des Arrests. Das ergibt sich auch aus den Worten „auch nach der Bestätigung". Der Antrag ist also auch nach einer Durchführung des Widerspruchsverfahrens zulässig. Der Antrag kann aber auch neben einem Widerspruchsverfahren zur Wahl stehen, § 924 Anm 1 D. Da es sich bei § 927 lediglich um die Fortdauer des Arrests handelt, ist kein Verzicht möglich, vgl Mü SJZ **50**, 827, aM wohl Ffm NJW **68**, 2112, ferner ThP 1 a. Deshalb ist der Antrag im Fall einer einstweiligen Verfügung unzulässig, wenn sie sich so vollständig erledigt hat, daß ihre formelle Aufhebung offenkundig überflüssig ist, Mü GRUR **82**, 322, LG Mainz NJW **73**, 2295. Bei einem Arrest dauert freilich das Rechtsschutzbedürfnis an, solange der Arrest noch äußerlich besteht. Es kann allerdings während des Berufungsverfahrens über den Arrest, Hamm GRUR **78**, 611, oder dann fehlen, wenn aus dem Arrest keine weiteren Auswirkungen mehr drohen, Hbg MDR **60**, 59, zB dann, wenn der Gläubiger darauf verzichtet, Rechte aus dem Arrest geltend zu machen, Ffm NJW **68**, 2114. Eine anderweitige Rechtshängigkeit oder Rechtskraft kann zu beachten sein, Düss NJW **55**, 1844 (zustm Schwab).

Das Ziel des § 927 läßt sich nicht mit einer Klage, etwa aus § 323, erreichen. Über das Zusammentreffen mit den §§ 924, 926 vgl § 924 Anm 1 D, dort auch über die Vollstreckungsabwehrklage und über die Notwendigkeit eines Rechtsschutzinteresses.

2) Voraussetzungen, I. § 927 setzt voraus, daß sich die Umstände verändert haben, daß also nach dem Erlaß oder nach der Bestätigung des Arrestbefehls eine Änderung eingetreten ist. Der Schuldner braucht diese Veränderung erst nach den eben genannten Zeitpunkten erfahren zu haben. Die Veränderung kann in folgenden Punkten vorliegen:

A. Arrestanspruch. Die Veränderung kann im Arrestanspruch eingetreten sein. Das gilt zB dann, wenn die Hauptklage abgewiesen wurde, unabhängig davon, ob diese Entscheidung rechtskräftig geworden ist, BGH NJW **78**, 2158, BayObLG Rpfleger **80**, 294. Es kommt dann auf die Lage des Falls an, BGH WRP **76**, 134, insofern richtig auch KG DB **80**, 301. Auch ein den Hauptanspruch verneinendes Feststellungsurteil genügt. Es kann auch eine Abweisung wegen des Fehlens einer Prozeßvoraussetzung genügen, etwa wegen des Fehlens der Zuständigkeit des Gerichts. Dann bleibt allerdings die Zuständigkeit des Arrestgerichts bestehen, § 919 Anm 2 D. Deshalb kommt es in solchem Fall darauf an, daß der Gläubiger nicht neu geklagt hat. Es kann auch der Umstand eingetreten sein, daß der Anspruch erloschen oder verjährt ist, Hamm BB **78**, 574; Hamm BB **77**, 412, läßt offen, ob eine Verjährung vor dem Erlaß des Arrests beachtlich ist. Der Arrestanspruch mag auch nicht mehr glaubhaft sein. Es müssen alle Anspruchsgrundlagen weggefallen sein, Saarbr NJW **71**, 946.

B. Arrestgrund. Es kann eine Veränderung im Arrestgrund eingetreten sein. Beispiele: Der Schuldner hat fast eineinhalb Jahre hindurch den titulierten Unterhalt „freiwillig" gezahlt, Zweibr FamRZ **83**, 415 (selbst wenn er wegen des inzwischen anhängigen Scheidungsverfahrens nicht mehr zahlt); er hat jetzt ein Vermögen im Inland, das der Zwangsvollstreckung zugänglich ist, § 917 II; er hat im Fall des § 918 eine eidesstattliche Versicherung abgegeben; der Gläubiger kann jetzt auf Grund eines rechtskräftigen Leistungsurteils vollstrecken (eine vorläufige Vollstreckbarkeit genügt nicht, KG WRP **79**, 547). Das Gericht muß jedoch auch dann beachten, ob der Rang des Pfandrechts erhalten bleibt, vgl Hbg NJW **58**, 1145, LG Bln NJW **56**, 67, Wiecz B III c 3 (wenn das Gericht dem Hauptanspruch stattgibt, ist das kein Aufhebungsgrund, aM Hbg WRP **79**, 135, KG WRP **79**, 547), vgl auch § 925 Anm 2 A und Baur 78. Das Gericht muß in einem solchen Fall die Prinzipien der Prozeßwirtschaftlichkeit und der Beschleunigung abwägen. Nur in diesen Grenzen ist es zulässig, Anspruchsgründe nachzuschieben, Saarbr NJW **71**, 946.

C. Vollziehbarkeit. Die Veränderung kann bei der Vollziehbarkeit eingetreten sein. Beispiele: Die Vollziehungsfrist des § 929 II ist verstrichen, Düss AnwBl **82**, 433, Ffm VersR **81**, 787, Kblz GRUR **81**, 91, Schlesw NJW **72**, 1056, LG Dortm Rpfleger **82**, 276 mwN, Wedemeyer NJW **79**, 294; der Gläubiger hat die Hauptsache nicht nach § 926 anhängig gemacht; die den Arrest bedingende Sicherheit ist nicht geleistet worden, Ffm WRP **80**, 423; über das Vermögen des Schuldners ist das Konkursverfahren, § 14 KO, oder das Vergleichsverfahren, §§ 47, 124 VglO, eröffnet worden, StJGr Rdz 8, ThP 2 d.

Das Gericht hebt nicht nur die Vollziehbarkeit auf, sondern den ganzen Arrest.

D. Sicherheitsleistung. Die Veränderung kann darin liegen, daß der Schuldner jetzt eine Sicherheit leistet. Ein „Erbieten zur Sicherheitsleistung" genügt nur für den Antrag, nicht für die Aufhebung. Deshalb muß das Gericht die Aufhebung in einem solchen Fall unter die aufschiebende Bedingung einer fristgemäßen Sicherheitsleistung stellen. Das Gericht muß die Art und die Höhe der Sicherheitsleistung nach § 108 bestimmen. Zur Bedeutung der Sicherheitsleistung vgl § 923 Anm 1.

E. Unanwendbarkeit. Keine veränderten Umstände liegen zB in folgenden Fällen vor: Ein neues Sachverständigengutachten kommt auf Grund unveränderter Tatsachen zu einer anderen Würdigung; die rechtliche Beurteilung ändert sich (etwas anderes gilt aber dann, wenn sich die gesamte Rechtsanschauung gewandelt hat); der Arrest kann jetzt nicht mehr vollzogen werden, etwa weil über das Vermögen des Schuldners das Konkursverfahren eröffnet worden ist; es ist nach dem AnfG eine Anfechtung des durch die Vollziehung erlangten Pfandrechts erfolgt.

3) Verfahren, I, II. A. Antrag. Antragsberechtigt, also Kläger, können nur sein: Der Schuldner; sein Gesamtrechtsnachfolger; der Konkursverwalter. Nicht antragsberechtigt sind zB: Der Erwerber einer auf Grund des Arrests gepfändeten Sache; der Gläubiger, denn er ist hier der Bekl und kann nur auf die Vollziehung verzichten, worauf dann der Schuldner den Antrag stellen darf; ein Dritter.

Im Verfahren, vor dem AG ist der Antrag auch zum Protokoll der Geschäftsstelle, auch jedes anderen AG, § 129a, zulässig. Sonst ist Schriftform nötig.

Das Gericht ordnet in keinem Fall von Amts wegen das Aufhebungsverfahren an.

B. Weiteres Verfahren. Ausschließlich zuständig, § 802, sind: **a)** Das Gericht der Hauptsache, § 943, wenn die Hauptsache anhängig ist, unabhängig davon, in welcher Instanz, und unabhängig davon, wer den Arrest angeordnet hat. Die Zuständigkeit nach § 621 II geht allerdings vor, Zweibr FamRZ **83**, 415. Das Berufungsgericht ist solange zuständig, bis Revision eingelegt worden ist, Hbg MDR **69**, 931, vgl Schlesw NJW **72**, 1056. S auch § 919 Anm 2 C; **b)** das Arrestgericht, § 919, falls die Hauptsache nicht anhängig ist. Wenn die zweite Instanz die Anordnung des Arrests von einer Sicherheitsleistung abhängig gemacht hatte, § 921, und wenn es die Sicherheit später hat wegfallen lassen, so hatte es sie angeordnet. Der Gläubiger muß die Anhängigkeit nachweisen. Der Schuldner könnte auch kaum das Gegenteil beweisen.

Es müssen die allgemeinen Prozeßvoraussetzungen vorliegen. Der Schuldner muß den Antrag auch im Verhandlungstermin stellen. Ein Anwaltszwang herrscht wie sonst. Das Gericht muß die Ladungsfrist nach § 217 beachten. Der Schuldner hat im Verfahren nach § 927 und § 926 II anders als im Verfahren des § 925 die Stellung des Arrestklägers. Das ist für den Fall eines Versäumnisverfahrens wichtig. Der Schuldner muß die Veränderung glaubhaft machen, §§ 920 II, 294. Eine Widerklage ist infolge der besonderen Verfahrensart unstatthaft.

C. Einreden. Der Schuldner kann den Antrag auch einredeweise im Termin zur Verhandlung über den Widerspruch stellen, § 925.

D. Entscheidung. Das Gericht entscheidet über die Rechtmäßigkeit der Fortdauer des Arrests stets durch ein Endurteil, und zwar auch dann, wenn es den Arrest durch einen Beschluß angeordnet hatte. Das Urteil kann lauten: Auf eine Zurückweisung des Antrags; auf eine Aufhebung des Arrests; auf eine Abänderung des Arrests, etwa auf die Anordnung einer Sicherheitsleistung. Eine Aufhebung hat keine Rückwirkung.

Das Gericht entscheidet über die Kosten anders als in den Fällen der §§ 925, 926 grds nur insoweit, als die Kosten das Aufhebungsverfahren betreffen. Denn im Streit ist nur die Fortdauer der Rechtmäßigkeit, nicht die Rechtmäßigkeit selbst, Mü NJW **65**, 1183, Wiecz B IVb 2, aM zB Hbg GRUR **79**, 190. Wenn der Arrest jetzt unbegründet ist, dann muß der Gläubiger die Kosten tragen, Hbg MDR **74**, 150 und WRP **79**, 141. Wenn die Aufhebungsgründe von Anfang an bestanden, muß das Gericht über die Kosten des gesamten Arrestverfahrens entscheiden, Brschw Rpfleger **64**, 289.

Wenn der Gläubiger den Aufhebungsanspruch des Schuldners sofort anerkennt und wenn der Gläubiger die Aufhebung des vollzogenen Arrests bewirkt und dem Schuldner auch eine Quittung erteilt hat, dann muß der Schuldner die Kosten tragen, § 93, Ffm Rpfleger **82**, 77, Köln Rpfleger **82**, 154, aM Pastor, Der Wettbewerbsprozeß usw, 3. Aufl (1980) 477. Wenn der Gläubiger aber die Freigabeerklärung bei der Pfändung einer beweglichen Sache unterläßt oder im Fall einer Forderungspfändung, § 843, den Verzicht auf die erworbenen Rechte nicht ausspricht, dann bleibt die Klage des Schuldners ebenso berechtigt wie in dem Fall, daß der Gläubiger dem Schuldner lediglich den Arrestbefehl ausgehändigt hat. Denn der Gläubiger könnte sich weitere Vollstreckungstitel beschaffen, die ja keiner Vollstreckungsklausel bedürfen, § 929 I, Schlüter ZZP **80**, 459.

Wenn der Gläubiger den Arrest auf Grund einer Sicherheitsleistung des Schuldners für erledigt erklärt, dann fallen die Kosten ebenfalls dem Schuldner zur Last, vgl § 93 Anm 4 „Arrest, einstweilige Verfügung", Karlsr JZ **49**, 276, vgl auch StJ § 925 Anm II Ende und FN 28. Wenn der Schuldner, der die Vollzugsfrist verstreichen ließ, dann treffen ihn die gesamten Kosten des Arrestverfahrens, ohne daß das Gericht prüfen darf, ob der Arrest mit Recht erlassen war, zB Kblz GRUR **81**, 93 mwN, abw Ffm Rpfleger **63**, 251; das gilt auch dann, wenn der Gläubiger die Sache nach der Einlegung des Widerspruchs für erledigt

§§ 927, 928 1, 2   8. Buch. Zwangsvollstreckung

erklärt hat, vgl Ffm OLGZ **80**, 258, Hbg NJW **64**, 600, Köln Rpfleger **82**, 154. Soweit die Klage zur Hauptsache rechtskräftig abgewiesen wurde, muß der Kläger auch die Kosten des Arrestverfahrens evtl voll tragen, vgl Hbg WRP **79**, 141.

    Die vorläufige Vollstreckbarkeit richtet sich im Fall der Aufhebung des Arrests nach § 708 Z 6, in den übrigen Fällen nach §§ 708 Z 11, 709 S 1. Das Versäumnisverfahren verläuft wie gewöhnlich. Das Versäumnisurteil gegenüber dem Gläubiger (Bekl) lautet darin dahin, daß dem Antrag stattgegeben wird, wenn das tatsächliche Vorbringen den Antrag rechtfertigt, § 331. Ein Versäumnisurteil gegenüber dem Schuldner (Kläger) lautet auf eine Zurückweisung des Antrags, § 330. Unter den Voraussetzungen des § 331a kommt auch eine Entscheidung nach Aktenlage in Betracht.

    Gebühren: Des Gerichts KV 1051, 1056, 1057; des RA § 40 BRAGO. Wert: Anh § 3 „Arrest".

    E. Rechtsmittel. Die Berufung ist wie bei einem Bestätigungsurteil zulässig, § 922 Anm 3 C a. Die Revision ist unstatthaft, § 545 II 1.

    4) Einstweilige Maßnahmen. § 927 sieht keine Möglichkeit zum Erlaß einer einstweiligen Maßnahme vor. Der Antrag ist kein Widerspruch. § 924 III ist deshalb nicht unmittelbar anwendbar. Trotzdem darf der Schuldner nicht bis zum Erlaß des Urteils einer Zwangsvollstreckung aus einer objektiv ungerechtfertigten Entscheidung preisgegeben werden. Deshalb ist § 924 III entspr anwendbar, zumal der Antrag nichts anderes als ein zugelassener verspäteter Widerspruch ist, Brschw MDR **56**, 557, Zweibr FamRZ **81**, 699 mwN.

    5) VwGO: Auf die einstwAnO ist § 927, obwohl er in § 123 III VwGO nicht genannt ist, entsprechend anzuwenden, zumal in einem ähnlichen Fall eine Aufhebung der Entscheidung zugelassen wird, § 80 VI VwGO; hM, VGH Mannh AS **31**, 148 u OVG Lüneb DVBl **82**, 902, beide mwN, VGH Kassel AS **31**, 149, vgl Schultz DÖV **81**, 303. Jedoch ist im Hinblick auf den in § 123 III VwGO ausdrücklich aufgeführten § 939 eine Aufhebung nur gegen Sicherheit zulässig, EF § 123 Rdz 27, OVG Lüneb NJW **71**, 110, str. Erforderlich ist stets ein Antrag, VGH Mannh aaO. Zu entscheiden hat das nach II zuständige Gericht, und zwar entsprechend Art 2 § 3 EntlG durch Beschluß, VGH Kassel aaO, aM Kopp § 123 Rdz 39.

928 *Vollziehung des Arrests. Allgemeines.* Auf die Vollziehung des Arrestes sind die Vorschriften über die Zwangsvollstreckung entsprechend anzuwenden, soweit nicht die nachfolgenden Paragraphen abweichende Vorschriften enthalten.

    1) Allgemeines. Der Arrestvollzug ist die Klippe, an der der sorglose oder vom Mißgeschick verfolgte Gläubiger scheitern kann. Da der Rechtsverlust endgültig ist, ist größte Vorsicht geboten. Die Vorschriften über die Vollziehung sind in den §§ 929–933 enthalten. Ergänzend gelten die Vorschriften über die Zwangsvollstreckung. Man muß die Anordnung und die Aufhebung des Arrests scharf von seiner Vollziehung trennen. Die Vorschriften über die Anordnung und über die Aufhebung des Arrests geben und nehmen einen bloßen Vollstreckungstitel. Erst der Vollzug gibt dem Gläubiger in Verbindung mit der Vollstreckung die gewünschte Sicherung, allerdings auch noch nicht die im Arrestverfahren grds nicht erreichbare Befriedigung, Grdz 2 A vor § 916. Die letztere ist nur bei der sog Leistungsverfügung erreichbar, Grdz 2 C vor § 916. Über den Unterschied zwischen einem Arrestvollzug und einer Arrestvollstreckung Grdz 4 vor § 916.

    Eine Eröffnung des Vergleichsverfahrens über das Vermögen des Schuldners macht die Vollziehung unzulässig, §§ 47, 124 VglO. Dasselbe gilt im Fall der Eröffnung des Konkursverfahrens, § 14 KO. Wegen der Unzulässigkeit des Vollzugs in ein auf der Reise befindliches Seeschiff § 482 I HGB. Ein Vollzug nach dem Eintritt des Erbfalls gibt im Nachlaßkonkursverfahren kein Absonderungsrecht, § 221 KO. Über die Vollziehung einer einstweiligen Verfügung s § 936 Anm 2.

    §§ 928 ff gelten auch im arbeitsgerichtlichen Verfahren.

    2) Entsprechende Anwendung. A. Verfahren. Auf den Arrestvollzug ist das Recht der Zwangsvollstreckung entsprechend anzuwenden. Diese Vorschriften sind also nicht unmittelbar anwendbar. Denn der Arrestvollzug ist keine Zwangsvollstreckung, weil er nicht die Befriedigung des Gläubigers bezweckt, sondern nur seine Sicherung, Grdz 4 A vor § 916. Das Gericht muß immer prüfen, ob eine Vorschrift des Zwangsvollstreckungsrechts der bloßen Sicherung dient oder darüber hinaus der Befriedigung. Nur im ersten Fall ist sie anwendbar.

5. Abschnitt. Arrest und einstweilige Verfügung §§ 928, 929 1, 2

Anwendbar sind zB: Die Vorschriften über die sachlichen Voraussetzungen der Zwangsvollstreckung; die Regeln über die förmlichen Voraussetzungen mit den Abweichungen des § 929; die Vorschriften über die Arten der Zwangsvollstreckung. Stets ist allenfalls eine Pfändung erlaubt, nicht die Überweisung oder eine andere Pfandverwertung. Der Gläubiger kann eine eidesstattliche Versicherung des Schuldners fordern, § 807 Anm 2 A. Der Gläubiger ist an einem Verteilungsverfahren als ein bedingt Berechtigter beteiligt. Für eine Liegenschaftszwangsvollstreckung gelten §§ 931 ff. Die Zuständigkeit für eine Forderungspfändung ist in § 930 I abweichend geregelt.

B. Rechtsbehelfe. Es gelten: Die Erinnerung, § 766; die Widerspruchsklage, § 771; die Klage auf eine vorzugsweise Befriedigung, § 805; die Vollstreckungsabwehrklage, § 767, vgl aber § 924 Anm 1 A. Über eine Einstellung der Zwangsvollstreckung vgl §§ 924 III, 927 Anm 4.

C. Vollzugskosten. Die Vollzugskosten sind nach § 788 zu behandeln. Sie sind vom Schuldner beizutreiben. Im Fall der Aufhebung des Arrests sind sie weiter festsetzbar, Hbg NJW **52**, 550, aM Hamm NJW **76**, 1409, § 103 Anm 1 A, und zu erstatten. Ein Anspruch auf den Ersatz solcher Kosten ergibt sich evtl aus § 945.

Gebühren des Anwalts: § 59 BRAGO.

3) VwGO: Gilt entsprechend für die einstwAnO, § 123 III VwGO. Die anzuwendenden Vorschriften über die Zwangsvollstreckung ergeben sich aus §§ 167 ff VwGO, vgl Grdz 4 § 803. Besonderheiten enthalten § 170 V VwGO (bei Vollstreckung wegen Geldforderungen gegen die öffentliche Hand keine Ankündigung und keine Wartefrist) und § 172 VwGO (Vollstreckung der Verpflichtung einer Behörde zum Erlaß eines VerwAkts oder zur Folgenbeseitigung durch Zwangsgeld), VGH Mannh LS DÖV **76**, 606, Kopp § 172 Rdz 1. Einzelheiten s Finkelnburg Rdz 282 ff.

929 *Vollstreckungsklausel. Vollziehungsfrist.* [I] Arrestbefehle bedürfen der Vollstreckungsklausel nur, wenn die Vollziehung für einen anderen als den in dem Befehl bezeichneten Gläubiger oder gegen einen anderen als den in dem Befehl bezeichneten Schuldner erfolgen soll.

[II] Die Vollziehung des Arrestbefehls ist unstatthaft, wenn seit dem Tage, an dem der Befehl verkündet oder der Partei, auf deren Gesuch er erging, zugestellt ist, ein Monat verstrichen ist.

[III] Die Vollziehung ist vor der Zustellung des Arrestbefehls an den Schuldner zulässig. Sie ist jedoch ohne Wirkung, wenn die Zustellung nicht innerhalb einer Woche nach der Vollziehung und vor Ablauf der für diese im vorhergehenden Absatz bestimmten Frist erfolgt.

1) Vollstreckungsklausel, I. Jeder Arrestbefehl ist ohne weiteres vollstreckbar. Er bedarf grds keiner Vollstreckungserklärung. Das Gericht darf dem Schuldner auch nicht etwa gestatten, die Zwangsvollstreckung durch eine Sicherheitsleistung abzuwenden, Karlsr MDR **83**, 677. Der Arrestbefehl bedarf auch grds keiner Vollstreckungsklausel. Eine Vollstreckungsklausel ist nur dann notwendig, wenn der Arrest für oder gegen einen Dritten vollzogen werden soll, §§ 727, 729, 738, 742, 744, 745, 749, oder wenn die Zwangsvollstreckung in einem ausländischen Staat stattfinden soll, zB gemäß § 35 AusfG EuGÜbk, SchlAnh V C 2, vgl auch die entsprechenden Vorschriften bei den zweiseitigen Verträgen im SchlAnh V B.

2) Vollziehungsfrist, II. A. Allgemeines. Die §§ 929, 926 binden die Möglichkeit des Vollzugs einer Entscheidung, die im vorläufigen Verfahren ergangen ist, an die Einhaltung einer Monatsfrist. Damit will das Gesetz den Gläubiger warnen, Hamm FamRZ **81**, 584, und dem Schuldner einen Ausgleich dafür geben, daß der Gläubiger in einem vereinfachten Verfahren einen Vollstreckungstitel unter erleichterten Umständen erlangen kann, Kblz GRUR **80**, 1023, und den Vollzug unter wesentlich veränderten Verhältnissen verhüten, Hamm FamRZ **80**, 1145 mwN, Kblz GRUR **80**, 945, Schlesw FamRZ **81**, 456, LG Verden MDR **80**, 504. Schon daraus folgt, daß die Frist nur für eine Entscheidung über den Arrest oder über eine einstweilige Verfügung selbst gelten kann, nicht für eine Entscheidung über die zugehörigen Kosten. Der Gläubiger kann die Kosten vielmehr auch nach dem Ablauf der Frist festsetzen lassen und beitreiben, LG Bln Rpfleger **61**, 23. Der Gläubiger muß die Kosten aber dem Schuldner zurückerstatten, wenn der Arrest samt der Kostenentscheidung aufgehoben wird. Dann muß der Gläubiger dem Schuldner auch den Schaden der Beitreibung erstatten, § 926 Anm 4 B. Die Parteien können die Kostenerstattung natürlich in einem Vergleich (mit)regeln, Hamm Rpfleger **76**, 260, KG NJW **63**, 661.

Die Vorschriften über den Vollzug begrenzen die Wirkung eines Staatshoheitsaktes, vgl Kblz GRUR **81**, 92 mwN. Die Versäumung der Vollziehungsfrist macht den Arrestbefehl ohne weiteres wirkungslos, vgl zB Hamm VersR **82**, 1058, Kblz GRUR **81**, 92. II zwingt also den Gläubiger dazu, sich innerhalb einer kurzen Zeit darüber klar zu werden, ob er auf einer Durchführung des Arrestbefehls besteht, zB Kblz GRUR **81**, 92. Die Vorschriften sind darum zwingendes Recht, die Parteien können auf ihre Einhaltung nicht verzichten, zB Ffm OLGZ **82**, 103, Hamm NJW **78**, 831 mwN (krit Kramer) und VersR **82**, 1058, Kblz GRUR **81**, 92 mwN. II gilt im Steuerprozeß entsprechend, BFH NJW **74**, 1216. Der Verzicht kann in keinem Fall ein Recht eines Dritten beeinträchtigen.

Die Monatsfrist ist eine gesetzliche Frist. Ihre Berechnung erfolgt nach § 222. Sie kann nicht abgekürzt oder verlängert werden, Kblz GRUR **81**, 92, Lang AnwBl **81**, 236. Es handelt sich nicht um eine Notfrist, insofern auch Ffm OLGZ **81**, 100, LG Brschw DGVZ **82**, 75. Deshalb kann gegen die Versäumung der Frist keine Wiedereinsetzung in den vorigen Stand gewährt werden, Düss DB **81**, 1926. § 187 S 2 ist unanwendbar, § 187 Anm 3. Das Gericht muß die Versäumung der Frist von Amts wegen beachten, zB Karlsr FamRZ **79**, 733, Kblz GRUR **81**, 92 mwN. Die Fristversäumung ist unheilbar, zB Hamm MDR **76**, 407, Kblz GRUR **81**, 92, Wedemeyer NJW **79**, 294 mwN, aM Fritze GRUR **80**, 876.

B. Einzelheiten. Die Frist beginnt: **a)** Mit der Verkündung des Arrestbefehls. Die Verkündung kommt nur dann in Betracht, wenn das Gericht auf Grund einer mündlichen Verhandlung entschieden hat. Soweit eine Verkündung stattgefunden hat, ist nur sie maßgeblich, nicht etwa eine folgende Zustellung, LAG Bre Rpfleger **82**, 481 mwN; **b)** mit einem Arrestbeschluß, der nicht zu verkünden ist, vielmehr dem Gläubiger zugestellt wird. Wenn diese Zustellung unterblieben ist, dann ist die formlose Aushändigung an den Gläubiger maßgeblich, Lang AnwBl **81**, 236, StJGr Rdz 3, ThP 2b, ZöSche II 2. Denn der Gläubiger kann auch in diesem Fall vollziehen, Schaffer NJW **72**, 1176, aM Fritze Festschrift für Schiedermair (1976) 146, Wedemeyer NJW **79**, 294 mwN. Zwecks einwandfreier Feststellbarkeit des Fristbeginns ist aber mindestens eine Quittung ratsam, ZöSche II 2.

Wenn das Gericht den Arrest gegen eine Sicherheitsleistung bestätigt hat, § 925 II, dann hat es in Wahrheit einen neuen Arrest erlassen, Ffm OLGZ **80**, 259. Das gilt auch dann, wenn sonst eine wesentliche inhaltliche Veränderung vorgenommen wurde, Schlesw NJW **72**, 1056, Wedemeyer NJW **79**, 294. In diesem Fall beginnt eine neue Vollzugsfrist, LAG Düss BB **81**, 435 mwN. Eine Berichtigung nach § 319 setzt keine neue Frist in Lauf, Düss DB **81**, 1926.

Deshalb muß die Sicherheit innerhalb dieser Frist geleistet, Ffm OLGZ **80**, 259, und der Vollzug innerhalb der Frist begonnen werden, Hbg MDR **69**, 931. Wenn der Arrest zunächst auf Grund eines Widerspruchs aufgehoben wurde, dann aber durch das Berufungsgericht bestätigt worden ist, dann beginnt eine neue Frist zu laufen, Ffm WRP **80**, 423, KG Rpfleger **81**, 119, LG Dortm Rpfleger **82**, 276 mwN, aM Finger NJW **71**, 1242. Eine Vollziehungsmaßnahme, die etwa schon im Anschluß an den Erlaß des Arrests vorgenommen worden war, verliert erst dann ihre Grundlage, wenn der Arrest rechtskräftig aufgehoben wird. Der Gläubiger braucht die Vollziehungsmaßnahme also nach der Bestätigung des Arrests grundsätzlich nicht zu wiederholen, zB Düss NJW **50**, 113, Wedemeyer NJW **79**, 294. Eine Wiederholung der Vollziehungsmaßnahme ist allerdings dann notwendig, wenn die ursprüngliche Vollziehungsmaßnahme nach der Aufhebung des Arrests schon vollständig beseitigt worden war, Ffm Rpfleger **81**, 119, vgl auch LG Dortm Rpfleger **82**, 276.

In einer Fortbildung dieses Gedankens will LG Hbg NJW **65**, 1769 (zustm Woltereck) als Berufungsgericht den auf Grund eines Widerspruchs aufgehobenen Arrestbeschluß noch dann bestätigen, wenn eine Vollziehung noch nicht stattgefunden hat und wenn die Frist bereits abgelaufen ist. Es meint, mit der Bestätigung beginne die Frist erneut zu laufen, da das Verfahren sonst auf Grund eines neuen Arrestantrags nochmals ablaufen würde.

Gegen diese Meinung äußern sich zB Kblz GRUR **81**, 92 mwN (die Prüfung sei unzulässig, da kein Titel mehr vorhanden sei), vgl auch Finger NJW **71**, 1245 (eine neue Frist komme nur dann in Betracht, wenn eine frühere Frist trotz einer Bemühung erfolglos geblieben sei), Hbg MDR **60**, 932. Der Fristablauf ist von Amts wegen zu beachten, zB Kblz GRUR **81**, 92, Schaffer NJW **72**, 1177, Wedemeyer NJW **79**, 294. Das Gericht darf keine neue Zwangsvollstreckungsmaßnahme mehr treffen, insofern auch nicht für den Fall, daß noch ein enger zeitlicher Zusammenhang vorliegt, vgl BFH NJW **74**, 1216.

Der Gläubiger wahrt die Frist durch den Beginn des Arrestvollzugs, auch wenn der erste Versuch zu keinem Erfolg geführt hat, LAG Düss MDR **57**, 557, Celle NJW **68**, 1682, Schlesw FamRZ **81**, 456, Lang AnwBl **81**, 236. Es reicht allerdings nicht aus, daß der

Gläubiger bisher nur einen Vollstreckungsantrag gestellt hat, vgl Hamm FamRZ **80**, 1146, Lang AnwBl **81**, 236, aM StJGr Rdz 15. Die bloße Androhung einer Vollstreckungsmaßnahme reicht nicht aus, Grdz 7 A b vor § 704. Der Gläubiger muß die Zustellung des Arrestbefehls sowohl dann selbst betreiben, wenn der Arrestbefehl durch einen Beschluß erging, zB Kblz GRUR **81**, 92, als auch dann, wenn das Gericht durch ein Urteil entschied, Hamm FamRZ **81**, 584, Karlsr FamRZ **79**, 733 und GRUR **80**, 786, Kblz GRUR **81**, 92 mwN, Zweibr OLGZ **80**, 28 je mwN, Bischof NJW **80**, 2236, vgl auch LAG Düss BB **81**, 435, aM insofern zB Bre WRP **79**, 791, Hbg WRP **80**, 234 und 341, LG Verden MDR **80**, 504. Eine Beendigung innerhalb der Frist ist oft unmöglich und kann daher nicht verlangt werden, KG NJW **50**, 707 und MDR **54**, 687, Nürnb BayJMBl **54**, 18. Es reicht aus, daß sich der Gläubiger nach Kräften bemüht hat, zB dann, wenn eine Behörde mitwirken muß.

Beendende Vollstreckungshandlungen müssen aber mit den vor dem Fristablauf begonnenen Vollstreckungshandlungen eine Einheit darstellen, BFH NJW **74**, 1216, Düss MDR **83**, 239, Kblz FamRZ **79**, 326 je mwN, Lang AnwBl **81**, 236, LG Bln Rpfleger **74**, 231. Der Gläubiger darf nicht trödeln, Finger NJW **71**, 1244. Im Anwaltsprozeß ist eine Zustellung an den ProzBev des Schuldners notwendig, Hamm MDR **76**, 407. Eine Zustellung nach § 198 sechs Tage vor dem Fristablauf reicht aus, Düss NJW **73**, 2030. Vgl auch E.

Das Fristende ist nach §§ 187 I, 188 II, III BGB, § 222 II ZPO zu bestimmen. Zu weiteren Einzelfragen Noack JB **75**, 725.

C. Fristversäumung. Die Folgen einer Fristversäumung sind: **a)** Der Arrestbefehl wird grds, und zwar ohne eine (nochmalige) Prüfung der Begründetheit des Arrests, Schlesw NJW **72**, 1056, auf Grund eines Widerspruchs aufgehoben, sofern keine Vollziehung mehr möglich ist, Schlesw FamRZ **81**, 456 mwN, Wedemeyer NJW **79**, 294; **b)** der Arrestbefehl wird nach § 927 in demselben Fall aufgehoben; **c)** Vollstreckungsmaßnahmen werden auf Grund einer Erinnerung nach § 766 aufgehoben, Mü NJW **54**, 1772.

Der Gläubiger trägt alle Kosten, Wedemeyer NJW **79**, 294, und muß einen neuen Arrest erwirken, Düss DB **81**, 1926, Hamm MDR **72**, 615, Köln WRP **79**, 817. Der neue Arrest gibt ihm den verlorenen Rang nicht wieder. Für den neuen Arrest ist das erstinstanzliche Gericht zuständig, Ffm Rpfleger **83**, 120 mwN, aM zB Hamm MDR **70**, 936. Dem Erlaß eines neuen Arrests braucht nicht entgegenzustehen, daß schon einmal ein Arrest erlassen worden war, falls auch jetzt eine Arrestforderung und ein Arrestgrund vorliegen, KG NJW **50**, 707. Allerdings kann der Gläubiger den erneuten Erlaß des Arrests nicht schon durch eine Anschlußberufung erreichen, Zweibr OLGZ **80**, 29. Der Gegner, der eine fristgemäße Vollziehung vereitelt, haftet nach § 826 BGB.

Die Aufhebung wegen Fristablaufs ist unzulässig, wenn das Gericht dem Schuldner im Arresturteil fälschlich gestattet hatte, die Zwangsvollstreckung durch eine dann in der Vollziehungsfrist auch erfolgte Sicherheitsleistung abzuwenden, Karlsr MDR **83**, 677.

D. Vollzug nach dem Fristablauf. Ein solcher Vollzug ist, sofern eine Vollstreckungsmaßnahme stattfindet, wie eine Zwangsvollstreckung zu erachten, deren Voraussetzungen fehlen, Grdz 8 B vor § 704. Die Maßnahme ist auflösend bedingt wirksam, aM StJGr II 3, ZöSche II 2 (sie sei unwirksam). Das Widerspruchsverfahren oder das Aufhebungsverfahren wegen veränderter Umstände sind also auch dann, wenn inzwischen ein neuer Vollstreckungstitel erwirkt worden ist, C, erst nach der Herausgabe des Titels, nach der Erfüllung oder nach dem Verzicht in der Hauptsache erledigt.

E. Einzelfälle

Eidesstattliche Versicherung zwecks Offenbarung: Es genügt die Einreichung des Gesuchs um die Abnahme der eidesstattlichen Versicherung bei dem zuständigen AG, vgl § 270 III, Celle NJW **68**, 1682, Düss JMBl NRW **54**, 130, KG MDR **54**, 130, Bruns-Peters § 45 V 1, Schaffer NJW **72**, 1177, Treysse Rpfleger **81**, 340 mwN. Der Gläubiger muß die nötigen Nachweise beilegen. Da der Fristablauf die weitere Zwangsvollstreckung ausschließt, ist das Verfahren oft wertlos.

Einstweilige Verfügung: S § 936 Anm 2.

Persönlicher Arrest: Notwendig ist die Durchführung der angeordneten Freiheitsbeschränkung.

Pfändung: Ein vor dem Fristablauf gestellter Pfändungsantrag kann genügen. Im Fall einer Pfändung durch das Vollstreckungsgericht genügt ein Pfändungsbeschluß jedenfalls dann, wenn die Zustellung unverzüglich betrieben wird, Ffm FamRZ **80**, 477. Eine mangelhafte, aber rechtzeitige Pfändung reicht dann aus, wenn der Mangel später behoben wird. Eine Zustellung des Arrests an den Schuldner reicht nicht aus, Schaffer NJW **72**, 1177, Düss JMBl NRW **60**, 59, LG Bln Rpfleger **71**, 445. Im Fall einer Buchhypothek genügt jedenfalls der Eingang des Umschreibungsantrags. Auch die Pfändung eines Anspruchs auf eine Herausgabe erfolgt nur innerhalb der Frist, ZZP **52**, 216. Eine erfolglose Pfändung ist ein Vollzug. Man darf eben den Vollzug und die Vollstreckung nicht gleichstellen, Grdz 4 vor § 916.

Vorpfändung: Eine Zustellung an den Drittschuldner ist notwendig und ausreichend, § 845 Anm 2 C, vgl Schaffer NJW **72**, 1177.

3) Vollzug vor der Zustellung, III. A. Allgemeines. Der Gläubiger kann die Vollziehung abweichend von §§ 750, 751 sofort nach dem Erlaß des Arrests bzw der Urteilsverkündung, also schon vor dem Zeitpunkt der Parteizustellung des Arrests an den Schuldner, § 922 Anm 5 A, oder seinem ProzBev, auch des Hauptsacheprozesses, betreiben. Der Vollzug wirkt dann aber auflösend bedingt, vgl auch Düss JMBl NRW **60**, 59. Die Bedingung tritt ein, wenn nicht der Gläubiger innerhalb einer Woche seit der Vollziehung und außerdem vor dem Ablauf eines Monats seit der Verkündung des Arrests oder seiner Zustellung oder der Aushändigung an den Gläubiger, Anm 2 B, zustellt. Die Wochenfrist beginnt dann, wenn es sich um eine Eintragung in das Grundbuch oder in ein Register handelt, mit dem Antrag nach § 932 III, vgl auch § 936 Anm 2 B „§ 932, Arresthypothek", Ffm Rpfleger **82**, 32 mwN, aM Wiecz D II b 2 (die Wochenfrist beginne erst mit der Vollendung des Vollzugs, also mit der Eintragung), krit auch Ro § 213 I 2. Eine notwendige Sicherheitsleistung muß vor der Vollziehung erbracht werden. Der Gläubiger kann die Urkunden über die Leistung innerhalb der Frist des III zustellen.

Im Fall einer öffentlichen Zustellung oder im Fall der Zustellung im Ausland genügt der Eingang des Gesuchs vor oder nach der Vollziehung, wenn die Zustellung demnächst stattfindet, § 207. § 270 III ist unanwendbar, Hbg MDR **57**, 234. Es handelt sich um eine gesetzliche Frist, Anm 2 A. Nach einem ergebnislosen Ablauf der Frist gilt für die Zwangsvollstreckung, was in Anm 2 D ausgeführt worden ist. „Sie ist ohne Wirkung" bedeutet nur: Sie steht einer unzulässigen Zwangsvollstreckung gleich. Der Schuldner kann auf die Einhaltung der Frist des III nicht wirksam verzichten, Ffm Rpfleger **82**, 32.

B. Verstoß. Ein Verstoß gegen III 2 führt zur Unwirksamkeit der jeweiligen Vollzugsmaßnahme, zB einer Pfändung. Er berührt aber die Wirksamkeit des Arrests selbst nicht; nur wenn auch die Frist nach II versäumt worden ist, hat der Schuldner die Möglichkeit eines Antrags nach § 927. Wenn vor der Vollziehung zugestellt worden ist und wenn die Zustellung fehlerhaft war, dann ist III nicht anwendbar, denn nach S 1 ist eine Voraussetzung seiner Anwendbarkeit der Umstand, daß überhaupt keine Zustellung erfolgte, Düss JMBl NRW **60**, 59.

C. Rechtsbehelf. Der Betroffene hat die Möglichkeit der Erinnerung nach § 766. Innerhalb der Monatsfrist nach II kann der Gläubiger den Vollzug wiederholen.

4) VwGO: Auf die einstwAnO entsprechend anzuwenden (aM hinsichtlich III RedOe § 123 Anm 23). Eine Vollstreckungsklausel ist auch in den Fällen des I unnötig, wenn die Voraussetzungen des § 171 VwGO gegeben sind, vgl Einf 5 §§ 727–729, aM Kopp § 171 Rdz 2, VGH Mannh NJW **82**, 902. Bei der Vollstreckung gegen die öffentliche Hand wahrt der Gläubiger die Frist, II, durch den Antrag auf Erlaß der Vollstreckungsanordnung beim Gericht erster Instanz, §§ 170 und 172 VwGO; ist Inhalt der einstwAnO ein Verbot oder ein Unterlassungsgebot, so genügt die Zustellung innerhalb der Frist, OVG Münst NJW **74**, 917. Zum Fristbeginn bei einer Verpflichtung zu künftigem Handeln vgl VG Bln NJW **77**, 2369.

930 Vollziehung in Fahrnis und Forderungen.

¹ Die Vollziehung des Arrestes in bewegliches Vermögen wird durch Pfändung bewirkt. Die Pfändung erfolgt nach denselben Grundsätzen wie jede andere Pfändung und begründet ein Pfandrecht mit den im § 804 bestimmten Wirkungen. Für die Pfändung einer Forderung ist das Arrestgericht als Vollstreckungsgericht zuständig.

II Gepfändetes Geld und ein im Verteilungsverfahren auf den Gläubiger fallender Betrag des Erlöses werden hinterlegt.

III Das Vollstreckungsgericht kann auf Antrag anordnen, daß eine bewegliche körperliche Sache, wenn sie der Gefahr einer beträchtlichen Wertverringerung ausgesetzt ist oder wenn ihre Aufbewahrung unverhältnismäßige Kosten verursachen würde, versteigert und der Erlös hinterlegt werde.

1) Pfändung, I. A. Allgemeines. Der Arrest in Fahrnis wird durch eine Pfändung vollzogen, §§ 803 ff. Demgegenüber wird der Arrest in das unbewegliche Vermögen nach § 932 vollzogen. Die Pfändung bringt ein Pfändungspfandrecht nach §§ 804, 829 zum Entstehen. Mit dem Pfändungspfandrecht hat es sein Bewenden. Da der Arrest nur der Sicherung des Gläubigers und nicht seiner Befriedigung dient, darf der Gläubiger dieses Pfandrecht nicht verwerten. Er darf also weder eine Versteigerung (Ausnahme III) noch grds eine Überweisung betreiben, BGH **68**, 292. Die Überweisung ist allerdings ausnahmsweise dann zulässig, wenn es um einen Anspruch auf die Herausgabe eines Hypothekenbriefs geht, der sich im Besitz eines Dritten befindet. Denn dann ist die Überweisung ein Teil des Pfandrechts, das durch die Überweisung erst zur Entstehung kommt. Eine Überweisung mit einer Hinterlegungsanordnung ist nicht statthaft. Im Fall der Pfändung des Anspruchs auf die Herausgabe einer Sache kommt nur ihre Herausgabe nach § 847 I an den Gerichtsvollzieher oder einen Sequester in Betracht. Der Gläubiger darf keine rechtsgestaltenden Erklärungen abgeben. Er darf zB nicht die Begünstigung eines Dritten durch einen Versicherungsvertrag widerrufen. Ein Antrag nach § 807 ist statthaft. Der Gläubiger kann den Drittschuldner nicht auf eine Auskunft wegen Nichtabgabe der Erklärung nach § 840 verklagen, BGH **68**, 289, § 840 Anm 1 A, 3. Für die Vollzugskosten ist der Arrest die Festsetzungsgrundlage, KG Rpfleger **77**, 372.

Vgl ferner § 324 III AO 1977.

B. Unterliegen des Schuldners. Unterliegt der Schuldner in der Hauptsache, so wird das Arrestpfandrecht kraft Gesetzes (die Wiederholung der Pfändung ist zumindest eine zwecklose Förmelei, LG Köln Rpfleger **74**, 121 mwN, StJGr IV 1) zu einem Vollstreckungspfandrecht mit dem Rang des Zeitpunkts der Arrestpfändung, BGH **66**, 394. Es läßt die Verwertung zu, sobald eine vollstreckbare Ausfertigung des Urteils, evtl nebst Hinterlegungsbescheinigung, ZöSche II 2, zugestellt worden ist. Auch in einem solchen Fall besteht noch kein Rechtsschutzbedürfnis für eine Einstellung der Zwangsvollstreckung aus dem Arrestbefehl, solange die Verurteilung in der Hauptsache wieder wegfallen kann, Kblz NJW **60**, 1914.

C. Sieg des Schuldners. Wenn der Schuldner in der Hauptsache siegt, dann kann er die Aufhebung des Arrests, § 927, und seiner Vollziehung verlangen, § 776. Das Pfandrecht gibt den Rang nach dem Tag der Arrestpfändung, vgl auch BGH **68**, 292. Jede Aufhebung des Arrests nimmt den Rang und läßt nur denjenigen Rang bestehen, der seit der Zustellung eines vollstreckbaren Titels in der Hauptsache besteht.

2) Pfändung einer Forderung, I. A. Verfahren. Für die Pfändung einer Forderung ist das Arrestgericht das ausschließlich zuständige Vollstreckungsgericht, § 802, BGH NJW **76**, 1453, Ffm Rpfleger **80**, 485. Das gilt aber nur für diese Maßnahme, in Abweichung von § 828 II. Das Arrestgericht entscheidet durch den Rpfl, falls der Pfändungsbeschluß nicht schon mit dem Arrestbeschluß verbunden worden war, § 20 Z 16 RPflG, Anh § 153 GVG, und unten B, Ffm Rpfleger **80**, 485, Mü Rpfleger **75**, 35. Eine Pfändung des Herausgabeanspruchs und anderer Vermögensrechte steht gleich, §§ 846, 857.

Das Arrestgericht entscheidet in diesen Fällen auch über die Erinnerung nach § 766, BGH **66**, 394, Ffm Rpfleger **80**, 485 und OLGZ **81**, 370 je mwN, und zwar nunmehr durch den Richter, § 20 Z 17a RPflG. Es erfolgt also keine Weitergabe nach § 11 II RPflG, Ffm Rpfleger **80**, 485. Falls sie dennoch erfolgt ist, wird die Sache zurückverwiesen, und zwar notfalls auf Grund einer sofortigen weiteren Beschwerde durch das OLG, Köln MDR **72**, 333. Das Arrestgericht entscheidet durch den Richter auch über weitere Anträge wegen derselben Forderung bzw wegen irgendwelcher Klarstellungen usw, Mü Rpfleger **75**, 35, oder über eine Aufhebung des Pfändungsbeschlusses nach den §§ 775 ff, BGH NJW **76**, 1453, sowie über eine Aufhebung nach § 934, vgl auch dort.

Für eine Überweisung der gepfändeten Forderung ist immer das AG als Vollstreckungsgericht des § 764 zuständig. Ein Arrest und eine Zwangsvollstreckung in eine im Deckungsregister eingetragene und durch ein Schiffspfandrecht gesicherte Darlehnsforderung und in Wertpapiere sind nur auf Grund von Ansprüchen aus einem Schiffspfandbrief zulässig, § 35 SchiffsbankG idF v 8. 5. 63, BGBl 301.

B. Verbindung der Beschlüsse. Das Arrestgericht, A, kann den Pfändungsbeschluß mit dem Arrestbeschluß verbinden, nicht aber mit einem Arresturteil, ZöSche II 1, aM StJGr I 2. In diesem Fall ist der Rpfl nicht zuständig, Anm 2 A. Wenn der Arrest allerdings von einer Sicherheitsleistung abhängig gemacht worden ist, dann ist eine derartige Verbindung unzulässig. Die Verbindung bleibt rein äußerlich. Die Rechtsbehelfe und die Zustellungserfordernisse richten sich nach dem jeweiligen Einzelbeschluß. Auch die Anträge lassen sich verbinden. Ein Anwaltszwang besteht für den Pfändungsantrag ebensowenig wie für den Arrestantrag, § 920 III, § 13 RPflG, Anh § 153 GVG, Bergerfurth Rpfleger **78**, 205. Eine einmal begründete Zuständigkeit bleibt trotz späterer Änderungen, etwa nach §§ 775 ff, bestehen. Freilich wird im Fall einer neuen Forderung oder bei einem Drittschuldner für den bloßen Pfändungsbeschluß wieder der Rpfl zuständig, Mü Rpfleger **75**, 35. Wenn ein ArbG den Arrest erlassen hat, ist es auch für den Pfändungsbeschluß zuständig.

C. Stellung des Drittschuldners. Er darf nur noch an den Pfändungsgläubiger und an den Arrestschuldner gemeinschaftlich zahlen.

3) Hinterlegung, II. Da der Arrest den Gläubiger nur sichern soll, sind gepfändetes Geld und der Anteil des Gläubigers an der Verteilungsmasse zu hinterlegen. Man muß notfalls auf die Hinterlegung klagen. Wegen der Rechte am Hinterlegten vgl § 805 Anm 3. Wegen des Verteilungsverfahrens vgl §§ 872 ff.

4) Versteigerung, III. A. Allgemeines. Nur das Vollstreckungsgericht der §§ 764 II, 802, 847 II, also nicht das Arrestgericht, darf auf Grund eines Antrags des Gläubigers oder des Schuldners durch den Rpfl, § 20 Z 17 RPflG, Anh § 153 GVG, ohne eine mündliche Verhandlung und nach pflichtgemäßem Ermessen durch einen Beschluß anordnen, daß eine bewegliche körperliche Sache zu versteigern und ihr Erlös zu hinterlegen sei. Der Beschluß ist zu begründen, § 329 Anm 1 A b.

B. Voraussetzungen. Voraussetzungen für eine solche Anordnung sind:

a) Entwertungsgefahr. Es muß die Gefahr einer beträchtlichen Wertverringerung bestehen. Sie muß in der Beschaffenheit der Sache liegen. Das kann zB bei einem Wertpapier zutreffen, weniger bei einem Wein, Sekt usw, vgl LG Bln DGVZ **77**, 60. Andernfalls ist § 766 anwendbar.

b) Zu hohe Verwahrkosten. Es müssen unverhältnismäßig hohe Verwahrkosten drohen. Transportkosten sind unerheblich, LG Bln DGVZ **77**, 60. Diese Gefahr besteht nicht, wenn nur der Anspruch auf die Herausgabe gepfändet wurde und die Herausgabe selbst nicht erfolgt ist. Man kann die Herausgabe freiwillig im Klageweg erzwingen.

C. Rechtsbehelf. Gegen die Entscheidung des Rpfl des Vollstreckungsgerichts ist die befristete Erinnerung zulässig, §§ 764 Anm 4, 829 Anm 9 A; soweit ihr der Richter nicht stattgibt, muß das Beschwerdegericht entscheiden, § 11 II RPflG, Anh § 153 GVG. Gegen einen (fälschlich erfolgten) anfänglichen Beschluß des Richters ist die sofortige Beschwerde zulässig, § 793.

5) VwGO: Auf die einstwAnO entsprechend anzuwenden, § 123 III VwGO, wenn die AnO die künftige Vollstreckung wegen einer Geldforderung sichern soll, Grdz 5 § 916. Die Vollstreckung gegen die öffentliche Hand setzt eine gerichtliche Vollstreckungsverfügung voraus, § 170 VwGO. Wegen des Vollstreckungsgerichts, III, vgl § 764 Anm 4.

931 Vollziehung in ein eingetragenes Schiff. [I] Die Vollziehung des Arrestes in ein eingetragenes Schiff oder Schiffsbauwerk wird durch Pfändung nach den Vorschriften über die Pfändung beweglicher Sachen mit folgenden Abweichungen bewirkt:

[II] Die Pfändung begründet ein Pfandrecht an dem gepfändeten Schiff oder Schiffsbauwerk; das Pfandrecht gewährt dem Gläubiger im Verhältnis zu anderen Rechten dieselben Rechte wie eine Schiffshypothek.

[III] Die Pfändung wird auf Antrag des Gläubigers vom Arrestgericht als Vollstreckungsgericht angeordnet; das Gericht hat zugleich das Registergericht um die Eintragung einer Vormerkung zur Sicherung des Arrestpfandrechts in das Schiffsregister oder Schiffsbauregister zu ersuchen; die Vormerkung erlischt, wenn die Vollziehung des Arrestes unstatthaft wird.

[IV] Der Gerichtsvollzieher hat bei der Vornahme der Pfändung das Schiff oder Schiffsbauwerk in Bewachung und Verwahrung zu nehmen.

[V] Ist zur Zeit der Arrestvollziehung die Zwangsversteigerung des Schiffes oder Schiffsbauwerks eingeleitet, so gilt die in diesem Verfahren erfolgte Beschlagnahme des Schiffes oder Schiffsbauwerks als erste Pfändung im Sinne des § 826; die Abschrift des Pfändungsprotokolls ist dem Vollstreckungsgericht einzureichen.

[VI] Das Arrestpfandrecht wird auf Antrag des Gläubigers in das Schiffsregister oder Schiffsbauregister eingetragen; der nach § 923 festgestellte Geldbetrag ist als der Höchstbetrag zu bezeichnen, für den das Schiff oder Schiffsbauwerk haftet. Im übrigen gelten der § 867 und der § 870a Abs. 3 entsprechend, soweit nicht vorstehend etwas anderes bestimmt ist.

5. Abschnitt. Arrest und einstweilige Verfügung §§ 931, 932 1

1) Allgemeines. Ein eingetragenes Schiff oder Schiffsbauwerk gilt für die gewöhnliche Zwangsvollstreckung als eine Liegenschaft, § 864, § 162 ZVG, für den Arrestvollzug jedoch als Fahrnis. Wegen eines Seeschiffs vgl zunächst Grdz 1 vor § 916. § 931 bezieht sich nicht auf ein lediglich eintragungsfähiges Schiffsbauwerk. Ein nichteingetragenes Schiff oder ein ausländisches Schiff sind ganz wie Fahrnis zu behandeln, LG Hbg MDR **78**, 764. Es gibt keine Arrestschiffshypothek. Der Vollzug erfolgt durch eine Pfändung. Einzelheiten bei Noack DGVZ **73**, 65.

2) Pfändung. Die Pfändung geschieht nach § 808, nachdem das Vollstreckungsgericht durch den RPfl, § 20 Z 16 RPflG, Anh § 153 GVG, sie auf Grund eines Gläubigerantrags angeordnet hat, § 930 Anm 2 A, B. Das Vollstreckungsgericht ersucht das Grundbuchamt gleichzeitig von Amts wegen um die Eintragung einer Vormerkung nach III. Der Gerichtsvollzieher nimmt das Schiff oder das Schiffsbauwerk in seine Bewachung und Verwahrung, IV, §§ 808, 928. Das Gericht stellt die Pfändungsanordnung dem Schuldner zu. Eine Zustellung innerhalb der Frist des § 929 III reicht aus. Mit der Zustellung entsteht das Arrestpfandrecht, II. Die Beschlagnahme in der Zwangsversteigerung wirkt nur dahin, daß die Pfändung als eine Anschlußpfändung nach § 826 oder als eine zweite Hauptpfändung nach § 808 stattfindet, V. Die Pfändung eines segelfertigen Schiffs ist nur dann statthaft, wenn die Arrestschuld gerade im Zusammenhang mit der bevorstehenden Reise gemacht worden ist, § 482 II HGB. Wenn das Vollstreckungsgericht die Versteigerung nach § 930 III anordnet, dann erfolgt die Versteigerung nach den §§ 816 ff. Die eingetragenen Schiffspfandrechte bleiben unberührt.

3) Arrestpfandrecht, II. Die Pfändung gibt dem Gläubiger ein Arrestpfandrecht mit dem Inhalt und dem Rang einer Schiffshypothek. Das Arrestpfandrecht entsteht entgegen § 8 SchiffsG immer ohne eine Registereintragung. Die Eintragung findet nur auf Grund eines Antrags des Gläubigers nur zur Berichtigung des Registers statt. Die Eintragung muß den Arrestbetrag als den Höchstbetrag angeben, § 75 SchiffsG. Ohne die Eintragung hat aber das Pfandrecht gegenüber einem guten Glauben des Erwerbers des Schiffs wegen des öffentlichen Glaubens des Registers nach § 16 SchiffsG keine Wirksamkeit. Die §§ 867, 870a III sind im übrigen entsprechend anwendbar. Das Schiffspfandrecht erlischt namentlich im Zeitpunkt der Aufhebung der Entscheidung oder ihrer Vollstreckbarkeit. Bei einer Zwangsvollstreckung ist der Arrestgläubiger Beteiligter, § 9 ZVG.

4) Luftfahrzeug. Ähnlich ist die Vollstreckung des Arrest in ein eingetragenes Luftfahrzeug geregelt. Sie wird dadurch bewirkt, daß der Gerichtsvollzieher das Luftfahrzeug in seine Bewachung und Verwahrung nimmt und daß für die Forderung ein Registerpfandrecht eingetragen wird. Der Antrag auf die Eintragung des Registerpfandrechts gilt als die Vollziehung des Arrestbefehls im Sinne von § 929 II und III, § 99 II LuftfzRG.

5) VwGO: *Gilt entsprechend für die einstwAnO, § 123 III VwGO, in dem in § 930 Anm 5 bezeichneten Umfang.*

932 *Arresthypothek.* I Die Vollziehung des Arrestes in ein Grundstück oder in eine Berechtigung, für welche die sich auf Grundstücke beziehenden Vorschriften gelten, erfolgt durch Eintragung einer Sicherungshypothek für die Forderung; der nach § 923 festgestellte Geldbetrag ist als der Höchstbetrag zu bezeichnen, für den das Grundstück oder die Berechtigung haftet. Ein Anspruch nach § 1179a oder § 1179b des Bürgerlichen Gesetzbuchs steht dem Gläubiger oder im Grundbuch eingetragenen Gläubiger der Sicherungshypothek nicht zu.

II Im übrigen gelten die Vorschriften des § 866 Abs. 3 Satz 1 und der §§ 867, 868.

III Der Antrag auf Eintragung der Hypothek gilt im Sinne des § 929 Abs. 2, 3 als Vollziehung des Arrestbefehls.

Schrifttum: Gees, Die Arresthypothek, Diss Hbg 1951; Schniewind, Das Schicksal der Arresthypothek im weiteren Rechtsstreit, Diss Köln 1950.

1) Arresthypothek, I. A. Allgemeines. Der Arrestvollzug in ein Grundstück oder in eine grundstücksähnliche Berechtigung, § 864 Anm 1 C, erfolgt ausschließlich durch die Eintragung einer Sicherungshypothek, der Arresthypothek. Er geschieht also nicht durch eine Zwangsverwaltung oder durch eine Vormerkung, KG OLGZ **78**, 452. Die Hypothek ist eine Höchstbetragshypothek. Höchstbetrag ist der Abwendungsbetrag des § 923, also einschließlich Zinsen und Kosten, § 923 Anm 1 A. Bei einem Arrest zur Sicherung einer Unterhaltsrente muß der Zinsertrag den Rentenbedarf decken. Die Forderung ist zusammen mit ihren Nebenansprüchen in einer Summe anzugeben, vgl § 1190 II BGB. Wenn der

Höchstbetrag im Arrestbefehl fehlt, ist der Eintragungsantrag zurückzuweisen. Wenn die Hypothek fälschlich auf einen Betrag „mit laufenden Zinsen" eingetragen worden ist, dann ist nur die Zinseintragung unwirksam. Die Eintragung eines anderen Geldbetrags als desjenigen der Lösungssumme nach § 923 macht die Eintragung zwar unrichtig, aber nicht unzulässig.

B. Wertgrenze. Die Wertgrenze von 500 DM, § 866 III, gilt auch hier. Das ergibt sich aus § 928 und dadurch, daß die Neufassung von II auf § 866 III 1 Bezug nimmt. Der Arrestgläubiger darf eben nicht besser dastehen als ein Vollstreckungsgläubiger. Wenn mehrere Grundstücke zu belasten sind, dann ist die Forderung zu verteilen, § 867 II. Allerdings macht eine ungeteilte Eintragung ohne eine Bezeichnung als Gesamthypothek die Eintragung nur unrichtig, nicht unzulässig. Die Arrestforderung ist ohne die Hypothek übertragbar, § 1190 BGB. Im Fall einer Zwangsversteigerung oder Zwangsverwaltung gelten die §§ 14, 146 ZVG, beim geringsten Gebot § 48 ZVG, beim Teilungsplan §§ 114, 119, 124ff ZVG.

C. Urteil im Hauptprozeß. a) Stattgabe. Wenn das Gericht die Arrestforderung dem Gläubiger im Hauptprozeß durch ein Urteil zuspricht, dann wird nicht etwa kraft Gesetzes aus der Arresthypothek die rechtlich andersartige Zwangshypothek des § 866. Zu einer solchen Umwandlung muß der Arrestgläubiger vielmehr einen formlosen Antrag stellen und außerdem den vollstreckbaren Titel aus dem Hauptprozeß vorlegen, Ffm Rpfleger **75**, 103 mwN. Für die Zwangshypothek mit dem Rang der Arresthypothek ist der vollstreckbare Titel und nicht etwa der Arrest die Grundlage. Deshalb ist keine Umwandlung möglich, wenn der Betrag von 500 DM nur von der Lösungssumme überstiegen wird, nicht aber von der Urteilssumme. Ein vorläufig vollstreckbares Urteil läßt nur die Eintragung einer Vormerkung zu, § 895. Die Umschreibung verbindet die Hypothek unlöslich mit der Forderung. Wenn mehrere Grundstücke zu belasten sind, dann darf der Gläubiger die Verteilung jetzt anders vornehmen. Eine Umschreibung ist nach der Konkurseröffnung selbst dann unzulässig, wenn der Gläubiger einen Duldungstitel vorher erworben hatte, Ffm Rpfleger **75**, 103.

b) Abweisung. Wenn das Urteil die Forderung im Hauptprozeß abweist, dann ist § 868 II anwendbar. Der Eigentümer erwirbt also die Hypothek als Eigentümergrundschuld. Die Art der Aufhebung des Arrests ist unerheblich. Die Aufhebung der Vollstreckbarkeit hat keine Bedeutung. Der Eigentümer erwirbt die Hypothek schon im Zeitpunkt der Hinterlegung nach § 923.

Wenn das Urteil die Forderung im Hauptprozeß teilweise abweist, dann muß der Gläubiger auf einen entsprechenden Teil der Arresthypothek verzichten. Dieser Teil der Arresthypothek wird eine Eigentümergrundschuld im Range hinter der Zwangshypothek, § 1176 BGB. Der Schuldner trägt die Kosten der Umschreibung. Denn es handelt sich der Sache nach um eine Vollstreckungsmaßnahme, § 788; s auch § 867 Anm 2 C.

2) Eintragung, I–III. A. Stellung des Grundbuchamts. Das Grundbuchamt handelt hier, ebenso wie bei einer Zwangshypothek, teilweise als Vollstreckungsgericht, teilweise als eine Behörde der freiwilligen Gerichtsbarkeit, § 867 Anm 1 A a, b. Das Grundbuchamt prüft die Voraussetzungen einer Eintragung deshalb sowohl nach dem Grundbuchrecht als auch nach dem Vollstreckungs- bzw Vollziehungsrecht, Düss Rpfleger **78**, 216. Es muß prüfen, ob der eingetragene Eigentümer und der Arrestschuldner dieselbe Person sind. Das Grundbuchamt muß von Amts wegen prüfen, ob die Vollzugsfrist eingehalten worden ist, § 929 Anm 2 B. Das Grundbuchamt prüft aber nicht, ob auch die Wochenfrist des § 929 III 2 eingehalten wurde.

B. Wahrung der Vollzugsfrist, III. Schon der Eingang des Eintragungsantrags wahrt die Vollzugsfrist nach § 929 II, III 2. Das gilt aber nur dann, wenn der Eintragungsantrag sachlich und förmlich ausreicht, vgl Düss Rpfleger **78**, 216. Wenn das Grundbuchamt nach § 18 GBO eine Ergänzung verlangt, dann muß die Ergänzung innerhalb der Monatsfrist eingehen. Außerdem muß natürlich die Eintragung stattfinden, wenn vielleicht auch erst nach dem Ablauf der Frist. Im Fall einer Zwischenverfügung nach § 18 GBO muß das Grundbuchamt von Amts wegen eine Vormerkung eintragen. Freilich ist eine Zwischenverfügung keineswegs stets zulässig, Düss Rpfleger **78**, 216. Bei rechtzeitiger Belebung des Hindernisses gilt der Arrest als mit der Behebung vollzogen. Andernfalls ist der Eintragungsantrag zurückzuweisen.

Da die Arresthypothek nur eine vorläufige Sicherungsmaßnahme darstellt, besteht kein Löschungsanspruch nach § 1179a und b BGB, I 2. Etwas anderes gilt bei einer Zwangshypothek, §§ 866ff. Wegen dieser Schlechterstellung des Arrestgläubigers hat Stöber Rpfleger

5. Abschnitt. Arrest und einstweilige Verfügung §§ 932, 933

77, 426 verfassungsrechtliche Bedenken. Die Zuständigkeit des Arrestgerichts wird nicht nachgeprüft. Ebensowenig prüft das Grundbuchamt die Frage, ob der Vollstreckungstitel und die zugehörigen Urkunden nach § 750 zugestellt worden sind. Denn diese Zustellung darf nachfolgen, § 929 III. Eine Sicherheitsleistung muß dem Grundbuchamt gegebenenfalls nachgewiesen werden. Die Zustellung muß innerhalb einer Wochenfrist seit dem Eingang des Eintragungsantrags erfolgen.

3) Entstehung, II. Die Arresthypothek entsteht nicht schon im Zeitpunkt des Eingangs des Antrags (er wahrt nur die Vollzugsfrist, Anm 2 B), sondern erst im Zeitpunkt der Eintragung, § 867, BayObLG MDR **54**, 746. § 932 III ist also für die grundbuchliche Wirkung unerheblich. Die Hypothek gibt dem Gläubiger nur eine vorläufige Sicherung und wahrt einen Rang. Erst ihre Eintragung ist auch für die Berechnung der Anfechtung- bzw Sperrfrist nach §§ 28, 87 VglO maßgeblich, BayObLG NJW **55**, 144. Sie befriedigt den Gläubiger also nicht. Sie sichert die Forderung des Gläubigers in der Höhe ihrer endgültigen Feststellung. Der Arrestgläubiger kann aus der Arresthypothek nur auf eine Duldung der Zwangsvollstreckung klagen, § 1147 BGB. Das Mahnverfahren ist zulässig, § 688 I 2. Der Eigentümer kann die vorzeitige Befriedigung des Gläubigers wegen § 1184 BGB verhindern. Daher wird die Grenze einer bloßen Sicherung des Arrestgläubigers auch insofern nicht überschritten, Nicklisch AcP **169**, 134.

Wenn eine grundbuchmäßige Voraussetzung der Eintragung fehlt, wenn zB die Vollzugsfrist nicht gewahrt wurde oder wenn nach dem Eingang des Antrags die Frist des § 929 III versäumt worden ist, dann ist keine Arresthypothek entstanden, ebensowenig ein Eigentümergrundpfandrecht, Wittmann MDR **79**, 550. Das Grundbuch ist dann von Anfang an unrichtig, §§ 894, 899 BGB, 22 GBO, und muß berichtigt werden. Das Grundbuchamt kann einen Widerspruch von Amts wegen eintragen, § 53 I GBO, aM ThP 2. Wenn dagegen eine Voraussetzung der Zwangsvollstreckung fehlt, dann entsteht ein auflösend bedingtes wirksames Recht, Grdz 8 C b vor § 704. Wenn das Grundbuchamt eine objektiv unwirksame Arresthypothek wirksam einträgt, dann muß es wegen des förmlichen Grundbuchrechts zunächst die unwirksame frühere Eintragung beseitigen. Das geschieht auf Grund eines formlosen Antrags des Gläubigers durch eine Löschung, § 30 GBO. Der Gläubiger braucht nur die Zeitpunkte des Eingangs des ersten Eintragungsantrags und der Zustellung des Arrestbefehls nachzuweisen, Wittmann MDR **79**, 550.

4) VwGO: Gilt entsprechend für die einstw AnO, § 123 III, in dem in § 930 Anm 5 bezeichneten Umfang.

933 *Vollziehung des persönlichen Arrests.* Die Vollziehung des persönlichen Sicherheitsarrestes richtet sich, wenn sie durch Haft erfolgt, nach den Vorschriften der §§ 904 bis 913 und, wenn sie durch sonstige Beschränkung der persönlichen Freiheit erfolgt, nach den vom Arrestgericht zu treffenden besonderen Anordnungen, für welche die Beschränkungen der Haft maßgebend sind. In den Haftbefehl ist der nach § 923 festgestellte Geldbetrag aufzunehmen.

1) Allgemeines. Vgl zunächst § 918 Anm 3. Der Vollzug des persönlichen Arrests ist auf folgende Weise möglich:

A. Haft. Das Gericht kann im Rahmen der §§ 904–913 eine Haft von längstens 6 Monaten als ein Höchstmaß der Freiheitsbeschränkung verhängen. Das Gericht muß den Abwendungsbetrag des § 923 von Amts wegen in den Haftbefehl aufnehmen. Wenn der Schuldner den Betrag zahlt, dann muß er mit Zwangsmaßnahmen verschont werden. Der Schuldner hat nur dann ein Recht darauf, im Anschluß an die Abgabe der eidesstattlichen Versicherung zwecks Offenbarung aus der Haft entlassen zu werden, wenn die Haft gerade die Abgabe dieser Versicherung erzwingen sollte.

Eine Sicherungshaft und eine Vollstreckungshaft dürfen nicht zusammengerechnet werden. Denn § 914 ist in S 1 nicht mit anwendbar gemacht.

Bei einer Haftanordnung ist ein zusätzlicher Haftbefehl nicht erforderlich, soweit diese Vollzugsart klar im Arrest steht, aM ZöSche I.

B. Andere Freiheitsbeschränkungen. Das Gericht kann nach seinem pflichtgemäßem Ermessen sonstige geringe Freiheitsbeschränkungen verhängen, auch im Weg einer Ergänzung des Arrests, § 918 Anm 3. Es darf zB folgendes anordnen: Einen Hausarrest; eine Überwachung; die Wegnahme von Ausweispapieren oder eines Visums; eine Meldepflicht in zu bestimmenden Abständen. Der Arrestbefehl muß die Art der Vollziehung angeben.

Im Zweifel hat das Gericht eine Haft verhängt.

2) Durchführung. Der Gerichtsvollzieher vollzieht die Anordnung des Gerichts und muß sie genau beachten. Der Gläubiger muß die Kosten vorschießen. Andernfalls muß das Vollstreckungsgericht nach § 934 II verfahren. Wenn ein ArbG den Arrest erläßt, dann muß auch das ArbG die „besonderen Anordnungen" treffen. Wenn der Schuldner prozeßunfähig ist, dann werden die Anordnungen gegen ihn oder gegen den gesetzlichen Vertreter vollzogen, je nachdem, ob der Arrestgrund in der Person des einen oder des anderen liegt. Der Schuldner kann durch die Zahlung oder Hinterlegung der Lösungssumme nach § 923 den Vollzug abwenden.

3) Rechtsbehelf. Gegen das Verfahren des Gerichtsvollziehers ist die Erinnerung nach § 766 an das Vollstreckungsgericht zulässig, § 764, also nicht an das Arrestgericht.

4) VwGO: Unanwendbar, Grdz 5 § 916 und § 918 Anm 3.

934 *Aufhebung der Arrestvollziehung.*

^I Wird der in dem Arrestbefehl festgestellte Geldbetrag hinterlegt, so wird der vollzogene Arrest von dem Vollstreckungsgericht aufgehoben.

^{II} **Das Vollstreckungsgericht kann die Aufhebung des Arrestes auch anordnen, wenn die Fortdauer besondere Aufwendungen erfordert und die Partei, auf deren Gesuch der Arrest verhängt wurde, den nötigen Geldbetrag nicht vorschießt.**

^{III} **Die in diesem Paragraphen erwähnten Entscheidungen können ohne mündliche Verhandlung ergehen.**

^{IV} **Gegen den Beschluß, durch den der Arrest aufgehoben wird, findet sofortige Beschwerde statt.**

1) Aufhebung, I, II. A. Allgemeines. § 934 betrifft die Aufhebung des Arrestvollzugs, „eines vollzogenen Arrests", nicht die Aufhebung der Arrestanordnung. Für die letztere gelten die §§ 924–927. Eine Aufhebung nach § 934 läßt den Arrestbefehl bestehen und macht die Zwangsvollstreckung wegen der Kosten des Arrestbefehls nicht unzulässig, Mü MDR 57, 238.

B. Voraussetzungen. Die Aufhebung ist unter folgenden Voraussetzungen zulässig:

a) Hinterlegung. Der Schuldner oder ein Dritter müssen den Abwendungsbetrag des § 923, die Lösungssumme, hinterlegt haben. Im seerechtlichen Verteilungsverfahren gilt § 35 SeeVertO.

b) Kein Vorschuß. Der Gläubiger darf den notwendigen Kostenvorschuß, etwa für die Haft, für eine Fütterung, für eine Lagerung, für eine Sequestration nicht gezahlt haben.

Bei einer Arresthypothek wirkt die Aufhebung entsprechend dem § 886 II, vgl § 932 Anm 1. Die Löschung erfolgt nach der GBO.

2) Verfahren, III, IV. Ausschließlich zuständig, § 802, ist das Vollstreckungsgericht, § 764. Im Fall I wird der Rpfl tätig, § 20 Z 15 RPflG, Anh § 153 GVG, und zwar nur auf Grund eines Antrags, ThP 2 b, aM ZöSche I. Zum Antrag ist nur der Schuldner berechtigt. Der Gläubiger braucht ja nur einen Verzicht zu erklären. Es besteht kein Anwaltszwang, § 930 Anm 2 B. Bei II erfolgt die Aufhebung durch den Richter, und zwar von Amts wegen. Eine mündliche Verhandlung ist dem Gericht freigestellt, § 128 Anm 3. Die Entscheidung erfolgt durch einen Beschluß. Der Beschluß ist grundsätzlich zu begründen, § 329 Anm 1 A b. Er wird dem Gläubiger förmlich zugestellt, § 329 III, und dem Schuldner formlos mitgeteilt. Kosten: § 788.

Gebühren: §§ 57–59 BRAGO.

3) Rechtsbehelfe. Im Fall einer Aufhebung durch den Rpfl ist die befristete Erinnerung zulässig, § 11 I 2 RPflG, Anh § 153 GVG. Wegen des weiteren Rechtsbehelfs § 11 II RPflG und § 829 Anm 9A. Gegen den aufhebenden Beschluß des Richters ist die sofortige Beschwerde statthaft, § 793. Gegen eine ablehnende Entscheidung des Rpfl ist die unbefristete Erinnerung statthaft, § 11 I 1 RPflG. Gegen den ablehnenden Beschluß des Richters ist die einfache Beschwerde nach § 567 zulässig.

4) VwGO: Obwohl § 934 in § 123 III VwGO nicht genannt ist, muß I entsprechend für die einstwAnO gelten, soweit er sich auf § 923 bezieht und dieser (eingeschränkt) anwendbar ist, § 923 Anm 3. Vollstreckungsgericht: § 764 Anm 4. Rechtsbehelf, IV, ist die Beschwerde, §§ 146ff VwGO, wenn das VG Vollstreckungsgericht ist. Im übrigen wird § 934 durch § 939 ersetzt.

5. Abschnitt. Arrest und einstweilige Verfügung § 935 1

935 *Sicherungsverfügung.* **Einstweilige Verfügungen in bezug auf den Streitgegenstand sind zulässig, wenn zu besorgen ist, daß durch eine Veränderung des bestehenden Zustandes die Verwirklichung des Rechtes einer Partei vereitelt oder wesentlich erschwert werden könnte.**

Schrifttum: Hobbeling, Die Rechtstypen der zivilprozessualen einstweiligen Verfügung usw, Diss Münster 1974; Pastor, Der Wettbewerbsprozeß, Verwarnung, Einstweilige Verfügung, Unterlassungsklage, 2. Aufl 1973 (Bespr Henckel ZZP **89**, 224).

1) Verfügungsanspruch. A. Allgemeines. § 935 betrifft die einstweilige Verfügung wegen einer gegenständlichen Leistung, einer Individualleistung. Vgl dazu Grdz 2 B a vor § 916. Die einstweilige Verfügung nach § 935 sichert einen Streitgegenstand, sog Sicherungsverfügung. Das bedeutet nicht, daß ein ordentlicher Rechtsstreit schweben muß. Es genügt vielmehr ein sicherungsbedürftiger Anspruch, BVerfG **44**, 119, aus einem bestimmten Streitverhältnis, LG Ffm NJW **81**, 56.

Die einstweilige Verfügung kann aber auch dann zulässig sein, wenn das Revisionsgericht die Zwangsvollstreckung aus einem Unterlassungsurteil einstweilen eingestellt hat, BGH NJW **57**, 1193. Es ist auch denkbar, daß der Antragsgegner im Verfahren auf den Erlaß einer einstweiligen Verfügung einen Gegenantrag nach der Art einer Widerklage stellt, wenn dafür die Voraussetzungen der §§ 935 ff ebenfalls vorliegen und wenn es sich um dasselbe Rechtsverhältnis handelt, Celle NJW **59**, 1833. Die allgemeinen Prozeßvoraussetzungen, Grdz 3 E a vor § 253, müßten vorliegen. Insbesondere muß der Rechtsweg zulässig sein. Wegen des besonderen Rechtsschutzbedürfnisses § 917 Anm 1 D, § 940 Anm 2 B.

B. Abgrenzung zu § 940. Die Abgrenzung des § 935 gegen den § 940 ist unsicher; s auch dort und Redeker ZRP **83**, 150. Zur Anwendbarkeit bei §§ 13ff AGBG Hansen DB **78**, 2207, Löwe BB **78**, 1433, aM Düss NJW **78**, 2512, Koch BB **78**, 1638. Wegen der Anwendbarkeit bei den §§ 80ff ArbGG LAG Ffm NJW **71**, 165, aM BAG **3**, 288 (je zum alten Recht). Im Verfahren nach dem WEG ist keine einstweilige Verfügung zulässig, sondern vielmehr § 44 III WEG anwendbar, BayObLG **77**, 48 und MDR **75**, 934 je mwN. Wegen der Anwendbarkeit der §§ 935 ff im Verfahren nach dem SGG vgl LSG BaWü BB **76**, 1611. Zu Einzelbeispielen vgl auch § 940 Anm 3 B.

C. Beispiele der Anwendbarkeit: Der Gläubiger verlangt vom Schuldner eine Herausgabe auf Grund eines Eigentumsvorbehalts, Hbg MDR **70**, 506, LG Bln MDR **68**, 1018, oder auf Grund einer Sicherungsübereignung, Ffm NJW **60**, 827; er verlangt die Herausgabe eines Hypothekenbriefs an das Grundbuchamt, damit dort ein Teilhypothekenbrief gebildet werden kann; der Gläubiger fordert die Bewilligung einer Vormerkung, auch wegen eines Vorvertrags, v Barby NJW **72**, 9, soweit die Forderung bereits einklagbar ist, § 916 Anm 3 D, oder die Bewilligung eines Widerspruchs im Grundbuch; der Gläubiger verlangt die Herausgabe einer Sache an einen Sequester; es geht um die Unterlassung einer Wettbewerbsverletzung, § 25 UWG (der Verfügungsgrund braucht in diesem Fall nicht glaubhaft gemacht zu werden), oder um die Unterlassung einer bestimmten anderen Handlung; die einstweilige Verfügung bezweckt eine Sicherung der Zwangsvollstreckung gegen eine böswillige Vereitelung.

Weitere Beispiele: Der Gläubiger will die Eintragung einer Vormerkung zur Sicherung einer Rückauflassung, Celle MDR **64**, 333, oder zum Zweck der Eintragung einer Sicherungshypothek für eine Bauhandwerkerforderung im Grundbuch erreichen, Celle NJW **77**, 1731 (das Gericht prüft, ob sich der Schuldner im Verzug befinde), Hamm MDR **66**, 236, Pal-Bassenge § 885 BGB Anm 2b, zu eng Hamm NJW **76**, 1460, oder im Erbbau- oder Wohnungsgrundbuch (und zwar ohne Zustimmung des Grundeigentümers), Köln OLGZ **67**, 193. Denn diese Eintragung ist im allgemeinen auch gegen den Willen des Schuldners erzwingbar, Pal-Bassenge § 6 ErbbVO Anm 1; der Gläubiger verlangt die Eintragung der Rechtshängigkeit eines Anspruchs im Grundbuch, § 325 Anm 3, und er kann die Gefährdung des Anspruchs glaubhaft machen, Mü NJW **66**, 1030, Stgt NJW **60**, 1109.

Weitere Beispiele: Es geht um die Lieferung einer bestimmten Kaufsache; der Gläubiger verlangt eine Sicherung des zukünftigen Anspruchs auf den Zugewinnausgleich, soweit er nach den §§ 926, 259 nicht ausreicht, § 916 Anm 3 D, Hbg NJW **64**, 1078, KG MDR **74**, 755, Köln NJW **70**, 1883, krit Ullmann NJW **71**, 1295; es geht um eine Unterhaltsforderung, solange im Anfechtungsprozeß nach Art 12 § 3 II NEG keine rechtskräftige Entscheidung vorliegt. Eine einstweilige Anordnung nach § 641 d I schadet also nicht, Düss NJW **73**, 1331, vgl § 940 Anm 2 B, aM Ffm FamRZ **80**, 478; es geht um einen bedingten oder betagten Anspruch, § 916 Anm 3 B; zum Problem der Gesamthypothek Ffm MDR **75**, 578 mwN; es geht um eine vorläufige Zulassung eines Sportvereins zur Bundesliga, LG Ffm NJW **83**, 761; es geht um die Umschreibung eines Titels, LG Hbg MDR **67**, 54.

D. Beispiele der Unanwendbarkeit: Der Gläubiger verlangt die Löschung einer Auflassungsvormerkung, KG MDR **77**, 500; er verlangt eine Löschung im Handelsregister. Denn sie kann die Rechte eines Dritten berühren; es geht um die Sicherung eines künftigen Anspruchs, soweit § 926 unerfüllbar ist; der Gläubiger verlangt den Widerruf einer Behauptung; es geht um ein Zurückbehaltungsrecht. Denn dieses Recht stellt keinen selbständigen Anspruch dar, Schlesw JR **54**, 305; ein Elternteil verlangt vom anderen die Herausgabe eines ehelichen Kindes, Düss FamRZ **81**, 85 und FamRZ **82**, 431, so wohl auch Zweibr FamRZ **82**, 1093; der Gläubiger fordert ein bestimmtes Tätigwerden eines Notars, Hamm DNotZ **76**, 312; es geht um ein Zurückbehaltungsrecht, Schlew JR **54**, 305.

2) Verfügungsgrund. A. Gefährdung. § 935 setzt voraus, daß eine bevorstehende Veränderung des bestehenden Zustands die Verwirklichung eines gegenständlichen Anspruchs objektiv gefährdet, und zwar konkret, vgl Ffm GRUR **78**, 636. Es braucht im allgemeinen anders als beim Arrest keine Gefährdung der Zwangsvollstreckung zu drohen. Deshalb ist eine einstweilige Verfügung auch dann zulässig, wenn der Schuldner voll zahlungsfähig ist.

B. Beispiele: Ein Dritter beansprucht eine Sache, die der Gläubiger herausverlangt; einer schlecht verwahrten Sache droht die Vernichtung; ein zur Sicherung übereignetes Kraftfahrzeug wird übermäßig benutzt, so daß sein Wert schon unter den Rest der Schuld gesunken ist, Ffm NJW **60**, 827. Ein bloßer Ratenverzug reicht aber nicht, LG Bln MDR **68**, 1018; der Schuldner will eine Sache vorkaufen; er will ein Inventar wegschaffen, das er dem Recht des dinglichen Gläubigers unterworfen hat; er will eine Sache belasten, verarbeiten, zerstören; es droht ein Eingriff in ein Recht, etwa durch die Presse; ein Verzug des Schuldners ist ein Anzeichen für dessen wirtschaftlichen Zusammenbruch, BGH **54**, 220.

C. Verfahren. Auch ein Antrag eines Verbandes kann zulässig sein, Hbg NJW **81**, 2420, abw Düss NJW **78**, 2512, dazu Löwe BB **78**, 1433. Das Gericht entscheidet nach seinem pflichtgemäßen Ermessen darüber, ob eine Gefährdung des Anspruchs vorliegt, offen Redeker ZRP **83**, 150. Der Gläubiger braucht eine solche Gefährdung nicht glaubhaft zu machen, wenn er mit dem Antrag auf den Erlaß der einstweiligen Verfügung lediglich die Eintragung einer Vormerkung, Hamm MDR **66**, 236, vgl aber Anm 1 B a, oder die Eintragung eines Widerspruchs in das Grundbuch oder in das Schiffsregister nach den §§ 885 I 2, 899 II 2 BGB, 11 I 2, 21 II 2 SchiffsG, fordert. Eine Glaubhaftmachung ist ferner in den Fällen der §§ 489, 1615 o III BGB, 61 VI 2 UrhG, 25 UWG grundsätzlich entbehrlich; vgl aber § 940 Anm 2 B.

Zur sog Schutzschrift § 920 Anm 1 B, Grdz 128 2 C, § 91 Anm 5.

3) Streitwert. Vgl Anh § 3 ,,Einstweilige Verfügung".

4) VwGO: *An die Stelle der einstw Vfg tritt die einstw AnO, § 123 VwGO, deren Voraussetzungen in Anlehnung an §§ 935 und 940 geregelt sind. Auf sie sind von den Bestimmungen über die einstw Vfg nur die §§ 938, 939, 941 und 945 entsprechend anwendbar, § 123 III VwGO, ferner die dort genannten Vorschriften über den Arrest, vgl Grdz 5 § 916 (auch zur Zulässigkeit einer einstw AnO zur Sicherung eines Geldanspruchs).*

936 *Anwendbarkeit der Arrestvorschriften.* **Auf die Anordnung einstweiliger Verfügungen und das weitere Verfahren sind die Vorschriften über die Anordnung von Arresten und über das Arrestverfahren entsprechend anzuwenden, soweit nicht die nachfolgenden Paragraphen abweichende Vorschriften enthalten.**

Schrifttum: Ullmann, Sicherung künftiger Ansprüche durch Arrest und einstweilige Verfügung, Diss Heidelb 1970.

1) Verfügungsverfahren. Im Verfahren auf den Erlaß einer einstweiligen Verfügung sind die Vorschriften des Arrestverfahrens in folgendem Umfang beachtlich:

§ 916, Zulässigkeit: I ist unanwendbar. An seiner Stelle gelten die §§ 935, 940.

II ist anwendbar. Auch ein betagter oder ein bedingter Anspruch kann im Weg einer einstweiligen Verfügung verfolgt werden, § 935 Anm 1 C, vgl Hamm MDR **77**, 491.

§ 917, Begründetheit: Die Vorschrift ist unanwendbar. An ihrer Stelle gelten §§ 935, 940.

§ 918, Persönlicher Arrest: Die Vorschrift ist unanwendbar. An ihrer Stelle gelten §§ 935, 940 (evtl Haftandrohung beim Herausgabeanspruch, ZöSche § 918 Anm IV).

§ 919, Zuständigkeit: Die Vorschrift ist unanwendbar; es gelten §§ 937, 942, 944.

5. Abschnitt. Arrest und einstweilige Verfügung § 936 1

§ 920, Gesuch: Die Vorschrift ist anwendbar. Der Antrag muß eindeutig eine einstweilige Verfügung fordern. Der Gläubiger braucht allerdings wegen § 938 nicht unbedingt einen auch im übrigen inhaltlich bestimmten Antrag zu stellen. Er braucht nicht anzugeben, ob er § 935 und/oder § 940 für anwendbar hält. Er muß den Verfügungsanspruch und den Verfügungsgrund grds glaubhaft machen, OVG Münster NJW **82**, 2517. Das gilt auch in einer Patentsache, auf die § 25 UWG unanwendbar ist, Düss GRUR **83**, 80. Bei § 935 ist eine Gefährdung der Verfügungsgrund. Bei § 940 ist die Notwendigkeit einer einstweiligen Regelung der Verfügungsgrund.

Zur Glaubhaftmachung § 920 Anm 2, Ffm NJW **69**, 991, Mü NJW **58**, 1880. Wenn das sachliche Recht ausnahmsweise keine Glaubhaftmachung des Grundes verlangt, § 935 Anm 2 C, dann darf das Gericht auch keine Sicherheitsleistung fordern. Denn eine Sicherheitsleistung soll ja nur eine an sich notwendige Glaubhaftmachung ersetzen. Man muß aber die Notwendigkeit der Glaubhaftmachung des Verfügungsanspruchs streng von der Glaubhaftmachung des Verfügungsgrunds unterscheiden. Wenn der Gläubiger die Unterlassung einer Handlung fordert, dann muß er unter anderem die Wiederholungsgefahr glaubhaft machen, also die Gefahr weiterer Störungen.

Der Gläubiger braucht weder einen Geldbetrag noch einen Geldwert zu nennen. Freilich kann es erforderlich sein, den Streitwert anzugeben, sei es wegen der Zuständigkeitsfrage, §§ 3ff, sei es wegen des Kostenstreitwerts, § 23 GKG. Wenn es um ein Recht oder ein Rechtsverhältnis auf Grund des Gesetzes über Arbeitnehmererfindungen geht, braucht kein Schiedsverfahren vorausgegangen zu sein, § 920 Anm 1 A d.

Ein Gegenantrag, entsprechend einer Widerklage, ist grds zulässig, Celle NJW **59**, 1833.

§ 921, Entscheidung: Statt I gilt § 937 II. Wegen der Kosten s §§ 91 Anm 2 D, 938 Anm 1 B e.

II, Sicherheit: Die Vorschrift ist anwendbar, Nürnb BayJMBl **57**, 428, Lidle GRUR **78**, 96, s aber oben „§ 920, Gesuch". Zum Inhalt s § 938.

§ 922, Urteil oder Beschluß: Die Vorschrift ist voll anwendbar. Allerdings geht Art 103 I GG gegenüber § 922 III vor, soweit der Gläubigerschutz bestehen bleibt, zB bei einem Antrag auf die Unterlassung einer Handlung, Mü NJW **74**, 1517. II ist anwendbar, BayObLG Rpfleger **78**, 306 mwN. Nach der Zurückweisung eines Antrags auf eine einstweilige Verfügung (fälschlich) durch einen Beschluß kann man mit der Beschwerde keinen Arrest beantragen, § 916 Anm 1 A. In den Fällen des § 942 entscheidet das Gericht stets durch einen Beschluß.

§ 923, Abwendungsbefugnis: Die Vorschrift ist wegen § 939 unanwendbar.

§ 924, Widerspruch: Die Vorschrift ist grundsätzlich anwendbar. In den Fällen des § 942, also bei einer einstweiligen Verfügung des AG der belegenen Sache, ist sie unanwendbar; es ist dann das dort bestimmte Verfahren zulässig. Das Gericht darf die Zwangsvollstreckung auch ohne eine Sicherheitsleistung einstellen, § 924 Anm 4, Karlsr MDR **75**, 324, jedoch nur dann, wenn es damit nicht den Sinn der einstweiligen Verfügung aufhebt, Hbg MDR **55**, 48, Köln GRUR **82**, 504, Nürnb GRUR **83**, 470 je mwN, ThP § 940 Anm 4d, ZöSche § 924 Anm II 5, noch strenger Klette GRUR **82**, 474, großzügiger StJGr § 940 Rdz 9; vgl auch § 939.

§ 925, Entscheidung auf Widerspruch: Die Vorschrift ist anwendbar. Die Möglichkeit einer Aufhebung der einstweiligen Verfügung gegen eine Sicherheitsleistung des Schuldners ist allerdings durch § 939 begrenzt. Für die Anwendbarkeit des § 93 (Kostenfreiheit des Schuldners) gelten bei einer entsprechenden Sachlage dieselben Grundsätze wie bei der Widerspruchsklage des § 771, s § 93 Anm 5 „Widerspruchsklage".

§ 926, Anordnung der Klageerhebung: Die Vorschrift ist grundsätzlich anwendbar. Zuständig ist der Rpfl, § 20 Z 14 RPflG, Anh § 153 GVG. Die Vorschrift ist bei § 1615o BGB (Leibesfrucht) deshalb unanwendbar, weil in einem solchen Fall keine Klage möglich, sondern nur eine einstweilige Verfügung zulässig ist. Zur Problematik vor der Feststellung der Vaterschaft Göppinger FamRZ **75**, 196. Wegen einer Klage nach dem Arbeitnehmererfindungsgesetz vgl § 926 Anm 2 C.

§ 927, Aufhebung wegen veränderter Umstände: Die Vorschrift ist anwendbar, BGH NJW **78**, 2158. Die Möglichkeit des Gerichts zur Aufhebung der einstweiligen Verfügung gegen eine Sicherheitsleistung ist durch § 939 eingeschränkt. § 927 ist auch im Fall einer einstweiligen Verfügung mit dem Ziel einer Zahlung anwendbar, Anm 3, sofern eine Aufhebung den § 323 ersetzt. § 927 ist aber nicht zulässig, wenn es um eine einmalige Zahlung nach der Aufhebung geht (Arztkosten), Hbg MDR **60**, 59. Überhaupt ist die Aufhebung einer einstweiligen Verfügung durch eine weitere einstweilige Verfügung grundsätzlich nicht zulässig. Es gibt auch keine Aufhebungsklage gegen eine einstweilige Verfügung, BGH **LM** § 926 Nr 1. Wenn die Parteien über den Gegenstand der einstweiligen Verfügung einen Vergleich geschlossen haben, dann ist § 323 anzuwenden. Ein vorläufig vollstreckbares, aber anfechtbares Urteil im Hauptprozeß reicht selbst dann nicht aus, wenn es mindestens denselben Inhalt wie die einstweilige Verfügung hat, KG WRP **79**, 547.

2) Verfügungsvollzug bei gewöhnlichen einstweiligen Verfügungen. In diesem Bereich sind für das Verfahren nach dem Erlaß einer einstweiligen Verfügung die Vorschriften des Arrestverfahrens in folgendem Umfang beachtlich:

§ 928, Grundsatz: Eine Pfändung von Fahrnis und eine eidesstattliche Versicherung zwecks Offenbarung nach § 807 kommen nach einer einstweiligen Verfügung kaum vor. Die Wegnahme einer Sache wird nach §§ 883 ff vollstreckt. Eine eidesstattliche Versicherung zwecks Offenbarung nach § 883 sowie eine Pfändung und Überweisung nach § 886 bedürfen keiner neuen einstweiligen Verfügung. Die einstweilige Verfügung auf eine Herausgabe macht eine Wegnahme in der Frist notwendig. Die Erzwingung einer Handlung oder Unterlassung erfolgt in den Grenzen der §§ 887, 888, 890.

Das Vollstreckungsgericht wird nach § 764 bestimmt. In den Fällen der §§ 887 ff ist das Gericht der Hauptsache als Prozeßgericht zugleich das Vollstreckungsgericht. Einwendungen nach den §§ 732, 766 sind wie sonst zulässig. Wegen der Möglichkeit einer Vollstreckungsabwehrklage nach § 767 vgl Anm 4. Wegen der Möglichkeit einer Einstellung der Zwangsvollstreckung vgl § 924 III. Die Lage des Einzelfalls ergibt, wann die Zwangsvollstreckung beendet ist, Grdz 7 B vor § 704. Die Vollzugskosten sind nach § 788 zu behandeln. Sie sind also beim Schuldner beizutreiben. Wenn die einstweilige Verfügung aufgehoben worden ist, dann muß der Gläubiger die Vollzugskosten dem Schuldner erstatten.

§ 929, Vollstreckungsklausel, Vollziehungsfrist: Die Vorschrift ist grundsätzlich anwendbar, Schlesw FamRZ **81**, 456. Es gilt eine Vollzugsfrist von einem Monat seit dem Zeitpunkt der Verkündung der einstweiligen Verfügung und nur dann, wenn keine Verkündung stattfand, seit dem Zeitpunkt ihrer Zustellung, LAG Bre Rpfleger **82**, 481 mwN, hilfsweise seit dem Zeitpunkt ihrer Aushändigung, jeweils an den Gläubiger, AG Bln-Charlottenb DGVZ **79**, 29. Die Zustellung einer vollstreckbaren (statt einer einfachen) Ausfertigung ist nur im Fall der Rechtsnachfolge einer Partei nötig, §§ 727 ff. Im einzelnen ist folgendes zu beachten:

A. Gebot und Verbot. Wenn die einstweilige Verfügung ein Gebot oder ein Verbot enthält, dann genügt ihre fristgemäße Zustellung durch den Gläubiger an den Schuldner, vgl BGH Rpfleger **82**, 306, Hbg MDR **68**, 933, ferner Hamm FamRZ **80**, 1145. Denn es handelt sich dann nur um die Vollziehung. Eine Urteilsverfügung ist freilich erst im Zeitpunkt der Zustellung wirksam, und zwar trotz § 317 I erst dann, wenn der Gläubiger die Zustellung im Parteibetrieb durchführt, so wohl Düss AnwBl **82**, 433, ferner zB Ffm Rpfleger **82**, 76 mwN, Hamm FamRZ **81**, 584, Kblz GRUR **81**, 92 mwN, Mü AnwBl **78**, 134, Schlesw NJW **72**, 1057 und FamRZ **81**, 457, LAG Bre Rpfleger **82**, 481 mwN, LAG Düss BB **81**, 435 mwN, OVG Münster NJW **74**, 918, Schmidt-v Rhein DGVZ **78**, 134 mwN (er läßt die Antragsschrift und/oder die Antragsunterlagen mit zustellen, falls diese ein ausdrücklicher Bestandteil des gerichtlichen Beschlusses sind – insofern ähnlich Kblz GRUR **82**, 572 für eine Beschlußverfügung –, und hält § 187 für anwendbar), ThP 3, ZöSche § 928 Anm IV 2, abw Ffm MDR **81**, 680, aM Bre WRP **79**, 791, Hbg zB BB **73**, 1189, Stgt WRP **81**, 291, LG Verden MDR **80**, 504, Carstendiek WRP **79**, 527, Weber DB **81**, 877 – zustm Lang AnwBl **81**, 237 – (aber § 929 III meint nur den Fall, daß zur Vollziehung mehr als die Zustellung möglich und daher nötig ist). Außerdem darf eine Zwangsvollstreckung zunächst nicht in Frage stehen, Grdz 4 B vor § 916.

Wenn die einstweilige Verfügung ein Verbot gegenüber jeder Partei ausspricht, dann muß also jede Partei der anderen zustellen, Mü BayJMBl **52**, 217. Das gilt auch dann, wenn eine eigentliche Zwangsvollstreckung nicht in Frage kommt.

Die vorstehenden Grundsätze gelten auch, wenn die einstweilige Verfügung ein einzutragendes Veräußerungsverbot ausspricht, Ffm Rpfleger **78**, 269. Die Eintragung ist nicht an eine Frist gebunden. Soweit im übrigen eine Eintragung im Grundbuch notwendig ist, wendet die Praxis überwiegend den § 932 III entspr an. Die Frist ist aber nur dann gewahrt, wenn das Eintragungsgesuch innerhalb der Frist eingeht und wenn der Eintragung am Ende der Frist keine Hindernisse mehr entgegenstehen. In diesem Fall ist es unerheblich, ob anfänglich Hindernisse vorhanden waren und ob diese erst durch eine

5. Abschnitt. Arrest und einstweilige Verfügung § 936 2, 3

Zwischenverfügung innerhalb der Frist beseitigt wurden. Ein Verschulden des Grundbuchamts hilft dem Gläubiger nicht. Wenn die einstweilige Verfügung im Zeitpunkt des Eingangs des Eintragungsantrags nicht zugestellt worden ist, dann muß der Gläubiger die Zustellung innerhalb der Frist des § 929 nachholen. Diese Frist beginnt mit dem Eingang des Eintragungsantrags. Andernfalls ist die Vollzugsmaßnahme unwirksam, Hamm VersR 82, 1058; s dazu § 939 Anm 3.

B. Andere Fälle. In anderen Fällen muß die einstweilige Verfügung nach hM innerhalb der Frist voll durchgeführt worden sein. Wenn also die einstweilige Verfügung von einer Sicherheitsleistung abhängig gemacht worden ist, dann muß der Gläubiger die Sicherheit im Zweifel vor der Vollziehung leisten, vgl § 921 Anm 2 C a, StJGr § 939 III 1, aM Wiecz § 929 D I (der Gläubiger müsse die Sicherheitsleistung innerhalb der Frist des § 929 III 2 leisten; der Vollzug sei schon vorher zulässig). Außerdem muß der Gläubiger die Bestätigung der Hinterlegungsstelle innerhalb der Frist des § 929 III 2 zustellen, § 751 II, Nürnb BayJMBl 57, 428. Wegen der sog Leistungsverfügung, Grds 1 C vor § 916, Anm 3 A.

Diese Voraussetzungen lassen sich oft nicht rechtzeitig erfüllen. Dann kann jedenfalls bei einer fortlaufenden Geldleistung ein fristgemäßer Beginn der Durchführung und eine Einheit der späteren Maßnahmen damit vorliegen, § 929 Anm 2 B, etwa dann, wenn es um eine eidesstattliche Versicherung zwecks Offenbarung geht, die nach § 883 II auch im Verfahren auf den Erlaß einer einstweiligen Verfügung zulässig ist (oben bei ,,§ 928").

§ 930, Vollzug in Fahrnis: Die Vorschrift ist unanwendbar, soweit sie das Arrestgericht zur Pfändung zuständig macht.
Bei III läßt LG Bln DGVZ 77, 60 die Anwendbarkeit offen.

§ 931, Vollzug in ein Schiff: Die Vorschrift ist unanwendbar.

§ 932, Arresthypothek: Die Anwendung der Vorschrift ist grds nicht möglich. Denn es fehlt ein Geldbetrag im Sinne des § 923.

Allerdings wendet die Praxis mit Recht den III (Eingang des Antrags als Vollzug) auf alle durch eine einstweilige Verfügung angeordneten Grundbuch- und Registereintragungen an. Ein etwaiges Ersuchen nach § 941 gilt dann als der Eintragungsantrag, § 39 GBO. Wenn aber die Zustellung nicht in der Wochenfrist des § 929 III, die unabhängig von einer Kenntnis des Gläubigers mit dem Eingang des Ersuchens beginnt, nachfolgt, vgl zu ,,§ 929", dann hält ZöSche § 932 Anm IV die Eintragung für unwirksam und den Gläubiger für verpflichtet, eine Löschungsbewilligung zu erteilen. Das Grundbuchamt prüft auch die Voraussetzungen einer Eintragung nach dem Grundbuchrecht, Düss Rpfleger 78, 216. Ein Belastungsverbot wird erst mit der Zustellung an den Schuldner wirksam. Wenn auf Grund einer einstweiligen Verfügung eine Vormerkung eingetragen worden war und wenn diese Vormerkung nun durch eine vollstreckbare Entscheidung aufgehoben worden ist, dann ist damit bereits die Vormerkung ebenfalls erloschen; die Löschung stellt nur eine Berichtigung des Grundbuchs dar, BGH 39, 23.

§ 933, Persönlicher Arrest: Die Vorschrift ist anwendbar, ThP 3, aM ZöSche I. Denn auch eine Freiheitsbeschränkung kann durch eine einstweilige Verfügung angeordnet werden.

§ 934, Aufhebung des Vollzugs: I ist durch § 939 ersetzt.
II–IV sind ebenfalls unanwendbar, ZöSche § 934 Anm V, aM Ro § 215 V 3, ThP 3.

3) Verfügungsverzug bei einer Zahlungsverfügung. Wenn die einstweilige Verfügung den Schuldner vorläufig zu einer Zahlung verurteilt, dann steht sie für die Zwangsvollstreckung ganz einem vorläufig vollstreckbaren Endurteil auf die Leistung gleich, Grdz 2 C vor § 916. Im einzelnen ist folgendes zu beachten:

A. Wiederkehrende Leistungen. Eine einstweilige Verfügung mit der Verurteilung zu einer wiederkehrenden Leistung, etwa zur Zahlung eines laufenden oder künftigen Unterhalts (also nicht wegen eines in der Vergangenheit entstandenen Unterhaltsanspruches, Bre FamRZ 80, 1146), vgl auch § 940 Anm 3 B ,,Ehe, Familie", ,,Rente", kann wegen der künftigen Raten nicht innerhalb der Monatsfrist vollzogen werden, § 929 II kann deshalb nicht anwendbar sein, insofern aM zB Hamm FamRZ 80, 1145 mwN. Infolgedessen erfolgt die Vollstreckung ohne die Zeitgrenze, § 929 Anm 2 B. Man muß aber auch in diesem Fall eine Bindung des Willens des Schuldners durch mehr als die bloße Anordnung verlangen.

Der Gläubiger muß die einstweilige Verfügung dem Schuldner innerhalb eines Monats seit der Verkündung des Urteils im Parteibetrieb zustellen, Hamm FamRZ 81, 584 mwN, aM zB insofern Schlesw FamRZ 81, 456 mwN (es reiche aus, wenn die Leistungsverfügung innerhalb der Monatsfrist, gerechnet ab dem Zeitpunkt der jeweiligen Fälligkeit der konkreten Einzelleistung, vollzogen oder der Vollzug eingeleitet werde), Hamm FamRZ 80, 1145 mwN (als eigentliche Vollzugsmaßnahme müsse hinzukommen, daß der Gläubiger innerhalb eines Monats ab Eintritt der jeweiligen Fälligkeit wegen der konkreten Teilforderung, zB der Monatsrente, mit der Vollstreckung beginne). Wenn der Gläubiger die Zwangsvollstreckung vor dem Zeitpunkt der Zustellung einleitet, dann muß die Zustellung der ersten Vollstreckungsmaßnahme innerhalb der Wochenfrist nachfolgen, § 929 III.

B. Weiteres Verfahren. Mit den zu A genannten Maßnahmen ist die Vollziehung beendet. Das weitere gehört zur Vollstreckung, Grdz 4 B vor § 916. Die Zwangsvollstreckung erfolgt durch eine Pfändung nach §§ 803–871 und nicht, wie im Fall eines Gebots, nach § 887. Hier bezweckt die Vollziehung nicht die Sicherung, sondern die Befriedigung des Gläubigers. Die Vollziehung ist also eine Vollstreckungspfändung und nicht eine Arrestpfändung. Die §§ 930–932 sind der Natur der Sache nach unanwendbar. Deshalb pfändet nicht das Arrestgericht die Forderung, sondern das Vollstreckungsgericht des § 828 ist zuständig, und zwar durch seinen Rpfl, § 20 Z 17 RPflG, Anh § 153 GVG. Deshalb ist hier auch eine Überweisung zulässig.

Die Zwangsvollstreckung in ein eingetragenes Schiff und in eine Liegenschaft erfolgt nach den §§ 864 ff, nicht nach den §§ 931 ff. Es gibt also keine Arresthypothek, sondern eine Zwangshypothek, ferner eine Zwangsverwaltung oder eine Zwangsversteigerung.

C. Einmalige Leistung. Wenn die einstweilige Vollstreckung den Schuldner zu einer einmaligen Geldleistung verurteilt, zB wegen der §§ 1615k oder 1615o BGB, dann kann der Gläubiger die einstweilige Verfügung nur durch eine Pfändung vollziehen. Die Zahlung des Schuldners zur Abwendung der Pfändung genügt. Auch in diesem Fall ist eine Überweisung zulässig. Denn eine solche einstweilige Verfügung bezweckt ausnahmsweise eine Befriedigung des Gläubigers, Grdz 2 C vor § 916.

4) Vollstreckungsabwehrklage. Der Schuldner kann gegenüber einer gewöhnlichen einstweiligen Verfügung keine Vollstreckungsabwehrklage nach § 767 erheben. Denn § 927 hilft ihm ausreichend und schließt die Anwendbarkeit anderer Vorschriften aus, § 924 Anm 1 D. Anders verhält es sich im Fall einer sog Leistungsverfügung, Anm 3 A. Denn eine solche einstweilige Verfügung steht in ihrer Wirkung einem Leistungsurteil gleich. Außerdem ist § 927 in einem solchen Fall nicht für fällige, aber rückständige Leistungen anwendbar. Deshalb kann der Schuldner in solcher Situation nach § 767 klagen, soweit er das gewünschte Ergebnis nicht auf dem Weg des § 927 erreichen kann, LG Stgt MDR **50**, 745, Ro § 215 IV 1, ThP 4, aM Baur 52, Blomeyer ZPR § 119 II 6a.

5) VwGO: Vgl § 935 Anm 3.

937

Zuständiges Gericht. [I] Für den Erlaß einstweiliger Verfügungen ist das Gericht der Hauptsache zuständig.
[II] Die Entscheidung kann in dringenden Fällen ohne mündliche Verhandlung ergehen.

1) Zuständigkeit, I. A. Sinn der Regelung. § 937 ersetzt in Verbindung mit § 942 den § 919 im Bereich des Verfahrens auf den Erlaß einer einstweiligen Verfügung. Die Vorschrift soll gewährleisten, daß dasjenige Gericht, das über eine bei ihm anhängige Klage zu entscheiden hat und die Sache schon kennt, auch im Verfügungsverfahren entscheidet, Hbg MDR **81**, 1027. Deshalb muß dasjenige Gericht, bei dem eine zweite Klage über denselben Anspruch erhoben wird, die Rechtshängigkeit vor dem anderen Hauptsachegericht auch im Rahmen von § 937 beachten, Hbg MDR **81**, 1027.

B. Einzelheiten. Für die Anordnung der einstweiligen Verfügung ist örtlich und sachlich ausschließlich, § 802, das Gericht der Hauptsache zuständig (Begriff § 919 Anm 2). Hauptsache ist dabei die zu sichernde Leistung und/oder das zu befriedigende Rechtsverhältnis. Wegen des Prozeßkostenvorschusses § 127a. In einer Familiensache ist das Familiengericht zuständig, Stgt FamRZ **78**, 704. Im Verfahren nach § 1615o BGB ist das Gericht des Kindschaftsprozesses zuständig, Köln NJW **72**, 829, Büdenbender FamRZ **75**, 283 je mwN (auch wenn der Kindschaftsprozeß noch nicht abhängig ist oder wenn dort noch kein Antrag auf die Zahlung des Regelunterhalts gestellt worden ist), ThP 1, abw LG Düss FamRZ **75**, 280 (es hält zumindest auch das Gericht eines bloßen Unterhaltsprozesses für zuständig), aM zB LG Düss FamRZ **72**, 48, Brühl FamRZ **75**, 241, Damrau FamRZ **70**, 295 (nur das Gericht des bloßen Unterhaltsprozesses sei zuständig). Über die Zuständigkeit für eine einstweilige Verfügung in einer Wettbewerbssache vgl § 25 UWG. Daneben ist das AG des Tatorts zuständig. Für die Zwangsvollstreckung ist das Vollstreckungsgericht zuständig, für die Forderungspfändung vgl § 936 Anm 2 und 3. Beim Kollegialgericht ist sein Vorsitzender im Rahmen von § 944 zuständig.

2) Verfahren, II. A. Mündliche Verhandlung. a) Grundsatz. In Abweichung von § 921 ist im Verfahren auf den Erlaß einer einstweiligen Verfügung grundsätzlich eine mündliche Verhandlung notwendig, Ffm MDR **79**, 945, KG MDR **79**, 590, Teplitzky GRUR **78**, 286. Sie ist nur dann entbehrlich, wenn ein dringender Fall vorliegt, Ffm MDR **78**, 315, vgl auch LG Ffm NJW **80**, 1758. Eine Dringlichkeit macht eine mündliche Verhandlung auch dann entbehrlich, wenn in derselben Sache schon eine mündliche Verhandlung oder eine Verweisung stattgefunden hatte, Stgt NJW **56**, 1931.

b) Dringender Fall. Nun setzt allerdings jede einstweilige Verfügung eine Dringlichkeit voraus. Denn sonst würde der Verfügungsgrund fehlen. Deshalb meint II mit dem Ausdruck „in dringenden Fällen" eine gesteigerte, zusätzliche Dringlichkeit, Teplitzky GRUR **78**, 286, vgl Fritze GRUR **79**, 292, krit Pietzcker (für die Deutsche Vereinigung Bezirksgruppe Nord) GRUR **78**, 526. Das Gericht prüft nach seinem pflichtgemäßen Ermessen, ob die besondere Dringlichkeit vorliegt und ob es dann von der mündlichen Verhandlung absehen will. Denn „kann" stellt nicht nur in die Zuständigkeit. Ein (besonders) dringender Fall liegt vor, wenn der Zeitverlust oder die Benachrichtigung des Gegners den Zweck der einstweiligen Verfügung gefährden könnten, Lempp NJW **75**, 1920, ähnl Teplitzky NJW **80**, 1668 mwN, vgl auch § 921 Anm 1 A. Die (besonders) dringliche Situation muß auch in einem Fall des § 25 UWG geprüft werden. Denn diese Vorschrift befreit nicht von II, KG DB **79**, 642, Teplitzky GRUR **78**, 286, aM Pastor Wettbewerbsprozeß 142. Allerdings kann die Dringlichkeit bei § 25 UWG großzügiger bejaht werden, KG DB **79**, 672. Ein öffentliches Interesse bleibt allerdings auch in diesem Zusammenhang unberücksichtigt, Drettmann GRUR **79**, 604.

Die (besondere) Dringlichkeit fehlt dann, wenn das Gericht dem Antrag auf den Erlaß der einstweiligen Verfügung nicht sofort stattgeben kann, Ffm MDR **78**, 315 (krit Schmidt NJW **75**, 2022) und MDR **79**, 945 je mwN, KG (5. ZS) DB **79**, 642 und (21. ZS) MDR **79**, 590, Mü NJW **75**, 1569, Schlesw MDR **82**, 857, Feiber NJW **80**, 822, ZöSche II.

Die aM, zB Hbg GRUR **81**, 147 und MDR **81**, 152, KG (18. ZS) NJW **79**, 1211 und (22. ZS) OLGZ **82**, 92, Kblz NJW **80**, 2589 je mwN, Teplitzky DRiZ **82**, 41, ThP 2, verkennt folgendes: Das Gericht ist nicht dazu da, einer Partei vor allem die Wege zur Bekämpfung seiner eigenen Entscheidung zu ebnen, sondern es hat diese eigene Entscheidung pflichtgemäß zu finden und dann auch konsequent zu vertreten und die Interessen beider Parteien in *diesem* Rechtszug zu beachten, so wohl auch Schlesw MDR **82**, 857. Der Antragsgegner hat in der Regel kein Interesse daran, mangels mündlicher Verhandlung eher das Risiko eines bloßen Pyrrhus-Sieges zu laufen. Die mündliche Verhandlung bringt gerade in dem Verfahren auf den Erlaß einer einstweiligen Verfügung oft genug erstaunliche Wendungen mit sich.

An diesen Erwägungen ändert auch die Erfahrung nichts, daß die eigene Entscheidung im höheren Rechtszug als unrichtig angesehen werden kann. Dieselbe Erfahrung besagt nämlich auch, daß sie bestätigt werden kann.

Freilich kann eine mündliche Verhandlung von vornherein objektiv erkennbar sinnlos sein. In einem solchen Fall darf und muß das Gericht den Antrag auch ohne eine Verhandlung zurückweisen, LG Hann MDR **81**, 1455, StJGr Rdz 5.

Der Gläubiger muß die (besondere Dringlichkeit) als eine Voraussetzung zum Erlaß der einstweiligen Verfügung glaubhaft machen, § 294, Teplitzky GRUR **78**, 286 (er stellt strenge Anforderungen); das Gericht kann auch insofern bei § 25 UWG großzügiger sein, KG DB **79**, 672. Das Gericht muß das Vorliegen der (besonderen) Dringlichkeit in der einstweiligen Verfügung feststellen. Zur sog Schutzschrift Grdz 2 C vor § 128, § 920 Anm 1 B; wegen ihrer Kosten § 91 Anm 5 „Schutzschrift".

c) Einzelfragen. Das Gericht kann den Schuldner auch schriftlich anhören. Wenn der Gläubiger auf Grund einer Äußerung des Schuldners den Antrag zurücknimmt, dann muß der Gläubiger die Kosten des Schuldners tragen, § 269 III 2 entspr. Wegen eines Gegenantrags vgl § 935 Anm 1 A. Zu dem teilweise hochproblematischen Verfahren eines sog Messebereitschaftsdienstes Lidle GRUR **78**, 93.

B. Rechtsbehelfe. Gegen die Anordnung einer mündlichen Verhandlung oder gegen ihre Ablehnung ist grundsätzlich kein Rechtsbehelf statthaft. Wegen einer allzu späten Terminsanberaumung ist allenfalls eine Dienstaufsichtsbeschwerde zulässig, § 216 Anm 2 E.

C. Gebühren: Des Gerichts KV 1050ff; des RA §§ 40, 59 BRAGO. Wert: Anh § 3 „Einstweilige Verfügung".

3) VwGO: Vgl § 935 Anm 3.

§ 938

938 *Inhalt der einstweiligen Verfügung.* **I** Das Gericht bestimmt nach freiem Ermessen, welche Anordnungen zur Erreichung des Zweckes erforderlich sind.

II Die einstweilige Verfügung kann auch in einer Sequestration sowie darin bestehen, daß dem Gegner eine Handlung geboten oder verboten, insbesondere die Veräußerung, Belastung oder Verpfändung eines Grundstücks oder eines eingetragenen Schiffes oder Schiffsbauwerks untersagt wird.

Schrifttum: Carstendiek, Probleme der durch einstweilige Verfügung und im Konkurseröffnungsverfahren angeordneten Sequestration, Diss Heidelb 1969.

1) Zulässige Maßnahmen, I. A. Allgemeines. Das Gericht bestimmt nach seinem pflichtgemäßen Ermessen, welche Maßnahme angeordnet werden muß, und zwar grds auch bei der Unterlassungsverfügung, Borck WRP **77**, 457. Entgegen Lipps NJW **70**, 226 gibt es auch bei einer Wettbewerbssache keine gesetzliche Grundlage dafür, daß das Gericht in der Auswahl seiner Anordnungen beschränkt wäre, obwohl § 25 UWG mit seinen Erleichterungen für den Erlaß einer einstweiligen Verfügung Gefahren mit sich bringt. Das Gericht darf sich auch nicht darauf beschränken, etwa allgemein die „Beseitigung der Beeinträchtigung" anzuordnen, sondern muß bestimmte Maßnahme treffen, Köln NJW **53**, 1592.

B. Voraussetzungen. Allerdings muß das Gericht die Grenzen seiner Befugnisse nach a–d beachten.

a) Erforderlichkeit. Die Maßnahme muß erforderlich, freilich auch ausreichend sein, um den Zweck der einstweiligen Verfügung zu erreichen. Die einstweilige Verfügung darf aber grundsätzlich nicht eine Entscheidung in der Hauptsache vorwegnehmen. Sie soll möglichst keine endgültigen Verhältnisse schaffen. Denn die einstweilige Verfügung dient lediglich der Sicherung und grundsätzlich nicht der Befriedigung des Gläubigers, KG MDR **77**, 500, LG Bochum MDR **74**, 851 (krit Schopp mwN betr verbotene Eigenmacht), LAG Düss DB **78**, 211. Zum Problem Schilken, Die Befriedigungsverfügung usw, 1976 (krit Grunsky ZZP **90**, 208).

Freilich ist eine einstweilige Verfügung insofern zulässig, als keine Aussicht besteht, wegen der Hauptsache in einer sinnvollen nahen Zukunft eine Entscheidung zu erreichen, Ffm NJW **75**, 393, offen Karlsr NJW **76**, 1209 (abw Schulte). Das Gericht darf den Schuldner aber nicht schon auf Grund ungenügend geprüfter Behauptungen unwiederbringlich schädigen, vgl auch § 940 Anm 3 B.

Demgegenüber liegt es in der Natur einer einstweiligen Verfügung, die auf eine Geldzahlung ausgerichtet ist, Grdz 2 C vor § 916, § 936 Anm 3, auch der Befriedigung des Gläubigers zu dienen. Der Schuldner ist dann auf einen Ersatzanspruch angewiesen, der praktisch freilich meist wertlos ist.

b) Im Rahmen des Antrags. Die Maßnahme des Gerichts darf nicht über den Antrag des Gläubigers hinausgehen, §§ 308, 536, Düss GRUR **78**, 610, Karlsr GRuR **82**, 171, Stgt WRP **73**, 608, LAG Düss DB **78**, 212, Habscheid NJW **73**, 376. Das Gericht kann nur innerhalb dieses Rahmens wählen. Der Gläubiger braucht innerhalb des von ihm gesetzten Rahmens keine bestimmten Maßnahmen anzuregen, und das Gericht ist an die etwa angeregten Maßnahmen innerhalb des Rahmens nicht gebunden. Die einstweilige Verfügung kann auf eine Leistung, eine Feststellung oder eine Gestaltung gehen. Wenn der Gläubiger zB die Zwangsverwaltung eines Grundstücks beantragt, wird das Gericht vielleicht eine Sequestration anordnen. Grundsätzlich ist ein bestimmter Antrag notwendig. Eine Verallgemeinerung im Antrag ist nur insoweit zulässig, als er einen klar bestimmten Inhalt behält, Düss GRUR **78**, 610.

c) Im Rahmen des Hauptanspruchs. Die Maßnahme muß im Rahmen des Hauptanspruchs bleiben. Sie soll grundsätzlich nicht mehr, sondern weniger als die Verwirklichung des Hauptanspruchs bringen. Die einstweilige Anordnung ist ja außerdem ein aliud, Baur **52**, 60, Jauernig ZZP **79**, 326, 332. Das Gericht darf vor allem nicht in das Recht eines Dritten eingreifen und dem Dritten keine Pflicht auferlegen, Düss WertpMitt **78**, 359. Eine Eintragung ins Grundbuch oder in ein Register muß sachlichrechtlich und auch grundbuchrechtlich zulässig sein.

d) Grenzen der Zwangsvollstreckung. Das Gericht darf mit seinen Anordnungen die Grenzen einer zulässigen Zwangsvollstreckung nicht überschreiten, Grein DGVZ **82**, 178. Es darf zB dem Grundbuchamt nicht gebieten, einem Antrag stattzugeben. Es darf nicht im Fall einer nach § 890 zu vollstreckenden Anordnung eine Maßnahme nach den §§ 883–888 androhen, LAG Hamm DB **77**, 1272. Über eine einstweilige Verfügung zum Zweck einer nicht erzwingbaren Leistung vgl § 888 Anm 4.

e) Gebotene Zurückhaltung. Das Gericht sollte sich mit seiner Anordnung zurückhalten, wenn die vorläufige Prüfung im Verfahren auf den Erlaß der einstweiligen Verfügung ungewöhnlich mangelhaft bleiben muß. So liegt es oft bei einer Patentverletzung, § 940 Anm 3 B „Gewerblicher Rechtsschutz". Allerdings darf das Gericht auch zB im Bereich des gewerblichen Rechtsschutzes keineswegs von vornherein zurückhaltender verfahren als etwa im Bereich des bürgerlichen Rechts, Jestaedt GRUR **81**, 193 mwN. Der Gläubiger darf alle Mittel der Zwangsvollstreckung ausnutzen; vgl § 936 Anm 2. Über die Kostenverteilung im Fall einer teilweisen Zurückweisung s § 92 Anm 1 B b. Die Frage, ob der Antrag teilweise zurückgewiesen worden ist, ist danach zu entscheiden, ob der Gläubiger der Wirkung nach das Begehrte erreicht hat.

C. Beispiele der Zulässigkeit. Das Gericht ordnet eine Zwangsverwaltung an. Sie sichert den Gläubiger mit den Rechtsfolgen, die sich aus dem ZVG ergeben. Das gilt auch wegen eines Hypothekenbriefs. Wegen § 41 GBO kann die Anordnung der Herausgabe eines Grundschuldbriefs an den Gerichtsvollzieher ratsam sein, § 940 Anm 3 B „Grundbuch". Die einstweilige Verfügung ist im Zeitpunkt der Zustellung an den Hypothekengläubiger wirksam. Eine Eintragung in das Grundbuch oder in ein Register ist nur für den Ausschluß des guten Glaubens notwendig.

Es geht um die Rückschaffung von Sachen des Mieters in die Mieträume; es geht um eine Rückschaffung von Dingen, die der Schuldner durch eine verbotene Eigenmacht erlangt hat, Düss MDR **71**, 1011, Schlesw SchlHA **75**, 49, Stgt MDR **64**, 604 je mwN, Schopp MDR **74**, 851, vgl auch Dussek NJW **66**, 1345; der Gläubiger erwirkt ein Verbot, den Gewerbebetrieb zu stören; er erwirkt ein Gebot, einen Vorgang zum Handelsregister anzumelden, etwa den Eintritt in die Abwicklung der Firma; er erwirkt ein Gebot, einen bestimmten Wettbewerbsverstoß zu unterlassen, vgl Grdz 2 C vor § 916; der Gläubiger erwirkt ein Gebot, keinen Antrag auf eine Eintragung des Eigentumserwerbs beim Grundbuchamt zu stellen. Ein solches Gebot wirkt sachlichrechtlich als ein Erwerbsverbot. Das Grundbuchamt muß dieses Gebot beachten, BayObLG Rpfleger **78**, 306 mwN, KG MDR **77**, 500. Das Gebot darf aber nicht eingetragen werden. Eine Eintragung entgegen dem Verbot läßt kein Eigentum übergehen.

Der Gläubiger erwirkt ein Verbot gegenüber seinem Ehegatten, eine getrennte Steuerveranlagung zu beantragen, vgl Tiedtke FamRZ **77**, 689; es geht um eine Sicherheitsleistung nach § 1389 BGB, KG FamRZ **74**, 310; es geht um die Entziehung der Vertretung oder der Geschäftsführung eines Gesellschafters; es geht um die Räumung einer Wohnung. Dieser Fall kommt allerdings nur ausnahmsweise in Betracht, § 940a; es geht um die Rückgabe eines Flugzeugs, das der Schuldner dem Besitzer widerrechtlich entzogen hatte, Stgt MDR **64**, 604; es geht um einen Zutritt, § 541 a BGB, AG Wuppertal MDR **73**, 409; es geht um die Herausgabe des Reisepasses des Schuldners, den er dem Gläubiger zur Sicherheit übergeben hatte und den der Schuldner nun wieder braucht, AG Heilbronn NJW **74**, 2183; es geht um die Herausgabe von Buchhaltungsunterlagen aus dem Besitz des Steuerberaters des Gemeinschuldners an den Konkursverwalter (und nicht an einen Sequester), Düss KTS **83**, 146; es geht um die Herausgabe eines durch eine verbotene Eigenmacht erlangten Kfz.-Briefs, LAG Bln BB **82**, 1428.

Der Gläubiger erwirkt die Anordnung einer bloßen Verwahrung, nicht auch Verwaltung (und deshalb nicht einer Sequestration, II) durch den Gerichtvollzieher, soweit diese Verwahrung mit den im Einzelfall zulässigen Grenzen der Zwangsvollstreckung vereinbar ist, Grein DGVZ **82**, 178 mwN.

D. Beispiele der Unzulässigkeit. Es geht um die Löschung einer Hypothek; der Antragsteller verlangt die Untersagung des Geschäftsbetriebs, außer etwa in einem ganz krassen Verletzungsfall; es geht um die Löschung einer Firma; es geht um den Entzug des Stimmrechts in der Hauptversammlung, Neustadt MDR **55**, 108; es geht um die Beschlußfassung in der Gesellschafterversammlung, Ffm BB **82**, 274; der Antragsteller verlangt die Unterlassung einer Eintragung in das Grundbuch (dann hilft ein Widerspruch); es geht um die Anordnung der Zwangsvollstreckung oder ihrer Duldung; es geht um die Einstellung der Zwangsvollstreckung, wenn eine andere gesetzliche Maßnahme möglich ist; der Antragsteller bezweckt eine Einstellung nach den §§ 707, 719, Grdz 6 E vor § 704.

Es geht in einer Ehe- oder Familiensache um eine Maßnahme, die auch mit Hilfe der §§ 127a, 620ff, 621f oder mit Hilfe der HausrVO getroffen werden kann, Schlesw SchlHA **78**, 120. Wenn die einstweilige Verfügung von der Anhängigkeit der Ehesache beantragt oder sogar erlassen worden war, bleibt das Rechtsschutzbedürfnis schon aus Kostengründen bestehen, Hamm FamRZ **80**, 816; es geht um eine Willenserklärung, vgl Hamm MDR **71**, 401 mwN, LG Brschw NJW **75**, 783 mwN (krit Jaurnig NJW **75**, 1419, ähnl Schulte NJW **76**, 1210), Jaurnig ZZP **79**, 341, StJGr IV 5 vor § 935, offen Karlsr NJW **76**, 1209, auch um eine vorläufige Willenserklärung, vgl Jaurnig NJW **73**, 1671, aM Ffm MDR **54**, 686, Stgt NJW **75**, 908, ThP 2 (aber wie soll sie vollstreckt werden?).

Es handelt sich um eine Zustimmung nach § 103 BetrVG, Lepke BB **73**, 900; der Antragsteller will ein Gebot an den Notar erwirken, Hamm NJW **76**, 975, oder er will ein Gebot an eine Behörde herbeiführen, JFG **5**, 301, damit diese Personen eine Amtshandlung durchführen; es geht um das Verbot einer Verwaltungsvollstreckung. Vgl auch § 940 Anm 3 B.

2) Sequestration, II. A. Zulässigkeit. Die Sequestration ist eine Verwahrung und eine Verwaltung durch eine hierfür bestimmte Person, Kblz MDR **81**, 855 mwN, Köln JB **75**, 1662. Sie findet regelmäßig bei einer Liegenschaft statt, ist aber auch bei einer Fahrnis möglich, vgl LG Heidelb DGVZ **77**, 44, zB dann, wenn die Möglichkeit einer Hinterlegung oder einer Herausgabe an den Gerichtsvollzieher entfällt. Die Sequestration ist ferner bei einem andauernden Recht oder etwa bei einem Minderjährigen möglich. Sie ist nur dann im Grundbuch einzutragen, wenn und soweit sie eine Verfügungsbeschränkung enthält. Sie führt bei einem Grundstück eine Zwangsverwaltung herbei. Das Gericht des § 937 darf aber eine Zwangsverwaltung anordnen, Anm 1 C, und es ernennt dann auch den Zwangsverwalter (nach anderen wird der Zwangsverwalter durch das Vollstreckungsgericht ernannt). Auch im übrigen wendet das Gericht in der Regel das ZVG entsprechend an, soweit nicht eine Befriedigung des Gläubigers in Frage kommt.

B. Unzulässigkeit. Ein gewerbliches Unternehmen unterliegt als solches praktisch nicht einer Zwangsvollstreckung, Grdz 9 vor § 704 „Unternehmen". Daher unterliegt es auch nicht einer Sequestration, aM LG Gött MDR **58**, 246, StJGr II 1, ZöSche II 1 a. Die Tätigkeit eines Sequesters ist auch insoweit unzulässig, als ein dinglicher Arrest ausreicht. Etwas Entsprechendes gilt auch bei einem in die Luftfahrzeugrolle eingetragenen Luftfahrzeug, § 99 I LuftfzRG. In einem solchen Fall ist dann, wenn ein Arrest unzulässig ist, eine einstweilige Verfügung mit dem Ziel der Eintragung einer Verfügungsbeschränkung im Register für Pfandrechte an Luftfahrzeugen beim AG Braunschweig und zugleich eine einstweilige Verfügung mit dem Ziel einer Beschlagnahme zulässig und ratsam, Haupt NJW **74**, 1457.

C. Stellung des Sequesters. Der Sequester ist als solcher kein Beamter und übt keine staatliche Funktion aus. Er übt eine genehmigungspflichtige Nebentätigkeit im beamtenrechtlichen Sinn aus, Kblz MDR **81**, 855. Er ist keiner Weisung einer Partei unterworfen und braucht den Parteien über sein Amt auch keine Auskunft zu geben, Mü NJW **58**, 1880, LG Bre DGVZ **78**, 140 (das gilt aber nur bis zur Aufhebung der einstweiligen Verfügung). Soweit das Prozeßgericht nicht etwas anderes bestimmt, untersteht der Sequester der Aufsicht des Vollstreckungsgerichts. Das Gericht wendet für die Aufsicht das Pflegschaftsrecht entsprechend an, Hamm MDR **51**, 742. Das Gericht muß die Rechte und Pflichten des Sequesters bestimmen.

D. Vergütung. Das Gericht setzt auch nach seinem pflichtgemäßen Ermessen entsprechend §§ 675, 612, 632 BGB und in einer entsprechenden Anwendung der Vergütungsverordnung für Konkursverwalter oder Zwangsverwalter die Vergütung des Sequesters fest, Bbg JB **78**, 1572 mwN, Saarbr DGVZ **77**, 190 mwN, LG Freibg DGVZ **82**, 186. Die Vergütung des Sequesters wird den Einkünften entnommen, Celle Rpfleger **69**, 216, Düss JMBl NRW **54**, 137. Wenn aber der Antragsteller und der Sequester die Höhe der Vergütung vereinbart haben, dann darf das Gericht die Vergütung des Sequesters nicht festsetzen, Hbg Rpfleger **57**, 87 und KTS **77**, 176. Wegen der Erstattungsfähigkeit der Kosten der Sequestration § 788 Anm 5 „Sequestration". Der Festsetzungsbeschluß ist vollstreckbar, §§ 793, 794 I Z 3. Der Staat haftet für die Vergütung auch im Fall einer Prozeßkostenhilfe nicht.

E. Rechtsbehelfe. Die Bestellung des Sequesters und die Festsetzung seiner Vergütung sind Maßnahmen der Zwangsvollstreckung. Gegen sie sind, je nach dem Verfahren des Gerichts, die Erinnerung nach § 766 oder die sofortige Beschwerde, § 793 zulässig, vgl §§ 766 Anm 4 A, 928 Anm 2 B, Celle NdsRpfl **69**, 182. Auch der Sequester kann sich gegen die Festsetzung der Vergütung beschweren, Saarbr DGVZ **77**, 189. Dafür besteht kein Anwaltszwang. Der Betroffene kann sich auch gegen die einzelnen Maßnahmen des Sequesters mit der Erinnerung nach § 766 wenden, aM LG Mönchengladb DGVZ **82**, 122.

3) Gebot und Verbot, II. Das Verfügungsgericht darf tatsächliche oder rechtliche Handlungen jeder Art gebieten oder verbieten. Das darf aber nur gegenüber dem Schuldner und

5. Abschnitt. Arrest und einstweilige Verfügung §§ 938–940 1

ohne einen Eingriff in ein Recht eines Dritten geschehen. Das Gericht darf namentlich eine Veräußerung verbieten, vgl zB BayObLG DNotZ **76**, 107. Eine Eintragung in das Grundbuch oder in ein Register hat nur für den Ausschluß des guten Glaubens eine Bedeutung. In der Regel sind eine Vormerkung und ein Widerspruch vorzuziehen, zB nach §§ 885 I 1, 899 II 1 BGB, 21 SchiffsG. Eine einstweilige Verfügung zum Nachteil des Gläubigers ist unzulässig. Der Vollzug der einstweiligen Verfügung erfolgt nach § 936 Anm 2 ,,§ 929, Vollstreckungsklausel". Wegen der Wiederaufnahme der Arbeit und des Verbots eines anderen Arbeitsplatzes § 940 Anm 3 B ,,Arbeitsrecht".

4) VwGO: *Auf die einstwAnO entsprechend anwendbar, § 123 III VwGO, vgl Finkelnburg Rdz 151 ff. Ihr Inhalt bestimmt sich in erster Linie nach den Grundsätzen der Anm 1, nicht nach der betreffenden (außerprozessualen) materiellrechtlichen Regelung, VGH Mü BayVBl **83**, 406.*

939 *Aufhebung einer einstweiligen Verfügung.* **Nur unter besonderen Umständen kann die Aufhebung einer einstweiligen Verfügung gegen Sicherheitsleistung gestattet werden.**

1) Grundsatz. A. Allgemeines. § 939 ersetzt die §§ 923, 934 I, 925 II, zum Teil auch den § 927. Denn eine Geldleistung kann einen gegenständlichen Anspruch in aller Regel nicht sichern. Die einstweilige Verfügung darf nur auf Grund eines Widerspruchs oder nach § 939 aufgehoben werden. Das darf aber nicht durch eine zweite einstweilige Verfügung geschehen. Nicht nur der Vollzug, sondern die eigentliche einstweilige Verfügung ist aufzuheben.

B. Besondere Umstände sind notwendig, Ffm MDR **83**, 586. Eine gewöhnliche Schädigung des Schuldners infolge der Vollstreckung der einstweiligen Verfügung genügt also nicht, LG Hbg MDR **71**, 851. Das Gericht muß darüber, ob besondere Umstände vorliegen, nach pflichtgemäßem Ermessen entscheiden.

C. Sicherheitsleistung. Die Aufhebung nach § 939 darf nur gegen eine nach Art und Höhe gemäß § 108 genau zu bezeichnende Sicherheitsleistung geschehen. Die Sicherheitsleistung muß voll gewährleisten, daß der Zweck der einstweiligen Verfügung erreicht werden kann, Köln NJW **75**, 454, OVG Kblz NJW **72**, 303. Diese Gewährleistung ist meist nicht möglich, immerhin auch im Fall des § 648 BGB denkbar, Köln NJW **75**, 454 mwN, insofern aM LG Hbg MDR **71**, 851. Freilich muß das Gericht die Tauglichkeit der Sicherheit prüfen, zB die Brauchbarkeit einer Bankbürgschaft, Köln NJW **75**, 454. Das Einverständnis des Gläubigers genügt. Es fehlt aber dann, wenn der Kläger eine Abweisung, hilfsweise eine Aufrechterhaltung gegen eine Sicherheitsleistung beantragt.

2) Verfahren. Die Sicherheitsleistung braucht im Zeitpunkt der Gestattung noch nicht vorzuliegen, Köln NJW **75**, 455. Sie wird in folgender Weise gestattet: **a)** In der einstweiligen Verfügung selbst und nicht etwa in einer zweiten einstweiligen Verfügung; **b)** auf Grund eines Widerspruchs im Urteil wie in den Fällen der §§ 924 ff; **c)** im Berufungsrechtszug, Ffm MDR **83**, 586 mwN; dann ist eine mündliche Verhandlung notwendig, Celle OLGZ **78**, 490 (bei einem Verstoß ist kein Rechtsmittel gegeben); **d)** durch ein Urteil wegen veränderter Umstände, § 927. Der Schuldner ist dann der Kläger, vgl bei § 927.

Das Gericht entscheidet auf Grund einer mündlichen Verhandlung im Verfahren nach § 924 oder nach § 927, auch im Berufungsrechtszug, Köln NJW **75**, 454.

Nach der Sicherheitsleistung wird die Zwangsvollstreckung gemäß § 775 Z 1 und 3, § 776 eingestellt, Wiecz B I, ZöSch 2, aM insofern zB Köln NJW **75**, 455 (die Zwangsvollstreckung dürfe ohne weiteres eingestellt werden).

3) VwGO: *Gilt entsprechend für die einstwAnO, § 123 III VwGO, vgl § 927 Anm 5.*

940 *Einstweilige Verfügung zur Sicherung des Rechtsfriedens.* **Einstweilige Verfügungen sind auch zum Zwecke der Regelung eines einstweiligen Zustandes in bezug auf ein streitiges Rechtsverhältnis zulässig, sofern diese Regelung, insbesondere bei dauernden Rechtsverhältnissen zur Abwendung wesentlicher Nachteile oder zur Verhinderung drohender Gewalt oder aus anderen Gründen nötig erscheint.**

Schrifttum: Schilken, Die Befriedigungsverfügung usw, 1976 (Bespr Damrau FamRZ **77**, 678, Grunsky ZZP **90**, 208); s auch Grdz vor § 916 sowie die Hinweise vor § 935 Anm 1.

1) Geltungsbereich. Die einstweilige Verfügung nach § 940 dient weniger der künftigen Verwirklichung eines Anspruchs als vielmehr der Sicherung des Rechtsfriedens durch eine vorläufige Regelung eines Zustands (Regelungsverfügung, Jauernig ZZP **79**, 331). Die Abgrenzung gegenüber § 935 ist unsicher, aber praktisch unerheblich, Schopp MDR **74**, 851. Denn beide Fälle unterliegen derselben Behandlung nach den §§ 936–939, Ffm NJW **75**, 392, abw Schilken 126 (bei § 935 erfolge keine Interessenabwägung).

2) Einstweilige Regelung. A. Allgemeines. § 940 setzt voraus, daß die einstweilige Verfügung zur Regelung eines einstweiligen Zustands notwendig scheint. Es muß ein streitiges Rechtsverhältnis vorliegen, Düss WertpMitt **78**, 359. Es braucht nicht notwendig ein dauerndes Rechtsverhältnis streitig zu sein, also nicht etwa ein Besitz. Das ergibt sich schon aus dem Gesetzesausdruck „insbesondere". Das Gericht muß dabei die Gesamtheit der rechtlichen Beziehungen zwischen den Parteien beachten. Es genügt, daß der Antragsgegner das Recht des Antragstellers bestreitet. Das Recht des Antragstellers braucht also nicht bereits verletzt zu sein. Es genügt auch, daß das Recht des Antragstellers zwar nicht bestritten, wohl aber verletzt wird. Die bloße Besorgnis eines unerlaubten Eingriffs reicht dann aus, wenn diese Besorgnis schon erheblich ist. Eine allgemeine Ungewißheit, wie jeder Streit sie mit sich bringt, reicht also nicht aus. § 940 setzt nicht unbedingt voraus, daß der Gläubiger einen sachlichrechtlichen Anspruch hat, vgl BFH NJW **70**, 1392. Es reicht vielmehr aus, daß der Gläubiger im Gegensatz zum Schuldner einen sachlichrechtlichen Anspruch beliebiger Art haben kann. Der Anspruch braucht kein vermögensrechtlicher zu sein. Es reicht aus, daß der ordentliche Rechtsweg zulässig ist.

B. Einzelfragen. Vgl auch Anm 3 B. Eine einstweilige Verfügung ist unstatthaft, soweit in einer Ehe- oder Familiensache die §§ 620ff anwendbar sind, BGH NJW **79**, 1508, Düss NJW **78**, 895 und FamRZ **80**, 175 mwN, Ffm FamRZ **81**, 188, Karlsr FamRZ **80**, 1140, Köln NJW **78**, 1335, insofern auch Oldb FamRZ **78**, 526, ferner AG Lörrach NJW **78**, 1330, zur Abgrenzung Bülow/Stössel MDR **78**, 465. Eine einstweilige Verfügung ist ferner unstatthaft, soweit in einer sonstigen Familiensache der § 621f, Hamm NJW **78**, 2515, oder in einer Kindschaftssache der § 641d anwendbar sind (die einstweilige Verfügung nach § 1615o BGB bleibt zulässig), Hamm NJW **72**, 261. Wenn es um die Herausgabe eines Kindes geht, ist eine einstweilige Verfügung nur in seltenen Ausnahmefällen zulässig, LG Köln FamRZ **72**, 377. Die Herausgabe erfolgt dann an einen Beanspruecher, am ehesten an einen Pfleger oder einen beiderseitigen Angehörigen.

Die einstweilige Verfügung ist ferner unanwendbar, soweit die HausratsVO anwendbar ist, Ffm FamRZ **79**, 516 mwN, Schlesw SchlHA **78**, 120. Soweit eine einstweilige Verfügung danach zulässig bleibt, dazu Stgt FamRZ **78**, 687, ist für sie das Familiengericht zuständig, Düss FamRZ **78**, 523, Ffm FamRZ **79**, 516, abw Düss Rpfleger **79**, 75. Die §§ 28ff, 180 ZVG beseitigen nicht stets die Zulässigkeit einer einstweiligen Verfügung nach den §§ 935, 940, LG Bonn NJW **70**, 2303. Trotz der Vereinbarung eines Schiedsgerichts bleibt das staatliche Gericht für eine etwa notwendige einstweilige Verfügung zuständig, § 1034 Anm 5 „Arrest", sofern die jeweilige Schiedsgerichtsordnung kein entsprechendes Verfahren kennt, Hamm MDR **72**, 521, oder soweit dieses nicht genug helfen könnte, Hamm MDR **71**, 56.

Die einstweilige Verfügung darf keinesfalls einer Gesetzesumgehung dienen. Das Gericht darf nicht einen Dritten verpflichten oder entrechten. Die Erwägung, daß der Schuldner dem Gläubiger ja den Schaden ersetzen könne, ist kein Ablehnungsgrund, Fritze GRUR **79**, 292. Wenn der Gläubiger längere Zeit hindurch abgewartet hat und nun erst den Antrag auf den Erlaß einer einstweiligen Verfügung stellt, dann kommt es darauf an, ob der sachlichrechtliche Anspruch gerade wegen dieses Abwartens erloschen ist, Ffm GRUR **76**, 664. Es kommt also zB darauf an, ob der Gläubiger sein Recht verwirkt hat oder ob er nunmehr arglistig handelt, ob er also einen Rechtsmißbrauch treibt.

Wenn der Gläubiger eine unzulässige Werbung zwei Jahre hindurch unbeanstandet ließ, dann kann er sich zB trotz § 25 UWG nicht mehr darauf berufen, sein entgegenstehendes Recht werde noch gefährdet, Ffm OLGZ **68**, 254, großzügiger Vogt NJW **80**, 1502. Es kann für den Gläubiger unschädlich sein, 4 Wochen, Mü GRUR **80**, 1018, oder gar 6 Wochen hindurch abzuwarten, Stgt GRUR **78**, 540. Eine Wartezeit von 2 Monaten kann gerade noch unschädlich sein, Hbg GRUR **83**, 437, KG DB **80**, 1395, sogar eine solche von 4 Monaten, LG Düss GRUR **80**, 993; eine solche von 3 Monaten kann bereits schädlich sein, Köln GRUR **78**, 719, erst recht eine Wartezeit von 6 Monaten seit der Kenntnis des Gläubigers von einer wesentlichen Störung, Ffm DB **75**, 2028, vgl auch Ffm BB **79**, 238, ferner Hbg MDR **76**, 1028 mwN, LAG Düss BB **77**, 1952, Klaka GRUR **79**, 578, Teplitzky (zit bei Fritze) GRUR **81**, 38. Es kann für den Gläubiger schädlich sein, wenn er eine Frist zur Begründung seines Rechtsmittels voll ausnutzt, Mü GRUR **76**, 151 mwN, oder wenn er gar die zweimonatige Verlängerung der Rechtsmittelbegründungsfrist fast voll ausschöpft, Mü

OLGZ **72**, 56, vgl auch Mü GRUR **80**, 330. Der Arbeitgeber darf den Gütetermin abwarten, LAG Düss DB **78**, 1283.

Wenn der Gläubiger den mit dem Antrag auf den Erlaß der einstweiligen Verfügung verfolgten Zweck anders billiger und rascher erreichen kann, Habscheid NJW **73**, 376, aM Nürnb NJW **72**, 2138 (wegen eines Beweissicherungsverfahrens), dann fehlt das Rechtsschutzbedürfnis, das auch in diesem Verfahren stets erforderlich ist, Ffm NJW **75**, 393. Das Rechtsschutzbedürfnis fehlt auch dann, wenn eine Wiederholungsgefahr dadurch gebannt ist, daß der Schuldner dem Gläubiger eine Vertragsstrafe versprochen hat. Ein derartiges Versprechen zugunsten eines Dritten würde das Rechtsschutzbedürfnis des Gläubigers allerdings nicht beseitigen, Stgt GRUR **78**, 540. Wenn eine Vertragsstrafe zugunsten des Gläubigers versprochen wurde, dann entsteht ein Rechtsschutzbedürfnis des Gläubigers für eine einstweilige Verfügung selbst dann nicht stets, wenn der Schuldner gegen sein Versprechen verstößt, sofern unverändert anzunehmen ist, daß er sein Versprechen an sich ernst genommen hat, Hbg MDR **71**, 1016; vgl Grdz 5 A vor § 253.

Wenn der Schuldner kein Vertragsstrafversprechen abgegeben hatte, dann entsteht ein Rechtsschutzbedürfnis für den Gläubiger nicht schon durch jeden Verstoß des Schuldners, solange der Verstoß nur infolge des Irrtums eines Werbeträgers erfolgte, Ffm OLGZ **70**, 40. Dagegen bleibt ein Rechtsschutzbedürfnis bestehen, wenn ein gezielter neuer Verstoß erfolgt, und zwar selbst dann, wenn der Geschädigte ein vorangegangenes strafbewehrtes Unterlassungsversprechen zu Unrecht zurückgewiesen hat, Hamm NJW **79**, 1573.

Der Gläubiger muß in seinem Antrag das zugrundeliegende Rechtsverhältnis darlegen. Die einstweilige Verfügung wahrt die Belange des Gläubigers. Das Gericht muß aber die Interessen des Schuldners wenigstens insoweit mitberücksichtigen, als sein Nachteil nicht außer jedem Verhältnis zum Vorteil des Gläubigers stehen darf, vgl auch Hbg MDR **60**, 849 (betr ein Bauverbot). Wenn der Schuldner eine rechtswidrige Behauptung unterlassen soll, dann muß er ihre Berechtigung glaubhaft machen, falls er erreichen will, daß der Antrag des Gläubigers zurückgewiesen wird. Der Schuldner muß also zB dann, wenn ihm eine objektiv beleidigende Behauptung vorgeworfen wird, deren Wahrheit glaubhaft machen. Die Gegenmeinung trägt dem praktischen Bedürfnis und den prozessualen Möglichkeiten keine Rechnung.

Die einstweilige Verfügung berührt weder den sachlichrechtlichen Anspruch noch die Parteistellung im Hauptprozeß. Das Verfahren auf den Erlaß der einstweiligen Verfügung und der Hauptprozeß können gleichzeitig zulässig sein, BGH GRUR **57**, 506, Hbg MDR **71**, 1016.

3) Notwendigkeit. A. Ernstliches Bedürfnis. Für den Antrag genügt jedes ernstliche Bedürfnis des Gläubigers. Er muß bei einem Unterlassungsanspruch die Wiederholungsgefahr glaubhaft machen (bei § 25 UWG, der auch im Bereich des RabattG gilt, Hamm GRUR **80**, 929, genügt allerdings die bloße Behauptung der Wiederholungsgefahr, Hamm GRUR **80**, 929 mwN), Mü MDR **74**, 577, Fritze GRUR **79**, 292. Das Gesetz nennt als Beispiele: **a)** die Abwendung wesentlicher Nachteile. Hierher gehört eine einstweilige Verfügung auf eine Zahlung. Sie enthält eine vorläufige Verurteilung, Grdz 2 B vor § 916; **b)** drohende Gewalt. Sie kann zB bei einem Grenzstreit vorliegen.

Stets muß eine Gefährdung gerade des Gläubigers vorliegen. Es genügt also nicht, daß nur dem Schuldner ein Nachteil droht. Das Gericht bestimmt nach pflichtgemäßem Ermessen, § 938, welche Maßnahmen notwendig sind.

B. Einige Einzelfälle, vgl auch § 935 Anm 1 C, D:

Allgemeine Geschäftsbedingungen: Der Gesetzgeber hat es abgelehnt, eine dem § 25 UWG vergleichbare Erleichterung zu schaffen, Bunte DB **80**, 484. Nach eine erfolglosen Abmachung ist eine einstweilige Verfügung zulässig, Bunte DB **80**, 485.

Arbeitsrecht: Üb bei Schaub NJW **81**, 1807. Bei einem Streit auf Grund eines Arbeitsrechtsverhältnisses ist eine einstweilige Verfügung grundsätzlich zulässig, vgl LAG Tüb NJW **61**, 2178, ArbG Detmold BB **79**, 218, ArbG Herne DB **74**, 1487 mwN. Der Arbeitnehmer kann den Anspruch auf eine Weiterbeschäftigung bis zum Zeitpunkt der Rechtskraft der Entscheidung im Hauptprozeß durch eine einstweilige Verfügung sichern lassen, zB LAG Bre DB **83**, 345 (auch schon vor einer Entscheidung nach § 111 ArbGG), LAG Düss DB **76**, 587, LAG Ffm NJW **77**, 270 und **78**, 76, LAG Hbg DB **77**, 500, LAG Kiel DB **76**, 826 (dieses Gericht stellt an die Glaubhaftmachung strenge Anforderungen), ArbG Aachen BB **78**, 1415, ArbG Bln DB **76**, 2165, Denck NJW **83**, 259, Löwisch DB **75**, 353 je mwN, aber auch LAG Ffm BB **79**, 1200, LAG Mannh BB **75**, 43 (zustm Kühlewein), LAG Niedersachsen DB **75**, 1898, ArbG Kiel BB **76**, 511, Feichtinger DB **83**, 940,

Grossmann DB **77**, 1365, Kleemann DB **81**, 2282. Zu dem Problem, ob das Urteilsverfahren oder das Beschlußverfahren stattfinde, BAG BB **73**, 847 und 1071, LAG Düss (6. Sen) BB **74**, 1299 und (15. Sen) DB **74**, 2112, aM Hinz BB **74**, 1253 je mwN.

Eine einstweilige Verfügung ist ferner dann zulässig, wenn sich der Antragsteller als Arbeitnehmer infolge seiner Entlassung in einer Notlage befindet und wenn die überwiegende Wahrscheinlichkeit dafür spricht, daß die Kündigung des Arbeitgebers unwirksam ist, LAG Düss DB **76**, 587, LAG Ffm NJW **77**, 270 und **78**, 76, vgl LAG Kiel DB **76**, 826, ArbG Aachen BB **78**, 1415 mwN (dieses Arbeitsgericht setzt allerdings ein überwiegendes Interesse des Arbeitnehmers voraus, ähnlich Richardi JZ **78**, 493 mwN). Bei der Bemessung der Höhe des Anspruchs muß das Arbeitslosengeld berücksichtigt werden, LAG Stgt NJW **61**, 2778, weitergehend LAG Köln MDR **62**, 415. Es reicht in diesen Fällen aus, daß die Kündigung des Arbeitgebers nicht offenkundig rechtswirksam ist, LAG Hbg DB **74**, 2048, insofern aM ArbG Bln DB **76**, 2165. Wegen einer Arbeitsversäumnis Dütz DB **76**, 1431. Das Gericht darf den Arbeitnehmer nicht auf seine Ansprüche nach dem BSHG und in der Regel auch nicht auf die etwaige Möglichkeit verweisen, einen Bankkredit auszunutzen, ArbG Herne DB **74**, 1487.

Die einstweilige Verfügung ist im Arbeitskampf grundsätzlich zulässig, BAG NJW **78**, 2116, LAG Stgt MDR **73**, 1055, Dütz BB **80**, 533 mwN (er stellt darauf ab, ob ohne das vorläufige Verfahren eine Rechtschutzverweigerung eintreten würde), und zwar auch mit dem Ziel, einen Unterlassungsanspruch durchzusetzen, etwa zu verhindern, daß der Arbeitnehmer mit dem Unternehmen in einen Wettbewerb eintritt, LAG Mü NJW **80**, 957 mwN, ArbG Gött DB **74**, 633, aM zB ArbG Mü DB **78**, 1649 mwN (es billigt den Rechtsschutz durch eine einstweilige Verfügung nur dann zu, wenn eine offenbare Rechtswidrigkeit vorliege oder wenn die Existenz des Arbeitnehmers bedroht sei).

Eine einstweilige Verfügung mit dem Ziel den Arbeitnehmer während des Kündigungsprozesses den Zutritt zur Arbeitsstelle zu gewähren, ist zulässig, LAG Düss DB **77**, 1054. Wenn der Arbeitgeber den Arbeitnehmer mit Zustimmung des Betriebsrats fristlos entlassen hat, ist eine einstweilige Verfügung des Arbeitnehmers nur dann zulässig, wenn die Entlassung willkürlich usw war, LAG Düss DB **75**, 700 mwN. Die einstweilige Verfügung kann nur gegen sämtliche Mitglieder des Betriebsrats gerichtet werden, nicht gegen den Betriebsrat als solchen, LAG Hbg BB **77**, 846. Zulässig ist die Festlegung des Urlaubszeitraums, ArbG Hamm **83**, 1553.

Eine einstweilige Verfügung kann im allgemeinen nicht als zulässig angesehen werden, wenn, abgesehen von den oben erörterten Fällen, unsicher ist, ob das Arbeitsrechtsverhältnis besteht. Eine solche Unsicherheit kann zB dann vorliegen, wenn die Partner des früheren Arbeitsverhältnisses nach dem Ablauf der Kündigungsfrist über deren Wirksamkeit noch streiten, zumal der frühere Arbeitnehmer dann einen Anspruch auf die Zahlung eines Arbeitslosengeldes haben dürfte, LAG Bre BB **61**, 1130.

Eine einstweilige Verfügung mit dem Ziel einer Ersetzung der notwendigen Zustimmung des Betriebsrats zur Entlassung eines seiner Mitglieder ist im allgemeinen unzulässig, ArbG Hamm BB **75**, 1065. Ein Betriebsratsmitglied kann seine Freistellung für eine Schulungsveranstaltung nicht durch eine einstweilige Verfügung erreichen, ArbG Bln DB **76**, 2483. Man kann nicht durch eine einstweilige Verfügung erreichen, daß eine Betriebswahl nach einer bestimmten Wahlordnung stattfindet, LAG Düss DB **78**, 211. Man kann nicht eine Wiederaufnahme der Arbeit durch eine einstweilige Verfügung erzwingen. Denn die Zwangsvollstreckung ist hier wegen § 888 II nicht möglich, Jauernig ZZP **79**, 345 (er hält aber ein Verbot für zulässig, am neuen Arbeitsplatz zu arbeiten, allerdings nur nach § 940, nicht nach § 935; vgl LG Saarbr NJW **73**, 373). Wegen der Auskunft des Arbeitgebers an eine Gewerkschaft und an den Betriebsrat LAG Hamm BB **77**, 1606. Wegen der Unterlassung einer Betriebsänderung Eich DB **83**, 657 (ausf).

Auskunft, Rechnungslegung: Sie kann nicht durch eine einstweilige Verfügung erzwungen werden. Denn die Auskunft oder Rechnungslegung stellt bereits die Erfüllung dar und führt oft zu einem dauernden Schaden für den Schuldner.

Bankgarantie: Ihre Auszahlung darf nicht durch eine einstweilige Verfügung verboten werden, Ffm NJW **81**, 1914, Stgt NJW **81**, 1913, aM LG Ffm NJW **81**, 56 (zustm Hein).

Behörde: Die Versetzung eines Behördenangestellten läßt sich nicht durch eine einstweilige Verfügung regeln, LAG Hamm DB **62**, 208.

Zulässig ist eine einstweilige Verfügung zum Schutz vor einer Zwangsvollstreckung wegen einer Fernmeldegebühr, BVerwG NJW **78**, 335. Zulässig ist eine einstweilige Verfügung mit dem Ziel einer vorläufigen Deckungszusage gegenüber der Behörde, Hamm VersR **76**, 724.

5. Abschnitt. Arrest und einstweilige Verfügung § 940 3 B

Dienstleistung: Die Regelung auf Grund eines Dienstvertrags läßt sich grundsätzlich durch eine einstweilige Verfügung klären.

Ehe, Familie dazu Bölling, Konkurrenz einstweiliger Anordnungen mit einstweiligen Verfügungen in Unterhaltssachen, Diss Gött 1981: Eine einstweilige Verfügung ist zulässig, wenn es um die Gewährung von Einkünften aus dem Gesamtgut nach der Scheidung bis zur Auseinandersetzung geht. Eine einstweilige Verfügung kann erwirkt werden, zB um den Antragsgegner zur Zahlung eines Prozeßkostenvorschusses zu zwingen, solange noch keine Ehesache anhängig ist oder solange noch kein Antrag auf die Bewilligung einer Prozeßkostenhilfe gestellt wurde, vgl Düss NJW **78**, 895 und FamRZ **82**, 408 mwN, insofern aM Oldb FamRZ **78**, 526. Freilich bleibt das Verfügungsverfahren zulässig, wenn der Scheidungsantrag erst nach dem Erlaß der einstweiligen Verfügung eingeht, Hbg FamRZ **82**, 409. Durch eine einstweilige Verfügung kann auch die Verpflichtung des Vaters zur Zahlung eines Unterhalts für ein nichteheliches Kind während 3 Monaten nach § 1615 o I BGB oder die Verpflichtung des Vaters zur Zahlung der Entbindungskosten und zur Zahlung eines Unterhalts für die Mutter während 8 Wochen nach § 1615 o II BGB erklärt werden.

Man kann überhaupt durch eine einstweilige Verfügung den Unterhalt nur zur Sicherung des dringenden Lebensbedarfs klären, Grds 2 C vor § 916, Düss FamRZ **82**, 1229 mwN, Schlesw SchlHA **83**, 141, Stgt FamRZ **78**, 704 (das FamGer ist zuständig), Zweibr FamRZ **82**, 414 und **83**, 415,, insofern abw Hbg FamRZ **81**, 161, AG Groß Gerau MDR **81**, 1027 (diese Gerichte billigen den vollen angemessenen Unterhaltsbetrag zu), und zwar nur für eine Übergangszeit, insofern auch Hbg FamRZ **81**, 161 (das OLG stellt – insofern sehr großzügig – darauf ab, wann im ordentlichen Prozeß ein Urteil zu erwarten ist), freilich höchstens für etwa 6 Monate, Köln FamRZ **83**, 413 mwN (aber grundsätzlich nicht für Rückstände, Celle FamRZ **83**, 622, und zwar weder nach § 940 noch nach § 1615 o BGB, Düss FamRZ **72**, 48), Köln (4. ZS) FamRZ **80**, 391, aM Köln (21. ZS) FamRZ **80**, 351 mwN (dieser Senat hält sogar eine Regelung für 2 Jahre im Einzelfall für zulässig, Stgt FamRZ **80**, 1117 (das OLG billigt ausnahmsweise sogar eine zeitlich unbegrenzte Rente zu). Schlesw SchlHA **79**, 41 (das OLG hält eine Dauerregelung dann für zulässig, wenn die Beteiligten in bescheidenen Verhältnissen leben). Eine Regelung der Unterhaltspflicht zwischen Ehegatten durch eine einstweilige Verfügung vor der Anhängigkeit eines Scheidungsantrags ist mit dem GG vereinbar, BVerfG FamRZ **80**, 872. Soweit der begehrte Unterhalt bereits gezahlt wird, vgl Düss FamRZ **79**, 801.

Unzulässig ist eine einstweilige Verfügung auf eine Vermögensabfindung nach der Scheidung. In einem solchen Fall kann man auch keine Unterhaltsrente bis zur Entscheidung durch eine einstweilige Verfügung erreichen. Während des Scheidungsverfahrens läßt sich ein Unterhalt nur mit Hilfe der §§ 620 ff regeln; vorher aber ist eine einstweilige Verfügung zulässig, Karlsr FamRZ **81**, 983 mwN. Eine einstweilige Verfügung kann auch nicht zur Sicherung wegen des künftigen Zugewinnausgleichs erlassen werden. Denn eine solche einstweilige Verfügung wäre auf eine Zahlung gerichtet, deshalb wäre ein Arrest zulässig, Köln NJW **70**, 1883. Unzulässig ist auch eine Regelung für einen Zeitraum, der im Zeitpunkt der Entscheidung klar vergangen ist, selbst wenn er beim Antragseingang noch nicht abgelaufen war, vgl Köln FamRZ **83**, 413 mwN, aM Düss FamRZ **80**, 364. Unzulässig ist eine Unterhaltsregelung zugunsten einer getrennt unberechtigt in der BRD lebenden Ausländerin, Kblz FamRZ **80**, 355. Unzulässig ist eine einstweilige Verfügung auf die Herausgabe eines ehelichen Kindes vom einen an den anderen Elternteil, Düss FamRZ **81**, 85 und FamRZ **82**, 431. Unzulässig ist eine einstweilige Verfügung, soweit die Sache, zB ein Hausratsstreit, eine Angelegenheit der freiwilligen Gerichtsbarkeit ist, BGH NJW **83**, 48 mwN.

Gesellschaft: Durch eine einstweilige Verfügung kann unter Umständen die Abhaltung einer Gesellschafterversammlung (aber nicht die Willensbildung in ihr, s unten) verboten werden, Ffm Rpfleger **82**, 154. Ferner kann die Geschäftsführerbefugnis dem bisher zur Geschäftsführung allein berechtigten Gesellschafter einer Offenen Handelsgesellschaft entzogen und auf einen Dritten übertragen werden, BGH **33**, 105, ähnl Hamm DB **77**, 765, Köln BB **77**, 465 betreffend eine Gesellschaft mit beschränkter Haftung und eine Kommanditgesellschaft. Zulässig ist auch eine einstweilige Verfügung, durch die dem Antragsgegner verboten wird, einen Gesellschafterbeschluß zu vollziehen, Ffm Rpfleger **82**, 154, zB einen Beschluß mit dem Inhalt einer Umwandlung der Gesellschaft beim Registergericht zur Eintragung anzumelden, LG Düss DB **60**, 172, aM Wiecz § 935 Anm A I d 2. Zulässig ist eine einstweilige Verfügung zur Erzwingung der Mitteilung eines Gegenantrags gemäß §§ 125 f AktG, Ffm NJW **75**, 392 (Anm Haeberlein). Zur Anwendbarkeit der einstweiligen Verfügung im Gesellschaftsrecht allgemein Semler BB **79**, 1533 mwN.

Unzulässig ist eine einstweilige Verfügung mit dem Ziel, auf die Beschlußfassung der Gesellschafter einzuwirken, zB dem Antragsgegner zu verbieten, den Antragsteller als Geschäftsführer auf einer Gesellschafterversammlung abzuberufen, Ffm Rpfleger **81**, 154, oder eine einstweilige Verfügung mit dem Ziel einer Ernennung oder einer Abberufung des Abwicklers einer Handelsgesellschaft. Denn solche Maßnahmen gehören zur freiwilligen Gerichtsbarkeit, § 145 I FGG; sie kennt keine einstweilige Verfügung. Das Prozeßgericht kann lediglich die Überschreitung der Befugnisse eines Abwicklers untersagen. Unzulässig ist eine einstweilige Verfügung mit dem Ziel einer Unterbindung der Stimmrechtsausübung durch andere Aktionäre, Neustadt MDR **55**, 108.

Gewerblicher Rechtsschutz: Zulässig ist eine einstweilige Verfügung, mit der das Verbot der Verbreitung einer Behauptung erstrebt wird, die den Gläubiger einer Patentverletzung usw beschuldigt, vgl auch LG Düss GRUR **80**, 989. Auch der Antrag eines Verbandes auf die Unterlassung der Verwendung bestimmter Allgemeiner Geschäftsbedingungen kann zulässig sein, Hbg NJW **81**, 2420. Eine Aussetzung nach § 96 II GWB ist zulässig, Köln GRUR **77**, 222 (das OLG läßt eine einstweilige Verfügung aber nicht in einem Verfahren gegenüber einem Preisbrecher zu, vgl Grdz 2 C vor § 916). Eine Aussetzung nach § 148 ist unzulässig, Grdz 3 B vor § 916, Düss GRUR **83**, 80 (statt dessen kommt eine Zurückweisung des Antrags in Betracht). Besondere Schwierigkeiten ergeben sich oft bei der Angabe des Gegenstands eines Unterlassungsverbots. Der Antragsteller muß diesen Gegenstand einerseits deutlich genug angeben, damit nicht etwa die eigentliche Entscheidung erst in die Vollstreckungsinstanz verlegt wird, nämlich auf die Frage, ob eine angebliche Zuwiderhandlung noch unter das Verbot fällt oder nicht.

Die Angaben des Antragstellers dürfen aber andererseits auch nicht so eng begrenzt verlangt werden, daß sich der Schuldner dem Antrag durch eine verhältnismäßig geringfügige Änderung seiner bisherigen Verhaltensweise entziehen kann. Das übersieht Lipps NJW **70**, 226 (er meint, in einer Wettbewerbssache bestehe kaum eine Befugnis nach den §§ 938, 925 II), vgl auch Mü NJW **66**, 988. Zulässig kann eine weitere einstweilige Verfügung mit dem Ziel sein, denselben Erfolg auf einem anderen Weg zu erreichen, etwa die Unterlassung einer bestimmten Kennzeichnung nunmehr durch die Herausgabe der Bestände statt durch die Androhung eines Ordnungsmittels zu erreichen, Stgt NJW **69**, 1721.

In Patentsachen und Gebrauchsmustersachen, die auf ein Herstellungsverbot oder ein Vertriebsverbot abzielen, ist große Vorsicht geboten, insbesondere dann, wenn die einstweilige Verfügung den Betrieb des Gegners gefährden würde. Denn das Gericht kann im vorläufigen Verfahren oft den Stand der Technik und andere Voraussetzungen nicht genügend feststellen, Düss GRUR **59**, 619. Deshalb muß man in solcher Situation eine einstweilige Verfügung im allgemeinen als unzulässig ansehen, Düss OLGZ **66**, 187, LG Düss GRUR **80**, 990 mwN, insofern großzügiger Karlsr GRUR **79**, 700, Fritze GRUR **79**, 290 mwN. Baur BB **64**, 610 schlägt vor, notfalls die Hinterlegung der Gewinne anzuordnen.

Auch bei der Veröffentlichungsbefugnis ist eine große Vorsicht geboten, Düss GRUR **54**, 72, vgl auch § 25 UWG. Seine (indirekte) Vermutung der Eilbedürftigkeit ist widerlegbar, zB dann, wenn der Gläubiger einen Wettbewerbsverstoß einen Monat hindurch, Mü GRUR **80**, 1018, monatelang, Köln GRUR **78**, 719, oder gar jahrelang hingenommen hat, Hbg MDR **73**, 939, vgl auch Mü GRUR **80**, 330.

Unzulässig ist eine einstweilige Verfügung, wenn ein Verstoß des Antragsgegners dadurch abgewendet werden kann, daß der Antragsteller gegenüber dem Antragsgegner einen Lieferstopp verhängt, Hamm DB **77**, 2134.

S auch „Allgemeine Geschäftsbedingungen".

Grundbuch: Zulässig ist eine einstweilige Verfügung dahin, dem Grundschuldgläubiger zu untersagen, über die Grundschuld zu verfügen, LG Ffm Rpfleger **83**, 250. Im Fall einer Briefgrundschuld sollte man gemäß § 938 beantragen, dem Antragsgegner aufzugeben, den Brief an den Gerichtsvollzieher herauszugeben, da das Grundbuchamt ihn vor der Eintragung der Verfügungsbeschränkung nach § 41 GBO benötigt, Meyer-Stolte Rpfleger **83**, 250.

Unzulässig ist eine einstweilige Verfügung mit dem Ziel, im Grundbuch einen Vermerk der Rechtshängigkeit des Hauptprozesses eintragen zu lassen, Stgt MDR **79**, 855.

Miete: Zulässig ist eine einstweilige Verfügung mit dem Gebot, ordnungsgemäß zu heizen, LG Mannh WM **75**, 12. Es muß aber mehr als eine bloß technische Störung vorliegen, LG

5. Abschnitt. Arrest und einstweilige Verfügung § 940 3 B

Osnabr WM **80**, 198. Zulässig ist eine einstweilige Verfügung, mit der sich der Mieter Zutritt zum Heizkeller verschafft, und zwar auch im Sommer, LG Mannh ZMR **78**, 140.

Unzulässig ist eine einstweilige Verfügung auf eine Zahlung des Mietzinses oder Pachtzinses, Celle NJW **52**, 1221, oder eine Minderung des Mietzinses auf diesem Weg, LG Mannh WM **74**, 189. Unzulässig ist eine einstweilige Verfügung des Vermieters, mit der er einen Zutritt zum Mietraum nur zu dem Zweck erzwingen will, die Heizung dort abzustellen, Hbg WM **78**, 170.

Unzulässig ist eine einstweilige Verfügung mit dem Ziel einer endgültigen Renovierung durch den Antragsgegner, AG Unna WM **80**, 180, AG Wuppertal WM **80**, 180 mwN. Die Rückgabe einer Sache kann von dem früheren Besitzer nur ganz ausnahmsweise durch eine einstweilige Verfügung erzwungen werden. Denn es handelt sich um eine Erfüllung. Eine einstweilige Verfügung mag etwa dann in Betracht kommen, wenn die Sache durch eine verbotene Eigenmacht weggenommen worden war, Ffm FamRZ **79**, 516 mwN, Stgt MDR **64**, 504, AG Kerpen WM **80**, 57, vgl auch § 940a. Hbg MDR **70**, 770 mwN hält die Herausgabe einer vom Mitbesitzer dem anderen Mitbesitzer durch eine verbotene Eigenmacht entzogenen Sache für unzulässig.

Presserecht: Zulässig ist eine einstweilige Verfügung mit dem Ziel des Verbots der Verbreitung einer Karikatur, die das Persönlichkeitsrecht verletzt, Mü NJW **71**, 844. Zulässig ist eine einstweilige Verfügung mit dem Ziel des Verbots der Verbreitung einer ehrenrührigen Behauptung, vgl Stgt MDR **61**, 1024, oder einer Behauptung, die den Gläubiger einer Patentverletzung usw beschuldigt, oder mit dem Ziel des Verbots der Verbreitung einer Falschaussage des Zeugen, Ffm MDR **78**, 315. Die Pressefreiheit, vgl auch Hösl, Die Anordnung einer einstweiligen Verfügung in Pressesachen, Diss Würzb 1974, steht einer solchen einstweiligen Verfügung nicht entgegen, LG Brschw NJW **54**, 1488.

Eine Gegendarstellung ist zumindest dann auch im Weg einer einstweiligen Verfügung erzwingbar, wenn der Ruf oder das Vermögen des Betroffenen schwerwiegend geschädigt wurden oder bedroht sind, zB Mü NJW **65**, 2161, Stgt NJW **62**, 2066, LG Augsb NJW **65**, 2161 (die Nachteile desjenigen, der durch die Veröffentlichung betroffen worden ist, dürfen in keinem Verhältnis zu den Nachteilen seines Gegners stehen), Baur 101, aM Celle BB **64**, 910.

Baur BB **64**, 610 schlägt vor, auf den vorläufigen Charakter der Entscheidung hinzuweisen, etwa mit den Worten, die Veröffentlichung erfolge auf Grund einer einstweiligen Verfügung, während er den Zusatz, die beanstandete Behauptung werde „im gegenwärtigen Zeitpunkt nicht aufrechterhalten", Stgt MDR **61**, 1024, mit Recht für unzulässig hält, weil man einen Widerruf nicht schon in einer einstweiligen Verfügung ausreichend erklären darf. Freilich erledigt die Abgabe einer Gegendarstellung den Antrag, den Gegner zur Abgabe der Gegendarstellung zu verurteilen, Hbg MDR **73**, 1028.

Zulässig ist eine einstweilige Verfügung, mit der jemandem das unerlaubte Fotografieren verboten wird, wenn eine Wiederholungsgefahr besteht, LG Mannh ZMR **78**, 140.

Rechtsgeschäft: Zulässig ist eine einstweilige Verfügung mit dem Ziel der Untersagung eines Rechtsgeschäfts, das gegen § 1365 BGB verstößt, Celle NJW **70**, 1882.

Unzulässig ist eine einstweilige Verfügung mit dem Ziel der Anordnung einer Abschlagszahlung auf eine Kapitalschuld. Unzulässig ist eine einstweilige Verfügung mit dem Ziel der Rückgabe einer widerrufenen Schenkung. Unzulässig ist eine einstweilige Verfügung, durch die eine vertragliche Bankgarantie beeinträchtigt wird, nur weil der Auftraggeber gegen den Begünstigten einen Rückforderungsanspruch haben könnte, Ffm DB **74**, 974.

Rente: Grundsätzlich kann man eine Haftpflichtrente bis zur Entscheidung des Hauptprozesses auch im Weg einer einstweiligen Verfügung erzwingen. Weil durch eine solche Entscheidung aber in aller Regel eine endgültige Belastung eintritt, darf die einstweilige Verfügung nur innerhalb verständiger Grenzen erlassen werden. Zulässig ist die Verurteilung einer Abschlagszahlung auf Grund eines fortlaufenden Anspruchs, also im Rahmen eines Dauerrechtsverhältnisses, nur dann, wenn der notwendige Bedarf zur Abwendung einer dringenden Notlage gedeckt werden muß, vgl auch Schuler NJW **59**, 1801 (er wendet sich mit Recht gegen Kissel NJW **58**, 1717, der der Ansicht ist, an der Klage bestehe kein Interesse, wenn der Antragsgegner den Unterhalt bereits auf Grund einer einstweiligen Verfügung zahle.

Denn die einstweilige Verfügung kann nur eine vorläufige Entscheidung treffen, vgl §§ 924, 927, und befaßt sich auch mit der Hilfe im Falle eines Notstands, Grdz 2 C vor § 916. Das Gericht der einstweiligen Verfügung prüft also nicht, jedenfalls nicht abschließend, in welcher Höhe ein Unterhaltsanspruch gegeben ist, und berücksichtigt auch keine Rückstände, Celle FamRZ **79**, 802 mwN, LAG Tüb NJW **61**, 2178).

Zulässig ist eine einstweilige Verfügung mit dem Ziel der Erstattung von Arztkosten und Kurkosten, die der Antragsteller nach einem Unfall zur Abwendung ernster Gesundheitsschäden aufgewendet hat. Das gilt auch dann, wenn bereits ein vorläufig vollstreckbares Urteil ergangen war, in dem das Gericht dem Schuldner nachgelassen hatte, die Vollstreckung durch eine Sicherheitsleistung abzuwenden, KG NJW **69**, 2019. Zulässig ist auch eine einstweilige Verfügung zur Abwendung von Vermögensschäden eines besonders ernsten Ausmaßes, Düss MDR **60**, 58 (es verurteilt zur Zahlung einer Patentanwaltsgebühr, damit die Berufstätigkeit nicht eingestellt werden müsse).

Überhaupt darf das Gericht einem Unfallgeschädigten auch im Weg einer einstweiligen Verfügung dasjenige zusprechen, was zur Abwendung eines befürchteten ernsten Dauerschadens oder zur Abwendung der Vernichtung seiner wirtschaftlichen Existenz dienen soll, Düss JR **70**, 143, Honsell VersR **74**, 207, vgl auch Grdz 2 C vor § 916.

Unterhalt: S ,,Ehe, Familie".

Verein: Zulässig ist eine einstweilige Verfügung mit dem Ziel der Feststellung des Ruhens einer Mitgliedschaft im Verein, Celle BB **73**, 1190.

4) VwGO: Vgl § 935 Anm 3.

940a
Räumung von Wohnraum. Die Räumung von Wohnraum darf durch einstweilige Verfügung nur wegen verbotener Eigenmacht angeordnet werden.

1) Geltungsbereich. § 940a behandelt die Räumung von jeder Art von Wohnraum, § 721 Anm 2. Neben dieser Vorschrift ermöglichen auch die §§ 935, 940 eine einstweilige Verfügung, wenn der Besitz dem Besitzer durch eine verbotene Eigenmacht nach § 858 I BGB entzogen wurde. Wenn wegen des Wohnraums bereits die Kündigung ausgesprochen wurde, dann bleibt § 940a anwendbar, solange das Vertragsverhältnis nicht beendet ist, LG Mannh WM **73**, 43, vgl § 940 Anm 3 B ,,Miete".

Das Vorliegen einer verbotenen Eigenmacht reicht nicht stets zum Erlaß der einstweiligen Verfügung aus, insofern richtig LG Ffm NJW **80**, 1758. Es müssen vielmehr die Voraussetzungen des § 940 vorliegen, also muß die Räumung zur Abwendung wesentlicher Nachteile oder zur Verhinderung drohender Gewalt oder aus anderen Gründen notwendig sein. Freilich kann eine verbotene Eigenmacht ein ,,anderer Grund" im Sinn von § 940 sein, vgl Ffm BB **81**, 148, ferner Wolf NJW **80**, 1759. Zur Problematik vgl auch Saarbr NJW **67**, 1813, Duffek NJW **66**, 1345.

Die Vorschrift gilt nicht, wenn es um ein Verbot des Betretens des Wohnraums geht, AG Stgt ZMR **73**, 253, oder wenn die bisherige Ehewohnung einem der Benutzer zugewiesen wird, soweit nicht dann ohnehin nur § 620 Z 7 anwendbar ist, vgl Hamm MDR **80**, 857, AG Lörrach NJW **78**, 1330, aM wohl ThP.

Soweit § 940a unanwendbar ist, muß der Gläubiger den Anspruch auf die Räumung von Wohnraum einklagen.

2) VwGO: Unanwendbar, weil im VerwProzeß die Räumung einer Wohnung durch einstwAnO nicht angeordnet werden kann.

941
Amtliche Eintragung. Hat auf Grund der einstweiligen Verfügung eine Eintragung in das Grundbuch, das Schiffsregister oder das Schiffsbauregister zu erfolgen, so ist das Gericht befugt, das Grundbuchamt oder die Registerbehörde um die Eintragung zu ersuchen.

1) Grundsatz. Im Arrestverfahren muß der Gläubiger die etwa notwendigen Eintragungen in das Grundbuch, in das Schiffsregister oder in das Schiffsbauregister selbst herbeiführen. § 941 ermöglicht im Verfahren auf den Erlaß einer einstweiligen Verfügung dem Gericht, die entsprechenden Maßnahmen von Amts wegen herbeizuführen. Die Vorschrift darf nicht auf andere Register entsprechend angewandt werden, etwa auf das Handelsregister, obwohl das eigentlich sachlich gerechtfertigt wäre. § 941 ist aber auf das Register für ein Pfandrecht an Luftfahrzeugen entsprechend anzuwenden, § 99 I LuftfzRG. § 941 setzt voraus, daß die einstweilige Verfügung nach ihrem Inhalt gerade eine Eintragung ermöglicht, zB die Eintragung einer Vormerkung; eines Veräußerungsverbots; eines Wider-

5. Abschnitt. Arrest und einstweilige Verfügung §§ 941, 942

spruchs gegen eine Vormerkung, AG Freudenstadt MDR **72**, 1033, oder ein Veräußerungsverbot.

Die Vorschrift ist nicht anwendbar, wenn die einstweilige Verfügung auf eine Zahlung lautet und wenn der Gläubiger seinen Zahlungsanspruch durch die Eintragung einer Sicherungshypothek vollstrecken will. § 941 ist aber dann anwendbar, wenn eine Eintragung nach der Aufhebung der einstweiligen Verfügung zu löschen ist.

2) Ersuchen. Das Gericht kann in Ausübung eines ganz freien, nicht nachprüfbaren Ermessens entscheiden, ob es das Registergericht bzw das Grundbuchamt um eine Eintragung ersuchen will, Kblz NJW **80**, 949. Das Gericht der einstweiligen Verfügung sollte von seiner Befugnis grundsätzlich nur dann einen Gebrauch machen, wenn der Gläubiger einen entsprechenden ausdrücklichen Antrag stellt, und sollte auch dann nur in Ausnahmefällen selbst um die Eintragung ersuchen. Allerdings ist ein Antrag des Gläubigers nach dem Gesetz entbehrlich. Das Ersuchen muß von dem Vorsitzenden unterschrieben werden. Ein Ersuchen des Urkundsbeamten der Geschäftsstelle reicht also nicht aus. Das Gericht handelt kraft seines Amts, also nicht als ein Vertreter des Gläubigers, Bbg JB **76**, 637, aM ThP. Trotzdem muß der Eingang des Ersuchens nach dem Willen des Gesetzes die Vollziehungsfrist wahren, §§ 929 II, 932 III, Kblz NJW **80**, 949 mwN.

Da diese Frist gewahrt werden muß, muß das Gericht den Gläubiger sofort von dem Ersuchen benachrichtigen. Denn die Zustellung der einstweiligen Verfügung ist unverändert notwendig, vgl § 929 III 2. Das Grundbuchamt kann den Nachweis der Zustellung nicht fordern. Da der Gläubiger über den Fortgang der Zwangsvollstreckung zu bestimmen hat, darf der Gläubiger das Ersuchen des Gerichts wirksam zurücknehmen. Das Gericht verständigt den Gläubiger auch dann, wenn es von der Befugnis zum Ersuchen keinen Gebrauch macht, damit er selbst den Eintragungsantrag stellen kann, § 13 GBO, ZöSche I.

3) Eintragung. Die ersuchte Behörde darf nur die Zulässigkeit der Eintragung nach dem förmlichen Recht des Grundbuchs bzw des Registers prüfen. Wenn die ersuchte Behörde die Eintragung ablehnt, dürfen der Gläubiger und das ersuchende Gericht nach § 71 GBO die Beschwerde einlegen. Wenn der Gläubiger den Antrag zurücknimmt, ist eine etwa eingelegte Beschwerde des Gerichts gegenstandslos.

4) VwGO: Gilt entsprechend für die einstwAnO, § 123 III VwGO.

942 *Einstweilige Verfügung des Amtsrichters.* **I** In dringenden Fällen kann das Amtsgericht, in dessen Bezirk sich der Streitgegenstand befindet, eine einstweilige Verfügung erlassen unter Bestimmung einer Frist, innerhalb der die Ladung des Gegners zur mündlichen Verhandlung über die Rechtmäßigkeit der einstweiligen Verfügung bei dem Gericht der Hauptsache zu beantragen ist.

II Die einstweilige Verfügung, auf Grund deren eine Vormerkung oder ein Widerspruch gegen die Richtigkeit des Grundbuchs, des Schiffsregisters oder des Schiffsbauregisters eingetragen werden soll, kann von dem Amtsgericht erlassen werden, in dessen Bezirk das Grundstück belegen ist oder der Heimathafen oder der Heimatort des Schiffes oder der Bauort des Schiffsbauwerks sich befindet, auch wenn der Fall nicht für dringlich erachtet wird; liegt der Heimathafen des Schiffes nicht im Inland, so kann die einstweilige Verfügung vom Amtsgericht in Hamburg erlassen werden. Die Bestimmung der im Absatz 1 bezeichneten Frist hat nur auf Antrag des Gegners zu erfolgen.

III Nach fruchtlosem Ablauf der Frist hat das Amtsgericht auf Antrag die erlassene Verfügung aufzuheben.

IV Die in diesem Paragraphen erwähnten Entscheidungen des Amtsgerichts können ohne mündliche Verhandlung ergehen.

1) Allgemeines. § 942 weicht von den §§ 919, 937 I ab, indem er neben dem Gericht der Hauptsache für eine einstweilige Verfügung nach § 935 oder nach § 940 in einem dringenden Fall das AG der Belegenheit, der „Zwangsbereitschaft" Wenzel BB **83**, 1226, zuständig macht. Dieses AG ist aber nicht etwa das Verfügungsgericht, etwa wie es bei § 919 das Arrestgericht ist. Das AG der Belegenheit ist vielmehr nur für die Anordnung, für die Aufhebung wegen des erfolglosen Ablaufs einer Auflagefrist nach III und für ein Eintragungsersuchen nach § 941 zuständig. Für eine Aufhebung nach den §§ 924–927, 939 ist nur das Gericht der Hauptsache zuständig. Das letztere Gericht ist auch das Prozeßgericht im Sinne der §§ 887 ff. Nur das Prozeßgericht ist zur Kostenfestsetzung berufen, und zwar auch zur Festsetzung derjenigen Kosten, die vor dem AG der Belegenheit entstanden sind, Wenzel

§ 942 1–4

BB **83**, 1226. Das AG der Belegenheit ist allerdings nach den §§ 25 UWG, 23 BauforderungsG erweitert zuständig.

Das AG der Belegenheit ist auch in einer Arbeitssache zuständig, LAG Bre BB **82**, 2188, Wenzel BB **83**, 1226 (er weist zutreffend auf das Fehlen einer Erstattungsfähigkeit von Anwaltskosten hin).

2) Dringender Fall, I. Neben dem Verfügungsgericht des § 937 ist in einem dringenden Fall grundsätzlich das AG des Verbleibs der Sache örtlich und sachlich zuständig. Es kommt darauf an, wo sich der Streitgegenstand befindet, also der Gegenstand der einstweiligen Regelung, vgl Lempp NJW **75**, 1920. Bei einer Forderung gilt § 23 S 2 entsprechend. Wenn es um eine Handlung oder Unterlassung geht, dann kommt es darauf an, wo diese begangen worden ist oder wo sie vorgenommen werden soll. Maßgebender Zeitpunkt ist derjenige der Anordnung der einstweiligen Verfügung. Wenn sich die Sache nicht im Bezirk des AG befindet, dann ist die von diesem AG erlassene einstweilige Verfügung fehlerhaft. Sie bleibt aber trotzdem als ein Staatsakt bis zum Zeitpunkt ihrer etwaigen Aufhebung wirksam, s § 919 Anm 1.

Ein ,,dringender Fall`` liegt hier anders als bei § 937 dann vor, wenn eine Anrufung des Gerichts der Hauptsache (Begriff § 919 Anm 2) das Verfahren für den Gläubiger nachteilig verzögern würde, Lempp NJW **75**, 1920. Das kann auch dann der Fall sein, wenn sich das zuständige LG am Sitz des AG befindet. Denn der Geschäftsbetrieb ist bei einem Kollegialgericht unter Umständen langsamer, und § 944 bietet praktisch keine Hilfe. Freilich muß der Gläubiger die Dringlichkeit glaubhaft machen. Er muß also auch glaubhaft machen, daß das LG auch im konkreten Einzelfall langsamer arbeiten werde. Die bloße Behauptung oder die bloße Berufung auf einen angeblichen Erfahrungssatz dürften nur in Ausnahmefällen ausreichen. Schließlich muß auch ein LG jederzeit einsatzbereit sein.

Wenn die Dringlichkeit fehlt, kann das angerufene AG das Verfahren auf Grund eines Antrags auch an das Gericht der Hauptsache verweisen, Kblz NJW **53**, 1460, Lempp NJW **75**, 1920. Wenn das AG die einstweilige Verfügung trotz des Fehlens der Dringlichkeit erlassen hat, bleibt die einstweilige Verfügung als ein Staatsakt wirksam, bis sie etwa aufgehoben wird.

Wenn es sich um die Eintragung einer Vormerkung oder eines Widerspruchs in das Register für Pfandrechte an Luftfahrzeugen handelt, dann kann die beantragte einstweilige Verfügung von demjenigen AG erlassen werden, in dessen Bezirk das Luftfahrt-Bundesamt seinen Sitz hat, § 99 III LuftfzRG.

3) Eintragung, II. Neben dem Verfügungsgericht des § 937 I ist für eine einstweilige Verfügung mit dem Ziel der Eintragung einer Vormerkung oder eines Widerspruchs im Grundbuch, im Schiffsregister oder im Schiffsbauregister, §§ 885, 899 BGB, §§ 11, 21 SchiffsG, örtlich und sachlich dasjenige AG zuständig, in dessen Bezirk die Sache belegen ist oder der Heimathafen liegt, § 480 HGB, oder sich der Heimatort befindet, § 6 BinnSchG, oder der Bauort des Schiffsbauwerks liegt. Wenn der Heimathafen im Ausland liegt, ist das AG Hamburg örtlich zuständig.

In einem solchen Fall braucht der Gläubiger weder die Gefährdung nach dem sachlichen Recht noch die Dringlichkeit glaubhaft zu machen. ,,Kann erlassen werden`` bedeutet: Das zuständige AG hat kein freies Ermessen, sondern ist zuständig und muß daher die einstweilige Verfügung erlassen, sobald deren übrige Voraussetzungen vorliegen. Während I eine Fristbestimmung für den Antrag der Ladung vor das Gericht der Hauptsache verlangt, ist eine solche Fristbestimmung im Fall II nicht erforderlich. Denn dann ist ein Antrag des Gegners notwendig. Für ein Luftfahrzeug gilt Anm 2 aE entsprechend.

4) Verfahren, I, IV. A. Verhandlung. Eine mündliche Verhandlung ist freigestellt, also nicht erforderlich, § 128 Anm 3. Das Gericht entscheidet auch dann, wenn es eine Dringlichkeit verneint, nach pflichtgemäßem Ermessen darüber, ob es in eine mündliche Verhandlung eintreten will. Deshalb findet kein Versäumnisverfahren statt. Eine Glaubhaftmachung genügt, § 936.

B. Entscheidung. Das AG entscheidet stets durch einen Beschluß, ThP 2, abw Lempp NJW **75**, 1921 mwN (er will im Fall einer Zurückweisung ein Urteil zulassen). Die einstweilige Verfügung muß dem Gläubiger im Fall I von Amts wegen, im Sonderfall II nur auf Antrag des Gegners, eine Frist setzen, innerhalb der der Gläubiger die Ladung des Schuldners zu einer Verhandlung über die Rechtmäßigkeit der einstweiligen Verfügung vor das Gericht der Hauptsache, § 919 Anm 2, zu beantragen hat. Es handelt sich um eine richterliche Frist. Sie wird nach § 222 berechnet. Am zweckmäßigsten wird die Frist nach dem Kalender bestimmt.

Im Zweifel beginnt die Frist mit der Zustellung der einstweiligen Verfügung an den Gläubiger. Wenn eine solche Zustellung nicht stattgefunden hat, beginnt die Frist mit der Aushändigung der einstweiligen Verfügung an den Gläubiger. Die Frist kann nach § 224 verlängert werden. Es handelt sich nicht um eine Notfrist. Deshalb ist gegen die Versäumung der Frist keine Wiedereinsetzung in den vorigen Stand zulässig. Der Gläubiger wahrt die Frist durch den Eingang seines etwaigen Antrags auf die Bestimmung des Verhandlungstermins beim Gericht der Hauptsache.

Wenn das Gericht es unterlassen hat, dem Gläubiger die Frist zu setzen, dann bleibt die etwa ergangene einstweilige Verfügung trotzdem als ein Staatsakt wirksam, Mü MDR **60**, 681. Das Gericht muß seinen Beschluß auf Grund eines Antrags nach § 321 ergänzen. Der Rpfl ist weder zur Fristsetzung in der einstweiligen Verfügung noch zur Fristsetzung im Fall eines nachträglichen Beschlusses zuständig. Denn § 20 Z 14 RPflG, Anh § 153 GVG, nennt den § 942 nicht und muß als eine Ausnahmevorschrift, vgl § 3 Z 3 RPflG, eng ausgelegt werden. Wenn das AG in der Hauptsache zuständig war, dann ist die Frist ebenfalls einzuhalten. Denn die einstweilige Verfügung ist nur unter der vorgenannten Bedingung erlassen worden.

Gebühren: Des Gerichts KV 1050; des RA § 40 BRAGO. Wert: Anh § 3 „Einstweilige Verfügung".

C. Rechtsbehelfe. Der Gläubiger kann gegen einen zurückweisenden Beschluß die einfache Beschwerde einlegen, § 567, Kblz NJW **80**, 2589. Der Schuldner kann gegenüber einem stattgebenden Beschluß nach I Widerspruch (nur) zum Gericht der Hauptsache, Schlesw SchlHA **61**, 270, ZöSche I 1, aM ThP 2 (keinen Rechtsbehelf) einlegen, gegenüber einem stattgebenden Beschluß nach II den Antrag auf die Bestimmung eines Termins stellen, Anm 5 A.

5) Rechtfertigungsverfahren. A. Ladung vor das Gericht der Hauptsache. Die Ladung vor das Gericht der Hauptsache leitet das sog Rechtfertigungsverfahren ein. Der Antrag auf die Bestimmung des Termins enthält stillschweigend den Antrag, die einstweilige Verfügung zu bestätigen. Wenn der Schuldner bei dem Gericht des § 942 einen Widerspruch einlegt, dann muß das Verfahren auf Grund seines etwaigen Antrags nach § 281 an das Gericht der Hauptsache verwiesen werden, Kblz NJW **63**, 1460, LG Ffm NJW **75**, 1933, krit Lempp NJW **75**, 1921. Der Schuldner ist zwar nicht Kläger, aber er betreibt das Verfahren und steht daher einem Kläger gleich. Die Ladung zur Hauptsache ist keine Ladung im Rechtfertigungsverfahren. Wenn die Sache nicht anhängig ist, dann bestimmt sich die Zuständigkeit des Gerichts der Hauptsache nach dem Zeitpunkt der Ladung. Die Zustellung erfolgt an den ProzBev, § 176. Denn sie geschieht innerhalb eines anhängigen Verfahrens, aM StJGr III (die Zustellung erfolge nur an den für das Verfahren vor dem Gericht der Hauptsache bestellten ProzBev). Die Ladungsfrist ist nach § 217 zu bestimmen.

B. Weiteres Verfahren. Das weitere Verfahren verläuft wie sonst, § 925. Für die Entscheidung ist die Sach- und Rechtslage im Zeitpunkt des Schlusses der mündlichen Verhandlung maßgebend. Daher darf das Gericht die einstweilige Verfügung nur dann bestätigen, wenn sie berechtigt ist. Die Aufhebung der einstweiligen Verfügung ist auch auf Grund veränderter Umstände oder wegen des Ablaufs der Vollzugsfrist zulässig. Das Gericht kann die Aufhebung auch gegen eine Sicherheitsleistung entsprechend § 939 aufheben. Die Aufhebung ist aber nicht schon deshalb zulässig, weil die Ladung verspätet ergangen sei. Denn der Gläubiger kann die Ladung bis zum Zeitpunkt der Aufhebung wirksam nachholen, § 231 II.

Die Entscheidung erfolgt nur durch ein Urteil. Denn das Gericht muß eine mündliche Verhandlung durchführen. Gegen das Urteil ist wie bei § 925 die Berufung zulässig. Wenn irrig das AG des § 942 entschieden hat, ist das Verfahren unter Umständen an das Gericht der Hauptsache zurückzuverweisen, LG Ffm NJW **75**, 1933, StJGr Rdz 11, ThP 2, aM LG Karlsr NJW **80**, 1759. Die Einstellung der Zwangsvollstreckung erfolgt gemäß § 924 III durch das Gericht der Hauptsache, Düss NJW **70**, 254. Diese Einstellung ist unanfechtbar, § 707 II. Falls das Gericht des Verbleibs entschieden hat, ist die Beschwerde nach § 567 I zulässig, nicht die sofortige Beschwerde des § 793, aM Düss NJW **70**, 254 (aber es liegt keine Zwangsvollstreckung vor, Grdz 1 und 3 A vor § 916). Das Gericht der Hauptsache muß die Kosten für das gesamte Verfahren festsetzen, auch die Kosten für das Verfahren vor dem AG des § 942, Wenzel BB **83**, 1226, krit Lempp NJW **75**, 1922.

6) Aufhebung, III. A. Allgemeines. Nach einem ergebnislosen Ablauf der nach I gesetzten Ladungsfrist muß das AG die einstweilige Verfügung auf Grund eines Antrags des Schuldners oder auf Grund eines Verzichts des Gläubigers aufheben. Das Gericht spricht also eine Aufhebung nicht von Amts wegen aus. Die ordnungsmäßige Einreichung und demnächst nachfolgende Zustellung wahrt die Frist. Es genügt aber, daß der Gläubiger den Antrag verspätet eingereicht hat, wenn sein Antrag nur noch vor dem Zeitpunkt der Entscheidung eingeht, § 231 II, Hamm MDR 65, 305. Es genügt ebenfalls, daß der Schuldner den Antrag eingereicht hat, Anm 5, Düss NJW 70, 254. Eine Anhörung des Gläubigers ist nicht hier ausdrücklich vorgeschrieben, aber schon auf Grund der Art 103 I GG notwendig. Die Entscheidung erfolgt auf Grund einer freigestellten mündlichen Verhandlung stets durch einen Beschluß. Das Gericht muß ihn grundsätzlich begründen, § 329 Anm 1 A b. Der Gläubiger trägt im Fall einer Aufhebung die Kosten.

Gebühren: Des Gerichts: keine, des Anwalts: § 40 BRAGO.

B. Rechtsbehelfe. Gegen die Zurückweisung des Aufhebungsantrags ist die einfache Beschwerde nach § 567 zulässig. Gegen die Aufhebung ist die sofortige Beschwerde zulässig, § 934 IV entsprechend, auch wenn die Aufhebung fälschlich durch ein Urteil erfolgte. In diesen Fällen ist eine einfache Beschwerde unzulässig. Denn das Gericht hat kein Gesuch zurückgewiesen. Ein Rechtsbehelf ist aber unentbehrlich. Denn die Aufhebung macht den Gläubiger ersatzpflichtig, § 945.

Solange der Schuldner keinen Aufhebungsantrag stellt, bleibt die einstweilige Verfügung wirksam. Das AG ist zu keinerlei weiteren Entscheidungen berufen, namentlich nicht zu einer Aufhebung aus anderen Gründen, Anm 5 A.

7) VwGO: Unanwendbar auch auf die einstwAnO, RedOe § 123 Anm 15, vgl § 935 Anm 3.

943 Gericht der Hauptsache, Rückgabe einer Sicherheit.
I Als Gericht der Hauptsache im Sinne der Vorschriften dieses Abschnitts ist das Gericht des ersten Rechtszuges und, wenn die Hauptsache in der Berufungsinstanz anhängig ist, das Berufungsgericht anzusehen.

II Das Gericht der Hauptsache ist für die nach § 109 zu treffenden Anordnungen ausschließlich zuständig, wenn die Hauptsache anhängig ist oder anhängig gewesen ist.

1) Gericht der Hauptsache, I. Vgl § 919 Anm 2, § 937 Anm 1.

2) Rückgabe einer Sicherheit, II. A. Zuständigkeit. Zur Anordnung der Rückgabe der Sicherheit ist ausschließlich das Gericht der Hauptsache zuständig, § 919 Anm 2, wenn die Hauptsache anhängig ist oder anhängig war. Im letzteren Fall ist also immer das Gericht der ersten Instanz zuständig. In einer Schiedsgerichtssache entscheidet dasjenige Gericht, das die Sicherheitsleistung angeordnet hat. Wer sich darauf beruft, daß die Sache anhängig (nicht notwendig rechtshängig, § 261 Anm 1 A) sei, der muß die Anhängigkeit beweisen. Über den etwaigen Wegfall der Veranlassung vgl § 109 Anm 2.

B. Sicherheitsleistung des Gläubigers. Eine solche Sicherheitsleistung sichert die Ansprüche des Schuldners nach § 945. Es ergeben sich folgende Möglichkeiten: **a)** Der Arrest bleibt unangefochten oder wird nicht vollzogen. Der Gläubiger kann dann die Rückgabe verlangen, weil er nicht vollzogen habe oder weil dem Schuldner trotz des Vollzugs kein Schaden erwachsen sei. Der Schuldner muß das Gegenteil behaupten; **b)** der Arrest ist rechtskräftig bestätigt worden. Dann handelt es sich nur um eine vorläufige Entscheidung; die endgültige Entscheidung fällt erst im Hauptprozeß. Die Veranlassung zur Sicherheitsleistung entfällt daher erst im Zeitpunkt der Rechtskraft dem Gläubiger günstigen Entscheidung im Hauptprozeß. Eine Befriedigung des Gläubigers steht der rechtskräftigen Entscheidung gleich. Der Schuldner kann das Fehlen eines Arrestgrunds nach der Rechtskraft der Bestätigung nicht mehr bemängeln. Denn die Rechtskraft bindet insoweit, § 945 Anm 3 C b.

C. Sicherheitsleistung des Schuldners. Eine solche Sicherheitsleistung berührt die Arrestanordnung nicht, sondern dient nur der Abwendung oder der Aufhebung des Vollzugs und der Zwangsvollstreckung. Diese Sicherheitsleistung wird frei, wenn der Gläubiger befriedigt worden ist oder wenn das Gericht des Hauptprozesses seinen Anspruch dort rechtskräftig als unbegründet abgewiesen hat, Mü BB 75, 764. Auch eine Aufhebung wegen einer Versäumung der Klagefrist, § 926, wegen veränderter Umstände, § 927, oder aus einem sonstigen Grund, zB auf Grund eines Widerspruchs, macht die Sicherheitsleistung frei.

3) VwGO: Unanwendbar, vgl § 935 Anm 3.

5. Abschnitt. Arrest und einstweilige Verfügung §§ 944, 945 1

944 *Entscheidung des Vorsitzenden.* In dringenden Fällen kann der Vorsitzende über die in diesem Abschnitt erwähnten Gesuche, sofern deren Erledigung eine mündliche Verhandlung nicht erfordert, anstatt des Gerichts entscheiden.

1) Geltungsbereich. Der Vorsitzende eines Kollegialgerichts darf statt des Kollegiums über alle Anträge im vorläufigen Verfahren entscheiden, soweit keine mündliche Verhandlung notwendig ist und soweit der Fall dringlich ist. Es scheiden also die §§ 924 II, 925, 926 II, 927, 942 I aus. Eine einstweilige Verfügung muß außerdem schon an sich gesteigert dringlich sein, wenn sie ohne eine mündliche Verhandlung ergehen soll, § 937 Anm 2 A b. Die Dringlichkeit ist demgegenüber hier ebenso wie bei § 942 Anm 2 zu verstehen. Es muß also zu befürchten sein, daß die Entscheidung des Kollegiums nur unter einer Verzögerung ergehen könnte, die für den Gläubiger nachteilig wäre. Der Vorsitzende darf auch über eine Forderungspfändung nach § 930 I entscheiden, nicht aber über eine gegen diese Forderungspfändung eingelegte Erinnerung.
Der Vorsitzende entscheidet durch einen Beschluß ohne eine mündliche Verhandlung. Der Vorsitzende darf auch eine mündliche Verhandlung anordnen, auch im Rahmen von § 349, Bergerfurth NJW **75**, 334. Er entscheidet anstelle des Kollegiums. Deshalb unterliegt seine Entscheidung denselben Rechtsbehelfen wie eine Entscheidung des Kollegiums.
Die Vorschrift ist im Verfahren nach § 85 II ArbGG unanwendbar, Simitis-Weiß DB **73**, 1252.

2) VwGO: Unanwendbar, vgl § 935 Anm 3. Für die einstwAnO gilt § 123 II 3 iVm § 80 VII VwGO, vgl Finkelnburg Rdz 229–232.

945 *Schadensersatz.* Erweist sich die Anordnung eines Arrestes oder einer einstweiligen Verfügung als von Anfang an ungerechtfertigt oder wird die angeordnete Maßregel auf Grund des § 926 Abs. 2 oder des § 942 Abs. 3 aufgehoben, so ist die Partei, welche die Anordnung erwirkt hat, verpflichtet, dem Gegner den Schaden zu ersetzen, der ihm aus der Vollziehung der angeordneten Maßregel oder dadurch entsteht, daß er Sicherheit leistet, um die Vollziehung abzuwenden oder die Aufhebung der Maßregel zu erwirken.

Schrifttum: Luh, Die Haftung des aus einer vorläufigen, auf Grund verfassungswidrigen Gesetzes ergangenen Entscheidung vollstreckenden Gläubigers, Diss Ffm 1979.

1) Allgemeines. § 945 ist dem § 717 II nachgebildet, ähnlich den §§ 302 IV, 600 II. Die Anwendung des § 945 kommt aber eher als die Anwendung der vergleichbaren anderen Vorschriften in Betracht. Denn im vorläufigen Verfahren kann notwendigerweise nur eine mangelhafte sachlichrechtliche Prüfung stattfinden, vgl auch BGH **54**, 76, **62**, 9 und **68**, 180. Das Anwendungsgebiet des § 945 ist auch begrenzter. Es genügt nicht schon eine Aufhebung oder eine Abänderung des Titels; vielmehr muß die Anordnung von Anfang an ganz oder teilweise unberechtigt gewesen sein, oder die einstweilige Verfügung muß auf Grund der §§ 926 II, 942 III aufgehoben worden sein und der Betroffene darf auch nicht sachlichrechtlich verpflichtet gewesen sein, etwa die ihm durch die einstweilige Verfügung untersagte Handlung zu unterlassen, BGH NJW **81**, 2580. Der Sache nach liegt ein Anspruch auf einen Schadensersatz auf Grund einer unerlaubten Handlung vor. Allerdings setzt dieser Anspruch kein Verschulden des Gegners voraus.
§ 945 ist in folgenden Fällen entsprechend anwendbar: Auf einen Steuerarrest, BGH **63**, 277 mwN, NJW **78**, 2025 (nicht auf die Aufhebung eines vollziehbaren Steuerbescheids, BGH **39**, 77), aM Schwarz NJW **76**, 219; auf einen Bardepotheranziehungsbescheid, Hübner NJW **73**, 354; auf die einstweilige Anordnung eines VG, BGH **LM** Nr 4, Anm 5; auf eine einstweilige Verfügung, deren Gesetzesgrundlage für verfassungswidrig erklärt worden ist, BGH **54**, 76 (Anm Nüßgens **LM** Nr 7); auf eine einstweilige Verfügung wegen der Verletzung eines später für nichtig erklärten Patents, zB BGH GRUR **79**, 869 Jauernig § 36 V, aM Kroitzsch GRUR **76**, 512 mwN, Pietzcker GRUR **80**, 442, oder wegen der Verletzung eines später gelöschten Gebrauchsmusters, BGH **75**, 118, vgl auch BPatG GRUR **81**, 125.
§ 945 ist in folgenden Fällen unanwendbar: Bei einer einstweiligen Anordnung nach § 127a oder innerhalb der Zwangsvollstreckung, etwa dahin, daß sie einzustellen sei; bei einer einstweiligen Anordnung im Eheverfahren nach den §§ 620ff, aM Kiel HEZ **2**, 70; bei einem Prozeßvergleich, Karlsr OLGZ **79**, 372, LG Kiel MDR **58**, 928; bei einem Verfahren mit dem Ziel einer presserechtlichen Gegendarstellung, Hbg MDR **72**, 333, aM BGH **62**, 9

mwN (abl Katzenberger GRUR **75**, 392, Kreuzer JZ **74**, 507), ThP 1 f, ZöSche I; bei einem Verfahren nach § 102 V 2 BetrVG, § 85 II 2 ArbGG, vgl BAG DB **79**, 653.

Die Haftung des Schuldners, der eine Aufhebung des Arrests bzw der einstweiligen Verfügung durch eine Sicherheitsleistung erwirkt hat, richtet sich nach dem sachlichen Recht. Die Verjährung tritt nach § 852 BGB ein, BGH **57**, 176, vgl auch Karlsr OLGZ **79**, 374. Wegen der Verjährung Anm 4 A.

2) Voraussetzungen. A. Ungerechtfertigte Anordnung. Die Anordnung des Arrests oder der einstweiligen Verfügung muß von Anfang an objektiv sachlichrechtlich ungerechtfertigt gewesen sein. Das trifft dann zu, wenn ihre Voraussetzungen auf Grund des Sachverhalts, den das Gericht des Schadensersatzprozesses am Schluß seiner mündlichen Verhandlung zu beurteilen hat, Düss MDR **61**, 606, rückschauend betrachtet vom Standpunkt eines damals objektiv richtig entscheidenden Arrestgerichts aus bereits im Zeitpunkt des Erlasses des Arrests fehlten, sei es ein sachlichrechtlicher Anspruch oder Grund (vgl dazu de lege ferenda Bruns-Peters § 46 VII 1 c), seien es die allgemeinen Prozeßvoraussetzungen (insofern aM, auch wegen der Glaubhaftmachung Baur 104, ferner wohl auch ZöSche II mwN). Der Arrest oder die einstweilige Verfügung waren nicht schon deshalb unberechtigt, weil sich die Voraussetzungen seines Erlasses, insbesondere die Gefährdung und damit die Besorgnis im Sinne von § 917, später als nicht vorhanden erwiesen, vgl BGH NJW **79**, 2565 (krit Pietzcker GRUR **79**, 442), Kroitzsch GRUR **79**, 509. Denn es ist immer unsicher, ob später ein Ereignis eintritt, dessen Eintritt man zunächst befürchtet. Inwieweit eine Bestätigung oder eine Aufhebung binden, ist in Anm 3 C dargelegt.

B. Versäumung der angeordneten Klage oder Ladung. Wenn das Gericht den Arrest auf Grund der §§ 926 II, 942 III aufheben muß, also wegen einer Versäumung der angeordneten Klage oder Ladung, dann muß der Gläubiger dem Schuldner unbedingt einen Schadensersatz leisten. Es nützt dem Gläubiger in einem solchen Fall auch nichts, daß sein sachlichrechtlicher Anspruch festgestellt worden ist. Für die Ersatzpflicht des Gläubigers kommt es nicht darauf an, ob er schuldhaft handelte, Ffm NJW **72**, 1331.

C. Verspäteter Vollzug. Vollzieht der Gläubiger verspätet, dann kann er auf Grund dieses Umstands ebenso wie auf Grund einer anderen objektiv rechtswidrigen Maßnahme der Zwangsvollstreckung haften. In einem solchen Fall ist eine Voraussetzung seiner Ersatzpflicht, daß die fragliche Vollzugsmaßnahme auf Grund eines Rechtsbehelfs des Schuldners aufgehoben werden mußte, vgl Grdz 8 C b vor § 704, aM StJGr III 2, ZöSche III (sie wollen in diesem Fall § 945 entsprechend anwenden. Aber die Fälle liegen verschieden. Es kann insbesondere eine objektiv fristmäßige Vollziehung unzulässig sein. Eine fristmäßige Klage ist immer zulässig, notfalls auf Grund einer Fristverlängerung. Gegen eine entsprechende Anwendung des § 945 auch BGH MDR **64**, 224, ThP 1 a).

3) Verfahren. A. Selbständige Prüfung der Berechtigung des Arrests usw. Das Prozeßgericht muß von sich aus prüfen, ob die Anordnung des Arrests oder der einstweiligen Verfügung berechtigt war oder nicht. Das gilt selbst dann, wenn der Gläubiger auf den Arrest verzichtet hat. Indessen schränkt die allgemeine Gerichtspraxis die Prüfungspflicht des Prozeßgerichts zur Wahrung einer einheitlichen Rechtsprechung im Rahmen des unter B–D Ausgeführten mit Recht ein, vgl auch Schwerdtner NJW **70**, 597.

B. Wirkung der Entscheidung des Hauptprozesses. Ist im Hauptprozeß rechtskräftig entschieden worden, so bindet jene Entscheidung das Gericht im Rahmen des § 945 zur Frage der Berechtigung des Arrests usw selbst dann, wenn sich die Rechtsauffassung inzwischen geändert hat. Wenn das Gericht den Hauptanspruch als im Zeitpunkt der Anordnung des Arrests unbegründet abgewiesen hat, dann fehlte auch ein Arrestanspruch, so daß der Arrest unberechtigt war. Es ist dann unerheblich, ob der Arrest im Widerspruchsverfahren bestätigt worden ist. Der Arrestgrund mag trotzdem vertretbar gewesen sein, Schwerdtner NJW **70**, 599, aM ThP 2 a. Hat das Gericht dem Hauptanspruch im Hauptprozeß stattgegeben, dann steht auch der Arrestanspruch fest. Der Arrestgrund kann aber selbst in diesem Fall gefehlt haben. Deshalb muß das Gericht im Verfahren nach § 945 insofern eine selbständige Prüfung vornehmen.

C. Wirkung der Entscheidung im Arrestprozeß. Ist im Arrestprozeß rechtskräftig entschieden worden, so gilt folgendes:

a) Aufhebung des Arrests. Sie bindet den Prozeßrichter. Das gilt freilich nur dann, wenn der Arrest als von Anfang an unberechtigt aufgehoben worden ist. Ob dieser Fall vorliegt, das ergibt sich aus den Entscheidungsgründen des aufhebenden Urteils. Ein aufhebendes Versäumnisurteil ergibt dazu nichts, BGH WertpMitt **71**, 1129. Es handelt sich um eine

Folge der Rechtskraftwirkung des Arresturteils. Deshalb ist ein neues Vorbringen des Gläubigers zur Rechtmäßigkeit des Arrests unbeachtlich. Der Grund der Aufhebung des Arrests ist unerheblich. Baur 106 wendet sich gegen die Bindung des Prozeßrichters mit dem Argument, wenn die Parteien im Aufhebungsverfahren nach § 927 die Arrestentscheidung mit allen Mitteln angreifen dürften, so müsse ihnen das umso mehr im Hauptprozeß gestattet sein.

Wenn das Gericht durch die einstweilige Verfügung eine Unterlassung angeordnet hat, dann ist nunmehr eine Nachprüfung der sachlichrechtlichen Rechtslage zulässig, also der Frage, ob der Kläger verpflichtet gewesen wäre, die Handlung, die ihm die einstweilige Verfügung zunächst untersagt hatte, zu unterlassen, auch wenn die einstweilige Verfügung in der Berufungsinstanz aufgehoben wurde. Denn niemand kann sich auf dem Umweg über eine Schadensersatzforderung einen Vorteil verschaffen, den die Rechtsordnung mißbilligt, BGH **15**, 359. Die Rechtskraft des aufhebenden Urteils steht diesem Ergebnis nicht entgegen. Denn das aufhebende Urteil enthält nichts darüber, ob ein Schaden entstanden ist.

b) Bestätigung des Arrests. Sie stellt bindend fest, daß der Arrestgrund vorhanden war, Hbg MDR **56**, 305, ThP 2 c, aM StJGr Rdz 32, offenbar auch ZöSche II, läßt aber offen, ob der zu sichernde sachlichrechtliche Anspruch bestand. Denn die Bestätigung wirkt ja nur vorläufig, Hbg MDR **56**, 305 mwN, vgl § 322 Anm 4 „Arrest und Einstweilige Anordnung oder Verfügung". Wenn der sachlichrechtliche Anspruch nicht bestand, dann durfte auch kein Arrestbefehl ergehen. Deshalb muß das Bestehen des sachlichrechtlichen Anspruchs nachgeprüft werden. Wenn der Hauptprozeß anhängig ist, dann muß das Gericht zB das Widerspruchsverfahren nach § 148 aussetzen. Denn die Entscheidung im Hauptprozeß ist für die Entscheidung im Widerspruchsverfahren vorgreiflich. Eine einseitige Erledigungserklärung läßt den Anspruch unberührt, Düss NJW **71**, 813.

D. Fehlen einer Entscheidung im Hauptprozeß. Fehlt eine Entscheidung im Hauptprozeß und fehlt auch eine aufhebende Entscheidung im Arrestprozeß, so ist das Gericht ganz frei, Klauser MDR **81**, 716. Das gilt auch dann, wenn der Gläubiger die Unrechtmäßigkeit des Arrests in einem Vergleich anerkannt hat. Denn der Vergleich wirkt nicht wie ein Urteil.

E. Besondere Klage. Der Ersatzanspruch läßt sich nicht im vorläufigen Verfahren durchsetzen, und zwar schon deshalb nicht, weil im Verfahren über den Ersatzanspruch ein voller Beweis statt einer bloßen Glaubhaftmachung notwendig ist. Im vorläufigen Verfahren läßt sich nur die Sicherung durchführen, Mü DRZ **49**, 283. Es ist also eine besondere Klage erforderlich. Sie muß vor demjenigen Gericht erhoben werden, das nach den Regeln über die ordentlichen Gerichtsstände zuständig ist, selbst wenn im Ausgangsverfahren ein VG nach § 123 VwGO entschieden hatte, BGH MDR **81**, 132. Sie kann auch bei dem Gericht des Tatorts erhoben werden. Der Bekl kann im Hauptsacheprozeß eine Widerklage erheben oder die Aufrechnung erklären.

Der Gerichtsstand ergibt sich wie bei einer unerlaubten Handlung, BGH **75**, 1.

4) Schadensersatz. A. Allgemeines. Für den Schadensersatzanspruch gilt grundsätzlich dasselbe, was bei § 717 Anm 2 B–F ausgeführt worden ist. Den Schaden und seine Verursachung durch die ungerechtfertigte Anordnung stellt das Gericht stets in freier Würdigung nach §§ 286, 287 fest. Der Anspruch entsteht in dem Zeitpunkt, in dem der Gläubiger von seinem Schaden und davon Kenntnis erlangt, daß der Hauptanspruch nicht besteht. In diesem Zeitpunkt beginnt auch die Verjährungsfrist zu laufen. Das gilt, auch wenn die vorläufige Entscheidung (noch) nicht aufgehoben worden ist oder wenn die Klage in der Hauptsache bereits abgewiesen worden ist. BGH **75**, 6 läßt die Verjährung allerdings grundsätzlich erst mit dem Abschluß des vorläufigen Verfahrens beginnen. Man muß nur dem Gegner einen Schadensersatzanspruch leisten, nicht einem Dritten. Ein Dritter ist auf diejenigen Ansprüche angewiesen, die das bürgerliche Recht etwa gibt, vgl BGH MDR **62**, 125 und MDR **81**, 132, ZöSche I, aM StJGr Rdz 12, ThP 4.

Wenn die Anordnung des Arrests oder der einstweiligen Verfügung nur zum Teil objektiv unberechtigt war oder wenn sie teilweise aufgehoben wurde, dann braucht man nur denjenigen Schaden zu ersetzen, den die übermäßige Vollziehung verursacht hat. Wenn das Gericht den Antrag auf den Erlaß einer einstweiligen Verfügung kostenpflichtig zurückgewiesen hatte und wenn der Antragsteller dann im Hauptprozeß gesiegt hat, dann kann der Antragsteller die Kosten des Verfahrens auf den Erlaß der einstweiligen Verfügung trotzdem nicht ersetzt verlangen. Denn das vorläufige Verfahren ist abgeschlossen, BGH **45**, 251.

B. Umfang der Ersatzleistung. Die Pflicht zum Schadensersatz ergibt sich im Umfang aus §§ 249 ff BGB. Sie umfaßt folgendes:

a) Schaden durch Vollziehung. Man muß denjenigen Schaden ersetzen, den der Gegner auf Grund der Vollziehung erlangt hat, also nicht den Schaden auf Grund einer bloßen Anordnung und ihres Bekanntwerdens, daher auch nicht diejenigen Kosten, die der Schuldner im Widerspruchsverfahren aufwenden mußte, BGH **45**, 251 (wohl aber diejenigen Kosten, die vom Gläubiger beigetrieben wurden, sowie diejenigen, deren Zahlung zur Abwendung der Zwangsvollstreckung erfolgte, § 717 Anm 2 E, Kblz NJW **80**, 949 mwN), LG Mainz NJW **54**, 560, aM Löwer ZZP **75**, 232 (er weist darauf hin, daß in den ähnlich liegenden Fällen der §§ 302, 600, 717, vgl Anm 1, der schließlich siegende Bekl nicht die Kosten des „Vorverfahrens" trage), StJGr I 2 d, ZöSche IV 1. Man kann den Ersatz derjenigen Kosten, die schon auf Grund der bloßen Anordnung des Arrests oder der einstweiligen Verfügung entstanden sind, nur nach den §§ 823 ff BGB ersetzt fordern. Für einen Schadensersatzanspruch auf Grund der Vollziehung genügt der Beginn der Vollziehung. Einzelheiten bei §§ 929–933, 936.

Auch durch eine zu weite Fassung eines an sich berechtigten Unterlassungsgebots kann ein Schaden erwachsen sein, BGH NJW **81**, 2580.

Durch die Beitreibung eines Ordnungsgelds nach § 890 entsteht kein derartiger Schaden, ThP 5. Etwas anderes gilt dann, wenn es um das Verbot eines bestimmten Verhaltens geht und wenn sich zwar der Betroffene über das Verbot hinwegsetzt, ein zur Mitwirkung verpflichteter Dritter aber dem Verlangen des Betroffenen nicht mehr entspricht, aM Bre NJW **54**, 1937.

b) Schaden durch Sicherheitsleistung. Man muß den Schaden auf Grund einer Sicherheitsleistung nach den §§ 923, 927, 939 ersetzen. Der Schaden kann auch in der Entziehung eines Vermögenswerts oder in einer Kreditschädigung bestehen. Wenn es um den Ersatz eines Vermögensschadens infolge einer seelischen Beeinträchtigung geht, sollte man einen Schaden eher als bei § 717 bejahen. Denn im Verfahren auf den Erlaß eines Arrests oder einer einstweiligen Verfügung beruht das Urteil ja nicht auf einer vollen Sachprüfung. Trotzdem darf man eine so weit gehende Haftung nur bejahen, wenn eine unerlaubte Handlung vorliegt, wenn der Gegner also schuldhaft handelte.

c) Weitere Einzelfragen; mitwirkendes Verschulden. Zu ersetzen sind der unmittelbare und der mittelbare Schaden. Ein mitwirkendes Verschulden des Schuldners ist beachtlich, BGH MDR **74**, 130 und NJW **78**, 2025. Das mitwirkende Verschulden kann darin liegen, daß der Schuldner vorwerfbar einen Anlaß zum Arrest oder der einstweiligen Verfügung gegeben hat, BGH **LM** Nr 8, vgl Tilmann NJW **75**, 1918. Ein mitwirkendes Verschulden fehlt, wenn der Schuldner in einer objektiv zweifelhaften Rechtslage keine Vorkehrungen zur vorläufigen Befriedigung oder Sicherstellung des Gläubigers getroffen hat. Der Grundsatz einer Vorteilsausgleichung ist auch bei § 945 beachtlich, BGH **77**, 155.

5) *VwGO: Gilt entsprechend für die einstwAnO, § 123 III VwGO, Finkelnburg Rdz 290ff, nicht dagegen auch für die Wiederherstellung der aufschiebenden Wirkung nach § 80 V VwGO, hM, BVerwG **18**, 72, **24**, 92, RedOe § 80 Anm 66 mwN, aM Kopp § 80 Rdz 121 mwN. Gegner iSv § 945 ist nicht der (einfache oder notwendige) Beigeladene des AnO-Verfahrens, Finkelnburg Rdz 298, BGH **78**, 127 mwN (mit dem Hinweis darauf, daß der betroffene Dritte im vergleichbaren Verfahren nach § 80 VwGO keinen Ersatz erhält), str, aM Grunsky JuS **82**, 179, RedOe Anm 35 und Kopp Rdz 44 mwN, beide zu § 123. Zuständig ist das Zivilgericht, BGH **78**, 127 mwN, zustm Lemke DVBl **82**, 989 mwN, aM (stets VG zuständig) ua VGH Mannh AS **32**, 288 (das im Über- und Unterordnungsverhältnis die Geltendmachung des Anspruchs durch VerwAkt zuläßt), Grunsky JuS **82**, 177, Finkelnburg Rdz 302, differenzierend EF § 123 Rdz 24.*

Neuntes Buch
Aufgebotsverfahren

Bearbeiter: Dr. Dr. Hartmann

Grundzüge

Schrifttum: Daude, Das Aufgebotsverfahren, 5. Aufl 1930.

1) Begriff. Aufgebot heißt die Aufforderung an unbestimmte oder unbekannte Beteiligte (die Öffentlichkeit), Rechte oder Ansprüche anzumelden. Dergleichen kennt das sachliche Recht vielfach. Nicht immer handelt es sich dabei um einen Ausschluß mit Rechten; so nicht beim Eheaufgebot des PStG. Andererseits verlangt nicht jede Kraftloserklärung einer Urkunde ein Aufgebot, vgl § 176 BGB. Das 9. Buch regelt nur Fälle gerichtlichen Aufgebots, bei denen das Unterlassen der Anmeldung einen Rechtsnachteil nach sich zieht, und auch für sie nur das Verfahren, nicht das sachliche Recht.

2) Verfahren. A. Systematik. Das Verfahren gehört lehrmäßig zur freiwilligen Gerichtsbarkeit, Meyer-Stolte Rpfleger **81**, 331. Die ZPO behandelt es aber als Teil der streitigen Gerichtsbarkeit, und darum sind nur die für diese geltenden Vorschriften heranzuziehen und nicht solche des FGG. Etwas anderes gilt nur für die Todeserklärung, die nunmehr auch dem Verfahren nach in die freiwillige Gerichtsbarkeit verwiesen ist, §§ 13ff VerschG. Im Verfahren nach ZPO anwendbar sind Buch I–III, soweit Buch IX nicht auf andere Vorschriften verweist, und zwar für das gesamte Verfahren. Anwendbar ist auch § 281 (Verweisung); dabei ist eine mündliche Verhandlung unter den Voraussetzungen § 281 Anm 2 D nicht Voraussetzung. Die allgemeinen Vorschriften, §§ 946–959, gelten für alle Arten des Aufgebotsverfahrens, nämlich: Für die Ausschließung dieses Grundeigentümers, §§ 977–981a; für die Ausschließung eines Grundpfandgläubigers oder eines anderen dinglich Berechtigten, §§ 982–988; für die Ausschließung eines Nachlaß-, Gesamtgut- oder Schiffsgläubigers, §§ 989–1002; für die Kraftloserklärung einer Urkunde, §§ 1003–1023.

B. Zuständigkeit. Sachlich zuständig ist das AG, § 23 Z 2 h GVG; und zwar funktionell der Rechtspfleger, soweit es sich nicht um die Wahrnehmung des Termins und die darin ergehende Entscheidung handelt, § 20 Z 2 RPflG, Anh § 153 GVG; für Anfechtungsklagen ist das LG zuständig. Das Landesrecht darf für landesrechtliche Aufgebotsfälle die Zuständigkeit anders ordnen, § 946 Anm 2.

C. Aussetzung und Unterbrechung. Die Vorschriften über eine Unterbrechung und Aussetzung, §§ 239ff, sind nur anwendbar, soweit es die Belange des Antragstellers unbedingt verlangen. Darum darf das Gericht über das Aufgebotsgesuch noch nach ihrem Eintritt entscheiden. Überhaupt ist bis zum Aufgebotstermin eine Mitwirkung des Antragstellers entbehrlich. Mit dem Termin beginnt die Frist des § 954 S 2; nunmehr muß der Antragsteller seine Rechte wahren. Sein Tod unterbricht daher von jetzt an, soweit es sich um prozessualen Pflichten handelt. Ein Prozeßbevollmächtigter darf eine Aussetzung beantragen. Stirbt der Antragsteller vor diesem Zeitpunkt, beginnt die Frist nicht zu laufen. Eine Aussetzung erfolgt erst nach dem Erlaß eines zurückweisenden Beschlusses. Die Aufnahme erfolgt durch eine Anzeige an das Gericht.

D. Mehrheit von Antragsberechtigten. Sind mehrere Personen antragsberechtigt, treten sie neben dem Antragsteller oder statt seiner in das Verfahren ein. Das bestimmt § 967, jetzt bestimmt § 17 VerschG dies für die Todeserklärung ausdrücklich; es ist überall richtig, weil das Verfahren einheitlich sein muß. Das muß auch für denjenigen gelten, der einem Verfahren beitritt, das von einem Nichtberechtigten in Gang gebracht wurde.

3) VwGO: Ein Aufgebotsverfahren ist dem Verwaltungsprozeß unbekannt, so daß das 9. Buch nicht entsprechend anzuwenden ist, § 173 VwGO, Falk (Üb 1 § 1 FN) 61.

946 *Allgemeine Vorschriften. Zulässigkeit eines Aufgebots.* [I] Eine öffentliche gerichtliche Aufforderung zur Anmeldung von Ansprüchen oder Rechten findet mit der Wirkung, daß die Unterlassung der Anmeldung einen Rechtsnachteil zur Folge hat, nur in den durch das Gesetz bestimmten Fällen statt.

[II] Für das Aufgebotsverfahren ist das durch das Gesetz bestimmte Gericht zuständig.

1) Begriff, I. Ein Aufgebot nach der ZPO verlangt folgende Voraussetzungen:

A. Öffentlichkeit. Erforderlich ist eine Öffentlichkeit. Das Aufgebot wendet sich an einen unbekannten und unbestimmten Gegner, nie nur an bekannte Personen.

B. Gerichtserlaß. Erforderlich ist ferner ein Erlaß durch das Gericht in einer Sache der streitigen oder der freiwilligen Gerichtsbarkeit.

C. Aufforderung. Erforderlich ist ferner die Aufforderung zu einer Anmeldung bei diesem Gericht.

D. Anspruch, Recht. Erforderlich sind ferner Ansprüche oder Rechte, auch wenn diese bloß bedingt oder betagt sind, oder bloße Anwartschaften. Das Aufgebot macht aber nicht das Recht geltend, sondern will nur sein etwaiges Bestehen sichern.

E. Rechtsnachteil. Erforderlich ist weiter der Eintritt eines Rechtsnachteils, falls die Anmeldung unterlassen würde. Dieser Nachteil tritt nach dem Landesrecht gelegentlich auch ohne den Erlaß eines Ausschlußurteils ein.

F. Gesetzliche Grundlage. Erforderlich ist ferner die Anordnung des Aufgebotsverfahrens durch ein Gesetz, dh eine beliebige Rechtsvorschrift, § 12 EG ZPO, nicht die Satzung einer autonomen Körperschaft, soweit es sich nicht etwa um die Satzung einer öffentlich-rechtlichen Körperschaft handelt, die auf dem Gesetz beruht, § 549 Anm 4 A, oder die Anordnung des Aufgebotsverfahrens durch einen Vertrag. In dem in § 1008 Anm 2 genannten Fall der Besitzverhinderung findet kein Aufgebot statt.

2) Zuständigkeit, II. Sachlich zuständig ist für das Aufgebotsverfahren stets das Amtsgericht, § 23 Z 2 h GVG, wenn man von der landesrechtlichen Regelung absieht, die nach den §§ 11 EG ZPO, 3 EG GVG zulässig ist. Wegen der Zuständigkeit des Rpfl Grdz 2 A vor § 946. Die örtliche Zuständigkeit ist den einzelnen Gesetzen zu entnehmen, vgl §§ 983, 988, 990, 1001, 1006. §§ 12ff sind unanwendbar. Das zuständige Gericht kann nach § 36 bestimmt werden. Wenn an dem an sich zuständigen Gerichtsort die deutsche Gerichtsbarkeit nicht mehr ausgeübt wird, dann ist das AG Bln-Schöneberg zuständig, in den Fällen der §§ 989–1001 ist das in § 7 ZustErgG bestimmte Gericht zuständig, § 11 ZustErgG. Über eine Verweisung vgl Grdz 2 A vor § 946.

Für eine Anfechtungsklage nach § 957 ist das LG örtlich und sachlich ausschließlich zuständig, § 957 Anm 2 A.

947 Antrag. Inhalt des Aufgebots.

I Der Antrag kann schriftlich oder zum Protokoll der Geschäftsstelle gestellt werden. Die Entscheidung kann ohne mündliche Verhandlung ergehen.

II Ist der Antrag zulässig, so hat das Gericht das Aufgebot zu erlassen. In das Aufgebot ist insbesondere aufzunehmen:
1. die Bezeichnung des Antragstellers;
2. die Aufforderung, die Ansprüche und Rechte spätestens im Aufgebotstermin anzumelden;
3. die Bezeichnung der Rechtsnachteile, die eintreten, wenn die Anmeldung unterbleibt;
4. die Bestimmung eines Aufgebotstermins.

1) Antrag, I. A. Berechtigter, Antrag usw. Wer antragsberechtigt ist, bestimmt das für den Einzelfall geltende sachliche Recht. Vgl §§ 979, 984, 988, 991, 1000, 1001, 1002 III, 1004. Der Antrag ist eine Parteiprozeßhandlung, Grdz 5 B vor § 128. Die Form des Antrags richtet sich nach § 496. Über das Antragsrecht mehrerer Personen vgl Grdz 2 D vor § 946. Ein Anwaltszwang besteht nicht, § 78 II. Man kann zugleich das Ausschlußurteil beantragen, ZöSche I. Maßgebender Zeitpunkt ist der Eingang des Antrags. Eine Rücknahme des Antrags ist bis zum Erlaß des Ausschlußurteils, § 952 I, statthaft. Wenn sie nach dem Erlaß des Aufgebots erfolgt, dann beendet sie das Verfahren; da auch der Aufgebotstermin aufgehoben wird, kann auch kein neuer Termin beantragt werden, § 954. Das Verfahren ist also auf Kosten des Antragstellers einzustellen, ZöSche I.

B. Verfahren. Das Gericht hat von Amts wegen zu prüfen, ob der Antrag formgerecht gestellt worden ist, ob er den richtigen Inhalt hat und ob die allgemeinen Prozeßvoraussetzungen vorliegen, zB die Prozeßfähigkeit des Antragstellers, die Berechtigung des gesetzlichen Vertreters, die Prozeßvollmacht. Für den sachlichen Inhalt genügen die Behauptungen des Antragstellers, soweit das Gesetz nichts anderes vorschreibt, LG Mannh MDR **76**, 587.

Eine Glaubhaftmachung ist nur vereinzelt vorgeschrieben, §§ 980, 985, 986 III, 1007 Z 2; dann ist sie aber eine Bedingung für die Zulässigkeit des Antrags. Bei einem behebbaren Mangel darf und sollte das Gericht dem Antragsteller eine entsprechende Auflage machen.

C. Entscheidung. Sie erfolgt ausnahmslos durch einen Beschluß des Rpfl, § 20 Z 2 RPflG, Anh § 153 GVG. Er muß den Beschluß grundsätzlich begründen, § 329 Anm 1 A b. Der Beschluß ist dem Antragsteller förmlich zuzustellen, weil er eine Ladung zum Aufgebotstermin ersetzt, § 329 II 2. Das Gericht kann den Beschluß von Amts wegen aufheben, falls sich Mängel ergeben. Die Partei darf einen zurückgewiesenen Antrag mit einer besseren Begründung wiederholen.

D. Rechtsbehelfe. Gegen die Zurückweisung des Antrags ist die unbefristete Erinnerung an das Gericht zulässig, § 11 I 1 RPflG; gegen den Beschluß des Amtsrichters ist einfache Beschwerde zulässig, § 567; gegen eine Auflage ist kein Rechtsbehelf statthaft.

Gebühren: Des Gerichts: KV 1144; des RA § 45 BRAGO.

2) Inhalt des Antrags, II. Der Antrag muß zumindest eindeutig erkennbar diejenigen Tatsachen, die für die jeweilige Aufgebotsart formell vorliegen müssen, angeben. Was II unter „insbesondere" aufzählt, ist wesentlich. Das übrige steht im Ermessen des Gerichts. „Spätestens im Aufgebotstermin" Z 2, bedeutet: vor dem Erlaß des Ausschlußurteils, § 951. Ein unbestimmtes oder unverständliches Datum des Aufgebotstermins, Z 4, macht das Aufgebot unwirksam. Das Fehlen oder eine Formfehlerhaftigkeit des Antrags begründen nicht eine Anfechtungsklage; anders liegt es bei einem Verstoß gegen § 947 II im Aufgebot, § 957 Anm 3 B.

948 **Öffentliche Bekanntmachung.** ^{I} Die öffentliche Bekanntmachung des Aufgebots erfolgt durch Anheftung an die Gerichtstafel und durch einmalige Einrückung in den Bundesanzeiger, sofern nicht das Gesetz für den betreffenden Fall eine abweichende Anordnung getroffen hat.

^{II} Das Gericht kann anordnen, daß die Einrückung noch in andere Blätter und zu mehreren Malen erfolge.

1) Bekanntmachung. Die öffentliche Bekanntmachung des Aufgebots (ein Auszug genügt nicht) geschieht durch den Urkundsbeamten der Geschäftsstelle auf Grund des Beschlusses des Rpfl, § 947. Eine besondere Mitteilung erfolgt nur bei §§ 986 V, 994 II, 1001, § 4 II G v 18. 4. 50, Anh § 1024. Nötig sind: **a)** die Anheftung an die Gerichtstafel; **b)** eine einmalige Einrückung in den BAnz, vgl auch § 1 BekG v 17. 5. 50, BGBl 183; **c)** bei einer freigestellten Anordnung die mehrmalige Einrückung in den BAnz oder in andere Blätter, zB in den WertPMitt, abw ZöSche (bei Aktien und Inhaberschuldverschreibungen statt im BAnz nur dort). Landesrechtlich bestehen mehrfach Abweichungen, vgl § 1024.

Auslagen: KV 1903.

2) Verstoß. Wenn die gesetzliche Form nicht beachtet wird, ist eine Anfechtungsklage statthaft, § 957 II Z 2.

949 **Gültigkeit der öffentlichen Bekanntmachung.** Auf die Gültigkeit der öffentlichen Bekanntmachung hat es keinen Einfluß, wenn das anzuheftende Schriftstück von dem Ort der Anheftung zu früh entfernt ist oder wenn im Falle wiederholter Bekanntmachung die vorgeschriebenen Zwischenfristen nicht eingehalten sind.

1) Allgemeines. Über eine zu frühe Entfernung s § 206 III. Zwischenfristen sind nur die Fristen zwischen etwaigen mehreren Bekanntmachungen; andere Fristen, wie die Aufgebotsfrist nach §§ 950, 987 III, 1002 V, 1015 oder die Fristen der §§ 1010–1014, sind keine Zwischenfristen.

950 **Aufgebotsfrist.** Zwischen dem Tage, an dem die Einrückung oder die erste Einrückung des Aufgebots in den Bundesanzeiger erfolgt ist, und dem Aufgebotstermin muß, sofern das Gesetz nicht eine abweichende Anordnung enthält, ein Zeitraum (Aufgebotsfrist) von mindestens sechs Wochen liegen.

1) Allgemeines. Die Aufgebotsfrist des § 950 gilt nur hilfsweise. Häufig schreiben Bundesgesetze, zB §§ 987 II, 988 I, 994 I, 1002 V, 1010–1015, 1023, 1024, und Landesgesetze andere Fristen vor. Die Fristberechnung erfolgt nach § 222 wie bei einer Ladungsfrist, § 222 Anm 1. Der Tag der Bekanntmachung im BAnz und der Tag des Aufgebotstermins werden nicht mitgerechnet, ZöSche. Die Frist ist keine Notfrist, § 223 III. Die Verlängerung der Frist erfolgt nach § 224 II. Es handelt sich um eine uneigentliche Frist, Üb 3 B vor § 214. Gegen ihre Versäumung ist keine Wiedereinsetzung zulässig. Die Frist ist eine Mindestfrist; das Gericht kann eine längere Frist bestimmen. Eine Höchstfrist kennen nur §§ 994 I, 1015 S 2. Wegen der öffentlichen Bekanntmachung im BAnz vgl § 948 Anm 1.

2) **Verstoß.** Bei einem Verstoß ist eine Anfechtungsklage zulässig, § 957 II Z 3.

951 *Anmeldung nach Fristablauf.* **Eine Anmeldung, die nach dem Schluß des Aufgebotstermins, jedoch vor Erlaß des Ausschlußurteils erfolgt, ist als rechtzeitig anzusehen.**

1) **Allgemeines.** Die Anmeldung, § 947 II Z 2, ist eine Parteiprozeßhandlung, Grdz 5 B vor § 128. Sie muß das angemeldete Recht oder den Anspruch ersichtlich machen. § 996 schreibt (nur) für den dortigen Fall einen bestimmten Mindestinhalt vor. Eine Begründung und Nachweise sind unnötig, von Ausnahmen abgesehen, vgl § 1008. Die Anmeldung kann im Termin mündlich erfolgen und ist dann in das Sitzungsprotokoll aufzunehmen. Im übrigen erfolgt sie schriftlich oder zum Protokoll des Urkundsbeamten der Geschäftsstelle. Wenn landesrechtlich ein LG zuständig ist, herrscht für die Anmeldung Anwaltszwang. Rechtzeitig ist auch diejenige Anmeldung, die nach einer Vertagung, aber vor der Verkündung des Urteils erfolgt. Nur eine Anmeldung beim Aufgebotsgericht wahrt die Frist.

952 *Ausschlußurteil.* **I Das Ausschlußurteil ist in öffentlicher Sitzung auf Antrag zu erlassen.**

II Einem in der Sitzung gestellten Antrag wird ein Antrag gleichgeachtet, der vor dem Aufgebotstermin schriftlich gestellt oder zum Protokoll der Geschäftsstelle erklärt worden ist.

III Vor Erlaß des Urteils kann eine nähere Ermittlung, insbesondere die Versicherung der Wahrheit einer Behauptung des Antragstellers an Eides Statt angeordnet werden.

IV Gegen den Beschluß, durch den der Antrag auf Erlaß des Ausschlußurteils zurückgewiesen wird, sowie gegen Beschränkungen und Vorbehalte, die dem Ausschlußurteil beigefügt sind, findet sofortige Beschwerde statt.

1) **Verfahren, I–III.** Das Verfahren in Aufgebotssachen verlangt eine öffentliche Sitzung, §§ 169ff GVG, und eine notwendige, nicht eine freigestellte, mündliche Verhandlung. S auch Grdz 2 A vor § 946. Die Vorbereitung des Termins obliegt dem Rpfl bis auf die Terminsbestimmung; nur die eigentliche Wahrnehmung der Sitzung (und daher die Terminsbestimmung) und die Entscheidung auf Grund der Sitzung erfolgen durch den Richter, Grdz 2 B vor § 946. Die Zulassung des Aufgebots durch das Gericht (den Rpfl, § 947 Anm 1 C) bindet jetzt nicht mehr. Die Zulässigkeit ist erneut zu prüfen. Sie muß beim Schluß der mündlichen Verhandlung vorliegen. Die sachlichrechtlichen Voraussetzungen einer Ausschließung müssen vorliegen. Etwaige Anmeldungen sind nur auf ihre Zulässigkeit zu prüfen, nicht auf ihre sachliche Berechtigung. Sie führen zu einer Beschränkung bzw einem Vorbehalt, IV, soweit sie nur teilweise bestehen. Ein Ausschlußurteil darf nur auf Antrag ergehen. Der Antrag ist im Termin mündlich oder schon vorher schriftlich oder zum Protokoll des Urkundsbeamten der Geschäftsstelle zu stellen. Beim Aufgebot der Nachlaßgläubiger gilt der Antragsteller nur dann als säumig, wenn er weder erschienen ist noch den Antrag schriftlich gestellt hat, § 2015 II BGB. Ein Aufgebotsantrag genügt als Antrag im Sinn des § 952 nicht; freilich kann man mit dem Aufgebotsantrag denjenigen auf ein Ausschlußurteil verbunden haben, § 947 Anm 1 A.

Das Verfahren findet mit Untersuchungsgrundsatz statt, III, Grdz 5 G vor § 128. Das Gericht darf den Nachweis für sämtliche Voraussetzungen verlangen, aber auch selbst Ermittlungen anstellen, zB Zeugen und Sachverständige hören. Die Zulassung der eidesstattlichen Versicherung des Antragstellers zeigt, daß nicht stets ein voller Beweis notwendig ist, sondern daß sich das Gericht mit einer Glaubhaftmachung, § 294, begnügen darf. Der Richter kann das Verfahren aussetzen, § 953, oder den Termin vertagen, § 955.

2) **Entscheidung, III.** Ein unbegründeter Antrag ist durch Beschluß zurückzuweisen, ebenso ein unbegründeter Widerspruch. Ist der Antrag begründet, so ergeht ein Ausschluß-

urteil. Es ist rechtsgestaltend, Üb 2 B c vor § 300. Es stellt fest, daß andere Berechtigte als diejenigen, deren Rechte es vorbehält, fehlen, und bringt ihre etwaigen Rechte zum Erlöschen. Der Vorbehalt erhält das wirklich bestehende Recht. Die Urteilsformel richtet sich nach dem jeweiligen sachlichen Recht, zB §§ 927, 1170 BGB. Die Entscheidung, auch ein zurückweisender Beschluß, § 329 I 1, ist zu verkünden, vgl LG Ffm Rpfleger **76**, 257. Das Gericht kann das Urteil nach § 956 veröffentlichen. §§ 309–321 sind anwendbar. Die Entscheidung wird mit der Verkündung wirksam. Sie muß eine Kostenregelung enthalten. Die Kosten werden dem Antragsteller oder dem Nachlaß auferlegt, § 34 II VerschG, soweit sie nicht infolge einer unbegründeten Einwendung eines Anmelders diesem aufzuerlegen sind, § 92, ZöSche II 1. Der Streitwert bemißt sich nach den Belangen des Antragstellers. Der Antragsteller kann das Urteil dem zur Anfechtungsklage evtl Berechtigten durch den Gerichtsvollzieher zustellen lassen, um die Anfechtungsfrist des § 258 in Gang zu setzen, ZöSche II 1.

Gebühren: Des Gerichts: KV 1144; des RA: § 45 BRAGO.

3) Rechtsbehelfe, IV. Gegen das Ausschlußurteil ist nur eine Anfechtungsklage zulässig, §§ 957, 958. Darum ist das Ausschlußurteil dann, wenn es antragsgemäß ergeht, mit seiner Verkündung bereits rechtskräftig, § 957 Anm 1. Gegen einen zurückweisenden Beschluß und gegen Beschränkungen und Vorbehalte im Ausschlußurteil ist sofortige Beschwerde zulässig; die Frist zu ihrer Einlegung beginnt mit der Verkündung, § 577 II.

953 *Verfahren bei Vorliegen einer Anmeldung.* **Erfolgt eine Anmeldung, durch die das von dem Antragsteller zur Begründung des Antrags behauptete Recht bestritten wird, so ist nach Beschaffenheit des Falles entweder das Aufgebotsverfahren bis zur endgültigen Entscheidung über das angemeldete Recht auszusetzen oder in dem Ausschlußurteil das angemeldete Recht vorzubehalten.**

1) Anmeldungsziele. Eine Anmeldung kann: **a)** Mängel des Verfahrens rügen. Dann ist der Antrag evtl zurückzuweisen; oder **b)** Rechte des Anmeldenden behaupten. Wenn das Rechte sind, die das Recht des Antragstellers nur beschränken, dann ergeht ein Ausschlußurteil mit dem Vorbehalt des behaupteten Rechts, BGH **76**, 170. Wenn das Recht des Antragstellers ausschließen, dann erfolgt eine Aussetzung des Verfahrens.

2) Verfahren. Jede Anmeldung wird nur auf die Einhaltung der Form und der Frist und auf die Schlüssigkeit ihres Inhalts geprüft, nicht auch darauf, ob dieser Inhalt auch wirklich objektiv sachlichrechtlich begründet ist, BGH **76**, 170. Die Anmeldung will und kann nicht mehr erreichen als den Schutz gegen die angedrohten Rechtsnachteile. Die endgültige sachlichrechtliche Entscheidung über das behauptete Recht kann nur notfalls im Prozeßweg ergehen. Wenn dort das Recht verneint und der Vorbehalt nur beseitigt werden, gilt das Ausschlußurteil als vorbehaltloses.

3) Entscheidung. Der Antragsteller kann eine endgültige Entscheidung auch durch eine leugnende Feststellungsklage herbeiführen. Der Antrag ist auch dann zurückzuweisen, wenn die Anmeldung das Verfahren erledigt, der Antragsteller den Antrag aber nicht zurücknimmt. Wenn die Anmeldung unter prozessualen Mängeln leidet, ist sie im Ausschlußurteil zurückzuweisen.

4) Aussetzung und Vorbehalt. Eine Aussetzung des Verfahrens setzt voraus, daß die Zulässigkeit des ganzen Aufgebotsverfahrens in Frage gestellt ist. Sie erfolgt durch einen Beschluß. Das Gericht muß ihn grds begründen, § 329 Anm 1 A b, und teilt ihn gemäß § 329 II 1. Gegen die Aussetzung ist einfache Beschwerde zulässig, gegen die Ablehnung der Aussetzung ist sofortige Beschwerde zulässig, § 252. Das Ausschlußurteil erledigt die Beschwerde. Es ergeht gegen alle, die sich nicht gemeldet haben. Der Vorbehalt läßt sich nur durch einen Verzicht oder durch eine Verurteilung zum Verzicht beseitigen. Wegen der Zuständigkeit des Rpfl Grdz 2 A vor § 946.

954 *Fruchtloser Termin.* **Wenn der Antragsteller weder in dem Aufgebotstermin erschienen ist noch vor dem Termin den Antrag auf Erlaß des Ausschlußurteils gestellt hat, so ist auf seinen Antrag ein neuer Termin zu bestimmen. Der Antrag ist nur binnen einer vom Tage des Aufgebotstermins laufenden Frist von sechs Monaten zulässig.**

1) Voraussetzungen. Ein Ausschlußurteil darf nicht ergehen, wenn der Antragsteller ausbleibt und wenn er auch vorher kein Urteil beantragt hat oder wenn er zwar erscheint, aber kein Urteil beantragt (der Text ist unvollständig, vgl § 952 I). Wenn der Antrag versäumt worden ist, kann das Ausschlußurteil nur in einem neuen Termin ergehen, der auf Antrag zu bestimmen ist. Ein Versäumnisverfahren ist also unzulässig. Eine Entscheidung ohne einen Antrag ist nicht statthaft. Der Antragsteller darf einen neuen Termin nur binnen 6 Monaten seit dem ersten Aufgebotstermin, § 947 II Z 4, stellen. Es handelt sich um eine uneigentliche Frist, Üb 3 B vor § 214, keine Notfrist. Sie wird nach § 222 berechnet. Sie kann nicht verlängert werden („nur" in S 2). Gegen ihre Versäumung ist keine Wiedereinsetzung zulässig. Der Antrag läßt keine Wiederholung zu; nach dem Fristablauf ist ein ganz neues Verfahren notwendig und zulässig, § 947.

955 *Neuer Termin.* Wird zur Erledigung des Aufgebotsverfahrens ein neuer Termin bestimmt, so ist eine öffentliche Bekanntmachung des Termins nicht erforderlich.

1) Geltungsbereich. § 955 betrifft nicht nur den Fall des § 954; er gilt auch für die §§ 952 III, 953. Der neue Termin ist gemäß § 216 zu bestimmen. Er ist zu verkünden oder dem Antragsteller und denjenigen, die sich gemeldet haben, von Amts wegen durch Zustellung bekannt zu geben, § 329 II 2.

956 *Öffentliche Bekanntmachung des Ausschlußurteils.* Das Gericht kann die öffentliche Bekanntmachung des wesentlichen Inhalts des Ausschlußurteils durch einmalige Einrückung in den Bundesanzeiger anordnen.

1) Ermessen. Die öffentliche Bekanntmachung des wesentlichen Inhalts des Ausschlußurteils erfolgt grds nach dem Ermessen des Gerichts, bei Urkunden in Amtspflicht, § 1017 II 1, im BAnz, geeignetenfalls in Listenform wiederkehrend. S auch §§ 1023 f. § 205 ist unanwendbar; was die Bekanntmachung enthalten soll, bestimmt das Gericht. Wegen der Einzelheiten der Veröffentlichung § 948 Anm 1, 2.

957 *Anfechtungsklage. Zulässigkeit.* [I] Gegen das Ausschlußurteil findet ein Rechtsmittel nicht statt.
[II] Das Ausschlußurteil kann bei dem Landgericht, in dessen Bezirk das Aufgebotsgericht seinen Sitz hat, mittels einer gegen den Antragsteller zu erhebenden Klage angefochten werden:
1. wenn ein Fall nicht vorlag, in dem das Gesetz das Aufgebotsverfahren zuläßt;
2. wenn die öffentliche Bekanntmachung des Aufgebots oder eine in dem Gesetz vorgeschriebene Art der Bekanntmachung unterblieben ist;
3. wenn die vorgeschriebene Aufgebotsfrist nicht gewahrt ist;
4. wenn der erkennende Richter von der Ausübung des Richteramts kraft Gesetzes ausgeschlossen war;
5. wenn ein Anspruch oder ein Recht ungeachtet der Anmeldung nicht dem Gesetz gemäß in dem Urteil berücksichtigt ist;
6. wenn die Voraussetzungen vorliegen, unter denen die Restitutionsklage wegen einer Straftat stattfindet.

1) Ausschlußurteil, I. Das Ausschlußurteil wird mit seiner Verkündung äußerlich rechtskräftig, BGH **76**, 170. Gegen das Urteil ist kein Rechtsmittel und keine Wiederaufnahmeklage statthaft, vgl § 952 Anm 3. Das gilt aber nicht für den Fall, daß das Ausschlußurteil einen Vorbehalt eines behaupteten Rechts ausspricht, BGH **76**, 170. Die innere Rechtskraft wirkt gegen jeden, der keine Anfechtungsklage erhoben hat, obwohl er sie erheben konnte. Sie erstreckt sich nicht nur auf die Feststellung der angedrohten Rechtsnachteile, sondern auch auf die Rechtmäßigkeit des Aufgebots selbst und auf die Rechtmäßigkeit der auf das Ausschlußurteil hin ergriffenen Maßnahmen, zB Eintragungen im Grundbuch. Der mit dem Eigentum Ausgeschlossene kann daher auch keine ungerechtfertigte Bereicherung eines anderen geltend machen, LG Kblz NJW **63**, 254.

Die innere Rechtskraft erstreckt sich nicht auf sachlichrechtliche Rechtsveränderungen, die das Urteil nicht berücksichtigt.

2) Klage, II. A. Verfahren. Die Klage ist eine Gestaltungsklage, Grdz 2 C vor § 253, der einzige zulässige Rechtsbehelf gegen das Ausschlußurteil, und duldet wegen des verschiedenartigen Inhalts keine Verbindung mit einer Ersatzklage. Örtlich und sachlich ausschließlich zuständig ist das LG des Bezirks des Aufgebotsgerichts, selbst wenn das Aufgebotsgericht unzuständig war. Es besteht Anwaltszwang, § 78 I 1. Klageberechtigt ist jeder, gegen den sich das Aufgebot gerichtet hat, BGH **LM** Nr 1. Auch hier ist ein Rechtsschutzbedürfnis, Grdz 5 A d vor § 253, nötig; daher ist die Klage trotz II Z 1 abzuweisen, wenn der Kläger nur den dem Bekl rechtskräftig zuerkannten Löschungsanspruch vereiteln will. Der Klage eines Berechtigten können die übrigen als gewöhnliche Streitgenossen beitreten. Die Anfechtungsfristen des § 958 sind als besondere Prozeßvoraussetzung zu beachten.

Zu entscheiden ist nur über das förmliche Widerspruchsrecht, nicht über die sachliche Berechtigung, BGH NJW **80**, 2529. Alleinige Klagegründe sind die in Z 1–6 angeführten, BGH NJW **80**, 2529. Es ist also unbeachtlich, wem das Recht in Wahrheit zusteht. Man kann zB die Klage zB nicht damit begründen, daß sich eine Urkunde hinterher wiederfindet oder daß sich ein vom AG als feststehend angenommener Umstand in Wahrheit anders verhielt. Bereicherungs- und Ersatzansprüche bleiben erhalten. Das Verfahren verläuft wie bei einem ordentlichen Prozeß. Die Vollmacht für das Aufgebotsverfahren genügt hier als Prozeßvollmacht.

B. Entscheidung. Das Urteil lautet auf Abweisung oder auf Aufhebung des Ausschlußurteils, soweit jenes den Kläger mit einem Anspruch oder Recht zu unrecht ausgeschlossen hatte; der etwa übrige Teil des Ausschlußurteils bleibt bestehen. Denn das Urteil schafft nur unter den Parteien Rechtskraft. Inwieweit das Urteil die Rechte Dritter berührt, richtet sich nach dem sachlichen Recht. Eine Aufhebung wirkt zurück. Die Kostenentscheidung richtet sich nach § 91. Wert: § 3 Anh „Aufgebot".

Das Urteil ist zu verkünden, § 310. In den Fällen §§ 1017 II, 1023, 1024 kommt außerdem eine Bekanntmachung in Betracht bzw ist notwendig.

3) Klagegründe, II. A. Unzulässigkeit des Aufgebots, Z 1. Dahin gehört nicht, ob das AG die tatsächlichen Verhältnisse richtig gewürdigt und rechtlich richtig entschieden hat, sondern allein die Frage, ob ein das Aufgebotsverfahren als Ganzes rechtfertigendes sachlichrechtliches Aufgebotsgesetz gefehlt hat, BGH NJW **80**, 2529. Ein Verstoß in anderen Fragen fällt evtl unter Z 2–6, BGH NJW **80**, 2529.

Unzureichend sind: Das Fehlen eines dem § 947 genügenden Antrags; Beschränkungen zum Nachteil des Antragstellers, § 952 IV; das Vorliegen eines nicht angemeldeten Rechts, BGH NJW **80**, 2529.

B. Unterbliebene Bekanntmachung, Z 2. Dieser Klagegrund kommt nur dann in Betracht, wenn die Bekanntmachung zwingend vorgeschrieben war, sei es auch landesrechtlich. Die Vorschrift ist auch dann anwendbar, wenn zwar die Bekanntmachung äußerlich ordnungsmäßig war, wenn sie aber nicht den nötigen Inhalt hatte, § 947 II, oder wenn sie ein unmögliches Datum angab. Z 2 ist auch dann anwendbar, wenn bekannte Beteiligte nicht nach den landesrechtlichen Vorschriften benachrichtigt worden sind. Das Unterbleiben der besonderen Zustellung der §§ 994 II, 1001 genügt nicht, weil es sich hier um bloße Sollvorschriften handelt, aM RoS § 172 II 9a, ThP 2.

C. Nichtwahrung der Aufgebotsfrist, Z 3. Gemeint ist die Nichtwahrung der Mindestfrist, § 950.

D. Ausschließung des erkennenden Richters, Z 4. Gemeint ist derjenige Richter, der das Urteil erlassen hat, nicht ein anderer, § 41.

E. Nichtberücksichtigung eines Rechts, Z 5. Gemeint ist ein Recht, das form- und fristgerecht angemeldet worden war, §§ 951, 953.

F. Voraussetzungen der Restitutionsklage, Z 6. Vgl § 580 Z 1–5. § 581 ist entsprechend anwendbar.

G. Weitere Fälle. Wegen der Anfechtung im Fall der Besitzverhinderung, Einf 2 vor § 1003, und zwar auch dann, wenn das Gericht eine Anmeldung zu Unrecht als nicht wirksam angesehen hat oder wenn das Gericht die Voraussetzungen für den Erlaß des Urteils ohne ein Aufgebot, § 1008 Anm 2, als gegeben angesehen hat, vgl Anh § 1024 § 10.

4) Rechtsmittel. Es sind die gewöhnlichen Rechtsmittel gegen ein Urteil statthaft, also Berufung, evtl Revision, § 546 I.

958 *Anfechtungsklage. Frist.* ¹ Die Anfechtungsklage ist binnen der Notfrist eines Monats zu erheben. Die Frist beginnt mit dem Tage, an dem der Kläger Kenntnis von dem Ausschlußurteil erhalten hat, in dem Falle jedoch, wenn die Klage auf einem der im § 957 Nr. 4, 6 bezeichneten Anfechtungsgründe beruht und dieser Grund an jenem Tage noch nicht zur Kenntnis des Klägers gelangt war, erst mit dem Tage, an dem der Anfechtungsgrund dem Kläger bekannt geworden ist.

ᴵᴵ Nach Ablauf von zehn Jahren, von dem Tage der Verkündung des Ausschlußurteils an gerechnet, ist die Klage unstatthaft.

1) **Monatsfrist, I.** Für die Anfechtungsklage läuft eine Notfrist, § 223 III, von 1 Monat. Die Einhaltung der Notfrist ist von Amts wegen zu prüfen. Eine Glaubhaftmachung des Grunds ist unnötig. Ein Kennenmüssen des Ausschlußgrunds steht dem Kennen nicht gleich. Deshalb ist die Veröffentlichung im BAnz weder ein Anscheinsbeweis noch gar ein Beweis für die Kenntnis. Bei einem Prozeßunfähigen entscheidet die Kenntnis des gesetzlichen Vertreters. Die Frist wird nach § 222 berechnet. Ein Fristablauf macht das Ausschlußurteil unanfechtbar. Deshalb muß der Kläger die Fristwahrung in der Klage darlegen. Eine Wiedereinsetzung ist zulässig, § 233.

2) **Zehnjahresfrist, II.** Die Zehnjahresfrist, II, ist eine uneigentliche Frist, Üb 3 B vor § 214. Sie wird nach § 222 berechnet. Sie ist keine Notfrist. Gegen ihre Versäumung ist deshalb keine Wiedereinsetzung zulässig.

959 *Verbindung von Aufgeboten.* Das Gericht kann die Verbindung mehrerer Aufgebote anordnen, auch wenn die Voraussetzungen des § 147 nicht vorliegen.

1) **Ermessen.** § 959 geht zur Sicherung der einheitlichen Behandlung über § 147 hinaus. Die Antragsteller werden nach dem Ermessen des Gerichts angehört. Zulässig ist ein Sammelaufgebot, dh ein Gesamtaufgebot für verschiedene Antragsteller. Eine Verbindung ist nur bei einer Gleichartigkeit der Aufgebote ratsam, ZöSche. Die Wiederaufhebung der Verbindung der Verfahren erfolgt nach § 150.

960–976 (weggefallen)

977 *Aufgebot des Grundeigentümers.* Für das Aufgebotsverfahren zum Zwecke der Ausschließung des Eigentümers eines Grundstücks nach § 927 des Bürgerlichen Gesetzbuchs gelten die nachfolgenden besonderen Vorschriften.

1) **Vorbemerkung zu §§ 977–981.** Die Vorschriften betreffen den Ausschluß des Eigentümers eines Grundstücks, das sich seit 30 Jahren in fremdem Eigenbesitz befindet, § 927 BGB. Das Ausschlußurteil muß jeden Eigentümer ausschließen, auch den nichteingetragenen Rechtsnachfolger, nicht nur bestimmte Personen. Bei einer Verschollenheit kommt es nicht auf die Voraussetzungen der Todeserklärung an. Das Urteil macht das Grundstück herrenlos. Der Antragsteller hat ein Aneignungsrecht und erwirbt das Eigentum durch Eintragung § 927 II BGB, § 979 ZPO.

978 *Zuständigkeit.* Zuständig ist das Gericht, in dessen Bezirk das Grundstück belegen ist.

1) **Ausschließliche Zuständigkeit.** Das AG der belegenen Sache ist ausschließlich zuständig. Liegt das Grundstück in mehreren Gerichtsbezirken, so ist § 36 Z 4 anwendbar.

979 *Antrag.* Antragsberechtigt ist derjenige, der das Grundstück seit der im § 927 des Bürgerlichen Gesetzbuchs bestimmten Zeit im Eigenbesitz hat.

1) **Antrag.** Antragsberechtigt ist der Eigenbesitzer, § 872 BGB. Wenn der Eigenbesitz auf einen Käufer übergegangen ist, so ist nur dieser antragsberechtigt. Die Berechnung der 30 Jahre erfolgt nach §§ 927 I, 939ff BGB. Das Grundstück ist grundbuchmäßig zu bezeichnen.

9. Buch. Angebotsverfahren §§ 980–983

980 *Glaubhaftmachung.* **Der Antragsteller hat die zur Begründung des Antrags erforderlichen Tatsachen vor der Einleitung des Verfahrens glaubhaft zu machen.**

1) Glaubhaftmachung. Sie erfolgt nach § 294. Sie genügt für alle nach § 927 BGB zur Begründung notwendigen Tatsachen, auch für den Tod oder die Verschollenheit. Unnötig sind ein Erwerbstitel und ein guter Glaube. Eine Todeserklärung ist nicht erforderlich.

981 *Bekanntmachung.* **In dem Aufgebot ist der bisherige Eigentümer aufzufordern, sein Recht spätestens im Aufgebotstermin anzumelden, widrigenfalls seine Ausschließung erfolgen werde.**

1) Verfahren. Auf das Aufgebot ist neben dem § 981 der § 947 II voll anwendbar, auch hinsichtlich der Zuständigkeit des Rpfl, Grdz 2 A vor § 946, und wegen der Fristbestimmung vorbehaltlich landesrechtlicher Abweichungen, § 1024, nach § 950 (für die früheren preußischen Gebiete gilt § 8 AG ZPO). Wenn sich der Eigentümer meldet, gilt § 953. Ein Dritter, der vor dem Erlaß des Ausschlußurteils seine Eintragung im Grundbuch oder einen Widerspruch gegen das Grundbuch beantragt hat, § 899 BGB, braucht sich nicht zu melden, ZöSche. Wenn das Urteil demjenigen, der sich meldet, ein Recht vorbehält, dann ist die Eintragung des Antragstellers erst nach einem Verzicht oder nach einem leugnenden Feststellungsurteil auf dieses Recht möglich. Der Verzicht ist notfalls durch eine Klage zu erzwingen. Das Ausschlußurteil beseitigt jedes Eigentum an dem Grundstück, sofern es nicht nur bestimmte Personen ausschließt, was aber fehlerhaft wäre, § 977 Anm 1. Wer das Ausschlußurteil erwirkt hat, kann sich als Eigentümer eintragen lassen, § 927 II, III BGB. S auch § 977 Anm 1.

981a *Aufgebot von Schiffseigentümern.* **Für das Aufgebotsverfahren zum Zwecke der Ausschließung des Eigentümers eines eingetragenen Schiffes oder Schiffsbauwerks nach § 6 des Gesetzes über Rechte an eingetragenen Schiffen und Schiffsbauwerken vom 15. November 1940 (Reichsgesetzbl. I S. 1499) gelten die §§ 979 bis 981 entsprechend. Zuständig ist das Gericht, bei dem das Register für das Schiff oder Schiffsbauwerk geführt wird.**

1) Geltungsbereich. § 981a betrifft den Ausschluß des Eigentümers eines eingetragenen Schiffs oder eines eingetragenen, nicht nur eintragsfähigen, Schiffsbauwerks nach § 6 SchiffsG. §§ 979–981 gelten dann entsprechend. Ausschließlich zuständig ist das AG des Registers.

982 *Aufgebot von Hypothekengläubigern.* **Für das Aufgebotsverfahren zum Zwecke der Ausschließung eines Hypotheken-, Grundschuld- oder Rentenschuldgläubigers auf Grund der §§ 1170, 1171 des Bürgerlichen Gesetzbuchs gelten die nachfolgenden besonderen Vorschriften.**

1) Vorbemerkung zu §§ 982–987. Das Aufgebot aus diesen Vorschriften ist nicht zu verwechseln mit dem Aufgebot eines Hypotheken- usw -briefs, §§ 1003 ff. Das Antragsrecht ergibt sich aus § 984 I, II. Die Aufgebotsfrist wird nach § 950 berechnet, soweit nicht Landesrecht etwas anderes bestimmt, § 1024. Wenn sich der Gläubiger meldet, ist § 953 anwendbar. Das Ausschlußurteil macht auch den Hypothekenbrief ohne ein besonderes Aufgebot gemäß § 1162 BGB kraftlos. Wegen der sonstigen Wirkungen s §§ 1170 II, 1171 II, 1175 BGB, § 986 Anm 2. Das Urteil erstreckt sich nicht auf ein Trennstück, das vor dem Aufgebot, wenn auch nach der Antragstellung, abgeschrieben wurde. Die folgenden Bestimmungen, vgl die Anm, gelten teilweise sinngemäß, teilweise entsprechend abgewandelt, auch bei unbekannten Gläubigern an einem Registerpfandrecht nach dem LuftfzRG. Für Schiffe gilt § 987a.

983 *Zuständigkeit.* **Zuständig ist das Gericht, in dessen Bezirk das belastete Grundstück belegen ist.**

1) Ausschließliche Zuständigkeit. Das AG des belasteten Grundstücks ist ausschließlich zuständig. Vgl §§ 24, 36, 1005 II. Wegen der Zuständigkeit des Rpfl Grdz 2 A vor § 946.

Kommen mehrere Gerichte in Frage, zB bei einer Gesamthypothek, § 36 Anm 3 D, so ist das zuständige AG nach § 36 Z 4 zu bestimmen. Wenn ein unbekannter Gläubiger aufgeboten werden soll, dessen Ansprüche nach § 10 LuftfzRG durch eine Vormerkung im Register gesichert sind, dann ist dasjenige AG zuständig, bei dem das Register geführt wird, § 13 II 2 LuftfzRG. Dasselbe gilt bei einem unbekannten Gläubiger eines Registerpfandrechts, §§ 66 III, 67 IV LuftfzRG.

984 *Antrag.* [I] Antragsberechtigt ist der Eigentümer des belasteten Grundstücks.

[II] Im Falle des § 1170 des Bürgerlichen Gesetzbuchs ist auch ein im Range gleich- oder nachstehender Gläubiger, zu dessen Gunsten eine Vormerkung nach § 1179 des Bürgerlichen Gesetzbuchs eingetragen ist oder ein Anspruch nach § 1179a des Bürgerlichen Gesetzbuchs besteht, und bei einer Gesamthypothek, Gesamtgrundschuld oder Gesamtrentenschuld außerdem derjenige antragsberechtigt, der auf Grund eines im Range gleich- oder nachstehenden Rechtes Befriedigung aus einem der belasteten Grundstücke verlangen kann, sofern der Gläubiger oder der sonstige Berechtigte für seinen Anspruch einen vollstreckbaren Schuldtitel erlangt hat.

Vorbem. II ergänzt dch Art 3 Z 2 G v 22. 6. 77, BGBl 998, in Kraft seit 1. 1. 78, Art 8 § 4 I.

1) Antragsberechtigung. Antragsberechtigt ist immer der Eigentümer des belasteten Grundstücks. Bei einer Gesamthypothek ist jeder Eigentümer antragsberechtigt, und zwar bei § 1170 BGB nur mit Wirkung für sein Grundstück, § 1175 I 2, II BGB, bei § 1171 BGB mit Wirkung für alle Grundstücke, Staudinger-Scherübl § 1171 BGB Anm 2a. Im Fall des § 1170 BGB sind auch die dinglichen Gläubiger antragsberechtigt, soweit sie ihrem Rang nach bei einer Zwangsversteigerung ein Interesse daran haben, daß der Eigentümer die Hypothek erwirbt. Dieses Antragsrecht besteht aber nur dann, wenn die dinglichen Gläubiger durch eine Vormerkung aus § 1179 BGB gesichert sind oder wenn sie einen Löschungsanspruch aus § 1179a BGB haben. Bei einer Gesamthypothek usw ist ferner jeder dingliche Berechtigte antragsberechtigt, der ein der Gesamthypothek gleichstehendes oder nachstehendes Recht auf eine Befriedigung an einem der belasteten Grundstücke hat, §§ 10, 11 ZVG. Bei II ist ein vollstreckbarer Titel eines jeden dort genannten Berechtigten notwendig.

2) Luftfahrzeug. Bei einem unbekannten Gläubiger eines Registerpfandrechts an einem Luftfahrzeug gilt I sinngemäß. Wenn der Anspruch eines Gläubigers hinsichtlich eines solchen Pfandrechts, § 10 I LuftfzRG und § 985 Anm 1, durch eine Vormerkung gesichert ist und wenn der Gläubiger unbekannt ist, dann ist außer dem Eigentümer jeder antragsberechtigt, der auf Grund eines im Range gleichstehenden oder nachstehenden Rechts eine Befriedigung aus dem Luftfahrzeug verlangen kann, sofern er für seinen Anspruch einen vollstreckbaren Titel erlangt hat. Ein solches Aufgebot ist dem Eigentümer des Luftfahrzeugs mitzuteilen, § 13 II 3 und 4 LuftfzRG.

985 *Glaubhaftmachung.* Der Antragsteller hat vor der Einleitung des Verfahrens glaubhaft zu machen, daß der Gläubiger unbekannt ist.

1) Unbekanntheit. Ein Gläubiger ist „unbekannt", wenn trotz nachweisbarer Bemühungen nicht feststeht, wer Gläubiger oder dessen Rechtsnachfolger ist, wenn sich der Gläubiger nicht als solcher grundbuchmäßig ausweisen kann oder wenn sein Aufenthalt unbekannt ist, abw ZöSche (ob das letztere genüge, sei eine Fallfrage, aM zB LG Bückebg Rpfleger **58**, 320 (dies letztere genüge nicht, da der Gläubiger als solcher dann nicht unbekannt sei; diese Auffassung ist aber unpraktisch). Die Voraussetzung der Unbekanntheit muß bei der Verkündung des Ausschlußurteils vorliegen. Im Anschluß an die Erwirkung eines Urteils gegen den Gläubiger auf eine Bewilligung der Grundbuchberichtigung kann der Schuldner das Aufgebot des etwa benötigten Hypothekenbriefs gemäß § 1162 BGB, § 1003 ZPO beantragen, ZöSche.

§ 985 gilt sinngemäß für den unbekannten Gläubiger eines Registerpfandrechts an einem Luftfahrzeug und für solche Gläubiger, deren Ansprüche auf Einräumung oder auf Aufhebung eines derartigen Rechts oder eines Rechts an einem Registerpfandrecht oder auf eine

Änderung des Inhalts oder des Ranges eines dieser Rechte durch eine Vormerkung im Register gesichert sind, §§ 66 III, 67 IV, 13 II iVm 10 LuftfzRG.

2) Antrag. Vgl zunächst § 984 Anm 1. Man muß das belastete Grundstück und die Forderung so genau wie zumutbar bezeichnen.

986 *Vorschriften für § 1170 BGB.* I Im Falle des § 1170 des Bürgerlichen Gesetzbuchs hat der Antragsteller vor der Einleitung des Verfahrens auch glaubhaft zu machen, daß nicht eine das Aufgebot ausschließende Anerkennung des Rechtes des Gläubigers erfolgt ist.

II Ist die Hypothek für die Forderung aus einer Schuldverschreibung auf den Inhaber bestellt oder der Grundschuld- oder Rentenschuldbrief auf den Inhaber ausgestellt, so hat der Antragsteller glaubhaft zu machen, daß die Schuldverschreibung oder der Brief bis zum Ablauf der im § 801 des Bürgerlichen Gesetzbuchs bezeichneten Frist nicht vorgelegt und der Anspruch nicht gerichtlich geltend gemacht worden ist. Ist die Vorlegung oder die gerichtliche Geltendmachung erfolgt, so ist die im Absatz 1 vorgeschriebene Glaubhaftmachung erforderlich.

III Zur Glaubhaftmachung genügt in den Fällen der Absätze 1, 2 die Versicherung des Antragstellers an Eides Statt, unbeschadet der Befugnis des Gerichts, anderweitige Ermittlungen anzuordnen.

IV In dem Aufgebot ist als Rechtsnachteil anzudrohen, daß der Gläubiger mit seinem Recht ausgeschlossen werde.

V Wird das Aufgebot auf Antrag eines nach § 984 Abs. 2 Antragsberechtigten erlassen, so ist es dem Eigentümer des Grundstücks von Amts wegen mitzuteilen.

1) Glaubhaftmachung, I–III. Im Fall des § 1170 BGB muß der Antragsteller folgende Voraussetzungen glaubhaft machen, § 294: **a)** Die Unbekanntheit des Gläubigers, § 985; **b)** die Berechtigung des Antragstellers; **c)** die Nichtanerkennung des Rechts, also auch das Fehlen einer Teilzahlung, Zinszahlung oder Stundung, ZöSche I. Darum erfolgt kein Aufgebot vor dem Ablauf der zehnjährigen Frist; **d)** bei II den Ablauf der regelmäßig dreißigjährigen Vorlegungsfrist oder den Eintritt der Verjährung, § 801 BGB. Die Besitzzeit der Rechtsvorgänger ist einzurechnen. Bei c und d genügt eine eidesstattliche Versicherung des Antragstellers; doch wird das Gericht regelmäßig weitere Ermittlungen anstellen.

2) Aufgebot, IV, V. Die Frist, § 950, und die Veröffentlichung, §§ 948, 956, dürfen durch Landesrecht abweichend geregelt werden, § 1024. Die Mitteilung aus V erfolgt formlos. Das vorbehaltlose Ausschlußurteil führt zum Erwerb der Hypothek, nun als Grundschuld, § 1177 I BGB, auch vor der entsprechenden Eigentumseintragung. Der Eigentümer kann die Berichtigung des Grundbuchs beantragen; das Ausschlußurteil aus § 1170 BGB wirkt nämlich gegen jeden Gläubiger, auch gegen einen nicht eingetragenen, auch gegen den an der Hypothek dinglich Berechtigten. Nur die persönliche Forderung bleibt bestehen. Wenn das Urteil einen Vorbehalt macht, dann setzt eine Eintragung in das Grundbuch die vorherige Beseitigung dieses Vorbehalts durch einen Verzicht oder ein rechtskräftiges Urteil voraus.

3) Luftfahrzeug. Bei einem unbekannten Gläubiger eines Registerpfandrechts an einem Luftfahrzeug gelten I, III und IV entsprechend, § 66 III LuftfzRG. Dasselbe gilt bei einem solchen Gläubiger, dessen Anspruch an einem derartigen Recht durch Vormerkung gesichert worden ist, § 13 II LuftfzRG.

987 *Vorschriften für § 1171 BGB.* I Im Falle des § 1171 des Bürgerlichen Gesetzbuchs hat der Antragsteller sich vor der Einleitung des Verfahrens zur Hinterlegung des dem Gläubiger gebührenden Betrages zu erbieten.

II In dem Aufgebot ist als Rechtsnachteil anzudrohen, daß der Gläubiger nach der Hinterlegung des ihm gebührenden Betrages seine Befriedigung statt aus dem Grundstück nur noch aus dem hinterlegten Betrag verlangen könne und sein Recht auf diesen erlösche, wenn er sich nicht vor dem Ablauf von dreißig Jahren nach dem Erlaß des Ausschlußurteils bei der Hinterlegungsstelle melde.

III Hängt die Fälligkeit der Forderung von einer Kündigung ab, so erweitert sich die Aufgebotsfrist um die Kündigungsfrist.

IV Das Ausschlußurteil darf erst dann erlassen werden, wenn die Hinterlegung erfolgt ist.

1) Antrag und Aufgebot, I, II. Im Fall des § 1171 BGB muß sich der Antragsteller vor der Einleitung des Verfahrens zur Hinterlegung der Restschuld nebst Zinsen, soweit auch sie im Grundbuch eingetragen sind, erbieten, bis zum Erlaß des Ausschlußurteils zu hinterlegen, IV. Wenn das Recht am Hinterlegten gemäß II erlischt, dann kann der Hinterleger trotz eines Rücknahmeverzichts die Rückzahlung verlangen. Das Landesrecht kann die Frist, § 550, und Bekanntmachung, §§ 948, 956, abweichend anordnen, § 1024 (für die früheren preußischen Gebiete vgl § 8 AG ZPO).

2) Ausschlußurteil, IV. Das Gericht darf das Ausschlußurteil erst dann erlassen, wenn eine Hinterlegung gemäß § 376 II BGB nachgewiesen worden ist. Bei Zinsen genügt der Nachweis der Zahlung im Weg einer freien Beweiswürdigung und gilt § 1171 I 2 BGB. Die Wirkung des Ausschlußurteils ergibt sich aus § 1171 II, III BGB. Ein Hypotheken- usw -Brief wird infolge des Ausschlußurteils von selbst kraftlos, ZöSche II. Der Gläubiger darf sich nur aus dem hinterlegten Betrag befriedigen.

3) Luftfahrzeug. Für einen unbekannten Gläubiger eines Registerpfandrechts an einem Luftfahrzeug gilt § 987 entsprechend, § 67 IV LuftfzRG.

987 a *Aufgebot von Schiffshypothekengläubigern.* Für das Aufgebotsverfahren zum Zwecke der Ausschließung eines Schiffshypothekengläubigers auf Grund der §§ 66, 67 des Gesetzes über Rechte an eingetragenen Schiffen und Schiffsbauwerken vom 15. November 1940 (Reichsgesetzbl. I S. 1499) gelten die §§ 984 bis 987 entsprechend; an die Stelle der §§ 1170, 1171, 1179 des Bürgerlichen Gesetzbuchs treten die §§ 66, 67, 58 des genannten Gesetzes. Zuständig ist das Gericht, bei dem das Register für das Schiff oder Schiffsbauwerk geführt wird.

1) Allgemeines. § 987 a regelt das Aufgebot von Schiffshypothekengläubigern nach §§ 66, 67 SchiffsG. § 984–987 gelten entsprechend mit den Abweichungen des Textes. Wenn der Gläubiger unbekannt ist, erlischt die Schiffshypothek mit dem Ausschlußurteil, § 66 SchiffsG. Wenn der kündigungsberechtigte oder befriedigungsberechtigte Eigentümer nach § 67 SchiffsG hinterlegt hat, dann erlischt das Recht auf den hinterlegten Betrag 30 Jahre nach dem Ausschlußurteil. Wenn das Registergericht jenseits der Oder-Neiße-Linie lag, ergibt sich die Zuständigkeit wie bei § 946 Anm 2.

988 *Aufgebot von Vormerkungsberechtigten usw.* Die Vorschriften des § 983, des § 984 Abs. 1, des § 985, des § 986 Abs. 1 bis 4 und der §§ 987, 987a gelten entsprechend für das Aufgebotsverfahren zum Zwecke der in den §§ 887, 1104, 1112 des Bürgerlichen Gesetzbuchs, § 13 des Gesetzes über Rechte an eingetragenen Schiffen und Schiffsbauwerken vom 15. November 1940 (Reichsgesetzbl. I S. 1499) für die Vormerkung, das Vorkaufsrecht und die Reallast bestimmten Ausschließung des Berechtigten. Antragsberechtigt ist auch, wer auf Grund eines im Range gleich- oder nachstehenden Rechtes Befriedigung aus dem Grundstück oder dem Schiff oder Schiffsbauwerk verlangen kann, sofern er für seinen Anspruch einen vollstreckbaren Schuldtitel erlangt hat. Das Aufgebot ist dem Eigentümer des Grundstücks oder des Schiffes oder Schiffsbauwerks von Amts wegen mitzuteilen.

1) Allgemeines. Alle Fälle des § 988 verlangen folgende Voraussetzungen: **a)** Die Unbekanntheit des Berechtigten, s § 985 Anm 1; **b)** die Voraussetzungen für den Ausschluß eines Hypothekengläubigers, § 1170 BGB, oder eines Schiffshypothekengläubigers, § 66 SchiffsG, vgl §§ 887, 1104, 1112 BGB, 13 SchiffsG. Die Zuständigkeit ergibt sich aus §§ 983, 987a. Bei dem Aufgebot eines Kabelpfandgläubigers, das entsprechend zu behandeln ist, ist immer das AG Bln-Schöneberg zuständig, § 16 G v 31. 3. 25, RGBl 37, vgl auch VOBl für Großberlin **49** I 128 Abs B 4. Das Landesrecht darf die Frist, § 950, und die Bekanntmachung, §§ 948, 956, bei einem Aufgebot nach §§ 887, 1104, 1112 BGB abweichend regeln, § 1024. Das Ausschlußurteil bewirkt in allen Fällen, daß das Recht erlischt. Das Ausschlußurteil ersetzt die Löschungsbewilligung. Bei einem Kabelpfandrecht erlischt das Recht auf den hinterlegten Betrag nach 30 Jahren, § 15 G v 31. 3. 25.

989 Aufgebot von Nachlaßgläubigern.
Für das Aufgebotsverfahren zum Zwecke der Ausschließung von Nachlaßgläubigern auf Grund des § 1970 des Bürgerlichen Gesetzbuchs gelten die nachfolgenden besonderen Vorschriften.

1) Vorbemerkung zu §§ 989–1000. Das Aufgebot des Nachlaßgläubigers ist nicht mit der gerichtlichen Aufforderung zur Anmeldung unbekannter Erben nach §§ 1965, 2353 BGB zu verwechseln. Es soll den Erben über die Notwendigkeit der Haftungsbeschränkung unterrichten, ihm die Erschöpfungseinrede geben, § 1973 BGB, ihn gegen einen Rückgriff sichern, § 1980 BGB, und die Gesamthaftung der Miterben in Kopfteilhaftung verwandeln, § 2060 Z 1 BGB. Das Aufgebot erstreckt sich auf alle Nachlaßgläubiger, §§ 1967–1969 BGB, auch soweit sie und ihre Ansprüche rechtskräftig feststehen, rechtshängig oder dem Antragsteller bekannt sind, mit Ausnahme: der Pfandgläubiger und der ihnen im Konkurs nach § 49 KO Gleichstehenden; der Liegenschaftsgläubiger des § 10 ZVG; der Erben, die einen Anspruch gegen den Nachlaß haben und nicht Antragsteller sind; der Pflichtteilsberechtigten; der Vermächtnisnehmer; der Auflageberechtigten, § 1972 BGB; der Gläubiger, denen der Erbe schon unbeschränkt haftet, §§ 1994 I 2, 2006 III BGB, vgl § 780.

Die Einzelheiten ergeben sich aus §§ 1971 f, 2013, 2060 Z 1 BGB.

2) Verfahren. Es gelten zunächst §§ 990–1000, hilfsweise §§ 946–959, ganz hilfsweise Buch I–III, Grdz 2 A vor § 946. Kostenschuldner ist der Antragsteller, § 49 GKG, bei einem Antrag des Testamentsvollstreckers nur der Nachlaß, Hartmann § 49 GKG Anm 2 A. Im Nachlaßkonkurs sind die Kosten Masseschuld, § 224 Z 4 KO. Die Wirkung des Ausschlußurteils besteht in einer Unterwerfung unter die Erschöpfungseinrede und in der Benachteiligung im Nachlaßkonkurs, §§ 1973 BGB, 219 I, 226 IV KO.

990 Zuständigkeit.
Zuständig ist das Amtsgericht, dem die Verrichtungen des Nachlaßgerichts obliegen. Sind diese Verrichtungen einer anderen Behörde als einem Amtsgericht übertragen, so ist das Amtsgericht zuständig, in dessen Bezirk die Nachlaßbehörde ihren Sitz hat.

1) Ausschließliche Zuständigkeit. Das Nachlaßgericht, § 73 FGG, also dasjenige AG, in dessen Bezirk der Erblasser zur Zeit des Erbfalls seinen Wohnsitz, bei dessen Fehlen seinen Aufenthalt hatte, ist ausschließlich zuständig. Bei einer Ungewißheit wird das zuständige Gericht nach § 5 FGG bestimmt. Auch § 36 Z 6 ist anwendbar. Eine Übertragung auf eine andere Behörde erfolgt nach Art 147 I EG BGB. Wegen der Zuständigkeit des Rpfl Grdz 2 A vor § 946.

991 Antragsrecht.
I Antragsberechtigt ist jeder Erbe, sofern er nicht für die Nachlaßverbindlichkeiten unbeschränkt haftet.

II Zu dem Antrag sind auch ein Nachlaßpfleger und ein Testamentsvollstrecker berechtigt, wenn ihnen die Verwaltung des Nachlasses zusteht.

III Der Erbe und der Testamentsvollstrecker können den Antrag erst nach der Annahme der Erbschaft stellen.

1) Erbe, I. Antragsberechtigt ist jeder beliebige Erbe, auch als Miterbe, Vorerbe, Nacherbe, sofern er nicht schon allen Nachlaßgläubigern unbeschränkt haftet; das letztere schadet nur im Fall § 997 II nicht. Eine unbeschränkte Haftung gegenüber einem einzelnen Nachlaßgläubiger hindert aber nicht. Wenn das Antragsrecht wegen der Errichtung eines falschen Inventars erloschen war, § 2005 BGB, was das Gericht regelmäßig nicht wissen kann, ist eine Anfechtungsklage nach § 957 II Z 1 zulässig. Ob das Antragsrecht nach § 1994 I BGB erloschen ist, ergeben die Nachlaßakten. Wenn vor dem Erlaß des Ausschlußurteils eine unbeschränkte Haftung gegenüber allen Nachlaßgläubigern eintritt, dann ist der Antrag auf den Erlaß des Ausschlußurteils abzulehnen, § 952 Anm 1, vgl auch § 2013 I BGB. Zeitlich begrenzt ist das Antragsrecht nicht, abgesehen von III. Ein Inventar braucht nicht errichtet worden zu sein. Das Verfahren verläuft wie bei §§ 947 ff.

Jeder Miterbe ist unabhängig vom anderen antragsberechtigt, § 997 I.

2) Andere Antragsberechtigte, II. Antragsberechtigt sind auch: **a)** der Nachlaßpfleger, §§ 1960 ff BGB. Als solcher im Sinne der Vorschrift gilt auch der Nachlaßverwalter, § 1975 BGB, der den Antrag vor allem dann stellen muß, wenn er unbekannte Nachlaßgläubiger vermutet; **b)** der Testamentsvollstrecker, wenn ihm die Verwaltung des Nachlasses zusteht,

§ 2213 BGB, seit der Annahme der Erbschaft, III. Diese Personen sind berechtigt, auch wenn der Erbe unbeschränkt haftet; ein Rechtsschutzbedürfnis besteht wegen § 1985 BGB.

3) Beginn des Antragsrechts, III. Während der Erbe und der Testamentsvollstrecker den Antrag erst ab Annahme der Erbschaft stellen können, sind der Nachlaßpfleger und der Nachlaßverwalter schon vorher antragsberechtigt (Umkehrschluß aus III), zumal gerade sie schon vorher grds ein Rechtsschutzbedürfnis zur Klärung ihrer Entscheidungen haben.

Der Antrag ist unbefristet zulässig.

992 *Verzeichnis der Nachlaßgläubiger.* **Dem Antrag ist ein Verzeichnis der bekannten Nachlaßgläubiger mit Angabe ihres Wohnortes beizufügen.**

1) Verzeichnis. Das Aufgebot umfaßt auch die bekannten Nachlaßgläubiger. Deshalb ist dem Antrag ein Verzeichnis dieser Nachlaßgläubiger in der Form der §§ 996, 947 beizugeben. Anzugeben ist der tatsächliche Wohnort, nicht der rechtliche Wohnsitz. Den bekannten Nachlaßgläubigern soll das Aufgebot von Amts wegen zugestellt werden, § 994 II. Das Gericht kann vor dem Erlaß des Ausschlußurteils Ermittlungen über die Vollständigkeit des Verzeichnisses anstellen. Es empfiehlt sich, mindestens eine eidesstattliche Versicherung des Antragstellers einzuholen.

2) Verstoß. Fehlt das Verzeichnis, so wird der Erlaß des Aufgebots abgelehnt. Ein trotzdem erlassenes Aufgebot ist aber wirksam. Der Antragsteller ist dann ersatzpflichtig.

993 *Nachlaßkonkurs.* **I Das Aufgebot soll nicht erlassen werden, wenn die Eröffnung des Nachlaßkonkurses beantragt ist.**

II Durch die Eröffnung des Nachlaßkonkurses wird das Aufgebotsverfahren beendigt.

1) Nachlaßkonkurs, I. Der Nachlaßkonkurs, §§ 214 ff, 229 KO, beschränkt die Haftung des Erben, § 1975 BGB. Einem Aufgebot fehlt dann das Rechtsschutzbedürfnis. Das Gericht braucht aber keinen Nachweis zu verlangen, daß kein Konkurs beantragt worden ist. Nach der Einstellung des Nachlaßkonkurses ist der Antrag statthaft, wenn nicht ein Fall des § 1989 BGB vorliegt. Über die Wirkung der Anmeldung im Aufgebotsverfahren auf den Nachlaßkonkurs vgl § 229 KO. Eine Nachlaßverwaltung hindert das Aufgebotsverfahren nicht, § 991 Anm 2.

2) Verfahrensbeendigung, II. Der Rpfl muß nach der Eröffnung des Nachlaßkonkurses die Beendigung des Aufgebotsverfahrens durch einen zu begründenden Beschluß, § 329 Anm 1 A b, feststellen.

3) Verstoß. Ein Ausschlußurteil, das trotz eines Nachlaßkonkurses ergangen ist, ist nach § 957 II Z 1 anfechtbar.

994 *Aufgebotsfrist.* **I Die Aufgebotsfrist soll höchstens sechs Monate betragen.**

II Das Aufgebot soll den Nachlaßgläubigern, die dem Nachlaßgericht angezeigt sind und deren Wohnort bekannt ist, von Amts wegen zugestellt werden. Die Zustellung kann durch Aufgabe zur Post erfolgen.

1) Fristen, I, II. I bestimmt eine Höchstfrist. Diese Bestimmung ist aber kein zwingendes Recht. Ein Verstoß ist prozessual belanglos. Zwingend ist nur die Mindestfrist des § 950. Auch II gibt nur eine Sollvorschrift. Auch seine Verletzung eröffnet nicht eine Anfechtungsklage nach § 957 II Z 2. Eine öffentliche Zustellung wird nicht vorgenommen; sie wird durch die öffentliche Bekanntmachung nach § 948 ersetzt. Die Aufgabe zur Post erfolgt nach §§ 213, 175, 192.

995 *Rechtsnachteil.* **In dem Aufgebot ist den Nachlaßgläubigern, die sich nicht melden, als Rechtsnachteil anzudrohen, daß sie, unbeschadet des Rechtes, vor den Verbindlichkeiten aus Pflichtteilsrechten, Vermächtnissen und Auflagen berücksichtigt zu werden, von dem Erben nur insoweit Befriedigung**

verlangen können, als sich nach Befriedigung der nicht ausgeschlossenen Gläubiger noch ein Überschuß ergibt.

1) Rechtsnachteil. Der Rechtsnachteil erstreckt sich auf alle nicht angemeldeten Ansprüche, auch diejenigen der dem Antragsteller bekannten Gläubiger. Er erstreckt sich auch auf diejenigen Gläubiger, die nur beim Nachlaßverwalter usw, nicht aber im Aufgebotsverfahren angemeldet haben.

996 *Anmeldung.* **I** Die Anmeldung einer Forderung hat die Angabe des Gegenstandes und des Grundes der Forderung zu enthalten. Urkundliche Beweisstücke sind in Urschrift oder in Abschrift beizufügen.

II Das Gericht hat die Einsicht der Anmeldungen jedem zu gestatten, der ein rechtliches Interesse glaubhaft macht.

1) Anmeldung, I. Die Anmeldung einer Forderung muß ihren Gegenstand und ihren Grund insoweit angeben, daß das Ausschlußurteil die Forderung unzweideutig bezeichnen kann. Eine Einzelbegründung iSv § 253 ist hier nicht erforderlich. Urkundliche Beweisstücke sind nach der Erledigung zurückzugeben. Es genügen unbeglaubigte Abschriften.

2) Einsicht, II. II ist dem § 299 II nachgebildet, dort Anm 4.

997 *Mehrheit von Erben.* **I** Sind mehrere Erben vorhanden, so kommen der von einem Erben gestellte Antrag und das von ihm erwirkte Ausschlußurteil, unbeschadet der Vorschriften des Bürgerlichen Gesetzbuchs über die unbeschränkte Haftung, auch den anderen Erben zustatten. Als Rechtsnachteil ist den Nachlaßgläubigern, die sich nicht melden, auch anzudrohen, daß jeder Erbe nach der Teilung des Nachlasses nur für den seinem Erbteil entsprechenden Teil der Verbindlichkeit haftet.

II Das Aufgebot mit Androhung des im Absatz 1 Satz 2 bestimmten Rechtsnachteils kann von jedem Erben auch dann beantragt werden, wenn er für die Nachlaßverbindlichkeiten unbeschränkt haftet.

1) Miterben, I. Die Haftungsbeschränkung kann für jeden Miterben getrennt eintreten. Darum kann das Ausschlußurteil nicht für einen Miterben wirken, der schon aus Gründen unbeschränkt haftet, die in seiner Person liegen. Davon abgesehen wirkt es für alle Miterben. Außerdem haftet jeder Miterbe von der Teilung an dem Ausgeschlossenen nur kopfteilmäßig, § 2060 Z 1 BGB. Darum ist auch diese Androhung notwendig. Das betrifft auch Pflichtteilsgläubiger, Vermächtnisnehmer und Auflagebegünstigte sowie diejenigen, denen der Erbe unbeschränkt haftet. Darum sind auch diese Gläubiger zu verzeichnen und zu benachrichtigen, §§ 992, 994.

Die Haftung gestaltet sich also folgendermaßen: **a)** vor der Auseinandersetzung hat jeder Miterbe die Erschöpfungseinrede, auch der am Verfahren Unbeteiligte, § 1973 BGB. Bei einer unbeschränkten Haftung gilt § 2059 BGB; **b)** nach der Auseinandersetzung haftet jeder Miterbe nur entsprechend seinem Erbteil, § 2060 BGB. Wenn seine Haftung beschränkbar ist, haftet er nur mit der Bereicherung. Wenn seine Haftung unbeschränkbar ist, haftet er auch mit seinem übrigen Vermögen.

2) Beschränktes Aufgebot, II. Diese Vorschrift ist eine Folgerung aus § 2060 Z I BGB und eine vorrangige Ausnahme von § 991 I. Der unbeschränkt haftende Miterbe kann seine Haftung durch das Aufgebot auf denjenigen Teil der Schuld beschränken, der seinem Erbteil entspricht. Er kann also die Gesamthaftung beseitigen. Daneben bleibt ihm die öffentliche Aufforderung nach § 2061 BGB möglich. Auch hier kommt das Ausschlußurteil den anderen Miterben zugute. Auch für sie tritt eine Teilhaftung ein. Jeder Miterbe, der nicht unbeschränkt haftet, darf dem Verfahren beitreten und ein Aufgebot nach I verlangen. Wenn ein beschränktes Aufgebot erlassen worden ist, ist ein neues Verfahren erforderlich.

998 *Nacherbe.* Im Falle der Nacherbfolge ist die Vorschrift des § 997 Abs. 1 Satz 1 auf den Vorerben und den Nacherben entsprechend anzuwenden.

1) Nacherbe. Zur Nacherbschaft §§ 2100 ff BGB. Der Nacherbe kann neben dem Vorerben nach der Annahme der Nacherbschaft, Pal-Edenhofer § 2142 BGB Anm 4, das Aufgebot beantragen. Das vom Vorerben veranlaßte Aufgebot wirkt aber ohne weiteres für den Nacherben; vgl dazu § 2144 II BGB.

999 *Nachlaß im Gesamtgut.* Gehört ein Nachlaß zum Gesamtgut der Gütergemeinschaft, so kann sowohl der Ehegatte, der Erbe ist, als auch der Ehegatte, der nicht Erbe ist, aber das Gesamtgut allein oder mit seinem Ehegatten gemeinschaftlich verwaltet, das Aufgebot beantragen, ohne daß die Zustimmung des anderen Ehegatten erforderlich ist. Die Ehegatten behalten diese Befugnis, wenn die Gütergemeinschaft endet. Der von einem Ehegatten gestellte Antrag und das von ihm erwirkte Ausschlußurteil kommen auch dem anderen Ehegatten zustatten.

1) *Geltungsbereich.* Gehört der Nachlaß zum Vorbehaltsgut, so gelten die allgemeinen Regeln. Gehört der Nachlaß zum Gesamtgut der Gütergemeinschaft, so kann der Erbe das Aufgebot selbständig beantragen, unabhängig davon, ob er gleichzeitig Verwalter oder Mitverwalter des Gesamtguts ist. Das Antragsrecht steht dann ferner dem Verwalter oder Mitverwalter zu, auch wenn dieser nicht Erbe ist. Der Grund für die Vorschrift liegt in der persönlichen Haftung des Ehegatten, der nicht Erbe ist, aber das Gesamtgut allein verwaltet oder mitverwaltet, §§ 1437 II, 1459 II BGB.

1000 *Erbschaftskäufer.* I Hat der Erbe die Erbschaft verkauft, so kann sowohl der Käufer als der Erbe das Aufgebot beantragen. Der von dem einen Teil gestellte Antrag und das von ihm erwirkte Ausschlußurteil kommen, unbeschadet der Vorschriften des Bürgerlichen Gesetzbuchs über die unbeschränkte Haftung, auch dem anderen Teil zustatten.

II Diese Vorschriften gelten entsprechend, wenn jemand eine durch Vertrag erworbene Erbschaft verkauft oder sich zur Veräußerung einer ihm angefallenen oder anderweit von ihm erworbenen Erbschaft in sonstiger Weise verpflichtet hat.

1) *Erbschaftskäufer.* Er haftet wie ein Erbe, § 2382 BGB, und kann seine Haftung wie ein Erbe beschränken, § 2382 BGB. Der Erbschaftsverkäufer haftet weiterhin. Darum behandelt § 1000 beide Teile für das Aufgebot als Miterben.

1001 *Aufgebot der Gesamtgutsgläubiger.* Die Vorschriften der §§ 990 bis 996, 999, 1000 sind im Falle der fortgesetzten Gütergemeinschaft auf das Aufgebotsverfahren zum Zwecke der nach dem § 1489 Abs. 2 und dem § 1970 des Bürgerlichen Gesetzbuchs zulässigen Ausschließung von Gesamtgutsgläubigern entsprechend anzuwenden.

1) *Fortgesetzte Gütergemeinschaft.* Bei ihr haftet der Überlebende, soweit er nur wegen deren Eintritts persönlich haftet, wie ein Erbe. Darum sind auf das Aufgebot von Gesamtgutsgläubigern §§ 990 bis 996, 999, 1000, entsprechend anwendbar. Unanwendbar sind die §§ 997, 998, 991 II. Denn sie betreffen andere Voraussetzungen.

1002 *Aufgebot der Schiffsgläubiger.* I Für das Aufgebotsverfahren zum Zwecke der Ausschließung von Schiffsgläubigern auf Grund des § 110 des Gesetzes, betreffend die privatrechtlichen Verhältnisse der Binnenschiffahrt, gelten die nachfolgenden besonderen Vorschriften.

II Zuständig ist das Gericht, in dessen Bezirk sich der Heimathafen oder der Heimatort des Schiffes befindet.

III Unterliegt das Schiff der Eintragung in das Schiffsregister, so kann der Antrag erst nach der Eintragung der Veräußerung des Schiffes gestellt werden.

IV Der Antragsteller hat die ihm bekannten Forderungen von Schiffsgläubigern anzugeben.

V Die Aufgebotsfrist muß mindestens drei Monate betragen.

VI In dem Aufgebot ist den Schiffsgläubigern, die sich nicht melden, als Rechtsnachteil anzudrohen, daß ihre Pfandrechte erlöschen, sofern nicht ihre Forderungen dem Antragsteller bekannt sind.

9. Buch. Angebotsverfahren § 1002, Einf vor §§ 1003–1023 1, 2

1) Allgemeines. Das Aufgebot der Schiffsgläubiger soll bei einer freiwilligen Veräußerung eines Schiffs dem Erwerber die Möglichkeit geben, die Schiffsgläubiger zu erfahren, § 110 BinnSchG. Über die Schiffshypothekengläubiger vgl § 987a. Antragsberechtigt ist nur der Erwerber. Wenn das Schiff eintragungsbedürftig ist, § 10 SchiffsregisterO v 26. 5. 51, BGBl 361, dann muß der Erwerber eingetragen sein. Eine Benachrichtigung der Schiffsgläubiger ist nicht vorgeschrieben. Das Landesrecht darf die Aufgebotsfrist, § 950, und die Veröffentlichung, §§ 948, 956 abweichend regeln, § 1024.

Wegen eines unbekannten Schiffspfandgläubigers § 988 Anm 1.

Einführung vor §§ 1003–1023
Urkundenaufgebot

1) Allgemeines. A. Gesetzliche Zulassung. Ein Aufgebotsverfahren zur Kraftloserklärung von Urkunden findet nur in den gesetzlich besonders zugelassenen Fällen statt, Kümpel NJW **75**, 1549 (also nicht für eurocheque--Karten und nicht für Blankoscheckvordrucke).

B. Zulässigkeit. §§ 1003 ff gelten für alle bundesrechtlich geregelten Fälle. Dahin gehören abschließend:

a) Schuldverschreibungen auf den Inhaber, § 799 BGB, auch Lotterielose.

b) Wechsel, Art 90 WG, und Schecks, Art 59 ScheckG.

c) Kaufmännische Orderpapiere, also kaufmännische Anweisungen und Verpflichtungsscheine, Konnossemente, Ladescheine, Lagerscheine der staatlich ermächtigten Anstalten, Bodmereibriefe, Transportversicherungsscheine, wenn diese Urkunden auf Order lauten, §§ 363, 365, 424, 447, 642, 644, 682, 784 HGB.

d) Hypothekenbriefe, Grundschuldbriefe, Rentenschuldbriefe, §§ 1162, 1192, 1195, 1199 BGB. Für die ehemaligen Gerichte jenseits der Oder-Neiße-Linie gilt die in § 946 Anm 2 genannte Ersatzzuständigkeit.

e) Aktienscheine und Zwischenscheine, § 72 AktG.

f) Hinkende Inhaberpapiere (qualifizierte Legitimationspapiere), § 808 BGB, wenn nicht das Landesrecht ein anderes Verfahren statt des Aufgebotsverfahrens anordnet, Art 102 II EG BGB (dies ist zB in Baden-Württemberg, Bayern geschehen).

Für Postsparbücher enthält § 18 PostsparkassenO ein besonderes Aufgebotsverfahren, LG Hagen MDR **48**, 216 (abl Kleinrahm), ZöSche § 1003 Anm I.

C. Unzulässigkeit. Unzulässig ist ein Aufgebotsverfahren, soweit es zB folgende Fälle betrifft:

a) Zinsscheine, Rentenscheine, Gewinnanteilscheine, § 799 BGB (s dazu § 72 II AktG; eine Ausnahme gilt für Papiere, die vor 1900 ausgestellt wurden, Art 174 EG BGB).

b) Banknoten, Erneuerungsscheinen, auf Sicht zahlbaren unverzinslichen Schuldverschreibungen, §§ 799 I, 805 BGB.

c) Namenspapiere, nicht jedoch Namensaktien, da § 72 AktG keinen Unterschied zwischen Namensaktien und Inhaberaktien macht.

d) Scheckkarten, Blankoscheckvordrucke, auch für den eurocheque, Kümpel NJW **75**, 1549, Pleyer, Müller-Wüsten WertpMitt **75**, 1102.

D. Landesrecht. Das Landesrecht hat das Aufgebotsverfahren mehrfach auf dem vorbehaltenen Gebiet anders geregelt, vgl Art 101f EG BGB; dies gilt zB für Kuxe und für auf den Namen umgeschriebene Inhaberschuldverschreibungen. Vgl §§ 1006 III, 1023, 1024 II.

2) Voraussetzungen. Allgemeine Voraussetzung ist das Abhandenkommen oder die Vernichtung der Urkunde. Abhanden gekommen ist die Urkunde dann, wenn der Inhaber den Gewahrsam ohne oder gegen seinen Willen verloren hat. Dem steht es gleich, wenn der Verbleib der Urkunde bekannt ist, wenn man sie aber nicht zurückerlangen kann, Stgt NJW **55**, 1155. Dem Abhandenkommen steht es ferner gleich, wenn der Schuldner zwar zu einer Herausgabe verurteilt worden ist, wenn aber sein Aufenthalt unbekannt ist, Kblz NJW **55**, 506.

Nicht hierher gehört aber der Verlust durch einen Staatsakt, etwa durch eine Beschlagnahme oder durch die Zwangsvollstreckung.

Eine Vernichtung liegt vor, wenn die Urkunde körperlich zerstört wird oder in wesentlichen Teilen unkenntlich geworden ist. Eine Vernichtung durch den Inhaber nimmt ihm sein Antragsrecht nicht, weil die Entgegennahme dieser Willenserklärung fehlt, auch wenn sie einen Verzicht enthalten sollte. Für kraftlos erklärt werden können auch Hypothekenbriefe,

Grundschuldbriefe und Rentenschuldbriefe, die der Berechtigte infolge einer im Bundesgebiet nicht wirksamen Maßnahme nicht in Besitz nehmen kann, G v 18. 4. 50, BGBl 88, Anh § 1024, ebenso in Berlin-West G v 7. 7. 50, VOBl 287. In Betracht kommen solche Hypothekenbriefe usw, die zB in der DDR beschlagnahmt oder für einen volkseigenen Betrieb in Anspruch genommen wurden.

1003 *Aufgebot von Urkunden.* Für das Aufgebotsverfahren zum Zwecke der Kraftloserklärung einer Urkunde gelten die nachfolgenden besonderen Vorschriften.

1) Systematik. Zunächst sind § 1003 ff zu beachten, hilfsweise §§ 946–959, ganz hilfsweise Buch I–III, Grdz 2 A vor § 946.
Das Landesrecht kann vorrangig Abweichungen enthalten, Einf 1 D vor §§ 1003–1023.

1004 *Antragsrecht.* I Bei Papieren, die auf den Inhaber lauten oder die durch Indossament übertragen werden können und mit einem Blankoindossament versehen sind, ist der bisherige Inhaber des abhanden gekommenen oder vernichteten Papiers berechtigt, das Aufgebotsverfahren zu beantragen.

II Bei anderen Urkunden ist derjenige zu dem Antrag berechtigt, der das Recht aus der Urkunde geltend machen kann.

1) Antragsberechtigung. A. Grundsatz, II. Antragsberechtigt ist grundsätzlich derjenige, der das Recht aus der Urkunde geltend machen kann. Antragsberechtigt ist auch derjenige, der nur teilweise berechtigt ist. Ein Antragsrecht besteht auch dann, wenn die Urkunde keine Forderung enthält, wie zB die Aktie. Wer berechtigt ist, das ergibt sich aus dem sachlichen Recht, vgl Art 16 WG, §§ 365 HGB, 1294 BGB. Auch der verfügungsberechtigte Schuldner kann berechtigt sein, ZöSche II. Der Gläubiger kann auf Grund eines rechtskräftigen Urteils, das den Schuldner zur Erklärung eines Aufgebotsantrags wegen eines Hypothekenbriefs verurteilt, berechtigt werden, LG Kblz NJW **55**, 506. Der Grundeigentümer ist auch auf Grund einer in seinem Besitz befindlichen Löschungsbewilligung des Gläubigers berechtigt, LG Flensb SchlHA **69**, 200. Es kann auch ein schutzwürdiges Interesse anderer Personen bestehen, vgl Hamm DB **76**, 913. Ein Recht auf die Urkunde genügt nicht.
B. Inhaberpapier, I. Bei Inhaberpapieren, § 793 BGB, vgl auch Einf 1 B a vor §§ 1003–1023, oder Orderpapieren, die mit einem Blankoindossament versehen sind, §§ 363, 365 II HGB, ist der bisherige Inhaber antragsberechtigt. Das braucht nicht der unmittelbare Besitzer gewesen zu sein, Wiecz A I; es kann auch der Verpflichtete sein. Das Gericht hat den Rechtstitel der Inhaberschaft nicht zu prüfen.
C. Verstoß. Der Umstand, daß der Antragsteller kein Antragsrecht hat, macht ein etwa doch ergangenes Ausschlußurteil nicht unwirksam.

1005 *Zuständigkeit.* I Für das Aufgebotsverfahren ist das Gericht des Ortes zuständig, den die Urkunde als den Erfüllungsort bezeichnet. Enthält die Urkunde eine solche Bezeichnung nicht, so ist das Gericht zuständig, bei dem der Aussteller seinen allgemeinen Gerichtsstand hat, und in Ermangelung eines solchen Gerichts dasjenige, bei dem der Aussteller zur Zeit der Ausstellung seinen allgemeinen Gerichtsstand gehabt hat.

II Ist die Urkunde über ein im Grundbuch eingetragenes Recht ausgestellt, so ist das Gericht der belegenen Sache ausschließlich zuständig.

1) Ausschließliche Zuständigkeit. Ausschließlich zuständig, § 946 II (s aber § 1006), ist eines der folgenden Gerichte:
A. Erfüllungsort, I 1. Zuständig ist das AG des Orts, den die Urkunde als Erfüllungsort bezeichnet, § 29. Wegen der Zuständigkeit des Rpfl Grdz 2 A vor § 946. Es genügt, daß sich der Erfüllungsort aus der Urkunde ableiten läßt. Wegen Anleihen des Bundes, der Bundesbahn und der Bundespost ist das AG Bad Homburg ausschließlich zuständig, § 16 G v 13. 2. 24, RGBl 85, iVm G v 13. 7. 48, WiGBl 73, und VO v 13. 12. 49, BGBl 50 I 1. Unter mehreren Erfüllungsorten wählt der Antragsteller. Wenn der Erfüllungsort im Ausland

liegt, kann kein inländisches Aufgebot stattfinden. Eine Zahlstelle ist noch kein Erfüllungsort.

B. Allgemeiner Gerichtsstand, I 2. Mangels einer ausdrücklichen oder stillschweigenden Bezeichnung eines Erfüllungsorts das Gericht des allgemeinen Gerichtsstands des Ausstellers, hilfsweise das des allgemeinen Gerichtsstands bei der Ausstellung. Das Gericht des jetzigen allgemeinen Gerichtsstands des Ausstellers im Bundesgebiet muß auch dann zuständig sein, wenn der Erfüllungsort in der DDR oder in Berlin-Ost liegt, wenn dort aber das Aufgebot nicht zu erhalten ist. Soweit volkseigene Betriebe an die Stelle der früheren Unternehmungen getreten sind, würde dort ein Aufgebot nicht erfolgen, so daß sich eine Anfrage erübrigt, ob dort aufgeboten wird. S zu der Frage Weber DRZ 50, 78. Wegen der Gerichte jenseits der Oder-Neiße-Linie vgl § 946 Anm 2. Wenn mehrere Personen Aussteller sind, ist § 35 entsprechend anwendbar. Befinden sich Wechselgläubiger und -schuldner in der BRep, ist die Zuständigkeit nach I gegeben, Stgt NJW 55, 1154. Wenn der Ort im Ausland liegt, ist das Verfahren unzulässig.

C. Grundbuchrecht, II. Zuständig ist bei einer Urkunde über ein im Grundbuch eingetragenes Recht das AG der belegenen Sache, §§ 24, 25. § 36 Z 4 ist entsprechend anwendbar, vgl § 36 Anm 3 D. Die Grenzen der deutschen Gerichtsbarkeit dürfen nicht überschritten werden. Wenn ein ausländischer Staat Aussteller ist, dann ist das Verfahren nur für den Fall zulässig, daß der Aussteller privatrechtlich gehandelt hat. Denn ein solcher Staat untersteht der deutschen Gerichtsbarkeit nicht, § 18 GVG Anm 1.

1006 *Bestelltes Aufgebotsgericht.* **I Die Erledigung der Anträge, das Aufgebot zum Zwecke der Kraftloserklärung eines auf den Inhaber lautenden Papiers zu erlassen, kann von der Landesjustizverwaltung für mehrere Amtsgerichtsbezirke einem Amtsgericht übertragen werden. Auf Verlangen des Antragstellers wird der Antrag durch das nach § 1005 zuständige Gericht erledigt.**

II Wird das Aufgebot durch ein anderes als das nach § 1005 zuständige Gericht erlassen, so ist das Aufgebot auch durch Anheftung an die Gerichtstafel des letzteren Gerichts öffentlich bekanntzumachen.

III Unberührt bleiben die landesgesetzlichen Vorschriften, durch die für das Aufgebotsverfahren zum Zwecke der Kraftloserklärung von Schuldverschreibungen auf den Inhaber, die ein deutsches Land oder früherer Bundesstaat oder eine ihm angehörende Körperschaft, Stiftung oder Anstalt des öffentlichen Rechts ausgestellt oder für deren Bezahlung ein deutsches Land oder früherer Bundesstaat die Haftung übernommen hat, ein bestimmtes Amtsgericht für ausschließlich zuständig erklärt wird.

1) **Geltungsbereich, I.** § 1006 gilt nur für Inhaberpapiere, nicht für Orderpapiere, nicht für qualifizierte Legitimationspapiere, § 1023, und nicht für Hypothekenbriefe, § 1024. Der Antragsteller darf den Antrag gemäß I 2 bis zum Erlaß des Aufgebots stellen. Ein Hinweis auf dieses Antragsrecht ist nicht erforderlich.

2) **Bekanntmachung, II.** Bei II beginnt die Antragsfrist mit der Anheftung bei dem erledigenden Gericht.

3) **Landesrecht, III.** Bei öffentlichen Anleihen der Länder darf das Landesrecht ein bestimmtes AG für ausschließlich zuständig erklären, § 1024 (zB in Bayern: Art 29 AG ZPO).

1007 *Antrag.* **Der Antragsteller hat zur Begründung des Antrags:**
1. **entweder eine Abschrift der Urkunde beizubringen oder den wesentlichen Inhalt der Urkunde und alles anzugeben, was zu ihrer vollständigen Erkennbarkeit erforderlich ist;**
2. **den Verlust der Urkunde sowie diejenigen Tatsachen glaubhaft zu machen, von denen seine Berechtigung abhängt, das Aufgebotsverfahren zu beantragen;**
3. **sich zur Versicherung der Wahrheit seiner Angaben an Eides Statt zu erbieten.**

1) **Voraussetzung.** Die Erfordernisse des § 1007 sind für den Antrag neben den Erfordernissen des § 947 I wesentlich. Mehr darf auch kein Landesrecht verlangen. Wenn ein Erfordernis fehlt, ist der Antrag zurückzuweisen.

§§ 1007–1009 1, 2   9. Buch. Aufgebotsverfahren

A. Abschrift usw, Z 1. Die Abschrift darf unbeglaubigt sein. Was zum wesentlichen Inhalt der Urkunde gehört, ist nach der Lage des Einzelfalls zu beantworten. Der Aussteller muß dem Antragsteller eine Auskunft und Zeugnisse erteilen, §§ 799 II BGB, 72 I AktG.

B. Verlust, Z 2. Zum Begriff des Verlustes vgl Einf 2 vor §§ 1003–1023 (Abhandenkommen und Vernichtung). Zu der Frage, inwieweit auch eine Besitzverhinderung genügt, vgl Einf 2 vor § 1003. Genaue Angaben sind wegen §§ 1010 ff notwendig. Der Antrag ist sogleich nach dem Verlust zulässig. Die Glaubhaftmachung erfolgt nach § 294.

C. Eidesstattliche Versicherung, Z 3. Die Abnahme der Versicherung erfolgt nach dem pflichtgemäßen Ermessen des Gerichts. Die Vorschrift ergänzt Z 2.

2) Zulassung. Die Zulassung berechtigt den Antragsteller bei kaufmännischen Orderpapieren und Wechseln dazu, eine Zahlung gegen Sicherheitsleistung zu verlangen, §§ 365 II, 367 HGB, Art 90 WG. Beim Scheck gilt dasselbe eingeschränkt, Art 59 I ScheckG. Bei einem Inhaberpapier tritt eine Zahlungssperre nach §§ 1019 ff ein.

1008 *Inhalt des Aufgebots.* In dem Aufgebot ist der Inhaber der Urkunde aufzufordern, spätestens im Aufgebotstermin seine Rechte bei dem Gericht anzumelden und die Urkunde vorzulegen. Als Rechtsnachteil ist anzudrohen, daß die Urkunde für kraftlos erklärt werde.

1) Geltungsbereich. § 1008 ergänzt die §§ 947, 1007. Es ist nicht nur zur Anmeldung der Rechte aufzufordern, sondern auch zur Vorlegung der Urkunde, § 1016. Diese erledigt das Verfahren. Wenn ihre Echtheit oder die Berechtigung des Antragstellers bestritten wird, dann gehört die Klärung der Streitfrage nicht in das Aufgebotsverfahren, sondern in den Prozeß, jedenfalls wenn das Recht des Antragstellers ausgeschlossen wird, § 953 Anm 1. Angedrohter Rechtsnachteil ist hier die Kraftloserklärung.

2) Besitzverhinderung. Bei einer Besitzverhinderung, Einf 2 vor §§ 1003–1023, gilt folgendes: Es erfolgt kein Aufgebot, wenn derjenige unmittelbare Besitzer zur Herausgabe bereit ist, der durch eine außergerichtliche Zwangsmaßnahme an der Herausgabe gehindert ist, die außerhalb des Währungsgebiets getroffen wurde. Dasselbe gilt bei der Vorlegung eines rechtskräftigen vollstreckbaren Titels, § 8 G v 18. 4. 50, Anh § 1024.

1009 *Bekanntmachung des Aufgebots.* ¹ Die öffentliche Bekanntmachung des Aufgebots erfolgt durch Anheftung an die Gerichtstafel und in dem Lokal der Börse, wenn eine solche am Sitz des Aufgebotsgerichts besteht, sowie durch einmalige Einrückung in den Bundesanzeiger.

² Das Gericht kann anordnen, daß die Einrückung noch in andere Blätter und zu mehreren Malen erfolge.

³ Betrifft das Aufgebot ein auf den Inhaber lautendes Papier und ist in der Urkunde vermerkt oder in den Bestimmungen, unter denen die erforderliche staatliche Genehmigung erteilt worden ist, vorgeschrieben, daß die öffentliche Bekanntmachung durch bestimmte andere Blätter zu erfolgen habe, so muß die Bekanntmachung auch durch Einrückung in diese Blätter erfolgen. Das gleiche gilt bei Schuldverschreibungen, die von einem deutschen Land oder früheren Bundesstaat ausgegeben sind, wenn die öffentliche Bekanntmachung durch bestimmte Blätter landesgesetzlich vorgeschrieben ist.

1) Geltungsbereich. § 1009 verschärft den § 948. Eine Bekanntmachung hat auch im Börsensaal am Sitz des Aufgebotsgerichts zu erfolgen. Außerdem ist, abweichend von §§ 956, 1017 II, das vollständige Aufgebot einzurücken. Soweit das Gericht darüber hinaus eine wiederholte Einrückung oder eine Einrückung in andere Blätter anordnet, II, kann die Einrückung auch auszugsweise geschehen. Eine ordnungsmäßige Einrückung schließt den guten Glauben eines Bankiers regelmäßig aus, § 367 HGB. Bei Inhaberpapieren und nach dem Landesrecht bei Schuldverschreibungen eines Landes sind weitere Einrückungen erforderlich, III. Das Landesrecht läßt abweichende Vorschriften im beschränkten Umfang zu, § 1024.

2) Besitzverhinderung. Bei einer Besitzverhinderung, Einf 2 vor §§ 1003–1023, soll das Aufgebot dem Besitzer durch eingeschriebenem Brief mitgeteilt werden, falls er bekannt ist, § 4 II G, Anh § 1024.

1010 *Aufgebotstermin bei Wertpapieren mit Zinsscheinen usw.* ¹Bei Wertpapieren, für die von Zeit zu Zeit Zins-, Renten- oder Gewinnanteilscheine ausgegeben werden, ist der Aufgebotstermin so zu bestimmen, daß bis zu dem Termin seit der Zeit des glaubhaft gemachten Verlustes ausgegebenen Reihe von Zins-, Renten- oder Gewinnanteilscheinen fällig geworden ist und seit seiner Fälligkeit sechs Monate abgelaufen sind.

^{II} Vor Erlaß des Ausschlußurteils hat der Antragsteller ein nach Ablauf dieser sechsmonatigen Frist ausgestelltes Zeugnis der betreffenden Behörde, Kasse oder Anstalt beizubringen, daß die Urkunde seit der Zeit des glaubhaft gemachten Verlustes ihr zur Ausgabe neuer Scheine nicht vorgelegt sei und daß die neuen Scheine an einen anderen als den Antragsteller nicht ausgegeben seien.

1) Vorbemerkung zu §§ 1010–1013. Wenn ein Wertpapier mit den Zinsscheinen, Rentenscheinen, Gewinnanteilscheinen verloren geht, so ist zu unterscheiden: **a)** wenn Zinsscheine usw für längstens 4 Jahre ausgegeben wurden, ist § 1010 anwendbar. Die Vorschrift ist auch dann anwendbar, wenn Zins-, Renten- oder Gewinnanteilscheine zwar erst nach 20 Jahren ausgegeben werden, bei denen aber keine Registrierung der jeweils zur Einlösung vorgelegten Scheine stattfindet, Mü NJW **79**, 2317; **b)** wenn Zinsscheine für mehr als 4 Jahre ausgegeben wurden, ist § 1011 anwendbar, vgl freilich § 1011 Anm 1; **c)** wenn Zinsscheine für längstens 4 Jahre vorhanden sind und wenn keine neuen mehr ausgegeben wurden, ist § 1013 anwendbar. Wenn nur der Mantel (die Haupturkunde) verlorenging, ist § 1012 anwendbar.

2) Aufgebotsfrist, I. Wenn bei einem Wertpapier noch Zinsscheine usw wiederkehrend auszugeben sind, dann wäre ein rascher Aufgebotstermin für den Inhaber gefährlich, weil er das Papier oder den Erneuerungsschein erst bei einer Erneuerung braucht. Die Zinsscheine selbst unterliegen keinem Aufgebot, Einf 1 C a vor §§ 1003–1023. Der Aufgebotsantrag ist ab Verlust der Urkunde zulässig. Bei der Berechnung der Aufgebotsfrist ist von dem Verlust der Urkunde auszugehen. Es ist nach dem Ausgabeplan (Emissionsplan) festzustellen, wann neue Scheine auszugeben sind und wann der erste Schein fällig wird. Von dieser Fälligkeit an laufen 6 Monate. Wenn danach der Termin auf mehr als 1 Jahr hinauszuschieben wäre, dann ist das Aufgebot noch nicht zulässig, § 1015.

3) Zeugnis, II. Zu seiner Erteilung besteht eine gesetzliche Pflicht, § 799 II BGB. Zur Zeugniserteilung ist jede öffentliche oder private Kasse oder Anstalt befugt, der nach dem Gesetz oder der Satzung die Ausgabe und die Einlösung der ganzen Gattung von Papieren obliegt. Zur Zeugniserteilung ist nicht schon eine Zahlstelle oder ein Ausgabehaus (Emissionshaus) befugt. Das Zeugnis begründet die tatsächliche Vermutung, daß die Scheine nicht im Besitz eines gutgläubigen Dritten sind. Der Antragsteller muß die Kosten der Zeugniserteilung vorschießen und tragen.

Ein Verstoß gegen II ist prozessual belanglos. Im Fall eines Fristverstoßes kommt die Anfechtungsklage nach § 957 in Betracht. Wegen einer Zahlungssperre §§ 1019ff.

1011 *Zinsscheine für mehr als 4 Jahre.* ¹Bei Wertpapieren, für die Zins-, Renten- oder Gewinnanteilscheine zuletzt für einen längeren Zeitraum als vier Jahre ausgegeben sind, genügt es, wenn der Aufgebotstermin so bestimmt wird, daß bis zu dem Termin seit der Zeit des glaubhaft gemachten Verlustes von den zuletzt ausgegebenen Scheinen solche für vier Jahre fällig geworden und seit der Fälligkeit des letzten derselben sechs Monate abgelaufen sind. Scheine für Zeitabschnitte, für die keine Zinsen, Renten oder Gewinnanteile gezahlt werden, kommen nicht in Betracht.

^{II} Vor Erlaß des Ausschlußurteils hat der Antragsteller ein nach Ablauf dieser sechsmonatigen Frist ausgestelltes Zeugnis der betreffenden Behörde, Kasse oder Anstalt beizubringen, daß die für die bezeichneten vier Jahre und später etwa fällig gewordenen Scheine ihr von einem anderen als dem Antragsteller nicht vorgelegt seien. Hat in der Zeit seit dem Erlaß des Aufgebots eine Ausgabe neuer Scheine stattgefunden, so muß das Zeugnis auch die im § 1010 Abs. 2 bezeichneten Angaben enthalten.

1) Aufgebotsfrist, I. S §§ 1010 Anm 1 und Anm 2. § 1011 schränkt den § 1010 für Wertpapiere ein, bei denen Zinsscheine für länger als 4 Jahre ausgegeben worden sind. Es genügt die Fälligkeit von Scheinen für 4 Jahre der beim Eintritt des Verlustes laufenden Reihe. Die 4 Jahre brauchen nicht unmittelbar vom Verlust des Papiers an zu rechnen. Wenn aber nur Scheine für eine kürzere Zeit ausstehen, dann ist § 1011 unanwendbar und ist die Erneuerung abzuwarten. Wenn die zur Einlösung vorgelegten Zinsscheine, Rentenscheine oder Gewinnanteilscheine nicht registriert worden sind, ist § 1010 anwendbar, Mü NJW *79*, 2317.

2) Zeugnis, II. Der Antragsteller muß ein Zeugnis darüber beibringen, daß die Zinsscheine usw von keinem anderen vorgelegt worden sind. S auch § 1010 Anm 3. Sofern die Staatsschuldenverwaltung ein solches Zeugnis nicht erteilt (wie meistens), weil sie die Einlösung der Zinsscheine nicht überwacht, bleibt in denjenigen Fällen, in denen § 1012 versagt, nur ein Aufgebot aus § 1010 oder aus § 1013 möglich. Das Zeugnis muß die letzten 4 Jahre vor der Ausstellung umfassen. Eine Vorlegung zwischen dem Zeitpunkt des Verlustes und dem Fristbeginn schadet nicht.

1012 *Vorlegung der Zinsscheine.* **Die Vorschriften der §§ 1010, 1011 sind insoweit nicht anzuwenden, als die Zins-, Renten- oder Gewinnanteilscheine, deren Fälligkeit nach diesen Vorschriften eingetreten sein muß, von dem Antragsteller vorgelegt werden. Der Vorlegung der Scheine steht es gleich, wenn das Zeugnis der betreffenden Behörde, Kasse oder Anstalt beigebracht wird, daß die fällig gewordenen Scheine ihr von dem Antragsteller vorgelegt worden seien.**

1) Geltungsbereich. § 1012 betrifft den Fall, daß nur die Stammurkunde, der Mantel, verloren gegangen ist. Vorzulegen sind folgende Unterlagen:

A. § 1010. In diesem Fall sind sämtliche nach dem Verlust fällig werdenden Zinsscheine usw der laufenden Reihe sowie der erste Schein der nachher ausgegebenen Reihe vorzulegen.

B. § 1011. In diesem Fall sind die nach dem Verlust fällig werdenden Scheine für 4 Jahre aus der beim Verlust laufenden Reihe vorzulegen. Die Scheine brauchen nicht fällig zu sein. Bei fälligen Scheinen, nicht bei anderen, ersetzt das Zeugnis die Vorlegung. Der Aufgebotstermin wird gemäß § 1015 bestimmt.

1013 *Abgelaufene Ausgabe der Zinsscheine.* **Bei Wertpapieren, für die Zins-, Renten- oder Gewinnanteilscheine ausgegeben sind, aber nicht mehr ausgegeben werden, ist, wenn nicht die Voraussetzungen der §§ 1010, 1011 vorhanden sind, der Aufgebotstermin so zu bestimmen, daß bis zu dem Termin seit der Fälligkeit des letzten ausgegebenen Scheines sechs Monate abgelaufen sind.**

1) Geltungsbereich. § 1013 betrifft gekündigte oder ausgelöste Wertpapiere. Der Antragsteller muß ein Zeugnis nach §§ 1010 II, 1011 II darüber beibringen, daß der Schein nicht vorgelegt worden ist. Wenn nach dem Verlust noch Scheine ausgegeben werden, gilt § 1010. Falls diese Vorschrift unanwendbar ist, gilt § 1013.

1014 *Aufgebotstermin bei bestimmter Fälligkeit.* **Ist in einer Schuldurkunde eine Verfallzeit angegeben, die zur Zeit der ersten Einrückung des Aufgebots in den Bundesanzeiger noch nicht eingetreten ist, und sind die Voraussetzungen der §§ 1010 bis 1013 nicht vorhanden, so ist der Aufgebotstermin so zu bestimmen, daß seit dem Verfalltag sechs Monate abgelaufen sind.**

1) Geltungsbereich. § 1014 betrifft Wertpapiere mit einer bestimmten Fälligkeitszeit. Bei ihnen können die Voraussetzungen der §§ 1010–1013 vorliegen; dann gelten diese Vorschriften. Wenn diese Voraussetzungen nicht vorliegen, wie bei Wechseln und bei Schatzanweisungen, dann ist der Aufgebotstermin nach § 1014 zu bestimmen. Mehr als 1 Jahr darf die Frist nicht betragen, § 1015.

Die Nichteinhaltung der Frist ermöglicht eine Anfechtungsklage, § 957 Z 3. Das Landesrecht kann bei Hypothekenbriefen usw abweichende Regelungen treffen, § 1024.

9. Buch. Angebotsverfahren §§ 1015–1017

1015 *Aufgebotsfrist.* **Die Aufgebotsfrist muß mindestens sechs Monate betragen. Der Aufgebotstermin darf nicht über ein Jahr hinaus bestimmt werden; solange ein so naher Termin nicht bestimmt werden kann, ist das Aufgebot nicht zulässig.**

1) Aufgebotsfrist. Die Aufgebotsfrist, zum Begriff § 950 Anm 1, beträgt für jedes beliebige Urkundenaufgebot mindestens 6 Monate und höchstens 1 Jahr. Nur beim Scheck beträgt sie mindestens 2 Monate, Art 59 ScheckG. Im Fall der Besitzverhinderung, Einf 2 vor §§ 1003–1023, beträgt die Frist mindestens 3 Monate und höchstens 6 Monate, § 4 III, Anh § 1024. Das Jahr rechnet von der Terminsbestimmung an, StJ, ZöSche, aM Wiecz B (von der ersten Veröffentlichung an). Zur Natur der Frist und ihrer Berechnung vgl § 950 Anm 1. Wenn das Jahr wegen der §§ 1010–1014 nicht ausreicht, ist ein Aufgebot derzeit unzulässig.

Bei einem Verstoß gegen § 1015 ist eine Anfechtungsklage zulässig, § 957 II Z 3. Das Landesrecht kann bei Hypothekenbriefen usw eine abweichende Regelung treffen, § 1024. Wegen einer Zahlungssperre § 1020.

1016 *Anmeldung.* **Meldet der Inhaber der Urkunde vor dem Aufgebotstermin seine Rechte unter Vorlegung der Urkunde an, so hat das Gericht den Antragsteller hiervon zu benachrichtigen und ihm die Einsicht der Urkunde innerhalb einer zu bestimmenden Frist zu gestatten. Auf Antrag des Inhabers der Urkunde ist zu ihrer Vorlegung ein Termin zu bestimmen.**

1) Meldung. Meldet sich der Inhaber im, vor dem oder nach dem Termin, aber vor der Verkündung des Ausschlußurteils, so ist das Aufgebotsverfahren erledigt, sobald die Nämlichkeit der Urkunde feststeht. Sie steht fest, wenn der Antragsteller sie anerkennt. Wenn er sie bestreitet oder wenn ein Dritter ohne eine Vorlegung ein besseres Recht anmeldet, dann greift § 953 ein. Der Streit über das sachliche Recht läßt sich nur im Prozeßweg austragen. – Über die Anmeldung bei einer Besitzverhinderung vgl §§ 5, 6, 14 G, Anh § 1024, und Einf 2 vor §§ 1003–1023.

2) Einsicht usw. Das Gericht benachrichtigt den Antragsteller, wenn sich der Inhaber vor dem Termin unter einer Vorlage der Urkunde meldet. Das Gericht hat dem Antragsteller die Einsicht der Urkunde auf der Geschäftsstelle zu gestatten. Der Inhaber kann jederzeit einen Termin vor dem Aufgebotsrichter oder bei § 434 vor dem ersuchten Richter verlangen, um die Urkunde vorzulegen; er braucht die Urkunde nicht einzureichen. Die Ladung erfolgt nach § 497. Ein neuer Termin wird nur auf Antrag des Inhabers bestimmt. Wann die Vorlegung als verweigert anzusehen ist, das ist nach Lage des Falls zu entscheiden. Der Antragsteller hat ein Recht auf einen Termin.

1017 *Ausschlußurteil.* [I] **In dem Ausschlußurteil ist die Urkunde für kraftlos zu erklären.**

[II] **Das Ausschlußurteil ist seinem wesentlichen Inhalt nach durch den Bundesanzeiger bekanntzumachen. Die Vorschriften des § 1009 Abs. 3 gelten entsprechend.**

[III] **In gleicher Weise ist nach eingetretener Rechtskraft das auf die Anfechtungsklage ergangene Urteil, soweit dadurch die Kraftloserklärung aufgehoben wird, bekanntzumachen.**

Schrifttum: Freitag, Die Wirkungen des Ausschlußurteils bei der Kraftloserklärung von Inhaber- und Orderpapieren, die Geldforderungen verbriefen, Diss Köln 1953.

1) Allgemeines. Im Fall einer Anmeldung sind §§ 953, 1016 anwendbar. Nur die genau zu bezeichnende Urkunde wird in dem Ausschlußurteil für kraftlos erklärt. Das Ausschlußurteil hat nicht etwa unbekannte Dritte auszuschließen. Eine einmalige Bekanntmachung ist vorgeschrieben, ein Verstoß gegen diese Vorschrift ist aber prozessual belanglos. Keine Bekanntmachung erfolgt im Fall der Besitzverhinderung, Einf 2 vor §§ 1003–1023, § 7 G, Anh § 1024. Eine Bekanntmachung des rechtskräftigen Urteils nach III ist überhaupt nur dann möglich, wenn die Parteien die Rechtskraft nachweisen. Dazu kann sie das Gericht nicht zwingen. Das Landesrecht kann eine abweichende Regelung der Bekanntmachung treffen, § 1024 II. Bis zum Ausschlußurteil gilt die alte Urkunde als vorhanden. Bis dahin ist also zB kein neuer Hypothekenbrief zu erteilen. Eine etwaige Anfechtungsklage richtet sich nach § 957. Wegen § 1009 III vgl dort Anm 1.

1018 *Wirkung.* ¹ Derjenige, der das Ausschlußurteil erwirkt hat, ist dem durch die Urkunde Verpflichteten gegenüber berechtigt, die Rechte aus der Urkunde geltend zu machen.

II Wird das Ausschlußurteil infolge einer Anfechtungsklage aufgehoben, so bleiben die auf Grund des Urteils von dem Verpflichteten bewirkten Leistungen auch Dritten, insbesondere dem Anfechtungskläger, gegenüber wirksam, es sei denn, daß der Verpflichtete zur Zeit der Leistung die Aufhebung des Ausschlußurteils gekannt hat.

1) Ausschlußurteil, I. Die Kraftloserklärung der Urkunde ersetzt für den Antragsteller deren Besitz. Der Antragsteller steht gegenüber dem aus der Urkunde Verpflichteten, nicht gegenüber Dritten, endgültig so da, als ob er die Urkunde besitze. Er hat nicht mehr Rechte, als er als solcher hatte. Der Schuldner behält also seine Einreden. Wenn der bisherige Inhaber der Urkunde nur ein Besitzmittler war, zB ein Pfandgläubiger, so erlangt der Antragsteller durch das Ausschlußurteil nicht mehr Rechte. Gegenüber Dritten hat das Urteil keine Bedeutung. Die Urkunde selbst hat ihre Bedeutung als Rechtsträger oder Rechtsausweis eingebüßt. Wer aus der Urkunde verpflichtet ist, das ergibt sich aus dem sachlichen Recht, BGH JZ **58**, 746.

Die Rechtskraftwirkung des Ausschlußurteils ist die volle. Sie bleibt, auch wenn ein Nichtantragsberechtigter das Urteil erwirkt hat. Sie läßt aber etwaige Rechte des dadurch Geschädigten unberührt. Das Urteil ersetzt nicht die weiteren Aufgaben der Urkunde. Das Urteil gibt zB kein Recht zum Indossieren. Eine Ersatzurkunde kann nur dann verlangt werden, wenn das sachliche Recht sie vorsieht, etwa nach §§ 407, 800 BGB, 67 GBO, 228 HGB. Der Antragsteller darf aus einem Wechsel, der nach dem Protest verloren ging und für kraftlos erklärt wurde, Rückgriff nehmen. Statt des Wechsels hat er das Ausschlußurteil auszuhändigen. Das Ausschlußurteil hat nicht die Wirkung eines Wechselakzepts, Hamm MDR **76**, 404.

Die Übergabe des Hypothekenbriefs wird durch das Urteil nicht ersetzt. Es ist ein auf Grund des Urteils nach § 67 GBO neugebildeter Brief zu übergeben. Der alte Brief kann keinen Rechtsübergang mehr vermitteln, auch wenn er sich nachträglich wieder findet. Der neue Brief ist nicht zu verweigern. Sobald ein Antrag auf Erteilung eines neuen Briefs unter Vorlage des Ausschlußurteils gestellt wurde, ist bereits eine Abtretung der Hypothek usw gemäß § 1117 II BGB zulässig. Die Löschung geschieht auf Grund der Vorlegung des Ausschlußurteils. Dem Verpflichteten bleiben seine Einreden erhalten.

2) Aufhebung des Urteils, II. Die Aufhebung nimmt dem Antragsteller seine Rechte aus I. Leistungen, die nach der Aufhebung des Urteils erfolgten, bleiben wirksam, solange der Geschädigte dem Verpflichteten nicht beweist, daß der letztere bei der Leistung die Aufhebung gekannt hat. Ein Kennenmüssen oder eine Kenntnis der Anhängigkeit der Anfechtungsklage genügen nicht. Der Anfechtungskläger kann also vom Antragsteller grds nur die Bereicherung herausverlangen, ZöSche II.

1019 *Zahlungssperre.* ¹ Bezweckt das Aufgebotsverfahren die Kraftloserklärung eines auf den Inhaber lautenden Papiers, so hat das Gericht auf Antrag an den Aussteller sowie an die in dem Papier und die von dem Antragsteller bezeichneten Zahlstellen das Verbot zu erlassen, an den Inhaber des Papiers eine Leistung zu bewirken, insbesondere neue Zins-, Renten- oder Gewinnanteilscheine oder einen Erneuerungsschein auszugeben (Zahlungssperre); mit dem Verbot ist die Benachrichtigung von der Einleitung des Aufgebotsverfahrens zu verbinden. Das Verbot ist in gleicher Weise wie das Aufgebot öffentlich bekanntzumachen.

II Das an den Aussteller erlassene Verbot ist auch den Zahlstellen gegenüber wirksam, die nicht in dem Papier bezeichnet sind.

III Die Einlösung der vor dem Verbot ausgegebenen Zins-, Renten- oder Gewinnanteilscheine wird von dem Verbot nicht betroffen.

1) Zulässigkeit. Bei Inhaberpapieren läßt das Gesetz eine Zahlungssperre zu. Sie soll den Verlierer während des Aufgebotsverfahrens schützen. Sie ist ein gerichtliches, also beschränktes, Veräußerungsverbot. Sie hat die Wirkung des § 136 BGB, eine der einstweiligen Verfügung verwandte Maßnahme. Sie ist bei allen Inhaberpapieren anwendbar, auch bei Grundschuldbriefen, Inhaberschecks, § 5 ScheckG, Inhaberaktien, Lotterielosen. Dies gilt auch bei hinkenden Inhaberpapieren (hier kann das Landesrecht die Veröffentlichung abweichend regeln), § 1023.

Die Zahlungssperre ist bei Wechseln und anderen Orderpapieren unzulässig, auch wenn sie blanko indossiert worden sind. Für sie gilt § 1007 Anm 1.

Eine verbotswidrige Leistung wirkt nicht gegen den Antragsteller, wenn ein Ausschlußurteil ergeht, §§ 135, 136 BGB.

2) Wirkung. A. Allgemeines. Das Verbot ergreift nur die Haupturkunde, nicht Zinsscheine, Rentenscheine, Gewinnanteilscheine, die ja nicht aufgebotsfähig sind. Es wirkt gegen diejenigen, denen es mitgeteilt worden ist. Das dem Aussteller mitgeteilte Verbot wirkt ferner gegen die nicht im Papier bezeichneten Zahlstellen, auch wenn diese nicht benachrichtigt worden sind. Etwas anderes gilt für die im Papier bezeichneten, aber nicht benachrichtigten Zahlstellen. Ein gutgläubiger Erwerber kann Rechte gegen den Antragsteller erst dann geltend machen, wenn er nach der Vorlegung des Papiers eine Aufhebung der Sperre erwirkt hat. Die Sperre hemmt den Beginn und den Lauf der Vorlegungs- und der Verjährungsfrist, § 802 BGB.

B. Verfahren. Die Sperre ist nur auf Antrag zu erlassen. Zuständig ist der Rpfl, Grdz 2 vor § 946. Der Antrag ist in der Regel zusammen mit dem Antrag auf das Aufgebot und in dessen Form zu stellen, § 947 I.

C. Entscheidung. Die Sperre wird durch einen Beschluß angeordnet, der dem Aussteller und den bekannten Zahlstellen von Amts wegen formlos mitzuteilen ist, § 329 II 1. Da die Sperre aber mit der Mitteilung wirksam wird, ist eine förmliche Zustellung an den Aussteller und die im Papier bezeichneten Zahlstellen zu empfehlen. Der Beschluß ist, wie das Aufgebot, öffentlich bekanntzumachen, §§ 1009, 1023. Trotz der Mußfassung ist die Benachrichtigung, I 1 Hs 2, für die Wirksamkeit nicht unerläßlich.

D. Rechtsmittel. Gegen die Ablehnung des Antrages ist die unbefristete Erinnerung zulässig, § 11 I 1 RPflG, Anh § 153 GVG. Gegen die daraufhin ergangene Entscheidung des Richters ist die einfache Beschwerde zulässig, § 567.

1020 *Selbständige Zahlungssperre.* Ist die sofortige Einleitung des Aufgebotsverfahrens nach § 1015 Satz 2 unzulässig, so hat das Gericht die Zahlungssperre auf Antrag schon vor der Einleitung des Verfahrens zu verfügen, sofern die übrigen Erfordernisse für die Einleitung vorhanden sind. Auf den Antrag sind die Vorschriften des § 947 Abs. 1 anzuwenden. Das Verbot ist durch Anheftung an die Gerichtstafel und durch einmalige Einrückung in den Bundesanzeiger öffentlich bekanntzumachen.

1) Allgemeines. § 1020 läßt die Zahlungssperre als selbständige Maßnahme zu, wenn wegen der Wartefrist der §§ 1010–1014 die Einleitung des Aufgebotsverfahrens derzeit unzulässig ist, § 1015 S 2. Die Zahlungssperre wird nur auf Antrag in der Form des § 947 I beim zuständigen Aufgebotsgericht angeordnet. Der Antragsteller muß alle Voraussetzungen des § 1007 darlegen und glaubhaft machen. Im übrigen gilt § 1019, also das Verbot gegenüber dem Aussteller sowie den im Papier und vom Antragsteller bezeichneten Zahlstellen. Außerdem erfolgt eine öffentliche Bekanntmachung, die abweichend von § 1009 geregelt ist.

Wegen der Aufhebung der Sperre vgl § 1022.

Gebühren: Des Gerichts: KV 1144, Hartmann dort Anm 1, aM ZöSche (keine); des RA: § 45 I Z 3 BRAGO.

1021 *Entbehrlichkeit des Zeugnisses.* Wird die Zahlungssperre angeordnet, bevor seit der Zeit des glaubhaft gemachten Verlustes Zins-, Renten- oder Gewinnanteilscheine ausgegeben worden sind, so ist die Beibringung des im § 1010 Abs. 2 vorgeschriebenen Zeugnisses nicht erforderlich.

1) Allgemeines. Bei der Anordnung der Zahlungssperre vor der Ausgabe von Zinsscheinen usw braucht der Antragsteller kein Zeugnis nach § 1010 II beizubringen. Das Zeugnis ist deshalb entbehrlich, weil die Urkunde nach der Sperre nur dem Gericht wirksam vorzulegen ist und weil dann, wenn die Vorlegung unterlassen wird, der schlechte Glaube hinreichend begründet ist.

1022 *Aufhebung der Zahlungssperre.* ¹ Wird das in Verlust gekommene Papier dem Gericht vorgelegt oder wird das Aufgebotsverfahren in anderer Weise ohne Erlaß eines Ausschlußurteils erledigt, so ist die Zahlungssperre von Amts wegen aufzuheben. Das gleiche gilt, wenn die Zahlungssperre vor der Einleitung des Aufgebotsverfahrens angeordnet worden ist und die Einleitung nicht binnen sechs Monaten nach der Beseitigung des ihr entgegenstehenden Hindernisses beantragt wird. Ist das Aufgebot oder die Zahlungssperre öffentlich bekanntgemacht worden, so ist die Erledigung des Verfahrens oder die Aufhebung der Zahlungssperre von Amts wegen durch den Bundesanzeiger bekanntzumachen.

ᴵᴵ Im Falle der Vorlegung des Papiers ist die Zahlungssperre erst aufzuheben, nachdem dem Antragsteller die Einsicht nach Maßgabe des § 1016 gestattet worden ist.

ᴵᴵᴵ Gegen den Beschluß, durch den die Zahlungssperre aufgehoben wird, findet sofortige Beschwerde statt.

1) Aufhebung, I, II. A. Voraussetzungen. Die Zahlungssperre ist in folgenden Fällen aufzuheben:

a) Vorlegung. Die Aufhebung erfolgt im Fall einer Vorlegung des verlorenen Papiers. Wenn dessen Echtheit nicht festzustellen ist, dann ist das Verfahren bis zu einer Entscheidung im Prozeßweg auszusetzen, § 953. Wenn das Gericht die Nämlichkeit des Papiers bejaht, darf es die Sperre erst dann aufheben, wenn es nach § 1016 eine Einsicht gewährt hat.

b) Anderweitige Erledigung. Die Aufhebung erfolgt auch im Fall einer anderweitigen Erledigung des Verfahrens, etwa durch eine Rücknahme des Antrags, eine Zurückweisung, durch den Ablauf der Frist des § 954, nicht schon bei einem bloßen Ausbleiben.

c) Selbständige Sperre. Die Aufhebung erfolgt auch im Fall einer selbständigen Sperre, § 1020, wenn seit dem Wegfall des Hindernisses 6 Monate verstrichen sind und wenn ein Aufgebot nicht beantragt worden ist. Die Wartefrist braucht nicht verstrichen zu sein, weil die Einleitung des Verfahrens schon 1 Jahr vorher statthaft ist, § 1015.

B. Entscheidung. Die Entscheidung erfolgt durch einen Beschluß des Rpfl, Grdz 2 A vor § 946. Er muß ihn grundsätzlich begründen, § 329 Anm 1 A b. Er läßt ihn dem Antragsteller und den Zahlstellen förmlich zustellen, § 329 III.

2) Rechtsbehelfe, III. A. Aufhebung. Gegen den aufhebenden Beschluß des Rpfl ist die befristete Erinnerung an den Richter zulässig, § 11 I 2 RPflG, Anh § 153 GVG. Gegen die Entscheidung des Richters ist die sofortige Beschwerde zulässig, III. Eine Wiederherstellung der Sperre durch das Beschwerdegericht berührt die Wirksamkeit derjenigen Leistungen nicht, die nach der Aufhebung bewirkt wurden.

B. Ablehnung. Gegen den Beschluß des Rpfl, der die Aufhebung ablehnt, ist die unbefristete Erinnerung zulässig, § 11 I 1 RPflG. Gegen die Entscheidung des Richters ist die einfache Beschwerde statthaft.

1023 *Hinkende Inhaberpapiere.* Bezweckt das Aufgebotsverfahren die Kraftloserklärung einer Urkunde der im § 808 des Bürgerlichen Gesetzbuchs bezeichneten Art, so gelten die Vorschriften des § 1006, des § 1009 Abs. 3, des § 1017 Abs. 2 Satz 2 und der §§ 1019 bis 1022 entsprechend. Die Landesgesetze können über die Veröffentlichung des Aufgebots und der im § 1017 Abs. 2, 3 und in den §§ 1019, 1020, 1022 vorgeschriebenen Bekanntmachungen sowie über die Aufgebotsfrist abweichende Vorschriften erlassen.

1) Geltungsbereich. § 1023 betrifft die hinkenden Inhaberpapiere (qualifizierten Legitimationspapiere) des § 808 BGB, zB gewisse Pfandscheine, Depotscheine, Versicherungsscheine, nicht auf den Inhaber ausgestellte Lagerscheine, ZöSche mwN, die meisten Sparbücher. Für sie gilt das Landesrecht, Art 102 II EG BGB, zB in Bayern Art 30 AG ZPO, in den früheren preußischen Gebieten § 7 AG ZPO. Nur hilfsweise gelten §§ 1003ff. Wegen Postsparbüchern Einf 1 A f vor §§ 1003–1023. Wer ein Ausschlußurteil erwirkt hat, muß dem Aussteller trotzdem auf Verlangen sein Recht nachweisen, § 808 BGB.

1024 *Vorbehalt für die Landesgesetzgebung.* ¹ Bei Aufgeboten auf Grund der §§ 887, 927, 1104, 1112, 1162, 1170, 1171 des Bürgerlichen Gesetzbuchs, des § 110 des Gesetzes betreffend die privatrechtlichen Verhältnisse der Binnenschiffahrt, der §§ 6, 13, 66, 67 des Gesetzes über Rechte an eingetragenen Schiffen und Schiffsbauwerken und der §§ 13, 66, 67 des Gesetzes über Rechte an Luftfahrzeugen können die Landesgesetze die Art der Veröffentlichung des Aufgebots und des Ausschlußurteils sowie die Aufgebotsfrist anders bestimmen, als in §§ 948, 950, 956 vorgeschrieben ist.

II Bei Aufgeboten, die auf Grund des § 1162 des Bürgerlichen Gesetzbuchs ergehen, können die Landesgesetze die Art der Veröffentlichung des Aufgebots, des Ausschlußurteils und des im § 1017 Abs. 3 bezeichneten Urteils sowie die Aufgebotsfrist auch anders bestimmen, als in den §§ 1009, 1014, 1015, 1017 vorgeschrieben ist.

1) **Allgemeines.** Wegen der Verschiedenheit der örtlichen Verhältnisse läßt § 1024 eine landesrechtliche Regelung zu. S für Bayern Art 30, 31, AG ZPO, für die früheren preußischen Gebiete §§ 8, 9 AG ZPO. An Stelle von § 1269 BGB, der durch das SchiffsrechteG, RGBl **40**, 1499, aufgehoben ist, treten die Bestimmungen dieses Gesetzes; § 1024 ist auf alle Aufgebotsfälle dieses Gesetzes anwendbar, ebenso auf alle Aufgebotsfälle nach dem LuftfzRG.

Anhang nach § 1024

Gesetz über die Kraftloserklärung von Hypotheken-, Grundschuld- u Rentenschuldbriefen in besonderen Fällen

v 18. April 1950, BGBl 88, geändert dch G v 20. 12. 1952, BGBl 830, v 25. 12. 55, BGBl 867, v 29. 4. 60, BGBl 297

Gilt nur im Bundesgebiet

Vorbem. In Berlin-West gilt ein entsprechendes G v 7. 7. 50, VOBl I 287.

§ 1. Ein Hypothekenbrief über eine Hypothek, mit der ein im Geltungsbereich dieses Gesetzes belegenes Grundstück belastet ist, kann auch dann für kraftlos erklärt werden, wenn er zwar nicht abhanden gekommen oder vernichtet ist, wenn er jedoch von demjenigen, der das Recht aus der Hypothek geltend machen kann, infolge einer im Geltungsbereich dieses Gesetzes nicht rechtswirksamen Maßnahme oder deswegen nicht in Besitz genommen werden kann, weil die Vollstreckung eines rechtskräftigen vollstreckbaren Titels auf Herausgabe des Briefes außerhalb des Geltungsbereiches dieses Gesetzes zu Unrecht verweigert wird.

II Dies gilt auch dann, wenn der persönliche Schuldner der durch die Hypothek gesicherten Forderung im Zeitpunkt der Maßnahme seinen Wohnsitz in dem Gebiete hatte, in dem die Maßnahme getroffen worden ist.

ÄndG v 29. 4. 60 § 2: **Anträge auf Grund des in § 1 bezeichneten Gesetzes** [dh des Gesetzes über die Kraftloserklärung usw], **die in der Zeit vom 1. Januar 1959 bis zum Inkrafttreten dieses Gesetzes gestellt worden sind, können, soweit die Verfahren noch anhängig sind, nicht wegen Ablaufs der Frist des bisherigen § 15 Abs. 2 zurückgewiesen werden.**

§ 2. Auf das Verfahren der Kraftloserklärung sind die für das Aufgebotsverfahren zum Zwecke der Kraftloserklärung von Hypothekenbriefen geltenden Vorschriften der Zivilprozeßordnung anzuwenden, soweit in diesem Gesetz nichts anderes bestimmt ist.

§ 3. I An die Stelle der Glaubhaftmachung des Verlustes der Urkunde (§ 1007 Nr. 2 der Zivilprozeßordnung) tritt die Glaubhaftmachung der in § 1 bezeichneten Tatsachen.

II Der Antragsteller soll angeben, was ihm über den Verbleib des Briefes bekannt ist.

§ 4. I Die öffentliche Bekanntmachung des Aufgebots erfolgt durch Anheftung an die Gerichtstafel sowie durch einmalige Einrückung in den Bundesanzeiger. Das Gericht kann anordnen, daß die Einrückung auch in andere Blätter und zu mehreren Malen erfolgt.

II Ist der Besitzer des Hypothekenbriefes bekannt, so soll ihm das Aufgebot von Amts wegen durch eingeschriebenen Brief mitgeteilt werden.

III Die Aufgebotsfrist muß mindestens drei Monate betragen. Der Aufgebotstermin soll nicht über sechs Monate hinaus bestimmt werden.

§ 5. ^I Wer ein Recht aus der Hypothek anmeldet, hat die Tatsachen glaubhaft zu machen, auf die er das Recht stützt, ferner den Hypothekenbrief vorzulegen oder glaubhaft zu machen, daß er außerstande ist. Solange die Anmeldung diesen Erfordernissen nicht entspricht, ist sie nicht wirksam.

^{II} Die Anmeldung ist auch dann nicht wirksam, wenn der Anmeldende das Recht aus einer im Bundesgebiet nicht rechtswirksamen Maßnahme herleitet.

^{III} Ist keine wirksame Anmeldung erfolgt, so ist das Ausschlußurteil zu erlassen. Das gleiche gilt, wenn dem Anmeldenden gegenüber rechtskräftig festgestellt ist, daß der Antragsteller zum Besitz des Hypothekenbriefes berechtigt ist, und der Antragsteller glaubhaft macht, daß er dessen ungeachtet den Brief nicht erlangen kann.

§ 6. Geht eine Anmeldung ein, die auf Grund des § 5 Abs. 1 nicht wirksam ist, so soll das Gericht den Anmeldenden auf den Inhalt des § 5 Abs. 1 hinweisen und ihm Gelegenheit geben, binnen einer zu bestimmenden Frist die Anmeldung zu ergänzen.

§ 7. Eine öffentliche Bekanntmachung des Ausschlußurteils und des in § 1017 Abs. 3 der Zivilprozeßordnung bezeichneten Urteils findet nicht statt.

§ 8. ^I Die Kraftloserklärung des Hypothekenbriefes erfolgt ohne Aufgebot durch Ausschlußurteil, wenn der Antragsteller glaubhaft macht, daß der unmittelbare Besitzer des Briefes bereit ist, ihm den Brief herauszugeben, jedoch durch eine außerhalb des Bundesgebietes getroffene außergerichtliche Zwangsmaßnahme hieran gehindert ist.

^{II} Das gleiche gilt, wenn der Antragsteller einen gegen den gegenwärtigen unmittelbaren Besitzer gerichteten rechtskräftigen vollstreckbaren Titel auf Herausgabe des Hypothekenbriefes vorlegt.

^{III} Das ohne Aufgebot ergehende Ausschlußurteil wird ohne mündliche Verhandlung erlassen. Es ist dem Antragsteller und dem im Antrage bezeichneten Besitzer durch eingeschriebenen Brief zuzustellen. Ferner ist es durch Anheftung an die Gerichtstafel sowie seinem wesentlichen Inhalt nach durch den Bundesanzeiger öffentlich bekannt zu machen.

Bem. Gegen einen Antrag, der eine Kraftloserklärung ablehnt, ist entsprechend § 952 IV sofortige Beschwerde zulässig, LG Bln DNotZ **51**, 87, LG Nürnb-Fürth DNotZ **50**, 477.

§ 9. Im Verfahren nach den vorstehenden Vorschriften beträgt der Wert des Streitgegenstandes ein Fünftel des Wertes der dem Antragsteller noch zustehenden Hypothek. Das Gericht kann den Wert aus besonderen Gründen anders festsetzen.

§ 10. Das Ausschlußurteil kann nach Maßgabe der §§ 957, 958 der Zivilprozeßordnung auch dann angefochten werden, wenn das Gericht zu Unrecht eine Anmeldung als nicht wirksam oder die Voraussetzungen für den Erlaß des Urteils ohne Aufgebot als gegeben angesehen hat.

§ 11. ^I Ein auf Grund der Vorschriften dieses Gesetzes erwirktes Ausschlußurteil steht im Grundbuchverfahren einem auf Grund des § 1162 des Bürgerlichen Gesetzbuches erwirkten Ausschlußurteil gleich.

^{II} Die Erteilung eines neuen Briefes ist gebührenfrei.

§ 12. Für einen Rechtsstreit, der die Herausgabe des Briefes oder das Recht aus der Hypothek betrifft, ist das Gericht ausschließlich zuständig, in dessen Bezirk das belastete Grundstück gelegen ist.

§ 13. Die Vorschriften dieses Gesetzes über Hypothekenbriefe gelten sinngemäß für Grundschuldbriefe und Rentenschuldbriefe.

§ 14. ^I Die §§ 5 und 6 sind sinngemäß anzuwenden auf das Aufgebotsverfahren zum Zwecke der Ausschließung eines Hypotheken-, Grundschuld- oder Rentenschuldgläubigers nach § 1170 und § 1171 des Bürgerlichen Gesetzbuches.

^{II} Für einen Rechtsstreit, der den Anspruch auf den hinterlegten Betrag betrifft, gilt § 12 sinngemäß.

§ 15. ^I Dieses Gesetz tritt am Tage nach der Verkündigung in Kraft. Gleichzeitig tritt die Verordnung des Präsidenten des Zentraljustizamtes für die Britische Zone über die Kraftloserklärung von Hypotheken-, Grundschuld- und Rentenschuldbriefen in besonderen Fällen vom 2. September 1949 (VOBl. f. d. Britische Zone S. 397) außer Kraft.

^{II, III, IV} (aufgehoben dch G v 29. 4. 60)

Zehntes Buch
Schiedsrichterliches Verfahren

Bearbeiter: Dr. Albers

Grundzüge

Schrifttum (Auswahl): Schwab, Schiedsgerichtsbarkeit, 3. Aufl 1979; Maier, Handbuch der Schiedsgerichtsbarkeit, 1979 (Bespr Kornblum NJW **80**, 501, Driseller KTS **80**, 184, Schwab ZZP **93**, 476); Grimm-Rochlitz-Glossner, Das Schiedsgericht in der Praxis, 2. Aufl 1978 (Bespr Habscheid KTS **80**, 183); Kornmeier, Die Verfahrensordnungen in der internationalen Schiedsgerichtsbarkeit, RIW/AWD **80**, 381; Baur, Neuere Probleme der privaten Schiedsgerichtsbarkeit, 1980 (Bespr K. H. Schwab ZZP **93**, 336); Habscheid, Zur Frage der Kompetenz-Kompetenz der Schiedsgerichte, Festschrift Baur, 1981, 425–442; Böckstiegel, Besondere Aspekte der Schiedsgerichtsbarkeit mit Parteien aus Entwicklungsländern, NJW **81**, 1862; Straatmann/Ulmer, Handelsrechtliche Schiedsgerichtspraxis, 1. Bd. 1975, 2. Bd. 1982 (Bespr Bülow NJW **83**, 669); Festschrift für Arthur Bülow, hrsg v Böckstiegel u Glossner, 1981.

Gliederung

1) Begriff des Schiedsgerichts
  A. Allgemeines
  B. Echte Schiedsgerichte
  C. Arbeitsrecht
  D. Zwischenstaatliches Recht
2) Eigenart des Schiedsverfahrens
  A. Wesen
  B. Vor- und Nachteile
  C. Verfahren

3) Schiedsgutachtenverfahren
  A. Wesen des Schiedsgutachtens
  B. Rechtsnatur
  C. Wirkungen
  D. Schiedsgutachtervertrag
  E. Verfahren

4) *VwGO*

1) Begriff des Schiedsgerichts. A. Allgemeines. Zu unterscheiden sind auf Vereinbarung der Beteiligten oder auf einer privatrechtlichen Verfügung beruhende Schiedsgerichte iSv §§ 1025 ff, zu denen auch die nach privaten Satzungen zuständigen Schiedsgerichte gehören (sog **echte Schiedsgerichte**), und durch Rechtsnorm (Ges, VO, öff-rechtliche Satzung) eingesetzte Schiedsgerichte (sog **unechte Schiedsgerichte**). Letztere sind besondere Gerichte; für sie sind gesetzliche Grundlage und Gerichtsqualität nötig; §§ 1025 ff gelten dafür nicht.

B. Echte Schiedsgerichte sind nur solche, die auf Rechtsgeschäft beruhen, sei es ein Schiedsvertrag oder eine letztwillige oder satzungsmäßige Anordnung. Dahin gehören nicht die Schiedsmänner, die Schiedsgutachter, s Anm 3, und die Gütestellen, Dispacheure u dgl, denen zudem keine Entscheidung obliegt. Die nicht seltenen Schiedsgerichte zur Feststellung von Verstößen gegen eine Vereinssatzung und Festsetzung von Vertragsstrafen gegen Mitglieder können echte Schiedsgerichte sein, RG HRR **39**, 1340 (s aber auch RG **151**, 230 u Kalsbach JW **37**, 1753). Schiedsgerichte der politischen Parteien, § 14 PtG, sind nur dann Schiedsgerichte iSv §§ 1025 ff, wenn ihre Zusammensetzung und ihr Verfahren nach der Satzung diesen Vorschriften genügen, Ffm NJW **70**, 2250 gg Roellecke DRiZ **68**, 119, und wenn der Streitgegenstand nicht verfassungsrechtlicher Art ist, Schiedermair AöR **104**, 210 mwN, str; zur Parteischiedsgerichtsbarkeit im Fällen des Parteiausschlusses Hasenritter ZRP **82**, 93.

C. Soweit das privatrechtliche Schiedsverfahren **auf arbeitsrechtlichem Gebiet** liegt, regelt es das ArbGG in §§ 101–110 abschließend für die Fälle des § 2 I u II, § 4 ArbGG, mit erheblichen Abweichungen vom 10. Buch, das unanwendbar ist, § 101 III ArbGG; vgl im einzelnen Schwab Kap 36–40. Im übrigen gilt für das privatrechtliche Schiedsverfahren das 10. Buch, dessen Vorschriften lückenhaft und nicht immer zweckmäßig sind.

D. Besonders ausgestaltet ist das **zwischenstaatliche Schiedsverfahrensrecht**. Es ist in § 1044 und einer Reihe von Staatsverträgen geordnet. Näheres s Schlußanh VI.

2) Eigenart des Schiedsverfahrens. A. Wesen. Das Schiedsverfahren ist kein Teil des Zivilprozesses, sondern ein selbständiges Seitenstück zu ihm; dazu Habscheid NJW **62**, 5,

Stober NJW **79**, 2002. Es ersetzt die Organe der Justizhoheit durch frei gewählte Privatpersonen als Schiedsrichter, schaltet also die staatliche Rechtspflege aus. Das ist nach dem GG zulässig, BGH **65**, 61 mwN, und entspricht einem Bedürfnis. Wohl sämtliche Kulturstaaten dulden daher dieses Verfahren, soweit ihm nicht unverletzliche öff Belange entgegenstehen. Sie begnügen sich damit, ein einigermaßen ordnungsmäßiges Verfahren zu sichern. Öff Belange berühren namentlich die Zwangsvollstreckung. Darum kann des Schiedsgericht seiner Entscheidung keine Vollstreckbarkeit verleihen; sie spricht das Staatsgericht aus. Dabei unterliegt das Verfahren in gewissem Umfang einer Nachprüfung.

B. Das Schiedsverfahren bietet Vor- und Nachteile gegenüber dem Verf vor den Staatsgerichten, dazu Stumpf Festschrift Bülow, 1981, S 217–227. Der Hauptnachteil liegt darin, daß die Schiedsgerichte oft nicht auf dem ganz freien Willen der Parteien beruhen und nicht immer die Gewähr einer unparteiischen Entscheidung bieten. Leider sorgt das Gesetz hierfür nicht ausreichend. Bedenklich ist namentlich, daß jede Partei einen Schiedsrichter ernennt, der sich dann als Parteivertreter zu fühlen pflegt. Die Gerichte tun den Schiedsgerichten Unrecht, wenn sie unnütze förmliche Schwierigkeiten machen. Sie sollten aber mit unerbittlicher Strenge nachprüfen, ob der Schiedsvertrag wirklich ohne Zwang geschlossen ist und ob die Unparteilichkeit strengstens gewahrt war.

C. Das Verfahren des Schiedsgerichts steht fast ganz in seinem Ermessen, s bei § 1034. Die Entscheidung ergeht durch Schiedsspruch, der wie ein rechtskräftiges Urteil wirkt, aber erst durch Vollstreckbarerklärung des Staatsgerichts vollstreckbar wird, § 1042. Ein Schiedsvergleich ist vollstreckbar, wenn sich die Parteien der sofortigen Zwangsvollstreckung unterworfen haben, § 1044a. Ein bloßes Gutachten kann nie durch Parteivereinbarung zum Schiedsspruch werden.

3) Schiedsgutachtenverfahren (Schrifttum: Schwab Kap 2; Rauscher, Das Schiedsgutachtenrecht, 1969; Wittmann, Struktur und Grundprobleme des Schiedsgutachtenvertrages, 1978; Luther, Aus der Praxis deutscher Schiedsgerichte, Festschrift Reimers, 1979, S 191–197; Nicklisch, Gutachter-, Schieds- und Schlichtungsstellen, Festschrift Bülow, 1981, S 159–178; Döbereiner VersR **83**, 712; Micklitz DRiZ **83**, 119; Wolf ZIP **81**, 241).
A. Wesen. Bei einem Schiedsgutachten handelt es sich nicht um die Entscheidung eines Rechtsstreits an Stelle des Gerichts, wie beim Schieds(gerichts)verfahren, sondern **nur um die Feststellung von Tatsachen, die für die Entscheidung eines Rechtsstreits erheblich sind,** BGH **48**, 30, Zweibrücken NJW **71**, 943 mwN. Dabei ändert es nichts, wenn die Tatsachen unter gewisse Rechtsbegriffe zu bringen sind, etwa Verschulden, BGH NJW **75**, 1556; dadurch wird der Grundsatz der Gewaltenteilung nicht verletzt, BGH **LM** § 1025 Nr 8. Hierher gehört zB die Feststellung eines Schadens oder einer vertraglichen Leistung ebenso die Prüfung der Voraussetzungen der Kündigung eines Kleinsiedlungsvertrages, BGH **9**, 143. Ob ein Schieds- oder ein Schiedsgutachtervertrag vorliegt, richtet sich danach, welche Wirkung die Parteien dem Spruch beilegen wollen, BGH MDR **82**, 36 mwN. NJW **75**, 1556; soll das Staatsgericht über die Folgen entscheiden, so liegt kein Schiedsvertrag vor, BGH MDR **82**, 36. **Die Abrede, Dritte sollten die Leistung nach billigem Ermessen an Stelle des Staatsgerichts bestimmen** (§§ 317ff BGB), kann ein Schiedsgutachtenvertrag sein, wenn die Leistung nur nach § 319 BGB, also mit der Möglichkeit einer gerichtlichen Nachprüfung nach dessen I 2, bestimmt werden soll, aber auch ein Schiedsvertrag sein, wenn nämlich der Parteiwille auf einen solchen gerichtet ist, also eine endgültige, urteilsgleiche Entscheidung unter Ausschluß der inhaltlichen Nachprüfung ergehen soll, BGH MDR **82**, 36 mwN, NJW **75**, 1556, **LM** § 1025 Nr 7, KTS **77**, 42. Um einen Schiedsgutachtervertrag handelt es sich zB, wenn über die Angemessenheit einer Ersatzwohnung entschieden werden soll, BayObLG NJW **50**, 909, oder wenn Mietzins nach billigem Ermessen neu festgesetzt werden soll, dazu BGH **62**, 314, BB **77**, 415. Auch kann dem Schiedsgutachter die Beurteilung der Vorfrage für die Erstattung seines Gutachtens, 3 C, ob sich die Verhältnisse grundlegend verändert haben, übertragen werden, BGH **48**, 25, NJW **75**, 1556. Hingegen sind die Preisrichter bei einer Auslobung keine Schiedsgutachter, § 317 BGB; ihre Aufgabe nähert sich derjenigen von Schiedsrichtern, BGH **71**, 366.

Für den Schiedsgutachtenvertrag ist keine Form vorgeschrieben; die Vereinbarung kann auch in AGB enthalten sein, die aber durch Einbeziehung Vertragsbestandteil geworden sein müssen, § 1027 Anm 2 C. Zulässig ist auch eine Vereinbarung zugunsten Dritter, KG NJW **80**, 1342.

B. Die Rechtsnatur des Schiedsgutachtenvertrages: Er ist grundsätzlich nach materiellem Recht zu beurteilen. Dies gilt unbestritten für solche Verträge, die die Bestimmung einer Leistung zum Gegenstand haben; für sie gelten §§ 317ff BGB. Schiedsgutachtenverträge, die die Feststellung von Tatsachen oder Elementen der Entscheidung zum Gegenstand haben, sollen dagegen nach Meinung einiger, ua StJ II 3b vor § 1025, Schwab 2 I 3, KG NJW 80, 1342 mwN, Prozeßverträge sein; der praktische Unterschied ist gering, weil auf sie §§ 317ff BGB entsprechend anzuwenden sind, Schwab aaO. Insofern s unten E. Die Parteien können aber auch auf das freie Ermessen der Schiedsgutachter abstellen, müssen dann aber wissen, daß eine unbillige Regelung nach dem Gesetz unverbindlich wäre, und sich ihr trotzdem unterwerfen wollen, RG 150, 8.

C. Auch der Schiedsgutachtenvertrag schließt regelmäßig in seiner Reichweite den Prozeß aus; denn die Parteien haben von dem Gutachten, das die Grundlage liefern soll, Entstehung und Umfang ihrer privatrechtlichen Pflichten abhängig gemacht. Es hat also Tatsachenwert und bindet daher das Staatsgericht. Das ist auch nur mit der Vereinbarung „unter Ausschluß des Rechtsweges" gemeint, BGH **9**, 143. Das Zahlen des Schuldgutachtens ist im Prozeß aber nur auf Einrede, nicht von Amts wegen zu beachten, Ffm VersR **82**, 759 mwN.

Die Rüge der Unzulässigkeit der Klage gibt der Schiedsgutachtenvertrag nicht, BGH NJW **82**, 1878, BGH **9**, 143. Er begründet auch nicht die Unzulässigkeit des Rechtswegs. **Seine Wirkung im Prozeß** ist nur die, daß das Gericht die einem Schiedsgutachten zu unterbreitenden Tatsachen nicht ohne weiteres feststellen darf, und, wenn § 319 I BGB nicht zutrifft, abweisen muß, falls die Partei, der das obliegt, nicht rechtzeitig die rechtserheblichen Tatsachen, zB Feststellung von Qualitätsmängeln (Arbitrage), nachweist; das Gericht muß eine Beibringungsfrist entsprechend § 356 gewähren. Nach ihrem fruchtlosen Ablauf weist es die Klage endgültig ab, ebenso Dahlen NJW **71**, 1756, abw aber die hM, Schwab 2 I 5, StJ Vorbem § 1025 II 3b α, Ffm VersR **82**, 759 mwN: Ohne Vorlage Abweisung als derzeit unbegründet (noch anders Habscheid KTS **72**, 219: Abweisung als unzulässig). Lehnt eine Partei die ihr obliegende Ernennung eines Schiedsgutachters ab, obwohl die Voraussetzungen vorliegen, ist die Klage vor dem Staatsgericht zulässig, BGH JZ **79**, 723. Die Parteien können im Wege der Feststellungsklage den Inhalt eines für die Leistungsbestimmung durch die Schiedsgutachter maßgeblichen Rechtsverhältnisses klären lassen, BGH NJW **82**, 1878.

D. Der **Schiedsgutachtervertrag,** dh der Vertrag mit den Gutachtern (Schätzern, Arbitratoren), **ist ähnlich zu behandeln wie der Schiedsrichtervertrag,** s Anh § 1028. Der Vertrag darf die Ernennung der Gutachter nicht einem Gericht übertragen. Während RG HRR **33**, 658 den Schiedsgutachter bei groben Verstößen gegen anerkannte fachwissenschaftliche Regeln haften ließ, wird davon auszugehen sein, daß der nach Treu und Glauben zu ermittelnde Wille der Vertragsparteien entsprechend § 319 BGB nur eine Haftung bei offenbarer Unrichtigkeit des Gutachtens eintreten läßt, BGH **43**, 374. Sind mehrere Gutachter bestellt, so ergibt die Vertragsauslegung, ob sie einstimmig oder durch Mehrheitsbeschluß zu entscheiden haben. Nur im letzten Fall muß sich der Überstimmte fügen und weiter mitwirken, RG **87**, 195. Die Vereinbarung, daß das AG über die Angemessenheit des zu stellenden Ersatzraums (in einem Mietstreit) abgesondert entscheiden soll, vgl oben A, ist ohne rechtliche Wirkung, Bamberg NJW **50**, 917 (unentschieden BayObLG NJW **50**, 909), da durch Parteivereinbarung die Gerichtsbarkeit nicht erweitert werden darf, vgl BGH **LM** § 1025 Nr 8.

Die Parteien können den Vertrag einvernehmlich aufheben, auch durch schlüssiges Verhalten, BGH BB **77**, 619. Eine Kündigung aus wichtigem Grunde ist ebenfalls möglich, BGH DB **80**, 967.

E. Verfahren. Die Partei darf bis zur Erstattung des Schiedsgutachtens jederzeit statt des bestellten Schiedsgutachters einen andern bestellen, RG **152**, 205. Inwieweit ein Ablehnungsrecht besteht, richtet sich nach dem mutmaßlichen Parteiwillen, BGH NJW **72**, 827; bei Ernennung ähnlich der des Schiedsrichter findet im Zweifel eine Ablehnung entsprechend § 1032 statt, StJ § 1032 V (aM BGH VersR **57**, 122), jedenfalls bei einer ausdrücklichen Abrede, BGH NJW **72**, 827, aber auch ohne sie, Schwab 2 II 3, zumindest dann, wenn Ablehnungsgründe später entstehen oder der Partei unbekannt geblieben sind, Wittmann S 97ff. Darüber zu entscheiden ist aber auch dann nicht im Verfahren nach §§ 1032, 1045, wenn die Parteien die Anwendung dieser Vorschrift vereinbart haben, Mü BB **76**, 1047, sondern nur im Prozeß über die Verbindlichkeit des Schiedsgutachtens als Vorfrage oder im Wege der Feststellungsklage, vgl BGH NJW **77**, 801 KTS **72**, 191, Habscheid/Calavros KTS **79**, 11, Rochl-Gr VII 17ff, aM Schwab 2 II 3, Wittmann S 116ff, Bulla NJW **78**, 397. In den meisten Fällen schützt das Erfordernis der Einstimmigkeit, RG **152**, 207. Fällt ein Schiedsgutachter ersatzlos weg, verweigern die Schiedsgutachter das Gutachten oder wird ihnen die Erstattung unmöglich, so wird der Vertrag hinfällig. Erklären die Schiedsgutachter, einen üblichen oder angemessenen Wert nicht feststellen zu können oder zu wollen, so geht die Bestimmung nach § 319 auf das Staatsgericht über.

Nach verbreiteter Meinung sollen nur unparteiische Dritte, also nicht die Parteien und bestimmte ihr nahestehende Personen, vgl § 1025 Anm 5 D, Schiedsgutachter sein dürfen, Schwab 2 II 3 mwN, Nicklisch Festschrift Bülow 1981 S 159. Für gestaltende Schiedsgutachten, oben A, geht diese Meinung zu weit: der Partei nahestehende Personen können im Hinblick auf §§ 315 u 317 BGB nicht als ausgeschlossen gelten. Bei feststellenden Schiedsgutachten, oben A, ist es wegen der grundsätzlichen Bindung des Staatsgerichts geboten, die gleichen Anforderungen zu stellen wie bei Schiedssprüchen; dies gilt namentlich dann, wenn nicht bestimmte Personen, sondern Organe oder Stellen berufen sind, zB durch AGB.

Auf das Verfahren sind die Vorschriften des 10. Buches nicht anzuwenden. Den Beteiligten ist aber **rechtliches Gehör** zu gewähren, Wittmann § 129, Habscheid KTS **70**, 12, Kornblum KTS **70**, 244, aM BGH **6**, 339, NJW **55**, 665, **LM** § 1025 Nr 8; dies gilt jedenfalls dann, wenn das Gutachten vom Gehör beeinflußt werden kann, so daß den Beteiligten zB die Teilnahme an Besichtigungen uä ermöglicht werden muß, vgl Schwab 2 II 2 mwN.

F. Wirksamkeit. Soll der Schiedsgutachter gestaltend tätig werden, ist das Gutachten bei offenbarer Unbilligkeit seines Ergebnisses **unverbindlich,** § 319 BGB, Habscheid KTS **76**, 9, Pal-Heinrichs § 319 Anm 2. Soll er einen bestimmten Vertragsinhalt klarstellen oder Tatsachen feststellen, gilt das gleiche bei offenbarer Unrichtigkeit des Ergebnisses, BGH NJW **65**, 150, WertpMitt **76**, 270, KG NJW **80**, 1342 u Bulla NJW **78**, 397, beide mwN, dh einer Unrichtigkeit, die sich einem sachverständigen Beurteiler (nicht etwa jedermann) sofort aufdrängt, und zwar unter Zugrundelegung des Sach- und Streitstandes, wie er dem Schiedsgutachter unterbreitet worden ist, BGH NJW **79**, 1885; dazu genügt, daß es nicht nachprüfbar ist, BGH NJW **70**, 1556 (nicht aber ist ein Schiedsgutachten, dessen materieller Gehalt sich einer Bewertung entzieht, deshalb zugleich offenbar unbillig, aM BGH NJW **77**, 801, dagegen mit Recht Schwab 2 III, Bulla NJW **78**, 397).

Fehlten die vertraglichen Voraussetzungen, sollte etwa ein Arzt entscheiden, entschied aber ein Heilgehilfe, so ist der Vertrag maßgebend, ob ein neues, den Bestimmungen des Vertrages entsprechendes Gutachten eingeholt werden oder das Gericht entscheiden soll. Ist eine Behörde, zB das Wohnungsamt, als Schiedsgutachter eingesetzt, so findet keine Anfechtung im VerwStreitverfahren statt, sondern nur nach §§ 318f BGB vor den ordentlichen Gerichten, BGH **LM** § 1025 Nr 8.

4) *VwGO: Die Zulässigkeit echter Schiedsgerichte, Grdz 1 § 1025, wird in § 168 I Nr 5 VwGO vorausgesetzt. Ihre Zuständigkeit kann durch Vereinbarung für alle öff-rechtlichen Streitigkeiten (nicht nur für sog Parteistreitigkeiten) begründet werden, soweit die Beteiligten über das Recht verfügen können, Grunsky § 16 II 2, SchGerUrt DÖV 73, 852 mwN, dazu Scholz DÖV 73, 845, Erichsen VerwArch 65, 311, und zwar speziell in der Form der Berechtigung zum Vergleichsabschluß, § 55 VwVfG, Schlosser Festschrift Bülow, 1981, S 190. Für solche Schiedsgerichte sind nach § 173 VwGO die Vorschriften des 10. Buches entsprechend anzuwenden, EF § 40 Rdz 112, RedOe § 40 Anm 78 u 79, Schunck-De Clerck § 40 Rdz 14 (auch zu sog unechten Schiedsgerichten, Grdz 1).*

1025 *Schiedsvertrag im allgemeinen.*[I] Die Vereinbarung, daß die Entscheidung einer Rechtsstreitigkeit durch einen oder mehrere Schiedsrichter erfolgen solle, hat insoweit rechtliche Wirkung, als die Parteien berechtigt sind, über den Gegenstand des Streites einen Vergleich zu schließen.

[II] Der Schiedsvertrag ist unwirksam, wenn eine Partei ihre wirtschaftliche oder soziale Überlegenheit dazu ausgenutzt hat, den anderen Teil zu seinem Abschluß oder zur Annahme von Bestimmungen zu nötigen, die ihr im Verfahren, insbesondere hinsichtlich der Ernennung oder Ablehnung der Schiedsrichter, ein Übergewicht über den anderen Teil einräumen.

Schrifttum: Kornmeier, Vergleichsbefugnis und Schiedsfähigkeit, 1982; Westermann, Gesellschaftsrechtliche Schiedsgerichte, Festschrift Fischer, 1979, S 853ff; Stober, Staatsgerichtsbarkeit und Schiedsgerichtsbarkeit, NJW **79**, 2001; Schwytz, Schiedsklauseln und Schiedsrichtervertrag, 1976; Böckstiegel, Besondere Probleme der Schiedsgerichte zwischen Privatunternehmen und ausländischen Staaten oder Staatsunternehmen, NJW **75**, 1577; Adlerstein, Zur Unabhängigkeit des Schiedsrichters, 1979; Heimann-Trosien in Festgabe für Heusinger, 1968; Kornblum, Probleme der schiedsrichterlichen Unabhängigkeit, 1968.

Gliederung

1) **Allgemeines**
   A. Wesen des Schiedsvertrags
   B. Rechtsnatur
2) **Inhalt des Schiedsvertrages**
   A. Übertragung der Entscheidung
   B. Bestellung des Schiedsgerichts
   C. Wirksamkeit
   D. Verhältnis zum Hauptvertrag
3) **Wirkung des Schiedsvertrages**
   A. Sachlich-rechtliche Wirkung
   B. Prozeßrechtliche Wirkung
   C. Erstreckung
   D. Persönliche Wirkung
4) **Erlöschen des Schiedsvertrages**
5) **Entscheidung durch Schiedsrichter**
   A. Beschränkungen
   B. Arbeitsrechtliche Streitigkeiten
   C. Befähigung zum Schiedsrichter
   D. Ausschluß von der Bestellung
6) **Vergleichsberechtigung**
   A. Allgemeines
   B. Voraussetzungen
7) **Unwirksamer Schiedsvertrag**
   A. Allgemeines
   B. Voraussetzungen
   C. Folgen
8) **Unzulässiger Schiedsvertrag bei bestimmten Streitigkeiten**
9) **VwGO**

1) Allgemeines (zur Terminologie: Sareika ZZP **90**, 285). **A. Wesen.** Schiedsvertrag ist die Vereinbarung, daß ein Schiedsrichter oder mehrere Schiedsrichter einen seiner Art nach der Entscheidung eines Zivilgerichts unterliegenden Rechtsstreit der Parteien entscheiden sollen. Fragen der freiwilligen Gerichtsbarkeit darf kein Schiedsgericht entscheiden, RG **133**, 133. Dem Schiedsrichter kann aber durch Schiedsvertrag die Auseinandersetzung einer Erbengemeinschaft übertragen werden, BGH NJW **59**, 1493. In Pachtrechtsstreitigkeiten (BG vom 21. 7. 1953, BGBl 667) ist ein Schiedsvertrag möglich; so für die frühere BrZ (LandVerfO) BGH **6**, 248. Werden in einem GmbHVertrag Befugnisse der Gesellschafterversammlung einem „Schiedsgericht" übertragen, so handelt es sich nicht um ein solches nach § 1025, seine Entscheidungen unterliegen vielmehr wie Gesellschafter-Beschlüsse der Nichtigkeits- und Anfechtungsklage, BGH **43**, 261. Schiedskommissionen iS des Organisationsstatuts der SPD v 21. 3. 68 sind keine Schiedsgerichte, Ffm NJW **70**, 2250; keinen Schiedsvertrag enthält auch eine Vereinbarung, nach der zunächst durch Vermittlung eines Dritten eine außergerichtliche Einigung versucht werden soll, Celle NJW **71**, 288.

B. Rechtsnatur. Der Schiedsvertrag ist ein privatrechtlicher Vertrag über prozessuale Beziehungen, BGH **23**, 200, **40**, 320, str, abw die wohl überwiegende Meinung, Schwab 7 IV mwN, ua StJSchl I (Prozeßvertrag), vgl auch K. Schmidt MDR **72**, 989. Darum ist er nach bürgerlichem Recht zu beurteilen, namentlich auch rücksichtlich eines etwaigen Dissenses, Hbg RIW **82**, 283, und der Wirkung eines Willensmangels, ebenso hinsichtlich des IPR, so daß es bezüglich des auf ihn anzuwendenden Rechts in erster Linie auf den Parteiwillen ankommt, BGH **40**, 322, KTS **77**, 22 mwN, Hbg RIW **79**, 482 m Anm Mezger, Pal-Heldrich 2 vor EGBGB 12, Münzberg, Die Schranken der Parteivereinbarung usw, 1970, vgl dazu auch § 1044 Anm 1 B. Stellvertretung ist im Rahmen des sachlichen Rechts möglich; die Prozeßvollmacht, § 81, ermächtigt nicht zum Abschluß eines Schiedsvertrages.

Ergibt sich aus dem Vertrag, daß die Parteien eine Regelung durch ein Schiedsgericht wünschen, Anm 2 B, so ist diesem Wunsch durch eine nicht zu enge Auslegung zu entsprechen, auch wenn der Vertrag iü Unklarheiten über den Umfang der Zuständigkeit des Schiedsgerichts, die Ernennung der Schiedsrichter u dergl enthält, Hbg BB **58**, 1000, Köln RdL **58**, 272. So können unter „Streitigkeiten, die sich aus diesem Vertrag ergeben", auch Streitigkeiten fallen, die die Bezahlung von zeitlich getrennten Lieferungen auf Grund der vereinbarten Bezugsverpflichtung zum Gegenstand haben, BGH **LM** Nr 20 (anders beim „Wiederkehrschuldverhältnis", RG **148**, 332, bei dem der eine zwar liefern müsse, der andere aber ablehnen könne); zum Anwendungsbereich der Klausel, daß „jede etwaige Streitigkeit aus Anlaß dieses Vertrages" durch ein Schiedsgericht entschieden werden solle, vgl BGH NJW **80**, 2022.

Für den Schiedsvertrag gilt nur Bundesrecht; die landesrechtlichen Vorschriften hat Art 55 EGBGB aufgehoben. Über den Gegenstand des Vertrags s Anm 2, über seine Zulässigkeit Anm 6, über seine Form § 1027. Ein **Vorvertrag** muß mindestens die Zusammensetzung des Schiedsgerichts regeln, BGH MDR **73**, 1001, dazu Habscheid KTS **76**, 1 und Sareika ZZP **90**, 297 (krit).

2) Inhalt des Schiedsvertrags. A. Der Schiedsvertrag überträgt den Schiedsrichtern die Entscheidung der Frage, wer im Recht ist. Er kann befristet und bedingt sein. Er braucht nicht die gesamte Entscheidung zu übertragen; es genügt die eines des Teilurteils fähigen Teils, oder die über den Grund des Anspruchs (sie entspricht einem Feststellungsurteil und fällt nicht unter § 304, RG **100**, 120) oder die über dessen Höhe. Ferner ist die Vereinbarung zulässig, daß das Schiedsgericht über die Kosten des Schiedsverfahrens auch und gerade dann entscheiden soll, wenn dieses Verfahren unzulässig war, BGH NJW **73**, 191, dazu Habscheid KTS **73**, 235. Zulässig ist eine Schiedsabrede auch für den Streit zwischen Gesellschaftern einer GmbH über die Wirksamkeit von Gesellschaftsbeschlüssen, BGH NJW **79**, 2567 m Anm Kornmeier DB **80**, 193. Der Schiedsvertrag darf aber nicht die Entscheidung über bloße Tatfragen, s Grdz 3 § 1025, und auch nicht die Nachprüfung der Entscheidung eines Staatsgerichts, BGH LM Nr 16, dem Schiedsgericht übertragen; auch die Übertragung der Entscheidung über eine Vollstreckungsabwehrklage, § 767, ist nicht zulässig, Mü BB **77**, 674, str. Der Schiedsvertrag kann den Schiedsrichtern aber auch Befugnisse verleihen, die die rein erkennende Tätigkeit übersteigen, indem sie Rechte gestalten, etwa ein Gesellschafterverhältnis bei der OHG neu ordnen sollen, BGH LM Nr 14. Zulässig ist auch ein Schiedsgericht zur Bestimmung der Leistung aus § 319 BGB ohne vorherige Bestimmung durch einen anderen, RG **153**, 195. Der Schiedsvertrag überträgt auf die Schiedsrichter ebenfalls alle notwendigen Vorentscheidungen, Schwab 3 II 3.

Zur Abgrenzung des Schiedsvertrages vom Schiedsgutachtenvertrag s Grdz 3 § 1025.

B. Die Parteien müssen die Entscheidung durch ein Schiedsgericht wünschen, und zwar durch ein bestimmtes oder doch bestimmbares Schiedsgericht, BGH RIW **83**, 210 mwN. Darin liegt das Verlangen **a)** nach einer Entscheidung im Schiedsverfahren, nicht nach dem für das Staatsgericht vorgeschriebenen Verfahren, RG **111**, 279 (das Wort „Schiedsgericht" beweist natürlich nichts); **b)** nach einer Entscheidung des Schiedsgerichts an Stelle des Staatsgerichts. Darum ist kein Instanzenzug zwischen Schiedsgericht und Staatsgericht möglich, SeuffW 2 vor § 1025, StJ II 1 c, s A. Ist vereinbart, daß die Parteien trotz Schiedsspruch das Staatsgericht anrufen dürfen, ist der Schiedsvertrag nichtig, RG **146**, 262 (gegen RArbG **8**, 81), demgemäß auch die Schiedsgerichtsabrede bei dem Zusatz „der ordentliche Rechtsweg wird hierdurch nicht ausgeschlossen", Düss MDR **56**, 750. Zulässig ist aber die Abrede, daß die Wirksamkeit des Schiedsspruchs von der Unterwerfung beider Parteien abhängig sei, Schwab 3 III 2a.

Der Schiedsvertrag kann auch die Anrufung des Schiedsgerichts oder des Staatsgerichts bei klarer Abgrenzung wahlweise freistellen, BGH NJW **76**, 852, dazu Schwab 3 III 3 u Habscheid/Calavros KTS **79**, 1 (zustm), Oldb KTS **72**, 114. Ist verabredet, daß jede Partei Streitigkeiten auch durch ein Schiedsgericht entscheiden lassen kann, so genügt es, wenn eine Partei die Entscheidung durch Schiedsgericht wählt, so daß einer vor Ausübung des Wahlrechts der anderen Partei erhobenen Klage vor dem Staatsgericht die Rüge der Unzulässigkeit der Klage entgegengesetzt werden kann, vgl Mü NJW **59**, 2220. Gilt aufgrund der allgemeinen Geschäftsbedingungen des Lieferers eine Gerichtsstandsklausel zu seinen Gunsten, ist aber für den Einzelfall ein Schiedsvertrag vereinbart, so wird idR bei beiderseitiger Abstandnahme von der Schiedsklausel auf die Gerichtsstandsklausel zurückgegriffen werden können, BGH NJW **69**, 1537. Für die Fristsetzung zur Wahl gilt § 264 II BGB entsprechend. Nicht zulässig ist eine Aufteilung der Beantwortung der Fragen, deren Beantwortung insgesamt erst den Rechtsstreit beendet, unter ein Schieds- und das Staatsgericht (möglicherweise ist eine solche Abrede aber als Schiedsgutachterklausel gültig), BGH NJW **60**, 1462. Der Ausschluß des Rechtswegs beweist noch nicht das Vorliegen eines Schiedsvertrags, RG JW **37**, 1401.

Da für den Schiedsvertrag Vertragsfreiheit besteht, dürfen die Parteien, vorbehaltlich der im 10. Buch gemachten Einschränkungen, Zuständigkeit, Besetzung und Verfahren frei vereinbaren. Den Inhalt des Schiedsvertrages stellt der Tatrichter fest, dessen Auslegung demnach auch den Revisionsrichter bindet, soweit sich die Partei nicht etwa typischen Vertragsbedingungen, § 550 Anm 2, unterworfen hat, BGH **24**, 19, **29**, 123, oder Auslegungsgrundsätze verletzt sind. Im Wege der Auslegung des Vertragswillens ist auch festzustellen, ob Parteien, die in einem Vertrag ein Schiedsgericht vereinbart haben, auch eine spätere Neuordnung dieser vertraglichen Beziehungen unter dieses Schiedsgericht stellen wollten; das kann auch bei Umschaffung des Vertrags der Fall sein, braucht es aber selbst dann nicht, wenn der Vertrag nicht umgeschaffen wurde, BGH **40**, 325.

C. **Die sachlich-rechtliche Wirksamkeit des Schiedsvertrags bestimmt sich nach sachlichem Recht,** s Anm 1, bei einem ausländischen Schiedsvertrag, sofern die Parteien über das anzuwendende Recht keine Vereinbarung getroffen haben, BGH NJW **64,** 591, nach dem durch das zwischenstaatliche Privatrecht bestimmten, Pal-Heldrich Vorbem 2 Art 12 EGBGB, § 1044 Anm 1 B, notfalls nach dem Recht am Sitz des Schiedsgerichts, Hbg VersR **82,** 894. Wird sie bemängelt, so kann das Schiedsgericht das Verfahren trotzdem fortsetzen (dann erfolgt eine spätere Prüfung der Gültigkeit des Schiedsvertrages durch das Staatsgericht, § 1041 I Z 1), bis das Staatsgericht über die Wirksamkeit aufgrund einer Feststellungsklage entschieden hat, die auch bei schwebendem Schiedsverfahren zulässig ist, RG **133,** 131. Nichtigkeit wird allerdings nur bei Mängeln anzunehmen sein, die den ganzen Schiedsvertrag ergreifen, zB Sittenwidrigkeit oder Verstoß gegen zwingende Normen, BGH **29,** 125 (Verkürzung der Frist des § 612 HGB), Unbestimmtheit, BGH RIW **83,** 210 mwN (das zur Entscheidung berufene Schiedsgericht ist weder eindeutig bestimmt noch bestimmbar), fehlender Geschäftsfähigkeit oder erfolgreicher Anfechtung wegen Willensmängeln usw. Sonst wird nur die einzelne gesetzwidrige Bestimmung als unwirksam anzusehen sein (und durch die entsprechende gesetzliche Regelung ersetzt werden), Schwab 6 II. S dazu auch Anm 5 und 8. Nach sachlichem Recht ist der Schiedsvertrag auch auszulegen.

Nicht notwendig hat das Staatsgericht über die Wirksamkeit des Schiedsvertrages zu entscheiden. Für den Fall, daß die Parteien eine entsprechende Abrede treffen, steht dem Schiedsgericht die sog **Kompetenz-Kompetenz** zu, dh es kann mit bindender Wirkung für das Staatsgericht über das Bestehen des Schiedsvertrages entscheiden, BGH **68,** 366 mwN, Habscheid Festschrift Baur, 1981, S 425–442, StJSchl § 1037 III, ThP 2c, str, aM ua, Leipold ZZP **91,** 482, Schwab 6 III mwN. So wird dem Schiedsgericht durch die Vereinbarung der Hamburger freundschaftlichen Arbitrage die bindende Entscheidung darüber übertragen, ob es im Einzelfall zuständig ist, BGH **68,** 365, Hbg RIW **82,** 283 mwN; vgl auch unten D und § 1041 Anm 4 A. Um Meinungsverschiedenheiten darüber von vornherein auszuschließen, empfiehlt es sich, daß die Parteien spätestens in der mündlichen Verhandlung vor dem Schiedsgericht eine entsprechende Vereinbarung (ggf in der Form des § 1027 I) treffen. Die Überprüfung, ob sie wirksam zustandegekommen ist, ist dem Staatsgericht vorbehalten, BGH **68,** 366, Hbg ZIP **81,** 170 u RIW **82,** 283. Für den Bereich des EuÜbkHSch, Schlußanh VI A 2, s dessen Art 5 III.

D. **Für das Verhältnis des Schiedsvertrags zum Hauptvertrag,** dh zu dem Vertrag, dessen Durchführung der Schiedsvertrag dient, gilt: **a)** Ist die **Schiedsklausel unwirksam,** oben C, so richtet sich die Wirksamkeit des Hauptvertrags nach § 139 BGB. **b)** Ist der **Hauptvertrag unwirksam,** ist § 139 BGB unanwendbar, BGH **53,** 318 mwN, NJW **79,** 2567. Vielmehr ist durch Auslegung zu ermitteln, ob die Vertragschließenden dem Schiedsgericht auch die Entscheidung über die Wirksamkeit des Hauptvertrages übertragen haben; dabei ist im Zweifel anzunehmen, daß sie eine umfassende, auch diese Frage umfassende Zuständigkeit des Schiedsgerichts gewollt haben, stRspr, BGH **53,** 322, **69,** 260, NJW **79,** 2567, Schwab 4 VI 1. Anerkanntermaßen hat in Hamburg die Arbitrage-Klausel, die auf die ,,Platz-Usancen für den Hamburgischen Warenhandel'' Bezug nimmt (Hamburger freundschaftliche Arbitrage, dazu Straatmann-Ulmer, Handelsrechtliche Schiedsgerichtspraxis, 1975, und Straatmann in Festschrift Reimers, 1979, S 199–215), diese Wirkung, so daß die Nichtigkeit des Hauptvertrages, deren Feststellung dem Schiedsgericht obliegt, die Schiedsklausel nicht ergreift, BGH **68,** 356 mwN.

Hat das Staatsgericht zu entscheiden, so ist eine Feststellungsklage, daß kein Schiedsvertrag bestehe, auch bei schwebendem Schiedsverfahren zulässig, RG **133,** 131, oben C. Läßt sich eine Partei auf die Verhandlung über die Wirksamkeit des Hauptvertrags rügelos ein, so liegt darin die stillschweigende Vereinbarung der Zuständigkeit, selbst bei sittenwidrigem Schiedsvertrag, sofern nicht auch dieser neue Vertrag sittenwidrig ist, dazu eingehend K. Schmidt MDR **72,** 989 mwN. Ist aber bestritten, ob überhaupt ein Schiedsvertrag abgeschlossen ist, so hindert auch die Erwähnung der Klausel ,,Hamburger Arbitrage'' nicht die Nachprüfung der wirksamen Vereinbarung dieser Klausel, Hbg MDR **59,** 399.

3) Wirkung des Schiedsvertrags. A. Sachlich-rechtliche Wirkung. Der Schiedsvertrag verpflichtet die Parteien, zu seiner Durchführung nach Kräften mitzuwirken. Sie müssen zB die Schiedsrichter, wie vorgesehen, ernennen, alles tun, um die Fällung des Schiedsspruchs zu ermöglichen, RG **74,** 322, den Schiedsrichtern die verlangten angemessenen Vorschüsse zahlen, Oldb NJW **71,** 1461 m Anm Breetzke NJW **71,** 2080. Eine Klage auf Erfüllung ist grundsätzlich zulässig, aM Schwab 7 II, versagt aber, wo die ZPO ein einfacheres Verfahren vorsieht, weil dann das Rechtsschutzbedürfnis fehlt, Grdz 5 § 253.

B. Prozeßrechtliche Wirkung. Über die Wahrheitspflicht s § 1034 Anm 5. Der Schiedsvertrag, auch der ausländische, **gibt die Rüge der Unzulässigkeit der Klage.** Er ist nie vAw zu beachten. Greift die Rüge durch, ist die Klage durch Prozeßurteil abzuweisen. Näheres s § 1027a.

C. Erstreckung. Der Schiedsvertrag erstreckt sich auf die Abänderungsklage, § 323: Wer künftig wiederkehrende Leistungen der Entscheidung des Schiedsgerichts unterbreitet, der tut das für die endgültige Entscheidung, nicht nur für die praktisch vorläufige; das Schiedsgericht ist nach Maßgabe des alten Vertrages neu zu bilden, jedoch dürfen die Schiedsrichter frei ablehnen, Schwab 21 I 4. Er erstreckt sich weiter, falls sein Gegenstand künftige Rechtsstreitigkeiten aus einem bestimmten Vertragsverhältnis sind, § 1026, auch auf Schadenersatzansprüche aus unerlaubter Handlung, falls sich diese mit einer Vertragsverletzung deckt, BGH NJW **65**, 300.

Streitig ist der Fall der Aufrechnung: a) Auch die Aufrechnung gegen einen dem Schiedsverfahren unterworfenen Anspruch unterliegt der Entscheidung des Schiedsgerichts; wer dem Schiedsgericht die Entscheidung über einen Anspruch überträgt, überläßt ihm notwendig auch die über erhobene Einwendungen. Das Schiedsgericht darf also selbst entscheiden, RG **133**, 19, Schwab 3 II 4 mwN, str.; es kann sich aber auch auf die Entscheidung über den Klaganspruch beschränken werden, die über die Aufrechnung dem Staatsgericht vorbehalten, BGH **10**, 325, das dann je nachdem den Schiedsspruch für vorbehaltlos erklären oder aber ihn aufheben und den Anspruch abweisen muß, Schwab 3 II 4 C. **b)** Rechnet die Partei mit einer dem Schiedsvertrag unterworfenen Forderung beim Staatsgericht auf, so wird im allgemeinen die Einrede des Schiedsvertrags durchgreifen; denn niemand kann sich dem Schiedsverfahren durch einseitige Willenserklärung entziehen, RG **123**, 349; es wird dann bis zur Entscheidung des Schiedsgerichts auszusetzen sein, § 148. Darin kann aber auch ein Aufrechnungsverbot gesehen werden, so daß die dem Schiedsgericht unterstellte Forderung vor dem Staatsgericht überhaupt nicht geltend gemacht werden kann, BGH **38**, 257, dazu Habscheid ZZP **76**, 371; dann ist aber zu prüfen, ob dies mit Treu und Glauben vereinbar ist, und verneinendenfalls trotz der Schiedsklausel vom Staatsgericht auch über die zur Aufrechnung gestellte Forderung zu entscheiden, BGH **23**, 22. Denkbar ist auch ein Vorbehaltsurteil mit der Wirkung, daß bei Feststellung des Bestehens der Aufrechnungsforderung durch das Schiedsgericht das Staatsgericht dieses Urteil aufheben muß, Schwab 3 II 4 C.

Die Schiedsgerichtsabrede wirkt nicht gegenüber einer Konkursanfechtung, BGH JZ **57**, 95, da der Gemeinschuldner nicht über das Anfechtungsrecht verfügen konnte; s im übrigen D.

D. Persönliche Wirkung. Der Vertrag wirkt zwischen den Parteien. Er wirkt auch gegen Dritte, die ein Vergleich der Parteien bände oder die aus einem Vertrag zugunsten Dritter, §§ 328 ff BGB, Rechte herleiten könnten oder herleiten, vgl KG NJW **80**, 1342 mwN, aber nicht gegen den Streitverkündungsgegner, § 68, der nicht beitritt und das Verfahren gegen sich gelten lassen will, BGH **LM** Nr 23. Eine Gesamtrechtsnachfolge läßt die Bindung bestehen, BGH **68**, 356 mwN. Das gleiche gilt für eine Einzelrechtsnachfolge, etwa durch Abtretung, stRspr, BGH NJW **80**, 2023 mwN, sofern nicht der Schiedsvertrag etwas anderes ergibt, zB auf besonderes Vertrauen der Parteien abgestellt ist, RG **146**, 55 (dazu, insbesondere zur Prüfung der Wirksamkeit der Abtretung durch das Schiedsgericht, vgl Schopp KTS **79**, 255). Eine Bindung des Rechtsnachfolgers an die Schiedsklausel tritt ferner ein durch Erwerb des Geschäftsanteils einer GmbH, BGH NJW **79**, 2567 m Anm Kornmeier DB **80**, 193, oder durch Ausübung eines rechtsgeschäftlichen Eintrittsrechts, BGH NJW **80**, 1797 (in allen diesen Fällen ohne Beitritt in der Form des § 1027 I), § 1027 Anm 1 E.

Der Schiedsvertrag wirkt auch gegen Pfändungsgläubiger, wenn ein solcher Vertrag zwischen dem Schuldner, dessen Recht er geltend macht, und dem Drittschuldner besteht, BGH **LM** Nr 18, ferner gegen den nach § 95 III HGB in Anspruch genommenen Makler, BGH **68**, 356. Gegen den Indossatar eines Orderpapiers kann der Schiedsvertrag nur wirken, wenn er sich aus der Urkunde ergibt, § 364 HGB. Der von einer OHG geschlossene Schiedsvertrag ergreift auch die Gesellschafter, bei der KG den persönlich haftenden, Schwab 7 III 5. Zwischen dem Verfrachter und konossementsmäßigen Empfängern wirkt die Schiedsklausel im Chartervertrag zwischen Verfrachter und Befrachter, wenn im Konossement auf die Bestimmungen des Chartervertrags Bezug genommen ist, BGH **29**, 123. Mitschuldner, Garanten, Bürgen und dgl sind nicht an den Vertrag gebunden und dürfen sich nicht auf ihn berufen, Hbg VersR **82**, 1096; ebensowenig ist der vollmachtlose Vertreter an die Schiedsabrede in dem gescheiterten Vertrag gebunden, BGH **68**, 356.

Konkurs unterbricht das Schiedsverfahren nicht, weil es nicht an die prozessualen Vorschriften der ZPO gebunden ist; der Konkursverwalter tritt geeignetenfalls ohne weiteres in das Verfahren und den Vertrag ein. § 17 KO ist unanwendbar, RG **137**, 110, Jaeger-Weber § 146 KO Nr 6. Jedenfalls ist der Verwalter, abgesehen vom Fall der Anfechtungsklage, auch an die vor Konkurseröffnung getroffene Schiedsabrede gebunden, BGH **24**, 18. Auch andere Unterbrechungsgründe versagen im Schiedsverfahren, RG **62**, 24.

4) Erlöschen des Schiedsvertrags. Der Schiedsvertrag erlischt: **a)** mit einem äußerlich richtigen Schiedsspruch, § 1039 (er schafft Rechtskraft, § 1040, auch ohne daß er für vollstreckbar erklärt ist); **b)** mit einem (auch unwirksamen) Schiedsvergleich, § 1044a; **c)** mit rechtskräftiger Entscheidung des Staatsgerichts in derselben Sache; **d)** mit dem Verlust der Rüge der Unzulässigkeit der Klage; **e)** mit dem Eintritt seiner etwaigen auflösenden Bedingung oder Befristung; **f)** mit erfolgreicher Anfechtung nach bürgerlichem Recht; **g)** mit seiner vertraglichen Aufhebung. Sie ist jederzeit formlos, und auch stillschweigend, zulässig, auch noch nach Erlaß des Schiedsspruchs, nicht mehr nach Vollstreckbarerklärung, weil diese dem Schiedsspruch die volle Bedeutung eines rechtskräftigen staatlichen Urteils gibt; **h)** mit Rücktritt nach § 326 BGB, so wenn eine Partei durch Nichtmitwirkung das Verfahren vereitelt, abew Habscheid KTS **80**, 291, oder (auch in diesem Fall) durch Kündigung aus wichtigem Grund, dazu eingehend Habscheid KTS **80**, 285: Sie ist gerechtfertigt, wenn das Schiedsverfahren undurchführbar wird, insbesondere dadurch, daß die Partei den Vorschuß nicht mehr aufbringen kann, mag auch der Kündigende die Undurchführbarkeit verschuldet haben, BGH **41**, 104, oder schon bei Abschluß des Schiedsvertrages arm gewesen sein, wenn er erwarten konnte, aus der Durchführung des Hauptvertrages die erforderlichen Mittel zu erhalten, und ungewiß war, ob es überhaupt zu einem Streit kommen würde, BGH **77**, 65; eine Kündigung ist auch dann zulässig, wenn einer Partei nicht zuzumuten ist, ohne anwaltliche Hilfe, die sie infolge inzwischen eingetretener Verarmung nicht bezahlen kann, sich auf das Verfahren einzulassen, BGH **51**, 79, oder wenn einer Partei ihr Schiedsrichter abspenstig gemacht wird, vorausgesetzt, daß sie dadurch in besonderem Maße materielle Nachteile hat, BGH **23**, 198; eine Kündigung ist dagegen nicht zulässig bei Verletzung der Wahrheitspflicht durch die andere Partei oder aus Gründen, für die das Gesetz andere Behelfe (Ablehnung eines Schiedsrichters, Aufhebung des Schiedsspruchs oder Ablehnung der Vollstreckung) vorsieht, Habscheid aaO; **i)** mit Wegfall eines vertraglichen Schiedsrichters, § 1033 Z 1; **k)** bei Stimmengleichheit der Schiedsrichter gemäß § 1033 Z 2.

Das Erlöschen des Schiedsvertrages macht ohne weiteres das Staatsgericht zuständig. Behauptet eine Partei, es habe von Anfang an kein wirksamer Schiedsvertrag bestanden, so entscheidet darüber das Staatsgericht im Urteilsverfahren, § 1046, BGH **7**, 184. Behauptet die Partei das spätere Erlöschen des bestehenden Schiedsvertrags, so ist nach § 1045 zu entscheiden, also im Beschlußverfahren nach Anhörung des Gegners mit Rechtskraftwirkung, Schwab 8 II.

5) Entscheidung durch Schiedsrichter, I. A. Es muß sich um eine Rechtsstreitigkeit im Sinn der Prozeßgesetze handeln, §§ 3 EGZPO, 13 GVG. Wo das Staatsgericht auch nicht durch Vereinbarung zuständig werden könnte, da ist auch kein wirksamer Schiedsvertrag möglich. Somit nicht **a)** wo gesetzlich Verwaltungsbehörden oder -gerichte zuständig sind (s aber Grdz 4 § 1025), **b)** in Strafsachen, **c)** in Sachen der Freiwilligen Gerichtsbarkeit, vgl auch Anm 1. Ausdrücklich ausgeschlossen sind Schiedsverträge über bestimmte Rechtsstreitigkeiten, vgl unten Anm 8.

Dem Schiedsgericht muß die Entscheidung übertragen sein, nicht bloß die Feststellung von tatsächlichen Grundlagen der Entscheidung, s Anm 2 A u Grdz 3 § 1025. Der Prozeß kann bei Vereinbarung schon schweben; dann erwächst die Einrede des Schiedsvertrags mit Vertragsschluß. Die Vereinbarung eines ausländischen Schiedsgerichts ist auch dort zulässig, wo beide Parteien Deutsche sind.

B. Auf dem Gebiet der **notwendigen Arbeitsgerichtsbarkeit** ist das Schiedsgerichtsverfahren nach Zulässigkeit und Besetzung des Schiedsgerichts stark eingeengt, §§ 101–110 ArbGG, Schwab Kap 36–40. Überall, wo ein Schiedsvertrag eine arbeitsgerichtliche Streitigkeit einem Schiedsverfahren nach ZPO unterwirft, ist die Schiedsklausel unwirksam, Grdz 1 C § 1025. Die Unwirksamkeit des Hauptvertrags richtet sich nach § 139 BGB, oben Anm 2 D.

C. Schiedsrichter können nur natürliche Personen sein. Ist eine jur Person zum Schiedsrichter bestellt, so sind in der Regel ihre gesetzlichen Vertreter als berufen anzusehen, Schwab 9 I. Unfähig sind Geschäftsunfähige, weil sie keinen Schiedsrichtervertrag abschließen können. Minderjährige sind nur ablehnbar, § 1032 III, ebenso die ihnen gleichstehenden Personen. Beamte und Richter bedürfen einer Genehmigung, vgl § 65 I Z 2 BBG, § 40 DRiG; fehlt sie, ist der Schiedsrichtervertrag gemäß § 134 BGB unwirksam, ist sie fehlerhaft erteilt, berührt dies die Wirksamkeit nicht, § 40 DRiG Anm 2 aE, vgl auch § 1041 Anm 4 B.

Eine Behörde als solche kann nicht Schiedsrichter sein. Durch Auslegung ist zu ermitteln, ob mit einer solchen Bestellung der Behördenleiter gemeint ist; er handelt dann aber nicht als solcher, sondern als Privatperson. Entsprechendes gilt für Gerichte.

D. Nie kann ein Beteiligter selbst Schiedsrichter sein, denn niemand darf in eigener Sache entscheiden; vgl auch Habscheid NJW **62**, 6. Schiedsrichter kann auch nicht sein, wer eine Partei allein oder mit einem anderen zusammen gesetzlich vertritt, RG JW **32**, 2876. In solchen Fällen ist die Bestellung zum Schiedsrichter nichtig. Schiedsrichter können danach nicht sein zB die Vorstandsmitglieder einer Gesellschaft oder eines Vereins bei Streit zwischen der Gesellschaft oder dem Verein und einem Mitglied, stRspr; anders soll es nach RG **113**, 321 bei weitverzweigten Vereinen sein, wenn einzelne Mitglieder des Vereins (nicht des Vorstands) wegen ihrer Sachkunde als Schiedsrichter zugezogen werden, zustm Schwab 9, II 3. Unwirksam ist ein Schiedsvertrag, wenn Beisitzer für einen Streit zwischen Verbandsmitgliedern und Außenstehenden nur Mitglieder des Verbandes sein sollen, BGH **51**, 255, zustm Kornblum ZZP **82**, 480, abl Bülow NJW **70**, 585, dagg Habscheid JZ **71**, 233, gg BGH auch Bettermann MDR **75**, 410 in Anm zu Hbg MDR **75**, 409, dagg Habscheid KTS **76**, 3; in einem solchen Fall wird auch durch die Erklärung der Parteien vor dem Schiedsgericht, sie hätten keine Bedenken gegen dessen Zuständigkeit und Zusammensetzung, kein wirksamer (neuer) Schiedsvertrag abgeschlossen, abw Hbg MDR **69**, 1019, dazu Habscheid KTS **71**, 135, Heiseke MDR **71**, 355 und K. Schmidt MDR **72**, 989 (die Anforderungen an eine unparteiische Besetzung können nicht scharf genug sein). Zu entspr Abreden über die Ernennung der Schiedsrichter durch Dritte s § 1028 Anm 1 C.

Zulässig ist aber die Bestellung eines Mitglieds des Vorstands der Anwaltskammer zum Schiedsrichter im Streit zwischen einem Anwalt und den Erben eines anderen Anwalts, BGH NJW **73**, 98, dazu Habscheid KTS **73**, 233. Zulässig kann auch die nach der Entstehung des Streitfalls erfolgende Bestellung eines nur mitzeichnungsberechtigten Organvertreters einer Partei durch beide Parteien sein, BGH **65**, 59, dazu Schlosser JZ **76**, 247. Beamte sind im Streit zwischen dem betreffenden Fiskus und Privaten ausgeschlossen, wenn sie den betreffenden Fiskus gesetzlich vertreten, vgl BayObLG JW **29**, 1667; davon abgesehen, können sie Schiedsrichter sein.

Wird ein Schiedsrichter nachträglich Partei oder gesetzlicher Vertreter, so fällt er ohne weiteres weg. Entfällt nachträglich die Eigenschaft als Partei oder gesetzlicher Vertreter, so heilt das die Nichtigkeit nicht, § 138 BGB. Über Knebelschiedsverträge s Anm 7, über den Schiedsrichtervertrag s Anh § 1028.

6) Vergleichsberechtigung, I. A. Allgemeines. Ein Schiedsvertrag ist nur insoweit zulässig, als die Parteien einen Vergleich über den Streitgegenstand schließen dürfen; darüber hinaus ist die Schiedsklausel unwirksam (dazu Kornmeier ZZP **94**, 27). Subjektiv hängt die Fähigkeit, einen wirksamen Schiedsvertrag zu schließen, von der Vergleichsbefugnis nach materiellem Recht ab. Objektiv kommt es darauf an, ob die Parteien über den Streitgegenstand verfahrensrechtlich verfügen können; das ist nicht der Fall überall dort, wo das Verfahren dem staatlichen Gericht vorbehalten ist, also zB in Ehe- und Kindschaftssachen, beim Arrest und der einstweiligen Verfügung, § 1035 Anm 5, sowie bei Verfahren, in denen es um die Einwirkung auf einen Hoheitsakt geht, vgl Schwab 7 I 3, also etwa bei der Drittwiderspruchs- und Vollstreckungsabwehrklage, Mü BB **77**, 674.

B. Voraussetzungen: a) ein streitiges Rechtsverhältnis. Dabei sind Einschränkungen des sachlichen Rechts, zB § 1614 BGB, zu beachten. Betrifft die Schiedsklausel einen unwirksamen Vertrag, so kann sie trotzdem wirksam sein, Anm 2 D. **b) Persönliche Vergleichsberechtigung,** also die Fähigkeit, sich durch Verträge zu verpflichten, und die Befugnis, über den Streitgegenstand zu verfügen. Damit entfallen fast alle Streitigkeiten aus dem Ehe- und Kindschaftsrecht: Auch ein Schiedsspruch auf Aufrechterhaltung einer Ehe ist undenkbar. Die Genehmigung des Vormundschaftsgerichts ist nötig, wo sie das sachliche Recht verlangt, s §§ 1822 Z 12, 1615e BGB. Der Gemeinschuldner ist durch § 7 KO beschränkt. Für den im Vergleichsverfahren befindlichen Schuldner s § 58 VerglO. Ob Rechte später im Konkurs Aussonderung oder Absonderung erlauben, bleibt gleich; der Konkursverwalter muß grundsätzlich die Rechtslage hinnehmen, wie sie bei Konkurseröffnung war, RG **137**, 110. Wegen der Streitigkeiten aus einem Arbeitsverhältnis s Anm 5 B.

10. Buch. Schiedsrichterliches Verfahren §§ 1025, 1025a 1

Unzulässig ist ein Schiedsgerichtsverfahren an Stelle einer Anfechtungsklage gegen den Hauptversammlungsbeschluß einer GmbH AktGes, da diese sich nicht vergleichen kann, BGH **LM** § 199 AktG Nr 1, hM (krit Kornmeier, Vergleichsbefugnis und Schiedsfähigkeit, 1982). Eine ausschließliche Zuständigkeit steht einem Schiedsvertrag an sich nicht entgegen.

7) Unwirksamer Schiedsvertrag, II. A. Allgemeines. Ein Schiedsvertrag ist nach allgemeinen Rechtsgrundsätzen nichtig, wenn er sittenwidrig ist, § 138 BGB, oder gegen zwingende Normen verstößt, Anm 2 C. II geht darüber hinaus: Er trifft den sog Schiedszwang und ist rein sachlich-rechtlich.

B. Voraussetzungen. Voraussetzung der Unwirksamkeit nach II ist zunächst die Ausnutzung der wirtschaftlichen oder sozialen Überlegenheit durch eine Partei. Man wird sie außerhalb eines rechtlichen Abhängigkeitsverhältnisses namentlich da bejahen, wo der andere den Schiedsvertrag in der seiner Meinung nach begründeten Befürchtung abschließt, andernfalls wirtschaftliche oder andere Nachteile zu erleiden. Der andere braucht durchaus nicht der geldlich Schwächere zu sein; wirtschaftlich schwächer ist man immer gegenüber einem Monopol. „Ausnutzen" verlangt, daß sich die Partei ihrer Überlegenheit und deren Ursächlichkeit für den Vertragsschluß bewußt ist, str, aM Schwab 4 IV 1, Nicklisch BB **72**, 1286. Nicht jeder vom Großkaufmann mit einem kleinen Abnehmer vereinbarte Schiedsvertrag nutzt aus.

Weiter erforderlich ist Nötigung zum Abschluß. Diese fehlt, wenn der andere den Schiedsvertrag auch ohne die Ausnutzung geschlossen hätte. Erlaubt ist die Freistellung der Anrufung des Schiedsgerichts oder des Staatsgerichts. Anm 2 B. Es genügt auch die Nötigung zur Annahme von Bestimmungen, die dem Nötigenden ein Übergewicht über den anderen einräumen. Als Beispiel nennt II das Übergewicht bei der Ernennung von Schiedsrichtern, dh den Verstoß gegen die gebotene Besetzungsparität. Hierhin gehören die in § 1028 Anm 1 B u C genannten Fälle. Es genügt auch, daß das Übergewicht mittelbar begründet ist, etwa dadurch, daß eine Partei Untergebene oder sonst Abhängige berufen darf. Über Knebelung bei Verbandsschiedsgerichten u dgl s § 1048.

C. Folgen. Ein Verstoß macht den ganzen Schiedsvertrag und damit den Schiedsspruch unwirksam. Auf die Unwirksamkeit des Schiedsspruchs darf sich nur der Genötigte berufen; dem andern stünde die Einrede der Arglist entgegen. Vorbehaltlose Einlassung heilt den Schiedsvertrag nur, wenn sie ohne Druck geschieht. Daß das zutrifft, muß der nötigende Teil beweisen; es folgt noch nicht daraus, daß der Genötigte das Schiedsgericht angerufen hat, denn auch die Anrufung steht dann unter Druck (so auch Schönke § 100 III 1 d).

8) Unzulässiger Schiedsvertrag bei bestimmten Streitigkeiten, Schwab 4 V. Hierin gehören **a)** die in § 1025a bezeichneten Mietesachen, **b)** Streitigkeiten in Kartellsachen der in § 91 GWB (idF v 24. 9. 80, BGBl 1761) bezeichneten Art unter den dort genannten Voraussetzungen, LG Ffm NJW **83**, 763, vgl dazu Lieberknecht in Festschrift Sölter S 311–320 (betr internationale Schiedsgerichtsverfahren), **c)** Klagen auf Nichtigerklärung und Zurücknahme von Patenten sowie auf Erteilung von Zwangslizenzen, § 81 PatG (idF v 16. 12. 80, BGBl 81, 1), str, **d)** Sachen vor einem Börsenschiedsgericht, wenn nicht die besonderen Voraussetzungen des § 28 BörsenG vorliegen, **e)** Klagen, die auf den Betrieb einer Zweigstelle iSv § 53 I KWG Bezug haben, wenn die Zuständigkeit eines Schiedsgerichts vereinbart wird, das seinen Sitz an einem anderen Ort als dem der Zweigstelle hat, § 53 III KWG, str, vgl BGH NJW **80**, 2024. Wegen weiterer Ausschlüsse der Schiedsgerichtsbarkeit s oben Anm 5 A u B.

9) *VwGO: Entsprechend anzuwenden,* § 173 VwGO, wobei die Berechtigung, *über den Gegenstand des Streites einen Vergleich zu schließen,* § 106 VwGO, *nach allgemeinem VerwRecht zu beurteilen ist,* EF § 40 Rdz 111, vgl Grdz 4 § 1025; zu eng BVerwG NJW **59**, 1985 (kein Schiedsvertrag für die Überprüfung von Hoheitsakten).

1025a

Unwirksamkeit von Schiedsverträgen. Ein Schiedsvertrag über Rechtsstreitigkeiten, die den Bestand eines Mietverhältnisses über Wohnraum betreffen, ist unwirksam. Dies gilt nicht, wenn es sich um Wohnraum der in § 556a Abs. 8 des Bürgerlichen Gesetzbuchs genannten Art handelt.

1) Erläuterung. § 29a sieht im Interesse des gewöhnlich sozial schwächeren Mieters das AG, in dessen Bezirk sich der Wohnraum befindet, als ausschließlich zuständiges Gericht vor und schließt damit eine Parteivereinbarung über die Zuständigkeit aus. Nach § 1025a sind auch Schiedsverträge unwirksam, um ein Ausweichen in die Schiedsgerichtsbarkeit zu verhindern. Jedoch decken sich § 29a und § 1025a nicht. Letzterer gilt nur für Rechtsstreitigkeiten, die den **Bestand eines Mietverhältnisses über Wohnraum** betreffen, **S 1**. Darunter fallen Klagen, die zum Gegenstande haben, ob der Mietvertrag noch besteht, ob er weiter besteht oder gekündigt ist, ferner solche, für die das Bestehen oder Nichtbestehen Vorfrage ist, wie Räumungs- und Herausgabeklagen. Das gilt auch für bestehende Mietverträge, die eine Schiedsklausel enthalten. Über andere Streitigkeiten kann ein Schiedsvertrag geschlossen werden, Bericht des RAusschusses zu Drucksache V/2317 S 6, also zB über Leistungen aus dem Mietvertrag wie Zahlung des Mietzinses, Vornehmen von Schönheitsreparaturen oder Leistung von Schadensersatz; auch über Streitigkeiten aus dem G zur Regelung der Miethöhe v 18. 12. 74 und ähnlichen Vorschriften ist ein Schiedsvertrag zulässig, StJSchl 4. **Kein Verbot** gilt für Schiedsverträge bei Vermietung zu vorübergehendem Gebrauch, **S 2** iVm § 556a VIII BGB.

1026 *Schiedsvertrag über künftigen Streit.* **Ein Schiedsvertrag über künftige Rechtsstreitigkeiten hat keine rechtliche Wirkung, wenn er nicht auf ein bestimmtes Rechtsverhältnis und die aus ihm entspringenden Rechtsstreitigkeiten sich bezieht.**

1) Erläuterung. § 1026 ist dem § 40 I nachgebildet; s dort Anm 1. **Ein Schiedsvertrag über künftige Rechtsstreitigkeiten muß sich auf ein bestimmtes Rechtsverhältnis oder mehrere solche beziehen.** Maßgebender Zeitpunkt ist der des Vertragsschlusses; die spätere Gestaltung bleibt gleich, RG HRR **35**, 303. Unzureichend ist eine Vereinbarung „für alle Streitigkeiten aus der Geschäftsverbindung" oder die Bestimmung des Kreises nur durch die Mitgliedschaft an einer Börse, OLG **33**, 138. Ausreichend ist zB eine Vereinbarung für Streitigkeiten aus dem gemeinsamen Betrieb von Kommissionsgeschäften, RG Warn **08**, 568, für alle Klagen aus einem bestimmten Gesellschaftsverhältnis, aM KG MDR **61**, 240, für Zahlungsansprüche aus jeder Lieferung eines Sukzessiv-Lieferungsvertrages, BGH KTS **64**, 46. Aus dem Rechtsverhältnis entspringen auch Streitigkeiten über die Aufhebung des Verhältnisses, etwa durch Rücktritt, RG Gruch **27**, 1053. Der Schiedsvertrag über ein künftiges Rechtsverhältnis ist aufschiebend bedingt; die Bedingung tritt mit Entstehung des Rechtsverhältnisses ein. Unzulässige Abreden sind schlechthin nichtig.

2) *VwGO:* Entsprechend anzuwenden, Grdz 4 § 1025.

1027 *Form des Schiedsvertrags.* **I Der Schiedsvertrag muß ausdrücklich geschlossen werden und bedarf der Schriftform; andere Vereinbarungen als solche, die sich auf das schiedsgerichtliche Verfahren beziehen, darf die Urkunde nicht enthalten. Der Mangel der Form wird durch die Einlassung auf die schiedsgerichtliche Verhandlung zur Hauptsache geheilt.**

II Die Vorschrift des Absatzes 1 ist nicht anzuwenden, wenn der Schiedsvertrag für beide Teile ein Handelsgeschäft ist und keine der Parteien zu den im § 4 des Handelsgesetzbuchs bezeichneten Gewerbetreibenden gehört.

III Soweit der Schiedsvertrag nach Absatz 2 der Schriftform nicht bedarf, kann jede Partei die Errichtung einer schriftlichen Urkunde über den Vertrag verlangen.

1) Grundsatz, I. A. Allgemeines. § 1027 will Unerfahrene gegen Überrumpelung oder Vergewaltigung durch Schiedsabreden schützen, BGH **71**, 162 mwN u BB **80**, 489. Darum stellt er eine Reihe von Erfordernissen für den Schiedsvertrag auf, denen auch dann genügt werden muß, wenn die Schiedsabrede in einer notariellen Urkunde, BGH **38**, 165, oder in einem gerichtlichen Vergleich enthalten ist, Schwab 5 I 2 C. Seine Geltung ist auf Schiedsverträge deutschen Rechts beschränkt; er ist nicht anzuwenden, wenn die Parteien die Geltung einer ausländischen Rechtsordnung vereinbaren, die dann auch die Form bestimmt, BGH NJW **78**, 1744, Hbg RIW **79**, 482; vgl § 1044 Anm 1 B. Im Geltungsbereich des Europäischen Übk, Schlußanh VI A 2, richten sich die Wirksamkeitserfordernisse allein nach dem Übk, BGH NJW **80**, 2022, genügt also die Form des dortigen Art 1 II a, BGH RIW **83**, 210.

B. Vereinbarung. Der Schiedsvertrag verlangt eine ausdrückliche Vereinbarung. Der Gebrauch des Worts Schiedsvertrag ist damit nicht gefordert; der Vertrag muß aber die Erledigung des Streits ganz eindeutig einem Schiedsgericht übertragen. Dabei ist eine Be-

10. Buch. Schiedsrichterliches Verfahren § 1027 1, 2

zugnahme auf Verbandssatzungen u dgl, die ein Schiedsgerichtsverfahren vorsehen, nicht ausgeschlossen. Es genügt aber nicht zB eine Verweisung auf Lieferungsbedingungen des Verbands; erforderlich ist die Gewähr, daß der Unterschreibende das in bezug Genommene, etwa Verfahrensvorschriften, kennt. Auch die Verweisung in einem Gesellschaftsvertrag auf einen erst noch abzuschließenden Schiedsvertrag reicht nicht aus, BGH MDR **73**, 1001, auch nicht als Vorvertrag; vgl dazu § 1025 Anm 1 aE.

C. Schriftform. Weiter nötig ist Schriftform, und zwar die des § 126 BGB; die Urkunde muß also von beiden Parteien eigenhändig durch Namensunterschrift oder mit gerichtlich oder notariell beglaubigtem Handzeichen unterzeichnet sein, und zwar besonders, auch wenn es sich um ein notarielles Protokoll des Hauptvertrages oder dessen Anlage, die ein wesentlicher Bestandteil des Notariatsaktes ist, handelt, BGH **38**, 165. Nötig ist die Unterzeichnung entweder auf derselben Urkunde oder, wenn die Parteien mehrere gleichlautende Urkunden herstellen, auf der für den Gegner bestimmten.

D. Besondere Urkunde. Schließlich ist eine besondere Urkunde nötig. Die Urkunde darf keine anderen Vereinbarungen enthalten als die, die sich auf das Schiedsverfahren beziehen, zB keinen Mietvertrag oder Gesellschaftsvertrag, Nürnb BB **71**, 495. Befindet sie sich im Hauptvertrag, so muß sie sich eindeutig von ihm absetzen und besonders unterschrieben sein, vgl BGH **38**, 163. Somit kann sich ein Privater nicht in Lieferungsbedingungen udgl stillschweigend einem Schiedsgericht unterwerfen; anderes gilt für Vollkaufleute, II.

E. Weitere Einzelheiten. Mündliche Nebenabreden kommen nicht in Betracht. Änderungen bedürfen derselben Form. Bei der Abtretung eines Rechts aus einem Vertrag gehen idR auch die Rechte und Pflichten aus einem damit verbundenen Schiedsvertrag auf den Erwerber über, hM, BGH **68**, 359 mwN, ohne daß es seines Beitritts zum Schiedsvertrag in der Form des § 1027 I bedarf, BGH NJW **78**, 1585, ebenso bei einem Erwerb des Geschäftsanteils einer GmbH, BGH NJW **79**, 2567 m Anm Kornmeier DB **80**, 193, sowie bei Ausübung eines rechtsgeschäftlichen Rechts auf Eintritt in eine Handelsgesellschaft, BGH NJW **80**, 1797.

Unnötig ist die besondere Form bei Schiedsabreden in Satzungen, s bei § 1048; nicht dahin gehört die Schiedsklausel in Gesellschaftsverträgen, auch wenn es sich um eine Massen- oder Publikums-KG handelt, so daß insoweit § 1027 gilt, BGH NJW **80**, 1049. Auch für einen neu eintretenden Gesellschafter gilt I, LG Wiesbaden KTS **83**, 335, wenn nicht alle Gesellschafter Vollkaufleute sind und der Vertragsschluß für sie Handelsgeschäft ist, Anm 2 A. Bei Wahrung der Form nach I ist keine zusätzliche Beurkundung in der für den Hauptvertrag, zB nach § 313 BGB, vorgeschriebenen Form nötig, BGH NJW **78**, 212.

I ist zwingend und streng auszulegen, RG JW **35**, 1089. Er ist vAw zu beachten. Auf ausländische Schiedsverträge ist I als sachlich-rechtliche Vorschrift unanwendbar, Art 11 EGBGB.

F. Heilung, I 2. Eine Heilung durch vorbehaltlose Einlassung auf die schiedsgerichtliche Verhandlung zur Hauptsache, I 2, macht den Schiedsvertrag rückwirkend wirksam. Dabei kommt es nicht darauf an, ob die Parteien sich bewußt waren, durch ihre Einlassung die Zuständigkeit des Schiedsgerichts anstelle des Staatsgerichts zu begründen, BGH **48**, 45 (offen gelassen für den Fall, daß vor der Einlassung überhaupt kein Schiedsvertrag bestand), str, vgl ThP 2, Vollkommer NJW **83**, 727, K. Schmidt MDR **72**, 992, Mü KTS **77**, 178 mwN. Eine Heilung erfolgt nur im Umfang des Sachantrags, da durch ihn die Hauptsache abgegrenzt wird; sie erstreckt sich daher nicht ohne weiteres auf Vorfragen, BGH **LM** Nr 5. Möglich ist aber, daß durch die Einlassung der Schiedsvertrag auf einen von ihm zunächst nicht erfaßten Streitgegenstand erstreckt wird, was der die Vollstreckung aus dem Schiedsspruch Begehrende zu beweisen hat, RG DR **42**, 908. Für die Heilung kommt es auf die rügelose Einlassung zur Hauptsache an. Sie tritt ein, wenn eine Partei das Schiedsgericht anruft und der Gegner sich vor dem Schiedsgericht mündlich oder schriftlich vorbehaltlos zur Hauptsache einläßt, so daß die Einreichung eines entsprechenden Schriftsatzes vor der mündlichen Verhandlung ausreicht, BGH **48**, 45 u RIW **83**, 212 mwN.

G. Eine Sondervorschrift gibt das Gesetz vom 10. 10. 33, RGBl I 722 (BGBl III 310–8) für Schiedsverträge des Bundes (Reichs), der Länder oder Dritter, die im Auftrag der Genannten abschließen; sie bedürfen der Zustimmung der obersten Finanzbehörde. Die Form des § 1027 ist auch da unentbehrlich; eine Unterscheidung nach der Person des Vertragsgenossen kennt das Gesetz nicht.

2) Handelsschiedsvertrag, II. A. Schriftform ist entbehrlich, wo a) der Schiedsvertrag für beide Teile ein Handelsgeschäft ist. Das ist er ohne weiteres, wenn er sich auf ein sachlich-rechtliches Handelsgeschäft bezieht; **b) kein Teil auch nur Minderkaufmann, § 4 HGB, ist.** Beide Teile müssen also Vollkaufmann sein, als natürliche oder jur Person, andernfalls kann sich auch der Vollkaufmann auf die Nichtigkeit berufen. Die Schiedsabrede in einem OHG-Vertrage ist also nur dann formlos wirksam, wenn alle Teile Vollkaufleute sind und der Vertragsabschluß zum Betriebe ihres sonstigen Handelsgewerbes gehört, Zöllner DB **64**, 795. Die Formerleichterung gilt jedenfalls nicht für den Kommanditisten, auch dann nicht, wenn er mit anderen Gesellschaftern oder der Gesellschaft Verträge schließt, BGH **45**, 285. Die Einfuhr- und Vorratsstelle für Getreide und Futtermittel ist nicht Kaufmann, BGH MDR **62**, 296.

B. In diesen Grenzen kann der Schiedsvertrag mündlich oder schriftlich geschlossen werden; auch ein Bestätigungsschreiben genügt, BGH WertpMitt **79**, 1007. Ein solcher formloser Schiedsvertrag verpflichtet auch Dritte, die nicht unter II fielen, vgl § 1025 Anm 3 D und oben Anm 1 E. Ist der Schiedsvertrag Teil eines formbedürftigen Geschäfts, so unterliegt er dessen Form, es sei denn, daß das Schiedsgericht nach dem Parteiwillen gerade über die Wirksamkeit des Hauptvertrags entscheiden soll, § 1025 Anm 2 D. Zur Einbeziehung der in einer Charter-Party enthaltenen Schiedsabrede durch Konnossements-Klausel Hbg VersR **76**, 538 u **82**, 894 (nach englischem Recht, dazu Riehmer VersR **83**, 31).

Ausgeschlossen wird II durch § 31 II GWB für bestimmte Wettbewerbsstreitigkeiten.

C. Eine Vereinbarung im Rahmen von II ist auch stillschweigend möglich (dazu Böckstiegel, Festschrift Bülow, 1981, S 1–15). Dies ist der Fall bei stillschweigender Genehmigung des Bestätigungsschreibens unter Vollkaufleuten, das eine übliche Schiedsabrede enthält, BGH AWD **70**, 410, oder auf allgemeine, aber nicht beiliegende AGB Bezug nimmt, die eine im Handelszweig gebräuchliche Schiedsklausel enthalten, gleichgültig, ob der Gegner das gewußt hat oder nicht, BGH **7**, 188 (sehr weitgehend). Die AGB, § 38 Anm 2 B a, müssen hier wie auch sonst durch Einbeziehung Vertragsbestandteil geworden sein, vgl Lindacher WertpMitt **81**, 702. Da es der besonderen Form des § 2 AGBG unter Vollkaufleuten nicht bedarf, § 24 AGBG, genügt grundsätzlich jede (auch stillschweigende) Willensübereinstimmung, Schwab 5 II 3, Pal-Heinrichs § 2 AGBG Anm 6 u § 24 AGBG Anm 3a.

Es gibt auch eine Unterwerfung durch bloßen Handelsbrauch, so zB die Anrufung des Kartoffelschiedsgerichts, Steckhan KTS **56**, 41, Schlesw RdL **51**, 238. Börsenordnungen enthalten die Vorschrift, daß über Streitigkeiten aus einem Börsengeschäft ein bestimmtes Schiedsgericht zu entscheiden habe. Dann liegt die Vereinbarung im Abschluß eines entsprechenden Geschäfts (stillschweigende Einbeziehung). Dies gilt nach RG JW **22**, 706 auch, wenn der Abschließende den Handelsbrauch gar nicht kannte; diese Ansicht ist jedoch abzulehnen, weil das Gesetz eine zwangsweise Unterwerfung unter ein Schiedsgericht mißbilligt.

Eine Vereinbarung nach II liegt ferner in jeder **rügelosen Einlassung** auf eine Verhandlung zur Sache vor dem Schiedsgericht, dazu K. Schmidt MDR **72**, 989, oder in schlüssigen Handlungen, wie der vorbehaltlosen Ernennung eines Schiedsrichters. Ob in einer rügelosen Verhandlung nach früherer Rüge die Vereinbarung liegt (so RG **115**, 89), ist Auslegungssache, aber im allgemeinen zu verneinen.

3) Recht auf Schriftlichkeit, III. Auch wo der Schiedsvertrag formlos wirksam ist, kann jede Partei die Errichtung eines schriftlichen Schiedsvertrags verlangen. Der Anspruch ist einklagbar, LG Heilbronn BB **64**, 1328 („Errichtung einer Urkunde"); über ihn entscheidet das Staatsgericht. Die Zwangsvollstreckung richtet sich nach § 888, falls nicht auf Abgabe einer dahingehenden Willenserklärung, § 894, geklagt ist. Etwaige Kosten der Errichtung sind im Zweifel zu teilen, weil daran ein beiderseitiges Interesse besteht.

4) VwGO: Entsprechend anzuwenden, § 173 VwGO, ist **I**, weil sein Grundgedanke, Anm 1 A, auch im öff Recht zutrifft. **II u III** sind dagegen unanwendbar.

1027 a
Wirkung der Schiedsgerichtsvereinbarung. Wird das Gericht wegen einer Rechtsstreitigkeit angerufen, für die die Parteien einen Schiedsvertrag geschlossen haben, so hat das Gericht die Klage als unzulässig abzuweisen, wenn sich der Beklagte auf den Schiedsvertrag beruft.

Vorbem. Für **Arbeitsstreitigkeiten** s § 102 ArbGG.

1) Erläuterung. Nach § 274 II Z 3 aF begründete die Vereinbarung eines Schiedsgerichts eine prozeßhindernde Einrede. Da der jetzige § 282 III die Rügen der Unzulässigkeit der Klage nicht aufzählt, bestimmt § 1027a ausdrücklich, daß das Gericht die Klage als unzulässig abzuweisen hat, wenn sich der Beklagte auf einen (wirksamen) Schiedsvertrag beruft;

ein Vorvertrag genügt, Habscheid KTS **76**, 4. Wegen des Begriffs und der Wirksamkeit s Anm zu § 1025, zur persönlichen Wirkung dort Anm 3 D. Darauf, ob der Beklagte auch materielle Einwendungen erhebt, kommt es nicht an, Düss MDR **77**, 762. Die Berufung auf einen (auch das Wechselrechtsverhältnis erfassenden) Schiedsvertrag muß schon in der Vorbehaltsverf erfolgen, Düss NJW **83**, 2179, und ist dort voll mit den zulässigen Beweismitteln darzutun. Für den Geltungsbereich des Europäischen Übk, Schlußanh VI A 2, s dessen Art 6 I. Im Verf des Arrests und der einstwVfg versagt die Rüge des Schiedsvertrages, weil dieser die Zuständigkeit der staatlichen Gerichte nicht ausschließt, § 1034 Anm 5, LG Ffm NJW **83**, 762 mwN.

Die Rüge entfällt mit der Beendigung der Tätigkeit des Schiedsgerichts und lebt nicht wieder auf, wenn das staatliche Gericht den Schiedsspruch aufhebt, hM, Schwab 25 V, Düss BB **76**, 251. Die Rüge greift auch dann nicht durch, wenn das Schiedsgericht eine Entscheidung endgültig ablehnt oder der Schiedsvertrag, zB durch Kündigung, erlischt, BGH **51**, 79. Dagegen beendet ein bloß äußerlich unwirksamer Schiedsspruch, dem zB die Niederlegung fehlt, das Schiedsverfahren nicht, so daß die Rüge noch zulässig ist. Sie geht nicht verloren, wenn sich die Partei in einem Vorprozeß über einen anderen Anspruch nicht auf die Schiedsabrede berufen hat, vgl BGH NJW **78**, 1586. Eine Rüge ist aber nur nach Maßgabe von § 282 III statthaft, bei Verspätung gilt § 296 III, § 282 Anm 5; in der Berufungsinstanz gilt § 529, Düss NJW **83**, 2149. Der Beklagte darf mit der Rüge auch nicht warten, wenn er sich in erster Instanz mit beachtlichen Gründen in der Sache selbst verteidigt hat, Ffm BB **82**, 279. Die Berufung auf die Schiedsabrede kann gegen Treu und Glauben verstoßen und dann unbeachtlich sein, zB bei treuwidrigem Verstoß gegen eigenes Verhalten, BGH **50**, 191, Mü MDR **81**, 766.

Wer mit der Rüge durchdringt, kann die Zuständigkeit des Schiedsgerichts nicht mehr bemängeln, weil dessen Zuständigkeit dann feststeht. Hat das Schiedsgericht unangreifbar entschieden und seine Zuständigkeit bejaht, ist die Anrufung der staatlichen Gerichte durch die Rechtskraft ausgeschlossen. Hat sich das Schiedsgericht unangreifbar für unzuständig erklärt, haben die staatlichen Gerichte zu entscheiden, und zwar unter Bindung an die Erklärung, Schwab 7 I 2 b. Vgl iü § 282 Anm 5 B b.

Die wirksame Berufung auf die Schiedsabrede gegenüber einer Gegenforderung macht die Aufrechnung mit dieser Forderung im Verfahren vor dem staatlichen Gericht unzulässig, BGH **38**, 258, Mü MDR **81**, 766, Schwab 3 II 4 b, str.

Für Schiedsgutachtenverträge, Grdz 3 § 1025, gilt § 1027a nicht, BGH NJW **82**, 1878, BGH **9**, 138.

2) VwGO: Entsprechend anzuwenden, Grdz 4 § 1025.

1028 Recht zur Ernennung der Schiedsrichter. Ist in dem Schiedsvertrag eine Bestimmung über die Ernennung der Schiedsrichter nicht enthalten, so wird von jeder Partei ein Schiedsrichter ernannt.

Schrifttum: Schwab, Festschrift Schiedermair 1976 S 499–515.

1) Ernennung. A. Vertragliche Ernennung eines Schiedsrichters. Bei ihr ist nach ZPO die Tätigkeit gerade dieses Schiedsrichters wesentliche Vertragsbedingung, § 1033 Z 1. Der Fall liegt nur vor, wenn beide Parteien den Schiedsrichter aufgrund einer Willenseinigung benennen, nicht, wenn ihn eine Partei im Schiedsvertrag einseitig namhaft macht, RG **114**, 62. Gleich steht eine Ernennung durch spätere Vereinbarung; diese ergänzt den Schiedsvertrag.

B. Einseitige Ernennung durch die Partei. Die Ernennung jeweils eines Schiedsrichters durch jede Partei, § 1028, greift ein, wenn der Schiedsvertrag oder ein ergänzender Vertrag keine andere Art der Ernennung vorsieht. Das gleiche gilt, wenn der Schiedsvertrag keine bestimmte Person benennt, dh keine solche eindeutig, wenn auch nicht mit Namen, bezeichnet. Sieht der Schiedsvertrag eine gemeinsame Ernennung vor und scheitert eine Einigung, so gilt nicht § 1028, sondern § 1033 Z 1, StJ I 1.

Der Vertrag darf nicht einer Partei die Ernennung sämtlicher Schiedsrichter überlassen, und zwar entgegen RG DR **42**, 186 nicht einmal für den Fall der Versäumung der Ernennung, BGH **54**, 392 (zustm Rietschel **LM** § 1041 I Nr 11 mwN, Habscheid ZZP **84**, 339 u JZ **71**, 233, RoS § 175 II 3, StJ § 1032 I 3 d, aM Hbg MDR **69**, 491, Rölle MDR **56**, 261). Eine solche Abrede ist, auch abgesehen vom Fall des § 1025 II, unwirksam, § 1041 I Z 1. Das gleiche gilt für eine Abrede, daß alle Schiedsrichter einem Verein angehören müssen, in dem nur eine Partei gleichfalls Mitglied ist, BGH **51**, 255, § 1025 Anm 5 D. Die Person des

Schiedsrichters ist von so grundlegender Bedeutung, daß ein Übergewicht bei der Ernennung nur in Ausnahmefällen statthaft sein darf. Unzulässig kann auch die Besetzung des Schiedsgerichts mit den bisherigen Parteivertretern (ohne Obmann) sein, Hbg JZ **56**, 226.

C. Ernennung durch einen Dritten. Der Vertrag kann die Ernennung einem Dritten überlassen, was zB bei ständigen Schiedsgerichten üblich ist, vgl Sieg JZ **58**, 719. Dann ist zu prüfen, ob nicht der Dritte von einer Partei so abhängt, daß in Wahrheit die Partei ernennt, und ob nicht § 1025 II eingreift. Ist der Dritte eine Behörde oder Personenmehrheit, so ernennt im Zweifel der Vorstand den Schiedsrichter. Unwirksam ist eine Vereinbarung, nach der alle Schiedsrichter oder der den Ausschlag gebende Obmann vom Vorstand oder dem Beauftragten eines Vereins ernannt werden, wenn nicht beide Parteien Mitglieder dieses Vereins sind, Mü KTS **83**, 166, vgl B. Eine Verpflichtung zur Ernennung hat der Dritte gesetzlich nie; die Ernennung ist immer eine rein private Handlung, Arnold NJW **68**, 781 mwN (zur Ernennung durch Richter). Der Dritte muß eindeutig bezeichnet sein. Versagt er, so ist der Schiedsvertrag hinfällig, RG **108**, 248.

2) Obmann. A. Allgemeines. Häufig sieht der Schiedsvertrag die Ernennung eines Obmanns vor. Tut er das nicht, so ist eine solche unstatthaft und gilt § 1033 Z 2. Den Obmann können je nach der Vereinbarung im Schiedsvertrag ernennen **a)** die Parteien gemeinsam; die Ernennung durch eine Partei ist regelmäßig unwirksam, weil sie damit schon das Übergewicht hat, s Anm 1 B u C (aM OLG **40**, 439); **b)** die Schiedsrichter, und zwar schlechthin oder in einem gewissen Fall, namentlich wenn sie sich sachlich nicht einigen. Dann ist der Schiedsvertrag erledigt, sobald die Einigung mißlingt, wenn der Schiedsvertrag nichts anderes vorsieht, RG **33**, 268. **c)** ein Dritter, namentlich der Vorstand einer Behörde oder öff Körperschaft. Lehnt der danach zur Ernennung Berufene diese ab, so erlischt der Schiedsvertrag, § 1033 Z 1, RG **138**, 344. Eine Pflicht zur Ernennung besteht für ihn nicht.

B. Ernennung. Die Ernennung wird wirksam, sobald die Annahmeerklärung des Obmanns den Schiedsrichtern oder den Parteien zugeht. Lehnt der Ernannte ab, so ist eine anderweite Ernennung im Zweifel zulässig, ebenso, wenn er sein Amt niederlegt. Fällt ein Schiedsrichter nach Ernennung weg, so berührt das den Obmann nicht, RG HRR **33**, 544. Das gleiche gilt, wenn beide Schiedsrichter wegfallen, Schwab 10 I 1, mögen sie den Obmann auch nur bei mißlungener Einigung haben zuziehen sollen.

C. Stellung. Der Obmann hat die Stellung, die ihm der Schiedsvertrag einräumt. Auch die ihn ernennende Stelle (Schiedsrichter, Behörde) kann ihm bei der Wahl Richtlinien vorschreiben, soweit solche seine Pflichten als Schiedsrichter nicht berühren, etwa Tagung des Schiedsgerichts an einem bestimmten Ort. Solche Richtlinien binden aber im Gegensatz zu denen der Parteien (des Schiedsvertrags) nur im Innenverhältnis.

Mangels anderweiter Regelung hat der Obmann die Stellung des Vorsitzenden. Ihm obliegt namentlich die Vorbereitung der mündlichen Verhandlung, überhaupt die Sammlung des Prozeßstoffs und die Leitung des gesamten Verfahrens, ebenso die Aufnahme von Protokollen und die Abfassung des Schiedsspruchs. Zur Protokollführung kann er eine geeignete Hilfskraft zuziehen. Im Zweifel gilt der Obmann auch als zur Zustellung und Niederlegung des Schiedsspruchs oder Schiedsvergleichs ermächtigt, jedoch empfiehlt es sich, daß die Schiedsrichter ihn dazu ausdrücklich ermächtigen und dies den Parteien mitteilen. Das Schiedsger kann seine Maßnahmen jederzeit abändern. Der Verkehr des Schiedsger mit den Parteien sollte nur durch den Obmann gehen. – Über seine Vergütung s Anh § 1028 Anm 3.

3) VwGO: Entsprechend anzuwenden, Grdz 4 § 1025.

Anhang nach § 1028 ZPO. Der Schiedsrichtervertrag
Gliederung

1) Wesen und Abschluß
  A. Inhalt
  B. Maßgebliches Recht
  C. Vertragsteile
2) Inhalt
  A. Rechtsgrundlage
  B. Mitwirkung im Schiedsverfahren
  C. Unabhängigkeit
  D. Höchstpersönliches Amt
  E. Weisungen beider Parteien

  F. Auskunft, Rechnungslegung, Herausgabe
3) Vergütung des Schiedsrichters
  A. Anspruchsgrundlage
  B. Auslagenersatz
  C. Vorschuß
  D. Nichtleistung des Vorschusses
4) Erlöschen des Schiedsrichtervertrages
  A. Erlöschensgründe
  B. Kündigung

10. Buch. Schiedsrichterliches Verfahren **Anh § 1028**

1) Wesen und Abschluß des Schiedsrichtervertrages (dazu Schwab, Festschrift Schiedermair, 1976, S 499–515, und zu den Begriffen Sareika ZZP **90**, 285).

A. Schiedsrichtervertrag ist der zwischen den Parteien und dem Schiedsrichter vereinbarte Vertrag. Er verpflichtet den Schiedsrichter gegen oder ohne Vergütung zur Ausübung des Schiedsrichteramts. Merkwürdigerweise ist er nach Wesen und Wirkung ganz streitig, obwohl die praktischen Unterschiede der verschiedenen Meinungen gering sind. Das Gesetz erwähnt ihn nur in § 1033 Z 1 ZPO. Der Schiedsrichtervertrag ist, wenn er kein Entgelt vorsieht, ein Auftrag und dort, wo er entgeltlich ist, ein Dienstvertrag mit Geschäftsbesorgung; so auch StJ III vor § 1025 (abw Schwab 11 II 2: Prozeßvertrag, der auch dem bürgerlichen Recht untersteht, RG in stRspr, zB **59**, 249 u **94**, 213, ebenso BGH NJW **54**, 1763 u Hbg MDR **50**, 480: ein Vertrag besonderer Art; die Begründung des RG ist, wo sie eine Auskunfts- und Rechnungslegungspflicht leugnet, geradezu unhaltbar). Die überragende Stellung des Schiedsrichters im Verfahren beweist nichts dagegen. Sie hat auf seinem Gebiet auch der Arzt, der Anwalt, der Techniker, kurz jeder Sachkundige. Auch sie haben bei ihrer Tätigkeit keine fachlichen Weisungen entgegenzunehmen.

Richter und Beamte als Schiedsrichter bedürfen der Genehmigung ihrer Dienstbehörde, Schwab 9 I; s die Richter- u Beamtengesetze, insbesondere die Erläuterung zu § 40 DRiG (Schlußanh I A).

B. Maßgebendes Recht ist das des Schiedsvertrags, nicht das des Schiedsverfahrens. Darum ist der Schiedsrichtervertrag nach dem sachlichen Recht des Schiedsvertrags anfechtbar oder nichtig. Doch wird nicht ohne weiteres angenommen werden können, daß Schiedsrichter mit Wohnsitz am Ort des Schiedsgerichts sich anderem Recht unterwerfen wollen, vgl Einf 2 B § 1034. Wegen Sittenwidrigkeit nichtig ist ein Schiedsrichtervertrag, der auf Veranlassung des mit der Sache befaßten staatlichen Richters mit ihm geschlossen ist, RG **113**, 1. Die Wirksamkeit des Schiedsrichtervertrags ist von der des Schiedsvertrags unabhängig, JW **29**, 878.

C. Vertragsteile sind immer einerseits der Schiedsrichter, andererseits beide Parteien, nicht nur eine Partei, RG **94**, 211. Wer ernennt, bleibt gleich. Wo ersatzweise das Gericht ernennt, tut es das kraft gesetzlicher Ermächtigung für beide Parteien. Kraft vertraglicher Ermächtigung ernennen die Schiedsrichter den Obmann; über ihn s § 1028 Anm 2. Der Vertragsschluß geschieht formlos, die Annahme des Amts auch durch beliebige schlüssige Handlung; gilt der Annahme als erklärt, kommt der Schiedsrichtervertrag zustande, BGH NJW **53**, 303. Der Vertrag mit der nicht ernennenden Partei kommt aber erst zustande, wenn die Anzeige von der Ernennung dem Gegner zugeht, vgl § 1030 u BGH **LM** § 1025 Nr 5. Erst damit ist der Schiedsrichtervertrag geschlossen; bis dahin liegt eine innere Angelegenheit des Ernennenden und des Schiedsrichters vor. Die Erklärung der Annahme oder Ablehnung ist, wenn sie schriftlich erfolgt, aus der Urkunde auszulegen. Ein abweichender innerer Wille ist neben ihr unbeachtlich, RG **138**, 346.

2) Inhalt des Schiedsrichtervertrags. A. Es gelten die **Vorschriften des sachlichen Rechts** mit den durch die Natur des Vertrags bedingten Abweichungen. §§ 615–619 BGB sind mit dem Schiedsrichtervertrag unvereinbar und darum unanwendbar.

B. Durch den Schiedsrichtervertrag wird der **Schiedsrichter verpflichtet, im Schiedsverfahren mitzuwirken,** vgl Anm 4 B. Aus dem Vertrag ergibt sich die Ermächtigung, die erforderlichen Ermittlungen anzustellen, ua auch Sachverständige zu beauftragen, denen gegenüber damit die Parteien verpflichtet sind und umgekehrt, BGH **42**, 315. Weigert der Schiedsrichter sich, so gelten §§ 1031, 1033 Z 1; eine Mitwirkung wäre auch entsprechend § 888 II nicht erzwingbar. Hat er aber mitgewirkt und ist der Schiedsspruch gefällt, so ist er verpflichtet, zu unterzeichnen und bei der Niederlegung mitzuwirken, auch wenn er überstimmt worden ist, RG **101**, 392, Dresd HRR **36**, 1374, oder den anderen Schiedsrichter für parteiisch hält, RG **126**, 380, da anderenfalls durch seine Kündigung das an sich fertige Ergebnis der bisherigen Arbeit rückwirkend zerstört würde; eine hierauf gerichtete Klage ist zulässig, für die Erzwingung gilt § 888 I, sehr str, ebenso StJ III 2 vor § 1025 (abw § 1033 I: § 315 I 2 anzuwenden), aM Schwab 12 I 2 mwN (Erlöschen des Schiedsvertrages, §§ 1031, 1033 Z 1: Daß dann das Hauptverfahren vor dem Staatsgericht neu beginnt, ist ein den Parteien schwerlich zumutbares Ergebnis. S auch § 1039 Anm 2 A.

C. Der Schiedsrichter verdankt seine Stellung ganz dem Parteiwillen; er übt keine staatlichen Befugnisse aus. Er ist aber **von den Parteien völlig unabhängig.** Er hat unparteiisch zu handeln und nicht als Vertreter der Partei, die ihn ernannt hat. Bei Weigerung jeder Mitwirkung gelten §§ 627 II, 671 II BGB. Er verliert gegebenenfalls, § 628 BGB, seinen

Anspruch auf Vergütung, muß die erhaltene zurückzahlen und für Verzögerungsschaden aufkommen. Für Verschulden beim Schiedsspruch bedingt die Natur der Sache dieselbe Haftungsbeschränkung wie sie für den urteilenden Staatsrichter besteht, § 839 II BGB; die Gründe, die dort zur Beschränkung geführt haben, gelten auch hier, BGH **15**, 12 u **42**, 313, Schwab 12 I 4.

D. Das Amt des Schiedsrichters ist höchstpersönlich, §§ 613, 664 BGB. Der Eintritt eines Rechtsnachfolgers der Partei beendet den Schiedsrichtervertrag nicht, wenn sein Inhalt unberührt bleibt. Darum darf der Rechtsnachfolger auch nicht kündigen.

E. Weisungen beider Parteien, nicht einer Partei, binden den Schiedsrichter im Rahmen seiner Aufgabe, § 665 BGB, vgl auch § 1034 II. Weisungen einer Partei sind höchstens pflichtmäßig zu wertende Anregungen. Der Schiedsrichter, der sich zum Schaden einer Partei nicht an das im Vertrag vorgesehene Recht hält, handelt treuwidrig; denn er hat eine ähnliche Stellung wie der Richter des Staatsgerichts und haftet deshalb nur ebenso wie dieser, oben C. Dementsprechendes gilt für Rechtsbeugung, vgl Bemmann, Ztschr f ges StrafRWiss **74**, 295.

F. Auskunft, Rechnungslegung, Herausgabe nach §§ 666–668 BGB. Auskunft über den Stand des Verfahrens, Abrechnung über Vorschüsse, Herausgabe für die Parteien vereinnahmter Beträge ist selbstverständliche Pflicht.

3) Vergütung des Schiedsrichters (dazu Schwab 12 II, Schwytz BB **74**, 673). **A. Ein Anspruch auf Vergütung besteht nur bei Dienstvertrag, der aber im Zweifel vorliegt, nicht bei Auftrag.** Maßgebend sind §§ 612, 614 BGB. Der Anspruch geht stets gegen beide Parteien als Gesamtschuldner, § 427 BGB, BGH **55**, 344. Über die Höhe entscheidet der Schiedsrichtervertrag; notfalls sollte er immer durch eine (der Form des § 1027 genügende) Zusatzvereinbarung in der ersten mündlichen Verhandlung ergänzt werden, um Streit zu vermeiden. Fehlt eine Vereinbarung, so ist die am Ort der Dienstleistung übliche Vergütung zu leisten. Das ist vielfach die Vergütung eines RA 2. Instanz, so zB nach der vom Dt AnwVerein ausgearbeiteten Mustervereinbarung, abgedr bei GSchm Anm 7, und nach der SchGO für das Bauwesen, Heiermann BB **74**, 1507, und zwar für jeden Schiedsrichter (meist mit Zuschlag für den Obmann). Ist eine Berechnung nach BRAGO vereinbart, was sich empfiehlt, da dann auch die einzelnen Gebührentatbestände feststehen, so kann keine Partei die Unangemessenheit der entsprechend berechneten Gebühren rügen, vgl Schwytz BB **74**, 674 (mit praktisch wichtigen Fingerzeigen). Ist eine übliche Vergütung nicht zu ermitteln, so bestimmt die Vergütung der Schiedsrichter nach billigem Ermessen, §§ 315f BGB; über die Angemessenheit entscheidet notfalls das Staatsgericht im Prozeß, RG JW **27**, 1484. Richtigkeit und Rechtsbeständigkeit des Schiedsspruchs sind dabei ebenso wie Gültigkeit des Schiedsvertrages belanglos, BGH NJW **53**, 303; das Verfahren muß aber gesetzmäßig abgeschlossen sein. Erst dann ist die Vergütung fällig. Das Schiedsgericht selbst kann die Vergütung seiner Mitglieder **niemals selbst festsetzen,** auch nicht mittelbar durch Entscheidung über den Streitwert des Schiedsverfahrens, BGH JZ **77**, 185, zustm Habscheid/Calavros KTS **79**, 7, BGH BB **78**, 327.

B. Auslagenersatz ist nach § 670 BGB zu gewähren, Auslagenvorschuß nach § 669 BGB. Die Vergütung schließt eine etwaige Umsatzsteuer (Mehrwertsteuer) ein, wenn die Parteien nichts anderes vereinbart haben.

C. Die Schiedsrichter dürfen auch Vergütungsvorschuß verlangen, Schwab 12 II 2, StJ III 2 vor § 1025, BGH **55**, 347. Fordern und Gewähren eines solchen ist derart üblich, daß man von einem Gewohnheitsrecht reden kann. Dazu kommt, daß die Vergütung der Tätigkeit des Schiedsrichters, nicht diese selbst, der eines RA ähnelt, und daß man niemandem zumuten kann, eine derartige, regelmäßig längere Tätigkeit vorzuleisten, weil die unterliegenden Partei, wenn nicht beide Parteien, nach Beendigung der Sache zuweilen Schwierigkeiten machen. Zu empfehlen ist immerhin, die Tätigkeit von vorheriger Vorschußleistung abhängig zu machen, was unstreitig zulässig ist. Vorschußpflichtig sind beide Parteien als Gesamtschuldner; sie sind zusammen „der Auftraggeber", vgl § 669 BGB. Im Innenverhältnis besteht mangels abweichender Vereinbarung eine Verpflichtung nur nach § 426 I BGB, BGH **55**, 344, dazu Breetzke NJW **71**, 1457, Habscheid KTS **72**, 213.

D. Leistet eine Partei den Vorschuß nicht, so kann der Schiedsrichter nicht klagen, wohl aber kann das die Gegenpartei, weil die Leistung des Vorschusses aus der Förderungspflicht der Parteien, § 1025 Anm 3 A, folgt; zuständig ist das staatliche Gericht, vgl Oldb NJW **71**, 1461 (betrifft die ausnahmsweise gegebene Zuständigkeit des Schiedsgerichts, dazu Breetzke NJW **71**, 2080 u Habscheid KTS **72**, 213, der zutreffend darauf hinweist, daß niemals das Schiedsgericht über die Zahlung des von ihm selbst verlangten Vorschusses befinden darf). Ob die Partei leisten kann, bleibt gleich. Verzug gibt der Gegenpartei das Recht, vom Schiedsvertrag zurückzutreten, § 326 BGB, JW **28**, 737. Wer selbst keinen Vorschuß leisten kann, darf ihn nach Treu und Glauben nicht dem Gegner zumuten, BGH **55**, 349. Bleibt der Vorschuß aus, so dürfen die Schiedsrichter die Tätigkeit bis zur Zahlung einstellen, § 273 I BGB, BGH **77**, 65, **55**, 347, Schwab 12 II 2. Die Schiedsrichter können den Vorschuß in jeder Lage des Verfahrens verlangen. Wenn Berechnung nach BRAGO vereinbart ist, Anm 3 A, so werden vielfach (so bei der umfangreichen Schiedsgerichtsbarkeit in Hamburg) als Vorschuß für jeden Schiedsrichter 2 Gebühren der Berufungsinstanz eingefordert.

4) Erlöschen des Schiedsrichtervertrags. A. Erlöschensgründe sind: a) Beendigung der Aufgabe, regelmäßig also Niederlegung des Schiedsspruchs oder Schiedsvergleichs, **b)** Erlöschen des Schiedsvertrags, weil damit die Grundlage entfällt; **c)** Tod des Schiedsrichters oder sein Unfähigwerden zur Dienstleistung; **d)** Kündigung der Parteien oder der Schiedsrichter, §§ 626, 627, 671 BGB. Kündigung der Parteien ist jederzeit zulässig und duldet keine Bedingung; sie muß von beiden Parteien ausgehen. Kündigung (Widerruf) einer Partei ist unbeachtlich. Rücktritt vom Vertrag kommt neben Kündigung nicht in Frage; **e)** erfolgreiche Ablehnung, § 1032. Konkurs über das Vermögen einer Partei beendet das Vertragsverhältnis nicht, § 23 KO will nur die Masse sichern (vgl RG **81**, 336 für Aufsichtsrat). Auch Konkurs des Schiedsrichters beendet nicht. Beide Fälle sind an sich auch kein Kündigungsgrund.

B. Kündigung seitens der Schiedsrichter ist jederzeit zulässig (Einschränkung oben 2 B), wenn die Schiedsgerichtsparteien zustimmen, also den Rücktritt genehmigen, BGH NJW **54**, 1605, oder wenn ein wichtiger Grund vorliegt, Schwab 13 II 2. Ein wichtiger Grund liegt zB vor: wo das Vertrauen gestört ist, wenn etwa eine Partei einen Schiedsrichter ernstlich beleidigt; wenn sie den erforderten, angemessenen Vorschuß nicht zahlt; wenn der Schiedsrichter mit den anderen Schiedsrichtern nicht mehr ersprießlich zusammenarbeiten kann, wozu bloße Parteilichkeit eines andern Schiedsrichters nicht genügt, RG **126**, 382; bei längerer Krankheit; bei Verziehen ins Ausland; nicht aber, wenn er überstimmt wird. Eine Kündigung ohne wichtigen Grund macht den Schiedsrichter für den entstehenden Schaden (vgl Anm 2 C) ersatzpflichtig. Wegen Vergütung und Ersatz bei Kündigung s § 628 BGB. Den Kündigungsgrund muß der Schiedsrichter beweisen.

1029 *Ernennungsfrist und gerichtliche Ernennung.* [I] Steht beiden Parteien die Ernennung von Schiedsrichtern zu, so hat die betreibende Partei dem Gegner den Schiedsrichter schriftlich mit der Aufforderung zu bezeichnen, binnen einer einwöchigen Frist seinerseits ein Gleiches zu tun.

[II] Nach fruchtlosem Ablauf der Frist wird auf Antrag der betreibenden Partei der Schiedsrichter von dem zuständigen Gericht ernannt.

1) Aufforderung, I. A. Allgemeines. § 1029 regelt den Fall, in dem beide Parteien Schiedsrichter zu ernennen haben; über die vertragliche Ernennung s § 1028 Anm 1. Unterläßt der zur Ernennung berufene Dritte die Ernennung, so wird der Schiedsvertrag hinfällig, RG **108**, 246, ebenso, wenn sich die Schiedsrichter nicht über den von ihnen zu ernennenden Obmann einigen und der Schiedsvertrag für diesen Fall keine Vorkehrung trifft, § 1028 Anm 2. Haben beide Parteien Schiedsrichter zu ernennen, so kann jede Partei das Schiedsverfahren in Gang bringen, indem sie dem Gegner den Schiedsrichter schriftlich benennt und ihn auffordert, in Wochenfrist dasselbe zu tun. Ist nach den Platzusancen das Verfahren in die Qualitätsarbitrage, für die Schiedsgutachter zuständig sind, und in das Schiedsgerichtsverfahren geteilt (Hamburg), so genügt die Aufforderung nicht den an diese zu stellenden Anforderungen, wenn sie sich nur auf die Ernennung des Schiedsgutachters für die Qualitätsarbitrage bezieht, BGH NJW **60**, 1296. Eine Zustellung der Aufforderung ist nicht vorgeschrieben, aber zu empfehlen (Einschreiben mit Rückschein). Schriftform ist entbehrlich, wenn etwas anderes vereinbart ist, RG JW **29**, 108.

B. Notwendiger Inhalt. Die Aufforderung muß mangels abweichender Regelung des Schiedsvertrags enthalten: **a) Bezeichnung des Schiedsrichters** des Auffordernden so, daß seine Nämlichkeit feststeht u sich der Gegner nach ihm erkundigen kann, BGH NJW **60**, 1296 m zustm Anm Schwab ZZP **73**, 432. Der Schiedsrichter darf nicht ersichtlich untauglich sein, braucht aber weder angenommen zu haben noch auch nur über Annahme befragt zu sein. Fällt er weg oder lehnt er ab, so hat der Gegner das Aufforderungsrecht; **b) ausreichende Bezeichnung der Rechtsstreitigkeit,** OLG 33, 138. Die genaue Angabe des Anspruchs ist unnötig; **c) Fristsetzung von 1 Woche.** Eine Aufforderung ohne sie ist wirkungslos; sieht aber der Schiedsvertrag eine von der Aufforderung laufende Frist vor, so ist die Fristsetzung entbehrlich, RG **87**, 183 (aM Bbg SeuffArch **61**, 214). Berechnung nach § 222, Beginn mit Zugang der Aufforderung. Verlängerung und Abkürzung durch Vereinbarung sind zulässig, weil kein gerichtliches Verfahren vorliegt, Schwab 10 II 4b. Es handelt sich um eine uneigentliche Frist, Üb 3 § 214, die in den Gerichtsferien läuft und keine Wiedereinsetzung duldet. Die Gewährung einer längeren Frist ist zulässig, eine Androhung der Folgen unnötig. Jede Partei darf auffordern; „betreibende Partei" meint die, die das Verfahren in Gang setzen will. Mit der Aufforderung unterwirft sich die Partei dem Schiedsverfahren.

C. Wahrung der Frist. Der Gegner wahrt die Frist durch Zugang der schriftlichen Benennung seines Schiedsrichters; auch hier empfiehlt sich Zustellung bzw Sicherstellung des Zugangs, Anm 1 A. Der Gegner, der die Unwirksamkeit des Schiedsvertrags oder dessen Unanwendbarkeit behauptet, benennt zweckmäßig vorsorglich unter Verwahrung. Auch hier kommt es auf Kenntnis des Benannten nicht an, er darf aber nicht ersichtlich ungeeignet sein, unten D.

D. Folgen der Fristversäumnis. Ist die Frist von einer Woche fruchtlos verstrichen, so darf die Partei die Ernennung des Schiedsrichters durch das Gericht betreiben, II, aber nicht eher, auch dann nicht, wenn eine kürzere Frist als 1 Woche gesetzt worden ist (weil das wirkungslos ist). Vom Schiedsvertrag kann sie nach sachlichem Recht nicht zurücktreten, soweit ihr nicht der Schiedsvertrag das Recht einräumt. Die säumige Partei hat das Ernennungsrecht endgültig eingebüßt; sie darf nicht etwa nachträglich einen Schiedsrichter ernennen, StJ II, aM Schwab 10 II 5, ThP 2. § 231 II ist hier unanwendbar, weil keine Prozeßhandlung in Frage steht. Die unzulässige Benennung, etwa eines zum Schiedsrichteramt Unfähigen oder eines ersichtlich Ungeeigneten, zB eines Wettbewerbers des Betreibenden (im engeren Sinne, nicht etwa also eines Mannes aus seinem Fach) in einem Handelsstreit, steht der Unterlassung gleich, ohne daß es auf Verzögerungsabsicht ankommt, aM Bre NJW **72**, 454, dazu Habscheid KTS **73**, 234. Läßt sich der Auffordernde auf eine verspätete Ernennung ein, so schließt er damit einen ergänzenden Schiedsvertrag ab, aM Schwab 10 II 5a.

2) Ernennung durch das Gericht, II. A. Voraussetzungen. Das Gericht wird nur auf Antrag des Auffordernden tätig. Der Antrag muß die nötigen Unterlagen enthalten für die Beurteilung der Zuständigkeit, § 1045, und der deutschen internationalen Zuständigkeit des Gerichts, der Wirksamkeit des Schiedsvertrags, der Auswahl des Schiedsrichters. Alle diese Erfordernisse sowie die allgemeinen Prozeßvoraussetzungen, Grdz 3 § 253, sind vAw zu prüfen, die Wirksamkeit des Schiedsvertrags jedoch nur dann, wenn nicht das Schiedsgericht auch über sie entscheiden soll, § 1025 Anm 2 D, und in diesem Fall auch nur auf Einrede, wenn es sich nicht um den Verstoß gegen eine zwingende Norm handelt, Schwab 10 II 5 C; die darüber ergehende Entscheidung hat aber insofern keine Rechtskraftwirkung, BGH NJW **69**, 978. Ist ausländisches Recht anzuwenden, so darf das deutsche Gericht nicht ernennen; sofern das betreffende Recht nichts anderes bestimmt, wird der Schiedsvertrag mangels Einigung oder Benennung auf Aufforderung hinfällig, StJ IV. Nicht zu prüfen sind alle Einwendungen gegen den Anspruch selbst, ferner alle Einwendungen, die die Zuständigkeit des Schiedsgerichts für den zu erhebenden Anspruch betreffen, zB der Streit falle nicht unter den Schiedsvertrag, Celle OLG **23**, 251.

B. Entscheidung. Sie ergeht auf freigestellte mündliche Verhandlung, § 128 Anm 3, durch Beschluß, § 1045 III. Eine Entscheidung über die Wirksamkeit des Schiedsvertrags erfolgt damit fürs weitere und für spätere Verfahren nicht, BGH NJW **69**, 978, zustm Habscheid ZZP **84**, 206: Sie ist nur Beschlußgrundlage, zudem bei Ernennung nur Vorfrage für diese, Habscheid KTS **70**, 5, Schwab 10 II 5 c, aM StJ II 3. Das Gericht wählt den Schiedsrichter nach freiem Ermessen aus; an Vorschläge ist es nicht gebunden. Die Rechtskraft des Beschlusses beseitigt alle Einwendungen gegen die Ernennung, auch für das Verfahren nach §§ 1041, 1042. Rechtsbehelf: sofortige Beschwerde für beide Parteien, § 1045 III, auch wegen der Auswahl. Fällt der vom Gericht ernannte Schiedsrichter weg, so ernennt das Gericht einen andern; § 1031 ist unanwendbar, Schwab 10 II 5e. **Gebühren:** Gericht ½ für das Verfahren, § 11 I GKG u 1105 KVerz, RA ⁵⁄₁₀ der Gebühren des § 31, §§ 46 II, 67 BRAGO. Wert: § 12 I GKG.

3) Streit über die Wirksamkeit. Wird streitig, ob die Ernennung durch die Partei, den Gegner oder Dritte wirksam ist, etwa weil sie nach Fristablauf geschehen ist, so entscheidet darüber das Staatsgericht durch Beschluß nach § 1045, Schwab 10 II 6, StJ V.

4) VwGO: *Entsprechend anzuwenden, Grdz 4 § 1025. Zuständiges Gericht, II: § 1045 Anm 4.*

1030 Bindung der Partei durch Benennung.
Eine Partei ist an die durch sie erfolgte Ernennung eines Schiedsrichters dem Gegner gegenüber gebunden, sobald dieser die Anzeige von der Ernennung erhalten hat.

1) Allgemeines. § 1030 will dem Gegner des einen Schiedsrichter Benennenden ersichtlich machen, von wann an er an den Schiedsrichtervertrag gebunden ist, s Anh § 1028 Anm 1 C. Die Partei ist im Verhältnis zu dem von ihr ernannten Schiedsrichter mit Zugang der Ernennung an diesen gebunden und ihm gegenüber verpflichtet, die Ernennung der Gegenpartei anzuzeigen. Erst wenn diese die Anzeige erhalten hat, ist auch sie gebunden, der Schiedsrichtervertrag beider Parteien mit diesem Schiedsrichter also abgeschlossen, Anh § 1028 Anm 1 C. Für den Fall selbsttätiger Bestimmung des Schiedsrichters nach gewisser Reihenfolge bei ständigen Schiedsgerichten ist § 1030 bedeutungslos.

2) Anzeige. Sie kann mündlich oder schriftlich geschehen, jedoch empfiehlt sich die Sicherstellung des Zugangs und die Festlegung des Zeitpunkts (Einschreiben gegen Rückschein).

3) Widerruf. Die Partei darf die Ernennung dem Gegner gegenüber widerrufen, bis sie diesem zugegangen ist, auch wenn der Schiedsrichter bereits angenommen hatte. Mit Zugang der Anzeige ist die Ernennung dem Gegner und (einseitig, Anh § 1028 Anm 4) dem Schiedsrichter gegenüber unwiderruflich.

4) VwGO: *Entsprechend anzuwenden, Grdz 4 § 1025.*

1031 Wegfall eines Schiedsrichters.
Wenn ein nicht in dem Schiedsvertrag ernannter Schiedsrichter stirbt oder aus einem anderen Grund wegfällt oder die Übernahme oder die Ausführung des Schiedsrichteramts verweigert, so hat die Partei, die ihn ernannt hat, auf Aufforderung des Gegners binnen einer einwöchigen Frist einen anderen Schiedsrichter zu bestellen. Nach fruchtlosem Ablauf der Frist wird auf Antrag der betreibenden Partei der Schiedsrichter von dem zuständigen Gericht ernannt.

1) Voraussetzungen. A. Allgemeines. § 1031 regelt die Folgen des Wegfalls eines nach §§ 1028, 1029 I ernannten Schiedsrichters. Entfällt der im Schiedsvertrag selbst ernannte Schiedsrichter, so ist der Schiedsvertrag hinfällig, § 1033 Z 1. Entfällt der vom Gericht nach § 1029 II ernannte, so ernennt das Gericht auf Antrag einen andern, weil das Ernennungsrecht der Partei endgültig verloren ist, § 1029 Anm 2 B. Fällt der von einem Dritten ernannte weg, so ernennt der Dritte auf Antrag einen andern.

B. Wegfall eines Schiedsrichters. § 1031 greift ein, wenn **a)** der Ernannte stirbt oder sonst wegfällt, zB wegen Eintritts der Geschäftsunfähigkeit, dauernder Behinderung durch Krankheit von unabsehbarer Dauer, RG **88**, 298, erfolgreicher Ablehnung, § 1032. Die Rücknahme der Ernennung vor Anzeige, § 1030, ist kein Wegfall; **b)** der Ernannte die Übernahme oder Ausführung des Amts mit Recht oder Unrecht (darüber Anh § 1028 Anm 4) **verweigert.** Das ist im Grund ein Unterfall von a. Schlüssige Handlung genügt. Eine bloße Verzögerung ist ein Ablehnungsgrund, § 1032 II; freilich kann sie nach Lage des Falls eine Weigerung enthalten und gehört dann hierher. Keine Weigerung, weil durch Nichterfüllung einer Pflicht der Partei bedingt, ist das Abhängigmachen der Tätigkeit von der Leistung eines angemessenen Vorschusses, Anh § 1028 Anm 3 C. Eine Weigerung liegt aber zB vor, wenn der Schiedsrichter die Pflichten aus § 1039 nicht erfüllt, etwa Bedingungen stellt, die im Gesetz oder Schiedsvertrag nicht begründet sind; wirkt er dann im weiteren Verhandlungstermin mit, so ist das ein Widerruf seiner Niederlegung, falls die Parteien nicht etwa diese schon genehmigt hatten, BGH NJW **54**, 1605. Die arglistige Herbeiführung der Weigerung durch die Partei beseitigt ihr Ernennungsrecht. Die Weigerung nur einer Partei gegenüber genügt.

Läßt man jur Personen als Schiedsrichter zu (entgegen § 1025 Anm 5 C), so kommt § 1031 erst zur Anwendung, wenn sämtliche gesetzlichen Vertreter weggefallen sind. Über den Wegfall des Obmanns s § 1028 Anm 2; wegen Verweigerung der Unterschrift vgl Anh § 1028 Anm 2 B.

2) Ernennung. Fällt ein nach §§ 1028, 1029 I bestellter Schiedsrichter weg, so darf die ernennende Partei ohne weiteres einen Ersatzmann bestellen. Der Gegner kann ihr zur Bestellung eine Frist von 1 Woche setzen, nach deren fruchtlosem Ablauf das Gericht den Ersatzmann ernennt. Das Verfahren ist ganz das des § 1029; s dort. Gebühren wie bei § 1029.

3) VwGO: Entsprechend anzuwenden, Grdz 4 § 1025.

1032 *Ablehnung eines Schiedsrichters.* I Ein Schiedsrichter kann aus denselben Gründen und unter denselben Voraussetzungen abgelehnt werden, die zur Ablehnung eines Richters berechtigen.

II Die Ablehnung kann außerdem erfolgen, wenn ein nicht in dem Schiedsvertrag ernannter Schiedsrichter die Erfüllung seiner Pflichten ungebührlich verzögert.

III Minderjährige, Taube, Stumme und Personen, die infolge Richterspruchs die Fähigkeit zur Bekleidung öffentlicher Ämter nicht besitzen, können abgelehnt werden.

Schrifttum: Habscheid KTS **59**, 113, NJW **62**, 5; Kornblum, Probleme der schiedsrichterlichen Unabhängigkeit, 1968; Schlosser NJW **78**, 457; Adlerstein, Zur Unabhängigkeit des Schiedsrichters, 1979; Schlosser, Die Unparteilichkeit des Schiedsrichteramts, ZZP **93**, 121 (im wesentlichen rechtsvergleichend).

1) Allgemeines. § 1032 regelt die Ablehnung eines Schiedsrichters; er enthält eine Sonderregelung, die eine Anfechtung des Schiedsvertrages, in dem die Schiedsrichter bereits bestellt werden, wegen Irrtums über deren persönliche Eigenschaften ausschließt, BGH **17**, 7. § 1032 gilt auch für einen von den Schiedsrichtern bestellten Obmann, § 1028 Anm 2. Die erfolgreiche Ablehnung macht die bisherigen Amtshandlungen nicht unwirksam, RG HRR **33**, 544. Auf Schiedsgutachter wird § 1032 entsprechend anzuwenden sein, jedoch mit der in Grdz 3 E § 1028 genannten Folge.

Das Ablehnungsrecht ist der wesentlichste Schutz der Parteien im Schiedsverfahren gegen parteiische Rspr und Vergewaltigung. § 1032 ist, da es an ausreichendem Schutz im übrigen fehlt, ausdehnend auszulegen. Der Schiedsvertrag kann auch die Ablehnungsgründe erweitern und eine Ablehnung ohne Begründung zulassen, ThP 1a. Hat aber eine Partei bei der Ablehnung ein Übergewicht über die andere, so kann § 1025 II eingreifen. § 1032 ist zwingenden Rechts insofern, als er keine Abschwächung duldet. Die Vereinbarung einer Frist für die Anrufung des Gerichts zur Entscheidung über die Ablehnung ist statthaft, BayObLG DJZ **33**, 1380.

2) Ablehnungsgründe, I–III. A. Allgemeine Ablehnungsgründe, I. Die Ablehnung eines Schiedsrichters geschieht wie die eines staatlichen Richters. Es gelten dieselben Ablehnungsgründe, sofern der Schiedsvertrag sie nicht erweitert. Die Ablehnung ist somit gerechtfertigt **a) bei Vorliegen eines gesetzlichen Ausschließungsgrunds,** §§ 41, 42; eine Ausschließung kennt das Schiedsverfahren nicht. Entscheidet ein Schiedsrichter in eigener Sache, so ist das Schiedsverfahren zudem unzulässig, § 1041 Z 1, selbst dann, wenn die Ablehnungsfrist versäumt ist, BayObLG JW **29**, 1667. Das gleiche gilt, wo ein gesetzlicher Vertreter entscheidet (RG **93**, 288 schränkt ein auf den, der der Sache nicht ganz fernsteht: Ein gesetzlicher Vertreter steht nie ganz fern), ebenso, wo der Schiedsrichter der eigentliche Gläubiger, etwa als Abtretungsnehmer, ist. Vgl dazu § 1025 Anm 5 D; **b) bei Besorgnis der Befangenheit,** § 42. Sie sollte das Gericht weitherzig bejahen. Im Schiedsverfahren ist die Gefahr der Parteilichkeit groß und beim Fehlen eines Instanzenzugs besonders verderblich. Die Beeinflussung durch irgendwelche Interessen läßt sich oft schwer erkennen; wie oft sie eintritt, weiß jeder, der einmal Obmann eines Schiedsgerichts war. Befangenheit liegt zB vor bei einem RA als Schiedsrichter, der der regelmäßige Rechtsbeistand der Partei ist (namentlich, wenn er sie in gleichliegender Sache vertreten hat, Hbg JZ **56**, 226); wenn der Alleinschiedsrichter als von einer Partei bestellter Beisitzer in einem anderen Schiedsverfahren tätig wird, BGH NJW **72**, 827 (betr Schiedsgutachter); wenn der Schiedsrichter in einer gleichliegenden Sache gegen die Partei entschieden hat, Schwab 14 II 1b; wenn er einer Partei in einseitiger Besprechung vor der Ernennung recht gegeben hat, OLG **31**, 16; wenn ein Schiedsrichter mit einer Partei allein eine Ortsbesichtigung vorgenommen hat, OLG **15**, 298; wenn er ein Privatgutachten für die Partei erstattet hat oder an einem solchen Privatgutachten beteiligt war, Dresd JW **38**, 3055; wenn er als RA den Bevollmächtigten einer Schiedspartei zuvor in einem anderen Rechtsstreit persönlich angegriffen hat, LG Duisburg ZIP **82**, 229. Dagegen genügt nicht, wenn ihm, um ihm einen Überblick zu geben, vor Übernahme des Amtes eine kurze Sachdarstellung von einer Partei gegeben wird, Neustadt MDR **55**, 616, es sei denn, daß besondere Umstände hinzukommen, zB kostspielige Bewirtung, vgl Mü BB **71**, 886. **Siehe iü bei § 42;** dabei kann als Faustregel gelten, daß die eine Ablehnung des staatlichen Richters rechtfertigenden Gründe erst recht auf den Schiedsrichter zutreffen.

B. Sonstige Voraussetzungen. Für die Ablehnung nach I gelten auch sonst dieselben Voraussetzungen wie beim staatlichen Richter. Diese ist somit nur zulässig vor Einlassung und Antragstellung, soweit die Gründe nicht erst später der Partei bekannt geworden sind, § 43. Hat die Partei den Schiedsrichter in Kenntnis des Ablehnungsgrunds ernannt, so hat sie das Ablehnungsrecht regelmäßig verloren, hM, Wiecz B II a 1, einschränkend Schwab 14 III 1. Widerruf der Ablehnung ist bis zum Ausscheiden des Schiedsrichters zulässig; er kann auch durch Erklärung gegenüber dem Schiedsrichter stattfinden, RG JW **28**, 105.

C. Verzögerung, II. Ablehnungsgrund ist auch die ungebührliche Verzögerung der Pflichterfüllung. Sie ist ungebührlich, wenn sie das durch die Lage des Falls gerechtfertigte Maß übersteigt, OLG **17**, 209. Auf Verschulden kommt nichts an. Es kann zB lange Krankheit oder langer Aufenthalt des Schiedsrichters im Ausland genügen. Nach Lage des Falls kann die Verzögerung eine Verweigerung der Tätigkeit enthalten und fällt dann unter § 1031, s dort Anm 1. Ist der Schiedsrichter im Schiedsvertrag ernannt, so gilt § 1033 Z 1.

D. Minderjährige usw, III. Ablehnbar sind auch a) Minderjährige. Die ihnen in der Geschäftsfähigkeit gleichstehenden Personen, § 114 BGB, sind ebenso zu behandeln; **b) Taube und Stumme.** Andere körperliche Mängel genügen nicht, können aber die Ablehnung wegen Verzögerung begründen; **c) Personen, die infolge Richterspruchs die Fähigkeit zur Bekleidung öff Ämter verloren haben,** §§ 45 ff StGB. Geistige Mängel oder unzureichende Bildung können ebenso wie eine Verurteilung die Ablehnung wegen Besorgnis der Befangenheit begründen. Auch hier gilt oben A b. Ernennt eine Partei einen Schiedsrichter, der nach seiner Persönlichkeit der anderen Partei nicht zugemutet werden kann, darf diese den Schiedsvertrag kündigen, Schwab 14 II 3.

3) Verfahren. A. Gerichtliche Entscheidung. Sie ist unabdingbar; die Parteien können weder dem Schiedsgericht noch einem Dritten die Entscheidung übertragen, weil das Interesse der Allgemeinheit an unparteiischer Rspr überwiegt, BGH **24**, 3. Eine entsprechende Bestimmung des Schiedsvertrags ist nichtig, läßt den Vertrag iü im Zweifel bestehen, BGH **24**, 3.

B. Gesuch. Es ist bei dem Gericht des § 1045 anzubringen. Es unterliegt beim LG dem Anwaltszwang, OLG **17**, 208. §§ 43, 44 II, IV sind anwendbar; das Ablehnungsrecht geht durch vorbehaltlose Einlassung verloren, Anm 2 B. Der Ablehnungsgrund ist glaubhaft zu machen. Der Klageweg ist ausgeschlossen, RG **145**, 171. Das Gesuch ist bis zur Niederlegung des Schiedsspruchs statthaft, BGH NJW **73**, 98 mwN, nicht mehr später, so daß darüber im Vollstreckbarkeitsverfahren nicht mehr zu entscheiden ist, Ffm DB **77**, 584; die Ablehnung oder die Möglichkeit der Ablehnung kann dann auch nur in besonderen Ausnahmefällen als Aufhebungsgrund dienen, BGH **24**, 6, § 1041 Anm 4 B. Der Gegner des Ablehnenden kann beim Gericht des § 1045 die Feststellung im Beschlußverfahren begehren, daß die Ablehnung unbegründet sei, Schwab 14 IV.

C. Entscheidung. Das Gericht entscheidet durch Beschluß. Mutwillige Ablehnungsgesuche sind unbeachtlich, RG JW **18**, 264. Eine Entscheidung ist noch nach Ergehen des Schiedsspruchs und seiner Niederlegung zulässig, falls vorher abgelehnt war, BGH **40**, 342, sonst unzulässig, BGH NJW **52**, 27. Das Prozeßgericht darf nicht über die Ablehnung entscheiden, sondern muß die Entscheidung des Beschlußgerichts abwarten, BGH **40**, 344. Nur ganz ausnahmsweise kann im Aufhebungs- oder Vollstreckungsverfahren über ein Ablehnungsgesuch entschieden werden, wenn die Ablehnung vor Niederlegung dem Schiedsgericht erklärt, sie beim Staatsgericht aber nicht mehr durchgeführt oder dieses nicht mehr angerufen werden konnte, Schwab 14 III 2, BGH **24**, 5. Erklärt das Beschlußgericht die Ablehnung nach Ergehen des Schiedsspruchs für begründet, so ist Aufhebungsklage gegeben und nötig, RG **148**, 2. Einigen sich die Parteien vor Zugang der Anzeige aus § 1030 dahin, daß die Ablehnung durchgreift, so erübrigt sich die Entscheidung. Eine nachherige Einigung berührt den Schiedsrichter nicht; sein Amt entfällt nur mit Aufhebung des Schiedsvertrags und vorbehaltlich seiner Ansprüche. **Gebühren** wie bei § 1029, für das

Gericht KVerz 1106; wegen des Streitwerts vgl Anh § 3 unter „Ablehnung des Schiedsrichters", Düss ZIP **82**, 225: Wert der Hauptsache (wenn nicht Befangenheit um hinsichtlich eines Teilanspruchs besteht oder die Schiedsklage noch nicht erhoben ist, Ffm JB **78**, 738).

Gegen die Zurückweisung des Gesuchs ist sofortige Beschwerde gegeben, § 1045 III, nicht aber gegen die stattgebende Entscheidung, weil der Rechtsgedanke des § 46 II Vorrang vor § 1045 III hat, StJ II 4, Habscheid KTS **76**, 4 mwN, sehr str, aM ua Schwab 31 IV 2, ThP 2, Mü KTS **77**, 178 mwN, dazu abl Habscheid/Calavros KTS **79**, 6.

4) Verfahren des Schiedsgerichts nach Ablehnung. Legt der Schiedsrichter sein Amt freiwillig nieder und ist damit nicht der Schiedsvertrag gemäß § 1033 Z 1 hinfällig geworden, so ernennt die Partei einen anderen Schiedsrichter, § 1031. Andernfalls kann das Schiedsgericht entweder **a)** das Verfahren bis zur Entscheidung des Staatsgerichts über die Ablehnung aussetzen, was zu empfehlen ist, wenn das Gesuch nicht aussichtslos ist, vgl Schwab 14 III 2, oder **b)** trotz Ablehnung verhandeln und entscheiden, § 1037. Das geschieht freilich auf die Gefahr hin, daß das Staatsgericht die Ablehnung für begründet erklärt und damit die Aufhebungsklage gegeben ist und die Vollstreckbarerklärung aus § 1042 unterbleibt. Der Schiedsspruch ist also auflösend bedingt. Er erledigt das Gesuch nicht und auch nicht die Beschwerde gegen die Zurückweisung des Gesuchs, vgl BGH **40**, 344, StJ III 4, Schwab 14 III 2.

5) *VwGO:* Entsprechend anzuwenden, Grdz 4 § 1025. Ablehnungsgründe sind die des § 54 VwGO, vgl § 42 Anm 4.

1033 *Außerkrafttreten des Schiedsvertrags.* Der Schiedsvertrag tritt außer Kraft, sofern nicht für den betreffenden Fall durch eine Vereinbarung der Parteien Vorsorge getroffen ist:

1. wenn bestimmte Personen in dem Vertrag zu Schiedsrichtern ernannt sind und ein Schiedsrichter stirbt oder aus einem anderen Grund wegfällt oder die Übernahme des Schiedsrichteramts verweigert oder von dem mit ihm geschlossenen Vertrag zurücktritt oder die Erfüllung seiner Pflichten ungebührlich verzögert;
2. wenn die Schiedsrichter den Parteien anzeigen, daß sich unter ihnen Stimmengleichheit ergeben habe.

1) Allgemeines. § 1033 gilt nur mangels anderweiter Vorkehrung des Schiedsvertrags, ist also nachgiebig. Er beruht auf dem Rechtsgedanken, daß der Schiedsvertrag seine Kraft verliert, wenn Personen wegfallen, auf deren Mitwirkung er abgestellt ist. Ist der Vertrag nicht auf bestimmte Personen abgestellt, so greifen vorbehaltlich anderweiter Vereinbarung §§ 1029, 1031 ein. Für die Fälle des § 1033 ist vertragliche Vorsorge dringend zu empfehlen.

2) Wegfall eines Schiedsrichters, Z 1. „In dem Vertrage" ist ein Schiedsrichter nur benannt, wenn ihn beide Parteien im Wege der Willenseinigung benannt haben, RG **114**, 62. Hat ihn eine Partei einseitig benannt, so gelten §§ 1029, 1031. Z 1 umfaßt alle Fälle, in denen die vertragliche Ernennung wegen Änderung der Verhältnisse bedeutungslos geworden ist, RG **97**, 161.

Über die in Z 1 aufgeführten Einzelfälle s §§ 1031 Anm 1, 1032 Anm 2 C. Z 1 gilt auch, wenn derjenige wegfällt, der den Schiedsrichter nach dem Schiedsvertrag ernennen sollte, RG **108**, 247, Ffm MDR **55**, 749, desgleichen, wenn der zur Ernennung Berufene sich weigert, wobei zu beachten ist, daß diese Weigerung unwiderruflich ist, RG **138**, 346 (anders hinsichtlich des Widerrufs, wenn der Schiedsrichter selbst sich zunächst geweigert hatte, § 1031 Anm 1 b b). § 1029 ist nicht anwendbar, weil er andere Voraussetzungen hat, Schwab 8 I 9b. Eine vertraglich vorgesehene ständige Schiedsgerichtsstelle darf nach Wegfall ihrer Grundlage, etwa des Börsenvereins, nicht mehr ohne besonderen Parteiwillen tätig sein, RG **114**, 195. Ferner gilt Z 1, wenn vertragsmäßig nur Personen aus einem bestimmten Kreis zu berufen sind und dieser Kreis erschöpft ist. Behält der Schiedsvertrag eine Einigung vor und mißlingt sie, so ist die Bedingung des Vertrags ausgefallen und der Vertrag hinfällig, § 1028 Anm 1. Der Grund des Wegfalls oder der Weigerung des Schiedsrichters bleibt gleich, also auch, ob die Weigerung berechtigt ist, Schwab 8 I 9 d. Wegen der Weigerung, den Schiedsspruch zu unterschreiben oder niederzulegen, § 1039, s Anh § 1028 Anm 2 B.

3) Stimmengleichheit, Z 2. Herrscht zwischen den Schiedsrichtern Stimmengleichheit, so tritt der Schiedsvertrag für den behandelten Streitfall außer Kraft. Einer Anzeige bedarf es dazu trotz des Textes nicht; sie ist Formsache, Schwab 8 I 10. Gleich steht, wenn sich die vertraglich vorgesehene Mehrheit nicht erreichen läßt, ferner, wenn sich das Schiedsgericht für unzuständig erklärt und das Verfahren abschließt, gleichviel, ob es durch Schiedsspruch oder gemeinsame Erklärung, zu Recht oder zu Unrecht geschieht, RG **108**, 378. Zweckmäßig sieht der Schiedsvertrag für den Fall der Stimmengleichheit die Zuziehung eines Obmanns vor, s § 1028 Anm 2.

4) Verfahren. Ist der Schiedsvertrag erloschen, kann Klage vor dem Staatsgericht erhoben werden; dieses entscheidet dann ggf über das Erlöschen als Vorfrage. Es kann aber auch nur wegen dieser Frage im Beschlußverfahren angerufen werden, § 1045. Der das Erlöschen feststellende Beschluß schafft dafür Rechtskraft, Schwab 8 II. In anderen Verfahren, §§ 1045 und 1042ff, kann das Erlöschen einredeweise geltend gemacht werden.

5) VwGO: *Entsprechend anzuwenden, Grdz 4 § 1025.*

Einführung zu §§ 1034–1039 ZPO
Schiedsgerichtsverfahren

1) Allgemeines. Das Schiedsverfahren ist zwar kein Zivilprozeß, aber es ist ein Seitenstück zu diesem. Es bedient sich prozessualer Formen und schließt mit Vorgängen von prozessualer Tragweite. Darum gelten die prozessualen Grundbegriffe auch im Schiedsverfahren. So gilt namentlich von den Prozeßvoraussetzungen, Grdz 3 § 253, und den Prozeßhandlungen, Grdz 5 § 128. Schiedsvertrag und Schiedsrichtervertrag sind rein sachlich-rechtlich, das Schiedsverfahren vorbereitend; die auf die Prozeßentwicklung gerichteten Handlungen der Beteiligten des Schiedsvertrags sind Prozeßhandlungen und unterstehen dem Prozeßrecht. Die ZPO gibt nur sehr knappe Verfahrensvorschriften.

2) Bindung an sachliches Recht. Ganz ohne Antwort läßt die ZPO die Frage, inwieweit das Schiedsgericht das sachliche Recht anzuwenden hat. Klar ist, daß darüber zunächst der Schiedsvertrag entscheidet. Der Schiedsvertrag kann bindende Vorschriften geben; freilich können sie bei scheinbarer Klarheit recht unklar sein. Unstreitig darf das Schiedsgericht grundlegende zwingende gesetzliche Vorschriften nicht verletzen, sonst wäre der Schiedsspruch anfechtbar, vgl § 1041 Anm 5. Abgesehen davon ist die Frage sehr streitig, vgl StJ § 1034 I 2, Schwab 19 III mwN.

Im Zweifel wünschen die Parteien eine Rechtsentscheidung, keine Billigkeitsentscheidung. Ist Entscheidung nach sachlichem Recht vereinbart, aber keine Rechtsentscheidung ergangen, so ist der Schiedsspruch nach § 1041 I Z 1 aufzuheben, Schwab 19 III, StJ § 1034 I 2, Blomeyer Festgabe Rosenberg S 69. Die Parteien wollen aber oft von verfehlten Vorschriften des Rechts, etwa § 326 BGB, befreit sein. Geschäftsleute wünschen meist eine Entscheidung nach wirtschaftlich brauchbaren Gesichtspunkten. Es kommt also immer auf den erklärten oder vermutlichen Parteiwillen an. Keinesfalls liegt eine Rechtsbeugung vor, wo nach Billigkeit entschieden ist; denn die Richter haben ja diese Entscheidung für die richtige gehalten. Praktisch bleibt ein Fehlgriff regelmäßig ohne Folgen, weil er das Verfahren nicht „unzulässig", § 1041 Z 1, macht. Wollen die Parteien eine Entscheidung nach sachlichem Recht, so ist ausländisches gemeint, wenn es nach zwischenstaatlichem Privatrecht anzuwenden war, RG JW **30**, 1863. Als Verfahrensrecht ist mangels anderer Vereinbarung das des Ortes anzuwenden, an dem das Schiedsgerichtsverfahren durchgeführt werden soll. Wegen des für den Schiedsrichtervertrag anzuwendenden Rechtes vgl Anh § 1028 Anm 1 B.

1034 *Verfahren vor dem Schiedsgericht.* [I] Bevor der Schiedsspruch erlassen wird, haben die Schiedsrichter die Parteien zu hören und das dem Streite zugrunde liegende Sachverhältnis zu ermitteln, soweit sie die Ermittlung für erforderlich halten. Rechtsanwälte dürfen als Prozeßbevollmächtigte nicht zurückgewiesen werden; entgegenstehende Vereinbarungen sind unwirksam. Personen, die nach § 157 von dem mündlichen Verhandeln vor Gericht ausgeschlossen sind, dürfen zurückgewiesen werden.

[II] Im übrigen wird das Verfahren, soweit nicht die Parteien eine Vereinbarung getroffen haben, von den Schiedsrichtern nach freiem Ermessen bestimmt.

1) Rechtliches Gehör, I. A. Allgemeines. Vor Erlaß des Schiedsspruchs hat das Schiedsgericht die Parteien zu hören. Das ist der Eckpfeiler des ganzen Schiedsverfahrens, BGH **85**, 291. Eine Verletzung dieses Grundsatzes verstößt gegen § 1041 Z 4; er muß unerbittlich zur Aufhebung des Schiedsspruchs oder zur Verweigerung der Vollstreckbarerklärung führen. Die Parteien müssen Gelegenheit haben, alles, was ihnen für die Entscheidung nötig scheint, mündlich oder schriftlich rechtzeitig vorzubringen, unten B. Wie, bestimmt das Schiedsgericht; es muß das Gehör gewähren, solange die Erklärung die Entscheidung noch beeinflussen kann, RG HRR **35**, 304, Hbg MDR **56**, 494. Das Gehör müssen gewähren die Schiedsrichter persönlich, alle Schiedsrichter, die entscheidenden Richter (Reichel zu ZZP **54**, 124), insbesondere auch die neu hinzugezogenen, Hbg HEZ **2**, 282. Zweckmäßigerweise wird in dem Protokoll auf eine entsprechende Frage des Schiedsgerichts festgestellt, daß die Parteien erklären, sie hätten genügendes rechtliches Gehör gehabt. Gehör ist aber auch gewährt, wenn das Schiedsgericht einen angemessenen Termin zur schriftlichen Äußerung gesetzt hat. Das gilt auch, wenn sich die Partei nicht äußert oder wegen ungebührlichen Benehmens aus dem Zimmer gewiesen ist, stRspr.

B. Einzelheiten. Die Anhörungspflicht des Schiedsgerichts geht ebenso weit wie die der ordentlichen Gerichte, BGH **85**, 291 mwN. Es genügt also nicht, daß die Parteien einmal ihre Behauptungen vorbringen konnten; sie sind vielmehr zu hören, so oft es die Sach- und Prozeßlage verlangt, Art 103 I GG, s StJ III 2a, RoS § 176 I 1a, also zu allen Tatsachen und Beweismitteln, die das Schiedsgericht seiner Entscheidung zugrunde legen will, BGH **31**, 45. Zu jeder Beweisaufnahme sind die Parteien hinzuzuziehen und zu hören, StJ III 2a, außer wenn der Zeuge nichts Sachdienliches gesagt hat und der Nichtgehörte das auch einräumt, BGH **3**, 218. Eine Anhörung am Schluß des Verfahrens ist nicht unbedingt nötig, aber dringend zu empfehlen. Ist der Termin ausdrücklich nur zur Verhandlung über bestimmte Punkte bestimmt, so darf das Schiedsgericht in Abwesenheit der Parteien nichts anderes behandeln, RG **123**, 356. Gehör ist versagt, wo das Schiedsgericht bei einer Partei den Eindruck erweckt hat, eine Frage werde in ihrem Sinne entschieden, dann aber im Schiedsspruch ohne weiteres Gehör entgegengesetzt entscheidet, BGH KTS **73**, 133, Ffm LS BB **77**, 17; das Schiedsgericht braucht aber den Parteien nicht seine Rechtsansicht mitzuteilen und sie zur Äußerung hierzu aufzufordern, BGH **85**, 291 mwN. Nichtbeachtung der Grundsätze der §§ 139 u 278 III ist noch keine Verletzung des Anspruchs auf rechtliches Gehör, BGH **85**, 292 u WertpMitt **59**, 1375. Ungleiche Behandlung der Parteien versagt der benachteiligten das Gehör, Hellwig § 263 I, 2d.

C. Unabdingbarkeit. Die Vorschrift ist unverzichtbar, § 1041 Z 4. Staatsgerichte müssen es im Aufhebungsverfahren mit dem Gehör genau nehmen.

2) Ermittlungen, I 1. Das Schiedsgericht hat das Sachverhältnis im Rahmen des Nötigen zu ermitteln, Schwab 15 I 3 u 4 (eingehend). Damit ist nicht der Untersuchungsgrundsatz vorgeschrieben. Es besteht aber die Aufklärungspflicht entsprechend § 139 hier in verstärktem Maß. Unterläßt das Schiedsgericht Ermittlungen, so begründet das die Aufhebungsklage nicht, RG HRR **35**, 304, es sei denn, es steht fest, daß das Schiedsgericht die Aufklärung selbst für nötig gehalten hat, Schwab 15 I 3. Beweis ist zu erheben, soweit das Schiedsgericht dies für erforderlich hält; an die Beweismittel der ZPO oder einen Beweisantritt ist das Schiedsgericht nicht gebunden. Die Parteien können wirksam die Beweismittel beschränken, zB andere als Urkunden ausschließen, Holland/Hantke Festschrift Bülow, 1981, S 75. Wegen eidlicher Vernehmungen s § 1035 II, § 1035 Anm 2. Über Parteiöffentlichkeit s Anm 1. Dritte können von den Parteien zur Vorlegung von Urkunden nur im Prozeßweg angehalten werden. Das Schiedsgericht kann die Beweiserhebung beliebig einem Mitglied anvertrauen, sollte das aber nur im Notfall tun. Konnten die Parteien einer Beweisaufnahme nicht beiwohnen, so ist ihnen das Ergebnis schriftlich mitzuteilen, Anm 1. Soweit den Schiedsrichtern durch das Verfahren bare Auslagen erwachsen, haben sie die Parteien vorzuschießen, Anh § 1028 Anm 3 B.

3) Vertreter, I 2. Das Schiedsgericht darf RAe als Prozeßbevollmächtigte und Beistände im schriftlichen und mündlichen Verkehr nicht zurückweisen, wohl aber Personen, die § 157 vom mündlichen Verhandeln vor Gericht ausschließt. Entgegenstehende Vereinbarungen der Parteien sind unwirksam. Möglich ist aber, daß eine Erstattung der Anwaltskosten von vornherein vertraglich ausgeschlossen wird, Schwab 15 I 2. Verstoß ist Aufhebungsgrund, § 1041 Z 1. **Gebühren:** § 67 BRAGO.

4) Sonstiges Verfahren, II. Maßgebend sind in folgender Reihenfolge **a) die zwingenden Vorschriften der ZPO.** Es sind sehr wenige; **b) die Parteivereinbarung** im Schiedsvertrag oder einem Nachtrag. Sie bedarf nach Annahme des Schiedsrichteramts der Zustimmung der Schiedsrichter, weil die Parteien die Bedingungen der Tätigkeit der Schiedsrichter nicht einseitig ändern können. Die Vereinbarung der Zuständigkeit eines ständigen Schiedsgerichts unterwirft die Parteien dessen Verfahrensvorschriften. Die Verletzung vereinbarter Vorschriften begründet die Aufhebungsklage, sofern das Schiedsgericht seine Befugnisse überschritten hat, § 1041 Z 1; **c) das freie Ermessen des Schiedsgerichts.** Es braucht den

Parteien keine Mitteilung über sein beabsichtigtes Verfahren zu machen, sollte dies aber zweckmäßigerweise tun. Hat es ihnen eine Verfahrensordnung mitgeteilt, so darf es sie jederzeit ändern. Gebunden ist es nur an a u b, RG **121**, 281. Es kann mündlich oder schriftlich verhandeln oder zwischen beiden Verhandlungsarten wechseln, muß aber stets das rechtliche Gehör gewähren, Anm 1. Über den Schiedsspruch s § 1040 Anm 1.

5) Einzelheiten des Verfahrens:
Ablehnung eines Schiedsrichters s § 1032.
Anträge. Nicht notwendig schriftlich, auch stillschweigend, Verlesung unnötig, RG **149**, 49. Grundsätzlich binden die Anträge, das Schiedsgericht muß sie aber so auslegen, daß es den Streit wirtschaftlich zweckmäßig entscheidet, RG **149**, 49. In diesem Sinn darf es dem Parteiwillen gemäß sogar über den abgefaßten Antrag hinausgehen, RG **149**, 49. Bestimmte Klageanträge sind wie nach § 253 II Z 2 erforderlich; möglich ist auch die Vereinbarung, daß das Schiedsgericht über die Gestaltung von Rechtsbeziehungen der Parteien entscheiden soll, BGH **LM** § 1025 Nr 14.
Arrest und einstwVfg. Nur das Staatsgericht ist insoweit zuständig; dem Schiedsgericht fehlt die Befugnis, weil nur endgültige, dh der Rechtskraft fähige Schiedssprüche für vollstreckbar erklärt werden können, LG Ffm NJW **83**, 762, Schwab Festschrift Baur, 1981, S 627 ff mwN, sehr str, aM für den Fall, daß die Schiedsabrede sich ausdrücklich auf einstweilige Regelungen erstreckt, ua Hamm MDR **72**, 521, StJSchl 38 (zulässig sind Vorabentscheidungen mit auf der Dauer des Hauptverf beschränkter Wirkung), Brinkmann, Schiedsgerichtsbarkeit und Maßnahmen des einstweiligen Rechtsschutzes, 1977 (Bespr Leipold ZZP **94**, 97), Baur, Neuere Probleme der privaten Schiedsgerichtsbarkeit, 1980 (Bespr Schwab ZZP **93**, 336), Herdegen RIW **81**, 304 mwN über den Streitstand. Zulässig sind Eilmaßnahmen des Schiedsgerichts, nämlich begrenzte, aber endgültige Regelungen, BGH ZZP **71**, 436, Schwab aaO. Ordnet das Staatsgericht Klageerhebung an, so ist beim Schiedsgericht zu klagen. Aufgehoben werden kann der Arrest nach § 927 nur durch das Staatsgericht, und zwar bei Anhängigkeit des Schiedsverfahrens durch das nach § 1046 zuständige, § 927 II.
Ausländersicherheit. § 110 ist anwendbar, Schwab 16 V.
Aussetzung im Sinn des § 250 ist ausgeschlossen, weil keine Aufnahme möglich ist. Aussetzung mit Wirkung einer Vertagung ist nach Lage des Falls zulässig; die Parteien können jederzeitige Fortführung verlangen. Zur Aussetzung nach Art 177 EWGVertr, § 1 GVG Anm 3 C c, ist ein Schiedsgericht nicht befugt, EuGH NJW **82**, 1207 (dazu Rengeling/Jakobs DÖV **83**, 375, Hepting IPrax **83**, 101 u EuR **82**, 315), auch nicht zur Aussetzung nach Art 100 GG, § 1 GVG Anm 3 C b; hier hilft § 1036.
Beratung und Abstimmung s § 1038. Über den Sinn ihrer Entscheidung können die Schiedsrichter regelmäßig nicht als Zeugen vernommen werden, BGH **23**, 138 (Zulässigkeit dahingestellt gelassen, wenn Beratungsgeheimnis durch Schiedsvertrag aufgehoben oder Parteien und Schiedsrichter darauf verzichten).
Beweiserhebung s Anm 2 und §§ 1035, 1036. Beweissicherung durch das Schiedsgericht ist möglich, wenn die Hauptsache bei ihm anhängig ist (daneben bleibt das Staatsgericht zuständig), Schwab 15 I 4 g, Nicklisch AWD **78**, 640.
Einstweilige Verfügung s Arrest.
Eintritt einer neuen Partei durch Einmischungsklage oder Benennung des Urhebers, §§ 64, 75–77, ist nur mit Zustimmung der Parteien und des Schiedsgerichts möglich; sie enthält die Unterwerfung unter das Schiedsverfahren, Schwab 16 IV 2 d.
Entscheidung. Siehe über den Schiedsspruch § 1040. Beschlüsse werden erst mit ihrer Mitteilung an die Parteien wirksam.
Ermittlungen. Oben Anm 2.
Fristen. Vertragliche und vom Schiedsgericht gesetzte Fristen sind nach vermutlichem Parteiwillen gemäß § 222 zu berechnen. Freie Verlängerung oder Verkürzung durch die Parteien ist möglich.
Klage. Keine Bindung an Formen und Arten. Keine Einlassungsfrist. Das Schiedsgericht schreibt zweckmäßig eine Frist zur Klagbeantwortung vor. Freie Klagänderung im Rahmen des Schiedsverfahrens unter den Voraussetzungen der §§ 263, 264 ist möglich. Klagrücknahme ausnahmslos nur mit Einwilligung des Beklagten, Schwab 16 VII 2. Bei Veräußerung der Streitsache ist ein Antrag auf Leistung an den Dritten möglich. Siehe

auch „Rechtshängigkeit". Verzögert die Partei die Klage ungebührlich, so kann das Schiedsgericht die Klagerhebung nicht erzwingen. Dagegen kann die Gegenpartei vom Schiedsvertrag zurücktreten, die Schiedsrichter können den Schiedsrichtervertrag kündigen.

Kosten. Entscheidung über sie im Schiedsspruch; s § 1040 Anm 2. Vorschußpflicht s Anh § 1028 Anm 3. Erklärt sich das Schiedsgericht für unzuständig und bestimmt der Schiedsvertrag nicht über die Kosten, so besteht ein Anspruch einer Partei gegen die andere idR nur aus Vertrag oder unerlaubter Handlung, Zweibr HRR **36**, 1251. Ein Kostenanspruch bei grob fahrlässiger Anrufung eines unzuständigen Schiedsgerichts kann sich aus der Schiedsklausel ergeben, BGH NJW **73**, 191, Düss ZIP **81**, 172.

Ladung formlos, aber wegen des rechtlichen Gehörs ist Sicherstellung (und Nachweis) des Zugangs zweckmäßig, s unter „Zustellung". Eine Ladungsfrist ist nicht vorgeschrieben; nötig ist die Einhaltung einer angemessenen Frist.

Mündlichkeit. Nicht vorgeschrieben; es genügt rechtliches Gehör beliebiger Art, s Anm 1. Gleichzeitige Anhörung der Parteien nicht geboten, aber durchaus anzuraten. War Erklärungsfrist zu knapp, so ist rechtliches Gehör verweigert. Wo eine mündliche Verhandlung stattfindet, darf sie frei gestaltet werden.

Obmann s § 1028 Anm 2.

Öffentlichkeit. Grundsätzlich keine, da das regelmäßig nicht im Interesse der Parteien liegt. Das Schiedsgericht darf im (auch stillschweigenden) Einverständnis der Parteien Ausnahmen machen, nicht aber ohne solches.

Partei- und Prozeßfähigkeit, §§ 50–53, sind vAw zu prüfen und wesentlich. Im Vollstreckbarkeitsverfahren kann keine Heilung eintreten, KG JW **37**, 556. Bestellung eines gesetzlichen Vertreters nur durch das Staatsgericht des § 1045.

Protokoll ist nicht vorgeschrieben, aber durchaus zweckmäßig, ja nötig, vgl auch Anm 1 A. Hat nicht die Beweiskraft des § 165. Es sollte von den Parteien, ihren Prozeßbevollmächtigten und allen Schiedsrichtern unterschrieben sein. Protokollführer nach Ermessen des Schiedsgerichts zuzuziehen. Protokollierung der für das Verfahren wesentlichen Punkte ist idR zu empfehlen, vgl dazu Schwab 16 X 2; wenn nötig, ist dabei die Form des § 1027 I einzuhalten.

Rechtliches Gehör. Oben Anm 1.

Rechtshängigkeit tritt prozeßrechtlich nicht ein, BGH NJW **58**, 950, wohl aber deren sachlich-rechtliche Wirkungen, s bei § 262. Eine ähnliche Einrede wie die der Rechtshängigkeit ist gegeben, wo Klage bei einem anderen Schiedsgericht erhoben wird. I ü gibt es statt ihrer die Einrede des Schiedsvertrags. Vgl auch § 1042 Anm 3 A.

Rechtsmittel. Kein Instanzenzug zwischen Schiedsgericht und Staatsgericht, 1025 Anm 2 A u B, hM. Der Schiedsvertrag kann aber ein Oberschiedsgericht vorsehen, ganz hM, Schwab Kap 22; es ist im Zweifel Tatsacheninstanz. Beschwer ist nötig. Die Berufungsfrist ist vertraglich zu bestimmen; im Zweifel angemessen ist die Monatsfrist des § 516. Das Verfahren kann nach Maßgabe des Schiedsvertrags frei gestaltet werden. Der ergehende Schiedsspruch ist im Sinn der ZPO „der" Schiedsspruch, § 1039 Anm 1. Anschlußrechtsmittel sind entsprechend Vertrag oder Verfahrensordnung zulässig.

Rechtsweg. Zulässigkeit iSv § 13 GVG ist vAw zu prüfen. Fehlt sie, ist kein Schiedsvertrag möglich, also auch kein Schiedsverfahren. Wegen öff-rechtlicher Schiedsgerichte s Grdz 4 § 1025.

Rüge der Unzulässigkeit des Schiedsverfahrens. Nicht notwendig vor Einlassung vorzubringen; aber rügelose Einlassung zur Hauptsache (auch durch Schriftsatz) ist idR Unterwerfung und führt damit zum Verlust der Rüge, § 1027 Anm 1 F, BGH RIW **83**, 212. Entscheidet das Schiedsgericht nicht über seine Zuständigkeit, sondern zur Sache, hat das Staatsgericht die Prüfung ggf nachzuholen. Vgl auch Art 5 des Europäischen Übk, Schlußanh VI A 2.

Streitgenossenschaft ist unbeschränkt statthaft, Laschet Festschrift Bülow S 92. Bei Notwendigkeit gemeinsamer Rechtsverfolgung, § 62 Anm 3, müssen sämtliche Streitgenossen dem Schiedsgericht unterstehen, ist die Schiedsabrede durch nur einen notwendigen Streitgenossen also unwirksam, vgl KG JZ **61**, 175 (krit Pohle), Schwab 16 IV 2a und § 1025 Anm 3 D.

Streithilfe ist denkbar. Voraussetzung ist vertragliche Bindung der Parteien und des Dritten, die auch nachträglich hergestellt werden kann, StJ IV 2. Nie tritt Streithilfewirkung aus § 68 ein, wenn diese Wirkung vom Beitretenden nicht ausdrücklich übernommen wird, BGH **LM** § 68 Nr. 2.

Streitverkündung, § 72, ist immer zulässig, aber ohne die Streithilfewirkung der §§ 74, 68, da der Schiedsvertrag und seine Abwicklung im Schiedsverfahren auf Dritte keine Wirkung haben kann, Laschet Festschrift Bülow S 92. Anders, wenn der, dem der Streit verkündet ist, beitritt und sich der Wirkung ausdrücklich unterworfen hat, BGH **LM** § 68 Nr 2.

Unterbrechung tritt nie ein; s darüber § 1025 Anm 3 D.

Verfahrensrügen. § 295 ist sinngemäß anwendbar. Verstoß muß gleich in der mündlichen Verhandlung bzw sofort schriftsätzlich gerügt werden, widrigenfalls Verzicht zu vermuten ist, Schwab 16 VI 2.

Vergleich s § 1044a.

Versäumnisverfahren findet nicht statt. Auch der Schiedsvertrag könnte es nicht begründen, weil keine Versäumnisentscheidung möglich ist, allgM. Das Schiedsgericht würdigt die Versäumnis frei. Es kann nach Aktenlage entscheiden, Köln JW **32**, 2902, ganz hM, Schwab 16 XIII. Da ein Schiedsspruch erst mit Erfüllung der Förmlichkeiten des § 1039 vorliegt, können die Parteien Nachteile bei Entschuldigung abwenden.

Vertretung. Oben Anm 3.

Wahrheitspflicht. § 138 I gilt zwingend, weil er einen sittlichen Grundsatz der Prozeßführung ausspricht, dem sich niemand entziehen kann; Verletzung gibt aber kein Lossagungsrecht vom Schiedsvertrag, § 1025 Anm 1.

Widerklage ist im Rahmen des Schiedsvertrags immer zulässig, Schwab 16 VII 3. Bei Zusammenhang mit der Klage können Schiedsrichter nicht ablehnen, wenn nicht für die Widerklage ein anderes (Schieds-)Gericht zuständig ist, Hbg MDR **65**, 54; für die Widerklage entsteht eine neue Vorschußpflicht.

Wiederaufnahme ist weder vorm Schiedsgericht noch vorm Staatsgericht möglich, an ihre Stelle tritt die Aufhebungsklage, § 1041.

Wiedereinsetzung ist nur bei notfristartigen Fristen denkbar, etwa einer Berufungsfrist. Insoweit ist § 233 entsprechend anwendbar. Iü freie Zulassung der verspäteten Prozeßhandlung.

Zuständigkeit. Ordnungsmäßige Ernennung der Schiedsrichter und Anwendbarkeit des Schiedsvertrags auf den Streitfall sind vAw zu prüfen. Das Schiedsgericht entscheidet über sachliche Zuständigkeit nur bedingt; die endgültige Entscheidung erfolgt durch das Staatsgericht im Aufhebungs- oder Vollstreckungsverfahren, in dem nachzuprüfen ist, ob das Schiedsgericht die Zuständigkeitsbestimmungen richtig ausgelegt und nicht überschritten hat, vgl BGH RIW **83**, 212, **LM** § 139 BGB Nr 6 u § 1025 Anm 2 D. Deshalb sollte sich jedes Schiedsgericht die Wirksamkeit des Schiedsvertrags sowie die Anerkennung seiner Zuständigkeit und seiner richtigen Zusammensetzung von den Parteien (in der Form des § 1027 I) bestätigen lassen. Hat sich das Schiedsgericht für unzuständig erklärt, wenn auch zu Unrecht, so ist der Prozeßweg eröffnet, § 1039 Anm 1. Eine örtliche Zuständigkeit kann nur bei einem ständigen Schiedsgericht in Frage kommen; dann gilt § 512a entsprechend, also keine Nachprüfung im Vollstreckbarkeitsverfahren, JW **37**, 823.

Zustellung ist nur bei § 1039 vorgeschrieben. Sonst genügt jede Art der Bekanntmachung; aber Einschreibebrief mit Rückschein bei wichtigeren Schriftsätzen dringend zu empfehlen, weil sonst kein Empfangsnachweis. So namentlich bei Klagerhebung wegen der sachlich-rechtlichen Folgen und bei Aufforderung zur Äußerung wegen der Festlegung der Gewährung rechtlichen Gehörs.

Zwischenentscheidungen zB über die Zuständigkeit sind zulässig, Bülow KTS **70**, 125, aber nur zusammen mit der Endentscheidung vom staatlichen Gericht zu überprüfen.

6) **VwGO:** § 1034 ist entsprechend anzuwenden, Grdz 4 § 1025, mit der Maßgabe, daß Richtschnur, Anm 4 u 5, statt ZPO in erster Linie *VwGO* ist.

1035 *Zeugen und Sachverständige, Parteieid.* **I** Die Schiedsrichter können Zeugen und Sachverständige vernehmen, die freiwillig vor ihnen erscheinen.

II Zur Beeidigung eines Zeugen oder eines Sachverständigen oder einer Partei sind die Schiedsrichter nicht befugt.

1) **Zeugen usw, I.** Das Schiedsgericht hat keine Zwangsgewalt. Es darf nur freiwillig erscheinende Zeugen und Sachverständige und auch diese nur uneidlich vernehmen. Am besten stellt es den Parteien anheim, die Zeugen und Sachverständigen zu einem Termin zu stellen, falls es sich nicht mit schriftlicher Äußerung begnügt. Hält das Schiedsgericht die eidliche Vernehmung für geboten oder erscheint ein Zeuge oder Sachverständiger nicht freiwillig oder hält das Schiedsgericht eine vor ihm gemachte uneidliche Aussage für unglaubhaft, so bleibt nur die Anrufung des Staatsgerichts, § 1036. Falsche uneidliche Aussagen vor einem Schiedsgericht sind nicht strafbar, § 153 StGB (denkbar ist aber Betrug). Sachverständige haften, falls nichts anderes vereinbart ist, nicht weitergehend als von dem Staatsgericht herangezogene Sachverständige, BGH **42**, 315, vgl auch Anh zu § 1028 Anm 2 B. Über Parteiöffentlichkeit s § 1034 Anm 1 B, über die Kosten der Beweisaufnahme § 1034 Anm 2. Für die Kosten haften die Parteien gesamtschuldnerisch, OLG **21**, 122; das Schiedsgericht hat sie nicht festzusetzen, RG **74**, 324. Die Höhe der Entschädigung richtet sich im Zweifel nach ZSEG.

2) **Eide, II.** Das Schiedsgericht darf keinerlei Eid abnehmen, keinem Zeugen, keinem Sachverständigen, keiner Partei. Es darf aber Beeidigung in den gesetzlich zulässigen Fällen anordnen; in anderen Fällen dürfte das Staatsgericht, § 1036, den Eid nicht abnehmen, weil die Beschränkung der Eide zwingenden öff Rechts ist. Das Schiedsgericht darf auch keine eidesstattliche Versicherung abnehmen, KG JW **26**, 2219, Schwab 15 I 4 f, str. Aber es darf eine freiwillig abgegebene eidesstattliche Versicherung frei würdigen. Der Verstoß gegen II ist Aufhebungsgrund, § 1041 Z 1, sofern nicht der Schiedsspruch klar ergibt, daß das Schiedsgericht die Aussage oder Versicherung gar nicht berücksichtigt hat oder nur als uneidliche; andernfalls ist damit zu rechnen, daß es gerade wegen des Eids zu dieser Entscheidung gelangt ist.

3) **VwGO:** Entsprechend anzuwenden, Grdz 4 § 1025.

1036 *Aushilfe durch das Gericht.* **I** Eine von den Schiedsrichtern für erforderlich erachtete richterliche Handlung, zu deren Vornahme sie nicht befugt sind, ist auf Antrag einer Partei, sofern der Antrag für zulässig erachtet wird, von dem zuständigen Gericht vorzunehmen.

II Dem Gericht, das die Vernehmung oder Beeidigung eines Zeugen oder eines Sachverständigen angeordnet hat, stehen auch die Entscheidungen zu, die im Falle der Verweigerung des Zeugnisses oder des Gutachtens erforderlich werden.

1) **Aushilfspflicht, I, II. A. Allgemeines.** Soweit das Schiedsgericht gesetzlich eine notwendige Handlung nicht selbst vornehmen darf, hat ihm das Staatsgericht Hilfe zu leisten. Das gilt aber nur für richterliche Handlungen, nicht für solche der Geschäftsstelle oder des Gerichtsvollziehers. § 1036 ist auf die Einigungsämter des § 27a UWG entsprechend anwendbar (nur dies führt zu einem brauchbaren Ergebnis); den Antrag kann die Partei zu Protokoll des Einigungsamts erklären.

B. Einzelheiten. Unter § 1036 fallen: **a)** Handlungen der Justizhoheit, also Ausübung des Erscheinenszwangs gegen Zeugen, Sachverständige und Parteien, Beeidigung und Einholung eidesstattlicher Versicherungen. Die behördliche Genehmigung zur Aussage kann das Schiedsgericht selbst einholen; versagt sie die Behörde nur dem Schiedsgericht, so bleibt die Vernehmung durch das Staatsgericht. **b)** Ersuchen an ein Gericht oder an eine Behörde, die das Schiedsgericht nicht oder nicht mit Erfolgsaussicht vornehmen kann. Beispiele: Zustellungen im Ausland, OLG **25**, 244, öff Zustellung, auch Ersuchen um amtliche Auskunft oder Bestellung eines Vertreters nach § 57, Einholung einer Vorabentscheidung des EuGH nach Art 177 EWGV, § 1 GVG Anm 3 C c, EuGH NJW **82**, 1207, dazu Rengeling/Jakobs DÖV **83**, 375. **c)** Handlungen, die das Schiedsgericht räumlich nicht oder nur mit Nachteilen vornehmen könnte, wie Vernehmungen an entfernten Orten, zweifelnd Schwab 17 II c. Hier muß das Staatsgericht notfalls Rechtshilfe in Anspruch nehmen.

2) **Verfahren, I. A. Antrag.** Den Antrag beim Staatsgericht darf an sich nur eine Partei beim Staatsgericht stellen. Das Schiedsgericht oder sein Obmann sind jedoch im Zweifel

zum Antrag ermächtigt, was zweckmäßigerweise durch eine entsprechende Erklärung der Parteien klargestellt wird. Beim LG herrscht Anwaltszwang. Der Antrag muß alles das enthalten, was das Gericht zur Entscheidung braucht, unten B.

B. Prüfung. Das Staatsgericht muß von Amts wegen prüfen **a)** das Vorliegen der allgemeinen Prozeßvoraussetzungen, Grdz 3 § 253; **b)** die Wirksamkeit des Schiedsvertrags, auf dem die Berechtigung zum Antrag beruht (aM KG LZ **19**, 215) und der vorzulegen ist. Staatshilfe ist aber nur dann abzulehnen, wenn der Schiedsvertrag offensichtlich unwirksam ist, zB einem gesetzlichen Verbot widerspricht, StJ II, nicht sonst, da das Schiedsgericht an eine solche Vorentscheidung nicht gebunden ist, § 1037, auch nicht das später etwa mit der Aufhebungsklage befaßte Gericht, vgl § 1029 Anm 2 B, so daß eine Ablehnung zB die Beweiserhebung versperren kann; vgl Stgt NJW **58**, 1048, dagegen Schwab 17 III 2; **c)** das Vorliegen des Antrags; **d)** die Notwendigkeit des Beistands. Hier sind keine große Anforderungen zu stellen. Es genügt die Wahrscheinlichkeit, daß ein Zeuge nicht vorm Schiedsgericht erscheinen werde, OLG **27**, 196; **e)** ob das Schiedsgericht die Handlung für nötig hält (die Anordnung ist vorzulegen); **f)** die Zulässigkeit der Handlung nach ZPO, also ungefähr, was § 158 II GVG vorschreibt. Die Nützlichkeit oder Erheblichkeit ist nicht nachzuprüfen, OLG **25**, 244.

C. Erledigung. Die Erledigung erfolgt streng nach ZPO, also bei Beweisaufnahmen Parteiöffentlichkeit, Kostenvorschuß, § 379, OLG **23**, 178, u dgl. Prozeßkostenhilfe ist nach allgemeinen Grundsätzen zulässig. Zeugen sind, wenn nicht das Schiedsgericht ihre Beeidigung angeordnet hat, uneidlich zu vernehmen und nur nach ZPO durch das Staatsgericht zu vereidigen. Nach JW **37**, 2236 soll nur das Schiedsgericht und nur nach vorheriger Vernehmung des Zeugen (aM Jonas in Anm dazu) über die Beeidigung befinden: Aber zur Abweichung von der ZPO fehlt jeder Grund. Hat das Schiedsgericht Bedenken gegen die Glaubwürdigkeit, so kann es gleich um Beeidigung ersuchen. Unzulässig wäre ein Ersuchen um Beeidigung beider Parteien oder einer Partei und eines Zeugen bei Widersprüchen. Das Staatsgericht darf (und wird regelmäßig) einen Zeugen, den es nur beeidigen soll, immer ganz neu vernehmen, hat ihn dann freilich zu beeidigen.

D. Zuständigkeit und Verfahren. Zuständig ist das Gericht des § 1045, ggf also das LG (äußerst zweckwidrig). Es ordnet die Maßnahme nach Anhörung der anderen Partei durch Beschluß an, der zu verkünden oder zuzustellen ist, § 1045 II; gegen ihn hat die beschwerte Partei die sofortige Beschwerde, § 1045 III. Eine Benachrichtigung des Schiedsgerichts von einer Beweisaufnahme ist nicht vorgeschrieben; die Anwesenheit ist ihm aber zu gestatten. Die Parteien sind dagegen immer zu benachrichtigen. Das Protokoll bleibt bei Gericht. Die Parteien dürfen Abschriften entnehmen und haben sie dem Schiedsgericht vorzulegen. Ein Verfahrensverstoß bei der Hilfe begründet die Aufhebungsklage nicht. **Gebühren:** Gericht ½ für das Verfahren, § 11 I GKG u 1108 KVerz, RA 3/10 der Gebühren des § 31, §§ 46 II, 67 BRAGO. Wert: § 12 I GKG.

3) VwGO: *Entsprechend anzuwenden, Grdz 4 § 1025. Zuständiges Gericht: § 1045 Anm 4.*

1037 *Verfahren bei Bemängelung.* **Die Schiedsrichter können das Verfahren fortsetzen und den Schiedsspruch erlassen, auch wenn die Unzulässigkeit des schiedsrichterlichen Verfahrens behauptet, insbesondere wenn geltend gemacht wird, daß ein rechtsgültiger Schiedsvertrag nicht bestehe, daß der Schiedsvertrag sich auf den zu entscheidenden Streit nicht beziehe, oder daß ein Schiedsrichter zu den schiedsrichterlichen Verrichtungen nicht befugt sei.**

1) Erläuterung. A. Allgemeines. § 1037 will die Verschleppung des Schiedsverfahrens durch unbegründete Einwendungen verhüten. Das Schiedsgericht darf sein Verfahren fortsetzen, auch wenn eine Partei die Unzulässigkeit des ganzen Schiedsverfahrens oder einzelner Verfahrenshandlungen behauptet. Als Beispiele nennt § 1037 das Fehlen eines wirksamen Schiedsvertrags, die Unanwendbarkeit des Schiedsvertrags auf den Streitfall, die Unfähigkeit oder Ausschließung eines Schiedsrichters. Weiter gehören hierher zB die Ablehnung eines Schiedsrichters, RG JW **14**, 103, oder wenn unrichtigerweise, § 1032 Anm 3 A, das Schiedsgericht selbst über die Ablehnung entschieden hat, was dem Übergehen des Ablehnungsgesuches gleichsteht, BGH **24**, 4, ferner Bemängelung der Ernennung des Schiedsrichters.

B. Einzelheiten. § 1037 spricht von Fortsetzung des Verfahrens. Es ist aber schlechte Wortauslegung, daraus zu folgern, der Beginn des Verfahrens sei durch dergleichen Einwendungen zu verhindern. Das Schiedsgericht kann freilich „aussetzen", dh vertagen, s § 1034 Anm 5 unter „Aussetzung", bis die Frage durch gerichtliche Entscheidung geklärt ist. Das Staatsgericht kann eine solche „Aussetzung" nicht durch einstw Vfg erzwingen, wie es sich überhaupt jedes Eingriffs ins Schiedsverfahren zu enthalten hat. In der Fortsetzung (oder dem Beginn) des Verfahrens liegt die vorläufige Zurückweisung des Vorbringens. Sie ist wie uUmst alles, was nachher geschieht, durch die Entscheidung des Staatsgerichts auflösend bedingt (s dazu § 1032 Anm 3 C). Das gilt auch für den Schiedsspruch; er unterliegt dann der Aufhebung im Aufhebungs- oder Vollstreckbarkeitsverfahren. Die Partei braucht ihren Widerspruch nicht immerfort zu wiederholen; ihr Verhalten im Verfahren kann aber im Einzelfall einen Verzicht erkennen lassen, RG HRR **35**, 305.

2) VwGO: *Entsprechend anzuwenden,* Grdz 4 § 1025.

1038 *Beratung und Abstimmung.* **Ist der Schiedsspruch von mehreren Schiedsrichtern zu erlassen, so ist die absolute Mehrheit der Stimmen entscheidend, sofern nicht der Schiedsvertrag ein anderes bestimmt.**

1) Allgemeines. § 1038 gilt für jede Beschlußfassung im Schiedsverfahren. Ist das Schiedsverfahren ordnungsmäßig abgeschlossen, so darf das Staatsgericht nicht vAw nachprüfen, wie der Schiedsspruch zustande gekommen ist, RG **38**, 411.

2) Abstimmung. Für sie gilt in erster Linie, was der Schiedsvertrag vorschreibt. Ersatzweise greift § 1038 ein, dh es entscheidet die überhälftige Stimmenmehrheit. § 196 II GVG ist sinngemäß anzuwenden. Ist keine überhälftige Mehrheit zu erreichen, so ist der Fall des § 1033 Z 2 eingetreten.

3) Beratung. Sie kann auch schriftlich geschehen, Hbg MDR **65**, 54. Rechtsgutachten, die sich ein Schiedsrichter beschafft hat, darf er in der Beratung verwenden, BGH **LM** § 1041 Nr 8. Das Schiedsgericht darf jedenfalls dann, wenn der Schiedsvertrag es zuläßt, Berater hinzuziehen (u einem solchen die Formulierung der vom Schiedsgericht beschlossenen Entscheidungsgründe überlassen), Düss BB **76**, 251 mwN, dazu Habscheid/Calavros KTS **79**, 6, vgl auch Sieg JZ **58**, 723. Die Gefahr der Beeinflussung ist da geringer, als wenn der einzelne Schiedsrichter sich vorher mit einem Sachverständigen bespricht. Das Beratungsgeheimnis ist zu wahren, wenn nichts anderes vereinbart ist, Gleiss u Helm MDR **69**, 93 (eingehend, auch zu den Folgen eines Verstoßes). Darum sind Schiedsrichter nicht zur Auslegung ihres Schiedsspruchs als Zeugen zu vernehmen, RG **129**, 17, selbst wenn sich beide Parteien auf sie berufen, BGH **23**, 138; denn das Beratungsgeheimnis besteht auch im Interesse der Schiedsrichter, so daß eine Vernehmung auch ihren Verzicht auf diesen Schutz voraussetzt, Schwab 19 I 2.

4) VwGO: *Entsprechend anzuwenden,* Grdz 4 § 1025.

1039 *Förmlichkeiten des Schiedsspruchs.* **Der Schiedsspruch ist unter Angabe des Tages der Abfassung von den Schiedsrichtern zu unterschreiben, den Parteien in einer von den Schiedsrichtern unterschriebenen Ausfertigung zuzustellen und unter Beifügung der Beurkundung der Zustellung auf der Geschäftsstelle des zuständigen Gerichts niederzulegen.**

1) Allgemeines. § 1039 will den Abschluß des Schiedsverfahrens und das Vorliegen eines Schiedsspruchs sicherstellen. Er gilt nur für wirkliche Schiedssprüche, dh endgültige Entscheidungen über den ganzen Prozeßstoff oder über einen abtrennbaren Teil, BGH **10**, 325. Das Verfahren nach § 1039 macht eine Entscheidung erst zum Schiedsspruch; es macht aber nur die dazu, die inhaltlich der gewünschte Schiedsspruch ist. Das trifft zB auch zu bei Feststellungsurteilen nur über den Grund des Anspruchs, wenn dem Schiedsgericht nur das übertragen ist, § 1025 Anm 2 A, RG JW **35**, 1088; anders liegt es, wenn es über Grund und Höhe urteilen soll, da dann noch keine endgültige Entscheidung vorliegt. Zulässig ist auch ein der Vollstreckbarerklärung fähiger Teilschiedsspruch, wenn er nach dem Verfahren der Schiedsrichter als nicht mehr abänderbare Entscheidung anzusehen ist, Schwab 18 III 1, Sieg JZ **59**, 752 (nicht zB auf Feststellung eines wichtigen Grunds bei Ausschlußklage gegen OHGGesellschafter, RG DR **42**, 1038). Kein Schiedsspruch ist eine vorläufige Entscheidung, wie etwa über ein Angriffs- oder Verteidigungsmittel, oder ein Spruch mit Vorbehalt der Aufrechnung, BGH **10**, 325, oder eines Nachverfahrens. Auch die Ablehnung oder Entscheidung wegen Unzuständigkeit ist kein Schiedsspruch; sie erledigt aber das Schiedsverfahren und eröffnet den Prozeßweg, RG **114**, 170. Sieht der Schiedsvertrag einen **Instanzenzug** vor, § 1034 Anm 5 „Rechtsmittel", so ist erst die Entscheidung des Oberschiedsgerichts der eigentliche Schiedsspruch, RG **114**, 168. Darum genügt seine Niederlegung. Die des Schiedsspruchs 1. Instanz ist nur da nötig, wo der Oberschiedsspruch keine in sich geschlossene Entscheidung ist; sie geschieht zweckmäßig (aber nicht notwendig, vgl RG JW **35**, 1089) zusammen mit der des Oberschiedsspruchs. Teilschiedssprüche sind niederzulegen. Für ausländische Schiedssprüche gilt § 1039 nicht, § 1044 I.

2) Formvorschriften. A. Unterschrift. Sämtliche Schiedsrichter einschließlich des Obmanns, auch die überstimmten, HRR **36**, 1374, müssen den vollständig abgefaßten Schiedsspruch eigenhändig und handschriftlich unterschreiben. Die Unterschrift des Obmanns genügt nicht, Ffm IPrax **82**, 149 m zustm Bespr Böckstiegel IPrax **82**, 137 (Schiedsspruch der Internationalen Handelskammer). Inwieweit die Schiedsrichter die Abfassung der Gründe einem Dritten überlassen dürfen, ist streitig, Schwab 19 II 1; unbedenklich ist jedenfalls, wenn der Dritte die vom Schiedsgericht festgelegten Gründe nur formuliert, Düss BB **76**, 251, § 1038 Anm 3. Die Unterschrift ist durch einen Vermerk nach § 315 I 2 nicht zu ersetzen, Schwab 20 II 1, erst recht nicht durch Verkündung. Stirbt ein Richter, so kommt ein wirksamer Schiedsspruch nicht zustande; es greifen §§ 1031, 1033 Z 1 ein. Selbst wo niedergelegt ist, ist das Verfahren bei fehlender Unterschrift nicht beendet und fortzusetzen. Nach hM können die Parteien einen Schiedsrichter auf Unterschreiben verklagen; s dazu Anh § 1028 Anm 2 B. Fügt der Schiedsrichter seiner Unterschrift Bemerkungen, insbesondere eine abweichende Ansicht hinzu, so wird er damit im allgemeinen das Beratungsgeheimnis verletzen, § 1038 Anm 3, ohne daß aber auf diesem unzulässigen Verfahren (richtigerweise könnte die abweichende Meinung nur zu den Akten gegeben werden) der Schiedsspruch beruht, vgl RG JW **32**, 2877. Es bleibt aber zu prüfen, ob der Schiedsrichter mit der Hinzufügung zum Ausdruck bringen wollte, daß er unter den Schiedsspruch seine Unterschrift nicht setzen wollte, so daß es dann an seiner Unterschrift fehlt, oder ob er diesen zwar unterschreiben, aber seine abweichende Ansicht nicht verschweigen wollte; letzteres ist unschädlich.

B. Datierung. Es ist weiter der Tag der Abfassung, dh der letzten Unterzeichnung (nach anderen der Beschlußfassung) anzugeben. Gleich bleibt, wo die Angabe steht, im Kopf oder am Ende. Die Praxis läßt die Angabe jedes irgendwie möglichen Datums in, über oder unter dem Schiedsspruch zu. Auch ein unrichtiges Datum schadet nicht; denn das Datum hat nur Wert für die Identifizierung, Schwab 20 II 2. Jedenfalls genügt auch die Angabe des Tags der maßgebenden mündlichen Verhandlung, Hbg DJ **42**, 91. Zu empfehlen ist ein Vermerk vor der Unterschrift unter der Ausfertigung: „Abgefaßt am . . .". Fehlt jede Angabe, so darf auch das die Wirksamkeit des Schiedsspruchs nicht beeinträchtigen, denn schließlich muß er ja irgendwann abgefaßt sein, ebenso Schwab 20 II 2. Das Gesetz gibt insoweit eine praktisch wenig wertvolle Ordnungsvorschrift.

3) Zustellung. A. Ausfertigung. Eine von sämtlichen Schiedsrichtern eigenhändig und handschriftlich unterschriebene Ausfertigung des Schiedsspruchs ist jeder Partei zuzustellen. Eine Urschrift statt der Ausfertigung genügt. Es genügt aber auch, daß die Schiedsrichter die Abschrift eigenhändig handschriftlich beglaubigt haben; denn darin liegt ein Unterzeichnen des Schiedsspruchs selbst, vgl RG **119**, 63. Nicht genügt, wenn nur einer der Schiedsrichter oder gar ein Dritter die Abschrift beglaubigt hat, RG **51**, 407. Als Ausfertigung genügt eine Abschrift mit Ausfertigungsvermerk und von den Schiedsrichtern unterschriebener Bescheinigung der Übereinstimmung, also mit einmaliger Unterschrift, BayObLG **18**, 115. Fehler der Ausfertigung berichtigen die Schiedsrichter kurzerhand. Ist der Inhalt mehrerer Ausfertigungen verschieden, so sind sie in Einklang zu bringen; maßgebend ist die niederzulegende Urschrift.

B. Verfahren. Zuzustellen ist nach §§ 166ff an die Parteien; denn § 176 betrifft nicht die Form der Zustellung, sondern das Verfahren und ist daher im Schiedsverfahren anwendbar nur, wenn Verfahren nach ZPO vereinbart ist, OLG **19**, 172. Doch genügt auch die Zustellung an den Prozeßbevollmächtigten, weil dies dem vermutlichen Parteiwillen entspricht, hM, StJ II 2, Wiecz C II b, Schwab 20 III 2. Am besten führt das Schiedsgericht eine Parteierklärung über die Zustellungsgegner herbei. Bei der Förmelei, die die Rspr über die Zustellung beherrscht, ist ängstliche Wahrung der Form anzuraten.

Zuzustellen ist im Auftrag des Schiedsgerichts, nicht einer Partei oder den Parteien, die hierzu auch nicht ermächtigen können. Es genügt aber, wenn ein Schiedsrichter im Auftrag des Schiedsgerichts handelt, auch wenn es durch einen Dritten geschieht, BGH **LM** § 1041 Nr 8. Dafür, daß der Schiedsrichter im Auftrag handelt, spricht die Vermutung, wenn alle den Schiedsspruch unterzeichnet und an ihn weitergeleitet haben, BGH **LM** § 1041 Nr 8 (Gegenbeweis zulässig); die Schiedsgerichtsparteien selbst können den Obmann nicht ermächtigen, allein die Zustellung und Niederlegung vorzunehmen, BGH aaO. Ratsam ist es, daß die Schiedsrichter bei Beginn des Verfahrens eine solche Ermächtigung schriftlich festlegen und den Parteien bekanntgeben. Damit ist die wirksame Zustellung auch für den Fall gesichert, daß ein Schiedsrichter nach Unterzeichnung wegfällt.

Ist öff Zustellung oder Zustellung im Ausland nötig, so ordnet sie das Schiedsgericht an, das Staatsgericht führt sie nach §§ 1036, 1045 aus, SeuffArch **58**, 247. Unterläßt eine im Ausland wohnende Partei die Bestellung eines Zustellungsbevollmächtigten, so ist ihr durch Aufgabe zur Post zuzustellen, §§ 174, 175, RG LZ **23**, 649.

4) Niederlegung. A. Verfahren. Zur Verwahrung niederzulegen ist die Urschrift oder eine Ausfertigung der vollständigen, unterschriebenen Schiedsspruchs mit den Urschriften sämtlicher Zustellungsurkunden (RG JW **29**, 854 läßt beglaubigte Abschriften nicht genügen, ebenso Schwab 20 IV 1). Über die Niederlegung eines erstinstanzlichen Schiedsspruchs s Anm 1. Niederlegen muß das Schiedsgericht oder in seinem Auftrag ein Schiedsrichter, Anm 3 B. Das ist ganz wesentlich; denn ein Schiedsrichter könnte noch nach Unterschrift die weitere Mitwirkung versagt haben. Hinterlegt ein Dritter, so ist seine Ermächtigung nachzuweisen. Hinterlegt ein Schiedsrichter, so spricht die Vermutung für die Ermächtigung, BGH **LM** § 1041 Nr 8, siehe Anm 3 B.

B. Zuständigkeit. Niederzulegen ist bei der Geschäftsstelle des örtlich und sachlich zuständigen Gerichts. Die Zuständigkeit bestimmt sich nach §§ 1045, 1047; es genügt also, daß beide Parteien die Niederlegung gerade bei diesem Gericht vereinbaren (Niederlegung bei der Geschäftsstelle einer unzuständigen Kammer dieses Gerichts ist unschädlich, BGH **55**, 318). Mehrere zuständige Gerichte stehen dem Schiedsgericht zur Wahl. Nach einer Meinung, StJ II 3 u Wiecz C III e, ist örtliche und sachliche Zuständigkeit Bedingung der Wirksamkeit; der Grund ist für diese Förmelei nicht einzusehen, da ja auch die Vereinbarung der Zuständigkeit unstreitig zulässig ist, ebenso Schwab 20 II 2. Mindestens heilt die Abgabe ans zuständige Gericht, StJ II 3, Schwab aaO, RoS § 177 I 6 (aber nicht die Übersendung ans zuständige Gericht aus anderem Anlaß, RG JW **21**, 144, vgl auch Kiel OLG **40**, 444). Über die Niederlegung ist dem Schiedsgericht auf Antrag eine Bescheinigung auszustellen, damit es die Parteien über den Abschluß des Schiedsverfahrens unterrichten kann. **Gebühren** des Gerichts: keine.

5) Verstoß. A. Zwingende Regelung. Die drei Erfordernisse des § 1039, Unterschrift, Zustellung, Niederlegung, Anm 2–4, sind unumgänglich; erst ihre Erfüllung bringt das Schiedsverfahren zum Abschluß durch Schiedsspruch und verleiht diesem die Wirkungen des § 1040, BGH KTS **80**, 130 mwN. Fehlt auch nur ein Erfordernis, so fehlt ein wirksamer Schiedsspruch. Das Schiedsgericht darf und muß jederzeit das Verfahren fortsetzen und entweder das Fehlende nachholen oder einen andern Spruch fällen. Indessen muß man eine Änderung des Schiedsspruchs nach Zustellung an eine der Parteien für unzulässig halten, Wiecz B II a 2; durch die Zustellung hat sich das Schiedsgericht an diesen Spruch gebunden, so daß das Verfahren nur mit Zustimmung beider Parteien wieder aufleben kann, § 318. Nur diese Auffassung trägt dem Umstand Rechnung, daß in einer großen Zahl von Fällen mit Zustimmung der Parteien zur Kostenersparnis auf deren Wunsch eine Niederlegung nur dann erfolgt, wenn eine Vollstreckbarerklärung in Aussicht genommen ist. Falsche Niederlegung läßt die Einrede des Schiedsvertrags bestehen, RG JW **29**, 854. Jede Partei kann auf Feststellung klagen, daß ein wirksamer Schiedsspruch fehlt, vgl OLG **21**, 124. Die Aufhebungsklage setzt die Erfüllung aller Voraussetzungen des § 1039 voraus. § 1039 ist auch in dem Sinn zwingend, daß die Parteien weder im Schiedsvertrag noch später auf Mängel verzichten können; denn vor Erfüllung aller Voraussetzungen liegt eben kein Schiedsspruch vor. Doch sollte man sich von schädlicher Förmelei fernhalten (s bei Anm 2–4).

B. Folgen eines Verzichts. Verzichten die Parteien auf eines der Erfordernisse, also auf die Unterschrift, Zustellung oder Niederlegung, so machen sie damit den Schiedsspruch zum außergerichtlichen Vergleich. Er duldet dann keine Vollstreckbarerklärung, sondern läßt nur Klage oder Einrede aus dem Vergleich zu. Der Verzicht auf eine Begründung läßt dem Schiedsspruch seine Rechtsnatur, vgl § 1041 Anm 8.

6) Berichtigung und Ergänzung des Schiedsspruchs. Sie sind entsprechend §§ 319, 321 vor Abschluß des Verfahrens zulässig, denn bis zur Niederlegung liegt noch kein Schiedsspruch vor. Nach Abschluß versagen manche die Ergänzung und lassen nur Berichtigung zu, vgl KG DR **40**, 748: eine unrichtige Meinung; denn wo eine Ergänzung überhaupt denkbar ist, lag ein Teilschiedsspruch vor, so daß er in den Formen des § 1039 auch nach

Niederlegung ergänzt werden kann, Schwab 21 III. Dagegen läßt sich die fehlende Begründung nicht nachholen, vgl § 1040 Anm 2. Jedenfalls hat aber das Staatsgericht im Vollstreckbarkeitsverfahren zu prüfen, ob die ,,Berichtigung" der Entscheidung nicht in Wahrheit einen andern Inhalt geben will, RG JW **35**, 2050.

7) VwGO: *Entsprechend anzuwenden, Grdz 4 § 1025. Zuständiges Gericht: § 1045 Anm 4.*

1040 **Wirkung des Schiedsspruchs. Der Schiedsspruch hat unter den Parteien die Wirkungen eines rechtskräftigen gerichtlichen Urteils.**

1) Allgemeines. Der Schiedsspruch ist die einzige Äußerung des Schiedsgerichts, die nach außen die Wirkungen einer Entscheidung hat. Alles andere bleibt innerer Vorgang. Schiedsspruch ist aber nur die Entscheidung, die das Verfahren vollkommen oder in einem abtrennbaren Teil endgültig abschließt (s darüber § 1039 Anm 1) und den sämtlichen Erfordernissen des § 1039 genügt. Mag sich sonstiges auch in die Formen des Schiedsspruchs kleiden, es ist kein solcher und das Schiedsgericht kann es beliebig abändern.

2) Inhalt des Schiedsspruchs. A. Sachlicher Inhalt. Über den notwendigen Inhalt des Schiedsspruchs bestimmt § 1041 Z 5 nur, daß er mit Gründen versehen sein muß. Unumgänglich sind aber weiter die ausreichende Bezeichnung der Parteien, ihrer Parteistellung und, wo den Prozeßbevollmächtigten zugestellt wird, dieser, ferner die genaue Angabe der getroffenen Entscheidung. Eine Sonderung der Formel von den Gründen ist nicht unbedingt nötig, aber dringend anzuraten. Die Formel muß bestimmt sein; es sind aber nicht dieselben Ansprüche an sie zu stellen wie im ordentlichen Verfahren, RG **149**, 49. An die Vorschriften der ZPO ist das Schiedsgericht im Zweifel auch hier nicht gebunden. Es darf zB einen Feststellungsausspruch fällen, ohne daß die Voraussetzungen des § 256 vorliegen, RG **100**, 121. Es darf aber nichts ohne sachliche Stellungnahme zu jedem einzelnen Angriffs- oder Verteidigungsmittel zu- oder absprechen, weil dann teilweise die Gründe fehlen. Es darf seine Zuständigkeit für ein Angriffs- oder Verteidigungsmittel nicht unberechtigt verneinen, RG **119**, 32, auch seine Zuständigkeit nicht unberechtigt bejahen. Über seine Bindung an die Anträge s § 1034 Anm 5. Bedarf der Schiedsspruch der Auslegung, so ist das Staatsgericht nicht an die Parteibehauptungen gebunden, sondern hat sie selbständig vorzunehmen; dazu ist auch das Revisionsgericht befugt, BGH **24**, 20.

B. Kosten. Der Schiedsspruch entscheidet über die Kosten, wenn nicht die Vereinbarung entgegensteht; andernfalls ist er ein der Ergänzung bedürftiger Teilschiedsspruch, der zwar der Vollstreckbarerklärung zugänglich ist, aber das Verfahren nicht beendet, Schwab 33 II 1. An §§ 91 ff ist das Schiedsgericht nur gebunden, wenn der Schiedsvertrag dies bestimmt. Sonst befindet es über die Verteilung ganz frei. Es kann vermeidbare Kosten auferlegen, erstattungsfähige streichen. Da es im Schiedsverfahren keine Kostenfestsetzung gibt, Anm D, hat das Schiedsgericht nach Möglichkeit die Kosten betragsmäßig festzulegen, Schwab 33 II 2. Den Streitwert setzt es nach Anhörung der Parteien fest, es sei denn, von ihm hängt die Vergütung der Schiedsrichter ab, Anm C.

a) Kosten der Schiedsrichter. Sie sind in den Schiedsspruch nur aufzunehmen, wo sie feststehen und vorschußweise bezahlt sind, Schwab 33 IV; andernfalls ist insoweit nichts zu erstatten und nur der allgemeine Ausspruch über die Kostenlast zu machen. Denn die Schiedsrichter dürfen, weil das eine Entscheidung in eigener Sache wäre, ihre Vergütung weder unmittelbar noch mittelbar durch eine Entscheidung über den Streitwert des Schiedsverfahrens selbst festsetzen, BGH MDR **77**, 383. Eine Festsetzung ist demnach nur eine Erklärung aus §§ 315 ff BGB, RG Warn **27**, 39; die Schiedsrichter müssen ihre Vergütung notfalls einklagen, Schwytz BB **74**, 676.

b) Kostenfestsetzung. Eine solche im Sinn der ZPO gibt es nicht. Eine solche durch das Staatsgericht ist ganz ausgeschlossen, BGH DB **77**, 1502, Kblz NJW **69**, 1540 (mwN), Schwab 33 II 2. Dringend zu empfehlen ist es, dem Schiedsgericht durch ausdrückliche Vereinbarung die Festsetzung der Kosten zu übertragen, um auch insoweit einen Vollstreckungstitel zu schaffen und unnötige Folgeprozesse zu vermeiden, Schwytz BB **74**, 676. Das kann auch nachträglich geschehen; dann ist der Schiedsspruch nach Gehör der Parteien unter Beachtung von § 1039 zu ergänzen. Sonst stehen folgende Wege offen, Schwab 33 II 3: **a)** die das Vollstreckbarkeitsverfahren betreibende Partei macht in diesem Verfahren den Kostenanspruch als Nebenforderung geltend; bestreitet ihn der Gegner, so ist auf mündliche Verhandlung zu entscheiden, StJ § 1042 VIII 3 (die Prozeßwirtschaftlichkeit verlangt die Zulassung dieses Verfahrens, aM Kblz NJW **69**, 1540, Habscheid KTS **71**, 137), **b)** neben a hat der Berechtigte wahlweise die Klage auf Erstattung beim Staatsgericht, Kblz NJW **69**, 1540. Dagegen fehlt für diese Klage das Rechtsschutzbedürfnis, solange die Anrufung des Schiedsgerichts möglich ist. Bei Aufhebung des Schiedsspruchs in der Hauptsache wird die Kostenentscheidung ohne weiteres hinfällig.

3) Wirkung des Schiedspruchs. Mit der Erfüllung sämtlicher wesentlicher Voraussetzungen des § 1039 erlangt der Schiedsspruch unter den Parteien die Wirkung eines rechtskräftigen gerichtlichen Urteils, BGH KTS **80**, 130 mwN. **A. Äußere Rechtskraft.** Ist eine höhere schiedsrichterliche Instanz vereinbart, so wird der Schiedsspruch erst mit deren nach § 1039 behandeltem Schiedsspruch rechtskräftig s § 1039 Anm 1 u § 1034 Anm 5 unter „Rechtsmittel", RG **114**, 168. Nicht die Zustellung macht den Schiedsspruch rechtskräftig (vgl aber § 1039 Anm 5 A), sondern die Niederlegung nach Zustellung. Daß der Schiedsspruch rechtsbeständig ist, ist damit nicht gesagt, §§ 1041, 1042 II. Bei ausländischen Schiedssprüchen bestimmt sich die Rechtskraft nach ausländischem Recht; ob eine Vollstreckbarerklärung ergehen kann, vgl § 1044, bleibt gleich. Wegen der Aufhebung s § 1044 III u IV.

B. Innere Rechtskraft. Sie kann nur in Frage kommen, wo nicht eine Zwischenentscheidung vorliegt, sondern ein Schiedsspruch mit äußerer Rechtskraft, bei Teilschiedsspruch also nur, soweit entschieden ist. Noch das Revisionsgericht kann letzteres nachprüfen, RG **169**, 52. Eine Zwischenentscheidung über den Grund des Anspruchs ist als Schiedsspruch zulässig, § 1025 Anm 2 A, und wird rechtskräftig; denn in ihr liegt die Feststellung des Anspruchs aus § 256, vgl RG JW **35**, 1089. Rechtskraftwirkung äußert auch ein unbedingter Schiedsspruch auf eine bedingte Leistung, RG **85**, 393. Der Umfang der Rechtskraft ist gleich dem beim Urteil; die Entscheidungsgründe sind zur Auslegung heranzuziehen, RArbG HRR **33**, 925. Die Vollstreckbarerklärung hat mit der Rechtskraft nichts zu tun. Über ausländische Schiedssprüche s oben A.

§ 1040 legt dem Schiedsspruch die Wirkungen eines rechtskräftigen gerichtlichen Urteils bei. Das ist nur bedingt richtig: Zwar gilt für den Schiedsspruch grundsätzlich § 322 I u II; aber die Rechtskraftwirkung bleibt beim Schiedsspruch hinter derjenigen des Urteils zurück: **a)** Zwar gibt für den Schiedsspruch die Einrede der Rechtskraft. Aber sie ist, ebenso wie die Rechtshängigkeit vor dem Schiedsgericht, nicht vAw zu beachten, sondern nur auf Einrede, Schwab 21 I 3, BGH **41**, 107 u NJW **58**, 950, str, aM StJ III 3, Wiecz B II a 4; denn der Schiedsspruch ist kein Hoheitsakt, so daß das öff Interesse fehlt. Darum dürfen die Parteien auch den Schiedsvertrag erneuern, um einen andern Schiedsspruch herbeizuführen, KG JW **20**, 704, demnach auch durch Parteivereinbarung die Rechtskraftwirkung des Schiedsspruchs beseitigen, Brc NJW **57**, 1035. Belassen sie es beim Schiedsspruch, so sind sie auch ohne Vollstreckbarerklärung schuldrechtlich an den Spruch gebunden, BGH BB **61**, 264. **b)** Während sich ein rechtskräftiges Urteil im allgemeinen nur durch Wiederaufnahmeklage beseitigen läßt, unterliegt der Schiedsspruch der Aufhebung auf Aufhebungsklage und im Vollstreckbarkeitsverfahren, §§ 1041 f. **c)** Der Schiedsspruch wirkt gegen Dritte nicht nach § 325, sondern allein nach dem Schiedsvertrag, reicht also nur so weit, wie der Schiedsvertrag wirkt, zB gegen Erben oder vertragliche Rechtsnachfolger, § 1025 Anm 3 D; denn die öff-rechtlichen Erwägungen, die dem § 325 zugrunde liegen (Rücksicht auf die Stetigkeit der Rechtspflege und deren Ansehen), versagen hier, StJ III 3. – Über die Vollstreckungsabwehrklage, § 767, s § 1042 Anm 3.

C. Zwangsvollstreckung. Sie ist nur nach Vollstreckbarerklärung, § 1042, möglich. Eine Klage auf Erfüllung des Schiedsspruchs ist in demselben Umfang zulässig wie bei einem Urteil, so angesichts des § 1044 auch bei ausländischem Schiedsspruch. Wo eine Vollstreckbarerklärung möglich ist, versagt die Erfüllungsklage schon wegen der Gefahr eines doppelten Titels, RG **117**, 387.

5) VwGO: *Entsprechend anzuwenden, Grdz 4 § 1025. Eine Zwangsvollstreckung findet nach § 168 I Nr 5 VwGO nur aus Schiedssprüchen statt, die für vollstreckbar erklärt worden sind.*

Einführung zu § 1041–1044 ZPO
Beseitigung eines Schiedsspruchs

1) Zulässige Rechtsbehelfe. Eine Partei hat folgende Möglichkeiten, einen Schiedsspruch zu Fall zu bringen; **a) sie kann ihre Einwendungen im Vollstreckbarkeitsverfahren vorbringen.** Dort sind Aufhebungsgründe übrigens auch vAw zu beachten. Bringt die Partei die Einwendungen nicht vor, so ist sie mit ihnen ausgeschlossen. Ausgenommen ist nur der Grund des § 1041 Z 6, sofern ihn die Partei nicht geltend machen konnte, § 1043; **b) sie**

10. Buch. Schiedsrichterliches Verfahren   **Einf §§ 1041–1044, § 1041 1 A**

kann Aufhebungsklage aus § 1041 erheben, soweit nicht § 1043 entgegensteht, dh regelmäßig, soweit der Schiedsspruch nicht rechtskräftig für vollstreckbar erklärt ist, vgl auch § 1046 Anm 1 A. c) Solange die Voraussetzungen des § 1039 nicht erfüllt sind, ist **Klage auf Feststellung des Nichtbestehens eines Schiedsvertrags zulässig**, RG HRR **31**, 793. Eine Klage auf Feststellung der Wirksamkeit des Schiedsspruchs ist mangels Rechtsschutzbedürfnisses angesichts des § 1042 unzulässig und durch Prozeßurteil, Üb 2 § 300, abzuweisen, die Klage auf Feststellung der Unwirksamkeit idR als Aufhebungsklage zu verstehen, Schwab 24 I.

2) Verfahren. In den Fällen Anm 1a und b ist das gesamte Verfahren nachzuprüfen, nicht bloß ein Ausschnitt, RG **159**, 97. Eine Gegeneinrede aus dem Anfechtungsgrund gegenüber der Einrede der Rechtskraft des Schiedsspruchs ist abzulehnen, denn der Schiedsspruch ist bis zur Aufhebung rechtsbeständig, SeuffW 2. Hat der Schuldner die Aufhebungsgründe im Vollstreckbarkeitsverfahren vorgebracht, § 1042, so fehlt ein Rechtsschutzbedürfnis für die Aufhebungsklage. War sie schon erhoben, so kann das Gericht aussetzen, § 148. Der rechtskräftige Ausspruch der Wirksamkeit, vgl § 1043, oder Unwirksamkeit im Vollstreckbarkeitsverfahren erledigt den Aufhebungsprozeß. Die rechtskräftige Aufhebung im Aufhebungsprozeß bindet im Vollstreckungsverfahren. Im Verhältnis von Aufhebungs- und Vollstreckungsverfahren versagt die Berufung auf die Rechtshängigkeit, weil die Verfahren verschiedene Ziele haben.

1041 *Aufhebungsklage.* ¹ Die Aufhebung des Schiedsspruchs kann beantragt werden:
1. wenn dem Schiedsspruch ein gültiger Schiedsvertrag nicht zugrunde liegt oder der Schiedsspruch sonst auf einem unzulässigen Verfahren beruht;
2. wenn die Anerkennung des Schiedsspruchs gegen die guten Sitten oder die öffentliche Ordnung verstoßen würde;
3. wenn die Partei in dem Verfahren nicht nach Vorschrift der Gesetze vertreten war, sofern sie nicht die Prozeßführung ausdrücklich oder stillschweigend genehmigt hat;
4. wenn der Partei in dem Verfahren das rechtliche Gehör nicht gewährt war;
5. wenn der Schiedsspruch nicht mit Gründen versehen ist;
6. wenn die Voraussetzungen vorliegen, unter denen in den Fällen der Nummern 1 bis 6 des § 580 die Restitutionsklage stattfindet.

ᴵᴵ Die Aufhebung des Schiedsspruchs findet aus dem unter Nummer 5 erwähnten Grunde nicht statt, wenn die Parteien ein anderes vereinbart haben.

Gliederung

1) **Allgemeines**
   A. Aufhebungsklage
   B. Aufhebungsgründe
2) **Klagvoraussetzungen**
   A. Vorliegen eines Schiedsspruchs
   B. Angabe des Aufhebungsgrundes
3) **Verfahren**
   A. Prüfung und Entscheidung
   B. Wirkungen
4) **Unzulässiges Verfahren, Z 1**
   A. Fehlen des Schiedsvertrages
   B. Unvorschriftsmäßige Besetzung
   C. Sonst unzulässiges Verfahren
   D. Verstoß gegen wesentliche Grundsätze

   E. Verzicht auf Rügen
   F. Beruhen des Schiedsspruchs auf dem Mangel
5) **Sitten- und Ordnungswidrigkeit, Z 2**
   A. Allgemeines
   B. Sittenwidrigkeit
   C. Ordnungswidrigkeit
6) **Mangelnde Vertretung, Z 3**
7) **Versagung des rechtlichen Gehörs, Z 4**
8) **Fehlende Gründe, Z 5 u II**
9) **Restitutionsgründe, Z 6**
10) *VwGO*

1) Allgemeines. A. Aufhebungsklage. Die Aufhebungsklage des § 1041 ist eine Rechtsgestaltungsklage, Grdz 2 C § 253, weil sie den Schiedsspruch rückwirkend vernichtet, Schwab 25 II. Das Schiedsgericht selbst darf in keiner Form über Aufhebungsgründe entscheiden. Es darf nur Einwendungen unbeachtet lassen und das Verfahren vorbehaltlich der Entscheidung des Staatsgerichts fortsetzen, § 1037.

B. Aufhebungsgründe. Die Aufhebungsgründe des § 1041 sind vollständig; sie sind einer ausdehnenden Auslegung verschlossen. Insbesondere ist das Fehlen eines gültigen Schiedsrichtervertrags kein Grund, DR **39**, 2178. Nicht ausreichend ist die Feststellung, daß der Schiedsspruch möglicherweise gegen I verstößt; der Aufhebungsgrund muß vollständig festgestellt werden, BGH **30**, 94, und überall für den Schiedsspruch ursächlich sein.

2) Klagvoraussetzungen. A. Sachurteilsvoraussetzung für die Aufhebungsklage ist das Vorliegen eines äußerlich wirksamen (rechtskräftigen) Schiedsspruchs nach § 1039, dh eines inländischen Schiedsspruchs, § 1044 Anm 1 B, Mü IPRspr **78** Nr 188. Er muß also auch niedergelegt sein, was noch in der Revisionsinstanz nachgeholt werden kann, BGH **85**, 290. Ob diese Voraussetzungen vorliegen ist vAw auch noch in der Revisionsinstanz zu prüfen, BGH KTS **80**, 130 mwN; was nicht wirksam vorhanden ist, kann man nicht aufheben. Der Antrag auf Vollstreckbarerklärung zwingt zur Anhörung des Gegners; er erhält also immer Kenntnis. Dann ist eine schwebende Aufhebungsklage zweckmäßig auszusetzen. Ein rechtskräftiges Urteil auf Aufhebung beendet das Vollstreckbarkeitsverfahren, ebenso die rechtskräftige Vollstreckbarerklärung den Aufhebungsprozeß, Schwab 25 III. Einer Beschwer bedarf es nicht (aM RG **165**, 142); nötig ist aber, wie stets, ein Rechtsschutzbedürfnis. Es fehlt aber nicht deshalb, weil der Schiedsspruch der Partei ihren Anspruch voll zubilligt; denn ein anfechtbarer Schiedsspruch ist kein zuverlässiger Titel.

B. Die Klage muß den geltend gemachten Aufhebungsgrund angeben. Der Übergang zu einem anderen Grund ist Klagänderung, die stets sachdienlich sein wird, § 263. Beklagter ist der, den der Schiedsspruch berechtigt, uU also ein Dritter. Bei Rechtsnachfolge kann die Klage auch gegen den Rechtsnachfolger gerichtet werden, Schwab 25 IV 1 (nach StJ I 2 muß sie es). Eine Frist besteht, abgesehen von der Ausschließung durch § 1043 bei einem rechtskräftig für vollstreckbar erklärten Schiedsspruch, nicht. Die Klage geht auf Aufhebung des Schiedsspruchs. Neues tatsächliches Vorbringen ist keine Klagänderung, RG JW **27**, 2137. Zuständigkeit: §§ 1045–1047.

3) Verfahren. A. Das Staatsgericht hat die Aufhebungsgründe zu prüfen, nicht aber die Richtigkeit des Schiedsspruchs. Das Fehlen eines gültigen Schiedsvertrages oder einen sonstigen Aufhebungsgrund muß derjenige darlegen, der daraus ein Recht herleitet; auf die Parteirolle kommt es dabei nicht an, BGH **31**, 48 u WertpMitt **79**, 1007 mwN. Das **Urteil** lautet nur auf Zurückweisung oder Aufhebung, nie auf Abänderung; vgl aber Anm 9. Betrifft der Aufhebungsgrund nur einen Teil des Schiedsspruchs, so ist bloß dieser Teil aufzuheben, falls eine in sich abgeschlossene, eines Teilurteils fähige Entscheidung übrigbleibt, KG NJW **76**, 1357. Die Entscheidung üb einen Aufhebungsgrund schafft keine Rechtskraft für andere Gründe, Schwab 25 IV 5. **Gebühren:** Für Gericht und RA die gewöhnlichen Gebühren eines Rechtsstreits; Wert: § 12 I GKG.

B. Da der Schiedsvertrag mit Erfüllung der Vorschriften des § 1039 verbraucht ist, entscheidet nach Aufhebung nicht weiter das Schiedsgericht, sondern das Staatsgericht, ganz hM, Schwab 25 V. Eine Ausnahme liegt allenfalls dann vor, wo der Schiedsspruch den Schiedsvertrag nicht restlos erschöpft. So, wenn nicht die vereinbarten Schiedsrichter entschieden oder wenn sie nicht zwischen den Parteien erkannt haben oder wo nur eine von mehreren unter den Schiedsvertrag fallenden Streitigkeiten erledigt ist, RG **133**, 19; nicht aber bleibt das Schiedsgericht zuständig, wenn die Parteien nicht ordnungsmäßig vertreten waren oder das Schiedsgericht fehlerhaft besetzt war, so aber StJ II, ThP 4 (vgl dazu Schlosser ZZP **92**, 149). Die Partei darf mit der Aufhebungsklage die neue Klage in der Sache selbst verbinden, falls dasselbe Gericht zuständig ist.

4) Unzulässiges Verfahren, Z 1. A. Die Aufhebungsklage ist begründet, wenn ein (gültiger) Schiedsvertrag fehlte: Niemand darf von einem Schiedsgericht verurteilt werden, dessen Spruch er sich nicht freiwillig unterworfen hat, BGH NJW **78**, 1744. Das ist der Fall, wenn überhaupt kein Schiedsvertrag vorlag, kein wirksamer Schiedsvertrag, kein noch laufender Schiedsvertrag, kein das Verfahren deckender Schiedsvertrag. Beispiele: der Schiedsvertrag verstieß gegen § 1027 oder überstieg die Vergleichsbefugnis, § 1025 II, oder ließ die Bestellung der Schiedsrichter durch eine Partei zu, § 1028 Anm 1 B.

Die Gültigkeit des Schiedsvertrags hat das Gericht ohne Bindung an die Entscheidung des Schiedsgerichts zu prüfen, allgM, BGH **68**, 356; wenn sie die Parteien dem Schiedsgericht die bindende Entscheidung darüber übertragen haben, § 1025 Anm 2 C, ist ebenfalls ohne Bindung nur die Gültigkeit dieser Kompetenz-Kompetenz-Klausel zu prüfen, BGH **68**, 366 mwN, Hbg ZIP **81**, 170 u RIW **82**, 283, krit Habscheid/Calavros KTS **79**, 8 mwN. In der Verhandlung ohne Widerspruch gegen die Wirksamkeit der Schiedsabrede liegt idR der Abschluß eines Schiedsvertrages, dazu K. Schmidt MDR **72**, 989, Hbg ZIP **81**, 172 u RIW

82, 283 mwN. Gegen Treu und Glauben verstößt auch die Rüge der Unzuständigkeit eines Schiedsgerichts, das man selbst herbeigeführt hat, RG Recht **31**, 562. Keine Unzulässigkeit liegt vor, wo ein nicht ablehnbarer Ersatzrichter ohne Anzeige von seiner Bestellung bestellt war, DR **39**, 2179. Handelt es sich um einen Schiedsvergleich, § 1044a Anm 3 A, so erstreckt sich die Prüfung auch auf die Wirksamkeit des Vergleiches, Hbg MDR **66**, 881.

B. **Jede unvorschriftsmäßige Besetzung des Schiedsgerichts** gehört immer hierher und kann immer ursächlich sein, Köln KTS **71**, 222. Ablehnung eines Schiedsrichters, § 1032 Anm 3 C, gibt einen Aufhebungsgrund nur, wenn sie das Staatsgericht vor oder nach dem Schiedsspruch für begründet erklärt hat, RG **148**, 2, ferner, wenn der Abgelehnte die Ablehnung als begründet anerkannt, dann aber doch mitgewirkt hat, RG **159**, 98, und auch dann, wenn es einer Partei nicht möglich oder zumutbar war, das Gesuch vor Niederlegung des Schiedsspruches beim Staatsgericht anzubringen, BGH **24**, 6. Ein beim Staatsgericht anhängiges Ablehnungsverfahren, § 1032 Anm 3, ist auch dann fortzusetzen, wenn der Schiedsspruch ergeht und niedergelegt wird; hat das Staatsgericht die Ablehnung für unbegründet erklärt, § 1032, kann auf diese der Aufhebungsantrag nicht mehr gestützt werden, BGH **40**, 342. Die Mitwirkung eines „ausgeschlossenen" Schiedsrichters, etwa der Partei oder eines Parteivertreters, begründet die Aufhebung trotz Versäumung der Ablehnungsfrist, BayObLG JW **29**, 1667. Ob der Verstoß gegen § 40 I 2 DRiG die Aufhebung herbeigeführt, ist str; offen gelassen in BGH **55**, 320 m Anm Rietschel LM § 1039 Nr 3, dazu Breetzke NJW **71**, 1458, Habscheid KTS **72**, 210, vgl § 40 DRiG Anm 2.

C. **Es genügt auch, daß der Schiedsspruch „sonst" auf einem unzulässigen Verfahren beruht;** A ist also nur ein Unterfall. Das Verfahren war unzulässig, wenn das Schiedsgericht die ihm vertraglich oder gesetzlich gesetzten Grenzen überschritten hat. Beispiele: Überschreitung der Zuständigkeit, s § 1034 Anm 5; mangelhafte Parteifähigkeit; Verurteilung eines Dritten; Schiedsvertrag, wonach ein nur aus Vereinsmitgliedern bestehendes Schiedsgericht auch über Streitigkeiten von Vereinsmitgliedern und Nichtvereinsmitgliedern entscheidet, BGH **51**, 255 (s § 1025 Anm 5 D); Entscheidung durch einen nicht unabhängigen Einzelschiedsrichter, BGH NJW **73**, 98; Zusprechen über die Anträge hinaus, RG JW **20**, 703 (s aber dazu § 1034 Anm 5 unter „Anträge"); Abnahme von Eiden durch das Schiedsgericht, KG JW **26**, 2219; willkürliche Bestellung eines Sachverständigen oder Verwertung des Gutachtens eines Sachverständigen, dessen mangelnde Sachkunde dem Schiedsgericht nachgewiesen war, HRR **40**, 627; Mitwirkung eines Beraters in beiden schiedsgerichtlichen Instanzen, Düss BB **76**, 251 (unschädlich in einer Instanz, § 1038 Anm 3); Billigkeitsentscheidung statt Entscheidung nach positivem Recht, wie im Schiedsvertrag vorgeschrieben, wenn das Schiedsgericht sich also in Widerspruch zum Schiedsvertrag gesetzt hat, Einf 2 B § 1034; Verhängen einer Buße strafrechtlicher Natur (anders, wenn sie als Ersatz gemeint und dem Geschädigten zu leisten ist). Vom Verbandsschiedsgericht verhängte Geldstrafen sind stets Vertragsstrafen, KG DR **39**, 2156. Nicht hierhin gehört: Widerspruch zwischen Kostenbestimmung des Schiedsvertrags und Kostenentscheidung des Schiedsspruchs, BGH JZ **57**, 630, aM Schwab 24 III 3; Verstoß des Staatsgerichts bei Aushilfe nach § 1036.

D. **Es genügt auch, daß das Schiedsgericht einen grundlegenden Verfahrenssatz, dh einen wesentlichen Grundsatz jeder geordneten Rechtspflege,** RG **159**, 98, **verletzt hat.** Beispiele: endgültiges Zu- und Absprechen ohne sachliche Stellungnahme zu den Angriffs- und Verteidigungsmitteln, zB wegen Unzuständigkeit für den erhobenen Konditionsanspruch (anders, wenn die Entscheidung vorbehaltlich der vom Schiedsgericht noch zu entscheidenden Aufrechnung ergeht, BGH **10**, 325), RG **119**, 32; Entscheidung nach anderem als dem im Schiedsvertrag vorgesehenen Recht, Einf 2 B § 1034; Übernahme fremder Feststellungen in den Schiedsspruch statt eigener Feststellung, RG DR **44**, 810. Die Verletzung minderer Verfahrenssätze genügt nicht, RG JW **32**, 2877, zB die Nichterwähnung einer Streitverkündung und des Beitritts des Streithelfers, Hbg MDR **50**, 295, idR auch nicht das Übergehen eines Beweisantrages, BGH NJW **66**, 549.

E. **Der Verzicht auf die Rüge heilt, wo der Mangel verzichtbar, also nicht vAw zu beachten ist.** Verzicht auf die Rüge sämtlicher bekannter Mängel liegt in rügeloser Einlassung, s A. Wer einen sachlichen Antrag stellt, läßt sich bereits ein, muß also einen Vorbehalt machen, wenn er die Rüge nicht verlieren will; so selbst bei Sittenwidrigkeit des Schiedsvertrags, RG **137**, 253, falls nicht die Anerkennung des Schiedsspruchs gegen die öff Ordnung verstößt, Z 2, oder die Einlassung unter Druck erfolgte, § 1025 Anm 7 D. Man wird auch sonst § 295 sinngemäß anwenden müssen. Maßgebender Zeitpunkt ist der, in dem das letzte rechtliche Gehör unmöglich wurde (nach StJ III 1a der Erlaß des Schiedsspruchs: Aber der „Erlaß" schafft keinen Schiedsspruch, § 1039 Anm 1 u 5).

F. In den Fällen C und D muß der Schiedsspruch auf dem unzulässigen Verfahren beruhen (bei A und B ist das stets der Fall, vgl § 551 Z 1–4). Dafür genügt die Möglichkeit, daß ohne den Verstoß anders entschieden worden wäre, Schwab 24 III 4. Wegen der Darlegungs- und Beweislast s oben Anm 3 A; es ist Sache desjenigen, der sich auf einen Verfahrensfehler beruft, darzutun, daß der Schiedsspruch darauf beruhen kann, BGH KTS **83**, 160.

5) Sitten- und Ordnungswidrigkeit, Z 2. A. Allgemeines. Z 2 lehnt sich an Art 1e Genfer VollstrAbkommen an (pas contraire à l'ordre public ou aux principes du droit public du pays où elle est invoquée). Aufhebungsgrund ist es, wenn die Anerkennung des Schiedsspruchs gegen die guten Sitten oder die öff Ordnung verstieße. Wo die Vergleichsberechtigung fehlt, § 1025 II, hat sich das Schiedsgericht eine Gerichtsbarkeit angemaßt, die es nicht hat, so daß es an einem gültigen Schiedsvertrag fehlt, Anm 4 A. Ob anzuerkennen ist, hängt davon ab, ob der Schiedsspruch als solcher dem ordre public widerspricht, StJ III 2a, was auch dann der Fall sein kann, wenn er auf einem nach Z 2 zu mißbilligenden Verfahren beruht, Schwab 24 IV 1. Bei Z 2 ist das Gericht hinsichtlich der tatsächlichen Feststellungen, der Vertragsauslegung und der Beurteilung der Rechtsfolgen an den Schiedsspruch nicht gebunden, BGH stRspr, NJW **73**, 98 mwN, ebensowenig an die Rechtsauffassung des Schiedsgerichts oder das Statut, dem der Vertrag untersteht, BGH **27**, 254. Unerheblich ist auch, ob die zur öff Ordnung gehörenden Normen Gegenstand des Schiedsverfahrens waren, BGH MDR **72**, 1018. Immer muß der **Schiedsspruch auf dem Verstoß beruhen**, Anm 4 F.

B. Sittenwidrigkeit, vgl § 328 Anm 5 B. Der Verstoß kann im entscheidenden Teil des Schiedsspruchs liegen, so, wenn er zu einer unsittlichen Handlung verurteilt, oder im Anspruch selbst, dem der Schiedsspruch stattgibt, zB bei der Verurteilung zur Erfüllung eines nach § 138 BGB nichtigen Vertrages, BGH NJW **73**, 98. Es genügt, daß sich der Schiedsspruch auf einem in seinen Grundlagen sittenwidrigen Verfahren aufbaut. Beispiel: ein Verband führt, nachdem er in Streit mit einem Mitglied gekommen ist, eigens durch Satzungsänderung die Gerichtsbarkeit eines Verbandsschiedsgerichts ein, RG **144**, 104.

C. Ordnungswidrigkeit, vgl § 328 Anm 5 C. Hier gilt ähnliches. Es gehören hierher namentlich Schiedssprüche auf gesetzwidrige oder sonst rechtsunwirksame Handlungen, zB auf eine ungesetzliche Eintragung ins Grundbuch oder in ein öff Register, RG **57**, 334, oder auf Einwilligung in die Bestellung einer bestimmten Person zum Geschäftsführer einer GmbH, RG **131**, 179; Mitwirkung eines vom Richteramt ausgeschlossenen Schiedsrichters (s auch Anm 4B); Verstoß gegen zwingende Kartellbestimmungen, BGH **30**, 96, Schwab 24 IV 3 mwN, so irrige Nichtanwendung von § 20 GWB, BGH **46**, 365, dagg Möhring NJW **68**, 369, weil § 91 GWB als lex specialis die Kontrollbefugnis der staatlichen Gerichte verdränge, gegen ihn Kornblum NJW **69**, 1793 (eingehend); Verstoß gegen Art 85 EWG-Vertrag, BGH NJW **69**, 978, dazu Habscheid ZZP **84**, 208, ferner BGH NJW **72**, 2180, dazu Habscheid KTS **73**, 234, Kornblum ZZP **86**, 216. Die Beschaffung der etwa nach AußenwirtschaftsG erforderlichen Genehmigungen, s Schlußanh IV, gehört ins Verfahren der Vollstreckbarkeitserklärung.

Hierhin gehören auch widersinnige Schiedssprüche. Das gleiche gilt für bloß unverständliche, sofern auch die Gründe keine Klarheit geben (Schwab 24 IV 3 will auch eine Erläuterung durch das Schiedsgericht zulassen); denn der Staat darf seinen Arm keinem in der Luft schwebenden Anspruch leihen; die Partei muß beim Staatsgericht klagen. **Nicht hierhin gehören:** eine zu mißbilligende Einstellung des Schiedsgericht oder unzulängliche Aufklärung, JW **35**, 59; Verurteilung zu einer der Zwangsvollstreckung entzogenen Leistung, wie der Leistung von Diensten; offenbare Unbilligkeit des Schiedsspruchs; ebensowenig idR die Verletzung einer gewöhnlichen zwingenden Vorschrift, StJ III 2a, RoS § 178 I 3b (anders § 110 I Z 2 ArbGG); Verletzung des sachlichen Rechts, RG HRR **36**, 911, auch nicht dann, wenn das Schiedsgericht an dieses Recht gebunden war oder der Schiedsvertrag Bestimmungen über die Kostenauferlegung enthält; denn über Z 2 hinaus ist die Richtigkeit der Sachentscheidung durch das Staatsgericht nicht nachprüfbar, BGH **LM** Nr 9.

6) Mangelnde Vertretung, Z 3. Die Regelung entspricht ganz den §§ 551 Z 5, 579 Z 4; s dort. Vertretung „nach Vorschrift der Gesetze" bedeutet hier: nach sachlichem Recht, §§ 166ff BGB; denn die Vorschriften der ZPO über die Prozeßvollmacht binden im Schiedsverfahren nicht, Schwab 24 V. Mangelnde Parteifähigkeit ist nicht erwähnt; sie macht das Verfahren schon nach Z 1 unzulässig.

7) Versagung des rechtlichen Gehörs, Z 4. Über Begriff und Umfang des rechtlichen Gehörs s BGH **85**, 291 mwN, Habscheid KTS **70**, 134, Malzer KTS **72**, 65 (zum Übergehen selbständiger Angriffs- und Verteidigungsmittel), ferner § 1034 Anm 1 u Grdz 4 § 128. Eigentlich fällt die Versagung des Gehörs schon unter Z 1. Übergehen eines Beweisantrages ist idR noch keine Versagung, BGH NJW **66**, 549 (Bespr Habscheid ZZP **79**, 452). Auch ein Verstoß gegen § 139 oder § 278 III gehört nicht hierher, BGH **85**, 292 u WertpMitt **59**, 1375. Voraussetzung der Aufhebungsklage ist die Benachteiligung der Partei durch die Versagung des rechtlichen Gehörs, Recht **24**, 2058; sie entfällt also, wenn die Partei erklärt, nicht mehr mitwirken zu wollen, BGH BB **61**, 302. Z 4 ist kein absoluter Aufhebungsgrund (nicht entsprechend § 551); es genügt aber, wenn Benachteiligungen gegeben sein können, BGH **31**, 43. Keine Benachteiligung liegt darin, daß sich ein Schiedsrichter ein Rechtsgutachten beschafft, BGH **LM** Nr 8. Beweispflichtig für die Versagung und dafür, daß der Spruch auf einem solchen Verstoß beruht, ist der, der die Aufhebung verlangt, BGH **31**, 43; anders liegt es nur, wo der Beklagte die Beweisführung vereitelt hat, RG HRR **32**, 181. Der Klaggrund geht nicht durch einen Verzicht auf die Berufung ans Oberschiedsgericht verloren, Königsberg LZ **32**, 259. Aufzuheben ist nur, soweit das Verfahren von dem Mangel betroffen ist, vorausgesetzt, daß bezüglich des bestehenbleibenden Teils ein Teilurteil möglich ist, RG JW **29**, 1596, Hbg HEZ **3**, 92, vgl auch BGH **10**, 325, jedoch nicht, wenn einwandfrei feststeht, daß das Ergebnis auch bei Anhörung der Partei nicht anders wäre, BGH **31**, 43.

8) **Fehlende Gründe, Z 5, II.** Z 5 entspricht dem § 551 Z 7; s dort. Nach stRspr, zB BGH **LM** Nr 1, ist für die Begründung, namentlich wenn sie von nicht Rechtskundigen herrührt, nicht der an ein Urteil anzulegende Maßstab angebracht. Wenn auch zu jedem Angriffs- und Verteidigungsmittel Stellung zu nehmen ist, § 1040 Anm 2 A, so genügt es, daß überhaupt eine Begründung gegeben ist, wenn auch eine lückenhafte oder falsche, Schwab 24 VII. Freilich können Gründe im Einzelfall so dürftig und widersinnig sein, daß sie keine „Gründe" sind, RG **47**, 429. **Der Verzicht auf Gründe, II,** ist vor und nach dem Schiedsspruch erlaubt; er ist der vertragliche Ausschluß des Anfechtungsgrunds. Er liegt zB in der Klausel: „Jede gerichtliche Entscheidung ist ausgeschlossen", vgl OLG **29**, 290, oder „auf Angehung der ordentlichen Gerichte wird verzichtet", vgl RG **35**, 422, aM Wiecz D V a, zweifelnd Schwab 24 VII. Durch diesen Verzicht wird dann auch eine Begründung, daß Z 2 nicht vorliegt, überflüssig, BGH **30**, 92, ohne daß damit aber eine Nachprüfung nach Z 2 durch das Staatsgericht entfiele, Anm 5 A.

9) **Restitutionsgründe, Z 6.** Die Aufhebungsklage ist gegeben, wo nach § 580 Z 1–6 die Restitutionsklage stattfindet, in den Fällen des § 580 Z 1–5 also unter der weiteren Voraussetzung des § 581, BGH NJW **52**, 1018. § 580 Z 7 ist in § 1041 Z 6 ausgenommen, weil das aufgefundene Urteil oder die neue Urkunde eine sachlich-rechtliche Beurteilung durch das Staatsgericht nötig machte, RG **41**, 256. Die Gründe der Nichtigkeitsklage berücksichtigen Z 1 u 3. Eine Aufhebung erfolgt nur insoweit, als die Hauptsache von dem Anfechtungsgrund betroffen ist, BGH NJW **61**, 1627; bei Rechtsbeugung erfolgt aber stets die Aufhebung des ganzen Schiedsspruchs, KG NJW **76**, 1357.

10) *VwGO: Entsprechend anzuwenden*, Grdz 4 § 1025.

1042 *Vollstreckbarerklärung: Allgemeines.* **I** Aus dem Schiedsspruch findet die Zwangsvollstreckung nur statt, wenn er für vollstreckbar erklärt ist.

II Der Antrag ist unter Aufhebung des Schiedsspruchs abzulehnen, wenn einer der im § 1041 bezeichneten Aufhebungsgründe vorliegt.

Schrifttum: Endlich, Anerkennung und Vollstreckbarkeit von Schiedssprüchen und die Schiedsordnungen auf nationaler und internationaler Ebene, DB **79**, 2411 u 2469.

1) **Allgemeines.** Der Schiedsspruch ist nicht, wie das Urteil, ein Vollstreckungstitel. Er enthält praktisch nur eine Feststellung; erst ein staatlicher Ausspruch fügt die Vollstreckbarkeit hinzu, macht den Feststellungsausspruch zum vollstreckbaren Leistungsausspruch. Eine Leistungsklage trotz Schiedsspruch ist ausgeschlossen, soweit das Verfahren aus §§ 1042ff zum selben Ergebnis führt. Ihr stünde die Einrede der Rechtskraft entgegen, § 1040 Anm 4 B; es fehlte auch das Rechtsschutzbedürfnis. Zulässig kann die Klage sein, wo es eine Klage trotz Vollstreckungstitel ist, uUmst auch für und gegen Rechtsnachfolger. Über die Klage auf Feststellung der Wirksamkeit des Schiedsspruchs s Einf 1 § 1041, über ausländische Schiedssprüche § 1044.

2) **Zwangsvollstreckung, I. A. Schiedsspruch.** § 1042 setzt einen Schiedsspruch voraus, der allen Anforderungen des § 1039 genügt, namentlich also einen endgültigen Ausspruch,

der das Verfahren ganz oder zu einem abtrennbaren Teil urteilsmäßig abschließt, BGH **10**, 325. Der Schiedsspruch muß auch insofern endgültig sein, als er der Nachprüfung keiner höheren Instanz, keines Oberschiedsgerichts, unterliegen darf. Lehnt ein Oberschiedsgericht die Entscheidung ab, so ist der ganze Schiedsvertrag hinfällig, RG **114**, 168. Über einen Teilschiedsspruch s § 1039 Anm 1. Vgl auch § 1040 Anm 1.

Das Vorliegen dieser Voraussetzungen hat im Vollstreckbarkeitsverfahren der Antragsteller nachzuweisen, BGH WertpMitt **79**, 1006. Es genügt, daß sie in dem für die Entscheidung maßgebenden Zeitpunkt vorliegen, also bei mündlicher Verhandlung noch in der Verhandlung 2. Instanz. Fehlende förmliche Voraussetzungen sind also nachzuholen. Es ist Anstandspflicht des Richters, auf die Nachholung hinzuwirken. Die Kosten, § 1042a Anm 2 E, wird der Antragsgegner freilich auch dann zu tragen haben, wenn sie der Antragsteller sofort nachholt; denn er brauchte es überhaupt nicht zum Vollstreckungsverfahren kommen zu lassen, wenn die Vollstreckung nur von einem nachholbaren Formerfordernis abhängig war, vgl auch RG **99**, 131.

B. Vollstreckbarerklärung. Sie ist Voraussetzung der Zwangsvollstreckung, nicht aber umgekehrt. Die Bedeutung der Vollstreckbarerklärung liegt nicht nur in der Ermöglichung einer Vollstreckung, sondern ganz wesentlich auch darin, daß sie, wenn sie rechtskräftig ist, die Unanfechtbarkeit, also die volle Rechtswirksamkeit des Schiedsspruchs bis auf die Restitutionsgründe feststellt, § 1043, BGH JZ **62**, 287. Darum braucht auch der Schiedsspruch keinen vollstreckbaren Ausspruch zu enthalten; es genügt zB ein Feststellungsausspruch, RG **149**, 50, oder die Feststellung der Zahlungsverpflichtung dem Grunde nach, Hbg MDR **64**, 853. Keine Vollstreckbarerklärung kommt aber in Betracht, wenn der Schiedsspruch eine Leistungsklage nicht erledigt, RG **169**, 53. Der Schiedsspruch läßt alle Vollstreckungswirkungen eintreten, die sich an ein rechtskräftiges Urteil knüpfen, wenn er für vollstreckbar erklärt ist; denn erst dann liegt eine vollstreckbare Entscheidung vor. Das gilt auch für die Unterstellung der Willenserklärung, § 894, so auch BGH BB **61**, 264, für die Bewilligung einer Grundbucheintragung u dgl. Bedeutung hat die Vollstreckbarerklärung auch für die Zwangsvollstreckung wegen der Kosten. Sie ist auch nur für die Kosten zulässig; freilich hat das Gericht trotzdem die Wirksamkeit in der Hauptsache zu prüfen, denn von ihr hängt die der Kostenentscheidung ab.

3) Vollstreckbarerklärung, I. A. Wegen des Verfahrens s §§ 1042a–1042d, **wegen der Zuständigkeit** s § 1046; Streitverkündung und Beitritt als Streitgehilfe sind möglich, Schlesw SchlHA **60**, 343. Nötig ist der Antrag einer wenigstens teilweise siegreichen Partei; möglich ist also auch die Vollstreckbarerklärung eines klagabweisenden Schiedsspruchs, BGH BB **60**, 302, da der Beklagte Interesse an der Ausschlußwirkung des § 1043 haben kann, ebenso eines nur eine Feststellung enthaltenden Spruchs, Anm 2 B. Der Verurteilte hat auch einen Vorteil von der Feststellung der Unwirksamkeit des Schiedsspruchs, RG **149**, 45. Aber er kann nicht die Versagung der Vollstreckbarerklärung als Betreibender verlangen; er muß als § 1041 klagen.

Der Antrag ist fristlos zulässig; er ist keine Zwangsvollstreckungsmaßnahme. Zuzustellen ist dem Prozeßbevollmächtigten. Eine Sicherheitsleistung, § 110, ist für das Beschlußverfahren nicht erforderlich, auch nicht im Fall des § 1042a II, BGH **52**, 321. Unterbrechung und Aussetzung des Verfahrens treten ein wie sonst, §§ 239 ff.

Eine Vollstreckbarerklärung für oder gegen Dritte kann stattfinden, wenn der Nachweis der Nachfolge erbracht werden kann, was mit allen Beweismitteln (ohne besondere Formvorschriften, zB § 727) geschehen kann, Schwab 27 II 4. Eine mündliche Verhandlung ist nicht erforderlich, da der Gegner ohnehin gehört wird, § 1042a, worauf Schwab aaO mit Recht hinweist. Für eine Leistungsklage, die möglich bleibt, wird bei sonst möglichem Nachweis das Rechtsschutzbedürfnis fehlen. Stellt das Gesetz in entsprechender Anwendung des § 727 auf Rechtskraft oder Rechtshängigkeit ab, so muß hier dem Eintritt die Rechtshängigkeit, §§ 325, 727, die Mitteilung der das Schiedsverfahren einleitenden Klage an den Beklagten entsprechen; aM StJ IV, Schwab aaO: maßgeblich sind Zustellung und Niederlegung; dieser späte Zeitpunkt begünstigt aber die arglistige Vollstreckungsvereitelung.

B. Das Gericht prüft vAw a) die allgemeinen Prozeßvoraussetzungen, Grdz 3 § 253, namentlich Partei- und Prozeßfähigkeit, Zulässigkeit des Rechtswegs, Zuständigkeit, §§ 1045–1047; **b) die besonderen Voraussetzungen dieses Verfahrens,** dh Ordnungsmäßigkeit des Schiedsspruchs und des Antrags, Anm 2 B u 3 A. Fehlt a oder b, so bedarf es trotz § 1042a I der Anhörung des Gegners nur, wo der Mangel behebbar ist, Schwab 27 III 2. **c) die Aufhebungsgründe,** Anm 4; sie muß derjenige darlegen, der hieraus einen

Anspruch oder Einwand herleitet, ohne daß es dabei auf die Parteirolle ankommt, BGH **31**, 48 u WerpMitt **79**, 1006 mwN.

C. Die Einwendungen des Gegners können betreffen a) **die Zulässigkeit einer Vollstreckbarerklärung.** Fehlt sie, so ist der Antrag zu verwerfen. Fehlt die Zuständigkeit, so ist auf Antrag zu verweisen, §§ 281, 506; b) **den Bestand des Schiedsspruchs als solchen,** wenn nämlich der Gegner Aufhebungsgründe vorbringt, Anm 4; c) **den Anspruch selbst,** RG JW **34**, 362. Sie sind aber nur zulässig, soweit sie die Partei nicht im Schiedsverfahren geltend machen konnte, weil sie erst später entstanden sind, was für den Einzelfall zu entscheiden ist, hM, BGH **38**, 259, StJ VII, Schwab 27 IV 3a mwN; denn insofern sind sie nicht durch Schiedsspruch abgeschnitten, vgl § 767 II. Es ist von der Beurteilung der Sache im Schiedsspruch auszugehen; eine Nachprüfung des Schiedsspruchs selbst wird dadurch nicht ermöglicht. Ein Anerkenntnis aus § 307 ist im Vollstreckungsverfahren zuzulassen, soweit der Schiedsspruch nicht auf etwas Unmögliches oder Unzulässiges lautet, StJ III 5 Schwab 27 VI 6, aM 38. Aufl.

D. Später erwachsene Einreden darf der Gegner wahlweise im Vollstreckungsverfahren oder durch Vollstreckungsabwehrklage, § 767, geltend machen, RG **148**, 272, BGH NJW **61**, 1627; schwebt indessen ein Vollstreckungsverfahren, so fehlt für die Vollstreckungsabwehrklage das Rechtsschutzbedürfnis, Schwab 27 IV 3b. Eine Aufrechnung ist abgeschnitten, wo der Beklagte im Schiedsverfahren aufrechnen konnte; anders liegt es, wo das Schiedsgericht sich die Entscheidung über die Aufrechnung vorbehalten hat: dann ist der Schiedsspruch nicht für vollstreckbar zu erklären, weil das Schiedsverfahren noch nicht abgeschlossen ist, BGH **10**, 325. Aber § 767 greift ein, wenn das Schiedsgericht die Aufrechnung nicht beurteilt hatte, weil es sich für nicht zuständig hielt, BGH **38**, 265, § 1025 Anm 3 C. Erfüllung kann gegenüber einem Auskunftsanspruch nicht eingewendet werden, wenn inzwischen nur über einen Teil der Abschlüsse oder gewisser Gruppen Auskunft erteilt worden ist, da es nicht Sache des Staatsgerichts ist, einer solchen Teilerfüllung nachzugehen, BGH NJW **57**, 793. Für Umstände, die das Schiedsgericht nur zur Beurteilung der Höhe des Anspruchs herangezogen hat, ist die Vollstreckungsabwehrklage nicht gegeben, RG JW **34**, 363. Die Klage aus § 767 ist gegen das Staatsgericht; der Schiedsvertrag ist durch den Schiedsspruch endgültig erledigt, RG **148**, 270. Einstellung aus § 769 ist zulässig. Über die **Änderungsklage,** § 323, s § 1025 Anm 3 C.

4) Ablehnung, II. Liegt ein Aufhebungsgrund nach § 1041 vor, so ist die Vollstreckbarerklärung abzulehnen und der Schiedsspruch auch ohne Antrag aufzuheben, BGH MDR **58**, 508. Betrifft ein Aufhebungsgrund einen Teil des Schiedsspruchs, so steht das der Vollstreckbarerklärung eines anderen Teils, dessentwegen ein Teilurteil möglich wäre, § 301, nicht entgegen, BGH LM § 1025 Nr 16. Aufhebungsgründe sind aber erst nach Erledigung der Anm 3 B a u b genannten Voraussetzungen zu prüfen. Die Prüfung geschieht vAw hinsichtlich der Z 1 (wo der Mangel auf der Verletzung einer zwingenden Norm beruht), 2 und 4 des § 1042 I, Hbg RIW **79**, 482 mwN, hinsichtlich der Z 3, 5 und 6 auf Einrede, Schwab 27 III 3, StJSchl II 2. Über den Verzicht auf die Begründung s § 1041 Anm 8; hat die Partei auf sie zulässig ausdrücklich oder stillschweigend verzichtet, so entfällt die Einrede. Die Vollstreckbarerklärung ist ferner dann als unzulässig abzulehnen, wenn der Schiedsspruch wirkungslos ist, weil er undurchführbar ist, BGH JZ **62**, 287. Wegen der mündlichen Verhandlung in den Fällen des II s § 1042 II.

5) VwGO: *Entsprechend anzuwenden, Grdz 4 § 1025. I wird in § 168 I Nr 5 VwGO wiederholt.*

1042 a

Vollstreckungsbeschluß und Vollstreckungsurteil. [I] Über den Antrag auf Vollstreckbarerklärung kann ohne mündliche Verhandlung durch Beschluß entschieden werden; vor der Entscheidung ist der Gegner zu hören. Im Falle einer mündlichen Verhandlung wird durch Endurteil entschieden.

[II] Wird ein Aufhebungsgrund geltend gemacht, so ist, sofern nicht die alsbaldige Ablehnung des Antrags gerechtfertigt erscheint, mündliche Verhandlung anzuordnen.

1) Allgemeines. Das Gericht darf der Beschleunigung halber durch Beschluß entscheiden; der Antragsgegner kann aber immer durch Widerspruch ein Urteil erreichen. Der Antragsgegner ist zwingend zu hören. Das kann freilich nicht gelten, wo schon der Antrag einen unbehebbaren förmlichen Mangel aufweist, § 1042 Anm 3 B. Anläßlich der Anhörung können auch schon Einwendungen aus § 767 vorgebracht und berücksichtigt werden, BGH NJW **61**, 1627. Der Antragsgegner ist also nicht in jedem Falle auf ein besonderes Verfahren nach § 767 angewiesen. Vgl auch Anm 3. Die Verletzung der Anhörungspflicht macht die Entscheidung nicht nichtig, sondern gibt nur den zulässigen Rechtsbehelf. Eine Ausländersicherheit, § 110, ist im Beschlußverfahren und in den Fällen Anm 3a nicht erforderlich, BGH **52**, 321.

2) Entscheidung. A. Entscheidung durch Beschluß muß die Regel sein. Verboten ist sie, wo der Antragsgegner einen Aufhebungsgrund geltend macht macht, II. Das Gericht muß zunächst die vAw zu beachtenden Punkte prüfen, § 1042 Anm 3 B. Findet es den Antrag danach unbegründet, so hat es ihn durch Beschluß zurückzuweisen. Das Gericht kann auch zunächst Nachbringung fehlender Nachweise, etwa der Niederlegung des Schiedsspruchs, des Prozeßführungsrechts des Erben oder des rechtlichen Gehörs unter Fristsetzung verlangen. Eine mündliche Verhandlung ist, außer bei II, freigestellt, § 128 Anm 3; sie ist nur angebracht, wo Zweifelspunkte zweckmäßig in mündlicher Erörterung zu klären sind. Die Ladung ist dem Prozeßbevollmächtigten zuzustellen, § 176. Ist einmal mündlich verhandelt, so darf die Entscheidung nur durch **Endurteil** ergehen.

B. Die ablehnende Entscheidung lautet a) bei förmlichen Mängeln des Antrags auf Verwerfung als unzulässig. Der Schiedsspruch ist dabei nicht aufzuheben; **b) bei sachlichen Mängeln auf Zurückweisung als unbegründet.** Hier ist, soweit ein Aufhebungsgrund durchgreift, zugleich der Schiedsspruch aufzuheben, § 1042 II: die Aufhebung ist notwendige Folge der Zurückweisung (so auch zB bei durchgreifender Aufrechnung, § 1042 Anm 3 D), außer wenn ein Teil des Schiedsspruchs bestehen bleiben kann. Ist die Aufhebung unterblieben, so ist die Entscheidung geeignetenfalls aus § 319 zu berichtigen (nicht zu ergänzen, § 321, weil kein Anspruch übergangen ist). Die Aufhebung ist dann in der Beschwerdeinstanz nachzuholen, § 1042c III, Schwab 28 I 1b. Andere sachliche Mängel, etwa das Fehlen der Sachbefugnis, lassen den Schiedsspruch unberührt.

C. Die stattgebende Entscheidung lautet auf Statthaftigkeit der Zwangsvollstreckung. Zu empfehlen ist etwa folgende Fassung: „Der Schiedsspruch ... (Formel, Datum, Herkunft) ist vollstreckbar. Die Kosten dieses Verfahrens trägt ... Der Beschluß ist vorläufig vollstreckbar." Der Ausspruch über die Vollstreckbarkeit ist nach § 1042c I nötig. Unterbleibt die Aufnahme der Formel des Schiedsspruchs, so erschwert das die Vollstreckung uUmst erheblich. Ist die Formel des Schiedsspruchs nicht aufgenommen, so ist der vollstreckbaren Ausfertigung eine vom Gericht beglaubigte Abschrift des Schiedsspruchs beizuheften. Die Vollstreckbarerklärung ersetzt nicht die Vollstreckungsklausel; diese hat die Geschäftsstelle zu erteilen. § 929 I ist nicht sinngemäß anzuwenden, denn das Verfahren ist mit dem Arrestverfahren nicht vergleichbar.

D. Der Beschluß ist zu verkünden oder beiden Parteien zuzustellen, § 329 III. Über sein Wirksamwerden s § 329 Anm 4. Gibt er statt, so ist er für vorläufig vollstreckbar zu erklären, § 1042 c I. Der ablehnende Beschluß ist ohne weiteres vollstreckbar, weil er der sofortigen Beschwerde unterliegt, §§ 1042c III, 794 Z 3. Gegen den stattgebenden ist Widerspruch der einzige Rechtsbehelf, § 1042c II. Eine Begründung des Beschlusses ist nicht vorgeschrieben, aber zweckmäßig, bei Ablehnung wegen der verschiedenen Rechtskraftwirkung sogar, wenigstens in dürftigster Form, unumgänglich, Schwab 28 II 1a.

E. Die **Kosten** der Vollstreckbarerklärung trägt regelmäßig (aber nicht immer, § 93) der Gegner; bei fälliger Forderung hat er durch Nichterfüllung des Schiedsspruchs Anlaß zum Verfahren gegeben. Jeder Beschluß im Vollstreckbarkeitsverfahren muß über die Kosten entscheiden; fehlt die Entscheidung, so ist er nach § 321 zu ergänzen, § 91 Anm 1 D. Zu den Kosten gehören die der Niederlegung, nicht aber die Kosten des Schiedsverfahrens. Hat sie der Sieger gezahlt, so kann er Erstattung verlangen und seine Kosten als solche des Vollstreckbarkeitsverfahrens festsetzen lassen. Die Vollstreckungsentscheidung ist für die Kosten Vollstreckungstitel, § 794 Z 4a. Wegen der vorläufigen Vollstreckbarkeit s 1042 c I, wegen der Rechtskraftwirkung s § 1043 Anm 1. **Gebühren:** Gericht § 11 I GKG u KVerz 1080–1083, RA die gewöhnlichen Gebühren des § 31, § 46 I BRAGO. Wert: Gegenstand, über den der Schiedsspruch entschieden hat, soweit Vollstreckbarkeit beantragt wird, Düss JB **75**, 647, für Nebenforderungen (Kosten) gilt § 4, Köln KTS **70**, 52.

3) Notwendige mündliche Verhandlung, II. A. Voraussetzungen. Das Gericht muß mündliche Verhandlung anordnen, **a) wenn der Antragsgegner einen Aufhebungsgrund geltend macht,** mag dieser noch so fadenscheinig sein; denn der Vollstreckbarkeitsbeschluß ist ohne Sicherheit vollstreckbar. Werden Einwendungen nach § 767 oder Gegenforderungen, die im Schiedsverfahren nicht geltend gemacht werden konnten, vorgebracht, so muß jetzt darüber entschieden werden, § 1042 Anm 3 C u D; **b) wenn der Antragsgegner Widerspruch erhebt;** denn dann ist nach § 1042c II 2 durch Urteil zu erkennen.

Die mündliche Verhandlung entfällt, wenn der Antrag ohne weiteres zur Abweisung reif ist. Bei Prozeßabweisung kann sogar das Gehör des Gegners unterbleiben, § 1042 Anm 3, bei Sachabweisung nie. Die mündliche Verhandlung darf der Vorsitzende nicht allein anordnen, weil er damit der sofortigen Ablehnung vorgreift. Durch die Anordnung wird das Verfahren in ein gewöhnliches Streitverfahren übergeleitet, für das grundsätzlich die allgemeinen Vorschriften über das Klageverfahren gelten, BGH RIW 82, 212 mwN. In der Verhandlung sind sämtliche Beweismittel zulässig und sämtliche Einwendungen vorzubringen, ohne a; sie ist keine vorläufig wie die Arrestverhandlung. Auch eine Klagänderung ist möglich, BGH NJW 51, 405. Ein schriftliches Verfahren, § 128 II, ist immer zulässig.

B. Entscheidung. Im Fall einer mündlichen Verhandlung ergeht die Entscheidung durch Endurteil, I 2. Wegen der Kosten s Anm 2 E. Die vorläufige Vollstreckbarkeit folgt den allgemeinen Regeln, §§ 708 ff, uU ist also Sicherheit zu leisten. Auch für die Rechtsmittel gilt nichts besonderes.

4) *VwGO:* *Entsprechend anzuwenden, Grdz 4 § 1025. Ob durch Beschluß oder Urteil zu entscheiden ist, richtet sich nach I (aM Rupp AöR **85**, 332 im Hinblick auf § 1042c und d, vgl § 1042c Anm 4).*

1042 b **Antrag und Termin.** **I** Dem Antrag soll die für die Zustellung erforderliche Zahl von Abschriften beigefügt werden.

II Wird die mündliche Verhandlung angeordnet, so ist der Termin den Parteien von Amts wegen bekanntzumachen. Im Verfahren vor den Landgerichten soll die Bekanntmachung die Aufforderung gemäß § 215 enthalten.

1) Antrag. I. Nach § 1046 kann je nachdem das AG oder das LG zuständig sein. Beim AG ist der Antrag schriftlich oder zu Protokoll der Geschäftsstelle zu stellen, beim LG herrscht Anwaltszwang. Der Antrag kann sich auf einen abtrennbaren Teil des Schiedsspruchs oder auf die Kosten beschränken. **Notwendiger Inhalt: a)** ausreichende Bezeichnung der Parteien, ihrer Prozeßbevollmächtigten und des Schiedsspruchs. Bei inländischem Schiedsspruch genügt die Angabe des Gerichts der Niederlegung und des Aktenzeichens; **b)** die Angabe, daß und inwieweit der Antragsteller die Vollstreckbarerklärung wünscht. Bei Rechtsnachfolge s § 1042 Anm 3. Dem Antrag ist die nötige Zahl von Abschriften beizugeben. Fehlt sie, so läßt die Geschäftsstelle sie auf Kosten des Antragstellers anfertigen; Vorschuß: KV 1900, § 68 GKG. Schwebt der Aufhebungsprozeß, so kann der Beklagte statt des Antrags dort eine Widerklage erheben, Schwab 27 II 3.

2) Termin, II. Ordnet das Gericht (nicht der Vorsitzende allein, § 1042a Anm 3) mündliche Verhandlung an, so hat der Vorsitzende Termin zu bestimmen und ihn den Parteien vAw (beim LG durch Zustellung, § 270 I, beim AG nach § 497 I) bekanntzugeben und mit Ladungsfrist, § 217, zu laden; soweit die Partei durch einen RA vertreten ist, ist diesem zuzustellen, sonst (auch wenn sie im Schiedsgerichtsverfahren durch einen RA vertreten war) an die Partei selbst, StJ § 1042a III. Die Aufforderung an den Gegner zur Anwaltsbestellung, § 215, ist für die Wirksamkeit der Ladung belanglos. Jedoch darf ohne diesen Hinweis gegen den Gegner kein Versäumnisurteil ergehen, Schwab 27 V 1. Die Prozeßgebühr des § 65 GKG, abgedr Anh § 271, ist auch hier vorwegzuleisten.

3) *VwGO:* *I ist entsprechend anzuwenden, Grdz 4 § 1025. Statt **II 1** gilt § 56 VwGO, **II 2** ist gegenstandslos, weil bei dem zuständigen Gericht, § 1045 Anm 4, kein Anwaltszwang besteht.*

1042 c **Vorläufige Vollstreckbarkeit, Widerspruch.** **I** Der Beschluß, durch den der Schiedsspruch für vollstreckbar erklärt wird, ist für vorläufig vollstreckbar zu erklären.

II Gegen den Beschluß findet Widerspruch statt. Wird Widerspruch erhoben, so ist über die Vollstreckbarerklärung des Schiedsspruchs durch Endurteil zu entscheiden. Die Vorschriften der §§ 707, 717 gelten entsprechend.

III Der Beschluß, durch den der Antrag auf Vollstreckbarerklärung abgelehnt wird, unterliegt der sofortigen Beschwerde.

1) Beschluß, I. Findet keine mündliche Verhandlung statt, so entscheidet das Gericht durch Beschluß. Erklärt der Beschluß den Schiedsspruch für vollstreckbar, so ist er seinerseits für vorläufig vollstreckbar zu erklären. Eine Sicherheit ist dabei nicht zu fordern; der Gegner konnte ja, wenn ein Aufhebungsgrund bestand, ein Urteil erzwingen, § 1042a II. Der Beschluß ist immer vAw beiden Teilen mitzuteilen, und zwar den Prozeßbevollmächtigten, § 176. Der ablehnende Beschluß ist wegen II und als Kostentitel beiden Parteien zuzustellen, der stattgebende dem Antragsgegner zuzustellen, dem Antragsteller formlos mitzuteilen, § 329 III. Zur Zwangsvollstreckung bedarf es immer der Vollstreckungsklausel; sie muß den Vollstreckungsbeschluß und den Schiedsspruch umfassen. **Gebühren:** Gericht 1 Gebühr für das Verfahren, KV 1080, RA § 46 I BRAGO. Wert: Anh § 3, „Schiedsgerichtsverfahren".

2) Widerspruch gegen den Vollstreckungsbeschluß, II. A. Verfahren. Der Widerspruch ist ein Rechtsbehelf, aber kein Rechtsmittel. Der Widerspruch kann sich auf einen Teil des Vollstreckungsbeschlusses, etwa auf die Kosten, beschränken. Hatte das Beschwerdegericht, III, den Vollstreckungsbeschluß erlassen, so geht der Widerspruch an das Gericht 1. Instanz; s § 924 Anm 2 B, aM Schwab 28 III 2 c. **Das Gericht kann die Zwangsvollstreckung entsprechend § 707 einstellen, II 3.** Frist und Form des Widerspruchs sowie Verfahren: § 1042d. Der Widerspruch ändert die Parteirollen nicht. Er begründet keinen Einwand der Rechtshängigkeit gegenüber der Vollstreckungsabwehrklage. Widerklage ist von Einlegung des Widerspruchs an zulässig. Die Ladungsfrist ist einzuhalten. Vorm LG besteht Anwaltszwang. Eine mündliche Verhandlung ist notwendig, soweit nicht ein schriftliches Verfahren nach § 128 II stattfindet. Über einen Aufrechnungseinwand ist zu entscheiden, § 1042a Anm 3. Im Versäumnisverfahren ist der Antragsteller wie der Kläger, der Gegner wie der Beklagte zu behandeln. Bleibt der Widersprechende aus, ist nach § 331 zu verfahren.

B. Entscheidung, II 2. Zu entscheiden ist immer durch Endurteil. Es hat den Vollstreckungsbeschluß je nachdem aufzuheben oder zu bestätigen. Hebt es ihn wegen sachlicher Mängel auf, so ist auch der Schiedsspruch aufzuheben, § 1042a Anm 2 B. Das Urteil ist nach allgemeinen Grundsätzen für vorläufig vollstreckbar zu erklären, §§ 708 ff, also geeignetenfalls gegen Sicherheit. **Gebühren:** Gericht 2 für das Endurteil (außer Anerkenntnis-, Verzicht- und Versäumnisurteil), KV 1082, RA § 46 I BRAGO.

C. Ersatzpflicht, II 3. Die Aufhebung des Vollstreckungsbeschlusses macht den Antragsteller entsprechend § 717 ersatzpflichtig.

3) Sofortige Beschwerde, III. Gegen den Vollstreckungsbeschluß hat der Antragsgegner nur den Widerspruch, gegen seine Ablehnung der Antragsteller nur die sofortige Beschwerde, § 577. Ist irrig ein Beschluß statt eines Urteils ergangen oder umgekehrt, so ist jedenfalls auch der auf der gewählten Form entsprechende Rechtsbehelf gegeben, Grdz 4 § 511; bei der Zweifelhaftigkeit der Rechtsfrage ist Häufung zu empfehlen. Die Beschwerdeinstanz kann nach freiem Ermessen mündliche Verhandlung anordnen und muß dann durch Urteil entscheiden; oder sie entscheidet ohne Verhandlung durch Beschluß und kann dann die erste Instanz ggf nach § 575 anweisen, StJ III 2. Ein Urteil ist immer dann nötig, wenn der Antragsgegner in der Beschwerdeinstanz Aufhebungsgründe vorbringt, § 1042a II. Es sind beliebig neue Tatsachen zulässig. Zu entscheiden ist nach dem Sachverhalt bei Schluß der mündlichen Verhandlung bzw bei Hinausgabe des Beschlusses. Hat das untere Gericht den Vollstreckungsantrag teils abgelehnt, teils ihm stattgegeben, so sind Beschwerde des Antragstellers und Widerspruch des Antragsgegners nebeneinander zulässig.

Entscheidet das Beschwerdegericht durch Beschluß, so hat dagegen der Antragsteller die sofortige weitere Beschwerde nach allgemeinen Grundsätzen, §§ 568 II u 567 III, der Antragsgegner den Widerspruch, II, über den die erste Instanz zu entscheiden hat, Anm 2 A.

4) VwGO: *I ist entsprechend anzuwenden, Grdz 4 § 1025, weil seine Geltung in § 168 I Nr 5 VwGO vorausgesetzt wird. II ist mit der Maßgabe entsprechend anwendbar, daß an Stelle des Widerspruchs der Antrag auf mündliche Verhandlung tritt, vgl den Ersatz des § 924 durch § 123 IV VwGO (aM Rupp AöR 85, 332: Da die VwGO einen Widerspruch gegen gerichtliche Entscheidungen nicht kennt, sei stets durch Urteil zu entscheiden). Rechtsmittel iSv III ist die Beschwerde, §§ 146 ff VwGO.*

1042 d **Widerspruchsverfahren.** [1] **Der Widerspruch ist innerhalb einer mit der Zustellung beginnenden Notfrist von zwei Wochen durch Einreichung einer Widerspruchsschrift einzulegen. § 339 Abs. 2 gilt entsprechend. Die Widerspruchsschrift soll zugleich dasjenige enthalten, was zur Vorbereitung der mündlichen Verhandlung erforderlich ist.**

II Der Termin zur mündlichen Verhandlung ist den Parteien von Amts wegen bekanntzumachen. Mit der Bekanntmachung ist der Gegenpartei die Widerspruchsschrift von Amts wegen zuzustellen. Die erforderliche Zahl von Abschriften soll die Partei mit der Widerspruchsschrift einreichen.

1) Einlegung, I. A. Allgemeines. Die Einlegung des Widerspruchs ist im allgemeinen entsprechend der Einlegung des Einspruchs gegen ein Versäumnisurteil, §§ 339–340a, geregelt. Eingelegt wird der Widerspruch durch Einreichung (Begriff § 496 Anm 2 B) einer Widerspruchsschrift, beim AG auch durch Erklärung zu Protokoll der Geschäftsstelle, § 496. Die **Frist, I 1,** ist eine Notfrist, § 223; sie beginnt mit der Zustellung des Vollstreckungsbeschlusses. Bei öff Zustellung oder Zustellung im Ausland ist die Widerspruchsfrist im Vollstreckungsbeschluß oder einem späteren Sonderbeschluß vom Gericht zu bestimmen, I 2 iVm § 339 II. Wegen Versäumung der Notfrist ist WiedEins möglich, § 233; wird sie auf Beschwerde erteilt, so ist ihre Nachprüfung durch das Revisionsgericht zulässig, BGH **21**, 142.

B. Inhalt der Widerspruchsschrift. Über ihn ist fast nichts bestimmt. Sie muß enthalten **a)** die Bezeichnung des Beschlusses, den der Widerspruch angreift, **b)** die Erklärung der Einlegung. Gebrauch einer falschen Bezeichnung schadet nicht, wenn ersichtlich ist, daß sich die Partei bei der Entscheidung nicht beruhigen will. Anders liegt es nur, wenn die Partei ganz eindeutig nur Beschwerde will, was gewiß nicht zu vermuten ist. Die Widerspruchsschrift soll weiter enthalten, was zur Vorbereitung der mündlichen Verhandlung nötig ist; eine Mußvorschrift ist das nicht. Der Widersprechende hat namentlich den Grund des Widerspruchs und die nötigen Beweismittel anzugeben. Unterläßt er das, so hat der Vorsitzende nach § 273 zu verfahren. Gerade diese Prozesse bedürfen besonderer Beschleunigung, weil sie die Vollstreckbarkeit einer bereits erfolgten Entscheidung betreffen.

2) Terminsbestimmung, II. Das Gericht hat Termin vAw zu bestimmen und den Parteien bekanntzugeben; s § 1042b Anm 2. Mängel sind im Termin zu prüfen. Eine ausdrückliche Ladung ist unnötig, weil sie in der Terminsbekanntmachung enthalten ist; die Ladungsfrist ist aber einzuhalten. Zugestellt wird die Widerspruchsschrift in beglaubigter Abschrift, es gilt aber § 187, vgl auch BGH NJW **65**, 104. Wegen der Einreichung der erforderlichen Abschriften s § 1042b Anm 1. Über das Verfahren vgl § 1042 s Anm 2 A u B.

3) VwGO: *Entsprechend anzuwenden, Grdz 4 § 1025, auf den Antrag auf mündliche Verhandlung, § 1042c Anm 4. Auch § 339 II gilt entsprechend, weil er eine zum Schutze des Betroffenen notwendige Ergänzung enthält.*

1043 *Rechtskraftwirkung der Vollstreckbarerklärung.* **I** Ist der Schiedsspruch rechtskräftig für vollstreckbar erklärt, so kann seine Aufhebung nur aus den im § 1041 Abs. 1 Nr. 6 bezeichneten Gründen und nur dann beantragt werden, wenn glaubhaft gemacht wird, daß die Partei ohne ihr Verschulden außerstande gewesen ist, den Aufhebungsgrund in dem früheren Verfahren geltend zu machen.

II Die Klage ist innerhalb einer Notfrist von einem Monat zu erheben. Die Frist beginnt mit dem Tage, an dem die Partei von dem Aufhebungsgrund Kenntnis erhalten hat, jedoch nicht vor eingetretener Rechtskraft der Entscheidung über die Vollstreckbarerklärung. Nach Ablauf von zehn Jahren, von dem Tage der Rechtskraft der Entscheidung an gerechnet, ist die Klage unstatthaft.

III Wird der Schiedsspruch aufgehoben, so ist zugleich die Vollstreckbarerklärung aufzuheben.

1) Rechtskraftwirkung. A. Äußerlich rechtskräftig ist der Vollstreckungsbeschluß, wenn die Widerspruchsfrist verstrichen ist, das Vollstreckungsurteil mit Ablauf der Rechtsmittelfrist.

B. Die Wirkung der inneren Rechtskraft ist bei dem Vollstreckungsbeschluß gleich der des Vollstreckungsurteils; beide schließen jede Anfechtung des für vollstreckbar erklärten Schiedsspruchs bis auf die aus den Restitutionsgründen des § 1041 Z 6 aus, so auch die Einrede, der Schiedsspruch sei nicht ordnungsmäßig niedergelegt, RG HRR **37**, 1347. Die Vollstreckbarerklärung wirkt demnach in doppelter Richtung: **a)** sie unterwirft den Verurteilten der Zwangsvollstreckung, wandelt also den urteilsähnlichen Schiedsspruch in einen urteilsgleichen um; **b)** sie gibt dem Schiedsspruch stärkere Rechtsbeständigkeit. Sobald die

Vollstreckbarerklärung rechtskräftig ist, erledigt sie einen schwebenden Aufhebungsprozeß mit der erwähnten Ausnahme.

C. Eine Aufhebungsklage ist mit dieser Ausnahme nach Rechtskraft ausgeschlossen, I. Ebenso ist eine Klage auf Feststellung der Unwirksamkeit des Schiedsspruchs oder die einredeweise Behauptung der Unwirksamkeit, zB wegen Versagung des rechtlichen Gehörs im Vollstreckungsverfahren, abzuweisen. Einwendungen gegen den festgestellten Anspruch selbst sind durch Vollstreckungsabwehrklage zu verfechten, § 1042 Anm 3. Eine nicht rechtskräftige Vollstreckbarerklärung hindert die Aufhebungsklage nicht. Mit Rechtskraft des auf Aufhebung lautenden Urteils verliert die Vollstreckbarerklärung ihre Wirksamkeit. Sie ist zweckmäßigerweise gleichzeitig aufzuheben, s auch unten Anm 2 B u § 1046 Anm 1 A. Ein Wiederaufnahmeverfahren gegenüber der Vollstreckbarerklärung richtet sich nach allgemeinen Grundsätzen; es hat mit § 1043 nichts zu tun. Die die Vollstreckbarerklärung ablehnende Entscheidung kann den Schiedsspruch aufheben oder bestehen lassen, § 1042a Anm 2 B. Im zweiten Fall schließt die Rechtskraft den Antragsteller nur mit dem geltend gemachten Grund aus, der ja kein Aufhebungsgrund zu sein braucht.

2) Klage, I–III. A. Liegen gegenüber dem Schiedsspruch die Voraussetzungen der Restitutionsklage vor, §§ 1041 Z 6, 580 Z 1–6, so bleibt die Aufhebungsklage insoweit befristet erhalten. Der Kläger muß aber glaubhaft machen, § 294, daß er den Grund schuldlos im Vollstreckungsverfahren nicht geltend machen konnte. Für die Klage läuft eine Notfrist, § 223, von 1 Monat seit erlangter Kenntnis, frühestens seit Rechtskraft der Vollstreckbarerklärung, die nach § 222 zu berechnen ist und weder abgekürzt noch verlängert werden darf, § 224. Wiedereinsetzung ist zulässig. Für die Klage läuft weiter eine Ausschlußfrist, die der des § 586 II entspricht, aber 10 Jahre beträgt. Für die Einstellung der Zwangsvollstreckung gilt § 707 entsprechend, StJ I.

B. Entscheidung, III. Das Urteil lautet auf Abweisung oder Aufhebung des Schiedsspruchs und der Vollstreckbarerklärung. Bei Unterbleiben dieses Ausspruchs ist Berichtigung nach § 319 zulässig. Auch ohne Aufhebung der Vollstreckbarerklärung wäre die Vollstreckungsabwehrklage, § 767, gegeben. Das Urteil ist rechtsgestaltend und wirkt zurück. Ein Ersatzanspruch aus § 717 ist nicht zuzubilligen, weil der Fall sachlich gleich liegt wie bei Aufhebung auf Restitutionsklage; teilweise aM RG 91, 196, s § 717 Anm 5 B; jedoch ist ein Schadensersatz oder Bereicherungsanspruch gegeben, StJ I, Schwab 28 J V 3 (nur letzterer). **Gebühren:** vgl § 1041 Anm 3 A.

3) VwGO: Entsprechend anzuwenden, Grdz 4 § 1025.

1044 *Ausländische Schiedssprüche.*

I Ein ausländischer Schiedsspruch, der nach dem für ihn maßgebenden Recht verbindlich geworden ist, wird, soweit nicht Staatsverträge ein anderes bestimmen, in dem für inländische Schiedssprüche vorgeschriebenen Verfahren für vollstreckbar erklärt. § 1039 ist nicht anzuwenden.

II Der Antrag auf Vollstreckbarerklärung ist abzulehnen:

1. wenn der Schiedsspruch rechtsunwirksam ist; für die Rechtswirksamkeit des Schiedsspruchs ist, soweit nicht Staatsverträge ein anderes bestimmen, das für das Schiedsverfahren geltende Recht maßgebend;
2. wenn die Anerkennung des Schiedsspruchs gegen die guten Sitten oder die öffentliche Ordnung verstoßen würde, insbesondere wenn der Spruch eine Partei zu einer Handlung verurteilt, deren Vornahme nach den deutschen Gesetzen verboten ist;
3. wenn die Partei nicht ordnungsmäßig vertreten war, sofern sie nicht die Prozeßführung ausdrücklich oder stillschweigend genehmigt hat;
4. wenn der Partei in dem Verfahren das rechtliche Gehör nicht gewährt war.

III An die Stelle der Aufhebung des Schiedsspruchs tritt die Feststellung, daß er im Inland nicht anzuerkennen ist.

IV Wird der Schiedsspruch, nachdem er für vollstreckbar erklärt worden ist, im Ausland aufgehoben, so kann im Wege der Klage die Aufhebung der Vollstreckbarerklärung beantragt werden. Auf die Klage sind die Vorschriften des § 1043 Abs. 2, 3 mit der Maßgabe entsprechend anzuwenden, daß die Notfrist mit der Kenntnis der Partei von der rechtskräftigen Aufhebung des Schiedsspruchs beginnt.

10. Buch. Schiedsrichterliches Verfahren § 1044 1 A–C

Schrifttum: Nagel, Internationales Zivilprozeßrecht für deutsche Praktiker, 1980, Abschnitt XII; Ernemann, Zur Anerkennung und Vollstreckung ausländischer Schiedssprüche nach § 1044 ZPO, 1980 (Bespr Schwab KTS **80**, 426, Urbanczyk ZZP **94**, 103); Schlosser, Das Recht der internationalen privaten Schiedsgerichtsbarkeit, Bd I u II, 1975; Pfaff, Die Außenhandelsschiedsgerichtsbarkeit der sozialistischen Länder usw, 1973 (derselbe AWD **77**, 125); v. Hoffmann, Internationale Handelsschiedsgerichtsbarkeit (Die Bestimmung des maßgeblichen Rechts), 1970; v. Hülsen, Die Gültigkeit von internationalen Schiedsvereinbarungen nach Konventionsrecht usw, 1973 (Bespr Roth ZZP **89**, 117); Endlich, Anerkennung und Vollstreckbarkeit von Schiedssprüchen und die Schiedsordnungen auf nationaler und internationaler Ebene, DB **79**, 2411 u 2469; Kornmeier, Die Verfahrensordnungen in der Internationalen Schiedsgerichtsbarkeit, AWD **80**, 382; Glossner/Bartels RIW **82**, 555 (ua zum Weltbank-Schiedszentrum und zur Schiedsordnung der Internationalen Handelskammer); Böckstiegel RIW **82**, 706 u Glossner, Festschrift Bülow, 1981, S 69 (zur UNCITRAL-Verfahrensordnung für Wirtschaftsschiedsgerichtsbarkeit); Schlosser, Das Internationale an der internationalen privaten Schiedsgerichtsbarkeit, RIW **82**, 857. Ferner: Schriftenreihe des Dt. Instituts für Schiedsgerichtswesen, hrsg. v. Böckstiegel (Schweiz, 1979; arabische Staaten, 1981; Frankreich, 1983); zur Schiedsgerichtsbarkeit in Frankreich Mezger RIW **80**, 677, ZZP **94**, 117 u RIW **81**, 511 sowie Festschrift Bülow, 1981, S 141–158, ferner Célice/Peltzer ZIP **83**, 745; Habscheid, Zur internationalen Schiedsgerichtsbarkeit in der Schweiz, KTS **82**, 577; Walter, Das Schiedsverfahren im deutsch-italienischen Rechtsverkehr, RIW **82**, 693; Goltz, Englische Schiedsgerichtsbarkeit, RIW **83**, 257; Schwarz, Praxis der spanischen Schiedsgerichtsbarkeit aus deutscher Sicht, RIW **83**, 336; Samtleben, Schiedsgerichtsbarkeit in Chile, RIW **83**, 167; Samtleben, Schiedsgerichtsbarkeit in Brasilien, RIW **81**, 376; Sareika, Die Gültigkeit von Schiedsgerichtsvereinbarungen nach kanadischem und deutschem Recht, 1978.

1) A. Allgemeines. Jeder Schiedsspruch ist als inländischer oder ausländischer zu behandeln. Überstaatliche private Schiedsgerichte gibt es nicht; auch die Internationale Handelskammer in Paris oder ähnliche Institutionen können keine solchen bestellen.

B. § 1044 bezieht sich auf ausländische Schiedssprüche, dh auf Schiedsentscheidungen, die einem deutschen Schiedsspruch gleichwertig sind, BGH RIW **82**, 212. Ein ausländischer Schiedsspruch ist ein solcher, der ausländischem Prozeßrecht untersteht, Schwab 30 II mwN; entscheidend ist, ob dieses tatsächlich angewendet wurde, gleichgültig, ob das Schiedsgericht verpflichtet war, es anzuwenden, BGH **21**, 365, Mü IPRspr **78** Nr 188. Auf das sachliche Recht kommt nichts an. Nach welchem Recht der Schiedsspruch zu beurteilen ist, läßt sich dem Schiedsvertrag oft nicht entnehmen. Man muß dabei unterscheiden **a) Dauerschiedsgerichte** (institutionelle), dh einer bestimmten staatlichen oder privaten Einrichtung anhaftende, wie Börsenschiedsgerichte, Marktschiedsgerichte, Verbandsschiedsgerichte, Schwab 50 VI. Ihre Schiedssprüche sind nach dem Recht ihres Sitzes zu behandeln, sofern nicht Zweck und Art der Einrichtung etwas anderes ergeben, RG **116**, 194. Schiedssprüche der Internationalen Handelskammer sind als inländische vollstreckbar, wenn deutsches Verfahrensrecht angewendet worden ist, Ffm IPrax **82**, 149, zustm Böckstiegel IPrax **82**, 137. **b) Gelegenheitsschiedsgerichte,** dh eigens für den Fall gebildete. Bei ihnen entscheidet die Parteivereinbarung über das anzuwendende Prozeßrecht, Schwab 50 V. Läßt sich eine ausdrückliche oder stillschweigende Einigung nicht feststellen, so ist im Wege der Auslegung der hypothetische Parteiwille zu ermitteln, Schwab 50 VI 3, Hbg RIW **79**, 482 m Anm Mezger: Wo Inländer ein inländisches Schiedsgericht bestellen, ist die Anwendung des inländischen Rechts vermutlicher Parteiwille; soll ein Schiedsgericht am Erfüllungsort des Hauptvertrags zusammentreten, so hat es im Zweifel nach dem Recht dieses Orts zu verfahren, auch wenn es aus fremden Staatsangehörigen besteht. Wohnen die Parteien in verschiedenen Staaten, gehören sie aber demselben Staat an, so ist im Zweifel die Anwendung seines Rechts gewünscht. Ist ein neutraler Obmann vereinbart und soll das Schiedsgericht in dessen Staat tagen, so ist im Zweifel sein Recht anzuwenden. Versagt die ergänzende Vertragsauslegung, so ist an den Erfüllungsort des Hauptvertrages anzuknüpfen, BGH **57**, 75, Hbg RIW **79**, 482 m Anm Mezger, notfalls an den Sitz des Schiedsgerichts, Hbg VersR **82**, 894.

C. Ausländische Schiedssprüche sind im Inland anzuerkennen, ohne daß es auf Gegenseitigkeit ankäme, BGH **55**, 171. Schiedssprüche sind keine gerichtlichen Entscheidungen. Nur in gewissen Fällen ist der Schiedsspruch im Inland nicht anzuerkennen, III. Die deutsche Vollstreckbarerklärung des ausländischen Schiedsspruchs stellt nicht nur die Vollstreckbarkeit, sondern auch die Wirksamkeit im Inland fest, ist aber nicht Voraussetzung

Albers

der Wirksamkeit; zB ist die Rechtskraftwirkung, § 1040, nicht durch sie bedingt. Eine Klage aus dem Schiedsspruch ist wegen des einfacheren Verfahrens aus § 1044 nur statthaft, wenn dieses Verfahren versagt oder unzweckmäßig ist; sonst ist sie wegen fehlenden Rechtsschutzbedürfnisses abzuweisen, hM, Schwab 30 VIII mwN.

D. § 1044 ist nur hilfsweise anwendbar, soweit nämlich keine staatsvertragliche Sonderregelung eingreift; s das Verzeichnis Schlußanh VI Üb 1. Solche Regelungen (zB des UN-Übk v 10. 6. 58 und das EuÜbk v 21. 4. 61 sowie verschiedene Einzelverträge) schränken die in II genannten Gründe entsprechend ein, BGH NJW **78,** 1744 mwN. Einzelheiten im Schlußanh VI und bei Schwab Kap 56–59.

2) Vollstreckbarerklärung. A. Prüfung nach fremdem Recht. Die Vollstreckbarerklärung ist zulässig bei ausländischen Schiedssprüchen, die nach dem maßgeblichen ausländischen Recht verbindlich geworden sind. Das Gericht hat nach dem betreffenden fremden Recht zu prüfen, BGH **55,** 162, NJW **76,** 1591: **a)** ob inhaltlich ein Schiedsspruch vorliegt; die Bezeichnung ist belanglos: **b)** ob äußerlich ein Schiedsspruch vorliegt, ob also sämtliche Erfordernisse des fremden Rechts gewahrt sind; auf diejenigen des deutschen Rechts kommt es nicht an, auch nicht auf § 1039, I 2; **c)** ob der Schiedsvertrag fortbesteht. Sein Erlöschen richtet sich nach fremdem Recht. Ist der Schiedsspruch in dem Land, dessen Recht er untersteht, aufgehoben, so ist das anzuerkennen, gleichgültig, ob Entscheidungen dieses Landes sonst anerkannt werden. Auch eine vorläufig vollstreckbare aufhebende Entscheidung hindert; **d)** ob der ausländische Schiedsspruch nach dem maßgebenden Recht „verbindlich" geworden ist, also keinem schiedsrichterlichen oder staatlichen Rechtsmittel oder verwandten Rechtsbehelf unterliegt. Die Zulässigkeit einer der deutschen ähnlichen Aufhebungs- oder Wiederaufnahmeklage hindert nicht, denn der Schiedsspruch ist trotzdem zunächst rechtsverbindlich, BGH **52,** 188.

B. Prüfung nach deutschem Verfahrensrecht. Die Vollstreckbarerklärung richtet sich ganz nach deutschem Verfahrensrecht. Das Gericht hat also zu prüfen, ob kein Staatsvertrag eingreift, Schlußanh VI. Einwendungen gegen die Rechtswirksamkeit des verbindlichen fremden Schiedsspruchs sind nur im Rahmen von II zulässig. Sachlich-rechtliche Einwendungen sind aber zulässig, falls sie nach dem in Betracht kommenden Auslandsrecht überhaupt zulässig sind, so zB Aufrechnung, u zwar im gleichen Umfang wie sie § 767 II zuläßt, BGH **38,** 264; die Aufrechnung ist aber auch mit einer früher entstandenen Forderung dann zulässig, wenn das Schiedsgericht dafür nicht zuständig war oder sich insofern nicht für zuständig gehalten hatte, BGH MDR **65,** 374. Eine Klage aus § 722 statt des Antrags aus § 1042 schadet nicht, wo das Gericht wegen des Geltendmachens von Aufhebungsgründen doch mündliche Verhandlung hätte anordnen müssen, RG JW **38,** 468.

Erforderlich ist auch hier ein Antrag, § 1042b I, dem der Schiedsspruch in Übersetzung beizufügen ist, § 184 GVG (fehlt diese, darf der Antrag, anders als nach UNÜbkSchdG, nicht deshalb abgewiesen werden, StJ IV 1). Eine mündliche Verhandlung ist im Fall des II nötig, § 1042a II, aber auch sonst ratsam, Schwab 30 V 3.

3) Ablehnungsgründe, II. Die Ablehnungsgründe zählt II abschließend auf; manche Staatsverträge schränken diese Regelung noch ein, BGH **34,** 277, **57,** 153, vgl Schlußanh V u VI.

A. Rechtsunwirksamkeit des Schiedsspruchs nach dem maßgebenden ausländischen Recht, Z 1. Dazu gehört nicht nur das materielle Recht, sondern auch das Verfahrensrecht des betreffenden Staates, BGH **52,** 184, **55,** 162 (dazu Habscheid KTS **72,** 213); es genügt, daß danach Gründe für die Aufhebung des Schiedsspruchs vorliegen, BGH NJW **76,** 1591. Beispiele: der Schiedsspruch ist rechtskräftig aufgehoben; der Schiedsvertrag ist ungültig oder trägt den Schiedsspruch nicht; er verstößt gegen die fremde Staatsordnung. Jedoch kann, abgesehen von extremen Ausnahmefällen, die Rechtsunwirksamkeit als Aufhebungsgrund nur geltend gemacht werden, wenn der Unterlegene dazu nach dem maßgeblichen ausländischen Recht (noch) befugt ist, also zB die dafür gegebene Klagefrist vor dem ausländischen Staatsgericht nicht versäumt hat, BGH **57,** 153 (dazu Schlosser ZZP **86,** 46), **52,** 184 (dazu Mezger NJW **70,** 368) u **55,** 162 betr Jugoslawien (zustm StJ III B 1, Münzberg ZZP **83,** 330, abl Schwab 30 IV 2 mwN, u a Bülow NJW **71,** 486 u **72,** 415, Habscheid KTS **72,** 213 u **74,** 247). Ein extremer Ausnahmefall wäre etwa die willkürliche Annahme der Zuständigkeit des Schiedsgerichts, BGH **57,** 153, dazu Schlosser ZZP **86,** 46. Staatsverträge können abweichendes bestimmen; sie gehen dann vor.

B. Verstoß des Schiedsspruchs gegen die deutschen guten Sitten oder die deutsche öffentliche Ordnung, Z 2. Als Beispiel nennt Z 2 die Verurteilung zu einer gesetzlich unzulässigen Handlung. Vgl ü § 1041 I Z 1. Bei der Untersuchung, ob ein Verstoß vorliegt, ist das Gericht weder an die rechtliche Beurteilung noch an die tatsächlichen Feststellungen des Schiedsspruchs gebunden, BGH MDR **64**, 590. Kein Verstoß liegt im Tätigwerden eines ständigen Schiedsgerichts bei der Handelskammer eines osteuropäischen Staates, BGH **52**, 192. Wenn Deutsche nicht als Schiedsrichter berufen werden dürfen, kommt es auf den Einzelfall an, BGH **55**, 174. Bei nicht ordnungsgemäßer Vertretung oder Versagung des rechtlichen Gehörs entscheidet die Schwere des dem Schiedsspruch anhaftenden Makels, ob dadurch Z 2 erfüllt ist, BGH **57**, 153; das ist zu bejahen, wenn die eine Partei keine Kenntnis vom Vorbringen der Gegenseite und/oder den Ermittlungen des Schiedsgerichts erhalten hat, Hbg MDR **75**, 940, oder wenn das Ablehnungsrecht ausgeschaltet ist und die Parteien keine Möglichkeit haben, die Namen der beteiligten Schiedsrichter zu erfahren, Köln ZZP **91**, 318 m Anm Kornblum. Kein Verstoß liegt in der Nichtbeachtung der Form des § 1027, BGH NJW **78**, 1744. Zur Prüfung nach Z 2 gehört auch, ob ein Restitutionsgrund iSv § 580 Nr 1–6 vorliegt; aber ein solches Vorbringen ist nur im Rahmen von § 582 zulässig, BGH LM Nr 6.

C. Fehlende oder fehlerhafte Parteivertretung im Schiedsverfahren, Z 3. Vgl § 1041 I Z 3. Sie ist ebenfalls nach deutschem Recht zu prüfen; es genügt nicht, daß sie nach ausländischem Recht unnötig oder ordnungsmäßig war. Die ausdrückliche oder stillschweigende Genehmigung der Parteien noch im Vollstreckungsverfahren heilt.

D. Versagung des rechtlichen Gehörs, Z 4. Vgl § 1041 I Z 4. Der Begriff ist nach deutschem Recht zu beurteilen, Hbg HRR **32**, 1615; s § 1041 Anm 7.

4) Prüfung und Entscheidung. A. Prüfung. Für sie gilt folgendes, Schwab 30 IV 1: Z 1 ist vAw zu prüfen, soweit zwingendes öff Recht vorliegt, nicht auf Unwirksamkeit wegen eines Willensmangels, Unbilligkeit u dgl; Z 2 ist als zwingendes öff Recht vAw zu beachten; Z 3 ist ausdrücklich für verzichtbar erklärt; Z 4 ist vAw zu beachten, aber nicht vAw zu erforschen. Verzicht ist zulässig.

B. Entscheidung, III. Sie ergeht durch Beschluß oder Urteil entsprechend §§ 1042a ff. Sie lautet auf Ablehnung oder Vollstreckbarerklärung wie bei einem inländischen Schiedsspruch. Doch ist der ausländische Schiedsspruch nicht entsprechend § 1042 II aufzuheben. Das Gericht hat ihm nur die Anerkennung im Inland zu versagen, indem es eine entsprechende Feststellung trifft, III; für diese ist aber kein Raum, wenn sich der Gegner nicht auf die Wirksamkeit des Schiedsspruchs beruft, Mü IPRspr **78** Nr 188. Eine über die Feststellung hinausgehende Entscheidung wäre ein Eingriff in die fremde Gerichtsbarkeit. Der Ausspruch versagt dem Schiedsspruch für das Inland die Wirkung eines rechtskräftigen Urteils. Die Rechtsbehelfe sind dieselben wie bei Erteilung oder Ablehnung der Vollstreckbarerklärung eines deutschen Schiedsspruchs, § 1042c Anm 3 (gegen ein Urteil ist Berufung zulässig). Die Rechtskraftwirkung beschränkt sich auf Feststellung der Rechtswirksamkeit oder Unwirksamkeit im Inland. § 1043 ist unanwendbar, weil eine Aufhebung im Inland nicht in Frage kommen kann. **Gebühren:** vgl § 1042a Anm 2 E.

5) Aufhebung im Ausland, IV. A. Allgemeines. Anerkennung im Inland schützt nicht vor Aufhebung im Ausland. Die Aufhebung im maßgeblichen ausländischen Staat entzieht der Vollstreckbarerklärung die Grundlage. Darum erlaubt IV für diesen Fall die Klage auf Aufhebung der Vollstreckbarerklärung. Für sie läuft eine Notfrist, § 223, von 1 Monat seit Kenntnis der Partei von der rechtskräftigen Aufhebung und eine Ausschlußfrist von 10 Jahren seit Rechtskraft, IV 2 iVm § 1043 II.

B. Entscheidung. Sie lautet auf Abweisung oder Aufhebung der Vollstreckbarerklärung. Nur das besagt die Verweisung auf § 1043 III, weil ja eine (nochmalige) Aufhebung des Schiedsspruchs nicht in Frage kommt. Entsprechend III wird aber auszusprechen sein, daß dem (aufgehobenen) Schiedsspruch die Anerkennung versagt werde, Schwab 30 VII 3. Das Gericht hat nur zu prüfen, ob nach dem maßgeblichen ausländischen Recht eine rechtskräftige Aufhebung vorliegt, Schwab 30 VII 2b; jede Nachprüfung der Gründe oder des Verfahrens ist unzulässig.

Die Aufhebung im Ausland vernichtet ohne weiteres die Rechtskraftwirkung, etwa für die Abgabe einer Willenserklärung, sofern eine deutsche Vollstreckbarerklärung fehlt. Da im Inland eine Aufhebungsklage unmöglich ist, muß dem Betroffenen die Klage auf Feststellung der Unwirksamkeit des noch nicht für vollstreckbar erklärten Schiedsspruchs offenstehen. Dabei sind die Gründe des § 1044 II und damit die ausländischen Aufhebungsgründe, Anm 3 A, zu prüfen.

6) VwGO: *Unanwendbar, weil der VerwProzeß keine Anerkennung und Vollstreckung ausländischer Entscheidungen kennt, vgl § 328 Anm 9, § 722 Anm 3.*

1044a **Schiedsvergleich.** ¹ Hat sich der Schuldner in einem schiedsrichterlichen Vergleich der sofortigen Zwangsvollstreckung unterworfen, so findet die Zwangsvollstreckung aus dem Vergleich statt, wenn er für vollstreckbar erklärt ist. Der Vergleich darf nur für vollstreckbar erklärt werden, wenn er unter Angabe des Tages seines Zustandekommens von den Schiedsrichtern und den Parteien unterschrieben und auf der Geschäftsstelle des zuständigen Gerichts niedergelegt ist.

^{II} Die Vollstreckbarerklärung ist abzulehnen, wenn der Vergleich der Rechtswirksamkeit entbehrt oder seine Anerkennung gegen die guten Sitten oder die öffentliche Ordnung verstoßen würde.

^{III} Die Vorschriften der §§ 1042a bis 1042d gelten entsprechend; die Geltendmachung der Rechtsunwirksamkeit des Vergleichs steht der Geltendmachung von Aufhebungsgründen gegen einen Schiedsspruch gleich.

Schrifttum: Baur, Der schiedsrichterliche Vergleich, 1971; Schwab Kap 23 u 29.

1) Allgemeines. Der Begriff des schiedsrichterlichen Vergleichs, des Schiedsvergleichs, verlangt eigentlich nichts als die Entgegennahme eines von den Schiedsparteien vereinbarten Vergleichs durch das Schiedsgericht. Denn § 1044a regelt nicht die Erfordernisse des Vergleichs, sondern nur die der Zwangsvollstreckung aus dem Vergleich. Trotzdem ist dem § 1044a zu entnehmen, daß das Gesetz nur den in den Formen des § 1044a geschlossenen Schiedsvergleich dem Prozeßvergleich des § 794, abgesehen von der Vollstreckbarkeit, gleichstellt. Darum muß der ohne diese Formen geschlossene Vergleich als außergerichtlicher gelten: Er muß dem § 779 BGB genügen; er ersetzt vom sachlichen Recht vorgeschriebene Formen nicht.

Der Vergleich nach § 1044a bedarf als Prozeßvergleich keines gegenseitigen Nachgebens, Anh § 307 Anm 2. Er ersetzt alle Formen des bürgerlichen Rechts wie der Vergleich des § 794, s Anh § 307 Anm 5, auch die notarielle, wenn er in ein Protokoll nach §§ 159ff aufgenommen ist, § 127a BGB, dazu Breetzke NJW **71**, 1685, Schwab 23 IV 2, Baur S 19–20.

2) Erfordernisse des Schiedsvergleichs, I. Erfordernisse nach § 1044a sind: **a) Vergleich.** Es muß ein Vergleich vorliegen. Er kann mit Dritten geschlossen sein; sie unterwerfen sich durch den Abschluß oder Beitritt insoweit dem Schiedsverfahren, KG JW **32**, 115. Der Vergleich braucht keine auch nur im weiteren Sinne vollstreckungsfähige Entscheidung zu enthalten, denn die Vollstreckbarerklärung stellt ja auch die Rechtsbeständigkeit fest. Miterledigt werden können im Rahmen der Verfügungsbefugnis der Parteien auch Streitpunkte, die nicht der streitigen Zivilgerichtsbarkeit unterliegen, BGH **6**, 248, Baur S 17–18. **b) Abschluß.** Der Vergleich muß vor dem Schiedsgericht geschlossen sein. Das Schiedsgericht muß ihn zumindest entgegengenommen haben; auf die etwaige Unwirksamkeit des Schiedsrichtervertrages mit einem von mehreren Schiedsrichtern kommt es nicht an, BGH **55**, 320, abl Breetzke NJW **71**, 1458, Schwab 23 III 2a, Baur S 14, Rietschel zu LM § 1039 Nr 3. **c) Unterwerfungserklärung.** Der Schuldner muß sich im Vergleich der sofortigen Zwangsvollstreckung unterwerfen. Es genügt Unterwerfung unter die Zwangsvollstreckung; „sofortig" ist ein ganz verfehlter Ausdruck, da ja doch erst eine Vollstreckbarerklärung nötig ist. **d) Form.** Der Vergleich muß unter Angabe des Tags des Zustandekommens, dh der letzten Parteiunterschrift, von den Parteien, mitbetroffenen Dritten und sämtlichen Schiedsrichtern eigenhändig und handschriftlich unterschrieben sein, sei es im Protokoll über die Schiedsgerichtssitzung oder besonders. Über die Reihenfolge der Unterschriften ist nichts bestimmt; sie ist beliebig. Die Echtheit hat das Staatsgericht notfalls zu prüfen. **e) Niederlegung.** Der Vergleich muß auf der Geschäftsstelle des zuständigen Gerichts niedergelegt sein. Dazu s § 1039 Anm 4 B.

Alle diese Erfordernisse sind schlechthin wesentlich bis auf die Angabe des Tags des Zustandekommens, Schwab 23 III 3 (s § 1039 Anm 2, str). Mängel hindern die Vollstreckbarerklärung, können aber beseitigt werden.

3) Vollstreckbarerklärung und Versagung, I–III. A. Prüfung. Die Erfordernisse des Schiedsvergleichs, Anm 2, werden im Verfahren auf Vollstreckbarerklärung sämtlich vAw geprüft. Das Verfahren ist dasselbe wie bei Vollstreckbarerklärung eines Schiedsspruchs, §§ 1042 a–d. Da das Gericht die Unwirksamkeitsgründe im Vollstreckungsverfahren prüft, steht mit der Vollstreckbarerklärung die Wirksamkeit des Vergleichs fest; seine Rechtswirksamkeit kann in einem anderen Verfahren nicht mehr in Zweifel gezogen werden, auch später bekannt gewordene Einwendungen können nicht mehr geltend gemacht werden,

Schwab 23 IV 3b; anders liegt es, wenn die Einwendungen später entstanden sind, vgl § 1042 Anm 3 D. **Verfahren und Gebühren:** § 1044 Anm 4.

B. Versagung der Vollstreckbarerklärung. Sie kann erfolgen, **a)** weil die Erfordernisse eines Schiedsvergleichs, I, nicht vorhanden sind, Anm 2, **b)** weil der Vergleich der Rechtswirksamkeit entbehrt, was darin seinen Grund haben kann, daß der Inhalt einem Vergleich nicht zugänglich ist, ein Willensmangel vorliegt oder die allgemeinen Prozeßvoraussetzungen oder das Prozeßführungsrecht fehlen, § 1042 Anm 3, ferner falls der Vergleich gegen die guten Sitten oder die öff Ordnung verstößt, II, vgl dazu § 1041 Anm 5. Zum Fehlen der Geschäftsgrundlage vgl BGH **55**, 321.

C. Wird die Vollstreckbarerklärung wegen **Fehlens formaler Erfordernisse** versagt, Anm 2, so besagt das für die materielle Wirksamkeit des Vergleichs nichts. Soweit sie nicht nachgeholt und dann nochmals die Vollstreckbarerklärung beantragt werden, was zulässig ist (Schwab 29 IV), bleibt die Erfüllungsklage aufgrund des abgeschlossenen Vergleichs als solchem. Wird über die Wirksamkeit des Vergleichs gestritten, so entscheidet darüber das Staatsgericht, wenn nicht auch insoweit vertraglich die Zuständigkeit des Schiedsgerichts begründet ist; wie hier Ulrich NJW **69**, 2179 mwN, StJ IV 2a, Wiecz C II b I u D II a, aM RG **119**, 30, Schwab 23 IV 3a und Baur Rdnr 78–83, die stets das Schiedsgericht entscheiden lassen wollen, wenn sich nicht aus dem Schiedsvertrag das Gegenteil ergibt. Das ist nicht zweckmäßig. Hält nämlich dieses den Vergleich für unwirksam und erläßt es einen abschließenden Schiedsspruch, so ist das Staatsgericht an die Entscheidung des Schiedsgerichts nicht gebunden. Es prüft also, ob ein wirksamer Schiedsvertrag dem Verfahren zugrunde lag, und, falls ein solcher vorhanden war, ob er auch noch zZt des Erlasses des Schiedsspruchs bestand, Hbg MDR **66**, 851. Hält es den Vergleich für wirksam, so hebt es den Schiedsspruch, dem die gegenteilige Meinung zugrunde lag, auf, da der Schiedsvertrag sich durch den Vergleich erledigt hatte, für das weitere Verfahren also ein gültiger Schiedsvertrag fehlte. Hält das Staatsgericht allerdings den Vergleich für unwirksam, entspricht seine Entscheidung also der Ansicht des Schiedsgerichts, so steht dann dem Antrag auf Vollstreckbarkeitserklärung des Schiedsspruchs nichts im Wege, da der unwirksame Vergleich den Schiedsvertrag nicht beendet hat. Freilich muß die Auslegung des Schiedsvertrages ergeben, daß dessen Parteien auch die Nachprüfung der Wirksamkeit des Schiedsvergleichs durch das Schiedsgericht gewollt haben, was insbesondere nach langer Zeit immerhin fraglich sein kann, vgl Hbg aaO aE. Ist das Schiedsgericht weggefallen oder verweigert es die Bearbeitung, entscheidet das Staatsgericht. Bei Streit über die Wirksamkeit des Vergleichs, weil der Schiedsvertrag ihn nicht deckt, oder wegen Verstoßes gegen die guten Sitten oder die öff Ordnung, besteht für die Parteien auch die Möglichkeit der negativen Feststellungsklage.

4) Gleichgestellte Vergleiche. A. Dem Schiedsvergleich stellt § 27a UWG die vor den Einigungsämtern der Industrie- und Handelskammern in Wettbewerbssachen geschlossenen Vergleiche gleich, ebenso das Gesetz vom 12. 5. 33 diejenigen in Zugabesachen und das Gesetz vom 25. 11. 33 die in Rabattsachen geschlossenen, beide Gesetze idF v 11. 3. 57, BGBl 173. Wegen der **Bau-Schlichtungsstelle** s Gottwald/Plett/Schmidt v. Rhein NJW **83**, 665.

B. Auf **vor einem ausländischen Schiedsgericht** geschlossene Vergleiche, Schwab 30 IX, ist § 1044a nur anwendbar, wenn der Vergleich seinen Voraussetzungen genügt, StJ VIII 1; andernfalls müssen die Parteien aus dem Vergleich klagen. Ob das ausländische Recht ein entsprechendes Verfahren kennt, ist belanglos. Wegen der **staatsvertraglichen Regelungen** s Schlußanh VI Übers 1.

5) VwGO: Entsprechend anzuwenden, da die Geltung in § 168 I Nr 5 VwGO vorausgesetzt wird, Baur S 18, Rupp AöR **85**, 331.

1045 *Zuständigkeit als Beschlußgericht; Beschlußverfahren.* **¹ Für die gerichtlichen Entscheidungen über die Ernennung oder die Ablehnung eines Schiedsrichters oder über das Erlöschen eines Schiedsvertrags oder über die Anordnung der von den Schiedsrichtern für erforderlich erachteten richterlichen Handlungen ist das Amtsgericht oder das Landgericht zuständig, das in dem Schiedsvertrag als solches bezeichnet ist, und in Ermangelung einer derartigen Bezeichnung das Amtsgericht oder das Landgericht, das für die gerichtliche Geltendmachung des Anspruchs zuständig sein würde.**

II Die Entscheidung kann ohne mündliche Verhandlung ergehen. Vor der Entscheidung ist der Gegner zu hören.

III Gegen die Entscheidung findet sofortige Beschwerde statt.

1) **Allgemeines.** § 1045 regelt die Zuständigkeit des Beschlußgerichts für folgende Fälle: **a) Ernennung eines Schiedsrichters, §§ 1029, 1031,** durch Parteien, Dritte oder das Gericht. Das Gericht entscheidet auch, wo bestritten ist, daß der Schiedsrichter eine nach dem Schiedsvertrag nötige Eigenschaft habe, RG **47**, 401. Der Beschluß, der ernennt, stellt das Bestehen der Schiedsklausel als Voraussetzung der Ernennung fest, hat jedoch keine Rechtskraftwirkung für spätere Verfahren, § 1029 Anm 2 B. Hinsichtlich der Wirksamkeit des Hauptvertrags wirkt die Entscheidung ohnehin nicht, RG **145**, 277. Demnach ist über den Einwand, ein Schiedsvertrag bestehe nicht, im Beschlußverfahren zu entscheiden, OLG **19**, 175. **b) Ablehnung eines Schiedsrichters, § 1032.** Siehe dort, auch über Entscheidung durch Dritte. Der Klagweg ist versagt, RG **145**, 171. Das Gesuch ist zulässig bis zur Niederlegung des Schiedsspruchs; die Entscheidung darüber kann noch nachher ergehen, RG **148**, 2, s § 1032 Anm 3 C. **c) Erlöschen des Schiedsvertrags.** Über die Fälle s § 1025 Anm 4. Der Antrag geht auf Feststellung des Erlöschens. Behauptet die Partei, ein Schiedsvertrag habe von Anfang an nicht bestanden, so ist nur der Klagweg gegeben, ebenso Schwab 31 III 2, aM Wiecz A II C. Über die Gegeneinrede des Erlöschens gegenüber der Einrede des Schiedsvertrags im ordentlichen Prozeß entscheidet das Prozeßgericht. Der Beschluß betrifft nach § 1045 die Frage der Zulässigkeit des Schiedsverfahrens überhaupt; darum stellt er mit Rechtskraft bindend fest, daß der Schiedsvertrag besteht oder erloschen ist, Schwab 31 III 2. Die Entscheidung über das Bestehen betrifft hier aber nur den vorgebrachten Unwirksamkeitsgrund und diejenigen, die in diesem Verfahren hätten geltend gemacht werden können. Ist bereits ein Schiedsspruch erlassen, so bleibt nur die Aufhebungsklage, § 1041, oder die Einrede des Erlöschens im Vollstreckbarkeitsverfahren. **d) Anordnung richterlicher Handlungen, § 1036.**

2) **Zuständigkeit, I. Maßgebend ist a) der Schiedsvertrag oder eine beliebige, auch im Verfahren getroffene, Nachtragsvereinbarung.** Die Parteien dürfen die Zuständigkeit jedes beliebigen AG oder LG vereinbaren, nicht die einer bestimmten Abteilung oder Kammer, auch nicht die einer KfH, weil deren Zuständigkeit sich allein nach §§ 95ff GVG richtet. Die Vereinbarung bedarf sorgfältiger Überlegung, denn die Zuständigkeit bleibt fürs weitere Verfahren, § 1047. Das Bestehen eines ausschließlichen Gerichtsstands für den Anspruch hindert nicht. Im Fall der Verbands-Schiedsgerichte, § 1048, ist keine Vereinbarung zulässig, es entscheidet die Satzung oder Schiedsgerichtsordnung, Mü KTS **76**, 57, zustm Habscheid KTS **76**, 5. **b) Hilfsweise zuständig ist das Gericht, das für die Geltendmachung im Prozeßweg zuständig wäre.** Hier entscheidet ganz die ZPO; ein ausschließlicher Gerichtsstand ist auch hier ausschließlich. Davon abgesehen darf der Antragsteller nach § 35 wählen; notfalls erfolgt die Bestimmung aus § 36. Hier kann auch eine KfH zuständig sein; denn „Anspruch" ist der dem Schiedsgericht unterbreitete, RG **164**, 400. Aber §§ 96ff GVG sind zu beachten. Für die sachliche Zuständigkeit entscheidet der Zeitpunkt des Schiedsverfahrens, schon weil die Zuständigkeit bleibt, § 1047, Schwab 31 II 2 (anders für die Kostenberechnung, s Anh § 3 „Schiedsgerichtsverfahren"). Ist noch kein Anspruch erhoben, so entscheidet der angekündigte, Dresden JW **38**, 2154. Handelt es sich um einen arbeitsgerichtlichen Streit, so entscheidet das ArbG, §§ 103ff ArbGG.

3) **Beschlußverfahren, II, III. A. Einzelheiten.** Das Beschlußverfahren nach § 1045 findet nur auf Antrag und nur in den in § 1045 genannten Fällen statt. Außer beim AG besteht Anwaltszwang, Ffm JB **74**, 1592 mwN. Der Antrag ist jederzeit rücknehmbar. Die mündliche Verhandlung ist freigestellt, § 128 Anm 3; Gehör des Gegners ist unumgänglich. Eine Verhandlung dient nur der besseren Unterrichtung des Gerichts. Darum ist die Verwertung des gesamten Akteninhalts auch ohne Vortrag zulässig, so die von schriftsätzlichen Geständnissen. Da in widerspruchsloser Einlassung ins Schiedsverfahren eine Unterwerfung liegt, ist der Einwand, ein Schiedsvertrag bestehe nicht, nur zulässig, wenn die Partei im Schiedsverfahren nicht vertreten war oder sich dort nur unter Bekämpfung der Zuständigkeit eingelassen hat, RG **105**, 386.

B. Entscheidung. Sie ergeht ausnahmslos durch Beschluß, der zu verkünden oder der Partei, die er beschwert, zuzustellen, der anderen formlos mitzuteilen ist, § 329 III. Er ist sofort vollstreckbar, § 794 Z 3, und muß über die Kosten entscheiden. Im Fall der Erledigung gilt § 91a, StJ IV. Gebühren: Gericht ½ für das Verfahren, § 11 I GKG u KVerz 1105–1108, RA ³⁄₁₀ der Gebühren des § 31, §§ 46 II, 67 BRAGO. Wert: § 12 I GKG.

C. Rechtsbehelf. Die sofortige Beschwerde ohne aufschiebende Wirkung ist sowohl gegen zurückweisende als auch gegen stattgebende Entscheidungen gegeben (anders hinsichtlich der Ablehnung, § 1032 Anm 3 C); notfalls ist eine Anordnung aus § 572 II zu treffen. Auf die Beschwerde ist § 512a entsprechend anzuwenden, Naumbg JRRspr **24**, 225. **Gebühren:** Gericht 1 Gebühr bei Verwerfung oder Zurückweisung, § 11 I GKG u K Verz 1151, RA § 61 BRAGO; Wert: § 3 ZPO, Ffm JB **74**, 1592.

4) *VwGO:* Entsprechend anzuwenden, Grdz 4 § 1025, mit der Einschränkung, daß eine Vereinbarung nicht zulässig ist, Üb 2 § 38. Zuständig ist also stets das Gericht, das zu entscheiden hätte, wenn der Streit im verwaltungsgerichtlichen Verfahren ausgetragen würde, EF § 40 Rdz 112. Rechtsbehelf ist die Beschwerde, §§ 146ff VwGO.

1046 **Zuständigkeit für Vollstreckbarerklärung und Klage.** Das im § 1045 Abs. 1 bezeichnete Gericht ist auch für die Vollstreckbarerklärung von Schiedssprüchen und schiedsrichterlichen Vergleichen sowie für Klagen zuständig, welche die Unzulässigkeit des schiedsrichterlichen Verfahrens, die Aufhebung eines Schiedsspruchs oder der Vollstreckbarerklärung eines solchen oder die Rechtsunwirksamkeit eines schiedsrichterlichen Vergleichs zum Gegenstand haben.

1) **Erläuterung. A. Allgemeines.** § 1046 regelt die Zuständigkeit für Fälle, die dem Urteilsverfahren oder dem besonderen Beschlußverfahren der §§ 1042a–1042d, 1044a unterliegen. Es sind: **a) die Vollstreckbarerklärung von Schiedssprüchen und Schiedsvergleichen, §§ 1042, 1044a; b) Klagen auf Feststellung der Unzulässigkeit des Schiedsverfahrens,** mithin auch des Nichtbestehens des Schiedsvertrages, BGH **7**, 184, auch Klagen auf Feststellung der Zulässigkeit, RG **23**, 426; **c) Aufhebungsklagen, § 1041; d) Klagen auf Aufhebung der Vollstreckbarerklärung, § 1044 IV; e) Klagen auf Feststellung der Unwirksamkeit eines Schiedsvergleichs, § 1044a.** Läßt sich die Unwirksamkeit im Vollstreckungsverfahren feststellen, so fehlt für die Klage das Rechtsschutzbedürfnis. Nach rechtskräftiger Vollstreckbarerklärung ist die Klage unstatthaft. Rechtsunwirksam ist der Vergleich nicht schon dann, wenn er bloß keiner Vollstreckbarerklärung fähig ist, § 1044a Anm 3 A.

B. Weitere Fälle. Unter § 1046 fällt weiter die Klage auf Erteilung der Vollstreckungsklausel, § 731, RG **85**, 396, und auf Feststellung der Unwirksamkeit eines ausländischen Schiedsspruchs oder Schiedsvergleichs. Ein Schiedsspruch, der nach rechtskräftiger Feststellung der Unzulässigkeit des Schiedsverfahrens ergeht, ist ohne weiteres unwirksam, weil die Rechtskraftwirkung dem weiteren Verfahren entgegensteht, ebenso, wenn das nachträgliche Erlöschen festgestellt ist. S auch § 1045 Anm 1 B.

2) *VwGO:* Entsprechend anzuwenden, vgl § 1045 Anm 4. Zur Zuständigkeit der VerwGerichte bei Schiedssprüchen in innerkirchlichen Angelegenheiten s BGH DÖV **63**, 394.

1047 **Mehrfache Zuständigkeit.** Unter mehreren nach den §§ 1045, 1046 zuständigen Gerichten ist und bleibt das Gericht zuständig, an das eine Partei oder das Schiedsgericht (§ 1039) sich zuerst gewendet hat.

1) **Örtliche Zuständigkeit.** Jede Partei, die ein Gericht nach §§ 1045ff anrufen will, hat unter mehreren danach zuständigen Gerichten die Wahl. Das einmal angerufene Gericht bleibt, wenn es zuständig war, für beide Parteien und fürs gesamte weitere Verfahren zuständig, freilich nicht ausschließlich; vielmehr ist eine abweichende Parteivereinbarung immer wieder zulässig, §§ 38, 39, aM Wiecz A II a. Die Zuständigkeit gilt auch für die Niederlegung des Schiedsspruchs oder Schiedsvergleichs, obwohl diese in §§ 1045ff nicht genannt ist; denn so gut die Schiedsrichter durch die Niederlegung, wie § 1047 ausdrücklich bestimmt (§ 1039), die Zuständigkeit festlegen, so gut sind sie an eine Vereinbarung der Parteien gebunden, Wiecz B II, Schwab 31 II 3, StJ II. Die Anrufung eines ausländischen Gerichts begründet keine Zuständigkeit.

2) **Sachliche Zuständigkeit.** § 1047 trifft nur die örtliche Zuständigkeit; die sachliche kann, abgesehen von einer Sonderregelung im Schiedsvertrag, nicht mehrfach sein, RG **30**, 353.

3) *VwGO:* Entsprechend anzuwenden, Grdz 4 § 1025, obwohl die Parteien im VerwProzeß nicht die Wahl zwischen mehreren örtlich zuständigen Gerichten haben, § 53 I Nr 3 VwGO: Da das Verfahren nach dem 10. Buch auf Beschleunigung gerichtet ist, rechtfertigt sich die Anwendung des § 1047 statt der zeitraubenden Bestimmung durch das nächsthöhere Gericht nach § 53 VwGO.

§ **1048 Außervertragliche Schiedsgerichte.** Für Schiedsgerichte, die in gesetzlich statthafter Weise durch letztwillige oder andere nicht auf Vereinbarung beruhende Verfügungen angeordnet werden, gelten die Vorschriften dieses Buches entsprechend.

1) Allgemeines. Die ZPO läßt außervertragliche Schiedsgerichte zu, wo das sachliche Recht, auch ein ausländisches, sie erlaubt. Bei den sie anordnenden Schiedsverfügungen, Sareika ZZP **90**, 285, handelt es sich immer um Privatrechtsgeschäfte, RG **157**, 113. § 1048 gilt deshalb nicht für ein in der Satzung einer öff-rechtlichen Versorgungsanstalt vorgesehenes Schiedsgericht, zumal sie keine Mitglieder, Anm 3, hat, bei denen zwischen Anstalt und Versicherten ein Schiedsvertrag nur auf privatrechtlicher Grundlage zustande kommen kann, BGH **48**, 43.

2) Letztwillig angeordnete Schiedsgerichte. Ob ihre Zulassung aus BGB folgt, etwa als Auflage, ist zweifelhaft; sie ist aber angesichts des § 1048 unbedenklich zu bejahen, RG **100**, 77. Statthafter Zweck ist etwa die Erbauseinandersetzung. Die Bestellung des Testamentsvollstreckers als Schiedsrichter ist zulässig; er handelt dann bei der Testamentsauslegung an Stelle eines Richters und ist nicht Partei. Da derartige Anordnungen ganz selten sind, sind sie nicht leicht im Auslegungsweg zu bejahen. Ein Recht zur authentischen (s RG **100**, 77) Auslegung verstieße gegen § 2065 BGB, Schwab 33 III.

3) Andere nicht vertragliche Schiedsgerichte. Satzungsmäßige Schiedsgerichte (Schwab Kap 32; Schlosser, Vereins- und Verbandsgerichtsbarkeit, 1972; Vollmer, Satzungsmäßige Schiedsklauseln, 1970; Vollmer, Unternehmensverfassungsrechtliche Schiedsgerichte, Ztschr f Untern- u Gesellschaftsrecht **82**, 15; Westermann, Gesellschaftsrechtliche Schiedsgerichte, Festschrift Fischer, 1979, S 853). Sie mögen auf Vereins-, Verbands-, Stiftungssatzung beruhen: immer muß es sich um ein Schiedsgericht iS der §§ 1025 handeln (von Ffm NJW **70**, 2250 verneint für Schiedskommissionen einer politischen Partei). Zulässig ist zB die satzungsmäßige Einsetzung eines Schiedsgerichts zur Entscheidung über Streitigkeiten zwischen einem Verein und seinen Mitgliedern über die Rechte und Pflichten aus der Mitgliedschaft; die Grenzen des § 39 II BGB sind zwingend, RG **88**, 398, die Einreichung beim Registergericht ist notwendig, Mü KTS **77**, 178. Die Satzung oder Gesellschaftsverträge können eine Schiedsgerichtsbarkeit nur für Streitigkeiten über Rechtsverhältnisse anordnen, die Gegenstand statutarischer Bindung sind, nicht für solche über als Individualrecht ausgestaltete Rechte, BGH **38**, 161. Sollen nach der Satzung einer Aktiengesellschaft alle Streitigkeiten zwischen Aktionären und der Gesellschaft durch ein Schiedsgericht geregelt werden, so fällt die Anfechtungs- und Nichtigkeitsklage gegen Hauptversammlungsbeschlüsse nicht hierunter, BGH **LM** AktG § 199 Nr 1. Wer sich als Dritter einem Verbandsschiedsgericht stillschweigend unterwirft, muß bei Vertragsschluß die Vertragsbedingungen und die Verbandszugehörigkeit des Gegners gekannt haben, RG **85**, 180.

Die Gültigkeit einer satzungsmäßigen Schiedsklausel richtet sich nach den für die Satzung maßgeblichen Vorschriften. Die Kompetenz einer Haupt- oder Gesellschafterversammlung unterliegt uU betriebsverfassungsrechtlichen Beschränkungen, Raiser BB **77**, 1463.

Schiedsgerichtsregelungen in der schriftlichen Satzung eines rechtsfähigen Vereins, RG **153**, 270, eines nichtrechtsfähigen Vereins, RG **165**, 143, einer Aktiengesellschaft, BGH MDR **51**, 674, oder GmbH, BGH **38**, 159, bedürfen nicht der Form des § 1027 I, wohl aber die Schiedsklausel im Gesellschaftsvertrag einer KG auch in der Gestalt einer sog Massen-KG, falls nicht § 1027 II erfüllt ist, BGH NJW **80**, 1049; kritisch zum Grundsatz StJ II 2, Kleinmann BB **70**, 1076, KG NJW **77**, 57. Um so schärfer ist die Frage der Sittenwidrigkeit zu prüfen; dabei ist der Grundgedanke des § 1025 I zu verwerten. Die Satzungen des Verbands unterwerfen die Mitglieder dem Schiedsverfahren oft durch mittelbaren Zwang. Lehnt das Mitglied ab, so verliert es alle Rechte und Möglichkeiten, die die Zugehörigkeit zum Verband gewährt. Darin kann eine unzulässige Knebelung liegen, die die Schiedsgerichtsbestimmung im Einzelfall entsprechend § 1025 II unwirksam macht, Schwab 32 II 3, ThP 2. Daß einer Partei überwiegender Einfluß auf die Bildung des Schiedsgerichts eingeräumt ist, kann unzulässig sein, s § 1028 Anm 1 B. Ein außerhalb des Verbands stehender Rechtsnachfolger untersteht dem Verbandsschiedsgericht regelmäßig nicht, s § 1025 Anm 3 D, StJ § 1025 VI 2.

4) Anwendbarkeit der Vorschriften des 10. Buchs. Grundsätzlich sind diese Vorschriften anwendbar. Eine Einschränkung gilt natürlich für die Vorschriften über den Schiedsvertrag. Dazu vgl aber auch Anm 3.

5) VwGO: Entsprechend anzuwenden, Grdz 4 § 1025; jedoch scheidet eine Anordnung durch letztwillige Verfügung im öff Recht aus.

Gesetz, betreffend die Einführung der Zivilprozeßordnung

Vom 30. Januar 1877 (RGBl S 244)
(BGBl III 310–2)
zuletzt geändert durch die VereinfNov mWv 1. 7. 77

Bearbeiter: Dr. Albers

1 *Inkrafttreten.* Die Zivilprozeßordnung tritt im ganzen Umfange des Reichs gleichzeitig mit dem Gerichtsverfassungsgesetz in Kraft.

1) **Erläuterung.** ZPO, GVG, GKG, RAGebO, GVollzGebO und ZuSGebO sind am 1. 10. 79 für das gesamte damalige Reichsgebiet in Kraft getreten. Demgemäß sind die Bundesrepublik, DDR und Berlin grundsätzlich als ein Rechtsgebiet anzusehen; hinsichtlich der DDR s aber Einl III 8 B.

2 *Kostenwesen.* Das Kostenwesen in bürgerlichen Rechtsstreitigkeiten wird für den ganzen Umfang des Reichs durch eine Gebührenordnung geregelt.

1) **Erläuterung.** Das **Kostenwesen** für den Zivilprozeß regeln GKG, ZuSEntschG, BRAGO, GVollzKG und § 12 ArbGG. Tatsächlich fallen heute die Kostengesetze in der Bundesrepublik und der DDR auseinander. S im übrigen Hartmann, Kostengesetze.

3 *Geltungsbereich der ZPO.* ^I Die Zivilprozeßordnung findet auf alle bürgerlichen Rechtsstreitigkeiten Anwendung, welche vor die ordentlichen Gerichte gehören.

^{II} Insoweit die Gerichtsbarkeit in bürgerlichen Rechtsstreitigkeiten, für welche besondere Gerichte zugelassen sind, durch die Landesgesetzgebung den ordentlichen Gerichten übertragen wird, kann dieselbe ein abweichendes Verfahren gestatten.

1) **Erläuterung. Bürgerliche Rechtsstreitigkeiten,** die vor die ordentlichen Gerichte gehören, sind nach § 13 GVG alle, für die nicht durch Bundes- oder Landesrecht die Zuständigkeit von (allgemeinen oder besonderen) Verwaltungsgerichten begründet ist oder bundesrechtlich Sondergerichte bestellt oder zugelassen sind. Weist Landesrecht den ordentlichen Gerichten Prozesse als bürgerliche zu, so darf es das Verfahren nach ZPO nicht ausschließen; Ausnahmen: §§ 3 II, 11, 15. Wegen der Sondergerichte vgl §§ 14 GVG, 3 EGGVG. Mangels Anordnung nach II gilt das Verfahren nach ZPO.

4 *Zulässigkeit des Rechtswegs.* Für bürgerliche Rechtsstreitigkeiten, für welche nach dem Gegenstand oder der Art des Anspruchs der Rechtsweg zulässig ist, darf aus dem Grunde, weil als Partei der Fiskus, eine Gemeinde oder eine andere öffentliche Korporation beteiligt ist, der Rechtsweg durch die Landesgesetzgebung nicht ausgeschlossen werden.

1) **Erläuterung.** § **4 schränkt den § 13 GVG ein,** nach dem die Landesgesetzgebung Zivilprozesse Verwaltungsgerichten (nach Art 92 GG nicht mehr Verwaltungsbehörden, § 13 GVG Anm 2 B) übertragen darf. Eine solche Übertragung ist unzulässig **a)** für Ansprüche aus Amtspflichtverletzung eines Beamten, Art 34 GG, und auf Enteignungsentschädigung, Art 14 III GG; **b)** nur wegen der Person einer Partei im Rahmen des § 4. Auch die Beschränkung des ordentlichen Rechtswegs für gewisse Fälle ist verboten, wenn sie praktisch dem Ausschluß gleichkommt, RG **106,** 40. Dagegen ist eine Erschwerung durch das Erfordernis eines vorherigen Verwaltungsbescheids zulässig, vgl BGH **4,** 51; dagegen bestehen auch keine verfassungsrechtlichen Bedenken, RoS § 14 II 3.

5, 6 (gegenstandslos)

7 *Oberstes Landesgericht, Revisionseinlegung.* ^I Ist in einem Land auf Grund des § 8 des Einführungsgesetzes zum Gerichtsverfassungsgesetz für bürgerliche Rechtsstreitigkeiten ein oberstes Landesgericht errichtet, so entscheidet in den Fällen des § 546 der Zivilprozeßordnung das Oberlandesgericht mit der Zulassung gleichzeitig über die Zuständigkeit für die Verhandlung und Entscheidung der Revision. Die Entscheidung ist für das Revisionsgericht bindend.

^{II} In den Fällen der §§ 547, 554b und 566a der Zivilprozeßordnung ist die Revision bei dem obersten Landesgericht einzulegen. Die Vorschriften der §§ 553, 553a der Zivilprozeßordnung gelten entsprechend. Das oberste Landesgericht entscheidet ohne mündliche Verhandlung endgültig über die Zuständigkeit für die Verhandlung und Entscheidung der Revision. Erklärt es sich für unzuständig, weil der Bundesgerichtshof zuständig sei, so sind diesem die Prozeßakten zu übersenden.

^{III} Die Entscheidung des obersten Landesgerichts über die Zuständigkeit ist auch für den Bundesgerichtshof bindend.

^{IV} Die Fristbestimmung im § 555 der Zivilprozeßordnung bemißt sich nach dem Zeitpunkt der Bekanntmachung des Termins zur mündlichen Verhandlung an den Revisionsbeklagten.

^V Wird der Beschluß des obersten Landesgerichts, durch den der Bundesgerichtshof für zuständig erklärt wird, dem Revisionskläger erst nach Beginn der Frist für die Revisionsbegründung zugestellt, so beginnt mit der Zustellung des Beschlusses der Lauf der Frist für die Revisionsbegründung von neuem.

^{VI} Die vorstehenden Vorschriften sind auf das Rechtsmittel der Beschwerde gegen Entscheidungen der Oberlandesgerichte in den Fällen des § 519b Abs. 2, des § 542 Abs. 3 in Verbindung mit § 341 Abs. 2, des § 568a und des § 621e Abs. 2 der Zivilprozeßordnung entsprechend anzuwenden.

Vorbem. Fassung des Art 2 Z 2a G v 8. 7. 75, BGBl 1863, mWv 15. 9. 75. VI geändert dch Art 7 Z 4 VereinfNov, in Kraft ab 1. 7. 77.

1) Oberstes Landesgericht. Ein solches Gericht, dessen Zuständigkeit § 8 EGGVG bestimmt, ist nur in Bayern errichtet worden, Abschnitt I Art 1ff BayAGGVG, Schlußanh I B; gegen die Gültigkeit dieser Regelung bestehen keine verfassungsrechtlichen Bedenken, BVerfG **6**, 45. Das Verfahren bei der Einlegung eines Rechtsmittels, für dessen Entscheidung das ObLG zuständig sein kann, regelt § 7.

A. Revision. Bei Zulassung der Revision, § 546 ZPO, entscheidet das OLG gleichzeitig über die Zuständigkeit für die Entscheidung (BGH oder ObLG) mit bindender Wirkung für das Revisionsgericht, **I**, und zwar idR im Tenor, zulässigerweise aber auch in den Gründen des Urteils; ist die Bestimmung unterblieben, kann sie im Wege der Berichtigung oder Ergänzung, §§ 319 bzw 321 ZPO, nachgeholt werden. Die Revision ist demgemäß bei dem auf diese Weise bestimmten Gericht einzulegen, bei fehlender Bestimmung kann sie sowohl beim ObLG als auch beim BGH eingelegt werden, BGH FamRZ **82**, 585 u **81**, 28, IPrax **82**, 79 (LS), NJW **81**, 576. Wird nachträglich der BGH bestimmt, so ist diese Entscheidung für das weitere Verfahren bindend; die zuvor beim ObLG vorgenommenen Prozeßhandlungen behalten aber ihre Wirksamkeit, BGH FamRZ **82**, 585 u **81**, 28, NJW **81**, 576.

Bei zulassungsfreier Revision, §§ 547, 554b und 566a ZPO (sowie bei Revision gegen ein 2. VersUrt, § 546 Anm 1), ist Revisionsgericht für bayerische Revisionen (außer in Entschädigungssachen nach BEG, BGH **LM** Nr 4, und in Baulandsachen, BGH **46**, 190) bis zur Zustellung eines Beschlusses nach V stets das ObLG, **II**; dies gilt auch dann, wenn der Revisionskläger eine höhere Beschwer als 40000 DM geltend machen will, BayObLG NJW **77**, 685. Bis dahin sind alle Prozeßhandlungen dem ObLG gegenüber vorzunehmen, also auch die Einreichung der Begründungsschrift, Anträge auf Bewilligung der Prozeßkostenhilfe für das Revisionsverfahren, BGH **LM** § 233 Nr 45, oder auf Einstellung der Zwangsvollstreckung u dgl, ebenso die Einlegung einer unselbständigen Anschlußrevision, BayObLG NJW **77**, 685 (erst nach Abgabe an den BGH bei diesem). Eine Wiedereinsetzung wegen Versäumung der Revisionsfrist ist beim BayObLG zu beantragen; es entscheidet darüber aber nur dann, wenn es sich für zuständig erklärt hat, BGH **LM** § 233 Nr 4,

Einführungsgesetz zur Zivilprozeßordnung **EGZPO §§ 7, 8**

andernfalls ist die Entscheidung Sache des BGH, BGH Rpfleger **79**, 257, vgl auch § 236 ZPO Anm 1 E. Für den AnwZwang gilt in allen diesen Fällen § 8 I, s die dortigen Erl.

B. Beschwerden. Auf die zulässigen Beschwerden gegen Beschlüsse eines bayer OLG in den Fällen der §§ 519b II, 542 III iVm § 341 II, 568a und 621e II ZPO, ist **§ 7 entsprechend anwendbar, VI,** so daß die (erste bzw weitere) Beschwerde nicht beim BGH einzulegen ist, sondern – so namentlich nach § 621e III – beim BayObLG oder auch, soweit dies – zB bei einer sofortigen Beschwerde nach § 519b II ZPO – zulässig ist, bei dem bayer OLG, das den Beschluß erlassen hat, BGH NJW **62**, 1617, AnwBl **78**, 301 (zu § 621e) und Rpfleger **79**, 257 m zustm Anm Keidel (zu §§ 621e, 629a), Schneider NJW **69**, 1643. Für das Verfahren gilt das unter A Gesagte, vgl BGH NJW **81**, 395. Eine nicht unter VI fallende weitere Beschwerde, die das OLG dem BayObLG vorgelegt hat, ist von diesem als unzulässig zu verwerfen, BayObLG LS **KR** § 19 BRAGO Nr 39.

2) Abgesehen von den Fällen des I erfolgt die **Entscheidung des ObLG, II–IV,** darüber, ob nach § 8 EGGVG, s dort, das ObLG oder der BGH zuständig ist, durch unanfechtbaren Beschluß, der den Parteien im Hinblick auf V von Amts wegen förmlich zuzustellen ist, § 329 III ZPO, II 3. Die Entscheidung über die Zuständigkeit ist für **den BGH und das BayObLG bindend,** II 3 u III, BayObLG BayVBl **81**, 438 mwN. Bei Bejahung der Zuständigkeit wird der Termin erst nach Prüfung der Zulässigkeit der Revision bestimmt, soweit die Prüfung nicht in mündlicher Verhandlung erfolgen soll; die Einlassungsfrist ist zu wahren, IV. Spricht der Beschluß die Unzuständigkeit aus, so sind die Akten dem BGH zu übersenden, II 4, der von Amts wegen Termin anberaumt und den Parteien bekanntmacht. Die vor der Unzuständigkeitserklärung vorgenommenen Prozeßhandlungen bleiben wirksam, BGH FamRZ **81**, 28 u NJW **81**, 576. Dies gilt auch für den Antrag auf Einstellung der Zwangsvollstreckung, BGH **LM** § 719 Nr 6. Bis zur Unzuständigkeitserklärung darf auch das ObLG einstellen, BGH NJW **67**, 1967.

3) **Revisionsbegründungsfrist, V.** Sie läuft nie früher als 1 Monat nach Zustellung des Abgabebeschlusses ab; dies gilt auch dann, wenn die Revisionsbegründungsfrist bei Zustellung des Abgabebeschlusses bereits abgelaufen war, BGH **24**, 36. Ist durch den Vorsitzenden des beschließenden Senats des ObLG die Begründungsfrist vor Zustellung des Abgabebeschlusses über die sich nach V ergebende Frist hinaus verlängert, so bleibt es bei der verfügten Frist, BGH **LM** § 7 EGZPO Nr. 7.

8 *Verfahren vor dem Obersten Landesgericht.* [I] Die Parteien können sich in den in § 7 Abs. 2 genannten Fällen bis zur Entscheidung des obersten Landesgerichts über die Zuständigkeit auch durch einen bei einem Landgericht, Oberlandesgericht oder dem Bundesgerichtshof zugelassenen Rechtsanwalt vertreten lassen.

[II] Die Zustellung der Abschrift der Revisionsschrift an den Revisionsbeklagten und die Bekanntmachung des Termins zur mündlichen Verhandlung an die Parteien erfolgt gemäß § 210a der Zivilprozeßordnung.

Vorbem. Fassung des Art 2 Z 2b G v 8. 7. 75, BGBl 1863, mWv 15. 9. 75.

1) **Vertretung der Partei, I.** § 8 ist eine notwendige Ausnahme von § 78 I ZPO, da in den Fällen des § 7 II noch nicht feststeht, welches Gericht zuständig ist. Jeder (nicht nur beim AG) zugelassene RA kann bis zur Zustellung nach § 7 V auch die Revision begründen oder sich ihr anschließen. Der bayer RA kann die Revision wirksam zurücknehmen oder auf sie verzichten, auch wenn das Verfahren inzwischen an den BGH gelangt ist, BGH JB **74**, 990. Hingegen ist ein Antrag auf Einstellung der Zwangsvollstreckung, der erst nach Unzuständigkeitserklärung von einem nicht beim BGH zugelassenen RA gestellt wird, als unzulässig zu verwerfen, BGH **LM** § 719 Nr 6; ebensowenig kann der bayer RA den Antrag auf Verlustigerklärung und Kostentragung der zurücknehmenden Partei, §§ 566, 515, stellen, BGH **LM** § 78 Nr. 3. **I gilt auch** in den Fällen des § 7 VI, BGH FamRZ **82**, 585, und zwar auch für § 621e III, weil § 621e IV ZPO nur die Einlegung beim BGH regelt, vgl Keidel Rpfleger **79**, 257, **nicht** dagegen in Baulandsachen, BGH **46**, 190, und in Entschädigungssachen nach BEG, BGH **LM** § 7 Nr 4.

2) **Zustellung der Abschrift der Revisionsschrift, II.** Die Vorschrift gilt auch dann, wenn das ObLG sich für unzuständig erklärt hat.

9 *Bestimmung des zuständigen Gerichts.* Die Bestimmung des zuständigen Gerichts erfolgt, falls es sich um die Zuständigkeit solcher Gerichte handelt, welche verschiedenen Bundesstaaten **angehören und nicht im Bezirk eines gemeinschaftlichen Oberlandesgerichts ihren Sitz haben,** durch den Bundesgerichtshof auch dann, wenn in einem dieser Bundesstaaten **ein oberstes Landesgericht für bürgerliche Rechtsstreitigkeiten errichtet ist.**

1) Bestimmung des zuständigen Gerichts. Bedeutung hat noch **Art V des Gesetzes vom 22. 5. 10, RGBl 767:**
^I In einem Bundesstaat, in welchem mehrere Oberlandesgerichte errichtet sind, ein oberstes Landesgericht für bürgerliche Rechtsstreitigkeiten aber nicht besteht, können die Bestimmung des zuständigen Gerichts nach § 36 der Zivilprozeßordnung, die Entscheidung nach § 650 Abs. 3 der Zivilprozeßordnung und die Bestellung zum Vollstreckungsgerichte nach § 2 des Gesetzes über die Zwangsversteigerung und die Zwangsverwaltung für alle Gerichte des Bundesstaates **an Stelle des** Reichsgerichts einem der Oberlandesgerichte übertragen werden.
^{II} Die Übertragung erfolgt durch die Landesjustizverwaltung.

Eine solche Übertragung ist seitens der Landesjustizverwaltungen bisher nicht erfolgt, so daß die Zuständigkeitsbestimmung durch den BGH erfolgt. In Bayern trifft die Zuständigkeitsbestimmung das BayObLG (jeweils das zunächst höhere Gericht), wenn es sich um Gerichte verschiedener bayer OLGBezirke handelt, ObLG NJW **78,** 2251 mwN, oder wenn Streit zwischen dem FamSenat und einem anderen Senat eines bayer OLG herrscht, ObLG FamRZ **80,** 468 mwN, BGH NJW **79,** 2249 (BGH NJW **79,** 929 ist überholt), dazu Staudigl FamRZ **79,** 495. Vgl auch § 36 ZPO Anm 2.

10 (gegenstandslos)

11 *Aufgebotsverfahren.* Die Landesgesetze können bei Aufgeboten, deren Zulässigkeit auf landesgesetzlichen Vorschriften beruht, die Anwendung der Bestimmungen der Zivilprozeßordnung über das Aufgebotsverfahren ausschließen oder diese Bestimmungen durch andere Vorschriften ersetzen.

12 *Gesetz.* Gesetz im Sinne der Zivilprozeßordnung und dieses Gesetzes ist jede Rechtsnorm.

1) Erläuterung. Über den Begriff **Gesetz** s § 549 ZPO und § 1 GVG.

13 *Verhältnis zu Reichsgesetzen.* ^I Die prozeßrechtlichen Vorschriften der Reichsgesetze werden durch die Zivilprozeßordnung nicht berührt.
^{II} (hebt einige Vorschriften besonders auf)
^{III, IV} (fortgefallen)

1) Erläuterung. Prozeßrechtliche Vorschriften der Reichsgesetze aus der Zeit vor Inkrafttreten der ZPO gelten fort, so die StrandungsO vom 17. 5. 1874, RGBl 73, Neufassung (Stand 1. 2. 61) BGBl III 9516–1. Spätere Gesetze enthalten vielfach prozeßrechtliche Vorschriften, so zB AktG, GenG, PatG, WZG, AGBG usw.

14 *Verhältnis zu den Landesgesetzen.* ^I Die prozeßrechtlichen Vorschriften der Landesgesetze treten für alle bürgerlichen Rechtsstreitigkeiten, deren Entscheidung in Gemäßheit des § 3 nach den Vorschriften der Zivilprozeßordnung zu erfolgen hat, außer Kraft, soweit nicht in der Zivilprozeßordnung auf sie verwiesen oder soweit nicht bestimmt ist, daß sie nicht berührt werden.
^{II} Außer Kraft treten insbesondere:
1. die Vorschriften über die bindende Kraft des strafgerichtlichen Urteils für den Zivilrichter;

2. die Vorschriften, welche in Ansehung gewisser Rechtsverhältnisse einzelne Arten von Beweismitteln ausschließen oder nur unter Beschränkungen zulassen;
3. die Vorschriften, nach welchen unter bestimmten Voraussetzungen eine Tatsache als mehr oder minder wahrscheinlich anzunehmen ist;
4. die Vorschriften über die Bewilligung von Moratorien, über die Urteilsfristen und über die Befugnisse des Gerichts, dem Schuldner bei der Verurteilung Zahlungsfristen zu gewähren;
5. die Vorschriften, nach welchen eine Nebenforderung als aberkannt gilt, wenn über dieselbe nicht entschieden ist.

1) Erläuterung. Ob es sich um eine prozeßrechtliche Vorschrift eines Landesgesetzes handelt, richtet sich nicht nach der heutigen Auffassung, sondern nach der der ZPO von 1877. Aufgehoben sind prozessuale Vorschriften jeder Art, namentlich auch solche über Ungebühr außerhalb der Sitzung (aM Hbg ZZP **52**, 220). Auf Zivilprozesse, die nicht vor die ordentlichen Gerichte gehören, bezieht sich § 14 nicht; insofern sind aber die landesrechtlichen Bestimmungen durch späteres Reichs- bzw Bundesrecht aufgehoben worden. **Das Strafurteil, II Z 1,** ist für den Zivilrichter eine Beweisurkunde und, wenn es vorgetragen wird, als solche zu würdigen. In der Entscheidung ist der Zivilrichter an ein Strafurteil nicht gebunden, darf also auch gegenteilig entscheiden; dies gilt zB im Fall des § 580 Z 3 ZPO, BGH NJW **83**, 230. Anders liegt es dort, wo das Strafurteil Tatbestandsvoraussetzung des Anspruchs ist.

15 *Landesrechtliche Vorbehalte.* Unberührt bleiben:
1. die landesgesetzlichen Vorschriften über die Einstellung des Verfahrens für den Fall, daß ein Kompetenzkonflikt zwischen den Gerichten und den Verwaltungsbehörden oder Verwaltungsgerichten entsteht;
2. die landesgesetzlichen Vorschriften über das Verfahren bei Streitigkeiten, welche die Zwangsenteignung und die Entschädigung wegen derselben betreffen;
3. die landesgesetzlichen Vorschriften über die Zwangsvollstreckung wegen Geldforderungen gegen einen Gemeindeverband oder eine Gemeinde, soweit nicht dingliche Rechte verfolgt werden;
4. die landesgesetzlichen Vorschriften, nach welchen auf die Zwangsvollstreckung gegen einen Rechtsnachfolger des Schuldners, soweit sie in das zu einem Lehen, mit Einschluß eines allodifizierten Lehens, zu einem Stammgute, Familienfideikommiß oder Anerbengute gehörende Vermögen stattfinden soll, die Vorschriften über die Zwangsvollstreckung gegen einen Erben des Schuldners entsprechende Anwendung finden.

1) Erläuterung zu Z 1, 2. Soweit die Vorschriften unberührt bleiben, darf die Landesgesetzgebung auch neue Vorschriften erlassen, BGH NJW **80**, 583. Die Möglichkeit, dabei das Verfahren selbständig zu ordnen und die letztinstanzliche Zuständigkeit dem BGH zu übertragen, eröffnet § 3 EGGVG, s die dortigen Erläuterungen.
Über den **Zuständigkeitsstreit** (Kompetenzkonflikt), **Z 1,** s bei § 17 GVG. Eine landesgesetzliche Regelung ist nur im Rahmen von § 17a GVG möglich, s dort. Über die Höhe der Entschädigung bei landesrechtlicher **Enteignung, Z 2** (vgl Art 109 EGBGB), müssen nach Art 14 III GG die Zivilgerichte entscheiden. Die Landesgesetzgebung kann das Verfahren im übrigen beliebig regeln, soweit es nur die Gewähr des ordentlichen Rechtswegs gibt, also auch das Rechtsmittelverfahren, insbesondere den Rechtsmittelzug, abweichend von GVG und ZPO ordnen, BGH NJW **80**, 583 (zum hbg Enteignungsgesetz).

2) Zwangsvollstreckung gegen Gemeindeverband oder Gemeinde, Z 3. Sie war in § 116 GemeindeO vom 30. 1. 35, RGBl I 49, reichsrechtlich geregelt; die Vorschrift ist jetzt durch neue Gesetze ersetzt, zB § 15 Z 3 bad-württ EGZPO v 27. 1. 76, GBl 35. Z 3 trifft nur die Zwangsvollstreckung wegen Geldforderungen, soweit sie keine dinglichen Rechte verwirklicht, also zB nicht aus §§ 883ff ZPO. Die allgemeinen Vorschriften über die Zwangsvollstreckung bleiben unberührt, so die über Verfahren und Zuständigkeit. Wegen der Zwangsvollstreckung gegen sonstige Personen des öffentlichen Rechts s § 882a, der für Gemeinden usw nicht gilt. Nichts mit Z 3 zu tun hat der Ausspruch der vorläufigen Vollstreckbarkeit, s Einf 2 C § 708. Z 3 kann nicht entsprechend auf andere jur Personen angewendet werden; für den Fall des Konkurses vgl Art IV EGÄndKO v 17. 5. 98, RGBl 248, dazu BVerfG NJW **82**, 2859, Renck BayVBl **82**, 300.

16 *Aufrechterhaltung sachlich-rechtlicher Vorschriften.* Unberührt bleiben:
1. die Vorschriften des bürgerlichen Rechts über die Beweiskraft der Beurkundung des bürgerlichen Standes in Ansehung der Erklärungen, welche über Geburten und Sterbefälle von den zur Anzeige gesetzlich verpflichteten Personen abgegeben werden;
2. die Vorschriften des bürgerlichen Rechts über die Verpflichtung zur Abgabe einer eidesstattlichen Versicherung;
3. die Vorschriften des bürgerlichen Rechts, nach welchen in bestimmten Fällen einstweilige Verfügungen erlassen werden können.

17 *Beweiskraft von Urkunden.* ^{I} Die Beweiskraft eines Schuldscheins oder einer Quittung ist an den Ablauf einer Zeitfrist nicht gebunden.

^{II} Abweichende Vorschriften des bürgerlichen Rechts über die zur Eintragung in das Grund- und Hypothekenbuch bestimmten Schuldurkunden bleiben unberührt, soweit sie die Verfolgung des dinglichen Rechts betreffen.

18 (gegenstandslos)

19 *Begriff der Rechtskraft; ordentliche Rechtsmittel.* ^{I} Rechtskräftig im Sinne dieses Gesetzes sind Endurteile, welche mit einem ordentlichen Rechtsmittel nicht mehr angefochten werden können.

^{II} Als ordentliche Rechtsmittel im Sinne des vorstehenden Absatzes sind diejenigen Rechtsmittel anzusehen, welche an eine von dem Tage der Verkündung oder Zustellung des Urteils laufende Notfrist gebunden sind.

20–23 (gegenstandslos)

24 *Vergeltungsrecht.* Unter Zustimmung des Bundesrats kann durch Anordnung des Reichskanzlers bestimmt werden, daß gegen einen ausländischen Staat sowie dessen Angehörige und ihre Rechtsnachfolger ein Vergeltungsrecht zur Anwendung gebracht wird.

1) Erläuterung. Vergeltungsrecht gegen einen ausländischen Staat oder seine Angehörigen ist bisher nicht angeordnet worden. Eine solche Anordnung scheidet in jedem Fall bei Vorhandensein eines Staatsvertrages aus.

Gerichtsverfassungsgesetz

(BGBl III 300-2)

idF der Bek v 9. 5. 1975, BGBl 1077, geändert zuletzt durch § 78 G v 23. 12. 82, BGBl 2071.

Bearbeiter: Dr. Albers

Grundzüge

1) Aufgabe und Inhalt des GVG. A. Die rechtsprechende Gewalt wird durch das BVerfG, durch die im GG vorgesehenen obersten Bundesgerichte und durch die Gerichte der Länder ausgeübt, Art 92 GG. Den Aufbau der Gerichtsorganisation für die ordentlichen Gerichte, § 2 EGGVG, und die zugehörigen Einrichtungen (Staatsanwaltschaft, Geschäftsstelle, Zustellungs- und Vollstreckungsbeamte) gibt das GVG, §§ 12, 21 a–155, §§ 8, 9 EGGVG. Es bestimmt gleichzeitig die sachliche Zuständigkeit dieser Gerichte im Rahmen der ordentlichen Gerichtsbarkeit, §§ 23 ff, 71 ff, 80 ff, 119 ff, 132–138, und enthält damit eine Ergänzung von ZPO und StPO, dort jeweils § 1. Das GVG ordnet außerdem die Besetzung und die Art der Geschäftsverteilung der ordentlichen Gerichte. Ergänzt werden diese Titel des GVG durch die **GVVO** v 20. 3. 35, RGBl 403 (BGBl III 300-5), die zT (einige Bestimmungen sind aufgehoben) weitergilt, vgl Holch DRiZ **76**, 135 (wegen des Abdrucks s Gesetzesnachweis), und die an ihre Stelle getretenen Landesgesetze, Schönfelder vor § 1 GVG.

B. Die Abgrenzung der ordentlichen von den anderen Gerichtsbarkeiten **(Rechtsweg)** enthält § 13, der § 40 VwGO hinsichtlich des Verwaltungsrechtswegs deutlicher geworden ist und durch §§ 17, 17a (Rechtswegverweisung) ergänzt wird. Die **Schranken der deutschen Gerichtsbarkeit** (Exterritoriale) ergeben sich aus den §§ 18–20. **Besondere Zivilgerichte** sind die Schiffahrtsgerichte, § 14, während bezüglich der durch das ArbGG geordneten Arbeitsgerichte nur eine andere Zuständigkeit vorliegt, § 14 Anm 5.

C. Außerdem enthält das GVG einige **Vorschriften allgemeiner Art,** die die Tätigkeit der Gerichte betreffen, wie Rechtshilfe, §§ 156–168, Öffentlichkeit und Sitzungspolizei, §§ 169–183, Gerichtssprache, §§ 184–191, Beratung und Abstimmung, §§ 192–197, und die mehr der ZPO zugehörigen Bestimmungen über die Gerichtsferien, §§ 199–202.

D. Das GVG enthält keine Vorschriften über den Aufbau und die Tätigkeit der **Justizverwaltung** und die gerichtliche Verwaltung; s zu beiden Anh § 21. Jedoch ist der Rechtsweg gegen Maßnahmen der Justizverwaltung auf den ihr eigentümlichen Gebieten durch §§ 23 ff EGGVG geordnet.

E. Ergänzt wird das GVG durch das RechtspflegerG v 5. 11. 69, BGBl 2065 (zT abgedruckt Anh § 153), Teile der BRAO (zT abgedr Anh § 155) und solche des DRiG (zT abgedr Schlußanh I A); s dort Einl Anm 4 und wegen der Umgestaltung des 1. Titels Üb § 1.

2) Das GVG gilt für die ordentliche streitige Gerichtsbarkeit, § 2 EGGVG. Obwohl § 2 EGGVG nur von dieser spricht, gilt das GVG aber auch für die freiwillige Gerichtsbarkeit, vgl auch § 30 FGG, BGH **9**, 32. Zudem wird durch das FGG auf einige Bestimmungen des GVG ausdrücklich Bezug genommen, zB in §§ 2, 8 FGG. Wegen der Arbeitsgerichtsbarkeit im Verhältnis zur ordentlichen s Anm 1. Ferner bestehen als besondere Gerichtszweige die Verwaltungs-, Sozial- und Finanzgerichtsbarkeit, die selbständig geordnet sind. *Für das Verwaltungsgerichtsverfahren gelten §§ 21a–21c, 169, 171a–197 entsprechend, §§ 4 u 55 VwGO; wegen einer in Betracht kommenden entsprechender Anwendung vgl die jeweils letzten Anm, soweit sie kursiv gesetzt sind.* Gleichartige Verweisungen enthalten SGG und FGO.

3) Räumliche Geltung. Das GVG und seine Ergänzungen gelten im Bundesgebiet einschließlich Berlin.

Erster Titel. Gerichtsbarkeit

Übersicht

1) Allgemeines. Der Titel enthielt früher einige Bestimmungen über das Richteramt. Dieses ist durch das DRiG, Schlußanh I A, neu gestaltet worden. Demgemäß wurden §§ 2 bis 9 und 11 aufgehoben und § 10 geändert, § 85 DRiG. Durch G v 26. 5. 72, BGBl 841, ist der Titel mit Wirkung vom 1. 10. 72 unter neuer Überschrift mit den §§ 12–21 zusammengefaßt worden.

2) Gerichtsbarkeit. A. Im weiteren Sinn, Justizhoheit, ist sie **die auf Verwirklichung der bestehenden Rechtsordnung gerichtete Tätigkeit des Staates.** Sie steht dem Bunde und den Ländern zu. Die Gerichtsbarkeit im weiteren Sinne zerfällt in **a)** Justizverwaltung, s Anh § 21; **b)** Gerichtsbarkeit im engeren Sinn, dh die Tätigkeit der Gerichte bei der Rechtsanwendung im Einzelfall, die „richterliche Gewalt" des § 1, die „rechtsprechende Gewalt" iSv Art 92 GG. Die bundesrechtlichen Prozeßgesetze regeln nur sie, und auch das nur für die ordentliche streitige Gerichtsbarkeit, § 2 EGGVG.

B. Die Gerichtsbarkeit im engeren Sinne kann fehlen, weil die Justizhoheit, die Gerichtsbarkeit im weiteren Sinne, fehlt. Das kann zutreffen **a)** örtlich, wo nämlich keine deutsche örtliche Zuständigkeit begründet ist. Eine etwa trotzdem ergangene gerichtliche Entsch ist auf Rechtsbehelf aufzuheben; praktisch wird sie meist wirkungslos sein. **b)** Persönlich. Aus völkerrechtlichen Gründen ist eine Reihe von Personen der inländischen Gerichtsbarkeit entzogen, Exterritoriale oder Eximierte, §§ 18 ff, s auch den Überleitsvertrag und dazu BGH NJW **60**, 1299. Eine trotzdem gesetzwidrig erlassene Entscheidung ist schlechthin nichtig. Wegen der Angehörigen der ausländischen Streitkräfte s Truppenstatut Art 9 ff, abgedr Schlußanh III.

C. Die Gerichtsbarkeit im engeren Sinne kann weiter fehlen, weil die Justizhoheit zwar besteht, aber die Anrufung der ordentlichen Gerichte verwehrt ist. Der Grund kann in der Zuständigkeit von Sondergerichten, Grdz 1, oder von Verwaltungsgerichten liegen. In diesen Fällen spricht man vom Ausschluß des ordentlichen Rechtswegs; die ordentliche Gerichtsbarkeit und damit der ordentliche Rechtsweg steht im Gegensatz zu dem Rechtsweg zu Gerichten anderer Rechtszweige, Einf 1 § 13, dh dem zu den Verwaltungs-, Finanz- und Sozialgerichten, Art 96 I, 19 IV GG; wegen des Verhältnisses der ordentlichen zu den Arbeitsgerichten s § 14 Anm 5. Eine trotz Ausschluß des ordentlichen Rechtswegs ergehende Entscheidung ist fehlerhaft, aber nicht nichtig. Wird sie nicht im Instanzenzug beseitigt, so bleibt sie voll wirksam.

2) Zuständigkeit und Rechtsweg. Von der Frage der Zulässigkeit des Rechtsweg ist die der Zuständigkeit, dh der Befugnis zur Rechtsprechung im Einzelfall, streng zu trennen; siehe über sie Üb § 1 ZPO. Die Frage, ob ein ordentliches Gericht oder ein Sondergericht zuständig ist, betrifft idR die Zulässigkeit des Rechtswegs, mag das Sondergericht auch eine ordentliche streitige Gerichtsbarkeit ausüben; s aber auch § 14 Anm 5. Wegen der Verweisungsmöglichkeiten vgl §§ 17, 17a. Während die ordentlichen Gerichte die Gerichtsbarkeit grundsätzlich in vollem Umfang haben, ist das Sondergericht nur in den Grenzen des ihm Zugeteilten zuständig. Darum sind Entscheidungen der Sondergerichte, die die gesteckten Grenzen überschreiten, aber nicht etwa wirkungslos und sehr wohl der inneren Rechtskraft fähig. Das gilt auch und insbesondere für Entscheidungen der Arbeitsgerichte, weil es sich in ihrem Verhältnis zu den ordentlichen Gerichten um einen Zuständigkeitsstreit handelt, § 14 Anm 5.

1 *Unabhängigkeit der Gerichte.* **Die richterliche Gewalt wird durch unabhängige, nur dem Gesetz unterworfene Gerichte ausgeübt.**

Vorbem. *Art 97 I GG* bestimmt:
Die Richter sind unabhängig und nur dem Gesetz unterworfen.

Eine dem § 1 entsprechende Bestimmung enthalten alle Landesverfassungen: **BaWü** Art 65 II, **Bay** Art 85, **Berlin** Art 63 I, **Bre** Art 135 I, **Hbg** Art 62 S 1, **Hess** Art 126 II, **Nds** Art 39 III, **NRW** Art 3 III, **RhldPf** Art 121, **Saarld** Art 113, **SchlH** Art 36 I.

Gliederung

1) **Allgemeines**
2) **Unabhängigkeit**
   A. Unterwerfung unter das Gesetz
   B. Gesetzesbegriff
3) **Bindung des Richters durch das Gesetz**
   A. Grundsatz und Grenzen
   B. Bindung an das gültige Gesetz
   C. Nachprüfungsrecht des Richters
   a) Besatzungsrecht
   b) Bundesrecht und Landesrecht (Bundesverfassungsgericht)
   c) Recht der EuG

1) Allgemeines. A. § 1 enthält **a)** **die Bindung des Richters** an rechtmäßige Äußerungen der gesetzgebenden Gewalt, **b)** seine Loslösung von Einflüssen und Betätigungen anderer Organe und Personen **(richterliche Unabhängigkeit),** siehe auch Vorbem; eine solche Loslösung erfordert Weisungsfreiheit des Richters (gegenüber Weisungen also keine Gehorsamspflicht), aber auch lebenslängliche Anstellung und grundsätzliche Unabsetzbarkeit (persönliche Unabhängigkeit im rechtlichen und tatsächlichen Sinne); **c)** den Ausspruch, daß **nur die Gerichte die richterliche Gewalt ausüben dürfen;** s auch §§ 16, 151.

B. § 1 bezieht sich nur auf **die ordentliche streitige Gerichtsbarkeit,** § 2 EGGVG, nicht auf den Gerichten etwa übertragene andere Arten der Gerichtsbarkeit oder auf die Justizverwaltung, § 4 EGGVG. Er gilt aber auch für die Rpfl, § 9 S 1 RPflG, abgedruckt Anh § 153 GVG. Soweit ein Gericht als Organ der Justizverwaltung tätig geworden ist, kann die Dienstaufsichtsbehörde die getroffene Entscheidung abändern. Dienstaufsicht und Disziplinarrecht widersprechen der Unabhängigkeit nicht; diese hat ihre Stütze überhaupt mehr im Charakter des Richters als in Verwaltungsvorschriften.

2) Unabhängigkeit (Sendler NJW **83**, 1450; Gilles DRiZ **83**, 41; Wipfelder DRiZ **82**, 143; Herrmann DRiZ **82**, 286). Ihrer Sicherung dienen **§§ 25–37 DRiG,** vgl Schlußanh I A. Sie findet ihre Begrenzung und Rechtfertigung in der Bindung des Richters an das Gesetz.

A. Der Richter ist nur dem Gesetz unterworfen, dh jedem Rechtssatz, § 12 EGZPO sinngemäß, richtiger nur dem Recht. Denn es bleibt gleich, welcher Quelle dieses Recht entfließt, wenn sie nur gültiges Recht schaffen kann.

B. „Gesetz" im Sinne von § 1 sind: Die Bundesgesetze (Reichsgesetze), vgl auch § 549 ZPO (Meinungsstreitigkeiten über das Fortgelten von Recht als Bundesrecht entscheidet das BVerfG, Art 126 GG); das Recht der EuG; die ratifizierten Staatsverträge; Gewohnheitsrecht; die anerkannten Regeln des Völkerrechts, vgl zB Art 25 GG (bei Zweifel, ob eine derartige Regel Bestandteil des Bundesrechts ist, ist die Entscheidung des BVerfG einzuholen, Art 100 II GG). Gleichgültig ist, ob die Vorschrift privatrechtlichen, öffentlich-rechtlichen, sachlich-rechtlichen oder prozessualen Inhalt hat. Gesetze iSv § 1 sind weiterhin: die Proklamationen, Gesetze, Befehle und Direktiven des Kontrollrats und der MilReg, soweit sie nicht seit dem 5. 5. 55 aufgehoben sind, ferner die Gesetze, Verordnungen und Rechtsanordnungen der Länder (vorher der Provinzialverwaltungen und Provinzialregierungen) sowie in den *Ländern der früheren amerikanischen Zone* die von den Ministerpräsidenten in ihrer Gesamtheit beschlossenen Länderratsgesetze, in den *Ländern der früheren britischen Zone* die Verordnungen des Präsidenten des Zentral-Justizamts (vorher der OLG-Präsidenten), im *Saarland* das bisherige Recht, § 3 EingliederungsG v 23. 12. 56, BGBl 1011; schließlich gehört hierhin auch örtlich begrenztes Recht wie Polizeiverordnungen und Ortssatzungen.

Kein „Gesetz" sind Handelsbräuche oder Börsenbräuche (Usancen); sie sind kein Gewohnheitsrecht, sondern dienen nur der Ergänzung und Auslegung von Verträgen. Über die ADSp s Baumbach-Duden HGB Anh nach 415. Kein Gesetz sind auch Verwaltungsanordnungen wie Richtlinien, Allgemeine Verfügungen, Ausführungsanweisungen usw (hier tritt eine vom Gericht zu beachtende Selbstbindung der Verwaltung über Art 3 GG ein).

3) Bindung des Richters durch das Gesetz (Merten DVBl **75**, 677). **A. Grundsatz und Grenzen.** Nur diese Bindung verbürgt die Rechtssicherheit; es gibt also kein „richterliches Billigkeitsrecht", BArbG MDR **62**, 249. Rechtsbeugung steht unter schwerer Strafe, § 336 StGB. Es ist nicht Sache des Richters, ein Gesetz außer Kraft zu setzen. Nur bei unvorhergesehenen Anwendungsfällen, die der Gesetzgeber offensichtlich nicht vorausgesehen hat und die er aller Voraussicht nach anders geregelt hätte, darf das Gesetz nach seinen eigenen Grundgedanken und Zwecken unter Berücksichtigung der anerkannten Grundsätze richterlicher Rechtsfindung fortentwickelt werden, freilich auch dann unter Beachtung der Erfordernisse der Rechtssicherheit, BArbG GrS Betrieb **62**, 907. Wegen der Nachprüfung der Verfassungsmäßigkeit s unten C. Die Auslegung des Gesetzes steht dem Richter frei. Auslegungsbindungen im Rahmen der anhängigen Sache enthalten §§ 138 III GVG, 565 II, 538f, 575 ZPO.

B. Nur das gültige Gesetz bindet den Richter. Die Bundesgesetze ebenso wie die RechtsVOen des Bundes (letztere werden im BGBl oder BAnz verkündet) sollen den Tag des Inkrafttretens bestimmen; andernfalls treten sie mit dem 14. Tage nach Ablauf des Tages in Kraft, an dem das BGBl ausgegeben wird, Art 82 II GG, BG vom 30. 1. 50, BGBl 23. „Ausgegeben" ist das Gesetzblatt, wenn das 1. Stück in Verkehr gebracht ist, wie dies geschieht, ist bedeutungslos, BVerfG NJW **63**, 1443. Entsprechendes gilt für das Landesrecht.

C. Das Nachprüfungsrecht des Richters (inzidente Normenkontrolle). Die vor dem Inkrafttreten des GG bestehenden Beschränkungen auf die Prüfung des formellen Zustandekommens und andere weitgehende Einschränkungen sind mit dem Wesen des Rechtsstaats nicht vereinbar. Immerhin besteht kein uneingeschränktes Nachprüfungsrecht der Gerichte.

a) Besatzungsrecht. Im Hinblick auf Art 1 ÜberlVertrag haben Gerichte auch Besatzungsrecht auf seine Vereinbarkeit mit dem GG nachzuprüfen und ggf eine Entscheidung des BVerfG nach Art 100 GG einzuholen. Dieses hat keine Verwerfungskompetenz, muß aber bei Unvereinbarkeit die zuständigen Verfassungs-Organe verpflichten, Besatzungsrecht außer Kraft zu setzen, BVerfG NJW **63**, 947 (betr einfaches Recht), NJW **74**, 545 (betr Kontrollratsrecht). Die Bindung der Gerichte an frühere Bescheide der Besatzungsmacht über den Inhalt ihrer AnOen ist seit dem 5. 5. 55 entfallen, soweit nicht etwa nach Art 2 ÜberlVertrag Rechte und Verpflichtungen schon festgestellt waren, BGH **19**, 253.

b) Das Bundesverfassungsgericht ist zuständig für die Nachprüfung der Verfassungsmäßigkeit der Gesetze sowie die Vereinbarkeit von Landesrecht mit Bundesrecht. Es gilt **Art 100 GG** (s auch § 80 BVerfGG):

I Hält ein Gericht ein Gesetz, auf dessen Gültigkeit es bei der Entscheidung ankommt, für verfassungswidrig, so ist das Verfahren auszusetzen und, wenn es sich um die Verletzung der Verfassung eines Landes handelt, die Entscheidung des für Verfassungsstreitigkeiten zuständigen Gerichtes des Landes, wenn es sich um die Verletzung dieses Grundgesetzes handelt, die Entscheidung des Bundesverfassungsgerichtes einzuholen. Dies gilt auch, wenn es sich um die Verletzung dieses Grundgesetzes durch Landesrecht oder um die Unvereinbarkeit eines Landesgesetzes mit einem Bundesgesetze handelt.

II Ist in einem Rechtsstreite zweifelhaft, ob eine Regel des Völkerrechtes Bestandteil des Bundesrechtes ist und ob sie unmittelbar Rechte und Pflichten für den Einzelnen erzeugt (Art. 25), so hat das Gericht die Entscheidung des Bundesverfassungsgerichtes einzuholen.

(III betr Abweichungen eines Landesverfassungsgerichts bei Auslegung des GG von Verfassungsgerichtsentscheidungen).

aa) Die Feststellung der **Verfassungswidrigkeit von Gesetzen** (im Hinblick auf das GG und, bei Landesrecht, auf die Landesverfassung) und der **Unvereinbarkeit von Landesgesetzen mit dem Bundesrecht** ist also dem Prozeßgericht entzogen und dem BVerfG übertragen. Diese Beschränkung gilt nur für Gesetze im förmlichen Sinne (einschließlich der Zustimmungsgesetze nach Art 59 II GG), BVerfG **56**, 1, nicht aber für HaushaltsG, BVerfG **38**, 125, völkerrechtliche Verträge, BVerfG **29**, 358, und für RVOen, und auch nicht für vorkonstitutionelle Gesetze, es sei denn, der Bundesgesetzgeber hat sie in seinen Willen aufgenommen, BVerfG NJW **69**, 1339, was sich bei Änderungen aus dem engen sachlichen Zusammenhang zwischen geänderten und unveränderten Normen ergeben kann, BVerfG JZ **60**, 602. Prüfungsmaßstab ist bei Landesgesetzen das gesamte Bundesrecht einschließlich der RVOen, BVerfG **1**, 292, bei Bundesgesetzen nur das GG.

Ist ein Gericht aufgrund dieser Prüfung von der Ungültigkeit der anzuwendenden Norm überzeugt (bloße Bedenken oder Zweifel genügen nicht, BVerfG NJW **52**, 497, auch nicht, wenn die Verfassungwidrigkeit nur für möglich gehalten wird, BVerfG NJW **63**, 1347), hat es vAw, § 80 III BVerfGG, das **Verfahren auszusetzen** und unmittelbar die **Entscheidung des BVerfG einzuholen**, § 80 I BVerfGG (auch dann, wenn vorher ein LVerfG über die Vereinbarkeit mit der LVerfassung entschieden hat, BVerfG JZ **64**, 288), vgl Pestalozza, Verfassungsprozeßrecht, § 15; Gerontas DVBl **81**, 1089. Eine Vorlage kommt idR nur im Hinblick auf die Endentscheidung in Frage, ausnahmsweise aber auch dann, wenn sie sich für eine Zwischenentscheidung als unerläßlich erweist, BVerfG NVwZ **83**, 537. Voraussetzung ist, daß **die Entscheidungsformel der zu treffenden Endentscheidung von der Gültigkeit oder Ungültigkeit der Norm abhängt,** stRspr, BVerfG **58**, 300, NJW **79**, 757 mwN (ausnahmsweise genügt Abhängigkeit der Begründung, sofern sie für Inhalt und Wirkung der Entscheidung rechtliche Bedeutung hat, BVerfG **44**, 300). Jede andere den Prozeß weiterführende Entscheidung ist ausgeschlossen, BVerfG NJW **73**, 1319, auch die Vorlage an den BGH wegen derselben Frage, BVerfG NJW **60**, 1115, oder die Anrufung des GrSen durch das Revisionsgericht, BVerfG NJW **57**, 625 (zur weiteren Aufklärung des Sachverhalts s unten). Auch eine „schlichte" Aussetzung des Verfahrens bei Anhängigkeit eines Normenprüfungsverfahrens scheidet aus, Pestalozza JuS **81**, 649 (zu ArbG Bln NJW **79**, 1679 u LAG Bln JZ **81**, 32). Die Vorlage schließt aber eine anderweitige Erledigung des Prozesses, zB durch Vergleich oder Klag- bzw Rechtsmittelrücknahme, ebensowenig aus wie Zwischenentscheidungen, die die Verfassungsfrage nicht berühren, zB über die Abkoppe-

1. Titel. Gerichtsbarkeit **GVG § 1** 3

lung nach § 628 ZPO, Ffm FamRZ **80**, 178. Eine Norm, die das BVerfG bereits für gültig erklärt hat, darf nur unter bestimmten Voraussetzungen nochmals zur Prüfung gestellt werden, BVerfG **34**, 257, NJW **75**, 919; umgekehrt ist nicht vorzulegen, wenn eine Norm bindend für ungültig erklärt worden ist, zB von einem LVerfG wegen Verstoßes gegen die LVerf, oder soweit das BVerfG eine bestimmte Auslegung als verfassungswidrig qualifiziert hat, BVerfG **40**, 94, **42**, 260. Das Unterlassen der Vorlage kann einen Verstoß gegen Art 101 GG darstellen, BVerfG **19**, 42.

Aussetzung und Einholung der Entscheidung des BVerfG erfolgen durch das Gericht (nicht durch den Rpfl, BVerfG NJW **82**, 2178 mwN, krit Meyer-Stolte Rpfleger **81**, 54) in der Besetzung, in der es die von der Gültigkeit der Norm abhängende Entscheidung zu treffen hat, BVerfG **54**, 159 (ggf also durch den Einzelrichter oder den Vorsitzenden, wenn es um seine Alleinentscheidung geht). Erforderlich ist ein Beschluß, der wie die von der Vorlage abhängende Entscheidung unterzeichnet sein muß, BVerfG **34**, 260. Die Vorlage ist auch in Eilverfahren (einstw Vfg u ä) jedenfalls dann zulässig, wenn die Regelung die Entscheidung in der Hauptsache weitgehend vorwegnehmen würde, BVerfG **46**, 43 u NJW **83**, 1179 (zustm Kübler JZ **83**, 494), aber auch sonst, Gerontas DVBl **81**, 1090 mwN, str, aM OVG Münst NJW **79**, 330, differenzierend Pestalozza NJW **79**, 1341 mwN. Das vorlegende Gericht darf und muß den Sachverhalt so weit aufklären, daß die Entscheidungserheblichkeit feststeht, BVerfG **25**, 276, und die Vorlage deshalb unerläßlich ist, BVerfG **58**, 157, **42**, 50.

In der Begründung ist anzugeben, inwiefern von der Gültigkeit der Rechtsvorschrift die Entscheidung des Gerichts abhängt und mit welcher übergeordneten Rechtsnorm sie unvereinbar ist, § 80 II BVerfGG. Da der Beschluß aus sich heraus verständlich sein muß, ist eine Verweisung auf andere Entscheidungen grundsätzlich unzulässig, BVerfG NJW **69**, 1953 (wegen Ausnahmen s BVerfG **26**, 307). Zu einer ordngsmäßigen Begründung gehören, vgl Peters ZZP **89**, 1 ff, Ulsamer BayVBl **80**, 519: Die Wiedergabe des für die rechtliche Beurteilung wesentlichen Sach- und Streitstands nach den Verhältnissen zZt der Vorlage, BVerfG NJW **73**, 483, ferner die hinreichende Bezeichnung der für verfassungswidrig gehaltenen Norm, BVerfG **53**, 257, und nähere Ausführungen über ihre Auslegung (auch hinsichtlich der Verneinung einer sog verfassungskonformen Auslegung, BVerfG **48**, 49, vgl Seetzen NJW **76**, 1997), und die Darlegung, aus welchen Gründen sie mit einer (genau zu bezeichnenden) höheren Norm unvereinbar ist, schließlich Ausführungen zur Entscheidungserheblichkeit, also darüber, mit welcher Begründung das vorlegende Gericht im Fall ihrer Gültigkeit zu einem anderen Ergebnis kommen würde als im Fall ihrer Ungültigkeit, BVerfG **51**, 403 mwN, so daß darzulegen ist, daß die Klage (und ggf auch das Rechtsmittel) nicht aus anderen Gründen, etwa wegen Unzulässigkeit, erfolglos ist (für Vorlagen der Revisionsgerichte gelten insoweit Erleichterungen, BVerfG **41**, 269, krit dazu Scholler/Bross AöR **78**, 153). Räumt die fragliche Norm ein Ermessen ein, muß dargelegt werden, zu welchem Ergebnis das Gericht bei der Auslegung der Ermessensvorschrift kommt und auf welchen Erwägungen dieses Ergebnis beruht, BVerfG **57**, 315. Die erforderliche Entscheidungserheblichkeit fehlt auch dann, wenn das Prozeßgericht hinsichtlich der Gültigkeit der Norm an die Rechtsauffassung des Rechtsmittelgerichts, zB nach § 565 II ZPO, gebunden ist, BVerfG **42**, 94 mwN; zur Unzulässigkeit einer Vorlage nach Vorabentscheidung des EuGH, unten c, vgl BVerfG **52**, 187. Kann bei angenommener Gültigkeit der Norm eine Beweisaufnahme zu demselben Ergebnis führen, das aus ihrer Ungültigkeit folgen würde, darf ohne Beweisaufnahme nicht vorgelegt werden, BVerfG **17**, 137, es sei denn, die Vorlagefrage ist von allgemeiner und grundsätzlicher Bedeutung für das Gemeinwohl und ihre Entscheidung deshalb dringlich, BVerfG NJW **78**, 1151. Wird die Entscheidungserheblichkeit infolge nachträglich eingetretener Umstände zweifelhaft, muß das vorlegende Gericht die Ungewißheit innerhalb angemessener Frist beseitigen; geschieht dies nicht, wird die Vorlage unzulässig, BVerfG NJW **79**, 1649.

Das BVerfG ist bei der Beurteilung der Entscheidungserheblichkeit an die Rechtsauffassung des vorlegenden Gerichts gebunden, sofern sie nicht auf offensichtlich unhaltbaren rechtlichen Überlegungen oder tatsächlichen Würdigungen beruht, BVerfG stRspr, BVerfG **57**, 295, **56**, 128, **50**, 152 mwN. Verfassungsrechtliche Erwägungen des vorlegenden Gerichts zur Entscheidungserheblichkeit hat das BVerfG dagegen umfassend nachzuprüfen; es darf aber im Einzelfall aus Zweckmäßigkeitsgründen von der Beurteilung dieses Gerichts ausgehen, BVerfG NVwZ **83**, 537.

Gegen den Beschluß nach Art 100 ist **kein Rechtsmittel** zulässig, hM, Ffm FamRZ **80**, 178 mwN. Jedoch darf das Prozeßgericht ihn von sich aus ändern, BVerfG **7**, 271, und auch ganz aufheben, wenn er gegenstandslos wird, zB durch eine Prozeßhandlung der Parteien,

Albers 1965

GVG § 1–10

aufgrund neuer Tatsachen oder infolge einer Entscheidung des BVerfG, vgl Lechner zu § 80 II BVerfGG (ob eine Aufhebung auch dann zulässig ist, wenn das vorliegende Gericht seine Rechtsauffassung ändert, ist str, Ffm FamRZ **80**, 178 mwN). Dann ist zunächst der Aussetzungsbeschluß aufzuheben, im weiteren Verfahren auch der Vorlagebeschluß, BGH **49**, 215.

Wird fraglich, ob **früheres Recht als Bundesrecht fortgilt,** Art 126 GG („Meinungsverschiedenheiten"), oder ob, nachdem die Unvereinbarkeit einer Bestimmung mit einer anderen festgestellt ist, diese letztere Bundesrecht ist, BGH **5**, 218, oder ob ein **Völkerrechtssatz Bestandteil des Bundesrechts** ist und welchen Umfang und welche Tragweite er hat, Art 100 II, 25 GG, so ist bereits dann vorzulegen, BVerfG **15**, 31; insofern ist also weder eine bejahende noch eine verneinende Entscheidung zulässig, vgl Ffm RIW **82**, 439 (zum Verfahren s §§ 86 ff bzw 83, 84 BVerfGG). In den Fällen des Art 100 II ist ein Beweisbeschluß jedenfalls dann eine solche Entscheidung, wenn die vorgesehene Beweisaufnahme die Gefahr einer Völkerrechtsverletzung ggü dem fremden Staat in sich birgt, BVerfG NJW **78**, 485. Unter Art 126 GG fällt nicht der Streit, ob früheres Recht noch fortgilt; die Entscheidung hierüber ist vielmehr Sache des Prozeßgerichts, BVerfG MDR **52**, 345.

Zur (begrenzten) Zuständigkeit des BVerfG in **Berliner Sachen** vgl Pestalozza Verfassungsprozeßrecht § 15 II 3, Finkelnburg NJW **74**, 1969, beide mwN. Eine schlichte Aussetzung des Verfahrens bei Anhängigkeit eines entsprechenden Normenkontrollverfahrens beim BVerfG hält ArbG Bln NJW **79**, 1678 für zulässig, dagegen Pestalozza JuS **81**, 649, KG NJW **66**, 598 u FamRZ **80**, 821.

bb) Fast alle **Länder** haben im Rahmen von Art 100 I GG die Nachprüfung der Verfassungsmäßigkeit von Normen besonderen Verfassungsgerichten zugewiesen, deren Entscheidung das Prozeßgericht dann einzuholen hat (zT über Art 100 GG hinsichtlich des LRechts hinausgehend): **BaWü** Art 68; **Bay** Art 92, 98; **Bre** Art 142; **Hbg** Art 64; **Hess** Art 133; **NRW** Art 75; **RhldPf** Art 130.

c) Recht der EuG. Insoweit ist das richterliche Prüfungsrecht durch Art 177 EWGVertr beschränkt; danach können bzw müssen Gerichte die **Vorabentscheidung des EuGH** einholen, wenn die Entscheidung von der Auslegung der Verträge, von der Auslegung oder Gültigkeit von Handlungen der GemeinschOrgane oder von der Auslegung bestimmter Vorschriften abhängt, vgl EF Anh § 40 VwGO, Ipsen, EuGemR, S 759 ff, RoS § 18, Riegel BayVBl **82**, 617, Dauses JZ **79**, 125, Oppermann/Hiermaier JuS **80**, 788. Schiedsgerichte iSv § 1025 ZPO sind nicht zur Vorlage befugt, EuGH NJW **82**, 1207, zustm Hepting IPrax **83**, 101 u EuR **82**, 315, vgl auch Rengeling/Jakobs DÖV **83**, 375. In Verfahren des einstw Rechtsschutzes kommt eine Vorlage idR nicht in Betracht, EuGH DVBl **83**, 744. Zur Vorlagepflicht letztinstanzlicher Gerichte EuGH NJW **83**, 1257, dazu Dänzer-Vanotti RIW **83**, 281. Der Vorlagebeschluß ist grundsätzlich unanfechtbar, vgl BFH RIW **81**, 179, krit Dänzer-Vanotti.

Für sekundäres Gemeinschaftsrecht nimmt das BVerfG seine Prüfungszuständigkeit auch nach einer Vorabentscheidung in Anspruch, BVerfG **37**, 271, str, aM Rupp, Hirsch und Wand NJW **74**, 1700, Meier NJW **74**, 1704, vgl Zuleeg DÖV **75**, 44, Schwaiger AWD **75**, 190, Feige AöR **75**, 530, Ipsen EuR **75**, 1, Börner NJW **76**, 2041. Jedoch ist das BVerfG nicht befugt, Normen des sog primären Gemeinschaftsrechts im Widerspruch zu einer in demselben Ausgangsverfahren ergangenen Vorabentscheidung als anwendbar festzustellen, BVerfG **52**, 187, dazu Sachs NJW **82**, 465, Berkemann JR **80**, 194, Fastenrath DVBl **81**, 490, Tomuschat NJW **80**, 2611. Vgl hierzu Schwarze EuGRZ **83**, 117 (eingehend) u BVerwG BayVBl **83**, 378. Zu den entsprechenden Regelungen nach Art 41 MontanVertr und Art 150 I EuratomVertr s auch Einf 1 A § 148 ZPO.

2–9 (aufgehoben durch § 85 Z 1 DRiG, Üb 1 § 1 GVG)

10 *Wahrnehmung richterlicher Geschäfte durch Referendare.* Unter Aufsicht des Richters können Referendare Rechtshilfeersuchen erledigen und außer in Strafsachen Verfahrensbeteiligte anhören, Beweise erheben und die mündliche Verhandlung leiten. Referendare sind nicht befugt, eine Beeidigung anzuordnen oder einen Eid abzunehmen.

Schrifttum: Oexmann JuS **76**, 36.

1. Titel. Gerichtsbarkeit   **GVG § 10–12 1, 2**

1) Erläuterung. Referendare, dh im **Vorbereitungsdienst** nach § 5a DRiG Stehende (wegen der einstufigen Ausbildung, § 5b DRiG, su), können mit der Wahrnehmung von Rechtshilfeersuchen, §§ 156ff, insbesondere im Rahmen der landesrechtlichen Ausbildungsordnungen, § 5 DRiG Anm 2 D, betraut werden, ferner in Zivilsachen mit der Anhörung von Verfahrensbeteiligten, zB nach § 141 ZPO, mit jeglicher Art der Beweiserhebung und mit der Leitung der mündlichen Verhandlung, alles dies aber nur **unter Aufsicht des Richters,** Köln JMBlNRW **73,** 282, dh in dessen ständiger Anwesenheit, KG NJW **74,** 2094 mwN, aM Hahn NJW **73,** 1782 (gerade weil der Referendar auch die Ordnungsbefugnisse des Gerichts ausübt, ist aber die Anwesenheit des Richters unerläßlich). Da eine Übertragung nur im Einzelfall zulässig ist und der Richter nach pflichtgemäßem Ermessen die Eignung des Referendars prüfen muß, kommt es auf die bereits zurückgelegte Zeit des Vorbereitungsdienstes nicht an (anders § 10 aF). Bei **einstufiger Ausbildung** ist ausdrücklich zur Voraussetzung gemacht, daß der für die jeweilige Tätigkeit erforderliche Ausbildungsstand erreicht ist, § 5b II DRiG, was der Richter prüfen muß. In allen Fällen **ausgenommen** sind Anordnung und Durchführung einer Beeidigung, ferner wegen § 28 II 2 DRiG die Leitung der mündlichen Verhandlung vor einem Kollegialgericht, aM Franzki JuS **72,** 615. Wegen der Tätigkeit von Referendaren in Strafsachen vgl § 142 III. In der **Arbeitsgerichtsbarkeit** gilt § 10 in allen Rechtszügen entsprechend, § 9 II ArbGG.

11 (aufgehoben durch § 85 Z 3 DRiG, Üb 1 § 1 GVG)

12 *Gliederung der Gerichte.* **Die ordentliche streitige Gerichtsbarkeit wird durch Amtsgerichte, Landgerichte, Oberlandesgerichte und durch den Bundesgerichtshof (den obersten Gerichtshof des Bundes für das Gebiet der ordentlichen Gerichtsbarkeit) ausgeübt.**

Vorbem. Für alle Gerichtsbarkeiten gilt

Art. 92 GG. Die rechtsprechende Gewalt ist den Richtern anvertraut; sie wird durch das Bundesverfassungsgericht, durch die in diesem Grundgesetze vorgesehenen Bundesgerichte und durch die Gerichte der Länder ausgeübt.

1) Gliederung. Die Gliederung des § 12 GVG gilt auch in Justizverwaltungssachen und allen Angelegenheiten, die damit zusammenhängen; vgl auch Anh § 21 GVG. Wegen der Errichtung oberster Landesgerichte s § 8 EGGVG.

2) Errichtung, Aufhebung, Sitzverlegung, Änderungen der Bezirksgrenzen regelt § 1 **GVVO vom 20. 3. 35,** RGBl I 403 = BGBl III 300–5, bzw die an seine Stelle getretenen Vorschriften des Landesrechts:

^I Die Errichtung und Aufhebung eines Gerichts und die Verlegung eines Gerichtssitzes wird durch Reichsgesetz angeordnet.

^{II} (gegenstandslos, vgl BVerfG **2,** 307).

^{III} Stadt- und Landgemeinden, die mit ihrem ganzen Gebiet einheitlich einem Amtsgericht zugeteilt sind, gehören dem Bezirk dieses Gerichts mit ihrem jeweiligen Gebietsumfang an.

III ist in einigen Ländern, zB in **Nds** durch *Gesetz über die Organisation der ordentlichen Gerichte vom 16. 7. 62,* GVBl 85, aufgehoben.

Durch **G v 1. 7. 60, BGBl 481,** sind auf dem Gebiet des GVG und der bürgerlichen Rechtspflege einschließlich der Arbeitsgerichtsbarkeit, der Strafrechtspflege und des Bußgeldverfahrens die Landesregierungen zum Erlaß von RechtsVOen ermächtigt, soweit die auf diesen Gebieten geltenden Gesetze solche RechtsVOen vorsehen. Sie können die Ermächtigung auf oberste Landesbehörden übertragen. Dazu **Bay** *VO v 12. 7. 60,* GVBl 131, **Berlin** *VO v 4. 8. 60,* GVBl 823, **Bre** *AGGVG v 11. 10. 60,* GBl 123, **Hess** *VO v 9. 8. 60,* GVBl 153, **Nds** *VO v 27. 7. 60,* GVBl 217, **NRW** *VO v 15. 7. 60,* GVBl 288, **RhldPf** *LVO v 12. 7. 60,* GVBl 139, **SchlH** *VO v 12. 7. 60,* GVBl 136.

Albers   1967

Einführung zu §§ 13–17a. Rechtsweg

1) Während es zur Zeit der Entstehung des GVG nur einen ordentlichen Rechtsweg, nämlich den zu den Gerichten für Zivil- und Strafsachen gab, ist heute der durch das GG gegebene Rechtszustand ein ganz anderer. Dieses spricht allgemein von Rechtsweg, Art 19 IV 1, 93 I Z 4, u stellt neben die ordentliche die Verwaltungs-, Finanz-, Arbeits- und Sozialgerichtsbarkeit, Art 96 I. Es gibt also **verschiedene gleichwertige Rechtswege**; wenn der Rechtsweg vor den „ordentlichen Gerichten" als solcher herausgehoben scheint, so ist das durch Art 92, 96 I GG überholt. Ob der eine oder andere Rechtsweg gegeben ist, entscheidet sich nach dem Gegenstand des Anspruchs, § 13 Anm 2 A, 3 u 4. Steht kein anderer Rechtsweg zur Verfügung, so bleibt allerdings hilfsweise der ordentliche, Art 19 IV 2 GG.

2) § 13 gibt an, wann der Zivilrechtsweg, der ordentliche Rechtsweg, gegeben ist. Er hat sein Gegenstück in § 40 VwGO (unten abgedr) und den entsprechenden Vorschriften in § 33 FGO und § 51 SGG. Alle zusammen lassen erst, mag auch noch vieles streitig bleiben, deutlicher erkennen, wann der ordentliche und wann der (allgemeine oder besondere) VerwRechtsweg gegeben ist. Gegenüber § 13 ist also erst durch die Generalklausel des § 40 VwGO („alle öffentlich-rechtlichen Streitigkeiten nicht verfassungsrechtlicher Art") und das Erfordernis einer ausdrücklichen bundesgesetzlichen Zuweisung dieser Sachen an andere als an VerwGerichte eine schärfere Grenzziehung erfolgt, so daß alle Entscheidungen auf diesem Gebiet stets unter diesem neuen Gesichtspunkt nachgeprüft werden müssen. Ob der eine oder andere Rechtsweg gegeben ist, ist Prozeßvoraussetzung für den eingeschlagenen Rechtsweg, § 13 Anm 1 B, der sich dann als zulässig oder unzulässig erweist. Ist der eingeschlagene Rechtsweg nicht gegeben, so besteht die uneingeschränkte Möglichkeit einer **Verweisung von einem Rechtsweg in den anderen,** § 17, eine Maßregel der Zweckmäßigkeit im Hinblick auf die oft gegebene Schwierigkeit der Unterscheidung, aber auch auf die Fristwahrung, vgl zB §§ 58 II VwGO, 209 I BGB.

3) § 14 grenzt die ordentliche Gerichtsbarkeit von der der zugelassenen Sondergerichte ab. Im Verhältnis zu diesen handelt es sich um die Zulässigkeit des Rechtsweges, was also vAw zu berücksichtigen ist, RG **156**, 291. Auch die Arbeitsgerichte sind Sondergerichte. Im Verhältnis zwischen ihnen und den ordentlichen Gerichten handelt es sich aber nicht um die Frage der Zulässigkeit des Rechtsweges, sondern um die Frage der Zuständigkeit, vgl § 549 II ZPO, §§ 48 I u 48a IV ArbGG, vgl BGH **8**, 21. Ist streitig, ob die Arbeits- oder Verwaltungsgerichte „zuständig" sind, so ist das jedoch eine Frage des Rechtsweges, § 48a ArbGG.

13 *Rechtsweg zu den ordentlichen Gerichten.* **Vor die ordentlichen Gerichte gehören alle bürgerlichen Rechtsstreitigkeiten und Strafsachen, für die nicht entweder die Zuständigkeit von Verwaltungsbehörden oder Verwaltungsgerichten begründet ist oder auf Grund von Vorschriften des Bundesrechts besondere Gerichte bestellt oder zugelassen sind.**

Vorbem. Für die Zulässigkeit des Verwaltungsrechtsweges gilt

VwGO § 40.^{I} **Der Verwaltungsrechtsweg ist in allen öffentlichen-rechtlichen Streitigkeiten nichtverfassungsrechtlicher Art gegeben, soweit die Streitigkeiten nicht durch Bundesgesetz einem anderen Gericht ausdrücklich zugewiesen sind. Öffentlich-rechtliche Streitigkeiten auf dem Gebiete des Landesrechts können einem anderen Gericht auch durch Landesgesetz zugewiesen werden.**

^{II} Für vermögensrechtliche Ansprüche aus Aufopferung für das gemeine Wohl und aus öffentlich-rechtlicher Verwahrung sowie für Schadensersatzansprüche aus der Verletzung öffentlich-rechtlicher Pflichten, die nicht auf einem öffentlich-rechtlichen Vertrag beruhen, ist der ordentliche Rechtsweg gegeben. Die besonderen Vorschriften des Beamtenrechts sowie über den Rechtsweg bei Ausgleich von Vermögensnachteilen wegen Rücknahme rechtswidriger Verwaltungsakte bleiben unberührt.

Schrifttum: StJSchumann Einl 339ff vor § 1 ZPO; RoS §§ 12–17; Ule VerwProzeßR § 8; Kommentare zur VwGO von Eyermann-Fröhler, Redeker-v. Oertzen, Schunck-De Clerck und Kopp jeweils zu § 40; Kopp NJW **76**, 1961 (zur Neufassung von 40 II VwGO durch § 97 Z 1 VwVfG); Lüke, Zweifelsfragen zu typischen Rechtswegproblemen, Gedächtnisschrift Bruns, 1980, S 129ff; Stich, Die öff-rechtlichen Zuständigkeiten der Zivilgerichte,

1. Titel. Gerichtsbarkeit **GVG § 13** 1, 2

in: Staatsbürger und Staatsgewalt, 1963, Bd. II S 387 ff; Tiedau, Juristische Grenzprobleme, 1981.

Gliederung

1) **Allgemeines**
   A. Grundsatz
   B. Prozeßvoraussetzung
2) **Grundsätzliches**
   A. Abgrenzung
   B. Zuweisung an andere Gerichte
3) **Bürgerliche und öff-rechtliche Streitigkeiten**
4) **Bürgerlich-rechtliche Rechtsstreitigkeit**
5) **Öff-rechtliche Fragen in bürgerlichen Rechtsstreitigkeiten**
6) **Zivilprozeßsachen kraft Zuweisung**
   A. Aufopferungsansprüche
   B. Ansprüche aus öff-rechtlicher Verwahrung
   C. Schadensersatzansprüche aus der Verletzung öff-rechtlicher Pflichten
   D. Entscheidung über Justizverwaltungsakte
   E. Ansprüche auf Enteignungsentschädigung
   F. Anfechtung von Verwaltungsakten nach BBauG
   G. Kartellsachen
   H. Entscheidung in Anwaltsstreitigkeiten
   I. Rechtsweg nach Art 19 IV 2 GG
   Zu A–I. Verfahrensfragen
7) **Rechtsprechungsübersicht in Auswahl**

1) Allgemeines. A. Grundsatz. § 13 und die von ihm ausgesprochene Abgrenzung gegen andere Gerichte („vor die ordentlichen Gerichte gehören") ist zwingenden Rechts. Nur Gesetz, Anm 1 B, oder Schiedsvertrag können einen bürgerlichen Rechtsstreit den ordentlichen Gerichten entziehen. Kein Vertrag und keine Verwaltungsanordnung kann den ordentlichen Gerichten eine öffentlich-rechtliche oder vor ein Sondergericht gehörende Sache zuweisen. Die Abtretung eines öffentlich-rechtlichen Anspruchs an einen Privaten eröffnet nicht den Rechtsweg zu den ordentlichen Gerichten, RG **143**, 94.

B. Die Zulässigkeit des Rechtsweges ist Prozeßvoraussetzung, Grdz 3 § 253 ZPO. Sie kann durch Parteivereinbarung nicht begründet werden und ist in jeder Lage des Verfahrens vAw zu prüfen. Die Zulässigkeit muß auch noch im Urteilszeitpunkt gegeben sein, nicht nur in dem der letzten Tatsachenverhandlung, RoS § 9 III 1, str, aM Kissel Rdz 243 mwN. Andererseits genügt es, wenn die Zulässigkeit, sei es infolge Gesetzesänderung oder Beibringung der für die Eröffnung des ordentlichen Rechtswegs notwendigen Vorentscheidung einer VerwStelle, zB §§ 173 ff, 210 ff BEG, §§ 49 ff, 81 BLeistG, vgl auch Anm 2 B, bis zur letzten Tatsachenverhandlung eingetreten ist. Beides gilt auch für die Revisionsinstanz, BGH **34**, 372. Erweist sich der zu den ordentlichen Gerichten eingeschlagene Rechtsweg als nicht gegeben, so ist, sofern nicht verwiesen werden kann, § 17, die Klage durch Prozeßurteil, Üb 2 A § 300 ZPO, als unzulässig, fehlt nur der VerwVorbescheid, als zZt unzulässig abzuweisen. Eine sachliche Prüfung hat zu unterbleiben, dahingehende Ausführungen im Urteil sind bedeutungslos und nehmen, wenn etwa die Klage „auch als unbegründet" abgewiesen wird, an der Rechtskraft nicht teil, § 322 ZPO Anm 4 „Prozeßurteil". Dahingestellt darf die Frage der Zulässigkeit des Rechtswegs nicht bleiben.

2) Grundsätzliches. A. Alle bürgerlichen Rechtsstreitigkeiten und Strafsachen gehören vor die ordentlichen Gerichte, alle öff-rechtlichen Streitigkeiten nichtverfassungsrechtlicher Art vor die (allgemeinen oder besonderen) Verwaltungsgerichte. Diese grundsätzliche Abgrenzung, die aber die Frage, was bürgerliche und was öff-rechtliche Streitigkeiten sind, offen läßt, wird in § 13 insofern durchbrochen, als dort die Möglichkeit der Begründung der „Zuständigkeit" von VerwBehörden oder VerwGerichten oder der bundesrechtlichen Zuweisung an Sondergerichte, § 14, eröffnet ist, ebenso wie das durch § 40 I VwGO für solche öff-rechtlichen Streitigkeiten, die ausdrücklich durch Bundesgesetz (oder auf dem Gebiet des Landesrechts durch ein Landesgesetz, § 71 III GVG) einem anderen Gericht zugewiesen werden, ferner in § 40 II VwGO durch Zuweisung der dort genannten vermögensrechtlichen Ansprüche öff-rechtlicher Art an die ordentlichen Gerichte geschieht. Aus der Generalklausel des § 40 I VwGO und der deutlichen Umgrenzung ihrer Ausnahmen ergibt sich aber gleichzeitig, daß nur für solche öff-rechtlichen Streitigkeiten der ordentliche Rechtsweg offensteht, **die einem ordentlichen Gericht ausdrücklich durch BGesetz** (das auch ein vorkonstitutionelles sein kann, BVerwG **37**, 369) oder, soweit es sich um Landesrecht handelt, durch ein Landesgesetz zugewiesen sind. Gesetzesregelungen, nach denen „die gerichtliche Klage" gegeben oder „der Rechtsweg" eröffnet ist, enthalten keine ausdrückliche Zuweisung in diesem Sinne, GmS NJW **71**, 1606, BVerfG DVBl **82**, 590 mwN.

Demgemäß entfällt der ordentliche Rechtsweg für alle Sachen, in denen früher eine Zuweisung kraft Überlieferung oder wegen Sachzusammenhangs angenommen worden war. Ist die **Zuweisung einer landesrechtlichen Sache durch Landesgesetz** schon vor Inkrafttreten der VwGO (1. 4. 60) erfolgt, so verbleibt es dabei, wenn das Gesetz in dem jeweiligen AGVwGO ausdrücklich aufrechterhalten ist, RedOe § 40 Anm 37 mwN, sonst dagegen nicht, hM. Verweist das Landesrecht eine bürgerliche Rechtsstreitigkeit auf den VerwRechtsweg, was § 13 offen- und § 4 EGGVG zuläßt, so wirkt das nur für das Land, also nur, wenn der Kläger den Rechtsstreit dort anhängig macht, vgl RG **109**, 9; für das Revisionsgericht gehört eine solche Verweisung nach Maßgabe des § 549 I ZPO zum revisiblen Recht, vgl BGH **21**, 217.

B. Bürgerliche Rechtsstreitigkeiten können zugewiesen werden a) an Verwaltungsgerichte, die ebenso wie die ordentlichen Gerichte Organe der Rechtspflege sind, Einf 1 § 13; zu ihnen gehören auch die Sozial- und Finanzgerichte als besondere VerwGerichte. Eine bundesgesetzliche Zuweisung von bürgerlichen Rechtsstreitigkeiten an VerwGerichte dürfte nicht erfolgt sein. Soweit eine Zuweisung landesgesetzlich geschehen ist oder geschieht, müssen die durch Bundesrecht gegebenen Grenzen eingehalten sein, oben A. Eine Zuweisung von bürgerlichen Rechtsstreitigkeiten an VerwBehörden kann wegen Art 92 GG nicht mehr geschehen. Das schließt aber nicht aus, daß zunächst eine VerwBehörde entscheiden muß, gegen deren Entscheidung dann das ordentliche Gericht angerufen werden kann, RoS § 14 II 3; dies gilt auch für Ansprüche gegen die öff Hand, BVerfG **8**, 246, **35**, 73 u **40**, 250, VHG Mü AS **34**, 42, ferner nach den §§ 3 V HintO, 10 und 13 des Ges über die Entsch für Strafverfolgungsmaßnahmen v 8. 3. 71, BGBl 157. Ein solches **Vorschaltverfahren** ist verfassungsrechtlich zulässig, BVerfG **4**, 409 u **8**, 246, BGH **85**, 106. Welche Bedeutung die Vorschaltung hat, insbesondere ob es sich um eine Sachurteilsvoraussetzung handelt, ist der jeweiligen Norm zu entnehmen, BGH **85**, 106 u NJW **76**, 1264. Handelt es sich um eine Sachurteilsvoraussetzung und wird die VerwBehörde übergangen, also sofort geklagt, ist die Klage als ,,zZt unzulässig" abzuweisen. Der Rechtsweg kann aber trotzdem sofort beschritten werden, wenn die VerwBehörde eine Entscheidung wegen angenommener Unzuständigkeit ablehnt, RG JW **25**, 55, oder für unzulässig hält und eine verwaltungsgerichtliche Klage aussichtslos erscheint, BGH **32**, 345. Auch kann manchen Gesetzen entnommen werden, daß eine Einigung der Parteien dahin möglich ist, auf die vorherige Entscheidung der VerwBehörde zu verzichten, BGH **32**, 7.

b) Die gesetzliche Verweisung einer Sache in die **freiwillige Gerichtsbarkeit** ist eine solche an unabhängige Gerichte, die rechtspflegerische Geschäfte besonderer Art wahrnehmen, Üb Anh 21; vgl auch StJ III vor § 1 ZPO. Mag es sich dabei öfters auch um rechtsstreitähnliche Vorgänge handeln, zB vor den Landwirtschaftsgerichten und in Hausratssachen, so greift § 13 hier überhaupt nicht ein, § 2 EGGVG. Wird in diesen Fällen der ordentliche Rechtsweg vor den Zivilgerichten beschritten, so ist er unzulässig. Doch gibt es auch Übergänge durch Abgabe oder Verweisung, zB § 18 HausratsVO, Anh I § 281 ZPO, § 12 LwVG.

c) Bundesrechtliche Bestellung von Sondergerichten, vgl § 14 und Üb 2 § 12 sowie Einf 3 § 13.

d) Bei bürgerlichen Rechtsstreitigkeiten kann aber auch **der ordentliche Rechtsweg gesetzlich ausgeschlossen** sein; so bei Festsetzung der Vergütung des RA gegenüber seinem Auftraggeber durch den RPfl, § 19 I BRAGO. Eine dahingehende Klage wäre unzulässig, da ein anderer Rechtsweg zur Verfügung steht; vgl aber auch § 19 IV BRAGO. Im gleichen Verfahren wird auch über den öff-rechtlichen Anspruch des im Wege der Prozeßkostenhilfe beigeordneten RA gegen die Staatskasse entschieden, § 128 BRAGO, so daß eine Klage auch hier unzulässig wäre. Niemals aber darf der Rechtsweg gänzlich ausgeschlossen werden, Art 19 IV GG.

3) Bürgerliche und öff-rechtliche Rechtsstreitigkeiten. Die bürgerlichen Rechtsstreitigkeiten stehen im Gegensatz zu den öff-rechtlichen Streitigkeiten. Diesen liegt ein Verhältnis zugrunde, aus dem nur der Staat oder andere Träger öff Gewalt, also auch Gemeinden und Gemeindeverbände, öff Anstalten, Körperschaften, Stiftungen, Kirchen berechtigt und verpflichtet werden, die ihre Anordnungen idR zwangsweise durchsetzen können, denen also der einzelne als Gewaltunterworfener gegenübersteht, Wolff ArchöffR **76**, 205, so daß jene als Hoheitsträger diesem mit Befehl und Verbot entgegentreten, BGH **14**, 225. Auch Rechtsbeziehungen aus dem Völkerrecht sind öff-rechtlich, BGH **34**, 353. **Bürgerliche Rechtsstreitigkeiten** sind solche über Rechtsverhältnisse, bei denen die Beteiligten gleichberechtigt einander gegenüberstehen, BGH **14**, 225, es sei denn, daß die diese Rechtsverhältnisse beherrschenden Normen überwiegend den Interessen der Gesamtheit dienen, BGH DÖV **60**, 1344, BVerwG **5**, 325, vgl RedOe § 40 Anm 6–10. Nicht entscheidend ist, daß auch öff Recht anzuwenden ist (wie auch nicht das Umgekehrte bei öff-rechtlichen Streitigkeiten gilt). Die Tätigkeit einer Hoheitsverwaltung muß nicht immer schon in Ausübung öff Gewalt geschehen und obrigkeitliches Gepräge haben. Sie kann sich auch auf den Boden des Privatrechtsverkehrs begeben, BGH **33**, 253, wofür freilich besondere Umstände sprechen müssen, BGH NJW **52**, 466; denn es wird davon ausgegangen werden können, daß Personen öff Rechts ihre öff-rechtlichen Aufgaben mit Mitteln des öff Rechts wahren, BGH **34**, 88 (Vertrag zwischen Eisenbahnfiskus und Stadt wegen Bahnanschluß zum Hafen). Jedenfalls macht ein öff-rechtliches Interesse an der Abhaltung von Veranstaltungen die Rechtsform, in der sie betrieben werden, nicht schon zu einer öff-rechtlichen, BGH **41**, 267.

Ob ein öff-rechtlicher oder privatrechtlicher Vertrag vorliegt, ist nach dem Gegenstand des Vertrages im Einzelfall zu beurteilen (vgl §§ 54–62 VwVfG, dazu Lange NVwZ **83**, 314 u Gern VerwArch **79**, 219 mwN). Entscheidend ist, ob sich die Vereinbarung auf einen von der gesetzlichen Ordnung öff-rechtlich oder privatrechtlich geregelten Gegenstand bezieht, BGH **35**, 71 u **56**, 365, BVerwG **22**, 138, bei Mischverträgen, wo der Schwerpunkt liegt, BGH **76**, 16 (aber BVerwG **42**, 331 u ZfBR **81**, 241, vgl BGH WertpMitt **83**, 622). Betreibt die öff Hand ein wirtschaftliches Unternehmen, das sowohl in öff- wie privatrechtlichen Formen geführt werden kann, so ist nicht Art der Errichtung oder Zielsetzung entscheidend, sondern ob es im Verhältnis zu den Benutzern privatrechtlich organisiert oder in Ausübung der öff Gewalt betrieben wird, worüber die Körperschaft entscheiden kann, die dann aber ihren Willen, das wirtschaftliche Unternehmen hoheitlich zu führen, gegenüber der Allgemeinheit ausdrücklich und deutlich kundgeben muß, BGH JZ **62**, 217. Ein Rechtsverhältnis ist aber nicht schon öff-rechtlich, wenn es durch VerwAkt begründet worden ist; entscheidend ist vielmehr die Natur des Rechtsverhältnisses, BGH **20**, 80 (Kaufvertrag), BGH **24**, 390 (Eigentumsstreit um ein als beamteneigen zugewiesenes Kfz). Handelt es sich um die fiskalische Beschaffung von Sachgütern durch Abschluß bürgerl-rechtlicher Verträge, so gehören dem Privatrecht auch die Aufhebung behördlicher Maßnahmen gegen einen dabei tätigen Handelsvertreter an, mögen diese auch auf innerdienstlichen AOen beruhen, BGH NJW **67**, 1911. Als dem Privatrecht zugehörig ist ferner angesehen worden: der Verkauf von städtischen Grundstücken durch die fiskalische Verwaltung, die Tätigkeit von öff Kranken- oder Kreditanstalten sowie Sparkassen im Verhältnis zu ihren Benutzern und Kunden, BGH **9**, 145; die entsprechende Tätigkeit bei öff Versorgungsbetrieben, zB des städtischen Elektrizitätswerks, BGH NJW **54**, 1323; Konzessionsabgaben an eine Gemeinde als Wegeeigentümerin, BGH **15**, 115, beim Freibad der Gemeinde, VGH Mannh DVBl **55**, 745, Eislieferung durch einen städtischen Schlachthof, BGH JZ **62**, 217, Lieferung von Leitungswasser durch die Stadt, BGH NJW **79**, 2615, **LM** Nr 89 u 101, aM EF § 40 VwGO Anm 49ff. Öff-rechtliche Verbände können auch im Verkehr untereinander öff-rechtliche Angelegenheiten durch Abschluß von Verträgen privatrechtlichen Charakters ordnen, BGH **6**, 296. Überhaupt kann für die Frage, ob ein Vertrag dem öff oder privaten Recht zuzurechnen ist, nicht entscheidend sein, ob die am Vertrag beteiligten Rechtssubjekte solche öff oder privaten Rechts sind, BGH **32**, 215, ebensowenig, ob der Anspruch ein vermögensrechtlicher ist, da es auch solche aus öff Recht gibt, RG **103**, 56. Auch ist es möglich, daß im Rahmen eines Vertrages, der öff-rechtlich ist, zusätzlich eine private Rechtspflicht übernommen wird, zB der Anlieger übernimmt privatrechtlich die Reinigung des Gehweges; dann ist insoweit der ordentliche Rechtsweg zulässig, weil bei öff- und privatrechtlichen Verträgen die Entscheidung vom Vertragsgegenstand her im Einzelfall zu treffen ist, BGH **32**, 216. Für den Anspruch auf Rückgewähr einer Leistung, die aufgrund eines Vertrages erbracht worden ist, steht derselbe Rechtsweg wie für den vertraglichen Leistungsanspruch zur Verfügung, BGH **56**, 367.

4) Vorliegen einer bürgerlich-rechtlichen Rechtsstreitigkeit. A. Ob das der Fall ist oder nicht, bestimmt sich danach aus der Natur des Rechtsverhältnisses, aus dem der Klaganspruch hergeleitet wird, und zwar so, wie sich das Rechtsverhältnis nach dem Sachvortrag der klagenden Partei darstellt, GmS NJW **74**, 2087, BGH **85**, 125 mwN, BayObLG BayVBl **82**, 218 mwN. Die Begründung der Klage muß mindestens die Möglichkeit eines bürgerlich-rechtlichen, vor die ordentlichen Gerichte gehörenden Anspruchs ergeben, wobei die hilfsweise Stützung etwa auf Amtspflichtverletzung genügt, BGH NJW **79**, 2615. Bei der Beurteilung ist das Revisionsgericht nicht an die Auffassung des Berufungsgerichts gebunden, BGH **35**, 69. Es **entscheidet das tatsächliche Klagevorbringen, so wie es der Gegenstand oder die Art des Anspruchs, § 4 EGZPO, ergibt,** BGH **5**, 82, **31**, 121, BVerwG DVBl **65**, 649, gegebenenfalls nach erfragter Ergänzung, § 139, nicht also die Rechtsauffassung des Klägers, BGH **29**, 189, auch nicht der Wortlaut des Antrags, sondern sein Wesen und Zweck, die Rechtssätze, nach denen das Klagebegehren seinem wirklichen inneren Gehalt nach zu würdigen ist, und die den Sachverhalt prägen, BGH **49**, 285, **LM** Nr 84. Möglich ist, daß sich die wahre Natur des Anspruchs erst aus dem Vorbringen des Beklagten ergibt, das also zur Beurteilung der Zulässigkeit des Rechtswegs ebenfalls heranzuziehen ist, Bötticher DVBl **50**, 324, JZ **62**, 317 gegen BArbG JZ **62**, 316. Demgemäß ist die Klage unzulässig, wenn zwar ein privatrechtlicher Anspruch behauptet ist, die Begründung aber zeigt, daß in Wirklichkeit die Vornahme oder Rückgängigmachung eines staatlichen Hoheitsaktes verlangt wird. Ist die Leistungsklage unzulässig, so ist es auch die Feststellungsklage, RG **130**, 291. Umgekehrt ergibt sich aus der Zulässigkeit des Rechtswegs für eine Klage auch die Zulässigkeit für die Abänderungs- oder Vollstreckungsklage, die Klage auf Unzulässigkeit der Vollstreckungsklausel und das Wiederaufnahmeverfahren, so daß für diese Anhangsverfahren ein Vorbescheid der VerwBehörde, wenn er für die Klage notwendig war, nicht erneut eingeholt zu werden braucht, RG **153**, 217.

B. Mithin macht **kein Umweg über eine bürgerlich-rechtliche Klage** den Rechtsweg zulässig, wo er tatsächlich verschlossen ist, BGH **14**, 297; **24**, 305; der Rechtsweg zu den ordentlichen Gerichten kann nicht erschlichen werden. Als derartige Umwege werden manchmal mißbraucht die Abwehrklage, RG **170**, 40, die Behauptung eines Schadensersatzanspruchs, BGH **49**, 287, oder eines solchen aus Bereicherung, RG **144**, 230; s auch Anm 7 ,,Hoheitsrechte". Auch über Amtspflichtverletzung, Art 34 GG, kann der ordentliche Rechtsweg nicht erzwungen werden, indem zB nur der Form nach das Verschulden eines Amtsträgers bei Ausübung eines Staatshoheitsrechtes behauptet wird, in Wirklichkeit aber ein VerwAkt rückgängig gemacht werden soll, BGH NJW **51**, 441, also etwa Steuerbeträge mit Klage aus unerlaubter Handlung zurückverlangt werden; s auch Anm 7 ,,Amtspflichtverletzung". Wohl aber könnte (auch hilfsweise, oben A) geltend gemacht werden, daß ein bestimmter Beamter seine Amtspflicht dem Kläger gegenüber durch bestimmte Handlungen, die angegeben und deren Unvereinbarkeit mit der Amtspflicht dargetan werden muß, verletzt hat, BGH **13**, 152; der Anspruch geht aber dann auf Geld, BGH GZS **34**, 105, nicht auf Naturalrestitution, zu der der Beamte nicht befugt wäre, BGH **LM** Nr 70 (Rechtsweg zu den Zivilgerichten ist unzulässig für die Rücknahme dienstlicher Äußerungen, **LM** Nr 88); es genügt also nicht die Behauptung einer Amtspflichtverletzung als solcher, BGH **49**, 282, BayObLG BayVBl **82**, 218. Wegen des besonderen Falles nach Art 19 IV GG vgl Anm 6 I.

C. Anders liegt es bei Auswirkungen des VerwAktes auf ein privates Recht, wenn nunmehr die Rechte aus dem privaten Recht geltend gemacht werden, BGH NJW **51**, 358, NJW **52**, 622, zB aus Eigentum, Besitz, Leihe, insbesondere wenn es sich um die Geltendmachung solcher Rechte gegenüber Dritten handelt, an die der Gegenstand durch VerwAkt gelangt ist. Zulässig ist auch die Klage gegen eine Anstalt öffentlichen Rechts, soweit sich diese bürgerlicher Rechtsgeschäfte bedient hat, um auf dem Gebiet des öff Rechts liegende Zwecke zu erreichen, BGH **20**, 77, vgl auch oben Anm 3, ebenso, wenn unter dem Deckmantel der Ausübung hoheitlicher Gewalt eine privatrechtliche Betätigung erfolgt; unzulässig wird der Rechtsweg aber dann, wenn die Betätigung sowohl hoheits- wie privatrechtlich ist.

5) Öffentlich-rechtliche Fragen in bürgerlichen Rechtsstreitigkeiten. A. In einem bürgerlichen Rechtsstreit können auf mannigfache Weise Fragen auftauchen, für die, würden sie selbständiger Gegenstand eines Rechtsstreites sein, der Rechtsweg zu den ordentlichen Gerichten unzulässig wäre. Darf der Zivilrichter über sie entscheiden, wird der Rechtsweg für den ganzen Anspruch dadurch unzulässig oder muß er die Vorentscheidung eines VerwGerichts abwarten, § 148 ZPO?

B. Über öff-rechtliche Vorfragen darf der Zivilrichter entscheiden, BGH NJW **51**, 358, BVerwG MDR **60**, 527, ebenso wie der VerwRichter zivilrechtliche Vorfragen selbständig entscheidet. Ist eine Frage durch VerwAkt entschieden, so ist das ordentliche Gericht hieran mit den sich aus C ergebenden Ausnahmen gebunden, ebenso wie der VerwRichter an eine Entscheidung des ordentlichen Gerichts in den Grenzen von dessen Rechtskraft gebunden ist. Das ordentliche Gericht entscheidet also zB, ob es sich um privates oder öff Eigentum handelt, auch ob der frühere Eigentümer durch eine Kontrollratsbestimmung betroffen wurde, BGH JR **61**, 176. Die Vorfrage gehört zur Untersuchung, ob die Klage begründet ist. Für eine Klage gegen die öff Körperschaft wegen Ungültigkeit des VerwAktes, auch in verschleierter Form, etwa im Wege des Schadensersatzes, um dadurch seine Beseitigung zu erreichen, Anm 4 B, wäre hingegen der Rechtsweg zu den ordentlichen Gerichten nicht gegeben, da es sich um die Hauptfrage handelt, außer wenn die öff Körperschaft, die selbst durch den VerwAkt den Besitz erlangt hat, vom Eigentümer in Anspruch genommen wird, BGH **5**, 59.

C. Die Entscheidung der Vorfrage hängt oft davon ab, ob und in welchem Umfang die ordentlichen Gerichte **Gültigkeit und Wirksamkeit von VerwAkten nachprüfen dürfen.** Das hat mit der Zulässigkeit des Rechtswegs nichts zu tun, OGHBrZ NJW **49**, 545 mwN. Der Zivilrichter hat zu prüfen, ob der VerwAkt überhaupt gültig ist. Ist der VerwAkt **nichtig**, so ist er nicht vorhanden, BGH **4**, 304, Bötticher DVBl **50**, 326. Hierhin gehören die Fälle des § 44 VwVerfG, zB die absolute Unzuständigkeit der Behörde und andere schwerwiegende Fehler, nicht aber Willkürakte, mag der Mißgriff auch noch so grob sein. Der nur **fehlerhafte, also der rechtswidrige VerwAkt** ist stets so lange vom Zivilrichter als bestehend anzusehen, wie er nicht auf VerwKlage aufgehoben ist („Tatbestandswirkung"), vgl BGH **48**, 243; uUmst ist das Verfahren auszusetzen, § 148 ZPO, falls die Partei Klage vor dem VerwGericht erhebt. Auch an den Widerruf eines VerwAktes sind die ordentlichen Gerichte gebunden, BGH NJW **51**, 359. Wegen der Nachprüfung von VerwAkten bei Amtspflichtverletzung s Anm 4 B und 7 unter diesem Stichwort.

D. An **verwaltungsgerichtliche Entscheidungen über die Gültigkeit von VerwAkten** sind die ordentlichen Gerichte im Rahmen von deren Rechtskraft gebunden, BGH **15**, 17; so wenn ein VerwGericht rechtskräftig die Nichtigkeit eines VerwAktes verneint hat, Hbg MDR **54**, 319, und namentlich dann, wenn ein VerwAkt wegen Rechtswidrigkeit nach § 113 VwGO aufgehoben worden ist, BGH **9**, 329; **10**, 227; **20**, 379.

E. Können **aus einem Rechtsverhältnis sowohl öff-rechtliche wie bürgerlich-rechtliche Ansprüche entstehen,** so gilt der Grundsatz, daß dieselbe Handlung nicht gleichzeitig privat- und öff-rechtlich sein kann, daß dagegen die einheitliche öff-rechtliche Aufgabe je nach Betätigung in öff- und privatrechtlich aufgespalten werden kann, BGH **2**, 37; **16**, 111. Wird der Rechtsweg zu den ordentlichen Gerichten beschritten, so kann der Anspruch nur unter privatrechtlichen Gesichtspunkt untersucht werden. Reichen diese zur Begründung nicht aus, so ist die Klage als unbegründet abzuweisen, BGH **13**, 145 (153), ohne daß eine Verweisung möglich wäre, da nur einheitlich entschieden werden kann, BGH DÖV **56**, 668, BVerwG MDR **66**, 170, aM Köln OLGZ **68**, 15 und EF § 40 VwGO Anm 30ff. Gehört der Hauptantrag in einen anderen Rechtsweg als der Hilfsantrag, so gilt das in § 17 GVG Anm 2 A Gesagte.

F. Wird eine **öff-rechtliche Forderung zur Aufrechnung gestellt,** so muß das Verfahren mit Fristsetzung zur Klageerhebung im zulässigen Rechtsweg ausgesetzt werden; wird Klage nicht erhoben, so bleibt die Aufrechnung unberücksichtigt, BGH **16**, 124, s auch BGH **21**, 29. Vgl aber auch die gegenteilige Ansicht von Baur § 17 GVG Anm 2 A.

G. Besonders geregelt ist die Entscheidung über **verfassungsrechtliche Vorfragen,** vgl § 1 Anm 1 Anm 3 Cb.

6) Zivilprozeßsachen kraft Zuweisung. Da öff-rechtliche Streitigkeiten durch die Generalklausel des § 40 I VwGO den VerwGerichten zugewiesen sind, kommen nur diejenigen dieser Streitigkeiten vor die Zivilgerichte, die ihnen ausdrücklich durch Bundesgesetz oder, soweit es sich um Landesrecht handelt, durch ein Landesgesetz zugewiesen sind, Anm 1. § 40 II VwGO enthält eine derartige Zuweisung; auch andere Gesetze sprechen solche Zuweisungen aus, ohne daß aber im folgenden alle aufgezählt werden könnten. Es handelt sich im wesentlichen um folgende Fälle:

A. Vermögensrechtliche Aufopferungsansprüche, § 40 II VwGO, wegen der Aufgabe privater Rechte zum allgemeinen Besten, s Art 14 III 4 GG.

B. Ansprüche aus öff-rechtlicher Verwahrung, § 40 II VwGO, dh nur solche gegen die öff Hand, so daß für Ansprüche gegen den Bürger der VerwRechtsweg gegeben ist, VGH Mannh BaWüVPraxis **78**, 150 mwN.

C. Schadensersatzansprüche aus der Verletzung öff-rechtlicher Pflichten, § 40 II 1 VwGO, dh nur solche gegen die öff Hand, BGH **43**, 269. Die Verletzung braucht nicht schuldhaft zu sein, vgl auch Art 34 GG. Hierhin gehört nicht der Rückgriffsanspruch des Staates oder der Gemeinde gegen den Verletzer, ebensowenig der Rückgriff des Amtsträgers gegen den Dienstherrn für seine Schadensersatzleistungen: Für sie gilt der für das Rechtsverhältnis maßgebliche Rechtsweg, vgl für Beamte § 126 BRRG. Die Klage kann nur auf Schadensersatz gehen, nicht auf Rückgängigmachung der Amtshandlung, Anm 4 B. **Nicht** hierher gehören Ansprüche aus der Verletzung öff-rechtlicher Verträge, § 40 II 1 VwGO idF des § 97 Z 1 VwVfG, vgl Kopp NJW **76**, 1966; anders liegt es, wenn der

Anspruch (auch nur hilfsweise) auf Amtspflichtverletzung gestützt wird, BGH NJW **79**, 642.

D. Entscheidungen über die Rechtmäßigkeit von Justizverwaltungsakten; s dazu §§ 23 ff EGGVG und Übersicht davor, ferner § 328 Anm 7 B.

E. Ansprüche auf Enteignungsentschädigung nach Art 14 III 4 GG hinsichtlich der Höhe, aber auch deren Art, BGH **9**, 250; zur Frage der Höhe gehört auch die nach dem Grund des Entschädigungsanspruchs, so daß die ordentlichen Gerichte auch dann zu entscheiden haben, wenn eine Enteignungsentschädigung abgelehnt ist, BVerwG NJW **54**, 525, Bachof SJZ **50**, 167. Die Enteignung als solche kann nur vor den VerwGerichten angefochten werden, wenn nichts anderes bestimmt ist, zB für Baulandsachen, in denen das ordentliche Gericht auch über die Enteignung selbst entscheidet. Ob eine Enteignung vorliegt, ist im Entschädigungsrechtstreit als Vorfrage von den ordentlichen Gerichten zu entscheiden, BGH **15**, 270. Die Zivilgerichte sind auch zuständig für Enteignungsansprüche nach §§ 59, 17 ff LandbeschaffgsG v 23. 2. 57, BGBl 990, nach § 28 IV LuftschutzG v 9. 10. 57, BGBl 1696, nach § 25 SchutzbereichG v 7. 12. 56, BGBl 899, nach §§ 58 ff BundesleistgsG idF v 27. 9. 61, BGBl 1769, 1920.

Auch Ansprüche auf Entschädigung wegen enteignungsgleichen oder enteignenden Eingriffs, dazu BVerfG **58**, 300 = NJW **82**, 745, gehören wegen § 40 II VwGO vor die Zivilgerichte, Papier NVwZ **83**, 260 gegen Schwerdtfeger JuS **83**, 110.

F. Anfechtung von VerwAkten nach dem BBauG bei Umlegung, Grenzregelung und Enteignung sowie den weiterhin in § 157 I BBauG idF v 18. 8. 76, BGBl 2257, genannten VerwAkten. Hier kann durch das ordentliche Gericht der VerwAkt selbst nachgeprüft werden, auch der Enteignungsbeschluß als solcher, was mit dem GG vereinbar ist, BVerfG NJW **56**, 625. Wegen der erweiterten Besetzung der Kammern und Senate für Baulandsachen vgl §§ 71 Anm 1 C, 119 Anm 2 r.

G. Beschwerde gegen den Einspruchsbescheid der Kartellbehörde und gegen Verfügungen des Bundesministers für Wirtschaft, wenn dieser ein Preiskartell erlaubt, § 62 GWB. Über die Beschwerde entscheidet das OLG; dagegen findet Rechtsbeschwerde an den BGH statt, § 73 GWB. Das ordentliche Gericht darf hier auch jeden fehlsamen Gebrauch des Ermessens nachprüfen, § 70 IV GWB.

H. Entscheidungen in Anwaltsstreitigkeiten (Zulassung eines RA, Nichtigkeit von Wahlen und Beschlüssen des Vorstandes, des Präsidiums oder der Versammlung, §§ 42 V, VI, 91 VI, VII BRAO) sind in letzter Instanz, die entsprechenden bei der RAschaft beim BGH, §§ 162, 163 BRAO, diesem überhaupt zugewiesen, ebenso bei Anfechtung von VerwAkten, § 223 BRAO, vgl BGH NJW **71**, 705.

I. Um Zivilprozeßsachen kraft Zuweisung handelt es sich auch bei der **Zulässigkeit des ordentlichen Rechtswegs nach Art 19 IV 2 GG.** Diese greift nur bei Fehlen jedes anderen Rechtswegs ein, ist also nur subsidiär gegeben, was bei dem Ausbau der Verw-, Soz- und Finanzgerichtsbarkeit praktisch Unanwendbarkeit bedeutet, hM, RedOe § 40 Anm 2. Art 19 IV 2 GG bewirkt keine Erweiterung der Zuständigkeit der Zivilgerichte in Amtshaftungsprozessen zur Aufhebung oder Vornahme eines VerwAktes, BGH **14**, 222, Hbg MDR **51**, 51. Die Vorschrift greift auch nicht ein, wenn die Frist für die VerwKlage verstrichen ist, BGH **22**, 32, Schlesw DVBl **50**, 124, Hbg MDR **54**, 51.

Zu A–I. Für das **Verfahren in den Zivilprozeßsachen kraft Zuweisung,** zu denen auch die nach § 17 fehlerhaft an ein Zivilgericht verwiesenen öff-rechtlichen Streitigkeiten zu rechnen sind, fehlt eine allgemeine gesetzliche Regelung. Naturgemäß sind das GVG und die ZPO überall dort anzuwenden, wo es um eine Geldforderung, zB als Entschädigung oder Schadensersatz, oder um die Feststellung des Bestehens oder Nichtbestehens eines öff Rechtsverhältnisses geht. Problematisch ist dagegen das Verfahren in anderen Fällen.

Regelungen finden sich in §§ 161–168 BBauG (Anwendung der ZPO mit Sonderbestimmungen für bestimmte Fälle), ferner in den genannten Bestimmungen der BRAO, bei der Anfechtung von Justizverwaltungsakten, §§ 23 ff EGGVG (da auch FGG lückenfüllend, § 29 II EGGVG) und in §§ 208 ff BEntschG, lückenhaft zB im GWB (§§ 62 ff); in anderen Bereichen fehlen sie ganz. Bemerkenswert ist, daß § 161 BBauG allgemein die bei Klagen in bürgerlichen Rechtsstreitigkeiten geltenden Vorschriften für entsprechend anwendbar erklärt, soweit das Gesetz nicht Sondervorschriften enthält, während § 72 GWB nur bestimmt genannte Vorschriften des GVG und der ZPO angewendet wissen will. BGH **5**, 46 (Unterbringung Geisteskranker) wendet FGG, KG NJW **57**, 1407 (Aufhebung eines VerwAktes) die für das VerwStreitverfahren geltenden Vorschriften entsprechend an; auch Friesenhahn

1. Titel. Gerichtsbarkeit **GVG § 13 6, 7**

DV **49**, 483 und ihm folgend Maunz-Dürig Art 19 IV GG Anm 63 empfehlen, Klageschrift und Urteilsformel entsprechend dem Verfahren bei den VerwGerichten zu gestalten; ebenso Bettermann Grundrechte S 809.

Tatsächlich läßt sich aus der Zuweisung als solcher nichts über die Verfahrensnormen folgern, da sie nur die Kompetenz regelt. Mit Baumgärtel ZZP **73**, 387 ff, wird davon auszugehen sein, daß der Gesetzgeber jedem Gerichtszweig entsprechend seiner Funktion ein bestimmtes Verfahren zugewiesen hat, von dem der Richter schon aus Gründen der Rechtssicherheit und Übersehbarkeit seines Handelns durch den Rechtsuchenden nicht abgehen darf. Eine Anpassung an den Streitgegenstand ermöglichen zudem die verschiedenen Verfahrensarten, die die ZPO zur Verfügung stellt. Es wird also bei Anfechtungs- und Verpflichtungsklagen die Inquisitionsmaxime (6. Buch der ZPO) zu gelten haben: Versäumnisverfahren ist unzulässig, Anerkenntnis, Verzicht und Vergleich sind nur insoweit zulässig, als die Partei über den Streitgegenstand verfügen kann, s dazu OVG Hbg NJW **77**, 214 mwN. Dritte können sich als streitgenössische Nebenintervenienten beteiligen. Der Urteilstenor ist den Gegebenheiten anzupassen. Ähnliches findet sich auch in den Verfahrensvorschriften des BBauG und GWB; vgl wegen der Entscheidung auf Anfechtungs- und Verpflichtungsklagen §§ 166 II BBauG, 70 II u III GWB.

Wird umgekehrt eine Sache, die vor das Zivilgericht gehört, von diesem an ein VerwGericht verwiesen, § 17 I, III GVG, so muß dieses die Verfahrensart, die der Sache am besten entspricht, anwenden und darin entscheiden, BVerwG NJW **67**, 2128.

7) Rechtsprechungsübersicht in Auswahl (vgl Kissel Rdz 301–557).

Im folgenden werden folgende Abkürzungen verwendet: ZRweg = Rechtsweg zu den ordentlichen (Zivil-)Gerichten, VRWeg = Rechtsweg zu den Verwaltungsgerichten, SRWeg = Rechtsweg zu den Sozialgerichten, FRWeg = Rechtsweg zu den Finanzgerichten.

Abwehrklage, §§ 1004, 894 BGB. Kein ZRweg, wenn der abzuwehrende Eingriff auf Grund der Herrschaftsgewalt des Staates stattgefunden hat, BGH **41**, 266, so wenn in Erfüllg öff Aufgaben dch Beseitigung der städtischen Abwässer (vgl auch „Wasserstreit") fremdes Eigentum beeinträchtigt wird, RG **170**, 40; kein ZRweg auch für die Abwehr v Geräuschimmissionen eines Kinderspielplatzes, der aGrd eines Bebauungsplanes v der Gemeinde eingerichtet u gewidmet ist, BGH NJW **76**, 570 mwN. Anders wenn der hoheitsrechtl Beziehungen ihr Ende gefunden haben, BGH **18**, 263, so daß ZRweg wg Beeinträchtigung dch eine aufgegebene u verfallene frühere Luftschutzanlage, da Zweckbestimmung entfallen, BGH MDR **65**, 985, oder wenn dch Anlagen, die die StadtVerw angelegt hat (Fontänenanlage), Dritte belästigt werden, BGH MDR **68**, 312. ZRweg auch für Klage gegen Privatperson (AktG) auf Herausgabe eines Grundstücks mit der Begr, daß der staatl Hoheitsakt, auf Grund dessen sie als Eigentümern im Grundbuch eingetragen ist, unwirksam sei, da das nur Vorfrage ist, BGH **5**, 81, vgl auch Anm 5 B.

Amtspflichtverletzung. ZRweg für Ansprüche auf Geldersatz einschließlich des Auskunftsanspruchs, BGH **78**, 274. Gilt auch bei Gemeindebeamten, OHGZ NJW **50**, 261. ZRweg auch wg Schäden dch Vorbereitung einer staatl Hoheitshandlung, RG **145**, 140, wg unsachgemäßer Durchführung eines Hoheitsaktes, Celle JR **48**, 320, für die Ausgleichsansprüche mehrerer öff-rechtl gesamtschuldnerisch verurteilter Körperschaften, BGH **9**, 65, für den Schadensersatzanspruch aus Nichterfüllung einer Zusicherung, VGH Mannh DVBl **81**, 265; kein ZRweg für Schadensersatzansprüche aus Verletzung öffrechtl Vertrages, § 40 II VwGO. Aber ZRweg auch, falls ganz ausnahmsweise von einem Beamten persönlich Widerruf ehrkränkender Behauptungen, die er bei seiner Amtsführung aufgestellt hat, zu verlangen ist, BGH **LM** Nr 70, oder über eine innerdienstl AnO zu entscheiden ist, die einen Bürger vom privat-rechtl Geschäftsverkehr in ehrkränkender Weise ausschließt, BGH NJW **67**, 1911; dies gilt, obwohl grundsätzlich nur Schadensersatz in Geld verlangt werden kann, BGH GSZ **34**, 105, **LM** Nr 88. ZRweg auch für Unterlassungsansprüche wg ehrverletzender Äußerungen eines Stadtratmitgliedes in einem Parteigremium, BGH **LM** Nr 74, dagegen VRWeg für den Streit um Äußerungen über VerwAngelegenheiten in der Vertretungskörperschaft, Oldb GRUR **80**, 1020. Siehe auch oben Anm 6 D.

Arbeitsverhältnis. S § 14 GVG Anm 5. ZRweg zulässig für Schadensersatzansprüche, wenn der Streik Verwirklichung einer Forderung der organisierten Arbeitnehmerschaft dch den Gesetzgeber herbeiführen soll, BGH **14**, 347, da das kein Arbeitskampf im Sinne von § 2 I Z 2 ArbGG ist. ZRweg auch für Ansprüche auf Darlehnsrückzahlung der Bundesanstalt für Arbeitslosenvermittlung u ArbeitslosenVers, das zur Förderung der ganzjährigen Beschäftigung in der Bauwirtsch gegeben ist, BGH NJW **69**, 1434. Kein ZRweg, soweit nach § 51 SGG vom 3. 9. 53, BGBl 1239, der SRweg gegeben ist (wg Versicherungsanstalten, Kriegsopferversorgung, Kassenarztrecht s bei diesen Stichworten).

Aufopferungsanspruch wegen Aufgabe privater Rechte zum allg Besten. ZRweg wg vermögensrechtl Ansprüche, § 40 II VwGO u oben Anm 6 A. Vgl auch „Amtspflichtverletzung" und „Enteignung".

Auftrag, öff-rechtl. Kein ZRweg, BGH **24**, 308, auch nicht bei öff-rechtl Geschäftsführung ohne Auftrag, BGH **LM** Nr 84.

Baupolizeiliche Auflage. Für Erstattung von Aufwendungen kein ZRweg, Hbg MDR **54**, 51. Zum „Anbauvertrag" (idR öff-rechtl, also VRweg für daraus hergeleitete Ansprüche) BVerwG **22**, 138, BGH **56**, 365 (eingehend).

Beamte. Für alle Klagen der Beamten, Ruhestandsbeamten, früheren Beamten u ihrer Hinterbliebenen aus dem Beamtenverhältnis ist der VRweg gegeben, ebenso für Klagen des Dienstherrn, § 126 BRRG, auf den auch § 172 BBG verweist. Darunter fallen nicht nur Klagen auf Feststellung eines öff Beamtenverhältnisses, wg Feststellung des Besoldungsdienstalters u dergl, sondern auch solche wegen vermögensrechtl Ansprüche wie Gehaltsklagen, Klagen wg unrichtiger Einstufung od Verletzung der Fürsorgepflicht, BVerwG **13**, 17, **15**, 3, worunter aber nicht der Schmerzensgeldanspruch bei Dienstunfall fällt, BVerwG NJW **65**, 929 (ZRweg). Auch im Rahmen des Beamtenrechts ZRweg für Ansprüche aus Staatshaftung, § 18 I StHG, und die sich dabei ergebenden Vorfragen, zB wg schuldhafter Nichteinhaltung einer Zusicherung auf Einstellung als Beamter, BGH **23**, 46 (vgl § 71 II Z 2). Vgl im übrigen oben „Amtspflichtverletzung" u Anm 6 C. VRweg gemäß § 126 BRRG auch für Ansprüche der **Richter**, §§ 46 u 71 III DRiG.

Beförderung (unentgeltliche) von Behinderten im Nahverkehr nach §§ 57ff SchwbG (G v 9. 7. 79, BGBl 989). ZRweg für Streitigkeiten aus dem Beförderungsvertrag, BGH DVBl **70**, 172, dagegen VRweg für Streit um Inhalt der öff-rechtl Verpflichtung des Unternehmens, BVerwG **37**, 243 (zum entspr G v 27. 8. 65, BGBl 978).

Bereicherungsklage eines Dritten gegen ZwVGläub nach Beendigung der ZwV. ZRweg, auch bei ZwV wegen Steuer, RG ZAk **40**, 165, desgl bei Bereicherungsansprüchen des öff-rechtl Versicherungsträgers gg den Geschädigten, BGH NJW **54**, 718 (keine Zuständigkeit des SozGer), ebenso bei Wegfall der öff-rechtl Widmung, BayObLG NJW **67**, 1664. Aber kein ZRweg für Klagen aus öff-rechtl ungerechtfertigter Bereicherung, BGH **LM** Nr 84, insbesondere auf Rückgewähr aufgrund eines öff-rechtl Vertrages, BGH **56**, 367, BVerwG NJW **80**, 2538: hierfür steht derselbe Rweg offen wie für den vertraglichen Leistungsanspruch.

Berge- u Hilfslohn. Siehe §§ 36ff StrandungsO, RGBl **74**, 73, **24** I 667; regelm Vorentsch der Aufsichtsbehörde des Strandamts erforderlich.

Berufsgenossenschaft. ZRweg für Rückgriffsansprüche gg Unternehmer, BGH NJW **57**, 384, da § 51 SGG nicht eingreift u auch ArbG nicht zuständig ist, BGH NJW **68**, 1429. Streitigkeiten mit der Post wegen Erstattung ihrer Aufwendungen bei der Auszahlung von Unfallversicherungsrenten gehören dagg in den SRweg, BGH NJW **67**, 781.

Binnenschiffsverkehr. ZRweg für Ansprüche der Bundesrep auf Zahlung des Unterschieds zw festgesetztem u vereinbartem Entgelt nach § 31 III BinnSchVG, BGH **64**, 159, BVerwG **17**, 242. Das gleiche gilt für Ansprüche aus der Verletzung der Verkehrssicherungspflicht nach § 17 III StHG, § 2 III BinnSchVerfG idF des § 24 StHG, oben Anm 6 C.

Bundesbahn. Bahnbenutzung ist zivilrechtl geordnet. Dagg VRweg für vertragl Ansprüche gg Gemeinde wg Umbenennung eines Bahnhofs, BGH DVBl **76**, 77.

Bundesbaugesetz. ZRweg im Rahmen des § 157 I BBauG, vgl Anm 6 G (auch in Nebenpunkten, zB Kostenerstattung im Enteignungsverf, BGH **56**, 221). VRweg für Streit um das sog preislimitierte Vorkaufsrecht, § 28a BBauG, OVG Münst NJW **81**, 1467; dagegen ZRWeg für Streit um das Vorkaufsrecht zu vertraglichem Preis, § 24 BBauG, OVG Münst aaO, str, aM ua Martens/Horn DVBl **79**, 146, Amann DVBl **79**, 807. Für Ansprüche aus einem Vertrag iSv § 123 III BBauG VRweg, BGH **54**, 287.

BundesleistungsG. ZRweg wg Festsetzung der Entschädigung od Ersatzleistung; zuständig LG ohne Rücksicht auf Streitwert, § 58 BLeistG. Ebso für Rückforderungen von Überzahlungen, § 62 ebda. Vgl auch Anm 1 B.

Bundesseuchengesetz. ZRweg für Entschädigungsansprüche und für Erstattungsansprüche, § 61 I idF v 18. 12. 79, BGBl 2263.

Bundeswehr. Für Streitigkeiten zw einem Arzt u der BRep aus der Beteiligung eines Kassenarztes an der ärztl Versorgung der Bwehr gilt der SRweg, BGH **67**, 92.

Datenschutz. ZRweg für den Auskunftsanspruch nach BDSG, dazu Sasse/Abel NJW **79**, 352, gegen eine private Auskunftei, OVG Münst NJW **81**, 1285.

Doktoranden. ZRweg für Ansprüche aus dem Doktorandenverhältnis, VGH Mannh VBlBW **81**, 360.

Durchsuchungsanordnung, Art 13 II GG. Vgl § 758 ZPO Anm 2. Zuständig für die Anordnung ist das Gericht, das zur Kontrolle des Vollstreckungsaktes berufen ist, § 758 ZPO Anm 6. Nach § 287 IV AO ist das AG zur Entscheidung berufen, Rößler NJW **81**, 25; zum Verf KG NJW **82**, 2326.

Enteignung (Beschlagnahme), s auch Anm 6 E. Enteignung iSv Art 14 GG umfaßt nicht nur Eigentumsentziehung, sondern auch beschränkende Eingriffe („zur Benutzung"), VGH Mannh JZ **51**, 86, Hbg NJW **50**, 839, MDR **51**, 122, 124, str. BGH beschränkt Schutz des Eigentums, Art 14 GG, nicht auf Eigentum, sondern erstreckt ihn auf alle vermögenswerten Rechte, BGH **6**, 270, also auch zB auf Pfandrecht, BGH **27**, 73. In jedem Falle verlangt Enteignung aber ein Sonderopfer, BGH **31**, 56. ZRweg für Höhe der Entschädigung, GG 14 III, ist auch dann gegeben, wenn Entschädigungspflichtiger (Kl) statt der ihm auferlegten Landabgabe Festsetzung in Geld beantragt, BGH **9**, 242, oder für Ansprüche auf Entschädigung wegen Rückenteignung, BGH **76**, 365. ZRweg auch für Streit um die Erstattung der im Enteignungsverfahren entstandenen RA-Kosten, BVerwG **40**, 254. Wegen der Enteignung selbst ist der ZRweg meist ausgeschlossen; ob eine solche vorliegt, ist aber ggf im Entschädigungsprozeß als Vorfrage vom Zivilgericht zu entscheiden, BGH **15**, 270, BVerwG NJW **72**, 1433. – Kein ZRweg bei Requisitionen der Besatzungsmacht, BGH **13**, 148, ebensowenig für Enteignung zu Reparationszwecken, BGH NJW **57**, 271.

Enteignungsgleicher Eingriff. ZRweg, vgl § 13 Anm 6 E.

Entschädigung nach den Entschädigungsgesetzen. Obwohl öff-rechtl Anspruch, ist gg das Land od die öff-rechtl Körperschaft dch die EntschädigungsG der ZRweg eröffnet, zB § 208 BEG. Umsiedlerschäden sind Vertreibungsschäden, so daß LAG eingreift u damit VRweg gilt, auch wenn das Reich den Gegenwert erhalten hat, BGH **22**, 286. Ist keine Zuständigkeit von Bundesbehörden gegeben, so ZRweg, BGH **LM** Nr 47.

Entschädigungsansprüche aus Finanzvertrag (wg der dch ausld Streitkräfte verursachten Schäden). Im Streitfall ZRweg zulässig. Klage binnen 2 Monate gg BRep zu erheben (prozessuale Ausschlußfrist, BGH **33**, 360, die aber auch dch Einreichung beim örtlich od sachlich unzuständigen Gericht, selbst bei ausschließlicher Zuständigkeit, gewahrt wird, BGH **34**, 230; **35**, 374).

Fehlbestandsverfahren (Defektenverf). Gg den Erstattungsbeschl ist für Arbeiter u Angestellte Rechtsweg zu den ArbG zulässig, BVerwG **38**, 1 (dazu Bettermann DVBl **72**, 85). Bei Erstattungsansprüchen gg Beamte hingegen VRweg, EF § 40 VwGO Randnr 83.

Flurbereinigung. Zuständig sind die Flurbereinigungsgerichte, § 140 FlurbG, BGH **35**, 175; s auch Umlegungsverf.

Folgenbeseitigungsanspruch. Zuständig ist das Gericht, das über die Rechtmäßigkeit des zugrunde liegenden Aktes staatlicher Gewalt zu entscheiden hat, § 18 II StHG. Danach ist nur ausnahmsweise der ZRweg gegeben, vgl Anh IV § 78b.

Freiheitsentziehung. Rweg zum AG nach G v 29. 6. 56, BGBl 599, bei Anfechtung aller Maßnahmen von Verwaltungsbehörden, die eine Freiheitsentziehung darstellen, BVerwG **62**, 317. Das gleiche gilt nach den PsychKG der Länder.

Friedhofsbenutzung. ZRweg, wo besondere privatrechtl Befugnis behauptet wird, so dch Bestattungsunternehmen, BGH **14**, 294; kein ZRweg, wo die Befugnis aus öff Recht hergeleitet wird, RG HRR **32**, 66, od bei Streit um die Benutzung eines kirchl Friedhofs, BVerwG **25**, 364, Hbg HbgJVBl **83**, 103. Für Streitigkeiten zwischen Angehörigen über eine Umbettung ZRweg, LG Mü FamRZ **82**, 849.

Gemeindebetriebe. ZRweg, wenn Gemeinde die Benutzg ihrer Einrichtungen dem Privatrecht unterstellt, wie die von Krankenhäusern, BGH **9**, 145, Freibad, BadVGH DVBl **55**, 745, Wasserleitung, BGH MDR **66**, 136. ZRweg auch bei Streit mit Abnehmer wegen Kostenerstattungspflicht für den Hausanschluß, BGH NJW **54**, 1323, bei Schadensanspruch wg Lieferung schlechten Leitungswassers, BGH **17**, 193, NJW **72**, 2300 (dazu v Mutius VerwArch **64**, 305), desgl bei Streit über Konzessionsabgaben der Elektrizitätsversorgungsunternehmen an Gemeinden, BGH **15**, 115. Abwehr von Immissionen, die ihren Grund in der Nutzung eines gemeindeeigenen Grundstücks haben, ist nur insoweit eine öff-rechtl Streitigk, als die Bestimmung über die Nutzung in öff-rechtl Formen erfolgt ist u durch eine UrtVollstr zur Aufhebg od Änderung einer hoheitsrechtl Maßnahme führen würde, BGH **41**, 264 (daher ZRweg für Abwehrklage wegen Geräusch aus Kirmesveranstaltung auf öffentl Platz). Vgl auch Anm 3. Im übrigen siehe unter ,,öffrechtl Einrichtungen''.

Genossenschaft. Da das Rechtsverhältnis zwischen Prüfsverband u der um Aufnahme nachsuchenden Genossenschaft bürgerl-rechtl Natur ist, ist für den Anspruch auf Aufnahme der ZRweg gegeben, BGH **37**, 160.

Getreideeinfuhr. ZRweg zul für Streit um Abgabe v Getreide aus der Vorratshaltung u Preisfestsetzung, BVerwG NJW **59**, 212. Aber VRweg bei Streit um Übernahme nach § 3 GetreideG, BVerwG DVBl **73**, 417.

Güterfernverkehr. Die ordentl Gerichte haben bei Erlaß eines Überleitungsbescheides, § 23 GüterkraftverkehrG, auch den vorsätzl Tarifverstoß nachzuprüfen, gleichgültig, ob der Bescheid vor dem VerwGer angegriffen ist od nicht, BGH **31**, 88.

Hausverbot, behördliches. ZRweg nur dann, wenn es sich um eine privatrechtl Willenserklärung handelt, was je nach den besonderen Umständen des Falles u dem Zweck des Verbots zu entscheiden ist; bejaht bei Zusammenhang mit Ausschluß von der Vermittlung von Lieferungsaufträgen, BGH NJW **67**, 1911, u mit Abbruch von Verhandlungen über Forschungs- u Entwicklungsaufträge, BVerwG **35**, 103 (dazu Stürner JZ **71**, 97 u Knemeyer DÖV **71**, 303).

Hebammengebühren aus § 376a RVO: SRweg, BGH **31**, 24.

Hofveräußerung. Für den Anspruch auf Ergänzung der Abfindungen, § 13 I HöfeO idF G v 29. 3. 76, BGBl 881, gegen die Hoferben ist das LwGericht ausschl zuständig, § 1 II HöfeVfO v 29. 3. 76, BGBl 885. Das ordentl Gericht ist jedoch zuständig, wenn von dem, an den der Hof veräußert ist, seitens der Miterben Ergänzung ihrer Abfindungen verlangt wird, § 419 BGB, BGH **39**, 276.

Hoheitsrechte. Kein ZRweg gg Ausübung von Hoheitsrechten, also für Klage auf Aufhebung eines Hoheitsaktes, auch nicht, wenn sich Kl dagg auf Besitzschutz beruft, BGH **48**, 240; vgl auch Anm 5 C u 6 C. So kein ZRweg für Klage, durch die einer öff-Körperschaft in Zukunft ein bestimmtes Handeln vorgeschrieben od verboten werden soll, BGH NJW **56**, 711. Kein ZRweg bei nichtobrigkeitlichen öff-rechtl Handlungen (zB Anregungen u Empfehlgen der Handelskammern), jedenfalls dann nicht, wenn der VRweg eröffnet ist, BGH **LM** § 549 Nr 29. Kein ZRweg für Klagen aus Verträgen, die der Staat kraft Hoheitsrechts schließt u nicht wie ein Privater zur Förderung seiner Unternehmen, vgl aber auch Anm 3. Dagg ZRweg gegeben bei Wegnahme des Besitzes zur Sicherstellung angeblichen Eigentums, BGH NJW **51**, 441, ferner bei in Ausübung von Hoheitsrechten auf Privateigentum errichteten Anlagen nach Lösung der hoheitsrechtl Beziehungen für Ansprüche auf Beseitigung, falls kein öff Eigentum an den Anlagen u nicht deren Erhaltung aus hoheitsrechtl Belangen beansprucht wird, BGH **LM** Nr 51, so bei Entfernung von Bunkertrümmern, BGH **LM** Nr 48. ZRweg für Klage auf Entschädigung für Beeinträchtigungen von Patentrechten dch Hoheitsrecht, desgl wg Unterbringung städtischen Reisebüros in Paßstelle, BGH GRUR **56**, 227. Kein ZRweg für Klage auf Unterlassung dieser Beeinträchtigung, ebenso nicht auf Löschung des Pfändgsvermerks für eine Grundschuld, der auf Veranlassung des FinAmts wg rückständiger Steuern eingetragen wurde, wenn die Klage auf Nichtentstehung oder Tilgung der Steuerschuld gestützt wird, BGH NJW **67**, 563. S auch ,,Amtspflichtverletzung'', ,,Schlichtverwaltende Tätigkeit''.

Jugendhilfe. ZRweg für Streitigkeiten zwischen Jugendamt und Pflegeperson aus einem Pflegevertrag nach § 27 JWG, BVerwG FEVS **81**, 221 mwN, KG MDR **78**, 413.

Kammer. Kein ZRWeg für Streitigkeiten zwischen dem Mitglied einer Kammer (RA, Arzt, Apotheker) und der Kammer wegen der Einleitung oder Androhung eines Berufsgerichtsverfahrens, Mü WRP **80**, 171, Kblz WRP **80**, 224, zB wegen für unzulässig gehaltener Werbemaßnahmen, BayObLG BayVBl **82**, 218, dazu Hitzler GRUR **82**, 474.

Kartellsachen. Aus § 87 I GWB ergibt sich nicht nur die sachliche Zuständigkeit, sondern auch der ZRweg, so daß dieser Zuweisung etwaige sonstige Zuweisungen weichen müssen, wenn es bürgerl-rechtl Rechtssachen aus dem Gebiet des GWB handelt, BGH **34**, 53, nicht aber bei solchen öff-rechtl Streitigkeiten zwischen einer Körperschaft des öff Rechts u ihrer staatl Aufsichtsbehörde, BGH **41**, 194.

Kassenärzte. Honorarklagen gegen die kassenärztl Vereinigung gehören in den SRweg, BGH **LM** § 51 SGG Nr 1 = ZZP **69**, 307. Das gleiche gilt für Streitigkeiten zwischen dem Kassenzahnarzt und der Krankenkasse wegen der Honorierung seiner Leistungen, im Zusammenhang mit Zahnersatz, Schimmelpfeng-Schütte NJW **81**, 2505 mwN, Wiethardt NJW **79**, 1940, aM Hasselwander NJW **81**, 1305 mwN, LG Ffm NJW **79**, 1940. S auch ,,Bundeswehr".

Kirche. Jede Religionsgesellschaft verwaltet ihre Angelegenheiten selbständig innerhalb der Schranken der für alle geltenden Ges u verleiht ihre Ämter ohne Mitwirkung des Staates od der bürgerl Gemeinden, Art 140 GG, 137 III WRV. Der staatl Gerichtsbarkeit sind also Eingriffe in die inneren Verhältnisse der Kirche verwehrt, BVerfG JZ **65**, 358 (Grundmann JZ **66**, 81), deshalb insoweit auch keine Nachprüfung durch staatl Gerichte, Art 19 IV nicht anwendbar, BVerfG aaO, BGH **12**, 321, BVerwG **66**, 241 mwN, vgl Ule VPrR § 6 VI. Keine Nachprüfung od Feststellung, daß jemand Geistlicher ist, BVerwG NJW **80**, 1041, und welchen Status er hat, BVerwG **66**, 241, ob eine kirchl DisziplinarVfg rechtmäßig, OVG Münst DVBl **78**, 925, oder eine Kirchenvorstandswahl wirksam ist, OVG Münst DVBl **78**, 921 m krit Anm Tammler, sowie auch sonst kein Rweg zu staatl Gerichten für Streitigkeiten über innerkirchliches VerwHandeln, BGH NJW **81**, 2811. Der kirchl Gerichtsbarkeit können Streitsachen wg Mitgliedschaft zur Kirche, Benutzung kirchl Einrichtungen, ferner die Rechtsverhältnisse ihrer Beamten u Seelsorger in vermögensrechtl Hinsicht unterworfen werden. Jedoch darf die Kirche ihre Angelegenheiten nur ,,innerhalb der Schranken des für alle geltenden Rechtes regeln", Weber NJW **54**, 1284, EF § 42 VwGO Anm 78ff, also innerhalb der dch Art 34, 14, 19 IV GG gegebenen Grenzen, so daß, wenn eine kirchl Gerichtsbarkeit nicht eingerichtet ist, ein Rechtsweg zu staatl Gerichten gegeben ist, BGH **46**, 102 (VRweg), BVerwG JZ **67**, 411. Obwohl aber BRRG (§ 135) für öff Religionsgesellschaften u ihre Verbände nicht gilt, können sie für ihre Beamten u Seelsorger § 126 BRRG (VRweg) für anwendbar erklären, dazu BVerwG **66**, 247. So wird das gemäß KirchenG üb Besoldg u Versorgg der Kirchenbeamten der evang Kirche, in Kraft ab 1. 4. 54, für diese Ansprüche angenommen, BGH **LM** Nr 85; sie sind innerhalb der Union der evang Kirche durch die VO zur Erweiterg der kirchl VerwGerichte v 2. 2./12. 7. 60, ABl EKD 321, kirchl Gerichten zugewiesen, BGH **34**, 372; dazu Maurer DVBl **61**, 625. Jedoch kann die Kirche nicht alle Sachen, an denen sie beteiligt ist, vor ihre Gerichte ziehen, da das dem entspr anzuwendenden § 4 EGZPO widersprechen würde. Privatrechtl Ansprüche bleiben den ordentl Gerichten, so Ansprüche auf Unterlassung nach UWG, BGH NJW **81**, 2811, auf Ergänzung der Einkünfte aus Patronatsrecht (preuß ALR), BGH NJW **55**, 1756, privatrechtl Eigentumsübergang, Düss NJW **54**, 1767, Amtspflichtverletzung kirchl Beamter, BGH **22**, 283, Herausgabe eines Kirchengebäudes nach § 985 BGB, BayObLG BayVBl **81**, 438, Unterlassung von Glockengeläut, VGH Mü BayVBl **80**, 563 m zustm Anm Schatzschneider BayVBl **80**, 564 mwN, während Streitigkeit um Kirchenbaulasten u vermögensrechtl Ansprüche eines Geistlichen ggüb seiner Kirche öff-rechtl sind u in den VRweg gehören, BVerwG **25**, 226, BGH **31**, 121, OVG Münst DVBl **78**, 926 mwN. Den innerkirchl Bereich berührt auch nicht die Feststellung, daß jemand nicht Mitglied der Landeskirche ist, so daß insoweit ZRweg offen steht, Brschwg FamRZ **65**, 228. S auch unter ,,Friedhofsbenutzung".

Kleingärten, Kleinpachtland, Kleinsiedlung. ZRweg, BundeskleingartenG v 28. 2. 83, BGBl 210.

Konkursvorrecht öff-rechtlicher Forderungen. Für die Feststellung des Vorrechts ist derjenige Rweg eröffnet, in dem über die Forderung nach Grund und Höhe zu entscheiden ist, bei Steuerforderungen also FRweg, BGH **60**, 64, BFH NJW **73**, 295 (zustm Oswald JR **73**, 321, abl Dietrich NJW **73**, 295), bei Sozialversicherungsbeiträgen SRweg, BGH **55**, 224 (Aufgabe der früheren Rspr, vgl BGH **52**, 158), BSG SGb **71**, 174 (dazu krit Glücklich SGb **71**, 175 u 409), bei der Ausgleichsabgabe nach SchwbG VRweg, OVG Hbg ZIP **82**, 473. Aber ZRweg für Feststellung der Höhe und des Vorrechts der auf den Zollbürgen übergegangenen Abgabenforderung, BGH NJW **73**, 1077 m krit Anm André NJW **73**, 1495.

Kraftfahrzeugkennzeichen. Für Streit wg des Verkaufs ZRweg, BGH DVBl **75**, 655.

Krankenhaus. VRweg wegen der behördlichen Festsetzung der Pflegesätze, BGH VerwRspr **30**, 786. VRweg auch für Streit über die Kosten der Unterbringung in Krankenhäusern der öff Hand einschließlich der Erstattungsansprüche wegen Minderleistungen, Köln VersR **82**, 677. SRWeg für Ansprüche auf Kostenübernahme gegen einen SozVersTräger, BSG ZfSH **82**, 345.

Krankenkasse. Die Zuführung eines Krankenversicherten zu der notwendigen ärztl Hilfe ist Geschäftsführung ohne Auftrag für die Krankenkasse, so daß bei einer dabei erlittenen Gesundheitsschädigung im ZRweg von dieser Schadensersatz verlangt werden kann, BGH **33**, 251. Hingegen hat das Eintreten einer Krankenkasse öff-rechtl Charakter, dafür also SRweg, BSozG NJW **58**, 886. Jedoch ZRweg für den Streit zwischen der Krankenversicherung der Bundesbahn und ihren Mitgliedern über tarifliche Leistungen, BGH **79**, 320. S auch unter ,,Sozialversicherung" und ,,Wettbewerb".

Kunstausstellung. ZRweg für Streitig zw Künstler u staatl Kunsthalle wg einer Jury-Entsch, VGH Mannh DVBl **76**, 951.

Lastenausgleich. Kein ZRweg wg Weiterzahlung der auf die bisherigen Umstellungsgrundschulden zu erbringenden Leistungen, BGH **LM** Nr 35. Aber Feststellgsklage zwischen geschiedenen Ehegatten im ZRweg möglich, um Eigentumsverhältnisse u damit Legitimation für Entschädigungsansprüche zu klären, BGH **27**, 190. S auch unter ,,Entschädigung".

Marktordnung. ZRweg für einen Anspruch der Bundesanstalt für landwirtschaftliche Marktordnung auf Zahlung eines zu ihren Gunsten vereinbarten Betrages wegen Nichteinhaltung der Absatzbedingungen, BGH RIW **83**, 278.

Mitbestimmung. ZRweg für Streitigkeiten üb Mitbestimmung nach § 98 II 2 AktG einschl Entsch üb Konzernabhängigkeit, ArbG Herne BB **77**, 950. Vgl iü Wiesner DB **77**, 1747.

Namensschutz. ZRweg aus § 12 BGB auch gg Behörden wg Störung im amtl Verkehr, soweit nicht ausschließl in Ausübung öff-rechtl Befugnisse begründet, RG **147**, 254. ZRweg wg Führung adligen Namens, wenn politische Partei auf Unterlassung einer von ihr gebrauchten Abkürzung ihres Namens in Anspruch genommen wird, BGH **43**, 245.

Notar. ZRweg für Schadensersatzansprüche nach § 19 I–IV NotO, § 19 V NotO idF des § 26 I StHG (für Ba-Wü s § 26 II StHG). Kein ZRweg für Kostenansprüche, § 155 KostO.

Öffentliche Körperschaften. ZRweg für Mitgliederbeiträge, wo Pflicht durch privatrechtl Vertrag begründet, RG **142**, 166. Ebenfalls ZRweg für Streit um Ausscheiden einer öff Körperschaft aus einer Gesellschaft wg unlauteren Wettbewerbs, mag auch der Beitritt durch VerwAkt begründet worden sein, BGH DVBl **64**, 475.

Öffentlich-rechtliche Einrichtungen. Für Streit um Zulassung zur Benutzung VRweg, auch wenn sich das auf Grund der Zulassung begründete Benutzungsverhältnis nach privatem Recht richtet, OVG Münst NJW **69**, 1077, VG Berlin JZ **72**, 86 (vgl Pappermann JZ **69**, 485). Nach Hbg MDR **69**, 677 VRweg sogar dann, wenn die Einrichtung in der Rechtsform einer Handelsgesellschaft betrieben wird. S im übrigen unter ,,Gemeindebetrieb".

Pacht. Zuständig AG als Landwirtschaftsgericht, § 2 LwVG; Verf nach FGG, § 9 LVerfG. Verweisung nach § 12 II LVerfG. Wg Entsch üb Bestehen od wirksame Kündigung eines Pachtvertrages s § 13 LVerfG.

Politische Partei. ZRweg für Kl gg politische Partei aus Namensrecht auf Unterlassg einer Namensabkürzung, BGH **43**, 248, auch nach Inkrafttreten des Parteiengesetzes, BGH **79**, 265, ebso bei Streit üb Aufnahme in eine Partei, VGH Mannh NJW **77**, 72, od üb Ausschluß aus einer Partei, aM Schiedermair AöR **104**, 200.

Polizei. Zur Frage, ob der ZRweg im Verhältnis zwischen dem Blutentnahmearzt u der Polizei gilt, vgl Mü NJW **79**, 608.

Post. Kein ZRweg wg des Postbenutzungsrechts, also Annahme von Postsendungen, BGH **16**, 113, Eröffnung eines Postscheckkontos, Deckung eines Fehlbetrages auf dem Konto, BGH NJW **76**, 1847, Abgabe v Wertzeichen (auch im Dauerbezug), VGH Kassel DVBl **76**, 84, Überlassung eines Schließfachs, auf Herstellung eines Fernsprechanschlusses, Hbg HEZ **2**, 354; in allen diesen Fällen VRweg, § 26 S 1 PostG v 28. 7. 69, BGBl 1006, idF des § 25 StHG. Dagg ZRweg für alle Ersatzansprüche nach den §§ 12, 15, 18–20 u 22 PostG, § 26 S 2 PostG idF des § 25 StHG, vgl zum früheren Recht BGH **67**, 69. Der Fernsprechteilnehmer schließt mit der Post einen öff-rechtl Vertrag, BGH **19**, 126. ZRweg zulässig für Schadensersatzansprüche aus ihm, ferner für Schäden beim Einrichten des Anschlusses, RG **141**, 426. Desgl bei Streit üb Grund u Höhe der Gebühren, § 9 G üb Fernmelde-

1. Titel. Gerichtsbarkeit **GVG § 13** 7

anlagen v 14. 1. 28, RGBl 8, GmS NJW **71**, 1606, BVerwG BB **72**, 731 (aber VRweg bei Klagen gg VollstrAkte auf diesem Gebiet, BVerwG NJW **78**, 335 m Anm Rupp, OVG Hbg DÖV **77**, 788). S auch unter „Telegrafenwegegesetz".

ReichsgaragenO. Siehe unter „Vertrag".

Rückerstattung. ZRw zulässig für Rückgriff des Erstattungspflichtigen gg Rechtsvorgänger, BGH **8**, 193, für den Anspruch aus einem außergerichtl Vgl eines Rückerstattgsberechtigten im Proz gg einen Rückerstattgsverpfl, RzW **64**, 500, für Ansprüche des RückerstPflichtigen aus Art 14 u 34 GG, BVerwG MDR **75**, 170. Aber kein ZRweg für Rückerstattung öff Leistungen, auch wenn diese dch unerlaubte Handlgen erlangt sind, falls auch für Klage auf Gewährung dieser Leistungen der VRweg gegeben ist, BGH NJW **67**, 156.

Rundfunk (öff-rechtliche Anstalt). Vgl. Lerche Festschrift Löffler, 1980, S 217. VRweg für Streitigkeiten über die Gebühren, allgM, BVerwG **29**, 240, VGH Kassel AS **29**, 190 mwN; ebenso für die Klage auf Überlassung von Programmübersichten, VG Hbg NJW **79**, 2325 mwN. Nach BGH **66**, 182 ZRweg für Ansprüche wegen Verletzung des Persönlichkeitsrechts durch eine die Ehre verletzende Sendung, abl Bettermann NJW **77**, 513 unter Hinweis auf BVerfG **31**, 314.

Schlichtverwaltende Tätigkeit, also eine solche nicht obrigkeitl, aber gleichwohl hoheitl Natur, BGH NJW **56**, 711, mag es sich um eine Körperschaft des öff Rechts od auch eine juristische Person bürgerl Rechts als Träger öff-rechtl Aufgaben handeln, so auch BGH JW **62**, 217. In diesem Fall kein ZRweg für Unterlassungsklagen wg Warnungen u ähnl Einwirkungen auf die Mitglieder der Vereinigung, BGH **LM** § 549 ZPO Nr 29 (Handelskammer), BGH **LM** Nr 55 (Landesvereinigungen für Milch- u Fettwirtschaft), auch nicht für Schutz vor Überschwemmungen dch Änderung der Kanalisation, BGH MDR **61**, 918. S ferner Anm 3.

Schulwesen. Für Streitigkeiten zwischen Eltern und einer genehmigten Privatschule ZRweg zulässig, BGH MDR **61**, 845, BVerwG DÖV **74**, 496, OVG Münst JZ **79**, 677, iü VRweg (auch für Streitigkeiten mit einer anerkannten Privatschule in Ba-Wü, VGH Mannh BaWüVPraxis **80**, 87; anders dagegen in Bay, VGH Mü NVwZ **82**, 562 mwN: ZRweg).

Soldaten. Für Klagen der Soldaten, auch solcher im Ruhestand, der früheren Soldaten und der Hinterbliebenen aus dem Wehrdienstverhältnis VRweg, soweit nicht ein anderer Rweg gesetzlich vorgeschrieben ist, § 59 I SoldatenG idF v 19. 8. 75, BGBl 2273.

Sozialhilfe. Kein ZRweg für Rückforderung geleisteter Tuberkulosehilfe, Düss MDR **62**, 141. ZRweg zulässig für Ersatz von Leistungen der Krankenanstalt aus auftragsloser Geschäftsführung für den Sozialhilfeträger, RG **150**, 82, ebenso für Klage des Trägers der SozHilfe aus dem auf ihn übergeleiteten Unterhaltsanspruch, § 90 BSHG, gegen den Pflichtigen, BGH **78**, 202 mwN, BVerwG **11**, 249, und zwar auch hinsichtl der öff-rechtl Vorfragen, zB der Zuständigkeit des Trägers der SozHilfe, der Vertriebeneneigenschaft u dgl, BVerwG MDR **60**, 527.

Sozialversicherung. Für Streit um Beiträge SRweg, auch für die Klage des Arbeitnehmers gegen den Arbeitgeber auf Zuschuß nach § 405 RVO, GmS NJW **74**, 2087, abl Merten VerwArch **75**, 387 (ArbGer). Kein ZRweg auch für Inanspruchnahme eines Alleingesellschafters im Wege des sog Durchgriffs, BGH DVBl **72**, 544, für die Haftung des Vermögensübernehmers, § 419 BGB, für die Erstattung zu Unrecht empfangener Leistungen, BGH **72**, 56 m zustm Anm Roidl SGb **79**, 354, und für Ansprüche aus einer Bürgschaft für Sozialversicherungsbeiträge, KG NVwZ **83**, 572, aM Ffm NVwZ **83**, 573. Hat der Arbeitgeber die ihm nach SozVersGes obliegenden Pflichten auf nicht bei ihm angestellten Bevollmächtigten übertragen, so ZRweg für Schadensersatzklage gg ihn wegen Nichtabführung einbehaltener Beitragsanteile der Arbeitnehmer, BGH **LM** Nr 83; desgl für Schadensersatzforderung der Krankenkasse, die wegen Nichtabmeldung des Arbeitnehmers seitens des Arbeitgebers noch Versicherungsleistungen erbracht hat, RG **73**, 211. ZRweg bei Rückgriffsanspruch der SozialversTräger gg Unternehmer u Betriebsangehörige, die den Unfall dch eine betriebl Tätigkeit verursacht haben, § 640 RVO, BGH **57**, 96, NJW **68**, 1429. Ebenso ZRweg für Kl auf Rückzahlung von nach dem Tode des Berechtigten gezahlter Rente, BGH **71**, 180 m abl Anm Bethge NJW **78**, 1801 und Birk SGb **79**, 302 mwN sowie zustm Bespr v Heinz SGb **81**, 163, LG Freibg VersR **78**, 443, aM AG Ettenheim m zustm Anm Haueisen NJW **77**, 441. ZRweg wg Gesundheitsschäden, die bei der Zuführung eines Versicherten zur ärztl Behandlung entstanden sind, BGH **33**,

251. SRweg für Kl gg Empfehlung einer Krankenkasse zur Verschreibung eines preisgünstigeren Medikaments, BGH NJW **64**, 2208. Vgl auch unter „Kassenärzte", „Konkursvorrecht" und „Wettbewerb".

Stationierungsschäden. S unter „Entschädigungsansprüche aus Finanzvertrag".

Steuer. Kein ZRweg für Steuern jeder Art u Form u alle damit zusammenhängenden Fragen; nie zu prüfen, ob Heranziehung zur Steuer rechtmäßig, da insofern FinGer zuständig. ZRweg zulässig, soweit Steuerschuld eines Dritten privatrechtl übernommen, RG **123**, 229, od üb Wirksamkeit einer zur Abwendung der Beitreibung vorgenommenen Hypotheken-Abtretung gestritten wird, BFH BStBl **79** II 442, ebso für Streit um Rückforderung einer vom Schuldübernehmer gezahlten Schuld, RG **129**, 97, ebso für Geltendmachung v kraft Ges übergegangener Abgabenansprüche, BGH NJW **73**, 1077, abl Rimmelspacher JZ **75**, 165, zust Stolterfoth JZ **75**, 658. ZRw auch für Schadenersatzansprüche wg ungerechtfertigten Steuerarrests, BGH **63**, 277 mwN, aM (FRweg) Schwarz NJW **76**, 215, ferner für Kl auf Ausstellung einer Rechnung nach § 14 I UStG, BGH NJW **75**, 310. S auch unter „Konkursvorrecht".

Strafverfolgungsmaßnahmen. Für Anspruch auf Entschädigung ZRweg mit ausschließl Zuständigkeit des LG, § 13 StrEG.

Straßenrecht. Streit um Entgelt für Sondernutzung gehört vor die VerwGer, es sei denn, der Anspruch wird auf Privateigentum am Straßenland gestützt, KG OLGZ **77**, 497. Dagg ZRweg bei Streit zw Straßenbaubehörde u Versorgungsunternehmen üb die Kosten einer durch Straßenausbau erforderl gewordenen Neuverlegung, BGH **35**, 354, vgl auch § 8 X BFernstrG. Herstellung u Erhaltung der Verkehrswege ist Aufgabe des Staates, die hoheitl bewältigt wird; kommt aber ein Dritter infolge des schlechten Straßenzustandes zu Schaden, so ZRweg, BGH **21**, 48, s jetzt § 17 III StHG. Kein ZRweg wg Benutzung einer dem Verkehr zur Vfg gestellten Straße, auch wenn sie noch im Privateigentum einer Wohnungsgesellschaft der Gemeinde steht, OVG Lüneb DVBl **64**, 365, ebensowenig, wenn bei wirksamer Widmung der Gemeinde ein Grundstückseigentümer Herausgabe eines Grundstücksteils verlangt, üb den ohne seine Zustimmung ein Weg gelegt worden ist, BGH **48**, 239, desgl nicht, wenn ein Notweganspruch üb ein städtisches Grundstück, das der Feuerwehr dient, durchgesetzt werden soll, BGH NJW **69**, 1437. S auch unter „Wegestreitigkeiten".

Studienförderung. Für Rückzahlungsanspruch (gg Beamte u Soldaten) kein ZRweg, BVerwG **30**, 65, BGH MDR **72**, 589. VRweg auch für Rückforderung von Leistungen nach dem „Honnefer Modell", BVerwG **32**, 283, oder nach BAföG, ebenso für Rückzahlung eines danach gewährten Darlehns, Ffm DVBl **80**, 381 gegen Köln NJW **67**, 737.

Subventionierung. VRweg bei Streit darüber, ob Subvention gewährt (auch bei Streit um Ermäßigung v Abschöpfungssätzen, BVerwG DVBl **73**, 412), od zurückgefordert werden soll, BVerwG DÖV **71**, 312, BGH **57**, 130. Dagg ZRweg für den Streit über den Abschluß des durchführenden Vertrages, krit Dawin NVwZ **83**, 400, und für Streitigkeiten aus seiner Durchführung, zB wg Rückzahlung eines Darlehns, BVerwG DVBl **73**, 416, od seiner Ablösung, BVerwG ZMR **72**, 194, ebenso wg der Zinshöhe für ein Aufbaudarlehen, BVerwG DVBl **59**, 665, Zinsherabsetzung od Zinserlaß bei öff Wohnungsbaudarlehen, BVerwG NJW **62**, 170, ferner bei Rückzahlungsanspruch aus Darlehnsvertrag, BGH **57**, 130.

Telegrafenwegegesetz. VRweg für Klagen gegen die vorläufige Festsetzung von Entschädigungen nach § 13 II 2 iVm § 6 V G v 18. 12. 99, RGBl 705, BVerwG DVBl **82**, 590 (BGH **36**, 217 u DVBl **74**, 284 ist aufgegeben), ebenso für Ersatzansprüche nach § 2 III 2, BGH **85**, 121 mwN (ZRweg nur für daneben in Betracht kommende Ansprüche aus Amtshaftung oder Verletzung der Verkehrssicherungspflicht).

Testamentsvollstrecker. Das ProzGer prüft nach, ob das TestVollstrAmt mit Rücksicht auf die Ausführung aller Aufgaben beendet ist, auch wenn TestVollstrecker vom Nachlaßgericht ernannt ist; es ist hingg an die TestAuslegung des Nachlaßgerichts gebunden, wenn die Möglichk einer noch nicht erfüllten TestVollstreckeraufgabe besteht, BGH **41**, 23.

Tierseuchengesetz. VRweg für Entschädigungsansprüche, § 72b des Ges idF v 28. 3. 80, BGBl 387.

Tierzuchtgesetz. ZRweg für Klage auf Eintragung in das Zuchtbuch nach G v 20. 4. 76, BGBl 1045, BVerwG NJW **81**, 2482 m krit Anm Steiner NJW **81**, 2452. Dagegen VRweg für Klage gegen einen Körbescheid, OVG Lüneb AS **34**, 357 mwN.

Umlegungsverfahren. Rweg zu den Baulandger, § 157 BBauG.

Urheberrechtsstreitigkeiten. Für Rechtsstreitigkeiten, dch die ein Anspruch aus einem der im UrhRG geregelten Rechtsverhältnissen geltend gemacht wird, ist der ZRweg gegeben. Handelt es sich um Urheberrechtsstreitsachen aus Arbeits- od Dienstverhältnissen, die ausschl Ansprüchen auf Leistung einer vereinbarten Vergütung zum Gegenstand haben, so Rweg zu den ArbGer bzw. VerwGer, § 104 UrhRG, § 2 II 2b ArbGG.

Verein. ZRweg, wenn ein privatrechtl (Sport-)Verein Hindernisse für die berufl Betätigung seiner Mitglieder in seinem Bereich aufstellt, BVerwG DÖV **77**, 784 m Anm Wüst u Pelhak.

Veröffentlichungen. ZRweg für den Streit über die Veröffentlichung oder Nichtveröffentlichung privater Beiträge in einem von einer Behörde herausgegebenen Blatt, BVerwG DVBl **82**, 636.

Versicherungsanstalten, öffentliche. ZRweg zulässig für Ansprüche aus dem Versicherungsverhältnis gg öff-rechtl Feuerversicherungsanstalt im Geltungsbereich des § 23 des preuß G v 25. 7. 10, preuß GS 141, RG **116**, 31; ZRweg für Streitigkeiten zwischen Zusatzversorgungsanstalten des Bundes bzw der Länder u den Versicherten, BGH **48**, 37, BVerwG **6**, 200, BSG NJW **72**, 2151. Siehe auch „Arbeitsverhältnis" u „Sozialversicherung".

Vertrag. Ob eine Vereinbarung dem öff od privaten Recht zuzuordnen ist, entscheidet sich nach ihrem Gegenstand, § 13 Anm 3 (zur Abgrenzung des öff-rechtlichen Vertrages, §§ 54ff VwVfG, vom privatrechtlichen Vertrag Lange NVwZ **82**, 314). Davon hängt der Rweg ab. VRweg für Streitigkeiten aus sog Erschließungsverträgen, BGH NJW **74**, 1709, und aus Verträgen über die Ablösung der Stellplatzverpflichtung, BVerwG NJW **80**, 1294, aM BGH **35**, 69 (zweifelnd BGH NJW **79**, 642). Für Schadensersatzansprüche aus öff-rechtl Verträgen VRweg, § 40 II 1 VwGO idF des § 97 Z 1 VwVfG, BGH VersR **83**, 750, BVerwG NJW **80**, 2538, auch für solche aus Verschulden bei Vertragsschluß, Schmidt SchlHA **78**, 93, VGH Kassel LS AS **82**, 237, und aus Nichterfüllung einer Zusicherung, VGH Mannh DVBl **81**, 265; dagegen ZRWeg für Erstattung von Aufwendungen durch Private, aM LG Hann MDR **81**, 942, und bei (auch nur hilfsweiser) Stützung auf Amtspflichtverletzung, BGH NJW **79**, 642. ZRweg auch für den Streit über die Vergabe von Standplätzen für ein gemeindliches Volksfest im Wege der Vereinbarung, Kblz NVwZ **82**, 379. Siehe auch „Bereicherungsklage".

Verwahrungsverhältnis, öffentlich-rechtliches. ZRweg zulässig, § 40 II 1 VwGO, oben Anm 6 B.

Viehseuchengesetz. S „Tierseuchengesetz".

Vollstreckung. Der Rweg richtet sich nach der Rechtsnatur des Titels, aus dem vollstreckt wird, gleichgültig, ob der zu vollstreckende Anspruch dem öff oder dem privaten Recht zuzuordnen ist, hM, VGH Mü BayVBl **83**, 375 mwN, aM Bettermann NJW **53**, 1007, Renck NVwZ **83**, 375.

Vollstreckung ausländischer Entscheidungen. Auch wenn sie dort in einem Verfahren der freiwilligen Gerichtsbarkeit ergangen sind, ist ZRweg zulässig, BGH **LM** § 722 ZPO Nr 1.

Vorkaufsrecht. Vgl unter „Bundesbaugesetz".

Wasserstreit. Kein ZRweg für Streit zwischen Wasserverband u seinen Mitgliedern, außer für Enteignungsentschädigung, RG ZAk **42**, 220. ZRweg gegeben wegen unerlaubter Handlung (Verletzung der Instandhaltungspflicht), BGH **35**, 209, nicht aber für ordnungsmäßige Kanalisation, BGH **LM** Nr 81, ebensowenig auf Herstellg von Schutzeinrichtungen gg Störungen, die von der Abwassereinleitung aus der Kanalisationsanlage einer Gemeinde verursacht werden, wenn eine wesentl Änderung der Anlage od Gesamtplanung verlangt wird, BGH MDR **65**, 196, DVBl **69**, 623. ZRweg für Inanspruchnahme von Anlandungen als Eigentum sowie darüber, ob das Neuland dch Anlandung entstanden ist, nicht aber für Anspruch des Anliegers auf Zustimmung des für den Wasserlauf Unterhaltspflichtigen zur Inbesitznahme, OGHZ NJW **49**, 546 (preuß WasserG). ZRweg für Ausgleichsanspruch gemäß § 96 PrWassG zwischen 2 Unterhaltspflichtigen, BGH NJW **65**, 1595. Wg des Bezugs von Leitungswasser s Anm 3 u BGH MDR **78**, 298 (ZRweg für SchadErsAnspr) m Anm Grave DVBl **78**, 450, und NJW **79**, 2615 (ZRweg für Ansprüche aus vertraglich vereinbarter unentgeltlicher Wasserbelieferung) m abl Anm Bickel DÖV **80**, 173.

Wegestreitigkeiten. Streitigkeiten um einen öff Weg, zB wegen Gemeingebrauchs oder Sondernutzung, gehören in den VRWeg. Das gleiche gilt für den Anspruch des Bürgers auf Mitbenutzung eines Weges, der zu einer Anlage der Gemeinde gehört, Kblz MDR **81**, 671. Dagegen ist der entgegengesetzte Unterlassungsanspruch der Gemeinde gegen den Bürger im ZRWeg zu verfolgen, BGH **33**, 230. S auch unter „Straßenrecht".

Wettbewerb. Für Ansprüche auf Unterlassung aus UWG gg Körperschaften des öff Rechts ZRweg, wenn u soweit die Parteien sich auf dem Boden der Gleichordnung gegenüberstehen und das VerwHandeln nach dem Vorbringen des Kl ihm gegenüber wettbewerbswidrig ist, BGH GrZS NJW **76**, 1794 u 1941, BGH NJW **82**, 2117 u 2126 mwN, Kblz WRP **83**, 225, Karlsr WRP **83**, 223; dazu (überw krit) Bettermann DVBl **77**, 180, Scholz NJW **78**, 16 mwN, Meyer-Ladewig SGb **79**, 401, Brackmann NJW **82**, 84 mwN (betr SozialversTräger). Rechtsbeziehungen zwischen einer AOK und Lieferanten von Heilmitteln unterfallen dem Privatrecht, BGH **36**, 93; das gilt auch für das Verhältnis AOK/Optiker, BGH GRUR **76**, 601 (dagegen gehören die Beziehungen zu Ärzten, Zahnärzten u Hebammen zum öff Recht). In den ZRweg gehören ebenfalls Ansprüche dieser Art gegen kirchliche Einrichtungen, BGH NJW **81**, 2811, und Wettbewerbsstreitigkeiten zw privaten u öff Bestattungsunternehmen, wenn nicht mit der Kl in hoheitl Bereich eingegriffen wird, BayKompKonflGH MDR **75**, 587 mwN. Vgl für KonkurrentenKl auch BGH **LM** § 1004 BGB Nr 25 (Unterbringung von Paßamt u städt Reisebüro in demselben Gebäude) u OVG Münst VerwArch **79**, 258 (Unterbringg von Straßenverkehrsamt u privatem Verkauf von Kfz-Kennzeichen in demselben Gebäude): ZRweg. Dagg VRweg für sonstige (nicht auf UWG gestützte) Abwehrklagen gg öff-rechtl Körperschaften, BVerwG **58**, 167, BayObLG BayVBl **82**, 218, VGH Mü GewArch **76**, 326.

Widerruf. ZRweg unzul bei Klage auf Widerruf der Äußerungen eines Zeugen vor dem VerwGer, BGH NJW **65**, 1803, ebenso bei Klage gg eine Körperschaft auf Widerruf einer ehrkränkenden dienstl Äußerung ggü der Presse uä, es sei denn, es bestehe ein enger Zusammenhang mit bloßer fiskalischer Tätigkeit (dann ZRweg), BGH – GS – **34**, 99, BGH NJW **78**, 1860 mwN, Zweibr NVwZ **82**, 332 (ZRweg auch dann, wenn nur eine von dem Beamten selbst abgegebene Erklärung geeignet ist, die Ehre des Kl wiederherzustellen).

Wirtschaftslenkung. VRweg für Ausgleichsabgaben, VGH Kassel NJW **72**, 2062 mwN. ZRWeg für Ansprüche der Bundesanstalt für landwirtschaftliche Marktordnung auf Vertragsstrafen, BGH NJW **83**, 519.

Wirtschaftsverband. Für Erzwingung der Aufnahme in einen solchen ZRweg zulässig, auch wenn er Berufsinteressen der Unternehmen eines bestimmten Gewerbe- od Handelszweiges vertritt, da privatrechtl Streitigkeit, BGH **21**, 1.

Wohnungsbau- und FamilienheimG (II. WoBauG). ZRweg für Streitigkeiten über Ansprüche aus den auf Grund der Bewilligung öff Mittel geschlossenen Verträgen, übernommenen Bürgschaften u Gewährleistungen, für Streitigkeiten zwischen Bauherrn u einem Bewerber aus einer Vorkaufsverpflichtung sowie solchen zwischen einem Bauherrn u einem Betreuungsunternehmen, § 102 II Ges, ebso für Streitigkeiten üb den Verkauf von Grundstücken im Rahmen des § 89 II Ges, BVerwG **38**, 281, u üb die Ablösung eines Darlehns nach § 69 Ges, BGH MDR **72**, 308; hingegen VRweg bei Bewilligungen, Bürgschaften u Gewährleistungen sowie Zulassung eines Betreuungsunternehmens, § 102 I Ges. S auch unter „Subventionierung".

WohnungsbindungsG. ZRweg für Ansprüche auf zusätzl Leistungen nach § 25 I, BGH **61**, 296, BVerwG DÖV **72**, 382.

Wohnungseigentum. Für Streit von Eigentümern untereinander, auch Beseitigung von Störungen, gilt Verf nach FGG, BayObLG NJW **64**, 47. Ist ein Wohnungseigentümer vor Rechtshängigk aus der Wohnungseigentümergemeinschaft ausgeschieden, müssen Streitigkeiten aus der früheren Beteiligung vor dem ProzGer ausgetragen werden; Abgabe nach § 46 WEG kommt nicht in Betracht, BGH **44**, 43 (zur Abgabe vgl Anh II § 281 ZPO). Desgl bei Streit zw Wohnungseigentümer u Baubetreuer üb vor Bildung der Gemeinschaft verwendete Gelder, BGH BB **76**, 1153 im Anschluß an BGH **59**, 58.

Zinsen. Grundsätzl gilt derselbe Rweg wie für die Hauptforderung, auch wenn nur die Zinsen Gegenstand sind, BVerwG **37**, 231, BGH NJW **72**, 212. Aber ZRweg dann, wenn Anspruch auf Ersatz eines Verzugsschadens aus nichtvertraglichem öff-rechtl Verhältnis in Zusammenhang mit möglichen Amtshaftungsansprüchen steht, BVerwG **37**, 231.

13a Friedensgerichte (aufgehoben durch Art 1 Z 11 VereinhG)

14 Besondere Gerichte. Als besondere Gerichte werden Gerichte der Schiffahrt für die in den Staatsverträgen bezeichneten Angelegenheiten zugelassen.

1) Besondere Gerichte (Sondergerichte) sind Gerichte, denen die Ausübung der Gerichtsbarkeit für einen begrenzten Ausschnitt des Rechtsgebietes obliegt und die keine ordentlichen Gerichte sind, also nicht unter § 12 fallen; s auch Einf 3 § 13. Sie sind **nur zulässig, soweit sie bundesgesetzlich bestellt oder bundesgesetzlich zugelassen sind, § 14** (anders die Ausnahmegerichte, § 16). Zu den Sondergerichten gehören auch das Patentgericht und die Arbeitsgerichte (wegen deren Zuständigkeit s Anm 5). § 14 behandelt die durch das GVG zugelassenen Sondergerichte. Die Landesgesetzgebung darf keine neuen Sondergerichte begründen, wohl aber die ordentlichen Gerichte auch in den Fällen des § 14 zuständig machen, §§ 3 EGZPO, 3 EGGVG. Ob die Zuständigkeit der Sondergerichte ausschließlich ist, bestimmt das betreffende Gesetz. Die Wiedergutmachungskammern nach den Rückerstattungsgesetzen, die Entschädigungsgerichte, die Gerichte nach dem Ges üb das Verfahren in Landwirtschaftssachen v 21. 7. 53, BGBl 667, gehören den ordentlichen Gerichten an, BGH **12**, 257, desgl die Kammern für Baulandsachen, § 71 Anm 5, und die entsprechenden Senate, § 119 Anm 2r (wenn auch beide in besonderer Besetzung), ebenso die Kartellsenate beim OLG und BGH, § 119 Anm 2a u § 133 Anm 1 Bk.

2) Staatsvertragliche Schiffahrtsgerichte. § 14 (früher § 14 Z 1) **betrifft nur die Rheinschiffahrtsgerichte,** vgl Anm 3. Ihre Tätigkeit richtet sich nach dem Gesetz über das gerichtliche Verfahren in Binnenschiffahrts- und Rheinschiffahrtssachen vom 27. 9. 52, BGBl 641 (gilt auch in Berlin, G vom 2. 12. 52, GVBl 1051), wobei die allg Verfahrensvorschriften dieses Gesetzes nur insoweit anwendbar sind, als sich nicht aus der revidierten Rheinschiffahrtsakte vom 17. 10. 1868 (Bek der Neufassung v 11. 3. 69, BGBl II 597, zuletzt geändert durch die Zusatzprotokolle Nr 2, BGBl **80** II 871, und Nr 3, BGBl **80** II 876; sonstige Vertragsstaaten sind Belgien, Frankreich, Niederlande, Schweiz und Vereinigtes Königreich, Bek v 12. 6. 67, BGBl II 2000, Zusatzprotokoll v 25. 10. 72, BGBl 74 II 1385, in Kraft 27. 2. 75, BGBl II 743) und den besonderen Bestimmungen des Gesetzes etwas anderes ergibt. Nur Klagen der in Art 34 ^{bis} (Art 3 G v 6.7. 66, BGBl II 560) der rev RhSchiffAkte genannten Art sind Rheinschiffahrtssachen; eine bei einem Rheinschiffahrtsgericht anhängige andere Binnenschiffahrtssache ist an das vereinbarte oder zuständige Gericht zu verweisen, BGH **45**, 237. Die **örtliche Zuständigkeit** der Rheinschiffahrtsgerichte ist aber keine ausschließliche, so daß durch entsprechende Parteivereinbarung für Schadensersatzansprüche aus Schiffszusammenstößen auf nichtdeutschem Gebiet auch die örtliche Zuständigkeit eines deutschen Gerichts und damit die deutsche Gerichtsbarkeit begründet werden kann, BGH **42**, 387. **Rechtsmittelgericht** gegen Entscheidungen von Schiffahrtsgerichten in BaWü: OLG Stgt mit Sitz in Karlsr, in Hessen: OLG Ffm, in RhldPf: OLG Kblz, in NRW: OLG Köln, jeweils als Rheinschiffahrtsobergericht, wahlweise in allen Fällen Rheinzentralkommission in Straßburg, VV Art 355, in letzterem Fall mit Verfahren nach Mannheimer Konvention (VerfO der BfgsKammer v 23. 10. 69, Bek v 23. 1. 70, BGBl II 37); Rechtsmittel sind auch in Hinblick auf den Tatbestand zulässig. Nur die Zentralkommission ist Sondergericht, während die Rheinschiffahrtsgerichte als besondere Abteilungen oder Senate der ordentlichen Gerichts sind. Durch *Abkommen vom 8. 2. 54, SaBl 861*, haben **BaWü, Hess, NRW, RhldPf** die Gliederung der Schiffahrtsgerichtsbezirke geregelt; danach sind Berufungs- und Beschwerdegericht nur Karlsr und Köln. Ratifizierung: **Hess** *G vom 1. 6. 54, GVBl 97,* **BaWü** *G vom 28. 6. 54 GBl 95.* Gegen Urteile dieser Gerichte ist in Sachen, die nach Inkrafttreten des Gesetzes vom 27. 9. 52 anhängig geworden sind, Revision an den BGH zulässig, BGH **18**, 267. – Für Entscheidungen außerdeutscher Rheinschiffahrtsgerichte erteilt das Rheinschiffahrtsobergericht Köln die Vollstreckungsklausel (§ 21).

3) Gerichte für die sonstige Binnenschiffahrt. Diese Gerichte sind keine Sondergerichte, sondern Gerichte der ordentlichen Gerichtsbarkeit mit besonderer Bezeichnung, RG **167**, 307, und besonderer Regelung der sachlichen Zuständigkeit; vgl das G üb das gerichtliche Verfahren in Binnenschiffahrtssachen v 27. 9. 52, BGBl 641, mehrfach geändert (ua betr die Moselschiffahrt durch G v 14. 5. 65, BGBl 389), zuletzt durch § 24 StHG. Nach dem BinnenschiffahrtsG sind Schiffahrtssachen Streitigkeiten über bestimmte Ansprüche, die mit der Benutzung von Binnengewässern durch Schiffahrt und Flößerei zusammenhängen, wie Ersatzansprüche aus Schiffsunfällen u dgl, Ansprüche auf Lotsenvergütung, aus Bergung und Hilfeleistung, auch aus Verletzung der Verkehrssicherungspflicht nach dem StHG, §§ 1 u 2 des Ges; vgl auch § 13 Anm 6 C. Schiffahrtsgerichte sind die AGe; sie haben sich auch als Schiffahrtsgerichte in Schiffahrtssachen zu bezeichnen; entsprechend das OLG als Schiffahrtsobergericht, BGH **51**, 1. Eine Vereinbarung der Zuständigkeit ist zulässig, BGH **3**, 302; vgl aber auch §§ 6, 14 II G. Die Berufung ist ohne Rücksicht auf den Streitwert zulässig, § 9. Die Landesregierungen können einem Schiffahrtsgericht oder Schiffahrtsobergericht Sachen bestimmter Gewässer oder aus Abschnitten solcher zuweisen; so für **Berlin** AGe Charlottenburg und Tiergarten, *VO vom 26. 4. 54, GVBl 217; für* **Bay** AG Würzb den bayer Teil des Mains mit Nebenflüssen und die Großschiffahrtsstraße zwischen Main und Nürnb einschließlich Nürnb Hafen, AG Regensbg für Donau und Nebenflüsse einschließlich Donau-Main-Kanal, AG Starnberg für die bayer Seen, AG Lindau für den bayer Teil des Bodensees und seiner Zuflüsse, Schiffahrtsobergericht ist Nürnb, *VO v 29. 5. 67, GVBl 371;* für **Saarld** AG Saarbrücken für die Saar, *VO v 27. 3. 58, ABl 321*. Die Länder können auch Vereinbarungen dahingehend treffen, daß Binnenschiffahrtssachen eines Landes ganz oder teilweise den Gerichten des anderen Landes zugewiesen werden, § 4 G: Abkommen **Hess** u **NRW** *vom 15. 3. 54 (SaBl 682)* bezüglich der hess Binnenschiffahrtssachen im Stromgebiet der Weser, Werra, Fulda, ratifiziert **Hess** G *vom 1. 6. 54, GVBl 97*. **Nds, SchlH, Bre** u **Hbg:** *Abk v 24. 5., 11. 6., 1. 7., 12. 4. 57, Hbg GVBl 439 (SaBl 1984), Nds GVBl 127, SchlH GVBl 149, Bre GBl 58, 25* m Zusatzabk v 5. 4. 76, Hbg *GVBl 67*, bezüglich Weser, Elbe, Ems und zugehöriger Kanäle. Revision gegen das Urt des Schiffahrtsobergerichtes ist zulässig, BGH **3**, 308. Für die **Moselschiffahrt** auch auf Grund des Vertrages zwischen der BRep, Frankreich u Luxemburg v 27. 10. 56, BGBl II 1838 iVm §§ 4, 18a BinnSchG für Mosellauf, auf dem deutsche Gerichtsbarkeit ausgeübt wird, im 1. Rechtszug AG St. Goar, im 2. Rechtszug OLG Köln, *Abk NRW, RhldPf, Saarld v 1. 2./25. 2./9. 3. 66, RhldPfGVBl 115, ABl Saar 301, NRWGVBl 294*.

4) **Gemeindegerichte** im Zuständigkeitsrahmen der ab 1. 4. 74 aufgehobenen Z 2 gab es nur in *BaWü*, *G v 7. 3. 60, GVBl 73*, mit einer besonderer Verfahrensordnung, die sich eng an die ZPO anlehnte. Näheres s 31. Aufl.

5) **Arbeitsgerichte.** Im Verhältnis zu den ordentlichen Gerichten handelt es sich nicht um die Zulässigkeit des Rechtswegs, sondern um die sachliche Zuständigkeit, BGH **8**, 21. Die Verweisung erfolgt im Verhältnis der ordentlichen zu den Arbeitsgerichten nach § 48 I ArbGG (Text bei § 281), aber nicht in der RevInstanz, § 549 II ZPO. Ihre sachliche Zuständigkeit regeln §§ 2, 2a u 3 ArbGG. Zum negativen Kompetenzkonflikt zwischen ordentlichem und Arbeitsgericht s § 36 ZPO Anm 3 E.

ArbGG § 2. Sachliche Zuständigkeit im Urteilsverfahren.[1] Die Gerichte für Arbeitssachen sind ausschließlich zuständig für

1. bürgerliche Rechtsstreitigkeiten zwischen Tarifvertragsparteien oder zwischen diesen und Dritten aus Tarifverträgen oder über das Bestehen oder Nichtbestehen von Tarifverträgen;
2. bürgerliche Rechtsstreitigkeiten zwischen tariffähigen Parteien oder zwischen diesen und Dritten aus unerlaubten Handlungen, soweit es sich um Maßnahmen zum Zwecke des Arbeitskampfes oder um Fragen der Vereinigungsfreiheit einschließlich des hiermit im Zusammenhang stehenden Betätigungsrechts der Vereinigungen handelt;
3. bürgerliche Rechtsstreitigkeiten zwischen Arbeitnehmern und Arbeitgebern
    a) aus dem Arbeitsverhältnis;
    b) über das Bestehen oder Nichtbestehen eines Arbeitsverhältnisses;
    c) aus Verhandlungen über die Eingehung eines Arbeitsverhältnisses und aus dessen Nachwirkungen;
    d) aus unerlaubten Handlungen, soweit diese mit dem Arbeitsverhältnis im Zusammenhang stehen;
    e) über Arbeitspapiere;
4. bürgerliche Rechtsstreitigkeiten zwischen Arbeitnehmern oder ihren Hinterbliebenen und
    a) Arbeitgebern über Ansprüche, die mit dem Arbeitsverhältnis in rechtlichem oder unmittelbar wirtschaftlichem Zusammenhang stehen;
    b) gemeinsamen Einrichtungen der Tarifvertragsparteien oder Sozialeinrichtungen des privaten Rechts über Ansprüche aus dem Arbeitsverhältnis oder Ansprüche, die mit dem Arbeitsverhältnis in rechtlichem oder unmittelbar wirtschaftlichem Zusammenhang stehen,
    soweit nicht die ausschließliche Zuständigkeit eines anderen Gerichts gegeben ist;

5. bürgerliche Rechtsstreitigkeiten zwischen Arbeitgebern und Einrichtungen nach Nummer 4 Buchstabe b, soweit nicht die ausschließliche Zuständigkeit eines anderen Gerichts gegeben ist;
6. bürgerliche Rechtsstreitigkeiten über Ansprüche von Arbeitnehmern oder ihren Hinterbliebenen auf Leistungen der Insolvenzsicherung nach dem Vierten Abschnitt des Ersten Teils des Gesetzes zur Verbesserung der betrieblichen Altersversorgung;
7. bürgerliche Rechtsstreitigkeiten zwischen Entwicklungshelfern und Trägern des Entwicklungsdienstes nach dem Entwicklungshelfergesetz;
8. bürgerliche Rechtsstreitigkeiten zwischen den Trägern des freiwilligen sozialen Jahres und Helfern nach dem Gesetz zur Förderung des freiwilligen sozialen Jahres;
9. bürgerliche Rechtsstreitigkeiten zwischen Arbeitnehmern aus gemeinsamer Arbeit und aus unerlaubten Handlungen, soweit diese mit dem Arbeitsverhältnis im Zusammenhang stehen.

II Die Gerichte für Arbeitssachen sind auch zuständig für bürgerliche Rechtsstreitigkeiten zwischen Arbeitnehmern und Arbeitgebern,
a) die ausschließlich Ansprüche auf Leistung einer festgestellten oder festgesetzten Vergütung für eine Arbeitnehmererfindung oder für einen technischen Verbesserungsvorschlag nach § 20 Abs. 1 des Gesetzes über Arbeitnehmererfindungen zum Gegenstand haben;
b) die Urheberrechtsstreitsachen aus Arbeitsverhältnissen ausschließlich Ansprüche auf Leistung einer vereinbarten Vergütung zum Gegenstand haben.

III Vor die Gerichte für Arbeitssachen können auch nicht unter die Absätze 1 und 2 fallende Rechtsstreitigkeiten gebracht werden, wenn der Anspruch mit einer bei einem Arbeitsgericht anhängigen oder gleichzeitig anhängig werdenden bürgerlichen Rechtsstreitigkeit der in den Absätzen 1 und 2 bezeichneten Art in rechtlichem oder unmittelbar wirtschaftlichem Zusammenhang steht und für seine Geltendmachung nicht die ausschließliche Zuständigkeit eines anderen Gerichts gegeben ist.

IV Auf Grund einer Vereinbarung können auch bürgerliche Rechtsstreitigkeiten zwischen juristischen Personen des Privatrechts und Personen, die kraft Gesetzes allein oder als Mitglieder des Vertretungsorgans der juristischen Person zu deren Vertretung berufen sind, vor die Gerichte für Arbeitssachen gebracht werden.

V In Rechtsstreitigkeiten nach diesen Vorschriften findet das Urteilsverfahren statt.

ArbGG § 2a. Sachliche Zuständigkeit im Beschlußverfahren. I Die Gerichte für Arbeitssachen sind ferner ausschließlich zuständig für
1. Angelegenheiten aus dem Betriebsverfassungsgesetz, soweit nicht für Maßnahmen nach seinen §§ 119 bis 121 die Zuständigkeit eines anderen Gerichts gegeben ist;
2. Angelegenheiten aus dem Mitbestimmungsgesetz und dem Betriebsverfassungsgesetz 1952, soweit über die Wahl von Vertretern der Arbeitnehmer in den Aufsichtsrat und über ihre Abberufung mit Ausnahme der Abberufung nach § 103 Abs. 3 des Aktiengesetzes zu entscheiden ist;
3. die Entscheidung über die Tariffähigkeit und die Tarifzuständigkeit einer Vereinigung.

II In Streitigkeiten nach diesen Vorschriften findet das Beschlußverfahren statt.

ArbGG § 3. Zuständigkeit in sonstigen Fällen. Die in den §§ 2 und 2a begründete Zuständigkeit besteht auch in den Fällen, in denen der Rechtsstreit durch einen Rechtsnachfolger oder durch eine Person geführt wird, die kraft Gesetzes an Stelle des sachlich Berechtigten oder Verpflichteten hierzu befugt ist.

1. Instanz: ArbG, 2. Instanz: LandesArbG, 3. Instanz: Bundesarbeitsgericht, Art 96 I GG, § 8 ArbGG. Der Sachvortrag des Klägers muß schlüssig die Zuständigkeitsvoraussetzungen erbringen; die Rechtsansicht des Klägers ist unerheblich, BAG SAE **60**, 118 (zustm Bötticher). Eine ausschließliche Zuständigkeit der ArbG für Prozeßkosten als Schadensersatzforderung ist aber nicht anzuerkennen, Bötticher **AP** § 61 ArbGG Nr 3 gegen BAG, ebda. Ein Ausschluß der Zuständigkeit ist nur in den Fällen des § 2 I u II ArbGG nach Maßgabe des §§ 101–110 möglich, § 4 ArbGG.

6) **Patentgericht**, §§ 65ff PatG idF v 16. 12. 80, BGBl **81**, 1. Es entscheidet über Beschwerden gegen Beschlüsse der Prüfungsstellen oder der Patentabteilung des PatAmts sowie über Klagen auf Erklärung der Nichtigkeit oder Zurücknahme von Patenten und auf Erteilung von Zwangslizenzen sowie über Beschwerden gegen Entscheidungen der Gebrauchsmusterstelle und der Gebrauchsmusterabteilung, § 10 GebrMG idF v 2. 1. 68, BGBl 24, ebenso gegen Beschlüsse der Prüfungsstellen und Warenzeichenabteilung, § 13 WZG idF v 2. 1. 68, BGBl 29. Rechtsmittel gehen an den BGH. Davon zu unterscheiden sind die

Patent-, Gebrauchsmuster- und Warenzeichenstreitsachen, Anh I § 78 GVG. Sie gehören vor die LGe, also zur ordentlichen Gerichtsbarkeit.

15 (aufgehoben durch Art 1 Z 13 VereinhG).

16 *Ausnahmegerichte.* Ausnahmegerichte sind unstatthaft. Niemand darf seinem gesetzlichen Richter entzogen werden.

Schrifttum: Bettermann, Die Unabhängigkeit der Gerichte und der gesetzliche Richter, im Handbuch „Die Grundrechte"; Schorn-Stanicki, Präsidialverfassung usw., S 117ff; RoS § 22 IV 2; Henkel, Der gesetzliche Richter, 1968; Marx, Der gesetzliche Richter iSv Art 101 I 2 GG, 1969; Krause MDR **82**, 184; Niemöller/Schuppert AöR **107**, 417; Wipfelder BWVBl **82**, 33; ferner die Kommentare zum GG bei Art 101.

1) Die verfassungsrechtliche Verankerung der Vorschrift enthält **Art 101 GG:**

^I Ausnahmegerichte sind unzulässig. Niemand darf seinem gesetzlichen Richter entzogen werden.

^{II} Gerichte für besondere Sachgebiete können nur durch Gesetz errichtet werden.

2) Unstatthafte Ausnahmegerichte sind solche, die in Abweichung von der gesetzlichen Zuständigkeit gebildet und zur Entscheidung einzelner konkreter und individuell bestimmter Fälle berufen werden, BVerfG **8**, 182. Nicht darunter fällt demgemäß die Zuweisung einer bestimmten Fallgruppe an einen anderen Zweig der Gerichtsbarkeit, zB von Notarsachen an das Zivilgericht, BGH NJW **63**, 446.

3) § 16 S 2 bedeutet, daß man niemanden vor ein gesetzlich nicht für ihn zuständiges Gericht ziehen darf, dazu eingehend BayVerfGH BayVBl **78**, 759. Mit **gesetzlichem Richter** ist nicht nur das Gericht als organisatorische Einheit oder das erkennende Gericht als Spruchkörper gemeint, sondern auch der im Einzelfall zur Entscheidung berufene Richter, BVerfG NJW **64**, 1020. Von Verfassungs wegen müssen also allgemeine Regelungen darüber bestehen, welches Gericht, welcher Spruchkörper und welcher Richter zur Entscheidung des Einzelfalles berufen ist, BVerfG **48**, 253, was sich nicht nur aus den Prozeßgesetzen, sondern auch dem Geschäftsverteilungsplan ergeben muß, BVerfG JZ **67**, 283 (zur Geschäftsverteilung s § 21e, zur Geschäftsverteilung innerhalb der Kammer § 21g). Das Recht auf den gesetzlichen Richter kann auch dadurch verletzt werden, daß eine frei gewordene Vorsitzendenstelle nicht in angemessener Zeit wieder besetzt wird, BVerfG NJW **65**, 1223 u **83**, 1541. Jedes Gericht hat, soweit Anlaß zu Zweifeln besteht, seine eigene ordnungsgemäße Besetzung zu prüfen und ggf für Abhilfe zu sorgen, BVerfG **40**, 356, BayVerfGH AS **31**, 190.

Entzogen wird eine Sache nicht schon durch eine objektiv unzutreffende Abgabe an eine andere Kammer, BGH **6**, 181. Eine Entziehung iSv § 16 ist nur gegeben bei willkürlicher Überschreitung der eigenen Funktion, also auf Grund sachfremder Erwägungen zu Lasten eines anderen Gerichts, einer anderen Kammer oder eines anderen Richters als derjenigen bzw demjenigen, der oder dem die Bearbeitung obliegt (Geschäftsverteilung), BGH NJW **58**, 429, wie überhaupt bei jeder Manipulierung, BVerfG NJW **64**, 1020; demgemäß nicht bei Annahme der Zuständigkeit nach sorgfältiger Prüfung, BGH NJW **58**, 429, und überhaupt bei bloß irrtümlicher Handhabung, BVerfG in stRspr, ua BVerfG **29**, 48, BGH **85**, 116 mwN, BVerwG NJW **83**, 896, BGH NJW **76**, 1688 mwN; deshalb ist als zu weitgehend abzulehnen BAG **AP** Art 101 GG Nr 7 (Terminsbestimmung durch einen anderen Richter), abl auch Böttcher ebenda, desgl BGH **37**, 128. Bei der Prüfung der Willkür kommt es nicht auf die vom Gericht für seine Zuständigkeit gegebene Begründung an, sondern darauf, ob sich die Annahme der Zuständigkeit bei objektiver Betrachtung als unverständlich und offensichtlich unhaltbar erweist, BGH **85**, 116. Das Verbot des S 2 erstreckt sich nicht nur auf die Spruchtätigkeit, sondern auch auf die diese vorbereitenden Handlungen, BVerfG NJW **56**, 545.

Der Grundsatz steht aber nicht dem entgegen, daß bestimmte im Sachzusammenhang mit einer besonderen Rechtsmaterie stehende Streitfragen nicht den VerwGerichten überlassen, sondern, um eine einheitliche Beurteilung zu erzielen, bei den ordentlichen Gerichten zusammengefaßt werden, BGH **38**, 209 (standes- und disziplinarrechtliche Streitigkeiten). Entscheidet eine Kammer für Baulandsachen über Sachen mit, die nicht unter das BBauG fallen, so liegt darin kein unverzichtbarer Mangel, § 295, BGH **40**, 148.

Der Grundsatz erfordert auch nicht, daß Kammern und Senate der Kollegialgerichte nur so stark besetzt werden dürfen, daß alle Richter bei der Entscheidung mitwirken, BGH **20**, 355, str, vgl P. Müller DRiZ **73**, 49 mwN. Der Kammer oder dem Senat dürfen also so viele Richter angehören, wie erforderlich sind, um die jenen geschäftsordnungsmäßig zugeteilten Aufgaben zu bewältigen, § 59 Anm 1; andererseits dürfen nicht so viele Aufgaben zugeteilt werden, daß der Vorsitzende nicht mehr überall seinen Aufgaben, § 21 f Anm 2, nachkommen kann, § 21 f Anm 2; s Johanssen **LM** § 51 Z 1 Nr 5. Eine Überbesetzung verletzt den Grundsatz und damit Art 101 I 2, wenn die Zahl der Mitglieder gestattet, daß der Spruchkörper in 2 personell verschiedenen Sitzgruppen gleichzeitig Recht spricht oder daß der Vorsitzende 3 Sitzgruppen mit je verschiedenen Beisitzern bildet, BVerfG **17**, 301, **18**, 70 u 350, **19**, 147, **22**, 285; dabei bleibt die Mitwirkung eines nur nebenamtlich tätigen Universitätsprofessors außer Betracht, BGH NJW **66**, 1458, BVerwG NJW **68**, 811, krit Kissel § 21 e Rdz 115. Demgemäß ist eine Besetzung mit 4 vollamtlich tätigen Beisitzern unbedenklich, BVerfG NJW **65**, 1219 mit abl Anm A. Arndt und zustm Anm Dinslage. Aber auch eine stärkere Überbesetzung verletzt das Recht auf den gesetzlichen Richter dann nicht, wenn der Mitwirkungsplan, § 21 g II, von vornherein eindeutig bestimmt, welche Richter zur Mitwirkung berufen sind, und sicherstellt, daß der Vorsitzende seinen Aufgaben, § 21 f Anm 2, nachkommen kann, De Clerck NJW **68**, 1766, SchCl § 4 Anm 8 c, aM Kissel § 21 e Rdz 114; denn dann ist jede Manipulation ausgeschlossen: es liegt hier nicht anders als bei der Betrauung eines Vorsitzenden mit dem Vorsitz in mehreren Spruchkörpern, die zulässig ist, vgl BGH NJW **68**, 1242. Vgl iü § 21 g Anm 2, § 59 Anm 1.

17 *Rechtswegeverweisung.* ^I Die ordentlichen Gerichte entscheiden über die Zulässigkeit des zu ihnen beschrittenen Rechtsweges. Hat ein ordentliches Gericht den zu ihm beschrittenen Rechtsweg zuvor rechtskräftig für unzulässig erklärt, so kann ein anderes Gericht in derselben Sache seine Gerichtsbarkeit nicht deshalb verneinen, weil es den Rechtsweg zu den ordentlichen Gerichten für gegeben hält.

^{II} Hat ein Gericht der allgemeinen Verwaltungs-, der Finanz- oder der Sozialgerichtsbarkeit den zu ihm beschrittenen Rechtsweg zuvor rechtskräftig für zulässig oder unzulässig erklärt, so sind die ordentlichen Gerichte an diese Entscheidung gebunden.

^{III} Hält ein ordentliches Gericht den zu ihm beschrittenen Rechtsweg nicht für gegeben, so verweist es in dem Urteil, in dem es den Rechtsweg für unzulässig erklärt, zugleich auf Antrag des Klägers die Sache an das Gericht des ersten Rechtszugs, zu dem es den Rechtsweg für gegeben hält. Der Kläger kann den Antrag auf Verweisung nur bis zum Schluß der mündlichen Verhandlung stellen, auf die das Urteil ergeht. Mit der Rechtskraft des Urteils gilt die Rechtshängigkeit der Sache bei dem im Urteil bezeichneten Gericht als begründet. Soll durch die Erhebung der Klage eine Frist gewahrt werden, so tritt diese Wirkung bereits in dem Zeitpunkt ein, in dem die Klage erhoben ist. Das gleiche gilt in Ansehung der Wirkungen, die durch andere als verfahrensrechtliche Vorschriften an die Rechtshängigkeit geknüpft werden.

^{IV} Das Gericht, das den zu ihm beschrittenen Rechtsweg nicht für gegeben hält, kann, wenn sich der Beklagte mit dem Antrag des Klägers (Absatz 3) einverstanden erklärt, die Sache durch Beschluß verweisen.

^V Für das Verhältnis zwischen den ordentlichen Gerichten und den Arbeitsgerichten gilt § 48 Abs. 1 des Arbeitsgerichtsgesetzes.

ArbGG § 48a. Entscheidung über die Zulässigkeit des Rechtsweges. ^I Die Gerichte für Arbeitssachen entscheiden über die Zulässigkeit des zu ihnen beschrittenen Rechtsweges. Hat ein Gericht für Arbeitssachen den Rechtsweg zuvor rechtskräftig für unzulässig erklärt, so kann ein anderes Gericht in derselben Sache seine Gerichtsbarkeit nicht deshalb verneinen, weil es den Rechtsweg zu den Gerichten für Arbeitssachen für gegeben hält.

^{II} Hat ein Gericht der Sozial-, Finanz- oder der allgemeinen Verwaltungsgerichtsbarkeit den zu ihm beschrittenen Rechtsweg zuvor rechtskräftig für zulässig oder unzulässig erklärt, so sind die Gerichte für Arbeitssachen an diese Entscheidung gebunden.

^{III} Hält ein Gericht für Arbeitssachen den zu ihm beschrittenen Rechtsweg nicht für gegeben, so verweist es in dem Urteil, in dem es den Rechtsweg für unzulässig erklärt,

zugleich auf Antrag des Klägers die Sache an das Gericht des ersten Rechtszugs, zu dem es den Rechtsweg für gegeben hält. Der Kläger kann den Antrag auf Verweisung nur bis zum Schluß der mündlichen Verhandlung stellen, auf die das Urteil ergeht. Mit der Rechtskraft des Urteils gilt die Rechtshängigkeit der Sache bei dem im Urteil bezeichneten Gericht als begründet. Soll durch die Erhebung der Klage eine Frist gewahrt werden, so tritt diese Wirkung bereits in dem Zeitpunkt ein, in dem die Klage erhoben worden ist. Das gleiche gilt in Ansehung der Wirkungen, die durch andere als verfahrensrechtliche Vorschriften an die Rechtshängigkeit geknüpft werden.

IV Für das Verhältnis zwischen den Arbeitsgerichten und den ordentlichen Gerichten gilt § 48 Abs. 1.

V Für die Kostenentscheidung ist § 281 Abs. 3 der Zivilprozeßordnung entsprechend anzuwenden.

VwGO § 41 [1] Die Gerichte der allgemeinen Verwaltungsgerichtsbarkeit entscheiden über die Zulässigkeit des zu ihnen beschrittenen Rechtsweges. Hat ein Gericht der allgemeinen Verwaltungsgerichtsbarkeit den Rechtsweg zuvor rechtskräftig für unzulässig erklärt, so kann ein anderes Gericht in derselben Sache seine Gerichtsbarkeit nicht deshalb verneinen, weil es den Rechtsweg zu den Gerichten der allgemeinen Verwaltungsgerichtsbarkeit für gegeben hält.

II Hat ein Gericht der ordentlichen Gerichtsbarkeit oder ein Gericht der Arbeits-, Finanz- oder Sozialgerichtsbarkeit den zu ihm beschrittenen Rechtsweg zuvor rechtskräftig für zulässig oder unzulässig erklärt, so sind die Gerichte der allgemeinen Verwaltungsgerichtsbarkeit an diese Entscheidung gebunden.

III Hält ein Gericht der allgemeinen Verwaltungsgerichtsbarkeit den zu ihm beschrittenen Rechtsweg nicht für gegeben, so verweist es in dem Urteil, in dem es den Rechtsweg für unzulässig erklärt, zugleich auf Antrag des Klägers die Sache an das Gericht des ersten Rechtszuges, zu dem es den Rechtsweg für gegeben hält. Der Kläger kann den Antrag auf Verweisung nur bis zum Schluß der mündlichen Verhandlung stellen, auf die das Urteil ergeht. Mit der Rechtskraft des Urteils gilt die Rechtshängigkeit der Sache bei dem im Urteil bezeichneten Gericht als begründet. Soll durch die Erhebung der Klage eine Frist gewahrt werden, so tritt diese Wirkung bereits in dem Zeitpunkt ein, in dem die Klage erhoben ist. Das gleiche gilt in Ansehung der Wirkungen, die durch andere als verfahrensrechtliche Vorschriften an die Rechtshängigkeit geknüpft werden.

IV Das Gericht, das den zu ihm beschrittenen Rechtsweg nicht für gegeben hält, kann, wenn sich der Beklagte mit dem Antrag des Klägers (Absatz 3) einverstanden erklärt, die Sache durch Beschluß verweisen.

Schrifttum: Saure, Die Rechtswegverweisung, 1971; Krause ZZP **83**, 289; Stein MDR **66**, 369 und **72**, 733; Bötticher RdA **60**, 162.

Vorbem. Dieselbe Fassung wie § 41 VwGO hat **§ 52 SGG,** jedoch ohne dessen IV; in seinem **II** führt er die „Gerichte der Zivil-, Arbeits-, Straf-, Finanz- oder der allgemeinen VerwGerichtsbarkeit" auf.

§ 34 FGO stimmt wörtlich mit § 41 VwGO überein, nennt jedoch entsprechend in II „Gericht der ordentlichen Gerichtsbarkeit oder ein Gericht der Arbeits-, Verwaltungs- oder Sozialgerichtsbarkeit".

Gliederung

1) Allgemeines
2) Grundsatz
   A. Zulässigkeit des Rechtsweges
   B. Unzulässigkeit des Rechtsweges
3) Verfahren bei Verweisung
   A. Antrag
   B. Entscheidung durch Urteil
   C. Entscheidung durch Beschluß
   D. Kosten
   E. Fristwahrung
4) Ordentliches Gericht und Arbeitsgericht
5) Ordentliches Gericht und Verfassungsgericht

1) Allgemeines. Die rechtsprechende Gewalt ist eine einheitliche, Art 92 GG. Ihre verschiedenen Gerichtszweige, Art 95 I GG, und damit die dadurch gegebenen Rechtswege sind einander gleichgeordnet, Einf 1 § 13 GVG. Dann muß auch im Interesse einer möglichst reibungslosen Rechtspflege die **Möglichkeit der Verweisung einer Streitigkeit von einem Rechtsweg in den anderen** gegeben sein. Diese wird durch § 17, ferner durch §§ 41 VwGO, 48a ArbGG, 52 SGG und § 34 FGO geschaffen. Es handelt sich um ein Stück allgemeiner Gerichtsverfassung der Gerichtsbarkeit in der BRep überhaupt, durch die, falls

1. Titel. Gerichtsbarkeit **GVG § 17** 1, 2

sie bestünde, eine entsprechende Wiederholung in den Verfahrensordnungen für die verschiedenen Gerichtszweige vermieden würde. Die Regelung ist entsprechend anzuwenden auch bei Verweisung vom ordentlichen Gericht ans Vormundschaftsgericht, BGH **40**, 1, BGH NJW **74**, 494 m Anm Richter JR **74**, 287, und im umgekehrten Fall, vgl BGH **78**, 57, aber nicht bei Verweisung von einem Spruchkörper des LGs an einen anderen (Kammer für Baulandsachen), Mü NJW **64**, 1282, vgl § 71 GVG Anm 5i. Wegen der Abgabe in Hausrats- und Wohnungseigentumssachen vgl Anh I und II § 281 ZPO.

§ 17 ist mindestens entsprechend anwendbar in Streitverfahren ohne zwingend vorgeschriebene mündliche Verhandlung, zB im **Arrest- und Verfügungssachen,** Saure S 101, Kissel Rdz 2, Zö-Gummer III 5, Karlsr OLGZ **82**, 125, Mü WRP **80**, 171, ferner OVG Hbg LS NJW **82**, 2206, VGH Mannh NJW **71**, 2089, OVG Lüneb VerwRspr **25**, 901, aM OVG Münst NJW **72**, 1437 (alle zu § 41 VwGO), dagegen v. Barby NJW **72**, 2014, ebenso aber VGH Mü Bay VBl **75**, 630, VGH Kassel VerwRspr **28**, 1009, EF § 41 GVG Rdz 8, SchCl § 71 Anm 2d aa. Hier gilt nichts anderes als im Fall der örtlichen oder sachlichen Unzuständigkeit, § 281 ZPO Anm 1 A. Dagegen scheidet die entsprechende Anwendung des § 17 im Verfahren wegen Prozeßkostenhilfe aus, weil die Sache dadurch nicht anhängig wird, für eine (erweiterte) Bindungswirkung auch kein praktisches Bedürfnis besteht, vgl Lang MDR **62**, 781 (zu § 281 ZPO), aM Stein MDR **72**, 733.

2) Grundsatz, I, II. A. Zulässigkeit des Rechtsweges. Das Gericht des jeweils angegangenen Gerichtszweiges entscheidet selbst, ob der zu ihm beschrittene Rechtsweg zulässig ist. Es gilt der Grundsatz der Priorität. **a) Hat das Gericht eines Gerichtszweiges rechtskräftig entschieden, daß der zu ihm beschrittene Rechtsweg zulässig ist,** so gilt das auch für die Gerichte der anderen Gerichtszweige. Wird bei diesen eine Sache mit demselben Streitgegenstand anhängig gemacht, so muß die Klage als unzulässig abgewiesen werden, da der nunmehr eingeschlagene Rechtsweg nicht gegeben ist, auch dann nicht, wenn das andere Gericht etwa irrtümlich die Zulässigkeit des zu ihm beschrittenen Rechtswegs bejaht hatte. Nicht anders ist zu entscheiden, wenn gleichzeitig dieselbe Sache bei Gerichten verschiedener Rechtszweige anhängig wurde und ein Urteil zuerst die Rechtskraft erlangt, wobei es gleichgültig ist, ob das ein Zwischenurteil oder ein Endurteil ist, ob das letztere die Zulässigkeit des Rechtsweges ausdrücklich oder nur implicite bejaht. § 90 II VwGO sieht sogar vor, daß es unzulässig ist, wegen einer Sache, die bereits bei der allgemeinen Verwaltungsgerichtsbarkeit, einem ordentlichen Gericht oder einem solchen der Arbeits-, Finanz- oder Sozialgerichtsbarkeit rechtshängig ist, eine neue Klage zu erheben; ebenso auch § 66 II FGO. Das wird mit Rücksicht auf die Gleichrangigkeit der Gerichtszweige und die Möglichkeit der Verweisung in den anderen Rechtszweig zu verallgemeinern sein, sofern man nicht in diesen Bestimmungen schon das Stück einer allgemeinen Gerichtsverfassung, Anm 1, sehen will. Das Gericht eines anderen Rechtszweiges, das etwa einen zu ihm in dieser Sache zu beschreitenden Rechtszug für zulässig hielte, müßte trotzdem als unzulässig abweisen; eine Verweisung scheidet aus, da dieselbe Sache bei demselben Gericht nicht zweimal anhängig sein kann; vgl aber auch § 17a Anm 1.

Ist ein Anspruch auf einen durch die VerwGerichte zu entscheidenden Klagegrund gestützt, hilfsweise aber auf einen solchen, für den die Zivilgerichte zuständig sind, so haben zunächst die VerwGerichte zu entscheiden; verneinen sie den Anspruch, soweit ihre Kompetenz reicht, so können sie nicht über den hilfsweisen Klagegrund entscheiden, sondern die Sache unterliegt nunmehr der Kompetenz der Zivilgerichte, vor die sie dann neu zu bringen ist, BGH **46**, 105; eine Verweisung scheidet in diesem Fall aus, BGH NJW **79**, 642 mwN, BVerwG **22**, 45, OVG Münst DVBl **78**, 926. Abweichend Baur Festschrift v Hippel (1967) S 1ff (ebenso Stein MDR **72**, 735): Da das GG nirgends sagt, daß die Erledigung von Rechtssachen eines Rechtszweiges durch ein Gericht eines anderen Rechtszweiges nicht geschehen dürfe, der Gesetzgeber selbst viele Ausnahmen in dieser Richtung geschaffen hat, auch die perpetuatio fori dagegen spricht, die ausschließliche Zuständigkeit eines Rechtswegs nur durch Parteivereinbarung entgegensteht, hat ein Gericht, das zulässigerweise mit einer Sache befaßt ist, auf dem von ihm vertretenen Rechtsweg tatsächlich oder rechtlich fremde Elemente einzubeziehen, soweit das für eine abschließende Entscheidung notwendig ist. – Auf gleiche Weise entscheidet ein Gericht nach allgM auch über Vorfragen, für die, soweit es sich um die Hauptentscheidung handelt, ein anderer Rechtsweg gegeben ist, § 13 GVG Anm 5 B, auch 5 E.

b) Das Gesagte gilt auch **im Verhältnis der in Art 95 I GG genannten Gerichtszweige zu den Sondergerichten,** s auch Einf 3 § 13 und § 14, ferner § 14 Anm 1; nicht aber bindet der Ausspruch eines Sondergerichts über die Zulässigkeit des Rechtsweges zu ihm jene Gerichte, denen eine bindende Entscheidung über die Zulässigkeit des Rechtsweges im Verhältnis zu den anderen gegeben ist: Die allgemeinen Gerichte haben gegenüber den besonderen die Kompetenz-Kompetenz.

B. Unzulässigkeit des Rechtsweges. Hält das Gericht, bei dem die Sache anhängig gemacht worden ist, **den zu ihm beschrittenen Rechtsweg für unzulässig,** so kommt es darauf an, ob der Kläger einen Verweisungsantrag stellt oder nicht. **a) Ist Verweisung nicht beantragt,** so weist das Gericht die Klage wegen Unzulässigkeit des Rechtsweges durch Prozeßurteil, Üb 2 A § 300 ZPO, ab. Dann kann kein Gericht eines anderen Gerichtszweiges in derselben Sache den nunmehr zu ihm beschrittenen Rechtsweg mit der Begründung für unzulässig erklären, daß er zu dem Gerichtszweig gegeben wäre, dessen Gericht ihn für unzulässig erklärt hat, I 2. Zulässig ist aber die Abweisung der Klage als unzulässig, weil es die Sache einem dritten Gerichtszweig für zugehörig ansieht. Es muß also jedenfalls das Gericht eines Gerichtszweiges übrig bleiben. Eine Verneinung sämtlicher Gerichtszweige ist nicht möglich, da bei der Unzulässigkeitserklärung notwendigerweise das Gericht davon ausgegangen sein muß, daß ein anderer Rechtsweg gegeben wäre, was in diesem Falle nicht mehr möglich wäre, I 2. **b)** Bei einem dahingehenden **Antrag des Klägers,** Anm 3, erklärt das Gericht den zu ihm beschrittenen Rechtsweg für unzulässig und verweist die Sache an ein Gericht des ersten Rechtszuges des Gerichtszweiges, zu dem es den Rechtsweg für gegeben hält, III 1. **Zu a und b:** Wird der beschrittene Rechtsweg durch eine Veränderung der ihn begründenden Umstände nach Eintritt der Rechtshängigkeit unzulässig, so berührt das die Zulässigkeit des Rechtsweges nicht, § 261 III Z 2 ZPO, § 90 III VwGO, § 66 III FGO.

3) Verfahren bei Verweisung, III, IV. A. Antrag. Erforderlich ist ein Antrag des Klägers, des Beklagten nur in der Rolle des Widerklägers. Sonst kann der Beklagte nur mit dem Antrag des Klägers einverstanden sein; das gibt dann dem Gericht die Befugnis, durch Beschluß zu entscheiden, IV, während sonst durch Urteil zu entscheiden ist. Es genügt der Antrag auf Verweisung. Das Gericht und der Gerichtszweig brauchen in ihm nicht genannt zu sein; deren Bestimmung ist Sache des Gerichts. Der Antrag kann auch als Hilfsantrag gestellt werden. Dann ist der Kläger durch die Entscheidung, die den beschrittenen Rechtsweg für unzulässig erklärt und die Sache verweist, beschwert, auch dann, wenn der Kläger einen anderen Rechtsweg für zulässig hält; das gleiche gilt für den Beklagten, der eine sachlichrechtliche Abweisung beantragt hatte, Grdz 3 A § 511, vgl BGH **40**, 1. Ist der ordentliche Rechtsweg nur für die Klage oder die Widerklage unzulässig, so ist Abtrennung geboten und insofern Verweisung bei Antrag auszusprechen. Bei Aufrechnung s § 13 Anm 5 F.

Der Antrag kann **nur bis zum Schluß der mündlichen Verhandlung,** auf die das Urteil ergeht, gestellt werden, auch noch in der Revisionsinstanz, BGH **12**, 67, BSG MDR **70**, 179, BayObLG BayVBl **82**, 220 mwN; jedoch kann ein später gestellter Antrag das Gericht veranlassen, wieder in die Verhandlung einzutreten, um zu dem prozeßökonomisch zu erstrebenden Ergebnis der Verweisung zu kommen. Es wird auch rechtzeitig einen entsprechenden Hilfsantrag anregen, § 139 ZPO.

B. Entscheidung durch Urteil. Ist der Antrag rechtzeitig gestellt, so ergeht bei Unzulässigkeit des Rechtswegs die Entscheidung durch Urteil dahin, daß der Rechtsweg unzulässig ist und die Sache verwiesen wird (wegen der Entscheidung durch Beschluß s unten C). An welches Gericht verwiesen wird, ist sorgfältig zu ermitteln (keine Verweisung „ins Blaue hinein"), **III 1**. Es muß im Urteilstenor ein bestimmtes Gericht genannt werden, **III 3**. Das Gericht kann nur ein erstinstanzliches sein, auch dann, wenn das verweisende Gericht ein zweitinstanzliches oder das Revisionsgericht ist. Eine Kostenentscheidung seitens des verweisenden Gerichts ergeht nicht; dem Kläger bleiben auf jeden Fall die Mehrkosten, die durch Anrufung des verweisenden Gerichts entstehen, vgl § 281 Anm 4; ebenso EF § 41 VwGO Anm 19. Das Urteil kann angefochten werden, BGH **38**, 290, auch mit Revision. Fehlt es am Verweisungsantrag, so weist das Gericht die Klage als unzulässig ab, Anm 2 B a. Hat die Vorinstanz die Klage (zutreffend) wegen Unzulässigkeit des Rechtswegs abgewiesen und beantragt der Kläger in der Rechtsmittelinstanz (erstmals) Verweisung, so ist die angefochtene Entscheidung aufzuheben und zu verweisen, BGH **46**, 105, BayObLG Bay VBl **82**, 220 mwN; dagegen Stein MDR **72**, 737 mwN, der Zurückweisung des (in der Sache erfolglosen) Rechtsmittels und Verweisung für geboten hält. **Ist das Urteil rechtskräftig, so ist damit die Sache bei dem im Urteil bezeichneten Gericht anhängig,** dessen Zuständigkeit auch durch eine Gesetzesänderung nicht berührt wird, § 261 ZPO Anm 7, aM OVG Berlin NJW **71**, 398 und Stein MDR **72**, 736.

Das Gericht, an das verwiesen ist (ebenso die ihm übergeordneten), ist an das rechtskräftige Urteil nicht nur hinsichtlich des Umfangs der Unzulässigkeit des Rechtsweges, I 2, sondern auch hinsichtlich des Rechtswegs, auf den verwiesen ist, gebunden, sog **„aufdrängende" Wirkung,** Ule VPrR § 9 II 2, Stein MDR **66**, 369, Redeker AnwBl **77**, 108, Grunsky § 36 IV 2 und ArbGG § 48 Rdz 11, EF § 41 VwGO Rdz 16, FG Hbg EFG **79**, 95, vgl auch BVerwG **30**, 326 u BayObLG BayVBl **82**, 221; abw, für nur „abdrängende" Wirkung, die hM, BGH **38**, 289, NJW **67**, 781, BSG **12**, 286, OVG Kblz NJW **61**, 1643, Brschwg OLGZ **65**, 251, Bötticher RdA **60**, 162, Krause ZZP **83**, 303, RoS § 9 III 2c, Kissel Rdz 46, Zö-Gummer IV 1, Saure S 120 bis 125 (eingehend), ThP 5b aa. Diese Gegenmeinung verträgt sich nicht mit dem Zweck der Verweisung, die Klage baldigst auf den richtigen Rechtsweg zu bringen, auch nicht mit der Rechtskraft des Urteils, die dem Kläger, der bei dem Adressatgericht etwa die Klage zurücknähme, nicht die Möglichkeit läßt, sich an ein drittes Gericht zu wenden, ebensowenig mit der Möglichkeit, eine etwa unrichtige Verweisung durch Rechtsmittel gegen das verweisende Urteil richtig stellen zu lassen. Wenn BGH **38**, 293 meint, daß ein negativer Kompetenzkonflikt nicht entstehen könne, weil das Gericht, an das schließlich als letztes weiterverwiesen ist, seine Anrufung nicht mehr mit den Hinweis, daß der Rechtsweg zum Gericht eines anderen Gerichtszweiges gegeben sei, ablehnen könne, so ist das eine das rechtsuchende Publikum unnötig belastende Auslegung. Nur ein sachlich unzuständiges Gericht, also wenn das AG fälschlicherweise als erstinstanzliches Gericht angesehen wäre oder aber an ein OLG irrtümlicherweise verwiesen wird, könnte an das zuständige Gericht abgeben, da das Urteil (Beschluß) insoweit nicht binden will, vgl § 281 Anm 3 B. Zulässig ist auch bei Verweisung des VerwGerichts an ein Gericht der freiwilligen Gerichtsbarkeit die Weiterverweisung an ein Gericht der ordentlichen streitigen Gerichtsbarkeit, da beide demselben Gerichtszweig angehören und § 17 GVG entsprechend anwendbar ist, BGH **40**, 6; aber auch da ist ein Antrag erforderl, Brschwg FamRZ **65**, 228. Wegen des Verfahrens bei irrtümlicherweise an Zivilgerichte verwiesenen Streitigkeiten vgl § 13 Anm 6 K.

C. Entscheidung durch Beschluß, IV. Die Entscheidung kann bei Einverständnis des Beklagten mit einer Verweisung auch durch Beschluß ergehen. Hat der Kläger die Verweisung hilfsweise beantragt, so muß stets durch Urteil entschieden werden, VGH Mannh DÖV **83**, 37 mwN. Ein Beschluß kommt nur in Frage, wenn der Kläger den Verweisungsantrag als Hauptantrag stellt; ebenso Bötticher, RdA **60**, 162. Immer ergeht ein Beschluß statt eines Urteils, wenn das Verfahren keine mündliche Verhandlung kennt, Anm 1 aE. Die Entscheidung lautet wie bei B und hat dieselbe Wirkung. In der Rechtsmittelinstanz kommt bei Klagabweisung in 1. Instanz nur ein Urteil in Betracht, BGH **10**, 163, hM (abw Saure S 108–110), weil die Verweisung die Änderung des angefochtenen Urteils voraussetzt, oben B. Gegen den Beschluß ist Beschwerde gegeben, wenn der Antrag oder das Einverständnis des Beklagten fehlte, BGH NJW **67**, 782 (abw Saure S 116); zu einem Sonderfall vgl VGH Kassel AS **29**, 3.

D. Kosten. Über die Kosten des Verfahrens erster Instanz hat das Gericht, an das verwiesen wird, in Anwendung der bei ihm für Verweisungen geltenden Vorschriften (zB §§ 281 III ZPO, 155 IV VwGO) zu entscheiden, BGH **11**, 57, **12**, 70, BVerwG **25**, 305, BayObLG BayVBl **82**, 221). Wird die Sache in den Rechtsmittelinstanzen verwiesen, so sind die Rechtsmittelkosten durch die Rechtsverfolgung in einem dafür nicht zulässigen Verfahren entstanden und demgemäß dem Kläger aufzuerlegen, BGH **11**, 58, **12**, 70, **22**, 71, BayObLG Rpfleger **79**, 318 u BayVBl **82**, 221 mwN, § 281 ZPO Anm 4 (abw BFH BStBl **83** II 182, der von einer Kostenentscheidung absieht). **Gebühren** des Gerichts § 9 GKG, des RA § 14 BRAGO.

E. Fristwahrung. Soweit durch die Klageerhebung eine Frist gewahrt werden sollte, behält die Klageerhebung bei dem Gericht, das den beschrittenen Rechtsweg für unzulässig erklärt hat, diese Wirkung bei Verweisung, obwohl dieses Verfahren durch Urteil rechtskräftig abgeschlossen wird, III 4. Gewahrt durch die Klageerhebung werden bei Verweisung auch sachlich-rechtliche Fristen, III 5, zB die Unterbrechung der Verjährung, § 209 I BGB.

Für die Wahrung der Frist kommt es auf die Einreichung der Klage bei dem unzuständigen Gericht an, sofern die Zustellung demnächst erfolgt, § 270 III ZPO; dies gilt auch dann, wenn das angerufene Gericht die Sache schon vor der Zustellung verweist. Die versehentlich bei einem unzuständigen Gericht erhobene Klage wahrt trotz Verweisung die Frist nicht, OVG Kblz NJW **81**, 1005.

4) Verweisung vom ordentlichen Gericht an das Arbeitsgericht und umgekehrt, V. Diese bleibt unverändert, wie die Verweisung auf § 48 I ArbGG, abgedruckt bei § 281, zeigt (ebenso § 48a IV ArbGG). Die Arbeitsgerichtsbarkeit ist deshalb in II, abweichend zB von § 41 II VwGO, nicht erwähnt. Aufrechterhalten bleibt deshalb auch, daß es sich bei diesen Gerichtsbarkeiten nicht um eine Konkurrenz der Rechtswege, sondern die Abgrenzung der sachlichen Zuständigkeit handelt, § 14 Anm 5, vgl auch § 549 II ZPO. Iü gilt das bei § 281 Gesagte. Verneint das ArbGericht also eine privatrechtliche Streitigkeit und verweist deshalb an ein VerwGericht, so ist dieses gebunden, da eine Weiterverweisung nicht zuzulassen ist, Anm 3 B, u zwar auch dann, wenn in Wahrheit der Rechtsweg zu den ordentlichen Gerichten gegeben wäre, aM Böttcher MDR **60**, 163. Vgl auch § 36 ZPO Anm 3 E.

5) Ordentliches Gericht und Verfassungsgericht. Dieses Verhältnis regelt nicht § 17, sondern Art 100 GG iVm §§ 80ff BVerfGG; s dazu § 1 Anm 3b. Deshalb ist § 17 unanwendbar, soweit die Verfassungsgerichtsbarkeit in Betracht kommt, Ule VPR § 9 III.

17a *Landesgesetzliche Regelung von Rechtswegstreitigkeiten.* Die Landesgesetzgebung kann jedoch die Entscheidung von Streitigkeiten zwischen den Gerichten und den Verwaltungsbehörden oder Verwaltungsgerichten über die Zulässigkeit des Rechtswegs besonderen Behörden nach Maßgabe der folgenden Vorschriften übertragen:

1. **Die Mitglieder werden für die Dauer des zur Zeit ihrer Ernennung von ihnen bekleideten Amts oder, falls sie zu dieser Zeit ein Amt nicht bekleiden, auf Lebenszeit ernannt. Sie können nur unter denselben Voraussetzungen wie die Mitglieder des Bundesgerichtshofes ihres Amtes enthoben werden.**
2. **Mindestens die Hälfte der Mitglieder muß dem Bundesgerichtshof oder dem Obersten Landesgericht oder einem Oberlandesgericht angehören. Bei Entscheidungen dürfen Mitglieder nur in der gesetzlich bestimmten Anzahl mitwirken. Diese Anzahl muß eine ungerade sein und mindestens fünf betragen.**
3. **Das Verfahren ist gesetzlich zu regeln. Die Entscheidung ergeht in öffentlicher Sitzung nach Ladung der Parteien.**
4. **Sofern die Zulässigkeit des Rechtswegs durch rechtskräftiges Urteil des Gerichts feststeht, ohne daß zuvor auf die Entscheidung der besonderen Behörde angetragen war, bleibt die Entscheidung des Gerichts maßgebend.**

1) Besondere Behörden. Sie haben nur noch eine geringe Bedeutung, da die Gerichte selbst über die Zulässigkeit des Rechtsweges entscheiden, vgl zB § 17 I 1, § 41 I 1 VwGO; ihre Entscheidung ist aber noch denkbar, wenn dieselbe Sache bei Gerichten verschiedener Rechtszweige anhängig ist, § 17 Anm 2 A, und die Zulässigkeit des Rechtswegs noch nicht rechtskräftig bejaht ist. Ein Landesgesetz darf in solchen Fällen die Entscheidung über die Zulässigkeit des Rechtswegs anderen Behörden als den ordentlichen Gerichten übertragen. Das mögen Verwaltungsgerichte (Verwaltungsbehörden als Rechtsprechungsorgane sind wegen Art 92 GG nicht mehr möglich) oder besondere „Kompetenzkonfliktsgerichtshöfe" sein, den es nur in Bayern bis zum 1. 7. 81 gab, § 1 Z 7 G v 6. 4. 81, GVBl 85, dazu Ostler BayVBl **81**, 647. Die landesrechtlichen Stellen entscheiden aber nur zwischen ordentlichen und anderen Gerichten oder Instanzen ihres Landes, nicht mit Wirkung über die Landesgrenze hinaus, RG **125**, 185; der BGH ist durch jene Entscheidung nicht gebunden, wohl aber hinsichtlich der Auslegung von irrevisiblem Landesrecht, auf der sie beruht, vgl RG DR **40**, 1851. Kein Zuständigkeitsstreit mehr besteht dort, wo ein Urteil nur noch mit Revision an den BGH anfechtbar ist, vgl RG JW **37**, 3186, oder der BGH die Zulässigkeit des ordentlichen Rechtswegs verneint hat.

2) Die Entscheidung der „besonderen Behörde" bindet das ordentliche Gericht aber nur für die Zulässigkeit des Rechtswegs; Einwände gegen die Ansprüche, denen der Rechtsweg eröffnet ist, unterliegen der gerichtlichen Nachprüfung ohne Beschränkung, RG **147**, 242. Ist der Konflikt zulässig und ordnungsmäßig erhoben, so darf das ordentliche Gericht keine Entscheidung mehr erlassen; sie wäre unwirksam. Ist aber gemäß **Z 4** die Zulässigkeit des Rechtswegs durch rechtskräftiges Urteil des ordentlichen Gerichts festgestellt, so bleibt es dabei, falls vorher nicht auf die Entscheidung der besonderen Behörde angetragen war. Verneint das Zivilgericht den Rechtsweg zu ihm und verweist es an das VerwGericht, so ist unter den gleichen Voraussetzungen das Ergebnis ebenso, nicht also die Möglichkeit gegeben, noch die besondere Behörde anzurufen, BVerwG NJW **67**, 2128, aM VGH München BayVBl **65**, 390.

Einführung zu §§ 18–20. Exterritorialität

Schrifttum: Nagel, Internationales Zivilprozeßrecht für den deutschen Praktiker, 1980; Riedinger, Staatenimmunität gegenüber Zwangsgewalt, RabelsZ **81**, 448; Schaumann-Habscheid, Die Immunität ausländischer Staaten nach VölkerR u deutschem ZivilprozeßR (Heft 8 der dt Gesellsch f VölkerR, 1968); Dahm, Völkerrechtl Grenzen der inld Gerichtsbark gegenüber ausld Staaten, Festschrift Nikisch S 156; StJ vor § 1 V B u D; RoS § 20; Steinmann MDR **65**, 706 u 795.

A. §§ 18–20 sind durch G v 25. 3. 74, BGBl 761, **mit Wirkung v 1. 4. 74 neu gefaßt,** dazu Fliedner ZRP **73**, 263. Sie regeln die persönliche Exterritorialität (Exemtion, Immunität) für diplomatische Missionen und konsularische Vertretungen durch Übernahme der sog Wiener Übk sowie für andere Personen durch Verweisung auf völkerrechtliche Regelungen; Überblick bei Steinmann MDR **65**, 706 u 795. Weitere Fälle der Exterritorialität: § 20 Anm 1.

B. Exterritorialität bedeutet Befreiung von der deutschen Gerichtsbarkeit, RG **157**, 394. Sie ist in jeder Lage des Verfahrens vAw zu beachten, BVerfG **46**, 342, BGH **18**, 1. Deshalb darf das Gericht keinen Termin anberaumen, Hbg MDR **53**, 109, keinen Arrest und keine einstw Vfg erlassen, Ffm NJW **82**, 2650, Exterritoriale nicht als Zeugen oder Sachverständige laden usw (s jedoch die zT abweichenden Bestimmungen des Nato-Truppenstatuts, Schlußanh III). Über Zustellung vgl § 200 ZPO; in exterritorialen Räumen darf keine Zustellung stattfinden, notfalls ist öff Zustellung geboten. Ein Streit über die Befreiung ist durch Urteil zu entscheiden, bei Bejahung durch abweisendes Prozeßurteil, bei Verneinung entsprechend § 280 ZPO durch Zwischenurteil, RG **157**, 394. Die **Nichtbeachtung der Exterritorialität** macht jede gerichtliche Handlung völlig wirkungslos, so daß Entscheidungen nichtig ohne denkbare innere Rechtskraft sind; das gilt für verurteilende Entscheidungen, hM (abw Schlosser ZZP **79**, 164), ebenso wie für sachlich abweisende, str, aM StJ vor § 578 I 2 b aa.

C. Ausnahmsweise besteht Gerichtsbarkeit über Exterritoriale a) in den durch völkerrechtliche Vereinbarung vorgesehenen Ausnahmefällen, s bei §§ 18–20, **b)** vorbehaltlich abweichender Regelung in solcher Vereinbarung bei freiwilliger Unterwerfung unter die deutsche Gerichtsbarkeit, die der Zustimmung des hierfür zuständigen Organe des Absendestaats bedarf. Stillschweigende Unterwerfung ist zulässig, liegt aber noch nicht im Betreiben eines inländischen Gewerbebetriebs, RG **103**, 278, wohl aber in Erhebung einer Klage. Dann ist der Beklagte zu jeder Art der Verteidigung berechtigt, RoS § 20 II 1, zB zur bloß abwehrenden Widerklage, RG **111**, 149, und zu Rechtsmitteln, aber auch zu abwehrenden Zusammenhangsklagen wie Änderungsklage, § 323, Vollstreckungsklage, §§ 767 u 771, Wiederaufnahmeklage u dgl, RoS § 20 II 2b. Auch bei Unterwerfung bleibt die **Befreiung von der gerichtlichen Zwangsgewalt** bestehen, also ist keine Ladung zur Vernehmung als Partei, Zeuge oder Sachverständiger u auch keine Zwangsvollstreckung ohne besondere Unterwerfung statthaft, hM, die aber bei gewerblicher Betätigung im Inland als erklärt angesehen werden muß, StJ V B 5 vor § 1 ZPO.

18 *Diplomatische Missionen.* **Die Mitglieder der im Geltungsbereich dieses Gesetzes errichteten diplomatischen Missionen, ihre Familienmitglieder und ihre privaten Hausangestellten sind nach Maßgabe des Wiener Übereinkommens über diplomatische Beziehungen vom 18. April 1961 (Bundesgesetzbl. 1964 II S. 957ff.) von der deutschen Gerichtsbarkeit befreit. Dies gilt auch, wenn ihr Entsendestaat nicht Vertragspartei dieses Übereinkommens ist; in diesem Falle findet Artikel 2 des Gesetzes vom 6. August 1964 zu dem Wiener Übereinkommen vom 18. April 1961 über diplomatische Beziehungen (Bundesgesetzbl. 1964 II S. 957) entsprechende Anwendung.**

1) Allgemeines. Für die Befreiung von der deutschen Gerichtsbarkeit (Immunität), soweit es sich um Mitglieder diplomatischer Missionen sowie ihre Familienmitglieder und privaten Hausangestellten handelt, sind die Bestimmungen des **Wiener Übk über diplomatische Beziehungen** (WÜD) auch dann maßgeblich, wenn der Entsendestaat nicht Vertragspartei dieses Übk ist. In allen Fällen gilt die in Art 2 G v 6. 8. 64 enthaltene Ermächtigung, Vorrechte und Befreiungen durch RechtsVO zu erweitern oder einzuschränken (bisher nicht praktisch geworden).

2) Einzelheiten, s Steinmann MDR **65**, 706, RS BMI v 21. 3. 73, GMBl 186. **A. Immunität genießen a) Diplomaten,** dh die Missionschefs und die in diplomatischem Rang stehenden Mitglieder des diplomatischen Personals, Art 1 e WÜD, in allen Fällen, ausgenommen dingliche Klagen bezüglich privater Grundstücke, Klagen in bestimmten Nachlaßsachen und Klagen im Zusammenhang mit freiberuflicher oder gewerblicher Tätigkeit, Art 31 I WÜD; **b)** in gleichem Umfang die zum Haushalt eines Diplomaten gehörenden **Familienmitglieder,** Art 37 I WÜD, **c) Mitglieder des Verwaltungs- und technischen Personals** und die zu ihrem Haushalt gehörenden **Familienmitglieder sowie Mitglieder des Hauspersonals** nur für die in Ausübung ihrer dienstlichen Tätigkeit vorgenommenen Handlungen, Art 37 II, III WÜD.

B. Keine Immunität genießen a) Diplomaten bei ausdrücklichem Verzicht durch den Entsendestaat, der für die Zwangsvollstreckung besonders erklärt werden muß, Art 32 I, II u IV WÜD, ferner, wenn sie Kläger sind, für unmittelbar damit zusammenhängende **Widerklagen,** Art 32 III WÜD, **b) sonstige bei A genannte Personen,** wenn sie **Deutsche** im Sinne des GG sind oder, in den bei A c genannten Fällen, ständig **in der Bundesrepublik ansässig** sind, Art 37 I–IV, 38 II WÜD, **c)** anders als nach § 18 aF **private Hausangestellte,** Art 37 IV WÜD. Wegen der Sonderbotschafter vgl § 20 Anm 1 A d.

C. Unabhängig von der persönlichen Immunität sind unverletzlich die Räumlichkeiten der Mission mit den darin befindlichen Gegenständen, sowie ihre Beförderungsmittel, Archive und Schriftstücke, Korrespondenz und Gepäck sowie die Privatwohnung des Diplomaten, Art 22 III, 24, 27, 30 WÜD.

3) VwGO: *Entsprechend anzuwenden, § 173 VwGO, da im WÜD Zivil- und VerwProzesse hinsichtlich der Immunität gleichgestellt werden.*

19 *Konsularische Vertretungen.* **I** Die Mitglieder der im Geltungsbereich dieses Gesetzes errichteten konsularischen Vertretungen einschließlich der Wahlkonsularbeamten sind nach Maßgabe des Wiener Übereinkommens über konsularische Beziehungen vom 24. April 1963 (Bundesgesetzbl. 1969 II S. 1585 ff.) von der deutschen Gerichtsbarkeit befreit. Dies gilt auch, wenn ihr Entsendestaat nicht Vertragspartei dieses Übereinkommens ist; in diesem Falle findet Artikel 2 des Gesetzes vom 26. August 1969 zu dem Wiener Übereinkommen vom 24. April 1963 über konsularische Beziehungen (Bundesgesetzbl. 1969 II S. 1585) entsprechende Anwendung.

II Besondere völkerrechtliche Vereinbarungen über die Befreiung der in Absatz 1 genannten Personen von der deutschen Gerichtsbarkeit bleiben unberührt.

1) Allgemeines. Für die Befreiung von der deutschen Gerichtsbarkeit (Immunität) hinsichtlich der konsularischen Vertretungen einschließlich der Wahlkonsulate sind die Bestimmungen des **Wiener Übk über konsularische Beziehungen** (WÜK) auch dann maßgeblich, wenn der Entsendestaat nicht Vertragspartei dieses Übk ist. In allen Fällen gilt die in Art 2 G v 26. 8. 69 enthaltene Ermächtigung, Vorrechte und Befreiungen durch RechtsVO zu erweitern oder einzuschränken (bisher nicht praktisch geworden).

2) Einzelheiten, s Steinmann MDR **65**, 708, Abschn IV RS BMI v 21. 3. 73, GMBl 186. **A. Konsularbeamte,** Art 1 I d WÜK, **und Bedienstete des Verwaltungs- oder technischen Personals,** Art 1 I e WÜK, **genießen Immunität nur** wegen der Handlungen, die sie **in Wahrnehmung konsularischer Aufgaben** vorgenommen haben, Art 43 I WÜK, dazu BayObLG NJW **74**, 431, und auch in diesen Fällen **nicht** gegenüber Klagen aus Verträgen, bei denen sie nicht ausdrücklich oder erkennbar für den Entsendestaat gehandelt haben, und gegenüber Schadensersatzklagen aus Verkehrsunfällen, Art 43 II WÜK. Entsprechendes gilt für **Wahlkonsularbeamte,** Art 85 II WÜK, auch wenn sie Deutsche sind, Art 71 I WÜK.

B. Keine Immunität besteht bei Verzicht und bei bestimmten Widerklagen, Art 45 WÜK, vgl § 18 Anm 2 B, und überhaupt nicht für sonstiges Personal und Familienangehörige von Konsularbeamten.

C. Unverletzlich sind die konsularischen Räumlichkeiten, Art 31 WÜK, ferner Archive und Schriftstücke sowie Korrespondenz und mit Einschränkung Kuriergepäck, Art 33 und 35 WÜK. Beschränkungen der persönlichen Freiheit eines Konsularbeamten sind nur in bestimmten Fällen statthaft, Art 41 WÜK. Wegen der Zeugnispflicht s Art 44 WÜK, vgl auch Üb 3 § 373 ZPO.

3) Besondere völkerrechtliche Vereinbarungen bleiben unberührt, II. Wegen der Konsularverträge mit Großbritannien, Iran, Irland, Japan, Jemen, Saudiarabien, Spanien, Thailand, Türkei, UdSSR und USA vgl Steinmann MDR **65**, 708 (keine weitergehenden Befreiungen als nach WÜK).

4) VwGO: *Entsprechend anzuwenden, § 173 VwGO, da im WÜK Zivil- und VerwProzesse gleichgestellt werden.*

20 **Sonstige Exterritoriale.** Die deutsche Gerichtsbarkeit erstreckt sich auch nicht auf andere als die in den §§ 18 und 19 genannten Personen, soweit sie nach den allgemeinen Regeln des Völkerrechts, auf Grund völkerrechtlicher Vereinbarungen oder sonstiger Rechtsvorschriften von ihr befreit sind.

Schrifttum: Riedinger, Staatenimmunität gegenüber Zwangsgewalt, RabelsZ **81**, 448; Seidl-Hohenveldern, Neue Entwicklungen im Recht der Staatenimmunität, Festschrift Beitzke, 1979, S. 1081; StJSchumann Einl Rdz 660.

1) Persönliche Exterritorialität (Immunität), Einf 2 § 18, genießen: **A. nach den allgemeinen Regeln des Völkerrechts,** Art 25 GG, **a) ausländische Staaten** und die für sie handelnden Organe, aber nur im Bereich hoheitlicher Tätigkeit (was nach deutschem Recht zu prüfen ist), BVerfG WertpMitt **83**, 722, BGH NJW **79**, 1101 mwN, BVerfG NJW **63**, 435 (Grundstückskauf) und 1732 (Reparaturauftrag), Kblz OLGZ **75**, 379, Mü RIW **77**, 49 mwN; vgl Gramlich RabelsZ **81**, 577. Keine Immunität genießen dagegen auslandsrechtliche jur Personen, auch nicht privatwirtschaftlich tätige Unternehmen eines ausländischen Staates, denen dieser die Stellung einer selbständigen jur Person verliehen hat, BGH **18**, 1, Ffm NJW **81**, 2650 mwN, zB eine staatliche Ölgesellschaft, Ffm RIW **82**, 439, dazu Albert IPrax **83**, 55, Gramlich NJW **81**, 2618 u Hausmann IPrax **82**, 54 zu Ffm IPrax **82**, 71 u NJW **81**, 2650, oder eine staatliche Notenbank, LG Ffm NJW **76**, 1045, dazu Schumann ZZP **93**, 412. Ist gegen einen ausländischen Staat über ein nicht-hoheitliches Verhalten ein Vollstreckungstitel ergangen, so ist die **Zwangsvollstreckung** durch den Gerichtsstaat in Gegenstände des ausländischen Staates, die sich im Hoheitsbereich des Gerichtsstaates befinden oder dort belegen sind, ohne Zustimmung des ausländischen Staates unzulässig, soweit diese Gegenstände im Zeitpunkt des Beginns der Vollstreckungsmaßnahme hoheitlichen Zwecken dieses Staates dienen, BVerfG **46**, 342 u WertpMitt **83**, 722, vgl Bleckmann NJW **78**, 1092 und Riedinger RabelsZ **81**, 448 (betr Zwangsvollstreckung in Forderungen aus einem laufenden, allgemeinen Bankkonto einer diplomatischen Vertretung, das zur Deckung der Ausgaben und Kosten dieser Vertretung bestimmt ist), Gramlich NJW **81**, 2619 (betr Zwangsvollstreckung in Konten einer staatlichen Ölgesellschaft), LG Hbg RIW **81**, 712 (betr Zwangsvollstreckung in Konten eines ausländischen Instituts mit nichthoheitlichen Aufgaben). Exterritorial kraft Völkerrechts sind ferner **b) Staatsoberhäupter,** bei amtlichen Besuchen auch ihr Gefolge, **c) ausländische Regierungsmitglieder** bei amtlichen Besuchen und Delegierte bei zwischenstaatlichen Tagungen; **d) Diplomaten** und ihre Familienangehörigen auf der Durchreise, Art 40 WÜK, auch Sonderbotschafter, dazu LG Düss JZ **83**, 625 (Anm Engel); **e) fremde Truppen,** die befugt deutschen Boden betreten, ebenso Personen an Bord von Kriegsschiffen, die sich rechtmäßig in deutschen Küstengewässern aufhalten, Mössner NJW **82**, 1197.

B. Auf Grund völkerrechtlicher Vereinbarung oder sonstiger Rechtsvorschriften genießen Immunität: a) zwischenstaatliche Organisationen und ihre Angehörigen, zB die Vereinten Nationen, BGBl 80 II 141, die EuG, BGBl 57 II 1182, Euratom, BGBl 57 II 1212, Europarat, BGBl 54 II 493, Sonderorganisationen der UNO, BGBl 54 II 639, 57 II 469, 64 II 187 (dazu VO v 16. 6. 70, BGBl II 689, u 18. 3. 71, BGBl II 129); Europäische Weltraumorganisation, BGBl 80 II 766; Atomenergiekommission, BGBl 60 II 1993, BayObLG FamRZ **72**, 212 m Anm Habscheid; Eurocontrol, Übk v 13. 12. 60, BGBl 62 II 2274, dazu BVerwG **54**, 291 und BVerfG **58**, 1 m krit Anm Gramlich JZ **82**, 149 u BVerfG **59**, 63 m zustm Anm Busch DVBl **82**, 579 u Gramlich DÖV **82**, 407 (zu VHG Mannh NJW **80**, 540 m Anm Gramlich DVBl **80**, 459), vgl Schwarze EuGRZ **83**, 117, ferner Personen, die an Verfahren vor der Europäischen Kommission oder dem Gerichtshof für Menschenrechte teilnehmen, BGBl 77 II 1445; **b) Angehörige der NATO-Streitkräfte,** s Schlußanh III; **c) Mitglieder der Ständigen Vertretung der DDR,** G v 16. 11. 73, BGBl 1673, und VO v 24. 4. 74, BGBl 1022.

2) Gegenständlich beschränkt ist die deutsche Gerichtsbarkeit außerdem u a bei Kriegsschiffen, Anm 1 A, und bei Staatsschiffen gemäß Abk v 10. 4. 26, RGBl 27 II 483, und Zusatzprotokoll v 24. 5. 34, RGBl 36 II 303, dazu RG **157**, 398, StJ V B 4 vor § 1 (Vertragsstaaten: Ägypten, Argentinien, Belgien, Brasilien, Chile, Dänemark, Frankreich, Griechenland Italien, Madagaskar, Niederlande, Norwegen, Polen, Portugal, Schweden, Schweiz, Syrien, Türkei, Ungarn, Uruguay, Vereinigtes Königreich (mit Ausnahme bestimmter Gebiete, Zaire); ferner bei Räumlichkeiten, Gebäuden und Archiven zwischenstaatlicher Organisationen, Anm 1 B a.

3) *VwGO: Entsprechend anzuwenden,* § 173 VwGO.

21 (aufgehoben durch Art 1 Z 5 G v 25. 3. 74, BGBl 761).

Anhang nach § 21 GVG

I. Justizverwaltung u Rechtspflege

Justizverwaltung heißt der die Angelegenheiten der Rechtspflege betreffende Teil der Staatsverwaltung, vgl Kissel § 12 Rdz 32 ff (mit zT abweichender Terminologie). Man weist ihr regelmäßig alles zu, was nicht zur Rechtsprechung gehört. Das trifft nicht zu. Die Rechtspflege zerfällt vielmehr in Rechtsprechung, Justizverwaltung und gewisse rechtspflegerische Geschäfte, die damit unter die Garantie des unabhängigen Richters gestellt sind; diese haben ganz verschiedenen Charakter, zB fürsorgerischen wie die Prozeßkostenhilfe, viele Geschäfte der freiwilligen Gerichtsbarkeit, die aber auch zT Streitsachen in sich schließt (Regelungsstreitigkeiten, Böttcher Festschrift Lent, 1957, S 89 ff), wie ua die Hausratsverteilung und die Vertragshilfe, ferner VerwGeschäfte wie die Geschäftsverteilung, § 21 e GVG, auch die Bestimmung des zuständigen Gerichts, § 36 ZPO. Zur Justizverwaltung gehören namentlich Dienstaufsicht, ferner Justizhaushalt, Kassenverwaltung, Erstattung gerichtlicher Gutachten, Rechtshilfeverkehr mit dem Ausland. S auch § 4 Anm 3 EGGVG. Im einzelnen entscheidet nicht die Bezeichnung im Gesetz, sondern der Charakter der dem Gericht zugewiesenen Tätigkeit. Die Justizverwaltung ist, soweit es sich nicht um den BGH handelt, Sache der Länder. **Justizverwaltungsakte,** soweit sie nicht unter § 23 I EGGVG fallen, unterliegen der Anfechtung vor den allgem Verwaltungsgerichten, § 40 VwGO, also zB die Zulassung von Rechtsbeiständen oder die Entscheidung des Justizprüfungsamtes, § 23 EGGVG Anm 1 B. Justizverwaltungsakt ist auch die Entscheidung über die Anerkennung ausländischer Entscheidungen in Ehesachen; sie unterliegt der Nachprüfung auf ihre Rechtmäßigkeit durch das OLG, Üb 2 § 23 EGGVG. – Der **Rechtspfleger** wirkt als Richter, § 9 S 1 RpflG; seine Tätigkeit fällt, anders als die des Urkundsbeamten, nicht unter die Justizverwaltung; es ist aber möglich, daß ihm außer den Aufgaben als RPfl auch andere Dienstgeschäfte, insbesondere die des Urkundsbeamten der Geschäftsstelle, übertragen werden, so daß er insofern dann den Vorschriften für diese Geschäfte und damit der Justizverwaltung untersteht, § 27 RPflG, abgedr Anh § 153 GVG.

II. Aufbau der Justizverwaltung, §§ 13–18 GVVO vom 20. 3. 35, RGBl 403 = BGBl III 300–5

Vorbem. Da die Angelegenheiten der Justizverwaltung nicht zur konkurrierenden Gesetzgebung gehören, ist die GVVO **kein Bundesrecht** geworden, Art 125 GG, Bülow-Butteweg S 184. Sie gilt landesgesetzlich weiter und ist zT verändert oder aufgehoben, so in **BaWü, Bay, Bre, Hbg, Nds** und **Saarld,** vgl Schönfelder GVG S 1 und Holch DRiZ **76,** 135. Die GVVO ist mit Fußnoten zur Fortgeltung der einzelnen Vorschriften vollständig abgedruckt bei Kissel, Anh nach § 38 EGGVG.

§ 13. Die Präsidenten der Gerichte, die aufsichtführenden Amtsrichter, ..., die Leiter der Staatsanwaltschaften und die Vorsteher der Gefangenenanstalten haben nach näherer Anordnung des Reichsministers der Justiz **die ihnen zugewiesenen Geschäfte der Justizverwaltung zu erledigen. Sie ...... können die ihrer Dienstaufsicht unterstellten Beamten zu den Geschäften der Justizverwaltung heranziehen.**

§ 14. [1] **Die Dienstaufsicht üben aus**
1. der **Reichsminister der Justiz über sämtliche Gerichte, Staatsanwaltschaften und Gefangenenanstalten,**
2. (weggefallen),
3. **der Oberlandesgerichtspräsident und der Landgerichtspräsident über die Gerichte ihres Bezirks,**
4. **der aufsichtführende Amtsrichter über das Amtsgericht,**
5. (gegenstandslos),

6. der Generalstaatsanwalt beim Oberlandesgericht und der Oberstaatsanwalt beim Landgericht über die Staatsanwaltschaften, der Generalstaatsanwalt auch über die Gefangenenanstalten des Bezirks,
7. der Vorsteher des badischen Notariats, der Leiter der Amtsanwaltschaft und der Vorsteher der Gefangenenanstalt über die unterstellte Behörde.

II Dem Landgerichtspräsidenten steht die Dienstaufsicht über ein mit einem Präsidenten besetztes Amtsgericht nicht zu.

III Der Reichsminister der Justiz bestimmt, bei welchen Amtsgerichten der Präsident die Dienstaufsicht über andere zum Bezirk des übergeordneten Landgerichts gehörigen Amtsgerichte an Stelle des Landgerichtspräsidenten ausübt.

§ 15. Die Dienstaufsicht über eine Behörde erstreckt sich zugleich auf die bei ihr angestellten oder beschäftigten Beamten, Angestellten und Arbeiter. Die Dienstaufsicht des aufsichtführenden Amtsrichters beschränkt sich jedoch, wenn ihm nicht die Zuständigkeit für die im § 5 Abs. 1 bezeichneten Anordnungen übertragen worden ist, auf die bei dem Amtsgericht angestellten oder beschäftigten nichtrichterlichen Beamten, die Angestellten und Arbeiter; die Dienstaufsicht des Leiters der Amtsanwaltschaft, sofern er nicht Oberstaatsanwalt ist, beschränkt sich auf die nicht dem höheren oder dem Amtsanwaltsdienst angehörigen Beamten.

§ 16. I Wer die Dienstaufsicht über einen Beamten ausübt, ist Dienstvorgesetzter des Beamten.

II In der Dienstaufsicht liegt die Befugnis, die ordnungswidrige Ausführung eines Amtsgeschäfts zu rügen und zu seiner sachgemäßen Erledigung zu ermahnen.

§ 17. I Beschwerden in Angelegenheiten der Justizverwaltung werden im Dienstaufsichtswege erledigt.

II Über Aufsichtsbeschwerden, die sich gegen einen im ersten Rechtszuge vom Präsidenten eines Amtsgerichts erlassenen Bescheid richten, entscheidet der Oberlandesgerichtspräsident endgültig, wenn für Beschwerden dieser Art bestimmt ist, daß die Entscheidung des Landgerichtspräsidenten endgültig ist.

§ 18. Der Reichsminister der Justiz kann die Ausübung der ihm in dieser Verordnung übertragenen Befugnisse auf die ihm unmittelbar nachgeordneten Präsidenten der Gerichte und Leiter der Staatsanwaltschaften übertragen.

1) An Stelle des RJM sind die Landesjustizminister getreten; § 15 ,,wenn ihm nicht...... übertragen worden ist", ist durch die Aufhebung von § 5 durch Art 8 II Z 7 VereinheitlG gegenstandslos geworden, vgl auch Weist DRiZ **68**, 48, der auch die Ersatzregelungen der Länder, soweit erfolgt, angibt (für Hessen vgl § 5 Z 7 e G v 31. 10. 72, GVBl 349).

Zweiter Titel. Allgemeine Vorschriften
über das Präsidium und die Geschäftsverteilung

Übersicht

Schrifttum. Schorn-Stanicki, Die Präsidialverfassung der Gerichte aller Rechtswege, 1975.

1) Der Titel ist durch Art II Z 4 G v 26. 5. 72, BGBl 841, eingefügt worden (Materialien: RegEntw BTDr VI/557, Bericht des Rechtsausschusses BTDr VI/2903). Er enthält die einheitlich für alle Gerichte der Zivil- und Strafgerichtsbarkeit geltenden **Vorschriften über die Präsidialverfassung,** die für die kleineren AGe durch die §§ 22a, 22b u 22d ergänzt werden. Der Titel gilt außerdem entsprechend für sämtliche anderen Zweige der streitigen Gerichtsbarkeit, nämlich für die VerwGerichtsbarkeit (§ 4 VwGO), die Finanzgerichtsbarkeit (§ 4 FGO) und die Disziplinargerichtsbarkeit des Bundes (§ 47 BDO) sowie mit bestimmten Abweichungen auch für die Patentgerichtsbarkeit (§ 36e PatG), die Sozialgerichtsbarkeit (§ 6 SGG) und die Arbeitsgerichtsbarkeit; insoweit bestimmt **§ 6a ArbGG** idF v 2. 7. 79, BGBl 853:

Allgemeine Vorschriften über das Präsidium und die Geschäftsverteilung. Für die Gerichte für Arbeitssachen gelten die Vorschriften des Zweiten Titels des Gerichtsverfassungsgesetzes nach Maßgabe der folgenden Vorschriften entsprechend:
1. Bei einem Arbeitsgericht mit weniger als drei Richterplanstellen werden die Aufgaben des Präsidiums durch den Vorsitzenden oder, wenn zwei Vorsitzende bestellt sind, im Einvernehmen der Vorsitzenden wahrgenommen. Einigen sich die Vorsitzenden nicht, so entscheidet das Präsidium des Landesarbeitsgerichts oder, soweit ein solches nicht besteht, der Präsident dieses Gerichts.

2. **Bei einem Landesarbeitsgericht mit weniger als drei Richterplanstellen** werden die Aufgaben des Präsidiums durch den Präsidenten, soweit ein zweiter Vorsitzender vorhanden ist, im Benehmen mit diesem wahrgenommen.
3. Der aufsichtführende Richter bestimmt, welche richterlichen Aufgaben er wahrnimmt.
4. Jeder ehrenamtliche Richter kann mehreren Spruchkörpern angehören.
5. Den Vorsitz in den Kammern der Arbeitsgerichte führen die Berufsrichter.

Wegen der Mitwirkung des Ausschusses des ehrenamtlichen Richter s § 29 II ArbGG.

2) Die Vorschriften des Titels verwirklichen ein Stück Justizreform, C. Arndt DRiZ **72**, 41. Sie bedeuten einen ersten Schritt in Richtung auf ein für alle Zweige der Gerichtsbarkeit geltendes GVG und dienen dem Ziel, die Selbstverwaltung der Gerichte zu stärken und damit ihre Unabhängigkeit weiter zu festigen, Begr des RegEntw. Die wesentlichen Grundsätze dieser Regelung: **a) Präsidien** bestehen **bei allen Gerichten,** auch bei den AGen, sofern es sich nicht um Kleinstgerichte handelt; **b)** mit Ausnahme des den Vorsitz führenden Präsidenten oder aufsichtführenden Richters werden **alle Mitglieder gewählt,** wenn nicht ohnehin alle Richter dem Präsidium angehören oder bestimmte Mitglieder als gewählt gelten; **c)** die Präsidien entscheiden über alle Fragen der Geschäftsverteilung, auch über die Verteilung des Vorsitzes in den Spruchkörpern **(Allzuständigkeit des Präsidiums),** die Justizverwaltung nimmt nur wenige Aufgaben auf diesem Gebiet wahr; **d)** das Recht auf den **gesetzlichen Richter** wird auch innerhalb des Spruchkörpers gewährleistet.

3) Der Titel enthält demgemäß Vorschriften über die Organisation des Präsidiums (§§ 21a–d), seine Aufgaben namentlich hinsichtlich der Geschäftsverteilung (§ 21e I), sein Verfahren (§§ 21e II–VIII, 21f und 21i I), die Vertretung und Befugnisse der Vorsitzenden (§§ 21h u 21i II) sowie über die Geschäftsverteilung im Spruchkörper (§ 21g).

21a *Zusammensetzung des Präsidiums.* [I] Bei jedem Gericht wird ein Präsidium gebildet.

[II] Das Präsidium besteht aus dem Präsidenten oder aufsichtführenden Richter als Vorsitzenden und

1. bei Gerichten mit mindestens zwanzig Richterplanstellen aus acht gewählten Richtern,
2. bei Gerichten mit mindestens acht Richterplanstellen aus vier gewählten Richtern,
3. bei den anderen Gerichten aus den nach § 21b Abs. 1 wählbaren Richtern.

Die Hälfte der gewählten Richter sind bei den Landgerichten, bei den Oberlandesgerichten und beim Bundesgerichtshof Vorsitzende Richter; sind bei einem Gericht nicht mehr als die hiernach zu wählenden Vorsitzenden Richter vorhanden, so gelten diese als gewählt.

1) Bei jedem Gericht wird ein Präsidium gebildet, I, auch bei kleineren AGen. **Ausnahmen** gelten für AGe mit nur einer Richterplanstelle, vgl § 22b I, und für ArbGe und LArbGe mit weniger als drei Richterplanstellen, § 6a Z 1 und Z 2 ArbGG, Üb 1 § 21a.

2) Geborenes Mitglied des Präsidiums ist der Präsident oder aufsichtführende Richter als Vorsitzender, II 1. Ob ein AG mit einem Präsidenten besetzt wird, ist Sache der Landesgesetzgebung bzw -verwaltung; im übrigen bestimmt die Justizverwaltung einen Richter zum aufsichtführenden Richter des AG, vgl § 14 II, III VO v 20. 3. 35, abgedr Anh II § 21. Bei AGen mit weniger als 8 Planstellen, II 1 Z 3, gehört neben dem Aufsichtsrichter auch der Präsident des die Dienstaufsicht führenden LG bzw AG dem Präsidium an, und zwar als Vorsitzender, § 22a. Die Vertretung des Vorsitzenden regelt § 21c.

3) A. Das Präsidium bilden im übrigen Richter des Gerichts, nämlich **a)** bei Gerichten mit weniger als 8 Planstellen alle nach § 21b I wählbaren Richter, **II 1 Z 3, b)** bei Gerichten mit 8–19 Planstellen 4 gewählte Richter und **c)** bei größeren Gerichten 8 gewählte Richter, **II 1 Z 1 u 2.** Damit ist sichergestellt, daß alle Richter an den Selbstverwaltungsaufgaben ihres Gerichts beteiligt sind, entweder unmittelbar oder mittelbar durch die von ihnen gewählten Vertreter (Plenar- bzw Repräsentativsystem). Für die Größe des Präsidiums kommt es allein auf die Zahl der durch den Haushaltsplan dem Gericht zugewiesenen Richterplanstellen an, gleichgültig, ob sie besetzt sind und ob der Inhaber richterliche oder andere Aufgaben wahrnimmt, Stanicki DRiZ **72**, 416; wegen des maßgeblichen Zeitpunktes und wegen der Folgen einer Änderung der Planstellenzahl vgl § 21d.

2. Titel. Präsidium und Geschäftsverteilung GVG §§ 21a, 21b

B. Das für alle Gerichte mit mindestens 8 Richterplanstellen geltende **Repräsentativsystem** soll durch Beschränkung der Zahl der Mitglieder die Arbeitsfähigkeit des Präsidiums gewährleisten; daß das ungewählte Präsidium, II 1 Z 3, eines kleinen Gerichts danach größer sein kann als das aus insgesamt (nur) 5 Mitgliedern bestehende Präsidium eines mittleren Gerichts, wird in Kauf genommen, damit bei einem kleineren Gericht nicht etwa nur 1 Richter außerhalb des Präsidiums bleiben muß. **Bei den Kollegialgerichten** (LG, OLG, BGH) **sind die Hälfte der gewählten Richter Vorsitzende Richter** iSv § 19a DRiG, **II 2** (ebenso beim BArbG, § 6a ArbGG, Üb 1 ArbGG, Üb 1 § 21a); in welchem Zahlenverhältnis die Gruppen der Vorsitzenden Richter und der anderen Richter stehen, ist unerheblich, BVerwG DÖV **74**, 96. Durch die paritätische Besetzung (§§ 21b II 1, 21c II) wird erreicht, daß bei den Entscheidungen des Präsidiums die Personalkenntnisse und Erfahrungen der Vorsitzenden der Spruchkörper in angemessenem Umfang zur Geltung kommen. Sind bei einem Gericht nicht mehr als die zu wählenden Vorsitzenden Richter vorhanden, also ohne den Präsidenten 4 bzw 2, so gelten diese als gewählt, II 2 Halbsatz 2. Überschreitet die Zahl der Vorsitzenden Richter im Lauf des Geschäftsjahres die Zahl der zu wählenden, so wird dadurch entsprechend § 21d die Zusammensetzung des Präsidiums zunächst nicht berührt, VGH Kassel AS **30**, 15; bei der nächsten Wahl ist nach § 21b IV zu verfahren.

Die Wahl der Richter regelt § 21b mit der dazu ergangenen Wahlordnung v 19. 9. 72, das Nachrücken § 21c II; ist ein danach Nächstberufener nicht vorhanden, ist eine Nachwahl, § 14 WahlO, auch dann erforderlich, wenn in der Gruppe der Vorsitzenden Richter nur noch ein wählbarer Kandidat vorhanden ist, VGH Kassel AS **30**, 15. Vertreten werden die gewählten Mitglieder des Präsidiums nicht, § 21c I 3.

4) *VwGO:* § 21a gilt entsprechend, § 4 VwGO. Den Vorsitz führt stets der Präsident des Gerichts, weil es in der VerwGerichtsbarkeit kein Gericht ohne Präsidenten gibt, §§ 5, 9 u 10 VwGO.

21b *Wahl des Präsidiums.* **I** Wahlberechtigt sind die Richter auf Lebenszeit und die Richter auf Zeit, denen bei dem Gericht ein Richteramt übertragen ist, sowie die bei dem Gericht tätigen Richter auf Probe, die Richter kraft Auftrags und die für eine Dauer von mindestens drei Monaten abgeordneten Richter, die Aufgaben der Rechtsprechung wahrnehmen. Wählbar sind die Richter auf Lebenszeit und die Richter auf Zeit, denen bei dem Gericht ein Richteramt übertragen ist. Nicht wahlberechtigt und nicht wählbar sind Richter, die an ein anderes Gericht für mehr als drei Monate oder an eine Verwaltungsbehörde abgeordnet sind.

II Jeder Wahlberechtigte wählt die vorgeschriebene Zahl von Richtern, und zwar bei den Landgerichten, bei den Oberlandesgerichten und beim Bundesgerichtshof jeweils eine gleiche Zahl von Vorsitzenden Richtern und weiteren Richtern. In den Fällen des § 21a Abs. 2 Satz 2 Halbsatz 2 wählt jeder Wahlberechtigte so viele weitere Richter, bis die in § 21a Abs. 2 Satz 1 bestimmte Zahl von Richtern erreicht ist.

III Die Wahl ist unmittelbar und geheim. Gewählt ist, wer die meisten Stimmen auf sich vereinigt. Bei Stimmengleichheit entscheidet das Los.

IV Die Mitglieder werden für vier Jahre gewählt. Alle zwei Jahre scheidet die Hälfte aus. Die zum ersten Mal ausscheidenden Mitglieder werden durch das Los bestimmt.

V Das Wahlverfahren wird durch eine Rechtsverordnung geregelt, die von der Bundesregierung mit Zustimmung des Bundesrates erlassen wird.

VI Ist bei der Wahl ein Gesetz verletzt worden, so kann die Wahl von den in Absatz 1 Satz 1 bezeichneten Richtern angefochten werden. Über die Wahlanfechtung entscheidet ein Senat des zuständigen Oberlandesgerichts, bei dem Bundesgerichtshof ein Senat dieses Gerichts. Wird die Anfechtung für begründet erklärt, so kann ein Rechtsmittel gegen eine gerichtliche Entscheidung nicht darauf gestützt werden, das Präsidium sei deswegen nicht ordnungsgemäß zusammengesetzt gewesen. Im übrigen sind auf das Verfahren die Vorschriften des Gesetzes über die Angelegenheiten der freiwilligen Gerichtsbarkeit sinngemäß anzuwenden.

Schrifttum. Scholz DRiZ **72**, 301; Stanicki DRiZ **72**, 414, **74**, 379; Driehaus DRiZ **75**, 44.

1) Allgemeines. Ein wesentlicher Punkt der durch das G v 26. 5. 72 verwirklichten Reform ist für alle Gerichte mit mindestens 8 Richterplanstellen, § 21a II, die Einführung eines Präsidiums, dem neben dem Präsidenten oder Aufsichtsrichter nur gewählte (oder als gewählt geltende, § 21 a II 2 Halbsatz 2) Mitglieder angehören. Die **für die Wahl notwendigen Vorschriften** enthält § 21 b, der durch die Wahlordnung v 19. 9. 72, BGBl 1821, ergänzt wird (abgedr Anh § 21 b). Die Bestimmungen des § 21 b gelten entsprechend für die **Arbeitsgerichtsbarkeit,** § 6 a ArbGG, Üb 1 § 21 a.

2) Wahlrecht, I. Maßgeblich für das aktive und passive Wahlrecht ist **der jeweilige Wahltag,** § 2 I 3 WahlO. **A. Wahlberechtigt, I 1,** sind **a)** die Richter auf Lebenszeit und die Richter auf Zeit, § 11 DRiG, denen bei dem Gericht ein Richteramt übertragen ist, § 27 I DRiG (im Fall der Übertragung eines weiteren Richteramts bei einem anderen Gericht, § 27 II DRiG, besteht Wahlrecht bei beiden Gerichten, so zB im Fall des § 22 II GVG), gleichgültig, ob sie bei dem Gericht nur VerwAufgaben wahrnehmen; nicht wahlberechtigt sind die in Baulandsachen tätigen VerwRichter, BGH DRiZ 77, 280, hM; **b)** die bei dem Gericht tätigen Richter auf Probe, § 12 DRiG, Richter kraft Auftrags, § 14 DRiG, und die für die Dauer von mindestens 3 Monaten an das Gericht abgeordneten Richter, § 37 DRiG, die Aufgaben der Rechtsprechung wahrnehmen, also nicht nur in der Verwaltung des Gerichts tätig sind. Wahlberechtigt ist auch der Präsident bzw Aufsichtsrichter, Stanicki DRiZ **72,** 417, und ebenso sein ständiger Vertreter, § 21 h.

B. Wählbar, I 2, sind nur die unter a) genannten Richter auf Lebenszeit oder auf Zeit, nicht dagegen die unter b) aufgeführten Richter. Nicht wählbar ist ferner der Präsident bzw Aufsichtsrichter, weil er dem Präsidium kraft Amtes als Vorsitzender angehört, § 21 a II, wählbar aber ihre ständigen Vertreter, vgl § 21 c I 2.

C. Ausnahmen, I 3: Weder wahlberechtigt noch wählbar bei ihren Heimatgerichten sind Richter, die an ein anderes Gericht für mehr als 3 Monate oder (auch für kürzere Zeit) an eine Verwaltungsbehörde abgeordnet sind. Sie dürfen bei dem anderen Gericht wählen, wenn sie dort Rechtsprechungsaufgaben wahrnehmen. Dagegen wird das Wahlrecht durch Beurlaubung (auch für mehr als 3 Monate) nicht berührt.

3) Wahlpflicht, II. A. Mit der Fassung, jeder Wahlberechtigte „wählt" die vorgeschriebene Zahl von Richtern, ist klargestellt, daß er **dienstlich verpflichtet ist, sich an der Wahl zu beteiligen,** BVerwG DVBl **75,** 728 mwN: Das Wahlrecht ist den Richtern nicht zur Wahrnehmung ihrer persönlichen Belange anvertraut, sondern zur Gewähr einer geordneten, unabhängigen Rechtspflege. Die Verletzung der Wahlpflicht kann Maßnahmen der Dienstaufsicht, § 26 DRiG, auslösen.

B. Jeder Wahlberechtigte hat die vorgeschriebene Zahl der Richter zu wählen, dh so viele Richter, wie in das Präsidium gewählt werden müssen, bei der Wahl paritätisch zusammengesetzter Präsidien, § 21 a II 2, jeweils eine gleiche Zahl von Vorsitzenden und weiteren Richtern; eine Ausnahme gilt bei nur 2 bzw 4 vorhandenen Vorsitzenden Richtern, § 21 a II 2, was nicht verfassungswidrig ist, BVerwG DVBl **75,** 728. Stimmenhäufung ist unzulässig. Die Stimme ist demgemäß ungültig, wenn der Wähler (in einer Sparte oder in beiden) mehr oder weniger Richter wählt, § 8 III Z 5 WahlO. Dieses System der sog Blockwahl ist jedenfalls im Bereich der Präsidialverfassung der Gerichte verfassungsrechtlich unbedenklich, Kissel Rdz 12. **Wieviele Richter zu wählen sind,** hängt von der Größe des Gerichts sowie davon ab, ob es sich um eine Erstwahl, § 21 a, eine Teilwahl, § 21 b IV, oder um eine Wahl nach § 21 d II u III handelt; im Fall einer Nachwahl, § 21 d Anm 2, ist möglicherweise nur ein Richter zu wählen. Gelten die Vorsitzenden Richter nach § 21 a II 2 Halbsatz 2 als gewählt, ist nur die erforderliche Zahl von weiteren Richtern zu wählen, vgl §§ 2 I 2, 5 II 3 WahlO.

4) Wahlvorgang, III, und Wahlverfahren, V. a) Die Wahl ist unmittelbar und geheim, III 1, vgl §§ 5 I, II u 6 WahlO. Briefwahl ist zulässig, § 7 WahlO, dazu Vallendar DRiZ **73,** 21. Das Wahlrecht darf nur durch Abgabe jeweils eines Stimmzettels ausgeübt werden, § 5 I u III WahlO; hierzu und zu den Folgen eines Verstoßes gegen § 8 III Z 1 WahlO vgl LSG Nds LS SGb **80,** 88. Gewählt ist, wer die meisten Stimmen auf sich vereinigt, III 2; bei Stimmengleichheit entscheidet das Los, III 3, das der Wahlvorstand, § 1 WahlO, zieht, § 8 IV WahlO. Der danach gewählte Richter darf die Wahl nicht ablehnen, BVerwG DVBl **75,** 728, so daß er nach Feststellung des Wahlergebnisses lediglich von seiner Wahl zu benachrichtigen ist, § 10 WahlO. **b)** Das Wahlverfahren wird iü durch die aufgrund von **V** erlassene **Wahlordnung für die Präsidien der Gerichte** v 19. 9. 72, BGBl 1821, geregelt, abgedr **Anh § 21 b.**

5) Amtszeit, IV. Die Mitglieder werden für 4 Jahre gewählt, IV 1. Die Amtszeit begann für die 1972 gewählten gemäß Art XIII § 5 II G v 26. 5. 72 mit dem ersten Tag des darauf folgenden Geschäftsjahres, in aller Regel also mit dem 1. 1. 73. Danach bestimmt sich der Beginn der Amtszeit für die Nachfolger. Maßgeblich ist also nicht das Kalenderjahr, sondern das Geschäftsjahr, vgl §§ 1 II 2, 3 WahlO. Um die Repräsentierung der Gesamtrichterschaft des Gerichts durch die Gewählten sicherzustellen, ohne die Kontinuität zu beeinträchtigen, scheidet alle 2 Jahre die Hälfte aus, IV 2; die zum ersten Mal ausscheidenden Mitglieder werden durch das Los bestimmt, IV 3, das der Wahlvorstand, § 1 WahlO, in einer für die Richter öff Sitzung zieht, § 2 III u IV WahlO. Die Nachfolger werden durch Teilwahl bestimmt, für die Anm 2–4 gelten. Wiederwahl ist zulässig, vgl § 2 II WahlO. Wegen der Amtszeit bei **Eintritt eines Nachfolgers** vgl § 21c Anm 2, bei **Änderung der Planstellenzahl** vgl § 21d Anm 3. Das amtierende Präsidium hat die Geschäfte bis zur Neu- bzw Nachwahl fortzuführen, VGH Kassel AS **30**, 15.

6) **Wahlanfechtung, VI. Ist bei der Wahl ein Gesetz,** § 1 Anm 2 B, **verletzt worden, so kann die Wahl von jedem Wahlberechtigten,** I 1, **angefochten werden,** VI 1, ohne daß dafür eine Frist bestimmt ist. Die Anfechtung ist auch zulässig, wenn eine gesetzlich vorgeschriebene Wahl nicht durchgeführt worden ist, VGH Kassel AS **30**, 15. Eine Beeinträchtigung eigener Rechte ist nicht erforderlich, die Begründung braucht nur die Möglichkeit objektiver Gesetzesverletzung zu ergeben, BVerwG DVBl **75**, 727; „Gesetz" ist auch die WahlO, VGH Kassel AS **30**, 15 mwN, LSG Celle NdsRpfl **79**, 129 (zur Briefwahl, §§ 5 u 8 WahlO). Am Verfahren beteiligt ist das aus der Wahl hervorgegangene Präsidium, BVerwG DÖV **74**, 96. Über die Anfechtung einer Wahl bei einem AG, LG oder OLG entscheidet ein Senat des OLG, über eine Wahl beim BGH ein Senat dieses Gerichts, VI 2, und zwar in einem Verfahren, auf das die Vorschriften des FGG sinngemäß anzuwenden sind, VI 4. Danach kann ein Beschluß des OLG mit der Beschwerde, § 19 I FGG, angefochten werden, über die der BGH entscheidet, Celle NdsRpfl **75**, 138; entsprechendes gilt für die Anfechtung der Beschlüsse des OVG, LSG und FG, vgl VGH Kassel AS **30**, 15. Erfolg hat die Anfechtung nur dann, wenn der Verstoß für das Wahlergebnis bedeutsam sein kann, LSG Celle NdsRpfl **79**, 129. Wird die Anfechtung der Wahl für begründet erklärt, so kann ein Rechtsmittel gegen eine gerichtliche Entscheidung nicht darauf gestützt werden, das Präsidium sei deswegen nicht ordnungsgemäß zusammengesetzt gewesen, VI 3, vgl BGH NJW **76**, 432. Erst recht gilt dies, wenn die Wahl überhaupt nicht angefochten oder über eine Anfechtung noch nicht entschieden ist, so daß **Fehler bei der Bildung des Präsidiums die Gültigkeit der von ihm erlassenen Anordnungen in keinem Fall berühren.**

7) *VwGO: Die Bestimmungen des § 21b gelten entsprechend, § 4 VwGO, diejenigen der WahlO unmittelbar. Über eine Wahlanfechtung, VI, entscheidet ein Senat des OVG bzw BVerwG, vgl BVerwG DÖV 74, 96; im ersteren Fall ist Beschwerde zulässig, VGH Kassel AS 30, 15.*

Anhang nach § 21b GVG
Wahlordnung für die Präsidien der Gerichte
Vom 19. September 1972, BGBl 1821

§ 1. Wahlvorstand

^I Der Wahlvorstand sorgt für die ordnungsmäßige Durchführung der Wahl der Mitglieder des Präsidiums. Er faßt seine Beschlüsse mit Stimmenmehrheit.

^{II} Der Wahlvorstand besteht aus mindestens drei wahlberechtigten Mitgliedern des Gerichts. Das amtierende Präsidium bestellt die erforderliche Zahl von Mitgliedern des Wahlvorstandes spätestens zwei Monate vor Ablauf des Geschäftsjahres, in dem eine Wahl stattfindet. Es bestellt zugleich eine angemessene Zahl von Ersatzmitgliedern und legt fest, in welcher Reihenfolge sie bei Verhinderung oder Ausscheiden von Mitgliedern des Wahlvorstandes nachrücken.

^{III} Das amtierende Präsidium gibt die Namen der Mitglieder und der Ersatzmitglieder des Wahlvorstandes unverzüglich durch Aushang bekannt.

§ 2. Wahlverzeichnis

^I Der Wahlvorstand erstellt ein Verzeichnis der wahlberechtigten und ein Verzeichnis der wählbaren Mitglieder des Gerichts. In den Fällen des § 21a Abs. 2 Satz 2 Halbsatz 2 des Gerichtsverfassungsgesetzes ist in dem Verzeichnis der wählbaren Mitglieder darauf hinzuweisen, daß die Vorsitzenden Richter als gewählt gelten. Die Verzeichnisse sind bis zum Wahltag auf dem laufenden zu halten.

^{II} In das Verzeichnis der wählbaren Mitglieder des Gerichts sind auch die jeweils wegen Ablaufs ihrer Amtszeit oder durch Los ausscheidenden Mitglieder des Präsidiums aufzunehmen, sofern sie noch die Voraussetzungen des § 21b Abs. 1 des Gerichtsverfassungsgesetzes erfüllen.

III In den Fällen des § 21b Abs. 4 Satz 3 und des § 21d Abs. 2 und 3 des Gerichtsverfassungsgesetzes nimmt der Wahlvorstand zuvor die Auslosung der ausscheidenden Mitglieder des Präsidiums vor. Hierbei ist bei den mit Vorsitzenden Richtern besetzten Gerichten außer in den Fällen des § 21a Abs. 2 Satz 2 Halbsatz 2 des Gerichtsverfassungsgesetzes eine gleiche Anzahl von Vorsitzenden Richtern und Richtern gesondert auszulosen.

IV Die Auslosung ist für die Richter öffentlich. Zeitpunkt und Ort der Auslosung gibt der Wahlvorstand unverzüglich nach seiner Bestellung durch Aushang bekannt.

V Über die Auslosung fertigt der Wahlvorstand eine Niederschrift, die von sämtlichen Mitgliedern des Wahlvorstandes zu unterzeichnen ist. Sie muß das Ergebnis der Auslosung enthalten. Besondere Vorkommnisse bei der Auslosung sind in der Niederschrift zu vermerken.

§ 3. Wahltag, Wahlzeit, Wahlraum

Die Wahl soll mindestens zwei Wochen vor Ablauf des Geschäftsjahres stattfinden. Der Wahlvorstand bestimmt einen Arbeitstag als Wahltag, die Wahlzeit und den Wahlraum. Bei entsprechendem Bedürfnis kann bestimmt werden, daß an zwei aufeinander folgenden Arbeitstagen und in mehreren Wahlräumen gewählt wird. Die Wahlzeit muß sich über mindestens zwei Stunden erstrecken.

§ 4. Wahlbekanntmachung

I Der Wahlvorstand gibt spätestens einen Monat vor dem Wahltag durch Aushang bekannt:
1. das Verzeichnis der wahlberechtigten und das Verzeichnis der wählbaren Mitglieder des Gerichts,
2. das Ergebnis der Auslosung nach § 21b Abs. 4 Satz 3 und § 21d Abs. 2 und 3 des Gerichtsverfassungsgesetzes,
3. den Wahltag, die Wahlzeit und den Wahlraum,
4. die Anzahl der zu wählenden Vorsitzenden Richter und Richter,
5. die Voraussetzungen, unter denen eine Briefwahl stattfinden kann,
6. den Hinweis auf das Einspruchsrecht nach Absatz 3.

Bestehen Zweigstellen oder auswärtige Spruchkörper, so sind die Wahlbekanntmachungen auch dort auszuhängen.

II Auf den Wahlbekanntmachungen ist der erste Tag des Aushangs zu vermerken.

III Jedes wahlberechtigte Mitglied des Gerichts kann gegen die Richtigkeit der Wahlverzeichnisse binnen einer Woche seit ihrer Bekanntmachung oder der Bekanntmachung einer Änderung schriftlich bei dem Wahlvorstand Einspruch einlegen. Der Wahlvorstand hat über den Einspruch unverzüglich zu entscheiden und bei begründetem Einspruch die Wahlverzeichnisse zu berichtigen. Die Entscheidung des Wahlvorstandes ist dem Mitglied des Gerichts, das den Einspruch eingelegt hat, schriftlich mitzuteilen. Sie muß ihm spätestens am Tage vor der Wahl zugehen.

§ 5. Wahlhandlung

I Das Wahlrecht wird durch Abgabe eines Stimmzettels in einem Wahlumschlag ausgeübt.

II Auf dem Stimmzettel sind die Anzahl der zu wählenden Vorsitzenden Richter und Richter sowie die Namen der wählbaren Richter in alphabetischer Reihenfolge untereinander aufzuführen. Bei Gerichten, die mit Vorsitzenden Richtern besetzt sind, sind die Namen dieser Richter gesondert aufzuführen. Nicht aufzuführen sind
1. die Anzahl und die Namen der in den Fällen des § 21a Abs. 2 Satz 2 Halbsatz 2 des Gerichtsverfassungsgesetzes als gewählt geltenden Vorsitzenden Richter,
2. die Namen der Vorsitzenden Richter und Richter, die dem Präsidium angehören und deren Amtszeit noch nicht abläuft.

III Der Wähler gibt seine Stimme ab, indem er auf dem Stimmzettel die vorgeschriebene Zahl von Namen Vorsitzender Richter und Richter ankreuzt und den Stimmzettel im verschlossenen Wahlumschlag in die Wahlurne legt.

§ 6. Ordnung im Wahlraum

I Die Richter können während der gesamten Wahlzeit im Wahlraum anwesend sein.

II Der Wahlvorstand trifft Vorkehrungen, daß der Wähler den Stimmzettel im Wahlraum unbeobachtet kennzeichnet und in den Wahlumschlag legt. Für die Aufnahme der Umschläge ist eine Wahlurne zu verwenden. Vor Beginn der Stimmabgabe hat der Wahlvorstand festzustellen, daß die Wahlurne leer ist, und sie zu verschließen. Sie muß so eingerichtet sein, daß die eingelegten Umschläge nicht entnommen werden können, ohne daß die Urne geöffnet wird.

III Solange der Wahlraum zur Stimmabgabe geöffnet ist, müssen mindestens zwei Mitglieder des Wahlvorstandes im Wahlraum anwesend sein.

IV Stimmzettel und Wahlumschlag werden dem Wähler von dem Wahlvorstand im Wahlraum ausgehändigt. Vor dem Einlegen des Wahlumschlages in die Wahlurne stellt ein Mitglied des Wahlvorstandes fest, ob der Wähler im Wählerverzeichnis eingetragen ist. Die Teilnahme an der Wahl ist im Wählerverzeichnis zu vermerken.

V Wird die Wahlhandlung unterbrochen oder wird das Wahlergebnis nicht unmittelbar nach Abschluß der Stimmabgabe festgestellt, so hat der Wahlvorstand für die Zwischenzeit die Wahlurne so zu verschließen und aufzubewahren, daß das Einlegen oder die Entnahme von Stimmzetteln ohne Beschädigung des Verschlusses unmöglich ist. Bei Wiedereröffnung der Wahl oder bei Entnahme der Stimmzettel zur Stimmzählung hat sich der Wahlvorstand davon zu überzeugen, daß der Verschluß unversehrt ist.

VI Nach Ablauf der Wahlzeit dürfen nur noch diejenigen Wahlberechtigte abstimmen, die sich in diesem Zeitpunkt im Wahlraum befinden. Sodann erklärt der Wahlvorstand die Wahlhandlung für beendet.

§ 7. Briefwahl

I Den wahlberechtigten Mitglieder des Gerichts, die

1. einem auswärtigen Spruchkörper oder einer Zweigstelle des Gerichts angehören oder für nicht mehr als drei Monate an ein anderes Gericht abgeordnet sind,
2. aus sonstigen Gründen an einer Stimmabgabe nach § 5 Abs. 3 verhindert sind und dies dem Wahlvorstand rechtzeitig anzeigen,

leitet der Wahlvorstand einen Stimmzettel und einen Wahlumschlag sowie einen größeren Freiumschlag zu, der die Anschrift des Wahlvorstandes und als Absender die Anschrift des wahlberechtigten Mitglieds des Gerichts sowie den Vermerk „Schriftliche Stimmabgabe zur Wahl des Präsidiums" trägt. Er übersendet außerdem eine vorgedruckte, vom Wähler abzugebende Erklärung, in der dieser dem Wahlvorstand gegenüber versichert, daß er den Stimmzettel persönlich gekennzeichnet hat. Die Absendung ist in der Wählerliste zu vermerken.

II In einem besonderen Schreiben ist zugleich anzugeben, bis zu welchem Zeitpunkt spätestens der Stimmzettel bei dem Wahlvorstand eingegangen sein muß.

III Der Wähler gibt seine Stimme ab, indem er auf dem Stimmzettel die vorgeschriebene Zahl von Namen Vorsitzender Richter und Richter ankreuzt und den Stimmzettel im verschlossenen Wahlumschlag unter Verwendung des Freiumschlages und Beifügung der von ihm unterzeichneten vorgedruckten Erklärung dem Wahlvorstand übermittelt. Die Stimmabgabe kann vor dem Wahltag erfolgen.

IV Während der Wahlzeit vermerkt ein Mitglied des Wahlvorstandes die Absender der bei dem Wahlvorstand eingegangenen Briefe im Wählerverzeichnis, entnimmt den Briefen die Wahlumschläge und legt diese ungeöffnet in die Wahlurne. Die vorgedruckten Erklärungen sind zu den Wahlunterlagen zu nehmen. Briefe, die ohne die vorgedruckte Erklärung bei dem Wahlvorstand eingehen, sind mit dem darin enthaltenen Wahlumschlag sowie mit einem entsprechenden Vermerk des Wahlvorstandes zu den Wahlunterlagen zu nehmen. Nach Ablauf der Wahlzeit eingehende Briefe sind unter Vermerk des Eingangszeitpunktes ungeöffnet zu den Wahlunterlagen zu nehmen.

§ 8. Feststellung des Wahlergebnisses

I Unverzüglich nach Ablauf der Wahlzeit stellt der Wahlvorstand das Wahlergebnis fest. Die Richter können bei der Feststellung des Wahlergebnisses anwesend sein.

II Der Wahlvorstand öffnet die Wahlurne und entnimmt den darin befindlichen Wahlumschlägen die Stimmzettel. Er prüft deren Gültigkeit und zählt sodann die auf jedes wählbare Mitglied des Gerichts entfallenden gültigen Stimmen zusammen.

III Ungültig sind Stimmzettel,

1. die nicht in einem Wahlumschlag abgegeben sind,
2. die nicht von dem Wahlvorstand ausgegeben sind,
3. aus denen sich der Wille des Wählers nicht zweifelsfrei ergibt,
4. die einen Zusatz oder Vorbehalt enthalten,
5. in denen nicht die vorgeschriebene Anzahl von Namen Vorsitzender Richter und Richter angekreuzt ist.

IV Bei Stimmengleichheit zwischen zwei oder mehreren wählbaren Mitgliedern des Gerichts stellt der Wahlvorstand durch Auslosung fest, wer als gewählt gilt und wer in den Fällen des § 21 c Abs. 2 des Gerichtsverfassungsgesetzes als Nächstberufener nachrückt.

§ 9. Wahlniederschrift

^I Über das Wahlergebnis fertigt der Wahlvorstand eine Niederschrift, die von sämtlichen Mitgliedern des Wahlvorstandes zu unterzeichnen ist. Die Niederschrift muß enthalten:
1. die Zahl der abgegebenen Stimmzettel,
2. die Zahl der gültigen Stimmzettel,
3. die Zahl der ungültigen Stimmzettel,
4. die für die Gültigkeit oder Ungültigkeit zweifelhafter Stimmzettel maßgebenden Gründe,
5. die Angabe, wie viele Stimmen auf jeden der wählbaren Vorsitzenden Richter und Richter entfallen sind,
6. die Namen der gewählten Vorsitzenden Richter und Richter,
7. das Ergebnis einer etwaigen Auslosung nach § 8 Abs. 4.

^{II} Besondere Vorkommnisse bei der Wahlhandlung oder der Feststellung des Wahlergebnisses sind in der Niederschrift zu vermerken.

§ 10. Benachrichtigung der gewählten Richter

Der Wahlvorstand benachrichtigt unverzüglich die in das Präsidium gewählten Mitglieder des Gerichts schriftlich von ihrer Wahl.

§ 11. Bekanntgabe des Wahlergebnisses

Der Wahlvorstand gibt das Wahlergebnis unverzüglich durch Aushang bekannt.

§ 12. Berichtigung des Wahlergebnisses

Offenbare Unrichtigkeiten des bekanntgemachten Wahlergebnisses, insbesondere Schreib- und Rechenfehler, kann der Wahlvorstand von Amts wegen oder auf Antrag berichtigen. Die Berichtigung ist gleichfalls durch Aushang bekannt zu machen.

§ 13. Aufbewahrung der Wahlunterlagen

Die Wahlunterlagen (Aushänge, Niederschriften, Stimmzettel, verspätet oder ohne vorgedruckte Erklärung eingegangene Wahlbriefe usw.) werden von dem Präsidium mindestens vier Jahre aufbewahrt; die Frist beginnt mit dem auf die Wahl folgenden Geschäftsjahr.

§ 14. Nachwahl

Ist in den Fällen des § 21 c Abs. 2 des Gerichtsverfassungsgesetzes eine Nachwahl durchzuführen, weil kein Nächstberufener vorhanden ist, so gelten für die Durchführung der Nachwahl die Vorschriften dieser Verordnung entsprechend.

§§ 15–17. Übergangs- und Schlußvorschriften *(nicht abgedruckt)*

21 c *Vertretung und Wechsel im Präsidium.* ^I Bei einer Verhinderung des Präsidenten oder aufsichtführenden Richters tritt sein Vertreter (§ 21 h) an seine Stelle. Ist der Präsident oder aufsichtführende Richter anwesend, so kann sein Vertreter, wenn er nicht selbst gewählt ist, an den Sitzungen des Präsidiums mit beratender Stimme teilnehmen. Die gewählten Mitglieder des Präsidiums werden nicht vertreten.

^{II} Scheidet ein gewähltes Mitglied des Präsidiums aus dem Gericht aus, wird es an ein anderes Gericht für mehr als drei Monate oder an eine Verwaltungsbehörde abgeordnet, wird es kraft Gesetzes Mitglied des Präsidiums oder wird es zum Vorsitzenden Richter ernannt, so tritt an seine Stelle der durch die Wahl Nächstberufene.

1) Vertretung, I. Wenn der Präsident oder aufsichtführende Richter verhindert ist, den **Vorsitz im Präsidium** zu führen, tritt sein Vertreter, § 21 h, an seine Stelle, I 1; das gilt auch im Falle des § 22a. Der Vertreter kann im übrigen, wenn er nicht gewähltes (oder im Falle des § 21a II 1 Z 3 geborenes) Mitglied des Präsidiums ist, an jeder Sitzung mit beratender Stimme teilnehmen, I 2; er soll dadurch einen umfassenden Überblick über die Arbeit des Präsidiums gewinnen, um im Vertretungsfall den Vorsitz sachgerecht führen zu können, und zugleich mit seinen Kenntnissen und Erfahrungen die Beratungen fördern. Die gewählten Mitglieder des Präsidiums werden im Verhinderungsfall nicht vertreten, I 3, so daß die Zahl der Mitwirkenden bis auf die Hälfte, § 21 i I, sinken kann.

2) Wechsel im Präsidium, II. A. Der durch die Wahl Nächstberufene rückt nach, wenn **ein gewähltes Mitglied die Zugehörigkeit zum Präsidium verliert,** nämlich **a)** aus dem Gericht ausscheidet, **b)** an eine Verwaltungsbehörde oder für mehr als 3 Monate an ein anderes Gericht abgeordnet wird, **c)** kraft Gesetzes Mitglied des Präsidiums, also Präsident oder Aufsichtsrichter wird, **d)** zum Vorsitzenden Richter, § 19a DRiG, ernannt wird (weil sonst die paritätische Besetzung, § 21a II 2, nicht gewahrt bliebe). In allen diesen Fällen tritt **der durch die Wahl Nächstberufene** an die Stelle des Ausgeschiedenen, dh derjenige Richter, der bei der Wahl des Ausgeschiedenen nach § 21b III sonst gewählt worden wäre, str, aM Kissel Rdz 7 mwN, Kropp DRiZ **78**, 77 mwN, ua ThP Anm 3: der durch die letzte Wahl Nächstberufene (aber dagegen spricht nicht nur der Wortlaut, sondern auch der Sinn der Vorschrift, nach dem der Nachrückende in jeder Hinsicht einschließlich der Amtszeit an die Stelle des Ausgeschiedenen tritt; er soll danach aus der gleichen Wahlgruppe kommen, in der die nicht Gewählten sozusagen die potentiellen Ersatzmitglieder darstellen). Das Los entscheidet, § 21b III 3, wenn die dem jetzt Ausgeschiedenen folgenden Kandidaten die gleiche Stimmenzahl erhalten haben, vgl § 8 IV WahlO, Anh § 21b; wer Nächstberufener ist, entscheidet der Wahlvorstand, nicht das Präsidium, Driehaus DRiZ **75**, 43. Ist **kein danach Nächstberufener vorhanden,** weil bei der maßgeblichen Wahl keiner der Folgenden eine Stimme erhalten hat oder die Liste erschöpft ist (etwa wegen Ausscheidens der folgenden Kandidaten), so findet eine Nachwahl statt, § 14 WahlO, Anh § 21b, VGH Kassel AS **30**, 15; nicht etwa rückt dann der durch die letzte Wahl Nächstberufene nach, aM Wahlvorstd Zweibr DRiZ **77**, 311. **In allen Fällen tritt der Nachfolger an die Stelle des Ausgeschiedenen,** so daß er auch in seine Amtszeit eintritt, § 21b IV. Der Ausgeschiedene verliert seinen Sitz im Präsidium endgültig; das gilt auch für den Fall der Abordnung, hM, s Driehaus DRiZ **75**, 43 gg Rehbein DRiZ **74**, 257. Sonstige Gründe für ein Ausscheiden kennt das Gesetz nicht, namentlich nicht den Verzicht. Auch längere Beurlaubung oder Erkrankung führt nicht zum Ausscheiden, aM Schorn-Stanicki S 34. Bei Beschlußunfähigkeit gilt § 21i II. Scheidet ein Richter aus den Gründen zu a)–c) aus einem nicht gewählten Präsidium, § 21a II Z 3, aus, so bleibt sein Platz (auch im Fall b) für die Amtszeit unbesetzt.

3) VwGO: *§ 21c gilt entsprechend, § 4 VwGO.*

21 d *Größe des Präsidiums.* ^I Für die Größe des Präsidiums ist die Zahl der Richterplanstellen am Ablauf des Tages maßgebend, der dem Tage, an dem das Geschäftsjahr beginnt, um sechs Monate vorhergeht.

^{II} Ist die Zahl der Richterplanstellen bei einem Gericht mit einem Präsidium nach § 21a Abs. 2 Satz 1 Nr. 1 unter zwanzig gefallen, so sind bei der nächsten Wahl, die nach § 21b Abs. 4 stattfindet, zwei Richter zu wählen; neben den nach § 21b Abs. 4 ausscheidenden Mitgliedern scheiden zwei weitere Mitglieder aus, die durch das Los bestimmt werden.

^{III} Ist die Zahl der Richterplanstellen bei einem Gericht mit einem Präsidium nach § 21a Abs. 2 Satz 1 Nr. 2 über neunzehn gestiegen, so sind bei der nächsten Wahl, die nach § 21b Abs. 4 stattfindet, sechs Richter zu wählen; hiervon scheiden zwei Mitglieder, die durch das Los bestimmt werden, nach zwei Jahren aus.

1) Maßgeblich für die Größe des Präsidiums ist die Zahl der Richterplanstellen, § 21a Anm 2, **am Stichtag, I,** der an den Beginn des Geschäftsjahres anknüpft. Geschäftsjahr ist in aller Regel das Kalenderjahr, braucht es aber nicht zu sein, vgl Art XIII § 5 II G v 26. 5. 72. Soweit keine landesrechtlichen Bestimmungen über das Geschäftsjahr bestehen, kann das Präsidium es festlegen, Stanicki DRiZ **72**, 415.

2) Ändert sich die Zahl der Präsidiumsmitglieder infolge Erhöhung oder Verringerung der Planstellen, so bleibt die Größe des Präsidiums bis zur nächsten Teilwahl, § 21b IV, unverändert; der Änderung ist bei dieser Wahl Rechnung zu tragen, II u III, dazu § 2 III u IV WahlO, Anh § 21b. Ungeregelt ist der Fall, daß bei einem Gericht die Zahl der Planstellen erstmalig 8 erreicht oder unter 8 sinkt, § 21a II 1 Z 3. Wird eine 8. Planstelle zugeteilt, so erhält das Gericht ein gewähltes Präsidium für das nächste Geschäftsjahr, wenn die Stelle vor dem Stichtag, I, zugeteilt wird, sonst erst für das übernächste Geschäftsjahr. Sinkt die Planstellenzahl unter 8, so endet die Amtszeit des gewählten Präsidiums (abweichend von § 21b IV) nach dem Stichtagsprinzip mit dem Ende entweder des laufenden oder erst des nächsten Geschäftsjahres.

3) VwGO: *Gilt entsprechend, § 4 VwGO.*

21 e *Aufgaben und Verfahren des Präsidiums.* ¹ Das Präsidium bestimmt die Besetzung der Spruchkörper, bestellt die Ermittlungsrichter, regelt die Vertretung und verteilt die Geschäfte. Es trifft diese Anordnungen vor dem Beginn des Geschäftsjahres für dessen Dauer. Der Präsident bestimmt, welche richterlichen Aufgaben er wahrnimmt. Jeder Richter kann mehreren Spruchkörpern angehören.

II Vor der Geschäftsverteilung ist den Vorsitzenden Richtern, die nicht Mitglieder des Präsidiums sind, Gelegenheit zu einer Äußerung zu geben.

III Die Anordnungen nach Absatz 1 dürfen im Laufe des Geschäftsjahres nur geändert werden, wenn dies wegen Überlastung oder ungenügender Auslastung eines Richters oder Spruchkörpers oder infolge Wechsels oder dauernder Verhinderung einzelner Richter nötig wird. Vor der Änderung ist den Vorsitzenden Richtern, deren Spruchkörper von der Änderung der Geschäftsverteilung berührt wird, Gelegenheit zu einer Äußerung zu geben.

IV Das Präsidium kann anordnen, daß ein Richter oder Spruchkörper, der in einer Sache tätig geworden ist, für diese nach einer Änderung der Geschäftsverteilung zuständig bleibt.

V Soll ein Richter einem anderen Spruchkörper zugeteilt oder soll sein Zuständigkeitsbereich geändert werden, so ist ihm, außer in Eilfällen, vorher Gelegenheit zu einer Äußerung zu geben.

VI Soll ein Richter für Aufgaben der Justizverwaltung ganz oder teilweise freigestellt werden, so ist das Präsidium vorher zu hören.

VII Das Präsidium entscheidet mit Stimmenmehrheit; bei Stimmengleichheit gibt die Stimme des Vorsitzenden den Ausschlag.

VIII Der Geschäftsverteilungsplan des Gerichts ist in der von dem Präsidenten oder aufsichtführenden Richter bestimmten Geschäftsstelle des Gerichts zur Einsichtnahme aufzulegen; einer Veröffentlichung bedarf es nicht.

Gliederung

1) Allgemeines
2) Aufgaben des Präsidiums, I
   A. Besetzung der Spruchkörper
   B. Bestellung der Ermittlungsrichter
   C. Regelung der Vertretung
   D. Verteilung der Geschäfte
   E. Entscheidung über Meinungsverschiedenheiten
   F. Sonstige Aufgaben
3) Anordnungen des Präsidiums, I, III u IV
   A. Allgemeines
   B. Änderungen
4) Verfahren des Präsidiums, II, V u VII
   A. Beschlußfassung
   B. Anhörungspflicht
   C. Sonstiges
5) Geschäftsverteilungsplan, VIII
6) Anhörung des Präsidiums, VI
7) Nachprüfung von Anordnungen des Präsidiums
   A. Anfechtung
   B. Folgen eines Verstoßes
8) **VwGO**

1) Allgemeines. Das unmittelbar oder mittelbar (durch Wahl) von der Gesamtheit der Richter eines Gerichts gebildete **Präsidium ist ein mit voller richterlicher Unabhängigkeit ausgestattetes, richterliches Selbstverwaltungsorgan,** BVerfG **17**, 252, Kissel Rdz 7. Sein Aufgabenbereich umfaßt seit der Reformnovelle v 26. 5. 72 alle Maßnahmen, die der Bestimmung des gesetzlichen Richters, Art 101 GG, dienen. In diese Zuständigkeit darf keine andere Stelle eingreifen, BGH **46**, 147. Die Dienstaufsicht unterliegt auch insoweit den Beschränkungen des § 26 DRiG, BGH aaO; der Kernbereich der Tätigkeit des Präsidiums, die Geschäftsverteilung, ist der Dienstaufsicht überhaupt nicht zugänglich, § 26 DRiG Anm 3 B, abw Schaffer DÖD **82**, 10, zT auch Kissel Rdz 20. Einwirkungen der dienstaufsichtführenden Stelle auf Beschlußfassungen des Präsidiums können Maßnahmen der Dienstaufsicht iSv § 26 III DRiG und als solche anfechtbar sein, BGH DRiZ **81**, 426 (verneint für Anregungen dieser Stelle als oberster Verwaltungsbehörde für die Gestaltung der Geschäftsordnung des BSozG).

Der Präsident bzw Aufsichtsrichter ist als Vorsitzender des Präsidiums, § 21 a II 1, wie auch sonst bei seiner richterlichen Tätigkeit nur primus inter pares. Als Organ der Justizverwaltung hat er innerhalb des dem Präsidium zugewiesenen Aufgabenbereichs lediglich eine Ersatzzuständigkeit, § 21 i II, bei der zudem die Genehmigung durch das Präsidium vorgeschrieben ist.

2. Titel. Präsidium und Geschäftsverteilung **GVG § 21e 1, 2**

Diese Grundsätze gelten für alle Zweige der Gerichtsbarkeit. In der **Arbeitsgerichtsbarkeit** ist § 21 e entsprechend anzuwenden, § 6a ArbGG, Üb 1 § 21a.

2) Aufgaben des Präsidiums, I. Die Aufzählung nennt die wichtigsten Geschäfte, ist aber nicht erschöpfend, vgl F. **A. Besetzung der Spruchkörper, I 1.** Während es landesrechtlich Sache der Justizverwaltung ist, innerhalb der Gesetze (Haushaltsplan) die Zahl der Spruchkörper zu bestimmen, Üb 3 § 59 u Üb 1 § 115, entscheidet allein das Präsidium, welche Richter einem jeden Spruchkörper zugeteilt werden. Dazu gehört auch die Zuweisung der ehrenamtlichen Richter, zB nach § 105 (KfH), und der Ergänzungsrichter, BGH NJW **76**, 1547; bei Zuweisung eines Richters im Nebenamt, zB eines Hochschullehrers, muß das Präsidium das Maß der Verhinderung durch das Hauptamt festlegen, BGH NJW **74**, 109. Das Präsidium bestimmt über die **Verteilung des Vorsitzes**, die früher der Vorsitzendenversammlung oblag, §§ 62 II, 117, 131 aF; es bestellt auch die ständigen Vertreter der Vorsitzenden, § 21 f II. Jedem Vorsitzenden Richter, § 19a DRiG, hat das Präsidium den Vorsitz in einem Spruchkörper zu übertragen; daneben kann ein solcher Richter auch als Beisitzer in einem anderen Spruchkörper verwendet werden, BGH DRiZ **83**, 321 mwN, wie überhaupt jeder **Richter mehreren Spruchkörpern angehören** kann, I 4 (auch ehrenamtliche Richter, zB bei den KfH und nach § 6a Z 4 ArbGG, Üb 1 § 21a). In diesem Fall muß das Rangverhältnis der verschiedenen Dienstgeschäfte vom Präsidium festgelegt werden, BGH NJW **73**, 1291. Durch die Anordnung über die Besetzung soll von vornherein so eindeutig wie möglich bestimmt werden, welche Richter zur Entscheidung im Einzelfall berufen sind, so daß Richter mehreren Spruchkörpern zugeteilt werden können, um eine ordnungsmäßige Besetzung zu gewährleisten, nicht aber ohne diese Voraussetzung allen Spruchkörpern oder einem Teil von ihnen zugewiesen werden dürfen, BVerfG NJW **64**, 1020. Richter, die mit Verwaltungsaufgaben voll ausgelastet sind (zB Ausbildungsleiter), brauchen keinem Spruchkörper anzugehören, RGSt **46**, 254. Sonst sind alle Richter zuzuweisen, auch wenn ihre bevorstehende längere Verhinderung oder ihr Ausscheiden feststeht, Kissel Rdz 81; unzulässig ist der Ausschluß eines bei dem Gericht planmäßig und endgültig angestellten Richters von seiner richterlichen Tätigkeit, BVerfG **17**, 252. Wegen der sog Überbesetzung vgl § 16 Anm 3. Der **Präsident des Gerichts bestimmt selbst,** welche richterlichen Aufgaben er wahrnimmt, I 3, vgl § 21 f Anm 2 aE, ebenso der aufsichtführende Richter eines ArbG, § 6a Z 3 ArbGG.

B. Bestellung der Ermittlungsrichter, I 1 (betrifft Strafsachen).

C. Regelung der Vertretung, I 1. Das Präsidium hat zu regeln: **a)** die ständige Vertretung des Vorsitzenden eines Spruchkörpers, § 21 f II 1; **b)** die regelmäßige Vertretung durch Mitglieder eines anderen Spruchkörpers bei LG, OLG und BGH bzw durch einen anderen Richter beim AG, bei einem kleinen AG nach Maßgabe des § 22b (die Vertretung innerhalb des Spruchkörpers wird durch den Vors geregelt, § 21g II); dabei ist auch die Reihenfolge des Eintretens der Vertreter zu bestimmen, BVerwG DÖV **76**, 747 mwN, und eine möglichst lückenlose Regelung anzustreben, die sicherstellt, daß auch bei Verhinderung eines Vertreters wiederum ein Vertreter zur Verfügung steht (zB durch sog Ringvertretung); auch bei der Errichtung eines Hilfsspruchkörpers ist die Vertretung der ihm angehörenden Richter zu regeln, Hamm JMBlNRW **82**, 45; **c)** die zeitweilige Vertretung durch das Mitglied eines anderen Spruchkörpers zur Behebung vorübergehender Schwierigkeiten, BGH NJW **77**, 1696 m Anm Holch JR **78**, 37 u P. Müller NJW **78**, 899 (krit), weil III die Bestellung von Vertretern nicht abschließend regelt, vgl §§ 21 i II, 22b II; entsprechend dieser Vorschrift darf die Regelung aber nur für längstens 2 Monate ergehen, Holch JR **78**, 37.

Jede Vertretung setzt die Verhinderung des eigentlich Berufenen voraus, und zwar eine solche, die als vorübergehend erscheint, BSG RiA **76**, 54 mwN, zB Krankheit, Urlaub, Dienstbefreiung, kurzfristige Abordnung, Inanspruchnahme durch andere Dienstgeschäfte, BGH NJW **74**, 1572, oder eine Lehrveranstaltung, BGH DRiZ **83**, 234, Unmöglichkeit der erforderlichen Vorbereitung, LG Ffm (Dienstgericht) DRiZ **80**, 311, rechtliche Unmöglichkeit der Amtsausübung, Kissel Rdz 128, VGH Kassel AS **32**, 306. Ein Richter ist für die Teilnahme an einer nur für einen Tag anberaumten, aber möglicherweise länger dauernden Verhandlung nicht dadurch verhindert, daß er am folgenden Tag an der Sitzung eines anderen Spruchkörpers teilnehmen muß, BayObLG MDR **80**, 426. Die dauernde Verhinderung durch Tod, Ausscheiden, schwere Krankheit u dgl löst den Vertretungsfall bis zur Entscheidung des Präsidiums nach III aus, vgl § 21f Anm 3 A. Eine ausdrückliche Feststellung der Verhinderung ist bei Offenkundigkeit nicht nötig, DRiZ **83**, 234 mwN, aber stets ratsam. Sonst entscheidet darüber, ob eine Verhinderung vorliegt, wenn deswegen die Vertretung durch einen nicht demselben Spruchkörper angehörenden Richter nötig wird, der Präsident oder Aufsichtsrichter, hM, Kissel Rdz 132 mwN, BGH in stRspr, DRiZ **80**, 147 mwN, VGH Kassel AS **32**, 306, str, abw Schorn-Stanicki S 102. Das gilt auch im Kollisionsfall bei Zugehörigkeit zu mehreren Spruchkörpern, BGH in stRspr, DRiZ **80**, 147 mwN (Entscheidung durch den Präsidenten, von welcher Aufgabe der Richter zu befreien ist), dagegen P. Müller NJW **74**, 1665.

Das Gesagte gilt entsprechend für die **Arbeitsgerichtsbarkeit**. Jedoch trifft § 19 ArbGG besondere Bestimmungen für die Bestellung des ständigen Vertreters an einem nur mit einem Vorsitzenden besetzten ArbG und für die vorübergehende Vertretung eines Richters am ArbG durch den Richter eines anderen Gerichts. Wegen der Heranziehung der ehrenamtlichen Richter nach Liste s § 31 ArbGG; im Fall der Verhinderung ist der nächste zur Mitwirkung berufen, im Fall unvorhergesehener Verhinderung ggf ein Richter aus der Hilfsliste.

D. Verteilung der Geschäfte unter die einzelnen Spruchkörper bzw Richter beim AG, I 1. Eine gesetzliche Bindung besteht nur ausnahmsweise, zB nach §§ 23 b II, 119 II; sonst ist das Präsidium in der Wahl des Verteilungsschlüssels (zB nach Sachgebieten, Anfangsbuchstaben, räumlichen Bereichen, Reihenfolge des Eingangs) frei, BGH NJW **76**, 60; es muß sichergestellt sein, daß auf die Verteilung kein Einfluß genommen werden kann, auch nicht durch die Geschäftsstelle. Bestimmt sich die Verteilung nach der Reihenfolge des Eingangs, so ist dafür zu sorgen, daß solche Einflüsse ausgeschlossen werden, zB durch Feststellung der Uhrzeit und eine Regelung für die Behandlung gleichzeitig eingehender Sachen, vgl BGH **40**, 91, BVerwG NJW **83**, 2154, Buchholz 310 § 133 VwGO Nr 14. Das Präsidium kann bei der Verteilung der Geschäfte anordnen, daß ein Richter oder Spruchkörper, der in einer Sache tätig geworden ist, für diese Sache nach einer Änderung der Geschäftsverteilung **zuständig bleibt, IV;** es kann aber auch den Übergang der anhängigen Sachen anordnen, ohne daß dadurch das Recht auf den gesetzlichen Richter verletzt würde, BVerwG NJW **79**, 1374 (LS). Das Präsidium muß alle Geschäfte verteilen, auch wenn ihre Erledigung in angemessener Zeit nicht gewährleistet ist, hM Kissel Rdz 80 mwN, KG JR **82**, 433, Karlsr MDR **80**, 690, Feiber NJW **75**, 2005 mwN. Im Geschäftsverteilungsplan berücksichtigt und einem Richter zugewiesen werden müssen auch die Geschäfte der gerichtlichen Selbstverwaltung, die in richterlicher Eigenschaft wahrzunehmen sind, BGH NJW **80**, 2365 (betr Vorsitz im Schöffenwahlausschuß).

E. Meinungsverschiedenheiten über die Auslegung und Anwendung der Geschäftsverteilung iSv A–D, die zwischen mehreren Spruchkörpern derselben Art bzw Richtern beim AG bestehen, entscheidet das Präsidium, BGH DRiZ **78**, 249 mwN, zB die Zuständigkeit für eine bestimmte Sache oder die Übernahme einer Vertretung, Anm 2 C d, jedenfalls dann, wenn der Plan einen solchen Vorbehalt enthält, nach pflichtgemäßem Ermessen, BGH NJW **75**, 1424, krit Heintzmann DRiZ **75**, 320, Müller JZ **76**, 587, Weitl DRiZ **77**, 112. Dagegen entscheidet der angegangene Spruchkörper, wenn seine Zuständigkeit von einer Auslegung des Gesetzes abhängt, BGH NJW **75**, 2306 (zB diejenige der KfH oder des FamGer), notfalls das übergeordnete Gericht entsprechend § 36 Z 6 ZPO, BGH NJW **78**, 1531 mwN, Nürnb NJW **75**, 2345, Kblz NJW **77**, 1735 u 1736, § 36 Anm 3 E. Für die Auslegung des Geschäftsverteilungsplans hat die „gewachsene Übung" des Gerichts maßgebliche Bedeutung, BVerwG **44**, 218, DÖV **76**, 747 mwN, BFH BStBl **81** II 400. Eine ausdehnende Auslegung von Präsidiumsbeschlüssen ist zulässig, BGH DRiZ **80**, 147. Die Entscheidung des Präsidiums ist für den Richter verbindlich, bis ihre Rechtswidrigkeit festgestellt ist, BGH DRiZ **78**, 249.

F. Sonstige Aufgaben: a) Regelung der **Vertretung beim kleinen AG,** § 22a, **b)** Antrag auf **Zuweisung eines Richters an das LG,** § 70 I, **c)** Bestellung der Mitglieder der Gr Senate beim BGH, § 132 III, **d)** in Strafsachen, vgl § 83, mit besonderen Aufgaben des OLGPräsidiums bei Bestimmung der Zuständigkeit für Wiederaufnahmeverfahren, § 140a.

3) Anordnungen des Präsidiums, I, III u IV. A. Allgemeines. Die in Anm 2 A–E, Fa genannten Aufgaben erfüllt das Präsidium durch Anordnungen. Es trifft sie grundsätzlich vor dem Beginn des Geschäftsjahres, § 21d Anm 1, für dessen Dauer, I 2, so daß die Anordnungen mit Ablauf des Jahres außer Kraft treten, BayVerfGH BayVBl **83**, 270. Die Festlegung für ein Jahr gilt nicht für die Bildung von Ferienspruchkörpern, § 201, und auch nicht für die Bestellung eines zeitweiligen Vertreters, Anm 2 C c, und für die Entscheidung bei Meinungsverschiedenheiten, Anm 2 E. Die Anordnungen werden schriftlich im sog Geschäftsverteilungsplan, Anm 5, niedergelegt.

B. Änderungen der nach I getroffenen Anordnungen **im Laufe des Geschäftsjahres, III, sind zulässig** (eng auszulegen, BGH NJW **76**, 2029), wenn sich ihre Notwendigkeit ergibt

a) **wegen Überlastung oder ungenügender Auslastung** eines Richters oder Spruchkörpers; in diesem Fall kann zur Übernahme eines wesentlichen Teils der Verfahren ein neuer Spruchkörper gebildet und entsprechend besetzt werden, BGH NJW **76,** 60, auch ein Hilfsspruchkörper für das Geschäftsjahr, BGH NJW **67,** 1868 (die für die Abgabe der Sachen maßgeblichen Kriterien bestimmt das Präsidium, Anm 2 D, aber die Abgabe ausgesuchter Verfahren ist unzulässig, BGH DRiZ **80,** 147); die Feststellung der Überlastung eines Richters oder Spruchkörpers obliegt der pflichtgemäßen Beurteilung des Präsidiums, BGH NJW **77,** 965, die nur auf Willkür vom Revisionsgericht nachgeprüft werden darf, BGHSt **22,** 239; **b) infolge Wechsels** (zB durch Ausscheiden, Versetzung, Beförderung oder Abordnung, § 37 DRiG), also Hinzutretens und/oder Wegfalls eines Richters, **oder dauernder Verhinderung** einzelner Richter (zB durch schwere Erkrankung, langen Urlaub); dagegen ist eine Änderung nur aus Gründen der Ausbildung richterlichen Nachwuchses unzulässig, BGH NJW **76,** 2029.

Aus einem dieser Gründe kann das Präsidium alle Maßnahmen treffen, die der Gewährleistung einer geordneten Rechtspflege dienen; dazu gehört auch das Erfordernis der Ausbildung des richterlichen Nachwuchses, BGH NJW **78,** 1444 (eine Beschränkung der Maßnahme auf die vom Wechsel betroffene Stelle besteht nicht). Die Befugnis zur Änderung ist nicht auf künftig eingehende Sachen beschränkt, wie IV zeigt, BGH NJW **82,** 1470. Eine Änderung, die sachlich nicht durch einen dieser Gründe veranlaßt wird, ist unzulässig, Kröger DRiZ **78,** 109, wenn es sich nicht nur um das Nachbessern von Fehlern oder Auslassungen handelt, das immer zulässig ist, Kissel Rdz 98. Die Änderung gilt grundsätzlich ebenfalls für das jeweilige Geschäftsjahr; es ist aber auch zulässig, sie für einen fest bestimmten Zeitraum anzuordnen und danach wieder die alte Geschäftsverteilung gelten zu lassen, BGH NJW **67,** 1622.

Das Präsidium entscheidet nach pflichtgemäßem Ermessen darüber, was zur Änderung der Geschäftsverteilung nötig ist, BGH NJW **68,** 2388. Es darf Anordnungen nicht nur dann treffen, wenn sie zwingend im Sinne eines „nur so und nicht anders denkbar" geboten sind, BVerwG NJW **82,** 2274.

Das Präsidium kann bei der Änderung die **Fortdauer der Zuständigkeit** im Rahmen von IV anordnen, Anm 2 D aE, braucht es aber nicht; dadurch wird das Recht auf den gesetzlichen Richter nicht verletzt, BVerwG NJW **79,** 1374 (LS). Maßnahmen nach IV setzen eine Änderung der Geschäftsverteilung voraus; sie sind hinsichtlich von Verfahren innerhalb einer durch die Änderung betroffenen Sachgruppe zulässig, die einem anderen Spruchkörper zugeteilt werden, BGH NJW **82,** 1470.

Wegen der Regelung für die Zeit der Gerichtsferien vgl § 201.

4) Verfahren des Präsidiums. A. Beschlußfassung. Das Präsidium trifft seine Anordnungen und sonstigen Entscheidungen, Anm 2 E u F, in Sitzungen, wie §§ 21 c I 2, 21 i I ergeben, so daß sowohl schriftliche Abstimmungen im Umlaufwege als auch mündliche Einzelbefragungen unzulässig sind, ebenso Kissel Rdz 36–39 mwN, ThP Anm 1 C aa, abw die wohl hM, ua Zö-Gummer § 21 i Anm 1 C, Kleinknecht § 21 i Anm 1, A. Schmidt DRiZ **73,** 163, Holch Just **76,** 216. Vorsitz: §§ 21 a, 21 h; Beschlußfähigkeit: § 21 i I. Ist ein statthafter Antrag auch nur von einem Mitglied gestellt, muß der Vorsitzende das Präsidium einberufen und den Antrag behandeln lassen, VGH Mannh DÖV **80,** 573. Für die Mitglieder des Präsidiums gelten die Vorschriften über Ausschließung und Ablehnung nicht, Kissel Rdz 62, hinsichtlich der Ablehnung aM Wömpner DRiZ **82,** 404. Für die Beratungen gelten §§ 192 ff nicht, Fischer DRiZ **78,** 114 mwN. Die Entscheidung ergeht mit **Stimmenmehrheit,** bei Stimmengleichheit gibt die Stimme des Vorsitzenden den Ausschlag, **VII.** Eine Stimmenthaltung ist zulässig, Schorn-Stanicki S 163, aM Fischer DRiZ **78,** 174. Für alle Anwesenden besteht richterliche Schweigepflicht entsprechend § 43 DRiG, Kissel Rdz 22 mwN, Funk DRiZ **73,** 261, oder gemäß § 46 DRiG iVm § 61 BBG, § 39 BRRG, Fischer DRiZ **79,** 203, str. Deshalb sind Beratung und Abstimmung nicht öffentlich, auch nicht richteröffentlich, Kissel Rdz 41 u 60, Funk DRiZ **73,** 263, Holch DRiG **73,** 232, aM Fischer DRiZ **79,** 203 mwN; wegen der Befugnisse des Vertreters des Vorsitzenden s § 21 c I 2. Das Präsidium kann aber außerhalb der Beratung und Abstimmung Zuhörer zulassen, vgl Arndt DRiZ **76,** 43 gg Knoche DRiZ **75,** 404. Beschlüsse sind aufzuzeichnen, regelmäßig in Form eines vom Vorsitzenden und mindestens einem weiteren Mitglied zu unterzeichnenden Protokolls. **Unzulässig ist die Übertragung von Befugnissen** des Präsidiums auf den Vorsitzenden oder einzelne Mitglieder (Kommissionen).

B. Anhörungspflicht. Das Präsidium muß Gelegenheit zur Äußerung geben (schriftliche Äußerung genügt, Anhörung in der Sitzung wird sich zumeist empfehlen) **a) vor der jährlichen Geschäftsverteilung** allen Vorsitzenden Richtern, die nicht Mitglieder des Präsidiums sind, **II, b) vor jeder Änderung einer Anordnung, III 1,** denjenigen Vorsitzenden Richtern, deren Spruchkörper von der Änderung der Geschäftsverteilung berührt wird, **III 2, c) in beiden Fällen** (auch) demjenigen Richter, der einem anderen Spruchkörper zugeteilt oder dessen Zuständigkeitsbereich geändert werden soll, ausgenommen Eilfälle, **V;** damit soll der betroffene Richter seine Auffassung darlegen können, um eine gerechte Abwägung des Für und Wider zu ermöglichen, **d) außerdem** in beiden Fällen dem Vertrauensmann auf Antrag eines schwerbehinderten Richters, § 22 IV SchwbG, Pentz DÖD **74**, 223. Er muß sich äußern, den anderen Anhörungsberechtigten steht dies frei.

C. Im übrigen bestimmt das Präsidium sein Verfahren selbst. Es ist nicht gehindert, sich eine Geschäftsordnung zu geben, VGH Mannh DRiZ **80**, 147, zustm Frauendorf DÖV **80**, 556 mwN, Kissel Rdz 29, str (aber eine interne Regelung ist ebenso nötig wie bei Richtervertretungen, § 58 I DRiG). Zu den Aufgaben des Richterrats gegenüber dem Präsidium vgl Pentz DRiZ **75**, 46.

5) Geschäftsverteilungsplan, VIII. Die Anordnungen des Präsidiums (Geschäftsverteilungsplan) müssen schriftlich festgehalten werden; eine Begründung ist nicht erforderlich, VGH Mü BayVBl **78**, 337, auch die Überlastung, III, braucht im Plan nicht festgestellt zu werden, BGH DRiZ **80**, 147. Der Geschäftsverteilungsplan ist in der vom Präsidenten oder Aufsichtsrichter bestimmten Geschäftsstelle des Gerichts zur Einsichtnahme aufzulegen, damit jedermann von seinem Inhalt Kenntnis nehmen kann (Zweck oder Interesse braucht nicht dargelegt zu werden); einer Veröffentlichung bedarf es nicht. Das gilt sowohl für den jährlichen Geschäftsverteilungsplan, I, als auch für dessen Änderungen, III. Einem Verfahrensbeteiligten, dem Einsicht nicht möglich oder zumutbar ist, muß auf Antrag über den ihn betreffenden Inhalt des Plans Auskunft erteilt werden, vgl BayObLG MDR **78**, 232. Die schriftlichen Unterlagen für die Bestellung zeitweiliger Vertreter, Anm 2 Cc, und für die Entscheidung von Meinungsverschiedenheiten, Anm 2 E, brauchen nicht zur Einsichtnahme ausgelegt zu werden. Bei Glaubhaftmachung eines berechtigten Interesses sind sie jedoch den Beteiligten an einem davon berührten Rechtsstreit bekanntzugeben, vgl BVerwG NJW **61**, 1989; ein Streit darüber ist ggf im Verfahren nach § 23 EGGVG zu entscheiden, aM für das Strafverfahren im Hinblick auf § 222a StPO Hamm NJW **80**, 1009 (LS).

6) Anhörung des Präsidiums, VI. Soll ein **Richter für Aufgaben der Justizverwaltung** (bei einem Gericht oder einer Behörde) ganz oder teilweise freigestellt werden, so hat die für den Verwaltungseinsatz zuständige Stelle das Präsidium vorher zu hören. Ein weitergehendes Mitspracherecht steht ihm nicht zu.

7) Nachprüfung von Anordnungen des Präsidiums. A. Anfechtung. Anordnungen des Präsidiums, Anm 2 A–E, Fa, insbesondere der Geschäftsverteilungsplan, sind der Anfechtung durch die an einem Rechtsstreit Beteiligten entzogen.

Diese Anordnungen sind keine Maßnahmen der Dienstaufsicht iSv § 26 DRiG, BGH **85**, 153. Im übrigen können Maßnahmen des Präsidiums (auch solche des Präsidenten, VGH Mannh DÖV **80**, 573) von einem dadurch betroffenen Richter (nicht von anderen Richtern, VGH Kassel AS **28**, 223, wohl aber auch von einem betroffenen ehrenamtlichen Richter, VGH Kassel AS **32**, 303) im VerwRechtsweg mit der Feststellungsklage angegriffen werden, BVerwG NJW **76**, 1224, Frauendorf DÖV **80**, 553 mwN, str, abw Kissel Rdz 109 mwN (grundsätzliche Unanfechtbarkeit entspr der früher hM). Gegen wen die Klage zu richten ist, ergibt § 78 VwGO, vgl OVG Münst RiA **80**, 200. Vorläufiger Rechtsschutz kann durch einstw AnO gewährt werden, VGH Mü BayVBl **78**, 337. **Aufschiebende Wirkung,** § 80 VwGO, hat eine Feststellungsklage, § 43 VwGO, nicht; deshalb ist jede AnO des Präsidiums für den Richter verbindlich, bis ihre Rechtswidrigkeit festgestellt ist, BGH **85**, 154 u DRiZ **78**, 249. Erhebt der Richter aber eine Anfechtungsklage, tritt ohne eine vom Präsidium getroffene AnO der sofortigen Vollziehung, § 80 II Z 4 VwGO, die aufschiebende Wirkung ein, aM Kissel Rdz 88 (immer sofort vollziehbar), wenn man nicht annimmt, daß eine unzulässige Klage diese Folge nicht auslöst, str, RedOe § 80 Anm 16 mwN, OVG Münst NJW **75**, 794.

Ein Geschäftsverteilungsplan, der die Verteilung von Geschäften zwischen Hauptgericht und Zweigstelle regelt, kann insoweit eine landesrechtliche Vorschrift sein, die der **Normenkontrolle,** § 47 VwGO, unterliegt, BayVerfGH NJW **78**, 1515, nicht jedoch in anderen Fällen, offen gelassen vom BayVerfGH BayVBl **83**, 270. Der Plan kann nicht auf Antrag eines Prozeßbeteiligten der Normenkontrolle unterzogen werden, VGH Mü NJW **79**, 1471.

B. Rechtsfolgen eines Verstoßes. Wird bei Erlaß einer Anordnung, namentlich des Geschäftsverteilungsplanes, oder bei ihrer Anwendung gegen ein Gesetz verstoßen, so kann das zu einer Verletzung des Rechts auf den gesetzlichen Richter führen, § 16 Anm 3, und damit ein Rechtsmittel gegen eine gerichtliche Entscheidung begründen, Rieß DRiZ 77, 291, Kornblum Festschrift Schiedermair S 331 mwN, Kissel Rdz 108. Bei Ermessensentscheidungen ist die Nachprüfung auf Ermessensfehler beschränkt, BGH NJW 75, 1424. Ein Verstoß kann auch die Verletzung einer Amtspflicht gegenüber dem einzelnen Rechtsuchenden sein, Kissel Rdz 26, BGH DRiZ 78, 183, dazu P. Müller DRiZ 78, 271.

8) *VwGO:* Gilt entsprechend, § 4 VwGO, ergänzt durch § 30 VwGO (Heranziehung der ehrenamtlichen Richter); dazu BVerwG **13,** 147 u BVerwG DRiZ **73,** 433, MDR **74,** 778, ferner VGH Kassel AS **32,** 303 (betr ehrenamtliche Richter).

21 f *Vorsitz im Spruchkörper.* **I** Den Vorsitz in den Spruchkörpern bei den Landgerichten, bei den Oberlandesgerichten sowie bei dem Bundesgerichtshof führen der Präsident und die Vorsitzenden Richter.

II Bei Verhinderung des Vorsitzenden führt den Vorsitz das vom Präsidium bestimmte Mitglied des Spruchkörpers. Ist auch dieser Vertreter verhindert, führt das dienstälteste, bei gleichem Dienstalter das lebensälteste Mitglied des Spruchkörpers den Vorsitz.

1) Allgemeines. I entspricht dem früheren § 62 I 1, II dem bisherigen § 66 I, die beide durch Verweisung (§§ 117 u 131) auch für OLG und BGH galten. In der **Arbeitsgerichtsbarkeit** gilt § 21 f entsprechend für LArbG und BArbG, § 6a ArbGG, Üb 1 § 21 a.

2) Den **Vorsitz in den Spruchkörpern** bei LG, OLG und BGH **führen der Präsident und die Vorsitzenden Richter** iSv § 19a DRiG, **I.** Der Präsident bestimmt selbst, welche richterlichen Aufgaben er wahrnimmt, im übrigen verteilt das Präsidium den Vorsitz, § 21 e I 1 u 3. **A. Ordentliche Vorsitzende können nur der Präsident und die Vorsitzenden Richter sein,** ausgenommen bei einer auswärtigen KfH, § 106, und bei einer Hilfsstrafkammer, BGH MDR **83,** 861 mwN. Wird ein anderer Richter nicht bloß vorübergehend mit dem Vorsitz betraut, so ist das Gericht nicht ordnungsgemäß besetzt, BGH **10,** 134. Präsident und Vorsitzender Richter können aber gleichzeitig mehreren Kammern vorsitzen, von denen jede eine eigene geschäftsplanmäßige Zuständigkeit hat, BGH NJW **67,** 1297. Unzulässig ist es, neben dem dauernd behinderten Vorsitzenden eine weiteren Vorsitzenden zu bestimmen, BGH **15,** 137, vgl auch BSG RiA **76,** 54.

B. Der Vorsitzende muß einen richtunggebenden Einfluß auf die Rechtsprechung des Spruchkörpers ausüben, BGH (GrS) **37,** 210 u **49,** 64, und damit deren Einheitlichkeit u Güte sichern; dazu ist nötig, daß er neben der Geschäftsleitung (Verteilung der Sachen, Terminsansetzung) an den Entscheidungen im wesentlichen mitwirkt, wenn es auch nicht unzulässig ist, bei einem kleinen Teil ihm nicht wichtig erscheinender Sachen den Vorsitz einem Beisitzer zu überlassen, BGH **20,** 362. Das gilt auch, wenn der Vorsitzende zwei Spruchkörpern angehört, BGH **9,** 291. Die Besetzung ist nicht mehr ordnungsgemäß, wenn der Vorsitzende (auch der ständige Vertreter des Präsidenten) trotz sonstiger vollständiger Leitung nur etwa 20 vH der Sachen, die ihm bedeutsam erscheinen, selbst verhandelt, BGH **28,** 338 (vgl auch die Zusammenstellung bei Johannsen **LM** § 551 ZPO Z 1 Nr 28 u BGH DRiZ **73,** 25 betr Strafsachen). Erforderlich ist vielmehr, daß der Vorsitzende mindestens 75 vH der Aufgaben eines Vorsitzenden selbst wahrnimmt, BGH (GrS) **37,** 210. Er darf innerhalb dieses Rahmens nicht einen sachlich abgegrenzten Teil seiner Aufgaben seinem Vertreter überlassen, BGH **9,** 291, wohl aber sich von vornherein in jeder 4. Sitzung wegen vorauszusehender Überlastung vertreten lassen, BGH NJW **70,** 901 gg Ffm NJW **69,** 2214. Für den **Präsidenten des Gerichts,** der besondere Aufgaben hat, gilt grundsätzlich das gleiche, BGH **49,** 64, so daß die Wahrnehmung von monatlich nur einer Sitzung nicht ausreicht, BGH NJW **52,** 395. Dafür, daß der Präsident seinen Aufgaben als Vorsitzender nach den vorstehenden Grundsätzen nachkommen kann, muß das Präsidium ggf durch eine geringere Bemessung der Geschäfte sorgen, BGH (GrS) **49,** 67.

3) Bei Verhinderung des ordentlichen Vorsitzenden gilt die Vertretungsregelung in II. A. Verhinderung. Es muß sich um eine vorübergehende Verhinderung handeln, § 21 c Anm 2 C d, dh eine solche, die im Verhinderungszeitpunkt als vorübergehend erscheint. Jede tatsächliche oder rechtliche Behinderung des Mitwirkens des ordentlichen Vorsitzenden genügt, RGSt **54,** 298. Beispiele: Krankheit, Urlaub, auch des Ferienkammervorsitzenden, BGH NJW **62,** 1166, Ablehnung, Überlastung, BGHSt **LM** § 67 GVG (StS) Nr 4, auch durch erst nachträglich zur Verhandlung angesetzte Sachen, BGH NJW **61,** 1076, durch sich länger hinziehende Verhandlung in einer Sache, BayObLG MDR **62,** 498, Ausscheiden aus dem Dienst, BGH NJW **66**, 1458, noch nicht erfolgte Besetzung einer neu geschaffenen Stelle, BGH NJW **60**, 542, Unmöglichkeit der Vorbereitung, Ffm DRiZ **80**, 430, aber auch unbegründetes Wegbleiben aus dem Dienst (keine nur vorübergehende Verhinderung ist die Auslastung durch ein weiteres Richteramt, vgl BGH DRiZ **73**, 25, oder das ungerechtfertigte Hinauszögern der Besetzung der freien Stelle, BSG RiA **76**, 54, dazu BVerfG NJW **83**, 1541).

Im Zweifel entscheidet darüber, ob eine Verhinderung vorliegt, also auch über Überlastung, BGH DRiZ **66**, 93, der Präsident, § 21e Anm 2 C, Ffm DRiZ **80**, 430, und zwar bevor der Vertreter das Amtsgeschäft wahrnimmt, Hamm JMBl NRW **68**, 43. Jedoch ist bei offenkundiger Verhinderung des Vorsitzenden, zB durch Abordnung, Urlaub oder Krankheit, eine ausdrückliche Feststellung nicht erforderlich, BVerwG NJW **79**, 1374 mwN, ebensowenig, wenn die Verhinderung ihren Grund in den anfallenden Rechtsprechungsaufgaben hat und sich das auf die übrigen Spruchkörper nicht auswirkt, BGH NJW **68**, 512. Ist der Präsident verhindert, so gilt das gleiche; danach entscheidet er selbst, welche Aufgaben den Vorrang haben, Kissel Rdz 14.

B. Vertretung. Vertreten wird der Vorsitzende in erster Linie durch das bei der Geschäftsverteilung, § 21e, vom Präsidium zum regelmäßigen Vertreter bestellte Mitglied, um für diesen Fall den Vorsitz durch das tüchtigste Mitglied, das nicht immer das älteste zu sein braucht, sicherzustellen, **II 1**. Nur dann, wenn ein solcher regelmäßiger Vertreter nicht bestellt oder auch er verhindert ist, ist das dienstälteste Mitglied berufen, auch wenn es (bei Überbesetzung) an der Sitzung nicht teilnähme, **II 2**; denn der Spruchkörper ist eine Einheit (der älteste muß also zunächst als verhindert bezeichnet sein, wenn der zweitälteste vorsitzen soll). Ist der Vorsitzende nur im Vorsitz behindert, nicht an der Teilnahme, zB durch Heiserkeit, so kann er Beisitzer sein, während der Vertreter vorsitzt, RGSt **18**, 302. Der Vertreter muß ordentliches Mitglied, dh dem Spruchkörper zur ständigen Dienstleistung zugewiesen sein, BGHSt NJW **65**, 58. Wenn nur noch ein ständiges Mitglied vorhanden ist, führt dieses den Vorsitz, mögen auch die mitwirkenden Vertreter aus anderen Spruchkörpern dienstälter sein. Sind der Vorsitzende und sämtliche ständigen Mitglieder verhindert (abgelehnt), so hat der dienstälteste Vertreter den Vorsitz, BGH NJW **59**, 1141, BGH NJW **66**, 941. Durch den notwendigen Eintritt eines nach der Geschäftsverteilung dazu berufenen „Ersatzvertreters" als Vorsitzender wird die ordnungsmäßige Besetzung nicht berührt, BVerwG VerwRspr **29**, 749. Nur ein **Richter auf Lebenszeit** kann den Vorsitz führen, § 28 II 2 DRiG, also nicht ein Richter auf Probe oder kraft Auftrags; jedoch ist ein gerichtlicher Vergleich, der unter einem solchen Vorsitzenden beurkundet wird, nicht deshalb nichtig, BGH **35**, 309. Das Dienstalter bestimmt sich nach § 20 DRiG. Bei gleichem Dienstalter entscheidet das Lebensalter.

4) Verstoß gegen I oder II begründet Rechtsmittel, ist auch absoluter Revisionsgrund, § 551 Anm 2, und gibt außerdem die Nichtigkeitsklage, § 579 Z 1. Dabei kommt es auf die Besetzung zZt der letzten mündlichen Verhandlung an, BGH **10**, 130.

5) *VwGO:* Gilt entsprechend, § 4 VwGO.

21g *Geschäftsverteilung im Spruchkörper.* **I** Innerhalb des mit mehreren Richtern besetzten Spruchkörpers verteilt der Vorsitzende die Geschäfte auf die Mitglieder.

II Der Vorsitzende bestimmt vor Beginn des Geschäftsjahres für dessen Dauer, nach welchen Grundsätzen die Mitglieder an den Verfahren mitwirken; diese Anordnung kann nur geändert werden, wenn dies wegen Überlastung, ungenügender Auslastung, Wechsels oder dauernder Verhinderung einzelner Mitglieder des Spruchkörpers nötig wird.

III Absatz 2 gilt entsprechend, soweit nach den Vorschriften der Zivilprozeßordnung die Zivilkammer die Verfahren einem ihrer Mitglieder als Einzelrichter übertragen kann.

1) Allgemeines, I. Die Geschäftsverteilung innerhalb eines mit mehreren Richtern besetzten Spruchkörpers (Kammer, Senat) **ist Sache des Vorsitzenden**, der dabei an den Mitwirkungsplan, II, gebunden ist. Er bestimmt zB den beauftragten Richter, § 273 ZPO, und namentlich den Berichterstatter; ihn kann der Vorsitzende, sofern er sich nicht selbst nach II bindet, aus den zur Mitwirkung berufenen Mitgliedern frei wählen, was zu sachgemäßer Erledigung der Geschäfte unerläßlich ist, vgl Kissel Rdz 14, Laum DRiZ **69**, 79. Das gleiche gilt für den Einzelrichter im Berufungsverfahren, § 524 I 2, aM Seide NJW **73**, 265;

wegen der Übertragung im erstinstanzlichen Verfahren, § 348 I u II, vgl Anm 3. Der Vorsitzende darf auch die Protokollführung zuweisen, wenn er keinen Urkundsbeamten zuzieht, § 159 I 2 ZPO. Vgl auch § 16 Anm 3.

2) Mitwirkungsplan, II. Die Bestimmung entspricht § 69 II aF, die § 8 II VwGO (§ 8 II FGO) nachgebildet worden war. **A.** Sie dient dem **Zweck, den gesetzlichen Richter, Art 101 GG, auch innerhalb des Spruchkörpers zu gewährleisten,** hat also Bedeutung für den Spruchkörper, dem nach der Geschäftsverteilung, § 21 e, mehr Richter angehören, als dies für die Mitwirkung bei Entscheidungen vorgeschrieben ist. Ein solcher überbesetzter Spruchkörper ist zulässig, sofern die Besetzung nicht willkürlich manipuliert werden kann und der Vorsitzende den notwendigen bestimmenden Einfluß auf die Rechtsprechung, § 21 f Anm 2, zu nehmen vermag, vgl § 16 Anm 3. II greift nicht ein, wenn ein Spruchkörper in der Geschäftsverteilung, § 21 e, in zwei (ihrerseits nicht überbesetzte) Gruppen mit demselben Vorsitzenden aufgeteilt wird, vgl BGH NJW 68, 1242.

B. Die Aufstellung des Mitwirkungsplanes ist allein Aufgabe des Vorsitzenden, der dabei keinen Weisungen unterworfen ist; es handelt sich um eine ihm übertragene richterliche Aufgabe, in deren Wahrnehmung auch das Präsidium nicht eingreifen darf, BGH NJW 66, 1458. Daß ein verständiger Vorsitzender sich mit seinen Beisitzern vorher berät und möglichst ihr Einvernehmen herbeiführt, ist selbstverständlich. **a)** Der Vorsitzende bestimmt die **Grundsätze, nach denen die Mitglieder in den Verfahren mitwirken,** also für Urteils-, Beschluß- u sonstige Verfahren, so daß auch die Mitwirkung bei verringerter Besetzung zu regeln ist, Seide NJW 73, 265. Festzulegen sind die (abstrakten) Grundsätze, in welcher Zusammensetzung der Spruchkörper (verhandelt und) entscheidet (Sitzgruppen); danach richtet sich die Beteiligung an der Vorbereitung (wegen der Bestellung des Berichterstatters s Anm 1). Die Zusammensetzung der Richterbank auch außerhalb der mündlichen Verhandlung ist so zu regeln, daß sie für jede Sache dem Plan zu entnehmen ist; zulässig ist die Verteilung nach Anfangsbuchstaben, Reihenfolge des Eingangs (Aktenzeichen), Ort der Vorinstanz u dgl, auch nach Sitzgruppen für bestimmte Sachgebiete. Die Regelung, daß wöchentlich wechselnd in bestimmter Reihenfolge ein Richter an der Sitzung nicht teilnimmt, genügt nicht, weil sie die Besetzung außerhalb der Sitzung (zB für Beschlüsse) offen läßt, aM BGH NJW 67, 1622. Der Vorsitzende hat auch die **Vertretung** innerhalb des Spruchkörpers zu regeln, sofern sie sich nicht aus dem Geschäftsverteilungsplan ergibt, II 21 e I; sie muß sich unmittelbar aus dem Plan ergeben, eine Bestimmung von Fall zu Fall ist unzulässig. Ob ein Richter verhindert ist, stellt der Vorsitzende fest (auch für sich selbst, BGHSt 21, 147), solange eine Vertretung innerhalb des Spruchkörpers möglich ist, BGH DRiZ 83, 234; dies gilt nicht für den Fall, in dem die Verhinderung darauf beruht, daß der Richter gleichzeitig Aufgaben in mehreren Spruchkörpern erfüllen muß, § 21 e Anm 2 C. Für Hochschullehrer als Richter muß das Maß ihrer Verhinderung durch das Hauptamt schon im Geschäftsverteilungsplan, § 21 e, festgelegt werden, BGH NJW 74, 109. Den Vertretungsfall in den Akten festzuhalten, ist nicht nötig, aber ratsam, BGH DRiZ 83, 234. **b)** Die Grundsätze müssen **vor Beginn des Geschäftsjahres für dessen Dauer** bestimmt werden, vgl § 21 e I 2, für Ferienkammern und -senate bei ihrem Zusammentritt für die Dauer der Gerichtsferien. Abweichungen im Einzelfall (außerhalb der Vertretungsfälle) sind unzulässig; da § 21 g den gesetzlichen Richter auch innerhalb des Spruchkörpers gewährleisten soll, Anm 2 A, kann es dem Vorsitzenden nicht gestattet sein, vom Mitwirkungsplan aus jedem sachlichen Grund abzuweichen, auch nicht dann, wenn seine Einhaltung zu Verzögerungen, teilweisem Leerlauf, ungleichmäßiger Auslastung seiner Mitglieder oder vermeidbarem doppeltem Arbeitsaufwand führen würde, aM BGH NJW 80, 951. Solchen Schwierigkeiten wird idR durch eine überlegte Terminplanung vorgebeugt werden können. Der Plan darf nur unter den in II (2. Halbsatz) genannten Voraussetzungen geändert werden, vgl § 21 e Anm 3 B. Im Fall der Änderung darf der Vorsitzende entspr § 21 e IV anordnen, daß ein Richter in bestimmten Sachen weiterhin mitwirkt, BGH NJW 77, 965. **c)** Eine Form für die AnO ist nicht vorgeschrieben, BVerfG DRiZ 70, 269; jedoch empfiehlt sich **schriftliche Niederlegung,** damit sie von den Beteiligten eingesehen und ihre Einhaltung im Rechtsmittelzug überprüft werden kann, BGH NJW 67, 1622, BayObLG MDR 78, 232 (einem Verfahrensbeteiligten, dem Einsicht nicht möglich oder zumutbar ist, muß auf Antrag über die Besetzung des Spruchkörpers in seinem Fall vom Gericht Auskunft erteilt werden, vgl § 21 e Anm 5). Es ist ratsam, aber nicht notwendig, auch den Grund für eine Änderung schriftlich festzuhalten, vgl BGH NJW 80, 951.

3) Entsprechendes gilt für die Übertragung des Rechtsstreits auf den Einzelrichter bei der Zivilkammer, § 348 ZPO, III, nicht für den Einzelrichter im Berufungsverfahren,

§ 524. Welchem Richter das Verfahren übertragen werden darf, muß der Vorsitzende (nicht die ZivK, Kramer JZ **77**, 11, Schuster NJW **75**, 1495, Holch DRiZ **75**, 275 gg P. Müller, zuletzt DRiZ **76**, 43) im Voraus im Mitwirkungsplan festlegen, und zwar durch Bestimmung eines Richters (und seines Vertreters) aus der jeweils zuständigen Sitzgruppe, Kissel Rdz 19. Eine generelle Regelung für den Fall der Überlastung ist zweckmäßig; für die Änderung gilt II. Die ZivK darf vom Mitwirkungsplan nicht abweichen. Wenn sie den danach berufenen Richter als Einzelrichter ablehnt, muß sie von der Übertragung absehen.

4) Verstoß gegen I–III durch den Vorsitzenden oder Abweichung von den Mitwirkungsgrundsätzen im Einzelfall rechtfertigt die Rüge der nicht ordnungsgemäßen Besetzung des Gerichts nur dann, wenn die Bestimmungen aus Willkür oder sonst mißbräuchlich nicht eingehalten worden sind, BGH NJW **67**, 1622. Das gilt auch für einen Verstoß gegen III (dadurch wird nicht stets Art 101 I 2 GG verletzt, weil es sich um eine Übertragung durch eine gerichtliche Entscheidung handelt). Eine Klage von dem Verwaltungsgericht auf Feststellung der Rechtswidrigkeit des Mitwirkungsplanes ist unzulässig, BVerwG NJW **82**, 900.

5) *VwGO:* I und **II** gelten entsprechend, § 4 *VwGO,* **III** ist unanwendbar, Üb 3 § 348 ZPO.

21h *Vertretung des Vorsitzenden des Präsidiums.* Der Präsident oder aufsichtführende Richter wird in seinen durch dieses Gesetz bestimmten Geschäften, die nicht durch das Präsidium zu verteilen sind, durch seinen ständigen Vertreter, bei mehreren ständigen Vertretern durch den dienstältesten, bei gleichem Dienstalter durch den lebensältesten von ihnen vertreten. Ist ein ständiger Vertreter nicht bestellt oder ist er verhindert, wird der Präsident oder aufsichtführende Richter durch den dienstältesten, bei gleichem Dienstalter durch den lebensältesten Richter vertreten.

1) Anwendungsbereich. Die Vorschrift regelt die Vertretung des Präsidenten oder des aufsichtführenden Richters nur für die Geschäfte, die ihnen nach GVG in richterlicher Unabhängigkeit als sog justizförmige Verwaltungstätigkeit obliegen, nicht dagegen für andere Verwaltungstätigkeiten, BGH NJW **74**, 509; sie ist anwendbar vor allem auf die Vertretung bei der Führung des Vorsitzes im Präsidium und den damit zusammenhängenden Aufgaben, zB nach § 21 i II, auch in den Fällen des § 22a. Als Vorsitzende eines Spruchkörpers werden sie durch ihre vom Präsidium bestellten Vertreter vertreten, §§ 21e, 21f.

2) Vertreter. Vertreten werden die genannten im Rahmen der Anm 1 in erster Linie durch den ständigen Vertreter, den die Justizverwaltung nach Maßgabe des Landesrechts bestellt, vgl § 7 I VO v 20. 3. 35, bei Bestellung mehrerer ständiger Vertreter durch den dienstältesten (§ 20 DRiG), notfalls durch den lebensältesten. Voraussetzung ist Verhinderung des Präsidenten oder Aufsichtsrichters durch Krankheit, Urlaub oder sonstige Abwesenheit, Abhaltung durch eine länger dauernde Sitzung u dgl, vgl § 21 f Anm 3 A (nicht aber Überlastung durch andere Geschäfte); auch nach Ausscheiden aus dem Dienst tritt bis zur Ernennung des Nachfolgers der Vertreter ein. Ist ein ständiger Vertreter nicht bestellt oder ist er seinerseits verhindert, so wird der Präsident durch den dienstältesten (§ 20 DRiG), bei gleichem Dienstalter durch den lebensältesten Richter vertreten. Bei LG, OLG und BGH, § 21a II 2, ist dies der dienst- bzw lebensälteste Vorsitzende Richter, mag er auch dem Präsidium nicht angehören. Wenn der ständige oder berufene Vertreter (gewähltes) Mitglied des Präsidiums ist, so wird er seinerseits nicht vertreten, § 21 c I 2.

3) *VwGO:* Gilt entsprechend, § 4 *VwGO.*

21i *Beschlußfähigkeit des Präsidiums und Ersatzanordnungen.* **I** Das Präsidium ist beschlußfähig, wenn mindestens die Hälfte seiner gewählten Mitglieder anwesend ist.

II Sofern eine Entscheidung des Präsidiums nicht rechtzeitig ergehen kann, werden die in § 21e bezeichneten Anordnungen von dem Präsidenten oder aufsichtführenden Richter getroffen. Die Gründe für die getroffene Anordnung sind schriftlich niederzulegen. Die Anordnung ist dem Präsidium unverzüglich zur Genehmigung vorzulegen. Sie bleibt in Kraft, solange das Präsidium nicht anderweit beschließt.

1) Beschlußfähig ist das Präsidium, wenn mindestens die Hälfte seiner gewählten Mitglieder anwesend ist, I, einschließlich der als gewählt geltenden, § 21a II, also bei Anwesenheit von 4 bzw 2 Mitgliedern. Bei Plenarpräsidien, § 21a II Z 3, besteht das Quorum aus der Hälfte seiner Mitglieder (ohne Präsident bzw Aufsichtsrichter). Da I Anwesenheit vorschreibt, ist eine Beschlußfassung im Umlauf oder durch Einzelbefragung ausgeschlossen, § 21e Anm 4 A. Rechtsfolge eines Verstoßes: § 21e Anm 7.

2) Die in § 21e bezeichneten Anordnungen werden durch den Präsidenten oder aufsichtführenden Richter getroffen, bei ihrer Verhinderung durch ihren Vertreter, § 21h, **sofern eine Entscheidung des Präsidiums nicht rechtzeitig ergehen kann, II.** Die Vorschrift ist mit Art 101 I 2 GG vereinbar, BVerfG **31**, 163, NJW **82**, 29 mwN. Abgesehen von unaufschiebbaren Eilfällen wird diese Voraussetzung nur dann erfüllt sein, wenn es sich als unmöglich erweist, vor der in Betracht kommenden Amtshandlung ein beschlußfähiges Präsidium zusammenzurufen. **A. Die Ersatzzuständigkeit erstreckt sich auf alle in § 21e bezeichneten Anordnungen,** § 21e Anm 2 u 3, also im Notfall auf den gesamten Geschäftsverteilungsplan. Der Präsident (Aufsichtsrichter) tritt insoweit an die Stelle des Präsidiums. Er hat demgemäß auch die für dieses geltenden Verfahrensvorschriften zu beachten (Anhörung nach § 21e II, III u V), entscheidet aber nach seinem pflichtgemäßen Ermessen, BVerfG EuGRZ **81**, 508, und in eigener Verantwortung, vgl Holtz MDR **77**, 461.

B. Die Anordnung selbst und ihre Gründe sind schriftlich niederzulegen, II 2, dh mit einer Begründung für die Zulässigkeit der Ersatzanordnung und ihre inhaltliche Rechtfertigung (zB Angabe der Überlastung und ihrer Gründe). Sie ist sodann unverzüglich, § 121 BGB, dem **Präsidium zur Genehmigung vorzulegen, II 3.** Solange das Präsidium nicht anderweit beschließt, **bleibt die Anordnung in Kraft, II 4;** sie kann also nur durch ausdrücklichen Beschluß des Präsidiums ex nunc beseitigt werden und hat bis dahin alle Wirkungen, die eine vom Präsidium selbst getroffene Anordnung haben würde.

C. Verstöße gegen II führen zur Anfechtbarkeit der AnO im Rechtsmittelzug, § 21e Anm 7; die Überprüfung erstreckt sich aber nur auf Ermessensfehler, vgl Holtz MDR **77**, 461. Wenn das Präsidium die AnO ausdrücklich genehmigt (ex tunc, § 184 BGB), kann das Fehlen der Voraussetzung, II 1, oder ein Verstoß gegen die besonderen Verfahrensbestimmungen, II 2 u 3, nicht mehr erfolgreich gerügt werden.

3) *VwGO*: Gilt entsprechend, § 4 VwGO.

Dritter Titel. Amtsgerichte
Übersicht

Titel 3 regelt Aufbau und sachliche Zuständigkeit der AGe (Schöffengerichte in Titel 4), die §§ 22a–d die nun auch für die AGe durchgeführte Präsidialverfassung; eine Ergänzung gibt § 3 GVVO v 20. 3. 35, RGBl I 403, abgedr bei § 22. Über Errichtung und Aufhebung vgl § 12 Anm 2; wegen der KfH am Sitz des AG s §§ 93 II, 106.

22 *Richter beim Amtsgericht.* **I** Den Amtsgerichten stehen Einzelrichter vor.
II Einem Richter beim Amtsgericht kann zugleich ein weiteres Richteramt bei einem anderen Amtsgericht oder bei einem Landgericht übertragen werden.

III Die allgemeine Dienstaufsicht kann von der Landesjustizverwaltung dem Präsidenten des übergeordneten Landgerichts übertragen werden. Geschieht dies nicht, so ist, wenn das Amtsgericht mit mehreren Richtern besetzt ist, einem von ihnen von der Landesjustizverwaltung die allgemeine Dienstaufsicht zu übertragen.

IV Jeder Richter beim Amtsgericht erledigt die ihm obliegenden Geschäfte, soweit dieses Gesetz nichts anderes bestimmt, als Einzelrichter.

V Es können Richter auf Probe und Richter kraft Auftrags verwendet werden.

GVVO vom 20. 3. 35 § 3. **Der** Reichsminister der Justiz **kann anordnen, daß außerhalb des Sitzes eines Amtsgerichts Zweigstellen errichtet oder Gerichtstage abgehalten werden.**

Vorbem. § 3 GVVO gilt weiter, vgl BGBl III 300–5, soweit die Länder nichts abweichendes bestimmt haben, Kissel Rdz 2. § 3 VO ist in **Nds** aufgehoben durch das *Ges üb die Organisation der ordentl Gerichte v 16. 7. 62, GVBl 85;* zur Fortgeltung in **Bay** vgl BayVerfGH AS **28**, 1. Anstelle des RJM ist überall die Landesjustizverwaltung getreten.

1) Alleinrichter, I u IV. Der Grundsatz, daß die Amtsrichter als Alleinrichter tätig werden, ist durchbrochen beim Schöffengericht, Jugendgericht und in Landwirtschaftssachen.

Die Amtshandlung eines nach der Geschäftsverteilung nicht berufenen Amtsrichters ist wirksam, aber ggf anfechtbar, § 22d Anm 1. Die Verteilung kann sachlich oder örtlich, etwa nach den Gemeinden, geschehen.

2) Richter beim Amtsgericht, II u V, können nicht nur Richter auf Lebenszeit, sondern auch Richter auf Probe, § 12 DRiG (jedoch nicht als FamRi, § 23b III 2), und kraft Auftrags, § 14 DRiG, sein. Sie müssen im Geschäftsverteilungsplan, § 21e, als solche erkennbar sein, § 29 S 2 DRiG (nicht in der Entscheidung). Auch abgeordnete Richter, § 37 DRiG, können bei einem AG verwendet werden. Jedoch dürfen im Verhältnis zu den mit Richtern auf Lebenszeit (Richtern am Amtsgericht, § 19a I DRiG) besetzten Stellen nicht übermäßig viele andere Richter eingesetzt werden, Kissel Rdz 8, VGH Kassel AS **33**, 10 mwN. Einem Richter auf Lebenszeit kann nach II **zugleich ein weiteres Richteramt** übertragen werden, § 27 II DRiG, jedoch nur **bei einem anderen AG oder bei einem LG;** wegen der Voraussetzungen und der Anfechtbarkeit s § 27 DRiG Anm 3. Über Amtsrichter als Vorsitzende einer KfH s § 106. Wahlberechtigt und wählbar für das Präsidium, § 21b I, sind solche Richter bei beiden Gerichten.

3) Dienstaufsicht, III. Soweit sie nicht dem Präsidenten des übergeordneten LG übertragen ist, führt sie der von der LJV dazu bestellte Präsident oder aufsichtführende Richter des AG. Die LJV kann sie auch dem Präsidenten eines anderen AG übertragen, s §§ 22a, 22b IV. Die Vertretung des die Dienstaufsicht führenden Richters regelt § 21h für die ihm durch das GVG zugewiesenen Aufgaben.

22 a *Präsidium des Amtsgerichts.* **Bei Amtsgerichten mit einem aus allen wählbaren Richtern bestehenden Präsidium (§ 21a Abs. 2 Satz 1 Nr. 3) gehört der Präsident des übergeordneten Landgerichts oder, wenn der Präsident eines anderen Amtsgerichts die Dienstaufsicht ausübt, dieser Präsident dem Präsidium als Vorsitzender an.**

1) Vorsitz im Präsidium. Während bei den größeren AGen der Präsident oder dienstaufsichtführende Richter Vorssitzender ist, § 21a II, trifft § 22a für die AGe mit weniger als 8 Richterplanstellen eine Sonderregelung. Ihrem Präsidium, das aus allen nach § 21b I wählbaren Richtern besteht, § 21a II 1 Z 3, sitzt der Präsident des übergeordneten LG bzw der die Dienstaufsicht ausübende Präsident eines anderen AG vor. Der Präsident führt den Vorsitz auch dann, wenn ein aufsichtführender Richter ernannt ist. Die Regelung bezweckt, bei kleinen AGen stets einen dem Gericht nicht angehörenden „neutralen Dritten" mit dem Vorsitz zu betrauen. Vertretung des Präsidenten: § 21c.

22 b *Vertretung beim Amtsgericht.* **I Ist ein Amtsgericht nur mit einem Richter besetzt, so beauftragt das Präsidium des Landgerichts einen Richter seines Bezirks mit der ständigen Vertretung dieses Richters.**

II Wird an einem Amtsgericht die vorübergehende Vertretung durch einen Richter eines anderen Gerichts nötig, so beauftragt das Präsidium des Landgerichts einen Richter seines Bezirks längstens für zwei Monate mit der Vertretung.

III In Eilfällen kann der Präsident des Landgerichts einen zeitweiligen Vertreter bestellen. Die Gründe für die getroffene Anordnung sind schriftlich niederzulegen.

IV Bei Amtsgerichten, über die der Präsident eines anderen Amtsgerichts die Dienstaufsicht ausübt, ist in den Fällen der Absätze 1 und 2 das Präsidium des anderen Amtsgerichts und im Falle des Absatzes 3 dessen Präsident zuständig.

1) Allgemeines. Die Vertretung eines Richters regelt sich auch bei einem AG grundsätzlich nach § 21e. Sonderbestimmungen sind für kleine AGe erforderlich. Für bestimmte Fälle begründet § 22b die Zuständigkeit des Präsidiums des übergeordneten LG, I, bzw. in Eilfällen diejenige seines Präsidenten, II–III. Übt der Präsident eines anderen AG die Dienstaufsicht aus, so sind wegen ihrer Sachnähe das Präsidium bzw der Präsident jenes AG zuständig, IV.

2) Ständige Vertretung bei Einmanngerichten, I. Den Vertreter bestellt das Präsidium des LG bzw AG, Anm 1. Für **Arbeitsgerichte** bestimmt § 19 I ArbGG dementsprechend die Zuständigkeit des Präsidiums des LArbG.

3) Vorübergehende Vertretung, II u III. Wird bei einem AG die Vertretung durch den Richter eines anderen Gerichts nötig, weil kein durch die Geschäftsverteilung oder nach I berufener Vertreter zur Verfügung steht, so beauftragt das Präsidium des LG einen Richter seines Bezirks, also uU auch einen (Vorsitzenden) Richter des LG, bzw nach IV das Präsidium des AG einen Richter dieses Gerichts mit der Vertretung für längstens 2 Monate, II. Dem Richter ist vorher Gelegenheit zur Äußerung zu geben, § 21 e V. In **Eilfällen** bestellt der Präsident des LG bzw AG, Anm 1, einen zeitweiligen Vertreter, III, für eine idR kürzere Zeit, höchstens aber ebenfalls für 2 Monate. Die Gründe für die Anordnung müssen schriftlich niedergelegt werden, vgl § 21 i II; eine Genehmigung durch das Präsidium ist für den Fall des III nicht erforderlich. Die Anhörung des Richters ist geboten, aber nicht vorgeschrieben, weil es sich um einen Eilfall handelt, § 21 e V. Entsprechendes gilt nach § 19 II ArbGG für **Arbeitsgerichte** (zuständig ist das Präsidium bzw der Präsident des LArbG).

22 c (aufgehoben durch Art II Z 7 G v 26. 5. 72, BGBl 841)

22 d *Nach der Geschäftsverteilung unzuständiger Richter.* Die Gültigkeit der Handlung eines Richters beim Amtsgericht wird nicht dadurch berührt, daß die Handlung nach der Geschäftsverteilung von einem anderen Richter wahrzunehmen gewesen wäre.

1) Erläuterung. Mit Rücksicht auf Art 101 GG bedeutet § 22 d heute nur, daß die von einem anderen Richter als dem zuständigen vorgenommene Handlung nicht unwirksam ist, BGH **37**, 127, da nicht das Gericht als organisatorische Einheit, sondern der im Einzelfall berufene Richter der gesetzliche Richter ist, vgl auch § 16 Anm 3 (BGH NJW **80**, 2365 läßt die Frage der heutigen Bedeutung des § 22 d offen). Solche Handlungen sind aber, soweit es das Gesetz zuläßt, anfechtbar, BGH **37**, 127, Kissel Rdz 3 mwN, ua Bre NJW **65**, 1447.

23 *Sachliche Zuständigkeit in Zivilsachen.* Die Zuständigkeit der Amtsgerichte umfaßt in bürgerlichen Rechtsstreitigkeiten, soweit sie nicht ohne Rücksicht auf den Wert des Streitgegenstandes den Landgerichten zugewiesen sind:
1. Streitigkeiten über vermögensrechtliche Ansprüche, deren Gegenstand an Geld oder Geldeswert die Summe von fünftausend Deutsche Mark nicht übersteigt;
2. ohne Rücksicht auf den Wert des Streitgegenstandes:
   a) Streitigkeiten zwischen dem Vermieter und dem Mieter oder Untermieter von Wohnräumen oder anderen Räumen oder zwischen dem Mieter und dem Untermieter solcher Räume wegen Überlassung, Benutzung oder Räumung, wegen Fortsetzung des Mietverhältnisses über Wohnraum auf Grund der §§ 556a, 556b des Bürgerlichen Gesetzbuchs sowie wegen Zurückhaltung der von dem Mieter oder dem Untermieter in die Mieträume eingebrachten Sachen;
   b) Streitigkeiten zwischen Reisenden und Wirten, Fuhrleuten, Schiffern, Flößern oder Auswanderungsexpedienten in den Einschiffungshäfen, die über Wirtszechen, Fuhrlohn, Überfahrtsgelder, Beförderung der Reisenden und ihrer Habe und über Verlust und Beschädigung der letzteren, sowie Streitigkeiten zwischen Reisenden und Handwerkern, die aus Anlaß der Reise entstanden sind;
   c) Streitigkeiten wegen Viehmängel;
   d) Streitigkeiten wegen Wildschadens;
   e) und f) weggefallen
   g) Ansprüche aus einem mit der Überlassung eines Grundstücks in Verbindung stehenden Leibgedings-, Leibzuchts-, Altenteils- oder Auszugvertrag;
   h) das Aufgebotsverfahren.

Vorbem. Die Wertgrenze, Z 1, ist durch Art 1 G v 8. 12. 82, BGBl 1615, von 3000 auf 5000 DM angehoben worden (zur Entstehungsgeschichte und Kritik 41. Aufl Schlußanh VIII, Schaich NJW **83**, 554, zu den Auswirkungen Stanicki DRiZ **83**, 264). Die Regelung ist am 1. 1. 83 in Kraft getreten, Art 7. Zum Übergangsrecht bestimmt **Art 5 Z 1:**
Für anhängige Verfahren gilt § 23 Nr. 1 des Gerichtsverfassungsgesetzes in der bisherigen Fassung.

Danach bleibt die bisherige Wertgrenze von 3000 DM für jedes bis zum 31. 12. 1982 anhängig gewordene Verfahren maßgeblich. Wegen des Begriffs der Anhängigkeit § 261 ZPO Anm 1 A. Die Anhängigkeit beginnt mit dem Eingang in der Posteinlaufstelle eines beliebigen Gerichts, mag es zu diesem Zeitpunkt auch schon oder noch örtlich und/oder sachlich unzuständig sein. Eine Rechtshängigkeit, § 261 ZPO Anm 1 A, ist nicht erforderlich; freilich fallen Anhängigkeit und Rechtshängigkeit im Verfahren auf Erlaß eines Arrests oder einer einstwVfg ohnehin zeitlich meist zusammen, § 920 ZPO Anm 1 B, § 936 ZPO Anm 1 ,,§ 920, Gesuch".

Der Eingang eines Prozeßkostenhilfegesuchs reicht aus, selbst wenn die mit ihm (bis 31. 12. 82) angekündigte Klage erst ab 1. 1. 83 eingeht, falls das Gericht den künftigen Prozeßgegner bis zum 31. 12. 82 in das Prozeßrechtsverhältnis einbezogen hat, vgl § 261 ZPO Anm 1 A, zB durch Übersendung des Prozeßkostenhilfeantrags zur etwaigen Stellungnahme.

Wegen des Mahnverfahrens § 696 Anm 5 A.

1) Allgemeines. § 23 betrifft nur die sachliche Zuständigkeit; über die örtliche s §§ 12ff ZPO. Das AG ist sachlich zuständig: **a)** bei vermögensrechtlichen Ansprüchen bis zum Streitwert von 5000 DM, § 2 ZPO Anm 1; **b)** in den Fällen a)–h) ohne Rücksicht auf den Streitwert. Zu diesen Fällen treten hinzu die Klagen aus § 111 GenG (Anfechtungsklage gegen die für vollstreckbar erklärte Vorschuß-, Zusatz- und Nachschußberechnung des Konkursverwalters im Genossenschaftskonkurs; bei Streitwert über 5000 DM ist Verweisung möglich, § 112 GenG), aus §§ 51, 52 WohnungseigentumsG vom 15. 3. 51, BGBl I 175, Anm 4 F, u in Binnenschiffahrtssachen, § 2 G v 27. 9. 52, s 14 GVG Anm 3. Eine Ausnahme von § 23 macht § 71 II, III, der dem LG Sachen ohne Rücksicht auf den Streitwert zuteilt. Wegen der Zuständigkeit bei Zerlegung eines Anspruchs in mehrere Teilklagen s § 2 Anm 3 ZPO. – Außerdem ist das AG (ohne Rücksicht auf Wertgrenzen) zuständig als Rechtshilfegericht, für die Sicherung des Beweises, für das Entmündigungsverfahren, Mahnverfahren, Vollstreckungsverfahren, außer wenn das Prozeßgericht 1. Instanz zuständig ist, ferner außer dem Gericht der Hauptsache für Verfahren über Arrest und einstwVfg, §§ 919, 936, 942, für die Vollstreckbarerklärung rechtskräftiger Entscheidungen aus internationalen Verträgen, Anh § 723, für Konkurs- und Vergleichsverfahren, nach FGG und nach Sondergesetzen, zB über die Unterbringung psychisch Kranker.

2) Vermögensrechtliche Ansprüche, Z 1. Wegen des Begriffs vgl Üb 3 § 1 ZPO, wegen der Berechnung des Streitwerts s §§ 3–9 ZPO. Werden in einer Klage mehrere Ansprüche geltend gemacht, so sind sie zusammenzurechnen, s aber Anm 3. Die Wertgrenze beträgt jetzt 5000 DM, vgl Vorbem. Unberührt bleiben §§ 708 Z 11, 866 III ZPO. Z 1 gilt nicht für vermögensrechtliche Streitigkeiten, die ohne Rücksicht auf den Wert des Streitgegenstandes dem LG zugewiesen sind. Das ist in zahlreichen Einzelgesetzen des Bundes, § 71 Anm 5, und aufgrund des § 71 III in Landesgesetzen geschehen.

3) Unbedingte Zuständigkeit, Z 2. Z 2 begründet für die dort aufgezählten Sachen eine **Zuständigkeit ohne Rücksicht auf den Streitwert.** Sie ist nicht ausschließlich. Auch Z 2 läßt eine Vereinbarung auf das LG zu, anders für Mietaufhebungsklagen, Anm 4. Sind andere vermögensrechtliche Ansprüche bis zu 5000 DM mit Ansprüchen nach Z 2 verbunden, so ändert das nichts an der Zuständigkeit. Bei Verbindung von Ansprüchen über 5000 DM mit solchen nach Z 2 sind sie abzutrennen und auf Antrag des Klägers ans LG zu verweisen, § 281. Bei fehlendem Antrag erfolgt Abtrennung und Abweisung wegen sachlicher Unzuständigkeit, weil der Kläger die Zuständigkeitsgrenze durch Verbindung nicht erhöhen kann. Siehe auch § 260 Anm 3 ZPO.

4) Mietstreitigkeiten, Z 2a. A. Die Regelung gilt für Wohnräume und andere Räume, also auch für Gewerberaum. Eine erweiterte Zuständigkeit bei Wohnräumen ergibt sich aus **§ 29a ZPO.** Bei Auseinandersetzungen geschiedener Gatten über die Ehewohnung gilt 6. DVO zum EheG vom 21. 10. 44, RGBl I 256, vgl § 23b I 2 Z 8.

B. Die **Zuständigkeit des AG aus Z 2a gilt auch für Klagen:** auf Herausgabe (Räumung); wegen Instandsetzung und -haltung, BGH NJW **63**, 713; auf Rückschaffung eingebrachter Mietsachen, § 561 BGB; auf Feststellung im Rahmen der zulässigen Leistungsklage, also nicht auf Feststellung des ganzen Mietverhältnisses, SeuffArch **46**, 128. Es genügt, daß bei Entstehung des Anspruchs bestehendes Mietverhältnis schlüssig behauptet wird, Mü MDR **77**, 497; dann ist Rechtsnachfolge belanglos. **Gilt nicht für Klagen:** in Wohnraumprozessen in den § 29 ZPO genannten Fällen, s dort Anm 1; auf Zahlung von Mietzins oder Schadenersatz; auf Zustimmung zur Mieterhöhung; auf Räumung aus Eigentum bei Leugnen des Mietvertrags, Mü MDR **77**, 497; aus Miete beweglicher Sachen; aus Pachtvertrag.

C. Pachtsachen. Das AG als Landwirtschaftsgericht, G v 21. 7. 53, BGBl 667, ist Teil des ordentlichen Gerichts mit besonderer ausschließlicher Zuständigkeit, BGH **13**, 327; es entscheidet durch den Amtsrichter und 2 sachkundige Beisitzer in Landpachtsachen ausschließlich über Wirksamkeit einer Kündigung, Vertragsverlängerung und Wiederinkraftsetzung eines abgelaufenen Vertrags, Änderung oder Aufhebung des Vertrags im Verfahren der freiwilligen Gerichtsbarkeit. Beschwerdegericht ist das OLG, die Rechtsbeschwerde geht an den BGH. Wegen des Rechtswegs in Verfahren nach §§ 1–3 der Kleingarten- u KleinpachtlandO v 31. 7. 19, RGBl 1371, s § 13 Anm 4 „Kleingärten".

E. Das ArbG kann zuständig für Klagen auf Räumung von Werkwohnungen sein, wenn der Arbeitnehmer Grund zur Auflösung des Arbeits- oder Dienstverhältnisses gegeben oder selbst dieses gekündigt hat, § 2 III ArbGG. Vgl aber auch § 29a ZPO Anm 1.

F. Wohnungseigentum. Klagen auf Entziehung und Rechtsstreitigkeiten über das Dauerwohnrecht, §§ 51, 52 WohnEigG vom 15. 3. 51, BGBl 175, gehören vor das AG.

5) Reisende usw, Z 2b. Es braucht sich nicht um eine Klage während der Reise zu handeln. Die Vorschrift gilt nicht für Klagen wegen Zurückbehaltung von Sachen und auch nicht für Klagen auf entgangenen Gewinn wegen abgesagter Gasthofsmiete, Ffm (LG) BB **65**, 268.

6) Viehmängel, Z 2c. Gemeint sind nur körperliche Mängel, aber nicht bloß bei den in § 481 BGB genannten Tierarten und ohne Rücksicht auf den Rechtsgrund, also auch bei Arglist des Verkäufers oder Gewährvertrag, StJ § 1 II 2c. Maßgebend ist die Klagbegründung, nicht eine Einrede des Beklagten. Unter Z 2c fällt auch die Klage aus einer bereits vollzogenen Wandlung, LG Bonn MDR **80**, 857.

7) Wildschaden, Z 2d. Es gilt das BundesjagdG idF v 29. 9. 76, BGBl 2849. Nach § 35 können die Länder ein Vorverfahren vorschreiben, in dem, falls es nicht zum Anerkenntnis oder Vergleich kommt, ein Vorbescheid erlassen wird. Wegen der in Betracht kommenden Landesgesetze vgl Schönfelder, Fußnote zu § 2 VI BundesjagdG.

8) Leibgedingsverträge usw, Z 2g, sind Verträge, durch die der Übergeber bei Überlassung eines Grundstücks sich oder Dritten Nutzungen oder wiederkehrende Leistungen ausbedingt; vgl auch Art 96 EGBGB.

9) Aufgebotsverf, Z 2h. Siehe §§ 946 ff ZPO, auch § 11 EGZPO.

23a *Weitere sachliche Zuständigkeit.* **Die Amtsgerichte sind in bürgerlichen Rechtsstreitigkeiten ferner zuständig für**
1. **Streitigkeiten in Kindschaftssachen;**
2. **Streitigkeiten, die eine durch Ehe oder Verwandtschaft begründete gesetzliche Unterhaltspflicht betreffen;**
3. **Ansprüche nach den §§ 1615k bis 1615m des Bürgerlichen Gesetzbuchs;**
4. **Ehesachen;**
5. **Streitigkeiten über Ansprüche aus dem ehelichen Güterrecht, auch wenn Dritte am Verfahren beteiligt sind.**

1) Allgemeines. Seit der EheRReform 1976 sind dem AG nicht nur KindschS und Unterhaltsstreitigkeiten aller Art zugewiesen, sondern auch alle EheS und die damit zusammenhängenden Angelegenheiten. Wegen der Zusammenfassung der **FamS** beim FamGer s § 23b.

2) Streitigkeiten in KindschS, Z 1. Näheres s § 640 Anm 1.

3) Streitigkeiten, die eine durch Ehe oder Verwandtschaft begründete gesetzliche Unterhaltspflicht betreffen, Z 2. Hierher gehören alle Unterhaltsprozesse zwischen Eheleuten (auch bei geschiedener, für nichtig erklärter oder aufgehobener Ehe) einschließlich der Klagen wegen Prozeßkostenvorschuß nach § 1360a IV BGB und zwischen Verwandten auf- und absteigender Linie, namentlich (aber nicht nur) des ehelichen Kindes gegen die Eltern (auch Adoptiveltern) und des nichtehelichen Kindes gegen seinen Vater oder die Klage eines Dritten, der zunächst für ihn gezahlt hat, §§ 1615b BGB, 644 I ZPO, gegen den Vater. Die Zuständigkeit gilt für Prozesse wegen der Zahlungspflicht und wegen Nebenpflichten, zB wegen Auskunft nach §§ 1581, 1605 BGB. Vor das AG gehört auch ein Unterhaltsanspruch aus Vertrag, wenn er an Stelle des gesetzlichen tritt und der Grund des Anspruchs zweifelsfrei ist, sowie ein Anspruch auf Unterhaltsersatz aus § 826 BGB wegen Vermögensverschiebung, Celle NdsRPfl **58**, 235; anders aber, wenn im Vertrag nicht nur der Unterhalt geregelt ist, sondern auch die Vermögensauseinandersetzung, Nürnb FamRZ **67**, 157. Unerheblich ist in jedem Fall, ob auf Rente oder auf Abfindung geklagt wird. Nicht alle diese Unterhaltsstreitigkeiten sind FamS iSv § 23 b I Z 5 u 6; wegen der Zuständigkeit des **FamGer** s § 621 I Z 4 u 5 und Erl dazu. **Nicht** hierher gehören Ansprüche aus unerlaubter Handlung und aus § 1300 BGB.

4) Ansprüche aus §§ 1615 k–m BGB, Z 3, sind solche auf Entbindungskosten, Unterhalt der Mutter vor oder nach der Geburt, Beerdigungskosten. Das AG bleibt zuständig, wenn ein Rechtsnachfolger Partei ist. Das Verfahren nach § 1615 o II BGB (einstwVfg der Mutter) gehört ebenfalls hierher, Büdenbender FamRZ **83**, 306; dagegen fällt das Verfahren nach § 1605 I BGB (einstwVfg des Kindes) unter Z 1, § 640 Anm 1 b.

5) Ehesachen, Z 4. Einzelheiten s § 606 Anm 2. EheS sind FamS, § 23 b I Z 1, und gehören vor das **FamGer.**

6) Streitigkeiten über Ansprüche aus dem ehelichen Güterrecht, auch wenn Dritte am Verfahren beteiligt sind, Z 5, nach §§ 1633–1563 BGB. Gilt auch für Prozesse zwischen Dritten und einem Ehegatten. Nicht hierher gehören sonstige vermögensrechtliche Ansprüche der Eheleute gegeneinander (wegen Unterhaltsansprüchen s Z 2). Die Streitigkeiten nach Z 5 sind FamS, § 23 b I Z 9, und gehören vor das **FamGer.**

23 b *Familiengericht.* ¹ Bei den Amtsgerichten werden Abteilungen für Familiensachen (Familiengerichte) gebildet. Familiensachen sind:
1. Ehesachen;
2. Verfahren über die Regelung der elterlichen Sorge für ein eheliches Kind, soweit nach den Vorschriften des Bürgerlichen Gesetzbuchs hierfür das Familiengericht zuständig ist;
3. Verfahren über die Regelung des Umgangs des nicht sorgeberechtigten Elternteils mit dem Kinde;
4. Verfahren über die Herausgabe des Kindes an den anderen Elternteil;
5. Streitigkeiten, die die gesetzliche Unterhaltspflicht gegenüber einem ehelichen Kinde betreffen;
6. Streitigkeiten, die die durch Ehe begründete gesetzliche Unterhaltspflicht betreffen;
7. Verfahren, die den Versorgungsausgleich betreffen;
8. Verfahren über die Regelung der Rechtsverhältnisse an der Ehewohnung und am Hausrat (Verordnung über die Behandlung der Ehewohnung und des Hausrats – Sechste Durchführungsverordnung zum Ehegesetz vom 21. Oktober 1944, Reichsgesetzbl. I S. 256);
9. Streitigkeiten über Ansprüche aus dem ehelichen Güterrecht, auch wenn Dritte am Verfahren beteiligt sind;
10. Verfahren nach den §§ 1382 und 1383 des Bürgerlichen Gesetzbuchs.

ᴵᴵ Sind wegen des Umfangs der Geschäfte oder wegen der Zuweisung von Vormundschaftssachen mehrere Abteilungen für Familiensachen zu bilden, so sollen alle Familiensachen, die denselben Personenkreis betreffen, derselben Abteilung zugewiesen werden. Wird eine Ehesache rechtshängig, während eine andere Familiensache bei einer anderen Abteilung im ersten Rechtszug anhängig ist, so ist diese von Amts wegen an die Abteilung der Ehesache abzugeben.

ᴵᴵᴵ Die Abteilungen für Familiensachen werden mit Familienrichtern besetzt. Ein Richter auf Probe darf Geschäfte des Familienrichters nicht wahrnehmen.

FGG § 64 k. ¹ Für die dem Familiengericht obliegenden Verrichtungen sind die Amtsgerichte zuständig.

Vorbem. I Z 2 u 3 redaktionell geändert durch Art 9 Z 2 G v 18. 7. 79, BGBl 1061, mWv 1. 1. 80. Die Vorschrift ist **mit dem GG vereinbar,** BVerfG BGBl **80**, 283 (NJW **80**, 697). Die gerichtsinterne Zuständigkeit für beim AG anhängig FamS ist am 1. 7. 77 auf das FamGer übergegangen (§ 261 III 2 ZPO gilt nicht), BGH NJW **81**, 2464 mwN.

Schrifttum. Böttcher Rpfleger **81**, 3 u 44 (RsprÜb); Klauser MDR **80**, 809 (RsprÜb); Walter FamRZ **79**, 396 (RsprÜb); Bergerfurth Rdz 134 ff; ders DRiZ **78**, 230; Bosch FamRZ **79**, 967 u Festschrift Baur, 1981, S 300 (krit); Brüggemann FamRZ **77**, 1; Diederichsen NJW **77**, 601; Jauernig FamRZ **77**, 681 u 761, **78**, 230 u 566; Kissel NJW **77**, 1034 u DRiZ **77**, 113.

1) Allgemeines. Die Einrichtung eines **FamGer,** bei dem die Entscheidungen in EheS und in ehebezogenen Verfahren (FamS) zusammengefaßt wird, ist ein Kernstück der EheRReform 1976. Diese Zusammenfassung (mit der sie ergänzenden Regelung in § 621 ZPO) ermöglicht, daß alle von einem bestimmten FamGer zu entscheidenden Sachen einer Familie vor denselben Richter gelangen, und schafft damit die Voraussetzung für den EntschVerbund in Scheidungs- und FolgeS, § 623 ZPO. Der Sache nach sind die dem FamGer zugewiesenen **FamS** teils bürgerliche Rechtsstreitigkeiten, I 2 Z 1, 5, 6 u 9, die § 23a Z 2, 4 u 5 dem AG zuweist, teils Verfahren der freiwilligen Gerichtsbarkeit, I 2 Z 2–4, 7, 8 u 10; die letzteren weist § 64k I FGG, wie bisher, dem AG zu und ermöglicht dadurch ihre Zusammenfassung mit den übrigen FamS in der Hand des Familienrichters. Insofern ändert § 23b den Grundsatz des § 2 EGGVG ab, dazu Brüggemann FamRZ **77,** 3. Hinsichtlich des **Verfahrens in FamS** bleibt es bei ZPO bzw FGG mit den sich aus §§ 621ff ZPO ergebenden Besonderheiten, s Erl zu § 621a ZPO. Der Rechtszug in FamS geht an das OLG, §§ 119 I Z 1 u 2.

2) Familiengericht, I. Bei den AG werden besondere **Abteilungen für FamS** gebildet, **I 1. A. Zuweisung des FamS.** Diesem FamGer sind im Wege der gesetzlichen Geschäftsverteilung, Bergerfurth DRiZ **78,** 230, alle FamS zugewiesen, I **2,** und zwar mit der sich aus § 621 ZPO ergebenden Folge, daß diese Zuweisung zwingend, dh der Verfügung des Präsidiums entzogen ist, BGH NJW **78,** 1531, abw Jauernig FamRZ **77,** 681 u 761.

A. FamS sind: a) EheS, Z **1,** s § 606 Anm 2; **b)** Verfahren über die Regelung der **elterlichen Sorge** für ein eheliches Kind, soweit nach BGB hierfür das FamGer zuständig ist, **Z 2,** nämlich nach §§ 1671, 1672, 1678 II u 1696 BGB; **c)** Verfahren über die Regelung des **Umgangs** des nicht sorgeberechtigten Elternteils mit dem Kind, **Z 3,** nach §§ 1634 II, 1696 BGB (gilt auch, wenn das Sorgerecht beiden oder keinem Elternteil zusteht, Pal-Diederichsen § 1634 Anm 1); **d)** Verfahren über die **Herausgabe des Kindes** an den anderen Elternteil, **Z 4,** nach § 1632 III BGB; **e)** Streitigkeiten, die die **gesetzliche Unterhaltspflicht gegenüber einem ehelichen Kind** betreffen, **Z 5,** nach §§ 1601–1615 BGB; **f)** Streitigkeiten, die die **durch Ehe begründete gesetzliche Unterhaltspflicht** betreffen, **Z 6,** nach §§ 1360–1361, 1569–1586b BGB; **g)** Verfahren, die den **Versorgungsausgleich** betreffen, **Z 7,** s §§ 1587–1587p BGB, 53b–g FGG; **h)** Verfahren über die Regelung der **Rechtsverhältnisse an der Ehewohnung und am Hausrat, Z 8,** nach HausrVO, vgl Pal-Diederichsen Anh II EheG; **i)** zivilprozessuale Streitigkeiten über **Ansprüche aus dem ehelichen Güterrecht,** BGH FamRZ **82,** 785, auch wenn Dritte am Verfahren beteiligt sind, **Z 9,** vgl § 23a Anm 6; **k)** Verfahren nach den **§§ 1382 und 1383 BGB, Z 10,** dh wegen Stundung der Ausgleichsforderung und Übertragung bestimmter Vermögensgegenstände, §§ 1382 V bzw 1383 III BGB. **Einzelheiten s § 621 ZPO Anm 1.**

B. Die **sachliche Zuständigkeit** des FamGer ergibt sich für EheS aus § 23a, für andere FamS aus § 23a Z 2, 4 u 5, § 64k I FGG, § 11 I, II HausratsVO, BGH NJW **78,** 1531. Für die **örtliche** Zuständigkeit sind §§ 606, 621 ZPO und die jeweiligen Vorschriften des FGG bzw der HausratsVO maßgeblich.

Der Zuständigkeitsstreit zwischen den FamGer verschiedener AGe ist nach § 36 Z 6 zu entscheiden, BGH NJW **78,** 1531 mwN, und zwar auch auf Vorlage vAw durch eines dieser Gerichte, Bischof MDR **78,** 717 mwN; das gleiche gilt für den Streit zwischen der Prozeßabteilung eines AG und einem FamGer, BGH **71,** 17, sowie für den Streit zwischen einem FamGer und einem Gericht der (allgemeinen) Freiwilligen Gerichtsbarkeit, BGH **78,** 108, FamRZ **82,** 785; vgl iü § 36 Anm 3 E. Wegen der Abgabe innerhalb des FamGer s Anm 3. Verweist das LG eine Nichtfamiliensache an das FamGer, so ist nur das AG als solches, dort aber nicht das FamGer an die Verweisung gebunden, BGH FamRZ **80,** 557, Düss Rpfleger **81,** 239, Hbg FamRZ **82,** 941, aM Köln FamRZ **82,** 944 mwN, Kissel Rdz 32. Zur Frage, ob zwischen einem FamGer und einem Gericht der allgemeinen freiwilligen Gerichtsbarkeit eine bindende Verweisung entspr § 281 ZPO möglich ist, vgl § 281 Anm 1 A aE, offen gelassen BGH FamRZ **82,** 785.

C. Die **Abteilung für FamS (FamGer) und die sonstigen Abteilungen des AG** sind nicht verschiedene Gerichte, sondern verschiedene Spruchkörper desselben Gerichts, BGH NJW **78,** 1531, aM Jauernig FamRZ **77,** 681 u 761. Die Stellung des FamGer innerhalb des AG weist trotzdem Besonderheiten auf, die sich aus dem unterschiedlichen Rechtsmittelzug, § 119, der Einbeziehung der FGG-Sachen, §§ 621ff ZPO, und der Ausgestaltung des Verfahrens ergeben. **a)** Ein **Zuständigkeitsstreit** zwischen dem FamGer und anderen Abteilungen ist entsprechend § 36 Z 6 ZPO zu entscheiden, hM, BGH **71,** 264 mwN. Die Anrufung des OLG, § 119 I, ist auch vAw zulässig, Bergerfurth DRiZ **78,** 230. Meinungsverschiedenheiten zwischen den FamGer eines AG entscheidet das Präsidium, § 21e Anm 2 E. **b)** **Verweisung bzw Abgabe** an das Gericht der EheS ist in § 23b II, § 621 III ZPO geregelt. Im Verhältnis zwischen FamGer und anderer Abteilung ist keine Verweisung nach § 281 ZPO mit Bindungswirkung zulässig, BGH **71**, 264 mwN, str. Vielmehr ist die Sache ggf vAw formlos an die andere Abteilung zu verweisen bzw abzugeben, vgl § 281 ZPO Anm 1 B, aM Bergerfurth DRiZ **78**, 230: entsprechend § 621 III ZPO, 23b II 2 förmliche Verweisung bzw Abgabe mit Bindungswirkung. Ist bei mehrfacher Klagebegründung das FamGer nur für einen sekundär geltend gemachten Grund zuständig, so darf der Richter der allgemeinen Abteilung nur über den primären Grund entscheiden, eine Verweisung wegen des sekundären Grundes scheidet aus, Ffm FamRZ **79**, 607. Werden (unzulässigerweise) Nicht-FamS und FamS im Verhältnis von Haupt- und Hilfsantrag geltend gemacht, so hat zunächst die für den Hauptantrag zuständige Abteilung zu entscheiden; erst wenn und soweit der Hauptantrag abgewiesen wird, kann das Verf wegen des Hilfsanspruchs abgegeben werden, BGH FamRZ **80**, 554, NJW **81**, 2417. **c)** Die **Wirksamkeit** der Entscheidung wird durch das Tätigwerden der ,,falschen" Abteilung nicht berührt, vgl Bergerfurth DRiZ **78**, 230, hat aber uU Folgen bei ihrer Anfechtung. Dazu s § 119 Anm 1 B.

3) Bildung des FamGer, II. A. Grundsatz. Aus I ergibt sich, daß bei jedem AG eine Abteilung für FamS gebildet werden muß, wenn nicht die FamS nach § 23c einem anderen AG zugewiesen sind (dann notfalls vAw Verweisung oder Abgabe nach § 621 III ZPO, Bergerfurth Rdz 136). Die nötigen AnOen über Besetzung und Zuteilung von Geschäften, § 21e, trifft das Präsidium. Es kann dem FamGer bei ungenügender Auslastung auch andere Verfahren zuteilen, namentlich sonstige Vormundschaftssachen, Vogel FamRZ **76**, 488 (aM Kissel DRiZ **77**, 113: Zulässig nur Zuweisung von Vormundschaftssachen an das FamGer oder Bestellung des nicht voll ausgelasteten FamRichters zum Vorsitzenden einer weiteren Abteilung); solche Sachen werden dadurch nicht zu FamS, unterliegen also dem für sie maßgeblichen Verfahrensrecht.

B. Mehrere Abteilungen für FamS, II 1, darf das Präsidium nur dann bilden, wenn dies wegen des Umfangs der Geschäfte (in FamS) oder wegen der Zuweisung von (sonstigen) Vormundschaftssachen erforderlich ist, nicht aus anderen Gründen, zB der Zuteilung sonstiger Verfahren an die Abteilung für FamS. In diesem Fall sollen FamS, die denselben Personenkreis betreffen, derselben Abteilung zugeteilt werden, damit die EntschKonzentration, Anm 1, sichergestellt bleibt. Nur ausnahmsweise, wenn eine andere Geschäftsverteilung wegen besonderer Umstände sachgerechter ist, darf das Präsidium von dieser Regellösung abweichen, Begr RAussch, also etwa bestimmte FamS einer einzigen Abteilung zuteilen. Hat das Präsidium mehrere Abteilungen für FamS gebildet, so sind die bei einer anderen Abteilung anhängigen FamS an die Abteilung der EheS abzugeben, sobald die EheS rechtshängig wird, II 2, damit der Verfahrensverbund, § 623 ZPO, durchgeführt werden kann. Demgemäß muß das Präsidium in jedem Fall alle FolgeS, § 621 ZPO, der für die EheS zuständigen Abteilung zuweisen.

4) Besetzung des FamGer, III. Die Abteilung für FamS wird mit FamRichtern besetzt, **III 1**, dh mit je einem Berufsrichter, der bei der Erledigung von FamS als FamRichter bezeichnet wird. Ein Richter auf Probe, § 12 DRiG, darf Geschäfte des FamRichters nicht wahrnehmen, **III 2**, auch nicht vertretungsweise (Verstoß ist schwerer Verfahrensmangel iSv § 539 ZPO, s Bergerfurth DRiZ **78**, 232), wohl aber als ersuchter Richter, aM Bergerfurth FamRZ **82**, 564: aber der Richter nach § 156 braucht auch sonst nicht die Qualifikation des ersuchenden Richters zu haben; i ü gilt § 22. Obwohl das Präsidium in diesem Rahmen bei der Besetzung des FamGer frei ist, wird es bedenken müssen, daß das FamGer seine besonderen Aufgaben nur dann erfüllen kann, wenn es mit lebenserfahrenen, menschlich und fachlich für FamS qualifizierten Richtern besetzt wird, vgl Strecker DRiZ **83**, 175, Theile DRiZ **77**, 274. Über die Ablehnung eines FamRichters entscheidet nach § 45 II ZPO das LG, nicht etwa das OLG, BGH NJW **79**, 551, Walter FamRZ **79**, 275, str. Zur Organisation des Familiengerichts und zum Geschäftsgang vgl Thalmann DRiZ **83**, 548 u **82**, 445.

23 c *Familiengericht für mehrere AG-Bezirke.* Die Landesregierungen werden ermächtigt, durch Rechtsverordnung einem Amtsgericht für die Bezirke mehrerer Amtsgerichte die Familiensachen sowie ganz oder teilweise die Vormundschaftssachen zuzuweisen, sofern die Zusammenfassung der sachlichen Förderung der Verfahren dient oder zur Sicherung einer einheitlichen Rechtsprechung geboten erscheint. Die Landesregierungen können die Ermächtigungen auf die Landesjustizverwaltungen übertragen.

Vorbem. Die Vorschrift ist **mit dem GG vereinbar,** BVerfG BGBl **80,** 283 (NJW **80,** 697).

Schrifttum: Keller, Die Einrichtung des FamGer in BaWü, VerwArch **81,** 240.

1) Erläuterung. Die Zusammenfassung der dem FamGer übertragenen Verfahren bei einem AG für mehrere AG-Bezirke erleichtert die Besetzung mit qualifizierten Richter und fördert die Herausbildung einheitlicher Grundsätze der Rspr. Deshalb ermächtigt § 23c die Landesregierungen, **durch VO einem AG für mehrere Bezirke Geschäfte des FamGer zuzuweisen, S 1.** Sie können diese Ermächtigung **auf die Landesjustizverwaltungen übertragen, S 2.** Die Konzentration der Zuständigkeit für mehrere Gerichtsbezirke ist verfassungsrechtlich unbedenklich, BVerfG **4,** 408. Auf diese Weise bei einem AG konzentriert werden dürfen sämtliche FamS iSv § 23b (nicht dagegen nur einzelne von ihnen) und entweder alle oder einzelne Vormundschaftssachen iSv § 35 FGG. Zulässig ist die Konzentration, sofern sie der sachlichen Förderung der Verfahren dient oder zur Sicherung einer einheitlichen Rspr geboten erscheint; diese Voraussetzung haben die Länder bei Erlaß der VO festzustellen. Die Grenzen der OLG-Bezirke brauchen bei der Konzentration nicht eingehalten zu werden. Die VO unterliegt nicht der Überprüfung nach § 47 VwGO, VGH Kassel NJW **77,** 1895; zur Prüfungskompetenz eines Landesverfassungsgerichts vgl HessStGH AS **29,** 207. Bei der Zusammenfassung von FamS aus verschiedenen LG-Bezirken bei einem FamGer gilt für die Zulassung der RAe § 24 BRAO entsprechend, BGH NJW **79,** 929.

24–26 (betreffen Strafsachen).

27 *Sonstige Zuständigkeit des AG.* Im übrigen wird die Zuständigkeit und der Geschäftskreis der Amtsgerichte durch die Vorschriften dieses Gesetzes und der Prozeßordnungen bestimmt.

1) Sonstige Zuständigkeit der Amtsgerichte: GVG §§ 157 (Rechtshilfe), 166 (Erlaubnis zur Vornahme von Amtshandlungen); das AG ist auch Einreichungsstelle für Gesuche betreffend den Anspruch auf Unterhalt nach dem UN-Übk über die Geltendmachung von Unterhaltsansprüchen im Ausland, AusfG § 3, abgedr Anh § 168 GVG Anm 4. – **ZPO** §§ 486 (Sicherung des Beweises); 188, 761 (Gestattung von Zustellung und Zwangsvollstreckung); 645ff (Entmündigung); 689 (Mahnverfahren); 764 (Vollstreckungsgericht); 797 III (Vollstreckbare Ausfertigung vollstreckbarer Urkunden); 899 (Verfahren wegen eidesstattlicher Versicherung); 919, 936, 942 (Arrest und einstw Vfg); 1045 (Niederlegung des Schiedsspruchs). – **Ferner** obliegen dem AG: das Konkursverfahren und Vergleichsverfahren zur Konkursabwendung; die Zwangsvollstreckung ins unbewegliche Vermögen; die Vollstreckbarerklärung von Kostenentscheidungen aus Art 18 Haager ZPrÜbk sowie die Vollstreckbarerklärung von Entscheidungen nach HaagÜbk betr der Unterhaltspflicht gegenüber Kindern, ferner solchen nach deutsch-schweizerischem, deutsch-italienischem, deutsch-belgischem (AG oder LG), deutsch-österreichischem (AG oder LG) Abk (s darüber Anh § 723: für die Vollstreckbarerklärung nach dem deutsch-britischen Abk ist ein LG zuständig); das Verteilungsverfahren aus §§ 42ff BauforderungsG vom 1. 6. 09 ua.

Vierter Titel. Schöffengerichte

28–58 (betreffen Strafsachen).

Fünfter Titel. Landgerichte
Übersicht

1) Der Titel regelt den Aufbau und die sachliche Zuständigkeit der LGe, die StrafvollstrKammer ordnet Titel 5a (Titel 6 ist weggefallen), die KfH Titel 7. Über die Bildung der Gerichte für Patent- und Warenzeichensachen s §§ 51 PatG, 19 GebrMG, 32 WZG (Anh § 78 b). Wegen der Errichtung und Aufhebung eines LGs § 12 Anm 2.

2) Den Titel 5 ergänzt

§ 7 GVVO vom 20. 3. 35 (vgl Anh II § 21):

^{I} (gegenstandslos)

^{II} Die Zahl der Zivil- und Strafkammern bei den Landgerichten bestimmt der Landgerichtspräsident; der Oberlandesgerichtspräsident kann ihm Weisungen hierfür erteilen.

^{III} (gegenstandslos)

^{IV} (aufgehoben durch § 87 DRiG)

^{V} (betr Strafkammern).

Bem. Nach § 7 II ist die Bestimmung der Zahl der Kammern Justizverwaltungssache, ebenso nach den entsprechenden Landesbestimmungen, Kissel § 60 Rdz 2–8 mwN, Holch DRiZ **76**, 135 gg Stanicki DRiZ **76**, 80, P. Müller DRiZ **76**, 315 (Aufgabe der Präsidien).

59
Besetzung des Landgerichts. ^{I} Die Landgerichte werden mit einem Präsidenten sowie mit Vorsitzenden Richtern und weiteren Richtern besetzt.

^{II} Den Richtern kann gleichzeitig ein weiteres Richteramt bei einem Amtsgericht übertragen werden.

^{III} Es können Richter auf Probe und Richter kraft Auftrags verwendet werden.

1) Besetzung, I u III. A. a) Der **Präsident** des LG hat eine Doppelfunktion: Er nimmt sowohl richterliche Aufgaben als Vorsitzender einer Kammer, § 21 f I, als auch Verwaltungsaufgaben wahr, nämlich in der gerichtlichen Selbstverwaltung (§§ 21a ff) und in der eigentlichen Justizverwaltung (zB § 299 III ZPO, RBerG, EheG usf). Namentlich führt er die Dienstaufsicht über die Richter (und Beamten) des LG und der AGe des Bezirks, sofern nicht ein AG mit einem Präsidenten besetzt ist, Anh II § 21. Seine Vertretung in der richterlichen Tätigkeit regelt § 21 f II, in der gerichtlichen Selbstverwaltung § 21 h. **b) Vorsitzende Richter** sind Richter auf Lebenszeit, § 19a I DRiG. Sie führen den Vorsitz in den Kammern, § 21 f I, nicht notwendig in der KfH, § 106. Vorsitzende Richter können aber auch als Beisitzer tätig sein, ferner als Richter beim AG, II. Ihre Vertretung ergibt sich aus § 21 f II. **c) Weitere Richter** sind Richter am Landgericht (Richter auf Lebenszeit, § 19a I DRG), ferner Richter auf Probe, § 12 DRiG, und Richter kraft Auftrags, § 14 DRiG, III, sowie abgeordnete Richter, § 37 DRiG. Wegen ihrer Beiordnung s § 70 II. Richter auf Probe und Richter kraft Auftrags müssen im Geschäftsverteilungsplan als solche kenntlich gemacht werden, § 29 S 2 DRiG. Sie dürfen nicht den Vorsitz führen, § 28 II DRiG, und deshalb nicht in einer KfH eingesetzt werden. Ihre Verwendung als Beisitzer bei einer gerichtlichen Entscheidung, § 75, ist beschränkt, weil immer 2 Richter auf Lebenszeit mitwirken müssen, § 29 S 1 DRiG.

B. Die **Zahl der Richter** bei einem LG bestimmt die LJV, bei Richtern auf Lebenszeit nach Maßgabe der Planstellen. Wegen § 75 müssen jeder Kammer mindestens 3 Richter angehören. Eine begrenzte **Überbesetzung** ist unter den in § 21 g Anm 2 genannten Voraussetzungen zulässig; unzulässig ist aber die Bildung von 2 Abteilungen einer Kammer, BVerfG NJW **65**, 1219 (dazu Arndt und Dinslage ebenda), andererseits ist es zulässig, wenn eine zunächst überbesetzte Kammer in 2 selbständige Kammern mit demselben Vorsitzenden geteilt wird, BGH NJW **67**, 1279, vgl auch BGH NJW **68**, 1242. Überbesetzung liegt vor, wenn neben dem Vorsitzenden 5 Mitglieder vorhanden sind, mag der Vorsitzende auch längere Zeit krank sein, BGH NJW **65**, 1715 (5. ZS), anders aber, wenn ein Mitglied Hochschullehrer mit kleinerem Dezernat ist, BGH NJW **66**, 1458, oder als Ersatz für einen Erkrankten zugeteilt wird, BGH WertpMitt **70**, 561. **Vgl auch § 16 Anm 2.**

2) Weiteres Richteramt, II. Den Vorsitzenden Richtern und den Richtern am LG (Richtern auf Lebenszeit) kann gleichzeitig ein weiteres Richteramt bei einem Amtsgericht über-

5. Titel. Landgerichte	GVG §§ 59–70

tragen werden, § 27 II DRiG. Wahlberechtigt und wählbar für das Präsidium, § 21b I, sind diese Richter bei beiden Gerichten. Umgekehrt kann auch einem Richter am Amtsgericht zugleich ein weiteres Richteramt beim LG übertragen werden, § 32 II.

60 *Gliederung.* Bei den Landgerichten werden Zivil- und Strafkammern gebildet.

1) Erläuterung. § 60 gebraucht den Ausdruck ZivK anders als sonst; er umfaßt hier auch die KfH, vgl §§ 71 I u 72. Die Zahl der Kammern bestimmt der LGPräsident, § 7 II VO vom 20. 3. 35, abgedr Üb § 59. Die Entschädigungskammern sind keine besonderen Gerichte, sondern Spruchabteilungen des LG, BGH **LM** § 71 GVG Nr 12. Hilfskammern wegen Überlastung werden vom Präsidium, § 21e, gebildet, BGH NJW **67**, 1868.

61–69 (weggefallen ab 1. 10. 72 nach Art II Z 14 G vom 26. 5. 72, BGBl 841)

70 *Hilfsrichter.* I Soweit die Vertretung eines Mitgliedes nicht durch ein Mitglied desselben Gerichts möglich ist, wird sie auf den Antrag des Präsidiums durch die Landesjustizverwaltung geordnet.

II Die Beiordnung eines Richters auf Probe oder eines Richters kraft Auftrags ist auf eine bestimmte Zeit auszusprechen und darf vor Ablauf dieser Zeit nicht widerrufen werden.

III Unberührt bleiben die landesgesetzlichen Vorschriften, nach denen richterliche Geschäfte nur von auf Lebenszeit ernannten Richtern wahrgenommen werden können, sowie die, welche die Vertretung durch auf Lebenszeit ernannte Richter regeln.

Schrifttum: Müller DRiZ **63**, 37 (kritisch).

1) Erläuterung. § 70 betrifft die Vertretung, die nicht durch Mitglieder des LG geschehen kann. Wegen der Voraussetzung s § 21e Anm 2 C, wegen der Abordnung eines Richters auf Lebenszeit § 37 DRiG, vgl aber auch § 29 DRiG. Hilfsrichter dürfen außer zu Fortbildungs- und Erprobungszwecken, BGH NJW **66**, 352, nur zur Behebung eines vorübergehenden Bedürfnisses herangezogen werden, nicht wegen einer als dauernd erkennbaren Geschäftsbelastung, BVerfG **14**, 164; denn sie dürfen nicht mit dauernd vorhandenen richterlichen Aufgaben der Kammer betraut werden, BGH GrSSt **14**, 327. Das ist nicht der Fall bei Zuweisung besonderer Gebiete, mag sich ihre Erledigung zeitlich auch nicht genau bestimmen lassen, wie Wiedergutmachungs- und Entschädigungssachen, BGH GrSSt aaO; Hilfsrichter sind aber unzulässig bei dauerndem Gesundheitsschaden eines Planrichters, BGH **34**, 260. Stellt sich also heraus, daß die Arbeitsvermehrung eine dauernde ist, so zB, wenn eine große Anzahl von Hilfsrichtern lange beschäftigt wird, müssen neue Planstellen geschaffen werden, BGH **20**, 250, VGH Kassel AS **33**, 10. Die Unzulässigkeit kann aber auch bereits bei Überweisung eines Hilfsrichters gegeben sein, BGH NJW **55**, 1185; denn die Zahl der Planrichter muß dem Umfang der als Daueraufgaben erkennbaren Aufgaben des Gerichts entsprechen; werden also Hilfsrichter verwendet, obwohl es sich um ein dauerndes Bedürfnis handelt, so macht die Mitwirkung eines jeden aus Anlaß des allgemeinen Geschäftsumfangs zugewiesenen Hilfsrichters das Gericht unvorschriftsmäßig besetzt, BGH **22**, 142; vgl auch § 551 Anm 2. Erforderlich ist deshalb die Angabe des Grundes der Einberufung in jedem einzelnen Falle, BGH NJW **66**, 352. Danach ist es zulässig, wenn einer von mehreren Hilfsrichtern wegen einer bestimmten Geschäftsbelastung vorübergehender Art bis zu ihrer Behebung herangezogen wird, BGH NJW **62**, 1153. Werden Hilfsrichter infolge Geschäftshäufung einberufen, so darf mithin deren Zahl nicht außer Verhältnis zur Geschäftshäufung stehen, BGH **LM** § 373 ZPO Nr 3, vgl auch BGH **34**, 263. Unzulässig ist die grundlose Beurlaubung eines ordentlichen Richters der Kammer oder die Übertragung anderer Aufgaben ohne triftigen Grund und ein Ersatz durch Hilfsrichter, BGH JR **55**, 424.

Die Beiordnung eines Vertreters erfolgt nur auf Antrag des Präsidiums, I, seine Auswahl obliegt allein der Landesjustizverwaltung, RGSt **57**, 270. Der beigeordnete Hilfsrichter ist Mitglied des LG, RG HRR **27**, 93, und kann auch als Einzelrichter verwendet werden, § 29 Anm 2 DRiG; seine Zuweisung ist Richterwechsel iSv § 21e III, BGH NJW **59**, 1093. Die

Albers

Verwendung regelt das Präsidium; sie braucht nicht an der Stelle des vertretenen Richters stattzufinden, vgl § 21e Anm 3 B. Die Zuteilung des Hilfsrichters durch das Präsidium wirkt nicht über das Geschäftsjahr hinaus; für das neue Geschäftsjahr ist eine neue Zuteilung nötig, BGH **LM** § 63 (StS) Nr 21.

2) Beiordnung von Richtern auf Probe und kraft Auftrags insbesondere, II. Sie darf nur auf bestimmte Zeit ausgesprochen werden; dafür ist keine Form erforderlich. Die Beiordnung darf nicht vorzeitig widerrufen werden, auch nicht mit Zustimmung des Richters, ThP 2 b cc; II steht aber nicht einer Entlassung aus richterrechtlichen Gründen entgegen, BGH **LM** (StS) Nr 13. Ist die Zeit, für die eine Beiordnung erforderlich war, abgelaufen, so ist ein neuer Präsidialbeschluß bei weiterer Verwendung erforderlich, BGH **LM** § 551 Z 1 ZPO Nr 27.

71 **Sachliche Zuständigkeit in 1. Instanz.** I Vor die Zivilkammern, einschließlich der Kammern für Handelssachen, gehören alle bürgerlichen Rechtsstreitigkeiten, die nicht den Amtsgerichten zugewiesen sind.

II Die Landgerichte sind ohne Rücksicht auf den Wert des Streitgegenstandes ausschließlich zuständig:
1. für die Ansprüche, die auf Grund der Beamtengesetze gegen den Fiskus erhoben werden;
2. für die Ansprüche gegen Richter und Beamte wegen Überschreitung ihrer amtlichen Befugnisse oder wegen pflichtwidriger Unterlassung von Amtshandlungen.

III Der Landesgesetzgebung bleibt überlassen, Ansprüche gegen den Staat oder eine Körperschaft des öffentlichen Rechts wegen Verfügungen der Verwaltungsbehörden sowie Ansprüche wegen öffentlicher Abgaben ohne Rücksicht auf den Wert des Streitgegenstandes den Landgerichten ausschließlich zuzuweisen.

1) Allgemeines. A. Die durch § 71 I geordneten Zuständigkeiten sind teils ausschließlich, teils nicht, die in II, III geordneten sind nur ausschließlich. Wegen des Begriffs der bürgerlichen Rechtsstreitigkeiten s § 13 Anm 3. Es entscheidet der Anspruch der Klage oder Widerklage, § 506 ZPO; ein nur aufrechnungsweise geltend gemachter Gegenanspruch begründet keine Zuständigkeit des LG, RG HRR **27**, 1476.

B. Die **Entschädigungskammern** der LGe sind Spruchkammern des LG, die auch über andere bei ihnen anhängig gewordene Ansprüche zu entscheiden haben, BGH **LM** BEG 1956 § 208 Nr 4.

C. Die **Kammern für Baulandsachen** sind solche des LG, BGH **40**, 152, die um 2 hauptamtliche Richter des VerwGerichts verstärkt sind, § 160 BBauG. Ihre Zuständigkeit ist nur dann gegeben, wenn ein VerwAkt nach § 157 I BBauG angefochten wird, Mü NJW **64**, 1282; jedoch ist eine Zuständigkeitsüberschreitung kein unverzichtbarer Mangel, BGH **40**, 155.

D. Wegen der **Patentkammern** s auch Anh I § 78b.

2) Grundsatz, I. Das LG ist zuständig, wo nicht nach §§ 23–27 das AG zuständig ist, somit auch für alle nichtvermögensrechtlichen Sachen, Üb 3 § 1 ZPO, **mit Ausnahme der unter § 23 Z 2 u § 23a fallenden.** Die Zuständigkeit ist ausschließlich nur für nichtvermögensrechtliche Sachen, nicht für andere, § 40 II ZPO. Das LG kann außerdem überall da, wo keine ausschließliche Zuständigkeit des AG besteht, durch Vereinbarung zuständig werden, §§ 38–40 ZPO; s dazu § 23 Anm 3.

3) Ausschließliche Zuständigkeit nach II. II u III bezwecken die Herbeiführung einer gleichmäßigen Rechtsprechung über die dort genannten Ansprüche im öff Interesse. Die Voraussetzungen sind aufgrund des tatsächlichen Vorbringens des Klägers nachzuprüfen, BGH **16**, 275. Über den Umfang des Zivilrechtsweges sagt II nichts, sondern nur über die ausschließliche Zuteilung bestimmter Sachen an das LG, BGH **9**, 322.

A. Ansprüche aufgrund der Beamtengesetze gegen den Fiskus, Z 1. Die Vorschrift hat ihre Bedeutung verloren, weil gemäß § 126 BRRG für alle Klagen der Beamten, Ruhestandsbeamten, früheren Beamten und der Hinterbliebenen aus dem Beamtenverhältnis der Verwaltungsrechtsweg gegeben ist. Das gilt auch für die entsprechenden Ansprüche der Richter und ihrer Hinterbliebenen, §§ 46 u 71 III DRiG.

B. Ansprüche gegen Richter und Beamte aus Amtspflichtverletzung, Z 2. Es muß sich um Ansprüche gegen Richter und Beamte aus Amtspflichtverletzung handeln, also auch um solche gegen Gemeindebeamte, vgl OGHZ NJW **50**, 261. Der Wortlaut des Textes ist zu

5. Titel. Landgerichte **GVG §§ 71, 72** 1

eng; er umfaßt Verschulden des Beamten und Richters überhaupt, aber nicht, wenn der Beamte eine Dienststelle ohne deren öff-rechtliche Seite vertritt. Es gehören hierher alle Ansprüche aus Richter- und Beamtenverschulden, wenn diese innerhalb ihres gesetzlichen Pflichtenkreises gehandelt haben. Haben sie nur eine allgemeine Rechtspflicht verletzt, so versagt Z 2, RG HRR **32**, 1707. Unter Z 2 fallen auch Ansprüche gegen ausgeschiedene Richter und Beamte oder gegen Beamte, die auf Parteiantrag dienstlich tätig waren, wie GVz. Unanwendbar ist Z 2, wenn das Verschulden dem Fiskus selbst zuzurechnen ist, wenn der Beamte den Staat rein privatrechtlich vertreten hat. S auch § 13 GVG Anm 7 „Amtspflichtverletzung". Notare sind nicht Beamte, sondern unabhängige Träger eines öff Amts, § 1 BNotO.

4) Zuständigkeit nach III. Das LG ist kraft landesrechtlicher Zuweisung ausschließlich zuständig in zwei Fällen: **a)** Ansprüche wegen Verfügungen einer Verwaltungsbehörde fallen unter III nur, soweit der Zivilrechtsweg offen steht (worüber § 13) und soweit sich der Anspruch gegen den Staat gerade aus dieser Verfügung herleitet, ebenso gegen eine Körperschaft des öff Rechts. Für Staatshaftungsansprüche gegen staatliche und ihnen gleichgestellte Stellen ist die Ermächtigung gegenstandslos, § 19 StHG, abgedr Anh IV § 78 b. Soweit die Landesgesetzgebung früher von ihrem Zuweisungsrecht Gebrauch gemacht hatte, erstreckt sich diese Zuweisung nicht ohne weiteres auch auf die in III genannten Ansprüche gegen andere Körperschaften des öff Rechts, die erst durch das VereinhG der Zuweisungsbefugnis der Länder unterstellt wurden, BGH **15**, 221. In **Bay**, Art 9 Z 1 AGGVG v 23. 6. 81, GVBl 188, fallen auch Ansprüche wegen Verfügungen von VerwBehörden gegen alle Körperschaften des öff Rechts unter III (Enteignungsansprüche). **b) Öff Abgaben sind die an öff Verbände zu entrichtenden Steuern, Gebühren und Beiträge;** der Begriff der öff Abgaben ist dabei weit auszulegen, Kissel Rdz 14. Dahin gehören: Leistungen an gewerbliche Innungen; Zinsen von Abgaben; Gebühren des Gerichts u dgl. Die Zulässigkeit des Zivilrechtswegs ist auch hier Voraussetzung; sie ist selten gegeben. III gilt auch für die Klage auf Feststellung oder Rückgewähr.

5) Weitere bundesrechtliche Zuständigkeiten des LG: a) Anfechtungs- und Nichtigkeitsklagen gegen Hauptversammlungsbeschlüsse einer AktGes oder KommanditG auf Aktien, einer Genossenschaft oder eines Versicherungsvereins auf Gegenseitigkeit, §§ 246, 249 AktG, 51 GenG, 36 VAG, sowie für Klagen auf Nichtigerklärung einer AktGes oder Genossenschaft, §§ 275 AktG, 96 GenG; **b)** Auflösungs- und Anfechtungsklagen gegen eine GmbH, §§ 61, 75 GmbH; **c)** Ersatzklagen gegen den Emittenten von Wertpapieren, § 49 BörsenG; **d)** Entschädigungsklagen wegen Strafverfolgungsmaßnahmen, § 13 G vom 8. 3. 71, BGBl 157; **e)** gegen den Bund aus § 3 ReichshaftsG vom 22. 5. 10; **f)** gegen den Fiskus auf Herausgabe hinterlegter Gegenstände, § 3 V Hinterlegungsordnung vom 10. 3. 37; **g)** für Patent- und Gebrauchsmusterstreitsachen, §§ 143 PatG, 19 GebrMG, s Anh I § 78 b; **h)** Streitigkeiten zwischen Notar und Notarvertreter oder Notarkammer und Notarverweser, welche die Vergütung, bei letzteren auch die Abrechnung, ferner welche die Haftung für Amtspflichtverletzung betreffen, §§ 42, 62 NotO; **i)** Antrag auf Entscheidung in Baulandsachen, §§ 157 ff BBauG idF v 18. 8. 76, BGBl 2256, Anm 1 C; **k)** Klagen auf Festsetzung der Entschädigung oder Ersatzleistung nach § 58 BLeistungsG v 19. 10. 56, BGBl 815; **l)** Klagen auf Entschädigung oder Ausgleichszahlung nach § 59 LandbeschaffungsG v 23. 2. 57, BGBl 990, desgl nach § 28 IV LuftschutzG v 10. 10. 57, BGBl 1696; **m)** Klage auf Festsetzung der Entschädigung nach § 25 SchutzbereichG v 7. 12. 56, BGBl 899; **n)** Verfahren vor den Entschädigungsgerichten nach BEG v 29. 6. 56, BGBl 559; **o)** Ansprüche auf Unterlassung und Widerruf, §§ 13 ff AGB-G, Anh III § 78b; **p)** Rechtsstreitigkeiten in Kartellsachen, § 87 GWB idF v 24. 9. 80, BGBl 1761; **q)** Schadensersatzansprüche gegen einen Notar, § 19 V NotO. **– Alle diese Zuständigkeiten sind ausschließlich.**

72 *Sachliche Zuständigkeit in 2. Instanz.* Die Zivilkammern, einschließlich der Kammern für Handelssachen, sind die Berufungs- und Beschwerdegerichte in den vor den Amtsgerichten verhandelten bürgerlichen Rechtsstreitigkeiten mit Ausnahme der Kindschaftssachen und der Familiensachen.

1) Erläuterung. Als 2. Instanz nach dem AG sind außer in Kindschafts- und FamS, §§ 23 a Z 1 u 23 b I 2, **die ZivK zuständig, soweit es nicht die KfH sind,** §§ 94 ff. Die ZivK ist auch Beschwerdegericht in Konkurs-, Vergleichs- und Zwangsversteigerungssachen. Das LG entscheidet als höheres Gericht über Übernahme einer Entmündigungssache durch ein AG desselben Bezirks, §§ 650, 651, 676 ZPO, es bestimmt das zuständige AG gemäß § 36 ZPO. Beschwerden wegen Rechtshilfe und Maßnahmen der Sitzungspolizei gehen regelwidrig ans OLG, §§ 159, 181. Wegen der Entscheidung über die Ablehnung eines Amtsrichters vgl bei §§ 45, 48 ZPO. Berufungs- und Beschwerdeinstanz in **Kindschaftssachen**, § 640 II ZPO, und in **Familiensachen**, § 23 b, dh in **EheS**, § 606 ZPO, und anderen FamS, § 621 ZPO, sind die OLGe, § 119 I Z 1 u 2, s die dortigen Erläuterungen.

73–74 e (betreffen Strafsachen)

75 Besetzung der Zivilkammern.
Die Zivilkammern sind, soweit nicht nach den Vorschriften der Prozeßgesetze an Stelle der Kammer der Einzelrichter zu entscheiden hat, mit drei Mitgliedern einschließlich des Vorsitzenden besetzt.

1) Allgemeines. § 75 regelt nur die Zahl der jeweils beratenden und entscheidenden Mitglieder. Diese beträgt 3 Mitglieder einschließlich des Vorsitzenden. Eine Ausnahme ist der Einzelrichter, § 348 ZPO. Wegen der Besetzung im allgemeinen s § 59 Anm 1 (auch zur Überbesetzung). Das **Arbeitsgericht** ist mit 1 Vorsitzenden mit Richterbefähigung und 2 ehrenamtlichen Richtern besetzt, § 16 II ArbGG.

76–78 b (betreffen Strafsachen).

Anhang nach § 78 b GVG

I. Zuständigkeit in Patent-, Gebrauchsmuster- und Warenzeichenstreitsachen

PatG § 143. [I] Für alle Klagen, durch die ein Anspruch aus einem der in diesem Gesetz geregelten Rechtsverhältnis geltend gemacht wird (Patentstreitsachen), sind die Zivilkammern der Landgerichte ohne Rücksicht auf den Streitwert ausschließlich zuständig.

[II] Die Landesregierungen werden ermächtigt, durch Rechtsverordnung die Patentstreitsachen für die Bezirke mehrerer Landgerichte einem von ihnen zuzuweisen. Die Landesregierungen können diese Ermächtigungen auf die Landesjustizverwaltungen übertragen.

[III] Die Parteien können sich vor dem Gericht für Patentstreitsachen auch durch Rechtsanwälte vertreten lassen, die bei dem Landgericht zugelassen sind, vor das die Klage ohne die Regelung nach Absatz 2 gehören würde. Das Entsprechende gilt für die Vertretung vor dem Berufungsgericht.

[IV] Die Mehrkosten, die einer Partei dadurch erwachsen, daß sie sich nach Absatz 3 durch einen nicht beim Prozeßgericht zugelassenen Rechtsanwalt vertreten läßt, sind nicht zu erstatten.

[V] Von den Kosten, die durch die Mitwirkung eines Patentanwalts in dem Rechtsstreit entstehen, sind die Gebühren bis zur Höhe einer vollen Gebühr nach § 11 der Bundesgebührenordnung für Rechtsanwälte und außerdem die notwendigen Auslagen des Patentanwalts zu erstatten.

Vorbem. § 143 (früher § 51) PatG idF v 16. 12. 80, BGBl 81 S 1.

1) Patentstreitsachen. I. Das sind alle Sachen, bei denen es sich nach dem Klagvorbringen um eine bei Eintritt der Rechtshängigkeit im Inland patentfähige Erfindung oder Ansprüche aus einer solchen oder deren Überlassung handelt oder die sonstwie mit einer Erfindung eng verknüpft sind, mag das Patent erteilt sein oder nicht, BGH **8**, 16, auch Erfindungen, die nicht patentfähig sind, soweit nicht etwa die Sonderregelung von § 19 GebrMG eingreift, BGH **14**, 80; also ist weite Auslegung geboten, KG GRUR **58**, 392. Ausscheiden Erfindungen, die nur musterschutzfähig oder nur im Ausland patentiert oder patentfähig sind, vgl RG GRUR **38**, 325. Mit der Klage können auch nichtvermögensrechtliche Interessen wahrgenommen werden, BGH **14**, 81 (unter Aufgabe von BGH **8**, 20 insoweit). Das Gericht muß, ohne Bindung für das PatAmt, nachprüfen, ob Patentfähigkeit nach den Klagebehauptungen vorliegen kann. Will der Kläger keinen Patentschutz nachsuchen, so liegt keine PatStreitsache vor.

2) Zuständigkeit, II. Die Konzentration für mehrere Gerichtsbezirke ist verfassungsrechtlich unbedenklich, vgl BVerfG **4**, 408. Zuweisungen für **BaWü:** LG Mannh (Staatsvertrag v 9. 3. 51, ua RegBl Wü-Ba 19), **Bay:** für OLG-Bez Mü LG Mü, für OLG-Bez Nürnb und Bambg LG Nürnb-Fürth (VO v 19. 1. 53, BS III 208), **Bre, Hbg u SchlH:** LG Hbg (Staatsvertrag v 1. 10. 49, BreGBl 50, 17, SchlHGVBl 221), **Hess:** LG Ffm (VO v 26. 8. 60, GVBl 175), **Nds:** LG Brschwg (VO v 23. 1. 50, GVBl 8), **NRW:** LG Düss (VO v 26. 9. 49, GS 533, m § 7 VO v 15. 7. 60, GVBl 288), **Rhld-Pf:** LG Ffm (Staatsvertr v 4. 8. 50, RhPfGVBl 316). Die Zuständigkeit dieser LGe ist ausschließlich. Eine Nachprüfung in der Berufungs- und Revisionsinstanz ist aber nicht mehr möglich, wenn der Beklagte vor dem LG, das nicht PatGer ist, rügelos verhandelt, BGH **8**, 16. Hinsichtlich der PatGerichte ist eine Vereinbarung der Parteien möglich, BGH **8**, 16. Die Verweisung von OLG zu OLG ist im Berufungsverfahren bei Konzentration, II, zulässig, vgl für KartellS BGH **49**, 38, Celle NdsRpfl **77**, 187 (auch zur Fristwahrung in solchen Fällen), s auch BGH **71**, 367 m Anm K. Schmidt BB **78**, 1538. Hat das nach II zuständige LG entschieden, so hat über die Berufung das diesem LG allgemein übergeordnete OLG zu entscheiden und gilt bei ihm die Vertretungsregelung, III 2, auch dann, wenn es sich sachlich nicht um eine PatSache handelt, BGH **72**, 1. Zum Revisionsverfahren vgl Ullmann GRUR **77**, 527.

3) In Sachen, bei denen es sich um Ansprüche aus dem GebrauchsmusterG handelt, können Klagen, soweit eine Zuweisung nach § 143 II PatG erfolgt ist und es sich um eine vor im LG gehörige Sache handelt, auch bei dem Gericht für Patentstreitsachen erhoben werden. Auf Antrag des Beklagten, sofern er vor dessen Verhandlung zur Hauptsache gestellt wird, ist der bei einem anderen LG anhängige Rechtsstreit dorthin zu verweisen, § 19 I u II GebrMG. Sonst ist die ZivK des LG zuständig, § 95 Anm 2 D c.

4) Warenzeichenstreitsachen können einem LG für die Bezirke mehrerer LGe zugewiesen werden; dann ist ein in einem anderen Bezirk anhängiger Streit auf Antrag des Beklagten unter den Voraussetzungen wie Anm 3 dorthin zu verweisen, § 32 WZG; vgl auch § 33 WZG.

II. Zuständigkeit in Arbeitnehmererfindungssachen

Ges § 39. ^{I} Für alle Rechtsstreitigkeiten über Erfindungen eines Arbeitnehmers sind die für Patentstreitsachen zuständigen Gerichte (§ 51 des Patentgesetzes) ohne Rücksicht auf den Streitwert ausschließlich zuständig. Die Vorschriften über das Verfahren in Patentstreitsachen sind anzuwenden. Nicht anzuwenden ist § 74 Abs. 2 und 3 des Gerichtskostengesetzes (jetzt: § 65 Abs 1 u 2 GKG).

^{II} Ausgenommen von der Regelung des Absatzes 1 sind Rechtsstreitigkeiten, die ausschließlich Ansprüche auf Leistung einer festgestellten oder festgesetzten Vergütung für eine Erfindung zum Gegenstand haben.

Bem. Das Ges über Arbeitnehmererfindungen v. 25. 7. 57, BGBl 756, hat die Erfindungen und technischen Verbesserungsvorschläge von Arbeitnehmern im privaten und im öff Dienst, von Beamten und Soldaten zum Gegenstand. Grundsätzlich ist Klageerhebung erst nach Schiedsverfahren zulässig. Ausschließlich zuständig sind die LGe, auch die aufgrund staatsvertraglicher Vereinbarung zuständigen, Anh I Anm 2.

III. Zuständigkeit in Sachen nach AGB-Gesetz

AGB-Ges § 14. ^{I} Für Klagen nach § 13 dieses Gesetzes ist das Landgericht ausschließlich zuständig, in dessen Bezirk der Beklagte seine gewerbliche Niederlassung oder in Ermangelung einer solchen seinen Wohnsitz hat. Hat der Beklagte im Inland weder eine gewerbliche Niederlassung noch einen Wohnsitz, so ist das Gericht des inländischen Aufenthaltsorts zuständig, in Ermangelung eines solchen das Gericht, in dessen Bezirk die nach §§ 9 bis 11 dieses Gesetzes unwirksamen Bestimmungen in Allgemeinen Geschäftsbedingungen verwendet wurden.

^{II} Die Landesregierungen werden ermächtigt, zur sachdienlichen Förderung oder schnelleren Erledigung der Verfahren durch Rechtsverordnung einem Landgericht für die Bezirke mehrerer Landgerichte Rechtsstreitigkeiten nach diesem Gesetz zuzuweisen. Die Landesregierungen können die Ermächtigung durch Rechtsverordnung auf die Landesjustizverwaltungen übertragen.

^{III} Die Parteien können sich vor den nach Absatz 2 bestimmten Gerichten auch durch Rechtsanwälte vertreten lassen, die bei dem Gericht zugelassen sind, vor das der Rechtsstreit ohne die Regelung nach Absatz 2 gehören würde.

IV Die Mehrkosten, die einer Partei dadurch erwachsen, daß sie sich nach Absatz 3 durch einen nicht beim Prozeßgericht zugelassenen Rechtsanwalt vertreten läßt, sind nicht zu erstatten.

Schrifttum (außer den Komm zum AGB-G): Pal-Heinrichs, Komm; Reinel, Die Verbandsklage nach dem AGBG, 1979; Sieg VersR **77**, 489; Hardieck BB **79**, 1635.

1) Allgemeines. Für Klagen von Verbänden und Körperschaften gegen Personen, die in ihren AGB nach §§ 9–11 AGB-G unwirksame Bestimmungen verwenden oder empfehlen, auf Unterlassung oder Widerruf, § 13 AGB-G, schafft § 14 eine **ausschließliche örtliche und sachliche Zuständigkeit des LG** ohne Rücksicht auf den Streitwert, die auch für einstw Vfg gilt (keine Zuständigkeit des AG nach § 942 ZPO, Ulmer-Brandner-Hensen Rdz 8, str). Zuständig ist die Zivk, nicht die KfH, Pal-Heinrichs 2, allgM. Wegen der örtlichen Zuständigkeit im Rahmen des EuGÜbk, Schlußanh V C 1, vgl dessen Vorschriften, Art 2–18. Nachprüfung in den Rechtsmittelinstanzen: §§ 512a, 529 II, 549 II ZPO.

2) Zuständigkeitskonzentration, II–IV, ähnlich wie nach §§ 143 PatG, 27 UWG, die verfassungsrechtlich unbedenklich ist, vgl BVerfG **4**, 408; s für **Bay** VO v 5. 5. 77, GVBl 197 (LGe Mü I, Nürnb-Fürth und Bamberg für den jeweiligen OLGBez), **Hess** VO v 25. 2. 77, GVBl 122 (LG Ffm) und **NRW** VO v 18. 3. 77, GVBl 133 (LGe Düss u Köln für den jeweiligen OLGBez, LG Dortmd für den OLGBez Hamm). Unzulässig ist die Ausdehnung auf das Gebiet eines anderen Landes, Pal-Heinrichs 4. III gilt entsprechend für die **Vertretung** vor dem OLG, weil eine ausdrückliche Regelung (vgl §§ 143 III 2 PatG, 27 III 2 UWG, 105 IV 2 UrhG) nur versehentlich unterblieben ist, allgM, Löwe Rdz 9, Rebmann Rdz 4, Ulmer-Brandner-Hensen Rdz 13.

3) Das Verfahren richtet sich nach ZPO, § 15 I, mit Sondervorschriften für die Klaganträge, § 15 II, die Anhörung Dritter, § 16, und die Urteilsformel, § 17, iü vgl §§ 18ff AGB-G.

Sechster Titel. Schwurgerichte

79–92 (aufgehoben dch Art 2 Z 25 1. StVRG v 9. 12. 74, BGBl 3393).

Siebenter Titel. Kammern für Handelssachen

Übersicht

ZivK und KfH sind zivilprozessuale Kammern desselben Gerichts. Daher betrifft die Abgrenzung beider gegeneinander nicht die örtliche Zuständigkeit (Ausnahme: die auswärtige KfH). Sie betrifft die sachliche Zuständigkeit jedenfalls nicht im Sinn der ZPO; vielmehr enthalten §§ 95ff Sondervorschriften; s darüber bei § 97. Soweit die ZivK ausschließlich zuständig ist, kommen §§ 95ff nicht in Betracht; die KfH muß eine derartige Klage ohne weiteres vAw an die ZivK abgeben. Nach dem Sprachgebrauch des Titels 7 schließen ZivK und KfH einander aus; anders bisweilen in Titel 5. Für die Bestellung und Vertretung des Vorsitzenden und die Verteilung der Geschäfte gilt § 21e, da § 68 und § 7 IV VO v 20. 3. 35 aufgehoben worden sind.

93 *Einrichtung.* **I** Soweit die Landesjustizverwaltung ein Bedürfnis als vorhanden annimmt, können bei den Landgerichten für deren Bezirke oder für örtlich abgegrenzte Teile davon Kammern für Handelssachen gebildet werden.

II Solche Kammern können ihren Sitz innerhalb des Landgerichtsbezirks auch an Orten haben, an denen das Landgericht seinen Sitz nicht hat.

1) Erläuterung. Ob ein Bedürfnis zur Bildung von KfH vorliegt, entscheidet die **Landesjustizverwaltung.** Je nach Bedarf können abgetrennte, „auswärtige" KfH gebildet werden; vgl auch das ErmächtigungsG v 1. 7. 60, BGBl 481, § 12 GVG Anm 2. Ihr Bezirk kann sich auf einen Teil des LGsprengels beschränken, nie aber ihn überschreiten. Die KfH gelten als besondere Gerichtskörper, so daß die **KfH am Sitz des LG** für den Bezirk der **auswärtigen KfH örtlich unzuständig** ist. Vorsitzender kann ein Amtsrichter sein, § 106, nie ein Richter auf Probe oder kraft Auftrags, § 28 II 2 DRiG, abgedr Schlußanh I A.

7. Titel. Kammern für Handelssachen GVG §§ 94, 95 1, 2

94 *Sachliche Zuständigkeit.* Ist bei einem Landgericht eine Kammer für Handelssachen gebildet, so tritt für Handelssachen diese Kammer an die Stelle der Zivilkammern nach Maßgabe der folgenden Vorschriften.

1) **Erläuterung.** Die KfH tritt im Rahmen ihrer sachlichen Zuständigkeit voll an die Stelle der ZivK. Das gilt, soweit sie für den Hauptanspruch zuständig ist, auch für Arrest- und VfgsSachen und auch vor Rechtshängigkeit des Anspruchs, aber in allen Fällen nur eingeschränkt, s § 96 Anm 1. Wegen der Verweisung an die ZivK und umgekehrt s §§ 97–102, 104.

95 *Begriff der Handelssachen.* [I] Handelssachen im Sinne dieses Gesetzes sind die bürgerlichen Rechtsstreitigkeiten, in denen durch die Klage ein Anspruch geltend gemacht wird:
1. gegen einen Kaufmann im Sinne des Handelsgesetzbuches aus Geschäften, die für beide Teile Handelsgeschäfte sind;
2. aus einem Wechsel im Sinne des Wechselgesetzes oder aus einer der im § 363 des Handelsgesetzbuchs bezeichneten Urkunden;
3. auf Grund des Scheckgesetzes;
4. aus einem der nachstehend bezeichneten Rechtsverhältnisse:
    a) aus dem Rechtsverhältnis zwischen den Mitgliedern einer Handelsgesellschaft oder zwischen dieser und ihren Mitgliedern oder zwischen dem stillen Gesellschafter und dem Inhaber des Handelsgeschäfts, sowohl während des Bestehens als auch nach Auflösung des Gesellschaftsverhältnisses, und aus dem Rechtsverhältnis zwischen den Vorstehern oder den Liquidatoren einer Handelsgesellschaft und der Gesellschaft oder deren Mitgliedern;
    b) aus dem Rechtsverhältnis, welches das Recht zum Gebrauch der Handelsfirma betrifft;
    c) aus den Rechtsverhältnissen, die sich auf den Schutz der Warenbezeichnungen, Muster und Modelle beziehen;
    d) aus dem Rechtsverhältnis, das durch den Erwerb eines bestehenden Handelsgeschäfts unter Lebenden zwischen dem bisherigen Inhaber und dem Erwerber entsteht;
    e) aus dem Rechtsverhältnis zwischen einem Dritten und dem, der wegen mangelnden Nachweises der Prokura oder Handlungsvollmacht haftet;
    f) aus den Rechtsverhältnissen des Seerechts, insbesondere aus denen, die sich auf die Reederei, auf die Rechte und Pflichten des Reeders oder Schiffseigners, des Korrespondentreeders und der Schiffsbesatzung, auf die Bodmerei und die Haverei, auf den Schadensersatz im Falle des Zusammenstoßes von Schiffen, auf die Bergung und Hilfeleistung und auf die Ansprüche der Schiffsgläubiger beziehen;
5. auf Grund des Gesetzes gegen den unlauteren Wettbewerb vom 7. Juni 1909 (Reichsgesetzbl. S. 499);
6. aus den §§ 45 bis 48 des Börsengesetzes (Reichsgesetzbl. 1908 S. 215).

[II] Handelssachen im Sinne dieses Gesetzes sind ferner die Rechtsstreitigkeiten, in denen sich die Zuständigkeit des Landgerichts nach § 246 Abs. 3 Satz 1 oder § 396 Abs. 1 Satz 2 des Aktiengesetzes richtet.

1) **Allgemeines.** § 95 regelt die sachliche Zuständigkeit der KfH. Eine Vereinbarung kann zwar die ZivK in Handelssachen zuständig machen, nicht aber die KfH in anderen Sachen; die KfH ist ein selbständiges „Gericht", § 38 ZPO.

2) **Fälle. A. Beiderseitiges Handelsgeschäft, Z 1.** Es muß a) **Beklagter bei Klagerhebung,** nicht bloß bei Entstehung des Anspruchs, **Kaufmann sein** (aM Müller NJW **70**, 846). Der Begriff des Kaufmanns ist hier derselbe wie in §§ 1 bis 7 HGB. Er umfaßt also Minderkaufleute und jur Personen öff Rechts, die im Handelsgewerbe betreiben. Wird der Konkursverwalter eines Kaufmanns aus beiderseitigem Handelsgeschäft in Anspruch genommen, ist die KfH nach Z 1 zuständig, Tüb (LG) MDR **54**, 302 (anders aber, wenn erst der Konkursverwalter mit einem Kaufmann abschließt, Hbg – LG – MDR **73**, 507). Die Bundesbahn ist Kaufmann nach § 1 II Z 5 HGB, Becker NJW **77**, 1674, LG Osnabr MDR **83**, 589 mwN, str, aM 41. Aufl; die Bundespost ist es nicht nach der ausdrücklichen Vorschrift des § 452 HGB. Sämtliche Beklagte müssen Kaufmann sein, sonst ist die ZivK zuständig. Es muß sich außerdem b) **die Klage auf ein beiderseitiges Handelsgeschäft stützen.** Das

Geschäft muß also für beide Vertragsteile, wenn auch nicht für beide Prozeßteile, Handelsgeschäft sein, §§ 43, 344 HGB. Darum ist die KfH immer für den Rechtsnachfolger zuständig, nicht immer gegen ihn. Keine Zuständigkeit der KfH besteht für Ansprüche des Verkäufers gegen Dritte aufgrund verlängerten Eigentumsvorbehalts, LG Hann NJW **77**, 1246 (vollst NdsRpfl **77**, 83). Über eine Widerklage aus einem nicht unter § 95 fallenden Anspruch s §§ 97 II, 99.

B. Wechsel, Z 2. Jede Klage aus einem Wechsel im Sinn des WG oder einem Orderpapier des § 363 HGB **gehört vor die KfH, ohne Rücksicht auf Prozeßart und Kaufmannseigenschaft.** Hierher gehören kaufmännische Anweisungen und Verpflichtungsscheine, Konnossemente und Ladescheine, Orderlagerscheine, Beförderungsversicherungsscheine.

C. Scheck, Z 3. Es gilt das zu B Gesagte entsprechend.

D. Streitigkeiten aus folgenden Rechtsverhältnissen, Z 4: a) Gesellschaftsprozesse. Handelsgesellschaften sind die OHG, Kommanditgesellschaft, AktG, Kommanditgesellschaft auf Aktien, GmbH. Nicht Genossenschaften, Versicherungsvereine auf Gegenseitigkeit u Vereinigungen zum Betrieb eines Kleingewerbes, obwohl sie Kaufleute sind. Die stille Gesellschaft ist keine Handelsgesellschaft, aber einbezogen. Hierher gehören auch Klagen aus §§ 199, 201 AktG. Die Klage des Gesellschafters einer Handelsgesellschaft gegen einen Mitgesellschafter aus einem der Gesellschaft gewährten Darlehn ist Handelssache, LG Osnabr MDR **83**, 588. **b) Firmenstreit,** §§ 17 ff HGB. Der Rechtsgrund des Anspruchs ist belanglos. **c) Zeichen- u Musterschutz** nach WZG, GeschmacksmusterG, Pariser Übereinkunft, Madrider Markenabkommen. Streitigkeiten aus dem GebrauchsmusterG, s dessen § 18, gehören vor die ZivK, soweit nicht das AG zuständig ist, ebenso alle Patentstreitsachen nach § 143 I PatG, Anh I § 78 b. **d) Streit zwischen Veräußerer und Erwerber eines Handelsgeschädts,** §§ 2, 25 HGB. **e) Streit zwischen Drittem und angeblichem Prokuristen oder Handlungsbevollmächtigten,** § 179 BGB; hierin gehört auch die Klage aus § 11 II GmbHG gegen die vor Eintragung der GmbH im Namen der Gesellschaft handelnden, persönlich haftenden Personen, Hannover (LG) NJW **68**, 56, aM Berckenbrock JZ **80**, 21 (nur dann, wenn das Handelsgeschäft auch für den anderen Teil ein Handelsgeschäft ist); **f) Streit nach Seerecht,** § 474 ff HGB, SeemannsG vom 26. 7. 57, BGBl II 713 idF des G vom 25. 8. 61, BGBl II 1391, soweit hier nicht die ArbG oder Tarifschiedsgerichte zuständig sind, StrandungsO vom 17. 5. 74, RGBl 73, geändert durch G v 21. 6. 72, BGBl 966, Gesetz vom 2. 6. 02, RGBl 212, idF v 26. 7. 57, BGBl II 713, über Heimschaffung von Seeleuten. Wegen der Binnenschiffahrtssachen s § 14 GVG Anm 3: 1. Instanz AG, 2. Instanz OLG. Die Erwähnung der Bodmerei ist gegenstandslos (§§ 679–699 HGB sind aufgehoben).

E. Wettbewerbsstreit aus UWG, **Z 5.** Es genügt Mitverletzung der Generalklausel des § 1 UWG, so daß der Streit vor die KfH gebracht werden kann, wenn der Anspruch auch auf andere Normen gestützt wird, Kissel Rdz 21. Vor die KfH gehören ferner bürgerliche Rechtsstreitigkeiten aus **GWB,** aus Kartellverträgen und Kartellbeschlüssen, § 87 II GWB.

F. Börsenstreit nach §§ 45–48 BörsenG, **Z 6,** also über die Haftpflicht des Emittenten. Hier ist das LG ausschließlich zuständig, § 71 Anm 5.

G. Nach Aktiengesetz, II, gehören die Nichtigkeits- und Anfechtungsklage gegenüber Hauptversammlungsbeschlüssen vor die KfH. Für die Klage ist das LG, in dessen Bezirk die Gesellschaft ihren Sitz hat, ausschließlich zuständig, §§ 246 III, 249, ebenso für die Anfechtung der Wahl von Aufsichtsratsmitgliedern, § 251 III, die Anfechtung des Beschlusses über die Verwendung des Bilanzgewinnes, § 254 II, oder des Beschlusses einer Kapitalerhöhung gegen Einlagen, § 255, der Feststellung des Jahresabschlusses durch die Hauptversammlung, § 257, und die Klage auf Nichtigkeit der Gesellschaft, 275 IV, ferner die entsprechenden Klagen bei einer KGaA, § 278 III, schließlich die Klage auf Auflösung infolge Gefährdung des Gemeindewohles auf Antrag der zuständigen obersten Landesbehörde, § 396.

96 *Antrag auf Verhandlung vor KfH.*[1] Der Rechtsstreit wird vor der Kammer für Handelssachen verhandelt, wenn der Kläger dies in der Klageschrift beantragt hat.

II Ist ein Rechtsstreit nach den Vorschriften der §§ 281, 506 der Zivilprozeßordnung vom Amtsgericht an das Landgericht zu verweisen, so hat der Kläger den Antrag auf Verhandlung vor der Kammer für Handelssachen in der mündlichen Verhandlung vor dem Amtsgericht zu stellen.

Schrifttum: Bergerfurth NJW **74**, 221.

1) Antrag, I. Der Antrag auf Verhandlung vor der KfH ist in der Klagschrift zu stellen (oder in einem gleichzeitig eingereichten sonstigen Schriftsatz, Bergerfurth NJW **74,** 221). Er ist nicht nachholbar. Der Kläger hat zunächst die freie Wahl zwischen ZivK und KfH, denn die ZivK hat grundsätzlich die unbeschränkte Zuständigkeit. Wird die Klage bei einem LG ohne KfH erhoben und der Rechtsstreit nach mündlicher Verhandlung an ein LG mit KfH verwiesen, ist der Antrag entsprechend II spätestens in dieser mündlichen Verhandlung zu stellen, Freiburg (LG) NJW **72,** 1902.

2) Verweisung, II. Hat das AG wegen Unzuständigkeit an das LG verwiesen, §§ 281, 506 ZPO, **so muß der Kläger den Antrag auf Verhandlung vor der KfH schon in der mündlichen Verhandlung vor dem AG gestellt haben.** Im schriftlichen Verfahren, § 128 ZPO, muß der Antrag bis zu dem vom Gericht bestimmten Zeitpunkt vorliegen, bis zu dem Schriftsätze eingereicht werden können, § 128 II 2, Bergerfurth JZ **79,** 145. Im Mahnverfahren ist er grundsätzlich im Mahngesuch zu stellen, aber auch später zulässig, Brschw NJW **79,** 223, nämlich im Antrag nach § 696 I 1 ZPO und auch noch in der Anspruchsbegründung, § 697 I u II ZPO, Ffm NJW **80,** 2202 mwN, aber spätestens bis zum Ablauf der Zweiwochenfrist des § 697 I 1, Bergerfurth JZ **79,** 145 (aM Schriewer NJW **78,** 1038: nur im Mahngesuch, vgl auch oben § 690 Anm 2 A e).

B. Liegt der Antrag vor, so verweist das AG an die KfH, ohne ihre Zuständigkeit zu prüfen. Die Verhandlung findet vor der KfH statt. Gebunden, §§ 281 II, 506 II ZPO, ist diese aber nur als LG, nicht als KfH, und örtlich, § 281 ZPO Anm 3 B, und nur im Fall des § 93 II auch im Verhältnis zur ZivK, vgl § 93 Anm 1 (anders nach § 696 V ZPO: keine Bindung), nicht im übrigen, weil die Zuständigkeit das Verhältnis von KfH zu ZivK nicht ergreift, Üb 1 § 93. Beantragt der Kläger nur Verweisung ans LG, so ist an die ZivK zu verweisen. Diese kann ihrerseits nur nach § 98 verweisen. Die Benennung einer bestimmten KfH im Antrag oder Verweisungsbeschluß ist bedeutungslos; es entscheidet die Geschäftsverteilung, § 21 e.

97 *Verweisung an ZivK wegen ursprünglicher Unzuständigkeit.* **¹** Wird vor der Kammer für Handelssachen eine nicht vor sie gehörige Klage zur Verhandlung gebracht, so ist der Rechtsstreit auf Antrag des Beklagten an die Zivilkammer zu verweisen.

II Gehört die Klage oder die im Falle des § 506 der Zivilprozeßordnung erhobene Widerklage als Klage nicht vor die Kammer für Handelssachen, so ist diese auch von Amts wegen befugt, den Rechtsstreit an die Zivilkammer zu verweisen, solange nicht eine Verhandlung zur Hauptsache erfolgt und darauf ein Beschluß verkündet ist. Die Verweisung von Amts wegen kann nicht aus dem Grunde erfolgen, daß der Beklagte nicht Kaufmann ist.

1) Vorbemerkung zu §§ 97–101. A. Das Verhältnis von ZivK zu KfH ist nicht sehr durchsichtig. Soviel aber ist sicher, daß die ZivK die ursprüngliche Zuständigkeit hat; die der KfH geht immer auf einen besonderen Antrag zurück. Darum handelt es sich nicht um sachliche Zuständigkeit iS der ZPO, sondern um funktionelle Zuständigkeit, Üb 2 C § 1 ZPO. **Über die Zuständigkeit der KfH ist vor der Entscheidung über die Zuständigkeit des Gerichts zu verhandeln,** ZZP **38,** 424, StJ § 276 V 4; ist die Zuständigkeit ZivK/KfH untrennbar mit der sachlichen Zuständigkeit ZivGer/ArbGer verknüpft, darf die erstentscheidende Kammer über beide Zuständigkeitsfragen befinden, BGH **63,** 214. Haben sich KfH und ZivK durch Verweisung und Rückverweisung untereinander für unzuständig erklärt, so gilt § 36 Z 6 ZPO entsprechend, BGH NJW **78,** 1532 mwN, Brschwg NJW **79,** 223, allgM, vgl § 36 Anm 3 E.

B. Die Zuständigkeit begründet a) ein Antrag des Klägers, §§ 96, 100, oder **b)** eine Verweisung. Diese kann stattfinden aa) auf Antrag des Beklagten von der ZivK an die KfH, §§ 98, 100, oder von der KfH an die ZivK, §§ 97, 99, 100, bb) vAw, aber nur von der KfH an die ZivK, nicht umgekehrt, §§ 97 II, 98 III, 99 II, 100. Alle diese Prozeßhandlungen sind zeitlich begrenzt: der Antrag des Klägers durch § 96, der Antrag des Beklagten durch den Beginn der Verhandlung zur Sache, § 101, die Verweisung vAw durch den Beginn der Verhandlung zur Hauptsache und die darauf folgende Beschlußverkündung, §§ 97 II, 99 II. Die Verweisung vAw ist bei ursprünglicher nachträglicher oder nachträglichen Zuständigkeit der KfH möglich, §§ 97, 99. Eine Verweisung ist auch im Verfahren wegen Prozeßkostenhilfe zulässig, Hbg MDR **67,** 409, vgl auch § 281 Anm 1 A.

2) Verweisung auf Antrag, I. Ist die KfH nicht für alle Beklagten und sämtliche Ansprüche beider Parteien zuständig, so ist die Verweisung an die ZivK zulässig. Den Antrag kann jeder Beklagte stellen, für den die KfH nicht zuständig ist; dann ist abzutrennen, Kissel Rdz 4: Eine Prozeßtrennung für die Ansprüche, für die die Zuständigkeit fehlt, ist im Rahmen des § 145 ZPO erlaubt. Ist die Trennung nicht möglich, muß der Gesamtrechtsstreit verwiesen werden. Das gilt auch bei mehrfacher Begründung desselben Anspruchs, wenn nur eine dieser Begründungen keine Handelssache ist, Kissel Rdz 4, aM Brandi-Dohrn NJW **81**, 2453 (Zuständigkeit der KfH für alle Anspruchsgrundlagen). **Das Wahlrecht des Klägers zwischen ZivK und KfH erlischt mit Ablauf der Fristen,** § 96 Anm 1, 2. Nunmehr nützt es dem Kläger nichts mehr, wenn die Sache keine Handelssache ist; nur der Beklagte darf jetzt Verweisung beantragen, und zwar bis zum Beginn der Sachverhandlung, § 101. Eine Verweisung vAw erfolgt nur in den Fällen des II, Anm 3. Dem Antrag ist zutreffendenfalls zu entsprechen. Die Entscheidung ist unanfechtbar, § 102.

3) Verweisung von Amts wegen, II. II trifft zwei Fälle: **a)** schon die Klage gehört nicht vor die KfH, **b)** das AG hat wegen einer Widerklage nach § 506 ZPO an die KfH verwiesen, obwohl diese für die Widerklage unzuständig ist. In beiden Fällen darf die KfH nach freiem Ermessen an die ZivK verweisen, aber nur unter folgenden Voraussetzungen: **a)** es darf nicht zur Hauptsache verhandelt sein (Begriff § 39 Anm 1 ZPO). Somit macht die Verhandlung über die Zulässigkeit der Klage, etwa über die Zuständigkeit des LG (nicht der KfH), zwar nicht die Amtsverweisung unstatthaft, beseitigt aber das Antragsrecht des Beklagten, § 101; **b)** es darf auf diese Verhandlung zur Hauptsache kein Beschluß verkündet sein. Es genügt jeder beliebige die Hauptsache betreffende Beschluß, wenn er das Ergebnis der Verhandlung ist, also zB ein Vertagungsbeschluß, nicht ein Wertfestsetzungsbeschluß. Die Vorschriften der ZPO über das Rügerecht, § 295, sind hier bedeutungslos. Ob der Beklagte Kaufmann ist, § 95 Z 1, ist in diesem Zusammenhang nicht zu prüfen. Die Entscheidung ist unanfechtbar, § 102.

98
Verweisung an Kammer für Handelssachen. **I** Wird vor der Zivilkammer eine vor die Kammer für Handelssachen gehörige Klage zur Verhandlung gebracht, so ist der Rechtsstreit auf Antrag des Beklagten an die Kammer für Handelssachen zu verweisen. Ein Beklagter, der nicht in das Handelsregister eingetragen ist, kann den Antrag nicht darauf stützen, daß er Kaufmann ist.

II Der Antrag ist zurückzuweisen, wenn die im Falle des § 506 der Zivilprozeßordnung erhobene Widerklage als Klage vor die Kammer für Handelssachen nicht gehören würde.

III Zu einer Verweisung von Amts wegen ist die Zivilkammer nicht befugt.

IV Die Zivilkammer ist zur Verwerfung des Antrags auch dann befugt, wenn der Kläger ihm zugestimmt hat.

1) Erläuterung. Zum Verständnis des § 98 s § 97 Anm 1. **A. Die ZivK darf nie vAw an die KfH verweisen und nie auf Antrag des Klägers;** dieser hat sein Wahlrecht durch Versäumung des Antrags aus § 96 eingebüßt. I 2 ist auch in der Berufungsinstanz nur auf den Beklagten anzuwenden, Hbg (LG) NJW **69**, 1259. Die Parteien können in einer Handelssache die Zuständigkeit einer ZivK frei vereinbaren, nicht aber in einer Nichthandelssache die Zuständigkeit der KfH.

B. Gehört die Sache nicht vor die KfH, so kann der Beklagte die Verweisung an die ZivK beantragen. Der Antrag ist kein Sachantrag und bedarf keiner Verlesung. Er ist zulässig bis zum Beginn der Verhandlung zur Sache (nicht zur Hauptsache), also auch einer Verhandlung über Rügen der Unzulässigkeit der Klage. Der Antrag ist gegenüber § 95 Z 1 dadurch beschränkt, daß der Beklagte, was er nachzuweisen hat, ins Handelsregister eingetragen sein muß (Nachweis durch Registerauszug, auch durch fernmündliche Anfrage beim Registergericht). § 98 II bezieht sich auf den Fall, daß das AG wegen der Widerklage nach § 506 an das LG verwiesen hat, § 97 Anm 3. § 98 IV besagt nicht, daß die ZivK den Antrag willkürlich ablehnen könne, sondern stellt nur das Versagen der Parteiverfügung klar; das zeigt I: „so ist zu verweisen". Gegen die Entscheidung gibt es keinen Rechtsbehelf, § 102 (auch dann nicht, wenn das verweisende Gericht die Einrede des unrichtigen Rechtswegs geprüft und für unbegründet gehalten hat, BGH **63**, 214).

7. Titel. Kammern für Handelssachen GVG §§ 99–101 1 A

99 *Verweisung an ZivK wegen nachträglicher Unzuständigkeit.* **I** Wird in einem bei der Kammer für Handelssachen anhängigen Rechtsstreit die Klage nach § 256 Abs. 2 der Zivilprozeßordnung durch den Antrag auf Feststellung eines Rechtsverhältnisses erweitert oder eine Widerklage erhoben und gehört die erweiterte Klage oder die Widerklage als Klage nicht vor die Kammer für Handelssachen, so ist der Rechtsstreit auf Antrag des Gegners an die Zivilkammer zu verweisen.

II Unter der Beschränkung des § 97 Abs. 2 ist die Kammer zu der Verweisung auch von Amts wegen befugt. Diese Befugnis tritt auch dann ein, wenn durch eine Klageänderung ein Anspruch geltend gemacht wird, der nicht vor die Kammer für Handelssachen gehört.

1) **Antragsverweisung, I.** Eine Partei kann einen neuen Anspruch in den Prozeß einbeziehen **a)** durch Klagänderung. Diese liegt nicht im Nachschieben eines Anspruchs wegen eingetretener Veränderung, § 264 Z 3 ZPO; **b)** durch Zwischenfeststellungsklage, § 256 II ZPO; **c)** durch Widerklage oder Zwischenfeststellungswiderklage. Für deren Zulässigkeit gilt bei der KfH nichts besonderes. Trotz seinem zu engen Wortlaut trifft § 99 alle drei Fälle, allgM. **Wird die KfH also irgendwie teilweise unzuständig, so ist der gesamte Prozeß auf Antrag des Gegners** (im Fall der Widerklage also des Klägers, RoS § 33 II 2b) **an die ZivK zu verweisen, sofern das Gericht keine Prozeßtrennung, § 145 ZPO, vornimmt.** Über die Zulassung der Klagänderung hat die KfH nicht zu befinden.

2) **Amtsverweisung, II.** Obgleich hier ein sachlicher Unterschied zu I fehlt, erwähnt II die Klagänderung besonders. Die Verweisung steht im freien Ermessen des Gerichts; auch sie ist unanfechtbar, § 102. Über die Beschränkung des § 97 II s dort Anm 3. Siehe auch § 97 Anm 1.

100 *Zuständigkeit in der Berufungsinstanz.* Die §§ 96 bis 99 sind auf das Verfahren im zweiten Rechtszuge vor den Kammern für Handelssachen entsprechend anzuwenden.

1) **Erläuterung.** § 100 macht auf das Verfahren in der Berufungsinstanz die §§ 96–99 entsprechend anwendbar. Die Natur der Sache ergibt aber auch die Anwendbarkeit von §§ 101, 102, allgM. Ein Verweisungsantrag ist daher nach Beginn der Sachverhandlung unzulässig, die Entscheidung ist unanfechtbar. Die entsprechende Anwendung der §§ 96–99 besagt: Den Antrag auf Verhandlung vor der KfH muß die Berufungsschrift enthalten, nicht erst die Begründung oder ein späterer Schriftsatz. Verfahren: **a)** Verweisung an die ZivK auf Antrag des Berufungsbeklagten, nicht des Beklagten als solchen; vor der Verhandlung zur Hauptsache und Beschlußverkündung auch vAw. Entsprechendes gilt bei Widerklage oder Zwischenfeststellungsklage gemäß § 99. **b)** Verweisung an die KfH nur auf Antrag des Berufungsbeklagten, nie vAw. Legt die eine Partei bei der ZivK Berufung ein, die andere bei der KfH, so entscheidet die zeitlich erste Berufung, weil sie den ganzen Prozeß der 2. Instanz anfallen läßt, s Grdz 1 § 511; bei gleichzeitigem Eingang gebührt der KfH der Sachvorrang, Schumann Rdz 16. Handelt es sich nicht um eine Handelssache, darf die KfH die Sache vAw an die ZivK verweisen, § 97 II 1, Schumann Rdz 17. Stellt eine Partei (oder beide) einen Verweisungsantrag, so gilt für die Entscheidung das oben Gesagte; vgl im einzelnen Schumann Rdz 18–21.

101 *Antrag auf Verweisung.* **I** Der Antrag auf Verweisung des Rechtsstreits an eine andere Kammer ist nur vor der Verhandlung des Antragstellers zur Sache zulässig.

II Über den Antrag ist vorab zu verhandeln und zu entscheiden.

1) **Erläuterung. A. Verhandlung zur Sache** ist nicht dasselbe wie Verhandlung zur Hauptsache, §§ 97 II GVG, 282 III 1 ZPO ua, s § 39 Anm 1 ZPO. Es **ist jede Verhandlung, die sich nicht nur auf Prozeßförmlichkeiten und -vorfragen erstreckt, sondern die Prozeßerledigung, wenn auch durch eine rein prozessuale Entscheidung, fördern soll,** somit auch die Verhandlung über die Zulässigkeit der Klage oder über die Zulässigkeit der Berufung, nicht aber über Vertagungs- und Ablehnungsanträge u dgl. Der Beginn der Verhandlung genügt, um den Antrag auszuschließen. Das Verlesen der Anträge leitet die Verhandlung ein, § 137 I ZPO, ist aber nicht der Beginn der Verhandlung; dazu bedarf es einer

Albers

GVG §§ 101–104 Gerichtsverfassungsgesetz

Sacherörterung. Anders ist es nur beim Widerklageantrag, der bereits eine sachliche Stellungnahme enthält. Ist dem Beklagten vorher eine **Frist zur Klagerwiderung** gesetzt worden, muß er entsprechend § 282 III 2 ZPO den Verweisungsantrag schon innerhalb der Frist stellen, Bre MDR **80,** 410. Der Verweisungsantrag ist Prozeßantrag, nicht Sachantrag, bedarf somit in der Verhandlung keiner Verlesung. Über ihn ist vorab zu verhandeln und zu entscheiden, also vor der Verhandlung zur Sache.

B. Zu entscheiden ist ausnahmslos durch Beschluß, auch nach streitiger Verhandlung, wie bei sämtlichen Verweisungen des Zivilprozesses, §§ 281, 506 ZPO (nach anderen durch Zwischenurteil). Der Beschluß kann auch durch den Vorsitzenden der KfH allein erlassen werden, § 349 II Z 1 ZPO. Die Entscheidung ist unanfechtbar, § 102.

102 *Unanfechtbarkeit der Verweisung.* Die Entscheidung über Verweisung eines Rechtsstreits an die Zivilkammer oder an die Kammer für Handelssachen ist nicht anfechtbar. Erfolgt die Verweisung an eine andere Kammer, so ist diese Entscheidung für die Kammer, an die der Rechtsstreit verwiesen wird, bindend. Der Termin zur weiteren mündlichen Verhandlung wird von Amts wegen bestimmt und den Parteien bekanntgemacht.

1) Allgemeines. § 102 betrifft nur die Verweisung aus §§ 97–100; die Vorschrift legt ihr besondere bindende Kraft bei, die auch bei Versagung des rechtlichen Gehörs eintritt, aM Düss OLGZ **73,** 243. Die Verweisung vom AG an die KfH, § 96 II, wirkt ganz nach §§ 281, 506, s § 96 Anm 2.

2) Unanfechtbarkeit, S 1, u Bindung, S 2. Jede Entscheidung über einen Verweisungsantrag ist jeglicher Anfechtung entzogen, die stattgebende und die ablehnende, ohne Rücksicht auf ihre Gesetzmäßigkeit, also auch die eine Verweisung wieder aufhebende Entscheidung, Nürnb MDR **73,** 507. Die Verweisung an eine andere Kammer ist für diese bindend. Bindend und unanfechtbar ist die Entscheidung auch insoweit, als die verweisende Kammer in den Gründen einen anderen Rechtsweg verneint hat, BGH **63,** 214. Das Gesetz will Zuständigkeitsstreitigkeiten möglichst vermeiden und abkürzen. Gegen diese Regelung bestehen keine verfassungsrechtlichen Bedenken, Hbg MDR **70,** 1019. Neue Umstände, zB eine Klagänderung, können aber eine Zurückverweisung an die ZivK zulassen. Ergehen gegensätzliche Verweisungsbeschlüsse, hat entsprechend § 36 Z 6 das OLG zu entscheiden, § 97 Anm 1. Hat die ZivK oder die KfH zu Unrecht in der Sache erkannt, so ist das Urteil aus diesem Grund nicht anfechtbar. Der **Termin zur mündlichen Verhandlung, S 3,** ist vAw zu bestimmen.

103 *Einmischungsklage.* Bei der Kammer für Handelssachen kann ein Anspruch nach § 64 der Zivilprozeßordnung nur dann geltend gemacht werden, wenn der Rechtsstreit nach den Vorschriften der §§ 94, 95 vor die Kammer für Handelssachen gehört.

1) Erläuterung. § 103 verschiebt die sachliche Zuständigkeit bei der Einmischungsklage (Hauptintervention, § 64), zum Nachteil der KfH. Für sie gilt, wenn die Einmischung eine Handelssache betrifft, folgendes: **a) der Erstprozeß schwebt bei der KfH:** diese ist zuständig; **b) er schwebt bei der ZivK:** diese ist zuständig. Eine Verweisung aus § 98 ist ausgeschlossen, falls sie nicht noch für den Erstprozeß zulässig ist und ausgesprochen wird; die gemeinsame Zuständigkeit für Erst- und Einmischungsprozeß soll möglichst erhalten bleiben, str.

104 *Verweisung in Beschwerdesachen.* [I] Wird die Kammer für Handelssachen als Beschwerdegericht mit einer vor sie nicht gehörenden Beschwerde befaßt, so ist die Beschwerde von Amts wegen an die Zivilkammer zu verweisen. Ebenso hat die Zivilkammer, wenn sie als Beschwerdegericht in einer Handelssache mit einer Beschwerde befaßt wird, diese von Amts wegen an die Kammer für Handelssachen zu verweisen. Die Vorschriften des § 102 Satz 1, 2 sind entsprechend anzuwenden.

[II] Eine Beschwerde kann nicht an eine andere Kammer verwiesen werden, wenn bei der Kammer, die mit der Beschwerde befaßt wird, die Hauptsache anhängig ist oder diese Kammer bereits eine Entscheidung in der Hauptsache erlassen hat.

7. Titel. Kammern für Handelssachen **GVG §§ 104–106**

1) Allgemeines. Üb die Zuständigkeit der KfH in Beschwerdesachen s § 94 Anm 1; der Ausdruck des § 104 „Beschwerdegericht in einer Handelssache" ist entsprechend zu verstehen. Ein Parteiantrag ist hier für die Zuständigkeit belanglos. Sie richtet sich nach dem Gesetz und ist vAw zu prüfen; eine besondere Entscheidung darüber ist unnötig. Entscheidet die ZivK oder die KfH vorschriftswidrig, so gibt das allein keine weitere Beschwerde (anders in der freiwilligen Gerichtsbarkeit nach KGJ **49**, 242).

2) Gebotene Verweisung, I. Die KfH hat an die ZivK und umgekehrt vAw zu verweisen, wenn sie unzuständigerweise mit einer Beschwerde „befaßt" ist, dh sobald ihr die Beschwerdesache nach der Geschäftsverteilung vorliegt. Gleich bleibt, ob die Beschwerde beim AG oder beim LG eingelegt ist und ob sie eine Kammer benennt. Entsprechende Anwendung von § 102 heißt: Gegen die Verweisung gibt es keinen Rechtsbehelf; sie bindet schlechthin.

3) Verbotene Verweisung, II. Eine Verweisung ist verboten, **a)** wenn bei der mit der Beschwerde befaßten Kammer die Hauptsache schwebt, **b)** wenn die Kammer schon eine Entscheidung in der Hauptsache erlassen hat. Der Zweck ist die Wahrung der Einheitlichkeit der Beurteilung. Darum ist der Text zu eng. Es ist nicht nur eine Verweisung ausgeschlossen, sondern es ist auch die betreffende Kammer zuständig, ohne daß sie befaßt wäre. Wird also eine andere Kammer zu Unrecht befaßt, so hat sie an die nach II berufene zu verweisen; s auch § 94 Anm 1.

105 *Besetzung.* ^I **Die Kammern für Handelssachen entscheiden in der Besetzung mit einem Mitglied des Landgerichts als Vorsitzenden und zwei ehrenamtlichen Richtern, soweit nicht nach den Vorschriften der Prozeßgesetze an Stelle der Kammer der Vorsitzende zu entscheiden hat.**

^{II} **Sämtliche Mitglieder der Kammer für Handelssachen haben gleiches Stimmrecht.**

^{III} **In Streitigkeiten, die sich auf das Rechtsverhältnis zwischen Reeder oder Schiffer und Schiffsmannschaft beziehen, kann die Entscheidung im ersten Rechtszug durch den Vorsitzenden allein erfolgen.**

Vorbem. Ohne daß §§ 105 ff entsprechend geändert worden sind, führen die ehrenamtlichen Richter bei der KfH nach § 45a DRiG idF des Art 1 Z 2 G v 22. 12. 75, BGBl 3176, jetzt (wieder) die Bezeichnung **Handelsrichter**.

1) Regel, I, II. Die Einrichtung der KfH steht der Landesjustizverwaltung zu. **A. Die Vorsitzenden und die regelmäßigen Vertreter** bestimmt das Präsidium, § 21 e. Der Vorsitzende kann nur ein Vorsitzender Richter am LG sein, § 21 f I; über die auswärtige KfH s § 106. Ein Richter auf Probe oder kraft Auftrags kann wegen § 28 II 2 DRiG nicht Mitglied sein, auch nicht vertreten. Die besonderen Befugnisse des Vorsitzenden ergeben sich aus § 349 I–III ZPO; eine Übertragung auf den Einzelrichter nach § 348 ZPO ist ausgeschlossen, § 349 IV ZPO. **B.** Die **Handelsrichter** teilt das Präsidium den einzelnen Kammern zu, § 21 e. Sie wirken außerhalb der in § 349 ZPO geregelten Fälle an den Entscheidungen mit. Geschieht dies nicht, so ist die Entscheidung nicht deshalb nichtig, sondern wegen unrichtiger Besetzung anfechtbar; in diesem Fall ist eine Zurückverweisung, § 539 ZPO, idR geboten, BayObLG DRiZ **80**, 72.

2) Ausnahmen, III. Bei den in III genannten Sachen, §§ 484 ff HGB, SeemannsG, **entscheidet der Vorsitzende nach seinem ganz freien Ermessen allein.** Er verkörpert die KfH; darum besteht Anwaltszwang. Die Anfechtbarkeit ist die gleiche wie bei Entscheidungen der KfH. Der Vorsitzende wird die ehrenamtlichen Richter zuzuziehen haben, wo er sich Nutzen von ihrer Sachkunde verspricht. III gilt nur in 1. Instanz.

106 *Auswärtige Kammer für Handelssachen.* **Im Falle des § 93 Abs. 2 kann ein Richter beim Amtsgericht Vorsitzender der Kammer für Handelssachen sein.**

1) Erläuterung. Der auswärtigen KfH kann ein Amtsrichter vorsitzen, nicht notwendig einer des Sitzes. Es muß aber wegen § 28 II 2 DRiG ein auf Lebenszeit ernannter Richter sein (Richter am AG, § 19a DRiG).

Albers

107 *Vergütung der Handelsrichter.* ¹ Die ehrenamtlichen Richter, **die weder ihren Wohnsitz noch ihre gewerbliche Niederlassung am Sitz der Kammer für Handelssachen haben,** erhalten Tage- und Übernachtungsgelder sowie Ersatz der verauslagten Fahrtkosten nach den für Richter am Landgericht geltenden Vorschriften.

^{II} Ehrenamtlichen Richtern, **die ihren Wohnsitz oder ihre gewerbliche Niederlassung am Sitz der Kammer für Handelssachen haben,** werden die notwendigen Fahrtkosten für die Benutzung von öffentlichen, regelmäßig verkehrenden Beförderungsmitteln erstattet.

^{III} Den ehrenamtlichen Richtern **werden jedoch bei Fußwegen und bei Benutzung von anderen als öffentlichen, regelmäßig verkehrenden Beförderungsmitteln für jedes angefangene Kilometer des Hin- und Rückweges 0,32 Deutsche Mark gewährt.** Kann ein Hin- und Rückweg von zusammen mehr als zweihundert Kilometern mit öffentlichen, regelmäßig verkehrenden Beförderungsmitteln zurückgelegt werden, so gilt Satz 1 nur insoweit, als die Mehrkosten gegenüber der Benutzung von öffentlichen, regelmäßig verkehrenden Beförderungsmitteln durch eine Minderausgabe an Tage- und Übernachtungsgeldern ausgeglichen werden; jedoch ist die Entschädigung nach Satz 1 zu gewähren, wenn Fahrkosten für nicht mehr als zweihundert Kilometer verlangt werden. Kann der ehrenamtliche Richter wegen besonderer Umstände ein öffentliches, regelmäßig verkehrendes Verkehrsmittel nicht benutzen, so werden die nachgewiesenen Mehrauslagen ersetzt, soweit sie angemessen sind.

1) Erläuterung. Die Handelsrichter, Vorbem § 105, sind Richter, § 112. **Eine andere Vergütung als die von § 107 vorgesehene Aufwandsentschädigung dürfen sie nicht erhalten;** zu dieser vgl einerseits Weil DRiZ **76**, 351, andererseits Vereinigung Berliner Handelsrichter DRiZ **77**, 24. Das EntschG für ehrenamtl Richter ist nicht anwendbar (darin liegt kein Verstoß gegen Art 3 GG, Celle Rpfleger **75**, 39), sondern wegen II die landesrechtlichen Vorschriften über Tage- und Übernachtungsgelder für Richter am LG; wegen der Wegegelder vgl III u IV. S dazu eingehend Hartmann KostenG Teil VI B.

Die Entschädigung wird vAw durch die Justizverwaltung gewährt. Die **Festsetzung** kann durch Antrag auf gerichtliche Entscheidung angefochten werden, über den das AG entscheidet, Art XI § 1 KostÄndG. Vgl dazu Hartmann KostenG Teil XII.

108 *Ernennung der Handelsrichter.* Die ehrenamtlichen Richter **werden auf gutachtlichen Vorschlag der Industrie- und Handelskammern für die Dauer von 3 Jahren ernannt; eine wiederholte Ernennung ist nicht ausgeschlossen.**

1) Vorbem zu §§ 108–110. Wie bei Berufsrichtern ist bei Handelsrichtern, Vorbem § 105, zu unterscheiden zwischen den staatsrechtlichen Voraussetzungen ihrer Bestellung und den prozessualen Voraussetzungen ihrer Tätigkeit im Einzelfall. §§ 108–110 betreffen die staatsrechtlichen Voraussetzungen. Von ihnen sind §§ 108, 109 II u III unwesentlich, §§ 109 I, 110 wesentlich. Das DRiG ist mit Ausnahme der §§ 44 (Bestellung und Abberufung) und 45 (Unabhängigkeit und besondere Pflichten) sowie 45a (Bezeichnung) unanwendbar.

2) Erläuterung des § 108. Der Vorschlag der Industrie- und Handelskammer und die Bereitschaft des Vorgeschlagenen zur Annahme des Amtes sind dem Vorschlag des Gerichtspräsidenten beizufügen. Für den Vorgeschlagenen besteht kein Annahmezwang. Eine wiederholte Ernennung auf wiederholten Vorschlag ist zulässig und bei Eignung idR geboten.

109 *Befähigung zum Handelsrichter.* ¹ **Zum ehrenamtlichen Richter kann jeder Deutsche ernannt werden, der das dreißigste Lebensjahr vollendet hat und als Kaufmann, als Vorstand einer Aktiengesellschaft, als Geschäftsführer einer Gesellschaft mit beschränkter Haftung oder als Vorstand einer sonstigen juristischen Person in das Handelsregister eingetragen ist oder eingetragen war.**

^{II} **Zum ehrenamtlichen Richter soll nur ernannt werden,** wer in dem Bezirk der Kammer für Handelssachen wohnt oder, wenn er als Kaufmann in das Handelsregister eingetragen ist, dort eine Handelsniederlassung hat; bei Personen, die als Vorstand einer Aktiengesellschaft, als Geschäftsführer einer Gesellschaft mit be-

schränkter Haftung oder als Vorstand einer sonstigen juristischen Person in das Handelsregister eingetragen sind, genügt es, wenn die Gesellschaft oder juristische Person eine Niederlassung in dem Bezirk hat.

III Personen, die infolge gerichtlicher Anordnung in der Verfügung über ihr Vermögen beschränkt sind, können nicht zu ehrenamtlichen Richtern ernannt werden.

1) Erläuterung. § 109 enthält die **Voraussetzungen der Befähigung** zum Handelsrichter, Vorbem § 105. I ist wesentlich, II, III sind unwesentlich. Eine besondere Bildung oder Ausbildung verlangt das Gesetz nicht. Daß die Fähigkeit zur Bekleidung öff Ämter vorhanden sein muß, versteht sich von selbst. Deutscher ist der Deutsche iS von Art 116 GG, wie daraus zu schließen ist, daß diese Eigenschaft auch bei dem Berufsrichter genügt, § 9 Z 1 DRiG. Der oder die zu Ernennende muß Kaufmann im Sinne der §§ 1 ff HGB sein, und zwar eingetragener, nicht ein Minderkaufmann oder Handlungsbevollmächtigter. Wer einmal eingetragen war, bleibt dauernd fähig. Das Vorstandsmitglied einer eingetragenen Genossenschaft darf berufen werden, Schmid MDR **75**, 636. Der stellvertretende Vorstand oder Prokurist einer AktG oder eingetragenen jur Person darf nicht berufen werden. In der Verfügung beschränken Entmündigung, Konkurseröffnung und allgemeines Veräußerungsverbot. III trifft auf den Gesellschafter der OHG zu, wenn sie im Konkurs ist, RGSt **46**, 77.

110 Handelsrichter an Seeplätzen.
An Seeplätzen können ehrenamtliche Richter auch aus dem Kreise der Schiffahrtskundigen ernannt werden.

1) Erläuterung. Siehe § 2 SeemannsG vom 26. 7. 57, BGBl II 713.

111
(aufgehoben dch Art 5 Z 1 G v 20. 12. 74, BGBl 3686; s jetzt § 45 DRiG)

112 Dienststellung der Handelsrichter.
Die ehrenamtlichen Richter haben während der Dauer ihres Amts in Beziehung auf dasselbe alle Rechte und Pflichten eines Richters.

1) Erläuterung. Die Handelsrichter, Vorbem § 105, **haben alle Rechte und Pflichten der Richter; § 1 ist auf sie voll anwendbar.** Für ihre Ausschließung und Ablehnung gelten die §§ 41 ff ZPO. Die Handelsrichter unterstehen dienstlich und außerdienstlich den für Richter geltenden Dienstvorschriften (Sonderfall: § 113). Ergänzend gelten §§ 44 und 45 DRiG, für die Amtsbezeichnung § 45 a DRiG. Vorsitzender oder Einzelrichter sein kann der Handelsrichter nicht, § 349 IV ZPO. Beauftragter Richter kann er sein, zB für einen Güteversuch, § 279 I ZPO, BGH **42**, 175, s § 349 Anm 1. Für die Unterzeichnung durch ihn gilt § 315 I ZPO.

113 Amtsenthebung der Handelsrichter.
I Ein ehrenamtlicher Richter **ist seines Amtes zu entheben,** wenn er eine der für die Ernennung erforderlichen Eigenschaften nachträglich verliert.

II Es entscheidet der erste Zivilsenat des Oberlandesgerichts nach Anhörung des Beteiligten.

1) Erläuterung. § 113 fügt für Handelsrichter, Vorbem § 105, dem für sie geltenden Disziplinarrecht, § 112, einen weiteren Fall hinzu (im Einklang mit § 44 II DRiG). Die Dienstenthebung erfolgt in allen Fällen durch den 1. ZivS des OLG, nicht nur im Fall des § 113. Die Entscheidung des OLG ist unanfechtbar, RoS § 24 II 2b.

114 Sachkunde der Kammer für Handelssachen.
Über Gegenstände, zu deren Beurteilung eine kaufmännische Begutachtung genügt, sowie über das Bestehen von Handelsgebräuchen kann die Kammer für Handelssachen auf Grund eigener Sachkunde und Wissenschaft entscheiden.

1) Erläuterung. § 114 steht an falscher Stelle; mit der Gerichtsverfassung hat er nichts zu tun. **In 1. und 2. Instanz darf die KfH aus eigener Sachkunde entscheiden,** wo a) eine

kaufmännische Begutachtung genügt, dh das sachverständige Gutachten eines Kaufmanns, nicht notwendig eines solchen aus dem Geschäftszweig der Handelsrichter, oder **b) Bestehen und Inhalt eines Handelsbrauchs in Frage stehen.** Handelsbrauch sind die im Handelsverkehr geltenden Gewohnheiten und Gebräuche, § 346 HGB, dh die Verkehrssitte, § 242 BGB, des Handels. Die KfH darf in 2. Instanz sogar von erstinstanzlichen Gutachten abweichen. Im Rahmen des § 114 darf ihr das OLG folgen und daraufhin SachverstBeweis ablehnen, RG **110**, 49, braucht dies jedoch nicht, muß sich dann aber mit den Gutachten im Urteil auseinandersetzen. Ob die ,,eigene Sachkunde und Wissenschaft" eines Handelsrichters, zB eines Kakaoimporteurs, genügt, entscheidet die KfH durch Mehrheitsbeschluß, § 196, so daß bei Bejahung ein Sachverständigenbeweis entfällt.

Achter Titel. Oberlandesgerichte
Übersicht

1) Der Titel regelt den Aufbau und die sachliche Zuständigkeit der OLGe. Ihre Errichtung und Aufhebung geschieht durch Gesetz, § 1 VO vom 20. 3. 35, abgedr § 12 GVG Anm 2. Das OLG Berlin führt den Namen KG; es ist, wie alle Berliner Gerichte, zuständig für ganz Berlin, aber nicht den im Ostsektor befindlichen Gerichten vorgeordnet, BGH JR **53**, 106. Den 8. Titel ergänzt § 8 II VO vom 20. 3. 35, RGBl I 403 (§ 8 I ist gegenstandslos, soweit er nicht durch den Landesgesetzgeber dem G v 26. 5. 72, BGBl 841, angepaßt wird):

GVVO vom 20. 3. 35 § 8
II Die Zahl der Zivil- u Strafsenate bei den Oberlandesgerichten bestimmt der Oberlandesgerichtspräsident; der Reichsminister der Justiz kann ihm hierfür Weisungen erteilen.

An Stelle des RJM sind die Landesjustizverwaltungen getreten, Kissel § 116 Rdz 1. Wegen der Fortgeltung dieser Bestimmung s Üb 2 § 59.

2) Die Oberlandesgerichte sind in Zivilsachen Berufungs- und Beschwerdegerichte.

3) Arbeitsgerichtsbarkeit. Berufungsgerichte und Beschwerdegerichte sind die Landesarbeitsgerichte, § 8 II u IV ArbGG.

115 *Besetzung des Oberlandesgerichts.* **Die Oberlandesgerichte werden mit einem Präsidenten sowie mit Vorsitzenden Richtern und weiteren Richtern besetzt.**

1) Erläuterung. Zur Stellung des Präsidenten gilt das in § 59 Anm 1 Gesagte entsprechend. Neben ihm muß mindestens ein Vorsitzender Richter vorhanden sein. Hinsichtlich der Besetzung gilt i ü das in § 59 Anm 1 Gesagte; ein Senat ist nicht überbesetzt, wenn ihm, der mit insgesamt 5 Richtern besetzt ist, ein Hochschullehrer als 6. mit ¼ Arbeitskraft zugeteilt ist, BGH NJW **66**, 1458. Die Richter müssen Richter auf Lebenszeit sein. Auch **Hilfsrichter** können nur Richter auf Lebenszeit sein, § 28 I DRiG, also nicht Richter auf Probe oder kraft Auftrags, weil eine § 22 V bzw § 59 III entsprechende Bestimmung fehlt, wohl aber abgeordnete Richter, § 37 DRiG, die aber nur mit der sich aus § 29 DRiG ergebenden Beschränkung verwendet werden dürfen. Ihre Bestellung erfolgt nach § 117.

115a (weggefallen)

116 *Gliederung.* **I Bei den Oberlandesgerichten werden Zivil- und Strafsenate gebildet. Bei den nach § 120 zuständigen Oberlandesgerichten werden Ermittlungsrichter bestellt; zum Ermittlungsrichter kann auch jedes Mitglied eines anderen Oberlandesgerichts, das in dem in § 120 bezeichneten Gebiet seinen Sitz hat, bestellt werden.**

II Durch Anordnung der Landesjustizverwaltung können außerhalb des Sitzes des Oberlandesgerichts für den Bezirk eines oder mehrerer Landgerichte Zivil- oder Strafsenate gebildet und ihnen für diesen Bezirk die gesamte Tätigkeit des Zivil-

8. Titel. Oberlandesgerichte **GVG §§ 116–119 1 A, B**

oder Strafsenats des Oberlandesgerichts oder ein Teil dieser Tätigkeit zugewiesen werden.

1) Senate, I. Die Zahl der Senate bestimmt der OLGPräsident, dem der Landesjustizminister dafür Weisungen geben kann, § 8 VO vom 20. 3. 35, abgedruckt Üb § 115.

2) Senate außerhalb, II. Ihre Bildung erfolgt auf AnO der Landesjustizverwaltung; vgl auch § 1 VO vom 20. 3. 35, abgedruckt § 12 GVG Anm 2, sowie ErmächtigungsG vom 1. 7. 60, BGBl 481, § 12 GVG Anm 2. Ist vereinbart, daß ein Vergleich mit einem bei dem auswärtigen Senat eingehenden Schriftsatz widerrufen werden darf, wahrt der Eingang beim Stammgericht die Widerrufsfrist nicht, BGH NJW **80**, 1753.

117 *Vertretung.* **Die Vorschrift des § 70 Abs. 1 ist entsprechend anzuwenden.**

1) Allgemeines. § 70 I ist entsprechend anwendbar, dh die Vertretung durch Zuweisung eines Richters wird auch beim OLG von der Landesjustizverw geregelt, vgl § 70 Anm 1. Da eine Bestimmung in der Art des § 70 II fehlt, dürfen Richter auf Probe oder kraft Auftrags dem OLG nicht zugewiesen werden, § 115 Anm 1.

118 (aufgehoben durch § 85 Z 10 DRiG; es gelten die allgemeinen Bestimmungen, § 115 Anm 1).

119 *Zuständigkeit in Zivilsachen.* **¹ Die Oberlandesgerichte sind in bürgerlichen Rechtsstreitigkeiten zuständig für die Verhandlung und Entscheidung über die Rechtsmittel:**
1. **der Berufung gegen die Endurteile der Amtsgerichte in Kindschaftssachen und in Familiensachen;**
2. **der Beschwerde gegen Entscheidungen der Amtsgerichte in Kindschaftssachen und in Familiensachen;**
3. **der Berufung gegen die Endurteile der Landgerichte;**
4. **der Beschwerde gegen Entscheidungen der Landgerichte.**

II § 23b Abs. 1, 2 gilt entsprechend.

1) Funktionelle Zuständigkeit nach § 119. A. Die OLGe sind Berufungsinstanz für Endurteile der AGe in Kindschaftssachen, § 640 II, **I Z 1.** An sie kommt demgemäß auch die Berufung gegen ein Urteil, das neben der Feststellung der Vaterschaft zur Leistung des Regelunterhalts verurteilt, § 643, obwohl die Berufung gegen Urteile, die den Unterhalt nichtehelicher Kinder betreffen, § 642, ans LG geht. Die Berufung geht ans OLG auch insoweit, als in dem Urteil zugleich über die Leistung bezifferten Unterhalts entschieden worden ist, BGH FamRZ **71**, 369, NJW **73**, 849 (Übergangsrecht); BGH NJW **74**, 751 (allgemein); das OLG ist ferner für die Berufung gegen ein Schlußurteil über die Leistung des Regelunterhalts und eines bezifferten Betrags zuständig, wenn das AG zuvor auch Teilurteil rechtskräftig die Vaterschaft festgestellt hat, BGH FamRZ **80**, 48. Das OLG hat auch über die Berufung gegen ein Urteil des AG nach § 1615o BGB (einstwVfg) zu entscheiden, Köln NJW **72**, 829, str, aM Düss FamRZ **75**, 279 m Anm Büdenbender, Göppinger FamRZ **75**, 196, beide mwN. Die Revision in Kindschaftssachen kann zugelassen werden, § 546 I. Handelt es sich um ein Urteil nach § 643, so gelangt in einem solchen Falle das Urteil auch insoweit, als es zum Regelunterhalt verurteilt, in die Revisionsinstanz.

B. a) Die OLGe sind weiter Berufungsinstanz für Endurteile der AGe in FamS iSv § 23b I 2, I Z 1. Darüber, was unter ,,FamS" in diesem Sinne zu verstehen ist, bestand zunächst erhebliche Unsicherheit: Einerseits wurde die Ansicht vertreten, daß hier unter FamS jede von einem FamGer entschiedene Sache zu verstehen sei, sog formelle Anknüpfung, Graßhoff FamRZ **78**, 325, Oldb FamRZ **78**, 457 u andere; andererseits wurde geltend gemacht, daß es nach Wortlaut und Sinn der Vorschrift für die Zuständigkeit des Rechtsmittelgerichts auf den Gegenstand des Verfahrens, dh auf die Qualifizierung der Sache als FamS ankomme, sog materielle Anknüpfung. Nachdem sich der BGH seit 1978 in stRspr für diese Auffassung entschieden hat, vgl NJW **81**, 2418 mwN, ist die Streitfrage für die Praxis erledigt.

Albers

aa) Danach gilt folgendes: **Die Zuständigkeit des OLG nach Z 1 (und Z 2) hängt von der sachlichen Beurteilung des Verfahrensgegenstandes als FamS ab** und nicht davon, daß in erster Instanz das AG als FamG entschieden hat, BGH **72**, 182 u stRspr, FamRZ **81**, 247, NJW **81**, 2417, FamRZ **83**, 156 u 364, vgl § 23b Anm 2, dazu (teilw krit) Jauernig FamRZ **79**, 97. Hat das FamG eine NichtfamiliensS oder umgekehrt eine Prozeßabteilung des AG eine FamS entschieden, so kann der betroffene Beteiligte diese Entscheidung wahlweise mit dem jeweils gegebenen Rechtsmittel zum LG oder zum OLG wirksam anfechten, und zwar unter Beachtung der für den eingeschlagenen Rechtsmittelweg geltenden Vorschriften, BGH **72**, 182, FamRZ **81**, 247. Eine Entscheidung in der Sache selbst darf jedoch allein das nach dem Verfahrensgegenstand an sich zuständige Rechtsmittelgericht treffen; daher hat das nach der Herkunft der amtsgerichtlichen Entscheidung scheinbar zuständige Rechtsmittelgericht das Verfahren auf Antrag des Berufungsklägers (auch wenn dies der Beklagte ist, Oldb FamRZ **81**, 185) an das an sich zuständige Rechtsmittelgericht entsprechend § 281 ZPO mit Bindungswirkung zu verweisen, und zwar nicht nur im Bereich des Zivilprozesses, sondern auch im Bereich der freiwilligen Gerichtsbarkeit, § 621a ZPO, BGH **72**, 182, FamRZ **81**, 247; dies gilt auch dann, wenn das LG zuvor die Sache irrig als FamS an das FamGer verwiesen hatte, BGH FamRZ **81**, 247 u **80**, 557, Hbg FamRZ **82**, 941, aM Köln FamRZ **82**, 944 mwN, Kissel § 23b Rdz 32. War auch bei dem Gericht, an das verwiesen wird, ein Rechtsmittel eingelegt worden, so ist sachlich zu entscheiden, wenn auch nur eines der beiden Rechtsmittel zulässig ist; das (früher oder später eingelegte) andere Rechtsmittel hat keine selbständige Bedeutung, BGH NJW **81**, 2464. In NichtFamS ist im Zuständigkeitsstreit zweier OLG-Senate entsprechend § 36 Z 6 ZPO unmittelbar das LG als Berufungsgericht zu bestimmen, wenn den Beteiligten hierzu rechtliches Gehör gewährt und ein Verweisungsantrag entsprechend § 281 I 1 ZPO gestellt ist, BGH NJW **80**, 1282.

Durch die Heranziehung des § 281 ZPO werden die Beteiligten bei inkorrekten Entscheidungen des FamGer oder einer Prozeßabteilung des AG vor unzumutbaren Nachteilen bewahrt, die die materielle Anknüpfung sonst mit sich bringen könnte, vgl Oldb FamRZ **78**, 457; zugleich vermeidet diese Rspr die mit der formellen Anknüpfung verbundene Notwendigkeit, uU an die erste Instanz zurückverweisen zu müssen, vgl 37. Aufl. Daß in den Fällen, in denen von Beteiligten verschiedene Rechtsmittelgerichte angerufen werden, diese Gerichte die Sachen wechselweise (bindend) gleichzeitig aneinander verweisen, dürfte kaum vorkommen und muß in Kauf genommen werden, BGH NJW **79**, 46. Geben bei **Anrufung sowohl des OLG als auch des LG** in derselben Sache beide Gerichte zu erkennen, daß sie sich für unzuständig halten, werden sie gehalten sein, von einer Verweisung abzusehen und eine Entscheidung des BGH nach § 36 Z 6 ZPO herbeizuführen. Schwerer wiegt der Umstand, daß das LG, wenn es irrigerweise mit einem Rechtsmittel in einer FamS befaßt wird und seine Unzuständigkeit nicht erkennt, die Sache unanfechtbar dem FamSenat entzieht und dadurch den Beteiligten an sich offen stehenden Rechtsmittelweg verkürzt. Bei fortschreitender Klärung der Frage, wann es sich um eine FamS iSv § 23b I handelt, wird diese Folge jedoch an Bedeutung verlieren; in der Praxis wird ohnehin auch in Zweifelsfällen idR das Rechtsmittelgericht angerufen werden, das nach der formellen Anknüpfung zuständig ist.

bb) Hat das **FamG in einer Nichtfamiliensache entschieden, die vor das LG gehört hätte,** so gilt das zu aa Gesagte, BGH NJW **81**, 2418. Das OLG hat dann die Sache an das LG zu verweisen, und zwar als zweitinstanzliches Gericht, BGH NJW **80**, 1282, KG FamRZ **83**, 617. Dies gilt unabhängig davon, ob der Rechtsstreit beim FamGer anhängig gemacht oder vom LG dorthin verwiesen worden ist, BGH NJW **81**, 2418, KG aaO, aM Stgt FamRZ **80**, 384, Karlsr FamRZ **80**, 382 u 41. Aufl.; die dadurch möglicherweise eintretende Verkürzung des Rechtsmittelzuges muß die Partei, da sie das FamGer angerufen oder Verweisung beantragt hatte, hinnehmen, BGH aaO gg Oldb FamRZ **80**, 379.

cc) Berufung (und Beschwerde) gegen erstinstanzliche Entscheidungen des LG gehen immer, gleichgültig, ob es sich dem Verfahrensgegenstand nach um eine FamS handelt, an das OLG. Auch wenn die Sache vom FamGer an das LG verwiesen worden ist, hat das OLG die für die Zuständigkeit des FamSenats oder des allgemeinen Senats maßgebende Rechtsnatur des Streitgegenstandes selbst zu prüfen, BGH NJW **79**, 2517; das gleiche gilt, wenn das OLG in einem Berufungsverfahren gegen ein Urteil des FamGer die Sache nach den Grundsätzen zu bb) an das LG als erstinstanzliches Gericht verwiesen hatte, BGH FamRZ **82**, 789. Handelt es sich um ein FamS, muß der Prozeßsenat ggf entsprechend § 104 I vAw an den FamSenat verweisen, der aufheben und an das FamGer zurückverweisen kann, Mü FamRZ **78**, 603. Ein Zuständigkeitsstreit zwischen beiden Senaten ist vom BGH zu entscheiden, unten b).

8. Titel. Oberlandesgerichte **GVG § 119** 1, 2

b) Für die **Entscheidung nach I Z 1 und 2** ist bei jedem OLG entsprechend § 23 b **mindestens ein FamSenat zu bilden,** und zwar nach Maßgabe des § 23 b II, **II.** Seine Zuständigkeit erstreckt sich auf alle beim OLG anhängigen FamS iSv § 23 b I einschließlich der vom LG entschiedenen, BGH NJW **78**, 1925. Die Zuweisung anderer Geschäfte an den FamSenat ist zulässig, Bergerfurth Rdz 136, str. Für die Abgabe vom FamS bei Bildung mehrerer FamSenate gilt § 23 b II 2 entsprechend; näheres s § 23 b Anm 3.

Der Zuständigkeitsstreit zwischen einem FamSenat und einem anderen Senat ist entsprechend § 36 Z 6 ZPO vom BGH zu entscheiden, BGH NJW **81**, 2417, **79**, 719, **78**, 1531, in Bay vom ObLG, BGH NJW **79**, 2249 (BGH NJW **79**, 929 ist überholt), BayObLG FamRZ **82**, 399 mwN. Werden (unzulässigerweise) NichtFamS und FamS im Verhältnis von Haupt- und Hilfsantrag geltend gemacht, so hat zunächst der für den Hauptantrag zuständige Senat zu entscheiden; erst wenn und soweit der Hauptanspruch abgewiesen wird, kann das Verf wegen des Hilfsanspruchs abgegeben werden, BGH NJW **81**, 2417 mwN.

C. In Kindschafts- und FamS sind die OLGe ferner Beschwerdeinstanz, I Z 2, zB nach § 621 e ZPO; in FamS entscheidet auch hier der entsprechend § 23 b I, II gebildete FamSenat, **II.** Die Zuständigkeit für die Beschwerde gilt auch für KostenS auf diesen Gebieten, vgl Mü NJW **71**, 1321, Hamm FamRZ **72**, 150, Stgt Just **74**, 182, Kblz NJW **74**, 2055 (§ 16 ZuSEG) für Kindschaftssachen; BGH FamRZ **78**, 585, Kblz DAVorm **78**, 276, KG FamRZ **78**, 428 (§ 19 BRAGO) für FamS, überhaupt in allen Nebenverfahren und für alle Nebenentscheidungen, zB für die Beschwerde gegen die Entsch des LG über die Ablehnung eines FamRichters gemäß §§ 45 II ZPO, BGH NJW **79**, 551 mwN, für die der FamSenat des OLG zuständig ist, BGH FamRZ **79**, 472. In Bay geht die Beschwerde nicht an das ObLG, sondern an das zuständige OLG, BayObLG FamRZ **78**, 354. Derselbe Rechtsmittelzug gilt in Angelegenheiten, die nach FGG vor das FamGer gehören, § 64 k III 1 FGG (abgedr bei § 621 a ZPO), also in den unabhängig von einer EheS anhängigen FamS iSv § 23 b I 2 Z 2–4, 7, 8 u 10. Wegen der Abgrenzung s Anm 1 B a.

D. Die OLG sind weiterhin Berufungsinstanz gegen Endurteile der LGe, ebenso Beschwerdeinstanz gegen Beschlüsse der LGe, §§ 511, 568, I Z 3 u 4. Hat das LG in einer FamS entschieden, gilt das in Anm 1 B a cc Gesagte.

2) Weitere Zuständigkeiten der OLG sind ua: **a)** Bestimmung des zuständigen Gerichts, § 36 ZPO, **b)** Entscheidung über die Ablehnung eines Richters, wenn das LG beschlußfähig wird, § 45 I ZPO; **c)** Entscheidung über die Verpflichtung zur Übernahme einer Entmündigungssache gemäß §§ 650, 651, 676 ZPO; **d)** Entscheidung über die Beschwerden gegen Verweigerung der Rechtshilfe, § 159; **e)** Entscheidung über die Beschwerden bei sitzungspolizeilichen Ordnungsmitteln, § 181 III; **f)** Entscheidung über die weitere Beschwerde in Konkurs- und Zwangsversteigerungssachen; **g)** Amtsenthebung eines Handelsrichters, § 113 II; **h)** weitere Beschwerde in FGGSachen, § 28 FGG; **i)** Entscheidung über sofortige Beschwerden in Landwirtschaftssachen, § 22 G über das gerichtliche Verfahren in Landwirtschaftssachen vom 21. 7. 53, BGBl 667; **k)** Entscheidung über sofortige Beschwerden in Vertragshilfesachen, sofern das LG in 1. Instanz entschieden hatte, § 18 II VertragshilfeG vom 26. 3. 52, BGBl 198; **l)** 2. Instanz in Binnenschiffahrtssachen, § 11 Gesetz vom 27. 9. 52, BGBl 641; **m)** gerichtliche Entscheidung über die Rechtmäßigkeit von Justizverwaltungsakten im Rahmen von § 23 EGGVG, s dort; **n)** in Entschädigungssachen, § 208 BEG; **o)** Entscheidung üb sofortige Beschwerden gegen Entscheidungen der Kammer für Wertpapierbereinigung in Einspruchsverfahren, § 34 I WertpapierbereinigungsG vom 19. 8. 49, WiGBl 295, ÄndG v 29. 3. 51, BGBl 211; **p)** Entscheidung über sofortige Beschwerden gemäß § 58 III DM-BilanzG; **q)** Entscheidung über sofortige weitere Beschwerden nach § 6 III der 40. DVO UmstellungsG; **r)** Berufungsinstanz in Baulandsachen, § 169 I BBauG (Senat für Baulandsachen); Besetzung zusätzlich mit 2 hauptamtlichen Mitgliedern des OVG, auch in Beschwerdesachen; die Landesregierungen können die Entscheidung einem OLG für mehrere OLG-Bezirke zuweisen, § 169 II u III BBauG; **s)** Beschwerde (auch gegen Einspruchsentscheid der Kartellbehörde), Festsetzung einer Geldbuße, Berufung in bürgerlichen Streitigkeiten nach GWB, vorbei die Entscheidung durch den Kartellsenat ergeht, § 92 GWB. Kartellsachen, in denen die OLGe ausschließlich zuständig sind, können die Landesregierungen einem OLG zuweisen, § 93 GWB, so **Bay** VO v 16. 12. 57, *GVBl 324,* **NRW** *VO v 7. 1. 58, GVBl 17,* **Nds** *VO v 15. 2. 58, GVBl,* **SchlH** *VO v 11. 2. 58, GVBl 118,* **BaWü** *VO v 17. 3. 58, GVBl 102,* **RhldPf** *LVO v 22. 10. 59, GVBl 215;* wegen der Voraussetzungen für die Zuständigkeit des gemeinsamen OLG in diesen Fällen s BGH **49**, 33, Celle MDR **73**, 146 und NdsRpfl **77**, 187, Mü LS MDR **82**, 62.

Albers 2045

120, 121 (betreffen Strafsachen).

122 *Besetzung der Senate.* **I Die Senate der Oberlandesgerichte entscheiden, soweit nicht nach den Vorschriften der Prozeßgesetze an Stelle des Senats der Einzelrichter zu entscheiden hat, in der Besetzung von drei Mitgliedern mit Einschluß des Vorsitzenden.**

II (betrifft Strafsachen).

1) Besetzung. Die Zahl der Senatsmitglieder, die sämtlich Richter auf Lebenszeit sein müssen, § 115 Anm 1, ist auf mindestens 3 festgelegt; über ihre Heranziehung befindet der Vorsitzende, § 21 g. Es dürfen aber nicht mehrere selbständige Abteilungen gebildet werden, § 59 Anm 1. **§ 122 betrifft nur die Beratung und Entscheidung.** Wird eine Entscheidung, ob nun in Gestalt eines förmlichen Beschlusses oder der Entschließung auf eine Gegenvorstellung (soweit diese statthaft ist, Üb 1 C § 567 ZPO, zB mit dem Ziel, den Streitwert herabzusetzen), nur von 2 Mitgliedern getroffen, so liegt darin eine Amtspflichtverletzung, BGH **36**, 153. Der Vorsitzende muß einen richtunggebenden Einfluß ausüben, er muß also mindestens 75% der Aufgaben eines Vorsitzenden und erheblich mehr als 50% der rein richterlichen Spruchtätigkeit selbst wahrnehmen; daran kann auch die Zuweisung weiterer Dienstaufgaben (zB als Vorsitzender eines Prüfungsamts) nichts ändern, BGH GZS **37**, 210. Das gilt auch für den OLGPräsidenten, der sich einem Senat angeschlossen hat, BGH **49**, 64. Iü s wegen der sog Überbesetzung s § 16 Anm 3, § 59 Anm 1. Über den Einzelrichter s § 524 ZPO. Bei den **Landesarbeitsgerichten** entscheiden der Vorsitzende und 2 ehrenamtliche Richter, § 35 II ArbGG.

Neunter Titel. Bundesgerichtshof
Einführung

1) Bundesgerichtshof ist der Name des in Art 96 Abs I GG vorgesehenen Obersten Gerichtshofs des Bundes für das Gebiet der ordentlichen Gerichtsbarkeit. Er ist die Revisionsinstanz gegen Urteile, soweit diese revisionsfähig sind, §§ 133 GVG; 546, 547 ZPO, Beschwerdegericht ist er nur ausnahmsweise, § 133 Z 2 GVG, §§ 41 p, 42 m PatG. Eine landesgesetzliche Beeinflussung der Zuständigkeit des BGH kann aufgrund von § 3 EGGVG stattfinden, vgl § 15 EGZPO; eine allgemeine Möglichkeit besteht aufgrund des Art 99 GG, vgl auch BGH NJW **62**, 2162 (für § 28 FGG). Wegen des Gemeinsamen Senats der obersten Gerichtshöfe s das Gesetz vom 19. 6. 68, BGBl 661, Anh § 140.

2) Revisionsgericht ist auch das Bayerische Oberste Landesgericht, falls für die Entscheidung nicht Bundesrecht in Betracht kommt, § 8 EGGVG, Art 21 BayAGGVG, abgedr Schlußanh I B. Bei ihm wird die Revision gegen die Urteile sämtlicher bay OLGe eingelegt, § 7 EGZPO.

3) Das Bundesarbeitsgericht ist Revisionsgericht, §§ 8 III u 72 ArbGG, sowie Rechtsbeschwerdegericht, §§ 8 V u 92 ArbGG; sein Sitz ist Kassel, § 40 I ArbGG.

123 *Sitz.* **Sitz des Bundesgerichtshofes ist Karlsruhe.**

1) Erläuterung. Der Sitz des BGH ist durch einfaches Gesetz (Art 1 Z 52 VereinhG) bestimmt worden, kann also auf dem gleichen Wege geändert werden.

124 *Besetzung des Bundesgerichtshofes.* **Der Bundesgerichtshof wird mit einem Präsidenten sowie mit Vorsitzenden Richtern und weiteren Richtern besetzt.**

1) Erläuterung. Die Vorschrift entspricht der Regelung für LG und OLG, §§ 59 I u 115. Wegen der Vertretung des Präsidenten vgl § 21 h. Die entsprechende Regelung für das **Bundesarbeitsgericht,** das unter Mitwirkung von ehrenamtlichen Richtern entscheidet, trifft § 41 ArbGG.

9. Titel. Bundesgerichtshof GVG §§ 125–132

125 *Ernennung der Mitglieder des Bundesgerichtshofes.* ¹ Die Mitglieder des Bundesgerichtshofes werden durch den Bundesminister der Justiz gemeinsam mit dem Richterwahlausschuß gemäß dem Richterwahlgesetz berufen und vom Bundespräsidenten ernannt.

II Zum Mitglied des Bundesgerichtshofes kann nur berufen werden, wer das fünfunddreißigste Lebensjahr vollendet hat.

1) Voraussetzung der Berufung, II, ist außer denen für eine Richterberufung überhaupt, § 9 DRiG, die Vollendung des 35. Lebensjahres. Die Befähigung zum Richteramt kann in jedem deutschen Land erworben sein, § 6 II DRiG. Im Zeitpunkt der Wahl braucht ein Richteramt nicht bekleidet zu sein.

2) Berufung, I. Das Nähere regelt das Richterwahlgesetz vom 25. 8. 50, BGBl 368. Danach haben sowohl der BJM wie die Mitglieder des Richterwahlausschusses, der aus den Landesjustizministern und außerdem aus Bundestagsabgeordneten besteht, ein Vorschlagsrecht, § 10 des Gesetzes. Stimmt der BJM der Wahl zu, so hat er die Ernennung beim Bundespräsidenten zu beantragen, § 13 des Gesetzes.

3) Ernennung, I. Sie erfolgt durch den Bundespräsidenten, Art 60 I GG, der aber durch die Berufung nicht gebunden ist, andererseits auch keinen nicht Berufenen ernennen darf. Der BJM muß gegenzeichnen, Art 58 GG.

4) Entlassung. Wegen des Eintritts in den Ruhestand s § 48 DRiG, abgedr Schlußanh I A. Wegen zwangsweiser Entlassung, zwangsweiser Versetzung in den Ruhestand und der Versetzung in ein anderes Amt vgl Art 98 II GG.

5) Für die Richter am **Bundesarbeitsgericht** gilt das gleiche, § 42 ArbGG; zuständiger Minister ist der Bundesminister für Arbeit, der im Benehmen mit dem BJM entscheidet.

126–129 (weggefallen)

130 *Senate des Bundesgerichtshofes.* ¹ Bei dem Bundesgerichtshof werden Zivil- und Strafsenate gebildet und Ermittlungsrichter bestellt. Ihre Zahl bestimmt der Bundesminister der Justiz.

II Der Bundesminister der Justiz wird ermächtigt, Zivil- und Strafsenate auch außerhalb des Sitzes des Bundesgerichtshofes zu bilden.

1) Erläuterung. Der BGH hat z Zt 11 Zivilsenate, 5 Strafsenate, einer davon in Berlin, den Kartellsenat, § 95 GWB, und 6 weitere Sondersenate, ua für Richter-, Anwalts-, Notar-, Wirtschaftsprüfer- und Steuerberatersachen; das BArbG hat z Zt 7 Senate.

131 (aufgehoben durch Art II Z 39 G vom 26. 5. 72, BGBl 841)

132 *Große Senate. Vereinigte Große Senate.* ¹ Beim Bundesgerichtshof wird ein Großer Senat für Zivilsachen und ein Großer Senat für Strafsachen gebildet.

II Jeder Große Senat besteht aus dem Präsidenten und acht Mitgliedern.

III Die Mitglieder und ihre Vertreter werden durch das Präsidium des Bundesgerichtshofes für die Dauer von zwei Geschäftsjahren bestellt.

IV Die Vereinigten Großen Senate bestehen aus dem Präsidenten und sämtlichen Mitgliedern der Großen Senate.

V Den Vorsitz in den Großen Senaten und den Vereinigten Großen Senaten führt der Präsident des Bundesgerichtshofes, im Falle seiner Verhinderung sein Vertreter. In den Fällen des § 136 können die Vorsitzenden Richter der beteiligten Senate, in den Fällen des § 137 der Vorsitzende Richter des erkennenden Senats oder ein von ihnen bestimmtes Mitglied ihres Senats an den Sitzungen des Großen Senats oder der Vereinigten Großen Senate mit den Befugnissen eines Mitgliedes teilnehmen. Bei Stimmengleichheit gibt die Stimme des Vorsitzenden den Ausschlag.

1) Bildung der Großen Senate, I–III, V. Zu bilden ist je einer für Zivil- und Strafsachen. Zweck: Erzielung einer einheitlichen Rspr. Vorsitzender: Der BGHPräsident, bei Verhinderung sein Vertreter, § 21 h. Die Mitglieder bestehen **a)** aus den ständigen Mitgliedern, die einschließlich der Vertreter vom Präsidium für die Dauer von 2 Geschäftsjahren gewählt werden, und eventuell („können") **b)** aus den Mitgliedern im besonderen Fall: Bei beabsichtigter Abweichung (§ 136) die Vorsitzenden der beteiligten Senate, bei Einholung einer Entscheidung des Großen Senats in Fragen von grundsätzlicher Bedeutung (§ 137) der Vorsitzende des erkennenden Senats, die in beiden Fällen auch ein Senatsmitglied an ihrer Stelle bestimmen können (eine vorherige Festlegung des zur Mitwirkung Berufenen entsprechend § 21 g ist wegen Art 101 GG geboten). Die Mitglieder zu a und b haben gleiches Stimmrecht. Einfache Stimmenmehrheit entscheidet. Verfahren: § 138.

Bei dem **Bundesarbeitsgericht** besteht der Große Senat aus dem Präsidenten, dem dienstältesten Vorsitzenden Richter, 4 Bundesrichtern und je 2 ehrenamtlichen Richtern aus den Kreisen der Arbeitnehmer und der Arbeitgeber, § 45 I ArbGG; wegen des Vorsitzes und des Verfahrens s § 45 III ArbGG, der § 132 V 1 u 3 wiederholt und iü auf § 132 V 2 sowie § 138 I, III u IV verweist.

2) Zusammentreten der Vereinigten Großen Senate, IV, V. Mitglieder: Der Präsident und sämtliche Mitglieder der Großen Senate, zu denen die in Anm 1b Genannten als Mitglieder hinzutreten können, V 2. Vorsitzender ist der Präsident des BGH, Anm 1. Verfahren: § 138.

3) Zuständigkeit. a) Große Senate: §§ 136 I, 137. **b)** Vereinigte Große Senate: § 136 II, möglicherweise auch im Falle des § 137, s dort Anm 1.

133 *Zuständigkeit in Zivilsachen.* In bürgerlichen Rechtsstreitigkeiten ist der Bundesgerichtshof zuständig für die Verhandlung und Entscheidung über die Rechtsmittel:
1. der Revision gegen die Endurteile der Oberlandesgerichte sowie gegen die Endurteile der Landgerichte im Falle des § 566a der Zivilprozeßordnung;
2. der Beschwerde gegen Entscheidungen der Oberlandesgerichte in den Fällen des § 519b Abs. 2, des § 542 Abs. 3 in Verbindung mit § 341 Abs. 2, des § 568a und des § 621e Abs. 2 der Zivilprozeßordnung.

1) Zuständigkeit. A. Wegen der Revisibilität der Urteile der OLGe s §§ 545ff ZPO, der Urteile der LGe im Falle der Sprungrevision § 566a I ZPO. Beschwerdegericht im Rahmen der ZPO ist der BGH nur in den in Z 2 genannten Fällen der §§ 519b II, 542 III iVm § 341 II, 568a u 621e II. Wird eine unzulässige Beschwerde an den BGH beim OLG eingelegt und zurückgenommen, so ist sie zur Kostenentscheidung nicht dem BGH vorzulegen; das OLG hat über die Kosten zu entscheiden, BGH **LM** § 567 Nr 2. Derselbe Rechtsmittelzug gilt auch in Angelegenheiten, die **nach FGG in 1. Instanz vor das FamGer gehören,** § 64k III 1 FGG, abgedr bei § 621a ZPO, also in den unabhängig von einer EheS anhängigen FamS iSv § 23b I Z 2–4 u 7, in denen nach § 621e II ZPO eine weitere Beschwerde zulässig ist. Anders als nach § 119 II ist die Bildung eines besonderen FamSenats entsprechend § 23b nicht vorgeschrieben, weil erwartet wird, daß das Präsidium des BGH die entsprechende Erledigung von sich aus sicherstellt, RegEntwBegr. Wegen der Zuständigkeit des **BayObLG** s die Erläuterungen zu § 7 EGZPO.

B. Weitere Zuständigkeiten bestehen mehrfach: **a)** Entscheidung bei Verweigerung der Rechtshilfe gemäß § 159; **b)** Mitwirkung in Entmündigungssachen gemäß §§ 650, 651, 676 ZPO, soweit nicht für Bayern das BayObLG zuständig ist, § 9 EGZPO; **c)** Bestimmung des zuständigen Gerichts gemäß § 36 ZPO mit derselben Einschränkung; **d)** Entscheidung über die Ablehnung eines Richters des OLG, wenn dieses beschlußunfähig ist, § 45 I ZPO; **e)** in Patentsachen für die Entscheidung über Berufungen gegen Entscheidung des Patentgerichts in Patentnichtigkeitssachen, § 42 PatG, desgleichen im Rechtsbeschwerdeverfahren gegen Beschlüsse der Beschwerdesenate des Patentgerichts, § 41p, und im Beschwerdeverfahren gegen die Urteile des Patentgerichts über den Erlaß einstw Vfgen im Zwangslizenzerteilungsverfahren, § 42 m PatG. Zuständigkeiten des BGH bestehen ferner **f)** auf dem Gebiet der freiwilligen Gerichtsbarkeit, §§ 28, 30 FGG, **g)** für die Rechtsbeschwerde in Landwirtschaftssachen, Gesetz vom 21. 7. 53, BGBl 667, § 24, **h)** für die Revision in Binnenschiffahrtssachen, § 9 II des Gesetzes vom 27. 9. 52, BGBl 641; **i)** in Baulandsachen, § 170 BBauG, **k)** in Kartellsachen, § 95 GWB; **l)** in Entschädigungssachen, § 208 BEG; **m)**

in Anwaltssachen (Anwaltssenat) nach BRAO, vgl BGH **34**, 382. – Mit Rücksicht auf Berlin (vgl Einl II 2 § 1 ZPO) sagt **Art 8 Z 88 II VereinhG:**

Der Bundesgerichtshof ist ferner zuständig, wenn ihm durch eine Gesetzgebung außerhalb des Geltungsbereichs dieses Gesetzes Zuständigkeiten in Übereinstimmung mit diesem Gesetz übertragen werden.

Wegen der Möglichkeit der Übertragung durch die Landesgesetzgebung s § 3 EGGVG.

134, 134a (aufgehoben)

135 (betrifft Strafsachen)

136 Zuständigkeit der Großen Senate.
I Will in einer Rechtsfrage ein Zivilsenat von der Entscheidung eines anderen Zivilsenats oder des Großen Senats für Zivilsachen oder ein Strafsenat von der Entscheidung eines anderen Strafsenats oder des Großen Senats für Strafsachen abweichen, so entscheidet im ersten Fall der Große Senat für Zivilsachen, im zweiten Fall der Große Senat für Strafsachen.

II Die Vereinigten Großen Senate entscheiden, wenn ein Zivilsenat von der Entscheidung eines Strafsenats oder des Großen Senats für Strafsachen, oder ein Strafsenat von der Entscheidung eines Zivilsenats oder des Großen Senats für Zivilsachen oder ein Senat von der früher eingeholten Entscheidung der Vereinigten Großen Senate abweichen will.

Schrifttum: Hanack, Der Ausgleich divergierender Entscheidungen in den oberen Gerichtsbarkeiten, 1962; May, Verfahrensfragen bei der Divergenzanrufung des Großen Senats, DRiZ **83**, 305; vgl auch Doller ZRP **76**, 34 mwN.

1) Allgemeines. Die Bestimmung ist ein Mittel zur Förderung der Rechtseinheit und der Rechtssicherheit. Gleich bleibt, ob die frühere Entscheidung ein Urteil oder ein Beschluß war. Eine Abweichung liegt nicht nur bei Auslegung derselben Gesetzesstelle, sondern auch dann vor, wenn der gleiche Rechtssatz, der in mehreren Vorschriften niedergelegt ist, verschieden ausgelegt wird, BGH **9**, 179. **Keine Abweichung** im Sinne des § 136 (entsprechend seinem Zweck, widersprechende Entscheidungen zu vermeiden) liegt vor, wenn derselbe Senat seine Ansicht wechseln will oder der andere Senat seine Ansicht aufgegeben hat, RGSt **53**, 190, oder aufgeben will, BVerwG **39**, 10 (zu dem Verfahren der vorherigen Anfrage des Senats, der abweichen will, beim anderen Senat vgl Kissel Rdz 7, May DRiZ **83**, 306, Schirmer SGb **80**, 413 und Heußner DRiZ **72**, 119) oder nicht mehr besteht, RGSt **60**, 178; das gleiche gilt, wenn er seine Ansicht nur beiläufig geäußert hat, RG **134**, 22, oder wenn ein anderer Senat für das gesamte Gebiet zuständig wird und nun abweichen will, auch wenn die Rechtsfrage ihrer Art nach einmal bei Sachen eines anderen Senats von Bedeutung sein kann, was nie auszuschließen ist, BGH **28**, 29. Anders liegt es aber, wenn ein Senat von der Ansicht eines anderen ohne Vorlegung abgewichen ist und nunmehr sich ein dritter Senat der Ansicht des ersten anschließen will, da auch dann zwei Ansichten bestehen bleiben, BGH JZ **56**, 331, und ebenso, wenn der dritte Senat dem abgewichenen folgen will, BFH BStBl **77** II 247. Die Rechtsfrage muß für die frühere und die beabsichtigte Entscheidung (nicht notwendigerweise für das Ergebnis) erheblich sein, May DRiZ **83**, 309 mwN. **Eine Vorlage entfällt,** wenn ein Senat sich, abweichend von der früher ergangenen Entscheidung eines anderen Senats, dem GmS, Anh § 140 GVG, Müller-Helle NJW **73**, 1063, oder in der Auslegung einer Norm des Gemeinschaftsrechts dem EuGH anschließen will, BSG NJW **74**, 1063, oder wenn das Ergebnis noch durch eine weitere (Hilfs-)Begründung des abweichenden Senats getragen wird, BFH BStBl **77** II 838.

2) Zuständigkeit des Großen Senats für Zivilsachen, I. Seine Zuständigkeit ist gegeben, wenn ein Zivilsenat von der Ansicht **a)** eines anderen Zivilsenats oder **b)** des Großen Senats für Zivilsachen abweichen will.

3) Zuständigkeit der Vereinigten Großen Senate, II. Sie ist gegeben wenn **a)** ein Zivilsenat von der Entscheidung eines Strafsenats, **b)** ein Zivilsenat von der Entscheidung des Großen Senats für Strafsachen, **c)** ein Strafsenat von der Entscheidung eines Zivilsenats, **d)**

ein Strafsenat von der Entscheidung des Großen Senats für Zivilsachen, **e)** ein Straf- oder Zivilsenat von der früher eingeholten Entscheidung der Vereinigten Großen Senate abweichen will. Bisher sind zwei Entscheidungen (zum Straßenverkehrsrecht) ergangen, BGH **14**, 232 und **35**, 400.

4) Die **Zuständigkeit des Großen Senats beim Bundesarbeitsgericht** ist wie diejenige des Großen Senats für Zivilsachen geregelt, § 45 II 1 ArbGG; ferner hat er eine § 137 entsprechende Zuständigkeit, § 45 II 2 ArbGG.

137 Grundsätzliche Rechtsfragen.
Der erkennende Senat kann in einer Frage von grundsätzlicher Bedeutung die Entscheidung des Großen Senats herbeiführen, wenn nach seiner Auffassung die Fortbildung des Rechts oder die Sicherung einer einheitlichen Rechtsprechung es erfordert.

1) Erläuterung. Die Vorschrift gibt die Möglichkeit, das, was § 136 nachträglich erreichen will, schon vorbeugend zu erzielen. Die Entscheidung hat zudem größere Tragweite, weil sie sämtliche anderen Zivilsenate bindet, § 136. Eine Meinungsverschiedenheit zwischen den Zivilsenaten braucht nicht vorzuliegen. Ob eine Entscheidung des Großen Zivilsenats herbeigeführt werden soll, ist eine Angelegenheit des Senats, der in der Sache zu erkennen hat; ob die Voraussetzungen für § 137 vorliegen, hat allein dieser („nach seiner Auffassung"), nicht der Große Senat zu entscheiden, Bettermann DVBl **82**, 955 (zur Entscheidungserheblichkeit). Sind sie nach seiner Ansicht gegeben, muß der Senat vorlegen (kein Handlungsermessen, Prütting ZZP **92**, 278). Seine Entscheidung ist eine solche im Sinne des § 136; von ihr darf also nur nach dessen Bestimmungen abgewichen werden. Will der angerufene Große Senat von einer der in § 136 II genannten Entscheidungen abweichen, so entscheidet nicht er, sondern die Vereinigten Großen Senate.

Die Fortbildung des gesetzten Rechts im Sinne einer Weiterentwicklung durch Auslegung verstößt ebensowenig gegen die Unabhängigkeit des Richters, Art 97 GG, wie die Bindung des erkennenden Senats gemäß § 138 III, BGH **3**, 315. Mit Rücksicht auf diese Bindung, die dem erkennenden Senat den unmittelbaren Weg zum BVerfG verschließen würde, ist keine Vorlage an den Großen Zivilsenat über Fragen der Vereinbarkeit mit dem GG zulässig, BVerfG NJW **57**, 625, BVerwG NJW **62**, 459.

Für das **Bundesarbeitsgericht** gilt entsprechendes, § 45 II 2 ArbGG.

138 Verfahren vor den Großen Senaten.
I Die Großen Senate und die Vereinigten Großen Senate entscheiden ohne mündliche Verhandlung nur über die Rechtsfrage.

II Vor der Entscheidung des Großen Senats für Strafsachen oder der Vereinigten Großen Senate sowie in Entmündigungssachen und in Rechtsstreitigkeiten, welche die Nichtigerklärung einer Ehe, die Feststellung des Bestehens oder Nichtbestehens einer Ehe oder die Anfechtung einer Todeserklärung zum Gegenstand haben, ist der Generalbundesanwalt zu hören. Der Generalbundesanwalt kann auch in der Sitzung seine Auffassung darlegen.

III Die Entscheidung ist in der vorliegenden Sache für den erkennenden Senat bindend.

IV Erfordert die Entscheidung der Sache eine erneute mündliche Verhandlung vor dem erkennenden Senat, so sind die Beteiligten unter Mitteilung der ergangenen Entscheidung der Rechtsfrage zu der Verhandlung zu laden.

1) Erläuterung. Wegen der Besetzung s § 132. Die **Entscheidung ergeht nur über die Rechtsfrage, I.** Ein Großer Senat darf die Sache bei Eintritt neuer Rechtstatsachen, zB bei Ergehen einer Entscheidung des BVerfG mit Bindungswirkung, Art 31 I BVerfGG, nicht zurückgeben, damit die Parteien dazu Stellung nehmen können; er hat den Parteien vielmehr selbst rechtliches Gehör durch schriftliche Anhörung zu gewähren, BGH (GrZS) **13**, 270. I schließt nicht aus, daß der GrSenat im Einzelfall nach mündlicher Verhandlung entscheidet, BGH (GrZS) **AP** § 45 ArbGG Nr 2; nicht zu folgen ist BArbG (GrS) **AP** § 45 ArbGG Nr 1 (m krit Anm Baumgärtel) = SAE **71** Nr 2 (m krit Anm Bötticher), das die mündliche Verhandlung jedenfalls dann für notwendig hält, wenn das Ausgangsverfahren mündlich ist, dagegen auch Grunsky ArbGG § 45 Rdz 10, der zutreffend darauf hinweist, daß sich in diesen Fällen eine mündliche Verhandlung empfiehlt.

9. Titel. Bundesgerichtshof GVG §§ 138–140, Anh § 140

Die Entscheidung bindet den erkennenden Senat in der Sache, die Anlaß zu der Anrufung gegeben hat, **III,** ferner im Falle einer Zurückverweisung die Gerichte, an die verwiesen wird, §§ 565 II, 566a IV ZPO. Im übrigen werden der erkennende Senat und die anderen Senate nur im Rahmen des § 136 gebunden. Gegen die Entscheidung eines Großen Senats findet keine Verfassungsbeschwerde statt, Oswald DVBl **74,** 191; ihr unterliegt aber ggf die Entscheidung in der Sache, in der der Beschluß ergangen ist.
Beim **Bundesarbeitsgericht** gelten I, III u IV sinngemäß, § 45 III 3 ArbGG.

139 Besetzung der Senate. ¹ Die Senate des Bundesgerichtshofes entscheiden in der Besetzung von fünf Mitgliedern einschließlich des Vorsitzenden.
II (betrifft Strafsachen)

Erläuterung. Die Vorschrift gilt auch für Beschlußsachen. Das **Bundesarbeitsgericht** entscheidet durch 5 Mitglieder, von denen 2 ehrenamtliche Richter sind, § 41 II ArbGG.

140 Geschäftsordnung. Der Geschäftsgang wird durch eine Geschäftsordnung geregelt, die das Plenum beschließt; sie bedarf der Bestätigung durch den Bundesrat.

1) Zuständig für die Regelung der Geschäftsordnung ist das Plenum. Es hat die Geschäftsordnung v 3. 3. 52, BAnz Nr 83, zuletzt geändert durch Bek v 21. 6. 71, BAnz Nr 114, erlassen. Die Geschäftsordnung des **Bundesarbeitsgerichts** beschließt dessen Präsidium; sie bedarf der Bestätigung durch den BRat, § 44 II ArbGG (vgl Geschäftsordnung idF v 8. 4. 1960, BAnz Nr 76, mit Änderungen, abgedr bei Grunsky ArbGG Anh 5).

Anhang nach § 140 GVG
Gesetz zur Wahrung der Einheitlichkeit der Rechtsprechung der obersten Gerichtshöfe des Bundes
Vom 19. 6. 1968, BGBl 661

Übersicht

Schrifttum: Miebach, Der Gemeinsame Senat der obersten Gerichtshöfe des Bundes, 1971; Maetzel MDR **68,** 797; Schmidt-Räntsch DRiZ **68,** 325; Späth BB **77,** 153.
Wegen der Einheitlichkeit der Rechtsprechung der 5 Obersten Gerichtshöfe schreibt Art 95 III GG (idF des G v 18. 6. 68, BGBl 657) anstelle des ursprünglich vorgesehenen Obersten Bundesgerichts die Bildung eines **Gemeinsamen Senats** vor. Dieser Senat ist mWv 1. 7. 68 in Karlsruhe errichtet worden, § 1. **Er entscheidet,** wenn ein oberster Gerichtshof von der Entscheidung eines anderen abweichen will, § 2 (auch dann, wenn diese Entscheidung vor dem Inkrafttreten des Gesetzes erlassen ist, GmS NJW **72,** 1411, jedoch in diesem Fall nicht, wenn inzwischen abw Entscheidungen des eigenen oder eines anderen obersten Gerichtshofs ergangen sind, BVerwG NJW **83,** 2154), und ihm die Frage mit begründetem Beschluß vorgelegt wird, § 11 (Entscheidung iSv § 2 ist nicht der Vorlagebeschluß eines anderen obersten Gerichtshofs, BVerwG NJW **76,** 1420). Seine Zuständigkeit ist auch dann gegeben, wenn die abweichende Rechtsauffassung eine in mehreren Gesetzen in gleicher Weise auftauchende Rechtsfrage betrifft, die abweichende Entscheidung aber zu einem anderen Gesetz ergangen ist, GmS NJW **73,** 1273. Will ein Senat eines Obersten Gerichtshofs von der Rspr eines anderen Senats seines Gerichtshofes und gleichzeitig von einer Entscheidung eines anderen Obersten Gerichtshofes abweichen, so ist zunächst der Große Senat seines Gerichtshofes, gegebenenfalls dessen Vereinigter Großer Senat anzurufen, § 136 GVG, so daß der GmS erst anzurufen ist, wenn sich auch dann noch eine Abweichung von der Rspr eines anderen Obersten Gerichts ergibt, § 2 II, wobei dann der Große Senat die Vorlegungspflicht hat und beteiligter Senat ist, RegEntwBegr zu § 11, vgl auch Schmidt-Räntsch DRiZ **68,** 328. Keiner Entscheidung des GmS bedarf es, wenn der Senat eines Obersten Gerichtshofes, von dessen Entscheidung abgewichen werden soll, sich durch Beschluß innerhalb eines Monats der Ansicht des vorlegenden Senats anschließt, § 14. Eine Anrufung des GmS entfällt, wenn das Oberste Bundesgericht nicht in der Sache selbst entscheidet, BVerwG Buchholz 310 § 40 VwGO Nr 202. Die **Zusammensetzung,** § 3, stellt sicher, daß alle Obersten Gerichtshöfe angemessen vertreten sind, Z 1, und durch die Teilnahme von Richtern der beteiligten Senate auch die erforderliche besondere Sachkunde für die jeweils zu entscheidende Sache vorhanden ist, Z 2 u 3.

Es handelt sich bei der Herbeiführung einer Entscheidung des GmS **nicht um eine weitere Instanz** für die am Verfahren Beteiligten. Da der GmS nicht den Interessen der Beteiligten dient, sondern der Einheitlichkeit der Rspr, haben jene keine Möglichkeit, ihrerseits den GmS anzurufen; vgl die ähnlichen §§ 136, 137 GVG. Sie bleiben aber am Verfahren des GmS beteiligt, §§ 11 I, 12 III, 13 I, so daß sie bei der grundsätzlich stattfindenden mündlichen Verhandlung, vgl auch § 5 S 2, Gelegenheit haben, ihre Ansicht zu der Rechtsfrage vorzutragen, § 15 I 1. Sind beide Parteien einverstanden, kann aber auch ohne solche Verhandlung entschieden werden, wobei den Beteiligten dann die Möglichkeit einer schriftlichen Äußerung zur Rechtsfrage gegeben werden muß, § 15 I 2, 3. Außergerichtliche **Kosten** werden nicht erstattet, § 17 II.

Verfahrensmäßig gelten bis auf die Besonderheit der §§ 11ff die für den vorlegenden Senat maßgebenden Vorschriften, § 10. Der GmS entscheidet nicht in der Sache, aus der sich die Rechtsfrage ergeben hat, sondern nur über diese, § 15 I 1, und zwar mit Bindung für das erkennende Gericht in der vorliegenden Sache, § 16, das für die Entscheidung in der Sache selbst zuständig bleibt. Gesetzeskraft hat ein solcher Beschluß also nicht. Tatsächlich hat die Entscheidung des GmS aber deshalb weitergehende Wirkungen, weil jeder Senat eines Obersten Gerichtshofes, der abweichen will, vorlegen muß, § 2 I. Außerdem ergibt sich bei Abweichung von einer Entscheidung des GmS ein Zulassungszwang für das OLG, § 546 I 2 Z 2 ZPO, und ebenso für das LArbG, § 72 II Z 2 ArbGG; soweit dieser Zulassungsgrund in anderen Verfahrensordnungen fehlt, zB in § 132 II VwGO, gilt das gleiche nach § 18 G v 19. 6. 68, BGBl 661, abgedr Anh § 546 ZPO.

Das Gesetz ist in **Berlin** durch G vom 11. 7. 68, GVBl 920, übernommen worden.

Erster Abschnitt. Gemeinsamer Senat der obersten Gerichtshöfe

Bildung des Gemeinsamen Senats

§ 1. ^{I} Zur Wahrung der Einheitlichkeit der Rechtsprechung der in Artikel 95 Abs. 1 des Grundgesetzes genannten obersten Gerichtshöfe des Bundes wird ein Gemeinsamer Senat dieser obersten Gerichtshöfe gebildet.

^{II} Der Gemeinsame Senat hat seinen Sitz in Karlsruhe.

Zuständigkeit

§ 2. ^{I} Der Gemeinsame Senat entscheidet, wenn ein oberster Gerichtshof in einer Rechtsfrage von der Entscheidung eines anderen obersten Gerichtshofs oder des Gemeinsamen Senats abweichen will.

^{II} Sind nach den Gerichtsverfassungs- oder Verfahrensgesetzen der Große Senat oder die Vereinigten Großen Senate eines obersten Gerichtshofes anzurufen, so entscheidet der Gemeinsame Senat erst, wenn der Große Senat oder die Vereinigten Großen Senate von der Entscheidung eines anderen obersten Gerichtshofs oder des Gemeinsamen Senats abweichen wollen.

Zusammensetzung

§ 3. ^{I} Der Gemeinsame Senat besteht aus
1. den Präsidenten der obersten Gerichtshöfe,
2. den Vorsitzenden Richtern der beteiligten Senate und
3. je einem weiteren Richter der beteiligten Senate.

^{II} Führt der Präsident eines obersten Gerichtshofs den Vorsitz in einem beteiligten Senat, so wirken außer ihm zwei weitere Richter des beteiligten Senats in dem Gemeinsamen Senat mit.

^{III} Bei Verhinderung der Präsidenten eines obersten Gerichtshofs tritt sein Vertreter im Großen Senat, bei Verhinderung des Präsidenten eines beteiligten Senats sein Vertreter an seine Stelle.

^{IV} Die zu entsendenden Richter (Absatz 1 Nr. 3 und Absatz 2) und ihre Vertreter werden von den Präsidien der obersten Gerichtshöfe für die Dauer von zwei Geschäftsjahren bestimmt.

Beteiligte Senate

§ 4. ^{I} Beteiligt sind der vorlegende Senat und der Senat des obersten Gerichtshofs, von dessen Entscheidung der vorlegende Senat abweichen will. Ist der Senat des anderen obersten Gerichtshofs bei Eingang des Vorlegungsbeschlusses für die Rechtsfrage nicht mehr zuständig, so tritt der nach der Geschäftsverteilung nunmehr zuständige Senat an seine Stelle. Haben mehrere Senate des anderen obersten Gerichtshofs über die Rechtsfrage abweichend entschieden, so ist der Senat beteiligt, der als letzter entschieden hat, sofern nach der Geschäftsverteilung nicht ein anderer Senat bestimmt ist.

^{II} Wird die Rechtsfrage von dem Großen Senat eines obersten Gerichtshofs vorgelegt oder will der vorlegende Senat von der Entscheidung des Großen Senats eines anderen obersten Gerichtshofs abweichen, so ist der Große Senat der beteiligte Senat. Entsprechendes gilt für die Vereinigten Großen Senate eines obersten Gerichtshofs.

Vorsitz

§ 5. Den Vorsitz führt der lebensälteste Präsident der nichtbeteiligten obersten Gerichtshöfe. Er wird bei der Leitung der mündlichen Verhandlung sowie der Beratung und Abstimmung durch den lebensältesten der anwesenden Präsidenten der anderen obersten Gerichtshöfe, bei den übrigen Geschäften des Vorsitzenden durch seinen Vertreter im Großen Senat vertreten.

Abstimmung

§ 6. Der Gemeinsame Senat entscheidet mit der Mehrheit der Stimmen seiner Mitglieder.

Vorrang der Amtsgeschäfte im Gemeinsamen Senat

§ 7. Die Tätigkeit im Gemeinsamen Senat geht der Tätigkeit an dem obersten Gerichtshof vor.

Geschäftsstelle

§ 8. Für den Gemeinsamen Senat wird eine Geschäftsstelle eingerichtet. Das Nähere bestimmt der Bundesminister der Justiz.

Rechts- und Amtshilfe

§ 9. Alle Gerichte und Verwaltungsbehörden leisten dem Gemeinsamen Senat Rechts- und Amtshilfe.

Zweiter Abschnitt. Verfahrensvorschriften

Grundsatz

§ 10. Soweit in den §§ 11 bis 17 nichts anderes bestimmt ist, gelten für das Verfahren vor dem Gemeinsamen Senat die Vorschriften für das Verfahren vor dem vorlegenden Senat entsprechend.

Vorlegungsverfahren

§ 11. ^I Das Verfahren vor dem Gemeinsamen Senat wird durch einen Vorlegungsbeschluß eingeleitet. In diesem ist die Entscheidung des obersten Gerichtshofs, von der der vorlegende Senat abweichen will, zu bezeichnen. Der Beschluß ist zu begründen und den am Verfahren Beteiligten zuzustellen.

^{II} Die Senate, die Großen Senate oder die Vereinigten Großen Senate der obersten Gerichtshöfe holen die Entscheidung des Gemeinsamen Senats unmittelbar ein. Gleichzeitig ist das Verfahren vor dem vorlegenden Senat auszusetzen.

Stellungnahme der obersten Gerichtshöfe

§ 12. ^I Der Vorsitzende des Gemeinsamen Senats gibt den obersten Gerichtshöfen von dem Vorlegungsbeschluß Kenntnis. Die obersten Gerichtshöfe teilen dem Gemeinsamen Senat mit, ob, mit welchem Ergebnis und mit welcher Begründung sie die streitige Rechtsfrage bisher entschieden haben und welche damit zusammenhängenden Rechtsfragen zur Entscheidung anstehen.

^{II} Der Gemeinsame Senat kann einen obersten Gerichtshof ersuchen, seine Auffassung zu einer für die Entscheidung erheblichen Rechtsfrage darzulegen. Der ersuchte oberste Gerichtshof legt eine Äußerung des Senats vor, der nach der Geschäftsverteilung zur Entscheidung über die streitige Rechtsfrage zuständig ist oder, wenn nach der Geschäftsverteilung kein bestimmter Senat zuständig ist, vom Präsidium bestimmt wird. Auch ohne Ersuchen kann ein oberster Gerichtshof dem Gemeinsamen Senat eine Äußerung seines zuständigen Senats zu der Rechtsfrage vorlegen.

^{III} Der Vorsitzende des Gemeinsamen Senats teilt die eingegangenen Äußerungen den am Verfahren Beteiligten mit.

Beteiligte am Verfahren

§ 13. ^I Die am Verfahren vor dem vorlegenden Senat Beteiligten sind auch am Verfahren vor dem Gemeinsamen Senat beteiligt. Sie sind in dem Vorlegungsbeschluß zu bezeichnen.

II Der Generalbundesanwalt beim Bundesgerichtshof kann sich am Verfahren auch beteiligen, wenn er nach den für einen beteiligten Senat geltenden Verfahrensvorschriften berechtigt ist, am Verfahren mitzuwirken. Der Vorsitzende des Gemeinsamen Senats gibt dem Generalbundesanwalt von solchen Verfahren Kenntnis.

III Der Vorsitzende des Gemeinsamen Senats soll dem Generalbundesanwalt, auch wenn er am Verfahren nicht beteiligt ist, Gelegenheit zur Äußerung geben, wenn die vorgelegte Rechtsfrage für das Rechtsgebiet, für das der Generalbundesanwalt zuständig ist, Bedeutung hat. Die Äußerung ist den am Verfahren Beteiligten mitzuteilen.

IV Die Absätze 2 und 3 gelten für den Oberbundesanwalt beim Bundesverwaltungsgericht, den Bundesdisziplinaranwalt und den Bundeswehrdisziplinaranwalt entsprechend.

Aufgabe der früheren Rechtsprechung

§ 14. Schließt sich der Senat des obersten Gerichtshofs, von dessen Entscheidung abgewichen werden soll, innerhalb eines Monats durch Beschluß der Rechtsauffassung des vorlegenden Senats an, so ist das Verfahren einzustellen. Die Frist beginnt mit dem Eingang des Vorlegungsbeschlusses bei dem obersten Gerichtshof, von dessen Entscheidung abgewichen werden soll. Sie kann von dem Vorsitzenden des Gemeinsamen Senats verlängert werden.

Gegenstand der Entscheidung

§ 15. I Der Gemeinsame Senat entscheidet auf Grund mündlicher Verhandlung nur über die Rechtsfrage. Mit Einverständnis der Beteiligten kann der Gemeinsame Senat ohne mündliche Verhandlung entscheiden. Findet keine mündliche Verhandlung statt, so ist vor der Entscheidung den am Verfahren Beteiligten Gelegenheit zur Äußerung zu geben.

II Die Entscheidung ist zu begründen und den Beteiligten zuzustellen.

Wirkung der Entscheidung

§ 16. Die Entscheidung des Gemeinsamen Senats ist in der vorliegenden Sache für das erkennende Gericht bindend.

Kosten

§ 17. I Das Verfahren vor dem Gemeinsamen Senat ist kostenfrei.

II Außergerichtliche Kosten werden nicht erstattet.

Dritter Abschnitt. Schlußvorschriften
(nicht abgedruckt)

9a. Titel. Zuständigkeit für Wiederaufnahmeverfahren in Strafsachen
(nicht abgedruckt)

Zehnter Titel. Staatsanwaltschaft

Einführung

1) Über die **Einrichtung der Staatsanwaltschaft** bestimmt die **GVVO** vom 20. 3. 35, RGBl I 403 (Vorbem Anh II § 21):

§ 9. Die Beamten der Staatsanwaltschaft sind nichtrichterliche Beamte

(ebenso für den Generalbundesanwalt und die Bundesanwälte § 148 GVG). § 122 DRiG stellt dem richterlichen Dienst, der die Vorstufe für die Ernennung zum Richter auf Lebenszeit ist, die staatsanwaltliche Tätigkeit gleich; nur zum Richteramt Befähigte können zum Staatsanwalt ernannt werden.

Die Staatsanwaltschaft ist eine Verwaltungsbehörde, aber der Sache nach ein der Dritten Gewalt zugeordnetes **Organ der Rechtspflege,** Kleinknecht Vorbem 2. Sie untersteht der jeweiligen Landesjustizverwaltung. Bei jedem Gericht soll eine StA bestehen, § 141; über die StAen bei BGH, OLG, LG und AG s § 142. Die Staatsanwälte sind weisungsgebunden, § 146; das Recht zur Aufsicht und Leitung ist in § 147 geregelt.

2) In Zivilsachen wirkt der Staatsanwalt mit a) in Ehesachen, §§ 632, 638 ZPO, § 24 EheG, **b) in Entmündigungssachen,** §§ 646, 652, 663, 666, 675, 676, 678, 679, 684ff ZPO. Zur Mitwirkung des StA in Zivilsachen s auch Bülow AcP **150,** 289. – Der StA sind zahlreiche Pflichten zur Mitteilung an andere Behörden auferlegt. Der einzelne Staatsanwalt ist nur Organ der Behörde und vertritt diese im Prozeß, so daß nicht ihm, sondern dem gesetzlichen Vertreter der Behörde zuzustellen ist.

141–152 (nicht abgedruckt)

Elfter Titel. Geschäftsstelle
Übersicht

1) Allgemeines. Das GVG beschränkt sich auf die Anordnung des § 153, daß jedes Gericht eine Geschäftsstelle haben muß. Die ZPO regelt nur die prozessuale Tätigkeit der Geschäftsstelle. Ausbildung, Befähigung zum Amt, Titel, Besoldung und die Übertragung anderer Geschäfte, etwa der Kassenführung, sind anderweit, und nicht durchweg einheitlich, geregelt.

2) Schriftgut. Für seine Verwaltung gilt einheitlich die als VerwAnO erlassene **AktenO,** die einen Allgemeinen Teil (§§ 1–10) und besondere Teile für AGe (ZivS §§ 12–17), LGe u OLGe (ZivS §§ 38–40) enthält, mit Zusatzbestimmungen der einzelnen Länder. Danach sind Akten wegzulegen bzw an die 1. Instanz zurückzusenden, wenn die Angelegenheit 6 Monate lang nicht betrieben worden ist, §§ 7 Z 3 S 2, 39 Z 4 S 2; diese Maßnahme hat auf die Anhängigkeit der Sache keinen Einfluß.

3) Urkundsbeamter. A. Er ist ein Beamter der Justizverwaltung. Seine prozessuale Tätigkeit ist sehr verschiedenartig. Der als UrkB eingesetzte Beamte handelt **a) als Urkundsperson,** ,,mit öff Glauben versehene Person", § 415 ZPO, so, wenn er Anträge und Erklärungen zu Protokoll nimmt, das Sitzungsprotokoll führt, Ausfertigungen und Abschriften erteilt, den Tag der Urteilsverkündung vermerkt; **b) als Bürobeamter,** insofern er Aktenwesen, Register- und Listenführung besorgt, Zustellungen und Ladungen vornimmt; **c) als Vermittler des Parteiauftrags,** richtiger -antrags, an den Gerichtsvollzieher, §§ 166 II, 753 ZPO, und entsprechender Aufträge von Gerichten und Behörden, § 161; **d) als Rechtspflegeorgan** bei der Erteilung und Versagung der Vollstreckungsklausel, § 724 II ZPO; **e) als Dolmetscher,** § 190.

B. Der Urkundsbeamte als solcher ist nicht Rechtspfleger; beider Zuständigkeiten sind durch das RPflG gegeneinander abgegrenzt. Dabei hat der Urkundsbeamte seine bisherige, in der ZPO verankerte Zuständigkeit im allgemeinen behalten; wegen Ausnahmen vgl die in § 26 RPflG, abgedr Anh § 153 GVG, genannten Fälle. Über Anträge auf Änderung der Entscheidung eines Urkundsbeamten entscheidet der Richter, § 4 II Z 3 RPflG, vgl auch § 577 IV. Die Rechtsbehelfe gegen Entscheidungen des Rpfl regelt §§ 11, 21 II RPflG (befristete oder unbefristete Erinnerung, auf die die Beschwerdevorschriften sinngemäß anzuwenden sind, und Beschwerde gegen Gerichtsentscheidungen). Die Trennung der Aufgaben des Rpfl von denen des Urkundsbeamten schließt aber nicht aus, daß dem als Rpfl tätigen Beamten auch die Dienstgeschäfte eines Urkundsbeamten übertragen werden; dann hat er in soweit nur die Stellung eines Urkundsbeamten der Geschäftsstelle, § 27 RPflG, untersteht also für die Ausführung dieser Geschäfte der Justizverwaltung, Anh I § 21 GVG, und handelt nicht als Rpfl (unscharf insoweit BGH NJW **81,** 2345, vgl Meyer-Stolte Rpfleger **81,** 394, u BayObLG Rpfleger **81,** 433, vgl DRpflZ **82,** 22).

C. Amtspflichtverletzungen des Urkundsbeamten geben einen Ersatzanspruch gegen das Land, in dessen Diensten der Beamte steht, Art 34 GG. Er muß bei Aufnahme einer Klage die Partei sachgemäß beraten, RG HRR **33,** 651.

153
Einrichtung der Geschäftsstelle. **I** Bei jedem Gericht und jeder Staatsanwaltschaft wird eine Geschäftsstelle eingerichtet, die mit der erforderlichen Zahl von Urkundsbeamten besetzt wird.

II Mit den Aufgaben eines Urkundsbeamten der Geschäftsstelle kann betraut werden, wer einen Vorbereitungsdienst von zwei Jahren abgeleistet und die Prüfung für den mittleren Justizdienst oder für den mittleren Dienst bei der Arbeitsgerichtsbarkeit bestanden hat. Sechs Monate des Vorbereitungsdienstes sollen auf einen Fachlehrgang entfallen.

III Mit den Aufgaben eines Urkundsbeamten der Geschäftsstelle kann auch betraut werden,
1. wer die Rechtspflegerprüfung oder die Prüfung für den gehobenen Dienst bei der Arbeitsgerichtsbarkeit bestanden hat,
2. wer nach den Vorschriften über den Laufbahnwechsel die Befähigung für die Laufbahn des mittleren Justizdienstes erhalten hat,
3. wer als anderer Bewerber (§ 4 Abs. 3 des Rahmengesetzes zur Vereinheitlichung des Beamtenrechts) nach den landesrechtlichen Vorschriften in die Laufbahn des mittleren Justizdienstes übernommen worden ist.

IV Die näheren Vorschriften zur Ausführung der Absätze 1 bis 3 erlassen der Bund und die Länder für ihren Bereich. Sie können auch bestimmen, ob und inwieweit Zeiten einer dem Ausbildungsziel förderlichen sonstigen Ausbildung oder Tätigkeit auf den Vorbereitungsdienst angerechnet werden können.

V Der Bund und die Länder können ferner bestimmen, daß mit Aufgaben eines Urkundsbeamten der Geschäftsstelle auch betraut werden kann, wer auf dem Sachgebiet, das ihm übertragen werden soll, einen Wissens- und Leistungsstand aufweist, der dem durch die Ausbildung nach Absatz 2 vermittelten Stand gleichwertig ist.

Vorbem. Fassung des Art 1 G v 19. 12. 79, BGBl 2306, mWv 1. 1. 81 (Übergangsvorschrift zu II: Art 3 I).

Schrifttum: Buhrow NJW **81**, 907; Niederée DRPflZ **80**, 2 (m Dokumentation **80**, 7).

1) Erläuterung. Bei jedem Gericht muß eine Geschäftsstelle bestehen; das Nähere wird im Verwaltungswege geregelt, Kissel Rdz 3–5 (vgl die AnO über die Einrichtung der Geschäftsstelle beim BGH v 10. 12. 80, BAnz Nr 239 S 2), soweit nicht Rechtsvorschriften darüber bestehen, zB in Bay die VO v 6. 5. 82, GVBl 271. Die Geschäftsstelle darf auch für andere staatliche Aufgaben verwendet werden. Bei einer derartigen Doppelstellung, etwa als Urkundsbeamter des AG und des ArbG, hat der Urkundsbeamte nach außen klar zum Ausdruck zu bringen, in welcher Eigenschaft er handelt. „Bei" dem Gericht erfordert nicht eine enge räumliche Verbindung, Schlesw SchlHA **63**, 278 (Ministerialbeamter gleichzeitig Urkundsbeamter der Geschäftsstelle). Entsprechendes gilt für die **Arbeitsgerichtsbarkeit**, § 7 I ArbGG. § 153 ist im Bereich der Verw-, Fin- und Sozialgerichte nicht anzuwenden, Art 3 II G v 19. 12. 79.

Der Urkundsbeamte ist Organ der Rechtspflege, Kissel Rdz 24, seine Aufgaben sind namentlich Beurkundungen wie Protokollführung (§ 159 ZPO), Aufnahme von Erklärungen (zB §§ 117, 129 II, 129a, 496, 569 II ZPO), Erteilung von Ausfertigungen (zB §§ 317 III, 724 u 725 ZPO), wobei er keinen Weisungen unterworfen ist, Kissel Rdz 24. Dem als UrkB eingesetzten Beamten obliegt daneben die Mitwirkung im Prozeßbetrieb wie die Ausführung von Verfügungen zur Vorbereitung des Termins sowie von Ladungen und Zustellungen, das Anlegen und Führen von Registern und Akten usw, Üb 3 A § 153. Bestimmte Aufgaben in dem eigentlichen Bereich des UrkB sind dem Rechtspfleger übertragen, § 20 Z 12 (vollstreckbare Ausfertigung), § 21 I Z 1 u 2 (Festsetzungsverfahren) und § 24 (Aufnahme von Erklärungen) RPflG, Anh § 153; im übrigen bleibt die Zuständigkeit des UrkB nach Maßgabe der gesetzlichen Vorschriften unberührt, § 26 RPflG. Bei Streit oder Ungewißheit über die Zuständigkeit entscheidet entspr § 7 RPflG der Rpfl.

Gegen die Entscheidungen des UrkB, die im Wesentlichen nur in seinem Bereich als Organ der Rechtspflege vorkommen, gibt es die Erinnerung an das Gericht, dem er angehört, § 576.

2) *VwGO*: *Es gilt § 13 VwGO, der § 153 I entspricht. Rechtsbehelf ist nach § 151 VwGO der befristete Antrag auf Entscheidung des Gerichts.*

Anhang nach § 153 GVG. Rechtspfleger

Schrifttum. Marquordt Rpfleger **70**, 1; Zimmermann NJW **70**, 1357; Habscheid NJW **70**, 1775; Blaesing NJW **71**, 1436; Bernhard DRiZ **81**, 361; Niederée DRpflZ **81**, 25 u 54; Kunz, Erinnerung und Beschwerde, ein Beitrag zum Rechtsschutz in der zivilprozessualen Zwangsvollstreckung, 1980 (Bespr Mohrbutter KTS **81**, 276, Vollkommer Rpfleger **81**, 374). **Kommentare:** Arnold/Meyer-Stolte, 3. Aufl, 1978; Riedel, 5. Aufl, 1982; Bassenge/Herbst, 3. Aufl, 1981 (Bespr Deubner NJW **83**, 558).

1) Die gesetzliche Grundlage für die Stellung des Rechtspflegers und seiner Aufgaben ist das RpflG vom 5. 11. 1969, BGBl I 2065. Es überträgt dem RPfl eine Reihe von Geschäften,

11. Titel. Geschäftsstelle **GVG Anh § 153** 1–6

§ 3, zT in vollem Umfange, § 3 I, zT unter Vorbehalt von Ausnahmen, § 3 II, oder es überträgt nur einzelne Geschäfte, § 3 II u III. Ganz allgemein wird für einige Geschäfte, die sich bei der Abwicklung der übertragenen Geschäfte ergeben können, zB Eid und Freiheitsentziehungen, dem RPfl eine Befugnis nicht gegeben, § 4 II. Das Gesetz gilt auch für **Berlin**, § 39 u G v 11. 11. 69, GVBl 2434, 2436.

Das Gesetz gilt ferner entsprechend für die **Arbeitsgerichte** in allen Rechtszügen, § 9 III ArbGG. Für die **Verwaltungs-, Finanz- und Sozialgerichte** ist es dagegen unanwendbar, hM; es gilt hier auch nicht insoweit, als bei ihnen die Festsetzung von Kosten, § 21 I Z 1 RpflG, nach den §§ 103 ff ZPO oder die Festsetzung von RA-Gebühren nach § 19 BRAGO, § 21 I Z 2 RpflG, zu erfolgen hat, Arnold/Meyer-Stolte § 21 Anm 21, OVG Hbg MDR **80**, 258 (anders beim BVerfG, vgl NJW **77**, 145).

2) Der Rechtspfleger ist ein besonderes Organ der Rechtspflege, dessen Stellung durch das RpflG gerichtsverfassungsrechtlich verankert worden ist, § 1 RpflG. Der Rpfl ist kein Richter, sondern ein Beamter, dem richterliche Aufgaben übertragen sind, Bernhard DRiZ **81**, 361, vgl Anm 3. Mit den Geschäften eines Rpfl kann nur ein Justizbeamter nach einem Vorbereitungsdienst von mindestens drei Jahren und einer Prüfung für den gehobenen Justizdienst betraut werden (entsprechend bei den ArbGer, § 9 III 2 ArbGG). Auch wer die 2. juristische Staatsprüfung bestanden hat, kann betraut werden, mit der zeitweiligen Wahrnehmung der Geschäfte auch ein Referendar nach einem Vorbereitungsdienst von mindestens 6 Monaten, § 2 RpflG. Die weitere Regelung, insbesondere der Erlaß von Ausbildungsordnungen, ist Ländersache.

3) Die Stellung des Rechtspflegers ist richterähnlich. Er entscheidet unabhängig und ist nur dem Gesetz unterworfen, § 9 RpflG. Daß ein Rpfl entschieden hat, ist kenntlich zu machen, § 12 RpflG. Für seine Ausschließung und Ablehnung gelten dieselben Vorschriften wie für den Richter; über ihre Berechtigung entscheidet der Richter.

4) Befugnisse des Rechtspflegers. Soweit das Gesetz Geschäfte dem Rpfl übertragen hat, trifft er alle zur Erledigung des Geschäftes erforderlichen Maßnahmen, entscheidet zB auch über das gleichzeitig mit dem Gesuch auf Erlaß eines Mahnbescheids eingereichte Gesuch um Prozeßkostenhilfe, § 4 I RpflG; er kann Zeugen vernehmen und auch Ordnungsmittel in Geld anwenden. Jedoch ist er **nicht befugt** zur AnO oder Abnahme eines Eides, zur Androhung oder Verhängung von Freiheitsentziehungen sowie zum Erlaß eines Haftbefehls mit den sich aus § 4 II Z 2 a–c ergebenden Ausnahmen. In diesen Fällen hat er die Sache dem Richter zur Entscheidung vorzulegen, § 4 III RpflG. Eine **Vorlagepflicht** besteht ferner, wenn der Rpfl von einer ihm bekannten Stellungnahme des Richters abweichen will, wenn sich rechtliche Schwierigkeiten besonderer Art, insbesondere durch die Anwendung von Auslands- oder DDR-Recht ergeben oder der enge Zusammenhang mit einem bereits vom Richter bearbeiteten Geschäft eine besondere Bearbeitung durch den RPfl untunlich erscheinen läßt. Ist eine Sache dem Richter aus einer dieser Gründe vorgelegt, so steht es in seinem Ermessen, ob er die Bearbeitung bis zur vollen Erledigung übernimmt oder ob er nur die Frage, die die Schwierigkeiten verursacht hat, entscheidet oder auch nur Stellung dazu nimmt. Gelangt die Sache an den RPfl zurück, so ist er nicht befugt, von der ihm mitgeteilten richterlichen Rechtsauffassung abzuweichen, da die Einheit der rechtlichen Beurteilung möglichst gewahrt werden soll, §§ 5, 6 RpflG.

5) Überschreitet der Rechtspfleger seine Befugnisse, ordnet er zB eine Ordnungshaft an, so ist diese AnO unwirksam. Das ist hingegen nicht der Fall, wenn er eine Sache gegen die ihm bekannte Stellungnahme des Richters entscheidet, falls die Bearbeitung der Sache in seinen Aufgabenkreis fällt und er lediglich seiner Vorlagepflicht („hat") nicht genügt hat, § 8 III RpflG. Nimmt der Richter dem RPfl übertragene Geschäfte wahr, so wird dadurch die Wirksamkeit des Geschäfts nicht berührt, § 8 I RpflG.

6) Rechtsbehelfe gegen Entscheidungen des Rechtspflegers, dazu Göpinger JR **71**, 448; Meyer-Stolte Rpfleger **72**, 193; Lappe JR **72**, 103; Mümmler JVBl **72**, 246; Schütt MDR **72**, 390; Bischof MDR **75**, 632 (letztere namentlich zu § 21). Gegen die Entscheidung des RPfl ist (ausgenommen die Fälle der §§ 694 und 700 ZPO) die Erinnerung gegeben, die, je nachdem, ob die entsprechende Entscheidung des Richters der einfachen oder sofortigen Beschwerde unterläge, die unbefristete oder befristete (2 Wochen) Erinnerung ist, § 11 I RpflG (der heute allein die Rechtsbehelfe gegen Entscheidung des RPfl regelt, § 577 IV ZPO also insofern ersetzt). Der Rechtsbehelf der Erinnerung ist immer, also auch dann gegeben, wenn gegen die entsprechende Entscheidung des Richters kein Rechtsmittel gegeben wäre. Für das Erinnerungsverfahren besteht kein Anwaltszwang, § 78 II ZPO. Nur im Fall der unbefristeten Erinnerung (Ausnahme § 21 II) darf der RPfl abhelfen. Hilft er nicht ab oder kann er das nicht, so erfolgt Vorlage an den Richter. Dieser entscheidet in der Sache, a) wenn er den Rechtsbehelf für zulässig und begründet hält oder b) wenn die Entscheidung als richterliche Entscheidung unanfechtbar wäre, § 11 II 3 RPflG. Im Fall a) ist dagegen das auch sonst gegen seine Entscheidung gegebene Rechtsmittel, § 11 III, zulässig; handelt es sich also zB um eine Erinnerung gegen eine Entscheidung des RPfl des Vollstreckungsgerichts, die dieser dem Richter vorgelegt hat, der entscheidet, weil er sie für zulässig und begründet hält, so ist sofortige Beschwerde zulässig, § 793. Hält der Richter die Erinnerung für unzulässig oder für nicht begründet, so legt er, ohne eine Entscheidung zu treffen und ohne daß ein Antrag der Partei erforderlich wäre, also vAw, die Sache unter Benachrichtigung der Beteiligten dem Rechtsmittelgericht zur Entscheidung vor. Die Erinnerung gilt dann als Beschwerde gegen die Entscheidung des RPfl, § 11 II 4, 5 RPflG (sog Durchgriffserinnerung). Nimmt der Erinnerungsführer diese Beschwerde vor der gerichtlichen Verfügung zurück, so bleibt das Beschwerdeverfahren gebührenfrei. Das Erinnerungsverfahren selbst, also bis einschließlich der Entscheidung des Richters über die Erinnerung, ist gebührenfrei, § 11 VI RPflG. Besonderheiten gelten für das **Festsetzungsverfahren,** § 21 II RpflG; näheres in § 104 ZPO Anm 4.

7) Wegen der Abgrenzung der Geschäfte des Rechtspflegers und des Urkundsbeamten vgl Üb 3 B § 153.

8) Die **Paragraphen-Überschriften** sind amtlich.

Rechtspflegergesetz

vom 5. November 1969, BGBl 2065, zuletzt geändert durch Art 8 G v 25. 10. 82, BGBl 1425.

(auszugsweise)

Erster Abschnitt. Aufgaben und Stellung des Rechtspflegers

Allgemeine Stellung des Rechtspflegers

RPflG 1. Der Rechtspfleger nimmt die ihm durch dieses Gesetz übertragenen Aufgaben der Rechtspflege wahr.

Voraussetzungen für die Tätigkeit als Rechtspfleger

RPflG 2. I Mit den Aufgaben eines Rechtspflegers kann ein Beamter des Justizdienstes betraut werden, der einen Vorbereitungsdienst von drei Jahren abgeleistet und die Rechtspflegerprüfung bestanden hat. Der Vorbereitungsdienst vermittelt in einem Studiengang einer Fachhochschule oder in einem gleichstehenden Studiengang dem Beamten die wissenschaftlichen Erkenntnisse und Methoden sowie die berufspraktischen Fähigkeiten und Kenntnisse, die zur Erfüllung der Aufgaben eines Rechtspflegers erforderlich sind. Der Vorbereitungsdienst besteht aus Fachstudien von mindestens achtzehnmonatiger Dauer und berufspraktischen Studienzeiten. Die berufspraktischen Studienzeiten umfassen die Ausbildung in den Schwerpunktbereichen der Aufgaben eines Rechtspflegers; die praktische Ausbildung darf die Dauer von einem Jahr nicht unterschreiten.

II Zum Vorbereitungsdienst kann zugelassen werden, wer eine zu einem Hochschulstudium berechtigende Schulbildung besitzt oder einen als gleichwertig anerkannten Bildungsstand nachweist. Beamte des mittleren Justizdienstes können zur Rechtspflegerausbildung zugelassen werden, wenn sie nach der Laufbahnprüfung mindestens drei Jahre im mittleren Justizdienst tätig waren und nach ihrer Persönlichkeit sowie ihren bisherigen Leistungen für den Dienst als Rechtspfleger geeignet erschienen. Die Länder können bestimmen, daß die Zeit der Tätigkeit im mittleren Justizdienst bis zu einer Dauer von sechs Monaten auf die berufspraktischen Studienzeiten angerechnet werden kann.

III Mit den Aufgaben eines Rechtspflegers kann auf seinen Antrag auch betraut werden, wer die Befähigung zum Richteramt besitzt.

IV Auf den Vorbereitungsdienst können ein erfolgreich abgeschlossenes Studium der Rechtswissenschaft bis zur Dauer von zwölf Monaten und ein Vorbereitungsdienst nach § 5a des Deutschen Richtergesetzes bis zur Dauer von sechs Monaten angerechnet werden. Auf Teilnehmer einer Ausbildung nach § 5b des Deutschen Richtergesetzes ist Satz 1 entsprechend anzuwenden.

V Referendare können mit der zeitweiligen Wahrnehmung der Geschäfte eines Rechtspflegers beauftragt werden.

VI Die Länder erlassen die näheren Vorschriften

Bem. Wegen der Ländervorschriften, § 2 VI, s die Übersicht bei Schönfelder, Fußnote zu § 2.

Übertragene Geschäfte
RPflG 3. Dem Rechtspfleger werden folgende Geschäfte übertragen:
1. in vollem Umfange die nach den gesetzlichen Vorschriften vom Richter wahrzunehmenden Geschäfte des Amtsgerichts in
   a–h) ...
   i) Verfahren nach dem Gesetz über die Zwangsversteigerung und die Zwangsverwaltung,
   k) Verteilungsverfahren, die außerhalb der Zwangsvollstreckung nach den Vorschriften der Zivilprozeßordnung über das Verteilungsverfahren durchzuführen sind,
   l–m) ...
2. vorbehaltlich der in den §§ 14 bis 19a dieses Gesetzes ausgeführten Ausnahmen die nach den gesetzlichen Vorschriften vom Richter wahrzunehmenden Geschäfte des Amtsgerichts in
   a) Vormundschaftssachen im Sinne des Zweiten Abschnitts des Gesetzes über die Angelegenheiten der freiwilligen Gerichtsbarkeit und Angelegenheiten, die im Bürgerlichen Gesetzbuch dem Familiengericht übertragen sind,
   b) (aufgehoben)
   c–g) ...
3. die in den §§ 20 bis 24a dieses Gesetzes einzeln aufgeführten Geschäfte
   a) in Verfahren nach der Zivilprozeßordnung und dem Mieterschutzgesetz,
   b) in Festsetzungsverfahren,
   c, d) ...
   e) auf dem Gebiet der Aufnahme von Erklärungen,
   f) auf dem Gebiet der Beratungshilfe;
4. die in den §§ 29 bis 31 dieses Gesetzes einzeln aufgeführten Geschäfte
   a) im internationalen Rechtsverkehr,
   b) in Hinterlegungssachen,
   c) ... der Vollstreckung in Straf- und Bußgeldsachen sowie von Ordnungs- und Zwangsmitteln.

Bem. Z 2a idF des Art 8 Z 1 1. EheRG, in Kraft ab 1. 7. 77, Z 3f idF des § 12 Z 1 des Beratungshilfegesetzes, Anh § 127 ZPO, in Kraft ab 1. 1. 81.

Umfang der Übertragung
RPflG 4. ^{I} Der Rechtspfleger trifft alle Maßnahmen, die zur Erledigung der ihm übertragenen Geschäfte erforderlich sind.

^{II} Der Rechtspfleger ist nicht befugt,
1. eine Beeidigung anzuordnen oder einen Eid abzunehmen,
2. Freiheitsentziehungen anzudrohen oder anzuordnen, sofern es sich nicht um Maßnahmen zur Vollstreckung
   a) einer Freiheitsstrafe nach § 457 der Strafprozeßordnung oder § 890 der Zivilprozeßordnung,
   b) ...
   c) ...
   handelt,
3. über Anträge zu entscheiden, die auf Änderung einer Entscheidung des Urkundsbeamten der Geschäftsstelle gerichtet sind.

^{III} Hält der Rechtspfleger Maßnahmen für geboten, zu denen er nach Absatz 2 Nr. 1 und 2 nicht befugt ist, so legt er deswegen die Sache dem Richter zur Entscheidung vor.

Vorlage an den Richter
RPflG 5. ^{I} Der Rechtspfleger hat ihm übertragene Geschäfte dem Richter vorzulegen, wenn
1. er von einer ihm bekannten Stellungnahme des Richters abweichen will;
2. sich bei der Bearbeitung der Sache rechtliche Schwierigkeiten ergeben;
3. die Anwendung von nicht im Geltungsbereich dieses Gesetzes geltendem Recht in Betracht kommt;
4. zwischen dem übertragenen Geschäft und einem vom Richter wahrzunehmenden Geschäft ein so enger Zusammenhang besteht, daß eine getrennte Behandlung nicht sachdienlich ist.

^{II} Die vorgelegten Sachen bearbeitet der Richter, solange er es für erforderlich hält. Er kann die Sachen dem Rechtspfleger zurückgeben. Gibt der Richter eine Sache an den Rechtspfleger zurück, so ist dieser an eine von dem Richter mitgeteilte Rechtsauffassung gebunden.

Bearbeitung übertragener Sachen durch den Richter
RPflG 6. Steht ein übertragenes Geschäft mit einem vom Richter wahrzunehmenden Geschäft in einem so engen Zusammenhang, daß eine getrennte Bearbeitung nicht sachdienlich wäre, so soll der Richter die gesamte Angelegenheit bearbeiten.

RPflG 6a. (nicht abgedruckt)

Bestimmung des zuständigen Organs der Rechtspflege
RPflG 7. Bei Streit oder Ungewißheit darüber, ob ein Geschäft von dem Richter oder dem Rechtspfleger zu bearbeiten ist, entscheidet der Richter über die Zuständigkeit durch Beschluß. Der Beschluß ist unanfechtbar.

Gültigkeit von Geschäften
RPflG 8. ^{I} Hat der Richter ein Geschäft wahrgenommen, das dem Rechtspfleger übertragen ist, so wird die Wirksamkeit des Geschäfts hierdurch nicht berührt.

^{II} Hat der Rechtspfleger ein Geschäft wahrgenommen, das ihm der Richter nach diesem Gesetz übertragen kann, so ist das Geschäft nicht deshalb unwirksam, weil die Übertragung unterblieben ist oder die Voraussetzungen für die Übertragung im Einzelfalle nicht gegeben waren.

^{III} Ein Geschäft ist nicht deshalb unwirksam, weil es der Rechtspfleger entgegen § 5 Abs. 1 dem Richter nicht vorgelegt hat.

^{IV} Hat der Rechtspfleger ein Geschäft des Richters wahrgenommen, das ihm nach diesem Gesetz weder übertragen ist noch übertragen werden kann, so ist das Geschäft unwirksam. Das gilt nicht, wenn das Geschäft dem Rechtspfleger durch eine Entscheidung nach § 7 zugewiesen worden war.

^{V} Hat der Rechtspfleger ein Geschäft des Urkundsbeamten der Geschäftsstelle wahrgenommen, so wird die Wirksamkeit des Geschäfts hierdurch nicht berührt.

Selbständigkeit des Rechtspflegers
RPflG 9. Der Rechtspfleger ist bei seinen Entscheidungen nur dem Gesetz unterworfen. Er entscheidet, soweit sich nicht aus diesem Gesetz etwas anderes ergibt, selbständig.

Ausschließung und Ablehnung des Rechtspflegers
RPflG 10. Für die Ausschließung und Ablehnung des Rechtspflegers sind die für den Richter geltenden Vorschriften entsprechend anzuwenden. Über die Ablehnung des Rechtspflegers entscheidet der Richter.

Rechtsbehelfe
RPflG 11. ^{I} Gegen die Entscheidung des Rechtspflegers ist vorbehaltlich der Bestimmungen des Absatzes 5 die Erinnerung zulässig. Die Erinnerung ist binnen der für die sofortige Beschwerde geltenden Frist einzulegen, wenn gegen die Entscheidung, falls sie der Richter erlassen hätte, die sofortige Beschwerde oder kein Rechtsmittel gegeben wäre.

^{II} Der Rechtspfleger kann, außer im Falle des Absatzes 1 Satz 2, der Erinnerung abhelfen. Erinnerungen, denen er nicht abhilft oder nicht abhelfen kann, legt er dem Richter vor. Der Richter entscheidet über die Erinnerung, wenn er sie für zulässig und begründet erachtet oder wenn gegen die Entscheidung, falls sie der Richter erlassen hätte, ein Rechtsmittel nicht gegeben wäre. Andernfalls legt der Richter die Erinnerung dem Rechtsmittelgericht vor und unterrichtet die Beteiligten hiervon. In diesem Fall gilt die Erinnerung als Beschwerde gegen die Entscheidung des Rechtspflegers.

^{III} Gegen die Entscheidung des Richters ist das Rechtsmittel gegeben, das nach den allgemeinen verfahrensrechtlichen Vorschriften zulässig ist.

^{IV} Auf die Erinnerung sind im übrigen die Vorschriften über die Beschwerde sinngemäß anzuwenden.

^{V} Gerichtliche Verfügungen, die nach den Vorschriften der Grundbuchordnung, der Schiffsregisterordnung, des Gesetzes über die Angelegenheiten der freiwilligen Gerichtsbarkeit und den für den Erbschein geltenden Bestimmungen wirksam geworden sind und nicht mehr geändert werden können, sind mit der Erinnerung nicht anfechtbar. Die Erinnerung ist ferner in den Fällen der §§ 694, 700 der Zivilprozeßordnung und gegen Entscheidungen über die Gewährung eines Stimmrechts (§§ 95, 96 der Konkursordnung, § 71 der Vergleichsordnung), über die Änderung eines Vergleichsvorschlages in den Fällen des § 76 Satz 2 der Vergleichsordnung sowie gegen die Anordnung oder Ablehnung einer Vertagung des Vergleichstermins nach § 77 der Vergleichsordnung ausgeschlossen.

Rechtspflegergesetz   GVG Anh § 153 8

ᵛᴵ Das Erinnerungsverfahren ist gerichtsgebührenfrei. Eine Beschwerdegebühr wird nicht erhoben, wenn die Beschwerde vor einer gerichtlichen Verfügung zurückgenommen wird.

Bezeichnung des Rechtspflegers
RPflG 12. Im Schriftverkehr und bei der Aufnahme von Urkunden in übertragenen Angelegenheiten hat der Rechtspfleger seiner Unterschrift das Wort „Rechtspfleger" beizufügen.

Ausschluß des Anwaltszwangs
RPflG 13. § 78 Abs. 1 der Zivilprozeßordnung ist auf Verfahren vor dem Rechtspfleger nicht anzuwenden.

Zweiter Abschnitt. Dem Richter vorbehaltene Geschäfte ...

RPflG 14. Von den Angelegenheiten, die dem Vormundschaftsgericht und im bürgerlichen Gesetzbuch dem Familiengericht übertragen sind, bleiben dem Richter vorbehalten
1. ...
2. die Entscheidung über die Stundung der Ausgleichsforderung im Falle des § 1382 Abs. 5 des Bürgerlichen Gesetzbuchs sowie die Übertragung bestimmter Vermögensgegenstände unter Anrechnung auf die Ausgleichsforderung im Falle des § 1383 Abs. 3 des Bürgerlichen Gesetzbuchs;
2.a der Versorgungsausgleich mit Ausnahme
   a) des Festsetzungsverfahrens nach § 53e Abs. 2, 3 des Gesetzes über die Angelegenheiten der freiwilligen Gerichtsbarkeit und
   b) der Entscheidung über Anträge nach § 1587d des Bürgerlichen Gesetzbuchs, sofern ein Verfahren nach §§ 1587b, 1587f des Bürgerlichen Gesetzbuchs nicht anhängig ist;
3.–6. ...
7. die Entscheidung über den Anspruch auf Herausgabe eines Kindes nach § 1632 Abs. 1 des Bürgerlichen Gesetzbuchs und der zu dem persönlichen Gebrauch bestimmten Sachen nach § 50d des Gesetzes über die Angelegenheiten der freiwilligen Gerichtsbarkeit sowie die Entscheidung über den Verbleib des Kindes bei der Pflegeperson nach § 1632 Abs. 4 des Bürgerlichen Gesetzbuchs;
8.–12. ...
13. (aufgehoben)
14. die Genehmigung für den Scheidungsantrag und für die Erhebung der Eheaufhebungsklage durch den gesetzlichen Vertreter eines geschäftsunfähigen Ehegatten (§ 607 Abs. 2 Satz 2 der Zivilprozeßordnung);
15. die Übertragung der elterlichen Sorge nach den §§ 1671, 1672, 1678 Abs. 2, 1680 Abs. 2, 1681 Abs. 1 Satz 2 des Bürgerlichen Gesetzbuchs, die Entscheidungen nach § 1680 Abs. 1 des Bürgerlichen Gesetzbuchs sowie die Entscheidung über die Rückübertragung der elterlichen Sorge nach § 1738 Abs. 2 des Bürgerlichen Gesetzbuchs;
16. die Regelung des Umgangs zwischen Eltern und Kindern sowie zwischen Kindern und Dritten nach §§ 1634 Abs. 2, 1711 Abs. 2 des Bürgerlichen Gesetzbuchs und die Entscheidung über Streitigkeiten, die eine Angelegenheit nach § 1632 Abs. 2 des Bürgerlichen Gesetzbuchs betreffen;
17.–22. ...

Bem. Z 2, 2a u 14 idF des Art 8 Z 2 1. EheRG, in Kraft ab 1. 7. 77; Z 7, 15 u 16 idF des Art 6 G v 18. 7. 79, BGBl 1061, in Kraft ab 1. 1. 80.

RPflG 15 (aufgehoben)
RPflG 16–19a. (nicht abgedruckt)

Dritter Abschnitt. Dem Rechtspfleger übertragene Geschäfte in bürgerlichen Rechtsstreitigkeiten, in Festsetzungsverfahren, Verfahren bei gerichtlichen Entscheidungen in Straf- und Bußgeldverfahren, Verfahren vor dem Patentgericht, auf dem Gebiet der Aufnahme von Erklärungen und der Beratungshilfe.

Bürgerliche Rechtsstreitigkeiten
RPflG 20. Folgende Geschäfte im Verfahren nach der Zivilprozeßordnung und dem Mieterschutzgesetz werden dem Rechtspfleger übertragen:
1. das Mahnverfahren im Sinne des Siebenten Buchs der Zivilprozeßordnung einschließlich der Abgabe an das in dem Mahnbescheid für das streitige Verfahren als

zuständig bezeichnete Gericht, auch soweit das Mahnverfahren maschinell bearbeitet wird; jedoch bleibt das Streitverfahren dem Richter vorbehalten;
2. das Aufgebotsverfahren mit Ausnahme der Wahrnehmung des Aufgebotstermins und der darin ergehenden Entscheidungen sowie des Anfechtungsverfahrens (§§ 946 ff. der Zivilprozeßordnung);
3. die nach §§ 109, 715 der Zivilprozeßordnung zu treffenden Entscheidungen bei der Rückerstattung von Sicherheiten;
4. im Verfahren über die Prozeßkostenhilfe
   a) die in § 118 Abs. 2 der Zivilprozeßordnung bezeichneten Maßnahmen einschließlich der Beurkundung von Vergleichen nach § 118 Abs. 1 Satz 3 zweiter Halbsatz, wenn der Vorsitzende den Rechtspfleger damit beauftragt;
   b) die Bestimmung des Zeitpunktes für die Einstellung und eine Wiederaufnahme der Zahlungen nach § 120 Abs. 3 der Zivilprozeßordnung;
   c) die Aufhebung der Bewilligung der Prozeßkostenhilfe in den Fällen des § 124 Nr. 2, 3 und 4 der Zivilprozeßordnung;
5. das Verfahren über die Bewilligung der Prozeßkostenhilfe in den Fällen, in denen außerhalb oder nach Abschluß eines gerichtlichen Verfahrens die Bewilligung der Prozeßkostenhilfe lediglich für die Zwangsvollstreckung beantragt wird; jedoch bleibt dem Richter das Verfahren über die Bewilligung der Prozeßkostenhilfe in den Fällen vorbehalten, in welchen dem Prozeßgericht die Vollstreckung obliegt oder in welchen die Prozeßkostenhilfe für eine Rechtsverfolgung oder Rechsverteidigung beantragt wird, die eine sonstige richterliche Handlung erfordert;
6. (aufgehoben)
7. die Entscheidung über die Bestellung von Zustellungsbevollmächtigten (§ 174 der Zivilprozeßordnung);
8. die Bewilligung der Zustellung im Falle des § 177 der Zivilprozeßordnung;
9. die Erteilung der Erlaubnis zur Zustellung zur Nachtzeit sowie an Sonn- und allgemeinen Feiertagen (§ 188 der Zivilprozeßordnung);
10. das Vereinfachte Verfahren zur Abänderung von Unterhaltstiteln nach den §§ 641l bis 641p, 641r, 641s der Zivilprozeßordnung einschließlich der Maßnahmen nach § 641r Satz 4 der Zivilprozeßordnung;
11. die Entscheidung über Anträge auf Festsetzung des für ein nichteheliches Kind zu leistenden Unterhalts in den Fällen der §§ 642a bis 642d der Zivilprozeßordnung und über Anträge auf Stundung rückständiger Unterhaltsbeträge nach § 643a Abs. 4 Satz 2 der Zivilprozeßordnung oder auf Aufhebung oder Änderung einer Stundung nach § 642f der Zivilprozeßordnung sowie die Maßnahmen und Entscheidungen bei der Umstellung von Unterhaltstiteln nach Artikel 12 § 14 Abs. 3 Satz 1, 2 und Abs. 4 Satz 1 des Gesetzes über die rechtliche Stellung der nichtehelichen Kinder vom 19. August 1969 (Bundesgesetzbl. I S. 1243);
12. die Erteilung der vollstreckbaren Ausfertigungen in den Fällen des § 726 Abs. 1, der §§ 727 bis 729, 733, 738, 742, 744, 745 Abs. 2 sowie des § 749 der Zivilprozeßordnung, des § 16 des Mieterschutzgesetzes, der §§ 8, 16 Abs. 2 sowie des § 20 Abs. 4 des Gesetzes zur Ausführung des Übereinkommens vom 27. September 1968 über die gerichtliche Zuständigkeit und die Vollstreckung gerichtlicher Entscheidungen in Zivil- und Handelssachen vom 29. Juli 1972 (Bundesgesetzbl. I S. 1328), der §§ 8, 15 Abs. 2 sowie des § 19 Abs. 4 des Gesetzes zur Ausführung des Vertrages vom 20. Juli 1977 zwischen der Bundesrepublik Deutschland und dem Staat Israel über die gegenseitige Anerkennung und Vollstreckung gerichtlicher Entscheidungen in Zivil- und Handelssachen vom 13. August 1980 (BGBl. I S. 1301) und der §§ 8, 15 Abs. 2 sowie des § 19 Abs. 4 des Gesetzes zur Ausführung des Vertrages vom 17. Juni 1977 zwischen der Bundesrepublik Deutschland und dem Königreich Norwegen über die gegenseitige Anerkennung und Vollstreckung gerichtlicher Entscheidungen und anderer Schuldtitel in Zivil- und Handelssachen vom 10. Juni 1981 (BGBl. I S. 514);
13. die Erteilung von weiteren vollstreckbaren Ausfertigungen gerichtlicher Urkunden und die Entscheidung über den Antrag auf Erteilung weiterer vollstreckbarer Ausfertigungen notarieller Urkunden nach § 797 Abs. 3 der Zivilprozeßordnung und § 49 Abs. 2 Nr. 2 (jetzt § 50 I 2 Z 2) des Gesetzes für Jugendwohlfahrt;
14. die Anordnung, daß die Partei, welche einen Beschluß über die einstweilige Unterhaltsregelung, einen Arrestbefehl oder eine einstweilige Verfügung erwirkt hat, binnen einer zu bestimmenden Frist Klage zu erheben oder zu Betragsfestsetzung zu beantragen habe (§ 641e Abs. 2 und 3, § 926 Abs. 1, § 936 der Zivilprozeßordnung);
15. die Entscheidung über Anträge auf Aufhebung eines vollzogenen Arrestes gegen Hinterlegung des in dem Arrestbefehl festgelegten Geldbetrages (§ 934 Abs. 1 der Zivilprozeßordnung);

16. die Pfändung von Forderungen sowie die Anordnung der Pfändung von eingetragenen Schiffen oder Schiffsbauwerken aus einem Arrestbefehl, soweit der Arrestbefehl nicht zugleich den Pfändungsbeschluß oder die Anordnung der Pfändung enthält;
16a. die Anordnung, daß die Sache versteigert und der Erlös hinterlegt werde, nach § 24 des Gesetzes zur Ausführung des Übereinkommens vom 27. September 1968 über die gerichtliche Zuständigkeit und die Vollstreckung gerichtlicher Entscheidungen in Zivil- und Handelssachen vom 29. Juli 1972 (BGBl. I S. 1328), nach § 23 des Gesetzes zur Ausführung des Vertrages vom 20. Juli 1977 zwischen der Bundesrepublik Deutschland und dem Staat Israel über die gegenseitige Anerkennung und Vollstreckung gerichtlicher Entscheidungen in Zivil- und Handelssachen vom 13. August 1980 (BGBl. I S. 1301), und nach § 23 des Gesetzes zur Ausführung des Vertrages vom 17. Juni 1977 zwischen der Bundesrepublik Deutschland und dem Königreich Norwegen über die gegenseitige Anerkennung und Vollstreckung gerichtlicher Entscheidungen und anderer Schuldtitel in Zivil- und Handelssachen vom 10. Juni 1981 (BGBl. I S. 514);
17. die Geschäfte im Zwangsvollstreckungsverfahren nach dem Achten Buch der Zivilprozeßordnung, soweit sie von dem Vollstreckungsgericht, einem von diesem ersuchten Gericht oder in den Fällen der §§ 848, 854, 855, 902 der Zivilprozeßordnung von einem anderen Amtsgericht oder dem Verteilungsgericht (§ 873 der Zivilprozeßordnung) zu erledigen sind; zu diesen Geschäften zählen auch Vollstreckungsverfahren zur Abnahme eidesstattlicher Versicherungen auf Antrag oder Ersuchen einer Behörde. Jedoch bleiben dem Richter vorbehalten
   a) die Entscheidung nach § 766 der Zivilprozeßordnung
   b) die Entscheidung des Vollstreckungsgerichts nach § 26 des Heimkehrergesetzes vom 19. Juni 1950 (Bundesgesetzbl. S. 221) in der Fassung der Gesetze vom 30. Oktober 1951 (Bundesgesetzbl. I S. 875, 994) und vom 17. August 1953 (Bundesgesetzbl. I S. 931),
   c) die Entscheidungen des Vollstreckungsgerichts nach den §§ 30, 31 des Wohnraumbewirtschaftungsgesetzes.

Bem. Z 4 u 5 idF des Art 4 Z 5a G v 13. 6. 80, BGBl 677, in Kraft ab 1. 1. 81; Z 12 u 16a idF des G v 10. 6. 81, BGBl 514, insoweit in Kraft seit dem 3. 10. 81.

Festsetzungsverfahren

RPflG 21. [I] Folgende Geschäfte im Festsetzungsverfahren werden dem Rechtspfleger übertragen:
1. die Festsetzung der Kosten in den Fällen, in denen die §§ 103 ff. der Zivilprozeßordnung anzuwenden sind;
2. die Festsetzung der Vergütung des Rechtsanwalts nach § 19 der Bundesgebührenordnung für Rechtsanwälte;
3. die Festsetzung der Gerichtskosten nach den Gesetzen und Verordnungen zur Ausführung von Verträgen mit ausländischen Staaten über die Rechtshilfe sowie die Anerkennung und Vollstreckung gerichtlicher Entscheidungen und anderer Schuldtitel in Zivil- und Handelssachen.

[II] In den Fällen des Absatzes 1 Nr. 1 und 2 ist die Erinnerung binnen einer Notfrist von zwei Wochen einzulegen; die Frist beginnt mit der Zustellung des Festsetzungsbeschlusses. Der Rechtspfleger kann der Erinnerung abhelfen. Hilft er ihr nicht ab, so entscheidet der Richter, wenn er die Erinnerung für zulässig und begründet erachtet oder wenn gegen die Entscheidung, falls sie der Richter erlassen hätte, ein Rechtsmittel nicht gegeben wäre. Im übrigen sind § 104 Abs. 3 Satz 5 der Zivilprozeßordnung und § 11 Abs. 2 Satz 4, 5, Abs. 4 und 6 dieses Gesetzes anzuwenden.

RPflG 22–23 (nicht abgedruckt)

Aufnahme von Erklärungen

RPflG 24. [I] Folgende Geschäfte der Geschäftsstelle werden dem Rechtspfleger übertragen:
1. die Aufnahme von Erklärungen über die Einlegung und Begründung
   a) der Rechtsbeschwerde und der weiteren Beschwerde,
   b) der Revision in Strafsachen;
2. die Aufnahme eines Antrags auf Wiederaufnahme des Verfahrens (§ 366 Abs. 2 der Strafprozeßordnung, § 85 des Gesetzes über Ordnungswidrigkeiten.

[II] Ferner soll der Rechtspfleger aufnehmen
1. sonstige Rechtsbehelfe, soweit sie gleichzeitig begründet werden;
2. Klagen und Klageerwiderungen;

3. andere Anträge und Erklärungen, die zur Niederschrift der Geschäftsstelle abgegeben werden können, soweit sie nach Schwierigkeit und Bedeutung den in den Nummern 1 und 2 genannten Geschäften vergleichbar sind.

III § 5 ist nicht anzuwenden.

Bem. II idF des Art 2 G v 19. 12. 79, BGBl 2306, mWv 1. 1. 81. Gemäß § 36a RPflG gilt II in Hbg mit der Maßgabe, daß der RPfl die dort bezeichneten Anträge und Erklärungen nur dann aufnehmen soll, wenn dies wegen des Zusammenhangs mit einem von ihm wahrzunehmenden Geschäft, wegen rechtlicher Schwierigkeiten oder aus sonstigen Gründen geboten ist.

Beratungshilfe

RPflG 24a. I Folgende Geschäfte werden dem Rechtspfleger übertragen:
1. die Entscheidung über Anträge auf Gewährung von Beratungshilfe;
2. die dem Amtsgericht nach § 3 Abs. 2 des Beratungshilfegesetzes zugewiesenen Geschäfte.

II § 5 und § 11 Abs. 1 Satz 2, Abs. 5 sind nicht anzuwenden.

Bem. Eingefügt durch § 12 Z 3 des Beratungshilfegesetzes v 18. 6. 80, BGBl 689, mWv 1. 1. 81, vgl Anh § 127 ZPO.

Vierter Abschnitt. Sonstige Vorschriften auf dem Gebiet der Gerichtsverfassung

Vorbereitende Tätigkeit des Rechtspflegers

RPflG 25. Durch die Vorschriften des § 3 wird die Befugnis der Landesjustizverwaltungen und der von ihnen bestimmten Stellen nicht berührt, den Rechtspfleger mit der Mitwirkung bei Geschäften, die vom Richter wahrzunehmen sind, zu beauftragen, insbesondere soweit es sich um die Vorbereitung richterlicher Amtshandlungen, darunter die Anfertigung von Entwürfen, handelt.

Verhältnis des Rechtspflegers zum Urkundsbeamten der Geschäftsstelle

RPflG 26. Die Zuständigkeit des Urkundsbeamten der Geschäftsstelle nach Maßgabe der gesetzlichen Vorschriften bleibt unberührt, soweit sich nicht aus § 20 Nr. 12 (zu den §§ 726 ff. der Zivilprozeßordnung, den §§ 8, 16 Abs. 2, § 20 Abs. 4 des Gesetzes zur Ausführung des Übereinkommens vom 27. September 1968 über die gerichtliche Zuständigkeit und die Vollstreckung gerichtlicher Entscheidungen in Zivil- und Handelssachen vom 29. Juli 1972 [BGBl. I S. 1328], den §§ 8, 15 Abs. 2, § 19 Abs. 4 des Gesetzes zur Ausführung des Vertrages zwischen der Bundesrepublik Deutschland und dem Staat Israel über die gegenseitige Anerkennung und Vollstreckung gerichtlicher Entscheidungen in Zivil- und Handelssachen vom 13. August 1980 [BGBl. I S. 1301] und den §§ 8, 15 Abs. 2, § 19 Abs. 4 des Gesetzes zur Ausführung des Vertrages vom 17. Juni 1977 zwischen der Bundesrepublik Deutschland und dem Königreich Norwegen über die gegenseitige Anerkennung und Vollstreckung gerichtlicher Entscheidungen und anderer Schuldtitel in Zivil- und Handelssachen vom 10. Juni 1981 (BGBl. I S. 514), § 21 Abs. 1 Nr. 1 und 2 (Festsetzungsverfahren) und § 24 (Aufnahme von Erklärungen) etwas anderes ergibt.

Bem. Fassg des § 34 G v 10. 6. 81, BGBl 514, insoweit in Kraft seit dem 3. 10. 81.

Pflicht zur Wahrnehmung sonstiger Dienstgeschäfte

RPflG 27. I Durch die Beschäftigung eines Beamten als Rechtspfleger wird seine Pflicht, andere Dienstgeschäfte einschließlich der Geschäfte des Urkundsbeamten der Geschäftsstelle wahrzunehmen, nicht berührt.

II Die Vorschriften dieses Gesetzes sind auf die sonstigen Dienstgeschäfte eines mit den Aufgaben des Rechtspflegers betrauten Beamten nicht anzuwenden.

Zuständiger Richter

RPflG 28. Soweit mit Angelegenheiten, die dem Rechtspfleger zur selbständigen Wahrnehmung übertragen sind, nach diesem Gesetz der Richter befaßt wird, ist hierfür das nach den allgemeinen Verfahrensvorschriften zu bestimmende Gericht in der für die jeweilige Amtshandlung vorgeschriebenen Besetzung zuständig.

Fünfter Abschnitt. Dem Rechtspfleger übertragene Geschäfte in anderen Bereichen

Geschäfte im internationalen Rechtsverkehr

RPflG 29. Die der Geschäftsstelle des Amtsgerichts gesetzlich zugewiesene Ausführung ausländischer Zustellungsanträge und die Entgegennahme eines Gesuches, mit dem ein Anspruch auf Gewährung von Unterhalt nach dem Übereinkommen vom 20. Juni 1956 über die Geltendmachung von Unterhaltsansprüchen im Ausland in Verbindung mit dem Gesetz vom 26. Februar 1959 (BGBl. II S. 149) geltend gemacht werden soll, werden dem Rechtspfleger übertragen.

Bem. Fassg des Art 2 Z 4 G v 19. 12. 79, BGBl 2306, mWv 1. 1. 81.

RPflG 30, 31 (nicht abgedruckt)

Nicht anzuwendende Vorschriften
RPflG 32. Auf die nach den §§ 29 bis 31 dem Rechtspfleger übertragenen Geschäfte sind die §§ 5 bis 11 nicht anzuwenden.

RPflG 33–40 (nicht abgedruckt).

Zwölfter Titel. Zustellungs- und Vollstreckungsbeamte

Übersicht

1) Allgemeines. Die Prozeßgesetze begnügen sich damit, eine Reihe von Amtspflichten des Gerichtsvollziehers zu umgrenzen. Die Regelung ihrer Dienst- und Geschäftsverhältnisse ist Sache der Landesjustizverwaltungen, § 154. Die Dienstverhältnisse der Gerichtsvollzieher, ihre Zuständigkeit und Dienstführung sind in den von den Ländern übereinstimmend erlassenen Gerichtsvollzieherordnung geregelt, zu der die Länder Ergänzungsbestimmungen erlassen haben. Sie sind idR selbständige Beamte mit eigenem Bezirk, die außer ihren festen Bezügen Anteile an den vereinnahmten Gebühren und Anspruch auf Auslagenersatz haben. Die Aufträge können dem Gerichtsvollzieher unmittelbar übermittelt oder durch die Verteilungsstelle zugeteilt werden.

Der Gerichtsvollzieher ist ein selbständiges Organ der Rechtspflege, § 753 ZPO Anm 1 A, dem aber keine Unabhängigkeit zukommt, BVerwG NJW **83**, 896. Er hat sich allen Beteiligten gegenüber neutral zu verhalten, Kissel § 154 Rdz 3, Pawlowski ZZP **90**, 358.

2) Tätigkeit des Gerichtsvollziehers. A. Nach den Prozeßgesetzen sind ihm zugewiesen: a) Zustellungen im Parteibetrieb, die nur noch verhältnismäßig selten stattfinden; **b)** Vornahme der Zwangsvollstreckung, soweit sie nicht dem Vollstreckungs- oder Prozeßgericht vorbehalten ist; **c)** Vorführungen und Verhaftungen. Vereinzelt ist der Gerichtsvollzieher auch im Privatrecht zuständig, vgl §§ 132, 383, 1233ff BGB; es können ihm auch Vollstreckungsaufgaben in Justizkassensachen nach der JBeitrO, Hartmann Teil IX A, übertragen werden, BVerwG NJW **83**, 898. Er ist öff Urkundsperson im Sinn des § 415 ZPO.

Die örtliche Zuständigkeit regeln §§ 20ff GVollzO und landesrechtliche Ergänzungsbestimmungen. Welche Dienstverrichtungen dem Gerichtsvollzieher obliegen und welches Verfahren er dabei zu beachten hat, regelt die GVGA bundeseinheitlich. Ihre Beachtung gehört zu den Amtspflichten des Gerichtsvollziehers.

B. Immer handelt der Gerichtsvollzieher als Beamter, für den die allgemeinen beamtenrechtlichen Regelungen gelten, zB die Bindung an allgemeine Weisungen, Kissel § 154 Rdz 4, OVG Bln DRpflZ **82**, 9, und die Möglichkeit der Versetzung in den Innendienst, BVerwG DVBl **82**, 1186. Als Beamter untersteht er der Dienstaufsicht seines Vorgesetzten, Gaul ZZP **87**, 241; dies gilt uneingeschränkt für die Einziehung von Kosten, BVerwG NJW **83**, 896 u DVBl **82**, 1188. Bei der konkreten Durchführung der ihm gesetzlich übertragenen Aufgaben handelt er aber im Einzelfall selbständig und eigenverantwortlich, dazu BVerwG NJW **83**, 896, so daß ihm hier keine Einzelweisungen erteilt werden dürfen, Kissel Rdz 4, str, zweifelnd BVerwG aaO mwN. Nie handelt der Gerichtsvollzieher kraft privatrechtlichen Auftrags, Dienst- oder Werkvertrags. Wenn die Prozeßgesetze von einem „Auftrag" der Partei sprechen, so ist dieser Auftrag nach heutiger Erkenntnis nur als Antrag auf Vornahme der Amtshandlung zu verstehen. Nie, auch nicht im Fall des § 840 ZPO, ist der Gerichtsvollzieher Vertreter des Gläubigers, RG **156**, 395, Kissel Rdz 17 (wäre er es, dann handelte er auch da als Beamter). Wieweit er Gehilfen für den inneren Dienst zuziehen darf, richtet sich nach der GVollzO. Jedenfalls darf er es nicht nach außen, zB für die Übergabe zuzustellender Schriftstücke, auch nicht an die Post, § 49 Z 2 GVollzO. Der GVollz erhebt **Kosten** nach dem GVKostG v 26. 7. 57, BGBl 887; s Hartmann Teil XI.

C. Aus Amtspflichtverletzung des Gerichtsvollziehers haftet das Land, in dessen Dienst er steht, Art 34 GG; vgl § 13 Anm 7 „Amtspflichtverletzung". Er haftet bei Maßnahmen der Zwangsvollstreckung auch dem Schuldner, dem Eigentümer der Pfandstücke und dem Bieter in der Zwangsversteigerung, RG **129**, 23, nicht schon dem, dem der Antragsteller rechtsgeschäftlich bei Nichterfüllung der Vollstreckungsschuld haftet, RG **140**, 45; vgl auch BGH BB **57**, 163 (Haftung bei Verletzung von Rechten Dritter). Er haftet zB auch bei nicht gehöriger Kenntlichmachung der Pfändung, BGH NJW **59**, 1775, oder dann, wenn er die Zustellung nicht persönlich vorgenommen hat, RG JW **34**, 34. Ist dem Gerichtsvollzieher die Auslegung des Pfändungsbeschlusses zweifelhaft, muß er sich an das Vollstreckungsgericht wenden, RG HRR **31**, 220. Dem Gläubiger ist Verschulden des Gerichtsvollziehers nur zuzurechnen, soweit ihn ein eigenes Verschulden trifft. Vgl dazu Pal-Thomas § 839 Anm 15 unter ,,Gerichtsvollzieher" und oben § 753 ZPO Anm 1.

3) Eine Amtshandlung, die der Gerichtsvollzieher unter Verletzung der sachlichen Zuständigkeit vornimmt, ist ganz unwirksam; die Verletzung der örtlichen Zuständigkeit berührt die Wirksamkeit nicht, § 753 Anm 2, s auch § 20 Z 2 GVollzO. Da der Gerichtsvollzieher Beamter ist, Anm 2, müssen die staatsrechtlichen Voraussetzungen seines Amts vorliegen, dh er muß unter Wahrung der geltenden Vorschriften ernannt sein. Fehlt indessen eine Vorbedingung der Ernennung, so wird man, anders als beim Richter, die Wirksamkeit der Amtshandlung davon nicht abhängig machen dürfen. Die prozessualen Voraussetzungen der Tätigkeit des Gerichtsvollziehers enthält § 155. Über die schwierige Frage, inwieweit fehlerhafte Amtshandlungen des zuständigen Gerichtsvollziehers wirksam sind, s Grdz 8 § 704.

154 *Dienst- und Geschäftsverhältnisse.* **Die Dienst- und Geschäftsverhältnisse der mit den Zustellungen, Ladungen und Vollstreckungen zu betrauenden Beamten (Gerichtsvollzieher) werden bei dem Bundesgerichtshof durch den Bundesminister der Justiz, bei den Landesgerichten durch die Landesjustizverwaltung bestimmt.**

1) Erläuterung. Die Vorschrift gilt entsprechend für die **Arbeitsgerichte**, § 9 II ArbGG. Wegen der Rechtsstellung des Gerichtsvollziehers vgl Üb 2 B und § 753 ZPO Anm 1 A. Die Regelung der Dienst- und Geschäftsverhältnisse findet sich in der GVollzO und in der GVGA idF v 1. 4. 80, Kissel Rdz 8 u 9.

155 *Ausschließung.* **Der Gerichtsvollzieher ist von der Ausübung seines Amts kraft Gesetzes ausgeschlossen:**
I. in bürgerlichen Rechtsstreitigkeiten:
1. wenn er selbst Partei oder gesetzlicher Vertreter einer Partei ist oder zu einer Partei in dem Verhältnis eines Mitberechtigten, Mitverpflichteten oder Schadensersatzpflichtigen steht;
2. wenn sein Ehegatte Partei ist, auch wenn die Ehe nicht mehr besteht;
3. wenn eine Person Partei ist, mit der er in gerader Linie verwandt oder verschwägert, in der Seitenlinie bis zum dritten Grad verwandt oder bis zum zweiten Grad verschwägert ist oder war;
II. in Strafsachen ....

Vorbem. Bei den **Arbeitsgerichten** ist § 155 entsprechend anwendbar, § 9 II ArbGG.

1) Erläuterung. § 155 I ist **dem § 41 ZPO nachgebildet**; s die Erläuterungen zu diesem. Eine Ablehnung des Gerichtsvollziehers wegen Besorgnis der Befangenheit kennt das Gesetz nicht; auch ein Landesgesetz kann sie nicht vorsehen. In den Fällen des § 155 tritt der nach Landesrecht zuständige Vertreter an die Stelle des Ausgeschlossenen. Ein Verstoß gegen § 155 macht nach einer Auffassung die Amtshandlung ganz unwirksam, Zö-Gummer. Wieczorek Anm A, 40. Aufl, während ein Verstoß nach der Gegenmeinung nur zur Anfechtbarkeit führt, Kissel Rdz 4 mwN, StJ § 753 Rdz 3: Im Licht der neuen Verfahrensgesetze für die Verwaltung (und im Hinblick auf § 41 ZPO, dort Anm 1 G) wird idR lediglich Rechtswidrigkeit der Maßnahme anzunehmen sein, vgl §§ 20 u 44 III Z 2 VwVfG, 82 u 125 III Z 2 AO, 16 u 40 III Z 2 SGB X; danach ist eine fehlerhafte Zustellung unwirksam, während Vollstreckungsmaßnahmen anfechtbar sind, RoS § 27 III 4. Ein Verstoß gegen § 155 bedeutet stets eine Verletzung der Amtspflicht. Über den Ausschluß des Gerichtsvollziehers und seiner Gehilfen vom Mitbieten beim Verkauf in der Zwangsvollstreckung s §§ 456ff BGB (Haftung für Kosten und Mindererlös).

Anhang nach § 155. Andere Organe der Rechtspflege
I. Rechtsanwälte

1) Allgemeines (Schrifttum: Isele, BRAO, Komm, 1976).

A. Die **BRAO v 1. 8. 59**, BGBl 565, stellt die Rechtseinheit für das Bundesgebiet wieder her, kehrt zu den altbewährten Grundsätzen der RAO v 1878, vor allem der freien Advokatur zurück, trägt aber auch der Entwicklung, insbesondere den rechtsstaatlichen Geboten des GG, durch den stärkeren Rechtsschutz des einzelnen RA und die Neugestaltung der Ehrengerichtsbarkeit Rechnung. Die Rechtsanwaltschaft hat organisatorisch die Befugnis zur Selbstverwaltung; als öff-rechtliche korporative Organisation ist die Bundesrechtsanwaltskammer, §§ 175 ff, errichtet. Ferner ist das Recht der Rechtsanwaltschaft beim BGH erschöpfend geregelt, §§ 162 ff. Die BRAO gilt auch in Berlin, BGH MDR **80,** 666.

B. Die **Stellung der Rechtsanwälte** ist gesetzlich eingehend geregelt. Grundlegendes für die Stellung nach außen enthält auch die ZPO, vgl namentlich §§ 78 ff. Die Stellung nach innen, das Verhältnis zum Auftraggeber, richtet sich wesentlich nach BGB; es liegt im allgemeinen ein Dienstvertrag vor, der eine Geschäftsbesorgung zum Gegenstand hat, §§ 627, 675 BGB, nur in vereinzelten Fällen (Gutachten) ein Werkvertrag, weil der RA idR keine Gewährleistung für den Erfolg übernimmt, und auch bei Beauftragung mit Vermittlung kein Maklervertrag, es sei denn, die Gewährung rechtlichen Beistands ist völlig nebensächlich, BGH **18,** 340; vgl Hartmann Grdz 3 § 1 BRAGO.

C. Der Rechtsanwalt ist nicht Beamter, aber auch kein Gewerbetreibender. Er ist **der berufene, unabhängige Berater und Vertreter in allen Rechtsangelegenheiten.** Richter und RAe haben im Rechtsleben zwar eine verschiedene Stellung, aber das gemeinsame Ziel, dem richtigen Recht zum Siege zu verhelfen. Die gebührenrechtlichen Ansprüche des RA sind einheitlich und abschließend in der BRAGO v 26. 7. 57, BGBl I 907, geregelt. Wegen der Vereinbarung eines Erfolgshonorars (quota litis) s Hartmann § 3 BRAGO Anm 4 B.

D. **Wegen der Tätigkeit von Rechtsanwälten aus EWG-Staaten** vgl G v 16. 8. 80, BGBl 1453. Es ist im Schlußanh VII abgedruckt.

2) Die wichtigsten Vorschriften der BRAO für den Zivilprozeß:

Im folgenden sind aus der BRAO die für den Zivilprozeß wichtigsten Vorschriften, nämlich die allgemeinen des 1. Teils und des 3. Teils abgedruckt. Wegen der übrigen Teile s unten die Zusammenstellungen in Anm 3 ff. Dem Abdruck liegt die Fassung zugrunde, die das Gesetz zuletzt durch § 80 G v 23. 12. 82, BGBl 2071, erhalten hat.

Erster Teil. Der Rechtsanwalt

§ 1. Stellung des Rechtsanwalts in der Rechtspflege
Der Rechtsanwalt ist ein unabhängiges Organ der Rechtspflege.

§ 2. Beruf des Rechtsanwalts
^I Der Rechtsanwalt übt einen freien Beruf aus.
^{II} Seine Tätigkeit ist kein Gewerbe.

§ 3. Recht zur Beratung und Vertretung
^I Der Rechtsanwalt ist der berufene unabhängige Berater und Vertreter in allen Rechtsangelegenheiten.
^{II} Sein Recht, in Rechtsangelegenheiten aller Art vor Gerichten, Schiedsgerichten oder Behörden aufzutreten, kann nur durch ein Bundesgesetz beschränkt werden.
^{III} Jedermann hat im Rahmen der gesetzlichen Vorschriften das Recht, sich in Rechtsangelegenheiten aller Art durch einen Rechtsanwalt seiner Wahl beraten und vor Gerichten, Schiedsgerichten oder Behörden vertreten zu lassen.

Dritter Teil. Die Rechte und Pflichten des Rechtsanwalts

§ 43. Allgemeine Berufspflicht
Der Rechtsanwalt hat seinen Beruf gewissenhaft auszuüben. Er hat sich innerhalb und außerhalb des Berufes der Achtung und des Vertrauens, welche die Stellung des Rechtsanwalts erfordert, würdig zu erweisen.

§ 44. Mitteilung der Ablehnung eines Auftrags

Der Rechtsanwalt, der in seinem Beruf in Anspruch genommen wird und den Auftrag nicht annehmen will, muß die Ablehnung unverzüglich erklären. Er hat den Schaden zu ersetzen, der aus einer schuldhaften Verzögerung dieser Erklärung entsteht.

§ 45. Versagung der Berufstätigkeit

Der Rechtsanwalt darf nicht tätig werden,
1. wenn er durch ein ihm zugemutetes Verhalten seine Berufspflichten verletzen würde;
2. wenn er eine andere Partei in derselben Rechtssache bereits im entgegengesetzten Interesse beraten oder vertreten hat;
3. wenn er in derselben Rechtssache bereits als Richter, Schiedsrichter, Staatsanwalt oder als Angehöriger des öffentlichen Dienstes tätig geworden ist;
4. wenn es sich um den Rechtsbestand oder um die Auslegung einer Urkunde handelt, die er oder ein mit ihm zu gemeinschaftlicher Berufsausübung verbundener Rechtsanwalt als Notar aufgenommen hat.

§ 46. Rechtsanwälte in ständigen Dienstverhältnissen

Der Rechtsanwalt darf für einen Auftraggeber, dem er auf Grund eines ständigen Dienst- oder ähnlichen Beschäftigungsverhältnisses seine Arbeitszeit und -kraft überwiegend zur Verfügung stellen muß, vor Gerichten oder Schiedsgerichten nicht in seiner Eigenschaft als Rechtsanwalt tätig werden.

§ 47. Rechtsanwälte im öffentlichen Dienst

^I Rechtsanwälte, die als Richter oder Beamte verwendet werden, ohne auf Lebenszeit ernannt zu sein, oder die vorübergehend als Angestellte im öffentlichen Dienst tätig sind, dürfen ihren Beruf als Rechtsanwalt nicht ausüben, es sei denn, daß sie die ihnen übertragenen Aufgaben ehrenamtlich wahrnehmen. Die Landesjustizverwaltung kann jedoch dem Rechtsanwalt auf seinen Antrag einen Vertreter bestellen oder ihm gestatten, seinen Beruf selbst auszuüben, wenn die Interessen der Rechtspflege dadurch nicht gefährdet werden.

^{II} Bekleidet ein Rechtsanwalt ein öffentliches Amt, ohne in das Beamtenverhältnis berufen zu sein, und darf er nach den für das Amt maßgebenden Vorschriften den Beruf als Rechtsanwalt nicht selbst ausüben, so kann die Landesjustizverwaltung ihm auf seinen Antrag einen Vertreter bestellen.

^{III} Vor der Entscheidung über Anträge nach Absatz 1 Satz 2 und Absatz 2 ist der Vorstand der Rechtsanwaltskammer zu hören.

§ 48. Pflicht zur Übernahme der Prozeßvertretung

^I Der Rechtsanwalt muß im gerichtlichen Verfahren die Vertretung einer Partei oder die Beistandschaft übernehmen,
1. wenn er der Partei auf Grund des § 121 der Zivilprozeßordnung, des § 11a des Arbeitsgerichtsgesetzes oder auf Grund anderer gesetzlicher Vorschriften zur vorläufig unentgeltlichen Wahrnehmung ihrer Rechte beigeordnet ist;
2. wenn er der Partei auf Grund der §§ 78b, 78c der Zivilprozeßordnung beigeordnet ist;
3. wenn er dem Antragsgegner auf Grund des § 625 der Zivilprozeßordnung als Beistand beigeordnet ist;
4. wenn er der Partei auf Grund der §§ 668, 679, 686 der Zivilprozeßordnung als Vertreter beigeordnet ist.

^{II} Der Rechtsanwalt kann beantragen, die Beiordnung aufzuheben, wenn hierfür wichtige Gründe vorliegen.

§ 49. Pflichtverteidigung in Strafsachen

(nicht abgedruckt)

§ 49a. Pflicht zur Übernahme der Beratungshilfe

Der Rechtsanwalt ist verpflichtet, die in dem Beratungshilfegesetz vorgesehene Beratungshilfe zu übernehmen. Er kann die Beratungshilfe aus wichtigem Grund ablehnen.

Bem. Eingefügt durch § 11 des Beratungshilfegesetz v 18. 6. 80, BGBl 689, mWv 1. 1. 81; vgl Anh § 127 ZPO.

§ 50. Handakten des Rechtsanwalts

^I Der Rechtsanwalt kann seinem Auftraggeber die Herausgabe der Handakten verweigern, bis er wegen seiner Gebühren und Auslagen befriedigt ist. Dies gilt nicht, soweit die Vorenthaltung der Handakten oder einzelner Schriftstücke nach den Umständen, insbesondere wegen verhältnismäßiger Geringfügigkeit der geschuldeten Beträge, gegen Treu und Glauben verstoßen würde.

^{II} Der Rechtsanwalt hat die Handakten auf die Dauer von fünf Jahren nach Beendigung des Auftrags aufzubewahren. Diese Verpflichtung erlischt jedoch schon vor Beendigung dieses Zeitraumes, wenn der Rechtsanwalt den Auftraggeber aufgefordert hat, die Handakten in Empfang zu nehmen, und der Auftraggeber dieser Aufforderung binnen sechs Monaten, nachdem er sie erhalten hat, nicht nachgekommen ist.

^{III} Zu den Handakten im Sinne dieser Vorschrift gehören alle Schriftstücke, die der Rechtsanwalt aus Anlaß seiner beruflichen Tätigkeit von dem Auftraggeber oder für ihn erhalten hat. Dies gilt jedoch nicht für den Briefwechsel zwischen dem Rechtsanwalt und seinem Auftraggeber und für die Schriftstücke, die dieser bereits in Urschrift oder Abschrift erhalten hat.

§ 51. Verjährung von Ersatzansprüchen

Der Anspruch des Auftraggebers auf Schadensersatz aus dem zwischen ihm und dem Rechtsanwalt bestehenden Vertragsverhältnis verjährt in drei Jahren von dem Zeitpunkt an, in dem der Anspruch entstanden ist, spätestens jedoch in drei Jahren nach der Beendigung des Auftrags.

§ 52. Vertretung des Prozeßbevollmächtigten

^I Insoweit eine Vertretung durch Anwälte geboten ist, kann der zum Prozeßbevollmächtigten bestellte Rechtsanwalt die Vertretung nur auf einen Rechtsanwalt übertragen, der selbst in dem Verfahren zum Prozeßbevollmächtigten bestellt werden kann.

^{II} Der bei dem Prozeßgericht zum Prozeßbevollmächtigten bestellte Rechtsanwalt darf in der mündlichen Verhandlung einem Rechtsanwalt, der nicht selbst zum Prozeßbevollmächtigten bestellt werden kann, die Ausführung der Parteirechte in seinem Beistand überlassen.

§ 53. Bestellung eines allgemeinen Vertreters

^I Der Rechtsanwalt muß für seine Vertretung sorgen,
1. wenn er länger als eine Woche daran gehindert ist, seinen Beruf auszuüben;
2. wenn er sich länger als eine Woche von seiner Kanzlei entfernen will.

^{II} Der Rechtsanwalt kann den Vertreter selbst bestellen, wenn die Vertretung die Dauer eines Monats nicht überschreitet und wenn sie von einem bei demselben Gericht zugelassenen Rechtsanwalt übernommen wird. In anderen Fällen wird der Vertreter auf Antrag des Rechtsanwalts von der Landesjustizverwaltung bestellt.

^{III} Die Landesjustizverwaltung kann dem Rechtsanwalt auf seinen Antrag von vornherein für alle Behinderungsfälle, die während eines Kalenderjahres eintreten können, einen Vertreter bestellen. Vor der Bestellung ist der Vorstand der Rechtsanwaltskammer zu hören.

^{IV} Die Landesjustizverwaltung soll die Vertretung einem Rechtsanwalt übertragen. Sie kann auch andere Personen, welche die Fähigkeit zum Richteramt erlangt haben, oder Referendare, die seit mindestens zwölf Monaten im Vorbereitungsdienst beschäftigt sind, zu Vertretern bestellen. §§ 7 und 20 Abs. 1 Nr. 1 bis 3 gelten entsprechend.

^V In den Fällen des Absatzes 1 kann die Landesjustizverwaltung den Vertreter von Amts wegen bestellen, wenn der Rechtsanwalt es unterlassen hat, eine Maßnahme nach Absatz 2 Satz 1 zu treffen oder die Bestellung eines Vertreters nach Absatz 2 Satz 2 zu beantragen. Der Vertreter soll jedoch erst bestellt werden, wenn der Rechtsanwalt vorher aufgefordert worden ist, den Vertreter selbst zu bestellen oder einen Antrag nach Absatz 2 Satz 2 einzureichen, und die ihm hierfür gesetzte Frist fruchtlos verstrichen ist.

^{VI} Der Rechtsanwalt hat die Bestellung des Vertreters in den Fällen der Absätze 2 und 3 dem Gericht anzuzeigen, bei dem er zugelassen ist. In dem Fall des Absatzes 5 ist auch der Vertreter verpflichtet, seine Bestellung dem Gericht anzuzeigen.

^{VII} Dem Vertreter stehen die anwaltlichen Befugnisse des Rechtsanwalts zu, den er vertritt.

^{VIII} Die Bestellung kann widerrufen werden.

§ 54. Rechtshandlungen des Vertreters nach dem Tode des Rechtsanwalts

Ist ein Rechtsanwalt, für den ein Vertreter bestellt ist, gestorben, so sind Rechtshandlungen, die der Vertreter vor der Löschung des Rechtsanwalts vorgenommen hat, nicht deshalb unwirksam, weil der Rechtsanwalt zur Zeit der Bestellung des Vertreters oder zur Zeit der Vornahme der Handlung nicht mehr gelebt hat. Das gleiche gilt für Rechtshandlungen, die vor der Löschung des Rechtsanwalts dem Vertreter gegenüber noch vorgenommen worden sind.

§ 55. Bestellung eines Abwicklers der Kanzlei

^I Ist ein Rechtsanwalt gestorben, so kann die Landesjustizverwaltung einen Rechtsanwalt oder eine andere Person, welche die Fähigkeit zum Richteramt erlangt hat, zum

Abwickler der Kanzlei bestellen. §§ 7 und 20 Abs. 1 Nr. 1 bis 3 gelten entsprechend. Vor der Bestellung ist der Vorstand der Rechtsanwaltskammer zu hören. Der Abwickler ist in der Regel nicht länger als für die Dauer eines Jahres zu bestellen.

II Dem Abwickler obliegt es, die schwebenden Angelegenheiten abzuwickeln. Er führt die laufenden Aufträge fort; innerhalb der ersten sechs Monate ist er auch berechtigt, neue Aufträge anzunehmen. Ihm stehen die anwaltlichen Befugnisse zu, die der verstorbene Rechtsanwalt hatte. Der Abwickler gilt für die schwebenden Angelegenheiten als von der Partei bevollmächtigt, sofern diese nicht für die Wahrnehmung ihrer Rechte in anderer Weise gesorgt hat. Er hat seine Bestellung dem Gericht anzuzeigen, bei dem der verstorbene Rechtsanwalt zugelassen war.

III Der Abwickler ist auf eigene Rechnung tätig. Ihm stehen die Gebühren und Auslagen zu, soweit sie noch nicht vor seiner Bestellung erwachsen sind. Er muß sich jedoch die an den verstorbenen Rechtsanwalt gezahlten Vorschüsse anrechnen lassen. Abweichende Vereinbarungen bedürfen der Genehmigung des Vorstandes der Rechtsanwaltskammer.

IV Der Abwickler ist berechtigt, Kostenforderungen des verstorbenen Rechtsanwalts im eigenen Namen für Rechnung der Erben geltend zu machen.

V Die Bestellung kann widerrufen werden.

VI Ein Abwickler kann auch für die Kanzlei eines früheren Rechtsanwalts bestellt werden, dessen Zulassung zur Rechtsanwaltschaft erloschen oder zurückgenommen ist.

§§ 56–58 (nicht abgedruckt)

§ 59. *Ausbildung von Referendaren*

I Der Rechtsanwalt hat den Referendar, der im Vorbereitungsdienst bei ihm beschäftigt ist, in den Aufgaben eines Rechtsanwalts zu unterweisen, ihn anzuleiten und ihm Gelegenheit zu praktischen Arbeiten zu geben.

II Auf den Referendar, der unter Beistand des Rechtsanwalts die Ausführung der Parteirechte übernimmt, ist § 157 Abs. 1 und 2 der Zivilprozeßordnung nicht anzuwenden. Das gleiche gilt, wenn der Referendar den Rechtsanwalt in Fällen vertritt, in denen eine Vertretung durch einen Rechtsanwalt nicht geboten ist.

3) **Zulassung und Löschung. A. Jeder Rechtsanwalt bedarf der Zulassung,** die auf Antrag erteilt wird, § 6 I. Über den Antrag auf Zulassung zur Rechtsanwaltschaft entscheidet nach Einholung eines Gutachtens der RAKammer, in deren Bezirk der Bewerber zugelassen werden will, § 18, die Landesjustizverwaltung, § 8. Die Zulassung zur Rechtsanwaltschaft wird wirksam mit Aushändigung der Zulassungsurkunde, § 12 II. Jeder RA muß außerdem bei einem bestimmten Gericht der ordentlichen Gerichtsbarkeit zugelassen sein, § 18 I; auch diese Zulassung wird nur auf Antrag (verbunden mit dem Antrag auf Zulassung überhaupt, sonst bei Wechsel des Gerichtsbezirks) und nach Anhörung des Vorstandes der RAKammer durch die Landesjustizverwaltung ausgesprochen. Die Zulassung erstreckt sich auf Kammern für Handelssachen, die ihren Sitz an einem anderen Ort als dem des LGs haben, § 22. Auf Antrag ist der bei einem AG zugelassene RA auch beim LG, in dessen Bezirk das AG seinen Sitz hat, zuzulassen, § 23; er kann bei Dienlichkeit auch bei einem benachbarten LG zugelassen werden, § 24; eine Simultanzulassung bei LG und OLG ist grundsätzlich unzulässig, § 25; wegen der Übergangsbestimmung für bestehende Simultanzulassungen und wegen der Ausnahmen s § 226, dazu BGH **56**, 381 u NJW **78**, 1328. Über die Doppelzulassung infolge einer Gebietsreform s § 227a, dazu BGH **65**, 241 u **66**, 291, sowie § 227b, dazu BGH **68**, 72 u 78. Der RA hat an dem Ort des Gerichts, bei dem er zugelassen ist, eine Kanzlei einzurichten, und eine Residenzpflicht innerhalb seines OLGBezirkes, § 27, von der er nur ausnahmsweise befreit werden kann, § 29. Ist der RA von der Pflicht, eine Kanzlei zu unterhalten, befreit, so muß er einen Zustellungsbevollmächtigten bestellen:

§ 30. *Zustellungsbevollmächtigter*

I Ist der Rechtsanwalt von der Pflicht, eine Kanzlei zu unterhalten, befreit, so muß er an dem Ort des Gerichts, bei dem er zugelassen ist, einen dort wohnhaften ständigen Zustellungsbevollmächtigten bestellen; ist der Rechtsanwalt gleichzeitig bei mehreren Gerichten, die ihren Sitz an verschiedenen Orten haben, zugelassen, so muß er den Zustellungsbevollmächtigten am Ort des Gerichts, an dem die Kanzlei einzurichten wäre (§ 27 Abs. 2 Satz 2), bestellen.

II An den Zustellungsbevollmächtigten kann auch von Anwalt zu Anwalt (§§ 198, 212a der Zivilprozeßordnung) wie an den Rechtsanwalt selbst zugestellt werden.

III Ist ein Zustellungsbevollmächtigter entgegen Absatz 1 nicht bestellt, so kann die Zustellung durch Aufgabe zur Post bewirkt werden (§§ 175, 192, 213 der Zivilprozeßordnung). Das Gleiche gilt, wenn eine Zustellung an den Zustellungsbevollmächtigten am Ort des Gerichts nicht ausführbar ist.

Der RA wird bei dem Gericht, bei dem er zugelassen ist, in eine Liste, in der auch seine Kanzlei vermerkt ist, eingetragen, § 31. Er erhält damit die Befugnis, die Anwaltstätigkeit auszuüben, ohne daß aber dadurch die rechtliche Wirksamkeit von Handlungen, die er vorher vorgenommen hat, berührt wird, § 32. Da der RA freizügig ist – auch zwischen den Ländern –, §§ 5, 43 III, kann er auch die Zulassung wechseln, muß dann aber auf die Zulassung bei dem bisherigen Gericht verzichten, § 33, und eine solche bei dem neuen Gericht beantragen, vgl oben. Bei Änderung der Gerichtsbezirke ist der RA ohne weiteres bei dem für seine Kanzlei zuständigen Gericht zugelassen, § 33a.

B. Die Zulassung erlischt, wenn durch rechtskräftiges Urteil des Ehrengerichts auf Ausschließung aus der Rechtsanwaltschaft erkannt ist, § 13. Der Verurteilte wird aufgrund des rechtskräftigen Urteils in der Liste der RAe gelöscht, § 204 I 2. Die Zulassung zur Rechtsanwaltschaft erlischt ferner durch ihre Zurücknahme, §§ 14–16, vgl auch § 34, die durch die Landesjustizverwaltung verfügt wird, wogegen der RA innerhalb eines Monats Antrag auf gerichtliche Entscheidung beim Ehrengerichtshof stellen kann, § 16. Durch die Landesjustizverwaltung kann auch aus den in § 35 genannten Gründen die Zulassung bei einem Gericht zurückgenommen werden, wogegen der RA ebenfalls den Ehrengerichtshof anrufen kann. Auch im Falle der Zurücknahme – wie auch dem des Todes – wird der RA in der Liste der bei dem Gericht zugelassenen Rechtsanwälte, § 31 (vgl oben), gelöscht. Bezüglich seiner eigenen und der ihm gegenüber vorgenommenen Rechtshandlungen besagt **§ 36 Abs. 2:**

II Rechtshandlungen, die der Rechtsanwalt vor seiner Löschung noch vorgenommen hat, sind nicht deshalb unwirksam, weil er zur Zeit der Vornahme der Handlung die Anwaltstätigkeit nicht mehr ausüben oder vor dem Gericht nicht mehr auftreten durfte. Das gleiche gilt für Rechtshandlungen, die vor der Löschung des Rechtsanwalts ihm gegenüber noch vorgenommen worden sind.

4) Vertretung. S dazu §§ 52–55 (oben abgedruckt).

5) Amtspflichten. A. Die Partei darf in jeder Prozeßsache jeden RA bevollmächtigen, auch wenn eine Vertretung durch Anwälte nicht geboten ist, § 79 ZPO Anm 1. Prozeßvollmacht für die Vertretung vor einem Land- oder höheren Gericht kann die Partei aber nur dem bei dem Prozeßgericht zugelassenen RA erteilen, § 78 ZPO. Regelmäßig ist der RA zur Übernahme einer Vertretung nicht verpflichtet, wohl aber zur unverzüglichen Erklärung, daß er den Auftrag ablehnt, § 44 BRAO (oben abgedruckt).

B. Ausnahmsweise muß der RA die Vertretung übernehmen: (§§ 48, 49a BRAO): **a)** als vom Vorsitzenden im Rahmen der **Prozeßkostenhilfe** bestellter RA, § 121 ZPO; **b)** als **Notanwalt,** §§ 78b, 78c ZPO; **c)** als **Beistand,** § 625 ZPO; als **Vertreter,** §§ 668, 679, 686 ZPO; in der **Beratungshilfe,** Anh § 127 ZPO.

C. Der RA hat **Anspruch auf Gebühren und Auslagen nach BRAGO.** Er darf außer in Sachen der Prozeßkostenhilfe einen angemessenen Vorschuß verlangen, § 17 BRAGO. Über den Ersatz seiner Kosten aus der Staatskasse im Falle der Gewährung von Prozeßkostenhilfe vgl §§ 121 ff BRAGO. S zu diesen Fragen Hartmann KostG Teil X.

6) Ehrengerichtsbarkeit (dazu BVerfG NJW **69**, 2192, **78**, 1795, **79**, 1159). Für jede RAKammer wird ein **Ehrengericht** errichtet, dessen Mitglieder nur RAe sein können, die auf Vorschlag der RAKammer von der Landesjustizverwaltung ernannt werden, §§ 92, 94. Bei dem OLG besteht ferner der **Ehrengerichtshof für RAe,** der mit RAen und Berufsrichtern besetzt ist. Als erkennendes Gericht ist er mit dem Vorsitzenden des Senats, der RA ist, zwei anwaltlichen Beisitzern und zwei Berufsrichtern, die den OLGRichtern entnehmen zu sind, besetzt. Gegen das Urteil des Ehrengerichtshofes ist **Revision an den BGH** zulässig bei Ausschließung aus der Rechtsanwaltschaft, ferner wenn der Ehrengerichtshof entgegen dem Antrag des StA nicht auf Ausschließung erkannt hat, schließlich bei Zulassung der Revision, die gegebenenfalls im Wege der Zulassungsbeschwerde erzwungen werden kann, § 145.

Nach Einleitung eines ehrengerichtlichen Verfahrens kann, falls Ausschließung aus der Rechtsanwaltschaft zu erwarten ist, gegen den RA ein **Berufs- oder Vertretungsverbot** verhängt werden, § 150. Ist es verhängt, so darf der RA nicht vor einem Gericht, vor Behörden oder einem Schiedsgericht in Person auftreten, Vollmachten od Untervollmachten erteilen und mit Gerichten, Behörden, Schiedsgerichten und mit anderen Personen schriftlich verkehren, § 155 III. Ausgenommen sind lediglich eigene Sachen, die seines Ehegatten und seiner minderjährigen Kinder, soweit keine Anwaltsvertretung geboten ist, § 155 IV. Auch hier, vgl oben Anm 3 B, wird aber die Wirksamkeit der Rechtshandlungen des RAs und der ihm gegenüber vorgenommenen nicht berührt, § 155 V. Zuwiderhandlungen gegen das Verbot haben die Ausschließung aus der Rechtsanwaltschaft zur Folge, § 156.

7) Die Rechtsanwaltschaft beim BGH. Sie nimmt eine Sonderstellung ein. Der RA beim BGH wird nach Benennung durch den hierfür vorgesehenen Wahlausschuß durch den BJM ernannt, §§ 164, 170. Der RA darf nicht zugleich bei einem anderen Gericht zugelassen werden, § 171; er darf außer beim BGH nur bei den anderen Obersten Bundesgerichten, dem Gemeinsamen Senat der obersten Gerichtshöfe und dem BVerfG auftreten, außer wenn es sich um Ersuchen dieser Gerichte an andere Gerichte handelt, § 172, ferner auch vor dem BayObLG, wenn es sich in einer Revisionssache um die Zuständigkeit dieses Gerichts oder des BGH handelt, § 8 I EGZPO. Seinen Vertreter bestellt er bis zur Dauer von einem Monat selbst, wenn ein anderer RA beim BGH dazu bereit ist. Sonst erfolgt die Bestellung durch den BJM, ebenso wie die eines Abwicklers, § 173. Es besteht die RAKammer beim BGH, § 174.

II. Andere Prozeßvertreter

1) Allgemeines. Die geschäftsmäßige Besorgung fremder Rechtsangelegenheiten einschließlich der Rechtsberatung und der Einziehung fremder oder zur Einziehung abgetretener Forderungen ist bei Strafe allen verboten, denen nicht von der zuständigen Behörde die Erlaubnis dazu erteilt ist, Art 1 § 1 RBerG v 13. 12. 35, RGBl I 1478, das mit Änderungen weiterhin gilt. S dazu AusfVO v 13. 12. 35, RGBl I 1481, 3. 4. 36 RGBl I 359, 25. 6. 36 RGBl I 514; jedoch ist § 1 I 1 der 1. AVO nichtig, soweit dadurch die Erlaubnis örtlich begrenzt wird, BVerfG NJW **76**, 1349. Ausgenommen sind die Erstattung wissenschaftlich begründeter Gutachten und die Tätigkeit als Schiedsrichter, § 2; ferner berührt das Gesetz eine Reihe von Personen nicht, die § 3 aufzählt, namentlich nicht die RAe, Notare, Patentanwälte, Zwangs- oder Konkursverwalter, Nachlaßpfleger u dgl, ferner nicht die Prozeßagenten und die mit öff Mitteln geförderten Verbraucherzentralen..

2) Prozeßagenten, Rechtsbeistände. Prozeßagenten läßt der LGPräs (AGPräs) zum mündlichen Verhandeln vor Gericht zu, falls ein Bedürfnis besteht, regelmäßig für ein bestimmtes AG, und zwar jederzeit widerruflich; vgl auch § 157 ZPO Anm 4. Voraussetzung für die Zulassung ist die Erlaubnis nach dem RBerG. Die vor dem 27. 8. 80 zugelassenen Rechtsbeistände mit uneingeschränkter (oder unter Ausschluß nur des Sozialrechts erteilter) Erlaubnis sind auf Antrag in die zuständige Rechtsanwaltskammer aufzunehmen; sie erhalten dadurch praktisch die Rechtsstellung eines Rechtsanwalts, § 209 BRAO idF des Art 2 V G v 18. 8. 80, BGBl 1503. Neue Rechtsbeistände mit Vollerlaubnis dürfen seit dem 27. 8. 80 nicht mehr zugelassen werden, sondern nur solche für bestimmte Sachbereiche, Art 1 § 1 I RBerG idF des Art 2 VI G v 18. 8. 80 (Übergangsrecht: Art 3); diese Regelung hält Obermayer DÖV **81**, 621 für verfassungswidrig. Wegen des Rechtswegs bei Nichtzulassung eines Bewerbers s § 23 EGGVG Anm 1 B. Über die Gebühren eines Rechtsbeistands und ihre Erstattung vgl Art IX KostÄndG idF des Art 2 I G v 18. 8. 80, BGBl 1503, in Kraft ab 1. 1. 81, dazu Hartmann Teil XII. Vor dem **Arbeitsgericht** sind mit Ausnahme der RAe Personen, die die Besorgung fremder Rechtsangelegenheiten vor Gericht geschäftsmäßig betreiben, als Bevollmächtigte und Beistände in der mündlichen Verhandlung ausgeschlossen, § 11 III ArbGG idF des Art 2 VII G v 18. 8. 80, BGBl 1503.

III. Unterbeamte

Die Stellung der Unterbeamten ist fast ganz landesrechtlich geregelt. Als Organ des Gerichts kommt der **Gerichtswachtmeister** in Betracht, wenn er bei der Amtszustellung nach §§ 211 ff ZPO die Tätigkeit des Postbediensteten übernimmt. Er ist insoweit auch öff Urkundsperson im Sinn des § 415 ZPO. Die Vorschriften über Ausschließung, § 155, sind auf ihn unanwendbar, weil er vom Inhalt des zuzustellenden Schriftstücks keine Kenntnis hat. Dem Vorsitzenden steht der Gerichtswachtmeister für den Sitzungsdienst, insbesondere die Ausübung der Sitzungspolizei zur Verfügung. Weitere Amtsaufgaben können ihm durch Landesrecht übertragen werden. Dieses überträgt oft die Befugnis zur Wahrnehmung gewisser Geschäfte des Urkundsbeamten, etwa der Protokollführung, auf **Kanzleipersonal;** insoweit hat der Kanzlist nach außen die Stellung eines Urkundsbeamten.

Dreizehnter Titel. Rechtshilfe
Übersicht

1) Allgemeines. Nicht jede Behörde kann alle Amtshandlungen, die die Erledigung ihrer Dienstgeschäfte mit sich bringt, selbst vornehmen. Der Vornahme können Entfernung, mangelnde sachliche Zuständigk oder das Fehlen der nötigen Hilfsmittel entgegenstehen, und zwar sowohl bei Gerichten als auch bei Verwaltungsbehörden. Zwar erstreckt sich die Gerichtsbarkeit der Gerichte auf das ganze Bundesgebiet und verpflichtet sie, alle gerichtlichen Handlungen der Zwangsvollstreckung, Zustellung und Ladung überall selbst vorzunehmen, § 160; aber andererseits soll das Gericht nur innerhalb seines Bezirks tätig werden, § 166. Im Notfall helfen Rechts- und Amtshilfe.

Verfassungsrechtliche Grundlage ist **Art 35 I GG: Alle Behörden des Bundes und der Länder leisten sich gegenseitig Rechts- und Amtshilfe.** Unter „Behörden" sind auch Gerichte zu verstehen, hM, vgl Maunz-Dürig GG Art 35 Anm 3. Die Bedeutung dieser Vorschrift erschöpft sich darin, auf dem Gebiet der Rechts- und Amtshilfe die Einheit der Staatsgewalt im Bundesstaat herzustellen; sie sagt aber nichts über Inhalt und Umfang der Rechts- und Amtshilfe aus, vielmehr werden diese durch das für die beteiligten Behörden geltende Recht bestimmt, BVerwG **38**, 340, Becker NJW **70**, 1075.

2) Rechtshilfe und Amtshilfe. Rechtshilfe im eigentlichen Sinn liegt nur vor, wenn die ersuchende Behörde die Amtshandlung ihrer sachlichen Zuständigkeit nach selbst vornehmen könnte und nur die Zweckmäßigkeit für die Vornahme durch die ersuchte spricht, Kissel § 156 Rdz 3. Es muß sich um eine richterliche Handlung handeln, Celle NJW **67**, 393. In Betracht kommen also Beweisaufnahmen, Güteversuch, § 279, Entgegennahme von Parteierklärungen aus Anlaß des persönlichen Erscheinens in Ehe-, Kindschafts- und Entmündigungssachen, §§ 613, 640, 654 II, 671, ferner Gewährung von Akteneinsicht, Ffm NStZ **81**, 191, niemals aber solche Sachen, die die Partei selbst bei einem auswärtigen Gericht zu veranlassen hat, vgl § 160. Das Prozeßgericht kann auch nicht das Gericht der freiwilligen Gerichtsbarkeit um die Bestellung eines Abwesenheitspflegers ersuchen, Brschw NdsRpfl **64**, 62. **Amtshilfe** steht in Frage, wenn die ersuchte Stelle darüber hinaus die Erreichung des Ziels der ersuchenden unterstützen soll (vgl Kissel § 156 Rdz 4; Schlink, Die Amtshilfe, 1982; Dreher, Die Amtshilfe, 1959; OVG Münster DVBl **67**, 634). Der Unterschied ist kein rein sprachlicher, weil Titel 13 nur die Rechtshilfe betrifft; insbesondere ist der Beschwerdeweg des § 159 bei Amtshilfe nicht gegeben, § 159 Anm 1. Die neueren Gesetze gebrauchen aber die Fachausdrücke unsorgfältig; es ist immer zu prüfen, was sachlich vorliegt. Amtshilfe ist zB die Einräumung eines Amtszimmers und das Stellen eines Protokollführers, RG Recht **27**, 1257. Keine Rechts- und keine Amtshilfe liegt vor, wo eine Amtshandlung auf Ersuchen einer Partei vorzunehmen ist. Ähnlich liegt es bei § 1036 ZPO, obwohl das Staatsgericht das Schiedsgericht entsprechend der Amtshilfe unterstützt; das Verfahren ist auch besonders geregelt. Dem arbeitsgerichtlichen Schiedsgericht ist Rechtshilfe zu leisten, § 106 II ArbGG.

3) Rechtshilfe. A. Titel 13 behandelt nur die Rechtshilfe unter Gerichten der ordentlichen streitigen Gerichtsbarkeit, § 2 EGGVG. Das Gesetz kann ihn auch darüber hinaus anwendbar machen und hat das vielfach getan.

B. Rechtshilfe ist zu leisten zB: **a)** in den bundesrechtlich den Gerichten übertragenen Angelegenheiten der freiwilligen Gerichtsbarkeit, §§ 2, 194 FGG; **b)** den Arbeitsgerichten, soweit es sich um Amtshandlungen außerhalb des Sitzes eines Arbeitsgerichtes handelt, § 13 I 2 ArbGG, ebenso den arbeitsgerichtlichen Schiedsgerichten, soweit das Schiedsgericht aus Gründen der örtlichen Lage das AG dem ArbG vorzieht, § 106 ArbGG (siehe auch Anm 2 Ende); **c)** dem Patentamt und dem Patentgericht, § 128 PatG, RG **102**, 369; **d)** den Ehrengerichten der Rechtsanwälte, §§ 99 II, 137 BRAO, der Handwerkskammer, § 108 HandwerksO v 17. 9. 53, BGBl 1411, dem Börsenehrengericht, § 26 Gesetz vom 27. 5. 08, RGBl 215, den Berufsgerichten der Ärzte, § 63 RÄrzteO vom 13. 12. 35, RGBl 1433, bzw entsprechende Bestimmungen des Landesrechts, und der Tierärzte, § 63 RTierärzteO vom 3. 4. 36, RGBl 347, bzw entsprechende Bestimmungen des Landesrechts; **e)** im Verhältnis zu den Verwaltungs-, Finanz- und Sozialgerichten, s §§ 14 VwGO, 13 FGO, 5 I SGG.

C. Über Rechtshilfeverkehr mit dem Ausland s Anh § 168.

4) Amtshilfe. A. Für die Amtshilfe fehlen vielfach besondere Vorschriften. Geregelt ist sie ua in den §§ 4–8 VwVfG (und den entsprechenden Gesetzen der Länder), den §§ 111–115 AO und den §§ 3–7 SGB X, soweit es sich um Amtshilfe zwischen Behörden handelt, vgl Schnapp/Friebe NJW **82**, 1422 (zur Prüfungskompetenz und zum Rechtsschutz). Diese Grundsätze sind idR auch im Verhältnis der Behörden zu den Gerichten und der Gerichte untereinander entsprechend anwendbar. Amtshilfegericht ist das AG. Der Instanzenzug regelt sich nach Landesrecht. Zeugen und Sachverständige sind nach den Prozeßordnungen zu vernehmen, Kissel § 156 Rdz 52 ff.

B. Amtshilfe ist zu leisten allen Gerichten (vgl auch §§ 14 VwGO, 13 FGO, 5 I SGG), ferner ua, vgl Kissel § 156 Rdz 21: **a)** den Postbehörden, Art 35 I GG; **b)** den Bundesfinanzbehörden, §§ 111 ff AO 1977; **c)** den Jugendämtern, § 10 JWG idF v 25. 4. 77, BGBl 633; **d)** den Einigungsämtern des Wettbewerbsrechts, § 27a UWG; **e)** den Seeämtern und dem Oberseeamt, § 32 Gesetz v 28. 9. 35, RGBl 1183; **f)** dem Seemannsamt, § 125 SeemO vom 2. 6. 02, RGBl 175; **g)** den Standesbeamten, § 5 Bek vom 18. 1. 17, RGBl 55; **h)** mindestens nach Gewohnheitsrecht den Verwaltungsbehörden, darunter der Staatsanwaltschaft in Zivilsachen. Dagegen können Versicherungsbehörden nur ein Sozialgericht um Amtshilfe ersuchen, § 1571 RVO.

C. Eingeschränkt wird die Amtshilfe von Behörden durch die Vorschriften, die eine Pflicht zur Geheimhaltung bestimmter Tatsachen begründen oder vor Weitergabe personenbezogener Daten schützen, zB §§ 5 II VwVfG, 30 AO, 35 SGB-AT und 67 ff SGB X, 9 KWG, 10 und 45 BDSG; vgl dazu Kissel § 156 Rdz 60 u 61, Schnapp NJW **80**, 2165, Mallmann/Welz NJW **81**, 1020, Schickedanz MDR **81**, 546, Ostendorf DRiZ **81**, 4, Steinbömer DVBl **81**, 340, Damian ZfSH **81**, 198, Möhle ZfF **81**, 128, Schatzschneider MDR **82**, 6.

5) Interlokale Rechtshilfe ist den Gerichten der DDR zu leisten, SchlHA **47**, 25, vorausgesetzt, daß für das dortige Gericht eine Zuständigkeit besteht, Hamm JMBl NRW **61**, 24, in der DDR Lebende nicht durch die Erledigung gefährdet werden, Hamm JMBl NRW **62**, 195, und das Verfahren nicht mit zwingenden rechtsstaatlichen Grundsätzen im Widerspruch steht, Köln MDR **63**, 228. Die Einziehung von Geldforderungen auf Vollstreckungsersuchen erfolgt in der DDR in DM Ost (1 DM West = 1 DM Ost) und Einzahlung auf Sperrkonto, Grdz 4 A f § 704. Über die Einziehung von DM Ost-Forderungen in der Bundesrepublik s ebenda und Schlußanh IV B. Wegen Aktenversendung vgl § 168 Anm 1.

156
Grundsatz. Die Gerichte haben sich in bürgerlichen Rechtsstreitigkeiten und in Strafsachen Rechtshilfe zu leisten.

Schrifttum: Nagel, Nationale und internationale Rechtshilfe im Zivilprozeß, 1971.

1) Rechtshilfepflicht. Die Gerichte haben sich Rechtshilfe zu leisten (Begriff Üb 2 § 156). Eine Verpflichtung im Verhältnis von Gericht und Staatsanwaltschaft besteht an sich, abgesehen von §§ 162 f, nicht, s aber Üb 4 B § 156. Wegen anderer Behörden s Üb 3 u 4 § 156. Die Gerichte sind berechtigt, nicht die Richter; darum dürfen auch Rpfl im Rahmen ihrer Befugnisse um Rechtshilfe ersuchen, § 4 I RPflG (Anh § 153). Ersucht wird das andere Gericht, das an den zuständigen Richtern oder Beamten abgibt; Ersuchen sind auch zwischen Hauptgericht und Zweigstelle möglich, Mü MDR **82**, 763. Ob eine bürgerliche Rechtsstreitigkeit vorliegt (Begriff § 13 Anm 3), bestimmt sich bei inländischem Ersuchen nicht nach der Rechtsnatur der Sache, sondern nach der Tätigkeit der ersuchenden Behörde; bei ordentlichen Gerichten schweben nur bürgerliche Rechtsstreitigkeiten in diesem Sinne. Anders liegt es beim Rechtshilfeverkehr mit dem Ausland, s Anh § 168 Anm 1. Einschränkung der Verpflichtung: § 158. Die Rechtshilfe überträgt die Amtshandlung dem ersuchten Gericht, Üb 2 § 156; darum enthält ein Eintragungsersuchen aus § 941 ZPO kein Ersuchen um Rechtshilfe.

2) *VwGO:* Eine entsprechende Regelung, die sich auch auf Amtshilfe erstreckt, enthält § 14 VwGO (vgl auch §§ 13 FGO und 5 I SGG).

157
Rechtshilfegericht. [I] Das Ersuchen um Rechtshilfe ist an das Amtsgericht zu richten, in dessen Bezirk die Amtshandlung vorgenommen werden soll.

[II] Die Landesregierungen werden ermächtigt, durch Rechtsverordnung die Erledigung von Rechtshilfeersuchen für die Bezirke mehrerer Amtsgerichte einem von ihnen ganz oder teilweise zuzuweisen, sofern dadurch der Rechtshilfeverkehr erleichtert oder beschleunigt wird. Die Landesregierungen können diese Ermächtigung durch Rechtsverordnung auf die Landesjustizverwaltungen übertragen.

Vorbem. II eingefügt durch Art 2 Z 4 VereinfNov, in Kraft ab 1. 1. 77 (ersetzt IX. Teil § 4 NotVO v 1. 12. 30).

1) Erläuterung. Rechtshilfegericht ist immer ein AG, und zwar dasjenige, in dessen Bezirk die Amtshandlung vorzunehmen ist, I, oder das, dem die Erledigung durch **RechtsVO** zugewiesen ist, **II**. Wo die Amtshandlung vorzunehmen ist, ergibt der Einzelfall. Örtlich zuständig für die Vernehmung eines Zeugen ist das Gericht an dessen Wohnsitz oder Aufenthalt, aus Zweckmäßigkeitsgründen (zB Gegenüberstellung, Vernehmung an Ort und Stelle, bei Beschäftigung an anderem Ort) auch ein anderes, Hamm MDR **57**, 437. Sind mehrere Gerichte zuständig, so darf das ersuchende Gericht unter ihnen wählen. Den zuständigen Richter bestimmt die Geschäftsverteilung, § 21 e. Das ersuchte Gericht handelt nicht in Vertretung des ersuchenden, sondern kraft eigener, durch das Ersuchen begrenzter Amtsgewalt, KGJ **53** A 254. Besteht mit einem ausländischen Staat kein Rechtshilfeverkehr oder ist er besonders langwierig, so kann es notwendig sein, daß ein grenznahes Gericht Zeugen aus dem Auslandsgebiet vernimmt, wenn das vor dem Prozeßgericht nicht möglich ist, Mü NJW **62**, 56.

2) *VwGO:* *Gilt auch für VerwGerichte, wenn nicht ein VerwGericht um Rechtshilfe ersucht wird,* § 14 *VwGO.*

158 *Ablehnung des Ersuchens.* **¹** Das Ersuchen darf nicht abgelehnt werden. **ⁱⁱ** Das Ersuchen eines nicht im Rechtszuge vorgesetzten Gerichts ist jedoch abzulehnen, wenn die vorzunehmende Handlung nach dem Recht des ersuchten Gerichts verboten ist. Ist das ersuchte Gericht örtlich nicht zuständig, so gibt es das Ersuchen an das zuständige Gericht ab.

1) Regel, I. Das ersuchte Gericht darf grundsätzlich das Ersuchen nicht ablehnen. Das gilt unbedingt, wenn ein vorgesetztes Gericht ersucht, dh ein im Instanzenzug allgemein, wenn auch nicht im Einzelfalle, übergeordnetes, also stets das OLG des Bezirks, stets das LArbG für ein ArbG seines Bezirks. Die örtliche Überordnung entscheidet; der Einzelrichter steht an Stelle des Kollegiums, LZ **25**, 455. Sollte das Ersuchen eines übergeordneten Gerichts rechtlich unzulässig sein, so darf das ersuchte Gericht nur darauf hinweisen. Voraussetzung der Bindung ist aber, daß das Ersuchen verständlich und ausführbar ist. Ein Ersuchen um Zeugenvernehmung muß die Beweisfrage klar ergeben, Recht **32**, 811: Es ist nicht Aufgabe des ersuchten Gerichts, sie sich aus den Akten zusammenzustoppeln; wegen der Vernehmung nach § 613 vgl dort Anm 2 B. Eine Verweisung auf einen ausreichenden Beweisbeschluß, der nicht seinerseits auf Schriftsätze verweist, genügt. Dem ersuchten Gericht ist nichts anzusinnen als eben die Erledigung des Ersuchens.

2) Ausnahmen, II. Die Regel der Nichtablehnung, I, gilt nur mit Einschränkungen, wenn ein anderes als das vorgeordnete Gericht ersucht. **A.** Das ersuchte Gericht darf das Ersuchen eines nicht übergeordneten Gerichts weitergeben wegen fehlender **örtlicher Zuständigkeit,** II 2, dh wenn die Amtshandlung nicht in seinem Bezirk vorzunehmen ist, § 157. Es genügt nicht, daß zu vernehmende Personen außerhalb des Bezirks wohnen, falls eine Gegenüberstellung stattfinden soll oder die Vernehmung der mehreren zweckmäßig an einem Ort des Sprengels geschieht. Bei Ersuchen um Ernennung eines Sachverständigen genügt, daß kein geeigneter im Bezirk vorhanden ist, OLG **25**, 271.

B. Das ersuchte Gericht darf ein **Ersuchen ablehnen wegen rechtlicher Unzulässigkeit der Amtshandlung, II 1.** Die Handlung muß entweder nach dem örtlichen Recht des ersuchten Gerichts oder nach dem gemeinsamen Recht beider Gerichte gegen Bundes- oder Landesrecht verstoßen. Zu prüfen ist natürlich auch die Frage eines Verstoßes gegen das GG durch die begehrte Handlung, zB bei Verletzung des Gebots der Achtung der Intimsphäre (etwa durch Übersendung von Ehescheidungsakten), BVerfG NJW **70**, 555 und dazu Bekker NJW **70**, 1075 (vgl auch BVerwG **35**, 227, Schick ZBR **71**, 203, München OLGZ **72**, 360); ebenso ist der Datenschutz zu beachten, Bull DÖV **79**, 690, vgl auch Üb 4 C § 156. Ob ein Verstoß vorliegt, hat das ersuchte Gericht immer selbständig zu prüfen. Es hat nie zu prüfen, ob das ersuchende Gericht eine Prozeßvorschrift, zB § 375, zweckmäßig angewendet hat, auch nicht, ob Ermessen fehlerhaft ausgeübt worden ist, Celle Nds Rpfl **56**, 171, nicht bei Ersuchen eines Schiedsgerichts, § 106 II ArbGG, ob die Beweisaufnahme wirklich „aus Gründen der örtlichen Lage" zweckmäßigerweise dem AG statt dem ArbG übertragen ist. Es genügt nicht, daß die Amtshandlung nach der Prozeßlage unangemessen ist, RG **162**, 317, auch nicht, daß das ersuchte Gericht einen unzulässigen Ausforschungsbeweis annimmt, BGH JZ **53**, 230, aM Ffm MDR **52**, 499 unter Berufung auf RG aaO, das aber darauf hingewiesen hat, daß das ersuchte Gericht idR nicht wird beurteilen können, ob ein

Ausforschungsbeweis vorliegt, so daß es im Zweifel dem Ersuchen zu entsprechen, jedenfalls aber den nicht für unzulässig gehaltenen Teil des Ersuchens sofort auszuführen hat, OLGZ **67**, 50; es ist auch nicht seine Sache, die Richtigkeit des Verfahrens nachzuprüfen, das kann nur durch Rechtsmittel in der Sache selbst geschehen, BGH aaO, vgl auch unten D; erst recht darf keine Ablehnung erfolgen, wenn das ersuchte Gericht in einer kontroversen Rechtsfrage anderer Ansicht ist, Mü OLGZ **76**, 252.

Der Zeugniszwang richtet sich bei zwischenörtlichen Rechtshandlungen nach dem Recht des ersuchten Gerichts. Den Gerichten der **Arbeitsgerichtsbarkeit** ist Rechtshilfe nur zu leisten, sofern sich am Sitz des AG kein ArbG befindet, § 13 I ArbGG, andernfalls ist die Amtshandlung unzulässig.

C. Beispiele für verbotene Handlungen: Ein Fall der Rechtshilfe liegt überhaupt nicht vor, etwa im Fall des § 160. Vernehmung der Partei oder des gesetzlichen Vertreters als Zeugen (nicht in Ersuchen um Parteivernehmung umzudeuten). Vernehmung eines Minderjährigen über die Anerkennung der Vaterschaft ohne Zustimmung des gesetzlichen Vertreters, RG **87**, 426. Anhörung im Fall der (auch nur vorläufigen) Unterbringung nach § 1800 iVm § 1631b BGB, § 64a I 3 FGG, Bre FamRZ **80**, 934. Nochmalige Vernehmung eines Zeugen ohne sachlichen Grund, weil darin ein Mißbrauch des Zeugniszwanges liegt; es muß ersichtlich sein, was der Zeuge jetzt voraussichtlich mehr bekunden wird, RG **114**, 2; s dazu auch § 398 ZPO Anm 1. Eidliche Vernehmung, wo kein gesetzlicher Fall vorliegt, HRR **39**, 1365. Fehlende sachliche Zuständigkeit, zB Ersuchen an ein LG. Ersuchen eines gemeinsamen Konkursgerichts an ein AG seines Bezirks um eine Maßnahme des materiellen Konkursrechts, Kblz MDR **77**, 59 (anders bei Ersuchen um prozessuale Handlungen, zB Anhörung, Düss JMBlNRW **68**, 115). Ersuchen zur Beweisaufnahme bei ungenügender Bezeichnung der streitigen Tatsachen, Düss OLGZ **73**, 492, wobei die Fassung „über den Hergang" eines bestimmten Unfalls mit Zeit- und Ortsangaben genügt, Ffm JB **82**, 1576, Kblz NJW **75**, 1036.

D. Beispiele für nicht verbotene Handlungen: Vernehmung einer Partei zur Aufklärung auch außerhalb der Fälle der §§ 141, 613 ZPO, JW **30**, 1089. Zeugenvernehmung, wo das ersuchte Gericht die Sachverständigenvernehmung für gegeben hält, weil es Sache des Prozeßgerichts ist zu entscheiden, als was der Dritte gehört werden soll, Köln OLGZ **66**, 188. Eine Handlung, die das ersuchende Gericht ebensogut vornehmen könnte, aM Hamm JMBlNRW **64**, 53 (s aber § 160), so auch dann, wenn der Zeuge in dem nur 15 km entfernt liegenden Ort, der gute Verkehrsverbindungen hat, wohnt, Karlsr OLGZ **66**, 565. Vernehmung der Kindesmutter über Mehrverkehr, BGH JZ **53**, 230, vgl auch § 282 Anm 2; das ersuchte Gericht ist nicht befugt, die Beeidigung der Kindesmutter von der vorherigen Einholung einer Blutgruppenuntersuchung durch das Prozeßgericht abhängig zu machen, Celle NdsRpfl **53**, 30.

3) *VWGO: Gilt unmittelbar bei Ersuchen an AG und entsprechend, § 173 VwGO, bei Ersuchen an ein VerwGericht, § 14 VwGO.*

159 *Beschwerde wegen Ablehnung.* [I] Wird das Ersuchen abgelehnt oder wird der Vorschrift des § 158 Abs. 2 zuwider dem Ersuchen stattgegeben, so entscheidet das Oberlandesgericht, zu dessen Bezirk das ersuchte Gericht gehört. Die Entscheidung ist nur anfechtbar, wenn sie die Rechtshilfe für unzulässig erklärt und das ersuchende und das ersuchte Gericht den Bezirken verschiedener Oberlandesgerichte angehören. Über die Beschwerde entscheidet der Bundesgerichtshof.

[II] **Die Entscheidungen ergehen auf Antrag der Beteiligten oder des ersuchenden Gerichts ohne mündliche Verhandlung.**

1) **Allgemeines.** Das Gesetz vermeidet eine Benennung des durch § 159 gegebenen Rechtsbehelfs. Man kann ihn unbedenklich **Beschwerde** nennen. Freilich ist diese Beschwerde nicht die der §§ 567ff ZPO; namentlich ist § 576 I naturgemäß unanwendbar. Was § 159 I 3 Beschwerde nennt, ist eigentlich eine weitere Beschwerde.

2) **Anwendungsgebiet.** § 159 ist anwendbar auch bei Ablehnung des Ersuchens eines im Instanzenweg vorgesetzten Gerichts, weil es sonst keine Möglichkeit geben würde, die Erledigung zu erzwingen; unanwendbar ist § 159 dagegen bei Amtshilfe, JW **36**, 1391 (hier nur Dienstaufsichtsbeschw), str. Es genügt ein Streit über die Kosten der Rechtshilfe, denn er betrifft die Ausführung des Ersuchens, RGSt **24**, 2. Die teilweise Abweichung vom Ersuchen ist teilweise Ablehnung, RGSt aaO.

13. Titel. Rechtshilfe GVG §§ 159–162 1, 2

3) Verfahren. Beschwerdeberechtigt sind das ersuchende Gericht, die Parteien und die vom ersuchten Gericht zu vernehmenden Personen, II. Einlegung erfolgt schriftlich oder zu Protokoll der Geschäftsstelle des AG oder des OLG. Das AG darf abhelfen. **Entscheidung** des OLG durch Beschluß. Erklärt der Beschluß die Rechtshilfe für unzulässig, so ist das Geschehene im Prozeß unbenutzbar. Die Beschwerde geht immer ans OLG, in arbeitsgerichtlichen Sachen ans LArbG, § 13 II ArbGG. Soweit der Rpfl Rechtshilfe gewähren soll, § 156 Anm 1, ist zunächst sein Gericht anzurufen und Beschwerde erst gegen dessen Entscheidung gegeben, § 11 I RpflG, abgedr Anh § 153. **Gebühren:** Gericht keine, RA § 118 BRAGO (str, ob stattdessen § 61 I 1 BRAGebO).

4) Weitere Beschwerde. Sie ist beim OLG oder BGH einzulegen; beschwerdeberechtigt sind die in II Genannten, Anm 3. Das OLG darf abhelfen und erledigt damit die Beschwerde. Die Zuständigkeit des BGH bei Ersuchen anderer Behörden als eines ordentlichen Gerichts kann nur ein Bundesgesetz, nicht eine RechtsVO oder ein Landesgesetz begründen, RG **102**, 369. Da § 46 PatG von Rechtshilfe spricht, will es offenbar Titel 13 anwendbar machen, RG **64**, 178. In arbeitsgerichtlichen Sachen geht die weitere Beschwerde ans BAG, § 13 II ArbGG. **Gebühren:** wie Anm 3.

5) *VwGO*: *Unmittelbar bei Ersuchen ans AG, § 14 VwGO, und entsprechend bei Ersuchen ans VG anzuwenden, § 173 VwGO; in diesem Fall entscheidet das OVG (keine Beschwerde an BVerwG, § 152 I VwGO, aM RedOe § 152 Anm 3). Keine gerichtliche Entscheidung bei Ablehnung von Amtshilfe, hier nur Dienstaufsichtsbeschwerde, str, vgl RedOe § 14 Anm 5.*

160 *Vollstreckungen. Ladungen. Zustellungen.* **Vollstreckungen, Ladungen und Zustellungen werden nach Vorschrift der Prozeßordnungen bewirkt ohne Rücksicht darauf, ob sie in dem Land, dem das Prozeßgericht angehört, oder in einem anderen deutschen Land vorzunehmen sind.**

1) Erläuterung. § 160 betrifft Fälle, in denen Handlungen der Gerichte oder anderer Stellen nur der Vollziehung einer richterlichen AnO dienen. Da ist Rechtshilfe verboten, § 158 II anwendbar. Darum haben die Beteiligten die Gerichtsvollzieher und Vollstreckungsgerichte unmittelbar anzugehen. Das gilt auch für Vorführung und Verhaftung sowie die Vollstreckung zivilprozessualer Maßnahmen.

2) *VwGO*: *Vgl § 158 Anm 4.*

161 *Beauftragung eines Gerichtsvollziehers.* **Gerichte, Staatsanwaltschaften und Geschäftsstellen der Gerichte können wegen Erteilung eines Auftrags an einen Gerichtsvollzieher die Mitwirkung der Geschäftsstelle des Amtsgerichts in Anspruch nehmen, in dessen Bezirk der Auftrag ausgeführt werden soll. Der von der Geschäftsstelle beauftragte Gerichtsvollzieher gilt als unmittelbar beauftragt.**

1) Erläuterung. Gerichtsvollzieher gewähren keine Rechtshilfe, so daß §§ 158 und 159 unanwendbar sind. Weigern sie die Tätigkeit, so steht Dienstaufsichtsbeschwerde offen.

2) *VwGO*: *Vgl § 158 Anm 4.*

162 *Strafvollstreckung.* **Hält sich ein zu einer Freiheitsstrafe Verurteilter außerhalb des Bezirks der Strafvollstreckungsbehörde auf, so kann diese Behörde die Staatsanwaltschaft des Landgerichts, in dessen Bezirk sich der Verurteilte befindet, um die Vollstreckung der Strafe ersuchen.**

1) Erläuterung. § 162 bezieht sich auch auf die nach §§ 380, 390, 888–890, 901 ZPO erkannte Haft ohne Rücksicht auf ihre Natur, ebenso auf die Ordnungsmittel nach §§ 178, 179 GVG. Staatsangehörigkeit und Wohnsitz des Verurteilten sind belanglos. Bei §§ 162, 163 hat die Staatsanwaltschaft Rechtshilfe zu leisten. Dem Vollstreckungsersuchen ist eine beglaubigte Abschrift der Urteilsformel oder des Beschlusses mit Bescheinigung der Vollstreckbarkeit beizufügen. Es gilt § 451 StPO sinngemäß. Rechtsbehelf bei Ablehnung: Beschwerde der ersuchenden Behörde an den Generalstaatsanwalt beim OLG, § 157 (Dienstaufsichtsbeschwerde). Der Verurteilte selbst hat kein Recht auf Einhaltung des § 162.

2) *VwGO*: *Vgl § 158 Anm 4.*

163 *Strafvollstreckung.* Soll eine Freiheitsstrafe in dem Bezirk eines anderen Gerichts vollstreckt oder ein in dem Bezirk eines anderen Gerichts befindlicher Verurteilter zum Zwecke der Strafverbüßung ergriffen und abgeliefert werden, so ist die Staatsanwaltschaft bei dem Landgericht des Bezirks um die Ausführung zu ersuchen.

1) Erläuterung. Siehe die Erläuterung zu § 162. Ist das auswärtige Gefängnis das für das Gericht bestimmte, so bedarf es keiner Rechtshilfe. Das gleiche gilt bei Vollstreckung von Geldstrafen, §§ 160ff.

2) *VwGO:* *Vgl § 158 Anm 4.*

164 *Kosten.* I Kosten und Auslagen der Rechtshilfe werden von der ersuchenden Behörde nicht erstattet.

II Gebühren oder andere öffentliche Abgaben, denen die von der ersuchenden Behörde übersendeten Schriftstücke (Urkunden, Protokolle) nach dem Recht der ersuchten Behörde unterliegen, bleiben außer Ansatz.

1) Kosten und Auslagen, I. § 164 hat Bedeutung für die Rechtshilfe zwischen den Gerichten oder auf Ersuchen einer Behörde, §§ 162 u 163, enger Kissel Rdz 1. Für die ersuchende Stelle entstehen keine Gebühren; sie hat der ersuchten Stelle auch keine Kosten oder Auslagen, zB Gebühren nach ZSEG, zu erstatten, BGH NJW **58**, 1310.

Die Vorschrift gilt nicht, wo es sich nicht um eigentliche Rechtshilfe handelt, Üb § 156. So sind zB Kosten von Urteilsabschriften für fremde Amtsstellen zu ersetzen, soweit diesen nicht Kostenfreiheit zusteht, OLG **25**, 275. Bei Amtshilfe ist Landesrecht maßgebend.

Wegen interlokaler Rechtshilfe vgl Üb 5 § 156.

2) Abgaben für Schriftstücke, II. Die Bestimmung ist gegenstandslos, Kissel Rdz 10.

3) *VwGO:* *Vgl § 158 Anm 4.*

165 (außer Kraft gesetzt durch Art X § 2 Z 4 KostÄndErgG vom 26. 6. 57, BGBl 861; s ZSEG)

166 *Amtshandlungen außerhalb des Gerichtsbezirks.* I Ein Gericht darf Amtshandlungen außerhalb seines Bezirks ohne Zustimmung des Amtsgerichts des Ortes nur vornehmen, wenn Gefahr im Verzug ist. In diesem Falle ist dem Amtsgericht des Ortes Anzeige zu machen.

II (betrifft Strafsachen)

1) Erläuterung. § 166 beschränkt die Vornahme gerichtlicher Amtshandlungen auf den Gerichtssprengel. **Ein Gericht beliebiger Ordnung darf außerhalb seines Sprengels nur bei Gefahr im Verzug handeln,** dh wo die Einholung der Zustimmung des AG das Ergebnis der Amtshandlung vermutlich beeinträchtigen würde. Siehe auch § 219 ZPO. Mit Zustimmung des AG ist ein Tätigwerden auch außerhalb des Landes, dem das Gericht zugehört, möglich, BFH BStBl **76** II 631. Die Zustimmung ist keine Rechtshilfe; darum ist bei Versagung nicht Beschwerde aus § 159, sondern nur Dienstaufsichtsbeschwerde gegeben. Der Verstoß gegen § 166 hat keine prozessuale Folgen, BFH aaO.

2) *VwGO:* *Gilt entsprechend, § 173 VwGO; an die Stelle des AG tritt dabei das zuständige VG, vgl BFH BStBl **76** II 631.*

167 *Verfolgung von Flüchtigen.* I Die Polizeibeamten eines deutschen Landes sind ermächtigt, die Verfolgung eines Flüchtigen auf das Gebiet eines anderen deutschen Landes fortzusetzen und den Flüchtigen dort zu ergreifen.

II Der Ergriffene ist unverzüglich an das nächste Gericht oder die nächste Polizeibehörde des Landes, in dem er ergriffen wurde, abzuführen.

1) Erläuterung. Zu den Polizeibeamten gehören alle Vollzugsbeamten, auch Strafanstaltsbeamte. Die Verfolgung muß im eigenen Land begonnen haben; dann kann sie auf dem Gebiet jedes anderen deutschen Landes fortgesetzt werden; vgl auch Hamm NJW **54**, 206. Vgl im übrigen § 162 Anm 1.

13. Titel. Rechtshilfe GVG § 168, Anh § 168 1, 2

168 *Mitteilung von Akten.* **Die in einem deutschen Land bestehenden Vorschriften über die Mitteilung von Akten einer öffentlichen Behörde an ein Gericht dieses Landes sind auch dann anzuwenden, wenn das ersuchende Gericht einem anderen deutschen Land angehört.**

1) Erläuterung. § 168 betrifft keine Rechtshilfe, sondern eine Amtshilfe, Üb 2 § 156. Daher ist bei Versagung nicht Beschwerde aus § 159, sondern Dienstaufsichtsbeschwerde gegeben, OLG 21, 1. Aktenversendung ins Ausland ist den Gerichten verwehrt; sie ist Sache der Justizverwaltung. Ebenso scheidet eine Versendung in die DDR aus; diese versendet grundsätzlich keine Akten, außer wenn die Sache an ein Gericht in der Bundesrepublik abgegeben würde.

2) VwGO: Vgl § 158 Anm 4.

Anhang nach § 168 GVG
Zwischenstaatliche Rechtshilfe
Grundzüge

Schrifttum: Nagel, Internationales Zivilprozeßrecht für deutsche Praktiker, 1980, Abschnitt VII; Bülow-Böckstiegel, Internationaler Rechtsverkehr in Zivil- und Handelssachen, 1973 ff; Hollmann RIW 82, 784; v. Hülsen RIW 82, 537; Schlosser ZZP 81, 369; Unterreitmayer Rpfleger 72, 117.

1) A. Der Rechtshilfeverkehr mit dem Ausland ist Verwaltungsangelegenheit, über Gewährung der Rechtshilfe oder Amtshilfe entscheidet die Justizverwaltung, auch wo unmittelbarer Verkehr besteht, und zwar idR durch die dafür eingerichteten Prüfungsstellen; das ersuchte Gericht hat jedoch entsprechend § 158 II zu prüfen, ob die Handlung nicht verboten ist. Im übrigen kommen vielfach Staatsverträge in Frage, so namentlich die **Haager Übk** (s Einl IV Anm 2 A vor § 1 ZPO u unten). Über interlokale Rechtshilfe s Üb 5 § 156. Zeugniszwang besteht nur dort, wo er durch Staatsvertrag vorgesehen ist, Lauterbach ZAk 42, 363.

B. Für das gesamte Bundesgebiet gilt einheitlich seit 1. 4. 57 die **Rechtshilfeordnung für Zivilsachen vom 19. 10. 56 (ZRHO)** idF v 1976 m Änd (Text bei Bülow-Böckstiegel G 1 mit vielen Anm: vgl auch Arnold MDR 57, 385, Nehlert JR 58, 121). Sie gilt nicht bei Rechtshilfeverkehr mit dem Gerichtshof der Europäischen Gemeinschaft für Kohle u Stahl, Art § 10 2 VerfO dieses Gerichtshofes vom 31. 3. 54, ABl der Europäischen Gemeinschaft 302, und mit den stationierten Truppen, vgl NatoTruppenStatut, Schlußanh III (dort besondere Regelung).

2) Durchführung der Rechtshilfe. A. Die Rechtshilfeordnung für Zivilsachen unterscheidet, § 5: **a)** Zustellungsanträge; darüber s Anh § 202 ZPO; die der Geschäftsstelle des AG gesetzlich zugewiesene Ausführung ausländischer Zustellungsanträge erledigt der Rpfl, § 29 RpflG; **b)** Rechtshilfeersuchen im engeren Sinn, dh Ersuchen um Erhebung von Beweisen und dgl, s unten; **c)** Ersuchen um Vollstreckungshilfe, insbesondere bei Kosteneinziehung; **d)** Ersuchen um Verfahrensüberleitung (Abgabe oder Übernahme in der freiwilligen Gerichtsbarkeit); **e)** Ersuchen um Verfahrenshilfe, zB um Ermittlung, Auskunft, Aktenübersendung. – Die Justizverwaltung befindet darüber, ob Rechtshilfeersuchen abzulassen und ob eingehende zu erledigen sind; über die Ablehnungsgründe vgl Unterreitmayer Rpfleger 72, 122. Gegen die Entscheidung der Justizverwaltung ist die **Anrufung des OLG** nach § 23 EGGVG gegeben, Mü JZ 81, 538 u 540, dazu Nagel IPrax 82, 138.

B. Der Rechtshilfeverkehr ist a) unmittelbar, wo das ausdrücklich zugelassen ist; **b)** iü besteht **konsularischer oder diplomatischer Verkehr,** wenn nicht ausnahmsweise **c) der ministerielle Weg** vorgesehen ist. Wegen der Staaten im einzelnen sowie der in Betracht kommenden Auslandsvertretungen vgl den Länderteil der ZRHO.

I. Haager Zivilprozeßübereinkommen
Übersicht

Das HZPrÜbk v 1. 3. 54, BGBl 58 II 577, wird hinsichtlich seiner Rechtshilfevorschriften abgelöst durch das **Haager Übk v 18. 3. 70** über die Beweisaufnahme, BGBl 77 II 1472, m ZustG v 22. 12. 77, BGBl II 1452, und AusfG v 22. 12. 77, BGBl 3105, **Anh § 363 ZPO;** dazu v. Hülsen RIW 82, 537, Böckstiegel/Schlafen NJW 78, 1073. Wegen der Vertragsstaaten vgl Einl IV 3. Die Rechtshilfebestimmungen des HZPrÜbk gelten demgemäß noch im Verhältnis zu Ägypten, Belgien, Japan, Jugoslawien, Libanon, Marokko, Österreich, Polen, Rumänien, Schweiz, Sowjetunion, Spanien, Surinam, Türkei, Ungarn und Vatikanstaat.

Art. 8. In Zivil- oder Handelssachen kann das Gericht eines Vertragstaates gemäß seinen innerstaatlichen Rechtsvorschriften die zuständige Behörde eines anderen Vertragstaates ersuchen, eine Beweisaufnahme oder eine andere gerichtliche Handlung innerhalb ihrer Zuständigkeit vorzunehmen.

Bem. Wegen Entgegennahme der Ersuchen s § 1 AusfG, wegen der Zuständigkeit zur Erledigung s § 2 AusfG, abgedr Anh § 202 ZPO.

Art. 9. [I] Die Rechtshilfeersuchen werden durch den Konsul des ersuchenden Staates der Behörde übermittelt, die von dem ersuchten Staat bezeichnet wird. Diese Behörde hat dem Konsul die Urkunde zu übersenden, aus der sich die Erledigung des Ersuchens oder der Grund ergibt, aus dem das Ersuchen nicht hat erledigt werden können.

[II] Schwierigkeiten, die aus Anlaß der Übermittlung des Ersuchens entstehen, werden auf diplomatischem Wege geregelt.

[III] Jeder Vertragstaat kann in einer an die anderen Vertragstaaten gerichteten Mitteilung verlangen, daß die in seinem Hoheitsgebiet zu erledigenden Rechtshilfeersuchen ihm auf diplomatischem Wege übermittelt werden.

[IV] Die vorstehenden Bestimmungen hindern nicht, daß zwei Vertragstaaten vereinbaren, für die Übermittlung von Rechtshilfeersuchen den unmittelbaren Verkehr zwischen ihren Behörden zuzulassen.

Bem. Zu I: Die Zuständigkeit zur Entgegennahme regelt § 1 AusfG, abgedr Anh § 202 ZPO. Einen Vorbehalt zu III haben Japan, Rumänien, UdSSR und der Vatikanstaat gemacht. Wegen des unmittelbaren Verkehrs s oben Anm 2 B a.

Art. 10. Vorbehaltlich anderweitiger Vereinbarung muß das Rechtshilfeersuchen in der Sprache der ersuchten Behörde oder in der zwischen den beiden beteiligten Staaten vereinbarten Sprache abgefaßt oder aber von einer Übersetzung in eine dieser Sprachen begleitet sein, die durch einen diplomatischen oder konsularischen Vertreter des ersuchenden Staates oder einen beeidigten Übersetzer des ersuchten Staates beglaubigt ist.

Bem. Vereinbarungen über die Sprache bestehen mit Belgien und der Schweiz.

Art. 11. [I] Das Gericht, an welches das Ersuchen gerichtet wird, ist verpflichtet, ihm zu entsprechen und dabei dieselben Zwangsmittel anzuwenden wie bei der Erledigung eines Ersuchens der Behörden des ersuchten Staates oder eines zum gleichen Zweck gestellten Antrags einer beteiligten Partei. Diese Zwangsmittel brauchen nicht angewendet zu werden, wenn es sich um das persönliche Erscheinen der Parteien des Rechtsstreits handelt.

[II] Die ersuchende Behörde ist auf ihr Verlangen von der Zeit und dem Ort der auf das Ersuchen vorzunehmenden Handlung zu benachrichtigen, damit die beteiligte Partei ihr beizuwohnen in der Lage ist.

[III] Die Erledigung des Rechtshilfeersuchens kann nur abgelehnt werden:
1. wenn die Echtheit des Ersuchens nicht feststeht;
2. wenn die Erledigung des Ersuchens in dem ersuchten Staat nicht in den Bereich der Gerichtsgewalt fällt;
3. wenn der Staat, in dessen Hoheitsgebiet das Ersuchen durchgeführt werden soll, die Erledigung für geeignet hält, seine Hoheitsrechte oder seine Sicherheit zu gefährden.

Bem. Wegen Ersuchen um Rechtshilfe in Abstammungssachen s Hausmann FamRZ 77, 302.

Art. 12. Ist die ersuchte Behörde nicht zuständig, so ist das Ersuchen von Amts wegen an das zuständige Gericht desselben Staates nach dessen Rechtsvorschriften abzugeben.

Art. 13. In allen Fällen, in denen das Ersuchen von der ersuchten Behörde nicht erledigt wird, hat diese die ersuchende Behörde hiervon unverzüglich zu benachrichtigen, und zwar im Falle des Artikels 11 unter Angabe der Gründe, aus denen die Erledigung des Ersuchens abgelehnt worden ist, und im Falle des Artikels 12 unter Bezeichnung der Behörde, an die das Ersuchen abgegeben wird.

Art. 14. [I] Das Gericht hat bei der Erledigung eines Ersuchens in den Formen zu verfahren, die nach seinen Rechtsvorschriften anzuwenden sind.

[II] Jedoch ist dem Antrag der ersuchenden Behörde, nach einer besonderen Form zu verfahren, zu entsprechen, sofern diese Form den Rechtsvorschriften des ersuchten Staates nicht zuwiderläuft.

Art. 15. Die vorstehenden Artikel schließen es nicht aus, daß jeder Staat Ersuchen unmittelbar durch seine diplomatischen oder konsularischen Vertreter erledigen lassen darf, wenn Abkommen zwischen den beteiligten Staaten dies zulassen oder wenn der Staat, in dessen Hoheitsgebiet das Ersuchen erledigt werden soll, dem nicht widerspricht.

Bem. Erleichternde Zusatzvereinbarungen bestehen mit Belgien und Österreich. Vgl iü Bülow-Böckstiegel A I 1 b Anm 66 u 67.

Art. 16. [1] Für die Erledigung von Ersuchen dürfen Gebühren oder Auslagen irgendwelcher Art nicht erhoben werden.

[II] Der ersuchte Staat ist jedoch vorbehaltlich anderweitiger Vereinbarung berechtigt, von dem ersuchenden Staat die Erstattung der an Zeugen oder Sachverständige gezahlten Entschädigungen sowie der Auslagen zu verlangen, die dadurch entstanden sind, daß wegen Nichterscheinens von Zeugen die Mitwirkung eines Gerichtsbeamten erforderlich war oder daß nach Artikel 14 Absatz 2 verfahren worden ist.

Bem. Zu II: Besondere Vereinbarungen bestehen mit Belgien, Österreich und der Schweiz. Wegen der Übermittlungsgebühr s § 3 AusfG, abgedr Anh § 202 ZPO.

II. Rechtshilfe nach dem UN-Übereinkommen über die Geltendmachung von Unterhaltsansprüchen im Ausland

vom 20. 6. 1956, BGBl **59** II 150

Übersicht

Schrifttum: Bülow-Arnold, Internationaler Rechtsverkehr A III 3; Bülow-Böckstiegel E 5; Lansky FamRZ **59**, 193.

1) Bei dem Übk handelt es sich nicht um ein Anerkennungs- und Vollstreckungsabkommen in Unterhaltssachen; vgl aber auch Art 5. Bestehende bilaterale Abkommen über die Anerkennung und Vollstreckung von Urteilen, Vergleichen und öff Urkunden werden dadurch nicht berührt, ebensowenig das Haager Übk betr Anerkennung und Vollstreckung von Entscheidungen über die Unterhaltspflicht gegenüber Kindern, abgedr SchlußAnh V; s dort auch Vorbem aE. Im UN-Übk wird im Wege eines multilateralen Abkommens ein anderer Weg beschritten, indem **auf administrativem Wege die Verfolgung von Unterhaltsansprüchen erleichtert wird.** Der Unterhaltsanspruch wird auf Veranlassung einer staatlichen Stelle des Staates, in dem sich der Berechtigte befindet und bei der er ein dahingehendes Gesuch einreichen kann, durch eine Stelle des Staates, in dem sich der Verpflichtete befindet, geltend gemacht, Art 3 I. Zu diesem Zwecke richten die Vertragsstaaten **Übermittlungs- und Empfangsstellen** ein, Art 2, die bekanntgemacht werden und unmittelbar miteinander verkehren können, Art 2 IV, wie auch sonst die Rechtshilfe, soweit es das Übk betrifft, erleichtert ist, Art 7, auch die Berechtigten in dem Lande, in dem ihr Anspruch geltend gemacht wird, hinsichtlich des Armenrechts (Prozeßkostenhilfe) und Befreiung von Gebühren und Auslagen sowie der Sicherheitsleistung für die Prozeßkosten einem Inländer gleichgestellt werden, Art 9.

Die **Übermittlungsstelle** im Lande des Berechtigten, an die dieser sich wegen der Durchsetzung seines Anspruchs wendet, sammelt die erforderlichen Unterlagen und unternimmt alles, um sicherzustellen, daß die Erfordernisse des im Staate der Empfangsstelle geltenden Rechts erfüllt werden, Art 3 III u IV. Die **Empfangsstelle,** der die Vorgänge von der Übermittlungsstelle übersandt sind, unternimmt im Rahmen der ihr vom Berechtigten erteilten Ermächtigung und in seiner Vertretung alle ihr geeigneten Schritte gegen den Verpflichteten, führt also auch äußerstenfalls eine Klage und die Vollstreckung durch, Art 6 I, wobei bei allen sich hierbei ergebenden Fragen das im Staat der Empfangsstelle geltende Recht angewendet wird, Art 6 III. Damit sind nicht nur die Fragen der Qualifikation, sondern auch, da das Übk Begriffsbestimmungen nicht enthält, die Fragen hierzu ausgeschaltet, zB wer Unterhaltsansprüche geltend machen kann. Für alles kommt nur das Recht des Staates des Verpflichteten, dh des Staates, in dem dieser sich befindet, zur Anwendung. Liegen gerichtliche Titel irgendwelcher Art gegen den Verpflichteten vor, so kann auch von der Empfangsstelle die Anerkennung und Vollstreckung dieser Titel, die sich nach den zwischen den beteiligten Staaten bestehenden Abkommen, vgl oben, oder bei deren Fehlen nach dem Recht des Empfangsstaates richten, oder auch auf Grund dieser Titel eine Klage betrieben werden, Art 5 III. Das Übk umfaßt ferner die Abänderung ergangener Entscheidungen, Art 8. Die Überweisung von Unterhaltszahlungen soll devisenrechtlich möglichst erleichtert werden, Art. 10.

2) Das Übk ist am 30. Tage nach der 3. Ratifikation, also **am 25. 5. 57 in Kraft getreten.** Die BRep ist mWv 19. 8. 59 beigetreten, Bek v 20. 11. 59, BGBl II 1377. Das Gesetz gilt auch in Berlin, G v 24. 4. 59, GVBl 625. **Vertragsstaaten sind** Algerien, Argentinien, Barbados, Belgien, Brasilien, Chile, China (Taiwan), Dänemark, Ecuador, Finnland, Frankreich einschließlich eines Teiles der französischen Communeauté, Griechenland, Guatemala, Haiti, Heiliger Stuhl, Israel, Italien, Jugoslawien, Luxemburg, Marokko, Monaco, Niederlande, Niger, Norwegen, Obervolta, Österreich, Pakistan, Philippinen, Polen, Portugal, Schweden, Schweiz, Spanien, Sri Lanka, Suriname, Tschechoslowakei, Tunesien, Türkei, Ungarn, Vereinigtes Königreich, Zentralafrikanische Republik.

Gemäß Art 12 erstreckt sich das Übk auch auf alle Hoheitsgebiete ohne Selbstregierung, Treuhandgebiete oder sonstige Hoheitsgebiete, für deren internationale Beziehungen eine Vertragspartei verantwortlich ist; bei Ratifikation oder Beitritt können aber Vorbehalte gemacht werden und sind in vielen Fällen gemacht worden.

Zu dem Übk ist das **AusfG** v 26. 2. 59, BGBl II 149 (unten abgedr) ergangen. Die Länder haben dazu die **bundeseinheitlichen Richtlinien** vom 1. 2. 65 erlassen.

A.

Gegenstand des Übereinkommens

Art. 1. [I] Dieses Übereinkommen hat den Zweck, die Geltendmachung eines Unterhaltsanspruches zu erleichtern, den eine Person (im folgenden als Berechtigter bezeichnet), die sich im Hoheitsgebiet einer Vertragspartei befindet, gegen eine andere Person (im folgenden als Verpflichteter bezeichnet), die der Gerichtsbarkeit einer anderen Vertragspartei untersteht, erheben zu können glaubt. Dieser Zweck wird mit Hilfe von Stellen verwirklicht, die im folgenden als Übermittlungs- und Empfangsstellen bezeichnet werden.

[II] Die in diesem Übereinkommen vorgesehenen Möglichkeiten des Rechtsschutzes treten zu den Möglichkeiten, die nach nationalem oder internationalem Recht bestehen, hinzu; sie treten nicht an deren Stelle.

Bem. Auf den Wohnsitz oder die Staatsangehörigkeit kommt es nicht an; auch ein nicht einem der Vertragsstaaten Angehöriger kann Berechtigter oder Verpflichteter sein. Entscheidend ist nur, daß sich der Berechtigte im Hoheitsgebiet einer Vertragspartei befindet und der Verpflichtete der Gerichtsbarkeit einer anderen Vertragspartei untersteht, was von dieser zu beurteilen ist, wie auch, ob der Unterhaltsanspruch nach dem Übk geltend gemacht werden kann, s Üb 1.

Bestimmung der Stellen

Art. 2. [I] Jede Vertragspartei bestimmt in dem Zeitpunkt, an dem sie ihre Ratifikations- oder Beitrittsurkunde hinterlegt, eine oder mehrere Gerichts- oder Verwaltungsbehörden, die in ihrem Hoheitsgebiet als Übermittlungsstelle tätig werden.

[II] Jede Vertragspartei bestimmt in dem Zeitpunkt, an dem sie ihre Ratifikations- oder Beitrittsurkunde hinterlegt, eine öffentliche oder private Stelle, die in ihrem Hoheitsgebiet als Empfangsstelle tätig wird.

[III] Jede Vertragspartei unterrichtet den Generalsekretär der Vereinten Nationen unverzüglich über die Bestimmungen, die sie gemäß den Absätzen 1 und 2 getroffen hat, und über die Änderungen, die nachträglich in dieser Hinsicht eintreten.

[IV] Die Übermittlungs- und Empfangsstellen dürfen mit den Übermittlungs- und Empfangsstellen anderer Vertragsparteien unmittelbar verkehren.

Bem. In der BRep ist Übermittlungsstelle die Landesjustizverwaltung jedes Landes, Empfangsstelle das Bundesverwaltungsamt, Art 2 II AusfG idF des G v 4. 3. 71, BGBl II 105.

Einreichung von Gesuchen bei der Übermittlungsstelle

Art. 3. [I] Befindet sich ein Berechtigter in dem Hoheitsgebiet einer Vertragspartei (im folgenden als Staat des Berechtigten bezeichnet) und untersteht der Verpflichtete der Gerichtsbarkeit einer anderen Vertragspartei (im folgenden als Staat des Verpflichteten bezeichnet), so kann der Berechtigte bei einer Übermittlungsstelle des Staates, in dem er sich befindet, ein Gesuch einreichen, mit dem er den Anspruch auf Gewährung des Unterhalts gegen den Verpflichteten geltend macht.

II Jede Vertragspartei teilt dem Generalsekretär mit, welche Beweise nach dem Recht des Staates der Empfangsstelle für den Nachweis von Unterhaltsansprüchen in der Regel erforderlich sind, wie diese Beweise beigebracht und welche anderen Erfordernisse nach diesem Recht erfüllt werden müssen.

III Dem Gesuch sind alle erheblichen Urkunden beizufügen einschließlich einer etwa erforderlichen Vollmacht, welche die Empfangsstelle ermächtigt, in Vertretung des Berechtigten tätig zu werden oder eine andere Person hierfür zu bestellen. Ferner ist ein Lichtbild des Berechtigten und, falls verfügbar, auch ein Lichtbild des Verpflichteten beizufügen.

IV Die Übermittlungsstelle übernimmt alle geeigneten Schritte, um sicherzustellen, daß die Erfordernisse des in dem Staate der Empfangsstelle geltenden Rechts erfüllt werden; das Gesuch muß unter Berücksichtigung dieses Rechts mindestens folgendes enthalten:
a) den Namen und die Vornamen, die Anschrift, das Geburtsdatum, die Staatsangehörigkeit und den Beruf oder die Beschäftigung des Berechtigten sowie gegebenenfalls den Namen und die Anschrift seines gesetzlichen Vertreters;
b) den Namen und die Vornamen des Verpflichteten; ferner, soweit der Berechtigte hiervon Kenntnis hat, die Anschriften des Verpflichteten in den letzten fünf Jahren, sein Geburtsdatum, seine Staatsangehörigkeit und seinen Beruf oder seine Beschäftigung;
c) nähere Angaben über die Gründe, auf die der Anspruch gestützt wird, und über Art und Höhe des geforderten Unterhalts und sonstige erhebliche Angaben, wie zum Beispiel über die finanziellen und familiären Verhältnisse des Berechtigten und des Verpflichteten.

Bem. Der Berechtigte kann sein Gesuch beim AG seines Aufenthaltsortes einreichen, Art 3 AusfG. Die Gesuche, die auch die Art des Vorgehens im Empfangsstaat bestimmen können, vgl Art 6 I, und möglichst auch die Unterlagen für eine etwa notwendige Klage enthalten sollen, werden entsprechend den von den Landesjustizverwaltungen gegebenen Richtlinien, Üb 2, behandelt. Öff Urkunden müssen idR legalisiert sein.

Übersendung der Vorgänge

Art. 4. I Die Übermittlungsstelle übersendet die Vorgänge der Empfangsstelle des Staates des Verpflichteten, es sei denn, daß sie zu der Überzeugung gelangt, das Gesuch sei mutwillig gestellt.

II Bevor die Übermittlungsstelle die Vorgänge übersendet, überzeugt sie sich davon, daß die Schriftstücke in der Form dem Recht des Staates des Berechtigten entsprechen.

III Die Übermittlungsstelle kann für die Empfangsstelle eine Äußerung darüber beifügen, ob sie den Anspruch sachlich für begründet hält; sie kann auch empfehlen, dem Berechtigten das Armenrecht und die Befreiung von Kosten zu gewähren.

Bem. Bei Ablehnung der Übersendung ist der Antrag auf gerichtliche Entscheidung möglich, § 23 EGGVG. Zur Prozeßkostenhilfe und zur Befreiung von den Kosten s Art 9.

Übersendung von Urteilen und anderen gerichtlichen Titeln

Art. 5. I Die Übermittlungsstelle übersendet gemäß Artikel 4 auf Antrag des Berechtigten endgültige oder vorläufige Entscheidungen und andere gerichtliche Titel, die der Berechtigte bei einem zuständigen Gericht einer Vertragspartei wegen der Leistung von Unterhalt erwirkt hat, und, falls notwendig und möglich, die Akten des Verfahrens, in dem die Entscheidung ergangen ist.

II Die in Absatz 1 erwähnten Entscheidungen und gerichtlichen Titel können an Stelle oder in Ergänzung der in Artikel 3 genannten Urkunden übersandt werden.

III Die in Artikel 6 vorgesehenen Verfahren können entsprechend dem Recht des Staates des Verpflichteten entweder Verfahren zum Zwecke der Vollstreckbarerklärung (Exequatur oder Registrierung) oder eine Klage umfassen, die auf einen gemäß Absatz 1 übersandten Titel gestützt wird.

Bem. Art 5 bezieht sich nur auf vor Gerichten der Vertragsstaaten errichtete Titel, nicht die anderer Staaten, Bülow-Arnold A III 3a Anm 64. Israel übersendet gemäß seinem Vorbehalt nur in Israel errichtete Titel oder dort erwirkte Entscheidungen.

Aufgaben der Empfangsstelle

Art. 6. I Die Empfangsstelle unternimmt im Rahmen der ihr von dem Berechtigten erteilten Ermächtigung und in seiner Vertretung alle geeigneten Schritte, um die Leistung von Unterhalt herbeizuführen; dazu gehört insbesondere eine Regelung des Anspruchs im Wege des Vergleichs und, falls erforderlich, die Erhebung und Verfolgung einer Unterhaltsklage sowie die Vollstreckung einer Entscheidung oder eines anderen gerichtlichen Titels auf Zahlung von Unterhalt.

II Die Empfangsstelle unterrichtet laufend die Übermittlungsstelle. Kann sie nicht tätig werden, so teilt sie der Übermittlungsstelle die Gründe hierfür mit und sendet die Vorgänge zurück.

III Ungeachtet der Vorschriften dieses Übereinkommens ist bei der Entscheidung aller Fragen, die sich bei einer Klage oder in einem Verfahren wegen Gewährung von Unterhalt ergeben, das Recht des Staates des Verpflichteten einschließlich des internationalen Privatrechts dieses Staates anzuwenden.

Bem. Die Empfangsstelle tritt nur im Rahmen der Ermächtigung des Berechtigten (Vollmacht Art 3 III) und für diesen auf; dieser ist Vergleichs- oder Klagepartei. Zu III: Nicht nur die Klage richtet sich nach der lex fori, sondern auch das Vollstreckungsverfahren, Üb 1.

Rechtshilfeersuchen

Art. 7. I Kann nach dem Recht der beiden in Betracht kommenden Vertragsparteien um Rechtshilfe ersucht werden, so gilt folgendes:
a) Ein Gericht, bei dem eine Unterhaltsklage anhängig ist, kann Ersuchen um Erhebung weiterer Beweise, sei es durch Urkunden oder durch andere Beweismittel, entweder an das zuständige Gericht der anderen Vertragspartei oder an jede andere Behörde oder Stelle richten, welche die andere Vertragspartei, in deren Hoheitsgebiet das Ersuchen erledigt werden soll, bestimmt hat.
b) Um den Parteien die Anwesenheit oder Vertretung in dem Beweistermin zu ermöglichen, teilt die ersuchte Behörde der beteiligten Empfangs- und Übermittlungsstelle sowie dem Verpflichteten den Zeitpunkt und den Ort der Durchführung des Rechtshilfeersuchens mit.
c) Rechtshilfeersuchen werden mit möglichster Beschleunigung erledigt; ist ein Ersuchen nicht innerhalb von vier Monaten nach Eingang bei der ersuchten Behörde erledigt, so werden der ersuchenden Behörde die Gründe für die Nichterledigung oder Verzögerung mitgeteilt.
d) Für die Erledigung von Rechtshilfeersuchen werden Gebühren oder Kosten irgendwelcher Art nicht erstattet.
e) Die Erledigung eines Rechtshilfeersuchens darf nur abgelehnt werden:
   1. wenn die Echtheit des Ersuchens nicht feststeht;
   2. wenn die Vertragspartei, in deren Hoheitsgebiet das Ersuchen erledigt werden soll, dessen Ausführung für geeignet hält, ihre Hoheitsrechte oder ihre Sicherheit zu gefährden.

Bem. Die beiden Stellen verkehren unmittelbar miteinander, Art 2 IV. Art 7 bezieht sich auch auf das Vollstreckungsverfahren, Art 5 III. Zustellungsersuchen entfallen, da die Empfangsstelle dem Verpflichteten nach der lex fori zustellt.

Änderung von Entscheidungen

Art. 8. Dieses Übereinkommen gilt auch für Gesuche, mit denen eine Änderung von Unterhaltsentscheidungen begehrt wird.

Bem. Vgl §§ 323, 641l, 642a u b ZPO.

Befreiungen und Erleichterungen

Art. 9. I In Verfahren, die auf Grund dieses Übereinkommens durchgeführt werden, genießen die Berechtigten die gleiche Behandlung und dieselben Befreiungen von der Zahlung von Gebühren und Auslagen wie die Bewohner oder Staatsangehörigen des Staates, in dem das Verfahren anhängig ist.

II Die Berechtigten sind nicht verpflichtet, wegen ihrer Eigenschaft als Ausländer oder wegen Fehlens eines inländischen Aufenthalts als Sicherheit für die Prozeßkosten oder andere Zwecke eine Garantieerklärung beizubringen oder Zahlungen oder Hinterlegungen vorzunehmen.

III Die Übermittlungs- und Empfangsstellen erheben für ihre Tätigkeit, die sie auf Grund dieses Übereinkommens leisten, keine Gebühren.

Bem. Es fehlt eine Bestimmung über die Vollstreckbarerklärung der Kostenentscheidung wie in Art 19 HZPrÜbk, Anh 2 A § 723 ZPO, so daß nur die sonstigen Vorschriften (Abkommen und Recht des Urteilsstaates) herangezogen werden können. Schweden hat für Verfahren in Schweden die Befreiungen und Erleichterungen auf Staatsangehörige eines Vertragsstaates, Staatenlose mit gewöhnlichem Aufenthalt in einem Vertragsstaat oder solche Personen beschränkt, die diese Vorteile ohnehin auf Grund eines Abkommens mit ihrem Heimatstaat genießen.

Überweisung von Geldbeträgen
Art 10. **Bestehen nach dem Recht einer Vertragspartei Beschränkungen für die Überweisung von Geldbeträgen in das Ausland, so gewährt diese Vertragspartei der Überweisung von Geldbeträgen, die zur Erfüllung von Unterhaltsansprüchen oder zur Deckung von Ausgaben für Verfahren nach diesem Übereinkommen bestimmt sind, den größtmöglichen Vorrang.**

B.

Dazu aus dem AusfG v 26. 2. 1959, BGBl II 149, geändert durch G v 4. 3. 71, BGBl II 105:

Art. 2. [I] **Die Aufgaben der Übermittlungsstellen im Sinne des Artikels 2 Abs. 1 des Übereinkommens nehmen die von den Landesregierungen bestimmten Stellen wahr.**

[II] **Die Aufgaben der Empfangsstelle im Sinne des Artikels 2 Abs 2 des Übereinkommens nimmt das Bundesverwaltungsamt in eigener Zuständigkeit wahr.**

Bem. Übersicht über die Übermittlungs- und Empfangsstellen bei Bülow-Arnold, Internationaler Rechtsverkehr A III 3a. Übermittlungsstellen sind in der BRep die Landesjustizverwaltungen.

Art. 3. [I] **Der Berechtigte kann das Gesuch, mit dem ein Anspruch auf Gewährung von Unterhalt in dem Gebiet einer anderen Vertragspartei geltend gemacht werden soll, bei dem Amtsgericht einreichen, in dessen Bezirk er seinen gewöhnlichen Aufenthalt hat. Steht ein Berechtigter unter Vormundschaft, so soll das Gesuch bei dem für die Vormundschaft zuständigen Amtsgericht eingereicht werden.**

[II] **Für die Tätigkeit der Amtsgerichte bei der Entgegennahme von Gesuchen der in Absatz 1 bezeichneten Art werden Gebühren nicht erhoben.**

Bem. Vgl Art 3 Übk. Zuständig ist der RPfl, § 29 RPflG.

Vierzehnter Titel. Öffentlichkeit und Sitzungspolizei
Übersicht

1) Titel 14 regelt zwei Dinge, die zur Gerichtsbarkeit gehören, aber mit der Gerichtsverfassung nichts zu schaffen haben: **a)** die Öffentlichkeit des Verfahrens. Sie gilt nur für die Verhandlung vor dem erkennenden Gericht; sie soll das Vertrauen zur Rechtspflege stärken, also nach außen wirken, ist einer der Leitgedanken des Prozeßrechts; **b)** die Sitzungspolizei. Während die Prozeßleitung, Üb 2 § 128 ZPO, die innere Ordnung des Verfahrens sichert, will die Sitzungspolizei die äußere gewährleisten. Sie betrifft freilich nur die ,,Sitzung". Die Prozeßleitung berührt den Streitstoff selbst, die Sitzungspolizei nur die Form seiner Erörterung. Prozeßleitung und Sitzungspolizei übt teils der Vorsitzende, teils das Gericht aus.

2) Öffentlichkeit. Die Öffentlichkeit ist zwar kein Verfassungsgrundsatz, BVerfG **15**, 307, aber ein Leitgedanke der Prozeßgesetze: ihre Verletzung ist nach Mat zu § 551 Z 6 ZPO ,,von unberechenbarer Wirkung". Das kann freilich in Zivilprozeßsachen nur beschränkt gelten; die Öffentlichkeit spielt dort praktisch eine nicht große Rolle. Darum ist ein Verstoß kein Grund zur Nichtigkeitsklage. Er ist aber, wenn er in der Schlußverhandlung begangen worden ist, ein unbedingter Revisionsgrund, § 551 Z 6 ZPO (nicht dagegen bei einem Verstoß nur bei der Verkündung, BVerwG DöV **81**, 969). Durch Unterlassen der Rüge wird der Mangel nicht geheilt, RG **157**, 347: Es kann nicht darauf ankommen, ob es sich praktisch im Einzelfall um eine belanglose Form handelt, sondern nur darauf, daß die Öffentlichkeit einer der leitenden Grundsätze des Prozeßrechts ist, vgl BVerwG VerwRspr **30**, 1018 mwN, der der Parteiverfügung entzogen sein muß. Über Fam-, Kindschafts- und Entmündigungssachen s §§ 170, 171. Protokollierung: § 160 Z 5 ZPO.

3) Sitzungspolizei. Die Vorschriften über die Sitzungspolizei sind prozessualer Natur; eine ordnungsmäßige Prozeßführung ist undenkbar, wo dem Gericht die Machtmittel zur Aufrechterhaltung der Ordnung fehlen. Daher sind alle landesgesetzlichen Vorschriften aufgehoben, § 14 EGZPO (aM wegen Ungebühr in Schriftsätzen Hbg ZZP **52**, 220). Die Sitzungspolizei steht teils dem Vorsitzenden zu, § 176, teils dem Gericht, §§ 177ff.

4) VwGO: *§§ 169, 171a–183 sind entsprechend anzuwenden*, § 55 VwGO.

169 *Öffentlichkeit.* Die Verhandlung vor dem erkennenden Gericht, einschließlich der Verkündung der Urteile und Beschlüsse ist öffentlich. Ton- und Fernseh-Rundfunkaufnahmen sowie Ton- und Filmaufnahmen zum Zwecke der öffentlichen Vorführung oder Veröffentlichung ihres Inhalts sind unzulässig.

Schrifttum: Roxin, Festschrift K. Peters, 1974; Franzki DRiZ **79**, 82; Zipf 54, DJT I C, 1982.

1) Öffentlichkeit der Verhandlung, S 1. A. Grundsatz. Nur die Verhandlung vor dem erkennenden Gericht ist öffentlich, nicht also die vor einem verordneten Richter, §§ 361 f, 357 I, wohl aber die Verhandlung vor dem Einzelrichter; er steht an Stelle des Kollegiums, Düss JMBlNRW **71**, 155. Nur die mündliche Verhandlung ist öffentlich, sie aber voll, also einschließlich einer darin stattfindenden Beweisaufnahme. Öffentlich bedeutet, daß beliebige Zuhörer, wenn auch nur in begrenzter Zahl, die Möglichkeit des Zutritts haben, BGH NJW **54**, 281. Dazu gehört auch die Bekanntmachung der Verhandlung, soweit sie erforderlich ist, zB durch einen Anschlag vor dem Gerichtssaal oder Hinweistafeln im Gerichtsgebäude bei einer Verhandlung oder ihrer Fortsetzung außerhalb des Gerichtsgebäudes, BGH DRiZ **81**, 193, BayObLG NJW **80**, 2321, Düss MDR **83**, 253 mwN (einschränkend für das Bußgeldverfahren); doch gilt dies nicht ausnahmslos, zB dann nicht, wenn es auf einen Hinweis im Gerichtsgebäude schlechterdings nicht ankommen konnte, BGH DRiZ **81**, 193, wenn die Verhandlung (Ortsbesichtigung) auf offener Straße stattfindet, Hamm NJW **76**, 122, oder wenn das Gericht bei einer Ortsbesichtigung beschließt, an einem dritten Ort weiterzuverhandeln, Hamm MDR **81**, 518 mwN, str. Nicht nötig ist aber eine an jedermann gerichtete Kundmachung, wann und wo die Verhandlung stattfindet, BVerwG DVBl **73**, 369, BFH BStBl **77** II 431. Der Raum muß zugänglich, kenntlich gemacht und ohne besondere Schwierigkeit zu finden sein, zB durch einen Anschlag, wenn die Fortsetzung in einem anderen Raum stattfindet, Bre MDR **55**, 757; jedoch ist es unschädlich, wenn die Außentür des Sitzungsgebäudes unbemerkt ins Schloß fällt, so daß weitere Zuhörer nicht eintreten können, BGH NJW **66**, 1570, oder wenn der Gerichtswachtmeister in einer dem Gericht nicht erkennbaren Weise irrtümlich den Zutritt verweigert, BGH NJW **69**, 756.

Die Öffentlichkeit ist gesetzwidrig beeinträchtigt, wenn sich im Sitzungssaal nur ein einziger Sitzplatz für Zuhörer befindet, BayObLG NJW **82**, 395, wenn ein Zuhörer gegen seinen Willen ohne gesetzlichen Grund aus dem Sitzungssaal entfernt wird, BGH MDR **82**, 812 mwN (als Zeugen benannte oder in Frage kommende Zuhörer dürfen ausgeschlossen werden, BGH MDR **83**, 92), oder ein Schild an der Sitzungstür hängt „Sitzung, bitte nicht stören", Bre MDR **66**, 864, oder bei einer Verhandlung in einer Strafanstalt nur das Vollzugspersonal Zutritt hat, BGH JR **79**, 261 m Anm Foth, oder wenn anläßlich einer Augenscheinseinnahme Zeugen ohne zwingende Notwendigkeit in einem so kleinen Raum vernommen werden, daß kein Unbeteiligter Zutritt hat, BGH NJW **54**, 281. **Beschränkungen aus Gründen der Ordnung** sind zulässig und geboten: der Vorsitzende gestattet Zutritt zu anderen Teilen des Saals als dem Zuhörerraum nach seinem Ermessen, RGSt Recht **26**, 1798; der Vorsitzende kann bei Überfüllung die Türen schließen lassen, BGH NJW **66**, 1570, oder weitere Zuhörer abweisen lassen, BGH NJW **59**, 899; er kann einem unbestimmten Personenkreis Zutritt nur gegen Eintrittskarten erlauben, Karlsr NJW **75**, 2080 mwN; er kann einen Ausweis über die Person verlangen, BGH NJW **77**, 157. Hat das Gericht durch Kontrollmaßnahmen eine Verzögerung des Zutritts bewirkt, so muß es mit dem Beginn der Verhandlung warten, bis den rechtzeitig Erschienenen der Zutritt ermöglicht worden ist, BGH NJW **79**, 2622; zu der Frage, wann die Verhandlung in einem solchen Fall nach einer Unterbrechung sowie nach zeitweisem Ausschluß der Öffentlichkeit fortgesetzt werden darf, vgl BGH NJW **81**, 61. Der Vorsitzende darf betrunkenen oder anstößig auftretenden Personen den Zutritt verwehren, § 175, oder den Zugang zu einem Ortstermin wegen räumlicher Beschränkung begrenzen, BGH NJW **54**, 281, zB darf der Vorsitzende bei einer Verhandlung in dem Nebenraum eines Cafés nicht an der Verhandlung interessierte Personen in einen anderen Raum schicken, Düss JMBlNRW **66**, 23. Unzulässig ist die Zurückweisung „auf Verdacht", ebenso die gezielte Auswahl eines viel zu kleinen Saales, Roxin S 398, BayObLG NJW **82**, 395. Umgekehrt verletzt die unbefugte Erweiterung der Öffentlichkeit das Gesetz, zB die Wahl eines Riesensaales, Lautsprecherübertragung od dgl, Roxin S 400. Verhandelt das Gericht **außerhalb des Justizgebäudes,** so wird durch Beschränkung des Zutritts der Grundsatz nicht verletzt, wenn der das Hausrecht Ausübende die Erlaubnis für Dritte versagt und die Verhandlung an einem anderen Ort nicht möglich ist, zB bei Vernehmung eines transportunfähigen Zeugen in einem Privathaus, Foth JR **79**, 263.

14. Titel. Öffentlichkeit und Sitzungspolizei GVG §§ 169, 170 1

B. Verstoß. Eine Verletzung des Grundsatzes der Öffentlichkeit bei der Verhandlung (nicht nur bei der Verkündung) ist unbedingter Revisionsgrund, Üb 2 § 169. Jedoch schadet jede unzulässige Beschränkung (auch hinsichtlich der Verkündung, BGHSt **4**, 279) nur dann, wenn sie **auf den Willen des Vorsitzenden zurückgeht** und nicht etwa nur auf einen Fehler des Gerichtswachtmeisters, der etwa vergessen hat, die Türen zu öffnen, stRspr, BVerwG NVwZ **82**, 43. Die Öffentlichkeit kann aber ausnahmsweise auch dadurch beeinträchtigt werden, daß staatliche Organe außerhalb des Gerichts den Besuchern Nachteile androhen oder einen solchen Anschein erwecken, BGH NJW **80**, 249 (verneint für das Fotografieren von Teilnehmern durch die Polizei). Das gilt natürlich erst recht für Eingriffe der das Hausrecht ausübenden Stelle, wenn sie etwa den Zutritt zum Sitzungssaal (unzulässigerweise, Celle DRiZ **79**, 376) verwehrt. Über die Entfernung einzelner Personen aus dem Saal s §§ 176 f. Die unzulässige Erweiterung der Öffentlichkeit ist stets schädlich, weil sie nur im Einverständnis mit dem Vorsitzenden denkbar ist.

2) **Rundfunkaufnahmen usw**, S 2 (Praml MDR **77**, 14; Maul MDR **70**, 286). Sowohl **Ton- wie Fernseh-Rundfunkaufnahmen** sind zum Schutz des Angeklagten bzw der Parteien sowie im Interesse der Wahrheitsfindung (möglich ist auch eine Verletzung von § 394 I ZPO) schlechthin sowohl während der Verhandlung wie auch bei der Urteilsverkündung verboten, vgl auch BGH NJW **61**, 1781, zumal auch die in I vorgeschriebene Öffentlichkeit nicht bis ins Unbestimmte ausgedehnt werden darf. Diese Aufnahmen sind auch nicht mit Einverständnis der Parteien, des Angeklagten oder des Vorsitzenden zulässig, BGH NJW **68**, 804. Aus denselben Gründen sind unzulässig **Ton- u Filmaufnahmen** zum Zwecke der öff Vorführung oder Veröffentlichung ihres Inhalts; ein Recht zu solchen Aufnahmen für andere Zwecke folgt hieraus nicht, Köln FamRZ **83**, 750. Hier ist zu unterscheiden: Sie sind zulässig, wenn das Gericht und alle Beteiligten (einschließlich des Sprechenden) zustimmen; läßt das Gericht für gerichtliche Zwecke Tonaufnahmen machen, so kommt es auf die Zustimmung der Beteiligten nicht an, wie § 160a ZPO zeigt, Kissel Rdz 72–76 mwN, str; handelt es sich um Aufzeichnungen durch einen Verfahrensbeteiligten, zB für Zwecke der Verteidigung, so bedarf es neben der Zustimmung des Gerichts auch derjenigen der Beteiligten, BGHSt **19**, 194, str, aM Kissel Rdz 77 mwN. Ein **Verstoß** gegen S 2 ist unbedingter Revisionsgrund, Üb 2 § 169, BGHSt **22**, 83, Roxin JZ **68**, 803, str. **Nicht betroffen** durch diese Vorschrift sind Aufnahmen in Verhandlungspausen (in Strafsachen in Abwesenheit des Angeklagten, BGH NJW **70**, 63, dazu Eb. Schmidt JZ **70**, 108), ferner überhaupt die Wortberichterstattung durch die Presse sowie Zeichen und Bildaufnahmen, die nicht Filmaufnahmen sind, Maul MDR **70**, 286. Diese unterliegen dem Hausrecht der Justizverwaltung, sie sowie das Zeichnen auch der Sitzungspolizei, § 176 GVG; ferner ist der Persönlichkeitsschutz (Recht am eigenen Bilde) zu beachten, Maul MDR **70**, 287 (eingehend). Soweit Beteiligte (nur) ihre eigenen Erklärungen durch Tonaufnahmegeräte aufzeichnen, unterliegt dies nur der Sitzungspolizei, § 176 GVG, BGHSt **10**, 207, Kissel Rdz 78.

3) **VwGO:** *Entsprechend anzuwenden,* § 55 *VwGO. Nicht öffentlich sind also die Verhandlungen vor dem Vorsitzenden und dem beauftragten Richter,* §§ 87 S 2, 96 II *VwGO.*

170 *Nichtöffentlichkeit in Fam- und Kindschaftssachen.* **Die Verhandlung in Familien- und Kindschaftssachen ist nicht öffentlich. Dies gilt für die Familiensachen des § 23 b Abs. 1 Satz 2 Nr. 5, 6, 9 nur, soweit sie mit einer der anderen Familiensachen verhandelt werden.**

1) **Nichtöffentlichkeit. A. Grundsatz.** Zum Schutz der Privatsphäre sind Verhandlungen in **FamS**, § 23b I 2, und in **Kindschaftssachen**, § 640 II ZPO, grundsätzlich nicht öffentlich, S 1, und zwar ohne Rücksicht darauf, ob es sich bei der FamS um ein Verfahren nach ZPO oder um ein Verfahren nach FGG handelt, § 23b Anm 1. Namentlich EheS sind also in nichtöffentlicher Sitzung zu verhandeln. Jedoch gilt der Grundsatz bei den bürgerlichen Rechtsstreitigkeiten des § 23b I 2 Z 5, 6 u 9 (**Unterhalts- und Güterrechtsstreitigkeiten**) nur insoweit, als sie mit einer anderen FamS verhandelt werden, S 2, also im Verbund mit einer ScheidungsS oder einer anderen FolgeS, § 623 ZPO. In abgetrennten FolgeS dieser Art ist danach die Verhandlung nach allgemeinen Grundsätzen öffentlich. Auch in FamS und Kindschaftssachen ist die Urteilsverkündung stets öffentlich, § 173; dies gilt nicht für Beschlüsse, auch wenn es sich um Endentscheidungen, § 621e ZPO, handelt.

B. Wirkung. An der Verhandlung dürfen nur diejenigen Personen teilnehmen, deren Anwesenheit aufgrund ihrer Stellung im Verfahren oder aufgrund besonderer Vorschrift notwendig und erlaubt ist. Andere Personen können nur nach § 175 II zugelassen werden. Teilnahmeberechtigt sind: **a)** Die Verfahrensbeteiligten und ihre gesetzlichen Vertreter.

Verfahrensbeteiligte sind nicht nur die eigentlichen Prozeßparteien, sondern auch Drittbeteiligte, zB Nebenintervenienten und Beigeladene im Kindschaftsverfahren sowie sonstige Beteiligte in FamS, zB ein Versorgungsträger, das Jugendamt usw. Diese sonstigen Beteiligten dürfen an der Verhandlung aber nur insoweit teilnehmen, als die betreffende FamS (mit)verhandelt wird, vgl § 624 IV ZPO, Kissel Rdz 7. Nicht beteiligt am Verfahren sind Pflegeeltern, doch sollte ihnen die Anwesenheit in dem das Kind betr Verfahren bzw Verfahrensteil gestattet werden, § 175 II, Schlesw SchlHA **83**, 31. **b)** Die Prozeßbevollmächtigten der Verfahrensbeteiligten, auch wenn sie nicht postulationsfähig sind, zB ein auswärtiger Verkehrsanwalt, Bauer/Fröhlich FamRZ **83**, 122 zu Hamm FamRZ **82**, 1094 m abl Anm Bosch. Ferner Beistände der Verfahrensbeteiligten, zB nach § 625 ZPO, oder eines Zeugen, BVerfG NJW **75**, 103, während dessen Anwesenheit. **c)** Der Staatsanwalt, wenn er bei Scheidung ausländischer Ehegatten oder in Kindschaftssachen mitwirkt. **d)** Zeugen, Sachverständige usw, solange sie als solche vom Gericht benötigt werden. **e)** Dienstaufsichtführende nach § 175 III.

2) **Verstoß.** § 170 ist zwingendes Recht. Seine Verletzung, dh die Teilnahme eines Unbefugten, ist ein unbedingter Revisionsgrund, § 551 Z 6 ZPO, bzw ein schwerer Verfahrensmangel, § 539 ZPO, der auch in der Berufungsinstanz die Zurückverweisung rechtfertigt, weil der Verstoß die Wahrheitsfindung beeinträchtigen kann.

171 *Öffentlichkeit in Entmündigungssachen.* ^I In dem auf die Klage wegen Anfechtung oder Wiederaufhebung der Entmündigung einer Person wegen Geisteskrankheit oder wegen Geistesschwäche eingeleiteten Verfahren (§§ 664, 679 der Zivilprozeßordnung) ist die Öffentlichkeit während der Vernehmung des Entmündigten auszuschließen, auch kann auf Antrag einer der Parteien die Öffentlichkeit der Verhandlung überhaupt ausgeschlossen werden.

^{II} Das Verfahren wegen Entmündigung oder Wiederaufhebung der Entmündigung (§§ 645 bis 663, 675 bis 678 der Zivilprozeßordnung) ist nicht öffentlich.

1) **Erläuterung.** § 171 gilt nur für die Entmündigung wegen **Geisteskrankheit und Geistesschwäche,** nicht für die wegen Trunksucht, Verschwendung oder Rauschgiftsucht. Soweit er Mußvorschriften enthält, ist er zwingendes öff Recht. Verstoß ist hier unbedingter Revisionsgrund sogar dann, wenn die Parteien ausdrücklich verzichtet und niemand Einlaß begehrt hat, vgl RG JW **38**, 1046, s auch Üb 2 § 169. Hat das LG den § 171 bei der Vernehmung des Entmündigten verletzt, so muß ihn das OLG erneut vernehmen oder zurückverweisen, RG JW **94**, 209.

171a *Unterbringungssachen. Die Öffentlichkeit kann für die Hauptverhandlung oder für einen Teil davon ausgeschlossen werden, wenn das Verfahren die Unterbringung des Beschuldigten in einem psychiatrischen Krankenhaus oder einer Entziehungsanstalt, allein oder neben einer Strafe, zum Gegenstand hat.*

Vorbem. Gilt vom 1. 1. 75 bis 31. 12. 84 gemäß Art 326 V Z 3c EGStGB (idF des G v 22. 12. 77, BGBl 3104) in dieser Fassung.

VwGO: Die für Strafsachen geltende Vorschrift ist entsprechend anzuwenden, § 55 VwGO, sofern es im VerwProzeß um die Unterbringung oder Verwahrung in einer der in § 171a genannten Anstalten geht.

172 *Ausschließung der Öffentlichkeit.* Das Gericht kann für die Verhandlung oder für einen Teil davon die Öffentlichkeit ausschließen, wenn
1. eine Gefährdung der Staatssicherheit, der öffentlichen Ordnung oder der Sittlichkeit zu besorgen ist,
2. Umstände aus dem persönlichen Lebensbereich eines Prozeßbeteiligten oder Zeugen oder ein wichtiges Geschäfts-, Betriebs-, Erfindungs- oder Steuergeheimnis zur Sprache kommen, durch deren öffentliche Erörterung überwiegende schutzwürdige Interessen verletzt würden,
3. ein privates Geheimnis erörtert wird, dessen unbefugte Offenbarung durch den Zeugen oder Sachverständigen mit Strafe bedroht ist,
4. eine Person unter sechzehn Jahren vernommen wird.

Schrifttum: Kleinknecht Festschrift Nüchterlein, 1978, S 173 ff; Zipf 54. DJT I C, 1982.

14. Titel. Öffentlichkeit und Sitzungspolizei **GVG § 172** 1, 2

1) Voraussetzungen. In allen Sachen kann das Gericht **die Öffentlichkeit** für die ganze Verhandlung oder einen Teil der Verhandlung auf Antrag oder von Amts wegen **ausschließen: A. aus Gründen des öffentlichen Interesses, Z 1,** nämlich a) **wegen Gefährdung der Staatssicherheit,** wenn die Preisgabe von Amtsgeheimnissen oder sonstigen Informationen zu besorgen ist, die der Sicherheit der BRep (oder eines verbündeten Staates, Art 38 ZusAbk z NTrStatut) schaden könnte, b) **wegen Gefährdung der öffentlichen Ordnung** durch die Zuhörerschaft, zB weil eine Fortsetzung von Störungen der Verhandlung durch Kundgebungen zu befürchten ist, BGH bei Kleinknecht Anm 3, oder Leib oder Leben einer Partei oder eines Zeugen bei wahrheitsgemäßer Aussage in öff Verhandlung gefährdet wäre, BGHSt **16,** 113, oder dadurch die Gefahr rechtsstaatswidriger Verfolgung außerhalb der BRep entstehen würde, Kleinknecht aaO, nicht aber wenn ohne eine vergleichbare Gefahr mit einer Erschwerung der Wahrheitsfindung zu rechnen ist, zB wenn ein Zeuge erklärt, er wolle nur bei Ausschluß der Öffentlichkeit aussagen, BGH NJW **81,** 2825; c) **wegen Gefährdung der Sittlichkeit** (iSv §§ 173 ff StGB aF), vgl Art 6 MRK, wenn in der Verhandlung sexuelle Vorgänge erörtert werden müssen, die nach allgemeiner Anschauung anstößig sind, Schweling DRiZ **70,** 354. In allen diesen Fällen genügt eine nach objektiven Maßstäben begründete Befürchtung, daß eine Gefährdung eintreten würde.

B. Ausschluß der Öffentlichkeit zum Schutz der Privatsphäre, Z 2. Sie ist gerechtfertigt, wenn in der Verhandlung a) **Umstände aus dem persönlichen Lebensbereich eines Prozeßbeteiligten oder Zeugen** zur Sprache kommen, also Vorgänge aus der Intimsphäre, die persönliche, gesundheitliche oder familiäre Verhältnisse (vgl § 61 I 2 SGG) betreffen können, BGH NJW **82,** 59, ferner wenn b) **bestimmte wichtige Geheimnisse** zur Sprache kommen, nämlich aa) ein **Geschäfts- oder Betriebsgeheimnis,** vgl §§ 17, 19, 20a UWG, das seinen Schutz nicht durch Bekanntwerden in einem beschränkten Personenkreis verliert, RGSt **40,** 407, oder bb) ein **Erfindungsgeheimnis,** dh die eine (auch nicht geschützte) Erfindung betreffenden Umstände, an deren Geheimhaltung ein berechtigtes Interesse besteht, oder cc) ein **Steuergeheimnis,** § 30 AO 1977, weil dies sonst eine Erörterung der etwa dem Finanzamt bekanntgewordenen Tatsachen in öff Verhandlung verbieten könnte, Seltmann NJW **68,** 869. „Zeuge" iSv Z 2 ist jeder, der als Zeuge in Betracht kommt, Kissel Rdz 34 mwN, Mertens NJW **80,** 2687, nicht nur derjenige, der in dem Verfahren tatsächlich als Zeuge vernommen wird, str, aM Sieg NJW **80,** 379 u **81,** 963 mwN.

In allen Fällen entscheidet das Gericht frei, **ob das Geheimnis wichtig ist;** es wird sich dabei an die Erklärungen des Betroffenen halten und idR keinen Beweis darüber erheben. Die Verhandlung und etwaige Beweisaufnahme darüber geschehen regelmäßig unter Ausschluß der Öffentlichkeit, § 174 I. Auch wenn das Geheimnis wichtig ist, hat das Gericht abzuwägen: Ein Ausschluß der Öffentlichkeit ist nur dann zulässig, wenn durch die öff Erörterung überwiegende schutzwürdige Interessen des Einzelnen verletzt würden; das ist nicht schon dann der Fall, wenn der Gegenstand des Verfahrens für einen Beteiligten oder Zeugen peinlich ist, vgl Göhler NJW **74,** 835, oder ihm berufliche oder sonstige soziale Nachteile drohen, Kleinknecht (Vorbem) S 179.

C. Ausschluß der Öffentlichkeit zum Schutz eines anvertrauten privaten Geheimnisses, Z 3. Die Verletzung von Privatgeheimnissen durch die Angehörigen bestimmter Berufsgruppen ist nach § 203 StGB und Einzelvorschriften (Anh § 172) mit Strafe bedroht. Im gerichtlichen Verfahren müssen aber solche anvertrauten Geheimnisse von Zeugen und Sachverständigen uU offenbart werden, nämlich von Weigerungsberechtigten nach Entbindung von der Schweigepflicht und von anderen aufgrund der höherrangigen Aussagepflicht. In diesen Fällen soll das Anvertraute durch Ausschluß der Öffentlichkeit geschützt werden.

D. Ausschluß der Öffentlichkeit, wenn eine Person unter 16 Jahren vernommen wird, Z 4. Für kindliche Zeugen (oder Beteiligte) kann ein Auftreten vor zahlreichen Zuhörern eine schwere psychische Belastung darstellen.

2) Verfahren. In allen Fällen steht es im pflichtgemäßen **Ermessen des Gerichts,** ob es die Öffentlichkeit ausschließt; die Ausübung des Ermessens darf vom Revisionsgericht nur auf Fehler nachgeprüft werden, Düss MDR **81,** 427. Dabei wird es auf das Gewicht der gefährdeten Interessen ankommen, so daß der Ausschluß in den Fällen der Z 1, 2 u 4 fast immer anzuordnen sein wird. Aber niemand hat einen Anspruch darauf, auch nicht nach Art 6 MRK, BGH JZ **70,** 34 mit Anm Eb. Schmidt, aM Müller-Gindullis NJW **73,** 1218 mwN, Zipf JuS **73,** 350. Wegen der Bedeutung der Öffentlichkeit für die Rechtspflege ist der Grundsatz der Verhältnismäßigkeit zu wahren: Deshalb darf kein Ausschluß angeordnet werden, wenn eine Maßnahme nach § 175 I genügt; die Dauer des Ausschlusses ist sorgfältig zu prüfen (häufig wird ein Ausschluß für einen Teil der Verhandlung genügen); bei Wegfall des Grundes ist der Ausschluß aufzuheben.

Stets ist eine **Verhandlung über den Ausschluß** nötig, § 174; den Ausschluß anregen kann jeder Beteiligte, auch ein Zeuge, der sich dabei des Beistandes eines RA bedienen darf, vgl BVerfG **38**, 105. Die Entscheidung ergeht durch Beschluß, § 174. Der Ausschluß **endet** mit der Aufhebung des Beschlusses oder dem Abschluß des Teils der Verhandlung, für den er ausgesprochen ist. Der Ausschluß für die ganze Verhandlung endet von selbst vor der Urteilsverkündung, § 173 I, ohne daß dazu ein Beschluß erforderlich ist, RG JW **26**, 2762. Der Ausschluß hat die **Wirkung,** daß nur die in § 170 Anm 1 B genannten Personen an der Verhandlung teilnehmen dürfen und andere Personen nur nach § 175 II zugelassen werden können. **Geheimhaltungspflicht bei Ausschluß:** § 174 II, III. Zu der Frage, ob ein Verstoß gegen Anordnungen nach § 172 als Hausfriedensbruch bestraft werden kann, vgl Oldb DRiZ **81**, 192 mwN.

3) VwGO: Entsprechend anzuwenden, § 55 VwGO.

Anhang nach § 172; Strafvorschriften wegen Verletzung von Privatgeheimnissen

1) § 203 StGB:

^I Wer unbefugt ein fremdes Geheimnis, namentlich ein zum persönlichen Lebensbereich gehörendes Geheimnis oder ein Betriebs- oder Geschäftsgeheimnis, offenbart, das ihm als
1. Arzt, Zahnarzt, Tierarzt, Apotheker oder Angehörigen eines anderen Heilberufs, der für die Berufsausübung oder die Führung der Berufsbezeichnung eine staatlich geregelte Ausbildung erfordert,
2. Berufspsychologen mit staatlich anerkannter wissenschaftlicher Abschlußprüfung,
3. Rechtsanwalt, Patentanwalt, Notar, Verteidiger in einem gesetzlich geordneten Verfahren, Wirtschaftsprüfer, vereidigtem Buchprüfer, Steuerberater, Steuerbevollmächtigten oder Organ oder Mitglied eines Organs einer Wirtschaftsprüfungs-, Buchprüfungs- oder Steuerberatungsgesellschaft,
4. Ehe-, Erziehungs- oder Jugendberater sowie Berater für Suchtfragen in einer Beratungsstelle, die von einer Behörde oder Körperschaft, Anstalt oder Stiftung des öffentlichen Rechts anerkannt ist,
4a. Mitglied oder Beauftragten einer anerkannten Beratungsstelle nach § 218b Abs 2 Nr 1,
5. staatlich anerkanntem Sozialarbeiter oder staatlich anerkanntem Sozialpädagogen oder
6. Angehörigen eines Unternehmens der privaten Kranken-, Unfall- oder Lebensversicherung oder einer privatärztlichen Verrechnungsstelle

anvertraut worden oder sonst bekanntgeworden ist, wird mit Freiheitsstrafe bis zu einem Jahr oder mit Geldstrafe bestraft.

^{II} Ebenso wird bestraft, wer unbefugt ein fremdes Geheimnis, namentlich ein zum persönlichen Lebensbereich gehörendes Geheimnis oder ein Betriebs- oder Geschäftsgeheimnis, offenbart, das ihm als
1. Amtsträger,
2. für den öffentlichen Dienst besonders Verpflichteten,
3. Person, die Aufgaben oder Befugnisse nach dem Personalvertretungsrecht wahrnimmt,
4. Mitglied eines für ein Gesetzgebungsorgan des Bundes oder eines Landes tätigen Untersuchungsausschusses, sonstigen Ausschusses oder Rates, das nicht selbst Mitglied des Gesetzgebungsorgans ist, oder als Hilfskraft eines solchen Ausschusses oder Rates oder
5. öffentlich bestelltem Sachverständigen, der auf die gewissenhafte Erfüllung seiner Obliegenheiten auf Grund eines Gesetzes förmlich verpflichtet worden ist,

anvertraut worden oder sonst bekanntgeworden ist. Einem Geheimnis im Sinne des Satzes 1 stehen Einzelangaben über persönliche oder sachliche Verhältnisse eines anderen gleich, die für Aufgaben der öffentlichen Verwaltung erfaßt worden sind; Satz 1 ist jedoch nicht anzuwenden, soweit solche Einzelangaben anderen Behörden oder sonstigen Stellen für Aufgaben der öffentlichen Verwaltung bekanntgegeben werden und das Gesetz dies nicht untersagt.

^{III} Den in Absatz 1 Genannten stehen ihre berufsmäßig tätigen Gehilfen und die Personen gleich, die bei ihnen zur Vorbereitung auf den Beruf tätig sind. Den in Absatz 1 und den in Satz 1 Genannten steht nach dem Tode des zur Wahrung des Geheimnisses Verpflichteten ferner gleich, wer das Geheimnis von dem Verstorbenen oder aus dessen Nachlaß erlangt hat.

14. Titel. Öffentlichkeit und Sitzungspolizei GVG §§ 172–174

ᴵⱽ Die Absätze 1 bis 3 sind auch anzuwenden, wenn der Täter das fremde Geheimnis nach dem Tode des Betroffenen unbefugt offenbart.

ⱽ Handelt der Täter gegen Entgelt oder in der Absicht, sich oder einen anderen zu bereichern oder einen anderen zu schädigen, so ist die Strafe Freiheitsstrafe bis zu zwei Jahren oder Geldstrafe.

Wegen des Antragserfordernisses vgl § 205 StGB.

2) **Weitere Vorschriften.** Zu nennen sind namentlich § 110 BPersVG (Personen, die Aufgaben oder Befugnisse nach dem Personalvertretungsrecht wahrnehmen), § 58 SchwbG idF v 8. 10. 79, BGBl 1649 (Vertrauensmann und sonstige Personen nach §§ 20ff SchwbG sowie in der Durchführung des Gesetzes Tätige, § 50 SchwbG).

173 *Urteilsverkündung.* ᴵ **Die Verkündung des Urteils erfolgt in jedem Falle öffentlich.**

ᴵᴵ **Durch einen besonderen Beschluß des Gerichts kann unter den Voraussetzungen des § 172 auch für die Verkündung der Urteilsgründe oder eines Teiles davon die Öffentlichkeit ausgeschlossen werden.**

1) Erläuterung. Das Urteil ist ausnahmslos öffentlich zu verkünden, nicht aber Beschlüsse, auch wenn es sich um Entscheidungen handelt. Das Sitzungsprotokoll muß die Wiederherstellung der Öffentlichkeit ergeben. Sie muß tatsächlich stattgefunden haben, ob mit oder ohne Gerichtsbeschluß, ist gleich, Recht **25**, 1766. Ein Verstoß ist unbedingter RevGrund, § 551 Z 6 ZPO; ein Verzicht ist unzulässig. Zulässig ist aber die Nachholung einer ordnungsmäßigen Verkündung. **Der besondere Beschluß nach II** darf nur auf erneute Verhandlung über die Ausschließung ergehen; er ist aus allen 4 Ausschließungsgründen, § 172, zulässig. Seine Verbindung mit dem erstmaligen Beschluß ist unstatthaft.

2) *VwGO: Entsprechend anzuwenden, § 55 VwGO.*

174 *Verhandlung über Ausschließung der Öffentlichkeit.* ᴵ **Über die Ausschließung der Öffentlichkeit ist in nichtöffentlicher Sitzung zu verhandeln, wenn ein Beteiligter es beantragt oder das Gericht es für angemessen erachtet. Der Beschluß, der die Öffentlichkeit ausschließt, muß öffentlich verkündet werden; er kann in nichtöffentlicher Sitzung verkündet werden, wenn zu befürchten ist, daß seine öffentliche Verkündung eine erhebliche Störung der Ordnung in der Sitzung zur Folge haben würde. Bei der Verkündung ist in den Fällen der §§ 172, 173 anzugeben, aus welchem Grund die Öffentlichkeit ausgeschlossen worden ist.**

ᴵᴵ **Soweit die Öffentlichkeit wegen Gefährdung der Staatssicherheit ausgeschlossen wird, dürfen Presse, Rundfunk und Fernsehen keine Berichte über die Verhandlung und den Inhalt eines die Sache betreffenden amtlichen Schriftstücks veröffentlichen.**

ᴵᴵᴵ **Ist die Öffentlichkeit wegen Gefährdung der Staatssicherheit oder aus den in § 172 Nr. 2 und 3 bezeichneten Gründen ausgeschlossen, so kann das Gericht den anwesenden Personen die Geheimhaltung von Tatsachen, die durch die Verhandlung oder durch ein die Sache betreffendes amtliches Schriftstück zu ihrer Kenntnis gelangen, zur Pflicht machen. Der Beschluß ist in das Sitzungsprotokoll aufzunehmen. Er ist anfechtbar. Die Beschwerde hat keine aufschiebende Wirkung.**

1) **Verhandlung, I. Über die Ausschließung der Öffentlichkeit ist zu verhandeln,** dh die Beteiligten müssen Gelegenheit zur Äußerung haben, RGSt **57**, 26, wobei sich auch Zeugen des Beistandes eines RA bedienen können, vgl BVerfG **38**, 105. Die Nichtanhörung der Prozeßbeteiligten oder eines betroffenen Zeugen ist aber kein unbedingter Revisionsgrund, BGH **LM** Nr 3. Die Verhandlung muß nichtöffentlich sein, wenn auch nur ein Beteiligter es beantragt oder wenn es das Gericht nach freiem, nicht nachprüfbarem Ermessen für richtig hält. Bei erneuter Vernehmung eines Zeugen während derselben Verhandlung ist über den Ausschluß der Öffentlichkeit erneut zu verhandeln und zu beschließen, BGH GoldtArch **81**, 320. **Der Beschluß ist öffentlich zu verkünden,** und zwar auch dann, wenn die Öffentlichkeit nach zunächst nur vorübergehendem Ausschluß weiterhin ausgeschlossen wird, BGH NJW **80**, 2088. Dabei ist der Grund der Ausschließung auch dann, wenn er sich aus dem Sachzusammenhang ergibt, in dem Beschluß mit ausreichender Bestimmtheit anzugeben,

BGH NJW **82**, 948 mwN, BVerwG NJW **83**, 2155, und diese Begründung zu protokollieren, § 160 III Z 7; sonst ist die Beobachtung der Form nicht nachweisbar, BVerwG aaO. Zur Begründung genügt bei § 172 Z 4 der Hinweis auf diese Vorschrift, BGH NJW **77**, 964, und bei einem Ausschluß nach § 172 Z 2 die Wiedergabe des Wortlauts der Vorschrift, BGH NJW **82**, 59 u **77**, 1643. Die ausdrückliche Bezugnahme auf einen in derselben Verhandlung vorangegangenen Beschluß reicht aus, BGH NJW **82**, 948 mwN. Ausnahmsweise findet **keine öffentliche Verkündung** statt, wenn zu befürchten ist, daß die Verkündung eine erhebliche Störung der Ordnung in der Sitzung (nicht in sonstiger Hinsicht) zur Folge haben würde, I 2 (2. Halbs). Das Fehlen der Gründe ist unheilbarer Verfahrensverstoß, BGHSt **2**, 56, stRspr, krit Miebach DRiZ **77**, 271. Wegen der Lückenhaftigkeit des Protokolls vgl § 165 Anm 1. Der **Beschluß ist unanfechtbar,** auch für einen davon betroffenen Zeugen, str. Ein fehlerhafter Ausschluß der Öffentlichkeit ist unbedingter Revisionsgrund, § 551 Z 6 ZPO, eine fehlerhafte Zulassung der Öffentlichkeit rechtfertigt eine Verfahrensrüge, wenn das Urteil darauf beruht, § 551 ZPO Anm 7. Derjenige Beteiligte, dessen Verf bei verbundenen Verf vom Verstoß nicht berührt wird, darf sich aber nicht darauf berufen, BVerwG Rpfleger **83**, 117.

2) Veröffentlichungsverbot, II. Bei Ausschließung wegen **Gefährdung der Staatssicherheit,** § 172 Z 1, besteht für die Massenmedien ein absolutes Verbot, Berichte über die Verhandlung und den Inhalt eines die Sache betreffenden amtlichen Schriftstücks, zB Anklageschrift, zu veröffentlichen. Eine darüber hinausgehende Geheimhaltungspflicht besteht nur nach III. Der Verstoß ist mit Strafe bedroht, § 353 d 1 StGB.

3) Geheimhaltungspflicht, III. Das Gericht kann sie nur bei **Ausschließung wegen Gefährdung der Staatssicherheit,** § 172 Z 1, oder wegen der **Gefährdung eines privaten Geheimnisses, § 172 Z 2 u 3, auferlegen,** nicht also bei Ausschließung wegen Gefährdung der öff Ordnung oder der Sittlichkeit, § 172 Z 1, oder wegen der Vernehmung einer Person unter 16 Jahren, § 172 Z 4. Zu entscheiden ist darüber nach pflichtgemäßem Ermessen unter Abwägung aller in Betracht kommenden Interessen. Der Verpflichtungsbeschluß ist ins Sitzungsprotokoll aufzunehmen, § 160 III Z 6 ZPO; ein Verstoß hiergegen nimmt dem Beschluß die Wirksamkeit. Dagegen ist die **Beschwerde** (ohne aufschiebende Wirkung) gegeben, soweit nach der jeweiligen Verfahrensordnung eine Beschwerde statthaft ist, also im Zivilverfahren nicht gegen Beschlüsse eines OLG. Der Verstoß gegen die Geheimhaltungspflicht ist mit Strafe bedroht, § 353 d 2 StGB. **Gebühren:** Gericht keine, RA § 118 BRAGO.

4) VwGO: Entsprechend anzuwenden, § 55 VwGO. Die Beschwerde, III 3, nach § 146 VwGO findet nur gegen Beschlüsse des VG statt.

175 *Beschränkung des Zutritts.* ¹ Der Zutritt zu öffentlichen Verhandlungen kann unerwachsenen und solchen Personen versagt werden, die in einer der Würde des Gerichts nicht entsprechenden Weise erscheinen.

ᴵᴵ Zu nicht öffentlichen Verhandlungen kann der Zutritt einzelnen Personen vom Gericht gestattet werden. Einer Anhörung der Beteiligten bedarf es nicht.

ᴵᴵᴵ Die Ausschließung der Öffentlichkeit steht der Anwesenheit der die Dienstaufsicht führenden Beamten der Justizverwaltung bei den Verhandlungen vor dem erkennenden Gericht nicht entgegen.

1) Allgemeines. § 175 betrifft nur die Wahrung der Öffentlichkeit. Eine Zurückweisung der Parteien läßt er nicht zu; für sie gelten §§ 177 GVG u 158 ZPO oder Ordnungsmittel aus § 178.

2) Verwehrung des Zutritts, I. Der Vorsitzende darf nach freiem, nicht nachprüfbarem Ermessen unerwachsenen oder unangemessen auftretenden Personen den Zutritt verwehren; gegen seine Entscheidung gibt es keinen Rechtsbehelf, auch nicht die Anrufung des Gerichts. Ob jemand unerwachsen ist, richtet sich nach dem äußeren Eindruck, RGSt **47**, 375. Personen, von denen bekannt ist, daß sie 18 Jahre alt sind, sind nicht unerwachsen. Der Würde des Gerichts widerspricht zB die Anwesenheit Betrunkener, schmutzig Gekleideter oder Verwahrloster, Kissel Rdz 7.

3) Gestattung des Zutritts, II. Das Gericht (nicht der Vorsitzende) kann einzelnen Personen nach ganz freiem Ermessen durch nicht anfechtbaren Beschluß den Zutritt zu einer nichtöffentlichen Verhandlung gestatten. Dies kann auch stillschweigend geschehen, zB gegenüber wartenden RAen.

14. Titel. Öffentlichkeit und Sitzungspolizei **GVG §§ 175, 176 1–3**

4) Recht des Zutritts, III. Dienstaufsichtspersonen haben unbedingten Zutritt zu allen nichtöffentlichen Verhandlungen, auch zu denjenigen, die kraft Gesetzes nicht öffentlich sind, Kissel Rdz 19. Wegen der Frage, wer zu diesen Personen gehört, s Anh § 21.

5) VwGO: *Entsprechend anzuwenden, § 55 VwGO.*

176 Sitzungspolizei. Die Aufrechterhaltung der Ordnung in der Sitzung obliegt dem Vorsitzenden.

Schrifttum: Scheuerle, Festschrift Baur, 1981, S 595–613; Roxin, Festschrift K. Peters, 1974; Seibert NJW **73**, 127.

1) Sitzung. Über die Sitzungspolizei im allgemeinen s Üb 3 § 169. Sitzung bedeutet hier eine beliebige Verhandlung an beliebigem Ort, RGSt **47**, 322. Die Sitzung beginnt mit der Bereitschaft des Gerichts zur amtlichen Tätigkeit, auch ohne Aufruf; sie endet mit ihrer Aufhebung durch den Vorsitzenden, JW **25**, 810. Zur Sitzung gehören auch die Beratung und eine Pause, falls das Gericht, wenn auch im Beratungszimmer, versammelt bleibt.

2) Ordnungsgewalt des Vorsitzenden. Nur er übt sie in der Sitzung aus; andere, wie RAe oder der Staatsanwalt, können nur Anregungen geben. Ausübung nach pflichtgemäßem Ermessen. Der Vorsitzende, der nicht für Ordnung sorgt, schädigt das Ansehen der Rechtspflege: Wird die unbeeinflußte Wahrheitsfindung beeinträchtigt, muß er eingreifen, BGH NJW **62**, 260, Roxin S 407. Die Ordnungsgewalt erstreckt sich räumlich auf das Beratungszimmer, die Vorräume des Saals, ja auf die Straße, wenn von dort besondere Störungen kommen. Die Ordnung besteht in der Sicherung des ungestörten und würdigen Verlaufs der Sitzung. Ob sie gestört ist, entscheidet der Vorsitzende, der dabei sowohl übergroße Empfindlichkeit als auch Laxheit vermeiden sollte; zu weit geht Karlsr NJW **77**, 311 (Maßnahme gegen einen an der Verhandlung nicht beteiligten StA wegen seiner Kleidung), zutr E. Schneider JB **77**, 770.

Nichts mit der Ordnungsgewalt des Vorsitzenden zu tun haben Maßnahmen der Verwaltung aufgrund ihres Hausrechts; zu ihrer Zulässigkeit vgl VGH Mü BayVBl **80**, 723 m krit Anm Gerhardt BayVBl **80**, 724. Das Hausrecht tritt aber hinter die Ordnungsgewalt des Vorsitzenden zurück, BGH NJW **72**, 1144, Celle DRiZ **79**, 376, so daß der Hausrechtsinhaber nur außerhalb dieses Bereichs eingreifen darf (und ggf muß), Kissel Rdz 4 u 5.

3) Der Ordnungsgewalt des Vorsitzenden unterliegen alle im Saal anwesenden Personen: Parteien, Zeugen, Sachverständige, RAe, Richter, Staatsanwalt, Protokollführer, Zuhörer. Das Gericht hat nicht mitzureden, der Fall des § 176 ist von dem des § 177 zu sondern; freilich kann das Verhalten eines Störers unter beide Vorschriften fallen. Welche Mittel der Vorsitzende gebraucht, steht in seinem pflichtgemäßen Ermessen. Jedes zur Erreichung des Zwecks geeignete Mittel steht ihm zu Gebote, soweit es nicht §§ 177ff dem Gericht vorbehalten. Besonnenheit und Klugheit müssen dem Vorsitzenden das Maß des Nötigen zeigen; oft hilft schon eine Unterbrechung der Sitzung.

Zulässige Mittel sind zB: Räumung des Zuhörerraums (dabei ist aber anderen Zuhörern wegen § 169 der Zutritt zu gestatten) oder auch Aufhebung der Sitzung (eine unnötige Aufhebung verletzt die Amtspflicht). Zulässig ist auch das Gebot an den Störer, den Saal zu verlassen (zwangsweise Entfernung nur nach § 177). Ferner sind vorbeugende Maßnahmen zulässig: Durchsuchung von Personen und andere Kontrollen, auch in den dem Gerichtssaal vorgelagerten Räumlichkeiten, BVerfG **48**, 118; Postierung eines Polizeibeamten mit Funksprechgerät im Gerichtssaal, Schlesw MDR **77**, 775; die Anordnung zum Einnehmen bestimmter Plätze; Entziehung des Worts; Rügen; Zurückweisung des RA, der entgegen gesetzlicher Vorschrift oder Gewohnheitsrecht ohne Robe auftritt, BVerfG **28**, 21, BGHSt **27**, 34, BayerGerfGH BayVBl **72**, 337, Karlsr NJW **77**, 309 mwN, KG JR **77**, 172, P. Müller NJW **79**, 22.

Die **Überschreitung des pflichtgemäßen Ermessens** verletzt die Vorschriften über die Öffentlichkeit, BGH NJW **62**, 1260, zB die Hinausweisung der Schreibhilfe des Verteidigers, BGH NJW **63**, 599, oder eines Zuhörers, dessen Verhalten die Verhandlung nicht beeinträchtigt (schweigende Überreichung eines Zettels, BGH NJW **62**, 1260), ebenso die Abweisung eines Pressevertreters wegen einer (bereits erfolgten oder zu erwartenden) diffamierenden Berichterstattung, BVerfG NJW **79**, 1400. S zur Frage der Entfernung auch § 177 Anm 1.

Gegen die vom Vorsitzenden getroffenen Maßnahmen gibt es **keinen Rechtsbehelf,** auch nicht die Anrufung des Gerichts, Kissel Rdz 48 mwN, Hbg NJW **76**, 1987, krit Amelung

NJW **79**, 1690; es handelt sich nicht um einen Ausfluß der „Sachleitung", § 140 ZPO, allgM. Das Eindringen in den Sitzungssaal entgegen einer Anordnung des Vorsitzenden kann als Hausfriedensbruch strafbar sein, BGH NJW **82**, 947.

4) *VwGO: Entsprechend anzuwenden, § 55 VwGO.*

177 *Ungehorsam.* **Parteien, Beschuldigte, Zeugen, Sachverständige oder bei der Verhandlung nicht beteiligte Personen, die den zur Aufrechterhaltung der Ordnung getroffenen Anordnungen nicht Folge leisten, können aus dem Sitzungszimmer entfernt sowie zur Ordnungshaft abgeführt und während einer zu bestimmenden Zeit, die vierundzwanzig Stunden nicht übersteigen darf, festgehalten werden. Über Maßnahmen nach Satz 1 entscheidet gegenüber Personen, die bei der Verhandlung nicht beteiligt sind, der Vorsitzende, in den übrigen Fällen das Gericht.**

1) **Ungehorsam.** § 177 regelt die Ausübung der **Ordnungsgewalt des Gerichts** bei Ungehorsam gegen seine Anordnungen. Er gilt für **alle im Saal befindlichen Personen außer Richtern, Staatsanwalt, Protokollführer, Rechtsanwälten und sonstigen zugelassenen Bevollmächtigten,** zB Prozeßagenten (hinsichtlich der letzteren str, aM Kissel Rdz 15 mwN). Der für einen Beteiligten auftretende Rechtsanwalt unterliegt nicht der Ordnungsgewalt des Gerichts, Kissel Rdz 14; dies gilt auch für den Verkehrsanwalt, Bauer/Fröhlich FamRZ **83**, 123, sowie für den RA, der als Beistand einer Partei, etwa nach § 625 ZPO, oder als Beistand eines Zeugen an der Verhandlung beteiligt ist, Krekeler NJW **80**, 980, str, aM Kleinknecht Rdz 4 (die Möglichkeit, unter bestimmten Voraussetzungen auch einen an der Verhandlung mitwirkenden Rechtsanwalt aus dem Saal zu entfernen, bejaht Hamm JMBlNRW **80**, 215). „Parteien" umfaßt hier auch die gesetzlichen Vertreter und Beistände, die nicht Rechtsanwälte sind. An der Verhandlung nicht beteiligt sind Zuhörer (das Gericht darf ihnen nicht von vornherein den Zutritt verwehren, sondern sie erst bei Ungehorsam entfernen, RG Recht **31**, 57), ferner auch unbeteiligte RAe. Gegenüber Amtspersonen und beteiligten RAen bleibt nur die Unterbrechung der Sitzung und Anrufung der Dienstaufsicht, notfalls die Vertagung bis zum Eintritt eines Vertreters. § 177 verlangt Ungehorsam; er muß vorsätzlich, also zurechenbar sein.

2) **Verfahren. A. Zulässige Maßnahmen: a) Entfernung aus dem Saal,** nicht aus dem Gebäude; darum ist bei zu erwartendem Wiedereindringen Verhaftung vorzuziehen; **b) Abführung zur Ordnungshaft;** sie wird in einem beliebigen Raum durch einfache Freiheitsentziehung vollzogen. Die Dauer ist vorher zu bestimmen, sie beträgt höchstens 24 Stunden. Die Beendigung der Sitzung nötigt nicht zu sofortiger Entlassung; denn das Gesetz kann nicht mit einer 24stündigen Sitzung rechnen. Abführung und Festhaltung sind Ordnungsmaßnahmen. Sie sind unzulässig gegenüber Mitgliedern der Streitkräfte, Art 10 Truppenvertrag, Schlußanh III; wegen Ahndung des Ungehorsams s Art 12 ebda.

B. Die Anordnung ergeht gegenüber an der Verhandlung nicht Beteiligten durch den Vorsitzenden, in den übrigen Fällen durch Beschluß des Gerichts, stets nach Anhörung des Betroffenen. Wird die Maßnahme anstelle des Vorsitzenden vom Gericht getroffen, so ist sie voll wirksam, Kissel Rdz 26, offen gelassen von BGH MDR **82**, 812 mwN. Das Ordnungsmittel ist nach pflichtgemäßem Ermessen auszuwählen, wobei der Grundsatz der Verhältnismäßigkeit gewahrt werden muß. Die AnO (Verfügung des Vorsitzenden oder Beschluß des Gerichts) ist dem Betroffenen zu verkünden oder zuzustellen; sie ist in das Protokoll aufzunehmen, § 182. Wegen der Vollstreckung vgl § 179. Derjenige, der die AnO erlassen hat, kann sie jederzeit aufheben oder ändern.

C. Rechtsmittel. Nach hM, Kissel Rdz 30 mwN, steht dem Betroffenen kein Rechtsbehelf zu, weil § 181 den § 177 nicht mitaufführt. Das ist eine förmelnde Auslegung, die wegen der prozessualen Folgen des § 158 ZPO unerträglich ist. Die Fälle der §§ 177, 178 liegen wesentlich gleichartig. Bei anderer Auffassung wäre auch die Protokollierung, § 182, zwecklos. Daher ist die entsprechende Anwendung des § 181 geboten, außer wo nicht an der Verhandlung nicht beteiligte Person entfernt wird (s auch § 182), ebenso Kleinknecht 8, M. Wolf NJW **77**, 1063 (auch dazu, daß eine offensichtlich fehlerhafte Maßnahme, zB die Hinausweisung eines RA, nicht Vorhalt oder Ermahnung nach § 26 II DRiG rechtfertigt, aM BGH **67**, 184), Amelung NJW **79**, 1690 mwN (der im Hinblick auf Art 19 IV GG stets die Beschwerde zulassen will).

14. Titel. Öffentlichkeit und Sitzungspolizei GVG § 177, 178 1, 2

3) VwGO: *Entsprechend anzuwenden, § 55 VwGO. Für den Vertreter des öff Interesses gilt § 177 nicht, EF § 55 Rdz 9. Rechtsbehelf, Anm 2 C, gegen Maßnahmen in 1. Instanz ist die Beschwerde nach §§ 146ff VwGO (str, wie hier RedOe § 55 Anm 14, aM EF § 55 Rdz 10), die keine aufschiebende Wirkung hat, § 149 II VwGO.*

178 Ungebühr. I Gegen Parteien, Beschuldigte, Zeugen, Sachverständige oder bei der Verhandlung nicht beteiligte Personen, die sich in der Sitzung einer Ungebühr schuldig machen, kann vorbehaltlich der strafgerichtlichen Verfolgung ein Ordnungsgeld bis zu zweitausend Deutsche Mark oder Ordnungshaft bis zu einer Woche festgesetzt und sofort vollstreckt werden. Bei der Festsetzung von Ordnungsgeld ist zugleich für den Fall, daß dieses nicht beigetrieben werden kann, zu bestimmen, in welchem Maße Ordnungshaft an seine Stelle tritt.

II Über die Festsetzung von Ordnungsmitteln entscheidet gegenüber Personen, die bei der Verhandlung nicht beteiligt sind, der Vorsitzende, in den übrigen Fällen das Gericht.

III Wird wegen derselben Tat später auf Strafe erkannt, so sind das Ordnungsgeld oder die Ordnungshaft auf die Strafe anzurechnen.

Schrifttum: Schwind JR **73**, 173; Rüping ZZP **88**, 212; E. Schneider MDR **75**, 622 (zT abw von den folgenden Anm).

1) Allgemeines. Die Festsetzung von Ordnungsmitteln wegen Ungebühr ist ein äußerstes Mittel, das sparsam, dann aber wirkungsvoll angewendet werden sollte. Dieselbe Handlung kann folgende, voneinander unabhängige Folgen haben: Eingreifen des Vorsitzenden nach § 176, Maßnahme nach § 177, Ordnungsmittel nach § 178, Strafe nach StGB. Dabei ist stets der Grundsatz der Verhältnismäßigkeit zu wahren. So genügen bei geringfügigen Verstößen meist die erstgenannten Maßnahmen, zB eine ernsthafte Ermahnung.

2) Ungebühr. A. Der **Personenkreis** ist derselbe wie in § 177, RAe (und sonstige zugelassene Bevollmächtigte) sind also auch hier ausgenommen. Vertreter der Partei fallen auch unter § 178, JW **35**, 2073.

B. Ungebühr: a) Sie muß **in der Sitzung** begangen sein, § 176 Anm 1, nicht in der Geschäftsstelle, Schlesw SchlHA **67**, 152, oder in Schriftsätzen, **b)** setzt **Vorsatz** voraus, Schlesw SchlHA **62**, 84, und besteht **c)** in einem **Verhalten, das sich gegen das Gericht oder einen Beteiligten wendet,** insbesondere die ihnen als Person (und Amtsträger) geschuldete Achtung verletzt, oder **Ruhe und Ordnung der Verhandlung empfindlich stört.** Die Übergänge sind fließend; ob Ungebühr vorliegt, läßt sich nur nach Lage des Einzelfalls beurteilen, vgl Schwind JR **73**, 133, E. Schneider MDR **75**, 622 und Baur JZ **70**, 247. Hierher gehört namentlich jedes gezielt gegen das Gericht oder einen Beteiligten gerichtete, vor allem provozierende Verhalten, das die Grenzen sachlicher Auseinandersetzung sprengt. Handeln aus Unkenntnis oder Gleichgültigkeit genügt nicht; bei Zweifeln am Ungebührwillen ist zunächst eine Abmahnung geboten, Karlsr JR **77**, 392.

C. Beispiele für Ungebühr: Trotz Belehrung fortgesetztes Sitzenbleiben eines Zuhörers, wenn das Gericht und alle Beteiligten stehen; provozierendes Lesen (oder Essen) im Gerichtssaal, Karlsr JR **77**, 392; gezielte Beifalls- oder Mißfallensäußerung im Wiederholungsfall; Erscheinen in provozierender Aufmachung, Düss JMBlNRW **81**, 215, oder im Zustand der Trunkenheit, Eb. Schmidt JR **69**, 270 (nicht aber, wenn jemand vorgeführt werden muß und dann betrunken erscheint, Hamm MDR **66**, 72); ostentatives Zuschlagen der Tür des Gerichtssaals, Hamm JMBlNRW **75**, 106; Beschimpfung (durch Worte oder Gesten) und Bedrohung des Richters oder eines Beteiligten, auch Androhen eines Straf- oder Disziplinarverfahrens, Hamm NJW **69**, 256; Vorwurf des Lügens gegenüber einem RA, Hamm NJW **63**, 1791; anhaltende Störung der Verhandlung durch Lärm oder Gesten; heimliche Tonbandaufnahme, Schlesw SchlHA **62**, 84; Tätlichkeiten aller Art, LG Saarbr NJW **68**, 1686. **Keine Ungebühr:** Bloßes Sitzenbleiben eines Beteiligten, E. Schneider MDR **75**, 622; vereinzelte, spontane Beifalls- oder Mißfallensäußerungen, Saarbr NJW **61**, 890 mit Anm A. Arndt NJW **61**, 1615; demonstratives Verlassen der Verhandlung, Mü MDR **56**, 503; Übergeben eines Zettels an das Gericht, BGH NJW **62**, 1260; Erscheinen in Arbeitskleidung, Düss JMBlNRW **81**, 215, Hamm NJW **69**, 1919, oder in verwahrlostem Zustand (anders, wenn eine Provokation beabsichtigt ist); offensichtliches Anlügen des Gerichts, JW **35**, 3489; lautstarke oder heftige Äußerung eines Beteiligten (anders, wenn eine Abmahnung vorangegangen ist), insbesondere dann, wenn eine solche Reaktion auf eine Zeugenaussage sich als nichts anderes als die Betonung der eigenen Sachdarstellung erweist, Kblz Goltd-Arch **79**, 470; Mitschreiben in der Verh, wenn nicht unzulässige Mitteilungen beabsichtigt sind, BGH MDR **82**, 812 mwN.

3) Zulässige Maßnahmen, I 1, auch gegen Jugendliche, § 1 JGG: Wahlweise Ordnungsgeld zwischen 5 DM, Art 6 I 1 EGStGB, und 2000 DM, oder Ordnungshaft, mindestens 1 Tag, Art 6 II EGStGB, höchstens 1 Woche. Bei Verhängung von Ordnungsgeld ist für den Fall der Nichtbeitreibbarkeit Ordnungshaft festzusetzen (zwischen 1 und 3 Tagen, Art 6 II EGStGB), **I 2;** hierüber ist eine nachträgliche Entscheidung zulässig, Art 8 EGStGB, Vorbem B vor § 380 ZPO. Wegen der Vollstreckung vgl § 179. Wird wegen derselben Tat später auf Strafe erkannt, so sind Ordnungsgeld oder Ordnungshaft anzurechnen, III. Für bestimmte Fälle vorgesehene Ordnungsmaßnahmen, zB § 380 ZPO, schließen die Anwendung von § 178 aus.

4) Verfahren, II. A. Grundsätze. Die Festsetzung gegenüber Nichtbeteiligten erfolgt allein durch den Vorsitzenden, Kblz MDR **78**, 693, iü durch das Gericht. Bei mehrfachen Verstößen in derselben Sitzung ist die wiederholte Festsetzung jeweils bis zum Höchstmaß zulässig, Bre NJW **53**, 598. Vorheriges rechtliches Gehör ist notwendig, Hamm MDR **69**, 932 mwN; Ausnahmen sind denkbar, zB wenn Hergang und Ungebührwille außer Zweifel stehen und bei einer Anhörung mit weiteren groben Ausfälligkeiten gerechnet werden muß oder der Täter nicht ansprechbar ist, Hamm JMBlNRW **77**, 131, oder sich vor seiner Anhörung entfernt, Hamm MDR **78**, 780. Bei leichteren Verstößen empfiehlt sich zunächst eine Abmahnung, weitergehend Schwind JR **73**, 133.

B. Festsetzung. Sie erfolgt durch Verfügung des Vorsitzenden bzw Beschluß des Gerichts, oben A; in beiden Fällen ist Verkündung oder Zustellung an den Betroffenen nötig. Eine Festsetzung nach Schluß der Sitzung ist unzulässig, § 182 Anm 1: Jedoch kann bei mehrtägiger Sitzung das Ordnungsmittel am folgenden Tag festgesetzt werden, Schlesw LS MDR **80,** 76. Der von der Ungebühr betroffene Richter ist bei der Entscheidung nicht ausgeschlossen, § 22 Z 1 StPO ist unanwendbar. Protokollierung ist erforderlich, § 182. Eine Rechtsmittelbelehrung braucht nicht erteilt zu werden, Köln NJW **60**, 2294, Schlesw NJW **71**, 1321, wenn nicht die für das Verfahren maßgeblichen Vorschriften sie vorschreiben, zB § 9 V ArbGG, § 35a StPO.

C. Rechtsbehelf: § 181. Hat über ein Ordnungsmittel gegen einen Nichtbeteiligten statt des Vorsitzenden das Gericht entschieden, so ist die Entscheidung (ersatzlos) aufzuheben, Kblz MDR **78**, 693.

5) VwGO: *Entsprechend anzuwenden, § 55 VwGO; wegen des Vertreters des öff Interesses s § 177 Anm 3. Rechtsbehelf: § 181 Anm 3; eine Belehrung darüber ist wegen § 58 I VwGO geboten.*

179 *Vollstreckung.* **Die Vollstreckung der vorstehend bezeichneten Ordnungsmittel hat der Vorsitzende unmittelbar zu veranlassen.**

1) Erläuterung. Die Vollstreckung veranlaßt der Vorsitzende ohne Mitwirkung der **Staatsanwaltschaft,** RGSt **15**, 230. Die Einziehung erfolgt durch die Vollstreckungsbehörde nach JBeitrO, s dort §§ 1 I Z 3 u 2 idF des Art 119 EGStGB. Zahlungserleichterungen: Art 7 EGStGB; Unterbleiben der Haftvollstreckung: Art 8; Verjährung: Art 9 EGStGB, vgl Vorbem B § 380 ZPO. Die rechtzeitige Haftentlassung hat der Vorsitzende zu überwachen.

2) VwGO: *Entsprechend anzuwenden, § 55 VwGO.*

180 *Ordnungsgewalt des einzelnen Richters.* **Die in den §§ 176 bis 179 bezeichneten Befugnisse stehen auch einem einzelnen Richter bei der Vornahme von Amtshandlungen außerhalb der Sitzung zu.**

1) Erläuterung. § 180 denkt in Zivilsachen an den verordneten Richter und den Vollstreckungsrichter. Der Amtsrichter als Prozeßrichter und der Einzelrichter bei Kollegialgerichten fallen schon unter §§ 176 bis 178. Auf eingereichte Schriftsätze ist § 180 unanwendbar, Rüping ZZP **88**, 212 mwN, s auch § 176 Anm 2.

2) VwGO: *Entsprechend anzuwenden, § 55 VwGO, auf den Vorsitzenden, §§ 87 u 169 VwGO, und den verordneten Richter. Rechtsbehelf: Beschwerde, §§ 146ff VwGO.*

14. Titel. Öffentlichkeit und Sitzungspolizei GVG §§ 181, 182

181 *Rechtsbehelf gegen Ordnungsmittel.* ¹ Ist in den Fällen der §§ 178, 180 ein Ordnungsmittel festgesetzt, so kann gegen die Entscheidung binnen der Frist von einer Woche nach ihrer Bekanntmachung Beschwerde eingelegt werden, sofern sie nicht von dem Bundesgerichtshof oder einem Oberlandesgericht getroffen ist.

II Die Beschwerde hat in dem Falle des § 178 keine aufschiebende Wirkung, in dem Falle des § 180 aufschiebende Wirkung.

III Über die Beschwerde entscheidet das Oberlandesgericht.

1) **Anwendungsbereich.** § 181 ist nach hM nur auf die Fälle der §§ 178, 180 anwendbar, richtigerweise aber auch auf den Fall des § 177, s dort Anm 2 C. Er trifft auch die Fälle, in denen gesetzwidrig der Vorsitzende allein entschieden hat; dort ist nur § 181 gegeben, nicht die Anrufung des Gerichts. Voraussetzung ist Festsetzung eines Ordnungsmittels. Wird der Beschluß nach Haftentlassung aufgehoben, so ist eine Entschädigung nach G v 8. 3. 71, BGBl 157 zu gewähren, wenn festgestellt wird, daß kein Grund für die Verhängung eines Ordnungsmittels bestand; dagegen wird keine Entschädigung bei Aufhebung aus formellen Gründen gewährt, Nürnb MDR 60, 500 (aM Kleinknecht Anm 1 B: niemals Entschädigung).

2) **Beschwerde. A.** Beschwerdeberechtigt ist nur der Betroffene, auch der prozeßunfähige, aber strafmündige Jugendliche, Neustadt NJW 61, 885; gegen die Versagung einer angeregten oder gegen eine zu milde Maßnahme gibt es keinen Rechtsbehelf. Der Rechtsbehelf ist bei dem erkennenden Gericht oder beim OLG schriftlich oder zu Protokoll der Geschäftsstelle einzulegen; die Bitte um Aufhebung der Maßnahme ist idR als Beschwerde zu behandeln, Düss MDR 77, 413. Zur Frage der Aufnahme der mündlich eingelegten Beschwerde in das Sitzungsprotokoll vgl Kblz VRS 81, 356. **Beschwerdefrist: 1 Woche ab Verkündung, bzw wenn sich der Betroffene vor Verkündung entfernt hatte, ab Zustellung.** Aber auch die mündliche Bekanntmachung durch den vollstreckenden Beamten setzt die Frist in Lauf; „Bekanntmachung" ist hier nicht im Fachsinn gebraucht. Die WiedEins muß entsprechend dem sonstigen Verfahrensrecht als zulässig angesehen werden, Hamm NJW 63, 1791; die Fristversäumnis durch den Prozeßbevollmächtigten ist entsprechend den strafprozessualen Grundsätzen, die wegen des Charakters der Maßnahme hier in Betracht kommen, eine für den Betroffenen unverschuldete Verhinderung, Ffm NJW 67, 1281. Die sofortige Vollstreckung erledigt die Beschwerde nicht; denn der Gemaßregelte hat ein Recht, seine Unschuld festgestellt zu sehen, JW 27, 4063.

B. Die Rechtsnatur der Beschwerde ist streitig. **Es liegt ein Rechtsbehelf eigener Art, eine befristete Beschwerde vor.** Mangels Verbots ist eine Abänderung auch durch das verhängende Gericht zuzulassen (so auch OLG 40, 175, SBKTr 3); demgegenüber sieht die überwM, Kissel Rdz 12 mwN, ua Mü NJW 68, 308, den Rechtsbehelf als sofortige Beschwerde iSv § 577 ZPO an, so daß die Abänderungsbefugnis entfällt, was unpraktisch und schwerlich vom Gesetzgeber gewollt ist, zumal § 181 auch für Strafsachen gilt und hier Abhilfe möglich ist, insoweit aM Kleinknecht Anm 1. Das Beschwerdegericht übt eigenes Ermessen aus, Neustadt NJW 62, 602. Die Beschwerde wirkt grundsätzlich nicht aufschiebend; das Gericht kann aber die Vollstreckung aussetzen oder unterbrechen, Kissel Rdz 11. Der einzelne Richter, § 180, muß das tun.

C. Es entscheidet bei ordentlichen Gerichten immer das OLG. Hat der verordnete Richter erkannt, so ist § 577 IV ZPO unanwendbar, zuständig also das dem ersuchten Richter übergeordnete OLG, Schlesw SchlHA 62, 84. Die Entscheidung ergeht durch Beschluß, der zuzustellen ist. Bei Aufhebung des angefochtenen Beschlusses kommt keine Zurückverweisung in Betracht, weil die sitzungspolizeiliche Gewalt mit Schluß der Sitzung endet, Kleinknecht Anm 3. Die Entscheidung ergeht kostenfrei, da in § 1 GKG das GVG nicht genannt wird; wegen der Gebühren des RA s § 118 BRAGO. Eine weitere Beschwerde ist unstatthaft. Hat das ArbG erkannt, so entscheidet das LArbG, § 78 ArbGG.

3) **VwGO:** *Rechtsbehelf ist die Beschwerde an das OVG nach §§ 146ff VwGO, so daß I u III gegenstandslos sind, Klinger zu § 55 VwGO; § 181 II bleibt unberührt, § 149 II VwGO, so daß die Beschwerde im Falle des § 178 abweichend von § 149 I VwGO keine aufschiebende Wirkung hat.*

182 *Beurkundung der Ordnungsmittel.* Ist ein Ordnungsmittel wegen Ungebühr festgesetzt oder eine Person zur Ordnungshaft abgeführt oder eine bei der Verhandlung beteiligte Person entfernt worden, so ist der Beschluß des Gerichts und dessen Veranlassung in das Protokoll aufzunehmen.

GVG §§ 182–184 1   Gerichtsverfassungsgesetz

1) Erläuterung. § 182 will der Beschwerdeinstanz ausreichende Unterlagen für die Beurteilung des Vorfalls sichern. Er umfaßt die Fälle der §§ 177, 178, 180 mit Ausnahme der Entfernung eines an der Verhandlung nicht Beteiligten. Der Vorfall ist sofort zu protokollieren, desgleichen der verhängende Beschluß, der nicht erst nach der Sitzung ergehen darf (jedoch kann bei mehrtätiger Sitzung das Ordnungsmittel am folgenden Tag festgesetzt werden, Schlesw LS MDR **80**, 76). Das Protokoll muß eine gesonderte Darstellung des Geschehensablaufs und den Beschluß mit Begründung enthalten, Hamm JMBlNRW **77**, 94, so daß eine Wiedergabe nur im Beschluß nicht genügt, Kissel Rdz 6 mwN, KG JZ **82**, 73. Fehlt die Protokollierung, ist der Beschluß vom Beschwerdegericht aufzuheben (keine Zurückverweisung, § 181 Anm 2 C): eine spätere dienstliche Äußerung des Richters oder Urkundsbeamten ist nicht verwendbar, Hamm JMBlNRW **77**, 94. Die fehlende Protokollierung ist jedoch unschädlich, wenn der Betroffene den Vorgang nicht bestreitet, sondern andere Einwendungen erhebt, Kissel Rdz 8, Stgt Justiz **79**, 347, KG JZ **82**, 73. Das Beschwerdegericht ist an den protokollierten Sachverhalt nicht gebunden, sondern kann auch ihn nachprüfen, Bre JR **51**, 693. Fehlt dem Beschluß die Begründung, so ist dies unschädlich, wenn sich alles Notwendige zweifelsfrei aus der Protokollierung des Vorfalls ergibt, Kleinknecht 2, aM Kissel Rdz 10.

2) *VwGO*: *Entsprechend anzuwenden, § 55 VwGO.*

183 *Straftat.* **Wird eine Straftat in der Sitzung begangen, so hat das Gericht den Tatbestand festzustellen und der zuständigen Behörde das darüber aufgenommene Protokoll mitzuteilen. In geeigneten Fällen ist die vorläufige Festnahme des Täters zu verfügen.**

1) Erläuterung. Begriff der Sitzung s § 176 Anm 1. § 183 ist Mußvorschrift. „Straftat" ist eine Tat, die den Tatbestand eines Strafgesetzes verwirklicht, so daß die Vorschrift auf Ordnungswidrigkeiten nicht anzuwenden ist. Als „Feststellung" genügt die kurze Beurkundung der wesentlichen Vorgänge. Wegen vorläufiger Festnahme s § 127 StPO. Der Erlaß eines Haftbefehls ist unzulässig, Hamm NJW **49**, 191.

2) *VwGO*: *Entsprechend anzuwenden, § 55 VwGO.*

Fünfzehnter Titel. Gerichtssprache

184 *Grundsatz.* **Die Gerichtssprache ist deutsch.**

Schrifttum: Jessnitzer, Dolmetscher, 1982, S 54ff (Bespr Stelkens NVwZ **82**, 552); Lässig, Deutsch als Gerichts- und Amtssprache, 1980 (Bespr Tomuschat NJW **81**, 1200); Mayer ZStW **81**, 507.

1) Erläuterung. § 184 ist zwingend, also vAw zu beachten. Er bezieht sich nur auf Verhandlungen, Schriftsätze, Entscheidungen und sonstige Äußerungen des Gerichts, nicht auf sonstige Urkunden, RG **162**, 288. Deutsch ist nach Oldb HRR **28**, 392 auch plattdeutsch: das dürfte nur da richtig sein, wo alle Beteiligten plattdeutsch verstehen; entsprechendes gilt für deutsche Mundarten, Jessnitzer S 54, Kissel Rdz 2, E. Schneider MDR **79**, 534. Demgemäß kann ein Beteiligter sich vor Gericht unter denselben Voraussetzungen einer deutschen Mundart bedienen, wie dies nach § 185 II in einer fremden Sprache geschehen kann. Jedoch sind gerichtliche Entscheidungen und Verfügungen (wegen des Strafverfahrens BVerfG JZ **83**, 659, Jessnitzer S 56ff, Kleinknecht 3) nur in deutscher Sprache abzufassen und ohne Übersetzung zu übermitteln, BVerfG **42**, 120 u JZ **83**, 659 mwN (zustm Rüping), BVerwG BayVBl **73**, 443, BayObLG NJW **77**, 1596 mwN, Stgt MDR **83**, 256 mwN, Ffm NJW **80**, 1238, Vogler EuGRZ **79**, 640 mwN, aM Sieg MDR **81**, 281.

Schriftsätze und Eingaben oder Ausführungen in fremder Sprache (oder in fremder Schrift) sind grundsätzlich unbeachtlich und wahren keine Frist, wenn keine Übersetzung beiliegt (sofern nichts anderes bestimmt ist, zB nach § 3 II AusfG zu EuGÜbk), BGH NJW **82**, 532 mwN (Übers über den Meinungsstand), Kissel Rdz 5 mwN, sehr str, aM ua Jessnitzer S 62ff, Schneider MDR **79**, 534: Aber die Entscheidung, ob eine Frist eingehalten ist, kann schon im Interesse der anderen Beteiligten weder von den Sprachkenntnissen des Gerichts oder seiner Möglichkeit, eine Übersetzung zu beschaffen, noch auch davon abhängen, daß der Verfasser nicht in der Lage ist, sich der deutschen Sprache zu bedienen oder für eine Übersetzung zu sorgen. Vielmehr bedarf es dafür einer gesetzlichen Regelung wie in

15. Titel. Gerichtssprache **GVG §§ 184, 185 1 A**

den §§ 23 VwVfG, § 87 AO 1977 und 19 SGB X, die im Gerichtsverfahren nicht entsprechend anzuwenden sind, und zwar auch nicht im Hinblick auf Art 3 III u 103 I GG, weil der Zwang, sich der Gerichtssprache zu bedienen, nicht gegen diese Bestimmungen verstößt, aM Ffm NJW **80**, 1173. Demgemäß bestimmt § 126 PatG idF v 16. 12. 80, BGBl **81** S 1, ausdrücklich, daß Eingaben in anderer Sprache nicht berücksichtigt werden. Eine abweichende Auslegung des § 184 ist um so weniger geboten, als bei unverschuldeter Fristversäumnis wegen Unkenntnis der deutschen Sprache WiedEins in Betracht kommt, BGH aaO, zB wenn die Beschaffung einer Übersetzung oder die Inanspruchnahme eines Bevollmächtigten Schwierigkeiten bot, die mit einem nach den Umständen des Einzelfalles angemessenen Maß an Mühe, Sorgfalt und Aufwand nicht zu überwinden waren, vgl BVerfG **40**, 95 u **42**, 123, BGH VersR **77**, 646, VGH Mü NJW **77**, 1213, VGH Mannh BaWüVPraxis **79**, 254. Das entbindet das Gericht nicht davon, sich im Rahmen des Möglichen Kenntnis vom Inhalt einer Eingabe zu verschaffen, um fürsorgerische Maßnahmen treffen zu können. Beim ersten Zugang zum Gericht, zB Mahnbescheid, ist gegenüber einem sprachunkundigen Ausländer eine ihm verständliche Rechtsbehelfsbelehrung beizufügen, sonst ist WiedEins geboten, BVerfG **40**, 100, es sei denn, der Ausländer steht der Wahrnehmung seiner Rechte mit vermeidbarer Gleichgültigkeit gegenüber, BVerfG **42**, 126. Wegen der Hinzuziehung eines **Dolmetschers** durch das Gericht vgl § 185. **Nicht** hierher gehört die Unterschrift; ein Ausländer darf deshalb eine Vollmacht in fremder Schrift unterzeichnen, VGH Mü NJW **78**, 510.

2) *VwGO: Entsprechend anzuwenden, § 55 VwGO. Eine Rechtsmittelbelehrung, § 58 VwGO, in deutscher Sprache genügt, BVerwG MDR* **78**, *786; bei Sprach- und Verständnisschwierigkeiten kommt ggf WiedEins in Frage, BVerwG aaO, VGH Mannh BaWüVPraxis* **79**, *254.*

185 *Verhandlung mit Fremdsprachigen.* ¹ **Wird unter Beteiligung von Personen verhandelt, die der deutschen Sprache nicht mächtig ist, so ist ein Dolmetscher zuzuziehen. Ein Nebenprotokoll in der fremden Sprache wird nicht geführt; jedoch sollen Aussagen und Erklärungen in fremder Sprache, wenn und soweit der Richter dies mit Rücksicht auf die Wichtigkeit der Sache für erforderlich erachtet, auch in der fremden Sprache in das Protokoll oder in eine Anlage niedergeschrieben werden. In den dazu geeigneten Fällen soll dem Protokoll eine durch den Dolmetscher zu beglaubigende Übersetzung beigefügt werden.**

II **Die Zuziehung eines Dolmetschers kann unterbleiben, wenn die beteiligten Personen sämtlich der fremden Sprache mächtig sind.**

Schrifttum: Jessnitzer, Dolmetscher, 1982, S 71 ff; ders. Rpfleger **83**, 365.

1) **Erläuterung. A. Sind der deutschen Sprache nicht Mächtige an einer Verhandlung beteiligt,** so muß das Gericht zur Gewährleistung eines fairen Verf, BVerfG JZ **83**, 659 (zustm Rüping), **grundsätzlich einen Dolmetscher** derjenigen Sprache **zuziehen,** die der Betroffene beherrscht, BayObLG DVBl **77**, 115 (ebenso der Rpfl oder Urkundsbeamte bei der Aufnahme von Erklärungen zu Protokoll, BayObLG Rpfleger **77**, 133), **I.** Verhandlung ist nicht nur die mdl Verh, sondern jeder Gerichtstermin, auch derjenige vor dem verordneten Richter, Kissel Rdz 2 mwN. Demgemäß ist auch bei der Erledigung eines ausländischen Rechtshilfeersuchens, zB nach dem Haager BewAufnÜbk (Anh § 363 ZPO), ein Dolmetscher hinzuzuziehen, wenn ein Richter des ersuchenden Gerichts, Art 8 Übk u § 10 AusfG, und/oder eine Partei des dortigen Rechtsstreits anwesend ist, sofern sie des Deutschen nicht mächtig sind, Martens RIW **81**, 732. Dagegen bezieht sich § 185 nicht auf schriftliche Äußerungen des Gerichts oder eines Beteiligten, vgl § 184 Anm 1, und auch nicht auf sonstige Urkunden, HessLSG LS SGb **82**, 116.

Alle an einer Verhandlung Beteiligten müssen so gut Deutsch können, daß sie der Verhandlung folgen und ihre Rechte voll wahrnehmen können, dh sie müssen Deutsch nicht nur verstehen, sondern auch sprechen können, Ffm NJW **52**, 1310. Beteiligt sind Richter, Protokollführer, Staatsanwalt, Parteien und gesetzliche Vertreter auch im Anwaltsprozeß, Beistände, Zeugen und Sachverständige, die beiden letzten nur, soweit sie der Verhandlung folgen müssen. Das Protokoll ist stets deutsch. Die Entscheidung, ob ein Beteiligter genügend Deutsch kann oder welche Sprache er beherrscht, ist nach tatrichterlichem Ermessen zu treffen, BayObLG BayVBl **81**, 187 mwN. Sie hat die höhere Instanz nicht nachzuprüfen, ebensowenig, ob der Richter, wenn ein Beteiligter zT Deutsch kann, von seinem Ermessen, in welchem Umfang der Dolmetscher dann heranzuziehen ist, richtig Gebrauch gemacht hat, BGH NJW **53**, 114. Wohl aber ist nachzuprüfen, ob der Begriff der Sprachkundigkeit verkannt ist, Ffm NJW **52**, 1310, jedoch nur aufgrund eines Rechtsmittels gegen die Entscheidung selbst, nicht über § 567, Stgt NJW **62**, 540. Der Begriff der Sprachkundigkeit ist bereits dann verkannt, wenn Zweifel bestehen, daß die Person der Verhandlung folgen kann, BSG NJW **57**, 1087. Deshalb muß die Entscheidung, daß ein Dolmetscher nicht hinzuzuziehen sei, so begründet worden, daß eine Nachprüfung dieses Punktes möglich ist, BayObLG BayVBl **81**, 187. Wer wahrheitswidrig behauptet, nicht Deutsch zu können, ist zur Verhandlung nicht zuzulassen und als nicht erschienen, als Zeuge das Zeugnis weigernd anzusehen (sorgfältige Prüfung nötig).

Die **Zuziehung eines Dolmetschers kann unterbleiben, II,** wenn alle Beteiligten der fremden Sprache mächtig sind, zB diejenige des Zeugen verstehen und sprechen; das Protokoll ist auch dann deutsch zu führen. Sich gegenüber Ausländern einer fremden Sprache zu bedienen, ist das Gericht weder berechtigt noch gar verpflichtet, BVerwG BayVBl **73**, 443.

Ein **Verstoß gegen I** ist kein unbedingter Revisionsgrund, § 551 ZPO, aber ein Verfahrensmangel (Verletzung des Anspruchs auf rechtliches Gehör, Art 103 I GG). Die Partei kann sich auf diesen Mangel nicht berufen, wenn sie ihre prozessuale Möglichkeit, eine Verhandlung mit Dolmetscher herbeizuführen (zB durch einen Antrag auf Vertagung), nicht ausgenutzt hat, BVerwG BayVBl **82**, 349.

B. Der Dolmetscher ist Gehilfe des Gericht und der Beteiligten, wenn er nur zur mündlichen Übertragung des Verhandelten herangezogen wird; dann ist er kein Sachverständiger, BGHSt **1**, 4, wird aber in mancher Beziehung wie ein solcher behandelt, s § 191, BGHSt **4**, 154. Sofern er (nur oder auch) Übersetzer ist, dh mündlich oder schriftlich den Text einer außerhalb des Verfahrens entstandenen Urkunde zu übertragen hat, ist er dagegen insoweit Sachverständiger, BGH JR **51**, 90, NJW **65**, 643. Seine Auswahl steht im Ermessen des Gerichts, Jessnitzer S 80, wobei die öffentlich bestellten bzw allgemein vereidigten Dolmetscher entspr § 404 I ZPO idR zu bevorzugen und etwaige besondere Umstände des Einzelfalles zu berücksichtigen sind, Jessnitzer S 84. **Der Dolmetscher muß alle wesentlichen Teile der Verhandlung ihrem Inhalt nach übertragen,** dazu Jessnitzer S 75. Dahin gehören alle Anträge und Entscheidungen, auch fremdsprachliche Beweisurkunden; bei Gutachten genügt die Wiedergabe des Ergebnisses, soweit nicht eine Gesamtübersetzung ausdrücklich verlangt wird, Kissel Rdz 9. Es handelt sich um eine zwingende öffentlich-rechtliche Vorschrift; ein Verzicht ist nicht möglich. Das **Protokoll** muß den Grund der Zuziehung des Dolmetschers angeben, nicht notwendig die Einzelheiten der Zuziehung, RGSt **43**, 442. Es muß angeben, was übertragen ist, wenn auch nicht in allen Einzelheiten. Daß das geschehen ist, ist mit jedem Beweismittel, nicht nur dem Protokoll, zu beweisen. Wegen der **Entschädigung** des Dolmetschers und des Übersetzers vgl § 17 ZSEG, s Hartmann Teil V; als gerichtliche Auslage, KV 1904, ist sie in allen Fällen vom Kostenschuldner zu tragen, Bambg JB **76**, 644 m Anm Mümmler (anders in StrafS, KV 1904 II idF des Art 2 II Z 2 G v 18. 8. 80, BGBl 1503).

2) *VwGO: Entsprechend anzuwenden, § 55 VwGO.*

186 **Taube. Stumme.** Zur Verhandlung mit tauben oder stummen Personen ist, sofern nicht eine schriftliche Verständigung erfolgt, eine Person als **Dolmetscher zuzuziehen, mit deren Hilfe die Verständigung in anderer Weise erfolgen kann.**

Schrifttum: Jessnitzer, Dolmetscher, 1982, S 78–79.

1) Erläuterung. § 186 ist auf sehr schwerhörige Personen entsprechend anzuwenden, wenn eine unmittelbare Verständigung nicht mehr möglich ist, BGH **LM** Nr 1, ebenso auf Personen mit starken Sprachfehlern, RGSt **33**, 181. Ein Tauber darf schriftliche Fragen mündlich beantworten, RGSt **31**, 313, ein Stummer mündliche Fragen schriftlich. Wegen der Beurkundung vgl § 185. Welche Maßnahmen das Gericht zur Verständigung ergreift, insbesondere auch, ob es einen Dolmetscher zuzieht, unterliegt seinem Ermessen, Freibg JZ **51**, 23; möglich ist auch eine Verständigung durch eine einem sehr Schwerhörigen vertraute Person, BGH **LM** Nr 1. Es ist jedenfalls nicht erforderlich, daß eine stumme Person sämtliche Erklärungen nur mit Hilfe des Dolmetschers abgibt, BGH NJW **60**, 584. Eine Vorlegung des Protokolls über Zeugenvernehmung u dgl ist unnötig; es genügt die Mitteilung des wesentlichen Inhalts und Gelegenheit zur Äußerung, RGSt HRR **39**, 298. Eidesleistung: § 483 ZPO. Wegen der Entschädigung s § 185 Anm 1 B aE.

2) *VwGO: Entsprechend anzuwenden, § 55 VwGO.*

15. Titel. Gerichtssprache **GVG §§ 187–190** 1, 2

187 *Vortrag Tauber und Sprachfremder.* I Ob einer Partei, die taub ist, bei der mündlichen Verhandlung der Vortrag zu gestatten sei, bleibt dem Ermessen des Gerichts überlassen.

II Dasselbe gilt in Anwaltsprozessen von einer Partei, die der deutschen Sprache nicht mächtig ist.

1) Erläuterung. Die Entscheidung gemäß § 187 trifft zunächst der Vorsitzende, bei Beanstandung der Versagung das Gericht, § 140 ZPO, nach pflichtgemäßem Ermessen. Dagegen ist kein Rechtsbehelf gegeben.

2) VwGO: *Entsprechend anzuwenden, § 55 VwGO, II jedoch nur beim BVerwG, § 67 I VwGO.*

188 *Eidesleistungen.* Personen, die der deutschen Sprache nicht mächtig sind, leisten Eide in der ihnen geläufigen Sprache.

Schrifttum: Jessnitzer, Dolmetscher, 1982, S 76.

1) Erläuterung. Der Dolmetscher, § 185, hat die Eidesbelehrung in die fremde Sprache zu übertragen. Er spricht Eidesnorm und Eidesformel in dieser Sprache vor, ohne daß der Richter sie in deutscher Sprache vorgesprochen haben müßte, RGSt **45**, 304. Der fremdsprachige Teil der Vereidigung sollte zur Kontrolle immer ins Deutsche zurückübertragen werden, Jessnitzer S 76, str. Der Ausländer darf ihm vertraute Beteuerungsformeln zur Bekräftigung hinzufügen, Köln MDR **69**, 501.

2) VwGO: *Entsprechend anzuwenden, § 55 VwGO.*

189 *Dolmetscher.* I Der Dolmetscher hat einen Eid dahin zu leisten: daß er treu und gewissenhaft übertragen werde. Gibt der Dolmetscher an, daß er aus Glaubens- oder Gewissensgründen keinen Eid leisten wolle, so hat er eine Bekräftigung abzugeben. Diese Bekräftigung steht dem Eid gleich; hierauf ist der Dolmetscher hinzuweisen.

II Ist der Dolmetscher für Übertragungen der betreffenden Art im allgemeinen beeidigt, so genügt die Berufung auf den geleisteten Eid.

Schrifttum: Jessnitzer, Dolmetscher, 1982, S 100–101.

1) Erläuterung. Der Dolmetscher ist in jeder Verhandlung durch Voreid zu verpflichten, I 1, BGH NJW **70**, 778; wegen der Bekräftigung, I 2 u 3, s § 484 ZPO. Bei wiederholter Vernehmung in derselben Sache genügt es, daß der Dolmetscher die Richtigkeit der Übertragung unter Berufung auf den zuvor geleisteten Eid versichert, BayObLG MDR **79**, 696. Es handelt sich um eine zwingende unverzichtbare Vorschrift, jedoch begründet ein Nacheid nicht die Revision, Saarbr NJW **75**, 65.

Die **Berufung auf den geleisteten allgemeinen Eid,** über den das LandesR bestimmt (Näheres bei Jessnitzer S 21 ff), genügt, **II.** Die allgemeine Beeidigung muß sich auf die Sprache beziehen, aus der bzw in die der Dolmetscher übersetzen soll, BGH bei Holtz MDR **80**, 456. Nötig ist eine eigene Erklärung des Dolmetschers, daß er die Richtigkeit der Übertragung auf seinen Eid nehme, BGH MDR **82**, 685 mwN; seine Mitteilung, daß er allgemein vereidigt sei, genügt jedoch, BGH bei Holtz MDR **78**, 280. Die bloße Feststellung im Protokoll, daß er allgemein vereidigt sei, reicht nicht aus, BGH GoldtArch **80**, 184 m Anm Liemersdorf NStZ **81**, 69; zur Auslegung des den Angaben zur Person folgenden Protokollvermerks „allgemein vereidigt" vgl BGH NJW **82**, 2739.

2) VwGO: *Entsprechend anzuwenden, § 55 VwGO.*

190 *Urkundsbeamter als Dolmetscher.* Der Dienst des Dolmetschers kann von dem Urkundsbeamten der Geschäftsstelle wahrgenommen werden. Einer besonderen Beeidigung bedarf es nicht.

1) Erläuterung. Die Heranziehung eines Dolmetschers ist entbehrlich, wenn der gerade **protokollierende Urkundsbeamte** diese Aufgabe wahrnimmt (nicht ein mitwirkender Richter, Karlsr Just **62**, 93, od ein am Verfahren Beteiligter). Die Beeidigung des Urkundsbeamten ist nicht erforderlich.

2) VwGO: *Entsprechend anzuwenden, § 55 VwGO.*

191 *Ausschließung und Ablehnung des Dolmetschers.* **Auf den Dolmetscher sind die Vorschriften über Ausschließung und Ablehnung der Sachverständigen entsprechend anzuwenden. Es entscheidet das Gericht oder der Richter, von dem der Dolmetscher zugezogen ist.**

Schrifttum: Jessnitzer, Dolmetscher, 1982, S 87–92.

1) Erläuterung. Auf den Dolmetscher sind §§ 41, 42, 406 ZPO entsprechend anwendbar; die im Text erwähnte Ausschließung eines Sachverständigen fällt unter Ablehnung. Wegen der Einzelheiten ist auf die Erläuterungen zu § 406 ZPO zu verweisen.

Die übrigen Vorschriften für Sachverständige sind gegenüber den Sondervorschriften des 15. Titels unanwendbar, also auch § 409 ZPO (Ordnungsmittel bei Ausbleiben), Jessnitzer S 143. Anders liegt es insoweit bei Übersetzern, § 185 Anm 1 B. Gegen beide können in der Sitzung Ordnungsmittel nach den §§ 177 u 178 verhängt werden, aM hinsichtlich § 178 Jessnitzer S 144 mwN (wegen Art 103 II GG).

2) *VwGO: Entsprechend anzuwenden, § 55 VwGO. Die Ablehnungsgründe werden durch § 54 II u III VwGO ergänzt, vgl § 406 ZPO Anm 6.*

Sechzehnter Titel. Beratung und Abstimmung
Übersicht

1) Allgemeines. Ist sich der einzeln urteilende Richter über die Beurteilung des Streitstoffs klargeworden, so gibt er seine Entscheidung bekannt; damit erhält der innere Vorgang Leben nach außen, s § 329 Anm 4 ZPO. Beim Kollegium muß die Einigung der Richter über die Beurteilung vorangehen; sie ordnet Titel 16. **Beratung und Abstimmung sind also ein Vorgang des inneren Dienstes; sie sind ihrem Inhalt nach nach außen in keiner Weise ersichtlich zu machen.** Das Gericht ist nach außen eine Einheit, eben „das Gericht". Es ist ganz unstatthaft, durch die Fassung der Entscheidungsgründe oder sonstwie anzudeuten, daß der Verkündende oder der Urteilsverfasser überstimmt ist. **Es ist Amtspflicht der Richter, über den Hergang von Beratung und Abstimmung volles Schweigen zu bewahren.** Die Verletzung dieser Amtspflicht ist Dienstvergehen, § 43 DRiG. Das Beratungsgeheimnis gilt auch für ehrenamtliche Richter, § 45 III DRiG. Über die Vernehmung von Richtern usw über das Zustandekommen einer Entscheidung s § 383 Anm 5. Ob die geheime Beratung und Abstimmung immer und überall ein Vorteil ist, ist fraglich; für das BVerfG ist der Grundsatz durchbrochen, § 30 II BVerfGG.

2) Die **Haftpflicht des einzelnen Richters** kann immer nur auf seiner Abstimmung beruhen, nie auf der Entscheidung des Kollegiums. Ihm muß seine Abstimmung nachgewiesen werden, RG **89**, 15; empfehlenswert ist trotzdem, wo eine Haftpflicht droht, die Niederlegung der abweichenden Meinung in einem geheimzuhaltenden Aktenvermerk.

192 *Mitwirkende.* **I Bei Entscheidungen dürfen Richter nur in der gesetzlich bestimmten Anzahl mitwirken.**

II Bei Verhandlungen von längerer Dauer kann der Vorsitzende die Zuziehung von Ergänzungsrichtern anordnen, die der Verhandlung beizuwohnen und im Falle der Verhinderung eines Richters für ihn einzutreten haben.

III (betr Strafsachen).

1) Erläuterung. I gibt eine zwingende öff-rechtliche Vorschrift; ein Verstoß ist ein unbedingter Revisions- und Nichtigkeitsgrund, §§ 551 Z 1, 579 Z 1 ZPO. Die Zuziehung von Ergänzungsrichtern bei Mitwirkung von mehr als einem Berufsrichter, II, ordnet der Vorsitzende an, das Präsidium bestimmt sie (nicht notwendigerweise im Voraus für das Geschäftsjahr, aM Foth DRiZ **74**, 87). Es darf andere Richter als die Vertreter der Mitglieder wählen, RGSt **59**, 20. Sie haben das Fragerecht, RGSt **27**, 172, wirken aber an der Beratung und Abstimmung erst nach Eintritt mit, BGH NJW **63**, 1463. Über ihren Eintritt entscheidet der Vorsitzende.

2) *VwGO: Entsprechend anzuwenden, § 55 VwGO.*

16. Titel. Beratung und Abstimmung GVG §§ 193, 194 1

193 *Anwesenheit Dritter.* **Bei der Beratung und Abstimmung dürfen außer den zur Entscheidung berufenen Richtern nur die bei demselben Gericht zu ihrer juristischen Ausbildung beschäftigten Personen zugegen sein, soweit der Vorsitzende deren Anwesenheit gestattet.**

1) Allgemeines. Jede Entscheidung muß auf einer **äußerlich erkennbaren Beratung und Abstimmung** beruhen, RGSt **43**, 51. Das Aufsuchen des Beratungszimmers ist nicht unbedingt nötig, so daß eine natürlich leise zu führende Unterhaltung im Gerichtssaal erlaubt ist, Anm 2 aE.

2) Teilnahme. Zugegen sein dürfen ausschließlich: a) die beteiligten Richter; nicht die noch nicht eingetretenen Ergänzungsrichter, BGH NJW **63**, 1463, und auch nicht etwaige wissenschaftliche Hilfsarbeiter, Kruschke JuS **73**, 326 mwN, str, aM Kissel Rdz 24 mwN; **b) die beim Gericht,** nicht notwendig gerade bei dieser Abteilung oder diesem Kollegium, beschäftigten **Referendare und Teilnehmer an der einstufigen Ausbildung, § 5 b DRiG,** sofern der Vorsitzende ihre Anwesenheit gestattet, nicht dagegen auch Rechtsstudenten, mögen sie auch bei Gericht ein vorgeschriebenes Praktikum ableisten, Bremen NJW **59**, 1145, Karlsr NJW **69**, 628, str, aM Kissel Rdz 22 mwN, Kreft NJW **69**, 1784. Die Zeit der förmlichen Zuweisung des Referendars oder Ausbildungsteilnehmers an das Gericht darf noch nicht beendet sein, BVerwG NJW **82**, 1716; etwas gilt allenfalls dann, wenn noch eine zur ordnungsmäßigen Ableistung des Vorbereitungsdienstes notwendige Arbeit nachzuholen ist, BGH GoldtArch **65**, 93. Aufsichtspersonen dürfen ebensowenig teilnehmen wie der Protokollführer; fällt dieser unter b, so darf er zugegen sein, RGSt **18**, 161, OGHSt **2**, 62. Zeugen, die unter b fallen, dürfen nicht anwesend sein, RG Recht **32**, 548.

Zweck des § 193 ist die Vermeidung jeder Beeinflussung des Gerichts; die Parteien können auf die Wahrung des Beratungsgeheimnisses nicht wirksam verzichten, VGH Kassel NJW **81**, 599. Ausnahmsweise schadet die unbefugte Anwesenheit Dritter nicht, wo diese Beeinflussung ausgeschlossen ist; dann beruht das Urteil nicht auf dem Verstoß, RG JW **26**, 1227, BAG NJW **67**, 1581, Zö-Gummer 3, aM Kissel Rdz 30, VGH Kassel NJW **81**, 599: unerlaubte Anwesenheit schadet immer. Bei einer Beratung in der Sitzung, Anm 1, scheidet die Möglichkeit der Beeinflussung regelmäßig aus, wenn sie so leise geschieht, daß die sonst Anwesenden nichts davon verstehen, BVerwG Buchholz 300 § 193 Nr 1 mwN.

Ein Verstoß gegen § 193 führt dazu, daß das Gericht fehlerhaft besetzt war (absoluter Revisions- und Nichtigkeitsgrund), so daß die Zurückverweisung durch das Revisionsgericht nötig, durch das Berufungsgericht idR geboten ist, Kissel Rdz 30.

3) VwGO: *Entsprechend anzuwenden, § 55 VwGO.*

194 *Hergang bei Beratung und Abstimmung.* **I Der Vorsitzende leitet die Beratung, stellt die Fragen und sammelt die Stimmen.**

II Meinungsverschiedenheiten über den Gegenstand, die Fassung und die Reihenfolge der Fragen oder über das Ergebnis der Abstimmung entscheidet das Gericht.

1) Erläuterung. Die Beratung braucht sich nicht unmittelbar an die Verhandlung anzuschließen, vielmehr bestimmt der Vorsitzende die ihm zweckmäßig scheinende Zeit. Die Beratung geschieht regelmäßig mündlich, RArbG LZ **33**, 459; in Ausnahmefällen steht einer schriftlichen Beratung und Abstimmung nichts entgegen, wenn alle Richter einverstanden sind, Kissel § 193 Rdz 3 mwN. Unzulässig ist die fernmündliche Einholung der Stimmen, BSG NJW **71**, 2096. Wird die Beratung mit dem Vorbehalt beendet, wieder in sie einzutreten, falls sich für einen Richter ein neuer Gesichtspunkt ergeben sollte, ist eine erneute Verständigung der Richter nötig, Bbg NStZ **81**, 191 (Unterzeichnung der Entscheidung durch alle genügt). Mit Mehrheit kann das Kollegium die Wiedereröffnung der Beratung beschließen, Kissel Rdz 5.

Die Ordnung der Beratung und Abstimmung obliegt dem Vorsitzenden; bei Meinungsverschiedenheiten entscheidet das Kollegium. Zweckmäßig erledigt das Gericht die einzelnen Fragen, deren Beantwortung das Endergebnis bestimmt, die „Elemente der Entscheidung", einzeln, weil die Gründe durchweg die Ansicht des Kollegiums wiederzugeben haben; zu den sich daraus ergebenden Abstimmungsergebnissen Breetzke DRiZ **62**, 5.

Die Beratung ist auch dann gesetzmäßig, wenn der Vorsitzende und der Berichterstatter die Akten durchgearbeitet haben und dem zweiten Beisitzer der Sach- und Streitstand entweder schriftlich (in Gestalt eines Votums) oder in dem erforderlichen Umfang mündlich mitgeteilt wird, aM v. Stackelberg MDR **83**, 364, Doehring NJW **83**, 851, dagegen Herr MDR **83**, 634 u NJW **83**, 2131, Schultz MDR **83**, 633. In einfachen Fällen genügt eine

Albers

schriftliche Beratung, dh Umlauf der vorbereiteten Entscheidung, oben Abs 1. Die ehrenamtlichen Richter können und werden idR nur mündlich über die Sache unterrichtet werden (anders die Handelsrichter).

2) VwGO: Entsprechend anzuwenden, § 55 VwGO.

195 Überstimmte. Kein Richter oder Schöffe darf die Abstimmung über eine Frage verweigern, weil er bei der Abstimmung über eine vorhergehende Frage in der Minderheit geblieben ist.

1) Erläuterung. Der Richter (Berufsrichter oder ehrenamtlicher Richter), der die Abstimmung verweigert, versagt seine amtliche Tätigkeit und verletzt die Amtspflicht. Notfalls ist ein Ersatzrichter hinzuzuziehen und die Verhandlung zu wiederholen.

2) VwGO: Entsprechend anzuwenden, § 55 VwGO.

196 Stimmenzählung. I Das Gericht entscheidet, soweit das Gesetz nicht ein anderes bestimmt, mit der absoluten Mehrheit der Stimmen.
II Bilden sich in Beziehung auf Summen, über die zu entscheiden ist, mehr als zwei Meinungen, deren keine die Mehrheit für sich hat, so werden die für die größte Summe abgegebenen Stimmen den für die zunächst geringere abgegebenen so lange hinzugerechnet, bis sich eine Mehrheit ergibt.
III, IV (betr Strafsachen).

1) Erläuterung. Absolute Stimmenmehrheit liegt vor, wenn sich **mehr als die Hälfte sämtlicher Stimmen** auf eine Meinung vereinigt (Gegensatz: relative Stimmenmehrheit, dh Vereinigung einer größeren Stimmenzahl als für die anderen Meinungen). Notfalls ist mehrmals abzustimmen; eine absolute Mehrheit gemäß II ist immer zu erzielen. Eine andere Art der Abstimmung tritt bei der Berichtigung des Tatbestands ein, s § 320 IV ZPO. II gilt auch im Zivilprozeß, ganz gleich, was für eine Bedeutung die Summen haben. Ein Verstoß gegen §§ 196f begründet keine Anfechtung des Urteils, sofern es nicht auf dem Verstoß beruht und ihn erkennen läßt, RG **38**, 412.

2) VwGO: Entsprechend anzuwenden, § 55 VwGO.

197 Reihenfolge bei Abstimmung. Die Richter stimmen nach dem Dienstalter, bei gleichem Dienstalter nach dem Lebensalter, ehrenamtliche Richter und Schöffen nach dem Lebensalter; der jüngere stimmt vor dem älteren. Die Schöffen stimmen vor den Richtern. Wenn ein Berichterstatter ernannt ist, so stimmt er zuerst. Zuletzt stimmt der Vorsitzende.

Vorbem. Ohne daß § 197 entsprechend geändert worden wäre, führen die ehrenamtlichen Richter bei der KfH, auf die sich S 1 neben den Schöffen allein bezieht, jetzt wieder die Bezeichnung Handelsrichter, vgl Vorbem § 105.

1) Erläuterung. Das Dienstalter bestimmt sich nach § 20 DRiG, vgl die dortigen Erläuterungen. Wegen der Reihenfolge bei Richtern auf Probe und kraft Auftrags s DRiG § 20 Anm 2 (Schlußanh). Ist der Vorsitzende zugleich der Berichterstatter, so stimmt er nicht nach S 3 zuerst, sondern nach S 4 zuletzt ab, BVerwG VerwRspr **31**, 508.

Nach dem Lebensalter stimmen Handelsrichter, s Vorbem, und Schöffen ab, und zwar vor den (Berufs-)Richtern. Das gleiche gilt für andere ehrenamtliche Richter iSv § 45a DRiG.

Über die Bedeutung eines Verstoßes gegen § 197 vgl § 196 Anm 1 am Ende.

2) VwGO: Entsprechend anzuwenden, § 55 VwGO. Die ehrenamtlichen Richter, §§ 19ff VwGO, stimmen ebenso wie die Handelsrichter und Schöffen vor den (Berufs-)Richtern, Satz 2, EF § 55 Rdz 18.

198 (betr Strafsachen; aufgehoben durch § 85 Z 13 DRiG).

Siebzehnter Titel. Gerichtsferien
Übersicht

1) **Die Gerichtsferien** waren durch Gesetz vom 7. 3. 35, RGBl I 352, aufgehoben und sind durch Art 1 Z 79 VereinhG wieder eingeführt worden, obwohl gegen ihre Zweckmäßigkeit gewichtige Bedenken geltend gemacht werden können, vgl Schultz MDR **79**, 547. Der Kreis der Feriensachen ist nicht ohne Grund im Laufe der Zeit immer mehr erweitert worden. Die prozessuale Bedeutung ergibt § 200 in Verbindung mit § 223 ZPO (Lauf von Fristen).

2) **Ein Verstoß gegen die Vorschriften über die Ferien** ist ein verzichtbarer Mangel des Verfahrens, hM, Kissel § 199 Rdz 20 mwN. Namentlich liegt in der rügelosen Einlassung beider Parteien auf das Verfahren ein wirksamer Verzicht nach § 295 ZPO; denn das Verbot will nur (wenn auch vielleicht mit untauglichen Mitteln) die Interessen der Parteien wahren. Unstreitig sind nicht angefochtene Entscheidungen voll wirksam. Eine zu Unrecht in den Ferien erfolgte Entscheidung wird im allgemeinen nicht aufzuheben sein, da die Nichtursächlichkeit für ihr Ergebnis in der Regel feststeht, Kissel § 199 Rdz 21 mwN, hM, Mü NJW **82**, 2328 mwN. Jedoch wird die Aufhebung und Zurückverweisung bei einer Verletzung von Art 101 GG (§ 16 S 2) in der Revisionsinstanz geboten sein, vgl Mü aaO; allerdings liegt auch dann kein unbedingter Revisionsgrund vor.

3) **Den Kreis der Feriensachen** ergeben §§ 200 II, 202 abschließend. In anderen Sachen können im Einverständnis der Parteien, Anm 2, Termine abgehalten und Entscheidungen erlassen werden. Erlaubt und geboten schlechthin sind, Kissel § 199 Rdz 11–16: **a)** in allen Sachen jede andere gerichtliche Tätigkeit, zB bloße Beschlußfassung oder prozeßleitende Anordnungen, auch nach § 273 ZPO, sowie Zustellungen und Ladungen; **b)** in allen Sachen Entscheidungen, die im Interesse des inneren Dienstes erfolgen, zB Wertfestsetzungen zwecks Berechnung der Gerichtskosten und Kostenfestsetzung; andernfalls könnte eine Klage uU erst nach Wochen zugestellt werden, weil die Unterlage für die Kostenberechnung und Gebührenzahlung fehlt, § 65 GKG (so ganz hM); **c)** Justizverwaltungssachen; **d)** andere rechtspflegerische Geschäfte, die den Gerichten übertragen sind, § 21 Anh I, also namentlich die Bestimmung des zuständigen Gerichts nach § 36 ZPO und die Ernennung eines Schiedsrichters, Ffm JB **74**, 1592, Kblz JB **77**, 113, aber auch die Entscheidung über die Ablehnung eines Richters oder Sachverständigen, Kblz MDR **77**, 501.

4) **Der 17. Titel gilt nicht in Arbeitssachen,** § 9 I 2 ArbGG.

5) *VwGO: Die Vorschriften über die Gerichtsferien sind im Verfahren der VerwGerichte nicht anzuwenden, vgl § 223 ZPO Anm 4, BVerwG MDR **72**, 170.*

199 *Dauer.* **Die Gerichtsferien beginnen am 15. Juli und enden am 15. September.**

1) **Ende.** Der 15. 9. gehört noch zu den Ferien, ebenso der 15. 7. Wegen der Fristberechnung bei der Fristenhemmung durch die Gerichtsferien s § 223 Anm 2.

200 *Feriensachen.* [I] **Während der Ferien werden nur in Feriensachen Termine abgehalten und Entscheidungen erlassen.**

[II] **Feriensachen sind:**
1. **Strafsachen;**
2. **Arrestsachen sowie die eine einstweilige Verfügung oder eine einstweilige Anordnung nach den §§ 127a, 620, 621f der Zivilprozeßordnung betreffenden Sachen;**
3. **Meß- und Marktsachen;**
4. **Streitigkeiten zwischen dem Vermieter und dem Mieter oder Untermieter von Wohnräumen oder anderen Räumen oder zwischen dem Mieter und dem Untermieter solcher Räume wegen Überlassung, Benutzung oder Räumung, wegen Fortsetzung des Mietverhältnisses über Wohnraum auf Grund der §§ 556a, 556b des Bürgerlichen Gesetzbuchs sowie wegen Zurückhaltung der von dem Mieter oder dem Untermieter in die Miettäume eingebrachten Sachen;**
5. **Streitigkeiten in Kindschaftssachen;**
5a. **Streitigkeiten über eine durch Ehe oder Verwandtschaft begründete gesetzliche**

Unterhaltpflicht, soweit sie nicht mit einer Scheidungssache zu verhandeln sind, und Ansprüche nach den §§ 1615k, 1615l des Bürgerlichen Gesetzbuchs;
6. Wechselsachen;
7. Regreßansprüche aus einem Scheck;
8. Bausachen, wenn über Fortsetzung eines angefangenen Baues gestritten wird.

III In dem Verfahren vor den Amtsgerichten hat das Gericht auf Antrag auch andere Sachen als Feriensachen zu bezeichnen. Werden in einer Sache, die durch Beschluß des Gerichts als Feriensache bezeichnet ist, in einem Termin zur mündlichen Verhandlung einander widersprechende Anträge gestellt, so ist der Beschluß aufzuheben, sofern die Sache nicht besonderer Beschleunigung bedarf.

IV In dem Verfahren vor den Landgerichten sowie in dem Verfahren in den höheren Instanzen soll das Gericht auf Antrag auch solche Sachen, die nicht unter die Vorschrift des Absatzes 1 fallen, soweit sie besonderer Beschleunigung bedürfen, als Feriensachen bezeichnen. Die Bezeichnung kann vorbehaltlich der Entscheidung des Gerichts durch den Vorsitzenden erfolgen.

Schrifttum: Borgmann AnwBl **81**, 278.

1) Allgemeines. Wegen der Bedeutung von I s Üb § 199. II beruht auf der unwiderlegbaren Vermutung der Eiligkeit. Entscheidend ist das Klagebegehren, BGH **LM** Nr 6, im Rechtsmittelverfahren gemäß dem Tatbestand der angefochtenen Urteils, Stgt NJW **69**, 2056. Es handelt sich um keine Feriensache, wenn Feriensachen mit Nichtferiensachen in einer Klage verbunden werden, Nürnb MDR **81**, 593. Ebenso liegt es bei mehrfacher Klagebegründung, wenn nur der in 1. Linie geltend gemachte Klagegrund die Eigenschaft einer Feriensache hat, BGH **37**, 371; das gleiche gilt demgemäß auch, wenn das für die Hilfsbegründung der Fall ist, da es der Partei nicht anheimgegeben werden kann, bei einer etwa notwendig werdenden Heranziehung des hilfsweise geltend gemachten Klagegrundes für diesen die bevorzugte Behandlung als Feriensache in Anspruch zu nehmen, BGH **9**, 29, **37**, 371, Kissel Rdz 16. Nicht anders liegt es bei Klagen aus § 767 ZPO gegen einen Scheidungsvergleich, der nicht nur unter II fallende Ansprüche regelt, BGH VersR **76**, 664. Dann ist also die ganze Sache Nichtferiensache. Umgekehrt ist das Verfahren über eine Klage aus § 767 gegen einen unter II fallenden Titel Feriensache, BGH NJW **80**, 1695. Durch die Erhebung einer Widerklage kann eine Nichtferiensache nicht zu einer Feriensache werden, BGH NJW **58**, 588, RG **118**, 29 (eingehend). **Entscheidungen:** Urteile und Beschlüsse in allen Rechtszügen einschließlich der Entscheidung über die Prozeßkostenhilfe, § 202 Anm 5, auch solche des Rpfl, soweit er richterliche Befugnisse ausübt. Hierin gehören auch Entscheidungen ohne mündliche Verhandlung einschließlich des VersUrt nach § 331 III, Kblz NJW **79**, 1465; auch sie dürfen während der Ferien nur in FerienS erlassen werden, str, aM Bruhn NJW **79**, 2522, AG Berg-Gladbach NJW **77**, 2080. Nicht durch die Ferien beeinflußt wird der Erlaß eines Rechtsentscheids, Anh § 544 ZPO, weil es sich um einen internen Akt der Rechtsfindung handelt, Zweibr WertpMitt **81**, 273, Hamm ZMR **83**, 28, Karlsr ZMR **83**, 244, ganz hM. Vgl auch Üb 3. Wegen des Einflusses der Ferien auf den Lauf von Notfristen s § 223 ZPO Anm 3. Feriensachen sind:

2) Arreste, einstweilige Verfügungen und einstw AnOen nach §§ 127a, 620, 621f ZPO, Z 2 ebenso einstwAnOen nach FGG, Dickert FamRZ **81**, 939. Im übrigen sind FamS der feiwilligen Gerichtsbarkeit keine Feriensachen, § 621a Anm 3 B a, BayObLG FamRZ **80**, 908 mwN.

Das Beweissicherungsverfahren ist nur insoweit kraft Gesetzes Feriensache, als es zu den in §§ 200 II, 202 genannten Verfahren gehört, Üb 1 vor § 485 ZPO.

3) Meß- und Marktsachen, Z 3: Begriff s § 30 ZPO Anm 1.

4) Mietstreitigkeiten, Z 4: s auch § 23 Anm 4. Hierhin gehören: Mietaufhebungs- und Räumungsklage, Widerspruch des Mieters gegen die Kündigung aufgrund der Sozialklausel, §§ 556a u b BGB, oder Klagen wegen Instandsetzung oder Instandhaltung, BGH NJW **63**, 713, nicht aber die Klagen auf Feststellung eines Mietverhältnisses, BGH NJW **58**, 588, auf Zahlung des Mietzinses oder Zustimmung zur Mieterhöhung. Nicht hierher gehören Pachtstreitigkeiten, BGH aaO, und Herausgabeklagen aufgrund Eigentums, BGH **9**, 22. Keine Feriensache liegt vor, wenn das Mietverhältnis unstreitig beendet ist, BGH NJW **80**, 1695.

5) Kindschaftssachen, Z 5: s § 640 II. Beim Übergang zur Vaterschaftsklage nach Art 12 § 18 NEhelG bleibt der Rechtsstreit Feriensache, BGH LS NJW **76**, 1796. Keine Feriensachen sind die vor Inkrafttreten des NEhelG anhängig gewordenen, BGH DRiZ **71**, 430.

17. Titel. Gerichtsferien GVG § 200 6–9

5a) Unterhaltsstreitigkeiten bei Ehe oder Verwandtschaft, Z 5a. S § 23a Anm 3. Sie sind keine Feriensachen, wenn sie im jeweiligen Rechtszug zusammen mit einer ScheidungsS zu verhandeln sind, § 623 ZPO, weil dann die Entscheidung ohnehin erst mit dem Scheidungsausspruch ergeht, der nicht als eilbedürftig gilt, BGH NJW **82**, 282, zustm Borgmann AnwBl **82**, 304, Mü VersR **82**, 174. Unterhaltsstreitigkeiten sind auch dann keine Feriensachen, wenn sie (durch Teilanfechtung) allein in die Rechtsmittelinstanz gelangen, solange (auch) die Scheidungssache noch zum Gegenstand der Rechtsmittelverhandlung gemacht werden können, BGH NJW **83**, 1561 abw von BGH NJW **82**, 282; wegen der damit verbundenen Unsicherheit ist dem RA anzuraten, Unterhaltssachen in diesem Stadium stets als Feriensachen zu behandeln.

Isoliert geltend gemachte Unterhaltsstreitigkeiten fallen unter Z 5a. Das gilt auch für (vom Träger der Sozial- oder Jugendhilfe) übergeleitete Unterhaltsansprüche, BGH NJW **81**, 1564 u FamRZ **81**, 657, und für Ansprüche auf Unterhaltsrückstände, BGH NJW **81**, 1564. Feriensache ist auch das Verfahren über eine Klage aus § 767 gegen einen Unterhaltstitel, BGH NJW **80**, 1695, ebenso der Streit über eine durch Prozeßvergleich getroffene Unterhaltsregelung jedenfalls dann, wenn der Vergleich nur eine Festlegung des gesetzlichen Unterhaltsanspruchs enthält, BGH VersR **80**, 679. Feriensachen sind ferner Prozesse über Ansprüche auf Entbindungskosten, § 1615k, und auf Unterhalt der Mutter vor und nach der Geburt des nichtehelichen Kindes, § 1615l.

6) Wechselsachen, Z 6: wie § 95 Anm 2 B (aber nur für Wechsel). Also auch die Klage auf Feststellung zur Konkurstabelle, BGH NJW **67**, 1371, und auch das Nachverfahren, da es für den Begriff der Wechselsache unerheblich ist, in welcher Verfahrensart Wechselansprüche geltend gemacht werden, BGH **18**, 173. Das Nachverfahren bleibt FerienS, wenn nicht der Kläger das Grundgeschäft als zusätzliche Anspruchsgrundlage in den Rechtsstreit eingeführt hat, BGH VersR **79**, 255; die erforderliche deutliche Erklärung liegt noch nicht in der Bekämpfung von Einwendungen des Beklagten aus dem Grundgeschäft, BGH VersR **79**, 230. Z 6 gilt ebenso für Klagen auf Herausgabe des Wechsels, Stgt MDR **57**, 44, und für Wechselbereicherungsklagen, Ffm NJW **74**, 153. Keine Feriensache liegt vor, wenn die Klage hilfsweise auf das Grundgeschäft gestützt wird, BGH **37**, 371 (jedoch nützt die Stützung auf das Grundgeschäft nach Ablauf der Frist in den Ferien nichts mehr, BGH MDR **77**, 649).

7) Scheckrückgriff, Z 7: also nicht alle Ansprüche aus einem Scheck. Die Prozeßart ist gleichgültig. Gilt auch für das Nachverfahren, BGH MDR **77**, 649 mwN. Wegen der Stützung der Klage auf das Grundgeschäft s Anm 6.

8) Bausachen, Z 8: nur dann, wenn ein Bau unterbrochen ist, die Arbeiten also eingestellt oder abgebrochen sind, nicht aber, wenn sonst über den Umfang eines Auftrags und seine Erfüllung (Grad der Fertigstellung) gestritten wird, BGH MDR **77**, 487.

9) Bezeichnung anderer Sachen als Feriensache, III, IV. A. Antrag ist erforderlich. Er liegt regelmäßig nicht im Antrag auf Terminsbestimmung, LG Stgt ZZP **69**, 71 m Anm Göppinger. Der Antrag muß bei der Entscheidung gestellt sein, so daß die Verfügung des Vorsitzenden „Feriensache auf noch zu stellenden Antrag" die Sache nicht zur Feriensache macht, Celle NdsRpfl **82**, 84. Der Beschluß ist formlos mitzuteilen, zuzustellen nur, wo er eine Frist in Lauf setzt, § 329 III; also ist der Beschluß bei Erklärung zur Feriensache während der Ferien dem Rechtsmittelkläger zuzustellen, BGH **28**, 398. Der Beschluß wirkt nur für die Instanz, Nürnb MDR **81**, 593 (der nächsten Instanz kann man keinen Geschäftsgang vorschreiben), und nur für die Gerichtsferien dieses Jahres, Kissel Rdz 23. – **Rechtsbehelf:** bei Zurückweisung Beschwerde, § 567, bei Stattgeben keiner. Über die Beschwerde ist in den Ferien zu entscheiden (sonst wäre sie zwecklos).

B. Beim AG, III. Es handelt sich um eine Mußvorschrift, sowohl für Stattgeben wie für Aufheben. Der Beschluß bindet die höhere Instanz vorbehaltlich seiner Aufhebung. Der Antrag zur Verurteilung nur Zug um Zug oder unter Vorbehalt der Haftungsbeschränkung ist ein widersprechender, wenn der Kläger mit der Einschränkung nicht einverstanden ist, § 307 ZPO Anm 2 A. – Das Beschleunigungsbedürfnis ist erst bei widersprechenden Anträgen zu prüfen. Es ist vom Kläger darzulegen. Da eine „besondere" Beschleunigung nötig sein muß, kann der gewöhnliche Zeitverlust allein nicht genügen, allgM. Daß die Sache in den Ferien doch nicht zur Entscheidung kommen kann, ist belanglos, hM. Ein besonderer Beschluß ist nur bei Aufhebung nötig (gegen ihn Beschwerde).

C. Beim Kollegialgericht, IV. Ermessensvorschrift („soll" empfiehlt nur wohlwollende Prüfung). Das Beschleunigungsbedürfnis, s B, ist schon bei der Bezeichnung darzulegen.

Albers

Auch der Einzelrichter ist zuständig, § 349 Anm 3 B, § 524 Anm 4 B. Die **Aufhebung** der einstweiligen Bestimmung durch den Vorsitzenden, die an sich so lange bestehen bleibt, bis sie vom Gericht aufgehoben wird, einer Bestätigung durch dieses also nicht bedarf, ist eine Ablehnung des Antrags; daher ist dagegen Beschwerde zulässig. Die Aufhebung der Verfügung des Vorsitzenden beseitigt rückwirkend, nicht aber die Aufhebung der durch das Gericht selbst erfolgten Erklärung, Johannsen zu **LM** Nr 7.

10) Sondervorschriften. Das Verfahren vor den **Entschädigungsgerichten** ist auf Antrag als Feriensache zu bezeichnen, § 209 VI BEG. Auf das **Verfahren in Baulandsachen** sind die Ferien ohne Einfluß, § 161 I 2 BBauG. § 199 ff sind unanwendbar vor dem Beschwerdegericht in **Kartellsachen**, § 72 Z 1 GWB, BGH MDR **71**, 826. Feriensachen sind **Vollstreckungsverfahren nach EuGÜbk**, § 2 AusfG (Schlußanh V C). Wegen **weiterer Fälle** s § 202. Wegen des Beweissicherungsverfahrens § 200 Anm 2.

201 *Ferienkollegien.* Zur Erledigung der Feriensachen können bei den Landgerichten Ferienkammern, bei den Oberlandesgerichten und dem Bundesgerichtshof Feriensenate gebildet werden.

1) Ferienkollegien. Sie werden nur auf Beschluß des Präsidiums eingerichtet, BGH NJW **61**, 472, und zwar nach § 21e (für die Vertretung gilt § 21f). Durch Ferienkollegien können auch Sachen der freiwilligen Gerichtsbarkeit erledigt werden, BGH **9**, 30 unter Aufgabe von BGH **6**, 195.

202 *Ferienlose Verfahren.* Auf das Kostenfestsetzungsverfahren, das Mahnverfahren, das Zwangsvollstreckungsverfahren, das Konkursverfahren und das Vergleichsverfahren zur Abwendung des Konkurses sind die Ferien ohne Einfluß.

1) Kostenfestsetzungsverfahren. Dazu gehört die Streitwertfestsetzung zwecks Kostenfestsetzung, ganz hM. Demgemäß wird der Ablauf der Frist des § 25 I 4 GKG nicht durch die Ferien gehemmt, Nürnb JB **81**, 1548.

2) Mahnverfahren. Das Mahnverfahren, §§ 688 ff ZPO, wird durch die Ferien nicht berührt. Es endet mit dem Eintritt eines der in § 703 ZPO Anm 1 genannten Ereignisse, nicht mit dem Erlaß des Vollstreckungsbescheides, Köln MDR **82**, 945 mwN, aM 41. Aufl.

3) Zwangsvollstreckungsverfahren. Im Sinne des § 202 das gesamte im VIII. Buch der ZPO geregelte Verfahren einschließlich der vorbereitenden Akte, wie Erteilung der Vollstreckungsklausel oder des Rechtskraftzeugnisses; auch das Beschwerdeverfahren ist insoweit Feriensache, hM; ebenso das Verteilungsverfahren. Nicht dahin gehören die aus Anlaß der Zwangsvollstreckung entstehenden Prozesse aus §§ 731, 767, 771 u ähnl, hM (Klagen aus § 767 sind aber Feriensachen, wenn sie den Titel aus einer Feriensache betreffen, BGH NJW **80**, 1695, abw Stgt MDR **78**, 586), die Teilungsversteigerung, Hamm JMBl NRW **64**, 49, str (vgl Zeller § 180 ZVG Anm 3–13a), sowie die Vollstreckbarkeitserklärung bei Schiedssprüchen und die Aufhebungsklage bei solchen, JR **25**, 1019.

4) Konkurs- und Vergleichsverfahren. Nicht Prozesse aus Anlaß des Konkurses oder Vergleichsverfahrens.

5) Prozeßkostenhilfe. Das Verfahren gehört der fürsorgenden gerichtlichen Verwaltung an. Da es dem Gericht übertragen ist und schon wegen § 114 ZPO nicht von dem Hauptprozeß getrennt werden kann, darf das Verfahren nur erledigt werden, wenn es sich bei dem Hauptprozeß um eine Feriensache handelt oder die Sachen trotz Ferien erledigt werden. Bei einem Verstoß hiergegen kommt aber eine Aufhebung und Zurückverweisung nicht in Betracht, Mü NJW **82**, 2328 mwN gg Saarbr NJW **68**, 996.

Einführungsgesetz zum Gerichtsverfassungsgesetz

vom 27. 1. 1877 (RGBl 77)
(BGBl III 300-1)
idF des G v 12. 9. 50, BGBl 455, zuletzt geändert durch § 79 G v 23. 12. 82, BGBl 2071.
Bearbeiter: Dr. Albers

1 *Inkrafttreten.* Das Gerichtsverfassungsgesetz tritt im ganzen Umfange des Reichs an einem durch Kaiserliche Verordnung mit Zustimmung des Bundesrats festzusetzenden Tage, spätestens am 1. Oktober 1879, gleichzeitig mit der im § 2 des Einführungsgesetzes der Zivilprozeßordnung vorgesehenen Gebührenordnung in Kraft.

2 *Geltungsbereich.* Die Vorschriften des Gerichtsverfassungsgesetzes finden nur auf die ordentliche streitige Gerichtsbarkeit und deren Ausübung Anwendung.

1) **Erläuterung.** Über den Begriff der Gerichtsbarkeit s Üb 1 § 12 GVG. Die streitige Gerichtsbarkeit umfaßt Zivilprozeß, Strafprozeß und Verwaltungsstreit (auch vor Sozial- und Finanzgerichten). Die **ordentliche streitige Gerichtsbarkeit** umfaßt nur die beiden ersten, soweit sie den ordentlichen Gerichten (AG, LG, OLG, BGH) verbleiben und nicht Sondergerichten zugeteilt sind. Dabei ist ordentliche streitige Gerichtsbarkeit im Umfang des § 13 GVG zu verstehen. Außerhalb des Geltungsbereichs der Prozeßgesetze liegen die freiwillige Gerichtsbarkeit, soweit sie nicht den Prozeßgerichten zugewiesen ist, Einl III 1, und ebenso die Tätigkeit der VerwBehörden; trotzdem ist das GVG auch in Sachen der freiwilligen Gerichtsbarkeit maßgeblich, soweit ordentliche Gerichte als solche der nichtstreitigen Gerichtsbarkeit tätig werden, BGH **9**, 33, vgl auch § 23b GVG Anm 1. Wo die Gesetzgebung den ordentlichen Gerichten Aufgaben der Sondergerichte übertragen hat, § 3, gilt das gleichfalls. Eine Reihe von Vorschriften des GVG gilt entsprechend im Verwaltungsstreit, §§ 55 VwGO, 52 FGO, 61 SGG.

3 *Übertragung der Gerichtsbarkeit.* [I] Die Gerichtsbarkeit in bürgerlichen Rechtsstreitigkeiten und Strafsachen, für welche besondere Gerichte zugelassen sind, kann den ordentlichen Landesgerichten durch die Landesgesetzgebung übertragen werden. Die Übertragung darf nach anderen als den durch das Gerichtsverfassungsgesetz vorgeschriebenen Zuständigkeitsnormen erfolgen.

[II] Auch kann die Gerichtsbarkeit letzter Instanz in den vorerwähnten Sachen auf Antrag des betreffenden Bundesstaates mit Zustimmung des Bundesrats durch kaiserliche Verordnung dem Bundesgerichtshof übertragen werden.

[III] Insoweit für bürgerliche Rechtsstreitigkeiten ein von den Vorschriften der Zivilprozeßordnung abweichendes Verfahren gestattet ist, kann die Zuständigkeit der ordentlichen Landesgerichte durch die Landesgesetzgebung nach anderen als den durch das Gerichtsverfassungsgesetz vorgeschriebenen Normen bestimmt werden.

1) **Übertragung:** Wegen des Begriffs der besonderen Gerichte s § 14 Anm 1 GVG. Ordentliche Landesgerichte sind AG, LG, OLG, ObLG. An die Stelle des RG, II, ist der BGH getreten, Art 8 Z 88 VereinhG.

2) **Verfahren, III:** Soweit das Landesrecht von der ZPO abweichen darf, § 15 EGZPO, darf es auch die Zuständigkeit abweichend vom GVG regeln; das gilt auch für den Rechtsmittelzug, BGH NJW **80**, 583. Vgl auch § 3 Anm 1 EGZPO. Mangels abweichender Regelung ist das Verfahren nach GVG und ZPO anzuwenden. Ein Sondergericht darf aufgrund des § 3 nicht bestimmt werden, Art 101 GG; es muß bundesrechtlich zugelassen sein.

4 *Ermächtigung zu weiterer Übertragung.* **Durch die Vorschriften des Gerichtsverfassungsgesetzes über die Zuständigkeit der Behörden wird die Landesgesetzgebung nicht gehindert, den betreffenden Landesbehörden jede andere Art der Gerichtsbarkeit sowie Geschäfte der Justizverwaltung zu übertragen. Andere Gegenstände der Verwaltung dürfen den ordentlichen Gerichten nicht übertragen werden.**

1) **Übertragung:** Als „Landesbehörden" des GVG kommen in Frage die ordentlichen Gerichte, die Staatsanwaltschaft, die Urkunds-, Zustellungs- und Vollstreckungsbeamten. Der Staatsanwaltschaft dürfen richterliche Geschäfte und die Dienstaufsicht über Richter nicht übertragen werden, § 151 GVG.

2) **Jede andere Art der Gerichtsbarkeit:** Sie darf also nicht bundesrechtlich geregelt sein und nicht zur ordentlichen Gerichtsbarkeit gehören.

3) **Justizverwaltung:** Sie ist an sich ein Teil der allgemeinen Verwaltung. Regelmäßig weist man ihr zu, was nicht zur Rspr gehört. Das ist unrichtig. Die Rechtspflege zerfällt in **a)** Rechtsprechung, **b)** Justizverwaltung, **c)** gewisse Rechtspflegeakte, unter die viele Verwaltungsgeschäfte fallen, die den ordentlichen Gerichten obliegen und dabei die Garantien der richterlichen Unabhängigkeit genießen, wie zB die Bestimmung des zuständigen Gerichts, die Geschäftsverteilung, die freiwillige Gerichtsbarkeit, Anh § 21. Zur Justizverwaltung gehören namentlich Dienstaufsicht, Justizhaushalt und Kassenverwaltung sowie die Erstattung gerichtlicher Gutachten und der Rechtshilfeverkehr mit dem Ausland. Im einzelnen entscheidet nicht die Bezeichnung im Gesetz, sondern der Charakter der dem Gericht zugewiesenen Tätigkeit.

4) **Andere Gegenstände der Verwaltung** dürfen den Gerichten nicht übertragen werden. Der einzelne Richter darf die in § 4 II DRiG genannten Aufgaben wahrnehmen.

5 (gegenstandslos geworden)

6 (aufgehoben)

7 (gegenstandslos geworden)

8 *Oberstes Landesgericht.* **I Durch die Gesetzgebung eines Landes, in dem mehrere Oberlandesgerichte errichtet werden, kann die Verhandlung und Entscheidung der zur Zuständigkeit des Bundesgerichtshofes gehörenden Revisionen in bürgerlichen Rechtsstreitigkeiten einem obersten Landesgericht zugewiesen werden.**

II Diese Vorschrift findet jedoch auf bürgerliche Rechtsstreitigkeiten, in denen für die Entscheidung Bundesrecht in Betracht kommt, keine Anwendung, es sei denn, daß es sich im wesentlichen um Rechtsnormen handelt, die in den Landesgesetzen enthalten sind.

1) **Erläuterung.** Nur Bayern hatte ein ObLG errichtet, das 1935 aufgehoben und durch bay Gesetz 124 vom 27. 3. 48 (dieses ersetzt durch Abschnitt I Art 1 ff bayer AGGVG, auszugsweise abgedruckt Schlußanh I B) wiedererrichtet wurde, dazu Gerner NJW **75**, 720, Haegele Rpfleger **75**, 113. – Vor den BGH gehören namentlich die Revisionen aus BGB, HGB, WechselG, Urheberrecht und gewerblichem Rechtsschutz, GmbHG, HaftpflichtG, BinnSchG, Genossenschaftsrecht, VersicherungsvertragsG, BörsenG, ScheckG, BauforderungsG, FlößereiG. Der BGH ist zuständig, wenn er auch nur für die Widerklage zuständig ist. Wegen der Revisionseinlegung beim BayObLG s §§ 7, 8 EGZPO.

9 (betrifft Strafsachen)

10 *Besetzung und Verfassung des Obersten Landesgerichts.* I Die allgemeinen sowie die in § 116 Abs. 1 Satz 2, §§ 124, 130 Abs. 1 und 181 Abs. 1 enthaltenen besonderen Vorschriften des Gerichtsverfassungsgesetzes finden auf die obersten Landesgerichte der ordentlichen Gerichtsbarkeit entsprechende Anwendung; ferner sind die Vorschriften der §§ 132, 136 bis 138 des Gerichtsverfassungsgesetzes mit der Maßgabe entsprechend anzuwenden, daß durch Landesgesetz die Bildung eines einzigen Großen Senats angeordnet werden kann, der aus dem Präsidenten und mindestens acht Mitgliedern zu bestehen hat und an die Stelle der Großen Senate für Zivilsachen und für Strafsachen sowie der Vereinigten Großen Senate tritt.

II (betr Straf- und Grundbuchsachen sowie Angelegenheiten der freiwilligen Gerichtsbarkeit)

1) **Bem.** Wegen des BayObLG vgl § 8 EGGVG Anm 1.

11 *Verfolgung von Beamten.* I Die landesgesetzlichen Bestimmungen, durch welche die strafrechtliche oder zivilrechtliche Verfolgung öffentlicher Beamten wegen der in Ausübung oder in Veranlassung der Ausübung ihres Amtes vorgenommenen Handlungen an besondere Voraussetzungen gebunden ist, treten außer Kraft.

II Unberührt bleiben die landesgesetzlichen Vorschriften, durch welche die Verfolgung der Beamten entweder im Falle des Verlangens einer vorgesetzten Behörde oder unbedingt an die Vorentscheidung einer besonderen Behörde gebunden ist, mit der Maßgabe:
1. daß die Vorentscheidung auf die Feststellung beschränkt ist, ob der Beamte sich einer Überschreitung seiner Amtsbefugnisse oder der Unterlassung einer ihm obliegenden Amtshandlung schuldig gemacht habe;
2. daß in den Bundesstaaten, **in welchen ein oberster Verwaltungsgerichtshof besteht, die Vorentscheidung diesem, in den anderen** Bundesstaaten dem Reichsgerichte zusteht.

1) **Erläuterung.** I bezog sich nur auf Landesbeamte; vgl iü § 13 GVG Anm 4 „Amtspflichtverletzung". II ist gegenstandslos, Art 131 I 3 WeimVerf, dazu RG **106**, 34 (abgedr RGBl **23** I 292), und jetzt Art 34 S 3 GG.

12 (aufgehoben durch Ges v 12. 6. 1889, RGBl 95)

13–17 (gegenstandslos)

18–22 (Übergangsvorschriften)

Anfechtung von Maßnahmen der Justizverwaltung, §§ 23–30
Übersicht

Schrifttum: Jansen, FGG-Komm Bd I Anh I; Kissel, GVG-Komm; Schäfer in: Löwe-Rosenberg, StPO u GVG, 23. Aufl; Kleinknecht, StPO, Anh 2; Ule PrR Anh § 32 zu IV.

1) §§ 23–30 befassen sich mit der **gerichtlichen Überprüfung von Maßnahmen der Justizverwaltung.** Die Regelung genügt Art 19 IV GG, weil das OLG nicht auf die Nachprüfung der Rechtsanwendung beschränkt ist, sondern den Sachverhalt selbst feststellen muß, BVerfG NJW **67**, 923.

2) Die Regelung der §§ 23ff ist durch ihre **Generalklausel, § 23,** eine allgemeine, die eine besondere nicht ausschließt. Eine solche enthält Art 7 VI FamRÄndG, abgedr § 328 ZPO Anm 7; das Nachprüfungsverfahren, das durch den Antrag auf Entscheidung durch das

OLG in Gang gebracht werden kann, ist ein solches der freiwilligen Gerichtsbarkeit schlechthin, so daß die Anwendung der §§ 23 ff dafür entfällt; ebenso Mü NJW **64**, 983. In Zivilsachen (ohne Sachen der freiwilligen Gerichtsbarkeit) sind die §§ 23–30 nur in den in § 23 EGGVG Anm 1 C genannten Angelegenheiten anwendbar.

23 *Rechtsweg gegen Maßnahmen der Justizbehörden.* ^I Über die Rechtmäßigkeit der Anordnungen, Verfügungen oder sonstigen Maßnahmen, die von den Justizbehörden zur Regelung einzelner Angelegenheiten auf den Gebieten des bürgerlichen Rechts einschließlich des Handelsrechts, des Zivilprozesses, der freiwilligen Gerichtsbarkeit und der Strafrechtspflege getroffen werden, entscheiden auf Antrag die ordentlichen Gerichte. Das gleiche gilt für Anordnungen, Verfügungen oder sonstige Maßnahmen der Vollzugsbehörden im Vollzug der Jugendstrafe, des Jugendarrests und der Untersuchungshaft sowie derjenigen Freiheitsstrafen und Maßregeln der Besserung und Sicherung, die außerhalb des Justizvollzuges vollzogen werden.

^{II} Mit dem Antrag auf gerichtliche Entscheidung kann auch die Verpflichtung der Justiz- oder Vollzugsbehörde zum Erlaß eines abgelehnten oder unterlassenen Verwaltungsaktes begehrt werden.

^{III} Soweit die ordentlichen Gerichte bereits auf Grund anderer Vorschriften angerufen werden können, behält es hierbei sein Bewenden.

1) Maßnahmen der Justizbehörden, I, II. A. Der gerichtlichen Entscheidung nach §§ 23 ff unterliegen nur Maßnahmen von Justizbehörden auf den in Anm 2 genannten Gebieten; dabei kommt es nicht auf die Organisation, sondern auf die Funktion an, Kissel Rdz 13 u 14 mwN, BGH NJW **79**, 882, BVerwG NJW **76**, 305 u **75**, 893. Immer muß es sich um **Maßnahmen zur Regelung einzelner Angelegenheiten** handeln; darauf, ob diese Maßnahme als Verwaltungsakt (iSv § 35 VwVfG) zu qualifizieren ist, kommt es nicht an, Hamm NJW **81**, 356, Karlsr Just **80**, 450, VGH Kassel VerwRspr **28**, 1009. Erforderlich und genügend ist es, daß von der Maßnahme eine unmittelbare rechtliche Wirkung ausgeht, Hamm NJW **72**, 2145. Die den Gerichten obliegenden rechtspflegerischen Akte scheiden hier aus, also vor allem das Gebiet der freiwilligen Gerichtsbarkeit, aber auch die Gewährung der Prozeßkostenhilfe, § 114 ZPO, die Zuweisung eines Anwalts, §§ 78 b, 78 c u ähnl, da sie nicht von einer Justizbehörde, sondern von dem Gericht oder Richter (bzw Rpfl) getroffen werden; das gleiche gilt für Maßnahmen des Urkundsbeamten in einem anhängigen Verfahren, Ffm JB **76**, 1701. Nicht hierher gehören auch AnOen des Gerichts, wie die Ausschließung gewisser Bevollmächtigter und Beistände in der mündlichen Verhandlung, § 157 I ZPO und dort Anm 2 B u 5 (auch wegen des Rechtsbehelfs); vgl ferner BVerwG NJW **59**, 546. Es handelt sich dabei durchweg um Justizakte, dh solche, die seitens des unabhängigen Gerichts oder seiner Organe in den Formen eines gerichtlichen Verfahrens ergehen. Ist die Überprüfbarkeit fraglich, so hat darüber das Gericht zu entscheiden, das bei Bejahung sachlich zuständig ist, BVerwG NJW **76**, 305.

B. I ü ist von der Generalklausel des § 40 VwGO auszugehen; § 23 EGGVG, der ebenfalls eine Generalklausel enthält, ist die **Ausnahme von 40 VwGO und als solche eng auszulegen. Es muß sich um eine AnO, Verfügung oder sonstige Maßnahme auf den Gebieten des bürgerlichen Rechts einschließlich des Handelsrechts, des Zivilprozesses, der freiwilligen Gerichtsbarkeit und der Strafrechtspflege zur Regelung einer einzelnen Angelegenheit** handeln. Hierunter fallen nicht die Zulassungen zu einem Beruf, zB von Rechtsbeiständen, BVerwG NJW **55**, 1532, Nikken SchlHA **61**, 134, auch nicht die eines RAs als Rechtsbeistand, BVerwG NJW **59**, 547, wohl aber die Zulassung von Prozeßagenten bei einem AG, § 157 III, BGH **77**, 206 u 211, BVerwG NJW **69**, 2218, Hamm NJW **80**, 960, nicht aber bei einem sonstigen Gericht, zB Sozialgericht, BVerwG NJW **63**, 2242, DÖV **72**, 792.

C. In Zivilsachen fallen unter §§ 23 ff EGGVG, Kissel Rdz 101–144: Zulassung als Prozeßagent nach § 157 III ZPO, Anm 1 B; Entscheidung über Ehefähigkeitszeugnis für Ausländer, § 10 EheG, BGH **41**, 136; Versagung der Eheschließung für lebenslänglich Verurteilte, Hamm NJW **68**, 2022; Anerkennung freier Ehen gemäß G v 23. 6. 50, BGBl 226; Gewährung von Akteneinsicht, § 299 II ZPO (nicht aber sonst, Hbg MDR **82**, 775 mwN); Überlassung von Akten der Freiwilligen Gerichtsbarkeit an das Prozeßgericht, Mü OLGZ

72, 360; Erteilung von Abschriften aus den Akten, Celle NdsRpfl **83**, 144 (betr Antrag eines Versicherungsträgers); Einsicht in eine Entscheidungssammlung des Gerichts, KG LS NJW **76**, 1326; Auskunft über die Besetzung des Gerichts und Einsicht in die Unterlagen, § 21 e GVG, vgl Hamm LS NJW **80**, 1009 (verneint für das Strafverfahren im Hinblick auf § 222a StPO); Auskunft über die Personalien eines als Zeuge in Frage kommenden V-Mannes, Hbg MDR **82**, 75; Entscheidungen im Rechtshilfeverkehr mit dem Ausland, Anh § 168 GVG, Mü JZ **81**, 538 u 540, dazu Martens RIW **81**, 731, Nagel IPrax **82**, 138; die Ablehnung der Übersendung von Unterlagen nach dem UN-Übk betr Unterhaltsansprüche; behördeninterne Zuweisung eines Sitzungssaals an ein Gericht, Hbg NJW **79**, 279 m krit Anm Holch JR **79**, 349; Verweigerung der Herausgabe eines hinterlegten Betrags durch den Gerichtspräsidenten, Ffm Rpfleger **74**, 227; Fristsetzung nach § 16 HinterlO, Kblz MDR **76**, 234; Entscheidung nach §§ 1059a S 2, 1092 BGB; Maßnahmen des GVz außerhalb der Zwangsvollstreckung, Karlsr MDR **76**, 54; Maßnahmen einer Gütestelle, § 794 I Z 1 ZPO, zB die Ablehnung eines Güteversuchs, Hbg HbgJVBl **80**, 69; Antrag auf Löschung einer Eintragung nach § 20 II AGBG, KG MDR **80**, 677; Begehren nach Unterlassung von Erklärungen der Gerichtspressestelle in einem anhängigen Verfahren, VG Karlsr u VGH Mannh Just **81**, 250, Hamm NJW **81**, 356, Kissel Rdz 36. **Nicht unter §§ 23 ff fallen:** Beschluß des Präsidiums über die Geschäftsverteilung, § 21 e GVG; Anerkennung ausländischer Entscheidungen in Ehesachen, § 328 ZPO Anm 7 B; Ablehnung einer Reisekostenentschädigung für mittellose Beteiligte (gehört zur Prozeßkostenhilfe), BGH NJW **75**, 1124; Maßnahmen des Gerichtsvollziehers bei der Zwangsvollstreckung (abschließende Regelung in § 766 ZPO), KG MDR **82**, 155, § 766 Anm 2 C d; Verweigerung von Akteneinsicht durch den Vorsitzenden, Hbg MDR **82**, 775 mwN; Entscheidungen über Dienstaufsichtsbeschwerden oder über Dienstaufsichtsmaßnahmen gegen Richter, § 26 DRiG; Anträge auf Herausgabe eines Tonbandes, das anläßlich der Aussage der Zeugen gemacht wurde, da über seine Verwendung die Gerichte ohnehin entscheiden, Mü MDR **61**, 436; Maßnahmen der Stiftungsaufsicht (VerwRechtsweg), BVerwG NJW **75**, 893, OVG Münst NJW **76**, 1417, KG LS NJW **81**, 1220; Entscheidungen im behördlichen Abhilfeverf bei Ansprüchen gegen den Fiskus (VerwRechtsweg), VGH Mü AS **34**, 42.

2) **Anträge, I, II.** Es kann sowohl ein **Antrag auf Nachprüfung der Rechtmäßigkeit** wie auch mit ihm zusammen, also insbesondere bei Ablehnung, ein solcher auf **Erlaß des abgelehnten oder unterlassenen Maßnahme** gestellt werden. Das entspricht etwa der verwaltungsgerichtlichen Aufhebungs- und Verpflichtungsklage, wobei zu berücksichtigen ist, daß die letztere die Aufhebung des ablehnenden Bescheides in sich schließt. Es kann auch ein Antrag auf gerichtliche Entscheidung bei Untätigkeit der Behörde gestellt werden; der Antrag auf Folgenbeseitigung, § 28 I 2 EGGVG, kommt nur bei VerwAkten der Vollzugsbehörden in Betracht. Wegen der Einreichung s § 26 I EGGVG. Antragsberechtigt ist der durch den Bescheid Verletzte, § 24 I EGGVG. Antragsfrist: § 26 EGGVG.

Der Antrag hat keine aufschiebende Wirkung. Das Gericht kann aber die Vollziehung nach § 29 II iVm § 24 III FGG aussetzen, § 29 Anm 3.

Das Verfahren ist kein Klageverfahren, so daß §§ 81 ff VwGO unanwendbar bleiben. Es ähnelt dem der freiwilligen Gerichtsbarkeit, deren Vorschriften über das Beschwerdeverfahren auch ergänzend heranzuziehen sind, § 30 II; für das Verfahren gilt der Untersuchungsgrundsatz, § 12 FGG, Gottwald StAZ **80**, 240. Es vollzieht sich ohne Gegner, so daß also auch die Behörde, die entschieden hat, nicht gehört zu werden braucht, aM Jansen § 29 EGGVG RdNr 12. Eine ganz andere Frage ist die Gewährung rechtlichen Gehörs gegenüber den Beteiligten, die Anspruch auf ein solches auch dann haben, wenn der Untersuchungsgrundsatz, wie hier, anzuwenden ist, BVerfG JZ **57**, 542; s im übrigen Keidel FGG Komm Anm 10 zu § 12 FGG. Eine mündliche Verhandlung ist nicht vorgesehen.

3) **Andere Bestimmungen über die Nachprüfung durch die ordentlichen Gerichte, III.** Diese werden aufrechterhalten. Eine dem § 23 ähnliche Vorschrift enthält Art XI § 1 KostÄndG für VerwAkte, die im Bereich der Justizverwaltung beim Vollzug der im gerichtlichen Verfahren oder im Verfahren der Justizverwaltung geltenden Kostenvorschriften ergangen sind; s dazu Hartmann Teil XII. § 23 I, II gelten auch nicht, wenn die Verwaltung Maßnahmen nach §§ 8 GKG, 16 KostO ablehnt; dann ist ein Antrag an das Gericht zu richten, bei dem die Kosten anzusetzen wären. Ferner entfällt der besondere Rechtsweg bei der Befreiung des Notars von der Verschwiegenheitspflicht (Verfahren nach § 111 NotO), BGH FamRZ **75**, 271, und bei Entscheidungen in Notarkostensachen (wegen § 156 V KostO), Düss DNotZ **67**, 444. Vgl. auch oben Anm 1 C.

§ 24 Zulässigkeit des Antrags. ¹ Der Antrag auf gerichtliche Entscheidung ist nur zulässig, wenn der Antragsteller geltend macht, durch die Maßnahme oder ihre Ablehnung oder Unterlassung in seinen Rechten verletzt zu sein.

ᴵᴵ Soweit Maßnahmen der Justiz oder Vollzugsbehörden der Beschwerde oder einem anderen förmlichen Rechtsbehelf im Verwaltungsverfahren unterliegen, kann der Antrag auf gerichtliche Entscheidung erst nach vorausgegangenem Beschwerdeverfahren gestellt werden.

1) Allgemeines. § 24 enthält **Zulässigkeitsvoraussetzungen für einen gültigen Antrag**, aM Jansen 5 (Sachurteilsvoraussetzung; aber nur wenn der Antrag allen Voraussetzungen genügt, gültig ist, kann er Grundlage für eine Sachentscheidung sein). I stimmt fast wörtlich mit § 42 II VwGO überein. II macht den Antrag von der Erschöpfung des justizverwaltungsrechtlichen Beschwerdeverfahrens (förmlicher Rechtsbehelf) abhängig, ohne daß damit aber allgemein ein Vorverfahren wie in §§ 68 ff VwGO verlangt wird. Weitere Zulässigkeitsvoraussetzungen enthalten §§ 23, s dort Anm 1, und 26 EGGVG. Wegen der Zulässigkeit einer **einstwAnO** s § 29 Anm 3.

2) „In seinen Rechten verletzt", I (vgl § 42 II VwGO). **A. Begriff.** Die bloße Behauptung einer Rechtsverletzung genügt nicht; der Antragsteller muß vielmehr einen Sachverhalt vortragen, aus dem sich die Möglichkeit ergibt, daß er durch die Maßnahme oder ihre Ablehnung oder Unterlassung in seinen Rechten verletzt sein könnte, Hamm MDR **83**, 602, nämlich dann, wenn die Maßnahme der Behörde, ihre Ablehnung oder Unterlassung sich als objektiv rechtswidrig erweist, Ule VPrR § 33 II. Ob der Antrag materiell begründet ist, gehört nicht zur Zulässigkeitsprüfung, Anm 4b. Die Rechtswidrigkeit kann auch in der Verletzung von Formvorschriften liegen. Nicht ausreichend ist die Behauptung, daß der Antragsteller einen Antrag gestellt habe, dieser aber ablehnend oder gar nicht beschieden worden sei. Handelt es sich um eine Ermessensentscheidung, so liegt eine Rechtswidrigkeit in der Überschreitung des Ermessens, ferner auch dann, wenn von dem Ermessen in einer dem Zweck der Ermessensermächtigung nicht entsprechenden Weise Gebrauch gemacht ist, § 28 III EGGVG. Die Berufung auf die Verletzung der Rechte eines Dritten scheidet aus („in seinen Rechten").

B. I umgrenzt gleichzeitig den Kreis der Antragsberechtigten; wie sich aus dem Wortlaut ergibt, muß der Antragsteller durch die Maßnahme in seinen Rechten verletzt sein können. Das ist er aber dann nicht, wenn sich jene nicht auf ihn bezieht. Ein Eingriff in die Interessensphäre genügt nicht; die Rechtssphäre muß verletzt sein; s dazu Maunz-Dürig Anm 34, 35 zu Art 19 IV GG, Ule § 42 VwGO III 2. Nicht antragsberechtigt ist der Verein wegen Ablehnung der Zulassung seiner Vorstandsmitglieder als Prozeßagenten, Hamm MDR **67**, 137. Dagegen kann bei Entscheidungen im Rechtshilfeverkehr mit dem Ausland auch ein Zeuge antragsberechtigt sein, Mü JZ **81**, 540, dazu Martens RIW **81**, 731.

3) Vorverfahren, II. Eine Beschwerdemöglichkeit und andere förmliche Rechtsbehelfe sind zu erschöpfen, auch wenn sie nur durch VerwAnO, nicht durch eine Rechtsnorm vorgeschrieben sind, BVerfG NJW **76**, 34; sind sie nicht eingelegt, ist der Antrag auf gerichtliche Entscheidung unzulässig. Bei Versagung des Ehefähigkeitszeugnisses für Ausländer durch den OLGPräsidenten, § 10 EheG, ist zwar eine Beschwerde an den Justizminister denkbar, aber kein förmlicher Rechtsbehelf; ebenso liegt es bei Ablehnung der Akteneinsicht an Dritte, § 299 II ZPO. Dienstaufsichtsbeschwerde ist kein förmlicher Rechtsbehelf, Celle NdsRpfl **65**, 103, vielmehr nur die Einwirkung der vorgesetzten auf die nachgeordnete Behörde gerichtet, BGH **42**, 390, so daß zB beschieden werden kann, daß zu Maßnahmen im Dienstaufsichtswege kein Anlaß besteht. Sie hemmt die Antragsfrist, § 26, nicht, hM; von einem förmlichen Rechtsbehelf kann nur bei sachlicher Prüfung und entsprechendem Bescheid die Rede sein.

4) Wie Anm 1 gesagt, behandelt § 24 lediglich die Zulässigkeit. **Zu prüfen ist: a)** ob der Antrag nach Erschöpfung der Beschwerdemöglichkeiten gestellt wurde, § 24 II, **b)** ob die Frist des § 26 I eingehalten ist, **c)** ob überhaupt eine Maßnahme der in § 23 EGGVG genannten Art vorliegt, vgl dort, **d)** ob der Antragsteller geltend gemacht hat, in seinen Rechten verletzt zu sein, **e)** ob die Streitsache nicht anderweit, zB bei einem VG, anhängig ist, Stgt Just **80**, 359. Ist das hinreichend belegt, so ist der Antrag zulässig. Für über I hinausgehende Beschränkungen des Zugangs zum Gericht, zB unter dem Gesichtspunkt des Rechtsmißbrauchs, ist kein Raum, Ffm NJW **79**, 1613. Die Frage, ob der Antragsteller tatsächlich in seinen Rechten verletzt wurde und ob der VerwAkt rechtswidrig ist, gehört nicht zur Zulässigkeitsprüfung, sondern zur Entscheidung, ob der Antrag begründet ist,

Lüke ArchÖffR **84**, 214. Tatsachen und Beweise, die gegenüber dem Vorbringen bei der Behörde neu sind, können vorgebracht werden, §§ 29 II EGGVG, 23 FGG. Fehlt eine der Antragsvoraussetzungen a) bis e), so ist der Antrag ,,wegen Unzulässigkeit" zurückzuweisen.

25 *Zuständigkeit.* ^I Über den Antrag entscheidet ein Zivilsenat oder, wenn der Antrag eine Angelegenheit der Strafrechtspflege oder des Vollzugs betrifft, ein Strafsenat des Oberlandesgerichts, in dessen Bezirk die Justiz- oder Vollzugsbehörde ihren Sitz hat. Ist ein Beschwerdeverfahren (§ 24 Abs. 2) vorausgegangen, so ist das Oberlandesgericht zuständig, in dessen Bezirk die Beschwerdebehörde ihren Sitz hat.

^{II} Ein Land, in dem mehrere Oberlandesgerichte errichtet sind, kann durch Gesetz die nach Absatz 1 zur Zuständigkeit des Zivilsenats oder des Strafsenats gehörenden Entscheidungen ausschließlich einem der Oberlandesgerichte oder dem Obersten Landesgericht zuweisen.

Bem. Der ausschließliche Gerichtsstand des § 25 gilt für alle Arten der Anträge, §§ 23, 27. Zu unterscheiden ist, ob ein Vorverfahren stattgefunden hat, § 24 II, oder nicht. Eine Verweisung durch rechtskräftige Entscheidung eines anderen Gerichts bindet das OLG, Ffm NStZ **83**, 231. Selbstverständlich kann nicht der OLGPräsident, von dem der VerwAkt ausgeht, bei der Entscheidung des OLG mitwirken, BGH FamRZ **63**, 556. Das OLG ist bei der Nachprüfung nicht auf die der Rechtsanwendung beschränkt, sondern hat den Sachverhalt selbst festzustellen, BVerfG NJW **67**, 923.

26 *Antragsfrist und Wiedereinsetzung.* ^I Der Antrag auf gerichtliche Entscheidung muß innerhalb eines Monats nach Zustellung oder schriftlicher Bekanntgabe des Bescheides oder, soweit ein Beschwerdeverfahren (§ 24 Abs. 2) vorausgegangen ist, nach Zustellung des Beschwerdebescheides schriftlich oder zur Niederschrift der Geschäftsstelle des Oberlandesgerichts oder eines Amtsgerichts gestellt werden.

^{II} War der Antragsteller ohne Verschulden verhindert, die Frist einzuhalten, so ist ihm auf Antrag Wiedereinsetzung in den vorigen Stand zu gewähren.

^{III} Der Antrag auf Wiedereinsetzung ist binnen zwei Wochen nach Wegfall des Hindernisses zu stellen. Die Tatsachen zur Begründung des Antrags sind bei der Antragstellung oder im Verfahren über den Antrag glaubhaft zu machen. Innerhalb der Antragsfrist ist die versäumte Rechtshandlung nachzuholen. Ist dies geschehen, so kann die Wiedereinsetzung auch ohne Antrag gewährt werden.

^{IV} Nach einem Jahr seit dem Ende der versäumten Frist ist der Antrag auf Wiedereinsetzung unzulässig, außer wenn der Antrag vor Ablauf der Jahresfrist infolge höherer Gewalt unmöglich war.

1) Allgemeines. § 26 bezieht sich nur auf den Antrag aus § 23 I u II, nicht auf den Antrag infolge Untätigkeit der Behörde, § 27, der seine eigene fristmäßige Begrenzung hat, § 27 III. Auch hier handelt es sich um eine Zulässigkeitsvoraussetzung für den Antrag, § 24 Anm 4.

2) Die Frist, I. Der Antrag muß **innerhalb eines Monats seit Zustellung** des Bescheides der Justizverwaltungsbehörde, für die das VwZG maßgebend ist, gestellt werden. Ist ein Beschwerdeverfahren erforderlich gewesen, § 24 II, wird die Frist nur durch die förmliche Zustellung des Beschwerdebescheides in Gang gesetzt. Kommt es dagegen auf den Bescheid der Justizverwaltungsbehörde an und ist dieser nicht zugestellt, so genügt für den Fristbeginn auch die einfache schriftliche, niemals aber eine mündliche Bekanntgabe des Bescheides, BGH NJW **63**, 1789. Eine Rechtsmittelbelehrung wie in § 58 VwGO ist nicht vorgesehen; die Frist läuft also auch ohne sie, BGH NJW **74**, 1335, Kissel Rdz 8 mwN. Die Frist beträgt einen Monat; wegen der Berechnung § 222 ZPO. Entscheidend ist allein der Eingang oder das Stellen des Antrags beim OLG oder einem AG; die Übersendung des Antrags an die ablehnende Behörde wahrt die Frist nicht.

3) Form des Antrags, I. Er kann **a)** seitens des Antragstellers **schriftlich**, also auch von ihm eigenhändig unterschrieben, oder durch einen Bevollmächtigten, auch einen RA gestellt werden, oder **b) zur Niederschrift der Geschäftsstelle** des OLG, das zur Entscheidung zuständig ist, § 25, oder jedes beliebigen („eines") AG. Also besteht kein Anwaltszwang. Im Antrag ist der Bescheid, gegen den der Antrag sich richtet, genau zu bezeichnen, damit das Gericht in die Lage versetzt wird, die Akten heranzuziehen. Wegen des Inhalts des Antrags vgl § 24 Anm 2 u 4b. Hat die vorgeordnete VerwBehörde auf Dienstaufsichtsbeschwerde entschieden, § 24 EGGVG Anm 3, ist gegen diese Entscheidung der Antrag nur zu richten, wenn sie in der Sache selbst entschieden hat, nicht, wenn sie ablehnt oder die unterstellte Behörde anweist. Mit Stellung des Antrags ist die Sache rechtshängig; ist er beim AG gestellt, leitet dieses den Antrag an das zuständige OLG weiter.

4) Wiedereinsetzung, II–IV (vgl § 60 I–III VwGO). A. Der Antragsteller muß **ohne Verschulden an der Einhaltung der Frist verhindert** gewesen sein, II, dh er muß die einem gewissenhaften Antragsteller gebotene und ihm nach den gesamten Umständen zumutbare Sorgfalt gewahrt haben. Das Verschulden des Bevollmächtigten, auch des RA, hat der Antragsteller zu vertreten, Kissel Rdz 15; der RA wird also einen Fristkalender führen und besondere Sorgfalt wie bei Rechtsmittelsachen aufwenden müssen, § 233 ZPO Anm 4 „Rechtsanwalt", Hbg NJW **68**, 854.

B. Der Antrag auf Wiedereinsetzung, III, ist binnen zwei Wochen nach Wegfall des Hindernisses zu stellen; s dazu § 234 I u II ZPO und die Erläuterungen dazu. In dem Antrag müssen die Tatsachen angegeben sein, aus denen sich die Entschuldbarkeit der Fristversäumnis ergeben soll. Außerdem ist der versäumte Antrag, Anm 3, innerhalb der 2-Wochenfrist nachzuholen. Geschieht letzteres, so bedarf es eines ausdrücklichen Antrags auf Wiedereinsetzung nicht, III 4; wird die Frist versäumt, so muß der Antrag auf Wiedereinsetzung wegen Unzulässigkeit zurückgewiesen werden. Die Glaubhaftmachung, § 294 ZPO, der im Wiedereinsetzungsantrag enthaltenen Behauptungen für die Gewährung der Wiedereinsetzung kann in diesem selbst, aber auch später im Verfahren über den Antrag, also auf Erfordern des Gerichts, erfolgen. Die Entscheidung trifft das in § 25 genannte Gericht. Sie ist unanfechtbar, § 28.

C. IV setzt eine **Ausschlußfrist**, die mit dem Ende der versäumten Frist, also in den Fällen eines Antrags nach § 23 am Tage nach Ablauf der Monatsfrist gemäß I beginnt und ein Jahr beträgt. Ist dieses abgelaufen, so ist ein Wiedereinsetzungsantrag als unzulässig zu verwerfen, es müßte denn dem Antragsteller während dieses Jahres infolge höherer Gewalt, also auch bei äußerster nach Lage der Sache von ihm zu erwartender Sorgfalt, die Antragstellung unmöglich gewesen sein. In diesem Fall muß der Antrag innerhalb der Frist des III gestellt werden; gegen ihre Versäumung ist WiedEins nach II zulässig, vgl dazu EF § 60 Rdz 23 u 24.

27 *Antrag bei Untätigkeit der Behörde.* **I** Ein Antrag auf gerichtliche Entscheidung kann auch gestellt werden, wenn über einen Antrag, eine Maßnahme zu treffen, oder über eine Beschwerde oder einen anderen förmlichen Rechtsbehelf ohne zureichenden Grund nicht innerhalb von drei Monaten entschieden ist. Das Gericht kann vor Ablauf dieser Frist angerufen werden, wenn dies wegen besonderer Umstände des Falles geboten ist.

II Liegt ein zureichender Grund dafür vor, daß über die Beschwerde oder den förmlichen Rechtsbehelf noch nicht entschieden oder die beantragte Maßnahme noch nicht erlassen ist, so setzt das Gericht das Verfahren bis zum Ablauf einer von ihm bestimmten Frist, die verlängert werden kann, aus. Wird der Beschwerde innerhalb der vom Gericht gesetzten Frist stattgegeben oder der Verwaltungsakt innerhalb dieser Frist erlassen, so ist die Hauptsache für erledigt zu erklären.

III Der Antrag nach Absatz 1 ist nur bis zum Ablauf eines Jahres seit der Einlegung der Beschwerde oder seit der Stellung des Antrags auf Vornahme der Maßnahme zulässig, außer wenn die Antragstellung vor Ablauf der Jahresfrist infolge höherer Gewalt unmöglich war oder unter den besonderen Verhältnissen des Einzelfalles unterblieben ist.

1) Allgemeines. Wie im verwaltungsgerichtlichen Verfahren, vgl § 75 VwGO, ist nicht nur ein gerichtlicher Rechtsbehelf für den Fall, daß eine Maßnahme vorliegt, vorgesehen, § 23, sondern auch dann, wenn die Behörde untätig geblieben ist oder zwar tätig ist, aber innerhalb von 3 Monaten noch nicht entschieden hat.

EinfG zum Gerichtsverfassungsgesetz **EGGVG §§ 27, 28**

2) Voraussetzungen für die Antragstellung, I (vgl § 75 S 1 u 2 VwGO). Ist **innerhalb von 3 Monaten nicht entschieden,** gerechnet von dem Tage an, an dem in einer bestimmten Sache der Antrag, zB der in § 23 EGGVG Anm 1 C genannten Art, gestellt oder eine Beschwerde oder ein anderer förmlicher Rechtsbehelf bei der hierfür zuständigen Behörde eingelegt ist, kann, gleichgültig, ob die Behörde auf den bei ihr gestellten Antrag hin ein Verfahren eingeleitet hat oder nicht, Antrag auf gerichtliche Entscheidung gestellt werden, falls für die Verzögerung kein hinreichender Grund vorliegt. Letzteres kann der Fall sein, wenn die Aufklärung und Beschaffung der Unterlagen lange Zeit in Anspruch nimmt. Die Antragsvoraussetzung des § 24 II entfällt also. Wird der **Antrag vor Ablauf von 3 Monaten** gestellt, so ist er als unzulässig zurückzuweisen, was seine Wiederholung nach Ablauf der 3 Monate nicht hindert. Zulässig ist er vor dieser Frist nur, wenn das wegen besonderer Umstände geboten ist, I 2, also die Entscheidung für den Antragsteller besonders dringend ist, zB eine Ehe noch vor der Geburt des zu erwartenden Kindes geschlossen werden soll.

3) Aussetzung des Verfahrens, II (vgl § 75 S 3 u 4 VwGO). Ist nach 3 Monaten oder bei Vorliegen besonderer Umstände in einer angemessenen kürzeren Frist noch nicht entschieden, so gilt § 28 II. Kommt das Gericht aber zu dem Ergebnis, daß aus zureichendem Grunde bisher nicht entschieden werden konnte, so setzt es das Verfahren unter Fristsetzung aus, kann auch die Frist verlängern. Wird innerhalb der vom Gericht gesetzten Frist der beantragte VerwAkt erlassen oder der Beschwerde stattgegeben, so ist die **Hauptsache für erledigt zu erklären,** da die Beschwer weggefallen ist. Beiderseitige Erklärung ist dazu erforderlich (der Antragsteller kann aber statt dessen auch zum Antrag nach § 28 I 4 übergehen), bei einseitiger Erklärung ergeht die Entscheidung, daß erledigt ist. Im Fall der Erledigung werden Kosten in entsprechender Anwendung von §§ 130 V, 16 KostO nicht zu erheben sein. Bleibt dagegen eine Beschwer auch nach Bescheidung bestehen, wird das Verfahren fortgesetzt (dafür ist keine vorangehende Beschwerde, § 24 II, erforderlich, vgl RedOe § 75 Anm 8).

4) Ausschlußfrist, III (vgl früher § 76 VwGO). Der Antrag entsprechend Anm 2 kann **regelmäßig nur innerhalb eines Jahres,** gerechnet vom Tage der Antragstellung oder der Einlegung der Beschwerde an, gestellt werden. Spätere Anträge sind als unzulässig zurückzuweisen. Es bleibt dann nur eine nochmalige Antragstellung bei der Behörde und ein Antrag auf gerichtliche Entscheidung nach 3 Monaten. Nur dann kann von der Einhaltung der Jahresfrist abgesehen werden, wenn die Antragstellung gemäß I **a)** infolge höherer Gewalt unmöglich war, s dazu § 26 Anm 4 C, oder **b)** unter den besonderen Umständen des Einzelfalles unterblieben ist, vgl dazu RedOe, 4. Aufl, § 76 Anm 4–6.

5) Entsprechend anwendbar ist § 27 in Staatshaftungssachen, § 20 II StHG, mWv 1. 1. 82, wenn der Tatbestand, aus dem der Anspruch hergeleitet wird, nicht vorher entstanden ist, §§ 36 u 38 StHG.

28 *Entscheidung über den Antrag.* [I] Soweit die Maßnahme rechtswidrig und der Antragsteller dadurch in seinen Rechten verletzt ist, hebt das Gericht die Maßnahme und, soweit ein Beschwerdeverfahren (§ 24 Abs. 2) vorausgegangen ist, den Beschwerdebescheid auf. Ist die Maßnahme schon vollzogen, so kann das Gericht auf Antrag auch aussprechen, daß und wie die Justiz- oder Vollzugsbehörde die Vollziehung rückgängig zu machen hat. Dieser Ausspruch ist nur zulässig, wenn die Behörde dazu in der Lage und diese Frage spruchreif ist. Hat sich die Maßnahme vorher durch Zurücknahme oder anders erledigt, so spricht das Gericht auf Antrag aus, daß die Maßnahme rechtswidrig gewesen ist, wenn der Antragsteller ein berechtigtes Interesse an dieser Feststellung hat.

[II] Soweit die Ablehnung oder Unterlassung der Maßnahme rechtswidrig und der Antragsteller dadurch in seinen Rechten verletzt ist, spricht das Gericht die Verpflichtung der Justiz- oder Vollzugsbehörde aus, die beantragte Amtshandlung vorzunehmen, wenn die Sache spruchreif ist. Andernfalls spricht es die Verpflichtung aus, den Antragsteller unter Beachtung der Rechtsauffassung des Gerichts zu bescheiden.

[III] Soweit die Justiz- oder Vollzugsbehörde ermächtigt ist, nach ihrem Ermessen zu handeln, prüft das Gericht auch, ob die Maßnahme oder ihre Ablehnung oder Unterlassung rechtswidrig ist, weil die gesetzlichen Grenzen des Ermessens überschritten sind oder von dem Ermessen in einer dem Zweck der Ermächtigung nicht entsprechenden Weise Gebrauch gemacht ist.

1) Allgemeines. § 28 entspricht den §§ 113 I u IV, 114 VwGO. Er bestimmt die vom Gericht aufgrund der Anträge nach §§ 23, 27 **sachlich zu treffende Entscheidung.** Die Vorschrift regelt aber nur die Entscheidung bei Rechtswidrigkeit der Maßnahme und bei Ablehnung oder Unterlassung einer solchen. Ergibt die Prüfung, daß eine Rechtswidrigkeit nicht vorliegt, so ist der Antrag als unbegründet zurückzuweisen; wegen des Unterschiedes zu der nach § 24 I zu treffenden Entscheidung der Unzulässigkeit s dort Anm 4b, wegen der sonstigen Zurückweisung wegen Unzulässigkeit ebenda Anm 4 und § 27 Anm 2 u 4. Das OLG ist keine Revisionsinstanz, hat also auch den festgestellten Sachverhalt nachzuprüfen, gegebenenfalls auch Beweise zu erheben, BGH NJW **72**, 780 im Anschluß an BVerfG NJW **67**, 923; in dem Verfahren gilt der Untersuchungsgrundsatz, § 23 Anm 2.

Ein allgemeiner Feststellungsantrag, § 43 VwGO, ist nicht vorgesehen, Hbg HbgJVBl **75**, 68, nur die nachträgliche Feststellung nach I 4.

2) Rechtswidrigkeit einer Maßnahme, I 1 (vgl § 113 I 1 VwGO). **A.** Stellt das Gericht fest, daß die Maßnahme der Behörde rechtswidrig ist und der Antragsteller durch sie in seinen Rechten verletzt ist, § 24 Anm 2 A, so **hebt es die Maßnahme auf.** Das gleiche gilt, wenn der Antragsteller durch die Rechtswidrigkeit des Beschwerdebescheids verletzt ist, § 24 II. Ist der VerwAkt rechtswidrig, wird er aber durch den nach Antragstellung ergehenden Beschwerdebescheid aufgehoben oder richtiggestellt, so erledigt sich die Hauptsache, § 27 II 2 u Anm 3. Ist der VerwAkt oder der Beschwerdebescheid nur zT rechtswidrig, so erfolgt nur eine teilweise Aufhebung („soweit"). Doch wird dies höchst selten in Betracht kommen, da es sich idR um eine einheitliche Entscheidung handeln wird, die nur so, wie geschehen, sonst aber gar nicht erlassen worden wäre. Die Umwandlung des rechtswidrigen VerwAktes in einen, der nicht rechtswidrig ist, ist unzulässig: Er muß neu erlassen werden. Zu entscheiden hat darüber die VerwBehörde, deren Ermessen nicht durch ein gerichtliches ersetzt werden darf. Vgl aber auch Anm 3.

B. Vollzogene Justizverwaltungsmaßnahmen, I 2, 3 (vgl § 113 I 2, 3 VwGO). Die Vollziehung der Maßnahme hindert bei Rechtswidrigkeit nicht ihre Aufhebung. Außerdem ist, falls ein dahingehender Antrag vorliegt, auf den gegebenenfalls hinzuwirken ist, auszusprechen, daß die Justiz- oder Vollzugsbehörde die Vollziehung rückgängig zu machen hat, wobei auch anzuordnen ist, wie diese Rückgängigmachung geschehen soll. Voraussetzung hierfür ist, daß die Rückgängigmachung möglich und überdies spruchreif ist, wie das zu geschehen hat; andernfalls muß der Antragsteller, falls die Behörde die vorbereitenden Maßnahmen zur Rückgängigmachung und schließlich diese selbst nicht betreibt, gemäß § 27 vorgehen, EF § 113 VwGO Anm 38.

C. Zurücknahme oder anderweitige Erledigung der Maßnahme, I 4 (vgl § 113 I 4 VwGO). **a) Zurücknahme** kann nur durch die VerwBehörde erfolgen. **Erledigung** liegt zB vor, wenn bei vorheriger Untätigkeit der Behörde gemäß § 27 I ein Antrag auf gerichtliche Entscheidung gestellt ist und nunmehr die Behörde nach Fristsetzung durch das Gericht innerhalb dieser Frist entscheidet, § 27 II 2. Die Erledigung muß vor der Entscheidung des Gerichts erfolgt sein. Ist sie schon vor Antragstellung erfolgt, so fehlt die Voraussetzung des § 24 I; vgl aber auch unten. **b)** Hat sich die Maßnahme erledigt, so kann der Antragsteller beantragen **festzustellen, daß die Maßnahme rechtswidrig gewesen ist,** vgl § 113 I 4 VwGO. Dies setzt jedoch ein dahingehendes berechtigtes Interesse voraus; andernfalls ist der Antrag mangels Rechtsschutzinteresses als unzulässig abzuweisen, ohne daß das Gericht sich über die Rechtswidrigkeit ausspricht. Berechtigtes Interesse ist weiter als das rechtliche Interesse des § 256 ZPO. Jenes kann rechtlicher, aber auch wirtschaftlicher oder ideeller Natur sein, liegt also insbesondere vor, wenn der Antragsteller aus der Rechtswidrigkeit Folgerungen ziehen will. Dafür genügt nicht ein Kosteninteresse (insofern § 30 II), wohl aber, daß es sich um eine öff-rechtliche Vorfrage handelt, die Bedeutung für den Zivilprozeß hat, zB wenn ein Amtshaftungsprozeß schwebt oder bevorsteht, stRspr des BVerwG, vgl RedOe § 113 Anm 13 (aM Hbg HbgJVBl **78**, 36). Hatte sich die behördliche Maßnahme schon vor Stellung des Antrags erledigt, so kann zwar durch das Gericht die Aufhebung der Maßnahme nicht mehr erfolgen, Anm 2 C a, wohl kann aber ihre Rechtswidrigkeit bei berechtigtem Interesse festgestellt werden, KG MDR **82**, 155, vgl EF § 113 VwGO Rdz 51 (ein Vorverfahren, § 24 II, ist dann nicht erforderlich, vgl BVerwG **26**, 161, für § 113 VwGO, str, EF Rdz 51). Das alles gilt auch für die Erledigung eines Verpflichtungsantrags, II. Tenor: „Der (näher zu bezeichnende VerwAkt) war rechtswidrig" bzw „Die (näher zu bezeichnende) Behörde war verpflichtet, ...". Die **Kostenentscheidung** ergeht zu Lasten des Antragstellers, wenn er einen unberechtigten Antrag auf Feststellung der Rechtswidrigkeit gestellt hat, bei Erledigung sonst wie bei § 27 Anm 3.

3) Rechtswidrige Ablehnung oder Unterlassung der Maßnahme, II (vgl § 113 IV VwGO). Bei Verletzung der Rechte des Antragstellers, § 24 Anm 2, spricht das Gericht die **Verpflichtung der Justizverwaltungsbehörde zur Vornahme der beantragten Amtshandlung** aus, zB die Befreiung zu erteilen oder dgl; erreicht werden kann auch die Verpflichtung zu schlichtem Verwaltungshandeln, Hbg NJW **79**, 279, nicht nur zum Erlaß eines VerwAktes. Das Gericht entscheidet also nicht selbst, hebt in diesem Falle aber die Entscheidung der Behörde aus Gründen der Klarstellung auf, vgl RedOe § 113 Anm 19. Voraussetzung für diesen Ausspruch ist, daß die Sache spruchreif ist; es müssen also die für eine Entscheidung der VerwBehörde notwendigen Unterlagen vorhanden, das Erforderliche geklärt sein. Ist die Sache nicht spruchreif, muß das Gericht sie spruchreif machen, sofern dies möglich ist, vgl RedOe § 113 Anm 20. Handelt es sich um eine Ermessensentscheidung, so ist die Sache nur dann spruchreif, wenn das Ermessen – ohne Fehler – nur in einer einzigen Richtung, nämlich dem Antrage gemäß, ausgeübt werden kann, EF § 113 Rdz 62b, nicht aber, wenn mehrere rechtlich einwandfreie Ermessensentscheidungen möglich sind oder die VerwBehörde ihr Ermessen überhaupt noch nicht ausgeübt hat; denn **keinesfalls kann das Gericht sein eigenes Ermessen an Stelle des Ermessens der Behörde setzen,** EF § 114 Rdz 6. In diesem Falle hebt das Gericht die Entscheidung der Behörde auf und verpflichtet sie, den Antragsteller so zu bescheiden, wie es der in den Gründen niedergelegten Rechtsauffassung des Gerichts entspricht, II 2.

4) Rechtswidriges Ermessen, III (vgl § 114 VwGO). **A.** Ob überhaupt eine Ermessensentscheidung zu treffen war, ist eine Rechtsfrage, kann also vom Gericht nachgeprüft werden. Sie liegt vor, wenn mehrere Verhaltensweisen denkbar sind, die dem Gesetz entsprechen. Die Ermessensausübung ist Sache der VerwBehörde, Anm 3. **Nachprüfbar bleibt, a)** ob die Behörde die gesetzlichen Grenzen des Ermessens überschritten hat **(Ermessensüberschreitung),** also zB die Behörde nach freiem Ermessen entschieden hat, während das Gesetz dem Ermessen Grenzen gesetzt hat, BGH **77**, 206 u 212, nicht aber bei nur unzweckmäßigem Gebrauch des Ermessens, zumal das zur Nachprüfung des Gebrauchs überhaupt führen müßte; **b)** ob vom Ermessen in einer dem Zweck der Ermächtigung nicht entsprechenden Weise Gebrauch gemacht ist **(Ermessensfehler).** Hier werden zwar die Grenzen des Ermessens nicht überschritten, fehlerhaft ist aber die Beurteilung der Grenzen (zu eng) oder der Voraussetzungen des Ermessens, die zB in der Abweichung von einer ständigen, ermessensfehlerfreien VerwÜbung im Einzelfall, sofern dies gegen den Gleichheitsgrundsatz verstößt, liegen kann (Selbstbindung der Verwaltung). Ob eine Ermessensentscheidung vorliegt oder die Anwendung eines **unbestimmten Rechtsbegriffs,** ist oft schwierig zu entscheiden, vgl GmS NJW **72**, 1411 m Anm Kloepfer, EF § 114 Rdz 7–14. Unbestimmte Rechtsbegriffe können Beurteilungsermächtigungen enthalten, namentlich im Prüfungsrecht, aber auch bei anderen wertenden Entscheidungen der Verwaltungsbehörden, BVerwG NJW **72**, 596, dazu Ossenbühl DÖV **72**, 401. Zur Nachprüfung von Ermessensentscheidungen vgl iü EF § 114 VwGO Rdz 15–28.

B. Ob ein Ermessensfehler vorliegt, ist nur nachprüfbar, wenn die **Ermessensentscheidung mit Gründen versehen** ist, die das Abwägen erkennen lassen. Ist sie nicht begründet worden, so verfällt sie der Aufhebung, da das eine gerichtliche, der Rechtsstaatlichkeit entsprechende Ermessenskontrolle unmöglich macht, Ffm NJW **66**, 465. Das Gericht ist hier nicht befugt, von sich aus Tatsachen zu ermitteln, die die Entsch der VerwBehörde begründen können; denn die Ausübung des Ermessens liegt in deren Bewertung, die allein der Behörde obliegt, Anm 3. Darauf, ob die Begründung den Anforderungen des VwVfG entspricht, kommt es nicht an, weil seine Vorschriften nicht anwendbar sind, § 2 III VwVfG, BGH **77**, 215.

29 *Vorlagepflicht; ergänzende Verfahrensvorschriften; Prozeßkostenhilfe.*
I Die Entscheidung des Oberlandesgerichts ist endgültig. Will ein Oberlandesgericht jedoch von einer auf Grund des § 23 ergangenen Entscheidung eines anderen Oberlandesgerichts oder des Bundesgerichtshofes abweichen, so legt es die Sache diesem vor. Der Bundesgerichtshof entscheidet an Stelle des Oberlandesgerichts.

II Im übrigen sind auf das Verfahren vor dem Zivilsenat die Vorschriften des Reichsgesetzes über die Angelegenheiten der freiwilligen Gerichtsbarkeit über das Beschwerdeverfahren, auf das Verfahren vor dem Strafsenat die Vorschriften der Strafprozeßordnung über das Beschwerdeverfahren sinngemäß anzuwenden.

III Auf die Bewilligung der Prozeßkostenhilfe sind die Vorschriften der Zivilprozeßordnung entsprechend anzuwenden.

Vorbem. III idF des Art 4 Z 3 G v 13. 6. 80, BGBl 677, mWv 1. 1. 81.

1) Unanfechtbarkeit, I 1. Grundsätzlich sind die **Entscheidungen des OLG endgültig**; es bleibt also bei einer Instanz. Beteiligte können den BGH nicht anrufen. Etwa eingelegte Rechtsmittel verwirft das OLG, Jansen Rdz 1.

2) Vorlagepflicht, I 2. Diese besteht, wenn ein OLG von der Entscheidung eines anderen OLG oder des BGH (oder des GmS, Anh § 546 ZPO) im Ergebnis abweichen will (die abweichende Begründung des Rechtsstandpunkts genügt nicht, BGH NJW **77**, 1014). Diese Entscheidung muß aufgrund von § 23 I oder II ergangen sein, vgl BGH **46**, 91; ferner muß sich die Abweichung auf Bundesrecht beziehen, vgl § 28 II FGG, Kissel Rdz 8 mwN, str. Danach scheiden Entscheidungen aus, die etwa zu der Frage vor dem 1. 4. 60 oder auch später, aber nicht in einem Rechtmäßigkeitsprüfungsverfahren ergangen sind. Eine Vorlage entfällt auch, wenn sie zwar in einem solchen Verfahren, aber nicht aufgrund des § 23 ergangen sind, wie dies bei Entscheidungen des Gerichts über die Kostenfestsetzung, § 30 II 3 iVm § 104 III 1, und den Geschäftswert, § 30 III, der Fall ist. Wohl aber gilt die Vorlagepflicht für Fragen des gerichtlichen Prüfungsverfahrens, §§ 24 ff, BGH **46**, 355, und bei Entscheidungen über die WiedEins, Jansen Rdz 2, und über die Rechtswidrigkeit, § 28, da sie als Unterart einer Entscheidung aus § 23 angesehen werden können. Der BGH entscheidet an Stelle des OLG; er hat bei der Prüfung der Zulässigkeit der Vorlage, ebenso wie nach § 28 II FGG, von der Rechtsauffassung des OLG auszugehen, BGH **77**, 211.

3) Anwendung der Beschwerdevorschriften des FGG, II; vgl § 23 Anm 2. Diese Vorschriften können nur ergänzend herangezogen werden, soweit das Verfahren nicht durch die §§ 23 ff geordnet ist. So scheiden aus § 21 FGG wegen § 26 I EGGVG, § 22 FGG wegen § 26 I–IV, desgleichen § 24 FGG, bis auf dessen III, Jansen Rdz 7, Keidel MDR **63**, 590; es scheiden auch §§ 26–29 FGG aus, da das OLG unanfechtbar entscheidet, so daß seine Entscheidung auch sofort wirksam wird. Ohne Bedeutung ist § 30 FGG. Mithin sind in Zivilsachen nur anwendbar **§ 23 FGG,** der zuläßt, daß der Antrag beim OLG auf neue Tatsachen und Beweise gestützt wird, **§ 24 III FGG,** der eine Aussetzung des angegriffenen VerwAktes bis zur Entscheidung zuläßt (was verfassungsrechtlich geboten ist, BVerfG MDR **74**, 821), und **§ 25 FGG,** der eine mit Gründen versehene Entscheidung verlangt, sowie für den BGH **§ 30 II,** der auf die §§ 136–138 GVG verweist, Kissel Rdz 14. Anzuwenden sind auch die an anderer Stelle des FGG geregelten Verfahrensgrundsätze, soweit sie für das Beschwerdeverfahren Bedeutung haben, Kissel Rdz 15, so daß eine Richterablehnung wegen Befangenheit, BVerfG **21**, 139, ebenso möglich ist wie die Selbstablehnung, KG FamRZ **64**, 164. Zwischenverfügungen können, wenn die endgültige Entscheidung ergangen ist, nicht mehr angefochten werden, KG FamRZ **68**, 466. II ergänzt die Verfahrensvorschriften der §§ 25 ff EGGVG nur „im übrigen". Da §§ 24 ff dem verwaltungsgerichtlichen Verfahren nachgebildet sind, vgl auch die Anm, sind insofern auch Vorschriften der VwGO rechtsähnlich heranzuziehen, Jansen Rdz 4. Zur Geltung des Untersuchungsgrundsatzes vgl § 28 Anm 1.

Im Hinblick auf Art 19 IV GG sind in den Fällen des § 23 II auch **einstweilige Anordnungen** zulässig, wenn nur dadurch Rechtsschutz gewährt werden kann, Kissel § 28 Rdz 22 mwN, vgl BVerfG NJW **78**, 693, LSG Stgt NJW **78**, 727 (zum SGG), dazu v. Mutius VerwArch **79**, 359, aM Hamm GoltdArch **75**, 150, offen gelassen von Hbg MDR **77**, 688 mwN. Unter dieser Voraussetzung ist auch eine Vorwegnahme der endgültigen Regelung zulässig, wenn sonst ein schwerer, nicht wieder zu behebender Nachteil für den Antragsteller entstehen würde, vgl Hbg NJW **79**, 279. Das Verf ist entspr § 123 VwGO zu gestalten, vgl Meyer-Ladewig § 97 SGG Rdz 22–24.

4) Prozeßkostenhilfe, III. Vgl §§ 114 ff ZPO.

30

Kosten. [I] Für die Kosten des Verfahrens vor dem Oberlandesgericht gelten die Vorschriften der Kostenordnung entsprechend. Abweichend von § 130 der Kostenordnung wird jedoch ohne Begrenzung durch einen Höchstbetrag bei Zurückweisung das Doppelte der vollen Gebühr, bei Zurücknahme des Antrags eine volle Gebühr erhoben.

[II] Das Oberlandesgericht kann nach billigem Ermessen bestimmen, daß die außergerichtlichen Kosten des Antragstellers, die zur zweckentsprechenden Rechtsverfolgung notwendig waren, ganz oder teilweise aus der Staatskasse zu erstatten sind. Die Vorschriften des § 91 Abs. 1 Satz 2 und der §§ *102* bis 107 der Zivilprozeßordnung gelten entsprechend. Die Entscheidung des Oberlandesgerichts kann nicht angefochten werden.

III **Der Geschäftswert bestimmt sich nach § 30 Kostenordnung. Er wird von dem Oberlandesgericht durch unanfechtbaren Beschluß festgesetzt.**

Vorbem. Vgl auch die Erläuterungen zu § 30 EGGVG bei Hartmann Anh § 160 KostO.

1) Entsprechende Anwendung der KostO, I. Die Aufnahme des Antrags, § 26 I EGGVG, ist gebührenfrei, § 129 KostO. Auch der Antrag löst keine Gebühr aus, § 131 IV 3 KostO, wohl aber die Zurückweisung des Antrags das Doppelte der vollen Gebühr, wobei kein Unterschied gemacht wird, ob diese als unzulässig oder unbegründet erfolgt, ferner die Zurücknahme, bevor eine Entscheidung ergangen und zugestellt ist, Hartmann § 130 KostO Anm 2d, die volle Gebühr. Anders als in § 130 KostO besteht keine Höchstgrenze. Wird dem Antrag stattgegeben, entfallen Gerichtskosten, § 16 KostO, desgleichen, wenn die Hauptsache gemäß § 27 II 2 EGGVG für erledigt erklärt wird, dort Anm 3. Die Gebührenfreiheit des Antrags besagt aber mit Rücksicht auf die allgemeine Bezugnahme auf die KostO, I 1, nicht, daß kein Vorschuß zu zahlen ist, § 8 KostO; bei Stattgeben ist er dann zurückzuzahlen, Hbg Rpfleger **66**, 27, str, vgl Lappe KostRspr zu § 30 EGGVG.

2) Erstattung außergerichtlicher Kosten, II. Eine solche kann das OLG in vollem Umfang oder zum Teil nach billigem Ermessen anordnen, und zwar auch noch nach dem Tode des Antragsteller, Hamm NJW **71**, 208, jedoch nicht zugunsten eines Dritten, der sich am Verfahren beteiligt hat, Hamm Rpfleger **74**, 228. Zu diesen Kosten zählt auch die Entschädigung des Antragstellers für seine notwendigen Reisen und die durch die notwendige Wahrnehmung von Terminen entstandene Zeitversäumnis, ebenso die Entschädigung von Zeugen, § 91 I 2 ZPO. Die außergerichtlichen Kosten des Antragstellers müssen aber zur zweckentsprechenden Rechtsverfolgung notwendig gewesen sein, § 91 ZPO Anm 4 B. Das gilt hier auch für die Anwaltskosten, da kein Anwaltszwang besteht § 91 II 1 nicht für entsprechend anwendbar erklärt ist. Iü besteht keine Erstattungspflicht zwischen den Beteiligten, Hamm Rpfleger **74**, 228, auch im Beschwerdeverfahren findet also keine Erstattung statt, Drischler MDR **75**, 551. Sofern eine Bestimmung nach II getroffen wird, gelten die Vorschriften über die Kostenfestsetzung, §§ 103 ff ZPO (§ 102 ist aufgehoben), § 21 RPflG. Auch diese Entscheidungen des OLG können nicht angefochten werden, § 29 Anm 2. Für die **Gebühren des RA** gilt § 66a BRAGO.

3) Geschäftswert, III. Es wird sich in aller Regel um eine nichtvermögensrechtliche Angelegenheit handeln, so daß als Ausgangsgeschäftswert 5000 DM in Betracht kommen, § 30 II, III KostO, vgl dazu Hartmann § 30 KostO Anm 4. Die Festsetzung durch das OLG ist unanfechtbar, III 2.

31–38 (betr Kontaktsperre in StrafS)

Schlußanhang
I. A. Deutsches Richtergesetz

(BGBl. III 301–1)

v 8. 9. 1961, BGBl 1665, jetzt idF der Bek v 19. 4. 1972, BGBl 713, zuletzt geändert durch G v 16. 8. 80, BGBl 1451

Bearbeiter: Dr. Albers

Kommentare: Fürst ua, GKöD, Bd I Teil 4 (Loseblattausgabe); Gerner-Deckert-Kauffmann, 1963; Plog-Wiedow-Beck, BBG, Bd 3 (Loseblattausgabe); Schmidt-Räntsch, 3. Aufl 1983; Schäfer, in: Löwe-Rosenberg, StPO u GVG, 23. Aufl (1979).

Einleitung

1) Das Gesetz ist im wesentlichen eine **Kodifizierung des für den Berufsrichter geltenden Rechts,** § 2. Es gilt nicht nur für die Richter der ordentlichen Gerichtsbarkeit, sondern für die Richter aller Gerichtszweige, deren Verfahrensordnungen, soweit erforderlich, es dem DRiG entsprechend ändert, §§ 88 ff. Lediglich für die Richter des BVerfG gilt es nur beschränkt, §§ 69, 70. Es enthält die durch **Art 98 GG** angeordnete Regelung der Rechtsstellung der Bundesrichter und außerdem Rahmenvorschriften für die Rechtsstellung der Richter in den Ländern, Art 98 III GG. Die Länder haben demgemäß ihrerseits Richtergesetze erlassen, Vorbem § 71. Die **Stellung des ehrenamtlichen Richters** wird lediglich in den §§ 43, 44, 45 und 45a berührt.

2) **Stellung des Richters** (Niebler DRiZ **81**, 281). Der Richter, dem durch Art 92 GG die **rechtsprechende Gewalt anvertraut** ist, vgl auch § 1 Anm 1 u 2, wird hierdurch, aber auch durch die Bestimmung, daß andere nichtrichterliche Tätigkeiten mit der richterlichen unvereinbar sind, § 4 I, klar **dem Beamten gegenübergestellt;** denn den Richtern ist durch Art 19 IV, 100 I GG auch eine Kontrollfunktion gegeben, die nach dem Grundsatz der Gewaltenteilung weder die gleichzeitige amtliche Übertragung nichtrichterlicher Geschäfte auf Richter noch die nebenamtliche Tätigkeit eines Beamten als Richter zuläßt, § 4 Anm 1 u 2. Es gibt also keine richterlichen Beamten. Das schließt nicht aus, daß gewisse Bestimmungen des Beamtenrechts auch für Richter entsprechend gelten, soweit das DRiG nicht entgegensteht, §§ 46, 71 III. Vgl dazu Bettermann, Der Richter als Staatsdiener, 1967 (Veröffentlichungen der Gesellschaft Hbg Juristen Heft 7).

3) **Das Gesetz enthält** nicht nur Bestimmungen allgemeiner Art, die für sämtliche Richter gelten, §§ 1 ff, sowie Bestimmungen für die Bundesrichter, §§ 46 ff, und Rahmenvorschriften für die Landesrichter, §§ 71 ff; es regelt auch die Dienstgerichtsbarkeit für die Bundesrichter, §§ 61 ff, und demgemäß diese rahmenrechtlich für die Landesrichter, §§ 77 ff. Ferner enthält es Bestimmungen über Richtervertretungen, §§ 49 ff, 72 ff, und schafft im Interesse der Unabhängigkeit der Rechtsprechung die Möglichkeit, Maßnahmen der Dienstaufsicht auf Antrag des Richters durch das Dienstgericht nachprüfen zu lassen, §§ 26 III, 62 I, Z 4e, 78 Z 4e.

4) **Richtergesetz und GVG.** Das Gesetz regelt zwar die Stellung des Richters, Anm 2. Es enthält aber auch in die Gerichtsorganisation eingreifende Bestimmungen, zB über die Befähigung zum Richteramt, das Richterverhältnis, die Unabhängigkeit des Richters, betrifft also insofern das GVG (so insbesondere in den Abschnitten 1–5), dessen Vorschriften es zT aufgehoben bzw geändert hat, §§ 85–87 DRiG. Im folgenden wird daher der volle Gesetzeswortlaut außer den Übergangs-, Schluß- und Änderungsbestimmungen gebracht. Diese sind, soweit sie das GVG betreffen, bereits im Text berücksichtigt. **Erläutert werden nur die Vorschriften, die für die Gerichtsverfassung unmittelbar oder mittelbar von Bedeutung sein können.**

5) **Geltungsbereich.** Das Gesetz gilt auch in Berlin, einschließlich der RechtsVOen, die aufgrund des DRiG erlassen werden, § 125; jedoch sind die Bestimmungen über die mit dem Wehrdienst zusammenhängenden Gerichte und Richter an solchen sowie über die Richter des BVerfG dort unanwendbar, § 124.

Erster Teil. Richteramt in Bund und Ländern

Grundzüge

1) Personeller Geltungsbereich. Der 1. Teil, §§ 1–45, gilt als unmittelbares Recht in Bund und Ländern. Er regelt im wesentlichen Berufsrichterrecht, § 2, und enthält nur in den §§ 43, 44, 45 u 45a einige Bestimmungen für die ehrenamtlichen Richter, deren Wahl und Beteiligung an richterlichen Handlungen die gerichtsorganisatorischen Vorschriften der Verfahrensordnungen der einzelnen Gerichtszweige (GVG, ArbGG, VwGO, SGG und FGO) ordnen.

2) Der 1. Teil enthält nach einigen einleitenden Bestimmungen, §§ 1–4, solche über die Befähigung zum Richteramt, §§ 5–7, das Richterverhältnis, §§ 8–24, die Unabhängigkeit des Richters, §§ 25–37, über besondere Pflichten des Richters, §§ 38–43, und der ehrenamtlichen Richter, §§ 44–45a. Damit gehören seine Vorschriften überwiegend zum Recht der Gerichtsverfassung.

Erster Abschnitt. Einleitende Vorschriften

§ 1. *Berufsrichter und ehrenamtliche Richter.* Die rechtsprechende Gewalt wird durch Berufsrichter und durch ehrenamtliche Richter ausgeübt.

1) Allgemeines. Art 92 GG bestimmt: „Die rechtsprechende Gewalt ist den Richtern anvertraut." Er gibt damit also den Richtern das Rechtsprechungsmonopol. Nur sie, kein Beamter oder sonstiger Staatsdiener, die ja auch an die gesetzlichen Vorschriften gebunden sind und sie handhaben, haben rechtsprechende Gewalt. Damit wird ihre alleinige Ausübung in Durchführung der Gewaltenteilung, Art 20 II 2 GG, und in Ausführung von Art 92 GG einem besonderen Stand, den Richtern, zugewiesen. Sie sind mithin die alleinigen verfassungsrechtlichen Organe der Dritten Gewalt.

2) Rechtsprechende Gewalt. Nicht jede richterliche Tätigkeit ist Rechtsprechung. Es scheiden auch die § 4 II genannten Aufgaben aus, also die Aufgaben der Gerichtsverwaltung und vor allem die der freiwilligen Gerichtsbarkeit, soweit sie nicht Streitentscheidung ist (so allerdings zB in Hausratssachen). Sie gehören zu dem weiteren Begriff der Rechtspflege.

3) Richter. Unterschieden werden Berufsrichter und ehrenamtliche Richter, die einander hinsichtlich der Ausübung der rechtsprechenden Gewalt gleichstehen, wie auch Art 92, 97 I, 98 I und III GG nur allgemein von Richtern sprechen.

A. Berufsrichter. Die Bezeichnung wird nur in den §§ 1, 2, 45 im Gegensatz zum ehrenamtlichen Richter gebraucht; sonst heißt es „Richter". Berufsrichter kann es nur in den in § 8 genannten 4 Formen geben. Formal sind sie durch eine Urkunde ausgewiesen, § 17 I. Mithin scheiden als Richter und damit auch als Personen, die rechtsprechende Gewalt haben können, Verwaltungsbeamte, Rechtspfleger, mögen sie auch bei ihren Entscheidungen eine gewisse Selbständigkeit haben, § 9 (aber auch §§ 4 II u 5) RPflG, und Staatsanwälte, § 122, aus.

B. Ehrenamtliche Richter sind zB die Handelsrichter, §§ 108 ff GVG, und die ehrenamtlichen Richter bei den Arbeitsgerichten, §§ 20 ff, 37, 43 ArbGG, SozGerichten, §§ 13 ff, 35, 45 ff SGG, VerwGerichten, §§ 19 ff VwGO, und FinGerichten, §§ 16 ff FGO, sowie die Schöffen, §§ 31 ff, 84 ff GVG.

§ 2. *Geltung für Berufsrichter.* Die Vorschriften dieses Gesetzes gelten, soweit dieses Gesetz nicht anderes bestimmt, nur für die Berufsrichter.

1) Anwendung des Gesetzes. Es ist grundsätzlich nur auf Berufsrichter anwendbar. Bestimmungen für die ehrenamtlichen Richter, § 1 Anm 3b, enthalten nur die §§ 44, 45 u 45a.

§ 3. *Dienstherr.* Die Richter stehen im Dienst des Bundes oder eines Landes.

1) Dienstherr kann nur der Staat sein (Bund oder Länder); eine Delegation, auch auf sonstige staatliche Körperschaften, wäre unzulässig. Möglich sind mehrere Dienstherren. Sind durch Staatsvertrag dem Gericht eines Landes bestimmte Sachen eines anderen übertragen, zB nach § 143 II PatG (Anh § 78b GVG) oder nach § 14 GVG für das Gebiet der Rhein- und Binnenschiffahrt oder nach § 23c GVG für FamS, so ändert sich dadurch am Dienstherrn nichts.

§ 4. Unvereinbare Aufgaben. [I] Ein Richter darf Aufgaben der rechtsprechenden Gewalt und Aufgaben der gesetzgebenden oder der vollziehenden Gewalt nicht zugleich wahrnehmen.

[II] Außer Aufgaben der rechtsprechenden Gewalt darf ein Richter jedoch wahrnehmen
1. Aufgaben der Gerichtsverwaltung,
2. andere Aufgaben, die auf Grund eines Gesetzes Gerichten oder Richtern zugewiesen sind,
3. Aufgaben der Forschung und Lehre an einer wissenschaftlichen Hochschule, öffentlichen Unterrichtsanstalt oder amtlichen Unterrichtseinrichtung,
4. Prüfungsangelegenheiten,
5. den Vorsitz in Einigungsstellen und entsprechenden unabhängigen Stellen im Sinne des § 104 Satz 2 des Bundespersonalvertretungsgesetzes.

Schrifttum: Lisken DRiZ **75**, 33; Röper DRiZ **75**, 197.

1) Allgemeines. Die Gewaltentrennung und das den Richtern gegebene Rechtsprechungsmonopol, Einl 2 § 1 und § 1 Anm 1, grenzen ihre Tätigkeit von anderen mit der ihrigen als unvereinbar ab. Ein Richter darf grundsätzlich nur Aufgaben der rechtsprechenden Gewalt wahrnehmen. Das schließt aber nicht aus, daß einem Richter, der einwilligt, andere Tätigkeiten übertragen werden; dann kann er aber nicht gleichzeitig Richter sein. Diese Regelung verstößt nicht gegen das GG, BVerwG **25**, 210, Weiß DRiZ **73**, 187 (eingehend).

2) Wahrnehmung von Aufgaben der gesetzgebenden oder der vollziehenden Gewalt, I. Dazu Tsatsos DRiZ **64**, 251; v Münchhausen DRiZ **69**, 3.

A. Gesetzgebung. Wird ein Richter in eine gesetzgebende Körperschaft (Bundestag, Landtag, Bürgerschaft) gewählt, so endeten mit der Annahme der Wahl das Recht und die Pflicht zur Wahrnehmung des Richteramts, § 36 II; s auch das (insoweit fortgeltende, § 46 AbgG v 18. 2. 77) Ges über die Rechtsstellung der in den Deutschen Bundestag gewählten Angehörigen des öff Dienstes v 4. 8. 53, BGBl 777, das bei der Wahl eines Richters in eine gesetzgebende Körperschaft eines Landes entsprechend gilt, § 121. Desgleichen findet Entlassung statt, wenn ein Richter zZt seiner Ernennung Mitglied des Bundes- oder eines Landtages war und nicht innerhalb einer ihm gesetzten Frist das Mandat niederlegt, § 21 II Z 2.

B. Verwaltung. Aufgaben der vollziehenden Gewalt sind mangels einer erschöpfenden Definition alle staatlichen Tätigkeiten, die nicht Gesetzgebung oder Rechtsprechung sind. Ein Richter darf also in keiner Weise, auch nicht nebenberuflich, in der unmittelbaren oder mittelbaren Verwaltung des Bundes oder eines Landes, in der Gemeindeverwaltung oder der der Gemeindeverbände, ebenso Holtzmann DRiZ **65**, 63, oder in den Körperschaften des öff Rechts mitwirken, wenn er nicht als Richter ausscheidet. Ob § 4 die Ausübung eines **Kommunalmandats** hindert, ist str; verneinend die hM, Schmidt-Räntsch 11, StGH Bre DVBl **78**, 444 mwN, abw (und differenzierend) u a Bettermann Festschrift Ule, 1977, S 265 ff und DVBl **78**, 448. Zulässig bleibt eine beratende Tätigkeit (einer gutachtlichen würde § 41 entgegenstehen), sofern sie sich darauf beschränkt und für die Entschließung eines Verwaltungsorgans nicht bindend ist oder die Tätigkeit unter der Aufsicht einer Verwaltungsbehörde ausgeübt wird, Schmidt-Räntsch 9. Es kommt also immer auf den Aufgabenkreis und die Organisation der Verwaltungsbehörde an, so bei Tätigkeit des Richters in einer Vergleichs- und Schiedsstelle (unzulässig bei Aufsicht einer VerwBehörde, Schmidt-Räntsch 13, sofern sie nicht durch Gesetz ausdrücklich zugelassen ist), als Universitätsrichter (zulässig, wenn sich die Tätigkeit auf Beratung beschränkt, BTDrucks 2785 S 9). Unzulässig ist die Tätigkeit in Schiedsämtern, § 368i RVO, und in Einigungsstellen, § 27a UWG, da diese auch vollziehende Gewalt ausüben, ebenso als Justitiar und Urkundsbeamter der Landeszentralbank, Brschwg (VG) DVBl **63**, 560, im Berufungsausschuß für Zahnärzte, da Vorsitzender und Beisitzer aus wichtigem Grunde von einer VerwStelle abberufen werden können, BVerwG **25**, 210; unzulässig ist auch die Tätigkeit als ehrenamtliches Mitglied des VerwRates einer öff Sparkasse, BVerwG MDR **73**, 524.

3) Ausnahmen, II. Sie sind abschließend aufgezählt, so daß damit der Kreis der amtlichen Tätigkeiten eines Richters geschlossen ist. Überschreitung ist Dienstvergehen. Daneben gelten §§ 41, 42. S auch VO über die Nebentätigkeit der Richter im Bundesdienst v 15. 10. 65, BGBl 1719, geänd dch VO v 28. 8. 74, BGBl 2115, Schmidt-Räntsch Teil E.

A. Aufgaben der Gerichtsverwaltung, Z 1. Ihre Wahrnehmung läßt schon § 4 EGGVG zu und ist vom BVerfG **4**, 331, 347, gebilligt. Der Ausdruck ist an Stelle des Ausdrucks Justizwaltung im Hinblick auf die anderen Gerichtszweige gewählt worden; er ist zudem enger, da zB die Strafanstaltsverwaltung nicht darunter fällt, deren Zuweisung nur nach Z 2 zulässig ist, vgl § 451 III StPO (zur Verpflichtung, die Leitung eines Gerichtsgefängnisses zu übernehmen, BGH DRiZ **75**, 23). Über den Umfang der Justizverwaltung vgl § 4 EGGVG und Anh § 21 GVG. Hierher gehören jedenfalls auch die Erteilung von Genehmigungen, zB nach § 10 EheG, Dienstaufsicht, Rechtshilfeverkehr mit dem Ausland, nicht aber Verwaltungsaufgaben des Ministeriums, also auch nicht die durch dieses erfolgende Anerkennung ausländischer Entscheidungen in Ehesachen, § 328 ZPO Anm 7. Beauftragung und Widerruf erfolgen nach Ermessen des Dienstvorgesetzten, so daß die Nachprüfung, § 26 III DRiG, darauf beschränkt ist, BGH DRiZ **77**, 215.

B. Durch Gesetz Gerichten oder Richtern zugewiesene Aufgaben, Z 2, also vor allem Angelegenheiten der freiwilligen Gerichtsbarkeit, Grundbuch- und Registerführung, aber auch die durch ZPO oder GVG zugewiesenen Aufgaben, zB Bestimmung des Gerichtsstandes, § 36 ZPO, Prozeßkostenhilfe, §§ 114 ff ZPO, Geschäftsverteilung, § 21 e GVG, ferner die Mitarbeit in den Jugendwohlfahrtsausschüssen, § 14 JWG, sowie die durch Landesrecht geregelte Mitwirkung zB bei der Rechtsberatung Minderbemittelter, Ipsen ZRP **77**, 139, oder als Vorsitzenden eines Seeamts oder Umlegungsausschusses, SchlH G v 24. 9. 74, GVBl 384, u dgl.

C. Aufgaben der Forschung und Lehre, Z 3, falls sie an einer Hochschule oder Unterrichtseinrichtung im öff Bereich wahrgenommen werden. Eine solche Tätigkeit an privaten Einrichtungen steht der richterlichen Tätigkeit nicht entgegen, da § 4 I nicht zutrifft, unterliegt aber als Nebentätigkeit der Genehmigung; s auch § 41.

D. Prüfungsangelegenheiten, Z 4, jeder Art.

E. Vorsitz in unabhängigen Stellen, Z 5, iSv § 104 S 2 BPersVG.

Zweiter Abschnitt. Befähigung zum Richteramt

§ 5. *Erwerb der Befähigung zum Richteramt.* [I] Die Befähigung zum Richteramt wird durch das Bestehen zweier Prüfungen erworben.

[II] Der ersten Prüfung muß ein Studium der Rechtswissenschaft von mindestens dreieinhalb Jahren an einer Universität vorangehen. Davon sind mindestens vier Halbjahre dem Studium an einer Universität im Geltungsbereich dieses Gesetzes zu widmen.

§ 5 a. *Vorbereitungsdienst.* [I] Zwischen der ersten und der zweiten Prüfung muß ein Vorbereitungsdienst von zweieinhalb Jahren liegen. Die Ausbildungszeit ist zu verwenden zum Dienst

1. bei einem ordentlichen Gericht in Zivilsachen,
2. bei einem Gericht in Strafsachen oder einer Staatsanwaltschaft,
3. bei einer Verwaltungsbehörde,
4. bei einem Rechtsanwalt,
5. nach Wahl des Referendars
    a) zusätzlich bei den in den Nummern 1 bis 4 genannten Stellen,
    b) bei einer gesetzgebenden Körperschaft des Bundes oder eines Landes,
    c) bei einem Gericht der Verwaltungs-, der Finanz-, der Arbeits- oder der Sozialgerichtsbarkeit,
    d) bei einem Notar,
    e) bei einer Gewerkschaft, einem Arbeitgeberverband oder einer Körperschaft wirtschaftlicher, sozialer oder beruflicher Selbstverwaltung,
    f) bei einem Wirtschaftsunternehmen,
    g) bei einer überstaatlichen, zwischenstaatlichen oder ausländischen Stelle oder bei einem ausländischen Rechtsanwalt,
    h) bei einer sonstigen Stelle, bei der eine sachgerechte Ausbildung gewährleistet ist.

[II] Der Vorbereitungsdienst bei einer Stelle dauert mindestens drei Monate; er soll bei höchstens sieben Stellen abgeleistet werden. Eine Ausbildung bei der Hochschule für Verwaltungswissenschaften kann auf die Ausbildung nach Nummer 3 oder 5 mit bis zu drei Monaten angerechnet werden. Während des Vorbereitungsdienstes können Ausbildungslehrgänge bis zu einer Gesamtdauer von drei Monaten vorgesehen werden. Der Vorbereitungsdienst kann im Einzelfall aus besonderem Grund verlängert werden.

[III] Das Nähere regelt das Landesrecht.

§ 5b. *Einstufige Ausbildung.* [I] Landesrecht, das vor dem 16. September 1981 in Kraft tritt, kann Studium und praktische Vorbereitung in einer gleichwertigen Ausbildung von mindestens fünfeinhalb Jahren zusammenfassen. Ein Teil der Ausbildung ist bei Gerichten, Verwaltungsbehörden und Rechtsanwälten abzuleisten. Die erste Prüfung kann durch eine Zwischenprüfung oder durch ausbildungsbegleitende Leistungskontrollen ersetzt werden. Die Abschlußprüfung soll in ihren Anforderungen der in § 5 vorgesehenen zweiten Prüfung gleichwertig sein. § 6 Abs. 2 gilt entsprechend.

[II] Teilnehmer an einer Ausbildung nach Absatz 1 können die in § 10 Abs. 1 und § 142 Abs. 3 des Gerichtsverfassungsgesetzes, § 2 Abs. 5 des Rechtspflegergesetzes, § 53 Abs. 4 Satz 2 der Bundesrechtsanwaltsordnung und § 142 Abs. 2 der Strafprozeßordnung bezeichneten Tätigkeiten wahrnehmen, wenn sie den Ausbildungsstand erreicht haben, der für die jeweilige Tätigkeit erforderlich ist. In Beziehung auf diese Tätigkeiten haben sie die Rechte und Pflichten eines Referendars. Das Nähere regelt das Landesrecht.

[III] Bei der Anwendung des § 4 der Bundesgebührenordnung für Rechtsanwälte stehen Teilnehmer an einer Ausbildung nach Absatz 1 den Referenden gleich.

[IV] Neben einer Ausbildung nach Absatz 1 ist mindestens der Vorbereitungsdienst nach § 5a zu ermöglichen.

[V] Bis zum Ablauf des 15. September 1984 können Studierende in eine Ausbildung nach Absatz 1 aufgenommen werden. Wer eine Ausbildung nach Absatz 1 begonnen hat, kann sie nach den für diese Ausbildung geltenden Vorschriften beenden. Das Nähere regelt das Landesrecht.

§ 5c. *Anrechnung einer Ausbildung für den gehobenen Dienst.* [I] Eine erfolgreich abgeschlossene Ausbildung für den gehobenen Justizdienst oder für den gehobenen nichttechnischen Verwaltungsdienst kann auf Antrag bis zur Dauer von 18 Monaten auf eine Ausbildung nach den §§ 5 und 5a angerechnet werden. Auf den Vorbereitungsdienst dürfen jedoch nicht mehr als sechs Monate angerechnet werden.

[II] Absatz 1 gilt für eine Ausbildung nach § 5b entsprechend.

[III] Das Nähere regelt das Landesrecht.

§ 5d. *Prüfungen.* [I] Die Einheitlichkeit der Prüfungsanforderungen und der Leistungsbewertung ist zu gewährleisten. Das Prüfungsorgan kann bei der Entscheidung über das Ergebnis der Prüfung von der rechnerisch ermittelten Gesamtnote abweichen, wenn dies auf Grund des Gesamteindrucks den Leistungsstand des Kandidaten besser kennzeichnet und die Abweichung auf das Bestehen keinen Einfluß hat; hierbei sind bei der zweiten Prüfung auch die Leistungen im Vorbereitungsdienst zu berücksichtigen. Die Abweichung darf ein Drittel des durchschnittlichen Umfangs einer Notenstufe nicht überschreiten. Eine rechnerisch ermittelte Anrechnung von Noten im Vorbereitungsdienst auf die Gesamtnote der zweiten Prüfung ist ausgeschlossen. Der Bundesminister der Justiz wird ermächtigt, durch Rechtsverordnung mit Zustimmung des Bundesrates eine Noten- und Punkteskala für die Einzel- und Gesamtnoten festzulegen.

[II] Der Anteil der mündlichen Prüfungsleistungen an der Gesamtnote darf 40 vom Hundert nicht übersteigen.

[III] Das Landesrecht kann vorsehen, daß Teile von Prüfungen während der Ausbildungszeit abgelegt werden.

Bem. Aufgrund des § 5 I 5 ist die VO über eine Noten- und Punkteskala für die erste und zweite juristische Prüfung v 3. 12. 81, BGBl 1243, erlassen worden, die am 11. 12. 81 in Kraft getreten ist. Verfassungsrechtliche Bedenken gegen § 5d I 2 u 5 sowie zur VO selbst bei Schöbel BayVBl **83**, 321, dagegen Quiring BayVBl **83**, 559, krit auch Haas VBlBW **82**, 327.

Vorbem. In Verfolg der Bestrebungen, die Juristenausbildung zu reformieren (vgl 48. DJT, I E u F, II P; Stiebeler JZ **70**, 457; Baumann JZ **71**, 87; Hirsch JZ **71**, 286; Medicus JZ **71**, 497; Ross JZ **71**, 540), waren durch G v 10. 9. 71, BGBl 1557, zur Vorbereitung einer grundlegenden Neuordnung § 5b, die sog Experimentierklausel, in das DRiG eingefügt und die Bestimmungen über den Vorbereitungsdienst geändert worden (vgl 38. Aufl; Schumacher DRiZ **74**, 2; Salge DRiZ **80**, 42). Durch G v 16. 8. 80, BGBl 1451, ist die zunächst bis zum 15. 9. 81 befristete Experimentierphase mWv 23. 8. 80 erstreckt worden; zugleich hat der Gesetzgeber den Vorbereitungsdienst um ein halbes Jahr verlängert und die Grundvorschriften für die Prüfung geändert (Materialien: RegEntw BT-Drucks 8/3301, Entw des BRats BT-Drucks 8/3312, Bericht des Rechtsausschusses BT-Drucks 8/3972).

Das Gesetz enthält folgende Übergangsvorschriften in **Art 2a:**

[I] **Die Verlängerung des Vorbereitungsdienstes ist spätestens für die nach dem 1. Januar 1982 eintretenden Referendare vorzusehen.**

[II] **Spätestens nach dem 1. Januar 1983 müssen die Prüfungen der Vorschriften des Artikels 1 Nr. 3 entsprechen. Für Wiederholungsprüfungen kann das Landesrecht abweichende Regelungen vorsehen.**

Gemeinsame Erläuterungen zu den §§ 5–5d (zur Juristenausbildung und ihrer Reform: Herr DRiZ **81**, 339 u **82**, 105; Letzgus JuS **81**, 71; Schwind DRiZ **81**, 442; Wassermann DRiZ **81**, 185; Reformentwurf des BJM zur Neuordnung der Juristenausbildung DÖV **82**, 447, dazu Biebl BayVBl **82**, 523):

1) Allgemeines. Da das DRiG für die Richter aller Gerichtszweige gilt, folgt daraus die einheitliche Ausbildung aller Richter in der Bundesrepublik. Der Erwerb der Befähigung zum Richteramt nach § 5 gibt die Befähigung dazu im Bund und in jedem deutschen Land, § 6 II. Die Befähigung kann nur durch Universitätsstudium und Vorbereitungsdienst erworben werden. Jedoch behält der, der am 1. 7. 62 die Befähigung zum Richteramt bereits besaß, diese, § 109. Derjenige, der bis dahin die Befähigung zum höheren Verwaltungsdienst erworben hat, kann auch danach als Richter in der Verfassungs-, Verwaltungs-, Sozial- und Disziplinargerichtsbarkeit verwendet werden, § 110. Eine Ausnahme von § 5 besteht auch weiterhin für die technischen Mitglieder des Bundespatentgerichts, § 120 iVm § 36b II PatG. Ausländische Prüfungen bedürfen der Anerkennung, § 112, VGH Mü ZBR **79**, 84, zB nach § 92 II BVFG (dazu BVerwG **51**, 144) oder § 15 G über heimatlose Ausländer, Anh II § 606b ZPO (dazu BVerwG DVBl **71**, 368). Ein ordentlicher Universitätsprofessor der Rechte hat die Fähigkeit zum Richteramt, § 7, auch wenn er nicht den Vorbereitungsdienst, III, abgeleistet hat. – § 5 wird ergänzt durch §§ 9, 18 II.

2) Ausbildung. A. Grundsätze; §§ 5 I, 5b und d. Es wird nur gesagt, daß 2 Prüfungen abgelegt werden müssen, § 5 I, nicht vor wem. Das und die nähere Ausgestaltung beider Ausbildungsabschnitte ist nach Maßgabe der §§ 5a–d dem Landesrecht überlassen. Aus § 5 ergibt sich eine Mindestdauer von 3½ Jahren für das Studium und aus § 5a I eine solche von 2½ Jahren für den Vorbereitungsdienst. Zusammenfassung zu einstufiger Ausbildung von mindestens 5½ Jahren ist zulässig, § 5b; in diesem Fall ist der Ersatz der 1. Prüfung durch eine Zwischenprüfung oder ausbildungsbegleitende Leistungskontrollen möglich (Schrifttum: für Bay Niebler BayVBl **75**, 153; für Bre Winter DÖV **73**, 850 u Riechert DRiZ **74**, 12, zur Teilnichtigkeit StGH Bremen NJW **74**, 2223, dazu Wagner JZ **75**, 430; für Hbg Rüßmann JuS **75**, 815; für Nds Göring DVBl **73**, 121; für NRW DRiZ **82**, 69; s auch Schumacher DRiZ **74**, 2 u Warburg NJW **75**, 903). Das Landesrecht kann Ablegung von Teilen der Prüfung während der Ausbildungszeit vorsehen, ebenso Anrechnung der Vorbereitungsdienstnoten auf die Gesamtnote der 2. Prüfung, jedoch nur nach Maßgabe des § 5d. Die Ablegung der 1. Prüfung berechtigt zum Vorbereitungsdienst in jedem Land der BRep und in Berlin, § 6 I.

B. Universitätsstudium, §§ 5 II, 5b. Dieses muß wenigstens 3½ Jahre dauern. Mindestens 4 Halbjahre von den insgesamt mindestens 7 Halbjahren sind an einer Universität in der BRep od Berlin zu verbringen. Ob eine Hochschule Universität ist, richtet sich danach, ob sie mehrere Fakultäten, unabhängige Hochkräfte, erforderliche Institute, Selbstverwaltung usw besitzt; die Bezeichnung entscheidet nicht. In Zweifelsfällen entscheidet das JM.

C. Vorbereitungsdienst, §§ 5a, 5c. Einzelheiten sind in § 5a I 2 u II geregelt. Das Nähere bestimmt auch hier das Landesrecht, § 5a III; zur Frage, ob ein RA von der Referendarausbildung ausgeschlossen werden darf, vgl VGH Kassel NJW **80**, 356, und zur Gewähr der Verfassungstreue bei Aufnahme in den Vorbereitungsdienst im Beamtenverhältnis auf Widerruf BVerwG NJW **82**, 784. Wegen einstufiger Ausbildung s § 5b, dazu Anm 2 A. Die

Anrechnung einer Ausbildung für den gehobenen Dienst ist in gewissem Umfang möglich, § 5 c.

D. Ausbildungsvorschriften der Länder (Stand: 1. 8. 82). Es gelten in **Bad-Württ** *JAG idF v 18. 5. 71, GBl 190, JAPO idF v 16. 12. 81, GBl 82, 3, EJAG v 22. 10. 74, GBl 429, m Änd, G üb einstfg JAusb v 22. 10. 74, GBl 429 m Änd v 10. 2. 76, GBl 148, u EJAPO v 10. 12. 74, GBl 75, 69;* **Bay** *JAPO idF v 8. 12. 82, GVBl 1034;* **Berlin** *JAG idF v 1. 10. 82, GVBl 1893, u JAO idF v 11. 10. 82, GVBl 1897;* **Bre** *JAG idF v 29. 7. 76, GBl 181, m Änd, und JAO v 19. 11. 81, GBl 240, sowie Übereink m Hbg u SchlH idF v 28. 12. 82, SaBl 83, 777;* **Hbg** *JAO v 10. 7. 72, GVBl 133, zuletzt geänd dch G v 16. 12. 82, GVBl 386, u VO z Dchfhrg d einstufg JAusb v 22. 4. 75, GVBl 79, sowie Übereink m Bre u SchlH idF v 28. 12. 82, SaBl 83, 777;* **Hess** *JAG idF v 20. 1. 82, GVBl 34, u JAO idF v 14. 9. 82, GVBl 196, EJAG v 2. 4. 74, zuletzt geänd dch G v 2. 6. 83, GVBl 123;* **Nds** *JAO v 21. 1. 82, GVBl 18, EJAG v 2. 4. 74, GVBl 214, m EJAPO v 15. 1. 75, GVBl 4, geänd dch VO v 24. 8. 83, GVBl 181;* **NRW** *JAG idF v 15. 10. 82, GVBl 702, JAO idF v 15. 10. 82, GVBl 708, EJAO idF v 15. 10. 82, GVBl 718;* **Rhld-Pf** *JAG v 15. 7. 70, GVBl 229, zuletzt geänd dch G v 24. 6. 81, GVBl 121, JAPO v 21. 12. 72, GVBl 73, 2, m Änd, EJAG v 14. 2. 75, GVBl 87, zuletzt geänd dch G v 24. 6. 81, GVBl 121, m EJAPO v 7. 4. 76, GVBl 129, m Änd;* **Saarld** *G v 9. 2. 60, ABl 209, JAO idF v 8. 12. 81, ABl 110;* **SchlH** *JAO idF v 22. 12. 81, GVBl 82, 7, u Übereink m Bre u Hbg idF v 28. 12. 82, SaBl 83, 777.*

§ 6. *Anerkennung von Prüfungen.* [I] Die Zulassung zum Vorbereitungsdienst darf einem Bewerber nicht deswegen versagt werden, weil er die erste Prüfung nach § 5 in einem anderen Land im Geltungsbereich dieses Gesetzes abgelegt hat. Die in einem Land im Geltungsbereich dieses Gesetzes auf den Vorbereitungsdienst verwendete Zeit ist in jedem deutschen Land anzurechnen.

[II] Wer im Geltungsbereich dieses Gesetzes die Befähigung zum Richteramt nach § 5 erworben hat, ist im Bund und in jedem deutschen Land zum Richteramt befähigt.

1) Allgemeines. § 6 ordnet die Anerkennung der Prüfungen durch die Länder untereinander an. Eine Übergangsvorschrift enthält § 113 auch insoweit, als Ausbildungsordnungen der Länder die in der DDR abgelegte erste Prüfung anerkannt haben; landesrechtlich bleibt auch weiterhin eine solche Anerkennung möglich. Ausländische Prüfungen verleihen ohne ausdrückliche Anerkennung nicht die Befähigung zum Richteramt, VGH Mü ZBR **79**, 84.

2) Zulassung zum Vorbereitungsdienst, I 1. Die erste Prüfung, die in einem Lande der Bundesrepublik abgelegt ist, muß auch in jedem anderen Lande und in Berlin anerkannt werden. Eine Versagung der Zulassung aus anderen Gründen ist möglich, zB wegen Vorstrafen oder Verfassungsfeindschaft, soweit das Landesrecht dies vorsieht, vgl BVerfG **46**, 43.

3) Abgeleisteter Vorbereitungsdienst, I 2. Er ist (kein Ermessen) in jedem deutschen Lande anzurechnen.

4) Anerkennung der großen Staatsprüfung, II. Sofern sie in einem deutschen Land abgelegt ist, gilt die damit erlangte Befähigung zum Richteramt auch in jedem anderen deutschen Land.

§ 7. *Universitätsprofessoren.* Jeder ordentliche Professor der Rechte an einer Universität im Geltungsbereich dieses Gesetzes ist zum Richteramt befähigt.

1) Bem. Nur ordentliche, nicht auch die außerordentlichen Professoren der Rechte haben die Befähigung, wenn sie an einer Universität, § 5 Anm 2 B, der Bundesrepublik einschließlich Berlins lehren; das Lehren an einer Technischen Hochschule genügt nicht. Die Ableistung des Vorbereitungsdienstes, § 5 a I, ist nicht Voraussetzung. Die Fähigkeit geht nicht dadurch verloren, daß der Professor das Hochschulamt nicht mehr bekleidet, RegEntwBegr zu § 7. Das Hochschulamt kann neben der richterlichen Tätigkeit bestehen, § 4 II Z 3. Der ordentliche Professor muß dann aber als Richter auf Lebenszeit, § 10, berufen werden; nebenamtlich kann er das Richteramt nicht bekleiden.

Dritter Abschnitt. Richterverhältnis

Vorbemerkung

Richterverhältnis steht im Gegensatz zum Beamtenverhältnis. Es ist die dem Richter eigentümliche Form des öff-rechtlichen Dienstverhältnisses. Nur unter Berücksichtigung der Besonderheiten des Richterverhältnisses ist Beamtenrecht zur Ergänzung entsprechend anwendbar, §§ 46, 71.

§ 8. *Rechtsformen des Richterdienstes*. Richter können nur als Richter auf Lebenszeit, auf Zeit, auf Probe oder kraft Auftrags berufen werden.

1) **Grundsatz. A.** Richter können nur in einer der vier in § 8 genannten Formen berufen werden. Ein Auftragsverhältnis, wie es § 7 der LaufbahnVO vom 16. 5. 39, RGBl 917, vorsah, ist nicht mehr möglich, ebensowenig ein Richter im Nebenamt oder auf Widerruf für vorübergehende Zwecke.

B. Verletzung des Grundsatzes, dh Übertragung eines Richteramts in anderer Form, bedeutet nichtordnungsmäßige Besetzung des Gerichts, §§ 551 Z 1, 579 I Z 1 ZPO; gegebenenfalls handelt es sich um Scheinentscheidungen, Üb 3 B a § 300 ZPO.

2) **Berufung des Richters.** Bundesrechtlich ist nur bestimmt, daß der Richter durch Aushändigung einer Urkunde mit bestimmtem Inhalt ernannt wird, § 17, die Richter der Obersten Gerichtshöfe des Bundes nach gemeinsamer Berufung durch den zuständigen BMinister und den Richterwahlausschuß seitens des Bundespräsidenten, § 1 RichterwahlG v 25. 8. 50, BGBl 368, m Änderung durch G v 19. 6. 68, BGBl 661, und 30. 7. 68, BGBl 873, vgl § 19 I Z 2, Schmidt-Räntsch Teil F. In den Ländern entscheidet Landesrecht, insbesondere also auch, ob ein **Richterwahlausschuß** mitzuwirken hat oder nicht, was Art 98 IV GG den Ländern freistellt. Zum Umfang der gerichtlichen Nachprüfung der Entscheidung eines solchen Ausschusses s BVerfG **24**, 268 u BGH **85**, 319; vgl zu verfassungsrechtlichen Fragen auch Uhlitz DRiZ **70**, 219, K. Ipsen DÖV **71**, 469, Groß RiA **77**, 25, Kisker DRiZ **82**, 81 und Böckenförde, VerfFragen der RiWahl, 1974. Richterwahlausschüsse sind beteiligt beim **Bund** für die Berufung von Richtern an die obersten Bundesgerichte, RichterwahlG vom 25. 8. 50, BGBl 368, in **Berlin,** *RichterwahlG v 27. 4. 70, GVBl 642,* **Bre,** *Art 136 I Verf, RichterG v 15. 12. 64, GBl 187,* **Hbg,** *Art 63 Verf, RichterG v 15. 6. 64, GVBl 109,* **Hess,** *Art 127 III Verf, RichterG v 19. 10. 62, GVBl 455* (dazu StGH Hess ESVGH **27**, 15), *und* **SchlH,** *§§ 10ff LandesrichterG idF v 27. 4. 81, GVBl 79,* ferner (in besonderer Ausgestaltung) in **BaWü,** *RichterG idF v 19. 7. 72, GBl 431,* sowie in **RhldPf,** *LandesrichterG idF v 16. 3. 75, GVBl 117.* In den übrigen Ländern und im Bund, soweit es sich da nicht um die Richter an den obersten Bundesgerichten handelt, erfolgt die Berufung durch die Verwaltung. Bundesrechtlich ist aber in jedem Falle die Mitwirkung von Präsidialräten angeordnet, §§ 49 Z 2, 55 ff, 75.

§ 9. **Voraussetzungen für die Berufung.** In das Richterverhältnis darf nur berufen werden, wer

1. **Deutscher im Sinne des Artikels 116 des Grundgesetzes ist,**
2. **die Gewähr dafür bietet, daß er jederzeit für die freiheitliche demokratische Grundordnung im Sinne des Grundgesetzes eintritt, und**
3. **die Befähigung zum Richteramt besitzt (§§ 5 bis 7).**

1) **Allgemeines.** § 9, der § 7 I BBG und § 4 I BRRG entspricht, nennt nicht alle Voraussetzungen. Heranzuziehen sind noch §§ 18, 19. Es **muß** also **außerdem vorhanden sein a)** Geschäftsfähigkeit; andernfalls Nichtigkeit der Ernennung, § 18 II Z 2 (bei Entmündigung im Zeitpunkt der Ernennung vgl auch § 19 II Z 1). Der zu Ernennende darf auch nicht sonst dienstunfähig sein, § 21 II Z 5; **b)** Fähigkeit zur Bekleidung öff Ämter; Wirkung wie zu a; **c)** Würdigkeit, ins Richterverhältnis berufen zu werden. Sie liegt nicht vor, wenn der zu Ernennende wegen eines Verbrechens oder Vergehens, dessen Begehung der Würdigkeit entgegensteht, rechtskräftig zu einer Strafe verurteilt ist oder wird. Folge: Rücknahme der Ernennung (gegebenenfalls auf Grund eines Disziplinarverfahrens, § 19 III), § 19 I Z 4, s auch § 19 II Z 2; **d)** die Altersgrenze, §§ 48, 76, darf nicht erreicht sein, § 21 II Z 3; **e)** der zu Ernennende darf nicht Mitglied des Bundes- oder eines Landtags sein, § 36, vgl auch § 21 II Z 2 sowie § 4 Anm 2 a; **f)** er darf nicht in einem öff-rechtlichen Dienst- oder Amtsverhältnis zu einem anderen Dienstherrn stehen, soweit das nicht gesetzlich zugelassen ist, §§ 21 I Z 3,

4 I, wie das zB bei Berufung eines Hochschulprofessors der Fall ist, § 4 II Z 3; der zu Ernennende darf auch nicht Berufssoldat oder Soldat auf Zeit sein, § 21 I Z 4; **g)** Wohnsitz im Inland, § 21 I Z 3; **h)** Eignung für das Richteramt, §§ 22 II Z 1, wozu sich auch der Präsidialrat zu äußern hat, §§ 57 I, 75 I.

2) Die Berufungsvoraussetzungen des § 9. A. Deutscher iS von Art 116 GG; das ist weiter als Deutscher iS der deutschen Staatsangehörigkeitsgesetze, wie schon Art 116 I GG ergibt, BGH NJW **57**, 100, auch Art 9 II Z 5 FamRÄndG vom 11. 8. 61, BGBl 1221, vgl Schmidt-Räntsch 3–8. Die Ernennung eines Nichtdeutschen im Sinne von Art 116 GG ist nichtig, § 18 II Z 1. Anders als in den Beamtengesetzen ist ein Absehen von dieser Voraussetzung nicht zulässig.

B. Verfassungstreue; die Vorschrift entspricht § 4 I Z 2 BRRG, ist also ebenso wie diese verfassungsgemäß, BVerfG **39**, 334. Zu den sich daraus ergebenden Fragen, namentlich zu der Frage, ob die Zugehörigkeit zu einer radikalen Partei die Ernennung ausschließt, Schmidt-Räntsch 11 a–c, Claußen ZBR **80**, 8, Weustenfeld ZBR **79**, 61, Eiselt DÖV **79**, 162, Kriele NJW **79**, 1, und aus der Rechtsprechung BVerfG **39**, 334, BVerwG NJW **81**, 1386, **82**, 779 u 784, BGH ZBR **79**, 201 (zu § 6 BNotO), BAG NJW **76**, 1708 u **78**, 69, OVG Münst NJW **76**, 1859, VGH Mannh DVBl **77**, 582 u DÖV **78**, 522, VGH Kassel DVBl **77**, 828, VGH Mü DVBl **78**, 744 u BayVBl **78**, 538, LAG Bre NJW **78**, 910. Ein auf Lebenszeit berufener Richter, der die Erwartung nicht erfüllt, kann nur im Disziplinarwege entlassen werden (abgelehnt wegen Art 21 GG bei bloßer Ausübung eines Parteiamts von Hbg ZBR **73**, 22), vgl BVerwG NJW **82**, 779 (zum Beamtenrecht).

C. Befähigung zum Richteramt iS der §§ 5–7; wegen Ausnahmen s § 5 Anm 1. Übergangsrecht: §§ 109 ff. Bei Fehlen dieser Voraussetzung ist die Ernennung zurückzunehmen, § 19 I Z 1.

§ 10. *Ernennung auf Lebenszeit.* **I** Zum Richter auf Lebenszeit kann ernannt werden, wer nach Erwerb der Befähigung zum Richteramt mindestens drei Jahre im richterlichen Dienst tätig gewesen ist.

II Auf die Zeit nach Absatz 1 können angerechnet werden Tätigkeiten

1. als Beamter des höheren Dienstes,
2. im deutschen öffentlichen Dienst oder im Dienst einer zwischenstaatlichen oder überstaatlichen Einrichtung, wenn die Tätigkeit nach Art und Bedeutung der Tätigkeit in einem Amt des höheren Dienstes entsprochen hat,
3. als habilitierter Lehrer des Rechts an einer deutschen wissenschaftlichen Hochschule,
4. als Rechtsanwalt, Notar oder als Assessor bei einem Rechtsanwalt oder Notar,
5. in anderen Berufen, wenn die Tätigkeit nach Art und Bedeutung wie die unter den Nummern 1 bis 4 genannten Tätigkeiten geeignet war, Kenntnisse und Erfahrungen für die Ausübung des Richteramts zu vermitteln.

Die Anrechnung von mehr als zwei Jahren dieser Tätigkeiten setzt besondere Kenntnisse und Erfahrungen des zu Ernennenden voraus.

1) Allgemeines. Die Ernennung eines Staatsdieners auf Lebenszeit setzt Erfahrung und Bewährung voraus, bei einem Richter, der unabsetzbar und unversetzbar ist, noch mehr als bei einem Beamten.

2) Mindestens dreijährige Vortätigkeit, I. Diese drei Jahre sind im Grundsatz im richterlichen Dienst abzuleisten, was dann nur als Richter auf Probe oder kraft Auftrags, übergangsrechtlich gemäß §§ 107, 111 I S 1 und 2, geschehen kann. Von der dreijährigen Tätigkeit kann nach Erwerb der richterlichen Befähigung nicht abgesehen werden, wohl aber dürfen gewisse berufliche Tätigkeiten darauf angerechnet werden. Richterlicher Dienst ist jede Tätigkeit in einem Richteramt, nicht aber im Strafvollzug, als wissenschaftlicher Hilfsarbeiter, der nur bei der Vorbereitung richterlicher Entscheidungen, aber nicht in eigener Verantwortung mitwirkt, Schmidt-Räntsch 6, Tätigkeit in der Gerichtsverwaltung, wenn diese allein ausgeübt wird oder überwiegt; vgl aber II Z 1. Dem richterlichen Dienst iS von I steht eine staatsanwaltliche Tätigkeit gleich, § 122 II. Durch die Ableistung des richterlichen Probedienstes wird ein Anspruch auf Ernennung noch nicht erworben. Es kann vielmehr dann und auch nach Ablauf eines weiteren Jahres Entlassung unter den Voraussetzungen des § 22 II stattfinden. Erst 6 Jahre nach seiner Ernennung hat der Richter auf Probe einen Anspruch auf Berufung zum Richter oder Staatsanwalt auf Lebenszeit, § 12 II.

3) Anrechnung anderer Tätigkeiten, II. Grundsätzlich soll eine solche nur bis zu 2 Jahren stattfinden. Ein Jahr (Richterjahr) soll im richterlichen Dienst abgeleistet werden; die Behörde wird also bei einem Richter auf Probe darauf sehen müssen, daß diese Voraussetzung erfüllt sein kann. Nur in Ausnahmefällen kann von diesem Erfordernis abgesehen werden, wenn sich der zu Ernennende besondere, also überdurchschnittliche Kenntnisse und Erfahrungen erworben hat, die seinem späteren Richterberuf zugute kommen. Damit kann RAen, Notaren, Verwaltungs- und Finanzjuristen der Übergang, Hochschullehrern die Übernahme einer Richterstelle, § 4 II Z 3, erleichtert werden. Für einen Richter auf Probe wird diese Ausnahme nie zutreffen; anders beim Richter kraft Auftrags.

A. Beamter des höheren Dienstes, Z 1. Die Zugehörigkeit ergibt sich aus den Beamtengesetzen. Referendare, Ehrenbeamte und Beamte im Dienst eines fremden Staates fallen nicht unter Z 1.

B. Entsprechende Tätigkeit im deutschen öff Dienst oder einer überstaatlichen Einrichtung, Z 2. Die Tätigkeit kann auch im Angestelltenverhältnis ausgeübt werden, nicht aber freiberuflich. Dies kann auch bei zwischen- oder überstaatlichen Einrichtungen, zB Montan-Union oder EWG, der Fall sein, wenn mit ihnen ein unmittelbares Rechtsverhältnis bestanden hat. Die Tätigkeit muß der in einem Amt des höheren Dienstes entsprochen haben, also sind akademisches Studium, akademische oder staatliche Abschlußprüfung, entsprechende Stellung mit entsprechender Verantwortung nötig; die Höhe des Gehalts ist nicht unbedingt entscheidend, Schmidt-Räntsch 13.

C. Habilitierte Lehrer des Rechts an einer deutschen wissenschaftlichen Hochschule, Z 3. Sind sie beamtet (Hochschulprofessoren), so gilt Z 1. Hier sind also nichtbeamtete Hochschullehrer gemeint. Eine Universität, § 5 Anm 2 B, braucht es nicht zu sein. Erforderlich ist aber die Habilitation als Lehrer des Rechts, dh Erteilung der venia legendi.

D. Rechtsanwalt, Notar, Assessor bei einem Rechtsanwalt oder Notar, Z 4. Entscheidend ist, ob eine Zulassung als RA nach der BRAO od ihren Vorläuferinnen, Anh § 155 GVG, oder eine Bestallung als Notar nach der BNotO idF v 24. 2. 61, BGBl 97, zuletzt geänd dch G v 7. 8. 81, BGBl 803, oder ihrer früheren Fassung bestand. Den Anwaltsassessor (Probeassessor) kennt die BRAO nicht mehr, wohl aber die früheren RAOen; wegen des Notarassessors s § 7 BNotO. Die Assessorentätigkeit kann nur dann angerechnet werden, wenn sie hauptberuflich erfolgte.

E. Tätigkeit in anderen Berufen, Z 5. Sie muß nach Art und Bedeutung wie die Z 1–4 genannten geeignet gewesen sein, Kenntnisse und Erfahrungen für die Ausübung des Richteramts zu vermitteln. In Betracht dafür kommt eine juristische Tätigkeit als Syndikus, Justitiar, gehobener Rechtssachbearbeiter u dgl zB bei einer Körperschaft, einem Wirtschaftsunternehmen, einer Gewerkschaft, einem Arbeitgeberverband, gleichgültig, ob als Angestellter oder in freier Berufsausübung, Schmidt-Räntsch 16. Die Anrechnung soll es erleichtern, Bewerber, die sich zuvor in anderen Berufen bewährt haben, für das Richteramt zu gewinnen.

§ 11. *Ernennung auf Zeit.* Eine Ernennung zum Richter auf Zeit ist nur unter den durch Bundesgesetz bestimmten Voraussetzungen und nur für die bundesgesetzlich bestimmten Aufgaben zulässig.

1) Richter auf Zeit. Sie gibt es, da nicht der deutschen Rechtstradition entsprechend, nur ganz ausnahmsweise, nämlich im BVerfG, § 4 BVerfGG (auf 12 Jahre), für dessen Richter ohnehin das DRiG nur beschränkt gilt, § 69. Der Hilfsrichter auf Zeit, § 17 II VwGO, hat sich infolge der Änderung durch § 89 Z 2 DRiG erledigt. Dieses Rechtsverhältnis ist also im wesentlichen auf Vorrat entwickelt worden, falls ein Bundesgesetz sich für irgendwelche Aufgaben seiner bedienen will, Schmidt-Räntsch 5. Der Richter auf Zeit erhält wie der Richter auf Lebenszeit ein Richteramt bei einem bestimmten Gericht, § 27. Das Dienstverhältnis endet ohne weiteres mit Zeitablauf; bis dahin gelten auch für ihn hinsichtlich der Entlassung, Versetzung und Amtsenthebung §§ 21 (dort III), 30 ff, 62 I Z 3, 78 Z 3.

§ 12. *Ernennung auf Probe.* [I] **Wer später als Richter auf Lebenszeit oder als Staatsanwalt verwendet werden soll, kann zum Richter auf Probe ernannt werden.**

[II] **Spätestens fünf Jahre nach seiner Ernennung ist der Richter auf Probe zum Richter auf Lebenszeit oder unter Berufung in das Beamtenverhältnis auf Lebenszeit zum Staatsanwalt zu ernennen. Die Frist verlängert sich um die Zeit einer Beurlaubung ohne Bezüge.**

1) Allgemeines. Die Ernennung zum Richter auf Probe dient der Erprobung von Anwärtern für eine Richterstelle auf Lebenszeit; ähnlich ist das Richterverhältnis kraft Auftrags für einen Beamten auf Lebenszeit oder Zeit, § 14. Auf die Ernennung besteht kein Anspruch, VGH Kassel DVBl **74**, 877. Ein zum Richter auf Probe Ernannter kann auch als StA beschäftigt, später auch unter Berufung in das Beamtenverhältnis auf Lebenszeit zum StA ernannt werden. Bis dahin ist er Richter auf Probe, untersteht also dem DRiG, unterliegt aber Weisungen, § 146 GVG, und ist mangels Ausübung einer richterlichen Tätigkeit nicht unabhängig. Der staatsanwaltliche Dienst steht aber einer richterlichen Tätigkeit iS von § 10 I gleich, § 122 II. Er steht also nicht dem bei der StA verwendeten Beamten auf Probe (Staatsanwaltsassessor) gleich, für den die beamtenrechtlichen Vorschriften gelten, Schmidt-Räntsch 6. Soweit das DRiG keine Bestimmungen enthält, gelten für den Richter auf Probe die Vorschriften für Beamte auf Probe, §§ 46, 71 III.

2) Rechtsstellung. Die Übertragung eines bestimmten Richteramtes, § 27, findet beim Richter auf Probe nicht statt. Er darf ohne seine Zustimmung aber nur im Rahmen von § 13 verwendet werden, kann jedoch jederzeit auch mit dieser Beschränkung versetzt werden; Ausnahme: Beiordnung beim Landgericht, § 70 II GVG. Bezeichnung des Richters auf Probe (früher „Gerichtsassessor") jetzt „Richter", im staatsanwaltschaftlichen Dienst „Staatsanwalt", § 19a III; er muß als Richter auf Probe im Geschäftsverteilungsplan kenntlich gemacht werden, § 29 S 2. Er kann in den ersten beiden Jahren seines Probedienstes ohne weiteres, auch aus nicht in seiner Person liegenden Gründen, zB mangels Nachwuchsbedarfs, entlassen werden, § 22 I. Seine Stellung wird dann fester; denn bis zum Ablauf des dritten oder vierten Jahres kann er nur noch wegen mangelnder Eignung, vgl auch §§ 57, 75, oder wegen Ablehnung durch den Richterwahlausschuß, soweit ein solcher besteht, § 8 Anm 2, entlassen werden. Nach Ablauf von vier Jahren gelten nur noch disziplinare Entlassungsgründe, also wenn ein Richter auf Lebenszeit im förmlichen Disziplinarverfahren mit einer Maßnahme belegt, mithin mindestens auf Geldbuße erkannt werden würde, §§ 64 I, 83, was durch Untersuchung festzustellen ist. Ergibt sie diese Voraussetzung, so erfolgt die Entlassung ohne Disziplinarverfahren; sie ist aber auf Antrag durch das Disziplinargericht zu überprüfen, §§ 62 I Z 4c, 78 Z 4c.

3) Anspruch auf Ernennung, II. Nach Ablauf von 5 Jahren (ggf zuzüglich der Zeit einer Beurlaubung ohne Bezüge, II 2) seit Ernennung zum Richter auf Probe, § 17, besteht ein Anspruch auf Ernennung zum Richter auf Lebenszeit, dem weder eine etwa jetzt erst erfolgende Ablehnung durch den Richterwahlausschuß oder eine Erklärung des Präsidialrats, daß der Betreffende nicht geeignet wäre, noch auch das Nichtvorhandensein einer Planstelle entgegengesetzt werden kann. Vorliegen müssen aber die Voraussetzungen der Berufung, § 9, und die dort Anm 1 genannten weiteren Voraussetzungen mit Ausnahme derjenigen zu h. Der Anspruch ist beim Verwaltungsgericht einklagbar. Ein Anspruch auf Einweisung in ein von dem Richter gewünschtes Richteramt, § 27 I, besteht nicht.

§ 13. *Verwendung eines Richters auf Probe.* **Ein Richter auf Probe kann ohne seine Zustimmung nur bei einem Gericht, bei einer Behörde der Gerichtsverwaltung oder bei einer Staatsanwaltschaft verwendet werden.**

1) Zur Rechtsstellung des Richters auf Probe vgl auch § 12 Anm 2. Er kann bei einem Gericht, auch AG, § 22 V GVG, einer Behörde der Gerichtsverwaltung und bei der StA verwendet werden, auch seine Verwendung an der einen Stelle widerrufen und er an einer anderen eingesetzt werden; Ausnahme bei Verwendung beim LG, § 12 Anm 2. Wegen der Besetzung des Gerichts bei Verwendung von Richtern auf Probe s § 29. Ein Ministerium hat auch andere Aufgaben als die der Gerichtsverwaltung, so daß die Zustimmung des Richters erforderlich ist. Eine Verwendung kann sowohl nur bei der Gerichtsverwaltung als auch außerdem bei einem Gericht erfolgen. Möglich ist auch die Abordnung zu einem anderen Dienstherrn im Rahmen des § 13. Soll das länger als ein Jahr erfolgen, so ist nach dem dann eingreifenden Beamtenrecht, §§ 45, 70 iVm §§ 27 I BBG, 17 I BRRG, die Zustimmung des Richters erforderlich, ebenso bei Abordnung an eine Verwaltungsstelle.

§ 14. *Ernennung zum Richter kraft Auftrags.* **Ein Beamter auf Lebenszeit oder auf Zeit kann zum Richter kraft Auftrags ernannt werden, wenn er später als Richter auf Lebenszeit verwendet werden soll.**

1) Allgemeines. Die Verwaltungs-, Finanz- und Sozialgerichte berufen zu erheblichem Teil ihren Richternachwuchs aus dem Kreise der Beamten, die vorher in den entsprechenden Ämtern tätig waren. Um das zu ermöglichen, ist das Richterverhältnis kraft Auftrags geschaffen worden, da meist nur so der Beamte die richterliche Erfahrung sammeln kann, vgl § 10.

2) Personenkreis. Richter kraft Auftrags kann nur ein Beamter auf Lebenszeit oder Zeit werden, und zwar im mittelbaren wie unmittelbaren Dienst, nicht aber ein Beamter auf Probe; insofern gilt § 12.

3) Stellung. Sie ähnelt der des Richters auf Probe, § 16 II. Er behält die bisherige Beamtenstellung, § 15, darf aber in ihr nicht tätig sein, §§ 4 I, 15 I 3. Im Amt führt er die Bezeichnung „Richter" mit einem das Gericht bezeichnenden Zusatz, § 19a II, muß aber im Geschäftsverteilungsplan als Richter kraft Auftrags kenntlich gemacht werden, § 29 S 2. Außerhalb des Dienstes trägt er seine bisherige Amtsbezeichnung. Wie dem Richter auf Probe wird ihm ein bestimmtes Richteramt nicht übertragen, § 16 II; vgl auch Anm 2 zu § 12. Seine Abordnung auf eine bestimmte Richterstelle kann jederzeit widerrufen und er an anderer Stelle eingesetzt werden; eine Ausnahme gilt jedoch bei seiner Verwendung beim LG, § 12 Anm 2, wo ebenso wie bei AGen Richter kraft Auftrags beschäftigt werden können, § 59 III GVG. Spätestens 2 Jahre nach Ernennung zum Richter kraft Auftrags, § 17, ist er zum Richter auf Lebenszeit zu ernennen oder dem Richterwahlausschuß, wo ein solcher besteht, § 8 Anm 2, zur Wahl vorzuschlagen; lehnt der Richter ab, so endet damit sein Richterverhältnis, § 16 I. Bis zu jenem Zeitpunkt ist eine Entlassung wegen mangelnder Eignung oder aus sonstigen Gründen, § 12 Anm 2, möglich, §§ 23, 22 I. Ein förmliches Disziplinarverfahren findet gegen einen Richter kraft Auftrags nicht statt, § 22 III, wohl aber ggf ein Prüfungsverfahren, § 12 Anm 2. Ist gegen ihn ein solches Verfahren vor dem Beamtendienstgericht anhängig, so bleibt es dort.

§ 15. *Wirkungen auf das Beamtenverhältnis.* **I Der Richter kraft Auftrags behält sein bisheriges Amt. Seine Besoldung und Versorgung bestimmen sich nach diesem Amt. Im übrigen ruhen für die Dauer des Richterverhältnisses kraft Auftrags die Rechte und Pflichten aus dem Beamtenverhältnis mit Ausnahme der Pflicht zur Amtsverschwiegenheit und des Verbots der Annahme von Geschenken.**

II Wird das Richterverhältnis zu einem anderen Dienstherrn begründet, so ist auch dieser zur Zahlung der Dienstbezüge verpflichtet.

1) Allgemeines. Der Richter kraft Auftrags bleibt Beamter. Lehnt er die Ernennung zum Richter auf Lebenszeit ab, tritt er ohne weiteres wieder in das Verhältnis zu seiner alten Behörde zurück, § 16 I 2.

2) Richter- und Beamtenverhältnis. Während der Zeit des Richterverhältnisses ruhen die Rechte und Pflichten aus dem Beamtenverhältnis, § 14 Anm 3. Der Richter kraft Auftrags ist aber weiter aus seinem Beamtenverhältnis zur Amtsverschwiegenheit verpflichtet, es ist ihm auch die Annahme von Geschenken, desgl von Belohnungen, Schmidt-Räntsch 6, verboten. Besoldung und Versorgung erhält er aus seiner Beamtenstelle, I 2, wenn auch der neue Dienstherr ihm gegenüber zur Zahlung der Dienstbezüge verpflichtet ist, II. Bei einem Dienstunfall bei seiner Richtertätigkeit erhält er also Versorgung nach den Vorschriften für das Beamtenverhältnis, BegrRegEntw zu § 15; ist der Richter kraft Auftrags zum Richter auf Lebenszeit ernannt, § 16, so besteht sein Anspruch, den er aus einem früheren Dienstunfall gegen seinen bisherigen Dienstherrn hatte, nunmehr gegen den neuen, § 46 I 2 BeamtVG (früher § 151 I 2 BBG), BegrRegEntw zu § 16. Die im Beamtenverhältnis zurückgelegte Dienstzeit wird bei Ernennung zum Richter auf Lebenszeit ebenso angerechnet wie umgekehrt, §§ 46, 71 III iVm § 6 IV BeamtVG (früher § 111 IV BBG).

§ 16. *Dauer der Verwendung als Richter kraft Auftrags.* **I Spätestens zwei Jahre nach seiner Ernennung ist der Richter kraft Auftrags zum Richter auf Lebenszeit zu ernennen oder einem Richterwahlausschuß zur Wahl vorzuschlagen. Lehnt der Richter die Ernennung ab, so endet das Richterverhältnis kraft Auftrags.**

II Für die Verwendung des Richters kraft Auftrags gelten die Vorschriften für Richter auf Probe entsprechend.

1) Allgemeines. Die Zeit, während der nicht die volle Unabhängigkeit gewährleistet sein kann, § 14 Anm 3, soll möglichst kurz bemessen werden. Anders als bei dem Richter auf Probe, § 12 II, genügt deshalb bei einem Beamten auf Lebenszeit oder Zeit, der ja schon eine gewisse Dienstzeit hinter sich hat und dem nur die Möglichkeit der richterlichen Einarbeitung gegeben werden soll, § 10, eine verhältnismäßig kurze Erprobungszeit.

2) Höchstdauer der Verwendung als Richter kraft Auftrags, I. Sie beträgt 2 Jahre. Dann besteht ein Anspruch auf Ernennung bzw in Ländern, in denen ein Richterwahlausschuß besteht, § 8 Anm 2, ein Anspruch, diesem zur Wahl vorgeschlagen zu werden. Die Behörde muß sich also entsprechend den in § 22 I vorgesehenen Entlassungszeiten, die auch beim Richter kraft Auftrags gelten, § 23, bis zum 18. Monat schlüssig machen, ob sie den Richter behalten will. Erfolgt die Ernennung zum Richter auf Lebenszeit, so endet damit das Beamtenverhältnis, uUmst auch das bisherige Dienstherrenverhältnis, § 3. Wird die Ernennung abgelehnt, so endet das Richterverhältnis kraft Auftrags, der Betreffende ist nur noch Beamter, ohne daß es einer nochmaligen Ernennung bedürfte. Lehnt der Richterwahlausschuß ab, so kann, rechtzeitiger Vorschlag vorausgesetzt, die Entlassung auch nach dem 18. Monat erfolgen.

3) Entsprechende Anwendung der Vorschriften für den Richter auf Probe, II. Vgl dazu § 14 Anm 3.

§ 17. *Ernennung durch Urkunde.* **I Der Richter wird durch Aushändigung einer Urkunde ernannt.**

II Einer Ernennung bedarf es
1. zur Begründung des Richterverhältnisses,
2. zur Umwandlung des Richterverhältnisses in ein solches anderer Art (§ 8),
3. zur Verleihung eines anderen Amtes mit anderem Endgrundgehalt.

III In der Ernennungsurkunde müssen bei der Begründung des Richterverhältnisses die Worte „unter Berufung in das Richterverhältnis" mit dem Zusatz „auf Lebenszeit" „auf Zeit", „auf Probe" oder „kraft Auftrags" enthalten sein. Bei der Begründung eines Richterverhältnisses auf Zeit ist die Zeitdauer der Berufung in der Urkunde anzugeben.

IV Bei der Umwandlung eines Richterverhältnisses in ein Richterverhältnis anderer Art müssen in der Ernennungsurkunde die diese Art bestimmenden Worte nach Absatz 3 enthalten sein, bei der ersten Verleihung eines Amtes und bei der Verleihung eines anderen Amtes mit anderem Endgrundgehalt und anderer Amtsbezeichnung muß in der Ernennungsurkunde die Amtsbezeichnung dieses Amtes enthalten sein.

1) Allgemeines. § 17 enthält die inhaltlichen Erfordernisse der Urkunde, III u IV, und bestimmt ihre Funktion. Wann es einer Ernennung bedarf, ergibt sich aus II, so daß es eines Rückgriffs auf die beamtenrechtlichen Vorschriften, § 46 iVm § 6 BBG (Bundesrichter) und § 71 III iVm § 5 BRRG (Landesrichter), nicht mehr bedarf. S dort aber hinsichtlich der Rechtswirkungen einer fehlerhaften Ernennungsurkunde.

2) Aushändigung der Urkunde, I. Mit der Aushändigung der Urkunde ist der Richter ernannt und damit das Richterverhältnis begründet. Die Aushändigung hat also konstitutive Wirkung. Ohne sie gibt es keine wirksame Ernennung; sie ist wichtig mithin auch dafür, ob das Gericht ordnungsgemäß besetzt ist. Lehnt der zu Ernennende die Entgegennahme der Urkunde ab, so fehlt es an einer Ernennung; wegen der besonderen Wirkung bei dem Richter kraft Auftrags vgl § 16 I 2. Die Urkunde muß unterzeichnet sein. Wer zu unterzeichnen hat, ergibt das Beamtenrecht; vgl für die Bundesrichter die AnO über die Ernennung und Entlassung der Bundesbeamten und Richter im Bundesdienst v 14. 7. 75, BGBl 1915, geänd dch AnO v 21. 6. 78, BGBl 921 (Schmidt-Räntsch Anh 1), für die Landesrichter Landesrecht. Die Originalurkunde muß ausgehändigt werden, nicht eine Ausfertigung oder Abschrift. Da die Ernennung durch die Aushändigung erfolgt, bestimmt sich nach ihr der Zeitpunkt der Ernennung. Zur Übertragung eines weiteren Richteramtes, § 27 II, bedarf es keiner Urkundenaushändigung, da ein Richterverhältnis damit nicht begründet und an ihm auch nichts geändert wird.

3) Notwendigkeit einer Ernennung und Inhalt der Urkunde, II, III u IV:

A. Bei Begründung des Richterverhältnisses, II Z 1. Den Inhalt gibt III an. Fehlen die Worte „unter Berufung in das Richterverhältnis", so entsteht keines. Das gleiche gilt, wenn die Angabe, in welche Art Richterverhältnis die Berufung erfolgt, fehlt („„müssen", vgl auch §§ 6 II Z 1 BBG, 5 II Z 1 BRRG); die Landesgesetzgebung kann für ihre Richter diese Frage auch anders regeln.

B. Bei Umwandlung des Richterverhältnisses, II Z 2, in ein solches anderer Art, § 8, zB Ernennung eines Richters auf Zeit zum Richter auf Lebenszeit. Voraussetzung ist, daß ein Richterverhältnis rechtswirksam begründet wurde.

C. Bei Verleihung eines anderen Amtes mit anderem Endgrundgehalt, II Z 3. Hauptfall ist die Beförderung. Keine Ernennung ist demgemäß die Übertragung eines weiteren Richteramts, § 27 II.

D. Inhalt der Urkunde, IV, in den unter B u C genannten Fällen: Bei der Umwandlung, II Z 2, muß der maßgebliche Zusatz, III, darin enthalten sein, bei der ersten Verleihung eines Amtes und den in II Z 3 genannten Fällen die Amtsbezeichnung, § 19 a. Fehlt eine dieser Angaben, so liegt keine entsprechende Ernennung vor; jedoch ist landesrechtlich eine andere Regelung möglich, § 71 I iVm § 5 III 2 BRRG, Schmidt-Räntsch 15.

§ 17a. *Bewerbung um ein Mandat.* Legt ein Richter sein Mandat nieder und bewirbt er sich zu diesem Zeitpunkt erneut um einen Sitz im Deutschen Bundestag, so ist die Übertragung eines anderen Amtes mit höherem Endgrundgehalt nicht zulässig.

1) **Erläuterung.** Während der Bewerbung um ein Mandat darf der Richter nicht befördert werden; vgl für Beamte § 7a BRRG und § 8a BBG. Die trotzdem erfolgte Ernennung ist weder nichtig, § 18, noch rücknehmbar, § 19.

§ 18. *Nichtigkeit der Ernennung.* ^I Eine Ernennung ist nichtig, wenn sie von einer sachlich unzuständigen Behörde ausgesprochen wurde. Die Ernennung kann nicht rückwirkend bestätigt werden.

^{II} Eine Ernennung ist ferner nichtig, wenn der Ernannte im Zeitpunkt der Ernennung

1. nicht Deutscher im Sinne des Artikels 116 des Grundgesetzes war,
2. entmündigt war oder
3. nicht die Fähigkeit zur Bekleidung öffentlicher Ämter hatte.

^{III} Die Nichtigkeit einer Ernennung zum Richter auf Lebenszeit oder zum Richter auf Zeit kann erst geltend gemacht werden, nachdem ein Gericht sie rechtskräftig festgestellt hat.

1) **Allgemeines.** § 18 entspricht §§ 11 BBG, 8 BRRG. Die Aufzählung der Nichtigkeitsgründe einer erfolgten Ernennung ist erschöpfend; also tritt keine Nichtigkeit ein, wenn zB der Richterwahlausschuß nicht beteiligt war, vgl aber § 19 I Z 2. Von § 18 zu unterscheiden sind die Fälle, in denen wegen eines Fehlers bei der Ernennung eine solche nicht vorliegt, s § 17 Anm 3.

2) **Nichtigkeitsgründe: A. Ernennung durch eine unzuständige Behörde, I.** Wer die Ernennung vorzunehmen hat, bestimmt bundesrechtlich die AnO des BPräs vom 14. 7. 75, § 17 Anm 2, landesrechtlich das Landesrecht. **B. Fehlen der Eigenschaft als Deutscher im Sinn von Art 116 GG, II Z 1.** Vgl § 9 Anm 2 A. Entscheidend ist nur der Zeitpunkt der Ernennung. Ein späterer Verlust zieht die Entlassung nach sich, § 21 I Z 1. **C. Entmündigung, II Z 2,** zur Zeit der Ernennung, vgl § 9 Anm 1 a. Es muß ein Beschluß gemäß §§ 645, 680 I ZPO vorliegen, der nach §§ 661, 683 II 1 ZPO wirksam geworden ist; ob die Anfechtungsfrist abgelaufen oder über eine erhobene Anfechtungsklage entschieden ist, ist unerheblich, Schmidt-Räntsch 7, str. **D. Fehlen der Fähigkeit zur Bekleidung öffentlicher Ämter, II Z 3;** vgl §§ 45–45b, 358 StGB, 39 II BVerfGG.

3) **Geltendmachung der Nichtigkeit. III.** Bei Richtern auf Lebenszeit und auf Zeit kann sich niemand auf die Nichtigkeit berufen, bis die Nichtigkeit durch ein Dienstgericht, §§ 62 I Z 3a, 78 Z 3a, rechtskräftig festgestellt ist. Ein solches Verfahren ist auch dann erforderlich, wenn sich die Beteiligten einschließlich des Betroffenen über die Nichtigkeit einig sind. Das Dienstgericht kann dem Richter die Führung seiner Amtsgeschäfte vorläufig untersagen, § 35. Bei Richtern auf Probe oder kraft Auftrags, §§ 12, 14, die III nicht erwähnt, ist ein solches Verfahren nicht erforderlich. Die Nichtigkeit ihrer Ernennung wird durch Verfügung der hierfür bundes- oder landesrechtlich zuständigen Behörde (oberste Dienstbehörde) festgestellt, hat also für diese Richter Ähnlichkeit mit der Entlassung, § 19 Anm 1. Diese Verfügung kann der Richter vor dem Dienstgericht anfechten, §§ 62 I Z 4c, 78 Z 4c.

4) **Wirkung der Nichtigkeit.** Der Richter war von Anfang an nicht Richter. Die Richterbank war bei den Entscheidungen, bei denen er mitgewirkt hat, nicht richtig besetzt, §§ 551 Z 1, 579 I Z 1 ZPO. Die amtsrichterlichen Entscheidungen waren solche eines Nichtrichters, Üb 3 B § 300 ZPO.

§ 19. *Rücknahme der Ernennung.* ᴵ Eine Ernennung ist zurückzunehmen,
1. wenn der Ernannte nicht die Befähigung zum Richteramt besaß,
2. wenn die gesetzlich vorgeschriebene Beteiligung eines Richterwahlausschusses unterblieben war und der Richterwahlausschuß die nachträgliche Bestätigung abgelehnt hat,
3. wenn die Ernennung durch Zwang, arglistige Täuschung oder Bestechung herbeigeführt wurde oder
4. wenn nicht bekannt war, daß der Ernannte ein Verbrechen oder Vergehen begangen hatte, das ihn der Berufung in das Richterverhältnis unwürdig erscheinen läßt, und er deswegen rechtskräftig zu einer Strafe verurteilt war oder wird.

ᴵᴵ Eine Ernennung kann zurückgenommen werden,
1. wenn bei einem nach seiner Ernennung Entmündigten die Voraussetzungen für die Entmündigung im Zeitpunkt der Ernennung vorlagen oder
2. wenn nicht bekannt war, daß der Ernannte in einem gerichtlichen Verfahren aus dem Dienst oder Beruf entfernt oder zum Verlust der Versorgungsbezüge verurteilt worden war.

ᴵᴵᴵ Die Ernennung zum Richter auf Lebenszeit oder zum Richter auf Zeit kann ohne schriftliche Zustimmung des Richters nur auf Grund rechtskräftiger richterlicher Entscheidung zurückgenommen werden.

1) Allgemeines. Die Aufzählung der Rücknahmegründe ist erschöpfend; das rechtswidrige Übergehen eines anderen Bewerbers bei Besetzung der Stelle ist kein Rücknahmegrund, VG Bln ZBR **83**, 103. Die Ernennung selbst wird zurückgenommen, so daß es so anzusehen ist, als ob der Richter nie ernannt worden wäre; vgl auch §§ 9 BRRG und 12 BBG sowie wegen der Wirkungen oben § 18 Anm 4.

2) Fälle, in denen eine Rücknahme zwingend vorgeschrieben ist, I: A. Fehlen der Befähigung zum Richteramt, Z 1. Entscheidend ist der Zeitpunkt der Ernennung, §§ 5–7. Nachträglicher Erwerb ändert daran nichts.

B. Unterbleiben der Beteiligung des Richterwahlausschusses, die gesetzlich vorgeschrieben war, **Z 2.** Dazu § 8 Anm 2. Auf Unterbleiben der Beteiligung des Präsidialrats, §§ 57, 75, ist Z 2 nicht anwendbar. Die Bestätigung des Richterwahlausschusses ist so rechtzeitig einzuholen, daß eine etwaige Ablehnung der nachträglichen Bestätigung durch den Richterwahlausschuß vor Ablauf der Frist, innerhalb deren nach den hier ergänzend eingreifenden Beamtengesetzen die Rücknahme erklärt werden muß (zB § 13 II BBG), vorliegt. Andernfalls entfällt dieser Entlassungsgrund.

C. Herbeiführung der Ernennung durch Zwang, arglistige Täuschung oder Bestechung, Z 3, zB Erlangung der Richterbefähigung durch Täuschung bei den Prüfungsarbeiten.

D. Unwürdigkeit für den Richterberuf, Z 4. Als Folge einer rechtskräftigen Verurteilung vor oder nach der Ernennung wegen eines vorher begangenen Verbrechens oder Vergehens, § 12 StGB, dh in den Fällen des § 24, aber auch leichter liegenden; die Entscheidung ist eine Frage des Einzelfalles. Bei Vorliegen von § 24 endet das Richterverhältnis zwar von selbst; da die Rücknahme auf den Zeitpunkt der Ernennung zurückwirkt, Anm 1, ist eine solche auch nach einer derartigen Beendigung möglich.

3) Fälle, in denen eine Rücknahme im Ermessen der Dienstbehörde liegt, II: A. Vorliegen der Entmündigungsvoraussetzungen bereits zZt der Ernennung, wenn der Richter nach dieser entmündigt wurde, **Z 1.** Bei früherer Entmündigung gilt § 18 II Z 2. Wird der Richter entmündigt, lagen aber die Voraussetzungen bei Ernennung noch nicht vor, so erfolgt Entlassung wegen Dienstunfähigkeit, § 21 II Z 5.

B. Frühere schwere disziplinarrechtliche Verurteilung, Z 2, die nicht bekannt war, aber zur Entfernung aus dem Beamten- oder Richterdienst oder zum Verlust der Versorgungsbezüge geführt hatte. In Betracht kommt also auch eine solche in einem anderen früheren Beruf, vgl § 10 II.

4) Verfahren, III. Gibt ein Richter auf Lebenszeit oder Zeit seine Zustimmung, so erfolgt die Rücknahme durch Verfügung der Dienstbehörde, die ernannt hat; willigen diese Richter nicht ein, so bedarf es eines Verfahrens vor dem Dienstgericht, §§ 62 I Z 3b, 78 Z 3b, das binnen der Frist, die sich aus den hier ergänzend eingreifenden Beamtengesetzen ergibt, §§ 46, 71 I, von der ernennenden Dienstbehörde einzuleiten ist. Vgl § 13 II 1 BBG. Das Gericht kann dann auf Antrag dem Richter die Führung seiner Amtsgeschäfte vorläufig untersagen, § 35. Bei Richtern auf Probe und kraft Auftrags verfügt die ernennende Dienstbehörde binnen dieser Frist die Rücknahme, die der Betroffene in einem dienstgerichtlichen Verfahren anfechten kann, §§ 62 I Z 4 c, 78 Z 4 c.

§ 19a. Amtsbezeichnungen. I Amtsbezeichnungen der Richter auf Lebenszeit und der Richter auf Zeit sind „Richter", „Vorsitzender Richter", „Direktor", „Vizepräsident" oder „Präsident" mit einem das Gericht bezeichnenden Zusatz („Richter am ...", „Vorsitzender Richter am ...", „Direktor des ...", „Vizepräsident des ...", „Präsident des ...").

II Richter kraft Auftrags führen im Dienst die Bezeichnung „Richter" mit einem das Gericht bezeichnenden Zusatz („Richter am ...").

III Richter auf Probe führen die Bezeichnung „Richter", im staatsanwaltschaftlichen Dienst die Bezeichnung „Staatsanwalt".

1) Allgemeines. A. Anwendungsbereich. Die Regelung, die mit dem GG vereinbar ist, BVerfG NJW **74**, 1940, gilt unmittelbar für die Berufsrichter, § 1 Anm 3a, im Bundes- und Landesdienst (wegen der ehrenamtlichen Richter s § 45 a). Für alle Zweige der Gerichtsbarkeit mit Ausnahme des BVerfG, § 120 a, und für alle Instanzen vereinheitlicht und vereinfacht sie die Bezeichnungen der Richter. Welche Amtsbezeichnung dem einzelnen Richteramt zugeordnet ist, ergeben die Besoldungsgesetze, Schmidt-Räntsch 3, jetzt also BBesG idF v 13. 11. 80, BGBl 2081, m Änderungen, und seine Anlage III (BesO R).

B. Amtsbezeichnung. Die Vorschrift unterscheidet zwischen Amtsbezeichnungen, I, und Bezeichnungen, II u III. Ebenso wie im Beamtenrecht, vgl § 81 BBG, kennzeichnet die Amtsbezeichnung das durch Ernennung, § 17, übertragene Amt im statusrechtlichen Sinne, das für den Rechtsstand des Richters, besonders seine Besoldung, maßgeblich ist. Richter, die kein solches Amt bekleiden, aber richterliche Aufgaben wahrnehmen, führen demgemäß keine Amtsbezeichnung, sondern im Dienst eine besondere Bezeichnung.

2) Richter auf Lebenszeit und auf Zeit, I. A. Amtsbezeichnung. Ihre Amtsbezeichnung lautet bei allen Gerichten außer dem BVerfG einheitlich „Richter", „Vorsitzender Richter", „Direktor", „Vizepräsident" oder „Präsident" mit einem das Gericht bezeichnenden Zusatz, also „Richter am ... gericht", „Vorsitzender Richter am ... gericht" bzw „Präsident des ... gerichts". Das entspricht dem Gebot, Art 33 V GG, einer angemessenen Amtsbezeichnung, BVerfG NJW **74**, 1940, die Aufschluß über den Ort des Amtes im Gefüge des Gerichtsaufbaues geben muß. Deshalb lautet der Zusatz nur „am AG (LG, OLG bzw KG, VG, OVG bzw VGH, FG, SG, LSG usw)" ohne weitere Hinweise auf den Sitz u dgl, s BBesO R, oben Anm 1 A. Weibliche Richter führen die Amtsbezeichnung in der weiblichen Form („Richterin am ..."), Vorbem 1 BesO R. Maßgeblich für die Amtsbezeichnung ist die Ernennungsurkunde, § 17 IV, wie auch Art XIII § 1 G v 26. 5. 72 ergibt; Änderungen (Überleitungen) durch die Besoldungsgesetze sind zu beachten. Auf die Funktion des Richters kommt es nicht an; sie wird vom Gesetzgeber mit der Wendung „Richter beim ... gericht" bezeichnet, s etwa § 22 II GVG. Deshalb führt zB ein auf Lebenszeit ernannter Richter beim AG, dem ein weiteres Richteramt beim LG übertragen worden ist, auch in dieser Funktion seine Amtsbezeichnung „Richter am AG". Das gleiche gilt für den abgeordneten Richter, § 37.

B. Frühere Regelungen. Weggefallen sind alle sonstigen Bezeichnungen, die für die Berufsrichter, Anm 1 A, maßgeblich waren, zB „Oberamtsrichter" u dgl. Das gilt auch für die am 1. 10. 72 im Amt befindlichen Richter; wegen der Übergangsregelung s Art 3 G v 22. 12. 75, BGBl 3176, die BVerfG NJW **74**, 1940 Rechnung trägt. Auch außerdienstlich sind nur die neuen Amtsbezeichnungen zu führen, §§ 46 u 71 III iVm BBG bzw BRRG. Für Richter im Ruhestand (vor dem 1. 10. 72) bleibt es bei den alten Amtsbezeichnungen.

3) Andere Richter, II u III. Richter kraft Auftrags, § 14, führen im Dienst die Bezeichnung „Richter am ... gericht", **II**, was nicht gegen Art 33 V GG verstößt, BVerfG NJW **74**, 1940; außerdienstlich führen sie die ihnen als Beamten zustehende Amtsbezeichnung, § 15. Da ihnen kein Richteramt bei einem bestimmten Gericht übertragen ist, kommt als anzuführendes Gericht nur dasjenige in Betracht, bei dem sie ein Richteramt wahrnehmen, vgl § 14 II aF. Richter auf Probe, § 12, führen nicht mehr die Bezeichnung „Gerichtsassessor", sondern die Bezeichnung „Richter" (ohne einen das Gericht bezeichnenden Zusatz), im staatsanwaltschaftlichen Dienst die Bezeichnung „Staatsanwalt", **III**. Richter kraft Auftrags und Richter auf Probe werden (nur) im Geschäftsverteilungsplan als solche kenntlich gemacht, um eine Prüfung der ordnungsmäßigen Besetzung des Gerichts zu ermöglichen, § 29 S 2.

§ 20. *Allgemeines Dienstalter.* Das allgemeine Dienstalter eines Richters bestimmt sich nach dem Tag, an dem ihm sein Richteramt übertragen worden ist. Hat der Richter zuvor ein anderes Richteramt oder ein sonstiges Amt mit mindestens dem gleichen Anfangsgrundgehalt bekleidet, so bestimmt sich das allgemeine Dienstalter nach dem Tag der Übertragung dieses Amtes.

Schrifttum. Fähndrich DRiZ **64**, 36; Richter DRiZ **63**, 145 u **66**, 80.

1) Bedeutung des allgemeinen Dienstalters nach GVG und ArbGG. Das allgemeine Dienstalter ist von Bedeutung für die Vertretung des Vorsitzenden, §§ 21 f II, 21 h GVG, die Mitwirkung im Präsidialrat, § 54 I 4, und die Reihenfolge der Stimmenabgabe, § 197 GVG, mittelbar auch für Entscheidungen über Beförderungen u ä. Vgl auch § 114, der Nachteile ausgleichen soll, und die dazu ergangene VO v 22. 6. 62, BGBl 423, mit Begr DRiZ **62**, 273, Schmidt-Räntsch Teil D.

2) Bestimmung des allgemeinen Dienstalters. Sie erfolgt bei Richtern auf Lebenszeit oder Zeit nach dem Tag, an dem ihnen ihr Richteramt übertragen worden ist. Maßgeblich ist also der Zeitpunkt, zu dem sie ernannt worden sind, da hier anders als in § 27 I das abstrakte Richteramt gemeint ist, Schmidt-Räntsch Anm 4, dh das Amt im statusrechtlichen, nicht im funktionellen Sinne (Richter DRiZ **66**, 83, aM VGH Mannheim AS **19**, 173); im Falle einer Beförderung, § 17 Anm 3 D, kommt es auf den Tag an, an dem diese erfolgte, § 17 I. Richter auf Probe und kraft Auftrags haben noch kein richterliches Dienstalter, da ihnen kein Richteramt übertragen wird, §§ 12 Anm 2, 14 Anm 3; vgl auch § 29. Infolgedessen stimmen sie stets vor den auf Lebenszeit oder Zeit ernannten Richtern. Frühere Dienstzeiten als Richter oder Beamter (nicht als Angestellter, BVerwG **34**, 193) sind nur dann in das allgemeine Dienstalter einzurechnen (S 2), wenn diese Zeiten der Übertragung des jetzt bekleideten Richteramtes unmittelbar vorangegangen sind, BVerwG **34**, 193, OVG Hbg DÖV **66**, 141, Schmidt-Räntsch 7 ff.

3) Festsetzung. Sie ist nicht vorgeschrieben, aber zur Behebung von Zweifeln zulässig, allgM, Schmidt-Räntsch 13. Die Festsetzung kann durch Klage vor dem VerwG angefochten werden, BVerwG **34**, 193. Zulässig ist auch eine Klage auf Feststellung des Dienstrangverhältnisses, VG Schleswig DRiZ **71**, 347.

§ 21. *Entlassung aus dem Dienstverhältnis.* ^I Der Richter ist entlassen,
1. wenn er die Eigenschaft als Deutscher im Sinne des Artikels 116 des Grundgesetzes verliert,
2. wenn er ohne Zustimmung der obersten Dienstbehörde seinen Wohnsitz oder dauernden Aufenthalt im Ausland nimmt,
3. wenn er in ein öffentlich-rechtliches Dienst- oder Amtsverhältnis zu einem anderen Dienstherrn tritt, sofern gesetzlich nichts anderes bestimmt ist, oder
4. wenn er zum Berufssoldaten oder Soldaten auf Zeit ernannt wird.

In den Fällen der Nummer 3 kann die oberste Dienstbehörde im Einvernehmen mit dem neuen Dienstherrn und mit Zustimmung des Richters die Fortdauer des Richterverhältnisses neben dem neuen Dienst- oder Amtsverhältnis anordnen.

^{II} Der Richter ist zu entlassen,
1. wenn er sich weigert, den Richtereid (§ 38) zu leisten,
2. wenn er zur Zeit der Ernennung Mitglied des Bundestages oder eines Landtages war und nicht innerhalb der von der obersten Dienstbehörde gesetzten angemessenen Frist sein Mandat niederlegt,
3. wenn er nach Erreichen der Altersgrenze berufen worden ist,
4. wenn er seine Entlassung schriftlich verlangt oder
5. wenn er die Altersgrenze erreicht oder dienstunfähig ist und das Dienstverhältnis nicht durch Eintritt in den Ruhestand endet.

^{III} Ein Richter auf Lebenszeit oder ein Richter auf Zeit kann ohne seine schriftliche Zustimmung nur auf Grund rechtskräftiger richterlicher Entscheidung entlassen werden. Die Entlassung eines Richters auf Lebenszeit oder eines Richters auf Zeit nach Absatz 1 kann erst geltend gemacht werden, nachdem ein Gericht sie rechtskräftig festgestellt hat.

1) Allgemeines. § 19 I enthält die Gründe der Entlassung kraft Gesetzes entsprechend §§ 29 I und II 2 BBG, 22 I Z 1 und 2 sowie II, 125 BRRG, § 19 II die für Entlassung durch Verfügung der obersten Dienstbehörde entsprechend §§ 28 BBG, 23 I BRRG. Die Regelung ist abschließend. Die Gesetzgebung der Länder kann andere Entlassungsgründe nicht anordnen, die des Bundes nur in Abänderung des DRiG. Außerhalb des Gesetzes bleibt jedoch eine Entlassung wegen vorsätzlichen Verstoßes gegen Grundsätze des GG oder die verfassungsmäßige Ordnung eines Landes auf Grund einer Richteranklage möglich, über die das BVerfG zu entscheiden hat, § 98 II, V GG. Auch bei § 21 greift Beamtenrecht ergänzend ein.

2) Entlassung kraft Gesetzes, I. Sie tritt mit Erfüllung eines der Tatbestände zu I ein, ohne daß es einer Entlassungsverfügung bedarf. Die für Richter auf Lebenszeit und Zeit vorgesehene gerichtliche Feststellung, III 2, ist nur deklaratorisch, ändert also nichts am Zeitpunkt der Entlassung.

A. Verlust der Eigenschaft als Deutscher im Sinne von Art 116 GG, **Z 1**; s § 9 Anm 2 A, ferner die Verlustgründe nach RuStAG vom 22. 7. 13 in der jetzt geltenden Fassung. Vgl auch § 18 II Z 1.

B. Verlegung des Wohnsitzes oder dauernden Aufenthaltes ins Ausland, Z 2. Wohnsitz, § 7 BGB, wird nach deutschem Recht beurteilt, auf die ausländische Regelung kommt es nicht an. Ob dauernder Aufenthalt vorliegt, entscheidet das tatsächliche Verhalten. Der Entlassungsgrund liegt nicht vor, wenn die oberste Dienstbehörde der Verlegung des Wohnsitzes oder der Aufenthaltsnahme vorher zugestimmt hat; eine nachherige Zustimmung heilt nicht, da die Entlassung kraft Gesetzes schon eingetreten ist.

C. Begründung eines anderen öff-rechtlichen Dienst- oder Amtsverhältnisses, Z 3, und zwar jeder Art, so zB bei Ernennung eines auf Lebenszeit ernannten Richters im Bundesdienst zum VerwGerPräs im Landesdienst; es erfolgt Feststellung durch das Dienstgericht des Bundes (unten Anm 4 A), BGH DRiZ **63**, 440. Ob ein Verhältnis zu einem anderen Dienstherrn eingegangen ist, entscheidet das für dieses Dienstverhältnis maßgebende Recht. Die Entlassung tritt nicht ein, wenn gesetzlich etwas anderes bestimmt ist, zB bei Ernennung zum Richter des BVerfG, § 101 I 2 BVerfGG, oder landesgesetzlich die gleichzeitige Bekleidung eines Professorenamtes zulässig ist, vgl § 4 II Z 3. Eine Entlassung tritt ferner nicht ein, wenn die oberste Dienstbehörde des Richters im Einvernehmen mit dem neuen Dienstherrn die Fortdauer des Rechtsverhältnisses neben dem neuen Dienst- oder Amtsverhältnis anordnet, I 2. Diese AnO und die Zustimmung des Richters hierzu, für die eine besondere Form nicht vorgeschrieben ist, müssen vor Eintritt in das neue Dienst- oder Amtsverhältnis vorliegen. Eine nachträgliche AnO oder Zustimmung ändert an der kraft Gesetzes eingetretenen Entlassung nichts.

D. Ernennung zum Berufssoldaten oder Soldaten auf Zeit, Z 4. Keine Entlassung bei Ableistung der Grundwehrdienstes oder Einberufung zu einer Wehrübung, § 9 ArbPlatzschutzG idF v 14. 4. 80, BGBl 425, wohl aber in den besonderen Fällen des § 7 V u VI 1 EignÜbgG v 20. 1. 56, BGBl 13, m Änd.

3) Entlassung durch Verfügung der obersten Dienstbehörde, II. Sie muß bei Vorliegen von Z 1–5 erfolgen („ist zu entlassen"). Die Entlassung tritt hier erst auf Grund der Verfügung ein, vgl auch Anm 4.

A. Verweigerung des Richtereides, Z 1. Vgl § 38.

B. Verweigerte Mandatsniederlegung, Z 2. Wird ein Richter erst nach Ernennung Mitglied einer Volksvertretung, so enden bei Annahme des Mandats Recht und Pflicht zur Wahrnehmung des Richteramtes, § 36 II. War er zZt der Ernennung bereits Mitglied des Bundes- oder eines Landtages, so setzt ihm die oberste Dienstbehörde eine Frist zur Niederlegung des Mandats und muß ihn, falls er dem nicht nachkommt, entlassen. Die Zugehörigkeit zu einer anderen Vertretung steht nicht entgegen.

C. Berufung nach Erreichung der Altersgrenze, Z 3; vgl §§ 48, 76.

D. Entlassung auf Antrag, Z 4. Der Antrag muß schriftlich und vorbehaltlos gestellt werden, kann aber einen bestimmten Entlassungstag angeben. Vgl auch wegen Rücknahme des Antrags § 30 I BBG. Hinausschieben der Entlassung zur Aufarbeitung der Rückstände, § 30 II BBG, ist nicht zulässig, da sonst der Exekutive Einflußnahme auf die Besetzung des Gerichts möglich wäre, Schmidt-Räntsch 25.

E. Erreichung der Altersgrenze, Dienstunfähigkeit, Z 5. Eine Versetzung in den Ruhestand ist bundesrechtlich mit diesen beiden Tatbeständen nicht verbunden, wenn der Richter noch keine fünfjährige Dienstzeit hinter sich hat, §§ 35 S 2 BBG, 4 I BeamtVG. Er ist dann zu entlassen. Dasselbe hat bei Richtern auf Probe zu geschehen, vgl § 12 II u 22. Ob ein Landesrichter wegen Erreichens der Altersgrenze, § 76, oder wegen Dienstunfähigkeit in den Ruhestand tritt oder entlassen wird, entscheidet das Landesrecht.

Albers

4) Verfahren, III. A. Bei Richtern auf Lebenszeit oder auf Zeit bedarf es in den Fällen des I in jedem Falle, also auch bei Einwilligung des Richters, einer dienstgerichtlichen Feststellung der kraft Gesetzes eingetretenen Entlassung, §§ 62 I Z 3 c, 78 Z 3 c. Erst nach Rechtskraft dieses Urteils, das auch den Zeitpunkt zu enthalten hat, in dem der Entlassungsgrund und damit diese selbst eingetreten ist, kann sich jeder auf die Entlassung berufen, III 2. In den Fällen des II verfügt die oberste Dienstbehörde die Entlassung bei schriftlicher Zustimmung des Richters. Stimmt er nicht zu, so muß die Dienstbehörde beim Dienstgericht die Feststellung der Zulässigkeit der Entlassung beantragen; sie ist nach Rechtskraft des Urteils von der Dienstbehörde unter Bezugnahme auf dieses auszusprechen, III 1. Das Dienstgericht kann dem Richter in den Verfahren sowohl nach S 1 wie nach S 2 die Amtsausübung vorläufig untersagen, § 35.

B. Bei Richtern auf Probe oder kraft Auftrags erfolgt die Feststellung der Entlassung, I, oder die Entlassungsverfügung durch die oberste Dienstbehörde. Diese Verfügung kann vor dem Dienstgericht angefochten werden, §§ 62 I Z 4 c, 78 Z 4 c; dies gilt auch für die Feststellung ihrer Nichtigkeit, BGH **73**, 312.

5) Wirkung der Entlassung. Der Richter verliert sein Amt, soweit ihm ein solches übertragen war, iü aber auch alle Rechte als solcher. Eine etwaige Mitwirkung bei gerichtlichen Entscheidungen auch nach dem Zeitpunkt der Entlassung, die in den Fällen zu I denkbar ist, bedeutet die nichtordnungsgemäße Besetzung des Gerichts mit ihren Folgen, §§ 551 Z 1, 579 I Z 1 ZPO.

§ 22. *Entlassung eines Richters auf Probe.* ^I Ein Richter auf Probe kann zum Ablauf des sechsten, zwölften, achtzehnten oder vierundzwanzigsten Monats nach seiner Ernennung entlassen werden.

^{II} Ein Richter auf Probe kann zum Ablauf des dritten oder vierten Jahres entlassen werden,
1. wenn er für das Richteramt nicht geeignet ist oder
2. wenn ein Richterwahlausschuß seine Übernahme in das Richterverhältnis auf Lebenszeit oder auf Zeit ablehnt.

^{III} Ein Richter auf Probe kann ferner bei einem Verhalten, das bei Richtern auf Lebenszeit eine im förmlichen Disziplinarverfahren zu verhängende Disziplinarmaßnahme zur Folge hätte, entlassen werden.

^{IV} Die Fristen der Absätze 1 und 2 verlängern sich um die Zeit einer Beurlaubung ohne Bezüge.

^V In den Fällen der Absätze 1 und 2 ist die Entlassungsverfügung dem Richter mindestens sechs Wochen vor dem Entlassungstag mitzuteilen.

1) Allgemeines. Für den Richter auf Probe gelten auch die Entlassungsgründe des § 21, dort Anm 4 B.

2) Entlassung in den ersten zwei Jahren, I. Sie kann aus jedem sachlichen oder auch in der Person des Richters liegenden Grunde erfolgen, zB wegen Zweifeln an der Dienstfähigkeit, BGH DRiZ **74**, 388, jedoch nur zu den angegebenen Zeiten unter rechtzeitiger, V, Mitteilung der Entlassungsverfügung; vgl auch § 12 Anm 2. I stellt nicht auf den Kalendermonat ab, sondern auf das Ende des Tages des in Betracht kommenden Monats, der durch seine Zahl dem Tage der Ernennung vorhergehenden Tage entspricht; ist dieser Termin versäumt, so schließt das nicht aus, daß eine Entlassung gemäß II Z 1 erfolgt, BGH **48**, 273. Die Frist verlängert sich ggf um die Zeit einer Beurlaubung ohne Bezüge, IV, entsprechend § 12 II 2. Durfte die Entlassung in der Frist aus Gründen des Mutterschutzes nicht ausgesprochen werden, so ist sie zu dem nach dessen Wegfall nächstmöglichen Zeitpunkt zulässig, BGH NJW **81**, 763. Für die Mitteilung der Entlassungsverfügung gilt in allen Fällen die Frist des V.

Eine vorläufige Dienstenthebung durch die Justizverwaltung ist möglich, wenn das anwendbare Beamtenrecht sie zuläßt, BGH DRiZ **74**, 388.

3) Entlassung nach dem 2. Jahr, II. Vgl § 12 Anm 2. Die Ablehnung durch den Richterwahlausschuß, dazu BGH **85**, 319, muß vor Ablauf des 4. Jahres vorliegen. Verlängerung der Frist: IV, Mitteilung der Entlassungsverfügung: V (zur Bedeutung des Mutterschutzes, Anm 2, auch für diesen Fall BGH **85**, 326). Zur Entlassung mangels Eignung vgl BGH DRiZ **76**, 23, zur vorläufigen Dienstenthebung Anm 2 aE.

4) Entlassung aus disziplinaren Gründen, III. Die Bestimmung verstößt trotz Schlechterstellung gegenüber einem Beamten auf Probe nicht gegen Art 3 GG, BGH MDR **67**, 490. Vgl im übrigen § 12 Anm 2. Die Entlassung ist an keine Zeit gebunden; auch braucht die Sechswochenfrist des V nicht eingehalten zu werden. Die Vorschrift entspricht der im Beamtenrecht geltenden Regelung, vgl §§ 23 II Z 1 BRRG, 31 I Z 1 BBG.

5) Verfahren und gerichtliche Nachprüfung. Das Verfahren richtet sich i ü, soweit nicht V eingreift, nach den Beamtengesetzen, §§ 46 u 71 I DRiG. Der Präsidialrat wirkt nicht mit, § 55 DRiG. Die Entlassung ist schriftlich auszusprechen und zu begründen, Schmidt-Räntsch 16.

Der Richter auf Probe kann im Wege der Anfechtung der Entlassungsverfügung, §§ 62 I Z 4c, 78 Z 4c, die Rechtmäßigkeit seiner Entlassung durch das Dienstgericht nachprüfen lassen, wobei im Fall einer Entlassung aus disziplinaren Gründen, III, auch nachgeprüft wird, ob sein Verhalten bei Richtern auf Lebenszeit eine dem förmlichen Disziplinarverfahren vorbehaltene Maßnahme, § 64 I (also mindestens Geldbuße), zur Folge gehabt hätte. Der Rechtsweg zum Dienstgericht ist auch für den Antrag gegeben, die Nichtigkeit der Entlassung festzustellen, BGH **73**, 312. Zur (eingeschränkten) Prüfung etwaiger Verfahrensfehler einer mitwirkenden Richtervertretung vgl BGH SchlHA **75**, 14.

§ 23. *Entlassung eines Richters kraft Auftrags.* **Für die Beendigung des Richterverhältnisses kraft Auftrags gelten die Vorschriften über die Beendigung des Richterverhältnisses auf Probe entsprechend.**

1) Allgemeines. Seine Stellung ähnelt der des Richters auf Probe, § 14 Anm 3. Wegen weiterer Entlassungsgründe s § 21 und dort Anm 4 B.

2) Entsprechende Anwendung des § 22. Der Richter kraft Auftrags hat einen Ernennungsanspruch zum Richter auf Lebenszeit nach 2 Jahren, § 16 I. Will die Behörde den Richter nicht behalten, so kann sie ihn also nur bis zum 18. Monat entlassen, da die Entlassungszeitpunkte des § 22 I auch hier gelten, muß sich also bis 6 Wochen vor diesem Zeitpunkt, § 22 V, darüber schlüssig werden, ob sie ihn behalten will oder nicht. Bejahendenfalls schlägt sie ihn in Ländern, bei denen der Richterwahlausschuß zu beteiligen ist, diesem vor diesem Zeitpunkt vor, § 16 I 1, und kann den Richter bei Ablehnung auch nach diesem Zeitpunkt entlassen. Auch eine Entlassung entsprechend § 22 III ist nach den 2 Jahren noch möglich. Wegen der Anfechtung der Entlassungsverfügung vgl § 22 Anm 5.

§ 24. *Beendigung des Dienstverhältnisses durch richterliche Entscheidung.* **Wird gegen einen Richter durch Urteil eines deutschen Gerichts im Geltungsbereich dieses Gesetzes erkannt auf**
1. **Freiheitsstrafe von mindestens einem Jahr wegen einer vorsätzlichen Tat,**
2. **Freiheitsstrafe wegen einer vorsätzlichen Tat, die nach den Vorschriften über Friedensverrat, Hochverrat, Gefährdung des demokratischen Rechtsstaates oder Landesverrat und Gefährdung der äußeren Sicherheit strafbar ist,**
3. **Aberkennung der Fähigkeit zur Bekleidung öffentlicher Ämter oder**
4. **Verwirkung eines Grundrechts gemäß Artikel 18 des Grundgesetzes,**
so endet das Richterverhältnis mit der Rechtskraft dieses Urteils, ohne daß es einer weiteren gerichtlichen Entscheidung bedarf.

1) Das Richterverhältnis endet mit Rechtskraft des Urteils, ohne daß es eines Ausspruchs des Dienstgerichts hierzu bedarf. Das gilt auch für Richter auf Lebenszeit oder Zeit. § 24 entspricht §§ 48 BBG, 24 I BRRG, jedoch zieht gemäß Z 2 jede Freiheitsstrafe in den dort genannten Fällen die Beendigung des Richterverhältnisses nach sich.

Vierter Abschnitt. Unabhängigkeit des Richters
Vorbemerkung

1) Art 97 GG:
^I **Die Richter sind unabhängig und nur dem Gesetze unterworfen.**

^{II} **Die hauptamtlich und planmäßig endgültig angestellten Richter können wider ihren Willen nur kraft richterlicher Entscheidung und nur aus Gründen und unter Formen, welche die Gesetze bestimmen, vor Ablauf ihrer Amtszeit entlassen oder dauernd oder zeitweise ihres Amtes enthoben oder an eine andere Stelle oder in den**

Ruhestand versetzt werden. Die Gesetzgebung kann Altersgrenzen festsetzen, bei deren Erreichung auf Lebenszeit angestellte Richter in den Ruhestand treten. Bei Veränderung der Einrichtung der Gerichte oder ihrer Bezirke können Richter an ein anderes Gericht versetzt oder aus dem Amte entfernt werden, jedoch nur unter Belassung des vollen Gehalts.

Unabhängigkeit muß sachlich (Weisungsfreiheit), § 26, und persönlich (Unabsetzbarkeit und Unversetzbarkeit) gegeben sein. Art 97 II GG umreißt deren Voraussetzungen: **a)** Entlassung vor Ablauf der Amtszeit wider Willen des Richters ist nur kraft richterlicher Entscheidung in den gesetzlichen Formen und aus den gesetzlichen Gründen zulässig, vgl auch §§ 18 III, 19 III, so daß es auch nicht möglich ist, einen Richter durch die Geschäftsverteilung auszuschalten, indem ihm keine Aufgaben zugeteilt werden, BVerfG NJW **64**, 1019; **b)** das gleiche gilt bei einer zeitweisen oder dauernden Amtsenthebung, §§ 31 Z 2, 32 II, 35, 36; **c)** Unversetzbarkeit, §§ 27, 30, 31, 32 I, 37; **d)** Versetzung in den Ruhestand nur aus den im Gesetz vorgesehenen Gründen, §§ 31, 34.

§ 25. *Grundsatz*. Der Richter ist unabhängig und nur dem Gesetz unterworfen.

1) Bem. § 1 GVG weicht dem Wortlaut nach etwas ab: „Die richterliche Gewalt wird durch unabhängige, nur dem Gesetz unterworfene Gerichte ausgeübt." § 25 stellt auf den Richter selbst ab. Da die Gerichte nur durch Richter tätig werden können, besteht sachlich kein Unterschied. S daher Anm zu § 1 GVG. Zur Bindung des Richters an Gesetz und Verfassung vgl Merten DVBl **75**, 677.

§ 26. *Dienstaufsicht*. [I] Der Richter untersteht einer Dienstaufsicht nur, soweit nicht seine Unabhängigkeit beeinträchtigt wird.

[II] Die Dienstaufsicht umfaßt vorbehaltlich des Absatzes 1 auch die Befugnis, die ordnungswidrige Art der Ausführung eines Amtsgeschäfts vorzuhalten und zu ordnungsgemäßer, unverzögerter Erledigung der Amtsgeschäfte zu ermahnen.

[III] Behauptet der Richter, daß eine Maßnahme der Dienstaufsicht seine Unabhängigkeit beeinträchtige, so entscheidet auf Antrag des Richters ein Gericht nach Maßgabe dieses Gesetzes.

Neueres Schrifttum: Kissel § 1 GVG Rdz 46 ff u 164 ff; Grimm, Richterliche Unabhängigkeit u Dienstaufsicht in der Rspr des BGH, 1972. Einzelaufsätze: Baur DRiZ **73**, 6 (zur dienstlichen Beurteilung); Stober DRiZ **76**, 69; Rudolph DRiZ **79**, 97; Schnellenbach DVBl **80**, 949 (zum Rechtsweg bei Anfechtung einer Beurteilung); Lange DRiZ **80**, 385 (zur dienstlichen Beurteilung); Schmidt DRiZ **81**, 81; Niederée DRpflZ **82**, 25 u DRiZ **82**, 456; Schaffer DÖD **82**, 8; Wipfelder DRiZ **82**, 143; Herrmann DRiZ **82**, 286; Schäfke ZRP **83**, 165; Sendler NJW **83**, 1449; Gilles DRiZ **83**, 41.

1) Allgemeines. „Den Richtern ist die Unabhängigkeit verliehen, um ihre Entscheidung von äußeren und außergesetzlichen Einflüssen freizuhalten. Ein Richter unterliegt also keinen Weisungen oder Empfehlungen und darf wegen des Inhalts einer Entscheidung nicht benachteiligt werden", Begr der RegVorl zu § 22 Entw. Andererseits ist auch das Richterverhältnis ein Dienstverhältnis des öffentlichen Rechts. Deshalb steht der Richter unter Dienstaufsicht, um ein pflichtgemäßes Handeln sicherzustellen. Die Unabhängigkeit schützt nicht menschliche Schwächen, die in der Art und Weise, wie die Dienstgeschäfte erledigt werden, auftreten und von der Amtsführung eines gewissenhaften Richters peinlich abweichen (so Ausschußbericht zu § 22 II). Diese Aufsicht muß aber in der Unabhängigkeit ihre Grenze finden, I.

2) Ausübung der Dienstaufsicht. Die Dienstaufsicht ist Sache der Gerichtsverwaltung. Die nähere Regelung enthalten für die ordentlichen Gerichte die landesrechtlichen Vorschriften und, soweit noch anwendbar, §§ 14 ff GVVO vom 20. 3. 35, RGBl 403 (BGBl III 300 – 5), abgedr Anh § 21 GVG, für die Arbeitsgerichtsbarkeit §§ 15, 34, 40 II ArbGG; vgl Schäfke ZRP **83**, 165.

3) Umfang der Dienstaufsicht, I, II. A. Sie findet stets in der **Wahrung der Unabhängigkeit des Richters ihre Grenze.** Wird zweifelhaft, ob eine Maßnahme die richterliche Unabhängigkeit gefährdet, so ist sie zu unterlassen. Die Unabhängigkeit kann uUmst schon bei unerfreulichen Arbeitsbedingungen und allgemeinem Verhalten, vgl Schlett DVBl **50**, 394, beeinträchtigt werden, ferner durch dienstliche Beurteilungen, BGH **57**, 344, oft auch bei der Einforderung von Berichten; eine Beeinträchtigung ist uU sogar bei falscher besoldungsmäßiger Einstufung nicht schlechthin ausgeschlossen, BGH **46**, 70. Unzulässig ist der Erlaß des Ministers, daß ein Richter als Stellvertreter in einem Dienstgericht auf Grund einer Ansicht des Ministers tätig werden solle; denn ob die gesetzliche Grundlage für die Ausübung eines Richteramts gegeben ist, entscheidet der Richter, HessDienstG DRiZ **66**, 91. Seine Arbeitszeit wird er Richter frei bestimmen können, vorausgesetzt, daß er Sitzungsstunden einhält und zu Beratungen sowie zur Dekretur zur Verfügung steht; vgl § 46 Anm 2, Bay DienstgerHof DRiZ **69**, 292 (betr Richter auf Probe ohne konkretes richterliches Amt). **Keine Beeinträchtigung** der Unabhängigkeit ist gegeben: durch Anordnungen über das Tragen der Amtstracht und ihre Beschaffung, OVG Lüneb DRiZ **74**, 389, und über die Ausbildung von Referendaren, DienstgerHof Hamm DRiZ **74**, 232; durch die Androhung eines Disziplinarverfahrens bei unrechtmäßiger Weigerung, in einer Sache tätig zu werden, BGH DRiZ **78**, 249, oder bei Ankündigung der Konsequenzen aus der Nichtbefolgung des Geschäftsverteilungsplanes, BGH **85**, 154; durch die Vornahme von Dienstprüfungen, es sei denn, daß sie ohne zureichenden Grund oder ohne Wissen des Richters erfolgen, BGH **85**, 156; durch das Verlangen einer Meldung über Rückstände mit Begründung für die Nichterledigung, BGH DRiZ **78**, 185; durch die Versagung der Genehmigung einer Auslandsdienstreise in einer Rechtssache, BGH NJW **78**, 1425 (aM HessDG DRiZ **75**, 151; es wird auf die Umstände des Einzelfalles ankommen), wogegen keine verfassungsrechtlichen Bedenken bestehen, BVerfGG DRiZ **79**, 219; durch den Vergleich von Erledigungszahlen in einer Beurteilung, BGH NJW **78**, 760 (die Maßnahme kann aber aus anderen Gründen unzulässig sein); durch Weisungen im staatsanwaltschaftlichen Bereich für Berichte über Sitzungen, BGH **72**, 81; durch die nachträgliche Durchsicht der von dem Richter verfaßten Entscheidungen durch den Dienstvorgesetzten oder dessen Beauftragten, BGH **85**, 163; durch die bloße Bekanntgabe von Erfahrungsberichten aus anderen Verfahren, BGH DRiZ **81**, 344; durch die Ablehnung des Dienstvorgesetzten, einem Richter Kenntnis von dem Inhalt des Berichts eines anderen Richters über den Beratungshergang zu geben, BGH DRiZ **82**, 312; durch die Verweigerung eines unbezahlten Urlaubs, BGH **85**, 150; durch die Zuweisung von Referendaren an einen Richter ohne dessen Zustimmung, BGH **85**, 165. Die Unabhängigkeit betrifft an sich die richterliche Tätigkeit. Der Dienstaufsicht untersteht, soweit nicht auch da etwa I in Betracht kommt, aber auch das außerdienstliche richterliche Verhalten, insbesondere ob durch dieses die Unabhängigkeit gefährdet werden könnte, § 39; infolgedessen unterliegen der Nachprüfung durch die Dienstgerichte auch Maßnahmen der Dienstaufsicht, die dieses Gebiet betreffen, BGH **51**, 367. Von den einem Richter übertragenen Dienstgeschäften unterliegen der Dienstaufsicht voll der Gerichts(Justiz)Verwaltung, § 4 II Z 1, also auch die Beantwortung der für den Kostenansatz wegen § 16 ZSEG wichtigen Frage, ob der Sachverständige auftragsgemäß gearbeitet hat, BGH **51**, 148, hingegen nicht die der gerichtlichen Verwaltung, Üb im Anh § 21 GVG, wie zB die Geschäfte der freiwilligen Gerichtsbarkeit, Bewilligung der Prozeßkostenhilfe usw. Sie sind echte richterliche Tätigkeit.

B. Bei der richterlichen Tätigkeit hat die die **Dienstaufsicht führende Stelle,** also niemals eine Behörde als solche, sondern nur der Dienstvorgesetzte oder der mit seiner Vertretung beauftragte Beamte, BGH **47**, 284 (wird die Dienstaufsicht in der Ministerialinstanz ausgeübt, der Minister oder sein Vertreter, allenfalls ein Ministerialbeamter mit ganz fester Weisung des Ministers, BGH **85**, 151 u 159, **51**, 370, krit Bengl DRiZ **83**, 343), vorbehaltlich I **nur die Befugnisse des II,** also Vorhalt und Ermahnung, sofern dadurch keine Beeinträchtigung der Unabhängigkeit eintritt, nicht Mißbilligung, Rüge oder gar Anweisung; das gilt auch bei dienstlichen Beurteilungen, BGH **57**, 344, und überhaupt bei allen Meinungsäußerungen einer die Dienstaufsicht führenden Stelle, die sich in irgendeiner Weise kritisch mit dem dienstlichen oder außerdienstlichen Verhalten des Richters befassen, BGH **52**, 287. Das etwas irreführende Wort „auch" stellt nur klar, daß außer der Befugnis im außerdienstlichen Bereich auch seine hinsichtlich der richterlichen Tätigkeit gegeben ist, Schmidt-Räntsch 22. Auch der Bescheid an eine beschwerdeführende Behörde, die eine richterliche Tätigkeit kritisiert, ist eine Maßnahme der Dienstaufsicht, die sich entsprechend II auf die Mitteilung von Vorhalt und Ermahnung beschränken muß, BGH **51**, 287. Weitere Einzelfälle s Anm 4.

Völlig unzugänglich ist der Dienstaufsicht der Kernbereich der richterlichen Tätigkeit, also der eigentliche Rechtsspruch und seine Vorbereitung, Kissel § 1 GVG Rdz 53, Schaffer DÖD **82**, 8 mwN. Dazu gehören zB die dienstliche Äußerung im Ablehnungsverfahren, BGH **77**, 72, ebenso wie eine Äußerung des Richters in der Verhandlung über Zweifel eines Beteiligten an seiner Unbefangenheit, BGH DRiZ **82**, 389, ferner die Entscheidung über die Art der Protokollierung, §§ 159 I 2, 160a I ZPO, BGH DRiZ **78**, 281, und die richterliche Beweisanordnung, BGH NJW **80**, 1850, DRiZ **78**, 214; zu diesem Kernbereich gehört auch die mündliche Urteilsbegründung, die also hinsichtlich ihres Inhalts und ihrer Form nicht im Wege der Dienstaufsicht beanstandet werden darf, enger BGH **70**, 1 (nur dann nicht, wenn sie sich im Rahmen tatsachenadäquater Wertung hält) mit zustm Anm M. Wolf NJW **78**, 825. Außerhalb der Dienstaufsicht steht auch der Inhalt richterlicher Maßnahmen auf verfahrensrechtlichem Gebiet, mögen sie nun durch Rechtsmittel anfechtbar sein oder nicht, einschließlich der Maßnahmen der Sitzungspolizei, BGH DRiZ **77**, 56. Der Kernbereich ist Maßnahmen der Dienstaufsicht auch dann verschlossen, wenn es sich um offensichtlich fehlerhafte Handlungen handelt, Herrmann DRiZ **82**, 290 mwN, M. Wolf NJW **77**, 1063, vgl auch Rudolph DRiZ **78**, 13 u **79**, 100, aM BGH **67**, 184 mwN (betr Sitzungspolizei) und NJW **80**, 1850 mwN (betr Ermächtigung eines Sachverständigen) m krit Anm Rudolph DRiZ **80**, 461, zustm Friedrichs DRiZ **80**, 425, Louven DRiZ **80**, 429 (noch weitergehend) u Meyer DRiZ **81**, 23, im Ergebnis auch Kissel § 1 GVG Rdz 60. Unzulässig ist deshalb etwa ein Hinweis auf die Benutzung von anerkannten Hilfsmitteln (für Zulässigkeit Schmidt-Räntsch 23), da das die Entscheidung selbst angeht, erst recht der Vorhalt, daß eine Entscheidung gegen das Gesetz verstoße, DienstGer Düss DRiZ **79**, 123, oder daß wiederholt Entscheidungen eines Richters aus demselben Grund aufgehoben worden seien (dafür Schmidt-Räntsch aaO): das kann allenfalls ein Zeichen eintretender Dienstunfähigkeit sein. Ein Richter braucht sich außerhalb der gesetzlichen Bindung an die Entscheidung des vorgeordneten Gerichts, §§ 538 f, 565 ZPO, der Meinung dieses Gerichts nicht zu beugen, wenn er sie für falsch hält. Er folgt dem Gesetz, wie er das nach bestem Wissen und Gewissen kann, nicht aber einer Meinung, weil sie von einem Vorgesetzen oder auch vorgeordneten Gericht ausgesprochen wird; denn er steht außerhalb auch jeder Beamtenhierarchie, kann also bei Ausübung richterlicher Tätigkeit ohne gesetzliche Grundlage auch nicht auf den Dienstweg verwiesen werden, BGH **47**, 288.

Zulässig ist Dienstaufsicht überhaupt erst für eine richterliche Tätigkeit, die zur äußeren Ordnung einer solchen Tätigkeit gehört, BGH DRiZ **78**, 249, **42**, 171. Eine Abgrenzung zu finden, ist schwierig, zumal auch zahlreiche richterliche Betätigungen, die der Rechtsfindung nur mittelbar dienen, unter der Unabhängigkeitsgarantie stehen, BGH **47**, 286; dahin gehört zB die Entscheidung, ob und wie in einem schwebenden Verfahren Amtshilfe zu gewähren ist, BGH **51**, 193.

a) Die Befugnis, dem Richter **die ordnungswidrige Art der Ausführung eines Amtsgeschäfts vorzuhalten**, betrifft also nur die äußere Form der Ausführung, nicht das Amtsgeschäft selbst; wie die Ausführung sachlich zu gestalten wäre, kann wegen I nicht Gegenstand des Vorhalts sein: der Vorhalt er darf zu dem Inhalt einer Entscheidung keine objektive Beziehung haben, da es sich dann bereits um eine Weisung in mehr oder minder versteckter Form handeln würde. Infolgedessen ist eine dahin zielende Beanstandung, da eine Mißbilligung andeutend, als Maßnahme der Dienstaufsicht unzulässig, und zwar auch dann, wenn sie nicht zur Kenntnisnahme des Richters bestimmt ist, er nur durch Zufall davon erfährt, BGH **47**, 283. Auch daß der Richter der Ansicht der dienstaufsichtführenden Stelle nicht zu folgen braucht, entscheidet nicht. Darum ist auch die Anregung, bei nächsten Vorkommen derselben Angelegenheit die Entscheidung in einem darin angegebenen Sinne zu überprüfen, eine unzulässige Einflußnahme, BGH **46**, 1511. Ebenso ist ein Ersuchen um Meldung des Veranlaßten unzulässig, BGH **51**, 286. **Zulässig** sind jedoch zB Vorhaltungen bezüglich angemessener Umgangsformen im Verkehr mit Beteiligten, der Schweigepflicht gegenüber der Presse, BGH DRiZ **73**, 281, des Tragens der Amtstracht, pünktlichen Abhaltens der Sitzungen, genügender Sitzungstätigkeit, BGH **85**, 162 u DRiZ **71**, 317 (ob eine Sitzung überhaupt abzuhalten ist, auch dann, wenn ein Sitzungstag etwa frei bleibt, hingegen nicht), der äußeren Form der Verkündung, vgl Harthun SGb **80**, 57, der Benutzung von Vordrucken zur Geschäftserleichterung und der Behandlung des Gerichtspersonals. Die Vorbereitungsmaßnahmen für eine Entscheidung (Terminsbestimmung, Einzelrichterbestimmung, Art der Vernehmung von Zeugen und Sachverständigen) unterliegen dagegen allein dem richterlichen Ermessen, gegebenenfalls auch die Aktenübersendung und Aktenvorlage, BGH **47**, 285, ebenso die Auskunfterteilung aus den Akten schwebender Verfahren, so daß es unzulässig ist, Beamte oder Angestellte des Gerichts anzuweisen, solche Auskünfte zu erteilen, BGH **51**, 193. Das gleiche gilt für die Vereidigung eines ehrenamtlichen Richters, DienstGer Ffm DRiZ **80**, 469.

b) Ermahnung zu ordnungsgemäßer, unverzögerter Erledigung der Amtsgeschäfte. Es kann sich um einen Einzelfall, der ungebührlich verzögert worden ist, oder auch die Amtsführung überhaupt handeln. Mit Rücksicht auf den Wortlaut („Amtsgeschäfte") und die Entstehungsgeschichte wird sich die Ermahnung auf „Fälle dieser Art", nicht so sehr auf den Einzelfall zu beziehen haben, mag ein solcher auch meist Anlaß zur Nachprüfung gegeben haben, Schmidt-Räntsch 25; vgl auch Richterdisziplinarsenat Essen NJW **55**, 1856. Eine sachliche Einwirkung würde auch hier die richterliche Unabhängigkeit verletzen. Zulässig ist aber zB die Ermahnung, Entscheidungen in angemessener Frist abzusetzen, zu den Terminen pünktlich zu kommen und die Dekretur zügig zu erledigen, ebenso die Androhung eines Disziplinarverfahrens wegen Nichtbefolgung des Geschäftsverteilungsplanes, BGH **85**, 154, DRiZ **78**, 249.

4) Dienstgerichtliche Nachprüfung, III, erfolgt, wenn der Richter behauptet, durch die Maßnahme einer Dienstaufsichtsbehörde in seiner Unabhängigkeit beeinträchtigt worden zu sein, und die Maßnahme objektiv geeignet ist, die Unabhängigkeit zu beeinflussen (deshalb ist ohne solche Behauptung eine dienstliche Beurteilung im VerwRweg nachzuprüfen, BVerwG DRiZ **77**, 117). Das genügt für die Zulässigkeit des Antrags, die also nicht von Art und Inhalt der angefochtenen Maßnahme abhängt, BGH **46**, 68. Damit ist dem Richter, im Gegensatz zum Beamten, der das Risiko der Nichtbefolgung einer Anweisung seiner vorgesetzten Dienststelle trägt, im Interesse der Unabhängigkeit die Möglichkeit gegeben, die zwischen ihm und der Dienstaufsicht aufgetretene Verschiedenheit der Ansicht durch das Dienstgericht nachprüfen zu lassen, das also bei Streit über die Auslegung eines Gesetzes, auf das sich die AnO gründet, selbst auslegen muß, BGH **42**, 171, zB daß eine gesetzliche Grundlage dafür fehlt, daß der Vorsitzende von Bundesdisziplinarkammern zu Beisitzern bestellten Richtern die Fertigung von Urteilsentwürfen überträgt, BGH **42**, 172. Ein Nachprüfungsantrag ist auch nicht schon deshalb unbegründet, weil eine Beeinträchtigung nicht gewollt ist; wohl aber spricht dagegen, wenn die beanstandete Tätigkeit nicht zur unmittelbaren Aufsichtstätigkeit gehört, BGH **46**, 71 (falsche besoldungsrechtliche Einstufung).

Die Abgrenzung zwischen Maßnahmen der Dienstaufsicht und anderen Vorgängen ist oft schwierig. Nötig und ausreichend ist ein gegen einen Richter oder eine Gruppe von Richtern gerichtetes Verhalten, das einen konkreten Konflikt zwischen Justizverwaltung und Richter bedeutet: Eine für die Dienstaufsicht in Betracht kommende Stelle (in dieser Eigenschaft, nicht zB als oberste Verwaltungsbehörde, BGH DRiZ **82**, 426) muß entweder zu einem in der Vergangenheit liegenden Verhalten des Richters wertend Stellung genommen oder sich in einer Weise geäußert haben, die geeignet ist, sich auf die künftige Tätigkeit des Richters in bestimmter Richtung unmittelbar oder mittelbar auszuwirken, BGH DRiZ **81**, 265 mwN, DRiZ **82**, 190 u 426. Das kann zB in einer dienstlichen Beurteilung geschehen, BGH **52**, 287, **57**, 344, NJW **78**, 760, DRiZ **79**, 378, KG DRiZ **77**, 118. Eine Maßnahme der Dienstaufsicht kann auch in der Ablehnung des Dienstvorgesetzten liegen, einem Richter Kenntnis von dem Inhalt des Berichts eines anderen Richters über den Beratungshergang zu geben, BGH DRiZ **82**, 312, ferner in der AnO, ein Zeugnis oder einen Bericht zu den Personalakten zu nehmen, BGH **85**, 160, DRiZ **80**, 312 u **77**, 341, oder in der Weisung, die Arbeitsweise eines Spruchkörpers zu beobachten, BGH DRiZ **82**, 190, ebenso in einer in allgemeiner Form gehaltenen Stellungnahme, wenn sie sich erkennbar gegen die Amtsführung richtet (BGH **61**, 374 ist zu eng, Baur JZ **74**, 390), auch gegen ein Verhalten im Präsidialrat, BGH DRiZ **77**, 151. Keine Maßnahme der Dienstaufsicht ist die Äußerung einer abweichenden Ansicht zu einer von dem Richter angesprochenen Rechtsfrage, BGH **85**, 167 u **61**, 378, auch nicht das Gespräch zwischen einem Bewerber um eine Beförderungsstelle und dem Gerichtspräsidenten, um das der Bewerber nachgesucht hat, BGH DRiZ **79**, 378; dagegen kann der Leserbrief eines Beamten des zuständigen Ministeriums eine solche Maßnahme sein, BGH DRiZ **81**, 265, ebenso eine kritische Äußerung des Ministers in einem Medium, HessDienstGer NJW **81**, 930 (das sogar das Schweigen auf eine kritische Frage ausreichen läßt). Die Aufnahme und Durchführung disziplinarrechtlicher Ermittlungen kann idR nicht zur Nachprüfung gestellt werden, BGH **85**, 155 u NJW **81**, 1100 (nur bei Mißbrauch); das gleiche gilt für die Einleitung eines Versetzungsverfahrens durch Vorlage von Berichten an den Präsidialrat, BGH **85**, 164.

Der Weg der dienstgerichtlichen Nachprüfung steht jedem Richter, § 8, offen (aber kein Rechtsschutzbedürfnis nach Eintritt in den Ruhestand, BGH DRiZ **76**, 149), kann sich also bei einem Richter auf Probe auch gegen den an sich jeder Zeit möglichen Abruf von einer Stelle richten, § 12 Anm 2, wenn er sich dadurch in seiner Unabhängigkeit verletzt glaubt, er also darin eine Einwirkung auf die sachliche Erledigung seiner richterlichen Tätigkeit sieht. Für das Begehen nach Überprüfung muß ein Rechtsschutzbedürfnis bestehen, BGH DRiZ **82**, 190. Über den Antrag entscheidet das Dienstgericht, §§ 62 I Z 4e, 78 Z 4e, nachdem zuvor auf Antrag des Richters ein Vorverfahren eingeleitet worden ist, § 66 II u III. Die Entscheidung ergeht entweder auf Feststellung der Unzulässigkeit der durch die

Dienstaufsicht getroffenen Maßnahme oder Zurückweisung des Antrags; unzulässig ist eine Maßnahme immer dann, wenn sie nicht von der für die Dienstaufsicht zuständigen Stelle ausgeht, BGH DRiZ **81**, 265. Zu anderen Maßnahmen sind die Dienstgerichte nicht befugt, zB die Aufsichtsbehörde zu einer Auskunft zu verpflichten oder eine solche Verpflichtung festzustellen, BGH DRiZ **82**, 189 u 190.

Das Dienstgericht ist auf die Prüfung beschränkt, ob die Maßnahme sich innerhalb der Grenzen von I und II hält; ob die Maßnahme, zB eine Beurteilung, aus anderen Gründen rechtswidrig und deshalb unzulässig ist, hat nicht das Dienstgericht, sondern nach § 71 III DRiG iVm § 126 I BRRG das Verwaltungsgericht zu prüfen, BVerwG DRiZ **83**, 412 zu VGH Kassel DRiZ **80**, 392, ebenso OVG Münst DRiZ **81**, 30, Schnellenbach DVBl **81**, 949, Kissel § 1 GVG Rdz 175 (der BGH hat seine abw Ansicht, BGH **77**, 111, **69**, 314 mwN, aufgegeben, so daß Bay Dienstger DRiZ **83**, 195 u Nürnb DRiZ **82**, 110 überholt sind). Ist Vorfrage für die Entscheidung des Dienstgerichts das Bestehen oder Nichtbestehen eines Rechtsverhältnisses, so muß das Dienstgericht aussetzen, § 68 I und II.

§ 27. *Übertragung eines Richteramts.* ^I Dem Richter auf Lebenszeit und dem Richter auf Zeit ist ein Richteramt bei einem bestimmten Gericht zu übertragen.

^{II} Ihm kann ein weiteres Richteramt bei einem anderen Gericht übertragen werden, soweit ein Gesetz dies zuläßt.

1) Allgemeines. Die Unversetzbarkeit eines Richters, § 30, ist eine wesentliche Voraussetzung seiner Unabhängigkeit, Vorbem 1 § 25. Der Durchführung dieses Grundsatzes dient die Übertragung eines bestimmten Richteramtes. Unversetzbar sind nur die hauptamtlich und planmäßig angestellten Richter. Demgemäß gilt § 27 nur für die Richter auf Lebenszeit und Zeit; die Richter auf Probe und kraft Auftrags sind versetzbar, §§ 12 Anm 2, 14 Anm 3.

2) Übertragung eines Richteramtes bei einem bestimmten Gericht, I (Gegensatz: Das durch die Ernennung verliehene abstrakte Richteramt, § 20 Anm 2). Durch die Ernennung zum Richter wird der Ernannte in das Richterverhältnis berufen, § 17. Bei seiner Ernennung zum Richter auf Lebenszeit oder Zeit, §§ 10, 11, muß ihm gleichzeitig ein Richteramt bei einem bestimmten Gericht übertragen werden. Die Einweisung in eine Planstelle genügt nicht, da diese auswechselbar ist und damit der vom Gesetz bezweckte Erfolg nicht erreicht würde. Ist ihm kein bestimmtes Richteramt übertragen worden, darf der Richter auf Lebenszeit oder Zeit nicht bei einem Gericht tätig sein („ist zu übertragen"), auch nicht bei Abordnung, widrigenfalls das Gericht nicht richtig besetzt wäre. Es gibt keine Richter, die nach Belieben der Justizverwaltung überall verwendet werden könnten.

3) Übertragung eines weiteren Richteramtes bei einem anderen Gericht, II. A. Grundsatz. Wie der Wortlaut ergibt, ist Voraussetzung, daß die Übertragung eines Richteramtes bei einem bestimmten Gericht, I, erfolgt ist oder das Richteramt bei einem bestimmten Gericht und zugleich ein weiteres bei einem anderen übertragen wird. Das weitere Richteramt ist ausdrücklich zu übertragen, zB auch eine Stelle bei einem Dienstgericht. Für die Übertragung dieses weiteren Richteramtes ist die Zustimmung des Richters nur dann erforderlich, wenn sie einer Versetzung gleichkommt, dh mehr als die Hälfte seiner Arbeitskraft dadurch in Anspruch genommen wird, BGH **67**, 159 u DRiZ **83**, 320. Die geschäftsverteilungsmäßige Zuweisung eines Richters an mehrere Kammern oder Senate desselben Gerichts erfüllt nicht den Tatbestand des II, auch nicht die Bestellung eines VerwRichters zum Mitglied der Baulandkammer, BGH LS NJW **77**, 1821, Schmidt-Räntsch 17, str, vgl Schlichter-Stich-Tittel § 160 BBauG Rdz 7. Eine Nachprüfung durch das Dienstgericht erfolgt auch dann, wenn sie im maßgeblichen Richtergesetz des Landes nicht vorgesehen ist, BGH **67**, 159.

B. Zulässigkeit der Übertragung. An Stelle des Wortes „bestimmt" des RegEntw hat der Rechtsausschuß „zuläßt" gesetzt; daraus ergibt sich, daß eine ausdrückliche Bestimmung nicht erforderlich ist, die Zulässigkeit vielmehr als gegeben angesehen werden muß, wenn die gerichtsverfassungsrechtlichen Vorschriften die Übertragung nicht ausschließen, hM, Schmidt-Räntsch 15, Celle MDR **72**, 629. Innerhalb der Zivilgerichtsbarkeit ergibt sich eine derartige Zulässigkeit aus §§ 22 II, 59 II, 78 II und 83 I GVG, in der Arbeitsgerichtsbarkeit aus § 18 III ArbGG und in der Verwaltungsgerichtsbarkeit aus § 16 VwGO. Ihre Grenze findet die Übertragung eines weiteren Richteramtes dort, wo sie den Richter hindert, seinen Aufgaben bei dem ersten Gericht nachzukommen, BGH DRiZ **83**, 321.

§ 28. *Besetzung der Gerichte mit Richtern auf Lebenszeit.* [I] Als Richter dürfen bei einem Gericht nur Richter auf Lebenszeit tätig werden, soweit nicht ein Bundesgesetz etwas anderes bestimmt.

[II] Vorsitzender eines Gerichts darf nur ein Richter sein. Wird ein Gericht in einer Besetzung mit mehreren Richtern tätig, so muß ein Richter auf Lebenszeit den Vorsitz führen.

1) Allgemeines. I übernimmt inhaltlich § 6 GVG, der durch § 85 Z 1 aufgehoben worden ist. Im übrigen soll durch § 28 die Entscheidung durch unabhängige Richter weiter gesichert werden. Ergänzt wird § 28 durch § 29, der die Mitwirkung von Richtern, deren Unabhängigkeit nicht wie die von Richtern auf Lebenszeit in gleicher Weise gesichert ist, beschränkt.

2) Besetzung der Gerichte mit Richtern auf Lebenszeit, I. A. Grundsatz. Im Hinblick auf Art 97 II GG sind die Gerichte entspr der deutschen Rechtstradition grundsätzlich mit Richtern auf Lebenszeit besetzt, Schmidt-Räntsch 3. Daß dem Richter das Richteramt, in dem er tätig wird, übertragen ist, § 27 I, wird nicht verlangt. Es kann auch ein abgeordneter Richter, § 37, tätig sein, vorausgesetzt, daß er auf Lebenszeit ernannt und ihm ein anderes Richteramt übertragen ist, § 27 Anm 2. Wegen der ehrenamtlichen Richter s §§ 44–45a.

B. Ausnahmen vom Grundsatz. Sie können nur durch Bundesgesetz bestimmt werden. Allgemein ist in § 29 eine solche Ausnahme zugelassen worden. Für die ordentliche Gerichtsbarkeit ist das durch §§ 22 V, 59 III GVG (Zulassung von Richtern auf Probe und kraft Auftrags bei Amts- und Landgerichten), für die Arbeitsgerichtsbarkeit durch § 18 VII ArbGG (entsprechend für ArbG und LAG), für das Bundespatentgericht durch § 71 I 1 PatG geschehen. Eine Begrenzung der Zahl der Richter auf Probe oder kraft Auftrags, die bei einer Entscheidung mitwirken dürfen, gibt § 29. Bei den OLGen können also nur Richter auf Lebenszeit, auch aufgrund einer Abordnung, § 37, verwendet werden.

3) Vorsitz, II. A. Grundsatz, S 1. Den Vorsitz eines Gerichts kann nur ein Richter haben, II 1, kein ehrenamtlicher Richter, für den ja § 28 nicht gilt, § 2, der also nicht Richter im Sinne dieser Vorschrift ist. Eine Ausnahme besteht nur für die Berufsgerichte der RAe, § 123 BRAO.

B. Kollegialgericht, S. 2. Den Vorsitz in einem Gericht, das mit mehreren Richtern besetzt ist (nicht ehrenamtlichen, oben A), kann nur ein Richter auf Lebenszeit führen, der aber nur nebenamtlich oder als abgeordneter Richter tätig zu sein braucht, BAG NJW **71**, 1631 (anders § 18 VwGO); bei dem Patentgericht ist auch der abgeordnete Richter als Vorsitzender ausgeschlossen, § 71 II PatG.

4) Verstoß. Eine Verletzung des § 28 hat zur Folge, daß das Gericht unrichtig besetzt ist, §§ 551 Z 1, 579 I Z 1 ZPO.

§ 29. *Besetzung der Gerichte mit Richtern auf Probe, Richtern kraft Auftrags und abgeordneten Richtern.* Bei einer gerichtlichen Entscheidung darf nicht mehr als ein Richter auf Probe oder ein Richter kraft Auftrags oder ein abgeordneter Richter mitwirken. Er muß als solcher in dem Geschäftsverteilungsplan kenntlich gemacht werden.

1) Allgemeines. Ein Richter auf Probe oder kraft Auftrags genießt noch nicht die volle Unabhängigkeit, §§ 12 Anm 2, 14 Anm 3. Infolgedessen ist ihre Mitwirkung der Zahl nach beschränkt. Beim Patentgericht können Richter auf Probe überhaupt keine Verwendung finden, § 71 PatG. Beschränkt ist auch die Zahl der von einem anderen Gericht abgeordneten Richter, obwohl es sich dabei um Richter auf Lebenszeit oder Zeit, § 37 I, handelt; hier kann uU auch eine zeitliche Beschränkung hinzukommen, § 37 III. Ob ein Bedürfnis für eine Abordnung vorliegt, wird im DRiG nicht geregelt, sondern im GVG, dort § 70 II. § 29 ergänzt § 28. Bei einer Verletzung von § 29 ist das Gericht fehlerhaft besetzt, §§ 551 Z 1, 579 I Z 1 ZPO.

2) Verwendung. Es darf immer nur ein Richter auf Probe oder kraft Auftrags oder ein abgeordneter Richter (früher Hilfsrichter) mitwirken, also nicht neben einem Berufsrichter ein Richter auf Probe und ein abgeordneter Richter. Bei einem Kollegialgericht müssen mithin immer zwei Richter auf Lebenszeit mitwirken; ist einer davon abgeordnet, so müssen die anderen beiden auf Lebenszeit berufene Richter des erkennenden Gerichts sein. Die Richter jeder der drei Arten können aber beim AG oder ArbG den Vorsitz haben und beim LG Einzelrichter sein, ebenso Löwisch DRiZ **64**, 164, aber nicht als Vorsitzender der KfH, Sommermeyer DRiZ **64**, 265.

3) Kenntlichmachung. Sie ist nicht erforderlich in der Entscheidung, so S 2 aF, sondern nur im Geschäftsverteilungsplan, zB § 21e GVG, damit trotz einheitlicher Bezeichnung als „Richter", § 19a, die Einhaltung von § 29 nachgeprüft werden kann.

§ 30. *Versetzung und Amtsenthebung.* ¹ Ein Richter auf Lebenszeit oder ein Richter auf Zeit kann ohne seine schriftliche Zustimmung nur
1. im Verfahren über die Richteranklage (Artikel 98 Abs. 2 und 5 des Grundgesetzes),
2. im förmlichen Disziplinarverfahren,
3. im Interesse der Rechtspflege (§ 31),
4. bei Veränderung der Gerichtsorganisation (§ 32)

in ein anderes Amt versetzt oder seines Amtes enthoben werden.
II Die Versetzung oder Amtsenthebung kann – außer im Fall des Absatzes 1 Nr. 4 – nur auf Grund rechtskräftiger richterlicher Entscheidung ausgesprochen werden.
III Der Versetzung steht es gleich, wenn ein Richter, der mehrere Richterämter innehat, eines Amtes enthoben wird.

1) Allgemeines. A. Versetzung und Amtsenthebung. Auch § 30 dient der Sicherung der Unabhängigkeit, Vorbem § 25, indem er die Versetzbarkeit und Amtsenthebung ohne Zustimmung an abschließend aufgezählte Tatbestände knüpft und sie grundsätzlich nur auf Grund richterlicher Entscheidung eintreten läßt, so daß eine Amtsenthebung durch Nichtzuteilung von richterlichen Aufgaben im Wege der Geschäftsverteilung unzulässig ist, BVerfG NJW **64**, 1019. § 30 gilt nur für Richter auf Lebenszeit oder Richter auf Zeit, also die Richter, denen ein Richteramt bei einem bestimmten Gericht übertragen ist, § 27, von dem sie versetzt oder dessen sie enthoben werden sollen, ohne daß sie dadurch ihre Eigenschaft als Richter, §§ 11, 17, verlieren. § 30 ist also im Zusammenhang mit § 27 zu verstehen.

Versetzt wird ein Richter, dem unter gleichzeitigem Verlust seines bisherigen Richteramts ein solches bei einem anderen Gericht übertragen wird, Schmidt-Räntsch 4. Die Zuteilung anderer Geschäfte bei demselben Gericht ist keine Versetzung und wird vom Präsidium geregelt, ebenso die Zuteilung an einen detachierten Spruchkörper, Kern DRiZ **58**, 135, Schmidt-Räntsch 5, aM Ule Komm VwGO § 3 IV, H. Müller NJW **63**, 616, die die weitere Zugehörigkeit zu demselben Gericht nicht ausreichen lassen wollen. Die Versetzung eines Richters in dem Sinne, daß er als Richter überhaupt ausscheidet und zB nunmehr als Verwaltungsbeamter tätig wird, gehört nicht hierher.

Amtsenthoben wird ein Richter, dem sein Richteramt, § 27, genommen wird, ohne daß er ein anderes erhält. Da er ohne Richteramt ist, wäre eine gerichtliche Entscheidung, an der er dennoch mitgewirkt hat, in nicht ordnungsgemäßer Besetzung ergangen. Auch eine Abordnung, § 37, ist nicht möglich, da diese das Innehaben eines Richteramts voraussetzt, § 27 Anm 2. Wegen der Richter auf Probe und kraft Auftrags s §§ 22, 23.

B. Versetzung mit richterlicher Zustimmung, die schriftlich und bestimmt sein muß, ist jederzeit möglich; es bedarf dann auch keiner gerichtlichen Entscheidung. In den Fällen des I Z 1 und 2 wäre eine Zustimmung jedoch unerheblich, wird also von einem Verfahren nicht abgesehen werden können, wohl aber bei Z 3 (§ 31, außer, wenn eine Versetzung in den Ruhestand erfolgen soll, Schmidt-Räntsch 12). Bei Amtsenthebung ist der Sache nach die Zustimmung ohne Bedeutung.

2) Die Fälle der Versetzung und Amtsenthebung, I. a) Richteranklage. Das BVerfG, vgl auch § 58 BVerfGG, kann unmittelbar auf Entlassung, Versetzung in ein anderes Amt oder den Ruhestand erkennen. **b)** Förmliches Disziplinarverfahren, §§ 63, 83 iVm der BDisziplinarO (Amtsenthebung findet danach nicht statt, sondern nur eine vorläufige Dienstenthebung) oder den entsprechenden landesrechtlichen Gesetzen. Auch das Dienstgericht erkennt selbst. **c)** Versetzung im Interesse der Rechtspflege, § 31. **d)** Versetzung oder Amtsenthebung wegen Veränderung der Gerichtsorganisation, § 32.

3) Mehrere Richterämter, III. Auch insofern besteht der Schutz, Anm 1. Die Versetzung aus dem zusätzlichen Richteramt, § 27 II, in ein anderes zusätzliches folgt den Grundsätzen von I und II. III trifft den Fall, daß der Richter des zweiten Amtes enthoben wird, ohne daß ihm also ein weiteres übertragen werden soll; das steht unter denselben Rechtsgarantien wie eine Versetzung.

4) Verfahren, II. Außer in den Fällen der rechtserheblichen Zustimmung, Anm 1 B, kann eine Versetzung oder Amtsenthebung nur aufgrund rechtskräftiger gerichtlicher Entscheidung des Dienstgerichts erfolgen. Bei Versetzung oder Amtsenthebung im Falle der Veränderung der Gerichtsorganisation, I Z 4, ist seine Entscheidung nicht erforderlich; jedoch kann die Verfügung der Dienstbehörde gemäß §§ 62 I Z 4a, 78 Z 4a beim Dienstgericht angefochten werden, das sie dann nachprüft, § 66 I, und die Maßnahme aufhebt oder den Antrag zurückweist, § 67 III.

§ 31. *Versetzung im Interesse der Rechtspflege.* **Ein Richter auf Lebenszeit oder ein Richter auf Zeit kann**

1. in ein anderes Richteramt mit gleichem Endgrundgehalt,
2. in den einstweiligen Ruhestand oder
3. in den Ruhestand

versetzt werden, wenn Tatsachen außerhalb seiner richterlichen Tätigkeit eine Maßnahme dieser Art zwingend gebieten, um eine schwere Beeinträchtigung der Rechtspflege abzuwenden.

1) Allgemeines. Die Versetzung im Interesse der Rechtspflege ist zwar ein Eingriff in die Unversetzbarkeit des Richters, Vorbem § 25, § 30 Anm 1; sie muß hier aber weichen, um die Rechtspflege an dem Ort ungestört zu erhalten. Immerhin ergibt sich aus diesem Durchbrechen des Grundsatzes eine enge Auslegung. § 31, der nähere Voraussetzungen für § 30 I Z 3 gibt, bezieht sich wie dieser nur auf Richter auf Lebenszeit oder Zeit. Für Richter auf Probe oder kraft Auftrags gelten §§ 22, 23.

2) Voraussetzungen. Es darf sich nur um Tatsachen außerhalb der richterlichen Tätigkeit handeln, zB Kriminalität in der Familie oder Verheiratung der Tochter des Amtsrichters mit dem dortigen Rechtsanwalt (Begr RegEntw), wie überhaupt um Tatsachen, die den Richter öfters von Entscheidungen ausschließen oder eine begründete Ablehnung herbeiführen können. Ob die Tatsachen verschuldet oder unverschuldet sind, ist unerheblich, ebenso, ob eine Beeinträchtigung von längerer Dauer zu erwarten ist, wenn auch bei baldiger Behebung des Zustandes Maßnahmen im Sinne von § 31 nicht mehr zwingend geboten sein werden. Die schwere Beeinträchtigung der Rechtspflege muß objektiv feststellbar sein; der Maßstab bei sonst gleichem Tatbestand kann im einzelnen Fall örtlich verschieden sein (größere Stadt, kleiner Ort).

3) Die drei Maßnahmen. Liegen die obigen Voraussetzungen vor, ist zunächst zu prüfen, ob überhaupt, und bejahendenfalls, ob gerade das Ergreifen der Maßnahme der in Aussicht genommenen Art zwingend geboten ist, also ob nicht eine der weniger eingreifenden genügt, Ausschußbericht zu § 27. **a)** Die **Versetzung in ein anderes Richteramt** kann selbst dann noch ausreichen, wenn zB der Richter im gesamten LGBezirk nicht mehr tragbar wäre, wohl aber in einem anderen ein Richteramt versehen könnte, vorausgesetzt, daß dieses das gleiche Endgrundgehalt hat. **b) Versetzung in den einstweiligen Ruhestand** unterscheidet sich vor allem dadurch von der endgültigen Überführung in diesen, daß im ersten Fall der Richter, der zunächst ausscheidet, von neuem in das Richterverhältnis auf Lebenszeit berufen werden kann, § 46 iVm § 39 BBG, § 71 I iVm §§ 32 I 3, 29 II BRRG. Die vollen Bezüge sind hier nicht mehr gewährleistet. Eine solche Versetzung wird in Betracht kommen, falls nach einiger, wenn auch längerer Zeit der Grund für die Beeinträchtigung der Rechtspflege entfallen kann oder das Freimachen einer geeigneten Stelle zZt unmöglich ist. **c) Versetzung in den Ruhestand.**

4) Verfahren. Dieses wird dadurch eingeleitet, daß die oberste Dienstbehörde eine der drei Maßnahmen beim Dienstgericht, §§ 62 I Z 2, 78 Z 2, beantragt, bei der Versetzung unter genauer Bezeichnung des in Aussicht genommenen Richteramtes. Für das Versetzungsverfahren gelten die Vorschriften der VwGO, § 65 I. Das Einverständnis des Richters macht das Verfahren nicht unnötig, § 30 II; die oberste Dienstbehörde kann aber von der Feststellung des Tatbestandes absehen und mit Einwilligung des Richters ihn versetzen. Das Dienstgericht erkennt auf Zulässigkeit der Maßnahme oder weist den Antrag ab, § 65 III. Im ersten Fall spricht darauf die oberste Dienstbehörde die Maßnahme aus.

§ 32. *Veränderung der Gerichtsorganisation.* [1] **Bei einer Veränderung in der Einrichtung der Gerichte oder ihrer Bezirke kann einem auf Lebenszeit oder auf Zeit ernannten Richter dieser Gerichte ein anderes Richteramt übertragen werden. Ist eine Verwendung in einem Richteramt mit gleichem Endgrundgehalt nicht möglich, so kann ihm ein Richteramt mit geringerem Endgrundgehalt übertragen werden.**

II Ist die Übertragung eines anderen Richteramts nicht möglich, so kann der Richter seines Amtes enthoben werden. Ihm kann jederzeit ein neues Richteramt, auch mit geringerem Endgrundgehalt, übertragen werden.

III Die Übertragung eines anderen Richteramts (Absatz 1) und die Amtsenthebung (Absatz 2 Satz 1) können nicht später als drei Monate nach Inkrafttreten der Veränderung ausgesprochen werden.

1) Allgemeines. § 32, einer der Fälle der Versetzung oder Amtsenthebung, § 30 I Z 4 und Anm 1 dort, ist die Ausführung von Art 97 II 3 GG. Als Eingriff in die Unversetzbarkeit, Vorbem § 25, ist er eng auszulegen. Er bezieht sich nur auf Richter auf Lebenszeit oder Zeit. Wegen der Richter auf Probe und kraft Auftrags vgl §§ 22, 23.

2) Voraussetzung ist die Veränderung in der Einrichtung der Gerichte oder ihrer Bezirke, also insbesondere Zusammenlegung von Gerichten oder Aufhebung eines Gerichts, aber wohl auch Strukturänderungen wie zB die Bildung von FamGerichten, § 23b GVG. Eine Einsparung von Richterkräften als solche bei unveränderter Organisation genügt ebensowenig wie ein geringerer Geschäftsanfall. Unter den durch Zusammenlegung überflüssig gewordenen Kräften hat die oberste Dienstbehörde der Auswahl; daß gerade das Dezernat des Ausgewählten betroffen ist, ist nicht erforderlich („einem Richter dieser Gerichte"). Wegen Versetzung und Amtsenthebung vgl § 30 Anm 1 A.

3) Maßnahmen. A. Zulässigkeit. Da es sich um einen Eingriff in die richterliche Unabhängigkeit handelt, ist nur die Maßnahme gerechtfertigt, die genügt, um der Umorganisation gerecht zu werden, also I 1 vor I 2, erst dann II: **a)** Übertragung eines anderen Richteramtes mit gleichem Endgrundgehalt, I 1, iSv § 27 I, oder **b)** mit geringerem Endgrundgehalt, I 2, jedoch unter Belassung seines vollen Gehalts, § 33. **c)** Falls auch ein solches Amt nicht vorhanden oder zwar vorhanden, der Richter aber seinen persönlichen Fähigkeiten nach zur Ausfüllung dieses Amtes nicht in der Lage ist (insbesondere wegen mangelnder Vorkenntnisse – wird freilich selten vorkommen, da jeder Richter auf jeder Stelle sich einzuarbeiten in der Lage sein muß), kann er seines Amtes enthoben werden; er bleibt trotzdem Richter, § 30 Anm 1 A, so daß ihm jederzeit ein neues Richteramt, auch mit geringerem Endgrundgehalt, übertragen werden kann. Wegen der Bezüge des amtsenthobenen Richters vgl § 33 II.

B. Verfahren. Die Verfügung der obersten Dienstbehörde ergeht ohne vorheriges dienstgerichtliches Verfahren, § 30 II. Jedoch ist die Anfechtung der Verfügung möglich, §§ 62 I Z 4a, 78 Z 4a. Die Verfügung braucht nicht zusammen mit der Veränderung der Gerichtsorganisation zu erfolgen, sondern spätestens 3 Monate nach deren Inkrafttreten, III.

§ 33. *Belassung des vollen Gehalts.* **I** In den Fällen des § 32 erhält der Richter sein bisheriges Grundgehalt einschließlich ruhegehaltfähiger oder unwiderruflicher Stellenzulagen und steigt in den Dienstaltersstufen seiner bisherigen Besoldungsgruppe weiter auf. Im übrigen richten sich die Dienstbezüge nach den allgemeinen besoldungsrechtlichen Vorschriften. Soweit ihrer Höhe durch den dienstlichen Wohnsitz bestimmt ist, ist bei Amtsenthebung (§ 32 Abs. 2 Satz 1) der letzte dienstliche Wohnsitz maßgebend.

II Der seines Amtes enthobene Richter gilt für die Anwendung der Vorschriften über das Ruhen der Versorgungsbezüge und über das Zusammentreffen mehrerer Versorgungsbezüge als Richter im Ruhestand.

Bem. § 33 dient der Ausführung von Art 97 II 3 GG. II bezieht sich auf § 32 II.

§ 34. *Versetzung in den Ruhestand wegen Dienstunfähigkeit.* Ein Richter auf Lebenszeit oder ein Richter auf Zeit kann ohne seine schriftliche Zustimmung nur auf Grund rechtskräftiger richterlicher Entscheidung wegen Dienstunfähigkeit in den Ruhestand versetzt werden.

1) Allgemeines. § 34 ergänzt die durch das Gesetz fest bestimmten und abschließend aufgezählten Fälle der Versetzung in den Ruhestand, §§ 30–32, 48, 76, für den Fall der Dienstunfähigkeit. § 34 bezieht sich nur auf Richter auf Lebenszeit oder Zeit. Bei Richtern auf Probe entscheidet Beamtenrecht, §§ 46 iVm § 46 BBG, 71 I iVm § 27 BRRG; jedoch kann der Richter die Verfügung der Dienstbehörde, durch die er in den Ruhestand versetzt wird, bei dem Dienstgericht anfechten, §§ 62 I Z 4c, 66 I, II, 67 III, 78 Z 4c, 83, 79 II.

2) Dienstunfähigkeit liegt vor, wenn der Richter infolge eines körperlichen Gebrechens oder wegen Schwäche seiner körperlichen oder geistigen Kräfte zur Erfüllung seiner Dienstpflichten dauernd unfähig ist, §§ 42 I 1 BBG, 26 I 1 BRRG. Das ist nicht nur bei organisch bedingten Leiden möglich, sondern auch bei einem Nachlassen der geistigen Kräfte, die die Willensbildung nachhaltig und auf die Dauer so beeinträchtigen, daß sie die Möglichkeit geistiger Fehlleistungen nicht ausschließen, Schlesw SchlHA **63**, 63. Der Zustand ist durch ein amtsärztliches Gutachten festzustellen. Vgl auch Arndt DRiZ **62**, 269.

3) Verfahren. Für Richter auf Lebenszeit oder Zeit im Bundesdienst trifft der unmittelbare Dienstvorgesetzte die Feststellung, daß er den Richter nach pflichtgemäßem Ermessen für unfähig hält, seine Amtspflichten zu erfüllen, § 43 I BBG. Für die Landesrichter gilt Landesrecht. Erklärt der Richter oder sein gesetzlicher Vertreter schriftlich sein Einverständnis (daß keine Einwendungen erhoben werden, genügt nicht, BGH **48**, 284), so erfolgt die Versetzung in den Ruhestand ohne weiteres im VerwVerfahren; andernfalls ist die Feststellung durch das Dienstgericht nötig, §§ 62 I Z 3 d, 66 III, 78 Z 3 d, 83, 79 II, das die Versetzung in den Ruhestand für zulässig erklärt oder den Antrag zurückweist, § 67 II. Bei Feststellung der Zulässigkeit spricht die oberste Dienstbehörde die Versetzung in den Ruhestand aus.

§ 35. *Vorläufige Untersagung der Amtsgeschäfte*. In einem Verfahren nach § 18 Abs. 3, § 19 Abs. 3, § 21 Abs 3, §§ 30 und 34 kann das Gericht auf Antrag dem Richter die Führung seiner Amtsgeschäfte vorläufig untersagen.

1) Bem. Es handelt sich um dienstgerichtliche Verfahren gegen Richter auf Lebenszeit oder Zeit. Die vorläufige Untersagung der Führung der Amtsgeschäfte kann nur durch gerichtliche Entscheidung erfolgen. Die Aufzählung ist abschließend. Das Gericht entscheidet auf Antrag der Behörde nach freiem Ermessen. Dagegen ist Beschwerde zulässig, §§ 65 u 66 iVm 146 VwGO, soweit die Entscheidung nicht in der Bundesinstanz ergeht.

Entsprechend anwendbar ist § 35 in einem Verfahren, das auf Entlassung eines ehrenamtlichen Richters gerichtet ist, RedOe Anm 4 u Kopp Rdz 4 zu § 24 VwGO.

§ 36. *Mitgliedschaft in einer Volksvertretung oder Regierung*. I Stimmt ein Richter seiner Aufstellung als Bewerber für die Wahl zum Deutschen Bundestag oder zu der gesetzgebenden Körperschaft eines Landes zu, ist ihm auf Antrag innerhalb der letzten zwei Monate vor dem Wahltag der zur Vorbereitung seiner Wahl erforderliche Urlaub unter Wegfall der Dienstbezüge zu gewähren.

II Nimmt ein Richter die Wahl in den Deutschen Bundestag oder in die gesetzgebende Körperschaft eines Landes an oder wird ein Richter mit seiner Zustimmung zum Mitglied der Bundesregierung oder der Regierung eines Landes ernannt, so enden das Recht und die Pflicht zur Wahrnehmung des Richteramts ohne gerichtliche Entscheidung nach näherer Bestimmung der Gesetze.

1) Allgemeines. Ein Richter darf nicht gleichzeitig auch Aufgaben der gesetzgebenden oder vollziehenden Gewalt wahrnehmen, § 4 I. Dem trägt § 36 Rechnung, dazu Lisken DRiZ **75**, 33. § 36 betrifft jeden Richter, § 8. War der Richter zZt seiner Ernennung bereits Mitglied des Bundes- oder eines Landtages, so muß er innerhalb einer ihm zu setzenden Frist das Mandat niederlegen; andernfalls ist er zu entlassen, § 21 II Z 2. Zur Frage der Ausübung eines Kommunalmandats s § 4 Anm 2 B.

2) Aufstellung zur Wahl, I. In Betracht kommt die Bewerbung als Abgeordneter des Bundestages oder der gesetzgebenden Körperschaft eines Landes. Die Zustimmung zur Aufstellung richtet sich nach den Wahlgesetzen. Sie gibt dem Richter das Recht, sich innerhalb der letzten 2 Monate vor dem Wahltag den zur Vorbereitung seiner Wahl erforderlichen Urlaub gewähren zu lassen; für die Zeit der Beurlaubung entfällt sein Anspruch auf Dienstbezüge (entsprechend der Regelung für Beamte in § 33 I BRRG). Während dieser Zeit darf der Richter, der seine bisherige Stellung und sein Amt behält, seinen Dienst nicht ausüben (andernfalls ist das Gericht nicht ordnungsmäßig besetzt), hat aber die allgemeinen, sich aus dem Richterberuf ergebenden Pflichten, insbesondere darf er nicht durch sein Verhalten im Wahlkampf seine Unabhängigkeit gefährden, § 39.

3) Annahme der Wahl, II. Nimmt der Richter seine Wahl in den Bundestag oder in die gesetzgebende Körperschaft eines Landes an oder wird er mit seiner Zustimmung **zum Mitglied der Bundes- oder einer Landesregierung ernannt,** so enden damit von Gesetzes wegen sein Recht und seine Pflicht zur Wahrnehmung des Richteramtes ohne gerichtliche

Entscheidung. Seine weitere Rechtsstellung aufgrund seiner bisherigen Stellung als Richter ergibt sich bundesgesetzlich aus dem Gesetz zur Neuregelung der Rechtsverhältnisse der Mitglieder des Deutschen Bundestages v 18. 2. 77, BGBl 297, sowie § 18 BMinG idF v 27. 7. 71, BGBl 1166, mit späteren Änderungen, landesrechtlich aus den entsprechenden Landesgesetzen.

§ 37. *Abordnung*. [I] **Ein Richter auf Lebenszeit oder ein Richter auf Zeit darf nur mit seiner Zustimmung abgeordnet werden.**

[II] **Die Abordnung ist auf eine bestimmte Zeit auszusprechen.**

[III] **Zur Vertretung eines Richters darf ein Richter auf Lebenszeit oder ein Richter auf Zeit ohne seine Zustimmung längstens für zusammen drei Monate innerhalb eines Geschäftsjahres an andere Gerichte desselben Gerichtszweigs abgeordnet werden.**

1) Allgemeines. § 37 regelt nur die Abordnung eines Richters auf Lebenszeit oder Zeit. Wegen des Richters auf Probe und kraft Auftrags s §§ 13, 16 II. Der abgeordnete Richter tut zwar Dienst an einer anderen Stelle, untersteht aber weiter seinem Disziplinargericht. Wird er an ein Gericht abgeordnet, ist seine Verwendung eingeschränkt, § 29. Ob die Verwendung eines abgeordneten Richters nach den Grundsätzen für eine ordnungsmäßige Besetzung zulässig ist, bestimmt nicht das DRiG, sondern das GVG, s dort §§ 22 V, 59 III, 70 I, 117. Die Abordnung verfügt die oberste Dienstbehörde der abgebenden Stelle, §§ 46 u 71 III iVm § 123 III BRRG, Schmidt-Räntsch 14.

2) Abordnung mit Zustimmung, I, II. § 37 setzt einen Richter voraus, dem ein bestimmtes Richteramt übertragen worden ist, § 27 I. Durch die Abordnung wird daran nichts geändert, er wird aber vorübergehend an anderer Stelle eingesetzt, was dann zur Folge hat, daß er die Tätigkeit an seinem bisherigen Richteramt nicht ausüben darf; andernfalls käme nur die Übertragung eines weiteren Richteramts in Betracht, § 27 II. Eine Versetzung liegt nicht vor, da der Richter durch diese sein bisheriges Richteramt verliert, um ein neues zu erhalten, § 30 Anm 1 A. Eine Abordnung an eine andere Stelle, die auch ein anderer Gerichtszweig oder eine Verwaltungsstelle sein kann, ist nur mit seiner Zustimmung möglich, muß auch für eine bestimmte Zeit ausgesprochen sein, da andernfalls sowohl die Stelle, an die abgeordnet ist, als auch die abordnende eine Einwirkung auf die Besetzung haben könnte, Begr RegEntw zu § 35. Eine Höchstdauer ist nicht vorgesehen. Ist die Abordnungszeit abgelaufen, tritt der Richter ohne weiteres wieder in seine eigentliche Stelle zurück. Während der Abordnung ist das Hauptamt im Sinne des Nebentätigkeitsrechts das bei der Beschäftigungsdienststelle wahrgenommene konkrete Amt, BVerwG VerwRspr **24**, 315.

3) Abordnung ohne Zustimmung des Richters, III, zur Vertretung ist zulässig längstens auf insgesamt drei Monate innerhalb eines Geschäftsjahres und nur an andere Gerichte desselben Gerichtszweiges. Vertretungsgrund ist jede tatsächliche oder rechtliche Verhinderung eines Richters, vorausgesetzt, daß die Stelle schon einmal besetzt war. Zuständig ist grundsätzlich die oberste Dienstbehörde, vgl § 70 I GVG, die Übertragung bedarf eindeutiger Regelung, BGH DRiZ **75**, 22. Die Abordnung kann beim Dienstgericht im verwaltungsgerichtlichen Verfahren angefochten werden, §§ 62 I Z 4b, 78 Z 4b.

Fünfter Abschnitt. Besondere Pflichten des Richters

Vorbemerkung

Der 5. Abschnitt enthält die besonderen Pflichten des Richters. Er wird ergänzt durch entsprechende beamtenrechtliche Bestimmungen, §§ 46, 71 I, dh für die Richter im Bundesdienst durch §§ 52–92 BBG und für die im Landesdienst durch §§ 35–58 BRRG.

§ 38. *Richtereid*. [I] **Der Richter hat folgenden Eid in öffentlicher Sitzung eines Gerichts zu leisten:**

„**Ich schwöre, das Richteramt getreu dem Grundgesetz für die Bundesrepublik Deutschland und getreu dem Gesetz auszuüben, nach bestem Wissen und Gewissen ohne Ansehen der Person zu urteilen und nur der Wahrheit und Gerechtigkeit zu dienen, so wahr mir Gott helfe."**

[II] **Der Eid kann ohne die Worte „so wahr mir Gott helfe" geleistet werden.**

[III] **Der Eid kann für Richter im Landesdienst eine Verpflichtung auf die Landes-**

verfassung enthalten und statt vor einem Gericht in anderer Weise öffentlich geleistet werden.

Bem. Die Eidesformel ist für alle Richter gleich, soweit III nicht eine Besonderheit bringt. Gesetz ist jede Rechtsnorm. Die Verweigerung der Eidesleistung, die auch darin zu sehen wäre, daß Teile des Wortlauts, vorbehaltlich II, weggelassen werden, hat die Entlassung zur Folge, § 21 II Z 1.

§ 39. *Wahrung der Unabhängigkeit.* Der Richter hat sich innerhalb und außerhalb seines Amtes, auch bei politischer Betätigung, so zu verhalten, daß das Vertrauen in seine Unabhängigkeit nicht gefährdet wird.

Schrifttum: Hanack, Die politische Betätigung der Richter, Festschrift für Herrfahrdt, 1961; Niethammer-Vonberg, Parteipolitische Bestätigung der Richter, 1969; Heimeshoff DRiZ **75**, 261; Wipfelder ZRP **82**, 121 u DRiZ **83**, 338; Gilles DRiZ **83**, 41.

1) Bem. Der Richter darf sich politisch betätigen sowie politischen Parteien und Vereinen beitreten, hat das Recht der freien Meinungsäußerung usw, Brack DRiZ **66**, 254, Berlit DRiZ **67**, 151, v. Münchhausen DRiZ **69**, 4, Gilles DRiZ **83**, 44. Da er durch seine dienstliche Tätigkeit aber besonders im Blickpunkt der Allgemeinheit steht, muß er sich so verhalten, daß der Eindruck der Voreingenommenheit, etwa durch den Beitritt zu einer Interessenvereinigung oder durch Hervortreten mit einer einseitigen Meinung, vermieden wird, wobei ein objektiver Maßstab entscheidet. Er muß sich zurückhalten und auch den Schein vermeiden („Unabhängigkeit nicht gefährden"). Maßstab kann etwa sein, daß er alles unterläßt, was ihn einer berechtigten Ablehnung aussetzen könnte, Gilles DRiZ **83**, 45. Im Einzelfall kann dem Richter auch eine scharfe öffentliche Kritik an Maßnahmen anderer Dienststellen erlaubt sein, Dienstger Karlsr DRiZ **83**, 322. Nicht zulässig ist aber der Versuch, durch eine öff Anzeige Druck auf ein Gericht auszuüben, Celle DRiZ **82**, 429.

§ 40. *Schiedsrichter und Schlichter.* [I] **Eine Nebentätigkeit als Schiedsrichter oder Schiedsgutachter darf dem Richter nur genehmigt werden, wenn die Parteien des Schiedsvertrags ihn gemeinsam beauftragen oder wenn er von einer unbeteiligten Stelle benannt ist. Die Genehmigung ist zu versagen, wenn der Richter zur Zeit der Entscheidung über die Erteilung der Genehmigung mit der Sache befaßt ist oder nach der Geschäftsverteilung befaßt werden kann.**

[II] **Auf eine Nebentätigkeit als Schlichter in Streitigkeiten zwischen Vereinigungen oder zwischen diesen und Dritten ist Absatz 1 entsprechend anzuwenden.**

Schrifttum: Heimann-Trosien, Ehrengabe für Bruno Heusinger S 271 ff.

1) Allgemeines. Wegen der Notwendigkeit einer Genehmigung für eine Nebentätigkeit bei Bundesrichtern s § 46 iVm §§ 65, 66 BBG, bei Richtern im Landesdienst § 71 I iVm § 42 BRRG und dem in Betracht kommenden Landesrecht, soweit es nicht durch §§ 40, 41 abgeändert ist. § 40 steht der Ernennung von Schiedsrichtern durch einen Richter (Gerichtspräsidenten) nicht entgegen, Arnold NJW **68**, 782.

2) Nebentätigkeit als Schiedsrichter oder Schiedsgutachter, I. Vgl zum Schiedsverfahren Grdz 3 § 1025, Anm 1 zu § 1025, zum Schiedsgutachter Grdz 3 § 1025 ZPO. Wird nur ein Schiedsrichter oder Schiedsgutachter tätig, so werden die Verträge regelmäßig vorsehen, daß beide Parteien ihn ernennen oder die Ernennung durch eine unbeteiligte Stelle erfolgt. Besteht jedoch ein Schiedsgericht oder eine Schiedsgutachterstelle aus mehreren Mitgliedern, so ernennt regelmäßig jede Partei ein oder mehrere Mitglieder. Diese werden also nicht vom Vertrauen beider Parteien getragen und können deshalb als Fürsprecher einer Partei angesehen werden. Ein Richter darf aber seine Kenntnisse und seine Autorität nicht einer Interessenvertretung zur Verfügung stellen. Er darf deshalb einen einseitigen, also nicht von beiden Parteien ausgehenden Auftrag zur Mitwirkung in einem Schiedsgericht nicht annehmen, Begr RegEntw (zu § 39 I). Auch hier handelt es sich um die Wahrung seiner Unabhängigkeit und des Vertrauens des rechtsuchenden Publikums in diese. Die Erteilung der Genehmigung ist also davon abhängig, daß entweder beide Parteien den Richter beauftragen oder eine unbeteiligte Stelle, dh auch nicht mittelbar damit befaßte und abhängige, sei es eine Behörde oder eine andere Stelle, zB die Handelskammer. Der Richter kann dann als Obmann (etwa von dritter Seite ernannt, oder wenn jede Partei einen Schiedsrichter ernennt und diese sich für die Parteien auf den Obmann einigen) oder auch als beisitzender Schiedsrichter tätig werden. Sind diese Voraussetzungen nicht erfüllt, muß die Genehmigung versagt werden („darf nur"), I 1.

Das gleiche gilt, wenn der Richter mit der Sache befaßt ist oder befaßt werden könnte, I 2, um zu vermeiden, daß der Richter abgelehnt werden könnte, § 41 Z 6 ZPO. Befaßt ist ein Richter mit einer Sache auch dann, wenn er ein Nebenverfahren bearbeitet (zB einstwVfg, BGH **55**, 319) oder wenn er bei Nebenentscheidungen mitwirkt, §§ 1032, 1045, natürlich auch, wenn er für die Vollstreckbarkeitserklärung zuständig wäre. Entscheidend ist der Zeitpunkt der Erteilung der Genehmigung, Hbg VersR **83**, 787. Von ihm aus ist also zu beurteilen, ob der Richter befaßt ist oder nach der Geschäftsverteilung befaßt werden kann, wobei die abstrakte Möglichkeit einer Befassung (als Vertreter oder nach Änderung der Geschäftsverteilung) nicht ausreicht; daß der Richter vorher befaßt gewesen ist, reicht aus, Schmidt-Räntsch 4 (ist aber eine Sache verwiesen, ohne daß eine Entscheidung in der Sache ergangen wäre, so ist der Richter nicht damit befaßt worden).

Liegen die Versagungsgründe von I nicht vor, so kann trotzdem eine Versagung aus dem allgemeinen Grund der Beeinträchtigung dienstlicher Interessen erfolgen, vgl § 46 iVm § 65 II BBG (Bundesregelung). Zu der Frage, ob und ggf wie ein Verstoß gegen § 40 I sich auf das Schiedsverfahren auswirkt, vgl BGH **55**, 319 m Anm Rietschel **LM** § 1039 Nr 3 (ohne Bedeutung für Schiedsvergleich, § 1044a ZPO), dazu Breetzke NJW **71**, 1458 und Habscheid KTS **72**, 210, s auch § 1041 ZPO Anm 4 B. Fehlt die erforderliche Genehmigung, sind Schiedsrichterbestellung und Schiedsrichtervertrag nach § 134 BGB nichtig, Schwab 9 I mwN. Eine zu Unrecht erteilte Genehmigung wird dagegen idR von dem zur Nachprüfung berufenen Staatsgericht als wirksam anzusehen sein, weil sie nur anfechtbar, nicht nichtig ist, vgl § 44 VwVfG.

3) Nebentätigkeit als Schlichter, II. Schlichter werden besonders im Arbeitsrecht tätig, zB in Einigungsstellen nach § 76 BetrVG. Auf einer oder beiden Seiten stehen Personenmehrheiten wie Gewerkschaften, Arbeitgeberverbände, Personalvertretungen, kassenärztliche Vereinigungen und dgl. Aufgabe des Schlichters ist nicht nur das Eingreifen bei Streitigkeiten, sondern auch die Aufstellung von Normen, insbesondere bei Tarifvertragsänderungen. Für die Tätigkeit derartiger Schlichter gilt I. Die Genehmigung zur Mitwirkung bei einem Richter nicht schon deshalb versagt werden, weil die Schlichtungsstelle ihren Sitz im Bezirk seines Gerichts hat, sondern nur aus den in I genannten Gründen. Schlichtung ist auch auf anderen Rechtsgebieten denkbar, zB in Mietangelegenheiten. Auch dann ist II anwendbar, wenn mindestens auf einer Seite eine Vereinigung steht. Sonst wird meist I unmittelbar anwendbar sein.

§ 41. *Rechtsgutachten.* **I Ein Richter darf weder außerdienstlich Rechtsgutachten erstatten, noch entgeltlich Rechtsauskünfte erteilen.**

II Ein beamteter Professor der Rechte oder der politischen Wissenschaften, der gleichzeitig Richter ist, darf mit Genehmigung der obersten Dienstbehörde der Gerichtsverwaltung Rechtsgutachten erstatten und Rechtsauskünfte erteilen. Die Genehmigung darf allgemein oder für den Einzelfall nur erteilt werden, wenn die richterliche Tätigkeit des Professors nicht über den Umfang einer Nebentätigkeit hinausgeht und nicht zu besorgen ist, daß dienstliche Interessen beeinträchtigt werden.

1) Allgemeines. Kein Richter darf seine juristischen Kenntnisse und Erfahrungen einer Privatperson entgeltlich zur Verfügung stellen. Die Würde des Amtes verbietet das. Stellte ein Richter einem Interessenten ein Rechtsgutachten zur Verfügung, so würde unvermeidlich der Name dieses Richters, möglicherweise das Ansehen seines Amtes, für private Zwecke benutzt. Dieser Gefahr darf sich kein Richter aussetzen, Begr RegEntw. Dieser Besonderheit der Stellung des Richters trägt Schröder RdA **61**, 305 zu wenig Rechnung, wenn er § 41 nicht mit Art 2 und 3 GG für vereinbar hält; dagegen auch Schmidt-Räntsch 2. Neben § 41 gilt auch für Richter das RBerG v 13. 12. 35, BGBl III 303–12, mit AusfVOen.

2) Rechtsgutachten und Rechtsauskünfte, I. A. Unter **Rechtsgutachten** sind tiefergehende Arbeiten mit wissenschaftlichem Apparat zu verstehen, die eine Frage behandeln, nicht immer entscheiden, und dem Leser ermöglichen sollen, selbst in eine Prüfung der behandelten Fragen einzutreten. Auch das ausnahmsweise mündlich erstattete Gutachten fällt hierunter. Die Erstattung von Rechtsgutachten ist schlechthin, gleichgültig also, ob entgeltlich oder nicht, verboten. Kein Rechtsgutachten ist die Veröffentlichung von juristischen Meinungen in Aufsatz- und Buchform. Erlaubt ist die Erstattung von Rechtsgutachten für den Dienstbetrieb, insbesondere auch auf Veranlassung der Behörde, nicht aber zur Stützung einer Rechtsmeinung in einem Rechtsstreit des Fiskus (Bericht des Rechtsausschusses zu § 40).

B. Rechtsauskünfte sind die meist mündlich erteilten zusammenfassenden Meinungsäußerungen zu einer Rechtsfrage. Dem Richter sind sie untersagt, soweit sie entgeltlich gegeben werden, also immer dann, wenn ein Vorteil irgendwie wirtschaftlicher Art als Gegenleistung damit verbunden ist. Unentgeltlich dürfen Verwandte oder Bekannte beraten werden.

3) Gutachten der beamteten Professoren der Rechte, II. Um solchen Professoren, zu deren Hochschultätigkeit regelmäßig die Gutachtenerstattung gehört, die Mitwirkung bei der praktischen Rechtsausübung zu ermöglichen, besteht für sie eine Sonderregelung. Sie greift nur ein, wenn es sich um einen beamteten Professor der Rechte oder der politischen Wissenschaften handelt (ordentlicher oder außerordentlicher Professor, nicht Privatdozent) und seine richterliche Tätigkeit, in die er auf Lebenszeit berufen ist, §§ 10, 4 II Z 3, nicht über den Umfang einer Nebentätigkeit hinausgeht, die richterliche Tätigkeit also hinter der Hochschultätigkeit zurücktritt. Nicht hierunter fallen deshalb die außerordentlichen Professoren, die im Hauptamt Richter sind und die die Hochschultätigkeit im Nebenamt ausüben; dann gilt I. Auch die in II genannten Professoren bedürfen für Rechtsgutachten und entgeltliche Rechtsauskünfte der Genehmigung, die von der obersten Dienstbehörde der Gerichtsverwaltung einzuholen ist und allgemein oder für den Einzelfall erteilt werden kann. Versagt werden kann sie nur bei Beeinträchtigung von dienstlichen Interessen, zB im Fall der beabsichtigten Vorlage bei dem Gericht, bei dem der Professor als Richter tätig ist, nicht aber aus anderen Gründen, insbesondere nicht den allgemeinen beamtenrechtlichen, Schmidt-Räntsch 10. Bei Versagung ist Klage beim VerwGericht möglich.

§ 42. *Nebentätigkeiten in der Rechtspflege.* **Ein Richter ist zu einer Nebentätigkeit (Nebenamt, Nebenbeschäftigung) nur in der Rechtspflege und in der Gerichtsverwaltung verpflichtet.**

1) Allgemeines. § 4 II bestimmt, welche Nebentätigkeiten ein Richter übernehmen kann, § 42 hingegen, welche Nebentätigkeiten er übernehmen muß; jedoch ist § 42 enger, da er sich nur auf Nebentätigkeiten in der Rechtspflege und Gerichtsverwaltung erstreckt, also nicht zB auf Prüfungsangelegenheiten. § 42 bedeutet eine Einschränkung der nach § 64 BBG und den entsprechenden landesrechtlichen Bestimmungen bestehenden Verpflichtung, §§ 46 bzw 71. Soll einem Richter eine Tätigkeit außerhalb der Rechtspflege oder Gerichtsverwaltung übertragen werden, so bedarf es seiner Zustimmung; er kann aber, soweit nicht § 4 II vorliegt, eine richterliche Tätigkeit solange nicht ausüben.

2) Verpflichtung zur Übernahme einer Nebentätigkeit. Es kann sich um ein Nebenamt in der Rechtspflege, also ein Richteramt zB beim Dienstgericht, oder in der Gerichtsverwaltung oder auch um eine Nebenbeschäftigung, also auch eine solche außerhalb des Dienstes handeln. Unbedenklich ist danach die Verpflichtung, sich im VerwVerfahren nach § 16 ZSEG zu äußern, BGH **51**, 154. Zur Frage, ob der Strafvollzug (Leitung eines Gerichtsgefängnisses) zur Gerichtsverwaltung gehört, vgl BGH DRiZ **75**, 23. Stets muß es aber eine Nebentätigkeit sein; andernfalls ist die Zustimmung des Richters erforderlich, die jedoch angenommen werden kann, wenn ein Richter die Stelle eines Gerichtsvorstandes, der regelmäßig in der Gerichtsverwaltung hauptamtlich tätig sein muß, annimmt. Auch in den Fällen des § 42 besteht keine Verpflichtung, wenn die Nebentätigkeit ihn über Gebühr in Anspruch nimmt oder (ausnahmsweise) nicht seiner Vorbildung oder Berufsausbildung entspricht, § 64 BBG, vgl Anm 1. Falls der Richter die Nebentätigkeit, die ihn seinem Richteramt, § 27, nicht entfremden darf, nicht annehmen will oder seiner Ansicht nach nicht kann, so entscheidet hierüber auf seinen Antrag das Dienstgericht im Prüfungsverfahren, §§ 62 I Z 4 d, 66 III (Bundesrichter), § 78 Z 4 d (Landesrichter).

§ 43. *Beratungsgeheimnis.* **Der Richter hat über den Hergang bei der Beratung und Abstimmung auch nach Beendigung seines Dienstverhältnisses zu schweigen.**

Schrifttum: Kissel § 193 GVG Rdz 4 ff; Lüderitz AcP **168**, 330; Zierlein DÖV **81**, 83 (zum Sondervotum beim BVerfG).

1) Allgemeines. Auch die Wahrung des Beratungsgeheimnisses dient dem Schutze der Unabhängigkeit des Richters. Die Vorschrift gilt auch für ehrenamtliche Richter, § 45 I 2. Ob sie entsprechend auch für die Vorgänge im Präsidium, anzuwenden ist, ist str, s § 21 e GVG Anm 4; die für Mitglieder der Richtervertretungen geltende Schweigepflicht geht weniger weit, § 58 III DRiG iVm § 10 BPersVG.

2) Umfang des Beratungsgeheimnisses. Es erstreckt sich nicht auf die Voten der Richter, wohl aber auf den Hergang der Beratung einschließlich der Abstimmung. Jedoch muß es dem Richter gestattet sein, ein Separatvotum verschlossen zu seinen Personal- oder Senatsakten zu geben; so auch GeschOrdng des BGH v 3. 3. 52, BAnz Nr 89 S 9, des BAG v 12. 4. 57, BAnz Nr 79 S 1 (Sonderregelung für das BVerfG: § 30 II BVerfGG u VerfO v 9. 2. 71, BGBl 99; vgl allgemein zum Problem der „dissenting opinion" Zweigert, Friesenhahn u Pehle 47. DJT, I D u II R). Zulässig ist es, bei der Begründung der Entscheidung, für deren Endergebnis zwar eine Mehrheit gegeben war, nicht aber für die Art seiner Begründung, das Stimmenverhältnis für die eine und die andere Art der Begründung anzugeben, vgl RGSt **60**, 296.

In ganz besonders gelagerten Fällen hat aber der Richter auch über die Beratung und Abstimmung Auskunft zu geben, so insbesondere bei strafbaren Handlungen und Pflichtwidrigkeiten von Richtern in den deshalb angestrengten Verfahren sowie in den Fällen des § 839 BGB, Schmidt-Räntsch 12. Eine Entbindung von dem Beratungsgeheimnis durch den Dienstvorgesetzten ist nicht statthaft, weil es sich um eine besondere Pflicht handelt, die auch gegenüber diesem besteht, es zudem ein Eingriff der Verwaltung in die Ausübung der Rechtsprechung wäre. Entscheiden muß der Richter selbst, wobei er aufs strengste nach Lage des Einzelfalles zu prüfen hat. Ein Beweisbeschluß allein kann nicht genügen, so RG ständig (aM Schmidt-Räntsch 13, der meint, daß dem Richter dadurch die Entscheidung über die Wahrung abgenommen ist; damit wird sie aber einer anderen Stelle übertragen).

Die Verletzung des Beratungsgeheimnisses ist Dienstvergehen, Schmidt-Räntsch Rdz 14. Sie ist aber nicht nach § 353b oder § 357 StGB strafbar, Düss DRiZ **81**, 68.

Sechster Abschnitt. Ehrenamtliche Richter

§ 44. *Bestellung und Abberufung des ehrenamtlichen Richters.* ^I Ehrenamtliche Richter dürfen bei einem Gericht nur auf Grund eines Gesetzes und unter den gesetzlich bestimmten Voraussetzungen tätig werden.

^{II} Ein ehrenamtlicher Richter kann vor Ablauf seiner Amtszeit nur unter den gesetzlich bestimmten Voraussetzungen und gegen seinen Willen nur durch Entscheidung eines Gerichts abberufen werden.

Schrifttum: Klausa, Ehrenamtliche Richter, 1972; Schiffmann, SchrReihe der Hochschule Speyer Bd. 53, 1974 (betr VerwGerichte).

1) Allgemeines. Das DRiG gilt grundsätzlich nur für die Berufsrichter, § 2, und enthält nur in den §§ 44, 45 Vorschriften für die ehrenamtlichen Richter (Bezeichnung für die beim Richteranspruch mitwirkenden Personen, die nicht Berufsrichter sind, § 45a), um deren Unabhängigkeit sicherzustellen.

2) Tätigwerden der ehrenamtlichen Richter, I. Ob überhaupt solche Richter zugezogen werden können, bestimmen die Verfahrensgesetze, zB §§ 105 ff GVG, 6, 16, 35, 41 ArbGG, 4 und 9 VwGO, 4 FGO, 12, 33 und 38 SGG. Sie regeln auch die Voraussetzungen und das Verfahren ihrer Bestellung, §§ 108–111 GVG, 20–24, 37, 43 ArbGG, 20 ff VwGO, 17 ff FGO, 13 ff und 45–47 SGG.

3) Abberufung, II. Wie lange die Amtszeit eines ehrenamtlichen Richters dauert, bestimmen die einschlägigen Gesetze, Anm 2. Mit seiner Zustimmung ist eine Abberufung jederzeit möglich, so daß auch einem entsprechenden Antrag stattgegeben werden darf, wenn keine Verpflichtung zum Verbleiben besteht. Gegen seinen Willen ist das nur aufgrund der für ihn geltenden Vorschriften durch Entscheidung des Gerichts möglich, zB nach § 113 GVG (Handelsrichter) und §§ 21 V u VI, 27 ArbGG (Arbeitsrichter). Es entscheidet nicht das Dienstgericht, sondern das Gericht, das in den die ehrenamtlichen Richter betreffenden Vorschriften vorgesehen ist, s §§ 27 ArbGG, 24 VwGO, 21 FGO, 18, 35 und 47 SGG. Dabei gilt § 35 entsprechend, dort Anm 1. § 44 regelt nur die Abberufung, läßt also die Vorschriften über das Erlöschen des Amtes kraft Gesetzes unberührt, Schmidt-Räntsch 9. Auch hier bedarf es aber einer (feststellenden) Entscheidung des Gerichts, dem der ehrenamtliche Richter angehört (Rechtsgedanke der §§ 52 u 113 GVG, 21 ArbGG, 24 VwGO, 21 FGO, 18 SGG, 84 BPersVG, 7 LwVG).

§ 45. *Rechtsstellung der ehrenamtlichen Richter und Verpflichtung auf das Amt.* ^I Der ehrenamtliche Richter ist in gleichem Maße wie ein Berufsrichter unabhängig. Er hat das Beratungsgeheimnis zu wahren (§ 43).

^{II} Der ehrenamtliche Richter ist vor seiner ersten Dienstleistung in öffentlicher Sitzung des Gerichts durch den Vorsitzenden zu vereidigen. Die Vereidigung gilt

für die Dauer des Amtes. Der Schwörende soll bei der Eidesleistung die rechte Hand erheben.

III Der ehrenamtliche Richter leistet den Eid, indem er die Worte spricht:
„Ich schwöre, die Pflichten eines ehrenamtlichen Richters getreu dem Grundgesetz für die Bundesrepublik Deutschland und getreu dem Gesetz zu erfüllen, nach bestem Wissen und Gewissen ohne Ansehen der Person zu urteilen und nur der Wahrheit und Gerechtigkeit zu dienen, so wahr mir Gott helfe."
Der Eid kann ohne die Worte „so wahr mir Gott helfe" geleistet werden. Hierüber ist der Schwörende vor der Eidesleistung durch den Vorsitzenden zu belehren.

IV Gibt ein ehrenamtlicher Richter an, daß er aus Glaubens- oder Gewissensgründen keinen Eid leisten wolle, so spricht er die Worte:
„Ich gelobe, die Pflichten eines ehrenamtlichen Richters getreu dem Grundgesetz für die Bundesrepublik Deutschland und getreu dem Gesetz zu erfüllen, nach bestem Wissen und Gewissen ohne Ansehen der Person zu urteilen und nur der Wahrheit und Gerechtigkeit zu dienen."
Das Gelöbnis steht dem Eid gleich.

V Gibt ein ehrenamtlicher Richter an, daß er als Mitglied einer Religions- oder Bekenntnisgemeinschaft eine Beteuerungsformel dieser Gemeinschaft verwenden wolle, so kann er diese dem Eid oder dem Gelöbnis anfügen.

VI Die ehrenamtlichen Richter in der Finanzgerichtsbarkeit leisten den Eid dahin, die Pflichten eines ehrenamtlichen Richters getreu dem Grundgesetz für die Bundesrepublik Deutschland und getreu dem Gesetz zu erfüllen, das Steuergeheimnis zu wahren, nach bestem Wissen und Gewissen ohne Ansehen der Person zu urteilen und nur der Wahrheit und Gerechtigkeit zu dienen.
Dies gilt für das Gelöbnis entsprechend.

VII Für ehrenamtliche Richter bei den Gerichten der Länder können der Eid und das Gelöbnis eine zusätzliche Verpflichtung auf die Landesverfassung enthalten.

VIII Über die Verpflichtung des ehrenamtlichen Richters auf sein Amt wird ein Protokoll aufgenommen.

IX Im übrigen bestimmen sich die Rechte und Pflichten der ehrenamtlichen Richter nach den für die einzelnen Gerichtszweige geltenden Vorschriften.

1) Rechte und Pflichten der ehrenamtlichen Richter. A. Allgemeines, I. Einheitlich für alle Gerichtszweige gilt: **a)** Sie sind in gleichem Maße wie ein Berufsrichter **unabhängig, I,** s § 25; insbesondere sind sie keinerlei Weisungen unterworfen und dürfen auch nicht die Interessen derjenigen Gruppen vertreten, aus denen sie ausgewählt sind; **b)** sie haben das **Beratungsgeheimnis** zu wahren, **I,** s § 43; **c)** auch für sie gelten das **Steuergeheimnis,** § 30 AO 1977, §§ 355, 11 I Z 2 u 3 StGB, wie in VI besonders hervorgehoben wird, und die **Geheimhaltungspflicht,** § 174 III GVG (iVm den Verweisungsvorschriften der anderen Verfahrensordnungen), § 353 d StGB; **d)** wegen ihres Anspruchs auf **Entschädigung** s EhrRiEntschG, Hartmann Teil VI.

B. Sonstiges, IX. Im übrigen bestimmen sich Rechte und Pflichten der ehrenamtlichen Richter nach den für die einzelnen Gerichtszweige geltenden Vorschriften, vgl § 44 Anm 2 und 3.

2) Verpflichtung auf das Amt, II–VIII. Es handelt sich um eine einheitliche Regelung für die ehrenamtlichen Richter aller Gerichtszweige. **A. Der Inhalt, III u IV,** entspricht dem Eid der Berufsrichter, § 38; eine Erweiterung auf die Wahrung des Steuergeheimnisses, Anm 1, gilt für die ehrenamtlichen Richter beim FinGericht, **VI.** Eine zusätzliche Verpflichtung auf die Landesverfassung ist zulässig, **VII;** dazu ist ein LandesG erforderlich (das Form und Verfahren jedoch nicht abweichend von § 45 regeln darf).

B. Formen: Eid, **III,** mit oder ohne Anrufung Gottes, und **Gelöbnis, IV;** die Anfügung besonderer Beteuerungsformeln ist zulässig, **V.**

C. Verfahren: Abnahme vor der ersten Dienstleistung in öffentlicher Sitzung, regelmäßig in unmittelbarem Zusammenhang mit der anschließenden Verhandlung, durch den Vorsitzenden, **II 1,** mit Sonderregelung für den Fall, daß dieser selbst ehrenamtlicher Richter ist, § 123 S 2 DRiG. Über die Verpflichtung ist ein Protokoll aufzunehmen, **VIII;** Aufnahme des Wortlauts der Verpflichtung und Unterschrift des ehrenamtlichen Richters sind nicht erforderlich.

D. Dauer der Verpflichtung: Sie gilt für die Dauer des Amtes, **II 2,** also bis zum Ausscheiden (zB nach § 13 II SGG), nicht für die jeweilige Amtszeit, so daß bei Wiederbestellung keine neue Verpflichtung nötig ist, str.

E. Verstöße gegen II–VIII: Ist die Verpflichtung unterblieben, so hat ein Nichtrichter mitgewirkt; das Gericht war dann nicht ordnungsgemäß besetzt, BVerfG **31,** 184, BGHSt **3,** 175, **4,** 158, BVerwG **73,** 79 mwN, stRspr. Formfehler wie die Vereidigung im Beratungszimmer, das Unterlassen der Protokollierung oder das Nichterheben der rechten Hand erfordern nicht die Aufhebung der angefochtenen Entscheidung, BVerwG **73,** 78 u NJW **81,** 1110.

§ 45a. *Bezeichnungen der ehrenamtlichen Richter.* **Die ehrenamtlichen Richter in der Strafgerichtsbarkeit führen die Bezeichnung „Schöffe", die ehrenamtlichen Richter bei den Kammern für Handelssachen die Bezeichnung „Handelsrichter" und die anderen ehrenamtlichen Richter die Bezeichnung „ehrenamtlicher Richter".**

1) Bem. Ebenso wie bei den Berufsrichtern, § 19a, sind die Bezeichnungen der ehrenamtlichen Richter in allen Zweigen der Gerichtsbarkeit vereinheitlicht. Mit Ausnahme der Laienbeisitzer in der Strafgerichtsbarkeit, die alle „Schöffen" heißen, und der kaufmännischen Beisitzer bei den KfH, §§ 105ff GVG, die die traditionelle Bezeichnung „Handelsrichter" führen, gilt für sie die Bezeichnung „ehrenamtlicher Richter"; damit wird die Gleichwertigkeit des von juristischen Laien ausgeübten Richteramtes betont, C. Arndt DRiZ **72,** 42.

Zweiter Teil. Richter im Bundesdienst

Grundzüge

1) Richter im Bundesdienst sind die Richter bei einem Gericht des Bundes, also bei obersten Bundesgerichten, Bundespatentgericht, Bundesdisziplinargericht, Truppendienstgerichten. Die Mitglieder dieser Gerichte ernennt der Bundespräsident, Art 66 I GG. Wegen des Bundesverfassungsgerichts s §§ 69, 70.

2) Für die Richter im Bundesdienst gelten die Bestimmungen des 1. Teils, die durch einige allgemeine Bestimmungen, §§ 46–48, und die Vorschriften die über die Richtervertretungen, §§ 49–60, sowie das Dienstgericht beim Bund, §§ 61–68, ergänzt werden.

Erster Abschnitt. Allgemeine Vorschriften

§ 46. *Geltung des Bundesbeamtenrechts.* **Soweit dieses Gesetz nichts anderes bestimmt, gelten für die Rechtsverhältnisse der Richter im Bundesdienst bis zu einer besonderen Regelung die Vorschriften für Bundesbeamte entsprechend.**

1) Allgemeines. Die besonderen für die Richter des Bundes geltenden Bestimmungen sind die des 1. und 2. Teiles, die durch einige Überleitungsbestimmungen, §§ 105ff, ergänzt werden.

2) Entsprechende Anwendung der Vorschriften für die Bundesbeamten (verfassungsrechtlich unbedenklich, BVerfG **26,** 141). Damit ist nicht gesagt, daß es sich bei den Richtern um richterliche Beamte handelt, wie aus §§ 8ff hervorgeht. Stets ist zu prüfen, inwieweit das DRiG eine abschließende Regelung trifft, wie zB bei der Befähigung zum Richteramt, §§ 5ff, den Rechtsformen des Richterdienstes, §§ 8ff, der Unabhängigkeit des Richters, §§ 25ff, wozu auch die abschließend geregelten Gründe für eine Entfernung eines Richters aus dem Amt wider seinen Willen, §§ 18ff, zu rechnen sind; fehlt eine abschließende Regelung, so ist zu untersuchen, ob eine besondere Regelung getroffen ist, die die im BBG enthaltene Vorschrift ausschließt. Im übrigen ist aber auch bei Anwendung jeder Vorschrift zu prüfen, ob sie mit der dem Richter eigentümlichen Stellung, wie sie sich aus dem GG und dem DRiG ergibt, vereinbar ist oder ob sie nur mit einer sich daraus ergebenden Maßgabe anwendbar ist, BVerwG DÖD **72,** 142. Die Arbeitszeitvorschriften gelten nicht für Richter, so daß sie nicht an bestimmte Dienststunden gebunden sind, BVerwG NJW **83,** 62 u DÖV **81,** 632 mwN, VG Köln DÖD **72,** 213, Darkow DRiZ **71,** 373, Bonnet DRiZ **72,** 28, Schultz MDR **81,** 284 und § 26 Anm 3 A (unentschieden Kissel § 1 GVG Rdz

154); wohl aber darf die von einem Richter aufzubringende Arbeitszeit pauschalierend an dem Arbeitserfolg vergleichbarer Richter in der regelmäßigen wöchentlichen Arbeitszeit des Beamten gemessen werden, BVerwG NJW **83**, 62. Anwendbar ist dagegen § 76 BBG, vgl die darauf gestützten Anordnungen über die Amtstracht, dazu VGH Kassel DRiZ **80**, 392 (es besteht aber kein Anspruch auf unentgeltliche Gestellung, OVG Lüneb DRiZ **74**, 389).

Entsprechend anzuwenden ist das BBG nebst allen auf Grund dieses Gesetzes erlassenen Vorschriften (Übers bei Schmidt-Räntsch 13 ff); unmittelbar anzuwenden ist die VO über die Nebentätigkeit der Richter im Bundesdienst v 15. 10. 65, BGBl 1719, geändert durch Art 2 VO v 28. 8. 74, BGBl 2115, Schmidt-Räntsch Teil E. Für die Besoldung der Richter des Bundes und der Länder gilt § 1 I Z 2 BBesG.

§ 47. *Bundespersonalausschuß in Angelegenheiten der Richter.* In Angelegenheiten der Richter im Bundesdienst wirkt im Bundespersonalausschuß als weiteres ständiges ordentliches Mitglied der Leiter der Personalabteilung des Bundesministeriums der Justiz mit, dessen Stellvertreter ein anderer Beamter des Bundesministeriums der Justiz ist. Nichtständige ordentliche Mitglieder sind vier Richter; sie und ihre Stellvertreter müssen Richter auf Lebenszeit im Bundesdienst sein. Der Beamte des Bundesministeriums der Justiz und die Richter werden vom Bundesminister der Justiz im Einvernehmen mit den beteiligten Bundesministern vorgeschlagen, davon drei Richter und ihre Stellvertreter auf Grund einer Benennung durch die Spitzenorganisationen der Berufsverbände der Richter.

§ 48. *Eintritt in den Ruhestand.* [I] Die Richter auf Lebenszeit an den obersten Gerichtshöfen des Bundes treten mit dem Ende des Monats in den Ruhestand, in dem sie das achtundsechzigste Lebensjahr vollenden, die übrigen Richter mit dem Ende des Monats, in dem sie das fünfundsechzigste Lebensjahr vollenden.

[II] Der Eintritt in den Ruhestand kann nicht hinausgeschoben werden.

[III] Ein Richter auf Lebenszeit ist auf seinen Antrag in den Ruhestand zu versetzen
1. frühestens zwei Jahre vor Erreichen der Altersgrenze oder
2. als Schwerbehinderter im Sinne des § 1 des Schwerbehindertengesetzes
   a) frühestens mit Vollendung des einundsechzigsten Lebensjahres,
   b) vom 1. Januar 1980 an frühestens mit Vollendung des sechzigsten Lebensjahres.

Dem Antrag nach Nummer 2 darf nur entsprochen werden, wenn sich der Richter unwiderruflich dazu verpflichtet, nicht mehr als durchschnittlich 425,00 Deutsche Mark aus Beschäftigungen oder Erwerbstätigkeiten hinzuzuverdienen.

Bem. III idF des § 3 des G v 30. 7. 79, BGBl 1299.

§ 48a. *Ermäßigung der Dienstzeit und Beurlaubung.* [I] Einem Richter ist auf Antrag
1. der Dienst bis auf die Hälfte des regelmäßigen Dienstes zu ermäßigen,
2. ein Urlaub ohne Dienstbezüge bis zur Dauer von drei Jahren mit der Möglichkeit der Verlängerung zu gewähren,

wenn er mit
a) mindestens einem Kind unter achtzehn Jahren oder
b) einem nach amtsärztlichem Gutachten pflegebedürftigen sonstigen Angehörigen

in häuslicher Gemeinschaft lebt und diese Personen tatsächlich betreut oder pflegt.

[II] Ermäßigung des regelmäßigen Dienstes und Beurlaubung sollen zusammen eine Dauer von fünfzehn Jahren, Beurlaubungen allein eine Dauer von sechs Jahren nicht überschreiten. Der Antrag auf Verlängerung einer Beurlaubung ist spätestens sechs Monate vor Ablauf der genehmigten Beurlaubung zu stellen.

[III] Anträge nach Absatz 1 sind nur dann zu genehmigen, wenn der Richter zugleich der Verwendung auch in einem anderen Richteramt desselben Gerichtszweiges zustimmt.

[IV] Während einer Freistellung vom Dienst nach Absatz 1 dürfen nur solche Nebentätigkeiten genehmigt werden, die dem Zweck der Freistellung nicht zuwiderlaufen.

Bem. I und II idF des Art 3 G v 10. 5. 1980, BGBl 561. Vgl zu der Regelung, die den §§ 48a BRRG und § 79a BBG ähnelt, Wilhelm ZBR **69**, 97, Finkelnburg DRiZ **71**, 367, Schwandt ZBR **80**, 305 (verfassungsrechtliche Bedenken bei Thiele ZBR **80**, 339).

Zweiter Abschnitt. Richtervertretungen

Zusammenfassung

1) Allgemeines. Das DRiG hat zwei Richtervertretungen eingeführt (Schrifttum: Görnert DRiZ **72**, 297; Pentz DRiZ **72**, 351), die auch besondere Aufgaben nach dem SchwbG haben (dazu Pentz DÖD **74**, 223 und wegen des Teilnahmerechts des Hauptvertrauensmannes VG Mü DRiZ **77**, 246):

a) Richterräte für die Beteiligung an allgemeinen und sozialen Angelegenheiten, § 49 Z 1, für deren Befugnisse und Pflichten die in § 52 genannten Vorschriften des BPersVG sinngemäß gelten. Die Zusammensetzung des Richterrats, der von den Richtern des betreffenden Gerichts geheim und unmittelbar gewählt wird, § 51, ist bei den 8 in § 50 genannten Gerichten des Bundes verschieden; die Regelung ist abschließend.

b) Präsidialräte für die Beteiligung bei der Ernennung eines Richters, §§ 49 Z 2, 55–57, Buschmann RiA **82**, 44. Sie bestehen aus dem Gerichtspräsidenten, Mitgliedern des Präsidiums und solchen, die von den Richtern gewählt werden, § 54.

2) Rechtsstreitigkeiten aus der Bildung oder Tätigkeit der Rechtsvertretungen werden im Verwaltungsrechtsweg entschieden, § 60, zB bei einer Wahlanfechtung, VG Hann DVBl **74**, 372.

§ 49. *Richterrat und Präsidialrat.* Bei den Gerichten des Bundes werden als Richtervertretungen errichtet
1. Richterräte für die Beteiligung an allgemeinen und sozialen Angelegenheiten,
2. Präsidialräte für die Beteiligung an der Ernennung eines Richters.

§ 50. *Zusammensetzung des Richterrats.* [I] Der Richterrat besteht bei dem
1. Bundesgerichtshof und Bundespatentgericht aus je fünf gewählten Richtern,
2. Bundesverwaltungsgericht, Bundesfinanzhof, Bundesarbeitsgericht, Bundessozialgericht und Bundesdisziplinargericht aus je drei gewählten Richtern,

[II] Für die Richter der Truppendienstgerichte wird ein Richterrat aus drei gewählten Richtern errichtet. Der Richterrat bestimmt seinen Sitz bei einem Truppendienstgericht.

[III] Der Präsident des Gerichts und sein ständiger Vertreter können dem Richterrat nicht angehören.

§ 51. *Wahl des Richterrats.* [I] Die Mitglieder des Richterrats und eine gleiche Anzahl von Stellvertretern werden auf jeweils vier Jahre geheim und unmittelbar gewählt.

[II] Zur Vorbereitung der Wahl beruft der Präsident des Gerichts, bei den Truppendienstgerichten der lebensälteste Richter, eine Versammlung der Richter ein. Die Versammlung beschließt unter dem Vorsitz des lebensältesten Richters das Wahlverfahren.

§ 52. *Aufgaben des Richterrats.* Für die Befugnisse und Pflichten des Richterrats gelten § 2 Abs. 1, §§ 66 bis 74, 75 Abs. 2 und 3 Nr. 1 bis 5 und 11 bis 16, § 76 Abs. 2, § 78 Abs. 1 Nr. 1, 2 und Abs. 2 bis 4, §§ 80 und 81 des Bundespersonalvertretungsgesetzes vom 15. März 1974 (Bundesgesetzbl. I S. 693) sinngemäß.

§ 53. *Gemeinsame Aufgaben von Richterrat und Personalvertretung.* [I] Sind an einer Angelegenheit sowohl der Richterrat als auch die Personalvertretung beteiligt, so entsendet der Richterrat für die gemeinsame Beschlußfassung Mitglieder in die Personalvertretung.

^{II} Die Zahl der entsandten Mitglieder des Richterrats muß zur Zahl der Richter im gleichen Verhältnis stehen wie die Zahl der Mitglieder der Personalvertretung zu der Zahl der Beamten, Angestellten und Arbeiter. Jedoch entsendet der Richterrat mindestens die in § 17 Abs. 3 und Abs. 5 Satz 1 des Bundespersonalvertretungsgesetzes bestimmte Zahl von Mitgliedern.

Bem. Vgl dazu Fertig DRiZ **77**, 147.

§ 54. *Bildung des Präsidialrats.* ^{I} Bei jedem obersten Gerichtshof des Bundes wird ein Präsidialrat errichtet. Der Präsidialrat beim Bundesverwaltungsgericht ist zugleich für das Bundesdisziplinargericht und die Truppendienstgerichte zuständig. Er besteht bei

1. dem Bundesgerichtshof aus dem Präsidenten als Vorsitzendem, seinem ständigen Vertreter, zwei vom Präsidium um seiner Mitte gewählten Mitgliedern und drei weiteren Mitgliedern,
2. den anderen oberen Bundesgerichten aus dem Präsidenten als Vorsitzendem, seinem ständigen Vertreter, einem vom Präsidium aus seiner Mitte gewählten Mitglied und zwei weiteren Mitgliedern.

Ist kein ständiger Vertreter ernannt, so wirkt an seiner Stelle der dienstälteste, bei gleichem Dienstalter der lebensälteste Vorsitzende Richter mit. Die weiteren Mitglieder werden von den Richtern des Gerichts, bei dem der Präsidialrat errichtet ist, geheim und unmittelbar gewählt. § 51 Abs. 2 gilt entsprechend.

^{II} An die Stelle der beiden von den Richtern des Bundesverwaltungsgerichts gewählten Mitglieder treten in Angelegenheiten der Richter des Bundesdisziplinargerichts zwei von den Richtern dieses Gerichts, in Angelegenheiten der Richter der Truppendienstgerichte zwei von den Richtern dieser Gerichte gewählte Mitglieder; Absatz 1 Satz 5 und 6 gilt entsprechend.

^{III} Für die Richter des Bundespatentgerichts wird ein Präsidialrat errichtet; er besteht aus dem Präsidenten als Vorsitzendem, seinem ständigen Vertreter, zwei vom Präsidium aus seiner Mitte gewählten Mitgliedern und drei weiteren Mitgliedern. Absatz 1 Satz 5 und 6 gilt entsprechend.

^{IV} Die Amtszeit des Präsidialrats beträgt vier Jahre.

§ 55. *Aufgabe des Präsidialrats.* Vor jeder Ernennung oder Wahl eines Richters ist der Präsidialrat des Gerichts, bei dem der Richter verwendet werden soll, zu beteiligen. Das gleiche gilt, wenn einem Richter ein Richteramt an einem Gericht eines anderen Gerichtszweigs übertragen werden soll.

Bem. Vgl dazu Pentz DÖD **80**, 221, Buschmann RiA **82**, 44.

§ 56. *Einleitung der Beteiligung.* ^{I} Die oberste Dienstbehörde beantragt die Stellungnahme des Präsidialrats. Dem Antrag sind die Bewerbungsunterlagen und die Personal- und Befähigungsnachweise beizufügen. Personalakten dürfen nur mit Zustimmung des Bewerbers oder Richters vorgelegt werden.

^{II} Auf Ersuchen eines Mitglieds eines Richterwahlausschusses hat die oberste Dienstbehörde die Stellungnahme zu beantragen.

§ 57. *Stellungnahme des Präsidialrats.* ^{I} Der Präsidialrat gibt eine schriftlich begründete Stellungnahme ab über die persönliche und fachliche Eignung des Bewerbers oder Richters. Die Stellungnahme ist zu den Personalakten zu nehmen.

^{II} Der Präsidialrat hat seine Stellungnahme binnen eines Monats abzugeben.

^{III} Ein Richter darf erst ernannt oder gewählt werden, wenn die Stellungnahme des Präsidialrats vorliegt oder die Frist des Absatzes 2 verstrichen ist.

Bem. Die Vorschrift regelt die Befugnisse des Präsidialrats abschließend. Er kann sich einer Stellungnahme enthalten, wie II und III zeigen. Andernfalls äußert er sich zur Eignung des von der Verwaltung (oder vom Richterwahlausschuß) Vorgeschlagenen, §§ 55 und 56; sind es mehrere, darf er eine Abstufung der Eignung vornehmen. Ein Recht zu Gegenvorschlägen hat der Präsidialrat nicht, Begr RegEntw zu § 56. Ist die Stelle ausgeschrieben worden, sind ihm aber die übrigen Bewerber bekanntzugeben, Philipp DRiZ **64**, 253. Die

Ernennung eines Richters ohne Beteiligung des Präsidialrats bleibt wirksam, da §§ 18 und 19 diesen Fall nicht erwähnen.

§ 58. *Geschäftsführung, Rechtsstellung der Mitglieder.* [I] Die Richtervertretungen regeln ihre Beschlußfassung und Geschäftsführung in einer Geschäftsordnung.

[II] Die Kosten der Richtervertretungen fallen dem Haushalt der Gerichte zur Last. Die Gerichtsverwaltung stellt Räume und Geschäftsbedarf zur Verfügung.

[III] Die Mitgliedschaft in der Richtervertretung ist ein Ehrenamt. Für die Rechte und Pflichten der Mitglieder gelten die §§ 8 bis 11, 46 Abs. 3 bis 7, § 47 Abs. 2 des Bundespersonalvertretungsgesetzes sinngemäß.

Bem. Der Hauptvertrauensmann der schwerbehinderten Richter darf in Ausübung seines Rechts nach § 22 IV 1 SchwbG an der Sitzung auch während der Abstimmung teilnehmen.

§ 59. *Abgeordnete Richter.* [I] Ein an ein Gericht des Bundes abgeordneter Richter wird zum Richterrat dieses Gerichts wahlberechtigt, sobald die Abordnung länger als drei Monate gedauert hat. Wird ein Richter im Bundesdienst an ein anderes Gericht oder an eine Verwaltungsbehörde abgeordnet, so verliert er sein Wahlrecht zum Richterrat bei dem bisherigen Gericht nach Ablauf von drei Monaten.

[II] Ein abgeordneter Richter kann dem Präsidialrat für das Gericht des Bundes, an das er abgeordnet ist, nicht angehören; er ist für diesen Präsidialrat nicht wahlberechtigt. Ein Richter im Bundesdienst scheidet mit Beginn der Abordnung aus dem Präsidialrat seines bisherigen Gerichts aus; seine Wahlberechtigung bleibt jedoch unberührt.

§ 60. *Rechtsweg in Angelegenheiten der Richtervertretungen.* Für Rechtsstreitigkeiten aus der Bildung oder Tätigkeit der Richtervertretungen steht der Rechtsweg zu den Verwaltungsgerichten offen. Das Verwaltungsgericht entscheidet bei Rechtsstreitigkeiten aus der gemeinsamen Beteiligung von Richterrat und Personalvertretung (§ 53 Abs. 1) nach den Verfahrensvorschriften und in der Besetzung des § 83 Abs. 2 und § 84 des Bundespersonalvertretungsgesetzes.

Dritter Abschnitt. Dienstgericht des Bundes

Zusammenfassung

Dienstgericht ist für die im Dienst des Bundes stehenden Richter aller Gerichtszweige ein **besonderer Senat des BGH**, § 61 I, der auch Revisionssenat für Urteile der Dienstgerichte der Länder ist, §§ 62 II, 79, soweit das die Landesgesetzgebung vorsieht, § 79 III; s dazu Kern DRiZ **62**, 147. Das Dienstgericht am BGH gilt in Disziplinarsachen als Strafsenat, in Versetzungs- und Prüfungssachen als Zivilsenat, § 61 IV. Durch diese Fiktion (Prüfungs- und Verwaltungssachen sind öff-rechtlich) wird die Anrufung der Großen Senate bei Abweichung in einer Rechtsfrage geregelt, §§ 132, 136 GVG. Zusammensetzung des Dienstgericht: § 61 II.

§ 61. *Verfassung des Dienstgerichts.* [I] Für die Richter im Bundesdienst wird als Dienstgericht des Bundes ein besonderer Senat des Bundesgerichtshofs gebildet.

[II] Das Dienstgericht des Bundes verhandelt und entscheidet in der Besetzung mit einem Vorsitzenden, zwei ständigen Beisitzern und zwei nichtständigen Beisitzern. Der Vorsitzende und die ständigen Beisitzer müssen dem Bundesgerichtshof, die nichtständigen Beisitzer als Richter auf Lebenszeit dem Gerichtszweig des betroffenen Richters angehören. Der Präsident eines Gerichts und sein ständiger Vertreter können nicht Mitglied des Dienstgerichts sein.

[III] Das Präsidium des Bundesgerichtshofs bestimmt den Vorsitzenden und die Beisitzer sowie deren Vertreter für fünf Geschäftsjahre. Bei der Hinzuziehung der nichtständigen Beisitzer ist es an die Reihenfolge in den Vorschlagslisten gebunden, die von den Präsidien der obersten Gerichtshöfe des Bundes aufgestellt werden.

[IV] Das Dienstgericht gilt in Disziplinarverfahren (§ 63) als Strafsenat, in Versetzungs- und Prüfungsverfahren (§§ 65, 66) als Zivilsenat im Sinne der §§ 132 und 136 des Gerichtsverfassungsgesetzes.

§ 62. Zuständigkeit des Dienstgerichts. ^{I} Das Dienstgericht des Bundes entscheidet endgültig
1. in Disziplinarsachen, auch der Richter im Ruhestand;
2. über die Versetzung im Interesse der Rechtspflege;
3. bei Richtern auf Lebenszeit oder auf Zeit über die
   a) Nichtigkeit einer Ernennung,
   b) Rücknahme einer Ernennung
   c) Entlassung,
   d) Versetzung in den Ruhestand wegen Dienstunfähigkeit;
4. bei Anfechtung
   a) einer Maßnahme wegen Veränderung der Gerichtsorganisation,
   b) der Abordnung eines Richters gemäß § 37 Abs. 3,
   c) einer Verfügung, durch die ein Richter auf Probe oder kraft Auftrags entlassen, durch die seine Ernennung zurückgenommen oder die Nichtigkeit seiner Ernennung festgestellt oder durch die er wegen Dienstunfähigkeit in den Ruhestand versetzt wird,
   d) der Heranziehung zu einer Nebentätigkeit,
   e) einer Maßnahme der Dienstaufsicht aus den Gründen des § 26 Abs. 3,
   f) einer Verfügung über die Teilbeschäftigung und Beurlaubung (§ 48a).

^{II} Das Dienstgericht des Bundes entscheidet auch über die Revision gegen Urteile der Dienstgerichte der Länder (§ 79).

Bem. Unter Z 3d fällt auch die Nachprüfung einer in diesem Zusammenhang erlassenen Untersuchungsanordnung, BGH NJW **81**, 2011.

§ 63. Disziplinarverfahren. ^{I} Für das Verfahren in Disziplinarsachen gelten die Vorschriften der Bundesdisziplinarordnung sinngemäß.

^{II} Über die Einleitung oder Einstellung des förmlichen Disziplinarverfahrens, über die vorläufige Dienstenthebung, die Einbehaltung von Dienstbezügen sowie über die Aufhebung dieser Maßnahmen entscheidet auf Antrag der obersten Dienstbehörde das Dienstgericht durch Beschluß. Der Beschluß ist der obersten Dienstbehörde und dem Richter zuzustellen.

^{III} Die Aufgaben des Bundesdisziplinaranwalts nimmt der Generalbundesanwalt wahr. § 38 Abs. 2 der Bundesdisziplinarordnung findet keine Anwendung.

§ 64. Disziplinarmaßnahmen. ^{I} Durch Disziplinarverfügung kann nur ein Verweis ausgesprochen werden.

^{II} Gegen einen Richter bei einem obersten Gerichtshof des Bundes kann nur Verweis, Geldbuße oder Entfernung aus dem Dienst verhängt werden.

§ 65. Versetzungsverfahren. ^{I} Für das Verfahren bei Versetzung im Interesse der Rechtspflege (Versetzungsverfahren) gelten die Vorschriften der Verwaltungsgerichtsordnung sinngemäß.

^{II} Das Verfahren wird durch einen Antrag der obersten Dienstbehörde eingeleitet. Ein Vorverfahren findet nicht statt. Der Oberbundesanwalt wirkt an dem Verfahren nicht mit.

^{III} Das Gericht erklärt eine der in § 31 vorgesehenen Maßnahmen für zulässig oder weist den Antrag zurück.

§ 66. Prüfungsverfahren. ^{I} Für das Verfahren in den Fällen des § 62 Abs. 1 Nr. 3 und 4 (Prüfungsverfahren) gelten die Vorschriften der Verwaltungsgerichtsordnung sinngemäß. Der Oberbundesanwalt wirkt an dem Verfahren nicht mit.

^{II} Ein Vorverfahren findet nur in den Fällen des § 62 Abs. 1 Nr. 4 statt.

^{III} Das Verfahren wird in den Fällen des § 62 Abs. 1 Nr. 3 durch einen Antrag der obersten Dienstbehörde, in den Fällen der Nummer 4 durch einen Antrag des Richters eingeleitet.

Bem. Nach I gilt auch § 80 V, VI VwGO, BGH DRiZ **76**, 85.

§ 67. *Urteilsformel im Prüfungsverfahren.* **I** In dem Fall des § 62 Abs. 1 Nr. 3 Buchstabe a stellt das Gericht die Nichtigkeit fest oder weist den Antrag zurück.

II In den Fällen des § 62 Abs. 1 Nr. 3 Buchstaben b bis d stellt das Gericht die Zulässigkeit der Maßnahme oder die Entlassung fest oder weist den Antrag zurück.

III In den Fällen des § 62 Abs. 1 Nr. 4 Buchstaben a bis d hebt das Gericht die angefochtene Maßnahme auf oder weist den Antrag zurück.

IV In dem Fall des § 62 Abs. 1 Nr. 4 Buchstabe e stellt das Gericht die Unzulässigkeit der Maßnahme fest oder weist den Antrag zurück.

Bem. **III** muß entsprechend auch für den (später eingefügten) Fall des § 62 I Z 4f gelten, ebenso Schmidt-Räntsch 7; in allen Fällen des III ist ggf auch die Verpflichtung auszusprechen, dem Begehren stattzugeben. **IV** läßt über den Wortlaut hinaus zu, zB die Vernichtung eines Zeugnisses anzuordnen (BGH **52**, 296 läßt dies offen).

§ 68. *Aussetzung von Verfahren.* **I** Ist eine Maßnahme der Dienstaufsicht aus den Gründen des § 26 Abs. 3 angefochten und hängt die Entscheidung hierüber von dem Bestehen oder Nichtbestehen eines Rechtsverhältnisses ab, das den Gegenstand eines anderen Verfahrens bildet oder bilden kann, so hat das Dienstgericht die Verhandlung bis zur Erledigung des anderen Verfahrens auszusetzen. Der Aussetzungsbeschluß ist zu begründen.

II Ist das Verfahren bei dem anderen Gericht noch nicht anhängig, so setzt das Dienstgericht in dem Aussetzungsbeschluß eine angemessene Frist zur Einleitung des Verfahrens. Nach fruchtlosem Ablauf der Frist weist es den Antrag ohne weitere Sachprüfung zurück.

III Hängt die Entscheidung eines anderen Gerichts als eines Dienstgerichts davon ab, ob eine Maßnahme der Dienstaufsicht aus den Gründen des § 26 Abs. 3 unzulässig ist, so hat das Gericht die Verhandlung bis zur Erledigung des Verfahrens vor dem Dienstgericht auszusetzen. Der Aussetzungsbeschluß ist zu begründen. Absatz 2 gilt sinngemäß.

Bem. Vgl hierzu § 26 Anm 4 aE.

Vierter Abschnitt. Richter des Bundesverfassungsgerichts

§ 69. *Beschränkte Geltung dieses Gesetzes.* Für die Richter des Bundesverfassungsgerichts gelten die Vorschriften dieses Gesetzes nur, soweit sie mit der besonderen Rechtsstellung dieser Richter nach dem Grundgesetz und nach dem Gesetz über das Bundesverfassungsgericht vereinbar sind.

Bem. Das DRiG ist nur im Grundsatz auf die Richter des BVerfG anwendbar. Für sie kommen zunächst Art 94 GG und das BVerfGG idF v 3. 2. 71, BGBl 105 (zuletzt geändert durch Art V G v 20. 3. 79, BGBl 357), in Betracht. Eine Liste der anwendbaren Vorschriften des DRiG bei Schmidt-Räntsch 5.

§ 70. *Bundesrichter als Richter des Bundesverfassungsgerichts.* Die Rechte und Pflichten eines Richters an den obersten Gerichtshöfen des Bundes ruhen, solange er Mitglied des Bundesverfassungsgerichts ist.

Dritter Teil. Richter im Landesdienst

Vorbemerkung

1) Rahmenvorschriften. Der 3. Teil enthält im wesentlichen Rahmenvorschriften, was Art 98 III 2 GG zuläßt, also Anweisungen an den Landesgesetzgeber, ohne daß eine Frist gesetzt wäre. Die Länder haben ihrerseits RichterG erlassen, u zwar **Baden-Württemberg** LRiG idF v 19. 7. 72, GBl 431, zuletzt geänd 9. 12. 80, GBl 585, **Bayern** RiG idF v 11. 1. 77, GVBl 27, zuletzt geänd 6. 6. 81, GVBl 128, **Berlin** RiG idF v 27. 4. 70, GVBl 642, zuletzt geänd 23. 10. 79, GVBl 1852, **Bremen** RiG v 15. 12. 64, GBl 187, geänd zuletzt 22. 12. 78, GBl 325, **Hamburg** RiG v 15. 6. 64, GVBl 109, zuletzt geänd 15. 9. 80, GVBl 276, **Hessen**

RiG v 19. 10. 62, GVBl 455, zuletzt geänd 30. 11. 79, GVBl 243, **Niedersachsen** *RiG v 14. 12. 62, GVBl 265, zuletzt geänd 24. 11. 80, GVBl 474,* **Nordrhein-Westfalen** *RiG v 29. 3. 66, GVBl 217, zuletzt geänd 15. 9. 82, GVBl 596,* **Rheinland-Pfalz** *LRiG v 16. 3. 75, GVBl 117, zuletzt geänd 18. 12. 79, GVBl 347,* **Saarland** *RiG idF v 1. 4. 75, ABl 566, zuletzt geänd 10. 12. 80, ABl 1081,* **Schleswig-Holstein** *RiG idF v 21. 5. 71, GVBl 300, zuletzt geänd 10. 7. 80, GVBl 236.* Innerhalb der rahmenrechtlichen Bindung ist der Landesgesetzgeber (nur) durch den allgemeinen Gleichheitssatz beschränkt, BVerfG DRiZ **76**, 118 (betr Bildung des Präsidialrats, § 74, dazu BayVerfGH DRiZ **75**, 344).

2) **Unmittelbar geltendes Recht enthalten** §§ 71 III, 80–82.

3) **Ergänzt** wird der 3. Teil durch die Vorschriften des 1. Teils nebst den sich auf dessen Vorschriften beziehenden Überleitungsbestimmungen, §§ 105 ff. Auch diese Vorschriften gelten unmittelbar.

§ 71. *Bindung an Rahmenvorschriften.* ^I Die Länder sind verpflichtet, die Rechtsverhältnisse der Richter gemäß den §§ 72 bis 84 und, soweit dieses Gesetz nicht anderes bestimmt, auf der Grundlage des Kapitels I des Beamtenrechtsrahmengesetzes zu regeln. Sie haben dabei die gemeinsamen Interessen von Bund und Ländern zu berücksichtigen.

^{II} Soweit die unabhängige Stelle (§§ 61, 62 des Beamtenrechtsrahmengesetzes) für Angelegenheiten der Richter zuständig ist, muß mindestens die Hälfte ihrer Mitglieder Richter sein.

^{III} Für die Richter im Landesdienst gelten §§ 123 bis 132 des Beamtenrechtsrahmengesetzes entsprechend, soweit dieses Gesetz nicht anderes bestimmt.

Bem. Das Beamtenrechtsrahmengesetz gilt idF v 3. 1. 77, BGBl 21 (zuletzt geändert durch G v 10. 5. 80, BGBl 561). Wichtig sind vor allem auch die Bestimmungen in den §§ 126 u 127 BRRG über den Verwaltungsrechtsweg, das Vorverfahren und die Erweiterung der Revision.

§ 71 a. *Anwendung des Beamtenversorgungsgesetzes.* Die Abschnitte I bis XIII des Beamtenversorgungsgesetzes gelten entsprechend für die Versorgung der Richter im Landesdienst, soweit dieses Gesetz nichts anders bestimmt.

Bem. Vgl BeamtVG v 24. 8. 76, BGBl 2485, 3839, in Kraft ab 1. 1. 77 (zuletzt geändert durch G v 22. 12. 81, BGBl 1523). Jedoch bleibt es für die vorher eingetretenen Versorgungsfälle bei dem bisherigen Recht (mit einigen Maßgaben), § 69 BeamtVG.

§ 72. *Bildung des Richterrats.* In den Ländern sind Richterräte zu bilden. Ihre Mitglieder werden durch die Richter unmittelbar und geheim aus ihrer Mitte gewählt.

§ 73. *Aufgaben des Richterrats.* Der Richterrat hat mindestens folgende Aufgaben:
1. Beteiligung an allgemeinen und sozialen Angelegenheiten der Richter,
2. gemeinsame Beteiligung mit der Personalvertretung an allgemeinen und sozialen Angelegenheiten, die sowohl Richter als auch Bedienstete des Gerichts betreffen.

§ 74. *Bildung des Präsidialrats.* ^I Für jeden Gerichtszweig ist ein Präsidialrat zu bilden. Für mehrere Gerichtszweige kann durch Gesetz die Bildung eines gemeinsamen Präsidialrats vorgeschrieben werden.

^{II} Der Präsidialrat besteht aus dem Präsidenten eines Gerichts als Vorsitzendem und aus Richtern, von denen mindestens die Hälfte durch die Richter zu wählen sind.

Bem. Vgl Buschmann RiA **82**, 44.

§ 75. *Aufgaben des Präsidialrats.* ^I Der Präsidialrat ist an der Ernennung eines Richters für ein Amt mit höherem Endgrundgehalt als dem eines Eingangsamts zu beteiligen. Er gibt eine schriftlich begründete Stellungnahme ab über die persönliche und fachliche Eignung des Richters.

^{II} Dem Präsidialrat können weitere Aufgaben übertragen werden.

Bem. Zu I 2 vgl die Erläuterung zu § 57.

§ 76. *Altersgrenze.* [I] Die Altergrenze der Richter ist durch Gesetz zu bestimmen.
[II] Der Eintritt in den Ruhestand kann nicht hinausgeschoben werden.

Bem. Altersgrenze ist allgemein die Vollendung des 65. Lebensjahres; jetzt auch in Hbg, G v 22. 5. 78, GVBl 191.

§ 76a. *Ermäßigung der Dienstzeit und Beurlaubung.* Teilzeitbeschäftigung und Beurlaubung sind entsprechend § 48a zu regeln.

§ 77. *Errichtung von Dienstgerichten.* [I] In den Ländern sind Dienstgerichte zu bilden.

[II] Die Dienstgerichte entscheiden in der Besetzung mit einem Vorsitzenden und je zur Hälfte mit ständigen und nichtständigen Beisitzern. Alle Mitglieder müssen auf Lebenszeit ernannte Richter sein. Die nichtständigen Mitglieder sollen dem Gerichtszweig des betroffenen Richters angehören.

[III] Die Mitglieder der Dienstgerichte werden von dem Präsidium des Gerichts bestimmt, bei dem das Dienstgericht errichtet ist. Die Landesgesetzgebung kann das Präsidium an Vorschlagslisten, die von den Präsidien anderer Gerichte aufgestellt werden, binden. Der Präsident eines Gerichts oder sein ständiger Vertreter kann nicht Mitglied eines Dienstgerichts sein.

§ 78. *Zuständigkeit des Dienstgerichts.* Das Dienstgericht entscheidet

1. in Disziplinarsachen, auch der Richter im Ruhestand;
2. über die Versetzung im Interesse der Rechtspflege;
3. bei Richtern auf Lebenszeit oder auf Zeit über die
   a) Nichtigkeit einer Ernennung,
   b) Rücknahme einer Ernennung,
   c) Entlassung,
   d) Versetzung in den Ruhestand wegen Dienstunfähigkeit;
4. bei Anfechtung
   a) einer Maßnahme wegen Veränderung der Gerichtsorganisation,
   b) der Abordnung eines Richters gemäß § 37 Abs. 3,
   c) einer Verfügung, durch die ein Richter auf Probe oder kraft Auftrags entlassen, durch die seine Ernennung zurückgenommen oder die Nichtigkeit seiner Ernennung festgestellt oder durch die er wegen Dienstunfähigkeit in den Ruhestand versetzt wird,
   d) der Heranziehung zu einer Nebentätigkeit,
   e) einer Maßnahme der Dienstaufsicht aus den Gründen des § 26 Abs. 3,
   f) einer Verfügung über die Teilzeitbeschäftigung und Beurlaubung (§ 48a in Verbindung mit § 76a).

Bem. In den Angelegenheiten des § 78 entfällt jeder andere Rechtsweg, auch für den vorläufigen Rechtsschutz, VGH Kassel AS **29**, 6. Unter Z 3d fällt auch die Nachprüfung einer in diesem Zusammenhang erlassenen Untersuchungsanordnung, BGH NJW **81**, 2011.

§ 79. *Rechtszug.* [I] Das Verfahren vor den Dienstgerichten besteht aus mindestens zwei Rechtszügen.

[II] In den Fällen des § 78 Nr. 2, 3 und 4 steht den Beteiligten die Revision an das Dienstgericht des Bundes nach Maßgabe des § 80 zu.

[III] Die Landesgesetzgebung kann in den Fällen des § 78 Nr. 1 die Revision an das Dienstgericht des Bundes vorsehen.

§ 80. *Revision im Versetzungsverfahren und im Prüfungsverfahren.* [I] Für die Revision im Versetzungsverfahren und im Prüfungsverfahren gelten die Vorschriften der Verwaltungsgerichtsordnung sinngemäß. Der Oberbundesanwalt wirkt an dem Verfahren nicht mit.

[II] Die Revision ist stets zuzulassen.

[III] Die Revision kann nur darauf gestützt werden, daß das Urteil auf der Nichtanwendung oder unrichtigen Anwendung einer Rechtsnorm beruht.

§ 81. *Zulässigkeit der Revision im Disziplinarverfahren.* [I] Soweit die Landesgesetzgebung im Disziplinarverfahren die Revision an das Dienstgericht des Bundes vorgesehen hat (§ 79 Abs. 3), kann die Revision vorbehaltlich des Absatzes 3 nur eingelegt werden, wenn sie von dem Dienstgericht des Landes zugelassen worden ist. Sie ist nur zuzulassen, wenn
1. die Rechtssache grundsätzliche Bedeutung hat oder
2. das Urteil von einer Entscheidung des Dienstgerichts des Bundes abweicht und auf dieser Abweichung beruht.

[II] Die Nichtzulassung der Revision kann selbständig durch Beschwerde innerhalb zweier Wochen nach Zustellung des Urteils angefochten werden. Die Beschwerde ist bei dem Gericht einzulegen, dessen Entscheidung angefochten werden soll. In der Beschwerdeschrift muß die grundsätzliche Bedeutung der Rechtssache dargelegt oder die Entscheidung des Dienstgerichts des Bundes, von dem das angefochtene Urteil abweicht, bezeichnet werden. Die Einlegung der Beschwerde hemmt die Rechtskraft des Urteils. Wird der Beschwerde nicht abgeholfen, so entscheidet das Dienstgericht des Bundes durch Beschluß. Der Beschluß bedarf keiner Begründung, wenn die Beschwerde einstimmig verworfen oder zurückgewiesen wird. Mit Ablehnung der Beschwerde durch das Dienstgericht des Bundes wird das Urteil rechtskräftig. Wird der Beschwerde stattgegeben, so beginnt mit Zustellung des Beschwerdebescheides die Revisionsfrist.

[III] Einer Zulassung bedarf es nicht, wenn als wesentliche Mängel des Verfahrens gerügt werden, daß
1. das erkennende Gericht nicht vorschriftsmäßig besetzt war,
2. bei der Entscheidung ein Richter mitgewirkt hat, der von der Ausübung des Richteramts kraft Gesetzes ausgeschlossen oder wegen Besorgnis der Befangenheit mit Erfolg abgelehnt war, oder
3. die Entscheidung nicht mit Gründen versehen ist.

§ 82. *Revisionsverfahren im Disziplinarverfahren.* [I] Die Revision ist bei dem Gericht, dessen Urteil angefochten wird, innerhalb zweier Wochen nach Zustellung des Urteils oder nach Zustellung des Beschlusses über die Zulassung der Revision schriftlich oder durch schriftlich aufzunehmende Erklärung vor der Geschäftsstelle einzulegen und spätestens innerhalb zweier weiterer Wochen zu begründen. In der Begründung ist anzugeben, inwieweit das Urteil angefochten wird, welche Änderungen des Urteils beantragt und wie diese Anträge begründet werden. § 80 Abs. 3 gilt entsprechend.

[II] Das Dienstgericht des Bundes ist an die in dem angefochtenen Urteil getroffenen tatsächlichen Feststellungen gebunden, es sei denn, daß zulässige und begründete Revisionsgründe gegen diese Feststellungen vorgebracht sind.

[III] § 80 Abs. 1 Satz 2 und Abs. 2, § 85 Abs. 1 Nr. 1, Abs. 2 und 3 und § 87 der Bundesdisziplinarordnung gelten sinngemäß. Das Urteil kann nur auf Zurückweisung der Revision oder auf Aufhebung des angefochtenen Urteils lauten.

§ 83. *Verfahrensvorschriften.* Disziplinarverfahren, Versetzungsverfahren und Prüfungsverfahren sind entsprechend § 63 Abs. 2, § 64 Abs. 1, §§ 65 bis 68 zu regeln.

§ 84. *Verfassungsrichter.* Das Landesrecht bestimmt, wieweit dieses Gesetz für die Mitglieder des Verfassungsgerichts eines Landes gilt.

Vierter Teil. Übergangs- und Schlußvorschriften

(nicht abgedruckt)

I B. Bayerisches Gesetz zur Ausführung des Gerichtsverfassungsgesetzes und von Verfahrensgesetzen des Bundes (AGGVG)

vom 23. 6. 81, GVBl 188

(auszugsweise)

Bearbeiter: Dr. Albers

Abschnitt I. Gerichte

Oberstes Landesgericht

Art. 10. Das Oberste Landesgericht wird mit einem Präsidenten sowie mit Vorsitzenden Richtern und weiteren Richtern besetzt.

Bem. Für das ObLG gelten die Bestimmungen des GVG über Geschäftsverteilung, Vertretung und Besetzung entsprechend, Art 7. Seinen Präsidenten ernennt die Staatsregierung, Art 1, dessen Ständigen Vertreter das Staatsministerium der Justiz, Art 4. Dieses bestimmt auch Zahl und Art der Senate, Art 5.

Zuständigkeit des Obersten Landesgerichts

Art. 11. [I] Dem Obersten Landesgericht wird die Verhandlung und Entscheidung über die zur Zuständigkeit des Bundesgerichtshofs gehörenden Revisionen in bürgerlichen Rechtsstreitigkeiten nach Maßgabe des § 8 des Einführungsgesetzes zum Gerichtsverfassungsgesetz zugewiesen

[II] (betr Strafsachen)

[III] Dem Obersten Landesgericht werden zugewiesen:
1. die Entscheidung über die weiteren Beschwerden in Grundbuchsachen und in den anderen Angelegenheiten der freiwilligen Gerichtsbarkeit einschließlich der Kostensachen, die der Kostenordnung unterliegen,
2. die Entscheidung über die Rechtsbeschwerden auf Grund des § 52 des Gesetzes über das gerichtliche Verfahren in Landwirtschaftssachen einschließlich des Beanstandungsverfahrens nach § 12 Abs. 3 des Bundesjagdgesetzes,
3. die Entscheidung über die Anträge auf gerichtliche Entscheidung gegen Bescheide des Staatsministeriums der Justiz über Anträge auf Anerkennung oder Nichtanerkennung ausländischer Entscheidungen in Ehesachen.

Bem. Zu I: Wegen der Einschränkungen in § 8 II EGGVG s die dortigen Erläuterungen. In den Fällen des § 546 ZPO entscheidet über die Zuständigkeit für die Revision bindend das OLG, § 7 I EGZPO; in den Fällen der §§ 547, 554b und 566a ZPO ist die Revision beim ObLG einzulegen, das dann endgültig über die Zuständigkeit entscheidet, § 7 II EGZPO. Über die Vertretung durch einen RA hierbei vgl § 8 EGZPO. Die Zuweisung anderer Verfahren durch besonderes Gesetz ist möglich; frühere Zuweisungen wie zB für den Rechtsentscheid in Mietesachen, Anh § 544 ZPO, sind durch die Umformung des Gesetzes nicht berührt worden.

Zu III: Wegen Z 3 vgl Anm 7 B zu § 328 ZPO.

II. Erlaß über Zustellungen, Ladungen, Vorführungen und Zwangsvollstreckungen in der Bundeswehr

Neufassung v 16. 3. 82, VMBl 130, in Kraft seit 1. 6. 82
(berücksichtigt bei den in Betracht kommenden Vorschriften)

Bearbeiter: Dr. Dr. Hartmann

A. Zustellungen an Soldaten

1. Für Zustellungen an Soldaten in gerichtlichen Verfahren aller Art gelten dieselben Bestimmungen wie für Zustellungen an andere Personen.
2. Will ein Zustellungsbeamter (z.B. Gerichtsvollzieher, Post- oder Behördenbediensteter, Gerichtswachtmeister) in einer Truppenunterkunft einem Soldaten zustellen, so ist er von der Wache in das Geschäftszimmer der Einheit des Soldaten zu verweisen.
3. Ist der Soldat, dem zugestellt werden soll, sogleich zu erreichen, hat ihn der Kompaniefeldwebel zur Entgegennahme des zuzustellenden Schriftstückes auf das Geschäftszimmer zu rufen.
4. Ist der Soldat nicht sogleich erreichbar, hat der Kompaniefeldwebel dies dem Zustellungsbeamten mitzuteilen. Handelt es sich um einen in Gemeinschaftsunterkunft wohnenden Soldaten, kann der Zustellungsbeamte auf Grund von § 181 Abs. 2 der Zivilprozeßordnung (ZPO) oder der entsprechenden Vorschriften der Verwaltungszustellungsgesetze, z.B. § 11 des Verwaltungszustellungsgesetzes des Bundes, eine Ersatzzustellung an den Kompaniefeldwebel – in dessen Abwesenheit an seinen Stellvertreter – durchführen. Diese Vorschriften sehen ihrem Wortlaut nach zwar nur Ersatzzustellung an den Hauswirt oder Vermieter vor. Es entspricht jedoch ihrem Sinn, den Kompaniefeldwebel nach seinen dienstlichen Aufgaben dem Hauswirt oder Vermieter gleichzustellen.
5. Wird der Soldat, dem zugestellt werden soll, voraussichtlich längere Zeit abwesend sein, hat der Kompaniefeldwebel die Annahme des zuzustellenden Schriftstückes abzulehnen. Er hat dabei, sofern nicht Gründe der militärischen Geheimhaltung entgegenstehen, dem Zustellungsbeamten die Anschrift mitzuteilen, unter der der Zustellungsadressat derzeit zu erreichen ist.
6. Eine Ersatzzustellung an den Kompaniefeldwebel ist nicht zulässig, wenn der Soldat, dem zugestellt werden soll, innerhalb des Kasernenbereichs eine besondere Wohnung hat oder außerhalb des Kasernenbereichs wohnt. In diesen Fällen hat der Kompaniefeldwebel dem Zustellungsbeamten die Wohnung des Soldaten anzugeben.
7. Der Kompaniefeldwebel darf nicht gegen den Willen des Soldaten von dem Inhalt des zugestellten Schriftstückes Kenntnis nehmen oder den Soldaten auffordern, ihm den Inhalt mitzuteilen.
8. Der Kompaniefeldwebel hat Schriftstücke, die ihm bei der Ersatzzustellung übergeben worden sind, dem Adressaten sogleich nach dessen Rückkehr auszuhändigen.
9. Bei eingeschifften Angehörigen der Bundeswehr ist bei sinngemäßer Auslegung des § 181 Abs. 2 ZPO der Wachtmeister eines Schiffes bzw. der Kommandant eines Bootes – in dessen Abwesenheit sein Stellvertreter – an Bord zur Entgegennahme von Ersatzzustellungen befugt.
10. Diese Vorschriften gelten auch, wenn im disziplinargerichtlichen Verfahren ein Soldat eine Zustellung auszuführen hat.

B. Ladungen von Soldaten

a) Verfahren vor den Wehrdienstgerichten
(hier nicht abgedruckt)

b) Verfahren vor sonstigen deutschen Gerichten

17. In Verfahren vor sonstigen deutschen Gerichten werden Soldaten als Parteien, Beschuldigte, Zeugen oder Sachverständige in derselben Weise wie andere Personen geladen. Die Ladung wird ihnen also auf Veranlassung des Gerichtes oder der Staatsanwaltschaft zugestellt oder übersandt.

18. In Strafverfahren haben auch der Angeklagte, der Nebenkläger und der Privatkläger das Recht, Zeugen oder Sachverständige unmittelbar laden zu lassen. Ein Soldat, der eine solche Ladung durch den Gerichtsvollzieher erhält, braucht ihr jedoch nur dann zu folgen, wenn ihm bei der Ladung die gesetzliche Entschädigung, insbesondere für Reisekosten, bar angeboten oder deren Hinterlegung bei der Geschäftsstelle des Gerichts nachgewiesen wird.

19. Erhalten Soldaten eine Ladung zu einem Gerichtstermin, so haben sie den erforderlichen Sonderurlaub gemäß § 9 der Soldatenurlaubsverordnung – SUV – (VMBl 1978 S. 306) in Verbindung mit Nummer 72 der Ausführungsbestimmungen zur SUV (ZDv 14/5 F 511) zu beantragen. Der Urlaub ist zu gewähren, sofern durch die Abwesenheit der Soldaten die Sicherheit und die Einsatzbereitschaft der Truppe nicht gefährdet sind und – bei einer unmittelbaren Ladung (vgl. Nr. 18) – die gesetzliche Entschädigung angeboten oder hinterlegt ist. Die Soldaten haben für ihr pünktliches Erscheinen vor Gericht selbst zu sorgen. Stehen der Wahrnehmung des Termins vorgenannte oder gesundheitliche Gründe entgegen, hat der nächste Disziplinarvorgesetzte das dem Gericht rechtzeitig mitzuteilen.

20. Militärdienstfahrkarten oder Reisekosten erhalten die vorgeladenen Soldaten nicht.

21. Soldaten, die von einem Gericht oder einer Justizbehörde als Zeugen oder Sachverständige vorgeladen sind, erhalten von der Stelle, die sie vernommen hat, Zeugen- oder Sachverständigenentschädigung.

22. Sind Soldaten, die von einem Gericht oder einer Justizbehörde als Zeugen oder Sachverständige vorgeladen sind, nicht in der Lage, die Kosten der Reise zum Terminort aufzubringen, können sie bei der Stelle, die sie vorgeladen hat, die Zahlung eines Vorschusses beantragen.

23. Soldaten, die als Beschuldigte oder Parteien vor ein ordentliches deutsches Gericht vorgeladen sind, können unter gewissen Voraussetzungen von der Stelle, die sie vorgeladen hat, auf Antrag Reisekostenersatz und notfalls einen Vorschuß erhalten, wenn sie die Kosten der Reise zum Gericht nicht aufbringen können.

24. Kann die Entscheidung der nach Nummern 22 und 23 zuständigen Stelle wegen der Kürze der Zeit nicht mehr rechtzeitig herbeigeführt werden, ist, wenn ein Gericht der Zivil- oder Strafgerichtsbarkeit oder eine Justizbehörde die Ladung veranlaßt hat, auch das für den Wohn- oder Aufenthaltsort des Geladenen zuständige Amtsgericht zur Bewilligung des Vorschusses zuständig.

25. Ist mit der Möglichkeit zu rechnen, daß bei der Vernehmung dienstliche Dinge berührt werden, ist der Soldat bei Erteilung des Urlaubs über die Verschwiegenheitspflicht nach § 14 Abs. 1 und 2 des Soldatengesetzes (VMBl 1975 S. 340) zu belehren. Die Einholung einer etwa erforderlichen Aussagengenehmigung ist Sache des Gerichts.

c) Verfahren vor Gerichten der Gaststreitkräfte

26. Deutsche Soldaten werden ebenso wie andere Deutsche vor Gerichte der Gaststreitkräfte über die zuständigen deutschen Oberstaatsanwälte geladen.

27. Soldaten, die als Zeugen oder Sachverständige vor Gerichte der Gaststreitkräfte geladen werden, erhalten Zeugen- oder Sachverständigengebühren. Ein An-

spruch auf Bewilligung eines Vorschusses durch deutsche Behörden oder Behörden der Gaststreitkräfte besteht jedoch nicht.

28. Im übrigen gilt die Regelung nach Nummern 19, 20 und 25.

C. Vorführungen von Soldaten

29. Soldaten, deren Vorführung von einem Gericht angeordnet worden ist, werden diesem nicht durch eine militärische Dienststelle, sondern durch die allgemeinen Behörden vorgeführt.

D. Zwangsvollstreckungen gegen Soldaten

30. Zwangsvollstreckungen, auf die die Zivilprozeßordnung Anwendung findet, werden durch den dafür zuständigen Vollstreckungsbeamten, regelmäßig den Gerichtsvollzieher, auch gegen Soldaten nach den allgemeinen Vorschriften durchgeführt. Eine vorherige Anzeige an die militärische Dienststelle ist erforderlich, auch im Interesse einer reibungslosen Durchführung der Vollstreckung.

31. Auch Vollstreckungen gegen Soldaten im Verwaltungszwangsverfahren, die der Vollziehungsbeamte der Verwaltungsbehörde vornimmt, werden nach den allgemeinen Vorschriften durchgeführt. Nummer 30 Satz 2 (vorherige Anzeige an die militärische Dienststelle) gilt auch hier.

32. Der Vollstreckungsbeamte ist befugt, in Sachen zu vollstrecken, die sich im Alleingewahrsam, d.h. in der alleinigen tatsächlichen Gewalt des Schuldners, befinden.

33. Ein Soldat, der in einer Gemeinschaftsunterkunft wohnt, hat Alleingewahrsam an ihm gehörenden Sachen, die sich in dem ihm zugewiesenen Wohnraum befinden. Der Vollstreckungsbeamte kann daher verlangen, daß ihm Zutritt zu dem Wohnraum des Soldaten gewährt wird, gegen den vollstreckt werden soll.

34. Dagegen hat ein Soldat regelmäßig keinen Alleingewahrsam an ihm gehörenden Sachen, die sich in anderen militärischen Räumen befinden. Anders liegt es nur, wenn der Soldat diese Sachen so aufbewahrt, daß sie nur seinem Zugriff unterliegen. Das würde z.B. zutreffen, wenn ein Kammerunteroffizier im Kammerraum eigene Sachen in einem besonderen Spind verwahrt, zu dem nur er den Schlüssel hat. Nur wenn ein solcher Ausnahmefall vorliegt, kann daher der Vollstreckungsbeamte Zutritt zu anderen Räumen als dem Wohnraum des Soldaten verlangen.

35. Dem Vollstreckungsbeamten ist die Vollstreckung in die im Alleingewahrsam des Schuldners stehenden Sachen zu ermöglichen.

36. Soweit Außenstehenden das Betreten von Räumen, Anlagen, Schiffen oder sonstigen Fahrzeugen aus Gründen des Geheimnisschutzes grundsätzlich untersagt ist, ist auch dem Vollstreckungsbeamten der Zutritt zu versagen, wenn Gründe der Geheimhaltung dies erfordern und es nicht möglich ist, durch besondere Vorkehrungen einen Geheimnisschutz zu erreichen.

37. Muß dem Vollstreckungsbeamten aus Gründen des Geheimnisschutzes das Betreten von Räumen, Anlagen, Schiffen oder sonstigen Fahrzeugen verweigert werden, ist es Pflicht des Disziplinarvorgesetzten des Soldaten, dafür Sorge zu tragen, daß die Vollstreckung trotzdem durchgeführt werden kann. Beispielsweise kann der Vorgesetzte veranlassen, daß die gesamte Habe des Soldaten dem Gerichtsvollzieher an einem Ort zur Durchführung der Vollstreckung vorgelegt wird, den er betreten darf.

38. Bei jeder Vollstreckung, die in militärischen Räumen oder an Bord stattfindet, hat ein Vorgesetzter des Schuldners – an Bord der Kommandant oder sein Stellvertreter – anwesend zu sein. Er hat darauf hinzuwirken, daß durch die Zwangsvollstreckung kein besonderes Aufsehen erregt wird. Will der Vollstreckungsbeamte in Sachen vollstrecken, die dem Bund oder anderen Soldaten gehören, soll der Vorgesetzte des Schuldners den Vollstreckungsbeamten auf die Eigentumsverhältnisse aufmerksam machen. Zu Anweisungen an den Vollstreckungsbeamten ist der Vorgesetzte nicht befugt.

E. Zivilprozessuale Haft gegen Soldaten

39. Die ZPO kennt eine nichtkriminelle Erzwingungshaft. Sie wird insbesondere gegen Schuldner verhängt, die sich weigern, eine eidesstattliche Versicherung nach §§ 807, 883 ZPO (Offenbarungsversicherung) abzugeben. Diese Haftart ist aufgrund richterlichen Haftbefehls auch gegen Soldaten zulässig. Verhaftet wird der Schuldner im Auftrag des Gläubigers durch den Vollstreckungsbeamten (Gerichtsvollzieher).

40. Nach § 910 ZPO hat der Gerichtsvollzieher vor der Verhaftung eines Soldaten der vorgesetzten Dienstbehörde Mitteilung zu machen. Es ist davon auszugehen, daß § 910 ZPO trotz seines Wortlauts auch auf Soldaten entsprechend anzuwenden ist. Der Gerichtsvollzieher darf den Schuldner erst verhaften, nachdem dessen vorgesetzte Dienstbehörde für Vertretung gesorgt hat. Die Behörde ist verpflichtet, ohne Verzug die erforderlichen Anordnungen zu treffen und den Gerichtsvollzieher hiervon in Kenntnis zu setzen.

41. Zeigt ein Gerichtsvollzieher die bevorstehende Verhaftung eines Soldaten an, hat der Vorgesetzte für dessen Vertretung zu sorgen und den Gerichtsvollzieher zu benachrichtigen, sobald sie sichergestellt ist.

42. Will ein Gerichtsvollzieher einen Soldaten ohne vorherige Benachrichtigung von dessen Vorgesetzten verhaften, weil er eine entsprechende Anwendung des § 910 ZPO nicht für gerechtfertigt hält, ist mir zu berichten.

43. Für Angehörige der Besatzung eines Schiffes der Marine findet darüber hinaus § 904 Nr. 3 ZPO Anwendung, wonach die Erzwingungshaft gegen die zur Besatzung eines Schiffes gehörenden Personen unstatthaft ist, wenn das Schiff zum Abgehen fertig ist. Lehnt es ein Gerichtsvollzieher ab, § 904 Nr. 3 ZPO anzuwenden, gilt Nr. 42 entsprechend.

44. Die vorstehende Regelung gilt auch für sonstige Erzwingungshaft, auf die die Erzwingungshaftbestimmungen der Zivilprozeßordnung anzurechnen sind, zum Beispiel bei der Vollstreckung nach § 6 Abs. 1 Nr. 1 der Justizbeitreibungsordnung, nach § 85 des Arbeitsgerichtsgesetzes, nach § 167 der Verwaltungsgerichtsordnung, nach §§ 198 und 200 des Sozialgerichtsgesetzes und nach § 334 Abs. 3 der Abgabenordnung sowie für die Ersatzzwangshaft nach § 16 Abs. 3 des Verwaltungsvollstreckungsgesetzes für Baden-Württemberg, nach Artikel 33 Abs. 3 des Bayerischen Verwaltungszustellungs- und Vollstreckungsgesetzes, nach § 61 Abs. 2 des Verwaltungsvollstreckungsgesetzes für das Land Nordrhein-Westfalen und nach § 67 Abs. 3 des Verwaltungsvollstreckungsgesetzes für Rheinland-Pfalz. Sie gilt nicht für die Vollstreckung anderer, insbesondere strafprozessualer Haftbefehle.

III. Zusatzabkommen zum Nato-Truppenstatut

vom 3. 8. 1959, BGBl 61 II 1218

nebst Gesetz zum Nato-Truppenstatut und zu den Zusatzvereinbarungen (NTrStatutG)

vom 18. 8. 1961, BGBl II 1183

(auszugsweise)

Bearbeiter: Dr. Dr. Hartmann

Schrifttum: Arndt VersR **73**, 481 (ausf), Rieger, Stationierungsschädenrecht (Komm), 1963, Scheld JVBl **65**, 25, Schwenk NJW **76**, 1562; StJ vor § 1 V C 3.

Einleitung

1) Entwicklung. Mit dem 5. 5. 55 ist das AHKG 13, das die deutsche Gerichtsbarkeit beschränkte, vgl 23. Aufl SchlAnh IV A, durch den Art 3 des AHKG A–37 v 5. 5. 55, AHKBl 3267, aufgehoben worden. Auch die in den damaligen westlichen Besatzungszonen ergangenen Ausführungsbestimmungen und Anordnungen wurden aufgehoben. Durch die Bonner Verträge wurde die deutsche Gerichtsbarkeit in Zivilsachen in vollem Umfang wiederhergestellt. Gleichzeitig wurde eine Regelung für die in der BRD verbleibenden

Truppen getroffen. Das Nähere regelte der Truppenvertrag Art 9 ff. Er enthielt auch eine Reihe von allgemeinen Bestimmungen im Interesse der Durchführung von solchen Verfahren, an denen Mitglieder der ausländischen Streitkräfte in der BRD beteiligt waren, Art 11–16.

2) NATO-Truppenstatut. Die BRD ist der NATO, für die das Abkommen über die Rechtsstellung ihrer Truppen v 19. 6. 51, BGBl **61** II 1190, gilt und zu dem ihre Partner ein Zusatzabkommen v 3. 8. 59, BGBl **61** II 1218, im Hinblick auf den Beitritt der BRD geschlossen haben, durch das G v 18. 8. 61, BGBl II 1183, beigetreten. Die BRD ist damit auch dem Zusatzabkommen und dem zugehörigen Unterzeichnungsprotokoll v 3. 8. 59, BGBl **61** II 1313 (geändert lt Bek v 27. 5. 75, BGBl II 914), Art 1 I NTrStG, beigetreten. Infolge des Beitritts und der vom Bundestag erteilten Zustimmung ist unter anderem auch der Truppenvertrag außer Kraft getreten, Art 1 II NTrStG.

Die Neuregelung ist für die BRD am 1. 7. 63 in Kraft getreten, Bek v 16. 6. 63, BGBl II 745, BGBl I 428. Wegen der vorher verursachten Schäden vgl zB BGH VersR **73**, 54 und 156.

Das Zusatzabkommen gilt für die BRD (dazu die Länderverordnungen wegen der Zuständigkeit, zB Nordrhein-Westfalen v 13. 2. 73, GVBl 62), ferner für Belgien, Frankreich, Kanada, die Niederlande, das Vereinigte Königreich und die Vereinigten Staaten von Nordamerika. Vgl ferner zB den Beschaffungsvertrag zwischen den USA und der BRD, BGBl **61** II 1382.

3) Zusatzabkommen. Das Zusatzabkommen, das für die BRD durch die in Anm 2 dargestellten Vorgänge zum Gesetz geworden ist, enthält Bestimmungen über den Anspruch der betroffenen Personen auf eine Bewilligung einer Prozeßkostenhilfe, über Zustellungen an die betroffenen Personen, über eine Vollstreckung ihnen gegenüber, über ihre Ladung, über ihr Erscheinen vor Gericht, über eine Aussagegenehmigung, über den Ausschluß der Öffentlichkeit. Das Gesetz zum NATO-Truppenstatut und zu den Zusatzvereinbarungen enthält teilweise die zugehörigen Ausführungsbestimmungen. Das Unterzeichnungsprotokoll zum Zusatzabkommen enthält Ergänzungsvorschriften zum Abkommen und Anpassungsvorschriften an das NATO-Truppenstatut, das die Grundlage bildet.

4) Stationierungsschäden. Das NATO-Truppenstatut, das Zusatzabkommen nebst seinem Unterzeichnungsprotokoll sowie das deutsche Gesetz zum NATO-Truppenstatut und zu den Zusatzvereinbarungen enthalten ferner Bestimmungen über Stationierungsschäden, dazu Geißler NJW **80**, 2615 (ausf), einschließlich solcher zu einem Schadensersatz verpflichtenden Handlungen oder Unterlassungen im Aufnahmestaat, die nicht in der Ausübung des Dienstes begangen worden sind, Art VIII NTrST, Art 41 ZusAbk, dazu Schwenk Beilage 4 zu BB **72**, Heft 13 (hier nicht berücksichtigt). Wegen etwaiger Besatzungsschäden aus der Kriegszeit und aus der ersten Nachkriegszeit BVerfG **27**, 253.

Art. 1 NTruppStatut. *Begriffsbestimmungen.* [I] In diesem Abkommen bedeutet der Ausdruck

a) „Truppe" das zu den Land-, See- oder Luftstreitkräften gehörende Personal einer Vertragspartei, wenn es sich im Zusammenhang mit seinen Dienstobliegenheiten in dem Hoheitsgebiet einer anderen Vertragspartei innerhalb des Gebietes des Nordatlantikvertrages befindet, mit der Maßgabe jedoch, daß die beiden beteiligten Vertragsparteien vereinbaren können, daß gewisse Personen, Einheiten oder Verbände nicht als eine „Truppe" im Sinne dieses Abkommens oder als deren Bestandteil anzusehen sind.

b) „Ziviles Gefolge" das die Truppe einer Vertragspartei begleitende Zivilpersonal, das bei den Streitkräften dieser Vertragspartei beschäftigt ist, soweit es sich nicht um Staatenlose handelt oder um Staatsangehörige eines Staates, der nicht Partei des Nordatlantikvertrages ist, oder um Staatsangehörige des Staates, in welchem die Truppe stationiert ist, oder um Personen, die dort ihren gewöhnlichen Aufenthalt haben.

c) „Angehöriger" den Ehegatten eines Mitglieds einer Truppe oder eines zivilen Gefolges, sowie ein dem Mitglied gegenüber unterhaltsberechtigtes Kind,

d) „Entsendestaat" die Vertragspartei, der die Truppe angehört,

e) „Aufnahmestaat" die Vertragspartei, in deren Hoheitsgebiet sich die Truppe oder das zivile Gefolge befinden, sei es, daß sie dort stationiert oder auf der Durchreise sind,

f) „Militärbehörden des Entsendestaates" diejenigen Behörden eines Entsendestaates, die nach dessen Recht befugt sind, das Militärrecht dieses Staates auf die Mitglieder seiner Truppen oder zivilen Gefolge anzuwenden,

g) „Nordatlantikrat" den gemäß Artikel 9 des Nordatlantikvertrags errichteten Rat oder die zum Handeln in seinem Namen befugten nachgeordneten Stellen.

[II] ...

1) Betroffener Personenkreis. Durch das Unterzeichnungsprotokoll, Einl 2, wird zu Art I Abs 1a noch festgestellt, daß die BRD entsprechend Art 1 III G v 23. 10. 54, BGBl 55 II 253, auch solche Streitkräfte als Truppe ansieht, die sich vorübergehend in der BRD aufhalten. Unter a–c fallen ferner die Mitglieder der in Berlin befindlichen Streitkräfte, ferner deren ziviles Gefolge und deren Angehörige, solange sie sich als Urlauber im Bundesgebiet aufhalten. Bestandteil der Truppe sind auch die amerikanischen Stellen der EES, AFEX, AFN, Stars and Stripes. Nicht zur Truppe gehören Militärattachés, Mitglieder ihrer Stäbe und sonstige Militärpersonen, die sich auf Grund diplomatischer Mission oder aus einem anderen besonderen Grund in der BRD aufhalten.

Als ein Angehöriger im Sinne von c gilt auch ein naher Verwandter des Mitglieds einer Truppe oder eines zivilen Gefolges, der von diesem Mitglied aus wirtschaftlichen oder gesundheitlichen Gründen abhängig ist, von ihm unterhalten wird, seine Wohnung teilt und sich mit einer Genehmigung der Truppe im Bundesgebiet aufhält, Art 2 IIa ZusAbk. Die Eigenschaft als ein Angehöriger behält eine Person nach dem Tod oder nach der Versetzung des Truppenmitglieds noch für die Dauer von 90 Tagen, sofern sie sich weiter im Bundesgebiet aufhält, Art 2 IIb ZusAbk.

Art. 31. Prozeßkostenhilfe, keine Sicherheitsleistung für Prozeßkosten. Die Mitglieder einer Truppe oder eines zivilen Gefolges genießen hinsichtlich des Armenrechts und der Befreiung von der Sicherheitsleistung für Prozeßkosten die Rechte, die in den auf diesen Gebieten zwischen der Bundesrepublik und dem betreffenden Entsendestaat geltenden Abkommen festgesetzt sind. Die dienstliche Anwesenheit der genannten Personen im Bundesgebiet gilt für die Anwendung dieser Abkommen als ständiger Aufenthalt.

Vorbemerkung. Statt Armenrecht jetzt: Prozeßkostenhilfe, Art 5 G über die Prozeßkostenhilfe.

1) Geltungsbereich. Angehörige werden nicht genannt. Das Unterzeichnungsprotokoll zu Art 31 nennt für das Verhältnis zu Frankreich noch Art 17–24 HZPrAbk v 1905. Inzwischen gilt zwischen beiden Staaten das HZPrÜbk, Einl IV 3 A a. Wegen der übrigen Vertragsstaaten § 110 Anh.

Art. 32. Zustellungen. [I] a) Eine Klageschrift oder eine andere Schrift oder gerichtliche Verfügung, die ein nichtstrafrechtliches Verfahren vor einem deutschen Gericht oder einer deutschen Behörde einleitet, wird Mitgliedern einer Truppe, eines zivilen Gefolges oder Angehörigen über eine Verbindungsstelle zugestellt, die von jedem Entsendestaat errichtet oder bestimmt wird. Die deutschen Gerichte und Behörden können die Verbindungsstelle um Durchführung der Zustellung anderer Schriftstücke in solchen Verfahren ersuchen.

b) Die Verbindungsstelle bestätigt unverzüglich den Eingang jedes Zustellungsersuchens, das ihr von einem deutschen Gericht oder einer deutschen Behörde übermittelt wird. Die Zustellung ist bewirkt, wenn das zuzustellende Schriftstück dem Zustellungsempfänger von dem Führer seiner Einheit oder einem Beauftragten der Verbindungsstelle übergeben wird. Das deutsche Gericht oder die deutsche Behörde erhält unverzüglich eine Urkunde über die vollzogene Zustellung.

c) i) Hat das deutsche Gericht oder die deutsche Behörde binnen einundzwanzig Tagen, gerechnet vom Ausstellungsdatum der Eingangsbestätigung durch die Verbindungsstelle an, weder eine Urkunde über die vollzogene Zustellung nach Buchstabe b) noch eine Mitteilung darüber erhalten, daß die Zustellung nicht erfolgen konnte, so übermittelt das Gericht oder die Behörde eine weitere Ausfertigung des Zustellungsersuchens der Verbindungsstelle mit der Ankündigung, daß sieben Tage nach Eingang bei ihr die Zustellung als bewirkt gilt. Mit Ablauf der Frist von sieben Tagen gilt die Zustellung als bewirkt.

ii) Die Zustellung ist jedoch nicht als bewirkt anzusehen, wenn vor Ablauf der Frist von einundzwanzig oder gegebenenfalls von sieben Tagen die Verbindungsstelle dem deutschen Gericht oder der deutschen Behörde mitteilt, daß sie die Zustellung nicht durchführen konnte. Die Verbindungsstelle teilt dem deutschen Gericht oder der deutschen Behörde die Gründe mit, die sie an der Zustellung gehindert haben.

iii) In dem unter Ziffer ii) vorgesehenen Fall kann die Verbindungsstelle auch bei dem deutschen Gericht oder der deutschen Behörde unter Angabe der Gründe eine Fristverlängerung beantragen. Entspricht das deutsche Gericht oder die deutsche Behörde diesem Verlängerungsantrag, so finden die Ziffern i) und ii) auf die verlängerte Frist entsprechende Anwendung.

II Stellt ein deutsches Gericht oder eine deutsche Behörde ein Urteil oder eine Rechtsmittelschrift zu, so wird eine Abschrift des Schriftstückes, falls der betreffende Entsendestaat im Einzelfall oder allgemein darum ersucht, der Verbindungsstelle dieses Staates unverzüglich übermittelt, sofern nicht die Verbindungsstelle selbst in Anwendung von Absatz 1 Buchstabe a) Satz 2 um die Zustellung ersucht wird.

Schrifttum: Scheld, Zustellungen nach dem Gesetz zum NATO-Truppenstatut, 1965.

1) Allgemeines. Art 32 tritt an die Stelle der sonst geltenden Vorschriften der ZPO, sofern nicht das deutsche Gericht oder die deutsche Behörde die Zustellung selbst vornimmt, II. Eine öffentliche Zustellung findet nicht statt, Art 36 I ZusAbk. Wegen der 2-Monats-Klagefrist, Art 12 III NTrStG, vgl BGH **LM** § 512 ZPO Nr 4 und NJW **75**, 1601.

2) Zustellung durch die Verbindungsstelle des Entsendestaats, I, dazu Auerbach NJW **69**, 729. Jeder Entsendestaat errichtet oder bestimmt eine solche Verbindungsstelle. Diese Zustellungsart ist nur für Klageschriften sowie für andere Schriften und gerichtliche Verfügungen zwingend, die ein Verfahren vor einem deutschen Gericht oder vor einer deutschen Behörde einleiten. Diese Zustellungsart gilt also auch für eine Widerklage, die dann nur durch die Einreichung eines Schriftsatzes erhoben werden kann, Anh § 253 Anm 3, sowie für einen Mahnbescheid, nicht aber für ein Gesuch auf den Erlaß eines Arrests oder einer einstweiligen Verfügung. Denn ein solches Gesuch wird nicht zugestellt, wenn das Gericht dem Antrag ohne eine mündliche Verhandlung stattgibt. Der Beschluß auf den Erlaß des Arrests oder der einstweiligen Verfügung ist aber zuzustellen. Denn gegen ihn ist ein Widerspruch zulässig, er kann also ein Verfahren in Gang setzen, §§ 922 I und II, 936. Wenn das Gericht die vorstehenden Vorschriften nicht beachtet, ist die Vollstreckungshilfe gefährdet, obwohl das Gericht unter den Voraussetzungen des § 187 über die Mängel einer Zustellung hinweggehen und die ausländische Partei auf solche Mängel verzichten könnte, § 295.

Eine Zustellung durch die Verbindungsstelle ist bei einem Urteil und bei einer Rechtsmittelschrift nicht erforderlich, II. Doch kann sich das Gericht oder die deutsche Behörde auch für eine solche Zustellung und für sonstige Zustellungen der Verbindungsstelle bedienen, I 2. Wegen des Personenkreises s oben Art I NTrStatut. Wegen der Zustellung durch die Verbindungsstelle und wegen der Bewirkung der Zustellung vgl I a–c. Die Verbindungsstelle hat auch die Möglichkeit, eine Fristverlängerung zu beantragen. Wegen der Anschrift der Verbindungsstelle für die USA-Streitkräfte und deren ziviles Gefolge vgl AnwBl **77**, 499.

3) Zustellung durch das deutsche Gericht oder eine deutsche Behörde, II. Diese Zustellung erfolgt nach den Vorschriften der ZPO, im allgemeinen also von Amts wegen, und gilt für alle Schriftstücke mit Ausnahme derjenigen, die ein Verfahren einleiten, Anm 2. Diese Zustellung gilt auch für ein Urteil und für eine Rechtsmittelschrift. Während eine solche Zustellung dort sonst nicht erforderlich ist, muß von einem Urteil oder einer Rechtsmittelschrift unverzüglich eine Abschrift der Verbindungsstelle übermittelt werden, falls der Entsendestaat für den Einzelfall oder allgemein darum ersucht hat. Wenn der deutsche Zustellungsbeamte das Schriftstück in dem Gelände einer Truppe zustellen muß, dann leistet die für die Verwaltung des Geländes zuständige Truppenbehörde eine Zustellungshilfe, Art 36 II ZusAbk. Diese Hilfe ist insbesondere zur genauen Ermittlung der Unterbringungsstelle in dem regelmäßig weitläufigen Gelände notwendig.

Das Gericht kann aber, statt selbst für die Zustellung zu sorgen, auch die Verbindungsstelle um die Zustellung des Schriftstücks ersuchen, Art 32 I a S 2 ZusAbk. Die Verbindungsstelle führt dann die Zustellung wie diejenige durch, die bei einem Schriftstück erforderlich ist, das ein Verfahren einleitet, Art 32 I b und c. Dieser Weg kann auch wegen Art 32 I c i) nützlich sein. Die sonst erforderliche Übermittlung der Abschrift eines Urteils oder einer Rechtsmittelschrift an die Vermittlungsstelle entfällt natürlich, II letzter Hs. Wegen der Ladungen vgl Art 37 ZusAbk.

Art. 33. Schutz bei dienstlicher Abwesenheit. Sind Mitglieder einer Truppe, eines zivilen Gefolges oder Angehörige wegen dienstlicher Obliegenheiten oder einer rechtmäßigen Abwesenheit vorübergehend in nicht strafrechtlichen Verfahren, an denen sie beteiligt sind, am Erscheinen verhindert, so dürfen ihnen hieraus Nachteile nicht entstehen.

1) Geltungsbereich. Nach dem Truppenvertrag war die Verhinderung durch eine dienstliche Bescheinigung nachzuweisen. Jedenfalls ist eine Verhinderung auch jetzt glaubhaft zu machen. Äußerstenfalls wird das Verfahren ausgesetzt. Die Aussetzung darf aber nicht für eine allzu lange Zeit erfolgen, wie die Worte „vorübergehend verhindert" zeigen. Andernfalls kann das Gericht zB die Frist verlängern. Die Vorschrift ist auch im Fall eines Wiedereinsetzungsgesuchs zu beachten. Wenn das Truppenmitglied usw durch einen ProzBev vertreten ist, dann liegt eine Benachteiligung nur für den Fall vor, daß das Truppenmitglied daran verhindert ist, dem ProzBev die erforderliche Information zu erteilen.

Art. 34. Vollstreckungshilfe. ¹ Die Militärbehörden gewähren bei der Durchsetzung vollstreckbarer Titel in nicht strafrechtlichen Verfahren deutscher Gerichte und Behörden alle in ihrer Macht liegende Unterstützung.

II Zur Durchführung einer Zwangsvollstreckung oder zur Erzwingung des *Offenbarungseides* oder aus anderen Gründen, die sich aus einem nichtstrafrechtlichen Verfahren ergeben, kann eine Haft gegen Mitglieder einer Truppe, eines zivilen Gefolges oder gegen Angehörige von deutschen Gerichten und Behörden nicht angeordnet werden.

III Bezüge, die einem Mitglied einer Truppe oder eines zivilen Gefolges von seiner Regierung zustehen, unterliegen nur insoweit der Pfändung, dem Zahlungsverbot oder einer anderen Form der Zwangsvollstreckung auf Anordnung eines deutschen Gerichts oder einer deutschen Behörde, als das auf dem Gebiet des Entsendestaates anwendbare Recht die Zwangsvollstreckung gestattet.

IV Ist die Vollstreckung eines vollstreckbaren Titels in nichtstrafrechtlichen Verfahren deutscher Gerichte und Behörden innerhalb der Anlage einer Truppe durchzuführen, so wird sie durch den deutschen Vollstreckungsbeamten im Beisein eines Beauftragten der Truppe vollzogen.

Vorbem. Fassung II noch nicht der Änderung der ZPO dch Art 2 G v 27. 6. 70, BGBl 911, in Kraft seit 1. 7. 70 (seither statt Offenbarungseid: eidesstattliche Versicherung) angepaßt (Redaktionsversehen).

1) Allgemeines. Die Vollstreckung erfolgt nach dem deutschen Recht. Infolgedessen enthält Art 34 nur einige ergänzende Bestimmungen dazu. Art 35 regelt die Vollstreckung auf Grund eines Zahlungsanspruchs. Das Recht der USA gestattet eine Zwangsvollstreckung, III, erst nach einer Zahlung oder einer Gutschrift auf ein Schuldnerkonto; vgl Anm 4.

2) Vollstreckungshilfe. Die Militärbehörden des Entsendestaats, dem das Truppenmitglied usw angehört, leisten den deutschen Stellen bei der Durchsetzung eines vollstreckbaren Titels in einem nicht strafrechtlichen Verfahren eines deutschen Gerichts eine Vollstreckungshilfe, I. Die Militärbehörden prüfen den Inhalt des vollstreckbaren Titels nicht nach. Sie prüfen aber unter Umständen nach, ob die Vorschriften des ZusAbk eingehalten wurden, also vor allem die Vorschriften über die Zustellung. Die ordnungsgemäße Zustellung ist erforderlichenfalls der Militärbehörde nachzuweisen, vgl auch Art 32 ZusAbk Anm 2. Eine Vollstreckung innerhalb des Geländes der Truppe erfolgt im Beisein eines Beauftragten der Truppe, IV. Das gilt auch dann, wenn sich die Vollstreckung gegen einen deutschen Arbeiter auf dem Gelände richtet.

Der Gerichtsvollzieher muß selbstverständlich die Regeln der ZPO einhalten. Das gilt insbesondere auch wegen der Regeln zur Unpfändbarkeit. Der Gerichtsvollzieher darf daher zB Dienstkleidungs- oder Ausrüstungsgegenstände nicht pfänden, auch wenn sie im Eigentum des Schuldners stehen, § 811 Z 7.

3) Haft. Eine Haft darf in keinem Fall angeordnet werden, II. Das gilt sowohl in einem Vollstreckungsverfahren nach den §§ 888 oder 890 als auch in einem Verfahren zur Ableistung der eidesstattlichen Versicherung zwecks Offenbarung, § 901, oder aus einem sonstigen Grund, § 177 GVG.

4) Pfändungsgrenzen. Es entscheidet in erster Linie das Recht des Entsendestaats. Ein amerikanischer Militärsold ist also nicht oder doch nur beschränkt pfändbar, vgl Schreiben des US-Hauptquartiers AnwBl **77**, 499, ferner Maier NJW **55**, 895. Natürlich müssen die Vollstreckungsorgane im Bereich der Pfändbarkeit auch die §§ 850ff ZPO berücksichtigen.

Art. 35. Vollstreckung in Zahlungsansprüche. Soll aus einem vollstreckbaren Titel deutscher Gerichte und Behörden gegen einen Schuldner vollstreckt werden, dem aus der Beschäftigung bei einer Truppe oder einem zivilen Gefolge gemäß Artikel 56 oder aus unmittelbaren Lieferungen oder sonstigen Leistungen an eine Truppe oder ein ziviles Gefolge ein Zahlungsanspruch zusteht, so gilt folgendes:

(a) Erfolgt die Zahlung durch Vermittlung einer deutschen Behörde und wird diese von einem Vollstreckungsorgan ersucht, nicht an den Schuldner, sondern an den Pfän-

dungsgläubiger zu zahlen, so ist die deutsche Behörde berechtigt, diesem Ersuchen im Rahmen der Vorschriften des deutschen Rechts zu entsprechen.
- (b) (i) Erfolgt die Zahlung nicht durch Vermittlung einer deutschen Behörde, so hinterlegen die Behörden der Truppe oder des zivilen Gefolges auf Ersuchen eines Vollstreckungsorgans von der Summe, die sie anerkennen, dem Vollstreckungsschuldner zu schulden, den in dem Ersuchen genannten Betrag bei der zuständigen Stelle, soweit das Recht des betroffenen Entsendestaates dies zuläßt. Die Hinterlegung befreit die Truppe oder das zivile Gefolge in Höhe des hinterlegten Betrages von ihrer Schuld gegenüber dem Schuldner.
  - (ii) Soweit das Recht des betroffenen Entsendestaates das unter Ziffer (i) vorgeschriebene Verfahren nicht zuläßt, treffen die Behörden der Truppe und des zivilen Gefolges alle geeigneten Maßnahmen, um das Vollstreckungsorgan bei der Durchsetzung des in Frage stehenden Vollstreckungstitels zu unterstützen.

Art. 5 NTrStatutG. Ausführungsbestimmungen zu Art 35 ZusAbk. ¹ Bei der Zwangsvollstreckung aus einem privatrechtlichen Vollstreckungstitel kann das Ersuchen in den Fällen des Artikels 35 des Zusatzabkommens nur von dem Vollstreckungsgericht ausgehen; Vollstreckungsgericht ist das Amtsgericht, bei dem der Schuldner seinen allgemeinen Gerichtsstand hat, und sonst das Amtsgericht, in dessen Bezirk die zu ersuchende Stelle sich befindet. Zugleich mit dem Ersuchen hat das Gericht an den Schuldner das Gebot zu erlassen, sich jeder Verfügung über die Forderung, insbesondere ihrer Einziehung, zu enthalten.

ᴵᴵ In den Fällen des Artikels 35 Buchstabe a des Zusatzabkommens ist das Ersuchen der deutschen Behörde von Amts wegen zuzustellen. Mit der Zustellung ist die Forderung gepfändet und dem Pfändungsgläubiger überwiesen. Die Vorschriften der Zivilprozeßordnung über die Zwangsvollstreckung in Geldforderungen gelten im übrigen entsprechend. § 845 der Zivilprozeßordnung ist nicht anzuwenden.

ᴵᴵᴵ Bei der Zwangsvollstreckung wegen öffentlich-rechtlicher Geldforderungen geht das Ersuchen in den Fällen des Artikels 35 des Zusatzabkommens von der zuständigen Vollstreckungsbehörde aus. Auf das weitere Verfahren finden in den Fällen des Artikels 35 Buchstabe a des Zusatzabkommens die Vorschriften des in Betracht kommenden Verwaltungszwangsverfahrens über die Pfändung und Einziehung von Forderungen entsprechend Anwendung.

1) Allgemeines. Art 35 ZusAbk wird durch Art 5 NTrStG ergänzt. Sonderbestimmungen für die Vollstreckung in einen Zahlungsanspruch einer Person jeder Art, auch eines Deutschen, auf Grund einer Beschäftigung bei der Truppe oder bei einem zivilen Gefolge enthält Art 56 ZusAbk idF v 21. 10. 71, BGBl **73** II 1022. Das gilt auch dann, wenn die Vollstreckung auf Grund einer unmittelbaren Lieferung oder sonstigen Leistung an eine Truppe oder ein ziviles Gefolge erfolgt. Insofern weicht die Regelung von §§ 829, 835 ab. Im übrigen sind die deutschen Vorschriften zu beachten, insbesondere also bei Lohnpfändungen die §§ 850 ff.

2) Zahlung durch Vermittlung einer deutschen Stelle. Gemeint ist das Amt für Verteidigungslasten.

A. Privatrechtlicher Titel. Wenn es sich um einen privatrechtlichen Vollstreckungstitel handelt, dann ersucht dasjenige AG, bei dem der Schuldner seinen allgemeinen Gerichtsstand hat, § 13, und sonst dasjenige AG, in dessen Bezirk die zu ersuchende Stelle liegt, also das Amt für Verteidigungslasten. Das Ersuchen geht dahin, nicht an den Schuldner, sondern an den Pfändungsgläubiger zu zahlen. Außerdem ergeht das Verbot an den Schuldner, über die Forderung zu verfügen, insbesondere sie einzuziehen. Das Ersuchen wird der deutschen Stelle von Amts wegen zugestellt. Mit der Zustellung ist die Forderung gepfändet und gleichzeitig dem Pfändungsgläubiger überwiesen. Im übrigen gilt die ZPO. Jedoch ist eine Vorpfändung nach § 845 ausgeschlossen, Art 5 I und II NTrStatutG.

B. Öffentlichrechtlicher Titel. Wenn es sich um eine Zwangsvollstreckung wegen einer öffentlichrechtlichen Geldforderung handelt, dann erfolgt die Pfändung und die Einziehung der Forderung durch die zuständige Vollstreckungsbehörde nach den Vorschriften des Verwaltungszwangsverfahrens.

3) Zahlung durch Vermittlung einer nichtdeutschen Stelle, Art 35 ZusAbk Buchst b. In einem solchen Fall richtet das AG als Vollstreckungsgericht dann, wenn es sich um einen privatrechtlichen Vollstreckungstitel handelt, gleichzeitig mit dem Gebot an den Schuldner, sich jeder Verfügung über die Forderung zu enthalten, insbesondere sie nicht einzuziehen, Art 5 I NTrStG, an die Behörde der Truppe oder des zivilen Gefolges das Ersuchen (also keine zugestellte Aufforderung), den in Betracht kommenden Betrag zugunsten des Pfändungsgläubigers zu hinterlegen. Soweit diese Behörde ihre Schuld gegenüber dem Pfändungsschuldner anerkennt, hinterlegt sie den Betrag, falls ihr innerstaatliches Recht das zuläßt, also das Recht des Entsendestaats.

Durch die Hinterlegung, die deshalb auch nicht widerruflich ist, Schwenk NJW **64**, 1003, wird die Truppe oder das zivile Gefolge in Höhe des hinterlegten Betrags von der Schuld gegenüber dem Schuldner frei, Art 35b (i) S 2. Nach amerikanischem und kanadischem Recht ist eine Hinterlegung zu Gunsten des Gläubigers unzulässig, Schwenk NJW **64**, 1003, vgl auch Wussow DRiZ **58**, 175. Dann treffen die Behörden der Truppe und des zivilen Gefolges alle geeigneten Maßnahmen zur Unterstützung des Vollstreckungsorgans bei der Durchsetzung des Vollstreckungstitels, Art 35b ii) ZusAbk. Die Behörden der Truppe und des zivilen Gefolges halten also den Schuldner zur Zahlung an oder geben dem Gläubiger an, wann eine Zahlung oder Überweisung an den Schuldner erfolgt.

Art. 36. Durchführung von Zustellungen. [I] **Die deutschen Gerichte und Behörden können Zustellungen an Mitglieder einer Truppe, eines zivilen Gefolges und an Angehörige nicht durch öffentliche Zustellung bewirken.**

[II] Hat ein deutscher Zustellungsbeamter einer Person, die sich in der Anlage einer Truppe befindet, ein Schriftstück zuzustellen, so trifft die für die Verwaltung der Anlage zuständige Behörde der Truppe alle Maßnahmen, die erforderlich sind, damit der deutsche Zustellungsbeamte die Zustellung durchführen kann.

1) Geltungsbereich. Vgl Art 32 Anm 1 und 3. II gilt nicht nur für die Zustellung an ein Mitglied der Truppe usw, sondern auch für andere Menschen, die im Gelände einer Truppe arbeiten, also auch für einen Deutschen.

Art. 37. Ladungen; Erscheinen vor Gericht. [I] a) Bei Ladungen von Mitgliedern einer Truppe oder eines zivilen Gefolges vor deutsche Gerichte und Behörden tragen die Militärbehörden, sofern nicht militärische Erfordernisse dem entgegenstehen, dafür Sorge, daß der Ladung Folge geleistet wird, soweit nach deutschem Recht das Erscheinen erzwingbar ist. Um die Durchführung dieser Ladungen wird die Verbindungsstelle ersucht.

b) Buchstabe a) gilt entsprechend für Angehörige, soweit die Militärbehörden ihr Erscheinen sicherstellen können; anderenfalls werden Angehörige nach deutschem Recht geladen.

[II] Werden Personen, deren Erscheinen die Militärbehörden nicht sicherstellen können, vor einem Gericht oder einer Militärbehörde eines Entsendestaates als Zeugen oder Sachverständige benötigt, so tragen die deutschen Gerichte und Behörden im Einklang mit dem deutschen Recht dafür Sorge, daß diese Personen vor dem Gericht oder der Militärbehörde dieses Staates erscheinen.

1) Ladungshilfe. Wenn es sich um die Ladung des Mitglieds einer Truppe oder eines zivilen Gefolges handelt, dann richtet das Gericht ein Ersuchen an die Verbindungsstelle, dafür Sorge zu tragen, daß der zu Ladende der Ladung Folge leistet, falls die Ladung nach dem deutschen Recht erzwingbar ist. Das ist bei einer Partei, deren persönliches Erscheinen angeordnet ist, und bei einem Zeugen der Fall, §§ 141, 273, 380 ZPO. Soweit die Militärbehörde das Erscheinen einer solchen Person sicherstellen kann, gilt der Vorgang auch dann, wenn es sich um einen Angehörigen der Truppe handelt. Andernfalls erfolgt die Ladung eines Angehörigen nach dem deutschen Recht. Die Regelung gilt auch dann, wenn eine Person, deren Erscheinen die Militärbehörde nicht sicherstellen kann, vor einem deutschen Gericht oder einer Militärbehörde des Entsendestaats als ein Zeuge oder als ein Sachverständiger benötigt wird. Das deutsche Gericht lädt diese Person mit einer entsprechenden Androhung vor. Zwangsmaßnahmen erfolgen nur bei II.

Art. 38. Aussagegenehmigung; Ausschluß der Öffentlichkeit. [I] Ergibt sich im Verlauf eines strafrechtlichen oder nichtstrafrechtlichen Verfahrens oder einer Vernehmung vor einem Gericht oder einer Behörde einer Truppe oder der Bundesrepublik, daß ein Amtsgeheimnis eines der beteiligten Staaten oder beider oder eine Information, die der Sicherheit eines der beteiligten Staaten oder beider schaden würde, preisgegeben werden könnte, so holt das Gericht oder die Behörde vorher die schriftliche Einwilligung der zuständigen Behörde dazu ein, daß das Amtsgeheimnis oder die Information preisgegeben werden darf. Erhebt die zuständige Behörde Einwendungen gegen die Preisgabe, so trifft das Gericht oder die Behörde alle in ihrer Macht stehenden Maßnahmen, einschließlich derjenigen, auf die sich Absatz 2 bezieht, um die Preisgabe zu verhüten, vorausgesetzt, daß die verfassungsmäßigen Rechte einer beteiligten Partei dadurch nicht verletzt werden.

II Die Vorschriften des deutschen Gerichtsverfassungsgesetzes (§§ 172 bis 175) über den Ausschluß der Öffentlichkeit von Verhandlungen in strafrechtlichen und nichtstrafrechtlichen Verfahren und die Vorschriften der deutschen Strafprozeßordnung (§ 15) über die Möglichkeit der Übertragung von Strafverfahren an das Gericht eines anderen Bezirks werden in Verfahren vor deutschen Gerichten und Behörden, in denen eine Gefährdung der Sicherheit einer Truppe oder eines zivilen Gefolges zu besorgen ist, entsprechend angewendet.

1) **Geltungsbereich.** I gilt für Gerichte und Behörden der BRD oder einer Truppe. Die Einwilligung wird von Amts wegen eingeholt. Eine Preisgabe erfolgt bei einer Einwendung der Behörde nur, falls andernfalls ein verfassungsmäßiges Recht verletzt würde. Wenn diese Gefahr nicht droht, muß alles dasjenige geschehen, was zur Geheimhaltung erforderlich ist, einschließlich des Ausschlusses der Öffentlichkeit, §§ 172–175 GVG.

Art. 39. Zeugen und Sachverständige. Die Rechte und Vorrechte der Zeugen und Sachverständigen bestimmen sich nach dem Recht der Gerichte oder der Behörde, vor denen sie erscheinen. Das Gericht oder die Behörde berücksichtigt jedoch die Rechte und Vorrechte angemessen, welche Zeugen und Sachverständige, wenn sie Mitglieder einer Truppe, eines zivilen Gefolges oder Angehörige sind, vor einem Gericht des Entsendestaates, und, wenn sie nicht zu diesem Personenkreis gehören, vor einem deutschen Gericht haben würden.

1) **Geltungsbereich.** Bei dem Erscheinen vor einem deutschen Gericht haben ein Zeuge und ein Sachverständiger einen Anspruch auf eine Entschädigung nach dem ZSEG, dazu Hartmann V.

IV. Wirtschaftsrechtliche Beschränkungen

Bearbeiter: Dr. Dr. Hartmann

A. Außenwirtschaftsgesetz
Einleitung

Schrifttum: Berner Rpfleger **61**, 383; Fertig NJW **61**, 711; Gramm bei Palandt 27. Aufl: Außenwirtschaftsgesetz (mit Erläuterungen).

1) **Allgemeines.** Das AWG v 28. 4. 61, BGBl 481 (zuletzt geändert durch § 24 G v 6. 10. 80, BGBl 1905, VO v 3. 8. 81, BGBl 853, zuletzt geändert durch VO v 17. 1. 83, BGBl 29, dazu Art 29 G v 10. 3. 75, BGBl 685) erklärt das MRG 53 mit seinen Durchführungsverordnungen, allgemeinen Genehmigungen und sonstigen Vorschriften für den Außenwirtschaftsverkehr für nicht mehr wirksam, desgleichen das MRG 52 Art I Abs 1 Unterabsatz f (Devisenrecht), und hebt das Gesetz über Ausfuhr- und Einfuhrverbote v 25. 3. 39, RGBl 578, und einige damit zusammenhängende Gesetze auf, § 47.

Das AWG betrifft den Waren-, Dienstleistungs-, Kapital-, Zahlungs- und sonstigen Wirtschaftsverkehr mit fremden Wirtschaftsgebieten. Als Gebietsfremde im Sinne des § 4 I Z 4 gelten auch diejenigen, die sich nur vorübergehend ohne einen Wohnsitz, gewöhnlichen Aufenthalt oder Sitz im Wirtschaftsgebiet aufhalten. Das AWG betrifft ferner den Verkehr mit Auslandswerten und mit Geld zwischen Gebietsansässigen, § 1 I. Fremde Wirtschaftsgebiete im Sinne des Gesetzes sind alle Gebiete außerhalb des Geltungsbereichs des Gesetzes mit Ausnahme der DDR und Ost-Berlins, § 4 I Z 2. Auf die letztgenannten Gebiete findet das AWG keine Anwendung. Daher sind im Verhältnis zur DDR und zu Ost-Berlin auch die genannten Bestimmungen des MRG 52 und MRG 53 weiter anzuwenden, vgl B. Das Gesetz gilt auch in West-Berlin mit den Ausnahmen und Maßgaben, die sich aus § 51 ergeben.

2) **Zweck der Regelung. A. Grundsatz.** Die Regelung des AWG geht dahin, daß der Außenwirtschaftsverkehr grundsätzlich frei ist, § 1 I. Er kann jedoch durch das Gesetz oder durch eine Rechtsverordnung, die auf Grund dieses Gesetzes ergeht, beschränkt werden. Durch solche Bestimmungen können Rechtsgeschäfte und Handlungen einer Genehmigung unterworfen werden oder ganz verboten werden, § 2 I. Beschränkungen sind möglich als

allgemeine Beschränkungen zwecks Erfüllung zwischenstaatlicher Interessen, zwecks Abwehr schädigender Einwirkungen aus fremden Wirtschaftsgebieten und zum Schutz der Sicherheit und der auswärtigen Interessen, §§ 5–7, ferner als besondere Einwirkungen für die in Anm 1 genannten Wirtschaftsgebiete. Für diese gibt das Gesetz außer für die Wareneinfuhr nur den Umfang und den Zweck der Beschränkungen an. Das Gesetz ermöglicht Rechtsverordnungen, die eine Beschränkung und genauere Angaben in dem durch das Gesetz gegebenen Rahmen enthalten können. Eine Ausnahme von dieser Systematik besteht in der Einfuhrliste des § 10 AWG. Hier kann man für jede Warenart ablesen, ob ihre Einfuhr genehmigungsfrei ist oder nicht.

B. Genehmigung. Soweit eine Genehmigung erforderlich ist, ist im Bereich des Kapitalverkehrs, § 22 I AWG, und des Zahlungsverkehrs sowie im Bereich des Verkehrs mit Auslandswerten und mit Geld die Deutsche Bundesbank ausschließlich zuständig. Im Bereich des Kapitalverkehrs ist im übrigen das Bundesministerium für Wirtschaft ausschließlich zuständig. Im übrigen können besondere Bestimmungen über die Zuständigkeit der jeweiligen Behörden getroffen werden. Über den Inhalt der Genehmigungen § 30.

C. Fehlen einer Genehmigung. Wenn ein Rechtsgeschäft ohne die erforderliche Genehmigung abgeschlossen worden ist, so ist es schwebend unwirksam, § 31. Die Parteien machen sich schadensersatzpflichtig, wenn sie sich nicht um die Genehmigung bemühen, BGH **LM** MRG 53 Nr 3.

D. Prozeßrechtlich bestimmt:

§ 32. Urteil und Zwangsvollstreckung. [I] **Ist zur Leistung des Schuldners eine Genehmigung erforderlich, so kann das Urteil vor Erteilung der Genehmigung ergehen, wenn in die Urteilsformel ein Vorbehalt aufgenommen wird, daß die Leistung oder Zwangsvollstreckung erst erfolgen darf, wenn die Genehmigung erteilt ist. Entsprechendes gilt für andere Vollstreckungstitel, wenn die Vollstreckung nur auf Grund einer vollstreckbaren Ausfertigung des Titels durchgeführt werden kann. Arreste und einstweilige Verfügungen, die lediglich der Sicherung des zugrunde liegenden Anspruchs dienen, können ohne Vorbehalt ergehen.**

[II] **Ist zur Leistung des Schuldners eine Genehmigung erforderlich, so ist die Zwangsvollstreckung nur zulässig, wenn und soweit die Genehmigung erteilt ist. Soweit Vermögenswerte nur mit Genehmigung erworben oder veräußert werden dürfen, gilt dies auch für den Erwerb und die Veräußerung im Wege der Zwangsvollstreckung.**

Die Regelung entspricht der der 3. DVO zu MRG 53, vgl unten.

B. Vermögenssperre im Verhältnis zur DDR

1) MRG 52

Vorbemerkung. Das MRG 52 hat sich zum größten Teil erledigt. Die dort enthaltenen Sperren wurden durch zahlreiche allgemeine Genehmigungen gelockert, vgl die vollständige Aufzählung bei Palandt-Gramm 20. Aufl Vorbem 4 zu MRG 52.

§ 47 I Z 4 AWG hat nur für seinen Geltungsbereich den Art 1 Abs 1f MRG 52 außer Wirkung gesetzt. Die Vorschrift gilt im Verhältnis zur DDR weiter, ebenso im Verhältnis zu Ost-Berlin.

Art. 1. I. Vermögen innerhalb des besetzten Gebietes, das unmittelbar oder mittelbar, ganz oder teilweise im Eigentum oder unter der Kontrolle der folgenden Personen steht, wird hiermit hinsichtlich Besitz- oder Eigentumsrecht der Beschlagnahme, Weisung, Verwaltung, Aufsicht oder sonstigen Kontrolle durch die Militärregierung unterworfen:
  a)–e) ...
  f) Eigentümer außerhalb des Kontrollgebiets des obersten Befehlshabers, sowie Regierungen und Staatsangehörigen der Vereinten Nationen und neutraler Staaten;
  g) ...
  h) ...

A. Allgemeines. Durch Art 2 wird jede Veränderung des betroffenen Vermögens von einer allgemeinen oder besonderen Genehmigung abhängig gemacht. Wenn die erforderliche Genehmigung fehlt, ist die Übertragung nichtig, Art V, dh zunächst schwebend unwirksam. Sie kann also auch infolge einer nachträglichen Genehmigung wirksam werden,

BGH **LM** MRG 52, Art II Nr 2. Das einfache Verpflichtungsgeschäft ist noch nicht genehmigungsbedürftig. Wohl aber ist das Verfügungsgeschäft genehmigungsbedürftig, also auch die Leistung auf Grund eines Urteils, eines Vergleichs oder auf Grund eines anderen vollstreckbaren Titels sowie die Zwangsvollstreckung. Es liegt ein Veräußerungsverbot im Sinne von § 134 BGB vor. Es schließt einen guten Glauben aus, § 135 BGB.

Die Befugnis zur Erteilung einer Genehmigung ist auf deutsche Stellen übertragen worden. Wenn die Deutsche Bundesbank feststellt, daß ein Vermögen nicht unter das MRG 52 fällt, dann bindet diese Feststellung die Gerichte, BGH BB **51**, 372. Es ist nach den Regeln des interlokalen Privatrechts zu prüfen, ob sich ein Vermögen innerhalb oder außerhalb des Bundesgebiets befindet, vgl BGH BB **55**, 335 und dazu auch Pal-Heldrich Vorbem 14 I vor Art 7 EGBGB.

B. Sperre wegen Abwesenheit, Art I 1f (Ostsperre). Der Text war in den westlichen Besatzungszonen nicht ganz einheitlich. Diese Unterschiede sind aber ohne besondere Bedeutung. Denn in den Gebieten aller früheren westlichen Zonen ist nunmehr der Art X 1c MRG sowie die 3. DVO (= 4. DVO MRG 52) einheitlich anzuwenden. Verboten und mangels einer vorher oder nachher erwirkten Genehmigung nichtig ist also grundsätzlich jede Verfügung über ein Vermögen jeglicher Art, das sich in der BRD befindet, durch oder zugunsten einer Person in der DDR oder in Ost-Berlin, Neumann Rpfleger **76**, 118 mwN. Die Einzahlung von Geld auf ein Sperrkonto in der BRD bei einem westlichen Geldinstitut oder Postscheckamt ist daher zulässig.

Wenn die Person ihren Wohnsitz oder ihren Sitz in die BRD verlegt, dann entfällt die Sperre. Bei einem geschäftlichen Unternehmen ist eine Eintragung in das Handelsregister erforderlich.

Die Ostsperre ist gelockert worden. Vgl dazu die allgemeine Genehmigung v 24. 8. 61, BAnz Nr 167 (Mitteilungen 6004/51 und 6005/61 der Deutschen Bundesbank) mit den Änderungen BAnz **62** Nr 125, **63** Nr 101, 133. Diese Regelung gilt, soweit sie sich auf Werte bezieht, die nach dem MRG 52 gesperrt sind, auch für das MRG 52.

Nach diesen Vorschriften dürfen unter anderem der Kontoinhaber oder seine unmittelbaren Familienangehörigen, die sich vorübergehend im Bundesgebiet aufhalten, monatlich bis zu 1000 DM abheben. Ferner ist die Zahlung von monatlich 150 DM an Personen mit einem gewöhnlichen Aufenthalt im Bundesgebiet gestattet. Weiterhin ist ohne eine summenmäßige Begrenzung die Bezahlung von Steuern, Abgaben, Gebühren gestattet, die durch eine GebO geregelt sind. Ferner dürfen ohne summenmäßige Begrenzung Prämien für Versicherungsverträge geleistet werden. Dies gilt aber für Transportversicherungsverträge, die dem Interzonenverkehr zugehören, nur nach der Maßgabe des Interzonenhandels-Abk. Ohne summenmäßige Begrenzung sind schließlich Zahlungen an Bausparkassen, Zahlungen im Zusammenhang mit der Verwaltung und der Unterhaltung von Grundstücken und Gebäuden zulässig, die sich im Bundesgebiet befinden.

Die Gelder können für den Erwerb von Wertpapieren verwandt werden. Gebietsansässige Personen können über Vermögenswerte in der DDR frei verfügen und dortige Vermögenswerte auch erwerben. Wegen Unterhaltszahlungen vgl die Vereinb v 25. 4. 74, BGBl II 621, ferner Ffm FamRZ **78**, 935, Adler/Alich ROW **80**, 142 je mwN.

Für den Handel mit der DDR gelten die vorstehenden allgemeinen Genehmigungen nicht.

2) MRG 53 (VO 235 für die frühere Französische Zone)

Schrifttum: Berner Rpfleger **59**, 313, **61**, 386; Gramm bei Palandt, 27. Aufl; Hammerle DNotZ **51**, 24; Langen, Komm, 3. Aufl 1955; Müller NJW **55**, 1503; Schulz DRZ **50**, 51; Wesenberg JR **50**, 673; Wilmanns ZJBlBrZ **47**, 111 (aF).

Vorbemerkung. Wegen der **Weitergeltung im Verhältnis zur DDR** s Vorbemerkung zu MRG 52 (oben a) und BGH **LM** § 932 BGB Nr 28.

Quellen. Das MRG 53 ist seit dem 19. 9. 49 neu gefaßt und erweitert; Textberichtigung AHKABl **50**, 487 (SaBl **50**, 660). Dazu 1. DVO BAnz Nr 2 v 27. 9. 49, 2. DVO AHKABl **50**, 525, 3. DVO v 31. 10. 50, AHKABl **50**, 663 (unten abgedruckt), 4. DVO, AHKABl **51**, 784. An Stelle der bisherigen Allgemeinen Genehmigungen ist die Allgemeine Genehmigung v 24. 8. 61, BAnz Nr 167 (Mitt 6004 u 6005/61 der Deutschen Bundesbank, erste zuletzt geändert und erläutert durch die Mitteilungen Nr 6001/75 und 6002/75 v 15. 4. 75, BAnz Nr 75) getreten.

Die Verfassungsmäßigkeit des MRG 53 ist zweifelhaft, BVerfG DB **83**, 172.

Art. I. Verbotene Geschäfte

1. Vorbehaltlich einer von der Militärregierung oder von einer von ihr bestimmten Stelle erteilten Ermächtigung sind alle Geschäfte verboten, die zum Gegenstande haben oder sich beziehen auf:

a) Devisenwerte, gleichgültig, wo sie sich befinden, die unmittelbar oder mittelbar, ganz oder teilweise, im Eigentum oder unter der Kontrolle von Personen mit gewöhnlichem Aufenthalt, Hauptniederlassung oder Sitz in dem in Art. X bezeichneten Bereich – nachstehend „Gebiet" genannt – stehen;

b) Devisenwerte, die sich im Gebiet befinden;

c) im Gebiet befindliche Vermögenswerte, die unmittelbar oder mittelbar, ganz oder teilweise, im Eigentum oder unter der Kontrolle von Personen außerhalb des Gebiets stehen;

d) Vermögenswerte, gleichgültig, wo sie sich befinden, sofern das Geschäft zwischen Personen mit gewöhnlichem Aufenthalt, Hauptniederlassung oder Sitz im Gebiet und Personen außerhalb des Gebiets abgeschlossen wird oder sich auf solche Personen bezieht;

e) Devisenwerte, unbewegliche Vermögenswerte, Rechte oder Interessen an diesen, gleichgültig, wo sie sich befinden, sofern das Geschäft zwischen Personen mit gewöhnlichem Aufenthalt, Hauptniederlassung oder Sitz im Gebiet und Personen mit gewöhnlichem Aufenthalt, Hauptniederlassung oder Sitz außerhalb des Gebiets abgeschlossen wird;

f) im Gebiet befindliche Devisenwerte, unbewegliche Vermögenswerte, Rechte oder Interessen an diesen, sofern das Geschäft zwischen Personen mit gewöhnlichem Aufenthalt, Hauptniederlassung oder Sitz außerhalb des Gebiets abgeschlossen wird;

g) in Deutschland befindliche Vermögenswerte oder Vermögenswerte, die den Vorschriften des Art. II dieses Gesetzes unterliegen, sofern das Geschäft zwischen außerhalb des Gebiets befindlichen Personen, deren gewöhnlicher Aufenthalt, Hauptniederlassung oder Sitz im Gebiet ist, und Personen außerhalb des Gebiets abgeschlossen wird;

h) deutsche Zahlungsmittel oder auf deutsche Währung lautende Geldforderungen, sofern das Geschäft ihre Übertragung von Personen, deren gewöhnlicher Aufenthalt, Hauptniederlassung oder Sitz im Gebiet ist, auf Personen mit gewöhnlichem Aufenthalt, Hauptniederlassung oder Sitz außerhalb des Gebietes zur Folge hat.

2. Abgesehen von üblicher persönlicher Habe dürfen Vermögenswerte nur über die zugelassenen Grenzübergangsstellen und nur mit Ermächtigung der Militärregierung oder einer von ihr bestimmten Stelle in das Gebiet oder aus dem Gebiet verbracht werden.

A. Allgemeines. Die Regelung ist verfassungsrechtlich problematisch, BVerfG DB **83**, 173. Verpflichtungs- und Verfügungsgeschäfte sind verboten und daher genehmigungspflichtig. Diese Regelung geht also weiter als beim MRG 52. Auch die Ausfertigung eines Vollstreckungstitels jeder Art fällt unter diese Regelung. Die Deutsche Bundesbank hat die Genehmigungsbefugnis. Sie darf diese jedoch nicht dazu mißbrauchen, dem Prinzip der Gegenseitigkeit im Verhältnis zur DDR zum Durchbruch zu verhelfen, BVerfG DB **83**, 173. Eine Genehmigung ist auch bei der Bestellung eines Treuhänders erforderlich. Infolge einer Neufassung der Bestimmungen zu c, d, g ist die Devisengrenze diejenige des Bundesgebiets. Daher fallen zB auch alle Geschäfte unter die Regelung, die man mit Personen und Unternehmungen macht, die in der DDR aufhalten und dort ihre Niederlassung haben. Eine Anwaltsgebühr kann überwiesen werden, wenn sie im Zusammenhang mit der Verwaltung steht. Zum sachlichrechtlichen „Geschäfts-"Begriff BGH **LM** § 932 BGB Nr 28.

B. Verfahren. a) Allgemeines. Die verbotenen und deshalb genehmigungspflichtigen „Geschäfte" nennt für das Prozeßrecht die 3. DVO zum MRG 53 v 31. 10. 50 (gleichzeitig DVO 4 zu MRG 52), AHKABl 663 (SaBl 1139). Daraus ergibt sich, daß zwar zur Erhebung einer Klage und zur Zustellung eines Mahnbescheids eine Genehmigung nicht erforderlich ist, Art I (2) zu a. Die Genehmigung muß aber im Zeitpunkt des Erlasses des Urteils, eines Arrestes, einer einstweiligen Verfügung (vgl auch unten bei B) oder im Zeitpunkt der Erwirkung eines sonstigen vollstreckbaren Titels vorliegen. Andernfalls ist der Vorgang schwebend unwirksam und deshalb anfechtbar. Wenn aus einem derartigen Titel eine Zwangsvollstreckung betrieben wird, hat der Betroffene die Möglichkeit der Erinnerung nach § 766. Bis zur Erteilung der Genehmigung ist auch ein Titel zur Abgabe einer Willenserklärung, § 894, schwebend unwirksam.

Auf Grund eines vorläufig vollstreckbaren Urteils kann der Gläubiger aber auch ohne eine Genehmigung eine Vormerkung oder einen Widerspruch im Grundbuch eintragen lassen, § 895. Denn solche Maßnahmen bedeuten nur eine Sicherung, StJ X B 2 und A 5 vor § 1. Die Erwirkung eines Feststellungsurteils bedarf keiner Genehmigung, Art I (2) b. Auch ein klagabweisendes oder aufhebendes Urteil sind genehmigungsfrei, und zwar auch im Hinblick auf ihre Kostenentscheidung.

Genehmigungsfrei sind ferner: Die Stellung eines Antrags; eine Streitverkündung; ein Anspruchsverzicht; eine Klagrücknahme; ein Anerkenntnis. Genehmigungspflichtig ist aber ein Urteil nach §§ 306, 307.

b) DVO 3 zu MRG 53 (VO 235 der früheren französischen Zone) lautet:

Art. 1. Der Ausdruck „Geschäfte" im Sinne des Artikels 1 der Gesetze Nr. 53 der amerikanischen und der britischen Militärregierung (Neufassung) und der Verordnung Nr. 235 des Hohen Kommissars der französischen Republik für Deutschland

(1) umfaßt
a) den Erlaß oder die Erwirkung von Urteilen, Arresten und einstweiligen Verfügungen sowie die Errichtung oder Erwirkung von vollstreckbaren Titeln anderer Art zugunsten von Personen außerhalb des Gebietes im Sinne des Artikels 10 (g) der Gesetze Nr. 53 der amerikanischen und der britischen Militärregierung (Neufassung) und der Verordnung Nr. 235 des Hohen Kommissars der französischen Republik für Deutschland;
b) die Zwangsvollstreckung aus vollstreckbaren Titeln jeder Art, die außerhalb des Gebietes errichtet oder erwirkt sind, unter Einschluß der von Verwaltungsbehörden außerhalb des Gebietes errichteten vollstreckbaren Titel;
c) die Maßnahmen eines außerhalb des Gebietes belegenen Konkursgerichts oder eines von ihm eingesetzten Konkursverwalters, insbesondere die Inbesitznahme des Vermögens des Gemeinschuldners, den offenen Arrest und die Postsperre;
d) das außergerichtliche Anerkenntnis einer Forderung;

(2) umfaßt nicht
a) die Zustellung von Klagen und Zahlungsbefehlen;
b) die Erwirkung von Feststellungsurteilen;
c) die Erwirkung vormundschaftsgerichtlicher Genehmigungen;
d) die Erteilung von Vollmachten.

Art. 2. Die Vorschriften des Artikels 1 gelten entsprechend für die Handlungen, die nach Artikel II des SHAEF-Gesetzes und der Militärregierungsgesetze Nr. 52 verboten sind.

Art. 3. Allgemeine Genehmigungen, die auf Grund der Gesetze Nr. 53 der amerikanischen und der britischen Militärregierung (Neufassung) und der Verordnung Nr. 235 des Hohen Kommissars der französischen Republik für Deutschland erlassen worden sind, gelten, soweit sie sich auf das unter Artikel I, Abs. 1 (f), des SHAEF-Gesetzes und der Militärregierungsgesetze Nr. 52 fallende Vermögen beziehen, in bezug auf dieses Vermögen auch als Allgemeine Genehmigungen auf Grund der Gesetze Nr. 52.

C. Allgemeine Genehmigung. Die DVO ist erheblich durch die Allgemeine Genehmigung idF der Mitteilung Nr 6004/75 v 27. 11. 75, BAnz Nr 224 v 3. 12. 75, gelockert. Ein Gebietsfremder kann also ohne eine Genehmigung gegenüber einem Gebietsansässigen eine Klage erheben und einen Mahnbescheid zustellen lassen. Er kann auch, abgesehen von dem schon immer zulässigen Feststellungsurteil, auch ein Leistungsurteil gegen den Gebietsansässigen ergehen lassen. Ebenso ist ein Schiedsvergleich und seine Niederlegung zulässig. Eine solche Maßnahme wird aber erst mit einer nachfolgenden Genehmigung wirksam. Die Allgemeine Genehmigung gilt aber nicht für die Leistung selbst. Das ist auch bei einer eidesstattlichen Versicherung zwecks Offenbarung zu beachten. Wenn für die Leistung keine Genehmigung erteilt wurde, dann muß das Gericht einen Vorbehalt in das Urteil dahingehend aufnehmen, daß die Leistung oder die Zwangsvollstreckung nur nach der Erteilung der erforderlichen devisenrechtlichen Genehmigung erfolgen dürfe.

Wenn dagegen die devisenrechtliche Leistungsgenehmigung allgemein oder im Einzelfall erteilt worden ist, dann gilt diese Genehmigung auch für die Erwirkung eines Vollstreckungstitels oder für eine Zwangsvollstreckung auf Grund eines solchen Titels. Der Schuldner darf auch dann, wenn das Urteil die Notwendigkeit eines Vorbehalts übersehen hatte (es kann nach § 319 ergänzt werden), nicht ohne eine Devisengenehmigung zahlen. Eine Ausnahme besteht lediglich bei einem Arrest oder bei einer einstweiligen Verfügung. Auch ihre Vollziehung bedarf keiner Genehmigung. Das gilt allerdings nur dann, wenn der Arrest oder die einstweilige Verfügung nur der Sicherung eines zugrundeliegenden sachlichrechtlichen Anspruchs dient.

Die sonstige Liberalisierung des Geld- und Grundstücksverkehrs gilt also gegenüber der Ostsperre nicht. Jedoch darf die Deutsche Bundesbank eine Genehmigung nicht schon zur Durchsetzung des Gegenseitigkeitsprinzips versagen, BVerfG DB **83**, 173. Sie muß also zB einem deutschen DDR-Bewohner die Verfügung über ein im Weg der Erbfolge erlangtes Guthaben bei einer in der BRep gelegenen Sparkasse oder Bank genehmigen, BVerfG DB **83**, 173. Zugunsten eines Ostgläubigers kann man auf Grund der Allgemeinen Genehmigung 6004/75 in jeder Höhe leisten. Insofern ist also auch eine Zwangsvollstreckung zulässig. Die Zahlung darf jedoch nur im Weg der Einzahlung auf ein D-Mark-Sperrkonto in der BRD oder in Berlin-West erfolgen. Das gilt auch dann, wenn die Forderung auf einen Betrag in D-Mark Ost lautet. Im letzteren Fall muß jedoch zunächst ein Gericht dieser Gebiete die Umrechnung vornehmen. Zur Zulässigkeit solcher Urteile vgl BGH **7**, 397, AG Bln-Charlottenb DGVZ **78**, 138.

Bei Unterhaltsforderungen wird die Umrechnung im Verhältnis 1:1 vorgenommen, Hbg DAVorm **71**, 214, LG Bln Rpfleger **76**, 144, LG Lübeck DAVorm **75**, 259 (krit Neumann Rpfleger **76**, 117 mwN), AG Bln-Charlottenb DGVZ **78**, 138, abw LG Mannh MDR **76**, 1020 (abl Neumann Rpfleger **76**, 370); nur im Ausnahmefall kommt eine Umrechnung 1:3 in Betracht. Die Umrechnung erfolgt in der Vollstreckungsinstanz.

Auch eine Umschreibung einer vollstreckbaren Ausfertigung für den Rechtsnachfolger des gesperrten Gläubigers nach § 727 bedarf einer Genehmigung.

Der Handel mit der DDR und der Dienstleistungsverkehr sind durch die Interzonenhandels VO v 18. 7. 51, BGBl 463, und durch den Interzonenhandels-RdErl des BMinWirtsch Nr 98 über den Transithandel sowie durch die Dienstleistungsvereinbarung v 3. 2. 51, BAnz Nr 30, geregelt. Dazu DVO BAnz 58 Nr 175 (Neufassung) sowie die Allgemeinen Genehmigungen 6005/75 der Deutschen Bundesbank v 27. 11. 75, BAnz Nr 225 v 4. 12. 75. Vgl auch Jahn, Handbuch des Interzonen-Zahlungsverkehrs, 1956.

Art. VII. Nichtige Geschäfte

Alle Vermögensübertragungen, Verträge oder sonstigen Vereinbarungen, die in Verletzung dieses Gesetzes oder in der Absicht, Vorschriften dieses Gesetzes zu umgehen, geschlossen oder durchgeführt worden sind, entbehren jeder Rechtswirkung, es sei denn, daß sie nachträglich von der Militärregierung genehmigt werden. Von den Beteiligten kann verlangt werden, daß sie hinsichtlich der Vermögenswerte, die Gegenstand des verbotenen Geschäfts waren, den ursprünglichen Zustand wieder herstellen; demgegenüber kann nicht eingewandt werden, daß die Gegenleistung nicht mehr zurückgewährt werden kann.

1) Die Zustimmung kann für jederlei Geschäft auch nachträglich erteilt werden, wie die Neufassung klarstellt. Bis dahin herrscht eine schwebende Unwirksamkeit. S oben a) Anm 1.

3) Berlin (West)

In diesem Fall ist die entsprechende VO v 15. 7. 50, VOBl 50, 304, nebst 1. DVO v 15. 7. 50 ergangen. Nach Art 10g der VO ist als Deviseninland nur der amerikanische, britische, französische Sektor West-Berlins anzusehen. Die Einwohner dieser Sektoren sind jedoch den Bewohnern des Bundesgebiets durch die Allgemeine Genehmigung 31/50, VOBl I 313, gleichgestellt. Die Zahlungsansprüche in DM-West von Einwohnern der DDR oder Berlin-Ost gegenüber den Einwohnern der Westsektoren sind in der Allgemeinen Genehmigung Nr 27/50, VOBl I 312, behandelt. Einige Ansprüche in DM-Ost von Einwohnern der DDR oder Berlin-Ost gegenüber Einwohnern von West-Berlin sind durch die Allgemeine Genehmigung Nr 41/50, VOBl I 381, behandelt. Sämtliche Verordnungen sind auch in der Rundverfügung v 7. 12. 50, JR **50**, 766, abgedruckt.

Wie sich aus der Rundverfügung ergibt, ist die DVO 3 zu MRG 53 auch in Berlin-West entsprechend anzuwenden. Die Allgemeine Genehmigung, 70/54 und 70/55, vgl MRG 53 Art I Anm 2 B, gilt auch hier, dazu die Erlasse JR **55**, 401. Die Zahlung von Gebühren an Zeugen und Sachverständige im Ostwährungsgebiet ist in der Rundverfügung v 19. 10. 50, JR **50**, 701, geregelt (Zahlung bis 100 DM West).

4) DDR und Berlin (Ost)

Das Deutsche Devisengesetz v 12. 12. 38 ist aufgehoben worden. An seine Stelle ist das Gesetz über den Devisenverkehr und die Devisenkontrolle v 8. 2. 56, GBl 321, getreten. Hierzu sind zahlreiche Durchführungsbestimmungen erlassen worden, vgl Frenkel NJW **56**, 929. Nach der 3. Durchführungsbestimmung v 22. 3. 56, GBl 326 (SaBl 567), sind Zahlungen an Devisenausländer, also auch an die Bewohner der BRD, nur auf ein Devisenkonto gestattet, § 3. Solche Zahlungen dürfen aber grundsätzlich auch auf ein solches Konto nur dann erfolgen, wenn das Entstehen derjenigen Forderung, die der Zahlung zugrunde liegt, von der zuständigen Dienststelle genehmigt wurde. Ausnahmen gelten zB für einen nicht rechtsgeschäftlichen Erwerb, § 8.

Ein Mahnverfahren oder ein Rechtsstreit einschließlich der Zwangsvollstreckung gegenüber einem Devisenausländer bedarf keiner Genehmigung, § 2 I. Eine Zahlung an einen Devisenausländer auf Grund eines Vollstreckungstitels, der außerhalb der DDR erlassen wurde, ist unbeschadet der §§ 328, 722, 723 ZPO nur dann zulässig, wenn die Entstehung oder die Erlangung des ursprünglichen Anspruchs nicht genehmigungspflichtig war oder wenn zu seiner Entstehung eine Genehmigung erteilt worden war, § 2.

Wegen der Verfügungsmöglichkeiten über Devisenausländerkonten (Unterhaltsverpflichtungen, dazu oben B 1 B, Zahlungen, die mit einem in der DDR befindlichen Vermögen in Zusammenhang stehen), vgl § 4 der Durchführungsbestimmung v 23. 3. 56, GBl 327 (SaBl 572).

V. Zwischenstaatliche Anerkennungs- und Vollstreckungsabkommen

Bearbeiter: Dr. Albers

Übersicht

Schrifttum: Bülow-Böckstiegel, Internationaler Rechtsverkehr in Zivil- u Handelssachen; Geimer-Schütze, Internationale Urteilsanerkennung (Kommentar), Band II, 1970; Nagel, Internationales Zivilprozeßrecht für deutsche Praktiker, 1980, Abschnitt IX; Schütze, Internationales Zivilprozeßrecht, 1980.

1) Die außerhalb der Grenzen Deutschlands von 1937 in der Zeit bis 1945 ergangenen Urteile deutscher Gerichte sind deutsche Urteile und deswegen wie solche zu behandeln. Also kann aus Urteilen von Gerichten, die in der Zeit vom 13. 3. 38 bis 26. 4. 45 in Österreich ergangen sind, ohne Verfahren nach § 722 vollstreckt werden, wenn die Voraussetzungen des § 2 II VO v. 16. 1. 40, RGBl I S 176, erfüllt sind, dh die Vollstreckungsklausel durch das dafür zuständige Gericht in Österreich in jener Zeit erteilt war. Dem entspricht auch die Praxis in Österreich, vgl Bundesgesetz 70 v 28. 2. 47, österreichisches Bundesgesetzblatt 452.

2) Folgende **Staatsverträge** regeln die Vollstreckbarkeit ausländischer Urteile abweichend von §§ 722f: **a)** Art 18, 19 HZPrÜbk, unten A 1 (wegen HZPrAbk s 25. u fr Aufl); **b)** HaagÜbk über die Anerkennung u Vollstr von Entsch auf dem Gebiet der Unterhaltspflicht gegenüber Kindern v 15. 4. 58, BGBl **61** II 1006, unten A 2; **c)** dt-schweizerisches Abk v 28. 7. 30, unten B 1; **d)** dt-italienisches Abk v 9. 3. 36, unten B 2; **e)** dt-österr Abk v 6. 6. 59, unten B 3; **f)** dt-belgisches Abk v 30. 6. 58, unten B 4; **g)** dt-britisches Abk v 14. 7. 60, unten B 5; **h)** dt-griechisches Abk v 4. 11. 61, Art 6ff, BGBl **63** II 109, unten B 6; **i)** dt-türkisches Abk v 28. 5. 29, RGBl **30** II 7, **31** II 537, 539; **k)** dt-niederländischer Vertrag v 30. 8. 62, BGBl **65** II 27, unten B 7; **l)** dt-tunesischer Vertrag v 19. 7. 66, BGBl **69** II 889, unten B 8; **m)** dt-israelischer Vertrag v 20. 7. 77, BGBl **80** II 926, unten B 9; **n)** dt-norwegischer Vertrag v 17. 6. 77, BGBl **81** II 341, unten B 10. Die Abk a und i betreffen nur Kostenentscheidungen und lassen insoweit statt eines Vollstreckungsurteils einen Beschluß des AG zu. S auch Einl IV Anm 3 A vor § 1.

3) Die der EWG angehörigen Staaten haben am 27. 9. 68 das Übereinkommen über die gerichtliche Zuständigkeit und die Vollstreckung gerichtlicher Entsch in Zivil- und Handelssachen gezeichnet. Das Übk, BGBl **72** II 774, ist durch G v 24. 7. 72, BGBl II 773, ratifiziert worden; es ist zusammen mit dem AusfG v 29. 7. 72, BGBl 1328, u dem G v 17. 8. 72 zu dem Protokoll v 3. 6. 71 betr die Auslegung des Übk, BGBl II 845, auszugsweise im Schlußanhang V C abgedruckt. Das Übk u das AusfG sind am 1. 2. 73 in Kraft getreten, BGBl 73 II 60 u I 26 (Geltungsbereich: BRep, Belgien, Frankreich, Italien, Luxemburg, Niederlande, Üb Art 1).

4) Gebühren des Gerichts § 11 I GKG u KVerz 1080–1098, des RA § 47 BRAGO.

A. Kollektivverträge
1.
Vollstreckbarerklärung nach Haager Zivilprozeßübereinkommen vom 1. 3. 1954, BGBl 58 II 576

Geltungsbereich: Einl IV Anm 3 A vor § 1 ZPO. **Schrifttum:** Bülow RPfleger **55**, 301 u **59**, 141; Bülow-Böckstiegel A I 1.

Art. 18. [1] War der Kläger oder Intervenient von der Sicherheitsleistung, der Hinterlegung oder der Vorschußpflicht auf Grund des Artikels 17 Absatz 1 und 2 oder der im Staate der Klageerhebung geltenden Rechtsvorschriften befreit, so wird eine Entscheidung über die Kosten des Prozesses, die in einem Vertragsstaat gegen ihn ergangen ist, gemäß einem auf diplomatischem Wege zu stellenden Antrag in jedem anderen Vertragsstaat durch die zuständige Behörde kostenfrei für vollstreckbar erklärt.

[II] Das gleiche gilt für gerichtliche Entscheidungen, durch die der Betrag der Kosten des Prozesses später festgesetzt wird.

[III] Die vorstehenden Bestimmungen hindern nicht, daß zwei Vertragsstaaten vereinbaren, die beteiligte Partei selbst dürfe den Antrag auf Vollstreckbarerklärung unmittelbar stellen.

Bemerkung. S §§ 4ff AusfG (anschließend abgedr). Art 18, 19 schaffen den Ausgleich für den Beklagten, der einem von der Ausländersicherheit befreiten Kläger gegenübersteht, durch Vollstreckungsmöglichkeit der gegen den Kläger erzielten Kostenentscheidung, Art 17 II HZPrÜbk (abgedr § 110 Anh). Art 18 ist aber auch dann anwendbar, wenn der Kläger (Intervenient) nach den Gesetzen des Staates der Klageerhebung eine Sicherheit nicht zu leisten braucht, weil diese Gesetze eine solche nicht kennen. Der Kläger muß für den Urteilsstaat Ausländer sein (Bülow-Böckstiegel A I 1 b FN 85 gegen StJ § 328 Anh A I 1 FN 44) und Wohnsitz oder Aufenthalt im Geltungsbereich des Übk haben, Art 17 HZPrÜbk. Es muß eine Entscheidung vorliegen, in der BRep also immer der auf Grund des Urteil ergangene Kostenfestsetzungsbeschluß, §§ 104ff ZPO, 8 I AusfG. Kosten des Prozesses (frais et dépens) sind auch die außergerichtlichen, ObGH Zürich JW **31**, 167, auch die einer höheren Instanz. Zum Antrag auf Vollstreckbarerklärung Bülow Rpfleger **55**, 301. Unmittelbarer Antrag auf Vollstreckbarerklärung ist auf Grund von Zusatzvereinbarungen, Einl IV Anm 3 A, im Verhältnis zu Belgien, Frankreich, Italien, den Niederlanden, Österreich und der Schweiz zulässig. Wegen des Verhältnisses zum EuG-Übk s dessen Art 57, Schlußanh V C.

Art. 19. [1] Die Kostenentscheidungen werden ohne Anhörung der Parteien gemäß den Rechtsvorschriften des Landes, in dem die Vollstreckung betrieben werden soll, unbeschadet eines späteren Rekurses der verurteilten Partei für vollstreckbar erklärt.

[II] Die für die Entscheidung über den Antrag auf Vollstreckbarerklärung zuständige Behörde hat ihre Prüfung darauf zu beschränken:
1. ob die Ausfertigung der Kostenentscheidung nach den Rechtsvorschriften des Landes, in dem sie ergangen ist, die für ihre Beweiskraft erforderlichen Voraussetzungen erfüllt;
2. ob die Entscheidung nach diesen Rechtsvorschriften die Rechtskraft erlangt hat;
3. ob der entscheidende Teil der Entscheidung in der Sprache der ersuchten Behörde oder in der zwischen den beiden beteiligten Staaten vereinbarten Sprache abgefaßt oder aber von einer Übersetzung in eine dieser Sprachen begleitet ist, die vorbehaltlich anderweitiger Vereinbarung durch einen diplomatischen oder konsularischen Vertreter des ersuchenden Staates oder einen beeidigten Übersetzer des ersuchten Staates beglaubigt ist.

[III] Den Erfordernissen des Absatzes 2 Nr. 1 und 2 wird genügt entweder durch eine Erklärung der zuständigen Behörde des ersuchenden Staates, daß die Entscheidung die Rechtskraft erlangt hat, oder durch die Vorlegung ordnungsmäßig beglaubigter Urkunden, aus denen sich ergibt, daß die Entscheidung die Rechtskraft erlangt hat. Die Zuständigkeit dieser Behörde ist vorbehaltlich anderweitiger Vereinbarung durch den höchsten Justizverwaltungsbeamten des ersuchenden Staates zu bescheinigen. Die Erklärung und die Bescheinigung, die vorstehend erwähnt sind, müssen gemäß Absatz 2 Nr. 3 abgefaßt oder übersetzt sein.

IV Die für die Entscheidung über den Antrag auf Vollstreckbarerklärung zuständige Behörde hat, sofern die Polizei dies gleichzeitig beantragt, den Betrag der in Absatz 2 Nr. 3 erwähnten Kosten der Bescheinigung, der Übersetzung und der Beglaubigung bei der Vollstreckbarerklärung zu berücksichtigen. Diese Kosten gelten als Kosten des Prozesses.

Bem. Die Entscheidung ohne Anhörung ist keine Verletzung des Anspruchs auf rechtliches Gehör, Bülow-Böckstiegel A I 1 a FN 135, vgl auch Celle OLGZ **69**, 53. Im Wege des Rekurses, I, dh der Beschwerde nach § 6 AusfG, können auch materielle Einwendungen, zB Erfüllung, geltend gemacht werden, Bülow-Böckstiegel A I 1 b FN 96, str. II schließt die Berücksichtigung des ordre public nicht aus, Bülow-Böckstiegel A I 1 a FN 142. Wegen der Sprache s Art 4 dt-luxemburg Zusatzvereinbarung, Einl IV Anm 3 A vor § 1. Hinsichtlich der Beglaubigung gelten Zusatzvereinbarungen mit Belgien, Dänemark, Frankreich, den Niederlanden und Schweden. Im Verkehr mit Belgien, Frankreich, den Niederlanden, Österreich und der Schweiz ist durch Zusatzvereinbarung auf die Bescheinigung des höchsten Verwaltungsbeamten verzichtet.

Ausführungsgesetz vom 18. 12. 58, BGBl I 939
Vollstreckbarerklärung von Kostenentscheidungen
(Artikel 18 und 19 des Übereinkommens)

§ 4. I Kostenentscheidungen, die gegen einen Kläger ergangen sind (Artikel 18 des Übereinkommens), werden ohne mündliche Verhandlung durch Beschluß des Amtsgerichts für vollstreckbar erklärt.

II Örtlich zuständig ist das Amtsgericht, bei dem der Kostenschuldner seinen allgemeinen Gerichtsstand hat, und beim Fehlen eines solchen das Amtsgericht, in dessen Bezirk sich Vermögen des Kostenschuldners befindet oder die Zwangsvollstreckung durchgeführt werden soll.

Bem. Wegen des Kl s Bem zu Art 18. Für die Zuständigkeit scheidet § 23 Z 1 GVG hier aus. Gebühren des Gerichts § 11 I GKG u KVerz 1080–1085, des RA § 47 BRAGO.

§ 5. I Ist der Antrag, die Kostenentscheidung für vollstreckbar zu erklären, auf diplomatischem Wege gestellt (Artikel 18 Abs. 1 und 2 des Übereinkommens), so hat das Amtsgericht eine von Amts wegen zu erteilende Ausfertigung seines Beschlusses der Landesjustizverwaltung einzureichen. Die Ausfertigung ist, falls dem Antrag stattgegeben wird, mit der Vollstreckungsklausel zu versehen. Dem Kostenschuldner wird der Beschluß nur auf Betreiben des Kostengläubigers zugestellt.

II Hat der Kostengläubiger selbst den Antrag auf Vollstreckbarerklärung bei dem Amtsgericht unmittelbar gestellt (Artikel 18 Abs. 3), so ist der Beschluß diesem und dem Kostenschuldner von Amts wegen zuzustellen.

Bem. Wegen unmittelbarer Antragstellung s Bem zu Art. 19. I ü vgl Bülow RPfleger **55**, 301.

§ 6. Gegen den Beschluß, durch den die Kostenentscheidung für vollstreckbar erklärt wird, steht dem Kostenschuldner ohne Rücksicht auf den Wert des Beschwerdegegenstandes die sofortige Beschwerde nach § 577 Abs. 1 bis 3, §§ 568 bis 575 der Zivilprozeßordnung zu.

II Der Beschluß, durch den der Antrag auf Vollstreckbarerklärung abgelehnt wird, unterliegt der Beschwerde nach §§ 568 bis 571, 573 bis 575 der Zivilprozeßordnung. Die Beschwerde steht, sofern der Antrag auf diplomatischem Wege gestellt ist, dem Staatsanwalt zu. Hat der Kostengläubiger selbst den Antrag bei dem Amtsgericht unmittelbar gestellt, so ist er berechtigt, die Beschwerde einzulegen.

§ 7. Aus der für vollstreckbar erklärten Kostenentscheidung findet die Zwangsvollstreckung nach der Zivilprozeßordnung statt; § 798 der Zivilprozeßordnung ist entsprechend anzuwenden.

§ 8. I Sollen von einem Kläger, gegen den eine Kostenentscheidung ergangen ist (Artikel 18 des Übereinkommens), in einem Vertragstaat Gerichtskosten eingezogen werden, so ist deren Betrag für ein Verfahren der Vollstreckbarerklärung (Artikel 18 Abs. 2) von dem Gericht der Instanz ohne mündliche Verhandlung durch Beschluß festzusetzen. Die Entscheidung ergeht auf Antrag der für die Betreibung der Gerichtskosten zuständigen Behörde.

II Der Beschluß, durch den der Betrag der Gerichtskosten festgesetzt wird, unterliegt der sofortigen Beschwerde nach § 577 Abs. 1 bis 3, § 567 Abs. 2 und 3, §§ 568 bis 575 der Zivilprozeßordnung. Die Beschwerde kann durch Erklärung zu Protokoll der Geschäftsstelle oder schriftlich ohne Mitwirkung eines Rechtsanwalts eingelegt werden.

Bem. Zuständig ist der Rechtspfl, § 21 I Z 3 RPflG. Gegen seine Entsch ist Erinnerung nach § 11 RPflG gegeben.

2.

Haager Übereinkommen über die Anerkennung und Vollstreckung von Entscheidungen auf dem Gebiet der Unterhaltspflicht gegenüber Kindern vom 15. 4. 58, BGBl 61 II 1005.

Schrifttum: Bülow-Böckstiegel E 6 a; Petersen RabelsZ **59**, 36; Lansky Bonner Diss 1960. **Begründung** des AusfG: Bundestagsdrucksache 2584/61.

Vorbem. Das Haager Übereinkommen (von Berlin übernommen, G v 12. 10. 61, GVBl 1538), ist in Kraft seit 1. 1. 62. Wegen der Vertragsstaaten s Einl IV Anm 3 B vor § 1 ZPO. Das Übk hat keine Rückwirkung, Art 12.

Übergangsrechtlich findet das Übk keine Anwendung auf Entsch, die vor seinem Inkrafttreten ergangen sind, Art 12. Das trifft aber nicht auf alle Entscheidungen zu, die in Vertragsstaaten nach dem 1. 1. 62, an dem das Übk überhaupt in Kraft trat, ergangen sind; vielmehr kommt es darauf an, wann der Staat dem Übk beigetreten ist, für die Schweiz also erst ab 17. 1. 65, Einl IV 2 B vor § 1 ZPO; aM OGH Wien ZfRV **67**, 234, dagg Kropholler ebda.

Das Übereinkommen **erleichtert die Vollstreckung** aus den in Art 1 genannten Unterhaltsentsch, indem es die Prüfung der VollstrBehörde auf die in Art 2 genannten Voraussetzungen u die in Art 4 genannten Urkunden beschränkt, Art 5. In der BRep ist das AG zuständig, § 1 AusfG.

Sachlich-rechtlich wird die Geltendmachung von Unterhaltsansprüchen durch das **Haager Übk über das auf die Unterhaltsverpflichtungen gegenüber Kindern anzuwendende Recht** v 24. 10. 56, BGBl **61** II 1013, dadurch erleichtert, daß grundsätzlich das Recht des gewöhnlichen Aufenthalts des Kindes zur Anwendung kommt, Art. 1; jedoch kann jeder Vertragsstaat, vor dessen Behörde der Unterhaltsanspruch erhoben wird, sein eigenes Recht für anwendbar erklären, wenn sowohl Kind wie Unterhaltsschuldner dessen Staatsangehörigkeit besitzen u der Schuldner seinen gewöhnlichen Aufenthalt in diesem Vertragsstaat hat, Art. 2. Auch dieses Übk ist für die BRep am 1. 1. 62 in Kraft getreten; vgl im übrigen Pal-Heldrich Anh zu Art 21 EGBGB.

Das in Anh § 168 GVG abgedr **UN-Abk über die Geltendmachung von Unterhaltsansprüchen** ist ein Rechtshilfeabk, das sowohl die Geltendmachung wie die Vollstreckung von Unterhaltsansprüchen in anderer Weise löst und gemäß Art 11 Übk, vgl unten, unberührt bleibt, so daß auch dieser Weg Angehörigen von Vertragsstaaten des UN-Abk, die gleichzeitig solche des VollstrÜbk sind, offensteht.

Art. 1. **I** Zweck dieses Übereinkommens ist es, in den Vertragsstaaten die gegenseitige Anerkennung und Vollstreckung von Entscheidungen über Klagen internationalen oder innerstaatlichen Charakters sicherzustellen, die den Unterhaltsanspruch eines ehelichen, unehelichen oder an Kindes Statt angenommenen Kindes zum Gegenstand haben, sofern es unverheiratet ist und das 21. Lebensjahr noch nicht vollendet hat.

II Enthält die Entscheidung auch einen Ausspruch über einen anderen Gegenstand als die Unterhaltspflicht, so bleibt die Wirkung des Übereinkommens auf die Unterhaltspflicht beschränkt.

III Dieses Übereinkommen findet auf Entscheidungen in Unterhaltssachen zwischen Verwandten in der Seitenlinie keine Anwendung.

Bem. Art 1 umreißt den **sachlichen Geltungsbereich.** Unter **Entscheidungen** sind nicht nur solche von Gerichten zu verstehen, sondern auch die von Behörden (so in Skandinavien), Düss FamRZ **82**, 630, sofern sie zur Entscheidung über den Unterhalt zuständig sind, vgl Art 3; deshalb fallen Beschlüsse im (österreichischen) Außerstreitverfahren unter das Übk, Nürnb DAVorm **79**, 450, jedoch nicht Vergleiche (auch gerichtliche) oder Unterhaltsverträge. Gleichgültig bleibt, ob es sich um eine Entscheidung auf eine Unterhaltsklage internationalen oder innerstaatlichen Charakters handelt; es sind also auch Entscheidungen ohne Auslandsberührung begünstigt, zB die Vollstreckung eines unter Angehörigen der BRep und in dieser ergangenen Unterhaltsurteils gegenüber dem in einen anderen Vertragsstaat verzogenen Unterhaltsschuldner. Nicht unter das Übk fallen nicht den Unterhalt betreffende Entscheidungen, mögen sie auch in diese aufgenommen sein, II. Das Übk (und ebenso das Übk v. 24. 10. 56, s Vorbem) bezieht sich nur auf die **Unterhaltspflicht gegenüber den in I genannten Kindern,** also ehelichen, nichtehelichen, adoptierten, sofern sie das 21. Lebensjahr noch nicht vollendet haben und unverheiratet sind, nicht auf Stief- oder Pflegekinder, Petersen S 32, auch nicht auf Geschwisterkinder, III. Es gilt auch nicht, soweit ein Rechtsnachfolger (auch Träger der Sozialhilfe, § 90 BSHG), auf den der Anspruch übergegangen ist, vollstreckt, BT-Drucksache zu § 3.

Erweitert auf Ansprüche von Kindern, die das 21. Lebensjahr vollendet haben, sowie auf Ansprüche von Ehegatten und früheren Ehegatten (und einige weitere Ansprüche) wird der Geltungsbereich des Übk im Verhältnis der Bundesrepublik zu **Norwegen** durch Art 4 II des dt-norweg Vertrages v 17. 6. 77, Schlußanh V B 10.

Art. 2. Unterhaltsentscheidungen, die in einem der Vertragsstaaten ergangen sind, sind in den anderen Vertragsstaaten, ohne daß sie auf ihre Gesetzmäßigkeit nachgeprüft werden dürfen, anzuerkennen und für vollstreckbar zu erklären,
1. wenn die Behörde, die entschieden hat, nach diesem Übereinkommen zuständig war;
2. wenn die beklagte Partei nach dem Recht des Staates, dem die entscheidende Behörde angehört, ordnungsgemäß geladen oder vertreten war;
   jedoch darf im Fall einer Versäumnisentscheidung die Anerkennung und Vollstreckung versagt werden, wenn die Vollstreckungsbehörde in Anbetracht der Umstände des Falles der Ansicht ist, daß die säumige Partei ohne ihr Verschulden von dem Verfahren keine Kenntnis hatte oder sich in ihm nicht verteidigen konnte;
3. wenn die Entscheidung in dem Staat, in dem sie ergangen ist, Rechtskraft erlangt hat;
   jedoch werden vorläufig vollstreckbare Entscheidungen und einstweilige Maßnahmen trotz der Möglichkeit, sie anzufechten, von der Vollstreckungsbehörde für vollstreckbar erklärt, wenn in dem Staat, dem diese Behörde angehört, gleichartige Entscheidungen erlassen und vollstreckt werden können;
4. wenn die Entscheidung nicht in Widerspruch zu einer Entscheidung steht, die über denselben Anspruch und zwischen denselben Parteien in dem Staat erlassen worden ist, in dem sie geltend gemacht wird;
   die Anerkennung und Vollstreckung darf versagt werden, wenn in dem Staat, in dem die Entscheidung geltend gemacht wird, vor ihrem Erlaß dieselbe Sache rechtshängig geworden ist;
5. wenn die Entscheidung mit der öffentlichen Ordnung des Staates, in dem sie geltend gemacht wird, nicht offensichtlich unvereinbar ist.

Bem. Art 2 beschränkt die **Voraussetzungen für Anerkennung und Vollstreckung** der in Art 1 genannten Entscheidungen. Ob im übrigen die Entscheidung zu Recht ergangen ist, unterliegt nicht der Untersuchung der VollstrBehörde, Art 5; ihr ist auch eine Ergänzung oder sonstige inhaltliche Auffüllung der Entscheidung verwehrt, Düss FamRZ **82,** 630. Die Voraussetzungen gelten auch für abändernde Entscheidungen, Art 8. **Zu Z 1:** Wegen der Zuständigkeit s Art 3. **Zu Z 2:** Maßgeblich ist das Recht des Urteilsstaates, Düss FamRZ **82,** 630 u LG Ffm DAVorm **79,** 534 (Dänemark). Der Beklagte muß im Sinne dieses Rechts entweder ordnungsgemäß geladen oder vertreten gewesen sein; ,,ordnungsgemäß" ist hier nicht in streng verfahrensrechtlichen, sondern in weiterem Sinne zu verstehen, BTDrs 3/2583 S 10. Jedoch kann die VollstrBehörde selbst nachprüfen, ob der Beklagte schuldlos vom Verfahren keine Kenntnis hatte oder sich schuldlos nicht verteidigen konnte, was zB bei öff Zustellung der Fall sein kann. Ladungsnachweis usw ist der VollstrBehörde einzureichen, Art 4 Z 3. **Zu Z 3:** Anerkannt und vollstreckt werden nicht nur rechtskräftige Entscheidungen, sondern auch vorläufig vollstreckbare und einstw Maßnahmen, vorausgesetzt, daß im VollstrStaat die Vollstr auf Grund derartiger Entscheidungen zulässig ist, vgl auch Art 6 II u § 6 AusfG. Bei Nachweis der Rechtsmitteleinlegung kann aber ausgesetzt werden, § 5 I AusfG. Bei Vollstreckbarkeit gegen Sicherheitsleistung gilt § 3 AusfG, bei Aufhebung des Urteils, das die vorläufige Vollstreckbarkeit ausgesprochen hat, § 7 AusfG. **Zu Z 4:** Es darf keine rechtskräftige Entscheidung in derselben Sache zwischen denselben Parteien vorliegen. Die Versagung ist auch zulässig, wenn im VollstrStaat vor Erlaß der Entscheidung im Urteilsstaat die Sache rechtshängig gemacht wurde; dann ist jedenfalls auszusetzen, § 5 II Z 2 AusfG, s im übrigen dort. **Zu Z 5:** Kein Verstoß liegt darin, daß in einem tschechoslowakischen Titel ein Unterhaltsbetrag in deutscher Währung festgesetzt ist, AG Mü DAVorm **78,** 406. Ebenso greift Z 5 nicht gegenüber dem einer dänischen Beitragsresolution zugrunde liegenden Anerkenntnisverfahren durch, LG Ffm DAVorm **79,** 534.

Art. 3. Nach diesem Übereinkommen sind für den Erlaß von Unterhaltsentscheidungen folgende Behörden zuständig:
1. die Behörden des Staates, in dessen Hoheitsgebiet der Unterhaltspflichtige im Zeitpunkt der Einleitung des Verfahrens seinen gewöhnlichen Aufenthalt hatte;
2. die Behörden des Staates, in dessen Hoheitsgebiet der Unterhaltsberechtigte im Zeitpunkt der Einleitung des Verfahrens seinen gewöhnlichen Aufenthalt hatte;
3. die Behörde, deren Zuständigkeit sich der Unterhaltspflichtige entweder ausdrücklich oder dadurch unterworfen hat, daß er sich, ohne die Unzuständigkeit geltend zu machen, zur Hauptsache eingelassen hat.

Bem. Art 3 ergänzt Art 2 Z 1, bestimmt also die **Zuständigkeit für den Erlaß von Unterhaltsentscheidungen näher.** Ohne Vorrang voreinander können zuständig sein: **a)** Behörden des Aufenthaltsstaates des Unterhaltsschuldners zZt der Einleitung des Verf, Z 1 (bei späterem Wechsel also perpetuatio fori; **b)** die Behörden des Aufenthaltsstaates des Kindes im gleichen Zeitpunkt), Z 2. Insofern kann ein Vertragsstaat bei Unterzeichnung oder Ratifizierung des Übk oder seinem Beitritt eine Anerkennung und Vollstr in diesem Fall ablehnen, was dann aber bewirkt, daß auch Entsch seiner Behörden, die auf Grund des Aufenthalts des Kindes sich für zuständig angesehen haben, in den anderen Vertragsstaaten nicht anerkannt werden, Art 18 Übk. Die BRep hat einen solchen Vorbehalt nicht gemacht, wie sich daraus ergibt, daß sie durch § 12 AusfG den Hilfsgerichtsstand des § 23a ZPO geschaffen hat; **c)** die für eine Unterhaltsentsch zuständige Behörde irgendeines Vertragsstaates, der sich der Pflichtige ausdrücklich oder durch Einlassung zur Hauptsache stillschweigend unterworfen hat, Z 3.

Art. 4. Die Partei, die sich auf eine Entscheidung beruft oder ihre Vollstreckung beantragt, hat folgende Unterlagen beizubringen:
1. eine Ausfertigung der Entscheidung, welche die für ihre Beweiskraft erforderlichen Voraussetzungen erfüllt;
2. die Urkunden, aus denen sich ergibt, daß die Entscheidung vollstreckbar ist;
3. im Fall einer Versäumnisentscheidung eine beglaubigte Abschrift der das Verfahren einleitenden Ladung oder Verfügung und die Urkunden, aus denen sich die ordnungsmäßige Zustellung dieser Ladung oder Verfügung ergibt.

Bem. Art 4 gibt die der VollstrBehörde einzureichenden Unterlagen, Art 5, an. Vgl dazu auch § 3 AusfG, wegen Z 3 auch Bem zu Art 2 Z 2. Soll eine deutsche gerichtliche Entsch in einem Vertragsstaat vollstreckt werden, so müssen auch Versäumnis- u Anerkenntnisurteile begründet, VollstrBefehle u einstw Vfgen mit einer VollstrKlausel versehen werden, §§ 8ff AusfG.

Art. 5. Die Prüfung der Vollstreckungsbehörde beschränkt sich auf die in Artikel 2 genannten Voraussetzungen und die in Artikel 4 aufgezählten Urkunden.

Bem. Art 5 ordnet ausdrücklich die Beschränkung der Prüfung durch die VollstrBehörde an. Ihr ist auch eine Ergänzung oder sonstige inhaltliche Auffüllung der zu vollstreckenden Entscheidung verwehrt, Düss FamRZ **82**, 630.

Art. 6. [I] Soweit in diesem Übereinkommen nichts anderes bestimmt ist, richtet sich das Verfahren der Vollstreckbarerklärung nach dem Recht des Staates, dem die Vollstreckungsbehörde angehört.

[II] Jede für vollstreckbar erklärte Entscheidung hat die gleiche Geltung und erzeugt die gleichen Wirkungen, als wenn sie von einer zuständigen Behörde des Staates erlassen wäre, in dem die Vollstreckung beantragt wird.

Bem. Zu I vgl auch § 3 AusfG, zu II Bem zu § 5 AusfG.

Art. 7. Ist in der Entscheidung, deren Vollstreckung beantragt wird, die Unterhaltsleistung durch regelmäßig wiederkehrende Zahlungen angeordnet, so wird die Vollstreckung sowohl wegen der bereits fällig gewordenen als auch wegen der künftig fällig werdenden Zahlungen bewilligt.

Art. 8. Die Voraussetzungen, die in den vorstehenden Artikeln für die Anerkennung und Vollstreckung von Entscheidungen im Sinne dieses Übereinkommens festgelegt sind, gelten auch für Entscheidungen einer der in Artikel 3 bezeichneten Behörde, durch die eine Verurteilung zu Unterhaltsleistungen abgeändert wird.

Bem. Aus Art 8 folgt, daß das zuständige deutsche Gericht befugt ist, den ausländischen Titel nach § 323 ZPO abzuändern, Nürnb DAVorm **79**, 450 mwN, str, vgl dazu grundsätzlich BGH NJW **83**, 1976 mwN, Siehr Festschrift Bosch, 1976, S 927–962, § 323 ZPO Anm 1 aE.

Art. 9. ᴵ Ist einer Partei in dem Staat, in dem die Entscheidung ergangen ist, das Armenrecht gewährt worden, so genießt sie es auch in dem Verfahren, durch das die Vollstreckung der Entscheidung erwirkt werden soll.

ᴵᴵ In den in diesem Übereinkommen vorgesehenen Verfahren braucht für die Prozeßkosten keine Sicherheit geleistet zu werden.

ᴵᴵᴵ In den unter dieses Übereinkommen fallenden Verfahren bedürfen die beigebrachten Urkunden keiner weiteren Beglaubigung oder Legalisation.

Bem. Sicherheit für **Prozeßkosten** entfällt stets, II. Soweit Sicherheitsleistung für die Vollstreckbarkeit nach dem Recht des Urteilsstaates erforderlich ist, bleibt das unberührt, vgl auch § 3 AusfG. Ob einer Partei **Prozeßkostenhilfe**, Art 5 Z 2 G v 13. 6. 80 (BGBl 677), zu gewähren ist, richtet sich nach dem Recht des Urteilsstaates, zieht dann aber die Bewilligung im VollstrStaat ohne weiteres nach sich, I.

Art. 10. Die Vertragsstaaten verpflichten sich, den Transfer der auf Grund von Unterhaltsverpflichtungen gegenüber Kindern zugesprochenen Beträge zu erleichtern.

Art. 11. Dieses Übereinkommen hindert den Unterhaltsberechtigten nicht, sich auf sonstige Bestimmungen zu berufen, die nach dem innerstaatlichen Recht des Landes, in dem die Vollstreckungsbehörde ihren Sitz hat, oder nach einem anderen zwischen den Vertragsstaaten in Kraft befindlichen Abkommen auf die Vollstreckung von Unterhaltsentscheidungen anwendbar sind.

Bem. Wegen des Verhältnisses des UN-Abk zu dem Übk vgl Vorbem a E.

Ausführungsgesetz vom 18. 7. 61, BGBl I 1033

(Art 8, 9 u 11 redaktionell geändert durch Art 7 Z 14 VereinfNov, in Kraft ab 1. 7. 77)

Erster Abschnitt. Vollstreckbarerklärung ausländischer Entscheidungen

§ 1. ᴵ Für die Vollstreckbarerklärung von Entscheidungen, die über Unterhaltsansprüche von Kindern in einem der Vertragsstaaten des Haager Übereinkommens vom 15. April 1958 über die Anerkennung und Vollstreckung von Entscheidungen auf dem Gebiet der Unterhaltspflicht gegenüber Kindern ergangen sind (Artikel 1, 4 bis 8, 12 des Übereinkommens), ist sachlich das Amtsgericht zuständig.

ᴵᴵ Örtlich zuständig ist das Gericht, bei dem der Schuldner seinen allgemeinen Gerichtsstand hat, und beim Fehlen eines solchen das Gericht, in dessen Bezirk sich Vermögen des Schuldners befindet oder die Zwangsvollstreckung durchgeführt werden soll.

Bem. Die Sachen gehören nicht zu den dem Rpfleger übertragenen, §§ 5 I Z 3, 20 RpflG. Sie sind, soweit es sich um Entscheidungen iSv § 23b I Z 5 GVG handelt, FamSachen, Hbg FamRZ 78, 907, aM Celle DAVorm 79, 533. Gebühren des Gerichts § 11 I GKG u KVerz 1080–1085, des RA § 47 BRAGO.

§ 2. Für die Vollstreckbarerklärung der in § 1 Abs. 1 genannten Entscheidungen gelten § 1042a Abs. 1, §§ 1042b, 1042c und 1042d der Zivilprozeßordnung entsprechend.

§ 3. Hängt die Vollstreckung nach dem Inhalt der Entscheidung von einer dem Gläubiger obliegenden Sicherheitsleistung, dem Ablauf einer Frist oder dem Eintritt einer anderen Tatsache ab, so ist die Frage, inwieweit die Vollstreckbarerklärung von dem Nachweis besonderer Voraussetzungen abhängig ist, nach dem Recht zu entscheiden, das für das Gericht des Urteilsstaates maßgebend ist. Der Nachweis ist durch öffentliche oder öffentlich beglaubigte Urkunden zu führen, sofern nicht die Tatsachen bei dem Gericht offenkundig sind. Kann er in dieser Form nicht erbracht werden, so ist mündliche Verhandlung anzuordnen.

Bem. Eine weitere Beglaubigung oder Legalisation der Urk ist nicht erforderlich, Art 9 III Übk. Der Nachweis kann aber auch durch sonstige Beweismittel geführt werden, was dann regelmäßig in mündlicher Verhandlung geschehen wird.

§ 4. ᴵ In dem Verfahren der Vollstreckbarerklärung einer Entscheidung kann der Schuldner auch Einwendungen gegen den Anspruch selbst insoweit geltend machen, als die Gründe, auf denen sie beruhen, erst nach dem Erlaß der Entscheidung entstanden sind.

II Ist eine Entscheidung für vollstreckbar erklärt, so kann der Schuldner Einwendungen gegen den Anspruch selbst in einem Verfahren nach § 767 der Zivilprozeßordnung nur geltend machen, wenn die Gründe, auf die sie beruhen, erst nach Ablauf der Frist, innerhalb der er Widerspruch hätte einlegen können (§ 1042c Abs. 2, § 1042d Abs. 1 der Zivilprozeßordnung), oder erst nach dem Schluß der mündlichen Verhandlung entstanden sind, in der er Einwendungen spätestens hätte geltend machen müssen.

Bem. Zu I: Es entspricht dem internationalen Recht, daß **Einwendungen gegen den Anspruch selbst** bereits im VollstrVerf vorgebracht werden können; es besteht jedoch die zeitliche Begrenzung, daß sie erst nach Erlaß der Entsch, die für vollstreckbar erklärt werden soll, entstanden sein müssen. Welcher Zeitpunkt für den Erlaß in Betracht kommt, ergibt das Prozeßrecht des UrtStaates. Mündliche Verhandlung wird im allg notwendig sein; vgl auch § 1042a. Im Verf auf Vollstreckbarerklärung sind auch Einwendungen gegen die Zulässigkeit der VollstrKlausel, §§ 732, 768, zB mangelnde Legitimation, Aufhebung des VollstrTitels im Urteilsstaat, vorzubringen; jedoch ist das VollstrGericht zu einer Abänderung der ausländischen Entsch gemäß § 323 nicht befugt; insofern gilt Art 8 Übk.
Zu II: Hier handelt es sich um die Abgrenzung der Einwendungen gegen die gemäß I vorzubringenden, soweit sie also noch nach Vollstreckbarerklärung erhoben werden können.

§ 5. I Ist die Entscheidung, deren Vollstreckbarerklärung beantragt wird, nach dem Recht des Staates, in dem sie ergangen ist, noch nicht rechtskräftig, so kann das Verfahren der Vollstreckbarerklärung ausgesetzt werden, wenn der Schuldner nachweist, daß er gegen die Entscheidung einen Rechtsbehelf eingelegt hat, der den Eintritt der Rechtskraft hemmt.
II Die Entscheidung über den Antrag auf Vollstreckbarerklärung ist auszusetzen.
1. wenn der Schuldner nachweist, daß die Zwangsvollstreckung in dem Staat, in dem die Entscheidung ergangen ist, eingestellt ist und daß er die Voraussetzungen erfüllt hat, von denen die Einstellung abhängt;
2. wenn der Unterhaltsanspruch vor Erlaß der Entscheidung, deren Vollstreckbarerklärung beantragt wird, im Inland rechtshängig geworden ist und eine rechtskräftige inländische Entscheidung noch nicht vorliegt.

Bem. § 5 enthält besondere **Bestimmungen für die Vollstreckbarerklärung von vorläufig vollstreckbaren Entscheidungen. Zu I:** die Aussetzung steht im Ermessen des Gerichts; sie ist abhängig vom Nachweis der Einlegung eines Rechtsbehelfs, zB auch der opposition des frz Rechts. Nicht in Betracht kommen hingegen die Kassationsbeschwerde u andere außerordentliche Rechtsbehelfe, da diese keine hemmende Wirkung haben, BT-Drucks zu § 5. Ist ein Rechtsbehelf noch nicht eingelegt, läuft aber die Frist noch, so ist nicht auszusetzen, aM 38. Aufl. **Zu II Z 2:** Wenn Art 2 Z 4 sagt, daß Anerkennung u Vollstr der Entsch versagt werden dürfen, wenn in dem VollstrStaat vor ihrem Erlaß dieselbe Sache rechtshängig geworden ist, so ist damit die Versagung nicht in das Ermessen des VollstrRichters gestellt; vielmehr wird damit nur auf die lex fori verwiesen, so daß also nur dann ein Versagungsgrund vorliegt, wenn diese das bestimmt, BT-Drucks zu § 5. Nach § 261 III Z 1, dort Anm 6 A, ist aber eine ausländische Entsch, die anzuerkennen ist, zu beachten, was also das Prozeßgericht incidenter zu prüfen u bejahendenfalls die bei ihm erhobene Klage durch Prozeßurteil abzuweisen hat, § 261 Anm 6 B. Um diese Entsch abzuwarten, hat das VollstrGericht auszusetzen u, falls das Prozeßgericht die Anerkennung verneint, also selbst in der Hauptsache entschieden, nunmehr gemäß Art 2 Z 4 Übk die Anerkennung ebenso zu versagen, wie wenn bereits eine deutsche rechtskräftige Entsch vorgelegen hätte. Andernfalls hat es das Verf auf Vollstreckbarerklärung fortzusetzen; jedoch empfiehlt sich, die Aussetzung solange aufrechtzuerhalten, wie gegen die Entsch des Prozeßgerichts noch ein Rechtsmittel eingelegt werden kann.

§ 6. Aus den für vollstreckbar erklärten Entscheidungen (§ 1 Abs. 1) findet die Zwangsvollstreckung statt, sofern die Entscheidung über die Vollstreckbarkeit rechtskräftig oder für vorläufig vollstreckbar erklärt ist.

Zweiter Abschnitt. Aufhebung oder Abänderung der Vollstreckbarerklärung

§ 7. I Wird eine der in § 1 Abs. 1 bezeichneten Entscheidungen in dem Staat, in dem sie ergangen ist, nach der Vollstreckbarerklärung aufgehoben oder abgeändert und kann der Schuldner diese Tatsache in dem Verfahren der Vollstreckbarerklärung nicht mehr geltend machen, so kann er die Aufhebung oder Abänderung der Vollstreckbarerklärung in einem besonderen Verfahren beantragen.

^{II} Für die Entscheidung über den Antrag ist das Gericht ausschließlich zuständig, das in dem Verfahren der Vollstreckbarerklärung im ersten Rechtszug entschieden hat. Über den Antrag kann ohne mündliche Verhandlung entschieden werden; vor der Entscheidung ist der Gläubiger zu hören. Die Entscheidung ergeht durch Beschluß, der dem Gläubiger und dem Schuldner von Amts wegen zuzustellen ist. Der Beschluß unterliegt der sofortigen Beschwerde.

^{III} Für die Einstellung der Zwangsvollstreckung und die Aufhebung bereits getroffener Vollstreckungsmaßregeln gelten §§ 769, 770 der Zivilprozeßordnung entsprechend. Die Aufhebung einer Vollstreckungsmaßregel ist auch ohne Sicherheitsleistung zulässig.

Bem. Aus welchem Grunde der Titel aufgehoben oder geändert wird, ist gleichgültig. Insbesondere wird § 7 bei Vollstr aus vorläufig vollstreckbaren Titeln, die dann abgeändert wurden, in Betracht kommen. Die Zuständigkeit nach II ist entsprechend § 767 I ausschließlich. Ein Einstellungsantrag, III, kann in dringenden Fällen beim VollstrGericht, § 769, gestellt werden. Ersatzansprüche aus § 717 II u III können hier jedoch nicht geltend gemacht werden, da das Übk sich nicht auf derartige Ansprüche bezieht, BT-Drucks zu § 7. Gebühren des Gerichts § 11 I GKG u KVerz 1080–1085, des RA § 47 BRAGO.

Dritter Abschnitt. Besondere Vorschriften für deutsche gerichtliche Entscheidungen

§ 8. Ist zu erwarten, daß ein Versäumnis- oder Anerkenntnisurteil, durch das über einen Unterhaltsanspruch von Kindern (Artikel 1 des Übereinkommens) entschieden wird, in einem der Vertragsstaaten geltend gemacht werden soll, so darf das Urteil nicht in abgekürzter Form (§ 313 b der Zivilprozeßordnung) hergestellt werden.

Bem. Volle Begründung ist erforderlich, um dem ausländischen Richter die Nachprüfung insbesondere wegen Art 2 Z 5 Übk zu ermöglichen. Wegen nachträglicher Hinzufügung einer Begr s § 9.

§ 9. ^I Will eine Partei ein Versäumnis- oder Anerkenntnisurteil, das über einen Unterhaltsanspruch von Kindern ergangen und nach § 313 b der Zivilprozeßordnung in abgekürzter Form hergestellt ist, in einem der Vertragsstaaten geltend machen, so ist das Urteil auf ihren Antrag zu vervollständigen. Der Antrag kann bei dem Gericht schriftlich eingereicht oder mündlich zu Protokoll der Geschäftsstelle gestellt werden. Über den Antrag wird ohne mündliche Verhandlung entschieden.

^{II} Zur Vervollständigung des Urteils sind der Tatbestand und die Entscheidungsgründe nachträglich anzufertigen, von den Richtern besonders zu unterschreiben und der Geschäftsstelle zu übergeben; der Tatbestand und die Entscheidungsgründe können auch von Richtern unterschrieben werden, die bei dem Urteil nicht mitgewirkt haben.

^{III} Für die Berichtigung des nachträglich angefertigten Tatbestandes gilt § 320 der Zivilprozeßordnung entsprechend. Jedoch können bei der Entscheidung über einen Antrag auf Berichtigung auch solche Richter mitwirken, die bei dem Urteil oder der nachträglichen Anfertigung des Tatbestandes nicht mitgewirkt haben.

^{IV} Für die Vervollständigung des Urteils werden Gerichtsgebühren nicht erhoben.

§ 10. Einer einstweiligen Anordnung oder einer einstweiligen Verfügung, durch die über einen Unterhaltsanspruch von Kindern entschieden wird und die in einem der Vertragsstaaten geltend gemacht werden soll, ist eine Begründung beizufügen. § 9 ist entsprechend anzuwenden.

Bem. Vgl Bem zu § 8.

§ 11. Vollstreckungsbescheide und einstweilige Verfügungen, die über einen Unterhaltsanspruch von Kindern erlassen sind und auf Grund deren ein Gläubiger die Zwangsvollstreckung in einem der Vertragsstaaten betreiben will, sind auch dann mit der Vollstreckungsklausel zu versehen, wenn dies für eine Zwangsvollstreckung im Inland nach § 796 Abs. 1, §§ 936, 929 Abs. 1 der Zivilprozeßordnung nicht erforderlich wäre.

Bem. Die Vorschrift ist wegen Art 4 Z 2 Übk erforderlich.

B. Bilaterale Anerkennungs- und Vollstreckungsabkommen

1.
Das deutsch-schweizerische Abkommen über die gegenseitige Anerkennung und Vollstreckung von gerichtlichen Entscheidungen und Schiedssprüchen vom 2. 11. 29, RGBl 30 II 1066

Schrifttum: Bülow-Böckstiegel B II 660 (erläutert v Gerd Müller, 1978); Vortisch AWD **63**, 75.

Die Vollstreckbarkeit von Kostenentscheidungen richtet sich nach HZPrÜbk, s oben A. Das Abkommen bezieht sich auf vermögensrechtliche und nichtvermögensrechtliche Entscheidungen, Art 1, 3, jedoch mit Ausnahme von Arresten (dazu Vortisch AWD **63**, 75) und einstwVfgen, ferner auf gerichtliche Vergleiche, Art 8, und Schiedssprüche, Art 9, für die auf das Genfer Abk v 26. 9. 27 Bezug genommen ist. Inzwischen ist die Schweiz dem UN-Übk v 10. 6. 58 beigetreten, Einl IV Anm 3 D a (vor § 1 ZPO).

Art. 1. Die im Prozeßverfahren über vermögensrechtliche Ansprüche ergangenen rechtskräftigen Entscheidungen der bürgerlichen Gerichte des einen Staates werden ohne Unterschied ihrer Benennung (Urteile, Beschlüsse, Vollstreckungsbefehle), jedoch mit Ausnahme der Arreste und einstweiligen Verfügungen, und ohne Rücksicht auf die Staatsangehörigkeit der an dem Rechtsstreit beteiligten Parteien im Gebiete des anderen Staates anerkannt, wenn für die Gerichte des Staates, in dessen Gebiet die Entscheidung gefällt wurde, eine Zuständigkeit nach Maßgabe des Artikel 2 begründet war und nicht nach dem Rechte des Staates, in dessen Gebiet die Entscheidung geltend gemacht wird, für dessen Gerichte eine ausschließliche Zuständigkeit besteht.

Art. 2. Die Zuständigkeit der Gerichte des Staates, in dem die Entscheidung gefällt wurde, ist im Sinne des Artikel 1 begründet, wenn sie in einer staatsvertraglichen Bestimmung vorgesehen oder eine der folgenden Voraussetzungen erfüllt ist:
1. wenn der Beklagte zur Zeit der Klageerhebung oder zur Zeit der Erlassung der Entscheidung seinen Wohnsitz oder die beklagte juristische Person ihren Sitz in diesem Staate hatte;
2. wenn sich der Beklagte durch eine ausdrückliche Vereinbarung der Zuständigkeit des Gerichts, das die Entscheidung gefällt hat, unterworfen hatte;
3. wenn der Beklagte sich vorbehaltlos auf den Rechtsstreit eingelassen hatte;
4. wenn der Beklagte am Orte seiner geschäftlichen Niederlassung oder Zweigniederlassung für Ansprüche aus dem Betriebe dieser Niederlassung belangt worden ist;
5. für eine Widerklage, wenn der Gegenanspruch mit dem in der Klage geltend gemachten Anspruch oder mit den gegen diesen vorgebrachten Verteidigungsmitteln in rechtlichem Zusammenhang steht.

Bem. Ständiger Aufenthalt ersetzt den Wohnsitz, **Z 1**, nicht. „Wohnsitz" besteht nach schweizerischem Recht, Art 23 ZGB, an dem Ort, an dem sich jemand mit der Absicht dauernden Verbleibens aufhält; mehrere Wohnsitze sind nicht möglich (anders mehrere geschäftliche Niederlassungen). Nach **Z 2** ist die ausdrückliche Vereinbarung der Zuständigkeit nötig, nicht nur die des Erfüllungsortes, JW **31**, 2200, dazu Hausamann JW **36**, 2781. Stillschweigende Vereinbarung genügt nicht. Maßgeblich ist das Recht des Anerkennungsstaates, SchwBG AWD **73**, 220 (mit Ausführungen zu den Voraussetzungen einer wirksamen Vereinbarung). Vorbehaltlose Einlassung, **Z 3**, ist nach SchwBG DR **43**, 720 nur durch gültige Prozeßhandlung möglich, also im Anwaltsprozeß nur durch einen RA, vgl auch SchwBG AWD **73**, 221. Sie fehlt bereits bei Widerspruch gegen die Urteilswirkung in anderen Staat, Denkschrift 5.

Art. 3. Die in nicht vermögensrechtlichen Streitigkeiten zwischen Angehörigen eines der beiden Staaten oder beider Staaten ergangenen rechtskräftigen Entscheidungen der bürgerlichen Gerichte des einen Staates werden im Gebiete des anderen Staates anerkannt, es sei denn, daß an dem Rechtsstreit ein Angehöriger des Staates, in dem die Entscheidung geltend gemacht wird, beteiligt war und nach dem Rechte dieses Staates die Zuständigkeit eines Gerichts des anderen Staates nicht begründet war. Dies gilt auch insoweit, als die in einer nicht vermögensrechtlichen Streitigkeit ergangene Entscheidung sich auf einen vermögensrechtlichen Anspruch miterstreckt, der von dem in ihr festgestellten Rechtsverhältnis abhängt.

Bem. Die Vorschrift gilt nicht für Entscheidungen der freiwilligen Gerichtsbarkeit, Müller bei Bülow-Böckstiegel B II 660.21 mwN. Nicht nötig ist die Zuständigkeit gerade des urteilenden Gerichts. Für die Anerkennung ist aber zu prüfen sowohl nach dem Abk als auch, wenn § 328 günstiger ist, nach diesem, ob eine nach der deutschen ZPO geltende Zuständigkeit in der Schweiz begründet gewesen wäre, vgl KG DR **39**, 267. Dafür, daß einstwVfg (nicht auch Arreste) in nichtvermögensrechtlichen Sachen entgegen Art 1 an der Anerkennung teilnehmen, H. Kaufmann in Bd. 27 S. 89 (1969) der Mémoires der rechtswissenschaftlichen Fakultät von Genf.

Art. 4. ^I Die Anerkennung ist zu versagen, wenn durch die Entscheidung ein Rechtsverhältnis zur Verwirklichung gelangen soll, dem im Gebiete des Staates, wo die Entscheidung geltend gemacht wird, aus Rücksichten der öffentlichen Ordnung oder der Sittlichkeit die Gültigkeit, Verfolgbarkeit oder Klagbarkeit versagt ist.

^{II} Sie ist ferner zugunsten eines inländischen Beteiligten zu versagen, wenn in der Entscheidung bei Beurteilung seiner Handlungsfähigkeit oder seiner gesetzlichen Vertretung oder bei Beurteilung eines für den Anspruch maßgebenden familien- oder erbrechtlichen Verhältnisses oder der dafür maßgebenden Feststellungen des Todes einer Person zu seinem Nachteil andere als die nach dem Rechte des Staates, wo die Entscheidung geltend gemacht wird, anzuwendenden Gesetze zugrunde gelegt sind.

^{III} Hat sich der Beklagte auf den Rechtsstreit nicht eingelassen, so ist die Anerkennung zu versagen, wenn die Zustellung der den Rechtsstreit einleitenden Ladung oder Verfügung an den Beklagten oder seinen zur Empfangnahme berechtigten Vertreter nicht rechtzeitig oder lediglich im Wege der öffentlichen Zustellung oder im Auslande auf einem anderen Wege als dem der Rechtshilfe bewirkt worden ist.

Bem. Art. 4 bezieht sich auf Art 1–3. Es genügt, daß die Verfolgbarkeit usw unter den obwaltenden Umständen versagt ist, zB gegen den Gemeinschuldner. Für den Nachweis der Rechtskraft ist das Recht des Urteilsstaates maßgeblich, SchwBG JW **34**, 384.

Art. 5. Das Gericht des Staates, wo die Entscheidung geltend gemacht wird, ist bei der Prüfung der für die Zuständigkeit eines Gerichts des anderen Staates begründenden Tatsachen und der Versagungsgründe an die tatsächlichen Feststellungen der Entscheidung nicht gebunden. Eine weitere Nachprüfung der Gesetzmäßigkeit der Entscheidung findet nicht statt.

Art. 6. ^I Die Entscheidungen der Gerichte des einen Staates, die nach den vorstehenden Bestimmungen im Gebiete des anderen Staates anzuerkennen sind, werden auf Antrag einer Partei von der zuständigen Behörde dieses Staates für vollstreckbar erklärt. Vor der Entscheidung ist der Gegner zu hören. Die Vollstreckbarerklärung hat in einem möglichst einfachen und schleunigen Verfahren zu erfolgen.

^{II} Die Vollziehung der für vollstreckbar erklärten Entscheidung bestimmt sich nach dem Rechte des Staates, in dem die Vollstreckung beantragt wird.

Bem. Siehe AusführungsVO (unten).

Art. 7. ^I Die Partei, die für eine Entscheidung die Vollstreckbarerklärung nachsucht, hat beizubringen:
1. eine vollständige Ausfertigung der Entscheidung; die Rechtskraft der Entscheidung ist, soweit sie sich nicht schon aus der Ausfertigung ergibt, durch öffentliche Urkunden nachzuweisen;
2. die Urschrift oder eine beglaubigte Abschrift der Urkunden, aus denen sich die der Vorschrift des Artikel 4 Abs. 3 entsprechende Ladung der nicht erschienenen Partei ergibt.

^{II} Auf Verlangen der Behörde, bei der die Vollstreckbarerklärung beantragt wird, ist eine Übersetzung der im Abs. 1 bezeichneten Urkunden in die amtliche Sprache dieser Behörde beizubringen. Diese Übersetzung muß von einem diplomatischen oder konsularischen Vertreter oder einem beeidigten Dolmetscher eines der beiden Staaten als richtig bescheinigt sein.

Art. 8. Die in einem gerichtlichen Güteverfahren (Sühneverfahren) oder nach Erhebung der Klage vor einem bürgerlichen Gericht abgeschlossenen oder von einem solchen bestätigten Vergleiche stehen, vorbehaltlich der Bestimmung des Artikel 4 Abs. 1, hinsichtlich ihrer Vollstreckbarkeit anzuerkennenden gerichtlichen Entscheidungen im Sinne der Artikel 6 und 7 gleich.

Art. 9. ^I Hinsichtlich der Anerkennung und Vollstreckung von Schiedssprüchen gilt im Verhältnis zwischen den beiden Staaten das in Genf zur Zeichnung aufgelegte Abkommen zur Vollstreckung ausländischer Schiedssprüche vom 26. September 1927 mit der Maßgabe, daß es ohne Rücksicht auf die im Artikel 1 Abs. 1 daselbst enthaltenen

Beschränkungen auf alle in einem der beiden Staaten ergangenen Schiedssprüche Anwendung findet.

^{II} Zum Nachweis, daß der Schiedsspruch eine endgültige Entscheidung im Sinne des Artikel 1 Abs. 2 lit. d des vorbezeichneten Abkommens darstellt, genügt in Deutschland eine Bescheinigung der Geschäftsstelle des Gerichts, bei dem der Schiedsspruch niedergelegt ist, in der Schweiz eine Bescheinigung der zuständigen Behörde des Kantons, in dem der Schiedsspruch ergangen ist.

^{III} Vor einem Schiedsgericht abgeschlossene Vergleiche werden in derselben Weise wie Schiedssprüche vollstreckt.

Bem. Die Bescheinigung nach II ist kein Akt der Zwangsvollstreckung, sondern dient ihrer Vorbereitung; Beschwerde ist daher nur nach § 567 und entsprechend § 706 Anm 4 gegeben, vgl Recht **32**, 813.

Dazu AusführungsVO vom 23. 8. 30, RGBl II 1209:

Art. 1. Für die Vollstreckbarerklärung der im Artikel 1 des deutsch-schweizerischen Abkommens bezeichneten gerichtlichen Entscheidungen sowie der im Artikel 8 daselbst bezeichneten Vergleiche ist das Amtsgericht zuständig, bei dem der Verpflichtete seinen allgemeinen Gerichtsstand hat, und in Ermangelung eines solchen das Amtsgericht, in dessen Bezirk sich Vermögen des Verpflichteten befindet oder die Vollstreckungshandlung vorzunehmen ist. Das gleiche gilt für die gerichtlichen Entscheidungen der im Artikel 3 daselbst bezeichneten Art, soweit die Entscheidung der Vollstreckbarerklärung bedarf.

Art. 2. Auf das Verfahren finden die Vorschriften der §§ 1042a Abs. 1, 1042b Abs. 1, 2 Satz 1, §§ 1042c, 1042d sowie des § 794 Abs. 1 Nr. 4a der Zivilprozeßordnung (Reichsgesetzbl. 1930 I S. 361) entsprechende Anwendung.

Bem. Gebühren des Gerichts nach § 9 I GKG u KVerz 1080–1083, des RA nach § 47 BRAGO.

Art. 3. Hängt die Vollstreckung der Entscheidung oder des Vergleichs nach deren Inhalt von dem Ablauf einer Frist oder von dem Eintritt einer anderen Tatsache ab oder wird die Vollstreckbarerklärung zugunsten eines anderen als des in der Entscheidung oder dem Vergleiche bezeichneten Gläubigers oder gegen einen anderen als den dort bezeichneten Verpflichteten nachgesucht, so bestimmt sich die Frage, inwieweit die Vollstreckbarerklärung von dem Nachweis besonderer Voraussetzungen abhängig ist oder ob die Entscheidung für oder gegen den anderen vollstreckbar ist, nach schweizerischem Rechte. Die danach erforderlichen Nachweise sind, sofern nicht die nachzuweisenden Tatsachen bei dem über den Antrag entscheidenden Gericht offenkundig sind, durch öffentliche oder öffentlich beglaubigte Urkunde zu führen. Kann ein solcher Nachweis nicht erbracht werden, so ist mündliche Verhandlung anzuordnen.

Art. 4. Im Wege des Widerspruchs kann der Verpflichtete auch Einwendungen gegen den Anspruch geltend machen, soweit diese nach schweizerischem Rechte gegenüber der Entscheidung oder dem Vergleiche zulässig sind. Ebenso können Einwendungen gegen die Zulässigkeit der Vollstreckungsklausel im Wege des Widerspruchs geltend gemacht werden. Der Verpflichtete ist hierdurch nicht gehindert, solche Einwendungen in dem in den §§ 767, 732, 768 der Zivilprozeßordnung vorgesehenen Verfahren geltend zu machen.

Art 5 u *Art 6* (aufgehoben)

2.

Das deutsch-italienische Abkommen über die Anerkennung und Vollstreckung gerichtlicher Entscheidungen in Zivil- und Handelssachen vom 9. 3. 36, RGBl 37 II 145

Schrifttum: Bülow-Böckstiegel B II; Luther, Das dt-ital VollstrAbk u seine zukünftige Gestaltung, 1966; Grunsky RIW **77**, 1.

Vorbem. Wegen der Geltung Einl IV Anm 3 B (vor § 1). AusfVO v 18. 5. 37, RGBl II 143. Das Abk wird **durch das EuG-Übk** nach Maßgabe von dessen Art 55 **ersetzt**, vgl Schlußanh V C; es **behält seine Wirksamkeit** für die Rechtsgebiete, auf die sich das EuG-Übk nicht bezieht, Art 56 iVm Art 1.

Das **Abk bezieht sich auf** die in Zivil- und Handelssachen ergangenen rechtskräftigen Entscheidungen, Art 1, desgleichen auf gerichtliche Vergleiche und Schiedssprüche, Art 8, jedoch nicht auf Arreste und einstw Vfgen sowie auf die in einem Strafverfahren und auf die in einem Konkurs- oder Vergleichsverfahren ergangenen Entscheidungen, Art 12. Es dürfte (ebenso wie die Verträge mit Österreich und Belgien) auch für die Anerkennung und Vollstreckung von Entscheidungen auf dem Gebiet der freiwilligen Gerichtsbarkeit gelten, aM Düss FamRZ **82**, 535. Für die Anerkennung von Kostenentscheidungen verbleibt es beim HZPrÜbk (oben A 1); sie werden im Gebiet des anderen Staates auch auf unmittelbaren Antrag einer Partei kostenlos für vollstreckbar erklärt, Art 15. Eine Vollstreckungsklage wird durch das Abk nicht ausgeschlossen, AG Garmisch-Partenkirchen NJW **71**, 2135 (VollstrUrteil bei italienischer Säumnisentscheidung abgelehnt), dazu Geimer NJW **72**, 1010; zur Vollstreckung italienischer Urteile vgl iü Ffm AWD **76**, 107, LG Regensbg NJW **78**, 1117 (Vaterschaftsfeststellung).

Die **Anerkennung von Entscheidungen** hängt ua davon ab, daß im Urteilsstaat eine Zuständigkeit nach den Bestimmungen des Abkommens begründet war, Art 1 I, wobei für vermögensrechtliche Streitigkeiten im allgemeinen der Wohnsitz des Beklagten, für nicht vermögensrechtliche Streitigkeiten die Staatsangehörigkeit oder der Wohnsitz der Parteien, Art 3, wesentlich ist. Das Abk gibt daher an, was es unter Wohnsitz versteht, Art 13, s unten. Im übrigen stimmt es (desgl die AusfVO) im wesentlichen mit dem deutsch-schweizerischen Abkommen, oben 1, überein. Demgemäß können nach Art 4 AusfVO im Wege des Widerspruchs außer den dort genannten Einwendungen der ZPO seitens des Verpflichteten nur solche Einwendungen geltend gemacht werden, die nach italienischem Recht zulässig sind, dh nach Art 615 ital C proc civ solche, die nach Urteilserlaß entstanden sind, LG Mü NJW **64**, 985.

Für die Anerkennung und Vollstreckung von Schiedssprüchen gilt nach Art 8 I dasselbe wie nach Art 9 dt-schweiz Abk; die Verweisung auf das Genfer Abk von 1927 ist jedoch durch den Beitritt beider Staaten zum UN-Übk, Schlußanh VI A 1, gegenstandslos geworden. Ob Art 8 II (zum Nachweis, daß der Schiedsspruch eine endgültige Entscheidung ist, genügt eine Bescheinigung der zuständigen Behörde, deren Zuständigkeit durch das Justizministerium ihres Staates bescheinigt wird) neben dem UN-Übk fortgilt, ist str, Walter RIW **82**, 694 mwN. Für Schiedsvergleiche behält Art 8 seine eigenständige Bedeutung, weil sich die multilateralen Übk nicht darauf erstrecken.

Gebühren für das Anerkennungsverfahren: Gericht § 11 I GKG u KVerz 1080–1085, RA § 47 BRAGO.

Art. 3. **In nicht vermögensrechtlichen Streitigkeiten sind die Gerichte des Staates, in dem die Entscheidung gefällt wurde, im Sinne des Artikels 1 zuständig, wenn die Parteien Angehörige dieses Staates waren oder dort ihren Wohnsitz hatten.**

Bem. Das Fehlen der internationalen Zuständigkeit nach Art 3 führt dazu, daß die Entscheidung im anderen Staat nicht nach Art 1 anerkannt wird, BGH FamRZ **83**, 366. Die Anerkennung hängt davon ab, daß beide Parteien Angehörige des Urteilsstaates waren oder dort ihren Wohnsitz iSv Art 13 hatten, Jayme IPRax **81**, 143 mwN, Luther NJW **81**, 2606; vgl dazu iü § 606b ZPO Anm 3 B.

Art. 4. [I]**Die Anerkennung ist zu versagen, wenn die Entscheidung Bestimmungen enthält, die gegen die guten Sitten oder die öffentliche Ordnung verstoßen.**

[II] **Sie ist ferner zu versagen, wenn in der Entscheidung hinsichtlich eines Angehörigen des angerufenen Staates bei Beurteilung der Handlungsfähigkeit oder der gesetzlichen Vertretung oder bei Beurteilung eines für den Anspruch maßgebenden familien- oder erbrechtlichen Verhältnisses oder der dafür maßgebenden Abwesenheits- oder Todeserklärung andere als die Gesetze zugrunde gelegt sind, die nach dem Rechte dieses Staates anzuwenden wären. Die Entscheidung ist jedoch anzuerkennen, wenn sie auch bei Anwendung dieser Gesetze begründet wäre.**

[III] **Hat sich der Beklagte auf den Rechtsstreit nicht eingelassen, so ist die Anerkennung zu versagen, wenn die Zustellung der den Rechtsstreit einleitenden Ladung oder Verfügung an den Beklagten oder seinen zur Empfangnahme berechtigten Vertreter nicht rechtzeitig oder lediglich im Wege der öffentlichen Zustellung oder im Ausland auf einem anderen Wege als dem der gegenseitigen Rechtshilfe bewirkt worden ist.**

[IV] **Die Anerkennung ist auch zu versagen, wenn die Entscheidung mit einer über denselben Anspruch ergangenen Entscheidung eines Gerichts des angerufenen Staates im Widerspruch steht.**

Bem. Die Versagungsgründe haben Bedeutung für die Fälle, die nicht unter das EuGÜbk fallen, namentlich für EheS. **Zu I:** Im Verfahrensrecht rechnet Italien die Einhaltung der Bestimmungen über die Mitwirkung des Staatsanwalts usw in EheS zur öff Ordnung, AG Besigheim Just **83**, 52 mwN (auch zu den Auswirkungen auf deutsche Verf), vgl § 606b

ZPO Anm 3 B. **Zu II:** Eine überlange Dauer des Verf in Italien infolge Anwendung des dortigen Rechts braucht der deutsche Ehegatte nicht hinzunehmen, BGH FamRZ **83**, 368. **Zu III:** Italien und die BRep sind Vertragsstaaten des Haager Zustl Übk, Anh § 202 ZPO.

***Art. 11.* Die Gerichte jedes der beiden Staaten haben auf Antrag einer Partei die Entscheidung über Ansprüche abzulehnen, wegen deren vor einem nach diesem Abkommen zuständigen Gericht des anderen Staates bereits ein Verfahren anhängig ist.**

Bem. Anhängigkeit wird hier (wie auch sonst in Staatsverträgen) iSv Rechtshängigkeit gebraucht; danach hat dasjenige Verf den Vorrang, in dem der einleitende Antrag zuerst zugestellt worden ist, § 261 III ZPO, BGH FamRZ **83**, 366 mwN. Die Rechtshängigkeitssperre entfällt bei unzumutbarer Beeinträchtigung des Rechtsschutzes, zB durch überlange Dauer des Verf infolge Anwendung italienischen Rechts, die der deutsche Ehegatte nach Art 4 II nicht hinzunehmen braucht, BGH aaO.

***Art. 13.* Unter „Wohnsitz" im Sinne dieses Abkommens ist zu verstehen:**
1. **für den geschäftsfähigen Volljährigen, für den mündig Erklärten und für den Volljährigen, der bloß zur Vornahme gewisser Handlungen der Mitwirkung eines Beistandes bedarf, der Ort, an dem er sich in einem der beiden Staaten in der Absicht ständiger Niederlassung aufhält, oder in Ermangelung eines solchen Ortes der Ort in einem der beiden Staaten, an dem sich der hauptsächliche Sitz seiner Interessen befindet;**
2. **für eine Person, die unter elterlicher Gewalt oder unter Vormundschaft steht, der Ort des Wohnsitzes des gesetzlichen Vertreters;**
3. **für die Ehefrau der Ort des Wohnsitzes des Ehemannes; ist jedoch der Wohnsitz des Ehemannes unbekannt oder ist die Ehefrau von Tisch und Bett getrennt oder ist sie berechtigt, einen selbständigen Wohnsitz zu haben, so bestimmt sich der Wohnsitz der Ehefrau nach Maßgabe der Nr. 1;**
4. **für Gesellschaften und juristische Personen der in der Satzung bestimmte Sitz oder in Ermangelung eines solchen der Ort, an dem ihre Verwaltung geführt wird.**

Bem. Zu Z 3 vgl Jayme FamRZ **76**, 352 u IPRax **81**, 143 sowie Luther NJW **81**, 2606. Die italienische Ehefrau teilt seit 1975 nicht mehr kraft Gesetzes den Wohnsitz des Mannes, sondern kann einen eigenen Wohnsitz begründen.

3.
Der deutsch-österreichische Vertrag über die gegenseitige Anerkennung und Vollstreckung von gerichtlichen Entscheidungen, Vergleichen und öffentlichen Urkunden in Zivil- und Handelssachen v 6. 6. 59, BGBl 60 II 1246

Schrifttum: Bülow-Böckstiegel B II; Geimer-Schütze Bd II S 3ff; Matscher ZZP **86**, 407, Thoma NJW **66**, 1057, Schönherr AWD **64**, 80, Matscher (österr) JurBl **60**, 265, Sedlacek (österr) Ztschr für Rechtsvergleichung **60**, 58.

Der Vertrag **bezieht sich auf** gerichtliche Entscheidungen (einschließlich der börsenschiedsgerichtlichen innerhalb ihrer Zuständigkeit, Art 15) gleich welcher Art, also auch solche der freiwilligen Gerichtsbarkeit, nicht nur rechtskräftige, sondern auch vorläufig vollstreckbare, Art 1 I u II, 5, 6, 8ff, **jedoch nicht** auf Entscheidungen in Ehe- und anderen Familienstandssachen, im Konkurs- und Vergleichsverf, auf Arreste, einstw Verfügungen und Anordnungen, insofern jedoch mit Ausnahme derer, die auf Leistung des Unterhalts oder auf eine andere Geldleistung, zB nach § 620 DZPO lauten, Art 14. Der Vertrag läßt die **Bestimmungen anderer Verträge** zwischen der BRep u Österreich unberührt, Art 18, also auch das zwischen beiden geltende HZPrÜbk nebst der Zusatzvereinbarung v 1. 3. 54, Einl IV Anm 2 A (vor § 1 ZPO). Der Vertrag enthält ferner Bestimmungen über die Anerkennung und Vollstreckung von gerichtlichen Vergleichen und öff Urkunden sowie von Schiedssprüchen. Zeitlicher Anwendungsbereich: Art 19. Einrede der Rechtshängigkeit: Art 17.

Zu dem Vertrag ist das AusfG v 8. 3. 60, BGBl I 169, ergangen, das unten abgedruckt ist.

Erster Abschnitt. Anerkennung gerichtlicher Entscheidungen

Art. 1. [1] **Die in Zivil- oder Handelssachen ergangenen Entscheidungen der Gerichte des einen Staates, durch die in einem Verfahren der streitigen oder der freiwilligen Gerichtsbarkeit (im streitigen Verfahren oder im Verfahren außer Streitsachen) über Ansprüche der Parteien erkannt wird, werden im anderen Staat anerkannt, auch wenn sie noch nicht rechtskräftig sind. Als Entscheidungen in Zivil- und Handelssachen sind auch Urteile anzusehen, die in einem gerichtlichen Strafverfahren über Ansprüche aus einem Rechtsverhältnis des Zivil- oder Handelsrechtes ergangen sind.**

ᴵᴵ Für die Anerkennung ist es ohne Bedeutung, ob die Entscheidung als Urteil, Beschluß, Zahlungsbefehl, Zahlungsauftrag, Vollstreckungsbefehl oder sonstwie benannt ist.

Art. 2. Die Anerkennung darf nur versagt werden,
1. wenn sie der öffentlichen Ordnung des Staates, in dem die Entscheidung geltend gemacht wird, widerspricht; oder
2. wenn die unterlegene Partei sich auf das Verfahren nicht eingelassen hat,
    a) sofern ihr die Ladung oder die Verfügung, durch die das Verfahren eingeleitet worden war, nicht nach dem Rechte des Staates, in dem die Entscheidung ergangen ist, zugestellt worden war, oder
    b) sofern sie nachweist, daß sie von der Ladung oder der Verfügung nicht so zeitgerecht Kenntnis nehmen konnte, um sich auf das Verfahren einlassen zu können; oder
3. wenn nach dem Rechte des Staates, in dem die Entscheidung geltend gemacht wird, die Gerichte dieses oder eines dritten Staates kraft Gesetzes ausschließlich zuständig waren; oder
4. wenn für die Entscheidung lediglich der Gerichtsstand des Vermögens gegeben war und die unterlegene Partei
    a) entweder sich auf den Rechtsstreit nicht eingelassen oder
    b) vor Einlassung zur Hauptsache erklärt hat, sich auf den Rechtsstreit nur im Hinblick auf das Vermögen einzulassen, das sich im Staate des angerufenen Gerichtes befindet; oder
5. wenn für die Entscheidung lediglich der Gerichtsstand des Erfüllungsortes nach § 88 Absatz 2 der österreichischen Jurisdiktionsnorm – Fakturengerichtsstand – gegeben war und die unterlegene Partei sich auf den Rechtsstreit nicht eingelassen hat.

Bem. Nach Nr 2 genügt entweder Einlassung oder Ladung, Hamm RIW **78**, 689. Nr 2b steht der Anerkennung eines durch ein österr Handelsgericht für vollstreckbar erklärten Wechselzahlungsauftrags entgegen, KG NJW **77**, 1016. Zum Begriff der Einlassung in Nr 5 vgl Hamm RIW **78**, 689 mwN.

Art. 3. ᴵ Die Anerkennung darf nicht allein deshalb versagt werden, weil das Gericht, das die Entscheidung erlassen hat, nach den Regeln seines internationalen Privatrechts andere Gesetze angewendet hat, als sie nach dem internationalen Privatrecht des Staates, in dem die Entscheidung geltend gemacht wird, anzuwenden gewesen wären.

ᴵᴵ Die Anerkennung darf jedoch aus dem in Absatz 1 genannten Grunde versagt werden, wenn die Entscheidung auf der Beurteilung eines familienrechtlichen oder eines erbrechtlichen Verhältnisses, der Rechts- oder Handlungsfähigkeit, der gesetzlichen Vertretung oder der Todeserklärung eines Angehörigen des Staates beruht, in dem die Entscheidung geltend gemacht wird, es sei denn, daß sie auch bei Anwendung des internationalen Privatrechtes des Staates, in dem sie geltend gemacht wird, gerechtfertigt wäre.

Art. 4. Die in einem Staat ergangene Entscheidung, die in dem anderen Staate geltend gemacht wird, darf nur daraufhin geprüft werden, ob einer der im Artikel 2 oder im Artikel 3 Absatz 2 genannten Versagungsgründe vorliegt. Darüber hinaus darf die Entscheidung nicht nachgeprüft werden.

Zweiter Abschnitt. Vollstreckung gerichtlicher Entscheidungen

I. Allgemeines

Art. 5. ᴵ Rechtskräftige gerichtliche Entscheidungen, die in einem Staate vollstreckbar und in dem anderen Staate anzuerkennen sind, werden in diesem Staate nach Maßgabe der Artikel 6 und 7 vollstreckt.

ᴵᴵ Vorläufig vollstreckbare Entscheidungen von Gerichten in der Bundesrepublik Deutschland, die auf eine Geldleistung lauten, und Entscheidungen österreichischer Gerichte, auf Grund deren in der Republik Österreich Exekution zur Sicherstellung bewilligt werden könnte, werden, sofern sie in dem anderen Staat anzuerkennen sind, in diesem Staate nach Maßgabe der Artikel 6, 8 bis 10 vollstreckt.

Art. 6. Die Vollstreckbarerklärung (die Bewilligung der Exekution) und die Durchführung der Zwangsvollstreckung richten sich, soweit im folgenden nichts anderes bestimmt wird, nach dem Rechte des Staates, in dem vollstreckt werden soll.

II. Vollstreckung rechtskräftiger Entscheidungen

Art. 7. ¹ Der betreibende Gläubiger hat dem Antrag auf Vollstreckbarerklärung (Bewilligung der Exekution) beizufügen
1. eine mit amtlichen Siegel oder Stempel versehene Ausfertigung der Entscheidung, die auch die Gründe enthalten muß, es sei denn, daß solche nach dem Rechte des Staates, in dem die Entscheidung ergangen ist, nicht erforderlich waren;
2. den Nachweis, daß die Entscheidung rechtskräftig und vollstreckbar ist; dieser Nachweis ist zu erbringen
    a) bei Entscheidungen von Gerichten in der Bundesrepublik Deutschland durch das Zeugnis über die Rechtskraft und durch die Vollstreckungsklausel,
    b) bei Entscheidungen österreichischer Gerichte durch die Bestätigung der Rechtskraft und Vollstreckbarkeit.

¹¹ Hat die unterlegene Partei sich auf das Verfahren nicht eingelassen, so hat der betreibende Gläubiger außerdem nachzuweisen, daß die das Verfahren einleitende Ladung oder Verfügung der unterlegenen Partei ordnungsgemäß zugestellt worden ist; dieser Nachweis ist durch eine beglaubigte Abschrift der Zustellungsurkunde oder durch eine gerichtliche Bestätigung über den Zustellungsvorgang zu erbringen.

III. Vollstreckung noch nicht rechtskräftiger Entscheidungen

Art. 8. ¹ Soll die Entscheidung eines österreichischen Gerichtes, auf Grund deren in der Republik Österreich Exekution zur Sicherstellung bewilligt werden könnte, in der Bundesrepublik Deutschland vollstreckt werden, so hat das Gericht, das die Entscheidung erlassen hat, auf Antrag des betreibenden Gläubigers unter sinngemäßer Anwendung der österreichischen Exekutionsordnung darüber zu beschließen, ob und für welchen Zeitraum die Exekution zur Sicherstellung zulässig ist; eine bestimmte Exekutionshandlung hat es jedoch nicht zu bewilligen. Ist die Zulässigkeit der Exekution von der Leistung einer Sicherheit abhängig, so ist diese beim österreichischen Gericht zu erlegen.

¹¹ Der Antrag des betreibenden Gläubigers, die Entscheidung des österreichischen Gerichtes für vollstreckbar zu erklären, kann von dem Gericht in der Bundesrepublik Deutschland nicht deshalb abgelehnt werden, weil der im Absatz 1 genannte Beschluß, mit dem die Exekution zur Sicherstellung für zulässig erklärt wurde, noch nicht rechtskräftig ist.

Art. 9. ¹ Der betreibende Gläubiger hat dem Antrag auf Vollstreckbarerklärung (Bewilligung der Exekution zur Sicherstellung) beizufügen
1. eine Ausfertigung der Entscheidung, die den Erfordernissen des Artikels 7 Absatz 1 Z. 1 entspricht;
2. den Nachweis, daß die Entscheidung der unterlegenen Partei ordnungsgemäß zugestellt worden ist; dieser Nachweis ist durch eine beglaubigte Abschrift der Zustellungsurkunde oder durch eine gerichtliche Bestätigung über den Zustellungsvorgang zu erbringen;
3. den Nachweis, daß die Entscheidung vollstreckbar ist; dieser Nachweis ist zu erbringen
    a) bei Entscheidungen österreichischer Gerichte durch eine mit dem amtlichen Siegel versehene Ausfertigung des im Artikel 8 Absatz 1 genannten Beschlusses über die Zulässigkeit der Exekution zur Sicherstellung und, falls eine Sicherheit zu leisten war, durch eine gerichtliche Bestätigung über deren Erlag,
    b) bei Entscheidungen von Gerichten in der Bundesrepublik Deutschland durch die Vollstreckungsklausel und, falls die Vollstreckung von einer Sicherheitsleistung abhängig ist, durch eine öffentliche oder öffentlich beglaubigte Urkunde, aus der sich ergibt, daß die Sicherheit geleistet wurde.

¹¹ Hat die unterlegene Partei sich auf das Verfahren nicht eingelassen, so hat der betreibende Gläubiger außerdem den im Artikel 7 Absatz 2 geforderten Nachweis zu erbringen.

Art. 10. ¹ In der Republik Österreich ist auf Grund der im Artikel 5 Absatz 2 genannten Entscheidungen von Gerichten in der Bundesrepublik Deutschland nur die Exekution zur Sicherstellung zulässig. Einer Glaubhaftmachung der Gefährdung bedarf es jedoch nicht, wenn der betreibende Gläubiger die in der Entscheidung geforderte Sicherheit geleistet hat (Artikel 9 Absatz 1 Z. 3 Buchst. b).

¹¹ In der Bundesrepublik Deutschland sind in Vollziehung der Vollstreckbarerklärung der im Artikel 5 Absatz 2 genannten Entscheidungen österreichischer Gerichte nur solche Maßnahmen zulässig, die der Sicherung des betreibenden Gläubigers dienen.

Dritter Abschnitt
Gerichtliche Vergleiche, Schiedssprüche und öffentliche Urkunden

Art. 11. I Gerichtliche Vergleiche werden den rechtskräftigen gerichtlichen Entscheidungen gleichgestellt.

II Der betreibende Gläubiger hat dem Antrag auf Vollstreckbarerklärung (Bewilligung der Exekution) eine mit der Bestätigung der Vollstreckbarkeit (der Vollstreckungsklausel) und dem amtlichen Siegel oder Stempel versehene Ausfertigung des Vergleichs beizufügen.

Art. 12. I Die Anerkennung und die Vollstreckung von Schiedssprüchen bestimmen sich nach dem Übereinkommen, das zwischen beiden Staaten jeweils in Kraft ist.

II Vor einem Schiedsgericht abgeschlossene Vergleiche werden den Schiedssprüchen gleichgestellt.

Art. 13. I Öffentliche Urkunden, die in einem Staat errichtet und dort vollstreckbar sind, werden in dem anderen Staate wie rechtskräftige gerichtliche Entscheidungen vollstreckt. Zu diesen Urkunden gehören insbesondere gerichtliche oder notarielle Urkunden und die in Unterhaltssachen von einer Verwaltungsbehörde – Jugendamt – aufgenommenen Verpflichtungserklärungen und Vergleiche.

II Der betreibende Gläubiger hat dem Antrag auf Vollstreckbarerklärung (Bewilligung der Exekution) eine mit amtlichem Siegel oder Stempel versehene Ausfertigung der öffentlichen Urkunde beizufügen.

Vierter Abschnitt. Besondere Bestimmungen

Art. 14. I Dieser Vertrag ist nicht anzuwenden
1. auf Entscheidungen in Ehesachen und in anderen Familienstandssachen;
2. auf Entscheidungen in Konkursverfahren und in Vergleichsverfahren (Ausgleichsverfahren);
3. auf einstweilige Verfügungen oder einstweilige Anordnungen und auf Arreste.

II Dieser Vertrag ist jedoch anzuwenden auf solche einstweilige Verfügungen oder einstweilige Anordnungen, die auf Leistung des Unterhaltes oder auf eine andere Geldleistung lauten. Diese Titel werden wie rechtskräftige gerichtliche Entscheidungen vollstreckt.

Art. 15. Die österreichische Börsenschiedsgerichte sind Gerichte im Sinne dieses Vertrages in den Streitigkeiten, in denen sie ohne Rücksicht auf einen Schiedsvertrag zur Entscheidung zuständig sind. Soweit ihre Zuständigkeit auf einem Schiedsvertrag beruht, sind sie als Schiedsgerichte anzusehen.

Art. 16. Der betreibende Gläubiger, dem von dem Gericht des Staates, in dem die Entscheidung ergangen ist, das Armenrecht bewilligt worden ist, genießt ohne weiteres das Armenrecht auch für die Vollstreckung im anderen Staate.

Art. 17. Ist eine Sache vor dem Gericht eines Staates rechtshängig (streitanhängig) und wird die Entscheidung in dieser Sache in dem anderen Staat anzuerkennen sein, so hat ein Gericht dieses Staates in einem Verfahren, das bei ihm wegen desselben Gegenstandes und zwischen denselben Parteien später anhängig wird, die Entscheidung abzulehnen.

Art. 18. Dieser Vertrag berührt nicht die Bestimmungen anderer Verträge, die zwischen beiden Staaten gelten oder gelten werden und die für besondere Rechtsgebiete die Anerkennung und Vollstreckung von gerichtlichen Entscheidungen, Schiedssprüchen oder öffentlichen Urkunden regeln.

Art. 19. I Dieser Vertrag ist nur auf Schuldtitel (Exekutionstitel) anzuwenden, die nach dem 31. Dezember 1959 entstanden sind.

II Auf Schuldtitel (Exekutionstitel), die eine Verpflichtung zur Leistung eines gesetzlichen Unterhaltes zum Gegenstand haben, ist dieser Vertrag für die nach dem 31. Dezember 1959 fällig werdenden Leistungen auch anzuwenden, wenn der Schuldtitel (Exekutionstitel) in der Zeit vom 1. Mai 1945 bis zum 31. Dezember 1959 entstanden ist.

Art. 20. Soweit in anderen Verträgen hinsichtlich der Vollstreckung von Schuldtiteln (Exekutionstiteln) auf den Vertrag über Rechtsschutz und Rechtshilfe vom 21. Juni 1923 verwiesen wird, treten die entsprechenden Bestimmungen dieses Vertrages an dessen Stelle.

Ausführungsgesetz vom 8. 3. 60, BGBl I 169
(§ 9 idF des Art 7 Z 12 VereinfNov)

Erster Abschnitt
Vollstreckbarerklärung von gerichtlichen Entscheidungen, Vergleichen und öffentlichen Urkunden

§ 1. ^I Für die Vollstreckbarerklärung gerichtlicher Entscheidungen (Artikel 1, 5 ff., 14 Abs. 2, Artikel 15 Satz 1 des Vertrages), gerichtlicher Vergleiche (Artikel 11 des Vertrages) und öffentlicher Urkunden (Art. 13 des Vertrages) ist sachlich das Amtsgericht oder das Landgericht zuständig, das für die gerichtliche Geltendmachung des Anspruchs zuständig sein würde.

^{II} Örtlich zuständig ist das Gericht, bei dem der Schuldner seinen allgemeinen Gerichtsstand hat, und beim Fehlen eines solchen das Gericht, in dessen Bezirk sich Vermögen des Schuldners befindet oder die Zwangsvollstreckung durchgeführt werden soll.

§ 2. Für die Vollstreckbarerklärung der in § 1 Abs. 1 genannten Schuldtitel gelten § 1042a Abs. 1, §§ 1042b, 1042c und 1042d der Zivilprozeßordnung entsprechend, soweit nicht in § 3 etwas Besonderes bestimmt ist.

§ 3. ^I Ist eine noch nicht rechtskräftige Entscheidung eines österreichischen Gerichts, hinsichtlich deren die Exekution zur Sicherstellung für zulässig erklärt worden ist, für vollstreckbar zu erklären (Artikel 8, 9 des Vertrages), so ist in dem Beschluß oder Urteil auszusprechen, daß die Entscheidung nur zur Sicherung der Zwangsvollstreckung für vollstreckbar erklärt wird.

^{II} Erlangt die Entscheidung des österreichischen Gerichts, die nach Absatz 1 zur Sicherung der Zwangsvollstreckung für vollstreckbar erklärt worden ist, später die Rechtskraft, so ist der Beschluß oder das Urteil über die Vollstreckbarerklärung auf Antrag des Gläubigers dahin zu ändern, daß die Entscheidung ohne Beschränkung für vollstreckbar erklärt wird. Das gleiche gilt für den Fall, daß die Entscheidung des österreichischen Gerichts bereits die Rechtskraft erlangt hat, bevor der Beschluß oder das Urteil über die Vollstreckbarerklärung erlassen wird, sofern der Eintritt der Rechtskraft in dem Verfahren nicht geltend gemacht worden ist. Über den Antrag ist ohne mündliche Verhandlung durch Beschluß zu entscheiden; vor der Entscheidung ist der Gegner zu hören. Für das Verfahren gelten im übrigen § 1042b Abs. 1, §§ 1042c und 1042d der Zivilprozeßordnung entsprechend.

§ 4. Hängt die Vollstreckung nach dem Inhalt der gerichtlichen Entscheidung, des gerichtlichen Vergleichs oder der öffentlichen Urkunde von dem Ablauf einer Frist oder von dem Eintritt einer anderen Tatsache als einer dem Gläubiger obliegenden Sicherheitsleistung ab oder wird die Vollstreckbarerklärung zugunsten eines anderen als des in der gerichtlichen Entscheidung, dem gerichtlichen Vergleich oder der öffentlichen Urkunde bezeichneten Gläubigers oder gegen einen anderen als den darin bezeichneten Schuldner nachgesucht, so ist die Frage, inwieweit die Vollstreckbarerklärung von dem Nachweis besonderer Voraussetzungen abhängig oder ob der Schuldtitel für oder gegen den anderen vollstreckbar ist, nach österreichischem Recht zu entscheiden. Ein solcher Nachweis ist durch öffentliche und öffentlich beglaubigte Urkunden zu führen, sofern nicht die nachzuweisenden Tatsachen bei dem Gericht offenkundig sind. Kann er in dieser Form nicht erbracht werden, so ist mündliche Verhandlung anzuordnen.

§ 5. ^I In dem Verfahren der Vollstreckbarerklärung einer gerichtlichen Entscheidung kann der Schuldner auch Einwendungen gegen den Anspruch selbst insoweit geltend machen, als die Gründe, auf denen sie beruhen, erst nach dem Erlaß der gerichtlichen Entscheidung entstanden sind.

^{II} In dem Verfahren der Vollstreckbarerklärung eines gerichtlichen Vergleichs oder einer öffentlichen Urkunde kann der Schuldner Einwendungen gegen den Anspruch selbst ungeachtet der in Absatz 1 enthaltenen Beschränkung geltend machen.

^{III} Ist eine gerichtliche Entscheidung, ein gerichtlicher Vergleich oder eine öffentliche Urkunde für vollstreckbar erklärt, so kann der Schuldner Einwendungen gegen den Anspruch selbst in einem Verfahren nach § 767 der Zivilprozeßordnung nur geltend machen, wenn die Gründe, auf denen sie beruhen, erst nach Ablauf der Frist, innerhalb deren er Widerspruch hätte einlegen können (§ 1042c Abs. 2, § 1042d Abs. 1 der Zivilprozeßordnung), oder erst nach dem Schluß der mündlichen Verhandlung entstanden sind, in der er die Einwendungen spätestens hätte geltend machen müssen.

§ 6. ¹ Aus den für vollstreckbar erklärten Schuldtiteln findet die Zwangsvollstreckung statt, sofern die Entscheidung über die Vollstreckbarkeit rechtskräftig oder für vorläufig vollstreckbar erklärt ist.

² Im Falle des § 3 Abs. 1 gelten für die Zwangsvollstreckung §§ 928, 930 bis 932 der Zivilprozeßordnung sowie § 99 Abs. 2 und § 106 Abs. 3 des Gesetzes über die Rechte an Luftfahrzeugen vom 26. Februar 1959 (Bundesgesetzbl. I S. 57) über die Vollziehung eines Arrestes entsprechend. Soll eine Sicherungshypothek eingetragen werden, so ist der um 20 vom Hundert erhöhte Betrag der Forderung als der Höchstbetrag zu bezeichnen, für den das Grundstück oder die Berechtigung haftet. Das gleiche gilt für den Höchstbetrag des Pfandrechts oder des Registerpfandrechts, das in das Schiffsregister, in das Schiffsbauregister oder in das Register für Pfandrechte an Luftfahrzeugen eingetragen werden soll.

Zweiter Abschnitt.
Aufhebung oder Abänderung der Vollstreckbarerklärung

§ 7. ¹ Wird eine gerichtliche Entscheidung, ein gerichtlicher Vergleich oder eine öffentliche Urkunde nach der Vollstreckbarerklärung in Österreich aufgehoben oder abgeändert und kann der Schuldner diese Tatsache in dem Verfahren der Vollstreckbarerklärung nicht mehr geltend machen, so kann er die Aufhebung oder Abänderung der Vollstreckbarerklärung in einem besonderen Verfahren beantragen.

² Für die Entscheidung über den Antrag ist das Gericht ausschließlich zuständig, das in dem Verfahren der Vollstreckbarerklärung im ersten Rechtszug entschieden hat. Über den Antrag kann ohne mündliche Verhandlung entschieden werden; vor der Entscheidung ist der Gläubiger zu hören. Die Entscheidung ergeht durch Beschluß, der dem Gläubiger und dem Schuldner von Amts wegen zuzustellen ist. Der Beschluß unterliegt der sofortigen Beschwerde.

³ Für die Einstellung der Zwangsvollstreckung und die Aufhebung bereits getroffener Vollstreckungsmaßregeln gelten §§ 769, 770 der Zivilprozeßordnung entsprechend. Die Aufhebung einer Vollstreckungsmaßregel ist auch ohne Sicherheitsleistung zulässig.

§ 8. Wird die Vollstreckbarerklärung einer noch nicht rechtskräftigen Entscheidung eines österreichischen Gerichts, hinsichtlich deren die Exekution zur Sicherstellung für zulässig erklärt worden war, nach § 7 aufgehoben oder abgeändert, so ist der Gläubiger zum Ersatz des Schadens verpflichtet, der dem Schuldner durch die Vollstreckung der für vollstreckbar erklärten gerichtlichen Entscheidung oder durch eine zur Abwendung der Vollstreckung gemachte Leistung entstanden ist.

Dritter Abschnitt.
Besondere Vorschriften für deutsche gerichtliche Entscheidungen

§ 9. Vollstreckungsbescheide und einstweilige Verfügungen, auf Grund deren ein Gläubiger die Bewilligung der Exekution in Österreich beantragen will (Artikel 14 Abs. 2 des Vertrages), sind auch dann mit der Vollstreckungsklausel zu versehen, wenn dies für eine Zwangsvollstreckung im Inland nach § 796 Abs. 1, §§ 936, 929 Abs. 1 der Zivilprozeßordnung nicht erforderlich wäre.

4.

Das deutsch-belgische Abkommen über die gegenseitige Anerkennung und Vollstreckung von gerichtlichen Entscheidungen, Schiedssprüchen und öffentlichen Urkunden in Zivil- und Handelssachen vom 30. 6. 58, BGBl 59 II 766

Schrifttum: Bülow-Böckstiegel B II; Geimer-Schütze Bd II S 251 ff; Matscher ZZP **86**, 429; Nagel NJW **60**, 987; Harries RabelsZ **61**, 629.

Vorbem. In Kraft getreten am 27. 1. 61, s Einl IV Anm 3 B (vor § 1). AusfG v 26. 6. 59, BGBl I 425. Das Abk wird **durch das EuG-Übk** nach Maßgabe von dessen Art 55 **ersetzt,** vgl Schlußanh V C; es **behält seine Wirksamkeit** für die Rechtsgebiete, auf die sich das EuG-Übk nicht bezieht, Art 56 iVm Art 1, vgl BGH NJW **78**, 1113.

Das Abkommen, das die Anerkennung und Vollstreckbarerklärung zum Gegenstand hat, **bezieht sich** auf alle gerichtlichen Entscheidungen der streitigen oder freiwilligen Gerichtsbarkeit in Zivil- und Handelssachen, gleichgültig, wie sie benannt sind, und einschließlich der auf eine Geldleistung lautenden einstweiligen Anordnungen sowie der in einem strafrechtlichen Adhäsionsverfahren ergangenen Entscheidungen auf diesen Gebieten, Art 1 II u III. Jedoch ist es nicht anzuwenden auf Entscheidungen im Konkurs- und Vergleichsverfahren. Für vollstreckbar erklärt werden können auch solche Entscheidungen, die im Urteilsstaat noch mit einem ordentlichen Rechtsbehelf angefochten werden können, Art 6 II; allerdings kann dann das Verfahren der Vollstreckbarerklärung ausgesetzt werden, Art 10 II. Das Abk läßt andere Verträge, die zwischen den beiden Staaten gelten, unberührt, Art 16, also insbesondere das HZPrÜbk (Vollstreckung von Kostenentscheidungen). Anwendbar ist das Abk nur auf solche gerichtliche Entscheidungen usw, die nach seinem Inkrafttreten erlassen oder errichtet sind, Art 17. Es gilt nach dem Notenwechsel vom 30. 6. 58, BGB 59 II 775/6, auch in Berlin.

Abkommen und AusfG gleichen sehr dem deutsch-österreichischen Vertrag, s oben 3. Erhebliche Abweichungen enthält insbesondere Art 3 (Zuständigkeit), der die Zuständigkeitsvoraussetzungen für die Anerkennung des Art 2 I Z 3 ausfüllt. Das deutsch-belgische Abkommen bezieht sich auch auf Ehe- und Familienstandssachen, Art 4, die der deutsch-österreichische Vertrag ausnimmt.

Rspr: Zu **Art 1** (Begriff der Zivil- u HandelsS) BGH AWD 78, 56, zu **Art 2, 3, 5 u 10** BGH 60, 344, zu Art 2 u 3 LG Dortm NJW 77, 2035, zu **Art 12** BGH MDR 76, 138, zu **Art 13** (Vollstreckung eines Schiedsspruchs) BGH NJW 78, 1744, Köln KTS 71, 222.

Wichtig für die Zuständigkeit der deutschen Gerichte in **Ehesachen** (nach Art 1 I 2 werden auch einstweilige Anordnungen, die auf eine Geldleistung lauten, anerkannt) ist die Zuständigkeitsregelung des Abk:

Art. 4. [I] In allen den Ehe- oder Familienstand, die Rechts- oder Handlungsfähigkeit oder die gesetzliche Vertretung betreffenden Angelegenheiten, an denen ein Angehöriger einer der beiden Staaten beteiligt ist, sind die Gerichte des Staates, in dessen Hoheitsgebiet die Entscheidung ergangen ist, im Sinne des Artikels 2 Abs. 1 Nr. 3 zuständig, wenn der Beklagte zur Zeit der Klageerhebung die Staatsangehörigkeit dieses Staates besaß oder in dem Hoheitsgebiet dieses Staates seinen Wohnsitz oder seinen gewöhnlichen Aufenthalt hatte.

[II] In Ehesachen wird die Zuständigkeit ferner anerkannt, wenn eine der beiden Parteien die Staatsangehörigkeit eines der beiden Staaten besaß und wenn die beiden Parteien ihren letzten gemeinsamen Aufenthalt in dem Staate hatten, in dessen Hoheitsgebiet die Entscheidung ergangen ist, und wenn der Kläger zur Zeit der Einleitung des Verfahrens in dem Hoheitsgebiet dieses Staates seinen gewöhnlichen Aufenthalt hatte.

Das Abk regelt auch die Vollstreckbarerklärung von **Schiedssprüchen und öffentlichen Urkunden:**

Art. 13. [I] Schiedssprüche, die in dem Hoheitsgebiet des einen Staates ergangen sind, werden in dem Hoheitsgebiet des anderen Staates anerkannt und vollstreckt, wenn sie in dem Staate, in dessen Hoheitsgebiet sie ergangen sind, vollstreckbar sind, wenn ihre Anerkennung nicht der öffentlichen Ordnung des Staates, in dessen Hoheitsgebiet sie geltend gemacht werden, zuwiderläuft und wenn die vorgelegte Ausfertigung des Schiedsspruchs die für ihre Beweiskraft erforderlichen Voraussetzungen erfüllt.

[II] Vergleiche, die vor einem Schiedsgericht abgeschlossen sind, werden wie Schiedssprüche behandelt.

[III] Für die Vollstreckbarerklärung ist zuständig
in der Bundesrepublik Deutschland das Amts- oder Landgericht, das für die gerichtliche Geltendmachung des Anspruchs zuständig wäre,
in Belgien der Präsident des Zivilgerichts erster Instanz, in dessen Bezirk die Zwangsvollstreckung betrieben werden soll.

[IV] Das Verfahren der Vollstreckbarerklärung richtet sich nach dem Recht des Staates, in dessen Hoheitsgebiet die Vollstreckbarerklärung beantragt wird.

Art. 14. [I] Öffentliche Urkunden, die in dem Hoheitsgebiet des einen Staates errichtet und dort vollstreckbar sind, werden in dem Hoheitsgebiet des anderen Staates für vollstreckbar erklärt. Für die Anwendung dieses Abkommens werden die belgischen Behörden Vergleiche, die in dem Hoheitsgebiet der Bundesrepublik Deutschland vor einem Gericht abgeschlossen sind und dort vollstreckbar sind, wie öffentliche Urkunden behandeln.

[II] Das Gericht des Staates, in dessen Hoheitsgebiet die Vollstreckbarerklärung beantragt wird, hat sich auf die Prüfung zu beschränken, ob die Ausfertigung der öffentlichen Urkunde die für ihre Beweiskraft erforderlichen Voraussetzungen nach dem Recht des Staates erfüllt, in dessen Hoheitsgebiet die Urkunde errichtet worden ist, und ob die Vollstreckbarerklärung nicht der öffentlichen Ordnung des Staates zuwiderläuft, in dessen Hoheitsgebiet die Vollstreckbarerklärung beantragt wird.

Für Streitigkeiten, die nicht dem EuG-Übk, sondern nur dem Abk unterfallen, also namentlich für Ehesachen, hat die **Regelung der Rechtshängigkeit** weiterhin Bedeutung (trotz des Wortlauts kommt es nicht auf die Anhängigkeit, sondern auf die Rechtshängigkeit iSv § 261 ZPO an, Ffm IPrax 82, 243, vgl BGH FamRZ 83, 366):

Art. 15. ⁱ Die Gerichte eines jeden der beiden Staaten haben auf Antrag einer Prozeßpartei die Entscheidung in einer Sache abzulehnen, wenn wegen desselben Gegenstandes und unter denselben Parteien bereits ein Verfahren vor einem Gericht des anderen Staates anhängig ist, für das eine Zuständigkeit im Sinne dieses Abkommens gegeben ist, und wenn in diesem Verfahren eine Entscheidung ergehen kann, die in dem Hoheitsgebiet des anderen Staates anzuerkennen wäre.

ⁱⁱ Jedoch können die zuständigen Behörden eines jeden der beiden Staaten in Eilfällen die in ihrem innerstaatlichen Recht vorgesehenen einstweiligen Maßnahmen anordnen, einschließlich solcher, die auf eine Sicherung gerichtet sind, und zwar ohne Rücksicht darauf, welches Gericht mit der Hauptsache befaßt ist.

5.

Das deutsch-britische Abkommen über die gegenseitige Anerkennung und Vollstreckung von gerichtlichen Entscheidungen in Zivil- und Handelssachen vom 14. 7. 60, BGBl 61 II 301

Schrifttum: Bülow-Böckstiegel B II 702; Geimer-Schütze Bd II S 353 ff; Matscher ZZP **86**, 437; Ganske AWD **61**, 172; Lipstein in Leske-Loewenfeld, Eherecht der europäischen u außereuropäischen Staaten: England S 457 f; Meister, Anerkennung deutscher Ehescheidungsurteile im UK, FamRZ **77**, 108; Schütze RIW **80**, 171.

Das Abk betrifft Zivil- (einschließlich der Statussachen) und Handelssachen, und zwar sowohl die Anerkennung von Entscheidungen wie ihre Vollstreckbarkeit. Es gilt auch im Lande Berlin, Art 11, und kann seitens der britischen Regierung durch Notifizierung auf jedes Hoheitsgebiet ausgedehnt werden, für dessen internationale Beziehungen sie verantwortlich ist, Art 12. Zur Erstreckung auf Hongkong Arnold AWD **74**, 135. Da der Beitritt des Vereinigten Königreichs zum EuG-Übk, Schlußanh V C 1, noch nicht wirksam geworden ist, gilt das Abk zZt noch unverändert.

Art. 1. Für die Anwendung dieses Abkommens gilt folgendes:

ⁱ „Hoheitsgebiet der einen (oder der anderen) Hohen Vertragspartei" bedeutet
a) in bezug auf den Präsidenten der Bundesrepublik Deutschland
    das Hoheitsgebiet der Bundesrepublik Deutschland
    und
b) in bezug auf ihre Majestät der Königin
    das Vereinigte Königreich (England und Wales, Schottland und Nordirland) und diejenigen Hoheitsgebiete, auf die das Abkommen gemäß Artikel XII ausgedehnt worden ist.

ⁱⁱ Als „oberes Gericht" sind anzusehen
a) für die Bundesrepublik Deutschland
    die Landgerichte,
    die Oberlandesgerichte,
    das Bayerische Oberste Landesgericht und
    der Bundesgerichtshof; und
b) für das Vereinigte Königreich
    das House of Lords und
    für England und Wales
        der Supreme Court of Judicature (Court of Appeal and High Court of Justice) und die Courts of Chancery of the Counties Palatine of Lancaster and Durham.
    für Schottland
        der Court of Session und die Sheriff Courts,
    für Nordirland
        der Supreme Court of Judicature.
Alle anderen Gerichte in diesen Hoheitsgebieten sind im Sinne dieses Abkommens „unter Gerichte".

ⁱⁱⁱ Unter „gerichtlichen Entscheidungen" sind alle Entscheidungen eines Gerichts ohne Rücksicht auf ihre Benennung (Urteile, Beschlüsse und dergleichen) zu verstehen, durch die über die Ansprüche der Parteien endgültig erkannt ist; hierzu zählen auch die gerichtlichen Vergleiche, ausgenommen sind jedoch die Entscheidungen zum Zwecke einer vorweggenommenen Zwangsvollstreckung (Arrestbefehle) oder andere Entscheidungen, durch die nur eine vorläufige Sicherung eines Anspruchs erreicht wird, oder Zwischenentscheidungen. Die Entscheidung über die Ansprüche der Entscheidungen wird als endgültig angesehen, auch wenn gegen sie vor den Gerichten des Urteilsstaates ein Rechtsbehelf eingelegt ist oder noch eingelegt werden kann.

IV „Gericht des Urteilsstaates" bedeutet in bezug auf eine Entscheidung das Gericht, das die zur Anerkennung oder Vollstreckung vorgelegte Entscheidung erlassen hat; unter „Gericht oder Behörde des Anerkennungs- oder Vollstreckungsstaates" sind Gerichte oder Behörden zu verstehen, vor denen die Anerkennung der Entscheidung nachgesucht oder ihre Vollstreckbarerklärung beantragt wird.

V Unter „Schuldner" ist die Person zu verstehen, gegen welche die Entscheidung des Gerichts des Urteilsstaates ergangen ist, einschließlich einer Person, die nach dem Recht des Urteilsstaates in Ansehung der durch die Entscheidung festgestellten Verbindlichkeit Rechtsnachfolger ist, unter „Gläubiger" ist die Person zu verstehen, zu deren Gunsten die Entscheidung ergangen ist, einschließlich ihrer Gesamt- oder Einzelrechtsnachfolger.

VI Der Begriff „Entscheidungen in Zivil- und Handelssachen" schließt nicht Urteile ein, die in Verfahren zwecks Beitreibung von Abgaben (Staats- oder Gemeindeabgaben) oder Strafen ergehen; er umfaßt jedoch Entscheidungen, die ein Gericht in einem Strafverfahren in Ansehung der Zahlung eines Geldbetrages als Entschädigung oder Schadensersatz zugunsten einer verletzten Partei erlassen hat.

VII Unter „Rechtsbehelf" ist jedes Verfahren zu verstehen, das auf eine Änderung oder Aufhebung einer Entscheidung gerichtet ist, sowie ein Antrag, den Rechtsstreit neu zu verhandeln oder die Zwangsvollstreckung einzustellen.

VIII Als „Klagen oder Anträge auf Erlaß einer Entscheidung, die nur unter den Prozeßparteien wirkt" (action in personam) sind nicht anzusehen Klagen in Familienstands- oder Statussachen (einschließlich der Scheidungs- oder anderer Ehesachen) oder Verfahren in Erbschaftsangelegenheiten oder wegen Verwaltung des Nachlasses verstorbener Personen.

Bem. Wegen des Geltungsgebiets vgl oben vor Art 1. **Zu II:** „Untere Gerichte" sind die AGe, aber auch die LGe, soweit sie Berufungsgerichte sind, Art 2 I. Da die AGe keine „oberen Gerichte" sind, können ihre Urteile in FamS nicht nach Art 3 anerkannt werden. Sonstige Gerichte, zB die Arbeitsgerichte, fallen nicht unter das Abk. **Zu III:** „Endgültig" bedeutet nicht rechtskräftig, S 2. Eine Regelung nach § 620 ZPO ist eine endgültige Regelung während des Ehestreits. **Zu VI:** Darunter fallen auch Festsetzungen nach §§ 888, 890 ZPO und Entscheidungen nach §§ 406, 406d StPO. **Zu VII:** Er gilt auch für Klagen aus § 767 ZPO. Deutsche Klagen aus § 323 ZPO werden idR nicht in Betracht kommen, da Unterhaltsstreitigkeiten vor die AGe, also vor „untere Gerichte" gehören. **Zu VIII:** Wegen der Fam- und Statussachen s Art 4c.

Art. 2. ^I **Die von einem oberen Gericht in dem Hoheitsgebiet der einen Hohen Vertragspartei erlassenen Entscheidungen, mit Ausnahme derjenigen, die auf einen Rechtsbehelf gegen Entscheidungen unterer Gerichte ergangen sind, werden in dem Hoheitsgebiet der anderen Hohen Vertragspartei in den Fällen und unter den Voraussetzungen, die in den Artikeln III bis IX geregelt sind, ohne Rücksicht auf die Staatsangehörigkeit des Gläubigers oder des Schuldners anerkannt und vollstreckt.**

^{II} Dieses Abkommen gilt jedoch nicht für Entscheidungen, die in einem Konkurs- oder Vergleichsverfahren oder in einem Verfahren zwecks Auflösung von Gesellschaften oder anderen Körperschaften ergangen sind.

^{III} Durch dieses Abkommen wird nicht ausgeschlossen, daß eine in dem Hoheitsgebiet der einen Hohen Vertragspartei ergangenen gerichtliche Entscheidung, für die dieses Abkommen nicht gilt oder die nach diesem Abkommen nicht anerkannt oder vollstreckt werden kann, in dem Hoheitsgebiet der anderen Hohen Vertragspartei auf Grund des innerstaatlichen Rechts anerkannt und vollstreckt wird.

Bem. Wie III klarstellt, schließt das Abk die Anerkennung oder Vollstreckung einer Entscheidung, die nicht unter das Abk fällt, nach innerstaatlichem Recht nicht aus.

Art. 3. ^I Entscheidungen in Zivil- und Handelssachen, die ein oberes Gericht in dem Hoheitsgebiet der einen Hohen Vertragspartei nach dem Inkrafttreten dieses Abkommens erlassen hat, werden in dem Hoheitsgebiet der anderen Hohen Vertragspartei in allen Fällen anerkannt, sofern nicht die Entscheidung über die Anerkennung nach Absatz 2 ausgesetzt wird oder sofern nicht in Ansehung der Entscheidung ein Versagungsgrund vorliegt; letzteres ist der Fall:
a) wenn in der betreffenden Sache eine Zuständigkeit des Gerichts des Urteilsstaates nach Artikel IV nicht gegeben ist;
b) wenn die Entscheidung auf Grund der Säumnis des Schuldners erlassen ist, sofern dieser sich auf den Rechtsstreit nicht eingelassen hat und dem Gericht oder der Behörde des Anerkennungsstaates nachweist, daß er von dem Verfahren nicht zeitig genug

Kenntnis erlangt hat, um sich verteidigen zu können. Jedoch ist in allen Fällen, in denen feststeht, daß die einleitende Ladung oder Verfügung dem Beklagten nach Artikel 3 oder 5 des zwischen Deutschland und dem Vereinigten Königreich abgeschlossenen Abkommens vom 20. März 1928 ordnungsmäßig zugestellt worden ist, als festgestellt anzusehen, daß der Beklagte von dem Verfahren Kenntnis erlangt hat;

c) wenn die Entscheidung von dem Gericht oder der Behörde des Anerkennungsstaates aus Gründen der öffentlichen Ordnung nicht anerkannt werden kann, einschließlich der Fälle,

1. in denen die Entscheidung über einen Anspruch ergangen ist, der bereits in dem Zeitpunkt, in dem das Gericht des Urteilsstaates seine Entscheidung erlassen hat, zwischen denselben Parteien Gegenstand einer anderen Entscheidung war, die nach dem innerstaatlichen Recht des Anerkennungsstaates als endgültig anzusehen ist;
2. in denen das Gericht oder die Behörde des Anerkennungsstaates zu der Überzeugung gelangt, daß die Entscheidung durch betrügerische Machenschaften erwirkt ist;
3. in denen das Gericht oder die Behörde des Anerkennungsstaates zu der Überzeugung gelangt, daß der Beklagte, gegen den die Entscheidung ergangen ist, nach dem Völkerrecht der Gerichtsbarkeit des Urteilsstaates nicht unterlegen ist und sich ihr auch nicht unterworfen hat;
4. in denen die Entscheidung gegen eine Person geltend gemacht wird, die nach dem Völkerrecht der Gerichtsbarkeit des Anerkennungsstaates nicht unterliegt.

II Weist der Schuldner dem Gericht oder der Behörde des Anerkennungsstaates nach, daß er in dem Urteilsstaat gegen diese Entscheidung einen Rechtsbehelf eingelegt hat oder daß er zwar einen solchen Rechtsbehelf noch nicht eingelegt hat, daß aber die Frist hierfür nach dem Recht des Urteilsstaates noch nicht abgelaufen ist, so kann das Gericht oder die Behörde des Anerkennungsstaates die Entscheidung gleichwohl anerkennen oder die Anerkennung versagen oder auch auf Antrag des Schuldners die Entschließung über die Anerkennung der Entscheidung zurückstellen, um dem Schuldner Gelegenheit zu geben, das Verfahren auf Grund des Rechtsbehelfs durchzuführen oder den Rechtsbehelf einzulegen.

III Die Anerkennung der Entscheidung darf nicht allein deshalb versagt werden, weil das Gericht des Urteilsstaates bei der Bestimmung der auf den Fall anzuwendenden Gesetze andere Regeln des internationalen Privatrechts angewendet hat, als sie nach dem Recht des Anerkennungsstaates anzuwenden gewesen wären.

IV Die Anerkennung einer Entscheidung hat zur Folge, daß die Entscheidung, soweit in ihr über den Anspruch erkannt ist, für einen weiteren Rechtsstreit zwischen denselben Parteien (dem Gläubiger und dem Schuldner) als endgültig angesehen wird und daß sie in einem weiteren Rechtsstreit zwischen ihnen wegen desselben Streitgegenstandes insoweit eine Einrede begründet.

Bem. Art 3 betrifft die Anerkennung von Entscheidungen in Zivil- und Handelssachen und enthält die Versagungsgründe; da die AGe keine oberen Gerichte iSv Art 1 II a sind, können ihre Urteile in FamS nicht nach Art 3 anerkannt werden, vgl § 606b ZPO Anm 3 B. Liegt kein Versagungsgrund vor, so ist anzuerkennen; ein gewisses Ermessen räumt allerdings Art 4 II u III durch Nichtanerkennung der Zuständigkeit ein. Die Anerkennung hat die Wirkung, daß die Entscheidung zwischen Gläubiger und Schuldner, dazu Art 1 V, als endgültig angesehen wird und den Einwand der Rechtskraft gibt, IV. **Zu I:** Vgl wegen der Zuständigkeit Art 4, wegen des Abk v 20. 3. 28 Einl IV 2 A vor § 1 ZPO, wegen betrügerischer Machenschaften, I c 2, Pal-Heldrich Vorbem 8 Art 7 EGBGB, wegen I c 3 u 4 § 18 GVG. Wird der Beklagte wegen Nichtbefolgung einer gerichtlichen Anordnung von der Teilnahme am weiteren Verf ausgeschlossen, ihm also kein Gehör gewährt, § 328 ZPO Anm 5 B, so steht das der Anerkennung nicht entgegen, BGH **48**, 327, dazu Wengler JZ **68**, 596, Geimer JZ **69**, 12; das gleiche gilt für das summarische Verf nach Order 14, BGH **53**, 357, dazu Cohn NJW **70**, 1506. Überhaupt kann bei der Frage, ob ein Verstoß gegen die öff Ordnung vorliegt, nicht ein Vergleich zwischen dem britischen und dem deutschen Verf-Recht vorgenommen werden: es kommt vielmehr auf die durch Art 103 I GG geschützten Grundwerte an; deshalb scheidet ein Verstoß aus, wenn der Beteiligte es unterlassen hat, auf das fremde Verf den ihm zustehenden Einfluß zu nehmen, oder wenn ihm wegen der dort geltenden strengeren Regelung nicht Prozeßkostenhilfe bewilligt worden ist, BGH NJW **78**, 1114. **Zu II:** Ob die Anerkennung zurückgestellt wird oder nicht, liegt im Ermessen des Gerichts oder der Behörde des Anerkennungsstaates. Die Fristsetzung in § 5 II AusfG bezieht sich nur auf die Vollstreckbarerklärung; das schließt nicht aus, daß sich eine entspr

Fristsetzung empfehlen wird. **Zu III:** Eine Ausnahme zugunsten eines betroffenen deutschen Staatsangehörigen in Fam- und Statussachen enthält das Unterzeichnungsprotokoll (unten abgedr.).

Art. 4. [1] Die Gerichte des Urteilsstaates sind im Sinne des Artikels III Absatz 1 Buchstabe a zuständig:
a) in Ansehung einer auf eine Klage oder auf einen Antrag ergangenen Entscheidung, die nur unter den Prozeßparteien wirkt:
  1. wenn der Schuldner in dem Verfahren vor dem Gericht des Urteilsstaates Kläger oder Widerkläger war;
  2. wenn der Schuldner in dem Verfahren vor dem Gericht des Urteilsstaates Beklagter war, sich der Zuständigkeit dadurch unterworfen hat, daß er sich auf den Rechtsstreit freiwillig eingelassen hat. Eine „freiwillige Einlassung" liegt nicht vor, wenn die Einlassung lediglich den Zweck hatte, das in dem Urteilsstaat befindliche Vermögen vor einer Beschlagnahme zu schützen, die Aufhebung einer Beschlagnahme zu erreichen oder die Zuständigkeit des Gerichts des Urteilsstaates zu rügen;
  3. wenn der Schuldner, der in dem Verfahren vor dem Gericht des Urteilsstaates Beklagter war, vor Beginn des Rechtsstreits sich durch eine Vereinbarung in Ansehung des Streitgegenstandes entweder allgemein der Zuständigkeit der Gerichte des Urteilsstaates oder gerade der Zuständigkeit des Gerichts, das die Entscheidung erlassen hat, unterworfen hat;
  4. wenn der Schuldner, der in dem Verfahren vor dem Gericht des Urteilsstaates Beklagter war, zur Zeit der Einleitung des Verfahrens seinen gewöhnlichen Aufenthalt im Hoheitsgebiet des Urteilsstaates oder, sofern es sich um eine Handelsgesellschaft oder eine Körperschaft handelt, dort die Hauptniederlassung hatte;
  5. wenn der Schuldner, der in dem Verfahren vor dem Gericht des Urteilsstaates Beklagter war, in dem Urteilsstaat entweder eine geschäftliche Niederlassung oder eine Zweigniederlassung hatte und sich das Verfahren auf ein Geschäft bezieht, das durch die Niederlassung oder Zweigniederlassung oder in ihren Räumen abgeschlossen ist;
b) in Ansehung einer Entscheidung, die auf eine Klage wegen unbeweglichen Vermögens ergangen ist, oder in Ansehung einer gegen alle wirkenden Entscheidung, die auf eine Klage wegen beweglichen Vermögens ergangen ist, sofern der in Streit befangene Gegenstand sich zu der Zeit, als das Verfahren vor dem Gericht des Urteilsstaates eingeleitet wurde, in dem Hoheitsgebiet des Urteilsstaates befand;
c) in Ansehung von Entscheidungen, die auf andere als die unter den Buchstaben a) und b) bezeichneten Klagen ergangen sind (insbesondere in Ansehung von Entscheidungen in Familienstands- oder Statussachen, einschließlich der Scheidungs- oder anderer Ehesachen, von Entscheidungen in Erbschaftsangelegenheiten oder wegen Verwaltung des Nachlasses verstorbener Personen), wenn die Zuständigkeit des Gerichts des Urteilsstaates nach dem Recht des Anerkennungsstaates anerkannt wird.

[II] Die Zuständigkeit des Gerichts des Urteilsstaates braucht nicht anerkannt zu werden, wenn Gegenstand des Verfahrens unbewegliches Vermögen gewesen ist, das sich außerhalb des Hoheitsgebietes des Urteilsstaates befand.

[III] Die Zuständigkeit des Gerichts des Urteilsstaates braucht in den Fällen des Absatzes 1 Buchstabe a) Nr. 4 und 5 und Buchstabe b) nicht anerkannt zu werden, wenn der Schuldner dem Gericht oder der Behörde des Anerkennungsstaates nachweist, daß die Einleitung des Verfahrens vor dem Gericht des Urteilsstaates in Widerspruch stand zu einer zwischen den Parteien getroffenen Vereinbarung, nach der die in Frage stehende Streitigkeit auf einem anderen Weg als durch ein Verfahren vor den Gerichten des Urteilsstaates zu entscheiden war.

[IV] Die Anerkennung der Zuständigkeit des Gerichts des Urteilsstaates darf nicht deshalb versagt werden, weil dieses Gericht nach dem Recht des Urteilsstaates nicht zuständig gewesen ist, sofern die Entscheidung nach dem Recht des Urteilsstaates endgültig und ein für einen solchen Fall vorgesehenes Verfahren mit dem Ziel, die Entscheidung zur Aufhebung zu bringen, nicht eingeleitet worden ist.

Bem. Art 4 behandelt die Zuständigkeit, die die Voraussetzung sowohl für die Anerkennung, Art 3 I a, wie für die Vollstreckbarerklärung, Art 5 II d, ist und deren fehlerhafte Annahme durch das Gericht des Urteilsstaates zur Versagung führt, außer wenn IV vorliegt. Unterschieden werden: a) Entscheidungen auf Klagen (Anträge), die nur zwischen den Prozeßparteien wirken (action in personam), vgl Art 1 VIII, dazu LG Hbg RIW **76**, 42, b) Entscheidungen auf eine Klage wegen unbeweglichen Vermögens, vgl aber auch II, oder solche wegen beweglichen Vermögens, die gegen alle wirken, vgl Art 1 VIII, c) Entscheidungen auf sonstige Klagen, namentlich Familienstands- und Statusentscheidungen. **Zu I a Z 2:** Ob der Beklagte sich „freiwillig" eingelassen hat, ist vom Gericht der Vollstreckbarkeit unabhängig von den nach Art 7 II b vorgelegten Urkunden zu entscheiden, und zwar aufgrund des Rechts des Urteilsstaates, Stgt RIW 80, 283. **Zu III:** Zur Unzuständigkeit und damit zur Versagung kann auch die Vereinbarung eines Schiedsgerichts führen; zwischen Großbritannien und der BRep gilt insofern das UN-ÜbkSchdG, Schlußanh VI A 1. Die Zuständigkeit kann auch durch andere Vereinbarungen ausgeschlossen werden, zB durch einen Zwischenvergleich, BGH MDR **82**, 828. – Vgl zu Art 4 auch Kratzer RIW **77**, 720.

Art. 5. ¹ Entscheidungen im Sinne dieses Artikels, die von einem oberen Gericht in dem Hoheitsgebiet der einen Hohen Vertragspartei erlassen sind, werden von den Gerichten in dem Hoheitsgebiet der anderen Hohen Vertragspartei auf die in Artikel VI bis IX bezeichnete Weise und unter den dort erwähnten Voraussetzungen vollstreckt.

Weist der Schuldner dem Gericht des Vollstreckungsstaates nach, daß er in dem Urteilsstaat gegen die Entscheidung einen Rechtsbehelf eingelegt hat oder daß er zwar einen solchen Rechtsbehelf noch nicht eingelegt hat, daß aber die Frist hierfür nach dem Recht des Urteilsstaates noch nicht abgelaufen ist, so braucht eine solche Entscheidung nicht vollstreckt zu werden; das Gericht des Vollstreckungsstaates kann in einem solchen Fall nach seinem Ermessen die Maßnahmen treffen, die nach seinem innerstaatlichen Recht zulässig sind.

II Entscheidungen im Sinne dieses Artikels sind diejenigen:
a) die in Zivil- oder Handelssachen nach dem Inkrafttreten dieses Abkommens ergangen sind;
b) die in dem Urteilsstaat vollstreckbar sind;
c) die auf Zahlung einer bestimmten Geldsumme lauten, einschließlich der Kostenentscheidungen, die in Zivil- oder Handelssachen ergangen sind;
d) deren Anerkennung keiner der in Artikel III in Verbindung mit Artikel IV bezeichneten Versagungsgründe entgegensteht.

III Ist der Betrag der Kosten, der auf Grund der Entscheidung zu zahlen ist, nicht in der Entscheidung selbst, sondern durch einen besonderen Beschluß festgesetzt, so ist dieser Beschluß für die Anwendung dieses Abkommens als Teil der Entscheidung anzusehen.

Bem. Vollstreckbar sind nur die in II genannten Entscheidungen einschließlich der Kostenfestsetzungsbeschlüsse, III; insoweit ist die Vorlage einer zusätzlichen Urkunde nach Art 7 II b nicht erforderlich, BGH NJW **78**, 1114. Die Entscheidungen müssen auf Zahlung einer bestimmten Geldsumme lauten; ihnen darf kein Grund entgegenstehen, der zur Versagung der Anerkennung führen könnte, Art 3 u 4, II d, Tatbestände des Art 8 dürfen nicht vorliegen. Vgl auch Art 9 I.

Art. 6. ¹ Bevor eine Entscheidung, die von einem Gericht im Hoheitsgebiet der Bundesrepublik Deutschland erlassen ist, in dem Vereinigten Königreich vollstreckt werden kann, muß der Gläubiger ihre Registrierung nach Maßgabe der Vorschriften des Gerichts, vor dem die Entscheidung geltend gemacht wird, beantragen, und zwar
a) in England und Wales bei dem High Court of Justice,
b) in Schottland bei dem Court of Session,
c) in Nordirland bei dem Supreme Court of Judicature.

II Dem Antrag auf Registrierung sind beizufügen:
a) eine von dem Gericht des Urteilsstaates hergestellte beglaubigte Abschrift der Entscheidung mit Gründen; falls die Entscheidung nicht mit Gründen versehen ist, ist ihr eine von dem Gericht des Urteilsstaates auszustellende Urkunde anzuschließen, die nähere Angaben über das Verfahren und die Gründe enthält, auf denen die Entscheidung beruht;
b) eine von einem Beamten des Gerichts des Urteilsstaates ausgestellte Bescheinigung, daß die Entscheidung in dem Urteilsstaat vollstreckbar ist.

III Das Gericht des Vollstreckungsstaates ist nicht berechtigt, die Legalisierung der in Absatz 2 erwähnten beglaubigten Abschrift und der Bescheinigung zu fordern; jedoch sind Übersetzungen dieser Urkunden beizubringen, die von einem allgemein beeidigten Übersetzer oder von einem Übersetzer, der die Richtigkeit seiner Übersetzung unter Eid versichert hat, oder von einem diplomatischen oder konsularischen Vertreter einer der beiden Hohen Vertragsparteien beglaubigt sein müssen.

Bem. Die Registrierung erfolgt aufgrund des Teils I der Foreign Judgments (Reciprocal Enforcement) Act 1933 iVm der Order in Council v 26. 6. 61, abgedr bei Bülow-Böckstiegel B II 704. Eine Entscheidung wird nur registriert, wenn sie mit Gründen versehen ist, die ersehen lassen, daß kein Versagungsgrund vorliegt, Art 9 I; ein deutsches VersUrt ist deshalb sofort oder nachträglich zu begründen, §§ 8, 9 AusfG. Die Entscheidung muß mit der Vollstreckungsklausel versehen sein, II, § 3 AusfG.

Art. 7. ^{I} Bevor eine Entscheidung, die von einem Gericht im Hoheitsgebiet Ihrer Majestät der Königin erlassen ist, in dem Hoheitsgebiet der Bundesrepublik Deutschland vollstreckt werden kann, ist in der Bundesrepublik Deutschland bei dem Landgericht, in dessen Bezirk der Schuldner seinen gewöhnlichen Aufenthalt hat oder Vermögen besitzt, gemäß den innerstaatlichen Vorschriften ein Antrag auf Vollstreckbarerklärung zu stellen.

^{II} Dem Antrag auf Vollstreckbarerklärung sind beizufügen:
a) eine von dem Gericht des Urteilsstaates hergestellte beglaubigte Abschrift der Entscheidung;
b) eine von dem Gericht des Urteilsstaates auszustellende Urkunde, die nähere Angaben über das Verfahren und die Gründe enthält, auf denen die Entscheidung beruht.

^{III} Hat das Gericht des Urteilsstaates eine beglaubigte Abschrift der Entscheidung erteilt, so ist anzunehmen, daß die Entscheidung in dem Urteilsstaate zu der Zeit, als die Abschrift erteilt wurde, vollstreckbar war.

^{IV} Das Gericht des Vollstreckungsstaates ist nicht berechtigt, die Legalisierung der in Absatz 2 erwähnten beglaubigten Abschrift und der Bescheinigung zu fordern; jedoch sind Übersetzungen dieser Urkunden beizubringen, die von einem allgemein beeidigten Übersetzer oder von einem Übersetzer, der die Richtigkeit seiner Übersetzung unter Eid versichert hat, oder von einem diplomatischen oder konsularischen Vertreter einer der beiden Hohen Vertragsparteien beglaubigt sein müssen.

Bem. Zur Zuständigkeit, I, s § 1 AusfG, zum Verf (entspr der Vollstreckbarerklärung von Schiedssprüchen) s § 2 AusfG; vgl auch Art 9 II. Bei Erteilung einer beglaubigten Abschrift der Entscheidung durch das britische Gericht, II a, ist anzunehmen, daß sie von diesem Zeitpunkt an vollstreckbar war, was für die Verzinsung, Art 9 III, wichtig ist. Der Inhalt der Urkunde, II b, ist nicht vorgeschrieben; sie muß dem deutschen Gericht die Prüfung ermöglichen, ob nach dem Abk Versagungsgründe vorliegen, BGH NJW **78**, 1114. Für Kostenfestsetzungsbeschlüsse, Art 5 III, ist eine zusätzliche Urkunde nicht erforderlich, BGH aaO.

Art. 8. ^{I} Die Registrierung einer Entscheidung nach Artikel 6 oder die Vollstreckbarerklärung nach Artikel 7 ist abzulehnen, oder, falls sie bereits vorgenommen ist, aufzuheben, wenn der Schuldner dem Gericht des Vollstreckungsstaates nachweist,
a) daß der durch die Entscheidung, deren Vollstreckung betrieben werden soll, festgestellte Anspruch nach dem Erlaß der Entscheidung durch Zahlung oder auf andere Weise erloschen ist, oder
b) daß die Person, die den Antrag auf Registrierung oder Vollstreckbarerklärung gestellt hat, nicht berechtigt ist, die Vollstreckung aus der Entscheidung zu betreiben.

^{II} Gelangt das Gericht des Vollstreckungsstaates bei der Prüfung eines solchen Antrags zu der Überzeugung,
a) daß der durch die Entscheidung, deren Vollstreckung betrieben werden soll, festgestellte Anspruch durch Zahlung oder auf andere Weise zu einem Teil erloschen ist, oder
b) daß in der Entscheidung, die vollstreckt werden soll, eine Geldforderung zuerkannt ist, die auf mehreren Ansprüchen beruht, und daß Gründe für die Zurückweisung des Antrags auf Registrierung oder Vollstreckbarerklärung nur hinsichtlich einzelner, aber nicht aller Ansprüche bestehen,
so wird die Registrierung oder Vollstreckbarerklärung gewährt:
1. in dem unter Buchstabe a) erwähnten Fall in Höhe des nicht erloschenen Teiles,
2. in dem unter Buchstabe b) erwähnten Fall in Höhe der Teile der in der Entscheidung zuerkannten Geldforderung, hinsichtlich deren Vollstreckung Versagungsgründe nach Artikel 5 in Verbindung mit den Artikeln 3 und 4 nicht bestehen.

Bem. Vgl auch § 4 AusfG und zur Aufhebung oder Änderung einer britischen Entscheidung § 7 AusfG. Gemäß II ist stets zu untersuchen, ob die Entscheidung wenigstens teilweise der Vollstreckung fähig ist.

Art. 9. ^{I} Das Gericht des Vollstreckungsstaates darf einen ordnungsgemäß gestellten Antrag, eine Entscheidung nach Artikel 6 zu registrieren oder sie nach Artikel 7 für vollstreckbar zu erklären, nur aus den in Artikel 5 in Verbindung mit den Artikeln 3 und 4 angeführten oder aus den in Artikel 8 besonders erwähnten Gründen ablehnen; es hat dem Antrag stattzugeben, wenn keiner der genannten Gründe vorliegt.

II Für die Registrierung einer Entscheidung nach Artikel 6 und für die Vollstreckbarerklärung nach Artikel 7 soll ein einfaches und beschleunigtes Verfahren vorgesehen werden. Demjenigen, der eine Registrierung oder Vollstreckbarerklärung beantragt, darf eine Sicherheitsleistung für die Prozeßkosten nicht auferlegt werden. Die Frist, innerhalb deren der Antrag auf Registrierung oder Vollstreckbarerklärung gestellt werden kann, muß mindestens 6 Jahre betragen; der Lauf dieser Frist beginnt, falls gegen die Entscheidung des Gerichts des Urteilsstaates ein Rechtsbehelf an ein höheres Gericht nicht eingelegt worden ist, mit dem Zeitpunkt, in dem die Entscheidung ergangen ist, und, falls ein Rechtsbehelf eingelegt worden ist, mit dem Zeitpunkt, in dem das höchste Gericht die Entscheidung erlassen hat.

III Ist eine Entscheidung nach Artikel 6 registriert oder nach Artikel 7 für vollstreckbar erklärt worden, so ist der in der Entscheidung zuerkannte Geldbetrag für die Zeit zwischen dem Tage, an dem das Gericht des Urteilsstaates die Entscheidung erlassen hat, und dem Tage der Registrierung oder Vollstreckbarerklärung zu dem Satz zu verzinsen, der sich aus der Entscheidung selbst oder aus einer ihr beigefügten Bescheinigung des Gerichts des Urteilsstaates ergibt. Von dem Tage der Registrierung oder der Vollstreckbarerklärung an beträgt der Zinssatz für die Gesamtsumme (zuerkannter Geldbetrag und Zinsen), auf die sich die Registrierung oder Vollstreckbarerklärung erstreckt, vier vom Hundert jährlich.

IV Ist eine Entscheidung von einem Gericht in dem Hoheitsgebiet Ihrer Majestät der Königin nach Artikel 6 registriert oder ist sie nach Artikel 7 für vollstreckbar erklärt, so ist sie vom Tage der Registrierung oder Vollstreckbarerklärung an in dem Vollstreckungsstaat hinsichtlich der Zwangsvollstreckung in jeder Beziehung so zu behandeln, wie wenn sie das Gericht des Vollstreckungsstaates selbst erlassen hätte.

V Ist die in der Entscheidung zuerkannte Geldforderung in einer anderen Währung ausgedrückt als derjenigen des Vollstreckungsstaates, so beurteilt sich die Frage, ob und in welcher Art sowie unter welchen Voraussetzungen der zuerkannte Geldbetrag für den Fall der freiwilligen Erfüllung der Entscheidung oder für den Fall ihrer Vollstreckung in die Währung des Vollstreckungsstaates umgerechnet werden kann oder muß, nach dem Recht des Vollstreckungsstaates.

Bem. Ist eine britische Entscheidung rechtskräftig für vollstreckbar erklärt, so findet die Zwangsvollstreckung nach der deutschen VerfOrdnung statt, § 6 AusfG; das gleiche gilt im umgekehrten Fall, IV. **Zu I:** Die Regelung stellt klar, daß eine Versagung der Registrierung oder Vollstreckbarerklärung nur aus den dort genannten Gründen erfolgen darf. Keine Sicherheitsleistung, § 110 ZPO, Anh § 110 Anm 3. **Zu III:** Nach englischem Recht wird die Zinspflicht im Urteil selbst nicht ausgesprochen, sondern es wird auf Antrag darüber eine besondere Bescheinigung ausgestellt, LG Hbg RIW **76**, 42. **Zu V:** Maßgebend für die Umrechnung sind die Währungs- und Devisenvorschriften des Vollstreckungsstaates.

Unterzeichnungsprotokoll

Bei der Unterzeichnung des Abkommens über die gegenseitige Anerkennung und Vollstreckung von gerichtlichen Entscheidungen in Zivil- und Handelssachen vom heutigen Tage zwischen dem Präsidenten der Bundesrepublik Deutschland und Ihrer Majestät der Königin des Vereinigten Königreichs Großbritannien und Nordirland und ihrer anderen Reiche und Gebiete, Haupt des Commonwealth, erklären die hierzu gehörig bevollmächtigten Unterzeichneten, sie seien dahin übereingekommen, daß durch dieses Abkommen in den besonderen Fällen des § 328 Absatz 1 Nr. 3 der deutschen Zivilprozeßordnung ein Gericht oder eine Behörde im Hoheitsgebiet der Bundesrepublik Deutschland nicht daran gehindert wird, die Anerkennung oder Vollstreckung einer Entscheidung, die gegen einen Deutschen ergangen ist, zu versagen, wenn sie zum Nachteil des Deutschen nicht auf den Gesetzen beruht, die nach deutschem internationalem Privatrecht anzuwenden gewesen wären, in Ansehung:

a) der Eingehung einer Ehe, wenn einer der Verlobten Deutscher ist (Artikel 13 Absatz 1 des Einführungsgesetzes zum Bürgerlichen Gesetzbuch) oder wenn das Heimatrecht eines Verlobten auf das deutsche Recht verweist (Artikel 27 des Einführungsgesetzes zum Bürgerlichen Gesetzbuch);

b) der Form einer Ehe, die in der Bundesrepublik Deutschland geschlossen ist (Artikel 13 Absatz 3 des Einführungsgesetzes zum Bürgerlichen Gesetzbuch);

c) der Ehescheidung (Artikel 17 des Einführungsgesetzes zum Bürgerlichen Gesetzbuch);

d) der ehelichen Abstammung eines Kindes (Artikel 18 des Einführungsgesetzes zum Bürgerlichen Gesetzbuch);

e) der Legitimation eines unehelichen Kindes (Artikel 22 des Einführungsgesetzes zum Bürgerlichen Gesetzbuch);
f) der Annahme an Kindes Statt (Artikel 22 des Einführungsgesetzes zum Bürgerlichen Gesetzbuch).

Das gleiche gilt für die Anerkennung oder Vollstreckung einer Entscheidung, wenn in ihr die erneute Eheschließung der deutschen oder ehemals deutschen Ehefrau eines für tot erklärten Ausländers deshalb nicht als gültig betrachtet wird, weil die in der Bundesrepublik Deutschland erfolgte Todeserklärung nicht anerkannt wird (§ 12 Abs. 3 des Verschollenheitsgesetzes vom 15. Januar 1951 in Verbindung mit Artikel 13 Abs. 2 des Einführungsgesetzes zum Bürgerlichen Gesetzbuch).

Bem. Die Regelung enthält eine Einschränkung des Art 3 III zugunsten deutscher Staatsangehöriger.

Ausführungsgesetz vom 28. März 1961, BGBl S 301

Schrifttum: Bülow-Böckstiegel B II 703.

(Auszug)
Erster Abschnitt. Vollstreckbarerklärung gerichtlicher Entscheidungen

§ 1. [I] Für die Vollstreckbarerklärung gerichtlicher Entscheidungen (Artikel I Abs. 3, Artikel II Abs. 1, Artikel V, VII bis IX des Abkommens) ist sachlich das Landgericht zuständig.

[II] Örtlich zuständig ist das Landgericht, in dessen Bezirk der Schuldner seinen gewöhnlichen Aufenthalt hat oder sich Vermögen des Schuldners befindet.

Bem. Vgl Art 7 Abk.

§ 2. Für die Vollstreckbarerklärung der in § 1 Abs. 1 genannten gerichtlichen Entscheidungen gelten § 1042a Abs. 1, §§ 1042b, 1042c und 1042d der Zivilprozeßordnung entsprechend.

Bem. Vgl Art 7 Abk. Gebühren des Gerichts: § 9 I GKG u KV 1080–1083, des RA: § 47 BRAGO.

§ 3. Hängt die Vollstreckung nach dem Inhalt der gerichtlichen Entscheidung von einer dem Gläubiger obliegenden Sicherheitsleistung, von dem Ablauf einer Frist oder von dem Eintritt einer anderen Tatsache ab, oder wird die Vollstreckbarerklärung zugunsten eines anderen als des in der gerichtlichen Entscheidung bezeichneten Gläubigers oder gegen einen anderen als den darin bezeichneten Schuldner nachgesucht, so ist die Frage, inwieweit die Vollstreckbarerklärung von dem Nachweis besonderer Voraussetzungen abhängig oder ob die Entscheidung für oder gegen den anderen vollstreckbar ist, nach dem Recht zu entscheiden, das für das Gericht des Urteilsstaates maßgebend ist. Der Nachweis ist durch öffentliche oder öffentlich beglaubigte Urkunden zu führen, sofern nicht die Tatsache bei dem Gericht offenkundig ist. Kann er in dieser Form nicht erbracht werden, so ist mündliche Verhandlung anzuordnen.

§ 4. [I] In dem Verfahren der Vollstreckbarerklärung einer gerichtlichen Entscheidung kann der Schuldner auch Einwendungen gegen den Anspruch selbst insoweit geltend machen, als die Gründe, auf denen sie beruhen, erst nach dem Erlaß der gerichtlichen Entscheidung entstanden sind.

[II] Ist eine gerichtliche Entscheidung für vollstreckbar erklärt, so kann der Schuldner Einwendungen gegen den Anspruch selbst in einem Verfahren nach § 767 der Zivilprozeßordnung nur geltend machen, wenn die Gründe, auf denen sie beruhen, erst nach Ablauf der Frist, innerhalb deren er Widerspruch hätte einlegen können (§ 1042c Abs. 2, § 1042d Abs. 1 der Zivilprozeßordnung), oder erst nach dem Schluß der mündlichen Verhandlung entstanden sind, in der er Einwendungen spätestens hätte geltend machen müssen.

Bem. Vgl Art 8 Abk.

§ 5. [I] Macht der Schuldner gegenüber dem Antrag auf Vollstreckbarerklärung geltend, daß er gegen die gerichtliche Entscheidung, deren Vollstreckbarerklärung beantragt wird, einen Rechtsbehelf eingelegt habe, und weist er dies nach, so kann das Gericht, das über den Antrag zu entscheiden hat, das Verfahren der Vollstreckbarerklärung bis zur Entscheidung über den Rechtsbehelf aussetzen. Das Gericht kann aber auch das Verfahren sogleich fortsetzen.

II Macht der Schuldner geltend, daß er einen Rechtsbehelf gegen die Entscheidung erst einlegen wolle, und weist er nach, daß die Frist für die Einlegung dieses Rechtsbehelfs nach dem Recht, das für das Gericht des Urteilsstaates maßgebend ist, noch nicht abgelaufen ist, so kann das Gericht, das über den Antrag auf Vollstreckbarerklärung zu entscheiden hat, dem Schuldner eine Frist setzen, innerhalb deren er nachzuweisen hat, daß er den Rechtsbehelf eingelegt hat. Das Gericht kann aber auch das Verfahren sogleich aussetzen oder fortsetzen.

§ 6. Aus den für vollstreckbar erklärten gerichtlichen Entscheidungen findet die Zwangsvollstreckung statt, sofern die Entscheidung über die Vollstreckbarkeit rechtskräftig oder für vorläufig vollstreckbar erklärt ist.

Bem. Vgl Art 9 IV Abk.

Zweiter Abschnitt. Aufhebung oder Abänderung der Vollstreckbarerklärung

§ 7. I Wird eine gerichtliche Entscheidung nach der Vollstreckbarerklärung in dem Vereinigten Königreich Großbritannien und Nordirland aufgehoben oder abgeändert und kann der Schuldner diese Tatsache in dem Verfahren der Vollstreckbarerklärung nicht mehr geltend machen, so kann er die Aufhebung oder Abänderung der Vollstreckbarerklärung in einem besonderen Verfahren beantragen.

II Für die Entscheidung über den Antrag ist das Gericht ausschließlich zuständig, das in dem Verfahren der Vollstreckbarerklärung im ersten Rechtszug entschieden hat. Über den Antrag kann ohne mündliche Verhandlung entschieden werden; vor der Entscheidung ist der Gläubiger zu hören. Die Entscheidung ergeht durch Beschluß, der dem Gläubiger und dem Schuldner von Amts wegen zuzustellen ist. Der Beschluß unterliegt der sofortigen Beschwerde.

III Für die Einstellung der Zwangsvollstreckung und die Aufhebung bereits getroffener Vollstreckungsmaßregeln gelten §§ 769, 770 der Zivilprozeßordnung entsprechend. Die Aufhebung einer Vollstreckungsmaßregel ist auch ohne Sicherheitsleistung zulässig.

Bem. Vgl Bem zu Art 8 Abk. Gebühren wie bei § 2.

Dritter Abschnitt. Besondere Vorschriften für deutsche gerichtliche Entscheidungen

§ 8. Ist zu erwarten, daß ein Versäumnis- oder Anerkenntnisurteil in dem Vereinigten Königreich Großbritannien und Nordirland geltend gemacht werden soll, so darf das Urteil nicht in abgekürzter Form (§ 313 b der Zivilprozeßordnung) hergestellt werden.

Bem. Vgl Bem zu Art 6 Abk.

§ 9. I Will eine Partei ein Versäumnis- oder Anerkenntnisurteil, das nach § 313 b der Zivilprozeßordnung in abgekürzter Form hergestellt ist, in dem Vereinigten Königreich Großbritannien und Nordirland geltend machen, so ist das Urteil auf ihren Antrag zu vervollständigen. Der Antrag kann bei dem Gericht schriftlich eingereicht oder mündlich zum Protokoll der Geschäftsstelle angebracht werden. Über den Antrag wird ohne mündliche Verhandlung entschieden.

II Zur Vervollständigung des Urteils sind der Tatbestand und die Entscheidungsgründe nachträglich anzufertigen, von den Richtern besonders zu unterschreiben und der Geschäftsstelle zu übergeben; der Tatbestand und die Entscheidungsgründe können auch von Richtern unterschrieben werden, die bei dem Urteil nicht mitgewirkt haben.

III Für die Berichtigung des nachträglich angefertigten Tatbestandes gilt § 320 der Zivilprozeßordnung entsprechend. Jedoch können bei der Entscheidung über einen Antrag auf Berichtigung auch solche Richter mitwirken, die bei dem Urteil oder der nachträglichen Anfertigung des Tatbestandes nicht mitgewirkt haben.

IV Für die Vervollständigung des Urteils werden Gerichtsgebühren nicht erhoben.

Vierter Abschnitt. Schlußbestimmungen

(Hier nicht abgedruckt.)

6.
Der deutsch-griechische Vertrag über die gegenseitige Anerkennung und Vollstreckung von gerichtlichen Entscheidungen, Vergleichen und öffentlichen Urkunden in Zivil- und Handelssachen vom 4. 11. 61, BGBl 63 II 109

AnerkVollstrAbk Schlußanhang V B 6

Schrifttum: Bülow-Böckstiegel B II; Yession-Faltsi, Die Anerkennung u Vollstreckung deutscher Gerichtsurteile in Griechenland aus der Sicht eines griechischen Juristen, ZZP **96**, 67; Ganske AWD **62**, 194; Schlösser NJW **64**, 485.

Der Vertrag gilt zZt noch unverändert fort, weil der Beitritt Griechenlands zum EuG-Übk, Schlußanh V C 1, bisher nicht in Kraft getreten ist. Er ähnelt sehr den österr und belg Abk, oben Nr 3 u 4 (zT wörtlich). Anerkannt werden alle in Zivil- und Handelssachen ergangenen Entscheidungen der Gerichte, gleichgültig, wie sie benannt sind, durch die in einem Verfahren der streitigen oder freiwilligen Gerichtsbarkeit endgültig erkannt worden ist, auch wenn sie noch nicht rechtskräftig sind, desgleichen die Entscheidungen in einem strafrechtlichen Adhäsionsverfahren auf diesen Gebieten, Art 1. Nicht anwendbar ist es auf Entscheidungen in Konkurs- und Vergleichsverfahren und auf Arreste und einstwVfgen u AnOen, sofern diese beiden letzteren nicht auf Unterhalts- oder andere Geldleistungen gehen, Art 17 (entspricht Art 1 I belg Abk); als Verstoß gegen die öff Ordnung wird insbesondere angesehen, wenn es sich um einen Anspruch handelt, über den im Entscheidungszeitpunkt in dem Staat, in dem Entscheidung geltend gemacht wird, zwischen denselben Parteien bereits endgültig entschieden war, Art 3 Z 1. Bei schwebendem Verfahren gibt Art 18 die Einrede der Rechtshängigkeit (Art 18 = Art 15 BelgAbk). Aus Gründen der Zuständigkeit findet die Versagung nur bei ausschließlicher Zuständigkeit des Anerkennungsstaates oder dann statt, wenn lediglich ein Gerichtsstand des Vermögens gegeben war, der Beklagte sich aber nicht oder nur hinsichtlich seines Vermögens im Urteilsstaat eingelassen u das vor Einlassung zur Hauptsache erklärt hat, Art 3 Z 3 u 4. Besonderes gilt in **Ehe- und Familienstandssachen.**

Art 2 Abk bestimmt:

Die in Ehe- oder Familienstandssachen ergangenen Entscheidungen der Gerichte des einen Staates werden in dem anderen Staat anerkannt, wenn die Parteien Angehörige der Vertragsparteien sind und ihren gewöhnlichen Aufenthalt in dem Staate hatten, in dem die Entscheidung ergangen ist.

Nötig ist der gewöhnliche Aufenthalt bei Eintritt der Rechtshängigkeit, Düss LS FamRZ **82**, 486, zustm Jayme IPrax **83**, 129, aM Ffm FamRZ **75**, 693. Art 2 I wird durch Art 4 II eingeschränkt; denn während sonst die Anerkennung nicht versagt werden darf, wenn nach den Regeln des Anerkennungsstaates anderes Recht, als in der Entscheidung geschehen, anzuwenden wäre, Art 4 I, sagt Art 4 II:

Die Anerkennung darf jedoch aus dem in Absatz 1 genannten Grunde versagt werden, wenn die Entscheidung auf der Beurteilung eines familienrechtlichen oder eines erbrechtlichen Verhältnisses, der Rechts- oder Handlungsfähigkeit, der gesetzlichen Vertretung oder der Verschollenheits- oder Todeserklärung eines Angehörigen des Staates beruht, in dem die Entscheidung geltend gemacht wird, es sei denn, daß sie auch bei Anwendung des internationalen Privatrechts des Staates, in dem sie geltend gemacht wird, gerechtfertigt wäre.

Nur hinsichtlich dieser beiden Bestimmungen kommt es auf die Staatsangehörigkeit an, worauf Art 20 noch besonders hinweist.

Die Vollstreckung aus rechtskräftigen oder vorläufig vollstreckbaren Entscheidungen, soweit sie anzuerkennen sind, findet nach Vollstreckbarerklärung im Vollstreckungsstaat statt, Art 6. Diese und die Durchführung der Vollstreckung richten sich nach der lex fori, Art 7. Geprüft wird lediglich, ob die Urkunden des Art 9 (entspricht Art 9 belgAbk) beigebracht sind und etwa ein Versagungsgrund des Art 3 vorliegt, keinesfalls aber in anderer Weise, Art 10. Handelt es sich um die Vollstreckung einer noch nicht rechtskräftigen Entscheidung, ist Aussetzung oder Fristsetzung zur Einlegung des Rechtsbehelfs vorgesehen, Art 10 II (entspricht 10 II belgAbk), auch kann die Entscheidung über die Vollstreckbarerklärung bei Nachweis des Schuldners, daß die Voraussetzungen hierfür vorliegen, eingestellt werden, Art 10 III (entspricht Art 10 III belg Abk). Möglich ist auch eine Vollstreckung zum Teil, Art 11. Gerichtliche Vergleiche stehen den gerichtlichen Entscheidungen gleich, Art 13, desgleichen vollstreckbare öff Urkunden; dazu gehören insbesondere gerichtliche oder notarielle Urkunden und die in Unterhaltssachen von einer VerwBehörde (Jugendamt) aufgenommenen Verpflichtungserklärungen und Vergleiche. Bei der Vollstreckbarkeit im Vollstreckungsstaat werden lediglich die ordnungsmäßige Erteilung der Ausfertigung entsprechend dem Recht des Errichtungsstaates und Gesichtspunkte der öff Ordnung geprüft, Art 15 (entspricht Art 14 belg Abk). Für Schiedssprüche und Schiedsvergleiche gelten die Abk, die jeweils zwischen den beiden Vertragsstaaten in Kraft sind, Art

Der deutsch-niederländische Vertrag   **AnerkVollstrAbk**

14. Durch den Vertrag werden sonstige Abk ähnlicher Art nicht berührt, Art 19, zB der Vertrag v 11. 5. 38, Einl IV Anm 3 A b vor § 1. Entsprechend dieser Ähnlichkeit der Abk gleicht auch das dt AusfG v 5. 2. 63, BGBl I 129, dem zum belgischen erlassenen.

7.
Der deutsch-niederländische Vertrag über die gegenseitige Anerkennung und Vollstreckung gerichtlicher Entscheidungen und anderer Schuldtitel in Zivil- und Handelssachen vom 30. 8. 62, BGBl 65 II 27

Schrifttum: Bülow-Böckstiegel B II; Gotzen AWD **67**, 136.

Der Vertrag ähnelt besonders dem dt-belg Abk, oben B 4 (räumlicher Geltungsbereich: Art 21, 22). Der Vertrag wird **durch das EuG-Übk** nach Maßgabe von dessen Art 55 **ersetzt**, vgl Schlußanh V C; er **behält seine Wirksamkeit** für die Rechtsgebiete, auf die sich das EuG-Übk nicht bezieht, Art 56 iVm Art 1.

Der erste Teil hat die **Anerkennung gerichtlicher Entscheidungen in Zivil- u Handelssachen der streitigen und freiwilligen Gerichtsbarkeit** zum Gegenstande, auch wenn sie noch nicht rechtskräftig sind, Art 1 I. Unter den Vertrag fallen alle Entscheidungen ohne Rücksicht auf ihre Benennung, also Urteile, Beschlüsse, Vollstreckungsbescheide, Arreste und einstwVfgen sowie ihre niederländischen Gegenstücke, ferner Entscheidungen, durch die die Kosten des Prozesses später festgesetzt werden, Art 1 II. Nicht unter den Vertrag fallen Schiedssprüche, Düss RIW **72**, 478, ferner Urteile der Strafgerichte über Ansprüche aus einem Rechtsverhältnis des Zivil- oder Handelsrechtes, §§ 403ff StPO, Entscheidungen in Ehe- oder anderen Familienstandssachen, Entscheidungen in Konkurs- u Vergleichssachen sowie solche im Zahlungsaufschubverf, Art 1 III. Art 2 und 3 (Versagung der Anerkennung) sowie 4 (Anerkennung der Zuständigkeit) entsprechen Art 2, 3 dt-belg Vertrag, hier mit der Abweichung, daß der dt-niederl Vertrag den Gerichtsstand der Erfüllung nicht und den der unerlaubten Hdlung nur insofern enthält, als hier lediglich der des Verkehrsunfalls und des Schiffszusammenstoßes anerkannt wird; anerkannt wird auch die Zuständigkeit der Gerichte des anderen Staates, wenn dort über einen Schadensersatz- oder Herausgabeanspruch entschieden worden ist, der auf Grund einer Entscheidung, die dann aufgehoben oder geändert worden ist, entstanden war. Der Umfang der Nachprüfung ist der gleiche wie im dt-belg Abk, Art 5 (gleichlautend). Der 2. Teil, der die **Vollstreckung gerichtlicher Entscheidungen** behandelt, enthält als Besonderheit:

Art. 7. **Soweit die Entscheidung eines niederländischen Gerichts eine Verurteilung des Schuldners zur Zahlung einer Zwangssumme an den Gläubiger für den Fall enthält, daß der Schuldner der Verpflichtung, eine Handlung vorzunehmen oder zu unterlassen, zuwiderhandelt, wird in der Bundesrepublik Deutschland die Vollstreckungsklausel erst erteilt, wenn die verwirkte Zwangssumme durch eine weitere Entscheidung des niederländischen Gerichts festgesetzt ist.**

Im übrigen gleichen sich die VollstrBestimmungen beider Verträge. Der dt-niederl hebt noch hervor, daß die ZwV erst nach Zustellung der mit der VollstrKlausel versehenen Entscheidung beginnen darf, wobei sich die Zustellung nach dem Recht des VollstrStaates richtet, Art 13, das auch über das Verfahren bei Einwendungen entscheidet, Art 14 II. An Einwendungen stehen nur zur Verfügung, daß die VollstrKlausel nicht habe erteilt werden dürfen, daß ein Versagungsgrund vorliege, weil dem Beklagten die Ladung oder die das Verfahren einleitende Verfügung nicht oder nicht so zeitig, daß er sich habe verteidigen können, nach dem Recht des Entscheidungsstaates zugestellt worden sei, schließlich Einwendungen, die erst nach Erlaß der gerichtlichen Entscheidung entstanden sind, Art 14. Die Prozeßkostenhilfe des einen Landes wirkt auch für das andere, Art 15. Ausdrücklich festgestellt ist, daß die Anerkennung und Vollstreckung von Schiedssprüchen sich nach den zwischen beiden Staaten geltenden Verträgen richtet, Art 17, dh also nach dem UN-Übk v 10. 6. 58, Einl IV 3 D vor § 1 ZPO. Wie rechtskräftige gerichtliche Entsch werden vollstreckt gerichtliche Vergleiche, andere öff Urkunden, insbesondere gerichtliche und notarielle, sowie Verpflichtungserklärungen u Vergleiche in Unterhaltssachen, die von einer VerwBehörde aufgenommen sind, vgl § 49 JWG, Eintragungen in die Konkurstabelle und gerichtlich bestätigte Vergleiche in einem Konkurs-, Vergleichs- oder einem Verfahren des Zahlungsaufschubs, Art 16 I. Die Einrede der Rechtshängigkeit, Art 18, ist wie nach dem dt-belg Abk möglich. Wenn die Entscheidung eines Staates im anderen auch nur in ganz beschränktem Umfange nachgeprüft werden kann, Art 5, so kann das doch nur auf Grund einer begründeten Entscheidung geschehen, so daß §§ 17–19 des dt AusfG (gleichlautend mit §§ 8–10 AusfG dt-belg Abk) für diesen Fall Urteile in abgekürzter Form, § 313b ZPO, verbieten und ihre Vervollständigung, falls es sich um frühere Entscheidungen handelt, anordnen, desgleichen eine Begründung für Arrestbefehle, einstwAnOen oder Vfgen, ferner daß Vollstreckungsbescheide, Arrestbefehle u einstw Vfgen auch dann mit der VollstrKlausel für eine Vollstreckung in den Niederlanden zu versehen sind, wenn sie nach deutschem Recht entbehrlich wäre.

Zu dem Vertrag ist das **Ausführungsgesetz** v 15. 1. 65, BGBl I 17, ergangen (§§ 17, 18 u 20 redaktionell geändert durch Art 7 Z 16 VereinfNov). Zu § 3 II (Klauselerteilung ohne Anhörung) Celle IPRspr 77 Nr 512.

8.

Der deutsch-tunesische Vertrag über Rechtsschutz und Rechtshilfe, die Anerkennung und Vollstreckung gerichtlicher Entscheidungen in Zivil- und Handelssachen sowie über die Handelsschiedsgerichtsbarkeit vom 19. 7. 66, BGBl 69 II 889

Schrifttum: Bülow-Böckstiegel B II; Arnold NJW **70**, 1478.

1) Der Vertrag ist die erste umfassende Übereinkunft der BRep mit einem außereuropäischen Staat. Er enthält Vorschriften über den Rechtsschutz in Zivil- und Handelssachen, Art 1–7, die Rechtshilfe in diesen Angelegenheiten, Art 8–26, und die Anerkennung und Vollstreckung gerichtlicher Entscheidungen, Art 27–46, sowie Bestimmungen über Schiedsvereinbarungen und Schiedssprüchen in Handelssachen, Art 47–53.

Nach Art 27 werden in Zivil- und Handelssachen alle rechtskräftigen Entscheidungen der Gerichte in Verfahren der streitigen und der freiwilligen Gerichtsbarkeit (also auch Arbeitsgerichtsbarkeit) ohne Rücksicht auf ihre Benennung anerkannt; als gerichtliche Entscheidungen gelten auch Kostenfestsetzungsbeschlüsse. Nicht anerkannt werden Arreste und einstw Verfügungen, Schütze WertpMitt **80**, 1442; dagegen werden einstw Anordnungen, wenn sie auf eine Geldleistung lauten, anerkannt, auch wenn sie noch nicht rechtskräftig sind, Art 27 IV. Entscheidungen in Ehe- und Unterhaltssachen fallen ebenso unter den Vertrag, Art 28, weiterhin Prozeßvergleiche und öff Urkunden, Art 42, 43. **Nicht anwendbar** ist er auf Entscheidungen in Konkurs- und Vergleichsverfahren sowie in Angelegenheiten der sozialen Sicherheit, Art 28.

Die **Anerkennung** einer gerichtlichen Entscheidung darf nur versagt werden, Art 29, bei fehlender Zuständigkeit iSv Art 31, 32 (I Z 1), bei Verletzung des ordre public des Anerkennungsstaates (I Z 2), bei Erwirkung der Entscheidung durch betrügerische Machenschaften (I Z 3), bei vorangehender Rechtshängigkeit im Anerkennungsstaat (I Z 4) oder bei Unvereinbarkeit mit einer im Anerkennungsstaat ergangenen rechtskräftigen Entscheidung (I Z 5), ferner im Falle der Nichteinlassung bei nicht ordnungsgemäßer oder nicht rechtzeitiger Zustellung der Klage usw, II, bei Kostenentscheidungen gegen den Kläger nur im Falle der Verletzung des ordre public, III. Wegen Versagung der Anerkennung im Hinblick auf die Anwendung anderer Gesetze, als sie nach dem IPR des Anerkennungsstaates anzuwenden gewesen wären, in bestimmten Angelegenheiten, vgl Art 30.

Die Vorschriften über die Anerkennung und Vollstreckung gelten nach Art 28 I in Ehe- und Familienstandssachen nur für Entscheidungen in Ehe- oder Unterhaltssachen. Nach Art 29 I Z 1 setzt die Anerkennung voraus, daß für das Gericht des Entscheidungsstaates eine Zuständigkeit iSv Art 31 oder 32 bestand. Eine **Sondervorschrift für Ehesachen** enthält Art 32:

I In Ehesachen sind die Gerichte des Entscheidungsstaates im Sinne dieses Titels zuständig, wenn beide Ehegatten nicht die Staatsangehörigkeit des Anerkennungsstaates besitzen; gehören beide Ehegatten einem dritten Staate an, so wird die Zuständigkeit der Gerichte des Entscheidungsstaates nicht anerkannt, wenn die Entscheidung nicht in dem dritten Staate anerkannt würde.

II Besaß auch nur einer der beiden Ehegatten die Staatsangehörigkeit des Anerkennungsstaates, so sind die Gerichte des Entscheidungsstaates im Sinne dieses Titels zuständig, wenn der Beklagte zur Zeit der Einleitung des Verfahrens seinen gewöhnlichen Aufenthalt im Entscheidungsstaat hatte oder wenn die Ehegatten ihren letzten gemeinsamen gewöhnlichen Aufenthalt im Entscheidungsstaat hatten und einer der Ehegatten zur Zeit der Einleitung des Verfahrens sich im Entscheidungsstaat aufhielt.

Für die Anerkennung ist Art 30 II zu beachten; danach darf sie versagt werden, wenn das Gericht nach den Regeln seines IPR andere Gesetze angewendet hat, als sie nach dem IPR des Anerkennungsstaates anzuwenden gewesen wären, es sei denn, daß die Entscheidung auch bei Anwendung dieses IPR gerechtfertigt gewesen wäre.

Das Verfahren der **Vollstreckbarkeitserklärung** gerichtlicher Entscheidungen ist in den Art 34–41 geregelt (mit Sondervorschriften für gerichtliche Vergleiche und öff Urkunden in den Art 42 u 43).

Mit der **Anerkennung von Schiedsvereinbarungen und der Anerkennung und Vollstreckung von Schiedssprüchen** befassen sich die Art 47–53. Diese Bestimmungen gelten nur für Schiedsgerichtsverfahren in Handelssachen, Art 47 III Z 1, hier aber auch für tunesische Unternehmen, an denen der Staat beteiligt ist, Z 5 des Zusatzprotokolls:

Art. 47. I Jeder der beiden Staaten erkennt eine schriftliche Vereinbarung an, durch die sich die Parteien verpflichten, einem schiedsrichterlichen Verfahren alle oder einzelne Streitigkeiten zu unterwerfen, die zwischen ihnen aus einem bestimmten Rechtsverhältnis bereits entstanden sind oder etwa künftig entstehen werden, und zwar ohne Rücksicht darauf, ob das Rechtsverhältnis vertraglicher oder nichtvertraglicher Art ist.

II Unter einer schriftlichen Vereinbarung im Sinne des vorstehenden Absatzes ist eine Schiedsabrede oder eine Schiedsklausel zu verstehen, sofern die Abrede oder die Klausel von den Parteien unterzeichnet oder in Briefen, Telegrammen oder Fernschreiben, welche die Parteien gewechselt haben, oder in einer Niederschrift des Schiedsgerichts enthalten ist.

III Die Schiedsvereinbarung ist nur anzuerkennen:
1. wenn das Rechtsverhältnis, aus dem die Streitigkeit entsteht, nach dem Recht des Anerkennungsstaates als Handelssache anzusehen ist;
2. wenn die Vereinbarung zwischen Personen getroffen worden ist, von denen bei Abschluß der Vereinbarung die eine Partei ihren Wohnsitz oder gewöhnlichen Aufenthalt oder, falls es sich um eine juristische Person oder eine Gesellschaft handelt, ihren Sitz oder ihre Hauptniederlassung in dem einen Staat und die andere Partei in dem anderen Staat hatte;
3. wenn die Streitigkeit nach dem Recht des Anerkennungsstaates auf schiedsrichterlichem Wege geregelt werden kann.

Art. 48. In schiedsrichterlichen Verfahren, die auf einer Vereinbarung im Sinne des Artikels 47 beruhen, können Angehörige eines der beiden Staaten oder eines dritten Staates zu Schiedsrichtern bestellt werden.

Art. 49. I Den Parteien einer Schiedsvereinbarung steht es frei zu bestimmen:
1. daß der oder die Schiedsrichter einer Liste zu entnehmen sind, die von den Parteien namentlich zu bezeichnende internationale Organisation für die Schiedsgerichtsbarkeit führt;
2. daß jede Partei einen Schiedsrichter ernennt und die beiden Schiedsrichter ihrerseits einen dritten Schiedsrichter ernennen; der dritte Schiedsrichter muß entweder in der Schiedsvereinbarung bestimmt oder auf Grund der Schiedsvereinbarung bestimmbar sein, insbesondere durch Angaben über seine Fähigkeiten, sein Fachgebiet, seinen Wohnsitz oder seine Staatsangehörigkeit.

II Den Parteien steht es ferner frei:
1. den Ort festzulegen, an dem das schiedsrichterliche Verfahren durchgeführt werden soll;
2. die Verfahrensregeln zu bestimmen, die von dem oder den Schiedsrichtern eingehalten werden sollen;
3. vorbehaltlich zwingender Rechtsvorschriften das Recht zu bestimmen, das die Schiedsrichter in der Sache anwenden sollen.

Art. 50. Wird ein Gericht eines der beiden Staaten wegen einer Streitigkeit angerufen, hinsichtlich deren die Parteien eine Vereinbarung im Sinne des Artikels 47 getroffen haben, so hat das Gericht die Parteien auf Antrag einer von ihnen auf das schiedsrichterliche Verfahren zu verweisen, sofern es nicht feststellt, daß die Vereinbarung hinfällig, unwirksam oder nicht erfüllbar ist.

Art. 51. Schiedssprüche, die auf Grund einer nach Artikel 47 anzuerkennenden Schiedsvereinbarung ergangen sind, werden in jedem der beiden Staaten anerkannt und vollstreckt.

Art. 52. I Die Anerkennung oder Vollstreckung des Schiedsspruchs darf nur versagt werden:
1. wenn die Anerkennung oder Vollstreckung des Schiedsspruchs der öffentlichen Ordnung des Anerkennungsstaates widerspricht;
2. wenn die Streitigkeit nach dem Recht des Anerkennungsstaates nicht auf schiedsrichterlichem Wege geregelt werden kann;
3. wenn eine gültige Schiedsvereinbarung nicht vorliegt; dieser Versagungsgrund ist jedoch nicht zu berücksichtigen, wenn die Partei, die sich auf ihn beruft, ihn während der Dauer des Schiedsverfahrens, auf das sie sich eingelassen hat, zwar gekannt, aber nicht geltend gemacht hat oder wenn ein Gericht des Staates, in dessen Hoheitsgebiet oder nach dessen Recht der Schiedsspruch ergangen ist, eine auf diesen Grund gestützte Aufhebungsklage abgewiesen hat;

4. wenn der Schiedsspruch durch betrügerische Machenschaften erwirkt worden ist;
5. wenn der Partei, gegen die der Schiedsspruch geltend gemacht wird, das rechtliche Gehör nicht gewährt wurde.

II Vergleiche, die vor einem Schiedsgericht geschlossen worden sind, stehen Schiedssprüchen gleich.

Art. 53. Das Verfahren und die Wirkungen der Vollstreckbarerklärung richten sich nach den Artikeln 35 ff.

2) Zu dem Vertrag ist das **Ausführungsgesetz v 29. 4. 69, BGBl 333**, ergangen, das in seinem Dritten Abschnitt (§§ 5–15) Bestimmungen über die Vollstreckung gerichtlicher Entscheidungen und anderer Schuldtitel enthält. Danach gelten grundsätzlich §§ 1042a I, 1042b, 1042c und 1042d ZPO entsprechend, jedoch beträgt die Beschwerdefrist abweichend von § 1042c III ZPO einen Monat, § 5 I; die Verfahren sind Feriensachen, § 5 II. Sondervorschriften enthalten §§ 6–10. Ferner gelten für deutsche gerichtliche Entscheidungen Besonderheiten, nämlich für die Festsetzung von Gerichtskosten, § 11, die Form von Anerkenntnis- und Versäumnisurteilen, §§ 12 u 13, und von einstwAnOen und einstwVfgen, § 14, sowie für die Vollstreckungsklausel bei diesen und bei einstwVfgen, § 15.

9.

Der deutsch-israelische Vertrag über die gegenseitige Anerkennung und Vollstreckung gerichtlicher Entscheidungen in Zivil- und Handelssachen vom 20. 7. 77, BGBl 80 II 926

Schrifttum: Pirrung IPrax *82*, 130.

1) Der Vertrag, der am 1. 1. 81 in Kraft getreten ist (Bek v 19. 12. 80, BGBl II 2354), regelt die **Anerkennung und Vollstreckung gerichtlicher Entscheidungen** (aller Art) der streitigen und der freiwilligen Gerichtsbarkeit einschließlich der gerichtlichen Vergleiche, Art 2. Er ist nicht anzuwenden auf die in Art 4 I genannten Entscheidungen, jedoch ungeachtet dieser Vorschriften auf alle Entscheidungen, die Unterhaltspflichten zum Gegenstand haben, Art 4 II; für deren Zulassung zur Zwangsvollstreckung gilt Art 20. Zeitlich gilt der Vertrag nur für Titel, die nach seinem Inkrafttreten errichtet worden sind und Sachverhalte zum Gegenstand haben, die nach dem 1. 1. 66 entstanden sind, Art 26. Für Schiedssprüche gelten weiterhin die bestehenden multilateralen Übk, die auch sonst durch den Vertrag nicht berührt werden, Art 25.

Art. 1. In Zivil- und Handelssachen werden Entscheidungen der Gerichte in einem Vertragsstaat im anderen Vertragsstaat unter den in diesem Vertrag vorgesehenen Bedingungen anerkannt und vollstreckt.

Art. 2. I Unter Entscheidungen im Sinne dieses Vertrages sind alle gerichtlichen Entscheidungen ohne Rücksicht auf ihre Benennung (Urteile, Beschlüsse, Vollstreckungsbefehle) und ohne Rücksicht darauf zu verstehen, ob sie in einem Verfahren der streitigen oder der freiwilligen Gerichtsbarkeit ergangen sind; hierzu zählen auch die gerichtlichen Vergleiche. Ausgenommen sind jedoch diejenigen Entscheidungen der freiwilligen Gerichtsbarkeit, die in einem einseitigen Verfahren erlassen sind.

II Gerichtliche Entscheidungen sind insbesondere auch
1. die Beschlüsse eines Rechtspflegers, durch die der Betrag des für ein Kind zu leistenden Unterhalts festgesetzt wird, die Beschlüsse eines Urkundsbeamten oder eines Rechtspflegers, durch die der Betrag der Kosten des Verfahrens später festgesetzt wird, und Vollstreckungsbefehle;
2. Entscheidungen des Registrars im Versäumnisverfahren, im Urkundenprozeß, in Kostensachen und in arbeitsrechtlichen Angelegenheiten.

Art. 4. I Die Bestimmungen dieses Vertrages finden keine Anwendung:
1. auf Entscheidungen in Ehesachen oder anderen Familienstandssachen und auf Entscheidungen, die den Personenstand oder die Handlungsfähigkeit von Personen zum Gegenstand haben, sowie auf Entscheidungen in Angelegenheiten des ehelichen Güterrechts;
2. auf Entscheidungen auf dem Gebiet des Erbrechts;
3. auf Entscheidungen, die in einem gerichtlichen Strafverfahren über Ansprüche aus einem Rechtsverhältnis des Zivil- und Handelsrechts ergangen sind;
4. auf Entscheidungen, die in einem Konkursverfahren, einem Vergleichsverfahren zur Abwendung des Konkurses oder einem entsprechenden Verfahren ergangen sind, einschließlich der Entscheidungen, durch die für ein solches Verfahren über die Wirksamkeit von Rechtshandlungen gegenüber den Gläubigern erkannt wird;
5. auf Entscheidungen in Angelegenheiten der sozialen Sicherheit;

6. auf Entscheidungen in Atomhaftungssachen;
7. auf einstweilige Verfügungen oder Anordnungen und auf Arreste.

II Ungeachtet der Vorschriften des Absatzes 1 ist dieser Vertrag auf Entscheidungen anzuwenden, die Unterhaltspflichten zum Gegenstand haben.

Die Gründe, die eine **Versagung der Anerkennung** rechtfertigen, ergeben sich aus den Art 5–7; notwendig ist namentlich eine Zuständigkeit iSv Art 7 oder aufgrund eines Übk, dem beide Staaten angehören, Art 5 I Z 1. Ein besonderes Anerkennungsverfahren ist nicht nötig, aber möglich, Art 9. Die **Vollstreckung** ist in den Art 10–21 geregelt; für die Zulassung der Zwangsvollstreckung ist in der Bundesrepublik das LG zuständig, Art 14, und zwar ausschließlich, § 1 AusfG.

Die Auswirkungen der **Rechtshängigkeit** sind besonders geregelt:

Art. 22. **I** Die Gerichte in dem einen Staat werden auf Antrag einer Prozeßpartei die Klage zurückweisen oder, falls sie es für zweckmäßig erachten, das Verfahren aussetzen, wenn ein Verfahren zwischen denselben Parteien und wegen desselben Gegenstandes in dem anderen Staat bereits anhängig ist und in diesem Verfahren eine Entscheidung ergehen kann, die in ihrem Staat nach den Vorschriften dieses Vertrages anzuerkennen sein wird.

II Jedoch können in Eilfällen die Gerichte eines jeden Staates die in ihrem Recht vorgesehenen einstweiligen Maßnahmen, einschließlich solcher, die auf eine Sicherung gerichtet sind, anordnen, und zwar ohne Rücksicht darauf, welches Gericht mit der Hauptsache befaßt ist.

2) Zu dem Vertrag ist das **AusfG v 13. 8. 80, BGBl 1301,** ergangen. Es enthält ua ergänzende Vorschriften für die Urteilsbegründung und das Mahnverfahren, weil sich das Vollstreckbarkeitsverfahren nach Art 11 des Vertrages nach dem Recht des Vollstreckungsstaates richtet, soweit das Verfahren nicht bereits im Vertrag selbst geregelt ist. Eine israelische Entscheidung wird in der Bundesrepublik dadurch zur Vollstreckung zugelassen, daß der Titel mit der VollstrKlausel versehen wird, die auf Antrag durch den Vorsitzenden der ZivK erteilt wird, §§ 3 ff. Gegen seine Entscheidung ist die Beschwerde an das OLG zulässig, §§ 11 ff, gegen dessen Beschluß die Rechtsbeschwerde an den BGH, §§ 16 ff. Die Rechtsmittel wie überhaupt das Verfahren sind weitgehend entsprechend dem AusfG zum EuG-Übk, Schlußanh V C 2, ausgestaltet.

10.

Der deutsch-norwegische Vertrag über die gegenseitige Anerkennung und Vollstreckung gerichtlicher Entscheidungen und anderer Schuldtitel in Zivil- und Handelssachen vom 17. 6. 77, BGBl 81 II 342

Material: Gemeinsamer Bericht, Bundesrats-Drs 64/80.

Schrifttum: Pirrung IPrax **82**, 130.

Der Vertrag, der am 3. 10. 81 zusammen mit dem AusfG in Kraft getreten ist (Bek v 8. 9. 81, BGBl 947), regelt die **Anerkennung und Vollstreckung gerichtlicher Entscheidungen** (aller Art) der Zivilgerichte, durch die über Ansprüche aus einem Rechtsverhältnis des Zivil- oder Handelsrechts erkannt worden ist, Art 1 I u III; ihnen stehen Entscheidungen der Strafgerichte über Ansprüche des Verletzten aus einem solchen Rechtsverhältnis gleich, Art 1 II. Der Vertrag ist ferner auf bestimmte arbeitsrechtliche Streitigkeiten anzuwenden, Art 2. Nicht anwendbar ist er nach seinem Art 3 auf Entscheidungen in Ehe-, anderen Familien- und Personenstandssachen, über Haftung für Atomschäden, auf Entscheidungen in Konkurs- und Vergleichsverfahren sowie auf einstwVfgen, einstwAnOen und Arreste; der Vertrag ist auch nicht auf Unterhaltssachen anzuwenden, hierfür gilt das Haager Übk v 15. 4. 58, oben V A 2, und zwar auch für die Unterhaltsansprüche von Kindern, die das 21. Lebensjahr vollendet haben, sowie von Ehegatten oder früheren Ehegatten, Art 4 I u II. Zeitlich gilt der Vertrag nur für Entscheidungen und andere Schuldtitel, die nach seinem Inkrafttreten entstanden sind, Art 24. Die Anerkennung und Vollstreckung von Schiedssprüchen bestimmt sich nach den zwischen beiden Staaten bestehenden Übk, Art 19.

Die Gründe, die eine **Versagung der Anerkennung** rechtfertigen, ergeben sich aus den Art 5–8, die Nachprüfung durch die Gerichte des anderen Staates regelt Art 9. Die **Vollstreckung** ist in den Art 10–17 geregelt (Art 18 betrifft Vergleiche). Für die Zulassung der Zwangsvollstreckung ist in der Bundesrepublik das LG zuständig, Art 13, und zwar ausschließlich, § 1 AusfG.

Besondere Bestimmungen: Art 20 beschränkt den Gerichtsstand des Vermögens, § 23 ZPO; Art 21 regelt die Beachtung anhängiger Verfahren; Art 22 bestimmt, daß Übk für besondere Rechtsgebiete unberührt bleiben; Art 23 regelt die Anerkennung und Vollstreckung von Entscheidungen eines dritten Staates gegen Personen mit Wohnsitz bzw Niederlassung in einem der Vertragsstaaten.

Zu dem Vertrag ist das **AusfG v 10. 6. 81, BGBl 514,** ergangen. Danach wird eine Entscheidung dadurch zur Vollstreckung zugelassen, daß der Titel mit der VollstrKlausel versehen wird, die auf Antrag durch den Vorsitzenden der ZivK erteilt wird, §§ 3 ff. Gegen seine Entscheidungen ist das Rechtsmittel der befristeten Beschwerde an das OLG gegeben, §§ 11 ff, gegen dessen Beschluß die befristete Rechtsbeschwerde an den BGH, §§ 16 ff, die entsprechend dem AusfG zum EuG-Übk, Schlußanh V C 2, ausgestaltet ist. Diesem G entsprechen auch die Vorschriften über die Beschränkung der Zwangsvollstreckung auf Sicherungsmaßregeln und ihre Fortsetzung, §§ 20 ff, und über die Aufhebung oder Änderung der Zulassung der Zwangsvollstreckung, §§ 27 ff, ferner die besonderen Vorschriften für Entscheidungen deutscher Gerichte, §§ 29 ff (betr Anerkenntnis- und Versäumnisurteile sowie Vollstreckungsbescheide), sowie für das Mahnverfahren, § 32.

C. Übereinkommen der Europäischen Gemeinschaft über die gerichtliche Zuständigkeit und die Vollstreckung gerichtlicher Entscheidungen in Zivil- und Handelssachen

Übersicht

Schrifttum: Bülow-Böckstiegel B I 1; Handbuch des Internationalen Zivilverfahrensrechts, Bd I, 1982 (Bespr: Salger DRiZ **83**, 203); Geimer/Schütze, Internationale Urteilsanerkennung, Bd I Teil 1, 1983; Kropholler, Europäisches Zivilprozeßrecht – Kommentar zum EuGVÜ, 1983 (Bespr: Piltz NJW **83**, 1958; Schütze JZ **83**, 632); Nagel, Internationales Zivilprozeßrecht für deutsche Praktiker, 1980; Schlosser, Gedächtnisschrift R. Bruns, 1980, S 45–64; Schütze, Internationales Zivilprozeßrecht, 1980. – Arnold AWD **69**, 89; Bauer DB **73**, 2333; Bülow RabelsZ **65**, 473; Grunsky JZ **73**, 641; Habscheid, Kölner Schriften zum Europarecht, 11 (1971), 649; v Hoffmann AWD **73**, 57; Nagel Betrieb **69**, 2323; Schlosser FamRZ **73**, 424 (betr UnterhAnspr); Samtleben NJW **74**, 1590 (betr Gerichtsstandvereinb); Geimer AWD **75**, 81; Schütze AWD **75**, 78 (betr intern Rechtshängigk); Geimer AWD **76**, 139 (betr Anerkenng v Entsch) u NJW **76**, 441 (vorwiegend Zustdk betr); Grunsky AWD **77**, 1 (betr dt-ital Rverkehr); Piltz NJW **79**, 1071; Hausmann FamRZ **80**, 418 (betr FamRecht); Geimer WertpMitt **80**, 1106 (betr Gerichtspflichtigkeit des Beklagten außerhalb seines Wohnsitzstaates); Spellenberg EuR **80**, 329; Schultsz IPrax **83**, 97 (Zwischenbilanz).

Bericht des Sachverständigenausschusses: Bülow-Böckstiegel B 1 1a.

Das EuG-Übk v 27. 9. 68, BGBl **72** II 774, das durch G v 24. 7. 72, BGBl II 773, ratifiziert worden ist, sowie das AusfG v 29. 7. 72, BGBl 1328, sind am 1. 2. 73 in Kraft getreten, Bek v 12. 1. 73, BGBl II 60 u I 126. Das durch G v 7. 8. 72, BGBl II 845, ratifizierte Protokoll v 3. 6. 71 betr die Auslegung des Übk, BGBl II 846, ist am 1. 9 75 in Kraft getreten, Bek v 21. 7. 75, BGBl II 1138.

Räumlich gilt das EuG-Übk einstweilen nur für die 6 ursprünglichen EWG-Staaten, also für die BRep und Belgien, Frankreich (einschließlich überseeischer Départements und überseeischer Gebiete, Art 60 I), Italien, Luxemburg und die Niederlande (und Suriname), dagegen nicht für die später beigetretenen Mitgliedstaaten Dänemark, Großbritannien, Irland und Griechenland, vgl Art 63, weil die BeitrittsÜbk v 9. 10. 78 u 25. 10. 82 noch nicht in Kraft getreten sind. **Zeitlich** gelten die Vorschriften des Übk für Klagen u öff Urkunden, die nach seinem Inkrafttreten erhoben bzw aufgenommen worden sind, Art 54 I; für die Anerkennung und Vollstreckung gilt Art 54 II. **Sachlich** ist das Übk in allen Zivil- und Handelssachen ohne Rücksicht auf die Art der Gerichtsbarkeit anzuwenden, nicht jedoch auf die in Art 1 besonders genannten Sachen, namentlich Schiedsgerichtssachen. Entsprechendes gilt für das **AusfG** und das **Protokoll** betr die Auslegung des Übk, beide unten abgedruckt.

Soweit das Übk danach anwendbar ist, ersetzt es unbeschadet der Art 54 II u 56 die **bilateralen Verträge**, Art 55 iVm Art 54 II u 56, ua das dt-italienische Abk v 9. 3. 36, Schlußanh V B 2, das dt-belgische Abk v 30. 6. 58, Schlußanh V B 4, und den dt-niederl Vertrag v 30. 8. 62, Schlußanh V B 7, vgl Art 55. Wegen der **multilateralen Übk** s Art 57.

1) Das EuG-Übk v 27. 9. 68, BGBl 72 II 774.

Titel I. Anwendungsbereich

Art. 1. Dieses Übereinkommen ist in Zivil- und Handelssachen anzuwenden, ohne daß es auf die Art der Gerichtsbarkeit ankommt.
Es ist nicht anzuwenden auf:
1. den Personenstand, die Rechts- und Handlungsfähigkeit sowie die gesetzliche Vertretung von natürlichen Personen, die ehelichen Güterstände, das Gebiet des Erbrechts einschließlich des Testamentsrechts;
2. Konkurse, Vergleiche und ähnliche Verfahren;
3. die soziale Sicherheit;
4. die Schiedsgerichtsbarkeit.

Bem. Der Begriff „Zivil- und Handelssachen" ist nicht nach dem Recht des Urteilsstaates, so BGH **65,** 291, sondern nach Ziel und System des EuG-Übk sowie allgemeinen Rechtsgrundsätzen der Vertragsstaaten auszulegen, so EuGH NJW **77,** 489 m Anm Geimer NJW **77,** 492, (krit) Schlosser NJW **77,** 457, Linke AWD **77,** 43, Schlosser, Gedächtnisschrift R. Bruns, 1980, S 45–52.

Unter I fallen auch Arbeitssachen, EuGH RIW **80,** 285, und Streitigkeiten aus privatwirtschaftlicher Betätigung der öff Hand, vgl im einzelnen Geimer NJW **76,** 441, nicht dagegen Streitigkeiten zwischen einer Behörde und Privaten aus hoheitlicher Betätigung, EuGH NJW **77,** 489 m Anm Geimer NJW **77,** 492, RIW **81,** 711 mwN. Wegen Unterhaltssachen s Art 5 Z 2, Schlosser FamRZ **73,** 424; das Übk ist anwendbar sowohl auf einstwAnOen über den Unterhalt während des Scheidungsverfahrens als auch auf Verurteilungen zu Geldleistungen in einem Scheidungsurteil, EuGH LS NJW **80,** 1218 (betr französische Titel) m zustm Anm Hausmann IPRax **81,** 5, Ffm IPRax **81,** 136, FamRZ **82,** 528. Wegen der Anerkennung und Vollstreckung vorläufiger Maßnahmen s Bem zu Art 25. Darauf, ob die Beteiligten Angehörige der Vertragsstaaten sind, kommt es nicht an, Ffm FamRZ **82,** 528.

Aus **II** ergibt sich keine Einschränkung für die Entscheidung von Vorfragen; wegen der Abgrenzung s Grunsky JZ **73,** 641. Unter II **Z 1** fallen ScheidungsS, Köln NJW **76,** 1040, auch gerichtliche Sicherungsmaßnahmen, zB einstwAnOen, im Zusammenhang mit einer anhängigen ScheidungsS, EuGH NJW **79,** 1100 (Vorlagebeschluß des BGH NJW **78,** 1768), sofern die Maßnahme für sich betrachtet unter II fällt, also nicht einstwAnOen über den Unterhalt (s oben), vgl im einzelnen Hausmann FamRZ **80,** 418 u IPRax **81,** 81. Auch eine einstw Maßnahme, die die Verwendung einer Urkunde als Beweismittel in einem unter Z 1 fallenden Verf verhindern soll, fällt nicht unter das Übk, EuGH IPrax **83,** 77, dazu Sauvepanne IPrax **83,** 65.

Zu **II Z 2** Schlosser, Festschrift Weber S 395, Ffm NJW **78,** 501. Soweit II eingreift, bleibt es ggf bei den sonstigen Verträgen, Art 55 u 56. Im Fall der Unanwendbarkeit des Übk kann ein Antrag, Art 31, nicht in eine Klage nach § 722 ZPO umgedeutet werden, BGH NJW **79,** 2477.

Titel II. Zuständigkeit

1. Abschnitt. Allgemeine Vorschriften

Art. 2. Vorbehaltlich der Vorschriften dieses Übereinkommens sind Personen, die ihren Wohnsitz in dem Hoheitsgebiet eines Vertragsstaats haben, ohne Rücksicht auf ihre Staatsangehörigkeit vor den Gerichten dieses Staates zu verklagen.
Auf Personen, die nicht dem Staate, in dem sie ihren Wohnsitz haben, angehören, sind die für Inländer maßgebenden Zuständigkeitsvorschriften anzuwenden.

Bem. Vgl dazu Art 52, 53, im Einzelnen v. Hoffmann AWD **73,** 58, Piltz NJW **79,** 1071, Geimer WertpMitt **80,** 1106. Die Gerichtsstände des EuG-Übk haben Vorrang vor den nationalen Gerichtsständen und begründen immer die internationale Zuständigkeit des danach zur Entscheidung berufenen Gerichts.

Art. 3. Personen, die ihren Wohnsitz in dem Hoheitsgebiet eines Vertragsstaats haben, können vor den Gerichten eines anderen Vertragsstaats nur gemäß den Vorschriften des 2. bis 6. Abschnitts verklagt werden.
Insbesondere können gegen diese Personen nicht geltend gemacht werden:

in Belgien:	Artikel 15 des Zivilgesetzbuchs (Code civil) sowie die Artikel 52, 52 bis und 53 des Gesetzes vom 25. März 1876 über die Zuständigkeit (loi sur la compétence);
in der Bundesrepublik Deutschland:	§ 23 der Zivilprozeßordnung;

in Frankreich:	Artikel 14 und 15 des Zivilgesetzbuchs (Code civil);
in Italien:	Artikel 2, Artikel 4 Nrn. 1 und 2 der Zivilprozeßordnung (Codice di procedura civile);
in Luxemburg:	Artikel 14 und 15 des Zivilgesetzbuchs (Code civil);
in den Niederlanden:	Artikel 126 Absatz 3 und Artikel 127 der Zivilprozeßordnung (Wetboek van Burgerlijke Rechtsvordering).

Schrifttum: Schumann ZZP **93**, 420.

Bem. Art 3 läßt die Erwirkung eines Arrests oder einer einstwVfg im Gerichtsstand des Vermögens zu, Art 24, Schütze WertpMitt **80**, 1441 mwN, AG Leverkusen LS IPrax **83**, 45 (Anm Jayme). Zur Anwendbarkeit von § 917 II ZPO als Arrestgrund vgl dort Anm 2.

Art. 4. Hat der Beklagte keinen Wohnsitz in dem Hoheitsgebiet eines Vertragsstaats, so bestimmt sich, vorbehaltlich des Artikels 16, die Zuständigkeit der Gerichte eines jeden Vertragsstaats nach seinen eigenen Gesetzen.

Gegenüber einem Beklagten, der keinen Wohnsitz in dem Hoheitsgebiet eines Vertragsstaats hat, kann sich jede Person, die ihren Wohnsitz in dem Hoheitsgebiet eines Vertragsstaats hat, in diesem Staat auf die dort geltenden Zuständigkeitsvorschriften, insbesondere auf die in Artikel 3 Absatz 2 angeführten Vorschriften, wie ein Inländer berufen, ohne daß es auf ihre Staatsangehörigkeit ankommt.

2. Abschnitt. Besondere Zuständigkeiten

Art. 5. Eine Person, die ihren Wohnsitz in dem Hoheitsgebiet eines Vertragsstaats hat, kann in einem anderen Vertragsstaat verklagt werden:
1. wenn ein Vertrag oder Ansprüche aus einem Vertrag den Gegenstand des Verfahrens bilden, vor dem Gericht des Ortes, an dem die Verpflichtung erfüllt worden ist oder zu erfüllen wäre;
2. wenn es sich um eine Unterhaltssache handelt, vor dem Gericht des Ortes, an dem der Unterhaltsberechtigte seinen Wohnsitz oder seinen gewöhnlichen Aufenthalt hat;
3. wenn eine unerlaubte Handlung oder eine Handlung, die einer unerlaubten Handlung gleichgestellt ist, oder wenn Ansprüche aus einer solchen Handlung den Gegenstand des Verfahrens bilden, vor dem Gericht des Ortes, an dem das schädigende Ereignis eingetreten ist;
4. wenn es sich um eine Klage auf Schadensersatz oder auf Wiederherstellung des früheren Zustandes handelt, die auf eine mit Strafe bedrohte Handlung gestützt wird, vor dem Strafgericht, bei dem die öffentliche Klage erhoben ist, soweit dieses Gericht nach seinem Recht über zivilrechtliche Ansprüche erkennen kann;
5. wenn es sich um Streitigkeiten aus dem Betrieb einer Zweigniederlassung, einer Agentur oder einer sonstigen Niederlassung handelt, vor dem Gericht des Ortes, an dem sich diese befindet.

Schrifttum: Lüderitz, Festschrift Zweigert, 1981, S 233–250; Schlosser, Gedächtnisschrift R. Bruns, 1980, S 52–58

Bem. Die Zuständigkeitsregelungen des Übk haben Vorrang vor den innerstaatlichen Bestimmnungen. Dies gilt auch für das Verf vor den Schiffahrtsgerichten, BGH NJW **82**, 1226.

Zu **Z 1** (Pietz NJW **81**, 1376; Spellenberg ZZP **91**, 38 u IPRax **81**, 75): Für die Bestimmung des Erfüllungsorts kommt es auf diejenige Verpflichtung an, die den Gegenstand der Klage bildet, EuGH NJW **77**, 490 m Anm Geimer NJW **77**, 492, Schlosser NJW **77**, 457, Linke AWD **77**, 43. Wird eine Klage auf verschiedene Verpflichtungen aus einem Handelsvertretervertrag gestützt, der einen Arbeitnehmer an ein Unternehmen bindet, so ist diejenige Verpflichtung als maßgeblich anzusehen, die für diesen Vertrag charakteristisch ist, EuGH RIW **82**, 908, krit Mezger IPrax **83**, 153. Der Begriff des Erfüllungsorts bestimmt sich nach dem Recht, das nach den Kollisionsnormen des Urteilsstaates für diese Verpflichtung maßgeblich ist, EuGH NJW **77**, 491 m Anm Geimer, LG Mü LS IPrax **83**, 44 (zustm Jayme), Linke AWD **77**, 43; wenn die Parteien keine Rechtswahl durch ausdrückliche oder stillschweigende Vereinbarung getroffen haben, Hamm NJW **83**, 524, entscheidet nach deutschem IPR der hypothetische Parteiwille, der sich nach dem Schwerpunkt des Vertragsverhältnisses bestimmt, BGH NJW **82**, 2733, dazu Stoll IPrax **83**, 57, Stgt RIW **82**, 591. Die Parteien können für die Vereinbarung über den Erfüllungsort auch ein anderes Recht wählen als für den Vertrag im übrigen, BGH RIW **80**, 725, dazu Spellenberg IPRax **81**, 75.

Ist deutsches Recht anwendbar, bestimmt sich der Erfüllungsort nach § 269 BGB, ist also nicht notwendig der Wohnsitz des Schuldners, Köln JMBlNRW 83, 176. Zur Bestimmung des Erfüllungorts nach EKG v 17. 7. 73, BGBl 856 (dazu Pal-Heldrich Vorbem 6 a Art 12 EGBGB) vgl BGH NJW 81, 1158 (dazu Schlechtriem IPRax 81, 113) u MDR 79, 839, Hamm RIW 80, 662, zum Erfüllungsort bei einer Feststellungsklage aus einem Handelsvertretervertrag Ffm RIW 80, 585, zum Erfüllungsort bei einer Klage am Werkvertrag Köln JMBlNRW 83, 176 (vgl auch § 29 ZPO Anm 3 C); der Ort der Vertragserfüllung muß nicht notwendigerweise die internationale Zuständigkeit für die Vertragsaufhebungsklage begründen, Mü MDR 80, 1024. Bei Zug-um-Zug-Leistungen kommt es, wenn der Kaufpreis streitig ist, auf den Ort an, an dem die Ware abzuholen ist, Stgt NJW 82, 529. Eine nach dem maßgeblichen innerstaatlichen Recht gültige Vereinbarung über den Erfüllungsort bedarf nicht der Form des Art 17, EuGH LS NJW 80, 1218 = RIW 80, 726, dazu Schütze WertpMitt 80, 720 u Spellenberg IPRax 81, 75, so daß auch eine mündliche Vereinbarung genügen kann, BGH RIW 80, 725, dazu Spellenberg IPRax 81, 75. Zur Vereinbarung durch Einbeziehung der ADSp vgl Bre RIW 78, 747.

Art 5 Z 1 gilt auch dann, wenn das Zustandekommen des betreffenden Vertrages streitig ist, EuGH IPrax 83, 31 (dazu Gottwald IPrax 83, 13) zu BGH WertpMitt 81, 411 (Vorlagebeschluß), BGH NJW 82, 2733. Z 1 gilt nicht für Regreßansprüche des Wechselinhabers gegen den Aussteller, LG Göttingen AWD 77, 235.

Sondervorschrift für Personen in Luxemburg: Art I Prot, abgedr am Schluß.

Zu **Z 2**: Vgl Bem zu Art 2. Zu den Unterhaltsachen gehört auch die Abänderung ausländischer Titel, Ffm IPRax 81, 136, zustm Schlosser IPRax 81, 120.

Zu **Z 3**: Der Begriff der unerlaubten Handlung bestimmt sich nach dem Recht des Urt-Staats, Schlosser NJW 77, 458, str, vgl Schlosser NJW 80, 1226. Ein Gerichtsstand besteht nach Wahl des Klägers am Ort der Schadensverursachung oder dem davon verschiedenen Ort des Schadenseintritts, EuGH NJW 77, 493, dazu Linke AWD 77, 356. Zur Zuständigkeit für eine Zahlungsklage und eine negative Feststellungsklage aus einem wegen Betruges nichtigen Kaufvertrag über ein ausländisches Grundstück vgl KG VersR 82, 499.

Zu **Z 5**: Zu den Merkmalen einer Zweigniederlassung oder Agentur EuGH RIW 81, 341 (Anm Linke IPrax 82, 46), Saarbr RIW 80, 796. Ein Alleinvertriebshändler fällt nicht darunter, wenn er weder der Aufsicht noch der Leitung seines Lieferanten untersteht, EuGH NJW 77, 490 m Anm Geimer NJW 77, 492. Zur Anwendung dieser Regelung in Schecksachen vgl LG Köln RIW 80, 215.

Art. 6. Eine Person, die ihren Wohnsitz in dem Hoheitsgebiet eines Vertragsstaats hat, kann auch verklagt werden:
1. **wenn mehrere Personen zusammen verklagt werden, vor dem Gericht, in dessen Bezirk einer der Beklagten seinen Wohnsitz hat;**
2. **wenn es sich um eine Klage auf Gewährleistung oder um eine Interventionsklage handelt, vor dem Gericht des Hauptprozesses, es sei denn, daß diese Klage nur erhoben worden ist, um diese Person dem für sie zuständigen Gericht zu entziehen;**
3. **wenn es sich um eine Widerklage handelt, die auf denselben Vertrag oder Sachverhalt wie die Klage selbst gestützt wird, vor dem Gericht, bei dem die Klage selbst anhängig ist.**

Bem. Die Zuständigkeit nach Z 2 kann in der BRep nicht geltend gemacht werden, Art V Schlußprot. Die in Z 3 enthaltene Regelung geht nicht über § 33 ZPO hinaus, vgl BGH NJW 81, 2645 mwN, zustm v. Falkenhausen RIW 82, 389. Vgl i ü v. Hoffmann AWD 73, 61, Geimer WertpMitt 79, 350 u 80, 1106.

3. Abschnitt. Zuständigkeit für Versicherungssachen

Art. **7.** Für Klagen in Versicherungssachen bestimmt sich die Zuständigkeit vorbehaltlich des Artikels 4 und des Artikels 5 Nr. 5 nach diesem Abschnitt.

Bem. Zu Art 7 ff vgl Geimer RIW 80, 305.

Art. **8. Der Versicherer, der seinen Wohnsitz in dem Hoheitsgebiet eines Vertragsstaats hat, kann verklagt werden entweder vor den Gerichten dieses Staates oder vor dem Gericht, in dessen Bezirk der Versicherungsnehmer seinen Wohnsitz hat, oder, falls mehrere Versicherer zusammen verklagt werden, vor dem Gericht des Vertragsstaats, in dem einer der Beklagten seinen Wohnsitz hat.**

Der Versicherer kann, wenn das Recht des angerufenen Gerichts eine solche Zuständigkeit vorsieht, auch in einem anderen Vertragsstaat als dem seines Wohnsitzes vor dem Gericht verklagt werden, in dessen Bezirk die Person, durch deren Vermittlung der

Versicherungsvertrag abgeschlossen worden ist, ihren Wohnsitz hat, sofern dieser Wohnsitz in dem Versicherungsschein oder in dem Versicherungsantrag angeführt ist.

Besitzt ein Versicherer, der in dem Hoheitsgebiet eines Vertragsstaats keinen Wohnsitz hat, in einem Vertragsstaat eine Zweigniederlassung oder Agentur, so wird er für Streitigkeiten aus dem Betrieb dieser Zweigniederlassung oder Agentur so behandelt, wie wenn er seinen Wohnsitz in dem Hoheitsgebiet dieses Staates hätte.

Bem. Der Kläger muß Versicherungsnehmer sein, der Umstand, daß er Versicherter oder Versicherungsbegünstigter ist, kann einen Gerichtsstand nach Art 8 nicht begründen, BGH **74**, 248, krit Geimer RIW **80**, 305.

Art. 9. Bei der Haftpflichtversicherung oder bei der Versicherung von unbeweglichen Sachen kann der Versicherer außerdem vor dem Gericht des Ortes, an dem das schädigende Ereignis eingetreten ist, verklagt werden. Das gleiche gilt, wenn sowohl bewegliche als auch unbewegliche Sachen in ein und demselben Versicherungsvertrag versichert und von demselben Schadensfall betroffen sind.

Art. 10. Bei der Haftpflichtversicherung kann der Versicherer auch vor das Gericht, bei dem die Klage des Geschädigten gegen den Versicherten anhängig ist, geladen werden, sofern dies nach dem Recht des angerufenen Gerichts zulässig ist.

Auf eine Klage, die der Verletzte unmittelbar gegen den Versicherer erhebt, sind die Artikel 7 bis 9 anzuwenden, sofern eine solche unmittelbare Klage zulässig ist.

Sieht das für die unmittelbare Klage maßgebliche Recht die Streitverkündung gegen den Versicherungsnehmer oder den Versicherten vor, so ist dasselbe Gericht auch für diese Person zuständig.

Bem. Vorbehalt für die Bundesrep in Art V Schlußprot.

Art. 11. Vorbehaltlich der Bestimmungen des Artikels 10 Absatz 3 kann der Versicherer nur vor den Gerichten des Vertragsstaats klagen, in dessen Hoheitsgebiet der Beklagte seinen Wohnsitz hat, ohne Rücksicht darauf, ob dieser Versicherungsnehmer, Versicherter oder Begünstigter ist.

Die Vorschriften dieses Abschnitts lassen das Recht unberührt, eine Widerklage vor dem Gericht zu erheben, bei dem die Klage selbst gemäß den Bestimmungen dieses Abschnitts anhängig ist.

Art. 12. Von den Vorschriften dieses Abschnitts kann im Wege der Vereinbarung nur abgewichen werden:
1. wenn die Vereinbarung nach der Entstehung der Streitigkeit getroffen wird oder
2. wenn sie dem Versicherungsnehmer, Versicherten oder Begünstigten die Befugnis einräumt, andere als die in diesem Abschnitt angeführten Gerichte anzurufen, oder
3. wenn sie zwischen einem Versicherungsnehmer und einem Versicherer, die ihren Wohnsitz in demselben Vertragsstaat haben, abgeschlossen ist, um die Zuständigkeit der Gerichte dieses Staates auch für den Fall zu begründen, daß das schädigende Ereignis im Ausland eingetreten ist, es sei denn, daß eine solche Vereinbarung nach dem Recht dieses Staates nicht zulässig ist.

4. Abschnitt. Zuständigkeit für Abzahlungsgeschäfte

Art. 13. Für Klagen, die den Kauf beweglicher Sachen auf Teilzahlung oder ein in Raten zurückzuzahlendes, unmittelbar zur Finanzierung eines Kaufs derartiger Sachen bestimmtes Darlehen zum Gegenstand haben, bestimmt sich die Zuständigkeit, unbeschadet des Artikels 4 und des Artikels 5 Nr. 5, nach diesem Abschnitt.

Bem. Zu Art 13 ff vgl Geimer RIW **80**, 305. Begriff des Teilzahlungskaufs: EuGH RIW **78**, 685.

Art. 14. Der Verkäufer oder der Darlehensgeber, der seinen Wohnsitz in dem Hoheitsgebiet eines Vertragsstaats hat, kann verklagt werden entweder vor den Gerichten dieses Staates oder vor den Gerichten des Vertragsstaats, in dessen Hoheitsgebiet der Käufer oder Darlehensnehmer seinen Wohnsitz hat.

Die Klage des Verkäufers gegen den Käufer oder die Klage des Darlehensgebers gegen den Darlehensnehmer kann nur vor den Gerichten des Staates erhoben werden, in dessen Hoheitsgebiet der Beklagte seinen Wohnsitz hat.

Diese Vorschriften lassen das Recht unberührt, eine Widerklage vor dem Gericht zu erheben, bei dem die Klage selbst gemäß den Bestimmungen dieses Abschnitts anhängig ist.

Art. 15. Von den Vorschriften dieses Abschnitts kann im Wege der Vereinbarung nur abgewichen werden:
1. wenn die Vereinbarung nach der Entstehung der Streitigkeit getroffen wird oder
2. wenn sie dem Käufer oder Darlehensnehmer die Befugnis einräumt, andere als die in diesem Abschnitt angeführten Gerichte anzurufen, oder
3. wenn sie zwischen einem Käufer und einem Verkäufer oder zwischen einem Darlehensnehmer und einem Darlehensgeber, die ihren Wohnsitz oder gewöhnlichen Aufenthalt in demselben Vertragsstaat haben, abgeschlossen ist und die Zuständigkeit der Gerichte dieses Staates begründet, es sei denn, daß eine solche Vereinbarung nach dem Recht dieses Staates nicht zulässig ist.

5. Abschnitt. Ausschließliche Zuständigkeiten

Art. 16. Ohne Rücksicht auf den Wohnsitz sind ausschließlich zuständig:
1. für Klagen, die dingliche Rechte an unbeweglichen Sachen sowie die Miete oder Pacht von unbeweglichen Sachen zum Gegenstand haben, die Gerichte des Vertragsstaats, in dem die unbewegliche Sache belegen ist;
2. für Klagen, welche die Gültigkeit, Nichtigkeit oder die Auflösung einer Gesellschaft oder juristischen Person oder der Beschlüsse ihrer Organe zum Gegenstand haben, die Gerichte des Vertragsstaats, in dessen Hoheitsgebiet die Gesellschaft oder juristische Person ihren Sitz hat;
3. für Klagen, welche die Gültigkeit von Eintragungen in öffentliche Register zum Gegenstand haben, die Gerichte des Vertragsstaats, in dessen Hoheitsgebiet die Register geführt werden;
4. für Klagen, welche die Eintragung oder die Gültigkeit von Patenten, Warenzeichen, Mustern und Modellen sowie ähnlicher Rechte, die einer Hinterlegung oder Registrierung bedürfen, zum Gegenstand haben, die Gerichte des Vertragsstaats, in dessen Hoheitsgebiet die Hinterlegung oder Registrierung beantragt oder vorgenommen worden ist oder auf Grund eines zwischenstaatlichen Übereinkommens als vorgenommen gilt;
5. für Verfahren, welche die Zwangsvollstreckung aus Entscheidungen zum Gegenstand haben, die Gerichte des Vertragsstaats, in dessen Hoheitsgebiet die Zwangsvollstreckung durchgeführt werden soll oder durchgeführt worden ist.

Bem. Vgl zu Z 1 Schlosser, Gedächtnisschrift R. Bruns, 1980, S 58–64, Trenk-Hinterberger ZMR **78**, 165. Nicht unter Z 1 fällt der Streit aus einem Vertrag über die Verpachtung eines Ladengeschäfts, das in einer vom Verpächter von einem Dritten gemieteten unbeweglichen Sache betrieben wird, EuGH LS NJW **78**, 1107, und auch nicht der Streit aus einem Ferienhausvertrag, LG Ffm NJW **82**, 1949, LG Offenburg NJW **83**, 1273, Tonner NJW **81**, 1922. Ebenso gilt I nicht für „reine Mietzinsklagen", Leue NJW **83**, 1242 mwN, str, aM 41. Aufl.

6. Abschnitt. Vereinbarung über die Zuständigkeit

Art. 17. Haben die Parteien, von denen mindestens eine ihren Wohnsitz in dem Hoheitsgebiet eines Vertragsstaats hat, durch eine schriftliche oder durch eine mündliche, schriftlich bestätigte Vereinbarung bestimmt, daß ein Gericht oder die Gerichte eines Vertragsstaats über eine bereits entstandene Rechtsstreitigkeit oder über eine künftige, aus einem bestimmten Rechtsverhältnis entspringende Rechtsstreitigkeit entscheiden sollen, so sind dieses Gericht oder die Gerichte dieses Staates ausschließlich zuständig.

Gerichtsstandsvereinbarungen haben keine rechtliche Wirkung, wenn sie den Vorschriften der Artikel 12 oder 15 zuwiderlaufen oder wenn die Gerichte, deren Zuständigkeit abbedungen wird, auf Grund des Artikels 16 ausschließlich zuständig sind.

Ist die Gerichtsvereinbarung nur zugunsten einer der Parteien getroffen worden, so behält diese das Recht, jedes andere Gericht anzurufen, das auf Grund dieses Übereinkommens zuständig ist.

Schrifttum: Baumgärtel Festschrift Kegel S 285 ff; Wirth NJW **78**, 460; Grüter DB **78**, 381; Roth ZZP **93**, 158–163.

Bem. Art 17 geht den inländischen Bestimmungen vor, auch § 38 I ZPO, hM, BGH NJW **80**, 2022, zustm Samtleben IPRax **81**, 43, Mü NJW **82**, 1951 mwN. Er gilt auch für grenzüberschreitende Gerichtsstandsvereinbarungen unter Vollkaufleuten, Karlsr NJW **82**, 1950 mwN. Die Vorschrift läßt die vertragliche Bestimmung verschiedener Gerichte jeweils für die Klage der einen oder der anderen Vertragspartei zu, EuGH AWD **78**, 814, BGH NJW **79**, 2478. Sie gilt nicht für die Vereinbarung über die Zuständigkeit eines Schiedsgerichts, BGH MDR **79**, 931. Unberührt bleibt die Zuständigkeit nach Art 5 Z 1, vgl BGH RIW **80**, 725. Sondervorschrift für Personen mit Wohnsitz in Luxemburg: Art I Prot, abgedr am Schluß.

Eine Vereinbarung, I, liegt auch vor bei schriftlicher Vereinbarung von AGB mit Gerichtsstandsklausel. Dafür genügt der Abdruck von solchen AGB auf der Rückseite der Vertragsurkunde, wenn der von beiden Parteien unterzeichnete Text ausdrücklich auf die AGB Bezug nimmt; die Bezugnahme auf frühere Angebote, die ihrerseits auf AGB hingewiesen haben, genügt nur dann, wenn der Hinweis ausdrücklich erfolgt ist, EuGH NJW **77**, 494, dazu G. Müller AWD **77**, 167, BGH WertpMitt **77**, 795. Bei mündlich geschlossenem Vertrag genügt die schriftliche Bestätigung des Verkäufers, der AGB beiliegen, wenn sie vom Käufer schriftlich angenommen wird; daß der Käufer der einseitigen Bestätigung lediglich nicht widerspricht, genügt idR nicht (Ausnahme bei laufenden Geschäftsbeziehungen aufgrund von AGB, Hamm NJW **83**, 524 mwN), EuGH NJW **77**, 495, dazu G. Müller AWD **77**, 163, BGH MDR **77**, 1013, WertpMitt **81**, 68. Hiernach setzt die wirksame Gerichtsstandsvereinbarung in AGB zumindest eine einseitige schriftliche Bestätigung voraus, BGH RIW **80**, 725, und zwar derjenigen Partei, der die Vereinbarung entgegengehalten werden soll, Wirth NJW **78**, 460, Mü RIW **81**, 848; auf die Verwendung der für die Verhandlungen benutzten Sprache dürfte es nicht ankommen, aM AG Wangen IPRspr **78**, 134. Einverständnis mit AGB durch konkludentes Handeln reicht also nicht aus, Ffm NJW **77**, 506. Vgl auch § 38 ZPO Anm 4 A.

Eine Vereinbarung kann nach dem durch Auslegung zu ermittelnden Willen der Parteien und ihrem Zweck auch ein Verbot enthalten, die Aufrechnung mit einem vor ein anderes Gericht gehörenden Anspruch zu erklären, EuGH NJW **79**, 1100; dazu BGH NJW **79**, 2478, abl v. Falkenhausen RIW **82**, 389 (zu BGH NJW **81**, 2644), Hamm NJW **83**, 523. Gerichtsstandsvereinbarungen in Arbeitsverträgen, die vor dem 1. 2. 73 geschlossen worden sind, Art 54, sind bei späterer Klage auch dann als wirksam anzusehen, wenn sie nach dem bei Vertragsschluß geltenden nationalen Recht als nichtig anzusehen gewesen wären, EuGH RIW **80**, 285. Das innerstaatliche Recht darf die Unwirksamkeit einer Vereinbarung nicht allein deshalb vorsehen, weil ihr eine andere als die nach diesem Recht vorgeschriebene Sprache verwendet worden ist, EuGH RIW **81**, 709.

Bei einer wirksamen Vereinbarung wird die ausschließliche Zuständigkeit nach I vermutet (BGH NJW **73**, 422 m Anm Geimer NJW **73**, 951); diese Vermutung ist aber widerlegbar, Mü RIW **82**, 281. Zur treuwidrigen Berufung einer Partei auf die Unwirksamkeit der Vereinbarung vgl Stgt RIW **80**, 365.

Art. 18. Sofern das Gericht eines Vertragsstaats nicht bereits nach anderen Vorschriften dieses Übereinkommens zuständig ist, wird es zuständig, wenn sich der Beklagte vor ihm auf das Verfahren einläßt. Dies gilt nicht, wenn der Beklagte sich nur einläßt, um den Mangel der Zuständigkeit geltend zu machen, oder wenn ein anderes Gericht auf Grund des Artikels 16 ausschließlich zuständig ist.

Bem. Vgl Sandrock ZVerglRWiss **78** (1979), 177 (zur hilfsweisen Sacheinlassung); Schröder, Internationale Zuständigkeit, S 405 ff, 482; Schütze ZZP **90**, 75; Geimer WertpMitt **77**, 66. Art 18 ist auch dann anwendbar, wenn die Parteien eine Zuständigkeitsvereinbarung iSv Art 17 getroffen haben, EuGH RIW **81**, 709. S 2 greift ein, wenn der Beklagte sich auch zur Sache einläßt, vorausgesetzt, daß die Zuständigkeitsrüge vorher erhoben worden ist, EuGH RIW **81**, 709, oder die Einlassung zur Sache nur hilfsweise erfolgt, EuGH IPrax **83**, 77, dazu Sauvepanne IPrax **83**, 65. S auch Erl zu § 39.

7. Abschnitt. Prüfung der Zuständigkeit und der Zulässigkeit des Verfahrens

Art. 19. Das Gericht eines Vertragsstaats hat sich von Amts wegen für unzuständig zu erklären, wenn es wegen einer Streitigkeit angerufen wird, für die das Gericht eines anderen Vertragsstaats auf Grund des Artikels 16 ausschließlich zuständig ist.

Bem. Vgl v. Hoffmann AWD **73**, 63.

Art. 20. Läßt sich der Beklagte, der seinen Wohnsitz in dem Hoheitsgebiet eines Vertragsstaats hat und der vor den Gerichten eines anderen Vertragsstaats verklagt wird, auf das Verfahren nicht ein, so hat sich das Gericht von Amts wegen für unzuständig zu erklären, wenn seine Zuständigkeit nicht auf Grund der Bestimmungen dieses Übereinkommens begründet ist.

Das Gericht hat die Entscheidung so lange auszusetzen, bis festgestellt ist, daß es dem Beklagten möglich war, das den Rechtsstreit einleitende Schriftstück so rechtzeitig zu empfangen, daß er sich verteidigen konnte, oder daß alle hierzu erforderlichen Maßnahmen getroffen worden sind.

An die Stelle des vorstehenden Absatzes tritt Artikel 15 des Haager Übereinkommens vom 15. November 1965 über die Zustellung gerichtlicher und außergerichtlicher Schriftstücke im Ausland für Zivil- und Handelssachen, wenn das den Rechtsstreit einleitende Schriftstück gemäß dem erwähnten Übereinkommen zu übermitteln war.

Bem. Im Falle der Säumnis des Beklagten greift § 331 I ZPO nicht ein, v. Hoffmann AWD **73**, 63. Wegen des Haager ZustellungsÜbk s Anh § 202 ZPO; daran, daß das Gericht des Urteilsstaates die Voraussetzungen des Art 15 Zustl Übk für erwiesen gehalten hat, ist das Gericht der Anerkennung, Art 27, nicht gebunden, EuGH LS RIW **82**, 908.

8. Abschnitt. Rechtshängigkeit und im Zusammenhang stehende Verfahren

Art. 21. Werden bei Gerichten verschiedener Vertragsstaaten Klagen wegen desselben Anspruchs zwischen denselben Parteien anhängig gemacht, so hat sich das später angerufene Gericht von Amts wegen zugunsten des zuerst angerufenen Gerichts für unzuständig zu erklären.

Das Gericht, das sich für unzuständig zu erklären hätte, kann die Entscheidung aussetzen, wenn der Mangel der Zuständigkeit des anderen Gerichts geltend gemacht wird.

Bem. Der Begriff der Anhängigkeit wird hier (wie auch sonst in Staatsverträgen) im Sinne von Rechtshängigkeit, § 261 ZPO, gebraucht, BGH FamRZ **83**, 366 mwN.

Art. 22. Werden bei Gerichten verschiedener Vertragsstaaten Klagen, die im Zusammenhang stehen, erhoben, so kann das später angerufene Gericht die Entscheidung aussetzen, solange beide Klagen im ersten Rechtszug anhängig sind.

Das später angerufene Gericht kann sich auf Antrag einer Partei auch für unzuständig erklären, wenn die Verbindung im Zusammenhang stehender Verfahren nach seinem Recht zulässig ist und das zuerst angerufene Gericht für beide Klagen zuständig ist.

Klagen stehen im Sinne dieses Artikels im Zusammenhang, wenn zwischen ihnen eine so enge Beziehung gegeben ist, daß eine gemeinsame Verhandlung und Entscheidung geboten erscheint, um zu vermeiden, daß in getrennten Verfahren widersprechende Entscheidungen ergehen könnten.

Bem. Die Vorschrift begründet keine Zuständigkeit, auch nicht wegen Sachzusammenhangs mit einer anhängigen Klage; sie ist vielmehr nur anzuwenden, wenn im Zusammenhang stehende Klagen bei Gerichten zweier oder mehrerer Vertragsstaaten erhoben worden sind, EuGH RIW **81**, 709.

Art. 23. Ist für die Klagen die ausschließliche Zuständigkeit mehrerer Gerichte gegeben, so hat sich das zuletzt angerufene Gericht zugunsten des zuerst angerufenen Gerichts für unzuständig zu erklären.

Bem. Zu Art 21–23 Schütze AWD **75**, 78, Habscheid Festschrift Zweigert, 1981, S 109–125. Die Aussetzung, Art 22, richtet sich nach § 148 ZPO, so daß die fremde Entscheidung vorgreiflich sein muß, Hamm NJW **83**, 524.

9. Abschnitt. Einstweilige Maßnahmen einschließlich solcher, die auf eine Sicherung gerichtet sind

Art. 24. Die in dem Recht eines Vertragsstaats vorgesehenen einstweiligen Maßnahmen einschließlich solcher, die auf eine Sicherung gerichtet sind, können bei den Gerichten dieses Staates auch dann beantragt werden, wenn für die Entscheidung in der Hauptsache das Gericht eines anderen Vertragsstaats auf Grund dieses Übereinkommens zuständig ist.

Bem. Die Vorschrift läßt es nicht zu, einstw Maßnahmen auf nicht dem Anwendungsbereich des Übk unterfallenden Rechtsgebieten in diesen einzubeziehen, EuGH IPrax **83**, 77, dazu Sauvepanne IPrax **83**, 65. Im Vollstreckungsverfahren wegen eines Arrestbefehls können Einwendungen, die vor seinem Erlaß entstanden sind, nicht berücksichtigt werden, § 14 I AusfG; bei Vorliegen der Voraussetzungen des § 17 AusfG ist die Rechtsbeschwerde statthaft, BGH MDR **80**, 138. Die Zuständigkeit des AG am Ort des Arrestgegenstands, § 919 ZPO, reicht zur Begründung der inländischen Gerichtsbarkeit aus, Bem zu Art 3, Hausmann IPRax **81**, 79. Wegen der Vollstreckung s Bem zu Art 25.

Titel III. Anerkennung und Vollstreckung

Art. 25. Unter „Entscheidung" im Sinne dieses Übereinkommens ist jede von einem Gericht eines Vertragsstaats erlassene Entscheidung zu verstehen, ohne Rücksicht auf ihre Bezeichnung wie Urteil, Beschluß oder Vollstreckungsbefehl, einschließlich des Kostenfestsetzungsbeschlusses eines Urkundsbeamten.

Bem. Gerichtliche Entscheidungen, durch die einstweilige oder auf Sicherung gerichtete Maßnahmen angeordnet werden und die ohne Ladung der Gegenpartei ergangen sind oder ohne vorherige Zustellung vollstreckt werden sollen, können nicht im Verfahren nach Titel III anerkannt und vollstreckt werden, EuGH LS NJW **80**, 2016 = RIW **80**, 510, dazu Hausmann IPRax **81**, 79.

1. Abschnitt. Anerkennung

Art. 26. Die in einem Vertragsstaat ergangenen Entscheidungen werden in den anderen Vertragsstaaten anerkannt, ohne daß es hierfür eines besonderen Verfahrens bedarf.

Bildet die Frage, ob eine Entscheidung anzuerkennen ist, als solche den Gegenstand eines Streites, so kann jede Partei, welche die Anerkennung geltend macht, in dem Verfahren nach dem 2. und 3. Abschnitt dieses Titels die Feststellung beantragen, daß die Entscheidung anzuerkennen ist.

Wird die Anerkennung in einem Rechtsstreit vor dem Gericht eines Vertragsstaats, dessen Entscheidung von der Anerkennung abhängt, verlangt, so kann dieses Gericht über die Anerkennung entscheiden.

Bem. Vgl § 28 AusfG; zum Verfahren ausführlich Geimer JZ **77**, 145 u 213. Die erneute Klage einer Partei, die ein nach Art 31 vollstreckbares Urteil erzielt hat, in einem anderen Vertragsstaat ist unzulässig, EuGH NJW **77**, 495 m Anm Geimer NJW **77**, 2023. Liegen die Voraussetzungen für die Klauselerteilung nach Art 34 II nicht vor, ist eine erneute Klage im Inland zulässig, Geimer NJW **80**, 1234 gegen LG Münst NJW **80**, 534.

Art. 27. Eine Entscheidung wird nicht anerkannt:
1. wenn die Anerkennung der öffentlichen Ordnung des Staates, in dem sie geltend gemacht wird, widersprechen würde;
2. wenn dem Beklagten, der sich auf das Verfahren nicht eingelassen hat, das dieses Verfahren einleitende Schriftstück nicht ordnungsgemäß und nicht so rechtzeitig zugestellt worden ist, daß er sich verteidigen konnte;
3. wenn die Entscheidung mit einer Entscheidung unvereinbar ist, die zwischen denselben Parteien in dem Staat, in dem die Anerkennung geltend gemacht wird, ergangen ist;
4. wenn das Gericht des Urteilsstaats bei seiner Entscheidung hinsichtlich einer Vorfrage, die den Personenstand, die Rechts- und Handlungsfähigkeit sowie die gesetzliche Vertretung einer natürlichen Person, die ehelichen Güterstände, das Gebiet des Erbrechts einschließlich des Testamentsrechts betrifft, sich in Widerspruch zu einer Vorschrift des internationalen Privatrechts des Staates, in dem die Anerkennung geltend gemacht wird, gesetzt hat, es sei denn, daß die Entscheidung nicht zu einem anderen Ergebnis geführt hätte, wenn die Vorschriften des internationalen Privatrechts dieses Staates angewandt worden wären.

Bem. Vgl Grunsky JZ **73**, 645. Die Anwendung von Z 1 u 3 ist keine Frage der Auslegung des Übk, die dem EuGH vorzulegen wäre, BGH **75**, 167. **Zu Z 1:** Vgl § 328 Anm 5 C, § 1041 ZPO Anm 5 C, Bem zu Art 3 dt-brit Abk, Schlußanh V B 5. **Zu Z 2:** Wegen der Bedeutung von Z 2 für die Vollstreckung einstweiliger Maßnahmen s Bem zu Art 25. „Verfahreneinleitendes Schriftstück" ist im Mahnverfahren der Mahnbescheid, nicht dagegen der Vollstreckungsbescheid, EuGH RIW **81**, 781. Zu den Anforderungen an die Zustellung des das Verfahren einleitenden Schriftsatzes nach den dafür jeweils maßgeblichen Bestimmungen vgl Köln MDR **80**, 1030 u Düss RIW **79**, 570 u **80**, 664 (Belgien), Hamm RIW **80**, 62 (Italien) u Ffm RIW **80**, 63 (Frankreich), alle zu dem Rechtszustand vor Inkrafttreten des Haager ZustlÜbk. An eine Feststellung des Gerichts des Urteilsstaates nach Art 20 III iVm Art 15 HaagerZustlÜbk (abgedr Anh § 202 ZPO) ist das Gericht bei der Entscheidung über die Anerkennung nicht gebunden, EuGH LS RIW **82**, 908 (ergangen auf Vorlagebeschluß des BGH WertpMitt **81**, 959). Zur Rechtzeitigkeit s EuGH RIW **81**, 781 (Anm Nagel IPRax **82**, 5), und bei Ladung in fremder Sprache Hamm MDR **79**, 680. **Zu Z 4:** Zur Nichtanerkennung eines deutschen Kindschaftsurteils in Italien s AppHof Palermo DAVorm **80**, 668.

Art. 28. Eine Entscheidung wird ferner nicht anerkannt, wenn die Vorschriften des 3., 4. und 5. Abschnitts des Titels II verletzt worden sind oder wenn ein Fall des Artikels 59 vorliegt.

Das Gericht oder die Behörde des Staates, in dem die Anerkennung geltend macht wird, ist bei der Prüfung, ob eine der im vorstehenden Absatz angeführten Zuständigkeiten gegeben ist, an die tatsächlichen Feststellungen gebunden, auf Grund deren das Gericht des Urteilsstaates seine Zuständigkeit angenommen hat.

Die Zuständigkeit der Gerichte des Urteilsstaats darf, unbeschadet der Bestimmungen des ersten Absatzes, nicht nachgeprüft werden; die Vorschriften über die Zuständigkeit gehören nicht zur öffentlichen Ordnung im Sinne des Artikels 27 Nr. 1.

Bem. Vgl Grunsky JZ **73**, 645, Schütze AWD **74**, 428, Geimer AWD **80**, 305 (zur Auslegung von I). Nach II besteht keine Bindung an rechtliche Schlußfolgerungen, BGH **74**, 248, dazu Geimer RIW **80**, 305.

Art. 29. Die ausländische Entscheidung darf keinesfalls auf ihre Gesetzmäßigkeit nachgeprüft werden.

Art. 30. Das Gericht eines Vertragsstaats, in dem die Anerkennung einer in einem anderen Vertragsstaat ergangenen Entscheidung geltend gemacht wird, kann das Verfahren aussetzen, wenn gegen die Entscheidung ein ordentlicher Rechtsbehelf eingelegt worden ist.

Bem. Zum Begriff des ordentlichen Rechtsbehelfs EuGH LS NJW **78**, 1107.

2. Abschnitt. Vollstreckung

Art. 31. Die in einem Vertragsstaat ergangenen Entscheidungen, die in diesem Staat vollstreckbar sind, werden in einem anderen Vertragsstaat vollstreckt, wenn sie dort auf Antrag eines Berechtigten mit der Vollstreckungsklausel versehen worden sind.

Bem. Vgl §§ 3–10 AusfG. Gegner des Antrags ist der in der Entscheidung des Urteilsstaates bezeichnete Schuldner, Ffm Rpfleger **79**, 434. Die Entscheidung ergeht durch Beschluß, §§ 7 ff AusfG; bei Entscheidung durch Urteil ist Berufung zulässig, Hamm MDR **78**, 324. Die erneute Klage einer Partei, die ein vollstreckbares Urteil erzielt hat, in einem anderen Vertragsstaat ist unzulässig, EuGH NJW **77**, 495 m Anm Geimer NJW **77**, 2023 u NJW **80**, 1234, vgl Bem zu Art 26. Ist das Übk unanwendbar, kann der Antrag nicht in eine Vollstreckungsklage, § 722 ZPO, umgedeutet werden, BGH NJW **79**, 2477.

Art. 32. Der Antrag ist zu richten
in Belgien an das Gericht erster Instanz (tribunal de première instance oder rechtbank van eerste aanleg);
in der Bundesrepublik Deutschland an den Vorsitzenden einer Kammer des Landgerichts;
in Frankreich an den Präsidenten des Kollegialgerichts erster Instanz (président du tribunal de grande instance);
in Italien an den Berufungsgerichtshof (corte d'apello);
in Luxemburg an den Präsidenten des Bezirksgerichts (président du tribunal d'arrondissement);
in den Niederlanden an den Präsidenten des Bezirksgerichts (voorzitter van de arrondissementsrechtbank).

Die örtliche Zuständigkeit wird durch den Wohnsitz des Schuldners bestimmt. Hat dieser keinen Wohnsitz im Hoheitsgebiet des Vollstreckungsstaats, so ist das Gericht zuständig, in dessen Bezirk die Zwangsvollstreckung durchgeführt werden soll.

Art. 33. Für die Stellung des Antrags ist das Recht des Vollstreckungsstaats maßgebend.

Der Antragsteller hat im Bezirk des angerufenen Gerichts ein Wahldomizil zu begründen. Ist das Wahldomizil im Recht des Vollstreckungsstaats nicht vorgesehen, so hat der Antragsteller einen Zustellungsbevollmächtigten zu benennen.

Dem Antrag sind die in den Artikeln 46 und 47 angeführten Urkunden beizufügen.

Art. 34. Das mit dem Antrag befaßte Gericht erläßt seine Entscheidung unverzüglich, ohne daß der Schuldner in diesem Abschnitt des Verfahrens Gelegenheit erhält, eine Erklärung abzugeben.

Der Antrag kann nur aus einem der in Artikel 27 und 28 angeführten Gründe abgelehnt werden.

Die ausländische Entscheidung darf keinesfalls auf ihre Gesetzmäßigkeit nachgeprüft werden.

Bem. Vgl Schütze, Festschrift Bülow S 211–216 (Geltendmachung von Einwendungen durch eine Schutzschrift). Zur Verfassungsmäßigkeit von I vgl Schütze aaO, Arnold AWD **72**, 389. II wird durch § 14 AusfG ergänzt; die Versagungsgründe, Art 27 u 28, sind von

Amts wegen zu prüfen. Im Vollstreckungsverfahren gelten für nachträgliche Einwendungen des Schuldners die zu § 767 ZPO entwickelten Grundsätze, Kblz NJW **76**, 488. Hat der zu vollstreckende Titel nur gesetzliche Zinsen zugesprochen, darf das Gericht ihn im Wege der Auslegung (unter Anwendung des fremden Rechts) ergänzen, LG Hbg IPRspr **78**, 375.

Art. 35. Die Entscheidung, die über den Antrag ergangen ist, teilt der Urkundsbeamte der Geschäftsstelle dem Antragsteller unverzüglich in der Form mit, die das Recht des Vollstreckungsstaats vorsieht.

Art. 36. Wird die Zwangsvollstreckung zugelassen, so kann der Schuldner gegen die Entscheidung innerhalb eines Monats nach ihrer Zustellung einen Rechtsbehelf einlegen.

Hat der Schuldner seinen Wohnsitz in einem anderen Vertragsstaat als dem, in dem die Entscheidung über die Zulassung der Zwangsvollstreckung ergangen ist, so beträgt die Frist für den Rechtsbehelf zwei Monate und beginnt von dem Tage an zu laufen, an dem die Entscheidung dem Schuldner entweder in Person oder in seiner Wohnung zugestellt worden ist. Eine Verlängerung dieser Frist wegen weiter Entfernung ist ausgeschlossen.

Bem. Vgl §§ 11–15 AusfG.

Art. 37. Der Rechtsbehelf wird nach den Vorschriften, die für das streitige Verfahren maßgebend sind, eingelegt:
   in Belgien bei dem Gericht erster Instanz (tribunal de première instance oder rechtbank van eerste aanleg);
   in der Bundesrepublik Deutschland bei dem Oberlandesgericht;
   in Frankreich bei dem Berufungsgerichtshof (cour d'appel);
   in Italien bei dem Berufungsgerichtshof (corte d'appello);
   in Luxemburg bei dem Obergerichtshof als Berufungsinstanz für Zivilsachen (Cour supérieure de Justice siégeant en matière d'appel civil);
   in den Niederlanden bei dem Bezirksgericht (arrondissementsrechtbank).

Gegen die Entscheidung, die über den Rechtsbehelf ergangen ist, findet nur die Kassationsbeschwerde und in der Bundesrepublik Deutschland nur die Rechtsbeschwerde statt.

Bem. Vgl §§ 17–20 AusfG.

Art. 38. Das mit dem Rechtsbehelf befaßte Gericht kann auf Antrag der Partei, die ihn eingelegt hat, seine Entscheidung aussetzen, wenn gegen die Entscheidung im Urteilsstaat ein ordentlicher Rechtsbehelf eingelegt oder die Frist für einen solchen Rechtsbehelf noch nicht verstrichen ist; in letzterem Falle kann das Gericht eine Frist bestimmen, innerhalb deren der Rechtsbehelf einzulegen ist.

Das Gericht kann auch die Zwangsvollstreckung von der Leistung einer Sicherheit, die es bestimmt, abhängig machen.

Bem. Zum Begriff des ordentlichen Rechtsbehelfs vgl EuGH NJW **78**, 1107. Die Befugnis nach II, dazu BGH NJW **83**, 1979, betrifft nur zukünftig vorzunehmende VollstrMaßnahmen, nicht aber bereits geschehene; diese dürfen nur aufgehoben werden, wenn der Schuldner seinerseits die für ihn angeordnete Sicherheit geleistet hat, BGH NJW **83**, 1980.

Art. 39. Solange die in Artikel 36 vorgesehene Frist für den Rechtsbehelf läuft und solange über den Rechtsbehelf nicht entschieden ist, darf die Zwangsvollstreckung in das Vermögen des Schuldners nicht über Maßregeln zur Sicherung hinausgehen.

Die Entscheidung, durch welche die Zwangsvollstreckung zugelassen wird, gibt die Befugnis, solche Maßregeln zu betreiben.

Bem. Vgl §§ 21–27 AusfG. Die Beschränkung nach I endet mit der Entscheidung des Beschwerdegerichts, BGH NJW **83**, 1979; jedoch kann sowohl dieses als auch der BGH nach Art 38 II verfahren und eine Anordnung nach § 25 II, III AusfG treffen, BGH NJW **83**, 1980. Zur Einstellung der Zwangsvollstreckung (nur gegen Sicherheitsleistung des Schuldners) s Hamm MDR **78**, 324, zur italienischen Rspr Luther IPrax **82**, 120.

Art. 40. Wird der Antrag abgelehnt, so kann der Antragsteller einen Rechtsbehelf einlegen:
   in Belgien bei dem Berufungsgerichtshof (cour d'appel oder Hof van Beroep);
   in der Bundesrepublik Deutschland bei dem Oberlandesgericht;
   in Frankreich bei dem Berufungsgerichtshof (cour d'appel);
   in Italien bei dem Berufungsgerichtshof (corte d'appello);
   in Luxemburg bei dem Obergerichtshof als Berufungsinstanz für Zivilsachen (Cour supérieure de Justice siégeant en matière d'appel civil);
   in den Niederlanden bei dem Berufungsgerichtshof (gerechtshof).

Das mit dem Rechtsbehelf befaßte Gericht hat den Schuldner zu hören. Läßt dieser sich auf das Verfahren nicht ein, so ist Artikel 20 Absätze 2 und 3 auch dann anzuwenden, wenn der Schuldner seinen Wohnsitz nicht in dem Hoheitsgebiet eines Vertragsstaats hat.

Bem. Vgl § 16 iVm §§ 12, 13 AusfG.

Art. 41. Gegen die Entscheidung, die über den in Artikel 40 vorgesehenen Rechtsbehelf ergangen ist, findet nur die Kassationsbeschwerde und in der Bundesrepublik Deutschland nur die Rechtsbeschwerde statt.

Bem. Vgl §§ 17–20 AusfG.

Art. 42. Ist durch die ausländische Entscheidung über mehrere mit der Klage geltend gemachte Ansprüche erkannt und kann die Entscheidung nicht im vollen Umfang zur Zwangsvollstreckung zugelassen werden, so läßt das Gericht sie für einen oder mehrere dieser Ansprüche zu.
Der Antragsteller kann beantragen, daß die Zwangsvollstreckung nur für einen Teil des Gegenstands der Verurteilung zugelassen wird.

Art. 43. Ausländische Entscheidungen, die auf Zahlung eines Zwangsgeldes lauten, sind in dem Vollstreckungsstaat nur vollstreckbar, wenn die Höhe des Zwangsgelds durch die Gerichte des Urteilsstaats endgültig festgesetzt ist.

Art. 44. Ist dem Antragsteller in dem Staat, in dem die Entscheidung ergangen ist, das Armenrecht bewilligt worden, so genießt er das Armenrecht ohne weiteres auch in dem Verfahren nach den Artikeln 32 bis 35.

Art. 45. Der Partei, die in einem Vertragsstaat eine in einem anderen Vertragsstaat ergangene Entscheidung vollstrecken will, darf wegen ihrer Eigenschaft als Ausländer oder wegen Fehlens eines inländischen Wohnsitzes oder Aufenthalts eine Sicherheitsleistung oder Hinterlegung, unter welcher Beziehung es auch sei, nicht auferlegt werden.

3. Abschnitt. Gemeinsame Vorschriften

Art. 46. Die Partei, welche Anerkennung einer Entscheidung geltend macht oder die Zwangsvollstreckung betreiben will, hat vorzulegen:
1. eine Ausfertigung der Entscheidung, welche die für ihre Beweiskraft erforderlichen Voraussetzungen erfüllt;
2. bei einer im Versäumnisverfahren ergangenen Entscheidung die Urschrift oder eine beglaubigte Abschrift der Urkunde, aus der sich ergibt, daß das den Rechtsstreit einleitende Schriftstück der säumigen Partei zugestellt worden ist.

Bem. Die Vorlage genügt, die Ausfertigung bzw Urkunde braucht nicht bei den Akten zu verbleiben, BGH 75, 167. Die Zustellung, Z 2, muß dem Prozeßrecht des Urteilsstaates (einschließlich etwaiger Übk) entsprechen, Ffm MDR 78, 942 (auch zur Anwendung von Art 48).

Art. 47. Die Partei, welche die Zwangsvollstreckung betreiben will, hat ferner vorzulegen:
1. die Urkunden, aus denen sich ergibt, daß die Entscheidung nach dem Recht des Urteilsstaats vollstreckbar ist und daß sie zugestellt worden ist;
2. gegebenenfalls eine Urkunde, durch die nachgewiesen wird, daß der Antragsteller das Armenrecht im Urteilsstaat genießt.

Bem. Zum Zustellungsnachweis, Z 1, vgl BGH 65, 296. Er muß für die zu vollstreckende Entscheidung erbracht werden, nicht auch für eine etwaige Rechtsmittelentscheidung, BGH 75, 167.

Art. 48. Werden die in Artikel 46 Nr. 2 und in Artikel 47 Nr. 2 angeführten Urkunden nicht vorgelegt, so kann das Gericht eine Frist bestimmen, innerhalb deren die Urkunden vorzulegen sind, oder sich mit gleichwertigen Urkunden begnügen oder von der Vorlage der Urkunden befreien, wenn es eine weitere Klärung nicht für erforderlich hält.
Auf Verlangen des Gerichts ist eine Übersetzung der Urkunden vorzulegen; die Übersetzung ist von einer hierzu in einem der Vertragsstaaten befugten Person zu beglaubigen.

Art. 49. Die in den Artikeln 46, 47 und in Artikel 48 Absatz 2 angeführten Urkunden sowie die Urkunde über die Prozeßvollmacht, falls eine solche erteilt wird, bedürfen weder der Legalisation noch einer ähnlichen Förmlichkeit.

Titel IV. Öffentliche Urkunden und Prozeßvergleiche

Art. 50. Öffentliche Urkunden, die in einem Vertragsstaat aufgenommen und vollstreckbar sind, werden in einem anderen Vertragsstaat auf Antrag in den Verfahren nach den Artikeln 31 ff. mit der Vollstreckungsklausel versehen. Der Antrag kann nur abgelehnt werden, wenn die Zwangsvollstreckung aus der Urkunde der öffentlichen Ordnung des Vollstreckungsstaats widersprechen würde.

Die vorgelegte Urkunde muß die Voraussetzungen für ihre Beweiskraft erfüllen, die in dem Staate, in dem sie aufgenommen wurde, erforderlich sind.

Die Vorschriften des 3. Abschnitts des Titels III sind sinngemäß anzuwenden.

Art. 51. Vergleiche, die vor einem Richter im Laufe eines Verfahrens abgeschlossen und in dem Staat, in dem sie errichtet wurden, vollstreckbar sind, werden in dem Vollstreckungsstaat unter denselben Bedingungen wie öffentliche Urkunden vollstreckt.

Titel V. Allgemeine Vorschriften

Art. 52. Ist zu entscheiden, ob eine Partei im Hoheitsgebiet des Vertragsstaats, dessen Gerichte angerufen sind, einen Wohnsitz hat, so wendet das Gericht sein Recht an.

Hat eine Partei keinen Wohnsitz in dem Staate, dessen Gerichte angerufen sind, so wendet das Gericht, wenn es zu entscheiden hat, ob die Partei einen Wohnsitz in einem anderen Vertragsstaat hat, das Recht dieses Staates an.

Der Wohnsitz einer Partei ist jedoch nach dem Recht des Staates, dem sie angehört, zu beurteilen, wenn nach diesem Recht ihr Wohnsitz vom Wohnsitz einer anderen Person oder vom Sitz einer Behörde abhängt.

Art. 53. Der Sitz von Gesellschaften und juristischen Personen steht für die Anwendung dieses Übereinkommens dem Wohnsitz gleich. Jedoch hat das Gericht bei der Entscheidung darüber, wo der Sitz sich befindet, die Vorschriften seines internationalen Privatrechts anzuwenden.

Titel VI. Übergangsvorschriften

Art. 54. Die Vorschriften dieses Übereinkommens sind nur auf solche Klagen und öffentlichen Urkunden anzuwenden, die nach dem Inkrafttreten des Übereinkommens erhoben oder aufgenommen worden sind.

Nach dem Inkrafttreten dieses Übereinkommens ergangene Entscheidungen werden, auch wenn sie auf Grund einer vor dem Inkrafttreten erhobenen Klage erlassen sind, nach Maßgabe des Titels III anerkannt und zur Zwangsvollstreckung zugelassen, vorausgesetzt, daß das Gericht auf Grund von Vorschriften zuständig war, die mit den Zuständigkeitsvorschriften des Titels II oder eines Abkommens übereinstimmen, das im Zeitpunkt der Klageerhebung zwischen dem Urteilsstaat und dem Staate, in dem die Entscheidung geltend gemacht wird, in Kraft war.

Bem. Stichtag, I, ist der 1. 2. 73, BGBl II 60. Das inländische Gericht hat die internationale Zuständigkeit des Urteilsgerichts zu prüfen, Mü NJW **75**, 504 m Anm Geimer NJW **75**, 1086. Zur Erweiterung der Anerkennung, II, im Verhältnis zu Belgien, Italien und den Niederlanden Schütze AWD **74**, 428.

Titel. VII. Verhältnis zu anderen Abkommen

Art. 55 (nicht abgedruckt; vgl Üb Schlußanh V C)

Art. 56. Die in Artikel 55 angeführten Abkommen und Verträge behalten ihre Wirksamkeit für die Rechtsgebiete, auf die dieses Übereinkommen nicht anzuwenden ist.

Sie bleiben auch weiterhin für die Entscheidungen und die Urkunden wirksam, die vor Inkrafttreten dieses Übereinkommens ergangen oder aufgenommen sind.

Bem. Zweiseitige Abk behalten ihre Wirksamk für Entsch, die, ohne unter Art 1 II zu fallen, vom Anwendungsbereich des Übk ausgeschlossen sind, EuGH NJW **78**, 483 m Anm Geimer (Vorlagebeschluß BGH WertpMitt **77**, 88), dazu BGH NJW **78**, 1113 (zum dt-belg Abk).

Art. 57. Dieses Übereinkommen läßt Übereinkommen unberührt, denen die Vertragsstaaten angehören oder angehören werden und die für besondere Rechtsgebiete die gerichtliche Zuständigkeit, die Anerkennung und Vollstreckung von Entscheidungen regeln.

Bem. Gilt u a für Art 18 HZPrÜbk, Schlußanh V A 1, u für das HaagerUnterhAbk, Schlußanh V A 2; weitere Beispiele im Bericht z Übk, Bülow-Böckstiegel B I 1a. Sofern solche Abk unmittelbar oder ausschließlich Zuständigkeitsregeln enthalten, sind sie allein maßgeblich; das gleiche gilt für Voraussetzungen und Durchführung der Vollstreckung, Bericht aaO, aM v. Hoffmann AWD **73**, 59.

Art. 58, 59, 60 (nicht abgedruckt).

Ergänzende und teilweise abweichende Bestimmungen enthält das dem Übk beigefügte **Protokoll, BGBl 72 II 808:**

Art. I. Jede Person, die ihren Wohnsitz in Luxemburg hat und vor dem Gericht eines anderen Vertragsstaats auf Grund des Artikels 5 Nr. 1 verklagt wird, kann die Unzuständigkeit dieses Gerichts geltend machen. Läßt sich der Beklagte auf das Verfahren nicht ein, so erklärt sich das Gericht von Amts wegen für unzuständig.

Jede Gerichtsstandsvereinbarung im Sinne des Artikels 17 ist für eine Person, die ihren Wohnsitz in Luxemburg hat, nur dann wirksam, wenn diese sie ausdrücklich und besonders angenommen hat.

Bem. Zur Auslegung von II („ausdrücklich und besonders angenommen") EuGH RIW **81**, 58.

Art. II. Unbeschadet günstigerer innerstaatlicher Vorschriften können Personen, die ihren Wohnsitz in einem Vertragsstaat haben und die vor den Strafgerichten eines anderen Vertragsstaats, dessen Staatsangehörigkeit sie nicht besitzen, wegen einer fahrlässig begangenen Straftat verfolgt werden, sich von hierzu befugten Personen verteidigen lassen, selbst wenn sie persönlich nicht erscheinen.

Das Gericht kann jedoch das persönliche Erscheinen anordnen; wird diese Anordnung nicht befolgt, so braucht die Entscheidung, die über den Anspruch aus einem Rechtsverhältnis des Zivilrechts ergangen ist, ohne daß sich der Angeklagte verteidigen konnte, in den anderen Vertragsstaaten weder anerkannt noch vollstreckt zu werden.

Bem. Zur Auslegung von I („fahrlässig begangene Straftaten") und II vgl EuGH RIW **82**, 715, dazu Habscheid IPrax **82**, 173.

Art. III. In dem Vollstreckungsstaat dürfen in dem Verfahren auf Erteilung der Vollstreckungsklausel keine nach dem Streitwert abgestuften Stempelabgaben oder Gebühren erhoben werden.

Art. IV. Gerichtliche und außergerichtliche Schriftstücke, die in einem Vertragsstaat ausgefertigt sind und einer in dem Hoheitsgebiet eines anderen Vertragsstaats befindlichen Person zugestellt werden sollen, werden nach den zwischen den Vertragsstaaten geltenden Übereinkommen oder Vereinbarungen übermittelt.

Sofern der Staat, in dessen Hoheitsgebiet die Zustellung bewirkt werden soll, nicht durch eine Erklärung, die an den Generalsekretär des Rates der Europäischen Gemeinschaften zu richten ist, widersprochen hat, können diese Schriftstücke auch von den gerichtlichen Amtspersonen des Staates, in dem sie angefertigt worden sind, unmittelbar den gerichtlichen Amtspersonen des Staates übersandt werden, in dessen Hoheitsgebiet sich die Person befindet, für welche das Schriftstück bestimmt ist. In diesem Fall übersendet die gerichtliche Amtsperson des Ursprungsstaats eine Abschrift des Schriftstücks der gerichtlichen Amtsperson des Bestimmungslands, die für die Übermittlung an den Empfänger zuständig ist. Diese Übermittlung wird in den Formen vorgenommen, die das Recht des Bestimmungslands vorsieht. Sie wird durch ein Zeugnis festgestellt, das der gerichtlichen Amtsperson des Ursprungsstaates unmittelbar zugesandt wird.

Bem. Die Bundesrep hat Widerspruch eingelegt, Art 1 G v 24. 7. 72, BGBl II 773.

Art. V. Die in Artikel 6 Nr. 2 und Artikel 10 für eine Gewährleistungs- oder Interventionsklage vorgesehene Zuständigkeit kann in der Bundesrepublik Deutschland nicht geltend gemacht werden. In der Bundesrepublik Deutschland kann jede Person, die ihren Wohnsitz in einem anderen Vertragsstaat hat, nach den §§ 68, 72 bis 74 der Zivilprozeßordnung, die für die Streitverkündung gelten, vor Gericht geladen werden.

Entscheidungen, die in den anderen Vertragsstaaten auf Grund des Artikels 6 Nr. 2 und des Artikels 10 ergangen sind, werden in der Bundesrepublik Deutschland nach Titel III anerkannt und vollstreckt. Die Wirkungen, welche die in der Bundesrepublik Deutschland ergangenen Entscheidungen nach den §§ 68, 72 bis 74 der Zivilprozeßordnung gegenüber Dritten haben, werden auch in den anderen Vertragsstaaten anerkannt.

Art. VI. (nicht abgedruckt).

2) Ausführungsgesetz vom 29. 7. 72, BGBl 1328 (§§ 11, 25, 32, 33, 35 u 36 geändert durch Art 7 Z 18 VereinfNov.) Begründung des RegEntwurfs (BT-Drucks VI/3426) bei Bülow-Böckstiegel B I 1 c.

Schrifttum: Wolf NJW **73**, 397. Das Gesetz ist am 1. 2. 73 in Kraft getreten, Bek v 12. 1. 73, BGBl 26; es gilt auch im Land Berlin, Art I Z 2 G v 8. 8. 72, GVBl 1572.

Erster Abschnitt. Zulassung der Zwangsvollstreckung aus Entscheidungen, öffentlichen Urkunden und Prozeßvergleichen

1. Allgemeine Vorschriften

§ 1. Die sachliche und örtliche Zuständigkeit des Landgerichts, die Artikel 32 des Übereinkommens vorsieht, sind ausschließliche Zuständigkeiten.

§ 2. Die Verfahren, in denen die Zwangsvollstreckung aus Entscheidungen, öffentlichen Urkunden und Prozeßvergleichen aus einem anderen Vertragsstaat zugelassen wird (Artikel 31, 50, 51 des Übereinkommens), sind Feriensachen.

2. Erteilung der Vollstreckungsklausel

§ 3. (1) Der Antrag, den Schuldtitel mit der Vollstreckungsklausel zu versehen (Artikel 31, 50, 51 des Übereinkommens), kann bei dem Landgericht (Artikel 32 des Übereinkommens) schriftlich eingereicht oder mündlich zu Protokoll der Geschäftsstelle gestellt werden.

(2) Ist der Antrag entgegen § 184 des Gerichtsverfassungsgesetzes nicht in deutscher Sprache abgefaßt, so kann das Gericht dem Antragsteller aufgeben, eine Übersetzung des Antrags beizubringen, die von einer hierzu in einem der Vertragsstaaten befugten Person beglaubigt ist.

(3) Der Ausfertigung des Schuldtitels, die mit der Vollstreckungsklausel versehen werden soll, und seiner Übersetzung, falls eine solche vorgelegt wird (Artikel 48 Abs. 2, Artikel 50, 51 des Übereinkommens), sollen zwei Abschriften beigefügt werden.

§ 4. (1) Zum Zustellungsbevollmächtigten (Artikel 33 Abs. 2 Satz 2 des Übereinkommens) ist eine Person zu bestellen, die im Bezirk des angerufenen Gerichts wohnt. Der Vorsitzende kann die Bestellung einer Person mit einem anderen inländischen Wohnsitz zulassen.

(2) Der Antragsteller hat in dem Antrag (Artikel 31 des Übereinkommens, § 3) den Zustellungsbevollmächtigten zu benennen. Geschieht dies nicht, so können alle Zustellungen an den Antragsteller bis zur nachträglichen Benennung eines Zustellungsbevollmächtigten durch Aufgabe zur Post (§§ 175, 192, 213 der Zivilprozeßordnung) bewirkt werden.

(3) Der Benennung eines Zustellungsbevollmächtigten bedarf es nicht, wenn der Antragsteller einen bei einem deutschen Gericht zugelassenen Rechtsanwalt oder eine andere Person zu seinem Bevollmächtigten für das Verfahren bestellt hat. Der Bevollmächtigte, der nicht ein bei einem deutschen Gericht zugelassener Rechtsanwalt ist, muß im Bezirk des angerufenen Gerichts wohnen; der Vorsitzende kann von diesem Erfordernis absehen, wenn der Bevollmächtigte einen anderen inländischen Wohnsitz hat.

Bem. Die fehlende Benennung eines Zustellungsbevollmächtigten hat nicht die Zurückweisung des Antrags zur Folge, sondern nur die Zustellung nach den §§ 175, 192, 213 ZPO, Ffm RIW 80, 63.

§ 5. (1) Über den Antrag entscheidet der Vorsitzende (Artikel 32 Abs. 1 des Übereinkommens) ohne mündliche Verhandlung. Jedoch kann eine mündliche Erörterung mit dem Antragsteller oder seinem Bevollmächtigten für das Verfahren erfolgen, wenn der Antragsteller oder der Bevollmächtigte mit einer solchen Erörterung einverstanden ist und diese der Beschleunigung dient.

(2) In dem Verfahren vor dem Vorsitzenden muß sich der Antragsteller nicht durch einen Rechtsanwalt als Bevollmächtigten vertreten lassen.

Bem. Gebühr für das gerichtliche Verfahren 100 DM, § 11 I GKG u Z 1096 KVerz, Gebühren für den RA gemäß § 47 I BRAGO.

§ 6. (1) Hängt die Zwangsvollstreckung nach dem Inhalt des Schuldtitels von einer dem Gläubiger obliegenden Sicherheitsleistung, dem Ablauf einer Frist oder dem Eintritt einer anderen Tatsache ab oder wird die Vollstreckungsklausel zugunsten eines anderen als des in dem Schuldtitel bezeichneten Gläubigers oder gegen einen anderen als den darin bezeichneten Schuldner beantragt, so ist die Frage, inwieweit die Zulassung der Zwangsvollstreckung von dem Nachweis besonderer Voraussetzungen abhängig oder ob der Schuldtitel für oder gegen den anderen vollstreckbar ist, nach dem Recht des Staates zu entscheiden, in dem der Schuldtitel errichtet ist. Der Nachweis ist durch Urkunden zu führen, es sei denn, daß die Tatsachen bei dem Gericht offenkundig sind.

(2) Kann der Nachweis durch Urkunden nicht geführt werden, so ist auf Antrag des Gläubigers der Schuldner zu hören. In diesem Falle sind alle Beweismittel zulässig. Der Vorsitzende kann auch mündliche Verhandlung anordnen.

§ 7. Ist die Zwangsvollstreckung aus dem Schuldtitel zuzulassen, ordnet der Vorsitzende an, daß der Schuldtitel mit der Vollstreckungsklausel zu versehen ist. In der Anordnung ist die zu vollstreckende Verurteilung oder Verpflichtung in deutscher Sprache wiederzugeben.

Bem. Die Anordnung ergeht durch Beschluß, gegen den Beschwerde, §§ 11 ff, gegeben ist, Hamm MDR 78, 324.

§ 8. (1) Auf Grund der Anordnung des Vorsitzenden (§ 7) erteilt der Urkundsbeamte der Geschäftsstelle die Vollstreckungsklausel in folgender Form:
„Vollstreckungsklausel nach Artikel 31 des Übereinkommens vom 27. September 1968 über die gerichtliche Zuständigkeit und die Vollstreckung gerichtlicher Entscheidungen in Zivil- und Handelssachen (Bundesgesetzbl. 1972 II S. 773).
Gemäß der Anordnung des usw. (Bezeichnung des Vorsitzenden, des Gerichts und der Anordnung) ist die Zwangsvollstreckung aus usw. (Bezeichnung des Schuldtitels) zugunsten des usw. (Bezeichnung des Gläubigers) gegen den usw. (Bezeichnung des Schuldners) zulässig.
Die zu vollstreckende Verurteilung/Verpflichtung lautet: (Angabe der Urteilsformel oder des Ausspruchs des Gerichts oder der dem Schuldner aus dem Prozeßvergleich oder der öffentlichen Urkunde obliegenden Verpflichtung in deutscher Sprache, aus der Anordnung des Vorsitzenden zu übernehmen).
Die Zwangsvollstreckung darf über Maßregeln zur Sicherung nicht hinausgehen, bis der Gläubiger ein Zeugnis vorlegt, daß die Zwangsvollstreckung unbeschränkt stattfinden darf."
Lautet der Schuldtitel auf Leistung von Geld, so ist der Vollstreckungsklausel folgender Zusatz anzufügen:
„Solange die Zwangsvollstreckung über Maßregeln zur Sicherung nicht hinausgehen darf, kann der Schuldner die Zwangsvollstreckung durch Leistung einer Sicherheit in Höhe von ... (Angabe des Betrags, wegen dessen der Gläubiger vollstrecken darf) abwenden."

(2) Wird die Zwangsvollstreckung nur für einen oder mehrere der durch die ausländische Entscheidung zuerkannten oder in einem anderen Schuldtitel niedergelegten Ansprüche oder nur für einen Teil des Gegenstands der Verurteilung oder der Verpflichtung zugelassen (Artikel 42, 50, 51 des Übereinkommens), so ist die Vollstreckungsklausel als „Teil-Vollstreckungsklausel nach den Artikeln 31, 42 des Übereinkommens vom 27. September 1968 über die gerichtliche Zuständigkeit und die Vollstreckung gerichtlicher Entscheidungen in Zivil- und Handelssachen (Bundesgesetzbl. 1972 II S. 773)" zu bezeichnen.

(3) Die Vollstreckungsklausel ist von dem Urkundsbeamten der Geschäftsstelle zu unterschreiben und mit dem Gerichtssiegel zu versehen. Sie ist entweder auf die Ausfertigung des Schuldtitels (Artikel 46 Nr. 1, Artikel 50, 51 des Übereinkommens) oder auf ein damit zu verbindendes Blatt zu setzen. Liegt eine Übersetzung des Schuldtitels vor (Artikel 48 Abs. 2, Artikel 50, 51 des Übereinkommens), ist sie mit der Ausfertigung zu verbinden.

(4) Auf die Kosten des Verfahrens vor dem Vorsitzenden sind die Vorschriften des § 788 der Zivilprozeßordnung entsprechend anzuwenden.

Bem. Zuständig ist der RPfl, § 20 Z 12 RPflG.

§ 9. (1) Eine beglaubigte Abschrift des nach § 8 mit der Vollstreckungsklausel versehenen Schuldtitels und gegebenenfalls seiner Übersetzung ist dem Schuldner von Amts wegen zuzustellen.

(2) Muß die Zustellung an den Schuldner in einem Staat, der nicht Vertragsstaat ist, oder durch öffentliche Bekanntmachung erfolgen und hält der Vorsitzende die Frist zur Einlegung der Beschwerde von einem Monat (Artikel 36 Abs. 1 des Übereinkommens) nicht für ausreichend, so bestimmt er eine längere Beschwerdefrist. Die Frist ist in der

Anordnung, daß der Schuldtitel mit der Vollstreckungsklausel zu versehen ist (§ 7) oder nachträglich durch besonderen Beschluß, der ohne mündliche Verhandlung erlassen wird, zu bestimmen. Die festgesetzte Frist beginnt mit der Zustellung des mit der Vollstreckungsklausel versehenen Schuldtitels.

(3) Dem Antragsteller sind die mit der Vollstreckungsklausel versehene Ausfertigung des Schuldtitels und eine Bescheinigung über die bewirkte Zustellung zu übersenden. In den Fällen des Absatzes 2 ist die festgesetzte Frist für die Einlegung der Beschwerde auf der Bescheinigung über die bewirkte Zustellung zu vermerken.

§ 10. Ist der Antrag nicht begründet, lehnt ihn der Vorsitzende durch Beschluß ab. Der Beschluß ist mit Gründen zu versehen. Die Kosten sind dem Antragsteller aufzuerlegen.

3. Beschwerde

§ 11. (1) Die Frist, innerhalb deren der Schuldner die Beschwerde gegen die Zulassung der Zwangsvollstreckung einlegen kann (Artikel 36 des Übereinkommens, § 9 Abs. 2), ist eine Notfrist.

(2) Dem Schuldner ist die Wiedereinsetzung in den vorigen Stand zu erteilen, wenn er von der Zustellung des mit der Vollstreckungsklausel versehenen Schuldtitels ohne sein Verschulden keine Kenntnis erlangt hat.

§ 12. (1) Die Beschwerde des Schuldners gegen die Zulassung der Zwangsvollstreckung (Artikel 36, 37 des Übereinkommens) wird durch Einreichen einer Beschwerdeschrift bei dem Oberlandesgericht eingelegt. Der Beschwerdeschrift sollen die für ihre Zustellung erforderliche Zahl von Abschriften beigefügt werden. Die Beschwerde kann auch durch Erklärung zum Protokoll der Geschäftsstelle eingelegt werden.

(2) Die Zulässigkeit der Beschwerde wird nicht dadurch berührt, daß sie statt bei dem Oberlandesgericht bei dem Landgericht eingelegt wird, das die Zwangsvollstreckung zugelassen hat (Artikel 32 Abs. 1 des Übereinkommens, § 5); die Beschwerde ist unverzüglich von Amts wegen an das Oberlandesgericht abzugeben.

(3) Die Beschwerde ist dem Gläubiger von Amts wegen zuzustellen.

Bem. Eine Abhilfe durch das Erstgericht ist unzulässig, Mü NJW 75, 504.

§ 13. (1) Über die Beschwerde entscheidet das Oberlandesgericht durch Beschluß, der mit Gründen zu versehen ist. Der Beschluß kann ohne mündliche Verhandlung ergehen.

(2) Solange eine mündliche Verhandlung nicht angeordnet ist, können auch zum Protokoll der Geschäftsstelle Anträge gestellt und Erklärungen abgegeben werden. Wird die mündliche Verhandlung angeordnet, muß die Ladung zur mündlichen Verhandlung die Aufforderung gemäß § 215 der Zivilprozeßordnung enthalten.

(3) Eine vollständige Ausfertigung des Beschlusses ist dem Gläubiger und dem Schuldner auch dann von Amts wegen zuzustellen, wenn der Beschluß verkündet worden ist.

Bem. Gebühr für das gerichtliche Verfahren 150 DM, § 11 I GKG u Z 1098 KVerz, Gebühren des RA gemäß § 47 II BRAGO.

§ 14. (1) Der Schuldner kann mit der Beschwerde, die sich gegen die Zulassung der Zwangsvollstreckung aus einer Entscheidung richtet, auch Einwendungen gegen den Anspruch selbst insoweit geltend machen, als die Gründe, auf denen sie beruhen, erst nach dem Erlaß der Entscheidung entstanden sind.

(2) Mit der Beschwerde, die sich gegen die Zulassung der Zwangsvollstreckung aus einem Prozeßvergleich oder einer öffentlichen Urkunde richtet, kann der Schuldner die Einwendungen gegen den Anspruch selbst ungeachtet der in Absatz 1 enthaltenen Beschränkung geltend machen.

§ 15. (1) Ist die Zwangsvollstreckung aus einem Schuldtitel zugelassen, kann der Schuldner Einwendungen gegen den Anspruch selbst in einem Verfahren nach § 767 der Zivilprozeßordnung nur geltend machen, wenn die Gründe, auf denen seine Einwendungen beruhen, erst
1. nach Ablauf der Frist, innerhalb deren er die Beschwerde nach Artikel 36 des Übereinkommens und § 9 Abs. 2 hätte einlegen können, oder
2. falls die Beschwerde nach Artikel 36 oder nach Artikel 40 des Übereinkommens eingelegt worden ist, nach Beendigung dieses Verfahrens
entstanden sind.

(2) Die Klage nach § 767 der Zivilprozeßordnung ist bei dem Landgericht zu erheben, das über den Antrag, den Schuldtitel mit der Vollstreckungsklausel zu versehen (Artikel 32 des Übereinkommens), entschieden hat.

§ 16. (1) Für die Beschwerde, die der Antragsteller gegen den ablehnenden Beschluß des Vorsitzenden (§ 10) einlegen kann (Artikel 40 des Übereinkommens), gelten die Vorschriften der §§ 12 und 13 entsprechend.

(2) Auf Grund des Beschlusses, durch den die Zwangsvollstreckung aus dem Schuldtitel zugelassen wird, erteilt der Urkundsbeamte der Geschäftsstelle des Oberlandesgerichts die Vollstreckungsklausel. Die Vorschriften des § 7 Satz 2 und des § 8 Abs. 1 bis 3 gelten entsprechend. Ein Zusatz, daß die Zwangsvollstreckung über Maßregeln zur Sicherung nicht hinausgehen darf, ist nur aufzunehmen, wenn das Oberlandesgericht eine Anordnung nach § 25 Abs. 2 erlassen hat.

Bem. Zuständig nach II ist der RPfl, § 20 Z 12 RPflG.

4. Rechtsbeschwerde

§ 17. Die Rechtsbeschwerde gegen den Beschluß des Oberlandesgerichts (Artikel 37 Abs. 2, Artikel 41 des Übereinkommens) findet statt, wenn gegen die Entscheidung, wäre sie durch Endurteil ergangen, die Revision gegeben wäre. Das Oberlandesgericht hat die Rechtsbeschwerde auch dann zuzulassen, wenn es von einer Entscheidung des Gerichtshofs der Europäischen Gemeinschaften abweicht.

Bem. Die Rechtsbeschwerde ist nach Maßgabe des § 17, also bei Vorliegen der Revisionsvoraussetzungen, auch im Vollstreckungsverfahren wegen eines Arrestbefehls statthaft; ob § 554b ZPO auch im Rechtsbeschwerdeverfahren anwendbar ist, ist bisher nicht entschieden worden, BGH MDR **80,** 138 (aber wohl zu bejahen).

§ 18. Die Frist zur Einlegung der Rechtsbeschwerde beträgt einen Monat; sie ist eine Notfrist und beginnt mit der Zustellung des Beschlusses (§ 13 Abs. 3, § 16 Abs. 1).

§ 19. (1) Die Rechtsbeschwerde wird durch Einreichen der Beschwerdeschrift bei dem Bundesgerichtshof eingelegt.

(2) Die Rechtsbeschwerde ist zu begründen. Die Vorschriften des § 554 der Zivilprozeßordnung sind entsprechend anzuwenden.

(3) Mit der Beschwerdeschrift soll eine Ausfertigung oder beglaubigte Abschrift des Beschlusses, gegen den die Rechtsbeschwerde sich richtet, vorgelegt werden.

(4) Die Beschwerdeschrift ist dem Beschwerdegegner von Amts wegen zuzustellen. Der Beschwerdeschrift und ihrer Begründung sollen die für ihre Zustellung erforderliche Zahl von Abschriften beigefügt werden.

§ 20. (1) Der Bundesgerichtshof kann nur prüfen, ob der Beschluß auf einer Verletzung des Übereinkommens oder eines anderen Gesetzes beruht. Die Vorschriften der §§ 550 und 551 der Zivilprozeßordnung sind entsprechend anzuwenden. Der Bundesgerichtshof darf nicht prüfen, ob das Gericht seine örtliche Zuständigkeit mit Unrecht angenommen hat.

(2) Der Bundesgerichtshof ist an die in dem angefochtenen Beschluß getroffenen tatsächlichen Feststellungen gebunden, es sei denn, daß in bezug auf diese Feststellungen zulässige und begründete Rechtsbeschwerdegründe vorgebracht sind.

(3) Auf das Verfahren über die Rechtsbeschwerde sind die Vorschriften der §§ 556, 558, 559, 563, 573 Abs. 1 und der §§ 574 und 575 der Zivilprozeßordnung sinngemäß anzuwenden.

(4) Wird die Zwangsvollstreckung aus dem Schuldtitel erstmals durch den Bundesgerichtshof zugelassen, so erteilt der Urkundsbeamte der Geschäftsstelle dieses Gerichts die Vollstreckungsklausel. Die Vorschriften des § 7 Satz 2 und des § 8 Abs. 1 bis 3 gelten entsprechend; ein Zusatz über die Beschränkung der Zwangsvollstreckung entfällt.

Bem. Die Nachprüfungsmöglichkeiten des BGH sind ähnlich wie bei der Revision eingeschränkt, I–III, BGH RIW **78,** 56; eine Änderung der ausländischen Entscheidung ist auch im Rechtsbeschwerdeverfahren noch zu berücksichtigen, BGH NJW **80,** 2022. Zuständig nach IV ist der RPfl, § 20 Z 12 RPflG. **Gebühr** für das Verfahren vor dem BGH 200 DM, § 11 I GKG u Z 1098 KVerz; der RA erhält nach § 2 BRAGO iVm § 11 I BRAGO je $^{13}/_{10}$ Gebühren, weil § 47 BRAGO nicht eingreift und die Rechtsbeschwerde der Revision gleichgeartet ist, BGH NJW **83,** 1270, Ffm MDR **81,** 681, aM 41. Aufl.

5. Beschränkung der Zwangsvollstreckung auf Sicherungsmaßregeln und Fortsetzung der Zwangsvollstreckung

§ 21. Die Beschränkung nach Artikel 39 Abs. 1 des Übereinkommens ist auch einzuhalten, solange die Frist zur Einlegung der Beschwerde, die nach § 9 Abs. 2 festgesetzt ist, noch läuft.

§ 22. Einwendungen, daß bei der Zwangsvollstreckung die Beschränkung nach Artikel 39 Abs. 1 des Übereinkommens oder auf Grund einer Anordnung nach § 25 Abs. 2 nicht eingehalten werde oder daß eine bestimmte Maßnahme der Zwangsvollstreckung mit dieser Beschränkung vereinbar sei, sind im Wege der Erinnerung nach § 766 der Zivilprozeßordnung bei dem Vollstreckungsgericht (§ 764 der Zivilprozeßordnung) geltend zu machen. Soweit jedoch gegen die Maßnahme oder die Entscheidung ein anderer Rechtsbehelf gegeben ist, sind die Einwendungen mit diesem Rechtsbehelf geltend zu machen.

§ 23. (1) Solange die Zwangsvollstreckung aus einem Schuldtitel, der auf Leistung von Geld lautet, nach Artikel 39 Abs. 1 des Übereinkommens oder auf Grund einer Anordnung nach § 25 Abs. 2 nicht über Maßregeln der Sicherung hinausgehen darf, ist der Schuldner befugt, die Zwangsvollstreckung durch Leistung einer Sicherheit in Höhe des Betrags, wegen dessen der Gläubiger vollstrecken darf, abzuwenden.

(2) Die Zwangsvollstreckung ist einzustellen und bereits getroffene Vollstreckungsmaßregeln sind aufzuheben, wenn der Schuldner durch eine öffentliche Urkunde die zur Abwendung der Zwangsvollstreckung erforderliche Sicherheitsleistung nachweist.

§ 24. Ist eine bewegliche körperliche Sache gepfändet und darf die Zwangsvollstreckung nach Artikel 39 Abs. 1 des Übereinkommens oder auf Grund einer Anordnung nach § 25 Abs. 2 nicht über Maßregeln zur Sicherung hinausgehen, kann das Vollstreckungsgericht auf Antrag anordnen, daß die Sache versteigert und der Erlös hinterlegt werde, wenn sie der Gefahr einer beträchtlichen Wertverringerung ausgesetzt ist oder wenn ihre Aufbewahrung unverhältnismäßige Kosten verursachen würde.

Bem. Zuständig ist der RPfl, § 20 Z 16a RPflG.

§ 25. (1) Weist das Oberlandesgericht die Beschwerde des Schuldners gegen die Zulassung der Zwangsvollstreckung (Artikel 36, 37 des Übereinkommens, § 12) zurück, kann die Zwangsvollstreckung über Maßregeln zur Sicherung hinaus fortgesetzt werden.

(2) Das Oberlandesgericht kann auf Antrag des Schuldners in seinem Beschluß, mit dem es die Beschwerde des Schuldners gegen die Zulassung der Zwangsvollstreckung (Artikel 36, 37 des Übereinkommens, § 12) zurückweist oder auf die Beschwerde des Gläubigers (Artikel 40 des Übereinkommens, § 16) die Zwangsvollstreckung aus dem Schuldtitel zuläßt, anordnen, daß die Zwangsvollstreckung bis zum Ablauf der Frist zur Einlegung der Rechtsbeschwerde (§ 18) oder bis zur Entscheidung über diese Beschwerde nicht oder nur gegen Sicherheitsleistung über Maßregeln zur Sicherung hinausgehen dürfe. Die Anordnung darf nur erlassen werden, wenn glaubhaft gemacht wird, daß die weitergehende Vollstreckung dem Schuldner einen nicht zu ersetzenden Nachteil bringen würde. Die Vorschrift des § 713 der Zivilprozeßordnung gilt entsprechend.

(3) Wird die Rechtsbeschwerde gegen den Beschluß des Oberlandesgerichts eingelegt (Artikel 37 Abs. 2, Artikel 41 des Übereinkommens, § 17), kann der Bundesgerichtshof auf Antrag des Schuldners eine Anordnung nach Absatz 2 erlassen. Der Bundesgerichtshof kann auf Antrag des Gläubigers eine Anordnung des Oberlandesgerichts nach Absatz 2 aufheben.

Bem. Zu den Maßnahmen nach II vgl BGH RIW 83, 290.

§ 26. (1) Die Zwangsvollstreckung aus dem Schuldtitel, den der Urkundsbeamte der Geschäftsstelle des Landgerichts mit der Vollstreckungsklausel versehen hat (§ 8), ist auf Antrag des Gläubigers über Maßregeln zur Sicherung hinaus fortzusetzen, wenn das Zeugnis des Urkundsbeamten der Geschäftsstelle dieses Gerichts vorgelegt wird, daß die Zwangsvollstreckung unbeschränkt stattfinden darf.

(2) Das Zeugnis ist dem Gläubiger auf seinen Antrag zu erteilen,
1. wenn der Schuldner bis zum Ablauf der Beschwerdefrist (Artikel 36 des Übereinkommens, § 9 Abs. 2) eine Beschwerdeschrift nicht eingereicht hat;
2. wenn das Oberlandesgericht die Beschwerde des Schuldners (Artikel 36, 37 des Übereinkommens, § 12) zurückgewiesen und eine Anordnung nach § 25 Abs. 2 nicht erlassen hat;

3. wenn der Bundesgerichtshof die Anordnung des Oberlandesgerichts nach § 25 Abs. 2 aufgehoben hat (§ 25 Abs. 3 Satz 2);
4. wenn der Bundesgerichtshof den Schuldtitel zur Zwangsvollstreckung zugelassen hat.

(3) Aus dem Schuldtitel darf die Zwangsvollstreckung, selbst wenn sie auf Maßregeln der Sicherung beschränkt ist, nicht mehr stattfinden, sobald ein Beschluß des Oberlandesgerichts, daß der Schuldtitel zur Zwangsvollstreckung nicht zugelassen wird, verkündet oder zugestellt ist.

§ 27. (1) Die Zwangsvollstreckung aus dem Schuldtitel, zu dem der Urkundsbeamte der Geschäftsstelle des Oberlandesgerichts die Vollstreckungsklausel mit dem Zusatz erteilt hat, daß die Zwangsvollstreckung auf Grund der Anordnung des Gerichts nicht über Maßregeln zur Sicherung hinausgehen darf (§ 16 Abs. 2 Satz 3), ist auf Antrag des Gläubigers fortzusetzen, wenn das Zeugnis des Urkundsbeamten der Geschäftsstelle dieses Gerichts vorgelegt wird, daß die Zwangsvollstreckung unbeschränkt stattfinden darf.

(2) Das Zeugnis ist dem Gläubiger auf seinen Antrag zu erteilen,
1. wenn der Schuldner bis zum Ablauf der Frist zur Einlegung der Rechtsbeschwerde (§ 18) eine Beschwerdeschrift nicht eingereicht hat;
2. wenn der Bundesgerichtshof die Anordnung des Oberlandesgerichts nach § 25 Abs. 2 aufgehoben hat (§ 25 Abs. 3 Satz 2);
3. wenn der Bundesgerichtshof die Rechtsbeschwerde des Schuldners (Artikel 41 des Übereinkommens, § 17) zurückgewiesen hat.

Zweiter Abschnitt. Feststellung der Anerkennung einer Entscheidung

§ 28. (1) Auf das Verfahren, das die Feststellung, ob die Entscheidung anzuerkennen ist, zum Gegenstand hat (Artikel 26 Abs. 2 des Übereinkommens), sind die Vorschriften der §§ 1 bis 6, 9 bis 13 und 16 bis 20 entsprechend anzuwenden.

(2) Ist der Antrag auf Feststellung begründet, so spricht der Vorsitzende durch Beschluß aus, daß die Entscheidung anzuerkennen ist; die Kosten sind dem Antragsgegner aufzuerlegen. Dieser kann die Beschwerde (§ 11) auf die Entscheidung über den Kostenpunkt beschränken. In diesem Falle sind die Kosten dem Antragsteller aufzuerlegen, wenn der Antragsgegner nicht durch sein Verhalten zu dem Antrag auf Feststellung Veranlassung gegeben hat.

Bem. Zum Verfahren nach Art 26 EuG-Übk ausführlich Geimer JZ 77, 145 u 213. Gebühren für das gerichtliche Verfahren gemäß § 11 I GKG u 1096–1098 KVerz.

Dritter Abschnitt. Aufhebung oder Änderung der Zulassung
der Zwangsvollstreckung oder der Feststellung der Anerkennung

§ 29. (1) Wird der Schuldtitel in dem Vertragsstaat, in dem er errichtet wurde, aufgehoben oder geändert und kann der Schuldner diese Tatsache in dem Verfahren der Zulassung der Zwangsvollstreckung nicht mehr geltend machen, so kann er die Aufhebung oder Änderung der Zulassung in einem besonderen Verfahren beantragen.

(2) Für die Entscheidung über den Antrag ist das Landgericht ausschließlich zuständig, das über den Antrag, den Schuldtitel mit der Vollstreckungsklausel zu versehen, entschieden hat.

(3) Der Antrag kann bei dem Gericht schriftlich oder durch Erklärung zum Protokoll der Geschäftsstelle gestellt werden. Über den Antrag kann ohne mündliche Verhandlung entschieden werden. Vor der Entscheidung ist der Gläubiger zu hören. Die Vorschrift des § 13 Abs. 2 gilt entsprechend. Die Entscheidung ergeht durch Beschluß, der dem Gläubiger und dem Schuldner von Amts wegen zuzustellen ist.

(4) Der Beschluß unterliegt der sofortigen Beschwerde. Die Frist, innerhalb deren die Beschwerde einzulegen ist, beträgt einen Monat; sie ist eine Notfrist und beginnt mit der Zustellung des Beschlusses.

(5) Für die Einstellung der Zwangsvollstreckung und die Aufhebung bereits getroffener Vollstreckungsmaßregeln gelten die Vorschriften der §§ 769 und 770 der Zivilprozeßordnung entsprechend. Die Aufhebung einer Vollstreckungsmaßregel ist auch ohne Sicherheitsleistung zulässig.

§ 30. (1) Wird die Zulassung der Zwangsvollstreckung auf die Beschwerde (Artikel 36, 37 des Übereinkommens, § 12) oder die Rechtsbeschwerde (Artikel 37 Abs. 2, Artikel 41 des Übereinkommens, § 17) aufgehoben oder abgeändert, so ist der Gläubiger zum Er-

satz des Schadens verpflichtet, der dem Schuldner durch die Vollstreckung des Schuldtitels oder durch eine zur Abwendung der Vollstreckung gemachte Leistung entstanden ist. Das gleiche gilt, wenn die Zulassung der Zwangsvollstreckung aus einer Entscheidung, die zum Zeitpunkt der Zulassung nach dem Recht des Urteilsstaats noch mit einem ordentlichen Rechtsbehelf angefochten werden konnte, nach § 29 aufgehoben oder abgeändert wird.

(2) Für die Geltendmachung des Anspruchs ist das Landgericht ausschließlich zuständig, das über den Antrag, den Schuldtitel mit der Vollstreckungsklausel zu versehen, entschieden hat.

§ 31. Die Vorschriften des § 29 gelten sinngemäß, wenn die Entscheidung in dem Vertragsstaat, in dem sie ergangen ist, aufgehoben oder abgeändert wird und die Partei, gegen welche die Anerkennung geltend gemacht wird, diese Tatsache nicht mehr in dem Verfahren über den Antrag auf Feststellung, daß die Entscheidung anzuerkennen ist, geltend machen kann.

Vierter Abschnitt. Besondere Vorschriften für Entscheidungen deutscher Gerichte

§ 32. Ist zu erwarten, daß ein Versäumnis- oder Anerkenntnisurteil in einem anderen Vertragsstaat geltend gemacht werden soll, so darf das Urteil nicht in abgekürzter Form (§ 313 b der Zivilprozeßordnung) hergestellt werden.

§ 33. (1) Will eine Partei ein Versäumnis- oder Anerkenntnisurteil, das nach § 313 b der Zivilprozeßordnung in abgekürzter Form hergestellt ist, in einem anderen Vertragsstaat geltend machen, so ist das Urteil auf ihren Antrag zu vervollständigen. Der Antrag kann bei dem Gericht schriftlich oder durch Erklärung zum Protokoll der Geschäftsstelle gestellt werden. Über den Antrag wird ohne mündliche Verhandlung entschieden. Die Vorschrift des § 13 Abs. 2 Satz 1 gilt entsprechend.

(2) Zur Vervollständigung des Urteils sind der Tatbestand und die Entscheidungsgründe nachträglich anzufertigen, von den Richtern besonders zu unterschreiben und der Geschäftsstelle zu übergeben; der Tatbestand und die Entscheidungsgründe können auch von Richtern unterschrieben werden, die bei dem Urteil nicht mitgewirkt haben.

(3) Für die Berichtigung des nachträglich angefertigten Tatbestandes gelten die Vorschriften des § 320 der Zivilprozeßordnung entsprechend. Jedoch können bei der Entscheidung über einen Antrag auf Berichtigung auch solche Richter mitwirken, die bei dem Urteil oder der nachträglichen Anfertigung des Tatbestandes nicht mitgewirkt haben.

(4) Für die Vervollständigung des Urteils werden Gerichtsgebühren nicht erhoben.

§ 34. Arrestbefehlen, einstweiligen Anordnungen oder Verfügungen, die in einem anderen Vertragsstaat geltend gemacht werden sollen, ist eine Begründung beizufügen. Die Vorschriften des § 33 gelten entsprechend.

§ 35. Vollstreckungsbescheide, Arrestbefehle und einstweilige Verfügungen, auf Grund deren ein Gläubiger die Zwangsvollstreckung in einem anderen Vertragsstaat betreiben will, sind auch dann mit der Vollstreckungsklausel zu versehen, wenn dies für eine Zwangsvollstreckung im Inland nach den Vorschriften des § 796 Abs. 1, des § 929 Abs. 1 und des § 936 der Zivilprozeßordnung nicht erforderlich wäre.

Fünfter Abschnitt. Mahnverfahren

§ 36. (1) Das Mahnverfahren findet auch statt, wenn die Zustellung des Mahnbescheids in einem anderen Vertragsstaat erfolgen muß. In diesem Fall kann der Anspruch auch die Zahlung einer bestimmten Geldsumme in ausländischer Währung zum Gegenstand haben.

(2) Macht der Antragsteller geltend, daß das Gericht auf Grund einer Vereinbarung zuständig sei, hat er dem Mahnantrag die nach Artikel 17 Abs. 1 des Übereinkommens erforderlichen Schriftstücke über die Vereinbarung beizufügen.

(3) Die Widerspruchsfrist (§ 692 Abs. 1 Nr. 3 der Zivilprozeßordnung) beträgt einen Monat. In dem Mahnbescheid ist der Antragsgegner darauf hinzuweisen, daß er einen Zustellungsbevollmächtigten zu benennen hat (§ 174 der Zivilprozeßordnung).

3) Protokoll v 3. 6. 71 betr die Auslegung des EuG-Übk, BGBl 72 II 846.

Schrifttum: Bericht des Sachverständigenausschusses, abgedr bei Bülow-Böckstiegel B I 1 b; Arnold NJW **72**, 977; Schlosser AWD **75**, 534 u NJW **77**, 457.

Durch das Protokoll werden dem EuGH Zuständigkeiten übertragen, um zwischen den Vertragsstaaten die einheitliche Auslegung des Übk sicherzustellen. Soweit es nichts anderes bestimmt, gelten die Vorschriften des Vertrags zur Gründung der EWG und die einschlägigen Bestimmungen der Satzung des EuGH, Art 5. Das Protokoll ist am 1. 9. 75 in Kraft getreten, Bek v 21. 7. 75, BGBl II 1138.

Art. 1. Der Gerichtshof der Europäischen Gemeinschaften entscheidet über die Auslegung des am 27. September 1968 in Brüssel unterzeichneten Übereinkommens über die gerichtliche Zuständigkeit und die Vollstreckung gerichtlicher Entscheidungen in Zivil- und Handelssachen, des dem Übereinkommen beigefügten, am selben Tag und am selben Ort unterzeichneten Protokolls und über die Auslegung des vorliegenden Protokolls.

Art. 2. Folgende Gerichte können dem Gerichtshof eine Auslegungsfrage zur Vorabentscheidung vorlegen:
1. ...
in der Bundesrepublik Deutschland: die obersten Gerichtshöfe des Bundes,
...
2. die Gerichte der Vertragsstaaten, sofern sie als Rechtsmittelinstanz entscheiden;
3. in den in Artikel 37 des Übereinkommens vorgesehenen Fällen die in dem genannten Artikel angeführten Gerichte.

Art. 3. (1) Wird eine Frage zur Auslegung des Übereinkommens oder einer anderen in Artikel 1 genannten Übereinkunft in einem schwebenden Verfahren bei einem der in Artikel 2 Nr. 1 angeführten Gerichte gestellt und hält dieses Gericht eine Entscheidung darüber zum Erlaß seines Urteils für erforderlich, so ist es verpflichtet, diese Frage dem Gerichtshof zur Entscheidung vorzulegen.

(2) Wird eine derartige Frage einem der in Artikel 2 Nr. 2 und 3 angeführten Gerichte gestellt, so kann dieses Gericht unter den in Absatz 1 festgelegten Voraussetzungen diese Frage dem Gerichtshof zur Entscheidung vorlegen.

Bem. Nach **Art 2 des G v 7. 8. 72, BGBl II 845,** ist in dem Beschluß, mit dem die Auslegungsfrage dem EuGH zur Vorabentscheidung vorgelegt wird, die auszulegende Vorschrift zu bezeichnen sowie die zu klärende Auslegungsfrage darzulegen, ferner ist der Sach- und Streitstand, soweit dies zur Beurteilung der Auslegungsfrage erforderlich ist, in gedrängter Form darzustellen.

Art. 4. (1) Die zuständige Stelle eines Vertragsstaates kann bei dem Gerichtshof beantragen, daß er zu einer Auslegungsfrage, die das Übereinkommen oder eine andere in Artikel 1 genannte Übereinkunft betrifft, Stellung nimmt, wenn Entscheidungen von Gerichten dieses Staates der Auslegung widersprechen, die vom Gerichtshof oder in einer Entscheidung eines der in Artikel 2 Nr. 1 und 2 angeführten Gerichte eines anderen Vertragsstaats gegeben wurde. Dieser Absatz gilt nur für rechtskräftige Entscheidungen.

(2) Die vom Gerichtshof auf einem derartigen Antrag gegebene Auslegung hat keine Wirkung auf die Entscheidungen, die den Anlaß für den Antrag auf Auslegung bildeten.

(3) Den Gerichtshof können um eine Auslegung nach Absatz 1 die Generalstaatsanwälte bei den Kassationsgerichtshöfen der Vertragsstaaten oder jede andere von einem Vertragsstaat benannte Stelle ersuchen.

(4) Der Kanzler des Gerichtshofs stellt den Antrag den Vertragsstaaten, der Kommission und dem Rat der Europäischen Gemeinschaften zu, die binnen zwei Monaten nach dieser Zustellung beim Gerichtshof Schriftsätze einreichen oder schriftliche Erklärungen abgeben können.

(5) In dem in diesem Artikel vorgesehenen Verfahren werden Kosten weder erhoben noch erstattet.

Bem. Nach **Art 3 des G v 7. 8. 72, BGBl II 845,** nimmt der Generalbundesanwalt beim BGH die Aufgaben der zuständigen Stelle iS des Art 4 des Protokolls wahr.

Art. 5–14 (hier nicht abgedruckt)

VI. Internationale Schiedsgerichtsbarkeit

Übersicht

Folgende **Staatsverträge** regeln oder enthalten Bestimmungen über die Anerkennung und Vollstreckbarkeit von Schiedsverträgen, Schiedssprüchen und Schiedsvergleichen:

a) Das UN-Übk über die Anerkennung und Vollstreckung ausländischer Schiedssprüche v 10. 6. 58, unter A 1. Es ist für die BRep an die Stelle des Genfer Protokolls über Schiedsklauseln im Handelsverkehr v 24. 9. 23 und des Genfer Abkommens zur Vollstreckung ausländischer Schiedssprüche v 29. 9. 27 getreten, Art 7 II Übk. Protokoll und Abkommen (Text mit Erläuterungen s 25. Aufl) bestehen aber zwischen der BRep und einigen Staaten noch fort; vgl wegen der Vertragspartner dieser beiden Verträge Einl IV Anm 3 D vor § 1 ZPO, ferner Bülow-Arnold, Internationaler Rechtsverkehr, Vorbem z UN-Übk (240), u kritisch Mezger Rabels Z **59**, 222.

b) Das Europäische Übereinkommen über die internationale Handelsschiedsgerichtsbarkeit v 21. 4. 61, abgedr unten A 2.

Während a und b Kollektivverträge sind, denen die BRep beigetreten ist (wegen der Mitgliedstaaten Einl IV Anm 3 D vor § 1 ZPO), sind auch in zahlreichen bilateralen Staatsverträgen der BRep Bestimmungen über das Schiedsgerichtswesen enthalten, nämlich im

c) dt-schweizerischen Abk v. 28. 7. 30, Art 9, s Schlußanh V B 1;
d) dt-italienischen Abk v 9. 3. 36, Art 8 s Schlußanhang V B 2;
e) dt-amerikanischen Freundschaft-, Handels- u Schiffahrtsabk v 29. 10. 54, Art VI Z 2, unten B 1;
f) dt-österreichischen Vertrag v 6. 6. 59, Art 12, s Schlußanh V B 3;
g) dt-belgischen Abk v 30. 6. 58, Art 13, s Schlußanh V B 4;
h) dt-griechischen Vertrag v 4. 11. 61, Art 14, s Schlußanh V B 6;
i) dt-niederländischen Vertrag v 30. 8. 62, Art 17, s Schlußanh V B 7;
k) dt-sowjetischen Abk v 25. 4. 58, Art 8, unten B 2;
l) dt-tunesischen Vertrag v 19. 7. 66, Art 47–53, s Schlußanh V B 8.

Über das Verhältnis von § 1044 zu den staatsvertraglichen Regelungen vgl § 1044 Anm 1 D.

A. Kollektivverträge

1.

UN-Übereinkommen über die Anerkennung und Vollstreckung ausländischer Schiedssprüche vom 10. 6. 58, BGBl 61 II 122

In Kraft seit 28. 9. 61. Wegen des Geltungsbereichs vgl Einl IV Anm 3 D vor § 1. Dort auch näheres darüber, inwieweit GenfProt u GenfAbk noch in Kraft sind, vgl auch Art 7 II Übk. Zum zeitlichen Anwendungsbereich BGH NJW **82**, 1225.

Schrifttum: Bülow-Böckstiegel, Internationaler Rechtsverkehr in Zivil- und Handelssachen, C I; Bertheau, Das ... Übk ... v 10. 6. 58, 1965; Eisemann-Mezger-Schottelius, Internationale Schiedsgerichtsbarkeit in Handelssachen; v. Hülsen, Gültigkeit von internationalen Schiedsvereinbarungen nach Konventionsrecht ..., 1973 (Bespr Roth ZZP **89**, 117); H. J. Maier, Europ Übk u UN-Übk über die Internationale Schiedsgerichtsbarkeit, 1966; Nagel, Internationales Zivilprozeßrecht für deutsche Praktiker, 1980, Abschnitt XII; K. H. Schwab, Schiedsgerichtsbarkeit, Kap 41–58; ders, Festschrift Luther, 1976, S 163 ff; Schlosser NJW **78**, 455; ders NJW **79**, 2433 (zur Bedeutung des Übk im Ost-West-Handel); Benkö, Schiedsverfahren und Vollstreckung von Schiedssprüchen in England, 1979; Walter, Das Schiedsverfahren im dt-ital Rechtsverkehr, RIW **82**, 693.

Art. 1. [1] Dieses Übereinkommen ist auf die Anerkennung und Vollstreckung von Schiedssprüchen anzuwenden, die in Rechtsstreitigkeiten zwischen natürlichen oder juristischen Personen in dem Hoheitsgebiet eines anderen Staates als desjenigen ergangen sind, in dem die Anerkennung und Vollstreckung nachgesucht wird. Es ist auch auf solche Schiedssprüche anzuwenden, die in dem Staat, in dem ihre Anerkennung und Vollstreckung nachgesucht wird, nicht als inländische anzusehen sind.

II Unter „Schiedssprüchen" sind nicht nur Schiedssprüche von Schiedsrichtern, die für eine bestimmte Sache bestellt worden sind, sondern auch solche eines ständigen Schiedsgerichtes, dem sich die Parteien unterworfen haben, zu verstehen.

III Jeder Staat, der dieses Übereinkommen unterzeichnet oder ratifiziert, ihm beitritt oder dessen Ausdehnung gemäß Artikel X notifiziert, kann gleichzeitig auf der Grundlage der Gegenseitigkeit erklären, daß er das Übereinkommen nur auf die Anerkennung und Vollstreckung solcher Schiedssprüche anwenden werde, die in dem Hoheitsgebiet eines anderen Vertragsstaates ergangen sind. Er kann auch erklären, daß er das Übereinkommen nur auf Streitigkeiten aus solchen Rechtsverhältnissen, sei es vertraglicher oder nicht vertraglicher Art, anwenden werde, die nach seinem innerstaatlichen Recht als Handelssachen angesehen werden.

Die **BRep** ist dem Übk mit folgendem **Vorbehalt** beigetreten (BGBl **62** II 102):

Unter Bezugnahme auf Artikel I Abs. 1 des Übereinkommens wird die Bundesrepublik Deutschland das Übereinkommen in Übereinstimmung mit dessen Artikel I Abs. 3 nur auf die Anerkennung und Vollstreckung solcher Schiedssprüche anwenden, die im Hoheitsgebiet eines anderen Vertragsstaates ergangen sind.

Bem. Zu I: Erfaßt werden durch I Schiedssprüche (nicht auch Schiedsvergleiche), die nicht im Hoheitsgebiet des Anerkennungs- und Vollstreckungsstaates ergangen sind, mag das auch ein Nicht-Vertragsstaat sein (jedoch ist ein Vorbehalt möglich, **III 1**, so für Bundesrepublik, Bulgarien, Frankreich, Indien, Japan, Marokko, Norwegen, Österreich, Polen, Rumänien, Tschechoslowakei, UdSSR, Ukraine, Ungarn, Weißrußland, Zentralafrikanische Republik; teilweise wenden diese Länder das Übk auch auf Nichtvertragsstaaten an, die Gegenseitigkeit gewähren). Maßgeblich für die Qualifikation als Schiedsspruch ist nicht das nationale Recht; vielmehr ist das Übk aus sich heraus eigenständig auszulegen, hM, BGH NJW **82**, 1225. Danach ist Schiedsspruch iSv Art 1 nur eine Entscheidung, die einen Rechtsstreit mit Urteilswirkung beendet, was zB auf den „lodo di arbitrato irrituale" des italienischen Rechts nicht zutrifft, BGH NJW **82**, 1224 zu Hbg IPrax **82**, 146, zustm Wenger IPrax **82**, 135 u Walter RIW **82**, 697. Anwendbar ist Art 1 auf Schiedssprüche ohne Rücksicht darauf, welcher Gerichtsbarkeit die Parteien unterworfen sind, und auch auf Schiedssprüche, die zwar im Anerkennungs- und Vollstreckungsstaat ergangen sind, dort aber nicht als inländische angesehen werden, weil das Verf nach ausländischem Recht durchgeführt ist, Bülow-Arnold Anm 9. **Art 2 I des ZustimmungsG v 15. 8. 61**, BGBl II 121, bestimmt hierzu:

Ist ein Schiedsspruch, auf den das Übereinkommen anzuwenden ist, in einem anderen Vertragsstaat nach deutschem Recht ergangen, so kann die Klage auf Aufhebung dieses Schiedsspruchs im Inland erhoben werden. Für die Aufhebung gelten §§ 1041, 1048, 1045 Abs. 1 und § 1046 der Zivilprozeßordnung.

Zu II: Einbezogen werden in das Anerkennungs- und VollstrVerfahren auch die Schiedssprüche ständiger Schiedsgerichte, zB solche der Hamburger freundschaftlichen Arbitrage und nach den Waren-Vereins-Bedingungen, vgl BGH NJW **83**, 1268.

Zu III 2: Vorbehalte haben Frankreich, Indien, Polen, Rumänien, Ungarn, Zentralafrikanische Republik gemacht. Norwegen wendet das Übk nicht auf Streitigkeiten an, bei denen Liegenschaften in Norwegen oder Rechte an derartigen Liegenschaften Gegenstand des Verf sind.

Art. 2. I Jeder Vertragsstaat erkennt eine schriftliche Vereinbarung an, durch die sich die Parteien verpflichten, alle oder einzelne Streitigkeiten, die zwischen ihnen aus einem bestimmten Rechtsverhältnis, sei es vertraglicher oder nichtvertraglicher Art, bereits entstanden sind oder etwa künftig entstehen, einem schiedsrichterlichen Verfahren zu unterwerfen, sofern der Gegenstand des Streites auf schiedsrichterlichem Wege geregelt werden kann.

II Unter einer „schriftlichen Vereinbarung" ist eine Schiedsklausel in einem Vertrag oder eine Schiedsabrede zu verstehen, sofern der Vertrag oder die Schiedsabrede von den Parteien unterzeichnet oder in Briefen oder Telegrammen enthalten ist, die sie gewechselt haben.

III Wird ein Gericht eines Vertragsstaates wegen eines Streitgegenstandes angerufen, hinsichtlich dessen die Parteien eine Vereinbarung im Sinne dieses Artikels getroffen haben, so hat das Gericht auf Antrag einer der Parteien sie auf das schiedsrichterliche Verfahren zu verweisen, sofern es nicht feststellt, daß die Vereinbarung hinfällig, unwirksam oder nicht erfüllbar ist.

Bem. Art 2 I u II gibt die formellen Voraussetzungen der Anerkennung von Schiedsverträgen als Grundlage der Anerkennung und Vollstreckung nach dem Übk; die Vorschrift ist eigenständig und ohne Zuhilfenahme des nationalen Rechts auszulegen, Schwab 44 III 1 a. Die Parteien können vereinbaren, welches Recht auf das Verfahren Anwendung finden soll; das braucht nicht in der Form des II zu geschehen, vgl Art 5 I d; jedoch muß die Regelung sich stets auf ein nationales Recht zurückführen lassen, also keine Loslösung von jedem nationalen Recht; fehlt eine solche Vereinbarung, so gilt Art 5 d, Bülow-Arnold Anm 55, 56. Materiellrechtlich ist für die Gültigkeit der von den Parteien geschlossenen Vereinbarung hinsichtlich der Fähigkeit hierzu das Personalstatut des Abschließenden, im übrigen das von den Parteien bestimmte Recht, hilfsweise das Recht des Landes, in dem der Schiedsspruch ergangen ist, von Bedeutung, Art V 1 a.

Nach Art 2 muß der Schiedsvertrag schriftlich geschlossen worden sein. Was nach dem Übk darunter zu verstehen ist, sagt II, dazu Walter RIW **82**, 698 mwN, Mezger RIW **79**, 488 (zu LG Hbg RIW **78**, 124 u OLG Hbg RIW **79**, 482). Danach ist die Wahrung der Form nach § 126 BGB nicht erforderlich; der Wechsel von Briefen oder Telegrammen (auch von Fernschreiben) reicht aus. Eine Schiedsklausel in AGB genügt, wenn diese in die Vertragsurkunde aufgenommen oder mit ihr verbunden worden sind, BGH NJW **76**, 1591. Dagegen reicht die einseitige schriftliche Bestätigung einer mündlichen Abrede nicht aus, BGH AWD **70**, 417. Die Formvorschrift gilt auch für Vollkaufleute. Die Heilung eines Formmangels ist nicht vorgesehen, Schwab 44 III 1 a. III behandelt die Einrede des Schiedsvertrages, die aber zunächst die Prüfung seiner Gültigkeit durch das Staatsgericht herbeiführt, in der Bundesrepublik also unter Anwendung der §§ 280 I, 282 III, 296 III, u gegebenenfalls Prozeßabweisung zur Folge hat, § 282 Anm 5.

Nach der Meistbegünstigungsklausel des Art 7 I kann sich jede Partei auf einen Schiedsspruch nach Maßgabe des innerstaatlichen Rechts oder der Verträge des Landes, in dem er geltend gemacht wird, berufen. In diesem Fall gilt nicht Art 2, sondern das günstigere Recht des Anerkennungsstaates. Unter dieser Voraussetzung kann bei Anwendbarkeit deutschen Verfahrensrechtes auch eine mündliche Schiedsabrede, § 1027 II, wirksam sein, Schwab 44 III 1 C mwN, Düss RIW **72**, 478 (dazu Habscheid KTS **73**, 236).

Art. 3. Jeder Vertragsstaat erkennt Schiedssprüche als wirksam an und läßt sie nach den Verfahrensvorschriften des Hoheitsgebietes, in dem der Schiedsspruch geltend gemacht wird, zur Vollstreckung zu, sofern die in den folgenden Artikeln festgelegten Voraussetzungen gegeben sind. Die Anerkennung oder Vollstreckung von Schiedssprüchen, auf die dieses Übereinkommen anzuwenden ist, darf weder wesentlich strengeren Verfahrensvorschriften noch wesentlich höheren Kosten unterliegen als die Anerkennung oder Vollstreckung inländischer Schiedssprüche.

Bem. In der BRep erfolgt die Vollstreckbarerklärung nach §§ 1042 a ff. Die Art 4 u 5 enthalten abschließend die Voraussetzungen für Anerkennung u Vollstreckung.

Art. 4 ^{I} Zur Anerkennung und Vollstreckung, die im vorangehenden Artikel erwähnt wird, ist erforderlich, daß die Partei, welche die Anerkennung und Vollstreckung nachsucht, zugleich mit ihrem Antrag vorlegt:
a) die gehörig legalisierte (beglaubigte) Urschrift des Schiedsspruches oder eine Abschrift, deren Übereinstimmung mit einer solchen Urschrift ordnungsgemäß beglaubigt ist;
b) die Urschrift der Vereinbarung im Sinne des Artikels II oder eine Abschrift, deren Übereinstimmung mit einer solchen Urschrift ordnungsgemäß beglaubigt ist.

^{II} Ist der Schiedsspruch oder die Vereinbarung nicht in einer amtlichen Sprache des Landes abgefaßt, in dem der Schiedsspruch geltend gemacht wird, so hat die Partei, die seine Anerkennung und Vollstreckung nachsucht, eine Übersetzung der erwähnten Urkunden in diese Sprache beizubringen. Die Übersetzung muß von einem amtlichen oder beeidigten Übersetzer oder von einem diplomatischen oder konsularischen Vertreter beglaubigt sein.

Bem. Der Antrag ist in der Sprache des Anerkennungs- und VollstrStaates, die I a u b genannten Urkunden sind gegebenenfalls mit einer beglaubigten Übersetzung einzureichen.

Art. 5. ^{I} Die Anerkennung und Vollstreckung des Schiedsspruches darf auf Antrag der Partei, gegen die er geltend gemacht wird, nur versagt werden, wenn diese Partei der zuständigen Behörde des Landes, in dem die Anerkennung und Vollstreckung nachgesucht wird, den Beweis erbringt,
a) daß die Parteien, die eine Vereinbarung im Sinne des Artikels II geschlossen haben, nach dem Recht, das für sie persönlich maßgebend ist, in irgend einer Hinsicht hierzu

nicht fähig waren, oder daß die Vereinbarung nach dem Recht, dem die Parteien sie unterstellt haben, oder falls die Parteien hierüber nichts bestimmt haben, nach dem Recht des Landes, in dem der Schiedsspruch ergangen ist, ungültig ist, oder

b) daß die Partei, gegen die der Schiedsspruch geltend gemacht wird, von der Bestellung des Schiedsrichters oder von dem schiedsrichterlichen Verfahren nicht gehörig in Kenntnis gesetzt worden ist oder daß sie aus einem anderen Grund ihre Angriffs- oder Verteidigungsmittel nicht hat geltend machen können, oder

c) daß der Schiedsspruch eine Streitigkeit betrifft, die in der Schiedsabrede nicht erwähnt ist oder nicht unter die Bestimmungen der Schiedsklausel fällt, oder daß er Entscheidungen enthält, welche die Grenzen der Schiedsabrede oder der Schiedsklausel überschreiten; kann jedoch der Teil des Schiedsspruches, der sich auf Streitpunkte bezieht, die dem schiedsrichterlichen Verfahren unterworfen waren, von dem Teil, der Streitpunkte betrifft, die ihm nicht unterworfen waren, getrennt werden, so kann der erstgenannte Teil des Schiedsspruches anerkannt und vollstreckt werden, oder

d) daß die Bildung des Schiedsgerichtes oder das schiedsrichterliche Verfahren der Vereinbarung der Parteien oder, mangels einer solchen Vereinbarung, dem Recht des Landes, in dem das schiedsrichterliche Verfahren stattfand, nicht entsprochen hat, oder

e) daß der Schiedsspruch für die Parteien noch nicht verbindlich geworden ist oder daß er von einer zuständigen Behörde des Landes, in dem oder nach dessen Recht er ergangen ist, aufgehoben oder in seinen Wirkungen einstweilen gehemmt worden ist.

II Die Anerkennung und Vollstreckung eines Schiedsspruches darf auch versagt werden, wenn die zuständige Behörde des Landes, in dem die Anerkennung und Vollstreckung nachgesucht wird, feststellt,

a) daß der Gegenstand des Streites nach dem Recht dieses Landes nicht auf schiedsrichterlichem Wege geregelt werden kann, oder

b) daß die Anerkennung oder Vollstreckung des Schiedsspruches der öffentlichen Ordnung dieses Landes widersprechen würde.

Bem. a) I enthält die nur auf Einrede (Beweislast hat die Partei, die sie geltend macht), II die von Amts wegen zu berücksichtigenden **Versagungsgründe**. **Zu I a:** Hierunter fällt die Einrede der materiellen Unwirksamkeit der Schiedsvereinbarung zB wegen Unbestimmtheit, vgl BGH NJW **83**, 1268 (Vorentscheidung: Hbg RIW **82**, 283), nach dem für die Beurteilung des Schiedsvertrages maßgeblichen Recht, BGH NJW **76**, 1591, ebenso wie die Einrede, daß der Schiedsvertrag nicht den formellen Voraussetzungen von Art II genügt. **Zu I b:** Auch zu bejahen, wenn statt dem gesetzlichen Vertreter der beschränkt geschäftsfähigen Person selbst zugestellt ist, Bülow-Arnold Anm 51. **Zu I c:** Wegen Überschreitung der Entscheidungskompetenz bei zeitlicher Begrenzung (Befristung) dieser Kompetenz s BGH KTS **77**, 22. **Zu I d:** vgl Bem zu Art. 2. **Zu I e:** „Noch nicht verbindlich", daß der Schiedsspruch also noch nicht formell wirksam geworden ist, nach deutschem Recht etwa mangels Niederlegung, oder noch vor ein Oberschiedsgericht gebracht werden kann. Zur Aufhebung zuständige Behörde ist die, die nach der Vereinbarung der Parteien über das Verf zuständig ist, sonst diejenige des Landes, in dem das Verf stattfand, Bülow-Arnold Anm 57–59. I e gilt im Verhältnis von Staaten, die auch Partner des EuÜbk, Schlußanh VI A 2, sind, nach Maßgabe von dessen Art 9 II. **Zu II:** Die Beurteilung erfolgt nach dem Recht des Landes, dessen Behörden über Anerkennung und Vollstreckung entscheiden. Das Fehlen von Gründen ist kein Versagungsgrund, Walter RIW **82**, 702. Der Schiedsspruch darf auf seine sachliche Richtigkeit nachgeprüft werden, wenn davon die Entscheidung abhängt, ob seine Anerkennung gegen die öff Ordnung verstößt, BGH MDR **64**, 590 (zum Genfer Abk).

b) Das ZustimmungsG der BRep v 15. 3. 61, BGBl II 121, enthält in **Art 2 II** zu Art V folgende Regelung:

Ist der Antrag auf Vollstreckbarerklärung eines Schiedsspruchs der in Artikel I bezeichneten Art nach Artikel V des Übereinkommens abzulehnen, so ist der Schiedsspruch gleichzeitig aufzuheben, wenn einer der in § 1041 der Zivilprozeßordnung bezeichneten Aufhebungsgründe vorliegt.

Art. 6. Ist bei der Behörde, die im Sinne des Artikels V Absatz 1 Buchstabe e) zuständig ist, ein Antrag gestellt worden, den Schiedsspruch aufzuheben oder ihn in seinen Wirkungen einstweilen zu hemmen, so kann die Behörde, vor welcher der Schiedsspruch geltend gemacht wird, sofern sie es für angebracht hält, die Entscheidung über den Antrag, die Vollstreckung zuzulassen, aussetzen; sie kann aber auch auf Antrag der Partei, welcher die Vollstreckung des Schiedsspruches begehrt, der anderen Partei auferlegen, angemessene Sicherheit zu leisten.

Art. 7. ¹ Die Bestimmungen dieses Übereinkommens lassen die Gültigkeit mehrseitiger oder zweiseitiger Verträge, welche die Vertragsstaaten über die Anerkennung und Vollstreckung von Schiedssprüchen geschlossen haben, unberührt und nehmen keiner beteiligten Partei das Recht, sich auf einen Schiedsspruch nach Maßgabe des innerstaatlichen Rechts oder der Verträge des Landes, in dem er geltend gemacht wird, zu berufen.

^{II} Das Genfer Protokoll über die Schiedsklauseln von 1923 und das Genfer Abkommen zur Vollstreckung ausländischer Schiedssprüche von 1927 treten zwischen den Vertragsstaaten in dem Zeitpunkt und in dem Ausmaß außer Kraft, in dem dieses Übereinkommen für sie verbindlich wird.

Bem. Zu I: Die Bestimmung ermöglicht es der betreffenden Partei, von einer ihr günstigeren Regelung Gebrauch zu machen, zB vom innerstaatlichen Recht, Düss AWD **72**, 478, oder von Art 13 des dt-belg Abk, oben V B 4, BGH NJW **78**, 1744, oder vom dt-amerik Abk, unten VI B 1. Sie schließt auch die Anwendung der günstigeren inländischen Bestimmungen über Anerkennung und Vollstreckung, § 1044 ZPO, nicht aus, BGH NJW **76**, 1591 mwN, zustm Habscheid/Calavros KTS **79**, 8. **Zu II:** Wegen der Weitergeltung des GenfProt und GenfAbk vgl Einl IV 3 D vor § 1 ZPO und oben Üb 1a. Zur Frage der Einwirkung des UN-Übk auf Art 8 II des dt-ital Abk, Schlußanh V B 2, s Walter RIW **82**, 694.

2.

Europäisches Übereinkommen über die internationale Handelsschiedsgerichtsbarkeit vom 21. 4. 61, BGBl 64 II 425

In Kraft für die BRep seit 25. 1. 65, BGBl **65** II 107. Wegen der Vertragsstaaten vgl Einl IV Anm 3 D vor § 1.

Schrifttum: Bülow-Böckstiegel C I; Klein, Rev crit **62**, 621; Mezger RabelsZ **65**, 231; Hans Jakob Maier, Europ Übk u UN-Übk üb die Internationale Schiedsgerichtsbarkeit, 1966; Kaiser, Das EuÜbk, Zürich 1967; Nagel, InternationalesZivilprozeßrecht für deutsche Praktiker, 1980, Abschnitt XII; Schwab Kap 41–58; ders, Festschrift Luther, 1976, S 163ff; Schlosser, Das Recht der internationalen privaten Schiedsgerichtsbarkeit, Bd I, 1975; ders, NJW **79**, 2431 (zur Bedeutung des Übk im Ost-West-Handel); Walter RIW **82**, 693 (Schiedsverf im dt-ital Rechtsverkehr).

Das EuÜbk tritt neben das UNÜbk, oben A 1; durch Art IX Abs II ändert es dieses ab, Walter RIW **82**, 695, geht ihm als jüngeres auch vor, BGH WertpMitt **70**, 1050. Es läßt die Gültigkeit mehrseitiger oder zweiseitiger Verträge, die die Vertragsstaaten auf dem Gebiet der Schiedsgerichtsbarkeit geschlossen haben oder noch schließen, unberührt, Art X Abs 7. Soweit nicht diese unberührt bleibenden Abk oder das EuÜbk eingreifen, gilt das Recht des Landes, in dem der Spruch ergeht. Die besondere Bedeutung des Übk liegt, wie die Liste der Mitgliedsstaaten zeigt, auf dem Gebiet des Ost-Westhandels.

Der maßgebende Text des Übk ist englisch, französisch und russisch. Der im BGBl daneben gestellte deutsche Text ist eine Übersetzung.

Anwendungsbereich des Übereinkommens

Art. 1. ¹ Dieses Übereinkommen ist anzuwenden:
a) auf Schiedsvereinbarungen, die zum Zwecke der Regelung von bereits entstandenen oder künftig entstehenden Streitigkeiten aus internationalen Handelsgeschäften zwischen natürlichen oder juristischen Personen geschlossen werden, sofern diese bei Abschluß der Vereinbarung ihren gewöhnlichen Aufenthalt oder ihren Sitz in verschiedenen Vertragsstaaten haben;
b) auf schiedsrichterliche Verfahren und auf Schiedssprüche, die sich auf die in Absatz 1 Buchstabe a bezeichneten Vereinbarungen gründen.

^{II} Im Sinne dieses Übereinkommens bedeutet
a) „Schiedsvereinbarung" eine Schiedsklausel in einem Vertrag oder eine Schiedsabrede, sofern der Vertrag oder die Schiedsabrede von den Parteien unterzeichnet oder in Briefen, Telegrammen oder Fernschreiben, die sie gewechselt haben, enthalten ist und, im Verhältnis zwischen Staaten, die in ihrem Recht auf Schiedsvereinbarungen nicht die Schriftform fordern, jede Vereinbarung, die in den nach diesen Rechtsordnungen zulässigen Formen geschlossen ist;
b) „Regelung durch ein Schiedsgericht" die Regelung von Streitigkeiten nicht nur durch Schiedsrichter, die für eine bestimmte Sache bestellt werden (ad hoc-Schiedsgericht), sondern auch durch ein ständiges Schiedsgericht;

c) „Sitz" den Ort, an dem sich die Niederlassung befindet, welche die Schiedsvereinbarung geschlossen hat.

Bem. Art 1 enthält die Begriffsbestimmungen, II, u gleichzeitig, welchen Voraussetzungen die Schiedsvereinbarungen entsprechen müssen, um in den Anwendungsbereich des Übk zu fallen, I. Die Wirksamkeitserfordernisse bestimmen sich im Anwendungsbereich des Übk allein nach Art 1, nicht nach dem Recht der Einzelstaaten, BGH NJW **80**, 2022 m zustm Anm Samtleben IPRax **81**, 43. Er ist weiter als § 91 GWB, der sich nur auf künftige Streitigkeiten bezieht, weiter auch als § 1026, wonach nur der Schiedsvertrag rechtliche Wirkung hat, der sich auf ein bestimmtes Rechtsverhältnis und die daraus entspringenden Rechtsstreitigkeiten bezieht, Mezger S 243. Immer muß die Schiedsvereinbarung genügend bestimmt sein; die Frage nach ihrer Wirksamkeit ist hier wie auch sonst nach dem Recht zu beurteilen, dessen Anwendung die Parteien vereinbart haben, Schwab 44 V, BGH NJW **83**, 1268. Was „Handelsgeschäfte", Ia, sind, ist mangels näherer Begriffsbestimmung nach der lex fori zu bestimmen, Klein S 625, aM Maier Anm 2 (der internationale Begriff geht weiter, so daß nicht immer Kaufmannseigenschaft erforderlich ist, zB Einfuhrstelle, offen gelassen BGH NJW **80**, 2022). Jedenfalls ergibt sich aber, daß nur Streitigkeiten aus Verträgen, nicht auch aus nichtvertraglichen Rechtsverhältnissen unter das Übk fallen. „International" im Sinne des Übk sind sie nur dann, wenn die Abschließenden (natürliche wie jur Personen) im Zeitpunkt des Abschlusses des Vertrages in verschiedenen Vertragsstaaten ihren gewöhnlichen Aufenthalt oder Sitz haben, BGH NJW **80**, 2022. Schließt die Niederlassung eines Unternehmens mit Sitz in einem anderen Lande ab, so entscheidet insofern der Sitz der Niederlassung, IIc. Auf die Staatsangehörigkeit der Abschließenden kommt es nicht an; ein Geschäft, das Ausländer verschiedener Staatsangehörigkeit in demselben Lande abschließen, fällt nicht unter das Übk. Als Schiedsvereinbarung wird eine Schiedsklausel oder eine Schiedsabrede nur dann angesehen, wenn die Schriftform gewahrt ist (§ 1027 I ist im übrigen nicht erforderlich), worunter auch Briefwechsel, Telegramme u Fernschreiben verstanden werden (auch nachträgliche schriftliche Zustimmung, BGH NJW **83**, 1268), nicht dagegen die nachträgliche Erteilung von Schlußnoten eines Maklers, Hbg RIW **79**, 482 m Anm Mezger; genügt nach Landesrecht beider Staaten weniger, so fallen aber auch diese Schiedsvereinbarungen unter das Übk, BGH WertpMitt **70**, 1050 (betr Bestätigungsschreiben), dazu krit Mezger Rev crit d i p **71**, 37, Hbg RIW **79**, 482 m krit Anm Mezger. Das Schiedsgericht, auf das sich die Parteien einigen, kann sowohl ein solches für den bestimmten Fall wie ein ständiges sein, IIb; es kann auch im dritten Lande liegen. Als Schiedsrichter können auch Ausländer bestellt werden, Art III.

Schiedsfähigkeit der juristischen Personen des öffentlichen Rechts

Art. 2. [I] In den Fällen des Artikels I Abs. 1 haben die juristische Personen, die nach dem für sie maßgebenden Recht „juristische Personen des öffentlichen Rechts" sind, die Fähigkeit, wirksam Schiedsvereinbarungen zu schließen.

[II] Jeder Staat kann bei der Unterzeichnung oder Ratifizierung des Übereinkommens oder beim Beitritt erklären, daß er diese Fähigkeit in dem Ausmaße beschränkt, das in seiner Erklärung bestimmt ist.

Bem. Vgl G v 10. 10. 33, RGBl I 722 (BGBl III 310-8), u dazu § 1027 ZPO Anm 1 G. Trotzdem ist seitens der BRep kein Vorbehalt gemacht worden.

Fähigkeit der Ausländer zum Schiedsrichteramt

Art. 3. Ausländer können in schiedsrichterlichen Verfahren, auf die dieses Übereinkommen anzuwenden ist, zu Schiedsrichtern bestellt werden.

Gestaltung des schiedsrichterlichen Verfahrens

Art. 4. [I] Den Parteien einer Schiedsvereinbarung steht es frei zu bestimmen,
a) daß ihre Streitigkeiten einem ständigen Schiedsgericht unterworfen werden; in diesem Fall wird das Verfahren nach der Schiedsgerichtsordnung des bezeichneten Schiedsgerichts durchgeführt;
oder
b) daß ihre Streitigkeiten einem ad hoc-Schiedsgericht unterworfen werden; in diesem Fall können die Parteien insbesondere
   1. die Schiedsrichter bestellen oder im einzelnen bestimmen, wie die Schiedsrichter bei Entstehen einer Streitigkeit bestellt werden;

2. den Ort bestimmen, an dem das schiedsrichterliche Verfahren durchgeführt werden soll;
3. die von den Schiedsrichtern einzuhaltenden Verfahrensregeln festlegen.

^{II} Haben die Parteien vereinbart, die Regelung ihrer Streitigkeiten einem ad hoc-Schiedsgericht zu unterwerfen, und hat eine der Parteien innerhalb von 30 Tagen, nachdem der Antrag, mit dem das Schiedsgericht angerufen wird, dem Beklagten zugestellt worden ist, ihren Schiedsrichter nicht bestellt, so wird dieser Schiedsrichter, sofern nichts anderes vereinbart ist, auf Antrag der anderen Partei von dem Präsidenten der zuständigen Handelskammer des Staates bestellt, in dem die säumige Partei bei Stellung des Antrags, mit dem das Schiedsgericht angerufen wird, ihren gewöhnlichen Aufenthalt oder ihren Sitz hat. Dieser Absatz gilt auch für die Ersetzung von Schiedsrichtern, die von einer Partei oder von dem Präsidenten der obenbezeichneten Handelskammer bestellt worden sind.

^{III} Haben die Parteien vereinbart, die Regelung ihrer Streitigkeiten einem ad hoc-Schiedsgericht, das aus einem Schiedsrichter oder aus mehreren Schiedsrichtern besteht, zu unterwerfen, und enthält die Schiedsvereinbarung keine Angaben über die Maßnahmen der in Absatz 1 bezeichneten Art, die zur Gestaltung des schiedsrichterlichen Verfahrens erforderlich sind, so werden diese Maßnahmen, wenn die Parteien sich hierüber nicht einigen und wenn nicht ein Fall des Absatzes 2 vorliegt, von dem Schiedsrichter oder von den Schiedsrichtern getroffen, die bereits bestellt sind. Kommt zwischen den Parteien über die Bestellung des Einzelschiedsrichters oder zwischen den Schiedsrichtern über die zu treffenden Maßnahmen eine Einigung nicht zustande, so kann der Kläger, wenn die Parteien den Ort bestimmt haben, an dem das schiedsrichterliche Verfahren durchgeführt werden soll, sich zu dem Zweck, daß diese Maßnahmen getroffen werden, nach seiner Wahl entweder an den Präsidenten der zuständigen Handelskammer des Staates, in dem der von den Parteien bestimmte Ort liegt, oder an den Präsidenten der zuständigen Handelskammer des Staates wenden, in dem der Beklagte bei Stellung des Antrags, mit dem das Schiedsgericht angerufen wird, seinen gewöhnlichen Aufenthalt oder seinen Sitz hat; haben die Parteien den Ort, an dem das schiedsrichterliche Verfahren durchgeführt werden soll, nicht bestimmt, so kann sich der Kläger nach seiner Wahl entweder an den Präsidenten der zuständigen Handelskammer des Staates, in dem der Beklagte bei Stellung des Antrags, mit dem das Schiedsgericht angerufen wird, seinen gewöhnlichen Aufenthalt oder seinen Sitz hat, oder an das Besondere Komitee wenden, dessen Zusammensetzung und dessen Verfahren in der Anlage zu diesem Übereinkommen geregelt sind. Übt der Kläger die ihm in diesem Absatz eingeräumten Rechte nicht aus, so können sie von dem Beklagten oder von den Schiedsrichtern ausgeübt werden.

^{IV} Der Präsident oder das Besondere Komitee kann, je nach den Umständen des ihm vorgelegten Falles, folgende Maßnahmen treffen:
a) den Einzelschiedsrichter, den Obmann des Schiedsgerichts, den Oberschiedsrichter oder den dritten Schiedsrichter bestellen;
b) einen oder mehrere Schiedsrichter ersetzen, die nach einem anderen als dem in Absatz 2 vorgesehenen Verfahren bestellt worden sind;
c) den Ort bestimmen, an dem das schiedsrichterliche Verfahren durchgeführt werden soll, jedoch können die Schiedsrichter einen anderen Ort wählen;
d) unmittelbar oder durch Verweisung auf die Schiedsgerichtsordnung eines ständigen Schiedsgerichts die von den Schiedsrichtern einzuhaltenden Verfahrensregeln festlegen, wenn nicht mangels einer Vereinbarung der Parteien über das Verfahren die Schiedsrichter dieses selbst festgelegt haben.

^V Haben die Parteien vereinbart, die Regelung ihrer Streitigkeiten einem ständigen Schiedsgericht zu unterwerfen, ohne daß sie das ständige Schiedsgericht bestimmt haben, und einigen sie sich nicht über die Bestimmung des Schiedsgerichts, so kann der Kläger diese Bestimmung gemäß dem in Absatz 3 vorgesehenen Verfahren beantragen.

^{VI} Enthält die Schiedsvereinbarung keine Angaben über die Art des Schiedsgerichts (ständiges Schiedsgericht oder ad hoc-Schiedsgericht), dem die Parteien ihre Streitigkeit zu unterwerfen beabsichtigt haben, und einigen sich die Parteien nicht über diese Frage, so kann der Kläger von dem in Absatz 3 vorgesehenen Verfahren Gebrauch machen. Der Präsident der zuständigen Handelskammer oder das Besondere Komitee kann die Parteien entweder an ein ständiges Schiedsgericht verweisen oder sie auffordern, ihre Schiedsrichter innerhalb einer von ihm festgesetzten Frist zu bestellen und sich innerhalb derselben Frist über die Maßnahmen zu einigen, die zur Durchführung des schiedsrichterlichen Verfahrens erforderlich sind. In diesem letzten Falle sind die Absätze 2, 3 und 4 anzuwenden.

Europäisches Übereinkommen über die Handelsschiedsgerichtsbarkeit **IntSchG**

VII Ist ein Antrag der in den Absätzen 2, 3, 4, 5 und 6 vorgesehenen Art von dem Präsidenten der in diesen Absätzen bezeichneten Handelskammer innerhalb von 60 Tagen nach Eingang des Antrags nicht erledigt worden, so kann sich der Antragsteller an das Besondere Komitee wenden, damit dieses die Aufgaben übernimmt, die nicht erfüllt worden sind.

1) Das ständige Schiedsgericht, Ia, das besondere Bedeutung für den Ost-Westhandel hat, führt das Verfahren, einschließlich der Zusammensetzung des Schiedsgerichts, nach seiner eigenen Schiedsgerichtsordnung durch, so daß also mit der Vereinbarung eines derartigen Schiedsgerichts der Gerichtsort, die richterliche Besetzung und die Verfahrensordnung festliegen, BGH NJW **83,** 1268 (betr Hamburger freundschaftliche Arbitrage und Schiedsverfahren nach Waren-Vereins-Bedingungen), Kornmeier AWD **80,** 381. Haben die Parteien ihre Streitigkeiten zwar einem ständigen Schiedsgericht unterstellt, dieses aber nicht bestimmt, so gilt insofern III, V; vgl auch VI, dazu auch VII.

2) Bei Unterwerfung unter ein ad hoc-Schiedsgericht sind die Parteien in der Bestimmung der Schiedsrichter oder des Verfahrens ihrer Bestellung, des Gerichtsorts, also auch in einem dritten Lande, u der Ausgestaltung des Verfahrens frei, **Ib.** Diese Bestimmungen brauchen sich also nicht an eine nationale Gesetzgebung zu halten; sie sind selbst dann gültig, wenn eine Bestimmung des nationalen Rechts, auch eine zwingende, entgegensteht, BGH NJW **80,** 2022 m zustm Anm Samtleben IPRax **81,** 43, Mezger S 255, Klein S 635. Gewisse Einschränkungen ergeben sich allerdings aus Art VI Abs II S 2, Art IX Abs I a.

3) Die folgenden Absätze regeln:

a) Das Verfahren bei Nichtbenennung seines Schiedsrichters durch den Bekl, nämlich die Bestellung durch den Handelskammerpräsidenten, **II,** oder, falls dieser dem Antrag nicht nachkommt, durch das Besondere Komitee, **VII.** Angaben darüber, wer die Aufgaben des Präsidenten der Handelskammer erfüllt, bei Maier Anm 9;

b) das Verfahren, wenn lediglich die Streitigkeiten einem ad hoc-Schiedsgericht unterstellt sind, das aus einem oder mehreren Schiedsrichtern besteht, ohne aber das Nähere entsprechend Ib oder, falls das vorgesehen ist, hinsichtlich des Einzelschiedsrichters festzulegen. Einigen sich die Parteien oder bei einem kollegialen Schiedsgericht die bereits bestellten Schiedsrichter hierüber nicht, so kann der Kl, falls die Parteien den Ort des Schiedsgerichts bestimmt haben, sich an den für diesen Ort zuständigen Handelskammerpräsidenten oder auch an den des Ortes, in dem der Bekl zZt der Stellung des Antrags seinen gewöhnlichen Aufenthalt oder Sitz hat, wenden. Haben die Parteien auch den Ort des Schiedsgerichts nicht festgelegt, kann der Kl sich an den Handelskammerpräsidenten des gewöhnlichen Aufenthaltsortes des Bekl oder auch an das Besondere Komitee wenden, **III,** dessen Zusammensetzung in der Anl zu dem EuÜbk, BGBl **64,** II 445, geregelt ist;

c) die Befugnisse des Handelskammerpräsidenten oder des Besonderen Komitees, **IV,** insbesondere auch des letzteren, wenn der Handelskammerpräsident innerhalb von 60 Tagen den an ihn nach Art IV gestellten Anträgen nicht nachkommt;

d) das Verfahren, wenn die Schiedsvereinbarung zwar bestimmt, daß ein Schiedsgericht entscheiden soll, nicht aber, ob ein ständiges oder ein ad hoc-Schiedsgericht, **VI.**

4) Vereinbarung über die Anwendung des ÜbK v 17. 12. 62, BGBl **65** II 271; s auch Einl IV Anm 2 D. In Kraft seit 25. 1. 65, gilt aber **nur für Österreich u Frankreich,** ist also für den Ost-Westhandel nicht praktisch, da in diesen Fällen idR ein ständiges Schiedsgericht, Art IV Abs Ia, vereinbart wird. Sie ersetzt Art IV Abs 2–7 durch folgende Vorschrift (deutsche Übersetzung):

Enthält die Schiedsvereinbarung keine Angaben über die Gesamtheit oder einen Teil der in Artikel IV Abs. 1 des Europäischen Übereinkommens über die internationale Handelsschiedsgerichtsbarkeit bezeichneten Maßnahmen, so werden die bei der Bildung oder der Tätigkeit des Schiedsgerichts etwa entstehenden Schwierigkeiten auf Antrag einer Partei durch das zuständige staatliche Gericht behoben.

Vgl dazu § 1045.

Einrede der Unzuständigkeit des Schiedsgerichts

Art. 5. [1] Will eine Partei die Einrede der Unzuständigkeit des Schiedsgerichts erheben, so hat sie die Einrede, wenn diese damit begründet wird, die Schiedsvereinbarung bestehe nicht, sei nichtig oder sei hinfällig geworden, in dem schiedsrichterlichen Verfahren spätestens gleichzeitig mit ihrer Einlassung zur Hauptsache vorzubringen; wird die Einrede damit begründet, der Streitpunkt überschreite die Befugnisse des Schiedsgerichts, so hat die Partei die Einrede vorzubringen, sobald der Streitpunkt, der die Befugnisse des Schiedsgerichts überschreiten soll, in dem schiedsrichterlichen Verfahren zur Erörterung kommt. Wird eine Einrede von den Parteien verspätet erhoben, so hat das Schiedsgericht die Einrede dennoch zuzulassen, wenn die Verspätung auf einem von dem Schiedsgericht für gerechtfertigt erachteten Grund beruht.

II Werden die in Absatz 1 bezeichneten Einreden der Unzuständigkeit nicht in den dort bestimmten zeitlichen Grenzen erhoben, so können sie, sofern es sich um Einreden handelt, die zu erheben den Parteien nach dem von dem Schiedsgericht anzuwendenden Recht überlassen ist, im weiteren Verlauf des schiedsrichterlichen Verfahrens nicht mehr erhoben werden; sie können auch später vor einem staatlichen Gericht in einem Verfahren in der Hauptsache oder über die Vollstreckung des Schiedsspruches nicht mehr geltend gemacht werden, sofern es sich um Einreden handelt, die zu erheben den Parteien nach dem Recht überlassen ist, welches das mit der Hauptsache oder mit der Vollstreckung des Schiedsspruches befaßte staatliche Gericht nach seinen Kollisionsnormen anzuwenden hat. Das staatliche Gericht kann jedoch die Entscheidung, mit der das Schiedsgericht die Verspätung der Einrede festgestellt hat, überprüfen.

III Vorbehaltlich einer dem staatlichen Gericht nach seinem Recht zustehenden späteren Überprüfung kann das Schiedsgericht, dessen Zuständigkeit bestritten wird, das Verfahren fortsetzen; es ist befugt, über seine eigene Zuständigkeit und über das Bestehen oder die Gültigkeit der Schiedsvereinbarung oder des Vertrages, in dem diese Vereinbarung enthalten ist, zu entscheiden.

1) Zulassung der Einreden, I, II. Das Vorbringen der Einreden, die Schiedsvereinbarung bestehe nicht, sei nichtig oder hinfällig geworden, der Streitpunkt überschreite die Befugnisse des Schiedsgerichts (zB der Anspruch ergebe sich nicht aus Vertrag, sondern aus unerlaubter Handlung), ist an bestimmte Zeitpunkte gebunden. Erfolgt die Einlassung zur Hauptsache durch Schriftsatz, kommt es auf den Eingang dieser Stellungnahme beim Schiedsgericht an, BGH NJW **83**, 1269. Das Schiedsgericht kann die Einrede aber zulassen, wenn es die Verspätung für gerechtfertigt hält, was das Staatsgericht nicht nachprüfen kann, I; bejahendenfalls muß zugelassen werden. Wegen Verspätung nicht zugelassene Einreden können im Verfahren vor dem Schiedsgericht nicht vorgebracht werden, wenn nach dem von diesem anzuwendenden Recht ihr Vorbringen oder Nichtvorbringen der Partei überlassen ist. Das gilt auch für ein Verfahren vor dem Staatsgericht, falls nach dem von diesem anzuwendenden Recht das der Partei überlassen ist, also die Einreden nicht von Amts wegen zu beachten sind, worüber das Schiedsgericht nach dem von ihm anzuwendenden Recht zu entscheiden hat. Ob das Schiedsgericht die Einrede wegen Verspätung zu Recht zurückgewiesen hat, unterliegt stets der Nachprüfung durch das Staatsgericht, II. Sieht das Schiedsgericht von einer Entscheidung über die Zulässigkeit der Einrede ab, weil sie jedenfalls unbegründet sei, so fällt die Entscheidung dem staatlichen Gericht zu, BGH NJW **83**, 1267.

2) Nachprüfung durch das Staatsgericht, III. Das Schiedsgericht entscheidet auch bei Bestreiten über seine eigene Zuständigkeit und das Bestehen der Schiedsvereinbarung, ferner über ihre Gültigkeit, desgleichen über das Bestehen und die Gültigkeit des Hauptvertrages, vgl § 1025 Anm 2 D. Jedoch kann die Richtigkeit der Entscheidung des Schiedsgerichts hinsichtlich seiner Zuständigkeit später durch das Staatsgericht nach dem für dieses maßgebenden Recht nachgeprüft werden, nicht aber die Entscheidung über Bestehen und Gültigkeit, vgl Mezger S 264, Maier Anm 13.

Zuständigkeit der staatlichen Gerichte

Art. 6. I Der Beklagte kann die Einrede der Unzuständigkeit, die damit begründet wird, es liege eine Schiedsvereinbarung vor, in einem Verfahren vor einem staatlichen Gericht, das eine Partei der Schiedsvereinbarung angerufen hat, nur vor oder gleichzeitig mit seiner Einlassung zur Hauptsache erheben, je nachdem, ob die Einrede der Unzuständigkeit nach dem Recht des angerufenen staatlichen Gerichts verfahrensrechtlicher oder materiellrechtlicher Natur ist; anderenfalls ist die Einrede ausgeschlossen.

II Hat ein Gericht eines Vertragsstaates über das Bestehen oder die Gültigkeit einer Schiedsvereinbarung zu entscheiden, so hat es dabei die Fähigkeit der Parteien nach dem Recht, das für sie persönlich maßgebend ist, und sonstige Fragen wie folgt zu beurteilen:
a) nach dem Recht, dem die Parteien die Schiedsvereinbarung unterstellt haben;
b) falls die Parteien hierüber nichts bestimmt haben, nach dem Recht des Staates, in dem der Schiedsspruch ergehen soll;
c) falls die Parteien nichts darüber bestimmt haben, welchem Recht die Schiedsvereinbarung unterstellt wird, und falls im Zeitpunkt, in dem das staatliche Gericht mit der

Frage befaßt wird, nicht vorausgesehen werden kann, in welchem Staat der Schiedsspruch ergehen wird, nach dem Recht, welches das angerufene Gericht nach seinen Kollisionsnormen anzuwenden hat.

Das angerufene Gericht kann einer Schiedsvereinbarung die Anerkennung versagen, wenn die Streitigkeit nach seinem Recht der Regelung durch ein Schiedsgericht nicht unterworfen werden kann.

III Ist ein schiedsrichterliches Verfahren vor der Anrufung eines staatlichen Gerichts eingeleitet worden, so hat das Gericht eines Vertragsstaates, das später mit einer Klage wegen derselben Streitigkeit zwischen denselben Parteien oder mit einer Klage auf Feststellung, daß die Schiedsvereinbarung nicht bestehe, nichtig oder hinfällig geworden sei, befaßt wird, die Entscheidung über die Zuständigkeit des Schiedsgerichts auszusetzen, bis der Schiedsspruch ergangen ist, es sei denn, daß ein wichtiger Grund dem entgegensteht.

IV Wird bei einem staatlichen Gericht ein Antrag gestellt, einstweilige Maßnahmen, einschließlich solcher, die auf eine Sicherung gerichtet sind, anzuordnen, so gilt dies weder als unvereinbar mit der Schiedsvereinbarung noch als Unterwerfung der Hauptsache unter die staatliche Gerichtsbarkeit.

1) Die Einrede der Unzuständigkeit des Staatsgerichts, I, daß eine Schiedsvereinbarung vorliegt, ist vor oder gleichzeitig mit der Einlassung zur Hauptsache vom Bekl vorzubringen, je nachdem, ob diese Einrede nach der lex fori verfahrens- oder materiellrechtlich ist. Ein späteres Vorbringen ist ausgeschlossen. Voraussetzung ist, daß noch kein Schiedsverfahren eingeleitet ist, sonst gilt III.

2) III. Die Fähigkeit, dh Geschäftsfähigkeit u Fähigkeit, **einen Schiedsvertrag abzuschließen,** beurteilt sich nach dem kollisionsrechtlich für das Staatsgericht maßgebendem Recht. II gibt das Recht an, nach dem das Staatsgericht das Bestehen oder die Gültigkeit einer Schiedsvereinbarung zu prüfen hat, dazu BGH NJW 80, 2022. Es handelt sich dabei um eine besondere kollisionsrechtliche Norm für die Nachprüfung, die der lex fori vorgeht; diese tritt nur äußerstenfalls ein (c). Sie hat nur insofern den Vorrang, wenn nach dem Recht des angerufenen Gerichts die Streitigkeit nicht durch ein Schiedsgericht entschieden werden kann, II 2, jedoch braucht das Staatsgericht trotzdem die Anerkennung, die nach II a oder b gegeben ist, nicht zu versagen (Kannvorschrift). § 53 III KWG ist keine Regelung iSv II 2, BGH NJW 80, 2022.

3) Die Einrede, daß bereits ein schiedsgerichtliches Verfahren eingeleitet ist, bewirkt, daß sich das Staatsgericht der Entscheidung darüber, ob das Schiedsgericht zuständig ist, zu enthalten und auszusetzen hat, bis der Schiedsspruch ergangen ist, vgl auch Art V 3, außer bei wichtigem Grunde, III. Weist das Schiedsgericht wegen Unzuständigkeit ab, Art V, so wird das Staatsgericht nunmehr entscheiden müssen; ebenso ist die Klage durch das Staatsgericht sofort abzuweisen, falls die Einwendungen gegen die Schiedsvereinbarung offensichtlich unbegründet sind, Mezger S 269. Hat sich das Schiedsgericht für zuständig gehalten, so erfolgt eine Nachprüfung, Art V Abs 3.

4) Einstweilige Maßnahmen, IV, können vom Staatsgericht immer angeordnet werden. Wird es deshalb angerufen, so ist das keine Unterwerfung der Hauptsache unter dieses Gericht.

Anwendbares Recht

Art. 7. I Den Parteien steht es frei, das Recht zu vereinbaren, welches das Schiedsgericht in der Hauptsache anzuwenden hat. Haben die Parteien das anzuwendende Recht nicht bestimmt, so hat das Schiedsgericht das Recht anzuwenden, auf das die Kollisionsnormen hinweisen, von denen auszugehen das Schiedsgericht jeweils für richtig erachtet. In beiden Fällen hat das Schiedsgericht die Bestimmungen des Vertrages und die Handelsbräuche zu berücksichtigen.

II Das Schiedsgericht entscheidet nach Billigkeit, wenn dies dem Willen der Parteien entspricht und wenn das für das schiedsrichterliche Verfahren maßgebende Recht es gestattet.

Bem. Während Art IV Abs I b 3 von der Befugnis der Parteien, das Verfahrensrecht festzulegen, spricht, räumt Art VII ihnen das Recht ein, das materielle Recht für die Entscheidung in der Sache selbst zu vereinbaren, I 1, und schreibt dem Schiedsgericht, wenn eine derartige Vereinbarung nicht erfolgt ist, vor, das Recht anzuwenden, auf das die Kollisionsnormen hinweisen, die das Schiedsgericht nach seiner Ansicht für anwendbar hält. Nicht vergessen sollen aber in beiden Fällen die Vertragsbestimmungen und die Handelsbräuche werden, ohne daß diesen ein Vorrang, insbesondere vor dem Parteiwillen eingeräumt wird, I 2. Zulässig ist aber auch eine Entscheidung des Schiedsgerichts nach Billigkeit, vorausgesetzt, daß dies dem Parteiwillen entspricht und daß das für das schiedsrichterliche Verfahren maßgebende Recht, vgl auch Art VI Abs II, es gestattet. Die Vorbehaltsklausel wird durch Art VII nicht berührt.

Begründung des Schiedsspruches

Art. 8. Es wird vermutet, daß die Parteien davon ausgegangen sind, der Schiedsspruch werde begründet werden, es dei denn,
a) daß die Parteien ausdrücklich erklärt haben, der Schiedsspruch bedürfe keiner Begründung, oder
b) daß sie sich einem schiedsrichterlichen Verfahrensrecht unterworfen haben, nach welchem es nicht üblich ist, Schiedssprüche zu begründen, sofern nicht in diesem Fall von den Parteien oder von einer Partei vor Schluß der mündlichen Verhandlung oder, wenn eine mündliche Verhandlung nicht stattgefunden hat, vor der schriftlichen Abfassung des Schiedsspruches eine Begründung ausdrücklich verlangt worden ist.

Aufhebung des Schiedsspruches

Art. 9. [I] Ist ein unter dieses Übereinkommen fallender Schiedsspruch in einem Vertragsstaat aufgehoben worden, so bildet dies in einem anderen Vertragsstaat nur dann einen Grund für die Versagung der Anerkennung oder der Vollstreckung, wenn die Aufhebung in dem Staat, in dem oder nach dessen Recht der Schiedsspruch ergangen ist, ausgesprochen worden ist, und wenn sie auf einem der folgenden Gründe beruht:
a) die Parteien, die eine Schiedsvereinbarung geschlossen haben, waren nach dem Recht, das für sie persönlich maßgebend ist, in irgendeiner Hinsicht hierzu nicht fähig, oder die Vereinbarung ist nach dem Recht, dem die Parteien sie unterworfen haben, oder, falls die Parteien hierüber nichts bestimmt haben, nach dem Recht des Staates, in dem der Schiedsspruch ergangen ist, ungültig; oder
b) die Partei, welche die Aufhebung des Schiedsspruchs begehrt, ist von der Bestellung des Schiedsrichters oder von dem schiedsrichterlichen Verfahren nicht gehörig in Kenntnis gesetzt worden, oder sie hat aus einem andern Grund ihre Angriffs- oder Verteidigungsmittel nicht geltend machen können; oder
c) der Schiedsspruch betrifft eine Streitigkeit, die in der Schiedsabrede nicht erwähnt ist oder nicht unter die Bestimmungen der Schiedsklausel fällt, oder er enthält Entscheidungen, welche die Grenzen der Schiedsabrede oder der Schiedsklausel überschreiten; kann jedoch der Teil des Schiedsspruches, der sich auf Streitpunkte bezieht, die dem schiedsrichterlichen Verfahren unterworfen waren, von dem Teil, der Streitpunkte betrifft, die ihm nicht unterworfen waren, getrennt werden, so muß der erstgenannte Teil des Schiedsspruches nicht aufgehoben werden; oder
d) die Bildung des Schiedsgerichts oder das schiedsrichterliche Verfahren hat der Vereinbarung der Parteien oder, mangels einer solchen Vereinbarung, den Bestimmungen des Artikels IV nicht entsprochen.

[II] Im Verhältnis zwischen Vertragsstaaten, die auch Vertragsparteien des New Yorker Übereinkommens vom 10. Juni 1958 über die Anerkennung und Vollstreckung ausländischer Schiedssprüche sind, hat Absatz 1 die Wirkung, die Anwendung des Artikels V Abs. 1 Buchstabe e des New Yorker Übereinkommens auf die Aufhebungsgründe zu beschränken, die in Absatz 1 dieses Artikels aufgezählt sind.

Bem. Art IX enthält in I die Wirkung der Aufhebung des Schiedsspruches im Ursprungsland für die Versagung der Anerkennung oder Vollstreckung in einem anderen Vertragsstaat. Nur wenn das aus einem der 4 angegebenen Gründe geschehen ist, kann sich das Gericht des anderen Staates darauf stützen; eine weitergehende Anerkennung derartiger Entscheidungen findet nicht statt, jedoch ist eine eigene Prüfung durch das nunmehr angegangene Staatsgericht natürlich nicht ausgeschlossen. Das Übk enthält auch keine Bestimmung, daß die Anerkennung durch das Staatsgericht des Ursprungslandes auch für das eines anderen bindend wäre. Es ist also ausgeschlossen, daß der Schiedsspruch in verschiedenen Vertragsstaaten verschieden beurteilt wird. Für Staaten, die Vertragsstaaten der UNÜbk (New Yorker Übk) sind, werden die Aufhebungsgründe nach Art V Abs 1e dieses Abk auf die vier des EuÜbk beschränkt.

Schlußbestimmungen

Art. 10. I-VI (nicht abgedruckt)

VII Die Bestimmungen dieses Übereinkommens lassen die Gültigkeit mehrseitiger oder zweiseitiger Verträge, welche die Vertragsstaaten auf dem Gebiete der Schiedsgerichtsbarkeit geschlossen haben oder noch schließen werden, unberührt.

VIII-XII (nicht abgedruckt)

Bem. Nach VII darf die betreffende Partei von einer ihr günstigeren Regelung Gebrauch machen, zB von Art 13 des dt-belg Abk, oben V B 4, BGH NJW **78**, 1744.

B. Bilaterale Staatsverträge über das Schiedsgerichtswesen

Wegen der Bestimmungen über das Schiedsgerichtswesen in anderen bilateralen Staatsverträgen vgl Üb vor A.

1) Deutsch-amerikanisches Freundschafts-, Handels- und Schiffahrtsabkommen vom 29. 10. 54, BGBl 56 II 488

Schrifttum: Bülow-Böckstiegel C II; Schwab Kap 59 III.

Art. VI: 1. ...

2. Verträgen zwischen Staatsangehörigen oder Gesellschaften des einen Vertragsteils und Staatsangehörigen oder Gesellschaften des anderen Vertragsteils, welche die Entscheidung von Streitigkeiten durch Schiedsrichter vorsehen, darf die Anerkennung in dem Gebiet eines jeden der Vertragsteile nicht lediglich deshalb versagt werden, weil sich der für die Durchführung des Schiedsgerichtsverfahrens bestimmte Ort außerhalb seines Gebiets befindet oder weil ein Schiedsrichter oder mehrere Schiedsrichter nicht seine Staatsangehörigen sind. In einem Verfahren zur Vollstreckbarerklärung, das vor den zuständigen Behörden eines Vertragsteils anhängig gemacht wird, soll ein ordnungsmäßig auf Grund solcher Verträge ergangener und nach den Gesetzen des Ortes, an dem er gefällt wurde, endgültiger und vollstreckbarer Schiedsspruch als bindend angesehen werden. Das Gericht muß ihn für vollstreckbar erklären, außer wenn die Anerkennung des Schiedsspruchs gegen die guten Sitten oder die öffentliche Ordnung verstoßen würde. Ist der Schiedsspruch für vollstreckbar erklärt, so steht er hinsichtlich der Wirkungen und der Vollstreckung einem inländischen Schiedsspruch gleich. Es besteht jedoch Einverständnis, daß ein außerhalb der Vereinigten Staaten von Amerika ergangener Schiedsspruch vor den Gerichten eines Staates der Vereinigten Staaten von Amerika nur im gleichen Maße Anerkennung genießt wie Schiedssprüche, die in einem anderen Staat der Vereinigten Staaten von Amerika erlassen worden sind.

Bemerkung. Die USA sind dem UN-ÜbkSchdG, oben VI 1, beigetreten, dazu Schlosser NJW **78**, 455. Daneben behält der Vertrag seine Bedeutung, soweit er anerkennungsfreundlicher ist, Art 7 UN-ÜbkSchdG. Das Verfahren der Vollstreckbarerklärung ist im Vertrag nicht geregelt, sie erfolgt also nach § 1044; der amerikanische Schiedsspruch ist danach ordnungsgemäß ergangen, endgültig und vollstreckbar, wenn er rechtswirksam iSv § 1044 II Z 1 ist, BGH **57**, 153 (dazu Habscheid KTS **72**, 216, Schlosser ZZP **86**, 49). Jedoch erfolgt die Prüfung nur im Rahmen des Vertrages, also ist die Vollstreckbarerklärung wegen § 1044 Z 3 u 4 nur abzulehnen, wenn der ordre public verletzt ist, vgl BGH aaO, Bülow-Arnold E 991, 107, was bei Versagung des rechtlichen Gehörs nur in extremen Fällen zutrifft, Hbg MDR **75**, 940; Einwendungen, auf die eine Vollstreckungsabwehrklage gestützt werden könnte, werden nicht ausgeschlossen, BGH **34**, 277.

2) Deutsch-sowjetisches Abkommen über Allgemeine Fragen des Handels und der Seeschiffahrt vom 25. 4. 58, BGBl 59 II 222

Schrifttum: Bülow-Böckstiegel C II; Schwab Kap 59 IV.

Art. 8. Natürliche Personen, juristische Personen und Handelsgesellschaften der Bundesrepublik Deutschland und natürliche Personen und juristische Personen der Union der Sozialistischen Sowjetrepubliken können vereinbaren, daß die aus den Verträgen in Handelssachen entstehenden Streitigkeiten der Entscheidung durch ein Schiedsgericht unterworfen werden. Die Schiedsvereinbarung muß in dem Vertrage selbst oder in einer besonderen Vereinbarung vorgesehen sein, die in der für den Vertrag erforderlichen Form getroffen worden ist. Eine solche Vereinbarung schließt die Zuständigkeit der staatlichen Gerichte aus.

Die beiden Staaten verpflichten sich, die Vollstreckung von Schiedssprüchen, die auf Grund einer in Absatz 1 erwähnten Vereinbarung ergangen sind, in ihrem Gebiet zuzulassen, ohne Rücksicht darauf, ob sie in dem Gebiet eines der beiden Staaten oder in dem Gebiet eines dritten Staates erlassen sind. Für die Anordnung und die Durchführung der Vollstreckung eines Schiedsspruches sind die Gesetze des Staates maßgebend, in dem er vollstreckt werden soll.

Die Anordnung der Vollstreckung eines Schiedsspruches kann nur versagt werden:
a) wenn der Schiedsspruch nach dem Recht des Staates, in dem er ergangen ist, unter den Parteien nicht die Wirkung eines rechtskräftigen Urteils hat;
b) wenn der Schiedsspruch gegen die öffentliche Ordnung des Staates verstößt, in dem die Vollstreckung nachgesucht wird.
Eine sachliche Nachprüfung des Schiedsspruchs findet nicht statt.

Bem. Unter Handelsgesellschaften auf deutscher Seite sind auch die OHG und andere derartige Gesellschaften gemeint, die nicht juristische Personen sind. Ob eine juristische Person der UdSSR vorliegt, entscheidet sich nach deren Recht; es sind vor allem die Außenhandelsorganisationen, Art 3 III der Anlage zum Abk. Schriftform sieht das Abk nur auf Seiten UdSSR vor; sie ergibt sich aus der VO des Zentralexekutivkomitees v 13. 10. 30, Bülow-Arnold B I Anm 8.

VII. Ausländische Rechtsanwälte

Übersicht

1) Allgemeines. Das G zur Durchführung der Richtlinie des Rates der Europäischen Gemeinschaften v 22. 3. 77 zur Erleichterung der tatsächlichen Ausübung des freien Dienstleistungsverkehrs der Rechtsanwälte v 16. 8. 80, BGBl 1453, geändert durch Art 2 G v 7. 8. 81, BGBl 803, dazu Brangsch NJW **81**, 1177, Mauro/Weil AnwBl **81**, 128, ermöglicht einem Anwalt, der in einem der (derzeit) 9 Mitgliedstaaten der Europäischen Gemeinschaften unter einer der in § 1 I G genannten Bezeichnung beruflich tätig werden darf, das Auftreten und Verhandeln vor einem Gericht der BRD unter bestimmten, im G näher bezeichneten Voraussetzungen.

Die wichtigste Voraussetzung besteht darin, daß der ausländische Anwalt nach § 4 I G nur im Einvernehmen und nur in der Begleitung eines deutschen Anwalts auftreten und verhandeln darf und daß dieser deutsche Anwalt ProzBev sein und natürlich bei dem Gericht zugelassen sein muß. Diese Bedingung gilt auch im Parteiprozeß.

Außerdem muß der ausländische Anwalt für jede einzelne Handlung das Einvernehmen nachweisen, um sie wirksam zu machen, § 4 II 1 G. In der mündlichen Verhandlung gilt das Einvernehmen freilich als erzielt, wenn der deutsche, zugelassene ProzBev (Anwalt) die Handlung des ausländischen Kollegen nicht sofort widerruft oder abändert, § 4 II 2 G.

2) Inkrafttreten. Das G gilt seit dem 23. 8. 80, 3. Abschn Art 2.

3) Kosten. Für die Kosten des ausländischen Anwalts ist das Recht seines Niederlassungsorts maßgeblich, und zwar auch zu der Frage, ob und welche Honorarvereinbarungen er treffen kann; Einzelheiten Hartmann Grdz 7 vor § 1 BRAGO. Der neben dem ausländischen Anwalt auftretende oder tätig werdende deutsche Anwalt berechnet seine Kosten im Umfang seiner Tätigkeit nach der BRAGO. Ob und wie weit er die Kosten des ausländischen, nach dem G tätig werdenden Kollegen in Höhe der ausländischen Gebührenordnung mit ansetzen kann usw, das richtet sich nach der BRAGO. Vgl im einzelnen Hartmann X.

Aus dem G v 16. 8. 80

1 Anwendungsbereich. ¹ Staatsangehörige eines Mitgliedstaats der Europäischen Gemeinschaften, die berechtigt sind, unter einer der folgenden Bezeichnungen

– in Belgien: **Avocat/Advocaat** –
– in Dänemark: **Advokat** –
– in Frankreich: **Avocat** –
– in Griechenland: δικηγόροσ –
– in Irland: **Barrister, Solicitor** –

- in Italien: Avvocato –
- in Luxemburg: Avocat-avoué –
- in den Niederlanden: Advocaat –
- im Vereinigten Königreich: Advocate,
  Barrister,
  Solicitor –

beruflich tätig zu werden, dürfen, sofern sie Dienstleistungen im Sinne des Artikels 60 des Vertrags zur Gründung der Europäischen Wirtschaftsgemeinschaft erbringen, im Geltungsbereich dieses Gesetzes vorübergehend die Tätigkeiten eines Rechtsanwalts nach den folgenden Vorschriften ausüben.

II ...

2 *Berufsbezeichnung, Nachweis der Anwaltseigenschaft.* I Wer nach § 1 Abs. 1 im Geltungsbereich dieses Gesetzes die Tätigkeiten eines Rechtsanwalts ausübt, hat hierbei die Berufsbezeichnung, die er im Staat seiner Niederlassung (Herkunftsstaat) nach dem dort geltenden Recht zu führen berechtigt ist, zu verwenden und entweder das Gericht, bei dem er nach dem Recht des Herkunftsstaats zugelassen ist, oder die Berufsorganisation, der er angehört, anzugeben. Die Berufsbezeichnung „Rechtsanwalt" oder eine von den in § 1 Abs. 1 aufgeführten Berufsbezeichnungen abweichende Bezeichnung darf nicht geführt werden.

II ...

3 *Rechte und Pflichten.* I Die in § 1 Abs. 1 bezeichneten Personen haben bei Ausübung der Tätigkeiten, die mit der Vertretung oder Verteidigung eines Mandanten im Bereich der Rechtspflege oder vor Behörden zusammenhängen, die Stellung eines Rechtsanwalts, insbesondere dessen Rechte und Pflichten, soweit diese nicht die Zugehörigkeit zu einer Rechtsanwaltskammer, den Wohnsitz sowie die Kanzlei betreffen.

II ...

4 *Vertretung und Verteidigung im Bereich der Rechtspflege.* I Die in § 1 Abs. 1 bezeichneten Personen dürfen in gerichtlichen Verfahren sowie in behördlichen Verfahren wegen Straftaten, Ordnungswidrigkeiten, Dienstvergehen oder Berufspflichtverletzungen als Vertreter und als Verteidiger eines Mandanten nur im Einvernehmen mit einem Rechtsanwalt handeln, der selbst in den Verfahren Bevollmächtigter oder Verteidiger ist. Sie dürfen darüber hinaus in einer mündlichen Verhandlung oder einer Hauptverhandlung nur in Begleitung des Rechtsanwalts auftreten, als Verteidiger einen Gefangenen nur in Begleitung des Rechtsanwalts besuchen und als Verteidiger mit einem Gefangenen nur über den Rechtsanwalt schriftlich verkehren.

II Das nach Absatz 1 erforderliche Einvernehmen ist bei Vornahme jeder einzelnen Handlung nachzuweisen. Handlungen der in § 1 Abs. 1 bezeichneten Personen, die entgegen Absatz 1 vorgenommen werden oder für die der Nachweis des Einvernehmens im Zeitpunkt ihrer Vornahme nicht vorliegt, sind unwirksam. In der mündlichen Verhandlung oder der Hauptverhandlung gilt das Einvernehmen als hergestellt, wenn die Handlung nicht von dem Rechtsanwalt sofort widerrufen oder abgeändert wird.

III Soweit eine Vertretung durch Rechtsanwälte geboten ist, die bei dem angerufenen Gericht zugelassen sind, ist § 52 Abs. 2 der Bundesrechtsanwaltsordnung entsprechend anzuwenden.

5 *Zustellungen in behördlichen und gerichtlichen Verfahren.* Für Zustellungen in behördlichen und gerichtlichen Verfahren haben die in § 1 Abs. 1 bezeichneten Personen, sobald sie in Verfahren vor Gerichten oder Behörden tätig werden, einen Rechtsanwalt als Zustellungsbevollmächtigten zu benennen; die Benennung erfolgt gegenüber der Behörde oder dem Gericht. Zustellungen, die für die in § 1 Abs. 1 bezeichneten Personen bestimmt sind, sind an den Zustellungsbevollmächtigten zu bewirken. Ist ein Zustellungsbevollmächtigter nicht benannt, so gilt in den in § 4 Abs. 1 aufgeführten Verfahren der Rechtsanwalt als Zustellungsbevollmächtigter, der selbst Vertreter oder Verteidiger ist; im übrigen können Zustellungen in der Weise bewirkt werden, daß das zu übergebende Schriftstück unter der Adresse der Partei nach ihrem Wohnort zur Post gegeben wird. Die Zustellung wird mit der Aufgabe zur Post als bewirkt angesehen, selbst wenn die Sendung als unbestellbar zurückkommt. Zustellungen können an die in § 1 Abs. 1 bezeichneten Personen unmittelbar bewirkt werden; solange sich diese im Geltungsbereich dieses Gesetzes aufhalten.

6–10 *(Nicht abgedruckt)*

2.–3. Abschnitt *(Nicht abgedruckt)*

Sachverzeichnis

Bearbeiter: Dr. Dr. Hartmann

Zahlen in Fettdruck = Paragraphen, dahinterstehende Zahlen und Buchstaben = Anmerkungen

A

Abänderung der Unterhaltsrente **641 l**; des angefochtenen Urteils **536**; s auch Änderung

Abänderungsklage 323; beim Arrest **924** 1 C; Anerkenntnis, Kostenentscheidung **93** 5; bei der einstweiligen Verfügung **924** 1 C, **936**; Prozeßvollmacht **81** 2 B; gegen ein Urteil auf Regelunterhalt **641 q**, **643 a**; Richterausschluß **41** 2 F; bei einem Schiedsvertrag **1025** 3 C; Streitwert **3 Anh**; eines Unterhaltstitels nach dem NEhelG **642** 5; und Vollstreckungsabwehrklage **767** 1 B d; Einstellung der Zwangsvollstreckung **323** 3 D, **707** 5; wegen fehlender Unterwerfung unter die Zwangsvollstreckung, Kostenentscheidung **93** 5

Abberufung, ehrenamtlicher Richter **DRiG 44**

Abernten, gepfändeter Früchte **824**

Abfindungserklärung vor einer Zahlung, Kostenentscheidung **93** 2 A

Abgabe, durch den verordneten Richter zwecks Beweisaufnahme **365**; im Entmündigungsverfahren **650** 2, **651**, **676** 2; in einer Familiensache **GVG 23 b** 2 C b; in einer Hausratssache **281 Anh I**; der Kammer für Handelssachen an die Zivilkammer von Amts wegen **GVG Üb 93**; einer Landwirtschaftssache an das Prozeßgericht **281 Anh III** 1; im Mahnverfahren **696**, **697**, **698**, **700**; eines Rechtshilfeersuchens **GVG 158** 2; in einer Wohnungseigentumssache **281 Anh II**

Abgaben, Zuständigkeit des LG **GVG 71** 4

Abgekürztes Urteil bei einem Anerkenntnis- oder Versäumnisurteil **313 b**; Ausfertigung **313 b**; auf einem Vollstreckungsbescheid **699**

Abgeordneter, Gerichtsstand **20**; Anordnung oder Unterbrechung der Offenbarungshaft **904/905**; und Richter **DRiG 4** 2 A, **36**, **121**; Vernehmung als Zeuge **382**; Zeugnisverweigerungsrecht **383 Vorbem** 3 B

Abgesonderte Verhandlung über ein Angriffs- oder Verteidigungsmittel **146**; über den Grund des Anspruchs **304**; über eine Zulässigkeitsrüge **280**, **504**; durch eine Prozeßtrennung **145** 2; über die Widerklage **145** 3; über die Zulässigkeit des Wiederaufnahmegesuchs **590** 1 B

Abhandenkommen, eines Schriftsatzes, Wiedereinsetzung **233** 4; einer Urkunde **Einf 1003** 2

Abhilfe nach einer Beschwerde **571** 1, **576**;nach einer sofortigen Beschwerde **577** 4; nach einer Erinnerung **576** 2 B, **766** 4 A, **GVG 153 Anh** 6

Abklatschstempel s Namensstempel

Abkürzung einer Frist, s Frist; der Unterschrift (Paraphe) **129** 1 B, **170** 2 B; **212 a** 2; des Urteils **313 a**, **313 b**, **543**

Ablehnung s Befangenheitsablehnung; vgl auch Beschluß, Beschwerde, Kostenerstattung, Unanfechtbarkeit, Gegenstand der A.

Ablichtung s Fotokopie

Ablieferung durch den Gerichtsvollzieher **756** 2, **815** 1, **817** 3, **819** 1, **885** 2

Abmahnungskosten, Erstattung **Üb 91** 4 A, **91** 5

Abnahme der Kaufsache, Streitwert **3 Anh**; Zwangsvollstreckung **887** 6

Abonnement 29 Anh

Abordnung des Richters **DRiG 37**

Abrechnung, Streitwert **3 Anh**

Abschlagszahlung, einstweilige Verfügung **940** 3 B

Abschlußschreiben 93 5 „Arrest, einstweilige Verfügung", **924** 2 F

Abschrift, Fotokopie als A. **170** 1 A; aus der Gerichtsakte **299**; aus der Gerichtsvollzieherakte **760**; im Mahnverfahren **695** 2; des Protokolls des Gerichtsvollziehers für den Schuldner **763**, **826** 3 B; Beweiswürdigung als Urkunde **427**

– **(beglaubigte A.) 170** 2 B; Abweichung von der Urschrift **170** 2 C; des Urteils, Zustellungsurkunde **190** 3; Beglaubigung s dort, vgl auch Urkundsbeamter der Geschäftsstelle; der Berufung, -begründung **519 a**; des Einspruchs **340 a**; der Klageschrift beim abgekürzten Urteil **313 b**; der Revision, -begründung **553 a/554**; einer öffentlichen Urkunde **435**; des Urteils **317**; des Urteils für das Berufungs/Revisionsgericht **518/553 a**

– **(Beifügung)**, der Klageschrift bzw eines Schriftsatzes **253** 8, **593** 2 A/**133**; im Mahnverfahren **695** 2; der Urkunde im Urkunden/Wechsel/Scheckmahnverfahren **703 a** 1 B; im Urkunden/Wechsel/Scheckprozeß **593** 2/**602**/**604**; beim Antrag auf die Vollstreckbarerklärung eines Schiedsspruchs **1042 b** 1; für die Zustellung **133**, **169**, **189**

Absoluter Revisionsgrund 551

Absonderung statt Aussonderung **264** 3; Streitwert **3 Anh**, **6** 3A

Abstammung, Aussetzung zu ihrer Klärung **Einf 148** 2; Ehelichkeitsanfechtungsklage s

Abstammungsuntersuchung

dort; Feststellungsklage **256** 5 ,,Vaterschaft", **640** 1, **644** 2; Streitwert **3 Anh**; Vaterschaftsanerkenntnis, Anfechtung des s dort
Abstammungsuntersuchung, Anordnung **372a** 2, **640** 3; Duldungspflicht **372a** 4; als Augenschein **Üb 371** 3 C; Zulässigkeit **372a** 3; Verweigerung der Duldung **372a** 5
Abstandnahme vom Urkunden/Wechselprozeß **596**
Abstehen vom Urkunden/Wechselprozeß s Abstandnahme
Abstimmung des Gerichts bzw der Schiedsrichter s Beratung und Abstimmung
Abteilung des Gerichts, Verweisung an eine andere **281** 1 B
Abtrennung s Prozeßtrennung
Abtretung, Abtretender als Zeuge **Üb 373** 2 B; des streitbefangenen Anspruchs **265, 266**; Ausschluß der A., Pfändbarkeit trotz A. **851** 3; des Anspruchs auf Berichtigung des Grundbuchs **265** 2 F; der Hypothekenforderung, der Grundschuld, Rentenschuld, Zwangsvollstreckung **897**; Klage vor der Mitteilung der A. des Klaganspruchs, Kostenentscheidung **94**; Erstattung der Kosten der A. **91** 5; A. des Kostenerstattungsanspruchs **Üb 91** 3 B; Kostenfestsetzung zugunsten des Abtretungsgläubigers **103** 2 A; Prozeßgeschäftsführung nach einer A. **Grdz 50** 4 C; Streitgenossenschaft **62** 2 C; Streitwert **3 Anh**; zur Umgehung eines Verhandlungsverbots **157** 2 D; Urteil, Rechtskraftwirkung **322** 4, **325** 6; Vollstreckungsklausel **727**; Widerspruchsklage kraft A. **771** 6
Abwehrklage, Beeinträchtigung des Eigentums oder eines sonstigen Rechts, Urheberbenennung **77**; Rechtsschutzbedürfnis **Grdz 253** 5; Rechtsweg **GVG 13** 7; Streitwert **6** 1 A, **7**
Abweichende Meinung GVG Üb 192 1, 2
Abweichung von einem höchstrichterlichen Urteil **546** 2 B, 4
Abweisung ,,angebrachtermassen" s Klagabweisung (Prozeßurteil)
Abwendung des Arrests, der Zwangsvollstreckung durch Sicherheitsleistung s Zwangsvollstreckung; eines Nachteils, einstweilige Verfügung **940** 3
Abwesenheitspfleger als gesetzlicher Vertreter **51** 2 D, **53**
Abwickler als gesetzlicher Vertreter **51** 2 D
– **(Anwaltskanzlei) GVG 155 Anh I** 2 § **55**; Aufnahme nach einer Unterbrechung des Verfahrens **244** 2; Prozeßvollmacht **86** 2 A, **87** 2
Abwicklung, bei der Gesellschaft **265** 2 F; bei einer juristischen Person oder parteifähigen Personenmehrheit, Verfahrensunterbrechung **239** 2 A, **241** 2 B
Abwicklungsgesellschaft, Prozeßfortsetzung **50** 2 G
Abzahlungskauf, Beweislast **286 Anh** 4; Gerichtsstandsvereinbarung **29 Anh**
Adäquanzlehre 287 1 B

Adhäsionsprozeß Einl III 1 B
Adoption s Kindesannahme
Änderung s Gegenstand der Ä. und Abänderung
– **(der Verhältnisse),** Abänderungsklage **323**, **641q**; Aufhebung des Arrests/ der einstweiligen Verfügung **927/936** 1; bei der Pfändung des Arbeitseinkommens **850g**; und Änderung der Wertfestsetzung von Amts wegen **Einf 3** 2 A; nach der Stundung des Unterhaltsrückstands **642f** 2
Änderungsgesetz, Rückwirkung **Einl III** 9
Äquipotentes Vorbringen s Parteivorbringen (gleichwertiges
Ärztliches Zeugnis im Entmündigungsverfahren **649** 2; s auch Zeuge
Agentur, Gerichtsstand **21** 2 A
Akten, Erteilung einer Abschrift s dort; Mahnverfahren **Grdz 688** 3
– **(Anforderung)** im Berufungsverfahren **544**
– **Anhörungsbeschwerde Einl I**
– **(Beiziehung),** Anordnung der **273**; Anordnung der Vorlegung der Parteiakten **143**; Hinweispflicht des Gerichts **139** 2 E
– **(Einsicht),** in Gerichtsakten **299**; in Akten des Gerichtsvollziehers **760**
Aktenführung des Gerichts **299** 1 A; Bildträgerarchiv **299a** 1; im Mahnverfahren **Grdz 688** 3
Aktenlageentscheidung 251a 3 C, **Üb 330** 3 D; Antrag auf A. **331a**, **333**; Antragsablehnung **335**, **336** 2; Berufung gegen eine A. **338** 2, **531** 1; und Ehenichtigkeitsklage **635**; Nichteinhaltung der Einlassungs- oder Ladungsfrist, Vertagung **251a** 4 A, **337**; Säumnis oder Nichtverhandeln beider Parteien **251a**; zulässige Entscheidung **251a** 3; Urteilsverkündung **251a** 3 F; Urteilsvoraussetzungen **251a** 3 F, G, **331a** 2 B; freigestellte mündliche Verhandlung **39** 2, **128** 2 B, **251a** 3 F, **332**
Aktenlageverfahren, Anerkenntnis **307** 2 B; Fristversäumung **Üb 230** 3; Klagerücknahme **269** 2 D; Verweisung **281** 2 D; vorläufige Vollstreckbarkeit **708**
Aktenverwertung als Urkundenbeweis **286** 4 B
Aktie, Pfändung der A. **859 Anh** 2; Pfändung des Bezugsrechts **Grdz 704** 9; Herausgabe, Streitwert **4** 3 A
Aktiengesellschaft, Gerichtsstand **17**, 1, **22** 1; Kammer für Handelssachen **GVG 95**; Parteifähigkeit **50** 2 C; Umwandlung der A., Unterbrechung des Verfahrens **239** 2 A; Verschmelzung **265** 2 F; Verschmelzung oder Verstaatlichung der A., Unterbrechung des Verfahrens **239** 2 A; Bestellung eines gerichtlichen Vertreters **Einf 57**, **57** 1 A; gesetzlicher Vertreter **51** 2 D; Vorstandsmitglied s dort; Zustellung an die A. **171**; Zustellung an den Aufsichtsrat **184** 1
Aktionär als Gerichtsperson **41** 2 A, **49**; und Streithilfe **66** 2 C; und streitgenössische

dahinterstehende Zahlen und Buchstaben = Anmerkungen   **Amtsprüfung**

Streithilfe **69** 2 A; gemeinsamer Vertreter **69** 1 A; als Zeuge **Üb 373** 2 B
Aktivlegitimation Grdz 50 4 A, **Grdz 253** 3 H; vgl auch Prozeßführungsrecht
Aktivprozeß 240 2 B
Allgemeine Deutsche Spediteurbedingungen, Geltung **38** 2 B
Allgemeine Geschäftsbedingungen, Beweislast **286 Anh** 4; Gerichtsstand **38** 2 B, **GVG 78 b Anh III**; Revisionsfähigkeit **549** 4; Streitwert **3 Anh**; vgl auch Verbandsklage
Allgemeine Gütergemeinschaft s Eheliches Güterrecht
Allgemeine Prozeßförderungspflicht 277 1, **282** 1 f
Allgemeiner Gerichtsstand 12 1
Allgemeinkundigkeit einer Tatsache **291** 1
Altenteil, Pfändung **850 b** 4; Streitwert **9** 2 A; Zuständigkeit **GVG 23** 9
Altersversorgung, Pfändung **850** 2 D
Amtsausübung, Ausschluß der A. s dort
Amtsbekräftigung einer ausländischen Urkunde **438**
Amtsbetrieb, im Aufgebotsverfahren **952** 2 A; bei der Beweisaufnahme **Üb 355** 1; in einer Ehe- oder Kindschaftssache **Üb 606** 3; im Entmündigungsverfahren **Üb 645** 2, **653**; Ladung **241, 271, 497**; Zustellung **271** 2 A; vgl. auch Zustellung
Amtsbezeichnung des ehrenamtlichen Richters **DRiG 45 a**; des Richters **DRiG 19 a, 120 a**
Amtsbezirk, Handlung des Gerichts außerhalb des A. **GVG 166**
Amtsblatt, öffentliche Zustellung der Ladung **204, 205**
Amtsenthebung des ehrenamtlichen Richters **GVG 113**; des Richters **DRiG 30**
Amtsermittlung Grdz 128 3 G; im Aufgebotsverfahren **952**; in einer Ehe-/Kindschaftssache **616/640** 3; bei der Anfechtung der Ehelichkeit/Anerkennung der Vaterschaft **640 d**; bei der Klage auf Anfechtung/Aufhebung der Entmündigung **670, 679** 2; im letzteren Verfahren **653** 1, **676** 2; Partei-/Prozeßfähigkeit, Prozeßführungsrecht, gesetzliche Vertretung **56**; vor einer Verzögerungsgebühr **95 Anh** 3 A
Amtsgeheimnis, Zeugnisverweigerungsrecht **383** 3, **385** 2
Amtsgericht GVG 22–27; Dienstaufsicht **GVG 21 Anh II** § 14; **Präsidium GVG 21 a** 2, **22 a**; Richter am A. **GVG 22**; Richterablehnung **45, 48**; Richtervertretung **GVG 22 b**; Verfahren **495 ff**; Zuständigkeit s dort
Amtsgerichtsprozeß s Parteiprozeß
Amtshandlung außerhalb des Gerichtsbezirks **GVG 166**; einer Gerichtsperson trotz ihres Amtsausschlusses **41** 1 C, **47, 49**; des Gerichts nach der Ablehnung eines Befangenheitsantrags **47, 49**; des Gerichtsvollziehers unter Verletzung seiner Überschreitung **GVG Üb 154** 3; des Rpfl unter Überschrei-

tung seiner Befugnisse **GVG 153 Anh** 5; des Urkundsbeamten der Geschäftsstelle **GVG Üb 153** 3
Amtshilfe GVG 156; bei der Zwangsvollstreckung **789**
Amtsmaßnahme, Aufklärungspflicht s dort; Beweisaufnahmetermin **361, 368**; Beweisbeschluß, Änderung **360**; Beweiserhebung **Einf 284** 2 A; Fristsetzung zur Behebung eines Hindernisses **356**; Anordnung der Vorlage der Handelsbücher **422**; Kostenentscheidung **308** 2; Ladung nach einer Zeugnisverweigerung vor einem verordneten Richter **389** 2; Entlassung aus der Offenbarungshaft **911, 913**; Parteivernehmung **448** 2 A; bei einer gerichtlichen Schadensschätzung **287** 2 C; Änderung/Festsetzung des Streitwerts **Einf 3** 2/1 B; Terminsbestimmung/Aufhebung s dort; Urteilsberichtigung **319** 2 A; abgesonderte Verhandlung über eine Zulässigkeitsrüge **280**; zur Vorbereitung der mündlichen Verhandlung **280** 2, 3; Erklärung der vorläufigen Vollstreckbarkeit **708, 709**; Aufhebung einer Zahlungssperre **1022** 1; Zeugenladung **377**
Amtspflichtverletzung, des Gerichtsvollziehers **753** 1 B, **816** 1, **GVG Üb 154** 2 C; des Gerichts, Restitutionsklage **580, 581**; der Post bei einer Zustellung **193**; des Sachverständigen **Üb 402** 3; des Schiedsgutachters **Grdz 1025** 3 D; des Schiedsrichters **1028 Anh** 2 C; des Urkundsbeamten der Geschäftsstelle **GVG Grdz 153** 3 C; wegen eines Zustellungsfehlers **270** 2 C
– **(Klage),** anderweitige Ersatzmöglichkeit **259** 1 A; Aufhebungsklage gegenüber dem Schiedsspruch **1041** 9; **1043** 2; Gerichtsstand **32** 2 A; Rechtsweg **GVG 13** 7; Restitutionsklage **580** 2 E; Urteil, Rechtskraftwirkung **322** 4; Zuständigkeit **GVG 71**
Amtsprüfung Grdz 128 3 H; vor einer Aktenlageentscheidung **335, 337**; im Aufgebotsverfahren **947** 1 B; bei der Anerkennung eines ausländischen Urteils **328** 1 C; bei einer Prozeßhandlung nach einer Aussetzung oder Unterbrechung des Verfahrens **249** 3 B, C; im Berufungsverfahren **519 b, 522**; im Beschwerdeverfahren **574**; Beweislast bei der A. **286 Anh** 1 A; beim Einspruch **341**; Hinweispflicht des Gerichts bei Bedenken **139, 278**; beim Feststellungsinteresse **256** 3; bei den Voraussetzungen einer Feststellungsklage im übrigen **256** 1 B; beim Fristablauf **223** 3, **224** 1; bei einer Klage vor dem Eintritt der Fälligkeit **Einf 257** 2 A; bei der Klagerhebung **Grdz 253** 3 F, **253** 2 B; bei der Wahrung einer Klagefrist **253** 1 B; beim Nichtbestreiten **138** 4; bei der Nichtigkeits- oder der Restitutionsklage **589**; bei der Wahrung einer Notfrist **223** 3; bei der Prüfung der Parteifähigkeit **50** 4 A, **56** 1 A, **280** 1; bei der Prüfung der Nämlichkeit der Partei **Grdz 50** 3 A; bei der Prüfung der Prozeßfähigkeit **56** 1 A, **280** 1; bei der Klärung des Prozeßführungsrechts **Grdz 50** 4 A; bei der

Amtssitz

Prüfung der Prozeßvollmacht **88**, **613**; bei der Klärung der Rechtshängigkeit **261**, **280** 1; bei der Klärung der Rechtskraft **Einf 322** 5 A; bei der Prüfung des Rechtsschutzbedürfnisses **Grdz 253** 3 F, 5 B; im Revisionsverfahren **554a**, **556**; beim Ersuchen des Schiedsgerichts **1036** 2 B; Im Schiedsgerichtsverfahren **1034** 5; bei der Streithilfe **66** 1, **68** 1 A, **70** 2; bei der gesetzlichen Vertretung **51** 4, **56** 1 A, **280** 1; vor dem Erlaß des Versäumnisurteils **330** 2, **331**, **335**, **337**; bei der Vollstreckbarerklärung des Schiedsspruchs **1042** 3 B; bei derjenigen eines ausländischen Schiedsspruchs **1044** 3 B; bei derjenigen eines Schiedsvergleichs **1044a** 3 A; im Wiedereinsetzungsverfahren **238** 1 A; bei der Prüfung der Zulässigkeit des Rechtswegs **Grdz 253** 3 F, **280** 1, **GVG 13** 1; bei der Prüfung der Zuständigkeit **Üb 12** 3 A, **Üb 38** 1, **280** 1; bei der Klärung der internationalen Zuständigkeit **Üb 12** 1 C; bei der Prüfung einer Zuständigkeitsvereinbarung **40**; bei einer Zwischenfeststellungsklage **256**

Amtssitz einer Behörde **17** 2, **18**, **19**; Zeugenvernehmung am A. **382**

Amtsstelle, Zustellung durch Aushändigung an der A. **212b** 1, 2

Amtstheorie Grdz 50 2 C; s auch Partei kraft Amts

Amtsverfahren Grdz 128 3 D

Amtsverschwiegenheit, Aussagegenehmigung **376**, **451** 1; Zeugnisverweigerungsrecht **383** 3 B, C, **385** 2; s auch Schweigepflicht

Amtsvormund als Vertreter **157** 2 A

Amtszustellung s Zustellung

Analogie bei einer Auslegung **Einl III** 5 D

Anbringung eines Antrags zu Protokoll **129a** 1, 2, **270** 2 C, **496** 1

Androhung, im Aufgebotsverfahren **995**, **997**, **986**, **987**, **1008**; s auch Ordnungsmittel

Anerkenntnis Einf 306 1, **307** 2 A; Belehrungspflicht beim AG **499**; in einer Ehe-/Kindschaftssache **617** 2/**640** 3; bei der Klage auf Anfechtung oder Aufhebung der Entmündigung **670**, **679** 2; Erklärung des A. **307** 2 B; bei der Feststellungsklage **256** 4 C; bei der Klage vor der Fälligkeit **Einf 257** 2 B, **259** 1 B; Protokoll **160** 4 A; kraft einer Prozeßvollmacht **81** 3, **85** 2; Ausschluß eines A. in der Prozeßvollmacht **83** 1; nach dem Rechtsübergang an der Streitsache **265** 3 C; im Revisionsverfahren **561** 4 A; bei der Streitgenossenschaft **61** 2 B, **62** 4 A; Streithilfewirkung **68** 3; nach der Streitverkündung durch den Beitritt **74** 1; im Urkundenprozeß **599** 1 A; kraft einer Terminsvollmacht **83** 2; unter Verwahrung gegen die Kostenlast **93** 2 B; bei der Vollstreckungsklage **722** 2 B; bei einer Genehmigung des Vormundschaftsgerichts **54** 2; Widerrufsrecht **Grdz 128** 5 G; im Wiederaufnahmeverfahren **581** 2, **590** 2; Wirksamkeit **307** 2 C

Anerkenntnisurteil 307 2; Antrag **307** 3 B; Kostenentscheidung **93**, **99** 3, 4; auf eine Räumung **93b** 3; Rechtsmittel gegen die Kostenentscheidung **99** 3, 4; trotz einer Beschränkung der Prozeßvollmacht **89** 3; Teil-A. **301** 2 A, **307** 2 A; abgekürztes Urteil **313b**; Verkündung **311** 1 C; vorläufige Vollstreckbarkeit **708** 2 A

Anerkennung s Gegenstand der Anerkennung

Anerkennungs- und Vollstreckungsabkommen s Zivilprozeßrecht

Anfallwirkung Grdz 511 1 C

Anfechtbarkeit s Beschluß, Urteil

Anfechtung, der Ehelichkeit s dort; der Erledigungserklärung **91a** 2 B; Erfüllungsort und Gerichtsstand bei der A. **29** 1 A, 2; durch Klage oder Zwischenfeststellungswiderklage **256**; im Prozeß **264** 2 D; als Prozeßhandlung **Grdz 128** 5 E; einer Prozeßhandlung **Grdz 128** 5 E; des Prozeßvergleichs **307 Anh** 6 A; kraft der Prozeßvollmacht **81** 3; des Schiedsvertrags **1025** 1; einer Streitgenossenschaft **62** 3 C; Streitwert **6** 4; der Unterschrift auf einem Empfangsbekenntnis **198** 1 B; der Vaterschaft **640** 1; der Zuständigkeitsvereinbarung **38** 3 A

– **(AnfG)**, leugnende Feststellungsklage **256** 2 B; Fristwahrung **270** 4; Unterbrechung des Verfahrens infolge Konkurseröffnung **240** 1 A; Streitwert **5** 2 B

– **(AnfG, KO)**, Beweislast **286 Anh** 4; Gerichtsstand **24** 2 A, C, **32** 2 A; Pfändung des Anfechtungsrechts **Grdz 704** 9; Streitwert **4** 3 A, **6** 4, **9** 2 A; Recht zur Erhebung der Widerspruchsklage **771** 6

– **(KO)** bei einem Schiedsvertrag **1025** 3 C

Anfechtungsklage s Gegenstand der Anfechtung

– **AktG, GmbHG)**, Gerichtsstand **12** 2, **22**; Kammer für Handelssachen **GVG 95**; Streitwert **3 Anh**

– **(Aufgebotsverfahren) 957** 2, 3, **958**, **959**

Anfechtungsgesetz 93 5

Angebrachtermaßen s Klagabweisung (Prozeßurteil)

Angehöriger, Ausschluß als Gerichtsperson/Gerichtsvollzieher **41** 2 C, **49/GVG 155**; Ersatzzustellung an einen A. **182** 1 B, **183** 2 A, **185**; eines Exterritorialen, Gerichtsbarkeit **GVG 18** 2 A; Gewahrsam eines A. **808** 3; Pfändung, Abwesenheit des Schuldners und seiner Ä. **759**; Räumungsvollstreckung, Übergabe von Sachen an A. **885** 2; Zeugnisverweigerungsrecht **383** 2, **385** 1; Zustellung an einen A. **181** 1 B a, **185** 1

Angestellter, Fristversäumung **233** 2, 4; eine solche des Anwalts als A. **322** 2; Erstattung der Kosten der Prozeßbearbeitung durch einen A. **91** 5; als Vertreter **157** 2 A; Verschulden des A. beim Wettbewerbsverstoß **890** 3 D; Zustellung an einen A. **183** 1

Angriffsprozeß 240 2 B

Angriffs- und Verteidigungsmittel s Parteivorbringen

Anhängigkeit der Klage **253** 2 A; im Mahnverfahren **696** 2 B; des Rechtsstreits **64** 2 B,

2260   Hartmann

dahinterstehende Zahlen und Buchstaben = Anmerkungen **Anwaltsprozeß**

66 2 A, **76** 2; kraft einer Rechtswegverweisung **GVG 17** 3 B; und Streithilfe **66** 2 A; und Streitverkündigung **72** 1 C; nach einer Verweisung **281** 3 D; vgl auch Rechtshängigkeit
Anheftung im Aufgebotsverfahren **948, 949, 1009**; in der Börse **1009**; bei der öffentlichen Zustellung **204, 206, 699**
Anhörung s Gehör, Partei (Anhörung)
Anhörungsbeschwerde Einl I
Ankündigung einer Pfändung **845** 2 A
Anmeldung, im Aufgebotsverfahren **951** 1, **953** 1; zum Handelsregister, Streitwert **3 Anh**
Annahme, der Erbschaft **239** 5, **305** 1, **778** 2 A; als Erfüllung, Zwangsvollstreckung des Urteils **887** 6; an Kindes Statt s Kindesannahme; Verweigerung der A. bei einer Zustellung **181** 1, **186, 188** 1, **191**
Annahmerevision 554 b, 555, 556, 566 a
Annahmeverweigerung, bei der Zustellung **186** 1, **191** 2 E
Annahmeverzug, Kostenentscheidung **93** 5; bei einer Leistung Zug um Zug **756** 2, **765**
Anordnung s Amtsmaßnahme; prozeßleitende A. **141 ff**; Übertragung bei einer Zurückverweisung **575** 1; vorbereitende A. **273, 275, 358 a**; s auch einstweilige A. sowie den Gegenstand der Anordnung
Anpassungsverordnung 641 l
Anscheinsbeweis 286 Anh 3 B, C, 4
Anscheinsvollmacht für die Prozeßvollmacht **88** 1 A; bei der Vertretung des ausländischen Fiskus **11** 8
Anschluß ... s Berufung, Beschwerde, Erinnerung gegen den Kostenfestsetzungsbeschluß, Revision, Zwangsvollstreckung (Pfändung)
Anspruch, bedingter/betagter s Bedingung/ Fälligkeit; bürgerlichrechtlicher A. **GVG 13** 4; dinglicher A. s Recht, dingliches; prozessualer A. **Einl III** 7 D, **2** 2 A, **Grdz 253** 1 C; (nicht) vermögensrechtlicher A. s dort; Geltendmachung in der Berufung-/Revisions-/ Beschwerdeinstanz oder durch eine Wiederaufnahmeklage **529** 4/**561** 2 C/**570**/**585** 2; Klagbarkeit **Grdz 253** 4; Bezeichnung des A. in der Klageschrift **253** 4; Pfändung s dort; Rechtshängigkeit, Haftungserhöhung **262** 1; Streitgegenstand s dort; Streitwert s dort; Feststellungsklage wegen eines Teils des A. **256** 2 B; Teilurteil **301** 2 C; Übergang des A., Kostenentscheidung bei Nichtmitteilung **94**; übergangener A., Rechtskraft **322** 4; Übergang des A., Urteilsberichtigung **321** 2; Unübertragbarkeit des A. **851** 2; Kennzeichnung des A. im Urteil **313**; Vollstreckbarkeit **Grdz 704** 1 A; Recht zur Erhebung einer Widerspruchsklage **771** 6
– **(Abtretung)** während des Prozesses **265** 2–4
– **(Begründung)**, bei verschiedenen Rechtsgründen **260** 1 B; mit widersprüchlichem Vorbringen **138** 1 B
– **(Grund)**, Gleichartigkeit **60** 1; Angaben in der Klageschrift **253** 4; Rechtskraft des Urteils **322** 4; Vorabentscheidung über den G. **304**; solche durch ein Versäumnisurteil **347** 1
– **(Grundlage)**, Ausschluß **308** 1 A; und-Rechtskraft **Einf 322** 3; s auch Häufung von Ansprüchen
– **(Häufung von Ansprüchen) 260** 1 A, 2 A; Anordnung einer Verhandlungsbeschränkung **146** 2 B; in einer Ehesache **610** 1 A, **633** 1; im Entmündigungsverfahren **667** 1; Gerichtsstand **Üb 12** 3 A; beim Grundurteil **304** 3 B; mehrere Hauptansprüche **260** 2 B; Haupt- und Hilfsanspruch **260** 2 C; in einer Kindschaftssache **640 c** 1, **643** 2; Klageänderung infolge nachträglicher Anspruchshäufung **263** 2 A; Klageverbindung s dort; Kosten **92** 1 B; Trennung/Verbindung von Prozessen **145** 2/**147** 1 A; Prozeßverbindung bei einer ausschließlichen Zuständigkeit **5** 2 C; Zulassung der Revision **546** 2 C; Streitgegenstand **2** 2 A, C; Streitwert **5** 2 A; Teilurteil **301** 2 B; im Wiederaufnahmeverfahren **578** 3; Zuständigkeit **260** 3
– **(Hilfsanspruch) 260** 2 D; Anordnung einer Verhandlungsbeschränkung **146** 2 B; Verbindung von Haupt- und Hilfsanspruch **260** 2 C; Verweisung bei einer Zuständigkeitsbeschränkung auf den H. **281**
– **(Konkurrenz) Einl III** 2 A; Gerichtsstand **32** 1
Anstalt, Gerichtsstand **17** 2; Zuständigkeitsvereinbarung **38** 3 A b; Zwangsvollstreckung gegen eine öffentlichrechtliche A. **882 a**
Anstaltsunterbringung eines Entmündigten **656**; Ersatzzustellung bei einer A. **181** 2 A
Anstiftung, Gerichtsstand **32** 2 C
Anteilsrecht, Pfändung s Zwangsvollstreckung (Pfändung)
Antrag, Antragsteller, Antragsgegner **Grdz 50** 1; Anbringung zu Protokoll **129 a** 1, 2, **270** 2 C, **496** 1; Antragstellung **297**; Bezugnahme **297** 3; Bindung an den A. **308** 1; Fragepflicht des Gerichts **139** 2 C; und Mietstreit **308 a** 1; Prozeß- und Sachantrag **297** 1; Überschreitung des A., Streitwert **3 Anh**; im Urteilstatbestand **313** 6 B; in der Verhandlung **137** 1; Verlesung **297** 2; auf die Vornahme einer Vollstreckungshandlung **Grdz 704** 6 A, **754** 1 A; vgl auch Erklärung zu Protokoll, Klagantrag, Gegenstand des A.
– **(auf gerichtliche Entscheidung)** s Justizverwaltungsakt
– **(auf Prozeßkostenhilfe) 117** 2, 3
– **(auf streitiges Verfahren) 696**
Antragsverhältnis 753 2 B
Antritt, des Beweises s Beweis
Anwalt s Rechtsanwalt
Anwaltskartell 85 3 B, **296** 3 C b
Anwaltskosten Üb 91 4 A, **91** 5; Beitreibung bei einer Prozeßkostenhilfe **126** 1, 2
Anwaltsprozeß 78, 78 a, 621 b; Aufforderung zur Bestellung eines Anwalts **215** 1; Aufklärungs-/Hinweispflicht des Gerichts **139**,

Anwaltssache

278; Einspruchsfrist **339** 1; Ladungsfrist usw **215, 217**; Beiordnung eines Notanwalts **78b**; Parteianhörung im A. **137** 4; Prozeßvollmacht **80** 2, **88** 1 B, **89**; Schriftsatz im A. **129** 2, **130**, **271** ff; Tod oder Vertretungsunfähigkeit des ProzBev **244**; Zustellung an den ProzBev s dort; Zustellung durch Vermittlung der Geschäftsstelle **166, 167, 168**

Anwaltssache, Rechtsweg **GVG 13** 6 H

Anwaltsvertrag, Beweislast **286 Anh** 4

Anwaltswechsel, Kostenerstattung **91** 5; im Prozeßkostenhilfeverfahren **121** 2 A; Terminsaufhebung **227** 2 B

Anwaltszustellung s Zustellung

Anwaltszwang 78, 78a; Antrag auf eine Verlängerung der Berufungsbegründungsfrist **519** 2; im Beschwerdeverfahren **573** 2 D; A. bei einer gerichtlichen Entscheidung gegenüber einem Justizverwaltungsakt **EGGVG 26** 3; bei einer Urkundenniederlegung **134** 1; bei einer Urteilsberichtigung **320** 3; bei der Vollstreckbarerklärung eines Schiedsspruchs **1042b** 1; für einen Antrag auf den Erlaß eines Arrests/einer einstweiligen Verfügung **920** 3/**936** 1; Ausnahmen vom A. **78**; im Eheverfahren **616** 3 C, **621 e** 4 A; für das Einverständnis mit dem schriftlichen Verfahren **128** 5 B; im Entmündigungsverfahren **668** 2, **679** 1 B, **684** 1; für die Erinnerung gegen den Kostenfestsetzungsbeschluß **104** 4; für eine Beschwerde in einer Familiensache **621e** 4 A; für den Antrag auf eine Abkürzung/Verlängerung einer Frist **225**/**226**; für die Vereinbarung einer Fristkürzung **224** 2; für den Kostenfestsetzungsantrag **103** 2 C, **106** 2; beim Prozeßvergleich **307 Anh** 4 F; für eine Richterablehnung **44** 1; für die Klagrücknahme **269** 3 B; bei einer Zuständigkeit des Rpfl **GVG 153 Anh** 8 § 13; für den Antrag auf das Ruhenlassen des Verfahrens **251** 2 A; für den Antrag oder die Einwilligung auf die Rückgabe einer Sicherheitsleistung **109** 5; für den Beitritt eines Streithelfers **70** 1 A, **71** 1 C; für einen Antrag bei freigestellter mündlicher Verhandlung **128** 5; für die Bestellung eines gerichtlichen Vertreters für den Bekl. **57** 1 A, **58** 2; und Zeuge **387** 2 A; für die Bestimmung der Zuständigkeit **37** 1 A; für eine Zustellung **167** 1, **170** 3; für eine Zustellung im Ausland **199** 1 B

– **(Beschwerde) 569** 2 A, **573** 2 D; gegen eine Anordnung des Vorsitzenden **136** 2; gegen eine einstweilige Anordnung in einer Ehesache **620**ff; gegen die Entscheidung auf Grund einer Erinnerung im Kostenfestsetzungsverfahren **104** 4; gegen die Rückgabe einer Sicherheitsleistung **109** 6; gegen eine Verzögerungsgebühr **95 Anh** 4; des ausgebliebenen Zeugen gegen ein Ordnungsmittel **380** 3; gegen die Zurückweisung einer Richterablehnung **46** 2

Anwartschaftsrecht, Pfändung **Grdz 704** 9, **857** 1 D; Recht zur Erhebung der Widerspruchsklage **771** 6

Anwendungshilfen im Zivilprozeß **Einl III**

Anwesenheit, des Gläubigers bei der Zwangsvollstreckung **758** 3, der Partei s Partei

Anzeige, der Aufnahme des Verfahrens nach seiner Aussetzung oder Unterbrechung s Aufnahme; an den Drittschuldner durch den Gerichtsvollzieher s Zwangsvollstreckung (Pfändung); der Offenbarungshaft eines Beamten **910**; der Kündigung der Prozeßvollmacht **86** 2; der Ernennung eines Schiedsrichters **1030**; der Niederlegung bei der Zustellung **182** 3

Anzuwendendes Recht 293

Apothekergerät, Pfändung **811** 12

Arbeiter, Gerichtsstand des Aufenthaltsorts **20**; Pfändung des Arbeitseinkommens s Zwangsvollstreckung (Pfändung)

Arbeitgeberverband, Parteifähigkeit **50** 3 C

Arbeitnehmererfindung, unbezifferter Klagantrag **253** 5 B; Zahlung der Prozeßgebühr **271 Anh** 1; Verfahren vor der Schiedsstelle vor Klagerhebung **253** 1 D; Zuständigkeit **GVG 78 b Anh II**

Arbeitnehmersparzulage, Pfändung **Grdz 704** 9

Arbeitsaufnahme, Verpflichtung zur A. bei einer Prozeßkostenhilfe **114** 2 A

Arbeitseinkommen, Klage auf künftige Zahlung **258** 1, **259** 1 A; Pfändung s Zwangsvollstreckung (Pfändung); Streitwert **9** 1; Feststellungsklage wegen der Einstufung in eine Tarifgruppe **256** 3; Rechtskraftwirkung des Urteils **322** 4; Zwangsvollstreckung auf Grund eines Urteils auf Zahlung von Bruttolohn **Üb 803** 1 A

Arbeitsentgelt 850 2 C

Arbeitsgemeinschaft im Prozeß **Grdz 128** 3 D

Arbeitsgerät, Pfändung **811** 8

Arbeitsgericht, Ablehnung des Arbeitsrichters wegen Befangenheit **41** 2 A; Gerichtsstand der Gebührenanspruch **34** 1 B; Präsidium **GVG Üb 21a** 1; als Sondergericht **GVG 14** 5; Verweisung vom ordentlichen Gericht an das ArbG und umgekehrt **281** 1 A, **GVG 17** 4; Vorsitzender **DRiG 111**; Vertretung des Vorsitzenden **GVG 21e** 2 C; Zuständigkeit beim A. **280, 529 GVG Üb 13** 3, **14** 5, **23** 4 E; Zuständigkeitsvereinbarung **Üb 38** 1, **38** 1

Arbeitsgerichtssache, Urteil des LG in einer A. **10** 1 A

Arbeitsgerichtsverfahren, Anwaltszwang **78** 1 A, 2 A; als Aussetzungsgrund **148** 1 B; Beistand im A. **90** 1; Berufung **511a** Vorbem B, 6; Berufungsbegründungsfrist **519** 2; Bestimmung des Verhandlungstermins vorm Berufungsgericht **520** 1 A; Beschwerde gegen die Verwerfung der Berufung als unzulässig **547** 2; Einspruchsfrist **339** 1; Feriensache **GVG Üb 199** 4; Fristversäumung **85** 2; ProzBev **176** 2 A; Zahlung der Prozeßgebühr **271 Anh** 1; Revision **545** Vorbem, **546** 5; Schiedsvertrag **Grdz 1025** 1 C, **1025** 5 B; Sprungrevision **566a** Vorbem; Streit-

dahinterstehende Zahlen und Buchstaben = Anmerkungen **Arrestverfahren**

wert mehrerer Ansprüche **5** 1, 3; Festsetzung des Streitwerts **Einf 3** 2 C; schriftliches Verfahren **128** 4 A; einstweilige Verfügung, Streitwert **3 Anh**; Verzögerungsgebühr **95 Anh** 1; Bestimmung der Zuständigkeit **36** 3 E
Arbeitsleistung, Klage auf eine A. **888** 4 B; Pfändung des Anspruchs auf eine A. **Grdz 704** 9; Zwangsvollstreckung des Urteils auf eine A. **887** 6
Arbeitslosengeld, Pfändung **Grdz 704** 9
Arbeitspapiere, Zwangsvollstreckung **887** 6
Arbeitsverhältnis, Beweislast **286 Anh** 4; Feststellungsklage **256** 5; Gerichtsstand **20**; Bestellung eines gerichtlichen Vertreters **57** 2; Kündigung, Rechtskraftwirkung des Urteils **322** 4; Pfändung des Arbeitseinkommens s Zwangsvollstreckung (Pfändung); Rechtsweg **GVG 13** 7; Streitwert **Einf 3** 2C, **3 Anh**; Klage auf Berichtigung eines Zeugnisses **Grdz 253** 5 A; Zuständigkeitsvereinbarung **40**
Arbitrage, Hamburger freundschaftliche A. **1025** 2 D
Architekt, Anspruch des oder gegen den A., Beweislast **286 Anh** 4; Kostenerstattung wegen seiner Gebühren **91** 5
Arglist, Beweislast **286 Anh** 4
– (**Einwand gegenüber**) der Berufung auf eine Änderung in der Rechtsprechung **Einl III** 5 D; der Beseitigung des Gerichtsstands für eine Nachlaßverbindlichkeit **28** 1 B; der Klage nach einer Vereinbarung ihrer Rücknahme **269** 2 B; dem Miterben durch den Nachlaßschuldner **62** 3 B; der Prozeßhandlung **Einl III** 6 A, **Grdz 128** 5 F; der Rüge der Unzuständigkeit **Üb 12** 4 B; einem Verhalten, das von einer Vereinbarung abweiche **Grdz 128** 5 C; der Unrichtigkeit des Urteils **Einf 322** 6 B–D; der Zwangsvollstreckung **Grdz 704** 6 D; dem Vollstreckungsschuldner **769** 2 A
– (**durch Erschleichen**), beim Anerkenntnis **307** 2 C; des Gerichtsstands **Einl III** 6 A, **Üb 12** 4 A, **38** 2 B; desjenigen des Erfüllungsorts **29** 1 B; desjenigen für eine Nachlaßverbindlichkeit **28** 1 B; desjenigen der Belegenheit des Vermögens-/Streitgegenstandes **23** 1 B; der Rechtskraft des Ehescheidungsurteils durch die Rücknahme der Berufung **Einl III** 6 A; des Urteils **Einf 322** 6 D, **767** 2 B; der Restitutionsklage **580** 2 D; der Zuständigkeit des AG **2** 3, **147** 2 B; der öffentlichen Zustellung **Einf 203** 2
Armenrecht s Prozeßkostenhilfe
Arrest Grdz 916, 916 ff
– (**Anordnung**) **922** 1; Abwendungsbefugnis **923** 1; Lösungssumme **923** 1; s auch Arrestverfahren
– (**Aufhebung**), wegen der Versäumung der Klagefrist **926** 4; Schadensersatzpflicht des Gläubigers **945**; Streitwert **3 Anh**; wegen veränderter Umstände **927**; auf Grund eines Widerspruchs **924, 925**

– (**Vollstreckung**) **Grdz 916** 4 B; Vollstreckungsklausel **929** 1
– (**Vollziehung**) **Grdz 916** 4 A, **928 ff**; Aufhebung **934**; Einstellung der Zwangsvollstreckung **707** 5; des persönlichen A. **933**; desjenigen eines Ausländers **918 Anh**; Aufhebung der V. **934**; Frist zur V. **929** 2; nach dem Fristablauf **929** 2 D; in ein Grundstück/ eine grundstücksgleiche Berechtigung (Arresthypothek) **932**; Kostenerstattung **91** 3 C, **788** 5; Schadensersatzanspruch **945**; in ein Schiff(sbauwerk) **931**; in das bewegliche Vermögen/eine Forderung (Pfändung) **929** 2 E, **930**; vor der Zustellung **929** 3
Arrestanspruch 916; Kostenerstattungsanspruch **Üb 91** 3 B; Veränderung der Verhältnisse **927** 2 A
Arrestatorium 829 2 C b
Arrestgrund für einen dinglichen Arrest **917**; Rechtsschutzbedürfnis **917** 1 D; für den persönlichen Sicherheitsarrest **918**; Veränderung der Verhältnisse **927** 2 B
Arrestverfahren, und Anerkenntnis **93** 5; Antrag **920** 1 A, 3; Anwaltszwang **78** 2 A; Arrestbefehl **922** 1 C; gegenüber einem Ausländer **916** 1 B; Aussetzung **Einf 148** 1 A, **148** 2 A; Beschluß **922** 1, 4, 5; solcher des Vorsitzenden wegen der Dringlichkeit **944**; Einlassungsfrist **274** 4 B; Entscheidung **922** 1, **925** 2; Feriensache **GVG 200** 2; Gericht der Hauptsache **943**; Gesuch **920**; Glaubhaftmachung **920** 2; Anordnung der Klageerhebung **926** 2; Kostenentscheidung **91** 2 B; solche nach einer Erledigung der Hauptsache **91a** 1; Kostenerstattung **Üb 91** 4 A, **91** 3 C; Kostenfestsetzung **103** 1 A; Ladungsfrist **217**; Protokoll **159** 1; Prozeßführungsrecht **916** 1 B; Prozeßvollmacht **81** 2 B, **82**; keine Revision **545** 1 A; Säumnis einer Partei **128** 3 B; Schadensersatzpflicht **945**; Schiedsverfahren **1034** 5; Schriftsatz **132** 1; Sicherheitsleistung **110** 2 B; Rückgabe der Sicherheit **943**; Streitgegenstand **Grdz 916** 2 B; Streitgenossenschaft **Üb 59** 2; Streithilfe **66** 2 E; Streitwert **3 Anh**; Übergang in den Hauptsacheprozeß **264** 3; Unterbrechung durch einen Konkurs **240** 3; Urteil **922** 3; Rechtskraftwirkung des Urteils **322** 4, **545** 1 B, **922** 3C; mündliche Verhandlung **128** 3 B, **921** 1, **922** 2; Bestellung eines gerichtlichen Vertreters für den Gegner **57** 1 A; Verweisung **281** 1 A; vorläufige Vollstreckbarkeit **708** 2 F, **925** 2 B; Widerklage **253 Anh** 1 C; Widerspruch **924, 925**; Ablehnung einer Wiedereinsetzung **238** 2 C; Zuständigkeit **919, 943, 944**; Zustellung **929** 2 B, 3; Zwischenfeststellungsklage **256** 7 B
– (**Arrestbeschluß**) **922** 4; Anordnung der Klagerhebung zur Hauptsache **926**; derjenigen vor dem Schiedsgericht **1034** 5; Kostenfestsetzung **103** 1 A; Angabe der Lösungssumme **923**; nach einer Ablehnung des Richters **47**; nach einem Urteil auf eine künftige Leistung **259** 1 B; Vollstreckbarkeit

Arzt

929 1; Zustellung 923 5 A; Zustellung an den ProzBev 176 1 A
- **(Widerspruch)** 924; Streitwert 3 **Anh**; Urteil 925 2; Einstellung der Zwangsvollstreckung 707 5

Arzt, Zeugnis im Entmündigungs/Aufhebungsverfahren 649 2/676 2; fehlerhafte Behandlung, Beweislast 286 **Anh** 4; Pfändung des Honorars 850 2 F; Pfändung der Praxiseinrichtung 811 8 B; Zeugnisverweigerungsrecht 383 3 D, 385 2

Assessor beim Anwalt, Fristversäumung 233 4; Kostenerstattung 91 5

Assignation en garantie, Wirkung 74 3

Asylberechtigter 606b **Anh** IV

Auctor, nominatio auctoris s Urheberbenennung

Audiatur et altera pars s Gehör, rechtliches

Aufbewahrung, des Protokolls über die Beweissicherung 492; einer verdächtigen Urkunde 443

Aufenthalt im Ausland s Ausland
- **(unbekannter),** Gerichtsstand bei einer Ehesache 606 3 B; bei der Klage auf Anfechtung/Aufhebung der Entmündigung 684/686; Gerichtsstand bei einer Kindschaftssache 640a, 641a; der Partei, öffentliche Zustellung 203 1; des ProzBev, öffentliche Zustellung 177, 210a 2

Aufenthaltsort des zu Entmündigenden, Abgabe des Verfahrens 650, 651; Gerichtsstand des A. 16; Gerichtsstand des Beschäftigungsorts 20; derselbe bei der Bestellung eines gerichtlichen Vertreters 57 2; bei der Offenbarungsversicherung 899; entfernter A. der Partei, Nichterscheinen 141; Zeugenvernehmung am A. 375 2, 382

Auffinden, einer Urkunde als Restitutionsgrund 580 4

Aufgabe, des Grundeigentums, Bestellung eines gerichtlichen Vertreters 58, 787; A. zur Post s Zustellung

Aufforderung, im Aufgebotsverfahren s dort; des Drittschuldners zur Erklärung 840 1; zur Erwiderung auf die Klage 271, 275, 276; zu derjenigen im Parteiprozeß 498; zur Erklärung über den Einzelrichter 271 3; zur Erklärung gegenüber dem Antrag auf eine Parteivernehmung 446; zur Erklärung über eine Urkunde im Parteiprozeß 510; zur Berechnung der Forderung im Verteilungsverfahren 873; durch den Gerichtsvollzieher bei der Pfändung, Protokoll 763; zur Kostenberechnung 106 2; zur Bestellung eines ProzBev 215 1, 244 2, 271 2, 275 1, 276 2, 520 4; zur Bestellung eines neuen ProzBev nach dem Tod/der Vertretungsunfähigkeit des bisherigen 244 2; zur Ernennung eines Schiedsrichters 1029 1, 1031; bei der Vorpfändung 845, 857 6

Aufgebotsverfahren Grdz 946, 946ff; Amtsermittlung 952; Anfechtungsklage 957, 958; Anmeldung 953; nach dem Fristablauf 951; Antrag 947; Aufgebot/Frist 947/950; Ausschlußurteil 952; Aussetzung des Verfahrens **Grdz** 946 2 B, 953; öffentliche Bekanntgabe des Aufgebots/Ausschlußurteils 948, 949, 953/956; Gerichtsstand für den Gebührenanspruch 34 1 B; Landesgesetzgebung **EG** 11; Verpflichtung zur Sicherheitsleistung 110 2 B; Streithilfe 66 2 A; Streitwert 3 **Anh**; Terminsbestimmung 947, 954, 955; Verbindung mehrerer Verfahren 959; mündliche Verhandlung 952 1; Verweisung 281 1 A; Zuständigkeit 946, **GVG** 23 9; Bestimmung der Zuständigkeit 36 1 A, 3 D
- **(dinglich Berechtigter)** 982, 987a, 988; Antrag 984, 987, 987a, 988; Aufgebot 986, 987; Ausschlußurteil 987; Glaubhaftmachung 985, 986; Zuständigkeit 983, 987a
- **(Eigentümerausschließung)** 977, 981a; Antrag 979; Aufgebot 981; Glaubhaftmachung 980; Zuständigkeit 978, 981a
- **(Nachlaßgläubiger)** 989; Anmeldung der Forderung 996; Antrag 991, 992; A. bei der Gütergemeinschaft/fortgesetzten G. 999/1001; A. durch einen Miterben/Nacherben/Erbschaftskäufer 977/998/1000; Aufgebot/Frist 995/994; Ausschlußurteil 997, 999, 1000; Antrag auf die Eröffnung des Nachlaßkonkurses 993; Zuständigkeit 990
- **(Schiffsgläubiger)** 1002
- **(Urkundenkraftloserklärung)** 1003 ff; Abhandenkommen/Vernichtung der Urkunde **Einf** 1003 2; Anmeldung 1016 1; Antrag 1004 1, 1007; Antragsberechtigung 1004; Aufgebot 1008; Aufgebotsfrist wegen Urkunde/Wertpapier 1015/1010–1014; Ausschlußurteil 1017, 1018; öffentliche Bekanntmachung des Aufgebots/Ausschlußurteils 1009/1017; Grundpfandrechtsbrief **Einf** 1003 1 B, 1024 **Anh**; hinkendes Inhaberpapier 1023 1; Landesgesetzgebung 1024; qualifiziertes Legitimationspapier **Einf** 1003 1 B, 1023; Meldung des Urkundeninhabers 1016; Streitwert beim Grundpfandrechtsbrief 3 **Anh**; Verfügung/Aufhebung einer Zahlungssperre 1019, 1020/1022; Zeugnis über die Vorlage des Zinsscheines 1010 3, 1011 2, 1021; Zulässigkeit **Einf** 1003 1; Zuständigkeit 1005, 1006
- **(Urteil betreffende Anfechtungsklage)** 957; öffentliche Bekanntmachung des Ausschlußurteils bzw seiner Aufhebung 1017; Klagefrist 958; Zuständigkeit 957 2 B

Aufhebung, der Kosten gegeneinander 92 1 C; vgl auch Gegenstand der Aufhebung

Aufhebungsklage, bei der Ehe s Ehesache; bei der Entmündigung s dort; beim Schiedsspruch und bei seiner Vollstreckbarkeitserklärung s Schiedsspruch

Aufklärung, Anordnung zur A. vor der mündlichen Verhandlung 273; Anordnung des Erscheinens der Partei zur A. 141, 273 3 D; Setzen einer Frist zur A. 273, 275 ff, 296

Aufklärungs- und Hinweispflicht, gerichtliche **Üb** 128 2 C, 139, 278; bei einer Aktenbeiziehung 139 2 E; wegen von Amts wegen zu berücksichtigender Punkte 139 3; im An-

dahinterstehende Zahlen und Buchstaben = Anmerkungen **Aufzeichnung**

waltsprozeß **139** 2 B, C, D; über einen Aussetzungsantrag wegen Ehenichtigkeit **151**; Fragerecht des Beisitzers **139** 4; und Beibringungsgrundsatz **139** 2 B; des Berufungsgerichts **139** 2 B, **526** 2; beim Bestreiten **138** 4; über einen Beweisantrag **139** 2 B; über einen Beweisantritt **282** 1 B; über einen Antrag auf Bewilligung einer Erklärungsfrist **273** 3 B; gerichtliche Entscheidung bei der Beanstandung einer Frage **140**; bei der Klagänderung **264** 1; bei einer mangelhaften Klagerhebung **253** 2 B; bei der Klagrücknahme **269** 1 A; über eine rechtliche Beurteilung **139, 278**; des Revisionsgerichts **139** 2 B; Richterablehnung wegen seines Hinweises **42** 2 B, **139** 2 D; über ein Rügerecht **139, 278**; bei einer Unzuständigkeit **281** 2 C, **504** 1; beim Urteil des AG **Üb 38** 1, **38** 6, **39, 504** 1; bei einem Verfahrensmangel **139, 278**; des Vorsitzenden **136** 2; beim Wiedereinsetzungsantrag **234** 1; wegen der Wiedereröffnung der mündlichen Verhandlung **156**; Zurückverweisung wegen einer Verletzung der A. **139** 1 B

Auflage, des Erblassers, Gerichtsstand **27** 2 C; Setzen einer Vollzugsfrist durch ein Urteil **255** 1

Auflassung, Erklärung der A. durch den ProzBev **81** 3; Pfändung des Anspruchs auf die A. **848**; Pfändung der Anwartschaft auf die A. **Grdz 704** 9; im Prozeßvergleich **307 Anh** 3 A

– **(Klage auf A.),** Gerichtsstand **24** 2 A; Streitwert **6** 1 A; derjenige bei einer Klage gegen einen Miterben **3 Anh**; Urteil auf A. **894** 1 B

Auflassungsvormerkung, Streitwert der Löschung/der einstweiligen Verfügung auf die Eintragung der A. **6** 3 B

Auflösungsklage gegen die Offene Handelsgesellschaft und BGB-Gesellschaft, notwendige Streitgenossenschaft **62** 2 B

Aufnahme (nach Aussetzung) 246 3, **247**
– **(nach Prozeßvergleich) 307 Anh** 6 B, C
– **(nach Ruhen) 251** 3
– **(nach Unterbrechung),** Anerkenntnis nach der A., Kostenentscheidung **93** 5; Anfechtung der Ehelichkeit/Anerkennung der Vaterschaft durch einen Elternteil **640 g**; Anzeige der A. **239** 2 D, **250** 2; nach der Aufhebung des Konkurses **246** 3; bei der Nacherbfolge **243**; durch den Rechtsnachfolger **239** 2 C, D; Prozeßvollmacht des Rechtsnachfolgers **86** 3; Streit über die Rechtsnachfolge **239** 2, 4; Verzögerung der A. durch den Rechtsnachfolger **239** 3; durch einen Streitgenossen **239** 2 D; nach dem Tod der Partei durch einen Erben/Miterben **239** 5/2 D; nach dem Tod der Partei durch den Nachlaßpfleger/Testamentsvollstrecker **243**; nach dem Tod/der Vertretungsunfähigkeit des ProzBev, Anzeige der Neubestellung, Verzögerung durch den Rechtsnachfolger **244** 2; nach dem Tod/der Vertretungsunfähigkeit des gesetzlichen Vertreters

241 4; Verfahren nach der A. **239** 2; mündliche Verhandlung **239** 2, 4

Aufopferungsanspruch, Feststellungsklage **256** 2 C; Gerichtsstand **32** 2 A; Rechtsweg **GVG 13** 6 A, 7; Streitwert **3 Anh, 9** 1

Aufrechnung durch den Bekl **145** 4 C, E; Anordnung einer Verhandlungsbeschränkung **146** 2 A; als Aussetzungsgrund **148** 1 A, B, E; in der Berufungsinstanz **530** 2 B; Beschwerdewert **511a** 4; Entscheidung des ordentlichen Gerichts bei einer Zuständigkeit des ArbG/Landwirtschaftsgerichts **322** 3; mit einer öffentlichrechtlichen Forderung **GVG 13** 5 F; vor der Klage **145** 4 B, F; Grundurteile **304** 2 A; durch den Kläger nach einer A. des Bekl **145** 5; gegenüber einer Klage auf eine künftige Zahlung oder auf eine wiederkehrende Leistung **Einf 253** 2 B; Kostenentscheidung **91** 1 C; mit dem Kostenerstattungsanspruch **Üb 91** 3 B; Kostenfestsetzung nach der A. **104** 1 E; gegenüber/durch dem/n ProzBev **81** 2 D/3; nach einem Prozeßvergleich, Vollstreckungsabwehrklage **795** 2; Prozeßtrennung **145** 4 F; Rechtshängigkeit **261** 2 B, **325** 5; bei einem Schiedsvertrag **274** 4, **1025** 3 C; Streitgegenstand **2** 2 B; durch einen Streithelfer **67** 2 C, 3 B; Streitwert **3 Anh**; gegenüber einer Teilklage **145** 4 F; Urteil, Rechtskraftwirkung **322** 3; nach einem Urteil, Vollstreckungsabwehrklage **767** 4 B; durch den nicht rechtsfähigen Verein **50** 3 A; Vorbehaltsurteil **302** 2, 3 A; Nachverfahren, Prozeßvollmacht **81** 2 B; Widerklage **253 Anh** 2 B

– **(Hilfsaufrechnung)** durch den Bekl **145** 4 D; Beschwer, Streitwert **3 Anh**; Urteil **300** 3 E

Aufruf, der Sache im Termin **220** 1; vor dem Zuschlag der versteigerten Pfandsache **817**

Aufschiebende Wirkung, des Rechtsmittels **Grdz 511** 1 B; der Berufung, Revision, Hemmung der Rechtskraft **705** 2; der Beschwerde **572** 1; Ausschluß der a. W. bei einer Beschwerde gegen den Ausschluß der Öffentlichkeit/ein Ordnungsmittel **GVG 174/181**

Aufsichtführender Richter, am AG **GVG 21 Anh II § 14, 21a** 2

Aufsichtsrat, Mitglied des A. als Zeuge **Üb 373** 2 B; als gesetzlicher Vertreter **51** 2 D; Zustellung an den A. **184** 1

Aufsichtsverstoß, Beweislast **286 Anh** 4

Auftrag, Pfändung des Anspruchs auf die Durchführung des A. **Grdz 704** 9; an den Gerichtsvollzieher s Zwangsvollstreckung (Pfändung); an den Anwalt, Ablehnung **GVG 155 Anh** 2 § 44; Rechtsweg beim öffentlichrechtlichen A. **GVG 13** 7; Schiedsrichtervertrag **1028 Anh** 1 A; Zustellungsauftrag s Zustellung

Aufwandsentschädigung, Pfändung **850a** 4

Aufwartefrau, Ersatzzustellung an die A. **181** 1 B, **183** 2 A

Aufwendungsersatz, Streitwert **4** 3 D

Aufzeichnung, technische Üb 415 1

Hartmann 2265

Augenscheinsbeweis 144 1, **Üb 371** 1; Abstammungsuntersuchung s dort; Anordnung 144 1, **372** 1; Beweisantritt **371**; Duldungspflicht **Üb 371** 3; Einnahme des A. **372** 1; Schutz der Intimsphäre **Üb 371** 4; Protokoll **160** 4 E; durch den verordneten Richter **372** 3; Hinzuziehung des Sachverständigen **372** 2; Verweigerung **Üb 371** 3, **372a** 5; als vorbereitende Maßnahme **273** 2 B c; Zulässigkeit **Üb 371** 2

Augenscheinseinnahme, gerichtliche Anordnung der A. **144**; Anordnung vor der mündlichen Verhandlung **273, 358a**; Ort der A. **219, 372**; Protokoll über die A. **160, 160a, 161**

Ausbildungsförderung, Pfändung des Anspruchs auf/der Leistung aus der A. **Grdz 704** 9

Ausbleiben, der Partei **141** 4 A, B, **454**; des Sachverständigen **409**; des Zeugen **380, 381**

Auseinandersetzung (Ansprüche), Feststellungsklage **256** 5
– **(Guthaben),** Pfändung **859 Anh** 1, 4
– **(Klage),** wegen eines Grundstücks, Gerichtsstand **24** 2 E

Ausfertigung 170 2 A; des Beschlusses **329** 3; aus der Gerichtsakte **299** 3; des Schiedsspruchs **1039** 3 A; der Zeugenladung **377**; zum Zweck der Zustellung für mehrere **189** 1
– **(Urteil) 317** 2; des Berichtigungsbeschlusses **319** 3 C; Kosten als solche der Zwangsvollstreckung **788** 1; Kostenerstattung **91** 5; Kostenfestsetzungsbeschluß auf der A. **105**; des abgekürzten Urteils **317** 3; Vorlage beim Berufungs/Revisionsgericht **518** 3/**553a**

Ausfertigung, vollstreckbare s vollstreckbare A.

Ausforschung der Gegenpartei **138** 1 C

Ausforschungsbeweis Einf 284 6

Ausgleichsabgabe, Rechtsweg **GVG 13** 7

Ausgleichsanspruch, des Ehegatten **938** 1 F; des Erben, Streitwert **3 Anh**; des Handelsvertreters **3 Anh**

Ausgleichung der Kosten **106**

Aushändigung an der Amtsstelle als Zustellung von Amts wegen **212b**

Auskunft, Anordnung der Erteilung vor der mündlichen Verhandlung **273** 3 C, **358a**; als Beweismittel **Üb 402** 6; amtliche A. als Beweismittel **Üb 373** 5; Einholung bei der Prozeßkostenhilfe **118**; aus der Gerichtsakte **299** 2; Kostenerstattung **91** 5; nach der Pfändung/Überweisung der Forderung, Pflichten des Schuldners zur A. **836** 2; solche des Drittschuldners **840**; aus dem Schuldnerverzeichnis **915** 3; Unrichtigkeit, Feststellungsklage **256** 2 C; Unrichtigkeit, Wiedereinsetzungsgrund **233** 4; über die Echtheit einer Urkunde **437** 1; schriftliche A. des Zeugen **273** 2 B c, **377** 3
– **(Klage),** des Pfändungsgläubigers gegen den Drittschuldner **840** 3; Streitwert **3 Anh**; Übergang von der Feststellungs- zur Leistungsklage **264** 2 C; Verbindung mit der Herausgabeklage **254** 2 A
– **(Urteil),** Zwangsvollstreckung **887** 6

Auskunftei, Zeugnisverweigerungsrecht **383** 3 D

Auslagen, Kostenfestsetzung **104** 3 A; des Sachverständigen **413**; des Zeugen **401**

Auslagenerstattung 91 5; Beschwerde gegen die A. **567** 3 A; bei einer Rechtshilfe **GVG 164**

Auslagenvorschuß vor der Ladung eines Zeugen/Sachverständigen **273** 3 E, **379**/**402**

Ausland, Beweisaufnahme im A. **363** mit **Anh, 364, 369**; DDR s dort; Bestimmung der Einlassungsfrist **274**; Einspruchsfrist bei der Zustellung im A. **339** 2; ausländischer Gerichtsstand **Üb 12** 1 B, **16** 2, **36** 3 C; Klage im A. **253** 1 A; Gerichtsstand bei einem Mietanspruch über einen Wohnraum im A. **29a** 2; Erteilung der Prozeßvollmacht im A. **80** 1 C; Rechtshängigkeit **261** 2 B; Rechtshilfe **GVG 168 Anh**; Geltendmachung des Unterhaltsanspruchs im A. **GVG 168 Anh II**; Zustellung s dort; Zwangsvollstreckung im A. als Arrestgrund **917** 2; Vollstreckungsersuchen **791**; zwischenstaatliches Zivilprozeßrecht s dort

Ausländer, Angehöriger eines fremden Staats **110** 2 A; Arrestantrag **916** 1; Zuständigkeit **606b** 2; Eidesleistung **GVG 188**; Exterritorialer s dort; Gerichtsstand **13, 23**; Heimatloser **606b Anh**; Parteifähigkeit **50** 2 A; Prozeßfähigkeit **55**; Prozeßkostenhilfe **114** 2 A d, **114 Anh**; Rechtsschutz **Grdz 253** 1 A; Pflicht zur Leistung einer Sicherheit s Sicherheitsleistung; Zeugenpflicht **Üb 373** 3

Ausländischer Rechtsanwalt SchlAnh VII

Ausländische Streitkräfte s Streitkräfte

Auslandsaufenthalt, Gerichtsstand bei einer Ehe-/Kindschaftssache **606** 4 A/**640a, 641a**; Gerichtsstand bei der Erbschaftsklage gegen einen Deutschen **27** 3; Gerichtsstand bei der Unterhaltsklage **23**; Gerichtsstand des Vermögens usw **23**; Zeugenladung **377** 1 B

Auslandsgericht, Anerkennung der Entmündigung **645 Anh** 1; Anerkennung einer Entscheidung **328** 1 B, **329** 3; Vollstreckbarkeit einer Entscheidung im Verfahren der freiwilligen Gerichtsbarkeit **GVG 13** 7; Zuständigkeitsvereinbarung **38** 4, 5

Auslandsgesellschaft, Parteifähigkeit **50** 2 A

Auslandsprozeß, Streitverkündung **74** 3

Auslandsrecht, Anordnung des Nachweises **273** 2 B; Beweis **Einf 284** 2 B; Feststellung **293** 1; Feststellungsklage **256** 2 A, 5; Nachweis **293** 2; Prüfung im Revisionsverfahren **549** 2 B

Auslandsschiedsspruch, Vollstreckbarerklärung **1044**; Vollstreckungsabkommen s Zivilprozeßrecht

Auslandsschiedsvergleich 1044a 4 B

Auslandsurkunde, Legalisation **438**

Auslandsurteil (Anerkennung) 328 1; Anerkennungsabkommen s Zivilprozeßrecht; bei einem vermögensrechtlichen/nichtvermö-

gensrechtlichen Anspruch **328 Anh/ 328** 7 A; in einer Ehesache **328** 1 B, 4, 7 B, **606 a, b** 3; Gegenseitigkeit **328** 6, **328 Anh**; in einer Kindschaftssache **328** 4; bei der Vaterschaftsfeststellung **641 a** 3; Klage aus einem A. **794** 10; Nichtanerkennung wegen Sitten-/Ordnungswidrigkeit **328** 5; bei Unzuständigkeit des Auslandsgerichts **328** 2 A; Versäumnisurteil **328** 3; bei einer Zuständigkeitsvereinbarung **38** 4 D; s auch DDR
- **(Vollstreckbarerklärung)**, Kostenentscheidung **SchlAnh V** A 1; Unterhaltsentscheidung **SchlAnh V** A 2; Vollstreckungsabkommen s Zivilprozeßrecht
- **(Vollstreckungsklage) 722**; Anerkennung **722** 2 B; Streitwert **4** 3 C; Urteil **723**

Auslandswährung, Streitwert **3 Anh**; Zwangsvollstreckung **Grdz 803** 1 A

Auslassung, im Beschluß **329** 3; im Tatbestand des Urteils **320** 2 A, **321**; im Tenor des Urteils **319** 2 D a, **321**

Auslegung, Feststellungsinteresse **256** 3 B, D; Feststellungsklage wegen einer A. **256** 2 C; Antrag bei der Feststellungsklage **256** 2 E; sonstige Klage, Antrag/Rubrum **253** 5 A/3 A; Parteieigenschaft **Grdz 50** 2 A; Prozeßhandlung **Grdz 128** 5 D; als Rechtsfrage **Einf 284** 4 A; und Rechtskraft **322** 2 A; einer Rechtsvorschrift **Einl III** 5 D; Prüfung im Revisionsverfahren **550** 1; Urkunde/Willenserklärung, Beweislast **286 Anh** 1 A, 4; verfassungskonforme A. **Einl III** 5 D; des Vollstreckungstitels **Grdz 704** 3 E; Zeugnisverweigerungsrecht **Einf 383** 1; Zuständigkeitsvereinbarung **38** 2
- **(Zivilprozeßordnung)** s Zivilprozeßordnung

Auslösungsgeld, Pfändung **850** 4

Ausnahmegericht GVG 16

Ausnahmevorschrift, Auslegung **Einl III** 5 D

Aussagegenehmigung, für den Angehörigen des öffentlichen Dienstes als Zeugen **376**; für eine Parteivernehmung **451** 1; für einen Angehörigen der Streitkräfte **SchlAnh II 38**

Aussagepflicht 390

Aussageverweigerung s Zeuge (Zeugnisverweigerung, Zeugnisverweigerungsrecht)

Ausscheiden des Gesellschafters, Streitwert **3 Anh**; aus dem Verein, Streitwert **3 Anh**

Ausschließliche(r) Gerichtsstand, Zuständigkeit s Gerichtsstand, Zuständigkeit

Ausschließung (Amtsausübung), des Dolmetschers **GVG 191**; des Gerichtsvollziehers **GVG 155**; des Gesellschafters, Streitwert **3 Anh**; des Rpfl **41, 48, 49, GVG 153 Anh** 8 § 10; des Richters **41, 48, 49, 551** 3, **957** 3 D; unaufschiebbare Amtshandlung **47** 1; Mitwirkung trotz einer A., Nichtigkeitsklage **579** 3, Revisionsgrund **551** 3; des Urkundsbeamten der Geschäftsstelle **41, 48, 49**; aus dem Verein, Streitwert **3 Anh**

Ausschließungsgrundsatz 296 2 A, 3 B, 4 B, **Einf 322** 1, **767** 4, **796** 2

Ausschluß, eines Gesellschafters/Genossen, Streitwert **3 Anh**; eines dinglich Berechtigten, Gläubigers, Grundstückseigentümers s Aufgebotsverfahren; eines Mitglieds als vermögensrechtlicher Anspruch **Üb** 1 3; eines Mitglieds nach dem Austritt, Feststellungsklage **256** 5; der Öffentlichkeit s dort; vgl auch Ausschlußwirkung

Ausschlußfrist s Frist

Ausschlußrecht, Beeinträchtigung, Urheberbenennung **77**

Ausschlußurteil s Aufgebotsverfahren

Ausschlußwirkung, für eine Einwendung gegen den Vollstreckungstitel **767** 2, **796** 2; bei der Patentverletzungsklage **253** 1 C; der Rechtskraft **Einf 322** 3, **322** 2; des Verhandelns zur Hauptsache für eine Zulässigkeitsrüge **282**; **Üb 230** 2, **230**; bei einem verspäteten Vorbringen s Parteivorbringen

Außenwirtschaftsgesetz SchlAnh IV A

Äußere Rechtskraft s Rechtskraft

Außergerichtliche Kosten, Erstattung **Üb 91** 2 B, **91** 5

Außergerichtlicher Vergleich s Vergleich

Außerkrafttreten, des Schiedsvertrags **1033**

Außergerichtliches Geständnis Einf 288 1

Aussetzung, der Vollziehung eines Beschlusses nach der Beschwerde **572** 2; des Beweisbeschlusses auf die Vernehmung einer Partei **450** 2; im finanzgerichtlichen Verfahren, Streitwert **3 Anh**; der Verwertung der Pfandsache **813 a**
- **(des Verfahrens) Üb 148** 1; Anordnung vor der mündlichen Verhandlung bei Wahrscheinlichkeit einer A. **273** 1; bei einem Antrag auf gerichtliche Entscheidung wegen der Untätigkeit der Justizverwaltung **EGGVG 27** 3; bei der (Feststellungs-)Klage wegen der Anfechtung der Ehelichkeit bzw Vaterschaft zwecks Einholung eines Gutachtens **Einf 148** 2, **640 f**; bei dem Antrag auf Ehescheidung/der Klage auf Eheherstellung **614**; bei der Einmischungsklage **65**; bei der Entmündigung wegen Rauschgiftsucht bzw Trunksucht **681**; infolge eines Krieges **247** 1; Rechtsbehelf **252** 1; beim Verfahren vor dem Richterdienstgericht **DRiG 68, 83**; bei der Anpassung der Unterhaltspflicht **641 o**; infolge einer Verkehrsstörung **247** 1; bei der Bestellung eines gerichtlichen Vertreters **241** 4, **250** 1 A; der Verwertung der Pfandsache **813 a** 2 B
- **(des Verfahrens bei Unterbrechungsgrund)**, durch die Ablehnung der Verkündung einer Entscheidung **249** 4; Antrag **248**; auf A. bei der Vertretung durch einen ProzBev **246**; beim Aufgebotsverfahren **Grdz 946** 2 B, **953**; Aufhebung der A. **252** 1 B; Aufnahme nach der A. s Aufnahme; Beschwerde **252**; Fristablauf **249** 2; Prozeßhandlung **249** 1, 3; Kostenfestsetzung **103** 2 B; durch Nichtzulassung der Klagänderung **268** 2; bei einem Mangel an einer Prozeßvoraussetzung **56** 1 E; beim Schiedsverfah-

Aussichtslosigkeit

ren **1034** 5; bei der Streitgenossenschaft **61** 2 B; bei der notwendigen Streitgenossenschaft **62** 4 C; bei der Streithilfe **67** 2 B; Streitwert **3 Anh**; Tatbestandsberichtigung nach einer A. **249** 4; durch Aufhebung/Verlegung/Vertagung des Termins **227** 3 B; beim Tod der Partei usw **246** 2; mündliche Verhandlung **128** 2 B, **248**; Verkündung einer Entscheidung **249** 4
- **(des Verfahrens wegen Vorgreiflichkeit),** beim Arrest oder der einstweiligen Verfügung **Einf 148** 1 A, **148** 2 A, **Grdz 916** 3 A; Aufhebung **150**; bei einer Ehe/Kindschaftssache **155**; bei einer Aufrechnung **148** 1 A, B; wegen Ehenichtigkeit/Eheaufhebung/Ehebestandsstreit **151/152/154**; wegen einer Klage auf Anfechtung der Ehelichkeit oder Vaterschaft **153**; wegen einer ausländischen Ehescheidung **328** 7 B; wegen einer evtl bevorstehenden gesetzlichen Regelung/Änderung oder einer möglichen Ungültigkeit des Gesetzes **Einf 148 2/148** 1 A, E; A. ohne Grund als Ruhen des Verfahrens **Einf 148** 2; wegen eines streitigen Kindschaftsverhältnisses **151, 154**; Kostenentscheidung **148** 2 B; wegen der Möglichkeit widersprechender Entscheidungen **148** 1 E; wegen eines Musterprozesses **148** 1 E; wegen des Fehlens einer Preisgenehmigung **148** 1 A; bei einem Mangel der Prozeßvoraussetzungen **56** 1 E; in der Revisionsinstanz **148** 1 E, **149** 2; bei einer Straftat **149**; wegen eines Teilanspruchs **148** 2 B; bei einer Teilklage **148** 1 E; bei der Unterhaltsklage des nichtehelichen Kindes **Einf 148** 2 im Urkunden/Wechselprozeß **148** 2 A; bei einer einstweiligen Verfügung wegen des Unterhalts eines nichtehelichen Kindes **153** 1; mündliche Verhandlung **128** 2 B, **148** 2 B; durch eine Vertagung **Einf 148** 1 C; wegen der Vorgreiflichkeit der Entscheidung eines Gerichts oder einer Verwaltungsbehörde **148** 1; Wegfall des Grundes **Einf 148** 1 C; wegen der Zuständigkeit des Kartellgerichts **Einf 148** 1 A; im Zwangsvollstreckungsverfahren **148** 1 E

Aussichtlosigkeit, der Pfändung, Offenbarungsversicherung **807** 2 c; der Rechtsverfolgung/Rechtsverteidigung **114** 2 B

Aussöhnungsmöglichkeit in einer Ehesache, Aussetzung **614**

Aussonderungsrecht, Widerspruchsklage **771** 6

Austauschpfändung 807 3 E, **811a, b**

Auswahl des Sachverständigen s Sachverständiger (Sachverständigenbeweis)

Ausweis, des Gerichtsvollziehers **755** 1; der gesetzlichen Vertretung, Legitimationsmangel **56**

Auszubildender, Gerichtsstand **20**; Bestellung eines gerichtlichen Vertreters **57**; Zustellung an den A. **183** 1 C, 2 A

Auszug (aus) einem Beschluß **329** 3; der Gerichtsakte **299**; der Akte des Gerichtsvollziehers **760**; der Urkunde **131**; dem Urteil **317** 2

Zahlen in Fettdruck = Paragraphen

Auszugsvertrag, Pfändung **850b** 4; Streitwert **9** 2 A; Zuständigkeit **GVG 23** 9

Autor, Zeugnisverweigerungsrecht **383**

B

Bahneinheit als unbewegliches Vermögen kraft Landesrechts **871**

Bank, Zeugnisverweigerungsrecht **383** 3 D, **384** 4; Bescheinigung über die Vorlage des Zinsscheins **1010**, 3, **1011** 2, **1021; Bescheinigung und Einstellung der Zwangsvollstreckung 775** 5

Bankbürgschaft, Kostenerstattung **91** 5, **788** 5; als Sicherheitsleistung **108** 2 B, **109** 1 B

Bankguthaben als unpfändbare Forderung, Pfändung **Grdz 704** 9 ,,Kontokorrent'', **Einf 850** 1 A, **850b** 3; Freigabe, Streitwert **3 Anh**

Bankrecht, Beweislast **286 Anh** 4

Barmittel s Geld

Baugeldanspruch, Pfändung **Grdz 704** 9

Baugenehmigung, Rechtsweg **GVG 13** 6 F, 7; Streitwert **3 Anh**

Bauhandwerkerhypothek, Streitwert **3 Anh**

Baulandsache, Anwaltszwang **78** 2 A; Feststellungsklage **256** 5; Kammer für Baulandsachen **GVG 71** 1 C; Zahlung der Prozeßgebühr **271 Anh** 1; OLG Zuständigkeit **GVG 119** 2; Streitwert **3 Anh**; Urteilsverkündung **310** 1 B; Veräußerung des Streitgegenstands **265** 1; Einstellung der Zwangsvollstreckung **707** 5

Baulast, Streitwert **9** 3

Baupolizei, Auflage der B., Rechtsweg **GVG 13** 7 B

Baurecht, Beweislast **286 Anh** 4

Baustreitsache, als Feriensache **GVG 200**; Streitwert **3 Anh**

Bayerisches Oberstes Landesgericht Üb 545 2 A, **EGGVG 8, SchlAnh I** B; Abgabe der Revision an den BGH **EG 7**; Einlegung der Revision gegen ein Urteil des B. **EG 8**; Zuständigkeit **EG 7, SchlAnh I** B; Bestimmung der Zuständigkeit **36** 2

Beamter 376 1; Amtspflichtverletzung s dort; amtliche Auskunft **Üb 373** 5; Pfändung der Bezüge **850** 2 B; Pfändung der Dienstkleidung usw **811** 10; Fehlbestandsverfahren **GVG 13** 7; Gerichtsstand bei einer Auslandsbeschäftigung **15**; Anzeige der Offenbarungshaft **910**; als Sachverständiger **402** 1, **408** 3; als Vertreter in der mündlichen Verhandlung **157** 2 A; als Zeuge, Aussagegenehmigung **376**; Zeugnisverweigerungsrecht **383** 3 B, C, **385** 2; als Zustellungsempfänger **184** 2

- **(Klage von/gegen Beamte),** Gerichtsstand des Erfüllungsorts **29** 1 A; Rechtsweg **GVG 13** 7; Streitwert der Bezüge **9** 1; Vorentscheidung bei einer Klage gegen einen Landesbeamten **EGGVG 11**; Zuständigkeit **GVG 71** 3

Beansprucherstreit 75

2268

Hartmann

dahinterstehende Zahlen und Buchstaben = Anmerkungen **Behauptungslast**

Beanstandung der Verhandlungsleitung des Vorsitzenden, Fragerecht 140
Beauftragter, Fristversäumung 233 4
Beauftragter Richter Einl III 7 C; vgl auch Beweisaufnahme, verordneter Richter
Bediensteter s Hauspersonal
Bedienungsgeld, Pfändung 832 1 B
Bedingter Anspruch, Arrest/einstweilige Verfügung 916 3/936 1; Feststellungsklage 256 2 D; Mahnbescheid 688; Pfändung **Grdz 704** 9, 829 1 A; Anordnung der Verwertung 844 2; Streitwert 3 **Anh**
Bedingung, Beweislast 286 **Anh** 4; beim Einverständnis mit dem schriftlichen Verfahren 128 5 B; Erwerb kraft auflösender B., Rechtskraftwirkung 325 6; bei der Klage 253 1 A; Klage für den Fall der Abweisung der Klage gegen einen anderen Bekl 29 1, 253 1 A; Kostenerstattungsanspruch **Üb** 91 3 B; bei einer Prozeßhandlung **Grdz** 128 5 D; beim Prozeßvergleich 307 **Anh** 6 C; auflösend bedingtes/unbedingtes Urteil **Üb** 300 2 E; Zwangsvollstreckung, Nachweis des Eintritts einer B. 726 2
Beeidigung, der Partei s dort; des Sachverständigen s dort; des Zeugen s dort; Eidesleistung s dort
Befangenheitsablehnung (Gerichtsperson) 42 ff; Amtshandlung nach der B. 47, 49; Arrest nach der B. 47; Mitwirkung des abgelehnten Richters an der Entscheidung, Nichtigkeitsklage 579 3; des Amtsrichters 45; nach einer Antragstellung/Einlassung 43 2/44 4; Anwaltszwang 78 2 A; des Arbeitsrichters 41 2 A; dienstliche Äußerung 44 3; wegen eines Ausschlusses vom Richteramt 42 2 A, 44 4; Befangenheit 42 2 B; Entscheidung 45, 46 1; Entscheidung bei einer Selbstablehnung 48; Gesuch 44 1; rechtliches Gehör 46 2, 48 2; Glaubhaftmachung 44 2; wegen eines Hinweises gegenüber einer Partei 42 2 B, 139 2 D; Kenntnis des Ablehnungsgrundes 42 2; Nichtigkeitsklage 579 3; Prozeßverschleppung/Rechtsmißbrauch 42 1 B, 45 1; eines Referendars als Urkundsbeamten der Geschäftsstelle 49 1; des Rpfl 49 2, **GVG** 153 **Anh** 8 § 10; Revisionsgrund 551 4; Selbstablehnung 48; Streitwert 3 **Anh**; des Urkundsbeamten der Geschäftsstelle 49 1; Verfahren 45, 46, 47; Verzicht auf die B. 43 1; Wiederholung der B. 42 1 B; Zurückweisung des Gesuchs als Revisionsgrund 551 4; Zuständigkeit 45 1, 2 A
– **(Gerichtsvollzieher) GVG** 155
– **(Sachverständiger, Dolmetscher)** s Sachverständiger
– **(Schiedsgutachter, Schiedsrichter)** 1032
Beförderungsvertrag, Gerichtsstand 21 4; Rechtsweg **GVG** 12 7; Urteil, Vollstreckbarkeit 709 1
Befreiung vom Anwaltszwang 78 2; von der Gerichtsbarkeit **GVG Einf** 18 A, 20; von der Kostenzahlung s Prozeßkostenhilfe; von einer Sicherheitsleistung s dort; Zwangs-

vollstreckung aus einem Urteil auf B. von einer Verbindlichkeit 887 1 A, 6
Befreiungsanspruch vom Grundpfandrecht, Gerichtsstand 25; Pfändung **Grdz** 704 9; Streitwert 3 **Anh, 4** 3 A
Befriedigung s Erfüllung, Zwangsvollstreckung
Befriedigungsklage nach einer Pfändung auf eine vorzugsweise Befriedigung 805; ebenso nach der Pfändung von Früchten 810 3
Befristung, der Forderung s Fälligkeit
Beginn s Gegenstand des Beginns, zB der Zwangsvollstreckung
Beglaubigung, einer Abschrift s dort; der Prozeßvollmacht 80 3; der Unterschrift unter einer Urkunde 416, 440 3; durch den Urkundsbeamten der Geschäftsstelle s dort; Urteil auf B., Zwangsvollstreckung 887 6; Urteil, Ausfertigung/Abschrift 317 2 B; für eine Zustellung 170 2 B, 3, 196, 210; der Abschrift der Zustellungsurkunde 190 3
Begnadigung 890 4 A
Begründetheit, der Klage **Grdz** 253 3 A
Begründung, der Abgabe vom Landwirtschaftsgericht an das Prozeßgericht 281 **Anh III** 1 A; des Arrests/der einstweiligen Verfügung 922 4 A/936 1; der Berufung/Revision s dort; eines Beschlusses **Üb** 300 1 A, 329 1 A; 573 3 C; eines Beschlusses des Schiedsgerichts 1042 a 2 D; Beschwer infolge der **Grdz** 511 3 A; der Beschwerde 621 e 4 A; des Antrags auf eine Abkürzung der Einlassungs-/Ladungsfrist 226 1 A; des Einspruchs 340 3; des Justizverwaltungsakts **EGGVG** 28 4 B; des Kostenfestsetzungsbeschlusses **Einf** 103 1 B, 104 2 A, 4 C; der Entscheidung über die Prozeßkostenhilfe 127; der Revision 554; Revision wegen des Fehlens einer B. 551 8; der Verwerfung der Revision **Üb** 545 **Anh**; des Schiedsspruchs 1041 8; der Aufhebungsklage wegen der Fehlerhaftigkeit der B. 1041 8, 1043 2; der Festsetzung des Streitwerts **Einf** 3 2 A; der Aufhebung eines Termins 227 3 A; des Urteils s dort; der Verweisung an das Landwirtschaftsgericht 281 **Anh III** 2; der Verzögerungsgebühr 95 **Anh** 3 A; des Antrags auf eine Wiedereinsetzung 236 1 C; Zwang zur B. eines Beschlusses 329 1 A, eines Revisionsurteils 565 a 1
Begründungszwang, bei der Berufung 519 1; bei der Klage 253 4 B; bei der Revision 554 2
Begutachtung, kaufmännische, Entscheidung der Kammer für Handelssachen **GVG** 114; durch den Sachverständigen s dort
Behältnis, Durchsuchung durch den Gerichtsvollzieher 758
Behauptung, Behauptungslast **Grdz** 128 3 C, 253 4; Beweislast, Einschluß der Behauptungslast 286 **Anh** 1 A; Parteibehauptung s Partei (Vorbringen); Wahrheitspflicht 138 1 C
Behauptungslast s Parteivorbringen (Behauptung)

Hartmann   2269

Behörde, Aktenmitteilung an das Gericht **GVG 168;** Anwaltszwang **78** 1 B, 3; Auskunft **Üb 373** 5; Auskunftsersuchen an die B. **273** 3 C; Auslegung einer Behördenentscheidung **550** 2; Aussagegenehmigung für einen Beamten **376;** Aussetzung bei einer Feststellung durch die B. **148** 1 B b; Beweisaufnahme durch eine ausländische B. **364, 369;** Bindung an das Urteil **Einf 322** 4 B; Einsichtnahme in die Gerichtsakte **299** 1 B; Abgabe einer Erklärung durch den ProzBev gegenüber der B. **81** 3; Ersuchen an die B. zwecks Zwangsvollstreckung **789;** Fachbehörde als Sachverständiger **Üb 402** 1 B; Feststellungsklage statt Leistungsklage gegen eine B. **256** 5; Genehmigung gegenüber einem Beamten zur Tätigkeit als Sachverständiger **402** 1, **408** 3; Gerichtsstand **17** 4, **18;** Gerichtsstand beim Sitz in mehreren Gerichtsbezirken **19;** Mitteilung der B. über die Offenbarungshaft eines Beamten **910;** Parteifähigkeit **50** 2 E; öffentliche Urkunde s Urkunde; vollstreckbare Urkunde, Ausfertigung **797** 1 D; Urkundenbesitz der B., Beweisantritt **432** 1, 2; Urkundenerteilung, Antragsrecht des Gläubigers **792, 896;** Urkundenübersendung **432** 3; als gesetzlicher Vertreter **51** 2 D; als Vertreter des Fiskus **18;** Vorverfahren, Kostenerstattung **91** 3 B; Zeugnis der B. **Üb 373** 1 B; Zustellung an die B. **171** 2, **184, 212a;** Zustellungsersuchen an eine ausländische Behörde **199**

Beibringungsfrist, für ein Beweismittel **356** 2

Beibringungsgrundsatz Grdz 128 3 B ff; und gerichtliche Aufklärungspflicht **139** 1 A, 2 B, C, **278** 5; in der Berufungsinstanz **536** 3; Einschränkungen des B. **Grdz 128** 3 D; in einer Ehe-/Kindschaftssache **617/640** 3; bei der Klage und dem Verfahren auf die Anfechtung oder Aufhebung einer Entmündigung **670, 679** 2/**653** 1, **676** 2; beim Nichtbestreiten **138** 4; Schriftsatz zwischen dem Schluß der mündlichen Verhandlung und dem Verkündungstermin **133** 2 B

Beibringungsmaxime s Beibringungsgrundsatz

Beihilfe, Gerichtsstand **32** 2 C; Pfändung **850a** 6

Beiladung, des die Entmündigung Beantragenden im Fall einer Anfechtungsklage **666** 2; in einer Kindschaftssache **640** e; des Pfändungsgläubigers durch den Drittschuldner **856** 3; des Streitverkündeten s Streitverkündung

Beilegung, gütliche 279

Beiordnung des Notanwalts **78 b, c;** des ProzBev bei der Klage auf Anfechtung der Entmündigung **668;** kraft Prozeßkostenhilfe s dort; in einer Scheidungssache **625**

Beischlaf, Anspruch aus einem B., als Feriensache **GVG 200** 5 A; Zuständigkeit **GVG 23a** 4

Beisitzer, Beanstandung einer Frage **140** 2; Fragerecht **139** 4; Beanstandung des Schlusses der mündlichen Verhandlung **140** 2; Verhandlungsleitung **136** 2

Beistand 90; Ausschluß als Gerichtsperson **41** 2 D, **49;** Anordnung der Entfernung in der mündlichen Verhandlung **158** 1; Gebührenanspruch, Gerichtsstand **34;** Protokollangaben **160** 2; im Schiedsgerichtsverfahren **1034** 3; Untersagung des Vortrags **157** 3; als gesetzlicher Vertreter eines prozeßunfähigen Ausländers **55;** als Zeuge **Üb 373** 2 B; s auch Rechtsbeistand

Beitreibung s Prozeßkostenhilfe, Zwangsvollsteckung

Beitritt, des Streithelfers/nach einer Streitverkündung s dort

Beiziehung der Akten s Akten

Bekanntmachung s Beschluß, Termin, Urteil; öffentliche B. s Aufgebotsverfahren, Entmündigungsverfahren, Zustellung (öffentliche)

Beklagtenhäufung s Klägerhäufung

Beklagter Grdz 50 1; falscher/nicht bestehender B. **Grdz 50** 3 A; Einwilligung in eine Klagänderung **263** 4 A; Antrag auf Entlassung im Beanspruchersreit/bei der Urheberbenennung **75** 3/**76** 5 A, **77**

Bekräftigung, eidesgleiche 484

Belastung, dingliche, Gerichtsstand **24;** einstweilige Verfügung auf Untersagung **938** 1 F

Beleg für die Kostenfestsetzung **103** 2 C

Belehrung, über die Anerkenntnisfolgen **499** 1; vor der Eidesleistung **480;** über die Folgen einer Fristversäumnis **276** 4 A, **340** 3 E; über die Unzuständigkeit **504** 1; über das Zeugnisverweigerungsrecht **383** 4; vgl auch Aufklärungspflicht

Beleuchtungsmittel, Pfändung **811** 4

Belgien, deutsch-belgisches Abkommen **SchlAnh V** B 4

Benachrichtigung, der Behörde über die Anordnung der Offenbarungshaft gegen einen Beamten **910;** des Drittschuldners von der Vorpfändung **845** 2; der Partei s dort
- **(Gläubiger),** im Mahnverfahren **693** 3, **695** 1, **702** 2
- **(Schuldner),** bei einer Anschlußpfändung **826;** bei der Erteilung einer vollstreckbaren Ausfertigung **733** 2 A; durch Übersendung einer Abschrift des Protokolls des Gerichtsvollziehers **763;** von der Vorpfändung **845** 2, 3, **857** 6

Benennung, des mittelbaren Besitzers/Urhebers **76/77;** des Zustellungsbevollmächtigten s Zustellung

Benutzung einer öffentlichen Einrichtung, Rechtsweg **GVG 13** 7

Benutzungsrecht, Pfändung **Grdz 704** 9

Berater, Kostenerstattung **91** 5

Beratung und Abstimmung Üb GVG 192; Abstimmung **GVG 194–197;** Abwesenheit eines Dritten **GVG 193;** Leitung **GVG 194;** Mitwirkende Personen **GVG 192;** im Schiedsgericht **1034** 5, **1038**

dahinterstehende Zahlen und Buchstaben = Anmerkungen **Berufung**

Beratungsheimnis GVG 21e 4 A, **DRiG 43, 46**; im Schiedsgericht **1038** 3
Beratungshilfegesetz 127 Anh
Berechnung des pfändbaren Arbeitseinkommens s Zwangsvollstreckung (Pfändung); einer Frist s dort; des Streitwerts s dort
Berechtigung, grundstücksgleiche, Arrestvollzug **932**; Zwangsvollstreckung **864** 2, **870**
Bereicherungsanspruch, Beweislast **286 Anh** 4; Gerichtsstand **29** 1 A, **32** 2 A; Kostenrückfestsetzung nach einer Änderung des Streitwerts **107** 2; Rechtsweg **GVG 13** 7; Streitwert **3 Anh**; nach einer Versäumung der Widerspruchsklage **Einf 771** 2 B; nach einem Widerspruch gegen den Verteilungsplan **878** 3; wegen der Zwangsvollstreckung aus einem vorläufig vollstreckbaren Urteil des OLG **717** 4
Bereitschaftsdienst GVG 21e 2
Bergelohn, Rechtsweg **GVG 13** 7
Bergschaden, Feststellungsklage **256** 5
Berichterstatter GVG 21g 1; in der Abstimmung **GVG 197**; Anordnung vor der mündlichen Verhandlung **273** 2, 3; Beweisaufnahme s dort; vgl auch Beisitzer
Berichterstattung nach dem Ausschluß der Öffentlichkeit **GVG 174**
Berichtigung, der Erklärung des Beistands durch die Partei **90** 2; des Beweisbeschlusses **360** 1 B; eines sonstigen Beschlusses s dort; der Klage **263** 2 A, **264** 2 B; des Klagantrags **264** 3; des Mahnbescheids **692** 2 B; der Parteibezeichnung **Grdz 50** 2 A, E, 3 B, **139** 2 A, **253** 3 A, **264** 2 B; einer Parteierklärung s dort; des Protokolls **164** 4; der Erklärung des ProzBev durch die Partei **85** 2 A; einer Prozeßhandlung **Grdz 128** 5 D; eines Rechenfehlers **2** 2 B; der Entscheidung über die Zulassung der Revision **546** 2 C b; des Schiedsspruchs **1039** 2; des Urteils **319**, **320** 2 A; vgl auch Urteil
Berlin (West), Pfändung der Berlinzulage **Grdz 704** 9; Gerichtsbarkeit gegenüber einem Angehörigen der Streitkräfte **Einl II** A 3; Revisibilität eines Gesetzes **549** 4 B; Vermögenssperre im Verhältnis zur DDR **SchlAnh IV** B 4; Zivilprozeßgesetze **Einl II** A 3, **Einl III** 8 A; Zwangsvollstreckung aus der Entscheidung eines auswärtigen Gerichts **723** 3
Berufsgeheimnis, Ablehnung der Abgabe einer Offenbarungsversicherung wegen eines B. **900** 4 C; Zeugnisverweigerungsrecht **383** 3 B, C, **385** 2
Berücksichtigung von Amts wegen s Amtsermittlung, Amtsbetrieb, Amtsprüfung
Berühmung durch eine Streitverkündung bei der leugnenden Feststellungsklage **256** 3 C
Berufsausübung, Pfändung eines zur B. notwendigen Gegenstands **811** 5
Berufsgenossenschaft, Gerichtsstand **21** 2; Rechtsweg **GVG 13** 7

Berufskammer, Vereinbarung der Zuständigkeit der B. **38** 3 A
Berufspflicht, Beweislast bei einer Verletzung § **286 Anh** ,,Ärztliche Behandlung'', ,,Schadensersatz''
Berufsrichter s Richter
Berufung 511ff; gegen eine Entscheidung nach Lage der Akten **513** 1; gegen ein Urteil im Verfahren auf einen Arrest/eine einstweilige Verfügung **922** 2 C, **925** 3/**936** 1, **942** 5 B; beim Auftreten einer falschen Partei **Grdz 50** 3 A; Beschränkung **519** 3 B; Beschwer **Grdz 511** 3 B; in einer Ehesache **Üb 606** 4 B, **611** 1 B, **Einf 614** 3 C; gegenüber der Erklärung der Erledigung der Hauptsache **91a** 2 C; wegen des Fehlens der internationalen Zuständigkeit **Üb 12** 1 C; gegen die Kostenentscheidung **99** 2 A, B, **100** 1; gegen die Kostenentscheidung durch ein Urteil nach einer (Teil)Erledigungserklärung **91a** 5 A, B; Statthaftigkeit **511** 1; in einer vermögensrechtlichen Streitigkeit **511a** 6; insofern vgl auch Berufungssumme; Streitwert **4** 2 A, **5** 2 C; Terminsbestimmung **520**; Unzulässigkeit als Revisionsgrund **547**; gegen ein Versäumnisurteil **338** 2, **513**; gegen ein solches nach einem Antrag auf eine Wiedereinsetzung **238** 2 C; Verwerfung wegen des Unterbleibens der Sicherheitsleistung **113** 1 B; Verwerfung als unzulässig **519b** 2; Wirkung dieser Verwerfung auf eine Anschlußberufung **522**; Verzicht auf die B. durch eine Sprungrevision **566a** 3; (Teil)Verzicht nach einem Urteil **160** 4 J, **514** 2; Vorentscheidungen **512**; Zulässigkeitsprüfung **519b**; Zuständigkeit **Üb 511** 2; LG als Berufungsgericht, Zuständigkeit **GVG 72**; dgl OLG **GVG 119**; wegen Fehlens der örtlichen Zuständigkeit in einer vermögensrechtlichen Streitigkeit **512a**

– **(Anschlußberufung),** nachträgliche Änderung des Berufungsantrags **522a** 3; während der Berufungsfrist/nach dem Fristablauf **521** 1; Einlegung und Begründung **522a** 1, 2; Hilfsantrag **521** 1 A; nur gegen die Kostenentscheidung **99** 1 A; Kosten bei einer Rücknahme der Berufung **515** 4 B; Streithilfe **67** 2 D; gegen ein Versäumnisurteil **521** 2; Verwerfung der Berufung als unzulässig/Rücknahme der Berufung/Erklärung der Erledigung der Hauptsache **522**, **547** 3; nach dem Verzicht auf die Berufung **521** 1 B; Wiedereröffnung der mündlichen Verhandlung zwecks Einlegung der A. **156** 2 A; Zulässigkeitsprüfung **522a** 3

– **(Antrag) 519** 3 B; nachträgliche Änderung des A. bei der Anschlußberufung **522a** 3; Beschränkung des A. **515** 3 D; Bindung des Berufungsgerichts an den A. **525** 5, **536**; bei der Berufung in einer Ehesache **Üb 606** 4 A; Hilfsantrag **260** 4 B; A. zur vorläufigen Vollstreckbarkeit **714** 2

– **(Begründung) 519** 3; Angabe der Berufungsgründe **519** 3 C; bei der Anschlußberufung **522a** 2; nach einer Aussetzung/Unter-

Hartmann 2271

Berufungssumme

brechung des Verfahrens **249** 3 A, **250** 1 A; Angabe des Beschwerdewerts **519** 4; unter bloßer Bezugnahme **519** 3 C; durch Telegramm **129** 1 C; neues Vorbringen **519** 3 C; Unterschrift **129** 1 B; Zustellung **519a**
– (Begründungsfrist) **519** 2; Angabe des Berufungsgrundes **519** 3 C; Fristablauf an einem Sonnabend/Sonntag/Feiertag **222** 3; Pflicht des Anwalts zur Kontrolle der Frist **233** 4; und Gerichtsferien **223** 2; nach einer Anordnung des Ruhens des Verfahrens **251** 2 C; Antrag auf eine Verlängerung der B. **519** 2
– (Berufungsfrist) **516**; nach der Aufnahme eines unterbrochenen Verfahrens **239** 2 G; bei einer Aussetzung/Unterbrechung **249** 2; beim Ergänzungsurteil **517**; Pflicht zur Kontrolle des Fristablaufs nach einem Ruhen des Verfahrens s vorstehend: Begründungsfrist; Wiedereinsetzung nach der Verwerfung der Berufung **238** 1 B, 2 B
– (Berufungsschrift) **518**; Zustellung **519 a**
– (Einlegung) **516**, **518**; der Anschlußberufung **522a** 1; als Aufnahme nach einer Aussetzung/Unterbrechung des Verfahrens **250** 1 A; nach einer Aussetzung **249** 3 B; Berechtigung zur E. **511** 2; Beschwer **Grdz 511** 3; durch Fernschreiben/Telegramm **129** 1 C, **518** 1; Sorgfaltspflicht des Anwalts **233** 4; nach einer Unterbrechung des Verfahrens **249** 3 B; Unterschrift **129** 1 B, **518** 1; ohne Vollmacht **97** 1 A; Wiederholung **518** 1 C; Zeitpunkt, Mitteilung **519a** 2; Zustellung **210a, 519a**
– (Erwiderung) **520**
– (Rücknahme) **515**; gegenüber einem Ehescheidungsurteil als Rechtsmißbrauch **Einl III** 6 A; nach einem Vergleich, Kostenaufhebung gegeneinander **98** 3; Protokoll **160** 4 H; Verlustigerklärung **78** 1 A, **515** 4 C; Streitwert der Verlustigerklärung **3 Anh**; Verpflichtung der Partei zur R. **515** 2 C; Widerrufsrecht **515** 3 A; Wirkung auf die Anschlußberufung **522**
– (Vorverfahren) **520**

Berufungssumme 511a; nach einer Prozeßtrennung/-verbindung **145** 1 C/**147** 2 B; nach einer Erklärung der Hauptsache als teilweise erledigt **91a** 4, 5 B; Übergangsrecht **511a** Vorb A

Berufungsverfahren 523 ff; Anforderung/Zurücksendung der Akten **544**; Antrag auf eine Parteivernehmung **531**; Antrag auf eine Verhandlung vor der Kammer für Handelssachen/Verweisung an eine (andere) Zivilkammer **GVG 100, 101**; Antrag auf eine Vollstreckbarerklärung des erstinstanzlichen Urteils **534**; Antrag auf eine Vorabentscheidung über die vorläufige Vollstreckbarkeit **718**; gerichtliche Aufklärungspflicht **139** 2 B, **526** 2; Prüfung der Beweiswürdigung der Vorinstanz **Einf 284** 8 B; Bindung des Berufungsgerichts an eine unanfechtbare Entscheidung **512**; Einholung eines Rechtsentscheids in einer Mietrechtsfrage **544** Anh; Einzelrichter **524**; Ermessensnachprüfung **Einl III** 4 B; erstinstanzliches Geständnis im B. **532**; Kostenentscheidung im B. **97**; solche bei einer Erklärung der Hauptsache als erledigt **91a** 4; Kosten zu Lasten des Siegers wegen neuen Vorbringens **97** 2; Nachholung einer Erklärung über eine Tatsache/Urkunde **531**; Parteivernehmung **533**; Parteiwechsel **263** 2 C; Prozeßkostenhilfe **119**; Prozeßvollmacht, Mangel/Nachweis **88** 2 B/**80** 2 A, **88** 1 C; Nachprüfung der Streitpunkte **537**; Geltendmachung der sachlichen Unzuständigkeit **529** 2; Übergehung eines Wiedereinsetzungsantrags **237** 1; Verbindung der Berufungen gegen das Urteil und das Ergänzungsurteil **517** 2 B; Versäumnisverfahren **542**; Rüge von Verfahrensmängeln **530**; neues Vorbringen **528**; Widerklage **528** 2; Widerrufsrecht bei einer Erledigungserklärung **91a** 2 B; Wiederholung der Beweisaufnahme **526** 1; einstweilige Einstellung der Zwangsvollstreckung **719**; Zulässigkeitsrüge **529**; Zurückweisung von Vorbringen **527** ff; Zwischenfeststellungsklage **256** 7 B, 9; Einstellung der Zwangsvollstreckung **719** 1
– (Berufungsverhandlung) **525**; Einlassungsfrist **520** 2; Terminbestimmung **520** 1; Vortrag des erstinstanzlichen Prozeßstoffes **526** 1
– (Urteil) **537** 2; bei einer Anspruchshäufung **260** 2 B; Antrag auf eine Vollstreckbarerklärung in der Revisionsinstanz **560**; Verwerfung der Berufung als unzulässig **519b** 2 A; Zulassung der Revision **546** 4; Sachentscheidung **538** 3 F, **540**; Tatbestand **543**; Versäumnisurteil **542**; auf eine Verweisung **281** 3 A; auf eine Zurückverweisung **538, 539**; auf eine solche wegen einer Verletzung der Aufklärungspflicht vgl auch **139** 1 B; auf eine Zurückverweisung wegen der Klage auf Auskunftserteilung, Rechnungslegung und Zahlung **254** 3 B; auf eine Zurückverweisung wegen der Übergehung eines Aussetzungsantrags bei der Unterhaltsklage eines nichtehelichen Kindes **Einf 148** 2 A

Berufung auf (Eid), Diensteid **386**; früheren Eid **498** 4
– (Rechtsweg), Klage gegen eine Verwaltungsentscheidung **253** 1 B

Beruhen, einer Entscheidung auf einer Gesetzesverletzung **549** 2, **551** 1

Besatzungsrecht GVG 1 2 B; richterliches Prüfungsrecht **GVG 1** 3 C

Beschädigung, eines Grundstücks, Gerichtsstand **26**; des Reisegepäcks, Zuständigkeit **GVG 23** 6

Beschäftigungsort, Gerichtsstand **20**; Bestellung eines gerichtlichen Vertreters **57** 2

Beschlagnahme, Arrestvollzug beim Schiff(sbauwerk)/Luftfahrzeug **931**; bei der Zwangsversteigerung/-verwaltung eines Grundstücks, Pfändung der Früchte/des Zubehörs **810** 2 B/**865**; durch die Pfändung **Üb 803** 3 B

dahinterstehende Zahlen und Buchstaben = Anmerkungen **Beschluß**

Beschleunigung, des Prozesses s Prozeßbeschleunigung

Beschluß, Ausfertigung **329** 3; eines ausländischen Gerichts **329** 3; Begründung **Üb 300** 1 A, **329** 1 A, **573** 3 C; Begründungspflicht **329** 1 A; Bekanntgabe ohne Verkündung **329** 5; Beweisbeschluß s dort; Bindung an die Parteianträge **329** 1 A; Bindungswirkung **329** 4; als Entscheidung im Fall der freigestellten mündlichen Verhandlung **128** 3 B; Besetzung des Gerichts **309, 329** 3; des Präsidiums des Gerichts **GVG 21 e** 4, **21 i**; Mitteilung des B. **329** 4–6; Protokoll **160** 4 F; Rechtskraft **329** 1; im Schiedsgerichtsverfahren **1038** 1; Unterschrift **329** 1 A; statt eines Urteils, Rechtsmittel **Grdz 511** 4 D; Verkündung **329** 2; ohne Verkündung **329** 4; Verkündung nach einer Aussetzung/Unterbrechung/nach dem Ruhen des Verfahrens **249** 4/**251** 2 C; als Vollstreckungstitel **794** 3 ff; Wirksamwerden **329** 4; Zustellung von Amts wegen **329** 6

– **(über)** die Ablehnung oder Annahme der Revision **554 b**; eine einstweilige Anordnung in einer Ehesache **627** 10 D; einen Arrest/eine einstweilige Verfügung **922** 4/**936** 1; die Aufnahme eines ruhenden Verfahrens **251** 3; eine Aussetzung **248** 2; eine solche wegen Vorgreiflichkeit **148** 2 B; die Aufhebung einer Aussetzung **150** 1; die Aufhebung nach einer Aussetzung wegen einer Verkehrsstörung **247** 1; die Beanstandung einer prozeßleitenden Anordnung des Vorsitzenden oder einer Frage des Gerichts **140** 2; die Verlustigerklärung der Berufung **515** 4 C; die Verwerfung der Berufung als unzulässig **519 b** 2 A; die Zulässigkeit der Berufung **519 b** 2 B; die Zuweisung der Berufung an den Einzelrichter **524** 2; eine Beweissicherung **490** 1; die Entfernung einer Person aus dem Saal wegen Ungehorsams **GVG 177**; den Entlassungsantrag des Bekl im Beanspruchersteit **75** 4 B; eine Entmündigung/deren Ablehnung **659–661/659, 662**; die Anstaltsbeobachtung eines Entmündigenden **656** 2 A; eine Erklärungsfrist **283**; die Kürzung/Verlängerung einer Frist **225** 1 A; die Abgabe des Verfahrens in einer Hausratssache **281 Anh I**; die Entbindung des Bekl von der Klage nach der Prozeßübernahme durch den Benannten **76** 5 A; die Kosten **91** 2 A; die Kostenentscheidung nach beiderseitigen Erledigungserklärungen **91 a** 3 B; die Kostenentscheidung nach der Klagrücknahme **269** 4 C; die Kosten nach der Zulassung des (Proz)Bev nach(den Nachweis der)Vollmacht **89** 2 B; die Kosten, Rechtsmittel **99** 1 A; die Abgabe vom Landwirtschaftsgericht an das Prozeßgericht **281 Anh III** 1 A; den Ausschluß der Öffentlichkeit **GVG 174**; ein Ordnungsmittel wegen einer Ungebühr **GVG 178**; das Erscheinen einer Partei **141** 2 A; die Zurückweisung eines Parteivorbringens **282, 296**; die Zurückweisung des ProzBev wegen eines Mangels seiner Vollmacht **88** 2 B; die Prozeßkostenhilfe **127**; die Aufhebung einer Trennung/Verbindung von Prozessen **150** 1; die Beglaubigung einer Prozeßvollmacht **80** 3; die Gewährung einer Räumungsfrist **721** 4; eine Rechtswegverweisung **GVG 17** 3 C; die (Neu)Festsetzung des Regelunterhalts **642 a** 2, **642 b** 3, **642 d**, **643** 3; die Ablehnung oder Annahme der Revision/ihre Verwerfung als unbegründet/unzulässig **554 b/554 a**; die Ablehnung eines Richters **46** 1; das Ruhen des Verfahrens **251** 2 B; die Ablehnung eines Schiedsrichters **1032** 3 C; **1045** 3; eine Sicherheitsleistung **112** 1 A; die Festsetzung des Streitwerts **Einf 3** 2 A; die Aufhebung eines Termins **227** 3 A; einen Terminsort außerhalb der Gerichtsstelle **219** 1 B; eine Berichtigung des Urteils **319** 3 B; eine Berichtigung speziell des Tatbestands **320** 5; die Wirkungslosigkeit des Urteils nach der Klagrücknahme **269** 4 D; eine einstweilige Verfügung des AG (Dringlichkeit/Vormerkung/Widerspruch) **942** 4 B; die abgesonderte Verhandlung über eine Zulässigkeitsrüge **280**; die Zurückweisung des Antrags auf den Erlaß eines Versäumnisurteils **331** 3 A, **335**; den Ausschluß eines Vertreters **157** 2 B; die gerichtliche Bestellung eines Vertreters für den Bekl **57** 1 B; die Zurückweisung eines Vertreters mangels Vertretungsberechtigung **56** 1 E; eine Verweisung an das Landwirtschaftsgericht **281 Anh III** 2; eine Verweisung wegen Unzuständigkeit **11**; die Verweisung an eine (andere) Zivilkammer/Kammer für Handelssachen **GVG 97 – 99, 101**; diejenige im Beschwerdeverfahren **GVG 104**; die Auferlegung einer Verzögerungsgebühr **95 Anh** 3 A; die Vollstreckbarerklärung eines Schiedsspruchs **1042 a** 1; die Vollstreckbarerklärung eines erstinstanzlichen/Berufungsurteils **534/560**; die Untersagung des Vortrags in der mündlichen Verhandlung **157** 3 B; eine Wiedereinsetzung **238** 2 A, C; die Wiedereröffnung der mündlichen Verhandlung **156** 2 B; die Abgabe des Verfahrens in einer Wohnungseigentumssache **281 Anh II** 2 C; die Zurückweisung des Antrags auf den Erlaß eines Mahnbescheids **691**; die Bestimmung der Zuständigkeit **37** 1 B; eine öffentliche Zustellung **204** 1 C; die Bestellung eines Zustellungsvollmächtigten **174** 2; die Heilung eines Mangels bei der Zustellung **187** 2 C

– **(Änderung) 329** 3; einer einstweiligen Anordnung in einer Ehesache **620 b**; des Beschlusses über die Zulässigkeit der Berufung **519 b** 2 E; nach einer Beschwerde **571** 1; als Entscheidung im Fall einer freigestellten mündlichen Verhandlung **128** 3 C; des Beschlusses des OLG **567** 4 A; eines Verweisungsbeschlusses **281** 3 C

– **(Berichtigung) 329** 3; des Beweisbeschlusses **360** 1 B; des Verweisungsbeschlusses **281** 3 C

Beschlußverfahren
- **(Beschwerdefähigkeit)** s Beschwerde, sofortige Beschwerde
- **(Ergänzung) 329** 3
- **(Unanfechtbarkeit)** der Ablehnung einer Entscheidung nach Lage der Akten **336** 2; der Ablehnung einer Anordnung zur Vorbereitung der mündlichen Verhandlung **273** 2 A; der Ablehnung der Anstaltsbeobachtung eines zu Entmündigenden **656** 2 B; der Ablehnung einer Fristverlängerung **225** 1 B; der Ablehnung der Aufnahme in das Protokoll/der Berichtigung des Protokolls **160** 5 B/**164** 3; der Ablehnung der Erlaubnis zur Nachreichung eines Schriftsatzes **283** 6; der Ablehnung der Aufhebung/Verlegung eines Termins **227** 3 B/4; der Anordnung des persönlichen Erscheinens einer Partei **141** 2 A; der Anordnung einer Vorlegung der Urkunde **142** 1; der Anordnung einer Beschränkung der Verhandlung **146** 2 B; der Aufhebung einer Aussetzung, Trennung oder Verbindung von Prozessen **150** 1; der Verlustigerklärung der Berufung **515** 4 C; eines Beweisbeschlusses **355** 2; einer Beweissicherungsanordnung **490** 1; der Bindung des Berufungs/Revisionsgerichts bei einem Urteil **512**/**548**; der Zuweisung der Berufung an den Einzelrichter **524** 2; einer Entscheidung im schriftlichen Verfahren statt nach mündlicher Verhandlung **128** 6 A; der Fristsetzung zwecks Nachreichung eines Schriftsatzes **283**; einer Anordnung des Gerichtspräsidiums **GVG 21e** 7; der Zulassung einer Klageänderung **268** 2; der Kostenentscheidung **Üb 91** 3 E, **99**; der Kostenentscheidung des OLG im Rahmen einer Entscheidung über einen Justizverwaltungsakt **EGGVG 30**; der Nichtzulassung der Revision **546** 4; eines Beschlusses des OLG **567** 4 A; der Zulassung des (Proz)Bev ohne den Nachweis seiner Vollmacht **89** 1 A; der Bewilligung der Prozeßkostenhilfe **127**; einer prozeßleitenden Anordnung **140** 2; einer Prozeßtrennung **145** 1 B; der Anordnung der Beglaubigung der Prozeßvollmacht **80** 3; der Verwerfung der Revision als unbegründet/unzulässig **Üb 545 Anh**/**554a**; eines der Richterablehnung stattgebenden Beschlusses **46** 2; kraft Rechtskraft **Einf 322** 3; eines der Sachverständigenablehnung stattgebenden Beschlusses **406** 5 A; der Anordnung einer Sicherheitsleistung **108** 5; der Setzung einer Frist zur Sicherheitsleistung **112** 1 A; der Terminsbestimmung **216** 2 E; eines Terminsorts außerhalb der Gerichtsstelle **219** 1 B; eines die Ablehnung des Urkundsbeamten der Geschäftsstelle betreffenden Beschlusses **49** 1; eines Beschlusses über die Berichtigung des Urteilstatbestands oder deren Ablehnung **320** 5 D; der Anordnung einer abgesonderten Verhandlung über eine Zulässigkeitsrüge **280**; des Ausschlusses eines Vertreters in der mündlichen Verhandlung **157** 2 B; der Verweisung oder ihrer Ablehnung **281** 3 A; einer Verweisung vom AG an das LG nach einer Klageerweiterung, Widerklage/einem Einspruch gegen das Versäumnisurteil **506** 2 B; einer Verweisung nach einem Widerspruch gegen den Mahnbescheid **696**; der Verweisung an eine (andere) Zivilkammer/Kammer für Handelssachen **GVG 102, 104**; der Vollstreckbarerklärung des erstinstanzlichen/Berufungsurteils **534** 4/**560**; der Aussetzung der Vollziehung/der Ablehnung der Aussetzung nach einer Beschwerde **572** 2 B; der Untersagung des Vortrags/der Ablehnung der Untersagung **157** 3 B; der Wiedereröffnung der mündlichen Verhandlung **156** 2 B; der Zurückweisung des Antrags auf den Erlaß eines Mahnbescheids **691**; der Bejahung der örtlichen Zuständigkeit **512a**; der Bestimmung der Zuständigkeit **37** 2; der Bestellung eines Zustellungsbevollmächtigten **174** 2; der Bewilligung der Zustellung an den Gegner **177** 2; der Bewilligung der öffentlichen Zustellung **204** 1 C; der Einstellung der Zwangsvollstreckung **707** 4 A, **766** 5
- **(zusammen mit Urteil anfechtbarer B.)**, B. wegen der Beanstandung der Prozeßleitung des Vorsitzenden oder einer Frage des Gerichts **140** 2; der Kürzung der Einlassungs- oder Ladungsfrist **226** 2; einer sonstigen Fristkürzung **225** 1 B; der Zulassung eines Streithelfers **71** 1 A; der Aufhebung des Termins **227** 3 B; der Ablehnung einer Berichtigung des Urteils **319** 4; der Wiedereinsetzung **238** 2 C

Beschlußverfahren vor dem Arbeitsgericht, Rechtsweg **GVG** bei **14**; Zuständigkeitsvereinbarung **Üb 38**

Beschränkung s Gegenstand der B.

Beschwer Grdz 511 3; bei der Anschlußberufung **521** 1; bei der Berufung in einer Ehesache **Üb 606** 4 B; als Beschwerdevoraussetzung **567** 4 A; Festsetzung im Urteil des OLG **546** 3 A; bei der Hilfsaufrechnung **3 Anh**; und Rechtsschutzbedürfnis **Grdz 511** 3 C; Zulässigkeit der Revision **546** 3 A; Streitwert bei der Revision **546, 554, 554b**; als Voraussetzung einer Wiederaufnahme des Verfahrens **578** 1

Beschwerde Üb 567 1 A, **567 ff**; Abhilfe **571** 1; Antrag **567** 2 C; Anwaltszwang **78** 1 A, 2 A, 3, **569** 3 D, **573** 2 D; befristete B. **621e** 4 A; Begründetheit **575**; Begründung **569** 2 B; Berechtigung **567** 2 C; Beschwer **567** 2 A; Beschwerdegericht **Üb 567** 2, **568** 1; Beschwerdeschrift **569** 2; Beschwerdesumme **567** 3; Beweisbedürftigkeit im Beschwerdeverfahren **Einf 284** 2 B; Bindung des Beschwerdegerichts an die Festsetzung des Streitwerts **3** 2 B; Einlegung **569**; Entscheidung **573** 3; beschwerdefähige Entscheidung als Vollstreckungstitel **794** 4; Erinnerung gegen die Entscheidung des Rpfl als B. s Erinnerung (Durchgriffserinnerung); Ermessen bei der Nachprüfung **Einl III** 4 B; Form **569** 2 A, 3; ohne Frist **567** 2 B; in einer Familiensache **621e**; und Rechtszug der

dahinterstehende Zahlen und Buchstaben = Anmerkungen **Beschwerde**

Hauptsache **567** 5; Kostenentscheidung **97**, **573** 2 G, **575**; Kostenentscheidung bei der Erledigung der einstweiligen Anordnung in einer Ehesache **91a** 4; Kostenentscheidung bei der Erledigung der Hauptsache **91a** 1; Kostenentscheidung über die außergerichtlichen Kosten bei einer Beschwerde des Gläubigers gegen eine Maßnahme des Gerichtsvollziehers **Üb 91** 3 A; Kostenerstattung **91** 3 C; Kostenerstattung bei einem Vergleich im Verfahren der Prozeßkostenhilfe **118** 5 B; neuer selbständiger Beschwerdegrund **568** 2 B; B. im Verfahren der Prozeßkostenhilfe **127**; beim Nachweis der Prozeßvollmacht **88** 2 A; als Rechtsmißbrauch **Einl III** 6 A, **546** 4; Rücknahme **573** 2 F; Rücknahme nach einem Vergleich, Kostenaufhebung gegeneinander **98** 3; selbständiger Beschwerdegrund **568** 2 B; Statthaftigkeit **567** 1; Verfahren **573**; B. ohne Vollmacht **97** 1 A; Verweisung an eine (andere) Zivilkammer/Kammer für Handelssachen **GVG 104**; Verwerfung als unzulässig **574**; neues Vorbringen **570** 1; Vorlage an das Beschwerdegericht **571** 2; aufschiebende Wirkung **572** 1; Zulässigkeit **567** 1, 5, **621 e**; Prüfung der Zulässigkeit **574** 1; Zurückverweisung **575**; Zuständigkeit **568** 1; wegen des Fehlens der örtlichen Zuständigkeit **512a** 3; Zustellung von Amts wegen **210a**
– **(gegen)** eine einstweilige Anordnung wegen einer Zahlung von Unterhalt/einer Sicherheitsleistung bei der Klage auf Feststellung der Vaterschaft **641d** 4; die Aussetzung/Aufhebung der Aussetzung des Verfahrens **252** 1 B/**150** 1; die Aussetzung des Ehescheidungsverfahrens, Streitwert **3 Anh**; die Aussetzung zwecks Einholung eines erbbiologischen Gutachtens **Einf 148** 2; eine Aussetzung wegen einer Vorgreiflichkeit **148** 2 B; den Aufschub einer Beweisaufnahme **251** 1 A; den Einspruchsbescheid der Kartellbehörde **GVG 13** 6 G; die Entfernung aus dem Saal wegen Ungehorsams **GVG 181**; des zu Entmündigenden gegen die Anordnung der Anstaltsbeobachtung **656** 2 B; die Entscheidung des Prozeßgerichts auf Grund einer Erinnerung betr einen verordneten Richter/Urkundsbeamten der Geschäftsstelle **576** 3; die Bestimmung als Feriensache **216** 2 E; die Abgabe in einer Hausratssache **281 Anh I** 3; gegen einen Akt der Justizverwaltung vor dem Antrag auf eine gerichtliche Entscheidung **EGGVG 24** 3; die Entbindung des Klägers durch den Bekl nach der Prozeßübernahme seitens des mittelbaren Besitzers **76** 5 A; die Kostenentscheidung im Fall der Prozeßkostenhilfe **127** 7 B; die Kostenentscheidung **97**, **99** 2 A; diejenige bei Streitgenossen **100** 1; ein Ordnungsmittel wegen einer Ungebühr **GVG 181**; die Auferlegung eines Ordnungsgeldes gegenüber einer Partei **141** 4 B, **613**; die Anordnung des persönlichen Erscheinens einer Partei **141** 2 A; die Verweisung einer falschen Partei aus dem Prozeß **Grdz 50** 3 A; die Anforderung einer Prozeßgebühr **271 Anh** 2 A, 6 B; die Entscheidung des Gerichts wegen der Beanstandung der Prozeßleitung oder einer Frage **140** 2; Streitwert **3 Anh**; die Trennung von Prozessen/die Aufhebung dieser Trennung **145** 1 B/**150** 1; die Verbindung von Prozessen/die Aufhebung dieser Maßnahme **150** 1; die Anordnung des Ruhens des Verfahrens **252** 1; des Sachverständigen gegen die Auferlegung von Kosten/ein Ordnungsgeld **409** 2; die Festsetzung des Streitwerts **Einf 3** 2 B; einen Rechtsmißbrauch **Einl III** 6 A; die Aufhebung/Verlegung eines Termins **227** 3 B; die Bestimmung des Termins **216** 2 E; einen Terminsort außerhalb der Gerichtsstelle **219** 1 B; die Anordnung der Vorlegung einer Urkunde **142** 1; die Bestellung eines gerichtlichen Vertreters **Einf 57** 2; des Vertreters gegen seine Zurückweisung mangels Vertretungsberechtigung **56** 1 E; den Ausschluß eines Vertreters **157** 2 B; die Auferlegung einer Verzögerungsgebühr **95 Anh** 4; die Untersagung des Vortrags **157** 3 B; die mündliche Verhandlung nach einem Zwischenurteil **280** 3; eine Beschränkung der Verhandlung **146** 2 B; die Wiedereröffnung der mündlichen Verhandlung **156** 2 B; Wiederholung **567** 2 B; des Zeugen gegen die Auferlegung von Kosten/Ordnungsmitteln/die Anordnung seiner Vorführung **380** 3; des Zeugen wegen einer Verweigerung der Aussage/des Eides **390** 4; die Anordnung der Zahlung eines Vorschusses für einen Zeugen im Fall der Prozeßkostenhilfe **379** 1 C; die Zulassung eines Bevollmächtigten/Beistands **157** 1 A; die Eintragung einer Zwangshypothek **867** 4
– **(gegen Ablehnung)** der Anordnung der Niederlegung einer Urkunde **142** 2; eines Arrests/einer einstweiligen Verfügung **922** 4 B/**936** 1; der Aufhebung einer Prozeßverbindung/Trennung/Aussetzung **150** 1; der Aufnahme nach einer Aussetzung/Unterbrechung/einem Ruhen des Verfahrens **252** 1 A; einer Beweissicherung **420** 2; einer Kürzung der Einlassungs/Ladungsfrist **226** 2; eines Entlassungsantrags des Bekl bei einem Gläubigerstreit **75** 4 B; der Aufhebung der Entmündigung **678**; der Verkündung einer Entscheidung **249** 4; einer Fristkürzung **225** 1 B; der Beiordnung eines Notanwalts **78 b, c**; der Aufnahme eines Vorgangs in das Protokoll **160** 5 B; eines Rechtshilfeersuchens **GVG 159**; der Nichtzulassung der Revision **546** 3, 4; der Änderung einer Anordnung über eine Sicherheitsleistung **108** 5; einer Zulassung des Streithelfers **71** 1 A; der Bestimmung/Verlegung eines Termins **216** 2 E/**227** 4; des Antrags auf die Rückgabe einer Urkunde **134** 3; der Anordnung einer Übersetzung der Urkunde **142** 3; der Bestellung eines gerichtlichen Vertreters **57** 1 B; der Bestimmung der Zuständigkeit **37** 2; ei-

Beschwerde, sofortige

ner Zustellung an den Gegner **177** 2; einer öffentlichen Zustellung **204** 1 C; der Heilung eines Mangels der Zustellung **187** 2 C
- **(Anhörungsbeschwerde)** Einl I

Beschwerde, sofortige 577 1 A; Abhilfe **577** 4; Anschlußbeschwerde **577** 1 B; im Aufgebotsverfahren **952** 3; Beschwerdefrist **577** 2; Einlegung **577** 3; Zulässigkeit **567** 1 A; in der Zwangsvollstreckung **793**
- **(gegen)** die Zurückweisung eines Ablehnungsgesuchs **46** 2 B, **406** 5 B; ein Zwischenurteil wegen einer Untersuchung der Abstammung **372a** 5; die Anordnung der Anstaltsbeobachtung eines zu Entmündigenden **656** 2 B; die Aufhebung eines Arrests **934** 2; die Aufhebung einer Aussetzung des Verfahrens **150** 1; die Aufhebung der Zahlungssperre bei einem Inhaberpapier **1022** 2; die Verwerfung der Berufung als unzulässig **519b** 3; die Aufhebung der Entmündigung **678**, **685**; die Entscheidung über die Erinnerung im Kostenfestsetzungsverfahren **104** 5, **107** 2; die Entscheidung über eine Rückgabe der Sicherheit **109** 6; die Entscheidung des Vollstreckungsgerichts **766** 5, **793**; die Kostenentscheidung bei einem Anerkenntnis **99** 3, 4; die Kostenentscheidung nach beiderseitigen Erledigungserklärungen **91a** 5; die Kostenentscheidung in einem Streit mehrerer Gläubiger untereinander **75** 4; die Kostenentscheidung bei einer Abweisung der Klage wegen des Mangels einer Prozeßvollmacht **88** 2 B; die Kostenentscheidung im Fall der Streithilfe **71** 1 A; den Kostenfestsetzungsbeschluß **104** 5; die Abgabe an ein Landwirtschaftssache zu dem Prozeßgericht **281 Anh III** 1 A; die Anordnung einer Offenbarungshaft **901** 3; des (Proz)Bev gegen die Kostenentscheidung bei einer Zulassung ohne Vollmacht/ihren Nachweises **89** 2 B; einen Beschluß wegen einer Räumungsfrist **721** 6, **794a** 3; die (Neu-)Festsetzung des Regelunterhalts **642a** 3, **642b** 3, **642d**, **643** 3; einen Beschluß betr einen Schiedsrichter/Schiedsvertrag **1045** 3 C; die Anordnung einer Sicherheitsleistung **108** 5; ein Zwischenurteil wegen einer Streithilfe **71** 2; einen Beschluß auf die Erstattung des für ein nichteheliches Kind gezahlten Unterhalts **644**; die Stundung der Verpflichtung des nichtehelichen Vaters zur Unterhaltszahlung **642f** 3; die Zurückweisung des Antrags auf ein Versäumnisurteil **336** 1; die Verurteilung eines Anwalts zur Rückgabe einer vom gegnerischen Anwalt erhaltenen Urkunde **135** 2; eine Berichtigung des Urteils **319** 2; den Beschluß über die Wirkungslosigkeit des Urteils nach einer Klagrücknahme **269** 4 D; eine Verweisung an das Landwirtschaftsgericht **281 Anh III** 2; die Vollstreckbarerklärung des Schiedsspruchs **1042c** 3; ein Zwischenurteil über ein Zeugnisverweigerungsrecht **387** 3; eine Einstellung der Zwangsvollstreckung aus einem Kostenfestsetzungsbeschluß **104**

B; einen Beschluß in der Zwangsvollstreckung allgemein **793**
- **(gegen Ablehnung)** eines Ausschlußurteils **952** 3; einer Aussetzungsanordnung **252** 1 B; einer Entmündigung **663**, **680**; einer Offenbarungshaft **901** 3; der Erklärung eines Richters als befangen **46** 2; der Erklärung eines Sachverständigen als befangen **406** 5 B; der Erklärung eines Schiedsrichters als befangen **1032** 3 C; der Anordnung der Rückgabe einer Sicherheit **109** 6; des Erlasses eines Versäumnisurteils **336** 1; des Erlasses eines Vollstreckungsbescheids **699** 6; der Vollstreckbarkeitserklärung eines Schiedsspruchs/Schiedsvergleichs **1042c** 3/**1044a**; der Wiedereinsetzung **238** 2 C
- **(Hilfsbeschwerde)** bei der Entscheidung des verordneten Richters/Urkundsbeamten der Geschäftsstelle **577** 5

Beschwerde, weitere, gegen die Ablehnung der Rechtshilfe GVG **159**; gegen die Festsetzung des Streitwerts **Einf 3** 2 B; im Versäumnisverfahren **568a**; gegen die Auferlegung einer Verzögerungsgebühr **95 Anh** 4; Zulässigkeit **568** 2, 3, **621e**; gegen einen Beschluß in der Zwangsvollstreckung **793** 2

Beschwerdewert 2 1; für die Berufung/Beschwerde **511a** 3, 4/**567** 3; bei der Durchgriffserinnerung **567** 3 B; bei einer Nebenforderung **5** 2 C; für die Revision **546** 2, 3

Beseitigung, der Rechtskraft **Einf 322** 6; einer Urkunde **444**

Beseitigungspflicht, Zwangsvollstreckung **887**, **888**, **890**

Besetzung des Gerichts s Gerichtsbesetzung

Besitz, des Ehegatten **739** 1 A, 2; bei der Zwangsvollstreckung wegen der Herausgabe eines Grundstücks/Schiffs **885**; des Gerichtsvollziehers/Gläubigers an der Pfandsache **808** 2 B, C; des Störers, Urheberbenennung **77**; Pfändung des Anspruchs auf eine Übertragung der B. **846–849**; als Recht zur Erhebung einer Widerspruchsklage **771** 6
- **(Klage)**, Feststellungsklage **256** 2 B; Gerichtsstand **24** 2 F; **26** 2; Streitbefangenheit **265** 2 B; Streitverkündung gegenüber einem mittelbaren Besitzer **76**; Streitwert **3 Anh, 6** 1; Urteil, Besitzmittler als Rechtsnachfolger **325** 2 B; Urteil, Zwangsvollstreckung gegen den Besitzer der Streitsache **727** 2; vorläufige Vollstreckbarkeit **708**

Besitzeinweisung, Revision **545**

Besonderer Gerichtsstand s Gerichtsstand

Besorgnis der Befangenheit s dort; des Verlustes eines Beweismittels s Beweissicherungsverfahren; der Nichterfüllung, Klage auf künftige Leistung **259** 1 B; einer Rechtsbeeinträchtigung, einstweilige Verfügung **935**; der Vereitelung der Zwangsvollstreckung, Arrest **917** 1

Bestandteil, eines Grundstücks, s Grundstücksbestandteil

Bestätigung, des Arrests s dort; der einstweiligen Verfügung s dort; des Versäumnisteils s dort; der Übertragung in das Proto-

dahinterstehende Zahlen und Buchstaben = Anmerkungen **Beweisaufnahme**

koll **163** 2; der Vereinbarung einer Zuständigkeit **38** 4 C
Bestätigungsschreiben, Gerichtsstand **29** 3
Bestattungsbedarf, Pfändung **811** 16
Bestellung s bei der betreffenden Person
Bestimmender Schriftsatz 129 1 A a, B, C
Bestimmung s Gegenstand der B.
Bestreiten, sofortiges Anerkenntnis trotz früheren B., Kostenentscheidung **93** 2 A; Anordnung der Beschränkung der Verhandlung **146** 2 A; Begründungspflicht **138** 4; in der Berufungsinstanz **138** 4, **531**; durch eine Erklärung mit Nichtwissen **138** 5 A; des Gerichtsstands **Üb 12** 3 C; beim Geständnis mit einem Zusatz **289** 3; Nichtbestreiten s dort; durch den ProzBev **138** 1 E, 5 B; bei einer Säumnis des Gläubigers im Verteilungstermin **877** 2; Wiedergabe im Urteil **313** 6 B d; in verspäteten Schriftsatz **132** 2, **282, 296**; wegen eines vorprozessualen Verhaltens **Einl III** 6 A; des gesamten Vorbringens **138** 4; wider besseres Wissen **138** 1 H; Zulässigkeit **138** 1 C
Betagter Anspruch s Fälligkeit
Beteuerungsformel 481 1, **484** 2
Betrag eines Anspruchs, Abgrenzung gegenüber dem Grund **304** 3 A, D, **538** 3 E, F
Betriebsgeheimnis, Ausschluß der Öffentlichkeit GVG **172**; Zeugnisverweigerungsrecht **384** 4
Betriebsunfall, Aussetzung bei seiner Möglichkeit **Einf 148** 1 A
Betriebsverfassungsgesetz, Rechtsweg GVG bei **14**
Betrug s Prozeßbetrug
Bett, Pfändung **811** 3
Beugehaft, beim Sachverständigen **402** 1; beim Zeugen **390** 3 B; in der Zwangsvollstreckung **888** 3; s auch Zwangshaft
Beurkundung, Protokoll als B. **Einf 159** 3; Prozeßvergleich als B. **307 Anh** 5 A; der Anerkennung der Vaterschaft **641c**; der Verhandlung **160**; der Zustellung **190–192, 204** 2
Bevollmächtigter, Ausschluß als B. **41** 2 D, **49**; GeneralB. als ProzBev **176** 2 A; Prozeßführungsrecht des GeneralB. **80** 1 E, 2 B; Zustellung an den GeneralB. **173**; als Partei **Grdz 50** 2 B; als Partei im Parteiprozeß **79** 1; als Parteivertreter s dort; ProzBev s dort; Untersagung des Vortrags **157** 3; vorläufige Zulassung ohne (Nachweis der) Vollmacht **89**
Bewegliche Sache, Arrestvollzug **930** 1; Pfändung **808** 1, **854** 1, des Herausgabeanspruchs **847** 2; Herausgabe, Zwangsvollstreckung **883**
Bewegliches Vermögen 803 1
Beweis Einf 284 1, **294** 1 A; bei der Abstammungsuntersuchung s dort; Anscheinsbeweis **286 Anh** 3 B, C, 4; Arten **Einf 284** 3; beim unbekannten Aufenthalt des Zustellungsgegners **203** 1; Ausforschungsbeweis **Einf 284** 6; im Ausland **363** mit **Anh**; Auslandsrecht **293** 2; Ausländereigenschaft bei einer Sicherheitsleistung **110** 3; (un)mittelbarer Beweis **Einf 284** 3; Entbehrlichkeit beim Geständnis **288** 3 A; Entbehrlichkeit wegen Offenkundigkeit **291**; B. durch einen Erfahrungssatz **Einf 284** 4 D; B. der Tatsache, die eine Erinnerung gegen die Zwangsvollstreckung begründet **766** 4 A; Freibeweis **Einf 284** 2 B; des Gegenteils **Einf 284** 3; Gewohnheitsrecht **293** 2; durch Glaubhaftmachung **Einf 284** 2 B, **294**; Hauptbeweis **Einf 284** 3; Hilfstatsache des B. **Einf 284** 3; Indizienbeweis **Einf 284** 3; Prima-facie-Beweis **286 Anh** 3 B, C; Parteivernehmung s dort; Restitutionsgrund **581** 2; Satzungsrecht **293** 2; Strengbeweis **Einf 284** 2 B; Tatsachenbegriff **Einf 284** 4 A; Urkundenbeweis **286** 4; Urkundenbeweis statt Zeugenbeweises **286** 4; Echtheit einer privaten Urkunde **440** 2; B. als Voraussetzung einer Vollstreckungsabwehrklage **767** 3 F; B. bei einer Zulässigkeitsrüge **280** 2; B. bei einer Zustellung im Ausland **202** 2; bei der Zustellung von Anwalt zu Anwalt **198** 2 B; beim Zustellungsantrag **167** 2; B. der für die Zwangsvollstreckung notwendigen Tatsache **726** 2; im Zwangsvollstreckungsverfahren allgemein **Grdz 704** 6 B

– **(Gegenbeweis) Einf 284** 3; Beweisantritt als Voraussetzung des G. **282** 1 A; und Beweis des Gegenteils **Einf 284** 3; gegenüber einer Rechts/Tatsachenvermutung **292** 1; gegenüber einer öffentlichen Urkunde über eine Erklärung/einen Vorgang **415** 4/**418** 3; gegenüber einer Privaturkunde **416** 2 B; gegenüber dem Tatbestand des Urteils **315** 2

– **(Vereitelung) 286 Anh** 3 D; beim Urkundenbeweis **444**

– **(Vertrag) 286 Anh** 1 B

Beweisanordnung vor der mündlichen Verhandlung **273** 3 E

Beweisantrag, Ablehnung **286** 3 A; bei der Augenscheinseinnahme **371**; Beibringungsfrist **356** 1; stillschweigende Bezugnahme auf einen früheren B. **137** 3; Hinweispflicht des Gerichts **139** 2 B, D; bei der Streitgenossenschaft **61** 3

Beweisantritt, Antritt auf die Vernehmung des Gegners als Partei **445**; Antritt im Scheck/Wechselprozeß **605a/605**; zwecks Ausforschung **Einf 284** 6; Auferlegung der Kosten beim nur teilweisen B. **95** 1; Hinweispflicht des Gerichts zum B. **139** 2 B, D; Verpflichtung der Partei zum B. **Einf 284** 7 B; im Verfahren der Prozeßkostenhilfe **118**; beim Sachverständigenbeweis **403**; beim Urkundenbeweis s dort; im Urkundenprozeß **595** 3; Vorlage einer eidesstattlichen Versicherung als hilfsweiser Zeugenbeweisantritt **139** 2 B; beim Zeugenbeweis **373, 356**

Beweisaufnahme 284, 355ff; bei der Untersuchung der Abstammung **372a** 3 B; Amtsbetrieb **Üb 355** 1; von Amts wegen **Einf 284** 2 A; Anordnung einer schriftlichen Anhörung des Zeugen **377** 3; Aufschiebung der B. **252** 1 A; beim Ausbleiben der Partei **367**

Hartmann 2277

Beweisbedürftigkeit Zahlen in Fettdruck = Paragraphen

1; Ausforschung **Einf 284** 6, **397** 2; im Ausland **363** mit **Anh**, **364**, **369**; Einholung einer Aussagegenehmigung für einen Angehörigen des öffentlichen Dienstes **376** 2; durch den beauftragten Richter s unten „durch verordneten Richter"; sofortige Beweiserhebung **278** 4, **358a**; Pflicht des Gerichts zur Erhebung aller Beweise **286** 3; im Beweissicherungsverfahren **492**; durch den Einzelrichter **349** 2 B, **524** 3 B; Erörterung des Ergebnisses **278** 5, **285**; durch den ersuchten Richter s unten „durch verordneten Richter"; Fortsetzung der Verhandlung nach der B. **278** 4, **285**, **370**; Fristsetzung bei einem Hindernis gegen die Durchführung der B. **356** 2 A; im Entmündigungsverfahren **653**, **676** 2; mündliche Verhandlung über das Ergebnis der B. **285** 1 A; nach beiderseitigen Erledigungserklärungen **91a** 3 A; bei einer Glaubhaftmachung **294** 4; Kostenentscheidung bei teilweisem Sieg nach der B. über einen Teil der Klagtatsachen **92** 1 C; im Kostenfestsetzungsverfahren **104** 1 B; vor der mündlichen Verhandlung **358a**; Nachholung der B. **398** 2, nach einem Ausbleiben der Partei **367** 2, nach der Verweigerung einer Fragestellung durch den verordneten Richter **398** 3; Anhörung der Partei nach der Anordnung ihres persönlichen Erscheinens **141** 2 B; Parteiöffentlichkeit der B. **357** 1 A; über die Partei-/Prozeßfähigkeit **56** 1 B; Parteivereinbarung **Grdz 128** 5 C, **Einf 284** 7 B; bei der Parteivernehmung s dort; Protokoll über die B. **160** 4 D; über die Prozeßfähigkeit des gesetzlichen Vertreters **56** 1 B; vor dem Prozeßgericht **370** 1; im Verfahren der Prozeßkostenhilfe **118**; Verbindung mehrerer Prozesse für die B. **147** 1 B; über fremdes Recht **293** 2 A; Ausschluß des Richters wegen seiner Mitwirkung an einer früheren B. **41** 2 F; Sachverständigenvernehmung s dort; Unterstellung von Beweisergebnissen bei einer Säumigkeit des Berufungsbekl **542** 3 A; sofortige **278** 4; im Schiedsgerichtsverfahren **1034** 5; Streit über die B. **366**; und Streitgenossenschaft **61** 3 C; für die Festsetzung des Streitwerts **3** 2 B; Streitwert der B. **3 Anh**; Bestimmung/Mitteilung des Termins **361**, **368**/**357** 2; Wahrnehmung des Termins der B., Kostenerstattung **91** 5; Umfang der B. **286** 3; Unmittelbarkeit der B. **355** 1; beim Urkundenbeweis **420** 2 B; Vereinbarung über eine Beschränkung der B. **Grdz 128** 5 C, **Einf 284** 7 B; bei einer freigestellten mündlichen Verhandlung **128** 3 B, C; Termin zur B. **355** 1, **357** 1; Bestimmung des Termins zur Fortsetzung der mündlichen Verhandlung **370**; B. über das Verschulden vor der Verhängung einer Verzögerungsgebühr **95 Anh** 2 B; Vervollständigung der B. **398** 2, 3; nach dem Ausbleiben der Partei **367** 2; B. durch den Vorsitzenden der Kammer für Handelssachen **349** 2 B; Vortrag der Ergebnisse einer außerprozeßgerichtlichen B. **285** 2; beim Widerspruch des Bekl gegen die Erledigungserklärung des Klägers **91a** 2 C; Wiederholung der B. in der Berufungsinstanz **526** 1; Zeitpunkt der B. **278**; Zeugenvernehmung s dort; Zwischenstreit **366**, über eine Zeugnisverweigerung **387**, **388**; B. über die Zuständigkeit bei einem Verweisungsantrag **281** 2 B; Verweigerung des Zutritts **357** 1 C; bei der Zwangsvollstreckung **Grdz 704** 6 B
– **(durch verordneten Richter) 355** 1 B, **358a**, **361**, **362**; Ersuchen eines anderen Gerichts um die B. **365**; Augenscheinseinnahme **372**; Ausbleiben des Zeugen **400**; Geständnis **288** 2; Ordnungsgewalt **GVG 180**; Parteivernehmung in einer Ehesache **613**; Protokoll **159** 3; Ernennung eines Sachverständigen **405**; Vorlegung einer Urkunde **434**; Bestimmung des Termins zur Fortsetzung der mündlichen Verhandlung **370** 2; Beeidigung des Zeugen **479**; Übertragung der Erhebung des Zeugenbeweises **375**; Vernehmung des Zeugen **400**; Ablehnung einer Frage der Partei **398**; Entscheidung über die Zulässigkeit einer Frage an den Zeugen **400**; wiederholte Vernehmung des Zeugen **398**, **400**; Zwischenstreit während der B. **366**

Beweisbedürftigkeit Einf 284 2 B
Beweisbeschluß 284, **358a**, **359**; nach Lage der Akten **251a** 3 A, E, **358**; Änderung **360**; Bezeichnung der Beweismittel **359** 2; Notwendigkeit **358**; über eine Parteivernehmung **450**; Aussetzung seiner Ausführung bei der Parteivernehmung **450** 2; Parteivernehmung des Gegners über den Verbleib einer Urkunde **426**; Parteivernehmung des Minderjährigen/Entmündigten/unter vorläufige Vormundschaft Gestellten **455** 2 C; Ausschluß des Richters wegen seiner Mitwirkung an einem früheren B. **41** 2 F; über die Vorlegung einer Urkunde **425**; Bestimmung des Termins zur Fortsetzung der mündlichen Verhandlung **370**; Bezugnahme auf den B. in der Ladung des Zeugen **377** 2
Beweiseinrede, zeitliche Geltendmachung s Beweismittel (Angabe)
Beweisergebnis, Unterstellung der Ergebnisse bei einer Säumigkeit des Berufungsbekl **542** 3 A; Vortrag des B. **285** 2
Beweiserhebung, sofortige **278**, **358a**; vgl auch Beweisaufnahme
Beweiserhebungslehre 300 3 E
Beweisermittlungsantrag Einf 284 6
Beweisfrage, Parteiherrschaft **Einf 284** 2 A
Beweisführer Einf 284 5, **379** 1 A
Beweisführung durch Glaubhaftmachung **294** 1 A
Beweisgegenstand, Tatsache als B. **Einf 284** 4; juristische Tatsache als B. **Einf 284** 4 C; Vermutung als B. **Einf 284** B
Beweiskraft, Bindung des Gerichts an eine gesetzliche Beweisregel **286** 5; Unzulässigkeit eines Parteieids **533** 3 A; Regelung des Personenstands **EG 16**; des Protokolls **Einf 159** 3, **165**; eines Schuldscheins oder einer

dahinterstehende Zahlen und Buchstaben = Anmerkungen   **Beweiswürdigung**

Quittung **EG 17**; einer Urkunde **Üb 415** 3; Echtheit als Voraussetzung der B. der Urkunde **Einf 437** 1; einer Urkunde mit einem äußeren Mangel **419** 2; einer privaten Urkunde **416**; einer öffentlichen Urkunde, die eine behördliche Anordnung, Verfügung oder Entscheidung enthält **417**; einer öffentlichen Urkunde über eine Erklärung **415** 3; einer öffentlichen Urkunde über einen Vorgang **418** 2; des Tatbestands des Urteils **314**; der Zustellungsurkunde **190** 1, **191** 1, **195** 3; eines ausländischen Zustellungszeugnisses **202** 2
Beweislast 286 Anh 1 A; beim Abzahlungskauf **286 Anh** 4; für die Notwendigkeit eines Wechsels des Anwalts **91** 5; Einschluß der Behauptungslast **286 Anh** 1 A; des Besitzers bei der Streitverkündung gegenüber dem mittelbaren Besitzer **76**; für den Empfang eines zuzustellenden Schriftstücks **187** 1 C; für einen Erfahrungssatz **Einf 284** 4 D, **286 Anh** 3 A; für das Fehlen einer Veranlassung zur Klage **93** 3; bei der Feststellungsklage **256** 4 D; Grundsätze der B. **286 Anh** 2; Gerichtsstand **Üb 12** 3 C; Gerichtsstand des Aufenthaltsorts bzw letzten Wohnsitzes **16** 2 B; Gerichtsstand bei der Nachlaßverbindlichkeit **28** 2; Partei-/Prozeßfähigkeit **56** 1 B; Parteivereinbarung über die B. **286 Anh** 1 B; Prozeßführungsrecht **Grdz 50** 4 A, **56** 1 B; Prüfung der B. bei einem Antrag auf Parteivernehmung **445** 2 C; für die Voraussetzungen einer Sicherheitsleistung **110** 2 A; der Zulässigkeit einer Streithilfe **71** 1 C; bei einer rechtsbegründenden, -hindernden, -verneinenden, -hemmenden Tatsache **286 Anh** 2; Umkehrung der B. durch eine Beweisvereitelung **286 Anh** 3 C; als Urteilsbegründung **286 Anh** 1 C; und tatsächliche Vermutung **286 Anh** 3 A; für die Empfangsberechtigung bei einer Zustellung **173**; für die Unkenntnis des Zustellungsgegners **Einf 181** 2
Beweislastvertrag 286 Anh 1 B
Beweislosigkeit, Folgen der B. **286 Anh** 1 A
Beweismittel Einf 284 7; Anordnung der Beschränkung der Verhandlung auf einzelne B. **146** 2 A; Augenschein s dort; Auskunft **Üb 402** 6; amtliche Auskunft **Üb 373** 5; Bezeichnung im Beweisbeschluß **359** 2; Ergebnis des Beweissicherungsverfahrens **493**; für den Empfang eines zuzustellenden Schriftstücks **187** 2 C; im Entmündigungsverfahren **633** 2 A, **676** 2; Ersatz des Zeugen-/Sachverständigenbeweises durch einen Urkundenbeweis **286** 4; Feststellungsklage im Fall der Gefahr eines Verlustes des B. **256** 3 E; Foto **Üb 371** 4; für die Glaubhaftmachung **294** 2; Anhörung der Partei nach einer Anordnung ihres persönlichen Erscheinens **141** 2 B; Parteiherrschaft **Einf 284** 7 B; Parteivernehmung s dort; Parteivereinbarung über den Ausschluß eines B. **Einf 284** 7 B; Wahlrecht der Partei **286** 4 A; Privatgutachten **Üb 402** 5; rechtswidrig erlangtes

B. **286** 4 C, **Üb 371** 4; Sachverständigengutachten s dort; Schätzungsvernehmung des Beweisführers **287** 3 B; Tonbandaufnahme **Üb 371** 4; Urkunde s dort; Streitwert der Herausgabe einer Urkunde **3 Anh, 6** 1 A; im Urkundenprozeß **592** 3, **593** 2, **595** 2; gegenüber einer gesetzlichen Vermutung **292** 2; Verzicht auf ein B. **Einf 284** 7 B; Vorlegung des B., Kostenerstattung **91** 5; im Scheck-/Wechselprozeß **605a/605**; für eine Zustellung **190** 1, **191** 1
– **(Angabe)**, im Beweisbeschluß **359** 2; in der Klageschrift **253** 7; im vorbereitenden Schriftsatz **132** 1; Aufforderung an den Bekl zum Vorbringen seiner B. **273**; Beibringungspflicht **138** 2 A; Pflicht zur Erklärung gegenüber den Angaben des Gegners **275 ff, 282**; Fristsetzung bei einem Hindernis gegenüber der Beweisaufnahme **356** 2 A; Fristversäumnis im vorstehenden Fall **356** 2 B
– **(nachträgliche Angabe)**, zeitliche Möglichkeit **283**; neues Vorbringen **282, 296**; Verzögerungsgebühr **95 Anh** 2 C
– **(nachträgliche Angabe in der Berufungsinstanz) 519** 3 C, **529** 1, 4 C; Vollstreckbarerklärung des erstinstanzlichen Urteils wegen einer Verzögerung **534** 2; Kosten zu Lasten des Siegers **97** 2; Zulassung/Zurückweisung **528** 2, 3
Beweispflicht 286 Anh 1 A
Beweisregel s Beweiskraft
Beweissicherungsverfahren Üb 485 1, **485 ff**; Ablehnung des Sachverständigen **487** 2 A c; Anordnung **485** 2, **490**; Aussetzung **249** 1; Beweisaufnahme **492**; Benutzung des Ergebnisses im Prozeß **493**; Entscheidung **490** 1; (keine) Feriensache **GVG 200** 2; ohne einen Gegner **494**; Gesuch **486** 1, **487**; Kosten **Üb 485** 2; Auferlegung der Kosten wegen Erfolglosigkeit **97**; Kostenerstattung **Üb 91** 4 A, **91** 5, **Üb 485** 2; Terminsladung **491**; Protokoll **159** 1, **492**; Prozeßkostenhilfe **119** 1 C; ohne Rechtshängigkeitswirkung **263** 2 B; Streitwert **3 Anh**; Unterbrechung **249** 1; Bestellung eines Vertreters **53, 494** 2; Voraussetzungen **485** 3; Zulässigkeit **485** 1; Zuständigkeit **486** 2; Bestimmung der Zuständigkeit **36** 3 C; Zustellung an den Proz-Bev **176** 2 C
Beweistermin s Beweisaufnahme
Beweisvereinbarung Grdz 128 5 C, **Einf 284** 7 B
Beweisvereitelung Anh 286 3 C, **444**
Beweisverfahren Üb 355 1
Beweiswürdigung Einf 284 8, **286, 287**; bei der Ablehnung der Partei, sich vernehmen zu lassen **446**; eines Anerkenntnisses im Ehe-/Kindschafts-/Entmündigungsverfahren **617** 2/**640** 3/**670** 1; beim Anscheinsbeweis **286 Anh** 3 B, C; beim Ausbleiben der Partei, deren persönliches Erscheinen angeordnet worden war **141** 4 A; beim Ausbleiben zur Parteivernehmung **454** 1 B; einer streitigen Behauptung als unwahr **138** 1 F; beim Beweislastvertrag **286 Anh** 1 B;

Bezifferung

Grundsatz der freien B. **286** 2; Bindung des Gerichts an eine Parteivereinbarung **286 Anh** 1 B; bei einem Erfahrungssatz **Einf 284** 4 D, **286 Anh** 3 A; bei widersprechenden Erklärungen mehrerer ProzBev **84** 1 B; des Geständnisses **288** 3 B, **289**; des Geständnisses im Ehe-/Kindschafts-/Entmündigungsverfahren **617** 3/**640** 3/**670** 1, **679** 2; an Gewißheit grenzende/überwiegende Wahrscheinlichkeit **286** 2 C/**294** 1 A; Berücksichtigung des gesamten Inhalts der Verhandlung **286** 2 E; Nichtabgabe einer Erklärung durch die Partei **141** 4 D; Nichtbefolgung einer für die mündliche Verhandlung vorbereitenden Anordnung **273** 2 C; Nichtübersetzung einer Urkunde **142** 3; Nichtvorlegung einer Urkunde **142** 1, **427**; B. einer Parteivereinbarung **Einf 284** 8 B; bei der Parteivernehmung **Üb 445** 2 D, **453**; im vermögensrechtlichen Prozeß **287** 4; bei der Prüfung der Revision **Einf 284** 8 B, **550** 2; bei einem Wechsel der Richter nach der Beweisaufnahme **355** 1 C; beim Sachverständigengutachten **412**; bei der gerichtlichen Ermittlung/Schätzung des Schadens **287** 2, 3; beim Schriftvergleich **442**; eines Strafurteils **EG 14**; bei der Streitgenossenschaft **61** 3; beim Streithilfegrund **66** 2 D; und richterliche Überzeugung **286** 2 C; bei einer Urkunde **Üb 415** 5 E; bei einer Urkunde mit einem äußeren Mangel **419** 2; bei einer privaten Urkunde mit einem Mangel **440** 3 C; beim Ursachenzusammenhang **287** 1 B; in der Urteilsbegründung **286** 2 D; bei einer Vereitelung des (Urkunden)beweises durch den Beweisführer oder -gegner **286 Anh** 3 D, **444**; bei einem in anderem Verfahren erhobenen Beweis **286** 4 B; bei einer tatsächlichen Vermutung **286 Anh** 3 A; bei der Verweigerung einer Parteiaussage oder eines Parteieids **453** 2; bei einem unsubstantiierten Vorbringen **139** 1 C; Vorwegnahme der B. **286** 3 A; bei bloßer Wahrscheinlichkeit **286** 2 C; bei der Zeugenaussage **Üb 373** 1 D

Bezifferung des Klaganspruchs **253** 5 B

Bewilligung s Gegenstand der B.

Bezugnahme, auf eine andere Akte **Einf 284** 5; in der Berufungsbegründung **519** 3 C; des Protokolls im Parteiprozeß auf einen Schriftsatz **510a**; des Protokolls auf eine Tonaufzeichnung **160a** 2; auf eine Urkunde, Vorlegungspflicht **423**; des Urteils auf das Protokoll oder einen Schriftsatz **313** 6; des Berufungsurteils auf das erstinstanzliche Urteil **543**; in der mündlichen Verhandlung auf den Klagantrag **297** 2, **507**; in der mündlichen Verhandlung auf ein Schriftstück **137** 3; in der Zeugenladung auf den Beweisbeschluß **377** 2

Bezugsrecht für Aktien, Streitwert **4** 3 A

Bezugsverpflichtung, Streitwert **3 Anh**

BGB-Gesellschaft s Gesellschaft

Bilanzaufstellung, Zwangsvollstreckung aus einem Urteil auf B. **887** 6

Bildband, Intimsphäre **Üb 371** 4 A

Bildträger 299a

Billigkeitsentscheidung im Schiedsgerichtsverfahren **Einf 1033** 2 B

Billigkeitserwägung bei der Kostenentscheidung **91** 1 A; bei der Kostenentscheidung nach der Erledigung der Hauptsache **91a** 3 A; bei der Kostenentscheidung im Fall der Klage nicht nichtehelichen Kindes auf Unterhaltszahlung **93d** 3; bei einer Prozeßhandlung **Grdz 128** 5 E; bei der Auslegung der ZPO **Einl III** 4 A

Bindung (Behörde) an ein Urteil **Einf 322** 4 B; an ein Urteil in einer Kindschaftssache **640h**

– **(Gericht an)** ein Anerkenntnis **307** 3 C; seine Anordnung zur Vorbereitung der mündlichen Verhandlung **273** 2 C; den Antrag **308** 1; denjenigen im Verfahren auf den Erlaß einer einstweiligen Verfügung **938** 1; denjenigen im Räumungsprozeß **308a** 1; den Berufungsantrag **525** 2, **536** 1, 2; des Berufungsgerichts an den Berufungsantrag in einer Ehesache **Üb 606** 4 A; das Berufungsurteil wegen der Zulassung der Revision **546, 554**; die Verwerfung der Berufung als unzulässig **519b** 2 D; einen Beschluß **329** 3; einen Beschluß im Fall einer freigestellten mündlichen Verhandlung **128** 7; des Beschwerdegerichts an die Festsetzung des Streitwerts in erster Instanz **3** 2 B; die Zurückverweisung einer Beschwerde **575** 2; eine gesetzliche Beweisregel **286** 5; das Einverständnis mit dem schriftlichen Verfahren **128** 5 C; das Gesetz **GVG 1** 3 A, B; richterliches Prüfungsrecht dabei **GVG 1** 3 C; ein Geständnis **290** 1, 2; das Grundurteil **304** 5; die Abgabe einer Hausratssache **281 Anh I** 3; die Zulassung der Klagänderung **268** 2; den Klagantrag **308** 1; denjenigen in einer Ehesache **Einf 614** 3 C; denjenigen in einer Kindschaftssache **641h**; denjenigen im Räumungsprozeß **308a** 1; die Kostenvorschriften **Üb 91** 3 D, **91** 1 A; die Abgabe einer Landwirtschaftssache durch das Landwirtschaftsgericht **281 Anh III** 1 A; einen Parteiantrag **329** 3; eine Parteivereinbarung über die Beweislast/die Beweiswürdigung **286 Anh** 1 B; die Rechtsprechung bei der Auslegung der ZPO **Einl III** 5 D; des Revisionsgerichts an eine tatsächliche Feststellung/den Revisionsantrag/die Zulassung der Revision **561** 2/**559** 1/**546, 554**; das Revisionsurteil **565** 2 A, B; eine Rechtswegverweisung **GVG 17** 3 B, C; die Entscheidung einer besonderen Behörde über die Zulässigkeit des Rechtswegs **GVG 17a**; die Benennung des Sachverständigen durch die Partei **404** 2; ein Strafurteil **149** 1; die Festsetzung des Streitwerts in erster Instanz **Einf 3** 1 C; ein Teilurteil **318** 2; ein Vorbehaltsurteil **302** 4, **599** 1 C, D; das Urteil in der Sache **318**; ein anderes Urteil **148** 1 C, **Einf 322** 4 C; ein Urteil der höheren Instanz **539** 1 A, **565** 2; einen Verwaltungsakt **GVG**

13 5 C; ein Urteil eines Verwaltungsgerichts **GVG 13** 5 D; eine Verweisung **281** 1 A, 3 B; eine Verweisung vom AG an das LG **506** 2 B, **508** 3; eine Verweisung an das Landwirtschaftsgericht **281 Anh III** 2; eine Verweisung wegen Unzuständigkeit **11, 281** 3 B; eine Wiedereinsetzung **233** 1; die Abgabe einer Wohnungseigentumssache **281 Anh II** 2 C; die Bestimmung der Zuständigkeit **36** 1 A, 3 A, **37** 2; diejenige durch das BayObLG **EG 7, 8**; eine Zuständigkeitsvereinbarung **38** 2 A; den Parteiwillen bei einem Mangel der Zustellung **187** 2 A; ein Zwischenurteil **280** 3 A, **303** 3

– **(Partei an)** ihre Behauptung **253** 4 B; ihr Einverständnis mit dem schriftlichen Verfahren **128** 5 C; die Erklärung/Rechtsausführung ihres ProzBev **85** 2; ihre Ernennung eines Schiedsrichters **1030**; des Rechtsnachfolgers an eine Prozeßhandlung des Veräußerers **265** 4 B; die Erklärung ihres Streithelfers **67** 2 D

Bindungslehre Einf 322 3 A
Bindungswirkung, der Abweisung der Klage wegen Unzuständigkeit **11**; der Kostengrundentscheidung für die Kostenfestsetzung **91** 1 D, **Einf 103** 2 B; der Festsetzung des Streitwerts für die sachliche Zuständigkeit im Verfahren der Kostenberechnung **Einf 3** 1 A; des Schiedsvertrags **1025** 3 D; der Streithilfe **68**; des Urteils **318** 1
Binnenschiffahrtsgericht GVG 14
Binnenschiffahrtssache, Rechtsweg **GVG 13** 7; Zuständigkeit **GVG 14** 3, **95** 4
Biostatistische Berechnung, Anordnung **372a** 3 A; vgl auch Abstammungsuntersuchung
Blankounterschrift 129 1 B, **416** 1 B; Mißbrauch **440** 3 A
Blutgruppenuntersuchung 286 3 A, **372a** A a
Blutprobe 372a
Bodmerei, Zuständigkeit **GVG 95** 4
Börse, Aushang eines Aufgebots **1009**; Börsenbrauch **GVG 1** 2 C
Börsen- und Marktpreis, Schätzung der Pfandsache **813** 2; eines Wertpapiers **821**
Börsenstreitsache, Kammer für Handelssachen **GVG 95**; Zuständigkeit bei einer Klage gegen den Emittenten eines Wertpapiers **GVG 71** 5
Botschafter, ausländischer B., Botschaftspersonal s Exterritorialität; Zustellungsersuchen an den deutschen B. **199** 2, **202 Anh** 3
Brief, Briefumschlag bei der Zustellung **194** 2, **211** 2; Gerichtsstand bei einer unerlaubten Handlung **32** 3; Zustellung durch Post s dort
Briefgrundpfandrecht, Gläubigeraufgebot, Kraftloserklärung des Briefs s Aufgebotsverfahren; Pfändung **830** 3, **837** 1 A, **857** 5 D; Hilfspfändung des Briefs **808** 1 B; Zwangsvollstreckung nach einer Verurteilung zur Abtretung, Belastung, Bestellung eines B. **897**

Briefkasten des Gerichts, Fristversäumung, Wiedereinsetzung **233** 4, **496** 2 B
Brille, Pfändbarkeit **811** 15
Bruchteil, Kostenentscheidung nach B. bei einer Teilabweisung **92** 1 C; falsche Kostenverteilung als Kostenentscheidung nach B. **92** 1 D
Bruchteilseigentum am Grundstück, Zwangsvollstreckung **864, 866**
Bruchteilsgemeinschaft, Pfändung des Anteilsrechts **Grdz 704** 9; Zwangsvollstreckung in das unbewegliche Vermögen **864** 2
Bruttolohnurteil, Zwangsvollstreckung **Üb 803** 1 A
Buch, Pfändbarkeit **811** 13, 14
Buchauszug, Urteil auf Erteilung eines B., Zwangsvollstreckung **887** 6
Bucheinsicht, Streitwert **3 Anh**
Buchgrundpfandrecht, Gläubigeraufgebot s Aufgebotsverfahren; Pfändung **830** 4, **837** 1 B, **857** 5 D
Bund, Feststellungsklage gegen den B. statt einer Leistungsklage **256** 5; Parteifähigkeit **50** 2 E; Prozeßstandschaft **Grdz 50** 4 B; Vertretung des B. **18** 2, **51** 2 D; Zwangsvollstreckung gegen den B. **882a**
Bundesanzeiger, Bekanntmachung eines Urkundenaufgebots/einer Zahlungssperre **1009/1020**; Bekanntmachung bei der öffentlichen Zustellung einer Ladung **204** 2 B, **205**
Bundesautobahn, Vertretung der B. **18** 2
Bundesbahn, Gerichtsstand **21** 2 A; als Rechtsnachfolgerin der Deutschen Reichsbahn **50** 2 E; Rechtsweg für Streitigkeiten **GVG 13** 7; Vertretung der B. **18** 2; Zuständigkeitsvereinbarung **38** 3 A; Zwangsvollstreckung gegen die B. **882a** 2
Bundesbaugesetz, Rechtsweg **GVG 13** 6 F, 7
Bundesbeamter als Zeuge, Aussagegenehmigung **376 Vorbem A**
Bundesbeamtengesetz, Geltung für Bundesrichter **DRiG 46**
Bundesgerichtshof GVG 123 ff; Besetzung **GVG 124**; Dienstgericht **DRiG 61, 62**; Entlastungsgesetz **vor 545**; Geschäftsordnung **GVG 140**; Großer Senat, Vereinigte Große Senate **GVG 132, 136–138**; Rechtsanwaltschaft **GVG 155 Anh I** 7; Abgabe einer Revision vom BayObLG an den BGH **EG 7** 2; Ernennung der Richter **GVG 125**; Senate/Besetzung **GVG 130/139**; Sitz **GVG 123**; Zuständigkeit **GVG 133**; Bestimmung der Zuständigkeit **36** 2, **EG 9**
Bundeskonsul, Beglaubigung einer ausländischen Urkunde **438** 2 A; Beurkundungsbefugnis **415** 2 B; Ersuchen um eine Beweisaufnahme an den B. **363** 2; Gerichtsstand **15**; Zustellung durch den B. **Üb 166** 3 B, **200**; Zustellungsersuchen an den B. **199** 2, **202 Anh** 3
Bundesleistungsgesetz, Rechtsweg **GVG 13** 7
Bundesminister, Aussagegenehmigung **376** 1 C; als Sachverständiger **408** 1; Zeugenvernehmung **382**

Bundespatentgericht, technisches Mitglied **DRiG 120**; Zuständigkeitsstreit **36** 3 E
Bundespersonalausschuß DRiG 47
Bundespost, Gerichtsstand 21 2 A; als Rechtsnachfolgerin der Deutschen Reichspost **50** 2 E; Rechtsweg für Streitigkeit **GVG 13** 7; Vertretung der B. **18** 2; Zuständigkeitsvereinbarung **38** 3 A
Bundespräsident, Beeidigung **479** 2; Befreiung vom Erscheinen an der Gerichtsstelle **219** 2; Zeugenvernehmung **375** 4; Zeugnisverweigerungsrecht **376** 3
Bundesrat, Haft **904** 1, **905** 1; Zeugenvernehmung **382** 1
Bundesrecht, Begriff, Revisibilität **549** 3
Bundesrechtsanwaltsordnung GVG 155 Anh I 2
Bundesregierung, Mitglied als Sachverständiger **408** 3; Zeugenvernehmung **376** 1 C
Bundesrichter DRiG 46ff
Bundesseuchengesetz, Rechtsweg **GVG 13** 7
Bundestagsabgeordneter s Abgeordneter
Bundesverfassungsgericht GVG 1 3 C, **17** 5; Aussetzung des Rechtsstreits wegen der Anrufung des B. **Einf 148** 1 A; Richter am B. **DRiG 69, 70, 120a**
Bundeswehrangehöriger s Soldat
Bundeswirtschaftsminister, Verfügung, Rechtsweg **GVG 13** 7
Bundeszentralregister, Mitteilung bei einer Entscheidung über eine Entmündigung **Üb 645** 3, **660, 674, 678, 679**
Bürgerliche Rechtsstreitigkeit EG 3, GVG 13 3, 4, 7
Bürgermeister, Niederlegung bei einer Zustellung **182** 3
Bürgschaft, Anerkenntnis, Kostenentscheidung **93** 5; Ausschluß des Bürgen als Gerichtsperson **41** 2 A, **49**; Befreiung von der B., Streitwert **3 Anh**; Gerichtsstand **29** 3 B; Schiedsvertrag **1025** 3 D; als Sicherheitsleistung **108** 3, **109** 1 B, **751** 2 B; Streitgenossenschaft, Kostenhaftung **100** 5; Streithilfe **66** 2 E; Streitwert **3 Anh**; Rechtskraftwirkung **325** 6; Vereinbarung der Zuständigkeit **38** 2 A
Büropersonal, Fristversäumung **233** 4; sonstiges Verschulden **85** 3 B
Bürovorsteher als Vertreter **157** 2 A; Wiedereinsetzung **233** 4; Zustellung an den B. **183** 1 C
Buße, Pfändung **Grdz 704** 9; Strafurteil, Rechtskraftwirkung **322** 4, **325** 6
Bußgeldbescheid, Offenbarungsversicherung **Üb 899** 1

C

CIM, CIV Einl IV 3 E; internationale Zuständigkeit **Üb 12** 1 C
Computerbescheid als Urkunde **Üb 415** 1
Contergangesetz, Kostenentscheidung bei Erledigung der Hauptsache **91a** 3 A; Gerichtsstand **17** 2
Coupon, Aufgebot **1010–1013, 1019**

D

Darlegungslast 253 4 B
Darlegungspflicht, wegen des Gegenstands und Grundes des Anspruchs in der Klageschrift **253** 4 B
Darlehensanspruch, Beweislast **286 Anh** 4; Pfändung **Grdz 704** 9
Datenschutz, Beachtlichkeit **299** 1 Ab; Rechtsweg **GVG 13** 7
Daueraufenthalt, Gerichtsstand **20**
Dauerschiedsgericht 1044 1 B
Dauervertrag, Streitwert **3 Anh**
Dauerwohnrecht, Streitwert **3 Anh**; Zuständigkeit bei einer Streitigkeit über ein D. **GVG 23** 4 F
DDR, Einlassungsfrist **274** B; Feststellungsklage bei einer Ost-Westfrage **256** 5; Gerichtsstand bei einem Aufenthalt in der DDR **16** 2 A; Gerichtsstand bei einem Gesellschafter der Offenen Handelsgesellschaft in der DDR **23** 2 B; Gerichtsstand des Vermögens/des Streitgegenstandes in der DDR **23** 1 A; Handels-/Dienstleistungsverkehr mit der DDR **SchlAnh IV B** 2 C; als Inland **Einl III** 8 B, **16** 2 A, **606** 3 A; Kostenfestsetzung bei einem Wohnsitz in der DDR **104** 3 A; Anerkennung einer Notariatsentscheidung **328** Vorbem; Rechtshängigkeitswirkung **261** 2 B, 6 A; Rechtsschutz für einen Angehörigen der DDR **Einl III** 8 B; Aussetzung wegen Reiseschwierigkeiten der Partei **247** 1; Sicherheitsleistung **110 Anh** 3; Urteilsanerkennung **328** Vorbem; Vermögenssperre **SchlAnh IV B**; Verweisung an das Gericht der DDR **281** 1 C; Zuständigkeitsvereinbarung **38** 4 A, 5 B; Zwangsvollstreckung durch einen Gläubiger in der DDR **Grdz 704** 4 A
– **(Ständige Vertretung)** Exterritorialität **280** 1, **GVG 20** 1; Offenbarungshaft **904** 1; Zeugenpflicht **Üb 373** 3; Einschränkung der Zwangsvollstreckung **Grdz 704** 4 A
Deckname als Parteibezeichnung **Grdz 50** 2
Detektiv, Kostenerstattung **91** 5
Defektenverfahren, Rechtsweg **GVG 13** 7
Demnächstige Zustellung s Frist (Klagefrist)
Denkgesetz 550 1
Deutsch als Gerichtssprache **GVG 184**
Deutscher, Geltung des deutschen Rechts **Einl III** 8; internationale Zuständigkeit in einer Ehesache **606b**; Anerkennung einer ausländischen Versäumnisentscheidung gegen einen D. **328** 3 A
Deutsches Reich s Reich
Deutsches Richtergesetz SchlAnh I A
Devisengenehmigung, Kostenerstattung **91** 5, **788** 5; Vermögenssperre gegenüber der DDR **SchlAnh IV B**
Devolutivwirkung des Rechtsmittels **Grdz 511** 1 C
Deckungsprozeß, Gerichtsstand **12** 2; Streitwert **3 Anh**
Dienst, öffentlicher, s Öffentlicher Dienst

dahinterstehende Zahlen und Buchstaben = Anmerkungen **Drucklegung**

Dienstalter, des Richters **DRiG 20**; Abstimmung nach dem D. **GVG 197**
Dienstaufsicht über den Richter **GVG 21 Anh, 22, DRiG 26**
Dienstaufsichtsbeschwerde Üb 567 1 B; gegenüber einer Fristverlängerung **225** 1 B; gegenüber dem Gerichtsvollzieher **161**; gegenüber einer Terminsaufhebung/bestimmung **227** 3 B/**216** 2 E
Dienstaufwandsentschädigung, Pfändung **850a** 4
Dienstbarkeit, Gerichtsstand **24** 2 B, C; Grunddienstbarkeit s dort; Pfändung **Grdz 704** 9; Prozeßgeschäftsführung **Grdz 50** 4 C; Streitwert **3 Anh**
Dienstbehörde s Behörde
Dienstbezüge des Beamten, Pfändung **850** 2 B
Dienstbote s Hauspersonal
Diensteid, Berufung auf den D. bei einer Verweigerung des Zeugnisses **386** 1; des Richters **DRiG 38**; des ehrenamtlichen Richters **GVG 111**
Diensteinkommen, Klage auf künftige Zahlung **258** 1, **259** 1 A; Pfändung s Zwangsvollstreckung; Einstufung in eine Tarifgruppe, Feststellungsklage **256** 3; Rechtskraftwirkung des Urteils **322** 4; Zwangsvollstreckung aus einem Urteil auf Zahlung von Bruttolohn **Üb 803** 1 A
Dienstgericht, des Bundes **DRiG 61, 62**; beim Richter im Landesdienst **DRiG 77–79**
Dienstkleidung, Dienstausrüstung, Pfändung **811** 10
Dienstleistung, Pfändung des Anspruchs auf eine D. **Grdz 704** 9; Klage auf eine D. **888** 4 B; Pfändung der zur Erbringung der D. benötigten Gegenstände **811** 8; Zwangsvollstreckung aus einem Urteil auf D. **887** 6, **888** 4 B
Dienstliche Äußerung über eine Ablehnung wegen Befangenheit **44** 3
Dienststrafrecht beim Bundesrichter **DRiG 63, 64**; beim ehrenamtlichen Richter **GVG 113**; beim Landesrichter **DRiG 78, 81, 82**; beim Rechtsanwalt **GVG 155 Anh I**
Dienstunfähigkeit des Richters **DRiG 34**
Dienstvertrag, Anspruch aus einem D., Beweislast **286 Anh** 4; Pfändung eines verschleierten Arbeitseinkommens **850h** 3; Gerichtsstand **29** 3 B; Schiedsrichtervertrag **1028 Anh** 1 A, 3 A; Streitwert **3 Anh**
Dinglicher Anspruch, Rechtshängigkeit, Haftungserhöhung **262** 1
Dinglicher Arrest s Arrestgrund
Dinglicher Gerichtsstand s Gerichtsstand
Dingliches Recht, Feststellungsklage wegen eines d. R. **256** 2 B; Prozeß um ein d. R., Streitgegenstand **266** 1; Rechtskraftwirkung des Urteils **325** 4; Widerspruchsklage wegen eines d. R. **771** 6
Diplomatische Vertretung, Exterritorialität s dort; Rechtshilfeersuchen **GVG 168 Anh**
Diplompsychologe, Zeugnisverweigerungsrecht **383** 3 D

Dispachebeschluß, Klage auf Feststellung seiner Nichtigkeit **256** 2 A
Dispositionsgrundsatz Grdz 128 3 B; in einer Ehesache **617** 1; beim Räumungsstreit **308a** 1
Dissenting vote GVG Üb 192 1, 2
Disziplinarmaßnahme, gegenüber einem Bundesrichter **DRiG 63, 64**; gegenüber einem Landesrichter **DRiG 83**
Divergenz 546 2 B, 4
Dolmetscher GVG 185 ff; Ablehnung/Ausschluß **GVG 191**; Eidesleistung/eidesgleiche Bekräftigung **GVG 189**; bei der Eidesleistung eines Stummen **483**; Kostenerstattung **91** 5 „Übersetzungskosten"; Kostenvorschuß **402** 1 „§ 379"; Protokollangaben **160** 2; Urkundsbeamter der Geschäftsstelle als D. **GVG 190**; Restitutionsklage wegen einer Verletzung der Wahrheitspflicht **580** 2, **581** 1; als Sachverständiger **GVG 185** 1 B; Zuziehung **GVG 185**
Doppelehe, Ehenichtigkeitsklage **632**
Doppelpfändung für mehrere Gläubiger **827** 3
Dringlichkeit bei einer einstweiligen Verfügung **937** 2; Zuständigkeit des AG **942** 2; Erlaß der einstweiligen Verfügung durch den Vorsitzenden **944**
Drittbeteiligung bei der Widerklage **253 Anh** 1 A
Dritter, Anwesenheit bei der Abstimmung/Beratung **GVG 193**; Verweigerung des Augenscheins durch den D. **Üb 371** 3 D; Einmischungsklage s dort; Einsicht in die Gerichtsakte durch den D. **299** 4; Gewahrsam des D. **809** 1; bei der Pfändung eines Herausgabeanspruchs **886**; Kostenhaftung **Üb 91** 4 B; Pfändung beim D. **809** 1, 2; Pfändung der Sache eines D. **804** 2; Prozeßbeteiligung **Üb 64** 1; Prozeßvergleich zugunsten des D. **794** 2 B; Rechtskraftwirkung gegenüber dem D. **325** 1, 5 B; als Rechtsnachfolger s dort; Beteiligung an einer Scheidungssache **623** 4; Drittwirkung des Schiedsvertrags **1025** 3 D; Streithilfe s dort; Streitverkündung des nichtehelichen Kindes gegenüber dem D. **641b**; Anspruch des D. auf Erstattung des für ein nichteheliches Kind gezahlten Unterhalts **644**; Vorlegung der Urkunde durch den D. s Urkunde; Wirkung des Urteils in einer Kindschaftssache gegenüber dem D. **640h, 641k**; Verschulden des D. bei einem Wiedereinsetzungsverfahren **233** 4; Klage des D. gegen den Pfändungsgläubiger auf vorzugsweise Befriedigung/Widerspruchsklage **805/771** 2; Widerklage eines D./gegen einen D. **253 Anh** 1 A
Drittschuldner s Zwangsvollstreckung (Pfändung, Überweisung der Forderung)
Drittwiderspruchsklage s Zwangsvollstreckung (Widerspruchsklage)
Drohung Einl III 6, Grdz 128 5 F
Drucklegung, Urteil auf D., Zwangsvollstreckung **887** 6

Druckschrift, Beifügung zu einem Schriftsatz **131** 2
Duldung, einer Abstammungsuntersuchung **372a** 4; Anspruch auf D., Rechtsweg **GVG 13** 7; Gerichtsstand der Leistungs- und Duldungsklage **Üb 12** 3 B, E; Zwangsvollstreckung **890**
Duldungspflicht, bei der Untersuchung der Abstammung **372a** 4; Zwangsvollstreckung nach einem Urteil **890, 891**; vgl auch Zwangsvollstreckung
Duldungstitel s Zwangsvollstreckung
Dünger, Pfandrecht bei D. **810** 1 A; Pfändung **811** 6
Duplik Üb 253 3 C
Durchgriffserinnerung s Erinnerung
Durchstreichung in einer Urkunde, Beweiswürdigung **419**
Durchsuchung durch den Gerichtsvollzieher bei der Pfändung **758** 2 B
Durchsuchungsanordnung, Rechtsweg **GVG 13** 7
Dürftigkeitseinrede 780 1

E

Echtheit der Urkunde s dort
Ehe, (Nicht)Bestehen als Aussetzungsgrund **151** 1, **154**; Feststellungsklage s Ehesache; Nichterzwingbarkeit des Urteils auf die Herstellung der E. **888** 4 A
Eheaufhebungsklage s Ehesache
Ehefähigkeitszeugnis, Antrag auf gerichtliche Entscheidung gegen die Ablehnung **EGGVG 23** 1 C
Ehegatte, Lohnpfändung verschleierten Arbeitseinkommens **805h** 3; Ausschluß als Gerichtsperson **41** 2 B, **49**; Recht zur Stellung eines Entmündigungsantrags/zur Erhebung der Anfechtungsklage **646** 1 A/**664** 3; Gerichtsstand bei der Unterhaltsklage des ehelichen Kindes **35a**; Gewahrsam **808** 3 A; Haftungsbeschränkung des überlebenden E. **305** 2; Offenbarungsversicherung **739** 4, **807** 2 A, 3 B; Prozeßfähigkeit in einer Ehesache **607**; Prozeßkostenvorschuß, Kostenfestsetzung **Üb 91** 6, **127a, 621f**; Prozeßstandschaft bei der Gütergemeinschaft **Grdz 50** 4 B; Streithilfe **66** 2 E; Tod bei der Nichtigkeitsklage **636** 1; Tod vor dem Eintritt der Rechtskraft des Scheidungsurteils **619**; Zuständigkeit bei Unterhaltsanspruch **GVG 23a**; einstweilige Anordnung auf Zahlung von Unterhalt **620**; Recht zur Erhebung einer Widerspruchsklage **739** 4, **771** 3 A; **774**; als Zeuge **Üb 373** 2 B; Zeugnisverweigerungsrecht **383** 2, **385** 1; Zwangsvollstreckung **739, 741**; vgl auch Ehegüterrecht
– **(Ehefrau)**, Ersatzzustellung an die E. **182** 2; Gerichtsstand **13**; Gleichberechtigung **52 Anh** 1; Prozeßfähigkeit **52** 2; Prozeßführungsrecht **52 Anh**
– **(Ehemann)**, Prozeßführungsrecht **52 Anh**; Unterbrechung beim Wegfall des Prozeßführungsrechts **239** 2 B; Prozeßstandschaft **Grdz 50** 4 B

– **(Getrenntleben)**, einstweilige Anordnung **620ff**; Feststellungsklage **256** 2 B, 3 D; Zwangsvollstreckung beim G. **739** 3 A
Ehegüterrecht (Gütergemeinschaft), Aufhebungsklage, notwendige Streitgenossenschaft **62** 2 A; Widerspruch des anderen Ehegatten beim Erwerbsgeschäft **741** 2 B; Gerichtsstand der Auseinandersetzungsklage **27** 2 E; Gerichtsstand der fortgesetzten G. **27** 2 A; Aufgebot der Gläubiger am Gesamtgut bei der fortgesetzten G. **1001**; Klage gegen Ehegatten/notwendige Streitgenossenschaft **52 Anh** 4/**62** 2 A, B; Aufgebot der Gläubiger beim Nachlaß als Gesamtgut **999**; Pfändung des Anteils am Gesamtgut **860**; Prozeßführungsrecht **52 Anh** 4, **80** 1 E; Haftung für die Prozeßkosten **Üb 91** 4 B; Vorschußpflicht für die Prozeßkosten **Üb 91** 6; Prozeßstandschaft **Grdz 50** 4 B; Verfahrensunterbrechung beim Tod des Ehegatten **239** 2 C; Urteil unter dem Vorbehalt beschränkter Haftung des überlebenden Ehegatten **305** 3; Vollstreckungsabwehrklage wegen einer Haftungsbeschränkung **786**; Recht zur Erhebung einer Widerspruchsklage **771** 6, **774**; Zuständigkeit **621, GVG 23b, c**; Zwangsvollstreckung s dort
– **(Gütertrennung)**, Prozeßführungsrecht **52 Anh** 3; Zwangsvollstreckung **739** 1 B
– **(Zugewinngemeinschaft)**, Pfändung bei der Z. **739** 1 B, **808** 3 B; Pfändung des Anspruchs auf den Ausgleich des Zugewinns **852**; Prozeßführungsrecht **52 Anh** 2; Prozeßstandschaft des Ehemanns **Grdz 50** 4 B; Rechtskraftwirkung des Urteils **322** 4
Eheherstellungsklage s Ehesache
Ehelichkeit, Abstammungsuntersuchung s dort; Anerkennung eines ausländischen Urteils **328** 4, **641a** 3; Zweifel an der E. als Aussetzungsgrund **151** 1, **153, 154**; vgl auch Aussetzung
– **(Anfechtungs-, Feststellungsklage) 640** 1; Abstammungsuntersuchung s dort; Amtsbetrieb **Üb 640** 1, **640** 3; Amtsermittlung **640** 3, **640d**; Anerkennung eines ausländischen Urteils **328** 4, **641a** 3; einstweilige Anordnung **641d–f**; Aussetzung zwecks erbbiologischer Untersuchung **Einf 148** 2; als Aussetzungsgrund **151** 1, **153**; Erklärung über eine Tatsache oder über die Echtheit einer Urkunde **640** 3; Feriensache **GVG 200** 5; gegen Geschwister, Streitwert **5** 2 B; Geständnis **640** 3; Klagenverbindung **640c** 1; Kostenentscheidung bei einem Anerkenntnis **93** 1 A; Kostenentscheidung bei einem Prozeßerfolg **93c**; Ladung des nichtbeteiligten Elternteils/Kindes **640e**; Übergangsrecht nach dem NEhelG **Üb 640** 2; Öffentlichkeit **GVG 170, 173**; Ausschluß der Parteiherrschaft **640** 3, **640d**; Parteivernehmung **640** 3; Prozeßfähigkeit **640b**; Prozeßvollmacht **640** 3; Restitutionsklage **641i**; Schadensersatzpflicht des Kindes **641g**; notwendige Streitgenossenschaft **62** 2 A; Streithilfe **640e**; streitgenössische Streithilfe **69**

dahinterstehende Zahlen und Buchstaben = Anmerkungen **Ehescheidung**

1 A; Streitverkündung **641 b**; Berücksichtigung einer Tatsache gegen den Widerspruch des Anfechtenden **640 d**; Tod der Partei vor dem Eintritt der Rechtskraft **640** 3; Tod des anfechtenden Mannes **640 g**; Rechtskraftwirkung des Urteils **322** 4, **640 h**; Urteilsformel **641 h**; Unzulässigkeit der vorläufigen Vollstreckbarerklärung des Urteils **704** 2; Zustellung des Urteils **640** 3; Versäumnisurteil **640** 3; Verzicht auf den Klaganspruch **640** 3; Verzicht auf die Beeidigung der Partei/des Zeugen/des Sachverständigen **640** 3; Widerklage **253 Anh** 1 C, **640 c** 2; Zurückweisung eines nachträglichen Vorbringens in der Berufungsinstanz **640** 3

Ehemann s Ehegatte

Ehenichtigkeit als Aussetzungsgrund **151**

Ehenichtigkeitsklage s Ehesache

Eheprozeß s Ehesache

Ehesache Üb 606 1, 606 2ff; Amtsbetrieb **Üb 606** 3, **616**; Anerkenntnis **617** 2; Anordnung des persönlichen Erscheinens der Partei **141** 4 B, **613**; Anspruchshäufung **610**; Anerkennung eines ausländischen Urteils **328** 1 B, 4, 7 B, **606 a**, **606 b** 3; Aussetzung **614**; Beschwer **Üb 606**; Anerkennung eines DDR-Urteils **328** Vorbem B; Einheitlichkeit der Entscheidung **Üb** 606 3, **Einf 610** 3; Erklärung über eine Tatsache oder über die Echtheit einer Urkunde **617** 3; Flüchtling, Verschleppter **606 b Anh**; Gerichtsstand **606**, **606 b**; Geständnis **617** 3; Hilfsantrag **Einf 610** 3 C; neuer Anspruch oder Klagegrund **610** 1 A; Klagrücknahme zwecks Beseitigung des Urteils **Üb** 606 4 B, **617** 4 C; Kostenentscheidung bei einem Anerkenntnis **93** 1 A; Kostenteilung **93 a**; Ladung **612**; Öffentlichkeit **GVG 170, 173**; Ausschluß der Parteiherrschaft **617** 3, 4 A; Parteivernehmung **613**; Prozeßfähigkeit **612**; Prozeßvollmacht **609**; Rechtskraft eines älteren Verbundurteils **629 a Anh**; Rechtsmittelverzicht **617** 4 B; Rechtsschutzbedürfnis **Üb** 606 4 B; Sicherheitsleistung der früher deutschen Ehefrau **110** 3; Teilurteil **Einf 610** 3 B, E; Terminsbestimmung **612**; Tod der Partei vor dem Eintritt der Rechtskraft **619**; Rechtskraftwirkung des Urteils allgemein **322** 4; Streitwert **3 Anh**; Untersuchungsgrundsatz **Üb** 606 3, **616**; Unzulässigkeit der vorläufigen Vollstreckbarkeit eines Urteils **704** 2; Nichterzwingbarkeit eines Urteils auf Eingehung der Ehe oder Herstellung des ehelichen Lebens **888** 4 A; Urteilszustellung **625**; Versäumnisurteil **612**; Verzicht auf den Klaganspruch/eine Beeidigung und eine Urteilsfolge **617** 2/3/**Üb** 606 4 B; Verzögerungsgebühr wegen eines nachträglichen Vorbringens **95 Anh** 2 C; Ausschluß der vorläufigen Vollstreckbarkeit **704** 2; Zurückweisung eines nachträglichen Vorbringens in der Berufungsinstanz **626** 2; Widerklage **253 Anh** 1 C, **610** 1 B; Wiederaufnahmeklage **Einf 610** 3 F; Zuständigkeit **606**, **GVG 23 a, b, c, 71** 2; internationale Zuständigkeit **606 b**;

Zwischenfeststellungsklage **256** 7 B; Zustellung des Urteils **618**

– **(einstweilige Anordnung) Einf** 620, **620 ff**; Änderung **620 b**; Anspruch auf ihren Erlaß **Einf 620** 2; Antrag **620 a**; Beschluß **620 a**; Beschwerde **620 c**; Feriensache **GVG 200** 2; zeitliche Geltung **620 f**; über das Getrenntleben **620**; über die Personensorge für ein Kind **620**; Kostenentscheidung **91** 2 B, **620 g**; Kostenfestsetzung **103** 1 A; Zahlung eines Prozeßkostenvorschusses **621 f**; Prozeßvollmacht **81** 2 B; Streitwert **3 Anh**, **5** 2 B; und Unterhaltszahlung **620**; Unterhalt gegenüber einem Kind **620**; Prozeßvergleich **617** 4 A; mündliche Verhandlung **620 a**; über die Wohnung und den Hausrat **620**; Zulässigkeit **620 a**; Zuständigkeit **620 a**; Zustellung an den ProzBev **176** 2 C

– **(Eheaufhebungsklage) 606** 2 B; als Aussetzungsgrund **151** 1, **152**; Begriff **Üb 606** 1; Verbindung mit der Klage auf Herstellung des ehelichen Lebens oder mit dem Scheidungsverfahren **610**; Kostenentscheidung **93 a**; Prozeßvergleich **617** 4 A

– **(Ehefeststellungsklage) 256** 2 B, 5, **606** 1 D, 2 D, **638**; Verbindung mit der Ehenichtigkeitsklage **633**; Setzung einer Klagefrist im Fall der Aussetzung **154** 1

– **(Eheherstellungsklage) 606** 2 E; Aussetzung des Verfahrens **614**; Verbindung mit dem Verfahren der Scheidung/der Aufhebungsklage **610**

– **(Ehenichtigkeitsklage) 631 ff**; Aussetzung **151** 2; Begriff **Üb 606** 1; Entscheidung nach Aktenlage **635**; Verbindung mit der Ehefeststellungsklage **633**; Klagebefugnis **632**; Kostenentscheidung **93 a**, **637**; Befugnis des Staatsanwalts **634**; Tod des Ehegatten **636**; Rechtskraftwirkung des Urteils **636 a**; Versäumnisurteil **635**; Widerklage **633**

– **(Ehescheidungsantrag) 622 ff**; Anerkennung eines ausländischen Urteils s Ehesache; Aussetzung des Verfahrens **614**; Beiordnung eines Anwalts **625** 2; Rücknahme der Berufung als Rechtsmißbrauch **Einl III** 6 A; Beweislast **286 Anh** 4; Verbindung mit der Klage auf Herstellung des ehelichen Lebens oder mit der Eheaufhebungsklage **610**; Antrag **253** 5 C; Rücknahme des Antrags **617** 4 C; Kostenentscheidung nach der Erledigung der Hauptsache **91 a** 3 B; Kostenteilung **93 a**; Streithilfe **66** 2 D; Streitwert **3 Anh**; Terminsbestimmung **612**; Beschluß über die Unterhaltsregelung **620**; Anzeige der Versöhnung **269** 3 A, 4 B; Vergleich **617** 4 A; vgl auch Ehescheidung

Ehescheidung, Anerkennung eines ausländischen Urteils **328** 1 B, 4, 7 B, **606 a**, **606 b** 3; Anerkennung einer Privatscheidung **328** 7 B a; Pflicht zur Zahlung eines Prozeßkostenvorschusses **620** 11; Streitwert eines Schadensersatzanspruchs wegen einer Erschleichung des Urteils **9** 2 A; vgl auch Ehesache (Ehescheidungsantrag)

Hartmann 2285

Ehre

- **(Ehewohnung)**, einstweilige Anordnung **620** 9, **621** 1 G; Rechtsweg für die Auseinandersetzung **GVG 13** 7; Abgabe einer Hausratssache **281 Anh I** 2; Verbot des Betretens durch den Ehegatten, Streitwert **3 Anh**
Ehre, Beweislast **286 Anh** 4; Streitwert **3 Anh**
Ehrenamtlicher Richter s Richter, ehrenamtlicher
Ehrengerichtsbarkeit der Anwälte **GVG 155 Anh I** 6
Ehrenrecht als vermögensrechtlicher Anspruch **Üb 1** 3
Ehrenzeichen, Pfändung **811** 14
Ehrverletzung, Beweislast **286 Anh** 4; Feststellungsklage **256** 3 B; Streithilfe **66** 2 D; Streitwert **3 Anh**
Ehrwidrigkeit, Zeugnisverweigerungsrecht **384** 3
Eid, Diensteid s dort
Eidesgleiche Bekräftigung 484
Eidesleistung 481; Arten **481** 2; des Ausländers **GVG 188**; eidesgleiche Bekräftigung **484**; Belehrung **480**; in Person **478**; vor dem verordneten Richter **478**; vor dem Rpfl **GVG 153 Anh** 8 § 4; im Schiedsgerichtsverfahren **1035**; des Stummen **483**; Verweigerung durch die Partei **453** 2, **533** 1; Verweigerung durch einen Zeugen **390** 3
Eidespflichtverletzung der Partei/des Zeugen als Restitutionsgrund **580** 2 A/C, **581** 1
Eidesstattliche Versicherung (BGB) betr eine Rechnungslegung, Verbindung mit der Herausgabeklage **254** 2 B; Streitwert **3 Anh**; Zwangsvollstreckung aus einem Urteil auf Abgabe der e. V. **889**
- **(zwecks Glaubhaftmachung)** **294** 3; im Aufgebotsverfahren **952**, **980**, **985**, **986** 1, **1007**; zur Begründung des Antrags auf Ablehnung wegen Befangenheit **44** 2, **406** 3 C; bei der Berufung **511a** 5; des Zeugen als Beweisantritt **139** 2 B; im Verfahren der Prozeßkostenhilfe **118**; im Schiedsgerichtsverfahren **1035** 2; Unwahrheit **138** 1 H; des Zeugen bei seiner schriftlichen Äußerung **377** 3 A
- **(über Nichtbesitz) 883** 3; Zahlung der Prozeßgebühr **271 Anh** 5; Streitwert **3 Anh**
- **(Offenbarungsversicherung)** s dort
Eidesunfähigkeit, der Partei **452** 4; des Zeugen **393**
Eigenbetrieb, Rechtsweg **GVG 13** 7
Eigene Sache, Pfändung **804** 2 B
Eigenmacht, verbotene, Gerichtsstand **32** 2 A
Eigentliche Frist Üb 214 3; vgl auch Frist
Eigentum, Eigentümer als Streithelfer **66** 2 E; Feststellungsklage **256** 5; Pfändung des Anspruchs auf die Übertragung des E. **Grdz 704** 9, **846–849**; Streitwert **3 Anh**; Recht zur Erhebung der Widerspruchsklage **771** 6
- **(Grundstückseigentum)** s dort
Eigentümer, Vollstreckungsurkunde gegen den jeweiligen E. **800**; Recht zur Erhebung einer Widerspruchsklage **771** 6

Eigentümergrundschuld, -hypothek, Pfändung **857** 5 C/B; Streitwert **3 Anh**; Erwerb der Zwangshypothek durch den Eigentümer **868** 2
Eigentumsanwartschaft, Pfändung **Grdz 704** 9, **857** 2; bei einer Unpfändbarkeit der Sache **811** 1 F; Recht zur Erhebung der Widerspruchsklage **771** 6
Eigentumserwerb an gepfändetem Geld **815** 3; bei einer Versteigerung der Pfandsache **817** 3; durch die Zwangsvollstreckung **897**, **898**
Eigentumsklage, Beweislast **286 Anh** 4; Eigentumsstörung, Urheberbenennung **77**; Gerichtsstand der Klage gegen den Besitzer **32** 2 B; Gerichtsstand beim Grundeigentum **24** 2 A; Grundstücksveräußerung **266** 1; Streitbefangenheit **265** 2 B; Streitwert **6** 1, **8** 2 B; Rechtskraftwirkung des Urteils **322** 4
Eigentumsvorbehalt, Pfändung des Anwartschaftsrechts **Grdz 704** 9, **857** 2; Pfändung bei einer Unpfändbarkeit der Sache **811** 1 F; Streitwert bei der Herausgabeklage **3 Anh, 5** 2 B, **6** 1 A, 2; Recht zur Erhebung der Widerspruchsklage **771** 6
Eigenurkunde 437 1
Einfache Beschwerde s Beschwerde
Einführung in den Sach- und Streitstand **278**
Einheit der mündlichen Verhandlung **Üb 253** 2 B
Einheitlichkeit, der Entscheidung in einer Ehesache **Üb 606** 3, **Einf 610** 3; bei einer notwendigen Streitgenossenschaft **62** 2; der Rechtsprechung, Gemeinsamer Senat **GVG 140 Anh**
Einheitswert als Streitwert **3 Anh**
Einigung beim Eigentumserwerb s dort
Einigungsstelle für Wettbewerbsstreitigkeiten s Wettbewerb
Einkünfte, wiederkehrende, Pfändung **811** 11, **832**; Pfändung des Arbeitseinkommens s Zwangsvollstreckung
Einlassung als Voraussetzung der Anerkennung eines ausländischen Urteils **328** 3 A; als Einwilligung in eine Klageänderung **263** 4 A; als Einwilligung in die Übernahme des Prozesses durch den Rechtsnachfolger **265** 4 B; zur Hauptsache **39** 2; nach einer Belehrung als Vereinbarung der Zuständigkeit **39** 1; auf eine Klageänderung **264** 1, 3, **267** 1; und Rechtshängigkeitswirkung **262**; Ablehnung des Richters nach einer Einlassung **43** 2 B, **44** 4; zur Sache **GVG 101**; im Schiedsgerichtsverfahren **1027** 2 C; Verweisung mangels Erstattung vorprozessualer Kosten **269** 5 C
Einlassungsfrist 274; Abkürzung **286**; Ablehnung des Erlasses einer Entscheidung nach Lage der Akten/eines Versäumnisurteils **337** 1; Berechnung **222** 1; für den Berufungsbekl **520** 2, **Üb 545 Anh**; im Schiedsgerichtsverfahren **1034** 5; Wahrung bei einer Änderung der Terminszwecks **227** 2 A

dahinterstehende Zahlen und Buchstaben = Anmerkungen **Einstweilige Verfügung**

Einlegung s Gegenstand der E.
Einmischungsklage 64 1; Aussetzung des Hauptprozesses **65** 1; Gläubigerstreit **75**; Kammer für Handelssachen **GVG 103**; Anhängigkeit des Prozesses **64** 2 B; Prozeßvollmacht **81** 2 B, **82**; Prozeßübernahme durch den Rechtsnachfolger **265** 4 C; im Schiedsgerichtsverfahren **1034** 5; Sicherheitsleistung **110** 2 B; Streitgenossenschaft **64** 3 A; Streithilfe **66** 1; Zustellung an den ProzBev **176** 1 A; Einstellung der Zwangsvollstreckung **65** 1
Einordnung, Revision **550** 2, **565** 3; im Urteil **313** 7
Einrede Üb 253 3 A; des Bekl, Einbeziehung in die Rechtskraft **322** 2 C; rechtshemmende/hindernde/vernichtende E. **Üb 253** 3 B; des Erben gegenüber der Zwangsvollstreckung **782, 783**; der Haftungsbeschränkung, Vorbehaltsurteil **305**; gegenüber dem Erstattungsanspruch des im Weg der Prozeßkostenhilfe beigeordneten Anwalts **126**; zur Prozeßverschleppung **Einl III** 6 A; ohne die Wirkung der Rechtshängigkeit **261** 2 B; Streithelfer **67** 2 C; Streithilfewirkung **68**; Urteil über eine rechtsvernichtende E. **300** 3 D; Erörterung in den Urteilsgründen **313** 7; zeitliches Vorbringen s Beweismittel, Parteivorbringen; bei der Vollstreckungsabwehrklage **767** 4, 5, **768** 2, **769** 2
– **(prozeßhindernde)** s Zulässigkeitsrüge
Einreichung, der Berufungsschrift **518** 1; der Anschlußberufungsschrift **522a** 1; der Beschwerdeschrift **569** 2 A; der Klageschrift **253** 8; der Klageschrift im Parteiprozeß **496** 2 B; der Kostenberechnung **103** 2 C, **105** 3; Aufforderung zur E. der Kostenberechnung **106** 2; der Revisionsschrift **553**; der Anschlußrevisionsschrift **556**; eines Schriftsatzes **129** 1, **133, 270** 1–3
Einrichtung, öffentliche, Benutzung, Rechtsweg **GVG 13** 7
Einrückung in öffentliche Blätter s Aufgebot, Aufhebung der Entmündigung, Zustellung (öffentliche)
Einschaltung in einer Urkunde **419** 1
Einschränkung im Geständnis **289** 2
Einschreiben, bei der Bekanntgabe des Termins zur Verkündung des Urteils gegenüber der nicht erschienenen Partei **251a** 3 F; bei der Zustellung durch die Aufgabe zur Post **175** 2
Einsichtnahme, der Gerichtsakte **299**; der Akte des Gerichtsvollziehers **760**; Klage auf E. **254** 1, 2; des Schuldnerverzeichnisses **915** 3; Niederlegung des Teilungsplans zur E. **875**; Zwangsvollstreckung aus einem Urteil auf E. **887** 6; in eine Urkunde **131**; in eine niedergelegte Urkunde **134** 2; Vorlegung der Urkunde im Aufgebotsverfahren zur E. **1016, 1022**
Einspruch, des Ehegatten bei der Gütergemeinschaft gegen ein Erwerbsgeschäft **741** 2 B; gegen ein Versäumnisurteil s dort; gegen einen Vollstreckungsbescheid s dort

Einspruchsbescheid der Kartellbehörde, Rechtsweg **GVG 13** 6 G
Einstellung, der Versteigerung der Pfandsache **818**; der Zwangsvollstreckung s dort
Einstweilige Anordnung nach einem Widerspruch gegen den Arrest **924** 4; nach einer Beschwerde **572** 2 A; in einer Ehesache s dort; in einer Kindschaftssache s dort; in einer Unterhaltssache s dort; Streitwert **3 Anh**; bei der Klage auf die Feststellung der Vaterschaft s Vaterschaftsfeststellungsklage; in der Zwangsvollstreckung s dort (Einstellung, Beschränkung)
Einstweilige Einstellung s Zwangsvollstreckung (Einstellung, Beschränkung)
Einstweilige Kostenbefreiung 122
Einstweiliger Vertreter des Erben **779** 2
Einstweilige Verfügung Grdz 916 2 B, **935ff**; Anordnung der Klagerhebung **936** 1; Anspruch **935, 940**; Ersuchen an das Grundbuchamt/die Registerbehörde um eine Eintragung **941**; bei der Klage auf eine Anfechtung/Aufhebung der Entmündigung **672** 2, **679** 2; auf eine Geldzahlung **940** 3 „Ehe, Familie", „Rente"; Grund **935, 940**; Inhalt **938** 1–3; Pfändung des Anspruchs aus einer e. V. **Grdz 704** 9; Rechtsschutzbedürfnis **Grdz 253** 5 A; zur vorläufigen Regelung eines Zustands **940**; Schadensersatzpflicht **945** 4; zur Sicherung des Streitgegenstands **935**; zulässige Sicherungsmaßnahmen **938**; auf Zahlung von Unterhalt für ein nichteheliches Kind, Aussetzung wegen einer Klage auf Anfechtung der Ehelichkeit/Vaterschaft **153** 1; auf Unterhaltszahlung während einer Aussetzung **Einf 148** 2; auf Eintragung einer Vormerkung/eines Widerspruchs **942** 3; auf Räumung einer Wohnung **940a**; auf Zahlung **936** 3, **937** 4; Zustellung an den ProzBev **176** 1 A; auf Einstellung oder Beschränkung der Zwangsvollstreckung **707** 5
– **(Aufhebung)** wegen Versäumung der Frist zur Erhebung der Klage **936** 1; Schadensersatzpflicht des Gläubigers **945**; gegen eine Sicherheitsleistung **939**; Streitwert **3 Anh**; wegen veränderter Umstände **936** 1; der e. V. des AG **942** 6
– **(Verfahren) Grdz 916** 3; Antrag **920** 1/**931** 1; Aussetzung **Einf 148** 1 A, **148** 2 A; Beschluß **936** 1, **922**; Beschluß des Vorsitzenden bei Dringlichkeit **944**; Entscheidung **921, 922/931** 1; Einlassungsfrist **274** 4 B; Rüge der Zuständigkeit eines Schiedsgerichts **282** 5 A; Feriensache **GVG 200** 2; Gericht der Hauptsache **943**; Gegenantrag **936** 4; Gehör des Antragsgegners **936** 1/**920**; Glaubhaftmachung **936** 1/**920**; Kostenentscheidung **91** 2 B; Kostenentscheidung bei einem Anerkenntnis **93** 5; Kostenentscheidung im Fall der Erledigung der Hauptsache **91a** 1; Kostenentscheidung im Fall einer Erledigung nach der Versäumung der Vollzugsfrist **91a** 3 A; Kostenentscheidung bei einer Teilabweisung **92** 1 B; Kostenerstattung **Üb 91** 4 A, **91** 3 C; Kostenfestsetzung

Hartmann 2287

Einstweilige Zulassung

103 1 A; Ladungsfrist 217; Protokoll 159 1; Prozeßführungsrecht 936 1/916 1 B; Prozeßvollmacht 81 2 B, 82; Rechtfertigungsverfahren nach einer e. V. des AG 942 5; Ausschluß der Revision 545 1 B; Säumnis einer Partei 128 3 B; Schiedsverfahren 934 5; Schriftsatz 132 1; Sicherheitsleistung 110 2 B, 921, 936 1; Anordnung der Rückgabe einer Sicherheit 943; Streitgegenstand 2 2 B; Streitgenossenschaft Üb 59 2; Streitwert 3 Anh; Streitwert bei der e. V. wegen einer Sache 6 1 A; Streitwert bei der Auflassungsvormerkung 6 3 B; Urteil 936 1; Rechtskraftwirkung des Urteils 322 4; mündliche Verhandlung 936 1, 937 2 A; Verweisung 281 1 A; vorläufige Vollstreckbarkeit 708; Widerklage 253 Anh 1 C; Ablehnung der Wiedereinsetzung 238 2 C; Zuständigkeit 937, 943; Zuständigkeit des AG im Fall der Dringlichkeit, wegen der Eintragung einer Vormerkung oder eines Widerspruchs 942 2/3, 943; Zuständigkeit des Vorsitzenden 944 1

– **(Vollziehung)** Grdz 916 4 A, 936 2; Frist 936 1; nach dem Ablauf der Frist 936 2; Grundbucheintragung 936 2; in bewegliches Vermögen/eine Forderung (Pfändung) 936 2; bei der Zahlungsverfügung 936 3; Zustellung 936 2

– **(Widerspruch)** 936 1; Kostenentscheidung bei einem Anerkenntnis 93 1 A; Streitwert 3 Anh; Urteil 936 1; Einstellung der Zwangsvollstreckung 707 5

Einstweilige Zulassung eines Vertreters ohne Vollmacht 89 1, 2

Eintragung, Grundbucheintragung s dort

Eintritt in den Prozeß s dort

Einverständliche Scheidung 630 1

Einverständnis durch eine schlüssige Handlung s Schlüssige H., durch Stillschweigen s dort; vgl auch Gegenstand des E., Einwilligung

Einwand, Einwendung Üb 253 3a; nach der Abtretung oder Veräußerung des Streitgegenstands 265 5; Erörterung in den Entscheidungsgründen 313 7; beim Grundurteil 304 2 A; des Bekl, Einbeziehung in die Rechtskraftwirkung des Urteils 322 2 C; in einem Schriftsatz 132 1; der Unrichtigkeit der Entscheidung im Fall der Streithilfe 68 2; gegen eine niedergelegte Urkunde 134 3; gegen eine vollstreckbare Urkunde 797 2; im Urkundenprozeß, Säumnis des Bekl 597; Zurückweisung im Urteil 598; gegen ein Urteil auf künftig wiederkehrende Leistungen, Abänderungsklage 323 2; gegen den Urteilsanspruch, Vollstreckungsabwehrklage 767 2, 5; gegen den Vollstreckungsbescheid 796 2; gegen die Vollstreckbarerklärung eines Schiedsspruchs 1042 3 C; gegen die Vollstreckungsklausel s dort; gegen eine Widerspruchsklage 771 3 F; Widerspruch gegen den Mahnbescheid 696; gegen die Art und Weise der Zwangsvollstreckung s Zwangsvollstreckung (Erinnerung)

Einwilligung (in) die Akteneinsicht durch einen Dritten 299 4; eine Aufrechnung in der Berufungsinstanz 530 2; die Rücknahme der Berufung 515 2 A; eine Entscheidung ohne eine mündliche Verhandlung 128 5; eine Klagänderung 263 4 A, 264, 267 1; die Klagrücknahme 269 2 C; die Übernahme des Prozesses durch den Rechtsnachfolger 265 4 B; die Rücknahme der Revision 566; die Rückgabe einer Sicherheitsleistung 109 4 A; die Sprungrevision 566a 1 C; die Widerklage in der Berufungsinstanz 530 1

Einzelkaufmann, Firma als Parteibezeichnung 50 2 F

Einzelrichter Üb 348, 348–349, GVG 22; in der Berufungsinstanz 524; Übertragung der Entscheidung auf den E. der Zivilkammer 348 1, 2; Rückübertragung auf die Zivilkammer 348 4; Entscheidung des E. als solche des Kollegiums 350; Vorsitzender der Kammer für Handelssachen als E. 349; in der Revisionsinstanz 557a; beauftragter, ersuchter Richter s Verordneter Richter

– **(Verfahren vor dem E.),** Anwaltszwang 78 2 A; Beweisaufnahme 355 1 B; Änderung des Beweisbeschlusses 360 2 A; Kürzung der Einlassungs-/Ladungsfrist 226 1 B; Kostenentscheidung nach einer Erledigung der Hauptsache 91a 3 B; Prozeßkostenhilfe 117; Prozeßtrennung/verbindung/aussetzung/aufhebung 150 1; Richterausschluß wegen Mitwirkung 41 2 F; Terminsbestimmung s dort; mündliche Verhandlung 128 2 C; Verzögerungsgebühr 95 Anh 3 A; Überschreitung der Zuständigkeit 350 2

Einzelvernehmung des Zeugen 394 1

Einzelvertretungsmacht 51 2 A

Einziehung, Überweisung der Forderung zur E. s Zwangsvollstreckung (Pfändung); Abtretender als Zeuge im Prozeß des Abtretungsgläubigers als Klägers Üb 373 2 B

Einziehungsermächtigung, Angaben in der Klageschrift 270 4; Recht zur Prozeßgeschäftsführung Grdz 50 4 C; Rechtshängigkeit bei E. 261 3 A

Eisenbahn, Betriebskraft eines Nutzungsrechts, Zwangsvollstreckung 871; CIM, CIV Einl IV 3 E; Schadensersatzpflicht, Beweislast 286 Anh 4; Rechtsstreitigkeit, Rechtsweg GVG 13 7 B; internationale Zuständigkeit Üb 12 1 C; vgl auch Bundesbahn

Elektrizitätslieferung, Beweislast 286 Anh 4 ,,Energieversorgung"; Zwangsvollstreckung aus einem Urteil auf die Lieferung von E. 887 6

Elterliche Sorge, Klage auf Feststellung des Bestehens oder Nichtbestehens s Kindschaftssache; einstweilige Anordnung wegen der Personensorge während des Ehescheidungsverfahrens s Personensorge; Streitwert 3 Anh

Eltern, Aufnahme der Anfechtungsklage wegen einer Ehelichkeit/Anerkennung der Vaterschaft 640g; Beweislast bei einer Verlet-

dahinterstehende Zahlen u. Buchstaben = Anmerkungen **Entmündigungsverfahren**

zung der Aufsichtspflicht **286 Anh** 4; Ladung des nichtbeteiligten Elternteils in einer Kindschaftssache **640 e**; Prozeßkostenvorschuß, Kostenfestsetzung **103** 1 B; Prozeßkostenvorschußpflicht **Üb 91** 6, **114** 2 A, **127 a**; als gesetzliche Vertreter **51** 2 D
Eltern/Kindverhältnis, Feststellungsklage s Kindschaftssache
Empfangnahme, der vom Gegner zu erstattenden Kosten durch den ProzBev **81** 2 A, B; von Geld durch den ProzBev **81** 2 A, **91** 5; der Leistung des Schuldners durch den Gerichtsvollzieher kraft des Vollstreckungsantrags/der vollstreckbaren Ausfertigung **754/755**; Aushändigung einer Quittung und der vollstreckbaren Ausfertigung nach der E. durch den Gerichtsvollzieher **757**
Empfangsbekenntnis, bei einer Zustellung von Anwalt zu Anwalt **198** 2; bei einer Zustellung an einen Anwalt, Notar, Gerichtsvollzieher, eine Behörde oder Körperschaft **212 a** 2
Empfangsbescheinigung des Anwalts über eine Urkunde **135**
Endurteil s Urteil
Energieversorgung, Beweislast **286 Anh** 4
England, Abkommen für Zivil- und Handelssachen **SchlAnh V** B 5
Entbindung, des Sachverständigen von der Pflicht zur Erstattung des Gutachtens **408** 2; des Zeugen von seiner Schweigepflicht **385** 2
Entbindungskosten, Klage auf Erstattung der E. gegen den nichtehelichen Vater **644**; Zuständigkeit **GVG 23 a**
Enteignung(sentschädigung), Beweislast **286 Anh** 4; Gerichtsstand beim Entschädigungsanspruch **26** 2 B; Kostenerstattung als Prozeßkosten **91** 5; Revision **545**; Rechtsweg **GVG 13** 6 F, 7; Streitwert **3 Anh; 4** 3 C
Enteignungsgleicher Eingriff, Rechtsweg **GVG 13** 7
Entfernung (vom Gerichtssitz), Nichtanordnung des persönlichen Erscheinens der Partei **141** 2 C; Parteivernehmung in einer Ehesache durch den verordneten Richter **619** 3 B; Zeugenvernehmung durch den verordneten Richter **375** 2
– **(aus der Sitzung),** wegen einer Störung **GVG 176** 3, **179** 1; wegen Ungehorsams **GVG 177, 179** 1; Vollstreckung **180**
– **(außerhalb der Sitzung) 180** 1
Entlassung, des Bekl beim Gläubigerstreit/ bei der Übernahme des Prozesses durch den mittelbaren Besitzer **75** 4 B/**76** 5; des Richters **DRiG 21**
Entlastungsgesetz Üb 545 3 Anh
Entmündigter, Parteivernehmung **455** 2; Prozeßfähigkeit **52** 1 B, C; solche in einer Ehesache **612** 1
Entmündigung durch eine ausländische Entscheidung, Anerkennung **645 Anh** 1; wegen Geisteskrankheit/Geistesschwäche **645 ff**; wegen Trunksucht/Rauschgiftsucht/Verschwendungssucht **680 ff**

– **Anfechtungs-, Aufhebungsklage) 664** 1, **679** 1, **684** 1, **686** 1; Amtsermittlung **670/679** 2; Anerkenntnis **670** 1/**679** 2; Beiladung des Antragstellers bei der Aufhebungsklage **662** 2; Erklärung über eine Tatsache/über die Echtheit einer Urkunde **670** 1/**679** 2; Geständnis **670** 1/**679** 2; Befugnis zur Erhebung der Aufhebungsklage **679** 1 B; wegen Verschwendung, Trunksucht, Rauschgiftsucht **680 ff**; Klagefrist bei der Anfechtungsklage **664** 4, **684**; Wiedereinsetzung nach der Versäumung der Klagefrist **233** 4; Klagenhäufung bei der Anfechtungsklage **667**; Kostenentscheidung **673/679** 2; Ladung des zum Antrag auf Entmündigung Berechtigten bei der Anfechtungsklage **666** 2; Parteivernehmung **670** 2/**679** 2; Beiordnung eines ProzBev für den Entmündigten bei der Anfechtungsklage **668**; Sachverständiger **671/679** 2; Staatsanwalt als Kläger/Bekl **666** 1/**679** 2; notwendige Streitgenossenschaft **62** 3 B; Tod des Entmündigten oder eines Angehörigen bei der Anfechtungsklage **664** 4 D; Urteil **672** 1/**679** 2; Urteilsbekanntmachung bei der E. wegen Trunksucht/ Rauschgiftsucht/Verschwendung **687**; Mitteilung bzw Zustellung des Urteils **674/679** 2; einstweilige Verfügung **672** 2/**679** 2; mündliche Verhandlung **669/679** 2; Vernehmung des Entmündigten **671/679** 2; Versäumnisurteil **670** 1/**679** 2; Bestellung eines Vertreters bei der Aufhebungsklage **679** 1 C; Verzicht auf die Beeidigung der Partei/eines Zeugen/eines Sachverständigen **670/679** 2; Widerklage **667/679** 2; Zuständigkeit bei der Anfechtungsklage **665**
– **(Aufhebungsantrag) 675, 676** 2; Zeugnis eines Arztes **676** 2; Bekanntmachung des Beschlusses über die Aufhebung der E. wegen Verschwendung/Trunksucht/Rauschgiftsucht **687**; Mitteilung des Beschlusses an das Bundeszentralregister/Vormundschaftsgericht **678** 1; Kostenentscheidung **677**; Mitwirkung des Staatsanwalts **676** 2; (Weiter)-Überweisung **676** 2; Vernehmung/Vorführung des Entmündigten **676** 2; Zuständigkeit **676** 1
Entmündigungsverfahren Üb 645, 645 ff; Ablehnungsbeschluß **659, 662**; Amtsbetrieb **Üb 645** 2, **653**; Amtsermittlung **653**; Anstaltsbeobachtung **656**; Antrag **645** 2, **647**; Antragsberechtigung **647**; Antragsprüfung **649** 1; Arztzeugnis **649** 2; als Aussetzungsgrund **148** 1 B; Beweiserhebung **653**; Entmündigungsbeschluß, Zustellung/Mitteilung/Wirksamwerden **659/660/661/672/ 678/679**; Haager Entmündigungsabkommen **645 Anh** 2; Kostenentscheidung **658, 673, 677, 679, 682**; Mitteilung an das Vormundschaftsgericht **657**; Öffentlichkeit **GVG 171, 173**; Rechtsbehelf **663** 1; Rechtskraft **662** 1; Richterablehnung **42** 3; Hinzuziehung eines Sachverständigen **653** 2 B, **655**; Sicherheitsleistung **110** 2 B; Mitwirkung des Staatsanwalts **652, 680** 1; Streithil-

Entschädigungsanspruch

fe **66** 2 A; Streitwert **3 Anh**; Überweisung an ein anderes Gericht **281** 1 A, **650, 651**; Untersuchungsgrundsatz **653**; Verhinderung, vor Gericht zu erscheinen **219** 1 B; Vernehmung/Vorführung des zu Entmündigenden **654**; (Weiter)Verweisung **281** 1 A, **650, 651**; Widerklage **253 Anh** 1 C; örtliche/sachliche Zuständigkeit **648/645** 1; Zustellung an den ProzBev **176** 1 A; Zwischenfeststellungsklage **256** 7 B
- (**Verschwendung, Trunksucht, Rauschgiftsucht**) **680**; Aussetzung **681**; Beschluß, Zustellung, Wirksamkeit, Bekanntmachung **683/687**; Kostenentscheidung **682**

Entschädigungsanspruch, nach dem BEG, Pfändung **Grdz 704** 9; wegen eines enteignungsgleichen Eingriffs, Feststellungsklage **256** 3 E; wegen einer Enteignung s dort; Gerichtsstand des Erfüllungsorts **29** 2; dinglicher Gerichtsstand **26**; gemeinsame Klage mehrerer Berechtigter **253** 5 B; des Sachverständigen **413** 1; Urteil des AG auf Zahlung einer Entschädigung wegen der Nichtvornahme einer Handlung **510** 8, **888a**; Erstattung der Kosten für die Vorbereitung des Prozesses **91** 5; Rechtsweg **GVG 13** 7; Pfändung des E. für eine Wettbewerbsbeschränkung **850** 2 G; des Zeugen **413** 1

Entschädigungsgesetz, Entschädigungskammer **GVG 71** 1 B; Zahlung der Prozeßgebühr **271 Anh** 1; Rechtsweg **GVG 13** 7

Entschädigungsurteil im Strafverfahren, Rechtskraftwirkung **322** 4, **325** 6

Entschädigungszahlung für eine Sache, Pfändung **811** 1 F

Entscheidung Üb 300 1; nach Aktenlage s dort; durch den Einzelrichter s dort; Fehlerhaftigkeit **Üb 300** 3 E; Protokoll **160** 4 F; Rechtsmittel gegen eine fehlerhafte E. **Grdz 511** 4; im schriftlichen Verfahren **128** 5 C

Entscheidungsgründe s Beschluß, Urteil

Entscheidungsgrundlage s Urteil

Entscheidungspflicht des Richters **Einl III** 3 B

Entscheidungsreife 300 2; bei einer Aktenlageentscheidung **251a** 2, **331a** 2, **335**; Anspruchsgrund **304** 2 B, 3; bei einer Aufrechnung durch den Bekl **302** 2; Zwischenstreit **303** 2, 3

Entscheidungsverbund bei einer Scheidungs- und Folgesache **623, 629**; Rechtsmittel **629a**

Entschuldigung s bei der betr Person/Gegenstand der E.

Entstrickung 776 2, **803** 2 B

Entwicklungshelfer, Rechtsweg **GVG** bei **14**

Entziehung der Prozeßkostenhilfe s dort; des Wohnungseigentums s dort; des Worts s Mündliche Verhandlung

Erbauseinandersetzungsklage, Gerichtsstand **27** 2 E; Gerichtsstand wegen eines Grundstücks **24** 2 E; Streitwert **3 Anh**

Zahlen in Fettdruck = Paragraphen

Erbbaurecht, Pfändung des Anspruchs **Grdz 704** 9; Gerichtsstand **24** 2 B, C, 3; Rechtsbeeinträchtigung, Urheberbenennung **77**; Streitwert **3 Anh, 9** 3; Recht zur Erhebung einer Widerspruchsklage **771** 6; Zwangsvollstreckung **Grdz 704** 9, **864** 1 C, **866**

Erbbiologisches Gutachten, Anordnung im Abstammungsprozeß **372a** 3 A, **640** 3; als Ausforschungsbeweis **Einf 284** 6; Aussetzung des Kindschaftsprozesses **640f**; Duldungspflicht **372a** 4; Duldung des Augenscheins **Üb 371** 3b; Verweigerung **372a** 5

Erbe, Aufnahme des Prozesses nach einer Unterbrechung **239** 5; Aufgebot der Nachlaßgläubiger s Aufgebotsverfahren; Gerichtsstand **27, 28**; Unterbrechung des Verfahrens bei einer Nachlaßverwaltung **241** 3; Unterbrechung des Verfahrens gegen den Erblasser **239** 5; Prozeßgeschäftsführung bei einer Nachlaßverwaltung **Grdz 50** 4 C; Haftung für die Prozeßkosten **Üb 91** 3 A; Urteil gegen den Erblasser, Rechtskraftwirkung **325** 2 A, 6; vollstreckbare Ausfertigung eines gegen den Testamentsvollstrecker ergangenen Urteils für den E. **727** 1, **728** 2; Urteilswirkung gegenüber dem Testamentsvollstrecker **327** 3; Zeugnisverweigerungsrecht **383** 3 D
- (**Haftungsbeschränkung**), Kostenfestsetzungsbeschluß **Einf 103** 2 A; in der Revisionsinstanz **561** 2 C; Urteil unter dem Vorbehalt der H. **305, 780** 1 C, 2, **781, 782**
- (**Miterbe**), Aufnahme nach einer Unterbrechung des Verfahrens **239** 2 D; Streitwert des Ausgleichsanspruchs **3 Anh**; Streitwert der Klage gegen den M. **3 Anh**; Pfändung des Anteils des M. **Grdz 704** 9, **859** 2; Prozeßgeschäftsführung **Grdz 50** 4 C; Streitgenossenschaft **62** 2 C, 3 B, C
- (**Zwangsvollstreckung gegen E.**) s dort

Erbkundliche Untersuchung s Erbbiologisches Gutachten

Erbpachtrecht, Gerichtsstand **24** 3

Erbrecht, Beweislast **286 Anh** 4; Feststellungsklage **256** 5; Streitwert **3 Anh**; Gerichtsstand der Klage gegenüber den Erben **27**; Rechtskraftwirkung des Urteils **322** 4, **325** 6

Erbschaftsannahme, Zwangsvollstreckung vor der E. **778**

Erbschaftsbesitzer, Gerichtsstand **24** 2 F, **27** 2 B

Erbschaftskäufer, Gerichtsstand **27** 2 A; Aufgebot der Nachlaßgläubiger s Aufgebot

Erbschaftsklage, Gerichtsstand **24** 2 A, **27**

Erbschaftsnutzung, Unpfändbarkeit **863** 1

Erbschein, Antragsrecht des Gläubigers in der Zwangsvollstreckung **792, 896**; Gerichtsstand beim Herausgabeanspruch **27** 2 B

Erbunwürdigkeit, Klage, Gerichtsstand **27** 2 A; Streitwert **3 Anh**

Erbvertrag, Klage, Gerichtsstand **27** 2 C, **29** 1 A; Anordnung der Einsetzung eines Schiedsgerichts **1048**

dahinterstehende Zahlen und Buchstaben = Anmerkungen   **Erledigung**

Erfahrungssatz, Anscheinsbeweis **286 Anh** 3 B, C; als Beweis **Einf 284** 4 D; Beweislast/ würdigung **286 Anh** 3 A; für die Fortdauer eines Zustands **286 Anh** 4; Prüfung in der Revisionsinstanz **550** 2

Erfindung, Pfändung **Grdz 704** 9

Erfindungsgeheimnis, Ausschluß der Öffentlichkeit **GVG 172**

Erfolglosigkeit, Kosten bei einer E. des Rechtsmittels **97**; Offenbarungsversicherung, Zwangsvollstreckung s dort

Erfolgsaussicht der Rechtsverfolgung/verteidigung, Prozeßkostenhilfe **114** 2 B a, **116** 5

Erfüllung, Annahme einer E., Zwangsvollstreckung **887** 6; Beweislast **286 Anh** 4; bei der einstweiligen Verfügung **Grdz 916** 2 B, **938** 1 A, **940** 3 B ,,Ehe, Familie''; Klage auf die E. eines Schiedsspruchs **1040** 4 C; Klage auf die E. eines Vergleichs nach der Ablehnung der Vollstreckbarerklärung **1044a** 3 C; E. nach der Klagerhebung, Kostenentscheidung **91a** 3 A; E. nach der Einlegung des Rechtsmittels, Kostenentscheidung **91a** 6; Empfangnahme des Erlöses durch den Gerichtsvollzieher **819**; Vertragserfüllung, Streitwert **3 Anh**; Einstellung der Zwangsvollstreckung nach der E. **775** 5, 6

Erfüllungsfrist, Fristsetzung im Urteil **255**

Erfüllungsort 29 3 B; Gerichtsstand **29**; Gerichtsstandsvereinbarung **29** 4

Ergänzung, des Beschlusses **329** 3; des Beweisbeschlusses **360**; einer Forderungsanmeldung im Verteilungsverfahren **874** 3; Rechtsmittel gegen eine E. der Kostenentscheidung **99** 1 A; des Parteivorbringens s dort; des Protokolls **164** 1; der Anordnung einer Sicherheitsleistung **108** 1 A; eines Schiedsspruchs **1039** 6; des Urteils s dort

Ergänzungsrichter 321 3 B

Ergänzungsurteil 321 3 B

Erhebung der Klage s Klage

Erinnerung, gegen eine Entscheidung des verordneten Richters, des Urkundsbeamten/**Rpfl 576** 2/**GVG 153 Anh** 6, 8 § 11; Abhilfe **576** 2 B/**766** 4 A, **GVG 153 Anh** 6; Anwaltszwang **78** 2 A, **576** 2 B, **GVG 153 Anh** 6; Frist zur E. gegen eine Entscheidung des Rpfl **577** 2 A, **699** 6, **GVG 153 Anh** 6, 8 § 11, 21; dgl E. gegen den Kostenfestsetzungsbeschluß **104** 4 A/**105** 2 D; Hilfsbeschwerde bei einer E. gegen die Entscheidung des verordneten Richters/Urkundsbeamten **577** 5; Rechtsmittel gegen die Kostenentscheidung **99** 2 A; Entscheidung über die außergerichtlichen Kosten bei einer E. des Gläubigers gegen eine Maßnahme des Gerichtsvollziehers **Üb 91** 3 A; Streithilfe **66** 2 A

– **(gegen)** die Ablehnung einer Abgabe nach einem Widerspruch gegen den Mahnbescheid **696** 2 B; den Kostenfestsetzungsbeschluß **104** 4 A/**105** 2 D; denjenigen auf einer Urteilsausfertigung **105** 2 D; die Anforderung der Prozeßgebühr **271 Anh**; die Festsetzung des Regelunterhalts **642a** 3; die Anordnung/Fristsetzung wegen der Rückgabe einer Sicherheitsleistung **190** 6/3 A; eine Änderung des Beschlusses über die Verhängung einer Verzögerungsgebühr **95 Anh** 4; die Vollstreckungsklausel **732** 4; die Zurückweisung des Antrags auf den Erlaß eines Mahnbescheids **691**; die Zurückweisung des Antrags auf den Erlaß eines Vollstreckungsbescheids **699** 6; die Bestellung eines Zustellungsbevollmächtigten **174** 2

– **(Durchgriffserinnerung) GVG 153 Anh** 6, 8 §§ 11, 12, 21; Beschwerdewert **567** 3 B; Einlegung **569** 2 A

– **(gegen eine Zwangsvollstreckungsmaßnahme)** s Zwangsvollstreckung

Erkennendes Gericht 309 1

Erkenntnisverfahren Einl III 1 C

Erklärung, mit Nichtwissen **138** 5; der Partei s Partei (Vorbringen), vgl auch den Gegenstand der E.; Aufnahme in das Protokoll **160**; des ProzBev **85**; im Prozeßkostenhilfeverfahren **117** 3; des Streithelfers **67** 2; am Telefon s Telefonische E.

– **(Fristsetzung)** zur Aufklärung **273** 2 B, **283**; bei einem verspäteten/nachgereichten Schriftsatz **132** 2/**283**; im schriftlichen Verfahren **128** 6 A

– **(zu Protokoll),** Antrag **297** 4; der Berufungsrücknahme **515** 3 B; eines Geständnisses **288** 2

– **(zu P. der Geschäftsstelle)** s Geschäftsstelle

Erklärungspflicht der Drittschuldners nach einer Forderungspfändung **840**; der Partei s dort

Erlaß, des Beschlusses **329** 4; des Urteils durch Verkündung **310** 1; ohne Verkündung **310** 3; im Verfahren ohne mündliche Verhandlung **128** 3

Erlaßeinwand, Kostenentscheidung **91** 1 E; beim E. des nichtehelichen Vaters wegen Unterhaltsrückstand **93 d**

Erlaubnis, einer Zustellung zur Nachtzeit, am Sonntag oder Feiertag **188** 2; einer Zwangsvollstreckung an solchen Tagen und zu solchen Zeiten **761**

Erledigung, des Arrestgrundes **927** 2; der Beschwerde **573** 3 A; des Beweisbeschlusses **360** 1 A; nach der Rechtshängigkeit, Kostenklage **91a** 2 A; des Grundes zur einstweiligen Verfügung **936** 1

– **(der Hauptsache) 91a**; bei einem Antrag auf eine gerichtliche Entscheidung wegen Untätigkeit der Behörde **EGGVG 27** 3; Wirkung auf eine Anschlußberufung **522** 1; Begriff **91a** 2; einseitige Erledigungserklärung des Bekl **91a** 2 E, des Klägers **91a** 2 D; Erklärung durch den Kläger **91a** 2, **264** 3; Erklärung als Rücknahme der Klage bzw Verzicht auf den Anspruch **91a** 2, **99** 1 B; bei der Feststellungsklage **256** 4 F; gerichtliche Hinweispflicht bei einer Antragsänderung nach der E. **139, 278** 2 C; Beschränkung des Klagantrags als Erledigungserklärung **269** 1 A; Kostenentscheidung bei einverständlichen Erledigungserklärungen/Widerspruch des Bekl **91a** 2 B, 3/2 C; dgl Rechtsmittel **99** 2 C; nach Beendigung der Rechtshängigkeit **91a** 2 B, C; und Rechtskraft **91a** 2 B, C; Streitwert **3 Anh**; Kostenentscheidung nach einer Teilerledigung **91a** 3 B; Rechtsmittel nach einer Teilerledigung **91a** 4; in einer Ehe/Kindschaftssache vor der Rechtskraft infolge des Todes einer Partei **619/640** 3; infolge des Todes des die Ehelichkeit/Vaterschaft anfechtenden Mannes **640 g**; übereinstimmende Erledigungserklärungen **91 a** 2 C; Voraussetzungen **91 a** 2; Widerklage nach der E. **253 Anh** 2 A; der Zahlungsklage nach der Rechnungslegung **254** 2 A

Erlös, der Versteigerung der Pfandsache, Empfang durch den Gerichtsvollzieher **819**; der Zwangsvollstreckung, Hinterlegung s Zwangsvollstreckung

Erlöschen, der juristischen Person oder parteifähigen Personenmehrheit, Unterbrechung des Verfahrens **239** 2 A; dgl bei einem ProzBev, Aussetzungsantrag **246** 2 A; der Prozeßvollmacht **87**; des Schiedsrichtervertrags **1028 Anh** 4; des Schiedsvertrags **1025** 4, **1033**

Ermächtigung, des Gläubigers zur Vornahme einer vertretbaren Handlung **887**; des Gerichtsvollziehers zur Zwangsvollstreckung **755**; dgl zur Umschreibung/Wiederinkurssetzung eines Wertpapiers **822/823**; zur Klage s Klagermächtigung; zur Prozeßführung **51** 3, **54** 2; Recht zur Prozeßgeschäftsführung **Grdz 50** 4 C; des verordneten Richters zur Ernennung eines Sachverständigen **405**; des gesetzlichen Vertreters zur Prozeßführung **54**; Amtsprüfung der letzteren Frage **56**

Ermahnung zur Wahrheit vor der Vernehmung der Partei/des Zeugen **451/395** 1

Ermessen (Gericht) Einl III 4 B; bei der Anordnung des persönlichen Erscheinens einer Partei **141** 2 A; bei einer Anordnung zur Vorbereitung der mündlichen Verhandlung **273** 2 A, 4; bei einer Augenscheinseinnahme **144** 1; bei der Aussetzung des Verfahrens **Einf 148** 1 A, **148** 2 A; **247**; bei der Aufhebung der Aussetzung **150** 1; dgl in einer Ehe/Kindschaftssache **155**; bei der Zuweisung des Prozesses an den Einzelrichter in der Berufungsinstanz **524** 2; bei einer Entscheidung im schriftlichen Verfahren **128** 6 A; bei der Nichtberücksichtigung eines Parteivorbringens wegen der Versäumung einer Erklärungsfrist **296** 2 C, 3 B, 4 B; bei der Prüfung, ob eine Klagänderung sachdienlich ist **263** 4 B; bei der Auferlegung der Kosten eines erfolglosen Angriffs- oder Verteidigungsmittels **97**; bei der Auferlegung der Kosten der Berufung auf den Sieger **97** 2; bei der Kostenverteilung im Fall der Abhängigkeit der Gegenforderung vom richterlichen Ermessen usw **92** 2; bei der Kostenentscheidung im Fall eines sofortigen Anerkenntnisses **93** 3; bei der Kostenentscheidung nach beiderseitigen Erledigungserklärungen **91a** 3; bei der Kostenverteilung im Fall einer Streitgenossenschaft **100** 3; Nachprüfbarkeit im Revisionsverfahren **550** 2; bei der Zulassung eines Prozeßagenten **157** 4 A; bei der Zulassung eines (Prozeß)Bevollmächtigten ohne Vollmacht(snachweis) **89** 1 A; der Prozeßleitung **Üb 128** 2 B; bei einer Trennung/Verbindung von Prozessen **145** 1 A/**147** 1 A; bei der Aufhebung der Trennung/Verbindung **150** 1; bei einer Prozeßtrennung nach einer Aufrechnung **145** 4 F; bei der Beglaubigung der Prozeßvollmacht **80** 3; bei der Nachreichung eines Schriftsatzes **283**; bei einer Sicherheitsleistung **108** 2, **112** 1 B; bei der Festsetzung des Streitwerts **3**; Streitwert beim Ermessensantrag **3 Anh**; bei einem Termin außerhalb des Gerichts **219** 1 B; bei der Aufhebung eines Termins **227** 3 A; bei der Anordnung einer Übersetzung **142** 3; bei einer freigestellten mündlichen Verhandlung **128** 3 A; nach einem Zwischenurteil über die Verwerfung einer Zulässigkeitsrüge **280**; bei der abgesonderten Verhandlung/Entscheidung über eine Zulässigkeitsrüge **280**; bei einer Verzögerungsgebühr **95 Anh** 3 A; bei der Untersagung des Vortrags **157** 3 B; bei der Wiedereröffnung der mündlichen Verhandlung **156** 2; bei der Zurückweisung eines Parteivorbringens **296** 2–4; bei einer derartigen Zurückweisung in der Berufungsinstanz **528** 4, **529** 2 B, 3 D; bei der Bewilligung einer öffentlichen Zustellung **203** 1; bei der Frage, ob ein Zustellungsmangel durch den Empfang geheilt ist **187** 2; bei der Frage, ob die Zustellung trotz Fehlens eines Postbestelldienstes unterstellt werden soll **195a** 1

Ermessensantrag, Streitwert **3 Anh**

Ermessensprüfung, Justizverwaltungsakt **EGGVG 28** 4; durch das Rechtsmittelgericht **Einl III** 4 B; durch das Berufungs/Revisions/Beschwerdegericht **525/550** 2/**567** 1 C, **568** 2 B

Ermessensvorschrift Einl III 4 B

Ermittlungsgrundsatz s Amtsermittlung

Ernennung, des Richters s Richter; des Schiedsrichters s Schiedsverfahren (Schiedsrichter)

Erneuerungsschein, Ausgabeverbot während des Aufgebotsverfahrens **1019**

Erörterung, nach der Beweisaufnahme **278** 3, **285**; rechtliche **139** 2 E, **278** 5; vor dem Schiedsgericht **1034** 1; und Verhandlungsschluß **136** 3; Wiedereröffnung der Verhandlung **156** 2 A

ERP-Sondervermögen, Zuständigkeitsvereinbarung **38** 3 A c

Ersatzanspruch, Schadensersatz s dort

Ersatzgerichtsstand 606 3 B

Ersatzvornahme einer vertretbaren Handlung durch den Gläubiger **887**; Kosten **788** 5

dahinterstehende Zahlen und Buchstaben = Anmerkungen **Feriensenat**

Ersatzzustellung s Zustellung
Erscheinen s Partei, Sachverständiger, Zeuge
Erschleichen s Arglist, Rechtsmißbrauch
Erschließungsvertrag, Rechtsweg **GVG 13** 7
Erschöpfungseinrede 780 ff
Ersetzende Entscheidung Üb 578 3 A c, **590** 3
Erstattungsanspruch, Rechtsweg **GVG 13** 7; Klage auf Erstattung der Unterhalts-/Entbindungskosten **644**
Ersuchen s beim Gegenstand des E.
Ersuchter Richter Einl III 7 C; vgl auch Beweisaufnahme, Verordneter Richter
Erwachsener, Begriff **181** 1 B
Erweiterung, des Klagantrags s dort; der Rechtskraftwirkung s dort
Erwerb, gutgläubiger, Rechtskraftwirkung **325** 3; bei einem Rechtsübergang des Streitgegenstands **265** 5, **266** 3; durch die Zwangsvollstreckung **898**
Erwerbsgeschäft, Zwangsvollstreckung bei einem E. des Ehegatten im Fall der Gütergemeinschaft **741** 2; Widerspruchsklage **774**
Erwerbstätigkeit, Pfändung eines zur Fortsetzung der E. benötigten Gegenstands **811** 8; Pfändungsschutz der Witwe/des minderjährigen Erben bei einer Fortführung der E. **811** 9
Erzeugnis, Pfändung **811** 6, **813** 2 C, **865** 2 A
Erziehungsgeld, Pfändung **850a** 7
Erzwingung, der eidesstattlichen Versicherung **901ff**; der Herausgabe eines Kindes **883** 5; der Herausgabe einer Sache **883, 884**;/ Urteil auf Duldung/Unterlassung **890**; beim Urteil auf eine (un)vertretbare Handlung **887/888**
Euratomvertrag als Aussetzungsgrund **Einl 148** 1 A
Europäische Gemeinschaft, EWG-Vertrag als Aussetzungsgrund **Einl 148** 1 A; ausländischer Anwalt **SchlAnh VII**; richterliches Prüfungsrecht **GVG 1** 3 C; Zuständigkeits- und Vollstreckungsübereinkommen **SchlAnh V** 1–3
Europäisches Übereinkommen, Haager Schiedsgerichtsübereinkommen **SchlAnh VI** A 2; zur Befreiung von der Legalisation **438** 2 D
Eventual ... s Hilfs ... bei dem jeweiligen Gegenstand
Eventualmaxime Üb 253 2 C
Exequaturverfahren s Auslandsurteil (Vollstreckungsklage)
Exterritorialität GVG 18 Einf, **18** ff; DDR-Vertretung **GVG 20**; Diplomat **GVG 18**; und Gerichtsbarkeit **Grdz 253** 3 H; dgl freiwillige Unterwerfung **GVG Einf 18** C; Gerichtsstand des exterritorialen Deutschen **15**; dinglicher Gerichtsstand **24** 4; Personal der Botschaft/Gesandtschaft **GVG 18** 2; Nichtigkeit des Urteils gegen einen Exterritorialen **GVG Einf 18** B; konsularische Vertretung **GVG 19**; kraft Völkerrechts **GVG 20**; Widerklage gegen einen Exterritorialen

GVG Einf 18 C; Zustellung an einen Exterritorialen **Üb 166** 3 B, **200** 1, **203** 4; öffentliche Zustellung wegen einer Verweigerung des Zutritts **203** 1

F

Fabrik, Gerichtsstand **21**
Fachbehörde als Sachverständiger **Üb 401** 1 B
Fahrlässigkeit, Anscheinsbeweis **286 Anh** 3 B, C; Beweislast **286 Anh** 4; Restitutionsklage wegen einer Verletzung der Eidespflicht durch die Partei **580** 2 A
Fahrtkosten, Erstattung **91** 5; für die Partei bei einer Anordnung ihres persönlichen Erscheinens **141** 1; des ehrenamtlichen Richters **GVG 107**
Faires Verfahren Grdz 253 1 A
Faksimilestempel s Namensstempel
Fälligkeit, Arrest/einstweilige Verfügung wegen eines künftigen Anspruchs **916** 3 C/**936** 1; Beweislast **286 Anh** 4; der Gerichtsgebühr **4** 1; Kostenentscheidung bei einer Klage vor der Fälligkeit **93** 5; Klage auf eine künftige Leistung wegen der Besorgnis der Nichterfüllung **259** 1; Klage auf künftig wiederkehrende Leistungen **258** 1; Klage auf eine kalendermäßige künftige Zahlung/räumung **257** 1; Kostenentscheidung bei einem Anerkenntnis **93** 5; Mahnbescheid vor der F. **688** 2; als Prozeßvoraussetzung **Grdz 253** 4; Streitwert eines nicht fälligen Anspruchs **3 Anh**; Rechtskraftwirkung des Urteils **322** 4; Zwangsvollstreckung bei einem vom Kalendertag abhängigen Urteilsanspruch **751** 1
Falsche Aussage, Aufhebungsklage **1041** 9, 1043; Restitutionsklage **580** 2 A
Fälschung, des Protokolls **165** 2; einer Urkunde als Restitutionsgrund **580** 2 B
Familienangehöriger s Angehöriger
Familienangelegenheit, Zeugnisverweigerungsrecht **385** 1 A
Familiengericht 621ff, GVG 23 b, c, 170
Familienrecht als nicht vermögensrechtlicher Anspruch **Üb 1** 3
Familiensache, Streitwert **3 Anh**; vgl auch Familiengericht
Familienstandssache s Ehelichkeitsanfechtungsklage, Kindschaftssache, Vaterschaftsanerkennung
Fehlen von Umständen, Beweislast **286 Anh** 4
Fehlerhaftigkeit, der Entscheidung **Üb 300** 3 E; Rechtsmittel gegen eine fehlerhafte Entscheidung **Grdz 511** 4
Feiertag s Sonn- u. Feiertag
Ferienkammer GVG 201
Feriensache Einf 620 1 C, **GVG 200**
Feriensenat GVG 201
– **(Erklärung zur F.),** Antrag auf eine E. **GVG 200** 8; Aufhebung, Fristablauf **223** 2; Aufhebungsantrag **216** 2 E; bei einem Einverständnis mit dem schriftlichen Verfahren

Ferienwohnung

128 5 C; Fristablauf während der Gerichtsferien **223** 2; Zustellung **187** 1
Ferienwohnung, Gerichtsstand bei einem Anspruch aus dem Mietvertrag **29a** 1
Fernschreiben, Einlegung der Berufung **518** 1; eines Schriftsatzes **128** 1 D
Fernsehgerät, Pfändung **Grdz 704** 9, **811** 3 B
Fernsehsendung, Verbot einer Berichterstattung über die Gerichtsverhandlung **GVG 174**; Übertragung **GVG 169** 1 B; Rechtsweg **GVG 13** 7; Zeugnisverweigerungsrecht **383** 3 B
Fernsprecher s Telefon
Feststellung, eines Auslands/Gewohnheits/Satzungsrechts **293** 2; Notwendigkeit einer einheitlichen F. **62** 2
Feststellungsinteresse s Feststellungsklage
Feststellungsklage Grdz 253 2 B, **256** 1 A; Beweislast **256** 4 D; **286 Anh** 4; Erledigung der Hauptsache **256** 4 F; Feststellungsinteresse **256** 3, in einer Kindschaftssache **640** 2; Klagabweisung **256** 4 E; Klagantrag **253** 5 C, **256** 4 B; Auslegung des Antrags **256** 2 E; Klageschrift **256** 4 B; Kostenentscheidung bei einem Anerkenntnis **93** 1 A; bei einer möglichen Leistungsklage **256** 3 D, 5; Prozeßvoraussetzungen **256** 4 A; Wirkung der Rechtshängigkeit **261** 3 B; Rechtsschutzbedürfnis **Grdz 253** 5 A; **640** 2; Streitbefangenheit **265** 2 D; und Streitgenossenschaft **62** 2 C; Übergang zur Leistungsklage **264** 2 C; trotz der Möglichkeit einer Unterlassungsklage **256** 5; bei einer drohenden Verjährung **256** 5; Unterbrechung der Verjährung **262** 1; zwecks Unterbrechung der Verjährung **256** 3 E; Widerklage **253 Anh** 1 B; Erledigung der verneinenden Feststellungswiderklage durch die Leistungsklage **91a** 2 A; Zulässigkeit **256** 1 A, 2 B, 5
– **(Gegenstand) 256** 2 A; (Nicht)Ehe s Ehesache; Eigentum/Rechtsbeeinträchtigung, Urheberbenennung **77**; Elterliche Sorge/Eltern-Kind-Verhältnis/Kindesannahme s Kindschaftssache; Nichtbestehen einer Verpflichtung aus einem ausländischen Urteil **722** 1; Nichtigkeit eines Dispacheschlusses **256** 2 A; Nichtigkeit eines Gesellschafterbeschlusses **256** 5; neben einer Klage auf eine Rechnungslegung **254** 2 A; des (Nicht)bestehens eines Rechtsverhältnisses **256** 2, 3 B; Tatsache **256** 2 C; Unzulässigkeit des Schiedsvertrags, Unwirksamkeit des Schiedsvergleichs **1046, 1047**; (Un)Echtheit einer Urkunde **256** 5, 6; nichteheliche Vaterschaft/Anerkennung s Vaterschaft; Erteilung der Vollstreckungsklausel **731, 797** 3, **797a** 2, **800** 3, **802**; Vorfrage **256** 2 A; Zahlungspflicht bei der Stufenklage **256** 3 D
– **(Gerichtsstand) 256** 4 A; bei einem Grundpfandrecht **24** 1; beim Grundstückseigentum **24** 1; bei der Klage auf Feststellung einer begrenzteren Vertragspflicht **29** 3 A
– **(Streitwert) 3 Anh**; beim Eigentum **6** 1 A; bei der verneinenden F. **3 Anh**; bei der Fest-

stellungs- und Leistungsklage **5** 2 B; bei einer Konkursforderung **3 Anh**; beim Miet/Pachtvertrag **8** 2 A; bei einer Rente **9** 3; Übergang zur Leistungsklage **4** 2 B
– **(Teilfeststellungsklage) 253** 5 C
– **(Urteil) 256** 4 E, **Üb 300** 2 B; Anerkenntnisurteil **256** 4C; Rechtskraftwirkung **322** 4; Teilurteil **256** 4 E; Zwischenurteil **256** 1 A
– **(Zwischenfeststellungsklage) 253 Anh** 1 C, **256**; im Berufungsverfahren **530** 1; dinglicher Gerichtsstand **24** 4; Klagänderung **263** 2 B; Klagerhebung **253** 2; Prozeßtrennung **145** 3; Prozeßvoraussetzungen **256**; Rechtshängigkeit durch die Z. **261** 2 A; Streitwert **3 Anh**
Feuerungsmittel, Pfändung **811** 4
Fideikommißrecht, Recht zur Erhebung einer Widerspruchsklage **771** 6
Fiktion, des Geständnisses **138** 4; einer Tatsache **292** 1 C; einer Willenserklärung **894** 3, **895** 2
Filmaufnahme, in der Gerichtsverhandlung **GVG 169** 1 B
Finanzgericht, Verweisung an das F. **281** 1 A, **GVG 13** 7
Finanzierungskosten, Erstattung **Üb 91** 4 A, **91** 5
Finanzvertrag, Rechtsweg **GVG 13** 7
Firma als Partei **50** 2 F; Streitwert **3 Anh**, im Vollstreckungstitel **750** 1 A
– **(Fortführung),** vollstreckbare Ausfertigung **729** 2; Kostenhaftung **Üb 91** 4 B; Streitwert **3 Anh**; durch die Witwe/den minderjährigen Erben, Pfändungsschutz **811** 9
Firmenrecht als vermögensrechtlicher Anspruch **Üb 1** 3; Pfändung **Grdz 704** 9, **857** 3; Zuständigkeit der Kammer für Handelssachen bei einer Streitigkeit **GVG 95** 2 D
Fischereirecht, Streitwert **3 Anh**; Zwangsvollstreckung **864** 1 C, **866, 870**
Fiskus, Anwaltszwang **78** 1 B, 3; Gerichtsstand **17** 4, **18**; Gerichtsstand beim Erbrecht **27** 2 A; Insichprozeß **Grdz 50** 2 E; Parteibezeichnung **Grdz 50** 2 E; Urteil gegen den F. als Erben **780** 3; Vertretung **18**; Zustellung **171** 2, 3; Zwangsvollstreckung gegen den F. **882a**
Flößereisache, Vollstreckbarerklärung des Urteils **709** 1; Zuständigkeit **GVG 23** 6
Flüchtling, Ehesache **606b Anh I–V**; Prozeßkostenhilfe **114** 2 A; Sicherheitsleistung für die Prozeßkosten **110** 1 A
Flugzeug s Luftfahrzeug
Flurbereinigung, Rechtsweg **GVG 13** 7
Folgenbeseitigungsanspruch, Rechtsweg **GVG 13** 7
Folgesache 623 ff
Forderung, Kostenentscheidung bei einer Abhängigkeit der F. von einem richterlichen Ermessen / Sachverständigengutachten / Abrechnung **92** 2; Abtretung s dort; Anerkenntnis **93** 2 B, 5; Anspruchsgrund/Betrag **304** 3; Arrestvollzug **930** 2; Fälligkeit s dort; Geldforderung **Grdz 803** 1 A; Gerichtsstand

des Vermögens **23** 2 B; Klage auf wiederkehrende Leistungen **258**; unbezifferter Klagantrag **253** 5 B; Pfändung s Zwangsvollstreckung; gerichtliche Schätzung der Höhe **287**; Streitverkündung wegen einer Forderungsbeanspruchung **75**; Streitwert **3 Anh**, **6** 2; Unpfändbarkeit s Zwangsvollstreckung; Unübertragbarkeit **851** 2
Forderungspfändung s Zwangsvollstreckung (Pfändung)
Förderungspflicht, des Gerichts **Üb 128** 2 C, **272, 273 ff**; der Partei s dort
Forderungsübergang, des streitbefangenen Anspruchs **265** 2, 3; beim Grundurteil **304** 3 B; Rückgriffsanspruch s dort; Rechtskraftwirkung des Urteils **325** 6
Form, des Antrags auf eine Bestimmung des zuständigen Gerichts **37** 1 A; des Gesuchs auf den Erlaß eines Arrestes/einer einstweiligen Verfügung **920** 3/**936** 1; der Berufungsschrift s dort; einer Beweisaufnahme im Ausland **369**; Beweislast für die Wahrung der F. **286 Anh** 4; der Eidesleistung **481, 484**; des Einspruchs gegen ein Versäumnisurteil **340**; des Einverständnisses mit dem schriftlichen Verfahren **128** 5 B; einer Erklärung zum Protokoll s dort; der Genehmigung einer Prozeßführung ohne Vollmacht **89** 3; einer Gerichtsstandsvereinbarung **29** 4 B, **38** 2 A, 3 B, 4 C; des Geständnisses **288** 2; der Klagerhebung **253**; der Klagrücknahme **269** 2 C; der Kündigung der Prozeßvollmacht **87**; einer Prozeßhandlung **Grdz 128** 5 D; des Prozeßvergleichs **307 Anh** 4 E; der Prozeßvollmacht **80** 1 D; der Revisionsschrift s dort; des Schiedsvertrags **1027**; eines Schriftsatzes **129** 1 B; einer öffentlichen Urkunde **415** 2 D; der Aufforderung zur Niederlegung einer Urkunde **134** 2; des Antrags auf eine Wiedereinsetzung **236** 1 A; einer Zeugenladung **377** 1 C; einer Zuständigkeitsvereinbarung **29** 4 B, **38** 2 A, 3 B, 4 C; des Zustellungsauftrags **167**
Formel s Urteil (Urteilsformel)
Formelle Beschwer Grdz 511 3 A a
Formelle Rechtskraft s Rechtskraft
Förmlichkeit, Beweiskraft des Protokolls **165**
Formlose Mitteilung, des Beschlusses **329** 4 B; des Kostenfestsetzungsbeschlusses an den Antragsteller **104** 1 C; eines Schriftsatzes **270** 3; im Parteiprozeß **497**; der Zeugenladung **377** 1 C
Formmangel, Berufung auf einen F. als Rechtsmißbrauch **Einl III** 6 A; einer Prozeßhandlung **Grdz 128** 5 F
Formularvertrag, Zuständigkeitsvereinbarung im F. **38** 2 B b, 5 A
Formvorschrift, Auslegung **Einl III** 4 A, 5 C
Fortdauer, der Prozeßvollmacht **86**; der Rechtshängigkeit s dort; eines tatsächlichen Zustands, Beweislast **286 Anh** 4; der Zuständigkeit **38**
Fortgesetzte Gütergemeinschaft s Ehegüterrecht

Fortlaufender Bezug 832 1; s auch Zwangsvollstreckung (Pfändung von Arbeitseinkommen)
Fortsetzung s beim Gegenstand der F.
Foto, als Beweismittel **Üb 371** 4; Kostenerstattung **91** 5
Fotokopie, als Abschrift **170** 1 A; Beweiswert **415** 1; Kostenerstattung **91** 5
Frachtvertrag, Streitverkündung **72** 1 B
Frage s Beweisaufnahme, Mündliche Verhandlung, Vernehmung des Sachverständigen/Zeugen
Fragepflicht s Aufklärungs- und Hinweispflicht
Freiberufler, Pfändung des Einkommens **850 i** 1, 2; Pfändung eines zu seiner Tätigkeit benötigten Gegenstands **811** 8
Freibeweis Einf 284 2 B
Freie Beweiswürdigung s Beweiswürdigung
Freigabe, des Guthabens, Streitwert **3 Anh**; der Pfandsache **776** 2, **803** 2 B, **843** 2
Freigestellte mündliche Verhandlung s Mündliche Verhandlung
Freihändiger Verkauf, einer Gold- oder Silbersache **817 a** 3; der Pfandsache, gerichtliche Anordnung **825** 2 A; eines gepfändeten Wertpapiers **821**
Freiheitsstrafe, Ersatzzustellung während ihrer Verbüßung **181** 1 A, 2 A; Gerichtsstand **20**
Freistellung, eines Grundstücks von einer Belastung, Gerichtsstand **24**; Pfändung des Anspruchs auf die F. von einer Verbindlichkeit **Grdz 704** 9; Streitwert in solchem Fall **3 Anh**, **4** 3 A
Freiwillige Gerichtsbarkeit, Abgrenzung gegenüber dem Zivilprozeß **Einl III** 1 A, B; Ausschluß einer Gerichtsperson **Üb 41** 1; ausstehende Entscheidung als Aussetzungsgrund **148** 1 B; Verfahren in einer Familiensache **Üb 621** 2; Beschwerde gegen eine Entscheidung über eine Prozeßkostenhilfe **127**; Ablehnung eines Richters **42** 1 A; Verweisung an ein Gericht der fr. G. **281** 1 A
Freiwilliges soziales Jahr, Rechtsweg **GVG** bei **14**
Fremdes Recht s Auslandsrecht
Fremdsprachlichkeit, Hinzuziehung eines Dolmetschers s Dolmetscher; Eid **GVG 188**; Vortrag im Anwaltsprozeß **GVG 187**
Friedensrichter Einl I
Friedhofsbenutzung, Rechtsweg **GVG 13** 7
Frist Üb 214 3; Abkürzung **224** 2, **226** 1; Änderung **225, 308 a** 1; zur Anzeige im schriftlichen Vorverfahren **276** 2; Aufnahme eines ruhenden Verfahrens **249** 2; (un)eigentliche Fr. **Üb 214** 3; nach einer Anordnung des Ruhens des Verfahrens **251** 2 C; für die Prüfung eines Schadensersatzanspruchs **93** 5; für die Ernennung eines Schiedsrichters **1029** 1 B; bei einer Streitgenossenschaft **61** 2 B; bei einer notwendigen Streitgenossenschaft **62** 4 A; für einen vorbereitenden Schriftsatz **132**

Frist

1; bei einer Terminsaufhebung **227** 2 B; für eine Terminsbestimmung **216** 2 C; bei einer Unterbrechung des Verfahrens **249** 2; für die Übergabe des Urteils an die Geschäftsstelle **315** 2; Verlängerung s unten „(Verlängerung)"; Wahrung **Üb** 230, 270 4, 693 2; für das Widerrufsrecht beim Prozeßvergleich **222** 1, **307 Anh** 3 B; bei einer öffentlichen Zustellung/Zustellung im Ausland **206, 207** 2; Zwischenfrist **Üb 214** 3
- **(Aufklärungsfrist) 273** 3 B
- **(Ausschlußfrist) Üb 214** 3; Beweislast für den Ablauf **286 Anh** 4; bei der Anfechtungsklage gegen ein Ausschlußurteil **958**; für den Antrag auf eine gerichtliche Entscheidung wegen einer Untätigkeit der Justizverwaltung **EGGVG 27** 4; für eine Aufhebungsklage gegen den für vollstreckbar erklärten Schiedsspruch **1043** 2 A; bei einem Fristablauf an einem Sonnabend, Sonn- oder Feiertag **222** 3; Hemmung **Üb 214** 3; für eine Berichtigung des Urteilstatbestands **320** 4; Wahrung durch eine Klage ohne Unterschrift **253** 7; Wahrung bei einer Verweisung **Üb 12** 3 D, **GVG 17** 3 D; bei der Wiederaufnahmeklage **586** 1 C; bei der Wiedereinsetzung wegen eines Antrags auf eine gerichtliche Entscheidung wegen einer Untätigkeit der Justizverwaltung **EGGVG 26** 4 C; Jahresfrist bei der Wiedereinsetzung **234** 1
- **(Berechnung) 222**; bei einem Ablauf an einem Sonnabend, Sonn- oder Feiertag **222** 3; Berechnung/Kontrollpflicht des Anwalts **233** 4; der richterlichen Erklärungsfrist **273** 3 B, E; im Schiedsgerichtsverfahren **1034** 4; bei einer Stundenfrist **222** 4; bei einer Frist von acht Tagen **222** 2; bei einer Fristverlängerung **222** 3, **224** 4
- **(Fristsetzung)** s unten „– (richterliche Fristsetzung)"
- **(gesetzliche Frist, Klagefrist) Üb 214** 3; bei der Klage auf eine Änderung der Verurteilung zur Zahlung des Regelunterhalts **643 a** 3; bei der Anfechtungsklage gegen eine Entmündigung **664** 4, **684**; beim Antrag auf eine gerichtliche Entscheidung wegen einer Untätigkeit der Justizverwaltung **EGGVG 26** 2, **27** 2; beim Antrag auf eine Aussetzung der Verwertung einer Pfandsache **813 a** 3; beim Vollzug eines Arrests/einer einstweiligen Verfügung **929** 2 A/**936** 2; bei der Aufgebotsfrist **950**; bei derjenigen wegen der Nachlaßgläubiger **994**; bei derjenigen wegen einer Urkunde/eines Wertpapiers **1015/1010–1014**; Beginn **221** 1; bei der Beschwerde gegen ein Ordnungsmittel **GVG 181** 2; bei der Frist zur Erklärung des Drittschuldners nach einer Pfändung der Forderung **840** 2 A; bei der Einlassungsfrist **274**, vgl auch Einlassungsfrist; Kürzung/Verlängerung auf Grund eines Antrags **224** 3; Klagänderung nach dem Ablauf der Klagefrist **264** 2 C; Abweisung der Klage durch ein Prozeßurteil wegen einer Versäumung der Klage-

frist **253** 1 B; Amtsprüfung der Wahrung der Klagefrist **253** 1 B; Wahrung der Klagefrist durch Klageinlegung mittels Telegramm **129** 1 C; Aufforderung zur Einreichung der Kostenberechnung beim Kostenausgleich **106** 2; Kostenfestsetzung nach einer Änderung des Streitwerts **107** 2; Ladungsfrist **217** 1, vgl auch Ladungsfrist; für eine Urkundeneinsicht **134** 3; für einen Antrag auf eine Ergänzung des Urteils **321** 3 A; für eine Berichtigung des Urteilstatbestands **320** 4; für die Anmeldung einer Forderung im Verteilungsverfahren **873** 2; nach der Vorpfändung für eine Pfandsache **845** 3 B; Wahrung durch eine demnächst nachfolgende Zustellung **270, 693, 696**; Wahrung durch eine Zustellung im Ausland, an einen Exterritorialen, durch eine öffentliche Zustellung **207** 2; Wartefrist vor einer Versteigerung des gepfändeten Gegenstands **816** 1; Wartefrist vor dem Beginn der Zwangsvollstreckung **798**; Frist für den Widerspruch gegen den Mahnbescheid **693, 694**; Frist zur Erhebung der Widerspruchsklage gegenüber dem Verteilungsplan **878** 1 A; beim Wiedereinsetzungsantrag **234**
- **(gesetzliche Frist als Notfrist) Üb 214** 3, **223** 3; bei der Anfechtungsklage gegenüber einem Ausschlußurteil **958**; bei der Aufhebungsklage gegenüber der Vollstreckbarerklärung des Schiedsspruchs **1043** 2 A, **1044** 5 A; bei der Aussetzung des Verfahrens **249** 2; bei der Berufungsfrist **516** 2 A; bei der Beschwerdefrist **577** 2; bei der Einspruchsfrist gegenüber einem Versäumnisurteil **339** 1; bei der Frist für eine Erinnerung **577** 2 A, **GVG 153 Anh** 6, 8 § 11, 21; bei der Frist für eine Erinnerung gegenüber einem Kostenfestsetzungsbeschluß **104** 4 A/**105** 2 D; Ausschluß der Fristkürzung/verlängerung **224** 2, 3; Notfristzeugnis **706** 3; bei der Revisionsfrist **552**; nach der Anordnung des Ruhens des Verfahrens **251** 2 C; bei einer Unterbrechung des Verfahrens **249** 2; Versäumung, Wiedereinsetzung s dort; beim Widerspruch gegen den Beschluß betr die Vollstreckbarerklärung des Schiedsspruchs **1042 d**; bei der Wiederaufnahmeklage **586** 1; beim Wiedereinsetzungsantrag **234** 1; Zustellung zwecks Fristwahrung **166** 2; Mangel der Zustellung, Ausschluß seiner Heilung **187** 3; Unterstellung der Zustellung beim Fehlen eines Postbestelldienstes **195 a** 1; s auch Notfristzeugnis
- **(richterliche Fristsetzung) Üb 214** 3; beim Arrest für eine Sicherheitsleistung des Gläubigers/eine Klagerhebung **921** 2 C/**926**; bei der Aufgebotsfrist s Aufgebotsverfahren; für die Zahlung im Fall einer Aussetzung der Pfandverwertung **813 a**; zur Aufklärung **273** 3 B; Befugnis des verordneten Richters **229**; Beginn **221**; zur Berufungserwiderung **520** 3; zur Behebung eines gegenüber der Beweisaufnahme bestehenden Hindernisses **356** 2 A; bei einer Erklärungsfrist

dahinterstehende Zahlen und Buchstaben = Anmerkungen **Gebühr**

132 2, 272 ff; bei einer Erklärungsfrist im schriftlichen Verfahren 128 6 A; Antrag auf eine Kürzung/Verlängerung der Frist 224 3; zur Erhebung der Ehenichtigkeitsklage bei einer Aussetzung des Verfahrens 151 2; beim frühen ersten Termin 275 1, 3, 277 4; zur Erhebung der Klage auf Unterhaltszahlung/Festsetzung des Regelunterhalts nach der Feststellung der Vaterschaft 641 e 2, 3; für die Kostenberechnung im Fall einer Kostenteilung 106; für die Bestellung eines ProzBev nach einer Unterbrechung des Verfahrens 244 2; für die Beglaubigung einer Prozeßvollmacht 80 3; bei einem Mangel der Prozeßvollmacht 88 2 A; für die Genehmigung des Nachweises der (Prozeß)-Vollmacht 89 1 C; zur Gewährung/Verlängerung einer Räumungsfrist 721; für die Erstattung eines Sachverständigengutachtens 411 3 A; für die Nachreichung eines Schriftsatzes 283; für eine Sicherheitsleistung 112 1 A, 113; für die Rückgabe einer Sicherheit 109 3; zur Stellungnahme auf die Berufungserwiderung 520 3; für die Vorlegung einer Urkunde 428, 431; im Urteil 255, 510 b; für die Klagerhebung/Ladung zur Verhandlung über die Rechtmäßigkeit nach einer einstweiligen Verfügung 936 1/942 4 B; bei einer freigestellten mündlichen Verhandlung 128 3 C; bei einer Verzögerungsgebühr 95 Anh 2 B; im schriftlichen Vorverfahren erster Instanz 276 2, 5, 277 4, 5; zur Zahlung eines Vorschusses auf die Zeugengebühren 379 1 B; für die Entscheidung des Prozeßgerichts im Fall einer Einstellung der Zwangsvollstreckung 769 2 B
- **(Hemmung)** 223; Ausschlußfrist Üb 214 3; Kriegsvorschriften Üb 214 3
- **(H. durch Gerichtsferien)** 223 2; Ausschluß bei einer Notfrist 223 3; Frist zur Begründung der Berufung 223 2; Frist zum Antrag auf eine Wiedereinsetzung 234 I
- **(Unterbrechung)**, durch die Rechtshängigkeit 262 1; bei einer öffentlichen Zustellung/Zustellung im Ausland 207 2
- **(durch Urteil gesetzte Frist)**, sachlich-rechtliche Fristsetzung gegenüber dem Bekl 255 2 B; Räumungsfrist 721; durch das Urteil des AG zur Vornahme einer Handlung 510 b
- **(Verkürzung)**, einer gesetzlichen/richterlichen Frist auf Antrag 224 3, 225; für die Aufnahme eines ruhenden Verfahrens 251 3; der Einlassungs/Ladungsfrist auf Antrag 226; einer richterlichen Erklärungsfrist 273 ff; durch eine Parteivereinbarung 224 1, 2; einer durch das Urteil gesetzten Frist 255 2 B
- **(Verlängerung)**, einer gesetzlichen/richterlichen Frist auf Antrag 224 3, 225; für die Aufnahme eines ruhenden Verfahrens 251 3; Berechnung 222 3, 224 4; der Frist zur Begründung der Berufung/Revision 223 2, 519 2/554 3 B; einer richterlichen Erklärungsfrist 273 ff; Auferlegung der Kosten wegen eines Verschuldens der Partei 95; der Frist für eine Urkundeneinsicht 134 2; einer durch das Urteil gesetzten Frist 255 2 B

Fristenkalender eines Anwalts als Voraussetzung der Wiedereinsetzung 233 4

Fristversäumung Üb 230 1; im Verfahren nach Aktenlage Üb 230 3; Antragserfordernis wegen der Folgen einer F. 231 1; der Frist zum Vollzug eines Arrests/einer einstweiligen Verfügung 929 2 C/936 2; bei der Beseitigung eines der Beweisaufnahme entgegenstehenden Hindernisses 326 2 B; Folge der F. Üb 230 2; Androhung der Folge 231 1; Klagefrist, Aufhebung des Arrests/der einstweiligen Verfügung 926 4/936 1; Auferlegung der Kosten wegen einer F. 95; Nachholung der Prozeßhandlung 231 2; Versäumung der Frist zur Nachreichung eines Schriftsatzes 283; Verschulden eines Angestellten bei der F. 233 4; Verschulden eines Parteivertreters bei der F. 85 3; Wiedereinsetzung wegen F. s Wiedereinsetzung; Versäumung der Frist zur Zahlung eines Vorschusses für die Zeugengebühren 379 1 D

Frucht, auf dem Halm, Pfändung/Pfandverwertung **Grdz** 704 9, 810/824; Bindung des Gerichts an den Klagantrag 308 1 A; Pfändung 804 3 B, 811 6, 813 2 C, 865 2 A; Streitwert 4 3 C

Fruchtlosigkeitsbescheinigung als Voraussetzung einer Offenbarungsversicherung 807 2 B

Früher erster Termin 272 3, 275, 277 5

Funktionelle Zuständigkeit s Zuständigkeit, geschäftliche

Fürsorge beim Antrag auf eine Ehescheidung, einstweilige Anordnung wegen der Personensorge für ein Kind 620; im Entmündigungsverfahren, Mitteilung an das Vormundschaftsgericht 657; öffentlichrechtliche Fürsorgepflicht, Rechtsweg **GVG** 13 7

Fürsorgedarlehen, Pfändung **Grdz** 704 9

Fürsorgeleistung, Pfändung **Grdz** 704 9

Fusion s Verschmelzung

Futter, Pfändung 811 5

G

Gartenbau, Pfändungsschutz 811 4

Gartenhaus, Pfändung 811 3 C

Gastwirt, Zuständigkeit **GVG** 23 6

Gebietskörperschaft, Zuständigkeitsvereinbarung 38 3 A b

Gebot, bei der Versteigerung einer Pfandsache 817 2 C; Mindergebot 817 a; durch eine einstweilige Verfügung 936 2, 938 3

Gebrauchsgegenstand, Pfändung 811 3

Gebrauchsmuster, Beweislast 286 Anh 4; Streitwert bei der Löschung 3 Anh; Pfändung **Grdz** 704 9; Zuständigkeit **GVG** 78 b Anh I, 95 2 D

Gebrechlichkeitspfleger als gesetzlicher Vertreter 51 2 D, 53

Gebühr, Gerichtsgebühr s dort; vgl auch Prozeßgebühr; Klage auf Zahlung der G., Ge-

Gebührenfreiheit

richtsstand 34; Rechtsanwaltsgebühr s dort; Sachverständigengebühr 413; Schuldner s Gerichtskosten; Streitwertfestsetzung s dort; Zeugengebühr 401; s auch Gerichtskosten

Gebührenfreiheit Üb 114 2
Gebührenstreitwert 2 1, **Einf 3** 1 A b, 2 B b
Geburtsbeihilfe, Pfändung **850a** 6
Gedächtnis des Zeugen, Zuverlässigkeit **Üb 373** 1 C
Gefährdung, eines Beweismittels s Beweissicherung; der Befriedigung des Gläubigers bei einer Sachpfändung **808** 4 B; der öffentlichen Ordnung usw, Ausschluß der Öffentlichkeit **GVG 172**; eines Rechtsverhältnisses, Feststellungsklage **256** 3 B, C; eines Zustands, einstweilige Verfügung **935** 2; der Zwangsvollstreckung als Arrestgrund **917, 918**
Gefangener, Pfändung des Arbeitsentgelts **850** 2 C; Ersatzzustellung **181** 1 A, 2 A; Gerichtsstand **20**
Gefängnis s Justizvollzugsanstalt
Gegenanspruch, Aufrechnung mit einem G. s Aufrechnung; Widerklage **33**; Prozeßtrennung **145** 3
Gegenantrag im Eheverfahren **610** 1 B
Gegenaufrechnung des Klägers **145** 4 G
Gegenbescheinigung 198 3
Gegenbeweis s Beweis(-Gegenbeweis)
Gegendarstellungsanspruch als nicht vermögensrechtlicher Anspruch **Üb 1** 3, **940** 3 B; Kläganderung **264** 3; Streitwert **3 Anh**
Gegenerklärung Üb 253 3 C; Fristsetzung **283**; und ein neues Vorbringen **132, 283**
Gefährdungshaftung, Gerichtsstand **33** 2 A
Gefahrenzulage, Pfändung **850a** 4
Gegenforderung, Abhängigkeit von einem richterlichen Ermessen/Sachverständigengutachten/einer Abrechnung, Kostenentscheidung **92** 2; Aufrechnung mit einer G. s Aufrechnung; Prozeßtrennung **145** 5; Rechtskraftwirkung **322** 2 B, 4
Gegenleistung, Abhängigkeit der Forderung von einer G., Anordnung der anderweitigen Verwertung einer gepfändeten Forderung **844**; Klage auf eine künftige Zahlung/Räumung **257** 1 A; Unzulässigkeit des Mahnbescheids wegen einer noch nicht erfolgten G. **688**; Streitgegenstand **2** 2 B; Streitwert **3 Anh**; bei einem Urteil zur Abgabe einer Willenserklärung **894** 4; Zug-um-Zug-Leistung s dort
Gegenseitiger Vertrag, Streitwert **3 Anh**
Gegenseitigkeit bei der Anerkennung eines ausländischen Schiedsspruchs **1044** 1 C; bei der Anerkennung eines ausländischen Urteils **328** 6, **328 Anh**; bei derjenigen in einer Ehesache **328** 1 B, 4, 7 B, **606a, b** 3; bei derjenigen in einer Kindschaftssache **328** 4; bei derjenigen in einer Vaterschaftsfeststellungssache **641a** 3; bei der Prozeßkostenhilfe **114 Anh**; bei der Sicherheitsleistung **110 Anh**; und Zuständigkeitsvereinbarung **38** 4 D; bei der Zwangsvollstreckung aus einem Auslandsurteil s Zivilprozeßrecht (zwischenstaatliches)

Gegenstand, der Berufungsverhandlung **537**; der Feststellungsklage **256** 2 A; des Kläganspruchs, Angabe in der Klageschrift **253** 4 A; der Verurteilung im Fall einer Klagabweisung **708** 2 Z 11; der Zeugenvernehmung **396**
Gegenstandswert Einf 3 1 A b
Gegenständliche Leistung, einstweilige Verfügung wegen einer g. L. **935** 1; Zwangsvollstreckung s dort
Gegenüberstellung von Zeugen **394** 2
Gegenvorstellung Üb 567 1 C; gegenüber der Ablehnung einer Wiedereinsetzung **238** 2 C
Gehalt s Arbeitseinkommen; Pfändung s Zwangsvollstreckung (Pfändung von Arbeitseinkommen); Streitwert **3 Anh**
Geheimhaltungspflicht, Auferlegung beim Ausschluß der Öffentlichkeit **GVG 174**; Zeugnisverweigerungsrecht wegen einer G. **383** 3, 4, **384** 4, **385** 2
Geheimnisschutz, Ausschluß der Öffentlichkeit **GVG 172**
Gehilfe, Gerichtsstand der unerlaubten Handlung **32** 2 C
Gehör, rechtliches Grdz 128 3 C, 4; bei einer richterlichen Rechtsfortbildung **Einl III** 5 D; im Schiedsgerichtsverfahren **1034** 1; vor dem Schluß der mündlichen Verhandlung **136** 3; bei einem Schriftsatz zwischen dem Verhandlungsschluß und einem Verkündungstermin **133** 2 B; beim Eingang eines Schriftsatzes nach einem Sonnabend, Sonn- oder Feiertag **222** 3; bei einer freigestellten mündlichen Verhandlung **128** 3 C; und Vertagung **227** 5 A

– **(bei, vor)** der Abgabe einer Hausratssache **281 Anh I** 3; der Abgabe einer Landwirtschaftssache an das Prozeßgericht **281 Anh III** 1 A; der Abgabe einer Wohnungseigentumssache **281 Anh II** 2 C; der Ablehnung einer Wiedereinsetzung für den Mittellosen **234** 1; der Anfechtungsklage gegen die Entmündigung **671**; der Aufhebung der Wiedereröffnung der mündlichen Verhandlung **156** 2 C; einer Aussetzung des Verfahrens **148** 2 B; der Verwerfung der Berufung als unzulässig **519** 2 A; einer Entscheidung über die Beschwerde **573** 2 C; einer Änderung des Beweisbeschlusses **360** 2 B; einer Ehesache **623** 1 B; einer Abkürzung der Einlassungs- oder Ladungsfrist **226** 1 B; einer Entmündigung **654** 1; einer Erinnerung gegen den Kostenfestsetzungsbeschluß **104** 4 C; einer Abkürzung oder Verlängerung einer Frist **225** 2; des Gläubigers vor einer Einstellung der Zwangsvollstreckung wegen eines Antrags auf eine Wiederaufnahme oder Wiedereinsetzung **707** 3 A; einer Kostenentscheidung nach beiderseitigen Erledigungserklärungen **91a** 3 A, 5 A; einer Kostenentscheidung nach einer einseitigen Erledigungserklärung des Klägers **91a** 2 C; der dahinterstehende Zahlen und Buchstaben = Anmerkungen **Genehmigung**

Kostenfestsetzung **Einf 103** 1 B, **104** 1 B; einer Verlängerung des Mietverhältnisses **308 a** 1; einem Verfahren ohne eine mündliche Verhandlung **128** 5; einem Antrag auf die Aufnahme in das Protokoll **160** 5 B; einem Antrag auf eine Berichtigung des Protokolls **164** 2; einer Prozeßkostenhilfe **118, 127**; einer Entscheidung über die Zulässigkeit usw einer Revision nach dem BGH-EntlG **Üb 545** Anh; einer Entscheidung über die Ablehnung des Richters **46** 2, **48** 2; einer Entscheidung über die Selbstablehnung eines Richters **48** 2; einem Schiedsverfahren **1034** 1, **1043** 1 C, **1044** 3 A d; einem schriftlichen Verfahren **128** 5; des Schuldners vor einer Pfändung der Forderung **834**; des Schuldners nach einer Pfändung der Forderung vor der Anordnung iner anderweitigen Verwertung **844** 3 B; des Schuldners vor der Zwangsvollstreckung aus einem Urteil auf eine Handlung/eidesstattliche Versicherung/Duldung/Unterlassung **891** 1 B; einer Streitwertfestsetzung **3** 2 B; einer Aufhebung/Vorverlegung des Termins **227** 3 A, 4; einer Übertragung der Entscheidung der Zivilkammer auf den Einzelrichter **348** 3 D; der Bestellung eines gerichtlichen Vertreters **57** 3; einer Verweisung an das Landwirtschaftsgericht **281 Anh III** 2; der Verhängung einer Verzögerungsgebühr **95 Anh** 3 A; der Vollstreckbarerklärung eines Schiedsspruchs **1042a** 1; der Erteilung einer Vollstreckungsklausel **730** 1; einer Wiedereinsetzung **238** 1 A; einer Zeugnisverweigerung **387** 2; der Zurückweisung eines Parteivorbringens **283** 7; der Bestimmung des zuständigen Gerichts **37** 1 A; der Zwangsvollstreckung **Grdz 704** 6 A
– **(Verletzung bei, durch)** Nichtanhörung der Partei im Anwaltsprozeß **137** 4; Nichtberücksichtigung eines vorgereichten Schriftsatzes **283** 7; Nichterörterung einer rechtlichen Beurteilung **139, 278**; als Revisionsgrund **548** 1 B; als Grund für die Aufhebung eines Schiedsspruchs **1041** 7, **1044** 3 A; Unheilbarkeit des Mangels **295** 3 B; Unterlassung der Setzung einer Erklärungsfrist **132** 2; Verweisung **36** 3 E; Bestimmung des zuständigen Gerichts **37** 2
Geistesarbeiter, Pfändung des Arbeitseinkommens **850** 2 C; Pfändung eines zur Erwerbstätigkeit benötigten Gegenstands **811** 5; Zwangsvollstreckung aus einem Urteil auf eine geistige Leistung **887** 6
Geisteskrankheit, Entmündigung s dort; Prozeßunfähigkeit **52** 1 B
Geistesschwäche, Entmündigung s dort; Parteivernehmung des gesetzlichen Vertreters **455** 2; Prozeßfähigkeit **52** 1 B; der Partei in einer Ehesache **612** 1
Geistlicher s Pfarrer
Geld, einstweilige Verfügung auf eine Zahlung **Grdz 916** 2 B, **940** 3 ,,Ehe, Familie'', ,,Miete'', ,,Rente''; Empfang durch den ProzBev/Kostenerstattung **81** 2 A, D/**91** 5;

Pfändung **808** 4 A, **815** 1; Ablieferung an den Gläubiger/Hinterlegung **815** 3/**720**, **815** 2, 4, 5, **930** 3; Pfändung von Geld aus einer Ersatzleistung für eine unpfändbare Sache **811** 1 F; Pfändung von Geld aus einer unpfändbaren Forderung **Einf 850** 1 B; Pfändung des zum Lebensunterhalt notwendigen Geldes **811** 4, 5, 11; als Sicherheitsleistung, Hinterlegung **108** 4; Verwertung **815** 1; Zwangsvollstreckung aus einem Urteil auf die Hinterlegung von G. **887** 6
Geldersatz auf Grund des StHG **GVG 78 b Anh IV** 1
Geldforderung Grdz 803 1 A; Klage auf eine künftige Zahlung **257** 1; Mahnbescheid auf eine bestimmte Geldsumme **688** 1 A b; Pfändung **829**; Streitwert **3 Anh**; Urkundenprozeß wegen eines Anspruchs auf eine bestimmte Geldsumme **592** 1; dgl vollstreckbare Urkunde **794** 7 B; vgl auch Forderung, Zwangsvollstreckung (Pfändung)
Geldinstitut 835 6 B, **850k**
Geldrente, nachträgliche Sicherheitsleistung **324**; vorläufige Vollstreckbarkeit **708** 2 H
Geldsumme, Bestimmtheit bei der Klage **253** 5 B, im Mahnverfahren **688** 1 A b; im Urkundenprozeß **592** 2 B
Geltungsbereich s Zivilprozeßordnung
Gemeinde, Gerichtsstand **17** 2, **22** 1; Parteifähigkeit **Grdz 50** 2 E, **50** 2; Vertretung **51** 2 D; Zuständigkeitsvereinbarung **38** 3 A b; Zustellung an die G. **171** 2, **184**; Niederlegung der zuzustellenden Sendung beim Gemeindevorsteher **182** 3; Zuziehung des Gemeindebeamten durch den Gerichtsvollzieher als Zeugen **759**; Zwangsvollstreckung gegen die G. **882a** 1, **EG 15** 2
Gemeindebetrieb, Rechtsweg **GVG 13** 7
Gemeindegericht GVG 14 4; Gemeinderichter **DRiG 119**
Gemeindeverband, Zwangsvollstreckung gegen den G. **EG 15**
Gemeinsamer Senat der Obersten Gerichtshöfe des Bundes **GVG 140 Anh**; Zulassung der Revision/Rechtsbeschwerde wegen einer Abweichung **546**
Gemeinschaft, Streitgenossenschaft **59** 2; Teilung, Streitwert **3 Anh**; der Wohnungseigentümer s Wohnungseigentum
Gemeinschaftsrecht der Europäischen Gemeinschaft, richterliches Prüfungsrecht **GVG 1** 3 C
Gemeinschuldner, Prozeßfähigkeit **52** 1 B; Rechtskraftwirkung gegenüber dem G. **325** 6; Streithilfe **66** 2 B; als Zeuge **Üb 373** 2 B
Gemischtrechtliche Theorie der Rechtskraft **Einf 322** 2 A c
Genehmigung, einer gegen den Anwaltszwang verstoßenden Prozeßführung **78** 1 E; Aussagegenehmigung eines Angehörigen des öffentlichen Dienstes als Zeuge/Partei **376/451** 1; Aussagegenehmigung eines Angehörigen der Streitkräfte **SchlAnh III 38**; einer gerichtlichen Handlung nach einer

Hartmann 2299

Genehmigungspflicht

Aussetzung/Unterbrechung des Verfahrens **249** 3 B; einer mangelhaften Klagerhebung **253** 2 C; des Protokolls **162** 1; eines Mangels der Prozeßfähigkeit **56** 1 C; der Prozeßführung einer Partei **50** 4 A, **51** 2 A, **52** 1 B; der Prozeßführung durch einen gerichtlich bestellten Vertreter **57** 3; der Prozeßführung ohne Vollmacht **89** 2 A, 3; der Prozeßhandlung einer falschen Partei **Grdz 50** 3 A; einer mangelhaften Prozeßführung **295** 1 B; eines Mangels der Prozeßvollmacht **88** 2 A, B; durch Stillschweigen s dort; der Zustellung an eine unberechtigte Ersatzperson **Einf 181** 3; des Zustellungsauftrags an den Gerichtsvollzieher **167** 2

Genehmigungspflicht nach dem AWG **SchlAnh IV** A; öffentlichrechtliche Genehmigung als Urteilsvoraussetzung **300** 2 B; nach den MRG 52, 53, VO 235 **SchlAnh IV** B

Generalbevollmächtigter als ProzBev **176** 2 A; Prozeßführungsrecht **80** 1 E, 2 B; Zustellung an den G. **173**

Generalsubstitut 78 1 D, **GVG 155 Anh** 2 § 53

Genfer Protokoll über Schiedsklauseln im Handelsverkehr und Abkommen zur Vollstreckung ausländischer Schiedssprüche **Einl IV** 3 D b

Genossenschaft, Pfändung eines Anteils **859 Anh** 4; Streitwert eines Ausschlusses **3 Anh;** Gerichtsstand **17** 2; Feststellungsklage wegen der Unwirksamkeit eines Beschlusses der Versammlung der Genossen **256** 5; Gerichtsstand für eine Klage gegen die G. **22** 1 A; Parteifähigkeit **50** 2 C; Prüfungsverband, Rechtsweg **GVG 13** 7; Treuhandstelle, Kostenerstattung **91** 5; gesetzliche Vertretung **51** 2 D; Zustellung an die G. **171** 3

Gericht, Amtsermittlung s dort; Amtshandlung außerhalb des Gerichtsbezirks **GVG 166;** Pflicht zur Aufklärung, Belehrung und zu einem Hinweis s Aufklärungspflicht; Bezeichnung des G. in der Klageschrift/im Urteil **253** 3 B/**313** 3; Bindung des G. s dort; Verwertung eines Erfahrungssatzes **Einf 284** 4 D; Ermessen s dort; Ermittlung von Auslandsrecht, Gewohnheitsrecht, Satzungsrecht **293;** Fürsorgepflicht **Einl III** 3 B, **139** 1, 2; Gliederung **GVG 12;** Pflicht zur Entscheidung über die Kosten von Amts wegen **Üb 91** 2 A, **91** 1; Ordnungsgewalt **GVG 177, 178;** Pflichten im Zivilprozeß **Einl III** 3 B; Prozeßgericht s dort; Rechtskenntnis **293** 1; Rechtsverweigerung **Einl III** 5 D; Pflicht zur Sachentscheidung **Einl III** 3 B; Terminbestimmung bei einer Überlastung **216** 2 A; Unabhängigkeit **GVG 1** 2, **DRiG Vorb 25, 25, 39;** Unparteilichkeit **139** 2 B, D; Überzeugungsbildung **286** 2; Verhinderung, Bestimmung des zuständigen G. **36** 2 A; Bestellung eines gerichtlichen Vertreters s dort; Wahrnehmung einer Verwaltungsaufgabe durch den Richter **EGGVG 4, DRiG 4** 3 a; Vollstreckungs-

gericht s Zwangsvollstreckung; Wissen des Richters als Urteilsgrundlage **Einf 284** 4 D; privates Wissen des Richters über Prozeßvorgänge **286** 2 F; Würdigung des Streitstoffs **Grdz 128** 3 E

– **(Geschäftsverteilung) GVG 21e** 2 D, E, 5; Änderung **GVG 21e** 3; Handlung eines unzuständigen Amtsrichters **GVG 22d;** gesetzlicher Richter **GVG 16** 3; Vertretung des Vorsitzenden **GVG 21e** 2 C

– **Präsidialrat) DRiG 54 – 57, 74, 75**

– **(Präsident),** des OLG/LG **GVG 21 Anh II;** Eilfallentscheidung **GVG 21i;** Vertretung **GVG 21c, h**

– **(Präsidium) GVG 21a, c, d;** des AG **GVG 21a** 2, **22a;** Aufgaben **GVG 21e;** Beschluß, -fähigkeit **GVG 21e** 4/**21i;** Wahl(ordnung) **GVG 21b (Anh)**

Gerichtsakte, Aktenführung **299** 1 A; im Mahnverfahren **Üb 688** 3; Einsichtnahme **299** 1 B, 2, 4; Erteilung einer Abschrift/Ausfertigung **299** 3; Einreichung eines Schriftsatzes **133;** Niederlegung einer Urkunde **134** 2

Gerichtsbarkeit GVG Üb 1, GVG 1 ff; bei einer Aufrechnung durch den Bekl **145** 4 E; über einen Exterritorialen s dort; ordentliche streitige G. **EGGVG 2;** beim Fehlen eines Gerichtsstands **Üb 12** 1 B; hinsichtlich der Person **Grdz 253** 3 H; als Prozeßvoraussetzung **Grdz 253** 3 F, **280** 1; über einen Angehörigen der Streitkräfte **SchlAnh III** Einl 1; Übertragung **EGGVG 3, 4**

Gerichtsbesetzung, des AG **GVG 22;** der Zivilkammer des LG **GVG 59;** der Kammer für Handelssachen beim LG **GVG 105, 106;** des Senats beim OLG **GVG 116, 122;** des Senats beim BGH **GVG 124, 130, 139;** Angabe im Urteil **313** 3; bei einem Beschluß **329** 3; bei einer Entscheidung im schriftlichen Verfahren **128** 6 B; Fehlerhaftigkeit als Revisionsgrund/Anlaß zu einer Nichtigkeitsklage **551** 2/**579** 2; Geschäftsverteilung **GVG 21e** 5; des Hilfsrichters beim LG **GVG 70;** des Hilfsrichters beim OLG **GVG 115;** bei einem Geschäft des Rpfl **GVG 153 Anh** 8 § 28; und gesetzlicher Richter **Üb 41** 1, **GVG 16;** und Richter auf Lebenszeit, zur Probe, kraft Auftrags, kraft einer Abordnung **DRiG 28, 29;** beim Urteil **309** 1; bei der Berichtigung eines Urteilstatbestandes **320** 5 C; Unzuständigkeit des Amtsrichters **GVG 22d;** Vertretung des Vorsitzenden **GVG 21e** 2 C

– **(Richterwechsel)** nach einer Beweisaufnahme **355** 1 C; bei einem Ergänzungsurteil **321** 3 N; Prozeßhandlung vor einem R. **128** 2 D; nach der mündlichen Verhandlung **128** 2 D, **Üb 253** 2 D, **309** 1; Wegfall des Richters, Wiedereröffnung der mündlichen Verhandlung **156** 1

Gerichtsbestimmung s Zuständigkeitsbestimmung

Gerichtsferien GVG 199 ff; Verlängerung der Berufungsbegründungsfrist **223** 2; Erklärung zur Feriensache s Feriensache; Berechnung der Frist, Kontrollpflicht des Anwalts **233** 4; Fristhemmung **223** 2; Hemmung der Frist für den Antrag auf eine Wiedereinsetzung **234** 1; Verstoß **GVG Üb 199** 2

Gerichtsgebühr, maßgeblicher Zeitpunkt für die Berechnung **4** 1; Fälligkeit **4** 1; bei Klage und Widerklage **5** 1; bei einer Mehrzahl von Klagansprüchen **5** 1; beim Miet- oder Pachtvertrag **8** 1; Vorwegzahlung der Prozeßgebühr **271 Anh;** nach einer Prozeßtrennung **145** 1 C; bei einer Prozeßverbindung **5** 2 C, **147** 2 B; beim Rentenanspruch **9** 1; bei einer Richterablehnung **46** 2; beim Streit um die Zulassung des Streithelfers **71** 2; Festsetzung des Streitwerts für die Berechnung der Gebühren **Einf 3** 1 B; beim Unterhaltsanspruch **9** 1; bei der Rückgabe einer Urkunde von Anwalt zu Anwalt **134** 2; bei einem Vergleich im Verfahren auf Bewilligung einer Prozeßkostenhilfe **118** 5; bei der Bestellung eines gerichtlichen Vertreters für den Bekl **Einf 57** 2; Verzögerungsgebühr s dort; Zahlung durch einen notwendigen Streitgenossen **62** 4 B

Gerichtskosten Üb 91 2 A, **91 ff;** bei einer Kostenaufhebung gegeneinander **92;** Kostenentscheidung, Kostenfestsetzung s dort; sachlichrechtliche Kostenhaftung **Üb 91** 4 B

Gerichtskundigkeit einer Tatsache **291** 1

Gerichtsorganisation GVG 12 1; Errichtung, Aufhebung, Sitzverlegung, Änderung der Grenzen eines Gerichtsbezirks **GVG 12** 2; Versetzung des Richters **DRiG 32, 33**

Gerichtsperson, Ausschluß von der Amtsausübung s Ausschluß; Ablehnung wegen Befangenheit s Befangenheit; als Zeuge **Üb 373** 2 B

Gerichtssiegel, auf einer Beschlußausfertigung **329** 3; auf einer Urteilsausfertigung **317** 2 B; bei der Verbindung des Urteils mit der Klageschrift **313b;** bei einer Vollstreckungsklausel **725**

Gerichtssprache GVG 184

Gerichtsstand Üb 1 1, **Üb 12** 1 A, **12 ff;** allgemeiner **12–19;** Amtsprüfung **Üb 38** 1; bei einer Anspruchshäufung **260** 2; bei Arrest **919, 927** 3 B; bei der Aufhebungsklage usw nach einem Schiedsspruch **1045–1047;** im Aufgebotsverfahren **946** 2, **978** 1, **983** 1, **987a** 1, **990** 1, **1002** 1, **1005** 1, **1006** 1; im Ausland **Üb 12** 1 B; Beweisfrage beim Streit über den G. **Üb 12** 3 C; in einer Ehesache **606 ff;** bei der Einmischungsklage **64** 3 B; Einteilung **Üb 12** 2; bei der Entmündigung **648** 2, **665** 1, **676** 1, **679** 2; Fehlen des G. beim vermögensrechtlichen Anspruch, Berufung/Beschwerde/Revision **512a** 3/**549** 5; bei der Feststellungsklage **256** 4 A; bei der Feststellung der Unzulässigkeit eines Schiedsvertrags oder der Unwirksamkeit eines Schiedsvergleichs **1046** 1 A, **1047;** bei der Hauptintervention **64** 3 B; des Heimathafens **Üb 12** 2; und Gerichtsbarkeit **Üb 12**

1 B; in einer Kindschaftssache **640a** 2 A; bei der Leistungs- und Duldungsklage **Üb 12** 3 B, E; beim Mahnverfahren **689, 703d;** Mehrheit von G. **35** 1; bei einer Mehrzahl von Klagegründen **Üb 12** 3 A; als Prozeßvoraussetzung **Üb 1** 2 C, **Üb 12** 3 A, **Grdz 253** 3 F; Fortdauer der Rechtshängigkeitswirkung **261;** Revisionsprüfung **551** 5; bei einer Säumnis des Bekl im Verhandlungstermin **331** 2; im Schiedsverfahren **1045 ff;** bei einem Auslandsaufenthalt des Schuldners in einem Unterhaltsprozeß **23a;** bei der Klage auf die Feststellung der Vaterschaft **641a;** bei einer einstweiligen Verfügung **937** 1, **942** 2, **943** 1; bei der Vollstreckbarerklärung eines Schiedsspruchs oder -vergleichs **1047;** bei der Vollstreckungsklage auf Grund eines Auslandsurteils **722** 2 A; Wahlrecht s unten; im Wechselprozeß **603;** bei einer Widerklage **33, 253 Anh** 1 A; im Wiederaufnahmeverfahren **584;** bei einer Klage auf Grund eines kaufmännischen Zurückbehaltungsrechts **Üb 12** 3 B; bei einer Zwischenfeststellungsklage **256;** in der Zwangsvollstreckung **802** 1

– (allgemeiner) **12–19;** einer Anstalt **17** 2; als ausschließlicher **G. 12** 2; des Aufenthaltsorts **16;** des Ausländers **13;** einer Behörde **17** 4, **18;** bei einem Behördensitz in mehreren Gerichtsbezirken **19;** für den Angehörigen des öffentlichen Dienstes im Ausland **15;** für einen exterritorialen Deutschen **15;** der Ehefrau **13;** des Fiskus **17** 4, **18;** einer Gemeinde **17** 2; einer Genossenschaft **17** 2; einer bergrechtlichen Gewerkschaft **17** 3; der Offenen Handelsgesellschaft **17** 1, 2; einer juristischen Person **17;** eines Kindes **13, 15;** der Kommanditgesellschaft **17** 1, 2; einer Körperschaft **17** 2; der Konkursmasse **17** 2; eines Konsuls **15;** einer Stiftung **17** 2; eines Vereins **17** 2; einer Vermögensmasse **17** 2; des Wohnsitzes **13;** beim Wohnsitz im Ausland **16** 2 A; des letzten Wohnsitzes **16;** bei mehreren Wohnsitzen **13**

– (ausschließlicher) **Üb 1** 2 A, **Üb 12** 2, **12** 2, **40;** beim Abzahlungskauf **29 Anh** 3; bei der Anfechtungsklage gegen ein Ausschlußurteil **957** 2 A; bei der Anfechtungs-/Nichtigkeitsklage nach dem AktG/GmbHG **12** 2; beim Antrag auf eine gerichtliche Entscheidung wegen der Untätigkeit oder Fehlerhaftigkeit der Justizverwaltung **EGGVG 25;** beim Ausschluß des Eigentümers/dinglich Berechtigten im Aufgebotsverfahren **978, 981a/983, 987a, 1005, 1006;** beim Ausschluß eines Nachlaß-/Schiffsgläubigers **990/1002;** beim Ausschluß einer Urkunde **1005, 1006;** in einer Ehesache **606** 5; bei der Einmischungsklage **64** 3 B; beim dinglichen G. s dort; bei einer juristischen Person **17** 1; bei der Klage auf/gegen die Erteilung einer Vollstreckungsklausel **731** 3, **768, 797a** 2, **800** 3, **802;** im Mahnverfahren **689;** bei einem Wohnungsmietstreit **29a** 2; bei der Offenbarungsversicherung **899;** für eine Scha-

Gerichtsstelle   Zahlen in Fettdruck = Paragraphen

densersatzklage bei der Zwangsvollstrekkung auf die Herausgabe einer Sache, die Vornahme/Unterlassung/Duldung einer Handlung **893** 2; bei der Klage auf die Feststellung der Vaterschaft **641a** 2; bei der einstweiligen Verfügung **937**; bei der Vollstreckungsabwehrklage **767** 3 D, **795** 2, **797a** 2, **800** 3, **802**; Zuständigkeit des Vollstreckungsgerichts für die Pfändung einer Forderung oder eines Vermögensrechts **828** 3; Vorrang gegenüber dem Gerichtsstand des Vermögens usw **23** 1; bei der Wettbewerbsklage **21** 1, **23** 1 A; Widerklage bei einem ausschließlichen Gerichtsstand **33** 3; beim Widerspruch gegen einen Arrest **924** 2 B; bei der Widerspruchsklage gegen einen Verteilungsplan **879**; bei der Widerspruchsklage gegen eine Zwangsvollstreckung **771** 3 C; in der Zwangsvollstreckung **802, 828** 3; Zuständigkeitsvereinbarung beim ausschließlichen Gerichtsstand **40** 2b; Zuständigkeitsvereinbarung bei einem ausländischen Gerichtsstand **38** 4 B; Zwischenfeststellungsklage bei einem ausschließlichen Gerichtsstand **256**
- (**besonderer**) **20 ff**, **35 a**; des Aufenthaltsorts **20**; des Aufenthalts, Bestellung eines gerichtlichen Vertreters **57** 2; beim Beförderungsverkehr **21** 4; der Berufsgenossenschaft **21** 2; des Beschäftigungsorts **20**; des Beschäftigungsorts, Bestellung eines gerichtlichen Vertreters **57** 2; der Einmischungsklage **64** 3 B; der Erbschaftsklage **27**; des vertraglichen Erfüllungsorts **29**; des Europäischen Gerichtsstandsübereinkommens **21** 1, **23** 1 A, **23a** 2, **SchlAnh V** C 1 Art 3, 5; beim Gebührenanspruch **34**; bei einer Konkurseröffnung **21** 1; am Messoder Marktort **30**; der Niederlassung **21**; bei einer Pacht **21** 3; für den Schadensersatzanspruch wegen einer unerlaubten Handlung/ eines Wettbewerbsverstoßes **32**; für den Schadensersatzanspruch wegen eines Vertragsverstoßes **29** 1 A, 2; des Streitgegenstands **23**; der Unterhaltsklage gegenüber einem Elternteil **35a**; des Vermögens **23**; der Vermögensverwaltung **31**; der Widerklage **33**, **38** 4 D
- (**dinglicher**) **Einf 24** 1; bei der Anfechtungsklage wegen eines Grundstücks **24** 2 A; bei der Klage auf Erteilung einer Auflassung **24** 2; Begriff der unbeweglichen Sache **24** 3; bei der Klage auf eine Entschädigung wegen einer Enteignung **26** 2 C; beim Europäischen Gerichtsstandsübereinkommen **24** 2, **SchlAnh V** C 1 Art 16; als ausschließlicher Gerichtsstand **Einf 24** 2, **24** 4; bei der Klage wegen eines Grundstücks oder grundstücksgleichen Rechts **24**; bei der persönlichen Klage gegen den Grundeigentümer/Besitzer/wegen einer Beschädigung des Grundstücks **26** 2 A/B; Verbindung der persönlichen und der dinglichen Klage **25**; bei der Klage auf die Erteilung einer Vollstreckungsklausel gegenüber dem jeweiligen Grundeigentümer **Einf 24** 1; Widerklage beim dinglichen Gerichtsstand **24** 4; Zuständigkeitsbestimmung **36** 3 D; Zwischenklage beim ausschließlichen Gerichtsstand **24** 4; bei der Zwangsversteigerung **Einf 24** 1
- (**gesetzlicher**) **Üb 12** 2
- (**Erschleichen**) **Einl III** 6 A a, 2 3, **Üb 12** 4, **38** 2 B; des Gerichtsstands des Erfüllungsorts **29** 1 B; des Gerichtsstands für eine Nachlaßverbindlichkeit **28** 1 B; des Gerichtsstands des Vermögens/des Streitgegenstands **23** 1 B; der Beseitigung des Gerichtsstands der Erbschaft **28** 1 B
- (**Unzuständigkeit**), Belehrungspflicht **281** 2 C; dgl beim AG **Üb 38** 1, **38** 6, **39**, **504**; dgl beim LG **10** 1 A; und Berufung **512a**; bei einer Verhandlung zur Hauptsache ohne eine Rüge der U. **38** 6, **39**, **504**, **506**; und Prozeßvoraussetzung **Grdz 253** 3 F; und Revision **549** 6; und Verweisung **Üb 12** 3 D, **281** 2; Verweisungsantrag **281** 2 B; nach einem Widerspruch gegen den Mahnbescheid **696**; Zulässigkeitsrüge **282**
- (**Vereinbarung**) **Üb 38** 1, **38**, **40**; beim Abzahlungskauf **29 Anh**; Auslegung **38** 2 A, C; Belehrungspflicht des AG **Üb 38** 1, **38** 6, **39**, **504**, **506**; Bindungswirkung **38** 2 A; durch eine Einlassung auf eine Klagänderung **268** 1; des Erfüllungsorts **29** 4; Form **38** 2 A, 3 B; beim Fehlen eines inländischen Gerichtsstands **38** 4; bei einem ausschließlichen Gerichtsstand **40** 2b; zwischen Kaufleuten **38** 3 A; für das Mahnverfahren **689**; wegen eines mietrechtlichen Anspruchs **29a** 2; nach dem Eintritt der Rechtshängigkeit **38** 5 A, **261** 7; Rechtsmißbrauch **40** 2; für ein unbestimmtes Rechtsverhältnis **40** 1; und Rechtswahl **38** 4 D; für einen Schadensersatzanspruch **40** 1; für die Geltendmachung des Schadensersatzanspruchs wegen einer unerlaubten Handlung **32** 1; durch Stillschweigen **38** 2 B, 3 B; nach dem Entstehen der Streitigkeit **38** 5 A; bei der Streitgenossenschaft, Bestimmung der Zuständigkeit **36** 3 C; Unwirksamkeit der V. **38** 2 B, **40** 1; Unzulässigkeit der V. **40** 2; Rüge der Unzulässigkeit **40** 2; durch Vereinbarung der Anwendbarkeit einer ausländischen Rechtsordnung **38** 4 D; durch das Verhandln zur Hauptsache **38** 6; als Vertrag **38** 2 A; und Vollstreckungsmöglichkeit **38** 4 D; und Ausschluß der Widerklage **33** 2 A; für den Fall der Verlegung des Wohnsitzes **38** 5 B
- (**Wahlrecht**) **35** 1; bei der persönlichen Klage im dinglichen Gerichtsstand **26**; bei einer Zuständigkeitsvereinbarung und beim Fehlen eines inländischen Gerichtsstands **38** 4 B
- (**Zuständigkeitsbestimmung**) s dort

Gerichtsstelle 219 1 A; Augenscheinseinnahme außerhalb der G. **372** 1; Gerichtstag als G. **219** 1 A

Gerichtstafel, Anheftung an die G. **699** 5, **948, 949, 1006, 1009, 1020** 1; Zahlungssperre beim Inhaberpapier **1020**; öffentliche Zustellung **204, 206, 699** 5

dahinterstehende Zahlen und Buchstaben = Anmerkungen   **Geschäftsraum**

Gerichtstag als Gerichtsstelle **219** 1 A
Gerichtsverhandlung, Berichterstattungsverbot **GVG 174**; Film-/Fernseh-/Rundfunkaufnahmen **GVG 169** 2 B; Öffentlichkeit der G. s Öffentlichkeit; mündliche Verhandlung s dort
Gerichtsvollzieher 753, GVG Üb 154, 154, 155; Ablehnung einer Maßnahme der Zwangsvollstreckung **766** 3 A; Erteilung einer Abschrift des Protokolls **760**; Akteneinsicht **760**; Amtspflichtverletzung **753** 1 B, **GVG Üb 154** 2 C; Antrag auf Vornahme einer Maßnahme der Zwangsvollstreckung **754**; Antragsverhältnis **753** 2 B; Erlöschen oder Beschränkung dieses Antrags **755** 2; gleichzeitige Anträge mehrerer Gläubiger **827** 3; Antragstellung auf der Geschäftsstelle/durch das Gericht, den Staatsanwalt, die Geschäftsstelle **753** 3/**GVG 161**; Aufforderung des G. **763** 1; Aushändigung der vollstreckbaren Ausfertigung an den Schuldner **754** 2 A, **757** 1 B; Ausschließung von der Amtsausübung **GVG 155**; Befugnisse **754** 2 B, **755**; Beglaubigung für eine Zustellung **170** 3, **190** 3, **194** 1 B; Eingriffsverhältnis **753** 2 B; Ermächtigung zum Empfang der Leistung **754** 2 A; Gerichtsstand für die Gebührenklage **34** 1; Ablieferung/Hinterlegung von Geld **815** 3/**720, 815** 2, 4, 5, **930** 3; Geschäftsanweisung **758** 1, **Einf 814** 2 B; Anwendung von Gewalt **758**; Haftung **753** 1 B; Beitreibung/Erstattung der Kosten **788** 3/4, 5; Mitteilung des G. **763** 1; Protokoll über eine Maßnahme der Zwangsvollstreckung **762, 763**; Protokoll über eine Anschlußpfändung **826** 3; Protokoll als Beweismittel über eine Leistung Zug um Zug **765**; Erteilung einer Quittung **754** 2 A, **757**; Räumungsvollstreckung s Zwangsvollstreckung; Rechtsstellung **753** 1; Aufschub der Herausgabe einer Sache **765a** 4; Vollstreckung der Herausgabe einer Sache/Sachpfändung s Zwangsvollstreckung; Vermerk einer Teilleistung auf der vollstreckbaren Ausfertigung **757**; Unterschlagung durch den G. **753** 1 A; Verhaftung des Schuldners **909, 910**; Vollstreckungsverhältnis **753** 2 B; Vorpfändung **845** 3, **857** 6; Wohnungsdurchsuchung **758**; Zuziehung von Zeugen **759**; örtliche Zuständigkeit **753** 2; Verstoß gegen die Zuständigkeit **GVG Üb 154** 3; Zustellung durch den G. s Zustellung; Zustellung an den G. **212 a**; Zustellung an einen Gehilfen des G. **183** 2 A; Zustellungsurkunde s Zustellung
Gerichtswachtmeister GVG 155 Anh III; Aufruf der Sache **220** 1; Zustellung durch den G. **211** 2 A, **212**
Geringfügigkeit der Mehrforderung, Kostenentscheidung **92** 2
Gesamtgläubiger, Aufgebot **1001** 1; Schadensersatzklage **253** 5 B; Streitwert der Ansprüche mehrerer Gesamtgläubiger **5** 2 B; Übergang von der Klage wegen einer Gesamthaftung zu derjenigen wegen einer Einzelhaftung **264** 3;
Gesamtgrundpfandrecht, Aufgebot der Gläubiger, Antragsrecht **984** 1
Gesamtgut s Ehegüterrecht (Gütergemeinschaft)
Gesamthand, Streitgenossenschaft **62** 2 B, C; notwendige Streitgenossenschaft **62** 3 B, C; Zwangsvollstreckung in einen Gesamthandsanteil **859** 2
Gesamthypothek, Unzulässigkeit **867** 3 A
Gesamtprokura, Streitwert **3 Anh**; Vollmacht zur Prozeßführung **84** 1 B; Zustellung **173**
Gesamtrechtsnachfolge, Fortsetzung des Prozesses **50** 2 G
Gesamtschuldner, Aushändigung der vollstreckbaren Ausfertigung **757** 1 B; Ausschluß als Gerichtsperson **41** 2 A, **49**; statt eines Einzelschuldners, Klagänderung **264** 3; Streitgenossenschaft **59** 2; Kostenhaftung **100** 5, 6; Streitwert **5** 2 B; Rechtskraftwirkung des Urteils **322** 4; Verurteilung nach Kopfteilen, Kostenentscheidung **92** 1 B; Zwangsvollstreckung gegen G., Überpfändung **803** 2
Gesamtvergleich 307 Anh 6 B
Gesamtvertretungsmacht 51 2 A
Gesandter, ausländischer, Gesandtschaftspersonal s Exterritorialität; Zustellungsersuchen an einen deutschen G. **199** 2, **202 Anh** 3
Geschäftliche Zuständigkeit s Zuständigkeit, geschäftliche
Geschäftsanteil, Gerichtsstand des Streitgegenstands **23** 2 B; Pfändung **Grdz 704** 9; **859 Anh** 3 A, 4
Geschäftsanweisung an die Gerichtsvollzieher **758** 1, **Einf 814** 2 B
Geschäftsbedingungen s Allgemeine Geschäftsbedingungen
Geschäftsbesorgungsvertrag, Kündigung, Prozeßvollmacht **86** 1
Geschäftsbuch, Pfändung **811** 14
Geschäftsfähigkeit und Prozeßfähigkeit **51** 1, **52** 1; des Rechtsanwalts **78** 1 C
– **(beschränkte),** Prozeßfähigkeit in einer Ehe-/Kindschaftssache **607/640b**; Prozeßunfähigkeit **51** 1, **52** 1 B
Geschäftsfortführung, vollstreckbare Ausfertigung **729** 2; Kostenhaftung **Üb 91** 4 B; durch die Witwe/den minderjährigen Erben, Pfändungsschutz **811** 9
Geschäftsführer, Anspruch, Streitwert/Gebühren **3 Anh/9** 1; als gesetzlicher Vertreter **51** 2 D; als Zeuge **Üb 373** 2 B
Geschäftsführung ohne Auftrag, Gerichtsstand **29** 1 A; Unterschrift unter einem Schriftsatz **130**
Geschäftsgeheimnis, Ausschluß der Öffentlichkeit **GVG 172**; Zeugnisverweigerungsrecht **384** 4
Geschäftsordnung des BGH **GVG 140**
Geschäftsraum, Ersatzzustellung **183** 1, **184** 1, Gewahrsam **808** 3 A

Hartmann   2303

Geschäftsreisender

Geschäftsreisender, Gerichtsstand **20**; Hotelstreitigkeit, Vollstreckbarkeit des Urteils **709** 1; Zuständigkeit **GVG 23** 6

Geschäftsstelle GVG 153; Erteilung einer Abschrift **299** 3; Aktenanforderung nach einer Berufung/Revision **544/566**; Aktenvorlage zur Terminsbestimmung/nach der Zahlung der Prozeßgebühr **216** 2 C/**271 Anh** 2 B; Aufnahme eines Antrags **129a**; Erteilung einer Ausfertigung/eines Auszugs/einer Abschrift **299** 3; unrichtige Auskunft als Wiedereinsetzungsgrund **233** 4; Herausgabe eines Beschlusses **329** 4; Beauftragung des Gerichtsvollziehers **GVG 161**; Kostenberechnung, Mitteilung an den Gegner/Aufforderung **105** 3/**106** 2; Ladung der Partei/des Zeugen **214, 274, 497/377**; Erteilung des Notfrist-/Rechtskraftzeugnisses **706** 3/2 A; Zustellung des Pfändungsbeschlusses **829** 3 C; Aufbewahrung der Aufzeichnung der vorläufigen Protokolls **160a** 4; Auskunft aus dem Schuldnerverzeichnis **915** 3; Verwahrung einer verdächtigen Urkunde **443**; Urkundsbeamter der G. s dort; Übergabe des Urteils an die G. **315** 2; Zustellung des Amts wegen s dort; Zustellung durch die Vermittlung der G. s Zustellung (Parteibetrieb); Besorgung der Zustellung **270** 2 C

– **(Benachrichtigung durch die G.),** bei der Erteilung einer vollstreckbaren Ausfertigung **733**; der Parteien nach der Beweisaufnahme durch ein anderes Gericht **362** 2; Mitteilung von einer Sprungrevision an die Geschäftsstelle des LG **566a** 5; über einen Widerspruch **695**

– **(Einreichung bei der G.) 129a**; der Klageschrift **253** 8, **496** 2; des Kostenfestsetzungsgesuchs **103** 2 C; des Antrags auf eine Änderung der Kostenfestsetzung **107** 2; des Antrags an den Gerichtsvollzieher auf die Vornahme einer Maßnahme der Zwangsvollstreckung **753** 3

– **(Erklärung zum Protokoll der G.),** beim Arrestgesuch **920** 3; beim Aufgebotsantrag **947** 1 A; beim Antrag auf ein Ausschlußurteil **952** 1; beim Aussetzungsantrag **248** 1; bei einer Beschwerde **569** 3; bei der Erklärung gegenüber einer Beschwerde **573** 2 E; beim Beweissicherungsantrag **486** 1; beim Entmündigungsantrag **647**; bei der Klageerhebung vor dem AG **496**; beim Kostenfestsetzungsgesuch **103** 2 C; im Mahnverfahren **702**; bei einer Parteierklärung im Parteiprozeß **Üb 495** 2; bei einer Ablehnung des Richters wegen Befangenheit **44** 1; beim Antrag auf Prozeßkostenhilfe **117**; beim Ablehnung eines Sachverständigen wegen Befangenheit **406** 3 A; beim Antrag/bei der Einwilligung in die Rückgabe einer Sicherheitsleistung **109** 5; beim Widerspruch gegen einen Arrest **924** 2 D; beim Wiedereinsetzungsantrag **236** 1 A; beim Vorbringen eines Entschuldigungsgrunds des Zeugen

Zahlen in Fettdruck = Paragraphen

für sein Ausbleiben **381** 2; beim Zeugnisverweigerungsgrund **386** 1

– **(Niederlegung auf der G.),** des Gutachtens des Sachverständigen **411** 3; des Schiedsspruchs/Schiedsvergleichs **1039** 4/**1044a** 2 A; eines Schriftstücks **142** 2; des Teilungsplans **875**; der Urkunde **134, 142** 2; der Urkunde über eine Beweisaufnahme im Ausland **364** 2; Zustellung durch N. auf der Geschäftsstelle des AG **182** 3

Geschäftsstunden, Zustellung außerhalb der G. **184** 2

Geschäftsunfähigkeit, bei der Klage auf Anfechtung der Ehelichkeit oder der Anerkennung der Vaterschaft **640b**; bei einer Ehesache **607**; und Prozeßfähigkeit **51** 1, **52** 1 B

Geschäftsverteilung, des Gerichts s dort

Geschäftswert, beim Antrag auf eine gerichtliche Entscheidung nach einem Justizverwaltungsakt **EGGVG 30**

Geschehensablauf, typischer, Anscheinsbeweis **286 Anh** 3 B, C

Geschmacksmuster, Beweislast **286 Anh** 4; Pfändung **Grdz 704** 9; Streitigkeit, Kammer für Handelssachen **GVG 95** 2 D

Gesellschaft, Abwicklung **265** 2 F; Gerichtsstand **17** 2, **22** 1, 2; Gesellschafterbeschluß, Feststellungsklage **256** 5; Streitwert **3 Anh**; Umwandlung, Zwangsvollstreckung nach der Umwandlung **859 Anh** 5; Zuständigkeit der Kammer für Handelssachen **GVG 95** 2 D

– **(BGB),** Gesellschafter als notwendiger Streitgenosse **62** 2 B, 3 B; Prozeßführungsrecht des geschäftsführenden Gesellschafters **80** 1 E; Gerichtsstand der Gesellschafterklage **22** 1 A; Parteifähigkeit **50** 2 F; Pfändung eines Gesellschaftsanteils **859** 1; Zwangsvollstreckung **736**

– **(GmbH),** Gerichtsstand bei der Anfechtungs-/Nichtigkeitsklage gegenüber einem Beschluß der Gesellschafter **22** 1 A; Streitwert bei der Auflösung **3 Anh**; Unterbrechung des Verfahrens beim Erlöschen **239** 2 A; Geschäftsanteil, Gerichtsstand des Streitgegenstands **23** 2 B; Gesellschafter als streitgenössischer Streithelfer **69** 2 A; Prozeßführungsrecht des Gesellschafters **Grdz 50** 4 C; Gerichtsstand **17** 1; Löschung, Parteifähigkeit, Fortsetzung des Prozesses **50** 2 G; Löschung, Unterbrechung des Verfahrens **239** 2 A; Parteifähigkeit **50** 2 C, der im Gründungsstadium befindlichen G. **50** 2 C; Pfändung eines Geschäftsanteils **859 Anh** 3; Pfändung des Anspruchs auf eine Leistung der Stammeinlage **859 Anh** 3; Streithilfe **66** 2 E; gesetzliche Vertretung **51** 2 D; Zustellung an die G. **171** 3; Zustellung an einen Angestellten **183** 1 A

– **(OHG, KG),** Verfahrensunterbrechung bei der Auflösung **239** 2 A; notwendige Streitgenossenschaft bei der Auflösungsklage **62** 2 B; Streitwert beim Ausschluß **3 Anh**; Verfahrensunterbrechung beim Erlöschen **239** 2 A; Gerichtsstand **17** 1, 2; Gerichtsstand der

Mitgliedschaft **22**; Gerichtsstand des Vermögens/des Streitgegenstands **23**; Ausschluß des Gesellschafters als Gerichtsperson **41** 2 A, **49**; Kostenhaftung des Gesellschafters **Üb 91** 4 B; Gesellschafter als Streitgenosse **Üb 59** 1, **62** 2 C, 3 B, C; Gesellschafter als gesetzlicher Vertreter **50** 2 D, **51** 2 D; Gesellschafter als Zeuge **Üb 373** 2 B; Pfändung des Gesellschaftsanteils **Grdz 704** 9, **859 Anh** 1; Gerichtsstand bei der Klage gegen einen Gesellschafter **29** 2; notwendige Streitgenossenschaft bei der Klage gegen die Gesellschaft und gegen Gesellschafter **62** 2 A; Streitwert bei der Klage gegen einen Mitgesellschafter **3 Anh**; Kläganderung **263** 2 C; Verfahrensunterbrechung bei der Eröffnung des Konkurses **240** 1 A; Kostenentscheidung im Fall einer Streitgenossenschaft **100** 5; Verfahrensunterbrechung bei der Liquidation/Löschung **239** 2 A, **241** 2 B; Parteifähigkeit **50** 2 D; Prozeßkostenhilfe **116** 4; Prozeßunfähigkeit **52** 1 B; Rechtshängigkeit **261** 3 A; Sicherheitsleistung **110** 2 A; Streithilfe **66** 2 E; Verfahrensunterbrechung beim Tod eines Gesellschafters **239** 2 A; Rechtskraftwirkung des Urteils **325** 6; Vertretung im Parteiprozeß **79** 1; Zeugnisfähigkeit des Gesellschafters **Üb 373** 2 B; Zustellung an die G. **171** 2, 3, **184**; Zwangsvollstreckung **736 Anh**, in einen Anteil **859 Anh** 1
- **(KG aA)**, Zustellung **171** 3

Gesellschaft, stille, Pfändung des Auseinandersetzungsguthabens **859 Anh** 4; Gerichtsstand bei der Gesellschafterklage **22** 1 A; Parteifähigkeit **50** 2 F

Gesellschaftsanteil, Pfändung **859** 1

Gesetz, Begriff **EG 12**, **GVG 1** 2 B; Aussetzung des Verfahrens wegen des Bevorstehens eines G. **Einf 148** 2; Bestimmung des Gerichtsstands durch ein G. **12** 2; Pflicht des Gerichts zur Kenntnis des G. **293** 1 A; Nichtigerklärung, Kostenentscheidung nach einer Erledigungserklärung **91a** 2 C; richterliches Prüfungsrecht **GVG 1** 3 C; Ungültigkeit als Aussetzungsgrund **148** 1 A, E; ZPO-Auslegung **Einl III** 5
- **(Änderung)**, nach dem Erlaß des Berufungsurteils **549** 2 A; Kostenentscheidung **91** 1 A, B, nach einem Berufungsurteil **97** 1 B, bei einem Anerkenntnis nach der Ä. **93** 5, im Fall der Erledigung durch eine Ä. **91a** 3 A, 4; der für das Urteil maßgeblichen Gesetzesvorschrift **300** 3 B
- **(Gesetzesbindung)** **Einl III** 5 B b
- **(Gesetzeslücke)**, Ausfüllung **Einl III** 5 D b
- **(Gesetzeszweck)**, als Auslegungsmaßstab **Einl III** 5 B c; Nichtanerkennung eines ausländischen Urteils wegen eines Verstoßes gegen den Zweck eines deutschen Gesetzes **328** 5 C
- **(Gesetzwidrigkeit)**, greifbare **Üb 567** 1 C a, **567** 1 C **707** 4 A; Rechtsschutzbedürfnis trotz einer G. **Grdz 253** 5 A; Verzicht/Anerkenntnis bei einer gesetzwidrigen Handlung **Einf 306** 2 C
- **(Umgehung)** durch eine einstweilige Verfügung **940** 2 B
- **(Verletzung)**, Revisionsgrund/prüfung **549, 550/559** 3; s auch Rechtsverletzung

Gesetzgebende Körperschaft, Richter als Abgeordneter **DRiG 4** 2 A, **36, 121**

Gesetzliche Frist Üb 214 3; vgl auch Frist

Gesetzlicher Richter s Gerichtsbesetzung

Gesetzlicher Vertreter s Vertreter, gesetzlicher

Gesetzliche Vermutung 291

Gestaltungsklage, -urteil s Klage, Urteil

Gestaltungswirkung Grdz 253 2 C

Geständnis Einf 288 1, **288 ff**; außergerichtliches G. **Einf 288** 1; Behandlung einer unbestrittenen Behauptung als wahr **138** 4; in einer Ehe-/Kindschaftssache **617** 3/**640** 3; Einschränkung **289** 3 B; fingiertes G. **138** 4, **446** 2; bei der Klage auf eine Anfechtung der Entmündigung bzw deren Aufhebung **670, 679** 2, **684, 686**; Erklärung **288** 2; bei der Feststellungsklage **256** 3 A; Geltung des erstinstanzlichen G. in der Berufungsinstanz **532**; Geltung eines außergerichtlichen G. **Einf 288** 1; Geltung eines vorweggenommenen G. **288** 1 B; Irrtum **290** 2 B; Nichterklärung über eine Privaturkunde **439** 3; Parteivertrag **288 Anh** 1 B; Protokoll **160** 2 C; kraft Prozeßvollmacht **83** 1, **85** 2; bei einer Säumnis des Bekl/Berufungsbekl **331** 2/**542** 2 B; bei der Streitgenossenschaft **62** 4 A; des Streithelfers **67** 2 D; des streitgenössischen Streithelfers **69** 2 B; einer ungünstigen Tatsache **138** 1 D; Unwahrheit des G. **138** 1 D, F, **290** 2 A; bei einer freigestellten mündlichen Verhandlung **128** 3 B, C; und Wahrheitspflicht **Einf 288** 3; Widerruf **Grdz 128** 5 G, **290** 2; Widerruf des außergerichtlichen G. **290** 1; und Wiederaufnahme **590** 2; mit Zusätzen, qualifiziertes G. **289**

Gesuch s beim Gegenstand des G.

Getreideeinfuhr, Rechtsweg **GVG 13** 7

Getrenntleben von Ehegatten s Ehegatte

Gewährleistungsanspruch, Gerichtsstand des Erfüllungsorts **29** 1 A, 2; beim Erwerb der Pfandsache **806**; bei der Streitverkündung **72** 1 B

Gewahrsam 808 2 A, 3; eines Angehörigen **808** 3; eines Dritten bei der Sachpfändung **809**; des Ehegatten **739** 1 A, 2

Gewaltanwendung durch den Gerichtsvollzieher **758**

Gewältentrennung DRiG 4 1

Gewerbe, Gerichtsstand der Niederlassung **21** 2; des Sachverständigen, Pflicht zur Erstattung des Gutachtens **407** 2

Gewerbebetrieb, des Ehegatten bei der Gütergemeinschaft, Zwangsvollstreckung **741** 2; dgl Widerspruchsklage **774**; Gerichtsstand bei einem Schadensersatzanspruch wegen eines Eingriff in den G. **32** 3; Ersatzzustellung im Geschäftsraum **181** 1

Gewerbegeheimnis, Zeugnisverweigerungsrecht **384** 4
Gewerbegehilfe, Gerichtsstand des Aufenthaltsorts **20**; Bestellung eines gerichtlichen Vertreters **57**; Zustellung an den G. **183**
Gewerblicher Rechtsschutz, Feststellungsklage **256** 2 B, 5; Gerichtsstand bei einem Schadensersatzanspruch **32** 2 A; Streitwert **3 Anh;** Rechtskraftwirkung des Urteils **322** 4
Gewerkschaft, arbeitsrechtliche, Gerichtsstand der Mitgliedschaft **22** 1 A; Gewerkschaftssekretär als Vertreter **157** 2 A; Parteifähigkeit **50** 2 F, 3 C; Prozeßfähigkeit **50** 3 C
Gewerkschaft, bergrechtliche, Gerichtsstand **17** 3
Gewinn, entgangener, Kostenerstattung **91** 5
Gewinnanteilschein, Aufgebot **Einf 1003** 1 C
Gewohnheitsrecht GVG 1 2 B; Ermittlung des G. **293** 1 B; Nachweis des G. **293** 2; Revisibilität **549** 4
Glaubhaftmachung Einf 284 2 B, **294** 1 A; beim Antrag auf den Ausschluß des Eigentümers **980**; beim Anspruchsgrund für einen Arrest/eine einstweilige Verfügung **920** 2/**936** 1; Beschwerdewert bei der Berufung/Beschwerde **511a** 4/**567** 3; Beweismittel für die G. **294** 2; beim Antrag auf eine Kürzung der Einlassungs-/Ladungsfrist **226** 1 A; Entbehrlichkeit **294** 1 B; bei der Bestellung eines gerichtlichen Vertreters im Fall der Herrenlosigkeit eines Grundstücks, Schiffs, Schiffsbauwerks **58** 2; Kosten im Kostenfestsetzungsverfahren **104** 3 B; Kostenerstattung **91** 5; der Nichtbefriedigung durch die bisherige Pfändung **807** 2 C; Notwendigkeit einer sofortigen Beweisaufnahme **294** 4; der Prozeßunfähigkeit im Fall der Bestellung eines gerichtlichen Vertreters **57** 1 A; des Grundes der Ablehnung des Richters **44** 2; des Grundes für das Ruhen des Verfahrens **251** 2 A; eines Schadens infolge der Verzögerung der Terminsbestimmung **271 Anh** 6; der Schuldlosigkeit beim Nichtvorbringen einer Zulässigkeitsrüge **296** 4; beim Antrag auf eine Terminsaufhebung **227** 3 A; der Vermögenslage wegen der Vorauszahlung der Prozeßgebühr **271 Anh** 6; durch eine eidesstattliche Versicherung **294** 3; einer Tatsache beim Antrag auf eine Wiedereinsetzung **236** 1 D; des Entschuldigungsgrunds des Zeugen für sein Ausbleiben **381** 1; des Zeugnisverweigerungsrechts **386**
Gläubiger, Antragsrecht beim Erbschein/bei einer Urkunde für die Zwangsvollstreckung **792, 896;** Ersteigerung der Pfandsache **817** 5; als Partei im Zwangsvollstreckungsverfahren **Grdz 50** 1; Rechtsstellung bei der Pfändung einer Forderung **829** 5; bei der Pfändung der eigenen Sache **804** 2 B; bei der Überweisung einer gepfändeten Geldforderung s Zwangsvollstreckung; Verzug, Kostenentscheidung **93** 5; Vollstreckungsverhältnis **753** 2 B; Antrag an den Gerichtsvollzieher zur Vornahme der Zwangsvollstreckung **754;** gleichzeitige Anträge mehrerer Gläubiger **827** 3; Erstattung der Kosten der Zwangsvollstreckung **788** 5
Gläubigerstreit 75
Glaubwürdigkeitsfrage bei der Zeugenvernehmung **395** 2
Gleichartigkeit der Anspruchsgründe **60** 1
Gleichberechtigung der Ehegatten **52 Anh** 1
Gleichheit vor dem Gesetz **Einl III** 5 A
Gleichwertigkeit, des Parteivorbringens **138** 1 B, **Einf 284** 2 B; aller Teile der mündlichen Verhandlung **Üb 253** 2 D
Gliedmaß, künstliches, Pfändung **811** 15
GmbH s Gesellschaft (GmbH)
Gnade 890 4 A
Gnadenbezug, Pfändung **850a** 8
Goldsache, Pfändung **808** 4 A; Mindestgebot bei der Pfandversteigerung **817a** 3
Graduiertenförderung, Pfändung eines Anspruchs/einer Zahlung **Grdz 704** 9
Graphologe, Schriftgutachten **442**
Grenzregelung, Rechtsweg **GVG 13** 6 F; Streitwert **3 Anh**
Grenzscheidungsklage, Gerichtsstand **24** 2 D
Griechenland, deutsch-griechisches Abkommen **SchlAnh V** B 6
Grobe Nachlässigkeit beim verspäteten Vorbringen s Parteivorbringen
Grobes Verschulden, Nichtgeltendmachung eines Angriffs-/Verteidigungsmittels durch die Hauptpartei im Fall einer Streithilfe **68** 3
Großbritannien, deutsch-britisches Abkommen **SchlAnh V** B 5
Großer Senat GVG 132, 136–138
Grund des Anspruchs **304** 3 A, C; Klagegrund s dort; Streitwert **3 Anh**
Grundbuchamt 866, 867, 941
Grundbuchberichtigung, Abtretung/Pfändung des Anspruchs auf eine G. **265** 2 F/**Grdz 704** 9; Gerichtsstand der Klage auf eine G. **24** 2 A; Streitwert der Klage gegen einen Miterben **3 Anh**
Grundbucheintragung, der Arresthypothek **932** 2; Streitwert der Auflassungsvormerkung **6** 3 B; Kosten als solche der Zwangsvollstreckung **788** 5; Pfändung/Überweisung einer Buchhypothek **830** 4 A/**837** 1 B; Nachweis der Rechtsnachfolge **799**; Sicherheitsleistung eines Ausländers bei einer Klage **110** 3; Zwangsvollstreckung aus einem Urteil auf die Bewirkung einer G. **887** 6; beim Urteil auf die Abgabe einer Eintragungserklärung **894, 895, 896**; einstweilige Verfügung auf eine G. **936** 2 A; zugehöriges Eintragungsersuchen **941**; einstweilige Verfügung auf die Eintragung einer Vormerkung oder eines Widerspruchs **942**; Streitwert **3 Anh**; Zwangshypothek **867** 1; Unterwerfung des jeweiligen Eigentümers unter die Zwangsvollstreckung **800**
Grundbuchlöschung, Zwangsvollstreckung aus einem Urteil auf eine G. **887** 6

dahinterstehende Zahlen und Buchstaben = Anmerkungen **Gutglaubensschutz**

- **(Bewilligung)**, bei der Zwangshypothek 788 5 ,,Löschungsbewilligung", 867 2 B
- **(Klage)**, Gerichtsstand 24 2 B, 25; Kostenentscheidung beim Anerkenntnis 93 5; Streitwert 3 **Anh**; derjenige im Fall der Löschung einer Hypothek/Auflassungsvormerkung 6 3 A/B

Grunddienstbarkeit, Gerichtsstand 24 2 B, C, 3, 5; notwendige Streitgenossenschaft der Grundstücksmiteigentümer 62 3 B; Grundstücksveräußerung während des Prozesses 266 1; Streitwert 7; Urheberbenennung im Fall einer Rechtsbeeinträchtigung 77

Grundpfandrecht, Zwangsvollstreckung im Fall der Abtretung, Belastung, Bestellung einer Briefgrundschuld/Hypothek 897; Gläubigeraufgebot s Aufgebotsverfahren; Grundstücksveräußerung während des Prozesses 266 1; Gerichtsstand der Klage 24 2 B, C; Klage im Urkundenprozeß 592 2 B; Gerichtsstand im Fall der Verbindung der persönlichen mit der dinglichen Klage 25; dgl Streitwert 3 **Anh**; Streitwert bei der Höchstbetragshypothek 6 3 B; Streitwert der Löschung 6 3 A; Anspruch auf Eigentumsübertragung, Pfändung, Sicherungshypothek 848 3 B; Rechtskraftwirkung des Urteils 325 4; Zwangsvollstreckung aus einem Urteil auf die Bewirkung der Löschung 887 6; bei der vorläufigen Vollstreckbarkeit 720a; Zwangsvollstreckung, Haftung des Zubehörs 865; Unterwerfung des jeweiligen Eigentümers unter die Zwangsvollstreckung 800; Nachweis der Rechtsnachfolge 799

- **(Arresthypothek)** 932
- **(Brief)**, Gerichtsstand bei der Klage auf die Herausgabe 24 3; Streitwert der Herausgabe 3 **Anh**; Hilfspfändung 808 1 B; Kraftloserklärung **Einf** 1003 1 B, 1024 **Anh**; vgl auch Aufgebot
- **(Eigentümergrundschuld, -hypothek)**, Pfändung 857 5 C/B; Streitwert 3 **Anh**
- **(Grundschuld)**, Beweislast 286 **Anh** 4; Pfändung 857 5 A; Pfändung des Anspruchs auf die Rückübertragung **Grdz** 704 9; Gerichtsstand der Klage auf eine Rückübertragung 24 2 C
- **(Höchstbetragshypothek)**, Streitwert der Löschung 6 3 B; Pfändung/Überweisung 830 1, 857 5 E/837 2
- **(Hypothek)**, Abtretung, Streitwert 6 3 B; Aufgebot der Gläubiger 982 ff; Rechtshängigkeitswirkung bei der Hypothekenklage 261 3 B; Pfändung/Überweisung der Hypothekenforderung **Grdz** 704 9, 830/837; als Sicherheitsleistung 108 2 B; Rechtskraftwirkung des Urteils 322 4, 325 4, 6; Vorpfändung 845 4; Recht zur Erhebung einer Widerspruchsklage 771 6; Klage auf künftige Zahlung von Zinsen 258 1
- **(Sicherungsgrundschuld)**, Pfändung des Anspruchs auf die Rückübertragung **Grdz** 704 9, 857 5 A
- **(Sicherungshypothek)** 866 ff; Arrestvollzug 932 1–3; Pfändung/Überweisung 830 6/837 2
- **(Zwangshypothek)** 866 ff; Kostenentscheidung bei einem Anerkenntnis 93 5; Übergang auf den Grundeigentümer 868; Zwangsschiffshypothek 870a

Grundrechtsverletzung, Beweislast 286 **Anh** 4; rechtliches Gehör **Einl III** 3 A
Grundsätzliche Bedeutung der Rechtssache 348 2 B, 546, 554, 554b
Grundschuld(brief) s Grundpfandrecht
Grundstück, Eigentumsaufgabe, Bestellung eines gerichtlichen Vertreters 58, 787; Ausschluß des Eigentümers s Aufgebotsverfahren; Eigentumserwerb/Herausgabeanspruch, Pfändung/Pfändung für mehrere Gläubiger 848, 849/855, 856; Früchte, Zwangsvollstreckung 810, 824; mit dem Grundeigentum verbundenes Recht 24 3; Gerichtsstand der Klage des Eigentümers 24 2 A; Gerichtsstand der persönlichen Klage gegen den Eigentümer/Besitzer wegen einer Grundstücksbeschädigung 26 2 A/B; Herrenlosigkeit 58, 787 1; Klage auf eine kalendermäßige künftige Räumung 257 1 A; Räumungsvollstreckung 885; Streitwert 6 1 B; Gerichtsstand der Teilungsklage 24 2 E; Zwangsvollstreckung aus einem Urteil auf eine Herausgabe 885; Veräußerung während des Prozesses 266 1; Zubehör in der Zwangsvollstreckung 865; Zwangsvollstreckung 864–871

Grundstücksbestandteil als unbewegliche Sache, Gerichtsstand 24 3; Zwangsvollstreckung 864, 866
Grundstücksgleiches Recht 864 1 C, 870 1
Grundstückszubehör 865 2 B
Grundurteil, s Urteil (Vorabentscheidung)
Gründungsgesellschaft, Parteifähigkeit 50 2 C
Gutachten, Kostenerstattung 91 5; diejenige beim vorprozessualen Gutachten **Üb** 91 1, 2 B, 91 5; als Parteivorbringen **Üb** 402 5; bei der Festsetzung des Streitwerts 3 2 B; s auch Sachverständiger (Gutachten)
Güterfernverkehr, Rechtsweg **GVG** 13 7
Gütergemeinschaft s Ehegüterrecht
Güterrecht s Ehegüterrecht
Güterrechtsregister, in der Zwangsvollstreckung 741
Gütestelle, Kostenerstattung 91 3 B; Vergleich vor der G. 307 **Anh** 4 B; Vergleich als Vollstreckungstitel 794 2; Erteilung der Vollstreckungsklausel 797a
Güteverfahren 91 3 B b, 279, 307 **Anh** 4 C, D; Einzelrichter 349 3 B
Gutglaubenserwerb und Rechtskraftwirkung 325 3; beim Rechtsübergang des Streitgegenstands 265 5, 266 3; durch die Zwangsvollstreckung 898
Gutglaubensschutz, bei der Veräußerung eines Grundstücks 266 3; bei der Veräußerung der Streitsache 265 5; bei der Pfändung **Üb** 803 3 A; und Rechtskrafterstreckung 325 3;

Guthaben

bei der unterstellten Willenserklärung **898** 1; Zuständigkeitsvereinbarung **38** 3 A a
Guthaben, Freigabe, Streitwert **3 Anh**

H

Haager Abkommen, Entmündigungsabkommen **645 Anh** 2
Haager Übereinkommen wegen einer Beweisaufnahme im Ausland **363 Anh**; zur Befreiung von der Legalisation **438** 2 E; bei Unterhaltsentscheidungen **SchlAnh V** A 2; wegen einer Zustellung im Ausland **202 Anh**
Haager Zivilprozeßübereinkommen, Personalhaft **918 Anh**; Prozeßkostenhilfe **114 Anh**; Rechtshilfe **GVG 168 Anh** I; Sicherheitsleistung **110 Anh**; Vollstreckbarerklärung **SchlAnh V** A 1; Zustellung **202 Anh** 2
Haft, beim persönlichen Arrest/der einstweiligen Verfügung **933/936** 2; bei der Offenbarungsversicherung s dort; Ordnungshaft s Ordnungsmittel; Zwangshaft s dort; in der Zwangsvollstreckung **888 ff**;
Haftaufschub 906 1, 2
Haftbefehl 901 2, **908** 1
Haftdauer 913
Haftentschädigung, Pfändung **Grdz 704** 9
Haftpflichtprozeß, Streitwert **3 Anh**
Haftung für eine Amtspflichtverletzung s dort; Kostenhaftung s dort; Schadensersatzpflicht s dort
Haftungsbeschränkung, des Erben s dort; Kostenentscheidung bei einem Anerkenntnis unter einer Geltendmachung einer H. **93** 2 B; kraft eines Vertrages **Grdz 704** 3 E; Vollstreckungsabwehrklage **785, 786**; Vorbehalt der H. im Urteil **305**; Recht zur Erhebung einer Widerspruchsklage **771** 6
Haftungserhöhung durch die Rechtshängigkeit eines dinglichen Anspruchs **262** 1
Haftunterbrechung 905 1
Hamburger freundschaftliche Arbitrage 1025 2 D
Handelsbrauch GVG 1 2 C; Beweislast **286 Anh** 4; Entscheidung der Kammer für Handelssachen **GVG 114**
Handelsbuch, Anordnung der Vorlegung **422** 2 E; Pfändung **811** 14
Handelsgeschäft, Zuständigkeit der Kammer für Handelssachen bei einem Anspruch aus einem H./einer Geschäftsveräußerung **GVG 95** 2 A, D
– (Fortführung), vollstreckbare Ausfertigung **729** 2; Kostenhaftung **Üb 91** 4 B; durch die Witwe/den minderjährigen Erben, Pfändungsschutz **811** 9
Handelsgesellschaft s bei den einzelnen Gesellschafts-Rechtsformen
Handelsgewerbe, Zuständigkeitsvereinbarung **38** 3 A a
Handelskammer s Kammer für Handelssachen, Wettbewerb (Einigungsstelle)
Handelsniederlassung, Gerichtsstand **21**

Handelsregistereintragung als Voraussetzung der Tätigkeit eines ehrenamtlichen Richters in der Kammer für Handelssachen **GVG 109**
Handelsrichter s Richter, ehrenamtlicher (Kammer für Handelssachen)
Handelssache GVG 95
Handelsschiedsgerichtsbarkeit, Abkommen **SchlAnh VI**; Handelsschiedsvertrag **1027** 2
Handelsvertreter, Streitwert seines Anspruchs **3 Anh, 9** 1
Handlung, Duldungspflicht, Zwangsvollstreckung **890, 891**; Unterlassungspflicht, Zwangsvollstreckung **890, 891**; Urteil des AG auf eine Vornahme/Zahlung einer Entschädigung nach einem Fristversäumnis **510b, 888a**; Urteil auf eine (un)vertretbare H., Zwangsvollstreckung **3 Anh, 888, 887, 891**
Handlung, schlüssige s Schlüssige H.
Handlung, unerlaubte s Schadensersatzanspruch/-klage
Handlungsunfähigkeit, Beweislast **286 Anh** 4
Handlungsvollmacht, Prozeßführungsrecht **80** 1 E
Handschriftliche Unterzeichnung 690, 692
Handwerker, Klage gegen einen Reisenden **709** 1; Zuständigkeit **23** 6
Härte, schwere, im Eheverfahren **616** 3 B
Härte, unbillige, Zwangsvollstreckung **765a**; Pfändung des Arbeitseinkommens **850f**; Pfändungsschutz für die Witwe oder den minderjährigen Erben bei einer Fortführung der Erwerbstätigkeit **811** 9
Häufungsgrundsatz Üb 253 2 C; Vollstreckungsabwehrklage **767** 5
Hauptantrag 260 2 C, D
Hauptbeweis Einf 284 3
Hauptintervention s Einmischungsklage
Hauptpartei 66 1
Hauptprozeß, Gerichtsstand **34**
Hauptsache, Entscheidung in der H. **99** 1 B; Erledigung der H. s dort; Gericht der H. beim Arrest/bei der einstweiligen Verfügung **919** 2, **297** 3 B, **936** 1, **937** 1, **942** 1, **943** 1; Kosten als Hauptsache bei einer Erledigung vor dem Eintritt der Rechtshängigkeit **91a** 2 A; Verhandeln zur H. s Mündliche Verhandlung (Verhandeln zur Hauptsache)
Hauptsachenklage 926 1–3
Haupttermin 272, 278
Hauptversammlungsbeschluß, Gerichtsstand für die Anfechtungs-/Nichtigkeitsklage **12** 2; Streitwert in solchem Fall **3 Anh**; Zuständigkeit der Kammer für Handelssachen **GVG 95** 2 D
Hausbesetzung 253 3 A, **750** 1 A e
Hausgenosse, Ersatzzustellung an den H. **181** 1 B; Gewahrsam **808** 3
Hauslehrer, Ersatzzustellung an den H. **181** 1 B
Hauspersonal, Ersatzzustellung an das H. **181** 1 B; bei einem Exterritorialen **GVG 18** 2 B;

dahinterstehende Zahlen und Buchstaben = Anmerkungen **Hinterlegung**

Gerichtsstand des Beschäftigungsorts **20**; Bestellung eines gerichtlichen Vertreters **57**
Hausrat, Pfändung des Anwartschaftsrechts nach einem Abzahlungskauf **Grdz 704** 9; einstweilige Anordnung in einer Ehesache **620** 9, **621** 1 G, **621 e** 2 B; Gewahrsam **808** 3; Pfändung **Grdz 704** 9, **739, 811** 3, **812**
Hausratssache, Abgabe in einer H. **281 Anh I**; Rechtsweg **GVG 13** 7; Streitwert **3 Anh**; Zuständigkeit des Prozeßgerichts **281 Anh I** 2 A, **620** 9, **621** 1 G, **621 e** 2 B, **GVG 23 b, c**
Hausrecht, beim Haustermin **219** 1 C; der Justizverwaltung **GVG 176** 2; in der Zwangsvollstreckung **758** 1
Haustier, Beseitigung, Zwangsvollstreckung **887** 6; Pfändung eines Hundes **811** 17
Hausverbot, Rechtsweg **GVG 13** 7
Hauswirt, Ersatzzustellung an den H. **181** 2 A
Haverei, Zuständigkeit **GVG 95** 2 D
Hebamme, Gebühren, Rechtsweg **GVG 13** 7; Pfändung bei der H. **811** 10
Heil- und Pflegeanstalt, Unterbringung eines zu Entmündigenden **656**; Ersatzzustellung in der H. **181** 2 A
Heilung s Verfahrensmangel (Heilung), Zustellungsmangel (Heilung)
Heilungskosten 940 3 ,,Rente"
Heimarbeitsvergütung, Pfändung **850i** 4
Heiratsbeihilfe, Pfändung **850a** 6
Heizöl, Pfändung **811** 4
Hemmung s Frist (Hemmung), Verjährung (Hemmung)
Hemmungswirkung Grdz 511 1 B, **705** 2
Herausgabe, Aufschub **765 a** 4, 5; bei der einstweiligen Verfügung **938** 2; an den Gerichtsvollzieher durch einen Dritten **809** 2; Erzwingung der H. eines Kindes **883** 5; einer Sache **883** 1–4; des Pfandes an den Gläubiger **838** 1; dgl Rechtsweg **GVG 13** 7; dgl Streitwert **3 Anh**; dgl Zuständigkeit **GVG 23 b, c**; an den Sequester im Fall der einstweiligen Verfügung **938** 2, im Fall der Pfändung des Anspruchs auf die Herausgabe eines Grundstücks **848** 2
Herausgabeanspruch, Pfändung **Grdz 704** 9, **846–849**; Pfändung für mehrere Gläubiger **854–856**; Pflicht des Gegners zur Herausgabe einer Urkunde **422**; im Fall der vorläufigen Vollstreckbarkeit **717** 2–4; Recht zur Erhebung einer Widerspruchsklage **771**
Herausgabebereitschaft 809 2
Herausgabeklage, Anspruchshäufung **260** 1 A; Arbeitszeugnis, Rechtsschutzbedürfnis **Grdz 253** 5 A; gegen den Besitzer, Streitverkündung gegenüber dem mittelbaren Besitzer **76**; Gerichtsstand wegen eines Grundpfandbriefs **24** 3; Gerichtsstand beim Streit um die Herausgabe eines Grundstücks **24** 2 A; auf die kalendermäßig künftige Herausgabe eines Grundstücks/Wohnraums **257** 1; Klagantrag **253** 5 B; Streitbefangenheit **265** 2 b; Streitwert **3 Anh**, 6; Urkundenvorlegung durch einen Dritten **429** 2; Rechtskraftwirkung des Urteils **322** 4; Zwangsvollstreckung **883–886**; Verbindung mit der

Klage auf Erteilung einer Auskunft usw **254** 2 A; Rechtsschutzbedürfnis für den Vermieter **Grdz 253** 5 A; künftige Wohnungsraumherausgabe **259** 1 B
– **(Streitwert) 3 Anh;** Aktie **4** 3 A; H. aus Besitz/Eigentum **6** 1; beim Eigentumsvorbehalt **3 Anh, 5** 2 B, **6** 1 A, 2; gegenüber einem Gesamthandeigentümer **6** 1 B; Pfandsache **6** 3 B; Rentengut **8** 2 A; sicherungsübereigneter Sachen **6** 2; einer Urkunde **6** 1 A
Herrenlosigkeit, eines Flugzeugs/Grundstücks/Schiffs, Bestellung eines gerichtlichen Vertreters **58, 787**
Herstellerhaftung, Beweislast **286 Anh** 4
Herstellungsklage 606 2 E
Hilfsakte, Einsicht **299** 3
Hilfsanspruch 260 2 D; Streitwert **3 Anh**; Anordnung einer Verhandlungsbeschränkung **146** 2 B; Verweisung im Fall einer Beschränkung der Zuständigkeit auf den H. **280** 3
Hilfsanschlußberufung 521 1 A
Hilfsantrag s Klagantrag (Hilfsantrag)
Hilfsarbeiter, Verschulden des angestellten Anwalts **85** 3
Hilfsaufrechnung durch den Bekl **145** 4 D; Beschwer, Streitwert **3 Anh**; Urteil **300** 3 E
Hilfsbegründung der Klage **260** 2 C; des Urteils **Grdz 253** 3 A c, **313** 7 A, B c
Hilfsbeschwerde, Durchgriffserinnerung gegen eine Entscheidung des Rpfl s Erinnerung; gegen eine Entscheidung des verordneten Richters oder Urkundsbeamten **577** 5
Hilfserklärung der Partei über eine Tatsache **138** 5 A
Hilfsnatur, der Parteivernehmung **445** 1 A, 2; der Restitutionsklage **582** 1
Hilfspfändung der Legitimationsurkunde **808** 1 B
Hilfsrichter GVG 70, 115
Hilfsspruchkörper GVG 21 e 3 B
Hilfstatsache des Beweises **Einf 284** 3
Hilfsvorbringen Üb 253 2 C
Hilfswiderklage 253 Anh 1 B; Rechtshängigkeit **261** 2 C; Trennung der Verfahren **145** 3; gegenüber der Widerklage **253 Anh** 2 D
Hindernis für die Wahrung einer Frist s Wiedereinsetzung
Hinterbliebenenbezug, Pfändung **850** 2 E, **850a** 8, **850b** 5
Hinterlegung, einer Lösungssumme beim Arrest **923** 2, **934**; Gerichtsstand des Streitgegenstands **23** 2 B; wegen eines Gläubigerstreits **75**; zwecks Ausschlusses eines Grundpfandrechtsgläubigers **987**; Streitwert der Klage auf die Einwilligung in eine Auszahlung **4** 3 A; Pfändung des Rücknahmerechts **Grdz 704** 9; als Sicherheitsleistung **108** 4; Streitwert **3 Anh**; Zwangsvollstreckung aus einem Urteil auf eine Hinterlegung von Geld **887** 6; Verzinsung hinterlegten Geldes **109** 4 B; H. eines Vorschusses auf die Zeugen- und Sachverständigengebühren **379** 1

Hartmann

Hinweispflicht
A/402 1; H. auf der Post usw bei der Zustellung 195 a
– **(in der Zwangsvollstreckung)** s dort (Hinterlegung)
Hinweispflicht des Gerichts s Aufklärungs- und Hinweispflicht
Hochschule s Universität
Höchstbetragshypothek s Grundpfandrecht (Höchstbetragshypothek)
Höchstpersönlicher Anspruch, Unpfändbarkeit **851** 2
Hofveräußerung, Abfindung, Rechtsweg **GVG 13** 7
Hoheitsrecht, Rechtsweg **GVG 13** 7
Holland, Anerkennungs- und Vollstreckungsabkommen **SchlAnh V** B 7
Honorarkonsul, Gerichtsstand **15**
Hotel, Streitigkeit mit einem Gast, Vollstreckbarerklärung des Urteils **709** 1; Zuständigkeit **GVG 23** 6
Hund, Pfändung **811** 17
Hypothek(enbrief) s Grundpfandrecht
Hypothetische Tatsache Einf 284 4 B

I

Identität der Partei/des Prozesses, Rechtshängigkeit **261** 3
Immission, Beweislast **286 Anh** 4; Streitwert **3 Anh;** Urteil auf die Abwendung einer I., Streitwert **887** 6
Immobilie s Unbewegliche Sache
Immunität kraft Völkerrechts **GVG Einf 18** A, 20
Impfschadenersatz, Streitwert **3 Anh**
Inbesitznahme der Pfandsache **808** 2 B, 4 A
Indvidualisierung des Klagegrundes **253** 4 B
Individualleistung, einstweilige Verfügung **935** 1; Zwangsvollstreckung s dort
Indizienbeweis Einf 284 3
Indossables Papier, Gerichtsstand **29** 1 A; Kraftloserklärung s Aufgebotsverfahren; Pfändung/Verwertung **808** 1 B, **831**/**835**, **844**; Recht des Indossaten zur Prozeßgeschäftsführung **Grdz 50** 4 C
Industrie- und Handelskammer, Meinungsumfrage **355** 1 A, **Üb 402** 1 A; Vorschlagsrecht betr ehrenamtliche Richter **GVG 108**
Information, des ProzBev, Kostenerstattung **91** 5; Zeugnisverweigerungsrecht **383**
Inhaberpapier 821 1, **823** 1; Gerichtsstand **29** 1 A; Gerichtsstand des Vermögens **23** 2 B; hinkendes I. **1023** 1; Kraftloserklärung s Aufgebotsverfahren; Pfändung **821** 1; s auch Wertpapier
Inhaberschaft eines Rechts **771** 3 A
Inhaltskontrolle, richterliche s Richter
Inhibitorium 829 2 C c
Inkassobüro, Kostenerstattung **Üb 91** 4 A, **91** 5; mündlicher Vortrag **157** 1 A
Inkassozession durch einen Ausländer, Sicherheitsleistung **110** 2 B; Gerichtsstandsvereinbarung **38** 2 B c; Recht des Zessionars zur Prozeßgeschäftsführung **Grdz 50** 4 C

Inkorrekte Entscheidung s Fehlerhaftigkeit
Inland, DDR **Einl III** 8 B, **16** 2 A, **606** 3 A
Innenbindung des Gerichts an seine Entscheidung **318**
Innere Rechtskraft s Rechtskraft
Innere Tatsache als Gegenstand des Beweises **Einf 284** 4 B
Innung, Gerichtsstandsvereinbarung **38** 3 A b
Inquisitionsgrundsatz s Amtsermittlungsgrundsatz
Insichprozeß, Fiskus **Grdz 50** 2 E
Instanz, Beginn/Ende **177** 2 D; Begriff bei der Zustellung **176** 2 C, D, 3 B, **178**; Prozeßkostenhilfe **119**; Rechtsmittelschrift, Zustellung **210a** 2; Unterbrechung nach der Verkündung des Urteils **239** 2 G
Interesse eines Dritten an der Akteneinsicht **299** 4; des Bekl im Fall einer Erledigungserklärung des Klägers **91a** 2 C; an der Beweissicherung **485** 3 C; für eine Feststellungsklage **256** 3; Klage auf das I. wegen einer Veränderung des Streitgegenstands **264** 2 D; Klage auf das I. trotz einer Zwangsvollstreckung **893** 1; des Klägers, Streitwert **3** 2 A; Rechtsschutzbedürfnis s dort; Schätzungsvernehmung der Partei **287** 3 B; des Streithelfers **66** 2 C, D
Interessentheorie GVG 13 3
Interlokales Zivilprozeßrecht s Zivilprozeßrecht
Internationales Zivilprozeßrecht s Zivilprozeßrecht
Internationale Zuständigkeit s Zuständigkeit
Interventionsklage s Zwangsvollstreckung (Widerspruchsklage)
Interventionsprozeß 64
Interventionswirkung, Streithilfewirkung **68**
Intimsphäre, Schutz **Üb 371** 4
Investmentanteil, Pfändung **Grdz 704** 9
Inzident ... s Zwischen ...
Irrelevanz, beim Rechtsübergang des Streitgegenstands **265** 3 B
Irrenanstalt s Heil- und Pflegeanstalt
Irrtum, Entschuldbarkeit eines Rechtsirrtums **Einl III** 7 A; Berichtigung des Urteils **319**; und Wiedereinsetzung **233** 4
– **(bei)** einem Anerkenntnis **Einf 306** 2 B; einem Einverständnis mit dem schriftlichen Verfahren **128** 5 C; über die Wohnungseigenschaft bei einer Ersatzzustellung **182** 2; einem Geständnis **290** 2 C; einer Klagerücknahme **269** 3 A; der Bezeichnung einer Partei **Grdz 50** 2 A, E; einer Prozeßhandlung **Grdz 128** 5 D; einer klagebegründenden Tatsache, Kostenentscheidung **93** 2 A; einem Verzicht **Einf 306** 2 B; einer gerichtlichen Willenserklärung **319** 1, 2; der Angabe des Zustellungsgegners in der Zustellungsurkunde **191** 2 C
Israel, deutsch-israelischer Vertrag **SchlAnh V** B 9
Italien, deutsch-italienischer Vertrag **SchlAnh V** B 2

dahinterstehende Zahlen und Buchstaben = Anmerkungen **Kind**

J

Jagd(pacht)recht, Streitwert **3 Anh;** Zwangsvollstreckung **Grdz 704** 9, **864** 1 C, **866, 870**
Jahrmarkt, Gerichtsstand **30**
Journalist, Zeugnisverweigerungsrecht **383**
Judex a quo, judex ad quem 104 4 C, **569** 1
Jugendarrest EGGVG 23
Jugendhilfe, Rechtsweg **GVG 13** 7
Jugendlicher, Beeidigung **393;** Parteivernehmung **455** 2
Jugendstrafe EGGVG 23
Jura novit curia 138 1 B, **293** 1 A; s auch rechtliche Erörterung
Juristenausbildung DRiG 5–5 d
Juristische Person, Abwicklung, Unterbrechung des Verfahrens **239** 2 A, **241** 2 B; Erlöschen, Unterbrechung des Verfahrens **239** 2 A; Erlöschen im Fall der Vertretung durch einen ProzBev, Aussetzungsantrag **246** 2 B; Feststellungs- statt Leistungsklage **256** 5; Gerichtsbarkeit bei einer ausländischen j. P. **GVG 18** 1; Gerichtsstand **17;** Gerichtsstand des Vermögens/Streitgegenstands **23;** Vereinbarung des Erfüllungsorts als Gerichtsstand **29** 4 B; Gerichtsstandsvereinbarung bei einer öffentlichrechtlichen j. P. **38** 3 A b; Gerichtsstand der Organhaftung **32** 2 A; Rechtskraftwirkung gegenüber dem Organmitglied **325** 6; Parteifähigkeit **50** 2 C; Prozeßkostenhilfe **116;** Prozeßunfähigkeit **52** 1 B; als Schiedsrichter **1025** 5 C; Sicherheitsleistung **110** 2 A; Rechtskraftwirkung des Urteils **325** 6; Bestellung eines gerichtlichen Vertreters **57** 1 A; gesetzlicher Vertreter **51** 2 D; Wegfall des gesetzlichen Vertreters, Unterbrechung des Verfahrens **241** 2 B; Zustellung **171** 2; Zwangsvollstreckung gegen eine öffentlichrechtliche j. P. **882a**
Juristische Tatsache Einf 284 4 C; als Gegenstand des Beweises **Einf 284** 4 C
Justizanspruch Grdz 253 1 A a
Justizbehörde, Maßnahme der J. **EGGVG 23** 1
Justizhoheit GVG Üb 1
Justizverwaltung GVG 21 Anh I; Anerkennung einer ausländischen Ehescheidung **328** 7 B; Aufbau **GVG 21 Anh II;** Gerichtsstand **18** 2; Zulassung als Prozeßagent **157** 4 A; Richtertätigkeit **EGGVG 4, DRiG 4** 3 a; Antrag auf eine gerichtliche Entscheidung wegen einer Untätigkeit der J. **EGGVG 27**
Justizverwaltungsakt EGGVG 23 1; Anwaltszwang in einer Justizverwaltungssache **78** 2 A; Begründung **EGGVG 28** 4 B; Rechtsmittelbelehrung **EGGVG 26** 2
– **(Antrag auf gerichtliche Entscheidung) EGGVG 23, 24, 26** 3; Antragsfrist **EGGVG 26** 2, **27** 2, Anwaltszwang **78** 2 A; Entscheidung **EGGVG 28;** Kostenentscheidung **EGGVG 30;** wegen der Untätigkeit **EGGVG 27;** Vorlage beim BGH **EGGVG 29;** Verfahrensvorschriften **EGGVG 29** 3
Justizvollzugsanstalt, Ersatzzustellung **181** 1 A, 2 A

K

Kahlpfändung 811 1 A
Kalendertag, Klage auf eine kalendermäßige künftige Räumung/Zahlung **257;** Zwangsvollstreckung bei einem vom Kalender abhängigen Urteilsanspruch **751** 1
Kammer s Landgericht
Kammer für Handelssachen GVG 93 ff; Abgabe von Amts wegen an die Zivilkammer **GVG Üb 93;** Antrag auf eine Verhandlung vor der K. **GVG 96;** auswärtige K. **GVG 106;** Besetzung **GVG 105, 106;** Bildung **GVG 93;** Einmischungsklage **64** 3 B, **GVG 103;** ehrenamtlicher Richter s Richter; Prozeßverbindung mit einer Sache der Zivilkammer **147** 1 B; Sachkunde **GVG 114;** Verweisung an die K. **GVG 98, 104;** Verweisung an die Zivilkammer **GVG 97, 99, 104;** Zuständigkeit **GVG 94;** Zuständigkeitsstreit mit der Zivilkammer **36** 3 E; Zuständigkeitsvereinbarung **Üb 38** 1
– **(Vorsitzender) 349** 1; Entscheidungsbefugnis **349** 3; Förderungspflicht **349** 2; Rechtsmittel gegen die Entscheidung des V. **350**
Kannvorschrift Einl III 4 B b
Kanzleiabwickler 78 2 D a
Kapitalanlagegesellschaft, Pfändung eines Investmentanteils **Grdz 704** 9
Kapitän, Anordnung der Offenbarungshaft **904**
Kartell s Anwaltskartell
Kartellsache, Kammer für Handelssachen **GVG 95** 2 E; Rechtsweg **GVG 13** 6 G, 7; Verweisung **281** 1 A; Zuständigkeit des Kartellgerichts, Aussetzung des Verfahrens **Einf 148** 1 A
Kassatorische Entscheidung s beim betr Rechtsmittel; kassatorische Klausel s Verfallklausel
Kassenarztstreitigkeit, Rechtsweg **GVG 13** 7
Kaufmann, Ersatzzustellung im Geschäftsraum **183** 1; Vereinbarung des Gerichtsstands am Erfüllungsort **29** 4 B; Zuständigkeit der Kammer für Handelssachen **GVG 95;** Zuständigkeitsvereinbarung **38** 3 A a
Kaufverpflichtung, Zwangsvollstreckung aus einem Urteil auf eine K. **887** 6
Kaufvertrag, Abnahme der Kaufsache, Gerichtsstand **29** 3 A; dgl Streitwert **3 Anh, 5** 2 B; dgl Zwangsvollstreckung **887** 6; Beweislast bei einem Anspruch aus einem K. **286 Anh** 4; Klage auf eine Übergabe der Kaufsache **6** 1 A; Rechtskraftwirkung des Urteils **325** 6
Kausalzusammenhang s Ursachenzusammenhang, Ursächlichkeit
Kaution, Mietkaution, Gerichtsstand für den Rückzahlungsanspruch **29a** 1
Kenntlichmachung, der Pfändung **808** 4 C
Kind, Abstammungsuntersuchung s dort; einstweilige Anordnung auf eine Zahlung von Unterhalt, Schadensersatzpflicht bei ih-

Hartmann 2311

Kindergeld

rer Aufhebung **641 g**; Eidesmündigkeit **393**; Gerichtsstand **13 15**; Erzwingung der Herausgabe **883** 5; Streitwert der Herausgabe **3 Anh**; Ladung bei der Klage auf die Anfechtung der Anerkennung der Vaterschaft **640 e**; Prozeßfähigkeit **52** 1 B; Streit über ein Kindschaftsverhältnis als Aussetzungsgrund **151**, **154** 2; Streitverkündung bei der Vaterschaftsfeststellungsklage **641 b**; Zuständigkeit beim Unterhaltsanspruch **GVG 23 a** 2; Anerkennung/Vollstreckung einer ausländischen Unterhaltsentscheidung **SchlAnh V** A 2; Verbleib bei der Pflegeperson **GVG 153 Anh** § 14 RPflG
- (**Eheliches K.**), Feststellungsklage wegen des Eltern-/Kindesverhältnisses s Kindschaftssache; einstweilige Anordnung in einer Ehesache wegen der Personensorge oder des Unterhalts **620**, **621**; Gerichtsstand der Unterhaltsklage gegenüber einem Elternteil **35 a**
- (**Nichteheliches K.**), Abstammungsuntersuchung s dort; Anerkennung der Vaterschaft s Vaterschaft; Ausschluß einer Gerichtsperson wegen ihrer Vaterschaft **41** 2 C, **49**; Ehelichkeitsanfechtungsklage s dort; Pfändungsvorrecht der Mutter **850 d** 1 A; Unterhaltsklage s dort; Vaterschaft s dort; gesetzliche Vertretung **51** 2 D

Kindergeld, Pfändung **Grdz 704** 9; Beweislast **286 Anh** 4

Kindesannahme, Ausschluß als Gerichtsperson/Rpfl/Gerichtsvollzieher **41** 2 C, **49**/ **GVG 153 Anh** 8 § 10/**GVG 155**; Feststellungsklage **640** 1; Zeugnisverweigerungsrecht **383** 2, **385**

Kindschaftssache Üb **640** 1, **640 ff**, **GVG 23 a** 1, **119** 1; Begriff **640** 1
- (**Ehelichkeitsanfechtung**) s Ehelichkeit (Anfechtungs-, Feststellungsklage)
- (**Elterliche Sorge, Eltern-/Kindverhältnis**), Feststellungsklage **640** 1; Amtsbetrieb Üb **640** 1, **640** 3; Amtsermittlung **640** 3, **640 d**; Anerkenntnis **640** 3; Anerkennung eines ausländischen Urteils **328** 4, **641 a** 3; einstweilige Anordnung **641 d ff**; als Aussetzungsgrund **151** 1, **154** 2; Beiladung **640 e**; Erklärung über eine Tatsache/über die Echtheit einer Urkunde **640** 3; Feriensache **GVG 200** 5; Geständnis **640** 3; Klagenverbindung **640 c** 1; Kostenentscheidung **93 c**, beim Anerkenntnis **93** 1 A; Ladung des nichtbeteiligten Elternteils/Kindes **640 e**; Übergangsrecht nach dem NEhelG Üb **640** 2; Öffentlichkeit **GVG 170**, **173**; Ausschluß der Parteiherrschaft **640** 3; Parteivernehmung **640** 3; Prozeßfähigkeit **640 b**; Prozeßvollmacht **640** 3; notwendige Streitgenossenschaft **62** 2 A; Streithilfe **640 e**; Streitwert **3 Anh**; Tod einer Partei vor dem Eintritt der Rechtskraft **640** 3; Rechtskraftwirkung des Urteils **322** 4, **640 h** 2, **641 k**; Verfahren **640**; Vollstreckbarerklärung des Urteils **704** 2; Zustellung des Urteils **640** 3; Versäumnisurteil **640** 3; Verzicht auf den Klaganspruch

640 3; Verzicht auf die Beeidigung einer Partei, eines Sachverständigen, eines Zeugen **640** 3; Zurückweisung in der Berufungsinstanz **640** 3; Widerklage **253 Anh** 1 C, **640 c** 2; Zuständigkeit **640 a** 2, **641 a** 2, **GVG 23 a–c**
- (**Vaterschaftsanerkenntnis**) s dort

Kirche, Rechtsweg in einer kirchlichen Angelegenheit **GVG 13** 7; Zwangsvollstreckung gegen die K. **882 a**

Klagbarkeit, als Prozeßvoraussetzung **Grdz 253** 3 F, 4

Klage 253; wegen einer Arbeitnehmererfindung ohne Verfahren vor der Schiedsstelle **253** 1 D; Kostenlast des Klägers im Fall eines Anerkenntnisses **93** 4; im Ausland **253** 1 A; unter einer Bedingung **253** 1 A; auf eine vorzugsweise Befriedigung **805**; Begründetheit **Grdz 253** 3 A; mit der Bitte, keinen Termin zu bestimmen **269** 2 A; auf eine Dienstleistung **888** 4 B; auf eine Duldung **253** 5 B; Entbindung des Bekl s Prozeß; beim unzuständigen Gericht **253** 2 E; auf eine künftige Leistung s das Unterstichwort Leistungsklage; auf wiederkehrende Leistungen **258** 1; Feststellungs-/Gestaltungs-/Leistungsklage **Grdz 253** 2; Mangel der Prozeßvollmacht **88** 1 B; auf eine Rechnungslegung **254** 2 A; aus einem fremden Recht **Grdz 50** 4 C; Rechtshängigkeit als Klagsperre **261** 6; nach dem Eintritt der Rechtskraft **Einf 322** 3 C; auf die Erfüllung eines Schiedsspruchs/Schiedsvergleichs **1040** 4 C/**1044a** 3 C; im Schiedsverfahren **1034** 5; Unbegründetwerden während des Prozesses, Kostenentscheidung **91** 1 A, **93** 4; auf eine Urkundenvorlegung durch einen Dritten **429** 2; Verjährungsunterbrechung s dort; ohne eine Vorentscheidung der Verwaltungsbehörde **253** 1 B; auf/gegen die Erteilung der Vollstreckungsklausel **731**/**768**, **797** 3, **797 a** 2, **800** 3, **802**; Widerspruchsklage gegen den Verteilungsplan **878**, **879**; auf eine kalendermäßige künftige Räumung/Zahlung **257** 1; Zulässigkeit **Grdz 253** 3–5
- (**Feststellungsklage**) s dort
- (**Gestaltungsklage**) **Grdz 253** 2 C; Abänderungsklage **323** 3 A; Anfechtungsklage gegen ein Ausschlußurteil **957** 2 A; Aufhebungsklage gegen einem Schiedsspruch **1041** 1 A; Klage auf eine vorzugsweise Befriedigung **805** 2 A; Klagantrag **253** 5 C; Klagebegründung **253** 4 B; Rechtsschutzbedürfnis **Grdz 253** 5 A; notwendige Streitgenossenschaft **62** 2 A, 3 B; Vollstreckungsabwehrklage **767** 1 A; Widerspruchsklage gegen einen Verteilungsplan **822** 2 A
- (**Leistungsklage**) **Grdz 253** 2 A; gegen den Drittschuldner und Pfändung/Überweisung des Herausgabeanspruchs durch mehrere Gläubiger **856**; und Duldungsklage, Gerichtsstand Üb **12** 3 B, E; Feststellungsurteil bei einer L. **256** 4 E; Klage auf eine kalendermäßige künftige Räumung/Zahlung, auf wiederkehrende Leistungen **Einf 257** 2 B,

Klagantrag

258 1; Klagantrag 253 5 B; Rechtsschutzbedürfnis **Grdz** 253 5 A; Stufenklage 254 1; Übergang von der Feststellungsklage zur Klage auf eine Rechnungslegung 264 2 C; Übergang von der Vollstreckbarerklärung des Schiedsspruchs zur L. 264 3

Klagabweisung bei einer Anspruchshäufung 260 4 B; bei der Klage auf Auskunft/Rechnungslegung/Zahlung 254 3 A; auf Grund einer Hilfsaufrechnung 300 3 E; Beendigung der Prozeßvollmacht 86 2 A; Sachabweisung **Grdz** 253 3 A, **Üb** 300 2 A; mangels Sachbefugnis **Grdz** 50 4 A; bei einer Säumnis des Bekl 331 3 C; bei einer Säumnis des Klägers 330 2; wegen einer notwendigen Streitgenossenschaft 59 1; mangels Substantiierung 139 1 C; wegen Unzuständigkeit, Bindungswirkung 11; durch ein Verzichtsurteil 306 2 B; Zahlungsklage nach der Rechnungslegung 254 2 A

– **(durch Prozeßurteil) Grdz** 253 3 A, **Üb** 300 2 A, 313 7 A, B c, 322 4; Anordnung vorbereitender Maßnahmen trotz der Wahrscheinlichkeit einer Klagabweisung 273 1; bei einer Anspruchshäufung 260 4 B; bei einer gegen den Anwaltszwang verstoßenden Klage 78 1 E; bei einem Bekl als Partei kraft Zustellung **Grdz** 50 2 F; einer gegen einen Exterritorialen erhobenen Klage **GVG Einf** 18 B; der Feststellungsklage mangels Vorliegens ihrer besonderen Voraussetzungen 256 1 B, 4 E; Hilfsbegründung mit einer Sachabweisung **Grdz** 253 3 A c, 313 7 A, B c; mangels Klagbarkeit **Grdz** 253 4; nach einer Klagänderung 264 1; bei einer unzulässigen Klagänderung 263 3; bei einem Mangel der Klagerhebung 253 2 D; bei einer Versäumung der Klagefrist 253 1 B; wegen Nichterstattung der vorprozessualen Kosten 269 5 C; mangels Partei-/Prozeßfähigkeit 56 1 E; wegen Rechtshängigkeit 261 6 C; Rechtskraftwirkung 322 4; mangels eines Rechts zur Prozeßführung **Grdz** 50 4 A, 56 1 E; wegen des Fehlens eines Nachweises der Prozeßvollmacht 89 1 A; wegen eines Mangels der Prozeßvollmacht 88 2 B; mangels Vorliegens einer Prozeßvoraussetzung 56 1 E, 280 1, 300 3 C; mangels eines Rechtsschutzbedürfnisses **Grdz** 128 2 F, **Grdz** 253 5, 300 3 C; wegen Unzulässigkeit der Klage **Üb** 12 3 D, **Grdz** 253 3 A c, 281 2 C, 313 7 A, B c; nachträgliche Unzuständigkeit der AG 506; im Urkundenprozeß 597 2; mangels einer gesetzlichen Vertretung 56 1 E; der Widerklage mangels einer Prozeßvoraussetzung 253 **Anh** 2 E; der Widerklage wegen deren Unzulässigkeit 33 1, 3; Verwerfung der Wiederaufnahmeklage als unzulässig 589 2; der Zwischenfeststellungsklage 256

– **(Vollstreckbarerklärung)** 709 2

Klagänderung 263 ff; Änderung des Klagegrunds/Klagantrags 264 3; nachträgliche Anspruchshäufung 260 4 A, 263 2 A; bei einer Aufhebungsklage gegenüber einem Schiedsspruch 1041 2 B; Berichtigung oder Ergänzung der tatsächlichen Angaben 264 2 A, B; in der Berufungsinstanz 528 2; Begriff der K. 263 2 A; in einer Ehesache 611 1 A; Einlassung auf die Kl. 264 2, 267 1; Einwilligung in die Kl. 263 4 A; Fallgruppen 264 3; bei einer späteren Fälligkeit der Klageforderung 257 1 B; Forderung eines anderen Gegenstands/des Interesses wegen einer Veränderung 264 2 D; Form 253 2 A; nach dem Ablauf der Klagefrist 264 2 C; als Klagerücknahme 264 2 C; Kostenentscheidung, Veranlassung zur Klagerhebung 93 3; wegen des Kostenerstattungsanspruchs **Üb** 91 4 A; Geltendmachung einer Nebenforderung 264 3; Nichtzulassung 268 2; Parteiwechsel als Kl. 263 2 C; Zahlung der Prozeßgebühr 271 **Anh** 2 D; Rechtshängigkeit 263 3, 264 1; nach einem Rechtsübergang des Streitgegenstands 264 2 C; in der Revisionsinstanz 561 2 C; Sachdienlichkeit 263 4 B; Streitgegenstand 2 2 A; durch einen Streithelfer 67 2 C; Streitwert 5 2 B; Unanfechtbarkeit der Entscheidung 268; Verfahren 263 2, 3; Verweisung nach der Kl. 281 1 A; Wiederaufnahme eines fallengelassenen Vorbringens 264 3; durch einen Widerspruch des Bekl gegen die Erledigungserklärung 91a 2 C; Zulässigkeit der Kl. als Prozeßvoraussetzung 263 3; Zulässigkeitsstreit 263 1; Zwischenurteil über die Zulässigkeit 268 1

Kaganspruch 253 4; Rechtsübergang 265 2 E, 3; Verzicht auf den Kl. in einer Ehe-/Kindschaftssache 617 2/640 3; Zusammenhang der Widerklage mit dem Kl. 33 2 B, 253 **Anh** 2 C

Klagantrag 253 5; Änderung 263 2 A, 264 2 C, 3; Änderung nach dem Rechtsübergang des Streitgegenstands 265 3 B, D; beim AGBG 253 5 B; Aufklärungspflicht des Gerichts 139 2 C; Auslegung 253 5 A; Begriff des Sachantrags 297 1; Bindung des Gerichts an den Kl. 308 1, 308a 1, 536 1, 559 1, 938 1 B; des Ehegatten bei der Gütergemeinschaft 52 **Anh** 4 B; in einer Ehesache 253 5 C; Erklärung zum Protokoll 297 4; bei einer Mehrzahl von Schuldnern 253 5 B; Nichtstellung des Kl. als Erledigung der Hauptsache 91a 2 A; Nichtstellung des Kl. als Klagerücknahme 269 3 A; Sachdienlichkeit 139 2 C; im Schiedsverfahren 1034 5; Stellung des Kl. in der mündlichen Verhandlung 137 1; Streithelfer 67 2 B; streitgenössischer Streithelfer 69 2 C; Urteilsergänzung wegen Übergehung eines Haupt-/Nebenanspruchs oder der Kostenentscheidung 321 2; Abweichung des Urteils vom Kl. 308 1 C, D; bei einer Veräußerung des Streitgegenstands 265 3 B, D; Verlesung/Bezugnahme auf einen Schriftsatz 297; mit einer Wertsicherungsklausel 253 5 B; Stellung des Widerklagantrags 137 1

– **(auf, bei)** auf eine Auskunft, Rechnungslegung, Zahlung 254 3 A; des Bekl auf den

Klagebefugnis

Erlaß eines Verzichtsurteils **306** 2 B; bei der Feststellungsklage **253** 5 C, **265** 4 B; auf eine Fristsetzung durch Urteil **255** 2 A; bei der Gestaltungsklage **253** 5 C; bei der Herausgabeklage **253** 5 B; bei der Klage auf eine kalendermäßige künftige Räumung oder Zahlung **257** 2; auf eine Klagabweisung nebst einem Hilfsantrag auf die Erledigung der Hauptsache **91a** 2 A; bei einem unbezifferten Kl. **253** 5 B; bei der Leistungsklage **253** 5 B; auf eine Rente **253** 4 A, 5 B; bei mehreren Schuldnern **253** 5 B; bei der Unterlassungsklage **253** 5 C; bei der Herabsetzung einer Vertragsstrafe **253** 5 C; auf eine Verurteilung des Zweitbekl für den Fall der Klagabweisung gegenüber dem Erstbekl **59** 1, **253** 1 A; auf die Vornahme einer Handlung und die Zahlung einer Entschädigung im Prozeß vor dem AG **510b** 2; bei einer Wahlschuld **253** 5 C, **260** 2 B; bei einer Widerspruchsklage **771** 3 D
– **(Beschränkung)** als teilweise Erledigungserklärung **269** 1 A; als Klagerücknahme **264** 2 C, **269** 1 A; auf die Kosten während des Prozesses, Kostenentscheidung **93** 4
– **(Hilfsantrag)**, Anspruchshäufung **260** 2 C; in einer Ehesache **610** 3 C; auf eine Erledigungserklärung **91a** 2 B; neben einer Erledigungserklärung **91a** 2 A; beim Grundurteil **304** 4 B; ohne einen Hauptantrag **253** 5 A; entgegen dem Hauptantrag **138** 1 B; Kostenentscheidung beim Hauptantrag auf eine Klagabweisung und einer Verurteilung nach dem Hilfsantrag **92** 1 B; Kostenentscheidung bei einem Anerkenntnis **93** 2 B; in der Revisionsinstanz **561** 2 B; gerichtliche Aufklärungspflicht im Fall einer versehentlichen Rücknahme **139** 2 D; Streitwert **5** 2 A; Hilfsantrag auf Verweisung **281** 2 C
– **(Prozeßantrag) 297** 1; bei einer Entscheidung nach Aktenlage **251a** 3 D; auf den Erlaß eines Anerkenntnisurteils **307** 3 B; Antragstellung **297** 1; Verbindung mit einem Sachantrag **297** 1; auf den Erlaß eines Verzichtsurteils **306** 2 B
– **(Sachantrag) 253** 5; bei einer Entscheidung nach Aktenlage **251a** 3 D; auf eine Entlassung des Bekl beim Gläubigerstreit **75** 4 B; Nichtstellung nach der Ablehnung eines Vertagungsantrags **227** 5 B; im Parteiprozeß **496** 2 A; Stellung **297** 1; Verlesung **297** 2, 3; Verbindung mit einem Prozeßantrag **297** 1; Verweisungsantrag **281** 2 C

Klagebefugnis Grdz 50 4 A; vgl auch Prozeßführungsrecht

Klagebegründung, Hilfsbegründung **260** 2 C; Rechtfertigung des Klageantrags bei Säumnis des Bekl **331** 3 B; bei einer gerichtlichen Schätzung **235** 5 B

Klagebeschränkung s Klagantrag

Klagefrist s Frist

Klagegrund 253 4 B; Abänderungsklage **323** 3 C; Änderung **263** 2 A, **264** 3; Anfechtungsklage nach einem Ausschlußurteil **957** 2 A; Angabe in der Prozeßvollmacht **81** 2 C; bei der Anspruchshäufung **260** 2 A; in einer Ehesache **611** 1 A; Gerichtsstand bei mehreren Kl. **Üb 12** 3 A; Prozeßtrennung bei mehreren Kl. **145** 2; Verweisung hinsichtlich einzelner Kl. **280** 2; bei der Vollstreckungsabwehrklage **767** 3 E, 4; Vorabentscheidung über einen Anspruchsgrund **304** 3 B; Vorbringen in der Berufungsinstanz, Auferlegung der Kosten auf den Sieger **97** 2

Klagenhäufung s Anspruch (Häufung von Ansprüchen), Klägerhäufung

Klagenverbindung 59 ff; Anspruchshäufung s dort; der Ehestellungs-/Scheidungs-/Aufhebungsklage **610;** der Entmündigungsanfechtungs-/Aufhebungsklage **667, 679** 2; der Feststellungs-/Leistungsklage, Streitwert **3 Anh;** der persönlichen Forderungs-/der dinglichen Klage, Gerichtsstand **25;** von Kindschaftssachen **640c** 1; bei der Klage auf die Festsetzung einer Frist durch ein Urteil **255** 2 A; der Nichtigkeits-/Restitutionsklage **579** 3; Prozeßtrennung/-verbindung **145** 2/**147** 1 A; der Klagen auf eine Rechnungslegung, auf die Vorlage eines Vermögensverzeichnisses, auf die Abgabe einer eidesstattlichen Versicherung und auf eine Herausgabe **254** 2; Zuständigkeit **260** 3

Klagerhebung 253; vor dem AG **496 ff;** bei der Feststellungsklage **256** 4 B; Fristsetzung für die Klagerhebung durch einen Arrest/eine einstweilige Verfügung **926/936** 1; Mängelheilung **253** 2 C; mündliche Kl. **253** 2 A, **496;** Ordnungsmäßigkeit der Kl. als Prozeßvoraussetzung **Grdz 253** 3 F, **253** 2 B; zugleich mit dem Antrag auf die Gewährung einer Prozeßkostenhilfe **253** 2 A; Begründung des Prozeßrechtsverhältnisses **Grdz 128** 2 C; Rechtshängigkeit durch die Kl. **251** 2 A; vor dem Schiedsgericht **1034** 5 „Klage"; im Fall einer Streitgenossenschaft **61** 2; Kostenentscheidung bei einer Veranlassung der Klage durch den Bekl **91** 1 A, **93** 3–5; Veranlassung zu einer Klagerhebung wegen einer kalendermäßigen künftigen Zahlung **257** 2; Vorwirkung **270** 4; Zwangsvollstreckung wegen einer Verpflichtung zur Kl. **887** 6; Widerklage **253** 2 A, **253 Anh** 3; durch die Zustellung der Klageschrift **253** 2 A; bei der Zwischenfeststellungsklage **253** 2 A

Klagermächtigung im eigenen Namen, Rechtsschutzbedürfnis **Grdz 253** 5 A

Klagerweiterung 264 2 C; in der Berufungsinstanz **528** 2 A; Antrag auf eine Fristsetzung gegenüber dem Bekl durch ein Urteil **255** 2 A; im Nachverfahren nach einer Vorabentscheidung über den Anspruchsgrund **304** 5 A; Zahlung der Prozeßgebühr **271 Anh** 2 A, D; in der Revisionsinstanz **561** 2 C; durch einen vorbereitenden Schriftsatz **132** 1; Sicherheitsleistung **112** 2; Widerklage **253 Anh** 1 B; Prüfung der Zuständigkeit **261** 7

Klagerwiderung, beim frühen ersten Termin **275** 1 A, 3; Inhalt **277** 2; im schriftlichen Vorverfahren **276** 3

dahinterstehende Zahlen und Buchstaben = Anmerkungen **Konkursverwalter**

Kläger, Begriff **Grdz 50** 1
Kläger(Beklagten)häufung 59 1; Prozeßverbindung **147** 1 A; Streitgenossenschaft s dort; Teilurteil **301** 2 B
Klagerücknahme 269; beim Ehescheidungsantrag **617** 4 A; Einwilligung **269** 2 C; ohne die Einwilligung des Bekl **269** 2 D; Erklärung **269** 3; durch eine Erledigungserklärung **91a** 2 A, **99** 1 B; neue Klage nach der Kl. **269** 5; durch eine Klagänderung **264** 2 C; durch eine Beschränkung des Klagantrags **264** 2 C, **269** 1 A; vor der Klagezustellung **269** 2 A; Kostenentscheidung **269** 4 B, C; bei einer zunächst begründet gewesenen Klage **91** 1 A, **93** 4; durch einen Parteiwechsel **269** 1 A; Protokoll **160** 4 H; Beendigung der Rechtshängigkeit **261** 2 C; nach dem Eintritt der Rechtskraft **269** 2 C; in der Revisionsinstanz **561** 2 C; wegen einer unterbliebenen Sicherheitsleistung **113** 1 B; bei einer Streithilfe **67** 2 D; durch notwendige Streitgenossen **62** 4 A; Streitwert **3 Anh**; der Vaterschaftsklage, Schadensersatzpflicht wegen einer einstweiligen Anordnung **641g**; Vereinbarung der Kl. **Grdz 128** 5 C, **269** 2 B, C, E; durch das Mitglied eines nicht rechtsfähigen Vereins **50** 3 B; durch einen Vergleich **269** 1 A; nach einem Vergleich, Aufhebung der Kosten gegeneinander **98** 3; Widerklage **269** 1 B; W., nach der Klagerücknahme **253 Anh** 2 A; Wirkung **269** 4 A; Zwischenfeststellungsklage nach der Kl. **256**; Zwischenurteil **269** 2 E
Klageschrift 253; Beifügung von Abschriften **253** 8; Abschriften bei mehreren Bekl **169** 1, **189**; Angabe eines gesetzlichen Vertreters **Grdz 50** 2 B; Angabe des Gegenstands und des Grundes des Anspruchs **253** 4; Antrag auf eine Verhandlung vor der Kammer für Handelssachen **GVG 96**; Berichtigung **263** 2 A; Angabe der Beweismittel **253** 7; Einreichung **253** 8; Setzung einer Erklärungsfrist zwecks Aufklärung **273, 275 ff**; bei der Feststellungsklage **256** 4 B; Bezeichnung des Gerichts **253** 3 B; Bezeichnung der Parteien **253** 3 A; und Antrag auf eine Prozeßkostenhilfe **253** 2 A, B; Angabe des Streitwerts **253** 6; Gesuch auf die Bestimmung eines Verhandlungstermins **214** 1; Übersendung **187** 2 A, **253** 2 A; Unterschrift **253** 7; im Urkundenprozeß **593**; abgekürztes Anerkenntnis-/Versäumnisurteil auf der Kl. **313b**; im Wechsel/Scheckprozeß **604** 1, **605a**; bei der Wiederaufnahmeklage **587, 588**; Zustellung **253** 2 A, **271**; demnächstige Zustellung **270** 4; Zustellung ohne Terminsbestimmung **253** 2 A
Klageveranlassung 93 3
Klageverzicht Einf 306, 306; in der Revisionsinstanz **561** 2 C
Klagezustellung s Klagerhebung
Kleidungsstück, Pfändung **811** 3, 10
Kleinbahn, Betrieb kraft Nutzungsrechts, Zwangsvollstreckung **871**

Kleingarten, -siedlung, Rechtsweg bei einer Streitigkeit **GVG 13** 7; Zuständigkeit **GVG 23** 4 C
Kleintier, Pfändung **811** 5
Knebelung, durch ein Geständnis/einen sog Vermutungsvertrag **286 Anh** 1 B; durch einen Schiedsvertrag **1025** 7 B; s auch Sittenwidrigkeit
Kohlenabbaugerechtigkeit, Zwangsvollstreckung **864** 1 C, **866, 870**
Kollektivvertrag s Zivilprozeßrecht, zwischenstaatliches
Kommanditgesellschaft s Gesellschaft (OHG, KG)
Kommissarischer Richter s Verordneter Richter
Kommissionsgeschäft, Beweislast **286 Anh** 4; Recht des Kommissionärs zur Prozeßgeschäftsführung **Grdz 50** 4 C; Streitverkündung **72** 1 B
Kommunalverband s Gemeindeverband
Kompetenz-Kompetenz 1041 4 A
Kompetenzkonflikt s Zuständigkeitsbestimmung
Kompetenzkonfliktsgerichtshof GVG 17a
Konkurrenz mehrerer Zuständigkeiten **35** 1; s auch Anspruch (Häufung von Ansprüchen)
Konkurrenzklausel, Auslegung, Feststellungsklage **256** 2 C
Konkurs, Gerichtsstand der Konkursmasse **17** 2; Nachlaßkonkurs s dort
– **(Eröffnung),** Erlöschen der Prozeßvollmacht **86** 2 B; Fortsetzung des Schiedsverfahrens **1025** 3 D; Unterbrechung eines die Konkursmasse betreffenden Verfahrens **240** 1; Aufnahme nach einer Unterbrechung **240** 2; Beendigung der Unterbrechung durch die Aufhebung des Konkurses **240** 3; Frist für einen Antrag auf eine Wiedereinsetzung **234** 2; Zuständigkeit **21** 1; Zwangsvollstreckung nach der Konkurseröffnung **Grdz 704** 4 A
– **(Konkursforderung),** Absonderung statt Aussonderung **264** 3; Streitwert der Absonderungsklage **6** 3 A; Anmeldung **261** 2 B; Anmeldeverpflichtung, Zwangsvollstreckung **887** 6; Aufnahme eines die Teilungs- oder Schuldenmasse betreffenden Prozesses **240** 2 B–D; Feststellungsklage **256** 5; dgl bei der notwendigen Streitgenossenschaft **62** 2 B; dgl Streitwert **3 Anh**; Forderung gegen die Konkursmasse **240** 1 D; Konkursgläubiger als Streithelfer **66** 2 B, **69** 1 A; Kostenerstattungsanspruch **Üb 91** 3 B; Vorrecht, Rechtsweg **GVG 13** 7; dgl Streitwert **3 Anh**
Konkursausfallgeld, Pfändung **Grdz 704** 9
Konkursverwalter, Bindung an eine Zuständigkeitsvereinbarung **38** 2 A; Gebührenanspruch, Gerichtsstand **34** 1 B; Gerichtsstand **12** 2; Partei kraft Amtes **Grdz 50** 2 C; Recht zur Prozeßgeschäftsführung **Grdz 50** 4 C; Prozeßkostenhilfe **116**; Kostenerstattung beim Anwalt als K. **91** 5; Urteil gegen den K., Rechtskraftwirkung **325** 6; Erteilung ei-

Können

ner vollstreckbaren Ausfertigung an den K. als Rechtsnachfolger **727** 1 A
Können, Recht eines rechtlichen K., Feststellungsklage **256** 2 B
Konossement, Zuständigkeitsvereinbarung **38** 4 D
Konsul, Bundeskonsul s dort; Exterritorialität einer konsularischen Vertretung **GVG 19**; Zeugnispflicht eines ausländischen Konsulatsangehörigen **Üb 373** 3
Konsularvertrag, Anerkennung einer ausländischen Urkunde **438** 2 C
Kontenschutz 835 III, **850k**
Kontobuch, Pfändung **811** 14
Kontokorrentforderung, Pfändung **Grdz 704** 9, **851** 2; Pfändung der Gutschrift einer unpfändbaren Forderung **Einf 850** 1 A, **850b** 3; Streitwert **4** 3 C
Kontradiktorisches Urteil Üb 300 2 C
Konventionalscheidung 630 1
Konzentrationsmaxime Üb 253 2 E; mündliche Verhandlung **273** 1
Körperschaft, Ausschluß aus ihr als vermögensrechtlicher Anspruch **Üb 1** 3; Ausschluß eines Mitglieds als Gerichtsperson **42** 1 A, **49**; Feststellungs- statt Leistungsklage gegen die K. **256** 5; Gerichtsstand **17** 2; Rechtsweg für eine Klage **GVG 13** 7; Zeugnisfähigkeit **373** 2 B; Zuständigkeitsvereinbarung **38** 3 A b; Zustellung an eine K. **171** 2, **184**; Zustellung von Amts wegen **212a**; Zwangsvollstreckung gegen die K. **882a**
Körpersprache 160 4 D
Korrespondenzanwalt s Verkehrsanwalt
Kostbarkeit 831 2 B; Pfändung **808** 4 A
Kosten Üb 91 2 B, **91 ff**; bei einer Anschlußberufung **521** 1 A; beim Arrest/bei der einstweiligen Verfügung **922** 3 A/**936** 1; außergerichtliche K. **Üb 91** 2 B; Berechnung für die Kostenfestsetzung **103** 2 C; Berechnung als Kostenfestsetzungsantrag **105** 2; Berechnung bei einer Kostenteilung **106** 2; Beweissicherungsverfahren **91** 5 „Beweissicherung", **Üb 485** 2; Gerichtsgebühr s dort; als Hauptsache im Fall einer Erledigung vor dem Eintritt der Rechtshängigkeit **91a** 2 A; als Hauptsache bei beiderseitiger Erledigungserklärungen **91a** 2 A; Klage auf die Erstattung der K. **Üb 91** 4 B, 5; prozeßrechtliche/sachlichrechtliche Kostenerstattungspflicht **Üb 91** 3–5; Notwendigkeit **91** 4 B; K. der Offenbarungsversicherung **900** 5 D; Beglaubigung einer Prozeßvollmacht **80** 3; Rückforderung nach der Zahlung **104** 1 E; Rückforderung wegen einer Änderung des Streitwerts **107** 2; Streitwert s dort; Festsetzung des Streitwerts für die Kostenberechnung **Einf 3** 1 B; Übernahme der K. **91** 4 B, **98** 2 B; Übernahme bei beiderseitigen Erledigungserklärungen **91a** 3 A; Vergleich über die Prozeßkosten vor der Erledigung der Hauptsache **98** 2 A; Aufhebung der Vergleichskosten gegeneinander **98**; Vollstreckbarerklärung wegen der Kosten **Einf 708** 2 C; Zahlung an den ProzBev **81** 2 D;

Zinspflicht **104** 2 B; der Zwangsvollstreckung **788**
Kostenentscheidung Üb 91 3 E, **91** 2; Rechtsmittel gegen die Ablehnung einer K. **99** 1 A; Anfechtung **99**; ohne einen Antrag, also von Amts wegen **Üb 91** 3 B, **308** 2; nach der Aufnahme eines unterbrochenen Verfahrens **239** 2 E, 4 A; durch einen Beschluß **91** 2 A; durch einen Beschluß im Fall einer freigestellten mündlichen Verhandlung **128** 3 B; weitere Beschwerde **569** 3; über die Kosten der Beschwerde **91** 3 C, **573** 2 G; Bindung an die Kostenvorschriften **Üb 91** 3 D, **91** 1 A; gegenüber einem Dritten, Rechtsmittel **99** 1 A; Ergänzung der K., Rechtsmittel **99** 1 A; Fehlen, Urteilsergänzung, Rechtsmittel **91** 1 D/**99** 1 A; Beschränkung der Klage auf die Kosten **93** 4; über die außergerichtlichen Kosten bei einer Erinnerung oder Beschwerde gegen die Zwangsvollstreckung **Üb 91** 3 A; über die Kosten des Kostenfestsetzungsverfahrens **104** 2 B; Kostenpflicht des Unterliegenden **Üb 91** 2 A, **91** 1; Parteivereinbarung **Üb 91** 3 D, **91** 1 A; nach der Rücknahme der Revision, Anwaltszwang **78** 1 A; Rechtsmittelkosten **97**; über die Kosten der Streithilfe im Urteil als Zulassung der Streithilfe **71** 1 A; durch ein Teilurteil **91** 2 A; Trennung von Kosten **Üb 91** 3 E; Übergehung des Kostenpunkts, Ergänzung des Urteils **321**; Verzögerungsgebühr **95 Anh**; durch ein Vorbehaltsurteil **91** 2 A; vorläufige Vollstreckbarkeit **708** 2 L; durch ein Zwischenurteil **91** 2 A

– **(bei)** einem Anerkenntnis **93**; einem solchen trotz einer prozessualen Rüge **93** 2 A; einer einstweiligen Anordnung in einer Ehesache **91** 2 B, **620g**; einer einstweiligen Anordnung in einem Vaterschaftsfeststellungsverfahren **641d** 5; einem Antrag auf eine gerichtliche Entscheidung gegen einen Justizverwaltungsakt **EGGVG 30**; einem Arrest/einer einstweiligen Verfügung **922** 3 A/**936** 1; einer Aufrechnung **91** 1 C; dem Ausscheiden eines Streitgenossen **269** 4 C; einer Aussetzung des Verfahrens **148** 2 B; Kostenteilung im Eheprozeß **93a**; Kostenteilung im Verfahren der Anfechtung der Ehelichkeit oder Vaterschaft **93 c**; einer Ehenichtigkeitsklage **637**; einer Ehelichkeitsanfechtungsklage **93c**; der Einwendung einer Stundung, des Erlasses oder eines Vergleichs über die Kosten **91** 1 E; der Entmündigungsanfechtungs-/Aufhebungsklage **673**; einer Erledigung der Hauptsache vor dem Eintritt der Rechtshängigkeit **91a** 2 A; einverständlichen Erledigungserklärungen **91a** 2 B, 3; solchen Erklärungen wegen eines Rechtsmittels **99** 2 C; der Erledigungserklärung des Klägers und dem Widerspruch des Bekl dagegen **91a** 2 C; einer Gesetzesänderung **91** 1 B; dem Gläubigerstreit **75** 3 B, 4; einer Klagabweisung nach einer Erledigungserklärung **91a** 2 C; einem Klagabweisungsan-

dahinterstehende Zahlen und Buchstaben = Anmerkungen **Kostenfestsetzung**

trag neben einem Hilfsantrag auf eine Erledigung der Hauptsache **91a** 2 A; einem hinter dem Klagantrag zurückbleibenden Urteil **308** 1 B; einer Entbindung des Klägers nach einer Übernahme des Prozesses durch den mittelbaren Besitzer **76** 5 A; einer Klagerücknahme **269** 4 B, C; der Rücknahme einer zunächst begründet gewesenen Klage **91** 1 A, **93** 4; einer Nebenintervention **101**; einem Parteiwechsel **263** 2 D; der Zulassung eines (Prozeß)Bevollmächtigten ohne Vollmacht(snachweis) **89** 2 B; einem Prozeßvergleich, Aufhebung der Kosten gegeneinander **98**; einem Mangel der Prozeßvollmacht **88** 2 C; der Klage über die Räumung von Wohnraum **93 b**; der Klage des Rechtsnachfolgers vor der Mitteilung des Rechtsübergangs **94**; einer Rechtswegverweisung **GVG 17** 3 B; der Rücknahme der Berufung **515** 4 B; der Rücknahme der Klage und der Widerklage **269** 4 C; dem Ausbleiben des Sachverständigen **409** 1; einer Streitgenossenschaft **91** 2 A, **100**; einer Streithilfe **101**; einer streitgenössischen Streithilfe **101** 3; einem Streit über die Zulassung einer Streithilfe **71** 2; einer Streitverkündung **72** 1 C; einer Stufenklage **91** 2 A; einer Teilerledigung der Hauptsache **91a** 3 B; einem Teilunterliegen **92**; der Unterhaltsklage des nichtehelichen Kindes und bei einer Stundung oder dem Erlaß von Unterhalt **93 d**; der Vaterschaftsanfechtungsklage des Mannes **93 c**; einem Verbotsurteil; Zwangsvollstreckungskosten **890** 8; einer Versäumnis **344**; einem verspäteten Vorbeugen **95** 2; einer Verweisung **281** 4; derjenigen des Landwirtschaftsgerichts **281** Anh III 3; derjenigen vom AG an das LG **506** 2 B; der Vollstreckbarerklärung eines Schiedsspruchs **1042a** 2 E, **SchlAnh V** A 1; einer Wiedereinsetzung **238** 3; einer Zurückverweisung **97** 1 B, C
- **(in, im)** Anerkenntnisurteil **99** 3, 4; Entmündigungsverfahren **658** 1, 2, **682** 1; demjenigen wegen Verschwendung/Trunksucht **682**; beim Antrag auf die Aufhebung der Entmündigung **677**; Mahnverfahren **692** 2 A, **696** 5 B, **699** 3 B; Prozeßkostenhilfeverfahren **91** 5, **118** 5; Schiedsspruch **1040** 2 B, C; Verfahren auf die Rückgabe einer Urkunde von Anwalt zu Anwalt **134** 2; Vergleich **98**; Wiederaufnahmeverfahren **590** 3; Wiedereinsetzungsverfahren **238** 3; Zwangsvollstreckungsverfahren **788**
- **(Auferlegung einzelner Kosten)** hinsichtlich erfolgloser Angriffs- oder Verteidigungsmittel **97**; auf den Sachverständigen wegen seines Nichterscheinens oder der Verweigerung seines Gutachtens **409**; bei der Versäumung einer Frist oder eines Termins **95**; Versäumniskosten **344**; auf einen Zeugen wegen seiner Verweigerung des Zeugnisses oder der Eidesleistung **390**; auf einen ausgebliebenen Zeugen **380** 1; Aufhebung der letzteren Maßnahme **381**

Kostenbeitreibung bei der Prozeßkostenhilfe **125, 126**

Kostenerstattung, ABC-Übersicht **91** 5; Begriff der Kosten des Rechtsstreits **91** 3; Klage auf die Erstattung **Üb 91** 4 B, 5; dgl Rechtsschutzbedürfnis **Grdz 253** 5 A; mangelnde Sicherheit für die Prozeßkosten **Grdz 253** 3 C, **269, 282** 5
- **(bei)** einem Gläubigerstreit **75** 3 B, 4; einer Kostenteilung **106** 3; einer Mehrzahl von Prozessen **91** 5; einer Parteivereinbarung **91** 4 A; einer Prozeßhäufung **59** 1; einer Prozeßkostenhilfe **118** 5 B; solcher für den Gegner **123**; Streitgenossen **100** 6; einer Streithilfe **101**; einer Teilklage **91** 4 B; einem Vorprozeß **269** 5 B
- **(für)** die Ermittlungen einer Partei **91** 5; die Fahrtkosten einer Partei **91** 5; diejenigen nach der Anordnung des persönlichen Erscheinens dieser Partei **141** 1; eine Information des ProzBev **91** 5; die Kosten des Kostenfestsetzungsverfahrens im Fall einer Kostennachforderung **Einf 103** 2 A; ein Kündigungs- oder Mahnschreiben durch einen Anwalt **Üb 91** 2 B; die Kosten der Beglaubigung einer Prozeßvollmacht **80** 3; die Gebühren des Anwalts **91** 4 B, 5; ein vereinbartes Anwaltshonorar **91** 4 A; die Prozeßgebühr des Anwalts im Fall einer Erledigungserklärung **91a** 3 A; die Kosten einer Rechtshilfe **GVG 164**; die Kosten einer Übersetzung **142** 1; die Mehrkosten der Zustellung durch einen Gerichtsvollzieher **91** 5 ,,Zustellung", **197** 1; die Kosten der Zwangsvollstreckung **788** 5; diejenige an den Schuldner **788** 4
- **(Kostenerstattungsanspruch),** Entstehung, Abtretung, Aufrechnung, Pfändung **91** 3 B, **Einf 103** 1 A und Prozeßkostenhilfe **123**; prozeßrechtlicher/sachlichrechtlicher K. **Üb 91** 3–5; Verjährung **Üb 91** 3 B, **104** 1 E; Verwirkung **Grdz 128** 2 E

Kostenfestsetzung Einf 103 1 B, **103ff**; während einer Aussetzung **103** 2 B; Bindung an die Kostenentscheidung **91** 1 D, **Einf 103** 2 B; bei einem Wohnsitz des Berechtigten in der DDR **1043** A; Einwendungen **104** 1 E; Gesuch **103** 2; bei einer Kostenteilung **106**; der Kosten des Mahnverfahrens **103** 1 B; Nachforderung nach der K. **Einf 103** 2 A, **104** 4 A, **106** 3 B; durch den ProzBev nach der Niederlegung des Mandats **87** 2; der Kosten der Vorbereitung des Prozesses **103** 1 B; der Hebegebühr des Anwalts **103** 1 B; Rechtsmißbrauch **104** 1 E; kraft eines Schiedsspruchs **1040** 2 D; maßgeblicher Streitwert **104** 1 D; wegen Änderung des Streitwerts **107**; bei einer Streitgenossenschaft **100** 1; während einer Unterbrechung des Verfahrens **103** 2 B; vereinfachte K. **105**; Verfahren **104**; der Vergütung des gerichtlich bestimmten Vertreters des Bekl **Einf 57** 2; Voraussetzungen **104** 1 C, D; Vollstreckungstitel als Voraussetzung **103** 1 A; der verauslagten Zeugengebühren **103** 1

Hartmann 2317

Kostengefährdung

B; der Kosten der Zwangsvollstreckung **103** 1 B; durch den Zweitschuldner **103** 2 A
- (**Kostenfestsetzungsbeschluß**), Begriff, Erfordernisse, Begründung **104** 2 A; Änderung wegen einer Änderung des Streitwerts **107**; Erinnerung **104** 4 A, **GVG 153 Anh** 8 § 11; Umschreibung im Fall einer Prozeßkostenhilfe **126** 2 C; Rechtskraft **104** 2 D; bei einer Unterhaltsanpassung **641 p**; auf der Ausfertigung des Urteils **105**, **795 a**; Vollstreckbarkeit des Urteils als Voraussetzung **Einf 103** 2 A; Vollstreckungsklausel **104** 2 E; als Vollstreckungstitel **794** 3, **795 a**; Zustellung **104** 2 C, **176** 2 C; Zustellung an den ProzBev **176** 2 C; Einstellung der Zwangsvollstreckung **104** 4 B; Wartefrist vor dem Beginn der Zwangsvollstreckung **798**
- (**Kostenfestsetzungsverfahren**), Antrag **103** 2 C; Antrag durch die Kostenberechnung **105** 3; Antragsberechtigung **103** 2 A; Antragsgegner **103** 2 B; Aussetzung des Verfahrens **249** 3 A; Beweiserhebung **104** 1 B; Feriensache **GVG 202**; rechtliches Gehör **Einf 103** 1 B, **104** 1 B; Glaubhaftmachung der Kosten **104** 3 B; Verfahrensunterbrechung beim Konkurs der Partei **240** 1 B; Kostenentscheidung **104** 2 B; nach der Kostenerstattung **Einf 103** 2 A; Prozeßvollmacht und ihr Mangel **81** 2 B, **88** 1 B; Streitverkündung **72** 1 C; Unterbrechung des Verfahrens **249** 3 A; Zuständigkeit **103** 2 D, **104** 1; diejenige des Rpfl **GVG 153 Anh** 8 § 21

Kostengefährdung, Sicherheitsleistung **113** 1, nach einem Vorprozeß **269** 5 B

Kostenhaftung Üb 91 1 A, 4 B; des Erben **Üb 91** 3 A; von Streitgenossen **100**; für die Vergütung eines gerichtlich bestellten Vertreters **Einf 57** 2, **58** 3; des Vertretenen bei einer Zulassung des (Prozeß-)Bevollmächtigten ohne eine(n) Vollmacht(snachweis) **89** 2 B; für die Kosten der Zwangsvollstreckung **788** 2

Kostenrisiko Üb 91 1, **91** 1 A; der Erledigungserklärung als Klagerücknahme **91 a** 2 A; bei einer gerichtlichen Schadensschätzung **92** 2; bei einem Widerspruch des Bekl gegen die gegnerische Erledigungserklärung **91 a** 2 C

Kostenschuldner, der Gerichtskosten s dort

Kostenstreitwert 2 1, **Einf 3** 1 A b, 2 B b

Kostenteilung s Kostenentscheidung, Kostenfestsetzung

Kostentrennung Üb 91 3 E

Kostenvereinbarung s Parteivereinbarung

Kostenvorschriften Üb 91 3 E

Kostenvorschuß, für die Prozeßkosten s dort; für die Reisekosten bei einer Anordnung des persönlichen Erscheinens einer Partei **141** 1; für das Gutachten des Sachverständigen **402** 1; für die Vornahme einer vertretbaren Handlung durch den Gläubiger **887** 5; für die Ladung eines Zeugen **379**

Kraftfahrer, Alkoholgenuß, Anscheinsbeweis **286 Anh** 4

Kraftfahrzeug, Pfändung **808** 1 B; Streitwert der Herausgabe des Kraftfahrzeugbriefs **3 Anh**

Kraftfahrzeuglinienverkehr, Gerichtsstand einer Klage aus dem Beförderungsverkehr **21** 4

Kraftfahrzeugunfall, Anscheinsbeweis **286 Anh** 3 C

Kraftloserklärung eines Grundpfandrechtsbriefs, einer Urkunde s Aufgebotsverfahren

Kraftloswerden des Mahnbescheids **701** 1

Krankenbedarf, Pfändung **811** 15

Krankengeld, Pfändung **Grdz 704** 9, **850** 2 D, **850 e** 2

Krankenhaus, Ersatzzustellung **181** 1 A; Gerichtsstand bei einem Aufenthalt im K. **20**; Rechtsweg **GVG 13** 7; Schadensersatzpflicht, Beweislast **286 Anh** 4

Krankenkasse, Kassenleistung, Pfändung **Grdz 704** 9, **850 b** 5 **850 i** 5; Rechtsweg für eine Streitigkeit **GVG 13** 7

Kranzgeld, Pfändung **Grdz 704** 9

Kreditkosten, Erstattungspflicht **Üb 91** 4 A

Kreuzverhör 397 1

Krieg, Unterbrechung/Aussetzung des Verfahrens **245** 1/**247** 1

Kriegsgefangener, Kapitalabfindung, Pfändung **Einf 850** 2 B

Kruzifix im Gerichtssaal **220** 2

Küchengerät, Pfändung **811** 3

Kündigung, Aufgebot bei einer Kündigungsfrist für eine Hypothekenforderung **987**; Feststellungsklage des Berechtigten/Wirksamkeit **256** 2 B/5; Kostenerstattung **Üb 91** 4 A, **91** 5; des Mietvertrags s Mietstreitigkeit; durch den ProzBev **81** 3; und Prozeßvollmacht **87** 2; derjenigen nach einer Aussetzung oder Unterbrechung des Verfahrens **249** 3 A; Rechtsanwaltsgebühr wegen der K. **Üb 91** 2 B; Beweislast der Rechtzeitigkeit **286 Anh** 4; des Schiedsrichtervertrages **1028 Anh** 4; des Schiedsvertrags **1025** 1, 5; Rechtskraftwirkung eines Urteils wegen der Kündigung eines Arbeitsvertrags **322** 4

Kündigungsschutzklage als Feststellungs-/Gestaltungsklage **Grdz 253** 2 B

Künftige Leistung, Klage auf eine wiederkehrende k.L. **258** 1; Klage wegen einer Besorgnis der Nichterfüllung **259** 1; Klage auf eine kalendermäßige k.L./Räumung **257** 1; Kostenentscheidung beim Klaganerkenntnis **93** 5; Zwangsvollstreckung aus einem vom Eintritt eines Kalendertages abhängigen Urteils **751** 1

Kundenliste, Offenbarungsversicherung **807** 3 A; Pfändung **811** 13

Kunstgeheimnis, Zeugnisverweigerungsrecht **384** 4

Kurtaxe, Rechtsweg **GVG 13** 7

Kurzarbeitergeld: Grdz 704 9

Kurzschrift, Protokoll in K. **160 a**

dahinterstehende Zahlen und Buchstaben = Anmerkungen **Legitimation**

L

Ladung Üb 214 2 A, **214ff**; nach der Ablehnung des Erlasses eines Versäumnisurteils oder einer Entscheidung nach Aktenlage 337 2; beim AG **497** 3; von Amts wegen **214, 274, 497**; im Anwaltsprozeß **215**; zum Beweissicherungstermin **491**; zum Beweistermin 357 2; in einer Ehesache 612 2 A, 3; Entbehrlichkeit einer L. **218** 1, **497** 3; Ersuchen um Ladung **GVG** 160; zum Gütesuch **279** 1; nach der Klagerhebung 253 2 A; Mitteilung statt einer Ladung im AGProzeß **497** 3; zur Ableistung der Offenbarungsversicherung **900** 3 B; im Schiedsverfahren **1034** 5; zur Verhandlung über einen Teilungsplan **875**; nach einer Veräußerung des Grundstücks/Schiffs/Schiffsbauwerks/Luftfahrzeugs während des Prozesses 266 2 B; bei der Vollstreckbarerklärung eines Schiedsspruchs **1042b**; nach einem Widerspruch gegen einen Arrest/eine einstweilige Verfügung **924** 3/**936** 1; nach einem Wiedereinsetzungsantrag 238 1 A; Zustellung von Amts wegen **214** 1, **216** 1; öffentliche Zustellung 204 2 B, **205**
- **(des, der)** Bekl nach der gerichtlichen Bestellung eines Vertreters **57** 3; mittelbaren Besitzers im Fall einer Streitverkündung 76 2 B; Antragstellers im Fall einer Entmündigungsanfechtungs-/Aufhebungsklage **666** 2, **679** 2; Gegners zur Vernehmung über eine Urkunde **426** 2; nichtbeteiligten Elternteils in einer Kindschaftssache **640e**; in der Klageschrift **253**; Partei **274**; Partei in einer Ehesache 613 2 A; Partei zum persönlichen Erscheinen **141** 3, **279** 3; Partei zum verkündeten Termin **218** 1; Partei nach einer Unterbrechung durch Tod/Vertretungsunfähigkeit ihres Anwalts 244 2; Partei bei einer geplanten Berichtigung des Urteilstatbestandes **320** 2; Partei persönlich **141, 176** 1 B; Partei zur förmlichen Vernehmung 450 1 B; Rechtsnachfolgers zur Aufnahme **239** 3; Sachverständigen 402 1; Soldaten **Üb 214** 2 A, **SchlAnh II** II; Streitgenossen **63** 2; Streithelfers **71** 3; Angehörigen der Streitkräfte **Üb 214** 2 A, **SchlAnh II** III 37; Kindes bei der Klage auf die Anfechtung der Anerkennung der Vaterschaft **640e**; Zeugen **377**
- **(Mangel)** Üb 214 2 B; Versäumnisurteil **335** 3; Heilung des M. der Zustellung durch den Empfänger 187 2 A

Ladungsfrist 217; Antrag auf Abkürzung **226**; bei einer Aufnahme des Rechtsstreits durch den Rechtsnachfolger 239 3 B; Berechnung **222** 1; beim Beweistermin 357 2; Nichteinhaltung, Ablehnung des Erlasses eines Versäumnisurteils oder einer Entscheidung nach Lage der Akten 337 1; im Schiedsverfahren **1034** 5; bei einer Änderung des Terminszwecks **227** 2 A; im Wechsel-/Scheckprozeß **604** 2/**605a**

Lagerung, Beweislast **286 Anh** 4

Lampe, Pfändung 811

Land, Parteifähigkeit 50 2 E; gesetzliche Vertretung 18 2 „Landesfiskus"; Zwangsvollstreckung **882a**

Landesbeamter als Kläger, Vorentscheidung **EGGVG 11**

Landesfiskus, Gerichtsstand 17 4, **18, 19**

Landesgesetzgebung, Aufhebung **EG 14**; im Aufgebotsverfahren **1006, 1009, 1023, 1024**; über die Beweiskraft einer öffentlichen Urkunde 418 3; über einen Entmündigungsantrag wegen Verschwendung/Trunksucht **680**; Ermächtigung für die L. **EG 3, 11, 15, GVG 17a, 71** 4; über einen Vollstreckungstitel **801**; über die Zwangsvollstreckung bei einem Eisenbahnbetrieb **871**

Landesjustizverwaltung s Justizverwaltung

Landesrecht, Revisibilität **549** 4 B

Landesregierung s Minister

Landesverfassungsgericht GVG 1 3 C; Landesverfassungsrichter **DRiG 84**

Landgericht GVG 59ff; Besetzung **GVG 59, 75**; Entschädigungskammer **GVG 71** 1 B; Entscheidung des LG statt des AG **10**; Geschäftsverteilung **GVG 21g**; Hilfsrichter **GVG 70**; Kammer für Baulandsachen **GVG 71** 1 C; Kammer für Handelssachen s dort; Präsidium s Gerichtsperson; Zivilkammer s dort; erstinstanzliche Zuständigkeit/Zuständigkeit für die Berufung **GVG 71/72**; ausschließliche Zuständigkeit s dort; Zuweisung **GVG 21e** 2 A

Landpachtsache, Rechtsweg **GVG 13** 7

Landtagsabgeordneter s Abgeordneter

Landwirt, Altersruhegeld, Pfändung **850i** 5; Forderung eines L., Pfändung **851a**; Gerät, Pfändung **811** 6; Gerichtsstand der Niederlassung **21** 3

Landwirtschaft, Pfändung beim Arbeitnehmer **811** 7; Pfändung von Erzeugnissen **804** 3 B, **811** 6, **813** 2 C, **865** 2 A; Pfändung/Pfandverwertung der Früchte auf dem Halm **Grdz 704** 9, **810/824**

Landwirtschaftsgericht, Abgabe an das Prozeßgericht **281 Anh III** 1; Verweisung an das L. **281** 1 A

Last, öffentlichrechtliche, Gerichtsstand 24 2 A

Lastenausgleich, Abgabe, Streitwert 9 3; Anspruch, Pfändung **Grdz 704** 9; Ausgleichsfonds, Zuständigkeitsvereinbarung **38** 3 A c; Rechtsweg **GVG 13** 7

Lauterkeitspflicht im Prozeß **Grdz 128** 2 G; Wahrheitspflicht der Partei s Partei

Leasing, Pfändung **Grdz 704** 9; Streitwert **3 Anh**

Lebenserfahrung als Beweis **Einf 284** 4 D; Beweislast beim Fehlen von Umständen **286 Anh** 4

Lebensmittel, Pfändung **811** 4

Legalisation einer ausländischen Urkunde **438**

Legitimation des gesetzlichen Vertreters s Vertreter

Hartmann 2319

Legitimationspapier

Legitimationspapier, Kraftloserklärung **Einf 1003** 1 B **1023**; Pfändung **821** 1 A; Hilfspfändung **808** 1 B
Lehrling s Auszubildender
Lehrtätigkeit des Richters **DRiG 4**
Leibesfrucht, Parteifähigkeit **50** 2 B; Pfleger als gesetzlicher Vertreter **51** 2 D
Leibgedinge, Klage, Zuständigkeit **GVG 23** 8; Streitwert **9** 2 A; Recht zur Erhebung einer Widerspruchsklage **771** 6
Leibrente, Klage auf die künftige Zahlung **258** 1; Streitwert **3 Anh**
Leistung, an einen Dritten, Pfändung des Anspruchs **Grdz 704** 9; s ferner Fälligkeit, Geistesarbeit, Individualleistung, Persönliche L., Wiederkehrende L.
Leistungsanspruch wegen einer Sache, Pfändung **846–849**; Pfändung für mehrere Gläubiger **854–856**; Urkundenprozeß **592** 2
Leistungsbestimmung im Urteil, Gerichtsstand **29** 2
Leistungsklage, -urteil s Klage, Urteil
Leistungsort s Erfüllungsort
Leistungsverfügung Grdz 916 2 B, **938** 1 A, **940** 3 „Ehe, Familie", „Rente"
Leistungsverweigerungsrecht, Feststellungsklage **256** 2 B
Letztwillige Anordnung s Testament
Leugnen, motiviertes **289** 3
Leugnende Feststellungsklage s Feststellungsklage
Lex fori Einl III 8 A, B, **293**
Liebhaberwert, Streitwert **3** 2 A
Liquidation, Unterbrechung des Verfahrens im Fall der L. einer juristischen Person oder parteifähigen Personenmehrheit **239** 2 A, **241** 2 B; Liqudtor als gesetzlicher Vertreter **51** 2 D; Fortsetzung des Prozesses **50** 2 G
Lizenz, Pfändung **Grdz 704** 9
Lohnanspruch s Arbeitseinkommen, Zwangsvollstreckung
Lohnpfändung 850 ff
Lohnschiebung 850 h
Lohnsteuerjahresausgleich 829 1 A, **835** 4
Lokaltermin 219 1 B
Löschung, Anspruch auf **932, 984**; Streitwert **3 Anh**; Unterbrechung des Verfahrens im Fall der L. einer Gesellschaft **239** 2 A; vgl auch Gebrauchsmusterlöschung, Grundbuchlöschung, Schuldnerverzeichnis, Warenzeichenlöschung
Lösungssumme beim Arrest **923**
Lückenausfüllung bei der Auslegung der ZPO **Einl III** 5 D
Luftfahrzeug, Arrestvollzug **931** 4; Eigentumsaufgabe, Bestellung eines gerichtlichen Vertreters **58, 787**; Pfändung des Herausgabeanspruchs **847a, 849**; dgl für mehrere Gläubiger **855a, 856**; Pfändung/Überweisung eines Registerpfandrechts **830a** 1/**837a** 1; Urkundenprozeß wegen eines Anspruchs am Registerpfandrecht **592** 2 B; Veräußerung während des Prozesses **266** 1; Zwangsvollstreckung in das Zubehör **865** 1 B, 3 B; Zwangsversteigerung **Grdz 704** 9, **864** 1 D,

866, 870a; Unterwerfung des jeweiligen Eigentümers unter die Zwangsvollstreckung **800a**
Luftverkehr, Schadensersatzanspruch, Beweislast **286 Anh** 4
Lüge der Partei **138** 1 D, **Einf 288** 3

M

Mahnantrag s Mahnverfahren
Mahnbescheid s Mahnverfahren
Mahnschreiben, Kostenerstattung **Üb 91** 2 B, 4 A
Mahnverfahren Grdz 688, 688 ff; Abgabe **696**; Aktenführung **Grdz 688** 3; Antrag **690**; Aussetzung des Verfahrens **Üb 239** 1 B, **639** 4; als Aussetzungsgrund **148** 1 B; Einmischungsklage **64** 2 B; Einspruch **700**; Feriensache **GVG 202**; Formvorschriften **690** 1, 4, **694** 1, **700** 3, **702** 1, **703 c**; Unterbrechung des Verfahrens im Fall einer Konkurseröffnung **240** 1 B; Kosten als Prozeßkosten **696, 699**; Kostenerstattung **Üb 91** 5; Kostenfestsetzung **103** 1 B; Kraftloswerden des Mahnbescheids **701** 1; Mahnbescheid **692**; Mahngebühr **692** 2 B; maschinelle Bearbeitung **689** 4, **703 b, c**; Bewilligung einer Prozeßkostenhilfe **119** 1 B; Ausschluß des Richters wegen seiner Mitwirkung im M. **41** 2 F; Sicherheitsleistung **110** 2 B; Streithilfe **66** 2 A; und streitiges Verfahren **696** 2, **697** 1; Streitverkündung **72** 1 A; Trennung **145** 1 A; Unterbrechung des Verfahrens **Üb 239** 1 B, **693**; Nachweis der Vollmacht **703**; Vollstreckungsbescheid **699**; Widerspruch **694** 1, **702** 1; Zulässigkeit **Grdz 688** 1 B, **688** 1, 2; Zuständigkeit **689**; Zurückweisung des Mahnantrags **691** 2; Zuständigkeit des Rpfl **GVG 153 Anh** 8 § 20; Zuständigkeitsvereinbarung **38** 5 C; Zustellung an den ProzBev **176** 1 A; vgl auch Vollstreckungsbescheid
Maklervertrag, Vorkenntnis, Beweislast **286 Anh** 4
Mangel s Ladungsmangel, Prozeßhandlungsmangel, Verfahrensmangel (Heilung), Zustellungsmangel (Heilung)
Mängelhaftung, Gerichtsstand des Erfüllungsorts **29** 1 A, 2; beim Erwerb der Pfandsache **806**; Streitverkündung **72** 1 B
Marktordnung, Rechtsweg **GVG 13** 7
Marktpreis, Schätzung der Pfandsache **813** 2; eines Wertpapiers **821**
Marktsache s Meß- und Marktsache
Maschinelle Bearbeitung, im Mahnverfahren **689, 690, 696, 699, 703 b, c**; beim Verfahren auf eine Anpassung des Unterhalts **641** 1, s, t
Materielle Beschwer Grdz 511 3 A b
Materielle Rechtskraft s Rechtskraft
Materiellrechtliche Theorie der Rechtskraft **Einf 322** 2 A a
Mehrforderung, Geringfügigkeit, Kostenentscheidung **92** 2
Mehrfache Pfändung 826 1–3, **827** 3, **853 ff**

dahinterstehende Zahlen und Buchstaben = Anmerkungen **Mitteilung**

Mehrverkehr 372 a
Mehrzahl s beim betreffenden Gegenstand oder bei der betreffenden Person
Meineid, Aufhebungsklage **1041** 9, **1043** 2; Restitutionsklage **580, 581** 1; Unzulässigkeit einer Beeidigung der Partei **452** 4; eines Zeugen, Beihilfe durch Unterlassen **138** 1 H
Meinungsumfrage, durch die Industrie- und Handelskammer **355** 1 A; im gewerblichen Rechtsschutz **Üb 402** 1 A
Meistbegünstigungsgrundsatz Grdz 511 4 B b
Menschenrechtskonvention 216 2 C
Meß- und Marktsache 30; Einlassungsfrist **274;** als Feriensache **GVG 200** 3; Gerichtsstand **30;** Ladungsfrist **217**
Mieter, Gewahrsam des M. **808** 3
Mieterverein 91 5
Mietkaution, Anspruch auf die Rückzahlung, Gerichtsstand **29 a** 1
Mietstreitigkeit, Beweislast **286 Anh** 4; als Feriensache **GVG 200** 4; Gebühren **8** 1; Gerichtsstand des Erfüllungsorts **29** 3 B; ausschließlicher Gerichtsstand bei der Wohnraummiete **29 a;** Klage auf eine künftige Mietzahlung **257** 1 A, **258** 1; Gerichtsstand der Mieterhöhungsklage **29 a;** dgl Klagänderung **264** 3; Rechtsentscheid **544 Anh;** Schiedsvertrag **1025 a;** Streitbefangenheit **265** 2 B; Rechtskraftwirkung des Urteils **322** 4; Urteil auf eine Fortsetzung des Mietverhältnisses **308 a** 1; vorläufige Vollstreckbarkeit **708** 2 G; Zwangsvollstreckung auf Grund eines Urteils auf die Vornahme einer Handlung durch den Vermieter **887** 6; einstweilige Verfügung auf Räumung **940 a;** Zuständigkeit **29 a, GVG 23**
– **(Räumungsklage),** Anspruchshäufung **260** 1 A; als Feriensache **GVG 200** 4; Gerichtsstand **29 a;** Klage auf eine künftige R. **259** 1 B; Kostenentscheidung **93 b;** Klagerhebung nach dem Auszug, Kosten **91 a** 3 A, **93** 5; Mietaufhebungs- und Räumungsklage **2** 2 C; Rechtskraftwirkung des Urteils **322** 4, **325** 6; vorläufige Vollstreckbarkeit des Urteils **708;** Urteil auf eine Fortsetzung des Mietverhältnisses **308 a;** Zwangsvollstreckung/Räumungsfrist **885** 1 B/**721, 794 a**
– **(Streitwert) 3 Anh;** beim Streit über das Bestehen oder die Dauer des Mietverhältnisses **3 Anh,** 8 2; beim Anspruch des Eigentümers gegen den Mieter **6** 1 A; bei der Feststellungsklage **3 Anh;** bei einer Kündigung **3 Anh;** beim Streit um den Mietzins **3 Anh,** 8 3
Mietverhältnis, Ersatzzustellung an den Vermieter **181** 2 A; Urteil auf eine Fortsetzung des M. **308 a** 1; Pfändung des Mietzinses **Grdz 704** 9, **851 b;** Unwirksamkeit eines Schiedsvertrags **1025 a** 1; Zwangsvollstreckung beim Mietzins als Grundstückszubehör **865** 2 D
Mietwohngrundstück, Streitwert **6** 1 B
Mietzins, Pfändungsschutz **851 b**
Mikrofilm 299 a 1

Milchkuh, Pfändung **811** 5
Minderjähriger, Beeidigung **393** 2, **455** 2; in einer Ehesache **607** 1; Entmündigung **645** 2 C; Ersatzzustellung an den M. **181** 1 B, **183** 1 C, **185** 1; Parteivernehmung **455** 2; Pfändungsschutz des minderjährigen Erben bei einer Fortführung der Erwerbstätigkeit **811** 9; Prozeßfähigkeit **52** 1 C; als Schiedsrichter **1032** 2 D; Unterhalt **461** 1 ff; als Zeuge **Einf 383–389** 3, **393** 1
Minderkaufmann, Pfändung einer zur Erwerbstätigkeit erforderlichen Sache **811** 8 B; Zuständigkeitsvereinbarung **38** 3 A a
Minderungsanspruch, Gerichtsstand **29** 2; Streitwert **3 Anh**
Mindestbetrag bei der Sicherungshypothek **866** 2 A, B
Mindestgebot bei einer Pfandversteigerung **817 a**
Minister, Aussagegenehmigung **376** 1 C; als Sachverständiger **408** 3; Zeugenvernehmung **382**
Mitarbeiter, Zeugnisverweigerungsrecht **383**
Mitberechtigter, Ausschluß als Gerichtsperson **41** 2 A, **49**
Mitbesitz des Ehegatten **739** 1 A, 2
Mitbestimmungsgesetz, Rechtsweg **GVG** bei **14**
Miteigentum, Gerichtsstand bei der Klage des Grundstückseigentümers **24** 2 A; Pfändung des Anteils am M. **Grdz 704** 9; Streitgenossenschaft **59** 2, **62** 2 B, C, 3 B; Recht zur Erhebung einer Widerspruchsklage **771** 6
Miterbe s Erbe
Mitgliedschaftsrecht, Feststellungsklage **256** 2 B; Gerichtsstand **22;** Pfändung **Grdz 704** 9
Mittäter, Gerichtsstand der unerlaubten Handlung **32** 2 C
Mitteilung Üb 166 1 A, **270** 3; eines Termins vor dem AG **497** 3; der Anordnung des persönlichen Erscheinens der Partei an ihren ProzBev **141** 3; einer Anordnung zur Vorbereitung der mündlichen Verhandlung **273;** eines Antrags oder Beweismittels **277, 282;** des Aufgebotsantrags eines dinglich Berechtigten an den Grundstückseigentümer **986** 2, **988;** der Einlegung der Berufung/Revision **519 a** 2/**553 a;** eines Beschlusses **329** 2; eines Beweistermins **357** 2; eines Termins in einer Ehesache an die Staatsanwaltschaft **608** 2; einer Abkürzung der Einlassungs-/Ladungsfrist **226** 1 B; eines Entmündigungsantrags an das Vormundschaftsgericht **657;** eines Entmündigungs-/Aufhebungsbeschlusses **660, 683/674** 1, **678;** an den Gerichtsvollzieher **763;** der Kostenberechnung **103** 2 C, **105** 3; der Pfändung **808** 5; des Protokolls durch den Gerichtsvollzieher **763** 1; einer Entscheidung im Verfahren der Prozeßkostenhilfe **127;** der Streitverkündung an den Gegner **73;** Kostenpflicht im Fall der Unterlassung einer M. von der Rechtsnachfolge **94** 2; einer Urkunde von Anwalt zu Anwalt **135** 1;

der Niederlegung einer Urkunde **134** 2; Antrag, eine Behörde um die Mitteilung der Urkunde zu ersuchen **432** 1; des Urteils im schriftlichen Verfahren **128, 310, 311**; der Urteilsgründe bei der Urteilsverkündung **311** 2; des Widerspruchs gegen den Mahnbescheid **695**; von dessen Zustellung an den Antragsteller **693**; der Zeugnisverweigerung **386** 3; Zulässigkeit einer formlosen Mitteilung statt einer förmlichen Zustellung **Üb** 166 6; der Zustellungserlaubnis **188** 3; s auch Benachrichtigung

Mittelbarer Besitz s Besitz

Mittellosigkeit, beim Antrag auf eine Prozeßkostenhilfe s dort; Erstattung der Reisekosten im Fall einer Anordnung zum persönlichen Erscheinen der Partei **141** 1

Mitverpflichteter, Ausschluß als Gerichtsperson **41** 2 A, **49**

Mitwirkung eines Dritten an der Handlung, Zwangsvollstreckung **887** 6

Mitwirkungspflicht der Partei **Grdz** 128 2 D; vgl auch Partei

Möbel s Hausrat

Mobiliarvollstreckung **803** ff; und Immobiliarvollstreckung **865** 1 A

Modell s Musterschutz

Moselschiffahrt, Zuständigkeit bei einer Streitsache **GVG** 14 3

Montanvertrag als Aussetzungsgrund **Einf** 148 1 A

Mündliche Klagerhebung **253** 2 A b, **496** 1, 2

Mündliche Verhandlung **128** 2 C; Notwendigkeit der Erklärung eines Anerkenntnisses in der m. V. **307** 2 B; ausländischer Anwalt **SchlAnh VII**; Beteiligte **140** 2; Bezugnahme auf eine andere m. V. **128** 2 D; Einheit und Gleichwertigkeit aller Verhandlungsteile **Üb** 253 2 B, D; als Entscheidungsgrundlage **128** 2 D; Konzentrationsgrundsatz **Üb** 253 2 E; der Partei, Begriff **128** 2 C, **137** 1; Protokoll s dort; Richterwechsel **128** 2 D; Terminsbestimmung s dort; Terminsversäumung **Üb** 230 1; Beweiskraft des Urteilstatbestands für den Inhalt der m. V. **314**; Erklärung eines Verzichts auf den Anspruch in der m. V. **306** 1 B; nach der Verwerfung einer Zulässigkeitsrüge durch ein Zwischenurteil **280**; Vorbereitung **273**; Wiedereröffnung **156**; Zusammenfassungsgrundsatz **273**

– **(in, über)** die Aufnahme eines unterbrochenen Verfahrens **239** 1 A, 2 E, G, 4; der Berufungsinstanz **525, 526**; die Beweisaufnahme durch einen verordneten Richter **366** 2; eine Beweisaufnahme **285** 1 A; dem Einspruchstermin **341**; die Entmündigungsanfechtungs-/Aufhebungsklage **669, 679** 2; die Prozeßübernahme durch den Rechtsnachfolger **265** 4 B; dgl nach einer Veräußerung eines Grundstücks, Schiffs, Schiffsbauwerks, Luftfahrzeugs **266** 2; nach einer Prozeßverbindung **142** 2 B; dem Schiedsverfahren **1034** 5; eine einstweilige Verfügung **937**; eine abgesonderte Verhandlung über eine Zulässigkeitsrüge **280**; einen Verweisungsantrag **281** 2 D; einen solchen nach einem Widerspruch gegen ein Mahnbescheid **696**; einen Wiederaufnahmeantrag **590**

– **(freigestellte mündliche Verhandlung)** **128** 2 B, 3; Anordnung der mündlichen Verhandlung **128** 3 B; Entscheidungsgrundlage **128** 3 B; einstweilige Anordnung in einer Ehesache **627** 10 C; einstweilige Anordnung wegen einer Unterhaltszahlung oder Sicherheitsleistung während des Verfahrens zur Feststellung der Vaterschaft **641** d 3; im Arrestverfahren **921** 1, **922** 2; über die Aufhebung einer Trennung oder Verbindung von Prozessen sowie über die Aufhebung einer Aussetzung **150**; über eine Aussetzung des Verfahrens **148** 2 B; über die Aufnahme nach einer Aussetzung **248** 2; über die Verwerfung der Berufung als unzulässig **519 b** 2 A; im Beschlußverfahren wegen eines Schiedsvertrags **1045** 3 A; im Beschwerdeverfahren **573** 2 C; bei der Anordnung einer Beweissicherung **490** 1; im Verfahren über die Aufhebung einer Entmündigung **676** 2; über die Erinnerung gegen den Kostenfestsetzungsbeschluß **104** 4 C; über einen Antrag auf eine Abkürzung oder Verlängerung einer Frist **225** 1; vor einer Fristsetzung zur Behebung eines Hindernisses der Beweisaufnahme **356** 2 A; wegen der Fristsetzung im Fall der Urkundenvorlegung durch einen Dritten **431** 1; vor der Abgabe einer Hausratssache **281 Anh I** 3; über die Kostenentscheidung nach einer Klagerücknahme **269** 4 C; vor der Abgabe einer Landwirtschaftssache durch das Landwirtschaftsgericht an das Prozeßgericht **281 Anh III** 1 A; vor der Beiordnung eines Notanwalts **78 b** 3; im Prozeßkostenhilfeverfahren **118, 127**; bei einer Trennung/Verbindung von Prozessen **145** 2 B/**147** 2 A; über eine Richterablehnung **46** 1; im Fall der Rücknahme eines eine f. m. V. vorsehenden Gesuchs **128** 3 A; **269** 1 B; vor der Anordnung des Ruhens des Verfahrens **251** 2 B; über die Ablehnung eines Sachverständigen **406** 4; über die Ernennung eines Schiedsrichters **1029** 2 B; vor einer den Schiedsvertrag oder Schiedsrichter betreffenden Entscheidung **1045** 3 A; Unterschrift unter einem Schriftsatz im Fall der f. m. V. **129** 1 B; Rückgabe einer Sicherheitsleistung **109** 4 A, **175** 2 B; dgl Fristsetzung **109** 3 B; über die Aufhebung eines Termins **227** 3 A; über die Anordnung der Übersetzung einer Urkunde **142** 3; über die Wirkungslosigkeit des Urteils nach einer Klagerücknahme **269** 4 D; über die Eintragung einer Vormerkung im Wege der einstweiligen Verfügung vor dem AG **942**; über eine Verweisung an das Landwirtschaftsgericht **281 Anh III** 2; über einen Wiedereinsetzungsantrag **238** 1 A; über die Abgabe einer Wohnungseigentumssache **281 Anh II** 2 C; über eine Zu-

dahinterstehende Zahlen und Buchstaben = Anmerkungen **Mußvorschrift**

ständigkeitsbestimmung **37** 1 A; über die Bestellung eines Zustellungsbevollmächtigten **174** 2; über die Bewilligung der Zustellung an den Gegner **177** 2; über die Bewilligung einer öffentlichen Zustellung **204** 1 C; über die Erlaubnis zur Vornahme einer Zustellung in der Nacht, an einem Sonn- oder Feiertag **188** 3 B; über eine Maßnahme der Zwangsvollstreckung wegen einer Handlung, Duldung oder Unterlassung **891**
— **(notwendige mündliche Verhandlung)** **128** 2 A; im Aufgebotsverfahren **952** 1; über die Entbindung des Klägers vom Prozeß auf Grund der Prozeßübernahme durch den mittelbaren Besitzer **76** 5 A; über die Kostenentscheidung nach beiderseitigen Erledigungserklärungen **91a** 3 B; über die Zulassung eines (Prozeß)Bevollmächtigten ohne (den Nachweis seiner) Vollmacht **89** 1 A; über die Höhe einer Sicherheitsleistung **108** 2 A, **112** 1 A; im Streit über die Zurückweisung einer Streithilfe **71** 1 C; über die Rückgabe einer Urkunde von Anwalt zu Anwalt **135** 2; über eine Ergänzung des Urteils **321** 3 B; über eine Berichtigung des Tatbestands eines Urteils **320** 5 A; im Rechtfertigungsverfahren über eine einstweilige Verfügung **942** 5 B; über die Vollstreckbarerklärung eines Schiedsspruchs **1042a** 3; über den Widerspruch gegen einen Arrest/eine einstweilige Verfügung **925** 1 B/**936** 1; über eine Zeugnisverweigerung vor dem verordneten Richter **389** 2
— **(Ablauf) 137, 278;** Leitung durch den Vorsitzenden **136** 2; Anordnung der Beschränkung auf einzelne Angriffs- oder Verteidigungsmittel **146** 2 A; Anordnung der Entfernung eines an der Verhandlung Beteiligten **158** 2; Anordnung des Vorsitzenden über die Hinzuziehung eines Urkundsbeamten **159** 2 B; Antrag auf eine Rechtswegverweisung **GVG 17** 3 A; Antragstellung **137** 1; Antragstellung zu Protokoll **297** 4; Aufruf der Sache **220** 1; Unterlassung des Aufrufs **220** 2; vor dem Aufruf erfolgende Parteimeldung **220** 1; Ausschließung eines Bevollmächtigten oder Beistands **157** 2; Beanstandung der Anordnung des Vorsitzenden oder seiner Frage **140** 2; Beginn **137** 1, **269** 2 D; Vortrag des erstinstanzlichen Akteninhalts in der Berufungsinstanz **526** 2, nach der Beweisaufnahme **278** 4, **285** 2, **370**; Vortrag des Ergebnisses einer Beweisaufnahme vor dem verordneten Richter **285** 2; Bezugnahme auf ein Schriftstück **137** 3; Entfernung aus dem Saal im Fall des Ungehorsams **GVG 177**; Erörterung des Sach- und Streitstoffs **138, 278**; Fernseh-/Film-/Rundfunkaufnahme **GVG 169** 1 B; V. zur Hauptsache **39** 2, **137** 1; Übertragung der Leitung auf einen Beisitzer **136** 2; Nichthandeln **33**; Öffentlichkeit s dort; Ordnungsgewalt s dort; Anhörung der Parteien **137** 4; Vortrag der Parteien **137** 2; Anhörung des Patentanwalts **137** 4; Protokoll **160**; Rüge eines Man-

gels einer Prozeßhandlung **295** 1 A, 2 A; Urteilsverkündung s dort; Begriff des Verhandelns **333** 2; teilweises Verhandeln **334**; Verlesung der Anträge **297** 2; Versäumnis einer Prozeßhandlung in der mündlichen Verhandlung **230** 1; Antrag auf eine Verweisung des Prozesses von der Kammer für Handelssachen an die Zivilkammer **GVG 97** 1 A; Vorbringen eines Angriffs- oder Verteidigungsmittels **282**; Untersagung des Vortrags **157** 3 B, **158** 3; Widerspruch zwischen einem Schriftsatz und dem mündlichen Vortrag **139** 2 A; Entziehung des Wortes **136** 2, **137** 2, 4
— **(Schluß) 136** 3; im schriftlichen Verfahren/ beim Beschluß eines dem Schluß der mündlichen Verhandlung entsprechenden Zeitpunkts **128** 6 B/**329** 4 A; Nichteinverständnis eines Beisitzers **140** 2; im Fall der Nachreichung eines Schriftsatzes **283**; Vorbringen nach dem Schl. **296a** 1
— **(Verhandeln zur Hauptsache) 39** 2; Anordnung nach der Verwerfung einer Zulässigkeitsrüge durch ein Zwischenurteil **280** 3 A; nach der Aufnahme eines unterbrochenen Verfahrens **239** 2 E, 4 A; beim Ausschluß einer verzichtbaren Zulässigkeitsrüge **39** 1, 2 **296**; durch die Stellung des Klagantrags **137** 1, **297** 2; Richterablehnung nach einer Einlassung zur Hauptsache **43** 2 B, **44** 4; ohne die Rüge des Fehlens eines Verfahrens über eine Arbeitnehmererfindung vor der Schiedsstelle **253** 1 D; ohne eine Zuständigkeitsrüge **38** 6, **39**; Verweigerung im Fall einer Streitverkündung gegenüber dem mittelbaren Besitzer **76** 2 A
— **(Verhandeln zur Sache) GVG 101**
— **(abgesonderte Verhandlung)** s Abgesonderte V.
— **(Vertretung in der mündlichen Verhandlung)**, Ausschluß des Vertreters **157** 2; durch einen Beamten **157** 2 A; durch den Bürovorsteher **157** 2 A; durch einen Gewerkschaftssekretär **157** 2 A; durch einen Patentanwalt **157** 1 B; durch den ProzBev im Fall eines Vertretungsverbots **157** 1 A; Ausschluß des ProzBev beim Verdacht einer Straftat **157** 1 B; durch einen Rechtsbeistand **78** 1 D, **157** 1, 3 A; durch einen Rechtsberater **157** 1 A; durch einen Referendar **157** 2 A; durch einen Regulierungsbeamten der Versicherung **157** 2 A
— **(Vorbereitung),** Anordnung zur V. **273**; Anordnung einer Augenscheinseinnahme oder eines Sachverständigengutachtens **144** 1; Anordnung des persönlichen Erscheinens der Partei **141** 2; Vernehmung eines Zeugen oder Sachverständigen vor der mündlichen Verhandlung **273, 358a**
— **(Wiedereröffnung) 156**; in der Berufungsinstanz **526** 2; bei der Klage auf die Anfechtung einer Entmündigung **669**
Mündlichkeitsgrundsatz Üb 128 1 B, **128** 2 D; Verstoß **128** 2 E
Mußvorschrift Einl III 4 A

Musterprozeß

Musterprozeß als Aussetzungsgrund **148** 1 E; Verzicht auf die Einrede der Verjährung **Einl III** 6 A
Musterschutz, Zuständigkeit der Kammer für Handelssachen **GVG 95** 2 D; Pfändung des Schutzrechts **857** 1
Mustervertragsbedingung, Revisibilität **550** 2 H
Mutwilligkeit der Rechtsverfolgung s Notanwaltsbeiordnung, Prozeßkostenhilfe

N

Nachbar, Ersatzzustellung an ihn **182** 3
Nachbarrechtsklage des Grundstückseigentümers, Gerichtsstand **24** 2 A, 5; Grundstücksveräußerung **266** 1; Streitwert **7** 1 A
Nacheid 392
Nacherbe, Pfändung seines Anspruchs **Grdz 704** 9; Aufnahme nach einer Unterbrechung des Verfahrens **243** 1; Gerichtsstand der Klage auf die Feststellung des Erbrechts **27** 2 A; Gerichtsstand der Klage wegen eines Grundstücks **24** 2 A; Rechtsstellung, Prozeßführungsrecht **242**; Streitwert **3 Anh**; Urteil gegen den Vorerben, vollstreckbare Ausfertigung **728** 1; und Vorerbe als notwendige Streitgenossen **62** 2 A; Widerspruchsklage **773**
Nacherbfall, Aussetzungsantrag im Fall der Vertretung durch einen ProzBev **246** 2; Gläubigeraufgebot durch den N. **998**; während der Rechtshängigkeit **326** 2; Unterbrechung des Prozesses des Vorerben ohne einen ProzBev **242** 1; Rechtskraftwirkung eines vor dem Eintritt des N. erlassenen Urteils **326** 1
Nachforderung, Kosten der N. s Kostenfestsetzung; Urteil, Rechtskraftwirkung **322** 4; Streitwert **3 Anh**
Nachforderungsklage wegen einer Sicherheitsleistung beim Rentenanspruch **324**
Nachgereichter Schriftsatz 283
Nachgiebige Vorschrift der ZPO **Einl III** 4
Nachholung, der Beweisaufnahme wegen des Ausbleibens der Partei **367** 2, **368** 1; einer Erklärung in der Berufungsinstanz **531**; einer Prozeßhandlung **231** 2; einer solchen nach der Versäumung einer Erklärungsfrist **283**; einer solchen beim Wiedereinsetzungsantrag **236** 1 E
Nachlaß, Gerichtsstand des N. **28**; s auch Zwangsvollstreckung (gegen den Erben)
Nachlaßgläubiger, Aufgebot der N. s dort
Nachlässigkeit, beim nachträglichen Vorbringen eines Angriffs- oder Verteidigungsmittels **282**, **283**, **296**; beim Unterlassen des erstinstanzlichen Vorbringens **528** 2 B
Nachlaßkonkurs, Unterbrechung eines die Konkursmasse betreffenden Verfahrens **240** 1 A; Vorbehalt der beschränkten Erbenhaftung **780** 1; Zwangsvollstreckung in das Vermögen des Erben **784**
Nachlaßpfleger, Aufnahme nach einer Unterbrechung des Verfahrens **243** 1; als ge-

Zahlen in Fettdruck = Paragraphen

setzlicher Vertreter **Grdz 50** 2 C; Prozeßkostenhilfe **116**
Nachlaßschuldner, Einwand der Arglist gegenüber einem Miterben **62** 3 B
Nachlaßverbindlichkeit, Gerichtsstand **28**; Kostenentscheidung beim Anerkenntnis **93** 5
Nachlaßverwalter, als Partei kraft Amtes **Grdz 50** 2 C, **51** 2 D; Prozeßkostenhilfe **116**; Rechtsanwalt, Kostenerstattung **91** 5; Vollstreckungsabwehrklage **784**, **785**
Nachlaßverwaltung, Anordnung, Aussetzung des Verfahrens **246** 2; Recht des Erben zur Prozeßgeschäftsführung **Grdz 50** 4 C; Unterbrechung des Verfahrens **241** 3; Vorbehalt der beschränkten Erbenhaftung **780** 1; Zwangsvollstreckung in das Vermögen des Erben **784**
Nachlaßverzeichnis, Zwangsvollstreckung aus einem Anspruch auf die Aufstellung eines N. **887** 6; Streitwert der Vorlegung **3 Anh**
Nachliquidation Einf 103 2 A
Nachpfändung 803 4
Nachprüfung s Amtsprüfung, Richterliches Prüfungsrecht, vgl auch bei den einzelnen Rechtsmitteln
Nachschieben von Prozeßstoff, in einem Schriftsatz **Üb 253** 2 E, **279**; in der Berufungsinstanz **528**; eines Nichtigkeitsgrundes **588** 2; eines Wiedereinsetzungsgrundes **234** 1; des Entschuldigungsgrundes eines Zeugen für sein Ausbleiben **381** 1 A
Nachsendung bei der Postzustellung **195** 2
Nachtbriefkasten des Gerichts **233** 4
Nachteil und vorläufige Vollstreckbarkeit **710** ff
Nachträgliche Sicherheitsleistung 111 1
Nachträgliche Unzuständigkeit 506
Nachträglichkeit, des Parteivorbringens s dort
Nachtzeit, Aushändigung eines zuzustellenden Schriftstücks an die Post **194** 2; Pfändung zur N. **761**; Zustellung zur N. **188**
Nachverfahren, nach dem Vorbehalt der Aufrechnung **302** 4; dgl Prozeßvollmacht **81** 2 B; im Urkundenprozeß **600**; im Verteilungsverfahren **882**; nach einer Vorabentscheidung über den Grund des Anspruchs **304** 5; im Wechselprozeß **602** 3 C
Nachweis, der Fälschung des Protokolls **165** 2; der Prozeßvollmacht **80** 2; derjenigen in einer Ehe-/Kindschaftssache **609** 1/**640** 3, **641**; der Zustellung des Urteils bei der Einlegung der Berufung/Revision **518** 3/**553a**; der Zustellung von Anwalt zu Anwalt **198** 2, 3
Nähmaschine, Pfändung **811** 3 B
Nahrungsmittel, Pfändung **811** 4
Namenspapier, Pfändung/Pfandverwertung **821**/**822**, **823**
Namensrecht, als vermögensrechtlicher Anspruch **Üb 1** 3; Feststellungsklage **256** 2 B; Pfändung **Grdz 704** 9; Rechtsweg **GVG 13**

7; Streitwert **3 Anh**; Verletzung, Urheberbenennung 77
Namensstempel, bei einer beglaubigten Abschrift 170 2 B; beim Empfangsbekenntnis eines Anwalts 198 2 A; unter einem Schriftsatz 129 1 B
Namensunterschrift s Unterschrift
Nämlichkeit, der Parteien/Prozesse, Rechtshängigkeit 261 3 B
NATO – Truppenstatut, Zusatzabkommen **SchlAnh III**; vgl auch Streitkräfte, ausländische
Naturaleinkommen, Pfändung 811 7, 850 1, **850 e** 3; diejenige der Vergütung für die Gewährung einer Wohngelegenheit oder Sachbenutzung **850 i** 3
Nebenentscheidung 313 7 B f
Nebenforderung, Bindung des Gerichts an den Klagantrag 308 1 A; Entbehrlichkeit eines rechtlichen Hinweises 278 5 C d; und Klagänderung 264 3; Streitwert **4** 3 A, B; Urteilsergänzung im Fall der Übergehung einer N. 321 2; im Verteilungsverfahren 873 2; im Wechsel-/Scheckprozeß 605 2/605a
Nebenintervention s Streithilfe
Nebenpartei Grdz 50 2 D, 66 1
Nebentätigkeit des Richters **DRiG** 42
Nebenverdienst, Unpfändbarkeit 850a 2
Ne-bis-in-idem-Lehre Einf 322 3 A, 890 3 E b bb
Negativa, Beweislast 286 **Anh** 4
Negative Feststellungsklage s Feststellungsklage
Nennwert, Überweisung zum N. 835 2, 3
Neuer Anspruch in der Revisionsinstanz 561 2 B
Neues Gutachten 412 1
Neues Vorbringen s Parteivorbringen (neues Vorbringen)
Neuer selbständiger Beschwerdegrund 568 2 B
Neue Tatsache, in einer Ehesache 611 1, 2; Tragweite der Rechtskraft 322 2 A; in der Revisionsinstanz 561 3; und Wiederaufnahme 580
Nichtberechtigter, Eigentumserwerb vom N. durch die Zwangsvollstreckung 898; Erwerb vom N., Rechtskraftwirkung 325 3; gutgläubiger Erwerb des Streitgegenstandes 265 5, 266 3
Nichtbestreiten, bei einer Amtsprüfung 138 4 D; beim Beibringungsgrundsatz 138 4 D; für die Instanz 138 4 B; als Zugeständnis 138 4
Nichteheliches Kind, Abstammungsuntersuchung s dort; Anerkennung der Vaterschaft s dort; Ausschluß wegen der Vaterschaft als Gerichtsperson 41 2 C, 49; Ehelichkeitsanfechtungsklage s dort; Pfändungsvorrecht der Mutter s dort; gesetzliche Vertretung durch die Mutter 51 2 D
Nichtehelichengesetz, Übergangsvorschriften **Üb** 640 2; **Üb** 642 3, 642 5
Nichterfüllung, Klage auf eine künftige Leistung wegen der Besorgnis der N. 259 1;

Recht zum Schadensersatzanspruch oder Rücktritt, Fristsetzung im Urteil 255 1
Nichterklären, auf eine Behauptung des Gegners 138 5 B; über eine Tatsache/Echtheit der Urkunde/in einer Ehe-/Kindschafts-/Entmündigungssache 617 3, 640 3, 670 1, 679 2
Nichterscheinen s Partei, Sachverständiger, Zeuge, Versäumung usw
Nichtigerklärung, eines Gesetzes, Kostenentscheidung nach einer Erledigungserklärung 91a 2 C
Nichtigkeit, Feststellungsklage beim Dispachebeschluß 256 2 A; beim Gesellschafterbeschluß 256 5; einer Prozeßhandlung **Grdz** 128 5 E, F; eines Prozeßvergleichs 307 **Anh** 6 A; dgl Wiedereinsetzung, Antragsfrist 234 3 A; einer Ernennung zum Richter **DRiG** 18; eines Schiedsvertrags 1025 2 C; eines Testaments, Streitwert **3 Anh**; eines Urteils **Üb** 300 2 C, D; eines Urteils gegen einen Exterritorialen **GVG Einf** 18 B; Vereinbarung, ein Vertrag solle als nichtig gelten 138 1 D; eines Vertrages, Rechtskraftwirkung des Urteils betreffend die N. 325 6; dgl, Streitwert **3 Anh**; Feststellungsklage wegen eines Vertrags mit einem Dritten 256 2 C, A; der Zustellung **Üb** 166 5, 187 1; der Zwangsvollstreckung **Grdz** 704 8 C
Nichtigkeitsbeschwerde 577 2 B
Nichtigkeitsklage (Aktiengesellschaft, Gesellschaft mit beschränkter Haftung), gegen einen Gesellschafterbeschluß, Gerichtsstand 12 2; Zuständigkeit der Kammer für Handelssachen **GVG** 95 2 D, G; notwendige Streitgenossenschaft 62 2 A; Streitwert **3 Anh**
– (Ehesache) 631ff, Kosten 93a 4
– (Patent), Streitwert **3 Anh**
– (Wiederaufnahmeklage) s dort
Nichturteil Üb 300 3 B
Nichtverhandeln 333 2, 3, 334 1
Nichtvermögensrechtlicher Anspruch Üb 1 3; Anerkennung eines ausländischen Urteils 328 7; Revision 546; Streitwert **2** 1; derjenige der einstweiligen Verfügung **3 Anh**; Widerklage 33 3; Zuständigkeitsvereinbarung 40 2 A
Nichtwissen, Erklärung mit N. 138 1 B, 5 A
Nichtzulassung der Revision 546 3 D
Niederlande, deutsch-niederländischer Vertrag **SchlAnh V** B 7
Niederlassung, Gerichtsstand 21
Niederlegung auf der Geschäftsstelle s dort; zwecks Zustellung s dort
Niederschrift s Protokoll
Nießbrauch, Gerichtsstand der landwirtschaftlichen Niederlassung 21 3; Grundstücksveräußerung während des Prozesses 266 1; Pfändung **Grdz** 704 9, 857 3; Pfändung beim N. am Vermögen vor der Rechtskraft 737; dgl nach der Rechtskraft 738; Rechtsbeeinträchtigung, Urheberbenennung 77; Sicherheitsleistung, Klage auf

eine Fristsetzung durch das Urteil **255** 1; Streitwert **3 Anh,** 9 2 B; Streitwert der einstweiligen Verfügung **3 Anh**; Rechtskraftwirkung des Urteils **325** 6; Recht zur Erhebung einer Widerspruchsklage **771** 6; Zwangsvollstreckung gegen den Nießbraucher **737, 738**
Non liquet Einl III 5 D
Normenkontrollverfahren GVG 1 3 C b; Kostenerstattung **91** 5
Notanwaltsbeiordnung 78 b, c; Antrag **78 b** 2; Bestellung des Notanwalts zum ProzBev **176** 2 B; Streitwert **3 Anh**
Notar, Gebühren, Rechtsweg **34** 1, **GVG 13** 7; Erteilung einer Vollstreckungsklausel **797** 1 C; Zeugnisverweigerungsrecht **383** 3 D; Zustellung an den N. **212 a**; Zustellung an den Gehilfen **183** 2 A; Zwangsvollstreckung gegen den N. durch eine Pfändung **811** 10
Notariat der DDR, Anerkennung seiner Entscheidung **328** Vorbem
Notarielle Urkunde s Vollstreckbare Urkunde
Notfrist s Frist (gesetzliche Frist als Notfrist)
Notfristzeugnis 706 3; in einer Ehesache **625** 2
Nötigung zum Abschluß eines Schiedsvertrages **1025** 7 C.
Notverkauf, Schadensersatzpflicht **Üb 91** 4 A
Notwegrecht, beim Grundstücksmiteigentum, notwendige Streitgenossenschaft **62** 3 B; Streitwert **7** 1 A; Streitwert einer Rente **9** 2 A
Notweg, Streitwert **3 Anh**
Notwendige Kosten 91 4 B, **788** 2 A, 5
Notwendige Streitgenossenschaft s Streitgenosse (notwendiger Streitgenosse)
Notwendige Zurückverweisung, in der Berufungsinstanz **538**; in der Revisionsinstanz **565** 1 A
Notwendiger Inhalt, der Berufungsbegründung **519** 3; der Berufungsschrift **518** 2; der Klageerwiderung **277** 2, **282**, 2, 3; der Klageschrift **253** 2 B, 3–5, 7; im Urkunden/Wechsel/Scheckprozeß **593** 1/**602**/**605 a**; im Wiederaufnahmeverfahren **587** 1; des Mahnantrags **690** 2; der Revisionsbegründung **554** 4; der Revisionsschrift **553** 1; des Scheidungsantrags **622** 3, **630** 2
Nutznießung, Gerichtsstand der landwirtschaftlichen Niederlassung **21** 3
Nutzung einer Erbschaft, Zwangsvollstreckung im Fall einer Nacherbschaft **863**; Streitwert **4** 3 C; Streitwert wiederkehrender N. **9** 2
Nutzungsrecht, Feststellungsklage **256** 2 B; Pfändung **Grdz 704** 9, **857** 3, 4 D; Pfändung des Eisenbahnbetriebsrechts **871**; Streitwert **3 Anh**

O

Obergutachten 286 3 B, **412** 1
Oberlandesgericht, Besetzung **GVG 115 ff**, **EGGVG 25**; Antrag auf eine gerichtliche Entscheidung gegen einen Justizverwaltungsakt s dort; Entscheidung über die Anerkennung einer ausländischen Ehescheidung **328** 7 B d; Gliederung **GVG 116**; Präsidium s Gerichtsperson; Rechtsentscheid in einer Mietrechtsfrage **544 Anh**; Verweisung von einem Senat an den anderen **281** 1 B; Senatsbesetzung **GVG 122**; Senatsvorsitzender **GVG 21 f** 2; Verhinderung des Vorsitzenden **GVG 21 f** 3; Vertretung eines Richters **GVG 117**; Vertretung des Vorsitzenden **GVG 21 e** 2 C, **21 f** 3 B; Zuständigkeit **GVG 119**
Oberstes Landesgericht s Bayerisches Oberstes Landesgericht
Obiter dictum 313 7 A
Objektive Klagenhäufung 260 1 A
Obmann, Schiedsgericht **1028** 2
Observanz, richterliche Kenntnis **293** 1 B
Offenbare Unrichtigkeit 281 3 B, **319** 2, **707** 4 A, **769** 3
Offenbarungsanspruch, Streitwert **3 Anh**
Offenbarungspflicht, der Partei **138** 1 C; des ProzBev **138** 1 E
Offenbarungsversicherung 807; Abgabe nach der Verhaftung **902**; Antrag des Schuldners auf Einstellung der Zwangsvollstreckung wegen einer besonderen Härte **765 a** 1, 2 A; Vollzug eines Arrests/einer einstweiligen Verfügung **929** 2 E/**936** 2; nach bürgerlichem Recht **889** 2; Ergänzung **903** 1 B; Haftanordnung **901, 904**; wiederholte Haftanordnung **914**; Haftaufschub **906**; Haftbefehl **908**; Verhaftung des Schuldners **909, 910**; Verhaftung eines Soldaten **SchlAnh II** V; Haftdauer **913**; Haft, Ersuchen **GVG 162, 163**; Säumnis **900** 5 A; Schuldnerverzeichnis **915**; Angehöriger der Streitkräfte **SchlAnh III** 34; Streitwert **3 Anh**; Termin zur Abgabe **900**; Verfahren **899 ff**; Verfahrensgebühr **271 Anh** 5; Wiederholung **903**; Zuständigkeit **899**
Offene Handelsgesellschaft s Gesellschaft (OHG, KG)
Offenkundigkeit, der Rechtsnachfolge, vollstreckbare Ausfertigung **727** 3 A; einer Tatsache **291**
Offensichtliche Unpfändbarkeit 807 3 E
Öffentliche Beglaubigung 80 3
Öffentliche Bekanntmachung s Aufgebot, Entmündigung, Zustellung (öffentliche)
Öffentliche Ordnung, Verstoß beim Anerkenntnis **307** 2 C, beim Auslandsurteil **328** 5, beim DDR-Urteil **328 Einf B**; Ausschluß der Öffentlichkeit **GVG 172**; Revisibilität **549** 2; Verstoß beim Schiedsspruch **1041** 4 D, 5 C, beim Schiedsvergleich **1044 a** 3 B
Öffentliche Urkunde s Urkunde (Öffentliche Urkunde)
Öffentliche Versteigerung 814 1
Öffentliche Zustellung s Zustellung (Öffentliche Zustellung)
Öffentlicher Dienst, Angehöriger als Sachverständiger **408** 3; Angehöriger als Zeuge, Aussagegenehmigung **376** 1 A; Ge-

dahinterstehende Zahlen und Buchstaben = Anmerkungen **Partei**

richtsstand eines Angehörigen im Ausland **15**
Öffentlicher Glaube, einer Urkundsperson **415** 2 B
Öffentliches Recht, Aufrechnung mit einer öffentlichrechtlichen Forderung **145** 4 E, **GVG 13** 5 F; öffentlichrechtliche Vertretung, Rechtsweg **GVG 13** 7; Zivilprozeßrecht als öff. R. **Einl III** 2 B; Kostenvorschriften als öff. R. **Üb 91** 3 D
Öffentlichkeit der Verhandlung **GVG 169 ff**; Ausschluß **GVG 172–174**, **SchlAnh III** 38; Beschränkung **GVG 175**; Entfernung wegen Ungehorsams **GVG 177**; Ordnungsgewalt des Vorsitzenden **GVG 176**; Schiedsverfahren **1034** 5; Urteilsverkündung **GVG 173**; Verletzung als Revisionsgrund **551** 7
Öffentlichrechtliche Körperschaft 212 a
Öffentlichrechtliche Streitigkeit GVG 13
Offizialmaxime Grdz 128 3 H
Omnibusverkehr, Gerichtsstand bei einer Streitigkeit aus dem Beförderungsverkehr **21** 4
Orden, Pfändung **811** 11
Ordentliches Gericht GVG 12, 13
Ordentliches Rechtsmittel EG 19
Orderpapier, Gerichtsstand **29** 1 A; Kraftloserklärung s Aufgebot; Pfändung/Verwertung **808** 1 B, **831/835, 844**; Recht des Indossatars zur Prozeßgeschäftsführung **Grdz 50** 4 C
Ordnung, öffentliche, s Öffentliche Ordnung
Ordnungsgewalt, des Richters bei einer Amtshandlung **GVG 180**; des Vorsitzenden **GVG Üb 169** 3, **176**; und Hausrecht **GVG 176** 2
Ordnungsmittel, Aufhebung **381** 1; Festsetzung gegen eine ausgebliebene Partei **141** 3, 4 B; dgl in einer Ehesache **613** 3; gegenüber dem Sachverständigen **409, 411** 3 B; Streitwert **3 Anh**; gegenüber dem Zeugen **380** 1 D, **381, 390**
– **(Ordnungsgeld, -haft),** wegen Ungebühr **GVG 178**; Verhängung durch einen abgelehnten Richter **47** 1 A; Verjährung **890** 3 G; Aufhebung **381**; wegen einer Zuwiderhandlung gegen ein Unterlassungsurteil **890** 3, 5; dgl Androhung, Kostenerstattung **788** 5
– **(Ordnungshaft),** wegen Ungehorsams **GVG 177**; Vollstreckung **GVG 179**
Ordnungsverstoß, Nichtanerkennung eines ausländischen Urteils **328** 5; eines ausländischen Schiedsspruchs **1044** 3 A; Aufhebung des Schiedsspruchs **1041** 5
Ordnungswidrigkeit, Zeugnisverweigerungsrecht **384** 3
Ordre public s Öffentliche Ordnung
Organhaftung der juristischen Person, Gerichtsstand **32** 2 A
Organisationsmangel des Anwaltsbüros, Ausschluß einer Wiedereinsetzung **233** 4
Organmitglied s Geschäftsführer, Vorstandsmitglied

Ort, des Termins **219**; der Versteigerung **816**; einer Zustellung **180**
Örtliche Zuständigkeit s Gerichtsstand
Ortsangabe in einer Zustellungsurkunde **191** 2
Ortssatzung GVG 1 2 B
Ortstermin 219 1 B
Österreich, deutsch-österreichischer Vertrag **SchlAnh V** B 3
Ostgläubiger SchlAnh IV B 2 C
Ostsperre SchlAnh IV B 1 B
Ost-West-Rechtsverhältnis, Feststellungsklage **256** 5

P

Pachtstreitsache, Beweislast **286 Anh** 4; Gerichts-/Rechtsanwaltsgebühr **8** 1; Gerichtsstand des Erfüllungsorts **29** 3 B; Gerichtsstand des Pächters **21** 3; Klage für die künftige Zahlung der Pacht **257** 1 A, **258** 1; Rechtsweg **GVG 13** 7; Zuständigkeit **8** 1, **GVG 23** 4 C
– **(Streitwert) 3 Anh**; Bestehen, Dauer **8** 2; Anspruch des Eigentümers gegen den Pächter **6** 1 A; Feststellungsklage **3 Anh**; Pachtzins **8** 3
Pachtzins, Pfändung **Grdz 704** 9, **851 b**; als Grundstückszubehör, Zwangsvollstreckung **865** 2 D
Paramountklausel, Gerichtsstand **21** 1
Partei, Begriff **Grdz 50** 1, 2 A; Begriff im Anwaltsprozeß **78** 1 B; beim Ausschluß einer Gerichtsperson **41** 2 A; Begriff bei einer Aussetzung oder Unterbrechung des Verfahrens durch den Tod oder das Erlöschen **239** 2 B; Begriff für die Kostenpflicht **91** 1 E; Begriff bei der mündlichen Verhandlung **128** 2 C, **137** 1; Begriff bei einer Vollstreckungsabwehrklage **767** 3 B; Begriff im Wiederaufnahmeverfahren **578** 1 B; Änderung **263** 2 C; Aufenthalt ohne eine Verkehrsverbindung, Aussetzung des Verfahrens **247** 1; Auftreten der falschen Partei **Grdz 50** 3 A; Ausschluß als Gerichtsperson **41** 2 A, **49**; Bevollmächtigter als Partei **Grdz 50** 2 B; Fiskus **Grdz 50** 2 E; Identität, Rechtshängigkeit **261** 3 A; Konkurs **240** 1 B; Kostenpflicht **Üb 91** 3 A; Nachlaßpfleger **Grdz 50** 2 C; Nichtbestehen **Grdz 50** 3 B; politische P. s dort; Rechtsnachfolger **Grdz 50** 2 A, D; Straftat als Grund für eine Restitutions-/Schiedsspruch-Aufhebungsklage **580** 2 D, **581** 1/**1041** 6; Streitgenossenschaft **Grdz 50** 2 D, **Üb 59** 2; Streithelfer **67** 1; streitgenössischer Streithelfer **69** 2 B; als Streithelfer **66** 2 A; Tod **Grdz 50** 2 F; Tod/des ProzBev **239** 2 A, **246** 2, **619** 1; Entbehrlichkeit der Anwesenheit der P. bei der Verkündung eines Beschlusses oder Urteils **312** 1/**329** 3; Verein nach der Auflösung **Grdz 50** 3 B; Verhalten der P., Berücksichtigung bei der Kostenentscheidung **92** 1 C, **93** 3; dgl bei der Klage auf die Räumung von Wohnraum **93 b**; eigener Vortrag im Anwaltsprozeß **137**

Hartmann 2327

Partei

4; Termin außerhalb der Gerichtsstelle im Fall der Verhinderung am Erscheinen vor Gericht **219** 1 B; Verhinderung an der Einhaltung einer Frist im Fall einer Vertretung **233** 2 A; Verschiedenheit der beiden Parteien als Erfordernis des Zivilprozesses **Grdz 50** 2 D; (gesetzliche) Vertretung **Grdz 50** 2 B, **51** 2 A; Bezeichnung im Vollstreckungstitel **750** 1; als Zeuge **Üb 373** 2 B; Zustellung an mehrere P. **171** 3; kraft Zustellung **Grdz 50** 2 F; Zustellungsfehler **Grdz 50** 2 A

– **(Änderung) Grdz 50** 2 A, **263** 2 C
– **(Anhörung) 137** 4, **278**; als Beweisaufnahme bzw Beweismittel **141** 2 B; Wiedergabe der Aussage im Tatbestand des Urteils **313** 6; rechtliches Gehör s Gehör, rechtliches
– **(Anordnung des persönlichen Erscheinens) 141**, **273** 3 D, **279** 3; Beglaubigung der Prozeßvollmacht vor der A. **80** 3; A. in einer Ehesache **613**; Ausbleiben der Partei **141** 4 A, B; Erscheinen des Streithelfers statt der Partei **141** 2 A; Ladung der Partei **141** 3; Nichtabgabe der Erklärung **141** 4 D; Entsendung eines Vertreters **141** 4 C
– **(Auftreten vor Gericht) 78** 1 B, 2 B; Entfernung in der mündlichen Verhandlung **158** 1; Erscheinen ohne ProzBev in einem Verfahren mit einem Anwaltszwang **141** 4 A; Vortrag in der mündlichen Verhandlung **137** 2; Untersagung des Vortrags **157** 3, **158** 1
– **(Beeidigung)** s Parteivernehmung
– **(Befragung) 397/402** 1
– **(Benachrichtigung über)** eine Anordnung zur Vorbereitung der mündlichen Verhandlung **273** 5; eine Beweisaufnahme/Abgabe durch den verordneten Richter **362** 2/**365**; eine Beweisaufnahme im Ausland **364**; eine Änderung des Beweisbeschlusses **360** 2 B; einen Termin im Zwischenstreit wegen der Beweisaufnahme durch einen verordneten Richter **366** 2; einen Verhandlungstermin nach der Beweisaufnahme **370**; eine Zeugnisverweigerung **386**
– **(Bezeichnung)**, in der Klageschrift **253** 3 A; im Urteil **313** 2; Berichtigung **139** 2 A, **264** 2 B, **319**; unzutreffende Bezeichnung **Grdz 50** 2 A, E, 3 B; und Pseudonym **Grdz 50** 2 A
– **(Erklärung)** s Parteivorbringen
– **(Ladung)** zum persönlichen Erscheinen **141** 3; persönliche Ladung **176** 1 B; zur mündlichen Verhandlung **274**; zu derjenigen über eine Berichtigung des Urteilstatbestands **320** 3; bei einer Zeugnisverweigerung vor dem verordneten Richter **389** 2
– **(persönliches Erscheinen) 141** 2–4, **273** 3 D, **279** 3; in einer Ehesache **613** 1–3; im Entmündigungsverfahren **654** 1–3; des Sachverständigen **411** 4
– **(Pflicht) Einl III** 3 A; zur Duldung eines Augenscheins **Üb 371** 3 B; zur Abgabe einer Erklärung **138** 3; zur Förderung des Prozesses **Grdz 128** 2 E, **282**; Verzögerungsgebühr

im Fall einer Verletzung dieser Pflicht **95 Anh** 2 B; zur Mitwirkung **Grdz 128** 2 D; zur Mitwirkung bei der Feststellung von Auslands-/Gewohnheits-/Satzungsrecht **293** 2; zur Offenbarung **138** 1 C; zur Beibringung des Streitstoffs **138** 1; zur Vollständigkeit des Vortrags **138** 2, **282**
– **(Recht)**, zur Akteneinsicht **299** 2; zur Benennung eines Sachverständigen **404** 2; zum Schweigen **138** 1 C; Verfügungsbefugnis **Einl III** 2 A
– **(Vernehmung)** s Parteivernehmung
– **(Verschulden)**, prozessualer Begriff **Einl III** 7 A; bei einer Wiedereinsetzung **233** 2 B; eines Angestellten **233** 2 A, B, 4; bei einer Fristversäumung **233** 4; Auferlegung von Kosten im Fall der Verschuldung einer Frist oder eines Termins **95**; Berücksichtigung eines V. bei der Kostenentscheidung **Üb 91** 3 A, E; eines Vertreters **85**; Verzögerungsgebühr **95 Anh** 2 B; beim nachträglichen Vorbringen eines Angriffs- oder Verteidigungsmittels **282**, **296**; Zulässigkeitsrüge, verspätetes Vorbringen ohne V. **296**; Zurückweisung s Parteivorbringen
– **(Vertreter)**, Verletzung der Förderungspflicht, Verzögerungsgebühr **95 Anh** 2 B; Fristversäumung, Verschulden **85**; in der mündlichen Verhandlung s dort; ProzBev s dort; Zurückweisung **79** 1
– **(verspätetes Vorbringen) 282**, **296**, **527**, **528**
– **(Verzicht auf) Einf 306** 1; Verstoß gegen den Anwaltszwang **78** 1 E; Ausschluß als Gerichtsperson **Üb 41** 1, **44** 4; Aussetzungsrecht **244** 2 B; des Bekl auf die Klagezustellung **253** 2 C; die Berufung/Revision **514/566**; die Berufung durch eine Sprungrevision **566a** 3; die Berufung nach dem Urteil **514**; ein Beweismittel **282** 3 B; die Erstattung von vorprozessualen Kosten **269** 5 B; den Einspruch gegen ein Versäumnisurteil **346**; die Gewährung des rechtlichen Gehörs **Grdz 128** 4; die Klage, Antragsrecht des Bekl auf ein Verzichturteil **306** 2; eine Parteivernehmung **451** 2; einen Pfändungs- und Überweisungsbeschluß **843**; die Rüge eines Mangels der Prozeßhandlung **295** 2 B; die Rüge eines Mangels der Prozeßvollmacht **88** 1 C; Fortdauer der Rechtshängigkeit trotz des Verzichts **261** 2 C; Rechtsmittelverzicht s dort; nach dem Übergang des Streitgegenstandes **265** 3 C; die Ablehnung eines Richters **43** 1; die Rüge einer mangelhaften Klageerhebung **253** 2 C; die Rüge einer mangelhaften Prozeßhandlung **295** 2 B; die Rüge der Unzuständigkeit des Gerichts **296**; Rüge einer Verzögerung bei der Zustellung **270** 4; die Rüge eines Schiedsvertrags **282** 5; eine Sicherheitsleistung **110** 2 C; des Streithelfers auf eine Verfahrensrüge **67** 3 B; die Voraussetzungen des Beitritts eines Streithelfers **71** 1 B; einen Mangel der Streitverkündung **73** 1; die Rüge der Unzulässigkeit des Rechtswegs **282** 5; einen Urkundenbe-

dahinterstehende Zahlen und Buchstaben = Anmerkungen **Parteivereinbarung**

weis nach der Vorlegung der Urkunde **436**; die Einrede der Verjährung **270** 4; diejenige bei einem Musterprozeß **Einl III** 6 A; einen Mangel des Schiedsverfahrens **1041** 4 E; die Rüge eines Verstoßes gegen eine Verfügung/den Beibringungsgrundsatz **Grdz 128** 3 F; die Genehmigung des Vormundschaftsgerichts **54** 2; den Widerspruch gegen den Mahnbescheid **694**; eine Wiederaufnahme des Verfahrens **Grdz 578** 1 B; ein Erfordernis der Bewilligung einer Wiedereinsetzung **236** 1 B; die Einhaltung der Frist für einen Wiedereinsetzungsantrag **234** 1; die Vereidigung **391** 3; die Vernehmung eines Zeugen **399**; die Rüge eines Mangels der Zustellung **Üb 166** 4 B
- **(Verzichtserklärung),** durch eine Erledigungserklärung **99** 1 B; durch den Kläger **306** 1 B; Aufnahme in das Protokoll **160** 4 A; durch den ProzBev **81** 2 D, **85** 2; durch ihn bei der Beschränkung seiner Vollmacht **83** 1; des Streitgenossen **61** 2 B; bei einer notwendigen Streitgenossenschaft **62** 4 A; kraft einer Terminsvollmacht **83** 2; Widerruf **Grdz 128** 5 G
- **(Wahrheitspflicht) Einl III** 3 A, **Grdz 128** 2 G, **138** 1; und Behauptungslast **138** 1 C; und Geständnis **Einf 288** 3; des ProzBev **138** 1 E; im Schiedsverfahren **1034** 5
- **(Wahrheitspflichtverletzung),** durch eine Lüge **138** 1 D; ProzBetrug **138** 1 H; Restitutionsklage **580** 2, **581** 1; Schadensersatzpflicht **138** 1 G; Verzögerungsgebühr **95 Anh** 2 B; prozessuale Würdigung **138** 1 F

Partei kraft Amts Grdz 50 2 C; Ausschluß als Gerichtsperson **41** 2 C, **49**; im Konkurs **240** 1 B; Konkursverwalter **Grdz 50** 2 C; Kostenhaftung **Üb 91** 3 A, **91** 1 E; Nachlaßverwalter **Grdz 50** 2 C; Pfleger für ein Sammelvermögen **Grdz 50** 2 C; Prozeßkostenhilfe **116** 2; Rechtsanwalt, Kostenerstattung **91** 5; und Rechtskraft **325** 5 B; Sicherheitsleistung **110** 2 A; Streithilfe **66** 2 B; Tod **239** 2 B, **241**; Treuhänder **Grdz 50** 2 C; Wechsel, Unterbrechung des Verfahrens **239** 2 B, **241** 1; Wegfall, Erlöschen der Prozeßvollmacht **86** 2 B; Zustellung **171** 3; Zwangsverwalter **Grdz 50** 2 C

Partei, politische s Politische Partei

Parteiakte, Anordnung der Vorlegung **143**

Parteibetrieb Üb 253 1; Zustellung im P. s Zustellung

Parteienhäufung s Kläger (Bekl)häufung, Streitgenossen

Parteifähigkeit Üb 50 1, **50** 1, 2, **Grdz 253** 3 F; Beweislast **56** 1 B; Erlöschen **50** 2 G; Fehlen, Zulässigkeitsrüge **296** 4; Parteizulassung bei der Prüfung der P. **56** 1 D; Prozeßvoraussetzungen **Üb 50** 1, **50** 4 A, **56** 1, **Grdz 253** 3 F; Prüfung von Amts wegen **56** 1 A; und Rechtsfähigkeit **50** 2 A; im Schiedsverfahren **1034** 5; Streit über die P. **50** 4 B; Streithelfer **66** 1; bei einer Vollstreckungsklage **722** 2 A; in der Zwangsvoll-

streckung **Grdz 704** 6 C; vgl auch Parteiunfähigkeit

Parteihandlung vor einer vom Amt ausgeschlossenen Gerichtsperson **41** 1 C, **49**; während der Gerichtsferien **223** 2

Parteiherrschaft Einl III 2 A, **Grdz 128** 3; Ausschluß in einer Ehe-/Kindschaftssache **616, 617/640** 3; Ausschluß bei der Entmündigungsanfechtungs(aufhebungs)klage **670, 679** 2; bei der Beweisfrage **286 Anh** 1 B; über eine Frist **Üb 214** 4; beim Prozeßvergleich **307 Anh** 3 A; bei der Terminsbestimmung **216** 2 D; Verzicht kraft P. **306** 1; bei einem Wiedereinsetzungsantrag **238** 1 A; bei einer Zuständigkeitsvereinbarung **Üb 38** 1; im Zwangsvollstreckungsverfahren **Grdz 704** 1 C

Parteikosten Üb 91 2 B; Erstattung s Kostenerstattung

Parteilichkeit, Ablehnung des Richters **42** 2, **139** 2 D

Parteiöffentlichkeit, der Beweisaufnahme **357** 1 A; im Schiedsverfahren **1034** 2; bei einer freigestellten mündlichen Verhandlung **128** 3 B, C

Parteiprozeß 78 1 A, **79**, **Grdz 495** 2, **495**; gerichtliche Aufklärungs-/Hinweispflicht **139** 2 B; Auftreten der Partei vor dem Gericht **78** 2 B; Beistand **90**; Entfernung des ProzBev **158** 2; Ladung **497** 1; Ladung zum verkündeten Termin **218** 1; Mitteilung statt Ladung **497** 3; Prozeßkostenhilfe **121**; Mangel der Prozeßvollmacht **88** 1 C; Erstattung der Rechtsanwaltskosten **91** 5; Schriftsatz **129** 3; Terminsaufhebung **227** 2 B; Tod oder Prozeßunfähigkeit des ProzBev **244** 1; Unzuständigkeit des AG, Hinweispflicht **Üb 38** 1, **39** 1, 3, **504, 506**; rügelose Einlassung **38** 6, **39**; Vertretung der Partei **79**; Vollmacht für einzelne Prozeßhandlungen **83** 2; Zustellung an den ProzBev s dort; Zustellung von Anwalt zu Anwalt **198** 1 A; Zustellung durch die Vermittlung der Geschäftsstelle **166** 2, **167** 1, **168**

Parteiunfähigkeit 50 2 F, 4; Nichtigkeitsklage **579** 5; Revisionsgrund **551** 9; Urteil gegen einen Parteiunfähigen **50** 4 B; Verzicht auf eine Zulässigkeitsrüge **296** 4

Parteivereinbarung Einl III 2 A, **Grdz 128** 3, **Grdz 704** 1 C; Aufrechnung durch den Bekl entgegen einer Prozeßvereinbarung **145** 4 E; Beweislastvertrag **286 Anh** 1 B; Bindung des Gerichts an einen Beweisvertrag **286 Anh** 1 B; Geständnisvertrag **286 Anh** 1 B; Gerichtsstandsvereinbarung s dort; Vermutungsvertrag **286 Anh** 1 B; Vollstreckungsvertrag **Grdz 704** 3 E; Zuständigkeitsvereinbarung s dort; s auch Prozeßvertrag
- **(über)** die Aufhebung eines Prozeßvergleichs **307 Anh** 6 C; die Ausnahme nach einer Aussetzung oder Unterbrechung des Verfahrens **250** 2; die Verpflichtung zur Rücknahme der Berufung **515** 2 C; die Beweiswürdigung **Einf 284** 8 B; eine Erklä-

Hartmann 2329

Parteivernehmung

rung der Hauptsache als erledigt **91a** 2 A; eine Fristkürzung **224** 1, 2; die Klagbarkeit **Grdz 253** 4; die Klagerücknahme **269** 2 B, C; die Kostenerstattung **91** 4 A; die Kostenübernahme bei beiderseitigen Erledigungserklärungen **91a** 3 A, **98** 2 B, **101** 2 B; die Nichtigkeit eines Vertrages **138** 1 D; die Prozeßkosten **Üb 91** 3 D, **91** 1 A; die Rechtskraftwirkung **Einf 322** 5 B; einen Sachverständigen **404** 2; eine Sicherheitsleistung oder deren Änderung **108** 1; die Kosten im Vergleich **98** 2 B; die geschäftliche Zuständigkeit **Üb 12** 2, **Üb 38** 1; die sachliche Zuständigkeit **Üb 1** 2 A, **402**

Parteivernehmung Üb 445, 445 ff; von Amts wegen **448**; zur Aufklärung **141**; Ausbleiben der Partei zur Vernehmung **454**; Wiedergabe der Aussage im Tatbestand des Urteils **313** 6 C; Ausschluß bei der Restitutionsklage **581** 2; in der Berufungsinstanz **533**; Beweisantritt **445** 2, **447** 1; Beweisbeschluß **450** 1; Aussetzung seiner Ausführung **450** 2; Beweiswürdigung **Üb 445** 2 D, **453** 1; diejenige im Fall einer Ablehnung der Aussage oder der Verweigerung der Aussage bzw des Eides **446, 453** 2; Durchführung **451**; in einer Ehe-/Kindschaftssache **613** 3/**640** 3; eigene Vernehmung **447** 1; Einverständnis **447**; bei einer Entmündigungsanfechtungs(aufhebungs)klage **670** 2, **671, 679** 2; Fragestellung **451** 1; Vernehmung des Gegners **445**; Kostenerstattung **451** 2; Ladung **450** 1 B; des Minderjährigen, Entmündigten, unter eine vorläufige Vormundschaft Gestellten **455** 2; Protokoll **160** 4 D, **161** A; Prozeßunfähigkeit **455** 1; im Restitutionsverfahren **581** 2; Schätzungsvernehmung **287** 3 B; des Streitgenossen **449**; bei einer notwendigen Streitgenossenschaft **62** 1; beim streitgenössischen Streithelfer **69** 2 B; über den Besitz oder Verbleib einer Urkunde **426**; beim nichtrechtsfähigen Verein **50** 3 A, B; bei einer freigestellten mündlichen Verhandlung **128** 3 B, C; bei einer gesetzlichen Vermutung **292** 3; des gesetzlichen Vertreters einer Prozeßunfähigen **455** 1; Verzicht **451** 2; Weigerung **446**

– **(Anordnung)**, von Amts wegen **448**; in der Berufungsinstanz **533**; in einer Ehe-/Kindschaftssache **613/640** 3

– **(Antrag) 445** 2, **447** 1; in der Berufungsinstanz **531**; Unzulässigkeit **445** 3, **581** 2; im Urkundenprozeß **595** 2 A; im Wechsel-/Scheckprozeß **605** 1, **605a**

– **(Beeidigung) 452**; Ausschluß bei der Entmündigungsanfechtungs(aufhebungs)klage **670** 2, **679** 2; Eidesverletzung als Restitutionsgrund **580** 2, **581** 1; im Schiedsverfahren **1035**; kraft eines Ersuchens des Schiedsgerichts **1036**; Unzulässigkeit, Beweiskraft **533** 3 A; Unzulässigkeit wegen einer Verletzung der Eidespflicht **452** 4; Verzicht in einer Ehe-/Kindschaftssache **617** 3/**640** 3

Parteivorbringen im Verfahren auf den Erlaß eines Arrests oder einer einstweiligen Verfügung **922** 2 B/**936** 1; Ergänzung des Klagegrundes **264** 2 A, B; Nichtberücksichtigung nach einer Versäumung der Erklärungsfrist **282, 283, 296**; Privatgutachten als P. **Üb 402** 5; Streitwertfestsetzung unter Berücksichtigung des P. **3** 2 B; Revisionsprüfung **561** 2; nach dem Schluß der mündlichen Verhandlung **136** 3; Beweiskraft des Urteilstatbestands für ein mündliches Vorbringen **314**

– **(Angriffs-, Verteidigungsmittel) Einl III** 7 B, **282**; Anordnung einer Verhandlungsbeschränkung **146**; Mißerfolg, Kostenentscheidung/Kostenauflegung **92** 1 B/**96**; Rechtzeitigkeit **277, 282**; Streitgenossen, Kostenentscheidung **100** 4; notwendige Streitgenossen **62** 4 A; Streithelfer **67** 3 A; Urteilstatbestand **313** 6 C; zeitliche Zulässigkeit **282, 283, 296, 296 a**; Widerklage **253 Anh** 1 B; Zurückweisung **296, 527 ff**; Zusammenhang der Widerklage mit einem Verteidigungsmittel **33** 2 B

– **(Behauptung)**, Behauptungslast **Grdz 128** 3 C, **253** 4; Behauptung und Wahrheitspflicht **138** 1 C; Bindungswirkung **253** 4 B; Unwahrheit **138** 1 B; Unwahrheit, Schadensersatzpflicht **138** 1 G; in Wahlform **138** 1 B; Wertung als Tatsachenbehauptung **138** 3; Würdigung als unwahr **138** 1 F

– **(Beweismittel, Beweisantritt)** s dort

– **(Erklärung)**, Berichtigung **85** 2 A/**90** 2; Bindung an eine E. des ProzBev **85** 2; Parteiwille bei einer Prozeßhandlung **Grdz 128** 5 D; entgegen derjenigen des ProzBev/Vertreters **85** 2/**141** 4 D; Schriftsatz **129** 1; Widerruf/Berichtigung einer E. des ProzBev **85** 2 A; Widerspruch zwischen den E. der Partei und ihres ProzBev **141** 4 D; über die Erteilung des Zustellungsauftrags an den Gerichtsvollzieher **168** 1 B

– **(Erklärung über eine Tatsache)**, Ablehnung **138** 5 A; Anordnung einer Verhandlungsbeschränkung **146** 2 A; Berichtigung **264** 2 A, B; in der Berufungsinstanz **531**; Ergänzung **264** 2 A, B; Hilfserklärung **138** 5 A; nicht rechtzeitige Mitteilung, Versäumnisurteil **335** 4; Nichterklärung in einer Ehe-/Kindschaftssache/bei der Entmündigungsanfechtungs-(aufhebungs)klage **617** 3, **640** 3, **670** 2, **679** 2; mit Nichtwissen **138** 1 B, 5 A; Pflicht zur Erklärung **138** 3; Unterstellung als zugestanden im Fall einer Säumnis des Bekl **331** 2, 3 B; Unwahrheit **138** 1 F; Verweigerung wegen einer Ausforschungsgefahr **138** 1 C; Vollständigkeitspflicht **138** 2; Wahrheitspflicht s Partei

– **(gleichwertiges) 138** 1 B, **Einf 284** 2 B

– **(nachträgliches Vorbringen) 282, 283, 296**; Verzögerungsgebühr **95 Anh** 2 C; in der Berufungsinstanz **527 ff**; Zurückweisung in der Berufungsinstanz in einer Ehe-/Kindschaftssache **640** 3

– **(neues Vorbringen)**, in der Berufungsinstanz **519** 3 C, **527 ff**; in der Beschwerdeinstanz **91 a** 4; Kostenauflegung auf den Ob-

dahinterstehende Zahlen und Buchstaben = Anmerkungen **Plan**

siegenden **97** 2; Zurückweisung/Zulassung **528** 2, 3; dgl in einer Ehe-/Kindschaftssache **615, 640** 3; in der Revisionsinstanz **561** 2 B
Parteiwechsel Grdz 50 2 A; Erlöschen einer KG ohne Liquidation **239** 2 A; als Klageänderung **263** 2 C; als Klagerücknahme **269** 1, **Grdz 253** 3 F; Unterbrechung des Verfahrens beim Wechsel einer Partei kraft Amtes **239** 2 B, **241** 1
Parteizustellung s Zustellung (im Parteibetrieb)
Passivlegitimation Grdz 50 4 A; vgl auch Prozeßführungsrecht
Passivprozeß 240 2 C, D
Patent, Benutzungsvergütung, notwendige Streitgenossenschaft mehrere Patentinhaber **62** 2 A; Beweislast **286 Anh** 4; Löschung, Streitwert **3 Anh**; Pfändung **Grdz 704** 9, **857** 1 B
– **(Erteilungsverfahren),** Rechtsschutzbedürfnis **Grdz 253** 5 A
– **(Nichtigkeitsklage),** Anführung weiterer Veröffentlichungen **264** 3; Klagerücknahme **269** 2 D; Kostenerstattung **91** 5; Patentverzicht in der Berufungsinstanz, Kostenentscheidung **91a** 4; Rechtsschutzbedürfnis **Grdz 253** 5 A; Sicherheitsleistung **110** 3; Streithilfe **66** 2 E; Streit über die Zulassung des Streithelfers **71** 1 A, 2; Streitwert **3 Anh**
– **(Patentstreitsache),** Zuständigkeit **GVG 78b Anh**
– **(Verfahrenskostenhilfe) Üb 114** 4
– **(Verletzungsklage),** Ausschlußwirkung **253** 1 C; Aussetzung **148** 1 E; Urheberbenennung **77**; Rechtskraftwirkung des Urteils **325** 6
Patentanwalt, Anhörung in der mündlichen Verhandlung **137** 4; Kostenerstattung **91** 5; als Vertreter in der mündlichen Verhandlung **157** 1 B
Patentgericht GVG 14 6; Zuständigkeit **12** 2
Patentgerichtsverfahren, Verfahrenskostenhilfe **Üb 114** 4
Patentingenier, Kostenerstattung **91** 5
Patentrecherche, Kostenerstattung **91** 5
Pension, Pfändung **850** 2 B, D
Person, Herausgabe, Zwangsvollstreckung **833** 5
Personenfürsorge, Mitteilung im Entmündigungsverfahren an das Vormundschaftsgericht **657**
Personenmehrheit, beim Kläger/Bekl s Kläger-/Beklagtenhäufung; Streitgenossenschaft s dort
Personensorge für ein Kind, einstweilige Anordnung in einer Familiensache **620, 621, 627** 1
Personenstandssache s Ehelichkeitsanfechtungsklage, Kindschaftssache, Vaterschaftsanerkenntnis
Persönliche Klage gegen den Grundstückseigentümer/Besitzer s Gerichtsstand, dinglicher
Persönliche Leistung, Pfändung des zu ihrer Erbringung benötigten Gegenstands **811** 8

Persönlicher Arrest 918, 927 2 B, **933**
Persönlicher Gebrauch des Ehegatten **739** 3 B
Persönliches Erscheinen s Partei, Sachverständiger, Zeuge
Persönliches Recht, Feststellungsklage **256** 2 B
Persönlichkeitsrecht, als vermögensrechtlicher Anspruch **Üb 1** 3; Pflicht zur Duldung eines Augenscheins **Üb 371** 3; Ausschluß der Öffentlichkeit zum Schutz der Privatsphäre **GVG 172**; Pfändung **Grdz 704** 9; **857** 1; Spitzel/Tonbandaufnahme als Verletzung **Üb 371** 1 D/4; Streitwert **3 Anh**; Zeugnisverweigerungsrecht wegen einer zur Unehre gereichenden Frage **384** 3
Pfandanzeige 808 5
Pfandrecht Üb 803 3, **803** 2, **804, 829** 4 A; Hinterlegung einer Lösungssumme beim Arrest, Erwerb des Pfandrechts durch den Gläubiger **923** 1 B; Bestellung am Streitgegenstand **265** 2 E; des Gläubigers, Widerspruchsrecht des Schuldners **777**; Pfändungspfandrecht s Zwangsvollstreckung; Hinterlegung einer Sicherheit, Erwerb des Pf. **108** 4; Sachpfandrecht, Überweisung der so gesicherten Forderung **838**; Recht des nicht besitzenden Gläubigers zur Erhebung einer Widerspruchsklage bzw auf vorzugsweise Befriedigung **771** 6/**805**; Urteil auf Bestellung eines Pf. am Grundpfandrecht, Zwangsvollstreckung **897**; Vermieterpfandrecht, vorläufige Vollstreckbarkeit des Urteils **709** 1
– **(Streitwert) 6** 3; Herausgabe der Pfandsache **6** 3 B; Rangstreitigkeit **6** 3 B; Verwertung **6** 3 A
Pfändungs-, Pfand- s Zwangsvollstreckung (Pfändung) und die dort folgenden Unterstichwörter
Pfändung s Zwangsvollstreckung (Pfändung und die dort folgenden Unterstichwörter)
Pfarrer, Anzeige von einer Offenbarungshaft **910**; Zeugnisverweigerungsrecht **383** 3 A, **385** 2
Pfleger 57, 58; Prozeßkostenhilfe **116**; für ein Sammelvermögen als Partei kraft Amtes **Grdz 50** 2 C; als gesetzlicher Vertreter **51** 2 D, **53**; Parteivernehmung **455** 1
Pflichtanwalt s Notanwalt, Prozeßkostenhilfe
Pflicht der Partei s dort
Pflicht, öffentlichrechtliche, Rechtsweg **GVG 13** 6 C, 7
Pflichtteilsanspruch, Beweislast **286 Anh** 4; Gerichtsstand **27** 2 D; Pfändung **Grdz 704** 9, **852**; Streitwert **3 Anh**; Zwangsvollstreckung beim Testamentsvollstrecker **748** 4
Photokopie, als Abschrift **170** 1 A; Beweiswert **415** 1; Kostenerstattung **91** 5
Plan, Anordnung der Vorlegung **142** 1; Vorlegung vor der mündlichen Verhandlung **273** 3 B

Politische Partei

Politische Partei, Parteifähigkeit **50** 2 F; Rechtsweg **GVG 13** 7; Schiedsgericht **Grdz 1025** 1 A; Schiedskommission **1048** 3
Polizei, Anrufung durch den Gerichtsvollzieher **758** 2 B; als Zeuge **759**; Niederlegung zwecks Zustellung beim Polizeivorsteher **182** 3, **184** 2, **195** 2; und Rechtsweg **GVG 13** 7; Zustellungsurkunde **191** 2 C
Polizeiverordnung GVG 1 2 B
Popularklage s Wettbewerb, unlauterer
Portokosten, Erstattung **91** 5
Post, Niederlegung zwecks Zustellung **182** 3, **184** 2, **195** 2; Zustellungsurkunde **191** 2 C; Rechtsweg bei einer Streitigkeit **GVG 13** 7; Verzögerung, Verlorengehen einer Postsendung als Wiedereinsetzungsgrund **233** 2 C, 4; Zustellung durch die Aufgabe zur P., durch die P. s Zustellung
Postausgangsbuch, Pflicht zur Kontrolle der Fristen beim Anwalt **233** 4
Posteinzahlung, Vorlegung des Einzahlungsscheins, Beschränkung oder Einstellung der Zwangsvollstreckung **775**
Postscheckguthaben, Pfändung **Grdz 704** 9
Postschein, Einstellung der Zwangsvollstreckung **775** 6
Postschließfach, Ersatzzustellung **182** 2; als Zustellanschrift **174** 1 B
Postsparguthaben, Pfändung **Grdz 704** 9, **831** 1 A
Postulationsfähigkeit s Verhandlungsfähigkeit
Postverzögerung, Wiedereinsetzung **233** 4 „Post"
Postvollmacht, Ersatzzustellung trotz einer P. **195** 1
Präjudizialität, bei der Feststellungsklage **256** 8, 9; und Rechtskraft **322** 4 „Vorgreifliches Rechtsverhältnis"; Rechtsweg **GVG 13** 5; s auch Aussetzung (des Verfahrens wegen Vorgreiflichkeit)
Präklusion s Ausschließungsgrundsatz
Präsident des Gerichts s Gericht
Präsidialrat, Präsidium des Gerichts s Gericht
Präsumtion s Vermutung
Prätendentenstreit 75
Praxisabwickler für den Anwalt s Rechtsanwalt
Preisbindung, Beweislast **286 Anh** 4; Streitwert **3 Anh**; Verstoß, Gerichtsstand **32** 3
Preisgenehmigung, Fehlen, Aussetzung des Verfahrens **Einf 148** 1 A; als Urteilsvoraussetzung **300** 1 B
Presse, Verbot der Berichterstattung **GVG 174**; Anspruch auf eine Gegendarstellung als nichtvermögensrechtlicher Anspruch **Üb 1** 3; Klagänderung im letzteren Fall **264** 3; Gerichtsstand der unerlaubten Handlung **32** 3; Zeugnisverweigerungsrecht **383**
Preußen, Vertretung **18** 2
Prima-facie-Beweis 286 Anh 3 B, C, 4
Privates Wissen des Richters **286** 2 F
Privatgutachten, Kostenerstattung **91** 5; diejenige beim P. zur Vorbereitung des Prozes-

Zahlen in Fettdruck = Paragraphen

ses **Üb 91** 1, 2 B; als Parteivorbringen **Üb 402** 5; Festsetzung des Streitwerts **3** 2 B
Privatklage, Kostenfestsetzung **103** 1 A
Privatscheidung, Anerkennung **328** 7 B a
Privatsphäre, Ausschluß der Öffentlichkeit zum Schutz der P. **GVG 172**; Tonbandaufnahme als Verletzung der P. **Üb 371** 4
Privaturkunde s Urkunde (private)
Produzentenhaftung, Beweislast **286 Anh** 4
Prokura, des Gesamtprokuristen, Streitwert **3 Anh**; Vollmacht zur Prozeßführung **84** 1 B; Zuständigkeit der Kammer für Handelssachen **GVG 95** 2 D
Prokurist, Anhörung in der mündlichen Verhandlung **137** 4; als ProzBev **176** 2 A; Prozeßführungsrecht **80** 1 E, 2 B; als Zeuge **Üb 373** 2 B; Zustellung an den P. **173**
Prorogation s Zuständigkeit (Vereinbarung)
Protokoll (Gericht) Einl 159 1, **159 ff**; am Amtsgericht **510 a** 1; Anlage **160** 6; Anordnung der Nichthinzuziehung eines Urkundsbeamten der Geschäftsstelle **159** 2 B; Antrag auf eine Aufnahme in das P. oder auf seine Ergänzung **160** 5/**160a** 3; Antrag zum P. der Geschäftsstelle **129 a**, **270** 1 C, **496** 1, 2; Aufruf der Sache **220** 2; vorläufige Aufzeichnung in Kurzschrift oder in einer Tonbandaufnahme **160a**; Berichtigung **164**; Beweiskraft **Einf 159** 3, **165**, **314** 2; über eine Beweissicherungsverhandlung **492**; Bezugnahme auf das P. im Tatbestand des Urteils **313** 6 A, C; Erklärung des gesetzlichen Vertreters wegen einer Anerkennung der Vaterschaft **641c**; Entbehrlichkeit der Aufnahme **161**; über eine Entfernung aus dem Saal wegen eines Ungehorsams **GVG 182**; Förmlichkeiten **160**, **165**; Führung des P. **159** 2; Genehmigung **162**; Inhalt **160**; Klagantrag zum P. **129 a**, **270** 1 C, **297** 4, **496** 1, 2; Kurzschrift **160 a**; Notwendigkeit **159** 1, **160** 1; Ausschluß/Wiederherstellung der Öffentlichkeit GVG **174**/**173**; Ordnungsmittel wegen einer Ungebühr **GVG 182**; Aufnahme einer Parteierklärung **141** 4 D, **160** 4; im Parteiprozeß **510a**; Protokollzwang außerhalb der Sitzung **159** 3; Erteilung der Prozeßvollmacht zum P. **80** 2 B; Unterschrift **163**; Tonaufnahme **160 a**; Übersendung **129 a** 3; Unterzeichnung **163**; Vernehmung ohne eine Vorlesung/Vorlegung **161**; Verwertung eines anderen P. **286** 2 A; vorläufige Aufzeichnung **160a**; Vorlesung/Vorlegung **162**; Widerspruch zwischen dem P. und dem Tatbestand des Urteils **314** 2; bei einer Zeugnisverweigerung vor dem verordneten Richter **389** 1; Zustellung **498** 1; über die Zwangsvollstreckung **762** 1, 2, **763** 1

– **(Gerichtsvollzieher),** über eine Handlung des G. **762**, **763**; bei einer Anschlußpfändung **826** 3; als Beweis bei einer Leistung Zug um Zug **765**
Prozeß, Anhängigkeit **64** 2 B, **66** 2 A, **76** 2; Ausscheiden des beklagten Besitzers im Fall einer Übernahme des Prozesses durch den

dahinterstehende Zahlen und Buchstaben = Anmerkungen **Prozeßfähigkeit**

mittelbaren Besitzer **76** 5; Begriff **81** 1; Eintritt beim Gläubigerstreit **75**; Entlassungsantrag des Bekl beim Gläubigerstreit **75** 4 B; Fortsetzung nach einem Vergleich **307 Anh** 6 B; Kosten eines Rechtsstreits **Üb 91** 2 B, **91** 3; Kostenübernahme **91** 4 A; Übernahme durch den mittelbaren Besitzer bei einer Streitverkündung **76** 4; Übernahme durch den Rechtsnachfolger **265** 4; dgl nach einer Veräußerung des Grundstücks/Schiffs, Schiffsbauwerks/Luftfahrzeug **266** 2; Erstattung der Kosten der Vorbereitung/Bearbeitung **Üb 91** 1, 2 B, **91** 5; Vorgreiflichkeit eines anderen Rechtsstreits als Aussetzungsgrund s Aussetzung

Prozeßagent GVG 155 Anh II 2; Kostenerstattung **91** 5; als Vertreter in der mündlichen Verhandlung **157** 1 B; Zulassung **157** 4; dgl Antrag auf eine gerichtliche Entscheidung **EGGVG 23** 1 C

Prozeßakte s Akte

Prozeßantrag 137 1, **297** 1

Prozeßart, bei einer Anspruchshäufung **260** 3; Einteilung **Einl III** 1 C

Prozeßbehauptung s Parteivorbringen

Prozeßbeschleunigung Üb 253 2 E, **Einf** 272 1 ff, **283** 2; Nichterklärung auf eine gegnerische Behauptung **138** 5 B; und Vertagung **227** 5 A

Prozeßbetrug, Offenbarungspflicht des ProzBev **138** 1 E; und Rechtskraftwirkung **Einf 322** 6 D; als Restitutionsgrund **580** 2 D; durch eine Verletzung der Wahrheitspflicht **138** 1 G; durch eine Widerspruchsklage **Einf 771** 1 B

Prozeßbevollmächtigter 78 ff, **176** 2 A, **609**; im Anwaltsprozeß **78**, **609**; Kostenerstattung beim Anwaltswechsel **91** 5; Aufforderung zur Bestellung in der Ladung **215** 1; Aufrechnung durch/gegenüber dem P. **81** 2 D, 3; Ausschluß als Gerichtsperson **41** 2 D, **49**; verspätete Beauftragung durch den Bekl, Verzögerungsgebühr **95 Anh** 2 B; Beiordnung bei einer Entmündigungsanfechtungs/Aufhebungsklage **668** 2/**679**, **682**; Bestellung **176** 2 B; Bestreiten **138** 1 E; Bestreiten als unbekannt **138** 5 B; Bezeichnung im Urteil **313** 2; beim Bayerischen Obersten Landesgericht **EG** 8; in einer Ehesache **609**; Erinnerung gegen den Kostenfestsetzungsbeschluß **104** 4 A; Verletzung der Förderungspflicht, Verzögerungsgebühr **95 Anh** 2 B; Fragerecht bei einer Zeugenvernehmung **397**; Pflicht zur Berechnung und Kontrolle einer Frist **233** 4; Verschulden an der Versäumung einer Frist **85** 3, **233** 2 B, 4; Gebührenanspruch, Gerichtsstand **34**, **85** 2; Glaubhaftmachung der Vermögenslage/eines Schadens wegen der Zahlung der Verfahrensgebühr **271 Anh** 6; Erstattung der Kosten der Partei zur Information des P. **91** 5; Antrag auf die Festsetzung der Kosten **103** 2 A; Mehrzahl von P. **84**; im letzteren Fall Kostenerstattung **91** 5; Nichtbeachtung eines gerichtlichen Hinweises **139** 2 D; Offen-

barungspflicht **138** 1 E; im Parteiprozeß **79** 1; Prozeßunfähigkeit **86** 2 A; Einlegung eines Rechtsmittels, Fristenkontrolle **233** 4; Rechtsmittel ohne Vollmacht **97** 1 A; Richterablehnung **42** 3; Kenntnis des Ablehnungsgrundes **42** 2; Schadensersatzpflicht gegenüber dem Auftraggeber **85** 1; im Schiedsverfahren **1034** 3; Straftat als Restitutionsgrund/Grund zur Aufhebung eines Schiedsspruchs **580** 2 D, **581/1041** 6; dgl Verdacht **157** 1 B; für Streitgenossen **61** 2 A, **62** 4 A; als Streithelfer **66** 2 E; Tatsachenerklärung **85** 2; Tod **86** 2 A; Tod eines von mehreren ProzBev **246** 2 A; Tod/Vertretungsunfähigkeit im Anwaltsprozeß, Unterbrechung des Verfahrens **244** 1; ungeeigneter P. **157**; Verschulden des P. als solches der Partei **85** 2; gerichtliche Hinweispflicht auf ein Versehen des P. **139** 2 A, D, **278**; als Vertreter der Partei nach der gerichtlichen Anordnung ihres persönlichen Erscheinens **141** 4 C; Vertretung des P. **GVG Anh I** 2 § 52; Vertretungsunfähigkeit **86** 2 A; Vertretungsverbot **78** 1 C, **157** 1 A, **158** 1; Verzögerung der Bestellung nach der Unterbrechung des Verfahrens **244** 2; ohne Vollmacht **89**; Übertragung der Vollmacht **81** 2 D; Wahrheitspflicht **138** 1 E; Verletzung der Wahrheitspflicht **138** 1 H; Widerspruch zwischen den Erklärungen des P. und der Partei **141** 4 D; privatrechtliche Willenserklärung **81** 3; Kostenerstattung im Fall einer Zahlung an den P. **91** 5; als Zeuge **Üb 373** 2 B; vorläufige Zulassung ohne einen Nachweis der Vollmacht bzw ohne Vollmacht **89**; Zurückweisung wegen eines Mangels der Vollmacht **88** 2 B; Zustellung an den P. **176 ff**, **212 a**; von Anwalt zu Anwalt s Zustellung; eigener Zustellungsauftrag an den Gerichtsvollzieher **168** 1 B; vgl auch Rechtsanwalt

Prozeßeinrede Üb 253 3 A; Anordnung einer Verhandlungsbeschränkung **146** 2 A; der Aufrechnung durch den Bekl **145** 4 E; Streitverkündung gegenüber dem mittelbaren Besitzer **76** 2 B

Prozeßfähigkeit Üb 50 1, **51** 1, **52**, **53**, **Grdz** **253** 3 F; für eine Klage auf die Anfechtung der Ehelichkeit oder des Anerkenntnisses der Vaterschaft **640 b**; eines Ausländers **55**; eines Beistands **90** 1; Beweislast **51** B; der Ehefrau **52** 2; in einer Ehesache **607**; des Entmündigten **664** 3; Fehlen und Geschäftsfähigkeit **51** 1; **52** 1; in einer Kindschaftssache **640 b**; Kostenfestsetzungsverfahren **Einf** **103** 2 A; Parteizulassung mit einem Vorbehalt **56** 2; Pfleger als Vertreter eines Prozeßfähigen **53**; des ProzBev **78** 1 C, **79** 1; als Prozeßvoraussetzung **Üb 50** 1, **51** 1, 4, **6** 1, **Grdz 253** 3 F; Prüfung von Amts wegen **56** 1; dgl Parteizulassung bei der Prüfung **56** 1 D; beschränkte Prozeßfähigkeit **51** 1, **52** 1 C; des Rechtsanwalts **78** 1 C; für das Rechtsmittel **Grdz 511** 2 C; Prüfung im Revisionsrechtszug **56** 1 A; des Streithelfers **66**

Hartmann 2333

Prozeßförderungspflicht

1; Umfang **52** 1 A; Unterbrechung des Verfahrens beim Verlust der P. in einem Prozeß ohne ProzBev **241** 1, 2 A; Unterstellung **56** 2, **Grdz 253** 3 F, **Grdz 511** 2 C, **664** 3; Verlust der P. als Aussetzungsgrund beim Vorhandensein eines Prozeßbevollmächtigten **246** 2; des gesetzlichen Vertreters **51** 2 A; bei der Erteilung der Prozeßvollmacht **80** 1 C; Zustellung an einen Prozeßunfähigen **171**; beim Zwangsvollstreckungsverfahren **Grdz 704** 6 A

Prozeßförderungspflicht Grdz 128 2 E, **277** 1, **282** 3 ff

Prozeßführung, Einrede einer mangelhaften P. bei einer Streithilfe **68** 3; Ermächtigung zur P. **51** 3; Pflicht der Partei zu einer sachgemäßen P. **Grdz 128** 2 C; durch Streitgenossen **63** 1; Verpflichtung zur P., Zwangsvollstreckung **887** 6; ohne Vollmacht, Genehmigung **89** 2 A, 3

Prozeßführungsrecht Grdz 50 4 A, **51** 3; **Grdz 253** 3 F; Abänderungsklage **323** 3 B; Ausschlußurteil bei der Anfechtungsklage **957** 2 A; im Arrestprozeß **916** 1 B; des Ehegatten **52 Anh**; Unterbrechung des Verfahrens beim Wegfall des Ehegatten **239** 2 B; bei der Ehenichtigkeitsklage **632**; bei der Entmündigungsanfechtungs-/Aufhebungsklage **664** 3/**679** 1 B; bei der Entmündigung wegen Verschwendung/Trunksucht **684** 1/**686** 1; beim Nacherben **242** 1; als Prozeßvoraussetzung **Grdz 50** 3 A, **Grdz 253** 3 F; bei der Restitutionsklage gegen ein Urteil auf die Feststellung der Vaterschaft **641i** 3; bei der notwendigen Streitgenossenschaft **59** 1; beim nichtrechtsfähigen Verein **50** 3 B; beim gesetzlichen Vertreter **54, 56**; bei einer Vertretung durch einen Pfleger **53**; Verwirkung **Einl III** 6 A; bei der Vollstreckungsklage **722** 2 A; bei der Widerspruchsklage **771** 3 A

Prozeßgebühr, Vorwegleistung **271 Anh**

Prozeßgericht 78 1 C; Anordnung der Beeidigung einer Partei **452** 2; Anordnung einer schriftlichen Anhörung des Zeugen/seiner Beeidigung **377** 3 D/**391** 2 C; Augenscheineinnahme **372** 1; Beweisaufnahme **355** 1 A, **370** 1; Einholung einer Aussagegenehmigung eines Angehörigen des öffentlichen Dienstes **376** 2 B; Gerichtsstand des Hauptprozesses für einen Gebührenanspruch **34**; Gericht der Hauptsache beim Arrest/bei der einstweiligen Verfügung **919** 2, **927** 3 B/**936** 1, **937** 1, **943** 1; bei einer Zeugenvernehmung **375** 1; Zuständigkeit bei einer Anspruchshäufung **260** 3; Fortdauer der Zuständigkeit **261**; Zuständigkeitsstreit mit dem Vollstreckungsgericht **36** 3 E; im Zwangsvollstreckungsverfahren als Vollstreckungsgericht **Grdz 704**; Ermächtigung des Gläubigers zu einer Ersatzvornahme **802, 887** 4 A; Anordnung eines Ordnungsmittels bei der Zwangsvollstreckung für eine Handlung/Duldung, Unterlassung **887/888/890**; bei der Vollstreckungsabwehrklage **767** 3 D, **785, 802**; bei einem Zwangsvollstreckungsersuchen im Ausland **791**

Prozeßgeschäftsführung Grdz 50 4 C
Prozeßgeschichte im Urteil **313** 6
Prozeßgrundrecht Einl III 3 A
Prozeßgrundsätze Einl III 3 ff, **Grdz 128** 2 ff

Prozeßhandlung Grdz 128 5; Änderung **Grdz 128** 5 D; Anerkenntnis **Einf 306** 2 A; Anwaltszwang **78** 1 A; eine gegen den Anwaltszwang verstoßende P. **78** 1 E; Einwand der Arglist **Einl III** 6 A, **Grdz 128** 5 F; Auslegung **Grdz 128** 5 D, **550** 2; nach einer Aussetzung des Verfahrens **249** 1, 3; unter einer Bedingung **Grdz 128** 5 D; Beeinträchtigung eines Streithelfers **68** 3; eine von einem Bevollmächtigten vorgenommene P. **85** 1; Einverständnis mit dem schriftlichen Verfahren **128** 5 B; Einwilligung in eine Klagänderung **263** 4 A; Erledigungserklärung **91a** 2 B; besondere Ermächtigung für eine P. **54**; Fristversäumung **Üb 230** 1, **230**; Nachholung nach einer Fristversäumung **231** 2; Nachholung im Antrag auf eine Wiedereinsetzung **236** 1 E; Geständnis **Einf 288** 2; Irrtum **Grdz 128** 5 D; einer falschen Partei **Grdz 50** 3 A; Prozeßfähigkeit **52** 1 A; Antrag auf die Bewilligung einer Prozeßkostenhilfe **117**; bei einem Mangel der Prozeßvoraussetzungen **56** 1 B; des ProzBev **81** 2 A; maßgebliche Rechtsordnung **Grdz 128** 5 D; als Rechtsgeschäft **Grdz 128** 5 J; des Rechtsnachfolgers **Grdz 128** 2 H; Bindungswirkung gegenüber einem Rechtsnachfolger **265** 4 B; beim Rechtsübergang des Streitgegenstands **265** 3 C; privatrechtliche Wirkung **Grdz 128** 5 H; Einlegung der Revision gegen ein Urteil des Bayerischen Obersten Landesgerichts **EG 7** 1; Prüfung im Revisionsverfahren **Grdz 128** 5 D, **550** 2; Richterwechsel **128** 2 D; nach einer Anordnung des Ruhen des Verfahrens **251** 2 C; Ernennung eines Schiedsrichters **231** 2; Sondervollmacht **80** 1 A; des Streitgenossen **61** 2 B; des Streithelfers **67** 2, 3 B; des streitgenössischen Streithelfers **69** 2 B; nach einer Unterbrechung des Verfahrens **249** 1, 3; des nichtrechtsfähigen Vereins als Bekl **50** 3 A; bei der Vereinbarung einer Abkürzung einer Frist **224** 2; Versäumung **Üb 230, 230 ff**; Vertretung eines verstorbenen Anwalts **86** 2 A; Vertretung ohne eine Erlaubnis nach dem Rechtsberatungsgesetz **79** 1; Verzicht **Einf 306** 2 A; Verzicht in der Berufungs-/Revisionsinstanz **514** 2/**566**; Verzicht auf die Einlegung der Berufung nach dem Erlaß des Urteils **514** 2; ohne Vollmacht, Genehmigung **89** 3; Vollmacht für eine einzelne P. im Parteiprozeß **83** 2; Vollmachtserteilung **80** 1 C; prozessuale Voraussetzungen **Grdz 253** 3 B; Widerruf **Grdz 128** 5 G; Wille der Partei **Grdz 128** 5 D; Zuständigkeitsvereinbarung **38** 2 A; Zustellungsauftrag **167** 1; Benennung eines Zustellungsbevollmächtigten **175** 1 A

dahinterstehende Zahlen und Buchstaben = Anmerkungen **Prozeßrechtsverhältnis**

– (**Mangel**) **295** 1 A; Heilung **295** 1 B, 2; Rügerecht **295** 2 B, C; (Un)Heilbarkeit **295** 2 D, 3; Willensmangel **Grdz 128** 5 E
Prozeßhandlungsvoraussetzung 51 1, **Üb 78** 1, **Grdz 253** 3 B
Prozeßhäufung, Kostenerstattung bei einer Unzweckmäßigkeit **59** 1
Prozeßhindernis Grdz 253 3 C; Rechtshängigkeit **261** 6 B
Prozeßkosten Üb 91 1; Kostenbestimmungen **Üb 91** 3 E; prozessuale/sachlichrechtliche Kostenpflicht **Üb 91** 3, 5/4, 5; Kostenrisiko **Üb 19** 1, **91** 1 A; Erledigungserklärung als Klagerücknahme **91a** 2 A; Kostenrisiko bei einer gerichtlichen Schätzung des Schadens **92** 2; Kostenrisiko bei einem Widerspruch des Bekl gegen eine Erledigungserklärung des Klägers **91a** 2 C; Sicherheitsleistung durch einen Ausländer s Sicherheitsleistung (Ausländer für die Prozeßkosten); Übernahme **98** 2 B; Vergleich vor einer Erledigung der Hauptsache **98** 2 A
Prozeßkostenhilfe 114–127; Kosten **118** 5; Kostenbefreiung des Gegners **122;** Kostenerstattungsanspruch des Gegners **123;** Verurteilung des Gegners in die Kosten des Rechtsstreits, Beitreibung der Kosten des beigeordneten Anwalts **125, 126;** dgl Gerichtskosten/Kosten eines Gerichtsvollziehers **125;** Mahnverfahren **119** 1 B g; Entfallen der Notwendigkeit einer Vorwegzahlung der Prozeßgebühr **271 Anh** 6; Ratenzahlung **115, 120;** rechtliches Gehör **118** 2; Befreiung von einer Sicherheitsleistung **122;** als Stundung der Gerichtskosten **122;** Tabelle bei **114;** Verfassungsmäßigkeit **114** 1; Verzögerungsgebühr trotz einer P. **95 Anh** 3 A; Voraussetzungen **114;** Wirkung **122, 123**
– (**Aufhebung**) **124**
– (**Beiordnung**), eines Anwalts **121;** Fristsäumung durch den beigeordneten Anwalt **233** 4; eines Gerichtsvollziehers **122;** Auswahl des Anwalts **121;** eines Terminsvertreters, eines Verkehrsanwalts **121**
– (**Bewilligung für**) den Antrag auf eine gerichtliche Entscheidung gegen einen Justizverwaltungsakt **EGGVG 29;** einen Ausländer, Staatenlosen **114** 3, **114 Anh;** die Beschwerde gegen eine Entscheidung im Verfahren der Prozeßkostenhilfe **127;** das Verfahren auf den Erlaß einer einstweiligen Anordnung **Einf 620** 1 B; die Instanz **119** 1, 2; eine juristische Person **116** 3; eine Partei kraft Amts **116** 2; einen Parteiprozeß **121;** eine Scheidungsfolgesache **624, 625;** einen Angehörigen der Streitkräfte **SchlAnh III** 31; eine einstweilige Verfügung **119** 1 B, C; einen Vergleich **118;** eine Zwangsvollstreckung **119** 1 B
– (**Entziehung**) **124;** Begründung **127;** Beschwerde **127;** weitere Beschwerde **569** 3; mündliche Verhandlung **127**
– (**Erlöschen**) **124;** Fortbestand der Prozeßvollmacht **86** 2 B
– (**Erschleichen**) **124** 7

– (**Kostennachzahlung**) **124;** Beschwerde **127;** rechtliches Gehör, mündliche Verhandlung **126**
Prozeßkostenhilfeantrag 117; Anwaltszwang **78** 2 A; Parteierklärung **118;** als Aufnahme nach einer Aussetzung oder Unterbrechung des Verfahrens **250** 2; Fristversäumung, Wiedereinsetzung **233** 4; Fristwahrung **270** 4; Klagerhebung und P. **253** 2 A; Prozeßvollmacht **81** 2 A; Revision gegen ein Urteil des BayObLG **EG 7** 1; Frist für den Antrag auf eine Wiedereinsetzung **234** 1, 3 B
– (**Ablehnung**), Begründung **127;** Beschwerde **127;** weitere Beschwerde **569** 3; mangels Erfolgsaussicht oder wegen Mutwilligkeit der Rechtsverfolgung **114;** der Notwendigkeit einer Beiordnung eines Anwalts **78 b, c;** mangels einer Beeinträchtigung des Unterhalts **114**
– (**Stattgeben**) **127;** durch eine schlüssige Handlung **127;** als Prozeßverbindung **147** 2 A; für den Rechtsmittelkläger/bekl **122**
Prozeßkostenhilfeverfahren 118; Abgabe durch das Landwirtschaftsgericht **281 Anh III** 1 A; Kostenentscheidung im Fall einer Klage trotz eines Anerkenntnisses **93** 3; Anwaltszwang **118;** Aussetzung **Üb 239** 1 B, **249** 3 A; Beweisaufnahme **Einf 284** 2 B; Einkommensberechnung **115** 2 B–E; gerichtliche Erhebung **118;** rechtliches Gehör **118** 2; Gerichtsferien **GVG 202** 5; Kostenentscheidung **91** 2 A; Kostenerstattung **91** 5; Parteiöffentlichkeit **118, 127;** Prozeßvollmacht **81** 2 B; Prüfung der Prozeßvoraussetzungen **118;** Rechtsmittel **127;** Streitwert **3 Anh;** Unterbrechung **Üb 239** 1 B, **249** 3 A; Vergleich **118** 4, **307 Anh** 4 C, D; mündliche Verhandlung **127;** Vermögensberechnung **115** 2 A, C–E; Verweisung **11, 281** 1 A; Bestimmung der Zuständigkeit **36** 1 A, 3 E
Prozeßkostenvorschuß, durch eine einstweilige Anordnung **127a, 620, 621f;** Kostenerstattung **91** 5; und Unterhaltspflicht **114** 2 A c; einstweilige Verfügung **940** 3 ,,Ehe, Familie"
Prozeßleitung Üb 128 2; Terminsbestimmung s dort; des Vorsitzenden **136** 1, **140** 1, 2
Prozeßlüge 138 1 D
Prozeßpartei s Partei
Prozeßpfleger 57, 58
Prozeßrechtliche Tatsache Grdz 128 6
Prozeßrechtliche Theorie der Rechtskraft **Einf 322** 2 A b
Prozeßrechtsgeschäft Grdz 128 5 B
Prozeßrechtsverhältnis Einl III 3 A, **Grdz 128** 2; Entstehung **Üb 214** 2 B; Entstehung durch die Klagerhebung/Rechtshängigkeit **Grdz 128** 2 C, **261** 1 B; Erklärungspflicht **138** 3; bei einer Erledigungserklärung **91a** 2 A; bei der Streitgenossenschaft **61** 1, 2; Wahrheitspflicht **Einl III** 3 A, **Grdz 128** 2 G, **138** 1; Wahrheitspflicht und Geständnis

Prozeßrisiko

Einf 288 3; Wahrheitspflicht im Schiedsverfahren 1034 5

Prozeßrisiko s Prozeßkosten

Prozeßrüge, einer mangelhaften Prozeßhandlung s dort; eines Verfahrensmangels in der Berufungs-/Revisionsinstanz **531/558**

Prozeßstandschaft Grdz 50 4 B, C, **265**; des Ehegatten im Fall der Gütergemeinschaft **Grdz 50** 4 B; des Ehemannes **Grdz 50** 4 B; des Pfändungs- und Überweisungsgläubigers **Grdz 50** 4 B; und Prozeßkostenhilfe **114** 2 A c; des Vaters **Grdz 50** 4 B; des Vorstands eines nichtrechtsfähigen Vereins **50** 3 B

Prozeßtrennung, Voraussetzung der Anordnung **145** 1 A; von Amts wegen **145** 1 A; Aufhebung **150** 1; nach einer Aufrechnung durch den Bekl **145** 1 F; in einer Ehesache **610** 2, **628**; Hilfsanspruch bei einer Anspruchshäufung **260** 3; Hilfswiderklage **253 Anh** 2 B; bei einer Streitgenossenschaft **Üb 59** 2; Streitwert **5** 2 C; Aufspaltung der Streitwerte **3 Anh**; vor dem Urteil **145** 1; bei einer Verweisung **145** 1 A; bei einer unzulässigen Widerklage **33** 1, 3; Wirkung **145** 1 C; bei einem Zurückbehaltungsrecht des Bekl **145** 5; und sachliche Zuständigkeit **4** 2 B, **5** 2 C

Prozessualer Anspruch 2 2 A; bei einer Aufrechnung **2** 2 B; bei mehreren Ansprüchen **2** 2 C; bei einer Einwendung des Bekl **2** 2 B; bei einer Gegenleistung **2** 2 B; beim Haupt-/ Hilfsantrag **2** 2 C; Maßgeblichkeit des Antrags **2** 2 B; Mietaufhebungs- und Räumungsklage als ein einheitliches Klagebegehren **2** 2 C; bei einer einstweiligen Verfügung **2** 2 B; bei Wahlansprüchen **2** 2 C; bei einem Wahlrecht **2** 2 C; bei einem Zurückbehaltungsrecht **2** 2 B

Prozeßübernahme s Prozeß

Prozeßunfähiger, Genehmigung zur Prozeßführung **51** 2 A, **52** 1 B; Vollstreckung eines Ordnungsgelds gegen einen P. **890** 3 D; Parteivernehmung **455**; beschränkte Prozeßfähigkeit **51** 1; Einlegung eines Rechtsmittels durch einen P. **52** 1 B, **Grdz 511** 2 C; Urteil gegen einen P. **52** 1 B, **56** 1 E; Vertretung **51** 2; Vertretung im Parteiprozeß **79** 1; Bestellung eines gerichtlichen Vertreters **57**; Verzicht auf eine Zulässigkeitsrüge **296** 4; Zustellung an einen P. **56** 1 C, **171** 1, **705** 1 B

Prozeßunfähigkeit 52 1 B; eines Ausländers **55**; Aussetzung wegen P. **246** 2; Kostenerstattungsanspruch **Üb 91** 3 B; während eines Prozesses ohne einen ProzBev, Unterbrechung des Verfahrens **241** 1, 2 A; ProzBev **56** 2 A; Fortbestand der Prozeßvollmacht **86** 2 B; Querulant **52** 1 C; Vernehmung des gesetzlichen Vertreters **455** 1; bei einer Vertretung durch einen Pfleger **53**; Beginn der Frist für eine Wiederaufnahmeklage **586** 2

Prozeßurteil s Klagabweisung

Prozeßverbindung, Aufhebung **150** 1; Aufhebung durch ein Urteil über einen von mehreren Ansprüchen **145** 1; Endurteil **300** 4; bei einer Streitgenossenschaft **Üb 59** 2; Streitwert **5** 2 C; mündliche Verhandlung **128** 2 B; Voraussetzungen **147** 1 B; Wirkung **147** 2 B; zwischen der Zivilkammer und der Kammer für Handelssachen **147** 1 B; Zulässigkeit **147** 2 A; bei einer ausschließlichen Zuständigkeit **5** 2 C, **8** 5 2 C; sachliche Zuständigkeit **2** 3, **147** 2 B

Prozeßvereinbarung s Parteivereinbarung

Prozeßvergleich 307 Anh 2; Abänderungsklage **323** 5 A; Anfechtung **307 Anh** 6 A; Anwaltszwang **78** 1 A, 2 A, B; Aufhebungsvereinbarung **307 Anh** 6 C; bei einer Ehescheidungs-/Aufhebungsklage **307 Anh** 3 A, **617** 4 A; Erfordernisse **307 Anh** 4; Fortsetzung des Rechtsstreits **Anh 307** 6 B; vor einer Gütestelle **794** 2 A, **797a** 1; als Klagerücknahme **269** 1; Kostenaufhebung gegeneinander **98**; über eine Kostenaufhebung **98** 3; Kostenfestsetzung **103** 1 A; solche kraft eines Kostenvergleichs **104** 1 E; Nichtigkeit, Frist für den Antrag auf eine Wiedereinsetzung **234** 3 A; Protokoll **160** 4 A; durch einen (Proz)Bev nach einer Zulassung ohne eine Vollmacht bzw ohne deren Nachweis **89** 1 B; im Prozeßkostenhilfeverfahren **118**; kraft einer Prozeßvollmacht **81** 2 D, **85** 2; bei einer Beschränkung der Prozeßvollmacht **83** 1; Gewährung einer Räumungsfrist **794a**; Erstattung der Gebühren eines Rechtsanwalts **91** 4 B; Beendigung der Rechtshängigkeit **261** 2 C; nach dem Rechtsübergang des Streitgegenstands **265** 3 C; Anordnung des Ruhens des Verfahrens einer Vergleichsverhandlung **251** 2 A; Schiedsvergleich s dort; Streit über die Wirksamkeit **307 Anh** 6 B; Streitgenossen **61** 2 B; bei einer notwendigen Streitgenossenschaft **62** 4 A; über eine Streithilfe **68** 1 A; Streitwert **3 Anh**; kraft einer Terminsvollmacht **83** 2; über eine Unterhaltszahlung an ein nichteheliches Kind, (Neu)Festsetzung **642c**; über eine Unterlassung **890** 1 B; Unwirksamkeit **307 Anh** 6; Beseitigung nach einem rechtskräftigen Urteil **794** 2 B; Vollstreckungsabwehrklage **767** 1 C; als Vollstreckungstitel **794** 2, **795a** 1; Genehmigung des Vormundschaftsgerichts **54** 2; Widerruf **307 Anh** 6 C; Widerrufsfrist **222** 1; Versäumung der Widerrufsfrist, Wiedereinsetzung **233** 2 C; unter einem Widerrufsvorbehalt **307 Anh** 3 B; Wirkung **307 Anh** 5; Zulässigkeit **307 Anh** 3; Einstellung der Zwangsvollstreckung **307 Anh** 6 D, **705** 5, **767** 1 C, **769** 1 A; Kosten der Zwangsvollstreckung **788** 5

Prozeßverschleppung 296 3 C, **528**; durch eine Rüge **Einl III** 6 A; Ladung der Partei wegen der Erwartung einer P. **141** 3; Prozeßtrennung zwecks Vermeidung einer P. **145** 1; durch eine Richterablehnung **42** 1 B; im Schiedsverfahren **1037**; Auferlegung von Kosten im Fall der Versäumung eines Ter-

dahinterstehende Zahlen und Buchstaben = Anmerkungen **Prüfungsrecht**

mins oder einer Frist **95**; Verzögerungsgebühr **95 Anh**
Prozeßvertrag Einl III 2 A, **Grdz 128** 5 C, **Grdz 253** 4, **Grdz 704** 3 E; Schiedsvertrag **1025** 1; vgl auch Parteivereinbarung
Prozeßvertreter, gerichtliche Bestellung s Vertreterbestellung; vgl auch Partei, Mündliche Verhandlung
Prozeßverzicht s Partei (Verzicht)
Prozeßverzögerung durch die nachträgliche Geltendmachung eines Angriffs- oder Verteidigungsmittels **296, 528**
Prozeßvollmacht 78 ff; Arten **80** 1 E; Begriff **Üb 78** 2, **80** 1 A; bei der Abwicklung einer Anwaltspraxis **86** 2 A, **87** 2; dgl durch den Tod **122**; Gesuch auf die Gewährung einer Prozeßkostenhilfe **80** 1 D; nach einer Aussetzung des Verfahrens **86** 3; Beendigung der Instanz **86** 2 A; Anordnung einer Beglaubigung **80** 3; Beschränkung **81** 1, **83**, **88** 1 A; Bestellung als ProzBev **176** 2 B; ohne ein Datum **80** 2 B; in einer Ehesache **609** 1; Einreichung **133** 1; Erlöschen **86** 2, **87**, **88** 1 A, **176** 3 A; Erteilung **80** 1 C, D; Erteilung zum Protokoll **80** 2 B; Erteilung durch einen falschen gesetzlichen Vertreter **88** 1 A; Fehlen **89**; Fehlen in einer Ehesache **609** 2; Fortbestand **86** 2, **87** 3; Geldempfang **81** 2 A, D; Geltungsbereich **82** 1; in einer Kindschaftssache **640** 3; Angabe des Klagegrundes **81** 2 C; nachträgliche Konkurseröffnung **86** 2 B; durch den Konkursverwalter, Konkursaufhebung **240** 3; Kündigung **86** 2; Kündigung nach einer Aussetzung oder Unterbrechung des Verfahrens **249** 3 A; Kündigung des Geschäftsbesorgungsvertrages **86** 1; im Mahnverfahren **703** 1; Mangel **88**, **89**; Zurückweisung des ProzBev wegen eines Mangels der P. **88** 2 B; Nachweis **80** 2, **88** 2 A; Fehlen eines Nachweises **88** 1 A, **89**; mehrere ProzBev **84**; bei einer nachträglichen Prozeßunfähigkeit der Partei **88** 2 B; als Prozeßvoraussetzung **Grdz 253** 3 F; Prüfung **88** 1, 2; für einen nicht zugelassenen Rechtsanwalt **80** 1 D; bei einer Sozietät von Anwälten **84**; Rückgabe der Vollmachtsurkunde **80** 2 C; Terminsvollmacht **81** 2 D, **83** 2; Tod des ProzBev **86** 2 A; dgl Unterbrechung des Verfahrens im Anwaltsprozeß **244** 1 A; Tod des Vollmachtgebers **86** 2 B; Übertragung **81** 2 D; Umfang **81**; bei einer Unterbrechung des Verfahrens **86** 3; Mangel einer Untervollmacht **88** 1 A; Bestellung eines Vertreters für die höhere Instanz **81** 2 D; Verschulden des ProzBev **85** 3; und sachlichrechtliche Vollmacht **80** 1 B, E; Wegfall der Partei kraft Amts oder ihres gesetzlichen Vertreters **86** 2 B; Widerruf **81** 3; privatrechtliche Willenserklärung **81** 3; Wirkung **85** 1, 2; bei einer Zurückverweisung **86** 2 A; bei einer Zwischenfeststellungsklage **256** 8 B; für die Zwangsvollstreckung **80** 2 C, **81** 1, 2, D
Prozeßvoraussetzung Grdz 253 3 A; abgesonderte Verhandlung **280**; Anordnung

einer Beschränkung der Verhandlung **146** 2 A; Anspruchshäufung, Fehlen einer P. **260** 4 A; Wechsel der Begründung **264** 3; Beweis **Einf 284** 2 B; Beweis im Urkundenprozeß **595** 2 B; Beweislast **56** 1 B; im Entmündungsverfahren **649** 1; Fälligkeit **Grdz 253** 4; Fehlen, Klagabweisung **56** 1 E; bei der Feststellungsklage **256** 4 A; bei der Gerichtsbarkeit **280** 1; beim Gerichtsstand **Üb 12** 3 A; bei der Klage auf eine künftige kalendermäßige Zahlung oder Räumung usw **Einf 257** 2 A; Klagabweisung durch ein Prozeßurteil beim Fehlen **281** 1 B; bei einer Klagänderung **263** 3; bei der Klagbarkeit **Grdz 253** 4; für eine ordnungsmäßige Klagerhebung **253** 2 B; allgemeine/besondere P. **Grdz 253** 3 E/G; für die Parteifähigkeit **Üb 50** 1, **50** 4 A, **56** 1; für die Prozeßfähigkeit **Üb 50** 1, **51** 1, 4, **56** 1; Heilung des Fehlens einer P. durch eine Genehmigung **56** 1 C; Prozeßführungsrecht, Legitimation des gesetzlichen Vertreters **56** 1 A; und Prozeßhandlungsvoraussetzung s dort; beim Prozeßvergleich **307 Anh** 4 D; Prüfung von Amts wegen **56** 1 A; Prüfung vor einer Terminsbestimmung **216** 2 A; Prüfung bei der Bestimmung der Zuständigkeit **36** 3 A, **37** 1 B; Rechtsmittelvoraussetzung **Grdz 253** 3 G; Rechtsschutzbedürfnis **Grdz 253** 3 F, 5 B; Zulässigkeit des Rechtswegs **GVG 13** 1; Reihenfolge der P. **280** 1; im Revisionsverfahren **559** 2 C; bei der Klage auf eine Aufhebung eines Schiedsspruchs **1042** 3 B; bei der Prüfung der Schlüssigkeit der Klage **253** 4 B; bei der Streitgenossenschaft **Üb 59** 3, **61** 2 B; bei einer Streitverkündung **72** 1 C; Streitwert **3 Anh**; im Urkundenprozeß **592** und Versäumnisurteil **Üb 330** 2, **331** 3 B, **335** 2 A; Vorentscheidung einer Verwaltungsbehörde **148** 1 C; bei einer Widerklage **253 Anh** 2 B; Zurückweisung eines nachträglichen Parteivorbringens wegen einer P. **296**; bei der Zuständigkeit **Üb 1** 2 C; bei der Zwangsvollstreckung **Grdz 704** 6 C; bei einer Zwischenfeststellungsklage **256** 8
Prozeßvorbereitungskosten, Festsetzung **103** 1 B
Prozeßweg, Zulässigkeit **253** 1 B
Prozeßwirtschaftlichkeit Einl III 3 A, **Grdz 128** 2 F; Erledigung eines Wiederaufnahmegrundes im Prozeß **Grdz 578** 1 C; Feststellungs- statt Leistungsklage **256** 5; Klagänderung **263** 4 B; und Rechtsschutzbedürfnis **Grdz 253** 5 B; Urteilberichtigung **319** 2 C; durch eine Verweisung **281** 1 A; Wiedereröffnung der mündlichen Verhandlung **156** 2 A
Prozeßzinsen, Entstehung des Anspruchs **262** 1; bei einer Klage auf eine künftige kalendermäßige Zahlung **257** 2
Prüfung von Amts wegen s Amtsprüfung
Prüfung, juristische DRiG 5, 5 d; Anerkennung **DRiG 6, 112**
Prüfungsrecht, richterliches **GVG 1** 3 C; gegenüber einem Verwaltungsakt **GVG 13**

Prüfungstätigkeit

5 C; gegenüber einer Zuständigkeitsvereinbarung **38** 2 B
Prüfungstätigkeit des Richters **DRiG 4**
Prüfungsverfahren bei der Prozeßkostenhilfe **118**
Pseudonym als Parteibezeichnung **Grdz 50** 2 A; bei einer Urkunde **415** 4; in der Zwangsvollstreckung **750** 1 A

Q

Qualifiziertes Bestreiten beim Geständnis **289** 3
Querulant Einl III 6 B; im Ablehnungsverfahren **42** 1 B; bei der Prozeßkostenhilfe **Üb 114** 1 B; und Prozeßunfähigkeit **52** 1 C
Quittung, Beweiskraft **EG 17**; Gerichtsstand für die Erteilung einer Q. **29** 1 A; Erteilung durch den Gerichtsvollzieher **754** 1 A, **757**; Klage auf eine kalendermäßige künftige Zahlung, Zulässigkeit trotz einer Pflicht zur Erteilung einer Q. **257** 1 A; Einstellung oder Beschränkung der Zwangsvollstreckung im Fall der Vorlegung einer Q. **775** 6
Quote s Bruchteil
Quotierung beim Grundvorteil **304** 3 C

R

Radierung in einer Urkunde, Beweiswürdigung **419**
Rang eines Pfandrechts, Streitwert **6** 3 B; desjenigen in der Zwangsvollstreckung **804** 4; desjenigen bei einem Verteilungsplan **874** 1 A; eines Unterhaltsberechtigten bei einer Pfändung **850d** 1 C
Rangvorbehalt, Pfändung **851** 2 A
Ratenzahlung, beim Ordnungsgeld **890** 4 B; bei einer Prozeßkostenhilfe **115**; Streitwert **3 Anh**; bei einer befristeten Aussetzung der Verwertung **813a** 2; bei den Kosten der Zwangsvollstreckung **788** 5
Räumung, Feststellungsklage wegen einer Entschädigung **256** 5; einstweilige Verfügung auf eine R. **940a**
Räumungsklage, Anspruchshäufung **260** 1 A; Klage auf eine künftige R. **259** 1 B; Klage auf eine kalendermäßige künftige R. **257** 1; Streitbefangenheit **265** 2 B; Streitwert **3 Anh**
– **(Wohnraum),** Feriensache **GVG 200** 4; Gerichtsstand **29a**; Kostenentscheidung **93b**; beim Auszug nach der Klagerhebung **91a** 3 A, **93** 5; Mietaufhebungs- und Räumungsklage **2** 2 C; Gewährung einer Räumungsfrist **3 Anh**, **721**, **794a** 1; Rechtskraftwirkung des Urteils **322** 4, **325** 6; vorläufig Vollstreckbarkeit des Urteils **709** 1; Urteil auf eine Fortsetzung des Mietverhältnisses **308a**
Räumungsvollstreckung s Zwangsvollstreckung
Rauschgiftsucht s Entmündigung
Reale Handlung Grdz 128 5 B
Reallast, Gerichtsstand **24** 2 B, C, 3, 5; Gerichtsstand im Fall eines Leistungsrückstands **25**; Aufgebot der Gläubiger **988**; Pfändung **857** 5 A, **865** 2 E; Streitwert **9** 2 A; Urkundenprozeß für einen Anspruch aus einer R. **592** 2 B; Rechtskraftwirkung des Urteils **325** 4
Rechenfehler, bei der Streitwertberechnung **2** 2 B, **3** 2 A; Berichtigung des Urteils **319**
Rechnungslegung, Feststellungsklage **256** 5; Pfändung des Anspruchs auf eine R. **Grdz 704** 9; Zwangsvollstreckung aus einem Urteil auf eine R. **887** 6
Rechnungslegungsklage, Gerichtsstand **31** 1; Streitwert **3 Anh**; Übergang von der Feststellungs- zur Leistungsklage **264** 2 C; Verbindung mit der Herausgabeklage **254** 2 A
Rechnungsvermerk als Gerichtsstandsvereinbarung **29** 4 A
Recht s Dingliches Recht, Persönliches Recht, Sachliches Recht, Subjektives Recht
Rechtliche Erörterung Einl III 3 B, **139** 2 C–E, **278** 5, **313** 7 C c
Rechtlicher Gesichtspunkt s rechtliche Erörterung
Rechtlicher Zusammenhang, bei einer Aufrechnung durch den Bekl **302** 2; dinglicher Gerichtsstand des Sachzusammenhangs **25**; Prozeßverbindung **147** 1 B; bei einer Widerklage **33** 2, **253 Anh** 2 C
Rechtliches Gehör, Interesse am r. G. s Gehör, Interesse
Rechtsangelegenheit, geschäftsmäßige Besorgung **157** 2 A
Rechtsansicht s rechtliche Erörterung
Rechtsausführung 138 1 A
Rechtsaussicht s Rechtsfrage
Rechtsanwalt, Amtspflicht **GVG 155 Anh I** 5; Anwaltskartell s dort; Erstattung seiner Auslagen **91** 5; ausländischer Anwalt **SchlAnh VII**; Beglaubigung einer zuzustellenden Abschrift **170** 3; Beiordnung s Ehesache (Ehescheidungsantrag), Entmündigung, (Anfechtungs-, Aufhebungsklage), Notarwaltsbeiordnung, Prozeßkostenhilfe; Verbot der Berufsausübung oder Vertretung **GVG 155 Anh I** 6; Bindung an eine Weisung des Auftraggebers **80** 1 D; Berechnung und Kontrolle einer Frist **233** 4; Verschulden bei einer Fristversäumung **85**, **233** 4; Gerichtsstand des Erfüllungsorts **29** 2; Geschäftsfähigkeit **78** 1 C; Kanzleiabwickler **78** 2 D a; Kostenerstattung in einer eigenen Sache **91** 5; vor dem Obersten Landesgericht **EG 8** 1; Vertretung der Partei im Parteiprozeß **79** 1; Praxisabwickler **78** 2 D a; Prozeßfähigkeit **78** 1 C; als ProzBev s dort; beim Prozeßgericht zugelassener Anwalt **78** 1 C, **520** 1 B; ausländischer Rechtsanwalt **Üb 78** 3; Rechte und Pflichten nach der BRAO **GVG 155 Anh I** 2; Fristkontrolle bei der Einlegung eines Rechtsmittels **233** 4; vor einem Schiedsgericht **1034** 1; Selbstvertretung **78** 3; Standeswidrigkeit **78** 1 C, **GVG 155 Anh I** 6; Straftat als Restitutionsgrund oder

dahinterstehende Zahlen und Buchstaben = Anmerkungen **Rechtsgutachten**

Grund für eine Klage auf die Aufhebung des Schiedsspruchs **580** 2 D, **581** 1/**1041** 6; Tod, Abwicklung der Kanzlei **GVG 155 Anh I** 2 § 55; dgl Aufnahme nach einer Unterbrechung des Verfahrens **244** 2; dgl Prozeßvollmacht **86** 2 A, **87** 2; dgl Rechtsstellung **78** 1 D; Unterbrechung beim Wegfall **244**; Untervertreter **78** 1 D; Mitteilung einer Urkunde von Anwalt zu Anwalt **134**; Vertretung **78** 1 D, **GVG 155 Anh I** 2 § 53; Vertretung, Kostenerstattung **91** 5; Vertretungsfähigkeit **78** 1 C; Vertretungsverbot **78** 1 C, **157** 1 A, **158** 1; Wahrheitspflicht **138** 1 E; Wegfall **244**; Zeugnisverweigerungsrecht **383** 3 D; Zulassung beim Prozeßgericht **78** 1 C; Zustellung von Amts wegen **212a**; Zustellung von Anwalt zu Anwalt s dort; Zustellung an einen Anwaltsgehilfen **183** 2 A; Zustellungsbevollmächtigter für den Anwalt **GVG 155 Anh I** 3 A
- **(Schadensersatzpflicht),** wegen der Nichtbeachtung eines gerichtlichen Hinweises **139** 2 D; bei einer Beschränkung der Prozeßvollmacht **83** 1; wegen eines Verschuldens **85** 3 A

Rechtsanwaltsgebühr Üb 91 2 B; Aufrechnung durch den ProzBev **81** 2 D; der für die Berechnung maßgebende Zeitpunkt **4** 1; Erinnerung gegen den Kostenfestsetzungsbeschluß **104** 4 C; Gerichtsstand **34**; Klage und Widerklage **5** 1; Kostenerstattung **91** 4 B, 5; Kostenerstattung der Hebegebühr **91** 5; Kostenerstattung bei einer Honorarvereinbarung **91** 4 A; Erstattung der Prozeßgebühr bei einer Erledigungserklärung **91a** 3 A; Kostenfestsetzung **103** 1 B; Rechtskraftwirkung der Kostenfestsetzungsbeschlusses **Einf 103** 2 A; Mehrzahl von Klagansprüchen **5** 1; nach einer Prozeßtrennung **145** 1 C; bei einer Prozeßverbindung **5** 2 C, **147** 2 B; Festsetzung des Streitwerts für die Berechnung der Gebühren **Einf 3** 1 B; Vertretung des ProzBev **81** 2 D; Kosten der Zwangsvollstreckung **788** 5

Rechtsanwaltschaft beim BGH **GVG 155 Anh I** 8

Rechtsanwaltskammer, Rechtsweg **GVG 13** 6 H

Rechtsanwaltskartell s Anwaltskartell

Rechtsanwaltssozietät, Kostenerstattung **91** 5; Prozeßvollmacht **84**; notwendige Streitgenossenschaft **62** 2 A

Rechtsanwaltszulassung GVG 155 Anh I 3; Rechtsweg **GVG 13** 6 H

Rechtsanwendung 550 1, **559** 3

Rechtsausführung s Rechtsfrage

Rechtsauskunft des Richters **DRiG 41**

Rechtsbeeinträchtigung, Urheberbenennung **77**

Rechtsbegriff 550 2 „Einordnung unter die Norm"

Rechtsbehauptung Einl III 2 A

Rechtsbehelf Grdz 511 1 A; gegen einen Schiedsspruch **Einf 1041** 1; beim Streitgenossen **61** 2 D, **62** 4 C b; Zulässigkeit **Grdz 511** 2; gegen eine Zuständigkeitsbestimmung **36** 2; in der Zwangsvollstreckung **Grdz 704** 6 D

Rechtsbeistand GVG 155 Anh II 2; Ausschluß als Gerichtsperson **41** 2 D, **49**; Gebühr, Gerichtsstand **34**; Kostenerstattung **91** 5; Zulassung **157** 4; dgl Antrag auf eine gerichtliche Entscheidung **EGGVG 23** 1 C; Zulassung zur mündlichen Verhandlung **78** 1 D, **157** 1 A, 3 A; s auch Rechtsmittel

Rechtsberatung ohne Erlaubnis, Zurückweisung als Parteivertreter **79** 1

Rechtsbeschwerde 621 e 4

Rechtsbeurteilung s Rechtsfrage

Rechtschöpfungslehre der Rechtskraft **Einf 322** 2 A d

Rechtseinheit, Vorlage beim Großen Senat des BGH/dem Gemeinsamen Senat der obersten Gerichtshöfe **GVG 136 ff**/**GVG 140 Anh**

Rechtsentscheid über eine Mietrechtsfrage **544 Anh**

Rechtsentscheidung als Parteiwunsch im Schiedsverfahren **Einf 1034** 2 B

Rechtsfähigkeit und Parteifähigkeit **50** 2 A

Rechtsfolge, Rechtskrafteinbeziehung **322** 2 C

Rechtsfortbildung, Vorlegung beim Großen Senat des BGH **GVG 137**; Auslegung der ZPO bei einer Gesetzeslücke **Einl III** 5 D b bb, E

Rechtsfrage, abstrakte **256** 2 C a; Anordnung einer Verhandlungsbeschränkung **146** 2 A; Auslegung als R. **Einf 284** 4 A; gedachte **256** 2 C a; Erörterung **Einl III** 3 B, **139** 2 C–E, **278** 5, **313** 7 C c; von grundsätzlicher Bedeutung, Vorlegung beim Großen Senat des BGH **GVG 137**; gerichtliche Beurteilung, Hinweispflicht **139** 2 E; abweichende Beurteilung, Vorlegung beim Großen Senat des BGH/beim Gemeinsamen Senat der obersten Gerichtshöfe **GVG 136**, **137**/**GVG 140 Anh**; Rechtsausführungen im Prozeß **85** 2 A, **139** 1 A; dgl in einem Schriftsatz **130** 1 A, **132** 1; Rechtsentscheid in einer Mietrechtsfrage **544 Anh**; juristische Tatsache **Einf 284** 4 C

Rechtsfrieden 940 2, 3

Rechtsgemeinschaft am Streitgegenstand, Streitgenossenschaft **59** 2

Rechtsgeschäft, Auslegung, Prüfung in der Revisionsinstanz **550** 2 A; über Prozeßbeziehungen **Grdz 128** 5 C; auf Grund der Prozeßvollmacht **81** 3; ohne einen ProzBev **78** 2 B; Prozeßhandlung als Rechtsgeschäft **Grdz 128** 5 G; Vertretung s dort; Zeuge beim R., Zeugnispflicht **385** 1 A

Rechtsgespräch Einl III 3 B, **139** 2 C–E, **278** 5

Rechtsgestaltungsklage s Klage

Rechtsgeständnis 288 1 A

Rechtsgültigkeit, eines Gesetzes, einer Verordnung, eines Verwaltungsakts, richterliches Prüfungsrecht **GVG 1**

Rechtsgutachten des Richters **DRiG 41**

Rechtshängigkeit

Rechtshängigkeit 261 1 A; im Arrestverfahren **920** 1 B; im Ausland **261** 2 B; und Aufrechnung **145** 4 E; Aussetzung wegen Vorgreiflichkeit, R. als Voraussetzung **148** 1 B; in der DDR **261** 2 B; als Einwendung **Üb 253** 3 C; Ende **261** 2 C; Erledigung der Hauptsache **91a** 2 B, C; Erledigung des Klaganspruchs vor der R. **91a** 2 A; eines Hilfsanspruchs **260** 2 D; der Hilfswiderklage **261** 2 C; Klagerücknahme, Beseitigung der R. **269** 4 A; und Mahnverfahren **693** 1 B, **696** 3, **700** 4, **703 a**; Nacherbfall während der R. **326** 2; Parteiidentität **261** 3 A; als Prozeßhindernis **261** 6 A, C; bei einem Antrag auf die Rückgabe einer Sicherheitsleistung **109** 4 A; Verzicht auf eine Zulässigkeitsrüge **296**; Prozeßidentität **261** 3 B; Begründung des Prozeßrechtsverhältnisses **261** 1 B; und Rechtskraftwirkung **261** 6 C; Streitbefangenheit **265** 2; Streitgegenstand **2** 2 A; und Streitgenossenschaft **61** 2 D; Streitwert **3 Anh**; Voraussetzung **261** 3; als Voraussetzung einer Widerklage **253 Anh** 2 A; prozessuale/sachlichrechtliche Wirkung **261** 1 B, 4/**262 ff**; Fortdauer der Zuständigkeit kraft R. **261** 7; Zuständigkeitsvereinbarung nach dem Eintritt der R. **38** 5 A
- **(bei, durch)** einer Abgabe vom Landwirtschaftsgericht an das Prozeßgericht **281 Anh III** 1 B; einer Abstandnahme vom Urkundenprozeß **596** 2; einer Anspruchshäufung **281** 2; einem Antrag auf eine gerichtliche Entscheidung gegenüber einem Justizverwaltungsakt **EGGVG 26** 3; einer Aufrechnung durch den Bekl **145** 4 E; einer Einrede **261** 2 B; einer Genehmigung der Prozeßführung ohne eine Vollmacht **89** 3; ein Gericht eines anderen Rechtszweiges **261** 7; einer Klageänderung **263** 3, **264** 1, **281** 2; die Klagerhebung **261** 2 A; eine Klagerweiterung **281** 2; die Zustellung der Klageschrift ohne eine Terminsbestimmung **253** 2 A; das Mahnverfahren **693**, 1 B, **696** 3, **700** 4, **703 a** 1 A; einem Rechtsübergang nach der R. **265** 2, 3; einem Schadensersatzanspruch des Bekl wegen einer Zwangsvollstreckung aus einem nur vorläufig vollstreckbaren Titel **717** 3 C; einem Schiedsverfahren **1034** 5; der Veräußerung des Grundstücks, Schiffs, Schiffsbauwerks, Luftfahrzeugs während des Prozesses **266** 1; einem Vergleich im Verfahren der Prozeßkostenhilfe **118**; einer Verweisung **261** 2 A; eine Vollstreckungsklage auf Grund eines ausländischen Urteils **722** 2 B; eine Widerklage **281** 2; eine Zwischenfeststellungsklage **281** 2
Rechtshilfe GVG Üb 156 2, 3, **156 ff**; Abkommen s Zivilprozeßrecht, zwischenstaatliches; HZPrÜbk **GVG 168 Anh I**; Pflicht zur R. **GVG 156**; Vollstreckungshilfe bei einem Angehörigen der Streitkräfte **SchlAnh III 34**; Zuständigkeit **GVG 157**; bei der Zwangsvollstreckung **789** 1
- **(Ersuchen) GVG 157**; Abgabe **GVG 158** 3; Ablehnung **GVG 158**; im Ausland **GVG 168 Anh**; dgl bei einem Unterhaltsanspruch **GVG 168 Anh II**; Erledigung durch einen Referendar **GVG 10** 1; bei der Zwangsvollstreckung **789** 1

Rechtshindernde Einwendung Üb 253 3 B
Rechtsirrtum, Entschuldbarkeit **Einl III** 7 A; Wiedereinsetzung bei einem R. **233** 4
Rechtskraft Einf 322 1, **322 ff**, **EG 19**; Amtsprüfung **Einf 322** 5 A; eines Beschlusses **329** 3; Beseitigung **Einf 322** 6; durch eine Erledigungserklärung **91a** 2 B; Festsetzung durch ein Urteil, Fristbeginn **255** 2 B; des Kostenfestsetzungsbeschlusses **104** 2 D; Parteivereinbarung über eine Rechtskraftwirkung **Einf 322** 5 B; beim Rechtsmittelverzicht **705** 1 D; Zurückweisung der Ablehnung eines Richters **46** 2; Streitgegenstand **2** 2 A; Urteil gegen eine falsche Partei **Grdz 50** 3 A; bei einem Mangel der Vertretung oder der Zustellung **56** 1 C; Wiedereinsetzungsantrag nach der R. **Üb 230** 3
- **(äußere, formelle Rechtskraft) Einf 322** 1 A, **705**; im Aufgebotsverfahren **957** 1; eines Beschlusses **329** 3; in einer Ehesache **629a Anh**; Eintritt mit der Verkündung **705** 1 C; Hemmung **705** 2; eines Kostenfestsetzungsbeschlusses **104** 2 D; eines Schiedsspruchs **1040** 3; eines Verbundurteils **629** 2; eines Versäumnisurteils **Üb 330** 3 C; der Vollstreckbarerklärung eines Schiedsspruchs **1043** 1; des Vollstreckungsbescheids **700** 1; einer Vorabentscheidung über den Anspruchsgrund **304** 5 A; eines Vorbehaltsurteils im Urkundenprozeß **599** 3; eines Zwischenurteils **322** 1 B
- **(innere, materielle Rechtskraft) Einf 322** 2 B, **322** 2, 4; des Anspruchs, Begriff **322** 2 B; beim Arrest und der einstweiligen Verfügung **322** 4; bei einer Aufrechnung **322** 3; Bedeutung **Einf 322** 2; eines Beschlusses **329** 3; Beseitigung **Einf 322** 6; Drittwirkung **325** 1; eines Kostenfestsetzungsbeschlusses **104** 2 D; Rechtskraftfähigkeit **322** 1; eines Schiedsspruchs **1040** 4; eines Schiedsurteils **1025** 3 D; Tragweite **322** 2, 4; entsprechend der Urteilsformel **322** 2 A; Einbeziehung der Urteilsgründe **322** 2 A, C; eines Versäumnisurteils **Üb 330** 3 C; der Vollstreckbarerklärung eines Schiedsspruchs **1043** 1; einer Vorabentscheidung über den Anspruchsgrund **304** 5 A; eines Zwischenurteils **322** 1 B
- **(Erschleichen) Einf 322** 6 D; der R. eines Scheidungsurteils durch eine Rücknahme der Berufung **Einl III** 6 A; Restitutionsklage **580** 2 D; Streitwert eines Schadensersatzanspruchs bei einem Scheidungsurteil **9** 2 A

Rechtskraftwirkung, des Urteils auf Grund einer Anfechtungsklage gegen ein Ausschlußurteil **957** 2 B; gegenüber dem ausgeschiedenen Besitzer **76** 5 B; gegenüber einem Dritten **325** 5 B; eines Ehenichtigkeitsurteils **636a**; eines Feststellungsurteils wegen der Echtheit oder Unechtheit einer Urkunde **256** 6; eines Gestaltungsurteils **325** 5

A; eines Kindschaftsurteils **640 h**; der Klagabweisung mangels eines Prozeßführungsrechts **Grdz 50** 4 A; der Klagabweisung mangels einer Sachbefugnis **Grdz 50** 4 A; der Klagabweisung im Urkundenprozeß **597** 1, 2 C; des Kostenfestsetzungsbeschlusses gegenüber dem ProzBev **Einf 103** 2 A; bei einer Prozeßgeschäftsführung **Grdz 50** 4 C; und Rechtshängigkeitswirkung **261** 6 C; sachliche/persönliche R. **Einf 322** 3/4; gegenüber einem Rechtsnachfolger **325** 2; eines Schiedsspruchs **1040** 4 B; bei einer Streithilfe **68** 1; bei einer streitgenössischen Streithilfe wegen der Rechtskraftwirkung **69**; als ein Streithilfegrund **66** 2 D; bei einer Zurückweisung der Streithilfe **71** 3; bei einem Urteil auf eine Willenserklärung **894** 6; beim Urteil auf die Feststellung der Vaterschaft **641 k**; und Vollstreckbarkeit **Einf 727** 1; bei der Zurückweisung des Antrags auf den Erlaß eines Mahnbescheids **691** 3; beim Zwischenurteil im Streit um ein Zeugnisverweigerungsrecht **387** 2 B

Rechtskraftzeugnis 706 2, **715** 2

Rechtskundiger, Anwaltszwang **78** 1 B, 3

Rechtslage Grdz 128 2 A; die für ein Urteil maßgebenden Gesetzesvorschriften **300** 3 B

Rechtsmängelhaftung, Gerichtsstand des Erfüllungsorts **29** 1 A, 2; beim Erwerb der Pfandsache **806**; Streitverkündung **72** 1 B

Rechtsmißbrauch Einl III 6 A, **Grdz 128** 2 E; Ausforschung des Gegners **138** 1 C; Berufung auf eine Änderung der Rechtsprechung **Einl III** 5 D; Berufung gegen ein Ehescheidungsurteil **Einl III** 6 A; Beschwerde **567** 2 B; Beschwerde gegen eine Entscheidung im Verfahren der Prozeßkostenhilfe **127**; bei der Kostenfestsetzung **104** 1 E; bei einer Prozeßgeschäftsführung **Grdz 50** 4 C; bei einer Prozeßhandlung **Grdz 128** 5 F; und Rechtskraft **Einf 322** 6 D; und Rechtssicherheit **Einl III** 6 A; bei der Ablehnung eines Richters **42** 1 B, **45** 1; durch ein widersprüchliches Verhalten **Einl III** 6 A; durch die Verweigerung der Zustimmung zu einem Parteiwechsel **263** 2 C; durch die Rüge der Zuständigkeit eines Schiedsgerichts **280** 5 A; durch eine Zuständigkeitsvereinbarung **38** 2 B, **40** 2; durch eine Zustellung unter einer Umgehung des Zustellungsbevollmächtigten **174** 1 B; in der Zwangsvollstreckung **Grdz 704** 6 D; durch den Schuldner in der Zwangsvollstreckung **769** 2 A

– **(durch Erschleichen),** des Gerichtsstands **Einl III** 6 A, **Üb 12** 4, **38** 2 B; des Gerichtsstands des Erfüllungsorts **29** 1 B; des Gerichtsstands einer Nachlaßverbindlichkeit **28** 1 B; des Gerichtsstands des Vermögens/Streitgegenstands **23** 1 B; der Rechtskraft dort; der Zuständigkeit des AG **2** 3, **147** 2 B; der öffentlichen Zustellung **Einf 203** 2

Rechtsmittel Grdz 511 1, **EG 19**; Begründetheit **Grdz 511** 2; Beschwer als Voraussetzung **Grdz 511** 3; bei einem Formfehler der Entscheidung **Grdz 511** 4; Kostenentscheidung **97**; im Schiedsverfahren **1034** 5; Streitgenossen **61** 2 B; Streithelfer, Rechtsmittelanschluß **67** 3 A; Streitwert **3 Anh**; zwecks Urteilsergänzung **321** 1 B; Verfassungsbeschwerde **Grdz 511** 5; Wesen **Grdz 511** 1 B; Ausschluß der Wiederaufnahmeklage durch das R. **579** 6, **582**; Zulässigkeit **Grdz 511** 2, **511** 2; s auch Rechtsbehelf

– **(gegen)** die Ablehnung der Wiedereinsetzung **238** 1; ein Ausschlußurteil **957** 1; ein Ergänzungsurteil **321** 4; eine Kostenentscheidung **99**; die Kostenentscheidung nach einer Erledigung der Hauptsache **91a** 5; eine Kostenentscheidung im Fall der Streitgenossenschaft **100** 1; die Anordnung einer Sicherheitsleistung **108** 5; ein Scheinurteil **Grdz 511** 4 A; ein Urteil auf eine Fortsetzung des Mietvertrags **308a** 2; ein Urteil im Urkundenprozeß ohne einen Vorbehalt **599** 2 B; eine Entscheidung im Wiederaufnahmeverfahren **591**; vgl. auch Berufung, Revision, Beschluß (Unanfechtbarkeit), (sofortige, weitere) Beschwerde

– **(Begründung),** nach einer Aussetzung des Verfahrens **249** 3 A; durch einen notwendigen Streitgenossen **62** 4 B; durch einen Streithelfer **67** 3 A; nach einer Unterbrechung des Verfahrens **249** 3 A; Unterschrift **519** 3 A

– **(Beschränkung)** durch einen Streithelfer **67** 3 A; vgl auch bei den einzelnen Rechtsmitteln

– **(Einlegung),** als Aufnahme nach einer Aussetzung oder Unterbrechung des Verfahrens **250** 1 A; nach einer Aussetzung des Verfahrens **249** 3 B; durch den Bekl als Partei kraft Zustellung **Grdz 50** 2 F; nach einer teilweisen Erledigung der Hauptsache **91a** 4; bei einer Erledigung der Hauptsache vor/nach der Einlegung **91a** 4; durch einen Parteiunfähigen **50** 4 B; durch einen Prozeßunfähigen **52** 1 B, **Grdz 511** 2 C; wegen eines Mangels der Prozeßvollmacht **88** 2 B; Sorgfaltspflicht des Rechtsanwalts **233** 4; bei einer notwendigen Streitgenossenschaft **62** 4 C; durch einen Streithelfer **66** 3, **67** 2 C, 3 A; durch einen streitgenössischen Streithelfer **69** 2 C; als Beitritt des Streithelfers **70** 1 A; nach einer Unterbrechung des Verfahrens **249** 3 B; nach einer Unterbrechung durch den Tod/die Vertretungsunfähigkeit des ProzBev **244** 1 A; Unterschrift **1** 1 B, **518** 1, **569** 2 B; durch einen nichtrechtsfähigen Verein als Bekl **50** 3 A; ohne eine Vollmacht **97** 1 A; Zustellung der Rechtsmittelschrift von Amts wegen **210a**; Einstellung der Zwangsvollstreckung **707** 5; vgl auch Berufung, Revision

– **(Rechtsmittelfrist),** nach der Aufnahme eines unterbrochenen Verfahrens **239** 2 G; bei einer Aussetzung des Verfahrens **249** 2; Pflicht des Anwalts zur Berechnung und Kontrolle der Frist **233** 4; Fristversäumung, Wiedereinsetzung nach einer Verwerfung

Rechtsmittelbelehrung

des Rechtsmittels **238** 1 B, 2 B; Fristbeginn durch die Zustellung des Urteil **312** 1, **625** 2; nach einer Anordnung des Ruhens des Verfahrens **251** 2 C; für einen Streithelfer **67** 3 A; für einen streitgenössischen Streithelfer **69** 2 B; bei einer Unterbrechung des Verfahrens **249** 2; vgl auch bei den einzelnen Rechtsmitteln
- **(Rechtsmittelschrift)**, bei der Berufung **518**; bei der Beschwerde **569** 2; bei der Revision **577** 5 B; Zustellung **210a**
- **(Rechtsmittelsumme)**, Berechnung 2; bei der Berufung in einer vermögensrechtlichen Streitigkeit **511a** 2; bei der Beschwerde **567** 2; Beschwer **Grdz 511** 3; Beschwer bei einer Anschlußberufung **521** 1; Beschwer bei einer Berufung in einer Ehesache **Üb 606** 4 B; Beschwer bei einer Hilfsaufrechnung **3 Anh**; Beschwer als Voraussetzung einer Wiederaufnahme **578** 1; bei der Revision in einer vermögensrechtlichen Streitigkeit **546** 2
- **(Rücknahme)**, der Berufung s dort; der Beschwerde **573** 2 F; des Einspruchs gegen ein Versäumnisurteil **346**; der Erinnerung gegen einen Kostenfestsetzungsbeschluß **104** 4 C; Protokoll **160** 4 H; der Revision s dort; bei einer Streithilfe, durch den Streithelfer **67** 2 D; nach einem Vergleich, Aufhebung der Kosten gegeneinander **98** 3; Widerruf **Grdz 128** 5 G; dgl, Beginn der Frist für den Antrag auf eine Wiedereinsetzung **234** 3 C; des Widerspruchs gegen einen Mahnbescheid **697**
- **(Streitwert)** s Beschwerdewert
- **(Verzicht) 705** 1 D; nach einer Aussetzung des Verfahrens **249** 3 A; auf die Berufung **514**; in einer Ehesache **617** 4 B; Protokoll **160** 4 J; bei der Genehmigung der Prozeßführung ohne eine Vollmacht **89** 3; auf die Revision **566** 1; nach einer Unterbrechung des Verfahrens **249** 3 A

Rechtsmittelbelehrung bei einem Justizverwaltungsakt **EGGVG 26** 2

Rechtsmittelgericht, BGH **GVG 133**; LG **GVG 72**; OLG **GVG 119**

Rechtsnachfolge einer Prozeßpartei **Grdz 50** 2 A, D, **Grdz 128** 2 H, **239** 2 C; Aufnahme nach einer Unterbrechung des Verfahrens **239** 2 C, D; vollstreckbare Ausfertigung für/gegen den Rechtsnachfolger **727** 1; bei der Erbnachfolge **326**; Ergänzungsurteil über die R. **239** 2 G, 4 B; Gerichtsstand der unerlaubten Handlung **32** 2 C; Nachweis der R. beim Grundpfandrecht **799**; Kostenentscheidung bei einer Klage vor der Mitteilung der R. **94**; Kostenentscheidung **91** 1 B; Kostenentscheidung im Fall eines Anerkenntnisses nach dem Eintritt der R. **93** 2 B, 4; Kostenfestsetzung **103** 2 A; Ladung zwecks Aufnahme nach einer Unterbrechung des Verfahrens **239** 3; Fortsetzung des Prozesses **50** 2 H; Prozeßhandlung, Bindungswirkung bei einer R. **265** 4 B; Prozeßübernahme **265** 4; Prozeßübernahme durch den mittelbaren Besitzer bei einer Streitverkündung **76** 4; Prozeßübernahme nach der Veräußerung eines Grundstücks, Schiffs, Schiffsbauwerks, Luftfahrzeugs **266** 2; Prozeßvollmacht nach der Aussetzung oder Unterbrechung des Verfahrens **86** 3; Rechtskraftwirkung gegenüber dem Rechtsnachfolger **325**; Reichsbahn/Reichspost **50** 2 E; Schiedsvertrag, Bindung **1025** 3 D; Streithelfer als Rechtsnachfolger **265** 4 B; Streit über die R. **239** 2 D, E, G, 4; Streitgenossenschaft **Üb 59** 2; Unterbrechung des Verfahrens durch eine R. **239** 2 A, C; vollstreckbare Urkunde **799** 1; Verzögerung der Aufnahme durch den Rechtsnachfolger nach einem Urteil **239** 3; Wiederaufnahme **578** 1 B; Bindung des Rechtsnachfolgers an eine Zuständigkeitsvereinbarung **38** 2 A

Rechtsnachteil, im Aufgebotsverfahren durch die Unterlassung einer Anmeldung **946** 1, **947** 2, **986** 2, **987** 1, **995**, **997** 2, **1002**, **1008** 1; bei einer Versäumnis **231**

Rechtsnorm, Bindung des Richters **GVG 1** 3; Angabe in der Revisionsbegründung **554** 4 C; Ermittlung **293** 1; Gesetzesverletzung **550**; Revisibilität **549** 2 ff

Rechtspflege, Aufgabe **GVG 21 Anh I**; Stillstand, Unterbrechung des Verfahrens **245** 1

Rechtspfleger, Anwaltszwang vor ihm **78** 2 A; Ausschluß vom Amt/Ablehnung wegen Befangenheit **41**, **47** 1, **49**; dgl Entscheidung **GVG 153 Anh** 8 § 10; Beeidigung **GVG 153 Anh** 8 § 4; Befugnis/Überschreitung **GVG 153 Anh** 3/4, 8 § 8; Entscheidung des Richters statt des R. **10** 1 A; Stellung **GVG 153 Anh** 2, 3; Unabhängigkeit **GVG 153 Anh** 8 § 9; Unterschrift **GVG 153 Anh** 8 § 12; Vorlegungspflicht **GVG 153 Anh** 4, 8 §§ 4, 5; Zuständigkeitsstreit zwischen dem Richter und dem R. **GVG 153 Anh** 8 § 7
- **(Erinnerung gegen eine Entscheidung)** s Erinnerung
- **(Zuständigkeit) GVG 153 Anh** 8 §§ 3, 4, 7, 20, 21; Aussetzung der Verwertung einer Pfandsache **813a**; Erteilung einer vollstreckbaren Ausfertigung **727** 3 A, **728**, **729**, **730**; Kostenfestsetzung **103** 2 D, **104** 1; im Mahnverfahren **689** 1, **GVG 153 Anh** 8 § 20; im Prozeßkostenhilfeverfahren **118** 1 A, **124** 3, **127** 3 A; (Neu)Festsetzung des Regelunterhalts **642a** 2, **642b** 3, **642d**, **643** 3; im Verfahren auf die Rückgabe einer Sicherheitsleistung **109** 3 A, 4 A, **715** 2 A; Umstellung eines Unterhaltstitels auf die Zahlung eines Regelunterhalts **642** 5; im Verfahren auf eine Unterhaltsanpassung **GVG 153 Anh.** 8 § 20; bei der Stundung rückständigen Unterhalts für ein nichteheliches Kind **642e, f**; Erteilung der Vollstreckungsklausel **724** 3, **797** 1 B; Bestellung eines Zustellungsbevollmächtigten **174** 2; Bewilligung einer Zustellung an den Gegner **177** 2; Erlaubnis zur Zustellung während der Nachtzeit oder an einem Sonn- oder Feiertag **188** 3 A; in der

dahinterstehende Zahlen und Buchstaben = Anmerkungen **Rechtsweg**

Zwangsvollstreckung **Grdz 704** 5 A, **GVG 153 Anh** 8 § 20
Rechtspolitik Einl I
Rechtsposition und Rechtskraft **Einf 322** 2 A
Rechtsprechende Gewalt GVG 12 Vorbem, **DRiG 1**
Rechtsprechung GVG 21 Anh I; Änderung, Zuständigkeit des Großen Senats **GVG 136;** Arglisteinwand gegenüber einer Berufung auf die Änderung der R. **Einl III** 5 D
Rechtsprechungsmonopol DRiG 1 1
Rechtsquellen des Zivilprozeßrechts **Einl II** A
Rechtsreferendar s Referendar
Rechtssache von grundsätzlicher Bedeutung **546, 554, 554b**
Rechtssatz, Beweis **293** 2; im Urteil **313** 7
Rechtsschein, Beweislast **286 Anh** 4
Rechtsschutzanspruch Grdz 253 1 A a
Rechtsschutzbedürfnis Grdz 253 5 A; bei der Abänderungsklage **323** 1; Amtsprüfung **Grdz 253** 5 B; bei der Anfechtungsklage gegenüber einem Ausschlußurteil **957** 2 B; im Arrestverfahren **917** 1 D; und Beschwer **Grdz 511** 3 C; bei der Beschwerde **574** 1; in einer Ehesache **Üb 606** 4 C; bei einer Einmischungsklage **64** 3 A; bei einer einstweiligen Einstellung der Zwangsvollstreckung **707** 2, 3 C; bei der Forderungspfändung **829** 2 A; Klagabweisung beim Fehlen **300** 3 C; bei der Feststellungsklage **256** 3; bei derjenigen in einer Kindschaftssache **640** 2; für die Gegenvorstellung **Üb 567** 1 C; für eine Klage aus einem ausländischen Urteil **723** 1 D; für eine Klage auf die Erstattung von Prozeßkosten **Üb 91** 5; bei einer neuen Klage nach einer rechtskräftigen Entscheidung **Einf 322** 3 C; Darlegung des R. in der Klageschrift **253** 4 B; für eine Kostenentscheidung nach der Klagerücknahme **269** 4 C; für eine Kostenfestsetzung **103** 1 B; für diejenige nach einer Kostenerstattung **Einf 103** 2 A; als Prozeßvoraussetzung **Grdz 253** 3 F, 5 B; beim Fehlen einer Prozeßwirtschaftlichkeit **Grdz 128** 2 F; in der Revisionsinstanz **Grdz 253** 5 B; beim Scheinprozeß **Grdz 253** 5 A; bei einer Schikane **Grdz 128** 5 E; für eine Festsetzung des Kostenstreitwerts **Einf 3** 1 B; für einen Beschluß auf die Feststellung der Wirkungslosigkeit eines schon ergangenen Urteils nach einer Klagerücknahme **269** 4 D; nach einer einstweiligen Verfügung **Grdz 253** 5 A; und Verwaltungszwang **Grdz 253** 5 A; bei der Klage auf die Erteilung einer Vollstreckungsklausel **731** 2; trotz eines Vollstreckungstitels **Grdz 253** 5 A, **794** 1 B; für die Widerklage **253 Anh** 1 B; für eine öffentliche Zustellung **203** 1; in der Zwangsvollstreckung **Grdz 704** 6 D; für eine Zwischenfeststellungswiderklage **256** 8 C
Rechtsschutzbegehren Einl III 1, 2
Rechtsschutzgrundrecht Grdz 253 1 A a
Rechtsschutzklausel bei einer Sicherheitsleistung **110 Anh** 1

Rechtsschutzversicherung, Fristversäumung, Parteiverschulden **233** 4
Rechtsschutzvoraussetzung Grdz 253 1 B
Rechtssicherheit, und Einwand der Arglist **Einl III** 6 A; bei der Auslegung der ZPO **Einl III** 5 C; und Restitutionsklage **580** 1 A
Rechtsstaatlichkeit des Verfahrens **Einl III** 3 A
Rechtsstreit s Prozeß
Rechtsstreitigkeit, Begriff **1025** 5 A; bürgerlichrechtliche R. **EG 4, GVG 13**
Rechtsstudium DRiG 5
Rechtsübergang, Rechtskraftwirkung **325** 2 B; des Streitgegenstandes **265** 2, 3
Rechtsverfolgung, im allgemeinen Interesse **116;** Notwendigkeit, Kosten **91** 4 B; Mutwilligkeit, Ablehnung eines Notanwalts **78b** 2 B, einer Prozeßkostenhilfe **114** 2 B b; Notwendigkeit einer einheitlichen R., notwendige Streitgenossenschaft **62** 3
Rechtsverletzung, bei einer Justizverwaltungsmaßnahme **EGGVG 24** 2; s auch Gesetz (Verletzung)
Rechtsverhältnis, (Nicht)Bestehen, Feststellungsklage **256** 2 A; Bestimmtheit, Zuständigkeitsvereinbarung **40** 1; mit einem Dritten, Feststellungsklage **256** 2 C, 3 B; Gefährdung, Feststellungsklage **256** 3 B, C; Notwendigkeit einer einheitlichen Feststellung, notwendige Streitgenossenschaft **62** 2 C; bedingtes R., Rechtskraftwirkung **325** 1, 5; gedachtes oder künftiges R., Feststellungsklage **256** 2 C; als Grundlage eines Schiedsvertrags **1026;** einstweilige Verfügung zur vorläufigen Regelung **940;** Vorgreiflichkeit der Entscheidung eines Gerichts oder einer Behörde als Aussetzungsgrund **148** 1; Vorgreiflichkeit, Rechtskraftwirkung **322** 4; Vorgreiflichkeit, Zwischenfeststellungsklage **256** 8
Rechtsvermutung 292 1 A, 2; Echtheit einer privaten Urkunde **440** 3
Rechtsvernichtende Einwendung Üb 253 3 B
Rechtsverordnung GVG 1 2 B; Revisibilität **549** 4 A
Rechtsverteidigung, Erfolgsaussicht, Kosten **91** 4 B; Prozeßkostenhilfe **114**
Rechtsverweigerung durch den Richter **Einl III** 5 D b aa
Rechtsvorgänger, Zeugnisverweigerungsrecht **385** 1B; vgl auch Rechtsnachfolger
Rechtsweg, Berufung auf den R. **253** 1 B; Zivilprozeßsache kraft einer Zuweisung **GVG 13** 6; Zuständigkeitsbestimmung **36** 3 E
– **(Unzulässigkeit),** Rüge **Üb 253** 3 C, **280** 1; Verzicht auf die Rüge **296** 4; als Revisionsgrund **547** 1; beim Fehlen der Vorentscheidung einer Verwaltungsbehörde **253** 1 B
– **(Zulässigkeit) GVG 13;** bei einer Aufrechnung durch den Bekl **145** 4 E; bei der Anerkennung eines ausländischen Urteils **328** 2 B; Beschränkung durch die Landesgesetzgebung **EG 4, GVG 17a;** Entscheidung durch

Rechtswidrigkeit

eine besondere Behörde **GVG 17a**; Notargebühr **34** 1; als Prozeßvoraussetzung **Grdz 253** 3 F, **GVG 13** 1; bürgerlichrechtliche/öffentlichrechtliche Rechtsstreitigkeit **EG 4**, **GVG 13**; in einer Angelegenheit der Richtervertretung **DRiG 60**; Rechtsprechungsübersicht **GVG 13** 7; bei einem Schiedsgutachtervertrag **Grdz 1025** 3 C; bei einem Schiedsvertrag **1034** 1 B; kraft einer Vereinbarung **Üb 38** 1, **GVG 13** 1 B; Verweisung auf einen anderen R. **GVG 17**; Zuständigkeit/Zulässigkeit des R., Abgrenzung **280** 1, **GVG Üb 1** 2; Zuständigkeitsbestimmung **36** 3 E; für die Zwangsvollstreckung **Grdz 704** 1 B; für eine Zwischenfeststellungsklage **256** 8 B

Rechtswidrigkeit, eines Justizverwaltungsakts **EGGVG 28**; Rechtswidrigkeitszusammenhang **287** 1 B

Rechtszug s Instanz

Rechtszugsvoraussetzungen Grdz 511 2

Rechtzeitigkeit des Parteivorbringens **132** 1, **273**, **275 ff**, **282**, **296**, **335** 4, **340**, **527**, **528**, **529**

Redakteur, Zeugnisverweigerungsrecht **383**

Reederei, Zuständigkeit der Kammer für Handelssachen **GVG 95** 2 D; Parteifähigkeit **50** 2 D; Zwangsvollstreckung gegen die R. **736 Anh** 3; Haftungsbeschränkung **Üb 872** 1

Referendar, Anwesenheit bei der Beratung und Abstimmung **GVG 193**; Ausbildung beim Anwalt **GVG 155 Anh I** 2 § 59; Ausschluß als Gerichtsperson **41** 2 D, **49**; Gerichtsstand **20**; bei einem Rechtsanwalt, Fristversäumung **85** 3, **233** 4; als Vertreter in der mündlichen Verhandlung **157** 2 A; Vorbereitungsdienst **DRiG 5a**; Wahrnehmung rechtspflegerischer Geschäfte **GVG 153 Anh** 8 § 2; Wahrnehmung richterlicher Geschäfte **GVG 10**

Reform der ZPO **Einl I**

Reformatio in melius, in peius 536 1 A, **559** 1 A, **573** 3 B

Regelunterhalt s Unterhaltsklage

Regelungsverfügung Grdz 916 1 B, **940**

Regierungserklärung und Auslegung **Einl III** 5 B b

Regierungsmitglied, Minister s dort; Exterritorialität des R. eines fremden Staats **GVG 20** 1

Registereintragung, Kosten als solche der Zwangsvollstreckung **788** 5; Antragsrecht des Gläubigers auf die Erteilung einer zwecks R. erforderlichen Urkunde nach einem Urteil auf die Abgabe einer Willenserklärung des Schuldners **896**; Eintragungssuchen auf Grund einer einstweiligen Verfügung **941**

Registerpfandrecht, Gläubigeraufgebot s Aufgebotsverfahren; Pfändung/Überweisung **830a** 1/**837a** 1; Urkundenprozeß für einen Anspruch aus einem R. **592** 2 B; Veräußerung eines Luftfahrzeugs während des Prozesses **266** 1; Zubehör, Zwangsvollstreckung **865**

Regreß s Rückgriff

Regulierungsbeamter einer Versicherung als Vertreter in der mündlichen Verhandlung **157** 2 A

Reich, Parteifähigkeit **50** 2 E; Rechtsnachfolger **50** 2 E; Vertretung **18** 2

Reichsbahn, Bundesbahn als Rechtsnachfolgerin **50** 2 E

Reichsgaragenordnung, Rechtsweg **GVG 13** 7

Reichsrecht, Revisibilität **549** 3 B, C

Reisekostenerstattung 91 5; bei einer Anordnung des persönlichen Erscheinens einer Partei **141** 1; dgl Vorschuß **141** 1; eines ehrenamtlichen Richters **GVG 107**

Reisender, Streitigkeit, vorläufige Vollstreckbarkeit des Urteils **709** 1; Zuständigkeit **GVG 23** 6

Rektapapier 808 1 B

Relevanz, Rechtsübergang des Streitgegenstands **265** 3 B

Religionsfreiheit bei einer Eidesleistung **481**, **485**

Rente, Abänderungsklage **323**; vereinfachte Abänderung **641** l–t; Berechnung für die Gerichts-/Rechtsanwaltsgebühren **9** 1; Klage auf eine nachträgliche Sicherheitsleistung **324**; Klage auf eine künftige Zahlung **258** 1; Klagantrag **253** 4 A, 5 B; Pfändung **811** 11; Pfändung einer Schadensersatzrente **850b** 2; Pfändung einer Sozialversicherungsrente **Grdz 704** 9; Pfändung einer gesetzlichen Unterhaltsrente **850 b** 3; Pfändung einer Versicherungsrente **850** 2 H; Streitwert **9** 3; Rechtskraftwirkung des Urteils **322** 4; Urteil über den Grund des Anspruchs **304** 3; vorläufige Vollstreckbarkeit **708** 2 H

Rentengut, Streitwert des Herausgabeanspruchs **8** 2 A

Rentenschein, Aufgebot **1010–1013**

Rentenschuld, Brief s Grundpfandrechtsbrief; Gläubigeraufgebot **982**, **988**; Gerichtsstand **24** 2 B, C; Gerichtsstand der Klage auf eine Befreiung von einer persönlichen Verbindlichkeit **25**; Pfändung **857** 5; Nachweis der Rechtsnachfolge durch den Gläubiger **799**; Urkundenprozeß für einen Anspruch aus einer R. **592** 2 B; Rechtskraftwirkung des Urteils **325** 4; Zwangsvollstreckung aus einem Urteil auf die Bestellung/Belastung/Abtretung einer Briefrentenschuld **897**

Replik Üb 253 3 C; Frist zur R. **275** 4, **276** 5, **277** 5, **520** 3; im Urteil **313** 6, 7

Ressourcenknappheit Einl I

Restitutionsgrund, Wiedereröffnung der mündlichen Verhandlung wegen des Bekanntwerdens einer R. **156** 2 A

Restitutionsklage s Wiederaufnahmeklage (Restitutionsklage)

Revisibilität einer Rechtsnorm **549** 2 B, 3, 4, **562** 1

dahinterstehende Zahlen und Buchstaben = Anmerkungen   **Revisionsgericht**

Revision Üb 545 1, 545 ff; Rechtsschutzbedürfnis **Grdz** 253 5 B; Verzicht 566
- (**Ablehnung, Annahme der**) 554 b, 555, 556, 566 a
- (**Anschlußrevision**) 556; nur gegen die Kostenentscheidung 99 1 A
- (**Antrag**) 554 4 A; Bindung des Revisionsgerichts 559 1; auf eine Fristsetzung durch ein Urteil 255 2 A
- (**Begründung**) 554; nach einer Aussetzung oder Unterbrechung des Verfahrens 249 3 A; Revision als Aufnahme 250 1 A; gegen ein Urteil des Bayerischen Obersten Landesgerichts **EG** 7; Angabe des Beschwerdewerts 554 4 G; durch ein Telegramm 129 1 C; Unterschrift 129 1 B, 554 2
- (**Begründungsfrist**) 554 3; bei einer Abgabe vom BayObLG an den BGH **EG** 7 3; Pflicht des Anwalts zur Fristkontrolle 233 4; nach einer Anordnung des Ruhens des Verfahrens 251 2 C; Verlängerung 554 3 B; wiederholte Verlängerung 225 2
- (**Revisionseinlegung**) 553; nach einer Aussetzung oder Unterbrechung des Verfahrens 249 3 B; als Aufnahme 250 1 A; gegen ein Urteil des BayObLG **EG** 7 1; Revisionsschrift 553, 553 a; Sorgfaltspflicht des Anwalts 233 4; als Sprungrevision 566 a; durch einen Streithelfer 66 3; durch ein Telegramm 129 1 C; Unterschrift 129 1 B; ohne eine Vollmacht 97 1 A; Zustellung der Revisionsschrift 210 a, 553 a
- (**Revisionsfähigkeit**) 545 1
- (**Revisionsfrist**) 552; nach der Aufnahme eines unterbrochenen Verfahrens 239 2 G; bei einer Aussetzung des Verfahrens 249 2; Pflicht des Anwalts zur Fristkontrolle 233 4; nach der Anordnung des Ruhens des Verfahrens 251 2 C; bei einer Unterbrechung des Verfahrens 249 2; Wiedereinsetzung nach einer Verwerfung der Revisions 238 1 B, 2 B
- (**Revisionsgrund**) 549 ff; Ablehnung der Aussetzung des Verfahrens 252 1 B; Ablehnung einer Wiedereröffnung der mündlichen Verhandlung 283 7; absoluter R. 551; Angabe in der Revisionsbegründungsschrift 554 4; Anordnung einer Verhandlungsbeschränkung 146 2 A; Verletzung der Aufklärungspflicht 139 1 B; Entscheidung im schriftlichen Verfahren nach einer mündlichen Verhandlung 128 4 B; Fehlen der internationalen Zuständigkeit **Üb** 12 1 C; Fehlen der örtlichen Zuständigkeit bei einem vermögensrechtlichen Anspruch 549 5; Gesetzesverletzung 549, 550; Nichtzulassung einer Klagänderung 263 4 B; Parteiunfähigkeit 551 9; richterliche Amtshandlung nach einer Ablehnung 47 1 B; unbedingter R. 551; Unrichtigkeit oder Unvollständigkeit eines Sachverständigengutachtens 138 4 B; Unterlassen einer Anordnung zur Vorbereitung der mündlichen Verhandlung 273 2 C; Unzulässigkeit der Berufung 547; Urteil im schriftlichen Verfahren ohne vorheriges Einverständnis der Parteien 128 6 D; Urteilsmangel 551 7; Verfahrensmangel 558; Zeugenvernehmung unter einem Verstoß gegen den Grundsatz der Unmittelbarkeit der Beweisaufnahme 375 3
- (**Revisionssumme**) 546 2; Auskunftsklage nach der Verurteilung und Zurückverweisung 3 **Anh**; Beschwerdewert 511 a 3, 546 2; bei einer teilweisen Erledigung der Hauptsache 91 a 4; Prozeßtrennung/-verbindung 145 1 C/147 2 B
- (**Rücknahme**) 566; Klagerücknahme 269 2 C; Kostenentscheidung, Anwaltszwang 78 1 A; R. auf Grund eines Vergleichs, Aufhebung der Kosten gegeneinander 98 3; Protokoll 160 4 H
- (**Sprungrevision**) 566 a
- (**Statthaftigkeit**) s das folgende Unterstichwort Zulässigkeit
- (**Verzicht**) 566 1; Protokoll 160 4 J
- (**Zulässigkeit**) Üb 545 2, 545 ff; bei einem vermögensrechtlichen Anspruch s Revisionssumme; gegen die Verwerfung der Berufung als unzulässig 519 b 3, 547 2; gegen die Verwerfung der Anschlußberufung als unzulässig 547 3; Beschwer 546 2; gegen ein Urteil des Dienstgerichts **DRiG** 62, 80–82; in einer Familiensache 621 d; und Folgesache 629 a; gegen ein Versäumnisurteil 566; gegen ein Versäumnisurteil nach einem Antrag auf Wiedereinsetzung 238 2 C; gegen eine Entscheidung zur vorläufigen Vollstreckbarkeit 714 4; gegen ein Zwischenurteil über die Ablehnung einer Wiedereinsetzung 238 2 C
- (**Zulassung**) 546, 554; wegen einer Abweichung 546 2 B; wegen einer solchen von einer Entscheidung des Gemeinsamen Senats 546 **Anh**; wegen der grundsätzlichen Bedeutung der Rechtssache 546 2 B; Beschränkung der Z. 546 2 C

Revisionsgericht, BayObLG **EG** 7, **EGGVG** 8, **SchlAnh** I B; BGH **GVG** 133; oberstes Landesgericht **EGGVG** 8, 10
- (**Bindung**), an die Entscheidung des Berufungsgerichts über die Zulassung der Revision 546, 554; an eine vom Berufungsgericht erlassene unanfechtbare Entscheidung 548 1 B; an eine tatsächliche Feststellung 561 2, 4; an den Revisionsantrag 559 1; an die Zulassung der Revision 546 4, 554
- (**Nachprüfung**), einer vom Berufungsgericht erlassenen Entscheidung 548; eines Verstoßes gegen die Beweislast 286 **Anh** 1 B; der Beweiswürdigung **Einf** 284 8 B, 550 2; eines Erfahrungssatzes 550 2; des Ermessens **Einl III** 4 B; des Feststellungsinteresses bei der Feststellungsklage 256 7 B; einer Gesetzesverletzung 550, 559 3; der tatsächlichen Grundlagen einer Entscheidung 561 2; der Auslegung des Klagantrags 253 5 A; der Kostenverteilung im Fall einer Streitgenossenschaft 100 3; der Partei- oder Prozeßfähigkeit 56 1 A; einer Prozeßhandlung **Grdz** 128 5 D, 550 2; einer Prozeßverbin-

Revisionsverfahren

dung 147 2 B; eines absoluten Revisionsgrundes 551; der Zurückweisung des Ablehnungsgesuchs gegenüber einem Richter 46 2; des Tatbestands des Urteils 550 2; eines Verfahrensmangels 559 2; einer Verkehrsauffassung 550 2; der Zulässigkeit der Revision 554a; der internationalen Zuständigkeit Üb 38 1
- (Revisionsentscheidung) 563 ff; Aufhebung des Berufungsurteils 564; abschließende Entscheidung 565 3; Beschluß 554a; ersetzende Entscheidung 565 3; Kostenentscheidung 97; diejenige im Fall der Erledigung der Hauptsache 91a 4; diejenige im Fall einer Streitgenossenschaft 100 1; Prozeßstoff 561; Berichtigung des Tatbestands des Revisionsurteils 320 2 B; bei einer Rüge eines Verfahrensmangels ohne eine Begründung 565a; Versäumnisurteil 557 2; Verwerfung als unzulässig 554a; Verwerfung durch Beschluß Üb 545 Anh; Verwerfung wegen des Unterbleibens einer Sicherheitsleistung 113 1 B; Vorentscheidung 548 1; Zurückverweisung 565 1, 2; Zurückverweisung wegen einer Verletzung der Aufklärungspflicht 139 1 B; Zurückverweisung wegen einer Nichtzulassung einer Klagänderung 263 3; Zurückverweisung bei einer Sprungrevision 566a 4; Zurückweisung der Revision 563

Revisionsverfahren 557, 566; Abgabe vom BayObLG an den BGH **EG** 7; Anforderung oder Rücksendung der Akte 566; neuer Anspruch 561 2, 3; Aufklärungspflicht des Gerichts 139 2 B; Aussetzung des Verfahrens 148 1 E; Aussetzung wegen einer Straftat 149 2; Berücksichtigung einer neuen Tatsache 561 3; Einzelrichter 557a; Erledigung der Hauptsache 91a 4; Kosten 97; Parteiwechsel 263 2 C; Rüge des Mangels der Prozeßvollmacht 88 1 B; Rechtsübergang des Streitgegenstands 265 3 B; Revisionsverhandlung 555; Streitverkündung 74 3; Streitwert 4 2 A, 5 2; Streitwert einer Grunddienstbarkeit 7 1 B; neue Tatsache 561 2, 3; Tatsachenfeststellung 550 1, 561 4; Umfang der Prüfung 559; Erstattung der Kosten eines Verkehrsanwalts 91 5; Versäumnisverfahren 557 2; Widerklage 253 Anh 2 A; Widerspruch des Bekl gegen eine Erledigungserklärung 91a 2 C; Geltendmachung einer Zulässigkeitsrüge 566; Einstellung der Zwangsvollstreckung 719 2

Rheinschiffahrtsakte 328 1 A, **GVG** 14 2

Rheinschiffahrtsgericht GVG 14 2

Rheinschiffahrtssache 10 1 A

Richter GVG 1, 10, **SchlAnh** I A; als Abgeordneter **DRiG** 4, 36, 121; Ablehnung s Befangenheitsablehnung; Abordnung **DRiG** 37; eine mit dem Amt (un)vereinbare Aufgabe **DRiG** 4; Amtsbezeichnung **DRiG** 19 a, 120a; Amtsenthebung **DRiG** 30; beim Amtsgericht **GVG** 22; Amtshandlung außerhalb des Gerichtsbezirks **GVG** 166; Amtspflichtverletzung, Restitutionsklage 580 2, 581 1; Amtsübertragung **DRiG** 27; Angabe im Urteil 313 3; Aufklärungs- und Hinweispflicht s dort; kraft eines Auftrags **GVG** 10, 70, **DRiG** 15, 16; aufsichtführender R. s dort; beauftragter R. s dort; Bearbeitung eines Geschäfts des Rpfl **GVG** 153 **Anh** §§ 6, 8, 28; Befähigung zum Richteramt **DRiG** 5–5d, 7, 109; Beurlaubung **DRiG** 48 a, 76 a; Bindung an das Gesetz **GVG** 1; Bindung an die Rechtsprechung **Einl** III 5 D; Dienstalter **DRiG** 20; im Bundesdienst **DRiG** 46; Abstimmung nach dem Dienstalter **GVG** 197; Dienstaufsicht **GVG** 21 **Anh**, 22, **DRiG** 26; Dienstgericht **DRiG** 61, 72, 77–79; Entscheidung des Dienstgerichts im Prüfungsverfahren **DRiG** 66, 67, 83; Dienstunfähigkeit **DRiG** 34; Disziplinarmaßnahme **DRiG** 64; Disziplinarverfahren **DRiG** 63, 81–83; Eid **DRiG** 38; Einzelrichter s dort; Entscheidung des R. statt des Rpfl oder Urkundsbeamten 10 1 A; Verwertung eines Erfahrungssatzes **Einf** 284 4 D; Ermittlung von Auslandsrecht, Gewohnheitsrecht, Satzungsrecht 293; Friedensrichter **Einl** I; Gerichtsbesetzung s dort; Haftpflichtgefahr **GVG Üb** 192 2; ersuchter R. s. dort; Hilfsrichter am LG **GVG** 70; Hilfsrichter am OLG **GVG** 115; Aufgabe der Justizverwaltung **EGGVG** 4, **DRiG** 4 3a; im Landesdienst **DRiG** 71, 71a; Nebentätigkeit **DRiG** 42; Ordnungsgewalt **GVG** 180; Pflicht im Zivilprozeß **Einl** III 3 B; auf Probe **GVG** 10, 70, **DRiG** 12, 13; als Protokollführer 159 2 B; Rechtsauskunft/Rechtsgutachten **DRiG** 41; Rechtskenntnis 293 1; Rechtsverweigerung **Einl** III 5 D; Pflicht zur Sachentscheidung **Einl** III 5 D; als Sachverständiger 409 3, 4; als Schiedsrichter, Schiedsgutachter, Schlichter **DRiG** 40; Schweigepflicht **GVG Üb** 192 1; Selbstablehnung 48; als ,,Sozialingenieur" **Einl** I; Vernehmung 376, 408; Stellung **DRiG Einl** 1 2; Teilzeitbeschäftigung **DRiG** 48 a, 76a; Unabhängigkeit **GVG** 1 2, **DRiG Vorbem** 25, 25, 39; Unparteilichkeit 139 2 B, D; Untersagung eines Amtsgeschäfts **DRiG** 35; Urteilsabfassung 315 2 A; Urteilsunterschrift 315 1, 2 B; verordneter Richter s dort; Verhinderung 163 3, 309 1, 315 1 B; Vertretung **GVG** 70, 117; Wegfall 163 3, 309 1, 315 1 B; Wissen als Urteilsgrundlage **Einf** 284 4 D; privates Wissen über einen Prozeßvorgang 286 2 F; als Zeuge **Üb** 373 2 B; dgl Aussagegenehmigung 376; Zeugnisverweigerungsrecht 383 3 B, C; vgl auch Gericht
- (Ausschließung) s dort
- (Befangenheit) s Befangenheitsablehnung
- (Ernennung), Bundespersonalausschuß **DRiG** 47; auf Lebenszeit **DRiG** 10; Nichtigkeit **DRiG** 18; auf Probe **DRiG** 12; kraft Auftrags **DRiG** 14; Rücknahme **DRiG** 19; Urkunde **DRiG** 17; auf Zeit **DRiG** 11
- (richterliches Prüfungsrecht), gegenüber einem Gesetz **GVG** 1 3 C; gegenüber einem

dahinterstehende Zahlen und Buchstaben = Anmerkungen **Rüge**

Verwaltungsakt **GVG 13** 5 C; gegenüber einer Zuständigkeitsvereinbarung **38** 2 B
- (**Richterverhältnis**) **DRiG Vorbem 8**; Beendigung durch ein Strafurteil **DRiG 24**; Berufung in den Richterdienst **DRiG 8**; Berufungsvoraussetzungen **DRiG 9**; Begründung s Richterernennung; Entlassung **DRiG 21**; Entlassung eines Richters kraft Auftrags **DRiG 23**; Entlassung eines Richters auf Probe **DRiG 22**
- (**Richterwechsel**) s Gerichtsbesetzung
- (**Versetzung**) **DRiG 30**; bei einer Änderung der Gerichtsorganisation **DRiG 32**; durch ein Urteil des Dienstgerichts **DRiG 62, 65, 78, 80**; im Interesse der Rechtspflege **DRiG 31**; im Ruhestand **DRiG 48, 76**

Richter, beauftragter Einl III 7 C, s auch Beweisaufnahme, Verordneter Richter

Richter, ehrenamtlicher DRiG 1 3, **44**; Abberufung **DRiG 44**; Bezeichnung **DRiG 45a**; Rechte und Pflichten **DRiG 45**; Unabhängigkeit **DRiG 45**; Vereidigung **DRiG 45**
- (**Kammer für Handelssachen**) **GVG 105ff**; Amtsenthebung **GVG 113**; Ausschluß vom Richteramt **Üb 41** 1; Befähigung **GVG 109, 110**; Dienststellung **GVG 112**; Ernennung **GVG 108**; Vergütung **GVG 107**

Richter, ersuchter Einl III 7 C; s auch Beweisaufnahme, Verordneter Richter

Richterkommissar s Beweisaufnahme, Verordneter Richter

Richterliche Frist s Frist (richterliche Fristsetzung)

Richterliche Gewalt GVG 1

Richterrat DRiG 49–53, 72, 73

Richtervertretung DRiG 49ff, 72ff; Geschäftsführung **DRiG 58**

Richterwahlausschuß DRiG 8 2

Richterwechsel, Geschäftsverteilung **GVG 21e**; Protokoll **160** 2; nach dem Urteil **315** 1 B; vor dem Urteil **309** 1

Rubrum 313 1–4

Rückdatierung s Rückwirkung

Rückerstattungsgesetz, Rechtsweg **GVG 13** 7

Rückfestsetzung 104 1 E

Rückforderungsanspruch, für gezahlte Kosten **104** 1 E; nach einer Änderung des Streitwerts **107** 2; bei einer öffentlichrechtlichen Leistung, Rechtsweg **GVG 13** 7; nach einer Sicherheitsleistung **109**; bei der Widerklage **253 Anh** 2 B; nach der Zwangsvollstreckung aus einem vorläufig vollstreckbaren Urteil **3 Anh, 717** 3

Rückgabe, der Sicherheitsleistung s dort; einer Urkunde von Anwalt zu Anwalt **135** 1; einer Urkunde nach der Niederlegung **134** 3

Rückgewährungsanspruch nach dem AnfG, Streitgefangenheit **265** 2 C

Rückgriffsanspruch, Ausschluß des Schuldners als Gerichtsperson **41** 2 A, **49**; bei der Feststellungsklage **256** 2 C; Freistellung, Feststellungsklage **256** 2 B; wegen einer unerlaubten Handlung, Gerichtsstand **32** 2 C; des Sozialversicherungsträgers, Streitwert **3 Anh**; bei der streitgenössischen Streithilfe **69** 1 A; als Streithilfegrund **66** 2 D; als Streitverkündungsgrund **72** 1 A, B; der Versicherung gegen den Versicherungsnehmer, Gerichtsstand **32** 2 A, C

Rücknahme, des Antrags auf ein streitiges Verfahren **696**; der Aufrechnung durch den Bekl **145** 4 E; der Berufung s dort; der Beschwerde **573** 2 F; des Einspruchs gegen ein Versäumnisurteil **346**; der Erinnerung gegen einen Kostenfestsetzungsbeschluß **104** 4 C; einer Erledigungserklärung **91a** 2 A; der Klage vor ihrer Zustellung **269** 2 A; Klagerücknahme s dort; des Antrags auf die Abnahme der Offenbarungsversicherung **900** 5 D; des Antrags auf eine Parteivernehmung **451** 2; des Rechtsmittels bei einer Streithilfe **67** 2 D; des Rechtsmittels durch einen Streithelfer **67** 2 D; des Rechtsmittels nach einem Vergleich, Aufhebung der Kosten gegeneinander **98** 3; der Revision s dort; der Ernennung eines Richters **DRiG 19**; eines Scheidungsantrags **626**; des Beitritts des Streithelfers **66** 2 B, **70** 1 C; Streitwert **3 Anh**; des Verhandlungsgesuchs im Fall einer freigestellten mündlichen Verhandlung **128** 3 A, **269** 1 B; Widerruf einer Rücknahme des Rechtsmittels **Grdz 128** 5 G; dgl Beginn der Frist für den Antrag auf eine Wiedereinsetzung **234** 3 C; des Widerspruchs gegen einen Mahnbescheid **697**

Rücksendung, der Gerichtsakte durch das Berufungs-/Revisionsgericht **544/566**

Rückstand, bei einer wiederkehrenden Leistung s dort; bei einer Unterhaltsrente s dort

Rücktritt, Erklärung durch den ProzBev **81** 3; von einer Erledigungserklärung **91a** 2 B; bei einer Fristsetzung durch das Urteil **255** 1; nach der Klage, Kostenentscheidung **93** 4; Pfändung des Rücktrittsrechts **Grdz 704** 9; eines Schiedsrichters **1033** 2 B; vom Schiedsvertrag **1025** 4; bei der Streitgenossenschaft **62** 3 C; vom Vertrag, Gerichtsstand **29** 2

Rückwirkung, eines die ZPO ändernden Gesetzes **Einl III** 9; einer Genehmigung s dort; der Klage bei einem unzuständigen Gericht **253** 2 E; einer Berichtigung des Urteils **319** 3 B; bei einer demnächst erfolgenden Zustellung der Klage **270** 2, **262** 2; bei einer demnächst erfolgenden Zustellung des Mahnbescheids **696**; einer öffentlichen Zustellung oder einer Zustellung im Ausland **207** 2; bei der Prozeßkostenhilfe **122** 1 B; beim Empfangsbekenntnis über eine Zustellung **198** 1 B, 2 B, **212a** 2; bei der Heilung eines Mangels der Zustellung infolge des Zugangs **187** 2

Rüge, einer mangelhaften Prozeßhandlung **295** 2 A; dgl in der Berufungs-/Revisionsinstanz **530/558, 559**; des Mangels einer Prozeßvollmacht **88** 1 B; Rügerecht, Hinweispflicht des Gerichts **139** 2 E; Verlust in der

Ruhegeld
Berufungsinstanz **531** 1, in der Revisionsinstanz **558** 1; Verzicht auf eine R. s Partei (Verzicht auf); Zulässigkeitsrüge **282** 5, **296** 4, **529**
Ruhegeld, Pfändung **850** 2 D
Ruhen des Verfahrens Üb 239 1 A, **251** 1; Anordnung **251** 2 A; Antrag **251** 2 A; Antrag auf eine Entscheidung im schriftlichen Verfahren **128** 6 A; Aufhebung in der höheren Instanz **252** 1 B; Aufnahme s dort; durch eine grundlose Aussetzung des Verfahrens **Einf 148** 2; Beschwerde **252** 1 A; Fristlauf **251** 2 C; Prozeßhandlung nach einer Anordnung des Ruhens **251** 2 C; bei einer Säumnis beider Parteien **251**a 4 B, bei einer Streitgenossenschaft **61** 2 D; Unterschied gegenüber einer Aussetzung des Verfahrens **Üb 239** 1 A; mündliche Verhandlung **251** 2 B; Wirkung **251** 2 C
Ruhestand des Richters **DRiG 48**
Rundfunkanstalt, Rechtsweg **GVG 13** 7; Zuständigkeitsvereinbarung **38** 3 A
Rundfunkgerät, Pfändung **Grdz 704** 9
Rundfunksendung, Verbot der Berichterstattung **GVG 174**; Übertragung der Gerichtsverhandlung **GVG 169** 1 B; Zeugnisverweigerung **383**

S

Saarland, zivilprozessuale Gesetze **Einl II** A 2
Saatgut, Pfändung **804** 4, **810** 1; Klage auf eine vorzugsweise Befriedigung **805** 1 B
Sachantrag s Klagantrag
Sachbefugnis Grdz 50 4 A, **Grdz 253** 3 F; bei der notwendigen Streitgenossenschaft **59** 1, **62** 3 A; Vorabentscheidung über den Grund des Anspruchs **304** 3 B
Sachbenutzung, Vergütung, Pfändung **850**i 3
Sachbitte 253 5 A; vgl auch Klagantrag
Sachdienlichkeit, Aufklärungspflicht des Gerichts **139** 2 C, D; der eigenen Entscheidung s Sachentscheidung; der Klagänderung **263** 4 B
Sache, Anspruch auf die Herausgabe oder auf eine Leistung, Pfändung **846–849**; Pfändung für mehrere Gläubiger **854, 856**; Pfändung der S. s Zwangsvollstreckung (Pfändung einer Sache oder eines Wertpapiers); Begriff der unbeweglichen S. für den Gerichtsstand **24** 3; Räumungsvollstreckung in einen Grundstück, Schiff, Schiffsbauwerk, Ablieferung einer beweglichen S. durch den Gerichtsvollzieher an den Schuldner **885**; Zwangsvollstreckung auf die Herausgabe einer bestimmten/vertretbaren S. **883/884**; Zwangsvollstreckung im Fall des Gewahrsams eines Dritten **886**; Streitwert **6** 1 B; Begriff des unbeweglichen Vermögens **864**
– **(Verhandlung zur Sache),** Verweisungsantrag an eine andere Zivilkammer, Vorabentscheidung **GVG 101**
Sachentscheidung, des Berufungsgerichts **540** 2; des Revisionsgerichts **565** 3
Sachentscheidungspflicht Einl III 3 B
Sachhaftung Grdz 253 2 A b
Sachkunde des ehrenamtlichen Richters der Kammer für Handelssachen **GVG 114**; eines sachverständigen Zeugen **414** 2
Sachlegitimation s Sachbefugnis
Sachleitung s Mündliche Verhandlung
Sachliches Recht, Bindung des Schiedsgerichts **Einf 1034** 0
Sachliche Zuständigkeit s Zuständigkeit (sachliche)
Sachlichrechtliche Theorie der Rechtskraft **Einf 322** 2 A a
Sachmängelanspruch, Gerichtsstand des Erfüllungsorts **29** 1 A, 2; beim Erwerb der Pfandsache **806** 1; Streitverkündung **72** 1 B
Sach- und Streitstand, Aufklärungspflicht des Gerichts **139** 2 E; Berichtigung des Urteilstatbestands **313** 6, **313**a, b, **314**
Sachprüfung, bei einem Anerkenntnisurteil **307** 3 C; bei einem Versäumnisurteil gegen den Kläger **330** 2
Sachurteil Grdz 253 3 A, **Üb 300** 2 A; bei einer rechtsvernichtenden Einrede **300** 3 D; Voraussetzung des S. **Grdz 253** 3 A
Sachverhalt, und Streitgegenstand **2** 2 A; im Urteil **313** 6 A
Sachverhaltsaufklärung s Aufklärungspflicht
Sachverständiger Üb 373 1 A, **Üb 402** 1; Ausschluß als Gerichtsperson **41** 2 E, **49**; Genehmigungsbedürftigkeit beim Beamten **402** 1; Befreiung von der Pflicht zur Erstattung des Gutachtens **408** 2; Entschädigung **413**; Fachbehörde **Üb 402** 1 B; Erstattung der Kosten eines zur Vorbereitung des Prozesses eingeholten Gutachtens **Üb 91** 1, 2 B, **91** 5; Pflicht des Gutachters **Üb 402** 3, **407**; Recht zur Verweigerung eines Gutachtens **408**; Richter als S. **408** 3, 4; Angehöriger der Streitkräfte **SchlAnh III 39**
– **(Hinzuziehung) Üb 402** 2; gerichtliche Anordnung **144** 1; Anordnung vor der mündlichen Verhandlung **273, 358**a; bei einer Augenscheinseinnahme **372** 2; bei einer Klage auf eine Entmündigung usw **653** 2 B, **655, 671, 676** 2; bei einer Beobachtung in einer Anstalt **656**; im Prozeßkostenhilfeverfahren **118**; bei der Schätzung einer Pfandsache **813**; bei einer gerichtlichen Schadensschätzung **287** 2 C; Schriftsachverständiger **442**
Sachverständigenbeweis, Antritt **403**; Aussetzung des Kindschaftsverfahrens wegen eines Gutachtens **640**f; Auswahl des Sachverständigen **Üb 402** 2 C, **404**; Auswahl durch den verordneten Richter **405**; Ablehnung des Beweisantrags **286** 3 B; sofortige Erhebung **358**a; Kostenerstattung **Üb 91** 1, 2 B, **91** 5; Ladung des Sachverständigen **402** 1; richterliche Anordnung vor der mündlichen Verhandlung **273** 3 E; maßgebliche Vorschriften **402**; Verletzung der Wahrheitspflicht durch den Sachverständigen,

dahinterstehende Zahlen und Buchstaben = Anmerkungen **Schadensersatzpflicht**

Restitutionsklage **580** 2, **581** 1; sachverständiger Zeuge **414** 2
- (Beeidigung des Sachverständigen) **402** 1, **410**; Eidesleistung s dort; im Schiedsverfahren **1035**; kraft eines Ersuchens des Schiedsgerichts **1036**; Verzicht in einer Ehe-/Kindschafts-/Entmündigungssache **617** 3, **640** 3, **670**, **679** 2
- (Befangenheitsablehnung), Ablehnungsgesuch **406** 3, **487** 2 A c; Ablehnungsgrund **406** 2; Dolmetscher **GVG 191**; Entscheidung **406** 4; nach der Erstattung des Gutachtens **412**; durch den Streithelfer **67** 2 D
- (Gutachten), Anordnung einer erneuten Begutachtung **412** 1; im vorbereitenden Beweisbeschluß **358a** 3 D; Beweiswürdigung **286** 3 B, **Üb 402** 2 D, **412** 1; Ermittlung durch den Sachverständigen **Üb 402** 4; Pflicht zur Erstattung des G. **407**; schriftliches Gutachten **402** 1; dgl Anordnung, Fristsetzung **411**; Ordnungsgeld bei einer Fristversäumnis **411** 3 B; Kostenerstattung **91** 5; Obergutachten **286** 3 B, **412** 1; Privatgutachten **Üb 402** 5; Unrichtigkeit des Gutachtens als Revisionsrüge/Restitutionsgrund **138** 4 B/**580** 2 C, **581** 1; Unrichtigkeit des Gutachtens als Wiedereinsetzungsgrund **233** 4; Verweigerung der Erstattung eines Gutachtens **402** 1, **408**; dgl Auferlegung eines Ordnungsgeldes sowie von Kosten **409**; Verwertung des Gutachtens in einem anderen Verfahren **286** 4 B
- (Vernehmung des Sachverständigen) **402** 1; Wiedergabe der Aussage des Sachverständigen im Tatbestand des Urteils **313** 6; Beanstandung einer Frage in der mündlichen Verhandlung **140** 2; eidliche V. **391**, **392**/**402** 1; Entfernung während der mündlichen Verhandlung **158** 1; zur Erläuterung des Gutachtens **411** 4; Protokoll **160** 4 D, **160a**, **161** 1 A; Nichterscheinen des Sachverständigen, Auferlegung eines Ordnungsgelds sowie von Kosten **409**; im Schiedsverfahren **1035**; uneidliche V. **391** ff/**402** 1; Verhinderung am Erscheinen vor dem Gericht bzw am Terminsort **219** 1 B

Sachverständiger Zeuge 414 2
Sachzusammenhang, beim Familiengericht **GVG 23b** 3, **119** 1 B b; Verbindung einer persönlichen und einer dinglichen Klage, Gerichtsstand **25**
Sammelvermögen, Pfleger als Partei kraft Amtes **Grdz 50** 2 C
Samstag s Sonnabend
Satzung, Bestimmung des zuständigen Gerichts **12** 2; Nachweis des Satzungsrechts **293** 2; Prüfung in der Revisionsinstanz **550** 2; Anordnung der Zuständigkeit eines Schiedsgerichts in der S. **1048** 3
Säumnis s Versäumnis
Schaden, durch die Verzögerung einer Terminsbestimmung, Befreiung von der Pflicht zur Vorwegzahlung der Prozeßgebühr **271 Anh** 6C; Zeugnisverweigerungsrecht bei einem drohenden Sch. **384** 2

Schadensermittlung 287 2
Schadensersatzanspruch, für Abmahnungskosten **Üb 91** 4 A; des Gläubigers neben einer Zwangsvollstreckung wegen einer Handlung, Duldung oder Unterlassung **893**; wegen der ausgeschlossenen Kostenerstattung **Üb 91** 4 A; wegen Nichterfüllung, Fristsetzung durch das Urteil **255** 1; Pfändung einer Schadensersatzrente **850b** 2; Sicherheitsleistung s dort
Schadensersatzklage, Anscheinsbeweis für einen Ursachenzusammenhang oder für ein Verschulden **286 Anh** 3 B, C; Übergang von der abstrakten zur konkreten Berechnung **286** 3; Beweislast **286 Anh** 4; Beweiswürdigung zur Entstehung des Schadens **287** 2; Urheberbenennung im Fall der Beeinträchtigung des Eigentums oder eines Rechts **77**; Feststellungsklage wegen eines künftigen Ereignisses **256** 2 C, 3 E; gemeinsame Klage mehrerer Berechtigter **253** 5 B; Klagebegründung bei einer gerichtlichen Schadensschätzung **253** 5 B; Verbindung der Schadensersatzklage mit einer Klage auf eine Fristsetzung durch ein Urteil **255** 2 A; Kostenentscheidung bei einem Anerkenntnis **93** 5; diejenige im Fall einer gerichtlichen Schadensschätzung **93** 2 B; Kostenentscheidung im Fall einer gerichtlichen Schätzung der Forderung des Gegners **92** 2; Kostenerstattung **91** 5; Prozeßgeschäftsführer für den Drittschaden **Grdz 50** 4 C; gerichtliche Schadensermittlung/-schätzung **287** 2, 3; dgl Hinzuziehung eines Sachverständigen **287** 2 C; Schätzungsvernehmung der Partei **287** 3 B; Streitgenossenschaft **59** 2, **60** 1, **62** 3 C; Streithilfe **66** 2 C; Streitverkündung **72** 1 B; Streitwert im Fall einer gerichtlichen Schadensschätzung **3 Anh**; Streitwert eines Schadensersatzanspruchs aus einem erschlichenen Eheschiedungsurteil **9** 2 A; Rechtskraftwirkung des Urteils **322** 4; Zuständigkeitsvereinbarung **40** 1
- (Gerichtsstand), der unerlaubten Handlung **32**; bei einem Schaden auch aus einem Vertrag **32** 2 B; bei einem Schaden aus einem Mietvertrag **29a** 1; bei einem Schaden aus einem Vertrag **29** 1 A, 2, 3, **32** 2 B; bei einem Anspruch gegen ein Mitglied des Vorstands oder des Aufsichtsrats eines Versicherungsvereins auf Gegenseitigkeit **22** 1 B; bei einem Schadensersatzanspruch aus einer Zwangsvollstreckung **32** 2 A

Schadensersatzpflicht wegen einer Amtspflichtverletzung s dort; bei einem Anerkenntnis durch den Beitritt des Streithelfers **74** 1; für die Kosten eines Arrestverfahrens **Üb 91** 4 A; wegen eines Arrests/einer einstweiligen Verfügung **945**; Beweissicherungskosten **Üb 91** 4 A; Inkassogebühren **Üb 91** 4 A; im Kindschaftsprozeß **641g**; Kreditkosten **Üb 91** 4 A; Kosten der Kündigung oder eines Mahnschreibens **Üb 91** 4 A; wegen eines Notverkaufs **Üb 91** 4 A; Rückgriffsanspruch s dort; wegen einer Verletzung

Hartmann 2349

Schadensschätzung

einer öffentlich-rechtlichen Pflicht **GVG 13** 6 D, 7; wegen einer Staatshaftung **GVG 13** 6 C, 7; Verzugsschaden als Kosten der Zwangsvollstreckung **788** 5; bei der Verurteilung zur Vornahme einer Handlung **510b, 888a**
- **(Partei)**, im Kindschaftsprozeß **641g**; wegen einer unwahren Prozeßbehauptung **138** 1 G; für den ProzBev **85** 1; bei einem Rechtsmißbrauch **Einl III** 6 A; wegen einer sittenwidrigen Prozeßhandlung **Grdz 128** 5 F
- **(Prozeßbevollmächtigter)**, des Anwalts wegen der Nichtbeachtung eines gerichtlichen Hinweises **139** 2 D; bei einer Beschränkung der Vollmacht **83** 1; wegen eines Fehlers bei der Prozeßführung **85** 3; bei einer Zulassung ohne Vollmacht(snachweis) **89** 2 C
- **(wegen Zwangsvollstreckung)**, nach der Aufhebung einer einstweiligen Anordnung wegen einer Unterhaltszahlung **641g**; Ersatzklage auf das Interesse **893**; des Gläubigers nach der Aufhebung eines vorläufig vollstreckbaren Urteils **717** 2, 5; nach der Aufhebung eines Vorbehaltsurteils **302** 5; nach der Aufhebung der Vollstreckbarerklärung eines Schiedsspruchs **1042c** 2C; des Drittschuldners wegen seiner Nichterklärung **840** 3; nach einer Forderungspfändung wegen einer Verzögerung der Beitreibung **835** 4 D, **842**; Prozeßvollmacht **81** 2B, C; bei einer Urteilsänderung **3 Anh**, **4** 3 A

Schadensschätzung 287 3

Schadloshaltung als Grund einer Streitverkündung **72** 1

Schätzer s Schiedsgutachten

Schätzung, der Pfandsache **813**; gerichtliche Schadensermittlung/Schätzung **287** 2, 3

Schätzungsvernehmung der Partei **287** 3 B, **Üb 445** 3

Schallplatte, Schutz der Intimsphäre **Üb 371** 4 A

Scheck, Beweislast der Deckung **286 Anh** 4; Kraftloserklärung **Einf 1003** 1B; Pfändung **831** 1; vgl auch Aufgebotsverfahren

Scheckklage, Zuständigkeit der Kammer für Handelssachen **GVG 95** 2C; Rückgriffsanspruch, Feriensache **GVG 200** 7; Streitwert **4** 4; Urkundenprozeß **605a**

Scheckmahnbescheid 703a

Scheckprozeß 605a; vorläufige Vollstreckbarkeit **708** 2 D; s auch Urkundenprozeß

Scheidung s Ehesache, Ehescheidung

Scheidungsfolge s Ehesache, Ehescheidung

Scheinprozeß, Rechtskraft **Einf 322** 6 D; Rechtsschutzbedürfnis **Grdz 253** 5 A

Scheinurteil Üb 300 3B; Rechtsmittel **Grdz 511** 4 A; dgl Nichtigkeitsklage **579** 2

Scheinvollstreckung Grdz 704 8C

Schenkung, Beweislast **286 Anh** 4; Pfändung des Rückgabeanspruchs nach einer Verarmung des Schenkers **852**; durch eine letztwillige Verfügung, Gerichtsstand **27** 2C; Pfändung des Widerrufsrechts **Grdz 704** 9

Schiedsgericht Grdz 1025, 1025ff; einer politischen Partei **Grdz 1025** 1B; kraft letztwilliger Verfügung oder Satzung **1048**; vgl auch Schiedsverfahren

Schiedsgerichtsvereinbarung s Schiedsverfahren

Schiedsgerichtsverfahren s Schiedsverfahren

Schiedsgutachtenverfahren Grdz 1025 3; Hamburger freundschaftliche Arbitrage **1025** 2D; Richter als Schiedsgutachter **DRiG 40**; Schiedsgutachtervertrag **Grdz 1025** 3D

Schiedskommission einer politischen Partei **1048** 3

Schiedsrichter s Schiedsverfahren

Schiedsspruch s Schiedsverfahren

Schiedsstelle für eine Arbeitnehmererfindung **253** 1D

Schiedsverfahren Grdz 1025 2, **1025ff**; **Einf 1034**; Arrest, einstweilige Verfügung **1034** 5; Aushilfe durch das Staatsgericht **1036** 1, 2; als Aussetzungsgrund **148** 1B; Beeidigung **1035** 2; Behauptung der Unzulässigkeit **1037**; Beistand **1034** 3; Beratung, Abstimmung **1038**; Eidesabnahme **1035** 2; Beweisaufnahme **1035** 1; Ersuchen eines ordentlichen Gerichts wegen einer richterlichen Handlung **1036**; Feststellungsklage wegen der Unzulässigkeit **1046**, **1047**; rechtliches Gehör **1034** 1; dgl Versagung **1041** 7; Klagerhebung **1034** 5 „Klage"; Verfahrensgrundsätze **1034** 4, 5; Rechtshängigkeitswirkung der Klage **263** 2B; Kosten als Prozeßkosten **91** 5; ProzBev **1034** 3; Prozeßkostenhilfe **Üb 114** 1 A; anwendbares Recht **Einf 1034** 2 B; Ermittlung des Sachverhalts **1034** 2; Streitverkündung **68** 1B; Streitwert **3 Anh**; Verfahrensmangel, Verzicht **1041** 4E; Versäumnisverfahren **1034** 5; Vernehmung eines Zeugen/Sachverständigen **1035**; Zuständigkeit **1045ff**
- **(internationales Abkommen)**, Haager Schiedsgerichtsabkommen **SchlAnh VI** A2; Genfer Protokoll über Schiedsklauseln im Handelsverkehr und Genfer Abkommen zur Vollstreckung ausländischer Schiedssprüche **Einl IV** 3D; UN-Übereinkommen über die Anerkennung und Vollstreckung ausländischer Schiedssprüche **SchlAnh VI** A1; deutsch – amerikanisches Freundschafts-, Handels- und Schiffahrtsabkommen **SchlAnh VI** B1; deutsch – sowjetisches Handels- und Schiffahrtsabkommen **SchlAnh VI** B2
- **(Schiedsrichter) 1025** 5; Ausschluß vom Richteramt **41** 2F; Ablehnung wegen Befangenheit **1032**; Ablehnung nach der Antragstellung **43** 2C; Ablehnung als Prozeßverschleppung **42** 1B; Ernennung **231** 2, **1028**; Aufforderung zur Ernennung **1029** 1; gerichtliche Ernennung **1029** 2, **1045**; Bindung an eine Ernennung **1030**; Ernennung des Obmanns **1028** 2; Ersatzbestellung **1031**; Haftung **1028 Anh** 2; Kündigung **1028 Anh**

4; Person **1028**; Richter als Schiedsrichter **DRiG 40**; Schiedsrichtervertrag **1028 Anh**; Vergütung **1028 Anh** 3; Aufnahme der Vergütung in den Schiedsspruch **1040** 2 C; Verzögerung **1032** 2 C, **1033** 2; Wegfall **1031**, **1033** 2; Weigerung **1031** 1 B b, **1033** 2; als Zeuge **1034** 5; Zuständigkeit beim gerichtlichen Beschlußverfahren **1045** 2
- (**Schiedsspruch**) **1039** 1, **1040** 1; Abstimmung, Beratung **1038**; Berichtigung, Ergänzung **1039** 6; ohne Gründe **1041** 8; Inhalt **1040** 2; Kostenentscheidung **1040** 2B, C; Niederlegung **1039** 4, 5; Niederlegung, Streitwert **3 Anh**; Ordnungswidrigkeit **1041** 5; Rechtskraft **1040** 3, 4; Sittenwidrigkeit **1041** 5; Unterschrift **1039** 2, 5; Widersinnigkeit **1041** 5D; Zustellung **1039** 3, 5
- (**Schiedsspruch, Aufhebungsklage**) **1041**; Restitutionsgrund als Aufhebungsgrund **1041** 9; wegen einer Aufhebung des Schiedsspruchs im Ausland **1044** 5; Streitwert **4** 3 A; wegen eines Verfahrensmangels **1041** 4 C, D; nach der Vollstreckbarerklärung **1043**; Zuständigkeit **1046**, **1047**
- (**Schiedsspruch, Vollstreckbarerklärung**) **1042**; Ablehnung des Antrags **1042** 4; Antrag **1042b**; Zuständigkeit für die Aufhebungsklage **1046**, **1047**; ausländischer Schiedsspruch **1044**, vgl auch die Vollstreckungsabkommen; vorläufige Vollstreckbarkeit des Beschlusses über die Vollstreckbarkeit **1042** 2, **1042c**; Beschluß über die Vollstreckbarkeit eines ausländischen Schiedsspruchs **1044** 4; Kostenentscheidung beim Anerkenntnis **93** 1 A; Sicherheitsleistung **110** 2B; Streithilfe **66** 2A; Streitwert **3 Anh**; durch ein Urteil **1042a** 1, **1042c** 2B, **1044** 4; Verweisung **281** 1A; Widerspruch gegen den Vollstreckbarkeitsbeschluß **1042c**; Widerspruchsfrist **1042d**; Widerspruchsschrift **1042d**; Bestimmung eines Termins zur Verhandlung über den Widerspruch **1042d**; Zuständigkeit **1046**, **1047**; Einstellung der Zwangsvollstreckung **707** 5
- (**Schiedsvertrag**) **1025**; Abschluß durch den ProzBev **81** 2A; Anfechtung **1025** 1; Aufrechnung durch den Bekl mit einer dem Schiedsverfahren unterworfenen Forderung **145** 4E; Außerkrafttreten **1033**; anderweitige Beendigung **1025** 4; Bestimmtheit **1028**; Erlöschen **1025** 4; Form **1027**; Handelsschiedsvertrag **1027** 2, 3; Heilung **1028** 1, 2; Klagabweisung wegen der Rüge des Schiedsvertrags **322** 4; Knebelung **1025** 7 B–D; Kündigung **1025** 1, 4; über ein Mietverhältnis **1025a**; Feststellungsklage wegen des Nichtbestehens **256** 5; im Prozeß **1025** 2 B, **1027a** 1; über ein künftiges Rechtsverhältnis **1026**; Rücktritt **1025** 4; Unwirksamkeit **1025** 7; Vorvertrag **1025** 1; Wegfall eines Schiedsrichters **1033**; Wesen **1025** 1; Wirkung **1025** 3; Zulässigkeit **Üb 38** 1, **1025** 5 A, B, 6; Zulässigkeitsrüge **282** 5 A, **1027a**; Zuständigkeit für den gerichtlichen Beschluß **1045** 2

Schiedsvergleich 1044a 1, 2; vor einer Einigungsstelle **1044a** 4A; Feststellungsklage betr die Unwirksamkeit **1046**, **1047**; Unterschrift **1044a** 2; Vollstreckbarerklärung **1044a** 3B; Erfüllungsklage nach der Ablehnung der Vollstreckbarerklärung **1044a** 3 C
- (**ausländischer Schiedsvergleich**), Vollstreckbarerklärung **1044a** 4 B

Schiff(sbauwerk), Arrestanordnung/-vollzug **Grdz 916** 1/931; Eigentümerausschluß s Aufgebotsverfahren; Gerichtsstand des Heimathafens **Üb 12** 2; Pfändung des Herausgabeanspruchs **847a**, **849**; Herrenlosigkeit **58** 2, **787**; Pfändung für mehrere Gläubiger **855a**, **856**; Zwangsvollstreckung aus einem Herausgabeurteil **885**; Bestellung eines gerichtlichen Vertreters im Fall der Herrenlosigkeit **58** 2, **787**; Räumungsvollstreckung **885**; Veräußerung während des Prozesses **266** 1; Zwangsvollstreckung **864**, **866**, **870a**; Zwangsvollstreckung, Zubehör **865**; dgl Haftungsbeschränkung des Reeders **Üb 872** 1; Unterwerfung des jeweiligen Eigentümers **800a**

Schiffahrtsgericht GVG 14
Schiffahrtssache, Berufung **511a** 6; Zuständigkeit der Kammer für Handelssachen **GVG 95**; dgl Entscheidung durch den Vorsitzenden **GVG 105**; ehrenamtlicher Richter **GVG 110**; Urteil des LG **10** 1 A
Schiffer, Prozeßführungsrecht **80** 1E
Schiffsgläubiger, Aufgebot **1002**
Schiffseigentümer, Aufgebot **981** 1
Schiffshypothek, Anspruch, Urkundenprozeß **592** 2B; Eintragung **870a** 1; Gläubigeraufgebot **987a**; Pfändung/Überweisung **830a/837a**; Rechtskraftwirkung des Urteils **325** 4; vollstreckbare Urkunde **800a** 1
Schiffsmannschaft, Anordnung der Offenbarungshaft **904**; Zuständigkeit bei einer Streitigkeit **GVG 23** 6; vorläufige Vollstreckbarkeit des Urteils **709** 1
Schiffspart, Pfändung **858**
Schiffs(bau)register, Eintragung **800a** 1, Kosten als solche der Zwangsvollstreckung **788** 5; Eintragung kraft eines Urteils auf die Abgabe einer Willenserklärung, Antragsrecht des Gläubigers auf die Erteilung der erforderlichen Urkunde **896**; Eintragungsersuchen auf Grund einer einstweiligen Verfügung **941**
Schiffszusammenstoß, Anscheinsbeweis **286 Anh**; Gerichtsstand **32** 2A
Schikane bei einer Prozeßhandlung **Grdz 128** 5E
Schlechterstellungsverbot, in der Berufungsinstanz **536** 2 C, 3; in der Beschwerdeinstanz **573** 3 B; im Kostenfestsetzungsverfahren **106** 3 C; in der Revisionsinstanz **559** 1 A
Schlechtwettergeld Grdz 704 9
Schlichter, Richter als S. **DRiG 40**
Schließfach, Pfändung des Inhalts **Grdz 704** 9

Schluß Zahlen in Fettdruck = Paragraphen

Schluß der mündlichen Verhandlung s dort (Schluß)

Schlußfolgerung, Rechtskraftwirkung **322** 4

Schlüssige Handlung, Anzeige der Kündigung der Prozeßvollmacht **87** 2; Bestellung zum ProzBev **176** 2B; Einwilligung in die Klagerücknahme **269** 2D; Genehmigung einer Prozeßführung ohne Vollmacht **89** 3; Mitteilung eines außergerichtlichen Vergleichs **269** 2C; Verzicht **306** 1B; Zustellungsauftrag durch die Polizei **167** 1

Schlüssigkeit der Klage **253** 4B; und Versäumnisurteil **331** 3 B

Schlußurteil s Urteil (Schlußurteil)

Schlußverhandlung 272 2, **278** 1, 4, **370**

Schmerzensgeldanspruch, Pfändung **Grdz 704** 9; Vererblichkeit **270** 4, **262** 1

Schmerzensgeldklage, Feststellungsklage **256** 5; Grundurteil **304** 3 C; teilweise Klagabweisung, Kostenentscheidung **92** 2; unbezifferter Klagantrag **253** 5B; gerichtliche Schätzung der Höhe **287** 2A; Streitwert **3 Anh**

Schreibfehler und Streitwert **3** 2A; Berichtigung des Urteils **319**

Schreibauslagen, Kostenerstattung **91** 5

Schriftform, des Schiedsspruchs **1039** 1; des Schiedsvertrags **1027** 1C; des Urteils **313 ff**

Schriftliche Auskunft Üb 373 5

Schriftliche Aussage 128 7 B, **377** 3

Schriftliche Äußerung des Zeugen **273** 3E, **377** 3

Schriftliches Gutachten Üb 373 5, **411**

Schriftliches Verfahren 128; Anerkenntnis **307** 2B; gerichtliche Aufklärungspflicht **139** 1A; Einverständnis **128** 5; Widerruf des Einverständnisses **Grdz 128** 5C, 6A; Einverständnis nach der mündlichen Verhandlung **128** 6; Voraussetzungen einer Entscheidung **128** 6B, C; Erörterung des Ergebnisses der Beweisaufnahme **285** 1A; Klagerücknahme **269** 2D; Richterablehnung **43** 2B, C; der dem Schluß der mündlichen Verhandlung entsprechende Zeitpunkt **128** 6B; Schriftsatz **129** 1D; Berücksichtigung eines Schriftsatzes **128** 6B; Streitgenossenschaft **61** 2B; Widerruf der Erklärung des Streithelfers durch die Partei **67** 2D; Urteilsergänzung **321** 3B; Berichtigung des Urteilstatbestands **320** 5A; Zustellung des Urteils **310** 1 A; nach der mündlichen Verhandlung **128** 4B; Verhandlung zur Hauptsache **39** 2; Verweisung **281** 2D; Antrag auf Verweisung an die Kammer für Handelssachen **GVG 96** 2A; Vorbringen eines Angriffs- oder Verteidigungsmittels **128** 6B

Schriftliches Vorverfahren 272 1, 3, **276**, **277**, **520** 3

Schriftliche Zeugenaussage 128 7 B, **377** 3

Schriftsatz, Beifügung einer Abschrift **133** 1; Abschriften entsprechend der Zahl der zuzustellenden S. **169** 1, **189**; Angabe des gesetzlichen Vertreters **Grdz 50** 2B; Anordnung der Ergänzung oder Erläuterung vor der mündlichen Verhandlung **273** 3A; Anzeige der Bestellung eines ProzBev nach einer Unterbrechung des Verfahrens **239** 2D, **241** 4, **244** 2, **250**; Aufnahme eines ruhenden Verfahrens **251** 3; Aufnahme des Verfahrens durch die Ladung des Rechtsnachfolgers durch den Gegner **239** 3; Berücksichtigung im schriftlichen Verfahren **128** 6B; Bezugnahme in der mündlichen Verhandlung **137** 3; Berufungsschrift/-begründung s dort; bestimmender S. **129** 1 A a; Bezugnahme im Tatbestand des Urteils **313** 6A; Beifügung einer Druckschrift **131** 2; Eingang an einem Sonnabend, Sonn- oder Feiertag **222** 3; Einlegung des Einspruchs **340** 2; Einreichung **133** 2; Frist für einen vorbereitenden Schriftsatz **132** 1; Erklärung des Gegners für ein neues Vorbringen **132**; Inhalt **130** 1; Klagerhebung s dort; Klagerücknahme **269** 2C, 3B; Nachreichung im Fall einer Fristsetzung **283**; Nachreichung wegen der Unzumutbarkeit einer sofortigen Erklärung **138** 5B, **139** 2F; Antrag auf die Gewährung einer Prozeßkostenhilfe **117**; Rechtsausführungen **130** 1A, **132** 1; Rechtzeitigkeit **132**, **273**, **275 ff**, **283**; Revisionsschrift/-begründung s dort; nach der Anordnung des Ruhens des Verfahrens **251** 2 C; bestimmender S. **129** 1A; vorbereitender S. im Anwaltsprozeß **129** 2, **130**, **273**, **275 ff**, **282**, **296**; dgl im Parteiprozeß **129** 3; Beitritt eines Streithelfers **70** 1; Streitverkündung **73**; Gesuch um eine Terminsbestimmung **214** 1; Unterlassen einer schriftsätzlichen Vorbereitung **129** 2, 3, **131** 1, **132** 2, **282**, **296**; Unterschrift im Anschreiben **129** 1B, **130** 1A; ohne Unterschrift mit einem Anschreiben **129** 1B; Beifügung einer Urkunde **131** 1; Urschrift **131** 1, **133** 2; Antrag auf eine Berichtigung oder Ergänzung des Urteilstatbestands **320** 3/**321** 3 A; zwischen dem Schluß der Verhandlung und einem Verkündungstermin **133** 2B; eines von der mündlichen Verhandlung ausgeschlossenen Vertreters **157** 2B; Verlust als Wiedereinsetzungsgrund **233** 4; Verspätung **156**, **296**, **296a**, **527 ff**; Verzögerungsgebühr wegen Verspätung **95 Anh** 2B; Vollmachtsnachweis **130** 1C; vorbereitender S. **129** 1 A a, **272**, **273**, **276**, **277**; neues Vorbringen **132**; Widerspruch gegenüber dem mündlichen Vorbringen **139** 2A; Antrag auf eine Wiedereinsetzung **236** 1C; Zustellung **131** 1, **133** 2; Zustellung von Anwalt zu Anwalt **198** 1C; Erklärung, selbst zustellen zu wollen **168** 1B; Zwischenfrist **132**

Schriftstück, Anordnung der Niederlegung auf der Geschäftsstelle **142** 2; Bezugnahme in der mündlichen Verhandlung **137** 4; Vorlesung **137**; Übergabe an den Zustellungsbeamten **169** 1, 2

Schriftvergleichung bei einer Urkunde **441**, **442**

Schuldbefreiung, Anspruch auf eine S., Zwangsvollstreckung **887** 1, 6; statt einer Zahlung, Klagänderung **264** 3

Schuldbeitritt, Gerichtsstand **29** 3 C

dahinterstehende Zahlen und Buchstaben = Anmerkungen **Sicherheitsleistung**

Schulbuch, Pfändung **811** 14
Schuldenmasse, Prozeß wegen der S., Aufnahme **140** 2D
Schuldklage, Gerichtsstand bei einer Verbindung mit der dinglichen Klage **25**
Schuldner, als Partei im Zwangsvollstreckungsverfahren **Grdz 50** 1; Rechtsstellung nach einer Pfändung der Forderung s Zwangsvollstreckung; Vollstreckungsverhältnis **753** 2 B
Schuldnerverzeichnis 915; Einsicht **915** 3
Schuldnerverzug, gerichtliche Aufklärungspflicht wegen eines Verzugsschadens **139** 2A; Streitwert des Verzugsschadens **4** 3D; Verzugsschaden als Kosten der Zwangsvollstreckung **788** 5; Streitwert wegen Verzugszinsen **3 Anh, 4** 3C; dgl bei einer wiederkehrenden Leistung oder Nutzung **9** 2A; bei einer Zug-um-Zug-Leistung s dort
Schuldrechtlicher Vertrag 29 1–4
Schuldtitel, Vollstreckungstitel s Zwangsvollstreckung
Schuldübernahme, Streitgegenstand **265** 2E; Rechtskraftwirkung des Urteils **325** 2B, 6
Schuldverschreibung, Kraftloserklärung **Einf 1003** 1B; vgl auch Aufgebotsverfahren
Schüler, Gerichtsstand **20**
Schulwesen, Rechtsweg **GVG 13** 7
Schutzgesetz, ZPO als S. **138** 1G
Schutzschrift 91 5, **Grdz 128** 2C, **176** 2 B, **920** 1 B
Schutzwürdigkeit, Feststellungsinteresse **256** 3 B
Schutzzwecklehre 287 1B
Schwägerschaft, Ausschluß als Gerichtsperson **41** 2C, **49;** Ausschluß als Gerichtsvollzieher **GVG 155;** Zeugnisverweigerungsrecht **383** 2, **385** 1
Schweigen s Stillschweigen
Schweigepflicht, Befreiung von der S. **385** 2; des Angehörigen des öffentlichen Dienstes **376** 1; nach dem Ausschluß der Öffentlichkeit **GVG 172, 174** 3; Verletzung **GVG 172 Anh;** bei einer Parteivernehmung **451** 1; des Richters **GVG Üb 192** 1; Zeugnisverweigerungsrecht **383, 385;** s auch Amtsverschwiegenheit
Schweigerecht, der Partei **138** 1C; des Zeugen **383 ff**
Schwein, Pfändung **811** 5
Schweiz, deutsch-schweizerisches Abkommen **SchlAnh V** B 1
Schwerhörigkeit, Hinzuziehung eines Dolmetschers **GVG 186**
Sechswochenkosten, Klage auf die Erstattung gegen den nichtehelichen Vater **644;** Zuständigkeit **GVG 23a**
Seefrachtvertrag, Zuständigkeitsvereinbarung **38** 4D
Seeplatz, ehrenamtlicher Richter am S. **GVG 110**
Seerechtliches Verteilungsverfahren s Zwangsvollstreckung
Seestreitigkeit, Zuständigkeit der Kammer für Handelssachen **GVG 95** 2D

Seelsorger, Anzeige einer Offenbarungshaft **910;** Zeugnisverweigerungsrecht **383** 3A, **385** 2
Selbstablehnung 48, 551 4
Selbständiger Beschwerdegrund 568 2 B
Selbständigkeit des Angriffs- oder Verteidigungsmittels **146** 1 A
Selbsthilfe Einl III 1 A
Selbsttötung, Anscheinsbeweis **286 Anh** 4
Selbstvertretung s Parteiprozeß, Rechtsanwalt
Senat s BGH, OLG
Sequester, Anordnung der Verwahrung durch eine einstweilige Verfügung **938** 2; Herausgabe eines Grundstücks an einen S. **848, 855;** Kosten **788** 5; einstweilige Verfügung auf eine Herausgabe an den S. **938** 2
Sicherheit, Erinnerung **777** 2
Sicherheitsarrest 918
Sicherheitsgefährdung, Ausschluß der Öffentlichkeit **GVG 172, SchlAnh III** 38
Sicherheitsleistung Üb 108, 108 ff; Änderung der Anordnung der S. **108** 1A, 5; Art der S. **108** 2B, **709** 1; (Bank)Bürgschaft **108** 2B, 3; Geld **108** 4; bei einer Geldrente **324;** Höhe **108** 2A; durch eine Hypothek **108** 2B; Kosten **788** 5; Kostenfestsetzungsbeschluß, Bindung an das Urteil **Einf 103** 2A; Nachforderungsklage **324;** durch einen Nießbraucher oder Vorerben, Klage auf eine Fristsetzung durch das Urteil **255** 1; Parteivereinbarung/Änderung **108** 1; Rechtsbehelf **108** 5; Streitwert der Rüge des Fehlens einer S. **3 Anh;** Urteil auf eine S., Zwangsvollstreckung **887** 6; durch Wertpapiere **108** 2B, 4
– **(bei Arrest, einstweiliger Verfügung),** Anordnung des Arrests bzw der einstweiligen Verfügung gegen eine S. **921** 2, **925** 2B/**936** 1; Aufhebung des Arrests gegen eine S. **927** 3D; Lösungssumme **923;** Aufhebung der einstweiligen Verfügung gegen eine S. **939**
– **(Ausländer für die Prozeßkosten) 110 ff;** Änderung der Anordnung **112** 2; Erhöhung **112** 2; Fristsetzung **113** 1A; Gegenseitigkeit **110** 3; HZPrÜbk **110 Anh** 2; Höhe **112** 1; Kostenerstattung **91** 5; Kostenleistung, Zulässigkeitsrüge **Grdz 253** 3C, **282** 5A; Prozeßkostenhilfe **122;** im Schiedsverfahren **1034** 5; Staatsvertrag **110 Anh** 3; Angehöriger der Streitkräfte **SchlAnh III** 31; beim Wegfall der Voraussetzung s Befreiung von der S. bzw beim Wegfall der Pflicht zur S. während des Prozesses **111**
– **(Prozeßbevollmächtigter)** bei einer Zulassung des Bevollmächtigten ohne Vollmacht(snachweis) **89**
– **(Rückgabe) 109;** Anordnung der R. **109** 4A, **715** 2; dgl im Arrestverfahren **943;** bei einer Aussetzung oder Unterbrechung des Verfahrens **249** 3A; Fristsetzung **109** 3B; Rechtsschutzbedürfnis für die Klage auf eine R. **Grdz 253** 5A; Prozeßvollmacht **81** 2A; wegen des Wegfalls der Veranlassung zur Sicherheitsleistung **109** 2

Sicherstellung
– (für Unterhaltszahlung), einstweilige Anordnung einer S. im Vaterschaftsfeststellungsverfahren **641 d**; bei einer Stundung des Unterhaltsrückstands oder einer Erstattung **642 e, f, 644**
– (vorläufige Vollstreckbarkeit) **708 ff**
– (in der Zwangsvollstreckung) s dort
Sicherstellung einer Forderung, Streitwert **6** 2
Sicherung, des Beweises s Beweissicherungsverfahren; Erinnerung **777** 2; des Rechtsfriedens durch eine einstweilige Verfügung **940**
Sicherungsabtretung, Prozeßgeschäftsführung **Grdz 50** 4 C; Recht zur Erhebung einer Widerspruchsklage **771** 6 ,,Treuhand"
Sicherungsgrundschuld, -hypothek s Grundpfandrecht
Sicherungsübereignung, Streitwert der Herausgabeklage **6** 2; Pfändung durch den Eigentümer **804** 2 B; Pfändung des Anspruchs auf eine Rückübereignung **Grdz 704** 9, **857** 2; Recht zur Erhebung einer Widerspruchsklage **771** 6
Sicherungsverfügung 935
Sicherungsvollstreckung 720 a
Silbersache, Pfändung **808** 4 A; Mindestgebot bei der Pfandversteigerung **817 a** 3
Simulation, Prozeßhandlung **Grdz 128** 5 E
Sinnähnlichkeit Einl III 5 D
Sinnermittlung Einl III 5 B c
Sittenwidrigkeit, eines ausländischen Schiedsspruchs **1044** 3 A; eines ausländischen Urteils, Nichtanerkennung **328** 5; einer Prozeßhandlung **Grdz 128** 5 F; Rechtsmißbrauch s dort; Rechtsschutzbedürfnis trotz einer S. **Grdz 253** 5 A; Aufhebung eines Schiedsspruchs wegen seiner S. **1041** 6; eines Schiedsvergleichs **1044 a** 3 A b; eines Schiedsvertrags **1025** 7; der Zwangsvollstreckung **765 a**; s auch Knebelung
Sittlichkeitsgefährdung, Ausschluß der Öffentlichkeit **GVG 172**
Sitz, einer Behörde, Gerichtsstand **18**; des BGH **GVG 123**; einer juristischen Person usw **17**; der Kammer für Handelssachen **GVG 93**
Sitzgruppe GVG 21 g 2 B
Sitzung, Begriff **Üb 214** 1
Sitzungspolizei GVG 176 ff
Sitzungsprotokoll s Protokoll
Sitzverlegung des Gerichts **GVG 12**
Sofortige Beschwerde s Beschwerde, sofortige
Soldat, Rechtsweg für einen Anspruch **GVG 13** 7; Gerichtsstand **20**; Gewahrsam **808** 3; Ladung **Üb 214** 2 A, **SchlAnh II** II; Vorführung **SchlAnh II** III; Rechtsweg beim Wehrdienstverhältnis **GVG 13** 7; Pfändung des Wehrsolds **850** 2 B, **850 a** 4, **850 e** 3; Zustellung an den S. **Üb 166** 7, **SchlAnh II** 1; Zwangshaft **SchlAnh II** V
Sollvorschrift Einl III 4 B a
Sondergericht GVG 14; Zuständigkeitsstreit **36** 3 E
Sondergut, Zwangsvollstreckung **739** 3 B

Sonderrechtsnachfolge durch den Tod, Unterbrechung des Verfahrens **239** 2 C
Sondervermögen, Gerichtsstandsvereinbarung am Erfüllungsort **29** 4 B; Recht zur Erhebung einer Widerspruchsklage **771** 6; Zuständigkeitsvereinbarung wegen eines öffentlichrechtlichen S. **38** 3 A b
Sondervollmacht, für eine Prozeßhandlung **80** 1 A; für den Zustellungsempfänger **173**
Sonnabend als Feiertag **188** 2; Fristablauf **222** 3; als Terminstag **216** 3; Zustellung durch Niederlegung **182** 3
Sonn- und Feiertag, allgemeiner Feiertag **188** 2; Fristablauf **222** 3; als Terminstag **216** 3; Zustellung **188**; Zwangsvollstreckung **761**
Sorgerecht s Ehesache; Streitwert **3 Anh**
Sorgfaltspflicht bei der Wahrung einer Frist s Wiedereinsetzung
Sortenschutz, Beweislast **286 Anh** 4
Sowjetunion, deutsch-sowjetisches Handels- und Schiffahrtsabkommen **SchlAnh VI** B 2
Sozialer Zivilprozeß Einl I
Sozialgericht, Verweisung an das S. **281** 1 A, **GVG 13, 14**; Vorsitzender **DRiG 111**
Sozialhilfe, Pfändung des Anspruchs der Zahlung **Grdz 704** 9; Prozeßkostenhilfe für Empfänger von S. **114, 115**
Sozialklausel im Mietrecht, Berücksichtigung bei der Kostenentscheidung **93 b**; Rechtsentscheid **544 Anh**
Sozialleistung, Pfändung **Grdz 704** 9, **829** 2 A, **850 b** 6
Sozialplan Grdz 704 9
Sozialversicherung, Pfändung einer Rente **Grdz 704** 9, **850 i** 5; Streitwert des Rückgriffsanspruchs des Trägers der S. **3 Anh**; Rechtsweg bei einer Streitigkeit **GVG 13** 7; Feststellungsklage wegen einer Versicherungskarte **256** 5; Zwangsvollstreckung gegen den Träger der S. **882 a**
Sparbuch, Streitwert des Herausgabeanspruchs **3 Anh**; Hilfspfändung **808** 1 B; Kraftloserklärung **Einf 1003** 1 B, **1023**
Sparguthaben, Pfändung **821** 1 A, **829**
Sparprämie, Pfändung **Grdz 704** 9
Spedition, Streitverkündung **72** 1 B
Sperrfrist beim Aufgebot **1019–1022**; nach der Anordnung des Ruhens des Verfahrens **251** 3
Spitzel als Zeuge **Üb 373** 1 D
Sportunfall, Beweislast **286 Anh** 4
Spruchkörper GVG 21 e ff
Spruchreife 300 2
Sprungrevision 566 a; Prüfung vor der Erteilung des Rechtskraftzeugnisses **706** 2 D
Staat, Anspruch gegen den St., Zuständigkeit **GVG 71**; vgl auch Behörde, Fiskus
Staaten, ausländische, Gerichtsstand **24** 4
Staatenloser 110 2 A; Zuständigkeit in einer Ehesache **606 b** 2; Prozeßkostenhilfe **Üb 114** 5; Pflicht zur Leistung einer Sicherheit wegen der Prozeßkosten **110** 2 A
Staatsangehöriger, ausländischer, Begriff **110** 2 A; Sicherheitsleistung s dort; Zustän-

dahinterstehende Zahlen und Buchstaben = Anmerkungen **Stillstand**

digkeit in einer Ehesache **606 b** 2; vgl auch Ausland, Ausländer
Staatsanwalt, Beglaubigung einer zuzustellenden Abschrift **170** 3; Ehenichtigkeitsklage **632, 634**; Recht zur Stellung eines Entmündigungsantrags **646, 652**; Auferlegung der Kosten im Fall der Zurückweisung **673**; Zustellung des Entmündigungsbeschlusses **659**; Beschwerderecht **663**; Anhörung im Entmündigungsverfahren wegen einer Beobachtung in einer Anstalt **656**; Klage auf die Anfechtung der Entmündigung bzw deren Aufhebung **666** 1, **679** 2, **684, 686**; Verfahren auf die Aufhebung einer Entmündigung **675, 676** 2, **680** 1; dgl Zustellung eines Beschlusses **678**; dgl Auferlegung von Kosten **677**; Ernennung DRiG **122**; als Streithelfer **Üb 64** 3
Staatsanwaltschaft Einf GVG 141
Staatsbeamter s Beamter
Staatsgericht, Tätigkeit für das Schiedsgericht **1036** 1, 2; Zuständigkeit im Schiedsverfahren **1045 ff**
Staatshoheitsakt, Rechtsweg **GVG 13** 7; Urteil als St. **Üb 300** 3 A
Staatskasse, Auferlegung der Kosten bei der Ehenichtigkeitsklage **637**; dgl im Entmündigungsverfahren **658, 673, 677**
Staatsoberhaupt GVG 20 1
Staatssicherheit, Ausschluß der Öffentlichkeit wegen einer Gefährdung der St. **GVG 172, SchlAnh III** 38
Staatsvertrag s Zivilprozeßrecht, zwischenstaatliches
Stahlkammerfach, Pfändung **Grdz 704** 9
Stammbaum, Anordnung der Vorlegung **142** 1; Anordnung vor der mündlichen Verhandlung **273** 3 A
Stammeinlage, Pfändung des Anspruchs **859 Anh** 3 B
Standesrecht als nichtvermögensrechtlicher Anspruch **Üb 1** 3
Ständige Vertretung der DDR s dort
Stationierungsschaden, -streikräfte s Streitkräfte
Statthaftigkeit, eines Rechtsmittels **Grdz 511** 2 B; der Berufung **511** 1, 2; der Beschwerde **567** 1; des Einspruchs **341** 1; der Revision **545** 1; der sofortigen Beschwerde **577** 1
Statusklage s Ehesache, Kindschaftssache
Statut, Bestimmung des Gerichtsstands **12** 2; Nachweis **293** 2; Prüfung im Revisionsverfahren **50** 2; Anordnung eines Schiedsgerichts **1048** 3
Stehende Früchte, Pfändung/Pfandverwertung **Grdz 704** 9, **810/844**
Stellungnahme, auf die Berufungserwiderung **520** 3; auf die Klagerwiderung **275** 4, **276** 5, **277** 5
Stellvertreter s Vertreter
Stempel, Namensstempel bei einer beglaubigten Abschrift **170** 2 B; beim Empfangsbekenntnis eines Anwalts über eine Zustellung **198** 2 A; und Schriftsatz **129** 1 B

Stenografie, beim Protokoll **160 a**
Sterbezüge, Pfändung **850** 2 E, **850 a** 8, **850 b** 5
Steuerabzug, Bruttolohnurteil, Zwangsvollstreckung **Üb 803** 1 A; bei der Pfändung des Arbeitseinkommens **850 e** 1
Steuerberater, Fristversäumnis, Parteiverschulden **233** 4; Erstattung der Kosten eines St. **91** 5; in der Zwangsvollstreckung **788** 5
Steuergeheimnis, Ausschluß der Öffentlichkeit **GVG 172**
Steuer, Erstattungsanspruch, Pfändung **Grdz 704** 9; Rechtsweg **GVG 13** 7; Streitwert eines Säumniszuschlags **4** 3 A, D; Veranlagung **887** 6
Stiftung, Gerichtsstand **17** 2, **22** 1; Pfändung des Bezugs aus einer St. **850 b** 4; Zuständigkeitsvereinbarung **38** 3 A; Zustellung an die St. **171** 2; Zwangsvollstreckung gegen eine öffentlichrechtliche St. **882 a**
Stille Gesellschaft, Pfändung des Auseinandersetzungsguthabens **859 Anh** 4; Gerichtsstand der Klage eines Gesellschafters **22** 1 A; Parteifähigkeit **50** 2 F
Stillschweigen, bei der Aufnahme nach einer Aussetzung oder Unterbrechung des Verfahrens **250** 1 A, 2; Bezugnahme auf einen Beweisantrag **137** 3; Einverständnis des Bekl mit einer Erledigungserklärung des Klägers **91 a** 2 A; Einverständnis mit dem schriftlichen Verfahren **128** 5 B; Einwilligung in eine Übernahme des Prozesses durch den Rechtsnachfolger **265** 4 B; Vereinbarung der Abkürzung einer Frist **224** 2; Genehmigung bei einer gerichtlichen Entscheidung nach einer Aussetzung/Unterbrechung des Verfahrens **249** 3 B; Genehmigung einer Prozeßgeschäftsführung ohne eine Vollmacht **89** 3; beim Handelsschiedsvertrag **1027** 2 B; bei der Zulassung einer Klagänderung **263** 4 B, **268** 2; bei einer Vereinbarung der Klagerücknahme **269** 2 E; bei der Zulassung eines (Prozeß)Bevollmächtigten ohne (den Nachweis einer) Vollmacht **89** 1 A; Recht zur Prozeßgeschäftsführung **Grdz 50** 4 C; Prozeßtrennung/-verbindung **145** 1 B/**147** 2 A; Erteilung einer Prozeßvollmacht **80** 1 D; Prozeßvollmacht für den Geldempfang **81** 2 D; Prozeßvollmacht bei einer Anwaltssozietät **84**; Verlust des Rechts zur Ablehnung eines Richters **43** 2; Verlust des Rügerechts bei einer Prozeßhandlung **295** 2 C; Schluß der mündlichen Verhandlung **136** 3; Verlust der Rüge der Unzuständigkeit **39** 1; Wiedereinsetzung **238** 2 A; Antrag auf eine Wiedereinsetzung **236** 1 A; Zuständigkeitsvereinbarung **38** 2 B, 3 B; Annahme einer Zustellung durch den Anwalt **198** 1 B
Stillstand (der Rechtspflege), Unterbrechung des Verfahrens **245** 1
– **(des Verfahrens) Einf 239** 1; Aussetzung s dort; Fortsetzung nach einem St. **312** 2; mangels Betreibens durch die Partei **Üb 239** 1 A; Ruhen s dort; rechtlicher St. **Üb 239** 3;

Stimmengleichheit

durch die Aufhebung eines Termins **227** 2B; Unterbrechung des Verfahrens s dort; durch ein Zwischenurteil über die Verwerfung einer Zulässigkeitsrüge **280** 3A, B

Stimmengleichheit, der Schiedsrichter **1033** 3, **1038** 2; bei der Berichtigung des Urteilstatbestands **320** 5C

Stimmenmehrheit, bei der Ablehnung der Revision oder deren Annahme **554b**; bei einer Abstimmung der Richter **GVG 196**; der Schiedsrichter **1038** 2

Stipendium, Pfändung **850a**

Strafakte als Beiakte, Aktenstudium **299** 2

Strafe s Ordnungsmittel

Strafgefangener, Pfändung des Eigengelds **Grdz 704** 9

Straftat, Anfechtungsklage **957** 2 F; als Aussetzungsgrund **149**; in der Gerichtsverhandlung **GVG 183**; als Klagegrund für eine Restitutionsklage/die Klage auf die Aufhebung eines Schiedsspruchs **580** 2, **581** 1/**1041** 6; Gerichtsstand eines Schadensersatzanspruchs **32** 2A; Ausschluß bei einem Verdacht gegenüber dem ProzBev **157** 1B

Strafurteil, Beweiswürdigung **EG 14**; auf die Zahlung einer Buße/Entschädigung, Rechtskraftwirkung **322** 4, **325** 6; als Voraussetzung einer Restitutionsklage **581** 1

Strafverbüßung, Ersatzzustellung während einer St. **181** 1A, 2A; Gerichtsstand **20**

Strafverfahren als Aussetzungsgrund **149**; Fristversäumung, Verschulden des Vertreters **85** 3; Rechtsschutzbedürfnis trotz eines Strafverfahrens **Grdz 253** 5 A

Strafverfolgung als Voraussetzung einer Restitutionsklage **581** 1

Strafverfolgungsgefahr, Zeugnisverweigerungsrecht **384** 3

Strafverfolgungsmaßnahme, Rechtsweg **GVG 13** 7

Strafvollstreckung, Ersuchen der Vollstreckung einer Haftstrafe **GVG 162, 163**

Straßenbahn, Beförderungsstreitigkeit, Gerichtsstand **21** 4

Straßenrecht, -nutzung, -reinigung, Rechtsweg **GVG 13** 7

Straßenverkehrshaftpflicht, Gerichtsstand **32** 2A

Straßenverkehrsunfall, Anscheinsbeweis **286 Anh** 3C

Streitbefangenheit 265 2 A, B; Wirkung des Urteils gegenüber dem Rechtsnachfolger **325** 2B

Streitgegenstand 2 2A, **265** 2 A, D; Änderung **263** 2A; Forderung eines anderen Gegenstands oder des Interesses **264** 2D; bei mehreren Ansprüchen **2** 2A, C; bei der Aufrechnung **2** 2B; Beanspruchung durch die Einmischungsklage **64** 2A; Bedeutung **2** 2A; Einwendungen des Bekl **2** 2B; Erledigungserklärung als Verfügung über den St. **91a** 2B; Gerichtsstands des St. **23**; beim Haupt- und Hilfsantrag **2** 2C; Maßgeblichkeit des Klagantrags **2** 2B; bei einer Rechtsgemeinschaft **59** 2; Rechtsübergang **265** 2E;

3; Wirkung der Streithilfe **68**; Streitwert s dort; Veräußerung s dort; Verfügung eines notwendigen Streitgenossen **62** 4A; als Verfügungsgegenstand **2** 2A; einstweilige Verfügung zur Sicherung des St. **2** 2B, **935**; beim Wahlanspruch **2** 2C; bei einem Wahlrecht des Klägers/Bekl **2** 2C; bei einem Zurückbehaltungsrecht **2** 2B

Streitgenosse Üb 59 1, **59ff**; Antrag auf eine Anordnung des Ruhens des Verfahrens **251** 2A; Aufenthalt an einem Ort ohne eine Verkehrsverbindung, Aussetzung des Verfahrens **250** 1B/**239** 2D, **250** 1B; Ausscheiden, Kostenentscheidung **269** 4C; Bekl bei einer Prozeßübernahme durch den mittelbaren Besitzer ohne eine Entbindung des Klägers **76** 5A; Ehegatte bei der Gütergemeinschaft **52 Anh** 4B; Einmischungsklage **64** 3A; Einverständnis mit dem schriftlichen Verfahren **128** 5A; Erledigung der Hauptsache **61** 2 D, 3 D; Fragerecht bei einer Zeugnisverweigerung **397**; Gebühren **61** 2 B, **91** 5 „Streitgenosse"; Gleichartigkeit/Identität des Anspruchsgrundes **60/59** 2; Grundurteil **304** 3 B, 4 A; Konkurs, Unterbrechung des Verfahrens **240** 1B; Kostenentscheidung **91** 2A; **100**; Kostenentscheidung bei einer streitgenössischen Streithilfe **101** 3; Kostenerstattung **91** 5 „Streitgenosse", **100** 6; Kostenfestsetzung **100** 1; Kündigung der Prozeßvollmacht **87** 2; als Partei **Grdz 50** 2D; Partei als Streitgenosse **Üb 59** 1; Parteivernehmung **449**; Prozeßführung **63** 1; Stellung im Prozeß **61**; durch eine Prozeßverbindung **147** 1A, 2B; Prozeßvoraussetzungen **Üb 59** 3, **61** 2B; Rechtsgemeinschaft wegen des Streitgegenstands **59** 2; Einlegung eines Rechtsmittels gegen Streitgenossen, Streitwert **5** 2B; bei einem Streit des Rechtsnachfolgers **239** 2D; Rücknahme der Berufung **515** 3C; im Schiedsverfahren **1034** 5; Streithelfer als Streitgenosse wegen der Rechtskraft/Wirkung der Zwangsvollstreckung **69**; Streitgenosse als Streithelfer **66** 2B; Streitverkündung **61** 2A; Terminsladung **63** 2; Unterbrechung des Verfahrens durch den Tod **239** 2B; Aussetzungsantrag bei Tod des ProzBev **246** 2B; vorläufige Vollstreckbarkeit **708** 2 L; Wechselklage **60** 1, **603** 2; Widerklage **253 Anh** 2D; Widerspruchsklage **771** 3 B, **878** 2 B; Wirkung **61** 3; Streitgenosse als Zeuge **Üb 373** 2B; Zeugnisverweigerung wegen Verwandtschaft **383** 1; Zulässigkeit **59, 60**; Zuständigkeitsbestimmung für die Klage **36** 3C; Zuständigkeitsvereinbarung **38** 2A; Zustellung an den St. **63** 1; Zustellungsbevollmächtigter **174** 2

– **(notwendiger Streitgenosse) 62** 1; Angriffs-/Verteidigungsmittel **62** 4A; Pfändungsgläubiger bei einer Klage des Überweisungsgläubigers eines Herausgabeanspruchs **856** 2; Prozeßhandlung **62** 4A; Prozeßhäufung **59** 2; Urteil **62** 4C; Mitglied eines nichtrechtsfähigen Vereins als Kläger **50** 3B; Verfügung über den Streitgegenstand

dahinterstehende Zahlen und Buchstaben = Anmerkungen **Streitverkündung**

62 4A; Vertretung des säumigen Streitgenossen 62 4B; Zeugnisverweigerungsrecht wegen Verwandtschaft 383 1
Streithilfe Grdz 50 1, 2D, **66ff**; Abwesenheit der Partei 67 3A; Aktenabschrift/Erteilung einer Ausfertigung 299 3; Akteneinsicht 299 2; Angriffs-/Verteidigungsmittel 67 3A; Anordnung des persönlichen Erscheinens 141 2A; Antrag auf eine Ergänzung des Protokolls 160a 3; Antrag auf eine Anordnung des Ruhens des Verfahrens 251 2A; Ausschluß des Streithelfers als Gerichtsperson 41 2A, 49; Antrag auf eine Aussetzung des Verfahrens wegen einer vorgreiflichen Ehenichtigkeit 151 2; Beanstandung einer Frage in der mündlichen Verhandlung 140 2; Befugnisse 67 3; Rechtsschutzbedürfnis für eine Berufung **Grdz 253** 5A; Beitritt 70 1; Zuziehung nach dem Beitritt 71 3; Beitrittsgrund 66 2; St. für den Bekl im Gläubigerstreit 75 3A; Teilnahme an der Beweisaufnahme 357 1A; Bezeichnung im Urteil 313 2; Bindung gegenüber der Partei 67 2; und Einmischungsklage 66 1; Einverständnis mit dem schriftlichen Verfahren 128 5A; Einwilligung in eine unrichtige Entscheidung 68 2; Entfernung von der mündlichen Verhandlung 158 1; Verzögerungsgebühr wegen der Verletzung der Förderungspflicht 95 **Anh** 2B; Fragerecht bei einer Zeugenvernehmung 397; in einer Kindschaftssache 640e; Wirkung der Klagerücknahme 269 4A; Unterbrechung des Verfahrens durch einen Konkurs 240 1B; Kostenentscheidung 101; Rechtsmittel gegen die Kostenentscheidung 99 1C; Kostenerstattung 101; Antrag auf eine Kostenfestsetzung 103 2A; Kostenpflicht **Üb 91** 3A; Streithelfer als Partei **Grdz 50** 1, 2D, **128** 2C, **137** 1; und mehrfache Pfändung 856 2; Pfleger eines Prozeßfähigen als Streithelfer 53 1; Anhängigkeit eines Prozesses 66 2A; Prozeßhandlung 67 2D, 3B; Prozeßunfähigkeit während des Prozesses, Unterbrechung des Verfahrens 241 1; Wirkung der Rechtshängigkeit 261 2B; Rechtsnachfolger 265 4B; Rechtsstellung des Streithelfers 67 1; Richterablehnung 42 3; Rüge einer mangelhaften Prozeßführung 68 3; im Schiedsverfahren 1034 5; Pflicht zur Leistung einer Sicherheit 110 2B, C; Staatsanwalt **Üb 64** 3; Streitgenosse 61 2A, 66 2B; Streithelfer als Streitgenosse wegen der Wirkung der Rechtskraft/Zwangsvollstreckung 69; Streitverkündungsgegner 66 2B; Streitverkündungswirkung 74 3; nach einer Streitverkündung 66 2B; Streitwert 3 **Anh**; Unterbrechung des Verfahrens wegen des Todes des Streithelfers 239 2B; Untersagung des Vortrags 157 3, 158 1; Unzulässigkeit **Grdz 253** 3G; Anordnung der Vorlegung einer Urkunde 142 1; nichtrechtsfähiger Verein 50 3A; Verhinderung am Erscheinen vor Gericht bzw am Terminsort 219 1B; Verhinderung an der Einhaltung einer Frist bei einer Vertretung 233

2A; Widerklage 33 1, 253 **Anh** 2D; Wiedereinsetzung 233 2A; Wirkung 68 1; Streithelfer als Zeuge **Üb 373** 2B; Zulässigkeit 66; Streit über die Zulassung 71; Bestimmung der Zuständigkeit 37 1; Zustellung an den Streithelfer des Gegners 185 1; öffentliche Zustellung 203 1; Zustellungsbevollmächtigter 174 2; Zwischenfeststellungsklage 256 8A

– **(streitgenössischer Streithelfer)**, Anordnung des persönlichen Erscheinens 141 2A; Beitritt in einer vorgreiflichen Ehe-(Kindschafts-)sache nach einer Aussetzung des Verfahrens 155 1; Einverständnis mit dem schriftlichen Verfahren 128 5A; Pflicht zur Leistung einer Sicherheit 110 2B, C

Streitiges Urteil Üb 300 2 C
Streitiges Verfahren, Antrag auf 696 2 A b
Streitige Verhandlung 137, 278
Streitigkeit, nichtvermögensrechtliche s nichtvermögensrechtliche Streitigkeit
Streitkräfte, ausländische, Zusatzabkommen zum NATO-Truppenstatut **SchlAnh III**; Ausschluß der Öffentlichkeit wegen einer Gefährdung der Sicherheit **SchlAnh III** 38

– **(Angehöriger) SchlAnh III** 1; Aussagegenehmigung 376 4, **SchlAnh III** 38; Exterritorialität **GVG** 20; Gerichtsbarkeit **Einl II** A1, 3; Ladung **SchlAnh III** 37; Ladung zum Termin **Üb 214** 2A; Prozeßkostenhilfe **SchlAnh III** 31; Sicherheitsleistung **SchlAnh III** 31; als Zeuge/Sachverständiger **SchlAnh III** 39; Zustellung **SchlAnh III** 32, 36; öffentliche Zustellung 203 1

– **(Stationierungsschaden)**, Wahrung der Klagefrist durch eine demnächst erfolgende Zustellung 270 4; Rechtsweg **GVG** 13 7; Streitwert eines Vergleichs 3 **Anh**

Streitmäßiges Urteil Üb 300 2C
Streitobjekt, Gerichtsstand 23 3
Streitpunkt 537 1D
Streitsache 265 2A, D; Rechtsübergang 265 2E
Streitstand, Wiedergabe im Tatbestand des Urteils 313 6
Streitverfahren Einl III 1C
Streitverhältnis, einstweilige Verfügung auf eine vorläufige Regelung 940; gerichtliche Aufklärungspflicht s Aufklärungspflicht; Antrag auf eine Prozeßkostenhilfe 117
Streiturteil Üb 300 2C; unechtes Versäumnisurteil **Üb 330** 3B; statt eines Versäumnisurteils, Rechtsmittel **Grdz 511** 4D
Streitverkündung Einf 72 1, **72 ff**; Anwaltszwang 78 2 A; gegenüber einem mittelbaren Besitzer 76; dgl Zustimmung des Klägers zur Übernahme des Prozesses durch den mittelbaren Besitzer 76 4; Erklärung, Form 73 1; bei der Forderungsklage des Pfändungs-/Überweisungsgläubigers gegenüber dem Schuldner 841; Gegner als Zeuge **Üb 373** 2 B; durch das Kind bei einer Vaterschaftsfeststellungklage 641 b; Klage gegenüber dem Drittschuldner 841 1; Wirkung

Streitwert Zahlen in Fettdruck = Paragraphen

der Rechtshängigkeit **261** 2 B; als Rechtsberührung **256** 3 C; im Schiedsverfahren **68** 1 B, **1034** 5; Schriftsatz **73**; gegenüber dem Schuldner bei einer Klage des Drittschuldners **841**; an einen Streitgenossen **61** 2 A; durch einen Streithelfer **67** 3 A; Voraussetzung **72** 1; Wirkung **Einf 72** 2, **74** 3; Zulässigkeit **72**; öffentliche Zustellung an den Gegner **203** 1

– **(Streitverkündeter),** Antrag des Drittschuldners auf eine Beiladung des Pfändungsgläubigers **856** 3; Antrag auf eine Ergänzung des Protokolls **160a** 3; Ausschluß als Gerichtsperson **41** 2 A, **49**; Feststellungsklage des Streitverkündungsgegners wegen des Nichtbestehens eines Anspruchs des Streitverkünders **256** 5; Kostenerstattung **91** 5; Prozeßvollmacht **81** 2 B; Sicherheitsleistung **112** 1 B; Beitritt des Streithelfers nach der Streitverkündung **66** 2 B; Widerspruch gegen einen Beitritt des Streithelfers **71** 1 B

Streitwert 2, 3 ff; ABC-Üb **3 Anh**; bei der Abnahme der Kaufsache **5** 2 B; bei einer Absonderungsklage **6** 3 A; bei dem Abwehranspruch gegen eine Grunddienstbarkeit **7** 1 A; bei der negatorischen Abwehrklage **6** 1 A; bei der Änderung der Kostenfestsetzung **107**; beim Altenteil **9** 2 A; bei der Anfechtungsklage nach dem AnfG **4** 3 A, **6** 4; bei der Anfechtungsklage nach der KO **6** 4; bei der Anfechtungsklage wegen einer wiederkehrenden Leistung **9** 2 A; Angabe des St. in der Klageschrift **253** 6; bei einem vermögensrechtlichen Anspruch **2** 1; bei der Klage auf eine Aufhebung eines Schiedsspruchs **4** 3 A; bei der Auflassung **6** 1 A; bei einem Anspruch auf einen Aufwendungsersatz **4** 3 D; bei einem Befreiungsanspruch **4** 3 A; der für die Berechnung maßgebende Zeitpunkt **4** 1, 2; bei der Berufung **4** 2 A, **5** 2 C; Beschwerdewert **5** 2 C; bei einer Einweisung in den Besitz **4** 3 A; bei der Besitzklage **6** 1; bei der Drittwiderspruchsklage **6** 3 A, B; bei der Ehelichkeitsanfechtungsklage gegen Geschwister **5** 2 B; bei einem Anspruch des Eigentümers gegen einen Mieter oder Pächter **8** 2 A; bei der Einwilligung in die Auszahlung einer hinterlegten Summe **4** 3 A; bei einer Enteignungsentschädigung **4** 3 C; bei einer Erinnerung gegen eine Maßnahme der Zwangsvollstreckung **6** 3 A; bei der Klage auf die Feststellung des Eigentums **6** 1 A; bei der Klage auf die Feststellung der Nichtigkeit oder des Nichtbestehens eines Miet- oder Pachtvertrages **8** 2 A; bei der Klage auf die Feststellung einer Rente **9** 3; bei einer Feststellungs- und Leistungsklage **5** 2 B; in einer Familiensache **78a, 621b**; von Früchten **4** 3 C; des Anspruchs eines Gesamtgläubigers/-schuldners **5** 2 B; einer Grunddienstbarkeit **7**; eines Grundstücks **6** 1 B; eines Grundpfandrechts **6** 3; des Hauptanspruchs als Nebenforderung **4** 3 B; des Haupt- und Hilfsantrags **5** 2; der Klage auf eine Herausgabe von Ak-

tien **4** 3 A; auf die Herausgabe aus Besitz oder Eigentum **6** 1; auf die Herausgabe aus Eigentumsvorbehalt **5** 2 B, **6** 1 A, 2; auf die Herausgabe gegen einen Gesamthandeigentümer **6** 1 B; auf die Herausgabe einer Pfandsache **6** 3 B; auf die Herausgabe eines Rentenguts **8** 2 A; auf die Herausgabe einer zur Sicherung übereigneten Sache **6** 2; auf die Herausgabe einer Urkunde **6** 1 A; bei der Abtretung einer Hypothek **6** 3 B; für die höhere Instanz **3** 2 A; Interesse des Klägers **3** 2 A; bei einer Klageänderung **5** 2 B; bei einer Klagenhäufung **5** 2 A; bei Klage und Widerklage **5** 3; bei einer Forderung aus einem Kontokorrent **4** 3 C; der Kosten als Hauptanspruch **4** 3 B; der Kosten eines früheren Prozesses **4** 3 A, C; der außergerichtlichen Kosten **4** 3 C; der für die Kostenfestsetzung maßgebende St. **104** 1 D; Kostenfestsetzungsverfahren im Fall einer Kostenteilung **106** 3 A; bei einer Lastenausgleichsabgabe **9** 3; bei einem Leibgedinge **9** 2 A; einer wiederkehrenden Leistung **9**; eines Liebhaberstücks **3** 2 A; der Löschung einer Auflassungsvormerkung **6** 3 B; der Löschung einer Höchstbetragshypothek **6** 3 B; der Löschung einer Hypothek **6** 3 A; Maßgeblichkeit für die sachliche Zuständigkeit **2** 1; einer Mehrzahl von Ansprüchen **5**; eines Miet-/Pachtvertrags **8**; einer Miet-/Pachtzinsberechnung **8** 3; Minderung des St. während der Instanz **4** 2 B; bei der Nachbarrechtsklage **7** 1 A; einer Nebenforderung **4** 3 A, B; eines Nießbrauchs **9** 2 B; eines Notwegrechts **7** 1 A; einer Nutzung **4** 3 C; einer wiederkehrenden Nutzung **9**; eines Pfandrechts **6** 3; der Verwertung einer Pfandsache **6** 3 A, B; bei einer Prozeßtrennung/-verbindung **5** 2 C; einer Reallast **9** 2 A; einer Rente **9**; der Revision **4** 2 A, **5** 2; eines die Sache betreffenden Anspruchs **6** 1 B; eines Schadensersatzanspruchs aus einem erschlichenen Ehescheidungsurteil **9** 2 A; eines Scheckanspruchs **4** 4; bei einem Schreib- oder Rechenfehler **3** 2 A; eines Steuersäumniszuschlags **4** 3 A, D; bei einem Streitgenossen als Bekl **5** 2 B; der Stufenklage **5** 2 B; der Beseitigung eines Überbaus **7** 1 A; des Übergangs der Kaufsache **6** 1 A; Übergangsrecht **GVG 23 Vorbem**; der Umlegung eines Grundstücks **6** 1 A; der Umstellung eines Unterhaltstitels auf den Regelunterhalt **642** 5; bei einer Uneinbringlichkeit **3** 1; des Unterhaltsanspruchs **9**; bei einem Anspruch aus Untermiete oder Unterpacht **8** 2 B; Verkehrswert **3** 2 A; einer einstweiligen Verfügung wegen einer Sache **6** 1 A; einer einstweiligen Verfügung auf die Eintragung einer Vormerkung **6** 3 B; einer Verzögerungsgebühr **95 Anh** 3 D; eines Verzugsschadens **4** 3 D; von Verzugszinsen **4** 3 C; von solchen bei einer wiederkehrenden Leistung oder Nutzung **9** 2 A; maßgebende Währung **3** 2 A; bei einem Wahlrecht des Klägers oder des Bekl **5** 2 B; bei einem Anspruch aus einem Wechsel **4** 4; bei einem Anspruch auf eine Wegnahme **6** 1 B; bei der Wiederaufnahmeklage **4** 3 A; bei einem Wohnrecht **9** 2 B; bei der Klage auf eine Zahlung und auf die Duldung der Zwangsvollstreckung **5** 2 B; von Zins **4** 3 A, C; von Zinseszins **4** 3 C; bei einer Erfüllung Zug um Zug **6** 1 B; bei einem Zurückbehaltungsrecht **6** 1 B; bei einem Anspruch auf den Ersatz von Schaden aus einer Zwangsvollstreckung auf Grund eines später geänderten Urteils **4** 3 A; von Zwischenzinsen **3** 1

Streitwertfestsetzung, von Amts wegen **Einf 3** 1 B; Änderung von Amts wegen **Einf 3** 2 A; Anhörung der Partei **3** 2 B; Antrag des Streithelfers **67** 3 A; im Arbeitsgerichtsverfahren **Einf 3** 2 C; Berücksichtigung des Verhaltens der Partei **3** 2 B; Begründung des Festsetzungsbeschlusses **Einf 3** 2 A; Mitteilung des Festsetzungsbeschlusses von Amts wegen **Einf 3** 2 A; Beschwerde **Einf 3** 2 B; Beschwerde als Rechtsmißbrauch **Einl III** 6 A; weitere Beschwerde **Einf 3** 2 B; Beweiserhebung **3** 2 B; Bindung des Beschwerdegerichts **3** 2 B; Pfändung des Anspruchs aus einer Erhöhung des Streitwerts **Grdz 704** 9; Ermessen **3**; für die Berechnung der Gebühren **Einf 3** 1 B; durch die höhere Instanz **3** 1 C; für die sachliche Zuständigkeit **Einf 3** 1 B; dgl Bindungswirkung für die Berechnung der Gebühren **Einf 3** 1 A

Strengbeweis Einf 284 2 B

Student, Gerichtsstand **20**; Pfändung des Stipendiums **850 a** 6

Studienförderung, Rückforderung, Rechtsweg **GVG 13** 7

Stufenklage 254 1; Berufung **537** 1 B; Entscheidung **254** 3 A; Fortsetzungsantrag **254** 3 B; Kostenentscheidung **91** 2; Rechtskraftwirkung **322** 4; Streitwert **3 Anh, 5** 2 B; Übergang zur Leistungsklage, Erledigung der Hauptsache **91a** 2 A; Verfahren **254** 3; beiderseitige Erledigungserklärungen zur Zahlungsklage, Kostenentscheidung **91a** 4

Stuhlurteil 310 2

Stummer, Ablehnung als Schiedsrichter **1032** 2 D; Zuziehung eines Dolmetschers **GVG 185, 186**; Eidesleistung **483**

Stundenfrist 222 4; Fristhemmung **223** 1

Stundung, Kostenentscheidung beim Einwand einer St. **91** 1 E; Kostenfestsetzung trotz einer St. **104** 1 E; Prozeßkostenhilfe **120**; Unterhaltsrückstand/Erstattung an den nichtehelichen Vater **642 e, f, 644**; dgl Kostenentscheidung **93 d**; Einräumung einer Zahlungsfrist nach einer Pfändung **813 a**; Einstellung der Zwangsvollstreckung **775** 5, 6; dgl Stundungskosten **788** 5

Subjektive Klaghäufung 59 1

Subjektives Recht, Feststellungsklage **256** 2 B

Subsidiarität s Hilfsnatur

Subsumtion s Einordnung

Substantiierung der Klage **253** 4 B; des Klagegrundes **253** 4 B

Substitut, Prozeßvollmacht **81** 2 D; Rechtsstellung **78** 1 D

Subvention, Rechtsweg **GVG 13** 7

Sühneversuch s Güteverfahren

Suggestivfrage bei einer Vernehmung **396** 1 A, **397** 2

Summarisches Verfahren s Arrest, einstweilige Verfügung

Surrogat, Pfändung **811** 1 F

Suspensivwirkung, einer Beschwerde **572** 1; eines (sonstigen) Rechtsmittels **Grdz 511** 1 B, **705** 2

T

Tabelle, Pfändungsgrenzen bei **850 c**; Prozeßkostenhilfe bei **114**

Tag, Berechnung einer Tagesfrist **222**; Angabe des Tages der Zustellung in der Zustellungsurkunde **191** 2 A; einer öffentlichen Zustellung **206**

Tagegeld des ehrenamtlichen Richters **GVG 107**

Tageskurs, Verkauf eines Wertpapiers durch den Gerichtsvollzieher zum T. **821** 2

Tarifvertrag, Revisibilität **549** 4 A

Taschengeldanspruch, Pfändung **850 b** 3 A

Tatbestand des Urteils s dort

Tatbestandsberichtigung des Urteils **320, 321** 2

Tatort, Gerichtsstand der unerlaubten Handlung **32**

Tatsache, Begriff **Einf 284** 4 A; Ausschlußwirkung einer gerichtlichen Entscheidung s Ausschlußwirkung; Beweis, Beweisantritt, Beweisaufnahme, Beweislast s dort; Bindungswirkung des Revisionsgerichts an eine Tatsachenfeststellung **561**; Entscheidungsgründe **313** 7; Erklärungsrecht über eine T. **138** 3; Feststellung durch einen Schiedsgutachter **Grdz 1025** 3 E; bei der Feststellungsklage **256** 2 C; Fragepflicht des Gerichts **139**; Gerichtskundigkeit einer T. **291** 1; Geständnis s dort; Glaubhaftmachung s dort; Offenkundigkeit **291**; Parteibehauptung; Parteierklärung über eine T. s Partei; Erklärung des ProzBev **85** 2; Klage auf die Feststellung der Unwahrheit einer T. **256** 2 C; Vermutung **292** 1 B; Zeugnisverweigerungsrecht hinsichtlich einer anvertrauten T. **383** 3 B, **385** 2; Zwischenfeststellungsklage **256** 8 C

– **(innere)** als Gegenstand des Beweises **Einf 284** 4 B

– **(juristische)** als Gegenstand des Beweises **Einf 284** 4 C

– **(klagebegründende),** Klageschrift **253** 4 B; im Urkunden/Scheck/Wechselprozeß **592** 3/**605 a**/**602** 3

– **(neue),** Ausschlußwirkung einer gerichtlichen Entscheidung s Ausschlußwirkung; in der Berufungsinstanz **528**; in der Beschwerdeinstanz **570**; in der Revisionsinstanz **561** 3

Tatsächliche Feststellung
– (prozeßrechtliche) **Grdz 128** 6
– **(Vortrag),** Berichtigung, Ergänzung **264** 2 B; in der Klage **253** 4, 5; Rechtzeitigkeit **132** 1, 2, **282** 2–4; Streitgenosse **61** 3 D; Versäumnisurteil **335** 4
Tatsächliche Feststellung, Rechtskraft **322** 2 A; und Revision **561** 4
Tauber, Taubstummer, Eidesleistung **483**; Zuziehung eines Dolmetschers **GVG 186, 187**; als Schiedsrichter **1032** 2 D
Täuschung, arglistige Einl III 6 A, B; Beweislast **286 Anh** 4
Technische Aufzeichnung als Urkunde **Üb 415** 1
Technisches Urteil als Gegenstand der Beweisaufnahme **Einf 284** 4 C
Teilanerkenntnisurteil s Anerkenntnisurteil
Teilanfechtung, des Mahnbescheids **694** 1 A; des Versäumnisurteils **340** 2; des Urteils **705** 1 D
Teilanspruch, Feststellungsklage **256** 2 B; Teilurteil **301** 2 C; Widerspruch gegen einen Teil des Mahnbescheids **694**; Einspruch gegen einen Teil des Versäumnisurteils **340** 2; Einspruch gegen einen Teil des Vollstreckungsbescheids **700** 3
Teilerledigung s Erledigung
Teilfeststellungsklage 253 5 B
Teilforderung 754 1 A, **757** 1 A
Teilklage, Aufrechnung durch den Bekl **145** 4 F; Aussetzung des Verfahrens **148** 1 E; Erschleichung der Zuständigkeit des AG, Prozeßverbindung **2** 3, **147** 2 B; Klagantrag **253** 5 B; Kostenerstattung **91** 4 B; Rechtskraft **322** 2 A, 4 „Nachforderung"; Wirkung einer Streithilfe **68** 1 A; Streitwert **3 Anh**; Verbindung mehrerer Ansprüche **260** 2 A; Zwischenfeststellungswiderklage **256** 8 C
Teilleistung, Kostenentscheidung beim Anerkenntnis einer T. **93** 2 B; Zwangsvollstreckung **754** 1 A, **757** 1 A; vgl auch Teilzahlung
Teilnehmer, Gerichtsstand der unerlaubten Handlung **32** 2 C
Teilobsiegen, Kosten **92**; Sicherheitsleistung **709** 2
Teilung, bei der Erbauseinandersetzung s dort; der Kosten des Rechtsstreits **92, 106**
Teilungsklage, bei der Gemeinschaft, Streitwert **3 Anh**; bei einem Grundstück, Gerichtsstand **24** 2 E; beim Nachlaß, Gerichtsstand **27** 2 E
Teilungsmasse, Prozeß wegen der T., Aufnahme **240** 2 B, C
Teilungsplan im Verteilungsverfahren s Zwangsvollstreckung
Teilunterliegen, Kostenentscheidung **92**; Kostenerstattung **100** 6 B
Teilurteil s Urteil (Teilurteil)
Teilverzicht auf eine Berufung **514** 2 B
Teilvollstreckungsklausel 724 3 B
Teilweises Verhandeln 334 1
Teilwiderspruch 694 1 A
Teilzahlung, an den Gerichtsvollzieher, Quittung **757** 1 A; Kostenentscheidung bei einem Anerkenntnis einer T. **93** 2 B; auf die Prozeßkosten, Bewilligung einer Prozeßkostenhilfe **115, 120**

Telefon, Anschluß, Streitwert **3 Anh**; Gebührenrechnung, Beweislast der Unrichtigkeit **286 Anh** 4; dgl, Rechtsweg **GVG 13** 7; Erstattung von Gesprächskosten **91** 5
Telefonische Einlegung eines bestimmenden Schriftsatzes **129** 1 C
Telefonische Erklärung, der Rücknahme eines Antrags **129** 1 C; des Einverständnisses mit dem schriftlichen Verfahren **128** 5 B; des Einspruchs gegen einen Vollstreckungsbescheid **700** 2; Wiedereinsetzung im Fall eines Mißverständnisses oder der Unterlassung einer Bestätigung **233** 4; Aufgabe eines Telegramms durch eine t. E. **129** 1 C
Telegramm, Fristwahrung **129** 1 C; Klagerhebung **253** 2 A; Rechtsmitteleinlegung **129** 1 C, **518** 1; Revisionseinlegung, -begründung **129** 1 C; bestimmender Schriftsatz **129** 1 C; Telegrafenweg, Rechtsweg **GVG 13** 7
Tenor s Urteilsformel
Termin Üb 214 1; Änderung s Aufhebung, Verlegung, Vertagung; Befugnis des beauftragten oder ersuchten Richters **229**; Einspruchstermin **341**; Klage mit der Bitte, keinen Termin zu bestimmen **269** 2 A; Differenz der Uhrzeit **220** 1; Verhandlungstermin **332**, vgl auch Mündliche Verhandlung; Verkündungstermin **310**; Verkündungstermin im Fall einer Fristsetzung zur Nachreichung eines Schriftsatzes **283**; Bekanntmachung des Verkündungstermins an die nicht erschienene Partei im Fall einer Entscheidung nach Lage der Akten **251a** 3 F; Versäumnis **220** 2, **Üb 230** 1; Versäumnis, Auferlegung von Kosten **95**; Versäumnis, Wiedereinsetzung **Üb 230** 3, **233** 1; Vollmacht s Terminsvollmacht; Warteliste **216** 2 A
– **(Aufhebung) 227** 2, 3; Aufhebungsgrund **227** 2 B; als Aussetzung des Verfahrens **227** 3 B; als Stillstand des Prozesses **227** 2 B
– **(Bestimmung) 216**; Änderung der Terminsstunde oder des Terminszwecks **227** 2 A; bei einer Aufnahme nach einer Unterbrechung des Verfahrens **239** 2 E; im Aufgebotsverfahren **947, 954, 955**; Berufungsverhandlung **520** 1 A; Beweisaufnahme **361, 368**; Beweisaufnahme durch den beauftragten Richter **361** 2; Beweissicherung **491**; in einer Ehesache **612**; nach einem Einspruch gegen ein Versäumnisurteil/einen Vollstreckungsbescheid **341a/700**; in einer verkündeten Entscheidung **218**; Frist für eine Terminsbestimmung **216** 2 C; Ladungsfrist **217**; Berechnung der Ladungsfrist **222** 1, vgl auch Ladungsfrist; zur Abgabe der Offenbarungsversicherung **900** 3; des Orts **219**; Parteiherrschaft **216** 2 D; Prozeßkostenhilfe **118, 127**; bei einem Mangel der Prozeßvollmacht **88** 1 C; richterliche Prüfungspflicht vor der Terminsbestimmung **216** 2 A; Pflicht des Richters zur Prüfung der Ordnungsmäßigkeit der Klagerhebung **253** 2 B;

dahinterstehende Zahlen und Buchstaben = Anmerkungen **Trennung**

Revisionsverhandlung **Üb 545 Anh, 555**; Richterablehnung nach einem Antrag auf eine Terminsbestimmung **43** 3 C; nach einer Anordnung des Ruhens des Verfahrens **251** 3; eines Termins an einem Sonnabend, Sonn- oder Feiertag **216** 3; bei einer Überlastung des Gerichts **215** 2 A; Unterlassung trotz eines Antrags **216** 2 A, E; Verbindung des Verhandlungstermins mit dem Termin zur Beweisaufnahme **370**; Verhandlungstermin im Parteiprozeß **497** 1; zur Abgabe einer bürgerlichrechtlichen eidesstattlichen Versicherung **889**; Verteilungstermin **875**; Warteliste **216** 2 A; nach einem Widerspruch gegen den Mahnbescheid **697**; nach einem Widerspruch gegen die Vollstreckbarerklärung eines Schiedsspruchs **1042d**; bei einem Wiedereinsetzungsantrag **238** 1 A; beim Zwischenstreit wegen der Beweisaufnahme vor dem verordneten Richter **366** 2
- (früher erster Termin) **272** 3, **275, 277** 5
- (Haupttermin) **272, 278**
- (Ladung, Mitteilung) s Ladung, Mitteilung
- (Verlegung) **227** 4; als Aussetzung des Verfahrens **227** 3 B; Auferlegung von Kosten **95**; im Fall der Nichtwahrung der Ladungs-/ Einlassungsfrist **270** 2 C; Verzögerungsgebühr wegen eines Verschuldens der Partei oder ihres Vertreters **95 Anh** 2 A, B
- (Vertagung) s Vertagung

Terminsort 219; bei einer an der Gerichtsstelle nicht vornehmbaren Handlung **219** 1 B; im Fall der Verhinderung eines Beteiligten am Erscheinen vor dem Gericht **219** 1B
Terminsvertreter, Beiordnung im Weg einer Prozeßkostenhilfe **121**; Verzögerungsgebühr wegen einer Verletzung der Förderungspflicht **95 Anh** 2 B
Terminsvollmacht 81 2 D, **83** 2
Terminswahrnehmung, Kostenerstattung **91** 5
Testament, Gerichtsstand bei einem Anspruch auf Grund eines T. **27** 1 C; Beweislast beim Geliebtentestament **286 Anh** 4; Klage auf die Feststellung der Gültigkeit des T. **256** 2 C; Streitwert bei einem nichtigen T. **3 Anh**; Anordnung eines Schiedsgerichts im T. **1048** 3
Testamentsbesitzer, einstweilige Verfügung **883** 3 C
Testamentsvollstrecker, Antrag des Aufgebots der Nachlaßgläubiger **991** 2; Aufnahme nach einer Unterbrechung des Verfahrens **243** 1, **250** 1 B; Bindung des Prozeßgerichts an eine Entscheidung des Nachlaßgerichts **GVG 13** 7; Duldungstitel gegen den T. **748** 2 A; Erteilung einer vollstreckbaren Ausfertigung für oder gegen den T. **749**; Klage, Erbe als Zeuge **Üb 373** 2 B; Kostenhaftung **Üb 91** 3 A; als Partei kraft Amtes **Grdz 50** 2 C; Prozeßkostenhilfe **116**; Rechtsanwalt, Kostenerstattung **91** 5; als Schiedsrichter **1048** 2; notwendige Streitgenossenschaft **62** 3 B; Streithilfe **66** 2 E; Streitwert **3 Anh**;

Gerichtsstand bei der Klage auf die Herausgabe des Testamentsvollstreckerzeugnisses **27** 2 B; Rechtskraftwirkung eines Urteils für oder gegen den Erben **327**; vollstreckbare Ausfertigung eines gegen den T. ergangenen Urteils für oder gegen den Erben **728** 2; vgl Vorbehalt der Haftungsbeschränkung **780** 3; Umschreibung der Vollstreckungsklausel des für oder gegen den Erblasser ergangenen Urteils auf den T. **749**; Unterbrechung des Verfahrens beim Wegfall des T. **239** 2 B; Zeugnisverweigerungsrecht **383** 3 D
Testamentsvollstreckung, Zwangsvollstreckung in den Nachlaß **748**; dgl im Fall einer Vorerbschaft **863**; Fortsetzung der Zwangsvollstreckung nach der Anordnung einer T. **779**
Tier, Haustier, Zwangsvollstreckung des Beseitigungsanspruchs **887** 6; Pfändung **811** 5, 6
Tierhalterhaftung, Gerichtsstand **32** 2 A
Tierseuchengesetz, Rechtsweg **GVG 13** 7
Tierzucht, Rechtsweg **GVG 13** 7
Titel s Zwangsvollstreckung (Vollstreckungstitel)
Tod, eines zu Entmündigenden **664** 4 D; eines Gesellschafters, Unterbrechung des Verfahrens **239** 2 A; des anfechtenden Mannes im Fall einer Klage auf die Anfechtung der Ehelichkeit oder eines Vaterschaftsanerkenntnisses **640g**; der Partei **Grdz 50** 2 B, **86** 2 B, **239, 246**; der Partei in einer Ehe- oder Kindschaftssache vor dem Eintritt der Rechtskraft **619, 640** 3; der Partei im Fall der Ehenichtigkeitsklage **636**; der Partei im Fall des Vorhandenseins eines ProzBev, Aussetzungsantrag **246** 2; des ProzBev, Unterbrechung eines Anwaltsprozesses **244** 1; eines von mehreren ProzBev **246** 2 A; eines Rechtsanwalts **244**, Abwicklung **GVG 155 Anh I** 2 § 55; Fortsetzung der Zwangsvollstreckung **779**; des Schiedsrichters **1031, 1033**; des Schuldners **778** ff; eines Streitgenossen im Fall des Vorhandenseins eines ProzBev, Aussetzungsantrag **246** 2 B; des gesetzlichen Vertreters im Fall des Vorhandenseins eines ProzBev, Aussetzungsantrag **246** 2 B; dgl im Fall ohne einen ProzBev, Unterbrechung des Verfahrens **241** 2 B; des Vollmachtgebers **86** 2 B
Ton(band)aufnahme als Beweismittel **Üb 371** 4; als Verletzung des Persönlichkeitsrechts **Üb 371** 4; in der mündlichen Verhandlung als Protokoll **160a**; in der mündlichen Verhandlung zur Veröffentlichung **GVG 169** 1 B
Traditionspapier, Pfändung **821** 1 B
Transportkosten als Kosten der Zwangsvollstreckung **788** 5
Trauring, Pfändung **811** 14
Trennung, Getrenntleben der Ehegatten s Ehegatte; Kosten **Üb 91** 3 E; Prozeßtrennung s dort; Streitwert **3 Anh**; vgl auch Abgesonderte Verhandlung

Treueprämie

Treueprämie, Pfändung **850a** 3
Treugeber als Streithelfer **66** 2 E
Treugut, Pfändung **Grdz 704** 9
Treuhänder für die Sicherheitsleistung eines Ausländers **110** 2 B; als Partei kraft Amtes **Grdz 50** 2 C; Prozeßgeschäftsführungsrecht **Grdz 50** 4 C; als Vertreter des Schuldners bei der Pfändung des Anspruchs auf die Übertragung des Eigentums an einem Schiff **847** a; dgl bei mehreren Gläubigern **855a**; Recht zur Erhebung einer Widerspruchsklage **771** 6
Treuhandstelle, Kostenerstattung einer genossenschaftlichen Tr. **91** 5
Treuhandverhältnis zwecks Erschleichung einer Prozeßkontrolle **114** 1
Treu und Glauben im Zivilprozeß **Einl III** 6 A, **Grdz 128** 2 E, G, 5 F; Arglisteinwand s dort; Erschleichen s Rechtsmißbrauch; Irrtum bei einem Verzicht oder Anerkenntnis **Einf 306** 2 B; Rechtsmißbrauch s dort; Wahrheitspflicht **138** 1 B, D
Trinkgeld, Pfändung **832** 1 B
Trunksucht, Entmündigung s dort
Tunesien, deutsch-tunesischer Vertrag **SchlAnh V** B 8

U

Überbau, Streitwert des Anspruchs auf seine Beseitigung **7** 1 A; Streitwert einer Rente **9** 2 A
Überbesetzte Kammer GVG 21 e 3 B
Übereignung, Streitwert **6**; in der Zwangsvollstreckung **817** 3, **825** 3 A c, **897** 1
Übereignungsanspruch, Zwangsvollstreckung in den Ü. **846** ff
Übereignungspflicht, Streitbefangenheit **265** 2 C
Übereinkommen s Zivilprozeßrecht
Überfahrtsgeld, vorläufige Vollstreckbarkeit des Urteils **709** 1; Zuständigkeit **GVG 23** 6
Übergabe, gepfändeten Geldes durch den Gerichtsvollzieher an den Gläubiger **815** 1; an die Post zum Zweck der Zustellung **194** 2 A; einer Sache, Streitwert **3 Anh**; des Vollstreckungstitels an den Gerichtsvollzieher als Antrag auf die Vornahme der Zwangsvollstreckung **754** 1; zur Zustellung an den Gerichtsvollzieher oder an die Geschäftsstelle **169**; an den Zustellungsgegner **170** 1 B; dgl bei einer Zustellung für mehrere **189**; in der Zwangsvollstreckung **817** 3, **825** 3 A c, **883** 2, **897** 1
Übergang, vom Mahnverfahren in das streitige Verfahren **696** 1, 2, **697** 1–4; durch den Rechtsnachfolger, Auferlegung der Kosten wegen der Nichtmitteilung an den Bekl **94** 2; des Streitgegenstandes **265** 2, 3
Übergangsrecht vor Einl I; bei § 114; 511a Vorb A; **629 Anh**
Übergehen, eines Anspruchs, Rechtskraftwirkung **322** 4; des Antrags auf die Vollstreckbarerklärung, Ergänzung des Urteils

716; eines Haupt- oder Nebenanspruchs oder des Kostenpunkts, Ergänzung des Urteils **321** 2; des Wiedereinsetzungsantrags durch das Berufungsgericht **237** 1
Überlegungsfrist Üb 214 3
Überleitungsrecht bei der Revision **Üb 545** 3 Anh
Übermittlung des Protokolls **129 a** 3, 4
Übernachtungsgeld des ehrenamtlichen Richters **GVG 107**
Übernahme, des Entmündigungs(aufhebungs)verfahrens **650** 2, **651, 676** 2; des Prozesses durch den Rechtsnachfolger **265** 4; **266** 2; Vermögensübernahme s dort
Überpfändung 777 1, **803** 3
Überraschungsentscheidung, Unzulässigkeit **139** 2 E
Übersendung des Protokolls **129 a** 3, 4
Übersetzung, gerichtliche Anordnung **142** 3; Anordnung vor der mündlichen Verhandlung **273** 3 A; Kostenerstattung **91** 5
Überstundenvergütung, Pfändung **850a** 3
Übertragbarkeit einer Forderung als Voraussetzung ihrer Pfändbarkeit **851**
Übertragung, der Beweisaufnahme auf den verordneten Richter **355** 1 B, **361** 1, **365, 375**; der Gerichtsbarkeit **EGGVG 3, 4**; der vorläufigen Aufzeichnung des Protokolls **160a**; eines richterlichen Geschäfts auf den Rpfl **GVG 153 Anh** 8 §§ 3, 20, 21; des Streitgegenstands **265** 2 E
Überweisung, im Entmündigungs(aufhebungs)verfahren **650** 2, **651, 676** 2; einer gepfändeten Forderung s Zwangsvollstreckung (Pfändung, Überweisung der Forderung)
Überzeugung, richterliche, des Berufungsgerichts bei der Vollstreckbarerklärung des erstinstanzlichen Urteils **534** 3; bei der Beweiswürdigung **286** 2; **287**; bei der Beweiswürdigung einer Urkunde **286** 4, **419** 2, **435**; bei der Nichtvorlage einer Urkunde **426** 2 C, **427** 2; bei einer Parteivernehmung von Amts wegen **448** 2 A; bei der Ablehnung einer Parteivernehmung **446** 2; bei einem Schriftvergleich **442**
UdSSR, deutsch-sowjetisches Handels- und Schiffahrtsabkommen **SchlAnh VI** B 2
Umdeutung s Auslegung
Umfang, der Pfändung **803** 3; der Prozeßvollmacht **81–83**
Umfrage s Meinungsumfrage
Umgang mit dem Kind **GVG 153 Anh** 8 § 14
Umgehung, der Zuständigkeit s Rechtsmißbrauch; des Zustellungsbevollmächtigten **174** 1 B
Umkehr der Beweislast 286 Anh 3 D
Umkehrschluß Einl III 5 D
Umlegungsverfahren, Rechtsweg **GVG 13** 6 F, 7; Revision **545**; Streitwert **3 Anh**; Streitwert der Klage betr die Einbeziehung eines Grundstücks **6** 1 A
Umsatzsteuer, Kostenerstattung **91** 5
Umschreibung, des Kostenfestsetzungsbeschlusses **126** 2 C; eines gepfändeten Na-

dahinterstehende Zahlen und Buchstaben = Anmerkungen   **Unterbrechung**

menspapiers 822; der Vollstreckungsklausel s Vollstreckbare Ausfertigung
Umschulungsbeihilfe, Pfändung **Grdz 704** 9
Umsiedlungsschaden, Rechtsweg **GVG 13** 7
Umstände, Veränderung s dort
Umwandlung, Unterbrechung des Verfahrens im Fall einer U. der Aktiengesellschaft **239** 2 A; der Gesellschaft, Zwangsvollstreckung nach der U. **859 Anh** 5
Umwandlungsklage s Abänderungsklage
Umweltschutz, Streitwert **3 Anh**
Umzugskosten, Klage auf eine Feststellung der Erstattungspflicht **256** 5
Unabhängigkeit, des Rpfl **GVG 153 Anh** 8 § 9; des Richters **GVG 1** 2, **DRiG Vorbem 25, 25, 39**; des ehrenamtlichen Richters **DRiG 45**
Unanfechtbarkeit s Beschluß, Urteil
Unbeachtlichkeit des Rechtsübergangs des Streitgegenstands **265** 3 B
Unbedingter Revisionsgrund 551
Unbekannter Aufenthalt, Begriff **203** 1; des ProzBev **177** 1, 2; Zustellung **177, 203**
Unbewegliche Sache, Begriff für den Gerichtsstand **24** 3; Zwangsvollstreckung **848, 855, 864 ff**
Unbewegliches Vermögen, Zwangsvollstreckung **864 ff**
Unbezifferter Antrag 253 5 B; Beschwer **Grdz 511** 3 B c; Streitwert **3** 2; Versäumnisurteil **331** 3 B
Unechtes Versäumnisurteil Üb 330 3 B, **331** 3 C, **542** 3 B
Unechtheit einer Urkunde s Urkunde (Echtheit)
Unehre, Zeugnisverweigerungsrecht wegen Fragen, die zur U. gereichen **384** 3
Uneidliche Vernehmung s Parteivernehmung (Beeidigung), Sachverständiger (Vernehmung), Zeuge (Vernehmung)
Uneigentliche Frist Üb 214 3; vgl auch Frist
Unentbehrlichkeit, Unpfändbarkeit **811**
Unentschuldigtes Ausbleiben s Ausbleiben
Unerlaubte Handlung, Gerichtsstand **32**; Pfändungsrecht wegen einer vorsätzlichen u. H. **850 f** 3 A; vgl auch Schadensersatzanspruch/-klage
Unerwachsene Person, Beschränkung des Zutritts zu einer Gerichtsverhandlung **GVG 175**
Unfähigkeit, zum mündlichen Vortrag **157** 3; der Partei oder des Zeugen zur Eidesleistung **452** 4/**393** 2
Unfall, Anscheinsbeweis **286 Anh** 3 C; Streitwert **3 Anh**
Unfallverhütungsvorschrift, Nichtbeachtung, Anscheinsbeweis **286 Anh** 3 C
Ungebühr vor Gericht, Ordnungsmittel **GVG 178**
Ungeeigneter Prozeßvertreter 157
Ungehorsam, Ordnungsgewalt des Vorsitzenden **GVG 177**
Ungewißheit, Dauer eines Hindernisses gegenüber der Beweisaufnahme **356** 1; Zu-

ständigkeitsbestimmung bei einer U. über die Grenzen des Gerichtsbezirks **36** 3 B, D
Universität, Zuständigkeitsvereinbarung **38** 3 A
Universitätsprofessor als Richter **DRiG 7**
Unklagbarkeit, des Anspruchs **Grdz 253** 4; durch eine Versäumung der Klagefrist **253** 1 B; kraft einer Parteivereinbarung **Grdz 253** 4
Unkosten, Erstattung s Kostenerstattung
Unlauterer Wettbewerb s Wettbewerb
Unmittelbarkeit, der Beweisaufnahme **355** 1; derjenigen bei einer Parteivernehmung **451** 1; derjenigen im Fall einer freigestellten mündlichen Verhandlung **128** 3 B; Verstoß gegen die U. der Beweisaufnahme **128** 2 E; der Verhandlung **128** 1; der Zeugenvernehmung **375**
Unparteilichkeit des Gerichts **139** 2 B, D; des Schiedsgerichts **1028 Anh** 2 C
Unpfändbarkeit (Forderung), des Arbeitseinkommens **850 ff**; Änderung des unpfändbaren Betrags **850 f**; bei einem Landwirt **851a**; bei einer Miet- oder Pachtzinsforderung **851b**; beim Pflichtteilsanspruch **852**; wegen der Unübertragbarkeit der Forderung **851**
– **(Sache) 807** 3 E, **811**; Austauschpfändung **807** 3 E, **811 a, b**; von Grundstückszubehör **865** 1; von Hausrat **812**
– **(Vermögensrecht), 857, 859, 860, 863**; des Gesellschaftsanteils **859** 1; des Gesamtgutanteils bei der Gütergemeinschaft **860**; des Miterbenanteils **859** 2; der Nutzung des Vorerben **863**
Unreifer als Zeuge **393**
Unrichtigkeit, Berichtigung des Urteils wegen einer offenbaren U. **319**; Berichtigung des Urteilstatbestands **320**; vgl im übrigen beim jeweiligen Gegenstand der Unrichtigkeit
Unschlüssigkeit, Hinweispflicht des Vorsitzenden **139** 2 A
Unstatthaftigkeit, der Berufung **511** 1 A; der Beschwerde **567** 1; im Urkunden- oder Wechselprozeß **597** 2/**602** 3; der Revision **545** 1
Unstreitige Tatsache 138 4, 5, **313** 6 B d
Untätigkeit der Justizverwaltung, Antrag auf eine gerichtliche Entscheidung **EGGVG 27**
Unteilbarkeit der mündlichen Verhandlung **Üb 253** 2 B
Unterbevollmächtigter, Gerichtsstand für den Gebührenanspruch **34** 1 A; eines Zustellungsbevollmächtigten **175** 1 A
Unterbrechung, einer Frist s dort; der Verjährung s dort
– **(des Verfahrens),** des Aufgebotsverfahrens **Grdz 946** 2 B; Aufnahme nach einer Unterbrechung s dort; beim Erlöschen einer juristischen Person oder einer parteifähigen Personenmehrheit **239** 2 A; Fristlauf **249** 2; der Haft **905** 2; gerichtliche Handlung nach der U. **249** 1, 3 C; bei einer Konkursaufhebung **240** 3; durch die Konkurseröffnung **240** 1;

Hartmann   2363

Unterbringung

Kostenfestsetzung während einer U. **103** 2 B; Kostenfestsetzung beim zweitinstanzlichen Urteil **Einf 103** 1 B; im Mahnverfahren **693** 4; bei einer Nacherbfolge **242** 1; durch eine Nachlaßverwaltung **241** 3; eines nichtvermögensrechtlichen Prozesses, Kostenentscheidung **239** 2 B; Prozeßhandlung nach einer U. **249** 1, 3; wegen einer Prozeßunfähigkeit beim Fehlen eines ProzBev **241** 1, 2 A; Prozeßvollmacht des Rechtsnachfolgers **86** 3; im Schiedsverfahren **1034** 5; durch einen Stillstand der Rechtspflege **245** 1; bei einer Streitgenossenschaft **61** 2 B; bei einer notwendigen Streitgenossenschaft **62** 4 C; bei einer Streithilfe **67** 2 B; bei einer streitgenössischen Streithilfe **69** 2 B; beim Tod der Partei im Fall des Fehlens eines ProzBev **239** 1, 2; bei einer Unvererblichkeit des streitigen Rechts **239** 2 B; Berichtigung des Urteilstatbestands nach einer Unterbrechung des Verfahrens **249** 4; Verkündung einer Entscheidung bei einer U. nach dem Schluß der mündlichen Verhandlung **249** 4; beim Wegfall des Vorerben im Fall des Fehlens eines ProzBev **242** 1; beim Wegfall/Tod/bei einer Vertretungsunfähigkeit des gesetzlichen Vertreters **241** 2 B, des ProzBev **244** 1; Wirkung **249**; bei einem Zwischenstreit **Üb 239** 1 B

Unterbringung, eines zu Entmündigenden zwecks Beobachtung in einer Anstalt **656**; des Eigentums des Schuldners im Fall einer Räumungsvollstreckung **885** 2

Unterdrückung einer Urkunde **444**

Unteres Gericht 571

Unterhalt, Beeinträchtigung, Prozeßkostenhilfe **114**; Klage gegen den nichtehelichen Vater auf eine Erstattung von U. **644**

Unterhaltsanspruch, Abänderung **323, 641 l, 642 b**; als vermögensrechtlicher Anspruch **Üb 1** 3; Beweislast **286 Anh** 4; Geltendmachung im Ausland **GVG 168 Anh II**; eines Minderjährigen **641 ff**; Pfändung einer gesetzlichen Unterhaltsforderung/Rente **850 b** 3; Pfändung wegen eines U. **850 d**; Streitwert **3 Anh**

– **(einstweilige Anordnung) 127 a**; während eines Ehescheidungsverfahrens **620, 621**

– **(e. A. für ein nichteheliches Kind),** während des Verfahrens auf eine Vaterschaftsfeststellung **641 d**; Änderung **641 e** 1; Aufhebung **641 e** 1; Aufhebung, Schadensersatzpflicht des Kindes **641 g**; Außerkrafttreten **641 e** 1, **641 f**; Kostenentscheidung **641 d** 5; Sicherheitsleistung **641 d** 2

– **(einstweilige Verfügung) 936** 3 A, **940** 3 B „Ehe, Familie", „Rente"; Streitwert einer Unterhaltsrente **3 Anh**

Unterhaltsklage, als Feriensache **GVG 200** 5; Gerichtsstand bei einem Auslandsaufenthalt des Schuldners **23 a**; Gerichtsstand des Angehörigen des Erblassers **27** 2 C; Gerichtsstand einer Klage des ehelichen Kindes gegen einen Elternteil **35 a**; Kostenentscheidung bei einer Teilabweisung **92** 1 C; Prozeßkostenvorschuß **127 a**; Rechtsschutzbedürfnis **Grdz 253** 5 A; Streitgenossenschaft **62** 2 C; Streithilfe **66** 2 E; Streitwert **9**; Streitwert eines Unterhaltsrückstands **4** 2 B; vorläufige Vollstreckbarkeit **708** 2 H; auf eine künftige Zahlung **258** 1; Zuständigkeit **GVG 23 a–c**

– **(nichteheliches Kind) Üb 642** 1, **642 ff**; Änderungsklage gegen eine Verurteilung zur Zahlung des Regelunterhalts im Vaterschaftsfeststellungsurteil **643 a**; Antrag/Verurteilung zur Zahlung des Regelunterhalts im Vaterschaftsfeststellungsverfahren **643** 2; Aussetzung des Verfahrens bis zur Entscheidung über die Vaterschaft **Einf 148** 2; Fristsetzung nach dem Erlaß des Vaterschaftsfeststellungsurteils für eine Unterhaltsklage/Festsetzung des Regelunterhalts **641 e** 2, 3; Kostenentscheidung bei einer Erledigung der Klage auf die Zahlung des Regelunterhalts durch die Erledigung der Abstammungsklage **91 a** 1; Kostenentscheidung im Fall der Stundung usw **93 d**; Übergangsrecht nach dem NEhelG **Üb 642** 3, **642** 5; Regelunterhalt **Üb 642** 2; (Neu)Festsetzung des Regelunterhalts **642 a, 642 b, 642 d**; Beschluß mit der Festsetzung des Regelunterhalts als Vollstreckungstitel **794** 3; Stundung eines Rückstands **642 e, f**; Unterhaltsklage trotz regelmäßiger Zahlung, Kostenentscheidung **93** 5

Unterhaltssicherungsleistung, Pfändung **Grdz 704** 9

Unterhaltstitel, Abänderung **323, 641 l ff**; Haager Übereinkommen über die Anerkennung und Vollstreckung von Entscheidungen auf dem Gebiet der Unterhaltspflicht gegenüber Kindern **SchlAnh V** A 2; Klage auf eine Sicherheitsleistung **324** 3; auf den Regelunterhalt, (Neu)Festsetzung **642 c**; Umstellung nach dem NEhelG auf den Regelunterhalt **642** 9; vorläufige Vollstreckbarkeit **708**

Unterhaltsvergleich im Ehescheidungsverfahren, Prozeßkostenhilfe **119** 1 B

Unterlassen Grdz 253 2 A; einer Anordnung des persönlichen Erscheinens einer Partei **141** 2 A, C; einer Anordnung zur Vorbereitung der mündlichen Verhandlung **273** 2 C; des Aufrufs der Sache im Termin **220** 2; Beihilfe zum Meineid des Zeugen durch ein U. **138** 1 H; der Benachrichtigung einer Partei von einer Anordnung vor der mündlichen Verhandlung **273** 5; eines gerichtlichen Hinweises zu einem Beweisantritt **139** 2 B, D; der Erklärung des Drittschuldners **840** 3; der Einsicht in eine Urkunde **134** 3; als Prozeßhandlung **Grdz 128** 5 A; der Rüge einer mangelhaften Prozeßhandlung **295** 2 C; der Vorbereitung durch einen Schriftsatz **129** 2, 3, **131** 1, **132** 2, **282, 283, 296**; der Terminsbestimmung trotz eines Antrags **216** 2 E; der Vorlegung einer Urkunde nach einer entsprechenden Anordnung **142** 1; Zwangsvollstreckung aus einem Urteil auf eine U. **890**,

Unzulässigkeit

891; einstweilige Verfügung auf ein U. **938** 3; Zwangsvollstreckung aus einem erschlichenen Urteil, Streitwert **4** 3 C
Unterlassungsanspruch, als vermögensrechtlicher Anspruch **Üb 1** 3; Pfändung **Grdz 704** 9
Unterlassungsklage Grdz 253 2 A; wegen der Besorgnis einer Rechtsbeeinträchtigung **259** 1 A; beim Ehebruch **606** 2 F; bei einer Eigentums-/Rechtsbeeinträchtigung, Urheberbenennung **77**; Feststellungsklage **256** 5; Gerichtsstand des Grundstückseigentums **24** 2 A; Gerichtsstand einer U. aus einem Vertrag **29** 2; Gerichtsstand bei einer Wettbewerbshandlung **32** 3; Klagantrag **253** 5 C; Rechtsschutzbedürfnis **Grdz 253** 5 A; Übergang auf eine Klage auf die Zahlung einer Ausgleichssumme oder eines Schadensersatzes **264** 3; Streitwert **3 Anh**; Rechtskraftwirkung des Urteils **322** 4, **325** 6; Wiederholungsgefahr **Grdz 253** 5 A
Unterliegen, Pflicht zur Tragung der Kosten **Üb 91** 3 A, **91** 1 A
Untermietverhältnis, Gerichtsstand bei der Wohnraummiete **29a**; Klage als Feriensache **GVG 200** 4; Streitwert **8** 2 B; vorläufige Vollstreckbarkeit des Urteils **708**; Rechtskraftwirkung des Urteils gegen den Hauptmieter **325** 6; Zuständigkeit **GVG 23** 4
Unternehmen, Zwangsvollstreckung in das Recht am U. oder in ein gewerbliches Schutzrecht **Grdz 704** 9
Unterordnung s Einordnung
Unterpachtverhältnis, Streitwert **8** 2 B
Unterrichtung, durch den ProzBev durch die Partei, Kostenerstattung **91** 5
Untersagung, des Vortrags in der mündlichen Verhandlung **157** 3
Unterschlagung, durch den Gerichtsvollzieher **753** 1 A; Schadensersatzanspruch gegen den Verwahrer, Gerichtsstand **32** 2 B
Unterschrift, unter dem abgekürzten Anerkenntnis- oder Versäumnisurteil **313b** 2 A; Anforderungen **129** 1 B; bei einer beglaubigten Abschrift **170** 2 B; bei der Berufungsschrift/-begründung **518** 1/**519** 3 B; unter einem Beschluß/seiner Ausfertigung **329** 1 A/3; unter der Erklärung des Drittschuldners **840** 2 A; Echtheit, Schriftvergleich **439** 2, **441, 442**; eigenhändige U. **129** 1 B, **130** 1 A, **170** 2 B, **198** 2 A; Pflicht des Anwalts zur Fristkontrolle anläßlich seiner U. **233** 4; unter der Klageschrift **253** 7; unter dem Mahnantrag **690** 3; unter dem Mahnbescheid **692**; unter dem Protokoll **163** 1, 3; des Rpfl **GVG 153 Anh** 8 § 12; unter dem Schiedsspruch **1039** 2, 5; unter dem Schiedsvergleich **1044a** 2; unter einem Schriftsatz **129** 1 B, **130** 1 A; unter einer privaten Urkunde **416** 1 B; dgl Echtheitserklärung **439** 2; dgl Echtheitsvermutung **440** 3; unter dem Urteil **315** 1, 2 A; unter einer Ausfertigung oder einem Auszug des Urteils **317** 2 B; Zwangsvollstreckung aus einem Urteil auf eine Unterschriftsleistung **887** 6; unter einem Vollstreckungsbescheid **699** 3 D; unter einer Vollstreckungsklausel **725** 2; bei einer Zustellung an der Amtsstelle **212 b** 2; unter dem Empfangsbekenntnis eines Anwalts über eine Zustellung/bei einer Zustellung von Amts wegen **198** 1 B, 2 A/**212a** 2; unter der Zustellungsurkunde **191** 2 G; unter derjenigen im Fall einer Postzustellung **195** 3; unter dem Protokoll über eine Maßnahme der Zwangsvollstreckung **762** 1
Unterstellung 292 1 C; der Wahrheit bei einem Beweisantrag **286** 3 A; der Zustellung **Üb 166** 1 B
Untersuchung zwecks Abstammungsfeststellung s Abstammungsuntersuchung; vor einer Entmündigung **656**
Untersuchungsgrundsatz s Amtsermittlung
Untervertreter, Kostenerstattung **91** 5 ,,Rechtsanwalt, D. Anwaltsvertreter", ,,Verkehrsanwalt"; Prozeßvollmacht **81** 2 D; Rechtsanwalt **78** 1 D, **85** 3 B, C
Untervollmacht 80 1 A; Mangel **88** 1 A
Unterwerfung, im schiedsrichterlichen Vergleich **1044 a**; unter die sofortige Zwangsvollstreckung s Vollstreckbare Urkunde
UNO, Übereinkommen über die Anerkennung und Vollstreckung ausländischer Schiedssprüche **SchlAnh VI** A 1; Geltendmachung eines Unterhaltsanspruchs **GVG 168 Anh II** 4
Unübertragbarkeit einer Forderung **851** 2
Unveräußerlichkeit eines Rechts **857** 3
Unvererblichkeit, eines Anspruchs, Tod der Partei/ des ProzBev, Kostenentscheidung **239** 2 B; des Schmerzensgeldanspruchs **262** 1, **270** 4
Unverfälschtheit einer Urkunde **Einf 437** 2
Unvermögen zur Zahlung der Prozeßkosten **114** 2 A
Unvertretbarkeit einer Handlung **887** 6, **888**
Unversetzbarkeit des Richters **DRiG 30**
Unverzichtbarkeit, bei einem Mangel einer Prozeßhandlung **295** 3; bei einem Grund zur Anfechtung eines Schiedsspruchs **1041** 8, **1042** 4; der Zulässigkeitsrüge **296** 4
Unvollständigkeit des Verhandelns **334** 5
Unwahrheit, einer Behauptung, Schadensersatzpflicht **138** 1 G; der Erklärung über eine Tatsache **138** 1 F; eines Geständnisses **138** 1 D, F, **290** 2 A; einer Tatsache, Feststellungsklage **256** 2 C; einer eidesstattlichen Versicherung **138** 1 H; Würdigung einer streitigen Behauptung als unwahr **138** 1 F
Unwirksamkeit, des Kostenfestsetzungsbeschlusses **Einf 103** 2 A; Nichtigkeit s dort; des Urteils **Üb 300** 3 C, D
Unzulässigkeit, einer Anordnung oder Frage in der mündlichen Verhandlung **140**; des Antrags auf eine Parteivernehmung **445** 3; des Aufgebots, Anfechtungsklage **957** 3; des Aufgebotsverfahrens **Einf 1003** 1 C; der Berufung **519** 2 A; Revision wegen der U. einer Berufung **547** 2; dgl wegen der U. gegen ein Urteil in einem Verfahren auf den Erlaß eines Arrests oder einer einstweiligen

Unzuständigkeit   Zahlen in Fettdruck = Paragraphen

Verfügung **Üb 545** Anh 1, **545** 1 B, **922** 3 C/**936** 1; einer Beschwerde **574**; des Einspruchs **341** 2; der Berufung wegen Nichtvorliegens des Falls einer Versäumnis **513** 2; des Rechtswegs s dort; der Revision **554a, 556**; des Schiedsverfahrens, Aufhebungsklage **1041** 4; der Wiederaufnahmeklage **589**; des Wiedereinsetzungsantrags **238** 2 A

Unzuständigkeit s Gerichtsstand (Unzuständigkeit), Verweisung, Zuständigkeit

Urheberbenennung, durch den Besitzer **76**; bei einer Beeinträchtigung des Eigentums oder eines Rechts **77**; im Schiedsverfahren **1034** 5

Urheberrecht, Beweislast **286 Anh** 4; Pfändung **Grdz 704** 9, **857** 3

Urheberrechtsverletzungsklage, Feststellungsklage **256** 2 B; Gerichtsstand **32** 2 B; Gerichtsstand für einen Schadensersatzanspruch **32** 2 A, 3; Rechtsweg **GVG 13** 7; Urheberbenennung **77**

Urkunde Üb 415 1; Abhandenkommen **Üb 1003** 2; Abschrift **435**; Anordnung einer Übersetzung **142** 3; Anordnung der Vorlegung **142, 273** 3 A; Antragsrecht eines Gläubigers in der Zwangsvollstreckung **792, 896**; Auffinden als Restitutionsgrund **580** 4; Legalisation einer ausländischen Urkunde **438**; Beifügung zum Mahnbescheid **703a** 1 B, zum Schriftsatz **131** 1, der Urkunden/Wechsel/Scheckprozeß **592** 3 C/**602** 3/**605a**; Beseitigung zwecks Vereitelung des Beweises **444** 1; äußere/innere Beweiskraft **Üb 415** 3; als Beweismittel **Üb 415** 3 D, E; Einsicht **134** 3, **299**; Ersetzung einer gerichtlichen oder notariellen Urkunde **Üb 415** 4; Erteilung an den Vollstreckungsgläubiger **792** 1, **896** 1; Feststellung **256**; Herausgabe an den Vollstreckungsgläubiger **836** 3 B; Kraftloserklärung s Aufgebot; U. mit einem äußeren Mangel, Beweiswürdigung **419**; Mitteilung von Anwalt zu Anwalt **135**; über den Schiedsvertrag **1027** 3; Beifügung zu einem Schriftsatz **131** 2; Unverfälschtheit **Einf 437** 2; Vernichtung **Üb 1003** 2; Verwahrung einer verdächtigen U. **443** 1
– **(notarielle) 794** 10, **797** 1 C
– **(öffentliche) 415** 2; Beweisantritt **432** 1, 2; Beweiskraft einer Anordnung/Verfügung/Entscheidung **417**; Beweiskraft für eine Erklärung **415** 3; Beweiskraft über einen Vorgang **418** 2; Vermutung der Echtheit **437**; Echtheit der ausländischen öff. U. **438**; Form **415** 2 D; Gegenbeweis **415** 4; mit einem äußeren Mangel **419**; Zeugnisurkunde **418** 1 A; Zustellungsurkunde s dort
– **(private) 416** 1; Aussteller **416** 1 B; Beweiskraft **416** 2; Echtheit **439**; mit einem äußeren Mangel **419**; mit einem Mangel, Beweiswürdigung **440** 3 C
– **(vollstreckbare)** s Vollstreckbare Urkunde
– **(Echtheit) 437 ff**; Anerkennung durch das Unterlassen einer Erklärung **439** 3; dgl im Parteiprozeß **510**; einer ausländischen Urkunde **438**; als Voraussetzung der Beweiskraft **Einf 437** 1; Erklärung in der Berufungsinstanz **531**; Erklärungspflicht des Gegners **439**; Feststellungs-/Zwischenfeststellungsklage wegen der (Un)Echtheit **256** 6, 8 C; Säumnis des Bekl im Urkundenprozeß **597** 3; Schriftvergleich **441, 442**; Vermutung der E. bei einer inländischen öffentlichen Urkunde **437**; einer privaten Urkunde **440**; Verwahrung einer verdächtigen Urkunde **443**
– **(Eigenurkunde) 437** 1
– **(Herausgabeklage),** Gerichtsstand der Erbschaft **27** 2 B; Gerichtsstand beim Testamentsvollstreckerzeugnis **27** 2 B; Gerichtsstand bei einer Urkunde zum Zweck einer Löschung im Grundbuch **24** 2 B; Streitwert **3** Anh, **6** 1 A
– **(Rückgabestreit) 135** 2
– **(Urkundenbeweis) 286** 4, **415 ff**; beglaubigte Abschrift einer öffentlichen Urkunde **435**; Anordnung der Vorlegung der Handelsbücher **422** 2 E; Antrag **424** 1; Beweisbeschluß **425**; Beweisbeschluß auf eine Vernehmung des Gegners über den Verbleib der Urkunde **426**; Nichtvorlegung der Urkunde durch den Gegner **427**; als Parteibeweis **Üb 415** 3 D; Schriftvergleichung **441, 442**; im Urkundenprozeß **592** 3; Urkundenübersendung durch eine Behörde **432** 3; Beweisvereitelung **444** 1; Verlesung **286** 4 B; Verzicht nach der Urkundenvorlegung **436**; Zeugnis einer Behörde **Üb 373** 1 B
– **(Urkundenbeweisantritt),** Antrag der Vorlegung durch einen Dritten **428, 430**; Antrag der Vorlegung durch den Gegner **421, 424**; Behördenurkunde **432** 1; durch die Vorlegung der Urkunde **420**; Vorlegungspflicht des Gegners **422**; Vorlegungspflicht des Gegners wegen seiner Bezugnahme auf die Urkunde **423**
– **(Vorlegung),** einer beglaubigten Abschrift einer öffentlichen Urkunde **435**; gerichtliche Anordnung **142**; Anordnung der Niederlegung auf der Geschäftsstelle **142** 2; Anordnung auf Grund einer Vernehmung des Gegners **426** 2 C; Anordnung vor der mündlichen Verhandlung **273** 2 B, 3 A; Antrag **424** 1; Aufforderung zur Niederlegung **134**; im Prozeßkostenhilfeverfahren **117, 118**; vor dem verordneten Richter **434**; im Urkunden/Wechsel/Scheckprozeß **592** 3 C/**602** 3/**605a**; Verweigerung **407** 1, 2; bürgerlichrechtliche Vorlegungspflicht des Gegners **422**; Vorlegungspflicht wegen einer Bezugnahme **423**
– **(Vorlegung durch Dritten),** Antrag **428, 430**; Fristsetzung **431** 1; Fristablauf, Antrag auf eine Fortsetzung des Verfahrens **431** 2; Vorlegungspflicht **429**
– **(Vorlegungsklage),** Prozeßvollmacht **81** 2 C; Streitwert **3 Anh**

Urkundenfälschung, Aufhebungsklage **1041** 9; Restitutionsklage **580** 2, **581** 1

Urkundenmahnbescheid 703a

dahinterstehende Zahlen und Buchstaben = Anmerkungen **Urteil**

Urkundenprozeß Grdz 592 1; **592 ff**; Abstandnahme **596** 1; Anerkenntnis **599** 1 A; Aussetzung des Verfahrens **148** 2 A; Beweisantritt **595** 3; Beweismittel **592** 3, **593** 2, **595** 2; Einmischungsklage **64** 2 B; Einwendung **598**; Fehlen einer Prozeßvoraussetzung **Grdz 253** 3 G; Klagabweisung **597**; Klageschrift **593**; Nachverfahren **600**; Parteivernehmung **592** 2 B; Richterausschluß wegen seiner Mitwirkung im U. **41** 2 F; Sicherheitsleistung **110** 3; vorläufige Vollstreckbarkeit des Urteils **708** 2 D; Urteil ohne einen Vorbehalt **599** 2 B; Verurteilung des Bekl **599** 1 A; Vorbehaltsurteil **599** 2, 3; Zurückverweisung durch das Berufungsgericht **538** 3 C; Widerklage **253 Anh** 1 C, **595** 1; Widerspruch des Bekl **599** 1 B; Zulässigkeit **592**; Zurückweisung einer Einwendung **598**; Zwischenfeststellungsklage **256** 7 B

Urkundsbeamter der Geschäftsstelle GVG Üb 153 3, **153**; Ablehnung s Befangenheitsablehnung; Aktenvorlegung beim Vorsitzenden zur Terminsbestimmung **216** 2 C; Amtspflichtverletzung **Grdz 153** 3 C; Anwaltszwang **78** 2 A; Ausschluß vom Amt **41, 47** 1, **49**; Ausschluß, Entscheidung **48**; Befangenheitsablehnung s dort; Beglaubigung einer zuzustellenden Abschrift **170** 3, **196, 210**; Ausfertigung/beglaubigte Abschrift des Urteils **317** 2 B; öffentliche Bekanntgabe eines Aufgebots **948**; als Dolmetscher **GVG 190**; Erinnerung gegen seine Entscheidung **576** 2; Erteilung einer vollstreckbaren Ausfertigung **724** 3; Fristversäumung als Parteiverschulden **85** 3; Hilfsbeschwerde gegen eine Entscheidung **577** 5; Erteilung eines Notfrist-/Rechtskraftzeugnisses **706** 3 D/2 C; Protokollführung **159** 2; Unterschrift unter dem Protokoll **163**; Entscheidung des Richters statt des Urkundsbeamten **10** 1 A; Stellung gegenüber dem Rpfl **GVG 153 Anh** 8 § 26; Unterhaltsanpassung **641 r**; Verkündungsvermerk auf dem Urteil **315** 3; Erteilung der Vollstreckungsklausel **724** 3, **725** 2; Vollstreckungsklausel auf einer gerichtlichen Urkunde oder einem Vergleich **797** 1 B, **797 a** 1; als Zeuge **Üb 373** 2 B; Zuständigkeit **GVG 153 Anh** 8 § 26; Zustellung von Amts wegen s dort; Zustellung des Vollstreckungsbescheids **699** 2; Zustellungsauftrag an den Gerichtsvollzieher s Zustellung (Parteibetrieb); vgl. auch Geschäftsstelle

Urkundsperson 415 2 B, **418** 1; Legalisation einer ausländischen Urkunde **438** 2

Urlaub, Anspruch auf, Feststellungsklage **256** 5

Urlaubsgeld, Pfändung **850 a** 3

Ursachenzusammenhang, Anscheinsbeweis **286 Anh** 3 B, C, 4; Beweiswürdigung **287** 1 B; gerichtliche Ermittlung des Schadens **287** 2; unabwendbarer Zufall und Fristversäumung **233** 2 C

Ursächlichkeit der Gesetzesverletzung **549** 2 A, **551** 1

Urschrift, Beifügung zum Mahnbescheid **703 a** 1 B; eines Schriftsatzes **131** 1, **133** 2; Übergabe zur Zustellung **169** 1; Urkundenvorlegung **131** 1; beglaubigte Abschrift einer öffentlichen Urkunde als Beweismittel **435**; Vorlegung im Urkunden/Wechsel/Scheckprozeß **593** 2/**602** 3/**605 a;** Urteil **315** 1; Vermerk bei der Erteilung einer vollstreckbaren Ausfertigung **734**; abgekürztes Urteil **313 a, b**; Übermittlung der Zustellungsurkunde an die Partei **190** 4

Urteil Üb 300 1, **300 ff**; abgekürztes U. **313 a, b**; beglaubigte Abschrift **317** 2; Absetzung **315** 1, 2; Arten **Üb 300** 2; Entscheidung nach Lage der Akten **331 a** 2 B; über einen von mehreren Ansprüchen **145** 1; Auffinden eines U., Wiederaufnahme **580** 4 F; Aufhebung eines Arrestes oder einer einstweiligen Verfügung wegen einer Versäumung der Klagefrist **926** 4/**936** 1; Aufhebungsklage im Schiedsverfahren **1041** 9, **1043** 1, 2; Urteil über einen Arrest oder eine einstweilige Verfügung **922** 3/**936** 1; Aufhebung als Grund einer Restitutionsklage **580** 3; Schadensersatzpflicht wegen einer Zwangsvollstreckung auf Grund eines später durch das Rechtsmittelgericht aufgehobenen oder geänderten U. **717** 2; dgl Streitwert **3 Anh, 4** 3 A; Aufhebung oder Auffinden eines Urteils als Grund einer Restitutionsklage **580** 3, 4; bei der Klage auf eine Auskunft, auf eine Rechnungslegung auf eine Zahlung **254** 3 A; U. statt eines Beschlusses, Rechtsmittel **Grdz 511** 4 D; Bindung der Behörde an das U. **Einf 322** 4 B; Bindung des Gerichts an die Anträge der Parteien **308** 1; Bindung des Gerichts an ein anderes Urteil **Einf 322** 4 C; Bindung des Gerichts an sein eigenes U. **318**; Bruttolohnurteil **Üb 803** 1 A; U. auf eine Entschädigung im Strafverfahren, Rechtskraftwirkung **322** 4, **325** 6; bei einer (teilweisen) Erledigung der Hauptsache **91a** 3 B, 5; Entscheidungsgründe **313** 7, **313 a** 2, **313 b** 1; Erledigungserklärung nach dem Erlaß des U. **91a** 2 B; Einbeziehung einer tatsächlichen Feststellung in die Rechtskraft **322** 2 C; Fällung **309**; Fehlerhaftigkeit **Üb 300** 3 E; Form, Inhalt **311, 313**; auf eine sachlichrechtliche Fristsetzung **255, 510 b**; Besetzung des Gerichts **309**; Bezeichnung des Gläubigers oder des Schuldners **750** 1; abweichend vom Klagantrag **308** 1 C, D; kontradiktorisches U. **Üb 300** 2 C; Mangelhaftigkeit **Üb 300** 3 E; auf eine Fortsetzung des Mietvertrags **308 a** 1; Nichtigkeit **Üb 300** 3 C, D; Nichturteil **Üb 300** 3 B; obiter dictum **313** 7 A; gegen eine falsche Partei **Grdz 50** 3 A; gegen eine nichtbestehende Partei **Grdz 50** 3 B; gegen einen Parteiunfähigen **50** 4 B; Protokoll **160** 4 F; gegen einen Prozeßunfähigen **52** 1 B, **56** 1 E; trotz des Fehlens einer Prozeßvollmacht **89** 3; bei einem Mangel der Prozeßvollmacht **88** 2; über eine Prozeßvoraussetzung **56** 1 F; auf eine Räumung von Wohnraum **721** 3; Rechts-

Urteil

kraftfähigkeit **322** 1; Rechtswegverweisung **GVG 17** 3 B; auf die Zahlung einer Rente, Klage auf die nachträgliche Leistung einer Sicherheit **324**; durch den Richter nach einer Ablehnung **47** 1 A; Zurückweisung der Ablehnung des Richters **46** 2; Rubrum **313** 1–4; Schiedsspruch als U. **1040** 4 B; Streitgenossenschaft **61** 2 B, 3/**61** 2 A; notwendige Streitgenossenschaft **62** 4 C; Wirkung der Streithilfe **68**; Übergabe an die Geschäftsstelle **315** 2; Überschrift **311** 1; Tatbestand **313** 6, **313 a** 2, **313 b** 1; Unterschrift **315** 1, 2 B; im Urkundenprozeß ohne einen Vorbehalt **599** 2 B; Urschrift des abgekürzten U. **313 a, b**; auflösend bedingtes/unbedingtes U. **Üb 300** 2 E; im schriftlichen Verfahren, Zustellung **310** 1 A; im schriftlichen Verfahren ohne das Einverständnis der Parteien **128** 6 D; streitiges/Versäumnisurteil **Üb 300** 2 C; bei einem Vertretungsmangel **56** 1 C; bei der Vollstreckungsabwehrklage **770**; als Vollstreckungstitel **704, 705**; auf die Vornahme einer Handlung und die Zahlung einer Entschädigung nach einer Fristversäumung **510 b, 888 a**; Festsetzung des Streitwerts wegen einer Revision **546**; und Widerspruch gegen einen Arrest/eine einstweilige Verfügung **925** 2/**936** 1; im Widerspruchsverfahren gegen einen Verteilungsplan **880**; betr eine Wiedereinsetzung **238** 2 A; auf die Abgabe einer Willenserklärung **894**; Wirkungslosigkeit **Üb 300** 3 C, D; Beschluß über die Wirkungslosigkeit im Fall einer Erledigung der Hauptsache vor dem Eintritt der Rechtskraft **91 a** 3 B; entsprechender Beschluß nach einer Klagerücknahme **269** 4 D; Wirksamkeit **Üb 300** 3 B; bei einem Zustellungsmangel **56** 1 C; Verwerfung einer Zulässigkeitsrüge nach einem Zwischenurteil **280**

– (**Anerkenntnisurteil**) **307** 3; Antrag **307** 3 B; Kostenentscheidung **99** 3, 4; trotz einer Beschränkung der Prozeßvollmacht **89** 3; abgekürztes U. **313 b**; Verkündung **310**
– (**Ausfertigung**) **317** 2; Berichtigungsbeschluß **319** 3 C; Kosten als solche der Zwangsvollstreckung **788** 1; Kostenerstattung **91** 5; Kostenfestsetzungsbeschluß auf dem Anerkenntnisurteil **105**; abgekürztes Urteil **317** 3; Vorlage beim Berufungs-/Revisionsgericht **518** 3/**553 a**
– **vollstreckbare Ausfertigung**) s dort
– (**Auslandsurteil**) s dort
– (**Ausschlußurteil**) im Aufgebotsverfahren **952**
– (**Berichtigung**) hinsichtlich eines Schreib- oder Rechenfehlers oder einer offenbaren Unrichtigkeit anderer Art **319**; Ablehnung einer derartigen Berichtigung **319** 4; Kostenerstattung **91** 3 C; hinsichtlich der Zulassung der Revision **546** 4
– (**Berichtigung des Tatbestands**) **320**; nach einer Aussetzung des Verfahrens **249** 4; Fristbeginn durch die Zustellung des Urteils **312** 1; Wiedereinsetzung nach einer Fristversäumung **233** 2 C; Ablehnung des Richters **42** 1 A; nach einer Unterbrechung des Verfahrens **249** 4
– (**Berufungsurteil**) **543**
– (**DDR-Urteil**), Anerkennung **328** Vorbem
– (**Endurteil**) **Üb 300** 2 D, **300, 511** 1 B; Bindungswirkung **318**; über eine Entlassung des Bekl bei einem Gläubigerstreit **75** 3 B; Entscheidungsreife **300** 2, 3 A; nach einer Zulassung des (Prozeß)Bevollmächtigten ohne (den Nachweis seiner) Vollmacht **89** 1 B; bei einer Prozeßverbindung **300** 4; über Prozeßvoraussetzungen **56** 1 F; Vollstreckbarerklärung eines Schiedsspruchs **1042 c** 2 B; Vollstreckungsfähigkeit **704** 1 B
– (**Entscheidungsgründe**) **313** 7; Revision wegen des Fehlens **551** 8; Verkündung **311** 2; Weglassung **313 a, 313 b** 2, **543** 3
– (**Ergänzung**) **321**; Antragsfrist **321** 3 A; Beginn der Antragsfrist durch die Zustellung des Urteils **312** 1; Berufungsfrist gegen ein Ergänzungsurteil **517**; wegen des Fehlens einer Kostenentscheidung **91** 1 D; Kostenerstattung **91** 3 C; Gewährung einer Räumungsfrist **721** 3, 4; über einen Rechtsnachfolger **239** 2 G, 4 B; beim Übergehen des Haupt- oder eines Nebenanspruchs oder des Kostenpunkts **321** 2; bei einem Urteil im Urkundenprozeß ohne einen Vorbehalt **599** 2 B; hinsichtlich der vorläufigen Vollstreckbarkeit **716**
– (**Erschleichen**) **Einf 322** 6 D; der Rechtskraft eines Ehescheidungsurteils durch die Rücknahme der Berufung **Einl III** 6 A; Restitutionsklage **580** 2, **581** 1; Streitwert eines Schadensersatzanspruchs wegen E. eines Ehescheidungsurteils **9** 2 A; Streitwert bei einem Anspruch auf die Unterlassung der Zwangsvollstreckung aus einem erschlichenen Urteil **4** 3 C
– (**Feststellungsurteil**) **256** 4 E, **Üb 300** 2 B; Rechtskraftwirkung **322** 4; über die Echtheit oder Unechtheit einer Urkunde **256** 6; Urteil über ein Feststellungsurteil **256** 5; über eine Zwischenfeststellungsklage **256** 9
– (**Gestaltungsurteil**) **Üb 300** 2 B; auf eine Fristsetzung **255** 2; Rechtskraftwirkung **322** 4, **325** 5 A
– (**Klagabweisung**) s dort
– (**Leistungsurteil**) **Grdz 253** 2 A, **Üb 300** 2 B; Rechtskraftwirkung **322** 4
– (**Nichtigkeit**) **Üb 300** 2 C, D; des U. gegen einen Exterritorialen **GVG Einf 18** B
– (**Prozeßurteil**) s Klagabweisung
– (**Rubrum**) **313** 1–4
– (**Sachurteil**) **Üb 300** 2 A; Voraussetzung **Grdz 253** 3 A; bei einer rechtsvernichtenden Rüge **300** 3 D
– (**Scheinurteil**) **Üb 300** 3 B, **Grdz 511** 4 A
– (**Schlußurteil**) **Üb 300** 2 D; bei einem Aufrechnungsvorbehalt **302** 4 B; Kostenentscheidung, Rechtsmittel **99** 4; im Nachverfahren des Urkundenprozesses **600** 2; im Nachverfahren nach einem Vorbehaltsurteil **302** 4 B

dahinterstehende Zahlen und Buchstaben = Anmerkungen **Urteil**

- (**streitiges, streitmäßiges Urteil**) **Üb 300** 2 C
- (**Tatbestand**) **313** 6; Bezugnahme **313** 6; bei einer Entscheidung nach Lage der Akten oder einem Urteil im schriftlichen Verfahren **313** 6 A; Angriffs- oder Verteidigungsmittel **313** 6 B; Kennzeichnung des Anspruchs **313** 4 D; Berichtigung **320**; Berufungsurteil **543**; Beweiskraft **314**; Bezugnahme auf einen Schriftsatz oder auf das Sitzungsprotokoll **393** 4 C; Ergänzung **321** 2; Mangel als Revisionsgrund **313** 7, **551** 8 C; Prüfung in der Revisionsinstanz **550** 2; Unzulänglichkeit **313** 1; beim abgekürzten Urteil **313b**, **317** 3; Weglassung **313a**, **543** 2; Widerspruch zum Sitzungsprotokoll **314** 2; Wiedergabe des Sach- und Streitstands **313** 6 A; Aussage eines Zeugen, Sachverständigen, einer Partei **313** 6
- (**Teilurteil**) **301** 1; bei einer Anspruchshäufung **260** 2 B; über einen Anspruchsteil **301** 2 C; Berufung **537** 1 B; in einer Ehesache **Einf 610** 3 B, E; bei einer Feststellungsklage **256** 4 E; bei einer Klägerhäufung **301** 2 B; über die Kosten nach beiderseitigen Erledigungserklärungen **91a** 5 B; Kostenentscheidung **91** 2; Kostenentscheidung nach einem Teilurteil, Rechtsmittel **99** 2 B, 4; nach einer Rechnungslegungs- und Zahlungsklage **254** 2 A; gegen Streitgenossen **61** 3; dgl Kostenentscheidung **100** 5; bei einer Streitgenossenschaft wegen eines Fehlens von Prozeßvoraussetzungen **Üb 59** 3; bei einer notwendigen Streitgenossenschaft **62** 4 C; Rechtskraft **322** 2 A, 4; Unterbleiben **301** 3; über die vorläufige Vollstreckbarkeit **718** 2; über die Widerklage **301** 2 D; Zulässigkeit **301** 2; Urteil über eine Zwischenfeststellungsklage **256** 9
- (**Unanfechtbarkeit**), des Urteils des LG wegen einer sachlichen Unzuständigkeit **10**; des Teilurteils des OLG über die vorläufige Vollstreckbarkeit **718** 3; des Urteils über eine Zulässigkeitsrüge **280** 3
- (**zusammen mit Urteil anfechtbarer Beschluß**) s Beschluß
- (**Urteilsformel**) **313** 5; beim abgekürzten Anerkenntnis- oder Versäumnisurteil **313b**; bei der Abweisung einer verneinenden Vaterschaftsfeststellungsklage **641h**; Berichtigung **319** 2 A; Ergänzung **321**; Kostenentscheidung beim Anerkenntnisurteil **99** 4 B; Kostenentscheidung bei Streitgenossenschaft **100** 6 C; Maßgeblichkeit für die innere Rechtskraft **322** 2 A; Verbotsurteil **890** 1 B; Vorbehalt der beschränkten Erbenhaftung **780** 1 C, 2; Vorbehalt einer Genehmigung nach dem AWG **SchlAnh IV** A; Vorbehalt einer Haftungsbeschränkung **305** 2; Vorbehaltsurteil **302** 3 B; beim Widerspruch des Bekl gegen eine Erledigungserklärung des Klägers **91a** 2 C
- (**Urteilsgründe**) **313** 7; Begründung des Urteils mit der Beweislast **286 Anh** 1 C; Beweiswürdigung **286** 2 D; Fehlerhaftigkeit

oder Mangel als Revisionsgrund **551** 8; Einbeziehung in die Rechtskraft **322** 2 A, C; Verkündung **311** 2
- (**Urteilskopf**) **313** 1–4
- (**Urteilsstil**) **313** 7 D.
- (**Urteilsvoraussetzung**) **Grdz 253** 1 B
- (**Verkündung**) **310** 1, 2, **311, 312**; Ablehnung als Aussetzung des Verfahrens **249** 4; in Abwesenheit der Partei **312** 1; nach einer Aussetzung des Verfahrens **249** 4; Entscheidungsgründe **311** 2; im Namen des Volkes **311** 1 A; Öffentlichkeit **GVG 173**; ein vom Richteramt Ausgeschlossener als Mitwirkender **41** 1 B, 2 F; Wegfall des Richters vor der Verkündung **156** 1, **309**; nach einer Anordnung des Ruhens des Verfahrens **251** 2 C; nach einer Unterbrechung des Verfahrens **249** 4; im schriftlichen Verfahren **310** 1 A; im vereinfachten Verfahren **311** 1 C; Verkündungstermin **310** 2; Verkündungsvermerk **315** 3; Vorlesung der Urteilsformel **311** 1 B
- (**Veröffentlichung**), Kosten **788** 5
- (**Versäumnisurteil**) s dort
- (**Verzichtsurteil**) **306** 2; abgekürztes Urteil **313b**
- (**vorläufige Vollstreckbarerklärung**) **Grdz 704** 3 G, **Einf 708, 708ff**; Abwendung der Zwangsvollstreckung durch eine Sicherheitsleistung oder Hinterlegung des Schuldners **711–714, 719–720a**; von Amts wegen ohne eine Sicherheitsleistung **708**; von Amts wegen gegen eine Sicherheitsleistung **709**; Antrag **708, 709, 714**; Antrag auf eine Vollstreckbarerklärung in der Berufungs-/Revisionsinstanz **534/560**; Antrag auf eine Vorabentscheidung in der Berufungsinstanz **718**; auf einen Antrag ohne eine Sicherheitsleistung **710**; Außerkrafttreten durch die Aufhebung oder Änderung des Urteils/Schadensersatzpflicht des Klägers **717** 1/2; in einer Ehe- oder Kindschaftssache **704** 2; Kosten **788** 5; wegen der Kosten **Einf 708** 2 C; Rechtskraft mit der Verkündung **Einf 708** 2 B; Unzulässigkeit **704** 2; Vorabentscheidung **718** 2
- (**Vollstreckbarkeit**) **Grdz 704** 3 F; eines Arresturteils **925** 2 B; Entscheidung von Amts wegen **308** 1 A; und Rechtskraft **Einf 322** 1 C; und Rechtskraftwirkung **Einf 727** 1
- (**Vollstreckungsurteil**) s Auslandsurteil
- (**Vorabentscheidung**), über den Grund des Anspruchs **304** 4 C; dgl durch ein Versäumnisurteil **347** 1; des Berufungsgerichts über die vorläufige Vollstreckbarkeit **718** 2; Richterausschluß wegen seiner Mitwirkung **41** 2 F; Wiederaufnahmeklage **579** 2; Zurückverweisung durch das Berufungsgericht **538** 3 E
- (**Vorbehaltsurteil**) **Üb 300** 2 D, **302, 305, 780ff**; Schadensersatzpflicht nach seiner Aufhebung **302** 5; bei einer Aufrechnung durch den Bekl **302** 2, 3; dgl Urteil im Nachverfahren/Schlußurteil **302** 4 A/B;

Urteil

nach der Zulassung des (Prozeß)Bevollmächtigten ohne (den Nachweis seiner) Vollmacht **89** 1 B; Fortdauer der Rechtshängigkeit **261** 2 C; im Urkundenprozeß **599** 2, 3; Vollstreckungsfähigkeit **704** 1 B; Vorbehalt einer Haftungsbeschränkung **305**; Vorbehalt einer beschränkten Erbenhaftung **780** 1 C, 2; Wiederaufnahmeklage **579** 2; Zurückverweisung durch das Berufungsgericht **538** 3 C, E; Einstellung der Zwangsvollstreckung **705** 5

– **(Zustellung)**, von Amts wegen **317** 1; in einer Ehe- oder Kindschaftssache **625**, **640** 3; Kostenerstattung **91** 5; im Parteibetrieb **317** 1, **750**; im schriftlichen Verfahren **128** 6 E; nach einer Unterbrechung des Verfahrens durch den Tod oder die Vertretungsunfähigkeit eines Anwalts **244** 1 B; als Voraussetzung der Zwangsvollstreckung **750** 2

– **(Zwischenurteil)** **Üb** 300 2 D, **303** 1; über das Recht zur Verweigerung einer Abstammungsuntersuchung **372a** 5; über den Grund des Anspruchs **304** nach einer Anordnung der Verhandlungsbeschränkung **146** 2 B; nach einer Aufrechnung durch den Bekl **145** 4 F; Bindung des Gerichts **318**; Nachprüfung in der Berufungsinstanz **512**; Zulässigkeit der Berufung **519b** 2 B; nach einem Einspruch **343** 1 A; Entscheidungsreife im Zwischenstreit **303** 2, 3; über eine Exterritorialität **GVG Einf** 18 B; und Feststellungsurteil **256** 1 A; über die Zulässigkeit der Klage **280** 3; über die Zulässigkeit einer Klagänderung **263** 3, **268** 1; über eine Klagerücknahme **269** 2 E; Kostenentscheidung **91** 2 A; nach einer Zulassung des (Prozeß)Bevollmächtigten ohne (den Nachweis seiner) Vollmacht **89** 1 B; bei einer Prozeßtrennung **145** 1; über eine Prozeßvoraussetzung **56** 1 F; Rechtskraft **322** 1 B; Rechtsmittel bei einer formfehlerhaften Entscheidung **Grdz 511** 4 D; beim Rechtsnachfolgerstreit **239** 2 D, E, 4; Ausschluß des Richters wegen seiner Mitwirkung **41** 2 F; über die Zulassung eines Rechtsnachfolgers **266** 2 B, C; über das Recht des Sachverständigen zur Verweigerung eines Gutachtens **402**; über eine Sicherheitsleistung **112** 1 A; über die Zulassung eines Streithelfers **71** 2; statt eines Teilurteils, Rechtsmittel **Grdz 511** 4 D; über die Rückgabe einer Urkunde durch einen Anwalt **135** 2; über einen Verweisungsantrag **506** 2 C b; Vorabentscheidung über den Grund des Anspruchs **304** 4 C; Wiederaufnahmeklage **579** 2; über eine Wiedereinsetzung **238** 2 A, C; über ein Zeugnisverweigerungsrecht **387** 3; Zurückweisung des Entlassungsantrags des Bekl bei einem Gläubigerstreit **75** 4 B

Urteil, Abgrenzung gegenüber einer Tatsache Einf 284 4 B, C; technisches Urteil **Einf** 284 4 C; juristische Beurteilung **Einf** 284 4 B; Werturteil **Einf** 284 4 A

Urteilsverfahren Einl III 1 C

USA, deutsch-amerikanisches Freundschafts-, Handels- und Schiffahrtsabkommen **SchlAnh VI** B 1

Usance GVG 1 2 C

V

Valuta, Streitwert **3 Anh**

Vater, Prozeßstandschaft **Grdz 50** 4 B

Vaterschaft, Ausschluß einer Gerichtsperson wegen ihrer V. **41** 2 C, **49**; Zweifel als Aussetzungsgrund s Aussetzung

– **(Anerkenntnisanfechtungsklage) 640** 1; Anordnung einer Abstammungsuntersuchung **372a** 2, **640** 3; Duldungspflicht **372a** 4; Duldung eines Augenscheins **Üb 371** 2 C; zulässige Abstammungsuntersuchung **372a** 3; Verweigerung der Untersuchung **372a** 5; Amtsermittlung **640** 3, **640d**; Anerkenntnis **640** 3; Aussetzung des Verfahrens zwecks erbbiologischer Untersuchung **Einf** 148 2; Beweis **286 Anh** 4; Erklärung über eine Tatsache oder über die Echtheit einer Urkunde **640** 3; als Feriensache **GVG 200** 5; Klage auf die Feststellung der (Un)Wirksamkeit eines Anerkenntnisses **256** 2 B, 5, **640** 1; Geständnis **640** 3; Klagenverbindung **640c** 1; Kostenentscheidung im Fall eines Anerkenntnisses **93** 1 A; Kostenentscheidung bei einer erfolgreichen Klage des Mannes **93c**; Ladung des nicht beteiligten Elternteils/Kindes **640e**; Übergangsvorschriften nach dem NEhelG **Üb 640** 2; Öffentlichkeit **GVG 170, 173**; Ausschluß der Parteiherrschaft **640** 3; Parteivernehmung **640** 3; Streitgenossenschaft **60** 1; notwendige Streitgenossenschaft **69** 1 A; Streitwert **3 Anh**; Berücksichtigung einer Tatsache gegen den Widerspruch des Anfechtenden **640d**; Tod der Partei vor dem Eintritt der Rechtskraft **640** 3; Tod des anfechtenden Mannes **640g**; Rechtskraftwirkung des Urteils **322** 4, **640 h**; Unzulässigkeit einer Vollstreckbarerklärung des Urteils **704** 2; Zustellung des Urteils **640** 3; Versäumnisurteil **640** 3; Verzicht auf den Klaganspruch **640** 3; Verzicht auf die Beeidigung der Partei, des Sachverständigen oder des Zeugen **640** 3; Widerklage **253 Anh** 1 C, **640c** 2

– **(Feststellungsklage) 256** 2 B, 5, **640** 1, **641**; Anerkenntnis der Vaterschaft, Zustimmung des gesetzlichen Vertreters zur Niederschrift **641 c**; Aussetzung zwecks einer erbbiologischen Untersuchung **Einf** 148 2; Fristsetzung für eine Unterhaltsklage/Festsetzung des Regelunterhalts **641e** 2, 3; als Feriensache **GVG 200** 5; Gerichtsstand **641a** 2; und Revision **550** 2; Streitverkündung durch das Kind **641b**; und Unterhaltsklage, Prozeßtrennung **145** 1 A; Antrag auf eine Zahlung von Unterhalt **643**; Rechtskraftwirkung des Urteils **641k**; Restitutionsklage **641i**; Anspruch im Urteil auf eine Verpflichtung zur Zahlung des Regelunterhalts **643**; Urteils-

formel im Fall der Abweisung einer leugnenden Feststellungsklage **641 h**
- (desgleichen **einstweilige Anordnung zur Zahlung von Unterhalt) 641 d**; Änderung **641 e** 1; Aufhebung **641 e** 1; im letzteren Fall Schadensersatzpflicht des Kindes **641 g**; Außerkrafttreten **641 e** 1, **641 f**; Kostenentscheidung **641 d** 5; Sicherheitsleistung **641 d** 2
- (**Feststellungsklage betr ein Anerkenntnis**) 256 2 B, 5, **640** 1, **641**
- (**ausländisches Feststellungsurteil**), Anerkenntnis **328** 4, **641 a** 3

Veränderung, des Streitgegenstands, Klage auf den Gegenstand/das Interesse **264** 2 D; eines Umstands, Aufhebung des Arrests **927**; der Verhältnisse s dort

Veranlassung, zur Klagerhebung **93** 3; Wegfall der V. für eine Sicherheitsleistung **109** 2

Veräußerung, Verkauf der Pfandsache **806**; ein die V. hinderndes Recht **771** 2, 6; des Streitgegenstands **265** 2, 3; eines Grundstücks, Schiffs, Schiffsbauwerks, Luftfahrzeugs während des Prozesses um eine Belastung oder Berechtigung **266** 1; des Streitgegenstands, Prozeßgeschäftsführung **Grdz 50** 4 C; Rechtskraftwirkung des Urteils **325** 2; Erteilung der Vollstreckungsklausel **727** 1

Veräußerungsverbot, durch eine einstweilige Verfügung **938** 1 F; Recht zur Erhebung einer Widerspruchsklage **772**

Veräußerungsverpflichtung, Zwangsvollstreckung **887** 6

Verbandsklage nach dem AGBG, Anhörung **278** 3; Beweislast **286 Anh** 1 B; Klagantrag **253** 5 B; Parteifähigkeit **50** 2 A, **Grdz 253** 4; Streitwert **3 Anh**; Urteil **313** 5; Vollstreckungsabwehrklage **767** 4 A; Zuständigkeit **Üb 12** 2, **12** 2, **16** 1, **21** 1, **38** 2 B, **4** D; **GVG 78 Anh III**

Verbandsgerichtsbarkeit, Unklagbarkeit **Grdz 253** 4

Verbandsschiedsgericht 1048 3

Verbindung, mehrerer Ansprüche s Anspruchshäufung; mehrerer Aufgebotsverfahren **959**; der Berufungen gegen das Urteil und gegen das Ergänzungsurteil **517** 2 B; der Klagen auf eine Eheherstellung, Scheidung und Aufhebung der Ehe **610** 1 A; der Klagen auf eine Feststellung der Nichtigkeit oder des Bestehens oder Nichtbestehens einer Ehe **633**; Entmündigungsantrag hinsichtlich mehrerer Gründe **645** 2 B; bei einer Klage auf die Aufhebung der Entmündigung **667**; in einer Kindschaftssache **640 c**; des Kostenfestsetzungsbeschlusses mit der Ausfertigung des Urteils **105**; einer Prozeßhandlung mit einem Rechtsgeschäft **Grdz 128** 5 J; Prozeßverbindung s dort; der Verhandlung über den Wiedereinsetzungsantrag mit der Sachverhandlung **238** 1 B

Verbleib, Gerichtsstand beim Arrest/bei der einstweiligen Verfügung **919** 3/**942** 2

Verbot, der Schlechterstellung **536** 2 C, **559** 1 A, **573** 3 B; durch eine einstweilige Verfügung **936** 2, **938** 3; an den Drittschuldner zur Zahlung an den Schuldner **829** 2 D

Verbotsurteil, Zwangsvollstreckung **890**, **891**

Verbürgung der Gegenseitigkeit s Gegenseitigkeit

Verbund von Ehescheidungs- und Folgesachen **623**

Verbundurteil, Rechtskraft **629 a Anh**

Verdacht, Anscheinsbeweis **286 Anh** 3 C; einer Straftat, Aussetzung des Verfahrens **149** 2; einer Straftat während der Gerichtsverhandlung, vorläufige Festnahme usw **GVG 183**; dgl gegenüber einem ProzBev, Ausschluß **157** 1 B; Verwahrung einer verdächtigen Urkunde **443**

Verdienstausfall, Erstattungsanspruch **Üb 91** 4 A

Vereidigung s Eidesleistung, Beeidigung der Partei, des Sachverständigen, des Zeugen, Richter

Verein, Auflösung **Grdz 50** 3 B; Ausschluß aus dem V. als ein vermögensrechtlicher Anspruch **Üb 1** 3, **3 Anh**; Ausschluß aus dem V. nach dem Austritt, Feststellungsklage **256** 5; Ausschluß eines Mitglieds des am Prozeß beteiligten V. als Gerichtsperson **41** 2 A, **49**; Gerichtsstand **17** 2; Gerichtsstand des nicht rechtsfähigen Vereins **17** 1; Gerichtsstand der Mitgliedschaft **22**; Mitglied als Zeuge **Üb 373** 2 B; Mitglied eines nicht rechtsfähigen Vereins als notwendiger Streitgenosse **62** 3 B; Beschluß der Mitglieder, Beweislast **286 Anh** 4; Pfändung des Mitgliedschaftsrechts **Grdz 704** 9; Parteifähigkeit des nicht rechtsfähigen Vereins **50** 2 D, F, 3; des rechtsfähigen Vereins **50** 2 A; Prozeßunfähigkeit **52** 1 B; Rechtsfähigkeit während des Prozesses **263** 2 C, **264** 2 B; Rechtsweg **GVG 13** 7; Schiedsgericht **1048** 3; Sicherheitsleistung **110** 2 A; Streithilfe beim nicht rechtsfähigen Verein **66** 1; Streitwert **3 Anh**; Vereinsgerichtsbarkeit, Unklagbarkeit **Grdz 253** 4; gesetzliche Vertretung **51** 2 D; Prozeßführungsrecht des Vorstands eines eingetragenen Vereins **80** 1 E; Zustellung **171** 2, **184**; Zwangsvollstreckung gegen den nicht rechtsfähigen Verein **735**

Vereinbarung s Gerichtsstand, Parteivereinbarung, Zuständigkeit

Vereinfachte Kostenfestsetzung 105

Vereinfachtes Verfahren (Unterhalt) **323**, **641 l** ff, **794**, **798 a**

Vereinfachte Zustellung s Zustellung (Amtszustellung)

Vereinfachungsnovelle Einl I, Einf 272, **296** 1, **Grdz 688** 1 A

Vereinigte Senate GVG 136, 138

Vereinigte Staaten, deutsch-amerikanisches Freundschafts-, Handels- und Schiffahrtsabkommen **SchlAnh VI** B 1

Vereitelung Zahlen in Fettdruck = Paragraphen

Vereitelung der Beweisführung **286 Anh** 3 D; beim Urkundenbeweis **444**
Vererblichkeit, der Entschädigung für eine Beiwohnung **262** 1; eines Schmerzensgeldanspruchs **262** 1, **270** 4
Verfahren, summarisches Einl III 1 C
Verfahrensablaufplan 641 s 1, **703 b** 2
Verfahrensarten Einl III 1 C
Verfahrensaussetzung s Aussetzung
Verfahrensgebühr, Erledigung der Hauptsache vor ihrer Zahlung **91a** 2 A
– (Vorwegzahlungspflicht) **271 Anh**
Verfahrensmangel 295; gerichtliche Aufklärungspflicht **139** 2 A; im Beschwerdeverfahren **567** 4 B, **575**; als Grund für eine weitere Beschwerde **568** 2 B; Verletzung des rechtlichen Gehörs s Gehör; Verstoß gegen die Gerichtsferien **GVG Üb 199** 2; Verstoß gegen den Grundsatz der Mündlichkeit **128** 2 E; als Begründung einer Sprungrevision **566a** 2; Prüfung im Revisionsverfahren **559** 2; dgl Zurückverweisung wegen eines Verfahrensmangels **539, 575**; Rüge in der Berufungs-/Revisionsinstanz **531/558, 559**; im Schiedsverfahren **1034** 5; als Grund für eine Klage auf die Aufhebung des Schiedsspruchs **1041** 3 C, D; bei einem Beitritt des Streithelfers **70** 2, **71** 1 B; bei einer Streitverkündung **73** 1; Verstoß gegen den Grundsatz der Unmittelbarkeit **128** 2 E; (Un)Heilbarkeit **295** 2, 3; Widerruf einer Rüge **Grdz 128** 5 G; bei einer Zustellung **Üb 166** 5, **182** 4, **184** 2, **185, 191** 1; Zwangsvollstreckung ohne die Erfüllung der Voraussetzungen für ihren Beginn **Einf 750** 2
– (Heilung) **295**; einer gegen den Anwaltszwang verstoßenden Prozeßhandlung **78** 1 E; eines Mangels bei der Aufnahme nach einer Aussetzung oder Unterbrechung des Verfahrens **250** 1 A; eines Mangels bei der Klagerhebung **253** 2 C; eines Verstoßes gegen den Mündlichkeitsgrundsatz **128** 2 E; einer Prozeßhandlung nach der Aussetzung oder Unterbrechung des Verfahrens **249** 3 B; des Fehlens eines Verfahrens vor der Schiedsstelle in einer Arbeitnehmererfindungssache **253** 1 D; des Schiedsvertrags **1025** 7 D, **1027** 1 E; beim Beitritt des Streithelfers **70** 2; bei einer Streitverkündung **73** 1; bei einer Streitverkündung gegenüber dem mittelbaren Besitzer **76** 2 B; bei einem Verstoß gegen den Grundsatz der Unmittelbarkeit **128** 2 E; durch eine Verhandlung zur Hauptsache s Mündliche Verhandlung; eines Verstoßes gegen den Verfügungs- bzw Beibringungsgrundsatz **Grdz 128** 3 F; der Prozeßführung eines Vertreters ohne eine Vollmacht **89** 3; und Wiederaufnahme **590** 1; bei einem Wiedereinsetzungsantrag **238** 1 A; bei einer Zeugenvernehmung **Üb 373** 4 B; beim Fehlen eines Zusammenhangs zwischen den Ansprüchen der Klage und der Widerklage **253 Anh** 2 C; eines Mangels der Zustellung **Üb 166** 5 B, **187**; eines Mangels der Zwangsvollstreckung **Grdz 704** 8

Verfahrensrüge 295; in der Revisionsinstanz **554** 4 E, **559** 2, **565 a**; s auch Verfahrensmangel
Verfallklausel als Voraussetzung der Zwangsvollstreckung **726** 2 D
Verfasser, Zeugnisverweigerungsrecht **383**
Verfassungsbeschwerde, als Rechtsmittel **Grdz 511** 5; gegen die Kostenentscheidung **99** 2 A; wegen einer Versagung des rechtlichen Gehörs **Einl III** 3 A; gegen eine Verweisung **281** 3 A; gegen eine Bestimmung der Zuständigkeit **36** 1 A; gegen die Zwangsvollstreckung **Grdz 704** 8 B; Einstellung der Zwangsvollstreckung im Fall einer V. **707** 5
Verfassungsgericht GVG 17 5; Aussetzung des Verfahrens wegen einer Zuständigkeit des V. **Einf 148** 1 A
Verfassungskonforme Auslegung Einl III 5 D
Verfassungsmäßigkeit des Anwaltszwangs **78** 1 B
Verfassungswidrigkeit eines Gesetzes **Üb 545** 1 A, **GVG 1** 3 C
Verfolgung, eines Beamten **EGGVG 11**; Zeugnisverweigerungsrecht wegen der Gefahr einer Verfolgung **384** 3
Verfügung, Beweis der V. einer Behörde **417**; über den Streitgegenstand **265** 2, 3; durch eine Erledigungserklärung **91a** 2 B; durch einen notwendigen Streitgenossen **62** 4 A
– (richterliche) **Üb 300** 1 A, **329** 1; Protokoll **160** 4 F; Wirksamwerden **329** 4
– (von Todes wegen), Gerichtsstand eines Anspruchs aus einer solchen Verfügung **27**; Geliebtentestament, Beweislast **286 Anh** 4; Gültigkeit, Feststellungsklage **256** 2 C; Nichtigkeit, Streitwert **3 Anh**; Einsetzung eines Schiedsgerichts **1048** 3
Verfügungsgegenstand, Streitgegenstand **2** 2 A
Verfügungsgrundsatz Grdz 128 3 B
Vergeltungsrecht EG 24
Vergleich, Streit über die Wirksamkeit eines Gesamtvergleichs **307 Anh** 6 B; vor einer Gütestelle oder Einigungsstelle, Abänderungsklage **323** 5 A; dgl Erteilung der Vollstreckungsklausel **797a**; über eine Aufhebung der Kosten gegeneinander **98** 3; Kostenentscheidung bei der Einwendung, es sei ein V. abgeschlossen worden **91** 1 E; Erklärung des Kostenpunkts als erledigt **91a** 1; Kostenübernahme nach beiderseitigen Erledigungserklärungen **91a** 3 A; Kostenvergleich, Kostenfestsetzung **104** 1 E; durch den ProzBev **81** 3, **85** 2; durch den (Prozeß-)Bevollmächtigten ohne (den Nachweis seiner) Vollmacht **89** 1 B; über die Prozeßkosten vor einer Erledigung der Hauptsache **98** 2 A; kraft der Prozeßvollmacht **81** 2 D, **85** 2; Beschränkung der Prozeßvollmacht **83** 1; Erstattung der Gebühren der mitwirkenden Rechtsanwalts **91** 4 B; nach dem Rechtsübergang des Streitgegenstands **265** 3 C;

dahinterstehende Zahlen und Buchstaben = Anmerkungen **Verlöbnisaufhebung**

Anordnung des Ruhens des Verfahrens wegen des Schwebens außergerichtlicher Vergleichsverhandlungen **251** 2 A; Schiedsspruch ohne Unterschrift/Niederlegung/Zustellung als V. **1039** 5 B; Schiedsvergleich s dort; Streitwert **3 Anh**; kraft einer Terminsvollmacht **83** 2; über die Unterlassung einer Handlung **890** 1 B; nach einem rechtskräftigen Urteil **794** 2 B; außergerichtlicher V. **307 Anh** 1; und Genehmigung des Vormundschaftsgerichts **54** 2
- (**Prozeßvergleich**) s dort

Vergleichsverfahren, und Gerichtsferien **GVG 202**; Kostenscheidung beim Anerkenntnis auf eine Leistungsklage **93** 1 B

Vergleichsverhandlung, Anordnung des Ruhens des Verfahrens **251** 2 A

Vergütung, des ehrenamtlichen Richters der Kammer für Handelssachen **GVG 107**; des Sachverständigen **413**; des Schiedsrichters **1028 Anh** 3; des Zeugen **401**

Verhafteter, Abgabe der eidesstattlichen Versicherung **902** 1

Verhaftung, zur eidesstattlichen Versicherung **909** 1, 2, **910** 1; in der Gerichtsverhandlung wegen des Verdachts einer Straftat **GVG 183**

Verhalten, der Partei s dort

Verhältnisse, Änderung, Abänderungsklage **323** 2 C, D; Änderung bei der Pfändung des Arbeitseinkommens **850g**; Änderung nach einer Stundung von Unterhaltsrückständen **642f** 2; Aufhebung des Arrests oder der einstweiligen Verfügung wegen veränderter Umstände **927/936** 1; Änderung der Festsetzung des Streitwerts von Amts wegen **Einf** **3** 2 A

Verhandlung s Abgesonderte Verhandlung, Mündliche Verhandlung

Verhandlungsfähigkeit Üb 78 1; eines nicht zugelassenen Anwalts im Anwaltsprozeß **80** 1 D; als Prozeßvoraussetzung **Grdz 253** 3 F

Verhandlungsgrundsatz s Beibringungsgrundsatz

Verhandlungsmaxime s Beibringungsgrundsatz

Verhandlungsort 219; Entfernung **158**

Verhandlungsreife 349 2

Verhandlungstermin s Termin(Bestimmung)

Verhandlungsvertreter, Rechtsstellung **78** 1 D

Verhinderung am Erscheinen vor dem Gericht, Bestimmung eines anderen Terminsorts **219** 1 B; Übertragung einer Beweisaufnahme/Beeidigung/Vernehmung einer Partei **375/479/619**; des zuständigen Gerichts, Bestimmung des nunmehr zuständigen Gerichts **36** 2 A; des Richters an seiner Unterschrift **315** 1 B; an der Urteilsfällung **309** 1; des beauftragten Richters an der Beweisaufnahme **361** 2; des Vorsitzenden an der Unterschrift des Protokolls **163** 3

Verjährung, Beweislast **286 Anh** 4; Einrede der V. der Anwaltsgebühren gegenüber

dem Kostenerstattungsanspruch **Üb 91** 3 B; Feststellungsklage bei einer drohenden V. **256** 5; Kostenentscheidung **93** 2 A, 3; des Kostenerstattungsanspruchs **Üb 91** 3 B, **104** 1 E; Kostenfestsetzung trotz einer V. **104** 1 E; des Ordnungsmittels **890** 3 G; des Schadensersatzanspruchs gegen einen Anwalt **GVG 155 Anh I** 2 § 51; Berufung des Streithelfers auf den Eintritt der V. **67** 2 D; bei einem Verschulden des Vertreters **85** 3; Verzicht auf die Einrede der V. **270** 4; bei einem Musterprozeß **Einl III** 6 A
- (**Hemmung**), Beweislast **286 Anh** 4
- (**Unterbrechung bei, durch**), eine Aufrechnung im Prozeß **145** 4 E; die Aussetzung des Verfahrens **249** 2; Beweislast für eine U. **286 Anh** 4; Feststellungsklage **256** 3 E, 5, **262** 1; Klage im Ausland **253** 1 A; Klage bei mehreren Einzelansprüchen **253** 1 A; Klage im Fall der Genehmigung der Prozeßführung ohne eine Vollmacht **89** 3; Klage beim unzuständigen Gericht **Üb 12** 3 D; unsubstantiierte Klage **253** 4 B; Klagabweisung durch ein Prozeßurteil **253** 2 E; Rechtshängigkeit **262** 1; Anordnung des Ruhens des Verfahrens **251** 2 C; Schiedsverfahren **1034** 5; Widerklage **281** 2; demnächst erfolgende Zustellung **270** 4, **696**; öffentliche Zustellung, Zustellung im Ausland **207** 2

Verkauf, freihändiger, Anordnung bei einer Pfandsache/bei einer gepfändeten Forderung **825** 3/**844** 2; eines Wertpapiers **821** 2

Verkaufswert einer gepfändeten Gold- oder Silbersache **817** 3

Verkehrsanwalt, Fristversäumung, Verschulden **85** 3; Kostenerstattung **91** 5; im Prozeßkostenhilfeverfahren **121**

Verkehrsauffassung, Prüfung im Revisionsverfahren **550** 2

Verkehrssitte 293 1 A

Verkehrsstörung, Aussetzung des Verfahrens **247** 1

Verkehrsunfall, Anscheinsbeweis **286 Anh** 3 C

Verkehrswert als Streitwert **3** 2 A, **6** 1 B

Verkündung s Beschluß, Urteil

Verkündungsgegner s Streitverkündung

Verkündungstermin s Termin

Verkündungsvermerk 315 3

Verlagsrecht, Pfändung **Grdz 704** 9

Verlängerung einer Frist s Frist (Verlängerung)

Verleger, Recht zur Prozeßgeschäftsführung **Grdz 50** 4 C, **53** 2; Zeugnisverweigerung **383**

Verlegung s Termin (Verlegung)

Verlesung, in der mündlichen Verhandlung **297** 2; Protokoll **162** 1

Verletzung der Amtspflicht s dort; vgl ferner Eid, Gesetz, Verfahrensmangel

Verletzungsrente, Pfändung **850b** 2

Verlöbnisaufhebung, Vererblichkeit der Entschädigung wegen einer Beiwohnung **262** 1; Gerichtsstand **29** 2

Verlobter, Zeugnisverweigerungsrecht **383** 2, **385** 1
Verlobungsring, Pfändung **811** 14
Verlust s beim Gegenstand des V.
Verlustigerklärung, der Berufung nach der Rücknahme des Rechtsmittels **515** 4 C; Streitwert **3 Anh**
Vermächtnis, Gerichtsstand für einen Anspruch aus einem V. **27** 2 C; Vollstreckungsabwehrklage des Vermächtnisnehmers wegen einer Beschränkung seiner Haftung **786**
Vermieter, Ersatzzustellung an den V. **181** 2 A; Rechtsschutzbedürfnis bei der Herausgabeklage **Grdz 253** 5 A; gerichtliche Geltendmachung eines Pfandrechts **262** 1; Klage auf eine vorzugsweise Befriedigung aus einem Pfandrecht **805** 1 B; vorläufige Vollstreckbarkeit des Urteils aus einem Pfandrecht **709** 1; Zwangsvollstreckung aus einem Urteil gegen den V. auf die Vornahme einer Handlung **887** 6; vgl. auch Mietstreitigkeit
Vermögen, Gerichtsstand des V. **23**; bewegliches/unbewegliches V. **803** 1/**864** 1; und Prozeßkostenhilfe **114** 2 A b, c, **115** 2 A
Vermögenslage, Änderung **323**; als Arrestgrund **917** 1; Klage bei einem Rentenurteil auf eine nachträgliche Sicherheitsleistung **324**
Vermögensmasse, Gerichtsstand **17** 2; Prozeßkostenhilfe für eine Partei kraft Amtes **116**
Vermögensrecht, Begriff **857** 1; Pfändung s dort
Vermögensrechtlicher Anspruch Üb 1 3; nichtvermögensrechtlicher Anspruch **Üb 1** 3, vgl auch Nichtvermögensrechtlicher Anspruch; Anerkennung eines ausländischen Urteils **328 Anh**; Rechtsweg bei einem v. A. eines Beamten **GVG 13** 7; Berufungs-/Beschwerde-/Revisionssumme **511a** 3/**567** 3/**546, 554, 554b**; Gerichtsstand des Beschäftigungsorts **20**; gerichtliche Bestellung eines Vertreters **57** 2; Gerichtsstand des Vermögens **23**; vorläufige Vollstreckbarkeit **708** 2 L; Zuständigkeit **GVG 23, 71**; Zuständigkeitsvereinbarung **40** 1
Vermögensschaden, Zeugnisverweigerungsrecht **384** 2
Vermögenssperre im Verhältnis zur DDR **SchlAnh IV** B
Vermögensübernahme, vollstreckbare Ausfertigung gegen den Übernehmer **729** 1; Gerichtsstand der unerlaubten Handlung **32** 2 C; Kostenhaftung **Üb 91** 4 B; Rechtskraft **322** 4; Streitgegenstand **265** 2 E; Vollstreckungsabwehrklage wegen einer Haftungsbeschränkung **786**; Umschreibung der Vollstreckungsklausel **727** 1 A, **730**; Zustellung der Vollstreckungsklausel **750** 3
Vermögensverhältnisse s Vermögenslage
Vermögensverschlechterung s Vermögenslage
Vermögensverwaltung, Gerichtsstand **31**

Vermögensverzeichnis, Verbindung der Klagen auf die Erteilung eines V. und auf die Herausgabe des danach Geschuldeten **254** 2 A; bei der Offenbarungsversicherung **807** 3
Vermögenswirksame Leistung, Pfändung des Anspruchs oder der Zahlung **Grdz 704** 9
Vermutung, als Gegenstand des Beweises **Einf 284** 4 B; Beweislast/Beweiswürdigung **286 Anh** 3 A; Parteivertrag über eine V. **286 Anh** 1 B; Rechtsvermutung **292** 1 A, 2; stillschweigende V. s dort; Tatsachenvermutung **292** 1 B; V. der Echtheit einer privaten Urkunde **440** 3; der Zuständigkeit s Mündliche Verhandlung; des Zustellungsauftrags an den Gerichtsvollzieher **167** 2
Vermutungslehre Einf 322 3 A
Vernehmung s Partei, Sachverständiger, Urkundenbeweis, Zeuge
Vernichtung, der Urkunde **Einf 1004** 2; der Urkunde zwecks Beweisvereitelung **444**; Urkundenaufgebot s Aufgebotsverfahren
Veröffentlichung, eines Privatbeitrags in einem Behördenblatt **GVG 13** 7; des Urteils s Urteil; einer öffentlichen Zustellung **204** 2
Veröffentlichungsbefugnis, Klagabweisung, Kostenentscheidung **92** 2; Streitwert **3 Anh**
Verordneter Richter Einl III 7 C; Anfechtung seiner Entscheidung **576** 2; Anordnung des persönlichen Erscheinens der Partei **141** 2 A; Anordnung zur Vorbereitung der mündlichen Verhandlung **273** 2, 3; Anordnung der Beeidigung des Zeugen **391** 2 C; Anrufung des Prozeßgerichts gegen eine Entscheidung des v. R. **576** 2; sofortige Beschwerde gegen die Entscheidung des Prozeßgerichts **577** 5; Anwaltszwang **78** 2 A; Einnahme eines Augenscheins **372** 3; Ausbleiben des Zeugen, Zeugnisverweigerung **400**; Ausschluß in der höheren Instanz **41** 2 G; Befugnisse bei der Bestimmung einer Frist oder eines Termins **229**; Beweisaufnahme **355** 1 B, **362, 365** 1; Vortrag des Ergebnisses der Beweisaufnahme **285** 2; Beweisaufnahmeersuchen an ein anderes Gericht **365**; Änderung des Beweisbeschlusses **360** 2 A; Eidesabnahme **478**; Geständnis vor dem v. R. **288** 2; Ordnungsgewalt **GVG 180**; Anordnung der Beeidigung einer Partei **452** 2; Parteivernehmung **451** 2; Parteivernehmung in einer Ehesache **619** 3 B; Protokoll **159** 3; Auswahl/Vernehmung des Sachverständigen **405/402** 1; Urkundenvorlegung **142** 1, **434**; Verfügung **329** 1 B; mündliche Verhandlung **128** 2 B; Vernehmung eines zu Entmündigenden oder Entmündigten **654** 2, **676** 2; Verzögerungsgebühr **95 Anh** 3 A; Zeugenvernehmung **375** 2; Zeugnisverweigerung vor dem v. R. **389**
Verordnung, Revisibilität **549**
Verpfändung 108 2 B
Verpflegungskosten bei der Offenbarungshaft, Vorschuß **911** Vorbem

dahinterstehende Zahlen und Buchstaben = Anmerkungen **Versäumnisurteil**

Verpflichtung, des Rechtsnachfolgers zur Übernahme des Rechtsstreits **266** 2; des Sachverständigen zur Erstattung des Gutachtens **407**; zur Streitverkündung bei einer Klage des Pfändungsgläubigers gegen den Schuldner **841**; zur Urkundenvorlegung s Urkunde

Verpflichtungsschein, Aufgebot s dort

Verrechnungsscheck, Pfändung **831** 1; s auch Scheck

Versäumnis Üb 230, Üb 330, 330 ff; nach der Aufnahme eines unterbrochenen Verfahrens **239** 2 F, 4; des Bekl im Urkundenprozeß **597** 3; des Termins zur Beweisaufnahme **367** 2; im Eheverfahren **612** 3; nach einem Einspruch gegen das Versäumnisurteil **341** 2 B; durch die Entfernung in der mündlichen Verhandlung **158** 2; durch den Erben **305** 1; einer Frist s Versäumung, Wiedereinsetzung; des Gläubigers wegen des Verteilungstermins **877**; Kosten **95 Anh** 2 A; im Nachverfahren **302** 4 C, **600** 3; Nichtstellung eines Sachantrags nach der Ablehnung eines Vertagungsantrags **227** 5 B; des Termins zur Abnahme der Offenbarungsversicherung **900** 5 E; der zu vernehmenden Partei **454**; des Erscheinens der Partei ohne einen ProzBev in einem Verfahren mit einem Anwaltszwang **141** 4 A; im Schiedsverfahren **1034** 5; eines Streitgenossen **61** 2 B; bei einer notwendigen Streitgenossenschaft **62** 4 B; bei einer Streithilfe **67** 2 C; im Streit um eine Zulassung der Streithilfe **71** 1 C; eines Termins **220** 2; Differenz der Uhrzeiten **220** 1; der Rückgabe einer Urkunde von Anwalt zu Anwalt **134** 2; Verfahren **330 ff**; der Verhandlung zur Hauptsache **39** 2; bei einer freigestellten mündlichen Verhandlung **128** 3 B; im Verteilungsverfahren **877**; durch den Ausschluß des Vertreters in der mündlichen Verhandlung **157** 2 C; Verzögerungsgebühr **95 Anh** 2 A; durch eine Untersagung des Vortrags **157** 3 B, **158** 3; des Zeugen **380**; s auch Versäumung

Versäumnisurteil Üb 300 2 C, 3; **330 ff**; abgekürztes V. **313 b**, **317** 3, **331** 4 C; über den Grund des Anspruchs **347** 1; im Verfahren auf einen Arrest oder eine einstweilige Verfügung **922** 3 B/**936** 1; nach der Aufnahme eines unterbrochenen Verfahrens **239** 2 F, 4; nach einer Aufrechnung durch den Bekl **145** 4 F; bei einer Klage auf eine Auskunft, Rechnungslegung und Zahlung **254** 2 C; Anerkennung eines ausländischen V. **328** 3; gegen den Bekl **331**; Berufung gegen ein V. **338** 2, **513**, **538** 3 D; in der Berufungsinstanz **542**; echtes V. **Üb 330** 3 A; bei der Ehenichtigkeitsklage **635**; in einer Ehe-/Kindschaftssache oder bei der Klage auf die Anfechtung (Aufhebung) einer Entmündigung **612**, **640** 3, **670** 1, **679** 2; nach einem Einspruch gegen einen Vollstreckungsbescheid **700**; bei einer Entfernung aus dem Gerichtssaal **158** 2; gegen den widersprechenden Gläubiger im Verteilungsverfahren

881; und Grundurteil **347** 1; gegen den Kläger **330**; bei einem Mangel der Klagerhebung **253** 2 D; Kostenentscheidung **344** 1; Kostenentscheidung, Veranlassung zur Klagerhebung **93** 3; Kostenentscheidung bei einem Anerkenntnis nach dem Erlaß eines V. **93** 2 A; im Nachverfahren eines Urkundenprozesses **600** 3; bei einem Nichtverhandeln **333**; nach einer Zulassung des (Prozeß)-Bevollmächtigten ohne (den Nachweis seiner) Vollmacht **89** 1 B; bei einem Mangel der Prozeßvollmacht **88** 2 B; bei einem Mangel der Prozeßvoraussetzungen **56** 1 E; im Räumungsprozeß bei einer Fortsetzung des Mietverhältnisses **308 a** 1; Rechtskraftwirkung **322** 4; Revision **566**; in der Revisionsinstanz **557** 2; Ausschluß eines Richters wegen seiner Mitwirkung beim Erlaß eines V. **41** 2 F; Säumnis **220** 2, **Üb 330** 2; im Schiedsverfahren **1034** 5; nach dem Ablauf einer Frist zur Leistung einer Sicherheit **113** 1 B; in einem späteren Termin **332** 2; gegen einen Streitgenossen **63** 2 B; bei einer notwendigen Streitgenossenschaft **62** 4 B; statt eines streitigen Urteils, Rechtsmittel **Grdz 511** 4 D; Erwähnung im Tatbestand **313** 6 B e; im Termin zur Beweisaufnahme und mündlichen Verhandlung **285** 1 B; im verkündeten Termin **218** 1; unechtes V. **Üb 330** 3 B; Unzulässigkeit **335**; abgekürztes Urteil **313b**, **317** 3, **331** 4 C; Verabredung wegen eines V. **220** 2; nach der Veräußerung eines Grundstücks, Schiffs, Schiffsbauwerks, Luftfahrzeugs während eines Prozesses um eine Berechtigung oder Belastung **266** 2 B, C; unechtes V. **Üb 330** 3 B; Verweisungsantrag bei einer Säumnis **281** 2 C; Vertagung **335**, **337**; im Verteilungsverfahren **881**; nach einem Vorbehaltsurteil **302** 4 C; vorläufige Vollstreckbarkeit **708** 2 B; Widerklage **347** 1; Wiederaufnahmeverfahren **591** 4; nach einem Antrag auf eine Wiedereinsetzung **238** 2 B; Zurückweisungsantrag **331** 3 A, **335**; dgl Rechtsmittel **336** 1; Vertagung bei einem Zurückweisungsantrag **335** 5, **337**; bei einer Widerklage **347**; im Wiederaufnahmeverfahren **590** 4; Zurückweisung des Antrags auf ein V. **335**, **336**; bei einer Zuständigkeitsvereinbarung **Üb 38** 1; Zustellung im Parteiprozeß **317** 1, **339** 1; zweites V. **345**; bei einem Zwischenstreit **347** 2

– **(Einspruch) Üb 330** 3 C, **338 ff**; Anwaltszwang **340** 1; als Aufnahme nach einer Aussetzung oder Unterbrechung des Verfahrens **250** 1 A; Aufrechterhaltung oder Aufhebung des Versäumnisurteils **343** 1; Beschränkung **340** 2; Einlegung **340** 1; Einspruchstermin **341a**; Form **340** 1–2; Frist **339**; Kostenentscheidung **97**, **344** 2; Kostenentscheidung, Rechtsmittel **99** 2 A; neue Entscheidung **343** 1; Rücknahme **346**; Statthaftigkeit **338**; Säumnis des Einsprechenden **341** 2 B; des Streithelfers **66** 3, **70** 1 A; wegen sachlicher Unzuständigkeit **10** 2 B; Verhandlungstermin **341 a** 1; gegen ein zweites Versäumnis-

Versäumung

urteil 345; Verwerfung 341, 708; Verzicht 346; weitere Beschwerde 568a; Wirkung bei Zulässigkeit 342; (Un)Zulässigkeit 341 2 A; Zustellung an den ProzBev 176 2 C, 178; Einstellung der Zwangsvollstreckung 719 1
- **(Einspruchsfrist)** 339; Inlaufsetzen durch die Zustellung des Versäumnisurteils 312 1; Versäumung, Wiedereinsetzung s dort
- **(unechtes Versäumnisurteil)** Üb 330 3 B, 331 3 C, 543 3 B
- **(zweites Versäumnisurteil)** 345

Versäumung Üb 230 1; der Berufungsfrist 519b 2; der Frist zur Beibringung eines Beweismittels 356; Folgen Üb 230 2; Androhung der Folgen 231 1; Folgenbeseitigung Üb 230 3; Auferlegung von Kosten wegen einer Fristversäumung 95; einer Prozeßhandlung Üb 329 1; der Frist zur Vorlegung eines Sachverständigengutachtens 409, 411; Verzögerungsgebühr 95 Anh 2 C; s auch Termin, Versäumnis, -urteil

Verschlechterung der Vermögenslage s dort

Verschleiertes Arbeitseinkommen, Pfändung 850 h

Verschleppter, in einer Ehesache 606b Anh; Sicherheitsleistung 110 1 A

Verschleppung s Parteivorbringen, Prozeßverschleppung

Verschmelzung, nach dem AktG 265 2 F; dgl Unterbrechung des Verfahrens 239 2 A; dgl Zwangsvollstreckung 778 3

Verschulden, Anscheinsbeweis 286 Anh 3 B, C; Begriff Einl III 7 A; bei der Wiedereinsetzung 233 2 B; Beweislast 286 Anh 4; des Gerichtsvollziehers s dort; Kosten 95 Anh; der Partei s dort; des ProzBev s dort; des Vertreters als solches der Partei 85 3; bei der Zuwiderhandlung gegen ein Verbotsurteil 890 3 E
- **(mitwirkendes),** Streithilfewirkung 68 3
- **(grobes),** Begriff Einl III 7 A
- **(bei Vertragsschluß),** Gerichtsstand 29 2, 32 2 B

Verschwägerter, Zeugnisverweigerungsrecht 383 1, 2

Verschwendung, wegen V. Entmündigung s dort; Parteivernehmung in einem Entmündigungsverfahren 455 2

Verschwiegenheitspflicht s Schweigepflicht

Versehen, gerichtliche Aufklärungspflicht 139 2 A, D

Versendung, einer niedergelegten Urkunde 134 2

Versetzung des Richters s Richter

Versicherung, des Anwalts bei der Kostenfestsetzung hinsichtlich seiner Auslagen 104 3 B
- **(unter Bezugnahme auf Eid),** des Sachverständigen 410; des Zeugen bei seiner wiederholten Vernehmung 398 4; Zeugnisverweigerung unter einer Bezugnahme auf den Diensteid 386 1
- **(an Eides Statt)** s Eidesstattliche Versicherung

Versicherungsagent, Gerichtsstand 21 2 A

Versicherungsanspruch, Feststellungsklage 256 2 C, 3 D; Pfändung **Grdz 704** 9; Pfändung als Grundstückszubehör 865 2 F; Pfändung einer Rente 850 2 H, 850i 5; Streitverkündung 72 1 B; Streitwert **3 Anh**

Versicherungsbedingungen, Revisibilität 549 4 A

Versicherungsunternehmen, Fristversäumung, Verschulden 85 3; Gerichtsstand 17 2; Kostenerstattung 91 5; Klage gegen das V. und gegen den Versicherungsnehmer, notwendige Streitgenossenschaft 62 2 A; Gerichtsstand des Rückgriffsanspruchs 32 2 A, C; Versicherungsverein auf Gegenseitigkeit, Gerichtsstand der Mitgliedschaft 22 1 B; Rechtsweg bei einer öffentlichrechtlichen Versicherungsanstalt **GVG 13** 7

Versöhnungsanzeige als Erledigungserklärung 269 3 A

Versorgungsamt, Streithilfe 66 2 E

Versorgungsanspruch, Rechtsweg **GVG 13** 7; Geschäftsführer/Vorstandsmitglied, Streitwert 9 1

Versorgungsausgleich 621, 623, **GVG 23** b, c; Zwangsvollstreckung 888 2 C

Versorgungsbezug, Pfändung **Grdz 704** 9, **Einf 850** 2 B, 850i 5; bei einem Beamten 850 2 B

Verspätetes Vorbringen s Parteivorbringen (nachträgliches Vorbringen)

Verstaatlichung einer Aktiengesellschaft, Unterbrechung des Verfahrens 239 2 A

Verstandesschwäche des Zeugen 393

Versteigerung der Pfandsache s Zwangsvollstreckung

Verstrickung durch die Pfändung Üb 803 3, 829 6

Vertagung 227 5 A; beim Ausbleiben der Partei zu ihrer Vernehmung 454 2 A; als Aussetzung des Verfahrens **Einf 148** 1 B, 227 3 B; Beschwerde 252 1 A; nach einer Abkürzung der Einlassungs- oder Ladungsfrist 226 1 B; wegen der Entfernung eines Beteiligten aus der Verhandlung 158 2; Auferlegung von Kosten 95; beim Nichterscheinen 227 5 B; wegen der Nichtladung des Streithelfers 71 3; des Termins zur Abnahme der Offenbarungsversicherung 900 4 D; wegen eines Mangels der Prozeßvoraussetzungen 56 1 E; Ablehnung des Richters nach einem Vertagungsantrag 42 2 B, C; bei einer Säumnis und dem Nichterlaß eines Versäumnisurteils oder einer Entscheidung nach Lage der Akten 335 5, 337; bei einem nachgereichten Schriftsatz 283; mangels eines vorbereitenden Schriftsatzes 132 2; wegen der Unzumutbarkeit einer sofortigen Erklärung 138 5 B, 139 2 F; Verzögerungsgebühr wegen des Verschuldens der Partei oder eines ProzBev 95 Anh 2 A, B

Verteidigungsabsicht, Anzeige 276

Verteidigungsmittel s Parteivorbringen (Angriffs-, Verteidigungsmittel)

Verteidigungsprozeß 240 2 C, D

dahinterstehende Zahlen und Buchstaben = Anmerkungen **Vertretung**

Verteilungsverfahren s Zwangsvollstreckung (Verteilungsverfahren nach einer Hinterlegung von Geld)
Verteidigungsvorbringen im Tatbestand **313** 6 B c
Verteilung des Erlöses **827** 2 A, **874**
Verteilungsgericht 873
Verteilungsstelle für Gerichtsvollzieher **GVG Üb 154**
Vertrag, schriftlicher Abschluß, Zwangsvollstreckung **887** 6; Pfändung des Angebots **Grdz 704** 9; Angebot mit einer Unterwerfung unter die sofortige Zwangsvollstreckung **795** 2; Beweislast bei einem Anspruch aus einem V. **286 Anh** 4; Aufhebung wegen Nichterfüllung, Verbindung mit der Klage auf eine Fristsetzung durch das Urteil **255** 2 A; Erfüllung, Streitwert **3 Anh**; Feststellungsklage **256** 5; Feststellungsklage wegen der Auslegung des Vertrages **256** 2 C; Feststellungsklage wegen der Rechtsnatur des Vertrages **256** 2 C; Feststellungsklage wegen eines V. mit einem Dritten **256** 2 C, 3 B; Gerichtsstand des Erfüllungsorts **29**; Nichtigkeit, Streitwert **3 Anh**; Rechtskraftwirkung eines Urteils über die Nichtigkeit **325** 6; prozessuale Parteivereinbarung s dort; Prozeßerledigung, Fortdauer der Rechtshängigkeit **261** 2 C; Rechtsweg für einen Vertragsanspruch **GVG 13** 7; Prüfung der Auslegung in der Revisionsinstanz **550** 2 B; Gerichtsstand des Schadensersatzanspruchs **32** 2 B; dgl bei einem Schaden aus einem Vertrag und aus einer unerlaubten Handlung **32** 2 B; Streitgenossenschaft **59** 2; und Unklagbarkeit **Grdz 253** 4; Prüfung einer Vertragsbedingung in der Revisionsinstanz **550** 2 B; Zwischenfeststellungs(wider)klage **256** 8 C
- **(zugunsten eines Dritten),** Beweislast **286 Anh** 4; Gerichtsstand **29** 1 A; Rechtskraftwirkung des Urteils **325** 6

Vertragstrafe, Gerichtsstand **29** 2; Klage auf eine Herabsetzung **253** 5 C
Vertrauensschutz, Verwirkung der Klagebefugnis **Einl III 6** A
Vertretbare Handlung 887 6
Vertretbare Sache, Urkundenprozeß **592** 2 A; Zwangsvollstreckung **884** 1
Vertreter, Ausschluß als Gerichtsperson **41** 2 D, **49**; Ausschluß in der mündlichen Verhandlung **157** 2; Verschulden bei einer Fristversäumung **85** 3; Prozeßführungsrecht eines ausländischen Inhabers eines gewerblichen Schutzrechts **80** 1 E; als Partei **Grdz 50** 2 B; für eine Partei nach der Anordnung ihres persönlichen Erscheinens **141** 4 C; als ProzBev **85**; Vertreter des Rechtsanwalts **78** 1 D, **GVG 155 Anh** 2 § 53; Straftat als Grund für eine Restitutionsklage oder eine Klage auf die Aufhebung eines Schiedsspruchs **580** 2 D, **581** 1/**1041** 6; Ungeeignetheit **157**; Verschulden des amtlich bestellten Vertreters des Rechtsanwalts bei einer Fristversäumung **85** 3

- **(gerichtliche Bestellung) Einf 57**; für einen prozeßunfähigen Bekl **57**; dgl Antrag **57** 1 A; für ein Beweissicherungsverfahren **494** 2; nach der Aufgabe des Eigentums an einem Grundstück, Schiff, Schiffsbauwerk oder Luftfahrzeug **58**, **787**; für eine Klage auf die Aufhebung einer Entmündigung **679** 1 C; für den Erben zwecks Fortsetzung einer Zwangsvollstreckung in den Nachlaß **779** 2; Rechtsstellung **53**; Vergütung **Einf 57** 2, **58** 3
- **(gemeinsamer)** für die Aktionäre, Rechtsstellung **69** 1 A
- **(ohne Vertretungsmacht),** Gerichtsstand **29** 2; Genehmigung der Prozeßführung **89** 2 A, 3

Vertreter, gesetzlicher, Amtsprüfung seiner Vertretungsmacht/Legitimation/seines Prozeßführungsrechts **51** 4/**56** 1 A, D; bei der Klage auf die Anfechtung der Ehelichkeit oder eines Anerkenntnisses der Vaterschaft **640b**; für einen prozeßunfähigen Ausländer **55**; Ausschluß als Gerichtsperson **41** 2 D, **49**; Verzögerung der Bestellung nach einer Unterbrechung des Verfahrens **241** 4; Bezeichnung im Schriftsatz oder im Urteil **Grdz 50** 2 B/**313** 2; Entfernung in der mündlichen Verhandlung **158** 2; Entmündigungsantrag **646** 1; Erklärung mit Nichtwissen **138** 5 A; Verzögerungsgebühr wegen einer Verletzung der Förderungspflicht **95 Anh** 2 B; Gesellschafter der OHG **50** 2 D; Kenntnis des Grundes für eine Ablehnung des Richters **42** 2; Klage gegen den gesetzlichen Vertreter oder gegen den Vertretenen **51** 2 A; Nachlaßpfleger **Grdz 50** 2 C; als Partei **Grdz 50** 2 B; Pfleger als Vertreter eines Prozeßfähigen **53**; Prozeßführungsrecht **51** 3, Beweislast **56** 1 B; Prozeßhandlung **54**, **56**; für einen Prozeßunfähigen **51** 2; Erteilung einer Prozeßvollmacht durch den falschen gesetzlichen Vertreter **88** 1 A; Straftat als Grund für eine Restitutions-/Schiedsspruchsaufhebungsklage **580** 2 D, **581** 1; Streitgenossenschaft **Üb 59** 1; als Streithelfer **66** 2 A; Verschulden **51** 5; gerichtlich bestellter Vertreter **51** 2 C; Wahrheitspflicht **138** 1 E; Erlöschen oder Wegfall der Prozeßvollmacht **86** 2 B; Tod/Vertretungsunfähigkeit/Wegfall des g. V. bei einem Verfahren mit einem ProzBev, Antrag auf eine Aussetzung des Verfahrens **246** 2; Unterbrechung des Verfahrens im Fall des Tods/der Vertretungsunfähigkeit/des Wegfalls des g. V. beim Fehlen eines ProzBev **241** 2 B; als Zeuge **Üb 373** 2 B; Zulassung mit Vorbehalt **56** 2; Zustellung **184** 1; Zustellung bei mehreren Vertretern **171** 3

Vertretung, Beweislast **286 Anh** 4; einer Bundesbehörde, der Bundesautobahnverwaltung, der Bundesbahn, der Bundespost **18** 2; bei der Eidesleistung **478**; des Fiskus **18** 2; des Vorsitzenden des Gerichtspräsidiums **GVG 21h**; der Prozeßpartei s Anwaltszwang, Parteiprozeß; bei einem Prozeßver-

Vertretungsmangel

gleich **307 Anh** 4 F; des Rechtsanwalts **78** 1 D, **GVG 155 Anh I** 2 § 55; des Rechtsanwalts, allgemeine Vertretung **GVG 155 Anh I** 2 § 53; Preußens, des Deutschen Reichs **18** 2; eines Richters am AG **GVG 22 b**; eines säumigen Streitgenossen im Fall einer notwendigen Streitgenossenschaft **62** 4 B; des Vorsitzenden **GVG 21 e** 2 C, **21 f** 3 B
– **(gesetzliche),** Prozeßvoraussetzung **Grdz 253** 3 F; Streithelfer **66** 1
Vertretungsmangel, Zulässigkeitsrüge des Fehlens einer gesetzlichen Vertretung **280** 1; dgl Verzicht **296** 4; Nichtigkeitsklage **579** 4; Aufhebung des Revisionsgrund **551** 6; Aufhebung des Schiedsspruchs **1041** 6; Beginn der Frist für die Wiederaufnahmeklage **586** 2
Vertretungstheorie Grdz 50 2 C; s auch Partei kraft Amts
Vertretungsunfähigkeit, des ProzBev **86** 2 A; Unterbrechung des Verfahrens im Anwaltsprozeß **244** 1; Unterbrechung des Verfahrens bei einer V. des gesetzlichen Vertreters **241** 2 B
Vertretungsverbot in der mündlichen Verhandlung s dort; des Rechtsanwalts **78** 1 C, **157** 1 A, **158** 1
Vertriebsbindung, Streitwert einer einstweiligen Verfügung **3 Anh**
Vervollständigung, der Beweisaufnahme **367** 2, **368** 1; des Vermögensverzeichnisses bei der Offenbarungsversicherung **903** 1 B; des Vortrags des Akteninhalts in der Berufungsinstanz **526** 2; des Vortrags bei einer Klage auf die Anfechtung/Aufhebung einer Entmündigung **669**, **684/679**, **686**
Verwahrung, Gerichtsstand **29** 3 B, bei einem Schadensersatzanspruch **32** 2 B; Rechtsweg bei einer öffentlichrechtlichen V. **GVG 13** 6 B, 7; des Eigentums des Schuldners im Fall einer Räumungsvollstreckung **885** 2; einer verdächtigen Urkunde **443**
Verwalter, Pfändung des Nutzungsrechts, Übergabe an den V. **857** 4 D; der Wohnungseigentümergemeinschaft s Wohnungseigentum
Verwaltung, Anordnung der V. bei einer Pfändung des Nutzungsrechts **857** 4 D; Anordnung einer mangelhaften Sicherheitsleistung, Fristsetzung durch das Urteil **255** 1; Anordnung durch eine einstweilige Verfügung **938** 2; Fiskus, Justizverwaltung s dort; Gerichtsstand **17** 2, **31**
Verwaltungsakt, Aufhebungsklage **1041** 9, **1043** 2; richterliche Prüfung **GVG 13** 5 C; Rechtsweg **GVG 13** 6 F, 7; Restitutionsklage **580** 3; Zivilprozeßsache kraft einer Zuweisung **GVG 13** 6, **71** 5
Verwaltungsanordnung GVG 1 2 C
Verwaltungsbehörde, Aufhebung ihrer Entscheidung als Grund einer Restitutionsklage/Klage auf die Aufhebung eines Schiedsspruchs **580 3/1041** 6; Bindung an ein rechtskräftiges Urteil **Einf 322** 4 B; ausstehende Entscheidung der V. als Grund für eine Aussetzung des Verfahrens **148** 1 B;

Vorentscheidung der V. als Prozeßvoraussetzung **148** 1 C; vgl auch Behörde
Verwaltungsgericht, Rechtsweg vor dem V. **GVG 13** 3, 7; Verweisung an das V. **281** 1 A, **GVG 17** 2 A; Zulässigkeitsrüge **280** 1; Zuständigkeit für einen bürgerlichen Rechtsstreit **GVG 13** 2 B; Zuständigkeitsstreit **36** 3 E
Verwaltungsgerichtsbarkeit, Abgrenzung gegenüber der Zivilgerichtsbarkeit **Einl III** 1 B
Verwaltungstätigkeit, Rechtsweg **GVG 13** 7
Verwaltungsgerichtsurteil, Bindungswirkung **GVG 13** 5 D
Verwaltungszwang und Rechtsschutzbedürfnis **Grdz 253** 5 A
Verwaltungszwangsverfahren Grdz 704 1 B; Einstellung der Zwangsvollstreckung **707** 5
Verwandter, Ausschluß als Gerichtsperson/ Gerichtsvollzieher **41** 2 C, **49/GVG 155**; Recht zur Stellung eines Entmündigungsantrags **646** 1 B, **680**; Zeugnisverweigerungsrecht **383** 2, **385** 1
Verweigerung s beim Gegenstand der Verweigerung
Verweisung 281, **506**, **GVG 96** 2; Änderung oder Berichtigung eines Verweisungsbeschlusses **281** 3 B, C; vom AG an das LG bei einer Widerklage, einer Erweiterung des Klagantrags, beim Einspruch gegen ein Versäumnisurteil oder gegen einen Vollstreckungsbescheid **506**, **700**; vom AG an das LG nach einem Widerspruch gegen einen Mahnbescheid **696**; Antrag des Klägers **281** 2 C; an oder durch das ArbG **GVG 17** 4; an ein ausländisches Gericht **281** 1 C; Bindungswirkung **281** 3 B; an ein Gericht der DDR **281** 1 C; in einer Familiensache **621** 4 B; wegen des Fehlens eines Gerichtsstands **Üb 12** 1 D; Gesetzwidrigkeit **36** 3 E; Hilfsantrag **281** 2 C; an die Kammer für Handelssachen **GVG 96** 2, **98**, **104**; durch die Kammer für Handelssachen an die Zivilkammer **GVG 97**, **99**, **100**, **104**; Kostenentscheidung **281** 4; Kostenerstattung **91** 3 C; an das Landwirtschaftsgericht **281 Anh III** 2; bei einer Zulassung des (Prozeß)Bevollmächtigten ohne (den Nachweis seiner) Vollmacht **89** 1 B; Prozeßkostenhilfe **119** 1 B; Prozeßtrennung bei einer Verweisung **145** 1 A; Rechtshängigkeit bei einer Verweisung **261** 2 A; Rechtswegverweisung **GVG 17**; wegen einer Unzuständigkeit, Bindungswirkung **11**, **281**; an oder durch ein VG **GVG 17** 3; Voraussetzungen **281** 2; unzulässige Widerklage **33** 1, 3; Wirkung **281** 3 D; an eine andere Zivilkammer **GVG 101**, **104**; Zulässigkeit **281** 1; Zuständigkeitsbestimmung **36** 3 E; zur Prüfung der Zuständigkeit **281** 3 A; Zustellung an den ProzBev nach einer Verweisung **176** 3; Zwischenfeststellungsklage **256** 8 B

dahinterstehende Zahlen u. Buchst. = Anmerkungen **Vollstreckbare Ausfertigung**

- **(Abgabe),** Ersuchen um eine Beweisaufnahme vor dem verordneten Richter **365**; im Entmündigungs(aufhebungs)-verfahren **650** 2, **651, 676** 2; in einer Hausratssache **281 Anh I**; von der Kammer für Handelssachen von Amts wegen an die Zivilkammer **GVG Üb 93**; in einer Landwirtschaftssache an das Prozeßgericht **281 Anh III** 1; im Mahnverfahren an das Streitgericht **696** 2; bei einem Rechtshilfeersuchen **GVG 158** 3; in einer Wohnungseigentumssache **281 Anh II**
- **(Weiterverweisung) 281** 3 B; im Entmündigungsverfahren **651**
- **(Zurückverweisung),** nach einer Verweisung **281** 3 B; beiderseitige Unzuständigkeitserklärungen der Kammer für Handelssachen und der Zivilkammer **GVG 97** 1 A; Zuständigkeitsbestimmung **36** 3 E

Verwerfung, des Einspruchs **341** 2 B, C, **700** 4; des Rechtsmittels **Grdz 511** 2 B; der Wiederaufnahmeklage **589** 2

Verwertung der Pfandsache s Zwangsvollstreckung; einer Urkunde **415 ff**; derjenigen aus einem anderen Verfahren **286** 4 B

Verwertungsaufschub 813a 2

Verwirkung, des Beschwerderechts **567** 2 B; Beweislast **286 Anh** 4; der Klagebefugnis **Einl III** 6 A; des Kostenerstattungsanspruchs **Grdz 128** 2 E

Verzeichnis, Klage auf die Vorlegung eines V. **254** 2 A; Vermögensverzeichnis **807** 3

Verzicht s Partei, Rechtsmittelverzicht sowie beim Gegenstand des Verzichts

Verzichtsurteil 306 2 B; abgekürztes Urteil **313b**; Verkündung **312** 1 C; vorläufige Vollstreckbarkeit **708** 2 A

Verzinsung des Kostenerstattungsanspruchs **104** 2 B

Verzögerung 296 2 C a, **528** 3 C a, **415** 1, 2; realer/hypothetischer V.-Begriff **296** 2 C b aa; der Aufnahme durch den Rechtsnachfolger nach einer Unterbrechung des Verfahrens **239** 3 A; der Beitreibung nach der Pfändung der Forderung **842**; der Klagerhebung im Fall einer Vorlegung der Urkunde durch einen Dritten **431** 2; Auferlegung von Kosten wegen einer Verzögerung **95**; nachträgliches Parteivorbringen s dort; des Prozesses s Prozeßverschleppung; der Bestellung eines ProzBev nach einer Unterbrechung des Verfahrens **244** 2; der Bestellung eines gesetzlichen Vertreters nach der Unterbrechung des Verfahrens **241** 4; des Schiedsspruchs als Ablehnungsgrund **1032** 2 C; der Terminsbestimmung als Schaden **271 Anh** 6 B; der Zwangsvollstreckung durch den Gerichtsvollzieher, Erinnerung **766** 3 C; der Zustellung der Klage **270** 4

Verzögerungsgebühr 95 Anh; Änderung des zugehörigen Beschlusses **95 Anh** 3 A, 4; bei einer unwahren Behauptung **138** 1 F; Gebührenschuldner **95 Anh** 3 B; mangels eines vorbereitenden Schriftsatzes **132** 2

Verzug, des Gläubigers, Kostenentscheidung **93** 5; bei einer Zug-um-Zug-Leistung s dort

Verzugsschaden, gerichtliche Aufklärungspflicht **139** 2 A, **287** 4; Streitwert **4** 3 D; dgl bei einer wiederkehrenden Leistung oder Nutzung **9** 2 A; als Kosten der Zwangsvollstreckung **788** 5

Verzugszinsen, Streitwert **3 Anh, 4** 3 C; dgl bei einer wiederkehrenden Leistung oder Nutzung **9** 2 A

Videocassette, Schutz der Intimsphäre **Üb 371** 4 A

Vieh, Pfändung **811** 5, 6

Viehmangel, Zuständigkeit **GVG 23** 7

Viehseuchengesetz s Tierseuchengesetz

Völkerrecht, Immunität **GVG Einf 18** A, 20; Rechtskenntnis **293** 1 A; Revisibilität **549** 1, 2

Volksklage s Wettbewerb

Volljähriger, Parteivernehmung nach der Entmündung **455** 2

Vollmacht, prozessuale, sachlichrechtliche **80** 1 A, B, E; Beweislast **286 Anh** 4; Erlöschen, Wirkung für die Prozeßvollmacht **86** 2 A; Erteilung einer prozessualen V. **80** 1 C, D; Feststellungsklage **256** 6; Generalbevollmächtigter als ProzBev **176** 2 A; Prozeßführungsrecht des Generalbevollmächtigten **80** 1 E, 2 B; Zustellung an den Generalbevollmächtigten **173**; im Mahnverfahren **703**; Prozeßführung ohne Vollmacht(snachweis) **88, 89** 1 A; für eine Prozeßhandlung im Parteiprozeß **83** 2; auf einen Prozeßunfähigen **79** 1; für eine Prozeßvertretung im Parteiprozeß **79** 1; Prozeßvollmacht s dort; als Prozeßvoraussetzung **Grdz 253** 3 F; Rechte aus der V., Pfändung **Grdz 704** 9; in einer Scheidungsfolgesache **624**; Sondervollmacht für eine Prozeßhandlung **80** 1 A; für den Vertreter einer Partei nach der Anordnung ihres persönlichen Erscheinens **141** 4 C; für den Empfang einer Zustellung **173**

- **(Anscheinsvollmacht),** für eine Prozeßvollmacht **88** 1 A; für die Vertretung eines ausländischen Fiskus **18** 1

Vollständigkeit, Pflicht der Partei zur V. **138** 2

Vollstreckbare Ausfertigung 724; Anhörung des Schuldners **730**; Aushändigung durch den Gerichtsvollzieher an den Schuldner nach der Zahlung **754** 2 A, **757** 1 B; gegen den Besitzer der Streitsache **727** 2; gegen den Ehegatten bei einer Gütergemeinschaft während des Prozesses **742** 2 A; gegen den Ehegatten nach der Beendigung der Gütergemeinschaft **744** 1; Erinnerung gegen die Erteilung **732**; Erteilung **724 ff, 795 ff**; Vermerk auf dem Urteil **734**; Erteilung einer weiteren v. A. von Amts wegen **733**; nach einer Genehmigung der Prozeßführung ohne eine Vollmacht **89** 3; Ausweis des Gerichtsvollziehers durch den Besitz der v. A. **754** 1 B, **755** 1; bei einer Fortführung des Handelsgeschäfts **729** 2; für oder gegen den Nacherben **728**; gegen den Nießbraucher **738**; Nachweis einer für die Zwangsvollstreckung notwendigen Tatsache **726** 2; für

Hartmann

Vollstreckbare Entscheidung

oder gegen den Rechtsnachfolger **727** 1; Zuständigkeit des Rpfl **GVG 153 Anh** 8 § 20; Teilleistungsvermerk **757**; Umschreibung der Vollstreckungsklausel **727–729, 738** 1, **742** 2, **749**; vollstreckbare Urkunde **794** 7 D, **795** 2, **797**; Urteil gegen den Testamentsvollstrecker, v. A. für oder gegen den Erben **728** 2; Urteil für oder gegen den Erblasser, v. A. für oder gegen den Testamentsvollstrecker **749**; Urteil gegen den Vorerben oder den Testamentsvollstrecker, v. A. für oder gegen den (Nach)Erben **728**; beim Urteil auf eine kalendermäßig künftige Zahlung **257** 2; bei einem Urteil auf eine Leistung Zug um Zug **726** 3; gegen den Vermögensübernehmer **729** 1; weitere v. A. **733**; Zustellung von Amts wegen **750** 3

Vollstreckbare Entscheidung, Einstellung der Zwangsvollstreckung **775** 2

Vollstreckbarer Anspruch Grdz 704 1 C

Vollstreckbarerklärung, bei einer Berufung **534**; bei einer Revision **560**; s auch Auslandsurteil, Schiedsspruch, Schiedsvergleich

Vollstreckbare Urkunde 792 1, **794** 7; Abänderungsklage **323** 5 A; Änderung **794** 7 E; vollstreckbare Ausfertigung **794** 7 D, **795, 797**; weitere vollstreckbare Ausfertigung **797** 2 A; Kostenfestsetzung **103** 1 A; (Neu) Festsetzung des Regelunterhalts für ein nichteheliches Kind **642c**; Umschreibung **797** 2; Unterwerfungsklausel **794** 7 C, D; Vollstreckungsabwehrklage **797** 2 B; Erteilung der Vollstreckungsklausel **797**; als Vollstreckungstitel **794** 7; Zustellung **795** 2; Einstellung der Zwangsvollstreckung **795** 2; Unterwerfung unter die sofortige Zwangsvollstreckung gegenüber dem jeweiligen Eigentümer eines Grundstücks, Schiffs, Schiffsbauwerks, Luftfahrzeugs **800, 800a**; Wartefrist vor dem Beginn der Zwangsvollstreckung **798**

Vollstreckbarkeit, des Urteils s dort; vorläufige V. beim Schiedsspruch oder Schiedsvergleich **1042c, 1044** 4/**1044a** 3 A

Vollstreckung, eines ausländischen Urteils, zwischenstaatliche Abkommen **SchlAnh V**; Aussetzung der V. durch das Beschwerdegericht **572** 1; Rechtsweg, auch bei einer ausländischen FGG-Entscheidung, **GVG** 13 7; eines Ordnungsmittels kraft der Ordnungsgewalt des Vorsitzenden **GVG 178** 3, **179**; eines Ordnungsmittels gegen einen Zeugen/Sachverständigen **380** 1 D, **390** 3 A/**409**; gegen einen Angehörigen der Streitkräfte **SchlAnh III 34**; Zwangsvollstreckung s dort

Vollstreckungsabkommen s Zivilprozeßrecht, zwischenstaatliches

Vollstreckungsabwehrklage s Zwangsvollstreckung (Vollstreckungsabwehrklage)

Vollstreckungsanspruch Grdz 704 1 C

Vollstreckungsantrag an den Gerichtsvollzieher s Zwangsvollstreckung (Vollstreckungsantrag)

Vollstreckungsbescheid Grdz 688, 699ff; Einwendung **796**; Feriensache **GVG 202**; Kostenentscheidung **699** 4; Kostenfestsetzung **103** 1 A; Nichtbeantragung **701**; bei einer Zulassung des (Prozeß)Bevollmächtigten ohne (den Nachweis seiner) Vollmacht **89** 1 B; Zuständigkeit des Rpfl **GVG 153 Anh** 8 § 20; Unterschrift **699** 3 D; Ablehnung des Urkundsbeamten der Geschäftsstelle wegen seines Erlasses des Mahnbescheids als Rpfl **49** 1; bei einem Urkunden-/Wechsel-/Scheckmahnbescheid **703a**; Vollmachtsnachweis **703**; Vollstreckungsabwehrklage **796** 2; Vollstreckungsklausel **796** 1; als Vollstreckungstitel **794** 5; Wiederaufnahmeklage **584** 2 D; Zurückweisung **701**; Zustellung **699**; Zwangsvollstreckung **707** 2 A, **794** 8, **796**

– **(Einspruch) 700**; Aussetzung des Verfahrens **Üb 239** 1 B, **693**; telefonische Einlegung **700**; Unterbrechung des Verfahrens im Fall einer Konkurseröffnung **240** 1 B; Kosten als solche des Prozesses **700**; Unterbrechung des Verfahrens **Üb 239** 1 B, **693** 4; Ähnlichkeit mit einem Versäumnisurteil **700**; Verweisung an das LG **700**; Verweisung an die Kammer für Handelssachen **697, GVG 96**; Einstellung der Zwangsvollstreckung **707** 2 A

Vollstreckungsbeschluß 1042a

Vollstreckungsbeschränkung, Vereinbarung **Grdz 704** 3 E

Vollstreckungserinnerung 766

Vollstreckungsfähigkeit Grdz 704 3 E

Vollstreckungsgegenklage s Zwangsvollstreckung (Vollstreckungsabwehrklage)

Vollstreckungsgericht s Zwangsvollstreckung (Vollstreckungsgericht)

Vollstreckungsklage wegen eines Auslandsurteils s dort

Vollstreckungsklausel Grdz 704 3 H, **724, 725**; bei einem Arrest/einstweiligen Verfügung **929** 1/**936** 2; bei einer Bedingung **726**; beim Besitzer **727** 2; gegenüber dem Besitzer nach einer Entbindung des Klägers **76** 5 B; Einwendung gegen die Erteilung **732, 768** 1, **795, 797** 2 A, **797a** 2; gegen den Firmenübernehmer **729** 2; Bezeichnung des Gläubigers und des Schuldners **750** 1; bei der Gütergemeinschaft **742, 744, 745**; beim Konkursverwalter **727** 1; Kostenfestsetzungsbeschluß **104** 2 E; V. bei einem Kostenfestsetzungsbeschluß auf dem Urteil **795a**; beim Nacherben **728** 1; Erwähnung des Rechtsnachfolgers/Besitzers **727** 4; Umschreibung s Vollstreckbare Ausfertigung; bei einem Vergleich vor einer Gütestelle oder Einigungsstelle **797a**; beim Testamentsvollstrecker **728** 2, **749**; bei der Verurteilung zur Zahlung einer Entschädigung **510b** 3 B; gegen den Vermögensübernehmer **729** 1; Vollstreckungsabwehrklage wegen einer Einwendung gegen die Zulässigkeit **768**; beim Vollstreckungsbescheid **796** 1; bei einer Zug-um-Zug-Leistung **726** 3;

dahinterstehende Zahlen und Buchstaben = Anmerkungen **Vorlegung**

Zustellung als Voraussetzung der Zwangsvollstreckung 750 3
– **(Klage),** auf oder gegen die Erteilung 731/ 768, 797 3, 797a 2, 800 3, 802; einstweilige Anordnung 769, 770; Gerichtsstand beim Grundstückseigentümer **Einf** 24 1; Ausschluß des Richters wegen der Erteilung 41 2 F; Streitwert **3 Anh**
Vollstreckungskosten 788
Vollstreckungsmaßnahme, Aufhebung 776 2; Protokoll 762 1, 763 1
Vollstreckungsorgan Grdz 704 5
Vollstreckungsschuldner s Zwangsvollstreckung (Vollstreckungsschuldner)
Vollstreckungsschutz, wegen einer sittenwidrigen Härte 765a; des Landwirts bei einer Forderungspfändung 851a; beim Miet- oder Pachtzins 851b; Räumungsfrist 721; Aussetzung der Verwertung der Pfandsache 813a; Streitwert **3 Anh**; bei einer vorläufigen Vollstreckbarkeit 712, 714
Vollstreckungstitel s Zwangsvollstreckung (Vollstreckungstitel)
Vollstreckungsunterwerfung im Schiedsvergleich 1044a 2; vollstreckbare Urkunde s dort
Vollstreckungsurteil wegen eines Auslandsurteils s dort; im Schiedsverfahren 1042a
Vollstreckungsverfahren Einl III 1 C, **Grdz 704** 6 ff
Vollstreckungsvertrag Grdz 704 3 E
Vollvertreter, des Anwalts 78 1 D, **GVG 155 Anh I** 2 § 53
Vollziehung, des Arrests oder der einstweiligen Verfügung s dort; Aussetzung der V. durch das Beschwerdegericht 572 2
Volontär, Zustellung 183 1 C
Vorabentscheidung, über den Grund des Anspruchs 304 4 C; dgl durch ein Versäumnisurteil 347 1; über die vorläufige Vollstreckbarkeit durch das Berufungsgericht 538 3 E, 718 2
Vorabfreigabe 850k 3 D
Vorausvermächtnisanspruch, Gerichtsstand 27 2 C
Vorauszahlung, der Kosten einer Ersatzvornahme durch den Schuldner 887 5; der Verfahrensgebühr **271 Anh**
Vorbehalt, der beschränkten Erbenhaftung 305 2, 780, 781; eines Rechts im Ausschlußurteil des Aufgebotsverfahrens 952 2 B, 953 2; des Rechts im Urkundenprozeß/Urkunden-/Wechsel-/Scheckmahnbescheid 599 2/703 a 2
Vorbehaltsgut s Zwangsvollstreckung (gegen einen Ehegatten)
Vorbehaltsurteil s Urteil (Vorbehaltsurteil)
Vorbereitender Schriftsatz 129 1 A a, 272, 273, 276, 277
Vorbereitung der mündlichen Verhandlung, Anordnung zur V. 273, 275, 358a
Vorbereitungsdienst des Referendars **DRiG** 5a, **GVG 155 Anh I** 2 § 59
Vorbescheid, Ausschluß des Richters wegen seiner Mitwirkung am V. 41 2 F

Vorbringen, eines Angriffs- oder Verteidigungsmittels s Parteivorbringen; eines Beweismittels s dort
Vordruck 117, 641 t, 703 c
Voreid, Bezugnahme eines Zeugen/Sachverständigen auf einen früheren Eid 398 4/410; Unzulässigkeit eines V. beim Zeugen 392
Vorerbe, Pfändung der Nutzung der Erbschaft 863; und Nacherbe als notwendige Streitgenossen 62 2 A; Sicherheitsleistung, Klage auf eine Fristsetzung durch das Urteil 255 1; Urteil gegen den V., vollstreckbare Ausfertigung für oder gegen den Nacherben 728 1; Wegfall während eines Prozesses ohne eine ProzBev, Unterbrechung des Verfahrens 242 1
Vorfrage, bei der Feststellungsklage 256 2 A; Aussetzung wegen eines ausländischen Scheidungsverfahrens 328 7 B a; öffentlich-rechtliche V. **GVG** 13 5 B; bei der Zwischenfeststellungsklage 256 8 C
Vorfristnotierung durch den Anwalt als Voraussetzung einer Wiedereinsetzung 233 4
Vorführung, des zur Duldung der Blutentnahme Verpflichteten 372a 5; des zu Entmündigenden oder Entmündigten 654 1 B, 676 2; eines Soldaten **SchlAnh II** III; einer ausgebliebenen Partei in einer Ehesache 619 4; eines ausgebliebenen Zeugen 380 2; Unterbleiben der V. wegen einer nachträglichen Entschuldigung 381 1
Vorgesellschaft, Parteifähigkeit 50 2 C
Vorgreiflichkeit, als Aussetzungsgrund s dort; Begriff **Einf** 148 2; eines Rechtsverhältnisses, Rechtskraftwirkung 322 4; eines Rechtsverhältnisses, Zwischenfeststellungsklage 256 8 C
Vorkaufsrecht, Aufgebot der Berechtigten 988; Gerichtsstand des dinglichen V. 24 2 B, 3, 5; Pfändung **Grdz 704** 9; Streitwert **3 Anh**
Vorlage, Pfändung des Anspruchs auf eine V. **Grdz 704** 9; der Beschwerde 571 2; Beschluß s Vorlegung; der Handelsbücher 422 2 E; Anordnung der V. der Akte der Partei 143; des Protokolls 162; Erzwingung der V. einer Sache 883 5; einer Urkunde s dort; eines Wechsels, Antrag auf eine Vernehmung der Partei 605
Vorläufige Austauschpfändung 807 3 E, 811a, b
Vorläufiges Verfahren Grdz 916 3; vgl auch Arrest, einstweilige Verfügung
Vorläufige Vollstreckbarkeit, des Urteils s dort (vorläufige Vollstreckbarerklärung); der Vollstreckbarerklärung eines Schiedsspruchs oder Schiedsvergleichs 1042c, 1044 4/1044a 3 A
Vorläufige Zulassung 56 2
Vorlegung, einer Akte 143 1; der Beschwerde beim Beschwerdegericht 571 2; beim BVerfG **GVG** 17 5; beim EuGH, Vorlegungspflicht als Aussetzungsgrund **Einf** 148 1 A; beim Gemeinsamen Senat **GVG 140 Anh**; beim Großen Senat des BGH **GVG**

Vorlegungsvernehmung

136–138; durch das LG als Berufungsgericht an das OLG zwecks eines Rechtsentscheids in einer Mietsache **544 Anh**; durch das OLG an den BGH **EGGVG 29** 2; einer Urkunde **142** 1, **420 ff**; und vorbereitende Maßnahme **273** 3
Vorlegungsvernehmung 426
Vorlesen s Verlesung
Vormerkung, Aufgebot des Berechtigten **988**; Aufgebotsantrag des Vormerkungsgläubigers **984**; Pfändung **Grdz 704** 9; Urteil auf die Abgabe einer Willenserklärung, Eintragung im Grundbuch **895**; einstweilige Verfügung auf eine Eintragung **932, 942**; Streitwert **6** 3 B; Streitwert der einstweiligen Verfügung **3 Anh**
– **(Klage),** Gerichtsstand **24** 2 A, B; Grundstücksveräußerung **266** 1; Streitbefangenheit **265** 2 B
Vormund, Amtsvormund als Vertreter in der mündlichen Verhandlung **157** 2 A; Recht zur Stellung des Entmündigungsantrags **646** 1 C; Antrag bzw Klage auf die Aufhebung der Entmündigung **675/664** 3, **679** 1 B, **686**; Zustellung des Entmündigungsbeschlusses **661**; Mitteilung der Entmündigung an den V. **660**; als gesetzlicher Vertreter **51** 2 D
Vormundschaft, vorläufige, Parteivernehmung **455** 2; Parteifähigkeit in einer Ehesache **607** 1
Vormundschaftsgericht, Entmündigungsantrag/aufhebung, Mitteilung **657/678**; Entmündigungsentscheidung, Mitteilung **660, 683/674**
– **(Genehmigung),** einer Klage auf die Anfechtung der Ehelichkeit bzw eines Vaterschaftsanerkenntnisses **640b**; der Ehescheidungs- oder -aufhebungsklage **607** 2 B; einer Prozeßhandlung **54**
Vornahme, einer Handlung, Zwangsvollstreckung aus einem Urteil auf die V. e. H. **3 Anh**, **887, 888, 891**; Urteil des AG auf die V. e. H., Zahlung einer Entschädigung wegen einer Fristversäumung **510b, 888a**
Vorpfändung 845, 857; Vollzug eines Arrests/einer einstweiligen Verfügung **929** 2 E/**936** 2, 3; Kostenerstattung **788** 5
Vorratspfändung beim Arbeitseinkommen **850d** 3
Vorrecht, Streitwert **3 Anh**
Vorschuß, auf Arrestkosten **934** 1; der Reisekosten bei einer Anordnung des persönlichen Erscheinens einer Partei **141** 1; Streitwert **3 Anh**
Vorschußpflicht, für die Arrestkosten, Aufhebung des Arrests beim Unterbleiben der Zahlung **934** 1; der Prozeßkosten s dort; für das Gutachten des Sachverständigen **402** 1; der Vergütung des Schiedsrichters **1028 Anh** 1 C; des Schuldners für die Kosten einer Ersatzvornahme **887** 5; für die Ladung des Zeugen **379**
Vorsitzender GVG 21f 2; Anordnung des V. des Berufungsgerichts zur Ergänzung des Vortrags des Akteninhalts **526** 2; Anord-

nung der Übersetzung einer Urkunde **142** 3; Anordnung zur Vorbereitung der mündlichen Verhandlung **273** 2, 3; Anwaltszwang vor dem V. **78** 2 A; Anordnung eines Arrests bzw einer einstweiligen Verfügung wegen der Dringlichkeit **944**; Erlaß eines Arrests/einer einstweiligen Verfügung **944** 1; Aufforderung zur Bestellung eines ProzBev nach der Unterbrechung des Verfahrens **244** 2; Aufgaben **136** 1; Aufklärungspflicht **139** 2, **139** 2 A; Ersuchen um eine Beweisaufnahme im Ausland **362, 363**; Beratungsleitung **GVG 194**; Abkürzung der Einlassungs- oder Ladungsfrist **266** 1 B; Bestimmung der Einlassungsfrist im Fall der Zustellung im Ausland **274**; Zuweisung der Berufung an den Einzelrichter **524** 2; Geschäftsverteilung **GVG 21g**; Bestimmung der Ladungsfrist im Fall der Ladung des Rechtsnachfolgers zur Aufnahme eines unterbrochenen Verfahrens **239** 3 B; Beiordnung eines Rechtsanwalts bei einer Bewilligung von Prozeßkostenhilfe **121**; Beiordnung eines ProzBev im Fall einer Klage auf die Anfechtung oder Aufhebung einer Entmündigung **668** 2/**679, 682**; Prozeßleitung **136** 1; Richter auf Lebenszeit **DRiG 28**; Terminsbestimmung/-aufhebung **216** 2/**227** 2 A; Unterschrift unter dem Protokoll/Urteil im Fall der Verhinderung eines Richters **163** 1/**315** 1 B; Bestimmung einer Frist zur Einsicht in eine Urkunde **134** 3; Verhinderung **GVG 21f** 3; Bestellung eines Vertreters für einen prozeßunfähigen Bekl. **57** 1 B; Bestimmung eines verordneten Richters **361, 362**; Bestellung eines Vertreters nach der Aufgabe des Eigentums an einem Grundstück oder Schiff **58** 2; Vertretung **GVG 21e** 2 C, **21f** 3 B; Verfügung **329** 1 B; Vorbereitung der mündlichen Verhandlung s dort; Ersuchen um eine Zustellung im Ausland **202** 1
– **(Kammer für Handelssachen),** Beweiserhebung **349** 2 B; Entscheidungsbefugnis **349** 3, 4; Förderungspflicht **349** 2 A; Rechtsmittel gegen seine Entscheidung **350** 1; Überschreitung seiner Zuständigkeit **350** 2
– **(mündliche Verhandlung)** s dort
Vorsitzender Richter DRiG 19a, 120a
Vorstandsmitglied, Streitwert des Anspruchs eines V. **3 Anh**; Streitwert seines Gehalts oder Versorgungsanspruchs **9** 1; Prozeßführungsrecht des V. eines Vereins **84** 1 B; dgl beim nicht rechtsfähigen Verein **50** 3 A, B, **80** 1 E; als gesetzlicher Vertreter **51** 2 D; als Zeuge **Üb 373** 2 B
Vortäuschung einer Prozeßhandlung **Grdz 128** 5 E
Vortrag, des erstinstanzlichen Akteninhalts in der Berufungsinstanz **526**; des Ergebnisses der Beweisaufnahme **285** 2; eines Parteivorbringens d dort; in der mündlichen Verhandlung s dort
Vorverfahren, Antrag auf eine gerichtliche Entscheidung gegenüber einem Justizver-

dahinterstehende Zahlen und Buchstaben = Anmerkungen **Wegfall**

waltungsakt **EGGVG 24**; Kostenerstattung **91** 3 B; schriftliches V. **272ff, 520**
Vorverlegung eines Termins **217**
Vorvertrag, Feststellungsklage **256** 5
Vorweggenommene(s) Beweisaufnahme **358a** 2, 3; Beweiswürdigung **286** 3; Einlassung **264** 2; Geständnis **288** 1 B
Vorwegpfändung 811 c
Vorwegzahlung, der Verfahrensgebühr **271 Anh**; Vorschußpflicht s dort, vgl auch Prozeßkostenvorschuß
Vorwirkung der demnächst erfolgenden Zustellung **270** 4, **693** 2
Vorzeitige Besitzeinweisung 545
Vorzugsklage 805, Streitwert **3 Anh**
Vorzugsrecht, Klage auf eine vorzugsweise Befriedigung **805**; Rang gegenüber einem Pfändungspfandrecht **804** 4; Streitwert **6** 3 B; Recht zur Erhebung einer Widerspruchsklage **771** 6

W

Wahl, des Präsidiums des Gerichts **GVG 21 b**; zwischen einem frühen ersten Termin und dem schriftlichen Vorverfahren **272** 3; Wahlordnung **GVG 21 b Anh**
Wahlgerichtsstand 35 1, **696** 5 A
Wahlkonsul, Exterritorialität **GVG 19** 1, 2 A
Wahlrecht, beim Gerichtsstand s dort; beim Rechtsweg **Üb 38** 1, **GVG 13** 1 A
Wahlschuldverhältnis, Anspruchshäufung **260** 2 B; Klagantrag **253** 5 C; Streitgegenstand **2** 2 C; Streitwert **3 Anh, 5** 2 B; Zwangsvollstreckung aus einem Urteil mit einem W. zwischen mehreren Willenserklärungen **894** 2 C; Pfändung des Wahlrechts **Grdz 704** 9; Zwangsvollstreckung **Grdz 803** 3
Wahrheit, innere oder äußere **Einl III** 3; und gerichtliche Entscheidung **286** 2 A
Wahrheitsermittlung im Zivilprozeß **Einl III** 2 A
Wahrheitspflicht Einl III 3 A, **Grdz 128** 2 G, **138** 1; und Behauptungslast **138** 1 C; und Geständnis **Einf 288** 3; des ProzBev **138** 1 E; im Schiedsverfahren **1034** 5
– **(Verletzung),** durch eine Lüge **138** 1 D; Prozeßbetrug **138** 1 H; Restitutionsklage **580** 2, **581** 1; Schadensersatzpflicht **138** 1 G; Verzögerungsgebühr **95 Anh** 2 B; prozessuale Würdigung **138** 1 F
Wahrscheinlichkeit, Beweiswürdigung s dort
Wahrung (Frist), Amtsprüfung der W. der Klagefrist **253** 1 B; durch eine Klage ohne Unterschrift **253** 7; durch eine Klage bei einem unzuständigen Gericht/Rechtswegverweisung **Üb 12** 3 D/**GVG 17** 3 D; durch ein Telegramm **129** 1 C; durch eine demnächst erfolgende Zustellung **270** 4, **693**; durch eine öffentliche Zustellung oder eine Zustellung im Ausland **207** 1
Währung, für den Streitwert maßgebende W. **3** 2 A; Streitwert der Klage auf eine Zahlung in ausländischer W. **3 Anh**

Waisenbezug, Pfändung **850** 2 E, **850 b** 5
Waldinteressentenschaft, Parteifähigkeit **50** 3 A
Wandlung, Gerichtsstand für den Anspruch auf die W. **29** 1 A, 2, 3 A; Verbindung mit der Klage auf eine Fristsetzung durch das Urteil **255** 2 A; statt einer Minderung **286** 3; Rechtskraftwirkung des Urteils **322** 4; Streitwert **3 Anh**
Warenhaus, Schadensersatzpflicht, Beweislast **286 Anh** 4
Warenzeichen, Anmeldung, Beweislast **286 Anh** 4; Löschung, Rechtsschutzbedürfnis **Grdz 253** 5 A; Löschung, Streitwert **3 Anh**; Pfändung **Grdz 704** 9, **857** 3
– **(Verletzungsklage),** Feststellungsklage **256** 5; Gerichtsstand **32** 2 A, 3; Kammer für Handelssachen **GVG 95** 2 D; Meinungsbefragung **355** 1 A, **Üb 402** 1 A; Streitwert **3 Anh**; Urheberbenennung **77**; Zuständigkeit **GVG 78b Anh I**
Wartefrist, vor der Versteigerung einer Pfandsache **816** 1; vor der Zwangsvollstreckung **798, 798a**
Warteliste vor der Bestimmung des Termins **Einl III** 3 A, **216** 2 A
Waschmaschine, Pfändung **Grdz 704** 9, **811** 3 B
Wasserrechtsstreitigkeit, Rechtsweg **GVG 13** 7
Wechsel, Beweislast **286 Anh** 4; Kraftloserklärung **Einf 1003** 1 B, vgl auch Aufgebotsverfahren; Pfändung der Wechselforderung **831**
Wechselklage 602; Anerkenntnis **599** 1 A; Antrag auf eine Parteivernehmung wegen der Vorlegung des Wechsels **605** 1; Aussetzung des Verfahrens **604**; Einlassungs- und Ladungsfrist **604**; Einmischungsklage **64** 2 B; Fehlen einer Prozeßvoraussetzung **Grdz 253** 3 G; Feriensache **GVG 200** 6; Gerichtsstand des Zahlungsorts **603**; Kammer für Handelssachen **GVG 95** 2 B; Klagabweisung **597**; Klageschrift **604** 1; Nachverfahren **602** 3 C; Nebenforderung **605** 2; Pfändung **831** 2; Wirkung der Rechtshängigkeit **261** 3 B; Ausschluß eines Richters wegen seiner Mitwirkung **41** 2 F; Sicherheitsleistung **110** 3; Streitgenossenschaft **60** 1, **603** 2; Streitwert **4** 4; vorläufige Vollstreckbarkeit des Urteils **708** 2 D; Urteil ohne einen Vorbehalt **599** 2 B; Vorbehaltsurteil **599** 2, 3; Zurückverweisung durch das Berufungsgericht **538** 3 C
Wechselprozeß 602ff; Beweisregeln **605**; Gerichtsstand **603**; vorläufige Vollstreckbarkeit **708**; Widerklage **253 Anh** 1 C, **595** 1; Widerspruch des Bekl **599** 1 B; Zulässigkeit **602**; Zurückweisung einer Einwendung **598**; Zwischenfeststellungsklage **256** 7 B; s auch Wechselklage
Wechselmahnbescheid 703a
Wegestreit, Rechtsweg **GVG 13** 7
Wegfall, der Entscheidungsgründe **313a, b**; des Richters **309** 1, **315** 1 B; eines Schieds-

Hartmann 2383

Wegnahme

richters; Außerkrafttreten des Schiedsvertrags **1031, 1033** 2; Bestellung eines Ersatzschiedsrichters **1031** 2; des gesetzlichen Vertreters, Antrag auf eine Aussetzung des Verfahrens im Fall einer Vertretung durch einen ProzBev **246** 2; Erlöschen der Prozeßvollmacht **86** 2 B; des Tatbestands **313a, b, 543** 2 A; Unterbrechung des Verfahrens ohne einen ProzBev **241** 2 B

Wegnahme durch den Gerichtsvollzieher **808** 2 B, 4 A, **815** 4, **883** 2, **885** 1 B, **897** 1 B

Wegnahmeanspruch, Streitwert **6** 1 B

Wegschaffung, der Pfandsache durch den Gerichtsvollzieher **808** 4 A; des Eigentums des Schuldners bei der Räumung eines Grundstücks, Schiffs oder Schiffsbauwerks **855** 2

Wehrbereichsverwaltung, Vertretung **18** 2

Wehrdienst s Soldat

Wehrsold, Pfändung **850** 2 B, **850a** 4, **850e** 3

Weigerung des Gerichtsvollziehers, Erinnerung **766** 3 C; vgl auch beim Gegenstand der (Ver)Weigerung

Weihnachtsgratifikation, Pfändung **850a** 5

Weitere Beschwerde s Beschwerde, weitere

Weisung des Gläubigers **753** 1 A

Weitergabe, eines Ersuchens um die Vornahme einer Beweisaufnahme **365**

Weiterüberweisung, beim Entmündigungs-(Aufhebungs)Verfahren **651, 676** 2

Weiterverweisung nach einer Verweisung **281** 3 B; Zuständigkeitsbestimmung **36** 3 C

Werbebehauptung, Beweislast **286 Anh** 4

Werkmietwohnung, Gerichtsstand für einen Anspruch aus dem Mietvertrag **29a** 1; Zuständigkeit im Fall eines Räumungsanspruchs **GVG 23** 4 E

Werkvertrag, Beweislast bei einem Anspruch **286 Anh** 4; Pfändung des Anspruchs auf eine Arbeitsleistung **Grdz 704** 9

Wert, des Beschwerdegegenstands bei der Berufung/Revision/Beschwerde **511a** 3, 4/**546, 554, 554b/567** 3; des Gegenstands der Verurteilung **709** 1; des Streitgegenstands s Streitwert

Wertangabe, in der Berufungsbegründung **519** 3 D; in der Klageschrift **253** 6; in der Revisionsbegründung **554** 4 G

Wertberechung, bei mehreren Ansprüchen **5** 2; beim Besitzstreit **6** 1; bei einer Grunddienstbarkeit **7**; bei einem Miet- oder Pachtverhältnis **8**; bei einer Nebenforderung **4** 3; bei einer wiederkehrenden Nutzung oder Leistung **9**; eines Pfandrechts **6** 3; der Sicherstellung der Forderung **6** 2; eines Wechselanspruchs **4** 4; maßgebender Zeitpunkt **4** 2; s auch Streitwert

Wertfestsetzung wegen der Beschwer **546**; s auch Streitwertfestsetzung

Wertgrenzennovelle 1982, Übergangsrecht **511a** Vorbem A, **GVG 23** Vorbem

Wertpapier 821 1 A; Aufgebot s Aufgebotsverfahren (Kraftloserklärung); Gerichtsstand des Erfüllungsorts **29** 1 A; Streitwert der Herausgabeklage **3 Anh**; Leistungsanspruch, vollstreckbare Urkunde **794** 7 B; Urkundenprozeß **592** 2 B; Pfändung **Grdz 704** 9, **808** 1 B; Pfandverwertung **821–823, 831**; als Sicherheitsleistung **108** 2 B, 4; Zwangsvollstreckung aus einem Urteil auf eine Herausgabe **884**

Wertsicherungsklausel 253 5 B

Werturteil Einf 284 4 A

Wertverringerung, Arrestvollzug, Versteigerung wegen einer drohenden W. **930** 4; Versteigerung einer Pfandsache wegen einer drohenden W. **816** 1

Wesentliche Änderung der Verhältnisse **323** 2 C

West-Berlin s Berlin

Wettbewerb, unlauterer, Beweislast **286 Anh** 4; Gerichtsstand **12** 2; ausschließlicher Gerichtsstand **21** 1, **23** 1 A; Gerichtsstand eines Schadensersatzanspruchs **32** 1, 3; Kammer für Handelssachen **GVG 95** 2 E; allgemeine Klagebefugnis **Grdz 50** 4 C, **Grdz 253** 3 F; Rechtsschutzbedürfnis **Grdz 253** 5 A; Kostenentscheidung beim Anerkenntnis **93** 5; Meinungsbefragung **355** 1 A, **Üb 402** 1 A; Rechtsweg **GVG 13** 7; Streitwert **3 Anh**

– **(Einigungsstelle),** Ersuchen um die Vorname einer richterlichen Handlung **1036** 1 C; Kostenerstattung **91** 3 B; Vergleich **794** 9 B, **1044a** 4 A; Erteilung einer Vollstreckungsklausel auf Grund eines Vergleichs **797a**

Wettbewerbsbeschränkung, Pfändung der Entschädigung **850** 2 G

Wettbewerbsbeschränkungsgesetz, Zuständigkeit der Kammer für Handelssachen **GVG 95** 2 E

Widerklage 33, 253 Anh 1 A; bei einem nichtvermögensrechtlichen Anspruch **33** 3; im Arrestverfahren **253 Anh** 1 C; nach einer Aufrechnung **145** 4 F; in der Berufungsinstanz **529** 4 B; eines Dritten oder gegen einen Dritten **253 Anh** 1 A; in einer Ehesache **253 Anh** 1 C, **610** 1 B, C, **612** 4; im Entmündigungsverfahren **253 Anh** 1 C, **667, 679** 2, **684, 686**; bei einer Erledigung der Hauptsache **253 Anh** 2 A; Erweiterung **253 Anh** 1 B; gegen einen Exterritorialen **GVG Einf 18** C; auf eine Feststellung **256** 3 D, **506** 1 B; Erledigung einer leugnenden Feststellungsklage durch die Leistungsklage, Kostenentscheidung **91a** 2 A; gegenüber einer Feststellungsklage **253 Anh** 1 B; Gerichtsstand **33, 38** 4 D; dinglicher Gerichtsstand **24** 4; vor der Kammer für Handelssachen **GVG 99** 1; auf eine Ehescheidung, Kostenentscheidung **93a** 2; Ehenichtigkeitsklage **633**; bei einer Klage wegen der Anfechtung (Aufhebung) einer Entmündigung **253 Anh** 1 C, **667, 679** 2, **684, 686**; Erhebung **137** 1, **253** 2 A, **253 Anh** 3; in einer Kindschaftssache **253 Anh** 1 C, **640c** 2; Klageänderung wegen der W. **263** 2 B; nach der Klagerücknahme **253 Anh** 2 A; Kostenentscheidung im Fall der Klagabweisung **96** 1; Kostenentscheidung im Fall der Abwei-

dahinterstehende Zahlen und Buchstaben = Anmerkungen **Wiederaufnahmeklage**

sung der Klage und der Widerklage **92** 1; Kostenverteilung nach der Klage und der Widerklage **92** 1 D; wegen eines Kostenerstattungsanspruchs **Üb 91** 3 B; im Mahnverfahren **253 Anh** 1 C; Prozeßfähigkeit **52** 1 A; Prozeßkostenhilfe **114** 2 B; Prozeßtrennung **145** 3; durch eine Prozeßverbindung **147** 1 B; Prozeßvollmacht **81** 2 D; Prozeßvoraussetzung **253 Anh** 2 B; Abweisung beim Fehlen einer Prozeßvoraussetzung **253 Anh** 2 E; Rechtshängigkeit durch die W. **261** 2 A; Rechtshängigkeit der Hauptklage als Voraussetzung **253 Anh** 2 A; in der Revisionsinstanz **253 Anh** 2 A; Rücknahme der W. **269** 1 B, 4 A; auf einen Schadensersatz wegen einer Zwangsvollstreckung aus einem vorläufig vollstreckbaren Urteil **717** 3 A; im Schiedsverfahren **1034** 5; Sicherheitsleistung **110** 2 B; durch einen Streitgenossen **253 Anh** 2 D; durch einen Streithelfer **66** 1, **67** 2 C, **253 Anh** 2 D; gegen einen Streithelfer **67** 2 D; durch einen streitgenössischen Streithelfer **69** 2 C, **253 Anh** 2 D; Streitwert **5** 3; Teilurteil **301** 2 D; Trennung mangels eines Zusammenhangs mit dem Kiaganspruch **145** 3; Unzulässigkeit **33** 3; im Urkunden- oder Wechselprozeß **253 Anh** 1 C, **595** 1; Rechtskraftwirkung des Urteils **322** 4; Rechtskraftwirkung einer Abweisung der Ehescheidungs- oder -aufhebungsklage **616** 2 C; bei einer einstweiligen Verfügung **253 Anh** 1 C; Verhältnis zur Hauptklage **253 Anh** 1 B; Versäumnisurteil **347**; Verweisung vom AG an das LG **506** 2; Verweisung durch die Kammer für Handelssachen **GVG 97** 3; gegenüber einer Vollstreckungsklage nach einem ausländischen Urteil **722** 2 B; Voraussetzung **33** 1; Wertberechnung **5** 3; gegen eine Widerklage **253 Anh** 2 D; im Wiederaufnahmeverfahren **585** 2; Zulässigkeit **253 Anh** 2 B, **280** 1; Zusammenhang mit dem Klaganspruch **253 Anh** 2 C; ohne einen Zusammenhang mit dem Klaganspruch oder mit einem Verteidigungsmittel **33** 1; sachliche Zuständigkeit **5** 3; Zwischenfeststellungswiderklage **256** 8 D
- **(Hilfswiderklage) 253 Anh** 1 B; Rechtshängigkeit **261** 2 C; Trennung **145** 3; gegenüber einer Widerklage **253 Anh** 2 D
- **(Zwischenwiderklage) 253 Anh** 1 C, **256** 1 B; vgl auch Zwischenfeststellungsklage

Widerruf, eines Anerkenntnisses **Einf 306** 2 A; des Antrags auf eine Anordnung des Ruhens des Verfahrens **251** 2 A; der Erklärung des Beistands als solche der Partei **90** 2; des Einverständnisses mit dem schriftlichen Verfahren **128** 5 C; der Einwilligung des Ehegatten mit dem Betrieb eines Erwerbsgeschäfts durch den anderen **741** 2 B; der Einwilligung in die Klagerücknahme **269** 2 D; einer Erledigungserklärung **91a** 2 B; eines Geständnisses **290** 2; einer Klagerücknahme **269** 3 A; einer Erklärung der Partei über den Zustellungsauftrag an den Gerichtsvollzieher **168** 1 B; einer Erklärung des

ProzBev durch die Partei **85** 2; der Zulassung eines (Prozeß)Bevollmächtigten ohne (den Nachweis seiner) Vollmacht **89** 1 A; einer Prozeßhandlung **Grdz 128** 5 G; eines Prozeßvergleichs **307 Anh** 3 B, 6 C; einer Widerrufsfrist/Wiedereinsetzung bei einer Versäumung **222** 1/**233** 2 C; der Prozeßvollmacht **86** 2; der Rücknahme der Berufung **515** 3 A; der Rücknahme eines Rechtsmittels, Beginn der Frist zur Stellung des Antrags auf eine Wiedereinsetzung **234** 3 C; der Ernennung eines Schiedsrichters **1030** 2; durch einen Streithelfer **67** 2 C; der Erklärung eines Streithelfers durch die Partei **67** 2 D; der Zulassung eines Prozeßagenten **157** 4 A; einer Zustellung **175** 1 A

Widerrufsanspruch, Beweislast **286 Anh** 4; Rechtsweg **GVG 13** 7; Zwangsvollstreckung aus einem Urteil auf einen Widerruf **887** 6

Widerrufsrecht, Pfändung **Grdz 704** 9

Widerspruch, gegen einen Arrestbeschluß s Arrestverfahren; des Bekl gegenüber der Erledigungserklärung des Klägers **91a** 2 C; des Bekl gegenüber einer Klagänderung **264** 1, **268** 1; des Bekl im Urkundenprozeß **597** 3 **599** 1 B; gegenüber einer Eintragung im Grundbuch auf Grund eines Urteils auf die Abgabe einer Willenserklärung oder auf Grund einer einstweiligen Verfügung **895**/**942**; in einer Kostenentscheidung, Rechtsmittel **99** 2 A; gegenüber einem Mahnbescheid **694** 1, **702** 1; Möglichkeit sich widersprechender Entscheidungen als Grund zur Aussetzung des Verfahrens **148** 1 E; gegenüber der Aufforderung zur Abgabe der Offenbarungsversicherung **900** 5 B; gegenüber der Pfändung, Klage auf eine vorzugsweise Befriedigung **805**; gegen die Zulassung eines (Prozeß)Bevollmächtigten ohne (den Nachweis seiner) Vollmacht **89** 1 A; zwischen den Erklärungen der Partei und ihres ProzBev **85** 2; bei der persönlichen Anhörung der Partei, Protokollaufnahme **141** 4 D; gegen die Übernahme des Prozesses nach der Veräußerung des Grundstücks, Schiffs, Schiffsbauwerks oder Luftfahrzeugs **266** 2 B; zwischen einem Schriftsatz und einem mündlichen Vorbringen **139** 2 A; gegenüber dem Teilungsplan **876, 877**; im Urkundenprozeß **599** 1 B; im Tatbestand des Urteils, Berichtigungsantrag **320** 3; zwischen dem Urteilstatbestand und dem Sitzungsprotokoll **314** 2; gegenüber einer einstweiligen Verfügung **924ff**; gegen die Vollstreckbarerklärung **1042d** 1; in Zeugenaussagen, Gegenüberstellung der Zeugen **394** 2

Widerspruchsklage s Zwangsvollstreckung

Widerstand, des Schuldners gegen eine Handlung trotz einer Duldungspflicht **892**; des Schuldners gegen eine Pfändung **758** 2 B, **759**

Wiederaufhebung der Entmündigung s dort

Wiederaufnahmeklage Grdz 578, 578ff; Ausschluß durch die Möglichkeit eines

Wiedereinsetzung   Zahlen in Fettdruck = Paragraphen

Rechtsmittels **579** 6, **582**; nach einem Ausschlußurteil **957** 1; Begründetheit **590** 3; Beschwer **578** 1 A; Beweis **581** 2; in einer Ehesache **Einf 610** 3 F; in einer Ehesache nach dem Tod der Partei **628** 2; Hilfsnatur **582** 1 A; Klagefrist **586**; Klageschrift **587**, **588**; Kostenentscheidung beim Anerkenntnis **93** 1 A; Rechtsmittel gegen die Kostenentscheidung **99** 2 A; neue ersetzende Entscheidung **590** 3; Parteien **578** 1 B; Prozeßvollmacht **81** 2 D; Ausschluß eines Richters wegen seiner Mitwirkung an einer Entscheidung **41** 2 F; nach einem Schiedsspruch **1034** 5; Sicherheitsleistung **110** 2 B; Statthaftigkeit **Grdz 578** 2; Streitgenossen **62** 4 C b; Streithilfe **66** 3; Streitwert **3 Anh**, **4** 3 A; hinsichtlich einer dem Urteil vorausgegangenen Entscheidung **583**; rechtskräftiges Urteil als Voraussetzung **579** 2; durch einen nicht rechtsfähigen Verein als Bekl **50** 3 A; Verhandlung **590**; Versäumnis **590** 4; gegen ein Versäumnisurteil **591** 4; Verzicht **Grdz 578** 3 B; Vorentscheidung **583** 1; Wesen **Grdz 578** 1; Entscheidung über den Wiederaufnahmeantrag **591** 3; Rechtsmittel gegen die Wiederaufnahmeentscheidung **591**; Wiederholung **578** 1 C; Zulässigkeit **Grdz 578** 2; Prüfung der Zulässigkeit **589**; Zuständigkeit **584**; Zustellung an den ProzBev **176** 2 C, **178**; Einstellung der Zwangsvollstreckung **707**
– **(Nichtigkeitsklage) 579**; wegen des Auftretens einer falschen Partei **Grdz 50** 3 A; Kostenentscheidung bei einem Anerkenntnis **93** 5; wegen des Fehlens einer Prozeßvollmacht **89** 3; wegen der Zurückweisung des Ablehnungsgesuchs gegenüber einem Richter **46** 2; wegen einer Amtshandlung des Richters nach seiner Ablehnung **47** 1 B; gegen ein Scheinurteil **579** 2; bei einem Urteil im schriftlichen Verfahren ohne das Einverständnis der Partei **128** 6 D; Verbindung mit der Restitutionsklage **579** 3
– **(Restitutionsklage) 580**; Antrag auf eine Parteivernehmung **581** 2; wegen des Auffindens einer Urkunde **580** 7; wegen der Aufhebung eines Urteils **580** 3; Ausschluß durch die Möglichkeit eines Rechtsmittels **582**; Beweis des Restitutionsgrundes **581** 2; Restitutionsgrund als Grund zur Aufhebung eines Schiedsspruchs **1041** 9; im Fall der Erschleichung der Rechtskraft **Einf 322** 6 D, **580** 2 D; Strafurteil als Voraussetzung **581**; wegen der Unwahrheit einer Prozeßbehauptung **138** 1 H, **580** 2; gegen ein Urteil auf die Feststellung der Vaterschaft **641 i**; Verbindung mit der Nichtigkeitsklage **579** 3

Wiedereinsetzung in den vorigen Stand **Üb 230** 3, **233 ff**; Ablehnung, Rechtsmittel **238** 2 C; Änderung eines Wiedereinsetzungsbeschlusses **238** 2 A; Antrag **233** 2 D; Antrag bei einer Versäumung der Revisions(Begründungs)frist nach einem Urteil des BayObLG **EG 7** 1; Antragserfordernis **236**; Antragsfrist **234** 1, **236**, **EGGVG 26** 4 B; Antragsfrist im Fall einer Aussetzung oder Unterbrechung des Verfahrens **249** 2; Beginn der Antragsfrist **234** 2, 3; gegenüber der Versäumung der Frist für den Antrag auf eine gerichtliche Entscheidung nach einem Justizverwaltungsakt **EGGVG 26** 4; Begriff **233** 1; gerichtliche Aufklärungspflicht **234** 1; wegen der unrichtigen Auskunft einer Geschäftsstelle **232** 2; nach der Verwerfung der Berufung **238** 1 B; Entscheidung **238** 2; fehlerhafte Entscheidung **238** 1 B; Glaubhaftmachung einer Tatsache **236** 1 D; Grund **233**; Kostenentscheidung **238** 3; Nachholung einer versäumten Prozeßhandlung im Antrag **236** 1 E; Nachschieben eines Wiedereinsetzungsgrundes **234** 1; und Notfristzeugnis **706** 3 B; Rechtsbehelfe **238** 2 C; Rechtsprechungsübersicht **233** 4; im Schiedsverfahren **1034** 5; ein beim Streithelfer liegender Grund **66** 3; durch eine Forstsetzung des Verfahrens **238** 2 A; Verbindung der Verhandlung über den Wiedereinsetzungsantrag mit der Sachverhandlung **238** 1 B; mündliche Verhandlung **238** 1 A; Verfahren **238**; gegen die Versäumung der Einspruchsfrist **233** 2 C; gegen die Versäumung einer Notfrist, der Berufungs/Revisions(begründungs)frist **233** 2 C; Versäumnisverfahren im Fall einer notwendigen mündlichen Verhandlung **238** 2 B; Verschuldensbegriff **233** 2 B; Verschulden im Fall der Versäumung der Einspruchsfrist **233** 3 B; Wirkung **233** 1; Zuständigkeit für die Entscheidung **237**; Einstellung der Zwangsvollstreckung nach einem Antrag auf eine W. **707**

Wiedereröffnung der mündlichen Verhandlung **156**, **283**; Ablehnung oder Aufhebung der Entscheidung über die W. **283/156** 2 C; in der Berufungsinstanz **526** 2; bei einer Entmündigungsklage **669**

Wiederholung, der Ablehnung eines Richters **42** 1 B; der Berufung **518** 1 C; der Beschwerde **567** 2 B; eines Verweisungsantrags nach der Rücknahme des früheren **281** 2 C; einer Wiederaufnahmeklage **578** 1 C; einer Zeugenvernehmung **398** 4, **400** 1 A

Wiederholungsgefahr bei einer Unterlassungsklage **Grdz 253** 5 A

Wiederinkurssetzen eines Wertpapiers nach seiner Pfändung **823**

Wiederkaufsrecht, Pfändung **Grdz 704** 9

Wiederkehrende Einkünfte, Pfändung **811** 11, **832**; Pfändung des Arbeitseinkommens s Zwangsvollstreckung

Wiederkehrende Leistung, Abänderungsklage **323**; Anwaltsgebühr, Gerichtsgebühr **9** 1; Zwangsvollstreckung bei einer mit einem Grundstück verbundenen w. L. **865** 2 E; Klage vor der Fälligkeit **258** 1; Streitwert **9**; Streitwert eines Rückstands **4** 2 B, 3 A; Vollzug oder Vollstreckung einer einstweiligen Verfügung **936** 3 A, B

Wiederkehrende Nutzung, Streitwert **9**

Wildschadensklage, Zuständigkeit **GVG 23** 8

Willenserklärung, Auslegung, Beweislast **286 Anh** 1 A, 4; Auslegung in der Revisionsinstanz **550** 2; des ProzBev kraft seiner Prozeßvollmacht **81** 3; einer Prozeßhandlung **Grdz 128** 5 D; Urteil auf die Abgabe einer W. **894**; Antragsrecht des Gläubigers nach einem Urteil auf die Abgabe einer W., ihm die zu einer Eintragung erforderliche Urkunde zu erteilen **896**; Urteil auf die Bestellung, Abtretung oder Belastung eines Briefgrundpfandrechts **897** 2; Urteil auf eine Übertragung des Eigentums **897, 898**; Sachwegnahme durch den Gerichtsvollzieher **897** 1; des Streithelfers **67** 2; Streitwert **3 Anh**; vorläufig vollstreckbares Urteil auf eine Eintragung im Grundbuch oder in einem Register **895**; Zwangsvollstreckung aus einer Verpflichtung zur Abgabe einer W. **Grdz 704** 9, **887** 6, **894**

Willensmangel, bei einem Geständnis **290** 2 C; bei einer Prozeßhandlung **Grdz 128** 5 E; bei der Erteilung einer Prozeßvollmacht **80** 1 C

Wintergeld Grdz 704 9

Wirbelsäulenmethode 372a 3 A

Wirksamkeit, eines Beschlusses **329** 4 A; der Entmündigung **661**; der Entscheidung **Üb 300** 3; einer Prozeßhandlung **Grdz 128** 5 D, E; eines Prozeßvergleichs **307 Anh** 4, 7; eines Schiedsvergleichs **1044a**; eines Schiedsvertrages **1025** 2, 7

Wirkungslosigkeit, der Entscheidung s Nichtigkeit

Wirkungszeitpunkt bei der öffentlichen Zustellung **206** 1

Wirt, Streitigkeit mit einem Reisenden, vorläufige Vollstreckbarkeit des Urteils **709** 1; Zuständigkeit **GVG 23** 6

Wirtschaftliche Beteiligung, Prozeßkostenhilfe **116** 2 C; w. Überlegenheit, Unwirksamkeit des Schiedsvertrags **1025** 7 B

Wirtschaftlichkeit, Prozeßwirtschaftlichkeit s dort

Wirtschaftsprüfer, Zeugnisverweigerungsrecht **383** 3 D

Wirtschaftsverband, Aufnahme in einen W., Rechtsweg **GVG 13** 7

Wissen, des Richters als Urteilsgrundlage **Einf 284** 4 D; privates W. des Richters über einen Prozeßvorgang **286** 2 F

Witwe, Pfändungsschutz bei einer Fortführung der Erwerbstätigkeit des Ehemanns **811** 9

Witwenbezüge, Pfändung **850** 2 E, **850a** 8, **850b** 5

Wochenmarkt, Gerichtsstand **30**

Wohnbesitz, Zwangsvollstreckung **767** 1 A, 2 B, **771** 3 A, **851** 2 B, **857** 1

Wohngeld, Pfändung **Grdz 704** 9

Wohngelegenheit, Pfändung der Vergütung **850i** 3

Wohnlaube, Pfändung **811** 3 C

Wohnraum, einstweilige Verfügung auf eine Räumung **940a**; Gerichtsstand für die Klage wegen eines W. **29a**; Räumungsfrist **721** 2; Rechtsentscheid in einer Mietsache **544 Anh**; Schiedsvertrag **1025a**; Zuständigkeit **GVG 23** 4 A, B; Zwangsvollstreckung (Durchsuchung) **758**; vgl auch Mietstreitigkeit, Wohnung

Wohnrecht, Streitwert der Löschung eines Dauerwohnrechts **3 Anh**; Streitwert des W. **9** 2 B; Streitwert einer einstweiligen Verfügung **3 Anh**

Wohnsitz, Gerichtsstand **13**; Gerichtsstand des letzten W. **16**; Gerichtsstand bei einem W. im Ausland **16** 2 A; Verlegung, Zuständigkeitsvereinbarung **38** 5 B; letzter W. in der BRD, Maßgeblichkeit für die Zuständigkeit in einer Ehesache **606** 3; im Entmündigungsverfahren **648, 680**

Wohnsitzloser, Gerichtsstand **16**; Gerichtsstand des Vermögens/Streitgegenstands **23**

Wohnung 181 1 A; Durchsuchung durch den Gerichtsvollzieher **758**; Ersatzzustellung **181** 1; Zustellung an einen Exterritorialen **200** 1; Gerichtstermin in der Wohnung **219** 1 C; Irrtum über die Wohnungseigenschaft bei einer Ersatzzustellung **182** 2; Räumung auf Grund einer einstweiligen Verfügung **940a**; Räumungsklage s dort; Räumungsvollstreckung **885**; Streitwert des Verbots des Betretens durch den Ehegatten **3 Anh**

Wohnungsbaugesetz, Rechtsweg **GVG 13** 7

Wohnungsbaudarlehen, Rechtsweg **GVG 13** 7

Wohnungsbauprämie, Pfändung **Grdz 704** 9

Wohnungsbindungsgesetz, Rechtsweg **GVG 13** 7

Wohnungseigentum, Streitwert **3 Anh**; Zuständigkeit bei der Entziehung **GVG 23** 4 F; Feststellungsinteresse **256** 5; Verwalter als gesetzlicher Vertreter **51** 2 D; Zwangsvollstreckung **864** 1 C, **866, 870**

Wohnungseigentumssache, Abgabe **281 Anh II**; Rechtsweg **GVG 13** 7; Rechtskraftwirkung des Urteils **325** 6

Wort, Erteilung oder Entziehung in der mündlichen Verhandlung **136**; Untersagung des Vortrags **157** 3

Wortlaut und Auslegung **Einl III** 5 B c

Z

Zahlung, an den Gerichtsvollzieher **754** 2, **815** 3, **819** 1; nach der Klagerhebung, Kostenentscheidung **91a** 2 A, 3 A; Kostenfestsetzung trotz einer Z. **104** 1 E; an den ProzBev **81** 2 A, D; an den ProzBev, Kostenerstattung **91** 5; Erledigung der Hauptsache durch die Z. nach der Einlegung eines Rechtsmittels **91a** 4; Urteil auf eine Handlung und auf die Zahlung einer Entschädigung **510b**; Zwangsvollstreckung **775** 6, **888a**; einstweilige Verfügung auf die Z. **936** 3

Zahlungsklage, Bezifferung **253** 5 B; Verbindung mit einer Klage auf eine Auskunftserteilung, Rechnungslegung, ein Vermögens-

Zahlungsort

verzeichnis und die Abgabe einer eidesstattlichen Versicherung **254** 2 A
Zahlungsort eines Wechsels als Gerichtsstand **603**
Zahlungs Statt, Überweisung einer Forderung s Zwangsvollstreckung
Zahlungssperre im Wertpapier-Aufgebotsverfahren **1019–1022**
Zahlungsunfähigkeit, Ausschluß einer Prozeßkostenhilfe im Fall einer Böswilligkeit **114** 2 B b
Zahlungsverbot an den Drittschuldner **829** 7 A
Zeichnung, Anordnung ihrer Vorlegung **142** 1; Vorlegung vor der mündlichen Verhandlung **273** 3 A
Zeit, zulässige zur Pfändung **761**; der Versteigerung **816** 1; der Zustellung **188**
Zeitangabe bei der Zustellung **191** 2 A
Zeitliche Geltung der Zivilprozßvorschriften **Einl III** 9
Zeitmiete, Beweislast **286 Anh** 4 „Miete, Pacht"
Zeitpunkt, der Einlegung der Berufung/Revision, Mitteilung **519a** 2/**553a**; der für die Wertberechnung maßgebende Z. **4** 2; der Zustellung beim Empfangsbekenntnis **198** 1 B, 2 B, **212a** 2; der Zustellung bei einer demnächst erfolgenden Zustellung der Klage **262** 2, **270** 4; des Mahnbescheids **693**; bei einer Zustellung im Ausland oder bei einer öffentlichen Zustellung **207** 2 B
Zeitschrift und Zeugnisverweigerungsrecht **383**
Zeitversäumnis, Entschädigung des Zeugen/Sachverständigen **401/408**; Kostenerstattung (Z. der Partei) **91** 5
Zeitvorrang, Vorzugsrecht gegenüber dem Pfändungspfandrecht **804** 3
Zeuge, Begriff **Üb 373** 1 A, **373 ff**; Abgeordneter **376**, **382** 1, **383** 3 C; Pflicht zur Duldung einer Abstammungsuntersuchung **372a** 3 B; Anordnung seiner schriftlichen Anhörung **377** 3; Antrag, Antritt **373**; Aufenthalt an einem Ort ohne eine Verkehrsverbindung **247** 1; Auslagenvorschuß **379** 1; Ausschluß als Gerichtsperson **41** 2 E, **49**; Bekl als Z. nach der Übernahme des Prozesses durch den mittelbaren Besitzer **76** 5 A; Beschwerderecht **569** 3 A; Aussagegenehmigung eines Angehörigen des öffentlichen Dienstes **376**; Anordnung der Gestellung vor der mündlichen Verhandlung **273** 2 B; Angehöriger eines ausländischen Konsulats **Üb 373** 3; Beamter **376**; Bundespräsident **375** 4, **376** 3; heimlicher Z. **Üb 373** 1 D; Minister **376** 1 C, **382** 1, **383** 3 C; im Schiedsverfahren **1035**; schriftliche Aussage **128** 7 B, **273** 2, 3, **377** 3; Pflicht zur Nachforschung **Üb 373** 3; Prokurist bei einer Anhörung in der mündlichen Verhandlung **137** 4; Spitzel **Üb 373** 1 D; Angehöriger der Streitkräfte **SchlAnh III** 39; Aussagegenehmigung **376** 4; Streitgenosse **61** 2 B; Streithelfer **67** 2 B, D; streitgenössischer Streithelfer

Zahlen in Fettdruck = Paragraphen

69 2 B; Unmittelbarkeit **375**; Mitglied eines nicht rechtsfähigen Vereins **50** 3 A, B; Verwertung eines früheren Protokolls **286** 4 B; Verhinderung am Erscheinen vor Gericht, auswärtiger Terminsort **219** 1 B; gesetzlicher Vertreter eines prozeßunfähigen Ausländers **55**; sachverständiger Z. **414** 2; Zeugnis(un)fähigkeit **Üb 373** 2; Zeugnispflicht, Zeugniszwang **Üb 373** 3, **380**, **390**; Zuziehung durch den Gerichtsvollzieher **759**
– **Ausbleiben),** Auferlegung von Kosten und Ordnungsgeld **380** 1; Entschuldigung, Aufhebung der vorgenannten Maßnahmen **381**; vor dem verordneten Richter **400**; Vorführungsanordnung im Fall eines wiederholten Ausbleibens **380** 2; wegen eines Zeugnisverweigerungsrechts **386** 2, **388**
– **(Beeidigung) Üb 373** 4 A, **391 ff**, **478 ff**; Anordnung **391** 2; Berufung auf den Eid im Fall einer wiederholten oder nachträglichen Vernehmung **398** 4; Eidesleistung s dort; Eidesunmündigkeit, Unreife, Verstandesschwäche **393**; Eidesverweigerungsrecht **391** 4; Meineid, Beihilfe durch Unterlassen **138** 1 H; Meineid, Restitutionsklage **580** 2 C, **581** 1; Nacheid **392**; kraft des Ersuchens eines Schiedsgerichts **1036** 1 B; im Schiedsverfahren **1035** 2; Verzicht auf die B. in einer Ehe- oder Kindschaftssache, bei einer Entmündigungsklage **617** 3, **640** 3, **670** 1, **679** 2; Verzicht beider Parteien auf die B. **391** 3; Auferlegung von Kosten und Festsetzung von Ordnungsgeld oder von Ordnungshaft im Fall einer grundlosen Verweigerung des Eides **390**
– **(Ladung) 377** 1, 2; Anordnung vor der mündlichen Verhandlung **273** 3 D; Pflicht zur Zahlung eines Kostenvorschusses **379**; Befreiung von dieser Pflicht wegen einer Prozeßkostenhilfe **118**, **379** 1; als Voraussetzung der Auferlegung von Kosten oder der Festsetzung eines Ordnungsmittels wegen des Ausbleibens des Zeugen **380** 1 B; bei einer Zeugnisverweigerung vor dem verordneten Richter **389** 2
– **(sachverständiger Zeuge) 414**
– **(Vernehmung), 395, 396;** Anordnung vor der mündlichen Verhandlung **273**, **358a**; auswärtige V. **375**; Wiedergabe der Aussage im Tatbestand des Urteils **313** 6; Beginn **395** 2; über eine dem Zeugen kraft seines Berufs anvertraute Tatsache **383**; im Beweissicherungsverfahren **485** 1, **492**; des Bundespräsidenten **375** 4, **376** 3; eidliche V. **391**, **392**; Einzelvernehmung **394** 1; Entfernung in der mündlichen Verhandlung **158** 1; Ermahnung vor der Vernehmung **395** 1; Fehlerquellen **Üb 373** 1 C; Frage als Suggestivfrage **396** 1 A; Fragerecht der Partei, des Prozeß-Bev/des Vorsitzenden, eines anderen Richters **396** 1 B, **397/396** 2; Entscheidung im Fall der Beanstandung einer Frage **140** 2; Entscheidung des verordneten Richters im vorangehenden Fall **400** 1; Gegenüberstellung mit einem anderen Zeugen **394** 2; Män-

dahinterstehende Zahlen und Buchstaben = Anmerkungen **Zivilprozeßordnung**

gelheilung **Üb 373** 4 B; Minister, Abgeordneter, Mitglied des Bundesrats als Zeuge **376, 382, 383** 3 C; nachträgliche V. **389** 2; Ordnungsmittel bei einer Ungebühr oder einem Ungehorsam s dort; V. zur Person, Glaubwürdigkeitsprüfung **395** 2; Protokoll **160, 160a, 161**; V. durch das Prozeßgericht **375** 1; Prozeßkostenhilfe **118**; durch den verordneten Richter **375** 2; V. zur Sache **396**; V. auf Grund des Ersuchens eines Schiedsgerichts **1036** 1 B; sofortige V. **358a**; uneidliche V. **393**; wiederholte oder nachträgliche V. **398**; Verzicht auf die V. **399**
- (Zeugengebühren) **401**; Festsetzung verauslagter Z. **103** 1 B; Vorschuß **379** 1
- (Zeugnisfähigkeit) **Üb 373** 2 B
- (Zeugnisverweigerung) **383 ff**; Erklärung **386**; eines Minderjährigen **Einf 383–389** 3; vor dem verordneten Richter **389, 400**; Auferlegung von Kosten, Festsetzung eines Ordnungsmittels im Fall einer Z. ohne Grund **390**; Grundangabe **Einf 383**; Glaubhaftmachung des Grundes **386**; Zwangsmaßnahme **390**; Zwischenstreit über die Berechtigung zur Z. **387, 388**
- (Zeugnisverweigerungsrecht), eines Angehörigen **383, 385**; Ausbleiben wegen eines Z. **386, 388**; eines Autoren **383**; eines Angehörigen des öffentlichen Dienstes, Aussagegenehmigung **376**; Belehrungspflicht **383**; eines Journalisten **583**; bei einer dem Zeugen kraft seines Berufs anvertrauten Tatsache **383, 385**; des Bundespräsidenten **376** 3; eines Geistlichen **383, 385**; eines Minderjährigen **Einf 383–389** 3; eines Redakteurs **383**; des Rundfunkmitarbeiters **383**; Befreiung von der Schweigepflicht **385**; Streitwert **3 Anh**; wegen der Gefahr, sich der Verfolgung wegen einer Ordnungswidrigkeit oder Straftat auszusetzen **384**; bei einer dem Zeugen zur Unehre gereichenden Antwort **384**; eines Verlegers **383**; wegen der Gefahr eines Vermögensschadens **384**

Zeugenbeweis, Verwertung einer in einem anderen Verfahren erfolgten Aussage **286** 4 B; Beweisantritt **373**; Beweisbeschluß **359** 2; Beweiswürdigung **286** 2, **Üb 373** 1 C; Ersetzung durch einen Urkundenbeweis **286** 4 C; Gestellung des Zeugen durch die Partei **273** 1; Zulassung **286** 4 C

Zeugnis, eines Arztes im Fall eines Verfahrens auf die Aufhebung einer Entmündigung **649/676**; einer Behörde **Üb 373** 1 B; Streitwert der Klage gegen den Arbeitgeber auf die Ausstellung eines Z. **3 Anh**; Streitwert der Klage gegen den Arbeitgeber auf die Berichtigung eines Z. **3 Anh**; Rechtskraft-/Notfristzeugnis **706** 2/3; Zwangsvollstreckung aus einem Urteil auf die Ausstellung eines Z. **887** 6; betr die Vorlegung eines Zinsscheines **1010** 3, **1011** 2, **1021**; ausländisches Zustellungszeugnis **202** 2

Zeugnisurkunde 418 1 A

Zeugungsunfähigkeit, Prüfung bei der Feststellung **372a** 3 A

Ziege, Pfändung **811** 5

Zinsen, Ausfall, Kostenerstattung **91** 5; Beweislast für die Inanspruchnahme höherer als der gesetzlichen Z. **286 Anh** 4; bei einer Hinterlegung von Geld als Sicherheit **109** 4 B; Kostenentscheidung im Fall einer Klagabweisung mit Ausnahme des Zinsanspruchs **92** 1 A; Pflicht zur Verzinsung des Kostenerstattungsanspruchs **104** 2 B; Pfändung rückständiger Hypothekenzinsen **830** 6, **837** 1 C; Rechtsweg **GVG 13** 7; Streitwert **4** 3 A, C; Streitwert im Fall wiederkehrender Leistungen oder Nutzungen **9** 2 A; Streitwert von Verzugszinsen **3 Anh**; Streitwert von Zinseszinsen **4** 3 C; Streitwert von Zwischenzinsen **3** 1, **3 Anh**; Bindung des Gerichts an den Zinsantrag des Klägers im Urteil **308** 1 A

Zinsschein, im Aufgebotsverfahren **1010–1013, 1019**

Zivilkammer GVG 60; Besetzung **GVG 75**; Verweisung untereinander **281** 1 B, **GVG 101**; Verweisung an die Kammer für Handelssachen **GVG 98, 104** 2; Vorsitzender **GVG 21f** 2; Verhinderung des Vorsitzenden **GVG 21f** 3; Vertretung des Vorsitzenden **GVG 21e** 2 C, **21f** 3 B; Zuständigkeit **GVG 71, 72**; vgl auch Landgericht, Vorsitzender

Zivilprozeß Einl III 1; Abgrenzung gegenüber der Verwaltungsgerichtsbarkeit bzw freiwilligen Gerichtsbarkeit **Einl III** 1 A, B; Grundsätze **Einl III** 3 A; Parteibefugnisse **Einl III** 2 A; Pflichten der Parteien/des Gerichts **Einl III** 3 A/B; Notwendigkeit verschiedener Parteien **Grdz 50** 2 D; Prozeßvertrag **Einl III** 2 A; Rechtsquellen **Einl II** A; Rechtsmißbrauch s dort; Rechtsnatur **Einl III** 2; Schadensersatzpflicht wegen eines Rechtsmißbrauchs **Einl III** 6 A; sozialer Z. **Einl I**; Verfahrensarten **Einl III** 1 C; Pflicht zur Ermittlung der Wahrheit **Einl III** 2 A; Pflichten der Parteien **Einl III** 3 A; Ziel **Einl III** 2 A

Zivilprozeßordnung, Änderungsgesetze **Einl I, II A 1, vor Grdz 1** Gesetzestitel; sachliche Geltung **EG 3**; zeitliche Geltung **Einl III 9, EG 1**; Berlin-West **Einl II A 3**; Ermessensvorschrift **Einl III 4 B**; örtliche Geltung **Einl III 8 A**; Gesetzesbegriff **EG 12**; Muß-/Kannvorschrift **Einl III 4 A/B**; Saarland **Einl II A 2**; Sollvorschrift **Einl III 4 B**
- (Auslegung) **Einl III 4 B, 5**; Analogie **Einl III 5 D**; einer Ausnahmevorschrift **Einl III 5 D**; nach der Billigkeit **Einl III 4 A**; Bindung an die Rechtsprechung **Einl III 5 D**; entsprechend der Entstehungsgeschichte **Einl III 5 B**; einer Formvorschrift **Einl III 4 A, 5 C**; Gleichheit vor dem Gesetz **Einl III 5 A**; Lückenausfüllung **Einl III 5 D, E**; Übertragung einer bürgerlichrechtlichen Vorschrift **Einl III 5 E**; Umkehrschluß **Einl III 5 D**; als Zweckmäßigkeitsrecht **Einl III 4 A, 5 B**

Hartmann 2389

Zivilprozeßrecht　　　　　　　　　　Zahlen in Fettdruck = Paragraphen

Zivilprozeßrecht, Gesetzgebungszuständigkeit **Einl II** A 1; und Landesgesetzgebung **EG 3, 11, 15, GVG 17a, 71** 4; als öffentliches Recht **Einl III** 2 B; Reform **Einl I**; Schrifttum **Einl II** B
- **(interlokales Z.) Einl III** 8 B, **328** Einf A, B; DDR als Inland **Einl III** 8 B, **16** 2 A, **606** 3 A, **723** 3
- **(zwischenstaatliches Z.) Einl III** 8 A, **Einl IV**; Anerkennung einer ausländischen öffentlichen Urkunde **438** 2 B ff; deutschamerikanisches Freundschafts-, Handels- und Schiffahrtsabkommen **SchlAnh VI** B 1; deutsch-belgisches Abkommen **SchlAnh V** B 4; deutsch-britisches Abkommen **SchlAnh V** B 5; CIM, CIV **Einl IV** 3 E; EuG-Übereinkommen über die gerichtliche Zuständigkeit und die Vollstreckung gerichtlicher Entscheidungen in Zivil- und Handelssachen **SchlAnh V** C 1–3; Europäisches Übereinkommen über die internationale Handelsschiedsgerichtsbarkeit **SchlAnh VI** A 2; Europäisches Übereinkommen zur Befreiung von der Legalisation **438** 2 D; Genfer Abkommen zur Vollstreckung ausländischer Schiedssprüche **Einl IV** 3 D; Genfer Protokoll über Schiedsklauseln im Handelsverkehr **Einl IV** 3 D; deutsch-griechisches Abkommen **SchlAnh V** B 6; Haager Entmündigungsabkommen **645 Anh** 2; Haager Übereinkommen zur Befreiung von der Legalisation **438** 2 E; Haager Übereinkommen über die Anerkennung und Vollstreckung von Entscheidungen auf dem Gebiet der Unterhaltspflicht gegenüber Kindern **SchlAnh V** A 2; Haager Zivilprozeßübereinkommen, Vollstreckbarerklärung **SchlAnh V** A 1; dgl Armenrecht **114 Anh** 1; dgl persönlicher Arrest **918 Anh**; dgl Rechtshilfe **GVG 168 Anh** I; dgl Sicherheitsleistung **110 Anh** 2; dgl Zustellung **202 Anh**; deutsch-italienisches Abkommen **SchlAnh V** B 2; deutsch-niederländischer Vertrag **SchlAnh V** B 7; deutsch-österreichischer Vertrag **SchlAnh V** B 3; deutsch-schweizerisches Abkommen **SchlAnh V** B 1; deutsch-sowjetisches Handels- und Schiffahrtsabkommen **SchlAnh VI** B 2; Staatsverträge **Einl IV** 4; Staatsverträge über die Anerkennung einer ausländischen öffentlichen Urkunde **438** 2 B; Staatsverträge über die Prozeßkostenhilfe **114 Anh**; Staatsverträge über die Verbürgung der Gegenseitigkeit bei der Anerkennung von Urteilen in vermögensrechtlichen Angelegenheiten **328 Anh**; deutsch-tunesischer Vertrag **SchlAnh V** B 8; UNO-Übereinkommen über die Anerkennung und Vollstreckung ausländischer Schiedssprüche **SchlAnh VI** A 1; UNO-Übereinkommen über die Geltendmachung von Unterhaltsansprüchen im Ausland **GVG 168 Anh II**; Zivilprozeßrechtsvorschriften **Einl IV** 1

Zivilprozeßsache kraft einer Zuweisung **GVG 13** 6

Zivilsenat, des BGH **GVG 130, 139**; des OLG **GVG 116, 122**

Zubehör, Zwangsvollstreckung in das Z. eines Grundstücks oder Schiffs **865**

Zufall, Aufenthalt einer Partei an einem Ort ohne eine Verkehrsverbindung **247**
- **(unabwendbarer),** Säumnis der Partei, Vertagung **337** 1; als Wiedereinsetzungsgrund **233** 4

Zuführung, Beweislast **286 Anh** 4; Streitwert **3 Anh**; Zwangsvollstreckung aus einem Urteil auf die Abwendung einer Z. **887** 6

Zugang, einer formlosen Mitteilung **270** 3; an mehrere ProzBev **84**; einer Prozeßhandlung **Grdz 128** 5 J

Zugewinnausgleich 621 1 H, I, **852** 1

Zugewinngemeinschaft s Ehegüterrecht

Zug-um-Zug-Leistung (Klage), Gerichtsstand **29** 3 A, B; Klage auf eine kalendermäßige zukünftige Leistung **257** 1 A; Klagantrag auf eine Zug-um-Zug-Leistung statt auf eine Leistung schlechthin **264** 3; Kostenentscheidung **92** 1 B, **93** 5; Kostenentscheidung bei einem Anerkenntnis Zug-um-Zug **93** 2 B, 5; Kostenfestsetzungsbeschluß **Einf 103** 2 A; Streitwert **6** 1 B
- **(Urteil),** vollstreckbare Ausfertigung **726** 3; Beifügung der Beschränkung **308** 1 B; Rechtskraftwirkung **322** 4; auf die Abgabe einer Willenserklärung Zug-um-Zug **895** 4; Zwangsvollstreckung **756, 765, 788** 5; dgl Anordnung einer anderweitigen Verwertung der Forderung **844** 2; Vollstreckungsklausel **726** 3 A; Zwangsvollstreckung **756, 765**

Zugewinngemeinschaft s Ehegüterrecht

Zulässigkeit s beim Gegenstand der Z.

Zulassung s bei der Person bzw dem Gegenstand der Z.

Zurückbehaltungsrecht, Gerichtsstand **29** 3 B; Gerichtsstand beim kaufmännischen Z. **Üb 12** 3 B; des Gläubigers, Widerspruchsrecht des Schuldners gegen die Zwangsvollstreckung **777**; Klage auf eine kalendermäßige künftige Zahlung **257** 1 A; Kostenentscheidung im Fall einer Erledigung der Hauptsache **91a** 3 A; Prozeßtrennung **145** 5; Streitgegenstand **2** 2 B; Streitwert **6** 1 B

Zurücknahme s Rücknahme

Zurückverweisung, durch das Berufungs-, Beschwerde- oder Revisionsgericht s dort; Kostenentscheidung **97** 1 B, C; Prozeßvollmacht nach der Z. **86** 2 A; Streitwert nach der Z. **3 Anh**; wegen einer Unzuständigkeit s Verweisung; Zustellung an den ProzBev nach einer Z. **176** 2 C, **178**

Zurückweisung, eines Angriffs- oder Verteidigungsmittels **296, 528**; der Beschwerde **573** 3; des Mahnantrags **691**; der Revision **563**; eines nachträglichen Vorbringens **296, 527** ff; des Antrags auf ein Versäumnisurteil **335, 336** 1; einer Einwendung im Urkunden/Wechsel/Scheckprozeß **598** 1/**602**/**605 a**

Zusage, Beweislast **286 Anh** 4

dahinterstehende Zahlen und Buchstaben = Anmerkungen **Zuständigkeit**

Zusammenfassungsgrundsatz Üb 253 2 E; mündliche Verhandlung 273 1
Zusammenhang, bei einer Aufrechnung durch den Bekl, Vorbehaltsurteil 302 2; dinglicher Gerichtsstand des Sachzusammenhangs 25; Prozeßtrennung mangels eines Z. 145 3, 4 F; Prozeßverbindung wegen eines Z. 147 1 B; der Widerklage und der Klage 33 2, 253 **Anh** 2 C; Zeugenaussage im Z. 396 4 B
Zusammenrechnung, mehrerer Arbeitseinkommen bei der Pfändung **850 e** 2; mehrerer Klaganspüche bei der Berechnung des Streitwerts **5** 2
Zusatzklage, Abänderungsklage 323 2 C; Anspruchshäufung s dort; Zwischenfeststellungklage 256 7 A
Zusatzurteil, Ergänzungsurteil 321 3 B; Berufungsfrist 517
Zuschlag bei der Versteigerung der Pfandsache 817 2
Zustand, einer Sache, Antrag auf die Vornahme einer Beweissicherung 485 3 C; einstweilige Verfügung zum Zweck einer vorläufigen Regelung eines Z. **Grdz** 916 1 B, 940
Zuständigkeit Üb 1 1; nach der Abgabe im Mahnverfahren 696; für ein Ablehnungsverfahren 45; des AG **GVG** 23, 23 a; Amtsprüfung **Üb** 38 1; für eine einstweilige Anordnung in einer Familiensache 621; des Arbeitsgerichts **GVG** 14 5; im Arrestverfahren 919; für die Klage auf die Aufhebung eines Schiedsspruchs oder Schiedsvergleichs 1046, 1047; bei einer Aufrechnung durch den Bekl 145 4 E, 274 2, 3; für eine vollstreckbare Ausfertigung 724 3 A; des BayObLG **EG 7, EGGVG 1, 8, SchlAnh** I B; im Beweissicherungsverfahren 486 2; des BGH **GVG** 133; des Großen Senats des BGH **GVG** 136; des Dienstgerichts für Richter **DRiG** 62, 78; in einer Ehesache 606, 606 b, **GVG** 23a–c; nach dem EuG-Übereinkommen **SchlAnh** V C; bei einer Erinnerung gegen einen Kostenfestsetzungsbeschluß 104 4 C; in einer Familiensache 621, **GVG** 23 b, c; Fehlen der Z. als Revisionsgrund 551 5; bei der Klage auf die Erteilung einer Vollstreckungsklausel 731 3 A; Fortdauer 261 7; des Gerichtsvollziehers 753; in einer Hausratssache 281 **Anh** I 2; der Kammer für Handelssachen **GVG** 94 ff; in einer Kindschaftssache 640 a, 641 a; bei einer Klageerweiterung, Fortdauer der Z. 261 7; für die Kostenfestsetzung 103 2 D, 104 1; des LG **GVG** 71, 72; im Mahnverfahren 689, 696, 703 d; im Nachverfahren des Urkundenprozesses 600 1 B; des OLG **GVG** 119; im Prozeßkostenhilfeverfahren 117, 127; für die Gewährung oder Verlängerung einer Räumungsfrist 721 4; des Rechtshilfegerichts **GVG** 157; des Rpfl **GVG** 153 **Anh** 8 §§ 3, 4, 7, 20, 21; Rechtswegzulässigkeit 274 2, **GVG Üb** 1 2; bei einer Säumnis des Bekl 331 2; des Schiedsgerichts 1034 5,

1045 ff; bei einem Ersuchen des Schiedsgerichts auf die Vornahme einer richterlichen Handlung 1036 2 D; bei der Niederlegung eines Schiedsspruchs 1039 4 B; bei einer den Schiedsvertrag oder einen Schiedsrichter betreffenden Entscheidung 1045; bei der Rückgabe einer Sicherheitsleistung 109 3 A, 4 A; bei der Rückgabe einer Sicherheitsleistung an den Gläubiger 715 2 A; des Urkundsbeamten der Geschäftsstelle **GVG** 153 **Anh** 8 § 26; des AG im Fall einer einstweiligen Verfügung wegen der Dringlichkeit bzw bei der Eintragung einer Vormerkung oder eines Widerspruchs im Grundbuch 942 2, 3; bei der Vollstreckbarerklärung eines ausländischen Urteils oder eines Schiedsspruchs nach einem zwischenstaatlichen Vollstreckungsabkommen s dort; für die Vollstreckbarerklärung eines Schiedsspruchs oder Schiedsvergleichs 1046, 1047; für die Vollstreckbarerklärung eines ausländischen Urteils 722 2 A; für eine Widerspruchsklage 771 3 C
– **(ausschließliche) Üb** 1 2; für die Klage auf oder gegen die Erteilung einer Vollstreckungsklausel 731 3, 768, 797 3, 797a 2, 800 3, 802; des Patentgerichts 12 2; bei einer Prozeßverbindung **5** 2 C; bei einer Schadensersatzklage nach einem Urteil auf eine Sacherausgabe, Handlung, Duldung oder Unterlassung 893; bei einer einstweiligen Verfügung 937; bei der Vollstreckungsabwehrklage 767 3 D, 795 2, 797 3, 797a 2, 800 3, 802; für das Verfahren über den Widerspruch gegen einen Arrest 924 2 B; für die Widerspruchsklage gegen den Verteilungsplan 879; für eine Wiederaufnahmeklage 584; für die Wiederaufnahmeklage nach einem Urteil auf die Feststellung der Vaterschaft 641 i 4; geschäftliche Z. als ausschließliche Z. **Üb** 1 2 A; für die Einstellung der Zwangsvollstreckung bei einer Wiedereinsetzung oder Wiederaufnahme 707 3 A
– **(ausschließliche Z. des AG) GVG** 23 3 ff, 23a; beim Verfahren über den Regelunterhalt 642a, 1036, 643a 4; im Aufgebotsverfahren 946 2, 978, 983, 988, 990, 1002, 1005, 1006; im Entmündigungs-/Aufhebungsverfahren 645 2, 648 2, 680 2/676 1, 685; bei der Klage auf eine vorzugsweise Befriedigung 805 2 C; für den Erlaß des Mahnbescheids 689; für einen Anspruch aus einem Wohnungsmietvertrag 29 a 2; für die Abnahme der Offenbarungsversicherung 899; für eine Unterhaltsanpassung 641 1; in einer Vaterschaftssache 641a 1; für das Verteilungsverfahren 873 1; als Vollstreckungsgericht **Grdz** 704 5, 764 1, 802, 828
– **(ausschließliche Z. des LG) GVG** 71 3, 4; nach dem AGBG **GVG** 78b **Anh** III; für die Klage auf die Anfechtung eines Ausschlußurteils 957 2 A; in einer Arbeitnehmererfindungssache **GVG** 78b **Anh** II; in einer Ehesache 606 5; für die Klage auf die Anfechtung oder Aufhebung einer Entmün-

Zuständigkeitsbestimmung Zahlen in Fettdruck = Paragraphen

digung **665, 684/679** 2, **686**; in einer Patent-/Gebrauchsmuster-/Warenzeichensache **GVG 78 b Anh I**; für die Entscheidung über ein Ablehnungsgesuch gegen einen Richter am Amtsgericht **45** 2; nach dem StHG **GVG 78 b Anh IV**
- (**geschäftliche**) **Üb 1** 1; bei einer Anspruchshäufung **260** 3; Fehlen **Grdz 253** 3 F; negativer Kompetenzkonflikt **11**; Prüfung in der Revisionsinstanz **551** 5; Unzuständigkeit des LG **10** 1 A; Verweisung wegen einer Unzuständigkeit **11**; als ausschließliche Zuständigkeit **Üb 1** 2 A; Zuständigkeitsbestimmung **36** 3 E; Zuständigkeitsvereinbarung **Üb 12** 2, **Üb 38** 1
- (**internationale**) **Üb 12** 1 C, **328** 2; in einer Ehesache **606 b**; Prüfung in der Revisionsinstanz **Üb 38** 1; Verhandlung zur Hauptsache ohne eine Zuständigkeitsrüge **39** 1
- (**örtliche**) s Gerichtsstand
- (**sachliche**) **Üb 1** 1; Bestimmung nach dem GVG **GVG** 1; des AG, Belehrungspflicht **Üb 38** 1; des AG, nachträglicher Verlust **506** 1; des AG nach einem Widerspruch gegen den Mahnbescheid **696**; Erschleichung der Zuständigkeit des AG **2** 3, **147** 2 B; Amtsprüfung **Üb 38** 1; bei einer Anspruchshäufung **260** 3; bei einem Antrag auf eine gerichtliche Entscheidung gegen einen Justizverwaltungsakt **EGGVG 25**; im Aufgebotsverfahren **946** 2; in einer Ehesache **606** 1; in einer Einmischungsklage **64** 3 B; im Entmündigungsverfahren **645** 1; für einen Gebührenanspruch **34** 1 B; der Kammer für Handelssachen **Üb 1** 2 A, **GVG 94**; in einer Kindschaftssache **640 a** 2 B; bei einem negativen Kompetenzkonflikt **11**; für den Erlaß des Mahnbescheids **689, 696, 703 d**; bei einem Anspruch aus einem Miet- oder Pachtvertrag **8** 1; Prozeßtrennung, -verbindung **4** 2 B, **5** 2 C, **147** 2 B; Prozeßvoraussetzungen **Üb 1** 2 C, **Grdz 253** 3 F; Prüfung in der Revisionsinstanz **551** 5; Wirkung der Rechtshängigkeit, Fortdauer der sachlichen Zuständigkeit **261** 7; Entscheidung des Richters statt des Rpfl oder des Urkundsbeamten der Geschäftsstelle **10** 1 A; Maßgeblichkeit des Streitwerts **2** 1; Festsetzung des Streitwerts für die sachliche Zuständigkeit **Einf 3** 1 B; dgl Bindungswirkung für die Berechnung der Gebühren **Einf 3** 1 A; im Verteilungsverfahren **873** 1; des Vollstreckungsgerichts für die Pfändung einer Forderung oder eines Vermögensrechts **828** 2; bei einer Widerklage **5** 3, **33** 3; als ausschließliche Zuständigkeit **Üb 1** 2 E; Zuständigkeitsbestimmung **36** 3 D, E; Zuständigkeitsvereinbarung **Üb 1** 2 A; **40** 2; für eine Zwischenfeststellungsklage **256** 8 B
- (**Unzuständigkeit**), des AG, Hinweispflicht **Üb 38** 1, **38** 6, **39** 1, **3 504** 1; Anerkenntnis trotz einer Rüge der U. **38** 2 A; Nichtanerkennung eines ausländischen Urteils **328** 2; Geltendmachung der sachlichen U. in der Berufungsinstanz **528** 2; dgl Arglisteinwand **Üb 12** 4 B; dgl Verzicht **296** 4; Rüge der Zuständigkeit eines Schiedsgerichts, und umgekehrt **282** 5 A; Streitwert **3 Anh**; der Kammer für Handelssachen, Verweisung an die Zivilkammer **GVG 97, 99, 100, 104**; Klage bei einem unzuständigen Gericht **253** 2 E; Berufung, Beschwerde, Revision im Fall eines vermögensrechtlichen Anspruchs **512 a, 549** 5; negativer Kompetenzkonflikt **11**; des LG, Ausschluß der Möglichkeit eines Rechtsmittels gegen sein Urteil **10**; dgl des Einspruchs **10** 2 B; Revisionsgrund **551** 5; Verhandlung zur Hauptsache ohne eine Rüge **38** 6, **39**; Unterbrechung der Verjährung **Üb 12** 3 D; Bindungswirkung einer Verweisung **11**; Voraussetzung einer Verweisung **281** 2
- (**Vereinbarung**) **Üb 38** 1, **38** 2 A, **40**; für einen nicht vermögensrechtlichen Anspruch **40** 2; der Zuständigkeit des ArbG **40** 2; und Anerkennung eines ausländischen Urteils **38** 4 D; Auslegung **38** 2 A, C; Erschleichung **38** 2 B; Erschleichung der Zuständigkeit des AG **2** 3, **147** 2 B; Gerichtsstand s dort; und Rechtswahl **38** 4 D; Rüge der Unzulässigkeit der V. **40** 2; durch die Vereinbarung der Maßgeblichkeit einer ausländischen Rechtsordnung **38** 4 D; durch eine Verhandlung zur Hauptsache **38** 6; der geschäftlichen Zuständigkeit **Üb 12** 2, **Üb 38** 1; der sachlichen Zuständigkeit **Üb 1** 2 A, **40** 2

Zuständigkeitsbestimmung 36, EG 9; Antrag **36** 1 B, **37** 1 A; Bindungswirkung **36** 1 A, 3 A, **37** 2; Entscheidung **37** 1 B; bei einem Gerichtsstand im Ausland **36** 3 C; Geltendmachung für die geschäftliche, örtliche, sachliche Zuständigkeit **36** 3 E; der Kammer für Handelssachen/Zivilkammer **GVG 97** 1 A; Kostenerstattung **91** 3 B; Prozeßvollmacht **81** 2 B; Prüfung der Prozeßvoraussetzungen **36** 3 A, **37** 1 B; Rechtspfleger/Richter **GVG 153 Anh** 8 § 7; Unanfechtbarkeit **37** 2; Voraussetzungen **36** 3; Zulässigkeit **36** 1 B; Zuständigkeit für die Bestimmung **36** 2

Zustellung Üb 166 1, **166 ff**; Beglaubigung einer Abschrift **170** 2 B, 3; dgl Abweichung von der Urschrift **170** 2 C; Beifügung von Abschriften **169** 1, **171** 3; beim Amtsgericht **496, 497**; Annahmeverweigerung **181** 1, **186, 188** 1; dgl Angabe in der Zustellungsurkunde **192** 2 E; Anwaltszwang **167** 1, **170** 3; Anwaltszwang für den Zustellungsauftrag **78** 2 A; nach einer Aussetzung des Verfahrens **249** 3 A; eines Beschlusses **329** 6; demnächst erfolgende Z. **270** 4, **693** 2; in einer Ehesache **618** 2; des Entmündigungsbeschlusses **659** 1, **660** 1; Erledigung der Klage von ihrer Zustellung **91 a** 2 A; Ersuchen um eine Z. **GVG 160**; Fristwahrung durch eine demnächst erfolgende Z. **270** 4, **262** 2; dgl beim Mahnbescheid **693**; der Klageschrift **271, 498**; öffentliche Z./Z. im Ausland **207** 2 B; Geltungsbereich der ZPO-Vorschriften **Üb 166** 2; Zulässigkeit einer bloßen formlosen Mitteilung statt einer

dahinterstehende Zahlen und Buchstaben = Anmerkungen **Zustellung**

förmlichen Z. **Üb 166** 6; in der Nachtzeit **188**; Ort der Z. **180**; Partei kraft einer Z. **Grdz 50** 2 F; zustellende Partei **191** 2 B; nach einer Kündigung der Prozeßvollmacht **87** 2, 3; Prüfungspflicht des Rechtsanwalts bei einer Fristberechnung **233** 4; nach einer Anordnung des Ruhens des Verfahrens **251** 2 C; im Schiedsverfahren **1034** 5; bei einer Sondervollmacht **173**; an einen Sonn- oder Feiertag **188**; bei einer Streitgenossenschaft **61** 3; bei einer notwendigen Streitgenossenschaft **62** 4 A; bei einer Terminsvollmacht **83** 2; Übergabe **191** 2 F; Übergabe durch die Post **195** 2; Übergabe einer Abschrift der Zustellungsurkunde **190** 3; nach einer Unterbrechung des Verfahrens **249** 3 A; Unterstellung der Z. **Üb 166** 1 B; Verzögerung der Z. **270** 4; Zustellungsgegner/-empfänger **Üb 166** 4 A, **191** 2 C/D
– **(an)**, eine Aktiengesellschaft **171** 2, 3; eine Behörde, eine Gemeinde, eine Körperschaft, einen eingetragenen Verein **171** 2, 3; den Bekl nach der gerichtlichen Bestellung eines Vertreters **57** 3; an einen Bevollmächtigten **173** 1; an einen Exterritorialen oder an einen Deutschen im Wohnraum eines Exterritorialen **Üb 166** 3 B, **200** 1; an den Fiskus **171** 2, 3; an eine Gemeinde **171** 2; an den Generalbevollmächtigten **173**; an eine juristische Person **171** 2; an eine Kommanditgesellschaft, eine Kommanditgesellschaft auf Aktien, eine Gesellschaft mit beschränkter Haftung, eine Genossenschaft **171** 2; an eine Mehrzahl von ProzBev **84** 1 B; an eine Offene Handelsgesellschaft **171** 2, 3; an einen Prokuristen **173**; an einen Prozeßunfähigen **56** 1 C, **171** 1; an eine Rechtsanwaltssozietät **84** 1 B; an einen Soldaten **Üb 166** 7, **SchlAnh II**; an eine Stiftung **171** 2; an einen Angehörigen der Streitkräfte **SchlAnh III 32, 36**; an einen Streitgenossen **63** 1; an einen Streithelfer **71** 3; an einen Vertreter mehrerer Beteiligter **189**; an mehrere (gesetzliche) Vertreter **171** 3
– **(betreffend)** eine Anordnung der mündlichen Verhandlung bei einer freigestellten mündlichen Verhandlung **128** 3 B; eine Abkürzung der Frist zur Aufnahme eines ruhenden Verfahrens **251** 3; einen Beschluß s dort; die Bekanntmachung des Termins zur Verhandlung über einen Einspruch **341a** 1; einen Beschluß über eine Abkürzung oder Verlängerung einer Frist **224** 3, **225** 1; die Klage beim Antrag auf die Gewährung einer Prozeßkostenhilfe **118** 1; die Klageschrift ohne eine Terminsbestimmung **253** 2 A; einen Kostenfestsetzungsbeschluß auf der Urteilsausfertigung **105** 2 A; die Ladung des Gegners zur Vernehmung über den Verbleib einer Urkunde **426** 2; die Ladung der Partei nach einer Unterbrechung des Verfahrens **244** 1 B; die Revisionsbegründung **556**; einen Schiedsspruch **1039** 3, 5; einen vorbereitenden Schriftsatz im Anwaltsprozeß **272** 1 A; einen Schriftsatz innerhalb einer Frist zur Nachreichung **283**; einen Schriftsatz mit einer Anspruchshäufung, einer Klagänderung, einer Klagerweiterung, einer Widerklage, einer Zwischenfeststellungsklage **256** 5; die Fristsetzung zur Rückgabe einer Sicherheitsleistung **109** 3 B; einen Beschluß über die Aufhebung eines Termins **227** 3 A; ein Urteil s dort; ein Urteil als Voraussetzung der Zwangsvollstreckung **750** 2; eine einstweilige Verfügung auf eine Zahlung **936** 3 A; einen Beschluß über die Verhängung einer Verzögerungsgebühr **95 Anh** 3 A; eine Vollstreckungsabwehrklage **767** 3 C; einen Vollstreckungsbescheid **699**; eine Vollstreckungsklausel als Voraussetzung der Zwangsvollstreckung **750** 3; eine Widerspruchsklage **771** 3 E
– **(durch)**, ein Gericht im Ausland/an einen Exterritorialen **Üb 166** 3 B; einen Konsuln **Üb 166** 3 B; einen Streithelfer **67** 2 D, 3 A; einen streitgenössischen Streithelfer **69** 2 B, C; den Urkundsbeamten der Geschäftsstelle **Üb 166** 1 B
– **(an der Amtsstelle) 212b**; Empfangsbekenntnis **212b** 2; Vermerk über die Aushändigung **212b** 2
– **(Amtszustellung) Üb 166** 3 A, **208 ff**, **270**, **317**, **618**, **621c**, **693c**; maßgebende Vorschriften **208** 2; Beifügung von Abschriften **169** 1; Beglaubigung von Abschriften **210**; Aktenvermerk bei der Aushändigung an der Amtsstelle/Aufgabe zur Post **212b** 2/**213** 1; an der Amtsstelle **212b**; Anzeige der Bestellung eines ProzBev/der Aufnahme nach einer Aussetzung oder einer Unterbrechung des Verfahrens **244** 2/**250** 1 A; eines Beschlusses über einen Arrest oder eine einstweilige Verfügung an den Gläubiger **922** 5 A/**936** 1; Aufgabe durch die Geschäftsstelle **209**; einer Ausfertigung an den Zustellungsgegner **170** 1 A; Aushändigung an den Gerichtswachtmeister oder an die Post **211** 2; der Berufung oder der Berufungsbegründung **210a/519a**; der Anschlußberufung oder ihrer Begründung **522a** 3; der Bestimmung des Termins zur Verhandlung über die Berufung **520** 1 B; eines nicht verkündeten Beschlusses oder einer nicht verkündeten Verfügung **329** 5 A; Beurkundung der Zustellung **212**; Briefumschlag **211** 2 A; Beginn einer richterlichen Frist **221** 2; in einer Ehe- oder Kindschaftssache **625**, **640** 3; bei einer Entmündigung, ihrer Ablehnung, ihrer Aufhebung **659**, **660/662/678**; des Entmündigungsbeschlusses wegen Verschwendung oder Trunksucht **659/683**; durch den Gerichtswachtmeister **211** 2 A; Angabe der Geschäftsnummer **211** 2 A; der Klagerücknahme **269** 3 B; der Klageschrift **253** 2 A, **271**; des Kostenfestsetzungsbeschlusses **104** 2 C; der Ladung zum Verhandlungstermin **214** 1, **216** 1, **274**; der Ladung der Partei in einer Ehesache **613** 2 A; der Ladung zur Abgabe der Offenbarungsversicherung **900** 3 B; der Ladung des Rechtsnachfolgers **239** 3

Zustellung   Zahlen in Fettdruck = Paragraphen

B; der Ladung zur mündlichen Verhandlung über den Antrag auf die Vollstreckbarerklärung eines Schiedsspruchs **1042b**; der Ladung zur Verhandlung über einen Wiedereinsetzungsantrag **238** 1 A; des Mahnbescheids **693**; statt einer Parteizustellung oder Parteizustellung statt einer A. **Üb 166** 3 A, **187** 2 A, **270** 2 B; an einen Rechtsanwalt/Notar/Gerichtsvollzieher/eine Behörde/öffentlichrechtliche Körperschaft **212a**; dgl Empfangsbekenntnis **212a** 2; der Rechtsmittelschrift **210a**; der Revisionsschrift/Revisionsbegründung **210a, 553a/554**; der Ladung zum Termin für die Verhandlung über eine Revision **Üb 545** Anh; der Streitwertfestsetzung **Einf 3** 2 A; des Urteils eines ArbG **317** 1; des Urteils in einer Familien- oder Kindschaftssache **621c/640** 3; des Urteils **317** 1; der Urteilsformel im schriftlichen Verfahren **310** 1; der Zeugenladung **377** 1 A
- **(von Anwalt zu Anwalt) 133, Üb 166** 3 B, **198**; statt einer Amtszustellung **198** 1 C; Beglaubigungsvermerk **170** 2 B; Bescheinigung des zustellenden Anwalts **198** 3; Empfangsbekenntnis/-bereitschaft **198** 2/1 B; Ersatzzustellung **198** 2 A; an einen Gehilfen **183** 2 B; eines Schriftsatzes **132** 1, **133** 2; Zulässigkeit **198** 1
- **(durch die Aufgabe zur Post) 175** 1 C, **213**; unter Einschreiben **175** 2; bei einer Nichtbenennung eines Zustellungsbevollmächtigten **175** 1 B; bei einer Nichtbenennung nach den Ablauf einer Frist zur Bestellung eines ProzBev nach einer Unterbrechung des Verfahrens **244** 2; durch den Urkundsbeamten der Geschäftsstelle von Amts wegen ohne eine Zustellungsurkunde **213**; Zustellungsurkunde im Fall einer Zustellung auf das Betreiben der Partei **192**
- **(im Ausland) Üb 166** 3 B, **199ff**; Antrag **199** 1 B; an einen exterritorialen Deutschen **200**; Einlassungsfrist **274** 4 B; Einspruchsfrist **339** 2; Ersuchen um eine Zustellung **199** 2, **202** 1, **202 Anh**; Fristwahrung **207** 2; Haager Zivilprozeßübereinkommen **202 Anh**; Haager Zustellungsübereinkommen **202 Anh**; beim Mahnbescheid **688**; öffentliche Zustellung **203**; Zustellungszeugnis **202** 2
- **(Ersatzzustellung) Einf 181** 1; Annahmeverweigerung durch den Zustellungsgegner oder eine Ersatzperson **181** 1 A, C; Irrtum über eine Wohnungseigenschaft **182** 2; Niederlegung bei der Post usw **182**; Voraussetzung einer Niederlegung/Anzeige der Niederlegung **182** 2/3; durch die Post **195** 1, 2; bei einer Postvollmacht **195** 1; bei einer Prozeßunfähigkeit **171** 1; und öffentliche Zustellung **181** 1 A, **203** 1; Zustellungsurkunde, Angabe des Grundes der E. **191** 2 D
- **(Ersatzzustellung an)** einen Angehörigen **182** 1 B, **183** 2 A, **185** 1; den Aufsichtsrat einer Aktiengesellschaft **184** 1; eine Behörde, Gemeinde, Körperschaft, einen eingetragenen Verein **184**; die Ersatzperson einer Ersatzperson **181** 2 A; den Generalbevollmächtigten oder Prokuristen **173**; einen Gewerbetreibenden in seinem Geschäftsraum **183** 1; den Gehilfen eines Gerichtsvollziehers **183** 2 A; den Hauswirt oder Vermieter **181** 2 A; einen Minderjährigen **181** 1 B, **183** 1 C, **185** 1; einen Nachbarn **182** 3; eine Offene Handelsgesellschaft oder Kommanditgesellschaft **184** 1; den Prozeßgegner des Zustellungsgegners **185**; den Gehilfen eines Rechtsanwalts, Notars oder Gerichtsvollziehers **183** 2 A; von Rechtsanwalt zu Rechtsanwalt **198** 2 A; des Pfändungsbeschlusses an den Schuldner **185** 1; einen Soldaten **181** 2 B; den Streithelfer des Gegners **185** 1
- **(durch den Gerichtsvollzieher) Üb 166** 3 B, **166**; Beglaubigung einer Abschrift **170** 3; Ersuchen **166** 2; durch den Gerichtsvollzieher, Kostenerstattung **19** 5; Kostenerstattung im Fall einer Zustellung durch den Gerichtsvollzieher statt einer an sich möglichen Zustellung durch die Post **197**; im Auftrag eines Rechtsanwalts an einen anderen Rechtsanwalt **198** 1 A; örtliche Zuständigkeit des Gerichtsvollziehers **166** 1 A
- **(im Parteibetrieb) Üb 166** 3 A, **166** 1 B, **270** 2 B; beglaubigte Abschrift **170** 2 B; unbeglaubigte Abschrift **170** 2 C; Amtshaftung des Gerichtsvollziehers/des Urkundsbeamten der Geschäftsstelle **Üb 166** 3 C, **166** 1 A/2, **168** 1 A; Amtszustellung statt einer Parteizustellung, und umgekehrt **Üb 166** 3 A, **187** 2 A, **270** 2 B; eines Beschlusses über einen Arrest oder eine einstweilige Verfügung an den Schuldner **922** 5 A/**936** 1; Auftrag **166–168**; in einem verschlossenen Brief **170** 1 A; Beginn einer richterlichen Frist **221** 2; zur Wahrung einer Notfrist **166** 2; bei der Nichtbenennung eines Zustellungsbevollmächtigten die Aufgabe durch Post **175** 1 B, C, 2; einer von der Partei auch zu betreibenden Zustellung **166** 1 B; Parteierklärung über ihren eigenen Auftrag an den Gerichtsvollzieher **168** 1 B; des Beschlusses über die Pfändung einer Forderung/Hypothek **829** 3/5; Übergabe zur Zustellung/an den Zustellungsgegner **169/170** 1 B; des Überweisungsbeschlusses **835** 2 B; einer vollstreckbaren Urkunde **795** 2; durch den Urkundsbeamten der Geschäftsstelle trotz der Erklärung der Partei, sie habe einen Gerichtsvollzieher mit der Zustellung beauftragt **168** 1 B; durch den Urkundsbeamten der Geschäftsstelle bei einer Klage auf die Anfechtung (Aufhebung) einer Entmündigung **674**; des Verzichts des Pfändungs- bzw Überweisungsgläubigers **843**; beim Urteil **317** 1 A; der Vorpfändung **845** 2; Weisung der Partei **166** 2, **168** 1 A
- **(durch die Post) 193, 196**; Aushändigung an die Post **194** 2; beim Fehlen eines Postbestelldienstes **195a** 1; Briefumschlag **194** 2 A; Angabe der Geschäftsnummer **194** 2 A, B, **195** 3; Nachsendung **195** 2; Rechtsstellung

dahinterstehende Zahlen und Buchstaben = Anmerkungen **Zwangsmittel**

des Postbediensteten **195** 1; bei einer Postvollmacht **195** 1; Übergabe an den Zustellungsgegner **195** 2
- **(an den Prozeßbevollmächtigten)**, Begriff des ProzBev **176** 2 A; Bestellung als ProzBev **176** 2 B; Bewilligung der Zustellung an den Gegner wegen eines unbekannten Aufenthalts des ProzBev **177**; Erlöschen der Prozeßvollmacht **176** 3 A; Begriff der Instanz **176** 2 C, D, 3 B, **178**; Pflicht zur Zustellung an den ProzBev **176** 1 A; Wegfall des ProzBev in der höheren Instanz **176** 3 B; im Zwangsvollstreckungsverfahren **176** 1 A, 2 C, **178** 2
- **(öffentliche Zustellung)** Üb **203**, **203** ff; Anheftung an die Gerichtstafel **204** 2; bei einem unbekannten Aufenthalt des Zustellungsgegners **203** 1; Anordnung **204** 1; Ausführung **204** 2; im Ausland **203** 2; Bewilligung/Aufhebung der Bewilligung **204** 1 C; und Ersatzzustellung **181** 1 A, **203** 1; Erschleichen **Einf 203**; an einen Exterritorialen **203** 3; Fristwahrung **207** 2; einer Aufforderung oder Mitteilung des Gerichtsvollziehers **763**; der Ladung, Bekanntmachung in öffentlichen Blättern **204** 2 B, **205**; Verlängerung der Ladungsfrist **206**; an ein Mitglied der Streitkräfte **203** 1; Voraussetzungen **203**; Wirkung **204** 3; Zeitpunkt **206**; Zulässigkeit **Einf** 203 1
- **(Zustellungsauftrag) 166** 2, **167, 168** 1
- **(Zustellungsbescheinigung) 213 a**
- **(Zustellungsbevollmächtigter) 174, 175**; Antrag auf die Bestellung eines Z. **174** 2; bei einem ausländischen Rechtsanwalt **SchlAnh VII**; Ausschluß als Gerichtsperson **41** 2 D; Benennung **175** 1 A; Bestellung auf Grund einer gerichtlichen Anordnung **174** 2; Pflicht zur Bestellung wegen eines Wohnsitzes im Ausland **174** 3; Erlöschen der Vollmacht **174** 1 B; Verschulden bei Fristversäumung **85** 3; Gerichtsstand des Gebührenanspruchs **34**; Nichtbenennung **175** 1 B; Postvorsteher **174** 1 B, **203** 1; für einen Rechtsanwalt **GVG 155 Anh I** 3 A; Umgehung **174** 1 B; Bestellung eines Unterbevollmächtigten **175** 1 A; Verwalter einer Wohnungseigentümergemeinschaft **51** 2 D, **174** 1 B, **189** 1; Zustellung an den gemeinsamen Z. beider Parteien **185** 1
- **(Zustellungsempfänger/gegner)** Üb **166** 4 A, **191** 2 D
- **(Zustellungsurkunde)** Üb **166** 4 B, **190, 191**; bei einer Zustellung von Amts wegen **212**; bei einer Zustellung durch die Aufgabe zur Post **192**; bei einer Zustellung durch den Gerichtsvollzieher **190, 191**; bei einer Zustellung durch einen Postbediensteten **195** 3; Übergabe einer Abschrift **190** 3; Abweichung der Abschrift von der Urschrift **190** 3; Beweiskraft **190** 1, **191** 1; Mangel **190** 1; Unterschrift **191** 2 G

Zustellungsmangel Üb **166** 5; fehlerhafte beglaubigte Abschrift **170** 2; Beglaubigung der Abschrift mit einem Namensstempel **170** 2 B; Amtshaftung des Gerichtsvollziehers oder des Urkundsbeamten der Geschäftsstelle Üb **166** 3 C, **270** 2 C; bei einer Amtszustellung **211** 2 A; Bindung des Gerichts an den Parteiwillen **187** 2 A; fehlende Berechtigung zum Empfang **173**; beim Empfangsbekenntnis eines Rechtsanwalts **198** 2 B; beim Empfangsbekenntnis im Fall einer Zustellung von Amts wegen **212a** 2; bei einem Organmitglied mit einer Doppelfunktion **171** 2; bei der Parteieigenschaft **Grdz 50** 2 A; bei einer Postzustellung **194** 1; Posthaftung **193** 1; bei einer nicht an den ProzBev erfolgten Zustellung **176** 2 E; bei einer Zustellung der Rechtsmittelschrift **210a** 1; bei einer Streithilfe **70** 2; bei der Übergabe einer unbeglaubigten Abschrift **170** 2 B; bei der öffentlichen Zustellung einer Ladung **205** 1; bei der Bewilligung einer öffentlichen Zustellung/bei ihrer Ausführung **204** 1 C/2 C; mangelhafte Zustellungsurkunde **190** 1; dgl bei einer Postzustellung oder Zustellung von Amts wegen **195** 3/**212** 1 A
- **(bei einer Ersatzzustellung)**, an eine Behörde, eine Gemeinde, eine Körperschaft, einen Verein, eine Offene Handelsgesellschaft, eine Kommanditgesellschaft **184** 2; an eine unberechtigte Ersatzperson **Einf 181** 3; an die Ersatzperson einer Ersatzperson **Einf 181** 3; außerhalb des Geschäftsraums **183** 1 C; bei einer fehlerhaften Grundangabe **191** 2 D; durch eine Niederlegung **182** 4; an den Prozeßgegner **185** 1
- **(Heilung)** Üb **166** 5 A, Üb **214** 2 B; Ausschluß der H. im Fall einer Notfrist **187** 3; durch den tatsächlichen Zugang **187**

Zustimmung s beim Gegenstand der Z.

Zutrittsbeschränkung zur Gerichtsverhandlung **GVG 175**

Zuvielforderung, Kostenteilung **92**

Zuwiderhandlung gegen ein Verbotsurteil **890**

Zwang, bei einer Abstammungsuntersuchung **372a** 5; gegen den Schuldner, Kosten **788** 5

Zwangsgeld 888 3

Zwangshaft 390 3 B, **888** 3, **901 ff**

Zwangshypothek 866, 867; Arresthypothek **932**; Kostenentscheidung im Fall eines Anerkenntnisses **93** 5; Übergang auf den Eigentümer **868**; Zwangsschiffshypothek **870a**

Zwangslizenz, Pflicht zur Leistung einer Sicherheit **110** 3

Zwangsmittel, Androhung, Kostenerstattung **788** 5; Festsetzung, Anwaltszwang **78** 1 A; Festsetzung, Streitwert **3 Anh**; hinsichtlich einer unvertretbaren Handlung **888** 2 B; hinsichtlich der Abgabe einer eidesstattlichen Versicherung **889** 3
- **(Haft),** Haager Zivilprozeßübereinkommen **918 Anh**; bei einer Offenbarungsversicherung **901, 904**; gegen einen Soldaten **SchlAnh II** V; Vollstreckung, Ersuchen **GVG 162, 163**; gegen einen Zeugen wegen

Zwangsüberweisung

seiner Verweigerung des Zeugnisses oder der Eidesleistung **390** 3 B
Zwangsüberweisung, der Pfandsache an den Gläubiger **825** 3 B
Zwangsversteigerung 866, 869, 870a; Pfändung des Anspruchs auf den Erlös **Grdz 704** 9; Erwerb des Streitgegenstands **265** 2 E; dgl Rechtskraftwirkung des Urteils betr eine Grundstücksbelastung **325** 4; Gebührenanspruch, Gerichtsstand des Hauptprozesses **34** 1 B; Klage, dinglicher Gerichtsstand **Einf 24** 1
Zwangsverwalter, Ersatzzustellung **181** 1 B; Partei kraft Amtes **Grdz 50** 2 C; Verbindung mehrerer Klagegründe bei einer Klage gegen den Zwangsverwalter **260** 2 A
Zwangsverwaltung 866, 869, 870a
Zwangsvollstreckung Grdz 704 1 A; Antragsrecht des Gläubigers auf die Erteilung eines Erbscheins oder einer Urkunde **792, 896**; Antragsverhältnis **753** 2 B; Einwand der Arglist **Grdz 704** 6 D, **769** 2 A; im Ausland **791**; Arrestgrund **917** 2; im Ausland wegen eines Unterhaltsanspruchs **GVG 168 Anh II** 4; Aussetzung des Zwangsvollstreckungsverfahrens **148** 1 E; Aussichtslosigkeit der Z., Prozeßkostenhilfe für den Gläubiger **114**; durch einen DDR-Gläubiger **Grdz 704** 4 A; Eingriffsverhältnis **753** 2 B; Einwendung **Grdz 704** 6 D; Ersuchen **GVG 160**; Ersuchen an eine Behörde **789**; Fehlerhaftigkeit **Grdz 704** 8 C; Feriensache **GVG 202**; Genehmigung nach dem AWG **SchlAnh IV** A; Pflicht zur Vorwegzahlung der Gerichtsgebühr **271 Anh** 5; Bezeichnung des Gläubigers und des Schuldners **750** 1; als eine unbillige Härte **765a**; Hindernis **Grdz 704** 4 A; Kosten **788**; Kosten, Gerichtsstand des Hauptprozesses **34** 1 B; Pflicht des Gläubigers zur Kostenerstattung im Fall einer Aufhebung des Vollstreckungstitels **788** 4; Kostenfestsetzung **103** 1 B; Mängel **Grdz 704** 8; Organe **Grdz 704** 5; Parteiherrschaft **Grdz 704** 1 C; Prozeßvoraussetzung **Grdz 704** 6 C; Prozeßvollmacht/Mangel/Nachweis/Prüfung **81** 1, 2 D/**88** 1 B/**80** 1 B/**88** 1 C; ohne Rechtshängigkeitswirkung **261** 2 B; Zulässigkeit des Rechtswegs **Grdz 704** 1 B; Schadensersatzpflicht des Gläubigers wegen einer Zwangsvollstreckung auf Grund einer nur vorläufigen Vollstreckbarkeit **717** 2, 5; dgl Gerichtsstand **32** 2 A; Scheinvollstreckung **Grdz 704** 8 C; Sicherungsvollstreckung **720a**; als Streithilfegrund **66** 2 D; streitgenössische Streithilfe wegen der Wirkung der Z. **69**; Streitwert **3 Anh**; Streitwert, Kosten eines früheren Prozesses **4** 3 A; Verfahrensgrundsätze **Grdz 704** 6; Vollstreckungsverhältnis **753** 2 B; Vorbereitungskosten **788** 5; Wiedereinsetzungsantrag nach einer durchgeführten Z. **Üb 230** 3; und Zuständigkeitsvereinbarung **38** 4 D; Zustellung an den ProzBev **176** 1 A
– **(durch)** den Rechtsnachfolger des Hypotheken-/Grundschuld-/Rentenschuldgläubigers **799**; einen nicht rechtsfähigen Verein **50** 3 A

Zahlen in Fettdruck = Paragraphen

– **(gegen)** den Besitzer nach der Entbindung des Klägers **76** 5 B; eine Gemeinde, einen Gemeindeverband **EG 15**; eine Gesellschaft des bürgerlichen Rechts **736**; nach einer Umwandlung der Gesellschaft **859 Anh** 5; bei einer Herrenlosigkeit eines Grundstücks, Schiffs, Schiffsbauwerks, Luftfahrzeugs, Bestellung eines Vertreters **787**; eine öffentlichrechtliche juristische Person **882a**; bei einem Nießbrauch **737, 738**; eine Offene Handelsgesellschaft oder Kommanditgesellschaft **736 Anh**; eine Reederei **736 Anh** 3; einen Soldaten **SchlAnh II** IV; einen Angehörigen der Streitkräfte **SchlAnh III** 34, 35; einen nicht rechtsfähigen Verein **735**
– **(gegen einen Ehegatten) 52 Anh, 739**; bei einer Gütergemeinschaft/nach ihrer Beendigung **Grdz 704** 9, **739** 1 B, **740/743, 744**; bei einer Gütergemeinschaft und dem Erwerbsgeschäft eines Ehegatten **741**; bei einer Gütergemeinschaft während des Prozesses **742**; gegen den überlebenden Ehegatten im Fall einer fortgesetzten Gütergemeinschaft **745**; bei einer Gütertrennung **739** 1 B
– **(gegen den Erben),** vor der Annahme der Erbschaft **778**; Fortsetzung nach dem Tod des Schuldners **779**; bei einer Haftungsbeschränkung **780, 781, 785**; in den Nachlaß bei einer Mehrheit von Erben **747**; in den Nachlaß im Fall einer Testamentsvollstreckung/nach dem Tod des Schuldners **748, 749/53** 2, **779**; bei einem Nachlaßkonkurs oder einer Nachlaßverwaltung **784**; Pfändungsschutz der Witwe/des minderjährigen Erben **811** 9; Bestellung eines Vertreters **53** 2, **779**; Vollstreckungsabwehrklage **785**; gegen den Vorerben **863**; bei einem Zahlungsverweigerungsrecht **782, 783**
– **(Abkommen)** s Zivilprozeßrecht, zwischenstaatliches
– **(Beginn) Grdz 704** 7 A; Voraussetzung der Zwangsvollstreckung **Einf 750** 2, **750**; bei einem von einem Kalendertag abhängigen Anspruch aus dem Urteil **751** 1; bei einer Pflicht des Gläubigers zu einer Sicherheitsleistung **751** 2; Zustellung des Urteils oder der Vollstreckungsklausel als Voraussetzung der Zwangsvollstreckung **321** 1, **750** 2/3; Wartefrist **798**
– **(Einstellung, Beschränkung) Grdz 704** 6 E; bei einer Abänderungsklage **323** 3 D, **769** 1 A; Änderung der Entscheidung **707** 4 B; beim Arrest **924** 4; wegen der Aufhebung des Vollstreckungstitels **775** 2 3; Aufhebung einer Maßnahme der Zwangsvollstreckung gegen eine Sicherheitsleistung **707** 3 F; wegen der Befriedigung des Gläubigers oder einer von ihm gewährten Stundung **775** 5, 6; nach der Einlegung der Berufung **719** 1; durch einen Beschluß **707, 719, 769**; wegen einer Einmischungsklage **65** 1; nach einem Einspruch **719** 1; bei einer einstweiligen Verfügung **924** 4, **936** 1, **938** 1; wegen einer Einwendung gegen die Erteilung der Vollstreckungsklausel **732** 3; bei einer Erinnerung **766** 4 C; Fortsetzung der Zwangsvoll-

Zwangsvollstreckung

streckung nach der Einstellung **775** 8; wegen einer sittenwidrigen Härte **765a** 4; Kostenentscheidung **91** 3 C; aus einem Kostenfestsetzungsbeschluß **104** 4 B; wegen eines Prozeßvergleichs **307 Anh** 6 D, **707** 5, **767** 1 C, **769** 1 A; wegen der Einlegung eines Rechtsmittels **707** 5; durch das Revisionsgericht **719** 2; nach einer Sicherheitsleistung des Schuldners **775** 4; Streitwert **3 Anh**; bei einer vollstreckbaren Urkunde **795** 2; bei einer Vollstreckungsabwehrklage **769** 2; bei einem Vorbehaltsurteil im Urkundenprozeß **559** 3; im Urteil **770** 1, **771** 5; wegen eines Widerspruchs gegen die Vollstreckbarerklärung eines Schiedsspruchs **1042c** 2; bei einem Vollstreckungsschutz **765 a** 3 D; bei einer Widerspruchsklage **771** 5, **776**; bei einem Wiederaufnahme- oder Wiedereinsetzungsantrag **707**
- **(Ende) Grdz 704** 7 B
- **(Erfolglosigkeit)** s Offenbarungsversicherung
- **(Erinnerung gegen die Art und Weise) 766**; Abhilfe **766** 4 B; Antrag auf eine Aussetzung der Verwertung einer Pfandsache **813a**; Antragsberechtigung **766** 3; Beweis einer die Erinnerung begründenden Tatsache **766** 4 B; außergerichtliche Kosten **Üb 91** 3 A; Kostenentscheidung bei einer Erledigung der Hauptsache **91a** 1; wegen einer dinglichen Sicherung des Gläubigers **777**; Streitwert **6** 3 A; gegen eine Überpfändung **803** 3 B; wegen einer Unpfändbarkeit **811** 2; Verhältnis zu einem anderen Rechtsbehelf **766** 2 C, D; gegen die Zwangsvollstreckung aus einem Kostenfestsetzungsbeschluß ohne ausreichende Voraussetzungen einer Zwangsvollstreckung **Einf 103** 2 A
- **(Erinnerung wegen einer dinglichen Sicherung) 777** 2
- **(Erwirkung von Handlungen, Unterlassungen),** Duldungspflicht **890, 891**; Klage des Gläubigers auf die Leistung eines Schadensersatzes **893**; (un)vertretbare Handlung **888, 891**; Herausgabe einer Sache, eines Grundstücks, eines Schiffs **883, 884, 885**; Herausgabe einer Sache im Gewahrsam eines Dritten **886**; Herausgabe einer Sache, Wegnahme durch den Gerichtsvollzieher **883** 2; Streitwert **3 Anh**; Unterlassung einer Handlung **890**; Abgabe der bürgerlichrechtlichen eidesstattlichen Versicherung **889**; Vorlegung einer Sache **883** 5; Zuziehung des Gerichtsvollziehers im Fall des Widerstands des Schuldners **892**
- **(Fortsetzung),** nur gegen eine Sicherheitsleistung **709, 775** 3
- **(Hinterlegung),** bei einer Arrestpfändung **930** 3; durch den Drittschuldner im Fall der Pfändung durch mehrere Gläubiger **853, 854**; Verteilung des Erlöses einer Pfandsache **827** 2 B; des Erlöses bei einem Anspruch auf eine vorzugsweise Befriedigung **805** 3; des Erlöses zum Zweck der Durchführung eines Verteilungsverfahrens **872, 930** 3; von Geld im Fall der Glaubhaftmachung des Rechts eines Dritten an ihm **815** 2; Kostenerstattung **788** 5; durch den Schuldner zwecks Abwendung **711** 2, **712, 713, 714, 720, 817** 4, **819, 839, 868** 1 B; durch den Schuldner zwecks Aufhebung **707** 3 F, **765a** 3 B, **769** 1 C, 2 A, **771** 5; durch den Schuldner nach einer Pfändung für mehrere Gläubiger **853**; durch den Schuldner wegen des Schadens, der durch eine Zuwiderhandlung gegen ein Verbotsurteil droht **890** 6; des Eigentums des Schuldners im Fall einer Herausgabe- oder Räumungsvollstreckung **885** 3; bei einer Einstellung der Zwangsvollstreckung wegen eines Antrags auf eine Wiedereinsetzung oder auf eine Wiederaufnahme **707** 3 B
- **(Hinterlegung durch den Gläubiger),** Kostenerstattung **788** 5; Vollstreckbarerklärung des Urteils gegen eine Sicherheitsleistung **710** 1; Vollstreckbarerklärung des Urteils ohne eine Sicherheitsleistung **708, 710ff**; Nachweis einer Sicherheitsleistung am Beginn der Zwangsvollstreckung **751** 2; Fortsetzung der Zwangsvollstreckung gegen eine Sicherheitsleistung des Gläubigers **707** 3 E
- **(interlokales Recht) 723** 3
- **(Klage auf eine vorzugsweise Befriedigung) 805**; nach der Pfändung der Früchte **810** 3
- **(mehrfache Pfändung)** s Pfändung
- **(Offenbarungsversicherung)** s dort
- **(Pfandsache)** s Pfändung einer Sache oder eines Wertpapiers
- **(Pfandsiegel)** s Pfändung einer Sache oder eines Wertpapiers
- **(durch eine Pfändung) Üb 803, 803 ff**; bei einem Bruttolohnurteil **Üb 803** 1 A; Vollzug eines Arrests oder einer einstweiligen Verfügung **929** 2 E, **930/936** 2, 3; bei einem Dritten **809**; Pfandrecht des Gläubigers, Widerspruchsrecht des Schuldners **777**; mehrfache Pf. **803** 3 A, **826, 827, 853 ff**; Prozeßstandschaft beim Pfändungsgläubiger **Grdz 50** 4 B; Pfändungsgläubiger, notwendige Streitgenossenschaft **62** 2 B; Pfändungspfandrecht **Üb 803** 3, **804**; Pfändungspfandrecht, Erlöschen/Rang **803** 2 B, **804** 1 D/**804** 4; gegen eine Sicherheitsleistung des Gläubigers **707** 3 E; Streitgegenstand **265** 2 E; Tod des Schuldners **779**; Rechtskraftwirkung des Urteils gegenüber dem Pfändungsgläubiger **325** 6; wegen einer einstweiligen Verfügung auf eine Zahlung **936** 3 D; Voraussetzung **803** 2 A; bei einer vorläufigen Vollstreckbarkeit **720a**; bei einer Wahlschuld **Grdz 803** 3; gerichtliche Zuständigkeit **802, 828**
- **(Pfändung von Arbeitseinkommen) 850**; der Altersversorgung **850** 2 D; Änderung der Verhältnisse **850g**; von verschleiertem Arbeitseinkommen **850h**; eines Arbeitgeberzuschusses **850e** 2; einmaligen Arbeitnehmervergütung **850i**; einer Aufwandsentschädigung **850a** 4; von Beamtenbezügen **850** 2 D; eines künftig fälligen Arbeitskommens **832**; einer Gehaltserhöhung **833**; als Härte **850f**; eines Heimarbeitsentgelts

Zwangsvollstreckung

850 i 4; der Bezüge eines Hinterbliebenen, der Witwe, von Waisen 850 2 E, 850a 8, 850b 5; Kontenschutz 835, 850k; bei einem Lohnbegrenzungsvertrag 850h 2; von Naturaleinkommen 811 7, 850 1, 850e 3; einer Pension 850 2 B, D; Pfändbarkeit **Grdz 704** 9, 811 11, 850a, b; Pfändungsgrenze 850 c–e, i; einer Vergütung für eine Wohngelegenheit oder Sachbenutzung 850i 3; einer Überstundenvergütung 850a 2; Unpfändbarkeit **Einf 850** 1 A, 2 B; wegen eines Unterhaltsanspruchs 850d; von Urlaubsgeld 850a 3; von Versorgungsbezügen 850 2 B; bei einer Versetzung des Pfändungsschuldners 833; Vorratspfändung 850d 3; einer Weihnachtsgratifikation 850a 5; vgl auch das nachstehende Unterstichwort

- (**Pfändung einer anderen Geldforderung**) **Grdz 803** 1 A, 829; bei einem Auseinandersetzungsguthaben 859 **Anh** 1, 4; einer Blindenzulage 850a 3; Rechtsstellung eines Dritten nach der Pfändung 829 8; Pflicht des Drittschuldners zur Erklärung 840; Haftung des Drittschuldners mangels Abgabe seiner Erklärung 840 3; Stellung des Drittschuldners nach der Pfändung 829 7; eines Erziehungsgelds 850a 7; rechtliches Gehör des Schuldners vor der Pfändung 834; Genehmigung nach dem AWG **SchlAnh IV** A; für mehrere Gläubiger 853; Stellung des Gläubigers nach der Pfändung 829 5; einer Grundschuld oder Rentenschuld 857 5 A; einer Heirats- oder Geburtsbeihilfe 850a 6; einer Hypothekenforderung 830; der Forderung aus einer Hypothek an einem Schiff oder Luftfahrzeug 830a; einer Forderung aus einem Kontokorrent **Grdz 704** 9, 851 2; der Gutschrift aus einem Kontokorrent auf Grund einer unpfändbaren Forderung **Einf 850** 1 A, 850b 3; eines Kostenerstattungsanspruchs **Üb 91** 3 B; gegenüber einem Landwirt als Forderungsgläubiger 851a; einer Miet- oder Pachtzinsforderung 851b; dgl als Grundstückszubehör 865 2 D; Pfändung einer gepfändeten Forderung 829 2 F; Pfändungsbeschluß 829; eines Pflichtteilsanspruchs 852; des Anspruchs auf die Zahlung eines Prozeßkostenvorschusses 627 4 C; einer Reallast 857 5 A, 865 2 E; einer Schadensersatzrente 850b 2; Stellung des Schuldners nach der Pfändung 829 6; gegenüber einem Angehörigen der Streitkräfte als Gläubiger der Forderung **SchlAnh III 34, 35**; Streitwert **3 Anh**; Unpfändbarkeit **Einf 850** 2 B; einer gesetzlichen Unterhaltsforderung oder -rente 850b 3; bei einer Unübertragbarkeit 851; Verzicht des Gläubigers 843; Vorpfändung 845; einer Wechselforderung 831; des Wehrsolds 850 2 B; einer Versicherungsforderung 865 2 F; einer solchen für eine unpfändbare Sache 811 1 F
- (**Pfändung sonstiger Forderungen und Vermögensrechte**), ABC-**Üb Grdz 704** 9; eines Anteilsrechts **Grdz 704** 9, 857 1–4, 859; eines Anwartschaftsrechts **Grdz 704** 9; des Anteils eines Ehegatten am Gesamtgut bei der Gütergemeinschaft 860; einer Eigentümergrundschuld 857 5 C; einer Eigentümerhypothek 857 5 B; des Firmenrechts 857 3; einer Forderung im Fall des Ausschlusses ihrer Abtretung 851 3; eines Anteils an einer Genossenschaft 859 **Anh** 4; eines Anteils an einer Gesellschaft 859 1, 859 **Anh** 1; eines Herausgabe- oder Leistungsanspruchs 846; des Anspruchs auf die Herausgabe eines Grundstücks 848; des Anspruchs auf die Herausgabe einer Sache 847; des Anspruchs auf die Herausgabe eines Schiffs, Schiffsbauwerks oder Luftfahrzeugs 847a; eines Herausgabeanspruchs für mehrere Gläubiger 854–856; einer Höchstbetragshypothek 857 5 E; eines Miterbenanteils **Grdz 704** 9; 859 2; eines Nießbrauchs 857 3; eines Nutzungsrechts 857 3, 4 D; eines indossablen Papiers 831; eines unveräußerlichen Rechts 857 3; einer Schiffspart 858; eines Urheberrechts 857 3; eines Vermögensrechts 857; des Nutzungsrechts eines Vorerben 863; eines Warenzeichenrechts 857 3; des Anspruchs auf den Ausgleich des Zugewinns 852

- (**Pfändung, Überweisung der Forderung**) 835; Beschluß 835 1, 2 B, 836 2; Stellung des Drittschuldners 829 7, 835 6, 836; bei der Eigentümerhypothek 857 5 B, D; zur Einziehung 835 2 A, 3; Einziehungsrecht des Pfändungsgläubigers **Grdz 704** 9, 835 2 B; für mehrere Gläubiger 840 2 C; Haftung des Gläubigers im Fall der Verzögerung der Beitreibung 835 4 D, 842; Stellung des Gläubigers 829 5, 835 4; einer Grundschuld, Rentenschuld oder Reallast 857 5 A; eines Herausgabe- oder Leistungsanspruchs 849; eines solchen Anspruchs für mehrere Gläubiger 854–856; einer Hypothekenforderung 837; Klage des Überweisungsgläubigers gegen den Drittschuldner, Kostenerstattung 788 5; dgl Anschluß eines weiteren Pfändungsgläubigers 856 2; dgl Streitverkündung gegenüber dem Schuldner 841; Registerpfandrecht wegen eines Luftfahrzeugs 837a; einer durch ein Pfandrecht gesicherten Forderung 838; während eines Prozesses über die Forderung 265 2 E; einer Schiffshypothek 837a; bei einem Recht des Schuldners zur Abwendung der Zwangsvollstreckung 839; Stellung des Schuldners 829 6, 835 5, 836 3; Verzicht des Gläubigers 843; an Zahlungs Statt 835 2 A, 7; einer Buchhypothek 837 1 B; dgl bei einem Herausgabe- oder Leistungsanspruch 848; dgl bei einer Schiffshypothek 837a; Zustellung des Pfändungsbeschlusses 829 3; an Zahlungs Statt 835 2 A, 7; Zustellung des Überweisungsbeschlusses 835 2 B, 840 1 B

- (**Pfändung, anderweitige Verwertung der Forderung**) 844

- (**Pfändung einer Sache oder eines Wertpapiers**) 808; Anschlußpfändung 826; Antrag an den Gerichtsvollzieher 754; dgl Erlöschen, Beschränkung 755 2; gleichzeitige Anträge mehrerer Gläubiger 827 3; Aushändigung der vollstreckbaren Ausfertigung an

dahinterstehende Zahlen und Buchstaben = Anmerkungen **Zwangsvollstreckung**

den Schuldner 754 2 A, 757 1 B; Austauschpfändung 811 a, b; Benachrichtigung des Schuldners 808 5; von Früchten auf dem Halm 810; von Geld 815; Hinterlegung von Geld für mehrere Gläubiger, Verteilungsverfahren s das nachstehende Unterstichwort ,,Verteilungsverfahren"; durch mehrere Gerichtsvollzieher 827; Geschäftsanweisung an den Gerichtsvollzieher 758 1; Gewahrsam eines Ehegatten 739 1 B, 808 3 B; beim Gewahrsam des Gläubigers oder eines Dritten 809; beim Gewahrsam des Schuldners 808 2 A, 3; Anwesenheit des Gläubigers 758 3; Befugnis des Gerichtsvollziehers 754 2 B, 755; Recht des Gerichtsvollziehers zu einer Akteneinsicht 760; von Grundstückszubehör 865 2–4; von Hausrat **Grdz 704** 9, 739, 811 3, 812; Aufschub der Herausgabe der Sache durch den Gerichtsvollzieher 765a 4; Inbesitznahme durch den Gerichtsvollzieher 808 2 B, 4 A; einer Kostbarkeit 808 4; eines Kraftfahrzeugs 808 1 B; Nachpfändung 803 4; zur Nachtzeit, an einem Sonntag oder Feiertag 761; vorgehendes Pfand- oder Vorzugsrecht s Klage auf eine vorzugsweise Befriedigung, Widerspruchsklage; Pfandsiegel 808 4; Pfandzeichen 808 4; Protokoll des Gerichtsvollziehers 762, 763; Erteilung einer Quittung durch den Gerichtsvollzieher 754 1 A, 757; während eines Prozesses über die Sache 265 2 E; einer eigenen Sache des Gläubigers 804 2 B; bei einem Soldaten **SchlAnh II** IV; bei dem Angehörigen von Streitkräften **SchlAnh III** 34; Teilleistungsvermerk 757; Überpfändung 803 3; bei einer unbeweglichen Sache 848, 855; Unpfändbarkeit 811; Unterbleiben der Pfändung wegen ihrer voraussichtlichen Zwecklosigkeit 803 5; Unwirksamkeit **Grdz 704** 8, 808 1 C, 4 C; Vorwegpfändung 811c; eines Wertpapiers 808 1 B, 821 1 B; Durchsuchung eines Wohnraums 758; Zuziehung eines Zeugen 759; bei einer Leistung Zug um Zug 756, 765, 788 6
- (Pfändungspfandrecht) Üb 803 3 B, 803 2, 804, 829 4 A
- (Pfändungsduldung), durch den Ehegatten 52 Anh 1; in ein Grundstück, Gerichtsstand 24 2 A; Klage auf eine Duldung, Kostenentscheidung im Fall eines Anerkenntnisses 93 5; als Streithilfegrund 66 2 E; Streitwert **3 Anh**; Zahlungs- und Duldungsklage, Gerichtsstand **Üb 12** 3 E; dgl Streitwert 5 2 B
- (dgl Duldungstitel), gegen den Ehegatten bei einer Gütergemeinschaft 743 2, 745; gegenüber einem Nießbraucher 737 2; gegen den Testamentsvollstrecker 748 2; bei einer Unterwerfung unter die sofortige Zwangsvollstreckung 794 8 A
- (Pfandverwertung durch Versteigerung) Einf 814 2, 814 ff, 825, 844; Aushändigung an den Ersteher 817 3, 4; Aussetzung 813a; Bekanntmachung 816 3; Bieter 816 4; Einstellung 818; Verteilung des Erlöses an mehrere Gläubiger 827 2; Zahlung des Erlöses an den Gerichtsvollzieher 819; von Früchten auf dem Halm 824; Gebot 817 2 C; Gewährleistungsanspruch 806; Gläubiger als Ersteher 817 5; Mindestgebot 817a; bei einer Pfändung durch mehrere Gerichtsvollzieher 827 2; Ort 816 2; Schätzung der Pfandsache 813; Wartefrist 816 1; Zuschlag 817 2
- (anderweitige Pfandverwertung), Anordnung 825; Streitwert 6 3 B; Verwertung eines Wertpapiers 821; dgl beim Namenspapier 822, 823; Zwangsüberweisung der Pfandsache an den Gläubiger 825 3 B
- (Räumungsvollstreckung) 885; als sittenwidrige Härte 765a; Räumungsfrist 721; Räumungsfrist bei einem Prozeßvergleich 794a; Räumungsfrist durch das Urteil 721 3
- (unbewegliches Vermögen) Üb 864 1; bei einer grundstücksähnlichen Berechtigung 864 1 C, 866, 870; bei einem Eisenbahnbetriebsrecht 871; bei einem Grundstück, Schiff, Schiffsbauwerk, Luftfahrzeug (-bestandteil, -bruchteil) 864; gegen den jeweiligen Eigentümer kraft einer Unterwerfung unter die Zwangsvollstreckung 800 2, 800a; Haftung des Zubehörs 865 2, 3, 4; bei der Zwangshypothek 866, 867; bei der Zwangsschiffshypothek 870a
- (Versteigerung) 814, 816 ff
- (Verteilungsverfahren nach einer Hinterlegung von Geld) 872; Aufforderung der Gläubiger 873 2; Auszahlungsersuchen 882; Bereicherungsklage nach der Versäumung der Klagefrist 878 3; Säumnis des Gläubigers 877; Streitwert **3 Anh**; Teilungsplan 874; Terminsbestimmung 875; Urteil 880; Versäumnisurteil 881; Widerspruch gegen den Teilungsplan 876; Widerspruchsklage 878, 879
- (seerechtliches Verteilungsverfahren) 872 vor 1; Aufhebung des Arrests nach einer Hinterlegung 934 1; Gerichtsstand **Üb 12** 2; Streitwert **3 Anh**; Pflicht zur Vorwegzahlung der Verfahrensgebühr 271 Anh 2 A, 5
- (Sicherheitsleistung) 708 ff
- (Sicherungsvollstreckung) 720a
- (Unvertretbare Handlung) 887 6, 888
- (Vollstreckungsabwehrklage) 767; und Abänderungsklage 323 1, 767 1 B; beim Arrest/einstweiliger Verfügung 924 1 C/936 1; einstweilige Anordnung 769; Einwendung 767 2; Einwendungsverlust 767 5, 796 2; des Erben 785; und Erinnerung 766 2 C c; wegen einer Haftungsbeschränkung 785, 786; Klagegrund 767 3 E, 4; gegen einen Kostenfestsetzungsbeschluß wegen einer Änderung des Streitwerts 107 2; des Nachlaßverwalters 784, 785; der Partei 767 3 B; gegen einen Prozeßvergleich 767 1 C; Richterausschluß 41 2 F; gegen einen Schiedsspruch 1042 3 D; Streitwert **3 Anh**; gegen eine vollstreckbare Urkunde 797 2 B; Urteil 770; Rechtskraftwirkung des Urteils 322 4; Verhältnis zu anderen Rechtsbehelfen 766 2 C c, 767 1 B; gegen eine einstweilige Verfügung auf eine

Zwangsvorführung

Zahlung **936** 4; gegen einen Vollstreckungsbescheid **796** 2; Zulässigkeit **767** 1 C, D, 3 A; Zuständigkeit **767** 3 D, **795** 2, **797a** 2, **800** 3, **802**; Zustellung **767** 3 C; Zustellung an den ProzBev **176** 2 C; Einstellung der Zwangsvollstreckung **769**
- (Vollstreckungsantrag) **Grdz 704** 6 A, **753** 1 A, **754** 1, 2
- (Vollstreckungsgericht) **Grdz 704** 5; **764**; Anordnung einer anderweitigen Verwertung der Pfandsache/der gepfändeten Forderung **825/844**; Anordnung einer Vollstreckung Zug um Zug **765**; Arrestvollzug **930**; Einstellung der Zwangsvollstreckung s Einstellung; Entscheidung über eine Erinnerung **766**; Ermächtigung zur Umschreibung/Wiederinkurssetzung eines Wertpapiers **822/823**; Ersuchen an das V. **GVG 160**; Bestimmung des Gerichtsvollziehers **827** 1 B; Klage auf eine vorzugsweise Befriedigung **805** 2 C; Offenbarungsversicherung s dort; Pfändungs- und Überweisungsbeschluß s Pfändung; Verteilungsverfahren s dort; Verfahren **764** 3; Bestellung eines Vertreters für den Erben/bei einem herrenlosen Grundstück, Schiff, Schiffsbauwerk, Luftfahrzeug **779** 2/**787**; Zuständigkeit **764**, **769** 2, **802**, **828**; Zuständigkeit des Rpfl **Grdz 704** 5, **764** 3, **850g**, **934** 2, **GVG 153 Anh** 8 § 20; Zuständigkeit für die Zwangsvollstreckung in eine Forderung oder an ein anderes Vermögensrecht **828**; Zuständigkeitsbestimmung **36** 1 A; Zuständigkeitsstreit mit dem Prozeßgericht **36** 3 E; Zustellung **178** 2
- (Vollstreckungsschuldner) **Grdz 704** 3 E a; Mehrheit von V. **727** 1 C; Pfändung **808** 2 A, 3; Schutzantag **765a** 1, 2; Tod **778**, **779**; Anwesenheit bei der Wohnungsdurchsuchung **758** 1, **759** 1; Zustellung **750** 1–3, **829** 3 C
- (Vollstreckungstitel) **Grdz 704** 3, **704**, **794**, **801**; Auslandstitel **794** 10; Berlin-West, auswärtige Entscheidung **723** 3; beschwerdefähige Entscheidung **794** 4; Feststellungsurteil **256** 4 E; Genehmigungsvorbehalt nach dem AWG **SchlAnh IV** A; Kostenfestsetzungsbeschluß **104** 2 E, **794** 3; Kostenfestsetzungsbeschluß auf der Ausfertigung des Urteils **105** 2 A, **795a**; kraft Landesrechts **801**; Prozeßvergleich **307 Anh** 5 B, **794** 2, **794a**; Rechtsschutzbedürfnis für den Kläger trotz eines schon vorhandenen Vollstreckungstitels **Grdz 253** 5 A; Schiedsspruch **794** 6; Schiedsvergleich **794** 6, **1044a**; Beschluß auf eine Abänderung von Unterhaltspflichten **794**, **798a**; Beschluß auf die Festsetzung von Unterhaltszahlungen **794** 3a; vollstreckbare Urkunde **794** 7; Urteil **704**, **705**; Urteil auf die Zahlung eines Bruttolohns **Üb 803** 1 A; einstweilige Verfügung auf eine Zahlung **936** 3; Vergleich im Prozeßkostenhilfeverfahren **118** 4; Vollstreckungsbescheid **796**; Zustellung **750**
- (Voraussetzungen) **Einf 750** 2, **750**
- (Widerspruchsklage) **Einf 771**, **771**, **805** 1 A; des Ehegatten bei der Gütergemeinschaft **774**; Klagebefugnis **771** 3 A; Kostenentscheidung im Fall eines Anerkenntnisses **93** 5; des Nacherben **773**; gegen eine Pfändung von Früchten **810** 3; Streitwert **3 Anh**, **6** 3 A, B; Rechtskraftwirkung des Urteils **322** 4; wegen eines die Veräußerung hindernden Rechts **771** 2; bei einem Veräußerungsverbot **772**; Verhältnis zu anderen Rechtsbehelfen **Einf 771** 3; im Verteilungsverfahren **878 ff**; Zuständigkeit **771** 3 C; Zustellung **771** 3 E; Zustellung an den ProzBev **176** 1 A
- (Willenserklärung), Urteil auf die Abgabe einer W. **894**; Antragsrecht des Gläubigers auf die Erteilung eines Erbscheins oder einer anderen Urkunde **896**; Bestellung, Abtretung oder Belastung eines Briefgrundpfandrechts **897** 2; Übertragung des Eigentums **897**, **898**; Wegnahme der Sache durch den Gerichtsvollzieher **897** 1; vorläufig vollstreckbares Urteil auf eine Eintragung im Grundbuch oder in einem Register **895**

Zwangsvorführung s Vorführung

Zweckmäßigkeit bei der Auslegung der ZPO **Einl III** 4 A, 5 B

Zweigniederlassung, Gerichtsstand **21**; als Partei **50** 2 F; Zustellung **184** 1

Zweitantwort Üb 253 3 C

Zwingende Vorschrift Einl III 4 A

Zwischenfeststellungklage s Feststellungsklage (Zwischenfeststellungsklage)

Zwischenantrag, Rechtshängigkeit **261** 4, 5; betr die Schadensersatzpflicht des Klägers wegen seiner Zwangsvollstreckung auf Grund eines nur vorläufig vollstreckbaren Urteils **717** 3

Zwischenfrist Üb 214 3; Abkürzung **226** 1; Einlassungsfrist **274**; Fristhemmung **223** 1; für die Einreichung eines Schriftsatzes **132**

Zwischenklage s Feststellungklage (Zwischenfeststellungsklage)

Zwischenstaatliches Zivilprozeßrecht s Zivilprozeßrecht

Zwischenstreit 303 2; bei einer Beweisaufnahme durch den verordneten Richter **366**; Einzelrichter **349** 3 A b; Entscheidungsreife **303** 2, 3; Zulässigkeit einer Klagänderung **263** 3; Ladung **214** 2 D; Ablehnung des Richters **42** 3; im Schiedsverfahren **1034** 5; bei einem vorbereitenden Schriftsatz **132** 1; Streit über die Zulassung eines Streithelfers **71** 1 C; Streitwert **3 Anh**; über eine Unterbrechung des Verfahrens **Üb 239** 1 B; über eine Rückgabe einer Urkunde von Anwalt zu Anwalt **134** 2; mündliche Verhandlung **128** 2 B; verordneter Richter **366**; Versäumnisurteil **347** 2; über ein Zeugnisverweigerungsrecht **387**, **388**; über eine Zulässigkeitsrüge **280**; über die Heilung eines Mangels der Zustellung durch ihren Empfang **187** 2 C

Zwischenurteil s Urteil (Zwischenurteil)

Zwischenvergleich 307 Anh 2 B

Zwischenwiderklage s Widerklage (Zwischenwiderklage)

Zwischenzins, Streitwert **3** 1, **3 Anh**